Henssler/Willemsen/Kalb (Hrsg.) · **Arbeitsrecht Kommentar**

Arbeitsrecht Kommentar

herausgegeben von

Prof. Dr. Martin Henssler
Universität zu Köln

Prof. Dr. Heinz Josef Willemsen
Rechtsanwalt, Fachanwalt für Arbeitsrecht,
Düsseldorf

Dr. Heinz-Jürgen Kalb
Vizepräsident des LAG Köln

3. Auflage

2008

Verlag
Dr. Otto Schmidt
Köln

Bearbeiter der 3. Auflage

Priv.-Doz. Dr. Georg Annuß,
RA, München

Klaus Bepler, VorsRiBAG, Erfurt

Priv.-Doz. Dr. Claudia Bittner, LL.M.,
RiSG, Frankfurt/M.

Dr. Susanne Clemenz,
RAin FAArbR, Gütersloh

Dr. Martin Diller, RA FAArbR, Stuttgart

Dr. Boris Dzida, RA FAArbR, Hamburg

Dr. Benno Alexander Fischer, LL.M.,
RA u. StB, Düsseldorf

Dr. Hans Jörg Gäntgen, DirArbG, Köln

Prof. Dr. Björn Gaul, RA FAArbR, Köln

Prof. Dr. Richard Giesen,
Universitätsprofessor, Gießen

Dr. Michael Gotthardt, RiArbG,
z.Zt. Justizministerium NRW, Düsseldorf

Prof. Dr. Martin Henssler,
Universitätsprofessor, Köln

Dr. Carmen Silvia Hergenröder,
RAin, Daxweiler

Prof. Dr. Curt Wolfgang Hergenröder,
Universitätsprofessor,
Stv.Vors. KArbG, Mainz

Dr. Klaus-Stefan Hohenstatt,
RA FAArbR, Hamburg

Dr. Heinz-Jürgen Kalb,
Vizepräs. LAG, Köln

Prof. Dr. Michael Kliemt,
RA FAArbR, Düsseldorf

Prof. Dr. Rüdiger Krause,
Universitätsprofessor, Göttingen

Dr. Mark Lembke, LL.M.,
RA FAArbR, Attorney-at-Law (New York),
Frankfurt/M.

Dr. Josef Molkenbur, VorsRiLAG, Halle/S.

Dr. Thomas Müller-Bonanni, LL.M.,
RA, Düsseldorf

Bernhard Nimscholz,
RA, Ltd VDir aD, Düsseldorf

Prof. Dr. Susanne Peters-Lange,
FH Bonn-Rhein-Sieg, Hennef

Martin Quecke, VorsRiLAG, Halle/S.

Prof. Dr. Hermann Reichold,
Universitätsprofessor, Tübingen

Prof. Dr. Oliver Ricken,
Universitätsprofessor, Bochum

Prof. Dr. Bernd Sandmann,
RA FAArbR, Augsburg

Reinhard Schinz, VorsRiLAG, Berlin

Dr. Johannes Schipp,
RA FAArbR, Gütersloh

Harald Schliemann,
Thüringer Justizminister
vormals VorsRiBAG, Erfurt

Dr. Werner Schmalenberg,
RA FAArbR u. Notar, Bremen

Dr. Peter Schrader, RA FAArbR, Hannover

Prof. Dr. Christoph H. Seibt, LL.M.,
RA FAStR, Hamburg

Prof. Dr. Heinrich M. Stindt, RA, Köln

Kathrin Thies, RiArbG, Magdeburg

Prof. Dr. Gregor Thüsing, LL.M.,
Universitätsprofessor,
Attorney-at-Law (New York), Bonn

Prof. Dr. Kerstin Tillmanns,
Universitätsprofessorin, Augsburg

Prof. Dr. Heinz Josef Willemsen,
RA FAArbR, Düsseldorf

Werner Ziemann, VorsRiLAG, Bielefeld

Zitierempfehlung:
HWK/*Bearbeiter*, § ... Gesetz ... Rz. ...

Bibliografische Information
der Deutschen Nationalbibliothek

Die Deutsche Nationalbibliothek verzeichnet diese Publikation in der Deutschen Nationalbibliografie; detaillierte bibliografische Daten sind im Internet über http://dnb.d-nb.de abrufbar.

Verlag Dr. Otto Schmidt KG
Gustav-Heinemann-Ufer 58, 50968 Köln
Tel. 02 21/9 37 38-01, Fax 02 21/9 37 38-943
info@otto-schmidt.de
www.otto-schmidt.de

ISBN 978-3-504-42659-0

Das verwendete Papier ist aus chlorfrei gebleichten Rohstoffen hergestellt, holz- und säurefrei, alterungsbeständig und umweltfreundlich.

Einbandgestaltung: Jan P. Lichtenford, Mettmann
Gesamtherstellung: Bercker, Kevelaer
Printed in Germany

Vorwort zur 3. Auflage

Die arbeitsrechtliche Praxis ist in besonderem Maße auf eine verlässliche Hilfe durch arbeitsrechtliche Literatur angewiesen. Zum einen erschwert der Verzicht des Gesetzgebers auf eine Kodifikation die Rechtsanwendung. Zum anderen führen laufende Gesetzesänderungen innerhalb dieser zersplitterten Arbeitsrechtsordnung dazu, dass es erheblicher Anstrengung bedarf, um stets über den aktuellen Gesetzesstand und die mit ihm verbundenen Rechtsfragen informiert zu bleiben. Nur eine Gesamtkommentierung des Arbeitsrechts, die in zügiger Auflagenfolge erscheint, kann den hieraus entstehenden Informationsbedarf decken.

Das vorliegende Werk unternimmt den Versuch, diesem Anliegen der Arbeitsrechtspraxis Rechnung zu tragen. Die Gesamtkommentierung übernimmt die Funktion, die eine Kodifikation des Arbeitsrechts erfüllen müsste. Ein zentrales Anliegen ist es, Arbeitsrechtswissenschaft, Rechtsprechung und Anwaltschaft gleichberechtigt im Autorenkreis zu berücksichtigen, um so zugleich auch all diese Nutzergruppen mit ihren spezifischen Informationsbedürfnissen anzusprechen. Es lag daher nahe, Autoren aus diesen Berufsgruppen einzubinden. Der Leser soll auf einem soliden wissenschaftlichen Fundament eine verlässliche Richtlinie für die in der Praxis wichtigen Fragen erhalten, wobei der Zugang zu dem Werk durch eine klare alphabetische Struktur und ein ausführliches Stichwortverzeichnis erleichtert wird.

Inhaltlich wurden alle für die tägliche arbeitsrechtliche Praxis wichtigen Gesetze kommentiert; besonderer Wert wurde auf die europarechtlichen, sozialrechtlichen und steuerrechtlichen Bezüge gelegt. Der Leserfreundlichkeit dient die Konzentration auf einen einzigen Band. Sie zwang alle Autoren zu einem hohen Maß an Selbstbeschränkung und zur Begrenzung auf das Wesentliche. Bei den Nachweisen in den Fußnoten steht daher die aktuelle Rechtsprechung ganz im Vordergrund. Da ein Großteil der Nutzer des Kommentars mit elektronischen Datenbanken arbeitet, wird konsequent und durchgehend jede Entscheidung mit Datum und Aktenzeichen zitiert, was die Auffindbarkeit entscheidend erleichtert.

Mit der nun vorgelegten dritten Auflage befindet sich der Kommentar auf dem Stand vom 1. April 2008. Damit sind bereits das Gesetz zur Änderung des Sozialgerichtsgesetzes und des Arbeitsgerichtsgesetzes vom 26. März 2008 sowie das Gesetz zur Neuregelung des Rechtsberatungsrechts vom 12. Dezember 2007 vollständig berücksichtigt. Die Kommentierungen wurden um vier Gesetze erweitert, nämlich das Allgemeine Gleichbehandlungsgesetz (AGG), das Bundesdatenschutzgesetz (BDSG), das Gesetz über die Mitbestimmung der Arbeitnehmer bei grenzüberschreitenden Verschmelzungen (MgVG) sowie das Gesetz über die Beteiligung der Arbeitnehmer in einer Europäischen Gesellschaft (SEBG), letztere in Form einer systematischen Darstellung. Das Montan-Mitbestimmungsgesetz (MontanMitbestG) musste in dieser Auflage aus Umfangsgründen weichen. Insoweit kann problemlos auf die zweite Auflage verwiesen werden, da es in der Zwischenzeit keine relevanten Änderungen gegeben hat.

Der „HWK“ ist vier Jahre nach seinem erstmaligen Erscheinen in der arbeitsrechtlichen Wissenschaft und Praxis fest etabliert. Die Herausgeber danken allen Autoren, die diesen Erfolg möglich gemacht haben. Sie schulden ebenso Dank dem Verlag, namentlich Herrn Thomas Wilting und Frau Dr. Julia Beck, ohne deren kontinuierliche Beratung und Unterstützung ein derartiges Werk nicht möglich gewesen wäre. Anregungen und Verbesserungsvorschläge aus dem Kreis der Leser sind weiterhin sehr willkommen.

Köln/Düsseldorf, im Mai 2008

Martin Henssler | Heinz Josef Willemsen | Heinz-Jürgen Kalb

Bearbeiterverzeichnis

Annuß	AGG (zus. mit *Hans-Jürgen Rupp*), §§ 113, 120–128 InsO, SprAuG (zus. mit *Nicolai Girlich*)
Bepler	§§ 2a, 40–45, 72–77, 80–100 ArbGG
Bittner	§§ 621–625 BGB
Clemenz	§§ 87–89 BetrVG
Diller	§§ 42–46 BetrVG, § 110 GewO, §§ 59–87c HGB
Dzida	§§ 47–59a, 118–132 BetrVG (zus. mit *Hohenstatt*), MgVG (zus. mit *Hohenstatt*), SEBG (zus. mit *Hohenstatt*)
Fischer	§§ 19/38 EStG
Gäntgen	ArbZG, § 630 BGB, § 109 GewO
Gaul	§§ 15–21 BEEG, §§ 1–6, 77 BetrVG
Giesen	EBRG, §§ 104–113 SGB VII, § 116 SGB X
Gotthardt	§§ 9–14 AÜG, §§ 305–310 BGB
Henssler	TVG
C. S. Hergenröder	§§ 1–33 BBiG
C. W. Hergenröder	§§ 1–14 ArbPlSchG, Art. 3, 9, 12, 14 GG, MuSchG
Hohenstatt	§§ 47–59a BetrVG (zus. mit *Dzida*), §§ 111–117 BetrVG (zus. mit *Willemsen*), §§ 118–132 BetrVG (zus. mit *Dzida*), MgVG (zus. mit *Dzida*), SEBG (zus. mit *Dzida*)
Kalb	§§ 3–39, 64–71, 78–79, 101–122 ArbGG, §§ 1–8, 15–19 AÜG
Kliemt	§§ 76, 76a BetrVG, Anh. § 9 KSchG, NachwG
Krause	§§ 614–619a BGB
Lembke	BDSG, §§ 106–110 BetrVG (zus. mit *Willemsen*), §§ 105–108 GewO
Molkenbur	§§ 2, 3, 8, 17–22 KSchG
Müller-Bonanni	§ 613a BGB (zus. mit *Willemsen*)
Nimscholz	ATZG (zus. mit *Stindt*), §§ 216a, b SGB III
Peters-Lange	§§ 37b, 143, 143a, 144, 146, 169–179 SGB III
Quecke	§§ 1 (zus. mit *Thies*), 1a, 4–7, 15, 16, 23–26 KSchG
Reichold	§§ 7–41, 74, 75 BetrVG
Ricken	§§ 92–105 BetrVG, §§ 7–8 SGB IV, § 41 SGB VI
Sandmann	§§ 626–629 BGB
Schinz	BUrlG
Schipp	BetrAVG
Schliemann	EFZG
Schmalenberg	§ 620 BGB, TzBfG
Schrader	§§ 60–73b, 78–86a, 90, 91 BetrVG
Seibt	DrittelbG, MitbestG, WpÜG
Stindt	ATZG (zus. mit *Nimscholz*)
Thies	§ 1 KSchG (zus. mit *Quecke*), §§ 9–14 KSchG, §§ 85–92 SGB IX
Thüsing	§§ 119, 123, 611–613 BGB
Tillmanns	AEntG, Art. 27, 30, 34 EGBGB, Art. 39, 141, 234 EGV, JArbSchG
Willemsen	§§ 106–110 BetrVG (zus. mit *Lembke*), §§ 111–117 BetrVG (zus. mit *Hohenstatt*), § 613a BGB (ab Rz. 221 zus. mit *Müller-Bonanni*), §§ 5, 126, 194, 322–325 UmwG
Ziemann	§§ 1, 2, 46–63 ArbGG

Inhaltsübersicht

Inhaltsübersicht

Abkürzungsverzeichnis

AA - Agentur für Arbeit
aA, AA - anderer Ansicht
AAG - Aufwendungsausgleichsgesetz
ÄArbVtrG - Gesetz über befristete Arbeitsverträge mit Ärzten in der Weiterbildung
ABA - Arbeitsgemeinschaft für betriebliche Altersversorgung e.V.
AbgG - Abgabengesetz; Abgeordnetengesetz
abl. - ablehnend
ABl. - Amtsblatt
ABM - Arbeitsbeschaffungsmaßnahme
Abs. - Absatz
abw. - abweichend
aE - am Ende
AEntG - Arbeitnehmer-Entsendegesetz
AEV - Arbeitserlaubnisverordnung; Ausbilder-Eignungsverordnung
aF - alte Fassung
AFG - Arbeitsförderungsgesetz
AFRG - Arbeitsförderungs-Reformgesetz
AG - Aktiengesellschaft; Amtsgericht
AGB - Allgemeine Geschäftsbedingungen
AGBG - Gesetz zur Regelung des Rechts der Allgemeinen Geschäftsbedingungen
AGG - Allgemeines Gleichbehandlungsgesetz
AiB - Arbeitsrecht im Betrieb (Zeitschrift)
AktG - Aktiengesetz
Alg - Arbeitslosengeld
Alhi - Arbeitslosenhilfe
allgM - allgemeine Meinung
AMBl. BY - Amtsblatt des Bayerischen Staatsministeriums für Arbeit und Sozialordnung
AMBV - Arbeitsmittelbenutzungsverordnung
ANBA - Amtliche Nachrichten der Bundesagentur für Arbeit
Anh. - Anhang
Anm. - Anmerkung
AO - Abgabenordnung; Anordnung
AP - Arbeitsrechtliche Praxis (Nachschlagewerk des Bundesarbeitsgerichts)
AR - Aufsichtsrat
ArbG - Arbeitsgericht
ArbGeb - Arbeitgeber
ArbGG - Arbeitsgerichtsgesetz
ArbGV - Arbeitsgerichtsverfahren
Arbl. - Arbeitsloser
AR-Blattei - Arbeitsrecht-Blattei (Loseblattsammlung)
ArblV - Arbeitslosenversicherung
ArbN - Arbeitnehmer
ArbNErf - Arbeitnehmererfindung
ArbnErfG - Gesetz über Arbeitnehmererfindungen
ArbPlSchG - Arbeitsplatzschutzgesetz
ArbRB - Der Arbeitsrechtsberater (Zeitschrift)
ArbRGeg. - Das Arbeitsrecht der Gegenwart
ArbSchG - Arbeitsschutzgesetz
ArbStättV - Verordnung über Arbeitsstätten (Arbeitsstättenverordnung)
ArbuR - Arbeit und Recht (Zeitschrift), auch AuR
ArbVerh - Arbeitsverhältnis
ArbZG - Arbeitszeitgesetz
ARD - Arbeitsgemeinschaft der öffentlich-rechtlichen Rundfunkanstalten der Bundesrepublik Deutschland
ArEV - Verordnung über die Bestimmung des Arbeitsentgelts in der Sozialversicherung
ARGE/Arge. - Arbeitsgemeinschaften
ARS - Arbeitsrechtssammlung, Entscheidungen des Reichsarbeitsgerichts und der Landesarbeitsgerichte
ARST - Arbeitsrecht in Stichworten
Art. - Artikel
ASiG - Gesetz über Betriebsärzte, Sicherheitsingenieure und andere Fachkräfte für die Arbeitssicherheit (Arbeitssicherheitsgesetz)
ASR - Arbeitsstätten-Richtlinien
AsylbLG - Asylberwerberleistungsgesetz
AtomG - Atomgesetz
ATZ - Altersteilzeit
ATZG - Altersteilzeitgesetz
AÜ - Arbeitnehmerüberlassung
AuA - Arbeit und Arbeitsrecht (Zeitschrift)
AufenthG - Aufenthaltsgesetz
Aufl. - Auflage
AÜG - Arbeitnehmerüberlassungsgesetz
AuR - Arbeit und Recht, auch ArbuR
ausf. - ausführlich
AuslG - Ausländergesetz
AVE - Allgemeinverbindlicherklärung
AVG - Angestelltenversicherungsgesetz
AVmG - Altersvermögensgesetz
AVR - Arbeitsvertragsrichtlinien
AVwGebO - Allgemeine Verwaltungsgebührenordnung
AZO - Arbeitszeitordnung

BA - Bundesagentur für Arbeit
BaFin - Bundesanstalt für Finanzdienstleistungsaufsicht
BAG - Bundesarbeitsgericht
BAGE - Amtliche Sammlung der Entscheidungen des Bundesarbeitsgerichts
BAnz. - Bundesanzeiger
BArbBl. - Bundesarbeitsblatt
BAT - Bundesangestelltentarifvertrag
BAVAZ - bedarfsabhängige variable Arbeitszeit
BayObLG - Bayerisches Oberstes Landesgericht
BayVGH - Sammlung von Entscheidungen des Bayerischen Verwaltungsgerichtshofs
BB - Der Betriebs-Berater (Zeitschrift)
BBergG - Bundesberggesetz
BBesG - Bundesbesoldungsgesetz
Bbg. - Brandenburg
BBG - Beitragsbemessungsgrenze; Bundesbeamtengesetz

Abkürzungsverzeichnis

BBG-KV – Beitragsbemessungsgrenze in der Krankenversicherung
BBG-RV – Beitragsbemessungsgrenze in der Rentenversicherung
BBiG – Berufsbildungsgesetz
Bd. – Band
BDA – Bundesvereinigung Deutscher Arbeitgeberverbände
BDSG – Bundesdatenschutzgesetz
BeamtVG – Beamtenversorgungsgesetz
beE – betriebsorganisatorische eigenständige Einheit
BEEG – Gesetz zum Elterngeld und zur Elternzeit
Begr. – Begründung
BegrRegE – Begründung des Regierungsentwurfs
Beil. – Beilage
BENeuglG – Gesetz zur Zusammenführung und Neugliederung der Bundeseisenbahnen
BerBiFG – Berufsbildungsförderungsgesetz
BerHG – Beratungshilfegesetz
BErzGG – Bundeserziehungsgeldgesetz
BeschFG – Gesetz zur Förderung der Beschäftigung
BeschSchG – Gesetz zum Schutz der Beschäftigten vor sexueller Belästigung am Arbeitsplatz
BesG – Besoldungsgesetz
betr. – betreffend
BetrAV – Betriebliche Altersversorgung (auch als Zeitschrift)
BetrAVG – Gesetz zur Verbesserung der betrieblichen Altersversorgung
BetrSichV – Verordnung über Sicherheit und Gesundheitsschutz bei der Bereitstellung und Benutzung von Arbeitsmitteln sowie beim Betrieb überwachungsbedürftiger Anlagen
BetrVG – Betriebsverfassungsgesetz
BeurkG – Beurkundungsgesetz
BfA – Bundesversicherungsanstalt für Angestellte
BFH – Bundesfinanzhof
BG – Die Berufsgenossenschaft (Zeitschrift)
BGB – Bürgerliches Gesetzbuch
BGBl. – Bundesgesetzblatt
BGG – Gesetz zur Gleichstellung behinderter Menschen (Behindertengleichstellungsgesetz)
BGH – Bundesgerichtshof
BGHZ – Entscheidungen des Bundesgerichtshofs in Zivilsachen
BGSG – Bundesgrenzschutzgesetz
BIBB – Bundesinstitut für Berufsbildung
BildscharbV – Bildschirmarbeitsverordnung
BImSchG – Bundes-Immissionsschutzgesetz
Bln.-Bbg. – Berlin-Brandenburg
BKGG – Bundeskindergeldgesetz
BKK (Die) – Zeitschrift der betrieblichen Krankenversicherung
BKU – Bund Katholischer Unternehmer
BMA(S) – Bundesminister für Arbeit (und Sozialordnung)
BNotO – Bundesnotarordnung
BPersVG – Bundespersonalvertretungsgesetz
BQG – Beschäftigungs- und Qualifizierungsgesellschaft
BR – Betriebsrat; Bundesrat
BRAGO – Bundesgebührenordnung für Rechtsanwälte
BR-Drs. – Drucksache des Deutschen Bundesrates
BRG – Betriebsrätegesetz
BRRG – Beamtenrechtsrahmengesetz
BSG – Bundessozialgericht
BSHG – Bundessozialhilfegesetz
bspw. – beispielsweise
BT – Bundestag
BT-Drs. – Drucksache des Deutschen Bundestages
Buchst. – Buchstabe
BUrkG – Beurkundungsgesetz
BUrlG – Bundesurlaubsgesetz
BuW – Betrieb und Wirtschaft (Zeitschrift)
BV – Betriebsvereinbarung
BVerfG – Bundesverfassungsgericht
BVerfGE – Entscheidungen des Bundesverfassungsgerichts
BVerfGG – Bundesverfassungsgerichtsgesetz
BVerwG – Bundesverwaltungsgericht
BVG – Besonderes Verhandlungsgremium; Bundesversorgungsgesetz
BW – Baden-Württemberg
bzgl. – bezüglich
bzw. – beziehungsweise

CGD – Christlicher Gewerkschaftsbund Deutschland
ChemG – Gesetz zum Schutz vor gefährlichen Stoffen (Chemikaliengesetz)
c.i.c. – culpa in contrahendo
CR – Computer und Recht (Zeitschrift)

DA – Durchführungsanordnung
DB – Der Betrieb (Zeitschrift)
DBA – Doppelbesteuerungsabkommen
DCGK – Deutscher Corporate Governance Kodex
DEVO – Datenerfassungsverordnung
DGB – Deutscher Gewerkschaftsbund
d.Gr. – der (Entscheidungs-)Gründe
dh. – das heißt
diff. – differenzierend
Diss. – Dissertation
DrittelbG – Drittelbeteiligungsgesetz
DRK – Deutsches Rotes Kreuz
Drs. – Drucksache
DruckLV – Verordnung über Arbeiten in Druckluft (Druckluftverordnung)
DRV – Deutsche Rentenversicherung (Zeitschrift)
DV – Durchführungsvereinbarung
DVBl. – Deutsches Verwaltungsblatt
DVO – Durchführungsverordnung
DVO-TVG – Verordnung zur Durchführung des Tarifvertragsgesetzes

EBR – Europäischer Betriebsrat
EBRG – Europäisches Betriebsräte-Gesetz
EEK – Entscheidungssammlung zur Entgeltfortzahlung im Krankheitsfalle
EFZG – Entgeltfortzahlungsgesetz
EG – Europäische Gemeinschaft; Vertrag zur Gründung der Europäischen Gemeinschaft

EGBGB – Einführungsgesetz zum Bürgerlichen Gesetzbuche
EGMR – Europäischer Gerichtshof für Menschenrechte
EGV – Vertrag zur Gründung der Europäischen Gemeinschaft
EhfG – Entwicklungshelfer-Gesetz
Einf. – Einführung
Einl. – Einleitung
einschr. – einschränkend
EKD – Evangelische Kirche in Deutschland
EMRK – Konvention zum Schutze der Menschenrechte und Grundfreiheiten
endg. – endgültig
Erg.-Bd. – Ergänzungsband
ESC – Europäische Sozialcharta
ESt – Einkommensteuer
EStG – Einkommensteuergesetz
etc. – et cetera
EU – Europäische Union
EÜG – Eignungsübungsgesetz
EuGH – Gerichtshof der Europäischen Gemeinschaften
EuGRZ – Europäische Grundrechte-Zeitschrift
EuGVÜ – Europäisches Übereinkommen über die gerichtliche Zuständigkeit und die Vollstreckung gerichtlicher Entscheidungen in Zivil- und Handelssachen
Euro-AS – Informationsdienst europäisches Arbeits- und Sozialrecht
EUV – Vertrag über die Europäische Union
EuZW – Europäische Zeitschrift für Wirtschaftsrecht
ev. – evangelisch
EWiR – Entscheidungen zum Wirtschaftsrecht
EWR – Europäischer Wirtschaftsraum
EzA – Entscheidungssammlung zum Arbeitsrecht
EzAÜG – Entscheidungssammlung zum Arbeitnehmerüberlassungsgesetz

f., ff. – folgende (r), fortfolgende
FA – Fachanwalt Arbeitsrecht (Zeitschrift); Finanzamt
FamRZ – Zeitschrift für das gesamte Familienrecht
FernUSG – Fernunterrichtsschutzgesetz
FG – Finanzgericht
FGG – Gesetz über die freiwillige Gerichtsbarkeit
FlRG – Gesetz über das Flaggenrecht der Seeschiffe und die Flaggenführung der Binnenschiffe
Fn. – Fußnote
FS – Festschrift

G – Gesetz
GBl. – Gesetzblatt
GbR – Gesellschaft bürgerlichen Rechts
GBR – Gesamtbetriebsrat
GDL – Gewerkschaft Deutscher Lokomotivführer
GefStoffV – Verordnung zum Schutz vor Gefahrstoffen (Gefahrstoffverordnung)
gem. – gemäß
gemeins. – gemeinsame(r)
GenG – Genossenschaftsgesetz
GenTG – Gentechnikgesetz
GewArch – Gewerbearchiv (Zeitschrift)
GewO – Gewerbeordnung
GG – Grundgesetz
ggf. – gegebenenfalls
GK – Gemeinschaftskommentar
GKG – Gerichtskostengesetz
GmbH – Gesellschaft mit beschränkter Haftung
GmbHG – GmbH-Gesetz
GmSOGB – Gemeinsamer Senat der Obersten Gerichtshöfe des Bundes
GPSG – Geräte- und Produktsicherheitsgesetz
grds. – grundsätzlich
GRUR – Gewerblicher Rechtsschutz und Urheberrecht (Zeitschrift)
GS – Großer Senat
GSG – Gerätesicherheitsgesetz
GVBl. – Gesetz- und Verordnungsblatt
GVG – Gerichtsverfassungsgesetz
GvKostG – Gesetz über die Kosten der Gerichtsvollzieher

HAG – Heimarbeitsgesetz
Hess. – Hessen, Hessischer
HGB – Handelsgesetzbuch
hL – herrschende Lehre
hM – herrschende Meinung
HPflG – Haftpflichtgesetz
HRG – Hochschulrahmengesetz
Hs. – Halbsatz
HwB-AR – Handwörterbuch zum Arbeitsrecht
HwO – Handwerksordnung
HzA – Handbuch zum Arbeitsrecht

IAO – Internationale Arbeitsorganisation
idF – in der Fassung
idR – in der Regel
idS – in diesem Sinne
iE – im Einzelnen; im Ergebnis
ieS – im engeren Sinne
IfSG – Gesetz zur Verhütung und Bekämpfung von Infektionskrankheiten beim Menschen
ILO – International Labour Organisation
info also – Informationen zum Arbeitslosenrecht und Sozialhilferecht (Zeitschrift)
insb. – insbesondere
InsO – Insolvenzordnung
iS – im Sinne
iSd. – im Sinne des
iSv. – im Sinne von
iVm. – in Verbindung mit
iwS – im weiteren Sinne

JArbSchG – Jugendarbeitsschutzgesetz
JArbSchSittV – Verordnung über das Verbot der Beschäftigung von Personen unter 18 Jahren mit sittlich gefährdenden Tätigkeiten
JAV – Jugend- und Auszubildendenvertretung
jew. – jeweils
JurBüro – Das juristische Büro (Zeitschrift)
JuSchG – Jugendschutzgesetz
JVEG – Justizvergütungs- und Entschädigungsgesetz
JZ – Juristenzeitung

Abkürzungsverzeichnis

Kap. – Kapitel
KAPOVAZ – kapazitätsorientierte variable Arbeitszeit
KBR – Konzernbetriebsrat
KfzPflVV – Kraftfahrzeug-Pflichtversicherungsverordnung
KG – Kammergericht; Kommanditgesellschaft
KlimaBergV – Klima-Bergverordnung
KMU – Kleine und mittelständische Unternehmen
KO – Konkursordnung
KODA – Ordnungen zur Mitwirkung bei der Gestaltung des Arbeitsrechts durch eine Kommission
KostO – Kostenordnung
KostRMoG – Kostenrechtsmodernisierungsgesetz
KSchG – Kündigungsschutzgesetz
Kug – Kurzarbeitergeld
KV – Kostenverzeichnis; Krankenversicherung
KVRS – Die Krankenversicherung in Rechtsprechung und Schrifttum
kw – künftig wegfallend

LAG – Landesarbeitsgericht
LAGE – Entscheidungen der Landesarbeitsgerichte
LASI – Länderausschuss für Arbeits- und Sicherheitstechnik
lfd. – laufende
LFZG – Lohnfortzahlungsgesetz
LG – Landgericht
Lit. – Literatur
LJ – Lebensjahr
LPVG – Landespersonalvertretungsgesetz
LS – Leitsatz
LSchlG – Ladenschlussgesetz
LSG – Landessozialgericht
LSt – Lohnsteuer
LStDV – Lohnsteuer-Durchführungsverordnung
LStR – Lohnsteuerrichtlinien
lt. – laut
ltd. – leitend(e/r)
LVA – Landesversicherungsanstalt

MASSKSNRW – Ministerium für Arbeit, Soziales und Stadtentwicklung, Kultur und Sport des Landes NRW
MAV – Mitarbeitervertretung
MAVO – Mitarbeitervertretungsordnung
MDR – Monatsschrift für Deutsches Recht (Zeitschrift)
mE – meines Erachtens
MfS – Ministerium für Staatssicherheit
mHA – mit Hinweis auf
missverst. – missverständlich
Mitbest. – Mitbestimmung
MitbestBeiG – Mitbestimmungs-Beibehaltungsgesetz
MitbestG – Gesetz über die Mitbestimmung der Arbeitnehmer
MitbestR – Mitbestimmungsrecht
MontanMitbestErgG – Montan-Mitbestimmungsergänzungsgesetz
MontanMitbestG – Gesetz über die Mitbestimmung der Arbeitnehmer in den Aufsichtsräten und Vorständen der Unternehmen des Bergbaus und der Eisen und Stahl erzeugenden Industrie
MTV – Manteltarifvertrag
MünchArbR – Münchener Handbuch zum Arbeitsrecht
MuSchG – Mutterschutzgesetz
MV – Mecklenburg-Vorpommern
MVG – Mitarbeitervertretungsgesetz
mwN – mit weiteren Nachweisen
mWv. – mit Wirkung vom
mWz. – mit Wirkung zum
mzwN – mit zahlreichen weiteren Nachweisen

n.rkr. – nicht rechtskräftig
Nachw. – Nachweis(e)
NachwG – Nachweisgesetz
Nds. – Niedersachsen
NdsRpfl – Niedersächsische Rechtspflege (Zeitschrift)
nF – neue Fassung
NJOZ – Neue juristische Online-Zeitschrift
NJW – Neue Juristische Wochenschrift
NJW-CoR – Computerreport der Neuen Juristischen Wochenschrift
NJW-RR – NJW-Rechtsprechungsreport
Nr. – Nummer
NRW – Nordrhein-Westfalen
NTS – NATO-Truppenstatut
nv. – nicht veröffentlicht
NVwZ – Neue Zeitschrift für Verwaltungsrecht
NW – Nordrhein-Westfalen
NZA – Neue Zeitschrift für Arbeitsrecht
NZA-RR – Neue Zeitschrift für Arbeitsrecht/ Rechtsprechungsreport
NZS – Neue Zeitschrift für Sozialrecht

OEG – Opferentschädigungsgesetz
OHG – Offene Handelsgesellschaft
ÖJZ – Österreichische Juristen-Zeitung
OLG – Oberlandesgericht
OLGR – OLGReport
OLGZ – Entscheidungen der Oberlandesgerichte in Zivilsachen einschließlich der freiwilligen Gerichtsbarkeit
ÖPNV – Öffentlicher Personennahverkehr
OS – Orientierungssatz
OT-Mitgliedschaft – (Verbands-)Mitgliedschaft ohne Tarifbindung
OVG – Oberverwaltungsgericht
OWiG – Gesetz über Ordnungswidrigkeiten

PatG – Patentgesetz
PersR – Personalrat; Der Personalrat (Zeitschrift)
PersV – Die Personalvertretung (Zeitschrift)
PersVG – Personalvertretungsgesetz
PflR – Zeitschrift für Rechtsfragen der stationären und ambulanten Pflege
PflV – Pflegeversicherung
PflVG – Pflichtversicherungsgesetz
PKH – Prozesskostenhilfe
PM – Pressemitteilung

PostPersRG – Postpersonalrechtsgesetz
ProdHG – Produkthaftungsgesetz
PSA – Personal-Service-Agentur
PSVaG – Pensions-Sicherungsverein auf Gegenseitigkeit
PV – Pflegeversicherung

RABl. – Reichsarbeitsblatt
RAG – Reichsarbeitsgericht
RdA – Recht der Arbeit (Zeitschrift)
RdErl. – Runderlass
Rdschr. – Rundschreiben
RDV – Recht der Datenverarbeitung (Zeitschrift)
RefE – Referentenentwurf
RegE – Regierungsentwurf
RG – Reichsgericht
RGBl. – Reichsgesetzblatt
RGRK – Reichsgerichtsräte-Kommentar
Rh.-Pf. – Rheinland-Pfalz
RIW – Recht der internationalen Wirtschaft (Zeitschrift)
rkr. – rechtskräftig
RL – Richtlinie
röm.-kath. – römisch-katholisch
RöntgenV – Verordnung über den Schutz vor Schäden durch Röntgenstrahlen (Röntgenverordnung)
Rpfleger – Der Deutsche Rechtspfleger (Zeitschrift)
RpflG – Rechtspflegergesetz
RRG – Rentenreformgesetz
r+s – recht und schaden (Zeitschrift)
Rspr. – Rechtsprechung
RV – Rentenversicherung
RVO – Reichsversicherungsordnung
Rz. – Randziffer
RzK – Rechtsprechung zum Kündigungsrecht

S. – Satz; Seite; Siehe
s.a. – siehe auch
Sa.-Anh. – Sachsen-Anhalt
Saarl. – Saarland
SachBezV – Verordnung über den Wert der Sachbezüge in der Sozialversicherung (Sachbezugsverordnung)
Sachs. – Sachsen
Sachverst. – Sachverständige(r)
SAE – Sammlung arbeitsrechtlicher Entscheidungen (Zeitschrift)
Schl.-Holst. – Schleswig-Holstein
SchwarzArbG – Gesetz zur Bekämpfung der Schwarzarbeit
SchwbG – Schwerbehindertengesetz
SE – Societas Europaea (Europäische Aktiengesellschaft)
SEBG – Gesetz über die Beteiligung der Arbeitnehmer in einer Europäischen Gesellschaft
SeemG – Seemannsgesetz
SE-VO – EU-Verordnung des Rates über das Statut der Europäischen Gesellschaft
SG – Sozialgericht
SGb – Die Sozialgerichtsbarkeit (Zeitschrift)
SGB – Sozialgesetzbuch
SGG – Sozialgerichtsgesetz
SigG – Signaturgesetz
SigV – Signaturverordnung
s.o. – siehe oben
sog. – so genannt
SoldG – Soldatengesetz
SozV – Sozialversicherung
SozVers – Die Sozialversicherung (Zeitschrift)
SprAu – Sprecherausschussgesetz
SprAuG – Sprecherausschussgesetz
st. Rspr. – ständige Rechtsprechung
StBGebV – Steuerberatergebührenverordnung
StGB – Strafgesetzbuch
str. – streitig
StrahlenschutzV – Verordnung über den Schutz vor Schäden durch ionisierende Strahlen (Strahlenschutzverordnung)
StVG – Straßenverkehrsgesetz
StVO – Straßenverkehrsordnung
StVZO – Straßenverkehrs-Zulassungs-Ordnung
s.u. – siehe unten
SvEV – Verordnung über die sozialversicherungsrechtliche Beurteilung von Zuwendungen des Arbeitgebers als Arbeitsentgelt (Sozialversicherungsentgeltverordnung)
SVG – Soldatenversorgungsgesetz

Thür. – Thüringen
TRGS – Technische Regeln für Gefahrstoffe
TV – Tarifvertrag
TVG – Tarifvertragsgesetz
TzBfG – Teilzeit- und Befristungsgesetz

u. – und
ua. – unter anderem/n
uam. – und andere mehr
UFITA – Archiv für Urheber-, Film-, Funk- und Theaterrecht (Zeitschrift)
U-Kasse – Unterstützungskasse
ULAK – Urlaubs- und Lohnausgleichskasse für die Bauwirtschaft
umstr. – umstritten
UmweltHG – Umwelthaftungsgesetz
UmwG – Umwandlungsgesetz
UrhG – Urheberrechtsgesetz
USG – Gesetz über die Sicherung des Unterhalts der zum Wehrdienst einberufenen Wehrpflichtigen und ihrer Angehörigen (Unterhaltssicherungsgesetz)
USK – Urteilssammlung für die gesetzliche Krankenversicherung
uU – unter Umständen
UV – Unfallversicherung
UVV – Unfallverhütungsvorschriften
UZwGBw – Gesetz über die Anwendung unmittelbaren Zwanges und die Ausübung besonderer Befugnisse durch Soldaten der Bundeswehr und zivile Wachpersonen

VAG – Versicherungsaufsichtsgesetz
VC – Vereinigung Cockpit
VereinsG – Vereinsgesetz

Abkürzungsverzeichnis

VerglO – Vergleichsordnung
VermBG – Gesetz zur Förderung der Vermögensbildung der Arbeitnehmer
VersR – Zeitschrift für Versicherungsrecht, Haftungs- und Schadensrecht
Vfg. – Verfügung
vgl. – vergleiche
vH – vom Hundert
VO – Verordnung
VOBl. – Verordnungsblatt
Vorb. – Vorbemerkung
Vors. – Vorsitzende(r)
VorsRi – Vorsitzende/r Richter/in
VVaG – Versicherungsverein auf Gegenseitigkeit
VVG – Gesetz über den Versicherungsvertrag
VwGO – Verwaltungsgerichtsordnung
VwKostG – Verwaltungskostengesetz
VwVfG – Verwaltungsverfahrensgesetz
VwVG – Verwaltungsvollstreckungsgesetz
vZvE – verbleibendes zu versteuerndes Einkommen

WA – Wirtschaftsausschuss
WahlO, WO – Wahlordnung
weiterf. – weiterführend(e)
WHO – Weltgesundheitsorganisation
WissZeitVG – Wissenschaftszeitvertragsgesetz
WM – Wertpapier-Mitteilungen (Zeitschrift)
WPflG – Wehrpflichtgesetz
WpÜG – Wertpapiererwerbs- und Übernahmegesetz
WRV – Weimarer Reichsverfassung

ZA – Zusatzabkommen
ZA NTS – Zusatzabkommen zum Nato-Truppenstatut
ZAS – Zeitschrift für Arbeits- und Sozialrecht
zB – zum Beispiel
ZDG – Zivildienstgesetz
ZESAR – Zeitschrift für europäisches Sozial- und Arbeitsrecht
ZevKR – Zeitschrift für evangelisches Kirchenrecht
ZfA – Zeitschrift für Arbeitsrecht
ZfS – Zentralblatt für Sozialversicherung, Sozialhilfe und Versorgung (Zeitschrift)
ZfSch – Zeitschrift für Schadensrecht
ZGR – Zeitschrift für Unternehmens- und Gesellschaftsrecht
ZHR – Zeitschrift für das gesamte Handelsrecht und Wirtschaftsrecht
Ziff. – Ziffer
ZIP – Zeitschrift für Wirtschaftsrecht
ZPO – Zivilprozessordnung
ZRP – Zeitschrift für Rechtspolitik
zT – zum Teil
ZTR – Zeitschrift für Tarifrecht
ZUM – Zeitschrift für Urheber- und Medienrecht
zust. – zustimmend
zutr. – zutreffend
zvE – zu versteuerndes Einkommen
ZVK – Zusatzversorgungskasse des Bausgewerbes VVaG
zVv. – zur Veröffentlichung vorgesehen
ZZP – Zeitschrift für Zivilprozess

Literaturverzeichnis

Ahrend/Förster/Rößler, Steuerrecht der betrieblichen Altersversorgung, Loseblatt
Andresen/Förster/Rößler/Rühmann, Arbeitsrecht der betrieblichen Altersversorgung, Loseblatt
Annuß/Thüsing, Teilzeit- und Befristungsgesetz, 2. Aufl. 2006
APS/*Bearbeiter*, siehe *Ascheid/Preis/Schmidt*
AR-Blattei/*Bearbeiter*, siehe *Dieterich/Neef/Schwab*
Ascheid, Urteils- und Beschlussverfahren im Arbeitsrecht, 2. Aufl. 1998
Ascheid/Preis/Schmidt, Großkommentar zum Kündigungsrecht, 2. Aufl. 2004 (zit. APS/*Bearbeiter*)
Auffarth/Schönherr, Arbeitsgerichtsgesetz, Loseblatt

Bader/Bram/Dörner/Wenzel, Kommentar zum Kündigungsschutzgesetz und zu den §§ 620–628 BGB, Loseblatt (zit. BBDW/*Bearbeiter*)
Bader/Creutzfeldt/Friedrich, Arbeitsgerichtsgesetz, 4. Aufl. 2006 (zit. BCF/*Bearbeiter*)
Bauer, Arbeitsrechtliche Aufhebungsverträge, 8. Aufl. 2007
Bauer/Diller, Wettbewerbsverbote, 4. Aufl. 2006
Bauer/Göpfert/Krieger, Allgemeines Gleichbehandlungsgesetz, 2. Aufl. 2008
Bauer/Lingemann/Diller/Haußmann, Anwalts-Formularbuch Arbeitsrecht, 3. Aufl. 2008
Baumbach/Hopt, Handelsgesetzbuch, 33. Aufl. 2008
Baumbach/Hueck, GmbH-Gesetz, 18. Aufl. 2006
Baumbach/Lauterbach/Albers/Hartmann, Zivilprozessordnung, 66. Aufl. 2008 (zit. BLAH/*Bearbeiter*)
BBDW/*Bearbeiter*, siehe *Bader/Bram/Dörner/Wenzel*
Becker/Wulfgramm, Arbeitnehmerüberlassungsgesetz, 3. Aufl. 1985
Berscheid, Arbeitsverhältnisse in der Insolvenz, 1999
Berscheid/Kunz/Brand (Hrsg.), Praxis des Arbeitsrechts, 2. Aufl. 2003
BLAH/*Bearbeiter*, siehe *Baumbach/Lauterbach/Albers/Hartmann*
Blomeyer/Rolfs/Otto, Betriebsrentengesetz, 4. Aufl. 2006
Boecken/Joussen, Teilzeit- und Befristungsgesetz, 2007
Boemke, Gewerbeordnung, Kommentar zu §§ 105–110, 2003
Boemke/Lembke, Arbeitnehmerüberlassungsgesetz, 2. Aufl. 2005
Boewer, Mitbestimmung in wirtschaftlichen Angelegenheiten, 4. Aufl. 2005
Boldt, Mitbestimmungsgesetz Eisen und Kohle, 1952
Braun/Mühlhausen/Munk/Stück, Berufsbildungsgesetz, 2004
Brox/Rüthers, Arbeitskampfrecht, 2. Aufl. 1982
Brox/Rüthers/Henssler, Arbeitsrecht, 17. Aufl. 2007
Brox/Walker, Zwangsvollstreckungsrecht, 7. Aufl. 2003
Buchner/Becker, Mutterschutzgesetz und Bundeserziehungsgeldgesetz, 7. Aufl. 2003
Busemann/Schäfer, Kündigung und Kündigungsschutz im Arbeitsverhältnis, 5. Aufl. 2006

Caspers, Personalabbau und Betriebsänderung im Insolvenzverfahren, 1998

Dachrodt/Engelbert, Praktiker-Kommentar zum Betriebsverfassungsrecht, 2002
Däubler, Arbeitskampfrecht, 2. Aufl. 1987
Däubler, Arbeitsrecht, 7. Aufl. 2008
Däubler (Hrsg.), Tarifvertragsgesetz, 2. Aufl. 2006
Däubler, Tarifvertragsrecht: ein Handbuch, 3. Aufl. 1993
Däubler/Dorndorf/Bonin/Deinert, AGB-Kontrolle im Arbeitsrecht, 2. Aufl. 2008 (zit. DDBD/*Bearbeiter*)
Däubler/Kittner/Klebe (Hrsg.), BetrVG – Betriebsverfassungsgesetz mit Wahlordnung, 11. Aufl. 2008 (zit. DKK/*Bearbeiter*)
Dauner-Lieb/Heidel/Lepa/Ring (Hrsg.), Das neue Schuldrecht in der anwaltlichen Praxis, 2002 (zit. Dauner-Lieb/Heidel/Lepa/Ring/*Bearbeiter*, Schuldrecht)
Dauner-Lieb/Konzen/Schmidt (Hrsg.), Das neue Schuldrecht in der Praxis, 2003
DDBD/*Bearbeiter* siehe *Däubler/Dorndorf/Bonin/Deinert*
Dersch/Volkmar, Arbeitsgerichtsgesetz, 6. Aufl. 1955
Dieterich/Neef/Schwab, Arbeitsrecht-Blattei (zit. AR-Blattei/*Bearbeiter*)
Dietz/Nikisch, Arbeitsgerichtsgesetz, 1954
DKK/*Bearbeiter*, siehe *Däubler/Kittner/Klebe*
Dorn/Nackmayr, Das neue Berufsbildungsgesetz, BDAktuell Nr. 14, 2005
Dreier (Hrsg.), Grundgesetz, Bd. 1, Art. 1–19, 2. Aufl. 2004
Dunkl/Moeller/Baur/Feldmeier, Handbuch des vorläufigen Rechtsschutzes, 3. Aufl. 1999
Dütz, Arbeitsrecht, 12. Aufl. 2007

Düwell (Hrsg.), Betriebsverfassungsgesetz, Handkommentar, 2. Aufl. 2006 (zit. HaKo-BetrVG/*Bearbeiter*)
Düwell/Lipke (Hrsg.), Arbeitsgerichtsgesetz, 2. Aufl. 2005

Ehricke/Ekkenga/Oechsler, Wertpapiererwerbs- und Übernahmegesetz, 2003
Ennemann/Griese, Taktik des Arbeitsgerichtsprozesses, 2. Aufl. 2002
Erfurter Kommentar zum Arbeitsrecht, hrsg. von Müller-Glöge/Preis/Schmidt, 8. Aufl. 2008 (zit. ErfK/*Bearbeiter*)
Erman, BGB, 11. Aufl. 2004 u. 12. Aufl. 2008

Feldgen, Nachweisgesetz, 1995
Fiebig, Ermessensspielraum der Einigungsstelle, 1992
Fischer/Möhring/Westermann, Festschrift für Hans Karl Barz zum 65. Geburtstag, 1974
Fitting/Engels/Schmidt/Trebinger/Linsenmaier, Betriebsverfassungsgesetz, 23. Aufl. 2006 u. 24. Aufl. 2008 (zit. *Fitting*)
Fitting/Wlotzke/Wißmann, Mitbestimmungsgesetz, 2. Aufl. 1978
FK-InsO/*Bearbeiter*, siehe *Wimmer*
Friedemann, Das Verfahren der Einigungsstelle bei Interessenausgleich und Sozialplan, 1997

Gagel (Hrsg.), SGB III – Arbeitsförderung, Loseblatt (zit. Gagel/*Bearbeiter*)
Galperin/Löwisch, Betriebsverfassungsgesetz, 6. Aufl. 1982 mit Nachtrag 1985
Gamillscheg, Kollektives Arbeitsrecht, Bd. I, 1997
Gaul, B., Aktuelles Arbeitsrecht, 2000 ff. (zit. *Bearbeiter* in Gaul, AktuellAR Jahr, S.)
Gaul, B., Das Arbeitsrecht der Betriebs- und Unternehmensspaltung, 2002
Gedon/Hurlebaus, Berufsbildungsrecht, Loseblatt, Stand: Dezember 2007
Geibel/Süßmann, Wertpapiererwerbs- und Übernahmegesetz, 2002
Gemeinschaftskommentar zum Arbeitsgerichtsgesetz, Loseblatt (zit. GK-ArbGG/*Bearbeiter*)
Gemeinschaftskommentar zum Betriebsverfassungsgesetz, 8. Aufl. 2005 (zit. GK-BetrVG/*Bearbeiter*)
Gemeinschaftskommentar zum Kündigungsschutzgesetz und zu sonstigen kündigungsschutzrechtlichen Vorschriften (KR), 8. Aufl. 2007 (zit. KR/*Bearbeiter*)
Gemeinschaftskommentar zum Mitbestimmungsgesetz, Loseblatt (zit. GK-MitbestG/*Bearbeiter*)
Germelmann/Matthes/Prütting/Müller-Glöge, Arbeitsgerichtsgesetz, 6. Aufl. 2008 (zit. GMPM/*Bearbeiter*)
Geßler/Hefermehl/Eckardt/Kropff, Aktiengesetz, 1973 ff.
Gift/Baur, Das Urteilsverfahren vor den Gerichten für Arbeitssachen, 1993
GK-ArbGG/*Bearbeiter*, siehe Gemeinschaftskommentar zum Arbeitsgerichtsgesetz
GK-BetrVG/*Bearbeiter*, siehe Gemeinschaftskommentar zum Betriebsverfassungsgesetz
GK-MitbestG/*Bearbeiter*, siehe Gemeinschaftskommentar zum Mitbestimmungsgesetz
GMPM/*Bearbeiter*, siehe *Germelmann/Matthes/Prütting/Müller-Glöge*
Gotthardt, Arbeitsrecht nach der Schuldrechtsreform, 2. Aufl. 2003
Grabitz/Hilf, Das Recht der Europäischen Union, Loseblatt
Graue, Mutterschutzgesetz, 2002
Grimm/Brock, Praxis der Arbeitnehmerüberlassung, 2004
Großkommentar zum Aktiengesetz, hrsg. von Hopt/Wiedemann, 4. Aufl. 1992 ff. (zit. GroßkommAktG/*Bearbeiter*)
Grunsky, Arbeitsgerichtsgesetz, 7. Aufl. 1995
Grunsky/Moll, Arbeitsrecht und Insolvenz, 1997

Hachenburg (Hrsg.), GmbHG, Großkommentar, 8. Aufl. 1989 ff.
Hanau/Adomeit, Arbeitsrecht, 14. Aufl. 2007
Hanau/Steinmeyer/Wank, Handbuch des europäischen Arbeits- und Sozialrechts, 2002
Handbuch zum Arbeitsrecht (HzA), hrsg. von Leinemann, Loseblatt (zit. HzA/*Bearbeiter*)
HAS/*Bearbeiter*, siehe *Weiss/Gagel*
Haufe, Das neue Betriebsverfassungsgesetz – Die Reform, 2001
Hauck/Helml, Arbeitsgerichtsgesetz, 3. Aufl. 2006
Heidelberger Kommentar zur Insolvenzordnung, 4. Aufl. 2006 (zit. HK-InsO/*Bearbeiter*)
Heidelberger Kommentar zum Kündigungsschutzgesetz, 4. Aufl. 2001 (zit. HK-KSchG/*Bearbeiter*)
Heilmann, Mutterschutzgesetz, 2. Aufl. 1991
Heinze, Personalplanung, Einstellung und Kündigung, 1982
Hennige, Das Verfahrensrecht der Einigungsstelle, 1996
Herbst/Bertelsmann/Reiter, Arbeitsgerichtliches Beschlussverfahren, 2. Aufl. 1998
Hess, Insolvenzarbeitsrecht, 2. Aufl. 2000
Hess/Worzalla/Glock/Nicolai/Rose, Betriebsverfassungsgesetz, 7. Aufl. 2008 (zit. HWGNR/*Bearbeiter*)
Hess/Weis/Wienberg, Kommentar zur Insolvenzordnung mit EGInsO, 3. Aufl. 2006
Heymann, Handelsgesetzbuch, Bd. 3 (§§ 238–342a), 2. Aufl. 1999

Hergenröder, Der Arbeitskampf mit Auslandsberührung, 1987
Heubeck/Höhne/Paulsdorff/Rau/Weinert, Gesetz zur Verbesserung der betrieblichen Altersversorgung, Bd. 1, Arbeitsrechtliche Vorschriften, 2. Aufl. 1982 (zit. HHPRW/*Bearbeiter*)
HHPRW/*Bearbeiter* s. *Heubeck/Höhne/Paulsdorff/Rau/Weinert*
HK-InsO/*Bearbeiter*, siehe Heidelberger Kommentar zur Insolvenzordnung
HK-KSchG/*Bearbeiter*, siehe Heidelberger Kommentar zum Kündigungsschutzgesetz
Höfer, Gesetz zur Verbesserung der betrieblichen Altersversorgung, Bd. 1: Arbeitsrecht, 9. Aufl. 2006
Hoffmann/Lehmann/Weinmann, Mitbestimmungsgesetz, 1978
von Hoyningen-Huene, Betriebsverfassungsrecht, 6. Aufl. 2007
von Hoyningen-Huene/Linck, Kündigungsschutzgesetz, 14. Aufl. 2007
Hromadka/Maschmann, Arbeitsrecht (Lehrbuch), Bd. 1 und 2, 1. Aufl. 1998 u. 3. Aufl. 2005/2004
Hueck/Nipperdey, Arbeitsrecht, Bd. 1, 7. Aufl. 1963, Bd. II Teilbd. 1, 7. Aufl. 1970
Hüffer, Aktiengesetz, 8. Aufl. 2008
Hümmerich, Gestaltung von Arbeitsverträgen, 2006
Hurlebaus (Hrsg.), Entscheidungssammlung zum Berufsbildungsrecht (EzB), Loseblatt
HWGNR/*Bearbeiter*, siehe *Hess/Worzalla/Glock/Nicolai/Rose*
HzA/*Bearbeiter*, siehe Handbuch zum Arbeitsrecht

Jacobs/Krause/Oetker, Tarifvertragsrecht, 2007
Jaeger/Röder/Heckelmann, Praxishandbuch Betriebsverfassungsrecht, 2003
Jarass/Pieroth, Grundgesetz für die Bundesrepublik Deutschland, 9. Aufl. 2007
Jauernig, BGB, 12. Aufl. 2007
Jauernig, Zivilprozessrecht, 29. Aufl. 2007

Kaiser/Dunkl/Hold/Kleinsorge, Entgeltfortzahlungsgesetz, 5. Aufl. 2000
Kallmeyer (Hrsg.), Umwandlungsgesetz, 3. Aufl. 2006
Kasseler Handbuch zum Arbeitsrecht, hrsg. von Leinemann, 2. Aufl. 2000 (zit. KassHdb/*Bearbeiter*)
Kasseler Kommentar Sozialversicherungsrecht, Loseblatt
KDZ/*Bearbeiter*, siehe *Kittner/Däubler/Zwanziger*
Kempen/Zachert, Tarifvertragsgesetz, 4. Aufl. 2006
Kemper/Kisters-Kölkes/Berenz/Bode/Pühler, BetrAVG, 3. Aufl. 2008 (zit. KKBBP/*Bearbeiter*)
Kilger/Schmidt, Insolvenzgesetze, 17. Aufl. 1997
Kissel, Arbeitskampfrecht, 2002
Kissel, Gerichtsverfassungsgesetz, 4. Aufl. 2005
Kittner/Däubler/Zwanziger, Kündigungsschutzrecht, Kommentar für die Praxis zu Kündigungen und anderen Formen der Beendigung von Arbeitsverhältnissen, 6. Aufl. 2004 u. 7. Aufl. 2008, (zit. KDZ/ *Bearbeiter*)
Kittner/Zwanziger (Hrsg.), Arbeitsrecht, 4. Aufl. 2007
KKBBP/*Bearbeiter* s. *Kemper/Kisters-Kölkes/Berenz/Bode/Pühler*
Klebe/Ratayczak/Heilmann/Spoo, Betriebsverfassungsgesetz, 14. Aufl. 2007
Koberski/Asshoff/Hold, Arbeitnehmer-Entsendegesetz, Kommentar, 2. Aufl. 2002
Kölner Kommentar zum Aktiengesetz, hrsg. von Zöllner, 2. Aufl. 1986 ff. (zit. KölnKommAktG/*Bearbeiter*)
Kölner Kommentar zum WpÜG, hrsg. von Hirte, 2003 (zit. KölnKommWpÜG/*Bearbeiter*)
Kötter, Gesetz über die Mitbestimmung der Arbeitnehmer in den Aufsichtsräten und Vorständen der Unternehmen des Bergbaus und der Eisen und Stahl erzeugenden Industrie vom 21. Mai 1951, 1952 (zit. *Kötter*, Mitbestimmungsrecht)
KR/*Bearbeiter*, siehe Gemeinschaftskommentar zum Kündigungsschutzgesetz
Kübler/Prütting (Hrsg.), Kommentar zur Insolvenzordnung, Loseblatt
Küttner (Hrsg.), Personalbuch 2007, 14. Aufl. 2007 (zit. Küttner/*Bearbeiter*, Stichwort, Rz.)

Lakies, AGB im Arbeitsrecht, 2006
Landmann/Rohmer, Gewerbeordnung und ergänzende Vorschriften, Loseblatt
Larenz/Wolf, Allgemeiner Teil des Bürgerlichen Rechts, 9. Aufl. 2004
Leinemann/Linck, Urlaubsrecht, Kommentar, 2. Aufl. 2001
Leinemann/Taubert, Berufsbildungsgesetz, 2002
Lembke, Die Arbeitskampfbeteiligung von Außenseitern, 2000
Lembke, Mediation im Arbeitsrecht, 2001
Lieb/Jacobs, Arbeitsrecht, 9. Aufl. 2006
Löwisch (Hrsg.), Arbeitskampf- und Schlichtungsrecht, 2. Aufl. 1997
Löwisch/Kaiser, Betriebsverfassungsgesetz, 5. Aufl. 2002
Löwisch/Rieble, Tarifvertragsgesetz, 2. Aufl. 2004
Löwisch/Spinner, Kommentar zum Kündigungsschutzgesetz, 9. Aufl. 2004
Lutter (Hrsg.), Umwandlungsgesetz, 3. Aufl. 2004
Lutter/Hommelhoff (Hrsg.), GmbH-Gesetz, Kommentar, 16. Aufl. 2004

Literaturverzeichnis

Lutter/Hommelhoff (Hrsg.), SE-Kommentar, 2008
Lutter/Krieger, Rechte und Pflichten des Aufsichtsrats, 4. Aufl. 2002 (zit. *Lutter/Krieger*, Rz.)

von Mangoldt/Klein/Starck, Grundgesetz, 5. Aufl. 2005
Meinel/Heyn/Herms, Teilzeit- und Befristungsgesetz, 2. Aufl. 2004
Meisel/Sowka, Mutterschutzgesetz, Mutterschaftshilfe, Erziehungsgeld, 5. Aufl. 1999
MüKo s. Münchener Kommentar
Müller/Lehmann, Kommentar zum Mitbestimmungsgesetz Bergbau und Eisen, 1952
von Münch/Kunig (Hrsg.), Grundgesetz, Bd. 1, 5. Aufl. 2000, Bd. 2, 5. Aufl. 2001, Bd. 3, 4./5. Aufl. 2003
MünchArbR/*Bearbeiter* siehe Münchener Handbuch zum Arbeitsrecht
Münchener Handbuch zum Arbeitsrecht, hrsg. von Richardi/Wlotzke, 2. Aufl. 2000 ff. (zit. MünchArbR/*Bearbeiter*)
Münchener Handbuch des Gesellschaftsrechts, Bd. IV: Aktiengesellschaft, 3. Aufl. 2007 (zit. MünchGesR/*Bearbeiter*)
Münchener Kommentar Aktiengesetz, 2. Aufl. 2000 ff. (zit. MükoAktG/*Bearbeiter*)
Münchener Kommentar zum Bürgerlichen Gesetzbuch, hrsg. von Rebmann/Rixecker/Säcker, 4. Aufl. 2000 ff. (zit. MüKo/*Bearbeiter*)
Münchener Kommentar zur Insolvenzordnung, hrsg. von Kirchhof/Lwowski/Stürner, 2. Aufl. 2007/2008 (zit. MüKoInsO/Bearbeiter)
Münchener Kommentar zur Zivilprozessordnung, hrsg. von Lüke/Wax, 2. Aufl. 2000 ff. (zit. MüKoZPO/*Bearbeiter*)
MünchGesR/*Bearbeiter*, siehe Münchener Handbuch des Gesellschaftsrechts
Musielak, Zivilprozessordnung, 5. Aufl. 2007

Natzel, Berufsbildungsgesetz, 3. Aufl. 1982
Nehrlich/Römermann (Hrsg.), Insolvenzordnung, Loseblatt
Neumann/Fenski, Bundesurlaubsgesetz, 9. Aufl. 2003
Niesel (Hrsg.), SGB III, 4. Aufl. 2007
Nikisch, Arbeitsrecht, 2. Aufl. 1959
Nimscholz/Oppermann/Ostrowicz, Altersteilzeit, 5. Aufl. 2006

Oetker/Preis (Hrsg.), Europäisches Arbeits- und Sozialrecht – EAS, Loseblatt
Ostrowicz/Künzl/Schäfer, Handbuch des arbeitsgerichtlichen Verfahrens, 3. Aufl. 2006

Palandt, Bürgerliches Gesetzbuch, 66. Aufl. 2007
Picot/Schnitker, Arbeitsrecht bei Unternehmenskauf und Restrukturierung, 2001
Pieroth/Schlink, Grundrechte Staatsrecht II, 23. Aufl. 2007
Preis, Der Arbeitsvertrag, 2. Aufl. 2005
Pünnel/Isenhardt, Die Einigungsstelle des BetrVG 1972, 4. Aufl. 1997

Raiser, Mitbestimmungsgesetz nebst Wahlordnungen, Kommentar, 4. Aufl. 2002
Reichold, Arbeitsrecht, 2. Aufl. 2006
RGRK – Das Bürgerliche Gesetzbuch mit besonderer Berücksichtigung der Rechtsprechung des Reichsgerichts und des Bundesgerichtshofes, 12. Aufl. 1974 ff., Bd. 2, Teillieferung 3–1 (§§ 611–620 BGB), 1997 (zit. RGRK/*Bearbeiter*)
Richardi (Hrsg.), Betriebsverfassungsgesetz mit Wahlordnung, 2 Bde, 11. Aufl. 2008
Röder/Baeck, Interessenausgleich und Sozialplan, 3. Aufl. 2001
Rosenberg/Schwab/Gottwald, Zivilprozessrecht, 16. Aufl. 2004
Rowedder/Schmidt-Leithoff, GmbH-Gesetz, 4. Aufl. 2002

Sachs, Grundgesetz, 4. Aufl. 2007
Sahmer/Busemann, Arbeitsplatzschutzgesetz, Loseblatt, 2000
Schaefer, Das Nachweisgesetz – Auswirkungen auf den Arbeitsvertrag, 2000
Schaub, Arbeitsgerichtsverfahren, 7. Aufl. 2001
Schaub/Neef/Schrader, Arbeitsrechtliche Formularsammlung, 8. Aufl. 2004
Schaub, Arbeitsrechts-Handbuch, 11. Aufl. 2005 u. 12. Aufl. 2008 (zit. *Schaub*, ArbRHdb)
Schliemann (Hrsg.), Das Arbeitsrecht im BGB, 2. Aufl. 2002 (zit. ArbR-BGB/*Bearbeiter*)
K. Schmidt/Lutter (Hrsg.), Aktiengesetz, 2008
Schmidt-Bleibtreu/Klein, Kommentar zum Grundgesetz, 10. Aufl. 2004
Schoden, Nachweisgesetz, Textausgabe mit Kurzkommentierung, 1996
Scholz, GmbHG, 10. Aufl. 2007
Schrader, Rechtsfallen in Arbeitsverträgen, 2001
Schüren/Hamann, Arbeitnehmerüberlassungsgesetz, 3. Aufl. 2007
Schuschke/Walker, Vollstreckung und vorläufiger Rechtsschutz, Bd. 1 Zwangsvollstreckung §§ 704–915h ZPO, 3. Aufl. 2002, Bd. 2 Arrest, Einstweilige Verfügung §§ 916–945 ZPO, 3. Aufl. 2005

Schwab/Walter, Schiedsgerichtsbarkeit, Systematischer Kommentar, 7. Aufl. 2005
Schwab/Weth, Arbeitsgerichtsgesetz, 2. Aufl. 2008
Seiter, Arbeitskampfparität und Übermaßverbot, 1979
Seiter, Staatsneutralität im Arbeitskampf, 1986
Seiter, Streikrecht und Aussperrungsrecht, 1975
Sievers, TzBfG, 2. Aufl. 2007
Soergel/Siebert, Bürgerliches Gesetzbuch, Bd. 1, Allgemeiner Teil (§§ 1–103), 13. Aufl. 2000, Bd. 12, Schuldrecht 10 (§§ 823–853), 13. Aufl. 2006
Sowka (Hrsg.), Kündigungsschutzgesetz – Kölner Praxiskommentar –, 2. Aufl. 2000
Spiegelhalter, Beck'sches Personalhandbuch, Bd. I: Arbeitsrechtslexikon, Loseblatt (zit. *Bearbeiter* im Arbeitsrechtslexikon)
Stahlhacke/Bader, Arbeitsgerichtsgesetz, 3. Aufl. 1991
Stahlhacke/Preis/Vossen, Kündigung und Kündigungsschutz im Arbeitsverhältnis, 9. Aufl. 2005 (zit. *Stahlhacke/Preis/Vossen*, Rz.)
Staudinger, Kommentar zum Bürgerlichen Gesetzbuch mit Einführungsgesetz und Nebengesetzen, 13. Bearb. 1993 ff.
Stege/Weinspach/Schiefer, Betriebsverfassungsgesetz, 9. Aufl. 2002
Stein/Jonas, Kommentar zur Zivilprozessordnung, 21. Aufl. 1993 ff., 22. Aufl. 2002 ff.
Steinmeyer/Häger, WpÜG, 2. Aufl. 2007

Tettinger/Wank, Gewerbeordnung, 7. Aufl. 2004
Thomas/Putzo, Zivilprozessordnung, 28. Aufl. 2007
Thüsing, AGB-Kontrolle im Arbeitsrecht, 2007
Thüsing, Arbeitnehmerüberlassungsgesetz, 2005
Tschöpe (Hrsg.), Anwalts-Handbuch Arbeitsrecht, 5. Aufl. 2007

UBH/*Bearbeiter* siehe *Ulmer/Brandner/Hensen*
UHH/*Bearbeiter* siehe *Ulmer/Habersack/Henssler*
Ulber, Arbeitnehmerüberlassungsgesetz, 3. Aufl. 2006
Ulmer/Brandner/Hensen, AGB-Recht, 10. Aufl. 2006 (zit. UBH/*Bearbeiter*)
Ulmer/Habersack/Henssler, Mitbestimmungsrecht, 2. Aufl. 2006 (zit. UHH/*Bearbeiter*)

Walker, Der einstweilige Rechtsschutz im Zivilprozess und im arbeitsgerichtlichen Verfahren, 1993
Weber/Ehrich, Einigungsstelle, 1999
Weber/Ehrich/Burmester, Handbuch der arbeitsrechtlichen Aufhebungsverträge, 4. Aufl. 2004
Weber/Ehrich/Hörchens/Oberthür, Handbuch zum Betriebsverfassungsrecht, 2. Aufl. 2003
Weiss/Gagel, Handbuch des Arbeits- und Sozialrechts, Loseblatt
Graf von Westphalen (Hrsg.), Vertragsrecht und AGB-Klauselwerke, Loseblatt
Weth, Das arbeitsgerichtliche Beschlussverfahren, 1995
Weth, Die Zurückweisung verspäteten Vorbringens im Zivilprozess, 1988
Wieczorek/Schütze, Zivilprozessordnung und Nebengesetze, 3. Aufl. 1994 ff.
Wiedemann (Hrsg.), Tarifvertragsgesetz, 7. Aufl. 2007
Wieser, Arbeitsgerichtsverfahren, 1994
Willemsen/Hohenstatt/Schweibert/Seibt, Umstrukturierung und Übertragung von Unternehmen, 3. Aufl. 2008
Wimmer (Hrsg.), Frankfurter Kommentar zur Insolvenzordnung, 4. Aufl. 2006 (zit. FK-InsO/ *Bearbeiter*)
WLMPP/*Bearbeiter*, siehe *Wohlgemuth/Lakies/Malottke/Pieper/Proyer*
Wlotzke/Preis, Betriebsverfassungsgesetz, 3. Aufl. 2006
Wlotzke/Wißmann/Koberski/Kleinsorge, Mitbestimmungsrecht, 3. Aufl. 2008 (zit. WWKK/*Bearbeiter*)
Wohlgemuth/Lakies/Malottke/Pieper/Proyer, Berufsbildungsgesetz, 3. Aufl. 2006 (zit. WLMPP/*Bearbeiter*)
WWKK/*Bearbeiter*, siehe *Wlotzke/Wißmann/Koberski/Kleinsorge*

Zmarzlik/Zipperer/Viethen/Vieß, Mutterschutzgesetz, Mutterschaftsleistungen, 9. Aufl. 2006
Zöller, Zivilprozessordnung, 26. Aufl. 2007
Zöllner/Loritz/Hergenröder, Arbeitsrecht, 6. Aufl. 2008
Zwanziger, Das Arbeitsrecht der Insolvenzordnung, 3. Aufl. 2006

Gesetz über den Ausgleich der Arbeitgeberaufwendungen für Entgeltfortzahlung (Aufwendungsausgleichsgesetz – AAG)

vom 22.12.2005 (BGBl. I S. 3686), zuletzt geändert durch Gesetz vom 26.3.2007 (BGBl. I S. 378)

1 *Erstattungsanspruch*

(1) Die Krankenkassen mit Ausnahme der landwirtschaftlichen Krankenkassen erstatten den Arbeitgebern, die in der Regel ausschließlich der zu ihrer Berufsausbildung Beschäftigten nicht mehr als 30 Arbeitnehmer und Arbeitnehmerinnen beschäftigen, 80 Prozent

1. des für den in § 3 Abs. 1 und 2 und den in § 9 Abs. 1 des Entgeltfortzahlungsgesetzes bezeichneten Zeitraum an Arbeitnehmer und Arbeitnehmerinnen fortgezahlten Arbeitsentgelts,

2. der auf die Arbeitsentgelte nach der Nummer 1 entfallenden von den Arbeitgebern zu tragenden Beiträge zur Bundesagentur für Arbeit und der Arbeitgeberanteile an Beiträgen zur gesetzlichen Kranken- und Rentenversicherung, zur sozialen Pflegeversicherung und nach § 172 Abs. 2 des Sechsten Buches Sozialgesetzbuch sowie der Beitragszuschüsse nach § 257 des Fünften und nach § 61 des Elften Buches Sozialgesetzbuch.

(2) Die Krankenkassen mit Ausnahme der landwirtschaftlichen Krankenkassen erstatten den Arbeitgebern in vollem Umfang

1. den vom Arbeitgeber nach § 14 Abs. 1 des Mutterschutzgesetzes gezahlten Zuschuss zum Mutterschaftsgeld,

2. das vom Arbeitgeber nach § 11 des Mutterschutzgesetzes bei Beschäftigungsverboten gezahlte Arbeitsentgelt,

3. die auf die Arbeitsentgelte nach der Nummer 2 entfallenden von den Arbeitgebern zu tragenden Beiträge zur Bundesagentur für Arbeit und die Arbeitgeberanteile an Beiträgen zur gesetzlichen Kranken- und Rentenversicherung, zur sozialen Pflegeversicherung und nach § 172 Abs. 2 des Sechsten Buches Sozialgesetzbuch sowie der Beitragszuschüsse nach § 257 des Fünften und nach § 61 des Elften Buches Sozialgesetzbuch.

(3) Am Ausgleich der Arbeitgeberaufwendungen nach den Absätzen 1 (U1-Verfahren) und 2 (U2-Verfahren) nehmen auch die Arbeitgeber teil, die nur Auszubildende beschäftigen.

2 *Erstattung*

(1) Die zu gewährenden Beträge werden dem Arbeitgeber von der Krankenkasse ausgezahlt, bei der die Arbeitnehmer und Arbeitnehmerinnen, die Auszubildenden oder die nach § 11 oder § 14 Abs. 1 des Mutterschutzgesetzes anspruchsberechtigten Frauen versichert sind. Für geringfügig Beschäftigte nach dem Vierten Buch Sozialgesetzbuch ist zuständige Krankenkasse die Deutsche Rentenversicherung Knappschaft-Bahn-See als Träger der knappschaftlichen Krankenversicherung. Für Arbeitnehmer und Arbeitnehmerinnen, die nicht Mitglied einer Krankenkasse sind, gilt § 175 Abs. 3 Satz 2 des Fünften Buches Sozialgesetzbuch entsprechend.

(2) Die Erstattung wird auf Antrag erbracht. Sie ist zu gewähren, sobald der Arbeitgeber Arbeitsentgelt nach § 3 Abs. 1 und 2 und § 9 Abs. 1 des Entgeltfortzahlungsgesetzes, Arbeitsentgelt nach § 11 des Mutterschutzgesetzes oder Zuschuss zum Mutterschaftsgeld nach § 14 Abs. 1 des Mutterschutzgesetzes gezahlt hat.

(3) Die Verfahrensbeteiligten können vereinbaren, dass die für das Erstattungsverfahren maßgeblichen Unterlagen durch Datenübertragung ausgetauscht werden.

3 *Feststellung der Umlagepflicht*

(1) Die zuständige Krankenkasse hat jeweils zum Beginn eines Kalenderjahrs festzustellen, welche Arbeitgeber für die Dauer dieses Kalenderjahrs an dem Ausgleich der Arbeitgeberaufwendungen nach § 1 Abs. 1 teilnehmen. Ein Arbeitgeber beschäftigt in der Regel nicht mehr als 30 Arbeitnehmer und Arbeitnehmerinnen, wenn er in dem letzten Kalenderjahr, das demjenigen, für das die Feststellung nach Satz 1 zu treffen ist, vorausgegangen ist, für einen Zeitraum von mindestens acht Kalendermonaten nicht mehr als 30 Arbeitnehmer und Arbeitnehmerinnen beschäftigt hat. Hat ein Betrieb

nicht während des ganzen nach Satz 2 maßgebenden Kalenderjahrs bestanden, so nimmt der Arbeitgeber am Ausgleich der Arbeitgeberaufwendungen teil, wenn er während des Zeitraums des Bestehens des Betriebs in der überwiegenden Zahl der Kalendermonate nicht mehr als 30 Arbeitnehmer und Arbeitnehmerinnen beschäftigt hat. Wird ein Betrieb im Laufe des Kalenderjahrs errichtet, für das die Feststellung nach Satz 1 getroffen ist, so nimmt der Arbeitgeber am Ausgleich der Arbeitgeberaufwendungen teil, wenn nach der Art des Betriebs anzunehmen ist, dass die Zahl der beschäftigten Arbeitnehmer und Arbeitnehmerinnen während der überwiegenden Kalendermonate dieses Kalenderjahrs 30 nicht überschreiten wird. Bei der Errechnung der Gesamtzahl der beschäftigten Arbeitnehmer und Arbeitnehmerinnen bleiben schwerbehinderte Menschen im Sinne des Neunten Buches Sozialgesetzbuch außer Ansatz. Arbeitnehmer und Arbeitnehmerinnen, die wöchentlich regelmäßig nicht mehr als 10 Stunden zu leisten haben, werden mit 0,25, diejenigen, die nicht mehr als 20 Stunden zu leisten haben, mit 0,5 und diejenigen, die nicht mehr als 30 Stunden zu leisten haben, mit 0,75 angesetzt.

(2) Der Arbeitgeber hat der nach § 2 Abs. 1 zuständigen Krankenkasse die für die Durchführung des Ausgleichs erforderlichen Angaben zu machen.

(3) Der Spitzenverband Bund der Krankenkassen regelt das Nähere über die Durchführung des Feststellungsverfahrens nach Absatz 1 [*Fassung ab 1.7.2008*].

4 *Versagung und Rückforderung der Erstattung*

(1) Die Erstattung kann im Einzelfall versagt werden, solange der Arbeitgeber die nach § 3 Abs. 2 erforderlichen Angaben nicht oder nicht vollständig macht.

(2) Die Krankenkasse hat Erstattungsbeträge vom Arbeitgeber insbesondere zurückzufordern, soweit der Arbeitgeber

1. schuldhaft falsche oder unvollständige Angaben gemacht hat oder

2. Erstattungsbeträge gefordert hat, obwohl er wusste oder wissen musste, dass ein Anspruch nach § 3 Abs. 1 und 2 oder § 9 Abs. 1 des Entgeltfortzahlungsgesetzes oder nach § 11 oder § 14 Abs. 1 des Mutterschutzgesetzes nicht besteht.

Der Arbeitgeber kann sich nicht darauf berufen, dass er durch die zu Unrecht gezahlten Beträge nicht mehr bereichert sei. Von der Rückforderung kann abgesehen werden, wenn der zu Unrecht gezahlte Betrag gering ist und der entstehende Verwaltungsaufwand unverhältnismäßig groß sein würde.

5 *Abtretung*

Ist auf den Arbeitgeber ein Anspruch auf Schadenersatz nach § 6 des Entgeltfortzahlungsgesetzes übergegangen, so ist die Krankenkasse zur Erstattung nur verpflichtet, wenn der Arbeitgeber den auf ihn übergegangenen Anspruch bis zur anteiligen Höhe des Erstattungsbetrags an die Krankenkasse abtritt.

6 *Verjährung und Aufrechnung*

(1) Der Erstattungsanspruch verjährt in vier Jahren nach Ablauf des Kalenderjahrs, in dem er entstanden ist.

(2) Gegen Erstattungsansprüche dürfen nur Ansprüche aufgerechnet werden auf

1. Zahlung von Umlagebeträgen, Beiträge zur gesetzlichen Krankenversicherung und solche Beiträge, die die Einzugsstelle für andere Träger der Sozialversicherung und die Bundesagentur für Arbeit einzuziehen hat,

2. Rückzahlung von Vorschüssen,

3. Rückzahlung von zu Unrecht gezahlten Erstattungsbeträgen,

4. Erstattung von Verfahrenskosten,

5. Zahlung von Geldbußen,

6. Herausgabe einer von einem Dritten an den Berechtigten bewirkten Leistung, die der Krankenkasse gegenüber wirksam ist.

7 *Aufbringung der Mittel*

(1) Die Mittel zur Durchführung der U1- und U2-Verfahren werden von den am Ausgleich beteiligten Arbeitgebern jeweils durch gesonderte Umlagen aufgebracht, die die erforderlichen Verwaltungskosten angemessen berücksichtigen.

(2) Die Umlagen sind jeweils in einem Prozentsatz des Entgelts (Umlagesatz) festzusetzen, nach dem die Beiträge zur gesetzlichen Rentenversicherung für die im Betrieb beschäftigten Arbeitnehmer, Arbeitnehmerinnen und Auszubildenden bemessen werden oder bei Versicherungspflicht in der gesetzlichen Rentenversicherung zu bemessen wären. Bei der Berechnung der Umlage für Aufwendungen nach § 1 Abs. 1 sind Entgelte von Arbeitnehmern und Arbeitnehmerinnen, deren Beschäftigungsverhältnis bei einem Arbeitgeber nicht länger als vier Wochen besteht und bei denen wegen der Art des Beschäftigungsverhältnisses auf Grund des § 3 Abs. 3 des Entgeltfortzahlungsgesetzes kein Anspruch auf Entgeltfortzahlung im Krankheitsfall entstehen kann, sowie einmalig gezahlte Arbeitsentgelte nach § 23a des Vierten Buches Sozialgesetzbuch nicht zu berücksichtigen. Für die Zeit des Bezugs von Kurzarbeitergeld bemessen sich die Umlagen nach dem tatsächlich erzielten Arbeitsentgelt bis zur Beitragsbemessungsgrenze in der gesetzlichen Rentenversicherung.

8 *Verwaltung der Mittel*

(1) Die Krankenkassen verwalten die Mittel für den Ausgleich der Arbeitgeberaufwendungen als Sondervermögen. Die Mittel dürfen nur für die gesetzlich vorgeschriebenen oder zugelassenen Zwecke verwendet werden.

(2) Die Krankenkasse kann durch Satzungsregelung die Durchführung der U1- und U2-Verfahren auf eine andere Krankenkasse oder einen Landes- oder Bundesverband übertragen. Der Einzug der Umlagen obliegt weiterhin der übertragenden Krankenkasse, die die von den Arbeitgebern gezahlten Umlagen an die durchführende Krankenkasse oder den Verband weiterzuleiten hat. § 90 des Vierten Buches Sozialgesetzbuch gilt entsprechend.

9 *Satzung*

(1) Die Satzung der Krankenkasse muss insbesondere Bestimmungen enthalten über die

1. Höhe der Umlagesätze,

2. Bildung von Betriebsmitteln,

3. Aufstellung des Haushalts,

4. Prüfung und Abnahme des Rechnungsabschlusses.

(2) Die Satzung kann

1. die Höhe der Erstattung nach § 1 Abs. 1 beschränken und verschiedene Erstattungssätze, die 40 vom Hundert nicht unterschreiten, vorsehen,

2. eine pauschale Erstattung des von den Arbeitgebern zu tragenden Teils des Gesamtsozialversicherungsbeitrags für das nach § 11 des Mutterschutzgesetzes gezahlte Arbeitsentgelt vorsehen,

3. die Zahlung von Vorschüssen vorsehen,

4. (weggefallen),

5. die Übertragung nach § 8 Abs. 2 enthalten.

(3) Die Betriebsmittel dürfen den Betrag der voraussichtlichen Ausgaben für drei Monate nicht übersteigen.

(4) In Angelegenheiten dieses Gesetzes wirken in den Selbstverwaltungsorganen nur die Vertreter der Arbeitgeber mit; die Selbstverwaltungsorgane der Ersatzkassen haben Einvernehmen mit den für die Vertretung der Interessen der Arbeitgeber maßgeblichen Spitzenorganisationen herzustellen.

(5) Die Absätze 1 bis 4 gelten auch für die durchführende Krankenkasse oder den Verband nach § 8 Abs. 2 Satz 1.

10 *Anwendung sozialversicherungsrechtlicher Vorschriften*

Die für die gesetzliche Krankenversicherung geltenden Vorschriften finden entsprechende Anwendung, soweit dieses Gesetz nichts anderes bestimmt.

11 *Ausnahmevorschriften*

(1) § 1 Abs. 1 ist nicht anzuwenden auf

1. den Bund, die Länder, die Gemeinden und Gemeindeverbände sowie sonstige Körperschaften, Anstalten und Stiftungen des öffentlichen Rechts sowie die Vereinigungen, Einrichtungen und Unternehmungen, die hinsichtlich der für die Beschäftigten des Bundes, der Länder oder der Gemeinden geltenden Tarifverträge tarifgebunden sind, sowie die Verbände von Gemeinden, Gemeindeverbänden und kommunalen Unternehmen einschließlich deren Spitzenverbände,

2. zivile Arbeitskräfte, die bei Dienststellen und diesen gleichgestellten Einrichtungen der in der Bundesrepublik Deutschland stationierten ausländischen Truppen und der dort auf Grund des Nordatlantikpaktes errichteten internationalen militärischen Hauptquartiere beschäftigt sind,

3. Hausgewerbetreibende (§ 1 Abs. 1 Buchstabe b des Heimarbeitsgesetzes) sowie die in § 1 Abs. 2 Satz 1 Buchstabe b und c des Heimarbeitsgesetzes bezeichneten Personen, wenn sie hinsichtlich der Entgeltregelung gleichgestellt sind,

4. die Spitzenverbände der freien Wohlfahrtspflege (Arbeiterwohlfahrt, Diakonisches Werk der Evangelischen Kirche in Deutschland, Deutscher Caritasverband, Deutscher Paritätischer Wohlfahrtsverband, Deutsches Rotes Kreuz und Zentralwohlfahrtsstelle der Juden in Deutschland) einschließlich ihrer selbständigen und nichtselbständigen Untergliederungen, Einrichtungen und Anstalten, es sei denn, sie erklären schriftlich und unwiderruflich gegenüber einer Krankenkasse mit Wirkung für alle durchführenden Krankenkassen und Verbände ihre Teilnahme am Umlageverfahren nach § 1 Abs. 1.

(2) § 1 ist nicht anzuwenden auf

1. die nach § 2 Abs. 1 Nr. 3 des Zweiten Gesetzes über die Krankenversicherung der Landwirte versicherten mitarbeitenden Familienangehörigen eines landwirtschaftlichen Unternehmers,

2. Dienststellen und diesen gleichgestellte Einrichtungen der in der Bundesrepublik Deutschland stationierten ausländischen Truppen und der dort auf Grund des Nordatlantikpaktes errichteten internationalen militärischen Hauptquartiere mit Ausnahme der in Absatz 1 Nr. 2 genannten zivilen Arbeitskräfte.

12 *Freiwilliges Ausgleichsverfahren*

(1) Für Betriebe eines Wirtschaftszweigs können Arbeitgeber Einrichtungen zum Ausgleich der Arbeitgeberaufwendungen errichten, an denen auch Arbeitgeber teilnehmen, die die Voraussetzungen des § 1 nicht erfüllen. Die Errichtung und die Regelung des Ausgleichsverfahrens bedürfen der Genehmigung des Bundesministeriums für Gesundheit.

(2) Auf Arbeitgeber, deren Aufwendungen durch eine Einrichtung nach Absatz 1 ausgeglichen werden, finden die Vorschriften dieses Gesetzes keine Anwendung.

(3) Körperschaften, Personenvereinigungen und Vermögensmassen im Sinne des § 1 Abs. 1 des Körperschaftsteuergesetzes, die als Einrichtung der in Absatz 1 bezeichneten Art durch das Bundesministerium für Gesundheit genehmigt sind, sind von der Körperschaftsteuer, Gewerbesteuer und Vermögensteuer befreit.

Gesetz über zwingende Arbeitsbedingungen bei grenzüberschreitenden Dienstleistungen (Arbeitnehmer-Entsendegesetz – AEntG)

vom 26.2.1996 (BGBl. I S. 227), zuletzt geändert durch Gesetz vom 21.12.2007 (BGBl. I S. 3140)

Vorbemerkungen

I. Entstehung und Zweck des Gesetzes. Der deutsche Gesetzgeber erließ am 26.2.1996 das AEntG, nachdem zunächst die Bemühungen um eine entsprechende Richtlinie auf der Ebene der EU gescheitert waren[1]. Die EU folgte dann jedoch mit der RL 96/71 über die Entsendung von Arbeitnehmern im Rahmen der Erbringung von Dienstleistungen v. 16.12.1996[2] nach, welche durch das Erste SGB III-Änderungsgesetz[3] sowie das Gesetz zu Korrekturen in der Sozialversicherung und zur Sicherung der Arbeitnehmerrechte[4] ins deutsche Recht umgesetzt wurde. 1

Ziel der Richtlinie und damit auch des AEntG in der jetzigen Fassung sind die Wahrung der Rechte der ArbN und die Förderung eines länderübergreifenden Dienstleistungsverkehrs durch einen fairen Wettbewerb[5]. Diesen fairen Wettbewerb sah die EU dadurch gefährdet, dass es – insb. in der Baubranche – verstärkt zur Entsendung ausländischer ArbN aus Ländern mit niedrigerem Lohn- und ArbN-Schutzniveau in Staaten kam, in denen einheimische ArbGeb höhere Löhne zahlen und mehr ArbN-Rechte wahren mussten. In den Genuss dieser Vorteile kamen die entsandten ArbN nicht, denn ihr Arbeitsverhältnis unterlag in aller Regel trotz der Entsendung dem Recht des entsendenden Staates. Dies liegt daran, dass im Geltungsbereich des Europäischen Schuldvertragsübereinkommens (vgl. EGBGB Rz. 5) das Arbeitsverhältnis dem Recht des gewöhnlichen Arbeitsortes, dem Recht der einstellenden Niederlassung oder dem Recht unterliegt, mit dem das Arbeitsverhältnis die engste Verbindung aufweist (vgl. für Deutschland Art. 30 EGBGB, EGBGB Rz. 11 ff.); alle drei Anknüpfungspunkte führen regelmäßig zum Recht des entsendenden Staates[6]. Auch § 39 II 1 AufenthG, der bei ungünstigeren Arbeitsbedingungen die Versagung der Arbeitserlaubnis vorsieht, greift für ArbN aus anderen Mitgliedstaaten der EU nicht ein (Art. 39 EGV Rz. 34); im Übrigen vermittelt er auch keinen Vergütungsanspruch[7]. 2

Für den entsendenden ArbGeb stellte die Ausnutzung des Lohn- und ArbN-Schutzgefälles einen wettbewerblichen Vorteil dar, der von den Staaten mit höherem Lohn- und ArbN-Schutzniveau als ungerechtfertigt empfunden wurde („Sozialdumping“[8]). Die RL 96/71 ordnet daher in Art. 3 I an, dass unabhängig von dem Recht, welches nach allgemeinen Regeln auf das Arbeitsverhältnis anwendbar wäre, bestimmte Regelungen, die den ArbN in dem Land schützen, in das er entsandt ist, Anwendung finden müssen. Diese Regelungen sind in § 7 I und § 1 I–III wiedergegeben; erfasst ist insb. auch der Mindestlohn. § 7 statuiert damit sog. Eingriffsnormen iSd. Art. 34 EGBGB, welche sich über das an sich anwendbare Recht hinwegsetzen (EGBGB Rz. 32 ff.). Ob ein Verstoß gegen das AEntG zugleich einen Verstoß gegen die Regelungen des UWG darstellen kann, ist noch unentschieden[9]. 3

---

1 BGBl. I S. 227. | 2 ABl. EG 1997 L-18/1. | 3 V. 16.12.1997, BGBl. I S. 2970. | 4 V. 19.12.1998, BGBl. I S. 3843. | 5 Unter Abs. 5 der Erwägungsgründe zur RL 96/71; EuGH v. 18.12.2007 – Rs. C-341/05, NZA 2008, 159 (Rz. 74 ff.) – Laval. Zur wettbewerbsrechtlichen Wirkung des Entsenderechts *Sellin*, Arbeitnehmermobilität und Entsenderecht, 2006. | 6 Näher Hanau/Steinmeyer/Wank/*Hanau*, § 15 Rz. 466 ff.; ErfK/*Schlachter* § 1 AEntG Rz. 1; *Junker*, JZ 2005, 481 (484 f.). | 7 BAG v. 25.6.2002 – 9 AZR 439/01, AP Nr. 15 zu § 1 AEntG. | 8 Der Begriff „Sozialdumping“ sollte indes nur verwendet werden, wenn das Unterbieten ortsüblicher Preise auf rechtswidrigem Verhalten beruht, vgl. Hanau/Steinmeyer/Wank/*Hanau*, § 15 Rz. 464. Zur ökonomischen Terminologie und weiterführend *Möschel*, BB 2005, 1164 ff. | 9 *Koberski/Asshoff/Hold*, § 1 AEntG Rz. 402 ff.; *Schwab*, AR-Blattei SD 370.3, Rz. 14 ff.; *Aulmann*, BB 2007, 826.

4 **II. Vereinbarkeit des AEntG bzw. der Richtlinie 96/71 mit höherrangigem Recht. 1. Verfassungsrecht.** Ua. wurde die Vereinbarkeit des § 1 IIIa AEntG mit Art. 9 III GG bezweifelt, da durch die Norm ein Druck auf den ArbN ausgeübt werde, um der größeren Einflussmöglichkeit willen Mitglied einer der tarifvertragsschließenden Parteien zu werden. Das BVerfG hat die entsprechende Verfassungsbeschwerde nicht zur Entscheidung angenommen[1].

5 Nach Ansicht des BAG ist auch die Erstreckung der für allgemeinverbindlich erklärten TV in § 1 III, dh. die Einbeziehung ausländischer ArbGeb in das Sozialkassenverfahren, verfassungsgemäß[2]. Ebenso ist die in § 1a normierte Bürgenhaftung mit Art. 12 GG vereinbar[3].

6 **2. Recht der EG. a) Richtlinie 96/71.** Die RL 96/71 und das AEntG beschränken den entsendenden ArbGeb in seiner Dienstleistungsfreiheit gem. Art. 49 EGV (Art. 59 EGV aF). Diese Norm bestimmt in Abs. 1, dass Beschränkungen des freien Dienstleistungsverkehrs innerhalb der Gemeinschaft grds. verboten sind. Regelungen, welche geeignet sind, die Dienstleistungsfreiheit zu beschränken, bedürfen damit einer Ermächtigungsgrundlage. Als solche wurden Art. 57 II, 66 EGV aF (jetzt: Art. 47 II, 55 EGV) herangezogen; im Schrifttum wird dies jedoch als unzureichend kritisiert[4]. Die RL 2006/123 vom 12.12.2006 über Dienstleistungen im Binnenmarkt[5] lässt gem. ihres Art. 3 I a) die Bestimmungen der RL 96/71 unberührt.

7 **b) AEntG. aa) Vereinbarkeit mit Art. 49 EGV.** Der EuGH hat bislang nur zur Vereinbarkeit von Bestimmungen in nationalen Umsetzungsgesetzen mit Art. 49 EGV entschieden. Dabei ist zu beachten, dass im Falle der Unvereinbarkeit einer nationalen Regelung mit EG-Recht die nationale Norm nicht anzuwenden ist (EGV Vorb. Rz. 26). Dies gilt freilich nur, wenn der Anwendungsbereich des Art. 49 EGV eröffnet ist, also nicht gegenüber Drittstaaten[6]. Die Dienstleistungsfreiheit ist aber betroffen, wenn ein in der EU ansässiges Unternehmen seine **aus einem Drittstaat stammenden Arbeitnehmer** innerhalb der EU entsenden möchte (dazu Art. 39 EGV Rz. 11)[7]. Zu einer Vorlage an den EuGH ist grds. nur das BAG verpflichtet. Hält ein deutsches unterinstanzliches Gericht eine Norm des AEntG für nicht mit Art. 49 EGV vereinbar, muss es die Norm **inzident verwerfen oder vorlegen** (EGV Vorb. Rz. 29 f.).

8 Die Vereinbarkeit der nationalen Umsetzungsgesetze zur RL 96/71, insb. auch des AEntG, hatte der EuGH mittlerweile wiederholt zu prüfen: Das Gericht geht von dem Grundsatz aus, dass Art. 49 EGV nicht nur die Beseitigung jeder Diskriminierung des in einem anderen Mitgliedstaat ansässigen Dienstleistenden auf Grund seiner Staatsangehörigkeit verlange, sondern auch die Aufhebung aller Beschränkungen – selbst wenn sie unterschiedslos für inländische Dienstleistende wie für solche aus anderen Mitgliedstaaten gelten –, sofern die Beschränkungen geeignet sind, die Tätigkeiten des Dienstleistenden, der in einem anderen Mitgliedstaat ansässig ist und der dort rechtmäßig ähnliche Dienstleistungen erbringt, zu unterbinden, zu behindern oder weniger attraktiv zu machen[8] (sog. **Beschränkungsverbot**, vgl. auch Art. 39 EGV Rz. 45 ff.). Eine Beschränkung könne auch in nationalen Regelungen des Aufnahmemitgliedstaates bestehen, wenn diese zusätzliche administrative und wirtschaftl. Kosten und Belastungen für den Dienstleistenden verursachen. Die Regelungen des AEntG können also grds. gegen das Beschränkungsverbot verstoßen.

9 Für beschränkende Regelungen kommt allerdings eine **Rechtfertigung** in Betracht. Nach Ansicht des EuGH sind Beschränkungen gerechtfertigt, wenn sie auf zwingenden Gründen des Allgemeininteresses beruhen, soweit dieses Interesse nicht bereits durch Vorschriften geschützt wird, denen der Dienstleistende in dem Mitgliedstaat unterliegt, in dem er ansässig ist, und sofern sie geeignet sind, die Verwirklichung des mit ihnen verfolgten Zieles zu gewährleisten, ohne über das hinauszugehen, was zur Erreichung dieses Zieles erforderlich ist[9]; mit anderen Worten muss die Beschränkungen zwingenden Allgemeininteressen dienen und sie muss verhältnismäßig sein.

1 BVerfG v. 18.7.2000 – 1 BvR 948/00, AP Nr. 4 zu § 1 AEntG. Weiterführend zu den verfassungsrechtlichen Bedenken *Ulber*, § 1 AEntG, 2. Aufl., Rz. 58 ff.; *Koberski/Asshoff/Hold*, § 1 AEntG Rz. 101 ff.; *Humbert*, Staatliche Regelungsbefugnisse für Arbeitsentgelte und -bedingungen, 2004, S. 184 ff., 204 ff.; *Löwisch/Rieble*, § 5 Rz. 154 ff.; Däubler/*Lakies*, § 5 Anhang 2 Rz. 54 ff. | 2 BAG v. 25.6.2002 – 9 AZR 405/00 und 439/01; v. 25.1.2005 – 9 AZR 44/04, AP Nr. 12, 15, 22 zu § 1 AEntG. | 3 BVerfG v. 20.3.2007 – 1 BvR 1047/05, NZA2007, 609 ff.; BAG v. 6.11.2002 – 5 AZR 617/01 (A); v. 12.1.2005 – 5 AZR 617/01, AP Nr. 1, 2 zu § 1a AEntG; v. 20.7.2004 – 9 AZR 345/03, AP Nr. 19 zu § 1 AEntG. | 4 *Fritzsche*, Die Vereinbarkeit des AEntG sowie der erfassten Tarifverträge mit höherrangigem Recht, 2001, S. 138 ff.; *Gronert*, Die Entsendung von Arbeitnehmern im Rahmen der grenzüberschreitenden Erbringung von Dienstleistungen, 2001, S. 96 ff.; *Görres*, Grenzüberschreitende Arbeitnehmerentsendung in der EU, 2003, S. 223 ff. Anders *Hanau*, NJW 1996, 1369, 1373; *Zipperling*, Arbeitnehmerentsendung im Spannungsfeld von nationalem und europäischem Recht, 2006, S. 102 f. | 5 ABl. EG 2006 L-376/36. | 6 BAG v. 3.5.2006 – 10 AZR 344/05, AP Nr. 5 zu § 1 AEntG. | 7 EuGH v. 19.1.2006 – Rs. C-244/04, Slg. 2006 I, 885, 913 (Rz. 34) – Kommission gegen Deutschland; v. 9.8.1994 – Rs. C-43/93, Slg. 1993 I, 3803, 3825 (Rz. 15) – Vander Elst. | 8 EuGH v. 18.7.2007 – Rs. C-490/04, NZA 2007, 917 (Rz. 63) – Kommission gegen Deutschland; EuGH v. 12.10.2004 – Rs. C-60/03, Slg. 2004 I, 9555, 9567 (Rz. 31) – Wolff & Müller; v. 24.1.2002 – Rs. C-164/99, Slg. 2002 I, 787, 812 – Portugaia Construções. | 9 EuGH v. 18.12.2007 – Rs. C-341/05, NZA 2008, 159 (Rz. 101) – Laval; v. 24.1.2002 – Rs. C-164/99, Slg. 2002 I, 787, 813 – Portugaia Construções.

Für das AEntG ist maßgeblich, dass auch der **ArbN-Schutz** zu den zwingenden Gründen des Allgemeininteresses gehört[1], insb. auch der soziale Schutz der ArbN des Baugewerbes[2]. Notwendig ist aber, dass die beschränkende Regelung den ArbN einen tatsächlichen Vorteil verschafft, der deutlich zu ihrem sozialen Schutz beiträgt[3]. Ob Regelungen des AEntG dem ArbN-Schutz dienen, hat das nationale Gericht anhand einer objektiven Betrachtung zu prüfen. 10

In der Gesetzesbegründung zum AEntG hat der Gesetzgeber als Ziele des Gesetzes den Schutz der deutschen Bauwirtschaft und den Abbau der Arbeitslosigkeit genannt[4]. Indessen sind nach Ansicht des EuGH Ziele wirtschaftl. Art, wie der Schutz der inländischen Unternehmen, nicht geeignet, eine Beschränkung zu rechtfertigen. Die in der Gesetzesbegründung dargelegte Absicht des Gesetzgebers ist allerdings nicht ausschlaggebend; sie kann aber ein Anhaltspunkt sein[5]. In seiner jüngeren Rspr. hat der EuGH darüber hinaus die Verhinderung von unlauterem Wettbewerb als legitimes Ziel akzeptiert, jedenfalls soweit kein Widerspruch zwischen dieser Zielverfolgung und dem Ziel der Erreichung von Arbeitnehmerschutz bestehe[6]. 11

Insgesamt kommt es daher für die Vereinbarkeit des AEntG mit Art. 49 EGV darauf an, ob die einzelne Regelung dem ausländischen ArbN einen tatsächlichen, insb. materiellen Vorteil bringt. Ein Vorteil liegt nicht vor, wenn die Regelung einen Schutz bietet, den der ArbN auch ohne Eingreifen der Norm bereits vollständig oder im Wesentlichen innehat[7]. 12

bb) Vereinbarkeit mit den Assoziierungsabkommen. Die EG und ihre Mitgliedstaaten haben zB mit Polen, Ungarn und der Slowakei Assoziierungsabkommen geschlossen, die trotz des EU-Beitritts dieser Staaten noch von Bedeutung sein können (EGV Vorb. Rz. 23 f., Art. 39 EGV Rz. 10). Auch mit Marokko, Tunesien, Algerien und Kroatien bestehen ähnliche Abkommen. In ihnen wird den ArbN ein beschränkter Zugang zum Arbeitsmarkt[8] und Gleichbehandlung gewährt. Der EuGH hat ua. für das mit Polen geschlossene Abkommen eine unmittelbare Direktwirkung des Gleichbehandlungsgebots angenommen (zur Direktwirkung vgl. Art. 39 EGV Rz. 10 und EGV Vorb. Rz. 23 f.)[9]. Für die in diesen Abkommen enthaltenen Bestimmungen über den Dienstleistungsverkehr und die Freizügigkeit der ArbN trifft dies nicht zu. Die Vereinbarkeit des § 1a mit den mit der Türkei geschlossenen Abkommen und den dort enthaltenen Verschlechterungsverboten (Art. 39 EGV Rz. 9) ist bejaht worden[10]. 13

cc) Beispiele. (1) Mindestlohn. Mit Art. 49 EGV ist es grds. **vereinbar**, wenn eine Norm einen Unternehmer mit Sitz in einem anderen Mitgliedstaat verpflichtet, die nach nationalem Recht festgelegten Mindestlöhne zu zahlen[11]; trotz der problematischen Gesetzesbegründung (Rz. 11) ist § 1 I 1 Nr. 1 daher grds. mit Art. 49 EGV vereinbar. Maßnahmen, die den ausländischen ArbGeb dazu zwingen, einen über dem gesetzlichen Mindestlohn liegenden Tariflohn zu zahlen, sind dagegen nicht mehr mit Art. 49 EGV vereinbar[12]. Die Berechnung des Mindestlohns durch die Zollbehörden (§ 2) entsprach jedoch nicht den Anforderungen, die Art. 3 der RL 96/71 stellt[13]. Die Behörden müssen den zu zahlenden Mindestlohn (vgl. § 2 TV Mindestlohn, abgedr. im Anh. zu § 1) ermitteln und mit dem real gezahlten Lohn vergleichen. Dabei wurden die vom ArbGeb gezahlten Zulagen oder Zuschläge (mit Ausnahme des Bauzuschlags gem. § 2 I TV Mindestlohn) nicht mitgerechnet. Nach Ansicht des EuGH müssen jedoch grds. auch Zuschläge und sonstige Zahlungen angerechnet werden, solange diese Zahlungen nicht das Gleichgewicht zwischen der Leistung des ArbN und der von ihm erhaltenen Vergütung verändern (zB 13. und 14. Monatsgehalt). Dagegen sind nicht mitzurechnen: Qualitätsprämien, Schmutz-, Erschwernis- oder Gefahrenzulagen[14], Entgelte für Überstunden, Beiträge für zusätzliche betriebliche Altersversorgung 14

---

1 EuGH v. 15.3.2001 – Rs. C-165/98, Slg. 2001 I, 2189, 2222 – Mazzoleni; v. 24.1.2002 – Rs. C-164/99, Slg. 2002 I, 787, 813, 815 – Portugaia Construções; v. 12.10.2004 – Rs. C-60/03, Slg. 2004 I, 9555, 9568 (Rz. 35) – Wolff & Müller; v. 14.4.2005 – Rs. C-341/02, Slg. 2005 I, 2733, 2745 (Rz. 24) – Kommission gegen Deutschland; v. 11.12.2007 – Rs. C-438/05, NZA 2008, 75 (Rz. 77) – Viking. Zust. Däubler/*Lakies*, § 5 Anhang 2 Rz. 51 ff.; abl. *Löwisch/Rieble* § 5 Rz. 160 ff. | 2 EuGH v. 23.11.1999 – Rs. C-369/96, Slg. 1999 I, 8453, 8514 – Arblade; v. 18.12.2007 – Rs. C-341/05, NZA 2008, 159 (Rz. 57, 103 ff.) – Laval (betr. kollektive Maßnahme). | 3 EuGH v. 18.7.2007 – Rs. C-490/04, NZA 2007, 917 (Rz.46) – Kommission gegen Deutschland; EuGH v. 12.10.2004 – Rs. C-60/03, Slg. 2004 I, 9555, 9568 (Rz. 38) – Wolff & Müller; v. 24.1.2002 – Rs. C-164/99, Slg. 2002 I, 787, 815 – Portugaia Construções. | 4 BT-Drs. 13/2414, S. 6 f. | 5 EuGH v. 24.1.2002 – Rs. C-164/99, Slg. 2002 I, 787, 814 f. – Portugaia Construções; v. 25.10.2001 – Rs. C-49, 50, 52–54, 68–71/98, Slg. 2001 I, 7831, 7901 (Rz. 40) – Finalarte. | 6 EuGH v. 12.10.2004 – Rs. C-60/03, Slg. 2004 I, 9555, 9569 f. (Rz. 41 f.) – Wolff & Müller. | 7 EuGH v. 25.10.2001 – Rs. C-49, 50, 52–54, 68–71/98, Slg. 2001 I, 7831, 7902 (Rz. 45)- Finalarte; v. 23.11.1999 – Rs. C-369/96, Slg. 1999 I, 8453, 8518 f. – Arblade. | 8 Zu den Beschränkungen BAG v. 25.6.2002 – 9 AZR 405/00 und 439/01, AP Nr. 12 und 15 zu § 1 AEntG. | 9 EuGH v. 29.1.2002 – Rs. C-162/00, Slg. 2002 I, 1049, 1075 ff. (Rz. 24) – Pokrzeptowicz-Meyer. Ebenso für das Niederlassungsrecht in Art. 44 III des Abkommens EuGH v. 27.9.2001 – Rs. C-63/99, Slg. 2001 I, 6369, 6408 f. – Gloszczuk. | 10 LAG Berlin v. 9.7.2004 – 8 Sa 804/04, EzAÜG § 1a AEntG Nr. 4; LAG Frankfurt v. 1.12.2003 – 16 Sa 461/03, EzAÜG § 1 AEntG Nr. 18. | 11 EuGH v. 24.1.2002 – Rs. C-164/99, Slg. 2002 I, 787, 813 – Portugaia Construções; v. 14.4.2005 – Rs. C-341/02, Slg. 2005 I, 2733, 2745 (Rz. 24) – Kommission gegen Deutschland. Auch die Verpflichtung zur Zahlung von ArbGebBeiträgen zu einem Schlechtwetter- und Treuemarkensystem kann mit Art. 49 EGV vereinbar sein, EuGH v. 23.11.1999 – Rs. C-369/96, Slg. 1999 I, 8453, 8519 – Arblade. | 12 EuGH v. 18.12.2007 – Rs. C-341/05, NZA 2008, 159 (Rz. 80 ff.) – Laval (betr. kollektive Maßnahme). | 13 EuGH v. 14.4.2005 – Rs. C-341/02, Slg. 2005 I, 2733, 2745 ff. (Rz. 24 ff.) – Kommission gegen Deutschland. | 14 Anders BayObLG v. 28.5.2002 – 3 ObOWi 29/02 und 27.11.2002 – 3 ObOWi 93/02, AP Nr. 10 und 13 zu § 1 AEntG.

sowie Beträge und Pauschalbeträge, die für die tatsächlich durch die Entsendung entstandenen Aufwendungen gezahlt werden.

15 Die Anwendung des § 1 I 1 Nr. 1 kann zudem **unverhältnismäßig** und damit mit Art. 49 EGV unvereinbar sein, wenn sie auf Beschäftigte eines grenznahen Unternehmens angewandt wird, die einen Teil ihrer Arbeit in Teilzeit und nur für kurze Zeiträume im Hoheitsgebiet eines oder mehrerer anderer Mitgliedstaaten erbringen[1]. Solche Fälle können daher die Unanwendbarkeit der Vorschrift zur Folge haben (vgl. Rz. 7).

16 Gegen das Diskriminierungsverbot des Art. 49 EGV verstößt es, wenn sich ein in einem anderen Mitgliedstaat ansässiger ArbGeb anders als ein ArbGeb aus dem Aufnahmemitgliedstaat nicht der Pflicht zur Zahlung des in einem für allgemeinverbindlich erklärten TV festgesetzten Mindestlohns durch Abschluss eines **FirmenTV** entziehen kann[2].

17 **(2) Bürgenhaftung.** Das BAG hatte die Vereinbarkeit der in § 1a geregelten Bürgenhaftung mit Art. 49 EGV bezweifelt, da diese besonders intensive Kontrollen und Nachweispflichten insb. ausländischer Nachunternehmer durch inländische Generalunternehmer auslöse (vgl. auch § 1a Rz. 2, 4)[3]. Der EuGH hat die Vereinbarkeit indessen bejaht; für den ArbN stelle es einen tatsächlichen Vorteil dar, wenn er einen zweiten, idR zahlungskräftigeren Schuldner erhalte[4].

18 **(3) Urlaubsvergütung und Urlaub.** Unter den Voraussetzungen des § 1 III werden ArbGeb mit Sitz in einem anderen Mitgliedstaat verpflichtet, am deutschen Sozialkassenverfahren teilzunehmen. Daraus kann für den begünstigten ArbN ein Anspruch auf **Urlaubsvergütung** resultieren. Der EuGH hat über die Vereinbarkeit dieser Regelung mit Art. 49 EGV nicht endgültig entschieden[5]; die Vereinbarkeit mit Art. 49 EGV sei jedoch gegeben, wenn durch das Verfahren den ArbN ein tatsächlicher Vorteil verschafft werde und die Anwendung der Regelung im Übrigen verhältnismäßig sei. Beides ist wohl zu bejahen[6]. Durch die Bestimmungen in § 1 III 1 Nr. 1 und 2 wird eine Doppelbelastung des ArbGeb verhindert[7], so dass das Verfahren nur dann zum Zuge kommt, wenn dem ArbN tatsächlich auf Grund deutschen Tarifrechts ein höherer Anspruch auf Urlaubsvergütung zusteht. Der EuGH führt aus, dass es für den ArbGeb möglicherweise weniger belastend sein könne, wenn er die Urlaubsvergütung, die dem ArbN nach den deutschen Vorschriften zustünde, unmittelbar an diesen zu zahlen hätte. Er schließt aber nicht aus, dass ein Anspruch gegen die Urlaubskasse den ausländischen ArbN besser schützt; das gilt allerdings nur, wenn der ArbN diesen Anspruch ohne verfahrensmäßigen Aufwand geltend machen kann[8].

19 Mit Art. 49 EGV vereinbar ist ebenfalls die zwingende Ausdehnung der **Urlaubslänge** gem. § 1 I 1 Nr. 2, 1. Alt. auf die von in anderen Mitgliedstaaten ansässigen Dienstleistenden nach Deutschland entsandten ArbN[9].

20 Dagegen war es mit Art. 49 EGV nicht vereinbar, dass **Mischbetriebe** mit Sitz in einem anderen Mitgliedstaat durch Art. 1 IV aF anders als deutsche Mischbetriebe stets unter die SozialkassenTV des Baugewerbes fielen[10]. Die Vorschrift wurde daher gestrichen. Die damit verbundene Rückwirkung ist mit dem Rechtsstaatsgebot vereinbar[11].

21 **(4) Prüfung und Kontrolle.** Mit Art. 49 EGV ist es grds. vereinbar, dass bestimmte Unterlagen über das Arbeitsverhältnis des entsandten ArbN erstellt und am Arbeitsort oder an einem zugänglichen und klar bezeichneten Ort im Hoheitsgebiet des Aufnahmestaates für die mit der Durchführung von Kontrollen betrauten Behörden bereitgehalten werden müssen[12]. Das gilt auch für die Verpflichtung eines ArbN, der in einem anderen Mitgliedstaat ansässig ist, (zusätzliche) Auskünfte zu erteilen[13]. Dabei sind jedoch nur Maßnahmen zulässig, die zum Schutz der ArbN geeignet und erforderlich sind. Für die Anforderungen, die § 2 III stellt, dürfte dies insb. wegen der zeitlichen Begrenzung der Pflichten[14] anzunehmen sein. Im Übrigen ist diese Vorschrift gemeinschaftsrechtskonform auszulegen (vgl. EGV Vorb. Rz. 18 f.): Legt das in einem anderen Mitgliedstaat ansässige Unternehmen die Unterlagen vor, welche es nach dem Recht seines Niederlassungsstaates über das Arbeitsverhältnis führen muss, und genügen diese Unterlagen bereits, um den Schutz des ArbN sicherzustellen, können durch deutsche Behörden keine weiteren

---

1 EuGH v. 15.3.2001 – Rs. C-165/98, Slg. 2001 I, 2189, 2223 ff. – Mazzoleni. |2 EuGH v. 24.1.2002 – Rs. C-164/99, Slg. 2002 I, 787, 816 f. – Portugaia Construções; BAG v. 20.7.2004 – 9 ARZ 343/03, AP Nr. 18 zu § 1 AEntG. |3 BAG v. 6.11.2002 – 5 AZR 617/01 (A), AP Nr. 1 zu § 1a AEntG m. Anm. *Franzen*, SAE 2003, 190 ff. |4 EuGH v. 12.10.2004 – Rs. C-60/03, Slg. 2004 I, 9555, 9569 (Rz. 40) – Wolff & Müller. Nachfolgend BAG v. 12.1.2005 – 5 AZR 617/01, AP Nr. 2 zu § 1a AEntG. |5 Im Urteil EuGH v. 18.7.2007 – Rs. C-490/04, NZA 2007, 917 ff. – Kommission gegen Deutschland, hatte die Kommission keine ausreichende Beweise für eine Vertragswidrigkeit dargetan. |6 BAG v. 20.7.2004 – 9 ARZ 343/03, AP Nr. 18 zu § 1 AEntG; v. 21.11.2007 – 10 AZR 782/06, noch nv. |7 *Ulber*, § 1 AEntG, 2. Aufl., Rz. 49 ff. |8 EuGH v. 25.10.2001 – Rs. C-49, 50, 52–54, 68–71/98, Slg. 2001, 7831, 7901 ff. (Rz. 44 ff.) – Finalarte; dabei weist der EuGH ua. auf das Sprachproblem hin. |9 EuGH v. 25.10.2001 – Rs. C-49, 50, 52–54, 68–71/98, Slg. 2001, 7831, 7905 (Rz. 57 ff.) – Finalarte. |10 EuGH v. 25.10.2001 – Rs. C-49, 50, 52–54, 68–71/98, Slg. 2001, 7831, 7910 (Rz. 82) – Finalarte. |11 BAG v. 25.1.2005 – 9 AZR 44/04, AP Nr. 22 zu § 1 AEntG. |12 EuGH v. 23.11.1999 – Rs. C-369/96, Slg. 1999 I, 8453, 8521 – Arblade. |13 EuGH v. 25.10.2001 – Rs. C-49, 50, 52–54, 68–71/98, Slg. 2001, 7831, 7907 f. (Rz. 66 ff.) – Finalarte. |14 Vgl. EuGH v. 23.11.1999 – Rs. C-369/96, Slg. 1999 I, 8453, 8524 ff. – Arblade.

Unterlagen verlangt werden. Das Erfordernis, die Unterlagen in deutscher Sprache vorzuhalten, ist mit Art. 49 EGV vereinbar[1]. Unvereinbar war indes das für einen ausländischen Verleiher in § 3 II aufgestellte Erfordernis, den Einsatzort und jede Änderung des Ortes zu melden[2]. Nach der Neufassung obliegt diese Pflicht nun dem Entleiher. An der Unvereinbarkeit des Erfordernisses mit Art. 49 EGV dürfte dies nichts ändern.

(5) Anmeldepflicht. Die in § 3 I[3] bzw. II[4] begründete Anmeldepflicht für ausländische ArbGeb soll grds. 22
nicht gegen Art. 49 EGV verstoßen[5]. Nach der Entscheidung des BSG v. 6.3.2003 wurde der Anwendungsbereich der Norm jedoch eingeschränkt, vgl. § 3 Rz. 2.

1 *Anwendungsbereich*

(1) Die Rechtsnormen eines für allgemeinverbindlich erklärten Tarifvertrages des Bauhauptgewerbes oder des Baunebengewerbes im Sinne der §§ 1 und 2 der Baubetriebe-Verordnung, die

1. die Mindestentgeltsätze einschließlich der Überstundensätze oder

2. die Dauer des Erholungsurlaubs, das Urlaubsentgelt oder ein zusätzliches Urlaubsgeld

zum Gegenstand haben, finden auch auf ein Arbeitsverhältnis zwischen einem Arbeitgeber mit Sitz im Ausland und seinem im räumlichen Geltungsbereich des Tarifvertrages beschäftigten Arbeitnehmer zwingend Anwendung, wenn der Betrieb oder die selbständige Betriebsabteilung im Sinne des fachlichen Geltungsbereichs des Tarifvertrages überwiegend Bauleistungen gemäß § 175 Abs. 2 des Dritten Buches Sozialgesetzbuch erbringt und auch inländische Arbeitgeber ihren im räumlichen Geltungsbereich des Tarifvertrages beschäftigten Arbeitnehmern mindestens die am Arbeitsort geltenden tarifvertraglichen Arbeitsbedingungen gewähren müssen. Ein Arbeitgeber im Sinne des Satzes 1 ist verpflichtet, seinem im räumlichen Geltungsbereich eines Tarifvertrages nach Satz 1 beschäftigten Arbeitnehmer mindestens die in dem Tarifvertrag vorgeschriebenen Arbeitsbedingungen zu gewähren. Dies gilt auch für einen unter den Geltungsbereich eines Tarifvertrages nach Satz 1 fallenden Arbeitgeber mit Sitz im Inland unabhängig davon, ob der Tarifvertrag kraft Tarifbindung nach § 3 des Tarifvertragsgesetzes oder auf Grund der Allgemeinverbindlicherklärung Anwendung findet. Die Sätze 1 bis 3 gelten entsprechend auch für einen Tarifvertrag, der die Erbringung von Montageleistungen auf Baustellen außerhalb des Betriebssitzes zum Gegenstand hat, sowie für Tarifverträge des Gebäudereinigerhandwerks und für Tarifverträge für Briefdienstleistungen, wenn der Betrieb oder die selbständige Betriebsabteilung überwiegend gewerbs- oder geschäftsmäßig Briefsendungen für Dritte befördert.

(2) Wird ein Leiharbeitnehmer von einem Entleiher mit Tätigkeiten beschäftigt, die in den Geltungsbereich eines für allgemeinverbindlich erklärten Tarifvertrages nach Absatz 1 oder 3 oder einer Rechtsverordnung nach Absatz 3a fallen, so hat ihm der Verleiher zumindest die in diesem Tarifvertrag oder dieser Rechtsverordnung vorgeschriebenen Arbeitsbedingungen zu gewähren sowie die der gemeinsamen Einrichtung nach diesem Tarifvertrag zustehenden Beiträge zu leisten.

(3) Sind im Zusammenhang mit der Gewährung von Urlaubsansprüchen nach Absatz 1 die Einziehung von Beiträgen und die Gewährung von Leistungen durch allgemeinverbindliche Tarifverträge einer gemeinsamen Einrichtung der Tarifvertragsparteien übertragen, so finden die Rechtsnormen solcher Tarifverträge auch auf einen ausländischen Arbeitgeber und seinen im räumlichen Geltungsbereich des Tarifvertrages beschäftigten Arbeitnehmer zwingend Anwendung, wenn in den betreffenden Tarifverträgen oder auf sonstige Weise sichergestellt ist, dass

1. der ausländische Arbeitgeber nicht gleichzeitig zu Beiträgen nach dieser Vorschrift und Beiträgen zu einer vergleichbaren Einrichtung im Staat seines Sitzes herangezogen wird und

2. das Verfahren der gemeinsamen Einrichtung der Tarifvertragsparteien eine Anrechnung derjenigen Leistungen vorsieht, die der ausländische Arbeitgeber zur Erfüllung des gesetzlichen, tarifvertraglichen oder einzelvertraglichen Urlaubsanspruchs seines Arbeitnehmers bereits erbracht hat.

Ein Arbeitgeber im Sinne des Absatzes 1 Satz 1 ist verpflichtet, einer gemeinsamen Einrichtung der Tarifvertragsparteien die ihr nach Satz 1 zustehenden Beiträge zu leisten. Dies gilt auch für einen unter den Geltungsbereich eines Tarifvertrages nach Satz 1 fallenden Arbeitgeber mit Sitz im Inland unabhängig davon, ob der Tarifvertrag kraft Tarifbindung nach § 3 des Tarifvertragsgesetzes oder auf Grund der Allgemeinverbindlicherklärung Anwendung findet.

(3a) Ist ein Antrag auf Allgemeinverbindlicherklärung eines Tarifvertrages nach Absatz 1 oder Absatz 3 Satz 1 gestellt worden, kann das Bundesministerium für Arbeit und Soziales unter den dort genannten Voraussetzungen durch Rechtsverordnung ohne Zustimmung des Bundesrates bestimmen,

1 EuGH v. 18.7.2007 – Rs. C-490/04, NZA 2007, 917 ff. (Rz. 63 ff.) – Kommission gegen Deutschland. | 2 EuGH v. 18.7.2007 – Rs. C-490/04, NZA 2007, 917 ff. (Rz. 83 ff.) – Kommission gegen Deutschland. | 3 OLG Düsseldorf v. 16.3.2000 – 2b Ss (OWi) 2/00 – (OWi) 9/00 I, AP Nr. 1 zu § 3 AEntG. | 4 OLG Karlsruhe v. 25.7.2001 – 3 Ss 159/00, wistra 2001, 477. | 5 Ebenso *Ulber*, § 3 AEntG, 2. Aufl., Rz. 3.

dass die Rechtsnormen dieses Tarifvertrages auf alle unter den Geltungsbereich dieses Tarifvertrages fallenden und nicht tarifgebundenen Arbeitgeber und Arbeitnehmer Anwendung finden. Vor Erlass der Rechtsverordnung gibt das Bundesministerium für Arbeit und Soziales den in den Geltungsbereich der Rechtsverordnung fallenden Arbeitgebern und Arbeitnehmern sowie den Parteien des Tarifvertrages Gelegenheit zur schriftlichen Stellungnahme. Die Rechtsverordnung findet auch auf ein Arbeitsverhältnis zwischen einem Arbeitgeber mit Sitz im Ausland und seinem im Geltungsbereich der Rechtsverordnung beschäftigten Arbeitnehmer zwingend Anwendung. Unter den Geltungsbereich eines Tarifvertrages nach Absatz 1 oder Absatz 3 fallende Arbeitgeber mit Sitz im Inland sind verpflichtet, ihren Arbeitnehmern mindestens die in der Rechtsverordnung vorgeschriebenen Arbeitsbedingungen zu gewähren sowie einer gemeinsamen Einrichtung der Tarifvertragsparteien die ihr nach Satz 1 zustehenden Beiträge zu leisten; dies gilt unabhängig davon, ob die entsprechende Verpflichtung kraft Tarifbindung nach § 3 des Tarifvertragsgesetzes oder auf Grund der Rechtsverordnung besteht. Satz 4 Halbsatz 1 gilt auch für Arbeitgeber mit Sitz im Ausland und ihre im Geltungsbereich der Rechtsverordnung beschäftigten Arbeitnehmer.

(4) Die Absätze 1 bis 3a finden keine Anwendung auf Erstmontage- oder Einbauarbeiten, die Bestandteil eines Liefervertrages sind, für die Inbetriebnahme der gelieferten Güter unerlässlich sind und von Facharbeitern oder angelernten Arbeitern des Lieferunternehmens ausgeführt werden, wenn die Dauer der Entsendung acht Tage nicht übersteigt. Satz 1 gilt nicht für Bauleistungen im Sinne des § 175 Abs. 2 des Dritten Buches Sozialgesetzbuch.

1 **I. Normzweck.** Die Norm erstreckt die Anwendbarkeit allgemeinverbindlich erklärter TV über Mindestentgelte, Urlaubsdauer und Urlaubsentgelte auf ArbGeb mit Sitz im Ausland, soweit jene ArbN im räumlichen Geltungsbereich des TV beschäftigen. Die Anwendbarkeit dieser TV kann zudem durch RechtsVO nach Abs. 3a erweitert werden. Die jeweiligen Normen werden für zwingend anwendbar erklärt; dh. sie werden zu Eingriffsnormen iSd. Art. 34 EGBGB (vgl. Vorb. Rz. 3). Abs. 1 erfasst zurzeit TV des Bauhaupt- und des Baunebengewerbes iSd. BaubetriebeVO, Montageleistungen auf Baustellen, TV des Gebäudereinigerhandwerks und TV für Briefdienstleistungen[1]. Rechtspolitisch steht die Ausdehnung des Gesetzes auf die Zeitarbeitsbranche[2] zur Diskussion.

2 Die Norm ist im Zusammenhang mit § 7 zu sehen. § 1 I erfasst nur die Arbeitsbedingungen Mindestentgelt, Urlaubsdauer und Urlaubsentgelte in allgemeinverbindlichen TV des Baugewerbes; Ansprüche auf Urlaubsabgeltung oder entsprechende Entschädigungsansprüche sind nach Sinn und Zweck ebenfalls erfasst[3]. Nach § 7 II sind zudem Arbeitsbedingungen in allgemeinverbindlichen TV des Baugewerbes nach § 7 I Nr. 1 und 4–7, dh. solche, die die Arbeitszeit, die AÜ, den dort genannten Arbeitsschutz ieS sowie die Gleichbehandlung betreffen, zwingend anzuwenden. Zudem erklärt § 7 I allgemein weitere Arbeitsbedingungen in Rechts- und Verwaltungsvorschriften für zwingend anwendbar.

3 **II. Geltungsbereich nach Abs. 1. 1. Arbeitsverhältnis.** Die Norm setzt voraus, dass zwischen dem ausländischen ArbGeb und seinem ArbN ein Arbeitsverhältnis besteht. Ob das Rechtsverhältnis als solches zu qualifizieren ist, beurteilt sich gem. Art. 2 II RL 96/71 für nach Deutschland entsandte ArbN nach deutschem Recht (vgl. vor § 611 BGB Rz. 19 ff.); Scheinselbständige sind daher als ArbN zu behandeln. Zum Leiharbeitsverhältnis vgl. Rz. 9.

4 **2. ArbGeb.** Nach Abs. 1 gilt die Norm für ArbGeb mit **Sitz im Ausland**. Da aber nach dem in Art. 49 I EGV enthaltenen Diskriminierungsverbot ausländische ArbGeb keinesfalls schlechter gestellt werden dürfen als inländische, findet die Norm gem. Abs. 1 S. 3 auch Anwendung, wenn ein ArbGeb mit Sitz im Inland einen ArbN im Inland beschäftigt. Die Norm erfasst auch ArbGeb mit Sitz im nicht europäischen Ausland[4]; die Beschäftigung erfolgt hier oftmals auf Grund von internationalen Abkommen (vgl. EGV Vorb. Rz. 4).

5 **3. Branche.** In den Anwendungsbereich des Gesetzes fallen in erster Linie ArbGeb, die einen Betrieb führen, welcher **überwiegend Bauleistungen** iSd. § 175 II SGB III[5] erbringt. Für das Überwiegen der Bauleistungen ist auf die Anzahl der Arbeitsplätze bzw. auf die Arbeitszeit abzustellen. Im Streitfall

1 Dazu *Sittard*, NZA 2007, 1090 ff. Die entsprechende VO über zwingende Arbeitsbedingungen für die Branche Briefdienstleistungen (vgl. Rz. 13) hält das VG Berlin (v. 7.3.2008 – 4 A 439.07, noch nv., n.rkr.) für verfassungswidrig. | 2 Dazu *Hunnekuhl/zu Dohna-Jaeger*, NZA 2007, 954 ff.; *Thüsing/Lembke*, ZfA 2007, 87. | 3 BAG v. 14.8.2007 – 9 AZR 167/07, NZA 2008, 236. | 4 BAG v. 25.6.2002 – 9 AZR 405/00 und 439/01, AP Nr. 12 und 15 zu § 1 AEntG; LAG Frankfurt v. 22.11.2004 – 16 Sa 143/04, nv. (auch Doppelstaatler); ErfK/*Schlachter*, § 1 AEntG Rz. 6. | 5 § 175 II SGB III lautet: „Ein Betrieb des Baugewerbes ist ein Betrieb, der gewerblich überwiegend Bauleistungen auf dem Baumarkt erbringt. Bauleistungen sind alle Leistungen, die der Herstellung, Instandsetzung, Instandhaltung, Änderung oder Beseitigung von Bauwerken dienen. Betriebe, die überwiegend Bauvorrichtungen, Baumaschinen, Baugeräte oder sonstige Baubetriebsmittel ohne Personal Betrieben des Baugewerbes gewerblich zur Verfügung stellen oder überwiegend Baustoffe oder Bauteile für den Markt herstellen, sowie Betriebe, die Betonentladegeräte gewerblich zur Verfügung stellen, sind nicht Betriebe iSd. Satzes 1." Erfasst sind nicht Fertigbauarbeiten, LAG Frankfurt v. 18.8.2003 – 16 Sa 1888/02, EzAÜG § 1 AEntG Nr. 16, auch nicht der Bergbau, BAG v. 26.9.2007 – 10 AZR 415/06, NZA 2007, 1442, und nicht die Arbeitnehmerüberlassung im Baubereich, LAG Frankfurt v. 23.10.2006 – 16 Sa 527/06, NZA-RR 2007, 234.

genügt ein Kläger der Darlegungslast, wenn er behauptet, die Leistungen nähmen mehr als 50% der Arbeitszeit der beschäftigten ArbN in Anspruch. Auf wirtschaftl. Gesichtspunkte wie Umsatz, Verdienst oder handels- oder gewerberechtl. Kriterien kommt es nicht an[1]. Nach Abs. 1 S. 1 sind auch selbständige Betriebsabteilungen erfasst. Maßgeblich ist, wie der Begriff „selbständige Betriebsabteilung" im anzuwendenden TV definiert wird[2]. So wird im VTV (Rz. 11) die selbständige Betriebsabteilung als „Gesamtheit von Arbeitnehmer, die außerhalb der stationären Betriebsstätte eines ... [nicht baulichen] Betriebs baugewerbliche Arbeiten ausführt" beschrieben. Das Merkmal der Selbständigkeit wird durch die bloße Spezialisierung von Arbeitsgruppen nicht erfüllt. Selbständigkeit ist aber gegeben, wenn der ausländische ArbGeb in Deutschland eine Niederlassung unterhält, von der aus der Einsatz der entsandten ArbN koordiniert wird[3].

Das AEntG gilt nunmehr ebenfalls für Montagearbeiten auf Baustellen (Abs. 1 S. 4, Abs. 4), für das 6
Gebäudereinigerhandwerk und für Briefdienstleistungen (Abs. 1 S. 4)[4]. Der Anwendungsbereich wird für Montagearbeiten gem. Abs. 4 eingeschränkt. Diese Vorschrift wurde auf Grund der Vorgaben des Art. 3 Abs. 2 RL 96/71 (Vorb. Rz. 1) eingefügt.

4. Arbeitnehmer. Die ArbN müssen im räumlichen Geltungsbereich des TV beschäftigt werden; die 7
Beschäftigung muss jedenfalls **im Inland** erfolgen[5]. Abs. 1 S. 1 hat nur zur Voraussetzung, dass ein Arbeitsverhältnis zwischen einem ArbN und einem ArbGeb mit Sitz im Ausland besteht. Auf die Staatsangehörigkeit oder den Wohnsitz des ArbN kommt es nicht an und auch nicht darauf, ob der ArbN aus dem Ausland entsandt wurde[6].

5. Tarifvertrag. Für die Erstreckung der Normen des TV auf entsandte ArbN ist es nach Abs. 1 not- 8
wendig, dass der TV für **allgemeinverbindlich** erklärt wurde (vgl. § 5 TVG), vgl. aber Rz. 1, 13 ff. Notwendig ist weiter, dass durch den TV alle inländischen ArbGeb auf den Tarif des **Arbeitsorts** verpflichtet werden (sog. Arbeitsortsprinzip). Die Erstreckung kann auch für mehrere TV erfolgen; ein einheitlicher „Entsendetarifvertrag" ist nicht erforderlich[7]. Die Erstreckung des TV auf entsandte ArbN kann auch für **verschiedene Lohngruppen** erfolgen[8]; diese Erweiterung steht im Einklang mit der RL 71/96[9]. Vgl. § 2 des im Anschluss abgedruckten TV.

Eine Erstreckung findet grds. nicht statt, wenn der für allgemeinverbindlich erklärte TV zu einem 9
FirmenTV in Tarifkonkurrenz steht. Das Konkurrenzverhältnis ist nach den Grundsätzen der Spezialität auszulösen, dh. der speziellere FirmenTV geht vor[10]. Dies gilt auch bei Allgemeinverbindlichkeit (vgl. § 4 TVG Rz. 39, 44). Im Anwendungsbereich des § 1 III hat das BAG diese Regel allerdings eingeschränkt (Rz. 12). Es ist anzunehmen, dass das BAG diese Einschränkung in Zukunft auch für den sonstigen Anwendungsbereichs des AEntG vornehmen wird[11].

III. Leiharbeitsverhältnisse (Abs. 2). Die Vorschrift wurde neu gefasst, nachdem der EuGH festgestellt 10
hatte, dass § 1b AÜG aF, der eine grenzüberschreitende AÜ so gut wie unmöglich machte, mit Art. 49 EGV nicht vereinbar war (vgl. § 1b AÜG Rz. 8)[12]. In der Neufassung erleichtert § 1b AÜG innerhalb des EWR die grenzüberschreitende AÜ. Nach § 1 II müssen den aus dem Inland oder aus dem Ausland entliehenen ArbN die Mindestarbeitsbedingungen gewährt werden, die für den Entleihbetrieb gelten. Die LeihArbN sind zudem in das Sozialkasseverfahren einzubeziehen.

IV. Einbeziehung in das Sozialkassenverfahren im Baugewerbe (Abs. 3)[13]. Zur Abwicklung von Ur- 11
laubsansprüchen wurden in der Bauwirtschaft Sozialkassen als gemeinschaftliche Einrichtungen der TV-Parteien geschaffen. Das Verfahren ist im TV über das Sozialkassenverfahren im Baugewerbe (VTV[14]) geregelt (vgl. § 13 BUrlG Rz. 64). Der ArbGeb, welcher ArbN nach Abs. 1 entsendet, wird in das Kassenverfahren einbezogen, dh. er zahlt monatlich für jeden entsandten ArbN Urlaubskassenbeiträge an die Urlaubs- und Lohnausgleichskasse der Bauwirtschaft (ULAK) in Wiesbaden[15]. Die Vereinbarkeit dieser Norm mit Art. 49 EGV steht nicht endgültig fest; vgl. Vorb. Rz. 18 f. Bei der Feststellung, ob der Betrieb überwiegend bauliche Leistungen erbringt (Rz. 5), ist wegen möglicher saisonaler Schwankungen auf das gesamte Kalenderjahr abzustellen[16].

Abs. 3 S. 1 Nr. 1 und 2 bezwecken, eine Doppelbelastung des ausländischen ArbGeb zu vermeiden (sog. 12
Doppelbelastungsverbot). Der ArbGeb muss daher die Beiträge nicht zahlen, wenn er bereits Beiträge

---

1 BAG v. 25.1.2005 – 9 AZR 258/04 u. 9 AZR 146/04, AP Nr. 20, 21 zu § 1 AEntG; v. 20.6.2007 – 10 AZR 302/06, AP Nr. 297 zu § 1 TVG – Tarifverträge: Bau. | 2 ErfK/*Schlachter*, § 1 AEntG Rz. 7. | 3 BAG v. 28.9.2005 – 10 AZR 28/05, NZA 2006, 379 (381 f.); v. 21.11.2007 – 10 AZR 782/06, noch nv. | 4 Aus Ausdehnung des Anwendungsbereichs *Sittard*, ZIP 2007, 1444 ff. | 5 *Krebber*, IPrax 2001, 22, 24; ErfK/*Schlachter*, § 1 AEntG Rz. 6. | 6 Ausf. *Koberski/Asshoff/Hold*, § 1 AEntG Rz. 12 ff. | 7 BAG v. 19.5.2004 – 5 AZR 449/03, AP Nr. 16 zu § 1 AEntG. | 8 BT-Drs. 14/45, S. 25. Zur Vereinbarkeit mit europäischem Recht ErfK/*Schlachter*, § 1 AEntG Rz. 10. | 9 ErfK/*Schlachter*, § 1 AEntG Rz. 10. | 10 *Wiedemann/Wank*, TVG, Anh. 1 zu § 5 Rz. 11. | 11 Ebenso *Sittard*, ZIP 2007, 1444 (1447 ff.). | 12 EuGH v. 25.10.2001 – Rs. C-493/99, Slg. 2001 I, 8163, 8178 ff. – Kommission gegen Deutschland. Dazu *Raab*, ZfA 2003, 889 ff. | 13 Dazu *Preis/Temming*, Die Urlaubs- und Lohnausgleichkasse im Kontext des Gemeinschaftsrechts, 2006. | 14 Im Internet unter www.zvk.de. | 15 Weitere Urlaubskassen sind die SOKA-Berlin und die UKB in München, dazu AnwK-ArbR/*Kühn*, § 1 AEntG Rz. 27. | 16 BAG v. 25.1.2005 – 9 AZR 146/04, AP Nr. 21 zu § 1 AEntG.

zu einer vergleichbaren Einrichtung im Staate seines Sitzes leisten muss oder wenn und soweit er den Urlaubsentgeltanspruch bereits erfüllt hat[1]. Die Beitragspflicht gilt gem. Abs. 3 S. 3 auch für inländische ArbGeb; diese können sich wegen Abs. 3 S. 3 auch nicht durch den Abschluss eines spezielleren TV der Beitragspflicht entziehen[2]. Die tarifl. Bestimmungen sind ggf. analog anzuwenden, um eine wirkliche Gleichbehandlung von ausländischen und inländischen ArbGeb zu erzielen[3]. Zudem ist ein Günstigkeitsvergleich mit dem materiellen ausländischen Recht vorzunehmen. Eine Einbeziehung in das Urlaubskasseverfahren kommt nicht in Betracht, wenn der entsandte ArbN nach den Vorschriften des Entsendelandes besser gestellt ist als deutsche ArbN nach Maßgabe der TV[4]. Hat der ArbGeb Urlaubsvergütungen geleistet, kann er mit einem Erstattungsanspruch nach § 13 I VTV gem. § 18 V VTV nicht gegen Beitragsforderungen aufrechnen[5]. Hat der ArbGeb zu Unrecht Beiträge geleistet, kann er diese gem. § 812 BGB zurückverlangen; dem kann die ULAK nicht entgegenhalten, sie sei wegen Zahlung von Urlaubsabgeltungsbeiträgen an die ArbN entreichert[6]. Die Beitragspflicht bleibt auch bestehen, wenn die Ansprüche der ArbN verfallen sind[7]. An eine Tilgungsbestimmung ist die ULAK grds. gebunden[8].

13 **V. Rechtsverordnungen des Bundesarbeitsministeriums (Abs. 3a).** Die Erstreckung der Mindestarbeitsbedingungen in Abs. 1, 2 und 2a und des Sozialkassenverfahrens in Abs. 3 kann auch durch RechtsVO erfolgen. Die Mindestarbeitsbedingungen und das Sozialkassenverfahren gelten damit für sämtliche inländischen ArbGeb, unabhängig von ihrer Tarifbindung, sowie für sämtliche ArbGeb mit Sitz im Ausland, welche ArbN in der Bundesrepublik Deutschland beschäftigen. Die Vorschrift ist nicht verfassungswidrig (Vorb. Rz. 4). Mittlerweile ist die Fünfte VO über zwingende Arbeitsbedingungen im **Baugewerbe** ergangen; sie ist als wichtigste Verordnung nachfolgend abgedruckt. Weitere auf Grundlage der Norm ergangene Verordnungen sind die Vierte Verordnung über zwingende Arbeitsbedingungen im **Dachdeckerhandwerk** vom 21.12.2006[9], die Vierte Verordnung über zwingende Arbeitsbedingungen im **Maler- und Lackiererhandwerk** vom 20.3.2008[10], die Zweite Verordnung über zwingende Arbeitsbedingungen im **Abbruchgewerbe** vom 27.3.2006[11], die Verordnung über zwingende Arbeitsbedingungen im **Gebäudereinigerhandwerk**[12] und die Verordnung über zwingende Arbeitsbedingungen für die Branche **Briefdienstleistungen**[13].

14 Voraussetzung für die VO ist lediglich, dass ein Antrag auf Allgemeinverbindlicherklärung (§ 5 TVG Rz. 16 ff.) gestellt wurde. Die Voraussetzungen, die § 5 TVG an eine Allgemeinverbindlicherklärung stellt, müssen nicht erfüllt sein[14]. Offen ist, ob und welchen Bindungen das BMAS bei der Entscheidung über den Erlass der VO unterliegt[15].

15 Satz 4 sieht vor, dass auch von inländischen ArbGeb mindestens die in der VO genannten Arbeitsbedingungen zu gewähren sind. Die Möglichkeit eines Unterschreitens dieser Bedingungen durch einen FirmenTV sollte damit ausgeschlossen werden[16].

Fünfte Verordnung über zwingende Arbeitsbedingungen im Baugewerbe

Vom 29.8.2005 (BAnz. 2005 Nr. 164 S. 13 199), geändert durch V v. 27.2.2008 BAnz. Nr. 38, 891

Auf Grund des § 1 Abs. 3a des Arbeitnehmer-Entsendegesetzes vom 26. Februar 1996 (BGBl. I S. 227), der durch Artikel 10 Nr. 1 Buchstabe d des Gesetzes vom 19. Dezember 1998 (BGBl. I S. 3843) eingefügt und durch Artikel 185 der Verordnung vom 25. November 2003 (BGBl. I S. 2304) geändert worden ist, verordnet das Bundesministerium für Wirtschaft und Arbeit, nachdem es den in den Geltungsbereich der Verordnung fallenden Arbeitgebern und Arbeitnehmern sowie den Parteien des Tarifvertrages nach § 1 dieser Verordnung Gelegenheit zur schriftlichen Stellungnahme gegeben hat:

§ 1
Zwingende Arbeitsbedingungen

Die in der Anlage 1 zu dieser Verordnung aufgeführten Rechtsnormen des Tarifvertrages zur Regelung der Mindestlöhne im Baugewerbe im Gebiet der Bundesrepublik Deutschland vom 29. Juli 2005 (TV Mindestlohn), abgeschlossen zwischen dem Zentralverband des Deutschen Baugewerbes e.V., Kro-

---

1 Dazu *Koberski/Asshoff/Hold*, § 1 AEntG Rz. 325 ff. | 2 BAG v. 20.7.2004 – 9 ARZ 343/03, AP Nr. 18 zu § 1 AEntG; der 10. Senat hat seine frühere entgegenstehende Ansicht aufgegeben BAG v. 13.5.2004 – 10 AS 6/04, IBR 2004, 462; LAG Frankfurt v. 14.7.2003 – 16 Sa 530/02, NZA-RR 2004, 649. | 3 Zu § 13 I 1 VTV/2000 BAG v. 25.1.2005 – 9 AZR 146/04, AP Nr. 21 zu § 1 AEntG. | 4 BAG v. 20.7.2004 – 9 ARZ 343/03, AP Nr. 18 zu § 1 AEntG. | 5 BAG v. 21.11.2007 – 10 AZR 782/06, noch nv. | 6 LAG Frankfurt v. 16.8.2004 – 16 Sa 198/04, AR-Blattei ES 370.3 Nr. 15. Zur Darlegungs- und Beweislast BAG v. 14.2.2007 – 10 AZR 63/06, NZA-RR 2007, 300. Zur Anrechnung von Beitragsleistungen auf Beitragsschulden LAG Frankfurt v. 9.8.2004 – 16/10 Sa 1434/01, nv. | 7 BAG v. 25.1.2005 – 9 AZR 621/03, nv. Zu Schadensersatzansprüchen gegen die ULAK bei Verfall BAG v. 14.8.2007 – 9 AZR 167/07, NZA 2008, 236. | 8 LAG Frankfurt v. 21.3.2005 – 16/10 Sa 1283/03, nv. | 9 BAnz. Nr. 245 v. 30.12.2006, S. 7461. | 10 Noch nv. | 11 BAnz. Nr. 64 v. 31.3.2006, S. 2327. | 12 BAnz. Nr. 34 v. 29.2.2008, S. 762. | 13 BAnz. Nr. 242 v. 29.12.2007, S. 8410; vgl. Rz. 1 mit Fn. 2. | 14 Weiterführend *Ulber*, § 1 AEntG, 2. Aufl., Rz. 60 ff.; ErfK/*Schlachter*, § 1 AEntG Rz. 13 f. | 15 ErfK/*Schlachter*, § 1 AEntG Rz. 13; *Ritgen*, NZA 2005, 673 ff. | 16 ErfK/*Schlachter*, § 1 AEntG Rz. 15.

nenstraße 55–58, 10117 Berlin, und dem Hauptverband der Deutschen Bauindustrie e.V., Kurfürstenstraße 129, 10785 Berlin, einerseits, sowie der Industriegewerkschaft Bauen-Agrar-Umwelt, Bundesvorstand, Olof-Palme-Straße 19, 60439 Frankfurt am Main, andererseits, finden auf alle nicht an ihn gebundenen Arbeitgeber und Arbeitnehmer Anwendung, die unter seinen am 1. September 2005 gültigen Geltungsbereich fallen, wenn der Betrieb überwiegend Bauleistungen im Sinne des § 175 Abs. 2 des Dritten Buches Sozialgesetzbuch erbringt. Die Rechtsnormen des Tarifvertrages gelten auch für Arbeitgeber mit Sitz im Ausland und ihre im Geltungsbereich der Verordnung beschäftigten Arbeitnehmer. Wird ein Leiharbeitnehmer von einem Entleiher mit Tätigkeiten beschäftigt, die in den Geltungsbereich der Verordnung fallen, so hat ihm der Verleiher zumindest das nach dieser Verordnung vorgeschriebene Mindestentgelt gemäß § 1 Abs. 2a des Arbeitnehmer-Entsendegesetzes zu gewähren.

§ 2
Anwendungsausnahmen

(1) Diese Verordnung erstreckt sich nicht auf Betriebe und selbstständige Betriebsabteilungen mit Sitz im Inland, die unter einen der in der Anlage 2 abgedruckten fachlichen Geltungsbereiche der am 1. Januar 2003 geltenden Mantel- oder Rahmentarifverträge der holz- und kunststoffverarbeitenden Industrie, der Sägeindustrie und übrigen Holzbearbeitung, der Steine- und Erden-Industrie, der Mörtelindustrie, der Transportbetonindustrie, der chemischen oder kunststoffverarbeitenden Industrie oder der Metall- und Elektroindustrie fallen. Absatz 1 findet nur in Verbindung mit Absatz 2 Anwendung.

(2) Für Betriebe und selbstständige Betriebsabteilungen mit Sitz im Inland gilt Absatz 1,

a) solange diese unmittelbar oder mittelbar Mitglied des Hauptverbandes der Holz und Kunststoffe verarbeitenden Industrie und verwandter Industriezweige e.V., der Vereinigung Deutscher Sägewerksverbände e.V., der Sozialpolitischen Arbeitsgemeinschaft Steine und Erden e.V., des Bundesverbandes der Deutschen Mörtelindustrie e.V., des Bundesverbandes der Deutschen Transportbetonindustrie e.V., des Bundesarbeitgeberverbandes Chemie e.V., der Verbände der kunststoffverarbeitenden Industrie oder eines in der Anlage 3 genannten Arbeitgeberverbandes im Gesamtverband der Arbeitgeberverbände der Metall- und Elektro-Industrie e.V. (Gesamtmetall) oder eines ihrer Mitgliedsverbände sind. Wurde die Mitgliedschaft bis zum 1. Juli 1999 (Stichtag) erworben, wird unwiderlegbar vermutet, dass die Voraussetzungen des Absatzes 1 erfüllt sind;

b) wenn sie

aa) nachweislich als Niederlassung eines Betriebes nach Absatz 1 (Stammbetrieb), der bereits vor dem Stichtag unmittelbar oder mittelbar Mitglied eines der in Buchstabe a genannten Verbände war, nachgegründet worden sind,

bb) überwiegend solche Tätigkeiten ausführen, die zum fachlichen Geltungsbereich der in Absatz 1 genannten Tarifverträge gehören, und

cc) die Mitgliedschaft in einem der in Buchstabe a genannten Verbände erworben haben.

Wenn diese Betriebe nachweislich zu drei Viertel ihrer betrieblichen Arbeitszeit für den Stammbetrieb tätig sind, wird unwiderlegbar vermutet, dass sie unter einen der fachlichen Geltungsbereiche der in Absatz 1 genannten Tarifverträge fallen;

c) wenn sie ohne selbst Mitglied in einem der Verbände nach Buchstabe a zu sein,

aa) nachweislich als Niederlassung eines Stammbetriebes, der bereits vor dem Stichtag unmittelbar oder mittelbar Mitglied eines der in Buchstabe a genannten Verbände war, nachgegründet worden sind,

bb) unter einen der fachlichen Geltungsbereiche der in Absatz 1 genannten Tarifverträge fallen und

cc) zumindest zu drei Viertel der betrieblichen Arbeitszeit für ihren Stammbetrieb tätig sind.

(3) Für Betriebe und selbstständige Betriebsabteilungen mit Sitz im Inland, die bereits seit einem Jahr Fertigbauarbeiten ausführen, gilt die Ausnahme gemäß Absatz 1, wenn sie unmittelbar oder mittelbar Mitglied eines der in Absatz 2 Buchstabe a genannten Verbände geworden sind.

(4) Diese Verordnung erstreckt sich nicht auf Betriebe und selbstständige Betriebsabteilungen mit Sitz im Inland,

1. die von einem der Rahmentarifverträge für die gewerblichen Arbeitnehmer im Maler- und Lackiererhandwerk in der Bundesrepublik Deutschland bzw. im Saarland oder deren Allgemeinverbindlicherklärung erfasst werden und überwiegend Tätigkeiten ausüben, die im fachlichen Geltungsbereich des Rahmentarifvertrages für die gewerblichen Arbeitnehmer im Maler- und Lackiererhandwerk in der Bundesrepublik Deutschland in der Fassung vom 6. April 2005 bzw. des Rahmentarifvertrages für die gewerblichen Arbeitnehmer des Maler- und Lackiererhandwerks im Saarland in der Fassung vom 6. Dezember 2005 (Anlage 4) genannt sind;

2. die ganz oder teilweise Bauwerke, Bauwerksteile oder einzelne Elemente aus Mauerwerk, Beton, Stahlbeton, Eisen, Stahl oder sonstigen Baustoffen, technische Anlagen abbrechen, demontieren,

sprengen, Beton schneiden, sägen, bohren, pressen, soweit sie unmittelbar oder mittelbar Mitglied im Deutschen Abbruchverband e.V., im Fachverband Betonbohren und -sägen Deutschland e.V. oder im Abbruchverband Nord e.V. sind;

3. **die unmittelbar oder mittelbar Mitglied des Bundesverbandes Garten-, Landschafts- und Sportplatzbau e.V. sind, vom Bundesrahmentarifvertrag für gewerbliche Arbeitnehmer im Garten-, Landschafts- und Sportplatzbau vom 20. Dezember 1995 erfasst werden und überwiegend folgende Tätigkeiten ausüben:**
   a) **Herstellen und Unterhalten von Außenanlagen in den Bereichen des privaten und öffentlichen Wohnungsbaus (Hausgärten, Siedlungsgrün, Dach- und Terrassengärten und Ähnliches), der öffentlichen Bauten (Schulen, Krankenhäuser, Verwaltungsgebäude, Kasernen und Ähnliches), des kommunalen Grüns (städtische Freiräume, Grünanlagen, Parks, Friedhöfe und Ähnliches) und des Verkehrsbegleitgrüns (Straßen, Schienenwege, Wasserstraßen, Flugplätze und Ähnliches) sowie von Bauwerksbegrünungen im Außen- und Innenbereich,**
   b) **Herstellen und Unterhalten von Sport- und Spielplätzen, Außenanlagen an Schwimmbädern, Freizeitanlagen und Ähnliches, von landschaftsgärtnerischen Sicherungsbauwerken in der Landschaft mit lebenden und nicht lebenden Baustoffen sowie von vegetationstechnischen Baumaßnahmen zur Landschaftspflege und zum Umweltschutz, ferner Drän, Landgewinnungs- und Rekultivierungsarbeiten,**

   wenn im Betrieb oder in der selbstständigen Betriebsabteilung kalenderjährlich mindestens zu 20 Prozent der betrieblichen Gesamtarbeitszeit Grünarbeiten ausgeführt werden;
4. **die als Lohnunternehmen in der Land- und Forstwirtschaft überwiegend landwirtschaftliche Flächen drainieren, soweit sie von dem Bundesrahmentarifvertrag für die Arbeitnehmerinnen und Arbeitnehmer der land- und forstwirtschaftlichen Lohnunternehmen in der Bundesrepublik Deutschland vom 10. Januar 2003 erfasst werden;**
5. **die unmittelbar oder mittelbar Mitglied des Bundesverbandes Holz und Kunststoff sind, von dem Rahmen- oder Manteltarifvertrag des Bundesverbandes Holz und Kunststoff oder eines seiner Mitgliedsverbände erfasst werden und überwiegend Tätigkeiten ausüben, die im fachlichen Geltungsbereich des am 1. Januar 2003 geltenden Manteltarifvertrages für das holz- und kunststoffverarbeitende Handwerk Saar (Anlage 4) genannt sind, falls derjenige Tarifvertrag, von dem der Betrieb erfasst wird, gegenüber den Rahmen- und Sozialkassentarifverträgen des Baugewerbes spezieller ist;**
6. **die unmittelbar oder mittelbar Mitglied des Bundesverbandes Metall – Vereinigung Deutscher Metallhandwerke, des Zentralverbandes Sanitär-Heizung-Klima oder des Zentralverbandes der Deutschen Elektro- und Informationstechnischen Handwerke sind, von einem Mantel- oder Rahmentarifvertrag dieser Verbände oder ihrer Mitgliedsverbände erfasst werden und überwiegend Tätigkeiten ausüben, die im fachlichen Geltungsbereich eines am 1. Januar 2003 geltenden Mantel- oder Rahmentarifvertrages dieser Verbände oder ihrer Mitgliedsverbände (Anlage 4) genannt sind, falls derjenige Tarifvertrag, von dem der Betrieb erfasst wird, gegenüber den Rahmen- und Sozialkassentarifverträgen des Baugewerbes spezieller ist.**

(5) Diese Verordnung erstreckt sich nicht auf Betriebe und selbstständige Betriebsabteilungen von Arbeitgebern mit Sitz im Ausland, wenn sie überwiegend Tätigkeiten ausüben, die in den vorstehenden Absätzen oder fachlichen Geltungsbereichen aufgeführt sind, soweit diese Tätigkeiten ein Unterfallen unter den jeweiligen fachlichen Geltungsbereich begründen.

§ 3
Inkrafttreten, Außerkrafttreten

Diese Verordnung tritt am 1. September 2005 in Kraft und am 31. August 2008 außer Kraft.

Rechtsnormen des Tarifvertrages
zur Regelung der Mindestlöhne im Baugewerbe
im Gebiet der Bundesrepublik Deutschland
(TV Mindestlohn)

vom 29. Juli 2005

§ 1
Geltungsbereich

(1) Räumlicher Geltungsbereich: Das Gebiet der Bundesrepublik Deutschland.

(2) Betrieblicher Geltungsbereich: Betriebe, die unter den betrieblichen Geltungsbereich des Bundesrahmentarifvertrages für das Baugewerbe (BRTV) in der jeweils geltenden Fassung fallen.

(3) Persönlicher Geltungsbereich: Gewerbliche Arbeitnehmer (Arbeiter), die eine nach den Vorschriften des Sechsten Buches Sozialgesetzbuch – Gesetzliche Rentenversicherung – (SGB VI) ver-

sicherungspflichtige Tätigkeit ausüben. Nicht erfasst werden jugendliche Arbeitnehmer ohne abgeschlossene Berufsausbildung und gewerbliches Reinigungspersonal, das für Reinigungsarbeiten in Verwaltungs- und Sozialräumen des Betriebes beschäftigt wird.

§ 2
Löhne der Lohngruppen 1 und 2/Mindestlöhne

(1) Der Gesamttarifstundenlohn (GTL) der Lohngruppen 1 und 2 nach § 5 Nr. 3 BRTV setzt sich aus dem Tarifstundenlohn (TL) und dem Bauzuschlag (BZ) zusammen. Der Bauzuschlag beträgt 5,9 vH des Tarifstundenlohnes. Der Bauzuschlag wird gewährt zum Ausgleich der besonderen Belastungen, denen der Arbeitnehmer insbesondere durch den ständigen Wechsel der Baustelle (2,5 vH) und die Abhängigkeit von der Witterung außerhalb der gesetzlichen Schlechtwetterzeit (2,9 vH) ausgesetzt ist; er dient ferner in Höhe von 0,5 vH dem Ausgleich von Lohneinbußen, die sich in der gesetzlichen Schlechtwetterzeit ergeben. Der Bauzuschlag wird für jede lohnzahlungspflichtige Stunde, nicht jedoch für Leistungslohn-Mehrstunden (Plus-Stunden, Überschussstunden im Akkord), gewährt.

(2) Die Gesamttarifstundenlöhne der Lohngruppen 1 und 2 nach § 5 Nr. 3 BRTV sind zugleich Mindestlöhne im Sinne des § 1 Abs. 1 Nr. 1 des Arbeitnehmer-Entsendegesetzes für alle von dem persönlichen Geltungsbereich dieses Tarifvertrages erfassten Arbeitnehmer. Höhere Lohnansprüche auf Grund anderer Tarifverträge oder einzelvertraglicher Vereinbarungen bleiben unberührt.

(3) Der Tarifstundenlohn, der Bauzuschlag und der Gesamttarifstundenlohn betragen

a) mit Wirkung vom 1. September 2005:

		TL Euro	BZ Euro	GTL Euro
im Gebiet der Bundesrepublik Deutschland, ausgenommen die Gebiete der Länder Brandenburg, Mecklenburg-Vorpommern, Sachsen, Sachsen-Anhalt und Thüringen	Lohngruppe 1	9,63	0,57	10,20
	Lohngruppe 2	11,61	0,69	12,30
im Gebiet der Länder Brandenburg, Mecklenburg-Vorpommern, Sachsen, Sachsen-Anhalt und Thüringen	Lohngruppe 1	8,31	0,49	8,80
	Lohngruppe 2	9,25	0,55	9,80

b) mit Wirkung vom 1. September 2006:

		TL Euro	BZ Euro	GTL Euro
im Gebiet der Bundesrepublik Deutschland, ausgenommen die Gebiete der Länder Brandenburg, Mecklenburg-Vorpommern, Sachsen, Sachsen-Anhalt und Thüringen	Lohngruppe 1	9,73	0,57	10,30
	Lohngruppe 2	11,71	0,69	12,40
im Gebiet der Länder Brandenburg, Mecklenburg-Vorpommern, Sachsen, Sachsen-Anhalt und Thüringen	Lohngruppe 1	8,40	0,50	8,90
	Lohngruppe 2	9,25	0,55	9,80

c) mit Wirkung vom 1. September 2007:

		TL Euro	BZ Euro	GTL Euro
im Gebiet der Bundesrepublik Deutschland, ausgenommen die Gebiete der Länder Brandenburg, Mecklenburg-Vorpommern, Sachsen, Sachsen-Anhalt und Thüringen	Lohngruppe 1	9,82	0,58	10,40
	Lohngruppe 2	11,80	0,70	12,50
im Gebiet der Länder Brandenburg, Mecklenburg-Vorpommern, Sachsen, Sachsen-Anhalt und Thüringen	Lohngruppe 1	8,50	0,50	9,00
	Lohngruppe 2	9,25	0,55	9,80

(4) Der Anspruch auf den Mindestlohn wird spätestens am 15. des Monats fällig, der auf den Monat folgt, für den er zu zahlen ist.

Dies gilt nicht für Betriebe, soweit diese nachweislich eine betriebliche Arbeitszeitflexibilisierung unter den Voraussetzungen des § 3 Nr. 1.4 BRTV durchführen.

Werden Arbeitnehmer auf Arbeitsstellen in Ost und West eingesetzt, für welche der Mindestlohn in unterschiedlicher Höhe zu zahlen ist, so ist die Arbeitszeit getrennt nach diesen Arbeitsstellen monatsbezogen aufzuzeichnen.

(5) Abweichend von § 15 BRTV verfallen Ansprüche auf den Mindestlohn von Arbeitnehmern in den Lohngruppen 1 und 2 sechs Monate nach ihrer Fälligkeit.

(6) Für die Geltendmachung des Mindestlohnes, welcher nicht ausgezahlt worden ist, sondern dem Ausgleichskonto (§ 3 Nr. 1.43 BRTV) gutzuschreiben war, gilt § 15 BRTV nicht.

§ 3
Lohn der Baustelle und Lohn bei auswärtiger Beschäftigung

Es gilt der Mindestlohn der Arbeitsstelle. Auswärts beschäftigte Arbeitnehmer behalten jedoch den Anspruch auf den Mindestlohn ihres Einstellungsortes. Ist der Mindestlohn der auswärtigen Arbeitsstelle höher, so haben sie Anspruch auf diesen Mindestlohn, solange sie auf dieser Arbeitsstelle tätig sind.

1a *Haftung zur Zahlung des Mindestentgelts*

Ein Unternehmer, der einen anderen Unternehmer mit der Erbringung von Werk- oder Dienstleistungen beauftragt, haftet für die Verpflichtungen dieses Unternehmers, eines Nachunternehmers oder eines von dem Unternehmer oder einem Nachunternehmer beauftragten Verleihers zur Zahlung des Mindestentgelts an einen Arbeitnehmer oder zur Zahlung von Beiträgen an eine gemeinsame Einrichtung der Tarifvertragsparteien nach § 1 Abs. 1 Satz 2 und 3, Abs. 2, Abs. 3 Satz 2 und 3 oder Abs. 3a Satz 4 und 5 wie ein Bürge, der auf die Einrede der Vorausklage verzichtet hat. Das Mindestentgelt im Sinne des Satzes 1 umfasst nur den Betrag, der nach Abzug der Steuern und der Beiträge zur Sozialversicherung und zur Arbeitsförderung oder entsprechender Aufwendungen zur sozialen Sicherung an den Arbeitnehmer auszuzahlen ist (Nettoentgelt).

1 **I. Normzweck.** Die Vorschrift[1] begründet eine verschuldensunabhängige, gesamtschuldnerische Haftung des Generalunternehmers auf das Nettoentgelt, welches den ArbN nach dem AEntG zu zahlen ist. Die Haftung ist auf das Nettoentgelt beschränkt, Annahmeverzugslohn, Verzugszinsen usw. sind nicht erfasst[2]. Der Generalunternehmer haftet wie ein selbstschuldnerischer Bürge (§§ 773 I Nr. 1, 771 BGB). Die Haftung ist nicht auf aus dem Ausland entsandte ArbN beschränkt, sondern erfasst alle ArbN des Subunternehmens. Sie besteht nur gegenüber den ArbN bzw. der Urlaubskasse. Durch die Haftung soll für den Generalunternehmer ein Anreiz gesetzt werden, nur mit korrekt handelnden Subunternehmern zusammenzuarbeiten[3]. Gehaftet wird auch im Falle der Insolvenz. Dem Generalunternehmer ist anzuraten, sich wegen möglicher Forderungen auf Grund dieser Vorschrift durch Einbehaltung von Entgeltbestandteilen vertragl. abzusichern[4].

2 Für den Generalunternehmer wird es regelmäßig schwieriger sein, die Korrektheit und Solvenz ausländischer Subunternehmer zu beurteilen; die Bürgenhaftung macht diese daher im Verhältnis zu deutschen Subunternehmern weniger attraktiv. Aus diesem Grunde könnte die Norm gegen die Dienstleistungsfreiheit (Art. 49 EGV) verstoßen (oben Vorb. Rz. 17, unten Rz. 4)[5]. Wurde der Subunternehmer in einem Urteil nicht zur Zahlung verpflichtet, kann sich der Generalunternehmer darauf berufen. Wurde umgekehrt der Subunternehmer zur Zahlung verpflichtet, wirkt die Rechtskraft dieses Urteils nicht zu Lasten des Generalunternehmers; ihm steht ein Bestreiten mit Nichtwissen offen[6].

3 **II. Unternehmer.** Unternehmer iSd. Norm ist, wer Bauleistungen im Rahmen gewerblicher Tätigkeit an Dritte in Auftrag gibt. Auf die Rechtsform des Unternehmens kommt es nicht an. Bauherren, die Bauleistungen in Auftrag geben, sind dagegen nicht Unternehmer iSd. Norm[7], auch nicht wenn sie selbst Bauunternehmer sind[8] oder fälschlich als Inhaber aufgetreten sind[9]. Auch Unternehmen der öffentl. Hand sind nicht erfasst. Der Generalunternehmer haftet nicht nur für ein Subunternehmen, sondern auch für von diesem beauftragte Sub-Subunternehmen. Der Subunternehmer selbst haftet ebenfalls für den Sub-Subunternehmer; aus dem Wortlaut der Norm ergeben sich insoweit keine Beschränkungen[10]. General- und Subunternehmer haften gem. §§ 774 II, 426 BGB als Gesamtschuldner. Die Frage, ob gesellschaftsrechtlich eine Haftung gegeben ist, wird gesondert nach den Grundsätzen des internationalen Gesellschaftsrechts entschieden. Maßgeblich ist das Personalstatut der Gesellschaft, dass sich nach dem effektiven Verwaltungssitz richtet[11].

4 **III. Vereinbarkeit mit höherrangigem Recht.** Insoweit die Norm eine verschuldensunabhängige Haftung begründet, hat das BVerfG die Vereinbarkeit der Norm mit Art. 12 GG bejaht[12]. Das BAG hatte die

1 Dazu allgemein *Gündisch,* Die Bürgenhaftung nach § 1a AEntG in rechtspolitischer Hinsicht, 2006. | 2 Auch zur Berechnung BAG v. 12.1.2005 – 5 AZR 617/01, AP Nr. 2 zu § 1 AEntG. | 3 Kritisch ErfK/*Schlachter*, § 1a AEntG Rz. 1. | 4 Weiterführend AnwK-ArbR/*Kühn*, § 1a AEntG Rz. 18. | 5 Weiterführend *Rieble/Lessner*, ZfA 2002, 29 (56 ff.); *Franzen*, SAE 2003, 190 (191 f.). | 6 BAG v. 2.8.2006 – 10 AZR 688/05, AP Nr. 3 zu § 1a AEntG. | 7 BAG v. 6.11.2002 – 5 AZR 617/01 (A) u. v. 12.1.2005 – 5 AZR 617/01, AP Nr. 1, 2 zu § 1a AEntG. | 8 BAG v. 28.3.2007 – 10 AZR 76/06, NZA 2007, 613. | 9 LAG Berlin v. 1.11.2005 – 3 Sa 1307/05, AR-Blattei ES 370.3 Nr. 22. | 10 *Ulber*, § 1a AEntG, 2. Aufl., Rz. 4; *Koberski/Asshoff/Hold*, § 1a AEntG Rz. 11. | 11 LAG Frankfurt v. 7.11.2005 – 16 Sa 636/05, nv. | 12 BVerfG v. 20.3.2007 – 1 BvR 1047/05, NZA2007, 609 ff.; vgl. weiter *Rieble/Lessner*, ZfA 2002, 29, 44 ff.

Verfassungsmäßigkeit der Norm bestätigt, aber wegen eines möglichen Verstoßes gegen Art. 49 EGV den EuGH angerufen[1]. Der EuGH[2] bejahte die Vereinbarkeit mit dieser Norm (Rz. 2 und Vorb. Rz. 5, 17).

2 *Prüfung und Kontrolle*

(1) Für die Prüfung der Arbeitsbedingungen nach § 1 sind die Behörden der Zollverwaltung zuständig.

(2) §§ 2 bis 6, 14, 15, 20, 22 und 23 des Schwarzarbeitsbekämpfungsgesetzes sind entsprechend anzuwenden mit der Maßgabe, dass die dort genannten Behörden auch Einsicht in Arbeitsverträge, Niederschriften nach § 2 des Nachweisgesetzes und andere Geschäftsunterlagen nehmen können, die mittelbar oder unmittelbar Auskunft über die Einhaltung der Arbeitsbedingungen nach § 1 geben, und die nach § 5 Abs. 1 des Schwarzarbeitsbekämpfungsgesetzes zur Mitwirkung Verpflichteten diese Unterlagen vorzulegen haben; §§ 16 bis 19 des Schwarzarbeitsbekämpfungsgesetzes finden Anwendung. § 6 Abs. 3 des Schwarzarbeitsbekämpfungsgesetzes findet entsprechende Anwendung. Die genannten Behörden dürfen nach Maßgabe der datenschutzrechtlichen Vorschriften auch mit Behörden anderer Mitgliedstaaten des Europäischen Wirtschaftsraums, die entsprechende Aufgaben wie nach diesem Gesetz durchführen oder für die Bekämpfung illegaler Beschäftigung zuständig sind oder Auskünfte geben können, ob ein Arbeitgeber die Arbeitsbedingungen nach § 1 einhält, zusammenarbeiten. Für die Datenverarbeitung, die dem in Absatz 1 genannten Zweck oder der Zusammenarbeit mit den Behörden des Europäischen Wirtschaftsraums dient, findet § 67 Abs. 2 Nr. 4 des Zehnten Buches Sozialgesetzbuch keine Anwendung.

(2a) Soweit die Rechtsnormen eines für allgemeinverbindlich erklärten Tarifvertrages nach § 1 Satz 1 Nr. 1 oder einer entsprechenden Rechtsverordnung nach § 1 Abs. 3a auf das Arbeitsverhältnis Anwendung finden, ist der Arbeitgeber verpflichtet, Beginn, Ende und Dauer der täglichen Arbeitszeit des Arbeitnehmers aufzuzeichnen und diese Aufzeichnungen mindestens zwei Jahre aufzubewahren.

(3) Jeder Arbeitgeber ist verpflichtet, die für die Kontrolle der Einhaltung der Rechtspflichten nach § 1 Abs. 1 Satz 2, 3 und 4, Abs. 2, 3 Satz 2 und 3 und Abs. 3a Satz 4 und 5 erforderlichen Unterlagen im Inland für die gesamte Dauer der tatsächlichen Beschäftigung des Arbeitnehmers im Geltungsbereich dieses Gesetzes, mindestens für die Dauer der gesamten Werk- oder Dienstleistung, insgesamt jedoch nicht länger als zwei Jahre in deutscher Sprache, auf Verlangen der Prüfbehörde auch am Ort der Beschäftigung, bei Bauleistungen auf der Baustelle, bereitzuhalten.

I. Normzweck. Die Norm regelt die Prüfungsbefugnisse, welche die Aufsichtsbehörde bei der Über- 1
wachung der Arbeitsbedingungen nach § 1 innehat. In Abs. 3 werden dem ArbGeb entsprechende Pflichten zur Bereithaltung von Unterlagen auferlegt. Die Überwachung der Erfüllung der Pflichten aus § 1 dient insb. dem ausländischen ArbN, der seine Rechte oft nicht kennen bzw. nicht durchsetzen wird.

II. Zuständigkeit. Die Zuständigkeit der Behörden erstreckt sich (soweit nicht Zuständigkeiten nach 2
einem anderen Gesetz begründet sind) lediglich auf die Kontrolle der Mindestarbeitsbedingungen nach § 1 des Gesetzes. Die Behörden haben daher insbesondere den zu zahlenden Mindestlohn zu ermitteln und diesen mit dem real gezahlten Lohn zu vergleichen. Vgl. dazu Vorb. Rz. 14.

Nach Abs. 1 sind die Behörden der Zollverwaltung zuständig. Daneben haben die in §§ 2–6, 14, 15, 20, 22 3
und 23 des SchwarzArbG vom 23.7.2004 (BGBl. I S. 1842, zuletzt geändert BGBl. 2007 I S. 2246) genannten Behörden (ua. nach Landesrecht zuständige Behörden, BA, Einzugsstellen, Finanzbehörden, Sozialhilfeträger, Träger der Kranken-, Unfall- und RV) neben den im SchwarzArbG geregelten, weit gehenden Befugnissen das Recht zur Einsichtnahme in die in Abs. 2 S. 1 genannten Unterlagen. Gem. Abs. 2 S. 2, der auf § 6 III SchwarzArbG verweist, ist die jeweils zuständige Behörde, ggf. auch die Ausländerbehörde zu unterrichten. Nach Abs. 2 S. 3 kann auch eine Zusammenarbeit mit ausländischen Behörden erfolgen (vgl. auch Art. 4 RL 96/71); der Datenschutz ist nach Abs. 2 S. 4 eingeschränkt.

III. Pflichten des Arbeitgebers. Den ArbGeb, die ArbN und ggf. auch angetroffene Dritte treffen gem. 4
Abs. 2 S. 1 die Mitwirkungspflichten aus § 5 SchwarzArbG und die Aufzeichnungs- und Bereithaltungspflichten aus Abs. 2a und 3. Zu den Unterlagen, die der ArbGeb vorzulegen hat, gehören die Niederschriften über die Arbeitsbedingungen nach § 2 NachwG und § 11 I AÜG, Lohnlisten, Kontrolllisten, Urlaubspläne, Arbeitszeitnachweise uÄ. Die Behörde muss anhand der Unterlagen in der Lage sein, das reine Mindestentgelt (vgl. Rz. 2) zu ermitteln. Zu den Unterlagen gehören weiter Belege über die Überweisung von Beiträgen zu den Sozialkassen.

Die Vorschriften sind unter Berücksichtigung der Rspr. des EuGH gemeinschaftsrechtskonform, dh. 5
unter Berücksichtigung der Dienstleistungsfreiheit des ArbGeb gem. Art. 49 EGV, auszulegen, vgl. EGV Vorb. Rz. 21. Entsprechende Anordnungen der Behörden sind daher nur zulässig, wenn sie zum Schutz der ArbN geeignet und erforderlich sind. Legt das in einem anderen Mitgliedstaat ansässige Unterneh-

1 BAG v. 6.11.2002 – 5 AZR 617/01 (A), AP Nr. 1 zu § 1a AEntG. | 2 EuGH v. 12.10.2004 – Rs. C-60/03, Slg. 2004 I, 9555, 9566 ff. (Rz. 28 ff.) – Wolff & Müller. Nachfolgend BAG v. 12.1.2005 – 5 AZR 617/01, AP Nr. 2 zu § 1a AEntG.

men die Unterlagen vor, welche es nach dem Recht seines Niederlassungsstaates über das Arbeitsverhältnis ohnehin führen muss, und genügen diese Unterlagen bereits, um den Schutz des ArbN sicherzustellen, können durch deutsche Behörden keine weiteren Unterlagen verlangt werden. Das Erfordernis, die Unterlagen in deutscher Sprache vorzulegen ist mit Art. 49 EGV vereinbar[1], auf eine entsprechende Anordnung ist aber zu verzichten, wenn innerhalb der Behörde sprachkundige Mitarbeiter vorhanden sind.

3 *Anmeldung*

(1) Soweit die Rechtsnormen eines für allgemein verbindlich erklärten Tarifvertrages nach § 1 Abs. 1 oder 3 oder einer Rechtsverordnung nach § 1 Abs. 3a auf das Arbeitsverhältnis Anwendung finden, ist ein Arbeitgeber mit Sitz im Ausland, der einen oder mehrere Arbeitnehmer innerhalb des Geltungsbereichs dieses Gesetzes beschäftigt, verpflichtet, vor Beginn jeder Werk- oder Dienstleistung eine schriftliche Anmeldung in deutscher Sprache bei der zuständigen Behörde der Zollverwaltung vorzulegen, die die für die Prüfung wesentlichen Angaben enthält. Wesentlich sind die Angaben über

1. Familiennamen, Vornamen und Geburtsdaten der von ihm im Geltungsbereich dieses Gesetzes beschäftigten Arbeitnehmer,

2. Beginn und voraussichtliche Dauer der Beschäftigung,

3. Ort der Beschäftigung, bei Bauleistungen die Baustelle,

4. den Ort im Inland, an dem die nach § 2 Abs. 3 erforderlichen Unterlagen bereitgehalten werden,

5. Name, Vorname, Geburtsdatum und Anschrift in Deutschland des verantwortlich Handelnden,

6. die Branche, in die die Arbeitnehmer entsandt werden sollen,

7. Name, Vorname und Anschrift in Deutschland eines Zustellungsbevollmächtigten, soweit dieser nicht mit dem in Nummer 5 genannten verantwortlich Handelnden identisch ist.

Änderungen zu diesen Angaben sind zu melden. Der Arbeitgeber hat der Anmeldung eine Versicherung beizufügen, dass er die in § 1 vorgeschriebenen Arbeitsbedingungen einhält.

(2) Überlässt ein Verleiher mit Sitz im Ausland einen oder mehrere Arbeitnehmer zur Arbeitsleistung einem Entleiher im Geltungsbereich dieses Gesetzes, so hat der Entleiher unter den Voraussetzungen des Absatzes 1 Satz 1 vor Beginn jeder Werk- oder Dienstleistung der zuständigen Behörde der Zollverwaltung schriftlich eine Anmeldung in deutscher Sprache mit folgenden Angaben zuzuleiten:

1. Familiennamen, Vornamen und Geburtsdaten der überlassenen Arbeitnehmer,

2. Beginn und Dauer der Überlassung,

3. Ort der Beschäftigung, bei Bauleistungen die Baustelle,

4. den Ort im Inland, an dem die nach § 2 Abs. 3 erforderlichen Unterlagen bereitgehalten werden,

5. Familienname, Vorname und Anschrift des Verleihers,

6. die Branche, in die die Arbeitnehmer entsandt werden sollen,

7. Familienname, Vorname und Anschrift in Deutschland eines Zustellungsbevollmächtigten des Verleihers.

Absatz 1 Satz 3 findet entsprechende Anwendung. Der Entleiher hat der Anmeldung eine Versicherung des Verleihers beizufügen, dass dieser die in § 1 vorgeschriebenen Arbeitsbedingungen einhält.

(3) Das Bundesministerium für Arbeit und Soziales kann im Einvernehmen mit dem Bundesministerium der Finanzen durch Rechtsverordnung ohne Zustimmung des Bundesrates bestimmen,

1. dass, auf welche Weise und unter welchen technischen und organisatorischen Voraussetzungen eine Anmeldung, Änderungsmeldung und Versicherung abweichend von Absatz 1 Satz 1, 3 und 4 sowie Absatz 2 Satz 1, 2 und 3 elektronisch übermittelt werden kann,

2. unter welchen Voraussetzungen eine Änderungsmeldung ausnahmsweise entfallen kann,

3. wie das Meldeverfahren vereinfacht oder abgewandelt werden kann, sofern die entsandten Arbeitnehmer im Rahmen einer regelmäßig wiederkehrenden Werk- oder Dienstleistung eingesetzt werden oder sonstige Besonderheiten der zu erbringenden Werk- oder Dienstleistung dies erfordern.

(4) Die zuständige Behörde der Zollverwaltung im Sinne der Absätze 1 und 2 unterrichtet die zuständigen Finanzämter.

(5) Das Bundesministerium der Finanzen wird ermächtigt, durch Rechtsverordnung ohne Zustimmung des Bundesrates die zuständige Behörde nach Absatz 1 Satz 1 sowie nach den Absätzen 2 und 4 zu bestimmen.

1 EuGH v. 18.7.2007 – Rs. C-490/04, NZA 2007, 917 ff. (Rz. 63 ff.) – Kommission gegen Deutschland.

I. Normzweck. Die in der Vorschrift begründete Anmeldepflicht erleichtert damit den Aufsichtsbehörden die Überwachung der Mindestarbeitsbedingungen gem. §§ 1 und 2[1]. Die Versicherung in Abs. 1 S. 4 bzw. Abs. 2 S. 3 soll dem ArbGeb bzw. dem Entleiher seine Pflichten vor Augen führen. Abs. 4 ermöglicht die Information anderer Prüfungsbehörden. Der neue geschaffene Abs. 3 hält eine Ermächtigungsgrundlage bereit. Die genannten Ministerien können von § 3 abweichende Meldepflichten schaffen; damit soll vor allem den Besonderheiten des Gebäudereinigerhandwerks entsprochen werden[2]. Die Bestimmung der Zollbehörden nach Abs. 5 ist bereits erfolgt[3]. 1

II. Anwendungsbereich. Die Vorschrift kommt nur zu Anwendung, wenn **Werk- oder Dienstleistungen grenzüberschreitend** erbracht werden. Sie gilt nur für ArbGeb bzw. Verleiher mit Sitz im Ausland; ein Verstoß gegen das Diskriminierungsverbot des Art. 49 EGV soll dadurch nicht begründet werden (vgl. Vorb. Rz. 22). Für die Meldepflicht des Entleihers nach Abs. 2 ist es gleichgültig, ob sich der Sitz des Entleihers im In- oder Ausland befindet. Die Verpflichtung des Entleihers, den Einsatzort und jede Änderung des Ortes zu melden, sofern der Verleiher einen Sitz im Ausland hat, dürfte mit Art. 49 EGV nicht vereinbar sein (Vorb. Rz. 21). 2

Nach einer entsprechenden Entscheidung des BSG[4] wurde der Wortlaut der Norm dahingehend eingeschränkt, dass nur Arbeitsverhältnisse anzumelden sind, auf welche ein für allgemeinverbindlich erklärter TV oder eine RechtsVO nach § 1 Anwendung finden, die einen Mindestlohn oder andere Mindestbedingungen vorsehen (Vorb. Rz. 22). Die Meldepflichten nach § 8 AÜG bleiben unberührt. Abzulehnen ist die Ansicht des OLG Karlsruhe, nach der die Meldepflicht entfallen soll, wenn der ausländische Verleiher nach eigener Prüfung mit Recht zu dem Ergebnis kommt, dass im konkreten Fall keine Mindestarbeitsbedingungen bei Entsendung von ArbN in den Geltungsbereich des AEntG einzuhalten sind[5].

4 *Zustellung*

Für die Anwendung dieses Gesetzes gilt der im Inland gelegene Ort der Werk- oder Dienstleistung als Geschäftsraum und der mit der Ausübung des Weisungsrechts des Arbeitgebers Beauftragte als dort beschäftigte Person im Sinn des § 5 Abs. 2 des Verwaltungszustellungsgesetzes in Verbindung mit § 178 Abs. 1 Nr. 2 der Zivilprozessordnung.

Normzweck. Die Vorschrift erleichtert die Zustellung von Schriftstücken, insb. wenn die Meldung nach § 3 I 2 Nr. 5 und 7 nicht erfolgt ist. 1

5 *Ordnungswidrigkeiten; Sanktionen*

(1) Ordnungswidrig handelt, wer vorsätzlich oder fahrlässig

1. entgegen § 1 Abs. 1 Satz 2 oder Abs. 3a Satz 5 als Arbeitgeber mit Sitz im Ausland oder entgegen § 1 Abs. 1 Satz 3 oder Abs. 3a Satz 4 als Arbeitgeber mit Sitz im Inland einem Arbeitnehmer eine dort genannte Arbeitsbedingung nicht gewährt,

1a. entgegen § 1 Abs. 2 eine dort genannte Arbeitsbedingung nicht gewährt oder einen Beitrag nicht leistet,

2. entgegen § 1 Abs. 3 Satz 2 oder Abs. 3a Satz 5 als Arbeitgeber mit Sitz im Ausland oder entgegen § 1 Abs. 3 Satz 3 oder Abs. 3a Satz 4 als Arbeitgeber mit Sitz im Inland einen Beitrag nicht leistet,

3. entgegen § 2 Abs. 2 Satz 1 in Verbindung mit § 5 Abs. 1 Satz 1 des Schwarzarbeitsbekämpfungsgesetzes eine Prüfung nicht duldet oder bei einer Prüfung nicht mitwirkt,

4. entgegen § 2 Abs. 2 Satz 1 in Verbindung mit § 5 Abs. 1 Satz 2 des Schwarzarbeitsbekämpfungsgesetzes das Betreten eines Grundstücks oder Geschäftsraums nicht duldet,

5. entgegen § 2 Abs. 2 Satz 1 in Verbindung mit § 5 Abs. 3 Satz 1 des Schwarzarbeitsbekämpfungsgesetzes Daten nicht, nicht richtig, nicht vollständig, nicht in der vorgeschriebenen Weise oder nicht rechtzeitig übermittelt,

6. entgegen § 2 Abs. 2a eine Aufzeichnung nicht, nicht richtig oder nicht vollständig erstellt oder nicht oder nicht mindestens zwei Jahre aufbewahrt,

7. entgegen § 2 Abs. 3 eine Unterlage nicht, nicht richtig, nicht vollständig oder nicht in der vorgeschriebenen Weise bereithält,

---

1 Anmeldevordruck im Internet unter http://www.zoll.de (Zoll im Einsatz/Finanzkontrolle Schwarzarbeit/Entsendung von Arbeitnehmern). Die Meldung indiziert die tatsächliche Arbeitsleistung LAG Frankfurt v. 4.10.2004 – 16/15 Sa 143/03, EzAÜG § 3 AEntG Nr. 3. | 2 BT-Drs. 16/3064, S. 8. | 3 VO v. 22.4.2004, BGBl. I S. 907. | 4 BSG v. 6.3.2003 – B 11 AL 27/02 R, SozR 4-7822 Nr. 1 zu § 3 AEntG; dazu *Kingreen*, SGb 2004, 127. | 5 OLG Karlsruhe v. 25.7.2001 – 3 Ss 159/00, wistra 2001, 477. Hier hätte ein Verbotsirrtum (vgl. § 5 Rz. 2) näher gelegen.

8. entgegen § 3 Abs. 1 Satz 1 oder Abs. 2 Satz 1 eine Anmeldung oder entgegen § 3 Abs. 1 Satz 3, auch in Verbindung mit Abs. 2 Satz 2, eine Änderungsmeldung nicht, nicht richtig, nicht vollständig, nicht in der vorgeschriebenen Weise oder nicht rechtzeitig vorlegt oder zuleitet oder

9. entgegen § 3 Abs. 1 Satz 4 oder Abs. 2 Satz 3 eine Versicherung nicht beifügt.

(2) Ordnungswidrig handelt, wer Werk- oder Dienstleistungen in erheblichem Umfang ausführen lässt, indem er als Unternehmer einen anderen Unternehmer beauftragt, von dem er weiß oder fahrlässig nicht weiß, dass dieser bei der Erfüllung dieses Auftrags

1. gegen § 1 verstößt oder

2. einen Nachunternehmer einsetzt oder zulässt, dass ein Nachunternehmer tätig wird, der gegen § 1 verstößt.

(3) Die Ordnungswidrigkeit kann in den Fällen des Absatzes 1 Nr. 1, 1a und 2 sowie des Absatzes 2 mit einer Geldbuße bis zu fünfhunderttausend Euro, in den übrigen Fällen mit einer Geldbuße bis zu fünfundzwanzigtausend Euro geahndet werden.

(4) Verwaltungsbehörden im Sinne des § 36 Abs. 1 Nr. 1 des Gesetzes über Ordnungswidrigkeiten sind die in § 2 Abs. 1 genannten Behörden jeweils für ihren Geschäftsbereich.

(5) Die Geldbußen fließen in die Kasse der Verwaltungsbehörde, die den Bußgeldbescheid erlassen hat. Für die Vollstreckung zu Gunsten der Behörden des Bundes und der unmittelbaren Körperschaften und Anstalten des öffentlichen Rechts sowie für die Vollziehung des dinglichen Arrestes nach § 111d der Strafprozessordnung in Verbindung mit § 46 des Gesetzes über Ordnungswidrigkeiten durch die in § 2 Abs. 1 genannten Behörden gilt das Verwaltungs-Vollstreckungsgesetz. Die nach Satz 1 zuständige Kasse trägt abweichend von § 105 Abs. 2 des Gesetzes über Ordnungswidrigkeiten die notwendigen Auslagen; sie ist auch ersatzpflichtig im Sinne des § 110 Abs. 4 des Gesetzes über Ordnungswidrigkeiten.

(6) Die Behörden der Zollverwaltung unterrichten das Gewerbezentralregister über rechtskräftige Bußgeldentscheidungen nach den Absätzen 1 bis 3, sofern die Geldbuße mehr als zweihundert Euro beträgt.

(7) Gerichte und Staatsanwaltschaften sollen den nach diesem Gesetz zuständigen Behörden Erkenntnisse übermitteln, die aus ihrer Sicht zur Verfolgung von Ordnungswidrigkeiten nach den Absätzen 1 und 2 erforderlich sind, soweit nicht für das Gericht oder die Staatsanwaltschaft erkennbar ist, dass schutzwürdige Interessen des Betroffenen oder anderer Verfahrensbeteiligter an dem Ausschluss der Übermittlung überwiegen. Dabei ist zu berücksichtigen, wie gesichert die zu übermittelnden Erkenntnisse sind.

1 **I. Normzweck.** Verstöße gegen Bestimmungen des AEntG sind in der Praxis besonders häufig. Aus diesem Grund schafft die Vorschrift einen umfangreichen Katalog von Ordnungswidrigkeiten bei Verstößen gegen §§ 1, 2 und 3. Abs. 2 begründet auch für den Generalunternehmer einen Bußgeldtatbestand. Verstöße gegen zwingende Arbeitsbedingungen nach § 7 stellen demgegenüber keine Ordnungswidrigkeit dar. Neben der Vorschrift kommt in den Fällen der Beschäftigung von Ausländern ohne Genehmigung (vgl. Vorb. Rz. 2) eine Ordnungswidrigkeit gem. § 404 SGB III in Betracht.

2 **II. Allgemeines.** Ordnungswidrigkeiten können gem. § 10 OWiG durch **vorsätzliches** sowie **fahrlässiges** Handeln begangen werden, soweit das Gesetz fahrlässiges Handeln ausdrücklich mit Geldbuße bedroht. In Abs. 1 und 2 erstreckt die Vorschrift den Anwendungsbereich auf Fahrlässigkeit. Der Täter kann sich gem. § 11 I OWiG auf einen Tatbestandsirrtum bzw. gem. § 11 II OWiG auf einen Verbotsirrtum berufen. Er handelte nicht schuldhaft, wenn der Verbotsirrtum unvermeidbar war, was bei Verstößen gegen §§ 1, 2 und 3 jedoch regelmäßig zu verneinen ist[1]. Auf einen Tatbestandsirrtum kann sich der Generalunternehmer im Falle des Abs. 2 nicht berufen, wenn er konkrete Anhaltspunkte dafür hatte, dass der Subunternehmer gegen die Vorschriften des AEntG verstoßen könnte.

3 Beschäftigt ein Unternehmer an einem Tag mehrere ArbN unter Verstoß gegen Vorschriften des § 1, liegt idR **Tateinheit** gem. § 19 OWiG vor. Zu prüfen ist, ob der Einsatz der ArbN auf einem oder mehreren Entschlüssen des Täters beruht[2]. Bei unterschiedlichen Verstößen gegen § 1 und § 2 bzw. § 3 ist dagegen idR Tatmehrheit (§ 20 OWiG) gegeben[3], so dass für jede Ordnungswidrigkeit gesondert eine Geldbuße festzusetzen ist.

4 **III. Ordnungswidrigkeit des Arbeitgebers bzw. sonstiger Auskunftspflichtiger (Abs. 1).** Täter nach Abs. 1 Nr. 1, 1a und 2 ist der ArbGeb. Handelt es sich um eine juristische Person, eine Personenhandels-

1 Einen Verbotsirrtum für einen kleineren, inländischen ArbGeb nimmt das BayObLG in seinem Urteil v. 13.10.1999 – 3 ObOWi 88/99, NStZ 2000, 141, an; anders OLG Brandenburg v. 3.4.2003 – 2 Ss (OWi) 158B/02, IBR 2003, 510: Erkundigungspflicht eines kleineren Unternehmers. Zum Umfang der Informationspflicht OLG Thüringen v. 1.11.2005 – 1 Ss 222/05, nv. | 2 BayObLG v. 29.6.1999 – 3 ObOWi 50/99, GewArch 2000, 31. | 3 ErfK/*Schlachter*, § 5 AEntG Rz. 3.

gesellschaft oder eine nicht geschäftsfähige natürliche Person, gilt § 9 I OWiG, dh. als Täter kommt der Vertreter in Betracht. Nach § 9 II OWiG kann Täter darüber hinaus eine beauftragte Person sein, wenn sie mit der Leitung des Betriebs, eines Betriebsteils oder mit der Erfüllung bestimmter Pflichten beauftragt ist. In den Fällen des Abs. 1 Nr. 3 können auch weitere Personen Täter sein, soweit sie Auskunfts- oder Mitwirkungspflichten nach § 2 II treffen. Die Verjährung der Tat beginnt erst mit dem Wegfall der Pflicht zur Zahlung des Mindestlohns[1].

IV. Ordnungswidrigkeit des Auftraggebers (Abs. 2). Nach Abs. 2 kommt als Täter auch ein Auftraggeber in Betracht, der Bauleistungen in erheblichem Umfang ausführen lässt. Von einem erheblichen Umfang ging die früher zuständige BA bereits bei einem Auftragsvolumen von 10 000 Euro aus. Zum Tatbestandsirrtum oben Rz. 2. 5

V. Zumessung der Geldbuße (Abs. 3). Die Geldbuße kann in den Fällen des Abs. 1 Nr. 1, 1a und 2 und des Abs. 2 500 000 Euro erreichen. Bei der Zumessung ist § 17 OWiG zu beachten. Nach § 17 II OWiG kann bei Fahrlässigkeit nur die Hälfte des angedrohten Höchstbetrages verhängt werden. Gem. § 17 III OWiG sind der Vorwurf, den der Täter trifft, seine wirtschaftl. Verhältnisse sowie die Bedeutung der Ordnungswidrigkeit zu berücksichtigen. Dies verlangt eine Einzelfallbetrachtung[2]. Nach § 17 IV OWiG soll die Geldbuße den wirtschaftl. Vorteil, den der Täter aus der Ordnungswidrigkeit gezogen hat, übersteigen. Dabei kann sogar das gesetzl. Höchstmaß überschritten werden. 6

Der wirtschaftl. Gewinn setzt sich zusammen aus der Differenz zwischen dem gezahlten Lohn und dem geschuldeten Mindestentgelt und dem Marktvorteil, den der Unternehmer erlangt hat. Dabei hielt die nach alter Rechtslage zuständige BA eine Orientierung an 20 % des Unternehmergewinns für zulässig. In den Fällen des Abs. 2 nannte die BA im Falle eines Auftragsvolumens von 10 000 bis 25 000 Euro eine Geldbuße in Höhe von 2/5 des Volumens als Richtwert für angemessen. Im Falle eines höheren Volumens sollte die Geldbuße nicht höher als 30 % sein. In jedem Fall ist jedoch eine Einzelfallbetrachtung nach Maßgabe des § 17 III OWiG vorzunehmen. 7

6 *Ausschluss vom Wettbewerb*

Von der Teilnahme an einem Wettbewerb um einen Liefer-, Bau- oder Dienstleistungsauftrag der in § 98 des Gesetzes gegen Wettbewerbsbeschränkungen genannten Auftraggeber sollen Bewerber für eine angemessene Zeit bis zur nachgewiesenen Wiederherstellung ihrer Zuverlässigkeit ausgeschlossen werden, die wegen eines Verstoßes nach § 5 mit einer Geldbuße von wenigstens zweitausendfünfhundert Euro belegt worden sind. Das Gleiche gilt auch schon vor Durchführung eines Bußgeldverfahrens, wenn im Einzelfall angesichts der Beweislage kein vernünftiger Zweifel an einer schwerwiegenden Verfehlung nach Satz 1 besteht. Die für die Verfolgung oder Ahndung der Ordnungswidrigkeiten nach § 5 zuständigen Behörden dürfen öffentlichen Auftraggebern nach § 98 Nr. 1 bis 3 und 5 des Gesetzes gegen Wettbewerbsbeschränkungen auf Verlangen die erforderlichen Auskünfte geben. Öffentliche Auftraggeber nach Satz 3 fordern im Rahmen ihrer Tätigkeit beim Gewerbezentralregister Auskünfte über rechtskräftige Bußgeldentscheidungen wegen einer Ordnungswidrigkeit nach § 5 Abs. 1 oder 2 an oder verlangen von Bewerbern eine Erklärung, dass die Voraussetzungen für einen Ausschluss nach Satz 1 oder 2 nicht vorliegen; auch im Falle einer Erklärung des Bewerbers können öffentliche Auftraggeber nach Satz 3 Auskünfte des Gewerbezentralregisters nach § 150a der Gewerbeordnung jederzeit anfordern. Für den Bewerber, der den Zuschlag erhalten soll, fordert der öffentliche Auftrageber nach Satz 3 bei Aufträgen ab einer Höhe von 30 000 Euro vor Zuschlagserteilung eine Auskunft aus dem Gewerbezentralregister nach § 150a der Gewerbeordnung an. Der Bewerber ist vor der Entscheidung über den Ausschluss zu hören.

Die Vorschrift sanktioniert Unternehmer bei erheblichen Verstößen gegen das AEntG, die Ordnungswidrigkeiten nach § 5 darstellen, zusätzlich mit einem Ausschluss vom Wettbewerb um öffentl. Liefer-, Bau- oder Dienstleistungsaufträge. Die Norm durchbricht damit den vergaberechtl. Grundsatz, nach welchem das wirtschaftlichste Angebot den Zuschlag erhalten muss (§ 97 V GWB). Der Begriff des Auftraggebers ist in § 98 GWB definiert. Zur Problematik der Tariftreueerklärungen Art. 9 GG Rz. 71 f. 1

Ein **erheblicher Verstoß** liegt vor, wenn eine Geldbuße von mindestens 2500 Euro verhängt wurde. Der Ausschluss kann nach S. 2 auch bereits vor Durchführung des Bußgeldverfahrens erfolgen[3]. Die Auskunftserteilung erfolgt nach S. 3 nur auf ein Verlangen der Vergabebehörden. 2

1 OLG Thür. v. 2.2.2006 – 1 Ss 97/05, GewArch 2006, 210. | 2 OLG Thür. v. 19.8.2004 – 1 Ss 93/04, GewArch 2005, 26. | 3 Zu Recht kritisch ErfK/*Schlachter*, § 6 AEntG Rz. 2.

7 *Zwingende Arbeitsbedingungen*

(1) Die in Rechts- oder Verwaltungsvorschriften enthaltenen Regelungen über

1. die Höchstarbeitszeiten und Mindestruhezeiten,

2. den bezahlten Mindestjahresurlaub,

3. die Mindestentgeltsätze einschließlich der Überstundensätze,

4. die Bedingungen für die Überlassung von Arbeitskräften, insbesondere durch Leiharbeitsunternehmen,

5. die Sicherheit, den Gesundheitsschutz und die Hygiene am Arbeitsplatz,

6. die Schutzmaßnahmen im Zusammenhang mit den Arbeits- und Beschäftigungsbedingungen von Schwangeren und Wöchnerinnen, Kindern und Jugendlichen und

7. die Gleichbehandlung von Männern und Frauen sowie andere Nichtdiskriminierungsbestimmungen

finden auch auf ein Arbeitsverhältnis zwischen einem im Ausland ansässigen Arbeitgeber und seinem im Inland beschäftigten Arbeitnehmer zwingend Anwendung.

(2) Die Arbeitsbedingungen nach Absatz 1 Nr. 1 und 4 bis 7 betreffenden Rechtsnormen eines für allgemeinverbindlich erklärten Tarifvertrages nach § 1 Abs. 1 finden unter den dort genannten Voraussetzungen auch auf ein Arbeitsverhältnis zwischen einem Arbeitgeber mit Sitz im Ausland und seinem im räumlichen Geltungsbereich dieses Tarifvertrages beschäftigten Arbeitnehmer zwingend Anwendung.

1 **I. Entstehungsgeschichte und Norminhalt.** Die Vorschrift wurde durch das Gesetz zu Korrekturen in der Sozialversicherung und zur Sicherung der Arbeitnehmerrechte (vgl. Vorb. Rz. 1) in das AEntG eingefügt, um Art. 3 I der RL 96/71 umzusetzen. Nach dieser Regelung müssen ArbN, welche von einem Unternehmen mit Sitz in einem Mitgliedstaat in einen anderen Mitgliedstaat entsandt werden, die Arbeits- und Beschäftigungsbedingungen des Aufnahmestaates gewährt werden.

2 § 7 legt damit sog. Eingriffsnormen nach Art. 34 EGBGB fest (vgl. EGBGB Rz. 32 ff.). Diese finden auf das Arbeitsverhältnis stets Anwendung, unabhängig von der Rechtsordnung, der das Arbeitsverhältnis unterliegt. Viele der Normen, welche durch § 7 als Eingriffsnormen bestimmt werden, wurden bereits vor Schaffung des § 7 als solche qualifiziert. Im Übrigen ist zu beachten, dass das auf das Arbeitsverhältnis anwendbare Recht auch noch durch andere Vorschriften überlagert werden kann (vgl. EGBGB Rz. 28 ff.). Insgesamt unterliegen solche Arbeitsverhältnisse damit einem „Mischrecht", wobei durch Schaffung des § 7 der Anteil anzuwendenden deutschen Rechts gestiegen ist.

3 **II. Anwendungsbereich (Abs. 1).** Die Vorschrift gilt bei grenzüberschreitender Beschäftigung in **jedem Wirtschaftszweig**, dh. nicht nur, aber auch in der Bauwirtschaft. Sie ist nur auf ArbGeb mit Sitz im Ausland anwendbar, welche ArbN im Inland beschäftigen. Auf eine „Entsendung" kommt es nicht an; die Vorschrift ist auch anzuwenden, wenn der ArbGeb mit Sitz im Ausland im Inland sog. Ortskräfte anwirbt. Zur Auslegung des Begriffs „Arbeitsverhältnis" vgl. § 1 Rz. 2. Staatsangehörigkeit oder Wohnsitz des ArbGeb oder des ArbN sind irrelevant.

4 Die in Abs. 1 genannten Mindestarbeitsbedingungen können in Rechts- oder Verwaltungsvorschriften enthalten sein. Dazu gehören gesetzl. Regelungen, Rechtsverordnungen, Verwaltungsvorschriften oder Runderlasse der BA. Nicht erfasst sind (für allgemeinverbindlich erklärte) TV (vgl. aber Rz. 6) oder BV.

5 Unter Abs. 1 **Nr. 1** fallen insb. die entsprechenden Bestimmungen des ArbZG und des LSchlG. **Nr. 2** erfasst den Mindesturlaub nach § 3 BUrlG und § 125 SGB IX bzw. nach den Zusatzurlaub gewährenden Landesgesetzen sowie das Mindesturlaubsentgelt nach § 11 I 1 BUrlG. **Nr. 3** bezieht sich auf die Mindestentgeltsätze, doch sieht die deutsche Rechtsordnung Mindestlöhne nicht vor. Eine Anknüpfung wäre im Bereich des § 17 BBiG sowie an die Rspr. zum Lohnwucher (vgl. § 611 BGB Rz. 78 ff.) möglich[1]. Die Tatsache, dass die deutsche Rechtsordnung insoweit keine ausdrückliche Regelung bereithält, begründet keinen Verstoß gegen die Pflicht, Art. 3 RL 96/71 umzusetzen[2]. Denn Art. 3 der Richtlinie fordert die Mitgliedstaaten lediglich auf, die Arbeitsbedingungen zu garantieren, die einheimischen ArbN zugute kommen. Die Mitgliedstaaten sind nicht verpflichtet, neue Arbeitsbedingungen erst zu schaffen. Unter den Bedingungen für die Überlassung von ArbN in **Nr. 4** sind sowohl die arbeitsrechtl., wie die gewerbe-, vermittlungs- und erlaubnisrechtl. Bestimmungen zur AÜ zu verstehen. Die Norm ist nicht auf die gewerbsmäßige AÜ beschränkt[3]. Die Normen des Arbeitsschutzes ieS, die **Nr. 5** erfasst, galten auch schon vor Schaffung der Vorschrift als Eingriffsnormen iSd. Art. 34 EGBGB. **Nr. 6** bezieht sich insb. auf die Schutzvorschriften des MuSchG und des JArbSchG (vgl. insoweit EGBGB Rz. 35). **Nr. 7** erstreckt den Anwendungsbereich auf Nichtdiskriminierungsbestimmungen, insbesondere die des AGG[4].

6 **III. Arbeitsbedingungen bei grenzüberschreitenden Werk- oder Dienstleistungen nach § 1 Abs. 1 (Abs. 2).** Bei grenzüberschreitender Beschäftigung soll nach Art. 3 I 1, 2. Spiegelstrich der RL 96/71 die

1 ErfK/*Schlachter*, § 7 AEntG Rz. 2. Dagegen *Temming*, Rda 2005, 186 (190). | 2 So aber *Ulber*, § 7 AEntG, 2. Aufl., Rz. 14. | 3 *Ulber*, § 7 AEntG, 2. Aufl., Rz. 16. | 4 *Wiedemann/Wank*, TVG, Anh. 1 zu § 5 Rz. 2.

Mindestarbeits- und Beschäftigungsbedingungen auch durch TV festgelegt werden können. Für das Mindestentgelt und den bezahlten Mindesturlaub wurde diese Bestimmung durch § 1 I und III umgesetzt; § 7 I Nr. 2 und 3 finden daher keine Anwendung, solange entsprechende tarifl. Bestimmungen bestehen. Darüber hinaus gewährt Abs. 2 den ArbN, die unter § 1 Abs. 1 fallen, die in einem allgemeinverbindlichen TV zugesagten Arbeitsbedingungen, die in die Bereiche fallen, die Abs. 1 Nr. 1 und 4–7 aufzählt (vgl. auch § 1 Rz. 2). Fehlen entsprechende Bedingungen in den TV, greift Abs. 1 Nr. 1 und 4–7 ein.

8 *Klagemöglichkeit*

Ein Arbeitnehmer, der in den Geltungsbereich dieses Gesetzes entsandt ist oder war, kann eine auf den Zeitraum der Entsendung bezogene Klage auf Gewährung der Arbeitsbedingungen nach §§ 1, 1a und 7 auch vor einem deutschen Gericht für Arbeitssachen erheben. Diese Klagemöglichkeit besteht auch für eine gemeinsame Einrichtung der Tarifvertragsparteien nach § 1 Abs. 3 in Bezug auf die ihr zustehenden Beiträge.

Art. 6 RL 96/71 fordert, dass der ArbN die ihm auf Grund der Richtlinie gewährten Arbeits- und Beschäftigungsbedingungen vor einem Gericht des Aufnahmestaates einklagen kann. Diese Klagemöglichkeit wäre ohne Einfügung des § 8 in Deutschland regelmäßig nicht gegeben, da nach den allgemeinen Vorschriften über die internationale Zuständigkeit (vgl. EGBGB Rz. 3 f.) die deutschen Gerichte regelmäßig nicht zuständig gewesen wären[1]. § 8 begründet auch die sachliche Zuständigkeit der ArbG, und zwar auch für Ansprüche aus der in § 1a normierten Bürgenhaftung[2]. Daneben hat der Betroffene die Möglichkeit, eine Klage im Ausland nach den dort geltenden Regelungen über die internationale Zuständigkeit zu erheben. 1

Klagebefugt sind die in die Bundesrepublik Deutschland entsandten ArbN sowie gem. S. 3 die gemeins. Einrichtungen der TV-Parteien wegen Ansprüchen nach § 1 III. Für Klagen der ULAK (§ 1 Rz. 10) nach § 1a ist örtlich ausschließlich das ArbG Wiesbaden zuständig[3]. 2

---

1 ArbG Wiesbaden v. 7.10.1997 – 8 Ca 1172/97, AP Nr. 3 zu Art. 5 Brüsseler Abkommen. | 2 BAG v. 11.9.2002 – 9 AZR 3/02, AP Nr. 82 zu § 2 ArbGG 1979. Für Widerklage BAG v. 25.1.2005 – 9 AZR 44/04, AP Nr. 22 zu § 1 AEntG. | 3 ArbG Hannover v. 17.9.2003 – 12 Ca 472/03, EzAÜG § 1a AEntG Nr. 3.

Allgemeines Gleichbehandlungsgesetz (AGG)

vom 14. 8. 2006 (BGBl. I S. 1897), zuletzt geändert durch Gesetz vom 12.12.2007 (BGBl. I S. 2840)

– Auszug –

Lit.: *Adomeit/Mohr*, Kommentar zum Allgemeinen Gleichbehandlungsgesetz, 2007; *Bauer/Göpfert/Krieger*, Kommentar zum AGG, 2. Aufl. 2008; *C. Blomeyer*, Das Verbot der mittelbaren Diskriminierung gemäß Art. 119 EGV, 1994; *Callies/Ruffert* (Hrsg.), Das Verfassungsrecht der Europäischen Union, 3. Aufl. 2007; *Däubler/Bertzbach* (Hrsg.), Kommentar zum AGG, 2007; *Gaier/Wendtland*, Allgemeines Gleichbehandlungsgesetz – AGG, 2006; *Meinel/Heyn/Herms*, Allgemeines Gleichbehandlungsgesetz, Kommentar, 2007; *v. Roetteken*, Allgemeines Gleichbehandlungsgesetz, Loseblatt, Stand 2007; *Schiek* (Hrsg.), AGG – Ein Kommentar aus europäischer Perspektive, 2007; *Schiek*, Differenzierte Gerechtigkeit, 2000; *Schlachter*, Wege zur Gleichberechtigung, München 1993; *Thüsing*, Arbeitsrechtlicher Diskriminierungsschutz, 2007; *Wiedemann* (Hrsg.), Tarifvertragsgesetz, 7. Aufl. 2007; *G. Wisskirchen*, AGG – Auswirkungen auf die Praxis, 3. Aufl. 2007; *Wisskirchen*, Mittelbare Diskriminierung von Frauen im Erwerbsleben, Berlin 1994.

Abschnitt 1. Allgemeiner Teil

1 *Ziel des Gesetzes*

Ziel des Gesetzes ist, Benachteiligungen aus Gründen der Rasse oder wegen der ethnischen Herkunft, des Geschlechts, der Religion oder Weltanschauung, einer Behinderung, des Alters oder der sexuellen Identität zu verhindern oder zu beseitigen.

1 **I. Gesetzesziel.** Nach Formulierung und Überschrift des § 1 legt dieser allgemein das Regelungsziel des AGG fest. § 1 ist jedoch keine bloße präambelartige Auslegungshilfe, sondern enthält für andere Normen wesentliche Tatbestandsmerkmale (vgl. nur § 7, 13 I). Die Benachteiligungsgründe sind in § 1 **abschließend** aufgeführt, dh. Benachteiligungen wegen anderer Merkmale sind nach dem AGG nicht verboten, es sei denn, diese führen zu einer mittelbaren Benachteiligung wegen eines der in § 1 genannten Merkmale (dazu § 3 Rz. 6 ff.). Eine analoge Anwendung des AGG auf andere Merkmale, wie zB politische Ansichten, Staatsangehörigkeit oder Krankheit (s. Rz. 9), ist ausgeschlossen. Die europäische Kommission hat am 31.1.2008 ein Vertragsverletzungsverfahren gegen Deutschland eingeleitet, da erhebliche Zweifel an einer vollständigen ordnungsgemäßen Richtlinienumsetzung bestünden.

2 **II. Verbotene Differenzierungsmerkmale. 1. Rasse und ethnische Herkunft** bilden gemeinsam ein **einheitliches Benachteiligungsmerkmal**. Sie bezwecken einen umfassenden Schutz vor Benachteiligungen durch Rassismus und Fremdenfeindlichkeit und sind weit zu verstehen[1]. Es existieren nicht verschiedene Rassen, sondern nur eine menschliche **Rasse**. Die Verwendung des Begriffs Rasse in der RL 2000/43/EG und § 1 AGG impliziert nicht die Akzeptanz davon abweichender Theorien, sondern knüpft sprachlich am Begriff des Rassismus an[2].

3 Für den Begriff der **ethnischen Herkunft** stellt der Gesetzgeber auf das Internationale Übereinkommen zur Beseitigung jeder Form von Rassendiskriminierung (CERD) ab[3]. Es ist der Oberbegriff zum Merkmal Rasse. Erfasst werden sollen danach „Benachteiligungen auf Grund der Rasse, der Hautfarbe, der Abstammung, des nationalen Ursprungs oder des Volkstums (im Sinne des ethnischen Ursprungs)." Mangels gesetzgeberischer Anleitung werden zur näheren Bestimmung des Begriffes der Ethnie in Anlehnung an eine in England bestehende Rspr. folgende Kriterien herangezogen[4]: Eine lange gemeinsame Geschichte und eine eigene kulturelle Tradition, einschließlich familiärer und sozialer Gebräuche und Sitten. Daher ist nicht jede Gemeinschaft, die sich als etwas anderes sieht und spezielle Traditionen hat, eine eigene Ethnie. Zu einer eigenen Kulturgemeinschaft, ausgeprägt durch gemeinsame Sitten und Gebräuche und uU ein besonderes Erscheinungsbild durch spezielle Kleidung, muss eine gemeinsame Geschichte kommen[5], derer sich die Gruppe bewusst ist. In die zu treffende Gesamtbeurteilung sind noch weitere Kriterien mit abgeschwächter Bedeutung einzustellen[6]: Eine eigene Religion bzw. ein eigenes Verständnis einer Religion ist zwar nicht zwingend erforderlich, allerdings ein Indiz für eine eigene Ethnie. Auch spricht es für eine eigene Ethnie, wenn eine Personengruppe auf Grund bestimmter

1 BT-Drs. 16/1780, S. 30; Däubler/Bertzbach/*Däubler*, § 1 AGG Rz. 27 mwN. | 2 Erwägungsgründe Nr. 5–7 der RL 2000/43/EG und BT-Drs. 16/1780, S. 30 f. | 3 Vom 7.3.1966, BGBl. 1969 II S. 961; vgl. BT-Drs. 16/1780, S. 31. | 4 Vgl. Däubler/Bertzbach/*Däubler*, § 1 AGG Rz. 28; Schiek/*Schiek*, § 1 AGG Rz. 14; *Thüsing*, Rz. 179 jew. mN. | 5 *Bauer/Göpfert/Krieger*, § 1 AGG Rz. 21 fordern mindestens drei Generationen. | 6 Vgl. Schiek/*Schiek*, § 1 AGG Rz. 14.

Unterschiede von der regionalen Mehrheit als nicht zugehörig angesehen wird, wobei eine Ethnie auch die regionale Mehrheit stellen kann. Besteht eine eigene Sprache bzw. ein eigener Dialekt, so deutet auch dies auf eine eigene Ethnie hin, ebenso wie ein gemeinsamer geographischer Ursprung. Die Beurteilung des Vorliegens einer Ethnie anhand dieser Kriterien im Wege einer Gesamtbetrachtung wird die Rechtsanwender im Einzelfall vor schwierige Probleme stellen. Während zB Sinti und Roma eine Ethnie darstellen sollen[1], wird gleiches zB für die Bayern abgelehnt, obwohl eine gemeinsame Geschichte, eine örtliche Zusammengehörigkeit, spezielle Sitten und Gebräuche und ein eigener Dialekt (bzw. mehrere Dialekte) vorhanden sind[2]. Hier könnte man noch weiter gehen und weitere ethnische (Unter-)Gruppen wie die Schwaben oder Franken bilden usw., was letztlich das Tatbestandsmerkmal ausufern ließe. Vom Begriff der Ethnie wird nicht die Ungleichbehandlung aus Gründen der **Staatsangehörigkeit** erfasst[3]. Daher bleiben die Vorschriften über die Einreise und den Aufenthalt von Drittstaatsangehörigen sowie ihren Zugang zu Beschäftigung und Beruf unberührt.

2. Geschlecht meint das **biologische** Geschlecht (auch somatisches Geschlecht), dh. die Summe der körperlichen Merkmale mit eindeutig männlicher bzw. weiblicher Ausprägung, bestehend aus chromosomalem (Genom), gonadalem (Geschlechtsdrüsen [Keimdrüsen], Eierstöcke und Hoden), gonoduktalem (innere Geschlechtsorgane wie Prostata oder Eileiter) und genitalem (äußere Geschlechtsorgane wie Penis oder Klitoris) Geschlecht[4]. Neben den eindeutigen Formen „männlich" und „weiblich", bei denen die soeben genannten Merkmale übereinstimmen, kennt das biologische Geschlecht auch Zwitterformen, also Formen der Zwischengeschlechtlichkeit/Intersexualität[5]. Nicht gemeint ist hingegen die sexuelle Ausrichtung oder Orientierung eines Menschen, welche von dem Merkmal der sexuellen Identität erfasst wird (dazu Rz. 12)[6]. Nach Ansicht des EuGH wird auch die **Transsexualität** (Geschlechtsidentitätsstörung, bei der Menschen zwar biologisch eindeutig einem Geschlecht zugeordnet werden können, sich aber psychisch dem anderen Geschlecht zugehörig fühlen[7]) unabhängig vom Vorliegen der Voraussetzungen nach § 8 Transsexuellengesetz[8] vom Geschlechtsbegriff erfasst (s. dazu Rz. 12)[9], mit der weiteren Folge, dass mitgliedstaatliches Recht, welches dieses nicht anerkennt, gegen Art. 141 EG verstößt[10]. 4

3. Religion und Weltanschauung sollen einheitlich den Bereich des Glaubens und Bekenntnisses schützen. Zwar werden die Begriffe weder vom Richtlinien- noch vom Gesetzgeber definiert, doch kann auf die bislang zu Art. 4 GG ergangenen Entscheidungen zurückgegriffen werden[11]. Danach versteht man unter Religion und Weltanschauung „eine mit der Person des Menschen verbundene Gewissheit über bestimmte Aussagen zum Weltganzen sowie zur Herkunft und zum Ziel des menschlichen Lebens"[12]. Die Begriffe unterscheiden sich nur darin, dass die Religion auf eine den Menschen überschreitende und umgreifende („transzendente") Wirklichkeit gerichtet ist, während sich die Weltanschauung auf innerweltliche („immanente") Bezüge beschränkt[13]. Auf die zahlenmäßige Stärke oder die soziale Relevanz einer Religions- bzw. Weltanschauungsgemeinschaft kommt es nicht an[14]. Allerdings können allein die Behauptung und das Selbstverständnis einer Gemeinschaft keine solche begründen. Es muss sich tatsächlich nach geistigem Gehalt und äußerem Erscheinungsbild um eine Religions- oder Weltanschauungsgemeinschaft handeln[15]. 5

Das bedeutet, dass nicht jede Überzeugung, die auf eine Ordnung der erlebbaren Wirklichkeit gerichtet ist, eine Weltanschauung ist. Der Begriff ist eng zu verstehen und erfasst insb. nicht die allgemeine politische Gesinnung[16]. Vorliegen muss ein Fundamentalkonzept, das einer Religion vergleichbar Antworten auf die elementaren Fragen der menschlichen Existenz, wie Sinn, Ursprung und Ziel des menschlichen Lebens, gibt. Während es sich nach bisheriger Rspr. bei **Scientology** weder um eine Religions- noch um eine Weltanschauungsgemeinschaft handelte, da bei Scientology letztlich die Verfolgung wirtschaftlicher Ziele im Vordergrund stehe[17], wird das zumindest für den Bereich des AGG bestritten, weil eine subjektive Weltsicht als zentrales Kriterium für eine Weltanschauung vorliege[18]. 6

Geschützt sind jeweils das **forum internum** (der Glaube als solcher) und das **forum externum** (Handlungen auf Grund des Glaubens), wobei nicht jedes Handeln, das der Glaubende als für sich verbindlich 7

1 Eine weitere ethnische Gruppe dürften darüber hinaus die Basken sein. Auch Sikhs und Juden wurden als eigene Ethnie anerkannt, vgl. *Thüsing*, Rz. 180 f. | 2 *Thüsing*, Rz. 181; *Bauer/Göpfert/Krieger*, § 1 AGG Rz. 22, die allerdings Ausnahmen anerkennen (Rz. 23); zweifelnd Däubler/Bertzbach/*Däubler*, § 1 AGG Rz. 43. | 3 Erwägungsgrund Nr. 13 der RL 2000/43/EG. Ein Schutz nur für Unionsbürger erfolgt primärrechtlich über Art. 12 EG. | 4 Pschyrembel, Klinisches Wörterbuch, 260. Aufl 2004, Stichwort: „Geschlecht". | 5 Pschyrembel, Klinisches Wörterbuch, 260. Aufl 2004, Stichwort: „Intersexualität". | 6 Staudinger/*Annuß*, § 611a BGB Rz. 29 mwN. | 7 Pschyrembel, Klinisches Wörterbuch, 260. Aufl 2004, Stichwort: „Transsexualität". | 8 BGBl. I S. 1654. Ebenso *Thüsing*, Rz. 182. | 9 EuGH v. 30.4.1996 – C-13/94, NZA 1996, 695. | 10 EuGH v. 7.1.2004 – C-117/01, Slg. I 2004, 541 = NJW 2004, 1440. | 11 *Annuß*, BB 2006, 1629 (1631). | 12 BAG v. 22.3.1995 – 5 AZB 21/94, NZA 1995, 823 (827 mwN); vgl. bzgl. des Begriffs der Weltanschauung auch BT-Drs. 16/2022 S. 13. | 13 BAG v. 22.3.1995 – 5 AZB 21/94, NZA 1995, 823 (827 mwN). | 14 BVerfG v. 19.10.1971 – 1 BvR 387/65, NJW 1972, 327 (329). | 15 BVerfG v. 5.2.1991 – 2 BvR 263/86, NJW 1991, 2623 (2624); v. 28.8.1992 – 1 BvR 632/92, NVwZ 1993, 357 (358). | 16 BT-Drs. 16/2022 S. 13. | 17 BAG v. 22.3.1995 – 5 AZB 21/94, NZA 1995, 823. | 18 ErfK/*Schlachter*, § 1 AGG Rz. 8; *Thüsing*, ZfA 2001, 397 (405).

empfindet, erfasst wird. Das Handeln muss objektiv erforderlich sein für die Religion bzw. die Weltanschauung[1]. Eine Grenze für die Religions- und Weltanschauungsfreiheit bildet die allgemeine Wertordnung des GG[2]. Die besondere Möglichkeit zur Rechtfertigung nach § 9 ist zu beachten.

8 **4. Begriff der Behinderung** entspricht ausweislich der Begr. des Regierungsentwurfs[3] dem von § 2 I 1 SGB IX und § 3 BGG[4]. Danach sind Menschen behindert, „wenn ihre körperliche Funktion, geistige Fähigkeit oder seelische Gesundheit mit hoher Wahrscheinlichkeit länger als sechs Monate von dem für das Lebensalter typischen Zustand abweichen und daher ihre Teilhabe am Leben in der Gesellschaft beeinträchtigt ist." Damit sind zwei Punkte relevant: (1) die Störung einer der og. Funktionen, so dass die Funktion vom alterstypischen Zustand abweicht und (2) die daraus folgende Beeinträchtigung im Alltagsleben. Der Begriff der Funktionsstörung ist weit auszulegen: Er umfasst körperliche Funktionsstörungen (nicht nur zB Störungen des Bewegungsapparates, sondern auch abstoßend wirkende Entstellungen, vor allem des Gesichts), geistige Funktionsstörungen (zB Debilität, Demenz, Lernbehinderungen) und seelische Funktionsstörungen (insbesondere körperlich nicht begründbare Psychosen)[5]. Ob die Funktionsstörung letztlich eine Behinderung iSd. AGG darstellt, ergibt sich erst aus einem Vergleich mit den Altersgenossen und der Feststellung einer Beeinträchtigung der Teilhabe am Leben in der Gesellschaft. Die Notwendigkeit einer Funktionsabweichung vom alterstypischen Zustand schließt jede Beeinträchtigung aus, die durch jugendliches oder höheres Alter bedingt und damit nicht regelwidrig ist, was im Streitfall durch ein medizinisches Gutachten zu bestimmen ist. Darüber hinaus fordert der EuGH, dass die Beeinträchtigung ein Hindernis für die Teilhabe am Berufsleben bildet, wohingegen nach der Definition des § 2 I 1 SGB IX und des § 3 BGG eine Beeinträchtigung der Teilhabe am Leben in der Gesellschaft ausreicht, welches neben dem Berufsleben auch weitere Lebensbereiche umfasst[6]. Diese Überschreitung der europäischen Vorgaben durch den nationalen Gesetzgeber ist mit der RL vereinbar. Die Beeinträchtigung der Teilhabe am Leben in der Gesellschaft ergibt sich in aller Regel schon unmittelbar aus der Funktionsstörung[7]. Sofern im Einzelfall Zweifel bestehen, kann je nach betroffenem Lebensbereich ein sozialwissenschaftliches, pädagogisches, arbeitswissenschaftliches etc. Gutachten Aufklärung schaffen[8].

9 Auf den prozentualen **Grad der Behinderung** nach § 69 I SGB IX kommt es nicht an, so dass auch schon vollkommen geringfügige Behinderungen vom Behindertenbegriff des AGG erfasst werden. Genauso wenig wirkt sich ein Verschulden des Behinderten am Eintreten der Beeinträchtigung aus. Ist die Beeinträchtigung jedoch zu beseitigen und weigert sich der Betroffene, dann dürfte – bei Fehlen einer damit verbundenen psychischen Störung – so wenig eine Behinderung vorliegen wie bei einem Menschen, der sich entscheidet, fortan nur noch den linken Arm zu benutzen. Erfasst sein dürften grds. auch **Süchte**, da sie die Kriterien der og. Definition erfüllen (zB Alkoholsucht[9], Drogensucht[10]; inwiefern dagegen bei Nikotinsucht eine Abweichung vom alterstypischen Zustand und eine Beeinträchtigung des Lebens in der Gesellschaft vorliegt, erscheint fraglich). Nicht erfasst vom Begriff der Behinderung ist die **Krankheit**; für eine Regelung hierzu fehlt der EG die Rechtsetzungskompetenz[11]. Die Krankheit wird nach dem EuGH von der Behinderung durch ihre Dauer abgegrenzt, dh. es muss für eine Behinderung wahrscheinlich sein, „dass sie von langer Dauer ist[12]." Hierzu bedarf es uU einer Prognose in Form eines Sachverständigengutachtens über den wahrscheinlichen Krankheitsverlauf. Was dabei unter langer Dauer zu verstehen ist, bleibt der EuGH zu erklären schuldig. Im og. Verfahren reichten 7 ½ Monate jedenfalls nicht. Zwar gilt für gemeinschaftsrechtliche Begriffe grds. eine autonome und einheitliche Auslegung durch den EuGH[13]. Allerdings dürfte die vom deutschen Gesetzgeber gewollte Anknüpfung an die 6-Monats-Grenze des § 2 I 1 SGB IX dennoch maßgeblich bleiben, weil es ihm unbenommen ist, über den europarechtlich geforderten Schutz hinauszugehen. Damit liegt keine Behinderung vor bei Erkältungen, Grippeerkrankungen, Masern etc. Bei Verletzungen mit langwieriger Genesungsdauer (zB Einsetzen eines neuen Kniegelenks) kann dagegen eine Behinderung vorliegen[14].

10 Zu beachten ist, dass die Umsetzungsfrist der RL bzgl. des Merkmals Behinderung am 2.12.2003 endete und das AGG erst am 18.8.2006 in Kraft trat. Zwischen diesen Zeitpunkten bestand ein Umsetzungsdefizit für nicht schwerbehinderte bzw. diesen gleichstellte Menschen, welches nach Ansicht des BAG mit einer europarechtskonformen Anwendung des § 81 II SGB IX aF[15] zu beheben ist[16]. Trotz des klaren Wortlauts von § 81 II SGB IX aF, der ausdrücklich nur auf Schwerbehinderte abstellt, wendet das BAG

1 So zB das Tragen eines Kopftuches (BAG v. 10.10.2002 – 2 AZR 472/01, NZA 2003, 483; BVerfG v. 24.9.2003 – 2 BvR 1436/02, NJW 2003, 3111) oder mehrfaches Beten am Tag (LAG Hamm v. 26.2.2002 – 5 Sa 1582/01, NZA 2002, 1090). | 2 BVerwG v. 23.3.1971 – I C 54.66, BVerwGE 37, 344 ff. = NJW 1971, 1377 (LS). | 3 BT-Drs. 16/1780 S. 31. | 4 V. 27.4.2002, BGBl. I S. 1468. | 5 Neumann/Pahlen/Majerski-Pahlen/*Neumann*, SGB IX, 11. Aufl. 2005, § 2 Rz. 9 ff. | 6 Neumann/*Neumann*, Hdb.-SGB IX, 2004, § 2 Rz. 3. | 7 Neumann/Pahlen/Majerski-Pahlen/*Neumann*, SGB IX, 11. Aufl. 2005, § 2 Rz. 18. | 8 HK-SGB IX/*Welti*, 2. Aufl. 2006, § 2 Rz. 33; Neumann/*Neumann*, Hdb.-SGB IX, 2004, § 2 Rz. 3. | 9 Vgl. Neumann/Pahlen/Majerski-Pahlen/*Neumann*, SGB IX, 11. Aufl. 2005, § 2 Rz. 12 mwN. | 10 Vgl. BAG v. 14.1.2004 – 10 AZR 188/03, AP AVR Nr. 3 Caritasverband Anlage 1 zu § 2 SGB IX; aA für das AGG *Thüsing*, Rz. 209. | 11 EuGH v. 11.7.2006 – C-13/05 (Chacon Navas), NZA 2006, 839. | 12 EuGH v. 11.7.2006 – C-13/05 (Chacon Navas), NZA 2006, 839. | 13 EuGH v. 11.7.2006 – C-13/05 (Chacon Navas), NZA 2006, 839. | 14 AA ErfK/*Schlachter*, § 1 AGG Rz. 9. | 15 Neu gefasst durch G v. 14.8.2006 (BGBl. I S. 1897). | 16 BAG v. 3.4.2007 – 9 AZR 823/06, NZA 2007, 1098.

die Entschädigungsansprüche nach § 81 II 2 Nr. 2 und 3 SGB IX aF auch zu Gunsten nicht schwerbehinderter/gleichgestellter Beschäftigter an. Dass die Beklagte eine „öffentliche Stelle" iSd. Rspr. des EuGH war, spielte in der Entscheidung keine Rolle.

5. Alter meint das biologische Lebensalter eines Menschen. Erfasst wird jedes Alter. Obschon Regelungsmotiv der RL vorwiegend der Schutz älterer ArbN war[1], sind auf Grund des klaren Richtlinien- und Gesetzeswortlauts Benachteiligungen wegen hohen Alters ebenso wie solche wegen niedrigen Alters verboten. Es sind die besonderen Möglichkeiten zur Rechtfertigung nach § 10 zu beachten. 11

6. Sexuelle Identität. Die Wortwahl bei der Festlegung des Begriffs der sexuellen Identität entspricht der des § 75 BetrVG. Bezweckt wird in erster Linie der Schutz homosexueller und bisexueller Männer und Frauen. Allerdings sollen auch transsexuelle oder zwischengeschlechtliche Menschen erfasst sein[2]. Diese letzten beiden Merkmale werfen Abgrenzungsfragen hinsichtlich des Merkmals Geschlecht auf. Denn der EuGH sieht Transsexuelle als vom Merkmal des Geschlechts erfasst an (s. Rz. 4). Die Internationale Statistische Klassifikation der Krankheiten und verwandter Gesundheitsprobleme (ICD-10-GM)[3] ordnet Transsexualismus (= Transsexualität) jedoch als Persönlichkeits- und Verhaltensstörungen ein und definiert ihn als den „Wunsch, als Angehöriger des anderen Geschlechtes zu leben und anerkannt zu werden[4]." Dementsprechend handelt es sich bei der Transsexualität nicht um eine Frage der chromosomalen Disposition und der körperlichen Beschaffenheit, also des Geschlechts, sondern um eine des psychischen Selbstverständnisses[5], mithin um eine Frage der sexuellen Identität. Ein Grund, von dieser international anerkannten Einordnung abzuweichen, ist nicht ersichtlich. Letztlich dürfte es aber auf die Abgrenzung kaum ankommen, weil daran keine Konsequenzen geknüpft sind, sofern der Schutz Transsexueller überhaupt gewährleistet ist. Gleiches gilt für die Zwischengeschlechtlichkeit, die trotz der Begr. des Regierungsentwurfs dem Merkmal „Geschlecht" zuzuordnen ist, da es sich bei der Zwischengeschlechtlichkeit um keine Frage der sexuellen Ausrichtung, sondern der biologischen Disposition eines Menschen handelt (s. Rz. 4). 12

Schließlich ist die Weite des Begriffs fraglich. Die RL selbst verwendet nicht den Begriff der sexuellen Identität, sondern den der sexuellen Ausrichtung. Während der Begriff der sexuellen Identität wohl mehr auf das sexuelle Selbstverständnis der Person zielt, scheint sich die „sexuelle Ausrichtung" eher auf das Objekt der Sexualität zu richten. Was genau gemeint ist, erklären weder RL noch Gesetzesmaterialien. Aus der Aufzählung in der Begr. des Regierungsentwurfs[6] und dem allgemeinen Verständnis des Begriffs der sexuellen Identität in § 75 BetrVG[7] wird allerdings gefolgert, dass sexuelles Verhalten an sich nicht geschützt sein soll, dh. weder besondere sexuelle Vorlieben noch Praktiken (Gruppensex, Sex in der Öffentlichkeit etc.)[8], es sei denn, das sexuelle Verhalten dient als Anknüpfungspunkt einer Benachteiligung wegen der sexuellen Identität[9]. Nicht geschützt sind strafbewehrte Neigungen wie zB Pädophilie (§ 176 StGB) oder Nekrophilie (§ 168 StGB). 13

2 *Anwendungsbereich*

(1) Benachteiligungen aus einem in § 1 genannten Grund sind nach Maßgabe dieses Gesetzes unzulässig in Bezug auf:

1. **die Bedingungen, einschließlich Auswahlkriterien und Einstellungsbedingungen, für den Zugang zu unselbstständiger und selbstständiger Erwerbstätigkeit, unabhängig von Tätigkeitsfeld und beruflicher Position, sowie für den beruflichen Aufstieg,**
2. **die Beschäftigungs- und Arbeitsbedingungen einschließlich Arbeitsentgelt und Entlassungsbedingungen, insbesondere in individual- und kollektivrechtlichen Vereinbarungen und Maßnahmen bei der Durchführung und Beendigung eines Beschäftigungsverhältnisses sowie beim beruflichen Aufstieg,**
3. **den Zugang zu allen Formen und allen Ebenen der Berufsberatung, der Berufsbildung einschließlich der Berufsausbildung, der beruflichen Weiterbildung und der Umschulung sowie der praktischen Berufserfahrung,**
4. **die Mitgliedschaft und Mitwirkung in einer Beschäftigten- oder Arbeitgebervereinigung oder einer Vereinigung, deren Mitglieder einer bestimmten Berufsgruppe angehören, einschließlich der Inanspruchnahme der Leistungen solcher Vereinigungen,**
5. **den Sozialschutz, einschließlich der sozialen Sicherheit und der Gesundheitsdienste,**

1 KOM(1999) 565 endg., S. 3. | 2 BT-Drs. 16/1780, S. 31. | 3 Vgl. die im deutschen Gesundheitswesen angewandte 10. Revision, Version 2005, Ausgabe für die Zwecke des SGB V: http://www.dimdi.de/static/de/klassi/diagnosen/icd10/htmlgm2005/fr-icd.htm (29.1.2008). | 4 ICD-10-GM unter F.64.0. | 5 Vgl. Pschyrembel, Klinisches Wörterbuch, 260. Aufl 2004, Stichwort: „Geschlecht", „Transsexualität". | 6 BT-Drs. 16/1780, S. 31. | 7 Vgl. nur Richardi/*Richardi*, BetrVG, § 75 Rz. 31. | 8 So *Bauer/Göpfert/Krieger*, § 1 AGG Rz. 53; ErfK/*Schlachter*, § 1 AGG Rz. 13; aA *Annuß*, BB 2006, 1629 (1630 f.); wohl auch Däubler/Bertzbach/*Däubler*, § 1 AGG Rz. 93 aE. | 9 ZB Benachteiligung eines Mannes wegen sexueller Handlungen mit einem anderen Mann.

6. die sozialen Vergünstigungen,

7. die Bildung,

8. den Zugang zu und die Versorgung mit Gütern und Dienstleistungen, die der Öffentlichkeit zur Verfügung stehen, einschließlich von Wohnraum.

(2) Für Leistungen nach dem Sozialgesetzbuch gelten § 33c des Ersten Buches Sozialgesetzbuch und § 19a des Vierten Buches Sozialgesetzbuch. Für die betriebliche Altersvorsorge gilt das Betriebsrentengesetz.

(3) Die Geltung sonstiger Benachteiligungsverbote oder Gebote der Gleichbehandlung wird durch dieses Gesetz nicht berührt. Dies gilt auch für öffentlich-rechtliche Vorschriften, die dem Schutz bestimmter Personengruppen dienen.

(4) Für Kündigungen gelten ausschließlich die Bestimmungen zum allgemeinen und besonderen Kündigungsschutz.

1 **I. Systematik.** § 2 beschreibt den sachlichen Anwendungsbereich des AGG. Der persönliche Anwendungsbereich wird von §§ 6, 18 und 24 geregelt.

2 **II. Abs. 1** entspricht in den Nr. 1–4 (Beschäftigung und Beruf) den Art. 3 Ia–d RL 2000/43/EG, 2000/78/EG und 76/207/EWG (zusätzlich nur der klarstellende Hinweis auf individual- und kollektivrechtliche Maßnahmen in Nr. 2) und in den Nr. 5–8 (sozialrechtliche und zivilrechtliche Tatbestände) Art. 3 Ie–h RL 2000/43/EG. Nr. 8 umfasst zusätzlich Art. 2a RL 2004/113/EG.

3 **1.** Nach **Abs. 1 Nr. 1** ist das AGG auf den Bereich der Bedingungen für den Zugang zu unselbständiger und selbständiger Erwerbstätigkeit für alle Tätigkeitsfelder und beruflichen Positionen und den beruflichen Aufstieg sachlich anwendbar. Damit korrespondieren § 6 I 2, der für den persönlichen Anwendungsbereich nicht das Vorliegen eines Vertrages fordert, sondern auch Bewerber und Menschen in einer nachvertraglichen Situation mit umfasst, und § 6 III, nach welchem die Vorschriften des Abschnitts 2 auch für Selbständige und Organmitglieder entsprechend gelten. Betont werden wegen ihrer besonderen Bedeutung Auswahlkriterien und Einstellungsbedingungen. Die Nr. 1 enthält damit letztlich eine Einschränkung der Vertragsabschlussfreiheit[1], sofern es um Erwerbstätigkeit geht, also um eine dauerhafte, entgeltliche Tätigkeit, die der Schaffung einer Lebensgrundlage dient. Danach darf kein Bewerber um eine Stelle als Beschäftigter aus einem Grund nach § 1 abgelehnt werden, gleich um welche Tätigkeit oder berufliche Position er sich bewirbt. Auch dürfen für ihn keine anderen – erschwerenden – Verfahren zur Einstellung gelten oder ihm schlechtere Konditionen für die Tätigkeit[2] oder im Zusammenhang mit dieser, wie zB keine Übernahme der Umzugskosten oder keine Hilfe bei der Wohnungssuche, angeboten werden (**Einstellungsbedingungen**). Obschon Betriebsvereinbarungen und Tarifverträge erst in Nr. 2 erwähnt werden, sind sie nach dem gesetzgeberischen Willen auch von den restlichen Nummern erfasst[3], so dass auch in kollektiven Vereinbarungen enthaltene Zugangshindernisse oder -erschwernisse grds. unzulässig sind. Sinngemäß gilt das Gleiche für den **beruflichen Aufstieg**, in erster Linie also Beförderungen, dh. die Zuweisung einer höherwertigen Tätigkeit. Ob eine Tätigkeit höherwertig ist, ergibt sich aus einer Abwägung der Gesamtumstände des Einzelfalls nach der Verkehrsanschauung. Indizien für eine Beförderung sind ua. ein größerer Aufgabenbereich, mehr Mitarbeiter, größeres Büro, höheres Gehalt[4]. Auch aus der Art der Entlohnung lassen sich Indizien ziehen (Dienstwagen etc.).

4 Problematisch ist, inwiefern **Selbständige** in den Schutzbereich des AGG mit einbezogen werden. Da auch Selbständige nur hinsichtlich des Zugangs zur Erwerbstätigkeit und des berufl. Aufstiegs geschützt sind, ist nicht jeder Vertrag erfasst, der mit einem Selbständigen geschlossen wird. Vielmehr muss dieser Vertrag den Zugang zur selbständigen Erwerbstätigkeit insgesamt ermöglichen. Dienst- oder sonstige Verträge, die auf einen einmaligen Leistungsaustausch gerichtet sind, unterfallen also nicht der Nr. 1, sondern uU dem zivilrechtl. Teil des AGG[5]. Allerdings kann auch ein zivilrechtlicher Vertrag im Einzelfall derart ausgestaltet sein, dass der Nichtabschluss den Zugang zu einer Erwerbstätigkeit insgesamt verwehren würde, wie zB wenn ein freier Mitarbeiter nur für ein Unternehmen arbeiten und den Großteil seiner verfügbaren Zeit dauerhaft hierauf verwenden würde (etwa ein freischaffender Reporter berichtet exklusiv nur für eine Zeitschrift oder ein selbständiger Berater arbeitet nur für ein Unternehmen). Der Anwendungsbereich der Nr. 1 dürfte dagegen bei Franchise- oder ähnlichen Verträgen (zB Vertragswerkstatt) idR eröffnet sein, da hier der Vertrag die Grundlage für die Tätigkeit als Selbständiger bildet[6]. Auch der berufl. Aufstieg von Selbständigen wird geschützt, wie etwa bei der Frage, ob ein lokaler Franchisenehmer auch einen überregionalen Franchisevertrag erhält. Zu beachten

---

1 ErfK/*Schlachter*, § 2 AGG Rz. 4. | 2 An dieser Stelle besteht eine Schnittmenge zu § 2 I Nr. 2. Eine genaue Abgrenzung ist nicht erforderlich. | 3 ErfK/*Schlachter*, § 2 AGG Rz. 9; *Löwisch*, DB 2006, 1729 mit allgemeinen Ausführungen zur Wirkung des AGG auf Kollektivverträge. | 4 Nr. 2 greift auch an Stelle der Nr. 1, wenn es sich um keine Beförderung, sondern lediglich eine Gehaltserhöhung handelt, vgl. ErfK/*Schlachter*, § 2 AGG Rz. 6. | 5 Anders Schiek/*Schmidt*, § 6 AGG Rz. 13, die eine weite Auslegung vertritt. | 6 Ebenso *Thüsing*, Rz. 94.

ist, dass der Zugang zur Erwerbstätigkeit und der berufl. Aufstieg nicht nur den Zugang zu einer (höhergestellten) Tätigkeit selbst umfassen, sondern auch die **Beendigung** als deren actus contrarius[1].

Gem. § 6 III erfasst der persönliche Geltungsbereich des AGG auch **Organmitglieder** von Gesellschaften. Bei Organmitgliedern ist stets zwischen der gesellschaftsrechtl. Stellung, zB als Geschäftsführer einer GmbH (§ 35 I GmbHG), und dem zugrunde liegenden Anstellungsverhältnis zu unterscheiden, welches nach hM grds. nicht arbeitsrechtl. Natur ist[2]. Der sachliche Geltungsbereich des § 2 I Nr. 1 bezieht sich nur auf das Anstellungsverhältnis, da nur dieses die Grundlage für die Erwerbstätigkeit bildet[3]. Auch bei der **Aufnahme einer Person als Gesellschafter** findet das AGG grds. keine Anwendung[4]. Allerdings kann ausnahmsweise Nr. 1 greifen, wenn eine selbständige Erwerbstätigkeit erst durch die Aufnahme als Gesellschafter ermöglicht wird, die Gesellschafterstellung jedoch letztlich nur eine bloße Formalie ist und keine wesentlichen Entscheidungsbefugnisse mit ihr verbunden sind[5]. 5

2. Nr. 2. Während sich Nr. 1 lediglich auf den Zugang zu einer Beschäftigung bezieht, umfasst Nr. 2 jegliche Beschäftigungs- und Arbeitsbedingungen und in Übereinstimmung mit § 6 I 2 Alt. 2 auch die Beendigungsbedingungen. Nr. 2 ist damit denkbar weit und soll einen umfassenden Schutz der Beschäftigten **in allen Beziehungen** auf das Beschäftigungsverhältnis **zu allen Zeiten** absichern. Die Beschäftigungs- und Arbeitsbedingungen umfassen ausdrücklich auch das Arbeitsentgelt und die Entlassungsbedingungen als besonders wichtige Regelbeispiele. Der Begriff des Arbeitsentgelts entspricht dem des Art. 141 EG und erfasst jede Leistung, die zumindest mittelbar auf Grund des Beschäftigungsverhältnisses für geleistete oder noch zu leistende Arbeit gewährt wird, gleich in welcher Form sie erbracht wird und ob sie auf Grund Arbeitsvertrages oder Gesetzes geschuldet ist[6]. Leistungen einer Versorgungseinrichtung, in die ein Beschäftigter alleine einzahlt, und Beihilfeleistungen für Beamte und Richter sind kein Arbeitsentgelt[7]. Die Entlassungsbedingungen beziehen sich nicht auf die Kündigung (vgl. § 2 IV und hier Rz. 12 f.), sondern auf die Bedingungen einer Beendigung[8] und sonstige nachwirkende Folgen aus dem Beschäftigungsverhältnis, wie zB Abfindungsregelungen oder Zeugniserteilung. In welcher Form die Beschäftigungs- und Arbeitsbedingungen vorliegen, ist unerheblich, so dass alle Individual- und Kollektivvereinbarungen, insbes. **Betriebsvereinbarungen und Tarifverträge**, erfasst sind. Auch bei einseitigen Maßnahmen des Arbeitgebers, allen voran der Weisung nach §§ 6 II, 106 S. 1 GewO, sind die Benachteiligungsverbote des AGG zu beachten. 6

3. Nr. 3 betrifft umfassend alle Formen der Berufsberatung, Berufsbildung, Umschulung etc. Erfasst sind damit nicht nur die Bildungsverhältnisse nach dem BBiG (s. dort), sondern jegliche Form der berufsbezogenen Fort- und Weiterbildung unabhängig davon, ob die Bildungsmaßnahme beim ArbGeb (dann schon Nr. 2) oder einem privaten oder öffentlichen Anbieter durchgeführt wird[9]. Voraussetzung ist allerdings stets, dass die Maßnahme in einem Beschäftigungsverhältnis erfolgt (§ 6 Rz. 2 ff.). Ein solches kann auch beim Erwerb **praktischer Berufserfahrung** vorliegen, der überwiegend durch unentgeltliche Praktika oder Volontariate erfolgt. Die allgemeine Weiterbildung ohne konkreten Bezug zum Arbeitsverhältnis unterfällt Nr. 7 (s. Rz. 9). Als Vorstufe zu den Bildungsmaßnahmen ist auch die Berufsberatung erfasst. Dazu gehört nicht nur die klassische Beratung in Form von Einzelgesprächen durch Mitarbeiter der Personalabteilung, sondern jegliche Form der Beratung in Bezug auf Karriereplanung und Beruf, also auch allgemeine Informationsveranstaltungen oder Eignungsuntersuchungen. Geschützt ist nach dem Wortlaut jeweils nur der **Zugang**. Sofern allerdings die Ausgestaltung eines Ausbildungsverhältnisses Betroffene von diesem abhalten würde, ist der Anwendungsbereich des AGG auch diesbzgl. eröffnet. Darüber hinaus ist auch die Beendigung als actus contrarius zum Zugang geschützt (s. Rz. 4). 7

4. Nr. 4. Das AGG bezweckt einen umfänglichen Schutz der Beschäftigten im Hinblick auf die Beschäftigung. Daher ist auch die Mitgliedschaft in Vereinigungen, die in irgendeiner Weise an die Beschäftigung anknüpfen, von § 2 erfasst. § 2 Nr. 4 korrespondiert insoweit mit § 18, der den persönlichen Anwendungsbereich über § 6 hinaus auf TV-Parteien und weitere ArbN-Vereinigungen erstreckt. Geschützt sind die Betroffenen umfassend, wobei das Gesetz ausdrücklich den Schutz hinsichtlich Mitgliedschaft, Mitwirkung und die Inanspruchnahme von Leistungen aufführt. 8

5. Nr. 5–8. Die Nr. 5–7 gehen auf die Antirassismus-RL 2000/43/EG zurück und sind europarechtlich nur in Bezug auf das Merkmal Rasse/ethnische Herkunft gefordert. Nr. 8 beruht zusätzlich auf der RL 2004/ 9

1 Ebenso *Thüsing*, Rz. 96, allerdings nur für den Zugang zur Beschäftigung beim Organmitglied; vgl. zur vergleichbaren Auslegung bei Art. 12 GG Maunz-Dürig/*Scholz*, GG, Lbl. Stand Juni 2007, Art. 12 Rz. 288 mwN; BVerfGE v. 11.6.1958 – 1 BvR 596/56, NJW 1958, 1035, 1037; v. 16.6.1959 – 1 BvR 71/57, NJW 1959, 1579; aA *Bauer/Göpfert/Krieger*, § 6 Rz. 31 mwN, die die Beendigung nach §§ 242, 138 BGB beurteilen. | 2 Näher *Annuß*, ZInsO 2001, 344 ff., der dieser hM allerdings selbst kritisch gegenübersteht. | 3 *Bauer/Göpfert/Krieger*, § 2 AGG Rz. 16; Däubler/Bertzbach/*Däubler*, § 2 AGG Rz. 26. | 4 Ausf. *Schroeder/Diller*, NZG 2006, 728 ff. | 5 Vgl. *Schroeder/Diller*, NZG 2006, 728 (730). | 6 EuGH v. 9.2.1982 – C-12/81, NJW 1982, 1204; v. 17.5.1990 – C-262/88 (Barber), NJW 1991, 2204 (2205). | 7 BVerwG v. 25.7.2007 – 6 C 27/06, juris, Rz. 38; VG Koblenz v. 11.10.2007 – 2 K 256/07.KO, juris, Rz. 37. | 8 Ausf. zu den Problemen, wenn in einem Aufhebungsvertrag eine Vereinbarung getroffen wird, nach der eine Entschädigung für eine (vermeintliche) Benachteiligung zu zahlen ist *Cornelius/Lipinski*, BB 2007, 496. | 9 *Bauer/Göpfert/Krieger*, § 2 AGG Rz. 32; ErfK/*Schlachter*, § 2 AGG Rz. 10; abweichend *Adomeit/Mohr*, § 2 AGG Rz. 97.

113/EG, so dass hier auch das Geschlecht mit einzubeziehen war. Der Gesetzgeber favorisierte jedoch ein einheitliches Regelungskonzept und damit eine einheitliche Geltung aller Merkmale des § 1 im sachlichen Anwendungsbereich. Die in den Nr. 5–7 erfassten Sachverhalte werden oftmals öffentl.-rechtl. Regelungen unterliegen[1]. Allerdings sind auch privatrechtl. Verträge denkbar, für die das Benachteiligungsverbot nach § 19 gilt. **Sozialschutz nach Nr. 5**, einschließlich der sozialen Sicherheit und der Gesundheitsdienste, meint in erster Linie gesundheitsbezogene Leistungen von entsprechenden Anbietern (Ärzte, Krankenhäuser, Pflegedienste etc.), die auf privatrechtl. Basis erbracht werden. Auch fallen unter den Sozialschutz sämtliche privatrechtl. Versicherungen wie (zusätzliche) Krankenversicherung, Unfallversicherung, Lebensversicherung etc. Nicht gemeint sind dagegen Leistungen nach den Sozialgesetzbüchern, da Abs. 2 S. 1 die Anwendung des AGG insofern ausschließt. **Soziale Vergünstigungen nach Nr. 6** sind keine Gesundheits- oder Sicherungsleistungen wie nach Nr. 5, sondern „Vorteile wirtschaftlicher oder kultureller Art, die entweder von öffentlichen Stellen oder von privaten Einrichtungen" gewährt werden[2]. Als Beispielsfälle werden kostenlose oder verbilligte Fahrten in öffentlichen Verkehrsmitteln, Preisnachlässe auf Eintrittskarten für kulturelle oder andere Veranstaltungen oder verbilligte Mahlzeiten in der Schule für Kinder aus einkommensschwachen Familien genannt[3]. Die Bildung iR eines Beschäftigungsverhältnisses unterfällt bereits der spezielleren Nr. 3 (s. Rz. 7). **Bildung iSd. Nr. 7** meint daher die allgemeine Bildung als die Vermittlung jeder Art von Wissen oder Fähigkeiten, wie zB Sprach-, Mal- oder Töpferkurse. Darüber hinaus werden auch Verträge mit Privatschulen erfasst und der Anwendungsbereich sogar auf private Kindergärten bezogen[4]. Umfasst soll nicht nur der direkte Zugang zur Bildung sein, sondern auch die Gewährung von Ausbildungsbeihilfen und Stipendien[5]. **Nr. 8** erfasst im Gegensatz zu den Nr. 5–7 vorwiegend privatrechtl. Schuldverhältnisse. Sie bezieht sich auf **Güter und Dienstleistungen**, wobei der Begriff des Gutes dem der Ware aus Art. 23 EG entspricht, mithin ein Erzeugnis gemeint ist, das einen Geldwert hat und damit Gegenstand von einem Handelsgeschäft sein kann[6]. Der Begriff der Dienstleistung meint solche iSv. Art. 50 EG, also eine entgeltliche, selbständige Tätigkeit insb. im gewerblichen, kaufmännischen, handwerklichen oder freiberuflichen Bereich[7], dh. ua. Dienst- und Werkverträge, Geschäftsbesorgungsverträge, Mietverträge („einschließlich von Wohnraum") oder Finanzdienstleistungen wie Kredit- und Versicherungsverträge, Leasingverträge etc.[8]. Diese Leistungen unterfallen allerdings nur der Nr. 8, wenn sie **der Öffentlichkeit zur Verfügung stehen**, dh. die Erklärung des Anbieters muss über dessen Privatsphäre hinausgehen (durch Anzeigen in Tageszeitungen, Schaufensterauslagen, Veröffentlichungen im Internet uÄ)[9].

10 **III. Abs.** 2 soll eine Bereichsausnahme für bestimmte Leistungen bilden[10]. Soweit es um Leistungen nach dem SGB geht, gelten gem. **S. 1** die § 33c SGB I und § 19a SGB IV[11]. Dagegen ist der Sinn des **S. 2** nicht derart klar. Nach seinem Wortlaut scheint er das AGG auch für den Bereich der betriebl. Altersversorgung auszuschließen. Ein solcher Ausschluss wäre jedoch klar richtlinienwidrig: Die RL fordern einen umfassenden Benachteiligungsschutz hinsichtlich des Arbeitsentgelts (vgl. jeweils Art. 3 Ic der RL 2000/43/EG, 2000/78/EG und 2002/73/EG), wozu nach der Rspr. des EuGH auch Leistungen der betriebl. Altersversorgung gehören[12]. Das BetrAVG enthält jedoch keine Norm, die einen solchen Schutz umfassend sicherstellen könnte[13]. Allerdings ist der Wortlaut des Abs. 2 S. 2 hinsichtlich eines Ausschlusses des AGG nicht eindeutig. Im Gegensatz zu Abs. 4, der zweifelsfrei einen Ausschluss enthält, fehlt es hier an dem Verweis auf eine „ausschließliche" Geltung des BetrAVG. Auch die Entwurfsbegr. ist insofern nicht eindeutig. Vielmehr findet sich dort in der Erläuterung zu § 6 I 2 der Hinweis, dass der Geltungsbereich des AGG auch Personen erfasst, „deren Beschäftigungsverhältnis bereits beendet ist, bei denen aber noch nachwirkende Folgen wie zB bei der betrieblichen Altersvorsorge eintreten können[14]." Darüber hinaus enthält § 10 S. 3 Nr. 4 eine Rechtfertigungsregelung für eine unterschiedliche Behandlung wegen des Alters ausdrücklich auch für Fälle der „Festsetzung von Altersgrenzen bei den betrieblichen Systemen der sozialen Sicherheit für [...] den Bezug von Altersrente." Eine solche Regelung hätte jedoch keinen Sinn, wenn die Geltung des BetrAVG ausgeschlossen wäre. § 2 II 2 ist daher richtlinienkonform dahingehend zu interpretieren, dass er keinen Ausschluss der Anwendbarkeit des AGG enthält[15].

---

1 BT.-Drs. 16/1780 S. 31; ErfK/*Schlachter*, § 2 AGG Rz. 11. | 2 KOM (1999) 566 endg., S. 8. | 3 KOM (1999) 566 endg., S. 8. | 4 So Däubler/Bertzbach/*Franke*, § 2 AGG Rz. 51. | 5 Kom(1999) 566 endg. S. 8. | 6 EuGH v. 10.12.1968 – C-7/68, E 14, 633. | 7 Callies/Ruffert/*Kluth*, Art. 50 Rz. 5 ff. | 8 BT-Drs. 16/1780 S. 32. | 9 BT-Drs. 16/1780 S. 32. | 10 BT-Drs. 16/1780 S. 32. | 11 Diese Normen wurden eingeführt durch G v. 14.8.2006 (BGBl. I S. 1897). | 12 Vgl. nur EuGH v. 17.5.1990 – C-262/88 (Barber), NZA 1990, 775; v. 9.10.2001 – C-379/99, NZA 2001, 1301 (1302 mwN); ebenso *Rengier*, NZA 2006, 1251 mwN. | 13 In § 1b I 4 BetrAVG wird der allgemeine Gleichbehandlungsgrundsatz lediglich erwähnt; vgl. auch *Rengier*, NZA 2006, 1251. | 14 BT-Drs. 16/1780 S. 34; vgl. auch *Thüsing*, Rz. 116. | 15 BAG v. 11.12.2007 – 3 AZR 249/06, Pressemitteilung Nr. 88/07; *Cisch/Böhm*, BB 2007, 602; *Thüsing*, Rz. 116; nur im Ergebnis Däubler/Bertzbach/*Schrader/Schubert*, § 2 AGG Rz. 140 f. und *Rengier*, NZA 2006, 1251, die in Abs. 2 S. 2 einen Verstoß gegen ein primärrechtlich verankertes Diskriminierungsverbot sehen und zu einer Anwendung des AGG auf Grund einer Unanwendbarkeit des § 2 II 2 kommen; Schiek/*Schiek*, § 2 AGG Rz. 9; aA *Bauer/Göpfert/Krieger*, § 2 AGG Rz. 47, die die Vorschriften des BetrAVG richtlinienkonform auslegen wollen; *Steinmeyer*, ZfA 2007, 27 (31 f.), der für eine horizontale Wirkung der RL eintritt. Ausf. zu den Auswirkungen der Anwendung des AGG auf die betriebliche Altersversorgung *Rengier*, NZA 2006, 1251 (1252 ff.) und *Cisch/Böhm*, BB 2007, 602 (604 ff.).

IV. Abs. 3 stellt klar, dass das AGG lediglich der RL-Umsetzung dient und keine abschließende Regelung des Schutzes vor Benachteiligungen ist[1]. Benachteiligungsverbote oder Gleichbehandlungsgebote aus anderen Rechtsvorschriften, sei es aus solchen, die jedermann schützen (zB § 4 TzBfG), oder solchen zum Schutz bestimmter Personengruppen (zB MuSchG), bleiben unberührt und sind neben dem AGG anwendbar[2]. Dies gilt auch für den allgemeinen arbeitsrechtl. Gleichbehandlungsgrundsatz[3]. 11

V. Abs. 4. Der in dieser Form erst durch eine Stellungnahme des Bundesrates eingebrachte Abs. 4[4] nimmt nach seinem Wortlaut Kündigungen aus dem Anwendungsbereich des AGG heraus. Für diese sollen *ausschließlich* die Regelungen zum allgemeinen und besonderen Kündigungsschutz gelten. **Allgemeiner Kündigungsschutz** meint zuvorderst die allgemeinen Bestimmungen des KSchG sowie außerhalb seines Anwendungsbereichs in erster Linie die Regelungen der §§ 626, 138, 242 BGB, während unter **besonderem Kündigungsschutz** Normen für bestimmte ArbN-Gruppen (zB § 9 MuSchG, § 15 KSchG) zu verstehen sind[5]. Die Regelung des Abs. 4 ist problematisch, denn die RL 2000/43/EG, 2000/78/EG (jeweils Art. 3 I c) erstrecken sich ausdrücklich auch auf die „Entlassungsbedingungen", worunter nach der Rspr. des EuGH auch die Kündigung selbst fällt[6]. Daher würde eine dem Wortlaut entsprechende Auslegung, nach welcher die in den RL verankerten Benachteiligungsverbote auf das Kündigungsschutzrecht keine Anwendung finden, richtlinienwidrig sein[7]. Konsequenz wäre insofern, dass sich (nur) die Beschäftigten von öffentl.-rechtl. Rechtsträgern diesen gegenüber bei Entlassungen unmittelbar auf die RL berufen könnten[8]. Nur ein Verstoß gegen primäres Europarecht könnte die generelle Unanwendbarkeit des Abs. 4 bewirken. Ein solcher Verstoß wird aber bereits – zumindest in Bezug auf eine Benachteiligung wegen des Alters – in Anknüpfung an die Rspr. des EuGH in Sachen Mangold[9] angenommen[10]; dies soll dazu führen, dass Abs. 4 unbeachtlich sei und damit das AGG auch auf Kündigungen Anwendung finde[11]. In der Sache ist dem nicht zu folgen. Selbst wenn man mit dem EuGH von einem primärrechtl. verankerten besonderen Benachteiligungsverbot zumindest wegen des Alters ausginge, führte dies nicht zwangsläufig zu einer **unmittelbaren Anwendung des AGG**[12]. 12

Der nationale Gesetzgeber hat klar zum Ausdruck gebracht, dass er Kündigungen nicht nach dem AGG behandelt haben möchte. Daran sind auch deutsche Gerichte gebunden[13]. Den Anforderungen der AntidiskriminierungsRL kann jedoch bei Kündigungen über die **arbeitsrechtlichen und allgemeinen Generalklauseln** sowie die wertungsoffenen Rechtsbegriffe zur vollen Wirkung verholfen werden[14]. So ist im Anwendungsbereich des KSchG eine Kündigung dann nicht sozial gerechtfertigt, wenn sie einen ArbN unzulässig benachteiligt, weil der Grund für die Kündigung dann nicht personen-, verhaltens- oder betriebsbedingt ist[15]. Außerhalb des Anwendungsbereichs des KSchG soll das gleiche Ergebnis nach hM über eine Anwendung der Generalklauseln nach §§ 138 und 242 BGB hergestellt werden können[16]. Die Beweislastverteilung entspricht jeweils der des § 22 AGG. Die Konsequenz eines Verstoßes gegen ein Benachteiligungsverbot durch eine Kündigung ist idR also lediglich deren Unwirksamkeit. Schadensersatz- oder Entschädigungsansprüche kommen nur über die allgemeinen Anspruchsgrundlagen in Betracht. § 15 I u. II AGG greifen nicht, was von den RL auch nicht gefordert wird. Inwiefern dann noch ein 13

---

1 BT-Drs. 16/1780 S. 32. |2 Weitere wichtige Instrumente des Diskriminierungsschutzes neben dem AGG sind: Art. 3 III, 12a IV 2, 33 II GG, § 75 I BetrVG bzw. § 27 I SprAuG und § 67 I BPersVG bzw. die landesrechtlichen Normen, §§ 104, 99 II Nr. 6 BetrVG, BGleiG bzw. entsprechende Landesgesetze, §§ 81 ff. SGB IX, SoldGG sowie SGleiG. |3 Vgl. BAG v. 13.9.2006 – 4 AZR 236/05, ZTR 2007, 258 f.; vgl. auch *Hinrichs/Zwanziger*, DB 2007, 574; abwegig daher *Maier/Mehlich*, DB 2007, 110 ff. |4 BR-Drs. 329/06(B); durch BT-Drs. 15/5717 war nur eine „vorrangige" Geltung des KSchG vorgesehen. |5 *Diller/Krieger/Arnold*, NZA 2006, 887 (887). |6 V. 11.7.2006 – C-13/05 (Chacon Navas), NZA 2006, 839. |7 Ebenso *Bauer/Göpfert/Krieger*, § 2 AGG Rz. 63; *Bayreuther*, DB 2006, 1495; Däubler/Bertzbach/*Däubler*, § 2 AGG Rz. 261; *Diller/Krieger/Arnold*, NZA 2006, 887 (889); ErfK/*Schlachter*, § 2 AGG Rz. 16; *Sagan*, NZA 2006, 1257 (1257); *G. Wisskirchen*, DB 2006, 1491 (1495). Weitere Verstöße gegen die RL liegen nach *Thüsing*, Rz. 111 in der fehlenden Möglichkeit zur Berufung auf die Beweiserleichterung des § 22 sowie darin, dass außer der Unwirksamkeit der Kündigung nach dem KSchG keine zusätzlichen Sanktionen vorgesehen sind. AA bzgl. der zusätzlichen Sanktionen *Diller/Krieger/Arnold*, NZA 2006, 887 (888). |8 Eine unmittelbare Wirkung der RL kommt nicht in Betracht, vgl. *Streinz/Herrmann*, RdA 2007, 165 (167 f.). |9 V. 22.11.2005 – C-144/04, NZA 2005, 1345. |10 ArbG Osnabrück v. 5.2.2007 – 3 Ca 724/06, NZA 2007, 626 (627 f.) (aufgehoben durch LAG Nds. v. 13.7.2007 – 16 Sa 274/07); *Bayreuther*, DB 2006, 1842 (1842 f.) kommt zum gleichen Ergebnis, indem er in dem Mangold-Urteil die Annahme einer horizontalen Drittwirkung von RL durch den EuGH sieht; zur aA bzgl. der Unwirksamkeit einer gegen das europarechtliche Verbot der Altersdiskriminierung verstoßenden nationalen Regelung s. nur die Schlussanträge des Generalanwalts v. 15.2.2007 – C-411/05 (Palacios de la Villa), Rz. 101 ff. Allgemein zu Rechtswirkungen von RL in der neueren Rspr. des EuGH *v. Danwitz*, JZ 2007, 697. |11 ArbG Osnabrück v. 5.2.2007 – 3 Ca 724/06, NZA 2007, 626 (627 f.); aufgehoben durch LAG Nds. v. 13.7.2007 – 16 Sa 274/07; kritisch zu dem Urteil des ArbG Osnabrück *Bauer/Krieger*, NZA 2007, 674. |12 So aber ArbG Osnabrück v. 5.2.2007 – 3 Ca 724/06, NZA 2007, 626 (627 f.); aufgehoben durch LAG Nds. v. 13.7.2007 – 16 Sa 274/07. |13 Ebenso *Hamacher/Ulrich*, NZA 2007, 657 (661). |14 Ebenso ErfK/*Schlachter*, § 2 AGG Rz. 17; *Hamacher/Ulrich*, NZA 2007, 657 (658 ff.); vgl. auch LAG BW v. 18.6.2007 – 4 Sa 14/07, juris, Rz. 43. |15 Dennoch bleiben für die Beurteilung der Wirksamkeit einer Kündigung Regelung aus dem AGG relevant, wie zB bei einer verhaltensbedingten Kündigung wegen Weigerung einer Weisung zu folgen iRd. Frage, ob die Weisung rechtmäßig war; vgl. *Benecke*, AuR 2007, 229 (321 ff.). |16 Vgl. zuletzt LAG Thüringen v. 19.6.2007 – 5 Ta 55/07, juris, Rz. 8 ff. mwN.

Verstoß gegen Europarecht darin liegt, dass den von den RL Begünstigten im Rahmen der Generalklauseln nicht ausreichend klar ihre Rechte vor Augen geführt werden[1], ist fraglich[2].

14 IR einer **Sozialauswahl nach § 1 III KSchG** ist die bisherige Praxis, dem ArbN für jedes Lebensjahr einen Punktwert zuzuschreiben, problematisch[3]. Denn die Berücksichtigung des Lebensalters zu Gunsten der älteren ArbN und damit zu Lasten der jüngeren ist nur zulässig, wenn sie durch ein legitimes Ziel gerechtfertigt und verhältnismäßig ist. Der inzwischen aufgehobene § 10 S. 3 Nr. 6[4] regelte insofern zwar die generelle Zulässigkeit der Berücksichtigung des Alters in der Sozialauswahl, allerdings nur, „soweit dem Alter kein genereller Vorrang gegenüber anderen Auswahlkriterien zukommt, sondern die Besonderheiten des Einzelfalls und die individuellen Unterschiede zwischen den vergleichbaren Beschäftigten, insb. ihre Chancen auf dem Arbeitsmarkt entscheiden". Auf diesen Maßstab kann nach wie vor abgestellt werden, denn die Aufhebung dieser Norm hatte gesetzessystematische Gründe und keine inhaltlichen[5]. Nur sofern also zB tatsächlich ein Nachteil für ältere ArbN auf dem Arbeitsmarkt besteht, ist eine verhältnismäßige Berücksichtigung des Lebensalters neben anderen Kriterien zulässig. Dazu wird es ratsam sein, Altersgruppen zu bilden, innerhalb deren die ArbN nach der konkreten Marktsituation unterschiedliche Aussichten auf eine Neuanstellung haben, und den Personen innerhalb derselben Gruppe jeweils den gleichen Punktwert zuzuordnen (zur Berücksichtigung des Lebensalters in Sozialplänen s. § 10 Rz. 12). Aus der Sozialauswahl können gem. § 1 III 2 KSchG ArbN wieder herausgenommen werden, wenn dies zur *Sicherung*[6] einer **ausgewogenen Personalstruktur** des Betriebes im berechtigten betriebl. Interesse liegt[7]. Inwiefern hierbei auch an Merkmale nach § 1 angeknüpft werden kann, also zB zur Sicherung einer ausgewogenen Altersstruktur ArbN aus einer bestimmten Altersgruppe aus der Sozialauswahl ausgenommen werden können oder auch eine Sozialauswahl nach Altersgruppen erfolgen kann, ist problematisch[8]. Sofern allerdings der ArbGeb mit der ausgewogenen Personalstruktur ein legitimes Ziel verfolgt und dieses entsprechend dem Verhältnismäßigkeitsgrundsatz umsetzt, liegt ein *berechtigtes* betriebl. Interesse vor und steht einer Anknüpfung an ein geschütztes Benachteiligungsmerkmal nichts entgegen[9].

15 Auch in Bezug auf altersabhängige Kündigungsfristen und Unkündbarkeitsregelungen besteht das Problem, wie der Benachteiligungsschutz der RL zu berücksichtigen ist. Während die Staffelung der **gesetzlichen Kündigungsfristen** des § 622 II 1 BGB im Hinblick auf erdientes Vertrauen auf den Fortbestand des Arbeitsverhältnisses zulässig sein dürfte, ist die starre Altersgrenze des § 622 II 2 BGB richtlinienwidrig[10]. Es ist kein Grund ersichtlich, warum die in jungen Jahren erdienten Betriebszugehörigkeitszeiten im Rahmen des § 622 II 1 BGB nicht miteinbezogen werden sollten. Sollte das Verbot der Altersdiskriminierung primärrechtlich verankert sein[11], müsste § 622 II 2 BGB wohl unangewendet bleiben und § 622 II 1 BGB auf ArbN jeden Alters Anwendung finden[12]. Denn anders als bei § 2 IV besteht hier nicht die Möglichkeit, einen europarechtsgemäßen Zustand über die Generalklauseln herbeizuführen. Die nach Ansicht der hM an den Generalklauseln zu messenden individual- oder kollektivrechtlich **vereinbarten Kündigungsfristen** sind zulässig, auch wenn sie unterschiedlich lange Fristen für verschiedene Altersstufen vorsehen, sofern damit ein legitimes Ziel verfolgt wird und die Unterschiede verhältnismäßig sind. Bei der Überprüfung von **Unkündbarkeitsregelungen**[13] an den nach Ansicht der hM heranzuziehenden Generalklauseln kann auf die Aussage von § 10 S. 3 Nr. 7 aF (vgl. Rz. 14) zurückgegriffen werden. Mit einer solchen Regelung muss also ein besonderes legitimes Ziel verfolgt werden. Es wird regelmäßig in der Belohnung von Betriebstreue liegen, mit der die Beschäftigten gleichzeitig enger an die Firma gebunden werden sollen, indem sie sich ihres Arbeitsplatzes sicher sein können. Die Unkündbarkeitsregelung muss überdies verhältnismäßig sein, wofür verlässliche Maßstäbe fehlen[14]. Es gibt keine verschiedenen Stufen der Unkündbarkeit, eine Abwägung ist daher immer nur mit der Stärke des Eingriffs in den Kündigungsschutz Dritter möglich. Insofern wird als Maßstab vorgeschlagen, dass eine Klausel dort nicht zulässig sei, wo die Sozialauswahl ansonsten grob fehlerhaft iSd. § 1 IV, V KSchG wäre[15].

---

1 EuGH v. 23.3.1995 – C-365/93 – Slg. I 1995, 499 ff.; v. 10.5.2001 – C-144/99 – NJW 2001, 2244 (2245). | 2 Vgl. *Kamanabrou*, RdA 2007, 199 (205 mwN); *Thüsing*, Rz. 113 mwN. | 3 Ausf. *Annuß*, BB 2006, 325 (326); *Wendeling-Schröder*, NZA 2007, 1399 (1404); s. auch *Kopke*, NJW 2006, 1040 (1041), der eine Berücksichtigung des Alters in der Sozialauswahl nach der Mangold-Entscheidung des EuGH sogar insgesamt für unzulässig hält. | 4 Art. 8 I Nr. 1a G v. 2.12.2006, BGBl. I S. 2742. | 5 Da gem. § 2 IV für Kündigungen das AGG nicht gelten soll, war eine Regelung zur Sozialauswahl bei der betriebsbedingten Kündigung überflüssig. § 10 S. 3 Nr. 6 wurde daher mit Nr. 7 durch Art. 8 I Nr. 1a G v. 2.12.2006 (BGBl. I S. 2742) aufgehoben. | 6 In der Insolvenz ist iRd. Sozialauswahl auch die *Schaffung* einer ausgewogenen Personalstruktur gem. § 125 I Nr. 2 Hs. 2 InsO zulässig. | 7 Vgl. *Brors*, AuR 2005, 41 (44 f.). | 8 Zugelassen von ArbG Bielefeld v. 25.4.2007 – 6 Ca 2886/06, BB 2007, 1961; LAG Nds. v. 13.7.2007 – 16 Sa 269/07, SAE 2007, 361 (366 ff.); LAG Bln.-Bbg. v. 13.4.2007 – 13 Sa 2208/06, Rz. 63 ff.; dagegen *Bertelsmann*, ArbuR 2007, 369. | 9 Vgl. LAG Nds. v. 13.7.2007 – 16 Sa 269/07, SAE 2007, 361 (365 ff.); LAG Bln.-Bbg. v. 19.9.2007 – 15 Sa 1144/07, EzA-SD 2007, Nr. 26.6; *Wendeling-Schröder*, NZA 2007, 1399 (1401). | 10 Ebenso *Annuß*, BB 2006, 325 (326); *Hamacher/Ulrich*, NZA 2007, 657 (663); *Kamanabrou*, RdA 2007, 199 (206 f.); *Schleusener*, NZA 2007, 358. | 11 Vgl. dazu EuGH v. 22.11.2005 – C-144/04, NZA 2005, 1345. | 12 *Schleusener*, NZA 2007, 358 (359 f.); *Hamacher/Ulrich*, NZA 2007, 657 (663). | 13 Ausf. zur Zulässigkeit tarifvertraglicher Unkündbarkeitsregelungen insb. unter dem Gesichtspunkt einer Benachteiligung wegen des Alters Wiedemann/*Thüsing*, § 1 Rz. 678 ff. mwN. | 14 Ua. deswegen für eine grundsätzliche Unwirksamkeit von Unkündbarkeitsregelungen, die weit überwiegend auf das Lebensalter abstellen *Lingemann/Gotham*, NZA 2007, 663 (665). | 15 *Thüsing*, Rz. 452.

3 *Begriffsbestimmungen*

(1) Eine unmittelbare Benachteiligung liegt vor, wenn eine Person wegen eines in § 1 genannten Grundes eine weniger günstige Behandlung erfährt, als eine andere Person in einer vergleichbaren Situation erfährt, erfahren hat oder erfahren würde. Eine unmittelbare Benachteiligung wegen des Geschlechts liegt in Bezug auf § 2 Abs. 1 Nr. 1 bis 4 auch im Falle einer ungünstigeren Behandlung einer Frau wegen Schwangerschaft oder Mutterschaft vor.

(2) Eine mittelbare Benachteiligung liegt vor, wenn dem Anschein nach neutrale Vorschriften, Kriterien oder Verfahren Personen wegen eines in § 1 genannten Grundes gegenüber anderen Personen in besonderer Weise benachteiligen können, es sei denn, die betreffenden Vorschriften, Kriterien oder Verfahren sind durch ein rechtmäßiges Ziel sachlich gerechtfertigt und die Mittel sind zur Erreichung dieses Ziels angemessen und erforderlich.

(3) Eine Belästigung ist eine Benachteiligung, wenn unerwünschte Verhaltensweisen, die mit einem in § 1 genannten Grund in Zusammenhang stehen, bezwecken oder bewirken, dass die Würde der betreffenden Person verletzt und ein von Einschüchterungen, Anfeindungen, Erniedrigungen, Entwürdigungen oder Beleidigungen gekennzeichnetes Umfeld geschaffen wird.

(4) Eine sexuelle Belästigung ist eine Benachteiligung in Bezug auf § 2 Abs. 1 Nr. 1 bis 4, wenn ein unerwünschtes, sexuell bestimmtes Verhalten, wozu auch unerwünschte sexuelle Handlungen und Aufforderungen zu diesen, sexuell bestimmte körperliche Berührungen, Bemerkungen sexuellen Inhalts sowie unerwünschtes Zeigen und sichtbares Anbringen von pornographischen Darstellungen gehören, bezweckt oder bewirkt, dass die Würde der betreffenden Person verletzt wird, insbesondere wenn ein von Einschüchterungen, Anfeindungen, Erniedrigungen, Entwürdigungen oder Beleidigungen gekennzeichnetes Umfeld geschaffen wird.

(5) Die Anweisung zur Benachteiligung einer Person aus einem in § 1 genannten Grund gilt als Benachteiligung. Eine solche Anweisung liegt in Bezug auf § 2 Abs. 1 Nr. 1 bis 4 insbesondere vor, wenn jemand eine Person zu einem Verhalten bestimmt, das einen Beschäftigten oder eine Beschäftigte wegen eines in § 1 genannten Grundes benachteiligt oder benachteiligen kann.

I. Richtlinienumsetzung. § 3 definiert die verschiedenen Arten der Benachteiligung und setzt Art. 2 II–IV der RL 2000/43/EG, 2000/78/EG und 76/207/EWG sowie Art. 2 lit. a–d der RL 2004/113/EG um. Der nationale Gesetzgeber verwendet bewusst den Begriff der Benachteiligung statt den der Diskriminierung, weil er damit deutlich machen wollte, dass nicht jede unterschiedliche Behandlung einen Verstoß gegen das AGG darstellt, sondern sie im Einzelfall durchaus gerechtfertigt sein kann[1]. 1

II. Unmittelbare Benachteiligung. 1. § 3 I 1 definiert die unmittelbare Benachteiligung. Erforderlich ist danach zunächst, dass eine Person eine weniger günstige Behandlung erfährt, als eine andere Person „erfährt, erfahren hat oder erfahren würde". Anzustellen ist also eine **Vergleichsbetrachtung**, wobei die tatsächliche Existenz einer Vergleichsperson nicht erforderlich ist („erfahren würde"). Bei Fehlen einer Vergleichsperson genügt die hypothetische Frage, wie diese in der konkreten Situation behandelt worden wäre[2]. Ob eine **weniger günstige Behandlung**, welche auch in einem Unterlassen bestehen kann, vorliegt, richtet sich nach der wertenden Beurteilung eines objektiven Betrachters und nicht nach dem subjektiven Empfinden des Beeinträchtigten. Auch liegt eine ungünstigere Behandlung nicht schon dann vor, wenn der Betroffene in nur irgendeinem Punkt weniger günstig behandelt wird als eine Vergleichsperson, denn der Nachteil in einem Punkt kann durch die Besserstellung in einem anderem aufgewogen werden. Insofern ist auch ein **sachgruppenübergreifender Vergleich** zulässig[3]. Ist ein solcher Vergleich jedoch mangels tauglichen Vergleichsmaßstabs nicht möglich, ist vom Vorliegen einer ungünstigeren Behandlung auszugehen. Lediglich die **Gefahr einer Benachteiligung** genügt nicht[4], die Benachteiligung muss vielmehr tatsächlich eingetreten sein, sei es auch nur einer hypothetischen Vergleichsperson gegenüber. Der Vergleich mit einer anderen Person verlangt das Abstellen auf eine **vergleichbare Situation**, die anhand des jeweiligen Einzelfalles zu bestimmen ist. Bei Einstellungsentscheidungen kann eine ungünstigere Behandlung schon dann vorliegen, wenn ein Bewerber auf Grund eines Merkmals nach § 1 in der Vorauswahl ausscheidet, auch wenn er auf Grund eines zulässigen Differenzierungskriteriums in der Endausscheidung ohnehin nicht genommen worden wäre[5]. 2

Die ungünstigere Behandlung erfolgt **wegen** eines Merkmals nach § 1, wenn sie durch eines (oder mehrere) dieser Merkmale motiviert ist bzw. der Benachteiligende bei seiner Handlung hieran anknüpft. Eine über die Anknüpfung an das Merkmal als solche hinausgehende **subjektive Komponente** iS einer Benachteiligungsabsicht ist für die unmittelbare Benachteiligung – bis auf die Fälle der verdeckten Benachteiligung – nicht erforderlich[6]. Allerdings reicht es gem. § 7 I 2 aus, wenn der Benachteiligende das Vorliegen eines in § 1 genannten Grundes – unabhängig von dessen tatsächlichem Vorhandensein – nur annimmt. Bei **Gremienentscheidungen** liegt nach hM eine Benachteiligung wegen eines Merkmals 3

---

1 BT-Drs. 16/1780 S. 30. | 2 *Schiek*, NZA 2004, 873 (874). | 3 *Thüsing*, Rz. 229. | 4 So aber BT-Drs. 16/1780 S. 32; wie hier ErfK/*Schlachter*; § 3 AGG Rz. 3, *Thüsing*, Rz. 237 ff. | 5 Ausf. *Bauer/Göpfert/Krieger*, § 3 AGG Rz. 11 ff. | 6 *Schlachter*, Gleichberechtigung, S. 150.

nach § 1 erst dann vor, wenn die Mehrheit des Gremiums ihre Entscheidung maßgeblich an dessen Nicht-/Vorhandensein ausrichtet[1].

4 Eine unmittelbare Benachteiligung kann nur vorliegen, wenn auf Grund des Differenzierungskriteriums die bevorzugte und die benachteiligte Gruppe hinsichtlich des Merkmals nach § 1 jeweils homogen sind, dh. eine Gruppe zB ausschließlich Männer oder Frauen erfasst. Eine unmittelbare Benachteiligung kann sowohl in einer offenen Anknüpfung an das Merkmal, als auch – in Form des Umgehungstatbestands einer „**verdeckten Benachteiligung**" – darin liegen, dass der ArbGeb zwar eine nicht merkmalsbezogene Formulierung wählt, diese sich jedoch lediglich als Tarnungsversuch einer beabsichtigten unmittelbaren Benachteiligung erweist[2].

5 2. **Satz 2** setzt Art. 2 VII der RL 76/207/EWG um und berücksichtigt die Rspr. des EuGH in der Rechtssache *Dekker*[3], wonach die Benachteiligung wegen Schwangerschaft eine unmittelbare sei, weil sie nur Frauen gegenüber eintreten könne. Daraus dürfte die allgemeine Regel abzuleiten sein, dass eine unmittelbare Benachteiligung in allen Fällen vorliegt, in denen zwar nicht direkt an ein Merkmal des § 1 angeknüpft wird, aber an einem solchen, welches in untrennbarem Zusammenhang mit einem in § 1 genannten Grund steht[4].

6 **III. Mittelbare Benachteiligungen** gem. Abs. 2 sind bei formaler Betrachtung zwar **merkmalsneutral**, dh. ohne Anknüpfung an ein Merkmal nach § 1 ausgestaltet, doch werden von ihr Gruppen, die sich jeweils hinsichtlich eines in § 1 genannten Merkmals unterscheiden, tatsächlich ungleich betroffen. Im Gegensatz zu den Fällen der verdeckten Benachteiligung muss in diesen Konstellationen zumindest die Möglichkeit bestehen, dass von der benachteiligenden Maßnahme sowohl Personen der einen wie der anderen Gruppe (zB Frauen und Männer) erfasst werden[5]. Eine mittelbare Benachteiligung kann deshalb nicht in einer konkreten Einzelmaßnahme als solcher, sondern nur in der **Anwendung einer allgemeinen Regel** bzw. eines verallgemeinernden Kriteriums durch den ArbGeb liegen[6]. Dabei kann die Benachteiligung einer Gruppe nur im Vergleich mit der durch die Maßnahme vermeintlich begünstigten Gruppe festgestellt werden.

7 Die **Vergleichsgruppen** sind in Übereinstimmung mit den – mitunter etwas unsicheren[7] – Grundsätzen der Rspr. des BAG[8] sowie des EuGH[9] zu bilden. Dementsprechend sind bei der Zuwendung von Vorteilen die prozentualen Anteile jeder Gruppe sowohl an der begünstigten als auch an der benachteiligten Gruppe zu ermitteln und zueinander ins Verhältnis zu setzen. Sofern eine Gruppe von Merkmalsträgern zu einem höheren Prozentsatz in der benachteiligten als in der begünstigten Gruppe vertreten ist, liegt zu deren Lasten eine mittelbare Benachteiligung vor. Ist eine Auswahlentscheidung zu treffen, so ist maßgeblich, ob die Auswahlgruppe im Vergleich zur Gruppe der für die zu besetzende Position bei objektiver und abstrakter Betrachtung an sich geeigneten potentiellen Bewerber durch die Aufstellung bestimmter zusätzlicher Anforderungen zum Nachteil einer Gruppe verändert worden ist. Insoweit ist daher die Verteilung der Merkmalsträger in der Gruppe der an sich geeigneten potentiellen Bewerber mit jener in der durch zusätzliche Auswahlkriterien definierten Gruppe zu vergleichen. Die Vergleichsgruppe ist anhand der jeweils in Rede stehenden Maßnahmen zu bestimmen. Geht es um eine mittelbare Benachteiligung bei der **Einstellung**, so ist der an sich geeignete Bewerberkreis als Vergleichsgruppe heranzuziehen. Inwieweit eine räumliche Begrenzung der Vergleichsgruppe erforderlich ist, hängt nicht zuletzt von der Art der Tätigkeit ab. Bei hoch qualifizierten Tätigkeiten ist regelmäßig ein bundesweiter Vergleich durchzuführen, wohingegen für minder qualifizierte Positionen und die damit typischerweise einhergehende Immobilität der Bewerber eine regionale oder sogar nur lokale Betrachtung ausreichen kann. Bei **normativ geltenden tariflichen**[10] **und betrieblichen Regelungen** prägt regelmäßig deren jeweiliger Geltungsbereich die räumliche Abgrenzung der Vergleichsgruppe. Bei unternehmensbezogenen Regelungen ist die Gesamtheit der im Unternehmen beschäftigten ArbN entscheidend, wobei eine mittelbare Benachteiligung insb. auch darin liegen kann, dass die ArbN eines Betriebs einheitlich schlechter behandelt werden als die in den anderen Betrieben desselben Unternehmens beschäftigten ArbN. In der Rspr. des BAG finden sich bislang keine verlässlichen Grundsätze für die Bestimmung der jeweils maßgeblichen Vergleichsgruppe[11], so dass in der Rechtspraxis eine erhebliche Unsicherheit besteht. In jedem Fall muss die Vergleichsgruppe sich auf eine **ausreichende Zahl von Personen** beziehen, um zufällige Erscheinungen zu vermeiden[12].

---

1 *Bauer/Göpfert/Krieger*, § 7 Rz. 16; *Thüsing*, Rz. 232. | 2 Näher zur verdeckten Benachteiligung *G. Wisskirchen*, Mittelbare Diskriminierung, S. 72 ff.; Beispiele bei *Däubler*, ZfA 2006, 479 (485 f.). | 3 EuGH v. 8.11.1990 – C-177/88, NZA 1991, 171; vgl. BT-Drs. 16/1780 S. 32. | 4 Vgl. BT-Drs. 16/1780 S. 32; KR/*Pfeiffer*, Rz. 23; vgl. zur Problematik von gruppenspezifischen Dispositionen allerdings auch Staudinger/*Annuß*, § 611a BGB Rz. 33. | 5 *C. Blomeyer*, Verbot der mittelbaren Diskriminierung, S. 18; *G. Wisskirchen*, Mittelbare Diskriminierung, S. 88. | 6 MüKo/*Müller-Glöge*, § 611a BGB Rz. 29. | 7 Dazu *C. Blomeyer*, Verbot der mittelbaren Diskriminierung, S. 26 ff. | 8 Vgl. nur BAG v. 23.2.1994 – 4 AZR 219/93, DB 1995, 226; v. 2.12.1992 – 4 AZR 152/92, NZA 1993, 367; v. 20.11.1990 – 3 AZR 613/89, NZA 1991, 635 und grundlegend v. 14.10.1986 – 3 AZR 66/83, NZA 1987, 445. | 9 EuGH v. 13.5.1986 – Rs. 170/84 (Bilka), NZA 1986, 599. | 10 Soweit nur eine schuldrechtliche Bindung durch Bezugnahme vorliegt, bestimmt sich der Kreis nur unter den ArbN des ArbGeb. | 11 Nachweise bei *W. Blomeyer*, SAE 1994, 174 (179). | 12 EuGH v. 27.10.1993 – C-127/92, NZA 1994, 797 (798).

Sofern eine Gruppe von Trägern eines Merkmals nach § 1 zu einem höheren Prozentsatz in der benachteiligten als in der begünstigten Gruppe vertreten ist, liegt zu deren Lasten eine mittelbare Benachteiligung vor[1]. Nach der bisherigen Ansicht von Rspr. und hM[2] war Voraussetzung, dass die Benachteiligung einen „**wesentlich höheren Anteil**" der einen Gruppe erfassen musste. Insofern hatte die Rspr. zunächst das Verhältnis von 10:1[3] und später von 4:1[4] als ausreichend erachtet. In der Lit. wurde eine Grenze von 75 %[5] vorgeschlagen[6]. § 3 II fordert nunmehr, dass die neutralen Kriterien andere Personen in „**besonderer Weise benachteiligen können**" und ist damit weiter. Ein tatsächliches Ungleichgewicht muss daher nicht vorliegen, mangels einschlägiger Statistiken kann eine hypothetische Betrachtungsweise genügen[7], wobei an diese strenge Maßstäbe anzulegen sind. Für das erforderliche Ausmaß einer hypothetischen oder tatsächlichen Ungleichbehandlung ist auf die – bislang schon verfehlte[8] – Wesentlichkeitsgrenze nicht mehr abzustellen. Richtig dürfte es demgegenüber sein, den objektiven Tatbestand der mittelbaren Benachteiligung schon immer dann zu bejahen, wenn eine unterschiedliche Betroffenheit auch im Hinblick auf eine ohne das Differenzierungskriterium zu erwartende Normalverteilung verlässlich festgestellt werden kann und diese nicht auf Zufall beruht[9]. Starre Grenzen lassen sich insoweit nicht ziehen, doch ist eine Ungleichbehandlung in dem hier relevanten Sinne anzunehmen, wenn eine strukturelle Verfestigung der unterschiedlichen Betroffenheit und mithin nicht lediglich eine temporäre Erscheinung vorliegt[10]. Der damit anerkannte weite Tatbestand der mittelbaren Diskriminierung ist in seiner Verknüpfung mit der Rechtfertigungsebene zu sehen. So erscheint ein bestimmtes Unternehmensinteresse um so eher als sachlich ausreichender Grund zur Rechtfertigung einer faktischen Ungleichbehandlung, je geringer die Betroffenheit der benachteiligten Gruppe im Vergleich zur begünstigten Gruppe ist. 8

Fraglich erscheint, ob für die Bejahung des Tatbestands des Abs. 2 erforderlich ist, dass die faktische Benachteiligung einer merkmalsrelevanten Gruppe auf merkmalsspezifischen Gründen beruht („**wegen eines in § 1 genannten Grundes**"). Soweit das BAG[11] für § 611a BGB unter Berufung auf die Rspr. des EuGH[12] in der Vergangenheit ein entsprechendes zusätzliches Tatbestandsmerkmal angenommen hatte, wird hieran in neueren Entscheidungen wohl nicht mehr festgehalten[13]. Auch in der Literatur besteht die Auffassung, für eine derartige Tatbestandseinschränkung ließen sich keine Gründe anführen; vielmehr erscheine das Kriterium der merkmalsspezifischen Benachteiligung als Wertungsgesichtspunkt, der allein auf der Rechtfertigungsebene bei der umfassenden Güterabwägung Berücksichtigung finden müsse[14]. Im Ergebnis wird sich ein Unterschied nicht ergeben, da die Kausalität eines Merkmals des § 1 für die Benachteiligung nach § 22 bei Vorliegen von Indizien vermutet wird, so dass sich bei Vorbringen entsprechender Statistiken für eine Benachteiligung die eigentliche Prüfung des Erfordernisses auf die Rechtfertigungsebene verlagert. 9

Nach der gesetzl. Konstruktion des Abs. 2 gehört zum Tatbestand als **negatives Tatbestandsmerkmal** das Fehlen rechtfertigender Gründe („**es sei denn** ..."). Erforderlich ist also eine Verhältnismäßigkeitsprüfung, die in mehreren Schritten zu erfolgen hat: (1) Festlegung des **Ziels**, (2) **Legitimität** des Ziels, dh. das Ziel muss von berechtigten Interessen des ArbGeb getragen sein, welche sich in erster Linie aus den Art. 14, 12, 2 GG ermitteln lassen. Wichtigster Anhaltspunkt ist damit die Unternehmerfreiheit, die sich auch in Maßnahmen zur Steigerung der Produktivität oder der Wettbewerbsfähigkeit ausdrücken kann[15]. Das Ziel darf insb. auch nicht gegen gesetzlich normierte Verbote verstoßen. (3) **Geeignetheit** der Differenzierung zur Erreichung des Ziels, (4) **Erforderlichkeit** der Differenzierung zur Erreichung des Ziels, dh. es kommt kein milderes Mittel bei gleicher Erfolgsgeeignetheit in Betracht, (5) **Angemessenheit** der Differenzierung zur Erreichung des Ziels, dh. Ermittlung der Zweck-Mittel-Relation. Abzuwägen ist die Schwere des Eingriffs im Verhältnis zur Bedeutung des Ziels. Hier dürfte regelmäßig der Schwerpunkt der Prüfung liegen, wobei allgemein gültige Kriterien nicht existieren und die Prüfung sich an den Umständen des Einzelfalls zu orientieren hat. 10

Einzelfälle für mittelbare Ungleichbehandlungen: ethnische Herkunft: Anknüpfung an Sprache oder landestypische Kleidung; **Geschlecht**: Anknüpfung an Körperkraft oder Körpergröße, Nichtberücksich- 11

1 Ebenso *C. Blomeyer*, Verbot der mittelbaren Diskriminierung, S. 26 ff; MüKo/*Müller-Glöge*, § 611a BGB Rz. 30 ff. | 2 Ausf. Staudinger/*Annuß*, § 611a BGB Rz. 39 ff. | 3 BAG v. 14.10.1986 – 3 AZR 66/83, NZA 1987, 445; v. 14.3.1989 – 3 AZR 490/87, NZA 1990, 25; v. 23.1.1990 – 3 AZR 58/88, NZA 1990, 778. | 4 BAG v. 9.10.1991 – 5 AZR 598/90, NZA 1992, 259; v. 23.2.1994 – 4 AZR 219/93, DB 1995, 226. | 5 *Wißmann*, FS Wlotzke, S. 809 (815); ErfK/*Schlachter*, § 611a BGB Rz. 16. | 6 Ablehnend hierzu Staudinger/*Annuß*, § 611a BGB Rz. 40. | 7 Siehe ErfK/*Schlachter*, § 3 AGG Rz. 8. | 8 Staudinger/*Annuß*, § 611a BGB Rz. 40. | 9 Ebenso G. *Wisskirchen*, Mittelbare Diskriminierung, S. 94 f.; *Schiek*, Differenzierte Gerechtigkeit, S. 65; *Schiek/Horstkötter*, NZA 1998, 863 (865); dagegen außer der Rspr. MüKo/*Müller-Glöge*, § 611a BGB Rz. 26; *W. Blomeyer*, SAE 1994, 174 (177 f.). | 10 Insoweit ähnlich MüKo/*Müller-Glöge*, § 611a BGB Rz. 32; *Wißmann*, FS Wlotzke, 809, 812. | 11 Grundlegend BAG v. 14.10.1986 – 3 AZR 66/83, NZA 1987, 445; zustimmend ua. *Franzen*, ZEuP, 1995, 796 (810); *Hanau/Preis*, ZfA 1988, 177 (189 f.). | 12 EuGH v. 13.5.1986 – Rs. 170/84 (Bilka), NZA 1986, 599; vgl etwa auch EuGH v. 26.9.2000 – C-322/98 (Kachelmann), Slg. I 2000, 7505. | 13 BAG v. 2.12.1992 – 4 AZR 152/92, NZA 1993, 367; v. 9.3.1994 – 4 AZR 301/93, NZA 1994, 1042; v. 26.5.1993 – 5 AZR 184/92, NZA 1994, 413; vgl. dazu *Wißmann*, FS Wlotzke, S. 809 (817 ff.). | 14 *Schlachter*, Gleichberechtigung, S. 133; *Thüsing*, Rz. 263; zur aA Staudinger/*Annuß*, § 611a BGB Rz. 37. | 15 Ebenso *Bauer/Göpfert/Krieger*, § 3 AGG Rz. 33.

tigung von Elternzeit bei der Ermittlung der Berufsjahre[1]; **Religion/Weltanschauung**: Festlegung von festen Pausenzeiten, ohne Möglichkeiten zur Abweichung für die Gebetszeiten für Muslime; problematisch ist, ob das Verbot des Tragens eines Kopftuches eine mittelbare oder unmittelbare Benachteiligung wegen der Religion darstellt[2]; **Behinderung**: Anknüpfung an bestimmte Fähigkeiten (Treppensteigen); **Alter**: Anknüpfung an Berufserfahrung oder Betriebszugehörigkeit[3]; **Sexuelle Identität**: Einladung zu Firmenessen für „Mitarbeiter X und Gattin" bzw. „Mitarbeiterin Y und Gatten" statt „Mitarbeiter/in und Partner/in". Die Anknüpfung an den Familienstand der eingetragenen Lebenspartnerschaft ist keine mittelbare Benachteiligung wegen der sexuellen Identität, da nach Erwägungsgrund Nr. 22 der RL 2000/78/EG diese die nationalstaatlichen Bestimmungen über den Familienstand und davon abhängige Leistungen unberührt lassen soll[4].

12 **IV. Belästigung.** Abs. 3 stellt klar, dass auch die Belästigung eine Benachteiligung iSd. AGG ist. Diese Klarstellung ist erforderlich, denn die Belästigung ist strukturell verschieden von der Benachteiligung[5]. Im Gegensatz zur Benachteiligung nach den Abs. 1 und 2 zielt die Belästigung nicht auf eine Schlechterstellung des Betroffenen, sondern bedeutet (allein) einen Angriff auf dessen Persönlichkeit. Bei der Belästigung liegt das Unrecht schon in der Handlung selbst und kann deshalb ohne vergleichende Betrachtung festgestellt werden[6].

13 Der **Begriff der Verhaltensweise** ist denkbar weit. Sie kann verbaler oder nonverbaler Art sein und erfasst insb. Verleumdungen, Beleidigungen und abwertende Äußerungen, Anfeindungen, Drohungen und körperliche Übergriffe, also Berührungen[7]. Auch das sog. Stalking (vgl. § 238 StGB) kann eine – uU auch sexuelle – Belästigung darstellen[8]. Die Verhaltensweise muss darüber hinaus **unerwünscht** sein, was aus der Sicht eines objektiven Beobachters zu beurteilen ist[9]. Auf die Unerwünschtheit muss der Betroffene also nicht vorher ausdrücklich hingewiesen haben; hat er es aber, so ergibt sie sich daraus unweigerlich auch für einen objektiven Beobachter. Das Verhalten muss mit einem Merkmal des § 1 „**in Zusammenhang stehen**". Dieser Begriff dürfte ebenfalls weit zu verstehen sein und jede unmittelbare oder mittelbare Anknüpfung an ein Merkmal des § 1[10], unabhängig von dessen tatsächlichem Vorliegen (vgl. § 7 I Hs. 2), ausreichen lassen.

14 Wesentlich für den Tatbestand der Belästigung ist die Verletzung der Würde der Person durch das unerwünschte Verhalten[11]. Sofern der Handelnde diese **bezweckt**, also vorsätzlich handelt, ist der tatsächliche Eintritt einer Verletzung nicht erforderlich, so dass auch der bloße Versuch einer Belästigung von Abs. 3 erfasst wird[12]. Tritt die Würdeverletzung jedoch tatsächlich ein, wurde sie also **bewirkt**, ist Vorsatz beim Handelnden entbehrlich. Ob die **Verletzung der Würde einer Person** vorliegt, ist nach objektiven Maßstäben zu beurteilen[13]. Die unerwünschte Verhaltensweise muss an sich geeignet sein, eine Verletzung herbeizuführen. Damit sollen nach der Entwurfsbegründung geringfügige Eingriffe ausscheiden, wobei die Schwelle einer Menschenwürdeverletzung iSd. Art. 1 GG nicht erreicht werden müsse[14]. Der Maßstab bleibt damit weitestgehend unbestimmt. Eine Orientierung an der bisherigen Rspr. zu den §§ 185 ff. StGB und zu § 823 I BGB liegt nahe.

15 Weiterhin muss durch die unerwünschte Verhaltensweise ein von Einschüchterungen, Anfeindungen, Erniedrigungen, Entwürdigungen oder Beleidigungen **gekennzeichnetes Umfeld** geschaffen werden. Damit werden einmalige Würdeverletzungen in aller Regel nicht vom Tatbestand des Abs. 3 erfasst[15]. Was darüber hinaus unter dem „Umfeld" zu verstehen ist, bleibt unklar. Sicher ist es nicht im umfassenden Sinne des Unternehmens oder Betriebes zu verstehen. Vielmehr genügt es, wenn das entsprechende Klima in einer einzelnen Abteilung herrscht oder auch von mehreren Handelnden auf einen einzelnen Arbeitsplatz bezogen ist, denn das Umfeld ist vom Benachteiligten aus zu bestimmen. Die Handlungen eines einzelnen ArbN können nur in Einzelfällen genügen, wenn er damit das Umfeld anderer ArbN prägt; agiert jedoch ein einzelner Vorgesetzter gegenüber seinen Untergebenen zB erniedrigend, so schafft er hiermit in aller Regel ein Umfeld iSd. Abs. 3. Belästigungen eines Arbeitskollegen **außerhalb des Arbeitskontexts** werden angesichts § 2 nicht erfasst.

16 **V. Die sexuelle Belästigung** ist ein Unterfall der allgemeinen Belästigung nach Abs. 3, bezieht sich jedoch nur auf § 2 I Nr. 1–4 (Beschäftigung und Beruf). Hinsichtlich der anderen Bereiche des § 2 kann

---

1 ArbG Heilbronn v. 3.4.2007 – 5 Ca 12/07, juris, wonach allerdings die mittelbare Benachteiligung nach § 8 I (richtig: § 3 II) gerechtfertigt sein sollte. | 2 Für eine unmittelbare Benachteiligung *Däubler*, ZfA 2006, 479, 488, wobei er sich auf ein Verbot religiös motivierten Tragens bezieht; VG Düsseldorf v. 5.6.2007 – 2 K 6225/06, juris, Rz. 99 ließ die Frage offen; vgl. auch zur Möglichkeit der Rechtfertigung eines Kopftuchverbotes *Lingemann/Müller*, BB 2007, 2006 (2011). | 3 *Rieble/Zedler*, ZfA 2006, 273 (284 f.). | 4 Ausf. BGH v. 14.2.2007 – IV ZR 267/04, FamRZ 2007, 805, 807 f. = VersR 2007, 676 (678 f.); s. auch BVerwG v. 25.7.2007 – 6 C 27/06, Rz. 36; BVerfG v. 20.9.2007 – 2 BvR 855/06, ZTR 2007, 702 (703 f.). | 5 *Thüsing*, Rz. 277 bezeichnet die Regelung des Belästigungsschutzes durch ein Gleichbehandlungsgebot sogar als systemwidrig. | 6 *Thüsing*, ZfA 2001, 397 (411). | 7 BT-Drs. 16/1780 S. 33. | 8 Ausf. auch zu den Konsequenzen für den ArbGeb *Göpfert/Siegrist*, NZA 2007, 473. | 9 BT-Drs. 16/1780 S. 33. | 10 ErfK/*Schlachter*, § 3 AGG Rz. 13; *Thüsing*, Rz. 288. | 11 BT-Drs. 16/1780 S. 33. | 12 *Bauer/Göpfert/Krieger*, § 3 AGG Rz. 44. | 13 ErfK/*Schlachter*, § 3 AGG Rz. 15. | 14 BT-Drs. 16/1780 S. 33. | 15 Ebenso *Bauer/Göpfert/Krieger*, § 3 AGG Rz. 45; *Thüsing*, Rz. 284; nach ErfK/*Schlachter*, § 3 AGG Rz. 16 anders dann, „wenn sie einen schweren Übergriff darstellt".

bei sexuellen Belästigungen auf Abs. 3 zurückgegriffen werden[1]. Für die Tatbestandsmerkmale „unerwünschtes Verhalten", „bezweckt oder bewirkt" und „Verletzung der Würde einer Person" kann auf die Ausführungen zu Abs. 3 verwiesen werden. Auch das Tatbestandsmerkmal des von bestimmten Handlungsweisen „gekennzeichneten Umfelds" entspricht inhaltlich dem des Abs. 3, wobei es im Gegensatz zu Abs. 3 kein zusätzliches Erfordernis darstellt, sondern nur als Beispiel für Würdeverletzungen angeführt ist („insbesondere" statt „und").

Im Gegensatz zu Abs. 3 muss das Verhalten sexuell bestimmt sein. Dazu gehören nach dem Gesetz ua. unerwünschte sexuelle Handlungen und Aufforderungen zu diesen, sexuell bestimmte körperliche Berührungen, Bemerkungen sexuellen Inhalts sowie unerwünschtes Zeigen und sichtbares Anbringen von pornographischen Darstellungen. Abstrakt dürfte unter der **sexuellen Bestimmung** Vorsatz einschließlich bedingt vorsätzlichen Handelns zu verstehen sein[2]. Umfasst sind damit auch Fälle, in denen der Handelnde weiß, dass sein objektiv zweideutiges Verhalten („freundschaftlich" oder „sexuell") als sexuell aufgefasst werden könnte, er solches aber billigend in Kauf nimmt[3]. Hinsichtlich der Einzelfälle kann auf die bisher zu § 2 BeschSchG ergangene Rspr. und Lit. verwiesen werden[4]. 17

VI. Auch die Anweisung zur Benachteiligung stellt nach der gesetzl. Konzeption eine Benachteiligung dar, und zwar unabhängig davon, ob die Anweisung ausgeführt wird (vgl. S. 2: „benachteiligen kann")[5]. Die Anweisung zur Benachteiligung muss aus einem in § 1 genannten Grund und **vorsätzlich** erfolgen, wobei nicht erforderlich ist, dass sich der Anweisende der Verbotswidrigkeit seines Handelns bewusst ist[6]. Sie muss sich auf die Vornahme einer Benachteiligung beziehen, dh. einer Handlung nach den Abs. 1–5, so dass auch die **Anweisung zur Anweisung** erfasst ist. Sofern Voraussetzung einer Benachteiligung ein subjektives Element des Benachteiligenden ist, ist dieses für den Angewiesenen iRd. Abs. 5 verzichtbar, denn es ist unerheblich, ob der Angewiesene weiß, dass die Benachteiligung aus einem Grund des § 1 erfolgt[7]. 18

Fraglich ist, inwiefern **Dritte** (zB Kunden oder Lieferanten) **als Angewiesene** in Betracht kommen. Unter Hinweis auf den Wortlaut des S. 2 („jemand") wird vertreten, dass keine Einschränkung in Bezug auf die Person des Angewiesenen bestehe[8]. Mitunter wird eine faktische Weisungsbefugnis zwischen Anweisendem und Angewiesenem gefordert, die vorliege, wenn infolge „rechtlicher, sozialer, wirtschaftlicher oder intellektueller Macht" Druck auf den Angewiesenen ausgeübt werde[9]. Vorwiegend wird jedoch angenommen, dass der Begriff der Anweisung sich an dem arbeitsrechtlichen Weisungsbegriff ausrichte und daher nur weisungsbefugte Personen als Anweisende gem. Abs. 5 in Betracht kämen[10]. Auch wenn im Einzelfall ein Weisungsverhältnis bestand, stellt die Anweisung nach Abs. 5 gem. § 7 III eine Vertragsverletzung dar und braucht nicht befolgt zu werden (§§ 6 II, 106 GewO, § 315 III BGB). Liegt eine Anweisung eines Vorgesetzten vor (und eventuell auch eine tatsächliche Benachteiligung durch einen Beschäftigten), sind Pflichtverletzungen dieser Personen dem ArbGeb uU über §§ 31 oder 278 BGB zuzurechnen, so dass für den Benachteiligten Ansprüche nach § 15 I und II bestehen können (s. dort Rz. 4). 19

4 *Unterschiedliche Behandlung wegen mehrerer Gründe*

Erfolgt eine unterschiedliche Behandlung wegen mehrerer der in § 1 genannten Gründe, so kann diese unterschiedliche Behandlung nach den §§ 8 bis 10 und 20 nur gerechtfertigt werden, wenn sich die Rechtfertigung auf alle diese Gründe erstreckt, derentwegen die unterschiedliche Behandlung erfolgt.

§ 4 stellt klar, dass bei einer Benachteiligung durch mehrere Gründe nach § 1 alle Gründe der Rechtfertigung bedürfen und regelt damit etwas Selbstverständliches. Nach dem Wortlaut kann eine Rechtfertigung lediglich nach den §§ 8–10 und 20 erfolgen. Dass § 5 nicht genannt ist, beruht auf einem Redaktionsversehen[11]. Darüber hinaus stellt § 4 klar, dass bei einer Benachteiligung aus einem Bündel von Motiven nur eine Benachteiligung vorliegt und nicht jeder Grund eine eigene Benachteiligung mit eigenen Rechtsfolgen zB nach § 15 darstellt. Schließlich folgt aus § 4, dass bei einer unterschiedlichen Behandlung aus mehreren Gründen, bei denen der in § 1 genannte Grund nur unbedeutendes Nebenmotiv ist und die Ungleichbehandlung also maßgeblich auf nicht verpönten Merkmalen beruht, auch dieses unbedeutende Nebenmotiv der Rechtfertigung bedarf[12]. 1

1 ErfK/*Schlachter*, § 3 AGG Rz. 17. | 2 So auch *Thüsing*, Rz. 289. | 3 Vgl. *Thüsing*, Rz. 290; nur im Ergebnis wohl auch ErfK/*Schlachter*, § 3 AGG Rz. 18, die die sexuelle Bestimmung anhand des Eindrucks eines objektiven Beobachters ermitteln möchte. Diese Vorgehensweise dürfte jedoch mit dem Wortlaut des Abs. 4 („bestimmt") nicht vereinbar sein. | 4 Vgl. die Übersicht bei *Thüsing*, Rz. 290 und 292 ff. | 5 BT-Drs. 16/1780 S. 33. | 6 BT-Drs. 16/1780 S. 33. | 7 *Thüsing*, Rz. 306. | 8 ErfK/*Schlachter*, § 3 AGG Rz. 20. | 9 Däubler/Bertzbach/*Deinert*, § 3 AGG Rz. 85. | 10 *Annuß*, BB 2006, 1629 (1632); *Bauer/Göpfert/Krieger*, § 3 AGG Rz. 64; *Simon/Greßlin*, BB 2007, 1782; *Thüsing*, Rz. 304. | 11 Ebenso *Bauer/Göpfert/Krieger*, § 4 AGG Rz. 4. | 12 So schon BVerfG v. 16.11.1993 – 1 BvR 258/86, NZA 1994, 745 (746).

5 *Positive Maßnahmen*

Ungeachtet der in den §§ 8 bis 10 sowie in § 20 benannten Gründe ist eine unterschiedliche Behandlung auch zulässig, wenn durch geeignete und angemessene Maßnahmen bestehende Nachteile wegen eines in § 1 genannten Grundes verhindert oder ausgeglichen werden sollen.

1 § 5 setzt Art. 5 RL 2000/43/EG, Art. 7 I RL 2000/78/EG, Art. 2 VIII RL 76/207/EWG und Art. 6 RL 2004/113/EG um. Er stellt den §§ 8–10 und § 20 einen weiteren Rechtfertigungsgrund zur Seite. Die Formulierung der Norm ist missglückt, da bestehende Nachteile nicht verhindert werden können. § 5 soll Maßnahmen, die auf die Behebung bestehender Nachteile gerichtet sind, ebenso zulassen wie präventive Maßnahmen zur Vermeidung künftiger Nachteile. Es handelt sich damit um Maßnahmen, die tatsächlich bestehende Ungleichheiten zumindest verringern sollen, indem sie die bislang bevorzugte Gruppe benachteiligen[1]. Nach den RL sollte es lediglich den Mitgliedstaaten erlaubt sein, spezifische positive Maßnahmen zur Förderung wegen eines in § 1 genannten Grundes benachteiligter Personen beizubehalten oder zu beschließen. § 5 geht darüber hinaus und erweitert diese Befugnis auf alle Adressaten der Benachteiligungsverbote (ArbGeb, Betriebspartner und TV-Parteien). Ob der Gesetzgeber sich damit noch **richtlinienkonform** verhält, wird unterschiedlich beurteilt[2].

2 Der **Begriff der Maßnahme** ist weit auszulegen[3]. Er umfasst alle möglichen Gestaltungen wie zB TV, BV, AuswahlRL nach § 95 BetrVG, Integrationsvereinbarungen nach § 83 SGB IX oder arbeitsvertragliche Regelungen. Dabei kommt den Fördermaßnahmen kein absoluter Vorrang zu, dh. starre Quoten, bei denen zB dem unterrepräsentierten Geschlecht im Rahmen einer Einstellung bei gleicher Qualifikation automatisch der Vorrang vor dem anderen Geschlecht eingeräumt wird, sind unzulässig[4]. Es muss vielmehr sichergestellt sein, dass bei gleicher Qualifikation eine objektive Auswahl zwischen den Bewerbern in jedem Einzelfall erfolgt. Fördermaßnahmen müssen nicht nur geeignet, sondern auch angemessen sein, letztlich also verhältnismäßig iwS[5]. Die Kriterien entsprechen insofern den zur RL 76/207 EWG bzw. zu § 611a BGB entwickelten[6]. Ziel der Maßnahme muss stets der Ausgleich eines bestehenden Nachteils oder die Verhinderung künftiger Nachteile sein. Die Beurteilung der Verhältnismäßigkeit erfolgt im Wege einer wertenden Gesamtabwägung. Kriterien dafür sind ua., wie schwer der bestehende oder zu erwartende Nachteil wiegt und wie stark durch die Maßnahme in die Rechte der Betroffenen eingegriffen wird, inwiefern ein Verzicht auf die Maßnahme zu einer Zementierung der Zustände führen würde oder welches Ausmaß ein zu erwartender Nachteil hat[7]. Begünstigungen, die aus sonstigen Rechtsgründen erfolgen (zB nach den Schutzbestimmungen des SGB IX: ua. §§ 71 ff., 82 S. 2, 3, 125 oder des MuSchG: ua. §§ 3, 4, 6, 7)[8], werden von § 5 nicht berührt[9].

3 Als zulässige Fördermaßnahmen kommen damit zB in Betracht: **Geschlecht**: unter og. Voraussetzungen Einstellungsquoten, besonders flexible Arbeitszeitmodelle für allein erziehende ArbN oder kostengünstige Betriebskindergartenplätze (es werden hier weit überwiegend Frauen profitieren); **ethnische Herkunft**: längerer Urlaub für Familienbesuche im Herkunftsland[10], Sprachkurse, Hilfe bei der Wohnungssuche; **Religion/Weltanschauung**: zusätzliche Gebetspausen für Muslime oder vorrangige Berücksichtigung von Urlaubsgesuchen von Muslimen während des Ramadan, bei Wochenendschichten keine Zuweisung von Sonntagsbeschäftigung an praktizierende Christen oder von Samstagsbeschäftigung an praktizierende Juden; **Behinderung**: spezielle Quoten zur Einstellung oder Förderung (wie bei Geschlecht); **Alter**: Angebot befristeter Verträge oder spezieller Fortbildungsmaßnahmen für bestimmte Altersgruppen, Zusatzurlaub für ältere ArbN bei schwerer körperlicher Arbeit (vgl. § 10 Rz. 6).

---

1 Allgemein *Sacksofsky*, ZESAR 2004, 208 ff.; vgl. auch EuGH v. 11.11.1997 – C-409/95 (Marschall), NZA 1997, 1337, 1338 mwN. |2 Gegen Richtlinienkonformität: *Annuß*, BB 2006, 1629 (1634); ErfK/*Schlachter*, § 5 AGG Rz. 2; *Kamanabrou*, RdA 2006, 321 (333); dafür: *Bauer/Göpfert/Krieger*, § 5 AGG Rz. 3; Däubler/Bertzbach/*Hinrichs*, § 5 AGG Rz. 16; *Thüsing*, Rz. 390. |3 *Franke/Merx*, AuR 2007, 235 mit zahlr. Bsp. für pos. Maßn. auf S. 236 f. |4 EuGH v. 17.10.1995 – C-450/93 (Kalanke), NZA 1995, 1095 f.; v. 11.11.1997 – C-409/95 (Marschall), NZA 1997, 1337 ff.; v. 28.3.2000 – C-158/97 (Badeck), NZA 2000, 473 ff.; BAG v. 5.3.1996, NZA 1996, 751 ff. |5 BT-Drs. 16/1780 S. 34 mit Verweis auf EuGH v. 17.10.1995 – C-450/93 (Kalanke), NZA 1995, 1095 f. |6 Vgl. EuGH v. 17.10.1995 – C-450/93 (Kalanke), NZA 1995, 1095 f.; v. 11.11.1997 – C-409/95 (Marschall), NZA 1997, 1337 ff.; v. 28.3.2000 – C-158/97 (Badeck), NZA 2000, 473 ff.; BAG v. 5.3.1996, NZA 1996, 751 ff. sowie EuGH v. 19.3.2002 – C-476/99 (Lommers), NZA 2002, 501 (504); BAG v. 21.1.2003 – 9 AZR 307/02, NZA 2003, 1036 ff. |7 S. auch EuGH v. 19.3.2002 – C-476/99 (Lommers), NZA 2002, 501 (504). |8 Däubler/Bertzbach/*Hinrichs*, § 5 AGG Rz. 11 f., 45 mit weiteren Bsp. |9 BT-Drs. 16/1780 S. 34 mit Verweis auf die RL 2002/73/EG, welche Vaterschaftsurlaub als Bsp. nennt. |10 Däubler/Bertzbach/*Hinrichs*, § 5 AGG Rz. 41 f.

Abschnitt 2. Schutz der Beschäftigten vor Benachteiligung

Unterabschnitt 1. Verbot der Benachteiligung

6 *Persönlicher Anwendungsbereich*

(1) Beschäftigte im Sinne dieses Gesetzes sind

1. Arbeitnehmerinnen und Arbeitnehmer,

2. die zu ihrer Berufsbildung Beschäftigten,

3. Personen, die wegen ihrer wirtschaftlichen Unselbstständigkeit als arbeitnehmerähnliche Personen anzusehen sind; zu diesen gehören auch die in Heimarbeit Beschäftigten und die ihnen Gleichgestellten.

Als Beschäftigte gelten auch die Bewerberinnen und Bewerber für ein Beschäftigungsverhältnis sowie die Personen, deren Beschäftigungsverhältnis beendet ist.

(2) Arbeitgeber (Arbeitgeber und Arbeitgeberinnen) im Sinne dieses Abschnitts sind natürliche und juristische Personen sowie rechtsfähige Personengesellschaften, die Personen nach Absatz 1 beschäftigen. Werden Beschäftigte einem Dritten zur Arbeitsleistung überlassen, so gilt auch dieser als Arbeitgeber im Sinne dieses Abschnitts. Für die in Heimarbeit Beschäftigten und die ihnen Gleichgestellten tritt an die Stelle des Arbeitgebers der Auftraggeber oder Zwischenmeister.

(3) Soweit es die Bedingungen für den Zugang zur Erwerbstätigkeit sowie den beruflichen Aufstieg betrifft, gelten die Vorschriften dieses Abschnitts für Selbstständige und Organmitglieder, insbesondere Geschäftsführer oder Geschäftsführerinnen und Vorstände, entsprechend.

I. Systematik. § 6 beschreibt den persönlichen Anwendungsbereich des AGG. Ergänzt wird er durch § 24, der den persönlichen Anwendungsbereich auf bestimmte öffentl.-rechtl. Dienstverhältnisse wie Beamte, Richter und Zivildienstleistende erweitert, und durch § 18, der eine entsprechende Anwendung des Abschnitts 2 auf das Verhältnis zwischen bestimmten Vereinigungen und ihren Mitgliedern festlegt. 1

II. Abs. 1 setzt Art. 3 I a–c der RL 2000/43/EG, 2000/78/EG und 76/207/EWG um. Oberbegriff für den erfassten Personenkreis ist der „**Beschäftigte**", gleichgültig ob in der **Privatwirtschaft oder im öffentlichen Dienst**[1,2]. Beamte, Richter und Zivildienstleistende werden von den Nr. 1–3 nicht erfasst; für sie gelten die Bestimmungen des 2. Abschnitts gem. § 24 aber entsprechend. S. 2 stellt hinsichtl. § 2 I Nr. 1, 2 klar, dass ein **aktuelles Beschäftigungsverhältnis nicht erforderlich** ist. Erfasst werden auch Bewerber um ein Beschäftigungsverhältnis sowie Personen, deren Beschäftigungsverhältnis bereits beendet ist. 2

1. Nr. 1. Der **Arbeitnehmerbegriff** des § 6 I Nr. 1 entspricht dem durch das BAG geprägten[3]. Damit müssen im Wesentlichen drei Kriterien vorliegen (vgl. Vor § 611 BGB Rz. 24 ff.)[4]: Der Beschäftigte muss (1) auf Grund eines privatrechtl. Vertrages (2) zu einer entgeltlichen Dienstleistung verpflichtet sein (3) und diese Dienstleistung im Dienste eines anderen, also unselbständig erbringen. Obschon der nationale Gesetzgeber den Beschäftigtenbegriff nicht nur auf ArbN nach deutschem Verständnis bezog, sondern durch die Regelungen der §§ 6 I 1 Nr. 2 und 3, 6 I 2, III und 24 sehr weit gefasst hat, ist die Frage verblieben, ob Organmitglieder, die nach Weisungen der Gesellschafter die Gesellschaft vertreten, insb. also die **Geschäftsführer** einer GmbH, ArbN sind[5]. Diese Frage ist von Relevanz, weil für Organmitglieder gem. § 6 III das AGG nur hinsichtlich des Zugangs zur Erwerbstätigkeit sowie des berufl. Aufstiegs Anwendung findet, während ArbN vom gesamten sachlichen Anwendungsbereich des AGG erfasst werden. Nach herrschendem nationalem Verständnis sind Geschäftsführer einer GmbH in aller Regel keine ArbN (s. Vor § 611 BGB Rz. 95 mwN). Nur in Ausnahmefällen, in denen der Geschäftsführer auf Grund seiner Weisungsgebundenheit keine wesentlichen Entscheidungen mehr treffen darf, soll es anders liegen können. Dagegen geht die hM zum Europarecht auf Grund der Gebundenheit des Geschäftsführers an die Weisungen der Gesellschafter grds. von seiner ArbN-Eigenschaft aus[6]. Folgte man dem, so gälte für Geschäftsführer das AGG nicht nur gem. § 6 III im Hinblick auf den Zugang zur Erwerbstätigkeit und den berufl. Aufstieg, sondern gem. § 6 I Nr. 1 umfassend (zur Weite des Begriffs „Zugang zur Erwerbstätigkeit" s. § 2 Rz. 4). Allerdings scheidet eine solche Auslegung des ArbN-Begriffs des § 6 I 1 Nr. 1 aus. Wie sich aus § 6 I 1 Nr. 2 und 3 sowie 6 III zeigt, ist der Gesetzgeber in § 6 I 1 Nr. 1 von 3

1 Für Beschäftigte des öffentlichen Dienstes kann also bei geschlechtsbezogenen Benachteiligungen eine Benachteiligung iSd. AGG und eine solche iSd. einschlägigen Gleichstellungsgesetzes vorliegen. | 2 Entsprechende Anwendung soll das AGG nach der EntwurfsBegr. (BT-Drs. 16/1780 S. 34) für Menschen haben, denen auf Grund des SGB IX eine arbeitnehmerähnliche Stellung zukommt; das sollen insb. die in Werkstätten für behinderte Menschen Beschäftigten und Rehabilitanden sein. | 3 Schiek/*Schmidt*, § 6 AGG Rz. 3. | 4 Ausf. Staudinger/*Richardi*, Vorbem. zu §§ 611 ff. Rz. 126 ff. mwN auch zur Rspr. | 5 Vgl. *Bauer/Göpfert/Krieger*, § 6 AGG Rz. 33 ff.; *Thüsing*, Rz. 97. | 6 *Thüsing*, Rz. 97 mwN; vgl. auch EuGH v. 7.5.1998 – 350/96, Slg. I 1998, 2521 = NZG 1998, 809.

einem nationalen Verständnis des ArbN-Begriffes ausgegangen und hat zudem in § 6 III bindend festgelegt, dass für Organmitglieder das AGG nur eingeschränkt Anwendung findet.

4 **2. Nr. 2.** In Übereinstimmung mit § 2 I Nr. 3 erstreckt sich der persönliche Geltungsbereich auf die zu ihrer Berufsbildung Beschäftigten, also nicht nur auf die zu ihrer Berufs*aus*bildung Beschäftigten (wie etwa in §§ §§ 5 I 1 BetrVG[1], § 5 I 1 ArbGG). § 6 I Nr. 2 erstreckt sich somit auf alle Personen, die an irgendeiner Form der beruflichen Aus-, Fort-, Weiterbildung oder Umschulung teilnehmen, gleich ob die Berufsbildungsmaßnahme vom ArbGeb oder einem Dritten durchgeführt wird. Sofern die Bildungsmaßnahme in einem Arbeitsverhältnis stattfindet[2], greift Nr. 1. Aber auch ansonsten muss der Teilnehmer an der Bildungsmaßnahme als solcher „beschäftigt" sein. Der Träger der Bildungsmaßnahme muss also ein einem ArbGeb vergleichbares Weisungsrecht bzgl. Inhalt, Zeit und Ort der Tätigkeit des Teilnehmers haben[3], weil nur dann eine die Anwendbarkeit des 2. Abschnitts des AGG rechtfertigende Gefährdungslage besteht[4]. Gem. Art. 3 Ib der RL 2000/78EG, 2000/43/EG und 2002/73/EG erfasst der Bereich der Berufsbildung zudem die „praktische Berufserfahrung", so dass zu den Bildungsmaßnahmen nach richtlinienkonformer Auslegung auch **Praktikanten**, **Werkstudenten** und **Volontäre** etc. gehören (vgl. § 2 Rz. 7).

5 **3. Nr. 3** erfasst sog. **arbeitnehmerähnliche Personen** (ausf. hierzu Vor § 611 BGB Rz. 111 ff.). Diese sind auf Grund fehlender persönlicher Abhängigkeit keine ArbN, sondern Selbständige. Allerdings sind sie von einem einzigen Auftraggeber wirtschaftlich derart abhängig, dass sie nach ihrer sozialen Stellung einem ArbN vergleichbar schutzbedürftig sind (s. auch die umfangreichen Nachw. Vor § 611 BGB Rz. 114)[5]. Darüber hinaus werden nach Nr. 3 Hs. 2 die in Heimarbeit Beschäftigten und die ihnen Gleichgestellten erfasst. Der Begriff des in **Heimarbeit Beschäftigten** entspricht dem des § 1 I HAG und umfasst damit Heimarbeiter (§ 2 I HAG) und Hausgewerbetreibende (§ 2 II HAG)[6]. Den in Heimarbeit Beschäftigten können auf Antrag die in § 1 II HAG genannten Personen **gleichgestellt** werden.

6 **III. Gem. Abs. 2 S. 1** ist ArbGeb iSd. §§ 7–18 der Vertragspartner des Beschäftigten. Dies kann eine natürliche oder juristische Person sein. In § 6 II 2 und 3 wird sichergestellt, dass jeweils die Person, die dem ArbN in vergleichbarer Funktion wie ein ArbGeb entgegentritt, an die Pflichten des AGG gebunden ist, auch wenn sie nicht ArbGeb iSd. §§ 611 ff. BGB ist. In Fällen der Arbeitnehmerüberlassung (gewerbsmäßig und nicht gewerbsmäßig) gilt daher nicht nur der VertragsArbGeb als ArbGeb iSd. §§ 7–18, sondern auch der Entleiher (§ 6 II 2)[7]. Bei den in Heimarbeit Beschäftigten gilt der Auftraggeber bzw. der Zwischenmeister (vgl. § 2 III HAG) als ArbGeb (§ 6 II 3).

7 **IV. Abs. 3** ergänzt den Beschäftigtenbegriff des Abs. 1 um die Personengruppen der Selbständigen und Organmitglieder, soweit es um den Zugang zur Erwerbstätigkeit und den berufl. Aufstieg geht. Abs. 3 steht damit in engem Zusammenhang mit § 2 I Nr. 1, welcher den sachlichen Anwendungsbereich des AGG auf die selbständige Erwerbstätigkeit erstreckt. **Organmitglieder** sind insbesondere Geschäftsführer einer GmbH gem. § 35 I GmbHG (zur Frage, ob diese unter § 6 I 1 Nr. 1 fallen können s. Rz. 3) sowie Vorstände einer AG gem. §§ 76 ff. AktG. **Selbständige** sind Personen, die anderen Personen gegen Entgelt Leistungen erbringen, ohne diesen gegenüber weisungsgebunden zu sein. Grundlage dieser Leistung kann jede Art von Vertrag sein, wie Dienst- (§ 611 BGB) oder Werkvertrag (§ 631 BGB), Maklervertrag (§ 651 BGB), Geschäftsbesorgungsvertrag (§ 675 BGB) etc.[8] Allerdings erfährt die Einbeziehung von Organmitgliedern und Selbständigen eine wesentliche Einschränkung dadurch, dass sie nur erfasst sind, „soweit es die Bedingungen für den Zugang zur Erwerbstätigkeit sowie den beruflichen Aufstieg betrifft" (vgl. § 2 Rz. 7). Sofern die Voraussetzungen des § 6 III gegeben sind, ordnet er eine *entsprechende* Geltung der §§ 7–18 an. Damit könnten also bei der Anwendung dieser Normen die Besonderheiten der Organmitgliedschaft bzw. der Selbständigkeit zu berücksichtigen sein[9]. Allerdings dürfte die Anordnung einer nur entsprechenden Geltung allein dem Aufbau des AGG geschuldet sein, der in den §§ 7–18 in erster Linie von einer Anwendung auf ArbN ausgeht, und nicht im Sinne einer lediglich abgeschwächten Anwendbarkeit auf Organmitglieder und Selbständige zu verstehen sein; demgemäß ist davon auszugehen, dass der 2. Abschnitt des AGG insofern in vollem Umfang zur Anwendung kommt[10].

7 *Benachteiligungsverbot*

(1) Beschäftigte dürfen nicht wegen eines in § 1 genannten Grundes benachteiligt werden; dies gilt auch, wenn die Person, die die Benachteiligung begeht, das Vorliegen eines in § 1 genannten Grundes bei der Benachteiligung nur annimmt.

---

1 Vgl. dazu Richardi/*Richardi*, BetrVG, § 5 Rz. 66. | **2** ZB iR einer berufl. Fortbildung, vgl. ErfK/*Schlachter*, § 57 BBiG Rz. 1. | **3** Ebenso *Bauer/Göpfert/Krieger*, § 6 AGG Rz. 7. | **4** Vgl. zur Rspr. hinsichtlich der Berufsbildung iSv. § 5 ArbGG BAG v. 24.2.1999 – 5 AZB 10/98, NZA 1999, 557, 558 ff. | **5** Vgl. die für das TVG geltende Legaldefinition in § 12a I Nr. 1 TVG. | **6** Im Einzelnen Küttner/*Röller*, Personalbuch 2007, 222 Rz. 2 ff. | **7** Im Einzelnen *Oberwetter*, BB 2007, 1109 f. | **8** So Schiek/*Schmidt*, § 6 AGG Rz. 13 mit weiteren Beispielen. | **9** *Bauer/Göpfert/Krieger*, § 6 AGG Rz. 36 nennen beispielhaft den besonderen Entscheidungsspielraum bei der Anstellung und Bestellung von Organmitgliedern nach § 38 I GmbHG oder § 84 AktG. | **10** Ebenso Schiek/*Schmidt*, § 6 AGG Rz. 17.

(2) Bestimmungen in Vereinbarungen, die gegen das Benachteiligungsverbot des Absatzes 1 verstoßen, sind unwirksam.

(3) Eine Benachteiligung nach Absatz 1 durch Arbeitgeber oder Beschäftigte ist eine Verletzung vertraglicher Pflichten.

I. Abs. 1 legt als zentrale Norm des 2. Abschnitts des AGG ein allgemeines Benachteiligungsverbot 1
wegen eines in § 1 genannten Grundes fest. Nach der EntwurfsBegr. soll sich das Benachteiligungsverbot neben dem ArbGeb auch gegen **Arbeitskollegen und Dritte**, wie zB Kunden des ArbGeb richten[1]. Das ist nach der Ausgestaltung des AGG zumindest zweifelhaft, weil die an das Benachteiligungsverbot geknüpften Rechtsfolgen sich ausschließl. auf Personen beziehen, zwischen denen vertragl. Beziehungen bestehen (vgl. § 7 II, III), sofern sie nicht auf Ansprüche gegen den ArbGeb beschränkt sind (§§ 12–15). Wenn zwischen Benachteiligendem und Betroffenem also keine unmittelbaren vertragl. Beziehungen im Anwendungsbereich des § 2 AGG bestehen, kommen nur Rechtsfolgen außerhalb des AGG in Betracht, also Ansprüche nach § 823 I BGB (in seltenen Fällen[2] durch eine Verletzung des allgemeinen Persönlichkeitsrechts als sonstiges Recht) und § 823 II BGB iVm. Schutzgesetz (zB § 177 StGB). § 7 I ist allerdings **kein Schutzgesetz iSd. § 823 II BGB**[3]. Der Gesetzgeber hat mit der Ausgestaltung des AGG deutlich gemacht, dass sich ein Verstoß gegen § 7 I nur innerhalb der jeweiligen vertraglichen Beziehung auswirken soll. Bestehen solche vertragl. Beziehungen, kann die Verletzung des Benachteiligungsverbots verschiedene Rechtsfolgen nach sich ziehen (ausf. dazu unten Rz. 4 f. und § 15). Benachteiligende Rechtsgeschäfte sind gem. § 7 II bzw. § 134 BGB iVm. § 7 I nichtig. Ansonsten bestehen die Rechte der §§ 13–15.

Die Unwirksamkeit von Vereinbarungen erfasst § 7 II gegenüber § 7 I speziell. § 7 I erlangt daher in 2
erster Linie bei einseitigen Maßnahmen des ArbGeb Bedeutung. Benachteiligende **Weisungen des ArbGeb** sind unwirksam (§ 106 S. 1 GewO iVm. § 7 I). Auch schränkt § 7 I das **Fragerecht des ArbGeb** ein. Denn der ArbGeb hat ein Fragerecht nur insoweit, als er ein berechtigtes, schutzwürdiges Interesse an der Beantwortung der Frage für das Arbeitsverhältnis hat und dahinter das Interesse des ArbN am Schutz seines Persönlichkeitsrechtes und an der Unverletzbarkeit seiner Individualsphäre zurücktreten muss[4]. Bereiten Fragen eine Benachteiligung vor, die unter § 7 fallen würde, kann der ArbGeb an der Frage kein Interesse haben. Sie ist unzulässig und darf mit einer Lüge beantwortet werden.

Im Einzelnen: Das Verbot, nach der **ethnischen Herkunft** zu fragen, erfasst nicht die Frage, ob ein 3
Aufenthaltstitel und eine Arbeitsberechtigung vorliegen. Die Frage nach **Sprachkenntnissen** kann zu einer mittelbaren Benachteiligung führen und damit unzulässig sein[5], sofern sie nicht nach § 3 II gerechtfertigt ist. Hinsichtlich der Frage nach der **Schwangerschaft** hat sich an der Rechtslage durch Einführung des AGG nichts geändert[6]. Sie ist grds. unzulässig, gleich ob ein unbefristetes Arbeitsverhältnis geschlossen wird[7] oder ein befristetes und schon im Zeitpunkt des Vertragsschlusses feststeht, dass die ArbNin für eine wesentliche Zeit fehlen wird[8]. In wenigen Ausnahmefällen dürfte die Frage nach § 8 zulässig sein (vgl. § 3 I 2)[9]. Für die Frage nach **Wehr- oder Ersatzdienst** gilt das zur Schwangerschaft Ausgeführte entsprechend. Die Frage nach dem **Geschlecht** ist nur unter den engen Voraussetzungen des § 8 zulässig, also wenn das Geschlecht eine wesentliche und entscheidende berufl. Anforderung darstellt. Desgleichen ist die Frage nach der **Transsexualität** in aller Regel unzulässig[10], gleich ob man die Transsexualität dem Merkmal Geschlecht oder sexuelle Ausrichtung zuordnet (s. § 1 Rz. 4, 12).

Fragen nach **Religion und Weltanschauung** sind grds. mangels Relevanz für das Arbeitsverhältnis unzulässig. Soweit dies im Einzelfall anders sein sollte, ist eine Rechtfertigung der Frage, insb. in Fällen des § 9, möglich. Nur sofern man mit der alten Rspr. **Scientology** weder als Religion noch als Weltanschauung ansieht (§ 1 Rz. 6), darf nach einer diesbezüglichen Mitgliedschaft weiterhin gefragt werden. Das AGG schützt einheitlich **Behinderung** wie **Schwerbehinderung**[11]. Eine Frage hiernach ist grds. unzulässig[12], es sei denn, eine bestimmte Fähigkeit ist eine wesentliche und entscheidende Voraussetzung für die Ausübung der Tätigkeit und die Differenzierung ist verhältnismäßig (§ 8 I). Die Frage darf sich aber auch dann nicht pauschal auf das Vorliegen der Schwerbehinderteneigenschaft oder irgendeiner Behinderung richten, sondern muss konkret die Auswirkungen auf das Arbeitsverhältnis betreffen

---

1 BT-Drs. 16/1780 S. 34. | 2 Vgl. Staudinger/*Annuß*, § 611a BGB Rz. 80. | 3 *Bauer/Göpfert/Krieger*, § 7 Rz. 7; MüKo/*Thüsing*, § 15 AGG Rz. 50; zu § 611a Staudinger/*Annuß*, § 611a BGB Rz. 81 mwN; aA Däubler/Bertzbach/*Deinert*, § 15 AGG Rz. 124 mwN. | 4 BAG v. 7.6.1984 – 2 AZR 270/83, NZA 1985, 57 mwN. | 5 Däubler/Bertzbach/*Däubler*, § 7 AGG Rz. 24; vgl. auch ArbG Berlin v. 26.9.2007 – 14 Ca 10356/07, EzA-SD 2007, Nr. 26, 7. | 6 Lediglich die Einordnung als unmittelbare Benachteiligung ist nun durch § 3 I 2 klargestellt. | 7 EuGH v. 3.2.2000 – C-207/98 (Mahlburg), NZA 2000, 255; BAG v. 6.2.2003 – 2 AZR 621/01, NZA 2003, 848 f. | 8 EuGH v. 16.10.2001 – C-109/00 (Tele Danmark), NZA 2001, 1241, wobei eine wesentliche Zeit in diesem Fall maximal 3 ½ von 6 Monaten gewesen wäre. | 9 Ebenso Däubler/Bertzbach/*Däubler*, § 7 AGG Rz. 28; wohl auch *Thüsing*, Rz. 247, der darüber hinaus als Korrektiv die Rechtsinstitute des Rechtsmissbrauchs oder des venire contra factum proprium vorschlägt; aA wohl *G. Wisskirchen/Bissels*, NZA 2007, 169 (173). | 10 EuGH v. 30.4.1996 – C-13/94, NZA 1996, 695; anders noch BAG v. 21.2.1991 – 2 AZR 449/90, NZA 1991, 719; vgl. auch Däubler/Bertzbach/*Däubler*, § 7 AGG Rz. 31. | 11 Anders noch § 81 SGB IX, der nur die Schwerbehinderung erfasste. | 12 Ausf. zum Fragerecht bzgl. Behinderung *Joussen*, NZA 2007, 174 ff.; *Brors*, DB 2003, 1734 ff.

(„Haben Sie eine Behinderung, die Ihnen die Ausübung von ... [konkrete Tätigkeit] unmöglich macht oder wesentlich erschwert?"). Darüber hinaus kann die Frage gem. § 5 gerechtfertigt sein, wenn sie zur Durchsetzung positiver Maßnahmen (zB Erfüllung einer Integrationsvereinbarung nach § 83 SGB IX) erforderlich ist[1]. Erfolgt in diesem Fall eine Lüge, so ist die Anfechtung nach § 123 I Alt. 1 BGB dennoch ausgeschlossen, weil es an der Kausalität zwischen Täuschung und Willenserklärung des ArbGeb fehlt[2]. Die Anfechtung ist auch ausgeschlossen, wenn die Behinderung für den ArbGeb offensichtlich war und deshalb bei ihm kein Irrtum entstanden ist[3]. Die Frage nach dem **Alter** ist in aller Regel unzulässig. Eine Rechtfertigung gem. § 10 ist möglich. Wird nach der **Berufserfahrung** gefragt, so kann das auf eine mittelbare Benachteiligung zielen, so dass die Frage nur bei Vorliegen der Voraussetzungen des § 3 II zulässig ist. Eine Rechtfertigung der Frage nach der **sexuellen Identität** kommt gem. § 8 zwar theoretisch in Betracht, doch sind derartige Fälle schwer vorstellbar. Auch die Frage nach einer **gleichgeschlechtlichen Lebenspartnerschaft** dürfte außerhalb spezieller Tätigkeiten im kirchlichen Rahmen kaum zu rechtfertigen sein.

4 **II. Abs.** 2 stellt klar, dass der vertragliche Verstoß gegen ein Benachteiligungsverbot die Unwirksamkeit der entsprechenden individual- oder kollektivrechtlichen Vertragsklausel zur Folge hat. Ein Rückgriff auf § 134 BGB iVm. § 7 I ist insofern entbehrlich, wobei sonstige Unwirksamkeitsgründe nicht verdrängt werden. Eine **geltungserhaltende Reduktion** einer benachteiligenden Klausel auf das nicht benachteiligende Maß ist auf Grund von Abs. 2 nicht möglich[4].

5 Bei **Individualvereinbarungen** bleibt bei Unwirksamkeit einzelner Klauseln der Rest des Vertrages entgegen der Zweifelsregelung des **§ 139 BGB** regelmäßig wirksam[5]. Das ergibt sich aus dem Schutzzweck des § 7 II. Gleiches gilt für kollektive Regelungen[6]. Darüber hinaus ist, auch wenn davon auszugehen ist, dass die Parteien den Vertrag ohne die Benachteiligung nicht geschlossen hätten, in Anlehnung an die Rspr. des EuGH zu Art. 141 EG **für die Vergangenheit** eine **„Angleichung nach oben"** vorzunehmen[7]. Das gilt aber nur, sofern dem Gleichbehandlungsgebot nicht auf andere Weise Geltung verschafft werden kann[8]. „Angleichung nach oben" bedeutet, dass der benachteiligte ArbN entsprechend den Umständen seines Beschäftigungsverhältnisses (also uU anteilige Kürzung bei Teilzeit[9]) für die Vergangenheit Anspruch auf die gleiche Behandlung und auf Anwendung der gleichen Regelung wie die nicht benachteiligten ArbN hat. Dagegen kann der ArbGeb nach Ansicht des BAG grds. nicht einwenden, dass er nur einen bestimmten Dotierungsrahmen zur Verfügung stellen wollte, sofern sein Interesse, von zusätzlichen finanziellen Belastungen und Verwaltungsaufwand verschont zu bleiben, nicht ausnahmsweise Vorrang gegenüber dem Interesse der benachteiligten Beschäftigten an der uneingeschränkten Beachtung des Gleichbehandlungsgebots verdient und der ArbGeb durch die zusätzlichen Leistungen nicht finanziell überfordert wird[10]. Der erhöhte Anspruch kann rückwirkend auf den Zeitpunkt des ersten Vorliegens der Benachteiligung geltend gemacht werden. § 15 III, der nur Schadensersatz- und Entschädigungsansprüche erfasst, steht nicht entgegen[11]. Grenze der Rückwirkung ist der zeitliche Anwendungsbereich des AGG (§ 33). Für die **Zukunft** sind die Parteien dagegen auch nach Ansicht des BAG gehalten, den gesetzeswidrigen Zustand zu beseitigen, wobei die Beseitigung auch durch eine Kürzung der zukünftigen Leistungen für die bisher Begünstigten erfolgen kann[12]. Solange diese Anpassung nicht erfolgt, bleibt es bei der Angleichung nach oben.

6 **III. Gem. Abs.** 3 liegt eine Vertragsverletzung vor, wenn der **ArbGeb oder ein Beschäftigter** gegen das Benachteiligungsverbot verstößt. Benachteiligt der ArbGeb einen Beschäftigten, verletzt er diesem gegenüber seine vertraglichen Verhaltenspflichten. Benachteiligt ein Beschäftigter einen anderen Beschäftigten, so kommt eine Vertragsverletzung nur im Verhältnis zum ArbGeb in Betracht. Diese Vertragsverletzung wird von Abs. 3 unabhängig vom konkreten Vertragsinhalt fingiert[13]. Benachteiligungen durch **Dritte**, wie Kunden oder Lieferanten, gegenüber Beschäftigten ihres Vertragspartners werden von Abs. 3 nicht erfasst.

1 Ebenso *Joussen*, NZA 2007, 174 (177 f.). |2 Anders läge es in dem Fall, in dem der ArbGeb gerade einen Schwerbehinderten (etwa zur Erfüllung der Schwerbehindertenquote) einstellen will und der nicht behinderte Bewerber angibt, behindert zu sein. |3 BAG v. 18.10.2000 – 2 AZR 380/99, NZA 2001, 315. |4 *Thüsing*, Rz. 493. |5 ErfK/*Schlachter*, § 7 AGG Rz. 3; aA *Bauer/Göpfert/Krieger*, § 7 AGG Rz. 23. |6 Allgemein zu den Rechtfolgen einer gegen Benachteiligungsverbote verstoßenden Kollektivvereinbarung *Wiedemann*, NZA 2007, 950. |7 EuGH v. 13.12.1989 – 102/88, NZA 1991, 59 f.; v. 7.2.1991 – 184/89, NJW 1991, 2207; v. 27.6.1990 – 33/89, NZA 1990, 771; vgl. auch BAG v. 13.11.1985 – 4 AZR 234/84, NZA 1986, 321; v. 7.3.1995 – 3 AZR 282/94, NZA 1996, 48. Zu der Anwendung auf Kollektivvereinbarungen kritisch *Rieble/Zedler*, ZfA 2006, 273 (291 f.); *Wiedemann/Peters*, RdA 1997, 100 (106 f.). Weiter differenzierend *Lingemann/Gotham*, NZA 2007, 663 (666 ff.). |8 BAG v. 7.3.1995 – 3 AZR 282/94, NZA 1996, 48. |9 Vgl. EuGH v. 27.6.1990 – 33/89, NZA 1990, 771. |10 BAG v. 7.3.1995 – 3 AZR 282/94, NZA 1996, 48, das unter diesen Umständen uU sogar einen Wegfall der gewährten Leistungen vorgenommen hätte. |11 Ebenso ErfK/*Schlachter*, § 7 AGG Rz. 5. |12 BAG v. 7.3.1995 – 3 AZR 282/94, NZA 1996, 48 (52). |13 ErfK/*Schlachter*, § 7 AGG Rz. 6.

8 *Zulässige unterschiedliche Behandlung wegen beruflicher Anforderungen*

(1) Eine unterschiedliche Behandlung wegen eines in § 1 genannten Grundes ist zulässig, wenn dieser Grund wegen der Art der auszuübenden Tätigkeit oder der Bedingungen ihrer Ausübung eine wesentliche und entscheidende berufliche Anforderung darstellt, sofern der Zweck rechtmäßig und die Anforderung angemessen ist.

(2) Die Vereinbarung einer geringeren Vergütung für gleiche oder gleichwertige Arbeit wegen eines in § 1 genannten Grundes wird nicht dadurch gerechtfertigt, dass wegen eines in § 1 genannten Grundes besondere Schutzvorschriften gelten.

I. Abs. 1 setzt Art. 4 I RL 2000/43/EG und 2000/78/EG sowie Art. 2 VI RL 76/207/EWG um und regelt, unter welchen allgemeinen Voraussetzungen berufliche Anforderungen eine Ungleichbehandlung rechtfertigen können. Einschlägig ist Abs. 1 nur für unmittelbare Benachteiligungen, da bei der mittelbaren Benachteiligung das Fehlen eines sachlichen Grundes zur Rechtfertigung bereits zu den tatbestandlichen Voraussetzungen gehört. Bei einer Belästigung oder sexuellen Belästigung nach § 3 III bzw. IV kommt eine Rechtfertigung nach Abs. 1 nicht in Betracht. Der einheitliche Rechtfertigungsmaßstab nach Abs. 1 bezieht sich auf alle in § 1 genannten Gründe. Der Schutzstandard soll dem aus § 611a I 2 BGB entsprechen[1]: Die Ungleichbehandlung kann nicht durch bloße Zweckmäßigkeitserwägungen gerechtfertigt werden, vielmehr muss die Forderung nach dem Vorliegen oder Nichtvorliegen eines von § 1 geschützten Merkmals (1) auf Grund der Art der auszuübenden Tätigkeit oder der Bedingungen ihrer Ausübung eine wesentliche und entscheidende berufliche Anforderung darstellen und (2) verhältnismäßig sein. 1

Das Vorliegen oder Nichtvorliegen eines Merkmals nach § 1 ist eine **wesentliche** und **entscheidende** berufliche Anforderung, wenn ein Angehöriger der jeweils anderen Gruppe des Merkmals die vertragsmäßige Leistung nicht oder nur untauglich erbringen könnte. Dass eine Person der anderen Gruppe des Merkmals die Tätigkeit überhaupt nicht erbringen kann, wird nur ausnahmsweise, wie zB bei einer Amme, der Fall sein. In anderen Fällen wird die Person der anderen Gruppe die Leistung zwar regelmäßig erbringen können, aber nicht gleichermaßen (zB männliches Model für Frauenkleider). In welchen Fällen das (Nicht-)Vorliegen eines Merkmals eine wesentliche und entscheidende berufliche Anforderung ist, wird man abstrakt kaum genauer bestimmen können als durch den Hinweis, dass es hier letztlich um nichts anderes als eine Interessenabwägung geht, in deren Rahmen nicht aus dem Auge verloren werden darf, dass nur die „sachlich absolut notwendigen Ausnahmen geduldet werden“[2]. Eine zulässige unterschiedliche Behandlung soll nach der EntwurfsBegr. bspw. vorliegen, wenn bei Organisationen der in Deutschland anerkannten nationalen Minderheiten und der anerkannten Regional- oder Minderheitensprachen Personen bevorzugt eingestellt werden, die der jeweiligen Gruppe angehören[3], wobei dies kaum für Positionen ohne direkten Bezug zur Haupttätigkeit der Organisation gelten kann (zB für Hausmeister oder Gärtner). Desgleichen dürfte eine merkmalsspezifische Anknüpfung nach § 8 I zulässig sein, wenn dies zur Authentizitätswahrung (vgl. etwa obiges Bsp. mit dem Model[4]) oder nach einer gesetzlichen Bestimmung (vgl. § 64a I BBergG[5]) erforderlich ist. Ist auf Grund einer merkmalsneutralen Stellenbesetzung oder Tätigkeitsvergabe der Erfolg der Aufgabe gefährdet, so fragt sich, in welchen Fällen dies eine Unterscheidung rechtfertigt. So ist es zulässig, einen Sozialarbeiter merkmalsabhängig auszuwählen, wenn die Zugehörigkeit zu einer bestimmten Gruppe Voraussetzung für die Realisierung des Resozialisierungserfolgs ist[6]. Schwieriger erscheint dagegen die Frage, inwieweit auch das **unternehmerische Interesse** des ArbGeb, insb. eine von diesem getroffene Grundlagenentscheidung über die unternehmerische Ausrichtung, eine Unterscheidung rechtfertigen kann. Nicht überzeugend ist es, Vorurteile der Kundschaft grds. nicht als ausreichend anzusehen[7]. Wesentlich erscheint demgegenüber, dass sich die Pflicht zur Gleichbehandlung nur gegen den ArbGeb richtet und nicht jedermann außerhalb arbeitsrechtlicher Beziehungen trifft (s. § 7 Rz. 1). Soweit daher im allgemeinen Zivilrechtsverkehr das Marktprinzip nicht durch besondere Differenzierungsverbote eingeschränkt worden ist, wird man die zur Realisierung eines bestimmten unternehmerischen Erfolgs notwendigen Maßnahmen prinzipiell als unverzichtbare Voraussetzungen anerkennen müssen. Dies gilt grds. auch für Positionen in der Binnenorganisation des Arbeitgebers, soweit sie zum Zweck der glaubhaften Darstellung einer bestimmten Unternehmensphilosophie mit den Angehörigen einer bestimmten Merkmalsgruppe besetzt werden müssen. Zu beachten ist jedoch, dass den ArbGeb die Beweislast für die Notwendigkeit der Maßnahme trifft und ein schlichter Verweis auf ein unternehmerisches Konzept, dessen Erforderlichkeit und Erfolg nicht näher dargelegt werden, nicht genügen kann[8]. 2

II. Abs. 2 soll den vormals in § 612 III BGB geregelten Grundsatz der Entgeltgleichheit bzgl. des Geschlechts aufgreifen und ihn auf alle in § 1 genannten Merkmale übertragen[9]. Der ArbGeb soll insbeson- 3

---

1 BT-Drs. 16/1780 S. 35; vgl auch *Thüsing*, Rz. 321. | 2 *Wiedemann/Thüsing*, NZA 2002, 1234 (1238). | 3 BT-Drs. 16/1780 S. 35. | 4 Zum Model vgl. auch LAG Köln v. 19.7.1996 – 7 Sa 499/96, NZA-RR 1997, 84. | 5 V. 13.8.1980, BGBl. I S. 1310. | 6 Vgl. ArbG Hamm v. 6.9.1984 – 4 Ca 1076/82, DB 1984, 2700. | 7 So etwa HWK/*Thüsing*, 2. Aufl. 2006, § 611a BGB Rz. 31. | 8 Vgl. BAG v. 10.10.2002 – 2 AZR 472/01, NZA 2003, 483 (486); LAG Bln.-Bbg. v. 19.9.2007 – 15 Sa 1144/07, EzA-SD 2007, Nr. 26, 6. | 9 Zu einer grundsätzlichen Kritik an dieser Norm s. *Thüsing*, Rz. 360 f.

dere Kosten, die infolge eines besonderen Schutzerfordernisses entstehen, nicht auf die betroffenen Personen abwälzen können, da dies eine ungerechtfertigte Benachteiligung auf Grund eines Merkmals nach § 1 bedeuten würde. **Besondere Schutzvorschriften** in diesem Sinne sind ua. Beschäftigungs- oder Arbeitsverbote für werdende Mütter (§§ 3, 4, 6 bzw. 8 MuSchG) oder Jugendliche (§§ 22–27 JArbSchG) und besondere Fürsorgepflichten für Jugendliche (§§ 28–31 JArbSchG) oder Behinderte (§ 81 IV 4 Nr. 4, 5 SGB IX). Inwiefern die Zahlung eines höheren/geringeren Entgelts für unterschiedliche Gruppen, die sich durch ein Merkmal nach § 1 unterscheiden, aus anderen Gründen gerechtfertigt werden kann, wird durch § 8 II nicht beantwortet. Nach der EntwurfsBegr. soll § 8 II in Verbindung mit § 2 I Nr. 2 und § 7 I auch eine Anspruchsgrundlage für Ansprüche auf gleiches Entgelt für gleiche oder gleichwertige Arbeit bilden[1]. Dies findet im Wortlaut indes keinen Widerhall. § 8 II stellt daher **keine Anspruchsgrundlage** dar[2], sondern schneidet lediglich einen potentiellen Rechtfertigungsgrund für eine ungleiche Vergütung ab. Für einen Anspruch auf höhere Vergütung ist auf die sonstigen rechtlichen Möglichkeiten zurückzugreifen (zB § 4 TzBfG, Art. 141 EG, § 15 I AGG).

4 § 8 II greift nur bei gleicher oder gleichwertiger Arbeit. Nach der Rspr. zu § 612 III BGB aF liegt **gleiche Arbeit** vor, „wenn Arbeitnehmer an verschiedenen oder nacheinander an denselben technischen Arbeitsplätzen identische oder gleichartige Tätigkeiten ausüben"; weichen einzelne Handlungen voneinander ab, ist auf die jeweils überwiegend auszuübende Tätigkeit abzustellen[3]. Arbeiten werden danach solange als gleich bzw. gleichartig anzusehen sein, wie die ArbN ohne weiteres gegeneinander ausgetauscht werden können[4]. **Gleichwertig** sollen nach der Begr. des Gesetzentwurfs zu § 612 III BGB Arbeiten sein, wenn sie nach objektiven Maßstäben der Arbeitsbewertung denselben Arbeitswert haben, wobei die Praxis der Tarifvertragsparteien und die Verkehrsanschauung Anhaltspunkte geben sollen[5]. Letztendlich bleibt die Bestimmung gleichwertiger Arbeit mangels objektiver Maßstäbe schwierig[6]. Zunächst ist der Gegenstand der geschuldeten Arbeitsleistung festzustellen. Anschließend sind die Tätigkeiten insgesamt miteinander zu vergleichen, wobei für die Wertigkeit maßgeblich auf erforderliche Vorkenntnisse und Fähigkeiten im Hinblick auf Art, Vielfalt und Qualität abzustellen ist[7].

5 Die Begriffe „Vereinbarungen" und „Vergütung" sind weit auszulegen. **Vereinbarungen** sind wie in § 2 I Nr. 2 alle individual- oder kollektivrechtlichen Regelungen[8]. Der Begriff der **Vergütung** entspricht dem des Art. 141 EG (s. § 2 Rz. 6). Damit können auch Leistungen nach Beendigung des Arbeitsverhältnisses (Entlassungsentschädigungen, Leistungen der betrieblichen Altersversorgung etc.) erfasst sein[9].

9 *Zulässige unterschiedliche Behandlung wegen der Religion oder Weltanschauung*

(1) Ungeachtet des § 8 ist eine unterschiedliche Behandlung wegen der Religion oder der Weltanschauung bei der Beschäftigung durch Religionsgemeinschaften, die ihnen zugeordneten Einrichtungen ohne Rücksicht auf ihre Rechtsform oder durch Vereinigungen, die sich die gemeinschaftliche Pflege einer Religion oder Weltanschauung zur Aufgabe machen, auch zulässig, wenn eine bestimmte Religion oder Weltanschauung unter Beachtung des Selbstverständnisses der jeweiligen Religionsgemeinschaft oder Vereinigung im Hinblick auf ihr Selbstbestimmungsrecht oder nach der Art der Tätigkeit eine gerechtfertigte berufliche Anforderung darstellt.

(2) Das Verbot unterschiedlicher Behandlung wegen der Religion oder der Weltanschauung berührt nicht das Recht der in Absatz 1 genannten Religionsgemeinschaften, der ihnen zugeordneten Einrichtungen ohne Rücksicht auf ihre Rechtsform oder der Vereinigungen, die sich die gemeinschaftliche Pflege einer Religion oder Weltanschauung zur Aufgabe machen, von ihren Beschäftigten ein loyales und aufrichtiges Verhalten im Sinne ihres jeweiligen Selbstverständnisses verlangen zu können.

1 **I. Hintergrund der Norm.** § 9 beruht auf Art. 4 II RL 2000/78/EG. Während die RL einerseits in ihrem Art. 1 die unterschiedliche Behandlung wegen der Religion oder Weltanschauung verbietet, ermöglicht sie mit Art. 4 II den Mitgliedstaaten, in bestimmtem Umfang Regelungen aufrecht zu erhalten, die Religions- oder Weltanschauungsgemeinschaften eine unterschiedliche Behandlung auf Grund der Religion oder Weltanschauung erlauben. Art. 4 II 1 erinnert insofern an § 8 I, als er eine Ungleichbehandlung nur dann duldet, wenn die Religion oder Weltanschauung einer Person nach der Art der Tätigkeit oder der Umstände ihrer Ausübung angesichts des Ethos der Organisation eine wesentliche und gerechtfertigte berufliche Anforderung darstellt. Derartige Regelungen bestehen in Deutschland auf Grund Verfassungsrechts. Art 140 GG gesteht iVm. Art. 137 III, VII der Weimarer Reichsverfassung Religions- und Weltanschauungsgemeinschaften das Recht zu, über Ordnung und Verwaltung ihrer Angelegenheiten selbständig zu entscheiden[10]. Dieses Recht umfasst grds. auch die Berechtigung, die Religion

1 BT-Drs. 16/1780 S. 35. | 2 Ebenso *Bauer/Göpfert/Krieger*, § 8 AGG Rz. 43; ErfK/*Schlachter*, § 8 AGG Rz. 6. | 3 BAG v. 23.8.1995 – 5 AZR 942/93, NZA 1996, 579 (580). | 4 Vgl. *Thüsing*, Rz. 363 mwN. | 5 BT-Drs. 8/3317, S. 10. | 6 Vgl. Staudinger/*Richardi*, § 612 BGB Rz. 62. | 7 BAG v. 23.8.1995 – 5 AZR 942/93, NZA 1996, 579 (581). | 8 *Thüsing*, Rz. 368. | 9 EuGH v. 17.5.1990 – C-262/88 (Barber), NJW 1991, 2204 (2205). | 10 Ausf. zum die Kirchen betreffenden Verfassungsrecht und dem Selbstbestimmungsrecht der Kirchen bei der Personenauswahl und der Festlegung von Loyalitätsobliegenheiten *Richardi*, Kirchliches Arbeitsrecht, 4. Aufl. 2003, § 1 Rz. 1 ff., § 6 Rz. 1 ff.

oder Weltanschauung als berufliche Anforderung für die bei ihnen Beschäftigten zu bestimmen und darüber hinaus allgemeine Verhaltensanforderungen aufzustellen, die über den Bereich des bloßen Bekenntnisses hinausgehen. Inwiefern dieses Selbstbestimmungsrecht der Religions- und Weltanschauungsgemeinschaften durch die Gesetzgebung auf europäischer Ebene eingeschränkt wird, ist Gegenstand einer Kontroverse[1]. Neben § 9 sollen für berufliche Anforderungen auch bei Religions- und Weltanschauungsgemeinschaften die allgemeinen Regeln des § 8 gelten, wobei dies auf Grund des weiteren Maßstabs des § 9 (s. Rz. 4) kaum relevant werden dürfte.

II. Religionsgemeinschaft und zugeordnete Einrichtungen. § 9 privilegiert **Religionsgemeinschaften**. 2
Ob eine solche vorliegt, ergibt sich aus dem Begriff der Religion (vgl. § 1 Rz. 5 ff.). Im Übrigen entspricht der Begriff der Religionsgemeinschaft dem aus Art. 137 III WRV. Von dem Privileg des § 9 sind nicht nur die Religionsgemeinschaft selbst, sondern auch die ihr zugeordneten **Einrichtungen** unabhängig von deren Rechtsform erfasst[2]. Voraussetzung für die Zuordnung soll nach der Entwurfsbegründung, die insofern auf mehrere Entscheidungen des BVerfG[3] verweist, sein, dass „der Zweck der Vereinigung gerade auf die Erreichung eines solchen [religiösen] Zieles gerichtet ist. Das gilt ohne weiteres für organisatorisch oder institutionell mit Kirchen verbundene Vereinigungen wie kirchliche Orden, deren Daseinszweck eine Intensivierung der gesamtkirchlichen Aufgaben enthält. Es gilt aber auch für andere selbständige oder unselbständige Vereinigungen, wenn und soweit ihr Zweck die Pflege oder Förderung eines religiösen Bekenntnisses oder die Verkündung des Glaubens ihrer Mitglieder ist“[4]. Maßstab für das Vorliegen dieser Voraussetzungen *könne* das Ausmaß der institutionellen Verbindung mit einer Religionsgemeinschaft oder die Art der mit der Vereinigung verfolgten Ziele sein[5]. Damit ist freilich nicht viel gewonnen. Zur Aufhellung der Kriterien einer Zuordnung ist insb. auf die zu § 118 II BetrVG ergangene Rspr. abzustellen: Danach muss eine Einrichtung, damit sie einer Religionsgemeinschaft zugeordnet werden kann, **(1)** nach ihrer Zweckbestimmung einen Auftrag der Religionsgemeinschaft erfüllen[6]. Ein nach den Glaubensinhalten zu ermittelnder Auftrag wäre bei den christlichen Kirchen zB die tätige Nächstenliebe, so dass karitative Einrichtungen insofern ohne weiteres „an der Verwirklichung eines Stückes Auftrag der Kirche“[7] teilhaben. Darüber hinaus muss die Einrichtung **(2)** in Verbindung mit den Amtsträgern der Kirche stehen, denn die Wahrnehmung ihrer Aufgabe muss „sich als Wesens- und Lebensäußerung *der Kirche* darstellen“[8]. Dazu ist zum einen erforderlich, dass die Religionsgemeinschaft die Einrichtung zur Verwirklichung ihres religiösen Auftrages als ihr zugehörig begreift und zum anderen, dass sie einen ordnenden Einfluss auf die Einrichtung hat[9]. Dieser muss nicht satzungsmäßig abgesichert sein, vielmehr genügt im Einzelfall eine personelle Verflechtung zwischen den Führungsgremien der Einrichtung und den Amtsinhabern der Religionsgemeinschaft[10].

III. Vereinigung. Weiterhin privilegiert § 9 Vereinigungen, die sich die gemeinschaftliche Pflege einer 3
Religion oder Weltanschauung zur Aufgabe gemacht haben. Dieser Passus erfüllt in erster Linie die Anforderungen des Art. 137 VII WRV, der die Selbstverwaltungsfreiheit für Religionsgemeinschaften nach Art. 137 III WRV gleichermaßen auf Weltanschauungsgemeinschaften bezieht. Ob eine solche Gemeinschaft vorliegt, ist abhängig vom Begriff der Weltanschauung (s. § 1 Rz. 6). Der Schutz erfasst auch ihnen zugeordnete Einrichtungen nach den soeben für die Religionsgemeinschaften dargestellten Maßstäben. Allerdings scheint § 9 noch darüber hinaus zu gehen, indem er das Privileg auf Vereinigungen erstreckt, die sich die gemeinschaftliche Pflege einer Religion oder Weltanschauung zur Aufgabe gemacht hat. Was hiermit im Einzelnen gemeint ist, ist unklar. Als Beispielsfälle werden die unabhängigen Schwangerschaftsberatungsstellen „Donum Vitae“ oder ein privates Wohnheim religiös gebundener

1 Vgl. *Richardi*, Kirchliches Arbeitsrecht, 4. Aufl. 2003, § 1 Rz. 31 ff., § 4 Rz. 34, der das Selbstbestimmungsrecht der Kirchen nach deutschem Verständnis als „gemeinschaftsfest“ betrachtet; *Fischermeier*, FS Richardi, S. 875, 883 ff., der nach einer ausführlichen Auslegung des § 4 II RL 2000/78/EG unter Berücksichtigung der „Amsterdamer Kirchenerklärung“ zu dem Schluss kommt, dass die RL das kirchliche Selbstbestimmungsrecht im bisherigen Umfang wahrt; im Ergebnis ebenso *Hanau/Thüsing*, Europarecht und kirchl. ArbR, 2001, S. 34 f.; *Joussen*, RdA 2003, 32 (36 ff.); *Reichold*, NZA 2001, 1054; das kirchliche Selbstbestimmungsrecht eingeschränkt sehen *Budde*, AuR 2005, 353 (356 ff.); *Belling*, NZA 2004, 885, 886 f.; *Däubler*, RdA 2003, 204 (208); *Kehlen*, Europäische Antidiskriminierung und kirchliches Selbstbestimmungsrecht, 2003, S. 158 ff.; *Reichegger*, Die Auswirkungen der RL 2000/78/EG auf das kirchl. ArbR unter Berücksichtigung von Gemeinschaftsgrundrechten als Auslegungsmaxime, 2005, 204 f.; *Triebel*, Das europäische Religionsrecht am Beispiel der arbeitsrechtlichen Anti-Diskriminierungsrichtlinie 2000/78/EG, 2005, S. 172 ff. Siehe auch *Schliemann*, FS Richardi, 959 ff., der ausf. auf das Verhältnis des Selbstbestimmungsrechts zum Europarecht eingeht und durch die momentane europäische Gesetzgebung den Status der Kirchen und ihrer Einrichtung gefährdet sieht und für eine Festschreibung des kirchlichen Selbstbestimmungsrechts auf Primärrechtsebene plädiert. | 2 BVerfG v. 16.10.1968 – 1 BvR 241/66, BVerfGE 24, 236 (246 f.); v. 11.10.1977 – 2 BvR 209/76, BVerfGE 46, 73 (85 ff.). | 3 BVerfG v. 16.10.1968 – 1 BvR 241/66, BVerfGE 24, 236 (246 f.); v. 11.10.1977 – 2 BvR 209/76, BVerfGE 46, 73 (85 ff.). | 4 BT-Drs. 16/1780 S. 35 aus BVerfG v. 16.10.1968 – 1 BvR 241/66, BVerfGE 24, 236 (246 f.). | 5 BT-Drs. 16/1780 S. 35 aus BVerfG v. 16.10.1968 – 1 BvR 241/66, BVerfGE 24, 236 (246 f.). | 6 Vgl. Richardi/*Thüsing*, BetrVG, § 118 Rz. 199. | 7 BVerfG v. 11.10.1977 – 2 BvR 209/76, BVerfGE 46, 73 (85 ff.). | 8 BAG v. 6.12.1977 – 1 ABR 28/77, DB 1978, 943 (944) (Hervorhebung durch Verfasser); vgl. auch Richardi/*Thüsing*, BetrVG, § 118 Rz. 199. | 9 Vgl. BAG v. 6.12.1977 – 1 ABR 28/77, DB 1978, 943 f.; v. 14.4.1988 – 6 ABR 36/86, NJW 1988, 3283. | 10 BAG v. 14.4.1988 – 6 ABR 36/86, NJW 1988, 3283.

Studentinnen genannt[1]. Damit wäre der Gesetzgeber allerdings klar über den Rahmen der RL hinausgegangen, deren Art. 4 II nur die Beibehaltung nationalstaatlicher Regelungen und Gepflogenheiten erlaubt, nicht aber die Schaffung neuer Ausnahmebestimmungen, welche mit der im Widerspruch zum übrigen Arbeitsrecht stehenden Ausweitung des Religions- und Weltanschauungsprivilegs verbunden wäre[2]. Eine einschränkende richtlinienkonforme Auslegung ist daher angezeigt.

4 **IV. Berufliche Anforderung.** Eine Differenzierung nach Religion oder Weltanschauung ist nur zulässig, wenn das jeweilige Bekenntnis eine gerechtfertigte berufliche Anforderung im Hinblick auf das Selbstbestimmungsrecht der Vereinigung oder die Art der Tätigkeit darstellt. Der Maßstab ist im Vergleich zu § 8 also niedriger, wo die berufl. Anforderung wesentlich und entscheidend sein muss. Inwiefern allerdings ein bestimmtes Bekenntnis eine berufl. Anforderung darstellt, sollen nach hM die Vereinigungen nach ihrem Selbstverständnis selbst bestimmen können[3]. Allerdings muss die Anforderung im Hinblick auf dieses Selbstbestimmungsrecht oder nach der Art der konkreten Tätigkeit gerechtfertigt sein, was die Beachtung des Verhältnismäßigkeitsprinzips voraussetzt. Demgemäß kommt eine Rechtfertigung umso weniger in Betracht, je weniger der Beschäftigte mit dem auf dem Glauben/der Anschauung beruhenden Wirken der Vereinigung in Berührung kommt[4]. So wäre es eine zulässige berufl. Anforderung, von einem leitenden Mitarbeiter der Caritas zu fordern, dass er Mitglied der katholischen Kirche ist, wohingegen die gleiche Forderung an den Gärtner nicht gestellt werden darf.

5 **V. Abs.** 2 stellt klar, dass durch Abs. 1 nicht das Recht der Religions- oder Weltanschauungsgemeinschaften angetastet wird, besondere Verhaltensanforderungen an ihre Mitarbeiter zu stellen. Die Organisationen können von ihren Mitarbeitern ein **loyales und aufrichtiges Verhalten** verlangen, wobei es Sache der Organisationen selbst ist, insoweit verbindliche innere Regelungen zu schaffen[5]. Derartige Verhaltensanforderungen sind zB das Verbot einer zweiten Eheschließung nach Scheidung[6] oder das Verbot der Vollziehung homosexueller Praktiken[7]. Inwiefern Abs. 2 damit eine Benachteiligung aus anderen Gründen gem. § 1 als wegen der Religion oder Weltanschauung erlaubt, ist umstr. (vgl. das Bsp. von soeben: die Benachteiligung wegen Vollziehung homosexueller Praktiken ist eine Benachteiligung wegen der sexuellen Identität)[8]. Nach seinem Wortlaut enthält § 9 II lediglich einen Rechtfertigungsgrund für die unterschiedliche Behandlung wegen der Religion oder Weltanschauung. Die og. Kündigung wegen Vollziehung homosexueller Praktiken würde damit gegen das AGG verstoßen und wäre unzulässig. Nach hM ist jedoch verfassungsrechtlich ein anderes Ergebnis vorgegeben, denn zum Selbstbestimmungsrecht der Kirchen gehöre es auch, selbst zu bestimmen, welches Verhalten über das Bekenntnis hinaus durch ihre wesentlichen Glaubens- und Sittenlehren gefordert wird[9]. Sofern man dies zugrunde legt, ist § 9 II entsprechend extensiv auszulegen. Europäisches Recht stünde einer solchen Auslegung nach hM nicht entgegen[10].

10 *Zulässige unterschiedliche Behandlung wegen des Alters*

Ungeachtet des § 8 ist eine unterschiedliche Behandlung wegen des Alters auch zulässig, wenn sie objektiv und angemessen und durch ein legitimes Ziel gerechtfertigt ist. Die Mittel zur Erreichung dieses Ziels müssen angemessen und erforderlich sein. Derartige unterschiedliche Behandlungen können insbesondere Folgendes einschließen:

1. **die Festlegung besonderer Bedingungen für den Zugang zur Beschäftigung und zur beruflichen Bildung sowie besonderer Beschäftigungs- und Arbeitsbedingungen, einschließlich der Bedingungen für Entlohnung und Beendigung des Beschäftigungsverhältnisses, um die berufliche Eingliederung von Jugendlichen, älteren Beschäftigten und Personen mit Fürsorgepflichten zu fördern oder ihren Schutz sicherzustellen,**
2. **die Festlegung von Mindestanforderungen an das Alter, die Berufserfahrung oder das Dienstalter für den Zugang zur Beschäftigung oder für bestimmte mit der Beschäftigung verbundene Vorteile,**

1 ErfK/*Schlachter*, § 9 AGG Rz. 2. | 2 Ebenso ErfK/*Schlachter*, § 9 AGG Rz. 2. | 3 *Bauer/Göpfert/Krieger*, § 9 AGG Rz. 14; Däubler/Bertzbach/*Wedde*, § 9 AGG Rz. 33 ff., der für eine restriktive Interpretation des „Selbstverständnisses" eintritt; *Joussen*, RdA 2003, 32 (37). | 4 Ebenso ArbG Hamburg v. 4.12.2007 – 20 Ca 105/07, Rz. 82 ff. | 5 So geschehen für die katholische Kirche durch die „Grundordnung des kirchlichen Dienstes im Rahmen kirchlicher Arbeitsverhältnisse" oder für die evangelische Kirche durch die „LoyalitätsRL für privatrechtliche berufliche Mitarbeit in EKD und Diakonie". | 6 BAG v. 14.10.1980 – 1 AZR 1274/79, NJW 1981, 1228. | 7 BAG v. 30.6.1983 – 2 AZR 524/81, NJW 1984, 1917. | 8 Für eine extensive Auslegung, die eine solche Benachteiligung gestattet *Bauer/Göpfert/Krieger*, § 9 AGG Rz. 16 f.; *Thüsing*, Rz. 489 ff.; dagegen *Kamanabrou*, RdA 2006, 321 (328); ErfK/*Schlachter*, § 9 AGG Rz. 4; Däubler/Bertzbach/*Wedde*, § 9 AGG Rz. 74 ff.; Schiek/*Schmidt*, § 9 AGG Rz. 19. | 9 Ausf. *Fischermeier*, FS Richardi, S. 875 ff.; vgl. auch *Bauer/Göpfert/Krieger*, § 9 AGG Rz. 16 f.; *Thüsing*, Rz. 489 ff.; einen Konflikt zwischen § 9 AGG und dem Verfassungsrecht lediglich konstatierend ErfK/*Schlachter*, § 9 AGG Rz. 4; grundlegend zum kirchlichen Selbstbestimmungsrecht BVerfG v. 4.6.1985 – 2 BvR 1703/83, NJW 1986, 367. | 10 *Bauer/Göpfert/Krieger*, § 9 AGG Rz. 16 f.; *Fischermeier*, FS Richardi, 875, 883 ff. mwN.; *Joussen*, RdA 2003, 32 (38); *Kamanabrou*, RdA 2006, 321 (328); *Richardi*, Arbeitsrecht in der Kirche, 4. Aufl. 2003, § 4 Rz. 34 mwN, allgemeiner § 1 Rz. 31 ff.; *Thüsing*, Rz. 489 ff.; aA *Budde*, AuR 2005, 353 (359); Däubler/Bertzbach/*Wedde*, § 9 AGG Rz. 74; wohl auch *Schliemann*, FS Richardi, 959, 970 ff.

3. die Festsetzung eines Höchstalters für die Einstellung auf Grund der spezifischen Ausbildungsanforderungen eines bestimmten Arbeitsplatzes oder auf Grund der Notwendigkeit einer angemessenen Beschäftigungszeit vor dem Eintritt in den Ruhestand,

4. die Festsetzung von Altersgrenzen bei den betrieblichen Systemen der sozialen Sicherheit als Voraussetzung für die Mitgliedschaft oder den Bezug von Altersrente oder von Leistungen bei Invalidität einschließlich der Festsetzung unterschiedlicher Altersgrenzen im Rahmen dieser Systeme für bestimmte Beschäftigte oder Gruppen von Beschäftigten und die Verwendung von Alterskriterien im Rahmen dieser Systeme für versicherungsmathematische Berechnungen,

5. eine Vereinbarung, die die Beendigung des Beschäftigungsverhältnisses ohne Kündigung zu einem Zeitpunkt vorsieht, zu dem der oder die Beschäftigte eine Rente wegen Alters beantragen kann; § 41 des Sechsten Buches Sozialgesetzbuch bleibt unberührt,

6. Differenzierungen von Leistungen in Sozialplänen im Sinne des Betriebsverfassungsgesetzes, wenn die Parteien eine nach Alter oder Betriebszugehörigkeit gestaffelte Abfindungsregelung geschaffen haben, in der die wesentlich vom Alter abhängenden Chancen auf dem Arbeitsmarkt durch eine verhältnismäßig starke Betonung des Lebensalters erkennbar berücksichtigt worden sind, oder Beschäftigte von den Leistungen des Sozialplans ausgeschlossen haben, die wirtschaftlich abgesichert sind, weil sie, gegebenenfalls nach Bezug von Arbeitslosengeld, rentenberechtigt sind.

I. Allgemeine Anforderungen. § 10 S. 1 setzt Art. 6 RL 2000/78/EG um (zu den einzelnen Prüfungsschritten vgl. § 3 Rz. 10)[1] und normiert die Voraussetzungen für die Zulässigkeit einer unterschiedlichen Behandlung wegen des Alters. Dabei ist das Merkmal Alter gegenüber den anderen in § 1 genannten Gründen insofern besonders, als es jeden ArbN jederzeit betrifft. Als allgemeines Prinzip zur Bestimmung der Zulässigkeit einer Ungleichbehandlung wegen des Alters – gleich ob durch individual- oder kollektivvertragliche Regelung – wird in den Sätzen 1 und 2 der **Verhältnismäßigkeitsgrundsatz** festgelegt[2]. Die **Legitimität des Zieles** ist unter Berücksichtigung der fachlich-beruflichen Zusammenhänge aus Sicht des ArbGeb, der BV- oder TV-Parteien zu beurteilen[3]. 1

Dabei sollen nach der EntwurfsBegr. *auch* Ziele verfolgt werden können, die über die Situation eines einzelnen Unternehmens oder einer Branche hinausgehen und von allgemeinem Interesse sind, wie etwa Beschäftigungspolitik, die Lage auf dem Arbeitsmarkt oder berufl. Bildung[4]. In Anlehnung an die Regelbsp. aus Art. 6 I RL 2000/78/EG wird vertreten, dass nur Gemeinwohlinteressen als legitime Ziele nach § 10 in Betracht kommen[5]. Allerdings ist diese Ansicht nur schwer mit dem Gesetzestext vereinbar, der zum einen keinerlei Beschränkung enthält und zum anderen in § 10 S. 3 Nr. 3 selbst rein unternehmensbezogene Zielsetzungen erlaubt. Legitimes Ziel kann daher auch ein unternehmensbezogenes Interesse sein[6], wie zB das unternehmerische Konzept in einem Bekleidungshaus, für jede Käuferschicht Verkäufer der passenden Altersgruppe zu haben. Eine solche dem Willen des Gesetzgebers (s.o.) entsprechende Deutung widerspricht auch nicht der RL 2000/78/EG, da diese in Art. 6 I 2c die gleichen unternehmensbezogenen Interessen erlaubt. Die auf dem unternehmerischen Konzept beruhende Benachteiligung muss nicht nur verhältnismäßig sein, sondern auch **objektiv** gerechtfertigt. Was hiermit gemeint ist, sagt das Gesetz nicht. Nahe liegt ein Verständnis dahingehend, dass ein bloß auf subjektiven Vorstellungen des ArbGeb beruhendes Konzept nicht ausreicht[7]. Es darf also zumindest nicht willkürlich oder offensichtlich missbräuchlich sein (vgl. auch § 8 Rz. 2 aE). Inwiefern sich darüber hinaus aus dem Tatbestandsmerkmal „objektiv" zusätzliche Anforderungen an die Rechtfertigung ergeben, ist nicht ersichtlich[8]. 2

In Satz 3 werden Beispielsfälle angeführt, in denen eine unterschiedliche Behandlung wegen des Alters gestattet ist, sofern der Verhältnismäßigkeitsgrundsatz beachtet wird. Sofern ein konkreter Fall dort nicht erfasst ist, bleibt eine Rechtfertigung nach § 10 S. 1 u. 2 möglich. So sind zB tarifvertragl[9]. Altersgrenzen für Piloten, die dem Schutz der Allgemeinheit dienen, bei verhältnismäßiger Ausgestaltung zulässig[10]. Dagegen erscheint die Annahme, dass die in § 24e VI 2 LuftVZO vorgesehene Altersgrenze für flugmedizinische Sachverständige von 68 Jahren objektiv und angemessen und durch ein legitimes Ziel gerechtfertigt ist[11], nicht zwingend und ebenso wenig mit dem AGG und den zugrunde liegenden RL 3

1 Während die Nr. 1–4 den Art. 6 I a–c, II RL 2000/78/EG umsetzen, haben die Nr. 5 und 6 keine Entsprechung in den Richtlinien. S. auch *Wendeling-Schröder*, NZA 2007, 1399 (1400 ff.). | 2 BT-Drs. 16/1780 S. 36. | 3 BT-Drs. 16/1780 S. 36. | 4 BT-Drs. 16/1780 S. 36. | 5 So zu Art. 6 I RL 2000/78/EG *Wiedemann/Thüsing*, NZA 2002, 1234 (1237); vgl. auch Däubler/Bertzbach/*Brors*, § 10 AGG Rz. 21 mwN. | 6 Ebenso *Waltermann*, ZfA 2006, 305 (315), zumindest für das Interesse des ArbGeb an einer ausgewogenen Personalstruktur; wohl auch ErfK/*Schlachter*, § 10 AGG Rz. 1; aA *Bauer/Göpfert/Krieger*, § 10 AGG Rz. 21, die nur solche Ziele als legitim ansehen, die „sich an der Förderung von ArbN in ‚kritischen Alterssituationen'" orientieren. | 7 Ebenso *Bauer/Göpfert/Krieger*, § 10 AGG Rz. 21; *Wendeling-Schröder*, NZA 2007, 1399 (1401). | 8 Vgl. auch EuGH v. 16.10.2007 – C-411/05 (Palacios de la Villa), NZA 2007, 1219 (1221), das diesem Tatbestandsmerkmal keine eigenständige Bedeutung einräumt. | 9 Ausf. zur Altersdiskriminierung in TV *Rieble/Zedler*, ZfA 2006, 297 und *Lingemann/Gotham*, NZA 2007, 663. | 10 Vgl. BAG v. 12.2.1992 – 7 AZR 100/91, NZA 1993, 998; v. 6.3.1986 – 2 AZR 262/85, AP BGB § 620 Altersgrenze Nr. 1; ArbG Frankfurt v. 14.3.2007 – 6 Ca 7405/06, ArbRB 2007, 174 = AuA 2007, 304. | 11 So OVG Nds. v. 13.9.2006 – 12 ME 275/06, ArbRB 2007, 69.

vereinbar wie pauschale Altersgrenzen von 68 Jahren für andere Sachverständige[1], soweit diese auf der Erwägung beruhen, dass ein älterer Sachverständiger nicht mehr in der Lage ist, Gutachten von angemessener Qualität zu erstellen. Eine Rechtfertigung von solchen Altersgrenzen kommt allerdings über § 10 S. 3 Nr. 5 in Betracht, wenn die Grenze auf die Erreichung eines Alters bezogen ist, in dem der Betroffene eine Rente wegen Alters beantragen kann (s. Rz. 11). Die Rechtfertigung einer Altersgrenze wird nicht dadurch entbehrlich, dass sie für alle Betroffenen dieses Alters gleichermaßen gilt[2]. Die unmittelbare Benachteiligung liegt hier in der ungünstigeren Behandlung gegenüber Jüngeren.

4 Neben § 10 bleibt die Rechtfertigung einer Ungleichbehandlung wegen des Alters nach § 8 möglich, wobei § 8 die strengeren Anforderungen an eine Rechtfertigung stellt und daher im Anwendungsbereich des § 10 keine praktische Bedeutung erlangen dürfte. Auch ist zu beachten, dass eine mittelbare Benachteiligung die Abwesenheit eines Rechtfertigungsgrundes für die Benachteiligung als Tatbestandsmerkmal enthält und § 10 nur für die unmittelbare Benachteiligung gilt. Allerdings können die Regelbsp. auch im Rahmen von § 3 II als Anhaltspunkte für mögliche zulässige Ungleichbehandlungen Berücksichtigung finden.

5 **II. Nr. 1** bezeichnet als **legitimes Ziel** die Förderung der beruflichen Eingliederung sowie den Schutz von jugendlichen und älteren Beschäftigten sowie von Personen mit Fürsorgepflichten. Soweit es um die Förderung der beruflichen Eingliederung geht, ist zu beachten, dass auch eine Rechtfertigung nach § 5 in Betracht kommt. Die Rechtfertigung nach Nr. 1 setzt voraus, dass die betroffene Personengruppe tatsächlich besonderen Schutzes bedarf[3].

6 Zur Erfüllung der Ziele ist die Festlegung besonderer **Bedingungen für den Zugang** zur Beschäftigung und besonderer Beschäftigungs- und Arbeitsbedingungen, einschließlich Entlohnung sowie der Beendigung des Arbeitsverhältnisses, erlaubt. Bei den Zugangsbedingungen ließe sich zB an Gesundheitsprüfungen ab einem gewissen Alter denken. Besondere **Beschäftigungs- und Arbeitsbedingungen** wären zB die Verringerung der zu leistenden Stundenzahl mit ansteigendem Alter bei Arbeiten, die einen intensiven Körpereinsatz verlangen, oder die Gewährung zusätzlicher Urlaubstage[4]. Eine zulässige unterschiedliche Entlohnung wegen des Alters selbst ist nur schwer vorstellbar[5]; zulässig kann es aber sein, eine mit zunehmendem Alter erhöhte Qualifikation (zB Berufserfahrung, die zu einer tatsächlich besseren Aufgabenerfüllung führt) oder sonstige typischerweise mit einem bestimmten Alter verbundene Merkmale (Betriebstreue) zu entgelten, wobei es sich regelmäßig allerdings um mittelbare Benachteiligungen wegen des Alters handeln dürfte, für die § 3 II gilt[6]. Zu den Beendigungsbedingungen zählen insbesondere zB Altersteilzeitverträge und sonstige vertragliche Gestaltungen, die einen angemessenen Übergang in die Rente ermöglichen sollen.

7 **III. Nr. 2** nennt als mögliche zulässige Maßnahme die **Festlegung von Mindestanforderungen** an das Alter oder die Berufserfahrung für den Zugang zur Beschäftigung. Die Anforderungen müssen sich aus der konkreten Tätigkeit ergeben, wie zB bei Tätigkeiten mit besonderen Führungs- oder Beratungsaufgaben[7]. Darüber hinaus ist nach Nr. 2 die Festlegung bestimmter **mit der Beschäftigung verbundener Vorteile** möglich. Dies soll insb. Entgeltregelungen betreffen[8], die nicht die in Nr. 1 vorausgesetzte Zielrichtung haben. Allerdings gilt auch hier, dass bei einer Anknüpfung an die Berufserfahrung keine unmittelbare Benachteiligung vorliegt, weshalb § 3 II einschlägig ist. Diesbzgl. nahm der EuGH an, dass nach dem Dienstalter unterscheidende Entgeltsysteme zulässig sind, weil „der Rückgriff auf das Kriterium des Dienstalters in der Regel zur Erreichung des legitimen Zieles geeignet ist, die Berufserfahrung zu honorieren, die den Arbeitnehmer befähigt, seine Arbeit besser zu verrichten“[9]. Der ArbGeb brauche nicht besonders darzulegen, dass der Rückgriff auf dieses Kriterium zur Erreichung des genannten Zieles in Bezug auf einen bestimmten Arbeitsplatz geeignet ist, sofern nicht der ArbN Gesichtspunkte geltend macht, die ernsthafte Zweifel hieran aufkommen lassen[10].

8 Diese Rspr. ist im Grundsatz schlüssig und entspricht zudem der in § 22 festgelegten Verteilung der Beweislast bei mittelbarer Benachteiligung (s. dort Rz. 1). Allerdings ist zu beachten, dass Dienstalter und Berufserfahrung nicht geeignet sind, jede Unterscheidung zu rechtfertigen. Gerade bei einfacheren Tätigkeiten dürfte ab einer gewissen Dauer der Tätigkeit ein größeres Maß an Berufserfahrung keinen Mehrwert mit sich bringen. Eine dennoch darauf abstellende Differenzierung wäre also eine unzulässige mittelbare Benachteiligung. Darüber hinaus kann ein dienstaltergebundenes Entgeltsystem aber auch die Betriebstreue honorieren und zudem Anreize enthalten, dem ArbGeb treu zu bleiben.

1 Vgl. VGH BW v. 18.9.1990 – 14 S 1252/90, NVwZ-RR 1991, 193; VG Mainz v. 21.3.2007 – 6 L 149/07, juris Rz. 4 ff. | 2 So jedoch das OLG Frankfurt v. 28.11.2006 – 2 Not 13/06, DNotZ 2007, 157 (158) für die Altersgrenze von 68 Jahren für Notare. | 3 Vgl. zum Verbot der Nachtarbeit von Frauen EuGH v. 25.7.1991 – C-345/89, DB 1991, 2194; BVerfG v. 28.1.1992 – 1 BvR 1025/82 ua., NZA 1992, 270. | 4 *Lingemann/Müller*, BB 2007, 2006 (2008); *Waltermann*, NZA 2005, 1265, 1269. | 5 Zur Unwirksamkeit der Staffelung einer Grundvergütung nach Alter ArbG Berlin v. 22.8.2007 – 86 Ca 1696/07, EzA-SD 2007, Nr. 24, 8. | 6 *Waltermann*, ZfA 2006, 305 (321 mwN); *Lingemann/Gotham*, NZA 2007, 663, 666. | 7 Vgl. *Lingemann/Müller*, BB 2007, 2006, 2009. | 8 BT-Drs. 16/1780 S. 36. | 9 EuGH v. 3.10.2006 – C-17/05 (*Danfoss*), NZA 2006, 1205; vgl. auch EuGH v. 17.10.1989 – C-109/88 (*Cadman*), NZA 1990, 772. | 10 EuGH v. 3.10.2006 – C-17/05, NZA 2006, 1205.

IV. Nr. 3 bestimmt, dass die Festlegung eines Höchstalters für die Einstellung[1] zulässig sein kann, sei es auf Grund spezifischer Ausbildungsanforderungen eines bestimmten Arbeitsplatzes oder auf Grund der Notwendigkeit einer angemessenen Beschäftigungsdauer vor Eintritt in den Ruhestand. Dieser Regelung liegt die Überlegung zugrunde, dass bei älteren Beschäftigten, deren Rentenalter bereits absehbar ist, einer aufwendigen Einarbeitung am Arbeitsplatz und/oder kostenintensiven Schulungen auch eine betriebswirtschaftlich sinnvolle Mindestdauer der produktiven Arbeitsleistung gegenüberstehen muss. Pauschale **Altersgrenzen** sind damit typischerweise nicht vereinbar[2]. Sofern im Einzelfall betriebswirtschaftliche Gründe für solche Altersgrenzen vorgebracht werden können, muss die Festlegung des Höchstalters verhältnismäßig sein. Allgemein gültige Berechnungsmethoden sind abzulehnen[3]. Vielmehr richtet sich die Zulässigkeit der Altersgrenze nach den Umständen des Einzelfalls, wie ua. nach der Kostenintensivität und der Dauer einer Ausbildung bzw. der Einarbeitung auf der einen Seite und insb. einem wirtschaftlichen Nutzen des ArbN bereits während der Ausbildungs- bzw. Einarbeitungszeit auf der anderen Seite. 9

V. Nr. 4 soll klarstellen, dass die Festsetzung von Altersgrenzen bei den betriebl. Systemen der sozialen Sicherheit (zur Anwendbarkeit des AGG auf die betriebl. Altersversorgung s. § 2 Rz. 10) regelmäßig keine Benachteiligung wegen des Alters darstellt[4]. Zulässig sind auch unterschiedliche Altersgrenzen für bestimmte Beschäftigte oder Gruppen von Beschäftigten, wenn damit ein legitimes Ziel verfolgt wird und die Verhältnismäßigkeit gewahrt bleibt. Ein solches zulässiges Ziel liegt regelmäßig in der Funktionsfähigkeit der Sozialsysteme[5]. Darüber hinaus darf die Festsetzung von Altersgrenzen nicht zu einer Benachteiligung wegen des Geschlechts oder wegen eines anderen in § 1 genannten Grundes führen (vgl. § 4)[6]. 10

VI. Nach Nr. 5 sind Vereinbarungen möglich, die die Beendigung des Beschäftigungsverhältnisses ohne Kündigung zu einem Zeitpunkt vorsehen, zu dem der Beschäftigte eine Rente wegen Alters beantragen kann. Nr. 5 ist richtlinienkonform[7], obwohl die Regelung im Gegensatz zu den Nr. 1–4 kein unmittelbares Vorbild in der RL hat[8]. Denn es dient dem beschäftigungspolitischen Ziel, möglichst viele Menschen aus der Arbeitslosigkeit in Regelarbeitsverhältnisse zu bringen, wenn ältere Menschen, die bereits durch erdiente Leistungen dauerhaft anderweitig versorgt sind, aus dem Erwerbsleben in den Ruhestand treten, weil so Arbeitsplätze für jüngere Menschen frei werden[9]. Sonstige Altersgrenzen in Individual- oder Kollektivvereinbarungen, die nicht an die Rentenberechtigung wegen des Alters anknüpfen, sind nicht an § 10 S. 3 Nr. 5, sondern an § 10 S. 1 und 2 (bzw. an § 8) zu messen (s. Rz. 3). Gem. Hs. 2 bleibt § 41 SGB VI unberührt (s. unten § 41 SGB VI). 11

VII. Nr. 6 soll klarstellen, dass das Alter mit den im Zusammenhang mit der Beendigung des Arbeitsverhältnisses stehenden Leistungen des ArbGeb aus einem Sozialplan nach § 112 BetrVG[10] berücksichtigt werden kann[11]. Da ein Sozialplan nach seiner Legaldefinition nach § 112 I 2 BetrVG die wirtschaftlichen Nachteile, die einem ArbN infolge einer Betriebsänderung entstehen, ausgleichen oder mildern soll, darf in Sozialplänen nach Alter oder Betriebszugehörigkeit[12] unterschieden werden, wenn damit der unterschiedlichen Belastung durch die Betriebsänderung Rechnung getragen wird. Nr. 6 nennt dafür zwei Möglichkeiten: (1) Nach Alter oder Betriebszugehörigkeit gestaffelte Abfindungsregelungen[13] bei Bestehen wesentlich vom Alter abhängender Chancen auf dem Arbeitsmarkt und (2) den Ausschluss[14] von Leistungen des Sozialplans bei anderweitiger wirtschaftlicher Absicherung eines Gekündigten durch Bezug einer Rente, ggf. nach Bezug von Arbeitslosengeld[15]. Während im zweiten Fall der Nachweis einer anderweitigen Absicherung durch Sozialleistungen (Arbeitslosengeld und Rente) durch Klärung der Rechtslage einfach ist, sind die Anforderungen im ersten Fall höher. Hier muss nachgewiesen werden können, dass tatsächlich für die Gruppe eines bestimmten Alters schlechtere Chancen auf dem Arbeitsmarkt bestehen, so dass linear mit dem Alter ansteigende Abfindungen kaum mehr zu rechtferti- 12

---

1 Zur Zulässigkeit der Suche nach Berufsanfängern in Stellenanzeigen *Wichert/Zange*, DB 2007, 970. | 2 AA für den öffentlichen Dienst OVG NRW v. 23.5.2007 - 6 A 184/06, juris, Rz. 50 ff. für die in den §§ 6 I, 52 I LVO NRW (LbV NW 1973) festgelegte Höchstaltersgrenze von 35 Jahren für die Übernahme in das Beamtenverhältnis auf Probe; v. 15.3.2007 - 6 A 4625/04, juris, Rz. 38 ff.; VG Ansbach v. 19.11.2007 - AN 1 K 07.02099, juris. | 3 Nach *Bauer/Göpfert/Krieger*, § 10 AGG Rz. 34 kann der ArbGeb vorsehen, dass die Beschäftigungsdauer noch regelmäßig die dreifache Einarbeitungszeit betragen kann. | 4 BT-Drs. 16/1780 S. 36. | 5 Vgl. ErfK/*Schlachter*, § 10 AGG Rz. 5. | 6 Vgl. EuGH v. 17.10.1989 - C-109/88 (Danfoss), NZA 1990, 772, v. 3.10.2006 - C-17/05 (Cadman), NZA 2006, 1205. | 7 Vgl. EuGH v. 16.10.2007 - C-411/05 (Palacios de la Villa), NZA 2007, 1219 (1221); kritisch dazu *Temming*, NZA 2007, 1193 (1195 f.). | 8 AA ErfK/*Schlachter*, § 10 AGG Rz. 7 f. | 9 Vgl. auch LSG NW v. 20.6.2007 - L 11 B 12/07 KA ER, juris, Rz. 26 ff.; SG Marburg v. 10.10.2007 - S 12 KA 268/07, juris, Rz. 34 ff. | 10 Ausf. zum Sozialplan Richardi/*Annuß*, BetrVG, § 112 Rz. 49 ff. | 11 BT-Drs. 16/1780 S. 36. | 12 Beachte: Bei einer Differenzierung nach der Betriebszugehörigkeit handelt es sich abermals lediglich um eine mittelbare Diskriminierung, die nur nach § 3 II zu rechtfertigen ist, so dass § 10 insofern nicht anwendbar ist. | 13 Die Zulässigkeit der Unterscheidung nach dem Alter hinsichtlich sonstiger Leistungen als Abfindungen (Fahrtkostenzuschüsse, Fortbildungsbeihilfen etc.) richtet sich nach § 10 S. 1 und 2. | 14 Oder als mildere Maßnahme auch die Zahlung einer geringeren Abfindung. Auch ist eine Staffelung von Leistungen möglich je nach dem, ob Beschäftigte Anspruch auf die volle oder nur einen Teil der Rente haben. | 15 S. dazu LAG Köln v. 4.6.2007 - 14 Sa 201/07, BB 2007, 2572 (2573 f.); kritisch zur Vereinbarkeit dieser Alternative des § 10 S. 3 Nr. 6 mit der RL ErfK/*Schlachter*, § 10 AGG Rz. 11.

gen sind[1]. Die Zulässigkeit der unterschiedlichen Berücksichtigung des Alters in Sozialplänen, die keinen solchen iSd. § 112 I 2 BetrVG darstellen (freiwilliger Sozialplan ohne Vorliegen des Voraussetzungen des § 111 BetrVG oder Tarifsozialplan) oder in individualvertraglichen Abfindungsregelungen unterfällt nicht der Nr. 6, sondern unterliegt den allgemeinen Voraussetzungen des § 10 S. 1 und 2[2].

Unterabschnitt 2. Organisationspflichten des Arbeitgebers

11 *Ausschreibung*

Ein Arbeitsplatz darf nicht unter Verstoß gegen § 7 Abs. 1 ausgeschrieben werden.

1 § 11 soll einer Benachteiligung frühzeitig entgegenwirken und verbietet daher jede benachteiligende Form der Stellenausschreibung. Obwohl § 11 im Vergleich zu § 611b BGB und § 7 I TzBfG auf die Formulierung „weder öffentlich noch innerhalb des Betriebs" verzichtet, umfasst § 11 gleichermaßen jede interne wie externe Ausschreibung[3]. Über den Wortlaut hinaus dürfen nicht nur Ausschreibungen von *Arbeitsplätzen* nicht gegen § 7 I verstoßen. Vielmehr soll **jede Ausschreibung** für die in § 6 I genannten Personen erfasst sein, insb. also auch Ausschreibungen im Bereich der beruflichen Aus- und Weiterbildung[4]. Keine Ausschreibung liegt dagegen vor, wenn der ArbGeb einzelne Personen gezielt auf ihr Interesse an einer Stelle oder Fortbildung anspricht.

2 Das Ausschreibungsverbot nach § 11 fordert lediglich, dass die Ausschreibung „nicht unter Verstoß gegen § 7 Abs. 1" erfolgt; entgegen diesem Wortlaut ist allerdings zudem erforderlich, dass die Benachteiligung auch nicht gerechtfertigt ist (§§ 5, 8–10)[5]. Liegt kein Rechtfertigungsgrund vor, ist eine Ausschreibung so zu formulieren, dass sie in ihrer **gesamten Ausdrucksweise** nicht an das Vorhandensein oder Fehlen eines der Merkmale des § 1 anknüpft (zB geschlechtsneutrale Ausschreibung durch Zusatz „m/w"; altersunabhängige Ausschreibung, falsch wäre: „Für unser junges Team suchen wir ..."[6] oder „Wir suchen einen erfahrenen Mitarbeiter"). Problematisch können damit auch Ausschreibungen sein, die an sich merkmalsneutral sind, aber von einem Bewerber die Vorlage bestimmter Unterlagen fordern, die auf eine Unterscheidung nach einem Merkmal des § 1 schließen lassen (zB Heiratsurkunde – sexuelle Identität, Geburtsurkunde – Alter) sowie das Verlangen nach einem Lichtbild[7]. Am sichersten dürfte die Formulierung sein: „Um eine Bewerbung unter Beifügung der aussagekräftigen Bewerbungsunterlagen wird gebeten"[8]. § 11 enthält keine eigene **Rechtsfolge**. Relevant ist ein Verstoß gegen § 11 daher nur insofern, als er ein Indiz für einen Verstoß gegen § 7 I bei der nachfolgenden Einstellungsentscheidung bildet[9] und die Vermutungswirkung des § 22 nach sich zieht[10]. Lässt der ArbGeb die Ausschreibung durch Dritte vornehmen, so sind nach hM Verstöße dieser Dritten gegen die Pflicht zur merkmalsneutralen Ausschreibung des ArbGeb diesem unabhängig vom Verschulden der Dritten zuzurechnen und können damit die Indizwirkung nach § 22 begründen[11]. Ansprüche nach § 15 gegen einen Personalvermittler selbst oder sonstige bei der Ausschreibung tätige Dritte sind ausgeschlossen[12]. Der ArbGeb kann die Bewerberdaten bis zum Ablaufen der Ausschlussfrist des § 15 IV speichern; für eine darüber hinausgehende Aufbewahrung bedarf er der Zustimmung des Bewerbers[13].

3 Der **BR** hat nach § 80 I Nr. 1, 2a BetrVG[14] über die Einhaltung des Gebotes der merkmalsneutralen Ausschreibung zu wachen. Allerdings kann der BR die Zustimmung zur Einstellung gem. § 92 II Nr. 1 BetrVG[15] nicht mit der Begr. verweigern, der ArbGeb habe bei der Stellenausschreibung gegen § 11

---

1 Ebenso *Lingemann/Gotham*, NZA 2007, 663, 664; *Lingemann/Müller*, BB 2007, 2006 (2008). | 2 *Bauer/Göpfert/Krieger*, § 10 AGG Rz. 51; *Lingemann/Müller*, BB 2007, 2006 (2008). | 3 BT-Drs. 16/1780 S. 36. | 4 BT-Drs. 16/1780 S. 36. | 5 *Thüsing*, Rz. 662; *Kast/Herrmann*, BB 2007, 1841 (1844), die sich ausf. der Frage widmen, ob ein ArbGeb gezielt nach Personen suchen darf, die für eine Altersbefristung nach § 14 III TzBfG in Betracht kommen, und iE nur theoretische Möglichkeiten sehen. | 6 Allgemein zur Suche nach Berufsanfängern in Stellenanzeigen *Wichert/Zange*, DB 2007, 970. | 7 Hieraus können Rückschlüsse auf Geschlecht, ethnische Abstammung und Alter gezogen werden. | 8 Schwierigkeiten dagegen könnte bereits die Anforderung der „üblichen" Bewerbungsunterlagen bereiten, weil dazu bislang ua. auch die Beifügung eines Lichtbildes gehört. | 9 Ausf. *Adomeit/Mohr*, NZA 2007, 179. | 10 *Diller*, NZA 2007, 649 (650); ErfK/*Schlachter*, § 11 AGG Rz. 2; mit Einschränkungen zur Beweislast bei einer mittelbaren Benachteiligung *Thüsing*, Rz. 666. | 11 BAG v. 5.2.2004 – 8 AZR 112/03, NZA 2004, 540; BVerfG v. 21.9.2006 – 1 BvR 308/03, NZA 2007, 195; ebenso *Bauer/Göpfert/Krieger*, § 11 AGG Rz. 7; *Oberwetter*, BB 2007, 1109 (1111); *Schwab*, NZA 2007, 178 mit knapper Darstellung der Durchsetzungsmöglichkeiten der Rechte des Stellenbewerbers; einschränkend *Thüsing*, Rz. 667; aA *Adomeit/Mohr*, NJW 2007, 2522, die eine Haftung nur bei Zurechnung über die §§ 31, 278, 831 BGB bzw. 3 V 2 AGG annehmen. Ausf. zur Haftung des ArbGeb bei Einschaltung Dritter bei der Personalbeschaffung *Diller*, NZA 2007, 649. | 12 Ebenso *Oberwetter*, BB 2007, 1109 (1111); *Schwab*, NZA 2008, 178 (179); vgl. auch ArbG Düsseldorf v. 18.9.2007 – 7 Ca 1969/07, Rz. 39; aA *Diller*, NZA 2007, 649 (651 f.), der unter bestimmten Umständen einen Anspruch gegen den Personalberater aus § 15 II bejaht. | 13 Ausf. zur Aufbewahrung der Bewerberdaten *Moos/Bandehzadeh/Bodenstadt*, DB 2007, 1194. | 14 Den Personalrat trifft die gleiche Pflicht nach § 68 I Nr. 2, 5a BPersVG bzw. den entsprechenden landesrechtlichen Normen. | 15 Gleiches gilt für den Bereich des öffentlichen Dienstes nach § 75 I 1 iVm. § 77 II Nr. 1 oder 2 BPersVG bzw. den Landespersonalvertretungsgesetzen.

verstoßen[1]. Hat der BR aber die Ausschreibung des Arbeitsplatzes im Betrieb nach § 93 BetrVG verlangt, so kann man den Fall, dass sie unter Verletzung des § 11 erfolgt ist, so ansehen, als wäre eine nach § 93 BetrVG erforderliche Ausschreibung im Betrieb unterblieben. Der BR kann daher in diesem Fall die Zustimmung zur Einstellung nach § 99 II Nr. 5 BetrVG verweigern[2].

12 *Maßnahmen und Pflichten des Arbeitgebers*

(1) Der Arbeitgeber ist verpflichtet, die erforderlichen Maßnahmen zum Schutz vor Benachteiligungen wegen eines in § 1 genannten Grundes zu treffen. Dieser Schutz umfasst auch vorbeugende Maßnahmen.

(2) Der Arbeitgeber soll in geeigneter Art und Weise, insbesondere im Rahmen der beruflichen Aus- und Fortbildung, auf die Unzulässigkeit solcher Benachteiligungen hinweisen und darauf hinwirken, dass diese unterbleiben. Hat der Arbeitgeber seine Beschäftigten in geeigneter Weise zum Zwecke der Verhinderung von Benachteiligung geschult, gilt dies als Erfüllung seiner Pflichten nach Absatz 1.

(3) Verstoßen Beschäftigte gegen das Benachteiligungsverbot des § 7 Abs. 1, so hat der Arbeitgeber die im Einzelfall geeigneten, erforderlichen und angemessenen Maßnahmen zur Unterbindung der Benachteiligung wie Abmahnung, Umsetzung, Versetzung oder Kündigung zu ergreifen.

(4) Werden Beschäftigte bei der Ausübung ihrer Tätigkeit durch Dritte nach § 7 Abs. 1 benachteiligt, so hat der Arbeitgeber die im Einzelfall geeigneten, erforderlichen und angemessenen Maßnahmen zum Schutz der Beschäftigten zu ergreifen.

(5) Dieses Gesetz und § 61b des Arbeitsgerichtsgesetzes sowie Informationen über die für die Behandlung von Beschwerden nach § 13 zuständigen Stellen sind im Betrieb oder in der Dienststelle bekannt zu machen. Die Bekanntmachung kann durch Aushang oder Auslegung an geeigneter Stelle oder den Einsatz der im Betrieb oder der Dienststelle üblichen Informations- und Kommunikationstechnik erfolgen.

I. Abs. 1, der an § 2 I BeschSchG angelehnt ist, statuiert die in den folgenden Absätzen weiter aus- 1
geformte Pflicht des Arbeitgebers, durch präventive Maßnahmen den Eintritt von (weiteren) Benachteiligungen zu vermeiden. Abs. 1 wird ergänzt durch § 81 IV SGB IX[3]. Der ArbGeb hat geeignete Maßnahmen zum Schutz der Beschäftigten vor Benachteiligungen durch Arbeitskollegen oder Dritte, wie etwa Kunden, zu ergreifen. Erforderlich ist in jedem Fall, dass die begangene oder drohende Benachteiligung einen **Arbeitsplatzbezug** hat[4]. Dadurch wird die Schutzpflicht des ArbGeb auf den Bereich beschränkt, den er kontrollieren kann[5]. Erfasst wird jedes Verhalten, das in unmittelbarem Zusammenhang mit dem Beschäftigungsverhältnis steht, unabhängig von einem räumlichen Bezug; denn ein Beschäftigter wird durch außerhalb der Arbeitsstätte anlässlich des Beschäftigungsverhältnisses erfolgende Belästigungen ebenso betroffen, wie durch Belästigungen am Arbeitsplatz selbst[6]. Welche **Maßnahmen** zu ergreifen und ob diese geeignet sind, richtet sich nach den Umständen des Einzelfalls, wie zB der Größe des Betriebs[7], der Zusammensetzung der Belegschaft, aber auch nach der Schwere der Benachteiligung, ihrer Dauer und danach, ob sie erstmals oder bereits wiederholt aufgetreten ist. Zu denken ist sowohl an organisatorische Maßnahmen als auch an eine Aufklärung über die Problematik der Benachteiligung sowie an Ethikrichtlinien[8]. Dabei richtet sich die **„Erforderlichkeit"** einer Maßnahme nach objektiven Gesichtspunkten, nicht nach der subjektiven Einschätzung auf Arbeitgeber- oder Arbeitnehmerseite. Grenze der Erforderlichkeit ist die rechtliche und tatsächliche Möglichkeit des ArbGeb zur Durchsetzung der Maßnahme. Verstößt der ArbGeb gegen die sich aus § 12 I–IV ergebenden Pflichten, so haftet er uU für eigenes **Organisationsverschulden**[9].

II. Gem. Abs. 2 S. 1 soll der ArbGeb insb. durch berufliche Aus- und Fortbildung Maßnahmen zum 2
Schutz vor Benachteiligungen ergreifen. Insofern liegt eine Schulung aller Beschäftigten zum Zwecke der Verhinderung von Benachteiligungen nahe[10]. Die regelmäßige Wiederholung einer erfolgreich vorge-

---

1 Zu § 611b BGB vgl. Staudinger/*Annuß*, § 611b BGB Rz. 8 mwN; *Thüsing*, Rz. 669. | **2** Ebenso zu § 611b BGB LAG Hessen v. 13.7.1999 – 4 TaBV 192/97, NZA-RR 1999, 641; Staudinger/*Annuß*, § 611b BGB Rz. 8. mwN; aA *Thüsing*, Rz. 669. | **3** Zur Frage, ob 81 IV SGB IX richtlinienkonform auch auf behinderte Menschen, die nicht schwerbehindert sind, anzuwenden ist, s. *Bauer/Göpfert/Krieger*, § 12 AGG Rz. 2. | **4** *Thüsing*, Rz. 684; deutlich weiter Däubler/Bertzbach/*Buschmann*, § 12 AGG Rz. 10. | **5** *Schlachter*, NZA 2001, 121 (124). | **6** *Schlachter*, NZA 2001, 121 (124 mwN); vgl. auch HWK/*Thüsing*, 2. Aufl. 2006, § 2 BeschSchG Rz. 3. | **7** Vgl. dazu *Bauer/Göpfert/Krieger*, § 12 AGG Rz. 8. | **8** Ausf. dazu *Schneider/Sittard*, NZA 2007, 654. | **9** *Bauer/Göpfert/Krieger*, § 12 AGG Rz. 5; *Hoch*, BB 2007, 1732 (1733); darüber hinaus kommt eine Haftung für fremdes Verschulden unter den Voraussetzungen der §§ 278, 31 BGB in Betracht; vgl. auch *Bauer/Evers*, NZA 2006, 893 (893 f.). | **10** Zum insoweit erforderlichen Inhalt s. *Bauer/Göpfert/Krieger*, § 12 AGG Rz. 19 ff.; gegen eine solche Schulung aller Mitarbeiter *Grobys*, NJW 2006, 2950 (2952), ein Hinweis gegenüber Mitarbeitern auf unterster Führungsebene genüge. Dagegen sollten für Führungskräfte zusätzlich FührungsRL erarbeitet werden. Zum Muster für eine solche FührungsRL s. *Grobys*, NJW 2006, 2950 (2953); ausf. zu Schulungen als Mittel zum Ausschluss einer Haftung des ArbGeb *Hoch*, BB 2007, 1732.

nommenen Schulung dürfte nicht erforderlich sein[1]. Hat der ArbGeb sich vergewissert, dass eine ausreichende Schulung durch einen anderen als ihn selbst (etwa durch den letzten ArbGeb oder bei Leiharbeitnehmern durch den Verleiher) durchgeführt wurde und dass der „fremdgeschulte" ArbN danach nicht nach dem AGG auffällig geworden ist, dürfte auch das zur Erfüllung seiner Pflichten aus § 12 genügen und eine weitere Schulung entbehrlich sein[2]. Sollen Schulungen stattfinden, sind die Beteiligungsrechte des Betriebsrats iRv. §§ 96 ff. BetrVG, bzw. des Personalrats nach §§ 75 III Nr. 7 BPersVG zu beachten[3]. Sind geeignete Schulungen erfolgt, gilt dies gem. **Abs. 2 S. 2** zunächst als Erfüllung der Pflichten aus Abs. 1, so dass eine Haftung aus eigenem Verschulden gem. § 15 für einen daraufhin folgenden Erstverstoß nicht in Betracht kommt[4]. Zeigen sich trotz erfolgter Schulungen Benachteiligungen im Betrieb oder gibt es sonstige für den ArbGeb erkennbare Hinweise, dass die Schulungen ihren Zweck nicht erfüllt haben, also Benachteiligungen durch Beschäftigte zu befürchten sind[5], so lebt die Pflicht des ArbGeb wieder auf, und er hat (weitere) Maßnahmen zu ergreifen[6]. Unterlässt er diese, haftet er ggf. nach § 15 aus eigenem Organisationsverschulden.

3 **III. Abs. 3** konkretisiert in Anlehnung an § 4 I BeschSchG die Pflicht des Arbeitgebers, präventive Maßnahmen zu ergreifen, wenn Beschäftigte gegen das Benachteiligungsverbot des § 7 I und damit gegen ihre arbeitsvertraglichen Pflichten (§ 7 III) verstoßen haben. Zur Vermeidung weiterer Benachteiligungen hat der ArbGeb **zunächst gegen die Benachteiligenden** mit den üblichen arbeitsrechtlichen Instrumenten vorzugehen[7]. Das sind in erster Linie die in Abs. 3 nicht abschließend aufgezählten Möglichkeiten bzw. gegenüber Beamten zusätzlich disziplinarrechtliche Schritte[8]. Die Maßnahmen müssen geeignet, erforderlich und angemessen, mithin verhältnismäßig sein. Sind Maßnahmen gegen den/die Benachteiligenden nicht Erfolg versprechend oder waren sie in der Vergangenheit zwecklos, können sich die Maßnahmen auch als ultima ratio gegen den Betroffenen wenden, wobei hier insb. an die Um- oder Versetzung des Betroffenen zu denken ist[9].

4 **IV. Abs. 4** konstatiert noch einmal ausdrücklich die Verpflichtung des ArbGeb zur Ergreifung schützender Maßnahmen, wenn die Benachteiligung von einem Dritten herrührt (zB ein Auslieferungsfahrer wird von Kunden wegen seiner ethnischen Herkunft schikaniert)[10]. Nicht zuletzt an diesem Beispiel aus der EntwurfsBegr. zeigt sich, dass Benachteiligungen durch Dritte ausschließlich in der Form von Belästigungen möglich sind[11]. Die angemessene Reaktion des ArbGeb auf Vorgaben durch Kunden hängt von den Umständen des Einzelfalls ab, wobei hier insb. die wirtschaftlichen Interessen des ArbGeb zu beachten sind. Vom ArbGeb kann nicht verlangt werden, eine wichtige Kundenbeziehung (Großabnehmer) zu beenden oder schwer zu belasten, um einen ArbN zu schützen. Der ernsthafte Versuch einer Einwirkung auf den Dritten ist ihm jedoch zumutbar[12]. Auch kann vom ArbGeb verlangt werden, bei Massengeschäften mit Laufkundschaft gegen einzelne Personen ein Hausverbot zu verhängen[13].

5 **V. Abs. 5.** Zur Erleichterung der Wahrnehmung der Rechte der Betroffenen hat der ArbGeb nach Abs. 5 das AGG und § 61b ArbGG sowie Informationen über die für eine Beschwerde nach § 13 zuständigen Stellen bekannt zu machen. Dies kann durch Aushang, Auslegung oder unter Einsatz der in dem Betrieb üblichen Informations- und Kommunikationstechnik, wie zB dem Intranet, erfolgen. Erforderlich ist, dass der gesamte Adressatenkreis in der Lage ist, von den Informationen Kenntnis zu erlangen. Die Informationspflicht stellt eine **gesetzliche Nebenpflicht** aus dem Arbeitsverhältnis dar. Verletzungen können zu Schadensersatzansprüchen nach § 280 I BGB führen; Schwierigkeiten dürfte insoweit allerdings der Kausalitätsnachweis bereiten. Zu den Möglichkeiten bei Versäumung der Frist des § 61b ArbGG auf Grund fehlender Information durch den ArbGeb s. § 61b ArbGG Rz. 5.

---

1 Ebenso wohl *Hoch*, BB 2007, 1732, 1736; aA *Bauer/Göpfert/Krieger*, § 12 AGG Rz. 23. | 2 Anders *Hoch*, BB 2007, 1732 (1736) mit dem Hinweis auf den Wortlaut des Gesetzes, wonach der ArbGeb „seine" Beschäftigten geschult haben muss. | 3 *Bauer/Göpfert/Krieger*, § 12 AGG Rz. 25; Däubler/Bertzbach/*Buschmann*, § 12 AGG Rz. 19; vgl. auch VG Frankfurt v. 10.9.2007 – 23 L 1680/07, NZA-RR 2008, 52. | 4 *Bauer/Evers*, NZA 2006, 893. | 5 So zB, wenn singulär unerwünschte Verhaltensweisen, die mit einem in § 1 genannten Grund in Verbindung stehen, durch einzelne Beschäftigte auftauchen, aber noch nicht ausreichen, um ein Umfeld iSd. § 3 III zu schaffen. | 6 *Bauer/Göpfert/Krieger*, § 12 AGG Rz. 17 f.; ErfK/*Schlachter*, § 12 AGG Rz. 2. | 7 Zu den Voraussetzungen einer ordentlichen Kündigung s. LAG Hamm v. 22.10.1996 – 6 Sa 730/96, NZA 1997, 769; v. 10.3.1999 – 18 Sa 2328/98, NZA-RR 1999, 623. | 8 Weitere Beispiele bei *Hoch*, BB 2007, 1732, 1734, ua.: Sichtblenden an Arbeitstischen oder Beleuchtung von Wegen und Parkplätzen. | 9 ErfK/*Schlachter*, § 12 AGG Rz. 5; *Thüsing*, Rz. 694 hält sogar die Kündigung des ArbN unter den Voraussetzungen einer Druckkündigung für möglich; zur Druckkündigung im Lichte der Diskriminierungsverbote s. *Deinert*, RdA 2007, 275. | 10 Ausf. zur Haftung des ArbGeb bei Benachteiligungen durch externe Dritte *Simon/Greßlin*, BB 2007, 1782 (1788). | 11 ErfK/*Schlachter*, § 12 AGG Rz. 4; *Thüsing*, Rz. 690. | 12 Vgl. Däubler/Bertzbach/*Buschmann*, § 12 AGG Rz. 30, der unter Verweis auf BAG v. 27.4.2004 – 1 ABR 7/03, NZA 2004, 556 notfalls die Drohung des Abbruchs der Geschäftsbeziehung durch den ArbGeb fordert. | 13 ErfK/*Schlachter*, § 12 AGG Rz. 4.

Unterabschnitt 3. Rechte der Beschäftigten

13 *Beschwerderecht*

(1) Die Beschäftigten haben das Recht, sich bei den zuständigen Stellen des Betriebs, des Unternehmens oder der Dienststelle zu beschweren, wenn sie sich im Zusammenhang mit ihrem Beschäftigungsverhältnis vom Arbeitgeber, von Vorgesetzten, anderen Beschäftigten oder Dritten wegen eines in § 1 genannten Grundes benachteiligt fühlen. Die Beschwerde ist zu prüfen und das Ergebnis der oder dem beschwerdeführenden Beschäftigten mitzuteilen.

(2) Die Rechte der Arbeitnehmervertretungen bleiben unberührt.

Die Regelung des § 13 I sieht das Recht der Beschäftigten vor, sich wegen einer eingetretenen Benachteiligung bei einer zuständigen Stelle zu beschweren. Der Begriff der **zuständigen Stelle** ist weit auszulegen. Gemeint sind neben dem ArbGeb auch Vorgesetzte, Gleichstellungsbeauftragte oder eine besondere betriebl. Beschwerdestelle[1]. Hinsichtlich der Errichtung und Besetzung einer solchen Beschwerdestelle hat der BR **kein Mitbestimmungsrecht nach § 87 I Nr. 1 BetrVG**[2]. Ein MitbestR kann allerdings bestehen, wenn der ArbGeb ein besonderes Verfahren bei der Beschwerdeprüfung, wie die Befragung von ArbN als Zeugen, regeln will[3]. Die Beschwerde ist an keine **Voraussetzungen** gebunden, außer dass sich der Beschäftigte vom ArbGeb, von Vorgesetzten, anderen Beschäftigten oder Dritten benachteiligt fühlen muss. Eine Beschwerde ohne eigene (gefühlte) Betroffenheit ist ausgeschlossen, so dass insb. eine Beschwerde zu Gunsten Dritter nicht von § 13 ermöglicht wird[4]. Form- oder Fristerfordernisse existieren nicht und dürfen auch weder individual- noch kollektivrechtlich vorgegeben werden (§ 31). Die Beschwerde ist keine Voraussetzung für die Geltendmachung anderer Ansprüche. Sie ist **inhaltlich zu prüfen**[5]. Dh. nicht nur, dass das Vorbringen des Beschäftigten zur Kenntnis zu nehmen und abzuwägen ist, sondern dass eine umfassende Aufklärung des Sachverhalts zB durch Anhörung der Beteiligten und eventueller Dritter zu erfolgen hat[6]. Die Prüfung hat entweder durch den ArbGeb oder durch einen von ihm beauftragten Beschäftigten zu erfolgen. Das Ergebnis der Prüfung ist dem Beschäftigten unabhängig von ihrem Ausgang mitzuteilen. Stellt der ArbGeb eine Benachteiligung fest, so hat er gem. § 12 geeignete Maßnahmen zu ergreifen. **Abs. 2** stellt ergänzend klar, dass die Rechte der ArbN-Vertretungen, insb. die des BR nach § 85 BetrVG oder der Personalvertretungen nach § 68 I Nr. BPersVG bzw. den LPersVG, unangetastet neben § 13 bestehen. 1

14 *Leistungsverweigerungsrecht*

Ergreift der Arbeitgeber keine oder offensichtlich ungeeignete Maßnahmen zur Unterbindung einer Belästigung oder sexuellen Belästigung am Arbeitsplatz, sind die betroffenen Beschäftigten berechtigt, ihre Tätigkeit ohne Verlust des Arbeitsentgelts einzustellen, soweit dies zu ihrem Schutz erforderlich ist. § 273 des Bürgerlichen Gesetzbuchs bleibt unberührt.

Die Vorschrift des § 14 ist § 4 II BeschSchG nachgebildet und berechtigt Beschäftigte, die Tätigkeit ohne Verlust des Entgeltanspruchs einzustellen, wenn der ArbGeb keine ausreichenden Maßnahmen zur Unterbindung einer (sexuellen) Belästigung ergreift. Erfasst werden nur Benachteiligungen nach § 3 III und IV, nicht aber solche nach § 3 I, II oder V. Eine analoge Anwendung scheidet mangels Planwidrigkeit der Regelungslücke aus[7]. Ob eine Maßnahme des ArbGeb offensichtlich ungeeignet iSv. § 14 S. 1 ist, bestimmt sich nach einem objektiven Maßstab. Offensichtliche Ungeeignetheit ist gegeben, wenn die Maßnahme ohne weiteres erkennbar die Belästigung nicht beseitigen oder zumindest eindämmen kann. Bestehen ersichtlich besser geeignete Maßnahmen, die nicht wesentlich mehr Aufwand bedeuten, so spricht auch dies für offensichtliche Ungeeignetheit. Das Leistungsverweigerungsrecht besteht nur, soweit es zum Schutz des betroffenen Beschäftigten **erforderlich** ist. Das Leistungsverweigerungsrecht besteht somit (räumlich) nur dort, wo die Belästigung erfolgen kann und (zeitlich) nur solange sie andauern kann. Es ist ausgeschlossen, wenn mildere gleich effektive Möglichkeiten vorhanden sind, selbst wenn der Belästigte sie nicht kennt[8]. Eine Pflicht des Belästigten, einen anderen Arbeitsplatz zur 1

---

1 BT-Drs. 16/1780 S. 37. | 2 Ebenso ArbG Hamburg v. 20.2.2007 – 9 BV 3/07, BB 2007, 779 mit zust. Anm. *Ueckert*; vgl. auch ArbG Frankfurt v. 23.10.2006 – 21 BV 690/06, AiB 2007, 49; VG Frankfurt v. 10.9.2007 – 23 L 2100/07, NZA-RR 2008, 55; für die Errichtung ebenso LAG Hamburg v. 17.4.2007 – 3 TaBV 6/07, BB 2007, 2070 (mit abl. Anm. *Mohr*), für die Besetzung zweifelnd; im Übrigen wie hier *Gach/Julis*, BB 2007, 773 (774 mwN); *Grobys*, NJW 2006, 2950 (2952); abweichend *Ehrich/Frieters*, DB 2007, 1026 (1027), die ein Mitbestimmungsrecht zwar nicht für die Errichtung, aber für die Besetzung bejahen; aA *Kamanabrou*, RdA 2006, 321 (335), die ein Mitbestimmungsrecht nach § 87 I Nr. 1 BetrVG bejaht, wenn auch die Beschwerde über Belästigungen nach § 3 III, IV AGG betroffen ist. | 3 Ebenso LAG Hamburg v. 17.4.2007 – 3 TaBV 6/07, DB 2007, 1417 mwN. | 4 ErfK/*Schlachter*, § 13 AGG Rz. 1; Däubler/Bertzbach/*Buschmann*, § 13 AGG Rz. 12. | 5 Ausf. zum Verfahren *Gach/Julis*, BB 2007, 773 (776 ff.). | 6 *Thüsing*, Rz. 588. | 7 Vgl. BT-Drs. 15/4538 S. 7, wo sich das Leistungsverweigerungsrecht noch auf alle Benachteiligungen nach § 3 erstreckt und die später erfolgte und Gesetz gewordene eingeschränkte Fassung. | 8 *Bauer/Göpfert/Krieger*, § 14 AGG Rz. 2; ErfK/*Schlachter*, § 14 AGG Rz. 1.

Vermeidung der Belästigung anzunehmen, existiert nicht[1]. Besteht keine **Wiederholungsgefahr**, besteht auch kein Leistungsverweigerungsrecht. Je mehr Belästigungen in der Vergangenheit erfolgt sind, desto wahrscheinlicher wird eine Wiederholung sein. Allerdings kann auch eine einmalige Belästigung genügen, wenn auf Grund der Umstände des Einzelfalls mit deren Wiederholung zu rechnen ist. Bei besonders schwerwiegenden Belästigungen wird man dem Beschäftigten weniger das Risiko einer Wiederholung zumuten können, so dass hier ein Leistungsverweigerungsrecht eher zuzugestehen ist. Im Übrigen muss die Belästigung eine solche Intensität aufweisen, dass dem Beschäftigten unter Berücksichtigung der gesamten Rahmenbedingungen eine weitere Tätigkeit nicht zugemutet werden kann. Bei Vorliegen einer betrieblichen Zwangssituation (Feuer etc.) kann das Leistungsverweigerungsrecht vorübergehend entfallen[2]. Es endet, wenn der ArbGeb die zum Schutz des ArbN erforderliche Maßnahme nachgeholt und den ArbN davon in Kenntnis gesetzt hat[3].

2 Verweigert der ArbN seine Leistung ohne Leistungsverweigerungsrecht, verletzt er seine vertraglichen Pflichten. Das **Risiko des Nichtvorliegens der Voraussetzungen** des § 14 S. 1 trägt der ArbN. Er hat die Voraussetzungen des Leistungsverweigerungsrechts im Streitfall darzulegen und zu beweisen. Besteht dagegen das Leistungsverweigerungsrecht und macht der Beschäftigte davon Gebrauch, so hat der ArbGeb dem ArbN für den betreffenden Zeitraum nach dem Entgeltausfallprinzip das Entgelt einschließlich etwaiger Zuschläge weiter zu zahlen. Erfasst sind damit auch Überstunden, die der ArbN ohne Leistungsverweigerungsrecht geleistet hätte; Anwesenheitsprämien dürfen nicht gekürzt werden[4]. Das allgemeine Leistungsverweigerungsrecht des § 273 BGB bleibt gem. **Satz 2** unberührt. Soweit § 14 nicht greift, kommt auch ein Leistungsverweigerungsrecht wegen persönlicher Unzumutbarkeit nach § 275 III BGB nicht in Betracht[5].

15 *Entschädigung und Schadensersatz*

(1) Bei einem Verstoß gegen das Benachteiligungsverbot ist der Arbeitgeber verpflichtet, den hierdurch entstandenen Schaden zu ersetzen. Dies gilt nicht, wenn der Arbeitgeber die Pflichtverletzung nicht zu vertreten hat.

(2) Wegen eines Schadens, der nicht Vermögensschaden ist, kann der oder die Beschäftigte eine angemessene Entschädigung in Geld verlangen. Die Entschädigung darf bei einer Nichteinstellung drei Monatsgehälter nicht übersteigen, wenn der oder die Beschäftigte auch bei benachteiligungsfreier Auswahl nicht eingestellt worden wäre.

(3) Der Arbeitgeber ist bei der Anwendung kollektivrechtlicher Vereinbarungen nur dann zur Entschädigung verpflichtet, wenn er vorsätzlich oder grob fahrlässig handelt.

(4) Ein Anspruch nach Absatz 1 oder 2 muss innerhalb einer Frist von zwei Monaten schriftlich geltend gemacht werden, es sei denn, die Tarifvertragsparteien haben etwas anderes vereinbart. Die Frist beginnt im Falle einer Bewerbung oder eines beruflichen Aufstiegs mit dem Zugang der Ablehnung und in den sonstigen Fällen einer Benachteiligung zu dem Zeitpunkt, in dem der oder die Beschäftigte von der Benachteiligung Kenntnis erlangt.

(5) Im Übrigen bleiben Ansprüche gegen den Arbeitgeber, die sich aus anderen Rechtsvorschriften ergeben, unberührt.

(6) Ein Verstoß des Arbeitgeber gegen das Benachteiligungsverbot des § 7 Abs. 1 begründet keinen Anspruch auf Begründung eines Beschäftigungsverhältnisses, Berufsausbildungsverhältnisses oder einen beruflichen Aufstieg, es sei denn, ein solcher ergibt sich aus einem anderen Rechtsgrund.

1 **I. Systematik.** Neben der Unwirksamkeit benachteiligender Maßnahmen oder Vereinbarungen gem. § 7 I, II legt § 15 als weitere maßgebliche Sanktion benachteiligenden Verhaltens Ansprüche auf materiellen und immateriellen Schadensersatz fest. Solche Ansprüche sind durch die RL nicht vorgeschrieben, aber erlaubt[6].

2 **II. Abs. 1. 1. Schaden.** § 15 I regelt den Ersatz materieller Schäden, insb. in Form entgangenen Gewinns. Der Schaden ist nach den allgemeinen Grundsätzen zu ermitteln[7]. Liegt ein Schaden vor, so ist er nach den §§ 249 ff. BGB zu ersetzen. Geschuldet ist der Erfüllungsschaden, auch aus § 15 VI, der lediglich die Naturalrestitution im Wege der Begr. eines Beschäftigungsverhältnisses ausschließt, ergibt sich nichts Gegenteiliges[8]. Für den bestqualifizierten, aber benachteiligend nicht eingestellten Bewerber sind nach herrschender Ansicht höchstens die bis zum Erreichen des ersten Kündigungstermins hypothetisch entstehenden Vermögensvorteile zu gewähren[9]. Dabei ist etwaiger anderweitiger oder böswillig

1 ErfK/*Schlachter*, § 14 AGG Rz. 1. | 2 *Thüsing*, Rz. 574. | 3 *Thüsing*, Rz. 575. | 4 *Thüsing*, Rz. 578. | 5 *Thüsing*, Rz. 581. | 6 Vgl. Art. 17 RL 2000/78/EG, Art. 15 RL 2000/43/EG, Art. 6 II, 8d RL 2002/73/EG, Art. 14 RL 2004/113/EG. | 7 Vgl. Palandt/*Heinrichs*, Vor § 249 Rz. 7 ff. | 8 So aber noch *Bauer/Evers*, NZA 2006, 893 (894), die in § 15 VI grds. eine Beschränkung auf den Vertrauensschaden sehen; wie hier *Bauer/Göpfert/Krieger*, § 15 AGG Rz. 24; Däubler/Bertzbach/*Deinert*, § 15 AGG Rz. 39. | 9 *Bauer/Göpfert/Krieger*, § 15 AGG Rz. 27; Däubler/Bertzbach/*Deinert*, § 15 AGG Rz. 39; *Thüsing*, Rz. 539; zu § 611a BGB vgl. Staudinger/*Annuß*, § 611a BGB Rz. 99 mwN.

unterlassener anderweitiger Verdienst ebenso schadensmindernd zu berücksichtigen wie etwaige mit der erstrebten Position verbundene besondere Aufwendungen[1]. Inwiefern auch bei einer benachteiligend nicht vorgenommenen Beförderung eine Beschränkung des Anspruchs auf Ersatz des entgangenen höheren Einkommens in Betracht kommt, ist umstritten: Da es dem ArbGeb in aller Regel verwehrt sei, eine Lohnsenkung mittels Änderungskündigung durchzusetzen, kommt nach eA ein unbeschränkter Anspruch auf den erhöhten Lohn in Betracht[2]. Auf eine Beschränkung der Zahlungen bis zum Zeitpunkt des Wirksamwerdens einer hypothetischen ordentlichen (Änderungs-)Kündigung stellt hingegen eine aA ab und zieht zur Begrenzung des Anspruchs bei fehlender Anwendbarkeit des KSchG zusätzlich den Rechtsgedanken der §§ 9, 10 KSchG heran[3].

2. Verschulden. Gem. § 15 I 2 ist Vertretenmüssen eine Voraussetzung für den Schadensersatzanspruch. Dieses Erfordernis ist im Hinblick auf die europäischen Vorgaben problematisch[4]. Zwar fordern die RL überhaupt keinen Schadensersatzanspruch, doch muss nach Ansicht des EuGH eine Norm, die Verstöße gegen ein Benachteiligungsverbot sanktioniert, bei einem bloßen Verstoß gegen das Benachteiligungsverbot unabhängig vom Vorliegen eines Verschuldens die volle Haftung auslösen und für sich geeignet sein, eine abschreckende Wirkung gegenüber dem ArbGeb zu haben. Nach einer Ansicht genüge § 15 I gemeinsam mit § 15 II diesen Voraussetzungen: Denn der Forderung nach einer verschuldensunabhängigen Haftung sei der Gesetzgeber mit § 15 II (bei europarechtskonformer Auslegung, s. Rz. 7) nachgekommen. Durch die Normierung eines zusätzlichen Schadensersatzanspruchs gehe der Gesetzgeber über die Anforderungen des EuGH und der RL hinaus. Der Schutz der Betroffenen werde also durch den verschuldensabhängigen Schadensersatzanspruch nur erweitert[5]. Dabei wird allerdings außer Acht gelassen, dass die Haftung nach der Rspr. des EuGH in einem angemessenen Verhältnis zum erlittenen Schaden stehen muss. Während nach § 611a II BGB der Entschädigungsanspruch sowohl materiellen als auch immateriellen Schadensersatz erfasste[6], ist nach der gesetzlichen Konzeption des AGG nunmehr zu trennen[7]. Der materielle Schaden wird nur noch verschuldensabhängig nach Abs. 1 ersetzt. Abs. 2 dient dem Ersatz des Nichtvermögensschadens sowie dem Sanktionsgedanken[8]. Der Schadensersatzanspruch nach Abs. 1 geht also nicht lediglich über das bisher existierende Maß hinaus, sondern stellt durch das Erfordernis des Verschuldens hinsichtlich des materiellen Schadens eine Verschlechterung für die Betroffenen dar und verstößt dadurch gegen das europarechtliche Gebot effektiver Sanktionierung (Art. 8d RL 2002/73/EG, Art. 15 RL 2000/43/EG und Art. 17 2000/78/EG)[9]. Eine europarechtskonforme Lösung dahingehend, entsprechend der Rechtslage zu § 611a BGB durch Abs. 2 auch den materiellen Schaden erfasst zu sehen und so Abs. 1 mit seiner zusätzlichen Verschuldensvoraussetzung seiner Funktion zu berauben, ist auf Grund der klaren gesetzlichen Konzeption des § 15 nicht möglich. Ein Verstoß gegen primäres Europarecht liegt nicht vor; § 15 I ist nicht unwirksam[10] bzw. das Verschuldenserfordernis nicht unanwendbar[11]. Staatliche ArbGeb sollen sich nach eA gegenüber ihren ArbN iRd. § 15 I nicht auf fehlendes Verschulden berufen können[12]. 3

Zur Bestimmung des Vertretenmüssens gelten die §§ 276–278 BGB. Verschulden des ArbGeb liegt insb. bei eigenen Verstößen gegen ein Benachteiligungsverbot und bei eigenem Organisationsverschulden im Rahmen von § 12 vor. Wie bei § 280 I 2 BGB trägt der ArbGeb die Beweislast für fehlendes Verschulden. Die Pflichtverletzung eines Organmitglieds kann dem ArbGeb nach **§ 31 BGB**, die eines Beschäftigten unter den Voraussetzungen des **§ 278 BGB** zugerechnet werden, so dass der Benachteiligte Ansprüche gegen den ArbGeb haben kann[13] (zu Haftungsfragen, wenn im Rahmen der Einstellung Dritte [Personalvermittler etc.] tätig werden, s. § 11 Rz. 2). Problematisch ist dabei, inwiefern Kollegen eines Beschäftigten als Erfüllungsgehilfen, dh. Personen in Betracht kommen, die mit dem Willen des ArbGeb bei der Erfüllung einer diesem obliegenden Verbindlichkeit als seine Hilfspersonen tätig werden[14]. Nur sofern der ArbGeb sich zur Erfüllung seiner Pflichten anderer ArbN bedient, handeln diese als Erfüllungsgehilfen, und eine Zurechnung ist nach § 278 BGB möglich. Erfasst sind damit nicht nur Fälle, in denen ein ArbN Vorgesetztenfunktionen gegenüber anderen ArbN ausübt, sondern auch solche, in denen zB ein Lagerverwalter homosexuellen Beschäftigten schlechteres Material gibt als heterosexuellen Beschäftigten. Regelmäßig sind jedoch gleichrangige Arbeitskollegen keine Erfüllungsgehilfen des ArbGeb zur Erfüllung seiner Pflichten aus dem AGG[15]. Das gilt auch für Belästigungen nach § 3 III u. IV. Zwar werden 4

1 Zu § 611a BGB vgl. Staudinger/*Annuß*, § 611a BGB Rz. 99 mwN. | 2 *Thüsing*, Rz. 542. | 3 *Bauer/Göpfert/Krieger*, § 15 AGG Rz. 29. | 4 Vgl. EuGH v. 22.4.1997 – C-180/95 (Draehmpaehl), NZA 1997, 645; ErfK/*Schlachter*, § 15 AGG Rz. 1 ff. | 5 *Bauer/Evers*, NZA 2006, 893 (893); *Bauer/Göpfert/Krieger*, § 15 AGG Rz. 15; aA *Thüsing*, Rz. 536; für Gemeinschaftsrechtswidrigkeit nur in bestimmten Fällen ErfK/*Schlachter*, § 15 AGG Rz. 3, 6. | 6 Ausf. Staudinger/*Annuß*, § 611a BGB Rz. 97 ff.; *Annuß*, NZA 1999, 738 (740 f.). | 7 ErfK/*Schlachter*, § 15 AGG Rz. 4. | 8 Ausf. *Kamanabrou*, ZfA 2006, 327 (336 ff.). | 9 Ebenso *Thüsing*, Rz. 545. | 10 So aber *Thüsing*, Rz. 545 in Fällen der Geschlechtsdiskriminierung. | 11 So aber Däubler/Bertzbach/*Deinert*, § 15 AGG Rz. 30; *Deinert*, DB 2006, 398 (399), der mit einem unzutreffenden Verweis auf den EuGH v. 22.11.2005 – C-144/04 (*Mangold*) für eine allgemeine Unanwendbarkeit richtlinienwidrigen innerstaatlichen Rechts eintritt. | 12 So *Thüsing*, Rz. 545. | 13 *Bauer/Evers*, NZA 2006, 893 (894); ausf. auch *Bauer/Göpfert/Krieger*, § 15 AGG Rz. 18 ff. und insb. *Simon/Greßlin*, BB 2007, 1782 zur Haftung des ArbGeb bei Benachteiligungen durch Beschäftigte und Dritte. | 14 BGH v. 9.10.1986 – I ZR 138/84, NJW 1987, 1323 (1326); v. 8.2.1974 – V ZR 21/72, NJW 1974, 692 (693). | 15 *Bauer/Evers*, NZA 2006, 893 (894); *Simon/Greßlin*, BB 2007, 1782 (1783).

hier ausdrücklich Pflichten auch für die ArbN untereinander normiert, doch begründet dies keine Zurechnung an den ArbGeb über § 278 BGB. Vielmehr stehen dem ArbGeb hier die üblichen arbeitsrechtlichen Instrumente wie **Abmahnung, ordentliche oder außerordentliche Kündigung** zur Verfügung, welche der ArbGeb auf Grund seiner Verpflichtungen aus § 12 uU sogar zu ergreifen hat, um eine Haftung für eigenes Organisationsverschulden zu vermeiden.

5 **3. Sonstige Modalitäten.** Der Schadensersatzanspruch nach § 15 I ist ein vertraglicher Anspruch und setzt daher das Bestehen eines Schuldverhältnisses, hier Beschäftigungsverhältnisses, wozu auch das Vertragsanbahnungs- und -abwicklungsverhältnis gehören (§ 6 I 2), voraus[1]. Der Anspruch nach § 15 I lehnt sich an § 280 I 1 und 2 BGB an. Pflichtverletzung des Schädigers ist der Verstoß gegen das Benachteiligungsverbot nach § 7 I. Findet eine Zurechnung des Verhaltens eines ArbN gem. § 278 BGB statt, so ist ein Rückgriff des ArbGeb gegen den benachteiligenden ArbN **nicht** nach den **Grundsätzen des innerbetrieblichen Schadensausgleichs** beschränkt[2], denn die „Gefahr, Benachteiligungen zu begehen", gehört nicht zu dem vom ArbGeb zu tragenden Betriebsrisiko. Ein Anspruch des ArbGeb ist jedoch regelmäßig nach den Grundsätzen von Treu und Glauben ausgeschlossen, wenn der ArbN nach der Weisung des ArbGeb gehandelt hat. Auch kommt eine Berücksichtigung arbeitgeberseitigen Mitverschuldens nach § 254 BGB in Betracht, wenn die Benachteiligung auch auf eine Verletzung der Pflichten des ArbGeb nach § 12 zurückzuführen ist[3]. Sofern mit Zahlungen nach § 15 I entgangene Einnahmen kompensiert werden, besteht Steuerpflicht[4].

6 **III. Abs. 2. 1. Schaden.** Abs. 2 normiert die Voraussetzungen für den Ersatz von immateriellen Schäden und ist lex specialis zu § 253 BGB. Das Vorliegen eines **immateriellen Schadens** wird vermutet[5]. Würde man dem ArbN die Last des Nachweises eines immateriellen Schadens aufbürden, würde man die Möglichkeit der Geltendmachung des Anspruchs derart einengen, dass ein Konflikt mit dem Gebot der effektiven Sanktionierung bestünde[6]. Die Vermutung des Vorliegens eines immateriellen Schadens kann der ArbGeb im Einzelfall widerlegen, so zB wenn sich die einer potentiell benachteiligten Gruppe angehörende Person ersichtlich nicht ernsthaft auf eine nicht merkmalsneutral ausgeschriebene Stelle beworben hat[7], oder zwar eine Benachteiligung vorliegt, aber eine Person aus der begünstigten Gruppe klagt[8].

7 **2. Verschulden.** Der Entschädigungsanspruch ist § 611a II BGB nachgebildet, erstreckt sich aber auf alle Tatbestände einer Benachteiligung. Damit wollte der Gesetzgeber den Anforderungen der RL und des EuGH[9] nach einer wirksamen und insb. verschuldensunabhängigen Sanktion bei Verletzung des Benachteiligungsverbots durch den ArbGeb nachkommen. Dies ist bei den Voraussetzungen eines Entschädigungsanspruchs zu bedenken: Zwar verweist Abs. 2 hinsichtlich der Anspruchsvoraussetzungen abgesehen von dem Erfordernis eines materiellen Schadens auf Abs. 1, doch wird von dieser Rechtsgrundverweisung nach richtlinienkonformer Reduktion Abs. 1 S. 2 nicht erfasst. Der Anspruch besteht daher **verschuldensunabhängig**[10]. Das Verhalten eines Erfüllungsgehilfen wird dem ArbGeb analog § 278 BGB zugerechnet[11].

8 **3. Entschädigung.** Die zu zahlende Entschädigung muss **angemessen** sein. Insofern haben die Gerichte einen weiten Beurteilungsspielraum, in welchem die Umstände des Einzelfalls zu berücksichtigen sind. Dazu zählen etwa Art und Schwere der Benachteiligung, ihre Dauer und ihre Folgen, der Grad des Verschuldens, also zB die Möglichkeit ihrer Vorhersehbarkeit und Verhinderung sowie die wirtschaftliche Situation der Beteiligten[12]. Eine höhere Entschädigung ist insb. dann geboten, wenn ein Beschäftigter aus mehreren Gründen unzulässig benachteiligt wird. Zusätzlich ist der **Sanktionszweck** der Norm zu berücksichtigen, so dass die Höhe auch danach zu bemessen ist, was zur Erzielung einer abschreckenden Wirkung erforderlich ist[13]. § 15 II wird dadurch nicht zu einer Regelung über Strafschadensersatz[14]. Im Vordergrund steht der Ersatz des immateriellen Schadens, allerdings sind bei Bemes-

---

1 *Bauer/Evers*, NZA 2006, 893 (893). | 2 Ebenso *Bauer/Göpfert/Krieger*, § 7 AGG Rz. 44; aA *Thüsing*, Rz. 509; *Simon/Greßlin*, BB 2007, 1782 (1789). | 3 *Thüsing*, Rz. 509; *Bauer/Göpfert/Krieger*, § 7 AGG Rz. 44, die zurecht darauf hinweisen, dass regelmäßig das Verschulden des ArbN überwiegen wird und die Haftungsquote des ArbGeb daher verhältnismäßig gering ausfallen dürfte. | 4 Vgl. *Bauer/Günther*, NJW 2007, 113 ff., bei der Kompensation sonstiger Schadensposten (Heilbehandlungskosten) sei keine Einkommensteuer abzuführen. | 5 *Bauer/Göpfert/Krieger*, § 15 AGG Rz. 34; aA *Thüsing*, Rz. 519 ff. | 6 Aus diesem Grund verzichtet auch *Thüsing*, Rz. 522 auf einen Nachweis eines exakten Schadensumfangs bei der Bestimmung der Entschädigungshöhe, obwohl er vorher strenge Kriterien für das Vorliegen eines Nichtvermögensschadens aufgestellt hat. | 7 Vgl. BAG v. 12.11.1998 – 8 AZR 365/97, NZA 1999, 371, wonach es bei einer subjektiv nicht ernsthaften Bewerbung und wenn der Bewerber objektiv für die zu besetzende Stelle nicht in Betracht kommt, schon an einer Benachteiligung fehlt; LAG BW v. 13.8.2007 – 3 Ta 119/07; LAG Berlin v. 30.3.2006 – 10 Sa 2395/05, NZA-RR 2006, 513. | 8 Ebenso *Thüsing*, Rz. 517, wobei es auch in diesem Fall wie im vorherigen bereits an einer Benachteiligung des Anspruchstellers fehlt. | 9 Vgl. EuGH v. 22.4.1997 – C-180/95 (Draehmpaehl), NZA 1997, 645. | 10 *Bauer/Göpfert/Krieger*, § 15 AGG Rz. 32; Däubler/Bertzbach/*Deinert*, § 15 AGG Rz. 58; ErfK/*Schlachter*, § 15 AGG Rz. 5; aA *Thüsing*, Rz. 516, der auf die Unstimmigkeit verweist, dass ansonsten der immaterielle Schaden leichter ersetzbar wäre als der materielle. | 11 Ebenso *Simon/Greßlin*, BB 2007, 1782 (1784). | 12 Vgl. Staudinger/*Annuß*, § 611a BGB Rz. 100 zu § 611a BGB; ausf. Däubler/Bertzbach/*Deinert*, § 15 AGG Rz. 72 ff. | 13 BT-Drs. 16/1780 S. 38. | 14 Däubler/Bertzbach/*Deinert*, § 15 AGG Rz. 14 mwN.

sung der Entschädigungshöhe auch Aspekte zur Verhaltenslenkung zu berücksichtigen. Anders als beim Schmerzensgeldausgleich mit seiner Genugtuungsfunktion[1] hat sich die Bemessung der Entschädigungshöhe nach dem Sanktionierungsgedanken allein mit Blick auf den ArbGeb und die Schwere seines Verstoßes gegen das Benachteiligungsverbot zu richten. Abzustellen ist daher in erster Linie wiederum auf Art und Schwere des Verstoßes sowie die wirtschaftliche Leistungsfähigkeit des ArbGeb. Im Wiederholungsfall kann die Entschädigungshöhe deutlich hinaufgesetzt werden. Ist die Benachteiligung dem ArbGeb nicht subjektiv vorwerfbar, dürfte eine Berücksichtigung des Sanktionierungsgedankens ausscheiden[2].

4. Abs. 2 S. 2 legt eine **Obergrenze von drei Brutto-Monatsgehältern** für die Entschädigung fest, wenn der Beschädigte auch bei benachteiligungsfreier Auswahl nicht eingestellt worden wäre. Die Beweislast trifft insofern den ArbGeb. Diese Regelung entspricht § 611a III BGB und ist mit europäischem Recht vereinbar[3]. Eine Obergrenze für den Fall, dass der Bewerber bei benachteiligungsfreier Auswahl eingestellt worden wäre, besteht nicht. In solchen Fällen soll sich eine Grenze aus dem Rechtsgedanken bzw. entsprechend §§ 9, 10 KSchG ergeben[4]. Eine **Klage** auf angemessene Entschädigung wird wie ein Schmerzensgeldanspruch geltend gemacht. Dh. die Klage selbst kann in Ausnahme zu § 253 II Nr. 2 ZPO unbeziffert auf eine „angemessene Entschädigung nach Ermessen des Gerichts" gerichtet sein[5]. Allerdings muss die Klagebegr. alle Tatsachen, die für die Bemessung relevant sein können, und einen Rahmen enthalten, innerhalb dessen die Klagepartei die Entschädigung für angemessen erachtet[6]. Werden Entschädigungszahlungen nach § 15 II geleistet, so sind diese **steuerfrei**[7]. 9

IV. Abs. 3 privilegiert den ArbGeb, der in Anwendung kollektivrechtl. Vereinbarungen handelte. Er haftet nur für Vorsatz und grobe Fahrlässigkeit[8]. Dahinter steht der Gedanke der höheren Richtigkeitsgewähr, die **Tarifverträgen, Betriebs- und Dienstvereinbarungen** zukommt. Da diese Richtigkeitsgewähr auch dann gelte, wenn auf einen TV Bezug genommen wurde, soll das Haftungsprivileg auch bei **einzelvertraglichen Bezugnahmen** gelten[9]. Dabei ist zu bedenken, dass die Richtigkeitsgewähr einem in Bezug genommenen TV nur zukommt, wenn sich das Arbeitsverhältnis im Anwendungsbereich (örtlich, zeitlich, fachlich, persönlich) des TV befindet und auf den TV insgesamt und nicht nur auf einzelne Regelungen verwiesen wird (vgl. zum gleichgelagerten Problem bei §§ 310 IV iVm. 307 III 1 BGB unten § 307 BGB Rz. 14 und § 310 BGB Rz. 22)[10]. Darüber hinaus soll das Haftungsprivileg auch auf **allgemeinverbindlich** erklärte TV Anwendung finden[11]. Die Haftungsprivilegierung bezieht sich nach ihrem Wortlaut nur auf den Entschädigungsanspruch nach Abs. 2, obwohl das Regelungsmotiv ebenso auf Abs. 1 zutreffen würde. Ob eine Auslegung über den Wortlaut hinaus möglich ist, ist umstritten[12]. 10

Schuldhaft handelt der ArbGeb nicht schon dann, wenn er wissentlich die Kollektivnorm anwendet, sondern erst, wenn er weiß bzw. grob fahrlässig nicht weiß, dass die Anwendung der Norm zu einer Benachteiligung iSd. AGG führt[13]. Einfache Fahrlässigkeit bleibt also folgenlos. Daher verstößt die Regelung des Abs. 3 gegen Europarecht, weil sie mit der Forderung des EuGH nach einer verschuldensunabhängigen Haftung bei Schadensersatzansprüchen als Folge von Benachteiligungen nicht in Einklang zu bringen ist (vgl. auch Rz. 3)[14]. Ob dies zu einer unbeschränkten Haftung führt, wenn der ArbGeb eine juristische Person des öffentlichen Rechts ist oder unmittelbar geltende Benachteiligungsverbote des EG-Vertrages einschlägig sind, wie das Verbot der Geschlechtsdiskriminierung nach Art. 141 EG oder das vermeintlich bestehende Verbot der Altersdiskriminierung[15], erscheint fraglich[16]. 11

V. Abs. 4. Hintergrund der kurzen **Ausschlussfrist** des Abs. 4 ist, dass angesichts der Beweislastverteilung in § 22 dem ArbGeb nicht zugemutet werden soll, Dokumentationen über Einstellungsentscheidungen etc. bis zum Ablauf der allgemeinen Verjährungsfrist von drei Jahren aufbewahren zu müssen[17]. Die Frist von 2 Monaten, die **nur** (s. Rz. 14) für die Ansprüche nach den Abs. 1 und 2 gilt und sich nach den §§ 187 ff. BGB berechnet, beginnt gem. **S. 2** in dem Zeitpunkt, zu welchem der Benachteiligte von der Benachteiligung **Kenntnis erlangt**. Entscheidend ist die Kenntnis von der Benachteiligung als solcher; nicht erforderlich ist Kenntnis davon, dass es sich um eine Benachteiligung *wegen* eines der nach dem AGG verpönten Merkmale handelt[18]. Eine über die Benachteiligung hinausgehende Kenntnis aller 12

---

1 Vgl. BGH v. 19.9.1961 – VI ZR 259/60, BGHZ 35, 363. | 2 Staudinger/*Annuß*, § 611a BGB Rz. 102 zu § 611a BGB. | 3 EuGH v. 22.4.1997 – C-180/95 (Draehmpaehl), NZA 1997, 645. | 4 *Bauer/Evers*, NZA 2006, 893 (896). | 5 *Bauer/Göpfert/Krieger*, § 15 AGG Rz. 37; *Thüsing*, Rz. 522. | 6 BGH v. 13.12.1951 – III ZR 144/50, BGHZ 4, 138; v. 30.4.1996 – VI ZR 55/95, NJW 1996, 2425. | 7 *Bauer/Gunther*, NJW 2007, 113 (114); *Cornelius/Lipinski*, BB 2007, 496 (498) mit einer ausführlichen Darstellung der rechtlichen Implikationen bei „Vereinbarung einer Benachteiligung" und einer Entschädigungszahlung im Aufhebungsvertrag. | 8 Im Einzelnen dazu *Nebeling/Miller*, RdA 2007, 289 (292 ff.). | 9 BT-Drs. 16/1780 S. 38. | 10 Ebenso Däubler/Bertzbach/*Deinert*, § 15 AGG Rz. 94. | 11 BT-Drs. 16/1780 S. 38. | 12 Für eine Anwendung auf Abs. 1: *Annuß*, DB 2006, 1629, 1635; *Bauer/Göpfert/Krieger*, § 15 AGG Rz. 45; dagegen: Däubler/Bertzbach/*Deinert*, § 15 AGG Rz. 92; MüKo/*Thüsing*, § 15 AGG Rz. 38. | 13 ErfK/*Schlachter*, § 15 AGG Rz. 10; *Kamanabrou*, RdA 2006, 321 (337). | 14 Ausf. ErfK/*Schlachter*, § 15 AGG Rz. 11; *Kamanabrou*, RdA 2006, 321 (337 f.); *Kamanabrou*, ZfA 2006, 327 (339); MüKo/*Thüsing*, § 15 AGG Rz. 39. | 15 EuGH v. 22.11.2005 – C-144/04, NZA 2005, 1345. | 16 Bejahend MüKo/*Thüsing*, § 15 AGG Rz. 39. | 17 BT-Drs. 16/1780 S. 38. | 18 Vgl. bereits *Annuß*, BB 2006, 1629 (1635); MüKo/*Thüsing*, § 15 AGG Rz. 44; aA Däubler/Bertzbach/*Deinert*, § 15 AGG Rz. 105.

anspruchsbegründenden Tatsachen (zB Verschulden des Arbeitgebers) ist nicht erforderlich. Im Fall einer Bewerbung oder des beruflichen Aufstiegs legt das Gesetz diesen Moment als denjenigen des Zugangs (§§ 130 f. BGB) der Ablehnung fest. Sofern die Benachteiligung ein **Dauertatbestand** ist oder sich **aus verschiedenen Handlungen zusammensetzt**, beginnt die Frist erst mit der Aufhebung des Zustands bzw. der letzten Handlung.

13 Der Anspruch ist **schriftlich** (§§ 126, 126a BGB) geltend zu machen[1]. Tarifvertraglich kann nicht nur eine längere, sondern auch eine kürzere Frist vereinbart werden. § 31 steht dem nicht entgegen, allerdings darf die Verkürzung nach den Vorgaben des EuGH zur effektiven Gestaltung von Schadensersatz- und Entschädigungsansprüchen nicht dazu führen, dass die Geltendmachung des Anspruchs über Gebühr erschwert wird[2]. Eine **Frist von drei Wochen** dürfte in Anlehnung an § 4 S. 1 KSchG und § 17 S. 1 TzBfG noch zulässig sein[3]. Obschon der Gesetzgeber eine Abweichung durch Tarifvertrag wegen deren erhöhter Richtigkeitsgewähr zulässt, ist die Abweichung durch **einzelvertragliche Bezugnahme** auf einen zeitlich, räumlich und sachlich einschlägigen Tarifvertrag nicht möglich, wie sich aus einem Umkehrschluss zu § 22 II TzBfG und § 13 I 2 BUrlG ergibt, wo der Gesetzgeber die Möglichkeit der Bezugnahme jeweils ausdrücklich normiert hat[4]. Als weitere Frist zur Geltendmachung der Ansprüche des § 15 I[5] und II ist die Klageerhebungsfrist des **§ 61b I ArbGG** zu beachten (s. § 61b ArbGG).

14 **VI. Abs. 5** stellt klar, dass Ansprüche gegen den ArbGeb aus sonstigen Rechtsvorschriften unberührt bleiben. Sofern aus der Formulierung **„im Übrigen"** gefolgert wird, dass die Einschränkungen nach § 15 III u. IV sowie § 61b I ArbGG auch für alle sonstigen Ansprüche gelten sollen[6], steht dem der ausdrückliche Wortlaut in § 15 IV u. 61b I ArbGG entgegen[7]. Als weitere Ansprüche kommen in erster Linie solche aus § 1004 BGB und § 823 I BGB (in seltenen Fällen[8] durch eine Verletzung des allgemeinen Persönlichkeitsrechts als sonstiges Recht) in Betracht. Ansprüche nach § 280 I BGB und uU iVm. § 311 II BGB werden durch § 15 I als lex specialis verdrängt[9]. Ferner ist § 7 I kein Schutzgesetz iSv. § 823 II BGB, so dass auch ein solcher Anspruch ausscheidet (s. auch § 7 Rz. 1)[10].

15 **VII. Abs. 6** stellt ebenso wie bislang § 611a II, V BGB[11] klar, dass im Gegensatz zum zivilrechtlichen Teil des AGG aus der Verletzung eines Benachteiligungsverbots kein Kontrahierungszwang entsteht. Ein Kontrahierungszwang aus anderen Gründen bleibt davon unberührt. Solche anderen Gründe können in erster Linie tarifliche Einstellungsansprüche bzw. Rechtsansprüche auf einen beruflichen Aufstieg (insbes. tariflicher Bewährungsaufstieg) sein. Für Bewerber zum öffentlichen Dienst kann sich aus Art. 33 II GG ein Einstellungsanspruch ergeben, „wenn sämtliche Einstellungsvoraussetzungen in der Person des Bewerbers erfüllt sind und dessen Einstellung die einzig denkbare rechtmäßige Entscheidung der Behörde ist, weil sich jede andere Entscheidung als rechtswidrig oder ermessensfehlerhaft darstellt"[12]. Oftmals wird dem Dienstherrn jedoch ein Entscheidungsspielraum verbleiben, so dass sich der Anspruch lediglich auf fehlerfreie Ermessensausübung bei einer erneuten Auswahlentscheidung richtet[13]. Auch nach Einführung des AGG dürfte sich ein entsprechender Anspruch auf bevorzugte Berücksichtigung für Schwerbehinderte aus dem Schwerbehindertenrecht (§§ 81 ff. SGB IX) ergeben[14].

16 *Maßregelungsverbot*

(1) Der Arbeitgeber darf Beschäftigte nicht wegen der Inanspruchnahme von Rechten nach diesem Abschnitt oder wegen der Weigerung, eine gegen diesen Abschnitt verstoßende Anweisung auszuführen, benachteiligen. Gleiches gilt für Personen, die den Beschäftigten hierbei unterstützen oder als Zeuginnen oder Zeugen aussagen.

(2) Die Zurückweisung oder Duldung benachteiligender Verhaltensweisen durch betroffene Beschäftigte darf nicht als Grundlage für eine Entscheidung herangezogen werden, die diese Beschäftigten berührt. Absatz 1 Satz 2 gilt entsprechend.

(3) § 22 gilt entsprechend.

---

1 *Annuß*, BB 2006, 1629 (1635); Däubler/Bertzbach/*Deinert*, § 15 AGG Rz. 110; aA *Bauer/Göpfert/Krieger*, § 15 AGG Rz. 55, die eine Unterschrift für entbehrlich halten. | 2 Vgl. EuGH v. 22.4.1997 – C-180/95 (Draehmpaehl), NZA 1997, 645. | 3 Ebenso MüKo/*Thüsing*, § 15 AGG Rz. 43. | 4 Im Ergebnis ebenso Schiek/*Kocher*, § 15 AGG Rz. 58; aA *Bauer/Göpfert/Krieger*, § 15 AGG Rz. 61. | 5 Zwar spricht der Wortlaut nur von Entschädigungsansprüchen, gemeint sind jedoch alle Ansprüche nach § 15. | 6 So *Bauer/Göpfert/Krieger*, § 15 AGG Rz. 67. | 7 Ebenso Däubler/Bertzbach/*Deinert*, § 15 AGG Rz. 97 nur für § 15 IV; MüKo/*Thüsing*, § 15 AGG Rz. 45. | 8 Vgl. Staudinger/*Annuß*, § 611 Rz. 80. | 9 Däubler/Bertzbach/*Deinert*, § 15 AGG Rz. 24; ebenso zu § 611a Staudinger/*Annuß*, § 611a BGB Rz. 80; aA *Bauer/Göpfert/Krieger*, § 15 AGG Rz. 65; *Simon/Greßlin*, BB 2007, 1782 (1784). | 10 *Bauer/Göpfert/Krieger*, § 7 Rz. 7; MüKo/*Thüsing*, § 15 AGG Rz. 50; zu § 611a Staudinger/*Annuß*, § 611a BGB Rz. 81 mwN; aA Däubler/Bertzbach/*Deinert*, § 15 AGG Rz. 124 mwN. | 11 S. dazu auch EuGH v. 10.4.1984 – Rs 14/83 und 79/83, NZA 1984, 157 und DB 1984, 1042. | 12 BAG v. 19.2.2003 – 7 AZR 67/02, NZA 2003, 1271; v. 9.11.1994 – 7 AZR 19/94, NZA 1995, 781; v. 4.2.1981 – 4 AZR 967/78, AP Nr. 45 zu § 242 BGB – Gleichbehandlung. | 13 BAG v. 5.3.1996 – 1 AZR 590/92, NZA 1996, 751. | 14 Zur früheren Rechtslage BAG v. 19.9.1979 – 4 AZR 887/77, DB 1980, 405; v. 28.4.1998 – 9 AZR 348/97, NZA 1999, 152; ebenso ErfK/*Schlachter*, § 15 AGG Rz. 13.

I. Abs. 1 entspricht dem bereits in § 612a BGB und § 5 TzBfG enthaltenen Grundsatz, dass Beschäftigte wegen der zulässigen **Inanspruchnahme ihrer Rechte** nach den §§ 7 I, 12–15 nicht benachteiligt werden dürfen; Abs. 1 ist gegenüber § 612a BGB lex specialis[1]. Da eine benachteiligende Weisung gem. § 7 I unwirksam wäre, dürfte der Beschäftigte die Ausführung unterlassen. Satz 1 stellt ausdrücklich klar, dass die Weigerung, eine derartige Weisung auszuführen, vom ArbGeb nicht mit Sanktionen belegt werden darf. Die Inanspruchnahme nur vermeintlich dem Beschäftigten zustehender Rechte kann jedoch selbstverständlich mit den üblichen arbeitsrechtlichen Mitteln, insb. einer Abmahnung oder einer Kündigung, sanktioniert werden, ebenso wie über die bloße Weigerung hinausgehende vertragswidrige Handlungen des Beschäftigten[2]. 1

Benachteiligung iSd. § 16 I ist jede (mittelbare oder unmittelbare) ungünstigere Behandlung im Vergleich zur hypothetischen Lage ohne die Inanspruchnahme von Rechten durch den Beschäftigten. Sie erfasst den Abschluss von Vereinbarungen ebenso wie einseitige Maßnahmen des ArbGeb rechtsgeschäftlicher oder tatsächlicher Art.[3] § 16 gilt auch für die Vereinbarungen von Klauseln in TV, BV oder DV[4]. Da **Vergleichsmaßstab** die hypothetische Lage ohne die Inanspruchnahme von Rechten ist, muss die zulässige Rechtsausübung der tragende Beweggrund für die Ungleichbehandlung gewesen sein[5]. Ob die Benachteiligung der Inanspruchnahme der Rechte folgen muss[6] oder ihr auch vorausgehen kann[7], ist umstritten. Das Maßregelungsverbot richtet sich ausdrücklich gegen den **Arbeitgeber**, wobei allerdings auch **Dritte** gemeint sind, die Arbeitgeberfunktionen ausüben (zB Vorgesetzte, Geschäftsführer einer Gesellschaft). Geschützt wird nicht nur der Beschäftigte, der ein Recht in Anspruch nimmt, sondern gem. **Abs. 1 S. 2** auch andere Beschäftigte[8] des benachteiligenden ArbGeb, die den Beschäftigten bei der Rechtsausübung unterstützen oder als Zeugen agieren. **Unterstützung** ist jede Handlung[9], die der Rechtsverfolgung dient. Sie darf, wie die Rechtsverfolgung selbst, nur dann sanktioniert werden, wenn sie unzulässig ist. 2

II. Abs. 2 stellt klar, dass der ArbGeb keine Folgen daraus ableiten darf, dass der oder die Benachteiligte die Benachteiligung geduldet oder zurückgewiesen hat. Das gilt gem. Abs. 2 S. 2 auch gegenüber Personen, die Beschäftigte bei der Inanspruchnahme ihrer Rechte unterstützen oder diesbzgl. als Zeugen auftreten. Gem. **Abs. 3** findet die in § 22 geregelte Beweislastverteilung auch im Rahmen von § 16 Anwendung. Diese Regelung war erforderlich, da § 22 direkt nur für Benachteiligungen aus Gründen der in § 1 genannten Motive gilt, hier die Benachteiligung aber wegen der Inanspruchnahme von Rechten im Hinblick auf eine Benachteiligung erfolgt. § 16 ist **Schutzgesetz iSv. § 823 II BGB**[10]. Vertragliche Ansprüche kommen über § 280 I BGB in Betracht[11]. Im Übrigen ist die maßregelnde **Maßnahme unwirksam**. 3

Unterabschnitt 4. Ergänzende Vorschriften

17 *Soziale Verantwortung der Beteiligten*

(1) Tarifvertragsparteien, Arbeitgeber, Beschäftigte und deren Vertretungen sind aufgefordert, im Rahmen ihrer Aufgaben und Handlungsmöglichkeiten an der Verwirklichung des in § 1 genannten Ziels mitzuwirken.

(2) In Betrieben, in denen die Voraussetzungen des § 1 Abs. 1 Satz 1 des Betriebsverfassungsgesetzes vorliegen, können bei einem groben Verstoß des Arbeitgebers gegen Vorschriften aus diesem Abschnitt der Betriebsrat oder eine im Betrieb vertretene Gewerkschaft unter der Voraussetzung des § 23 Abs. 3 Satz 1 des Betriebsverfassungsgesetzes die dort genannten Rechte gerichtlich geltend machen; § 23 Abs. 3 Satz 2 bis 5 des Betriebsverfassungsgesetzes gilt entsprechend. Mit dem Antrag dürfen nicht Ansprüche des Benachteiligten geltend gemacht werden.

I. Abs. 1 enthält mit der Aufforderung an die TV-Parteien, ArbGeb, Beschäftigten und deren Vertretungen, ihren Beitrag zur Verwirklichung des Ziels zu leisten, einen allgemeinen **Programmsatz**. Darüber hinaus soll das AGG ua. Anlass dafür sein, Personalprozesse in Unternehmen und Betrieben unter dem Gesichtspunkt des Benachteiligungsschutzes zu überprüfen und ggf. neu zu definieren[12]. Aus § 17 I können keine unmittelbaren Rechte oder Pflichten, wie etwa ein Verhandlungsanspruch, abgeleitet werden. 1

---

1 *Bauer/Göpfert/Krieger*, § 16 AGG Rz. 5. | 2 *Thüsing* Rz. 600 mit dem Beispiel der Information der Öffentlichkeit. | 3 Staudinger/*Richardi*, § 612a Rz. 10. | 4 Staudinger/*Richardi*, § 612a Rz. 10. | 5 BAG v. 2.4.1987 – 2 AZR 227/86, NZA 1988, 18. | 6 So *Thüsing*, NZA 1994, 728 (730 f.). | 7 So die hM, vgl. Staudinger/*Richardi*, § 612a Rz. 13 mwN. | 8 MüKo/*Thüsing*, § 16 AGG Rz. 12. | 9 Einschränkend insofern *Bauer/Göpfert/Krieger*, § 17 AGG Rz. 11, die den Schutz bei unbedeutenden Unterstützungshandlungen wie der Nennung eines Rechtsanwalts entfallen lassen wollen. | 10 Ebenso *Thüsing*, Rz. 607; zu § 612a BGB Staudinger/*Richardi*, § 612a Rz. 21. | 11 Zu § 612a BGB Staudinger/*Richardi*, § 612a Rz. 21. | 12 BT-Drs. 16/1780 S. 39.

2 **II. Gem. Abs. 2 S. 1**[1] können in betriebsratsfähigen Betrieben der BR oder – unabhängig vom Bestehen eines solchen – eine im Betrieb vertretene Gewerkschaft[2] bei einem groben Verstoß des ArbGeb gegen die §§ 7–16 AGG beim ArbG beantragen, dem ArbGeb aufzugeben, die Handlung zu unterlassen, die Vornahme einer Handlung zu dulden oder eine Handlung vorzunehmen (§ 23 III 1 BetrVG). Angesichts der Verweisung auf das BetrVG dürfte eine solche Möglichkeit für Personalräte und in Dienststellen vertretene Gewerkschaften auch über § 24 nicht in Betracht kommen[3]. Ein grober **Verstoß** kann bspw. darin liegen, dass der ArbGeb die zum Schutz seiner Beschäftigten objektiv gebotenen Maßnahmen unterlässt oder selbst in grober Weise gegen das Benachteiligungsverbot verstößt. Der Verstoß muss **grob** gewesen sein, dh. „objektiv erheblich und offensichtlich schwerwiegend" (vgl. auch unten § 23 BetrVG Rz. 7)[4]. Aus dem systematischen Zusammenhang mit § 23 III BetrVG folgt, dass der Verstoß erst dann grob ist, wenn er geeignet ist, die „gute Ordnung" des Betriebs zu beeinträchtigen[5]. Eine **Kollektivbezogenheit des Verstoßes** dürfte aber auch insofern nicht erforderlich sein[6]. Jedoch muss der Verstoß eine gewisse Schwere erreichen[7] und dadurch gleichsam auf die anderen Arbeitsverhältnisse ausstrahlen[8]. Da der Antrag auf ein zukünftiges Verhalten des ArbGeb gerichtet und nicht als Sanktion gedacht ist, muss kein Verschulden vorliegen[9]. Auch kann bereits die einmalige Pflichtverletzung genügen, wenn diese ausreichend schwerwiegend war[10]. Wiederholungsgefahr ist nicht erforderlich[11]. Wurde der ArbGeb in dem Erkenntnisverfahren nach § 17 II 1 Hs. 1 AGG iVm. § 23 III 1 BetrVG zur Unterlassung, Duldung oder Vornahme einer Handlung verurteilt, erfolgt die **Durchsetzung** dieser Verpflichtung auf Antrag gem. § 17 II 1 Hs. 2 AGG nach § 23 III 2–5 BetrVG (s. unten § 23 BetrVG Rz. 37 ff.).

3 **III. Nach Abs. 2 S. 2** kann der BR nicht im Wege des § 17 II 1 iVm. § 23 BetrVG Ansprüche eines Benachteiligten geltend machen, worunter in erster Linie Ansprüche eines Beschäftigten aus § 15 zu verstehen sind, aber auch sonstige, die sich aus benachteiligenden Maßnahmen des ArbGeb ergeben (zB Feststellung der Unwirksamkeit einer Maßnahme). Sofern ein Beschäftigter selbst auf Unterlassung, Duldung oder Vornahme einer Handlung klagen könnte, stellt sich also die Frage, inwiefern dadurch eine Klagemöglichkeit nach § 17 II 1 ausgeschlossen ist. Zu Recht wird auf die Unstimmigkeit hingewiesen, dass bei einem parallelen Bestehen der Klagemöglichkeiten BR oder Gewerkschaft klagen könnten, obwohl sich der einzig Betroffene bewusst dagegen entscheidet[12]. Doch wollte der Gesetzgeber BR und Gewerkschaft bei einem hinreichend gewichtigen Verstoß insofern eigene Rechte verleihen und lediglich die Prozessstandschaft ausschließen[13]. Also besteht unter den jeweiligen Voraussetzungen eine doppelte Klagemöglichkeit, wobei durch § 17 II 2 klargestellt ist, dass BR oder Gewerkschaft nicht im Namen des Benachteiligten vorgehen können[14].

18 *Mitgliedschaft in Vereinigungen*

(1) Die Vorschriften dieses Abschnitts gelten entsprechend für die Mitgliedschaft oder die Mitwirkung in einer

1. Tarifvertragspartei,

2. Vereinigung, deren Mitglieder einer bestimmten Berufsgruppe angehören oder die eine überragende Machtstellung im wirtschaftlichen oder sozialen Bereich innehat, wenn ein grundlegendes Interesse am Erwerb der Mitgliedschaft besteht,

sowie deren jeweiligen Zusammenschlüssen.

(2) Wenn die Ablehnung einen Verstoß gegen das Benachteiligungsverbot des § 7 Abs. 1 darstellt, besteht ein Anspruch auf Mitgliedschaft oder Mitwirkung in den in Absatz 1 genannten Vereinigungen.

1 § 18 erweitert in Übereinstimmung mit § 2 I Nr. 4 den persönlichen Geltungsbereich des AGG. Von den Pflichten des Abschnitts 2 werden nach Nr. 1 **Tarifvertragsparteien** erfasst. Das sind in erster Linie Gewerkschaften, die die Voraussetzungen des § 2 I TVG (s. insofern unten § 2 TVG Rz. 1 ff.) erfüllen sowie gem. § 54 III Nr. 1 und § 82 S. 2 Nr. 3 HandwO Handwerksinnungen und Landesinnungsverbände. Bezweifeln ließe sich, ob § 18 I Nr. 1 auch ArbGebVereinigungen umfasst, obwohl diese TV-Parteien iSd. § 2 I TVG sind. Denn für den einzelnen tariffähigen ArbGeb scheint die Gefährdungslage gegenüber der ArbGebVereinigung grundverschieden von der eines ArbN zu seinem (potentiellen) ArbGeb bzw. zur

1 § 17 II war europarechtlich nicht geboten und geht über das von den RL Geforderte hinaus. | 2 Voraussetzung ist insofern, dass wenigstens ein Beschäftigter des ArbGeb bei der Gewerkschaft organisiert ist. | 3 *Thüsing*, Rz. 618; aA *Besgen/Roloff*, NZA 2007, 670 (671). | 4 So zu § 23 III 1 BetrVG BAG v. 22.6.1993 – 1 ABR 62/92, NZA 1994, 184; v. 23.6.1992 – 1 ABR 11/92, NZA 1992, 1095; v. 21.2.1978 – 1 ABR 54/76, DB 1978, 1547 f. | 5 *Besgen/Roloff*, NZA 2007, 670 (672). | 6 *Besgen*, BB 2007, 213 (214); *Besgen/Roloff*, NZA 2007, 670 (671). | 7 BT-Drs. 16/2022 S. 12. | 8 ErfK/*Schlachter*, § 17 AGG Rz. 3; *Hayen*, AuR 2007, 6 (11); *Thüsing*, Rz. 615; aA *Klumpp*, NZA 2006, 904 (906); *Bauer/Göpfert/Krieger*, § 17 AGG Rz. 22. | 9 BAG v. 23.6.1992 – 1 ABR 11/92, NZA 1992, 1095 (1097 mwN). | 10 BAG v. 14.11.1989 – 1 ABR 87/88, NZA 1990, 357. | 11 BAG v. 18.4.1985 – 6 ABR 19/84, NZA 1985, 783; vgl. auch BAG v. 23.6.1992 – 1 ABR 11/92, NZA 1992, 1095 (1097). | 12 *Bauer/Göpfert/Krieger*, § 17 AGG Rz. 22; *Klumpp*, NZA 2006, 904 (905). | 13 BT-Drs. 16/2022 S. 12. | 14 Ebenso *Besgen*, BB 2007, 213 (215); *Besgen/Roloff*, NZA 2007, 670 (673); Däubler/Bertzbach/*Buschmann*, § 17 AGG Rz. 29; *Hayen*, AuR 2007, 6 (11).

Gewerkschaft zu sein. Der Eröffnung des sachlichen Anwendungsbereichs nach § 2 Nr. 4 für die Mitgliedschaft und Mitwirkung in einer ArbGebVereinigung könnte insofern auch mit einer Anwendung des zivilrechtl. Teils des AGG Rechnung getragen werden. Dennoch dürfte an dem klaren Wortlaut des § 18 I Nr. 1 einstweilen fest zu halten sein. Allerdings kommt für reine OT-Verbände (Verbände, die nach ihrer Satzung keine TV schließen) eine Anwendung von § 18 I Nr. 1 nicht in Betracht. Sie sind keine TV-Parteien nach § 2 I TVG[1].

2 Nr. 2 erstreckt sich auf bestimmte **Vereinigungen**. Das sind nach Alt. 1 zunächst solche, deren Mitglieder einer bestimmten Berufsgruppe angehören, also deren Organisation sich nach der Tätigkeit der Mitglieder richtet (zB Handwerksinnungen, Rechtsanwalts- oder Ärztekammern[2]). Die Rechtsform der Vereinigung spielt keine Rolle, unerheblich ist auch, ob die Mitgliedschaft in der Vereinigung freiwillig oder obligatorisch ist[3]. Alt. 2 geht über die Erfordernisse der RL hinaus und normiert die bisherige Rspr. zur Mitgliedschaft in Vereinigungen mit einer überragenden Machtstellung bei grundlegendem Interesse an dieser Mitgliedschaft[4]. Gemeint sind damit Vereinigungen wie der Deutsche Sportbund[5], Landessportverbände[6] oder ein Stadtjugendring[7,8]. Ein grundlegendes Interesse ist dann anzunehmen, wenn durch die fehlende Mitgliedschaft erhebliche Nachteile drohen. Neben den TV-Parteien nach Nr. 1 und den Vereinigungen nach Nr. 2 werden auch deren **jeweilige Zusammenschlüsse** verpflichtet.

3 Geschützt sind sowohl die **Mitgliedschaft** als auch die **Mitwirkung**. Damit wird die Position der (potentiellen) Mitglieder umfassend, also auch im Hinblick auf einzelne Leistungen, und nicht nur bzgl. der Mitgliedschaft geschützt. **Abs. 2** legt in Abweichung von § 15 VI ausdrücklich einen **Kontrahierungszwang** fest und entspricht insofern der bisherigen Rechtslage[9]. Da Berufsvereinigungen eine monopolartige Stellung bei der Wahrnehmung beruflicher Interessen haben, kann eine Benachteiligung regelmäßig nur in der Weise behoben werden, dass den Benachteiligten ein Anspruch auf Aufnahme bzw. auf Inanspruchnahme der satzungsmäßigen Leistungen zugebilligt wird[10]. Die übrigen vereinsrechtlichen und satzungsmäßigen Voraussetzungen müssen erfüllt sein.

Abschnitt 4. Rechtsschutz

22 *Beweislast*

Wenn im Streitfall die eine Partei Indizien beweist, die eine Benachteiligung wegen eines in § 1 genannten Grundes vermuten lassen, trägt die andere Partei die Beweislast dafür, dass kein Verstoß gegen die Bestimmungen zum Schutz vor Benachteiligung vorgelegen hat.

1 § 22 enthält eine **Beweislastregelung**, keine Beweislastumkehr, zu Gunsten des Benachteiligten. Die §§ 292, 294 ZPO sind nicht anwendbar. § 22 ist § 611a I 3 BGB und § 81 II Nr. 1 SGB IX nachgebildet und setzt Art. 8 RL 2000/43/EG, Art. 10 RL 2000/78/EG, 2004/113 EG um. Ferner soll er die Vorgaben der BeweislastRL 97/80/EG[11] erfüllen. Mit dieser Regelung wird berücksichtigt, dass der Grund für die Ungleichbehandlung eines ArbN zumeist in der Sphäre des ArbGeb liegt, in die der ArbN in der Regel keinen Einblick hat[12]. § 22 gilt – außer für die mittelbare[13] – für alle Formen der Benachteiligung nach § 3 sowie für § 16 entsprechend (vgl. § 16 III). Zwar scheint der Gesetzgeber nach der Entwurfsbegr. zu § 22 in Übereinstimmung mit der Rspr. des EuGH[14] mit § 22 nur die alte Rechtslage zu § 611a BGB, nach der der Beweis der Rechtfertigung auch bei der **mittelbaren Benachteiligung** dem Anspruchsgegner oblag, nachvollziehen zu wollen[15]. Doch führt er in der Entwurfsbegr. zu § 3 II ausdrücklich an, dass auf Grund der Weite des Anwendungsbereichs einer mittelbaren Benachteiligung der Anspruchsteller darlegungs- und beweispflichtig auch hinsichtlich eines sachlichen Grundes für eine Rechtfertigung sowie für die Erforderlichkeit und Angemessenheit der Benachteiligung ist[16]. Dieser ausdrücklich begründete und systematisch schlüssige Wille des Gesetzgebers hat in der gesetzlichen Konstruktion seinen Niederschlag gefunden. Nach § 3 II ist die Rechtfertigung negatives Tatbestandsmerkmal einer mittelbaren Benachteiligung. Die Benachteiligung hat jedoch nach § 22 der Anspruchsteller zu beweisen, so dass er

1 Wiedemann/*Oetker*, TVG, § 2 Rz. 21 f. | 2 Vgl. *Bauer/Göpfert/Krieger*, § 18 AGG Rz. 9. | 3 MüKo/*Thüsing*, § 18 AGG Rz. 4. | 4 Dazu und zu den Voraussetzungen des Anspruchs siehe BGH v. 2.12.1974 – II ZR 78/72, NJW 1975, 771; v. 26.6.1979 – KZR 25/78, NJW 1980, 186; v. 10.12.1984 – II ZR 91/84, NJW 1985, 1216; v. 19.10.1987 – II ZR 43/87, NJW 1988, 552; v. 23.11.1998 – II ZR 54/98, NJW 1999, 1326. | 5 BGH v. 2.12.1974 – II ZR 78/72, NJW 1975, 771. | 6 BGH v. 10.12.1985 – KZR 2/85, NJW-RR 1986, 583. | 7 LG Heidelberg v. 12.1.1990 – 5 O 149/89, NJW 1991, 927. | 8 Weitere Bsp. bei Däubler/Bertzbach/*Herrmann*, § 18 AGG Rz. 11. | 9 Vgl. BGH v. 10.12.1984 – II ZR 91/84, NJW 1985, 1216. | 10 BT-Drs. 16/1780 S. 39. | 11 V. 15.12.1997, ABl. L Nr. 14 S. 6. | 12 EuGH v. 27.10.1993 – C-127/92, NZA 1994, 797 (798); v. 31.5.1995 – C-400/93, DB 1995, 1615 (1616). | 13 Vgl. zu § 611a BGB Staudinger/*Annuß*, § 611a BGB Rz. 109 mwN auch zur aA; *Prütting*, FS 50 Jahre BAG, S. 1311 (1319). | 14 EuGH v. 13.5.1986 – C-170/84 (Bilka), NZA 1986, 599. | 15 BT-Drs. 16/1780 S. 47; ebenso *Grobys*, NZA 2006, 898 (899); *Prütting*, FS 50 Jahre BAG, S. 1311 (1319). | 16 BT-Drs. 16/1780 S. 33.

auch das Fehlen der negativen Tatbestandsvoraussetzungen vortragen muss[1]. Ein Verstoß gegen die dem AGG zugrunde liegenden RL sowie die BeweislastRL 97/80/EG liegt hierin nicht, da der deutsche Gesetzgeber mit seiner Konzeption nur deren Regelungen nachvollzieht[2]. Soweit der Anspruchsteller keine Kenntnis über das Vorliegen rechtfertigender Gründe hat, hat er einen **Auskunftsanspruch** gegen den Anspruchsgegner nach § 242 BGB[3], den er auch im Rahmen einer **Stufenklage** geltend machen kann. Ein Auskunftsanspruch steht Benachteiligten auf Grund der ihnen umfangreich zugute kommenden Beweiserleichterung des § 22 ansonsten nur in absoluten Ausnahmefällen zu[4].

2 Die Beweisführung erfolgt nach der gesetzlichen Konzeption in zwei Stufen[5]. Auf der **ersten Stufe** hat der (vermeintlich) Benachteiligte Indizien vorzubringen, die eine Benachteiligung vermuten lassen. Ein solches Indiz kann zB in dem Unterlassen der von §§ 81 I, 82 S. 1 SGB IX geforderten Einschaltung der Agentur für Arbeit liegen, weil der Einstellende damit deutlich macht, dass er an der Einstellung eines Schwerbehinderten kein Interesse hat[6]. Dem ArbGeb obliegt sodann auf der **zweiten Stufe** der Beweis dafür, dass die tatsächlich unterschiedliche Betroffenheit der Vergleichsgruppen/-personen nicht auf merkmalsspezifischen Gründen beruht oder die Differenzierung gerechtfertigt ist. Eine **Beweiserleichterung gilt nicht** für das Vorliegen einer benachteiligenden Maßnahme oder eines Merkmals nach § 1, sondern sie ist nur auf den Benachteiligungsgrund bezogen[7]. Der ArbN hat deshalb nach den allgemeinen Regeln zu beweisen, dass eine ihn benachteiligende Maßnahme bzw. ein Merkmal nach § 1 (zB Behinderung statt Krankheit oder Weltanschauung statt politischer Ansicht) vorliegt. Nur soweit er behauptet, die Benachteiligung sei **wegen** eines Merkmals nach § 1 erfolgt, es also um die Frage der Kausalität geht, greift die Beweiserleichterung in Form der Reduzierung des Beweismaßes[8] ein. Ein Vollbeweis ist hier also nicht erforderlich, es genügt vielmehr, dass Tatsachen vorgebracht werden, die eine überwiegende Wahrscheinlichkeit begründen[9]. Als Tatsachen, deren Indizwirkung zur Umkehr der Beweislast führen kann, kommen bspw. merkmalsspezifische Stellenausschreibungen[10], diskriminierende Äußerungen des ArbGeb oder seiner Vertreter[11], erhebliche Unterrepräsentation einer merkmalsrelevanten Gruppe im Unternehmen[12] oder etwaige vorangegangene Benachteiligungen einer merkmalsrelevanten Gruppe in Betracht.

3 Der ArbGeb kann sich zur **Widerlegung der Vermutung des § 22** nur auf solche Umstände berufen, die ihn bei der benachteiligenden Maßnahme geleitet haben. Ein Nachschieben objektiv vorliegender, subjektiv jedoch nicht maßgeblicher Rechtfertigungsgründe genügt daher nicht[13]. Wegen dieser materiellen Betrachtungsweise ist nicht ausschlaggebend, ob die maßgeblichen Gründe ausdrücklich genannt worden sind, allerdings wird dem ArbGeb der Nachweis schwerfallen, dass es sich um ein tatsächlich auswahlrelevantes Kriterium und nicht lediglich um eine Schutzbehauptung handelt[14]. Die Beweislastregelung greift ein, soweit der ArbN einen Anspruch wegen Verstoßes gegen das Benachteiligungsverbot geltend machen kann. In Betracht kommen die Geltendmachung von Schadensersatz- oder Entschädigungsansprüchen nach § 15 I und II, aber auch sonstige Ansprüche oder Feststellungsklagen, soweit diese auf den Verstoß gegen das Diskriminierungsverbot gestützt werden[15].

---

1 Ebenso Gaier/Wendtland/*Gaier*, § 22 AGG Rz. 155; *Bauer/Göpfert/Krieger*, § 3 AGG Rz. 37; *v. Steinau-Steinrück/Schneider/Wagner*, NZA 2005, 28 (31); aA Däubler/Bertzbach/*Bertzbach*, § 22 AGG Rz. 37; ErfK/*Schlachter*, § 3 AGG Rz. 9; *Grobys*, NZA 2006, 898 (900); *Schiek*, NZA 2004, 873 (874 f.); *Windel*, RdA 2007, 1 (6 f.). | 2 AA Däubler/Bertzbach/*Bertzbach*, § 22 AGG Rz. 37. | 3 Ebenso *Bauer/Göpfert/Krieger*, § 3 AGG Rz. 37. | 4 Vgl. LAG Hamburg v. 9.11.2007 – H 3 Sa 102/07, juris, Rz. 34 ff.; etwas weiter *Grobys*, NZA 2006, 898 (903); *Schlachter*, Wege zur Gleichberechtigung, S. 179; *Thüsing*, Rz. 648; dazu auch *Prütting*, FS 50 Jahre BAG, S. 1313 (1324 f.). | 5 Ausf. *Hoentzsch*, DB 2006, 2631. | 6 BAG v. 12.9.2006 – 9 AZR 807/05, NZA 2007, 507; *v. Medem*, NZA 2007, 545. | 7 Zu § 611a BGB: BAG v. 5.2.2004 – 8 AZR 112/03, NZA 2004, 540; Staudinger/*Annuß*, § 611a BGB Rz. 111; zu § 22 AGG: ErfK/*Schlachter*, § 22 AGG Rz. 2; aA *Windel*, RdA 2007, 1 (3), der die Beweiserleichterung auch auf das Vorliegen einer Benachteiligung erstreckt sieht. | 8 Die Beweismittel dagegen sind die des Vollbeweises, so dass insb. eine Versicherung an Eides statt nach § 294 ZPO nicht in Betracht kommt. | 9 ErfK/*Schlachter*, § 22 AGG Rz. 3; *Grobys*, NZA 2006, 898 (900); *Windel*, RdA 2007, 1 f.; wohl auch *Bauer/Evers*, NZA 2006, 839 (895). | 10 BAG v. 27.4.2000 – 8 AZR 295/99 nv.; v. 5.2.2004 – 8 AZR 112/03, NZA 2004, 540. | 11 BVerfG v. 16.11.1993 – 1 BvR 258/86, NZA 1994, 745 (745); *Schiek/Horstkötter*, NZA 1998, 863 (866). | 12 BAG v. 23.9.1992 – 4 AZR 30/92, NZA 1993, 891. | 13 BVerfG v. 16.11.1993 – 1 BvR 258/86, NZA 1994, 745 (746); BAG 5.2.2004 – 8 AZR 112/03, NZA 2004, 540 (544); MüKo/*Müller-Glöge*, § 611a BGB Rz. 39; *Grobys*, NZA 2006, 898 (901). | 14 Vgl. auch MüKo/*Müller-Glöge*, § 611a BGB Rz. 85. | 15 Offengelassen von LAG Köln v. 10.5.1990 LAGE § 611a BGB Nr. 5; wie hier *Hanau*, FS Gnade, S. 351 (353); Staudinger/*Annuß*, § 611a BGB Rz. 110; *Thüsing*, Rz. 647; nur im Ergebnis ebenso *Grobys*, NZA 2006, 898 (899).

Abschnitt 5. Sonderregelungen für öffentlich-rechtliche Dienstverhältnisse

24 *Sonderregelung für öffentlich-rechtliche Dienstverhältnisse*

Die Vorschriften dieses Gesetzes gelten unter Berücksichtigung ihrer besonderen Rechtsstellung entsprechend für

1. **Beamtinnen und Beamte des Bundes, der Länder, der Gemeinden, der Gemeindeverbände sowie der sonstigen der Aufsicht des Bundes oder eines Landes unterstehenden Körperschaften, Anstalten und Stiftungen des öffentlichen Rechts,**
2. **Richterinnen und Richter des Bundes und der Länder,**
3. **Zivildienstleistende sowie anerkannte Kriegsdienstverweigerer, soweit ihre Heranziehung zum Zivildienst betroffen ist.**

§ 24 ergänzt die Regelung des § 6 über den persönlichen Anwendungsbereich des AGG. Hintergrund dieser Regelung ist, dass die dem AGG zugrunde liegenden RL nicht zwischen privat- und öffentl.-rechtl. Beschäftigten unterscheiden[1]. Beamte und Richter waren bislang nicht von § 611a BGB erfasst, erhielten aber umfassenden Schutz über Art. 33 II GG, der auch weiterhin neben dem AGG jede Auswahlentscheidung, die sich an anderen Kriterien als Eignung, Befähigung und fachlicher Leistung orientiert, verbietet und damit über das AGG hinausgeht[2]. Wer unter Nr. 1–3 fällt, richtet sich nach dem jeweils einschlägigen Gesetz (Beamte: BBG bzw. Landesbeamtengesetz – nicht von § 24 erfasst sind Kirchenbeamte; Richter: DRiG; Zivildienstleistende: ZDG). Für eine Klage dieser Personen, mit der Ansprüche wegen eines Verstoßes gegen das Benachteiligungsverbot bei der Bewerbung auf eine Einstellung als Richter oder Beamter geltend gemacht werden, ist der Rechtsweg zu den VerwG eröffnet[3]. Soldaten werden von § 24 nicht erfasst[4]. Für sie gilt hinsichtlich des Schutzes vor geschlechtsbezogenen Benachteiligungen das SGleiG[5] und hinsichtlich der anderen Diskriminierungsmerkmale einschließlich des Schutzes vor sexueller Belästigung das SoldGG[6]. 1

Gem. § 24 gilt das AGG für die dort genannten Personen **entsprechend unter Berücksichtigung ihrer besonderen Rechtsstellung**. Zu beachten sind daher in erster Linie die hergebrachten Grundsätze des Berufsbeamtentums (Art. 33 V GG), die verfassungsrechtlich geschützte Stellung der Richter (Art. 97 GG) sowie die in den og. Spezialgesetzen normierten Besonderheiten. Diese bilden für den Dienstherren zusätzliche Rechtfertigungsmöglichkeiten und schneiden den Beschäftigten bestimmte Rechte ab, wie zB das in § 14 vorgesehene Leistungsverweigerungsrecht, wenn dem dienstliche Belange entgegenstehen[7]. 2

Abschnitt 7. Schlussvorschriften

31 *Unabdingbarkeit*

Von den Vorschriften dieses Gesetzes kann nicht zu Ungunsten der geschützten Personen abgewichen werden.

Das AGG ist hinsichtlich der arbeitsrechtlichen Vorschriften zwingendes Arbeitnehmerschutzrecht mit der Folge, dass entgegenstehende Vereinbarungen unwirksam sind. Es gilt nicht der Vorrang der Individualvereinbarung. Ein bewusster Verzicht auf Rechte aus dem AGG ist wie im Verbraucherschutzrecht des BGB nicht möglich. Auch durch Kollektivvereinbarungen wie TV oder BV u. DV kann nicht zuungunsten der ArbN abgewichen werden. Der insoweit erforderliche Günstigkeitsvergleich erfolgt im Gegensatz zu dem nach § 3 I vorzunehmenden (s. dort § 3 Rz. 2) wie bei § 12 EFZG[8] oder § 13 I 3 BUrlG[9] als Einzelvergleich, so dass die jeweiligen Vorschriften punktuell zu vergleichen sind. 1

Auf Rechte aus dem AGG kann nicht **im Voraus verzichtet werden**. Sind sie einmal entstanden und fällig, so ist ein Verzicht **bei oder nach Beendigung des Arbeitsverhältnisses** möglich[10]. Ob er auch bei Fortbestehen des Arbeitsverhältnisses zulässig ist, ist umstritten[11]. In welcher Form der Verzicht erfolgt, spielt keine Rolle. Er ist auch in einem gerichtlichen oder außergerichtlichen **Vergleich** zulässig. **Tatsachenvergleiche** (zB Einigung über das Vorliegen einer Benachteiligung oder die Angemessenheit der 2

---

1 Vgl. BT-Drs. 16/1780, S. 49. | 2 *Thüsing*, Rz. 155. | 3 OVG Rh.-Pf. v. 22.6.2007 – 2 F 10596/07, NZA-RR 2007, 491. | 4 BVerwG v. 18.10.2007 – 1 WB 67/06, Rz. 31. | 5 V. 27.12.2004 (BGBl. I S. 3822). | 6 Eingeführt durch Art. 2 des Gesetzes zur Umsetzung europäischer RL zur Verwirklichung des Grundsatzes der Gleichbehandlung vom 14.8.2006 (BGBl. I S. 1897). | 7 BT-Drs. 16/1780, S. 49. | 8 ErfK/*Dörner*, § 12 EFZG Rz. 7 mwN. | 9 ErfK/*Dörner*, § 13 BUrlG Rz. 6. | 10 MüKo/*Thüsing*, § 31 AGG Rz. 3. | 11 Vgl. einerseits MüKo/*Thüsing*, § 31 AGG Rz. 3 mit Verweis auf die Rspr. zu § 12 EFZG: BAG v. 11.6.1976 – 5 AZR 506/75, NJW 1977, 1213 (1214); v. 20.8.1980 – 5 AZR 218/78, DB 1981, 111 f.; andererseits *Bauer/Göpfert/Krieger*, § 31 AGG Rz. 14.

Höhe des Entschädigungsanspruchs), sind – wie das Zugestehen des gegnerischen Tatsachenvortrags vor Gericht – stets zulässig[1].

33 *Übergangsbestimmungen*

(1) Bei Benachteiligungen nach den §§ 611a, 611b und 612 Abs. 3 des Bürgerlichen Gesetzbuchs oder sexuellen Belästigungen nach dem Beschäftigtenschutzgesetz ist das vor dem 18. August 2006 maßgebliche Recht anzuwenden.

(2)–(4) (nicht abgedruckt)

1 § 33 I regelt als Übergangsbestimmung den **zeitlichen Anwendungsbereich** des Gesetzes. Benachteiligungen, die vor dem 18.8.2006 erfolgt sind, unterfallen nicht dem AGG, sondern den im Übrigen außer Kraft getretenen Vorschriften der §§ 611a, 611b und 612 III BGB bzw. dem BeschSchG. Gleiches gilt für **§ 81 II SGB IX**[2], da § 33 nur klarstellende Funktion zukommt[3]. Maßgeblich für die Bestimmung des Zeitpunkts ist die Vornahme der Handlung und nicht der daraus resultierende Erfolg[4]. **Rechtsfolgen** wie zB die Unwirksamkeit einer benachteiligenden Maßnahme können nicht über den 18.8.2006 hinaus in die Vergangenheit reichen. Für die Handlungen vor dem 18.8.2006 bleibt es bei der bis dahin geltenden Rechtslage, auch wenn sich die Auswirkungen erst ab dem 18.8.2006 ergeben. Verträge, die eine fortlaufende Benachteiligung enthalten (älterer ArbN erhält wegen Alters weniger Lohn) sind für die Zukunft anzupassen. Die benachteiligende Maßnahme liegt insofern in dem Unterlassen der Änderung.

1 *Bauer/Göpfert/Krieger*, § 31 AGG Rz. 17. | 2 BT-Drs. 16/1780 S. 53. | 3 *Bauer/Göpfert/Krieger*, § 33 AGG Rz. 7. | 4 BAG v. 14.8.2007 – 9 AZR 943/06, juris, Rz. 28.

Arbeitsgerichtsgesetz

in der Fassung der Bekanntmachung vom 2.7.1979 (BGBl. I S. 853, 1036), zuletzt geändert durch Gesetz vom 26.3.2008 (BGBl. I S. 444)

Erster Teil. Allgemeine Vorschriften

1 *Gerichte für Arbeitssachen*

Die Gerichtsbarkeit in Arbeitssachen – §§ 2 bis 3 – wird ausgeübt durch die Arbeitsgerichte – §§ 14 bis 31 –, die Landesarbeitsgerichte – §§ 33 bis 39 – und das Bundesarbeitsgericht – §§ 40 bis 45 – (Gerichte für Arbeitssachen).

1 **I. Inhalt und Zweck.** Die Gerichtsbarkeit in Arbeitssachen wird durch die Vorschrift den Gerichten für Arbeitssachen in ausschließlicher Zuständigkeit zugewiesen. Was Arbeitssachen sind, wird in §§ 2 I–III, 2a I u. III festgelegt. Des Weiteren wird ein dreistufiger Aufbau für die Gerichte für Arbeitssachen festgeschrieben. Näheres zum Aufbau findet sich in §§ 14–31 für die ArbG, in §§ 33–39 für die LAG und in §§ 40–45 für das BAG.

2 Mit der Neufassung von § 48 und der in Bezug genommenen §§ 17–17b GVG durch das 4. VwGO-Änderungsgesetz vom 17.12.1990[1] hat der Gesetzgeber die Gleichwertigkeit aller Rechtswege verwirklicht. Zu diesen zählt auch die Arbeitsgerichtsbarkeit. Seitdem bildet die Arbeitsgerichtsbarkeit auch im Verhältnis zur ordentl. Gerichtsbarkeit nicht nur eine andere sachliche Zuständigkeit, sondern einen eigenen Rechtsweg[2]. Ob es dabei bleibt, ist zweifelhaft. Diskutiert wird die Zusammenlegung der Arbeitsgerichtsbarkeit mit der ordentl. Gerichtsbarkeit[3]. Sinnvoll erscheint dagegen die Vereinheitlichung der Rechtswege im Zusammenhang mit der Kündigung von Personen mit Sonderkündigungsschutz[4].

3 **II. Deutsche Gerichtsbarkeit. 1. Territorialprinzip.** Der deutschen Gerichtsbarkeit unterliegen nach dem Territorialitätsprinzip alle natürlichen und juristischen Personen auf deutschem Staatsgebiet, damit Inländer wie Ausländer. Dem Staat steht diesen Personen gegenüber die hoheitliche Befugnis zur Ausübung der Rechtspflege, die sog. Gerichtshoheit zu, die auch mit dem Begriff der Gerichtsbarkeit bezeichnet wird. IdS meint deutsche Gerichtsbarkeit den räumlichen und vor allem den persönlichen Umfang der Gerichtshoheit der Bundesrepublik Deutschland.

4 **2. Ausnahmen.** Grundsätzlich untersteht der gesamte Staatsraum der Bundesrepublik Deutschland ihrer Gerichtsbarkeit. Abweichungen können sich aber aus völkerrechtl. Vereinbarungen ergeben[5]. In sog. **Exterritorialität** sind zB Gebäude, in denen diplomatische Missionen oder Konsuln tätig sind, von der deutschen Gerichtsbarkeit ausgenommen (§§ 18 u. 19 GVG).

5 Für bestimmte Personen bestehen Ausnahmen von der deutschen Gerichtsbarkeit, sog. **Exemtionen**, insb. nach §§ 18, 19 GVG iVm. völkerrechtl. Vereinbarungen. Die deutsche Gerichtsbarkeit erstreckt sich ferner nach § 20 II GVG nicht auf Personen, die gem. den allgemeinen Regeln des Völkerrechts, auf Grund völkerrechtl. Vereinbarungen oder sonstiger Rechtsvorschriften von ihr befreit sind. Nach allgemeinem Völkergewohnheitsrecht, bei dem es sich um bindendes Bundesrecht handelt (Art. 25 GG), sind Staaten der Gerichtsbarkeit anderer Staaten nicht unterworfen (sog. **Immunität**), soweit ihre hoheitliche Tätigkeit von einem Rechtsstreit betroffen ist. Dagegen besteht keine Regel des Völkerrechts, nach der die inländische Gerichtsbarkeit für Klagen in Bezug auf ihre nichthoheitliche Tätigkeit ausgeschlossen wäre[6]. Maßgebend für die Unterscheidung zwischen hoheitlicher und nicht hoheitlicher Staatstätigkeit ist nicht deren Form, Motiv oder Zweck, sondern die Natur der umstrittenen staatlichen Handlung bzw. des streitigen Rechtsverhältnisses. Dabei ist die Qualifikation mangels völkerrechtl. Abgrenzungskriterien grds. nach nationalem Recht vorzunehmen[7]. Entscheidend kommt es darauf an, ob es sich um typisches Verhalten der Staatsgewalt handelt. Der auswärtige Staat soll im Kernbereich seiner diplomatischen/konsularischen Tätigkeit nicht behindert werden. Daher ist ein ausländischer

---

1 BGBl. I S. 2809. |2 BAG v. 26.3.1992 – 2 AZR 443/91, NZA 1992, 954; v. 28.10.1997 – 9 AZB 35/97, NZA 1998, 219; v. 24.4.1996 – 5 AZB 25/95, NJW 1996, 2948; *Walker*, Der einstweilige Rechtsschutz, Rz. 734. |3 *Wolf*, AuA 2005, 86; *Hanau*, FS Bartenbach, 647; *Schul*, NZA 2005, 1151 f. |4 *Hohmann*, ZRP 2005, 159. |5 *Schilken*, Zivilprozessrecht, 2. Aufl., Rz. 281. |6 BVerfG v. 30.4.1963 – 2 BvM 1/62, BVerfGE 16, 27; v. 13.12.1977 – 2 BvM 1/76, BVerfGE 46, 342; BAG v. 3.7.1996 – 2 AZR 513/95, BAGE 83, 262; v. 20.11.1997 – 2 AZR 631/96, BAGE 87, 144; v. 23.11.2000 – 2 AZR 490/99, AP GVG § 20 Nr. 2; v. 25.10.2001 – 2 AZR 501/00, BB 2002, 787; v. 16.5.2002 – 2 AZR 688/00, AP Nr. 3 zu § 20 GVG. |7 BVerfG v. 30.4.1963 – 2 BvM 1/62, BVerfGE 16, 27; v. 12.4.1983 – 2 BvR 678/81 ua., BVerfGE 64, 1; BAG v. 16.5.2002 – 2 AZR 688/00, AP Nr. 3 zu § 20 GVG.

Staat hinsichtlich arbeitsrechtl. Bestandsstreitigkeiten mit Konsulatsangestellten, die nach dem Inhalt ihres Arbeitsverhältnisses originär konsularische (hoheitliche) Aufgaben wahrzunehmen haben, grds. nicht der deutschen Gerichtsbarkeit unterworfen[1]. Auch Presse-/Öffentlichkeitsarbeit für einen Staat oder eine Behörde wird der hoheitlichen Tätigkeit zugeordnet[2]. Nach § 20 II GVG erstreckt sich die deutsche Gerichtsbarkeit nicht auf zwischenstaatl. Organisationen, soweit die auf Grund völkerrechtl. Vereinbarungen vor ihr befreit sind[3]. Dagegen unterliegen ausländische Staaten in Bestandsschutzstreitigkeiten mit an ihren diplomatischen Vertretungen in Deutschland nach privatem Recht (Arbeitsrecht) beschäftigten Ortskräften, die keine hoheitlichen Aufgaben zu erfüllen haben, der deutschen Gerichtsbarkeit[4].

6 **3. Truppen der Vertragsstaaten des Nordatlantischen Verteidigungsbündnisses.** Der deutschen Gerichtsbarkeit unterliegen die zivilen Arbeitskräfte bei den in Deutschland stationierten Truppen der Vertragsstaaten des Nordatlantischen Verteidigungsbündnisses. Aufseiten der Vertragsstaaten handelt in Prozessstandschaft die Bundesrepublik Deutschland[5]. Nicht der deutschen Gerichtsbarkeit unterfallen jedoch die Mitglieder des zivilen Gefolges[6] und die ihnen durch völkerrechtl. Abkommen gleichgestellten Personen[7]. Für Streitigkeiten über die Rechte der Betriebsvertretungen kann die deutsche Gerichtsbarkeit gegeben sein[8].

7 **4. Kirchen, andere Religionsgesellschaften und deren Einrichtungen.** Rechtsstreitigkeiten zwischen Bürgern und Kirchen, anderen Religionsgesellschaften und deren Einrichtungen, können im Grundsatz durch staatl. Gerichte entschieden werden. Insoweit gelten für Rechtsstreitigkeiten dieser Art keine Besonderheiten bezüglich des Rechtswegs zu den staatlichen Gerichten[9]. ArbN, die Ansprüche aus ihrem Arbeitsverhältnis mit Kirchen, anderen Religionsgesellschaften oder deren Einrichtungen geltend machen, können daher Rechtsschutz im staatlichen arbeitsgerichtl. Verfahren beanspruchen. Soweit sich die Kirchen der Privatautonomie zur Begründung von Arbeitsverhältnissen bedienen, findet auf diese Arbeitsverhältnisse das staatl. Arbeitsrecht Anwendung. Staatliche ArbG sind deshalb auch zuständig für Kündigungsschutzprozesse dieser ArbN[10]. Insoweit kann das den Religionsgesellschaften nach Art. 140 GG iVm. Art. 137 III WRV eingeräumte Recht, ihre Angelegenheiten selbständig innerhalb der Schranken des für alle geltenden Gesetzes zu ordnen und zu verwalten, nur den Inhalt des anwendbaren materiellen Arbeitsrechts beeinflussen. Die Verfassungsgarantie des Selbstbestimmungsrechts der Religionsgesellschaften bleibt für die Gestaltung der Arbeitsverhältnisse von Bedeutung[11]. Das Selbstbestimmungsrecht der Kirchen und Religionsgesellschaften führt nur in Ausnahmefällen zu einer Einschränkung des staatl. Rechtsschutzes. Ausgenommen von der staatl. Gerichtsbarkeit sind innerkirchl. Maßnahmen, die im staatl. Zuständigkeitsbereich keine unmittelbaren Rechtswirkungen entfalten. Bei diesen innerkirchl. Angelegenheiten sind die Kirchen nicht an das für alle geltende Gesetz gebunden[12]. Zu dem innerkirchl. Bereich, in dem staatl. Gerichtsbarkeit in das Selbstbestimmungsrecht der Kirchen nicht eingreifen kann, gehören vor allem geistlich-seelsorgerische Angelegenheiten, Maßnahmen der Kirchenverfassung und -organisation[13]. Nach Art. 137 III 2 WRV gehört zum innerkirchl., nicht nachprüfbaren Bereich auch das kirchl. Ämterrecht. Jede Religionsgesellschaft verleiht ihre Ämter ohne Mitwirkung des Staates oder der bürgerlichen Gemeinde. Staatliche Gerichte dürfen die Besetzung kirchl. Ämter nicht kontrollieren[14].

8 **5. Besondere Sachentscheidungsvoraussetzung.** Das Bestehen der deutschen Gerichtsbarkeit ist eine besondere Sachentscheidungsvoraussetzung ieS (selbständiges Hindernis prozessualer Art)[15], so dass bei ihrem Fehlen die Klage nicht zuzustellen, bei dennoch erfolgter Zustellung als unzulässig abzuweisen ist[16]. Darüber hinaus ist jede gerichtl. Handlung nicht nur anfechtbar, sondern nach der hM sogar nichtig[17]. Auf die Befreiung von der deutschen Gerichtsbarkeit kann verzichtet werden[18].

9 **III. Internationale Zuständigkeit.** Die internationale Zuständigkeit ist eine in jeder Instanz von Amts wegen zu prüfende Prozessvoraussetzung[19]. Sie folgt grds. aus der örtlichen Zuständigkeit[20]. Im Verhältnis zu verschiedenen Mitgliedstaaten der europäischen Gemeinschaft ist (bis auf das Verhältnis zu Dänemark) die EuGVVO vom 22.12.2000[21] maßgeblich. Im Verhältnis zu den EFTA-Staaten richtet sich die internationale Zuständigkeit nach dem im Wesentlichen gleich lautenden Parallel-Übereinkommen

1 BAG v. 25.10.2001 – 2 AZR 501/00, BB 2002, 787; v. 16.5.2002 – 2 AZR 688/00, NZA 2002, 386. | 2 BAG v. 23.11.2000 – 2 AZR 490/99, AP Nr. 2 zu § 20 GVG. | 3 BAG v. 10.11.1993 – 7 AZR 600/92, EzAÜG § 1 ArbGG Nr. 1. | 4 BAG v. 20.11.1997 – 2 AZR 631/96, AP Nr. 1 zu § 18 GVG. | 5 GK-ArbGG/*Dörner*, § 1 Rz. 10; BAG v. 17.10.1990 – 5 AZR 645/89. | 6 GK-ArbGG/*Dörner*, § 1 Rz. 10. | 7 BAG v. 30.4.1992 – 2 AZR 548/91. | 8 BAG v. 12.2.1985 – 1 ABR 3/83, AP Nr. 1 zu Art. 1 NATO-Truppenstatut. | 9 BAG v. 11.3.1986 – 1 ABR 26/84, AP Nr. 25 zu Art. 140 GG. | 10 BAG v. 11.3.1986 – 1 ABR 26/84, AP Nr. 25 zu Art. 140 GG; v. 21.10.1982 – 2 AZR 591/80, AP Nr. 14 zu Art. 140 GG. | 11 BVerfG v. 4.6.1985 – 2 BvR 1703, 1718/83 und 2 BvR 856/83, NJW 1986, 367 (368). | 12 BVerfG v. 17.2.1965 – 1 BvR 732, 64, BVerfGE 18, 385, 387 f.; v. 21.9.1976 – 2 BvR 350, 75, BVerfGE 42, 312 (334). | 13 BAG v. 11.3.1986 – 1 ABR 26/84, AP Nr. 25 zu Art. 140 GG. | 14 BAG v. 11.3.1986 – 1 ABR 26/84, AP Nr. 25 zu Art. 140 GG. | 15 BAG v. 30.4.1992 – 2 AZR 548/91. | 16 Zur Abweisung als unzulässig BAG v. 23.11.2000 – 2 AZR 490/99, AP Nr. 2 zu § 20 GVG. | 17 *Schilken*, Zivilprozessrecht, Rz. 283 mwN. | 18 BAG v. 27.1.1988 – 7 ABR 30/87. | 19 Schwab/Weth/*Walker*, § 48 ArbGG Rz. 13. | 20 BAG v. 20.4.2004 – 3 AZR 301/03. | 21 VO (EG) Nr. 44/2001, ABl. L 12/1 v. 16.1.2001.

von Lugano (LugÜ[1]) vom 16.9.1988. Für Klagen von in die Bundesrepublik entsandten ausländischen ArbN sowie von gemeins. Einrichtungen der TV-Parteien nach dem AEntG folgt die internationale Zuständigkeit deutscher ArbG aus § 8 AEntG[2]. Die internationale Zuständigkeit kann grds. unter den Voraussetzungen der §§ 38, 40 ZPO und der Art. 23 EuGVVO/17 EuGVÜ/Art. 17 LugÜ vereinbart und durch rügelose Einlassung des Beklagten begründet werden[3].

2 *Zuständigkeit im Urteilsverfahren*

(1) Die Gerichte für Arbeitssachen sind ausschließlich zuständig für

1. bürgerliche Rechtsstreitigkeiten zwischen Tarifvertragsparteien oder zwischen diesen und Dritten aus Tarifverträgen oder über das Bestehen oder Nichtbestehen von Tarifverträgen;

2. bürgerliche Rechtsstreitigkeiten zwischen tariffähigen Parteien oder zwischen diesen und Dritten aus unerlaubten Handlungen, soweit es sich um Maßnahmen zum Zwecke des Arbeitskampfs oder um Fragen der Vereinigungsfreiheit einschließlich des hiermit im Zusammenhang stehenden Betätigungsrechts der Vereinigungen handelt;

3. bürgerliche Rechtsstreitigkeiten zwischen Arbeitnehmern und Arbeitgebern

a) aus dem Arbeitsverhältnis;

b) über das Bestehen oder Nichtbestehen eines Arbeitsverhältnisses;

c) aus Verhandlungen über die Eingehung eines Arbeitsverhältnisses und aus dessen Nachwirkungen;

d) aus unerlaubten Handlungen, soweit diese mit dem Arbeitsverhältnis im Zusammenhang stehen;

e) über Arbeitspapiere;

4. bürgerliche Rechtsstreitigkeiten zwischen Arbeitnehmern oder ihren Hinterbliebenen und

a) Arbeitgebern über Ansprüche, die mit dem Arbeitsverhältnis in rechtlichem oder unmittelbar wirtschaftlichem Zusammenhang stehen;

b) gemeinsamen Einrichtungen der Tarifvertragsparteien oder Sozialeinrichtungen des privaten Rechts über Ansprüche aus dem Arbeitsverhältnis oder Ansprüche, die mit dem Arbeitsverhältnis in rechtlichem oder unmittelbar wirtschaftlichem Zusammenhang stehen,

soweit nicht die ausschließliche Zuständigkeit eines anderen Gerichts gegeben ist;

5. bürgerliche Rechtsstreitigkeiten zwischen Arbeitnehmern oder ihren Hinterbliebenen und dem Träger der Insolvenzsicherung über Ansprüche auf Leistungen der Insolvenzsicherung nach dem Vierten Abschnitt des Ersten Teils des Gesetzes zur Verbesserung der betrieblichen Altersversorgung;

6. bürgerliche Rechtsstreitigkeiten zwischen Arbeitgebern und Einrichtungen nach Nummer 4 Buchstabe b und Nummer 5 sowie zwischen diesen Einrichtungen, soweit nicht die ausschließliche Zuständigkeit eines anderen Gerichts gegeben ist;

7. bürgerliche Rechtsstreitigkeiten zwischen Entwicklungshelfern und Trägern des Entwicklungsdienstes nach dem Entwicklungshelfergesetz;

8. bürgerliche Rechtsstreitigkeiten zwischen den Trägern des freiwilligen sozialen Jahres und Helfern nach dem Gesetz zur Förderung eines freiwilligen sozialen Jahres und bürgerliche Rechtsstreitigkeiten zwischen den Trägern des freiwilligen ökologischen Jahres und Teilnehmern nach dem Gesetz zur Förderung eines freiwilligen ökologischen Jahres;

9. bürgerliche Rechtsstreitigkeiten zwischen Arbeitnehmern aus gemeinsamer Arbeit und aus unerlaubten Handlungen, soweit diese mit dem Arbeitsverhältnis im Zusammenhang stehen;

10. bürgerliche Rechtsstreitigkeiten zwischen behinderten Menschen im Arbeitsbereich von Werkstätten für behinderte Menschen und den Trägern der Werkstätten aus den in § 138 des Neunten Buches Sozialgesetzbuch geregelten arbeitnehmerähnlichen Rechtsverhältnissen.

(2) Die Gerichte für Arbeitssachen sind auch zuständig für bürgerliche Rechtsstreitigkeiten zwischen Arbeitnehmern und Arbeitgebern,

a) die ausschließlich Ansprüche auf Leistung einer festgestellten oder festgesetzten Vergütung für eine Arbeitnehmererfindung oder für einen technischen Verbesserungsvorschlag nach § 20 Abs. 1 des Gesetzes über Arbeitnehmererfindungen zum Gegenstand haben;

b) die als Urheberrechtsstreitsachen aus Arbeitsverhältnissen ausschließlich Ansprüche auf Leistung einer vereinbarten Vergütung zum Gegenstand haben.

---

1 BGBl. II 1994, 2658. | 2 Vgl. dazu BAG v. 11.9.2002 – 5 AZB 3/02, DB 2003, 780. | 3 Ausf. Schwab/Weth/*Walker*, § 2 ArbGG Rz. 268 ff. u. § 48 ArbGG Rz. 13.

(3) Vor die Gerichte für Arbeitssachen können auch nicht unter die Absätze 1 und 2 fallende Rechtsstreitigkeiten gebracht werden, wenn der Anspruch mit einer bei einem Arbeitsgericht anhängigen oder gleichzeitig anhängig werdenden bürgerlichen Rechtsstreitigkeit der in den Absätzen 1 und 2 bezeichneten Art in rechtlichem oder unmittelbar wirtschaftlichem Zusammenhang steht und für seine Geltendmachung nicht die ausschließliche Zuständigkeit eines anderen Gerichts gegeben ist.

(4) Auf Grund einer Vereinbarung können auch bürgerliche Rechtsstreitigkeiten zwischen juristischen Personen des Privatrechts und Personen, die kraft Gesetzes allein oder als Mitglieder des Vertretungsorgans der juristischen Person zu deren Vertretung berufen sind, vor die Gerichte für Arbeitssachen gebracht werden.

(5) In Rechtsstreitigkeiten nach diesen Vorschriften findet das Urteilsverfahren statt.

1 **I. Inhalt und Zweck.** Die Vorschrift regelt im Zusammenhang mit §§ 2a und 3 die Rechtswegzuständigkeit der Gerichte für Arbeitssachen. In Abs. 5 findet sich sodann eine Regelung, wonach für die Fälle von Abs. 1–4 das Urteilsverfahren stattfindet.

1. Zulässigkeit des Rechtswegs. Die Zulässigkeit des Rechtswegs zu den Gerichten für Arbeitssachen wird in §§ 2 und 3 für Rechtssachen des Urteilsverfahrens (§ 2 V) und in § 2a für Rechtssachen des Beschlussverfahrens (§ 2a II) geregelt. Bei der Zulässigkeit des Rechtswegs handelt es sich um eine von Amts wegen zu prüfende Prozessvoraussetzung. Es geht darum, in welcher Gerichtsbarkeit der Rechtsstreit abzuhandeln ist. Mit der Neufassung von § 48 und der in Bezug genommenen §§ 17–17b GVG durch das 4. VwGO-Änderungsgesetz vom 17.12.1990[1] hat der Gesetzgeber die Gleichwertigkeit aller Rechtswege verwirklicht. Zu diesen zählt auch die Arbeitsgerichtsbarkeit. Seitdem bildet die Arbeitsgerichtsbarkeit auch im Verhältnis zur ordentl. Gerichtsbarkeit nicht nur eine andere sachliche Zuständigkeit, sondern einen eigenen Rechtsweg[2]. Die Entscheidung über die Rechtswegzuständigkeit richtet sich nach § 48 I 1 ArbGG iVm. §§ 17–17b GVG. 2

2. Enumerative und abschließende Aufzählung. Im Gegensatz zu § 13 GVG und § 40 VwGO, welche die Zulässigkeit des Rechtswegs zu den ordentl. bzw. zu den VerwG mittels einer Generalklausel bestimmen, regelt Abs. 1 durch eine enumerative Aufzählung die Zuständigkeit der ArbG, wobei die Aufzählung abschließend ist. Maßgeblich ist, ob der jeweilige Rechtsstreit einem der enumerativ aufgezählten Fälle unterfällt, und nicht, ob ein Tatbestand als solcher „arbeitsrechtlicher" oder „bürgerlich-rechtlicher" Natur ist. Die §§ 2 und 3 werden aber in der arbeitsgerichtl. Rspr. weit ausgelegt. Die Rspr. orientiert sich an dem Grundsatz, dass es das Ziel des ArbGG ist, alle bürgerl.-rechtl. Streitigkeiten, die überwiegend durch das Arbeitsverhältnis bestimmt werden, auch prozessrechtl. dem Arbeitsgerichtsverfahren zu unterstellen. Bürgerl.-rechtl. Streitigkeiten, die nicht in § 2 bezeichnet sind, fallen wegen der umfassenderen Zuständigkeit für bürgerl.-rechtl. Streitigkeiten in die Rechtswegzuständigkeit der ordentl. Gerichte[3]. 3

Die Aufzählung in § 2 ist abschließend[4]. Dies folgt nicht nur aus der detaillierten Aufzählung in Abs. 1 und der konkreten Ergänzung in Abs. 2, sondern auch aus den Regelungen in Abs. 3 über die Zusammenhangsklagen und in Abs. 4 über die begrenzte Zulässigkeit von Rechtswegvereinbarungen, die überflüssig wären, wenn die Rechtswegzuständigkeit ohnehin dispositiv wäre[5]. 4

3. Ausschließliche, fakultative und erweiterte Zuständigkeit. Ausschließlich sind die Gerichte für Arbeitssachen im Urteilsverfahren in den Fällen des Abs. 1 Nr. 1–10 zuständig. Für diese Streitigkeiten ist allein der Rechtsweg zu den Gerichten für Arbeitssachen gegeben. Die Rechtswegzuständigkeit anderer Gerichte kann bis auf die in Abs. 4 geregelte Ausnahme nicht durch Parteivereinbarungen[6] und nicht durch rügeloses Verhandeln[7] begründet werden. 5

Fakultativ sind die Gerichte für Arbeitssachen zuständig in Sachen nach Abs. 2 („auch")[8]. Insoweit besteht für die klagende Partei ein Wahlrecht. Ebenfalls fakultativ zuständig sind die Gerichte für Arbeitssachen bei ausnahmsw. zugelassener Parteivereinbarung nach Abs. 4. 6

Erweitert wird die Rechtswegzuständigkeit der Gerichte für Arbeitssachen durch Abs. 3 für Zusammenhangsklagen. 7

4. Rechtswegzuständigkeit für besondere Verfahrensarten. a) Urteils- und Wechselprozess. Nach § 46 II 2 finden die Vorschriften über den Urkunden- und Wechselprozess (§§ 592–605a ZPO) keine Anwendung im arbeitsgerichtl. Urteilsverfahren. § 46 II 2 enthält jedoch keine Rechtswegregelung für den Urkunden- und Wechselprozess, sondern er schließt diese Verfahrensart lediglich für Rechtsstreitigkeiten vor den Gerichten für Arbeitssachen aus[9]. 8

Ansprüche aus Urkunden, die vor den Gerichten für Arbeitssachen im Urteilsverfahren durchzusetzen sind, können auch nicht alternativ vor den ordentl. Gerichten im Urkunds- oder Wechselprozess geltend gemacht werden[10]. Die Regelung des § 46 II 2 dient dem ArbN-Schutz. Durch sie wird gewährleistet, dass der ArbN als Beklagter nicht vorschnell im Urkundsprozess verurteilt wird[11]. 9

b) Mahnverfahren. Für das Mahnverfahren vor den Gerichten für Arbeitssachen gelten die §§ 688–703d ZPO, soweit nicht in § 46a II–VIII anderes bestimmt ist (§ 46a I). In Abweichung von § 689 II ZPO richtet sich die örtliche Zuständigkeit nach § 46a II. Für die Rechtswegzuständigkeit besteht keine Sonderregelung, weshalb § 2 gilt[12]. 10

c) Arrest- und Verfügungsverfahren. Das Arrest- und das Verfügungsverfahren nach §§ 916 ff. ZPO findet über § 62 II 1 auch im arbeitsgerichtl. Urteilsverfahren Anwendung. Die Rechtswegzuständigkeit für diese Verfahren richtet sich mangels abweichender Regelungen nach §§ 2 und 3. Eine fakultative 11

1 BGBl. I S. 2809. | 2 BAG v. 26.3.1992 – 2 AZR 443/91, NZA 1992, 954; v. 28.10.1997 – 9 AZB 35/97, NZA 1998, 219; v. 24.4.1996 – 5 AZB 25/95, NJW 1996, 2948; *Walker*, Der einstweilige Rechtsschutz, Rz. 734. | 3 Schwab/Weth/*Walker*, § 2 ArbGG Rz. 5. | 4 GMPM/*Germelmann*, § 2 ArbGG Rz. 5; GK-ArbGG/Wenzel, § 2 Rz. 51; *Grunsky*, § 2 ArbGG Rz. 131. | 5 Schwab/Weth/*Walker*, § 2 ArbGG Rz. 6. | 6 BGH v. 7.11.1996 – IX ZB 15/96, NJW 1997, 328. | 7 Schwab/Weth/*Walker*, § 2 ArbGG Rz. 34. | 8 Schwab/Weth/*Walker*, § 2 ArbGG Rz. 32. | 9 BAG v. 7.11.1996 – 5 AZB 19/96, MDR 1997, 269. | 10 BAG v. 7.11.1996 – 5 AZB 19/96, MDR 1997, 269; Schwab/Weth/*Walker*, § 2 ArbGG Rz. 9. | 11 Schwab/Weth/*Walker*, § 2 ArbGG Rz. 9. | 12 Schwab/Weth/*Walker*, § 2 ArbGG Rz. 7.

Zuständigkeit des AG der belegenen Sache nach §§ 919 und 942 ZPO scheidet selbst in dringenden Fällen aus, weil diese Normen nur die sachliche und örtliche Zuständigkeit des AG innerhalb des Rechtswegs zu den ordentl. Gerichten regeln[1].

12 **d) Zwangsvollstreckungsverfahren.** Ist für die Zwangsvollstreckung funktionell das Vollstreckungsgericht zuständig (Forderungspfändung nach §§ 828 ff. ZPO; Immobiliarvollstreckung nach §§ 864 ff. ZPO), so ist das AG (§ 764 I ZPO) als Vollstreckungsgericht zuständig[2]. Arbeitsrechtl. wird dies praktisch bei Zusammenrechnungsbeschlüssen nach § 850e ZPO[3].

13 Ist dagegen das Prozessgericht 1. Instanz auch für die Zwangsvollstreckung zuständig (Handlungs- und Unterlassungsvollstreckung nach §§ 887, 888 und 890 ZPO), so ist das ArbG zuständig. Dieses ist auch für eine Vollstreckungsabwehrklage nach § 767 ZPO zuständig, sofern diese gegen einen arbeitsgerichtl. Titel gerichtet ist. Gleiches gilt für die Vollstreckung aus anderen Titeln als Urteilen, wenn bei einer klageweisen Geltendmachung des titulierten Anspruchs die ArbG zuständig gewesen wären[4]. Demgegenüber entscheiden über die Drittwiderspruchsklagen nach § 771 ZPO die ordentl. Gerichte, denn Gegenstand dieser Klagen ist die materielle Berechtigung der klagenden Partei am Vollstreckungsgegenstand und nicht der vom ArbG titulierte Anspruch[5]. Wurde in einem arbeitsgerichtl. Vergleich eine Räumungsverpflichtung übernommen, ist über die Räumungspflicht nach § 794a ZPO durch das AG zu entscheiden, weil für die Mietstreitigkeit das AG zuständig gewesen wäre[6].

14 **5. Vorfragenprüfungskompetenz.** Die Rechtswegzuständigkeit der ArbG wird nicht dadurch infrage gestellt, dass über eine Vorfrage entschieden werden muss, die in eine andere Rechtswegzuständigkeit fällt. Über die Vorfrage können die Gerichte für Arbeitssachen mitbefinden[7], ohne in die Rechtswegzuständigkeit anderer Gerichte einzugreifen, weil der Entscheidung im Hinblick auf die Vorfrage keine Rechtskraft erwächst[8]. Entsprechend kann im Urteilsverfahren über solche zum Beschlussverfahren gehörenden Vorfragen entschieden werden und umgegehrt[9].

15 Über die rechtswegfremde Vorfrage darf jedoch nicht durch **Zwischenfeststellungsurteil** nach § 256 II ZPO entschieden werden, denn hierfür müsste die Rechtswegzuständigkeit gegeben sein[10].

16 Geht es um **europarechtl. Vorfragen**, besteht eine Vorlageberechtigung der ArbG und LAG und eine Vorlageverpflichtung beim BAG (Art. 234 EGV).

17 Der Vorsitzende kann die **Aussetzung des Verfahrens** anordnen, wenn die Entscheidung des Rechtsstreits ganz oder zum Teil von dem Bestehen oder Nichtbestehen eines Rechtsverhältnisses als Vorfrage abhängt, das den Gegenstand eines anderen anhängigen Rechtsstreits bilden oder von einer Verwaltungsbehörde festzustellen ist (§ 148 ZPO) oder sich im Laufe eines Rechtsstreits der Verdacht einer Straftat ergibt, deren Ermittlung auf die Entscheidung von Einfluss ist (§ 149 ZPO; vgl. iE § 55 Rz. 16 ff.). Nach § 97 V ist ohne Rücksicht auf Verfahrensart und Gegenstand jedes Verfahren auszusetzen, in dem sich die Frage der Tariffähigkeit einer Vereinigung als Vorfrage stellt[11].

18 **6. Rechtswegzuständigkeit für Widerklage.** Für die vor dem ArbG erhobene Widerklage muss die Rechtswegzuständigkeit nach §§ 2 bzw. 3 gegeben sein. § 33 ZPO enthält lediglich eine Bestimmung zur örtlichen Zuständigkeit. Die Rechtswegzuständigkeit für die Widerklage kann aber aus § 2 III folgen, wenn der mit der Widerklage verfolgte Anspruch mit der Hauptklage in rechtl. oder unmittelbar wirtschaftl. Zusammenhang steht und für seine Geltendmachung nicht die ausschließliche Zuständigkeit eines anderen Gerichts gegeben ist[12]. Fehlt für die Widerklage die Rechtswegzuständigkeit, muss das ArbG seine Rechtswegzuständigkeit insoweit verneinen, die Widerklage nach § 145 II ZPO abtrennen und diesen Teil des Rechtsstreits an das zuständige Gericht des zulässigen Rechtsweges verweisen[13].

19 **7. Rechtswegzuständigkeit bei Aufrechnung.** Die Gerichte für Arbeitssachen sind gehindert, über zur Aufrechnung gestellte rechtswegfremde Forderungen zu entscheiden, sofern für diese eine ausschließliche anderweitige Rechtswegzuständigkeit gegeben ist. Dem steht nicht § 17 II GVG entgegen, wonach das Gericht des zulässigen Rechtswegs den Rechtsstreit unter allen in Betracht kommenden rechtl. Gesichtspunkten entscheidet. Sinn und Zweck dieser Norm bestehen darin, eine einheitliche Sachent-

---

1 Schwab/Weth/*Walker*, § 2 ArbGG Rz. 11. | **2** Schwab/Weth/*Walker*, § 2 ArbGG Rz. 12. | **3** BAG v. 24.4.2002 – 10 AZR 42/01. AP Nr. 5 zu § 850e ZPO. | **4** LAG Hamm v. 16.12.2004 – 2 Ta 639/04, LAGReport 2005, 128; OLG Frankfurt v. 22.10.1984 – 17 W 46/84, DB 1985, 751, NZA 1985, 196; GMPM/*Matthes*, § 2 ArbGG Rz. 207; Schwab/Weth/*Walker*, § 2 ArbGG Rz. 13. | **5** Schwab/Weth/*Walker*, § 2 ArbGG Rz. 14. | **6** LAG Tübingen v. 22.7.1970 – 8 Ta 11/70, NJW 1970, 2046; Schwab/Weth/*Walker*, § 2 ArbGG Rz. 15; Zöller/*Stöber*, § 794a ZPO Rz. 4. | **7** BAG v. 5.3.1968 – 1 AZR 229/67, AP Nr. 6 zu § 611 BGB – Treuepflicht; v. 21.3.1984 – 5 AZR 320/82, AP Nr. 1 zu § 2 ArbGG 1979; LAG München v. 20.1.1988 – 5 Sa 869/87, LAGE § 9 KSchG 1969 Nr. 7; LAG Berlin v. 21.9.1981 – 9 Sa 65/81, LAGE § 2 ArbGG 1979 Nr. 1; GMPM/*Matthes*, § 2 ArbGG Rz. 143. | **8** Schwab/Weth/*Walker*, § 2 ArbGG Rz. 16. | **9** BAG v. 19.8.1975 – 1 AZR 613/74, AP Nr. 5 zu § 102 BetrVG 1972. | **10** GMPM/*Matthes*, § 2 Rz. 146. | **11** BAG v. 25.9.1996 – 1 ABR 25/95, AP Nr. 4 zu § 97 ArbGG 1979. | **12** LAG Frankfurt v. 20.1.2000 – 2 Ta 739/99, LAGE § 2 ArbGG 1979 Nr. 35. | **13** *Schwab*, NZA 1991, 663; Schwab/Weth/*Walker*, § 48 ArbGG Rz. 47.

scheidung durch ein Gericht zu ermöglichen, wenn derselbe prozessuale Anspruch auf mehrere, eigentlich verschiedenen Rechtswegen zugeordneten Anspruchsgrundlagen beruht. Eine Zuständigkeit für die Entscheidung über die Wirkung einer Aufrechnung mit einer rechtswegfremden Gegenforderung wird damit nicht begründet. Die Aufrechnung ist kein „rechtlicher Gesichtspunkt" iSv. § 17 II GVG, sondern ein selbständiges Gegenrecht, das dem durch die Klage bestimmten Streitgegenstand einen weiteren selbständigen Gegenstand hinzufügt. Die Zuständigkeit der Gerichte für Arbeitssachen kann sich aber bei Aufrechnungen aus Abs. 3 ergeben, doch gilt dies nicht, wenn die zur Aufrechnung gestellte Forderung in die ausschließliche Zuständigkeit einer anderen Gerichtsbarkeit fällt[1]. Im letztgenannten Fall wird das ArbG durch Vorbehaltsurteil iSv. § 302 ZPO entscheiden. Im Übrigen wird es den Rechtsstreit bis zur rechtskräftigen Entscheidung der zuständigen Gerichte über die zur Aufrechnung gestellten Gegenforderung aussetzen. Nach deren Vorliegen wird das ArbG das Nachverfahren durchzuführen haben[2].

II. Rechtswegzuständigkeit. 1. Bürgerliche Streitigkeiten. Nach § 2 besteht die Rechtswegzuständigkeit für alle Fallgruppen nur für bürgerl. Rechtsstreitigkeiten. Der Begriff der bürgerl. Rechtsstreitigkeit deckt sich mit demjenigen aus § 13 GVG und betrifft die Abgrenzung zu den öffentl.-rechtl. Streitigkeiten. Eine bürgerl. Rechtsstreitigkeit liegt dann vor, wenn der Streitgegenstand eine unmittelbare Rechtsfolge des Zivilrechts darstellt. Ist der Streitgegenstand eine unmittelbare Folge des öffentl. Rechts, ist eine öffentl.-rechtl. Streitigkeit gegeben[3]. Ob ein Rechtsstreit bürgerl.-rechtl. oder öffentl.-rechtl. Art ist, richtet sich nach der Natur des Rechtsverhältnisses, aus dem der Klageanspruch hergeleitet wird[4]. Dabei kommt es nicht darauf an, wie der Streitgegenstand von der klagenden Partei eingekleidet und rechtl. gewertet wird. Für die Beurteilung ist vielmehr entscheidend, ob die an der Streitigkeit Beteiligten zueinander in einem hoheitlichen Verhältnis der Über- und Unterordnung stehen, ob sich der Träger der hoheitlichen Gewalt der besonderen, ihm zugeordneten Rechtssätze des öffentl. Rechts bedient, oder ob er sich zivilrechtl. Regeln unterstellt[5]. 20

2. Abgrenzung zur Verwaltungsgerichtsbarkeit. Streitigkeiten zwischen dem öffentl.-rechtl. verfassten Dienstherrn und den Angestellten und Arbeitern des öffentl. Dienstes gehören in die Rechtswegzuständigkeit der Gerichte für Arbeitssachen. Den Anstellungsverhältnissen liegt ein Arbeitsvertrag zugrunde. Auch dann, wenn der ArbN öffentl. Funktionen ausübt oder seine Rechtsbeziehungen inhaltlich dem Beamtenrecht angeglichen sind (zB bei Ersatzschullehrern), bleibt es bei der arbeitsgerichtl. Zuständigkeit[6]. Auch für die sog. Dienstordnungs-Angestellten der SozV-Träger besteht der Rechtsweg zu den ArbG[7]. 21

Der Verwaltungsrechtsweg ist hingegen gegeben bei Klagen aus dem **Beamtenverhältnis** (§ 172 BBG; § 126 BRRG). Bei Lehrbeauftragten hängt die Abgrenzung des Rechtswegs zu den VerwG von dem zu den ArbG von der konkreten Ausgestaltung des Beschäftigungsverhältnisses ab. Bei kurzfristigen Lehraufträgen liegt regelmäßig ein privatrechtl. Dienstverhältnis vor[8]. Ein öffentl.-rechtl. Dienstverhältnis besonderer Art wird jedoch begründet, wenn der Lehrauftrag durch eine einseitige Maßnahme der Hochschule erteilt wird. Entsprechendes gilt für Verwalter von Professorenstellen[9]. 22

3. Abgrenzung zur Sozialgerichtsbarkeit. Die Gerichte der Sozialgerichtsbarkeit sind nach § 51 I SGG zuständig für öffentl.-rechtl. Streitigkeiten in Angelegenheiten der SozV, der ArblV und in den übrigen Angelegenheiten der BA sowie der Kriegsopferversorgung. Sie sind ferner in öffentl.-rechtl. Streitigkeiten zuständig, für die durch Gesetz der Rechtsweg vor diese Gerichte eröffnet wird (§ 51 IV SGG). Die Frage, ob eine Streitigkeit öffentl.-rechtl. oder bürgerl.-rechtl. Art ist, richtet sich nach der Natur des Rechtsverhältnisses, aus dem der Klageanspruch hergeleitet wird[10]. Entscheidend ist darauf abzustellen, ob der zur Klagebegründung vorgetragene Sachverhalt für die aus ihm hergeleitete Rechtsfolge, wenn es wie hier um die Abgrenzung zwischen Arbeits- und Sozialgerichtsbarkeit geht, von Rechtssätzen des Arbeitsrechts oder des Sozialrechts geprägt wird[11]. 23

Öffentl.-rechtl. Natur ist der Anspruch des ArbN auf einen **ArbGebZuschuss nach § 257 SGB V** (früher: § 405 RVO). Wird der Anspruch jedoch auf einen Vertrag zwischen ArbGeb und ArbN gestützt, dann sind die Gerichte für Arbeitssachen zuständig[12]. Für Rechtsstreitigkeiten zwischen dem erwerbsfähigen Hilfebedürftigen und einer privaten Einrichtung als Leistungserbringerin aus dem Rechtsverhältnis der 24

1 BAG v. 23.8.2001 – 5 AZB 3/01, AP Nr. 2 zu § 17 GVG; GMPM/*Matthes*, § 2 ArbGG Rz. 147–154; diff. Schwab/Weth/*Walker*, § 2 ArbGG Rz. 23–31. | 2 BAG v. 23.8.2001 – 5 AZB 3/01, AP Nr. 2 zu § 17 GVG. | 3 BAG v. 27.3.1990 – 3 AZR 188/89, AP Nr. 2 zu § 1 RuhegeldG Hamburg. | 4 GmSOBG v. 4.6.1974 – GmS-OBG 2/73, AP Nr. 3 zu § 405 RVO; BAG v. 13.7.1988, AP Nr. 11 zu § 2 ArbGG 1979; v. 27.3.1990 – 3 AZR 188/89, AP Nr. 2 zu § 1 RuhegeldG Hamburg; v. 22.9.1999 – 5 AZB 27/99, NZA 2000, 88. | 5 BAG v. 27.3.1990 – 3 AZR 188/89, AP Nr. 2 zu § 1 RuhegeldG Hamburg. | 6 *Grunsky*, § 2 ArbGG Rz. 78; *Gift/Baur*, Urteilsverfahren, C. 75. | 7 BAG v. 6.11.1985 – 4 AZR 107/84, AP Nr. 61 zu § 611 BGB – Dienstordnungs-Angestellte. | 8 BAG v. 16.12.1957 – 3 AZR 92/55, AP Nr. 3 zu § 611 BGB – Lehrer, Dozenten. | 9 BAG v. 15.4.1982 – 2 AZR 1111/79, AP Nr. 27 zu § 611 BGB – Lehrer, Dozenten; v. 27.6.1984, AP Nr. 42 zu § 611 BGB – Lehrer, Dozenten; v. 30.11.1984 – 7 AZR 511/83, AP Nr. 43 zu § 611 BGB – Lehrer, Dozenten. | 10 GmSOBG v. 4.6.1974 – GmS-OBG 2/73, AP Nr. 3 zu § 405 RVO; BGH v. 23.2.1988 – VI ZR 212/87, BGHZ 103, 255 = NJW 1988, 1731. | 11 BAG v. 13.7.1988 – 5 AZR 467/87, AP Nr. 11 zu § 2 ArbGG 1979. | 12 GmSOBG v. 4.6.1974 – GmS-OBG 2/73, AP Nr. 3 zu § 405 RVO.

im öffentl. Interesse liegenden, zusätzlichen Arbeiten gem. § 16 III 2 SGB II sind die Sozialgerichte zuständig (§ 51 I Nr. 4a SGG)[1].

25 Strittig ist die Rechtswegzuständigkeit, wenn die Arbeitsvertragsparteien darüber streiten, ob die **SozV-Beiträge** in zutreffender Höhe abgezogen wurden. Klagt der ArbN auf eine höhere Nettovergütung mit der Begründung, der ArbGeb habe zu hohe SozV-Beiträge abgezogen, so wird vom BSG die Zuständigkeit der Sozialgerichtsbarkeit angenommen[2]. Von der Zuständigkeit der Gerichte für Arbeitssachen geht hingegen das BAG aus[3].

26 Für die Klage des ArbGeb nach **§ 28g SGB IV** (früher: §§ 394, 395 RVO) auf Erstattung der – nicht im Lohnabzugsverfahren einbehaltenen – SozV-Beiträge sind die Gerichte für Arbeitssachen zuständig[4]. Für Klagen auf Zahlung des ArbGebZuschusses zur gesetzl. Kranken- und Pflegeversicherung sind die Gerichte für Arbeitssachen hingegen nicht zuständig[5].

27 **4. Abgrenzung zur Finanzgerichtsbarkeit.** Geht es um Steuererstattungsforderungen des ArbGeb gegen den ArbN, weil jener vom FA zur Nachzahlung von LSt herangezogen wurde, so ist der Rechtsweg zu den Gerichten für Arbeitssachen gegeben. Der Freistellungs- und später Erstattungsanspruch findet seine Grundlage im Arbeitsverhältnis[6]. Klagt der ArbN gegen den ArbGeb Ansprüche auf eine höhere Arbeitsvergütung mit der Begründung ein, der ArbGeb habe zu viel LSt abgezogen und abgeführt, so finden auch diese Ansprüche ihre Grundlage im Arbeitsverhältnis, weshalb die Zuständigkeit der Gerichte für Arbeitssachen besteht[7]. Nimmt der ArbN den ArbGeb mit der Begründung, dieser habe keine oder zu wenig LSt an das FA abgeführt, auf Zahlung der LSt an das FA in Anspruch, soll ebenfalls von einer Rechtswegzuständigkeit der ArbG auszugehen sein (wobei es in der Praxis selten zu einem hinreichend bestimmten Antrag auf Abführung eines genau benannten Betrages, der abzuführen ist, kommt)[8]. Entsprechendes soll gelten, wenn der ArbN eine Nettolohnvereinbarung behauptet und Klage auf Abführung der LSt an das FA begehrt[9]. In der finanzgerichtl. Rspr. wird darauf verwiesen, an den im Finanzrechtsweg zu entscheidenden Streitigkeiten müsse eine Finanzbehörde beteiligt sein. Nach § 63 I FGO muss die finanzgerichtl. Klage gegen eine „Behörde" gerichtet werden[10].

28 **5. Abgrenzung zur ordentlichen Gerichtsbarkeit.** Bei der Zuständigkeitsabgrenzung zwischen ordentl. und ArbG handelt es sich zwar nach den §§ 17 ff. GVG, § 48 ebenfalls um eine Frage der Rechtswegzuständigkeit; es geht dabei jedoch nicht um die Abgrenzung zwischen bürgerl.- und öffentl.-rechtl. Streitigkeiten, sondern entscheidend um die Auslegung der §§ 2–5 und damit um eine andere als die vom Gemeinsamen Senat der obersten Gerichtshöfe des Bundes behandelte Rechtsfrage[11]. Vgl. ausf. § 48 Rz. 24.

29, 30 Einstweilen frei.

31 **6. Prüfung der Rechtswegzuständigkeit.** Die Prüfung der Rechtswegzuständigkeit und die gebotenen gerichtl. Entscheidungen richten sich nach § 48 ArbGG iVm. §§ 17–17b GVG. Auf die Komm. zu § 48 wird verwiesen.

32 **III. Fallgruppen der Rechtswegzuständigkeit. 1. Tarifvertragsstreitigkeit.** Nach Abs. 1 Nr. 1 besteht die Rechtswegzuständigkeit der Gerichte für Arbeitssachen für

- bürgerliche Streitigkeiten
  - aus TV
  - oder über das Bestehen/Nichtbestehen eines TV
- zwischen
  - TV-Parteien (bzw. tariffähigen Parteien)
  - oder zwischen diesen und Dritten (zB Verbandsmitglied oder Außenseiter).

---

1 BAG v. 8.11.2006 – 5 AZB 36/06, AP Nr. 89 zu § 2 ArbGG 1979. |2 BSG v. 7.6.1979, AP Nr. 4 zu §§ 394, 395 RVO (betr. Klage auf Feststellung, dass Einbehaltung von Lohnanteilen für die vom ArbGeb entrichteten Beitragsanteile rechtswidrig ist). |3 BAG v. 8.12.1981 – 3 AZR 71/79, AP Nr. 5 zu §§ 394, 395 RVO (betr. Klage auf Zahlung wg. Sozialversicherung einbehaltenen Vergütungsanteils); v. 21.3.1984 – 5 AZR 320/82, AP Nr. 1 zu § 2 ArbGG 1979 (betr. Klage auf Zahlung eines höheren Teils der Vergütung, weil der ArbGeb wegen des Nachholverbots nicht befugt gewesen sei, Sozialversicherungsbeiträge in dem geschehenen Umfang einzubehalten); LAG Berlin v. 21.9.1981 – 9 Sa 65/81, EzA Nr. 1 zu § 2 ArbGG 1979 (betr. Streit über Höhe einbehaltener Lohnsteuer). |4 BAG v. 3.4.1958 – 2 AZR 469/56, BAGE 6, 7 = AP Nr. 1 zu §§ 394, 395 RVO; v. 12.10.1977 – 5 AZR 443/76, AP Nr. 3 zu §§ 394, 395 RVO; v. 14.1.1988 – 8 AZR 238/85, BAGE 57, 192 = AP Nr. 7 zu §§ 394, 395 RVO; v. 15.12.1993 – 5 AZR 326/93, AP Nr. 9 zu §§ 394, 395 RVO. |5 BAG v. 1.6.1999 – 5 AZB 34/98, AP Nr. 1 zu § 257 SGB V. |6 BAG v. 14.6.1974 – 3 AZR 456/73, BAGE 26, 187 = AP Nr. 20 zu § 670 BGB. |7 LAG Hamm v. 16.6.1988 – 17 Sa 2204/87, DB 1988, 2316; LAG Berlin v. 21.9.1981 – 9 Sa 65/81, EzA § 2 ArbGG 1979 Nr. 1. |8 *Gift/Baur*, Urteilsverfahren, C. 92. |9 *Gift/Baur*, Urteilsverfahren, C. 92; aA LAG München v. 21.8.1985 – 5 Sa 62/85, LAGE § 2 ArbGG 1979 Nr. 4. |10 FG München v. 20.7.2007 – 1 K 1376/07; vgl. aber BAG v. 11.6.2003 – 5 AZB 1/03, AP Nr. 84 zu § 2 ArbGG 1979. |11 BAG v. 24.4.1996 – 5 AZB 25/95, BAGE 83, 40 = AP Nr. 1 zu § 2 ArbGG 1979 – Zuständigkeitsprüfung.

a) Bürgerliche Rechtsstreitigkeit. TV-Streitigkeiten zählen regelmäßig zu den bürgerl. Rechtsstreitig- 33
keiten[1]. Auch der Streit zwischen TV-Parteien über die Wirksamkeit und Reichweite einer AVE nach § 5 TVG zählt zu den bürgerl.-rechtl. Streitigkeiten[2]. Keine bürgerl.-rechtl. Streitigkeit liegt jedoch vor, wenn zwischen einer TV-Partei und dem für AVE zuständigen Bundesministerium oder der nach § 5 VI TVG ermächtigten obersten Arbeitsbehörde eines Landes ein Streit darüber ausgetragen wird, ob ein TV für allgemeinverbindlich zu erklären oder erklärt worden ist. Insoweit liegt eine öffentl.-rechtl. Streitigkeit vor, für die der Rechtsweg zu den VerwG eröffnet ist[3]. Insoweit ist ungeklärt, ob im Hinblick auf die Rechtskraft der verwaltungsgerichtl. Entscheidungen § 9 TVG analog gilt.

Die Rechtswegzuständigkeit bei **Streit über AVE** lässt sich wie folgt schematisch darstellen: 34

- Streit zwischen TV-Parteien über die Wirksamkeit und Reichweite einer AVE nach § 5 TVG – Arbeitsgerichtsbarkeit
- Klage von TV-Partei auf Erteilung einer AVE[4] – Verwaltungsrechtsweg
- Klage von TV-Partei gegen erfolgte AVE (Klageart strittig) – Verwaltungsrechtsweg
- Rechtsschutz anderer Koalitionen gegenüber AVE (zB Konflikt zwischen zwei Gewerkschaften) – Verwaltungsrechtsweg
- Rechtsschutz für Außenseiter (ArbGeb wegen „Zwangsanschluss" an Sozialkassen, ArbN wegen Verfallklausel) – Verwaltungsrechtsweg[5].

b) Parteien der Rechtsstreitigkeit. Nach Abs. 1 Nr. 1 ist Voraussetzung für die Rechtswegzuständig- 35
keit ein Rechtsstreit zwischen TV-Parteien oder zwischen diesen und Dritten. **TV-Parteien** sind nach § 2 I TVG Gewerkschaften, einzelne ArbGeb sowie Vereinigungen von ArbGeb. Zusammenschlüsse von Gewerkschaften und von Vereinigungen von ArbGeb (Spitzenorganisationen) können ebenfalls selbst Parteien eines TV sein (§ 2 III TVG). TV-Parteien nach § 2 TVG können aber nur dann Parteien einer TV-Streitigkeit sein, wenn sie tatsächlich Partei eines TV sind, über dessen Bestehen oder Inhalt gestritten wird oder aus dem Rechte abgeleitet werden[6]. Nicht erforderlich ist, dass die Parteien tatsächlich tariffähig sind oder ob der TV wirksam ist. Diese Fragen sind nur bei der Prüfung der Begründetheit zu berücksichtigen[7]. So weit die Wirksamkeit eines TV von der Tariffähigkeit oder Tarifzuständigkeit einer TV-Partei abhängt, ist darüber vorab nach § 2a I Nr. 4 iVm. § 97 im Beschlussverfahren zu entscheiden, während die TV-Streitigkeit nach § 97 V auszusetzen ist. Die arbeitsgerichtl. Rechtswegzuständigkeit wird auch angenommen, wenn eine Koalition, die nicht Partei des TV ist, Klage auf Feststellung des Bestehens oder Nichtbestehens des TV erhebt[8].

Ausreichend ist auch, wenn die TV-Streitigkeit zwischen einer TV-Partei und einem Dritten geführt 36
wird. **Dritter** kann sein, wer nach § 50 ZPO parteifähig und nicht Partei des TV ist. Hierzu zählen Mitglieder einer TV-Partei, aber auch Außenseiter[9]. Zu beachten ist, dass nach dem BAG für Unterlassungsansprüche der Gewerkschaften bei tarifwidrigen betriebl. Regelungen das Beschlussverfahren gegeben sein soll[10].

c) Streitigkeiten aus Tarifverträgen. Weitere Voraussetzung ist, dass der Streit aus einem TV oder 37
über das Bestehen/Nichtbestehen eines TV geführt wird. Damit gehören Streitigkeiten zwischen einer TV-Partei und ihrem Mitglied über Beitragszahlungen und über Fragen der Mitgliedschaft nicht vor die Gerichte für Arbeitssachen, sondern vor die ordentl. Gerichte[11].

TV-Streitigkeiten können den **schuldrechtl. Teil** des TV betreffen, zB bei der Durchsetzung der tarifl. 38
Friedenspflicht[12], des tarifl. Einwirkungsanspruchs[13] und eines Schadensersatzanspruchs wegen Verletzung des TV[14]. Die Klärung eines Rechtsanspruchs auf Teilnahme einer TV-Partei an TV-Verhandlungen wird ebenfalls zu den TV-Streitigkeiten gezählt[15].

Den **normativen Teil** des TV betreffende Streitigkeiten zählen nur dann zu den TV-Streitigkeiten, 39
wenn diese Streitigkeit den eigentlichen Streitgegenstand bildet und nicht nur Vorfrage ist[16]. Dabei wird es sich in der Regel um Feststellungsklagen handeln, zB gerichtet auf die Feststellung des Inhalts oder des zeitlichen, räumlichen oder personellen Geltungsbereichs eines TV. Daran können die TV-Parteien

---

1 Schwab/Weth/*Walker*, § 2 ArbGG Rz. 40. | 2 GMPM/*Matthes*, § 2 ArbGG Rz. 18; *Grunsky*, § 2 ArbGG Rz. 54. | 3 BVerwG v. 6.6.1958 – VII CB 187.57, AP Nr. 6 zu § 5 TVG; v. 3.11.1988 – 7 C 115/86, AP Nr. 23 zu § 5 TVG; GMPM/*Matthes*, § 2 ArbGG Rz. 18. | 4 BVerwG v. 3.11.1988 – 7 C 115/86, AP Nr. 23 zu § 5 TVG (Anspruch auf ermessensfehlerfreie Entscheidung). | 5 *Mäßen/Mauer*, NZA 1996, 121–126. | 6 GMPM/*Matthes*, § 2 ArbGG Rz. 25; Schwab/Weth/*Walker*, § 2 ArbGG Rz. 42. | 7 GMPM/*Matthes*, § 2 ArbGG Rz. 25. | 8 GMPM/*Matthes*, § 2 ArbGG Rz. 26. | 9 Schwab/Weth/*Walker*, § 2 ArbGG Rz. 43. | 10 BAG v. 20.4.1999 – 1 ABR 72/98, AP Nr. 89 zu Art. 9 GG; krit. Schwab/Weth/*Walker*, § 2 ArbGG Rz. 43. | 11 BGH v. 13.6.1966 – II ZR 130/64, AP Nr. 5 zu § 19 BetrVG; v. 4.7.1977 – II ZR 30/76, AP Nr. 25 zu Art. 9 GG; Schwab/Weth/*Walker*, § 2 ArbGG Rz. 43 u. 73; aA aber *Gift/Baur*, Urteilsverfahren, C. 22 u. 63 f. | 12 BAG v. 21.12.1982 – 1 AZR 411/80, AP Nr. 76 zu Art. 9 GG – Arbeitskampf. | 13 BAG v. 18.2.1998 – 4 AZR 363/96, AP Nr. 3 zu § 1 TVG – Kündigung; v. 29.4.1992 – 4 AZR 432/91, AP Nr. 3 zu § 1 TVG – Durchführungspflicht. | 14 Schwab/Weth/*Walker*, § 2 ArbGG Rz. 44. | 15 BAG v. 2.8.1963 – 1 AZR 9/63, AP Nr. 5 zu Art. 9 GG. | 16 GMPM/*Matthes*, § 2 ArbGG Rz. 12.

im Hinblick auf den Umfang ihrer schuldrechtl. Friedens- und Einwirkungspflichten interessiert sein[1]. Werden von ArbN Ansprüche aus dem normativen Teil des TV abgeleitet, folgt die Rechtswegzuständigkeit aus Abs. 1 Nr. 3a[2].

40 **d) Streitigkeiten über das Bestehen/Nichtbestehen von Tarifverträgen.** Zu den Streitigkeiten über das Bestehen oder Nichtbestehen von TV rechnen Streitigkeiten über die Wirksamkeit des Tarifabschlusses, die Beendigung der Laufzeit des TV[3], die Wirksamkeit der außerordentl. Kündigung eines TV[4], die inhaltliche Wirksamkeit des TV oder einzelner Tarifnormen oder -komplexe[5] oder die Auslegung von Tarifnormen[6]. Auch Streitigkeiten über den (räumlichen, fachlichen) Geltungsbereich eines TV werden von Abs. 1 Nr. 1 erfasst[7]. Die Möglichkeit der Führung eines Musterprozesses in der Form der Vergütungsklage oder einer Klage einer TV-Partei auf Durchführung des TV gegen die andere TV-Partei schließt das Rechtsschutzinteresse (regelmäßig Feststellungsinteresse) für TV-Streitigkeiten nicht aus[8]. Daher kann sich die TV-Streitigkeit schon wegen der erweiterten Rechtskraftwirkung gegenüber Musterprozessen und Massenverfahren als effektiver und prozessökonomischer darstellen, zB bei der auf zutreffende Eingruppierung einer ganzen, klar abgrenzbaren Gruppe von ArbN gerichteten Feststellungsklage[9].

41 **e) Erweiterte Rechtskraftwirkung.** Rechtskräftige Entscheidungen der Gerichte für Arbeitssachen, die in Rechtsstreitigkeiten zwischen TV-Parteien (nicht zwischen nur einer TV-Partei und einem Dritten) aus dem TV oder über das Bestehen oder Nichtbestehen des TV ergangen sind, sind nach § 9 TVG in Rechtsstreitigkeiten zwischen tarifgebundenen Parteien sowie zwischen diesen und Dritten für die Gerichte und Schiedsgerichte bindend. Damit wird die grds. nur „inter partes" bestehende Rechtskraftwirkung ausgedehnt mit der Folge, dass die Entscheidung praktisch dieselbe Wirkung hat wie eine entsprechend gefasste TV-Klausel[10]. An dieser erweiterten Rechtskraftwirkung sollen trotz der allgemeinen Fassung von § 9 TVG allein die Entscheidungen über den normativen, nicht jedoch die über den obligatorischen Teil des TV teilnehmen[11]. Schließlich kommt nur einem Sach-, nicht einem Prozessurteil die erweiterte Bindungswirkung zu[12].

42 Die erweiterte Rechtskraftwirkung gilt nach dem Wortlaut des § 9 TVG in Rechtsstreitigkeiten „zwischen tarifgebundenen Parteien sowie zwischen diesen und Dritten". Es genügt damit, dass nur eine Partei tarifgebunden ist. Darüber hinaus wird auch für Rechtsstreitigkeiten zwischen Arbeitsvertragsparteien, von denen keine tarifgebunden ist, von einer erweiterten Rechtskraftwirkung ausgegangen, wenn sie nur die Geltung des TV für das zwischen ihnen bestehende Arbeitsverhältnis vereinbart haben[13].

43 Die Rechte der gebundenen Dritten werden dadurch gewahrt, dass sie dem Rechtsstreit der TV-Parteien als Nebenintervenienten nach § 66 ZPO beitreten können[14]. Bei mehrgliedrigen TV besteht in aller Regel zwischen den TV-Parteien der gleichen Seite keine notwendige Streitgenossenschaft. Die Bindungswirkung des § 9 TVG beschränkt sich daher bei mehrgliedrigen TV regelmäßig auf die prozessbeteiligten Verbände[15] und deren Mitglieder[16]. Wurde jedoch ausnahmsw. ein EinheitsTV abgeschlossen, sind die beteiligten vertragsschließenden Parteien in einer TV-Streitigkeit notwendige Streitgenossen[17].

44 **2. Arbeitskampfstreitigkeit.** Der Rechtsweg zu den Gerichten für Arbeitssachen ist nach Abs. 1 Nr. 2 gegeben

- für bürgerliche Rechtsstreitigkeiten zwischen
  - tariffähigen Parteien
  - oder zwischen diesen und Dritten
- aus unerlaubten Handlungen,
- soweit es sich um Maßnahmen zum Zwecke des Arbeitskampfes handelt.

45 **a) Bürgerliche Rechtsstreitigkeit.** Werden Rechte geltend gemacht, die im Arbeitskampfrecht und damit im Privatrecht ihre Grundlage haben, so liegt eine bürgerl. Rechtsstreitigkeit vor. Daher fällt in

1 Schwab/Weth/*Walker*, § 2 ArbGG Rz. 46. | 2 GMPM/*Matthes*, § 2 ArbGG Rz. 13; Schwab/Weth/*Walker*, § 2 ArbGG Rz. 46. | 3 BAG v. 18.6.1997 – 4 AZR 710/95, AP Nr. 2 zu § 1 TVG – Kündigung. | 4 BAG v. 18.2.1998 – 4 AZR 363/96, AP Nr. 3 zu § 1 TVG – Kündigung; v. 18.6.1997 – 4 AZR 710/95, AP Nr. 2 zu § 1 TVG – Kündigung; v. 18.12.1996 – 4 AZR 129/96, AP Nr. 1 zu § 1 TVG – Kündigung; v. 26.9.1984 – 4 AZR 343/83, AP Nr. 21 zu § 1 TVG. | 5 BAG v. 28.9.1977 – 4 AZR 446/76, AP Nr. 1 zu § 9 TVG 1969. | 6 BAG v. 28.9.1977 – 4 AZR 446/76, AP Nr. 1 zu § 9 TVG 1969. | 7 BAG v. 10.5.1989 – 4 AZR 80/89, AP Nr. 6 zu § 2 TVG – Tarifzuständigkeit; Schwab/Weth/*Walker*, § 2 ArbGG Rz. 49. | 8 BAG v. 15.11.1957 – 1 AZR 610/56, AP Nr. 1 zu § 8 TVG. | 9 Schwab/Weth/*Walker*, § 2 ArbGG Rz. 50. | 10 *Dütz*, Das Arbeitsrecht der Gegenwart, Bd. 20, 1983, S. 33, 37 ff. | 11 *Rieble*, NZA 1992, 250; *Gift/Baur*, Urteilsverfahren, C. 30; aA *Dütz*, Das Arbeitsrecht der Gegenwart, Bd. 20, 1983, S. 33, S. 38; Schwab/Weth/*Walker*, § 2 ArbGG Rz. 51. | 12 *Grunsky*, § 2 ArbGG, Rz. 62. | 13 GMPM/*Matthes*, § 2 ArbGG Rz. 22; aA Schwab/Weth/*Walker*, § 2 ArbGG Rz. 53 mwN. | 14 Schwab/Weth/*Walker*, § 2 ArbGG Rz. 51; GMPM/*Matthes*, § 2 ArbGG Rz. 23. | 15 BAG v. 28.9.1977 – 4 AZR 446/76, AP Nr. 1 zu § 9 TVG 1969. | 16 Schwab/Weth/*Walker*, § 2 ArbGG Rz. 52. | 17 BAG v. 15.7.1986 – 1 AZR 654/84, AP Nr. 1 zu Art. 3 LPVG Bayern.

die Zuständigkeit der Gerichte für Arbeitssachen ein von der Gewerkschaft geltend gemachter Unterlassungsanspruch, Beamte nicht auf bestreikten Arbeitsplätzen einzusetzen[1]. Dass ein solcher Einsatz von Beamten auf einer Anordnung des Dienstherrn der Beamten beruht und diesen gegenüber öffentl.-rechtl. Natur ist, ist insoweit ohne Bedeutung. Es geht nicht um die Frage, ob die nach Beamtenrecht, also nach öffentl. Recht, zu beurteilende Anordnung gegenüber dem betroffenen Beamten wirksam ist, sondern um die Frage, ob der Dienstherr aus arbeitskampfrechtl. Gründen der Gewerkschaft gegenüber verpflichtet ist, eine solche, dem Beamten gegenüber möglicherweise beamtenrechtl. wirksame Anordnung zu unterlassen.

Nicht in die Zuständigkeit der Gerichte für Arbeitssachen fallen dagegen Streitigkeiten, in denen sich eine tariffähige Partei gegen **hoheitliche Maßnahmen** im Zusammenhang mit einem Arbeitskampf zur Wehr setzt oder (umgekehrt) das Einschreiten des Hoheitsträgers gegen rechtswidrige Arbeitskampfmaßnahmen erzwingen will. Insoweit ist die Zuständigkeit der **VerwG** gegeben[2]. Schadensersatzansprüche aus Amtspflichtverletzungen im Zusammenhang mit hoheitlichen Maßnahmen oder der Unterlassung derselben sind nach Art. 34 S. 3 GG vor den ordentl. Gerichten zu verfolgen[3]. 46

Vor die **SG** gehören wiederum die Streitigkeiten, in denen ArbN oder der BR die Gewährung von Kug oder Alg während eines Arbeitskampfes geltend machen und die BA die Leistung verweigert. Entsprechendes gilt bei der Verletzung der Neutralitätspflicht der BA durch Gewährung von Kug oder Alg während eines Arbeitskampfes (vgl. § 146 SGB III; früher § 116 AFG)[4]. 47

Geht es dagegen um die Besteuerung einer Streikunterstützung, so sind die **FG** zuständig[5]. 48

b) Unerlaubte Handlung. Der Begriff der unerlaubten Handlung wird von der Rspr. weit ausgelegt. Abs. 1 Nr. 2 will mit seiner weiten Fassung alle Rechtsstreitigkeiten aus der Beteiligung der Koalitionen am Arbeitskampf und aus dieser Betätigung am Arbeitsleben erfassen, deren Zulässigkeit und Rechtmäßigkeit umstritten ist[6]. Als unerlaubte Handlung wird nicht nur ein unter § 823 BGB fallendes Verhalten angesehen, sondern jedes Verhalten, das als Maßnahme zum Zwecke des Arbeitskampfes sich als rechtswidrig darstellen kann[7]. Es wird als ausreichend angesehen, dass die streitigen (verschuldensunabhängigen) Unterlassungs- und Beseitigungsansprüche oder die Schadensersatzansprüche aus der unerlaubten Handlung abgeleitet werden[8]. 49

c) Maßnahmen zum Zwecke des Arbeitskampfes. Die Rechtswegzuständigkeit der Gerichte für Arbeitssachen ist nur gegeben im Hinblick auf unerlaubte Handlungen, soweit es sich um Maßnahmen zum Zwecke des Arbeitskampfes handelt. Das Verhalten muss auf eine Beeinflussung des Arbeitskampfes abzielen. Ohne Bedeutung ist für die Frage der Rechtswegzuständigkeit, ob es sich um einen rechtmäßigen oder rechtswidrigen Arbeitskampf handelt[9]. 50

Ob der Rechtsweg zu den Gerichte für Arbeitssachen auch noch gegeben ist, wenn es um sog. **Protestdemonstrationen, Demonstrationsstreiks, Sympathiestreiks** und **politische Streiks** geht, ist umstritten. Ein Teil der Lit. geht von einem weiten Begriff der „Maßnahmen zum Zwecke des Arbeitskampfes" aus und nehmen eine Zuständigkeit der Gerichte für Arbeitssachen an[10]. Der BGH geht von einem engeren Arbeitskampfbegriff zumindest im Hinblick auf politische Streiks aus und lehnt insoweit eine Zuständigkeit der Gerichte für Arbeitssachen ab[11]. 51

Keine Maßnahme zum Zwecke des Arbeitskampfes liegt jedoch vor, wenn ein Gewerkschaftssekretär auf einer Kundgebung vor Gewerkschaftsmitgliedern nicht deren ArbGeb oder Verband angreift, sondern sich gegen die Konkurrenztätigkeit anderer Unternehmer wendet[12]. 52

Nicht ausreichend sind unerlaubte **Handlungen bei Gelegenheit** eines Arbeitskampfes. Hier kann aber eine Rechtswegzuständigkeit nach Abs. 1 Nr. 3 oder Nr. 9 gegeben sein[13]. 53

d) Parteien der Arbeitskampfstreitigkeit. Als Parteien kommen in Betracht auf beiden Seiten tariffähige Parteien (Tariffähigkeit nach § 2 TVG) oder aber auf einer Seite eine tariffähige Person und auf der 54

---

1 BAG v. 10.9.1985 – 1 AZR 262/84, BAGE 49, 303 = AP Nr. 86 zu Art. 9 GG – Arbeitskampf. | 2 GMPM/*Matthes*, § 2 ArbGG Rz. 29; *Gift/Baur*, Urteilsverfahren, C. 41; Schwab/Weth/*Walker*, § 2 ArbGG Rz. 54. | 3 Schwab/Weth/*Walker*, § 2 ArbGG Rz. 55; GMPM/*Matthes*, § 2 ArbGG Rz. 31. | 4 BSG v. 4.10.1994 – 7 KlAR 1/93, AP Nr. 3 zu § 116 AFG; v. 5.6.1991 – 7 RAr 26/89, AP Nr. 2 zu § 116 AFG. | 5 BFH v. 24.10.1990 – X R 161/88, BFGE 162, 329 = AP Nr. 115 zu Art. 9 GG – Arbeitskampf. | 6 BAG v. 29.10.2001 – 5 AZB 44/00, AP Nr. 80 zu § 2 ArbGG 1979; v. 10.9.1985 – 1 AZR 262/84, BAGE 49, 303 = AP Nr. 86 zu Art. 9 GG – Arbeitskampf; v. 18.8.1987, AP Nr. 33 zu § 72a ArbGG – Grundsatz; BGH v. 28.3.2000 – VI ZB 31/99, AP Nr. 73 zu § 2 ArbGG 1979. | 7 BAG v. 2.8.1963 – 1 AZR 9/63, AP Nr. 5 zu Art. 9 GG; v. 29.6.1965 – 1 AZR 420/64, AP Nr. 6 zu Art. 9 GG; v. 14.2.1978 – 1 AZR 280/77, BAGE 30, 122 = AP Nr. 26 zu Art. 9 GG; v. 10.9.1985, BAGE 49, 303 = AP Nr. 86 zu Art. 9 GG – Arbeitskampf; v. 18.8.1987 – 1 AZN 260/87, AP Nr. 33 zu § 72a ArbGG – Grundsatz. | 8 GMPM/*Matthes*, § 2 ArbGG Rz. 35; *Gift/Baur*, Urteilsverfahren, C. 49. | 9 Schwab/Weth/*Walker*, § 2 ArbGG Rz. 65. | 10 GMPM/*Matthes*, § 2 ArbGG Rz. 36; Schwab/Weth/*Walker*, § 2 ArbGG Rz. 65; GK-ArbGG/*Wenzel*, § 2 Rz. 97. | 11 BGH v. 29.9.1954 – VI ZR 232/53, AP Nr. 2 zu § 2 ArbGG 1953; offen gelassen in BGH v. 28.3.2000 – VI ZB 31/99, AP Nr. 73 zu § 2 ArbGG 1979. | 12 BGH v. 28.3.2000 – VI ZB 31/99, AP Nr. 73 zu § 2 ArbGG 1979. | 13 Schwab/Weth/*Walker*, § 2 ArbGG Rz. 66.

anderen Seite ein Dritter. Ausreichend ist, dass die klagende Partei sich der Tariffähigkeit berühmt. Ob die Tariffähigkeit vorliegt, ist in der Begründetheit zu prüfen[1]. Hängt die Entscheidung von der Klärung der Tariffähigkeit ab, muss nach § 97 V bis zur Erledigung des gebotenen Beschlussverfahrens nach § 2a I Nr. 4 die Aussetzung der Arbeitskampfstreitigkeit erfolgten[2]. Im Eilverfahren scheidet eine Aussetzung jedoch aus[3].

55 **Dritte** idS können ua. die Organe der streikführenden Gewerkschaften bzw. der aussperrenden ArbGebVerbände oder die Streikleiter und Streikposten sein (wobei es erhebliche Probleme bei Formulierung des Passivrubrums geben kann)[4]. Insoweit kann, soweit die Klage des bestreikten ArbGeb gegen seine streikenden ArbN gerichtet ist, zugleich eine Rechtswegzuständigkeit nach Abs. 1 Nr. 3d bestehen.

56 Bei dem Streit um **Rechte oder Pflichten des BR im Arbeitskampf** handelt es sich um eine betriebsverfassungsrechtl. Angelegenheit, über die nach § 2a I Nr. 1 im Beschlussverfahren zu entscheiden ist.

57 Kommt es **zwischen ArbN** während eines Arbeitskampfes zu **unerlaubten Handlungen** (Nötigung, Körperverletzung, Sachbeschädigung), dann folgt die arbeitsgerichtl. Rechtswegzuständigkeit nicht aus Abs. 1 Nr. 2, denn insoweit fehlt es an der Tariffähigkeit wenigstens einer Partei. In Betracht kommt dann aber eine Zuständigkeit nach Abs. 1 Nr. 9.

58 **3. Vereinigungsfreiheitsstreitigkeit.** Für Vereinigungsfreiheitsstreitigkeiten ist die Rechtswegzuständigkeit der Gerichte für Arbeitssachen nach Abs. 1 Nr. 2 gegeben, wenn folgende Voraussetzungen vorliegen:

- bürgerliche Rechtsstreitigkeit zwischen
  - tariffähigen Parteien
  - oder zwischen diesen und Dritten
- soweit es sich um unerlaubte Handlungen
- im Zusammenhang mit Fragen der Vereinigungsfreiheit einschließlich der Fragen des Betätigungsrechts der Vereinigungen handelt.

59 **a) Allgemeines.** Wegen der Voraussetzungen der unerlaubten Handlung und der Parteien der Streitigkeit gelten die einschlägigen Ausführungen zu den Arbeitskampfstreitigkeiten entsprechend (vgl. Rz. 49, 54 ff.).

60 **b) Vereinigungsfreiheit und Betätigungsrecht der Vereinigungen.** Fragen der Vereinigungsfreiheit umfassen den Streit um die positive oder negative Koalitionsfreiheit auf ArbN- und ArbGebSeite[5]. Um eine Angelegenheit der Vereinigungsfreiheit handelt es sich, wenn darüber gestritten wird, ob ArbN oder ArbGeb sich in einer Koalition zusammenschließen dürfen oder sich in ihrem Koalitionsrecht aus Art. 9 III GG beeinträchtigt fühlen, oder wenn zur Entscheidung steht, ob sich eine ArbN- oder ArbGebKoalition in bestimmter, von ihr in Anspruch genommener koalitionsspezifischer Weise betätigen darf[6]. **Unerlaubte Handlung** im Zusammenhang mit der Vereinigungsfreiheit ist das Verhalten eines Mitglieds einer Koalition, das in Ausübung seines Rechts auf koalitionsmäßige Betätigung erfolgt, sich aber als unzulässig erweisen kann, ebenso wie das Verhalten einer TV-Partei oder eines Dritten, das darauf gerichtet ist, dieses Recht auf koalitionsmäßige Betätigung zu behindern oder zu sanktionieren und sich als rechtswidrig erweisen kann[7].

61 Die Vereinigungsfreiheit und das Betätigungsrecht der Vereinigungen sind damit betroffen zB bei einem Streit über das Zugangsrecht einer Gewerkschaft zum Betrieb (unabhängig vom betriebsverfassungsrechtl. Zugangsrecht nach § 2 II BetrVG)[8], Gewerkschaftswerbung im Betrieb[9], das Recht zur Durchführung der Wahl von gewerkschaftlichen Vertrauensleuten[10], den Anspruch auf Unterlassung von Gewerkschaftsaustrittsforderungen des ArbGeb anlässlich der Einstellung von ArbN[11] und die ehrenrührige Äußerung (mangelnde Tariftreue) eines Gewerkschaftssekretärs über einen ArbGeb[12].

62 Für den allgemeinen **gewerkschaftlichen Unterlassungsanspruch** ist bezüglich der **Verfahrensart** zu differenzieren. Ein Urteilsverfahren kommt für den Unterlassungsanspruch dann in Betracht, wenn Regelungen angegriffen werden, die allein auf entsprechenden Vereinbarungen des ArbGeb mit den

---

1 Schwab/Weth/*Walker*, § 2 ArbGG Rz. 57. | 2 Schwab/Weth/*Walker*, § 2 ArbGG Rz. 57. | 3 Schwab/Weth/*Walker*, § 2 ArbGG Rz. 58. | 4 *Gift/Baur*, Urteilsverfahren, C. 56. | 5 *Gift/Baur*, Urteilsverfahren, C. 61. | 6 BGH v. 28.3.2000 – VI ZB 31/99, AP Nr. 73 zu § 2 ArbGG 1979 (betr. Arbeitnehmerkoalition); BAG v. 23.2.1979 – 1 AZR 540/77, AP Nr. 29 zu Art. 9 GG; v. 8.12.1978 – 1 AZR 303/77, AP Nr. 28 zu Art. 9 GG; Schwab/Weth/*Walker*, § 2 ArbGG Rz. 67. | 7 BAG v. 18.8.1987 – 1 AZR 260/87, AP Nr. 33 zu § 72a ArbGG 1979. | 8 BAG v. 14.2.1978 – 1 AZR 280/77, BAGE 30, 122 = AP Nr. 26 zu Art. 9 GG. | 9 BAG v. 29.6.1965 – 1 AZR 420/64, BAGE 17, 218 = AP Nr. 6 zu Art. 9 GG; v. 14.2.1967 – 1 AZR 494/65, BAGE 19, 217 = AP Nr. 10 zu Art. 9 GG; v. 23.2.1979 – 1 AZR 540/77, AP Nr. 29 zu Art. 9 GG; v. 26.1.1982 – 1 AZR 610/80, BAGE 41, 1 = AP Nr. 35 zu Art. 9 GG; v. 30.8.1983 – 1 AZR 121/81, AP Nr. 38 zu Art. 9 GG. | 10 BAG v. 8.12.1978 – 1 AZR 303/77, BAGE 31, 167 = AP Nr. 28 zu Art. 9 GG. | 11 BAG v. 2.6.1987 – 1 AZR 651/85, AP Nr. 49 zu Art. 9 GG. | 12 BAG v. 29.10.2001 – 5 AZB 44/00, AP Nr. 80 zu § 2 ArbGG 1979.

ArbN beruhen, ohne dass ein BR mitgewirkt hat. Die Rechtswegzuständigkeit folgt aus Abs. 1 Nr. 2[1]. Der Unterlassungsantrag einer Gewerkschaft, der sich gegen die Durchführung oder den Abschluss tarifwidriger Vereinbarungen der Betriebsparteien richtet, ist dagegen im Beschlussverfahren geltend zu machen. Er betrifft ungeachtet seiner Rechtsgrundlage eine betriebsverfassungsrechtl. Angelegenheit iSd. § 2a I Nr. 1[2]. Zielt der Antrag der Gewerkschaft hingegen darauf, die negativen Folgen einer tarifwidrigen Vorgehensweise für ihre Mitglieder auszugleichen, folgt die Rechtswegzuständigkeit aus Abs. 1 Nr. 1, wobei das Urteilsverfahren die zutreffende Verfahrensart ist[3].

Die Rechtswegzuständigkeit nach Abs. 1 Nr. 2 ist auch gegeben für Streitigkeiten zwischen konkurrierenden Gewerkschaften oder ArbGebVerbänden, zB im Hinblick auf die **Mitgliederwerbung**[4]. 63

Streitigkeiten zwischen einer TV-Partei und ihrem Mitglied über **Beitragszahlungen** und über **Fragen der Mitgliedschaft** gehören nicht vor die Gerichte für Arbeitssachen, sondern vor die ordentl. Gerichte[5]. Wird um die Aufnahme als Mitglied oder über den Ausschluss des Mitglieds gestritten, wird von der Rspr. der Rechtsweg zu den ordentl. Gerichten angenommen[6]. 64

4. Streitigkeiten zwischen Arbeitnehmern und Arbeitgebern. Durch Abs. 1 Nr. 3 wird eine umfassende Zuständigkeit der Gerichte für Arbeitssachen für **individualrechtl. Ansprüche** aus dem Arbeitsverhältnis begründet[7]. Die Vorschrift wird im Hinblick auf Parteien außerhalb des Arbeitsverhältnisses durch Abs. 1 Nr. 4–10 und § 3 ergänzt. 65

Wer **ArbN** ist oder im arbeitsgerichtl. Verfahren als solcher zu behandeln ist, folgt aus § 5 (s. dort). 66

ArbGeb ist derjenige, der mindestens einen ArbN oder eine arbeitnehmerähnliche Person (§ 5 I 2) beschäftigt[8]. ArbGeb kann sein eine natürliche oder eine juristische Person[9], nunmehr auch die GbR[10], mehrere natürliche oder juristische Personen (sog. einheitliches Arbeitsverhältnis)[11], ein sog. mittelbarer ArbGeb[12], der Verleiher bei der erlaubten AÜ bzw. der Entleiher nach § 10 AÜG bei der unerlaubten AÜ, die in Anspruch genommenen persönlich haftenden Gesellschafter einer Handelsgesellschaft[13], nicht jedoch der Kommanditist bei Geltendmachung der Einstandspflicht nach § 171 HGB[14] oder der GmbH-Geschäftsführer[15]. Wird über das Vermögen des ArbGeb das Insolvenzverfahren eröffnet, sind die Klagen gegen den Insolvenzverwalter zu richten[16]. 67

Kein ArbGeb ist der vollmachtlose Vertreter nach § 179 BGB. Wer als Vertreter ohne Vertretungsmacht einen Vertrag schließt, ist zwar dem anderen Teil kraft Gesetzes nach dessen Wahl zur Erfüllung verpflichtet (§ 179 I BGB). Er wird aber nicht selbst Vertragspartner und erwirbt keinen eigenen Erfüllungsanspruch. Er ist deshalb nicht ArbGeb iSv. Abs. 1 Nr. 3[17]. Nimmt eine Partei des Arbeitsvertrags jemanden als Vertreter ohne Vertretungsmacht auf die Erfüllung von Ansprüchen aus dem Arbeitsverhältnis oder auf Schadensersatz für solche Forderungen in Anspruch (§ 179 BGB), ist dennoch der Rechtsweg zu den Gerichten für Arbeitssachen gegeben. Der vollmachtlose Vertreter ist Rechtsnachfolger iSd. § 3[18]. 68

a) Streitigkeit aus dem Arbeitsverhältnis. Erfasst werden durch Abs. 1 Nr. 3a alle bürgerl. Rechtsstreitigkeiten, die ihre Grundlage im Arbeitsverhältnis der Parteien haben, auch wenn dieses schon beendet ist. Ob ein solches rechtswirksam oder ggf. anfechtbar begründet wurde, ist unerheblich, so dass auch Ansprüche aus faktischen oder fehlerhaften Arbeitsverhältnissen darunter fallen[19]. Das BAG hat aber 69

---

1 BAG v. 20.4.1999 – 1 ABR 72/98, AP Nr. 89 zu Art. 9 GG. | 2 BAG v. 13.3.2001 – 1 AZB 19/00, AP Nr. 17 zu § 2a ArbGG 1979; v. 20.4.1999 – 1 ABR 72/98, AP Nr. 89 zu Art. 9 GG; krit. Schwab/Weth/*Walker*, § 2 ArbGG Rz. 70. | 3 BAG v. 13.3.2001 – 1 AZB 19/00, AP Nr. 17 zu § 2a ArbGG 1979. | 4 Schwab/Weth/*Walker*, § 2 ArbGG Rz. 71; GMPM/*Matthes*, § 2 ArbGG Rz. 153; aA noch zur alten Rechtslage: BGH v. 7.1.1964 – VI ZR 58/63, AP Nr. 1 zu § 1004 BGB; v. 6.10.1964 – VI ZR 176/63, AP Nr. 6 zu § 54 BGB. | 5 BGH v. 13.6.1966 – II ZR 130/64, AP Nr. 5 zu § 19 BetrVG; v. 4.7.1977 – II ZR 30/76, AP Nr. 25 zu Art. 9 GG; Schwab/Weth/*Walker*, § 2 ArbGG Rz. 43 u. 73; aA aber *Gift/Baur*, Urteilsverfahren, C. 22 u. 63 f. | 6 BGH v. 13.6.1966 – II ZR 130/64, AP Nr. 5 zu § 19 BetrVG; v. 28.9.1972 – II ZR 5/70, AP Nr. 21 zu Art. 9 GG; v. 27.2.1978 – II ZR 17/77, AP Nr. 27 zu Art. 9 GG; v. 22.9.1980 – II ZR 34/80, AP Nr. 33 zu Art. 9 GG; v. 30.5.1983 – II ZR 138/82, AP Nr. 9 zu § 20 BetrVG 1972; GMPM/*Matthes*, § 2 ArbGG Rz. 47; für die Rechtswegzuständigkeit der Gerichte für Arbeitssachen in Fällen unerlaubter Handlung der Mitglieder Schwab/Weth/*Walker*, § 2 ArbGG Rz. 72. | 7 BAG v. 23.2.1979 – 1 AZR 172/78, AP Nr. 30 zu Art. 9 GG. | 8 Schwab/Weth/*Walker*, § 2 ArbGG Rz. 77; GMPM/*Matthes*, § 2 ArbGG Rz. 51. | 9 Schwab/Weth/*Walker*, § 2 ArbGG Rz. 77. | 10 Vgl. zur Parteifähigkeit BAG v. 1.12.2004 – 5 AZR 597/03, MDR 2005, 584; BGH v. 29.1.2001 – II ZR 331/00, BGHZ 146, 341 = AP Nr. 9 zu § 50 ZPO 1979; v. 18.2.2002 – II ZR 331/00, NJW 2002, 1207; zur Arbeitgeberstellung *Diller*, NZA 2003, 401; dagegen die überholte Rspr. BAG v. 16.10.1974 – 4 AZR 29/74, AP Nr. 1 zu § 705 BGB. | 11 BAG v. 27.3.1981 – 7 AZR 523/78, AP Nr. 1 zu § 611 BGB – Arbeitgebergruppe; offen gelassen in BAG v. 21.1.1999 – 2 AZR 648/97, AP Nr. 9 zu § 1 KSchG 1969 – Konzern; krit. *Schwerdtner*, ZIP 1982, 900; *Wiedemann*, Anm. zu AP Nr. 1 zu § 611 BGB – Arbeitgebergruppe. | 12 BAG v. 9.4.1957 – 3 AZR 435/54, AP Nr. 2 zu § 611 BGB – Mittelbares Arbeitsverhältnis. | 13 BAG v. 14.11.1979 – 4 AZR 3/78, AP Nr. 2 zu § 4 TVG – Gemeinsame Einrichtungen. | 14 BAG v. 23.6.1992 – 9 AZR 308/91, AP Nr. 23 zu § 2 ArbGG 1979. | 15 Schwab/Weth/*Walker*, § 2 ArbGG Rz. 80 (jedoch Rechtswegzuständigkeit nach § 3 möglich). | 16 BAG v. 17.1.2002 – 2 AZR 57/01, EzA § 4 nF KSchG Nr. 62. | 17 BAG v. 7.4.2003 – 5 AZB 2/03, AP Nr. 6 zu § 3 ArbGG; aA Schwab/Weth/*Walker*, § 2 ArbGG Rz. 79. | 18 BAG v. 7.4.2003 – 5 AZB 2/03, AP Nr. 6 zu § 3 ArbGG; LAG Hamm v. 6.1.1997 – 9 Ta 172/96, AP Nr. 3 zu § 3 ArbGG 1979. | 19 BAG v. 25.4.1963 – 5 AZR 398/62, BAGE 14, 180 = AP Nr. 2 zu § 611 BGB – Faktisches Arbeitsverhältnis.

das Erfordernis einer vertragl. Begründung der Arbeitspflicht als Voraussetzung des ArbN-Status auch zum Zwecke der Rechtswegbestimmung stets für unverzichtbar gehalten. Für faktische Arbeitsverhältnisse besteht insoweit keine Ausnahme. Die Grundsätze über das faktische Arbeitsverhältnis dienen der Regelung der Rechtsfolgen eines übereinstimmend in Vollzug gesetzten Arbeitsverhältnisses. Ihre Anwendung und damit die Zuständigkeit der ArbG setzt immer voraus, dass die Arbeit einvernehmlich erbracht worden ist. Erforderlich ist eine zunächst von beiden Parteien gewollte Beschäftigung des ArbN. Mag sich die vertragl. Grundlage auch als nichtig oder fehlerhaft erweisen, so muss doch stets jedenfalls dem Tatbestand nach ein Vertragsschluss vorgelegen haben[1]. Selbst wenn der ArbN sich mangels Schutzwürdigkeit nicht auf die Grundsätze eines fehlerhaften Arbeitsverhältnisses berufen kann, verbleibt es bei der Rechtswegzuständigkeit der Gerichte für Arbeitssachen. Auch ein ggf. nach § 850h ZPO fingiertes Arbeitsverhältnis genügt zur Begründung der Rechtswegzuständigkeit[2]. Entsprechendes gilt für ein nach § 10 AÜG fingiertes Arbeitsverhältnis. Ein Arbeitsverhältnis kann auch zwischen Familienangehörigen bestehen, sofern die Tätigkeit über die familienrechtl. Verpflichtung zur Mitarbeit (§ 1619 BGB) hinausgeht[3].

70 Ehemalige **Zwangsarbeiter**, die gegen ihren Willen nach Deutschland verbracht und ohne vertragl. Grundlage zur Arbeit herangezogen wurden, können Entschädigungsansprüche nicht vor den Gerichten für Arbeitssachen geltend machen, sondern nur vor den ordentl. Gerichten, denn sie wurden nicht als ArbN iSv. § 5 I beschäftigt[4]. Wurde in **Schwarzarbeit** eine Arbeitsleistung verrichtet, ist die Zuständigkeit der ArbG gegeben, weil die Schwarzarbeitsabrede regelmäßig nicht zur Nichtigkeit des Arbeitsvertrags führt[5], während die ordentl. Gerichte zuständig sind, wenn ein Werk erstellt wurde[6]. Der prozessuale Anspruch muss seine Grundlage im Arbeitsverhältnis finden. Unerheblich ist ferner, ob sich der Anspruch aus einem TV, einer BV, einer einzelvertragl. Abrede oder aus gesetzl. Vorschriften ergibt oder ob es um Haupt- oder Nebenpflichten aus dem Arbeitsverhältnis geht[7]. Die Rechtswegzuständigkeit ist auch bei Ansprüchen aus **ungerechtfertigter Bereicherung** (§§ 812 ff. BGB) oder **Auftrag** (§§ 662 ff. BGB) gegeben[8], ebenso bei Ansprüchen aus **Pflichtverletzung** (§ 280 BGB), **Schuldnerverzug** (§ 286 BGB) oder **Gläubigerverzug** (§ 293 BGB iVm. § 615 BGB). Unter Nr. 3a fallen außerdem Ansprüche nach § 612 BGB aus sog. **fehlgegangener Vergütungserwartung** (zB Arbeitsleistung im Hinblick auf zugesagte Eheschließung oder Erbeinsetzung)[9]. Bei Mitarbeit von Ehegatten oder Kindern kommt es für die Zuständigkeit darauf an, ob diese auf rein familienrechtl. Grundlage (§§ 1360, 1619 BGB) oder im Rahmen eines Arbeitsverhältnisses erfolgt. Ein aus einem Arbeitsverhältnis stammender Anspruch behält seine arbeitsrechtl. Natur, auch wenn er Gegenstand eines **Vergleichs** (§ 779 BGB) oder **Schuldanerkenntnisses** (§ 781 BGB) geworden ist[10]. Auch Streitigkeiten über solche Ansprüche, über die ein **Wechsel** oder **Scheck** ausgestellt wurde oder die sich aus einem abstrakten Schuldanerkenntnis ergeben, fallen unter Abs. 1 Nr. 3[11].

71 Für die **Vollstreckungsabwehrklage** gegen ein arbeitsgerichtl. Urteil (§ 767 BGB) sind die Gerichte für Arbeitssachen zuständig[12]. Hat sich eine Arbeitsvertragspartei wegen eines arbeitsrechtl. Anspruchs in einer notariellen Urkunde der sofortigen Zwangsvollstreckung unterworfen, und wird gegen den titulierten Anspruch Vollstreckungsabwehrklage erhoben, gilt Entsprechendes[13].

72 Wird während des **Insolvenzverfahrens** des ArbGeb eine Forderung aus dem Arbeitsverhältnis nach Grund oder Höhe bestritten, ist das ArbG für das Feststellungsverfahren nach §§ 179, 180 InsO zuständig, da die Insolvenzordnung an der Zuständigkeit gem. Abs. 1 Nr. 3 nichts ändert. Ebenso sind die Gerichte für Arbeitssachen zuständig für nach § 55 InsO rückständige Lohnansprüche als Masseverbindlichkeiten[14]. Die Klage ist jeweils gegen den Insolvenzverwalter zu richten[15]. Wird jedoch von der BA Insolvenzgeld verlangt (§§ 183–189 SGB III), dann ist für die klageweise Geltendmachung der Rechtsweg zu den SG eröffnet (§ 51 I SGG)[16]. Im Umfang des beantragten Insolvenzgeldes nach § 183 SGB III wäre eine Klage auf Arbeitsvergütung gegen den ArbGeb unbegründet. Mit Stellung des Insolvenzgeld-An-

1 BAG v. 14.12.1988 – 5 AZR 661/86; v. 14.1.1987 – 5 AZR 166/85, EzA § 611 BGB – Faktisches Arbeitsverhältnis Nr. 1; v. 30.4.1997 – 7 AZR 122/96, AP Nr. 20 zu § 812 BGB; v. 19.7.1973 – 5 AZR 46/73, AP Nr. 19 zu § 611 BGB – Faktisches Arbeitsverhältnis; v. 16.2.2000 – 5 AZB 71/99, BAGE 93, 310 = AP Nr. 70 zu § 2 ArbGG 1979. | 2 BGH v. 23.2.1977 – VIII ZR 222/75, AP Nr. 15 zu § 850h ZPO (offen lassend, ob durch § 850h ZPO ein Arbeitsverhältnis oder nur ein Vergütungsanspruch bestimmter Höhe fingiert wird). | 3 Schwab/Weth/*Walker*, § 2 ArbGG Rz. 82. | 4 BAG v. 16.2.2000 – 5 AZB 71/99, BAGE 93, 310 = AP Nr. 70 zu § 2 ArbGG 1979; zum Nichtbestehen von Ansprüchen vgl. BGH v. 27.5.2003 – VI ZR 389/02, MDR 2003, 1178. | 5 BAG v. 26.2.2003 – 5 AZR 690/01, AP Nr. 24 zu § 134 BGB (zur Wirksamkeit des Arbeitsvertrags). | 6 *Gift/Baur*, Urteilsverfahren, C. 98. | 7 *Gift/Baur*, Urteilsverfahren, C. 114; *Grunsky*, ArbGG, § 2 Rz. 89. | 8 *Gift/Baur*, Urteilsverfahren, C. 99. | 9 BAG v. 15.3.1960 – 5 AZR 409/58, AP Nr. 13 zu § 612 BGB; v. 19.2.1970 – 5 AZR 241/69, AP Nr. 26 zu § 612 BGB; v. 28.9.1977 – 5 AZR 303/76, AP Nr. 29 zu § 612 BGB. | 10 *Grunsky*, ArbGG, 7. Aufl., § 2 Rz. 97; offen gelassen von BAG v. 7.11.1996 – 5 AZB 19/96, AP Nr. 1 zu § 46 ArbGG 1979, weil für Klage aus einem zwecks Bezahlung von Arbeitsentgelt begebenen Scheck der Rechtsweg zu den Gerichten für Arbeitssachen nach § 2 I Nr. 4a ArbGG eröffnet ist. | 11 Schwab/Weth/*Walker*, § 2 ArbGG Rz. 90; offengelassen von BAG v. 7.11.1996 – 5 AZB 19/96, AP Nr. 1 zu § 46 ArbGG 1979. | 12 ArbG Hannover v. 19.1.1990 – 10 Ca 481/89, BB 1990, 928. | 13 *Grunsky*, ArbGG, § 2 Rz. 97; *Gift/Baur*, Urteilsverfahren, C. 105. | 14 Schwab/Weth/*Walker*, § 2 ArbGG Rz. 95. | 15 BAG v. 17.1.2002 – 2 AZR 57/01, EzA § 4 nF KSchG Nr. 62. | 16 *Gift/Baur*, Urteilsverfahren, C. 106.

trags geht der entsprechende Anspruch auf Arbeitsvergütung auf die BA über (§ 187 SGB III). Hängen die Streitigkeiten ausschließlich mit der Insolvenz des ArbGeb zusammen, werden sie von Abs. 1 Nr. 3a nicht erfasst, wie zB bei Ansprüchen nach einer Insolvenzanfechtung[1].

Zu unterscheiden ist bei der Bestimmung der Zuständigkeit der ArbG bei Streitigkeiten zwischen den Arbeitsvertragsparteien wegen einerseits **Werkmietwohnungen** (§ 576 BGB) und andererseits **Werkdienstwohnungen** (§ 576b BGB). Der Rechtsweg zu den Gerichten für Arbeitssachen ist für Streitigkeiten aus der Überlassung einer sog. Werkmietwohnung nicht eröffnet. Für Rechtsstreitigkeiten aus einem Mietverhältnis über Wohnraum sind nach § 23 Nr. 2a GVG die AG ausschließlich zuständig[2]. Die AG sind auch zuständig für Rechtsstreitigkeiten über sog. funktionsgebundene Werkmietwohnungen iSv. § 576 I Nr. 2 BGB[3]. Für Rechtsstreitigkeiten aus der Überlassung von Werkdienstwohnungen ist dagegen der Rechtsweg zu den Gerichten für Arbeitssachen nach Abs. 1 Nr. 3a eröffnet[4]. 73

b) Streitigkeit über das Bestehen oder Nichtbestehen eines Arbeitsverhältnisses. Unter Abs. 1 Nr. 3b fallen Streitigkeiten darüber, ob zwischen den Parteien ein Arbeitsverhältnis begründet worden ist, ob es sich bei dem begründeten Rechtsverhältnis um ein Arbeitsverhältnis handelt, mit welchem Inhalt das Arbeitsverhältnis besteht/bestand und ob es noch besteht oder wann es beendet wurde[5]. Damit gehören unter Nr. 3b Verfahren über die Wirksamkeit einer Kündigung, Anfechtung, Befristungs- oder Bedingungsabrede, ferner Streitigkeiten über die Beendigung des Arbeitsverhältnisses wegen Erreichens der Altersgrenze oder wegen eines Aufhebungsvertrages. Die Rechtswegzuständigkeit nach Abs. 1 Nr. 3b erfasst auch Klagen auf Feststellung, dass ein Arbeitsvertrag wirksam zu Stande gekommen ist. Nach der hM unterfallen dieser Zuständigkeitsregelung auch die sog. Status- oder Feststellungsklagen von freien Mitarbeitern[6]. Selbst Streitigkeiten über den Inhalt des Arbeitsverhältnisses werden der Nr. 3b zugeordnet[7]. Auch über die Frage, ob zwischen Entleiher und LeihArbN nach § 10 AÜG ein Arbeitsverhältnis besteht, haben die Gerichte für Arbeitssachen nach Nr. 3b zu entscheiden[8]. 74

Rechtsstreitigkeiten darüber, ob zwischen einem Auszubildenden als Mitglied eines betriebsverfassungsrechtl. Organs und dem ArbGeb nach § 78a BetrVG bzw. § 9 BPersVG nunmehr ein Arbeitsverhältnis besteht, sind ebenfalls Rechtsstreitigkeiten über das Bestehen oder Nichtbestehen eines Arbeitsverhältnisses. Über sie ist im Urteilsverfahren zu entscheiden[9]. 75

c) Streitigkeit über das Eingehen und Nachwirken eines Arbeitsverhältnisses. Von Abs. 1 Nr. 3c werden erfasst ua. Ansprüche aus einem Vorvertrag auf Abschluss eines Arbeitsvertrages, aus einem sog. Einfühlungsverhältnis[10], auf Ersatz von Vorstellungskosten, auf Rückgabe von Bewerbungsunterlagen, auf Übertragung einer Beförderungsstelle oder auf neue Entscheidung über die Auswahl unter den Bewerbern (Konkurrentenklage[11]) und auf Schadensersatz aus Verschulden bei Vertragsschluss. Genügend ist, dass über den Abschluss eines Arbeitsvertrages verhandelt wurde, auch wenn die Parteien sich dann nicht einigten. Es muss sich aber um Verhandlungen über die Eingehung eines Arbeitsverhältnisses handeln[12]. Nicht in die Zuständigkeit der Gerichte für Arbeitssachen fallen Streitigkeiten über Verhandlungen über einen Werkvertrag, über einen Gesellschaftsvertrag oder über eine in Aussicht genommene Tätigkeit als Vertretungsorgan einer juristischen Person[13]. Klagen auf Aufnahme in eine Sozietät gehören auch dann nicht in die Zuständigkeit der ArbG, wenn die Zusage mit Rücksicht auf ein bestehendes Arbeitsverhältnis gegeben worden ist[14]. Dagegen ist die Rechtswegzuständigkeit der Gerichte für Arbeitssachen gegeben für Konkurrentenklagen selbst im Hinblick auf die Besetzung von Angestelltenstellen durch Beamte[15]. 76

Um **Nachwirkungen** aus dem Arbeitsverhältnis geht es bei Ansprüchen aus einem nachvertragl. Wettbewerbsverbot, auf Gewährung von betriebl. Ruhegeld, auf Erteilung eines Zeugnisses oder sonstiger Bescheinigungen und auf Erteilung einer Auskunft nebst diesbezüglichen Schadensersatzforderungen[16]. 77

Für den **ArbGeb** kommen Klagen auf Unterlassung von Wettbewerb, auf die Rückgabe von Arbeitsunterlagen oder Werkzeugen, auf Auskünfte über vom ArbN bearbeitete Geschäftsvorfälle sowie auf Rückzahlung von ArbGebDarlehen, von Ausbildungs-, Umzugskosten oder Gratifikationen bei vorzeitiger Lösung des Arbeitsverhältnisses in Betracht[17]. Auch der Anspruch des wirksam gekündigten ArbN auf Wiedereinstellung zählt zu den nachvertragl. Ansprüchen[18]. 78

---

1 Schwab/Weth/*Walker*, § 2 ArbGG Rz. 96. | 2 BAG v. 2.11.1999 – 5 AZB 18/99, BAGE 92, 336 = AP Nr. 68 zu § 2 ArbGG 1979. | 3 BAG v. 2.11.1999 – 5 AZB 18/99, BAGE 92, 336 = AP Nr. 68 zu § 2 ArbGG 1979. | 4 BAG v. 3.6.1975 – 1 ABR 118/73, AP Nr. 3 zu § 87 BetrVG 1972; v. 23.8.1989 – 5 AZR 569/88, AP Nr. 3 zu § 365e BGB. | 5 Schwab/Weth/*Walker*, § 2 ArbGG Rz. 102. | 6 BAG v. 22.6.1977 – 5 AZR 753/75, AP Nr. 22 zu § 611 BGB – Abhängigkeit; krit. *Gift/Baur*, Urteilsverfahren, C. 118. | 7 *Grunsky*, ArbGG, § 2 Rz. 99. | 8 GMPM/*Matthes*, § 2 ArbGG Rz. 67. | 9 BAG v. 22.9.1983 – 6 AZR 323/81, BAGE 44, 154, AP Nr. 11 zu § 78a BetrVG 1972; v. 23.8.1984 – BAGE 46, 270, AP Nr. 1 zu § 9 BPersVG; v. 13.11.1987 – 7 AZR 246/87, BAGE 57, 21 = AP Nr. 18 zu § 78a BetrVG 1972. | 10 LAG Hamm v. 24.5.1989 – 15 Sa 18/88, LAGE § 611 BGB – Probearbeitsverhältnis Nr. 2. | 11 Schwab/Weth/*Walker*, § 2 ArbGG Rz. 108 f. | 12 *Gift/Baur*, Urteilsverfahren, C. 122. | 13 *Gift/Baur*, Urteilsverfahren, C. 122. | 14 BAG v. 15.8.1975 – 5 AZR 217/75, AP Nr. 32 zu § 2 ArbGG 1953 – Zuständigkeitsprüfung. | 15 BAG v. 2.12.1997 – 9 AZR 445/96, AP Nr. 40 zu Art. 33 Abs. 2 GG (LS 1). | 16 *Gift/Baur*, Urteilsverfahren, C. 123 f. | 17 GMPM/*Matthes*, § 2 ArbGG Rz. 72. | 18 Schwab/Weth/*Walker*, § 2 ArbGG Rz. 112.

79 **d) Streitigkeit aus unerlaubter Handlung.** Für die Fallgruppe des Abs. 1 Nr. 3d ist erforderlich eine unerlaubte Handlung des ArbN gegenüber dem ArbGeb oder umgekehrt (nicht: gegenüber Dritten). Kommt es zu unerlaubten Handlungen zwischen ArbN, ist Abs. 1 Nr. 9 einschlägig. Die Klage kann nicht nur auf Schadensersatz gerichtet sein, sondern auch auf Unterlassung, Beseitigung oder Widerruf. Ausreichend sind auch Tatbestände der Gefährdungshaftung[1]. Es genügt auch, dass der ArbGeb nach der Behauptung des Klägers für seine gesetzl. Vertreter oder angestellten ArbN einzustehen hat (§§ 31, 831 BGB)[2].

80 Die unerlaubte Handlung muss mit dem Arbeitsverhältnis **im Zusammenhang** stehen, nicht jedoch wie bei Abs. 1 Nr. 4a in einem rechtl. oder unmittelbar wirtschaftl. Zusammenhang[3]. Dies ist der Fall, wenn die unerlaubte Handlung zu dem Arbeitsverhältnis der Parteien derart in einer engen Beziehung steht, dass sie in der besonderen Eigenart des Arbeitsverhältnisses und den ihm eigentümlichen Reibungen und Berührungspunkten wurzelt; ein lediglich äußerer oder zufälliger Zusammenhang ist nicht ausreichend[4]. Ein Zusammenhang soll nicht bzw. nicht mehr besteht, wenn das Arbeitsverhältnis für die unerlaubte Handlung gänzlich weggedacht werden kann, letztere also auch ohne das Arbeitsverhältnis in ihrer konkreten Begehungsform so hätte begangen werden können[5]. Es genügt eine unerlaubte Handlung anlässlich der (erfolgreichen oder nicht erfolgreichen) Verhandlungen über die Eingehung eines Arbeitsverhältnisses[6], während des Arbeitsverhältnisses (geschäftsschädigende Äußerungen zur Abwerbung von ArbN[7]) oder nach dessen Beendigung (Geheimnisverrat[8]; Verstoß gegen UWG durch Abwerbung von Mitarbeitern und Kunden[9]). Bei **Verletzung von Betriebsgeheimnissen** steht § 13 UWG der Rechtswegzuständigkeit der Gerichte für Arbeitssachen nicht entgegen, denn diese Norm enthält keine Regelung zur Rechtswegbestimmung[10]. Die innere Beziehung zum Arbeitsverhältnis fehlt, wenn andere Umstände, zB familiäre Streitigkeiten zwischen im selben Haus wohnenden Familien, für die unerlaubte Handlung maßgeblich sind[11].

81 Liegt zugleich eine Verletzung vor-, arbeits- oder nachvertragl. Pflichten vor, folgt die Rechtswegzuständigkeit auch aus Nr. 3a oder c.

82 **e) Streitigkeit über Arbeitspapiere.** Bei den Streitigkeiten über Arbeitspapiere geht es um Klagen auf Ausstellung/Ausfüllung, Herausgabe, Berichtigung, Ergänzung oder Schadensersatz wegen Pflichtverletzungen im Zusammenhang mit Arbeitspapieren[12].

83 **aa) Arbeitspapiere.** Arbeitspapiere sind alle Arten von Papieren, die für die berufliche Tätigkeit des ArbN Bedeutung haben. Begrifflich werden alle Unterlagen vom Bewerbungsschreiben bis hin zum Schlusszeugnis erfasst, die mit dem Arbeitsverhältnis im Zusammenhang stehen[13]. Zu den Arbeitspapieren zählen ua.: LStKarte (§ 39b EStG) nebst (Ausdruck der elektronischen) LStBescheinigung (§ 41b I 3 u. III EStG), Versicherungsausweis (§ 95 SGB IV), Urlaubsbescheinigung (§ 6 II BUrlG), Arbeitsbescheinigung (§ 312 SGB III), Aufenthaltstitel mit Erlaubnis einer Erwerbstätigkeit (§ 4 II u. III AufenthG), Aufenthaltserlaubnis (§ 7 AufenthG), Niederlassungstitel (§ 7 AufenthG), Gesundheitsbescheinigung (§ 43 IfSG), Seefahrtbuch (§ 11 SeemG), (tarifliche) Lohnnachweiskarte für Urlaub, Lohnausgleich und Zusatzversorgung im Baugewerbe, einfaches oder qualifiziertes Zeugnis oder Zwischenzeugnis.

84 **bb) Bürgerliche Streitigkeiten.** Nach Abs. 1 Nr. 3e sind die Gerichte für Arbeitssachen zuständig für bürgerl. Rechtsstreitigkeiten zwischen ArbN und ArbGeb über Arbeitspapiere. Nach der Gesetzesbegründung soll sich eine Streitigkeit über Arbeitspapiere wegen des engen Sachzusammenhangs nicht nur auf die Herausgabe der Arbeitspapiere, sondern auch auf deren „ordnungsgemäße, insb. vollständige Ausfüllung und ggf. auf Ergänzung oder Berichtigung wegen des engen Sachzusammenhangs im Hinblick auf die schutzwürdigen Interessen des Arbeitnehmers" beziehen[14]. Strittig ist, ob der Gesetzgeber damit bewirkt hat, dass ein ArbN eine Klage auf Berichtigung eines öffentl.-rechtl. Arbeitspapiers vor den Gerichten für Arbeitssachen verfolgen kann[15].

85 **cc) Streitigkeiten um arbeitsrechtliche Arbeitspapiere.** Hierbei geht es um bürgerl.-rechtl. Rechtsstreitigkeiten. Der Klageanspruch wird aus dem Arbeitsverhältnis hergeleitet. Die Ansprüche finden in Rechtssätzen des Arbeitsrechts ihre Rechtsgrundlage. Diese Ansprüche fallen somit in die Rechtsweg-

1 Schwab/Weth/*Walker*, § 2 ArbGG Rz. 113. | 2 *Gift/Baur*, Urteilsverfahren, C. 127. | 3 LAG Nürnberg v. 27.4.2005 – 2 Ta 54/05, EzA-SD 2005, Nr. 17, 13. | 4 BGH v. 7.2.1958 – VI ZR 49/57, AP Nr. 48 zu § 2 ArbGG 1953; *Gift/Baur*, Urteilsverfahren, C. 128. | 5 LAG Nürnberg v. 27.4.2005 – 2 Ta 54/05, EzA-SD 2005, Nr. 17, 13; *Fischer*, DB 1998, 1182. | 6 Schwab/Weth/*Walker*, § 2 ArbGG Rz. 115. | 7 OLG Düsseldorf v. 19.7.2002 – 20 W 55/02, NZA-RR 2003, 211. | 8 OLG Hamburg v. 30.12.2002 – 11 W 43/02, NZA 2003, 935; einschr. OLG Frankfurt v. 15.8.1991 – 6 U 233/90, DB 1991, 2680 (Anstiftung zum Geheimnisverrat durch längst ausgeschiedenen ArbN). | 9 KG Berlin v. 7.12.2004 – 5 W 153/04, DB 2005, 732 (Abwerbung durch ehemaligen Mitarbeiter und durch von diesem gegründete GmbH). | 10 LAG Nürnberg v. 27.4.2005 – 2 Ta 54/05, EzA-SD 2005, Nr. 17, 13. | 11 BAG v. 11.6.1995 – 5 AS 13/95, AP Nr. 32 zu § 2 ArbGG 1979. | 12 Schwab/Weth/*Walker*, § 2 ArbGG Rz. 117. | 13 Küttner/*Reinecke*, Personalbuch 2005, Arbeitspapiere, Rz. 1. | 14 BT-Drs. 8/2535, S. 34. | 15 Gegen arbeitsgerichtliche Zuständigkeit: BAG v. 11.6.2003 – 5 AZB 1/03, EzA § 2 ArbGG 1979 Nr. 49; BSG v. 12.12.1990 – 11 RAr 43/88, NJW 1991, 2101.

zuständigkeit der Gerichte für Arbeitssachen, unabhängig davon, ob die Erteilung (= Ausstellung/Ausfüllung und Herausgabe)[1], Berichtigung oder Ergänzung dieser Arbeitspapiere verlangt wird[2].

dd) Streitigkeiten um öffentlich-rechtliche Arbeitspapiere. Für **Klagen auf Herausgabe** der öffentl.-rechtl. Arbeitspapiere (ua. LStKarte nebst [Ausdruck der elektronischen] LStBescheinigung, Versicherungsausweis, Arbeitsbescheinigung [§ 312 SGB III], Aufenthaltstitel mit Erlaubnis einer Erwerbstätigkeit [§ 4 II u. III AufenthG], Aufenthaltserlaubnis [§ 7 AufenthG], Niederlassungstitel [§ 7 AufenthG] und Gesundheitsbescheinigung) wird der Rechtsweg zu den Gerichte für Arbeitssachen bejaht[3]. Das Rechtsschutzinteresse für solche Klagen wird selbst dann angenommen, wenn der ArbN schon ein Verwaltungsverfahren (zB Antrag auf ArblUnterstützung) eingeleitet hat[4]. Auch für **Klagen auf Ausfüllung und Ergänzung** der öffentl.-rechtl. Arbeitspapiere wird die Rechtswegzuständigkeit der Gerichte für Arbeitssachen angenommen. Das Rechtsverhältnis, aus dem der ArbN einen Anspruch auf Erteilung (Ausfüllung und Herausgabe) einer Arbeitsbescheinigung herleitet, wird von den Rechtssätzen des Arbeitsrechts geprägt und ist demnach bürgerl.-rechtl.[5]. Erteilung bedeutet in aller Regel die vollständige – mit Unterschrift und Datumsangabe versehene – Beantwortung aller Fragen des amtlichen Formblattes[6]. 86

Von den Rechtsstreitigkeiten um die Erteilung eines öffentl.-rechtl. Arbeitspapiers werden unterschieden alle Rechtsstreitigkeiten, in denen es um den **zutreffenden Inhalt des Arbeitspapiers** geht, also insb. um die Berichtigung der LStKarte und der Arbeitsbescheinigung nach § 312 SGB III. Denn insoweit bestehen öffentl.-rechtl. Verpflichtungen des ArbGeb[7]. 87

Bei der Beendigung des Arbeitsverhältnisses oder am Ende des Kalenderjahres hat der ArbGeb an die amtlich bestimmte Übermittlungsstelle eine elektronische LStBescheinigung zu übermitteln (§ 41b I 1 EStG). Zudem hat der ArbGeb dem ArbN einen nach amtlich vorgeschriebenem Muster gefertigten Ausdruck der elektronischen LStBescheinigung auszuhändigen oder elektronisch bereitzustellen (§ 41b I 3 EStG). Die **Verpflichtung zu ordnungsgemäßen Angaben in den LStBescheinigungen** ist eine Nebenpflicht des ArbGeb aus dem Arbeitsverhältnis. Daneben ist der ArbGeb aber auch nach § 41b I 1 EStG öffentl.-rechtl. verpflichtet, ordnungsgemäß die Pflichtangaben in den LStBescheinigungen zu machen. Prägend für die inhaltliche Ausgestaltung der LStBescheinigung soll nicht die auf § 242 BGB beruhende Nebenpflicht des ArbGeb, sondern die Verpflichtung aus dem EStG sein. Die arbeitsrechtl. Nebenpflicht wird inhaltlich durch Regelungen des EStG ausgestaltet. Es gibt keine konkrete arbeitsrechtl. Vorschrift, die bestimmt, wie eine LStBescheinigung auszusehen hat. Demzufolge soll hier keine bürgerl.-rechtl. Streitigkeit, sondern eine steuerrechtl. Streitigkeit vorliegen. Hierfür sollen nicht die Gerichte für Arbeitssachen, sondern die FG zuständig sein[8]. Auch für eine Klage auf Berichtigung einer Bescheinigung zur Vorlage beim FA (hier: Umfang und Dauer des berufsbedingten Einsatzes an wechselnden Arbeitsorten und der dabei zurückgelegten Kilometer) soll der Rechtsweg zu den Gerichten für Arbeitssachen nicht gegeben sein[9]. Dem gegenüber hat der BFH erkannt, dass das Klagebegehren auf Erteilung einer zutreffenden LStBescheinigung bzw. auf Berichtigung der LStBescheinigung im Kern eine bürgerl.-rechtl. Streitigkeit sei, für die der Finanzrechtsweg nicht gegeben sei[10]. Dem folgend wird in der Finanzgerichtsbarkeit auch für Klagen auf zutreffende Eintragungen, Ergänzungen oder Berichtigung von Daten in der LStBescheinigung von bürgerl. Rechtsstreiten ausgegangen. Eine Abgabenangelegenheit nach § 33 FGO liege nicht vor; an einem im Finanzrechtsweg zu entscheidenden Fall müsse eine Finanzbehörde beteiligt sein. Rechtsstreitigkeiten, die das bürgerl.-rechtl. Verhältnis zwischen Rechtspersonen des Privatrechts beträfen und in denen es um bloße Reflexwirkungen von Abgabenvorschriften in den Bereich des Privatrechts gehe, gehörten zu den bürgerl.-rechtl. Streitigkeiten[11]. 88

Für die **Klage auf Berichtigung** einer nach § 312 SGB III zu erteilenden Arbeitsbescheinigung soll der Rechtsweg zu den SG und nicht zu den ArbG gegeben sein[12]. Denn alle Regelungen über den Inhalt der 89

---

1 BAG v. 15.1.1992 – 5 AZR 15/91, AP Nr. 21 zu § 2 ArbGG 1979. | 2 *Gift/Baur*, Urteilsverfahren, C. 134. | 3 BAG v. 15.1.1992 – 5 AZR 15/91, AP Nr. 21 zu § 2 ArbGG 1979 (betr. Arbeitsbescheinigung); v. 13.3.1991 – 5 AZR 160/90 (betr. Arbeitsbescheinigung, ohne nähere Begründung); *Gift/Baur*, Urteilsverfahren, C. 135. | 4 BAG v. 15.1.1992 – 5 AZR 15/91, AP Nr. 21 zu § 2 ArbGG 1979; aA BSG v. 12.12.1990 – 11 RAr 43/88, NJW 1991, 2101 (kein Rechtsschutzbedürfnis für Klage auf Herausgabe, Ausstellung, Berichtigung oder Ergänzung der Arbeitsbescheinigung nach Einleitung des Verwaltungsverfahrens); BFH v. 29.6.1993 – VI B 108/92, AP Nr. 20 zu § 2 ArbGG 1979 (kein Rechtsschutzinteresse für Klage auf Abführung von LSt bzw. Berichtigung der LStBescheinigung). | 5 BAG v. 15.1.1992 – 5 AZR 15/91, AP Nr. 21 zu § 2 ArbGG 1979 (betr. Arbeitsbescheinigung). | 6 BAG v. 15.1.1992 – 5 AZR 15/91, AP Nr. 21 zu § 2 ArbGG 1979 (betr. Arbeitsbescheinigung). | 7 BAG v. 15.1.1992 – 5 AZR 15/91, AP Nr. 21 zu § 2 ArbGG 1979 (betr. Arbeitsbescheinigung). | 8 BAG v. 11.6.2003 – 5 AZB 1/03, EzA § 2 ArbGG 1979 Nr. 49. | 9 ArbG Bielefeld v. 11.10.1989 – 2 Ca 1392/89, DB 1990, 1624. | 10 BFH v. 29.6.1993 – VI B 108/92, AP Nr. 20 zu § 2 ArbGG 1979; v. 19.10.2001 – VI R 36/96, DStRE 2002, 434. | 11 FG München v. 9.6.2004 – 1 K 1234/04, NZA 2005, 512, mit zust. Anm. *Gravenhorst* in juris-PR-ArbR 39/2004; Schl.-Holst. FG v. 11.11.1987 – I 464/87; FG München v. 30.6.1992 – 16 K 928/92; FG Nürnberg v. 2.2.1995 – VI 80/94, AP Nr. 35 zu § 2 ArbGG 1979; FG Land Brandenburg v. 3.12.1996 – 1 K 1366/96, NZA-RR 1997, 355; FG Hamburg v. 10.12.2001 – II 275/01; FG Rh.-Pf. v. 23.9.2002 – 1 K 1626/02; FG Münster v. 4.7.2005 – 10 K 640/05 S, ebenso LAG Brandenburg v. 5.12.2002 – 6 Ta 96/02, NZA-RR 2003, 376. | 12 BAG v. 13.7.1988, AP Nr. 11 zu § 2 ArbGG 1979; BSG v. 12.12.1990 – 11 RAr 43/88, NJW 1991, 2101.

Arbeitsbescheinigung nach § 312 SGB III, insb. zu der Richtigkeit der vom ArbGeb gemachten Angaben, sind dem öffentl. Recht zuzuordnen[1]. Für eine Klage auf Berichtigung der Arbeitsbescheinigung fehlt allerdings das Rechtsschutzbedürfnis, wenn bereits ein Verwaltungsverfahren auf Leistung von ArblUnterstützung läuft[2].

90 Entsprechendes soll für die **Bescheinigungen gegenüber den SozV-Trägern** gelten. Der Grundsatz, dass die ArbG für den Inhalt der öffentl.-rechtl. Arbeitspapiere nicht zuständig sind, gelte auch für (ergänzende) mündlich oder fernmündlich erteilte Auskünfte des ArbGeb gegenüber den Behörden[3].

91 Eine andere, nicht die Zuständigkeit betreffende Frage ist es, ob der ArbN materiell-rechtl. einen Anspruch darauf hat, dass der ArbGeb öffentl.-rechtl. Arbeitspapiere wie die LStKarte oder die Arbeitsbescheinigung nach § 312 SGB III mit einem bestimmten Inhalt ausstellt. Das wird verneint. Solche Arbeitspapiere haben in den einschlägigen Verwaltungsverfahren Beweisfunktion und stehen damit schriftl. Zeugenaussagen gleich. Die Verurteilung einer Partei zu einer bestimmten Aussage ist aber unzulässig[4]. Gibt der ArbGeb als Grund für die Beendigung des Arbeitsverhältnisses vertragswidriges Verhalten des ArbN an, so muss dieser bei Verweigerung von Alg und erfolglosem Widerspruchsverfahren eine entsprechende Klage beim SG gegen die BA erheben[5].

92 **f) Streitigkeiten aus Zusammenhang mit Arbeitsverhältnis.** Durch Einfügung von Abs. 1 Nr. 4a sollte sichergestellt werden, dass auch Streitigkeiten um die betrAV von den Gerichten für Arbeitssachen entschieden werden[6]. Voraussetzung für diese Fallgruppe ist, dass nicht eine ausschließliche andere Rechtswegzuständigkeit besteht. Sowohl in Abs. 1 Nr. 4a als auch in Abs. 3 ist von einem „rechtlichen oder unmittelbar wirtschaftlichen Zusammenhang" die Rede, der sich bei Nr. 4a auf das „Arbeitsverhältnis" und bei Abs. 3 auf den Hauptprozess bezieht. Die engere Vorschrift der Nr. 4a führt dabei zu einer ausschließlichen Rechtswegzuständigkeit, während die weiter gefasste Vorschrift des Abs. 3 zu einer fakultativen Rechtswegzuständigkeit führt[7].

93 **aa) Parteien des Rechtsstreits.** Neben dem ArbGeb können an dem Rechtsstreit nicht nur ArbN, sondern auch deren **Hinterbliebene** beteiligt sein. So weit es dabei um Erben geht, folgte die Rechtswegzuständigkeit bereits aus § 3, denn diese sind Rechtsnachfolger. Damit erfasst Abs. 1 Nr. 4a zusätzlich Hinterbliebene, die nicht Erben sind, denen aber nach dem Tode des ArbN eigenständige Ansprüche aus dem früheren Arbeitsverhältnis des ArbN erwachsen[8]. Wer Kläger oder Beklagter ist, ist unerheblich. **Ehemalige ArbN** werden in Nr. 4 nicht genannt, weil ihre Ansprüche, so weit sie auf dem Arbeitsverhältnis beruhen, ohnehin nach Abs. 1 Nr. 3a und 3c zur Zuständigkeit der ArbG gehören[9].

94 **bb) Rechtlicher Zusammenhang.** Ein rechtl. Zusammenhang ist gegeben, wenn der Anspruch auf dem Arbeitsverhältnis beruht oder durch dieses bedingt ist[10]. Dann ist aber in aller Regel auch die Rechtswegzuständigkeit nach Abs. 1 Nr. 3a gegeben[11]. Ansprüche des ArbN gegen den ArbGeb auf Leistungen der betrAV folgen nämlich aus Abs. 1 Nr. 3a[12]. Nach dem BAG können Streitigkeiten über abstrakte Rechtsgeschäfte (Vergleich, konstitutives abstraktes Schuldanerkenntnis, Scheck, Wechsel usw.), die auf dem Arbeitsverhältnis beruhen, dem Abs. 1 Nr. 4a unterfallen, wenn sie nicht Abs. 1 Nr. 3a zugeordnet werden[13].

95 **cc) Unmittelbar wirtschaftlicher Zusammenhang.** Dieser ist anzunehmen, wenn der Anspruch auf demselben wirtschaftl. Verhältnis beruht oder wirtschaftl. Folge desselben Tatbestands ist. Die Ansprüche müssen innerlich eng zusammengehören, also einem einheitlichen Lebenssachverhalt entspringen. Diese Voraussetzungen liegen regelmäßig vor, wenn eine nicht aus dem Arbeitsverhältnis resultierende Leistung im Hinblick auf das Arbeitsverhältnis erbracht wird oder beansprucht werden kann. Der Zusammenhang kommt besonders deutlich dann zum Ausdruck, wenn die Leistung auch eine Bindung des ArbN an den Betrieb bezweckt[14]. Gedacht ist an Rechtsstreitigkeiten über Nebenleistungen des ArbGeb, wie die Möglichkeiten zum verbilligten Einkauf, das zinsgünstige ArbGeb-Darlehen[15], die Benutzung von betriebl. Sport- und sonstigen Einrichtungen oder Betriebsparkplätzen, die Überlassung von

1 Ebenso LAG Düsseldorf v. 9.9.1982 – 14 Sa 1022/82, EzA § 2 ArbGG 1979 Nr. 2; LAG Schl.-Holst. v. 9.10.1986 – 3 Ta 142/86, MDR 1987, 168; LAG Berlin v. 20.7.1987 – 9 Sa 47/87, DB 1987, 2662; LAG Frankfurt v. 5.1.1983 – 8 Ta 295/82, BB 1983, 2186. | 2 BSG v. 12.12.1990 – 11 RAr 43/88, NJW 1991, 2101. | 3 LAG Köln v. 8.11.1989 – 5 Sa 716/89, LAGE § 2 ArbGG 1979 Nr. 8. | 4 BGH v. 13.7.1965 – VI ZR 70/64, NJW 1965, 1803; vgl. auch *Matthes*, DB 1968, 1579 u. 1624; *Müller*, DB 1977, 997 und DB 1986 Beil. Nr. 5. | 5 BAG v. 13.7.1988 – 5 AZR 467/87, AP Nr. 11 zu § 2 ArbGG 1979. | 6 Schwab/Weth/*Walker*, § 2 ArbGG Rz. 125. | 7 Schwab/Weth/*Walker*, § 2 ArbGG Rz. 127. | 8 BAG v. 7.10.1981 – 4 AZR 173/81, BAGE 36, 274, AP Nr. 1 zu § 48 ArbGG 1979. | 9 BAG v. 17.1.1969 – 3 AZR 96/67, BAGE 21, 284, AP Nr. 1 zu § 242 BGB – Ruhegehalt-Pensionskassen; v. 17.5.1973 – 3 AZR 381/72, BAGE 25, 194, AP Nr. 6 zu § 242 BGB – Ruhegehalt-Unterstützungskassen. | 10 *Gift/Baur*, Urteilsverfahren, C. 140. | 11 Schwab/Weth/*Walker*, § 2 ArbGG Rz. 128, auch zur missglückten Gesetzesfassung. | 12 BAG v. 29.4.1994 – 3 AZB 18/93, AP Nr. 26 zu § 2 ArbGG 1979. | 13 BAG v. 7.11.1996 – 5 AZB 19/96, AP Nr. 1 zu § 46 ArbGG 1979. | 14 BAG v. 24.9.2004 – 5 AZB 46/04, EzA § 2 ArbGG 1979 Nr. 62; v. 11.9.2002 – 5 AZB 3/02, BAGE 102, 343, 345; v. 23.8.2001 – 5 AZB 20/01, AP ArbGG 1979 § 2 Nr. 76; OLG Karlsruhe v. 28.1.1992 – 18a U 149/91, MDR 1992, 384; Schwab/Weth/*Walker*, § 2 ArbGG Rz. 132. | 15 LAG München v. 2.1.2007 – 4 Ta 361/06, EzA-SD 2007, Nr. 3, 15.

Werkzeugen oder Maschinen und die Lieferung von Hausbrandkohle[1], aber auch um dem ArbGeb zustehende Nutzungsentgelte im Nebentätigkeitsbereich[2]. Auch Ansprüche aus einer privaten Unfallversicherung des ArbGeb zu Gunsten des ArbN gehören hierher. Bietet der ArbGeb dem ArbN unabhängig von der Höhe des Preisnachlasses eine Möglichkeit zum Wareneinkauf, die ein Außenstehender nicht erhalten hätte, und wird dabei vereinbart, den Kaufpreis mit Ansprüchen des ArbN aus der Vergütung von Überstunden zu verrechnen, so sind nach Abs. 1 Nr. 4a für die Klage wegen Kaufpreiszahlungen die ArbG zuständig[3].

g) Streitigkeit gegen gemeinsame Einrichtung. Durch Abs. 1 Nr. 4b wird die Rechtswegzuständigkeit auf Streitigkeiten erstreckt, bei denen nicht der ArbGeb, sondern eine gemeins. Einrichtung der TV-Parteien oder Sozialeinrichtung des privaten Rechts Gegner des ArbN oder eines Hinterbliebenen ist. 96

aa) Gemeinsame Einrichtungen. Der Begriff der gemeins. Einrichtungen der TV-Parteien in Nr. 4b entspricht dem des § 4 II TVG[4]. Gemeinsame Einrichtungen sind von den TV-Parteien geschaffene und von ihnen abhängige Organisationen, deren Zweck und Organisationsstruktur durch TV festgelegt wird. Die von den TV-Parteien geschaffene Einrichtung muss von ihnen selbst beeinflusst werden, wobei eine paritätische Aufsicht und Kontrolle der TV-Parteien bestehen muss. Paritätisch heißt dabei nicht, dass das Organ nur aus Vertretern der Tarifpartner besteht, sondern es können daneben auch „unparteiische" Dritte in das Aufsichtsorgan berufen werden. Schließlich muss ihr Zweck bestimmt und ihre Organisationsstruktur durch TV festgelegt werden[5]. Die Einrichtung muss zumindest passiv parteifähig sein, weil es sonst nicht zu Streitigkeiten mit ihr kommen kann[6]. Zusatzversorgungskassen zählen regelmäßig nicht zu den gemeins. Einrichtungen[7]. 97

Von großer praktischer Bedeutung sind die gemeins. Einrichtungen im **Baugewerbe** (Lohnausgleichs-, Urlaubs- oder Sozialkassen) und der als gemeins. Einrichtung anerkannte[8] Gesamthafenbetrieb. 98

bb) Sozialeinrichtungen des privaten Rechts. Der Begriff der Sozialeinrichtung ist identisch mit dem des § 87 I Nr. 8 BetrVG (zB Pensions- oder Unterstützungskassen). Nach dem Wortlaut von Abs. 1 Nr. 4b sind in den Zuständigkeitsbereich der Gerichte für Arbeitssachen nur solche Sozialeinrichtungen einbezogen, die in der Rechtsform des privaten Rechts organisiert worden sind; dagegen kommt es bei öffentl.-rechtl. organisierten Versorgungsanstalten nicht darauf an, ob das Benutzungsverhältnis privatrechtl. ausgestaltet ist[9]. 99

Daher sind für die **betrAV im öffentl. Dienst** die ordentl. Gerichte zuständig, wenn die Versorgungsleistungen durch eine Anstalt des öffentl. Rechtes nach privatrechtl. Grundsätzen gewährt werden[10]. Schlägt hingegen diese Versorgung aus Gründen fehl, die der öffentl. ArbGeb zu vertreten hat, sind für die daraus folgenden Schadenersatzansprüche wiederum die ArbG zuständig[11]. Auch für die verschuldensunabhängigen Verschaffungsansprüche sind die Gerichte für Arbeitssachen zuständig. 100

Eine Sozialeinrichtung iSv. Abs. 1 Nr. 4b liegt vor, wenn eine soziale Leistung des ArbGeb nach allgemeinen Richtlinien aus einer abgesonderten, besonders zu verwaltenden Vermögensmasse erfolgt[12]. Sie dient der Verbesserung der sozialen Lebensbedingungen der ArbN und/oder ihrer Hinterbliebenen[13]. Auch die Sozialeinrichtung muss zumindest passiv parteifähig sein, weil es sonst nicht zu Streitigkeiten mit ihr kommen kann[14]. 101

h) Streitigkeiten aus Insolvenzsicherung. Von Abs. 1 Nr. 5 werden Streitigkeiten zwischen ArbN oder ihren Hinterbliebenen und dem Träger der Insolvenzversicherung über Ansprüche auf Leistungen der Insolvenzversicherung nach dem Vierten Abschnitt des Ersten Teils (§§ 7–15) des BetrAVG erfasst. Die Vorschrift bezieht sich einerseits auf ArbN (auch ehemalige ArbN) und ihre Hinterbliebenen (nicht etwa auf Dritte wie den geschiedenen Ehegatten mit einem Versorgungsausgleich[15]) und andererseits auf den Träger der Insolvenzversicherung. Dies ist der in Köln ansässige Pensions-Sicherungs-Verein (PSV) VVaG (§ 14 I BetrAVG). Auf die Parteistellung des ArbN, Hinterbliebenen oder Trägers kommt es nicht an. Das ArbG ist also auch dann zuständig, wenn der Träger gegen den ArbN oder seinen Hinterbliebenen klagt, etwa auf Erstattung überzahlter Leistungen. 102

Keine ArbN iS dieser Vorschrift sind wegen § 5 I 3 Personen, die über den persönl. Geltungsbereich des § 17 I 1 BetrAVG hinaus in den Insolvenzschutz einbezogen sind (§ 17 I 2 BetrAVG). Für Streitigkeiten 103

1 GMPM/*Matthes*, § 2 ArbGG Rz. 85; *Wenzel*, AuR 1979, 226. | 2 BAG v. 24.9.2004 – 5 AZB 46/04, EzA § 2 ArbGG 1979 Nr. 62. | 3 OLG Karlsruhe v. 28.1.1992 – 18a U 149/91, NJW-RR 1992, 562. | 4 BAG v. 28.4.1981 – 3 AZR 255/80, AP Nr. 3 zu § 4 TVG – Gemeinsame Einrichtungen; v. 25.1.1989 – 5 AZR 43/88, AP Nr. 5 zu § 1 GesamthafenbetriebsG. | 5 BAG v. 25.1.1989 – 5 AZR 43/88, AP Nr. 5 zu § 1 GesamthafenbetriebsG. | 6 Schwab/Weth/*Walker*, § 2 ArbGG Rz. 133. | 7 BAG v. 10.8.2004 – 5 AZB 26/04, ZTR 2004, 603. | 8 BAG v. 25.1.1989 – 5 AZR 43/88, AP Nr. 5 zu § 1 GesamthafenbetriebsG. | 9 BAG v. 28.4.1981 – 3 AZR 255/80, AP Nr. 3 zu § 4 TVG – Gemeinsame Einrichtungen. | 10 BAG v. 10.8.2004 – 5 AZB 26/04, ZTR 2004, 603. | 11 BAG v. 28.4.1981 – 3 AZR 255/80, AP Nr. 3 zu § 4 TVG – Gemeinsame Einrichtungen. | 12 BAG v. 24.4.1986 – 6 AZR 607/83, AP Nr. 7 zu § 87 BetrVG 1972 – Sozialeinrichtung. | 13 BAG v. 23.8.2001 – 5 AZB, AP Nr. 77 zu § 2 ArbGG 1979. | 14 Schwab/Weth/*Walker*, § 2 ArbGG Rz. 137. | 15 Schwab/Weth/*Walker*, § 2 ArbGG Rz. 142 (Rechtswegzuständigkeit der ordentlichen Gerichte).

dieser Personen (zB Geschäftsführer, Vorstandsmitglieder) und dem Träger der Insolvenzsicherung sind nicht die Gerichte für Arbeitssachen, sondern die ordentl. Gerichte zuständig[1].

104 Erforderlich ist eine **bürgerl.-rechtl. Streitigkeit.** Das trifft zu, wenn bei unmittelbarer Geltendmachung des Anspruchs des ArbN gegen den ArbGeb oder seine Versorgungseinrichtung oder umgekehrt die Zuständigkeit des ArbG nach Abs. 1 Nr. 4 gegeben wäre[2]. Da das Verhältnis zwischen ArbGeb und dem Träger der Insolvenzversicherung (PSV) öffentl.-rechtl. Natur ist (vgl. § 10 I BetrAVG), gehören Streitigkeiten über Beitrags-, Mitteilungs- und Auskunftspflichten (§§ 10, 11 BetrAVG) vor das VerwG[3].

105 **i) Streitigkeiten von Arbeitgebern gegen Einrichtungen.** Die Vorschrift des Abs. 1 Nr. 6 ergänzt Abs. 1 Nr. 4b u. 5, als auch Rechtsstreitigkeiten der gemeins. Einrichtungen mit ArbGeb (in ihrer Eigenschaft als ArbGeb[4]) und zwischen solchen Einrichtungen der Rechtswegzuständigkeit der Gerichte für Arbeitssachen unterstellt werden. Von praktischer Bedeutung ist die Vorschrift für Rechtstreite, an denen die Urlaubs- und Lohnausgleichskasse für die Bauwirtschaft – ULAK – oder die Zusatzversorgungskasse des Baugewerbes VVaG – ZVK – beteiligt ist[5].

106 Der Anwendungsbereich von Abs. 1 Nr. 6 für Streitigkeiten zwischen ArbGeb und dem **Pensions-Sicherungs-Verein** (PSV) ist gering[6]. Im Zuge der Änderung des BetrAVG ist der Sicherungsfall der wirtschaftl. Notlage zum 1.1.1999 gestrichen worden[7].

107 Erforderlich ist eine bürgerl.-rechtl. Streitigkeit. Da das Verhältnis zwischen ArbGeb und dem Träger der Insolvenzversicherung (PSV) öffentl.-rechtl. Natur ist (vgl. § 10 I BetrAVG), gehören Streitigkeiten über Beitrags-, Mitteilungs- und Auskunftspflichten (§§ 10, 11 BetrAVG) vor das VerwG[8].

108 **j) Entwicklungshelferstreitigkeiten.** Grundlage der Streitigkeit nach § 2 I Nr. 7 muss das Entwicklungshelfer-Gesetz (EhfG) vom 18.6.1969 sein. Dessen § 19 regelt den Rechtsweg ausdrücklich wie folgt: Für bürgerl. Streitigkeiten ist das ArbG zuständig (Abs. 1), für öffentl.-rechtl. Streitigkeiten ist der Rechtsweg zu den Gerichten der Sozialgerichtsbarkeit gegeben (Abs. 2). Der Entwicklungsdienstvertrag nach § 4 EhfG zwischen dem Träger und dem Helfer ist kein Arbeitsvertrag[9], weshalb eine Rechtswegzuständigkeit der Gerichte für Arbeitssachen nach Abs. 1 Nr. 3 ausscheidet. Der Helfer wird jedoch oft zu dem Projektträger im Ausland in einem Arbeitsverhältnis stehen. Ob auf dieses das deutsche Arbeitsrecht Anwendung findet, bestimmt sich nach den Vorschriften und Regeln des Internationalen Privatrechts (vgl. Art. 27 ff. EGBGB). Ob die deutschen ArbG für derartige Streitigkeiten zuständig sind, ist eine Frage der internationalen Zuständigkeit der deutschen Gerichte.

109 **k) Streitigkeiten der Beteiligten am sozialen oder ökologischen Jahr.** Die Rechtswegzuständigkeit der Gerichte für Arbeitssachen besteht nach § 2 I Nr. 8 auch für bürgerl. Rechtsstreitigkeiten zwischen den Trägern eines freiwilligen sozialen Jahres und Helfern nach dem Gesetz zur Förderung eines freiwilligen sozialen Jahres und bürgerl. Rechtsstreitigkeiten zwischen den Trägern des freiwilligen ökologischen Jahres und Teilnehmern nach dem Gesetz zur Förderung eines freiwilligen ökologischen Jahres.

110 Die Helfer im freiwilligen sozialen Jahr stehen zum Träger des freiwilligen sozialen Jahres in keinem Arbeitsverhältnis, sondern in einem Rechtsverhältnis eigener Art, auf das nicht alle arbeitsrechtl. Bestimmungen, sondern nur die ausdrücklich genannten anzuwenden sind. Die Zielsetzung des sozialen Jahres führt dazu, dass die Helfer auch keine zu ihrer Berufsausbildung Beschäftigten sind. Da die Helfer weder ArbN noch zu ihrer Berufsausbildung Beschäftigte sind, aber die Gerichte für Arbeitssachen über Streitigkeiten zwischen ihnen und den Trägern des freiwilligen sozialen Jahres entscheiden sollen, ist es erforderlich gewesen, in Abs. 1 Nr. 8 ausdrücklich die sachliche Zuständigkeit zu regeln[10].

111 Entsprechendes gilt für die Streitigkeiten zwischen den Teilnehmern am freiwilligen ökologischen Jahr auf der Grundlage des Gesetzes zur Förderung eines freiwilligen ökologischen Jahres und den Trägern[11].

112 **l) Streitigkeiten zwischen Arbeitnehmern.** Von Abs. 1 Nr. 9 werden erfasst bürgerl.-rechtl. Streitigkeiten zwischen ArbN iSv. § 5

- aus gemeinsamer Arbeit und
- aus unerlaubten Handlungen, so weit diese mit dem Arbeitsverhältnis im Zusammenhang stehen (nicht erforderlich ist, dass die Streitparteien beim gleichen ArbGeb beschäftigt sind)[12].

---

1 BAG v. 20.5.1998 – 5 AZB 3/98, NZA 1998, 1247; *Gift/Baur*, Urteilsverfahren, C. 155. | 2 Schwab/Weth/*Walker*, § 2 ArbGG Rz. 140. | 3 GMPM/*Matthes*, § 2 ArbGG Rz. 100; Schwab/Weth/*Walker*, § 2 ArbGG Rz. 143. | 4 Schwab/Weth/*Walker*, § 2 ArbGG Rz. 146. | 5 Vgl. zur Zulässigkeit der mit Formular eingeleiteten Klagen der ZVK BAG v. 10.4.1991 – 4 AZR 479/90, AP Nr. 141 zu § 1 TVG – Tarifverträge: Bau; v. 13.3.1996 – 10 AZR 721/95, AP Nr. 194 zu § 1 TVG – Tarifverträge: Bau. | 6 Schwab/Weth/*Walker*, § 2 ArbGG Rz. 148. | 7 Zur Rechtslage seit dem 1.1.1999 vgl. einerseits *Schwerdtner*, FS Uhlenbruck, S. 799 ff.; *Bepler*, BetrAV, S. 19, 24; andererseits *Blomeyer/Otto*, Erg.-Heft zu BetrAVG, 2. Aufl., Verb. § 7 Rz. 82 ff.; noch offen gelassen in BAG v. 24.4.2001 – 3 AZR 402/00, AP Nr. 23 zu § 7 BetrAVG – Widerruf. | 8 GMPM/*Matthes*, § 2 ArbGG Rz. 100; Schwab/Weth/*Walker*, § 2 ArbGG Rz. 143. | 9 BAG v. 27.4.1977 – 5 AZR 129/76, AP Nr. 1 zu § 611 BGB – Entwicklungshelfer. | 10 BAG v. 12.2.1992 – 7 ABR 42/91, AP Nr. 52 zu § 5 BetrVG 1972. | 11 Schwab/Weth/*Walker*, § 2 ArbGG Rz. 155. | 12 OLG Hamm 23.9.1999 – 6 W 31/99, NZA-RR 2000, 499; *Gift/Baur*, Urteilsverfahren, C. 171; Schwab/Weth/*Walker*, § 2 ArbGG Rz. 157.

Die Vorschrift ist analog anzuwenden auf die nach Abs. 1 Nr. 7 und 8 geschützten NichtArbN und auch dann, wenn Hinterbliebene von ArbN an der Streitigkeit beteiligt sind[1]. 113

Nicht in die Zuständigkeit der Gerichte für Arbeitssachen fallen Streitigkeiten zwischen ArbGeb zB wegen Abwerbung, Beschäftigung Vertragsbrüchiger oder wegen Schadensersatzes im Zusammenhang mit einem unrichtigen Zeugnis[2]. Hierfür sind jeweils die ordentl. Gerichte zuständig[3]. 114

aa) Ansprüche aus gemeinsamer Arbeit. Ansprüche aus gemeins. Arbeit kommen vor allem bei Gruppenarbeitsverhältnissen vor. Zu unterscheiden ist zwischen einer Betriebsgruppe, dh. ArbN, die jeweils einzeln und voneinander unabhängig ihren Arbeitsvertrag mit dem ArbGeb abgeschlossen haben und durch ihn aus arbeitsorganisatorischen Gründen zwecks Erreichung eines Arbeitserfolges zusammengeschlossen werden (zB Akkord-, Reparatur- oder Werbekolonne), und einer Eigengruppe, dh. ArbN, die sich zur gemeins. Arbeitsleistung aus eigener Initiative zusammengetan haben und als Gruppe ihre Arbeitsleistung dem ArbGeb anbieten: zB Kapelle, Orchester, Ernte- und Pflückergruppe oder Putzerkolonne. Ansprüche aus gemeins. Arbeit entstehen etwa bei einem Streit über die Verteilung des gemeins. Lohnes, bei Auflösung der Gruppe oder bei Leistung von Schadensersatz, ferner bei Fahrgemeinschaften oder gemeins. Anschaffung oder Benutzung von Werkzeugen oder Arbeitsmaterial. Dabei kann es auch um gesellschaftsrechtl. Ansprüche, Geschäftsführung ohne Auftrag (Hilfeleistung bei einem Arbeits- oder Wegeunfall) oder um Ansprüche aus ungerechtfertigter Bereicherung gehen[4]. 115

bb) Ansprüche aus unerlaubter Handlung. Die ArbG sind auch zuständig für bürgerl. Streitigkeiten zwischen ArbN aus unerlaubter Handlung, so weit diese mit dem Arbeitsverhältnis im Zusammenhang steht. Der Zusammenhang zwischen der unerlaubten Handlung und dem Arbeitsverhältnis darf nicht bloß ein äußerer oder nur zufälliger sein[5]. Nötig ist vielmehr eine innere Beziehung zwischen beiden, dh. die unerlaubte Handlung muss in der besonderen Eigenart des Arbeitsverhältnisses und den ihnen eigentümlichen Reibungen und Berührungspunkten wurzeln[6]. Dazu gehören Körperverletzungen oder Sachbeschädigungen unter Arbeitskollegen während der Arbeit, auf dem Weg zur oder von der Arbeit und bei Betriebsfeiern und -ausflügen, nicht dagegen Vorkommnisse aus privatem Anlass (zB gemeins. Urlaub oder Tätlichkeiten auf dem Sportplatz)[7]. 116

m) Streitigkeiten aus SGB IX. Die Gerichte für Arbeitssachen sind nach Abs. 1 Nr. 10 zuständig für bürgerliche Rechtsstreitigkeiten zwischen behinderten Menschen im Arbeitsbereich von Werkstätten für behinderte Menschen und den Trägern der Werkstätten aus den in § 138 SGB IX geregelten arbeitnehmerähnlichen Rechtsverhältnissen. Zwischen den Genannten kann ein Arbeitsverhältnis bestehen. Andernfalls liegt nach § 138 I SGB IX ein arbeitnehmerähnliches Rechtsverhältnis vor. Für Streitigkeiten aus diesem Rechtsverhältnis stellt Abs. 1 Nr. 10 klar, dass auch insoweit die Rechtswegzuständigkeit der Gerichte für Arbeitssachen gegeben ist. Nicht erfasst werden aber Streitigkeiten zwischen den behinderten Menschen und den Sozialleistungsträgern, die öffentl.-rechtl. Natur sind[8]. 117

n) Arbeitnehmererfindung/Urheberrecht. Nach Abs. 2 sind die Gerichte für Arbeitssachen auch zuständig für bürgerl. Rechtsstreitigkeiten zwischen ArbN und ArbGeb, die ausschließlich Ansprüche auf Leistung einer festgestellten oder festgesetzten Vergütung für eine ArbNErf oder für einen technischen Verbesserungsvorschlag nach § 20 I ArbNErfG zum Gegenstand haben. Diese Vorschrift entspricht die Zuständigkeitsregelung des § 39 II ArbNErfG und des § 104 S. 2 UrhG. 118

Die Gerichte für Arbeitssachen sind in Sachen nach Abs. 2 nicht ausschließlich, sondern nur fakultativ zuständig („auch")[9]. Insoweit besteht für die klagende Partei ein Wahlrecht. Die Parteien können durch Vereinbarung die Rechtswegzuständigkeit der ordentl. Gerichte oder der Gerichte für Arbeitssachen begründen. 119

aa) Vergütung für Arbeitnehmererfindung. ArbNErf sind Erfindungen, die patent- oder gebrauchsmusterfähig sind (§ 2 ArbNErfG). Für alle Rechtsstreitigkeiten über Erfindungen eines ArbN sind nach § 39 ArbNErfG die für Patentstreitsachen zuständigen Gerichte ohne Rücksicht auf den Streitwert ausschließlich zuständig. Dies sind nach § 143 I PatG die Zivilkammern der LG ohne Rücksicht auf den Streitwert. Die Landesregierungen werden durch § 143 II PatG ermächtigt, durch RechtsVO die Patentstreitsachen für die Bezirke mehrerer LG einem von ihnen zuzuweisen; die Landesregierungen können diese Ermächtigungen auf die Landesjustizverwaltungen übertragen. Ausgenommen von der Regelung in § 39 I ArbNErfG zur ausschließlichen Zuständigkeit der Zivilkammern der LG sind Rechtsstreitigkeiten, die ausschließlich Ansprüche auf Leistung einer festgestellten oder festgesetzten Vergütung für eine 120

---

1 Schwab/Weth/*Walker*, § 2 ArbGG Rz. 157 (unter Hinweis auf Ansprüche nach §§ 844, 845 BGB); GMPM/*Matthes*, § 2 ArbGG Rz. 112. | 2 BGH v. 15.5.1979 – VI ZR 230/76, AP Nr. 13 zu § 630 BGB; v. 26.11.1963 – VII ZR 221/62, AP Nr. 10 zu § 826 BGB; OLG München v. 30.3.2000 – 1 U 624/99, OLGR München 2000, 337. | 3 *Gift/Baur*, Urteilsverfahren, C. 172; Schwab/Weth/*Walker*, § 2 ArbGG Rz. 158. | 4 Schwab/Weth/*Walker*, § 2 ArbGG Rz. 159. | 5 OLG Hamm 23.9.1999 – 6 W 31/99, NZA-RR 2000, 499. | 6 BAG v. 11.7.1995 – 5 AS 13/95, AP Nr. 32 zu § 2 ArbGG 1979; BGH v. 12.3.2002 – X ARZ 314/01, AP Nr. 56 zu § 36 ZPO; v. 7.2.1958 – VI ZR 49/57, AP Nr. 48 zu § 2 ArbGG 1953. | 7 *Gift/Baur*, Urteilsverfahren, C. 175; Schwab/Weth/*Walker*, § 2 ArbGG Rz. 161. | 8 Schwab/Weth/*Walker*, § 2 ArbGG Rz. 163. | 9 Schwab/Weth/*Walker*, § 2 ArbGG Rz. 32 und 165.

Erfindung zum Gegenstand haben (§ 39 II ArbNErfG). Hierfür sieht Abs. 2a die fakultative Zuständigkeit der Gerichte für Arbeitssachen vor.

121 Die Rechtswegzuständigkeit hat zur Voraussetzung, dass es um eine **festgestellte oder festgesetzte Vergütung** geht. Feststellung oder Festsetzung der Vergütung erfolgt nach § 12 ArbNErfG. Wird über die ArbNErf oder über die Richtigkeit der Vergütungsfestsetzung gestritten oder geht es um Schadensersatzansprüche des ArbN oder ArbGeb im Zusammenhang mit der ArbNErf, so sind die Zivilkammern der LG zuständig[1].

122 Nach dem Wortlaut darf die Streitigkeit ausschließlich die **Vergütungsansprüche** betreffen. Werden daneben weitere Ansprüche im Zusammenhang mit der Erfindung geltend gemacht, sind für den gesamten Rechtsstreit die Zivilkammern des LG zuständig. Ein Teilurteil des ArbG darf nicht ergehen[2]. Für die übrigen Ansprüche besteht auch keine Rechtswegzuständigkeit nach § 3, weil sie einer ausschließlichen Rechtswegzuständigkeit unterliegen. Die Rechtswegzuständigkeit der Gerichte für Arbeitssachen wird jedoch hergestellt, wenn die rechtswegfremden Ansprüche vollständig entfallen[3].

123 Die Rechtswegzuständigkeit der Gerichte für Arbeitssachen erstreckt sich auch auf **vorbereitenden Ansprüche**, also auf Auskunfts- und Rechnungslegungsansprüche, unabhängig davon, ob diese Ansprüche im Wege der Stufenklage geltend gemacht werden[4].

124 **bb) Vergütung für technische Verbesserungsvorschläge.** Technische Verbesserungsvorschläge sind Vorschläge für sonstige technische Neuerungen, die nicht patent- oder gebrauchsmusterfähig sind (§ 3 ArbNErfG). Die in § 39 I ArbNErfG geregelte ausschließliche Zuständigkeit der für Patentstreitsachen zuständigen Gerichte gilt nur für Rechtsstreite über Erfindungen eines ArbN iSd. § 2 ArbNErfG, nicht dagegen für Rechtsstreite über technische Verbesserungsvorschläge eines ArbN iSd. § 3 ArbNErfG. Für diese sind gem. Abs. 1 Nr. 3a die Gerichte für Arbeitssachen zuständig[5]. Nur für Vergütungsansprüche wegen qualifizierter Verbesserungsvorschläge nach § 20 ArbNErfG findet sich in Abs. 2a die speziellere Regelung zur Rechtswegzuständigkeit, die Parteivereinbarungen zur Rechtswegzuständigkeit zulässt[6].

125 **cc) Vergütungen in Urheberrechtssachen.** Für alle Rechtsstreitigkeiten, durch die ein Anspruch aus einem der im UrhG geregelten Rechtsverhältnisse geltend gemacht wird (Urheberrechtsstreitsachen), ist nach § 104 S. 1 UrhG der ordentl. Rechtsweg gegeben. Für Urheberrechtsstreitsachen aus Arbeits- oder Dienstverhältnissen, die ausschließlich Ansprüche auf Leistung einer vereinbarten Vergütung zum Gegenstand haben, bleiben jedoch nach § 104 S. 2 UrhG der Rechtsweg zu den Gerichten für Arbeitssachen und der Verwaltungsrechtsweg unberührt. Die Rechtswegzuständigkeit für Ansprüche auf Leistung einer vereinbarten Vergütung im Zusammenhang mit einem Arbeitsverhältnis findet ihre Grundlage in Abs. 2b.

126 Für Auseinandersetzungen zwischen ArbN und ArbGeb über die **Nutzung von Computerprogrammen**, die der ArbN geschaffen oder eingebracht hat, ist daher der Rechtsweg zu den ordentl. Gerichten gegeben[7], denn es geht nicht um die vereinbarte Vergütung. Entsprechendes gilt für den Anspruch auf Herausgabe des Quellcodes für Software[8] und für den Anspruch auf Wertersatz oder Sondervergütung für eine **Schaufensterdekoration** im Zusammenhang mit der Teilnahme des ArbGeb an einem Lieferantenwettbewerb[9].

127 Nach dem Wortlaut darf die Streitigkeit ausschließlich die **Vergütungsansprüche** betreffen. Ist die Vereinbarung der Vergütung umstritten, ist dies als Vorfrage von den Gerichte für Arbeitssachen zu klären. Verneint das ArbG eine wirksame Vergütungsvereinbarung, ist der Rechtsstreit von Amts wegen an das zuständige ordentl. Gericht zu verweisen[10]. Werden daneben **weitere Ansprüche** im Zusammenhang mit der Erfindung geltend gemacht, sind für den gesamten Rechtsstreit die Zivilkammern des LG zuständig.

128 **o) Zusammenhangsklagen.** Nach Abs. 3 können auch nicht unter Abs. 1 u. 2 fallende Rechtsstreitigkeiten, die an sich in die Zuständigkeit der ordentl. Gerichte gehören, als sog. Zusammenhangsstreitigkeiten vor die Gerichte für Arbeitssachen gebracht werden, wenn der Anspruch

- mit einer bei einem ArbG
  - anhängigen
  - oder gleichzeitig anhängig werdenden
- bürgerlichen Rechtsstreitigkeit der in den Absätzen 1 und 2 bezeichneten Art in
  - rechtlichem
  - oder unmittelbar wirtschaftl. Zusammenhang steht

1 Schwab/Weth/*Walker*, § 2 ArbGG Rz. 168. | 2 Schwab/Weth/*Walker*, § 2 ArbGG Rz. 169; GMPM/*Matthes*, § 2 ArbGG Rz. 115. | 3 Schwab/Weth/*Walker*, § 2 ArbGG Rz. 170. | 4 GMPM/*Matthes*, § 2 ArbGG Rz. 114. | 5 BAG v. 30.4.1965 – 3 AZR 291/63, AP Nr. 1 zu § 20 ArbNErfG. | 6 Schwab/Weth/*Walker*, § 2 ArbGG Rz. 175. | 7 BAG v. 21.8.1996 – 5 AZR 1011/94, AP Nr. 42 zu § 2 ArbGG 1979. | 8 LAG BW v. 22.8.2006 – 18 Ta 9/08. | 9 BAG v. 12.3.1997 – 5 AZR 669/95, AP Nr. 1 zu § 2 UrhG. | 10 Schwab/Weth/*Walker*, § 2 ArbGG Rz. 177.

- und für seine Geltendmachung nicht die ausschließliche Zuständigkeit eines anderen Gerichts gegeben ist.

Eine vergleichbare Vorschrift für die ordentl. Gerichtsbarkeit gibt es nicht. Die Vorschrift will die Teilung rechtl. oder wirtschaftl. zusammenhängender Verfahren zwischen ordentl. und ArbG im gebotenen Umfang verhindern[1]. Sie ermöglicht einer Partei einseitig die klageweise Geltendmachung nichtarbeitsrechtl. Ansprüche im Arbeitsgerichtsprozess. Es besteht kein Zwang, sondern ein Wahlrecht des Klägers[2]. Die Vorschrift begründet keine ausschließliche, sondern eine fakultative Zuständigkeit. Insoweit kann die Rechtswegzuständigkeit auch zwischen den Parteien vereinbart werden[3]. Eine Zuständigkeitsbegründung durch rügelose Einlassung scheidet jedoch aus, weil § 39 ZPO nicht für die Rechtswegzuständigkeit gilt[4]. Eine konkludente Aufhebung der Zuständigkeitsvereinbarung ist jedoch möglich. 129

aa) Arbeitsgerichtliche Streitigkeit als Hauptklage. Voraussetzung für eine Zusammenhangszuständigkeit ist zunächst die Anhängigkeit einer arbeitsgerichtl. Streitigkeit nach Abs. 1 o. 2 (sog. Hauptklage). Dabei ist ohne Bedeutung, ob diese zulässig oder begründet ist. Nur die Rechtswegzuständigkeit des ArbG für die Hauptklage muss zweifelsfrei bestehen[5]. Eine unzulässige Zwischenfeststellungsklage auf Feststellung gerade des Rechtsverhältnisses, von dessen rechtl. Qualifikation die Zuständigkeit des einen oder anderen Rechtswegs abhängt, reicht aber nicht als Hauptsacheklage aus, die nach Abs. 3 die Zusammenhangszuständigkeit begründen kann[6]. Abs. 3 findet auch keine Anwendung, wenn die Zuständigkeit für die Zusammenhangsklage allein aus der Verbindung mit einem Sic-non-Antrag folgen kann. Werden zusätzlich zu einem Feststellungsantrag, der einen Sic-non-Fall iSd. BAG-Rspr. darstellt, Leistungsanträge gestellt, muss für diese die Rechtswegzuständigkeit der Gerichte für Arbeitssachen nach Abs. 1 o. 2 gesondert festgestellt werden. Das BVerfG hat auf die Gefahr einer Manipulation bei der Auswahl des zuständigen Gerichts durch die klagende Partei hingewiesen, wenn diese im Wege der Zusammenhangsklage mit einem Sic-non-Fall weitere Streitgegenstände verbindet[7], was mit Art. 101 I 2 GG nicht zu vereinbaren wäre. Eine mit Art. 101 GG nicht zu vereinbarende Rechtswegerschleichung kann nicht dadurch wirksam verhindert werden, dass dem Kläger die Berufung auf die Zusammenhangszuständigkeit in Missbrauchsfällen nach Treu und Glauben (§ 242 BGB) versagt wird. Hierfür fehlt es an handhabbaren und hinreichend klaren Kriterien[8]. Dagegen soll eine rechtskräftig an das Arbeitsgericht verwiesene Klage als Hauptklage genügen[9]. 130

bb) Anhängigkeit der Hauptklage. Die Hauptklage muss bei Einreichung der Zusammenhangsklage schon anhängig sein oder gleichzeitig anhängig gemacht werden. Wird zunächst nur der nichtarbeitsrechtl. Anspruch anhängig gemacht, dann fehlt es an der Rechtswegzuständigkeit. Dies hat zur Folge, dass die isolierte Zusammenhangsklage nach §§ 48 I ArbGG, 17a II GVG an das ordentl. Gericht zu verweisen ist. Wird jedoch vor der Verweisung die Hauptklage anhängig gemacht, dann wird dadurch die bis dahin fehlende Rechtswegzuständigkeit für den nichtarbeitsrechtl. Anspruch geheilt[10]. Hat das ArbG bei zunächst isoliert erhobener Zusammenhangsklage die Zulässigkeit des Rechtswegs durch Beschluss nach §§ 48 I ArbGG, 17a II GVG verneint, der Kläger jedoch sofortige Beschwerde eingelegt und nunmehr Hauptklage erhoben, dann hat das LAG die Entscheidung des ArbG aufzuheben, sofern im Zeitpunkt der Entscheidung des LAG die Voraussetzungen des Abs. 3 vorliegen und also eine Rechtshängigkeit der Hauptklage gegeben ist[11]. 131

Strittig ist, wie zu verfahren ist, wenn die Anhängigkeit der Hauptklage zB durch Teilvergleich, -urteil, -klagerücknahme, -erledigungserklärung beendet wird und nur noch der vor die ordentl. Gerichte gehörende Anspruch verbleibt. Zum Teil wird vertreten, dass durch den Wegfall der Hauptklage die einmal begründete Rechtswegzuständigkeit nicht berührt wird[12]. Demgegenüber ist das BAG der Ansicht, die Zuständigkeit der Gerichte für Arbeitssachen entfalle nach Sinn und Zweck der Bestimmung, wenn der Kläger die Hauptklage zurücknimmt, bevor der Beklagte zur Hauptsache verhandelt hat[13]. § 17 I 1 GVG spricht für die erstgenannte Ansicht. 132

cc) Zusammenhangsklage. Gegenstand der Zusammenhangsklage muss eine bürgerl. Rechtsstreitigkeit sein[14]. Die Vorschrift will die Teilung rechtl. oder wirtschaftl. zusammenhängender Verfahren zwi- 133

---

1 BAG v. 27.2.1975 – 3 AZR 136/74, AP Nr. 1 zu § 3 ArbGG 1953. | 2 GMPM/*Matthes*, § 2 ArbGG Rz. 118; *Gift/Baur*, Urteilsverfahren, C. 200; vgl. auch *Kluth*, NZA 2000, 1275, der § 2 III ArbGG für „unerkannt verfassungswidrig" hält. | 3 GMPM/*Matthes*, § 2 ArbGG Rz. 130; Schwab/Weth/*Walker*, § 2 ArbGG Rz. 181. | 4 Schwab/Weth/*Walker*, § 2 ArbGG Rz. 181; aA GMPM/*Matthes*, § 2 ArbGG Rz. 130. | 5 GMPM/*Matthes*, § 2 ArbGG Rz. 124. | 6 BAG v. 28.10.1993 – 2 AZB 12/93, AP Nr. 19 zu § 2 ArbGG 1979. | 7 BVerfG v. 31.8.1999 – 1 BvR 1389/97, EzA § 2 ArbGG 1979 Nr. 47. | 8 BAG v. 11.6.2003 – 5 AZB 43/03, EzA § 2 ArbGG 1979 Nr. 60; aA Schwab/Weth/*Walker*, § 2 ArbGG Rz. 183. | 9 LAG Berlin v. 10.1.2005 – 16 Ta 2212/04, EzA-SD 2005, Nr. 6, 11. | 10 LAG Düsseldorf v. 28.11.1991 – 7 Ta 321/91, LAGE § 2 ArbGG 1979 Nr. 10; *Gift/Baur*, Urteilsverfahren, C. 207; GMPM/*Matthes*, § 2 ArbGG Rz. 122. | 11 *Gift/Baur*, Urteilsverfahren, C. 208. | 12 LAG Köln v. 28.2.1995 – 13 Ta 300/94, AP Nr. 37 zu § 2 ArbGG 1979; GMPM/*Matthes*, § 2 ArbGG Rz. 125; *Gift/Baur*, Urteilsverfahren, C. 209; Schwab/Weth/*Walker*, § 2 ArbGG Rz. 185. | 13 BAG v. 15.8.1975 – 5 AZR 217/75, AP Nr. 32 zu § 2 ArbGG 1953. | 14 Schwab/Weth/*Walker*, § 2 ArbGG Rz. 187.

schen den ordentl. Gerichten und den ArbG verhindern[1]. Die Zusammenhangsklage muss zur Hauptklage in einem **rechtl. oder unmittelbar wirtschaftl. Zusammenhang** stehen. Der Begriff ist nach dem Zweck der Vorschrift weit auszulegen[2]. Ein Zusammenhang im weitesten Sinne wird als ausreichend erachtet[3], wobei auch auf die Kriterien des § 33 ZPO für den Zusammenhang zwischen Klage und Widerklage abgestellt wird[4]. Der unmittelbare wirtschaftl. Zusammenhang ist gegeben, wenn die Hauptklage und die Zusammenhangsklage aus dem gleichen einheitlichen Lebenssachverhalt entspringen und nicht nur rein zufällig eine Verbindung zueinander haben[5]. Für den geforderten Zusammenhang müssen die mit der Haupt- und Zusammenhangsklage verfolgten Ansprüche aus demselben Tatbestand abgeleitet werden (zB Verfolgung von Schadensersatzansprüchen gegen Anstifter, Gehilfen oder Mittäter, die nicht im Arbeitsverhältnis stehen, oder Geltendmachung der Haupt- und Sicherheitsverbindlichkeit) oder dem Grunde nach auf demselben wirtschaftl. Komplex beruhen (zB Beschäftigung).

134 Die Zusammenhangsklage ist ausgeschlossen bei ausschließlichem Gerichtsstand der Nichtarbeitssache, also zB bei Ansprüchen mit dinglichem Gerichtsstand (§ 24 ZPO) oder bei Streitigkeiten über Werkmietwohnungen (§ 29a ZPO iVm. § 23 I Nr. 2a GVG).

135 **dd) Zusammenhangsklage durch Klagenhäufung oder Klageerweiterung.** Abs. 3 regelt allein die Rechtswegzuständigkeit für die Zusammenhangsklage. Die sonstigen Zulässigkeitsvoraussetzungen müssen ebenfalls vorliegen. Die Zusammenhangsklage kann im Wege der Klagenhäufung oder der nachträglichen Klageerweiterung anhängig gemacht werden. Im letztgenannten Fall müssen für die 1. Instanz die Voraussetzungen für eine Klageänderung nach § 263 ZPO und für die 2. Instanz die strengeren Voraussetzungen nach § 533 ZPO vorliegen[6]. Die Zusammenhangsklage kann auch im Wege der Widerklage erfolgen[7]. Die Vorschrift des Abs. 3 findet auf eine Aufrechnung mit rechtswegfremder Forderung entsprechende Anwendung[8].

136 **ee) Parteien der Zusammenhangsklage.** Voraussetzung für eine sog. Zusammenhangsklage ist, dass zumindest eine Partei des Hauptstreits als ArbN, ArbGeb, TV-Partei oder tariffähige Partei beteiligt ist; daneben können auch Dritte (zB Bürgen oder Gesamtschuldner) Kläger oder Beklagte sein (Bsp.: ArbN nimmt ArbGeb auf Lohnzahlung und daneben den Bürgen der Forderung gerichtlich in Anspruch). Bei einer Zusammenhangsklage nach Abs. 3 müssen also die Parteien der Zusammenhangsklage nicht identisch sein mit den Parteien der Hauptklage. Es genügt vielmehr, dass eine Partei der Hauptklage auch Partei der Zusammenhangsklage ist[9].

137 **ff) Folgen der Zusammenhangszuständigkeit.** Auch für die Zusammenhangsklage richtet sich das Verfahren nach dem ArbGG. Über Haupt- und Zusammenhangsklage kann nach § 301 ZPO getrennt entschieden werden. Zu beachten ist, dass sich in der 1. Instanz die Kostentragungspflicht auch für die Zusammenhangsklage nach § 12a I 1 richtet[10].

138 **p) Streitigkeiten der Organvertreter.** Auf Grund einer Vereinbarung können nach Abs. 4 auch bürgerl. Rechtsstreitigkeiten zwischen juristischen Personen des Privatrechts und Personen, die kraft Gesetzes allein oder als Mitglieder des Vertretungsorgans der juristischen Person zu deren Vertretung berufen sind, vor die Gerichte für Arbeitssachen gebracht werden. Obwohl die sog. Organvertreter nicht als ArbN gelten (§ 5 I 3), soll die Möglichkeit geschaffen werden, ihre Streitigkeiten vor dem ArbG auszutragen. Erfasst werden nur Vertreter juristischer Personen des Privatrechts, nicht des öffentl. Rechts, auch wenn sie auf Grund privatrechtl. Vertrages angestellt sind. Ebenso wenig gilt der fakultative Gerichtsstand für Streitigkeiten zwischen Personengesamtheiten und den kraft Satzung oder Gesellschaftsvertrages zu ihrer Vertretung berufenen Personen.

139 Zu den **Organvertretern** zählen bei der AG die Mitglieder des Vorstands (§ 78 I AktG), bei der GmbH die Geschäftsführer (§ 35 I GmbHG), bei der eG die Mitglieder des Vorstands (§ 24 I GenG), bei der KGaA der persönlich haftende Gesellschafter (§ 278 AktG iVm. §§ 161, 125 HGB) und beim eingetragenen Verein und der Stiftung privaten Rechts die Mitglieder des Vorstands (§§ 26 II, 86 BGB). Wegen der Einzelheiten wird auf die Komm. zu § 5 verwiesen.

140 Die Zuständigkeitsvereinbarung kann bereits generell oder für bestimmte Einzelfälle im Dienstvertrag oder später schriftl. oder auch mündlich, ausdrücklich oder konkludent getroffen werden. Abs. 4 geht dabei der Vorschrift des § 38 ZPO als lex specialis vor[11]. Die Begründung der Rechtswegzuständigkeit durch rügelose Einlassung kommt jedoch nicht in Betracht, weil § 39 ZPO nicht für die Rechtswegzuständigkeit gilt[12]. Ein Betriebserwerber kann nicht nach § 613a BGB, jedoch wegen Eintritts in einen Anstellungsvertrag an die Vereinbarung gebunden sein[13].

1 BAG v. 27.2.1975 – 3 AZR 136/74, AP Nr. 1 zu § 3 ArbGG 1953. | 2 GMPM/*Matthes*, § 2 ArbGG Rz. 119. | 3 Schwab/Weth/*Walker*, § 2 ArbGG Rz. 189. | 4 LAG Rh.-Pf. v. 12.7.2004 – 8 Ta 127/04. | 5 BAG v. 18.8.1997 – 9 AZB 15/97, AP Nr. 70 zu § 374 HGB. | 6 Schwab/Weth/*Walker*, § 2 ArbGG Rz. 193. | 7 LAG Frankfurt v. 20.1.2000 – 2 Ta 739/99, LAGE § 2 ArbGG 1979 Nr. 35. | 8 LAG Schl.-Holst. v. 14.9.1994 – 2 Ta 75/94, LAGE § 2 ArbGG 1979 Nr. 18. | 9 BAG v. 2.12.1992 – 5 AS 13/92, AP Nr. 24 zu § 2 ArbGG 1979. | 10 Schwab/Weth/*Walker*, § 2 ArbGG Rz. 195. | 11 GMPM/*Matthes*, § 2 ArbGG Rz. 137; Schwab/Weth/*Walker*, § 2 ArbGG Rz. 198. | 12 Schwab/Weth/*Walker*, § 2 ArbGG Rz. 198; aA GMPM/*Matthes*, § 2 ArbGG Rz. 137. | 13 LAG Hamm v. 16.3.2005 – 2 Ta 235/04.

IV. Örtliche Zuständigkeit. 1. Allgemeines. Eine besondere Regelung zur örtlichen Zuständigkeit findet sich im ArbGG in § 48 I 1a mit dem Gerichtsstand des Arbeitsortes und in § 48 II, nach dem die TV-Parteien im TV die Zuständigkeit eines an sich örtlich unzuständigen ArbG festlegen können. Im Übrigen gelten über § 46 II die Vorschriften der §§ 12–37 ZPO. 141

2. Allgemeiner Gerichtsstand. Dies ist auf Beklagtenseite bei natürlichen Personen deren Wohnsitz (§§ 12, 13 ZPO) und bei juristischen Personen deren Sitz (§ 17 ZPO). Letzteres gilt ebenfalls für Beklagte in der Form einer parteifähigen Personengesamtheit (OHG oder KG) und für nicht rechtsfähige, aber parteifähige Prozesssubjekte, insb. in Fällen des § 10 (zB Gewerkschaften). 142

3. Besonderer Gerichtsstand. a) Erfüllungsort. Der Erfüllungsort iSd. § 29 ZPO bestimmt sich nach materiellem Recht, vor allem nach § 269 BGB. Für Klagen auf Erfüllung des Arbeitsvertrages ist das ArbG des Ortes zuständig, an dem die streitige Verpflichtung zu erfüllen ist[1]. Hiernach ist an sich für jede streitige Verpflichtung (zB Vergütungspflicht, Arbeitspflicht) der Erfüllungsort gesondert zu ermitteln. Die Auslegung des Arbeitsvertrages wird indes regelmäßig dazu führen, dass ein einheitlicher Erfüllungsort gewollt ist, oder dies ergibt sich aus den Umständen[2]. So ist die Vergütungspflicht grds. dort zu erfüllen, wo die Arbeit geleistet wird. Für das Arbeitsverhältnis gilt als gemeins. Erfüllungsort für die beiderseitigen Leistungsverpflichtungen der Schwerpunkt des Vertragsverhältnisses, der durch die Arbeitsleistung innerhalb eines Betriebes bestimmt wird[3]. Der einheitliche Erfüllungsort gilt grds. auch für Versorgungsansprüche. Die Besonderheiten der zugesagten Versorgung können jedoch dazu führen, dass der Erfüllungsort für die Versorgungsleistungen vom früheren gewöhnlichen Arbeitsort abweicht[4]. Fallen Arbeitsstätte und Betriebssitz zusammen, ist dieser auch Erfüllungsort. Bei Arbeit in einer Niederlassung oder Außenstelle ist der Ort des Zweigbetriebs zugleich der Erfüllungsort. Erbringt der ArbN seine Arbeitsleistung nicht stets am selben Ort, so sind zwei Fälle zu unterscheiden: 143

- Wird der ArbN für den Betrieb eingestellt und vom Betriebssitz aus immer wieder an verschiedene auswärtige Orte zur Ausführung von Arbeiten entsandt, wie zB Montagearbeiter und Kraftfahrer von Reisedienstunternehmen (sog. weisungsgebundene Entsendung), so ist der Wohn- bzw. Betriebssitz des ArbGeb Erfüllungsort für die Arbeitsleistung[5].
- Wird dem ArbN ein bestimmter, fest umrissener Bezirk zugewiesen, in dem er von seinem Wohnsitz aus tätig wird und an den er immer wieder – wenn auch nicht täglich – zurückkehrt, so ist dieser Wohnort der Erfüllungsort. Dies gilt unabhängig davon, ob er täglich nach Hause zurückkehrt und in welchem Umfang er vom Betrieb Anweisungen für die Gestaltung seiner Reisetätigkeit erhält[6].

Der einheitliche Erfüllungsort ist nur für (arbeits-)vertragstypische Leistungen gegeben[7]. Daneben kann aber noch der Gerichtsstand des Arbeitsortes nach § 48 Ia gegeben sein (vgl. § 48 Rz. 83a f.). 144

b) Niederlassung. Der Gerichtsstand der Niederlassung nach § 21 ZPO ist ein besonderer Gerichtsstand allein für Passivklagen gegen das Unternehmen, die sich auf den Geschäftsbetrieb der Niederlassung beziehen[8]. Klagen des ArbGeb gegen den ArbN können nicht am Ort der Niederlassung erhoben werden[9], auch nicht im Wege der Widerklage[10]. 145

Unter einer selbständigen Niederlassung iSd. § 21 ZPO ist jede von dem Geschäftsinhaber usw. an einem anderen Ort als dem seines (Wohn-)Sitzes für eine gewisse Dauer errichtete, auf seinen Namen und für seine Rechnung betriebene und idR zum selbständigen Geschäftsabschluss und Handeln berechtigte Geschäftsstelle usw. zu verstehen[11]. Für den besonderen Gerichtsstand nach § 21 ZPO ist im Arbeitsrecht notwendig, dass 146

- die Niederlassung Arbeitsverträge abschließt
- und hieraus ein Rechtsstreit gegeben ist.

Ein Abschluss durch die Hauptverwaltung für die Niederlassung genügt insoweit nicht; allerdings kann dann der Gerichtsstand nach § 29 ZPO (Erfüllungsort) gegeben sein. 147

c) Unerlaubte Handlung. Nach § 32 ZPO ist das ArbG zuständig, in dessen Bezirk die unerlaubte Handlung des ArbGeb oder ArbN begangen worden ist. 148

---

1 LAG BW v. 25.3.1987 – 3 Sa 67/87, NZA 1988, Beil. 2 S. 22. | 2 BAG v. 20.4.2004 – 3 AZR 301/03, BAGReport 2004, 383 f. | 3 BAG v. 19.3.1996 – 9 AZR 656/94, BAGE 82, 243 = AP Nr. 2 zu § 328 ZPO; BGH v. 26.11.1984 – II ZR 20/84, MDR 1985, 649. | 4 BAG v. 20.4.2004 – 3 AZR 301/03, BAGReport 2004, 383 f. | 5 BAG v. 3.12.1985 – 4 AZR 325/84, AP Nr. 5 zu § 1 TVG – Tarifverträge Großhandel; BGH v. 26.11.1984 – II ZR 20/84, MDR 1985, 649; LAG Rh.-Pf. v. 29.11.1984 – 8 Sa 694/84, NZA 1985, 540. | 6 EuGH 9.1.1997 – C-383/95, AP Nr. 2 zu Art. 5 Brüsseler Abkommen; BAG v. 12.6.1986 – 2 AZR 398/85, AP Nr. 1 zu Art. 5 Brüsseler Abkommen; ganz deutlich BAG v. 3.11.1993 – 5 AS 20/93, AP Nr. 11 zu § 17a GVG; BAG v. 23.7.1997 – 5 AS 19/87; *Müller*, BB 2002, 1094; *Schulz*, NZA 1995, 14 (16); aA *Ostrop/Zumkeller*, NZA 1994, 644; *Krasshöfer-Pidde/Molkenbur*, NZA 1988, 236 (238). | 7 Palandt/*Heinrichs*, § 269 BGB Rz. 12. | 8 BGH v. 7.10.1977 – I ARZ 494/77, MDR 1978, 207. | 9 Schwab/Weth/*Walker*, § 2 ArbGG Rz. 227. | 10 GK-ArbGG/*Wenzel*, § 2 Rz. 237; Schwab/Weth/*Walker*, § 2 ArbGG Rz. 228. | 11 LAG Frankfurt v. 31.7.1987 – 13 Sa 1678/86, juris.

149 **d) Widerklage.** Für die Widerklage ist nach § 33 ZPO auch das Gericht zuständig, bei dem die Klage anhängig ist, wenn der Gegenanspruch mit dem in der Klage geltend gemachten Anspruch oder mit den gegen ihn vorgebrachten Verteidigungsmitteln im Zusammenhang steht. Das gilt nur dann nicht, wenn es sich um nichtvermögensrechtl. Ansprüche handelt oder wenn für die Widerklage ein ausschließlicher Gerichtsstand gegeben ist[1]. Eine Widerklage, die sich auch gegen eine bisher am Rechtsstreit nicht beteiligte Person (Drittwiderbeklagte) richtet, begründet für die Drittwiderbeklagte keinen Gerichtsstand nach § 33 I ZPO. Die Zuständigkeit des angerufenen Gerichts bedarf dann einer Gerichtsstandbestimmung nach § 36 Nr. 3 ZPO, wenn die Drittwiderbeklagte in ihrem allgemeinen Gerichtsstand verklagt werden soll und sich die örtliche Zuständigkeit des angerufenen Gerichts nicht bereits aus anderen Bestimmungen ergibt[2].

150 **e) Geschlechtsbedingte Benachteiligung.** Zur örtlichen Zuständigkeit in geschlechtsbedingten Diskriminierungsfällen findet sich in § 61b eine Sonderregelung.

151 **f) Mehrere Gerichtsstände.** Bei örtlicher Zuständigkeit mehrerer ArbG kann der Kläger wählen (§ 35 ZPO). Verklagt der ArbN den ArbGeb am Gerichtsstand des Erfüllungsortes oder des Arbeitsortes, kann er im Falle des Unterliegens nicht mit Kosten belastet werden, die dadurch entstehen, dass der ArbGeb den Rechtsstreit von dem Hauptsitz der Firma ausgeführt hat[3]. Da der Kläger nach § 35 ZPO die Wahl zwischen mehreren Gerichtsständen hat, muss sich der Beklagte an jedem normierten Gerichtsstand auf die Klage einlassen und kann der Kläger nur mit solchen Kosten belastet werden, die aus der Wahrnehmung der Termine aus dem Bezirk dieses Gerichts erwachsen[4].

152 **4. Gerichtsstandsvereinbarung.** Vereinbarungen über die Zuständigkeit eines an sich örtlich unzuständigen ArbG (zB im Arbeitsvertrag) sind grds. unzulässig. Denn § 38 I ZPO lässt eine solche Gerichtsstandsvereinbarung nur zu, wenn die Vertragsparteien Kaufleute, juristische Personen des öffentl. Rechts oder öffentl.-rechtl. Sondervermögen sind. Um eine Umgehung dieses Verbots durch eine Abrede über den Erfüllungsort zu verhindern, findet sich eine dem § 38 I ZPO entsprechende Vorschrift auch in § 29 II ZPO. Auch im Prozess wird das Prorogationsverbot durch verschiedene Vorschriften gesichert (vgl. §§ 39 S. 2, 331 I 2 ZPO). Nur ausnahmsw. ist eine Gerichtsstandsvereinbarung auch im Arbeitsrecht zulässig, nämlich entweder wenn sie ausdrücklich und schriftl. getroffen wird und einer der beiden Fälle des § 38 III Nr. 1 u. 2 ZPO vorliegt oder wenn die Voraussetzungen des § 38 II ZPO gegeben sind und eine schriftl. Abrede erfolgt. Letzteres ist bspw. der Fall, wenn ein deutscher ArbN bei einem ausländischen ArbGeb tätig ist und dieser keinen allgemeinen Gerichtsstand in der Bundesrepublik Deutschland hat[5].

2a *Zuständigkeit im Beschlussverfahren*

(1) Die Gerichte für Arbeitssachen sind ferner ausschließlich zuständig für

1. Angelegenheiten aus dem Betriebsverfassungsgesetz, soweit nicht für Maßnahmen nach seinen §§ 119 bis 121 die Zuständigkeit eines anderen Gerichts gegeben ist;

2. Angelegenheiten aus dem Sprecherausschussgesetz, soweit nicht für Maßnahmen nach seinen §§ 34 bis 36 die Zuständigkeit eines anderen Gerichts gegeben ist;

3. Angelegenheiten aus dem Mitbestimmungsgesetz, dem Mitbestimmungsergänzungsgesetz und dem Drittelbeteiligungsgesetz, soweit über die Wahl von Vertretern der Arbeitnehmer in den Aufsichtsrat und über ihre Abberufung mit Ausnahme der Abberufung nach § 103 Abs. 3 des Aktiengesetzes zu entscheiden ist;

3a. Angelegenheiten aus den §§ 94, 95, 139 des Neunten Buches Sozialgesetzbuch;

3b. Angelegenheiten aus dem Gesetz über Europäische Betriebsräte, soweit nicht für Maßnahmen nach seinen §§ 43 bis 45 die Zuständigkeit eines anderen Gerichts gegeben ist;

3c. Angelegenheiten aus § 51 des Berufsbildungsgesetzes;

3d. Angelegenheiten aus dem SE-Beteiligungsgesetz vom 22. Dezember 2004 (BGBl. I S. 3675, 3686) mit Ausnahme der §§ 45 und 46 und nach den §§ 34 bis 39 nur insoweit, als über die Wahl von Vertretern der Arbeitnehmer in das Aufsichts- oder Verwaltungsorgan sowie deren Abberufung mit Ausnahme der Abberufung nach § 103 Abs. 3 des Aktiengesetzes zu entscheiden ist;

3e. Angelegenheiten aus dem SCE-Beteiligungsgesetz vom 14. August 2006 (BGBl. I S. 1911, 1917) mit Ausnahme der §§ 47 und 48 und nach den §§ 34 bis 39 nur insoweit, als über die Wahl von Vertretern der Arbeitnehmer in das Aufsichts- oder Verwaltungsorgan sowie deren Aberufung zu entscheiden ist;

---

1 GMPM/*Matthes*, § 2 ArbGG Rz. 168. |2 BGH v. 28.2.1991 – I ARZ 711/90, NJW 1991, 2838; BAG v. 16.5.1997 – 5 AS 9/97, AP Nr. 53 zu § 36 ZPO. |3 LAG Düsseldorf v. 15.5.1991 – 7 Ta 141/91, MDR 1991, 996. |4 LAG Düsseldorf v. 15.5.1991 – 7 Ta 141/91, MDR 1991, 996; LAG Köln v. 9.6.1983 – 10 Ta 65/83, EzA § 91 ZPO Nr. 4; vgl. auch LAG Hamm v. 12.1.1984 – 8 Ta 242/83, EzA § 91 ZPO Nr. 5. |5 BAG v. 27.1.1983 – 2 AZR 188/81, AP Nr. 12 zu § 38 ZPO – Internationale Zuständigkeit.

3f. Angelegenheiten aus dem Gesetz über die Mitbestimmung der Arbeitnehmer bei einer grenzüberschreitenden Verschmelzung vom 21. Dezember 2006 (BGBl. I S. 3332) mit Ausnahme der §§ 34 und 35 und nach den §§ 23 bis 28 nur insoweit, als über die Wahl von Vertretern der Arbeitnehmer in das Aufsichts- oder Verwaltungsorgan sowie deren Abberufung mit Ausnahme der Abberufung nach § 103 Abs. 3 des Aktiengesetzes zu entscheiden ist;

4. die Entscheidung über die Tariffähigkeit und die Tarifzuständigkeit einer Vereinigung.

(2) In Streitigkeiten nach diesen Vorschriften findet das Beschlussverfahren statt.

I. Funktion der Norm. Neben der Festlegung der ausschließlichen Zuständigkeit der Arbeitsgerichtsbarkeit dient die Bestimmung der Zuweisung der hier genannten Angelegenheiten in das besondere arbeitsgerichtl. **Beschlussverfahren (§§ 80 ff.)**. 1

II. Die Zuständigkeiten im Beschlussverfahren. 1. Angelegenheiten aus dem BetrVG (Abs. 1 Nr. 1). 2
a) Negativabgrenzungen. Die Zuständigkeit aus Abs. 1 Nr. 1 folgt dem Geltungsbereich des BetrVG (§ 1, § 130 BetrVG). Betriebe von Körperschaften des öffentl. Rechts unterstehen den **Personalvertretungsgesetzen.** Für Konflikte aus diesen Gesetzen sind die **VerwG** zuständig (zB § 83, § 106 BPersVG). Im Einzelnen richtet sich die Abgrenzung danach, wie der Träger der Arbeitsorganisation verfasst ist. Eine privatrechtl. Verfassung hat die Geltung des BetrVG und die Zuständigkeit nach § 2a auch dann zur Folge, wenn der **Betriebsinhaber** zwar von der öffentl. Hand abhängig ist, es sich bei ihm aber um eine **juristische Person des Privatrechts** handelt[1]. Auch ein **Gemeinschaftsbetrieb**, an dem sowohl eine juristische Person des Privatrechts als auch eine Körperschaft des öffentl. Rechts beteiligt ist, fällt in den Geltungsbereich des BetrVG, wenn die gemeins. Führung – wie regelmäßig – auf einer privatrechtl. Vereinbarung beruht[2].

Auch wegen der Abhängigkeit der Zuständigkeit nach Abs. 1 Nr. 1 vom Geltungsbereich des BetrVG 3
sind die Gerichte für Arbeitssachen – insgesamt – **unzuständig** für Streitigkeiten aus dem **kirchlichen Mitarbeitervertretungsrecht**, mit dem die Kirchen für ihren Bereich und ihre karitativen oder erzieherischen Einrichtungen eine Mitwirkung und Mitbest. der im kirchlichen Dienst Beschäftigten verwirklichen (§ 118 BetrVG). Insoweit haben die Kirchen eine eigene mehrstufige Kirchengerichtsbarkeit geschaffen[3]. Soweit in einem arbeitsgerichtl. Streit die Auslegung der Dienstvereinbarung einer kirchlichen Mitarbeitervertretung, die nicht normativ wirkt, eine Rolle spielt, kann es nur um eine Vorfrage in einem Urteilsverfahren gehen.

Auf Grund ausdrücklicher Anordnung sind nicht die Gerichte für Arbeitssachen, sondern die **ordentl.** 4
Gerichte zuständig für die gerichtl. Verfahren nach den **Straf- und Bußgeldvorschriften** der §§ 119–121 BetrVG[4].

b) Betriebsverfassungsrechtliche Angelegenheiten. Die Gerichte für Arbeitssachen sind ausschließ- 5
lich zuständig für die Entscheidung von Streitfragen, welche die – idR auf Grund der Bestimmungen des Betriebsverfassungsrechts und unter Beteiligung der **Organe der Betriebsverfassung** geschaffene – **betriebliche Ordnung** und die Rechte und Pflichten der Betriebsparteien betreffen[5]. Das **betriebsverfassungsrechtl. Rechtsverhältnis** muss Grundlage des Streits und seiner Entscheidung sein[6].

Die gesetzl. Zuständigkeitsregelung ist **zu eng** gefasst. Der Rechtsweg zu den Gerichten für Arbeits- 6
sachen ist nicht nur für Streitfragen eröffnet, die im BetrVG selbst geregelt sind. Es genügt, dass es sich um eine betriebsverfassungsrechtl. Angelegenheit handelt, auch wenn sie ihre **Grundlage in einem anderen Gesetz** hat (zB § 17 II KSchG; § 10 II ArbSchG; § 14 AÜG; § 173 SGB III, § 93 SGB IX) oder auf einer **tarifvertragl. Regelung** beruht[7]. Dabei geht es nicht nur um auf tarifvertragl. Grundlage entstandene besondere ArbN-Vertretungen (§ 3, § 117 BetrVG), sondern auch um Konflikte über Zuständigkeiten und MitbestR des BR, die durch die TV-Parteien modifiziert wurden (zB nach § 102 VI BetrVG).

Für die Zivilbediensteten bei den Streitkräften der **NATO-Truppen** in der Bundesrepublik Deutsch- 7
land gilt das **Bundespersonalvertretungsrecht.** Gleichwohl entscheiden die deutschen **ArbG** im Beschlussverfahren auch über Streitigkeiten aus diesem Betriebsvertretungsverhältnis[8].

c) Zuordnung zum Beschlussverfahren. Die ausschließliche Zuständigkeit für betriebsverfassungs- 8
rechtl. Angelegenheiten bereitet in aller Regel weniger Probleme als die Festlegung, ob eine streitige Angelegenheit im Urteilsverfahren (§ 2, §§ 46 bis 79) oder im arbeitsgerichtl. Beschlussverfahren (§§ 80 ff.) durchzuführen ist. Hierüber entscheidet das prozessuale Begehren des Antragstellers/Klägers, also der **Streitgegenstand** des Verfahrens. Ist der Streitgegenstand nach § 2 I iVm. V dem arbeitsgerichtl.

1 BAG v. 3.12.1985 – 4 ABR 60/84, BAGE 50, 258. |2 BAG v. 24.1.1996 – 7 ABR 10/95, BAGE 82, 112. |3 Hierzu *Fischermeier*, RdA 2007, 193. |4 Zu Verfahrensfragen in diesem Zusammenhang: DKK/*Trümner*, § 119 BetrVG Rz. 20 ff., § 120 Rz. 18 f., § 121 Rz. 22 ff. |5 Weiter: GK-ArbGG/*Dörner*, § 2a Rz. 11. |6 Zum Kostenfreistellungsanspruch auch nach Ende der BR-Amtszeit BAG v. 24.10.2001 – 7 ABR 20/00, BAGE 99, 208. |7 BAG v. 22.11.2005 – 1 ABR 49/04, BAGE 116, 223. |8 Nr. 9 des Unterzeichnungsprotokolls zu Art. 56 Abs. 9 des Zusatzabkommens zum Nato-Truppenstatut; BAG v. 7.11.2000 – 1 ABR 55/99, AP Nr. 22 zu Art. 56 ZA – NATO-Truppenstatut.

Urteilsverfahren zugewiesen, ändert sich daran auch dann nichts, wenn die Rechtsfrage, von der die Entscheidung des Rechtsstreits abhängt, aus dem Betriebsverfassungsrecht stammt, etwa die Wirksamkeit einer Kündigung nur daran hängt, ob der BR ordnungsgemäß angehört worden ist, oder wenn der geltend gemachte Anspruch aus Annahmeverzug nur dann besteht, wenn das tatsächliche Beschäftigungsangebot unter Verstoß gegen § 87 I Nr. 2 BetrVG erfolgte[1].

9 Während entscheidungserhebliche **betriebsverfassungsrechtl. Vorfragen** über die verfahrensmäßige Zuordnung des Rechtsstreits nicht entscheiden, bedarf es bei der Qualifizierung des Streitgegenstandes selbst häufig einer genaueren Überprüfung, ua. weil das BetrVG auch individuelle Rechte zuweist. Grundsätzlich erfolgt die Zuordnung zu einer der beiden Verfahrensarten danach, ob die **Grundlage** des gerichtlich ausgetragenen Streits im **BR-Amt** liegt oder unmittelbar ein **betriebsverfassungsrechtl. Rechtsverhältnis** betrifft, das im Verhältnis zwischen den Betriebsparteien ausgetragen wird (Beschlussverfahren) oder ob der eigentliche Rechtsgrund im **Individualarbeitsverhältnis** liegt, das lediglich durch betriebsverfassungsrechtl. Bestimmungen näher ausgestaltet ist (Urteilsverfahren).

10 Inzwischen unbestritten ist, dass die ArbGebAnträge nach **§ 78a IV Nr. 1 und 2 BetrVG**, also auf Feststellung, dass ein Arbeitsverhältnis mit einem früheren Auszubildenden, der ein betriebsverfassungsrechtl. Amt inne hatte, nicht begründet wird, oder mit dem Ziel, das einmal entstandene Arbeitsverhältnis mit einem solchen ArbN aufzulösen, im arbeitsgerichtl. Beschlussverfahren zu behandeln sind[2]. Dasselbe gilt, wenn ein ArbGeb die Feststellung begehrt, ein Arbeitsverhältnis sei wegen Fehlens der Voraussetzungen der **Absätze 2 und 3** des § 78a BetrVG nicht begründet worden[3]. Andererseits hat das BAG das Urteilsverfahren für richtig gehalten, als ein ArbGeb geltend machte, die Voraussetzungen des § 78a BetrVG für ein Weiterbeschäftigungsverlangen seien nicht gegeben[4]. Das BAG ermöglicht es so dem ArbGeb nur eingeschränkt, im Wege der Antragshäufung die in Betracht kommenden Streitigkeiten aus § 78a BetrVG umfassend und in einem Verfahren zu verfolgen. Fraglich bleibt auch, ob ein isolierter ArbGebAntrag, der allein die Feststellung anstrebt, die Voraussetzungen des § 78a II und III BetrVG lägen nicht vor, im arbeitsgerichtl. Beschlussverfahren zu verfolgen ist. Da es im Verhältnis zwischen Urteilsverfahren und Beschlussverfahren keine § 2 III entsprechende Zuordnungsbestimmung gibt, spricht alles dafür, dass auch ein solcher Fall im arbeitsgerichtl. Beschlussverfahren zu entscheiden ist. Dann müsste aber auch der **Antrag des Auszubildenden** auf Feststellung des Bestehens eines Arbeitsverhältnisses auf Grund von § 78a BetrVG als Kehrseite eines solchen Antrages im arbeitsgerichtl. Beschlussverfahren durchgeführt werden[5].

11 Im Zusammenhang mit dem **Einigungsstellenverfahren** enthält **§ 98** eine Sonderregelung, die in Satz 3 das Verfahren zur Klärung des Streites über die Person des Vorsitzenden der Einigungsstelle und die Zahl der Beisitzer (§ 76 II BetrVG) den Regeln über das arbeitsgerichtl. Beschlussverfahren zuweist. In das allgemeine Beschlussverfahren nach §§ 80 ff. gehören Streitigkeiten über die Zuständigkeit der Einigungsstelle, das dort zu beachtende Verfahren[6], die Wirksamkeit und Anfechtung des Einigungsstellenspruchs nach § 76 V BetrVG und den Umfang der vom ArbGeb zu tragenden Kosten der Einigungsstelle nach § 76a I BetrVG[7].

12 Der Gesetzgeber hat für zwei Streitigkeiten aus dem **Insolvenzverfahren** eine Durchführung im arbeitsgerichtl. Beschlussverfahren vorgesehen: Nach § 122 InsO kann der Insolvenzverwalter, wenn nicht innerhalb von drei Wochen ein Interessenausgleich mit dem BR vereinbart worden ist, beim ArbG die Zustimmung zur Durchführung der Betriebsänderung beantragen; über den Antrag ist im Beschlussverfahren unter Beteiligung des Insolvenzverwalters und des BR zu entscheiden. Der Insolvenzverwalter kann im arbeitsgerichtl. Beschlussverfahren auch einen Antrag nach § 126 InsO verfolgen; kommt es nicht zur Vereinbarung eines Interessenausgleichs mit Namensliste der zu kündigenden ArbN nach § 125 InsO, kann er die Zustimmung zur Kündigung der im Antrag namentlich benannten ArbN beantragen, wobei an diesem Verfahren neben dem Insolvenzverwalter und dem BR auch die in der Namensliste bezeichneten ArbN einschließlich der etwa schon gekündigten zu beteiligen sind[8].

13 Die Gerichte für Arbeitssachen sind im Beschlussverfahren sogar zuständig für **öffentl.-rechtl. Streitigkeiten**, wenn es nämlich darum geht, ob die oberste Arbeitsbehörde eines Landes eine **Schulungs- oder Bildungsveranstaltung** zu Recht nach § 37 VII BetrVG als geeignet anerkannt hat[9]. In einem solchen Verfahren, in dem ein Spitzenverband antragsbefugt sein kann, ist die oberste Arbeitsbehörde des Landes Beteiligte.

14 Die ArbG müssen auch im arbeitsgerichtl. Beschlussverfahren entscheiden, wenn es um **Rechte der Verbände**, insb. der im Betrieb vertretenen Gewerkschaften, geht, die ihnen im Rahmen der Betriebs-

1 BAG v. 18.9.2002 – 1 AZR 668/01, AP Nr. 99 zu § 615 BGB. | 2 BAG v. 12.11.1997 – 7 ABR 73/96, BAGE 87, 110. | 3 BAG v. 11.1.1995 – 7 AZR 547/94, AP Nr. 24 zu § 78a BetrVG 1972. | 4 BAG v. 29.11.1989 – 7 ABR 67/88, BAGE 63,319; gegen BAG 13.3.1986 – 6 AZR 424/85, nv. | 5 AA GK-ArbGG/*Dörner*, § 2a Rz. 47. | 6 Vgl. hierzu *I. Schmidt*, JbArbR Bd. 40 (2003) S. 121, 123 ff.; *Eisemann*, FS 25 Jahre Arbeitsgemeinschaft Arbeitsrecht, S. 837 ff. | 7 BAG v. 27.7.1994 – 7 ABR 10/93, BAGE 77, 273. | 8 BAG v. 29.6.2000 – 8 ABR 44/99, BAGE 95, 197. | 9 BAG v. 11.8.1993 – 7 ABR 52/92, BAGE 74, 72.

verfassung zugewiesen sind (zB Zutrittsrecht, Teilnahmerechte an Betriebsversammlungen und Sitzungen des Wirtschaftsausschusses).

Das arbeitsgerichtl. Beschlussverfahren ist schließlich auch dann die richtige Verfahrensart, wenn Inhalt, Wirkung und Wirksamkeit sowie Umsetzbarkeit einer von den Betriebsparteien oder für sie durch die Einigungsstelle geschaffenen oder von ihnen zumindest zu verantwortenden **betrieblichen Ordnung** infrage stehen. Hierzu gehören Anträge des BR oder des ArbGeb auf Feststellung der Unwirksamkeit einer **BV** oder eines sie ersetzenden **Einigungsstellenspruchs**. Im arbeitsgerichtl. Beschlussverfahren durchzuführen sind Verfahren, in denen die Betriebsparteien darüber streiten, inwieweit eine vorangegangene betriebliche Ordnung auf der Grundlage einer BV oder Gesamtzusage/betrieblichen Übung durch eine neue BV anders als beabsichtigt nicht oder nur eingeschränkt abgelöst worden ist[1]. Dasselbe gilt für einen Streit der Betriebspartner darüber, welche Wirkung die Kündigung einer BV hat und in welchem Umfang sie noch fortgilt[2]. Auch Anträge, mit denen die Betriebsparteien die richtige Auslegung einer BV, deren Inhalt, klären lassen wollen, gehören ins Beschlussverfahren; dafür, Individualrechte aus der richtig verstandenen BV zu verfolgen, ist der BR aber nicht befugt[3]. Das Beschlussverfahren ist die richtige Verfahrensart, wenn ein einzelner ArbN, eine Gewerkschaft oder ein ArbGebVerband eine von den Betriebsparteien in Form einer BV geschaffene oder von ihnen auf der Grundlage einer Regelungsabsprache oder eines abgestimmten Verhaltens zu verantwortende betriebliche Ordnung wegen Verstoßes gegen höherrangiges, zB tarifliches Recht angreifen, indem sie deren Nichtigkeit festzustellen bzw. deren Durchführung zu unterlassen beantragen. Ein derartiger Angriff durch einen einzelnen ArbN wird allerdings häufig erfolglos sein, weil ihm für einen solchen Antrag regelmäßig die Antragsbefugnis fehlen wird. Unter dem Gesichtspunkt eines Streites um eine von den Betriebsparteien zu verantwortende betriebliche Ordnung ist deshalb das Beschlussverfahren für den **Unterlassungsantrag einer Gewerkschaft**, der sich **gegen tarifwidrige betriebliche „Bündnisse für Arbeit“** unter Beteiligung des BR richtet, die zutreffende Verfahrensart[4]. Die **Antragsbefugnis** der Gewerkschaft ist in einem solchen Fall aus **Art. 9 III GG** herzuleiten[5]. Aus dieser Begründung für die Durchführung im Beschlussverfahren ergibt sich zugleich, dass die Gewerkschaft den Unterlassungsanspruch im Urteilsverfahren durchführen muss, wenn der ArbGeb betriebseinheitlich tarifwidrige Arbeitsbedingungen durchzusetzen versucht, an denen der BR nicht mitgewirkt hat; hier geht es nur um die Durchsetzung der Koalitionsbetätigungsfreiheit ohne Bezug zu einem betriebsverfassungsrechtl. Rechtsverhältnis. 15

2. Sonstige Zuständigkeiten im Beschlussverfahren nach Abs. 1 Nr. 2 bis 3f. Eine geringere praktische Bedeutung als Abs. 1 Nr. 1 haben die in Nr. 2–3f aufgelisteten sonstigen ausschließlichen Zuständigkeiten der Gerichte für Arbeitssachen für im Beschlussverfahren durchzuführende kollektivrechtl. Streitigkeiten. 16

Es sind dies nach **Nr. 2** Auseinandersetzungen über die Bildung von **SprAu**, die **Rechtsstellung** ihrer Mitglieder sowie die **Beteiligungsrechte** der SprAu. Im Zusammenhang mit der Feststellung der Wahlberechtigung und der Wählbarkeit sowie der Festlegung des Kreises der Personen, für die der SprAu Mitwirkungsbefugnisse hat, ist im Beschlussverfahren auch darüber zu entscheiden, ob ein ArbN oder eine Gruppe von ArbN den **Status** leitender Angestellter haben. 17

Bei der Zuständigkeit nach **Nr. 3** geht es insb. um Rechtsstreitigkeiten um die **Anfechtung** und **Nichtigkeit** der **Wahl** der ArbN-Vertreter zum **Aufsichtsrat** nach den in Nr. 3 aufgezählten Gesetzen über die Unternehmensmitbestimmung. Hierzu gehört **nicht** die Wahl der ArbN-Vertreter nach dem **MontanMitbestG**, weil hier die ArbN-Vertreter von der Hauptversammlung der Anteilseigner gewählt werden und die Anfechtung dieser Wahl sich nach §§ 250 ff. AktG richtet. Hierfür sind die **ordentl. Gerichte** zuständig. Sie sind auch zuständig für die Abberufung von ArbN-Vertretern im Aufsichtsrat nach § 103 III AktG sowie bei Streitigkeiten, die sich aus der Rechtsstellung der ArbN-Vertreter im Aufsichtsrat ergeben. 18

Nr. 3a legt die Zuständigkeit und die Verfahrensart für streitige Angelegenheiten der **Schwerbehindertenvertretung** (§§ 94, 95 SGB IX) und der **Werkstatträte** (§ 139 SGB IX) umfassend fest[6]. Angesichts dessen sind die Gerichte für Arbeitssachen für die Entscheidung über die Anfechtung der Wahl einer Schwerbehindertenvertretung (§ 94 VI SGB IX) auch dann zuständig, wenn es um die Schwerbehindertenvertretung in einer Dienststelle der öffentl. Verwaltung geht[7]. 19

Außer in Straf- und Bußgeldsachen entscheiden die ArbG nun auch in Angelegenheiten der **EBR** (**Nr. 3b**), insb. über den Umfang von **Auskunftsansprüchen** im Zusammenhang mit der Bildung EBR zur Effektuierung der Durchsetzung der in der EWG-RL 95/45 verfolgten Ziele[8]. 20

---

1 Zuletzt BAG v. 17.6.2003 – 3 ABR 43/02, BAGE 106, 301, 307. | 2 BAG v. 17.8.1999 – 3 ABR 55/98, AP Nr. 79 zu § 77 BetrVG 1972. | 3 BAG v. 18.1.2005 – 3 ABR 21/04, AP Nr. 24 zu § 77 BetrVG 1972 – Betriebsvereinbarung. | 4 BAG v. 13.3.2001 – 1 AZB 19/00, BAGE 97, 167 = AP Nr. 17 zu § 2a ArbGG 1979 m. abl. Anm. *Reuter* = SAE 2002, 287 m. Anm. *Leipold*. | 5 Ebenso *Leipold*, SAE 2002, 292. | 6 Zur Zuständigkeit der Schwerbehindertenvertretung in Einrichtungen der beruflichen Rehabilitation BAG v. 16.4.2003 – 7 ABR 27/02, AP Nr. 1 zu § 95 SGB IX. | 7 BAG v. 11.11.2003 – 7 AZB 40/03, AP Nr. 1 zu § 94 SGB IX. | 8 BAG v. 27.6.2000 – 1 ABR 32/99 (A), AP Nr. 1 zu EWG-Richtlinie Nr. 94/45.

21 Da **Auszubildende**, die ihre praktische Berufsausbildung **außerhalb** der schulischen und **betrieblichen Berufsbildung** erhalten, regelmäßig keine ArbN sind und deshalb nicht zum BR wählen können[1], besteht für diesen Personenkreis nach § 51 BBiG eine **eigene Interessenvertretung**. Streitigkeiten, die dieses Vertretungsorgan betreffen, sind parallel dazu nach **Nr. 3c** der Zuständigkeit der ArbG im Beschlussverfahren zugewiesen (vgl. die entsprechenden Ergänzungen zur Parteifähigkeit in § 10 S. 1 Hs. 2 und zur Beteiligung im Beschlussverfahren in § 83 III).

21a Für Angelegenheiten aus dem Gesetz über die Beteiligung der Arbeitnehmer in einer **Europäischen Gesellschaft** sind die ArbG zuständig mit den folgenden Ausnahmen: Keine Zuständigkeit besteht für Straf- und Bußgeldangelegenheiten (§§ 45, 46 SEBG), sowie für die in §§ 34–39 des Gesetzes aufgeführten Mitbestimmungsangelegenheiten, soweit dort nicht über die Wahl von ArbN-Vertretern in das Aufsichts- oder Verwaltungsorgan und deren Abberufung zu entscheiden ist; über die Abberufung haben die ArbG dann nicht zu befinden, wenn es um eine Abberufung aus in der Person des Vertreters liegendem wichtigen Grund geht (§ 103 III AktG). Soweit hiernach eine Zuständigkeit der ArbG, die im Beschlussverfahren vorzugehen haben, nicht besteht, entscheiden die ordentl. Gerichte.

21b Die Gerichte für Arbeitssachen haben weiter im Beschlussverfahren zu entscheiden über Streitigkeiten aus dem Gesetz über die Beteiligung der Arbeitnehmer und Arbeitnehmerinnen in einer Europäischen Genossenschaft (SCEBG) mit Ausnahme der dort in §§ 47, 48 genannten Straf- und Bußgeldangelegenheiten; die Rechtslage ist hier ähnlich wie im SEBG (oben Rz. 21a). Entsprechendes gilt für Streitigkeiten aus dem Gesetz über die Mitbestimmung der Arbeitnehmer bei einer grenzüberschreitenden Verschmelzung (MgVG), wobei hier im Einzelfall vorab die Zuständigkeit der nationalen Gerichtsbarkeit nach den allgemeinen Regeln zu klären ist[2].

22 **3. Entscheidungen über Tariffähigkeit und Tarifzuständigkeit (Nr. 4).** Die ArbG sind weiter für Entscheidungen über die Tariffähigkeit und die Tarifzuständigkeit einer Vereinigung zuständig. Dabei sieht **§ 97** für dieses Verfahren einige **besondere Verfahrensregeln** vor (vgl. dazu die Komm. zu § 97). So muss die Frage nach der Tariffähigkeit oder der Tarifzuständigkeit einer Vereinigung stets in einem **gesonderten gerichtlichen Beschlussverfahren** geklärt werden. Sie kann **nicht als Vorfrage** in einem anderen gerichtlichen Verfahren beantwortet werden. Kommt es auf die Antwort an, muss dieses andere Verfahren bis zur Durchführung eines Beschlussverfahrens über die Tariffähigkeit oder Tarifzuständigkeit einer Vereinigung ausgesetzt werden (§ 97 V)[3].

23 Bei der Entscheidung über die **Tariffähigkeit** geht es um die Feststellung, ob eine **Vereinigung** fähig ist, Partei eines TV zu sein, ob es sich also um eine Gewerkschaft oder eine Vereinigung von ArbGeb iSv. § 2 I TVG handelt. Auf Grund der unterschiedlichen sozialpolitischen Bedeutung ist der Gesetzeswortlaut bewusst gewählt. Deshalb ist die Auffassung abzulehnen, es müsse auch über die **Tariffähigkeit eines einzelnen ArbGeb** ggf. ein – vorrangiges! – Beschlussverfahren nach § 2a I Nr. 4, § 97 durchgeführt werden. Dies käme etwa in Betracht, wenn ein ArbGeb seine Tariffähigkeit und damit auch die Zulässigkeit, ihn zu bestreiken, unter Hinweis darauf infrage stellt, er sei Mitglied eines ArbGebVerbandes und deshalb nicht mehr individuell tariffähig[4].

24 Entscheidungen über die **Tarifzuständigkeit** betreffen die Befugnis eines tariffähigen Verbandes, TV mit einem bestimmten **Geltungsbereich** abzuschließen. Dabei bestimmt sich die Tarifzuständigkeit grds. nach der **Satzung** der betreffenden Vereinigung. Streiten mehrere **DGB-Gewerkschaften** um ihre Tarifzuständigkeit für denselben Betrieb oder dasselbe Unternehmen, ist dieser Konflikt grds. nach § 16 der DGB-Satzung durch eine beim DGB angesiedelte **Schiedsstelle** verbindlich sowohl für die streitenden Gewerkschaften, als auch für die betroffene ArbGebSeite zu entscheiden. Nach einer solchen Entscheidung der Schiedsstelle besteht nur noch eine **eingeschränkte Prüfungskompetenz** der ArbG im Beschlussverfahren nach § 2a I Nr. 4, § 97[5].

25 **III. Entscheidung über die richtige Verfahrensart.** Der **Antragsteller/Kläger gibt** seine Antrags-/Klageschrift zunächst vor, ob der von ihm eingereichte Antrag im Urteils- oder im Beschlussverfahren behandelt wird. Die Sache ist entsprechend der von ihm getroffenen Wahl in die Register des ArbG einzutragen und nach dem Geschäftsverteilungsplan der danach zuständigen Kammer zuzuteilen. Sie ist stets zunächst in der gewählten Verfahrensart zu behandeln[6].

---

1 BAG v. 20.3.1996 – 7 ABR 34/95, AP Nr. 10 zu § 5 BetrVG 1972 – Ausbildung m. Anm. *Schlachter*; v. 12.9.1996 – 7 ABR 61/95, AP Nr. 11 zu § 5 BetrVG 1972 – Ausbildung. | 2 Zu den in Nr. 3d–f geregelten Bereichen vgl. *Kisker*, RdA 2006, 207 ff.; zur örtlichen Zuständigkeit § 82 III–V. | 3 Zum Kreis der Antragsbefugten BAG v. 29.6.2004 – 1 ABR 14/03, AP Nr. 10 zu § 97 ArbGG 1979. | 4 So wohl GK-ArbGG/*Dörner*, § 2a Rz. 78; Düwell/Lipke/*Krasshöfer*, § 2a ArbGG Rz. 23; Schwab/Weth/*Walker*, § 2a ArbGG Rz. 93; aA BAG v. 10.12.2002 – 1 AZR 96/02, BAGE 104, 155 (160), wo im Rahmen eines Schadensersatzprozesses wegen eines rechtswidrigen Arbeitskampfes zu Recht ohne weiteres festgestellt wird, ein einzelner ArbGeb verliere durch den Beitritt zu einem ArbGebVerband seine individuelle Tariffähigkeit nicht. | 5 Vgl. hierzu BAG v. 25.9.1996 – 1 ABR 4/96, BAGE 84, 166. | 6 GK-ArbGG/*Dörner*, § 2a Rz. 88, der aber eine Verweisung in die richtige Verfahrensart von Amts wegen ablehnt.

Ist die Angelegenheit der **materiell unrichtigen Verfahrensart** zugeordnet worden, hat das Gericht durch Beschluss nach § 48 I, § 80 III ArbGG, **§ 17a II GVG analog** vorab die Unzulässigkeit der gewählten Verfahrensart festzustellen und die Sache in die richtige Verfahrensart zu verweisen. Nach einer entsprechenden Neueintragung in die Register ist die Spruchkörper-Zuständigkeit nach dem Geschäftsverteilungsplan neu festzustellen. 26

Hält das ArbG die gewählte Verfahrensart für zulässig, kann es dies vorab aussprechen; es muss dies tun, wenn ein Beteiligter die gewählte Verfahrensart rügt (§ 17a III GVG)[1]. Gegen Entscheidungen nach § 17a II und III GVG stehen die in § 17a IV 3–5 GVG beschriebenen **Beschwerdemöglichkeiten** zur Verfügung. Das LAG kann die Rechtsbeschwerde gegen seine Entscheidung zulassen. Eine Beschwerde gegen die Nichtzulassung der Rechtsbeschwerde durch das LAG nach § 17a IV 3 GVG findet nicht statt[2]. 27

3 *Zuständigkeit in sonstigen Fällen*

Die in den §§ 2 und 2a begründete Zuständigkeit besteht auch in den Fällen, in denen der Rechtsstreit durch einen Rechtsnachfolger oder durch eine Person geführt wird, die kraft Gesetzes an Stelle des sachlich Berechtigten oder Verpflichteten hierzu befugt ist.

I. Zuständigkeit bei Rechtsnachfolge. Die ausschließliche Zuständigkeit der Gerichte für Arbeitssachen nach den §§ 2 und 2a besteht auch für Rechtsstreitigkeiten, an denen Personen beteiligt sind, die nicht selbst Arbeitsvertragspartei gewesen sind, sondern als **Rechtsnachfolger auf ArbGeb- oder ArbN-Seite** auftreten. Zur Begründung dieser Zuständigkeit reicht die Behauptung der Rechtsnachfolge aus[3]. Ob sie tatsächlich vorliegt, ist eine Frage der Begründetheit der Klage. 1

1. Gesetzliche Rechtsnachfolge. Erfasst wird die Einzel- und Gesamtrechtsnachfolge, gleich auf welcher Seite. Zur Einzelrechtsnachfolge kommt es in den **Fällen des gesetzl. Forderungsübergangs**, zB nach den §§ 426 II und 774 BGB, 6 EFZG, 9 II BetrAVG sowie § 115 SGB X. Die Zuständigkeit der Gerichte für Arbeitssachen besteht daher auch für eine auf § 115 X SGB gestützte Klage der BA gegen den ArbN auf Zustimmung zur Auszahlung des vom ArbGeb hinterlegten Abfindungsbetrages wegen der Gewährung von Alg[4]. Nicht um übergegangene arbeitsrechtl. Forderungen handelt es sich dagegen bei den originären Rückgriffsansprüchen der Berufsgenossenschaft nach den §§ 110, 111 SGB VII oder den Erstattungsansprüchen der AA nach § 147a SGB III, die in die Zuständigkeit der SG fallen. 2

Ein Rechtsnachfolger besonderer Art ist auch der **Pfändungsgläubiger**, dem eine Forderung nach den §§ 829, 835 ZPO zur Einziehung überwiesen worden ist. Er tritt bei der sog. **Drittschuldnerklage** an die Stelle des Forderungsinhabers, so dass die gepfändete Vergütungsforderung des Schuldners gegen den ArbGeb als Drittschuldner vor den ArbG einzuklagen ist. Gleiches gilt für den nach § 850h ZPO fingierten Arbeitsentgeltanspruch[5]. Für Klagen des Pfändungsgläubigers auf Auskunft und Schadensersatz nach § 840 I und II ZPO sind dagegen die ordentl. Gerichte zuständig, soweit sie nicht im Wege der Zusammenhangsklage nach § 2 III verfolgt werden[6]. 3

Eine **Gesamtrechtsnachfolge** findet statt vor allem beim **Erbfall** nach § 1922 BGB, bei der **Verschmelzung** von Kapitalgesellschaften nach den §§ 2 ff. UmwG und bei den übrigen **Umwandlungen** nach dem UmwG (Spaltung, Vermögensübertragung, Formwechsel). Die Gerichte für Arbeitssachen sind auch für solche Ansprüche zuständig, die erst nach dem Erbfall in der Person des Erben entstehen, aber ihren Ursprung in dem Arbeitsverhältnis des Erblassers haben[7]. Ferner ist auch für die Geltendmachung von Schadensersatzansprüchen aus unerlaubter Handlung durch den ArbN gegen den **Insolvenzverwalter** der Rechtsweg zu den Gerichten für Arbeitssachen eröffnet, weil der Insolvenzverwalter kraft Gesetzes mit Eröffnung des Insolvenzverfahrens alle Rechte und Pflichten übernimmt, die sich aus der ArbGeb-Stellung der Gemeinschuldnerin ergeben[8]. 4

2. Vertragliche Rechtsnachfolge. Zu einer vertragl. Rechtsnachfolge kommt es im Fall der **Abtretung** arbeitsrechtl. Ansprüche nach § 398 BGB, ferner in den Fällen der **Schuldübernahme** oder des Schuldbeitritts nach den §§ 414 ff. BGB und der **Firmenfortführung** oder des Eintritts eines Gesellschafters in das Geschäft eines Einzelkaufmanns nach den §§ 25, 28 HGB. Bei einer Betriebsübernahme nach § 613a BGB wird der Erwerber selbst ArbGeb, so dass die Zuständigkeit der ArbG schon nach § 2 begründet ist. 5

Der Begriff „Rechtsnachfolge" ist weit auszulegen[9]. Rechtsnachfolger ist daher auch der vollmachtlose Vertreter, der auf die Erfüllung von Ansprüchen aus dem Arbeitsverhältnis oder auf Schadensersatz für 6

---

1 Vgl. BAG v. 13.3.2001 – 1 AZB 19/00, BAGE 97, 167. |2 BAG v. 19.12.2002 – 5 AZB 54/02, BAGE 104, 239. |3 Vgl. Düwell/Lipke/*Krasshöfer*, § 3 ArbGG Rz. 1; ErfK/*Koch*, § 3 ArbGG Rz. 1; Schwab/Weth/*Walker*, § 3 Rz. 28; aA GMPM/*Matthes*, § 3 ArbGG Rz. 4. |4 BAG v. 12.6.1997 – 9 AZB 5/97, EzA § 2 ArbGG 1979 Nr. 38. |5 Vgl. ArbG Passau v. 26.6.2006 – 2 Ca 185/06 D, NZA-RR 2006, 541. |6 BAG v. 31.10.1984 – 4 AZR 535/82, EzA § 840 ZPO Nr. 1; v. 6.5.1990 – 4 AZR 56/90, EzA § 840 ZPO Nr. 3; LAG Köln v. 17.11.1989 – 9 Sa 906/89, LAGE § 12a ArbGG 1979 Nr. 14. |7 BAG v. 7.10.1981 – 4 AZR 173/81, AP Nr. 1 zu § 48 ArbGG 1979; GK-ArbGG/*Wenzel*, § 3 Rz. 17. |8 LAG Berlin v. 6.12.2002 – 9 Ta 1726/02, NZA 2003, 630. |9 Vgl. OLG Köln v. 2.3.2005 – 24 W 2/05, OLGReport Köln, 2005, 685; OLG Düsseldorf v. 7.7.2004 – 6 W 36/04, DB 2004, 1896.

solche Forderungen nach § 179 BGB in Anspruch genommen wird[1]. Gleiches gilt für die persönliche Inanspruchnahme des Insolvenzverwalters nach den §§ 60, 61 InsO für von ihm begründete arbeitsrechtl. Ansprüche[2] und die Inanspruchnahme persönlich haftender Gesellschafter bzw. Organvertreter der Arbeitgeberin[3] oder Fälle der gesellschaftsrechtl. Durchgriffshaftung[4].

7 **II. Prozessstandschaft.** Der Rechtsweg zu den Gerichten für Arbeitssachen ist auch gegeben, wenn der Rechtsstreit durch eine Person geführt wird, die kraft Gesetzes an Stelle des sachlich Berechtigten oder Verpflichteten hierzu befugt ist. Dabei kann es sich insb. um den vorläufigen oder endgültigen **Insolvenzverwalter**, den Nachlassverwalter, den Testamentsvollstrecker, den **Zwangsverwalter** oder die Bundesrepublik Deutschland als Prozessstandschafter für die Stationierungsstreitkräfte nach Art. 56 VIII des Zusatzabkommens zum NATO-Truppenstatut handeln. Die ArbG bleiben auch bei Streitigkeiten über den Rang von Insolvenzforderungen jedenfalls dann zuständig, wenn der Rechtsstreit bereits vor der Eröffnung des Insolvenzverfahrens anhängig war. Dies folgt aus § 180 II InsO.

8 Die Vorschrift erfasst schließlich über ihren Wortlaut hinaus auch die **gewillkürte Prozessstandschaft.** Insoweit kann nichts anderes als bei der rechtsgeschäftl. Rechtsnachfolge wie im Fall der Abtretung gelten. Davon zu unterscheiden ist die Frage, ob die Ermächtigung zur Prozessführung im Einzelfall zulässig ist. Voraussetzung dafür ist ein schützenswertes Interesse, das fremde Recht im eigenen Namen gerichtlich geltend zu machen[5]. Verneint das ArbG die Wirksamkeit der Prozessführungsermächtigung, hat es die Klage als unzulässig abzuweisen.

4 *Ausschluss der Arbeitsgerichtsbarkeit*

In den Fällen des § 2 Abs. 1 und 2 kann die Arbeitsgerichtsbarkeit nach Maßgabe der §§ 101 bis 110 ausgeschlossen werden.

1 Die Vorschrift betont und verstärkt die Ausschließlichkeitsregelung des § 2 I u. II. Sie soll sicherstellen, dass die Durchsetzung des materiellen Arbeitsrechts den dafür zuständigen Gerichten für Arbeitssachen vorbehalten bleibt[6]. Unzulässig wäre etwa der generelle Ausschluss der gerichtl. Entscheidung durch vertragl. Vereinbarung oder auch die Abrede der Zuständigkeit eines staatl. Gerichts eines anderen Rechtsweges[7].

2 Lediglich in den Grenzen der §§ 101–110 kann die Arbeitsgerichtsbarkeit durch die Tarifparteien allgemein oder für den Einzelfall ausgeschlossen werden, wenn die Entscheidung durch ein Schiedsgericht erfolgen soll (vgl. § 101 Rz. 7 ff.). Die Befugnis zum Abschluss einer solchen Schiedsvereinbarung steht **allein den Tarifparteien**, nicht auch den Betriebsparteien zu. Daher kann in einem Sozialplan nicht vereinbart werden, dass Meinungsverschiedenheiten zwischen ArbGeb und ArbN aus der Anwendung des Sozialplans durch einen verbindlichen Spruch der Einigungsstelle entschieden werden sollen[8].

3 Wie die Bezugnahme auf § 2 I u. II deutlich macht, wird die ausschließliche Zuständigkeit der Gerichte für Arbeitssachen im Beschlussverfahren nach § 2a nicht erfasst. Die Zulässigkeit einer Schiedsabrede **beschränkt** sich daher **auf Streitgegenstände des Urteilsverfahrens.** Für die Materie des Betriebsverfassungsrechts kommt sie nicht in Betracht: Der Ausschluss des Rechtsweges zu den ArbG kann auch nicht durch die Festlegung der Verbindlichkeit des Einigungsstellenspruchs erreicht werden[9].

5 *Begriff des Arbeitnehmers*

(1) Arbeitnehmer im Sinne dieses Gesetzes sind Arbeiter und Angestellte sowie die zu ihrer Berufsausbildung Beschäftigten. Als Arbeitnehmer gelten auch die in Heimarbeit Beschäftigten und die ihnen Gleichgestellten (§ 1 des Heimarbeitsgesetzes vom 14. März 1951 – Bundesgesetzbl. I S. 191 –) sowie sonstige Personen, die wegen ihrer wirtschaftlichen Unselbständigkeit als arbeitnehmerähnliche Personen anzusehen sind. Als Arbeitnehmer gelten nicht in Betrieben einer juristischen Person oder einer Personengesamtheit Personen, die kraft Gesetzes, Satzung oder Gesellschaftsvertrags allein oder als Mitglieder des Vertretungsorgans zur Vertretung der juristischen Person oder der Personengesamtheit berufen sind.

(2) Beamte sind als solche keine Arbeitnehmer.

---

1 BAG v. 7.4.2003 – 5 AZB 2/03, AP Nr. 6 zu § 3 ArbGG 1979. | 2 BGH v. 16.11.2006 – IX ZB 57/06, ZIP 2007, 94; BAG v. 9.7.2003 – 5 AZB 34/03, EzA § 3 ArbGG 1979 Nr. 5; LAG Nürnberg v. 29.3.2004 – 5 Ta 153/03, NZA-RR 2005, 214; Hess. LAG v. 15.8.2006 – 8 Ta 200/06, NZA-RR 2007, 218. | 3 Vgl. LAG Hamm v. 6.10.2005 – 2 Ta 899/04, NZA-RR 2005, 658; ArbG Düsseldorf v. 23.6.2004 – 10 Ca 1430/04, NZA 2004, 1181; ArbG Münster v. 2.9.2004 – 3 Ca 563/04, NZA 2005, 182. | 4 Vgl. KG Berlin v. 7.12.2004 – 5 W 153/04, DB 2005, 732. | 5 Vgl. BAG v. 12.4.1983 – 3 AZR 607/80, EzA § 9 BetrAVG Nr. 1; BSG v. 29.11.1988 – 11/7 Rar 79/87, BSGE 64, 199. | 6 Vgl. BAG v. 14.1.2004 – 4 AZR 581/02, NZA-RR 2004, 590. | 7 Vgl. GMPM/*Germelmann*, § 4 ArbGG Rz. 4. | 8 BAG v. 27.10.1987 – 1 AZR 80/86, NZA 1988, 207 (208). | 9 Vgl. BAG v. 20.11.1990 – 1 ABR 45/89, AP Nr. 43 zu § 76 BetrVG 1972.

(3) Handelsvertreter gelten nur dann als Arbeitnehmer im Sinne dieses Gesetzes, wenn sie zu dem Personenkreis gehören, für den nach § 92a des Handelsgesetzbuchs die untere Grenze der vertraglichen Leistungen des Unternehmers festgesetzt werden kann, und wenn sie während der letzten sechs Monate des Vertragsverhältnisses, bei kürzerer Vertragsdauer während dieser, im Durchschnitt monatlich nicht mehr als 1000 Euro auf Grund des Vertragsverhältnisses an Vergütung einschließlich Provision und Ersatz für im regelmäßigen Geschäftsbetrieb entstandene Aufwendungen bezogen haben. Das Bundesministerium für Arbeit und Soziales und das Bundesministerium der Justiz können im Einvernehmen mit dem Bundesministerium für Wirtschaft und Technologie die in Satz 1 bestimmte Vergütungsgrenze durch Rechtsverordnung, die nicht der Zustimmung des Bundesrates bedarf, den jeweiligen Lohn- und Preisverhältnissen anpassen.

I. Arbeitnehmer im Sinne des Gesetzes. Die Vorschrift bestimmt, wer ArbN iSd. ArbGG ist und damit den Rechtsweg zu den Gerichten für Arbeitssachen beschreiten kann. Da der Begriff des ArbN nicht näher definiert wird, muss der **allgemeine arbeitsrechtl. ArbN-Begriff** zugrunde gelegt werden. Danach ist ArbN, wer seine auf Grund eines privatrechtl. Schuldverhältnisses geschuldete Leistung in persönlicher Abhängigkeit **im Rahmen einer fremden Arbeitsorganisation** erbringt. Dabei ist für die häufig erforderliche Abgrenzung zum Rechtsverhältnis eines freien Mitarbeiters der Grad der persönlichen Abhängigkeit und die mit der Eingliederung in eine fremde Arbeitsorganisation verbundene **Weisungsgebundenheit** maßgeblich[1]. Dies allein genügt jedoch für die ArbN-Eigenschaft nicht. Voraussetzung ist vielmehr auch, dass die Dienste **auf Grund eines privatrechtl. Arbeitsverhältnisses** erbracht werden. Dieses wird idR durch einen Arbeitsvertrag begründet, kann aber ausnahmsw. auch durch Gesetz wie zB nach § 10 I AÜG oder nach § 78a II 1 BetrVG zu Stande kommen[2]. 1

1. Arbeiter und Angestellte. ArbN sind daher zunächst Arbeiter und Angestellte, wobei die genaue Zuordnung zu einer dieser Gruppen für die Rechtswegzuständigkeit keine Rolle spielt. Die ArbN-Eigenschaft ist nach Maßgabe der oben genannten Kriterien festzustellen. Dabei sind die Umstände der Arbeitsleistung für die Abgrenzung entscheidend, nicht etwa die Modalitäten der Entgeltzahlung oder andere formelle Merkmale wie die Abführung von Steuern und SozV-Beiträgen[3]. Es kommt auch nicht darauf an, wie die Parteien das Vertragsverhältnis bezeichnen. Durch Parteivereinbarung kann die Bewertung einer Vertragsbeziehung als Arbeitsverhältnis nicht abbedungen werden. Wenn Vertragsgestaltung und praktische Handhabung auseinander fallen, ist die praktische Durchführung des Vertragsverhältnisses entscheidend[4]. Nur in Zweifelsfällen, in denen auf Grund der tatsächlichen Umstände keine eindeutige Zuordnung möglich ist, ist der Wille der Parteien ausschlaggebend[5]. 2

Kein ArbN, sondern selbständig und allenfalls arbeitnehmerähnlich ist nach der gesetzl. Wertung des § 84 I 2 HGB, wer im Wesentlichen frei seine Tätigkeit gestalten und seine Arbeitszeit bestimmen kann. Der Abstufung liegt also insgesamt ein dreigeteiltes System zugrunde, das zwischen ArbN, arbeitnehmerähnlichen Personen und Selbständigen unterscheidet[6]. 3

ArbGeb iSd. ArbGG ist jeder, der einen ArbN beschäftigt. Während ArbN nur eine natürliche Person sein kann, handelt es sich beim ArbGeb vielfach auch um eine juristische Person. 4

2. Auszubildende. ArbN sind auch die zu ihrer Berufsausbildung Beschäftigten. Erfasst werden alle Bereiche der Berufsbildung nach § 1 I BBiG[7]. Ausschlaggebend für die Stellung als „Beschäftigter" ist weder der Lernort noch die Lehrmethode, sondern der Inhalt des Ausbildungsvertrages. Auch Auszubildende in berufsbildenden Schulen und „sonstigen Berufsbildungseinrichtungen" iSv. § 1 V BBiG können daher „zu ihrer Berufsausbildung Beschäftigte" nach § 5 I 1 sein[8]. 5

Zur Berufsausbildung in diesem weiten Sinn gehört jede Maßnahme, die berufliche Kenntnisse und Fähigkeiten auf betrieblicher Ebene **auf Grund eines privatrechtl. Vertrages** vermittelt[9]. Ob der Auszubildende eine Vergütung erhält, ist unerheblich[10]. Die Zuständigkeit der ArbG erstreckt sich daher auch auf **Umschüler** und **Teilnehmer an berufsvorbereitenden Maßnahmen**[11], **Anlernlinge, Praktikanten und Volontäre**, soweit sie zur Arbeitsleistung verpflichtet und nicht im Rahmen einer öffentl.-rechtl. geregelten Schul- oder Hochschulausbildung beschäftigt sind[12]. Auch Lernschwestern und Krankenpflegeschüler sind zu ihrer Berufsausbildung Beschäftigte[13]. 6

---

1 Vgl. BAG v. 28.3.2001 – 7 ABR 21/00, EzA § 7 BetrVG Nr. 2; v. 25.3.1992 – 7 ABR 52/91, BAGE 70, 104; v. 3.6.1998 – 5 AZR 656/97, EzA § 611 BGB – Arbeitnehmerbegriff Nr. 70. | 2 Vgl. BAG v. 18.1.1989 – 7 ABR 21/88, BAGE 61, 7; v. 25.11.1992 – 7 ABR 7/92, BAGE 72, 12; v. 22.3.2000 – 7 ABR 34/98, EzA § 14 AÜG Nr. 4. | 3 Vgl. BAG v. 30.11.1994 – 5 AZR 704/93, NZA 1995, 622. | 4 Vgl. BAG v. 12.9.1996 – 5 AZR 1066/94, BB 1996, 2045; 16.3.1994 – 5 AZR 447/92, AP Nr. 68 zu § 611 BGB – Abhängigkeit. | 5 BAG v. 29.1.1992 – 7 ABR 25/91, AP Nr. 47 zu § 5 BetrVG 1972. | 6 Vgl. GMPM/*Müller-Glöge*, § 5 ArbGG Rz. 4. | 7 Vgl. BAG v. 24.9.2002 – 5 AZB 12/02, MDR 2002, 156; LAG BW v. 30.7.2004 – 5 Ta 12/04, LAGReport 2005, 96. | 8 BAG v. 24.2.1999 – 5 AZB 10/98, EzA § 5 ArbGG 1979 Nr. 32; LAG Berlin v. 6.12.2004 – 16 Ta 2297/04, LAGE § 2 ArbGG 1979 Nr. 47. | 9 BAG v. 27.9.2006 – 5 AZB 33/06, NZA 2006, 1432; BAG v. 21.5.1997 – 5 AZB 30/96, NZA 1997, 1013. | 10 BAG v. 24.9.1981 – 6 AZR 7/81, AP Nr. 26 zu § 5 BetrVG 1972. | 11 BAG v. 10.2.1981 – 6 ABR 86/78, AP Nr. 25 zu § 5 BetrVG 1972; LAG Bremen v. 9.8.1996 – 2 Ta 15/96, BB 1996, 2363. | 12 Vgl. zu Praktikanten nach dem sog. Soester Modell LAG Hamm v. 13.10.2006 – 2 Ta 6/06, NZA-RR 2007, 97. | 13 BAG v. 29.10.1957 – 3 AZR 411/55, AP Nr. 10 zu § 611 BGB – Lehrverhältnis.

7 Zur Beilegung von Streitigkeiten aus einem bestehenden Berufsausbildungsverhältnis können die Handwerksinnungen und die übrigen zuständigen Stellen iSd. BBiG **Schlichtungsausschüsse** errichten. Die Anrufung eines existierenden Ausschusses und die vollständige Durchführung des Schlichtungsverfahrens sind Zulässigkeitsvoraussetzungen für eine Klage vor dem ArbG, die von Amts wegen zu prüfen sind. Wegen der Einzelheiten wird auf die Erl. zu § 111 II verwiesen.

8 **3. Beschäftigte in Heimarbeit. Heimarbeiter** iSv. § 2 I HAG und **Hausgewerbetreibende** iSv. § 2 II HAG gelten nach Abs. 1 S. 2 als ArbN. Zwischenmeister und die anderen in § 1 IIa–d HAG genannten Personen können durch den Heimarbeitsausschuss mit Zustimmung der zuständigen Arbeitsbehörde bei entsprechender Schutzbedürftigkeit gleichgestellt werden. Auch diese **Gleichgestellten** gelten dann als ArbN ohne Rücksicht darauf, ob die Gleichstellung zu Recht erfolgt ist.

9 **4. Arbeitnehmerähnliche Personen.** Als ArbN gelten ferner Beschäftigte, die wegen ihrer wirtschaftl. Unselbständigkeit als arbeitnehmerähnliche Personen anzusehen sind. Arbeitnehmerähnliche Personen sind Selbständige, die nicht wie der ArbN persönlich, sondern **wirtschaftl. abhängig** sind. Außerdem müssen sie ihrer sozialen Stellung nach **einem ArbN vergleichbar schutzbedürftig** sein[1]. Maßgeblich sind die gesamten Umstände des Einzelfalls unter Berücksichtigung der Verkehrsanschauung[2]. Die vergleichbare Schutzbedürftigkeit fehlt zB, wenn der Dienstnehmer Bezüge erhält, wie sie für Geschäftsführer oder Vorstandsmitglieder typisch sind, oder wie ein Unternehmer Arbeitskräfte im eigenen Namen beschäftigt[3]. Die Arbeitnehmerähnlichkeit ist dagegen zu bejahen, wenn das Schwergewicht der Erwerbstätigkeit bei den Diensten **für einen Auftraggeber** liegt und die hieraus fließende Vergütung die **entscheidende Existenzgrundlage** darstellt[4]. Dies kann auch bei einem als „freier Mitarbeiter" bezeichneten Rechtsanwalt[5] oder einem sog. Franchisenehmer[6] der Fall sein, nicht aber bei einem nebenberufl. Sportmanager[7]. Eine selbständige Hebamme ist im Verhältnis zum Krankenhausträger keine arbeitnehmerähnliche Person[8].

10 Bei der Zuständigkeitsprüfung genügt die **Wahlfeststellung**, dass die Partei ArbN oder arbeitnehmerähnliche Person ist[9]. Eine abschließende Klärung ist je nach Streitgegenstand erst für die Begründetheit der Klage erforderlich.

11 **5. Handelsvertreter.** Handels- und Versicherungsvertreter sind nach den §§ 84 I, 92 I HGB **selbständige Kaufleute**, wenn sie im Wesentlichen frei ihre Tätigkeit gestalten und ihre Arbeitszeit bestimmen können. Andernfalls sind sie **kaufmännische Angestellte**, die als ArbN ohne weiteres der Zuständigkeit der ArbG unterfallen. Für die Abgrenzung kommt es auf die Umstände des Einzelfalls an[10]. Schließen sich mehrere selbständige Versicherungsvertreter zur gemeins. Berufsausübung in einer **Agentur** zusammen, begründet die in dem Gesellschaftsvertrag vereinbarte wechselseitige Verpflichtung der Partner zur Einbringung ihrer vollen Arbeitskraft regelmäßig keine entsprechende Verpflichtung im Verhältnis zu dem Versicherungsunternehmen, mit dem alle Partner individuelle Agenturverträge geschlossen haben[11]. Liegt ein Handelsvertreterverhältnis vor, kann die arbeitsgerichtl. Zuständigkeit nur nach der Sonderregelung des Abs. 3 begründet sein, die insoweit die allgemeine Bestimmung über arbeitnehmerähnliche Personen in Abs. 1 S. 2 verdrängt.

12 Handelsvertreter **gelten** nach Abs. 3 S. 1 iVm. § 92a HGB **als ArbN**, wenn sie vertragl. nicht für weitere Unternehmer tätig werden dürfen oder ihnen dies nach Art und Umfang der von ihnen verlangten Tätigkeit nicht möglich ist, also sog. **Einfirmenvertreter**[12], und auch nur dann, wenn sie während der letzten sechs Monate des Vertragsverhältnisses im Durchschnitt **monatlich nicht mehr als 1000 Euro** an Vergütung einschließlich Provision und Ersatz für Aufwendungen bezogen haben. Maßgebend sind die tatsächlich erfüllten Vergütungs- und Aufwendungsersatzansprüche, nicht etwa darauf gezahlte Vorschüsse[13]. Referenzzeitraum ist die Halbjahresfrist oder eine evtl. kürzere Vertragszeit vor Anhängigwerden des Rechtsstreits. Dies gilt auch, wenn der Handelsvertreter in dieser Zeit nicht gearbeitet und nichts verdient hat, weil es allein auf den rechtl. Bestand des Vertragsverhältnisses ankommt[14]. Unter diesen Voraussetzungen können auch **nebenberufliche Handels- und Versicherungsvertreter** als Einfirmenvertreter vor den Gerichten für Arbeitssachen klagen[15].

---

1 BAG v. 6.7.1995 – 5 AZB 9/93, AP Nr. 22 zu § 5 ArbGG 1979. | 2 BAG v. 16.7.1997 – 5 AZB 29/96, AP Nr. 37 zu § 5 ArbGG 1979. | 3 BGH v. 27.1.2000 – III ZB 67/99, NZA 2000, 390 (391). | 4 BAG v. 11.4.1997 – 5 AZB 33/96, AP Nr. 30 zu § 5 ArbGG 1979. | 5 Vgl. OLG Bbg. 7.2.2002 – 14 W 10/01, NJW 2002, 1659. | 6 Vgl. LAG Nürnberg v. 20.8.2002 – 6 Ta 63/02, AuR 2002, 399; demgegenüber OLG Düsseldorf v. 20.3.2002 – 6 W 59/01, OLGReport Düsseldorf 2003, 67. | 7 Vgl. LAG Hamm v. 14.3.2007 – 2 Ta 751/06. | 8 BAG v. 21.2.2007 – 5 AZB 52/06, NZA 2007, 699. | 9 BAG v. 14.1.1997 – 5 AZB 33/96, DB 1997, 684. | 10 Vgl. BAG v. 15.12.1999 – 5 AZR 3/99, EzA § 611 BGB – Arbeitnehmerbegriff Nr. 80; v. 21.2.1990 – 5 AZR 162/89, EzA § 611 BGB – Arbeitnehmerbegriff Nr. 32; LAG Nürnberg v. 17.6.2002 – 2 Ta 175/01, DB 2002, 1777; LAG Hamm v. 20.9.2004 – 2 Ta 644/03. | 11 BAG v. 20.9.2000 – 5 AZR 271/99, EzA § 611 BGB – Arbeitnehmerbegriff Nr. 83. | 12 Vgl. zu der lediglich prozessualen Gleichstellung BAG v. 24.10.2002 – 6 AZR 632/00, NZA 2003, 668. | 13 BGH v. 9.12.1963 – VII ZR 113/62, AP Nr. 27 zu § 2 ArbGG 1953 – Zuständigkeitsprüfung; Hess. LAG v. 12.4.1995 – 7 Ta 127/95, NZA 1995, 1071. | 14 BAG v. 15.2.2005 – 5 AZB 13/04, MDR 2005, 758; Brandenburg. OLG v. 17.4.2007 – 3 W 8/07, DB 2007, 1249. | 15 Vgl. BAG v. 15.2.2005 – 5 AZB 13/04, MDR 2005, 758; Düwell/Lipke/*Krasshöfer*, § 5 ArbGG Rz. 8; GMPM/*Müller-Glöge*, § 5 ArbGG Rz. 41.

Die Verdienstgrenze kann nach Abs. 3 S. 2 durch Rechtsverordnung der jeweiligen Lohn- und Preisentwicklung angepasst werden. Die einmal begründete Zuständigkeit der ordentl. Gerichte bleibt allerdings nach § 17 I 1 GVG unberührt. 13

II. Gesetzliche Vertreter. Bei Personen, die kraft Gesetzes, Satzung oder Gesellschaftsvertrag allein oder als Mitglied des Vertretungsorgans zur Vertretung einer juristischen Person oder einer Personengesamtheit berufen sind, **fingiert** das Gesetz in Abs. 1 S. 3, dass der **Organvertreter kein ArbN** und das der Organstellung zugrunde liegende Anstellungsverhältnis kein Arbeitsverhältnis ist[1]. Das gilt nicht nur für den Geschäftsführer einer GmbH und den persönlich haftenden Gesellschafter einer KG, sondern auch für den designierten Geschäftsführer einer GmbH, dessen Bestellung unterbleibt[2], den Geschäftsführer einer Vor-GmbH[3] und für den Geschäftsführer einer Kreishandwerkerschaft[4] bzw. eines Landesinnungsverbands[5]. Betroffen sind allein Personen mit **gesetzl. Vertretungsmacht**, wobei unerheblich ist, ob ihre Vertretungsmacht im Innenverhältnis beschränkt ist[6]. Auch der Geschäftsführer der Komplementär-GmbH einer KG ist – mittelbar – kraft Gesetzes zur Vertretung dieser Personengesamtheit berufen und gilt daher nicht als ArbN unabhängig davon, ob das der Organstellung zugrunde liegende Rechtsverhältnis materiell-rechtl. ein freies Dienstverhältnis oder ein Arbeitsverhältnis ist[7]. Für Betriebsrentenansprüche, die aus einer Versorgungszusage gegenüber einem GmbH-Geschäftsführer resultieren, sind die ordentlichen Gerichte zuständig, selbst wenn der Anspruchsteller vorher oder nachher noch als ArbN tätig gewesen ist[8]. 14

Nicht erfasst werden demgegenüber Personen, die lediglich auf Grund **rechtsgeschäftlicher Vertretungsmacht** zur Vertretung der Gesellschaft befugt sind, wie etwa Prokuristen und Generalbevollmächtigte. Besondere Vertreter eines Vereins nach § 30 BGB gelten nur dann nicht als ArbN, wenn ihre Vertretungsmacht auf der Satzung beruht, also die Satzung die Bestellung ausdrücklich zulässt[9]. Die Negativfiktion greift dann ein, wenn einem besonderen Vertreter die laufenden Geschäfte eines Vereins zur alleinigen Erledigung übertragen worden sind[10]. 15

Zu beachten ist, dass Abs. 1 S. 3 nur das der Organstellung zugrundeliegende Rechtsverhältnis betrifft und die Fiktion nicht eingreift, wenn die Rechtsstreitigkeit eine weitere Rechtsbeziehung der Parteien betrifft[11]. Entscheidend ist in solchen Fällen eine klar **unterscheidbare Doppelstellung als Organvertreter und als ArbN**[12]. War der Organvertreter vor seiner Bestellung ArbN der Gesellschaft, wird nach neuerer Rspr. im Zweifel das Arbeitsverhältnis mit Abschluss des Geschäftsführerdienstvertrags aufgehoben[13]. Das kann anders sein, wenn ein Angestellter einer GmbH – zusätzlich – zum Geschäftsführer bestellt wird, ohne dass sich an den Arbeitsvertragsbedingungen im Übrigen etwas ändert. Wird der Geschäftsführer dann abberufen und entlassen, lebt das suspendierte Arbeitsverhältnis wieder auf mit der Folge, dass Kündigungsschutzklage vor dem ArbG erhoben werden kann[14]. Einer stillschweigenden Aufhebung des Arbeitsvertrages steht neuerdings auch das Schriftformerfordernis des § 623 BGB entgegen[15]. Es wird allerdings durch einen – neuen – schriftlichen Geschäftsführerdienstvertrag, der künftig die ausschließliche Grundlage der Rechtsbeziehungen bilden soll, gewahrt[16]. 16

Besteht neben dem Rechtsverhältnis, das der Organstellung zugrunde liegt, noch ein Arbeitsverhältnis zu einer dritten Person, ist für eine daraus folgende Streitigkeit das ArbG zuständig. So kann etwa ein GmbH-Geschäftsführer je nach Vertragsgestaltung ArbN der Alleingesellschafterin sein[17]. Auch die Bestellung zum Geschäftsführer einer konzernabhängigen Gesellschaft beinhaltet allein noch keine konkludente Aufhebung des Arbeitsverhältnisses mit der Obergesellschaft[18]. Jedenfalls bleiben die ArbG für Streitigkeiten aus einem früheren Arbeitsverhältnis zuständig, sofern das Arbeitsverhältnis und nicht das Anstellungsverhältnis des Organvertreters den wesentlichen rechtl. Anknüpfungspunkt bietet[19]. 17

III. Beamte. Für Streitigkeiten aus dem Beamtenverhältnis sind nach den §§ 126 I BRRG, 172 BBG ausschließlich die Verwaltungsgerichte zuständig. Abs. 2 stellt klar, dass **Beamte als solche keine ArbN** 18

---

1 Vgl. BAG v. 21.2.1994 – 2 AZB 28/93, NZA 1994, 905. | 2 BAG v. 25.6.1997 – 5 AZB 41/96, DB 1997, 2029. | 3 BAG v. 13.5.1996 – 5 AZB 27/95, NZA 1996, 952. | 4 BAG v. 11.4.1997 – 5 AZB 32/96, EzA § 5 ArbGG 1979 Nr. 23. | 5 LAG Nds. v. 4.2.2002 – 17 Ta 429/01, NZA 2003, 343. | 6 Vgl. BAG v. 6.5.1999 – 5 AZB 22/98, AP Nr. 46 zu § 5 ArbGG 1979; BAG v. 12.7.2006 – 5 AS 7/06, NZA 2006, 1004; LAG Köln v. 21.3.2006 – 7 Ta 14/06. | 7 BAG v. 20.8.2003 – 5 AZB 79/02, AP Nr. 58 zu § 5 ArbGG 1979 (m. Anm. *Wank*) unter ausdrückl. Aufgabe v. BAG v. 15.4.1982 – 2 AZR 1101/79 und v. 13.7.1995 – 5 AZB 37/94; vgl. ferner LAG Hamm v. 18.8.2004 – 2 Ta 172/04, ZIP 2004, 2251; aA noch LAG Köln v. 14.10.2002 – 11 Ta 273/02, ZIP 2003, 1101. | 8 Vgl. LAG Köln v. 13.3.2006 – 6 Ta 63/06. | 9 BAG v. 5.5.1997 – 5 AZB 35/96, AP Nr. 31 zu § 5 ArbGG 1979. | 10 Vgl. LAG Berlin v. 28.4.2006 – 6 Ta 702/06, MDR 2006, 1119. | 11 Vgl. BAG v. 23.8.2001 – 5 AZB 9/01, AP Nr. 54 zu § 5 ArbGG 1979; v. 20.8.2003 – 5 AZB 79/02, AP Nr. 58 zu § 5 ArbGG 1979 m. Anm. *Wank*; *Schrader*, DB 2005, 1457 (1462). | 12 BAG v. 10.12.1996 – 5 AZB 20/96, NZA 1997, 674. | 13 BAG v. 14.6.2006 – 5 AZR 592/05, MDR 2007, 396; v. 8.6.2000 – 2 AZR 207/99, AP Nr. 49 zu § 5 ArbGG 1979 mwN; v. 25.4.2002 – 2 AZR 352/01, NJW 2003, 918; LAG Nürnberg v. 2.4.2007 – 4 Ta 38/07. | 14 Vgl. BAG v. 9.5.1985 – 2 AZR 330/84, NZA 1986, 792; v. 10.12.1996 – 5 AZB 20/96, NZA 1997, 674. | 15 LAG Köln v. 12.6.2003 – 6 Ta 94/03, nv. | 16 Vgl. BAG v. 19.7.2007 – 6 AZR 774/06. | 17 Vgl. BAG v. 29.12.1997 – 5 AZB 38/97, AP Nr. 40 zu § 5 ArbGG 1979; GMPM/*Müller-Glöge*, § 5 ArbGG Rz. 49. | 18 BAG v. 20.10.1995 – 5 AZB 5/95, DB 1996, 483. | 19 BAG v. 20.5.1998 – 5 AZB 3/98, NZA 1998, 1247.

und damit der arbeitsgerichtl. Zuständigkeit entzogen sind. Entsprechendes gilt für **Richter, Soldaten und Zivildienstleistende**, die ebenfalls in einem öffentl.-rechtl. Dienst- und Treueverhältnis stehen. Auch wenn der Beamte auf Abschluss eines Arbeitsvertrags unter gleichzeitiger Beurlaubung als Beamter klagt, soll der Rechtsweg zu den Gerichten für Arbeitssachen versperrt sein[1].

19 Dies schließt nicht aus, dass der Beamte **nebenberuflich** zu einem Dritten in einem Arbeitsverhältnis steht. Wegen der daraus resultierenden Streitigkeiten ist der Rechtsweg zu den Gerichten für Arbeitssachen nach allgemeinen Grundsätzen eröffnet. Ob die Nebentätigkeit dienstrechtl. zulässig ist, ist hierfür unerheblich.

20 **IV. Besondere Personengruppen.** Da die Vorschrift den allgemeinen arbeitsrechtl. ArbN-Begriff voraussetzt, können sich weitere Einschränkungen vor allem hinsichtlich der in **§ 5 II Nr. 3, 4 und 5 BetrVG** genannten Personen ergeben. Zu der Personengruppe, deren Beschäftigung vorwiegend durch Beweggründe karitativer oder religiöser Art bestimmt ist, gehören zunächst etwa **Ordensangehörige**, die in ihrem Verhältnis zum Orden nicht in einem Arbeitsverhältnis stehen. Gleiches ist auch für die **Schwestern des Deutschen Roten Kreuzes** anerkannt, die nicht ArbNinnen der Schwesternschaft sind[2]. Der Rechtsweg zu den Gerichten für Arbeitssachen kann gleichwohl eröffnet sein, wenn solche Personen auf Grund eines Gestellungsvertrags Dritten als ArbN überlassen werden und dieses Rechtsverhältnis betroffen ist[3].

21 Personen, deren Beschäftigung nicht in erster Linie ihrem Erwerb, sondern vorwiegend ihrer Heilung, Wiedereingewöhnung, sittlichen Besserung oder Erziehung dient, dürften zumeist schon wegen Fehlens eines privatrechtl. Vertrags keine ArbN sein. Das gilt für **Strafgefangene** auch dann, wenn sie nicht in der Anstalt, sondern in einem fremden Betrieb arbeiten[4]. Kein Arbeitsverhältnis besteht auch zwischen erwerbsfähigen Hilfebedürftigen und Leistungserbringern auf Grund des § 16 III 2 SGB II (sog. **Ein-Euro-Jobs**)[5]. Insoweit ist die Zuständigkeit der Sozialgerichte nach § 51 I Nr. 4a SGG gegeben[6]. Für Rechtsstreitigkeiten zwischen behinderten Menschen im Arbeitsbereich von **Behindertenwerkstätten** und den Trägern der Werkstätten aus den in § 138 SGB IX geregelten arbeitnehmerähnlichen Rechtsverhältnissen folgt die arbeitsgerichtl. Zuständigkeit allerdings aus der Sondervorschrift des § 2 Nr. 10.

22 Jeweils besonders zu prüfen ist, ob **Familienangehörige** zueinander in einem Arbeitsverhältnis stehen oder die Mitarbeit nur im Rahmen familienrechtl. Bindung etwa nach Maßgabe der §§ 1356, 1619 BGB stattfindet. Haben die Parteien zulässigerweise ein Arbeitsverhältnis begründet, so sind für die daraus entstehenden Streitigkeiten die ArbG zuständig. Für die Annahme eines ernstlich gewollten Arbeitsverhältnisses sprechen insb. die regelmäßige Zahlung eines angemessenen Entgelts, die Einhaltung der betriebsüblichen Arbeitszeit und die Einordnung unter die Weisungsverhältnisse des Betriebs[7].

6 *Besetzung der Gerichte für Arbeitssachen*

(1) Die Gerichte für Arbeitssachen sind mit Berufsrichtern und mit ehrenamtlichen Richtern aus den Kreisen der Arbeitnehmer und Arbeitgeber besetzt.

(2) (weggefallen)

1 **I. Inhalt und Zweck.** Die Vorschrift enthält den Grundsatz für die Besetzung der Gerichte für Arbeitssachen in allen Rechtszügen. Die Einzelheiten sind für die ArbG in den §§ 14–31, für die LAG in den §§ 33–39 und für das BAG in den §§ 40–45 festgelegt.

2 In allen Instanzen ist die Beteiligung von ehrenamtlichen Richtern aus den Kreisen der ArbN und ArbGeb vorgeschrieben. Die **starke Betonung des Laienelements** entspricht dem Grundsatz der sozialen Selbstverwaltung. Ihre Mitwirkung beruht auf der Erkenntnis, dass die Anschauungen der betrieblichen Praktiker bei der Rechtsfindung und der Entscheidung unerlässliche Voraussetzung für die Akzeptanz der gerichtlichen Entscheidungen sind. Ohne ihren Sachverstand könnten viele Probleme des Arbeitslebens nicht sachgerecht und für die Parteien des Arbeitslebens verständlich gelöst werden[8]. Zudem kommt der Tatsache, dass sich die typischen Interessengegensätze des Arbeitsgerichtsprozesses schon in der Besetzung der Richterbank widerspiegeln, eine nicht zu unterschätzende Befriedungsfunktion zu[9]. Es gilt der Grundsatz der paritätischen Besetzung der Gerichte für Arbeitssachen mit ehrenamtlichen Richtern beider Seiten[10].

3 **II. Berufsrichter.** Abgesehen vom BAG werden die Berufsrichter ausschließlich als **Vorsitzende einer Kammer** tätig. Nähere Bestimmungen über die Rechtsstellung der Berufsrichter in der Arbeitsgerichts-

1 BAG v. 16.6.1999 – 5 AZB 16/99, AP Nr. 65 zu § 2 ArbGG 1979; aA LAG Köln v. 25.3.1999 – 6 Ta 53/99, juris. | 2 BAG v. 22.4.1997 – 1 ABR 74/96, EzA § 99 BetrVG 1972 – Einstellung Nr. 3; 6.7.1995 – 5 AZB 9/93, AP Nr. 22 zu § 5 ArbGG 1979 mwN. | 3 GMPM/*Müller-Glöge*, § 5 ArbGG Rz. 25. | 4 Vgl. BAG v. 3.10.1978 – 6 ABR 46/76, AP Nr. 18 zu § 5 ArbGG 1972. | 5 Vgl. BAG v. 8.11.2006 – 5 AZB 36/06; ferner BAG v. 26.9.2007 – 5 AZR 857/06. | 6 LAG Berlin v. 27.3.2006 – 3 Ta 349/06, ZTR 2006, 344. | 7 Vgl. ArbG Siegburg v. 8.7.1986 – 4 Ca 2611/85, NJW-RR 1987, 73. | 8 Vgl. *Ide*, FS 100 Jahre DArbGV, S. 253 (254). | 9 Vgl. GMPM/*Prütting*, § 6 ArbGG Rz. 4. | 10 Vgl. BAG v. 21.9.1999 – 1 AS 6/99, NZA 2000, 389; v. 19.8.2004 – 1 AS 6/03, MDR 2005, 279.

barkeit enthält das Gesetz nicht. Ihre statusrechtl. Rechte und Pflichten ergeben sich daher aus der Verfassung, dem für die Berufsrichter aller Gerichtsbarkeiten geltenden Deutschen Richtergesetz (DRiG) und den ergänzenden Landesrichtergesetzen.

Nach Art. 97 I GG, § 25 DRiG sind Richter **sachlich und persönlich unabhängig**, also bei ihrer Rspr. nicht an Weisungen, sondern nur an das Gesetz gebunden. Die Weisungsfreiheit besteht umfassend sowohl gegenüber dem Dienstvorgesetzten als auch gegenüber Empfehlungen oder Vorgaben der Exekutive. Auch eine Bindung an Entscheidungen höherer Gerichte ist grds. nicht gegeben[1]. 4

Sofern die Rechtsprechungstätigkeit nicht berührt ist, untersteht auch der Berufsrichter nach § 26 DRiG der **Dienstaufsicht**. Dabei geht es um die Überwachung der äußerlich ordnungsgemäßen Ausübung der Amtsgeschäfte, etwa um die Sicherstellung eines angemessenen Verhaltens gegenüber den Prozessparteien, der Erledigung eines üblichen Pensums, der sachgerechten Ausbildung der Referendare uam. Den Streit darüber, ob eine Maßnahme der Dienstaufsicht die **richterliche Unabhängigkeit** verletzt oder nicht, entscheidet nach den §§ 26 III, 61 ff. DRiG das mit Berufsrichtern besetzte spezielle Richterdienstgericht. 5

Die allgemeinen Pflichten der Berufsrichter sind geregelt in den §§ 38–43 DRiG, ferner in den kraft Verweisung anwendbaren beamtenrechtl. Vorschriften der §§ 52–92 BBG, §§ 35–58 BRRG in Verbindung mit den landesgesetzl. Bestimmungen. Der **Richtereid** nach § 38 DRiG verlangt vom Richter Gesetzes- und Verfassungstreue, Unparteilichkeit und Unvoreingenommenheit gegenüber den Prozessparteien sowie vor allem, nur der Wahrheit und Gerechtigkeit zu dienen. Von besonderer Bedeutung ist auch das sog. **Mäßigungsgebot des § 39 DRiG**: Danach hat sich der Richter innerhalb und außerhalb seines Amtes so zu verhalten, dass das Vertrauen in seine Unabhängigkeit nicht gefährdet wird. Eine einseitige Interessenwahrnehmung, zB die Mitarbeit in einem Arbeitskreis mit Auswirkung auf die eigene richterliche Entscheidungstätigkeit, ist unzulässig und kann zur Ablehnung wegen Befangenheit führen[2]. 6

III. Ehrenamtliche Richter. Zur Rechtsstellung der ehrenamtlichen Richter enthält das DRiG nur einige grundsätzliche Aussagen in den §§ 44–45a DRiG. Dabei geht es vor allem um eine Stärkung der persönlichen Unabhängigkeit der ehrenamtlichen Richter. Die nähere Ausgestaltung ihrer Rechte und Pflichten ist nach § 45 IX DRiG den einzelnen Verfahrensordnungen vorbehalten. Das ArbGG regelt insoweit abschließend die Voraussetzungen und das Verfahren zur Berufung bzw. Abberufung der ehrenamtlichen Richter und enthält in § 26 eine Generalklausel zu ihrem Schutz. 7

Ehrenamtliche Richter nehmen ein **öffentl. Ehrenamt** wahr und sind ebenso wie die Berufsrichter nur an Recht und Gesetz gebunden und nur ihrem Gewissen unterworfen. Bei ihrer Entscheidung besteht **keinerlei Bindung an die Ansichten der Interessengruppen**, die sie nominiert haben. Die ehrenamtlichen Richter stehen den Berufsrichtern hinsichtlich ihrer Rechte und Pflichten grds. gleich. Ihnen kommt daher auch das sog. **Richterprivileg** der eingeschränkten Haftung nach § 839 II BGB zugute. Insb. haben sie als vollwertige Richter gleiches Stimmrecht, so dass bei den ArbG und LAG der Berufsrichter unter Umständen überstimmt werden kann. Ihnen muss daher auch das Recht zugebilligt werden, die Akten einzusehen, um sich über die Grundlagen der Entscheidung zu vergewissern[3]. 8

Für den mit der Wahrnehmung ihrer richterlichen Aufgaben verbundenen Verdienstausfall und Kostenaufwand steht den ehrenamtlichen Richtern eine Entschädigung in Geld nach dem **Justizvergütungs- und -entschädigungsgesetz (JVEG)** vom 5.5.2004[4] zu. Die Entschädigung wird gezahlt für alle Aufwendungen, die durch die richterliche Tätigkeit bedingt sind, insb. also für die Teilnahme an den Kammersitzungen oder besonderen Beratungsterminen, für die Teilnahme an den Sitzungen des Beisitzerausschusses oder für die Teilnahme an Einführungs- und Fortbildungsveranstaltungen. Der Entschädigungsanspruch ist auf die dafür notwendige Zeit beschränkt[5]. 9

Der ehrenamtliche Richter, der in einem Arbeitsverhältnis steht, ist für die Ausübung der richterlichen Tätigkeit **von der Arbeit freizustellen**. Reicht die gesetzl. Zeitversäumnisentschädigung nicht aus, um den Verdienstausfall vollständig abzudecken, ist der ArbGeb nach § 616 S. 1 BGB zur ergänzenden Zahlung verpflichtet[6]. 10

6a *Allgemeine Vorschriften über das Präsidium und die Geschäftsverteilung*

Für die Gerichte für Arbeitssachen gelten die Vorschriften des Zweiten Titels des Gerichtsverfassungsgesetzes nach Maßgabe der folgenden Vorschriften entsprechend:

1. Bei einem Arbeitsgericht mit weniger als drei Richterplanstellen werden die Aufgaben des Präsidiums durch den Vorsitzenden oder, wenn zwei Vorsitzende bestellt sind, im Einvernehmen der Vorsit-

---

1 Vgl. *Schmidt/Luczak*, FS 100 Jahre DArbGV, S. 221, 232. |2 Vgl. GMPM/*Prütting*, § 6 ArbGG Rz. 7; zum Ganzen ferner *Schmidt/Luczak*, FS 100 Jahre DArbGV, S. 221, 234 f. |3 Vgl. *Künzl*, ZZP 104, 185; GMPM/*Prütting*, § 6 ArbGG Rz. 16. |4 BGBl. I S. 718. |5 Vgl. BAG v. 26.9.1972 – 1 AZR 227/72, DB 1973, 1783; LAG Bremen v. 25.7.1988 – 2 Ta 72/87, LAGE § 26 ArbGG 1979 Nr. 1; LAG Hamm v. 23.3.1993 – 8 Ta 294/91, LAGE § 26 ArbGG 1979 Nr. 3. |6 Vgl. LAG Bremen v. 14.6.1990 – 3 Sa 132/89, LAGE § 616 BGB Nr. 5.

zenden wahrgenommen. Einigen sich die Vorsitzenden nicht, so entscheidet das Präsidium des Landesarbeitsgerichts oder, soweit ein solches nicht besteht, der Präsident dieses Gerichts.

2. Bei einem Landesarbeitsgericht mit weniger als drei Richterplanstellen werden die Aufgaben des Präsidiums durch den Präsidenten, soweit ein zweiter Vorsitzender vorhanden ist, im Benehmen mit diesem wahrgenommen.

3. Der aufsichtführende Richter bestimmt, welche richterlichen Aufgaben er wahrnimmt.

4. Jeder ehrenamtliche Richter kann mehreren Spruchkörpern angehören.

5. Den Vorsitz in den Kammern der Arbeitsgerichte führen die Berufsrichter.

7 *Geschäftsstelle, Aufbringung der Mittel*

(1) Bei jedem Gericht für Arbeitssachen wird eine Geschäftsstelle eingerichtet, die mit der erforderlichen Zahl von Urkundsbeamten besetzt wird. Die Einrichtung der Geschäftsstelle bestimmt bei dem Bundesarbeitsgericht das Bundesministerium für Arbeit und Soziales im Benehmen mit dem Bundesministerium der Justiz. Die Einrichtung der Geschäftsstelle bestimmt bei den Arbeitsgerichten und Landesarbeitsgerichten die zuständige oberste Landesbehörde.

(2) Die Kosten der Arbeitsgerichte und der Landesarbeitsgerichte trägt das Land, das sie errichtet. Die Kosten des Bundesarbeitsgerichts trägt der Bund.

8 *Gang des Verfahrens*

(1) Im ersten Rechtszug sind die Arbeitsgerichte zuständig.

(2) Gegen die Urteile der Arbeitsgerichte findet die Berufung an die Landesarbeitsgerichte nach Maßgabe des § 64 Abs. 1 statt.

(3) Gegen die Urteile der Landesarbeitsgerichte findet die Revision an das Bundesarbeitsgericht nach Maßgabe des § 72 Abs. 1 statt.

(4) Gegen die Beschlüsse der Arbeitsgerichte und ihrer Vorsitzenden im Beschlussverfahren findet die Beschwerde an das Landesarbeitsgericht nach Maßgabe des § 87 statt.

(5) Gegen die Beschlüsse der Landesarbeitsgerichte im Beschlussverfahren findet die Rechtsbeschwerde an das Bundesarbeitsgericht nach Maßgabe des § 92 statt.

9 *Allgemeine Verfahrensvorschriften*

(1) Das Verfahren ist in allen Rechtszügen zu beschleunigen.

(2) Die Vorschriften des Gerichtsverfassungsgesetzes über Zustellungs- und Vollstreckungsbeamte, über die Aufrechterhaltung der Ordnung in der Sitzung, über die Gerichtssprache, über die Wahrnehmung richterlicher Geschäfte durch Referendare und über Beratung und Abstimmung gelten in allen Rechtszügen entsprechend.

(3) Die Vorschriften über die Wahrnehmung der Geschäfte bei den ordentlichen Gerichten durch Rechtspfleger gelten in allen Rechtszügen entsprechend. Als Rechtspfleger können nur Beamte bestellt werden, die die Rechtspflegerprüfung oder die Prüfung für den gehobenen Dienst bei der Arbeitsgerichtsbarkeit bestanden haben.

(4) Zeugen und Sachverständige erhalten eine Entschädigung oder Vergütung nach dem Justizvergütungs- und -entschädigungsgesetz.

(5) Alle mit einem befristeten Rechtsmittel anfechtbaren Entscheidungen enthalten die Belehrung über das Rechtsmittel. Soweit ein Rechtsmittel nicht gegeben ist, ist eine entsprechende Belehrung zu erteilen. Die Frist für ein Rechtsmittel beginnt nur, wenn die Partei oder der Beteiligte über das Rechtsmittel und das Gericht, bei dem das Rechtsmittel einzulegen ist, die Anschrift des Gerichts und die einzuhaltende Frist und Form schriftlich belehrt worden ist. Ist die Belehrung unterblieben oder unrichtig erteilt, so ist die Einlegung des Rechtsmittels nur innerhalb eines Jahres seit Zustellung der Entscheidung zulässig, außer wenn die Einlegung vor Ablauf der Jahresfrist infolge höherer Gewalt unmöglich war oder eine Belehrung dahin erfolgt ist, dass ein Rechtsmittel nicht gegeben sei; § 234 Abs. 1, 2 und § 236 Abs. 2 der Zivilprozessordnung gelten für den Fall höherer Gewalt entsprechend.

1 **I. Der Beschleunigungsgrundsatz (Abs. 1).** Das aus dem Rechtsstaatsprinzip des Grundgesetzes folgende **Gebot des effektiven Rechtsschutzes** verlangt eine zügige Durchsetzung des Rechts. Die Prozesse sollen nicht nur materiell gerecht, sondern auch in angemessener Zeit entschieden werden[1]. Denn eine lange Verfahrensdauer entwertet nicht selten den schließlich errungenen Prozesserfolg[2]. Daher stellt

1 Vgl. BVerfG v. 16.12.1980 – 2 BvR 419/80, BVerfGE 55, 349, 369; ferner BVerfG v. 15.11.2001 – 1 BvR 793/01. | 2 Vgl. GMPM/*Prütting*, § 9 ArbGG Rz. 3.

Abs. 1 besonders heraus, dass das Verfahren vor den Gerichten für Arbeitssachen in allen Rechtszügen zu beschleunigen ist.

Bei der **Beschleunigungsmaxime** handelt es sich um eine verfahrensrechtl. Zielvorgabe, aus der sich konkrete Rechtsfolgen nicht ohne weiteres entnehmen lassen. Vielmehr bedarf es dazu der Umsetzung durch besondere Vorschriften, wie sie das Gesetz an vielen Stellen enthält. Beispielhaft seien genannt: 2

- Abkürzung der **Einlassungsfrist** auf **eine Woche** nach den §§ 47 I, 80 II gegenüber zwei Wochen in der ordentl. Gerichtsbarkeit;
- **Zurückweisung verspäteten Vorbringens** nach den §§ 56 II, 61a IV in Verbindung mit der vorrangigen Erledigung von Bestandsschutzstreitigkeiten;
- Abkürzung der **Einspruchsfrist** gegen Versäumnisurteile auf **eine Woche** nach § 59 S. 1 gegenüber zwei Wochen in der ordentl. Gerichtsbarkeit;
- der Beschluss über die Ablehnung von Richtern ist nach § 49 III anders als in der Zivilgerichtsbarkeit unanfechtbar;
- es gab und gibt in der Arbeitsgerichtsbarkeit **keine Gerichtsferien und keine Terminsverlegungspflicht** nach Maßgabe des § 227 III ZPO, wie § 46 II 2 klarstellt;
- die **Unzulässigkeit der Zurückverweisung** wegen eines Verfahrensmangels nach § 68.

Durch das am 1.5.2000 in Kraft getretene Gesetz zur Vereinfachung und Beschleunigung des arbeitsgerichtl. Verfahrens – das sog. **Arbeitsgerichtsbeschleunigungsgesetz** – vom 30.3.2000[1] ist das Beschleunigungspotenzial ua. durch folgende Maßnahmen weiter erhöht worden: 3

- Ausbau des Güteverfahrens nach § 54 I;
- Erweiterung der Alleinentscheidungsbefugnis des Vorsitzenden nach § 55;
- Entscheidung über nachträgliche Zulassung einer Kündigungsschutzklage auch ohne mündliche Verhandlung nach § 5 IV KSchG;
- Anhebung der Berufungssumme nach § 64;
- Beschleunigung des Beschlussverfahrens durch Fristsetzung und Zurückweisung verspäteten Vorbringens nach § 83.

Der personell vergleichsweise kleinen Arbeitsgerichtsbarkeit ist es bislang trotz hoher Belastung gelungen, für effektiven Rechtsschutz und Rechtsfrieden in ihrem Zuständigkeitsbereich zu sorgen[2]. Die nach der Beschleunigungsmaxime angestrebte Verfahrensdauer von maximal drei Monaten für das arbeitsgerichtl. Verfahren wird allerdings inzwischen deutlich überschritten, auch wenn sie im Durchschnitt immer noch unter fünf Monaten liegt. Aus § 9 I ergibt sich unter diesem Aspekt ein Regelungsauftrag an den Haushaltsgesetzgeber, die sachlichen und insb. personellen Ressourcen der Arbeitsgerichtsbarkeit so zu gestalten, dass diese ihrer Pflicht zu möglichst schneller Streitentscheidung gerecht werden kann. 4

II. Entsprechende Anwendung des Gerichtsverfassungsgesetzes (Abs. 2). Nach Abs. 2 gelten bestimmte Vorschriften des GVG in allen Rechtszügen entsprechend. Die Aufzählung ist nicht abschließend, wie etwa § 13 II mit dem Verweis auf die Bestimmungen über Rechtshilfe zeigt. 5

Entsprechend anwendbar sind insb. die §§ 176–183 GVG über die Aufrechterhaltung der Ordnung in der Sitzung. Die sog. **Sitzungspolizei**, die von dem Hausrecht im und am Gerichtsgebäude zu trennen ist, obliegt grds. dem Vorsitzenden. Er ist für Maßnahmen nach den §§ 176, 177 GVG wie das Entfernen von Störern aus dem Sitzungssaal oder die Verhängung von Ordnungshaft gegenüber nicht am Verfahren beteiligten Personen allein zuständig. Soweit Parteien, Zeugen und Sachverst. von den Ordnungsmitteln betroffen sind, entscheidet die Kammer. Zu beachten ist, dass Ordnungsmaßnahmen gegen Rechtsanwälte, die als Prozessbevollmächtigte auftreten, grds. unzulässig sind[3]. Dieses Privileg erstreckt sich allerdings nicht auf Verbandsvertreter iSd. § 11, die in vollem Umfang der Sitzungspolizei des Gerichts unterliegen[4]. 6

Anwendbar sind auch die Vorschriften über **Beratung und Abstimmung**. Nach § 194 I GVG leitet der Vorsitzende die Beratung, stellt die Fragen und sammelt die Stimmen. Der Vorsitzende, der für den ordnungsgemäßen Ablauf der Beratung und Abstimmung zu sorgen hat, entscheidet auch über die zeitlichen und räumlichen Umstände, also die Durchführung unmittelbar nach der Verhandlung, am Schluss des Sitzungstages oder an einem besonderen Tag. Nur bei Meinungsverschiedenheiten über den Beratungsvorgang selbst entscheidet nach § 194 II GVG das Gericht. Die Reihenfolge der Stimmabgabe legt § 197 GVG fest: Zunächst haben die ehrenamtlichen Richter ihre Stimmen nach dem Lebensalter abzugeben; der jüngere stimmt vor dem älteren. Zuletzt stimmt der Vorsitzende. Hieran wird 7

1 BGBl. I S. 333. | 2 Vgl. *Kalb*, FS Hanau, 1999, S. 19, 29. | 3 Vgl. *Kissel*, GVG, § 176 Rz. 40 ff. | 4 Vgl. Düwell/Lipke/*Lipke*, § 9 ArbGG Rz. 15.

deutlich, dass die ehrenamtlichen Richter bei der Beratung und Abstimmung gleichberechtigt mitwirken. Da nach § 196 I GVG die absolute Mehrheit der Stimmen entscheidet, kann der Kammervorsitzende im Einzelfall überstimmt werden. In der Praxis sind förmliche Abstimmungen außerordentl. selten, weil die Entscheidungen in aller Regel einstimmig ergehen.

8 **III. Einsatz und Aufgaben des Rechtspflegers (Abs. 3).** Entsprechend anzuwenden sind in allen Rechtszügen auch die Vorschriften über die Wahrnehmung der Geschäfte bei den ordentl. Gerichten durch Rechtspfleger. Die Rechtspfleger werden daher in der Arbeitsgerichtsbarkeit wie in der ordentl. Gerichtsbarkeit eingesetzt[1]. Nach Abs. 3 S. 2 können nur Beamte als Rechtspfleger bestellt werden, die die Rechtspflegerprüfung oder die Prüfung für den gehobenen Dienst bei der Arbeitsgerichtsbarkeit bestanden haben. Der Rechtspfleger ist nach § 9 RPflG sachlich unabhängig und nur an Gesetz und Recht gebunden. Anders als der Richter ist er aber nicht auch persönlich unabhängig.

9 In der Arbeitsgerichtsbarkeit sind dem Rechtspfleger in entsprechender Anwendung des § 3 Nr. 3 und 4 RPflG insb. folgen Aufgaben übertragen:

- das gesamte **Mahnverfahren**, § 20 Nr. 1 RPflG;
- bestimmte Maßnahmen im Verfahren über die **Prozesskostenhilfe** nach § 20 Nr. 4 und 5 RPflG, vor allem die Bestimmung des Zeitpunkts für die Einstellung und eine Wiederaufnahme der Zahlungen nach § 120 III ZPO sowie die Änderung und Aufhebung der Bewilligung der PKH nach den §§ 120 IV, 124 Nr. 2, 3 und 4 ZPO;
- die Erteilung der **vollstreckbaren Ausfertigung** in bestimmten Fällen, insb. bei Rechtsnachfolge, und die Erteilung weiterer vollstreckbarer Ausfertigungen nach § 20 Nr. 12 und 13 RPflG;
- das **Kostenfestsetzungsverfahren**, § 21 RPflG;
- nach § 24 II RPflG die Aufnahme von Klagen, Klageerwiderungen sowie anderen Anträgen und Erklärungen im Rahmen der sog. **Rechtsantragsstelle**, die Teil der Geschäftsstelle des ArbG nach § 7 ist[2].

10 Gegen die Entscheidungen des Rechtspflegers ist nach § 11 I RPflG das **Rechtsmittel** gegeben, das nach den allgemeinen verfahrensrechtl. Vorschriften zulässig ist. Über die sofortige Beschwerde etwa nach § 104 III ZPO entscheidet das LAG als Beschwerdegericht, wenn und soweit ihr der Rechtspfleger nicht abhilft. Ist gegen die Entscheidung des Rechtspflegers an sich ein Rechtsmittel nicht gegeben, so findet nach § 11 II RPflG die befristete Erinnerung statt, die bei Nichtabhilfe dem Richter zur Entscheidung vorzulegen ist.

11 **IV. Entschädigung oder Vergütung von Zeugen und Sachverständigen (Abs. 4).** Das Justizvergütungs- und -entschädigungsgesetz – JVEG – gilt kraft der Verweisung in Abs. 4 auch im ArbGV. Es regelt die Entschädigungsansprüche dem Grunde und der Höhe nach abschließend. Soweit ein Zeuge vom Gericht geladen war, besteht der Entschädigungsanspruch unabhängig von einer tatsächlichen Vernehmung. Der Zeuge hat nämlich auf die Ladung hin zu erscheinen, ohne dass ihm eine Prüfung der Zweckmäßigkeit seines Erscheinens zusteht[3]. Eine Entschädigung nach näherer Maßgabe des § 19 JVEG wird nach § 2 I JVEG nur auf fristgebundenes Verlangen gewährt, bei erheblichen Fahrtkosten oder sonstigen Aufwendungen nach § 3 JVEG auch als Vorschuss. Davon abgesehen kann der Zeuge ergänzende Lohnfortzahlungsansprüche nach § 616 S. 1 BGB bzw. tarifl. Vorschriften haben[4]. Auch wenn ein Verdienstausfall nicht eingetreten ist, erhält der Zeuge nach § 20 JVEG eine Mindestnachteilsentschädigung in Höhe von 3 Euro pro Stunde, es sei denn, dass er durch die Heranziehung ersichtlich keinen Nachteil erlitten hat[5]. Regelmäßig ist also ein Nachteil anzunehmen, der auch in einem Verlust an Freizeit bestehen kann.

12 **V. Notwendigkeit der Rechtsmittelbelehrung (Abs. 5).** Alle mit einem befristeten Rechtsmittel anfechtbaren Entscheidungen müssen mit einer entsprechenden Belehrung versehen werden. Das gilt nach Abs. 5 S. 2 auch für den umgekehrten Fall, dass ein Rechtsmittel nicht gegeben ist. Ob die Entscheidung im Urteils-, Beschluss- oder Beschwerdeverfahren ergeht, ist unerheblich.

13 **1. Gegenstand der Belehrungspflicht.** Die Belehrungspflicht knüpft an befristete Rechtsmittel an. Das **Rechtsmittel** unterscheidet sich vom **Rechtsbehelf** iwS dadurch, dass es den Eintritt der Rechtskraft hemmt (Suspensiveffekt) und die Rechtssache zur Entscheidung in der höheren Instanz anfällt (Devolutiveffekt). Im Vergleich zu den §§ 58 VwGO, 55 FGO und 66 SGG, die eine Belehrung auch über Rechtsbehelfe vorsehen, besteht die Belehrungspflicht nach Abs. 5 allgemein nur für Rechtsmittel ieS. Ob auch über einen – befristeten – Rechtsbehelf zu belehren ist, hat der Gesetzgeber jeweils konkret normiert, wie etwa beim Einspruch gegen ein Versäumnisurteil nach § 59 S. 3.

14 **Befristete Rechtsmittel** sind Berufung, Revision, Sprungrevision und Revisionsbeschwerde im Urteilsverfahren sowie Beschwerde, Rechtsbeschwerde und Sprungrechtsbeschwerde im Beschlussverfahren,

---

1 Vgl. dazu und zur geschichtlichen Entwicklung *Hermann*, FS 100 Jahre DArbGV, S. 265 ff. mwN. | 2 Vgl. *Hermann*, FS 100 Jahre DArbGV, S. 265 (275 f.). | 3 Vgl. Zöller/*Greger*, § 401 ZPO Rz. 3. | 4 Vgl. BAG v. 13.12.2001 – 6 AZR 30/01, EzA § 616 BGB Nr. 47. | 5 Vgl. *Meyer/Höver/Bach*, JVEG, § 20 Rz. 20.6.

ferner die sofortige Beschwerde und die Rechtsbeschwerde im Beschwerdeverfahren nach § 78. Soweit das Rechtsmittel wie etwa die Revision oder die Sprungrevision einer besonderen Zulassung bedarf, ist auch die Belehrung darauf auszurichten.

Nicht zu den Rechtsmitten zählen die Wiederaufnahme des Verfahrens nach § 79, die Wiedereinsetzung in den vorigen Stand, die Abänderungs- und die Vollstreckungsgegenklage nach den §§ 323, 767 ZPO. Auch die **Nichtzulassungsbeschwerde** nach den §§ 72a, 92a stellt nach höchstrichterlicher Rspr., der die Instanzgerichte folgen, mangels Devolutiveffekts **kein Rechtsmittel** ieS dar[1]. Daher laufen die Rechtsbehelfsfristen auch ohne gerichtlichen Hinweis auf die Möglichkeit der Nichtzulassungsbeschwerde[2]. Gleiches muss für die neu geschaffene Anhörungsrüge nach § 78a gelten. 15

2. Form und Inhalt der Belehrung. Die Rechtsmittelbelehrung ist nach Abs. 5 S. 1 notwendiger **Bestandteil der Entscheidung**. Sie kann – anders als die Belehrung über den Einspruch gegen ein Versäumnisurteil nach § 59 S. 3 – nicht in einem Anhang auf der Rückseite oder einem Beiblatt erfolgen. Vielmehr muss sie von den zuständigen Richtern unterschrieben sein. Ansonsten beginnt die Rechtsmittelfrist nicht zu laufen[3]. 16

Die Belehrung darf sich nicht in Stichworten erschöpfen, sondern muss vollständig ausformuliert werden, so dass die rechtsunkundige Partei ohne weiteres Klarheit über die zur Wahrnehmung ihrer Rechte gegebenen Möglichkeiten erhält. Dies erfordert zwar **mehr als eine abstrakte Belehrung** über die in Arbeitsrechtsstreitigkeiten gegebenen Rechtsmittel, macht es den Gerichten aber nicht zur Aufgabe, den Parteien individuell abgestimmte Belehrungen über ihre Möglichkeiten zu erteilen. Ausreichend ist es vielmehr, dass in der Belehrung das oder die **konkret** in der jeweiligen prozessualen Situation **in Betracht kommende(n) Rechtsmittel** bezeichnet werden[4]. Dabei entspricht es allgemeiner Ansicht, dass über die Möglichkeit einer Anschlussberufung nicht belehrt zu werden braucht. Die abstrakte Rechtsmittelbelehrung muss es den Parteien ermöglichen, sich allein aus der Belehrung über das für sie gegebene Rechtsmittel zu informieren. Hingegen wäre es unzureichend, wenn ohne Bezug zu der konkreten prozessualen Situation allgemein über die Rechtsmittelmöglichkeiten nach dem ArbGG belehrt würde[5]. Sind an einem Rechtsstreit auf Beklagtenseite mehrere Personen als einfache Streitgenossen beteiligt und gibt das arbeitsgerichtl. Urteil der Klage nur hinsichtlich eines dieser Streitgenossen statt und weist es sie im Übrigen als unbegründet ab, ist die vom ArbG erteilte Rechtsmittelbelehrung: „Gegen dieses Urteil kann das Rechtsmittel der Berufung eingelegt werden, sofern der Wert des Beschwerdegegenstandes 600 Euro übersteigt. ...“ **hinreichend konkret**. Damit kann nämlich jede der betroffenen Parteien allein anhand der Rechtsmittelbelehrung jeweils für sich feststellen, ob für sie das konkret bezeichnete Rechtsmittel „Berufung“ eröffnet ist oder nicht. Eine weiter gehende, individuell abgestimmte Rechtsmittelbelehrung wäre zwar möglich, ihr Fehlen macht aber die erteilte Belehrung nicht unrichtig iSv. § 9 V 4[6]. 17

Die Partei oder der Beteiligte muss nach Abs. 5 S. 3 ferner über das Gericht, bei dem das Rechtsmittel einzulegen ist, die Anschrift des Gerichts sowie die **einzuhaltende Frist und Form** schriftl. belehrt werden. Daher ist die vollständige postalische **Adresse des Rechtsmittelgerichts** anzugeben[7]. Die Belehrungspflicht erstreckt sich auch auf den vor dem LAG bzw. BAG bestehenden **Vertretungszwang** und darauf, welche Personen (Rechtsanwälte/Verbandsvertreter) zur Einlegung des Rechtsmittels für die beschwerte Partei befugt sind[8]. 18

Nicht erforderlich ist demgegenüber die Belehrung über die Notwendigkeit einer **Begründung des Rechtsmittels** und eine hierfür vorgesehene Frist. Die rechtsunkundige Partei muss lediglich darüber Bescheid wissen, dass ein Rechtsmittel gegeben ist und dass dieses Rechtsmittel von einem Prozessbevollmächtigten in einer bestimmten Form und Frist einzulegen ist. Für die notwendige Begründung ist dann der Parteivertreter verantwortlich[9]. 19

3. Rechtsfolgen fehlender oder fehlerhafter Belehrung. Ist die Rechtsmittelbelehrung gänzlich unterblieben, unvollständig oder unrichtig, so beginnt die Rechtsmittelfrist nicht zu laufen, wie sich aus § 9 V 3 ergibt. Allerdings ist auch dann die Einlegung des Rechtsmittels nicht unbefristet zulässig. Vielmehr bestimmt Abs. 5 S. 4 im Interesse der Rechtssicherheit, dass in diesen Fällen eine **Jahresfrist seit Zustellung der Entscheidung** gilt. Davon gibt es nur zwei Ausnahmen: 20

1 BAG v. 1.4.1980 – 4 AZN 77/80, AP Nr. 5 zu § 72a ArbGG 1979; v. 12.2.1997 – 5 AZN 1106/96, AP Nr. 38 zu § 72a ArbGG 1979; aA Düwell/Lipke/*Lipke*, § 9 ArbGG Rz. 43 mwN zum Streitstand. | 2 BAG v. 9.7.2003 – 5 AZN 316/03, DB 2003, 2184. | 3 Vgl. BAG v. 6.3.1980 – 3 AZR 7/80, AP Nr. 1 zu § 9 ArbGG 1979; v. 1.3.1994 – 10 AZR 50/93, NJW 1994, 3181. | 4 Vgl. BAG v. 20.2.1997 – 8 AZR 15/96, EzA § 9 ArbGG 1979 Nr. 11; GK-ArbGG/*Bader*, § 9 Rz. 92; *Grunsky*, § 9 ArbGG Rz. 24; *Stahlhacke* in Anm. zu EzA § 64 ArbGG 1979 Nr. 1; eine individuelle Belehrung fordern LAG Berlin v. 7.1.1980 – 9 Sa 100/79, EzA § 64 ArbGG 1979 Nr. 1; GMPM/*Prütting*, § 9 ArbGG Rz. 37–40. | 5 BAG v. 20.2.1997 – 8 AZR 15/96, EzA § 9 ArbGG 1979 Nr. 11; LAG Bremen v. 24.7.2002 – 2 Sa 57/02, MDR 2003, 173. | 6 BAG v. 20.2.1997 – 8 AZR 15/96, EzA § 9 ArbGG 1979 Nr. 11. | 7 BAG v. 6.3.1980 – 3 AZR 7/80, AP Nr. 1 zu § 9 ArbGG 1979. | 8 BAG v. 29.4.1983 – 7 AZR 148/81, AP Nr. 2 zu § 9 ArbGG 1979. | 9 Vgl. GMPM/*Prütting*, § 9 ArbGG Rz. 41 ff. mwN.

21 Auch nach Ablauf der Jahresfrist kann das Rechtsmittel noch eingelegt werden, wenn die fristgerechte Einlegung **infolge höherer Gewalt** unmöglich war. Da es sich um eine Art der Wiedereinsetzung handelt, wie die Verweisung auf § 234 I, II und § 236 II ZPO zeigt, muss das Merkmal der höheren Gewalt entsprechend § 233 ZPO iSv. „ohne das Verschulden der Partei" verstanden werden[1]. Bei derart unverschuldeter Versäumung der Jahresfrist ist das Rechtsmittel innerhalb einer zweiwöchigen Frist nach Behebung des Hindernisses einzulegen, und zwar nach § 236 II ZPO unter Angabe und Glaubhaftmachung der Tatsachen, die die Partei schuldlos an der rechtzeitigen Einlegung gehindert haben. Eines besonderen Antrags auf Wiedereinsetzung bedarf es nicht.

22 Die Jahresfrist kommt ferner nicht zur Anwendung, wenn eine Belehrung dahin erfolgt ist, dass ein Rechtsmittel nicht gegeben sei. Das Rechtsmittel kann dann an sich unbefristet eingelegt werden. Im Einzelfall kann sich der Gegner allerdings auf den Einwand der prozessualen Verwirkung berufen[2].

23 Enthält die Rechtsmittelbelehrung den Hinweis auf eine **längere Frist als die gesetzl. zutreffende**, so läuft die Rechtsmittelfrist aus Gründen des Vertrauensschutzes jedenfalls nicht vor dem angegebenen Zeitpunkt ab[3].

24 Erklärt die Rechtsmittelbelehrung demgegenüber ein **nicht statthaftes Rechtsmittel** für zulässig, so begründet dieser Fehler nicht die Anfechtbarkeit der Entscheidung. Denn eine fehlerhafte Rechtsmittelbelehrung kann nicht dazu führen, dass ein nicht vorgesehener Rechtsweg eröffnet wird oder eine bereits abgelaufene Rechtsmittelfrist erneut beginnt[4]. Die falsche Rechtsmittelbelehrung vermag auch nicht die in den Tenor aufzunehmende Zulassung der Berufung oder Revision zu ersetzen[5]. Etwaige Gerichtskosten, die durch die Einlegung des unstatthaften Rechtsmittels anfallen, dürfen allerdings nach § 21 I GKG nicht erhoben werden, weil sie durch eine unrichtige Sachbehandlung verursacht worden sind[6].

25 **Bei gänzlich unterbliebener Zustellung der Entscheidung** ist zu berücksichtigen, dass die Rechtsmittelfrist nach den §§ 66 I, 74 I in Übereinstimmung mit den §§ 517, 548 ZPO fünf Monate ab Verkündung zu laufen beginnt. Da der Fall der fehlenden Zustellung an sich nicht anders behandelt werden kann als die Zustellung einer Entscheidung ohne Rechtsmittelbelehrung innerhalb der Fünf-Monats-Frist, ging die Rspr. früher davon aus, dass diese Frist an die Stelle der in Abs. 5 S. 4 vorgesehenen Zustellung trat und nach einer Addition der Fristen die Rechtsmittelfrist 17 Monate betrug[7]. Demgegenüber sieht das BAG nunmehr in der Neufassung des § 66 I 2 ab dem 1.1.2002 eine Spezialvorschrift, die eine Anwendung der 12-Monats-Frist des § 9 V ausschließt[8]. Berufungs- und Berufungsbegründungsfrist beginnen danach spätestens mit Ablauf von fünf Monaten nach Verkündung (vgl. § 66 Rz. 10).

26 Mit Rücksicht darauf, dass die Rechtsmittelbelehrung Bestandteil des Urteils ist, wird eine **Nachholung oder Berichtigung** in unmittelbarer oder entsprechender Anwendung des § 319 ZPO für zulässig gehalten[9]. Dem ist jedenfalls aus Beschleunigungsgesichtspunkten im wohlverstandenen Interesse der Parteien zu folgen. Das Gericht ist nach § 319 I ZPO „von Amts wegen" zur Fehlerbehebung verpflichtet, wenn und sobald es von einem berichtigungsfähigen Fehler der Rechtsmittelbelehrung Kenntnis erlangt; im Übrigen prüft es die Berichtigung auf Antrag. Erst die Zustellung des Berichtigungsbeschlusses mit der richtigen Rechtsmittelbelehrung setzt den Lauf der Rechtsmittelfrist innerhalb der Grenzen des Abs. 5 S. 4 in Gang. Dabei ist unerheblich, ob die Prozesspartei die Unrichtigkeit der Belehrung erkannt hat oder erkennen konnte[10].

10 *Parteifähigkeit*

Parteifähig im arbeitsgerichtlichen Verfahren sind auch Gewerkschaften und Vereinigungen von Arbeitgebern sowie Zusammenschlüsse solcher Verbände; in den Fällen des § 2a Abs. 1 Nr. 1 bis 3f sind auch die nach dem Betriebsverfassungsgesetz, dem Sprecherausschussgesetz, dem Mitbestimmungsgesetz, dem Mitbestimmungsergänzungsgesetz, dem Drittelbeteiligungsgesetz, dem § 139 des Neunten Buches Sozialgesetzbuch, dem § 18a des Berufsbildungsgesetzes und den zu diesen Gesetzen ergangenen Rechtsverordnungen sowie die nach dem Gesetz über Europäische Betriebsräte, dem SE-Beteiligungsgesetz, dem SCE-Beteiligungsgesetz und dem Gesetz über die Mitbestimmung der Arbeitnehmer bei einer grenzüberschreitenden Verschmelzung beteiligten Personen und Stellen Beteiligte.

1 Vgl. GMPM/*Prütting*, § 9 ArbGG Rz. 51; enger Düwell/Lipke/*Lipke*, § 9 ArbGG Rz. 50. | 2 Vgl. Zöller/*Gummer*, § 567 ZPO Rz. 10 mwN. | 3 Vgl. BAG v. 23.11.1994 – 4 AZR 743/93, AP Nr. 12 zu § 9 ArbGG 1979. | 4 BAG v. 6.8.1997 – 2 AZB 17/97, EzA § 9 ArbGG 1979 Nr. 12. | 5 BAG v. 4.4.1989 – 5 AZB 9/88, AP Nr. 13 zu § 64 ArbGG 1979; v. 20.9.2000 – 2 AZR 345/00, NJW 2001, 224. | 6 Vgl. BAG v. 15.12.1986 – 2 AZR 289/86, DB 1987, 1204; GMPM/*Prütting*, § 9 ArbGG Rz. 57. | 7 BAG v. 16.11.2005 – 7 AZR 81/05, NZA 2006, 784; v. 23.11.1994 – 4 AZR 743/93, AP Nr. 12 zu § 9 ArbGG 1979; v. 8.6.2000 – 2 AZR 584/99, NZA 2001, 343. | 8 BAG v. 28.10.2004 – 8 AZR 492/03, NZA 2005, 700; v. 3.11.2004 – 4 AZR 531/03; v. 16.12.2004 – 2 AZR 611/03, NZA 2005, 1133; v. 2.6.2005 – 2 AZR 177/04, FA 2005, 274; v. 6.7.2005 – 4 AZR 35/04; v. 24.10.2006 – 9 AZR 709/05, NZA 2007, 228. | 9 Vgl. Düwell/Lipke/*Lipke*, § 9 ArbGG Rz. 56; GK-ArbGG/*Bader*, § 9 Rz. 101. | 10 Vgl. BAG v. 13.4.2005 – 5 AZB 76/04, NZA 2005, 836.

Parteifähig im arbeitsgerichtlichen Verfahren sind in den Fällen des § 2a Abs. 1 Nr. 4 auch die beteiligten Vereinigungen von Arbeitnehmern und Arbeitgebern sowie die oberste Arbeitsbehörde des Bundes oder derjenigen Länder, auf deren Bereich sich die Tätigkeit der Vereinigung erstreckt.

I. Parteifähigkeit im Zivilprozess. Parteifähigkeit bedeutet, im eigenen Namen als Partei einen Prozess zur Rechtsverfolgung oder Rechtsverteidigung führen zu können. Die Grundnorm der Parteifähigkeit findet sich in § 50 ZPO, die kraft Verweisung in den §§ 46 II, 80 II auch für das Verfahren vor den Gerichten für Arbeitssachen entsprechend gilt. Nach **§ 50 I ZPO** ist parteifähig, wer rechtsfähig ist. Das sind zunächst **alle natürlichen und juristischen Personen** des privaten und des öffentl. Rechts, ferner auf Grund ausdrücklicher gesetzl. Regelung nach den §§ 124 I, 161 II HGB die **OHG** und die **KG** sowie **politische Parteien** nach § 3 PartG. Auch der **BGB-Außengesellschaft** wird neuerdings Rechtsfähigkeit und damit aktive wie passive Parteifähigkeit zuerkannt, soweit sie durch Teilnahme am Rechtsverkehr eigene Rechte und Pflichten begründet[1]. 1

Schließlich kann nach **§ 50 II ZPO** ein nichtrechtsfähiger Verein verklagt werden und hat insoweit die Stellung eines rechtsfähigen Vereins. Ob darüber hinaus im Anschluss an die Entscheidung des BGH zur BGB-Außengesellschaft die volle Parteifähigkeit des nichtrechtsfähigen Vereins auch für Aktivprozesse besteht, ist fraglich[2], aber zu bejahen. Denn die Rechtsentwicklung auf dem Gebiet des materiellen Rechts, die zu einer Rechtsfähigkeit unterhalb der Schwelle der juristischen Person geführt hat, muss vom Prozessrecht nachvollzogen werden[3]. Die volle Parteifähigkeit des nichtrechtsfähigen Vereins folgt daher bereits aus § 50 I ZPO, so dass § 50 II ZPO obsolet ist[4]. 2

II. Parteifähigkeit im arbeitsgerichtlichen Urteilsverfahren. Über die allgemeine Regelung der Parteifähigkeit nach § 50 ZPO hinausgehend erklärt Hs. 1 auch die **Gewerkschaften** und **Vereinigungen von ArbGeb** sowie Zusammenschlüsse solcher Verbände für alle Verfahren vor den Gerichten für Arbeitssachen für parteifähig, und zwar unabhängig von der jeweiligen Rechtsform. Die Sondervorschrift war notwendig, weil die Gewerkschaften traditionell als nichtrechtsfähige Vereine organisiert sind. Auch für den Zivilprozess ist die aktive Parteifähigkeit der Gewerkschaften inzwischen allgemein anerkannt[5]. 3

Auch **Unterorganisationen einer Gewerkschaft** können den Gewerkschaftsbegriff iSd. § 10 erfüllen und damit parteifähig sein, wenn sie körperschaftlich organisiert, gegenüber der Gesamtorganisation weitgehend selbständig und selbst tariffähig sind[6]. Die nach § 56 ZPO von Amts wegen zu prüfende Parteifähigkeit entfällt, wenn die Gewerkschaft oder ihre Unterorganisation im Laufe des Rechtsstreits ihre Tariffähigkeit verliert[7]. 4

Für „Vereinigungen von Arbeitgebern" ist die Sondervorschrift nur von Bedeutung, wenn es sich um nichtrechtsfähige Vereine handelt. Auch bei ihnen muss jedenfalls die Tariffähigkeit nach § 2 I TVG gegeben sein[8]. 5

Parteifähig sind schließlich auch die **Spitzenorganisationen** von Gewerkschaften und ArbGebVereinigungen nach § 2 II u. III TVG. Wenn die Parteifähigkeit gegeben ist, dann besteht sie unbeschränkt mit der Wirkung, dass die Organisationen auch als ArbGeb ihrer eigenen Beschäftigten klagen und verklagt werden können[9]. 6

III. Beteiligtenfähigkeit im arbeitsgerichtlichen Beschlussverfahren. § 10 Hs. 2 erweitert den Kreis der ohnehin nach § 50 ZPO und Hs. 1 parteifähigen Personen und Organisationen für das arbeitsgerichtl. Beschlussverfahren. Da dieses Verfahren keine Parteien, sondern nur Beteiligte kennt, wird die Parteifähigkeit im Beschlussverfahren richtigerweise als Beteiligtenfähigkeit bezeichnet. Es handelt sich dementsprechend um die Fähigkeit, im eigenen Namen ein Beschlussverfahren zur Rechtsverfolgung oder Rechtsverteidigung zu betreiben[10]. 7

Durch die besondere Regelung der Beteiligtenfähigkeit wird sichergestellt, dass auch die nach den aufgezählten Gesetzen beteiligten **Personen und Stellen** ihre Rechte im Beschlussverfahren geltend machen können. Beteiligtenfähig ist daher eine rechtl. unselbständige, aber im Handelsregister eingetragene Niederlassung einer ausländischen Aktiengesellschaft[11]. Gleiches gilt für eine tarifl. geschaffene Konzernauszubildendenvertretung, die mit Befugnissen nach §§ 72, 73 BetrVG ausgestattet ist[12]. In Betracht kommende Personen sind etwa die Vertrauensleute der Schwerbehinderten, Beauftragte der Gewerkschaften und ArbGebVereinigungen, Betriebsrats- oder Aufsichtsratsmitglieder und SprAuMitglieder. Beteiligtenfähig sind grds. auch einzelne ArbN als natürliche Person. Ob sie am konkreten Beschlussverfahren zu beteiligen sind, ist nach näherer Maßgabe des § 83 zu beurteilen. Bei einer sog. Dop- 8

1 Vgl. BGH v. 29.1.2001 – II ZR 331/00, NJW 2001, 1056; Zöller/*Vollkommer*, § 50 ZPO Rz. 18 mwN. | 2 Vgl. GMPM/*Matthes*, § 10 ArbGG Rz. 6 mwN. | 3 Zutr. Zöller/*Vollkommer*, § 50 ZPO Rz. 41. | 4 Vgl. *K. Schmidt*, NJW 2001, 993 (1002 f.); *Jauernig*, NJW 2001, 2232; *Hartmann*, NJW 2001, 2578. | 5 Vgl. BGH v. 6.10.1989 – V ZR 152/88, MDR 90, 141; Zöller/*Vollkommer*, § 50 ZPO Rz. 39. | 6 Vgl. BAG v. 22.12.1960 – 2 AZR 140/58, AP Nr. 25 zu § 11 ArbGG 1953: für den Ortsverein der IG Druck und Papier; LAG Hamm v. 31.5.2000 – 18 Sa 858/00, NZA-RR 2000, 535; LAG Düsseldorf v. 13.12.2006 – 12 TaBV 95/06. | 7 Vgl. BAG v. 25.9.1990 – 3 AZR 266/89, AP Nr. 8 zu § 9 TVG 1969. | 8 Vgl. GK-ArbGG/*Dörner*, § 10 Rz. 19. | 9 Vgl. GMPM/*Matthes*, § 10 ArbGG Rz. 14. | 10 Vgl. GMPM/*Matthes*, § 10 ArbGG Rz. 15. | 11 BAG v. 11.6.2002 – 1 ABR 43/01, NZA 2003, 226; v. 20.4.2005 – 7 AZR 20/04, NZA 2005, 1006. | 12 BAG v. 24.8.2004 – 1 ABR 28/03, NZA 2005, 371.

pelrelevanz rechtlich bedeutsamer Umstände sowohl für die Zulässigkeit als auch für die Begründetheit eines Antrags können die Verfahrensvoraussetzungen angenommen werden, um eine der Rechtskraft fähige Sachentscheidung zu ermöglichen[1].

9 Die **Beteiligtenfähigkeit endet** mit dem Verlust der Rechtsfähigkeit, also bei natürlichen Personen mit dem Tod, bei juristischen Personen mit Ende ihrer rechtl. Existenz. Wird eine juristische Person während eines Passivprozesses liquidiert, besteht ihre Beteiligtenfähigkeit allerdings bis zum Ende des anhängigen Verfahrens fort[2]. Gleiches gilt für den Fall, dass eine betriebsverfassungsrechtl. Stelle ihre Funktion während eines schwebenden Verfahrens verliert – zB der BR infolge der Beendigung der Arbeitsverhältnisse aller BR-Mitglieder – und die Entscheidung des Gerichts noch Auswirkungen auf die Beteiligten haben kann[3]. Bei der **Funktionsnachfolge** zB durch den neugewählten BR ändert sich für die Beteiligtenfähigkeit nichts, weil die Identität der betriebsverfassungsrechtl. Stelle erhalten bleibt[4]. Für die Beteiligtenfähigkeit einer Stelle ist es ebenso unerheblich, wenn sich ihre Zusammensetzung durch Tod, Rücktritt oder Ausschluss eines Mitglieds oder durch Nachrücken eines Ersatzmitglieds ändert. Denn die beteiligten Stellen sind selbst Verfahrenssubjekte, nicht dagegen ihre einzelnen Mitglieder, die folgerichtig als Zeugen und nicht als Partei zu vernehmen sind[5].

10 **IV. Rechtsfolgen fehlender Partei- oder Beteiligtenfähigkeit.** Nach § 56 ZPO hat das Gericht den Mangel der Parteifähigkeit, der Prozessfähigkeit, der Legitimation eines gesetzl. Vertreters und der erforderlichen Ermächtigung zur Prozessführung jederzeit von Amts wegen zu berücksichtigen. Fehlte die Partei- oder Beteiligtenfähigkeit von Anfang an, ist die Klage/der Antrag – bei Unbehebbarkeit des Mangels – als unzulässig abzuweisen/zurückzuweisen. Bei einem **Streit über die Parteifähigkeit** oder die nach § 52 ZPO zu beurteilende Prozessfähigkeit gilt die Partei bis zur rechtskräftigen Feststellung des Mangels als partei- bzw. prozessfähig[6]. Ebenso ist beim Streit über die Beteiligtenfähigkeit im Beschlussverfahren zu verfahren[7]. Zeigt sich erst in der Rechtsmittelinstanz, dass der in der Sache verurteilte Rechtsmittelkläger nicht partei- oder prozessfähig gewesen ist, so ist nicht das Rechtsmittel als unzulässig zu verwerfen, sondern die Klage als unzulässig abzuweisen[8].

11 *Prozessvertretung*

(1) Die Parteien können vor dem Arbeitsgericht den Rechtsstreit selbst führen. Parteien, die eine fremde oder ihnen zum Zweck der Einziehung auf fremde Rechnung abgetretene Geldforderung geltend machen, müssen sich durch einen Rechtsanwalt als Bevollmächtigten vertreten lassen, soweit sie nicht nach Maßgabe des Absatzes 2 zur Vertretung des Gläubigers befugt wären oder eine Forderung einziehen, deren ursprünglicher Gläubiger sie sind.

(2) Die Parteien können sich durch einen Rechtsanwalt als Bevollmächtigten vertreten lassen. Darüber hinaus sind als Bevollmächtigte vor dem Arbeitsgericht vertretungsbefugt nur

1. Beschäftigte der Partei oder eines mit ihr verbundenen Unternehmens (§ 15 des Aktiengesetzes); Behörden und juristische Personen des öffentlichen Rechts einschließlich der von ihnen zur Erfüllung ihrer öffentlichen Aufgaben gebildeten Zusammenschlüsse können sich auch durch Beschäftigte anderer Behörden oder juristischer Personen des öffentlichen Rechts einschließlich der von ihnen zur Erfüllung ihrer öffentlichen Aufgaben gebildeten Zusammenschlüsse vertreten lassen,

2. volljährige Familienangehörige (§ 15 der Abgabenordnung, § 11 des Lebenspartnerschaftsgesetzes), Personen mit Befähigung zum Richteramt und Streitgenossen, wenn die Vertretung nicht im Zusammenhang mit einer entgeltlichen Tätigkeit steht,

3. selbständige Vereinigungen von Arbeitnehmern mit sozial- oder berufspolitischer Zwecksetzung für ihre Mitglieder,

4. Gewerkschaften und Vereinigungen von Arbeitgebern sowie Zusammenschlüsse solcher Verbände für ihre Mitglieder oder für andere Verbände oder Zusammenschlüsse mit vergleichbarer Ausrichtung und deren Mitglieder,

5. juristische Personen, deren Anteile sämtlich im wirtschaftlichen Eigentum einer der in Nummer 4 bezeichneten Organisationen stehen, wenn die juristische Person ausschließlich die Rechtsberatung und Prozessvertretung dieser Organisation und ihrer Mitglieder oder anderer Verbände oder Zusammenschlüsse mit vergleichbarer Ausrichtung und deren Mitglieder entsprechend deren Satzung durchführt, und wenn die Organisation für die Tätigkeit der Bevollmächtigten haftet.

---

1 BAG v. 19.9.2006 – 1 ABR 53/05, NJW 2007, 1018. |2 Vgl. BAG v. 17.10.1989 – 1 ABR 80/88, AP Nr. 29 zu § 111 BetrVG 1972. |3 Vgl. BAG v. 17.7.1964 – 1 ABR 3/64, AP Nr. 3 zu § 80 ArbGG 1953; zur Frage des Restmandats BAG v. 28.10.1992 – 10 ABR 75/91, AP Nr. 63 zu § 112 BetrVG 1972; ferner BAG v. 14.8.2001 – 1 ABR 52/00, NZA 2002, 109. |4 Vgl. BAG v. 27.1.1981 – 6 ABR 68/79, AP Nr. 2 zu § 80 ArbGG 1979; ferner BAG v. 22.3.2005 – 1 ABR 64/03, BB 2005, 2024. |5 Vgl. Düwell/Lipke/*Koch*, § 10 ArbGG Rz. 13. |6 Vgl. BAG v. 22.3.1988 – 3 AZR 350/86, AP Nr. 6 zu § 50 ZPO; v. 19.3.2002 – 9 AZR 752/00, juris; Zöller/*Vollkommer*, § 56 ZPO Rz. 13 mwN. |7 BAG v. 25.8.1981 – 1 ABR 61/79, AP Nr. 2 zu § 83 ArbGG 1979; v. 12.1.2000 – 7 ABR 61/98, NZA 2000, 669. |8 BGH v. 4.11.1999 – III ZR 306/98, NJW 2000, 289; Zöller/*Vollkommer*, § 56 ZPO Rz. 14 mwN.

Bevollmächtigte, die keine natürlichen Personen sind, handeln durch ihre Organe und mit der Prozessvertretung beauftragten Vertreter.

(3) Das Gericht weist Bevollmächtigte, die nicht nach Maßgabe des Absatzes 2 vertretungsbefugt sind, durch unanfechtbaren Beschluss zurück. Prozesshandlungen eines nicht vertretungsbefugten Bevollmächtigten und Zustellungen oder Mitteilungen an diesen Bevollmächtigten sind bis zu seiner Zurückweisung wirksam. Das Gericht kann den in Absatz 2 Satz 2 Nr. 1 bis 3 bezeichneten Bevollmächtigten durch unanfechtbaren Beschluss die weitere Vertretung untersagen, wenn sie nicht in der Lage sind, das Sach- und Streitverhältnis sachgerecht darzustellen.

(4) Vor dem Bundesarbeitsgericht und dem Landesarbeitsgericht müssen sich die Parteien, außer im Verfahren vor einem beauftragten oder ersuchten Richter und bei Prozesshandlungen, die vor dem Urkundsbeamten der Geschäftsstelle vorgenommen werden können, durch Prozessbevollmächtigte vertreten lassen. Als Bevollmächtigte sind außer Rechtsanwälten nur die in Absatz 2 Satz 2 Nr. 4 und 5 bezeichneten Organisationen zugelassen. Diese müssen in Verfahren vor dem Bundesarbeitsgericht durch Personen mit Befähigung zum Richteramt handeln. Eine Partei, die nach Maßgabe des Satzes 2 zur Vertretung berechtigt ist, kann sich selbst vertreten; Satz 3 bleibt unberührt.

(5) Richter dürfen nicht als Bevollmächtigte vor dem Gericht auftreten, dem sie angehören. Ehrenamtliche Richter dürfen, außer in den Fällen des Absatzes 2 Satz 2 Nr. 1, nicht vor einem Spruchkörper auftreten, dem sie angehören. Absatz 3 Satz 1 und 2 gilt entsprechend.

(6) In der Verhandlung können die Parteien mit Beiständen erscheinen. Beistand kann sein, wer in Verfahren, in denen die Parteien den Rechtsstreit selbst führen können, als Bevollmächtigter zur Vertretung in der Verhandlung befugt ist. Das Gericht kann andere Personen als Beistand zulassen, wenn dies sachdienlich ist und hierfür nach den Umständen des Einzelfalls ein Bedürfnis besteht. Absatz 3 Satz 1 und 3 und Absatz 5 gelten entsprechend. Das von dem Beistand Vorgetragene gilt als von der Partei vorgebracht, soweit es nicht von dieser sofort widerrufen oder berichtigt wird.

§ 11 idF des Gesetzes zur Neuregelung des Rechtsberatungsgesetzes v. 12.12.2007 tritt in Kraft am 1.7.2008.

I. Inhalt und Zweck: Die seit dem 1.7.2008 gültige Neufassung der Vorschrift beruht auf dem Gesetz zur Neuregelung des Rechtsberatungsrechts (RBerNG) vom 12.12.2007 (BGBl. I S. 2840) und trägt dem Ziel der Angleichung der Verfahrensordnungen Rechnung. Sie orientiert sich an der Neuregelung der Prozessvertretung in der ZPO und berücksichtigt die in der Arbeitsgerichtsbarkeit geltenden Besonderheiten. Zur alten Fassung des § 11 siehe Vorauflage. 1

II. Prozessführung vor den Arbeitsgerichten (Abs. 1–3). 1. Durch die Parteien selbst. Das Verfahren vor dem ArbG ist grds. ein **Parteiprozess ohne Vertretungszwang**. Eine Ausnahme gilt nach Maßgabe des Abs. 1 S. 2 für die im Arbeitsrecht seltenen Fälle der Inkassozession oder Inkassoermächtigung. Die Parteien können den Prozess ansonsten ohne weiteres selbst führen, sofern sie auch prozessfähig sind. Dabei handelt es sich um die Fähigkeit, Prozesshandlungen selbst oder durch selbst bestellte Vertreter wirksam vorzunehmen oder entgegenzunehmen. Nach § 52 ZPO ist prozessfähig, wer sich – selbständig – durch Vertrag verpflichten kann, gleichgültig, ob er den Prozess für sich oder als Vertreter eines anderen führen will. Auch der etwaige Prozessvertreter muss daher selbst prozessfähig sein[1]. 2

Geschäftsunfähige und beschränkt geschäftsfähige **natürliche Personen** sind demzufolge nicht prozessfähig und handeln durch ihren gesetzl. Vertreter. Hat dieser den Minderjährigen nach § 112 BGB zum selbständigen Betrieb eines Erwerbsgeschäftes oder nach § 113 BGB zum Eintritt in Dienst oder Arbeit ermächtigt, besteht für die damit verbundenen Rechtsgeschäfte unbeschränkte Geschäftsfähigkeit. Im Umfang dieser Teilgeschäftsfähigkeit ist der Minderjährige dann auch aktiv und passiv prozessfähig. Die Regelung des § 113 BGB gilt allerdings wegen der besonderen Schutzbedürftigkeit des Auszubildenden nicht für den Abschluss eines Berufsausbildungsvertrages nach dem BBiG. Bei Streitigkeiten aus dem Berufsausbildungsverhältnis wird der minderjährige ArbN also durch seinen gesetzl. Vertreter vertreten[2]. 3

Prozessfähige **juristische Personen** oder rechtsfähige Vereinigungen müssen im Einzelfall durch ihre gesetzl. Vertreter oder analog § 11 Nr. 3 SGB X durch besonders Beauftragte handeln[3]. 4

Zweifeln an der Prozessfähigkeit einer Partei hat das Gericht nach § 56 ZPO **von Amts wegen** nachzugehen. Bis zur abschließenden Klärung ist die Partei als prozessfähig zu behandeln[4]. Das Gericht hat alle in Betracht kommenden Beweise, insb. durch Einholung von Sachverständigengutachten, zu erheben[5]. Kann nach Erschöpfung aller Beweismittel nicht festgestellt werden, ob die Partei prozessfähig ist, muss sie als prozessunfähig angesehen werden mit der Folge, dass ein Sachurteil nicht ergehen kann[6]. 5

2. Durch Dritte. Wenn eine Partei den Rechtsstreit nicht selbst führen möchte, so kann sie sich durch einen **Rechtsanwalt** vertreten lassen. Die Regelung in Abs. 2 S. 1 entspricht der neuen Konzeption für 6

1 Vgl. Zöller/*Vollkommer*, § 52 ZPO Rz. 2. | 2 Vgl. GMPM/*Germelmann*, § 11 ArbGG Rz. 12. | 3 Zöller/*Vollkommer*, § 52 ZPO Rz. 6a. | 4 BAG v. 22.3.1988 – 3 AZR 350/86, EzA § 50 ZPO Nr. 2. | 5 BGH v. 9.1.1996 – VI ZR 94/95, MDR 1996, 410. | 6 BGH v. 4.11.1999 – III ZR 306/98, MDR 2000, 223.

den Zivilprozess, wonach die Prozessvertretung grds. Rechtsanwälten vorbehalten ist. Vertretungsberechtigt ist jeder bei einem deutschen Gericht zugelassene Rechtsanwalt . Dies gilt auch für **Syndikus-Anwälte** und Angestellte von ArbGeb, die gleichzeitig zugelassene Rechtsanwälte sind[1]. Will der Mitarbeiter als Anwalt auftreten, so muss er mit Blick auf § 46 BRAO deutlich machen, dass er das Mandat außerhalb seines Beschäftigungsverhältnisses wahrnimmt. Nach § 157 ZPO kann der Rechtsanwalt einem bei ihm im Vorbereitungsdienst beschäftigten **Referendar** Untervollmacht zur Vertretung in der Verhandlung erteilen[2], aber anders als nach altem Recht nicht sonstige Personen wie etwa den Bürovorsteher oder die Anwaltsgehilfin in Untervollmacht auftreten lassen[3].

7 Abs. 2 S. 2 zählt abschließend **weitere Personen und Organisationen** auf, die zur Prozessvertretung vor den ArbG befugt sind. Die Nrn. 1 und 2 entsprechen der Regelung in § 79 II 2 ZPO und stellen klar, dass **Beschäftigte der Partei** mit der notwendigen Vollmacht die Prozessvertretung übernehmen können, unabhängig davon, ob es sich bei der Partei um eine natürliche Person, eine Personengesellschaft, eine juristische Person oder einen Verein handelt. Es kommt auch nicht darauf an, ob der Vertreter über die Befähigung zum Richteramt verfügt. Zulässig ist nun auch die Vertretung durch **Konzernmitarbeiter**, etwa durch ein Mitglied der Rechtsabsteilung des herrschenden Unternehmens (§§ 15, 17 AktG). Das Vorliegen eines Unternehmensverbundes sollte vorsorglich in der Prozessvollmacht vermerkt werden. Ebenso können sich auch **Behörden** und juristische Personen des öffentl. Rechts sowohl durch eigene Beamte oder Angestellte als auch durch Beschäftigte andererer Dienststellen oder von Zusammenschlüssen, zB von kommunalen Spitzenverbänden, vertreten lassen.

8 Wie bisher können auch volljährige Familienangehörige die **unentgeltliche** Prozessvertretung übernehmen, ferner Personen mit Befähigung zum Richteramt und Streitgenossen, und zwar unabhängig davon, ob die Vertretung nur einmalig oder „geschäftsmäßig" erfolgt[4].

9 In Nr. 3–5 sind diejenigen Organisationen aufgeführt, deren Vertreter auch bisher schon für ihre Mitglieder vertretungsbefugt waren. In Betracht kommen:

- Vertreter von Gewerkschaften (zB IGBCE, IG Metall, CGM ua.)
- Vertreter von ArbGebVereinigungen[5] (zB Innungen[6], nicht dagegen Industrie- und Handelskammern sowie Handwerkskammern)
- Vertreter von Zusammenschlüssen von Gewerkschaften u. ArbGebVereinigungen (zB DGB, BDA)
- Vertreter von selbständigen Vereinigungen von ArbN mit sozial- oder berufspolitischer Zielsetzung (zB KAB, DAV, Marburger Bund)
- Vertreter der DGB-Rechtsschutz GmbH[7].

Im Gegensatz zur bisherigen Praxis sollen künftig unmittelbar die Gewerkschaft, der ArbGebVerband oder die Rechtsschutz-GmbH bevollmächtigt werden. Damit korrespondiert die Regelung in S. 3, wonach Bevollmächtigte, die nicht natürliche Personen sind, nicht nur durch ihre Organe, sondern wie bisher durch andere Vertreter handeln können, die hierzu – etwa auf Grund der Satzung oder einer einzelvertraglichen Ermächtigung – befugt sind.

10 Wie bisher besteht nach Nr. 4 und 5 auch die **Möglichkeit wechselseitiger Verbandsvertretung**. Danach ist die Vertretung „verschwisterter" Verbände und deren Mitglieder aus anderen Regionen oder Branchen zulässig, ferner von Zusammenschlüssen mit vergleichbarer Ausrichtung und deren Mitglieder. Diese Regelung kann nicht auf die in Nr. 3 genannten Vereinigungen von ArbN mit sozial- oder berufspolitischer Zwecksetzung angewendet werden.

11 Abs. 3 kodifiziert das Verfahren zum **Ausschluss nicht vertretungsbefugter oder ungeeigneter Prozessvertreter** in Übereinstimmung mit § 79 III ZPO. Prozesshandlungen des Bevollmächtigten und Zustellungen an ihn sind nur bis zu dem Beschluss wirksam, der den Vertreter zurückweist oder ihm die weitere Vertretung untersagt. Der Beschluss ergeht nach § 55 I Nr. 11 nF durch den Vorsitzenden ohne Beteiligung der ehrenamtlichen Richter und ist unanfechtbar. Vor Erlass eines Versäumnisurteils gegen die dann nicht mehr vertretene Partei muss ihr allerdings rechtl. Gehör gewährt werden, um auf die neue prozessuale Situation reagieren zu können. An sich nach Abs. 2 Nr. 1–3 vertretungsbefugten Personen kann die weitere Vertretung untersagt werden, wenn sie nicht zu einem ordnungsgemäßen Sachvortrag in der Lage sind, zB bei unkontrollierter Erregung, Aggressivität gegenüber anderen Prozessbeteiligten oder Trunkenheit. Das Gericht sollte von dieser Möglichkeit nur bei einer erheblichen Störung des Prozessablaufs Gebrauch machen. Sie besteht ohnehin nicht bei Rechtsanwälten und denjenigen Organisationen, denen die Befugnis zur Vertretung vor dem LAG zusteht. Die Vorschrift des Abs. 3 kommt daher auch nur im Verfahren vor dem ArbG zur Anwendung.

---

1 Vgl. LAG Schl.-Holst. v. 13.2.2004 – 2 Ta 27/04, NZA-RR 2004, 607; Düwell/Lipke/*Wolmerath*, § 11 ArbGG Rz. 18. | **2** Vgl. zum alten Recht BAG v. 22.2.1990 – 2 AZR 122/89, EzA § 11 ArbGG 1979 Nr. 7. | **3** Anders früher LAG München v. 10.3.1989 – 9 Ta 118/88, LAGE § 11 ArbGG 1979 Nr. 7. | **4** Vgl. BT-Drs. 16/3655, S. 93. | **5** Bejahend auch für den Fall der OT-Mitgliedschaft LAG Hamm v. 25.10.2000 – 18 Sa 261/00, BuW 2002, 44. | **6** Vgl. BAG v. 27.1.1961 – 1 AZR 311/59, AP Nr. 26 zu § 11 ArbGG 1953. | **7** Vgl. LAG BW 8.10.1998 – 11 Sa 21/98, LAGE § 11 ArbGG 1979 Nr. 15; LAG Hamm v. 25.2.1999 – 17 Sa 2281/98, AuR 1999, 247.

III. Prozessvertretung vor den Landesarbeitsgerichten und dem Bundesarbeitsgericht (Abs. 4). In den Rechtsmittelinstanzen können die Parteien den Rechtsstreit nicht selbst führen. Vielmehr besteht **Vertretungszwang**. Der bisherige Anwaltszwang vor dem BAG ist aufgehoben. Dort können nun wie vor dem LAG an Stelle der Anwälte auch die in Abs. 2 S. 2 Nr. 4 u. 5 bezeichneten Organisationen auftreten, also Vertreter von Gewerkschaften oder von Vereinigungen von ArbGeb oder von Zusammenschlüssen solcher Verbände auftreten, wenn sie kraft Satzung oder Vollmacht zur Vertretung befugt sind und der Zusammenschluss, der Verband oder deren Mitglieder Partei sind. Unerheblich ist, ob die Satzung und die Rechtsschutzrichtlinien eine Rechtsschutzgewährung für den jeweiligen Rechtsstreit vorsehen oder zulassen[1]. Demgegenüber sind Vertreter von ArbN-Vereinigungen mit sozial- oder berufspolitischer Zielsetzung nicht vertretungsberechtigt. Deren auf die Vertretung vor dem ArbG beschränkte Zulassung verstößt nicht gegen Art. 9 III GG[2]. Soweit **Verbandsvertreter vor dem BAG** auftreten, müssen sie allerdings die Befähigung zum Richteramt haben. 12

Ein Verbandsvertreter kann die Prozessvertretung für den Insolvenzverwalter einer insolvent gewordenen Mitgliedsfirma nicht übernehmen, wenn nach der Verbandssatzung die Mitgliedschaft der Gemeinschuldnerin geendet hat und der Insolvenzverwalter selbst nicht Mitglied des Verbandes ist[3]. Die Erteilung einer **Untervollmacht** durch den Verbandsvertreter setzt voraus, dass der Dritte ebenfalls die an eine Organisationsvertretung gestellten Anforderungen erfüllt[4]. 13

Die Partei selbst kann demnach im Urteilsverfahren vor dem LAG und dem BAG wirksam keine Prozesshandlungen vornehmen. Erscheint sie ohne Prozessvertreter, so ist sie **als säumig zu behandeln**. Sie kann insb. ein von einem Prozessvertreter eingelegtes – zulässiges – Rechtsmittel nicht zurücknehmen oder einen Prozessvergleich abschließen. In Betracht kommt allenfalls ein privatschriftl. Vergleich, der zwar auch zur Erledigung des Rechtsstreits führt, aber als Vollstreckungstitel ausscheidet. 14

Prozesshandlungen der Partei sind **ausnahmsw. zulässig**, soweit sie zu Protokoll der Geschäftsstelle des Gerichts erklärt werden können. Das gilt vor allem für den Einspruch gegen ein Versäumnisurteil des LAG nach § 64 VII iVm. § 59, für den Antrag auf PKH nach § 117 I ZPO sowie für das Ablehnungsgesuch nach § 49 iVm. § 44 ZPO und die Erklärung der Erledigung der Hauptsache nach § 91a I 1 ZPO. Auch in dem Verfahren über die sofortige Beschwerde besteht kein Anwaltszwang, es sei denn, das LAG ordnet eine mündliche Verhandlung an[5]. Zulässig ist schließlich auch die Rücknahme eines mangels hinreichender Vertretung unzulässigen Rechtsmittels durch die Partei selbst[6]. 15

Ein **Syndikusanwalt** kann in den Rechtsmittelinstanzen nur dann als Prozessvertreter agieren, wenn er die Verantwortung für die Prozesshandlungen unabhängig von den Weisungen seines Auftraggebers übernimmt[7]. Denn Abs. 4 soll sicherstellen, dass der Rechtsanwalt als unabhängiges Organ der Rechtspflege tätig wird. Demgemäß verbietet § 46 BRAO ausdrücklich das Handeln für den Dienstherrn bzw. ArbGeb vor den Gerichten in der „Eigenschaft als Rechtsanwalt". Mit Rücksicht darauf ist eine Berufung unzulässig, wenn sie von einem angestellten Syndikusanwalt auf einem Kopfbogen seines ArbGeb eingelegt wird, er mit dem Zusatz „Syndikusanwalt" unterzeichnet und auch im Übrigen nicht deutlich macht, dass er den Mandanten als unabhängiger Rechtsanwalt vertritt[8]. 16

Zur Prozessvertretung vor den Rechtsmittelgerichten sind **Rechtslehrer** nicht zugelassen[9]. Dagegen können **ausländische Rechtsanwälte** aus einem Mitgliedstaat der EG nach Maßgabe des EURAG v. 9.3.2000[10] vor deutschen Gerichten als Prozessbevollmächtigte auftreten. Für Rechtsanwälte aus dem übrigen Ausland gelten die Sonderregelungen der §§ 206, 207 BRAO. 17

IV. Vertretung durch Richter. Abs. 5 enthält die in allen Verfahrensordnungen neu eingeführte Regelung zur Unvereinbarkeit der Prozessvertretung mit einer richterlichen Funktion an demselben Gericht. **Berufsrichter** dürfen generell nicht vor dem Gericht auftreten, dem sie angehören. S. 2 beschränkt das Vertretungsverbot für **ehrenamtliche Richter** auf den jeweiligen Spruchkörper, dem sie angehören. Es geht darum, bereits den Anschein der Voreingenommenheit zu vermeiden, der entstehen könnte, wenn ein regelmäßig vor einem Spruchkörper auftretender Prozessbevollmächtigter an demselben Spruchkörper zugleich richterlich tätig ist. Andererseits ermöglicht es diese Begrenzung der Unvereinbarkeitsregelung den Gerichten für Arbeitssachen, auch weiterhin auf ehrenamtliche Richter aus den Reihen der Gewerkschaften und ArbGebVerbände zurückgreifen zu können, weil diese nicht insgesamt an ihrer Vertretungstätigkeit gehindert werden. Entscheidend ist die Zuordnung nach dem richterlichen **Geschäftsverteilungsplan**. Wird der ehrenamtliche Richter mehreren Spruchkörpern auf Dauer zugewiesen, gilt das Vertretungsverbot in dem entsprechenden Umfang. Dabei ist unerheblich, ob der ehrenamtliche Richter bereits in dem Spruchkörper, dem er angehört, tätig geworden ist. 18

---

1 BAG v. 28.4.2004 – 10 AZR 469/03, MDR 2004, 1139; v. 6.9.2006 – 5 AZR 684/05, NZA 2007, 526. | 2 LAG Hamm v. 15.7.1997 – 16 Sa 1235/96, NZA 1998, 502. | 3 BAG v. 20.11.1997 – 2 AZR 52/97, EzA § 11 ArbGG 1979 Nr. 14. | 4 LAG Berlin v. 7.8.1995 – 9 Sa 67/95, LAGE § 11 ArbGG 1979 Nr. 10. | 5 Vgl. LAG Köln v. 23.2.2005 – 7 Ta 12/05. | 6 Vgl. BAG v. 17.11.2004 – 9 AZN 789/04 (A), FA 2005, 95. | 7 Vgl. BAG v. 21.3.2002 – 6 AZR 144/01, NZA 2002, 1304. | 8 BAG v. 19.3.1996 – 2 AZB 36/96, NZA 1996, 671; LAG Hamm v. 16.11.1995 – 12 Sa 1319/95, LAGE § 11 ArbGG 1979 Nr. 11; vgl. ferner BAG v. 23.5.2005 – 4 AZR 139/04, DB 2005, 2025. | 9 Vgl. BSG v. 8.5.2007 – B 1 KR 160/06 B, NZA 2007/916. | 10 BGBl. I 2000, 182.

19 **V. Heranziehung von Beiständen.** Abs. 6 erlaubt abweichend vom früheren Recht das Auftreten von Beiständen im Verfahren vor dem ArbG. Inhaltlich entspricht die Beistandsregelung den Änderungen in den übrigen Verfahrensordnungen wie etwa in § 90 ZPO. Durch die entsprechende Anwendung von Abs. 3 S. 1 und 3 ist sicher gestellt, dass der Vorsitzende ungeeignete Beistände ausschließen kann.

20 **VI. Besonderheiten im Beschlussverfahren.** Die §§ 80 II, 87 II, 92 II verweisen wegen der Vertretung der Beteiligten auf § 11 I–III und V nF. Daraus folgt, dass die Beteiligten sich **in allen Instanzen** selbst vertreten können. Eine Vertretung durch Rechtsanwälte oder Verbandsvertreter ist selbstverständlich zulässig und in der Praxis die Regel.

21 Auch wenn die Beteiligten im Beschwerdeverfahren vor dem LAG selbst auftreten, so muss jedenfalls die **Beschwerde** nach § 89 I von einem Rechtsanwalt oder einem postulationsfähigen Verbandsvertreter nach § 11 IV **eingelegt und begründet** werden. Gleiches gilt für das Rechtsbeschwerdeverfahren vor dem BAG nach § 94 I mit der zusätzlichen Maßgabe, dass die **Rechtsbeschwerdeschrift und die Rechtsbeschwerdebegründung** von einer Person mit der Befähigung zum Richteramt unterzeichnet sein muss. Im Übrigen besteht auch vor dem BAG im Beschlussverfahren weder Vertretungs- noch Anwaltszwang.

11a *Beiordnung eines Rechtsanwalts, Prozesskostenhilfe*

(1) Einer Partei, die außer Stande ist, ohne Beeinträchtigung des für sie und ihre Familie notwendigen Unterhalts die Kosten des Prozesses zu bestreiten, und die nicht durch ein Mitglied oder einen Angestellten einer Gewerkschaft oder einer Vereinigung von Arbeitgebern vertreten werden kann, hat der Vorsitzende des Arbeitsgerichts auf ihren Antrag einen Rechtsanwalt beizuordnen, wenn die Gegenpartei durch einen Rechtsanwalt vertreten ist. Die Partei ist auf ihr Antragsrecht hinzuweisen.

(2) Die Beiordnung kann unterbleiben, wenn sie aus besonderen Gründen nicht erforderlich ist oder wenn die Rechtsverfolgung offensichtlich mutwillig ist.

(2a) Die Absätze 1 und 2 gelten auch für die grenzüberschreitende Prozesskostenhilfe innerhalb der Europäischen Union nach der Richtlinie 2003/8/EG des Rates vom 27. Januar 2003 zur Verbesserung des Zugangs zum Recht bei Streitsachen mit grenzüberschreitendem Bezug durch Festlegung gemeinsamer Mindestvorschriften für die Prozesskostenhilfe in derartigen Streitsachen (ABl. EG Nr. L 26 S. 41, ABl. EU Nr. L 32 S. 15).

(3) Die Vorschriften der Zivilprozessordnung über die Prozesskostenhilfe und über die grenzüberschreitende Prozesskostenhilfe innerhalb der Europäischen Union nach der Richtlinie 2003/8/EG gelten in Verfahren vor den Gerichten für Arbeitssachen entsprechend.

(4) Das Bundesministerium für Arbeit und Soziales wird ermächtigt, zur Vereinfachung und Vereinheitlichung des Verfahrens durch Rechtsverordnung mit Zustimmung des Bundesrates Formulare für die Erklärung der Partei über ihre persönlichen und wirtschaftlichen Verhältnisse (§ 117 Abs. 2 der Zivilprozessordnung) einzuführen.

1 **I. Beiordnung eines Rechtsanwalts.** Die Beiordnung eines Rechtsanwalts nach den Abs. 1 und 2, die nur vor dem ArbG erfolgen kann, stellt einen **Sonderfall der PKH** dar. Daher kann der – unbegründete – Antrag auf PKH hilfsweise ohne weiteres als Beiordnungsantrag behandelt werden[1]. Wie die PKH eröffnet die Beiordnung der Partei die Möglichkeit, den Prozess zunächst ohne eigene Vertretungskosten führen zu können. Denn die Staatskasse übernimmt gem. § 121 BRAGO die Erstattung der Gebühren und Auslagen der Rechtsanwälte. Ein Kostenrisiko besteht nur hinsichtlich der Gerichtskosten. Mit der Beiordnung ist daher eine begrenzte PKH verbunden, die im Hinblick auf die Erfolgsaussicht weniger strenge Voraussetzungen als § 114 ZPO aufstellt. Im Übrigen sind nach Abs. 3 die §§ 114 ff. ZPO entsprechend anwendbar.

2 **1. Sachliche und wirtschaftliche Voraussetzungen (Abs. 1).** Die Beiordnung eines Rechtsanwalts setzt zunächst voraus, dass die **Gegenpartei durch einen Rechtsanwalt vertreten** ist. Diese Voraussetzung muss jedenfalls zum Zeitpunkt der Entscheidung über den Beiordnungsantrag gegeben sein. Eine einmal vorgenommene Beiordnung bleibt wirksam, auch wenn der Anwalt des Gegners später das Mandat niederlegt. Die Vertretung der Gegenpartei durch einen Verbandsvertreter reicht nicht aus[2].

3 Hinzukommen muss, dass eine Prozessvertretung der bedürftigen Partei durch einen Gewerkschafts- oder ArbGebverbandsvertreter nicht möglich ist, weil etwa die Partei nicht Mitglied eines entsprechenden Verbandes ist oder die satzungsmäßigen Voraussetzungen für eine Rechtsschutzgewährung noch nicht erfüllt sind. Die **fehlende Vertretungsmöglichkeit durch einen Verbandsvertreter** kann ausnahmsw. auch dann angenommen werden, wenn auf Grund objektiver Umstände feststeht, dass ein

---

1 Vgl. LAG Bremen v. 26.2.1986 – 4 Ta 65/85, LAGE § 11a ArbGG 1979 Nr. 3. | 2 Vgl. LAG Hamm v. 30.1.2006 – 4 Ta 675/05.

hinreichendes Vertrauensverhältnis zwischen der Partei und ihrer Gewerkschaft/ArbGebVerband nicht mehr besteht[1]. Gleiches muss für den Fall gelten, dass der Verband die von seinem Mitglied beantragte Vertretung ohne zureichenden Grund ablehnt. Der Partei kann es nämlich nicht zugemutet werden, den ihr zustehenden Rechtsschutz in einem weiteren Prozess durchzusetzen[2].

Hilfsbedürftig ist nach Abs. 1 S. 1 die Partei, die außer Stande ist, ohne Beeinträchtigung des für sie und ihre Familie notwendigen Unterhalts die Kosten des Prozesses zu bestreiten. Damit knüpft das Gesetz an den Begriff der Armut in § 114 I ZPO aF an, der durch das am 1.1.1995 in Kraft getretene Gesetz zur Änderung von Vorschriften über die PKH[3] überholt ist. Die fehlende Anpassung beruht auf einem Redaktionsversehen, so dass Abs. 1 S. 1 hinsichtlich der wirtschaftl. Voraussetzungen auf Grund der Verweisung in Abs. 3 wie § 114 ZPO zu lesen ist[4]. Entscheidend ist daher, ob die Partei **nach ihren persönlichen und wirtschaftl. Verhältnissen** die Kosten der Prozessführung nicht, nur zum Teil oder nur in Raten aufbringen kann. Die Prüfung erfolgt nach näherer Maßgabe des **§ 115 ZPO**, der auch eine Tabelle über die vom einzusetzenden Einkommen abhängige Ratenzahlungshöhe enthält[5]. 4

2. Unterbleiben der Beiordnung (Abs. 2). Die Beiordnung kann trotz erfüllter Voraussetzungen **ausnahmsweise** unterbleiben, wenn sie aus besonderen Gründen nicht erforderlich oder die Rechtsverfolgung offensichtlich mutwillig ist. Es handelt sich um eine „Kann"-Bestimmung, die dem Gericht einen Ermessensspielraum einräumt, wobei es vor allem den Aspekt der Chancengleichheit zu berücksichtigen hat[6]. 5

Besondere Gründe können im Einzelfall darin liegen, dass der Rechtsstreit in tatsächlicher und rechtl. Hinsicht einfach gelagert ist und daher von der Partei ohne jede Schwierigkeit selbst geführt werden kann. Treten im Verlauf des Prozesses wider Erwarten doch Komplikationen auf, muss der Partei auf erneuten Antrag – nach gebotenem Hinweis – ein Rechtsanwalt beigeordnet werden. 6

Offensichtliche Mutwilligkeit der Rechtsverfolgung oder Rechtsverteidigung setzt voraus, dass die Erfolglosigkeit auf den ersten Blick ohne nähere Prüfung erkennbar ist[7]. Die Prozessführung muss evident aussichtslos sein, etwa bei einer klar verfallenen Lohnforderung oder einer verfristeten Kündigungsschutzklage, die auch nicht mehr nachträglich zugelassen werden kann. Nicht offensichtlich mutwillig soll der Kläger handeln, der die Beiordnung für eine vom Ausgang des noch nicht entschiedenen Kündigungsschutzprozesses abhängige Lohnzahlungsklage begehrt[8]. Für die Beurteilung kommt es auf den Zeitpunkt der Bewilligungsreife an[9]. 7

3. Verfahren. Die Beiordnung kann **nur auf Antrag** erfolgen, der in einem erstinstanzlichen Antrag auf PKH regelmäßig als Minus oder Hilfsantrag enthalten ist[10]. Abs. 1 S. 2 sieht ausdrücklich vor, dass die Partei auf ihr Antragsrecht hinzuweisen ist. Der Antrag kann bereits vor Klageerhebung oder zeitgleich mit ihr zu Protokoll der Geschäftsstelle oder bis zum Schluss der Instanz gestellt werden. Nach § 117 II ZPO sind eine Erklärung über die persönlichen und wirtschaftl. Verhältnisse sowie entsprechende Belege beizufügen. Werden die Belege nicht innerhalb einer angemessenen Frist vorgelegt, so kann die Beiordnung entsprechend § 118 II 4 ZPO abgelehnt werden. 8

Vor der Beiordnung ist dem Gegner nach § 118 I 1 ZPO grds. Gelegenheit zur Stellungnahme zu geben. Die Entscheidung ergeht sodann durch **Beschluss**, für den nach ausdrücklicher Anordnung des Abs. 1 S. 1 **stets der Kammervorsitzende** des ArbG zuständig ist. Der zu begründende Beschluss muss anordnen, welcher Anwalt der Partei beigeordnet wird, ob und ggf. in welcher Höhe Monatsraten zu entrichten oder Vermögenswerte, zB ein Teil der Kündigungsabfindung[11], einzusetzen sind. Gegen die Entscheidung findet analog § 127 II u. III ZPO die sofortige Beschwerde statt. Die Beschwerdeentscheidung des LAG ist unanfechtbar, es sei denn, die Rechtsbeschwerde wird nach § 78 zugelassen. 9

Die uneingeschränkte Beiordnung bewirkt, dass die Partei für die Streitgegenstände, die im Zeitpunkt der Entscheidung anhängig waren, von der Kostentragungspflicht hinsichtlich der Anwaltsgebühren und -auslagen befreit ist. Bei nachträglichen Erweiterungen der Gegenstände muss auch die Beiordnung ergänzt werden, und zwar wiederum durch Beschluss des Vorsitzenden ohne mündliche Verhandlung. Dies ist vor allem auch bei einem etwaigen Prozessvergleich unter Einbeziehung bisher nicht anhängiger Gegenstände zu beachten. Auch die Beiordnung eines sog. Korrespondenzanwalts kommt nach Maßgabe des § 121 IV ZPO in Betracht[12]. Die **Wirkungen der Beiordnung** richten sich im Übrigen nach den entsprechend anwendbaren §§ 122 ff. ZPO. Daher ist auch eine Aufhebung der Beiordnung entsprechend § 124 ZPO zulässig. 10

1 Vgl. LAG Köln v. 16.2.1983 – 5 Ta 185/82, EzA § 115 ZPO Nr. 7; v. 4.3.2004 – 10 Ta 401/03, AuR 2004, 319; ausf. LAG Hamm v. 30.1.2006 – 4 Ta 675/05. | 2 Vgl. Düwell/Lipke/*Wolmerath*, § 11a ArbGG Rz. 6 mwN. | 3 BGBl. I S. 2954. | 4 Zutr. GK-ArbGG/*Bader*, § 11a Rz. 190 mwN. | 5 Vgl. dazu im Einzelnen Zöller/*Philippi*, § 115 ZPO Rz. 1 ff. | 6 Vgl. LAG Köln v. 9.11.2005 – 4 Ta 346/05; GK-ArbGG/*Bader*, § 11a Rz. 202. | 7 Vgl. LAG Düsseldorf v. 29.10.1986 – 14 Ta 245/86, LAGE § 11a ArbGG 1979 Nr. 4. | 8 LAG Frankfurt v. 22.10.1984 – 7 Ta 292/84, AuR 1985, 229. | 9 Vgl. LAG Köln v. 18.12.2006 – 4 Ta 449/06. | 10 Vgl. LAG Bln.-Bbg. v. 11.6.2007 – 15 Ta 1077/07. | 11 Vgl. LAG Köln v. 7.6.1988 – 10 Ta 75/88, LAGE § 115 Nr. 30; LAG Bremen v. 17.4.1998 – 4 Ta 20/98, LAGE § 115 ZPO Nr. 55. | 12 Vgl. LAG Köln v. 18.1.2006 – 9(6) Ta 430/05, NZA-RR 2006, 380.

10a **4. Beiordnung bei grenzüberschreitenden Verfahren (Abs. 2a).** Die mit Wirkung vom 21.12.2004 durch das EG-PKH-Gesetz eingeführte Regelung stellt klar, dass eine Beiordnung nach Maßgabe der Abs. 1 und 2 auch für Prozesse von EU-Bürgern vor deutschen ArbG zulässig ist.

11 **II. Prozesskostenhilfe (Abs. 3).** Die Vorschriften der ZPO über die PKH und über die grenzüberschreitende PKH innerhalb der EU gelten nach Abs. 3 in Verfahren vor den Gerichten für Arbeitssachen entsprechend. Eine Bewilligung von PKH scheidet allerdings grds. aus, wenn der Antragsteller gewerkschaftlichen Rechtsschutz in Anspruch nehmen kann[1]. Da sich die Beiordnung nach Abs. 1 und die PKH nach den §§ 114 ff. ZPO nicht gegenseitig ausschließen, wird in der Praxis regelmäßig die weiter gehende PKH beantragt und bewilligt. Denn die Bewilligung der PKH hat zur Folge, dass die Partei nicht nur von den Gebühren und Auslagen ihres Anwalts, sondern nach § 122 I Nr. 1a ZPO auch von den Gerichts- sowie Gerichtsvollzieherkosten befreit wird. Nach § 123 ZPO verbleibt es je nach Prozessausgang nur bei der Pflicht, die dem Gegner entstandenen Kosten zu erstatten.

12 Im **Unterschied zur Beiordnung** setzt die Gewährung von PKH voraus, dass die beabsichtigte Rechtsverfolgung oder Rechtsverteidigung **hinreichende Aussicht auf Erfolg** bietet und nicht mutwillig erscheint. Es reicht aus, wenn bei einer vorläufigen Prüfung der Parteivortrag als vertretbar bezeichnet werden kann, wobei die Anforderungen an die tatsächlichen und rechtl. Voraussetzungen nicht überspannt werden dürfen; es genügt, wenn der Erfolg eine gewisse Wahrscheinlichkeit für sich hat, keineswegs ist eine überwiegende Wahrscheinlichkeit erforderlich[2]. Die Erfolgsaussicht ist zu verneinen, wenn der Klagevortrag unschlüssig bzw. die Klageerwiderung unerheblich ist.

13 Die Prüfung, ob die Voraussetzungen für die Bewilligung von PKH gegeben sind, hat „zum rechten Zeitpunkt" zu erfolgen. Das ist der **Zeitpunkt der Bewilligungsreife**. Bewilligungsreife ist eingetreten, wenn PKH hätte bewilligt werden können und müssen, wenn also alle Voraussetzungen für die Bewilligung und insb. auch Erfolgsaussicht im oben geschilderten Sinn vorhanden waren[3]. Es geht nicht an, zu diesem Zeitpunkt nicht zu entscheiden und erst nach einer späteren Entscheidung in der Sache die PKH zu verweigern mit der Begründung, angesichts der Entscheidung in der Sache fehle es an hinreichender Aussicht auf Erfolg. Wird über den Antrag auf Bewilligung von PKH doch erst so spät entschieden, ist auf den früheren Zeitpunkt der Bewilligungsreife abzustellen mit der Folge, dass ohne Rücksicht auf die Entscheidung in der Sache die begehrte PKH **rückwirkend** auf den Zeitpunkt der Bewilligungsreife zu bewilligen ist; das gilt nur dann nicht, wenn inzwischen feststehen sollte, dass einer der Fälle des § 124 ZPO vorliegt[4].

14 Auch die PKH wird **nur auf Antrag** gewährt. Gemäß § 127 I 1 ergehen Entscheidungen im Verfahren über die PKH ohne mündliche Verhandlung **durch Beschluss**. Daher ist nach § 53 I 1 in erster und zweiter Instanz **allein der Vorsitzende** zuständig. Für bestimmte Verfahrensabschnitte besteht daneben funktionell eine Zuständigkeit des Rechtspflegers[5]. Besteht kein anwaltlicher Vertretungszwang, so wird gem. § 121 II ZPO ein Rechtsanwalt nur beigeordnet, wenn die Vertretung durch einen Rechtsanwalt erforderlich erscheint oder der Gegner durch einen Rechtsanwalt vertreten ist. Ersteres richtet sich nach der Maxime, ob eine Partei, die nicht auf PKH angewiesen ist, in einem vergleichbaren Fall einen Rechtsanwalt hinzuziehen würde[6]. Die Beiordnung eines auswärtigen Prozessbevollmächtigten ist entsprechend § 121 III ZPO nur dann zulässig, wenn dadurch keine zusätzlichen Kosten entstehen, in der Praxis verbreitet daher mit der Einschränkung **„zu den Bedingungen eines im Bezirk des Prozessgerichts niedergelassenen Anwalts"**. Der Anwalt hat dann allenfalls Anspruch auf Erstattung von Reisekosten, soweit Kosten für die Beiordnung eines sog. Verkehrsanwalts (§ 121 IV 2. Alt. ZPO) erspart wurden[7]. In einfach gelagerten Fällen kann eine Anwaltsbeiordnung nach Maßgabe des § 121 II ZPO unterbleiben[8].

15 Eine **Aufhebung der Bewilligung** kommt nach Maßgabe des § 124 ZPO in Betracht. Das Verfahren wird von Amts wegen eingeleitet. Wenn die Partei die Erfolgsaussichten vorgetäuscht hat, fällt die Aufhebungsentscheidung in die richterliche Zuständigkeit. Die Kontrolle der übrigen Aufhebungsgründe nach § 124 Nr. 2–4 ZPO obliegt dem Rechtspfleger. Diese Kompetenzverteilung gilt auch, wenn die Bewilligung nicht gänzlich aufgehoben, sondern nur zum Nachteil des PKH-Berechtigten geändert wird[9]. Der Rechtspfleger ist auch zuständig für spätere Zahlungsänderungen nach § 120 IV ZPO bei wesentlicher Änderung der maßgebenden persönlichen und wirtschaftl. Verhältnisse der Partei.

16 **III. Formulare.** Für die Erklärung über die persönlichen und wirtschaftl. Verhältnisse muss die Hilfe suchende Partei den durch die PKH-Vordruckverordnung vom 17.10.1994[10] eingeführten Vordruck ver-

---

1 Vgl. LAG Köln v. 4.3.2004 – 10 Ta 401/03, AuR 2004, 319. | **2** LAG Düsseldorf v. 29.11.1999 – 15 Ta 553/99, LAGE § 114 ZPO Nr. 36; zum Ganzen ferner BVerfG 10.8.2001 – 2 BVR 569/01, AP Nr. 10 zu Art. 19 GG; LAG Köln v. 14.9.2001 – 6 Ta 195/01 nv. | **3** Vgl. ArbG Nürnberg v. 16.12.2004 – 3 Ca 9646/04 A, MDR 2005, 697, für den Fall einer nachträglich unzulässig gewordenen Änderungsschutzklage. | **4** LAG Düsseldorf v. 29.11.1999 – 15 Ta 553/99, LAGE § 114 ZPO Nr. 36. | **5** Vgl. Zöller/*Philippi*, § 127 ZPO Rz. 8. | **6** Vgl. LAG Hamm v. 23.1.2006 – 18 Ta 909/05. | **7** BAG v. 18.7.2005 – 3 AZB 65/03, DB 2005, 2032; LAG München v. 12.6.2007 – 10 Ta 229/05. | **8** Vgl. LAG Schl.-Holst. v. 8.2.2005 – 2 Ta 28/05, NZA-RR 2005, 383; LAG Hamm v. 29.11.2004 – 18 Ta 710/04, NZA 2005, 544. | **9** Vgl. Zöller/*Philippi*, § 124 ZPO Rz. 5, 20. | **10** BGBl. I S. 3001.

wenden, der auch für den Antrag auf Beiordnung eines Rechtsanwalts gilt. Benutzt die Partei das Formular nicht, so ist ihr Antrag idR mangels genügender Substanziierung zurückzuweisen. Nach einer solchen Zurückweisung kann erneut PKH unter Vorlage des Formulars beantragt werden, solange die Instanz noch nicht beendet ist. Mit dieser Maßgabe muss auch das Beschwerdegericht nachgereichte Erklärungen und Belege berücksichtigen[1].

12 *Kosten*
Die Justizverwaltungskostenordnung und die Justizbeitreibungsordnung gelten entsprechend, soweit sie nicht unmittelbar Anwendung finden. Bei Einziehung der Gerichts- und Verwaltungskosten leisten die Vollstreckungsbehörden der Justizverwaltung oder die sonst nach Landesrecht zuständigen Stellen den Gerichten für Arbeitssachen Amtshilfe, soweit sie diese Aufgaben nicht als eigene wahrnehmen. Vollstreckungsbehörde ist für die Ansprüche, die beim Bundesarbeitsgericht entstehen, die Justizbeitreibungsstelle des Bundesarbeitsgerichts.

Gerichtskostengesetz (GKG)

idF des KostRMoG v. 5.5.2004, in Kraft seit dem 1.7.2004, zuletzt geändert durch Gesetz vom 21.12.2007 (BGBl. I S. 3189)

– Auszug –

Abschnitt 7. Wertvorschriften

Unterabschnitt 1. Allgemeine Wertvorschriften

§ 39
Grundsatz

(1) In demselben Verfahren und in demselben Rechtszug werden die Werte mehrerer Streitgegenstände zusammengerechnet, soweit nichts anderes bestimmt ist.

(2) Der Streitwert beträgt höchstens 30 Millionen Euro, soweit kein niedrigerer Höchstwert bestimmt ist.

§ 40
Zeitpunkt der Wertberechnung

Für die Wertberechnung ist der Zeitpunkt der den jeweiligen Streitgegenstand betreffenden Antragstellung maßgebend, die den Rechtszug einleitet.

§ 42
Wiederkehrende Leistungen

(1) Bei Ansprüchen auf Erfüllung einer gesetzlichen Unterhaltspflicht ist der für die ersten zwölf Monate nach Einreichung der Klage oder des Antrags geforderte Betrag maßgeblich, höchstens jedoch der Gesamtbetrag der geforderten Leistung. Bei Unterhaltsansprüchen nach den §§ 1612a bis 1612c des Bürgerlichen Gesetzbuchs ist dem Wert nach Satz 1 der Monatsbetrag des zum Zeitpunkt der Einreichung der Klage oder des Antrags geltenden Mindestunterhalts nach der zu diesem Zeitpunkt maßgebenden Altersstufe zugrunde zu legen.

(2) Wird wegen der Tötung eines Menschen oder wegen der Verletzung des Körpers oder der Gesundheit eines Menschen Schadensersatz durch Entrichtung einer Geldrente verlangt, ist der fünffache Betrag des einjährigen Bezugs maßgebend, wenn nicht der Gesamtbetrag der geforderten Leistungen geringer ist. Dies gilt nicht bei Ansprüchen aus einem Vertrag, der auf Leistung einer solchen Rente gerichtet ist.

(3) Bei Ansprüchen auf wiederkehrende Leistungen aus einem öffentlich-rechtlichen Dienst- oder Amtsverhältnis, einer Dienstpflicht oder einer Tätigkeit, die an Stelle einer gesetzlichen Dienstpflicht geleistet werden kann, bei Ansprüchen von Arbeitnehmern auf wiederkehrende Leistungen sowie in Verfahren vor Gerichten der Sozialgerichtsbarkeit, in denen Ansprüche auf wiederkehrende Leistungen dem Grunde oder der Höhe nach geltend gemacht oder abgewehrt werden, ist der dreifache Jahresbetrag der wiederkehrenden Leistungen maßgebend, wenn nicht der Gesamtbetrag der geforderten Leistungen geringer ist. Ist im Verfahren vor den Gerichten der Verwaltungs- und Sozialgerichtsbarkeit die Höhe des Jahresbetrags nicht nach dem Antrag des Klägers bestimmt oder nach diesem Antrag mit vertretbarem Aufwand bestimmbar, ist der Streitwert nach § 52 Abs. 1 und 2 zu bestimmen.

1 Vgl. Zöller/*Philippi*, § 117 ZPO Rz. 17.

(4) Für die Wertberechnung bei Rechtsstreitigkeiten vor den Gerichten für Arbeitssachen über das Bestehen, das Nichtbestehen oder die Kündigung eines Arbeitsverhältnisses ist höchstens der Betrag des für die Dauer eines Vierteljahres zu leistenden Arbeitsentgelts maßgebend; eine Abfindung wird nicht hinzugerechnet. Bei Rechtsstreitigkeiten über Eingruppierungen ist der Wert des dreijährigen Unterschiedsbetrags zur begehrten Vergütung maßgebend, sofern nicht der Gesamtbetrag der geforderten Leistungen geringer ist.

(5) Die bei Einreichung der Klage fälligen Beträge werden dem Streitwert hinzugerechnet; dies gilt nicht in Rechtsstreitigkeiten vor den Gerichten für Arbeitssachen. Der Einreichung der Klage steht die Einreichung eines Antrags auf Bewilligung der Prozesskostenhilfe gleich, wenn die Klage alsbald nach Mitteilung der Entscheidung über den Antrag oder über eine alsbald eingelegte Beschwerde eingereicht wird. Die Sätze 1 und 2 sind im vereinfachten Verfahren zur Festsetzung von Unterhalt Minderjähriger entsprechend anzuwenden.

1 **I. Vorbemerkung.** Durch das sog. Kostenrechtsmodernisierungsgesetz vom 5.5.2004 (BGBl. I 718 ff.) ist das gesamte Kostenrecht mit dem Ziel größerer Transparenz und Vereinfachung neu gestaltet worden. Die bisher in § 12 I–Va und VII enthaltenen arbeitsgerichtl. Wert- und Kostenvorschriften wurden – vom früheren Abs. 6 und jetzt einzigem Text der Vorschrift abgesehen – in das Gerichtskostengesetz (GKG) integriert. Für alle Rechtszüge gilt nunmehr ein Pauschalgebührensystem, wonach das ganze Verfahren kostenmäßig durch eine pauschale Verfahrensgebühr abgegolten ist. Auch wenn das Gebührenniveau im Arbeitsgerichtsprozess nach wie vor deutlich unter dem des Zivilprozesses liegt, so werden die Prozessparteien wegen der erheblichen Anhebung der Gerichtsgebühren doch fühlbar stärker an den Kosten des Verfahrens beteiligt[1]. Inhaltlich sind die bisherigen Regelungen des § 12 weitgehend gleich geblieben und in dem jeweiligen Regelungszusammenhang des GKG wiederzufinden. Im Übrigen kommen die allgemeinen Bestimmungen der ZPO zur Anwendung. Das gilt insb. für die Grundsätze der Kostentragungspflicht nach den §§ 91 ff. ZPO. Die Gerichtskosten umfassen **Gebühren und Auslagen**, für die das sog. Enumerationsprinzip gilt: Sie können nur auf Grund eines gesetzl. Kostentatbestands in Ansatz gebracht werden.

2 **II. Kostenregelung für das Urteilsverfahren. 1. Gebühren.** Das bisherige Gebührenverzeichnis und die Gebührentabelle (Anlagen 1 und 2 zum ArbGG) wurden aufgehoben. An deren Stelle getreten sind Teil 8 des Kostenverzeichnisses zu § 3 II GKG (Anlage 1 zum GKG) und die allgemeine Gebührentabelle zu § 34 GKG (Anlage 2 zum GKG). Aus dem Kostenverzeichnis (KV) ergibt sich, welche Verfahrenshandlung eine Gebühr in welcher Höhe des jeweiligen Tabellensatzes der anzuwendenden Gebührentabelle auslöst. Bestimmte Tatbestände der Beendigung des Verfahrens sind **gebührenrechtl. privilegiert**. Das gilt insb. für die Beendigung durch einen vor Gericht abgeschlossenen **Vergleich (Vorbemerkung 8 KV)**. Weggefallen ist die Gebührenfreiheit bei einem außergerichtlichen, dem Gericht mitgeteilten Vergleich. Kompensiert wird das allerdings durch die praktisch häufig genutzte Möglichkeit, einen Vergleich gem. § 278 VI ZPO durch das Gericht feststellen zu lassen. Da die Vorbemerkung 8 für alle Rechtszüge gilt, entfällt die Verfahrensgebühr auch in der Berufungs- und Revisionsinstanz bei einem protokollierten oder durch Beschluss festgestellten Prozessvergleich. Zu beachten ist aber, dass die Gebührenprivilegierung nicht bei einem Teilvergleich wirksam wird, so dass die Gerichtsgebühren vom vollen Verfahrensstreitwert zu erheben sind[2].

3 Im Verfahren vor dem **ArbG** beträgt die pauschale Verfahrensgebühr nach der Nr. 8210 KV das 2,0-fache der Ausgangsgebühr nach der Gebührentabelle. Die bisherige Höchstgrenze von 500 Euro bei einem Streitwert von mehr als 12 000 Euro ist aufgehoben. Endet das Verfahren ohne streitige Verhandlung, insb. also durch **Klagerücknahme vor Stellung der Anträge**, so entfällt die Verfahrensgebühr vollständig wie bei einem Prozessvergleich, wenn kein Versäumnisurteil ergeht. Bei bestimmten Erledigungstatbeständen **nach streitiger Verhandlung**, ua. Klagerücknahme, Anerkenntnisurteil, Erledigungserklärung nach § 91a ZPO, ermäßigt sich die Gebühr nach Nr. 8211 KV auf das 0,4-fache der Verfahrensgebühr. Ergänzende Voraussetzung dafür ist, dass ein mit der Abfassung eines Urteils vergleichbarer richterlicher Arbeitsaufwand nicht entsteht.

4 Im Urteilsverfahren vor dem **LAG** und dem **BAG** gilt nunmehr auch das Pauschgebührensystem, wonach für das Berufungsverfahren im Allgemeinen die 3,2-fache Gebühr (Nr. 8220 KV), für das Revisionsverfahren im Allgemeinen die 4,0-fache Gebühr (Nr. 8230 KV) anfällt. Auch hier sind für eine Reihe von Beendigungstatbeständen Gebührenprivilegierungen vorgesehen, deren Bemessung sich am Umfang der dem Gericht ersparten Arbeit orientiert. Die Erledigung des Verfahrens durch Prozessvergleich führt sogar zum gänzlichen Wegfall der Gebühr und ist damit besonders privilegiert.

5 Hauptabschnitt 3 des Teils 8 KV regelt die Gebührensätze im Verfahren über Anträge auf Anordnung, Abänderung oder Aufhebung eines **Arrestes** oder einer **einstw. Verfügung**. Die Verfahrensgebühr erster Instanz beläuft sich zunächst auf 0,4, erhöht sich jedoch wie im Hauptsacheverfahren auf 2,0, wenn besonderer Arbeitsaufwand für das Gericht dadurch entsteht, dass durch Urteil entschieden wird oder

1 Vgl. *Natter*, NZA 2004, 686 (687). | 2 Vgl. LAG BW v. 5.9.2005 – 3 Ta 136/05, bisher nv.

ein Beschluss nach § 91a oder § 269 III 3 ZPO ergeht. Für eine Privilegierung des einstw. Rechtsschutzes ist dann kein Raum mehr. Folgerichtig weist die Gebührenregelung für die Berufung im Eilverfahren keine Besonderheiten gegenüber dem Hauptsacheverfahren auf.

2. Auslagen. Als weiterer Teil der Gerichtskosten fallen neben den Gebühren die durch das Verfahren entstandenen Auslagen an, die **in allen Instanzen** gem. § 3 II GKG nach näherer Maßgabe der Vorschriften des Teils 9 des Kostenverzeichnisses der Anlage 1 zum GKG zu erstatten sind. Für das ArbG-Verfahren gelten keine Besonderheiten mehr. So werden nach Nr. 9002 Auslagen für Zustellungen neben Gebühren, die sich nach dem Streitwert richten, nur erhoben, soweit in einem Rechtszug Auslagen für mehr als 10 Zustellungen anfallen. Gemäß der Vorbemerkung 9 werden ferner Auslagen nicht erhoben, die durch eine für begründet befundene Beschwerde entstanden sind, soweit das Beschwerdeverfahren gebührenfrei ist. Anders ist es nur dann, wenn das Beschwerdegericht dem Gegner des Beschwerdeführers die Kosten auferlegt hat. 6

Grds. sind nach dem Auslagentatbestand Nr. 9005 KV auch die nach dem Justizvergütungs- und -entschädigungsgesetz (JVEG) zu zahlenden Beträge in voller Höhe von dem jeweiligen Kostenschuldner zu tragen. Insoweit ist allerdings die Sondervorschrift des **Abs. 5** zu beachten: Danach werden Kosten für vom Gericht herangezogene **Dolmetscher und Übersetzer** nicht erhoben, wenn ein Ausländer Partei und die Gegenseitigkeit verbürgt oder ein Staatenloser Partei ist. Die Kostenbefreiung erfasst neben den unmittelbaren Tätigkeitskosten auch die sonstigen Auslagen wie Wege- und Reisekosten, Portokosten, Mehrwertsteuer usw.[1]. Die Kostenprivilegierung setzt in jedem Fall voraus, dass die Heranziehung des Dolmetschers oder Übersetzers vom Gericht angeordnet und nicht lediglich als Parteimaßnahme geduldet wird. 7

3. Fälligkeit. Nach den §§ 6 IV, 9 I GKG werden die Kosten im Unterschied zum Zivilprozess in der ordentl. Gerichtsbarkeit erst fällig, wenn das Verfahren in dem jeweiligen Rechtszug beendet oder eine unbedingte Entscheidung über die Kosten ergangen ist, sechs Monate geruht hat oder sechs Monate von den Parteien nicht betrieben worden ist bzw. sechs Monate unterbrochen oder ausgesetzt war. Ferner werden gem. § 11 GKG in allen Instanzen **keine Kostenvorschüsse** erhoben. Diese Regelung trägt den sozialen Belangen in Arbeitsrechtsstreitigkeiten Rechnung. Sie gilt auch für Maßnahmen der Zwangsvollstreckung aus arbeitsgerichtl. Titeln, und zwar auch dann, wenn das AG nach § 764 I ZPO als Vollstreckungsgericht tätig wird. Nach ausdrücklicher Anordnung des § 4 I 4 GVKostG dürfen auch die Gerichtsvollzieher keine Gebührenvorschüsse, wohl aber Auslagenvorschüsse erheben. 8

Eine **Beendigung des Verfahrens** tritt regelmäßig mit der Entscheidung durch Endurteil über den gesamten Streitstoff ein, sei es durch Schlussurteil – nicht bereits durch Teilurteil –, durch Anerkenntnis- oder Verzichtsurteil oder durch Versäumnisurteil, wenn und solange kein Einspruch eingelegt wird. Der Rechtsstreit kann auch auf Grund von Parteidispositionen wie Klage- oder Rechtsmittelrücknahme, übereinstimmende Erledigungserklärung oder Prozessvergleich enden. Soweit im Einzelfall noch eine Kostengrundentscheidung zu treffen ist, etwa nach den §§ 91a, 269 III 2, 516 III 2 ZPO, beendet erst dieser Beschluss die Instanz und löst damit die Fälligkeit aus[2]. 9

Das **Ruhen des Verfahrens** setzt eine förmliche Anordnung durch das Gericht nach den §§ 251 I, 251a III ZPO voraus. Demgegenüber reicht für das **Nichtbetreiben des Verfahrens** aus, dass die Parteien den Rechtsstreit für die Dauer von sechs Monaten nicht in irgendeiner Weise gefördert haben, obwohl dies möglich gewesen wäre. Ein Nichtbetreiben konnte daher wegen der Aufnahmemöglichkeit auch dann vorliegen, wenn das Verfahren nach den §§ 239 ff. ZPO **unterbrochen** oder nach den §§ 246 ff. ZPO vom Gericht **ausgesetzt** worden ist[3]. Diese Tatbestände sind nunmehr in § 9 I Nr. 4 GKG ausdrücklich geregelt. 10

4. Kostenschuldner. Für die Bestimmung des Kostenschuldners sind gem. § 1 Nr. 5 GKG nF die einschlägigen Vorschriften des GKG heranzuziehen. Kostenschuldner ist daher nach § 22 I GKG zunächst derjenige, der das Verfahren der Instanz beantragt hat, also der sog. **Antrags- oder Veranlassungsschuldner**. Darüber hinaus ist nach § 29 Nr. 1 GKG vor allem derjenige Kostenschuldner, dem durch **gerichtliche Entscheidung** die Kosten des Verfahrens auferlegt sind. Kostenschuldner ist nach § 29 Nr. 4 GKG ferner der Vollstreckungsschuldner für die notwendigen Kosten der Zwangsvollstreckung. 11

Durch den **Ausschluss der Zweitschuldnerhaftung** nach Maßgabe des § 22 II GKG (früher Abs. 4 S. 4 und 5) will das Gesetz den im Prozess erfolgreichen ArbN davor schützen, für die Kosten haften zu müssen, wenn sie vom unterlegenen ArbGeb nicht zu erlangen sind. Besteht nach § 29 Nr. 1 oder Nr. 2 GKG die Kostentragungspflicht einer Partei, kommt daneben eine subsidiäre Haftung des Antrags- oder Veranlassungsschuldners nach § 22 I GKG nicht mehr in Betracht. Sie ist ferner dann ausgeschlossen, wenn und solange die Kostenschuld im Fall der Zurückverweisung des Rechtsstreits an die Vorinstanz nicht abschließend geklärt ist. Die Zweitschuldnerhaftung setzt wieder ein, wenn das Verfahren 12

1 Vgl. GMPM/*Germelmann*, § 12 ArbGG Rz. 90. | 2 Vgl. Düwell/Lipke/*Krönig*, § 12 Rz. 24. | 3 Vgl. LAG Düsseldorf v. 5.8.1982 – 7 Ta 72/82, LAGE § 12 ArbGG 1979 Nr. 2.

nach Zurückverweisung auf gerichtliche Anordnung sechs Monate geruht hat oder von den Parteien sechs Monate nicht betrieben worden ist. Gleiches wird man in den Fällen der Unterbrechung und der Aussetzung, die der Gesetzgeber offenbar übersehen hat, annehmen müssen[1].

13 **III. Kostenfreiheit für bestimmte Verfahren.** Nach § 2 II GKG werden Kosten in den dort genannten Verfahren nicht erhoben. Das betrifft vor allem die **Beschlussverfahren** nach § 2a I insb. in Angelegenheiten aus dem BetrVG. Erfasst werden auch die besonderen Beschlussverfahren nach den §§ 97, 98 ArbGG sowie nach den §§ 122 und 126 InsO. Die Kostenfreiheit gilt umfassend; es können weder Gebühren noch Auslagen erhoben werden, selbst wenn diese durch Zeugenentschädigung und Sachverständigenkosten in erheblichem Umfang anfallen. Dementsprechend darf auch keine Kostenentscheidung ergehen[2].

14 Die Kostenfreiheit bezieht sich **dagegen nicht** auf **Sekundärverfahren**, die nur aus Anlass eines Beschlussverfahrens durchgeführt werden, wie zB Beschwerdeverfahren im Zuge der Streitwertfestsetzung oder der Kostenfestsetzung. Für die hierdurch entstehenden Kosten gelten die jeweils einschlägigen Kostenregelungen. Für eine analoge Anwendung des Kostenprivilegs ist kein Raum[3].

15 **IV. Streitwertberechnung. 1. Grundsätze und Besonderheiten.** Die Wertfestsetzung erfolgt nach den §§ 39 ff. GKG und ergänzend nach den §§ 3–9 ZPO unter Berücksichtigung der inhaltlich unveränderten Sonderregelungen in § 42 III–V GKG. Diese früher in Abs. 7 enthaltenen Sonderregelungen für die Berechnung des Streitwerts verfolgen den sozialen **Zweck**, den Kostenaufwand bei Streitigkeiten über die wirtschaftl. Lebensgrundlage des ArbN zu begrenzen[4]. Sie beschränken das dem Gericht nach § 3 ZPO grds. eingeräumte Ermessen. Die Regelungen dienen zwar primär der Berechnung des Gebührenstreitwerts, wie auch der Ausschluss der Anwendbarkeit des § 62 S. 1 GKG nach S. 2 der Vorschrift zeigt. Über § 32 RVG wirken sie sich aber auch auf die Berechnung der Anwaltsgebühren aus, weil die Werte zumeist übereinstimmen.

16 Nach **§ 42 IV 1 GKG** (früher Abs. 7 S. 1) ist für die Wertberechnung in den sog. **Bestandsstreitigkeiten**, die in der arbeitsgerichtl. Praxis dominieren, höchstens der Betrag des für die Dauer eines Vierteljahres zu leistenden Arbeitsentgelts maßgebend, wobei eine eingeklagte Abfindung nicht hinzugerechnet wird. Die Vorschrift kommt immer dann zur Anwendung, wenn um den Bestand eines Arbeitsverhältnisses gestritten wird, also auch beim Streit über die Wirksamkeit einer Anfechtung oder eines Aufhebungsvertrages. Sie gilt auch für die Wertberechnung bei Rechtsstreitigkeiten über das Bestehen, das Nichtbestehen oder die Kündigung eines Berufsausbildungsverhältnisses[5].

17 Die in einer älteren Entscheidung des BAG vertretene Auffassung, bei dem Vierteljahresverdienst handele es sich nur um die Obergrenze für den vom Gericht nach freiem Ermessen festzusetzenden Streitwert[6], hat sich in der Rspr. der LAG und der Kommentarlit. nicht durchsetzen können[7]. Zwingende Anhaltspunkte für eine nach der Dauer des Arbeitsverhältnisses gestaffelte Bemessung des Streitwerts bis zu der genannten Obergrenze lassen sich dem Gesetz nicht entnehmen. Vielmehr muss sich die Streitwertberechnung auch hier nach dem prozessualen Anspruch richten, der in aller Regel auf die Feststellung des Bestands bzw. Fortbestands in der Zukunft gerichtet ist. Angesichts dieser Zukunftsbezogenheit der Bestandsstreitigkeiten ist im Regelfall ein **Vierteljahresverdienst** anzusetzen, der insoweit den **Regelstreitwert** bildet. Das gilt bei „unbefristeter" Antragstellung auch vor Eingreifen des allgemeinen Kündigungsschutzes[8]. Eine niedrigere Bewertung kommt nur dann in Betracht, wenn sich aus dem Antrag und/oder seiner Begründung hinreichend deutlich ergibt, dass der Fortbestand des Arbeitsverhältnisses nur für einen kürzeren Zeitraum geltend gemacht werden soll[9].

18 Für die Berechnung des Vierteljahresverdienstes ist das Arbeitsentgelt zu berücksichtigen, auf das der ArbN im Fall des Annahmeverzuges Anspruch hätte. Erfasst werden daher auch Zuschläge und Sonderzahlungen sowie Naturalleistungen wie Dienstwagen und Werkdienstwohnung, die **Entgeltcharakter** haben. Ist etwa ein 13. Monatsgehalt als zusätzliches Arbeitsentgelt vereinbart, so ist es bei der Berechnung des Vierteljahreseinkommens anteilig zu berücksichtigen[10]. Bei Gratifikationen mit Mischcharakter ist die Rspr. uneinheitlich[11]. Maßgeblich ist regelmäßig das vom ArbGeb geschuldete **Bruttoentgelt**.

---

1 Vgl. *Natter*, NZA 2004, 686 (687); *Hartmann*, Kostengesetze, 35. Aufl., § 22 GKG Rz. 20. | **2** Vgl. BAG v. 31.10.1972 – 1 ABR 7/72, EzA § 40 BetrVG 1972 Nr. 3. | **3** Vgl. LAG Köln v. 31.3.2000 – 10 Ta 50/00, LAGE § 10 BRAGO Nr. 10; GMPM/*Germelmann*, § 12 ArbGG Rz. 142 mwN. | **4** Vgl. BAG v. 30.11.1984 – 2 AZN 572/82 (B), NZA 1985, 369; ebenso in st. Rspr. LAG Rh.-Pf. v. 2.7.2004 – 3 Ta 135/04, NZA-RR 2005, 131. | **5** BAG v. 22.5.1984 – 2 AZB 25/82, EzA § 12 ArbGG 1979 – Streitwert Nr. 33. | **6** BAG v. 30.11.1984 – 2 AZN 572/82 (B), NZA 1985, 369. | **7** Vgl. GK-ArbGG/*Wenzel*, § 12 Rz. 249 ff.; GMPM/*Germelmann*, § 12 ArbGG Rz. 102 ff.; Düwell/Lipke/*Krönig*, § 12 Rz. 31; alle mwN. | **8** Vgl. LAG Köln v. 17.7.2002 – 7 Ta 116/02, EzA-SD 2002, Nr. 20, 19; einschr. LAG Schl.-Holst. v. 28.5.2002 – 1 Ta 74/02, NZA-RR 2003, 219; LAG Rh.-Pf. v. 3.1.2006 – 7 Ta 243/05, AuR 2006, 334. | **9** Vgl. LAG Köln v. 15.11.1985 – 9 Ta 185/85, LAGE § 12 ArbGG 1979 – Streitwert Nr. 42; v. 22.7.1991 – 10 Ta 102/91, LAGE § 12 ArbGG 1979 – Streitwert Nr. 92; LAG Hess. v. 21.1.1999 – 15/6 Ta 630/98, LAGE § 12 ArbGG – Streitwert Nr. 116 = NZA-RR 1999, 159; LAG Köln v. 26.9.2006 – 9 Ta 347/06, BB 2007, 612. | **10** Vgl. LAG Köln v. 17.11.1995 – 5 Ta 288/95, NZA-RR 1996, 392; LAG Berlin v. 30.1.2004 – 17 Ta (Kost) 6147/03, NZA-RR 2005, 327. | **11** Vgl. die Nachw. bei GK-ArbGG/*Wenzel*, § 12 Rz. 140; GMPM/*Germelmann*, § 12 ArbGG Rz. 104.

Werden **mehrere Kündigungen** eines Arbeitsverhältnisses angegriffen, so ist jedenfalls dann, wenn zwischen den Kündigungen ein Zeitraum von mehr als drei Monaten liegt, jeweils der Regelstreitwert anzusetzen bzw. eine Streitwertaddition gem. § 5 ZPO vorzunehmen[1]. Spricht der ArbGeb in einem zeitnahen Zusammenhang und wegen des gleichen Lebenssachverhaltes vorsorglich eine zweite Kündigung aus, dann kann der auf die zweite Kündigung bezogene Klageantrag wegen wirtschaftl. Identität mit dem auf die erste Kündigung bezogenen Klageantrag nicht mit dem Regelwert des § 42 IV 1 GKG bewertet werden. Unabhängig davon, ob durch die zweite Kündigung der beabsichtigte Beendigungszeitpunkt des Arbeitsverhältnisses um einige Monate verschoben werden könnte, ist der Wert des auf die **weitere Kündigung** bezogenen Klageantrags **regelmäßig mit einem Monatsgehalt** des Klägers anzusetzen. Für die Wertfestsetzung hat es idR keine Bedeutung, ob der ArbN den auf die erste Kündigung bezogenen Klageantrag im gleichen Verfahren um einen auf die zweite Kündigung bezogenen Antrag erweitert oder ob er in Bezug auf die zweite Kündigung ein weiteres Kündigungsschutzverfahren einleitet[2]. Für einen den Kündigungsschutzantrag ergänzenden **allgemeinen Feststellungsantrag** fällt regelmäßig ein besonderer Streitwert nicht an[3]. 19

Wird zusammen mit der Kündigungsschutzklage im Wege der objektiven Klagehäufung der **Weiterbeschäftigungsanspruch** geltend gemacht, so ist er als weiterer Streitgegenstand auch gesondert zu bewerten. Über den zutreffenden Wertansatz gehen die Meinungen auseinander[4]. In letzter Zeit beginnt sich die Auffassung durchzusetzen, den Wert **regelmäßig mit einem Monatsgehalt** anzunehmen, wenn kein außergewöhnliches Beschäftigungsinteresse erkennbar ist[5]. Das gilt auch für den Fall, dass der Weiterbeschäftigungsanspruch als uneigentlicher Hilfsantrag verfolgt wird, also nur für den Fall des Erfolgs der Kündigungsschutzklage. Jedenfalls seit der Neufassung des § 19 I und IV GKG (§ 45 GKG nF) durch das Kostenrechtsänderungsgesetz vom 24.6.1994 ist auch der uneigentliche Hilfsantrag zu addieren, wenn er beschieden oder in einen Vergleich einbezogen wird[6]. Hat allerdings schon die Kündigungsschutzklage keinen Erfolg oder bedarf es aus anderen Gründen keiner Entscheidung über die Weiterbeschäftigung, so bleibt der uneigentliche Hilfsantrag für den Streitwert der Gerichtsgebühren außer Betracht[7]. Für die Rechtsanwaltsgebühren dürfte er dagegen in jedem Fall nach § 22 I RVG zu berücksichtigen sein, weil er Gegenstand der anwaltlichen Tätigkeit gewesen ist[8]. 20

Werden gleichzeitig **Vergütungsansprüche** im Wege der objektiven Klagehäufung geltend gemacht, so hat nach der Grundregel des § 5 ZPO eine Addition der verschiedenen Streitgegenstände zu erfolgen. Das gilt wegen der Verschiedenartigkeit der Streitgegenstände jedenfalls dann, wenn Vergütung für die vor dem Beendigungszeitpunkt liegende Zeit eingeklagt wird[9]. Danach fällig werdende, vom Ergebnis der Kündigungsschutzklage abhängige Vergütungsansprüche bleiben dagegen nach Maßgabe der Sondervorschrift des § 42 V 1 GKG außer Betracht[10]. Diese Streitwertbegrenzung entspricht dem auch in § 42 IV GKG zum Ausdruck kommenden Anliegen des Gesetzgebers, den Arbeitsgerichtsprozess aus sozialen Gründen kostengünstig zu gestalten. 21

Umstritten ist nach wie vor die zutreffende Bewertung einer **Änderungskündigung**, die der ArbN fristgerecht unter dem Vorbehalt des § 2 KSchG angenommen hat[11]. Grds. ist § 42 IV 1 GKG anzuwenden, weil es der Sache nach um eine Bestandsstreitigkeit geht, die bei der Vorbehaltsannahme auf den Inhalt des Arbeitsverhältnisses beschränkt ist. Soweit die Änderungskündigung eine Verdienstminderung des ArbN betrifft, muss folgerichtig die vierteljährliche Vergütungsdifferenz zugrunde gelegt werden[12]. Andernfalls ist der Wert der Änderung gem. § 3 ZPO zu schätzen, wobei das Vierteljahresentgelt die Obergrenze bildet[13]. Unter dem Aspekt der Rechtssicherheit kommt insoweit auch eine Pauschalierung auf zwei Monatsgehälter in Betracht[14]. 22

Nach ausdrücklicher gesetzl. Regelung ist eine **Abfindung nicht streitwerterhöhend** zu berücksichtigen. Das gilt selbst dann, wenn der ArbN den Auflösungsantrag nach § 9 KSchG stellt und den Abfindungsbetrag beziffert[15]. Bleibt in diesem Fall die zugesprochene Abfindung hinter dem Antrag zurück, sind dem ArbN gleichwohl nach § 92 I ZPO anteilige Kosten aufzuerlegen. Das Additionsverbot des § 42 23

---

1 Vgl. LAG Thür. v. 14.11.2000 – 8 Ta 134/00, MDR 2001, 538; LAG Nürnberg v. 16.11.2004 – 5 Ta 214/04, JurBüro 2005, 97; aA LAG Rh.-Pf. v. 11.3.2005 – 6 Ta 24/05, NZA-RR 2005, 386; LAG Schl.-Holst. v. 8.2.2007 – 1 Ta 285/06. | 2 LAG Thür. v. 23.10.1996 – 8 Ta 109/96, LAGE § 12 ArbGG 1979 – Streitwert Nr. 107; Hess. LAG v. 20.4.2004 – 15 Ta 573/03, NZA-RR 2004, 432; zum Ganzen ferner GMPM/*Germelmann*, § 12 ArbGG Rz. 108 mwN. | 3 Vgl. LAG Hamm v. 3.2.2003 – 9 Ta 520/02, NZA-RR 2003, 321. | 4 Vgl. GK-ArbGG/*Wenzel*, § 12 Rz. 239, 302 mwN. | 5 LAG Sachs. v. 15.5.1997 – 7 Ta 101/97, LAGE § 12 ArbGG 1979 – Streitwert Nr. 111; LAG Köln – 7 Ta 59/02, MDR 2002, 1441; LAG Hamburg v. 29.7.2004 – 8 Ta 11/04; LAG Nürnberg v. 14.7.2004 – 6 Ta 2/04, MDR 2005, 223. | 6 Vgl. *Schneider/Herget*, Rz. 2835; Düwell/Lipke/*Krönig*, § 12 Rz. 36. | 7 Vgl. GMPM/*Germelmann*, § 12 ArbGG Rz. 118. | 8 Vgl. LAG Hamm v. 26.5.1989 – 8 Ta 65/89, LAGE § 19 GKG Nr. 6. | 9 Vgl. LAG Bremen v. 25.8.2005 – 3 Ta 39/05, LAGE § 42 GKG 2004 Nr. 5; LAG Nürnberg v. 14.7.2006 – 6 Ta 108/06; aA GMPM/*Germelmann*, § 12 ArbGG Rz. 107. | 10 Zutr. LAG Bremen v. 25.8.2005 – 3 Ta 39/05, FA 2005, 356 mwN. | 11 Vgl. zum Streitstand ausf. GMPM/*Germelmann*, § 12 ArbGG Rz. 119. | 12 LAG Rh.-Pf. v. 25.4.1985 – 1 Ta 76/85, NZA 1986, 34; GK-ArbGG/*Wenzel*, § 12 Rz. 110. | 13 Diese Obergrenze gilt unabhängig vom Bewertungsansatz: LAG Köln v. 5.4.2005 – 3 Ta 61/05. | 14 Vgl. LAG Berlin v. 29.5.1998 – 7 Ta 129/97 (Kost), LAGE § 12 ArbGG 1979 – Streitwert Nr. 114; GMPM/*Germelmann*, § 12 ArbGG Rz. 120. | 15 BAG v. 26.6.1986 – 2 AZR 522/85, NZA 1987, 139; LAG Bbg. v. 17.4.2003 – 6 Ta 62/03, EzA-SD 2003, Nr. 11, 13.

IV 1 Hs. 2 GKG greift allerdings nicht ein, wenn eine vom Ausgang des Kündigungsrechtsstreits unabhängige Abfindung eingeklagt wird, etwa auf Grund eines Sozialplans oder einer besonderen arbeitsvertragl. Zusage.

24 Bei Rechtsstreitigkeiten über **wiederkehrende Leistungen**, zB über laufende Betriebsrentenansprüche, ist der Wert des dreijährigen Bezugs (§ 42 III 1 GKG) und bei Rechtsstreitigkeiten über **Eingruppierungen** der Wert des dreijährigen Unterschiedsbetrages zur begehrten Vergütung maßgebend (§ 42 IV 2 GKG), sofern nicht der Gesamtbetrag der geforderten Leistungen geringer ist. Abweichend von § 42 V Hs. 1 GKG werden nach **Hs. 2** bis zur Klageerhebung entstandene Rückstände nicht hinzugerechnet. Die Streitwertbegrenzung gilt auch dann, wenn ausschließlich die bis zur Klageerhebung angefallenen Rückstände aus wiederkehrenden Leistungen eingeklagt werden[1]. Der Wert einer Feststellungsklage, die wiederkehrende Leistungen zum Gegenstand hat, kann regelmäßig mit 80 % des Werts einer entsprechenden Leistungsklage angesetzt werden[2]. Ein solcher Abschlag verbietet sich allerdings bei der üblichen sog. Eingruppierungsfeststellungsklage im öffentl. Dienst[3].

25 Problematisch ist die Verknüpfung der Kündigungsschutzklage mit einer Leistungsklage auf **künftige Lohnzahlung**. Wenn dabei allein die Beendigung des Arbeitsverhältnisses im Streit steht, so richtet sich die Festsetzung des Streitwerts ausschließlich nach § 42 IV 1 GKG[4]. Ansonsten würde die vom Gesetzgeber aus sozialen Gründen vorgenommene Kostenprivilegierung ins Leere laufen[5].

26 **2. Sonstige Streitwerte (Übersicht).** Soweit die zuvor erläuterten besonderen Regelungen des § 42 III–V GKG nicht eingreifen, sind gem. § 1 Nr. 5 GKG für die Streitwertberechnung die Vorschriften der §§ 39 ff. GKG und ergänzend der §§ 3–9 ZPO anzuwenden. Die Generalklauseln der **§§ 3 ZPO, 48 II GKG und 23 III RVG** räumen dem Gericht die Befugnis ein, den Gegenstandswert nach freiem oder billigem Ermessen zu bestimmen. Daraus hat sich eine kaum noch überschaubare Streitwert-Rspr. entwickelt, die bisweilen erhebliche Bewertungsunterschiede aufweist[6]. Da die Rechtsbeschwerde im Bereich der Streitwertfestsetzung nach wie vor nicht zulässig ist (s. § 78 Rz. 30), kommt es auch in Zukunft vor allem auf die Festsetzungspraxis des jeweils zuständigen LAG an. Die folgende Übersicht soll eine Orientierung über die wichtigsten Streitgegenstände geben.

- **Abmahnung:** Der Streit über die Berechtigung einer Abmahnung wird in aller Regel mit einem Monatseinkommen bewertet, und zwar je Abmahnung, wobei eine niedrigere oder höhere Bewertung je nach Bedeutung im Einzelfall nicht ausgeschlossen ist[7].
- **Arbeitspapiere:** Für Streitigkeiten über die Erteilung bzw. Ausfüllung von Arbeitspapieren (LStKarte, Versicherungsnachweise, Arbeitsbescheinigung, Verdienstbescheinigung zwecks Erlangung des Insolvenzgeldes) werden Beträge zwischen 300 DM und 600 DM, regelmäßig 500 DM, nunmehr also 250 Euro je Arbeitspapier angesetzt[8].
- **Arbeitszeitreduzierung:** Bei einer Klage des ArbN auf Teilzeitbeschäftigung nach § 8 TzBfG bemisst sich der Streitwert gem. § 42 III 1 GKG auf das 36-fache der Vergütungsdifferenz, jedoch begrenzt auf das Vierteljahreseinkommen gem. § 42 IV 1 GKG[9]. Ähnliches gilt für den Streit über den Abschluss eines Vertrages zur **Altersteilzeit im Blockmodell**[10].
- **Aufrechnung:** Die Primäraufrechnung, die die Klageforderung an sich nicht infrage stellt, bewirkt keine Streitwerterhöhung. Bei der Hilfsaufrechnung ist nach § 45 III GKG entscheidend, ob darüber entschieden oder eine Vergleichsregelung erzielt worden ist[11].
- **Beschäftigung:** Der im Rahmen eines Kündigungsschutzverfahrens gestellte Weiterbeschäftigungsantrag ist nach neuerer Rspr. mit einem Monatsbruttoeinkommen zu bewerten[12]. Wird er selbständig etwa im Rahmen des einstw. Rechtsschutzes oder unabhängig von einer Kündigung verfolgt, so kann seine Bewertung mit bis zu drei Monatsgehältern gerechtfertigt sein[13].

1 BAG v. 10.12.2002 – 3 AZR 197/02 (A), MDR 2003, 532. | 2 Vgl. BAG v. 19.7.1961 – 3 AZR 387/60, AP Nr. 7 zu § 3 ZPO. | 3 Vgl. LAG Köln v. 23.12.2004 – 4 (3) Ta 468/04, NZA-RR 2005, 488. | 4 Vgl. LAG Nürnberg v. 21.7.1988 – 1 Ta 6/88, LAGE § 12 ArbGG 1979 Nr. 74; diff. *Vossen*, DB 1986, 326, 327; nunmehr auch LAG Hamm v. 30.1.2002 – 9 Ta 591/00, MDR 2002, 1015 und 30.1.2002 – 9 Ta 652/98, NZA-RR 2002, 267–270. | 5 Zutr. LAG Nürnberg v. 15.2.2005 – 8 Ta 26/05; LAG Köln v. 29.5.2006 – 11 (14) Ta 110/06, AuR 2006, 334; LAG Nürnberg v. 14.7.2006 – 6 Ta 108/06; aA ArbG Weiden v. 1.2.2005 – 1 Ca 1516/04 C, AuR 2005, 195 m. zust. Anm. v. *Heimann*; GK-ArbGG/*Wenzel*, § 12 Rz. 300. | 6 Vgl. die umfangr. Sammlung in LAGE § 12 ArbGG 1979 – Streitwert Nr. 1 ff.; ferner GK-ArbGG/*Wenzel*, § 12 Rz. 103 ff.; *Berrisch*, FA 2002, 230 ff. | 7 Vgl. BAG v. 16.5.2007 – 2 AZB 53/06, NZA 2007, 829; LAG Schl.-Holst. v. 7.6.1995 – 1 Ta 63/95, LAGE § 12 ArbGG 1979 – Streitwert Nr. 103 mwN. | 8 Vgl. LAG Hamm v. 18.4.1985 – 8 Ta 92/85, LAGE § 3 ZPO Nr. 1; LAG Düsseldorf v. 16.12.1996 – 7 Ta 344/96, LAGE § 3 ZPO Nr. 8; LAG Köln v. 13.12.1999 – 13 (7) Ta 366/99, LAGE § 10 BRAGO Nr. 9. | 9 LAG Köln v. 5.4.2005 – 3 Ta 61/05; LAG Hamburg v. 8.11.2001 – 6 Ta 24/01, EzA SD 8/2002, 5; LAG Schl.-Holst. v. 23.1.2003 – 4 Ta 190/02, juris; aA LAG BW v. 15.2.2002 – 3 Ta 5/02, NZA-RR 2002, 325; diff. Auch LAG Sachs.-Anh. v. 1.3.2004 – 8 Ta 19/04 LAGE § 42 GKG 2004 Nr. 1: dreifaches Bruttomonatsentgelt der angestrebten Teilzeittätigkeit. | 10 Vgl. LAG Berlin v. 26.9.2005 – 17 Ta (Kost) 6059/05. | 11 Vgl. LAG Hamm v. 19.8.1982 – 8 Ta 193/82, MDR 1982, 1052. | 12 LAG Köln v. 21.6.2002 – Ta 59/02, EzA SD 19/2002, 15; LAG Chemnitz v. 14.6.1993 – 4 Ta 12/93, LAGE § 12 ArbGG 1979 – Streitwert Nr. 97; aA noch LAG Hamm v. 11.9.1986 – 8 Ta 218/86, LAGE § 12 ArbGG 1979 – Streitwert Nr. 56. | 13 Vgl. LAG Hamburg v. 10.5.2004 – 8 Ta 5/04.

- **Beschlussverfahren:** Die Bemessung des Gegenstandswerts für die anwaltliche Tätigkeit – Gerichtsgebühren werden nach § 2 II GKG nicht erhoben – richtet sich im Allgemeinen nach der Generalklausel des § 23 III 2 RVG. Danach ist der Gegenstandswert, soweit er nicht anderweitig feststeht, nach billigem Ermessen zu bestimmen; in Ermangelung genügender tatsächlicher Anhaltspunkte für eine Schätzung und bei nicht vermögensrechtl. Gegenständen ist er auf 4000 Euro, nach Lage des Falles niedriger oder höher, jedoch nicht über 500 000 Euro anzunehmen. Dies wird in den meisten Fällen zur Festsetzung des Regelwertes von 4000 Euro führen[1]. In **Zustimmungsersetzungsverfahren bei personellen Angelegenheiten** nach § 99 BetrVG wird überwiegend eine Festsetzung in Anlehnung an die Grundsätze des § 42 IV 1 GKG vorgenommen mit der Maßgabe, dass Abschläge (bis zu 40 %) wegen der verminderten Rechtskraftwirkung eines Beschlussverfahrens zu machen sowie bei mehreren Einstellungen Einzelwerte zu bilden und zusammenzurechnen sind[2]. Der sich ergebende Wert ist allerdings weiter herabzusetzen, wenn die personellen Maßnahmen auf einer einheitlichen unternehmerischen Entscheidung beruhen und die Einzelfälle keine Besonderheiten aufweisen[3]. Der Ansatz des § 42 IV gilt auch für die Fälle der **Zustimmungsersetzung zur Kündigung** eines Amtsträgers nach § 103 BetrVG[4]. Begehrt der BR gem. § 80 III 2 BetrVG die Zustimmung des ArbGeb zur **Hinzuziehung eines Sachverst.**, handelt es sich wegen der damit unmittelbar verbundenen Kosten nicht mehr um eine nicht vermögensrechtl. Streitigkeit. Die Festsetzung des Gegenstandswertes hat deshalb nach Maßgabe der veranschlagten Kosten des Sachverst. zu erfolgen[5]. Bei einer **Betriebsänderung** sind auch die Zahl der betroffenen ArbN und der davon herrührende Prozentsatz der Belegschaft zu berücksichtigen[6]. In einem Beschlussverfahren, in dem streitig ist, ob ein **Betrieb mit mehreren Betriebsstätten** vorliegt, können ausgehend von dem Regelstreitwert nach § 23 III 2 RVG als Multiplikationsfaktor die Stufen des § 9 BetrVG herangezogen werden[7]. Für das Verfahren zur Bestellung einer betriebsverfassungsrechtl. **Einigungsstelle** wird die Auffassung vertreten, die geringere Bedeutung der Entscheidung nach § 76 BetrVG sowie das summarische Verfahren nach § 98 ArbGG rechtfertigten eine deutliche Herabsetzung des Regelwerts, er könne je nach Streitumfang insgesamt auf höchstens die Hälfte bemessen werden[8]. Bei der **Anfechtung eines Einigungsstellenspruchs** ist das mit der Anfechtung verfolgte Interesse zu schätzen. Ist ein Sozialplan betroffen, kann das streitige Volumen zugrunde gelegt werden[9].
- **Betriebsübergang:** Wendet sich der ArbN mit einer Kündigungsschutzklage gegen eine betriebsbedingte Kündigung seines Arbeitsverhältnisses und nimmt er im Wege der subjektiven Klagehäufung einen angeblichen Betriebserwerber auf Feststellung des Bestehens eines Arbeitsverhältnisses in Anspruch, so handelt es sich um zwei eigenständig nach § 42 IV 1 GKG zu bewertende Bestandsstreitigkeiten, die weder wirtschaftl. identisch sind, noch einheitlich entschieden werden müssen[10].
- **Einstweilige Verfügung:** Mit Rücksicht auf die befristete Bedeutung und die nur summarische Prüfung wird regelmäßig ein Abschlag von $^1/_3$ bis $^1/_2$ vom Wert der Hauptsache gerechtfertigt sein. Der Ansatz des vollen Werts ist dagegen insb. bei sog. Leistungsverfügungen geboten, die die Entscheidung in der Hauptsache vorwegnehmen[11].
- **Nachteilsausgleich:** Zielt der Hauptantrag auf die Feststellung der Unwirksamkeit einer Kündigung und der hilfsweise gestellte Antrag auf Zahlung des Nachteilsausgleichs nach § 113 BetrVG, so hat bei Abweisung der Klage auch der Hilfsantrag einen eigenen Streitwert. § 42 IV 1 Hs. 2 GKG ist nur auf Abfindungen nach dem KSchG anwendbar. Der Streitwert des Hilfsantrags kann aber nicht dem Streitwert des Kündigungsschutzantrages hinzugerechnet werden. Maßgeblich für den Streitwert ist vielmehr nach § 45 I 3 GKG der höhere Wert[12].
- **Vergleich:** Der Streitwert für einen mitverglichenen nicht rechtshängigen **Zeugnisanspruch** ist idR nur dann mit einem Monatseinkommen zu bewerten, wenn Gegenstand der Kündigung verhaltens- oder personenbedingte Vorwürfe waren. Besteht nur ein sog. **Titulierungsinteresse**, so ist allgemein nur

---

1 Vgl. LAG Köln v. 30.9.1997 – 5 Ta 196/97, LAGE § 8 BRAGO Nr. 36 mwN; LAG Schl.-Holst. v. 7.12.2000 – 2 Ta 127/00, LAGE § 8 BRAGO Nr. 48. |2 Vgl. LAG Hamm v. 22.8.2005 – 10 Ta BV 94/05; v. 13.5.2005 – 10 TaBV 41/05; LAG Hamm v. 25.4.2005 – 13 TaBV 39/05; LAG Hamm v. 19.3.1987 – 8 Ta BV 2/87, LAGE § 12 ArbGG 1979 – Streitwert Nr. 70; v. 23.2.1989 – 8 TaBV 146/88, LAGE § 8 BRAGO Nr. 12; speziell zu Versetzungen LAG Hamm v. 7.7.1994 – 8 TaBV 80/94, LAGE § 8 BRAGO Nr. 26; aA LAG Köln v. 30.9.1997 – 5 Ta 196/97, LAGE § 8 BRAGO Nr. 36; LAG Bremen v. 18.8.2000 – 1 Ta 45/00, LAGE § 8 BRAGO Nr. 46; LAG Schl.-Holst. v. 28.5.2004 – 2 Ta 95/04, JurBüro 2004, 541. |3 Vgl. LAG Hamm v. 22.8.2005 – 10 TaBV 94/05. |4 LAG Köln v. 22.3.1999 – 11 Ta 241/98, LAGE § 8 BRAGO Nr. 44a; LAG Nürnberg v. 2.4.1991 – 7 Ta 31/90, LAGE § 12 ArbGG 1979 – Streitwert Nr. 90; LAG Rh.-Pf. v. 30.3.2004 – 2 Ta 69/04, NZA-RR 2004, 373; LAG Rh.-Pf. v. 26.3.2004 – 6 Ta 63/04. |5 LAG Hamm v. 12.6.2001 – 10 TaBV 50/01, LAGE § 8 BRAGO Nr. 50. |6 LAG MV v. 16.11.2000 – 1 Ta 67/00, LAGE § 8 BRAGO Nr. 47. |7 LAG Bremen v. 12.5.1999 – 1 Ta 16/99, LAGE § 8 BRAGO Nr. 43. |8 LAG Schl.-Holst. v. 9.3.1993 – 4 Ta 13/93, LAGE § 8 BRAGO Nr. 19. |9 Vgl. BAG v. 9.11.2004 – 1 ABR 11/02 (A), NZA 2005, 70; diff. aber BAG v. 20.7.2005 – 1 ABR 23/03 (A), ArbRB 2005, 298; LAG Düsseldorf v. 29.11.1994 – 7 Ta 1336/94, DB 1995, 52. |10 Vgl. LAG Köln v. 16.12.1993 – 12 Ta 204/93, juris; LAG Berlin v. 5.1.2004 – 17 Ta (Kost) 6122/03, DB 2004, 211; aA LAG Schl.-Holst. v. 12.4.2005 – 1 Ta 85/04, LAGReport 2005, 223; LAG Nürnberg v. 13.7.2006 – 6 Ta 102/06. |11 Vgl. Düwell/Lipke/*Krönig*, § 12 Rz. 45. |12 LAG Düsseldorf v. 17.1.1985 – 7 Ta267/84, LAGE § 12 ArbGG 1979 Nr. 33; LAG BW v. 4.2.2004 – 3 Ta 7/04.

1/4 bis 1/2 des Monatseinkommens in Ansatz zu bringen[1]. Oft wird das Titulierungsinteresse auch nur pauschal mit 250 Euro bewertet[2]. Bei der Einbeziehung streitiger, insb. bereits anderweit rechtshängiger Ansprüche erhöht sich der Vergleichswert entsprechend. Unstreitige Ansprüche, die in einen Vergleich lediglich protokollierend mit aufgenommen werden, wirken sich ohne erkennbares Titulierungsinteresse nicht streitwerterhöhend aus[3]. Umstritten ist, ob eine vergleichsweise vereinbarte **Arbeitsfreistellung** bis zum Ende der Kündigungsfrist einen **Mehrwert** darstellt. Verbreitet werden hierfür 25 % der auf den Freistellungszeitraum entfallenden Vergütung angesetzt[4], richtigerweise begrenzt auf den Wert des Beschäftigungsanspruchs – idR ein Monatsgehalt[5].

- **Zeugnis:** Ein Streitwert bis zu einem halben Monatseinkommen wird meist dem Titulierungsinteresse gerecht, wenn allein die **Erteilung eines Zeugnisses** oder Zwischenzeugnisses Streitgegenstand ist, ohne dass der Inhalt des Zeugnisses festgelegt werden soll[6]. Der Streit um eine **Zeugnisberichtigung** ist demgegenüber regelmäßig mit einem Monatseinkommen zu bewerten, und zwar unabhängig davon, ob es sich um ein Schluss- oder Zwischenzeugnis handelt[7].

27 **3. Streitwertfestsetzung.** Zu beachten ist, dass die Streitwertfestsetzung im arbeitsgerichtl. Urteil für den Kostenstreitwert nicht bindend ist, weil § 62 S. 1 GKG keine Anwendung findet. Sie kann zwar im Regelfall auch für die Gebührenberechnung durch das Gericht und den Anwalt zugrunde gelegt werden, schließt aber insb. bei unterschiedlichen Streitwerten für verschiedene Verfahrensabschnitte eine **gesonderte Festsetzung nach § 63 II GKG** nicht aus[8]. Das Prozessgericht hat danach den Wert „für die zu erhebenden Gebühren" grds. von Amts wegen immer dann festzusetzen, wenn Gerichtsgebühren nach dem Streitwert zu berechnen sind. In Verfahren vor den Gerichten für Arbeitssachen gilt dies mit der Einschränkung, dass ein Beteiligter oder die Staatskasse die Festsetzung beantragt[9] oder das Gericht sie für angemessen hält. Einer solchen Festsetzung bedarf es daher insb. nicht bei einer Erledigung des Rechtsstreits vor dem ArbG durch Vergleich oder Klagerücknahme vor streitiger Verhandlung und generell nicht im Beschlussverfahren wegen der dort bestehenden Gebührenfreiheit. Falls das Gericht eine Festsetzung vornimmt, ist den Parteien auch zur Vermeidung unnötiger Beschwerden zuvor rechtl. Gehör zu gewähren.

28 Der Streitwertbeschluss nach § 63 II GKG muss weder förmlich zugestellt noch mit einer Rechtsmittelbelehrung versehen werden. Denn bei der nach § 68 I iVm. § 63 III GKG innerhalb einer Ausschlussfrist von 6 Monaten zulässigen Beschwerde handelt es sich nicht um ein befristetes Rechtsmittel iSd. § 9 V. Die **einfache Beschwerde** ist statthaft, wenn der Wert des Beschwerdegegenstands 200 Euro übersteigt oder sie in dem angefochtenen Beschluss wegen grundsätzlicher Bedeutung zugelassen worden ist. Das Beschwerderecht ist vor allem deswegen von Bedeutung, weil nach § 32 I RVG der gem. § 63 II GKG festgesetzte Wert grds. auch für die Berechnung der Anwaltsgebühren maßgebend ist.

29 Ist eine Wertfestsetzung für die Gerichtsgebühren – noch – nicht erfolgt oder für die anwaltliche Gebührenberechnung nicht bindend, so kann der Rechtsanwalt eigenständig nach **§§ 32 II, 33 RVG** die Wertfestsetzung **beantragen**. Die Gebühren für die anwaltliche Tätigkeit berechnen sich dann nicht nach dem für die Gerichtsgebühren maßgebenden Wert, wenn die gebührenauslösenden Tatbestände nicht übereinstimmen. Das kann etwa der Fall sein bei teilweiser Klagerücknahme oder zeitweiliger Klageerweiterung.

30 Im Festsetzungsverfahren nach § 33 RVG sind **antragsberechtigt** der Rechtsanwalt, der Auftraggeber und ein erstattungspflichtiger Gegner sowie die Bundes- oder Landeskasse, wenn PKH bewilligt ist. Die Beteiligten sind vor der Entscheidung zu hören. Das Verfahren ist nach § 33 IX RVG gebührenfrei. Da der Beschluss bei einem Beschwerdewert von mehr als 200 Euro oder besonderer Zulassung wegen grundsätzlicher Bedeutung der **befristeten Beschwerde** nach § 33 III BRAGO unterliegt, muss die Entscheidung mit einer Rechtsmittelbelehrung förmlich zugestellt werden. Die davon oft abweichende gerichtliche Praxis kann sich für die Beteiligten nicht nachteilig auswirken. Denn ohne die nach § 329 II 2 ZPO vorgeschriebene Zustellung wird eine Rechtsmittelfrist nicht in Gang gesetzt[10].

31 Hilft das ArbG der Beschwerde nicht ab, so ist sie dem LAG als Beschwerdegericht vorzulegen, das abschließend entscheidet (§ 33 IV RVG). Im Beschwerdeverfahren gilt das **Verschlechterungsverbot**, dh.

---

1 Vgl. LAG Düsseldorf v. 14.5.1985 – 7 Ta 180/85, LAGE § 3 ZPO Nr. 4; diff. LAG Rh.-Pf. v. 16.6.2004 – 10 Ta 111/04, AuR 2005, 39 ; LAG Hamm v. 7.9.2005 – 9 Ta 77/05. |2 Vgl. GK-ArbGG/*Wenzel*, § 12 Rz. 177 mwN. |3 Vgl. LAG Köln v. 29.3.2007 – 3 Ta 58/07; v. 29.12.2000 – 8 Ta 230/00, NZA-RR 2001, 324 ; v. 21.6.2002 – 7 Ta 59/02, MDR 2002, 1441; LAG Rh.-Pf. v. 19.10.2004 – 9 Ta 208/04, NZA-RR 2005, 212. |4 Vgl. LAG Schl.-Holst. v. 20.5.1998 – 3 Ta 37/98 d, LAGE § 12 ArbGG 1979 – Streitwert Nr. 113; LAG Sa.-Anh. v. 22.11.2000 – 1 Ta 133/00, LAGE § 10 BRAGO Nr. 11; diff. LAG Sachs.-Anh. v. 8.12.2004 – 8 Ta 163/04, juris; LAG Köln v. 29.1.2002 – 7 Ta 285/01, LAGReport 2002, 225; LAG Rh.-Pf. v. 19.6.2002 – 2 Ta 531/02, MDR 2002, 1397. |5 Vgl. LAG Nürnberg v. 14.7.2004 – 6 Ta 2/04, MDR 2005, 223; LAG München v. 12.9.2005 – 2 Ta 337/05; aA LAG Hamm v. 10.8.2005 – 9 Ta 222/05. |6 LAG Hamburg v. 12.1.1998 – 4 Ta 28/97, LAGE § 3 ZPO Nr. 9; LAG Sachs. v. 19.10.2000 – 9 Ta 173/00, LAGE § 3 ZPO Nr. 12; LAG Rh.-Pf. v. 2.6.2004 – 2 Ta 113/04, NZA-RR 2005, 326. |7 LAG Düsseldorf v. 19.8.1999 – 7 Ta 238/99, LAGE § 3 ZPO Nr. 10; diff. LAG Köln v. 21.11.1986 – 5 Sa 984/86, LAGE § 64 ArbGG 1979 Nr. 13. |8 Vgl. *Creutzfeldt*, NZA 1996, 956 (957). |9 Vgl. LAG Köln v. 20.6.2003 – 4 Ta 80/03, LAGE § 25 GKG Nr. 10. |10 Vgl. Zöller/*Vollkommer*, § 329 ZPO Rz. 26.

die Wertfestsetzung des ArbG darf nicht zum Nachteil des Beschwerdeführers abgeändert werden[1]. Abweichend von § 68 III GKG ist die erfolglose Beschwerde gebührenpflichtig, so dass der zurückweisende Beschluss eine Kostenentscheidung treffen muss[2]. Nach Nr. 8614 KV GKG fällt eine Gebühr von 40 Euro an, die bei teilweiser Verwerfung oder Zurückweisung auf die Hälfte ermäßigt oder ganz erlassen werden kann. § 33 IX 2 RVG schließt lediglich eine Kostenerstattung im Beschwerdeverfahren aus[3].

Die vom LAG für die Berufungsinstanz oder vom BAG für die Revisionsinstanz vorgenommene Streitwertfestsetzung ist unanfechtbar. Einwendungen können allenfalls im Wege der Gegenvorstellung oder mit dem besonderen Rechtsbehelf der Anhörungsrüge nach § 78a vorgebracht werden. §§ 66 III 3 GKG und 33 IV 3 RVG schließen eine Beschwerde an einen obersten Gerichtshof des Bundes ausdrücklich aus. 32

12a *Kostentragungspflicht*

(1) In Urteilsverfahren des ersten Rechtszugs besteht kein Anspruch der obsiegenden Partei auf Entschädigung wegen Zeitversäumnis und auf Erstattung der Kosten für die Zuziehung eines Prozessbevollmächtigten oder Beistandes. Vor Abschluss der Vereinbarung über die Vertretung ist auf den Ausschluss der Kostenerstattung nach Satz 1 hinzuweisen. Satz 1 gilt nicht für Kosten, die dem Beklagten dadurch entstanden sind, dass der Kläger ein Gericht der ordentlichen Gerichtsbarkeit, der allgemeinen Verwaltungsgerichtsbarkeit, der Finanz- oder Sozialgerichtsbarkeit angerufen und dieses den Rechtsstreit an das Arbeitsgericht verwiesen hat.

(2) Werden im Urteilsverfahren des zweiten Rechtszugs die Kosten nach § 92 Abs. 1 der Zivilprozessordnung verhältnismäßig geteilt und ist die eine Partei durch einen Rechtsanwalt, die andere Partei durch einen Verbandsvertreter nach § 11 Abs. 2 Satz 2 Nr. 4 und 5 vertreten, so ist diese Partei hinsichtlich der außergerichtlichen Kosten so zu stellen, als wenn sie durch einen Rechtsanwalt vertreten worden wäre *[idF ab 1.7.2008]*. Ansprüche auf Erstattung stehen ihr jedoch nur insoweit zu, als ihr Kosten im Einzelfall tatsächlich erwachsen sind.

I. Inhalt und Zweck. Die Vorschrift regelt die Kostentragungspflicht im arbeitsgerichtl. Verfahren teilweise abweichend von den §§ 91 ff. ZPO. Mit dem weit gehenden Ausschluss der Kostenerstattung in 1. Instanz soll die Prozessführung des wirtschaftl. schwächeren ArbN erleichtert werden. Die Regelung bewirkt eine **Risikominderung** und dient damit ebenso wie § 12 einer Kostenreduzierung für die rechtsuchenden Parteien. Mit der grundsätzlichen **Eigenbelastung** auch der obsiegenden Partei vor dem ArbG korrespondiert die **Belehrungspflicht** in Abs. 1 S. 2. Die schuldhafte Verletzung dieser Hinweispflicht kann einen Schadensersatzanspruch der betroffenen Partei begründen, mit dem sie gegen den Vergütungsanspruch des Rechtsanwalts aufrechnen kann[4]. 1

Die in Abs. 2 normierte Kostenteilung bei einer Vertretung durch einen Verbandsvertreter im Urteilsverfahren 2. Instanz trägt der Besonderheit Rechnung, dass diese Vertretung für das vertretene Mitglied in aller Regel kostenfrei, aber mittelbar durch die Mitgliedsbeiträge finanziert ist. Die Sonderregelung verhindert eine Ungerechtigkeit, die bei der Kostenausgleichung nach allgemeinen Grundsätzen entstehen würde. 2

Abgesehen von diesen Besonderheiten richtet sich die Kostentragungspflicht im ArbGV nach den §§ 91 ff. ZPO. Auch die Bestimmungen über das **Kostenfestsetzungsverfahren** nach den §§ 103 ff. ZPO sind entsprechend anzuwenden (§ 46 II iVm. § 495 ZPO). Für die Festsetzung der Rechtsanwaltsgebühren gegen die eigene Partei gilt § 11 RVG. Dabei ist auch eine **Terminsgebühr** nach Nr. 3104 I Nr. 1 RVG-VV zu berücksichtigen, wenn ein schriftlicher **Vergleich nach § 278 VI ZPO** geschlossen wird[5]. 3

II. Urteilsverfahren vor dem Arbeitsgericht (Abs. 1). Im Urteilsverfahren vor dem ArbG besteht im Unterschied zu § 91 I ZPO kein Anspruch der siegreichen Partei auf Entschädigung wegen Zeitversäumnis und auf Erstattung der Kosten für die Zuziehung eines Prozessbevollmächtigten oder Beistandes. Daher können auch nicht anteilige Vergütungskosten für einen mit der Prozessführung betrauten Mitarbeiter der Partei geltend gemacht werden[6] Die gesetzl. Regelung ist verfassungskonform[7]. Der **Ausschluss der Erstattungsfähigkeit** gilt auch für die Vertretungskosten, die bei einem Nebenintervenienten oder Streitverkündeten anfallen[8]. Da es im Übrigen bei den allgemeinen Regeln verbleibt, können nach § 91 I 2 ZPO jedenfalls die notwendigen Reisekosten der Partei, also Fahrt-, Übernachtungs- und Verpflegungskosten, ersetzt verlangt werden. 4

Die Sonderregelung gilt für alle Erscheinungsformen des Urteilsverfahrens im ersten Rechtszug, mithin auch im **Mahnverfahren** sowie im **Verfahren des einstw. Rechtsschutzes** bei Arrest und einstw. 5

---

1 Vgl. LAG Hess. v. 21.1.1999 – 15/6 Ta 630/98, LAGE § 12 ArbGG 1979 – Streitwert Nr. 116 mwN. | 2 LAG Köln v. 8.8.1991 – 11 Ta 127/91, LAGE § 10 BRAGO Nr. 4; LAG Hamm v. 19.3.2007 – 10 Ta 97/07. | 3 Vgl. *Schneider*, NJW 2006, 325 (328). | 4 Vgl. Düwell/Lipke/*Krönig*, § 12a Rz. 8. | 5 Vgl. BAG v. 20.6.2006 – 3 AZB 78/05, MDR 2007, 116. | 6 Vgl. LAG Hess. v. 5.12.2001 – 2 Ta 463/01, BRAGOreport 2002, 30. | 7 BVerfG v. 20.7.1971 – 1 BvR 231/69, AP Nr. 12 zu § 61 ArbGG. | 8 LAG BW v. 27.9.1982 – 1 Ta 182/82, AP Nr. 2 zu § 12a ArbGG 1979.

Verfügung. Unanwendbar ist sie dagegen im Verfahren der Zwangsvollstreckung, weil hier ein Grund zur Kostenschonung nicht mehr besteht. Es gilt die allgemeine Regelung des § 788 ZPO[1]. Die **Vollstreckungsabwehrklage** nach § 767 ZPO und der **Drittschuldnerprozess** im Zuge der Lohn- und Gehaltspfändung gehören allerdings zum Urteilsverfahren iSd. Abs. 1 S. 1[2].

6 Der Ausschluss der Kostenerstattung in dem bezeichneten Umfang betrifft nicht nur den prozessualen, sondern auch einen **materiell-rechtl. Kostenerstattungsanspruch**. Die gesetzl. Regelung unterscheidet nämlich nicht nach der Anspruchsgrundlage[3]. Demzufolge können auch vorprozessuale Anwaltskosten für Mahnschreiben nicht im Wege des Schadensersatzes geltend gemacht werden[4].

7 Verletzt der ArbGeb jedoch als Drittschuldner die ihm nach § 840 I ZPO obliegende Erklärungspflicht, so umfasst der Anspruch des Pfändungsgläubigers auf **Schadensersatz gem. § 840 II 2 ZPO** auch die Kosten für die Zuziehung eines Prozessbevollmächtigten zur Eintreibung der gepfändeten Forderung[5]. Begründet wird dies zutreffend damit, dass der Schadensersatzanspruch wegen schuldhafter Fehlinformation vor einer Drittschuldnerklage nichts mit einem prozessualen Kostenerstattungsanspruch zu tun hat und daher auch kein Anlass für eine Begrenzung besteht. Der Regelungszweck des Abs. 1 S. 1 verlangt nicht den Schutz des ArbGeb vor Kosten, die er dem Pfändungsgläubiger durch eigenes schuldhaftes Verhalten zugefügt hat. Der Schadensersatzanspruch kann bereits im rechtshängigen Drittschuldnerprozess durchgesetzt werden[6], nicht aber im vereinfachten Kostenfestsetzungsverfahren[7].

8 Die Regelung des Abs. 1 S. 1 steht einer **Kostenübernahme durch Parteivereinbarung**, etwa in einem außergerichtlichen Vergleich oder in einem Prozessvergleich, nicht entgegen[8]. Allerdings ist in solchen Fällen eine schnelle gerichtliche Festsetzung nach § 103 ZPO nicht möglich, weil das verbilligte Kostenfestsetzungsverfahren nur für die Ermittlung der gesetzl. Prozesskosten geschaffen worden ist[9]. Mit Rücksicht darauf empfiehlt sich eine bezifferte Festlegung unmittelbar im Prozessvergleich, die vollstreckbar ist.

9 Die Partei kann jedenfalls die **Reisekosten** zu den Terminen vor dem ArbG nach Maßgabe des § 91 I 2 ZPO von dem unterlegenen Gegner erstattet verlangen. Die Kostenerstattungspflicht steht jedoch allgemein unter dem Prinzip der Verhältnismäßigkeit. Nimmt eine nicht im Bezirk des Gerichts wohnende Partei den Termin vor dem ArbG selbst wahr und entstehen dadurch Reisekosten in einer Höhe, die die Klageforderung um ein Vielfaches übersteigt, so handelt es sich um Kosten, die zur zweckentsprechenden Rechtsverfolgung nicht notwendig sind[10]. Lässt sich eine Partei im Verfahren vor dem ArbG durch einen nicht am Sitz des ArbG wohnenden Rechtsanwalt vertreten, so sind die Reisekosten des Rechtsanwalts insoweit erstattungsfähig, als die obsiegende Partei durch die Anwaltsbeauftragung **auf Grund hypothetischer Berechnung** Reisekosten erspart hat[11].

10 Zur Vorbereitung und Durchführung einer Drittschuldnerklage aufgewandte **Detektivkosten** sind regelmäßig nur erstattungsfähig, wenn sie zur Feststellung von Art und Umfang der vom Schuldner beim Drittschuldner erbrachten Arbeitsleistung dienen und die im Einzelnen darzustellende Ermittlungstätigkeit insoweit konkrete und gerichtsverwertbare Umstände beibringt[12]. Detektivkosten, die dadurch entstehen, dass der ArbGeb den Verdacht eines zur Kündigung berechtigenden Fehlverhaltens des ArbN überprüfen lassen will, sind dagegen mangels unmittelbaren Zusammenhangs mit dem späteren Prozess keine Prozesskosten iSd. § 91 ZPO[13].

11 Auch sonstige **notwendige Kosten iSd. § 91 ZPO**, zB Aufwendungen für Fotokopien, Porto- und Telefonauslagen, bleiben im Grundsatz erstattungsfähig. Wegen der Einzelheiten wird auf die allgemeine Prozessrechtsliteratur verwiesen[14].

12 Für die Rechtswegverweisung nach **Anrufung eines unzuständigen Gerichts** gilt der Ausschluss der Kostenerstattung nach S. 1 nicht, wie Abs. 1 **S. 3** ausdrücklich anordnet. Die dem Beklagten vor dem ordentl. Gericht entstandenen Anwaltskosten bleiben nach einer Prozessverweisung zum ArbG ohne

---

1 Vgl. BGH v. 20.12.2005 – VII ZB 57/05, MDR 2006, 831. | 2 Vgl. LAG Düsseldorf v. 9.6.2005 – 16 Ta 299/05; GMPM/*Germelmann*, § 12a ArbGG Rz. 24 mwN. | 3 BAG v. 30.4.1992 – 8 AZR 288/91, AP Nr. 6 zu § 12a ArbGG 1979; v. 27.10.2005 – 8 AZR 546/03, NZA 2006, 259; Hess. LAG v. 18.9.2006 – 18/10 Sa 1725/05; ArbG Heilbronn 22.5.2001 – 1 Ca 198/01, NZA-RR 2002, 494. | 4 BAG v. 14.12.1977 – 5 AZR 711/76, EzA § 61 ArbGG Nr. 3; LAG Rh.-Pf. v. 23.8.2005 – 10 Ta 172/05. | 5 BAG v. 16.5.1990 – 4 AZR 56/90, EzA § 840 Nr. 3. | 6 Vgl. BAG v. 16.5.1990 – 4 AZR 56/90, EzA § 840 Nr. 3; ArbG Gießen v. 27.2.2002 – 2 Ca 115/01, FA 2002, 149. | 7 Vgl. BAG v. 16.11.2005 – 3 AZB 45/05, FA 2006, 52. | 8 BAG v. 27.10.2005 – 8 AZR 546/03, NZA 2006, 259; LAG Hamm v. 26.2.1991 – 8 Sa 1497/90, LAGE § 12a ArbGG 1979 Nr. 15; vgl. auch LAG Düsseldorf v. 15.8.2006 – 16 Ta 392/06, DB 2006, 2472. | 9 Zutr. LAG Düsseldorf v. 1.4.1986 – 7 Ta 93/86, LAGE § 12a ArbGG 1979 Nr. 9; LAG Köln v. 2.1.2001 – 8 Ta 263/00, MDR 2001, 775; LAG Düsseldorf v. 27.5.2004 – 16 Ta 274/04, MDR 2004, 1147. | 10 LAG Düsseldorf/Kammer Köln v. 8.4.1976 – 8 Ta 23/76, EzA § 91 ZPO Nr. 1. | 11 LAG Köln v. 15.10.1982 – 1/10 Ta 140/82, EzA § 91 ZPO Nr. 3; LAG München v. 27.6.2001 – 1 Ta 44/01, NZA-RR 2002, 161; LAG Rh.-Pf. v. 23.1.2004 – 2 Ta 1/04, LAGReport 2004, 284; LAG Berlin v. 12.5.2006 – 17 Ta (Kost) 6006/06, NZA-RR 2006, 538. | 12 LAG Köln v. 23.2.1993 – 12 (5) Ta 22/93, LAGE § 91 ZPO Nr. 21; LAG Hamm v. 7.11.1995 – 6 Sa 187/95, LAGE § 611 BGB – Arbeitnehmerhaftung Nr. 19. | 13 LAG Hamburg v. 7.11.1995 – 3 Ta 13/95, LAGE § 91 ZPO Nr. 26. | 14 Vgl. Zöller/*Herget*, § 91 ZPO Rz. 13 mit umfangr. Nachw.; zu den Kosten eines Privatgutachtens LAG Berlin v. 28.11.2006 – 17 Ta (Kost) 6080/06, ZTR 2007, 161.

Rücksicht darauf erstattungsfähig, ob der Anwalt die Vertretung vor dem ArbG fortführt oder nicht[1]. Verweist umgekehrt das ArbG den Rechtsstreit an das ordentl. Gericht oder das Finanzgericht, so bleibt es für das arbeitsgerichtl. Verfahren bei der Anwendung des Abs. 1 S. 1. Erstattet werden nur diejenigen Gebühren, die durch die Tätigkeit des Anwalts vor dem zuständigen Gericht – neu – entstanden sind[2].

III. Urteilsverfahren vor dem Landesarbeitsgericht (Abs. 2). In den Rechtsmittelinstanzen richtet sich die Kostenerstattung an sich uneingeschränkt nach den §§ 91 ff. ZPO. Das gilt für das Urteilsverfahren vor dem LAG nach Abs. 2 **S. 1** mit der Maßgabe, dass bei einer Kostenverteilung nach § 92 I ZPO der auf einer Seite tätige Verbandsvertreter hinsichtlich der Kosten **fiktiv wie ein Rechtsanwalt** behandelt wird. Diese fiktiven Gebühren brauchen im Zuge der Kostenausgleichung nicht besonders angemeldet zu werden, soweit es sich um die üblichen Anwaltsgebühren handelt, die auch dem Rechtsanwalt des Gegners entstanden sind. Der Ansatz fiktiver Anwaltskosten in dieser Prozesskonstellation dient der kostenmäßigen Gleichbehandlung und der Abwehr gegnerischer Herauszahlungsansprüche. Will die Partei eigene Erstattungsansprüche geltend machen, so muss sie nach Abs. 2 **S. 2** nachweisen, dass ihr die Kosten auch tatsächlich erwachsen sind[3]. 13

IV. Beschlussverfahren. Die Sonderregelung des § 12a ist auf das Beschlussverfahren vor den Gerichten für Arbeitssachen nicht entsprechend anwendbar. Abgesehen davon, dass die Regelung ausdrücklich auf das Urteilsverfahren bezogen ist, besteht für eine Erstreckung auf das Beschlussverfahren auch kein Bedarf, weil eine prozessuale Kostenentscheidung nicht zu treffen ist[4]. Vielmehr richtet sich die Kostenerstattung nach den materiell-rechtl. Vorschriften des BetrVG und des Personalvertretungsrechts. Der Erstattungsanspruch insb. nach § 40 BetrVG kann nicht durch die analoge Anwendung des Abs. 1 unterlaufen werden[5]. 14

Aus den gleichen Gründen ist für eine analoge Anwendung des Abs. 2 im Beschwerdeverfahren des Beschlussverfahrens vor dem LAG kein Raum. 15

Unanwendbar ist § 12a aber nur bei der Rechtsverfolgung unmittelbar im Beschlussverfahren. Macht ein BR-Mitglied demgegenüber seine auf § 37 II BetrVG gestützten Lohnansprüche im Urteilsverfahren geltend, so schließt Abs. 1 S. 1 den Anspruch auf Erstattung der erstinstanzlich entstandenen Rechtsanwaltskosten aus[6]. Es kommt also entscheidend auf die jeweilige Verfahrensart an. 16

13 *Rechtshilfe*

(1) Die Arbeitsgerichte leisten den Gerichten für Arbeitssachen Rechtshilfe. Ist die Amtshandlung außerhalb des Sitzes eines Arbeitsgerichts vorzunehmen, so leistet das Amtsgericht Rechtshilfe.

(2) Die Vorschriften des Gerichtsverfassungsgesetzes über Rechtshilfe und des Einführungsgesetzes zum Gerichtsverfassungsgesetz über verfahrensübergreifende Mitteilungen von Amts wegen finden entsprechende Anwendung.

I. Rechtshilfe im Inland. Die Regelung knüpft an Art. 35 I GG an, der bestimmt, dass sich alle Behörden des Bundes und der Länder gegenseitig Amts- und Rechtshilfe leisten. **Rechtshilfe** liegt vor, wenn das ersuchende Gericht die Amtshandlung auf Grund seiner sachlichen Zuständigkeit selbst vornehmen könnte und das ersuchte Gericht nur aus Gründen der Zweckmäßigkeit tätig wird. Von **Amtshilfe** spricht man dann, wenn andere als die den Gerichten vorbehaltene Maßnahmen erbeten werden, etwa eine behördliche Auskunft, die Übersendung von Akten, die Überlassung von Räumen usw.[7]. 1

Abs. 1 S. 1 stellt zunächst klar, dass sich die **Arbeitsgerichte vorrangig selbst** Rechtshilfe leisten. Nur im Ausnahmefall kommt die Einschaltung eines AG in Betracht, nämlich dann, wenn die Amtshandlung außerhalb des Sitzes eines ArbG vorzunehmen ist. Theoretisch wäre es daher möglich, das AG um Rechtshilfe im – größeren – Gerichtsbezirk des ersuchenden ArbG zu bitten. Zweckmäßiger dürfte aber insoweit die in § 58 I 2 vorgesehene Beauftragung des Kammervorsitzenden mit der Durchführung der Beweisaufnahme sein[8]. 2

Nach Abs. 2 sind die Vorschriften der **§§ 156–168 GVG** für die Durchführung der Rechtshilfe im Inland entsprechend anzuwenden. Gemäß § 157 I GVG ist das Rechtshilfeersuchen an das ArbG zu richten, in dessen Bezirk die Amtshandlung vorgenommen werden soll. Das Ersuchen darf nach § 158 I GVG grds. nicht abgelehnt werden. Allein das Rechtshilfeersuchen eines im Instanzenzug nicht vorgesetzten Gerichts ist nach § 158 II GVG **abzulehnen**, wenn eine **unzulässige Amtshandlung** erbeten wird. Eine 3

1 Vgl. BAG v. 1.11.2004 – 3 AZB 10/04, MDR 2005, 1301; LAG Thür. v. 14.8.2000 – 8 Ta 87/00, NZA-RR 2001, 106; LAG Hamm v. 16.7.1987 – 8 Ta 197/87, LAGE § 12a ArbGG 1979 Nr. 10; LAG Schl.-Holst. v. 7.9.1988 – 5 Ta 134/88, LAGE § 12a ArbGG 1979 Nr. 11; aA LAG Bremen v. 5.7.1996 – 2 Ta 30/96, LAGE § 12a ArbGG 1979 Nr. 19. | 2 Vgl. LAG Schl.-Holst. v. 27.3.2003 – 2 Ta 31/03; OLG Bbg. 9.3.2000 – 8 W 246/99, MDR 2000, 788; LAG Rh.-Pf. v. 14.3.2007 – 6 Ta 64/07; Thür. FG v. 3.11.2006 – IV 70047/05 Ko. | 3 Vgl. Düwell/Lipke/*Krönig*, § 12a Rz. 11. | 4 Vgl. BAG v. 31.10.1972 – 1 ABR 7/72, EzA § 40 BetrVG 1972 Nr. 3. | 5 Zutr. GMPM/*Germelmann*, § 12a ArbGG Rz. 34. | 6 BAG v. 30.6.1993 – 7 ABR 45/92, EzA § 12a ArbGG 1979 Nr. 10. | 7 Vgl. *Kissel*, § 156 GVG Rz. 3 und 4. | 8 Vgl. Düwell/Lipke/*Krönig*, § 13 ArbGG Rz. 2.

Rechtshilfehandlung ist dann verboten, wenn sie nach dem örtlichen Recht des ersuchten Gerichts oder nach dem Recht des ersuchenden und ersuchten Gerichts gegen Bundes- oder Landesrecht verstößt[1].

4 § 158 II GVG ist als Ausnahmevorschrift eng auszulegen[2]. Insb. darf das ersuchte Gericht die **Durchführung einer Beweisaufnahme** nicht ablehnen, weil es sie für überflüssig, unrechtmäßig oder wenig erfolgversprechend hält. Eine von dem ersuchten Gericht vorzunehmende Handlung ist vielmehr nur dann verboten, wenn sie schlechthin unzulässig ist, dh. dass sie ohne Rücksicht auf die konkrete prozessuale Situation (abstrakt) rechtl. unzulässig sein muss[3]. Die Frage der Zulässigkeit der Rechtshilfe im konkreten Fall obliegt hingegen allein der **Beurteilung durch das ersuchende Gericht**. Dieses hat zu überprüfen, ob die gesetzl. Voraussetzungen zur Vornahme der Rechtshilfe im Einzelnen Fall zutreffen. Daraus folgt, dass das ersuchte Gericht grds. nicht zu prüfen hat, ob der Beweisbeschluss verfahrensrechtl. zu beanstanden ist. Der ersuchte Richter ist vielmehr der verlängerte Arm des Prozessgerichts. Dessen Verfahrensfehler sind nur im Rechtszug der Prozessgerichte überprüfbar. Ein Ersuchen um Rechtshilfe darf daher vom ersuchten Gericht nicht mit der Begründung abgelehnt werden, das Prozessgericht habe die Voraussetzungen für eine Beweisaufnahme nach § 375 I Nr. 3 ZPO verkannt[4]. Umstritten ist, ob der sog. **Ausforschungsbeweis** zu den verbotenen Prozesshandlungen nach § 158 II 1 GVG gehört. Jedenfalls dann ist die Durchführung der Rechtshilfe verboten, wenn der Beweisbeschluss keine hinreichenden Tatsachen enthält, über die der Rechtshilferichter eine Zeugenvernehmung durchführen könnte[5].

5 Über die Berechtigung einer Ablehnung entscheidet entsprechend § 159 I GVG das **LAG**, zu dessen Bezirk das ersuchte ArbG gehört. Weist das LAG die Beschwerde des ersuchenden ArbG gegen die Ablehnung eines Rechtshilfeersuchens durch das ersuchte Gericht zurück, so kann das ersuchende ArbG **weitere Beschwerde zum BAG** einlegen, wenn die beteiligten ArbG in verschiedenen LAG-Bezirken liegen[6]. Beschwerdeberechtigt sind nach § 159 II GVG auch die Parteien und die vom ersuchten Gericht zu vernehmenden Personen.

6 Ist das ersuchte Gericht **örtlich unzuständig**, so gibt es das Ersuchen nach § 158 II 2 GVG an das zuständige ArbG ab. Auch bei einer Ablehnung wegen örtlicher Unzuständigkeit kann die Entscheidung des übergeordneten LAG eingeholt werden.

7 Die Rechtshilfehandlung, zumeist eine Beweisaufnahme, wird von dem nach der Geschäftsverteilung zuständigen Kammervorsitzenden **ohne Hinzuziehung der ehrenamtlichen Richter** durchgeführt, § 53 I 2. Zu einer Änderung oder Ergänzung eines Beweisbeschlusses ist er ebenso wenig berechtigt wie zu einer Beeidigung von Zeugen. Die Entscheidung darüber ist nach § 58 II 1 der Kammer des ersuchenden Gerichts vorbehalten.

8 **II. Rechtshilfe im Ausland.** Für Rechtshilfeersuchen in das Ausland gelten auf Grund der Verweisung in § 46 II die §§ 183 und 363 ZPO entsprechend. Die konkrete Durchführung richtet sich nach der Rechtshilfeordnung für Zivilsachen – ZRHO – und der gemeins. Anordnung des Bundesministeriums der Justiz und des Bundesministeriums für Arbeit und Soziales über den Rechtshilfeverkehr mit dem Ausland auf dem Gebiet der Arbeitsgerichtsbarkeit in der ab dem 1.1.2004 geltenden Fassung iVm. internationalen und zwischenstaatlichen Rechtshilfeabkommen[7]. Im Wesentlichen stehen zwei Möglichkeiten offen:

9 Kann die Beweisaufnahme nach Maßgabe der bestehenden Staatsverträge oder mit Einverständnis des ausländischen Staates durch einen Bundeskonsul erfolgen, so ist das Ersuchen gem. § 363 II ZPO an ihn zu richten. Im Übrigen hat der Kammervorsitzende die zuständige ausländische Behörde um die Durchführung der Rechtshilfe zu ersuchen. Prüfstelle für die Erledigung ausgehender Rechtshilfeersuchen iSd. § 9 ZRHO sind der Präsident des BAG und die Präsidenten der LAG für ihren jeweiligen Zuständigkeitsbereich.

10 **III. Datenübermittlung an Dritte von Amts wegen.** Abs. 2 erklärt die Vorschriften der **§§ 12 ff. EGGVG** über verfahrensübergreifende Mitteilungen **von Amts wegen** auch im arbeitsgerichtl. Verfahren für anwendbar. Diese Bestimmungen sollen die Amtshilfe im Verhältnis zu anderen Gerichten, Behörden und sonstigen Stellen unter Beachtung des notwendigen Datenschutzes sichern[8]. Praktisch bedeutsam ist vor allem der Austausch personenbezogener Daten im Verhältnis zu den Trägern der SozV und Sozialhilfe. Dabei hat das ArbG nach § 13 EGGVG eine Interessenabwägung mit den schutzwürdigen Belangen des Betroffenen vorzunehmen. Nach § 17 EGGVG ist die Übermittlung personenbezogener Daten insb. zur Verfolgung von Straftaten oder Ordnungswidrigkeiten zulässig. Ob eine Mitteilungspflicht besteht, richtet sich nach bereichsspezifischen Regelungen wie etwa § 183 GVG für Straftaten in der Sitzung.

1 BAG v. 16.1.1991 – 4 AS 7/90, EzA § 13 ArbGG 1979 Nr. 1. | 2 BAG v. 26.10.1999 – 10 AS 5/99, EzA § 158 GVG Nr. 1 mwN; Zöller/*Gummer*, § 158 ZPO Rz. 4, 5. | 3 BGH v. 31.5.1990 – III ZB 52/89, NJW 1990, 2936 mwN. | 4 BAG v. 23.1.2001 – 10 AS 1/01, EzA § 158 GVG Nr. 2. | 5 BAG v. 16.1.1991 – 4 AS 7/90, EzA § 13 ArbGG 1979 Nr. 1. | 6 BAG v. 16.1.1991 – 4 AS 7/90, EzA § 13 ArbGG 1979 Nr. 1. | 7 Vgl. Zöller/*Geimer*, § 363 ZPO Rz. 35 ff.; ferner mit aktuellen Hinweisen das Informationsangebot im Justizportal des Landes Nordrhein-Westfalen: www.internationale-rechtshilfe.nrw.de. | 8 Vgl. dazu ausf. Zöller/*Gummer*, Vorb. zu §§ 12–22 EGGVG Rz. 1 ff.

Unberührt bleiben die Vorschriften für die verfahrensübergreifende Datenübermittlung **auf Ersuchen anderer Behörden oder Dritter** etwa nach § 299 ZPO, § 35 I SGB I, §§ 67 ff., 78 SGB X[1]. 11

13a *Internationale Verfahren*

Die Vorschriften des Buches 11 der Zivilprozessordnung über die justizielle Zusammenarbeit in der Europäischen Union finden in Verfahren vor den Gerichten für Arbeitssachen Anwendung.

I. Inhalt und Zweck. Die mit dem EG-Vollstreckungstitel-Durchführungsgesetz vom 18.8.2005[2] mWv. 21.10.2005 eingeführte Vorschrift stellt klar, dass die in Umsetzung europäischen Rechts geschaffenen Bestimmungen der §§ 1067 ff. ZPO über die justizielle Zusammenarbeit in Europa auch im arbeitsgerichtl. Verfahren gelten. Näher geregelt sind dort Zustellung, Beweisaufnahme und grenzüberschreitende Prozesskostenhilfe sowie die Behandlung europäischer Vollstreckungstitel. 1

II. Durchführung von Beweisaufnahmen. Nach § 1074 I ZPO ist generell für Beweisaufnahmen in der Bundesrepublik Deutschland als **ersuchtes Gericht** iSv. Art. 2 I der Verordnung (EG) Nr. 1206/2001 dasjenige **AG zuständig**, in dessen Bezirk die Verfahrenshandlung durchgeführt werden soll. Dies korrespondiert mit Nr. II der Gemeinsamen Anordnung von BMJ und BMAS, wonach für die Erledigung eingehender Rechtshilfeersuchen (3. Abschnitt ZRHO) auch im Bereich der Arbeitsgerichtsbarkeit die ordentl. Gerichte zuständig sind. Soll dagegen eine **Beweisaufnahme in Mitgliedstaaten der EU** erfolgen, so kann etwa das deutsche ArbG nach § 1072 ZPO entweder unmittelbar das zuständige Gericht eines anderen Mitgliedstaates um Aufnahme des Beweises ersuchen oder eine unmittelbare Beweisaufnahme in dem anderen Mitgliedstaat beantragen[3]. 2

Zweiter Teil. Aufbau der Gerichte für Arbeitssachen

Erster Abschnitt. Arbeitsgerichte

14 *Errichtung und Organisation*

(1) In den Ländern werden Arbeitsgerichte errichtet.

(2) Durch Gesetz werden angeordnet

1. die Errichtung und Aufhebung eines Arbeitsgerichts;

2. die Verlegung eines Gerichtssitzes;

3. Änderungen in der Abgrenzung der Gerichtsbezirke;

4. die Zuweisung einzelner Sachgebiete an ein Arbeitsgericht für die Bezirke mehrerer Arbeitsgerichte;

5. die Errichtung von Kammern des Arbeitsgerichts an anderen Orten;

6. der Übergang anhängiger Verfahren auf ein anderes Gericht bei Maßnahmen nach den Nummern 1, 3 und 4, wenn sich die Zuständigkeit nicht nach den bisher geltenden Vorschriften richten soll.

(3) Mehrere Länder können die Errichtung eines gemeinsamen Arbeitsgerichts oder gemeinsamer Kammern eines Arbeitsgerichts oder die Ausdehnung von Gerichtsbezirken über die Landesgrenzen hinaus, auch für einzelne Sachgebiete, vereinbaren.

(4) Die zuständige oberste Landesbehörde kann anordnen, dass außerhalb des Sitzes des Arbeitsgerichts Gerichtstage abgehalten werden. Die Landesregierung kann ferner durch Rechtsverordnung bestimmen, dass Gerichtstage außerhalb des Sitzes des Arbeitsgerichts abgehalten werden. Die Landesregierung kann die Ermächtigung nach Satz 2 durch Rechtsverordnung auf die zuständige oberste Landesbehörde übertragen.

(5) Bei der Vorbereitung gesetzlicher Regelungen nach Absatz 2 Nr. 1 bis 5 und Absatz 3 sind die Gewerkschaften und Vereinigungen von Arbeitgebern, die für das Arbeitsleben im Landesgebiet wesentliche Bedeutung haben, zu hören.

15 *Verwaltung und Dienstaufsicht*

(1) Die Geschäfte der Verwaltung und Dienstaufsicht führt die zuständige oberste Landesbehörde. Vor Erlass allgemeiner Anordnungen, die die Verwaltung und Dienstaufsicht betreffen, soweit sie nicht rein technischer Art sind, sind die in § 14 Abs. 5 genannten Verbände zu hören.

---

1 Zu den Grenzen der Übersendung von Arbeitsgerichtsakten an Arbeitsämter und Sozialgerichte *Dörner*, NZA 1989, 950. | 2 BGBl. I S. 2477. | 3 Vgl. hierzu näher Zöller/*Geimer*, § 1072 ZPO Rz. 7.

(2) Die Landesregierung kann durch Rechtsverordnung Geschäfte der Verwaltung und Dienstaufsicht dem Präsidenten des Landesarbeitsgerichts oder dem Vorsitzenden des Arbeitsgerichts oder, wenn mehrere Vorsitzende vorhanden sind, einem von ihnen übertragen. Die Landesregierung kann die Ermächtigung nach Satz 1 durch Rechtsverordnung auf die zuständige oberste Landesbehörde übertragen.

16 *Zusammensetzung*

(1) Das Arbeitsgericht besteht aus der erforderlichen Zahl von Vorsitzenden und ehrenamtlichen Richtern. Die ehrenamtlichen Richter werden je zur Hälfte aus den Kreisen der Arbeitnehmer und der Arbeitgeber entnommen.

(2) Jede Kammer des Arbeitsgerichts wird in der Besetzung mit einem Vorsitzenden und je einem ehrenamtlichen Richter aus Kreisen der Arbeitnehmer und der Arbeitgeber tätig.

17 *Bildung von Kammern*

(1) Die zuständige oberste Landesbehörde bestimmt die Zahl der Kammern nach Anhörung der in § 14 Abs. 5 genannten Verbände.

(2) Soweit ein Bedürfnis besteht, kann die Landesregierung durch Rechtsverordnung für die Streitigkeiten bestimmter Berufe und Gewerbe und bestimmter Gruppen von Arbeitnehmern Fachkammern bilden. Die Zuständigkeit einer Fachkammer kann durch Rechtsverordnung auf die Bezirke anderer Arbeitsgerichte oder Teile von ihnen erstreckt werden, sofern die Erstreckung für eine sachdienliche Förderung oder schnellere Erledigung der Verfahren zweckmäßig ist. Die Rechtsverordnungen auf Grund der Sätze 1 und 2 treffen Regelungen zum Übergang anhängiger Verfahren auf ein anderes Gericht, sofern die Regelungen zur sachdienlichen Erledigung der Verfahren zweckmäßig sind und sich die Zuständigkeit nicht nach den bisher geltenden Vorschriften richten soll. § 14 Abs. 5 ist entsprechend anzuwenden.

(3) Die Landesregierung kann die Ermächtigung nach Absatz 2 durch Rechtsverordnung auf die zuständige oberste Landesbehörde übertragen.

18 *Ernennung der Vorsitzenden*

(1) Die Vorsitzenden werden auf Vorschlag der zuständigen obersten Landesbehörde nach Beratung mit einem Ausschuss entsprechend den landesrechtlichen Vorschriften bestellt.

(2) Der Ausschuss ist von der zuständigen obersten Landesbehörde zu errichten. Ihm müssen in gleichem Verhältnis Vertreter der in § 14 Abs. 5 genannten Gewerkschaften und Vereinigungen von Arbeitgebern sowie der Arbeitsgerichtsbarkeit angehören.

(3) Einem Vorsitzenden kann zugleich ein weiteres Richteramt bei einem anderen Arbeitsgericht übertragen werden.

(4) bis (6) (außer Kraft)

(7) Bei den Arbeitsgerichten können Richter auf Probe und Richter kraft Auftrags verwendet werden.

19 *Ständige Vertretung*

(1) Ist ein Arbeitsgericht nur mit einem Vorsitzenden besetzt, so beauftragt das Präsidium des Landesarbeitsgerichts einen Richter seines Bezirks mit der ständigen Vertretung des Vorsitzenden.

(2) Wird an einem Arbeitsgericht die vorübergehende Vertretung durch einen Richter eines anderen Gerichts nötig, so beauftragt das Präsidium des Landesarbeitsgerichts einen Richter seines Bezirks längstens für zwei Monate mit der Vertretung. In Eilfällen kann an Stelle des Präsidiums der Präsident des Landesarbeitsgerichts einen zeitweiligen Vertreter bestellen. Die Gründe für die getroffene Anordnung sind schriftlich niederzulegen.

20 *Berufung der ehrenamtlichen Richter*

(1) Die ehrenamtlichen Richter werden von der zuständigen obersten Landesbehörde oder von der von der Landesregierung durch Rechtsverordnung beauftragten Stelle auf die Dauer von fünf Jahren berufen. Die Landesregierung kann die Ermächtigung nach Satz 1 durch Rechtsverordnung auf die zuständige oberste Landesbehörde übertragen.

(2) Die ehrenamtlichen Richter sind in angemessenem Verhältnis unter billiger Berücksichtigung der Minderheiten aus den Vorschlagslisten zu entnehmen, die der zuständigen Stelle von den im Land bestehenden Gewerkschaften, selbständigen Vereinigungen von Arbeitnehmern mit sozial- oder berufspolitischer Zwecksetzung und Vereinigungen von Arbeitgebern sowie von den in § 22 Abs. 2 Nr. 3 bezeichneten Körperschaften oder deren Arbeitgebervereinigungen eingereicht werden.

21 *Voraussetzungen für die Berufung als ehrenamtlicher Richter*

(1) Als ehrenamtliche Richter sind Arbeitnehmer und Arbeitgeber zu berufen, die das 25. Lebensjahr vollendet haben und im Bezirk des Arbeitsgerichts tätig sind oder wohnen.

(2) Vom Amt des ehrenamtlichen Richters ist ausgeschlossen,

1. wer infolge Richterspruchs die Fähigkeit zur Bekleidung öffentlicher Ämter nicht besitzt oder wegen einer vorsätzlichen Tat zu einer Freiheitsstrafe von mehr als sechs Monaten verurteilt worden ist;

2. wer wegen einer Tat angeklagt ist, die den Verlust der Fähigkeit zur Bekleidung öffentlicher Ämter zur Folge haben kann;

3. wer das Wahlrecht zum Deutschen Bundestag nicht besitzt.

Personen, die in Vermögensverfall geraten sind, sollen nicht als ehrenamtliche Richter berufen werden.

(3) Beamte und Angestellte eines Gerichts für Arbeitssachen dürfen nicht als ehrenamtliche Richter berufen werden.

(4) Das Amt des ehrenamtlichen Richters, der zum ehrenamtlichen Richter in einem höheren Rechtszug berufen wird, endet mit Beginn der Amtszeit im höheren Rechtszug. Niemand darf gleichzeitig ehrenamtlicher Richter der Arbeitnehmerseite und der Arbeitgeberseite sein oder als ehrenamtlicher Richter bei mehr als einem Gericht für Arbeitssachen berufen werden.

(5) Wird das Fehlen einer Voraussetzung für die Berufung nachträglich bekannt oder fällt eine Voraussetzung nachträglich fort, so ist der ehrenamtliche Richter auf Antrag der zuständigen Stelle (§ 20) oder auf eigenen Antrag von seinem Amt zu entbinden. Über den Antrag entscheidet die vom Präsidium für jedes Geschäftsjahr im Voraus bestimmte Kammer des Landesarbeitsgerichts. Vor der Entscheidung ist der ehrenamtliche Richter zu hören. Die Entscheidung ist unanfechtbar. Die nach Satz 2 zuständige Kammer kann anordnen, dass der ehrenamtliche Richter bis zu der Entscheidung über die Entbindung vom Amt nicht heranzuziehen ist.

(6) Verliert der ehrenamtliche Richter seine Eigenschaft als Arbeitnehmer oder Arbeitgeber wegen Erreichens der Altersgrenze, findet Absatz 5 mit der Maßgabe Anwendung, dass die Entbindung vom Amt nur auf Antrag des ehrenamtlichen Richters zulässig ist.

22 *Ehrenamtlicher Richter aus Kreisen der Arbeitgeber*

(1) Ehrenamtlicher Richter aus Kreisen der Arbeitgeber kann auch sein, wer vorübergehend oder regelmäßig zu gewissen Zeiten des Jahres keine Arbeitnehmer beschäftigt.

(2) Zu ehrenamtlichen Richtern aus Kreisen der Arbeitgeber können auch berufen werden

1. bei Betrieben einer juristischen Person oder einer Personengesamtheit Personen, die kraft Gesetzes, Satzung oder Gesellschaftsvertrag allein oder als Mitglieder des Vertretungsorgans zur Vertretung der juristischen Person oder der Personengesamtheit berufen sind;

2. Geschäftsführer, Betriebsleiter oder Personalleiter, soweit sie zur Einstellung von Arbeitnehmern in den Betrieb berechtigt sind, oder Personen, denen Prokura oder Generalvollmacht erteilt ist;

3. bei dem Bunde, den Ländern, den Gemeinden, den Gemeindeverbänden und anderen Körperschaften, Anstalten und Stiftungen des öffentlichen Rechts Beamte und Angestellte nach näherer Anordnung der zuständigen obersten Bundes- oder Landesbehörde;

4. Mitglieder und Angestellte von Vereinigungen von Arbeitgebern sowie Vorstandsmitglieder und Angestellte von Zusammenschlüssen solcher Vereinigungen, wenn diese Personen kraft Satzung oder Vollmacht zur Vertretung befugt sind.

23 *Ehrenamtlicher Richter aus Kreisen der Arbeitnehmer*

(1) Ehrenamtlicher Richter aus Kreisen der Arbeitnehmer kann auch sein, wer arbeitslos ist.

(2) Den Arbeitnehmern stehen für die Berufung als ehrenamtliche Richter Mitglieder und Angestellte von Gewerkschaften, von selbständigen Vereinigungen von Arbeitnehmern mit sozial- oder berufspolitischer Zwecksetzung sowie Vorstandsmitglieder und Angestellte von Zusammenschlüssen von Gewerkschaften gleich, wenn diese Personen kraft Satzung oder Vollmacht zur Vertretung befugt sind. Gleiches gilt für Bevollmächtigte, die als Angestellte juristischer Personen, deren Anteile sämtlich im wirtschaftlichen Eigentum einer der in Satz 1 genannten Organisationen stehen, handeln und wenn die juristische Person ausschließlich die Rechtsberatung und Prozessvertretung der Mitglieder der Organisation entsprechend deren Satzung durchführt.

24 *Ablehnung und Niederlegung des ehrenamtlichen Richteramtes*

(1) Das Amt des ehrenamtlichen Richters kann ablehnen oder niederlegen,

1. wer die Regelaltersgrenze nach dem Sechsten Buch Sozialgesetzbuch erreicht hat;

2. wer aus gesundheitlichen Gründen daran gehindert ist, das Amt ordnungsgemäß auszuüben;

3. wer durch ehrenamtliche Tätigkeit für die Allgemeinheit so in Anspruch genommen ist, dass ihm die Übernahme des Amtes nicht zugemutet werden kann;

4. wer in den zehn der Berufung vorhergehenden Jahren als ehrenamtlicher Richter bei einem Gericht für Arbeitssachen tätig gewesen ist;

5. wer glaubhaft macht, dass ihm wichtige Gründe, insbesondere die Fürsorge für seine Familie, die Ausübung des Amtes in besonderem Maße erschweren.

(2) Über die Berechtigung zur Ablehnung oder Niederlegung entscheidet die zuständige Stelle (§ 20). Die Entscheidung ist endgültig.

25 (weggefallen)

26 *Schutz der ehrenamtlichen Richter*

(1) Niemand darf in der Übernahme oder Ausübung des Amtes als ehrenamtlicher Richter beschränkt oder wegen der Übernahme oder Ausübung des Amtes benachteiligt werden.

(2) Wer einen anderen in der Übernahme oder Ausübung seines Amtes als ehrenamtlicher Richter beschränkt oder wegen der Übernahme oder Ausübung des Amtes benachteiligt, wird mit Freiheitsstrafe bis zu einem Jahr oder mit Geldstrafe bestraft.

27 *Amtsenthebung der ehrenamtlichen Richter*

Ein ehrenamtlicher Richter ist auf Antrag der zuständigen Stelle (§ 20) seines Amtes zu entheben, wenn er seine Amtspflicht grob verletzt. § 21 Abs. 5 Satz 2 bis 5 ist entsprechend anzuwenden.

28 *Ordnungsgeld gegen ehrenamtliche Richter*

Die vom Präsidium für jedes Geschäftsjahr im Voraus bestimmte Kammer des Landesarbeitsgerichts kann auf Antrag des Vorsitzenden des Arbeitsgerichts gegen einen ehrenamtlichen Richter, der sich der Erfüllung seiner Pflichten entzieht, insbesondere ohne genügende Entschuldigung nicht oder nicht rechtzeitig zu den Sitzungen erscheint, ein Ordnungsgeld festsetzen. Vor dem Antrag hat der Vorsitzende des Arbeitsgerichts den ehrenamtlichen Richter zu hören. Die Entscheidung ist endgültig.

29 *Ausschuss der ehrenamtlichen Richter*

(1) Bei jedem Arbeitsgericht mit mehr als einer Kammer wird ein Ausschuss der ehrenamtlichen Richter gebildet. Er besteht aus mindestens je drei ehrenamtlichen Richtern aus den Kreisen der Arbeitnehmer und der Arbeitgeber in gleicher Zahl, die von den ehrenamtlichen Richtern aus den Kreisen der Arbeitnehmer und der Arbeitgeber in getrennter Wahl gewählt werden. Der Ausschuss tagt unter der Leitung des Aufsicht führenden oder, wenn ein solcher nicht vorhanden oder verhindert ist, des dienstältesten Vorsitzenden des Arbeitsgerichts.

(2) Der Ausschuss ist vor der Bildung von Kammern, vor der Geschäftsverteilung, vor der Verteilung der ehrenamtlichen Richter auf die Kammern und vor der Aufstellung der Listen über die Heranziehung der ehrenamtlichen Richter zu den Sitzungen mündlich oder schriftlich zu hören. Er kann den Vorsitzenden des Arbeitsgerichts und den die Verwaltung und Dienstaufsicht führenden Stellen (§ 15) Wünsche der ehrenamtlichen Richter übermitteln.

30 *Besetzung der Fachkammern*

Die ehrenamtlichen Richter einer Fachkammer sollen aus den Kreisen der Arbeitnehmer und der Arbeitgeber entnommen werden, für die die Fachkammer gebildet ist. Werden für Streitigkeiten der in § 22 Abs. 2 Nr. 2 bezeichneten Angestellten Fachkammern gebildet, so dürfen ihnen diese Angestellten nicht als ehrenamtliche Richter aus Kreisen der Arbeitgeber angehören. Wird die Zuständigkeit einer Fachkammer gemäß § 17 Abs. 2 erstreckt, so sollen die ehrenamtlichen Richter dieser Kammer aus den Bezirken derjenigen Arbeitsgerichte berufen werden, für deren Bezirke die Fachkammer zuständig ist.

31 *Heranziehung der ehrenamtlichen Richter*
(1) Die ehrenamtlichen Richter sollen zu den Sitzungen nach der Reihenfolge einer Liste herangezogen werden, die der Vorsitzende vor Beginn des Geschäftsjahres oder vor Beginn der Amtszeit neu berufener ehrenamtlicher Richter gemäß § 29 Abs. 2 aufstellt.

(2) Für die Heranziehung von Vertretern bei unvorhergesehener Verhinderung kann eine Hilfsliste von ehrenamtlichen Richtern aufgestellt werden, die am Gerichtssitz oder in der Nähe wohnen oder ihren Dienstsitz haben.

32 (weggefallen)

Zweiter Abschnitt. Landesarbeitsgerichte

33 *Errichtung und Organisation*
In den Ländern werden Landesarbeitsgerichte errichtet. § 14 Abs. 2 bis 5 ist entsprechend anzuwenden.

34 *Verwaltung und Dienstaufsicht*
(1) Die Geschäfte der Verwaltung und Dienstaufsicht führt die zuständige oberste Landesbehörde. § 15 Abs. 1 Satz 2 gilt entsprechend.

(2) Die Landesregierung kann durch Rechtsverordnung Geschäfte der Verwaltung und Dienstaufsicht dem Präsidenten des Landesarbeitsgerichts übertragen. Die Landesregierung kann die Ermächtigung nach Satz 1 durch Rechtsverordnung auf die zuständige oberste Landesbehörde übertragen.

35 *Zusammensetzung, Bildung von Kammern*
(1) Das Landesarbeitsgericht besteht aus dem Präsidenten, der erforderlichen Zahl von weiteren Vorsitzenden und von ehrenamtlichen Richtern. Die ehrenamtlichen Richter werden je zur Hälfte aus den Kreisen der Arbeitnehmer und der Arbeitgeber entnommen.

(2) Jede Kammer des Landesarbeitsgerichts wird in der Besetzung mit einem Vorsitzenden und je einem ehrenamtlichen Richter aus den Kreisen der Arbeitnehmer und der Arbeitgeber tätig.

(3) Die zuständige oberste Landesbehörde bestimmt die Zahl der Kammern. § 17 gilt entsprechend.

36 *Vorsitzende*
Der Präsident und die weiteren Vorsitzenden werden auf Vorschlag der zuständigen obersten Landesbehörde nach Anhörung der in § 14 Abs. 5 genannten Gewerkschaften und Vereinigungen von Arbeitgebern als Richter auf Lebenszeit entsprechend den landesrechtlichen Vorschriften bestellt.

37 *Ehrenamtliche Richter*
(1) Die ehrenamtlichen Richter müssen das dreißigste Lebensjahr vollendet haben und sollen mindestens fünf Jahre ehrenamtliche Richter eines Gerichts für Arbeitssachen gewesen sein.

(2) Im Übrigen gelten für die Berufung und Stellung der ehrenamtlichen Richter sowie für die Amtsenthebung und die Amtsentbindung die §§ 20 bis 28 entsprechend.

38 *Ausschuss der ehrenamtlichen Richter*
Bei jedem Landesarbeitsgericht wird ein Ausschuss der ehrenamtlichen Richter gebildet. Die Vorschriften des § 29 Abs. 1 Satz 2 und 3 und Abs. 2 gelten entsprechend.

39 *Heranziehung der ehrenamtlichen Richter*
Die ehrenamtlichen Richter sollen zu den Sitzungen nach der Reihenfolge einer Liste herangezogen werden, die der Vorsitzende vor Beginn des Geschäftsjahres oder vor Beginn der Amtszeit neu berufener ehrenamtlicher Richter gemäß § 38 Satz 2 aufstellt. § 31 Abs. 2 ist entsprechend anzuwenden.

Dritter Abschnitt. Bundesarbeitsgericht

40 *Errichtung*

(1) Das Bundesarbeitsgericht hat seinen Sitz in Erfurt.

(2) Die Geschäfte der Verwaltung und Dienstaufsicht führt das Bundesministerium für Arbeit und Soziales im Einvernehmen mit dem Bundesministerium der Justiz. Das Bundesministerium für Arbeit und Soziales kann im Einvernehmen mit dem Bundesministerium der Justiz Geschäfte der Verwaltung und Dienstaufsicht auf den Präsidenten des Bundesarbeitsgerichts übertragen.

41 *Zusammensetzung, Senate*

(1) Das Bundesarbeitsgericht besteht aus dem Präsidenten, der erforderlichen Zahl von Vorsitzenden Richtern, von berufsrichterlichen Beisitzern sowie ehrenamtlichen Richtern. Die ehrenamtlichen Richter werden je zur Hälfte aus den Kreisen der Arbeitnehmer und der Arbeitgeber entnommen.

(2) Jeder Senat wird in der Besetzung mit einem Vorsitzenden, zwei berufsrichterlichen Beisitzern und je einem ehrenamtlichen Richter aus den Kreisen der Arbeitnehmer und der Arbeitgeber tätig.

(3) Die Zahl der Senate bestimmt das Bundesministerium für Arbeit und Soziales im Einvernehmen mit dem Bundesministerium der Justiz.

42 *Bundesrichter*

(1) Für die Berufung der Bundesrichter (Präsident, Vorsitzende Richter und berufsrichterliche Beisitzer nach § 41 Abs. 1 Satz 1) gelten die Vorschriften des Richterwahlgesetzes. Zuständiges Ministerium im Sinne des § 1 Abs. 1 des Richterwahlgesetzes ist das Bundesministerium für Arbeit und Soziales; es entscheidet im Benehmen mit dem Bundesministerium der Justiz.

(2) Die zu berufenden Personen müssen das fünfunddreißigste Lebensjahr vollendet haben.

43 *Ehrenamtliche Richter*

(1) Die ehrenamtlichen Richter werden vom Bundesministerium für Arbeit und Soziales für die Dauer von fünf Jahren berufen. Sie sind im angemessenen Verhältnis unter billiger Berücksichtigung der Minderheiten aus den Vorschlagslisten zu entnehmen, die von den Gewerkschaften, den selbständigen Vereinigungen von Arbeitnehmern mit sozial- oder berufspolitischer Zwecksetzung und Vereinigungen von Arbeitgebern, die für das Arbeitsleben des Bundesgebietes wesentliche Bedeutung haben, sowie von den in § 22 Abs. 2 Nr. 3 bezeichneten Körperschaften eingereicht worden sind.

(2) Die ehrenamtlichen Richter müssen das fünfunddreißigste Lebensjahr vollendet haben, besondere Kenntnisse und Erfahrungen auf dem Gebiet des Arbeitsrechts und des Arbeitslebens besitzen und sollen mindestens fünf Jahre ehrenamtliche Richter eines Gerichts für Arbeitssachen gewesen sein. Sie sollen längere Zeit in Deutschland als Arbeitnehmer oder als Arbeitgeber tätig gewesen sein.

(3) Für die Berufung, Stellung und Heranziehung der ehrenamtlichen Richter sowie für die Amtsenthebung und Amtsentbindung sind im Übrigen die Vorschriften der §§ 21 bis 28 und des § 31 entsprechend anzuwenden mit der Maßgabe, dass die in § 21 Abs. 5, § 27 Satz 2 und § 28 Satz 1 bezeichneten Entscheidungen durch den vom Präsidium für jedes Geschäftsjahr im Voraus bestimmten Senat des Bundesarbeitsgerichts getroffen werden.

44 *Anhörung der ehrenamtlichen Richter, Geschäftsordnung*

(1) Bevor zu Beginn des Geschäftsjahres die Geschäfte verteilt sowie die berufsrichterlichen Beisitzer und die ehrenamtlichen Richter den einzelnen Senaten und dem Großen Senat zugeteilt werden, sind je die beiden lebensältesten ehrenamtlichen Richter aus den Kreisen der Arbeitnehmer und der Arbeitgeber zu hören.

(2) Der Geschäftsgang wird durch eine Geschäftsordnung geregelt, die das Präsidium beschließt; sie bedarf der Bestätigung durch den Bundesrat. Absatz 1 gilt entsprechend.

45 *Großer Senat*

(1) Bei dem Bundesarbeitsgericht wird ein Großer Senat gebildet.

(2) Der Große Senat entscheidet, wenn ein Senat in einer Rechtsfrage von der Entscheidung eines anderen Senats oder des Großen Senats abweichen will.

(3) Eine Vorlage an den Großen Senat ist nur zulässig, wenn der Senat, von dessen Entscheidung abgewichen werden soll, auf Anfrage des erkennenden Senats erklärt hat, dass er an seiner Rechtsauffassung festhält. Kann der Senat, von dessen Entscheidung abgewichen werden soll, wegen einer Änderung des Geschäftsverteilungsplanes mit der Rechtsfrage nicht mehr befasst werden, tritt der Senat an seine Stelle, der nach dem Geschäftsverteilungsplan für den Fall, in dem abweichend entschieden wurde, nunmehr zuständig wäre. Über die Anfrage und die Antwort entscheidet der jeweilige Senat durch Beschluss in der für Urteile erforderlichen Besetzung.

(4) Der erkennende Senat kann eine Frage von grundsätzlicher Bedeutung dem Großen Senat zur Entscheidung vorlegen, wenn das nach seiner Auffassung zur Fortbildung des Rechts oder zur Sicherung einer einheitlichen Rechtsprechung erforderlich ist.

(5) Der Große Senat besteht aus dem Präsidenten, je einem Berufsrichter der Senate, in denen der Präsident nicht den Vorsitz führt, und je drei ehrenamtlichen Richtern aus den Kreisen der Arbeitnehmer und Arbeitgeber. Bei einer Verhinderung des Präsidenten tritt ein Berufsrichter des Senats, dem er angehört, an seine Stelle.

(6) Die Mitglieder und die Vertreter werden durch das Präsidium für ein Geschäftsjahr bestellt. Den Vorsitz im Großen Senat führt der Präsident, bei Verhinderung das dienstälteste Mitglied. Bei Stimmengleichheit gibt die Stimme des Vorsitzenden den Ausschlag.

(7) Der Große Senat entscheidet nur über die Rechtsfrage. Er kann ohne mündliche Verhandlung entscheiden. Seine Entscheidung ist in der vorliegenden Sache für den erkennenden Senat bindend.

I. Allgemeines. Beim BAG ist ebenso wie bei allen anderen Obersten Gerichtshöfen des Bundes (§§ 132 bis 138 GVG, § 11 VwGO, § 11 FGO, § 41 SGG[1]) ein Großer Senat gebildet. Er soll innerhalb des BAG die **Einheitlichkeit der Rspr.** sicherstellen und die Möglichkeiten zur **Rechtsfortbildung** verstärken. Für die Rechtseinheitlichkeit über die Grenzen der Fachgerichtsbarkeiten hinweg hat der **Gemeinsame Senat der Obersten Gerichtshöfe des Bundes** zu sorgen (Gesetz zur Wahrung der Einheitlichkeit der Rspr. der Obersten Gerichtshöfe des Bundes vom 19.6.1968[2]; RsprEinhG). 1

II. Zusammensetzung. Der Große Senat des BAG besteht derzeit aus 16 Personen, der Präsidentin als Mitglied kraft Gesetzes, 9 weiteren Berufsrichtern sowie 6 ehrenamtl. Richtern (§ 45 V), die durch das Präsidium zu Mitgliedern des Großen Senats bestimmt werden. Der **Entscheidung des Präsidiums** liegen – an sich unverbindliche – Vorschläge aus den einzelnen Senaten und den ArbN- und ArbGebVerbänden zugrunde. 2

III. Zuständigkeit. Der Große Senats ist nur zuständig, wenn ein Senat ihm eine Rechtsfrage zur Entscheidung vorlegt, in der er von der Entscheidung eines anderen Senats oder des Gemeinsamen Senats abweichen will (**Divergenzvorlage**, Abs. 2, 3), oder über die nach seiner Auffassung im Interesse der Fortbildung des Rechts oder der Sicherung einer einheitlichen Rspr. der Große Senat entscheiden sollte (**Grundsatzvorlage**, Abs. 4). Der Große Senat ist nicht befugt, von sich aus über eine Rechtsfrage zu entscheiden. Eine Entscheidung durch den Großen Senat setzt stets den **Vorlagebeschluss** eines Fachsenats voraus[3]. 3

1. Divergenzvorlage. a) Voraussetzungen. Der Große Senat ist zuständig, wenn ein Senat in der Beantwortung einer **abstrakten Rechtsfrage** von der Entscheidung eines anderen Senats, also von dessen Antwort auf dieselbe abstrakte Frage, abweichen will, etwa zum Inhalt einer oder mehrerer, aber inhaltlich und systematisch gleich lautender[4] Rechtsnormen oder zu ungeschriebenen Rechtsregeln, wie etwa den Regeln über die betriebliche Übung, den Gleichbehandlungsgrundsatz oder allgemeinen Auslegungsregeln. Unter einer Abweichung ist die bewusste inhaltliche Änderung eines abstrakten Rechtssatzes zu verstehen. Eine **Fortentwicklung**, **Verdeutlichung** oder **Klarstellung** der bisherigen Rechtserkenntnis ist **keine Abweichung**. Der Große Senat ist also nur zuständig, wenn der vom vorlegenden Senat beabsichtigte und der früher aufgestellte abstrakte Rechtssatz **nicht gleichzeitig richtig** sein können[5]. Darüber hinaus müssen die beiden einander widersprechenden Rechtssätze für die jeweiligen Entscheidungen **erheblich** sein[6]. 4

Eine Divergenzvorlage ist nur dann zulässig, wenn die Entscheidung, von der abgewichen werden soll, divergenzfähig ist. Sie muss eine **abschließende rechtl. Bewertung** des Spruchkörpers enthalten[7], und von einem Senat stammen, der eine **andere Ordnungsnummer** trägt als der vorlegende Senat. Für eine Abweichung von der Rspr. des eigenen Senats bedarf es keiner Anrufung des Großen Senats wegen 5

---

1 Vergleichend *Offerhaus*, FS 75 Jahre Reichsfinanzhof – Bundesfinanzhof, S. 623 ff. | 2 BGBl. 1968, S. 661; hierzu *Kissel*, FS 75 Jahre Reichsfinanzhof – Bundesfinanzhof, S. 591. | 3 GK-ArbGG/*Dörner*, § 45 Rz. 15. | 4 Zu § 4 RsprEinhG: GmS OGB v. 6.2.1973 – GmS-OGB 1/72, AP Nr. 1 zu § 4 RsprEinhG. | 5 Wohl enger *Rüthers/Bakker*, ZfA 1992, 199 (208): es genügt eine Änderung der „Identität" des Rechtssatzes. | 6 ErfK/*Koch*, § 45 ArbGG Rz. 4; GK-ArbGG/*Dörner*, § 45 Rz. 26; aA (Entscheidungserheblichkeit nur beim anfragenden Senat) *Rüthers/Bakker*, ZfA 1992, 199 (206 f.). | 7 GMPM/*Prütting*, § 45 ArbGG Rz. 17; ebenso zu § 72a; BAG v. 20.8.1986 – 8 AZN 244/86, AP Nr. 18 zu § 72a ArbGG 1979 – Divergenz; teilw. einschr. GK-ArbGG/*Dörner*, § 45 Rz. 27.

Divergenz[1]. Eine Divergenzvorlage scheidet auch aus, wenn der Senat, der abweichen will, für die betreffende Rechtsfrage nunmehr allein zuständig ist (Arg. Abs. 3 S. 2)[2]. In beiden Fällen kann allerdings eine Grundsatzvorlage in Betracht kommen.

6 Voraussetzung für eine zulässige Divergenzvorlage ist, dass der Senat, von dem abgewichen werden soll, an seiner **Rechtsauffassung** bis zur Vorlage an den Großen Senat **festhält**. Eine Entscheidung ist nicht mehr divergenzfähig, wenn der betreffende Senat seine Rspr. bereits aufgegeben oder auf Anfrage des erkennenden Senats nach Abs. 3 S. 1 erklärt hat, dass er seine Rechtsauffassung aufgibt.

7 Eine Divergenzvorlage ist unzulässig, wenn sie erfolgt, bevor das **Anfrageverfahren** nach Abs. 3 S. 1 durchgeführt worden ist und zu dem dort vorgezeichneten Ergebnis geführt hat. Darüber, ob angefragt wird, entscheidet der Senat unter **Beteiligung der ehrenamtl. Richter**, die den Anfragebeschluss auch zu unterschreiben haben (Abs. 3 S. 3, § 75)[3]. Das gilt auch für die Antwort des Senats, von dessen Erkenntnis abgewichen werden soll. Eine Entscheidung nur durch die Berufsrichter des Senats ist geboten, wenn im Ausgangsverfahren über eine Revisionsbeschwerde nach § 77 zu entscheiden ist[4].

8 **b) Vorlagepflicht.** Liegen die Voraussetzungen für eine Divergenzvorlage nach Abs. 2 und 3 vor, **muss** der betreffende Senat die Sache dem Großen Senat vorlegen. Der **Große Senat** ist in diesem Fall **gesetzl. Richter** iSd. Art. 101 I 1 GG[5]. War es unter keinem rechtl. Gesichtspunkt vertretbar, also willkürlich, das Verfahren zur Anrufung des Großen Senats nicht einzuleiten, kommt eine **Verfassungsbeschwerde** gegen die (Allein-) Entscheidung des Fachsenats in Betracht[6].

9 **2. Grundsatzvorlage. a) Verfassungsrechtliche Bedenken.** Die Grundsatzvorlage des Abs. 4 geht auf nationalsozialistisches Gedankengut (GVG vom 28.6.1935) zurück[7]. Die Regelung begegnet aber auch unabhängig davon verfassungsrechtl. Bedenken[8]. Die Richter des nach Geschäftsverteilungsplan für einen Rechtsstreit zuständigen Fachsenats sind **gesetzl. Richter** iSd. Art. 101 I GG. Es ist deren Sache, zur Rechtsfortbildung beizutragen, wie sich schon aus § 72 II Nr. 1 ergibt, der die Zulassung der Revision an das BAG, nicht an dessen Großen Senat, vorsieht[9]. Die Aufgabe der Wahrung der Rechtseinheit und der Rechtsfortbildung ist dem BAG insgesamt zugewiesen, das durch seine Spruchkörper, die Fachsenate, entscheidet. Soll an deren Stelle der an demselben Gericht angesiedelte Große Senat der gesetzl. Richter sein, müsste **präzise** und **willkürfrei** geregelt sein, wann dies so ist und wann nicht. Eine solche Regelung fehlt.

10 Abs. 4 gibt dem an sich zuständigen Fachsenat einen mit Art. 101 I 2 GG unvereinbar weiten Entscheidungsspielraum, ob er vor einer Sachentscheidung eine Grundsatzvorlage beschließt, sich also seiner Aufgabe als gesetzl. Richter entledigt. Eine **verfassungskonforme Auslegung**, die den Fachsenaten ihre Pflicht, in ihrem Zuständigkeitsbereich selbst zur Rechtsfortbildung beizutragen, nicht gänzlich entziehen kann, könnte dahin gehen, eine Vorlagepflicht nur dann anzunehmen, wenn eine Rechtsfrage von näher zu bestimmender grundsätzlicher Bedeutung zur Entscheidung ansteht, die **für mehrere Fachsenate entscheidungserheblich** sein kann[10]. Zusätzlich ist zu erwägen, § 45 III im Rahmen des Abs. 4 sinngemäß anzuwenden, also die möglicherweise einmal befassten Senate um eine Stellungnahme zu der beabsichtigten Rspr. zu bitten und nur bei einem Widerspruch den Großen Senat anzurufen.

11 **b) Der Tatbestand des Abs. 4.** Wann eine Rechtsfrage iSv. Abs. 4 grundsätzliche Bedeutung hat, kann nicht allein unter Rückgriff auf die Rspr. zu § 72 II Nr. 1 festgestellt werden. Die Zahl der von der Rechtsfrage betroffenen Arbeitsverhältnisse – ohnehin ein zweifelhaftes Kriterium – hat keine Bedeutung. Entscheidend ist, ob die umstrittene Rechtsfrage von **wesentlichem, prägenden Gewicht** für die Rechtsordnung und das Arbeitsleben ist.

12 **IV. Verfahren.** Der Vorlagebeschluss des anfragenden Senats ist mit den Prozessakten dem Vorsitzenden des Großen Senats zuzuleiten, der zwei Berufsrichter zu Berichterstattern bestellt (§ 8 II der Geschäftsordnung). Nach Vorlage der Voten wird in einer **Sitzung aller Mitglieder des Großen Senats** über die zur Beurteilung vorgelegten Rechtsfrage – nicht den Rechtsstreit, in dem sich diese Rechtsfrage stellt – durch Beschluss entschieden, dem eine **mündliche Verhandlung** vorangehen kann, aber nicht muss (Abs. 7 S. 2). Dabei hat der Große Senat – ggf. vorab entsprechend §§ 280, 303 ZPO – über die Zulässigkeit der Vorlage zu entscheiden, also darüber, ob die Vorlage seitens des zuständigen Senats

1 Entsprechend für § 72 II Nr. 2: BAG v. 21.2.2002 – 2 AZN 909/01, AP Nr. 43 zu § 72a ArbGG 1979 – Grundsatz. | 2 Düwell/Lipke/*Düwell*, § 45 ArbGG Rz. 7; Schwab/Weth/*Liebscher*, § 45 ArbGG Rz. 20; praktisch höchst selten, weil für Rechtsfragen, die nicht den Schwerpunkt eines Rechtsstreits bilden, nach der Geschäftsverteilung des BAG an sich jeder Senat zuständig sein kann. | 3 Düwell/Lipke/*Düwell*, § 45 ArbGG Rz. 11. | 4 Düwell/Lipke/*Düwell*, § 45 ArbGG Rz. 13. | 5 Dreier/*Schulze-Fielitz*, GG, Art. 101 Rz. 62 mwN. | 6 BVerfG v. 29.6.1976 – 2 BvR 948/75, BVerfGE 42, 237 (241 f. mwN); zum Willkürmaßstab: *Offerhaus*, FS 75 Jahre Reichsfinanzhof – Bundesfinanzhof, S. 623 (637 f.); kritisch *Rüthers/Bakker*, ZfA 1992, 199 (219 f.). | 7 Vgl. etwa *Rudolf Lehmann*, JW 1935, 2327 (2328 f.). | 8 Ebenso GK-ArbGG/*Dörner*, § 45 Rz. 36 ff.; ErfK/*Koch*, § 45 ArbGG Rz. 6; Düwell/Lipke/*Düwell*, § 45 ArbGG Rz. 16 f.; BCF/*Friedrich*, § 45 ArbGG Rz. 6. | 9 Zur allgemeinen Aufgabe der Rechtsfortbildung – auch – durch das BAG zB *Rose*, FS Dieter Stege, S. 186; *Dieterich*, RdA 1993, 67. | 10 ErfK/*Koch*, § 45 ArbGG Rz. 6; GK-ArbGG/*Dörner*, § 45 Rz. 53.

erfolgte[1], und ob ein Vorlagegrund nach Abs. 2 auch tatsächlich besteht. Wird hiernach die Entscheidung der Rechtsfrage nicht – durch Beschluss – abgelehnt, ergeht ein die Vorlagefrage beantwortender Beschluss. Eine Überprüfung darauf, ob eine Rechtsfrage tatsächlich die vom vorlegenden Senat – verfassungskonform (s.o.) – angenommene grundsätzliche Bedeutung hat, steht dem Großen Senat nicht zu[2]. Hierüber entscheidet der vorlegende Senat abschließend.

Bis zur Entscheidung bleiben die Prozessparteien, für die durch das Verfahren vor dem Großen Senat **keine zusätzlichen Kosten** entstehen, Herren des Verfahrens. Sie haben insb. das Recht, den Rechtsstreit durch Klagerücknahme, Rechtsmittelrücknahme, Verzicht, Vergleich oder Anerkenntnis zu beenden und so dem Verfahren vor dem Großen Senat die Grundlage zu nehmen[3]. 13

V. Wirkung der Entscheidung. Der Fachsenat muss die Rechtsauffassung des Großen Senats in dem Rechtsstreit, der Anlass der Vorlage war, zugrunde legen (Abs. 7 S. 3). Eine darüber hinausgehende **Bindungswirkung** tritt nicht ein. Es handelt sich nur um eine weitere divergenzfähige Entscheidung iSv. Abs. 2, § 72 II Nr. 2. Will ein Senat hiervon abweichen, muss sich seine Anfrage nach Abs. 3 S. 1 an alle Senate des BAG richten. 14

Dritter Teil. Verfahren vor den Gerichten für Arbeitssachen

Erster Abschnitt. Urteilsverfahren

Erster Unterabschnitt. Erster Rechtszug

46 *Grundsatz*

(1) Das Urteilsverfahren findet in den in § 2 Abs. 1 bis 4 bezeichneten bürgerlichen Rechtsstreitigkeiten Anwendung.

(2) Für das Urteilsverfahren des ersten Rechtszugs gelten die Vorschriften der Zivilprozessordnung über das Verfahren vor den Amtsgerichten entsprechend, soweit dieses Gesetz nichts anderes bestimmt. Die Vorschriften über den frühen ersten Termin zur mündlichen Verhandlung und das schriftliche Vorverfahren (§§ 275 bis 277 der Zivilprozessordnung), über das vereinfachte Verfahren (§ 495a der Zivilprozessordnung), über den Urkunden- und Wechselprozess (§§ 592 bis 605a der Zivilprozessordnung), über die Entscheidung ohne mündliche Verhandlung (§ 128 Abs. 2 der Zivilprozessordnung) und über die Verlegung von Terminen in der Zeit vom 1. Juli bis 31. August (§ 227 Abs. 3 Satz 1 der Zivilprozessordnung) finden keine Anwendung. § 127 Abs. 2 der Zivilprozessordnung findet mit der Maßgabe Anwendung, dass die sofortige Beschwerde bei Bestandsschutzstreitigkeiten unabhängig von dem Streitwert zulässig ist.

I. Inhalt und Zweck. In Abs. 1 wiederholt die Vorschrift die Regelung in § 2 V, wonach in den Rechtsstreitigkeiten des § 2 I–IV das Urteilsverfahren stattfindet. Sodann ordnet sie in Abs. 2 an, welche Verfahrensvorschriften für das arbeitsgerichtl. Urteilsverfahren des ersten Rechtszugs gelten. Für die weiteren Rechtszüge finden sich ähnliche Regelungen in § 64 VI und VII (Berufungsverfahren) bzw. § 72 V (Revisionsverfahren). 1

II. Urteilsverfahren. Der Begriff des Urteilsverfahrens wird vom Gesetz vorausgesetzt. Das Urteilsverfahren ist das dem üblichen Zivilprozess der ZPO angeglichene gerichtl. Verfahren, für das der Grundsatz der Mündlichkeit, der Verhandlungsgrundsatz/Kooperationsgrundsatz, die Dispositionsmaxime, der Grundsatz der Unmittelbarkeit, der Grundsatz der Öffentlichkeit und der Beschleunigungsgrundsatz gelten und das der Rechtsverwirklichung in Form der individuellen Rechtsdurchsetzung (Klägerperspektive) bzw. Rechtsabwehr (Beklagtenperspektive) unter Wahrung der Parteiautonomie dient. In Abgrenzung wird im Beschlussverfahren auf Antrag eines Beteiligten über betriebsverfassungsrechtl. oder sonstige kollektivrechtl. Fragen iSv. § 2a I entschieden. Die Wahl der Verfahrensart steht nicht zur Disposition der Parteien bzw. Beteiligten[4]. 2

III. Verfahrensgrundsätze des arbeitsgerichtlichen Verfahrens. Das Zivilverfahrensrecht baut auf bestimmten Verfahrensgrundsätzen (Prozessmaximen) auf, die die wichtigen Entscheidungen für die Gestaltung des Verfahrens enthalten. Diese gelten mit Modifikationen auch im ArbG-Verfahren. Sie konkretisieren sich in zahlreichen Einzelbestimmungen, sind aber darüber hinaus in einschlägigen Zweifelsfragen als Wertentscheidung des Gesetzgebers zu berücksichtigen. Als wichtige Verfahrensgrundsätze 3

---

1 BAG v. 2.9.1983 – GS 1/82, AP Nr. 1 zu § 45 ArbGG 1979. | 2 Zutreffend GK-ArbGG/*Dörner*, § 45 Rz. 56 mwN auch zur Gegenauffassung des BAG. | 3 BAG v. 4.9.1987 – 8 AZR 487/80, AP Nr. 11 zu § 45 ArbGG 1979. | 4 GMPM/*Germelmann*, § 46 ArbGG Rz. 3; GK-ArbGG/*Schütz*, § 46 Rz. 6.

sind der Dispositionsgrundsatz, der Verhandlungsgrundsatz/Kooperationsgrundsatz, der Grundsatz der Mündlichkeit, der Unmittelbarkeit und der Öffentlichkeit, der Konzentrationsgrundsatz und der Grundsatz der freien richterlichen Beweiswürdigung zu nennen; als verfassungsrechtl. gebotene Prozessmaxime tritt dazu der Grundsatz der Wahrung rechtl. Gehörs[1].

4 **IV. Anzuwendende Vorschriften. 1. Überblick.** Für das arbeitsgerichtl. Urteilsverfahren des ersten Rechtszugs gelten mit Vorrang die Normen des ArbGG. Soweit das ArbGG keine Regelung trifft, gelten die Vorschriften der ZPO über das Verfahren vor den AG (§§ 495–510b ZPO) entsprechend. Für das Verfahren vor den AG gelten nach § 495 ZPO die Vorschriften über das Verfahren vor den LG (§§ 253–494a ZPO), soweit nicht aus den allgemeinen Vorschriften des Ersten Buches der ZPO (§§ 1–252 ZPO) und aus den §§ 495–510b ZPO sich Abweichungen ergeben.

5 **2. Ausdrücklich ausgenommene Vorschriften (Abs. 2 S. 2). a) Früher erster Termin (§§ 275–277 ZPO).** Die Vorschriften über den frühen ersten Termin zur mündl. Verhandlung und das schriftl. Vorverfahren (§§ 275–277 ZPO) finden nach Abs. 2 S. 2 keine Anwendung. Auf Grund der Vorschriften zum Güteverfahren (§ 54), zur Vorbereitung der streitigen Verhandlung (§ 56) und zur besonderen Prozessförderung in Kündigungsverfahren besteht hierfür auch kein Bedarf. Ein schriftl. Vorverfahren widerspräche auch der besonderen Betonung des Mündlichkeitsprinzips in §§ 54, 47 II[2].

6 **b) Verfahren nach billigem Ermessen (§ 495a ZPO).** Ebenfalls keine Anwendung findet nach Abs. 2 S. 2 das Verfahren nach billigem Ermessen des § 495a ZPO. Nach dieser Vorschrift kann das AG sein Verfahren nach billigem Ermessen bestimmen, wenn der Streitwert 600 Euro nicht übersteigt. Nur auf Antrag muss mündlich verhandelt werden.

7 **c) Entscheidung ohne mündliche Verhandlung.** Abs. 2 S. 2 ordnet des Weiteren den Ausschluss der Entscheidung ohne mündliche Verhandlung nach § 128 II ZPO an und betont auch auf diese Weise den besonderen Stellenwert des Mündlichkeitsprinzips im arbeitsgerichtl. Verfahren. Der Ausschluss des schriftl. Verfahrens betrifft aber nur das erstinstanzliche Verfahren. In der Berufungs- und ebenfalls in der Revisionsinstanz ist das schriftl. Verfahren mangels Bezugnahme auf Abs. 2 in § 64 VII bzw. § 72 VI zulässig.

8 **d) Urkunden- und Wechselprozess.** Schließlich finden nach Abs. 2 S. 2 die Vorschriften über den Urkunden- und Wechselprozess (§§ 592–605a ZPO) keine Anwendung. Abs. 2 S. 2 enthält keine Rechtswegregelung für den Urkunden- und Wechselprozess, sondern er schließt diese Verfahrensart lediglich für Rechtsstreitigkeiten vor den Gerichten für Arbeitssachen aus[3].

9 **e) Terminsverlegung.** Schließlich findet die Regelung aus § 227 III 1 ZPO zur erleichterten Möglichkeit der Terminsverlegung in der Zeit vom 1. Juli bis 31. August keine Anwendung. Für die Terminsverlegung bedarf es daher durchgehend eines erheblichen Grundes nach § 227 I 1 ZPO.

10 **V. Klage im arbeitsgerichtlichen Urteilsverfahren.** Das arbeitsgerichtl. Urteilsverfahren wird durch die Klage, durch Mahnantrag oder durch Antrag im Verfahren des Arrestes oder der einstw. Verfügung eingeleitet.

11 **1. Klage.** Die Klage leitet ohne Rücksicht auf Zulässigkeit und Begründetheit das Urteilsverfahren ein. Sie begründet das Prozessrechtsverhältnis zwischen den Parteien und zwischen den Parteien und dem Gericht. Sie enthält das Gesuch an das Gericht, durch Urteil Rechtsschutz zu gewähren, und legt dessen Art (Leistungs-, Feststellungs- oder Gestaltungsurteil) und Umfang (§ 308 ZPO) fest[4].

12 **2. Klagearten. a) Leistungsklage.** Leistungsklagen dienen der Durchsetzung eines vom Kläger behaupteten Anspruchs zum Zwecke der Befriedigung. Der Anspruch kann gerichtet sein auf ein positives Tun, ein Unterlassen (§§ 241 S. 2, 194 I BGB) oder ein Dulden. Das stattgebende Urteil enthält die rechtsbezeugende (deklaratorische), rechtskraftfähige Feststellung, dass der Anspruch besteht und den Leistungsbefehl an den Beklagten als Grundlage für die Zwangsvollstreckung[5].

13 **b) Feststellungsklage.** Feststellungsklagen (§ 256 ZPO) zielen auf die Feststellung, dass zwischen den Parteien ein Rechtsverhältnis besteht (positive Feststellungsklage) oder nicht besteht (negative Feststellungsklage). Sie können auch der Feststellung dienen, ob eine Urkunde echt oder unecht ist. Dabei beschränken sie sich auf die rechtsbezeugende (deklaratorische), rechtskraftfähige Feststellung; das Urteil enthält keinen vollstreckungsfähigen Leistungsbefehl. Ihr Ziel reicht nicht so weit wie bei den Leistungsklagen, ihr Gegenstand ist dagegen umfassender, sie kann Rechte und Rechtsverhältnisse jeder Art betreffen, nicht nur Ansprüche wie bei den Leistungsklagen. Feststellungsurteile sind auch die klageabweisenden Urteile und die Zwischenurteile[6].

14 **aa) Besondere Prozessvoraussetzungen.** Die Feststellungsklage hat zwei besondere Prozessvoraussetzungen: Zum einen muss ihr als Streitgegenstand die Behauptung des Bestehens oder Nichtbeste-

---

1 BAG v. 22.5.2007 – 3 AZN 1155/06, AP Nr. 6 zu § 448 ZPO. |2 GMPM/*Germelmann*, § 46 ArbGG Rz. 21. |3 BAG v. 7.11.1996 – 5 AZB 19/96, AP Nr. 1 zu § 46 ArbGG 1979. |4 *Thomas/Putzo*, Vorb. § 253 ZPO Rz. 1. |5 *Thomas/Putzo*, Vorb. § 253 ZPO Rz. 3. |6 *Thomas/Putzo*, Vorb. § 253 ZPO Rz. 4.

hens eines Rechtsverhältnisses zugrunde liegen, zum anderen muss der Feststellungskläger ein rechtl. Interesse an alsbaldiger Feststellung haben. Fehlt eine der beiden Voraussetzungen, ist die Feststellungsklage unzulässig. Gleichwohl lässt die Rspr. bei fehlendem Feststellungsinteresse ein klageabweisendes Sachurteil zu, weil das Fehlen des Feststellungsinteresses nicht ein Sachurteil überhaupt, sondern nur ein dem Kläger günstiges verhindere[1].

bb) (Nicht-)Bestehen eines Rechtsverhältnisses. Rechtsverhältnis ist eine aus dem vorgetragenen Sachverhalt abgeleitete Beziehung von Personen untereinander oder zu einem Gegenstand[2]. Es muss hinreichend konkret, dh. seinen wesentlichen Tatumständen nach eingrenzbar sein. Die Feststellung kann auch auf einzelne Folgen der Rechtsbeziehungen zielen, zB auf Feststellung eines einzelnen Anspruchs. Es kann auch um eine negative Feststellung gehen, dass kein Anspruch aus einer bestimmten selbständigen Anspruchsgrundlage besteht, wenn nach dem Sachverhalt andere, konkurrierende Anspruchsgrundlagen in Betracht kommen[3]. 15

Das Rechtsverhältnis muss des Weiteren gegenwärtig sein. Es darf nicht erst künftig sein, kann aber noch bedingt oder betagt sein[4]. Dass es bereits vergangen ist, schadet nicht, wenn der Kläger daraus noch Wirkungen herleiten kann[5]. 16

Kein Rechtsverhältnis sind bloße, auch rechtserhebliche Tatsachen, ferner einzelne Elemente oder Vorfragen eines Rechtsverhältnisses[6] oder auch abstrakte Rechtsfragen ohne Bezug auf ein konkretes Rechtsverhältnis. Hierzu gehören auch Rechtsfragen, die erst für die künftige Entstehung von Rechtsverhältnissen Bedeutung haben. 17

cc) Feststellungsinteresse. Das rechtl. Interesse an alsbaldiger Feststellung nach § 256 I ZPO ist eine besondere Ausprägung des Rechtsschutzinteresses als Sachurteilsvoraussetzung. Dabei muss es sich um ein eigenes[7], nicht ausschließlich wirtschaftl. oder persönliches Interesse handeln. Anstelle des Feststellungsinteresses tritt bei der Zwischenfeststellungsklage nach § 256 II ZPO die Vorgreiflichkeit. Fehlt in einem Rechtsstreit das Feststellungsinteresse, ist daher stets zu prüfen, ob nicht Vorgreiflichkeit iSv. § 256 II ZPO vorliegt. Das Rechtsverhältnis muss durch eine tatsächliche Unsicherheit gefährdet sein. Dies ist der Fall, wenn Streit zwischen den Parteien über Art und Umfang eines Anspruchs besteht, wenn der Beklagte Rechten des Klägers zuwiderhandelt oder sie ernstlich bestreitet[8], wenn sich eine Partei eines Rechts gegen die andere berühmt[9]. Das Feststellungsinteresse entfällt, sobald der Beklagte seinen bisherigen Standpunkt als Irrtum erkennt und endgültig aufgibt. Das angestrebte Feststellungsurteil muss geeignet sein, die Unsicherheit zu beseitigen[10]. „Alsbald" iSv. § 256 I ZPO bedeutet, dass das Bedürfnis auf Feststellung wenigstens in nicht ferner Zukunft besteht[11]. 18

Das Feststellungsinteresse fehlt, wenn dem Kläger ein einfacherer Weg zur Verfügung steht, um sein Ziel zu erreichen. Dies trifft insb. in den Fällen zu, in denen eine Klage auf fällige Leistung möglich ist, ausgenommen die Feststellungsklage führt im Einzelfall unter dem Gesichtspunkt der Prozesswirtschaftlichkeit zu einer sinnvollen und sachgemäßen Erledigung der aufgetretenen Streitpunkte[12]. Für die negative Feststellungsklage entfällt das Feststellungsinteresse grds., sobald die positive Feststellungsklage erhoben wird und einseitig nicht mehr zurückgenommen werden kann[13], außer wenn zu diesem Zeitpunkt die negative Feststellungsklage aus der Sicht der letzten mündlichen Verhandlung entscheidungsreif ist[14]. Entsprechendes gilt für die positive Feststellungsklage, wenn später Leistungsklage mit gleichem Streitstoff erhoben wird[15]. 19

dd) Zwischenfeststellungsklage. Die Rechtskraftwirkung eines Urteils bezieht sich nur auf die Entscheidung über den prozessualen Anspruch selbst. Mit der Zwischenfeststellungsklage wird die Ausdehnung der Rechtskraft auf das ein Leistungsurteil bedingende Rechtsverhältnis und die tragenden Entscheidungsgründe bezweckt. Erhoben werden kann sie nur vom Kläger zusammen mit der Leistungsklage oder nachträglich (objektive Klagenhäufung, § 260 ZPO) oder vom Beklagten als Widerklage[16]. Eine zunächst allein erhobene selbständige Feststellungsklage wird zur Zwischenfeststellungsklage, wenn eine Leistungsklage oder Widerklage erst im Verlauf des Rechtsstreits nachgeschoben wird[17]. 20

Das Rechtsschutzbedürfnis liegt in der Vorgreiflichkeit. Diese ist gegeben, wenn das inzidenter zu klärende Rechtsverhältnis zwischen den Parteien noch über den Streitgegenstand hinaus Bedeutung 21

1 BAG v. 21.6.2005 – 9 AZR 295/04, DB 2006, 400; v. 3.5.1994 – 9 AZR 606/92, AP Nr. 65 zu § 74 HGB; v. 14.3.1978 – VI ZR 68/76, NJW 1978, 2031; aA *Hauck*, § 46 ArbGG Rz. 36. | 2 BGH v. 15.10.1956 – III ZR 226/55, NJW 1957, 21. | 3 BGH v. 3.5.1983 – VI ZR 79/80, MDR 1983, 1014. | 4 BGH v. 10.10.1991 – IX ZR 38/91, MDR 1992, 297. | 5 BAG v. 21.3.1993 – 9 AZR 580/90, AP Nr. 22 zu § 256 ZPO 1977. | 6 BGH v. 1.1.1994 – III ZR 137/93, MDR 1995, 105 (betr. Wiedergabe gesetzl. Verbotstatbestands im Antrag). | 7 BGH v. 6.7.1989 – IX 280/88, NJW-RR 1990, 318. | 8 BGH v. 7.2.1986 – V ZR 201/84, MDR 1986, 743. | 9 BGH v. 29.11.1990 – IX ZR 265/89, MDR 1991, 627. | 10 BGH v. 22.6.1977 – VIII ZR 5/76. | 11 *Thomas/Putzo*, § 256 ZPO Rz. 17. | 12 BGH v. 9.6.1983 – III ZR 74/82, MDR 1984, 28. | 13 BGH v. 28.6.1973 – VII ZR 200/72, MDR 1973, 925. | 14 BGH v. 22.1.1987 – I ZR 230/85, MDR 1987, 558. | 15 BGH v. 21.12.1989 – IX ZR 234/88, MDR 1990, 540. | 16 *Thomas/Putzo*, § 256 ZPO Rz. 26. | 17 BGH v. 6.1.1989 – IX ZR 280/88, NJW-RR 1990, 318; v. 4.5.1994 – XII ZR 24/93, NJW 1994, 2759.

gewinnen kann[1]. Es fehlt, wenn das Rechtsverhältnis keine weiteren Folgen zeitigen kann als die mit der Hauptklage zur Entscheidung gestellten, diese Entscheidung also die Rechtsbeziehungen mit Rechtskraftwirkung erschöpfend klarstellt.

22 **c) Gestaltungsklage.** Gestaltungsklagen dienen der Durchsetzung eines vom Kläger behaupteten privatrechtl. Rechts auf Begründung, Änderung oder Aufhebung eines Rechtsverhältnisses. Der Gestaltungsklage liegt kein Anspruch zugrunde. Sie ist vielmehr darauf gerichtet, durch ein rechtsänderndes (konstitutives Urteil) eine bisher nicht vorhandene Rechtsfolge zu schaffen, die mit der formellen Rechtskraft des stattgegebenen Urteils eintritt[2]. Anwendbar ist die Gestaltungsklage überall dort, wo das Gesetz für die Ausübung des Gestaltungsrechts Klage und Urteil voraussetzt (zB bei §§ 9, 10 KSchG; § 78a IV Nr. 2 BetrVG).

46a *Mahnverfahren*

(1) Für das Mahnverfahren vor den Gerichten für Arbeitssachen gelten die Vorschriften der Zivilprozessordnung über das Mahnverfahren einschließlich der maschinellen Bearbeitung entsprechend, soweit dieses Gesetz nichts anderes bestimmt. § 690 Abs. 3 Satz 2 der Zivilprozessordnung ist nicht anzuwenden.

(2) Zuständig für die Durchführung des Mahnverfahrens ist das Arbeitsgericht, das für die im Urteilsverfahren erhobene Klage zuständig sein würde.

(3) Die in den Mahnbescheid nach § 692 Abs. 1 Nr. 3 der Zivilprozessordnung aufzunehmende Frist beträgt eine Woche.

(4) Wird rechtzeitig Widerspruch erhoben und beantragt eine Partei die Durchführung der mündlichen Verhandlung, so hat die Geschäftsstelle dem Antragsteller unverzüglich aufzugeben, seinen Anspruch binnen zwei Wochen schriftlich zu begründen. Bei Eingang der Anspruchsbegründung bestimmt der Vorsitzende den Termin zur mündlichen Verhandlung. Geht die Anspruchsbegründung nicht rechtzeitig ein, so wird bis zu ihrem Eingang der Termin nur auf Antrag des Antragsgegners bestimmt.

(5) Die Streitsache gilt als mit Zustellung des Mahnbescheids rechtshängig geworden, wenn alsbald nach Erhebung des Widerspruchs Termin zur mündlichen Verhandlung bestimmt wird.

(6) Im Fall des Einspruchs hat das Gericht von Amts wegen zu prüfen, ob der Einspruch an sich statthaft und ob er in der gesetzlichen Form und Frist eingelegt ist. Fehlt es an einem dieser Erfordernisse, so ist der Einspruch als unzulässig zu verwerfen. Ist der Einspruch zulässig, hat die Geschäftsstelle dem Antragsteller unverzüglich aufzugeben, seinen Anspruch binnen zwei Wochen schriftlich zu begründen. Nach Ablauf der Begründungsfrist bestimmt der Vorsitzende unverzüglich Termin zur mündlichen Verhandlung.

(7) Das Bundesministerium für Arbeit und Soziales wird ermächtigt, durch Rechtsverordnung mit Zustimmung des Bundesrates den Verfahrensablauf zu regeln, soweit dies für eine einheitliche maschinelle Bearbeitung der Mahnverfahren erforderlich ist (Verfahrensablaufplan).

(8) Das Bundesministerium für Arbeit und Soziales wird ermächtigt, durch Rechtsverordnung mit Zustimmung des Bundesrates zur Vereinfachung des Mahnverfahrens und zum Schutze der in Anspruch genommenen Partei Formulare einzuführen. Dabei können für Mahnverfahren bei Gerichten, die die Verfahren maschinell bearbeiten, und für Mahnverfahren bei Gerichten, die die Verfahren nicht maschinell bearbeiten, unterschiedliche Formulare eingeführt werden.

1 **I. Inhalt und Zweck.** Für das Mahnverfahren vor den Gerichten für Arbeitssachen gelten die §§ 688–703d ZPO, soweit nicht in § 46a II–VIII anderes bestimmt ist (Abs. 1). Für das arbeitsgerichtl. Verfahren bestehen hauptsächlich Besonderheiten im Hinblick auf die örtliche Zuständigkeit, die Widerspruchsfrist und den Ausschluss des Urkunden- und Wechselverfahrens. Eine Automatisierung des Mahnverfahrens war für das arbeitsgerichtl. Verfahren zunächst nicht vorgesehen. Durch Gesetz vom 29.6.1998 hat der Gesetzgeber jedoch diese Möglichkeit für das Mahnverfahren vor den ArbG eröffnet (s. Abs. 1, 7 und 8).

2 **II. Zulässigkeit des Mahnverfahrens. 1. Allgemeine Verfahrensvoraussetzungen.** Für das arbeitsgerichtl. Mahnverfahren müssen die allgemeinen Prozessvoraussetzungen des arbeitsgerichtl. Urteilsverfahrens vorliegen, nämlich der Rechtsweg zu den Gerichten für Arbeitssachen, Parteifähigkeit, Prozessfähigkeit, gesetzl. Vertretung, Rechtsschutzbedürfnis und örtliche Zuständigkeit. Das Vorliegen dieser Voraussetzungen hat der Rechtspfleger trotz Wegfalls der Schlüssigkeitsprüfung im Rahmen seines begrenzten Prüfungsrechts[3] zu prüfen. Insbesondere Rechtswegerschleichungen wird er jedoch im Regelfall nicht begegnen können.

---

1 BGH v. 17.5.1977 – VI ZR 174/74, MDR 1977, 1009; v. 4.5.1994 – XII ZR 24/93, NJW 1994, 2759; BAG v. 3.3.1999 – 5 AZR 363/98, AP Nr. 21 zu § 611 BGB – Croupier. | 2 *Thomas/Putzo*, Vorb. § 253 ZPO Rz. 5. | 3 Zöller/*Vollkommer*, § 691 ZPO Rz. 1.

2. Örtliche Zuständigkeit. In Abweichung von § 689 II ZPO richtet sich die örtliche Zuständigkeit nach Abs. 2. Danach ist für die Durchführung des Mahnverfahrens das ArbG zuständig, das für die im Urteilsverfahren erhobene Klage zuständig sein würde. Damit richtet sich die örtliche Zuständigkeit nach den §§ 12–37 ZPO und nicht – wie im zivilprozessualen Verfahren – nach dem Wohnsitz oder Sitz des Antragstellers. Wirksame Gerichtsstandsvereinbarungen nach § 38 III ZPO gelten auch im Mahnverfahren[1]. Nach § 690 I Nr. 2 ZPO muss der Antragsteller in seinem Antrag auf Erlass des Mahnbescheids das Gericht bezeichnen, das für ein streitiges Verfahren zuständig ist. Durch die Bezeichnung des zuständigen ArbG übt der Antragsteller zugleich selbstbindend sein Wahlrecht nach § 35 ZPO aus. Geht das Mahnverfahren in das Hauptverfahren über, bleibt es bei der bestehenden örtlichen Zuständigkeit. 3

3. Zahlungsanspruch. Im Mahnverfahren kann nach § 688 I ZPO regelmäßig nur die Zahlung einer bestimmten Geldsumme in Euro geltend gemacht werden. Ausnahmsw. kann der Mahnbescheid auch auf eine bestimmte Geldsumme in ausländischer Währung lauten. Dies ist nach § 688 III ZPO der Fall, wenn das Anerkennungs- und Vollstreckungsausführungsgesetz vom 19.2.2001 (BGBl. I S. 288) dies vorsieht. 4

Das arbeitsgerichtl. Mahnverfahren ist dabei nur für Zahlungsansprüche zulässig, die im Urteilsverfahren geltend gemacht werden können (arg. § 46a II). Soweit Zahlungsansprüche im Beschlussverfahren durchzusetzen sind, können sie nicht im arbeitsgerichtl. Mahnverfahren verfolgt werden[2]. 5

Mehrere Zahlungsansprüche können in einem Mahnantrag verbunden werden, wenn für jeden Zahlungsanspruch die allgemeinen und besonderen Verfahrensvoraussetzungen vorliegen (entspr. § 260 ZPO). Die gerichtliche Verbindung von Mahnbescheiden (entspr. § 147 ZPO) scheidet aus[3]. Bei Streitgenossen nach § 59 ZPO ergehen für und gegen jeden getrennte, teilweise inhaltlich gleich lautende, voneinander abhängige Mahnbescheide[4]. 6

4. Erbrachte Gegenleistung. Das Mahnverfahren findet nach § 688 II Nr. 2 ZPO nicht statt, wenn die Geltendmachung des Anspruchs von einer noch nicht erbrachten Gegenleistung abhängig ist. Die Forderung muss im Zeitpunkt des Mahnbescheiderlasses fällig und unbedingt sein[5]. Ausgeschlossen sind künftige Ansprüche auf Arbeitsvergütung oder sonstige arbeitsvertragl. Geldleistungen, die ihren Rechtsgrund im Austauschverhältnis haben. Die §§ 257–259 ZPO (Klage auf künftige Leistung, Klage auf wiederkehrende Leistung, Klage wegen Besorgnis der Nichterfüllung) finden im Mahnverfahren keine entsprechende Anwendung[6]. 7

5. Keine öffentliche Bekanntmachung. Nach § 688 II Nr. 3 ZPO findet das Mahnverfahren nicht statt, wenn die Zustellung des Mahnbescheids durch öffentl. Bekanntmachung iSv. §§ 185 ff. ZPO erfolgen müsste. Wenn sich erst im Laufe des Mahnverfahrens herausstellt, dass eine Zustellung nur durch öffentl. Bekanntmachung möglich wäre, ist der Antrag auf Erlass eines Mahnbescheids zurückzuweisen (§ 691 I 1 Nr. 1 ZPO), wobei der Antragsteller vorab zu hören ist (§ 691 I 2 ZPO). Eine Abgabe entsprechend § 696 ZPO in das streitige Verfahren ist nicht möglich[7], weshalb vom Antragsteller Klage zu erheben ist. 8

III. Durchführung des Mahnverfahrens. 1. Antrag. a) Form. Das Mahnverfahren wird auf Antrag durchgeführt (§ 688 I ZPO). Der Antragsteller muss dafür grds. das amtlich vorgeschriebene Formular benutzen (§§ 703c II, 702 I 2 ZPO, § 46a VII).Dies gilt nicht für Mahnverfahren, in denen der Antragsteller das Mahnverfahren maschinell betreibt und in denen der Mahnbescheid im Ausland oder nach Art. 32 des Zusatzabkommens zum NATO-Truppenstatut vom 3.8.1959 zuzustellen ist. Für Rechtsanwälte gilt nicht der Zwang, sich der maschinell lesbaren Form zu bedienen. 9

Der Antrag bedarf nach § 690 II ZPO der handschriftl. Unterzeichnung. Hier gelten die gleichen Anforderungen wie für die Unterzeichnung eines bestimmenden Schriftsatzes (vgl. zum automatisierten Mahnverfahren Rz. 36). Die Einreichung des Antrags per Telefax wird als zulässig erachtet[8]. Der telegrafischen Einreichung steht der Vordruckzwang entgegen. 10

Im Mahnverfahren bedarf es des Nachweises einer Vollmacht nicht. Wer als Bevollmächtigter einen Antrag einreicht oder einen Rechtsbehelf einlegt, hat seine ordnungsgemäße Bevollmächtigung zu versichern (§ 703 ZPO). 11

Die Anträge und Erklärungen im Mahnverfahren können vor dem Urkundsbeamten der Geschäftsstelle abgegeben werden. Dabei werden die amtlichen Vordrucke ausgefüllt. Der Urkundsbeamte vermerkt unter Angabe des Gerichts und des Datums, dass er den Antrag oder die Erklärung aufgenommen hat (§ 702 I ZPO). 12

Der Antrag auf Erlass eines Mahnbescheids oder eines Vollstreckungsbescheids wird dem Antragsgegner nicht mitgeteilt (§ 702 II ZPO). 13

1 GMPM/*Germelmann*, § 46a ArbGG Rz. 13. | 2 GK-ArbGG/*Bader*, § 46a Rz. 5. | 3 GMPM/*Germelmann*, §§ 46a ArbGG Rz. 7. | 4 GK-ArbGG/*Bader*, § 46a Rz. 10. | 5 *Hauck*, § 46a ArbGG Rz. 5. | 6 GMPM/*Germelmann*, § 46a ArbGG Rz. 6. | 7 GK-ArbGG/*Bader*, § 46a Rz. 23; GMPM/*Germelmann*, § 46a ArbGG Rz. 8c. | 8 *Hauck*, § 46a ArbGG Rz. 7; GK-ArbGG/*Bader*, Rz. 25.

14 **b) Inhalt.** Der Mahnantrag muss entsprechend § 690 I Nr. 1–4 ZPO enthalten:

- Nr. 1: die Bezeichnung der Parteien, ihrer gesetzl. Vertreter und der Prozessbevollmächtigten;
- Nr. 2: Die Bezeichnung des Gerichts, bei dem der Antrag gestellt wird;
- Nr. 3: Die Bezeichnung des Anspruchs unter bestimmter Angabe der verlangten Leistung; Haupt- und Nebenforderungen sind gesondert und einzeln zu bezeichnen;
- Nr. 4: Die Erklärung, dass der Anspruch nicht von einer Gegenleistung abhängt oder dass die Gegenleistung erbracht ist.

15 Die Bezeichnung des Gerichts, das für ein streitiges Verfahren zuständig ist (§ 690 I Nr. 5 ZPO), ist entbehrlich, weil eine Abgabe nach § 696 I 1 ZPO wegen Abs. 2 nicht stattfindet.

16 Nach § 690 I Nr. 3 ZPO ist nicht nur die Bezifferung jedes einzelnen Zahlungsanspruchs erforderlich, sondern es müssen auch Angaben zur zeitlichen Abgrenzung gemacht werden, da andernfalls der Umfang der Rechtskraft nicht feststellbar ist. Daneben ist im Hinblick auf jede Einzelforderung anzugeben, ob es sich zB um Arbeitsvergütung, Vergütungsfortzahlung, Überstundenvergütung oder Urlaubsgeld handelt[1]. Nebenforderungen sind in Einzelforderungen aufzuschlüsseln (zB Auslagen, vorprozessuale Kosten). Durch diese Angaben, die keine substantiierte Anspruchsbegründung enthalten müssen, wird der Anspruch individualisiert und damit unterscheidbar gemacht[2].

17 **2. Entscheidung.** Zuständig für die Entscheidung über den Antrag auf Erlass eines Mahnbescheids ist der Rechtspfleger (§ 9 III 1 ArbGG iVm. § 20 Nr. 1 RPflG). Dieser hat von Amts wegen zu prüfen, ob die allgemeinen Verfahrensvoraussetzungen und die besonderen Voraussetzungen für das Mahnverfahren vorliegen und ob der Antrag nach Form und Inhalt den gesetzl. Anforderungen genügt. Der Gesetzgeber hat auf eine Schlüssigkeitsprüfung durch den Rechtspfleger verzichtet. Dies kann zu einem Missbrauch des Mahnverfahrens führen. Der Vollstreckung eines Vollstreckungsbescheids ist mit § 826 BGB zu begegnen, wenn die Wahl des Mahnverfahrens durch den Gläubiger als missbräuchliche Umgehung der im Klageverfahren stattfindenden Schlüssigkeitsprüfung bewertet werden kann[3].

18 **a) Zurückweisung.** Der Mahnantrag wird entsprechend § 691 I 1 Nr. 1 ZPO zurückgewiesen, wenn:

- das Mahnverfahren nicht stattfindet;
- das angegangene ArbG nicht zuständig ist;
- der Mahnantrag von Form und Inhalt nicht den gesetzl. Anforderungen genügt;
- nicht der amtlich vorgeschriebene Vordruck für den Mahnantrag verwendet wird;
- der Mahnbescheid nur wegen eines Teiles des Anspruchs nicht erlassen werden kann (keine Anspruchsteile sind mehrere Ansprüche; hier kann der Mahnantrag wegen der unbedenklichen Ansprüche erlassen und im Übrigen zurückgewiesen werden[4]). Vor der Zurückweisung ist nach § 691 I 2 ZPO der Antragsteller zu hören. Dadurch erhält der Antragsteller die Gelegenheit, Mängel zu beheben, den Mahnbescheid zu beschränken oder zurückzunehmen. Handelt es sich um behebbare Mängel, hat der Rechtspfleger auf diese hinzuweisen und eine angemessene Frist zur Beseitigung zu setzen, verbunden mit dem Hinweis, dass bei fruchtlosem Fristablauf die Zurückweisung erfolgen wird[5].

19 Die Zurückweisung erfolgt durch Beschluss des Rechtspflegers. Der Beschluss ist zu begründen. Die Kosten hat entsprechend § 91 I ZPO der Antragsteller zu tragen. Der Beschluss ist zuzustellen (§ 329 III ZPO bzw. § 691 II ZPO[6]). Gegen den Zurückweisungsbeschluss des Rechtspflegers ist nach § 11 II 1 RPflG iVm. § 577 II 1 ZPO die befristete Erinnerung innerhalb von zwei Wochen möglich. Der Rechtspfleger kann der Erinnerung abhelfen (§ 11 II 2 RPflG). Über die Erinnerung entscheidet der Richter (§ 11 II 3 RPflG). Der Richter kann die Erinnerung zurückweisen oder aber den Rechtspfleger anweisen, den Mahnbescheid zu erlassen. Der Beschluss ist nicht anfechtbar (§ 691 III 2 ZPO). Da dem zurückweisenden Beschluss keine materielle Rechtskraft zukommt, kann der Antragsteller seinen Anspruch erneut im Mahnverfahren geltend machen[7]. Er kann aber auch Klage im Urteilsverfahren erheben.

20 Sollte durch die Zustellung des Mahnbescheids eine Frist gewahrt werden oder die Verjährung neu beginnen oder nach § 204 BGB gehemmt werden, so tritt die Wirkung mit der Einreichung oder Anbringung des Antrags auf Erlass des Mahnbescheids ein, wenn innerhalb eines Monats seit der Zustellung der Zurückweisung des Antrags Klage eingereicht und diese demnächst zugestellt wird (§ 691 II ZPO).

21 Bei fehlender Rechtswegzuständigkeit kommt keine Abgabe in die Gerichtsbarkeit des zuständigen Rechtswegs in Betracht, weil dem Rechtspfleger keine Kammerentscheidung nach § 48 I Nr. 2 möglich ist. Nach § 48 I Nr. 1 kann der Rechtspfleger jedoch bei fehlender örtlicher Zuständigkeit nach vorheriger Anhörung allein des Antragstellers (vor rechtswirksamer Zustellung des Mahnbescheids) das Mahnver-

---

1 GK-ArbGG/*Bader*, § 46a Rz. 30. | 2 GK-ArbGG/*Bader*, § 46a Rz. 30. | 3 Zöller/*Vollkommer*, Vor § 688 ZPO Rz. 6a. | 4 Zöller/*Vollkommer*, § 692 ZPO Rz. 2. | 5 BGH v. 29.9.1983 – VII ZR 31/83, MDR 1984, 223. | 6 GK-ArbGG/*Bader*, § 46a Rz. 39. | 7 GMPM/*Germelmann*, § 46a ArbGG Rz. 16.

fahren an das örtlich zuständige ArbG abgeben[1]. Sofern mehrere andere Gerichte örtlich zuständig sind, wird an das vom Antragsteller auszuwählende Gericht abgegeben, ansonsten nach Bestimmung durch den Rechtspfleger (§ 17a II 2 GVG). Der Beschluss des Rechtspflegers ist für das Gericht, an das abgegeben wird, bindend (§ 17a II 3 GVG), wobei die Bindungswirkung auf das Mahnverfahren beschränkt bleibt[2].

b) Erlass des Mahnbescheids. Liegen die allgemeinen Verfahrensvoraussetzungen und die besonderen für das Mahnverfahren vor und genügt der Antrag nach Form und Inhalt den gesetzl. Anforderungen, so erlässt der Rechtspfleger den Mahnbescheid. Der Mahnbescheid enthält nach § 692 I Nr. 1–5 ZPO iVm. § 46a III folgende Angaben: 22

- die bereits bezeichneten Erfordernisse des Antrags (§ 690 I Nr. 1–4 ZPO);
- den Hinweis, dass das Gericht nicht geprüft hat, ob dem Antragsteller der geltend gemachte Anspruch zusteht;
- die Aufforderung, innerhalb von einer Woche (vgl. Abs. 3) seit der Zustellung des Mahnbescheids, soweit der geltend gemachte Anspruch als begründet angesehen wird, die behauptete Schuld nebst den geforderten Zinsen und den dem Betrage nach bezeichneten Kosten zu begleichen oder dem Gericht mitzuteilen, ob und in welchem Umfang dem geltend gemachten Anspruch widersprochen wird;
- den Hinweis, dass ein dem Mahnbescheid entsprechender Vollstreckungsbescheid ergehen kann, aus dem der Antragsteller die Zwangsvollstreckung betreiben kann, falls der Antragsgegner nicht bis zum Fristablauf Widerspruch erhoben hat;
- den Hinweis, dass der Widerspruch mit einem Vordruck der beigefügten Art erhoben werden soll, der auch bei jedem ArbG erhältlich ist und ausgefüllt werden kann.

Der Mahnbescheid muss unterschrieben werden. Anstelle einer handschriftl. Unterzeichnung genügt ein entsprechender Stempelabdruck (§ 692 II ZPO). 23

Der Mahnbescheid wird dem Antragsgegner von Amts wegen zugestellt (§ 693 I ZPO). Die Geschäftsstelle des ArbG setzt den Antragsteller von der Zustellung des Mahnbescheids in Kenntnis (§ 693 II ZPO). Soll durch die Zustellung eine Frist gewahrt oder die Verjährung unterbrochen werden, so tritt die Wirkung, wenn die Zustellung demnächst erfolgt, bereits mit der Einreichung oder Anbringung des Antrags auf Erlass des Mahnbescheids ein (§ 167 ZPO). Dabei wird die Verjährung auch unterbrochen, wenn ein Mahnbescheid rechtzeitig beim unzuständigen ArbG eingeht und dann antragsgemäß an das zuständige ArbG abgegeben wird, welches dann – demnächst – den Mahnbescheid nach Ablauf der Verjährungsfrist zustellt[3]. 24

3. Widerspruch. Der Antragsgegner kann gegen den Anspruch oder einen Teil des Anspruchs bei dem ArbG, das den Mahnbescheid erlassen hat, schriftl. Widerspruch erheben (§ 694 I ZPO). Hierzu kann er sich des Urkundsbeamten der Geschäftsstelle des ArbG bedienen (§ 702 I 1 ZPO). Der Widerspruch soll innerhalb einer Woche erfolgen (Abs. 3). Dabei handelt es sich um keine verbindliche Ausschluss- oder Rechtsbehelfsfrist. Der Widerspruch kann vielmehr solange erhoben werden, wie der Vollstreckungsbescheid noch nicht verfügt ist (§ 694 I ZPO). „Verfügt" ist der Vollstreckungsbescheid, wenn er vom Rechtspfleger in den Geschäftsgang gegeben worden ist. Im Falle der Auslandszustellung beträgt die Widerspruchsfrist einen Monat (§ 34 III 1 AVAG). 25

Ein verspäteter Widerspruch, der also eingeht, nachdem der Vollstreckungsbescheid schon verfügt ist, wird als Einspruch behandelt (§ 694 II 1 ZPO). Dies ist dem Antragsgegner, der den Widerspruch erhoben hat, mitzuteilen (§ 694 II 2 ZPO). Der Widerspruch ist schriftl. zu erheben (§ 694 I ZPO). Auf Grund der Ermächtigung in Abs. 8 S. 1 ist ein Vordruck für den Widerspruch eingeführt worden. Insoweit besteht aber kein Vordruckzwang für die Einlegung des Widerspruchs. In § 692 I Nr. 5 ZPO ist lediglich davon die Rede, dass der Widerspruch mit einem Vordruck der beigefügten Art erhoben werden soll. Daher reicht jeglicher schriftl. Widerspruch, der auch durch Telefax oder Telegramm eingereicht werden kann. Der Antragsgegner soll mit dem Widerspruch die erforderliche Anzahl von Abschriften einreichen (§ 695 S. 2 ZPO). 26

Der Widerspruch muss nicht begründet werden. Ist der Widerspruch vor Verfügung des Vollstreckungsbescheids eingelegt, wird das Mahnverfahren verlassen. Der Erlass eines Vollstreckungsbescheids ist unzulässig. Der Widerspruch kann auf einen der geltend gemachten Ansprüche oder einen abtrennbaren Anspruchsteil beschränkt werden. Dann kann wegen der Ansprüche oder der Anspruchsteile, die von dem Widerspruch nicht erfasst werden, ein Vollstreckungsbescheid ergehen. Ergibt der Teilwiderspruch gegen einen Mahnbescheid nicht eindeutig, gegen welche Teile des im Mahnbescheid 27

---

1 GK-ArbGG/*Bader*, § 46a Rz. 17; ähnl. zur alten Rechtslage BAG v. 28.12.1981 – 5 AR 201/81, AP Nr. 28 zu § 36 ZPO; aA GMPM/*Germelmann*, § 46a ArbGG Rz. 13. | 2 BAG v. 28.12.1981 – 5 AR 201/81, AP Nr. 28 zu § 36 ZPO. | 3 BAG v. 13.5.1987 – 5 AZR 106/86, AP Nr. 3 zu § 209 BGB.

bezeichneten Anspruchs er sich richtet, ist dem Antragsgegner Gelegenheit zur Klarstellung zu geben; bis zur Klarstellung ist der Widerspruch als unbeschränkt eingelegt zu behandeln[1].

28 Das Gericht hat den Antragsteller von dem Widerspruch und dem Zeitpunkt seiner Erhebung in Kenntnis zu setzen (§ 695 S. 1 ZPO). Beantragt nun eine Partei die Durchführung der mündlichen Verhandlung, so hat die Geschäftsstelle dem Antragsteller unverzüglich aufzugeben, seinen Anspruch binnen zwei Wochen schriftl. zu begründen (Abs. 4 S. 1). Der Antrag auf Durchführung der mündlichen Verhandlung kann bereits vom Antragsteller im Mahnantrag bzw. vom Antragsgegner im Widerspruch oder getrennt davon von einer der Parteien im Laufe des Verfahrens gestellt werden. Der Vorsitzende bestimmt unverzüglich nach Eingang der Anspruchsbegründung Termin zur mündlichen Verhandlung (vgl. Abs. 4 S. 2). Dabei handelt es sich um einen Gütetermin. Geht die Anspruchsbegründung nicht rechtzeitig ein, so wird nach Abs. 4 S. 3 bis zu ihrem Eingang der Termin nur auf Antrag des Antragsgegners bestimmt.

29 Die Streitsache gilt nur dann als mit Zustellung des Mahnbescheids rechtshängig geworden, wenn alsbald nach Erhebung des Widerspruchs Termin zur mündlichen Verhandlung bestimmt wird (Abs. 5).

30 **4. Vollstreckungsbescheid.** Auf der Grundlage des Mahnbescheids erlässt das Gericht auf Antrag einen Vollstreckungsbescheid, wenn der Antragsgegner nicht rechtzeitig Widerspruch erhoben (§ 699 I 1 ZPO) oder den Widerspruch zurückgenommen hat (§ 697 IV 1 ZPO). Der Antrag kann nicht – auch nicht vorsorglich – vor Ablauf der Widerspruchsfrist des Abs. 3 von einer Woche gestellt werden; er hat die Erklärung zu enthalten, ob und welche Zahlungen auf den Mahnbescheid geleistet worden sind (§ 699 I 2 ZPO). Für den Antrag ist ein Vordruck zu verwenden (Abs. 8). Ist Widerspruch nicht erhoben und beantragt der Antragsteller den Erlass des Vollstreckungsbescheids nicht binnen einer sechsmonatigen Frist, die mit der Zustellung des Mahnbescheids beginnt, so fällt die Wirkung des Mahnbescheids weg (§ 701 I 1 ZPO). Dasselbe gilt, wenn der Vollstreckungsbescheid rechtzeitig beantragt ist, der Antrag aber zurückgewiesen wird (§ 701 I 2 ZPO). Der Antrag auf Erlass eines Vollstreckungsbescheids wird dem Antragsgegner nicht mitgeteilt (§ 702 II ZPO).

31 Der Vollstreckungsbescheid wird durch den Rechtspfleger erteilt (§ 20 Nr. 1 RPflG) und dem Antragsgegner von Amts wegen zugestellt, wenn nicht der Antragsteller die Übergabe an sich zur Zustellung im Parteibetrieb beantragt hat (§ 699 IV 1 ZPO).

32 Der Vollstreckungsbescheid steht einem Versäumnisurteil gleich (§ 700 I ZPO). Die Streitsache gilt als mit der Zustellung des Mahnbescheids rechtshängig geworden (§ 700 II ZPO).

33 **5. Einspruch.** Gegen den Vollstreckungsbescheid kann entsprechend § 59 Einspruch eingelegt werden. Bei fehlender Rechtsbehelfsbelehrung verlängert sich die Einspruchsfrist nicht nach § 9 V 4[2]. Die Einspruchsschrift muss die Bezeichnung des Vollstreckungsbescheids, gegen den der Einspruch gerichtet wird, und die Erklärung enthalten, dass gegen diesen Vollstreckungsbescheid Einspruch eingelegt wird (entspr. § 340 II ZPO). Eine Begründung des Einspruchs kann (entgegen § 340 III ZPO, der keine Anwendung finden kann) nicht erwartet werden, weil für den Mahn- und auch für den Vollstreckungsbescheid bereits die Begründung fehlt[3]. Die Neuregelung stellt nach der Gesetzesbegründung klar, dass der Vorsitzende einen unzulässigen Einspruch gegen einen Vollstreckungsbescheid als unzulässig verwerfen kann. Nach der Neuregelung des § 55 I Nr. 4a und II kann der Vorsitzende dies durch Urteil allein und ohne mündliche Verhandlung tun. Darüber hinaus wird zugleich geklärt, dass nach dem Übergang aus dem Mahnverfahren in das streitige Verfahren wie im Zivilprozess zunächst eine Güteverhandlung stattzufinden hat. Eine Verhandlung über den Einspruch und die Hauptsache im Gütetermin ermöglicht eine zeitnahe Erörterung des Streitstands und eine schnelle Beilegung des Rechtsstreits.

34 **6. Kosten.** Die Kosten des Mahnverfahrens richten sich nach Nr. 8100 GKG KV (§ 3 II GKG), die Zustellkosten nach Nr. 9002 GKG KV. Die Erstattung außergerichtlicher Kosten regelt § 12a I.

35 **7. Prozesskostenhilfe.** PKH kann auch für das Mahnverfahren bewilligt werden, und zwar durch den Rechtspfleger[4]. Die Bewilligung erfasst nicht das sich ggf. anschließende Streitverfahren. Für eine Beiordnung eines Rechtsanwalts fehlt es an der Vertretung der Gegenseite durch einen Anwalt[5].

36 **IV. Automatisiertes Mahnverfahren.** Das Gesetz sah zunächst in Abweichung zu § 703b ZPO keine Regelung für die Automatisierung des Mahnverfahrens im arbeitsgerichtl. Verfahren vor. Durch Gesetz vom 29.6.1998 hat der Gesetzgeber jedoch diese Möglichkeit auch für das Mahnverfahren vor den ArbG eröffnet (s. Abs. 1, 7 und 8). RechtsVO nach Abs. 7 und Abs. 8 S. 2 wurden bislang nicht erlassen.

---

1 BGH v. 24.11.1982 – VIII ZR 286/81, MDR 1983, 224. | 2 LAG Köln v. 7.8.1998 – 11 Sa 1218/97, AP Nr. 3 zu § 59 ArbGG 1979; LAG Nürnberg v. 10.5.1988 – 7 Sa 16/88, LAGE § 59 ArbGG 1979 Nr. 1; aA GMPM/*Germelmann*, § 46a ArbGG Rz. 28. | 3 GMPM/*Germelmann*, § 46a ArbGG Rz. 30. | 4 GK-ArbGG/*Bader*, § 46a Rz. 89. | 5 GK-ArbGG/*Bader*, § 46a Rz. 90; GMPM/*Germelmann*, § 46a ArbGG Rz. 34.

46b *Einreichung elektronischer Dokumente*

(1) Soweit für vorbereitende Schriftsätze und deren Anlagen, für Anträge und Erklärungen der Parteien sowie für Auskünfte, Aussagen, Gutachten und Erklärungen Dritter die Schriftform vorgesehen ist, genügt dieser Form die Aufzeichnung als elektronisches Dokument, wenn dieses für die Bearbeitung durch das Gericht geeignet ist. Die verantwortende Person soll das Dokument mit einer qualifizierten elektronischen Signatur nach dem Signaturgesetz versehen. Ist ein übermitteltes elektronisches Dokument für das Gericht zur Bearbeitung nicht geeignet, ist dies dem Absender unter Angabe der geltenden technischen Rahmenbedingungen unverzüglich mitzuteilen.

(2) Die Bundesregierung und die Landesregierungen bestimmen für ihren Bereich durch Rechtsverordnung den Zeitpunkt, von dem an elektronische Dokumente bei den Gerichten eingereicht werden können, sowie die für die Bearbeitung der Dokumente geeignete Form. Die Landesregierungen können die Ermächtigung durch Rechtsverordnung auf die jeweils zuständige oberste Landesbehörde übertragen. Die Zulassung der elektronischen Form kann auf einzelne Gerichte oder Verfahren beschränkt werden.

(3) Ein elektronisches Dokument ist eingereicht, sobald die für den Empfang bestimmte Einrichtung des Gerichts es aufgezeichnet hat.

46c *Gerichtliches elektronisches Dokument*

Soweit dieses Gesetz dem Richter, dem Rechtspfleger, dem Urkundsbeamten der Geschäftsstelle oder dem Gerichtsvollzieher die handschriftliche Unterzeichnung vorschreibt, genügt dieser Form die Aufzeichnung als elektronisches Dokument, wenn die verantwortenden Personen am Ende des Dokuments ihren Namen hinzufügen und das Dokument mit einer qualifizierten elektronischen Signatur versehen.

46d *Elektronische Akte*

(1) Die Prozessakten können elektronisch geführt werden. Die Bundesregierung und die Landesregierungen bestimmen für ihren Bereich durch Rechtsverordnung den Zeitpunkt, von dem an elektronische Akten geführt werden sowie die hierfür geltenden organisatorisch-technischen Rahmenbedingungen für die Bildung, Führung und Aufbewahrung der elektronischen Akten. Die Landesregierungen können die Ermächtigung durch Rechtsverordnung auf die jeweils zuständige oberste Landesbehörde übertragen. Die Zulassung der elektronischen Akte kann auf einzelne Gerichte oder Verfahren beschränkt werden.

(2) In Papierform eingereichte Schriftstücke und sonstige Unterlagen sollen zur Ersetzung der Urschrift in ein elektronisches Dokument übertragen werden. Die Unterlagen sind, sofern sie in Papierform weiter benötigt werden, mindestens bis zum rechtskräftigen Abschluss des Verfahrens aufzubewahren.

(3) Das elektronische Dokument muss den Vermerk enthalten, wann und durch wen die Unterlagen in ein elektronisches Dokument übertragen worden sind.

Die Vorschriften wurden durch das „Gesetz zur Anpassung der Formvorschriften des Privatrechts und anderer Vorschriften an den modernen Rechtsverkehr" vom 13.7.2001[1] bzw. durch das „Gesetz über die Verwendung elektronischer Kommunikationsformen in der Justiz (Justizkommunikationsgesetz)"[2] in das ArbGG eingefügt. Sie dienen ua. der Umsetzung der RL 1999/93/EG vom 13.12.1999 über die gemeinschaftlichen Rahmenbedingungen für elektronische Signaturen[3] sowie der RL 2000/31/EG vom 8.6.2000 über den elektronischen Geschäftsverkehr[4]. Durch die Vorschriften wird die Einführung einer elektronischen Aktenbearbeitung innerhalb der Gerichte ermöglicht. Nach der Verordnung über den elektronischen Rechtsverkehr beim BAG vom 9.3.2006 (BGBl. 2006, 519 f.) kann ab dem 1.4.2006 der Schriftverkehr mit dem BAG in elektronischer Form abgewickelt werden. Die Zulassung der elektronischen Form ist nicht auf einzelne Verfahren beschränkt. Die Schriftsätze müssen mit einer qualifizierten elektronischen Signatur nach dem SigG versehen werden. Für den Eingang der elektronischen Post hat das BAG ein elektronisches Postfach eingerichtet. Die erforderliche Zugangs- und Übertragungssoftware wird auf der Internetseite des BAG (www.bundesarbeitsgericht.de) zur Verfügung gestellt[5]. 1

47 *Sondervorschriften über Ladung und Einlassung**

(1) Die Klageschrift muss mindestens eine Woche vor dem Termin zugestellt sein.

(2) Eine Aufforderung an den Beklagten, sich auf die Klage schriftlich zu äußern, erfolgt in der Regel nicht.

* Amtl. Anm.: Die Worte „Ladung und" sind gegenstandslos.

1 BGBl. I S. 1542. | 2 BGBl. I S. 837. | 3 ABl. EG Nr. L 13 S. 12. | 4 ABl. EG Nr. L 178 S. 1. | 5 *Düwell*, FA 2006, 172; zu weiteren elektronischen Postfächern vgl. GK-ArbGG/*Schütz*, § 46a Rz. 22.

1 **I. Inhalt und Zweck.** Die Vorschrift regelt in Abs. 1 nur noch die Einlassungsfrist für das arbeitsgerichtl. Verfahren. Die Bestimmung über die Ladungsfrist wurde durch die Beschleunigungsnovelle 1979[1] aufgehoben. Die Worte „Ladung und" in der Überschrift sind dadurch gegenstandslos geworden. Die Abkürzung der in der ordentl. Gerichtsbarkeit geltenden Einlassungsfrist von zwei Wochen (§ 274 III 1 ZPO) dient der besonderen Beschleunigung des arbeitsgerichtl. Verfahrens.

2 **II. Einlassungsfrist (Abs. 1).** Mit „Einlassungsfrist" wird der Zeitraum bezeichnet, welcher der beklagten Partei zwischen der Zustellung der Klage und dem ersten Termin, idR dem Gütetermin, mindestens verbleiben muss, um sich auf die Klage einzulassen, dh. zu ihr Stellung zu nehmen (§ 274 III 1 ZPO). Die Einlassungsfrist ist eine Schutzfrist für die beklagte Partei; sie gewährleistet den Anspruch der beklagten Partei auf rechtl. Gehör (Art. 103 I GG).

3 **1. Anwendungsbereich.** Für die Dauer der Einlassungsfrist enthält Abs. 1 – abgesehen von dem Fall, dass die beklagte Partei im Ausland wohnt – eine abschließende Regelung, die einem Rückgriff über § 46 II auf § 274 III 1 ZPO entgegensteht. Dabei wird nicht danach unterschieden, ob die beklagte Partei im Bezirk des ArbG oder außerhalb des Bezirks im Inland wohnt. Die Einlassungsfrist gilt nicht nur bei der Zustellung der Klage, sondern auch bei der Zustellung von objektiven und subjektiven Klageerweiterungen und von Widerklagen[2]. Nach Eingang eines Widerspruchs im Mahnverfahren oder eines Einspruchs gegen einen Vollstreckungsbescheid ist ebenfalls die Einlassungsfrist zu beachten. Diese beginnt mit Zustellung des den im Mahnbescheid geltend gemachten Anspruch begründenden Schriftsatzes.

4 Die Einlassungsfrist ist nicht zu wahren, wo eine mündliche Verhandlung und damit eine Einlassung der gerichtl. Entscheidung nicht vorangehen muss. Daher ist bei der Anberaumung eines Termins zur mündlichen Verhandlung im Arrest- oder einstw. Verfügungsverfahren Abs. 1 nicht anwendbar[3].

5 **2. Dauer und Fristberechnung.** Die Einlassungsfrist beträgt – unabhängig vom inländischen Wohnort der beklagten Partei – eine Woche. Sie wird mit der Zustellung der Klage, Klageerweiterung oder Widerklage (jeweils und insoweit) in Lauf gesetzt. Unbeachtlich für den Beginn der Einlassungsfrist ist der ggf. vom Zugang der Klage abweichende Zeitpunkt des Zugangs der Ladung.

6 Die Berechnung der Frist richtet sich nach § 46 II ArbGG iVm. § 222 ZPO. Nach § 222 I ZPO gelten für die Berechnung der Frist die Vorschriften des BGB, damit die §§ 187–193 BGB. Bei Bestimmung des Fristbeginns ist der Tag der Zustellung nach § 187 I BGB nicht mitzurechnen. Die Einlassungsfrist endet nach § 188 II BGB mit dem Ablauf des siebten Tages. Fällt der letzte Tag der Einlassungsfrist auf einen Sonntag, einen am Zustellungsort staatlich anerkannten allgemeinen Feiertag oder einen Sonnabend, so tritt an die Stelle eines solchen Tages der nächste Werktag (§ 222 II ZPO).

7 Ist der Aufenthaltsort der beklagten Partei unbekannt, so kann die Zustellung der Klage und der Ladung durch öffentl. Bekanntmachung (öffentl. Zustellung) erfolgen (§ 185 ZPO). Zur öffentl. Zustellung wird ein Auszug des zuzustellenden Schriftstücks und eine Benachrichtigung darüber, wo das Schriftstück eingesehen werden kann, an der Gerichtstafel angeheftet (§ 186 II ZPO). Enthält das zuzustellende Schriftstück eine Ladung, so muss die Benachrichtigung den Hinweis enthalten, dass das Schriftstück eine Ladung zum Termin enthält, dessen Versäumung Rechtsnachteile zur Folge haben kann (§ 186 II ZPO). Das Prozessgericht kann nach § 187 ZPO zusätzlich anordnen, dass die Benachrichtigung einmal oder mehrfach im Bundesanzeiger oder in anderen Blättern zu veröffentl. ist. Das Schriftstück gilt als zugestellt, wenn seit dem Aushang der Benachrichtigung ein Monat vergangen ist, wobei das Prozessgericht eine längere Frist bestimmen kann (§ 188 ZPO). Auch im Falle der öffentl. Zustellung im Inland gilt die Einlassungsfrist von einer Woche, die ab dem Zeitpunkt, zu dem die Klage nach § 188 ZPO als zugestellt gilt, beginnt.

8 **3. Auslandszustellung.** Der spezielle Fall der Auslandszustellung ist in § 47 nicht berücksichtigt. Insoweit findet nach § 46 II die Regelung in § 274 III 3 ZPO Anwendung. Danach hat der Vorsitzende bei der Festsetzung des Termins die Einlassungsfrist zu bestimmen, wenn die Zustellung im Ausland vorzunehmen ist. Diese muss mindestens eine Woche betragen, wird jedoch zur Gewährleistung des rechtl. Gehörs diese Mindestfrist im Regelfall deutlich überschreiten müssen.

9 **4. Fristabkürzung.** Nach § 226 I ZPO kann die Einlassungsfrist auf Antrag einer Partei abgekürzt werden. Die Abkürzung der Einlassungsfrist wird nicht dadurch ausgeschlossen, dass infolge der Abkürzung die mündliche Verhandlung nicht durch Schriftsätze vorbereitet werden kann (§ 226 II ZPO). Im arbeitsgerichtl. Verfahren ist die schriftsätzliche Vorbereitung im Regelfall nicht vorgesehen (Abs. 2). Der Abkürzungsantrag kann formlos gestellt werden; er bedarf der Begründung. Eine Glaubhaftmachung ist nicht vorgesehen. Der Gegner ist nicht zu dem Abkürzungsantrag anzuhören. Der Anspruch des Gegners auf rechtl. Gehör ist aber zu beachten. Der Vorsitzende entscheidet über den Antrag im Zusammenhang mit der Terminsbestimmung. Die Entscheidung ist kurz zu begründen und im Fall der ablehnenden Entscheidung mit der sofortigen Beschwerde nach § 78 I 1 ArbGG iVm. § 567 I Nr. 2 ZPO anfechtbar.

---

1 BGBl. I S. 545. | 2 *Hauck*, § 47 ArbGG Rz. 4; aA GMPM/*Germelmann*, § 47 ArbGG Rz. 2. | 3 *Walker*, Der einstweilige Rechtsschutz, Rz. 738.

5. Folgen bei Nichteinhaltung. Bei Nichteinhaltung der Einlassungsfrist ist der Erlass eines Versäumnisurteils gegen die beklagte Partei unzulässig (§ 335 I Nr. 3 ZPO). Die Partei kann im Termin eine Einlassung verweigern[1]. Verhandelt die beklagte Partei, so kann sie nach § 295 ZPO die Nichteinhaltung nicht mehr rügen. 10

III. Ladungsfrist. „Ladungsfrist" ist die Frist, die in einer anhängigen Sache zwischen der Zustellung der Ladung und dem Terminstag liegen soll. Sie dient der zeitlichen Vorbereitung des Termins, insb. der Freihaltung des Terminstages. Sie beträgt im erstinstanzlichen Verfahren nach § 46 II 1 ArbGG iVm. § 217 ZPO mindestens drei Tage. Die Fristberechnung richtet sich wie bei der Einlassungsfrist nach § 46 II ArbGG iVm. § 222 ZPO (vgl. Rz. 6). Die Ladungsfrist ist bei jeder Terminanberaumung, bei Vertagungen[2] und Verlegungen zu beachten, und zwar unabhängig davon, ob sich die Partei im Inland oder Ausland aufhält. Sie soll nicht bei der Änderung der Terminsstunde gelten[3], was aber im Hinblick auf den Zweck, den Parteien eine Terminsplanung zu ermöglichen, wenig überzeugt. Die Ladungsfrist ist nicht einzuhalten bei Anberaumung eines Verkündungstermins. 11

Für die Berechnung und Abkürzung der Ladungsfrist und für die Folgen von deren Nichteinhaltung gelten die gleichen Grundsätze wie für die Einlassungsfrist. In dem Antrag auf Einleitung eines Arrest- oder einstw. Verfügungsverfahrens wird regelmäßig ein Antrag auf Abkürzung der Ladungsfrist enthalten sein[4]. 12

IV. Ausschluss des schriftlichen Vorverfahrens. Nach Abs. 2 soll eine Aufforderung an die beklagte Partei, sich auf die Klage schriftl. zu äußern, idR nicht erfolgen. Diese Vorschrift erscheint rechtspolitisch problematisch, ist dem Vorsitzenden doch bei fehlender schriftsätzlicher Stellungnahme der beklagten Partei vor dem Gütetermin eine gründliche Vorbereitung des Termins sehr erschwert. Dies gilt insb. in den Bestandsschutzstreitigkeiten nach § 61a I, in denen seitens der klagenden Partei lediglich der Bestand des Arbeitsverhältnisses vorzutragen ist. Auch die klagende Partei kann die Aussichten der Rechtsverfolgung allein auf Grund des mündlichen Vortrags der beklagten Partei im Gütetermin nur schwer abschätzen. Unter Berücksichtigung der außerordentl. Belastung der ArbG, die zB eine Anberaumung von Güteterminen entgegen § 61a II nicht innerhalb von zwei Wochen gewährleisten können, wird zumindest in Bestandsschutzstreitigkeiten der Beschleunigungsgrundsatz geradezu eine Aufforderung zur schriftsätzlichen Vorbereitung des Gütetermins erfordern. 13

48 *Rechtsweg und Zuständigkeit*

(1) Für die Zulässigkeit des Rechtsweges und der Verfahrensart sowie für die sachliche und örtliche Zuständigkeit gelten die §§ 17 bis 17b des Gerichtsverfassungsgesetzes mit folgender Maßgabe entsprechend:

1. Beschlüsse entsprechend § 17a Abs. 2 und 3 des Gerichtsverfassungsgesetzes über die örtliche Zuständigkeit sind unanfechtbar.

2. Der Beschluss nach § 17a Abs. 4 des Gerichtsverfassungsgesetzes ergeht, sofern er nicht lediglich die örtliche Zuständigkeit zum Gegenstand hat, auch außerhalb der mündlichen Verhandlung stets durch die Kammer.

(1a) Für Streitigkeiten nach § 2 ist auch das Arbeitsgericht zuständig, in dessen Bezirk der Arbeitnehmer gewöhnlich seine Arbeit verrichtet oder zuletzt gewöhnlich verrichtet hat. Ist ein gewöhnlicher Arbeitsort im Sinne des Satzes 1 nicht feststellbar, ist das Arbeitsgericht örtlich zuständig, von dessen Bezirk aus der Arbeitnehmer gewöhnlich seine Arbeit verrichtet oder zuletzt gewöhnlich verrichtet hat.

(2) Die Tarifvertragsparteien können im Tarifvertrag die Zuständigkeit eines an sich örtlich unzuständigen Arbeitsgerichts festlegen für

1. bürgerliche Rechtsstreitigkeiten zwischen Arbeitnehmern und Arbeitgebern aus einem Arbeitsverhältnis und aus Verhandlungen über die Eingehung eines Arbeitsverhältnisses, das sich nach einem Tarifvertrag bestimmt,

2. bürgerliche Rechtsstreitigkeiten aus dem Verhältnis einer gemeinsamen Einrichtung der Tarifvertragsparteien zu den Arbeitnehmern oder Arbeitgebern.

Im Geltungsbereich eines Tarifvertrags nach Satz 1 Nr. 1 gelten die tarifvertraglichen Bestimmungen über das örtlich zuständige Arbeitsgericht zwischen nicht tarifgebundenen Arbeitgebern und Arbeitnehmern, wenn die Anwendung des gesamten Tarifvertrags zwischen ihnen vereinbart ist. Die in § 38 Abs. 2 und 3 der Zivilprozessordnung vorgesehenen Beschränkungen finden keine Anwendung.

---

1 Zöller/*Greger*, § 274 ZPO Rz. 6. | 2 Zöller/*Stöber*, § 217 ZPO Rz. 1. | 3 GMPM/*Germelmann*, § 47 ArbGG Rz. 16. | 4 GMPM/*Germelmann*, § 47 ArbGG Rz. 18.

1 **I. Inhalt und Zweck.** Die Vorschrift regelt zum einen das Verweisungsverfahren bei Rechtswegunzuständigkeit, örtlicher Unzuständigkeit und bei Wahl der falschen Verfahrensart und zum anderen die Möglichkeit der tarifl. Regelung der örtlichen Zuständigkeit.

2 **II. Anwendungsbereich von Abs. 1. 1. Rechtswegzuständigkeit.** Bei der Zulässigkeit des Rechtsweges handelt es sich um eine von Amts wegen zu prüfende Prozessvoraussetzung. Es geht darum, in welcher Gerichtsbarkeit der Rechtsstreit abzuhandeln ist. Mit der Neufassung von § 48 und der in Bezug genommenen §§ 17–17b GVG durch das 4. VwGO-Änderungsgesetz vom 17.12.1990[1] hat der Gesetzgeber die Gleichwertigkeit aller Rechtswege verwirklicht. Zu diesen zählt auch die Arbeitsgerichtsbarkeit. Seitdem bildet die Arbeitsgerichtsbarkeit auch im Verhältnis zur ordentl. Gerichtsbarkeit nicht nur eine andere sachliche Zuständigkeit, sondern einen eigenen Rechtsweg[2].

3 Die Entscheidung über die Rechtswegzuständigkeit richtet sich nach Abs. 1 S. 1 iVm. §§ 17–17b GVG. Die Rechtswegzuständigkeit ist durch §§ 2 ff. besonders geregelt. Die Zuständigkeit ist teils eine ausschließliche, teils eine fakultative und teils eine erweiterte Zuständigkeit. Ausschließliche Zuständigkeit bedeutet, dass nur die arbeitsgerichtl. Zuständigkeit gegeben ist. Die Zuständigkeit eines anderen Gerichtszweiges kann weder durch Parteivereinbarung noch durch rügelose Einlassung (§ 39 ZPO) begründet werden. Auch eine tarifvertragl. Vereinbarung der Rechtswegzuständigkeit scheidet aus. Abs. 2 bezieht sich unmissverständlich nur auf die örtliche Zuständigkeit. Eine Ausnahme folgt aus § 2 IV. Danach können bürgerliche Streitigkeiten zwischen juristischen Personen des Privatrechts und den kraft Gesetzes oder kraft Organeigenschaft zur Vertretung berufenen Personen vor die Gerichte für Arbeitssachen gebracht werden.

4 **2. Internationale Zuständigkeit.** Die internationale Zuständigkeit ist eine in jeder Instanz von Amts wegen zu prüfende Prozessvoraussetzung[3]. Sie folgt grds. aus der örtlichen Zuständigkeit. Im Verhältnis zu verschiedenen Mitgliedstaaten der europäischen Gemeinschaft ist (bis auf das Verhältnis zu Dänemark) die EuGVVO vom 22.12.2000[4] maßgeblich. Im Verhältnis zu den EFTA-Staaten richtet sich die internationale Zuständigkeit nach dem im Wesentlichen gleich lautenden Parallel-Übereinkommen von Lugano (LugÜ[5]) vom 16.9.1988. Für Klagen von in die Bundesrepublik entsandten ausländischen ArbN sowie von gemeins. Einrichtungen der TV-Parteien nach dem AEntG folgt die internationale Zuständigkeit deutscher ArbG aus § 8 AEntG[6]. Die internationale Zuständigkeit kann grds. unter den Voraussetzungen der §§ 38, 40 ZPO und der Art. 23 EuGVVO/17 EuGVÜ/Art. 17 LugÜ vereinbart und durch rügelose Einlassung des Beklagten begründet werden[7].

1 BGBl. I S. 2809. | 2 BAG v. 26.3.1992 – 2 AZR 443/91, NZA 1992, 954; v. 28.10.1997 – 9 AZB 35/97, NZA 1998, 219; v. 24.4.1996 – 5 AZB 25/95, NJW 1996, 2948; *Walker*, Der einstweilige Rechtsschutz, Rz. 734. | 3 Schwab/Weth/*Walker*, § 48 ArbGG Rz. 13. | 4 VO (EG) Nr. 44/2001, ABl. L 12/1 v. 16.1.2001. | 5 BGBl. II 1994, 2658. | 6 Vgl. dazu BAG v. 11.9.2002 – 5 AZB 3/02, DB 2003, 780. | 7 Ausf. Schwab/Weth/*Walker*, § 2 ArbGG Rz. 268 ff. u. § 48 ArbGG Rz. 13.

Auf die internationale Zuständigkeit der Gerichte für Arbeitssachen findet § 48 keine Anwendung. Es gelten nicht die Regeln des § 17a GVG über die Vorabentscheidung und deren Anfechtbarkeit[1]. Ist das angerufene deutsche ArbG international unzuständig, scheidet eine Verweisung des Rechtsstreits von Amts wegen an ein ausländisches Gericht aus. Die Klage oder der Antrag sind mangels internationaler Zuständigkeit als unzulässig abzuweisen. Ein Vorabentscheidungsverfahren nach § 17a III, IV GVG zur Klärung der internationalen Zuständigkeit ist nicht gegeben. Daher ist noch in der Berufungs- und in der Revisionsinstanz von Amts wegen die internationale Zuständigkeit zu prüfen und ihr Fehlen kann auch dann noch zur Abweisung wegen Unzulässigkeit führen[2]. 5

3. Prozesskostenhilfeverfahren. Wird PKH im Rahmen eines anhängigen Verfahrens beantragt, gilt Abs. 1 für gebotene Verweisungsentscheidungen. Der Rechtsstreit wird samt PKH-Verfahren verwiesen. 6

Wird aber ein isolierter PKH-Antrag beim örtlich oder vom Rechtsweg her unzuständigen Gericht eingereicht, ist die Anwendbarkeit von Abs. 1 umstritten[3]. Gegen die Anwendbarkeit des Abs. 1 wird zutreffend der eingeschränkte Prüfungsumfang im PKH-Verfahren (§ 118 ZPO) eingewandt, der eine frühzeitige und endgültige Entscheidung über die Rechtswegzuständigkeit nicht erfordert[4]. Erfolgt dennoch ein Verweisungsbeschluss, wird dieser jedoch für das Adressatengericht entsprechend § 17a II 3 GVG – nur für das PKH-Verfahren – als bindend angesehen[5]. 7

4. Arrest- und Verfügungsverfahren. Auch das um vorläufigen Rechtsschutz nach §§ 916–945 ZPO ersuchte Gericht hat die Zulässigkeit des beschrittenen Rechtswegs nach § 17a GVG zu prüfen; dies gilt auch dann, wenn die Hauptsache schon anhängig und es das Gericht der Hauptsache iSd. § 937 ZPO ist[6]. Entsprechendes gilt für die örtliche Zuständigkeit[7]. 8

Die Einreichung des Arrest- oder Verfügungsgesuchs bei einem vom Rechtsweg oder örtlich unzuständigen ArbG führt grds. zur Anwendung des Abs. 1. Der Rechtsstreit im Eilverfahren ist also von Amts wegen an das zuständige Gericht im zulässigen Rechtsweg zu verweisen (§ 17a II GVG). Der so eintretende Zeitverlust ist geringer als bei einer Abweisung des Antrags als unzulässig und daher mit dem Eilcharakter des Verfahrens vereinbar[8]. Nach zutreffender Ansicht sind die §§ 17–17b GVG jedoch nur unter Berücksichtigung des Beschleunigungszwecks des Eilverfahrens anwendbar. Daher kann bei besonderer Dringlichkeit oder bei der Notwendigkeit, den Antragsgegner mit der Arrest- oder Verfügungsentscheidung zu überraschen, weil andernfalls Vereitelungshandlungen zu befürchten sind, abweichend von § 17a II 1 GVG die Verweisung auch ohne Anhörung der Parteien erfolgen. Unter diesen Voraussetzungen ist auch eine Sachentscheidung nicht nur ohne mündliche Verhandlung (§ 17a IV 1 GVG), sondern ohne jede Anhörung des Gegners möglich. Ferner muss die Verweisung entgegen Abs. 1 Nr. 2 nicht notwendig durch die Kammer beschlossen werden. Sie ist vielmehr dann, wenn die besonderen Dringlichkeitsvoraussetzungen des § 944 ZPO (lex specialis) vorliegen, auch durch den Vorsitzenden allein möglich. Zudem wird vertreten, dass entgegen § 17a IV 3 eine Anfechtbarkeit des Verweisungsbeschlusses im Eilverfahren ausgeschlossen ist[9]. 9

5. Schiedsgerichtsbarkeit. § 48 findet keine Anwendung auf das Verhältnis zwischen der Arbeitsgerichtsbarkeit und der Schiedsgerichtsbarkeit[10]. Bei nach § 101 wirksamer Schiedsabrede ist eine dennoch erhobene Klage als unzulässig abzuweisen. 10

6. Geschäftsverteilungsplan. Bei der Abgabe an die nach dem Geschäftsverteilungsplan zuständige Kammer innerhalb desselben Gerichts handelt es sich um eine gerichtsinterne Angelegenheit, die ohne Anhörung der Parteien erfolgen kann und nicht gesondert anfechtbar ist[11]. 11

7. Mahnverfahren. Das Mahnverfahren nach den §§ 688 ff. ZPO findet nur im Zusammenhang mit Ansprüchen aus dem Urteilsverfahren statt (arg. § 46a II), nicht dagegen im Beschlussverfahren[12]. Die Rechtswegzuständigkeit der ArbG im Mahnverfahren richtet sich nach § 2 und die örtliche Zuständigkeit nach § 46 II nach der für eine Klage im Urteilsverfahren. Wenn ein Mahnbescheid bei einem ArbG beantragt wird, obwohl dessen Rechtswegzuständigkeit nicht gegeben ist, so ist dieser als unzulässig zurückzuweisen. Bei örtlicher Unzuständigkeit kann der Rechtspfleger jedoch nach vorheriger Anhörung allein des Antragstellers das Mahnverfahren an das örtlich zuständige Gericht abgeben[13]. 12

---

1 Schwab/Weth/*Walker*, § 48 ArbGG Rz. 13. | 2 Schwab/Weth/*Walker*, § 48 ArbGG Rz. 14. | 3 Offen gelassen von BAG v. 27.10.1992 – 5 AS 5/92, NZA 1993, 285. | 4 Schwab/Weth/*Walker*, § 48 ArbGG Rz. 20. | 5 BAG v. 27.10.1992 – 5 AS 5/92, NZA 1993, 285. | 6 BAG v. 24.5.2000 – 5 AZB 66/99, AP Nr. 45 zu § 17a GVG. | 7 Schwab/Weth/*Walker*, § 48 ArbGG Rz. 22. | 8 *Walker*, Der einstweilige Rechtsschutz, Rz. 349; Schwab/Weth/*Walker*, § 48 ArbGG Rz. 23. | 9 *Walker*, Der einstweilige Rechtsschutz, Rz. 350 ff.; Schwab/Weth/*Walker*, § 48 ArbGG Rz. 24; GMPM/*Germelmann*, § 48 ArbGG Rz. 20; GK-ArbGG/*Bader*, § 48 Rz. 34; für Anfechtbarkeit des Verweisungsbeschlusses jedoch (ohne nähere Begründung) BAG v. 24.5.2000 – 5 AZB 66/99, AP Nr. 45 zu § 17a GVG; v. 29.10.2001 – 5 AZB 44/00, AP Nr. 80 zu § 2 ArbGG 1979. | 10 GMPM/*Germelmann*, § 48 ArbGG Rz. 10; GK-ArbGG/*Bader*, § 48 Rz. 9. | 11 GK-ArbGG/*Bader*, § 48 ArbGG Rz. 32a; GMPM/*Germelmann*, § 48 ArbGG Rz. 9. | 12 Schwab/Weth/*Walker*, § 48 ArbGG Rz. 17. | 13 GK-ArbGG/*Bader*, § 46a Rz. 17; ähnlich zur alten Rechtslage BAG v. 28.12.1981 – 5 AZR 201/81, AP Nr. 28 zu § 36 ZPO; aA GMPM/*Germelmann*, § 46a ArbGG Rz. 13; Schwab/Weth/*Walker*, § 48 ArbGG Rz. 18.

13 **8. Zwangsvollstreckungsverfahren.** Das mit einem Zwangsvollstreckungsgesuch angegangene Gericht muss seine örtliche Zuständigkeit und seine Rechtswegzuständigkeit von Amts wegen prüfen. Bei Unzuständigkeit ist nach Abs. 1 zu verweisen[1].

14 **9. Richtige Verfahrensart.** Urteils- und Beschlussverfahren schließen einander aus. Sie können auch nicht gem. § 147 ZPO verbunden werden. Ebenso scheidet eine Vereinbarung über die Verfahrensart aus. Nach Abs. 1 sind die §§ 17–17b GVG auch für die Zulässigkeit der Verfahrensart entsprechend anzuwenden.

15 **10. Sachliche Zuständigkeit.** Soweit in Abs. 1 von der sachlichen Zuständigkeit die Rede ist, handelt es sich um ein Redaktionsversehen des Gesetzgebers[2]. Im Bereich der Arbeitsgerichtsbarkeit hat die sachliche Zuständigkeit keine nennenswerte Bedeutung, denn im ersten Rechtszug sind nach § 8 die ArbG zuständig[3].

16 **11. Örtliche Zuständigkeit.** Für die Entscheidung zur örtlichen Zuständigkeit sieht Abs. 1 eine Modifizierung des Verweisungsverfahrens nach §§ 17–17b GVG vor.

17 **III. Prüfung von Amts wegen. 1. Prüfungsreihenfolge.** Die Zulässigkeit des Rechtswegs, die örtliche Zuständigkeit und die Wahl der richtigen Verfahrensart sind als Prozessvoraussetzungen von Amts wegen zu prüfen. Vorrang kommt der Prüfung der Rechtswegzuständigkeit zu, denn für die örtliche Zuständigkeit und die zutreffende Verfahrensart sind die Regeln des richtigen Rechtswegs maßgebend[4]. Sodann schließt sich die Prüfung der richtigen Verfahrensart an. Erst dann kann die Frage der örtliche Zuständigkeit beantwortet werden, weil sich die örtliche Zuständigkeit in den beiden Verfahrensarten nach unterschiedlichen Regeln bestimmt.

18 **2. Maßgeblicher Zeitpunkt.** Nach Abs. 1 iVm. § 17 I 1 GVG (ebenso § 261 II Nr. 2 ZPO) ist für die Prüfung der Rechtswegzuständigkeit und der örtlichen Zuständigkeit der Zeitpunkt der Rechtshängigkeit maßgeblich. Nach § 17 I 1 GVG wird die Zulässigkeit des bestrittenen Rechtswegs durch eine nach Rechtshängigkeit eintretende Veränderung der sie begründenden Umstände nicht berührt. Entsprechendes gilt nach Abs. 1 auch für die Verfahrensart und die örtliche Zuständigkeit. Voraussetzung für die fortbestehende Zuständigkeit ist aber ein unveränderter Streitgegenstand. Wird dieser zB durch Klageerweiterung verändert, kommt allein im Hinblick auf den veränderten Teil des Rechtsstreits eine Verweisung in Betracht[5]. Lagen bei Eintritt der Rechtshängigkeit die Zulässigkeitsvoraussetzungen noch nicht vor, so reicht es jedoch, wenn deren Vorliegen im Zeitpunkt der Entscheidung über die Zulässigkeit festgestellt werden kann. Dies kann selbst im Rechtsmittelverfahren der Fall sein[6]. Ein zunächst unzuständiges Gericht kann nämlich noch im Laufe des Verfahrens zuständig werden, etwa durch zulässige rügelose Einlassung (nach Hinweis gem. § 504 ZPO) oder dadurch, dass der Beklagte beim angerufenen Gericht einen Gerichtsstand erwirbt[7].

19 **3. Darlegungs- und Beweislast. a) Grundsätze.** Für die Zulässigkeit des Rechtsweges ist der jeweilige Streitgegenstand maßgeblich. Den Streitgegenstand bestimmt grds. die klagende Partei. Das Klagebegehren ergibt sich aus dem Klageantrag in Verbindung mit der Klagebegründung, § 253 II Nr. 2 ZPO[8]. Sind die zuständigkeitsbegründenden Tatsachen streitig, muss ggf. Beweis erhoben werden[9]. Die Beweislast trifft grds. die klagende Partei[10]. Beruft sich die beklagte Partei jedoch auf eine abweichende Gerichtsstandsvereinbarung, so liegt die Beweislast für diese Behauptung bei der beklagten Partei[11].

20 Bei mehreren Streitgegenständen hat die Prüfung der Rechtswegzuständigkeit für jeden Streitgegenstand gesondert zu erfolgen[12]. Dies gilt für die subjektive und für die objektive Klagenhäufung. In Fällen der objektiven Klagenhäufung wird jedoch häufig eine Zusammenhangszuständigkeit des ArbG nach § 2 III vorliegen[13].

21 Stützt die klagende Partei ihr Begehren auf eine Haupt- und eine Hilfsbegründung, orientiert sich die Prüfung der Rechtswegzuständigkeit an der Hauptbegründung. Das zuständige Gericht des Rechtsweges, der nach der Hauptbegründung zulässig ist, kann die Begründetheit des Begehrens gem. § 17 II 1 GVG auch unter dem rechtl. Gesichtspunkt prüfen, der für die Hilfsbegründung maßgeblich ist[14].

---

1 Schwab/Weth/*Walker*, § 48 ArbGG Rz. 26. | 2 BAG v. 26.3.1992 – 2 AZR 443/91, NZA 1992, 954; v. 4.1.1993 – 5 AS 12/92, NZA 1993, 522; BGH v. 19.12.1996 – III ZB 105/96, NJW 1998, 909; GMPM/*Germelmann*, § 48 ArbGG Rz. 8; GK-ArbGG/*Bader*, § 48 Rz. 12. | 3 Schwab/Weth/*Walker*, § 48 ArbGG Rz. 11 unter Hinweis auf die Ausnahmevorschrift § 158 Nr. 5 SGB IX zum Geschäftsbereich des Bundesnachrichtendienstes. | 4 Schwab/Weth/*Walker*, § 48 ArbGG Rz. 27. | 5 BAG v. 29.11.2006 – 5 AZB 47/06, AP Nr. 90 zu § 2 ArbGG 1979; BAG v. 28.10.1993 – 2 AZB 12/93, AP Nr. 19 zu § 2 ArbGG 1979. | 6 GK-ArbGG/*Bader*, § 48 Rz. 43; Schwab/Weth/*Walker*, § 48 ArbGG Rz. 30. | 7 GMPM/*Matthes*, § 2 ArbGG Rz. 185. | 8 BAG v. 28.10.1993 – 2 AZB 12/93, AP Nr. 19 zu § 2 ArbGG 1979. | 9 Schwab/Weth/*Walker*, § 48 ArbGG Rz. 31. | 10 BAG v. 28.10.1993 – 2 AZB 12/93, AP Nr. 19 zu § 2 ArbGG 1979; v. 24.4.1996 – 5 AZB 25/95, AP Nr. 1 zu § 2 ArbGG 1979 – Zuständigkeitsprüfung. | 11 Schwab/Weth/*Walker*, § 48 ArbGG Rz. 31. | 12 BAG v. 24.4.1996 – 5 AZB 25/95, BAGE 83, 40 = AP Nr. 1 zu § 2 ArbGG 1979. | 13 BAG v. 27.10.1960 – 5 AZR 578/59, AP Nr. 14 zu § 5 ArbGG; v. 24.8.1972 – 2 AZR 437/71, AP Nr. 2 zu § 611 BGB – Gemischter Vertrag. | 14 Zöller/*Gummer*, § 17 GVG Rz. 7; Schwab/Weth/*Walker*, § 48 ArbGG Rz. 33.

Hat die klagende Partei neben einem Hauptantrag auch einen oder mehrere Hilfsanträge gestellt, ist die Zulässigkeit des Rechtsweges zunächst nur für den Hauptantrag zu prüfen[1]. Über ihn hat das zuständige Gericht im zutreffenden Rechtsweg zu entscheiden. Erst wenn auf Grund dieser Entscheidung der Hilfsantrag relevant wird, muss das dann mit der Sache befasste Gericht die Zulässigkeit des Hilfsantrages und damit auch die Rechtswegzuständigkeit prüfen. Insoweit kommt dann eine Weiterverweisung in einen anderen Rechtsweg, unter Umständen auch eine Rückverweisung in Betracht[2]. 22

b) Darlegung der Rechtswegzuständigkeit. aa) Abgrenzung zur Verwaltungs-, Finanz- und Sozialgerichtsbarkeit. Bei der Abgrenzung zur Verwaltungs-, Finanz- und Sozialgerichtsbarkeit ist die Frage zu beantworten, ob eine Streitigkeit öffentl.- oder bürgerlich-rechtl. ist. Sie richtet sich nach der Natur des Rechtsverhältnisses, aus dem der Klageanspruch hergeleitet wird. Entscheidend dafür ist die wahre Natur des Anspruchs, wie er sich nach dem Sachvortrag des Klägers darstellt. Maßgebend ist also danach im Regelfall der Vortrag der klagenden Partei, dessen Richtigkeit zu unterstellen ist. Bei der negativen Feststellungsklage ist auch der Vortrag der beklagten Partei heranzuziehen, um zu klären, welcher Natur die von ihr beanspruchten Rechte sind[3]. 23

bb) Abgrenzung zur ordentlichen Gerichtsbarkeit. Bei der Zuständigkeitsabgrenzung zwischen ordentl. und ArbG handelt es sich zwar nach den §§ 17 ff. GVG, § 48 ebenfalls um eine Frage der Rechtswegzuständigkeit; es geht dabei jedoch nicht um die Abgrenzung zwischen bürgerlich- und öffentl.-rechtl. Streitigkeiten, sondern entscheidend um die Auslegung der §§ 2–5 und damit um eine andere als die vom Gemeinsamen Senat der obersten Gerichtshöfe des Bundes behandelte Rechtsfrage[4]. 24

Zur Abgrenzung – bei str. Vortrag zum ArbNStatus (Rz. 34) – unterscheidet das **BAG**[5] drei Fälle: 25

- Zunächst sind die Fälle zu nennen, in denen der Anspruch lediglich auf eine arbeitsrechtl. Anspruchsgrundlage gestützt werden kann, jedoch fraglich ist, ob deren Voraussetzungen vorliegen (sog. Sic-non-Fall). Hauptbeispiel ist die auf die Feststellung des Bestehens eines Arbeitsverhältnisses gerichtete Klage. Die entsprechenden Tatsachenbehauptungen des Klägers sind hier „doppelrelevant", nämlich sowohl für die Rechtswegzuständigkeit, als auch für die Begründetheit der Klage maßgebend.
- Davon zu unterscheiden sind diejenigen Fälle, in denen ein Anspruch entweder auf eine arbeitsrechtl. oder eine bürgerlich-rechtl. Anspruchsgrundlage gestützt werden kann, die in Betracht kommenden Anspruchsgrundlagen sich aber gegenseitig ausschließen (sog. Aut-aut-Fall). Dazu gehört etwa die Klage auf Zahlung des vereinbarten Entgelts für geleistete Arbeit aus einem Rechtsverhältnis, das der Kläger für ein Arbeitsverhältnis, der Beklagte dagegen für ein – nicht arbeitnehmerähnliches – freies Mitarbeiterverhältnis hält.
- Weiter gibt es – wenn auch selten – Fälle, in denen ein einheitlicher Anspruch widerspruchslos sowohl auf eine arbeitsrechtl. als auch auf eine nicht arbeitsrechtl. Anspruchsgrundlage gestützt werden kann (sog. Et-et-Fall).

Das BAG folgt nun der Ansicht, wonach in den Fällen, in denen die Klage nur dann Erfolg haben kann, wenn der Kläger ArbN ist, die bloße „Rechtsbehauptung" des Klägers, er sei ArbN, zur Begründung der arbeitsgerichtl. Zuständigkeit ausreicht (**Sic-non-Fall**). Diese Fallgruppe ist dadurch gekennzeichnet, dass mit der Verneinung der Zuständigkeit der Rechtsstreit auch in der Sache praktisch entschieden ist. Wird der Rechtsstreit nicht verwiesen, erhält der Kläger eine – wenn auch klageabweisende – Sachentscheidung des Gerichts, vor dem er geklagt hat. Mehr kann er nicht verlangen. Der Gegner hat ohnehin ein Interesse daran, dass die Klage möglichst schnell (als unbegründet) abgewiesen wird; an einer Verweisung in eine andere Gerichtsbarkeit hat er kein schutzwürdiges Interesse. In derartigen Fällen verlangt weder die gesetzl. Zuständigkeitsverteilung noch der Gedanke der Respektierung der Nachbargerichtsbarkeit eine Verweisung in einen anderen Rechtsweg. In diesem Zusammenhang kommt es nicht darauf an, ob der Vortrag des Klägers zur Rechtswegzuständigkeit schlüssig ist. Eine unterschiedliche Behandlung beider Fallgruppen (einerseits schlüssige, aber nicht bewiesene Behauptungen, anderseits bereits unschlüssige Behauptungen) ist nicht gerechtfertigt. Die Interessenlage ist dieselbe: Ein berechtigtes Interesse des Klägers daran, seinen Vortrag vor einem von ihm nicht angerufenen Gericht in tatsächlicher Hinsicht ergänzen zu können, ist nicht anzuerkennen. Das bedeutet: In Sic-non-Fällen, also wenn die Klage nur dann Erfolg haben kann, wenn der Kläger ArbN ist, reicht die bloße Rechtsbehauptung des Klägers, er sei ArbN, in bürgerl.-rechtl. Streitigkeiten zur Begründung der arbeitsgerichtl. Zuständigkeit aus[6]. 26

---

1 Schwab/Weth/*Walker*, § 48 ArbGG Rz. 34. | 2 Schwab/Weth/*Walker*, § 48 ArbGG Rz. 34; Zöller/*Gummer*, § 17a GVG Rz. 13a. | 3 GmSOGB v. 29.10.1987 – GmSOGB 1/86, MDR 1988, 554; GmSOGB v. 10.7.1989 – GmSOGB 1/88, MDR 1990, 508. | 4 BAG v. 24.4.1996 – 5 AZB 25/95, BAGE 83, 40 = AP Nr. 1 zu § 2 ArbGG 1979 – Zuständigkeitsprüfung. | 5 BAG v. 24.4.1996 – 5 AZB 25/95, BAGE 83, 40 = AP Nr. 1 zu § 2 ArbGG 1979 – Zuständigkeitsprüfung. | 6 BAG v. 24.4.1996 – 5 AZB 25/95, BAGE 83, 40 = AP Nr. 1 zu § 2 ArbGG – Zuständigkeitsprüfung; v. 9.10.1996 – 5 AZB 18/96, AP Nr. 2 zu § 2 ArbGG 1979 – Zuständigkeitsprüfung (betr. auf KSchG gestützte Klage); v. 16.7.1997 – 5 AZB 29/96, BAGE 86, 178 = AP Nr. 37 zu § 5 ArbGG 1979 (betr. Klage von Franchisenehmer).

27 Macht eine beschäftigte Person geltend, das von ihr als Arbeitsverhältnis verstandene Rechtsverhältnis sei weder durch einen Aufhebungsvertrag noch durch eine fristlose Kündigung beendet worden, liegt ebenfalls ein Sic-non-Fall vor, wenngleich der Aufhebungsvertrag und die fristlose Kündigung auch unabhängig von einem ArbN-Status unwirksam sein können. Entscheidend ist, ob die klagende Partei den Bestand des Arbeitsverhältnisses in der Weise zum Streitgegenstand macht, dass die Unwirksamkeit von Aufhebungsvertrag und Kündigung nicht unabhängig vom Status festgestellt werden sollen, sondern mit der weiteren Feststellung, dass es sich um ein fortbestehendes Arbeitsverhältnis handelt[1].

28 Die Zulässigkeit des Rechtswegs zu den Gerichten für Arbeitssachen folgt nicht bereits aus der Geltendmachung einer „Bruttoforderung". Hierin liegt kein Sic-non-Fall, weil auch im Rahmen eines freien Dienstvertrags Bruttoentgeltforderungen erhoben werden können[2].

29 Diese Rechtsgrundsätze gelten aber nur, wenn zwischen den Parteien im Streit ist, ob der Kläger ArbN oder Selbständiger, insb. selbständiger Gewerbetreibender iSd. HGB oder freier Mitarbeiter ist. Sie finden jedoch keine Anwendung, wenn der Kläger zu dem Personenkreis gehört, der nach § 5 I 3 nicht als ArbN anzusehen ist. Denn die Fiktion greift unabhängig davon ein, ob sich das der Organstellung zugrunde liegende Rechtsverhältnis materiell-rechtl. als freies Dienstverhältnis oder als Arbeitsverhältnis darstellt[3]. Auch wenn das Anstellungsverhältnis zwischen juristischer Person und Vertretungsorgan wegen starker interner Weisungsabhängigkeit als Arbeitsverhältnis anzusehen sein sollte und deshalb dem materiellen Arbeitsrecht unterliegt, sind zur Entscheidung von Rechtsstreitigkeiten aus dieser Rechtsbeziehung wegen § 5 I 3, § 13 GVG die ordentl. Gerichte berufen. Nur dann, wenn die Rechtsstreitigkeit zwischen dem Mitglied des Vertretungsorgans und der juristischen Person nicht das der Organstellung zugrunde liegende Rechtsverhältnis, sondern eine weitere Rechtsbeziehung betrifft, greift die Fiktion des § 5 I 3 nicht ein[4]. In den Fällen des § 5 I 3 fehlt es an der notwendigen Doppelrelevanz der Frage, ob das zwischen den Parteien bestehende Vertragsverhältnis ein Arbeitsverhältnis ist. Bei Organvertretern ist diese Frage für die Zulässigkeit des Rechtsweges unerheblich. Sie ist allein für die Begründetheit der Klage von Belang.

30 In den **Et-et-Fällen** hat der Kläger ein Wahlrecht, in welchem Rechtsweg er klagen will; erforderlich ist nur, dass das Gericht wenigstens für eine der in Betracht kommenden Anspruchsgrundlagen zuständig ist. Nach § 17 II 1 GVG prüft „das Gericht des zulässigen Rechtswegs" (dh. das Gericht, das wenigstens für eine Anspruchsgrundlage zuständig ist), den Rechtsstreit „unter allen in Betracht kommenden rechtl. Gesichtspunkte". Der Berechtigung des Gerichts entspricht eine Verpflichtung, alle Anspruchsgrundlagen zu überprüfen. Insbesondere steht es ihm nicht frei, den Rechtsstreit wegen bestimmter Anspruchsgrundlagen in einen anderen Rechtsweg zu verweisen oder eine Klageabweisung wegen fehlender Rechtswegzuständigkeit für einzelne Anspruchsgrundlagen. Insoweit besteht eine sog. rechtswegüberschreitende Kompetenz[5].

31 Für die **Aut-aut-Fälle** ist daran fest zu halten, dass die klagende Partei die zuständigkeitsbegründenden Tatsachen schlüssig vortragen und ggf. auch beweisen muss. Um eine „Rechtswegerschleichungen" auszuschließen, muss schon im Rahmen der Zuständigkeitsprüfung entschieden werden, ob tatsächlich ein Arbeitsverhältnis besteht. Erforderlichenfalls ist darüber Beweis zu erheben.

32 Die Abgrenzung von Sic-non-Fällen von Aut-aut-Fällen kann schwierig sein. Wird Kündigungsschutz geltend gemacht, spricht dies für einen Sic-non-Fall. Zweifelhaft wird dies schon, wenn die klagende Partei sich zusätzlich auf § 174 BGB beruft. Geht es um die Rechtswirksamkeit einer außerordentl. Kündigung, liegt dagegen regelmäßig ein Aut-aut-Fall vor (obwohl bei Umdeutung eine Sic-non-Konstellation gegeben sein kann). Wird bei der außerordentl. Kündigung aber nur ein Verstoß gegen § 102 BetrVG geltend gemacht, könnte ein Sic-non-Fall vorliegen. Auch Erschleichungsfälle sind denkbar. Mit einer auf die Feststellung des Arbeitsverhältnisses gerichteten Klage gelangt die klagende Partei in die Rechtswegzuständigkeit der Gerichte für Arbeitssachen, um dann Entgeltzahlung (Aut-aut-Fall) als Zusammenhangsklage geltend zu machen. Hier stellt sich die Frage, ob die unterstellte Zuständigkeit bei Sic-non-Fällen für eine Zusammenhangsklage genügt[6].

33 Im Sic-non-Fall ist daher die Gefahr einer Manipulation hinsichtlich der Auswahl des zuständigen Richters durch die klagende Partei gegeben, wenn diese im Wege der Zusammenhangsklage (§ 2 III) damit weitere Streitgegenstände verbindet. Eine solche Umgehungsmöglichkeit, die der klagenden Partei de facto die Wahl des Rechtswegs überlässt, ist mit Art. 101 I 2 GG nicht vereinbar[7] (vgl. auch § 2 Rz. 130).

1 BAG v. 17.1.2001 – 5 AZB 18/00, AP Nr. 10 zu § 2 ArbGG 1979 – Zuständigkeitsprüfung. | 2 BAG v. 26.9.2002 – 5 AZB 19/01, AP Nr. 83 zu § 2 ArbGG 1979 (unter Hinweis auf BGH v. 1.12.1997 – II ZR 232/96). | 3 BAG v. 23.8.2001 – 5 AZB 9/01, AP Nr. 54 zu § 5 ArbGG 1979; v. 13.5.1996 – 5 AZB 27/95, AP Nr. 27 zu § 5 ArbGG 1979; v. 6.5.1999 – 5 AZB 22/98, AP Nr. 46 zu § 5 ArbGG 1979. | 4 BAG v. 23.8.2001 – 5 AZB 9/01, AP Nr. 54 zu § 5 ArbGG 1979; v. 6.5.1999 – 5 AZB 22/98, AP Nr. 46 zu § 5 ArbGG 1979. | 5 BAG v. 18.8.1997 – 9 AZB 15/97, AP Nr. 70 zu § 74 HGB. | 6 *Reinecke*, ZIP 1997, 1525 ff. | 7 BVerfG v. 31.8.1999 – 1 BvR 1389/97, EzA-SD 20/1999, 7; BAG v. 11.6.2003 – 5 AZB 43/03, EzA § 2 ArbGG 1979 Nr. 60; dazu *Kluth*, NZA 2000, 463; *Kluth*, NZA 2000, 1275.

Die Rspr. des BAG zu den unterschiedlichen Anforderungen an den Vortrag der klagenden Partei für die Rechtswegbestimmung setzt voraus, dass die tatsächlichen Grundlagen für die Beurteilung des ArbN-Status überhaupt im Streit sind. Andernfalls kommt es auf die Frage, welche spezifische Fallgestaltung vorliegt, für die Bestimmung des zuständigen Gerichts nicht an. Sind im Rechtswegbestimmungsverfahren die entscheidungserheblichen Tatsachen unstreitig, muss das angerufene Gericht sogleich darüber entscheiden, ob die klagende Partei ArbN bzw. arbeitnehmerähnliche Person ist[1]. 34

IV. Entscheidungen über die Rechtswegzuständigkeit. Das Verweisungsverfahren für Entscheidungen zur Rechtswegzuständigkeit richtet sich nach Abs. 1 iVm. §§ 17–17b GVG. 35

1. Zulässigkeit des beschrittenen Rechtsweges. Ist der beschrittene Rechtsweg zulässig, kann das Gericht dies vorab aussprechen (§ 17a III 1 GVG). Ob es von dieser Möglichkeit Gebrauch macht, ist eine Frage der Anwendung des pflichtgemäßen Ermessens im Einzelfall[2]. Rügt eine Partei die Zulässigkeit des Rechtsweges, so muss das Gericht gem. § 17a III 2 GVG vorab entscheiden, und zwar – was sich aus § 17a IV 1 GVG ergibt – durch Beschluss. Dies gilt selbst dann, wenn die klagende Partei die Zuständigkeitsrüge erhebt[3]. 36

Vorabentscheidung bedeutet, dass isoliert von den Fragen der Zulässigkeit im Übrigen und den Fragen der Begründetheit und vor der Entscheidung in der Hauptsache entschieden wird. Entsprechend dem Sinn der Vorabentscheidung, Zweifel über die Zulässigkeit des Rechtsweges vor der Hauptsacheentscheidung zu klären, muss das Gericht 1. Instanz den Rechtsstreit im Übrigen gem. § 148 ZPO aussetzen. Andernfalls könnte es bei Feststellung der Unzulässigkeit im Beschwerderechtszug zu Unvereinbarkeiten mit der Hauptsacheentscheidung kommen[4]. Auch ein Versäumnisurteil ist ausgeschlossen[5]. 37

Die Rechtswegrüge ist in analoger Anwendung des § 282 III 1 ZPO vor der Verhandlung zur Hauptsache anzubringen[6]. 38

2. Unzulässigkeit des beschrittenen Rechtsweges. a) Grundsätze. Ist der beschrittene Rechtsweg unzulässig, spricht das Gericht dies nach Anhörung der Parteien von Amts wegen aus und verweist den Rechtsstreit zugleich an das zuständige Gericht des zulässigen Rechtsweges. Die Entscheidung ergeht durch Beschluss und ist für das Gericht, an das der Rechtsstreit verwiesen worden ist, bindend (§ 17a II 1 und 3 GVG). Eine vorherigen Rüge durch eine Partei bedarf es nicht[7]. Eine Abweisung der Klage als unzulässig ist nach dieser gesetzl. Regelung nicht mehr statthaft[8]. 39

b) Objektive und subjektive Klagenhäufung. Allerdings können nicht verschiedene Ansprüche im Wege objektiver Klagenhäufung (§ 260 ZPO) einem bestimmten Rechtsweg zugeführt werden. In einem solchen Falle ist vielmehr für jeden einzelnen Anspruch die Zulässigkeit des Rechtsweges getrennt zu prüfen und eine Entscheidung nach § 17a II oder III GVG zu treffen. Das Gleiche gilt für abtrennbare Klageansprüche im Rahmen einer subjektiven Klagenhäufung[9]. 40

c) Widerklage. Ebenso ist bei Gegenansprüchen zu verfahren, die mittels einer Widerklage geltend gemacht werden. Das ArbG muss also ggf. seine Rechtswegzuständigkeit für die Widerklage verneinen, diese nach § 145 II ZPO abtrennen und diesen Teil des Rechtsstreits an das zuständige Gericht des zulässigen Rechtsweges verweisen[10]. 41

d) Aufrechnung. Die Gerichte für Arbeitssachen sind gehindert, über zur Aufrechnung gestellte rechtswegfremde Forderungen zu entscheiden, sofern für diese eine ausschließliche anderweitige Rechtswegzuständigkeit gegeben ist (vgl. § 2 Rz. 19). 42

3. Form und Inhalt der Entscheidung. Die Vorabentscheidung erfolgt durch Beschluss (§ 17a II 3 u. § 17a IV 1 GVG), der ohne mündliche Verhandlung ergehen kann (§ 17a IV 1 GVG). Vor der Verweisungsentscheidung sind die Parteien anzuhören (§ 17 II 1 GVG). Die Anhörung kann schriftl. erfolgen[11]. Der Beschluss ist zu begründen (§ 17 IV 2 GVG) und mit einer Rechtsmittelbelehrung zu versehen (§ 9 V 1). 43

Nach Abs. 1 Nr. 2 ergeht der Beschluss über die Rechtswegzuständigkeit auch außerhalb der mündlichen Verhandlung stets durch die Kammer[12]. 44

4. Anfechtbarkeit der Entscheidung. Der Beschluss über die Zulässigkeit des vom Kläger beschrittenen Rechtsweges wird rechtskräftig, wenn er nicht angefochten wird[13]. 45

---

1 BAG v. 17.6.1999 – 5 AZB 23/98, AP Nr. 39 zu § 17a GVG. | 2 BGH v. 28.2.1991 – III ZR 53/90, NJW 1991, 1686; v. 12.11.1992 – V ZR 230/91, NJW 1993, 389. | 3 Schwab/Weth/*Walker*, § 48 ArbGG Rz. 42. | 4 BAG v. 26.3.1992 – 2 AZR 443/91, AP Nr. 7 zu § 48 ArbGG 1979. | 5 Schwab/Weth/*Walker*, § 48 ArbGG Rz. 43. | 6 *Schwab*, NZA 1991, 662. | 7 Schwab/Weth/*Walker*, § 48 ArbGG Rz. 44. | 8 BAG v. 26.3.1992 – 2 AZR 443/91, AP Nr. 7 zu § 48 ArbGG 1979. | 9 LAG Rh.-Pf. v. 27.2.2007 – 3 Ta 42/07; *Schwab/Klimpe-Auerbach*, ArbuR 1992, 114; *Kissel*, NJW 1991, 951; Schwab/Weth/*Walker*, § 48 ArbGG Rz. 47. | 10 *Schwab*, NZA 1991, 663; Schwab/Weth/*Walker*, § 48 ArbGG Rz. 47. | 11 Schwab/Weth/*Walker*, § 48 ArbGG Rz. 49, der zutr. darauf hinweist, dass im Eilverfahren ausnahmsweise keine vorherige Anhörung stattfinden muss. | 12 Zur Entscheidung allein durch den Vorsitzenden ausnahmsweise in Eilverfahren vgl. Schwab/Weth/*Walker*, § 48 ArbGG Rz. 51 u. *Walker*, Der einstweilige Rechtsschutz, Rz. 271; GMPM/*Germelmann*, § 48 ArbGG Rz. 47; GK-ArbGG/*Bader*, § 48 Rz. 49. | 13 BAG v. 1.3.1993 – 3 AZB 44/92, AP Nr. 25 zu § 2 ArbGG 1979.

46 Gegen den Beschluss nach § 17a II oder III GVG ist die sofortige Beschwerde nach den Vorschriften der jeweils anzuwendenden Verfahrensordnung gegeben (§ 17a IV 3 GVG). Einschlägig ist § 78 S. 1, wonach hinsichtlich der Beschwerde gegen Entscheidungen der ArbG die für die Beschwerde gegen Entscheidungen der AG maßgebenden Vorschriften der ZPO, dh. die §§ 567 ff. ZPO über die sofortige Beschwerde gelten. Bei einer die Rechtswegzuständigkeit bejahenden Entscheidung kann die beklagte Partei beschwert sein, während bei einer die Rechtswegzuständigkeit verneinenden Entscheidung die klagende Partei beschwert ist. Bei Verletzung des rechtl. Gehörs können beide Parteien beschwert sein[1]. Die Abhilfe- bzw. Nichtabhilfeentscheidung des ArbG ergeht durch die Kammer[2].

47 Durch die rechtzeitige Einlegung der sofortigen Beschwerde erlangt die Rechtswegentscheidung keine Rechtskraft. Das Hauptsacheverfahren darf nicht fortgesetzt werden, sondern muss ausgesetzt bleiben oder werden[3].

48 Eine Überprüfung der Rechtswegentscheidung im Rechtsmittelverfahren der Hauptsache findet nicht statt (§§ 65, 73 II; ebenso § 17a V GVG).

49 **5. Rechtsbeschwerde.** Die Beschwerde gegen den Beschluss des LAG an das BAG steht den Beteiligten nur zu, wenn sie in dem Beschluss zugelassen worden ist (§ 17a IV 4 GVG). Die Beschwerde ist zuzulassen, wenn die Rechtsfrage grundsätzliche Bedeutung hat oder das LAG von der Entscheidung eines obersten Gerichtshofes des Bundes oder des Gemeinsamen Senats der obersten Gerichtshöfe des Bundes abweicht (§ 17 IV 5 GVG u. § 78 S. 2 ArbGG iVm. § 72 II ArbGG). Das BAG ist an die Zulassung der Beschwerde gebunden (§ 17 IV 6 GVG).

50 Bei der nach § 17a IV 4 GVG vom LAG zugelassenen Beschwerde handelt es sich um eine Rechtsbeschwerde iSd. §§ 574 ff. ZPO[4]. Diese ist nach § 575 I ZPO binnen einer Notfrist von einem Monat nach Zustellung des Beschlusses einzulegen und nach § 575 II ZPO, sofern die Beschwerdeschrift keine Begründung enthält, binnen einer Frist von einem Monat nach Zustellung der angefochtenen Entscheidung zu begründen.

51 Ein Rechtsbehelf („Nichtzulassungsbeschwerde") gegen die Nichtzulassung der weiteren Beschwerde durch das LAG ist in § 17a IV GVG nicht vorgesehen[5]. Hat das LAG im Rechtswegbestimmungsverfahren die weitere sofortige Beschwerde nicht zugelassen, so kommen diese oder eine gesonderte Nichtzulassungsbeschwerde als außerordentl. Rechtsbehelfe auch dann nicht in Betracht, wenn die Entscheidung des Beschwerdegerichts gegen ein Verfahrensgrundrecht verstößt. Auch unter dem Gesichtspunkt einer „greifbaren Gesetzwidrigkeit" kommt kein außerordentl. Rechtsbehelf mehr in Betracht, allenfalls eine befristete Gegenvorstellung[6].

52 Nach dem BAG bestehen keine Bedenken, im Vorabverfahren nach § 17 IV GVG auch im Rahmen eines Gesuchs um vorläufigen Rechtsschutz die Rechtsbeschwerde zum BAG zuzulassen, auch wenn gegen das Urteil oder den Beschluss des LAG, mit dem dieses über das Gesuch als solches entscheidet, die Revision bzw. Rechtsbeschwerde nicht statthaft wäre (§ 72 IV, § 78)[7].

53 **6. Rechtsmittel gegen inkorrekte Rechtswegentscheidung. a) Rechtsmittel gegen Inzidententscheidung.** Hat das erstinstanzliche Gericht durch Urteil den Rechtsweg konkludent bejaht, sind die Rechtsmittelgerichte nach § 17a V GVG, §§ 65, 73 II gehindert, die Rechtswegfrage inhaltlich zu überprüfen, wenn eine Vorabentscheidung des erstinstanzlichen Gerichts nicht geboten war, insb. weil eine Rüge der Rechtswegzuständigkeit nicht erhoben wurde[8].

54 **b) Rechtsmittel gegen Inzidententscheidung trotz Rüge.** Entscheidet das ArbG entgegen § 48 I ArbGG, § 17a III 2 GVG trotz Rüge einer Partei über die Zulässigkeit des Rechtswegs nicht vorab durch Beschluss, sondern in den Gründen des der Klage stattgebenden Urteils, so kann die beklagte Partei gegen die inzident erfolgte Rechtswegentscheidung wahlweise sofortige Beschwerde oder Berufung einlegen (Grundsatz der Meistbegünstigung)[9].

55 Wird keine Berufung eingelegt, hilft keine isolierte Anfechtung des Beschlusses nach § 17a III GVG, weil die Entscheidung in der Hauptsache dann in Rechtskraft erwächst[10]. Werden sowohl Berufung gegen das Urteil und auch sofortige Beschwerde gegen den inzident in dem Urteil erfolgten Beschluss zur Rechtswegzuständigkeit eingelegt, so hat das LAG den Rechtsstreit in der Hauptsache zunächst auszusetzen bis zur Rechtskraft der Entscheidung im Vorabverfahren zur Rechtswegzuständigkeit.

---

1 Schwab/Weth/*Walker*, § 48 ArbGG Rz. 60. | 2 LAG Rh.-Pf. v. 25.1.2007 – 11 Ta 10/07. | 3 BAG v. 26.3.1992 – 2 AZR 443/91, AP Nr. 7 zu § 48 ArbGG 1979. | 4 BAG v. 26.9.2002 – 5 AZB 15/02, AP Nr. 48 zu § 17a GVG; GMPM/*Germelmann*, § 48 ArbGG Rz. 96. | 5 BAG v. 22.2.1994 – 10 AZB 4/94, AP Nr. 2 zu § 78 ArbGG 1979; v. 22.10.1999 – 5 AZB 21/99, BAGE 92, 326 = AP Nr. 4 zu § 577 ZPO. | 6 BGH v. 20.10.2004 – XII ZB 35/04, MDR 2005, 339; BVerwG v. 5.10.2004 – 2 B 90/04, NJW 2005, 771; BFH v. 29.9.2005 - I B 70/05, nv.; aA BFH v. 8.9.2005 – IV B 42/05, NJW 2005, 3374. | 7 BAG v. 24.5.2000 – 5 AZB 66/99, AP Nr. 45 zu § 17a GVG; aA Schwab/Weth/*Walker*, § 48 ArbGG Rz. 73. | 8 BGH v. 19.11.1993 – V ZR 269/92, AP Nr. 21 zu § 17a GVG. | 9 BAG v. 26.3.1992 – 2 AZR 443/91, AP Nr. 7 zu § 48 ArbGG 1979; v. 15.4.1993 – 2 AZB 32/92, AP Nr. 12 zu § 5 ArbGG 1979. | 10 GK-ArbGG/*Bader*, § 48 Rz. 70.

Wird im Vorabverfahren (ggf. nach zugelassener Rechtsbeschwerde) die Entscheidung des ArbG zur Rechtswegzuständigkeit bestätigt, kann das Hauptsacheverfahren fortgesetzt werden. Wird jedoch die Rechtswegzuständigkeit der Gerichte für Arbeitssachen verneint, hat das LAG das Urteil durch Beschluss aufzuheben und den Rechtsstreit an das zuständige erstinstanzliche Gericht zu verweisen.

Wird hingegen Berufung eingelegt, so darf das LAG den Rechtsstreit nicht an das ArbG zurückverweisen; § 65 steht in diesem Fall einer eigenen Prüfung der Zulässigkeit des Rechtsweges nicht entgegen[1]. Bejaht das LAG die Zulässigkeit des Rechtsweges, hat es dies vorab durch Beschluss auszusprechen. Lässt es hiergegen gem. § 17a IV 4 u. 5 GVG, § 78 S. 2 die Rechtsbeschwerde zu, hat es das Verfahren bis zur Entscheidung hierüber auszusetzen. Andernfalls hat es in der Hauptsache durch Urteil zu entscheiden. Hält das LAG die Zulässigkeit des Rechtsweges nicht für gegeben, so hat es dies ebenfalls durch Beschluss auszusprechen und unter Abänderung des arbeitsgerichtl. Urteils den Rechtsstreit an das zuständige erstinstanzliche Gericht des zulässigen Rechtsweges zu verweisen. Lässt es hiergegen keine Rechtsbeschwerde zu, ist der Beschluss rechtskräftig und bindet das Gericht, an das verwiesen wurde, hinsichtlich des Rechtsweges[2]. 56

Die unterlassene Vorabentscheidung bleibt im Rechtsmittelrechtszug folgenlos, wenn die Rüge dort nicht weiterverfolgt, sondern fallen gelassen wird[3]. 57

c) **Rechtsmittel gegen Klageabweisung bei unzulässigem Rechtsweg.** Weist das ArbG die Klage als unzulässig ab, weil die Rechtswegzuständigkeit nicht gegeben sei, kann der Kläger hiergegen wahlweise sofortige Beschwerde oder Berufung einlegen (Grundsatz der Meistbegünstigung). Wird keine Berufung eingelegt, hilft wiederum keine isolierte Anfechtung des Beschlusses nach § 17a III GVG, weil die Entscheidung in der Hauptsache dann in Rechtskraft erwächst[4]. Werden sowohl Berufung gegen das Urteil und auch sofortige Beschwerde gegen den inzident in dem Urteil erfolgten Beschluss zur Rechtswegzuständigkeit eingelegt, so hat das LAG den Rechtsstreit in der Hauptsache zunächst auszusetzen bis zur Rechtskraft der Entscheidung im Vorabverfahren zur Rechtswegzuständigkeit. Wird im Vorabverfahren (ggf. nach zugelassener Rechtsbeschwerde) die Entscheidung des ArbG zur Rechtswegzuständigkeit bestätigt, kann das Hauptsacheverfahren fortgesetzt werden. Das LAG darf die Sache, soweit ihre weitere Verhandlung erforderlich ist, unter Aufhebung des Urteils an das ArbG zurückverweisen, wenn eine Partei die Zurückverweisung beantragt[5]. Ohne Zurückverweisungsantrag trifft das LAG eine eigene Sachentscheidung. Wird jedoch die Rechtswegzuständigkeit der Gerichte für Arbeitssachen verneint, hat das LAG das Urteil durch Beschluss aufzuheben und den Rechtsstreit an das zuständige erstinstanzl. Gericht zu verweisen[6]. 58

7. **Bindungswirkung der Entscheidung.** Hat ein Gericht den zu ihm beschrittenen Rechtsweg für zulässig erklärt, sind andere Gerichte an diese Entscheidung gebunden (§ 17a I GVG). Hat das ArbG den Rechtsweg zu den Gerichten für Arbeitssachen stillschweigend durch Erlass eines Urteils bejaht, ist das Rechtsmittelgericht nach § 17a V GVG, §§ 65, 73 II gehindert, die Frage des Rechtswegs zu prüfen. Dies gilt auch, wenn das ArbG unausgesprochen die Zulässigkeit des Rechtswegs angenommen hat[7]. Etwas anderes gilt nur dann, wenn wegen der Rüge einer Partei eine Vorabentscheidung des ArbG geboten war[8]. Hat das Gericht den beschrittenen Rechtsweg für unzulässig erachtet und den Rechtsstreit an das zuständige Gericht des zulässigen Rechtsweges verwiesen, ist der Beschluss für dieses Gericht hinsichtlich des Rechtsweges verbindlich (§ 17a II 3 GVG). Das Gericht, an das verwiesen worden ist, kann jedoch den Rechtsstreit wegen örtlicher Unzuständigkeit innerhalb „seines" Rechtsweges weiterverweisen[9]. Der wegen örtlicher Unzuständigkeit weiterverweisende Beschluss ist seinerseits nach § 48 I ArbGG, § 17a II 3 GVG bindend. 59

Bislang sprach die Rspr.[10] offensichtlich gesetzwidrigen Beschlüssen die Bindungswirkung ab. Für diese Rspr. dürfte wegen der Abänderungsmöglichkeit nach § 572 I ZPO keine Grundlage mehr bestehen[11]. Zudem steht sie im Widerspruch zur Rspr. zum Wegfall der sog. außerordentl. Rechtsmittel (vgl. § 57 Rz. 22). 60

8. **Entscheidung des Gerichts des zulässigen Rechtsweges.** Das Gericht des zulässigen Rechtsweges entscheidet den Rechtsstreit unter allen in Betracht kommenden rechtl. Gesichtspunkten (§ 17 II 1 GVG). Ausgenommen hiervon sind nach Abs. 2 S. 2 lediglich Art. 14 III 4 GG (Streit über die Höhe der 61

---

1 BAG v. 26.3.1992 – 2 AZR 443/91, AP Nr. 7 zu § 48 ArbGG 1979; v. 28.2.1995 – 5 AZB 24/94, AP Nr. 17 zu § 17a GVG. | 2 BAG v. 26.3.1992 – 2 AZR 443/91, AP Nr. 7 zu § 48 ArbGG 1979. | 3 BAG v. 19.11.1997 – 5 AZR 21/97, AP Nr. 133 zu § 611 BGB – Lehrer, Dozenten. | 4 GK-ArbGG/*Bader*, § 48 Rz. 70. | 5 Schwab/Weth/*Walker*, § 48 ArbGG Rz. 45. | 6 BAG v. 26.3.1992 – 2 AZR 443/91, AP Nr. 7 zu § 48 ArbGG 1979. | 7 LAG Köln v. 21.4.2004 – 8 (13) Sa 136/03, LAGReport 2005, 63. | 8 BAG v. 9.7.1996 – 5 AZB 6/96, AP Nr. 24 zu § 17a GVG; v. 21.8.1996 – 5 AZR 1011/94, AP Nr. 42 zu § 2 ArbGG 1979; v. 12.3.1997 – 5 AZR 669/95, AP Nr. 1 zu § 2 UrhG; v. 11.11.1997 – 1 ABR 21/97, BAGE 87, 64 = AP Nr. 1 zu § 36 BDSG; v. 24.3.1998 – 9 AZR 172/97, AP Nr. 4 zu § 21e GVG. | 9 BAG v. 1.7.1992 – 5 AS 4/92, BAGE 70, 374 = AP Nr. 39 zu § 36 ZPO; v. 14.1.1994 – 5 AS 22/93, AP Nr. 43 zu § 36 ZPO; v. 20.9.1995 – 5 AZB 1/95, AP Nr. 23 zu § 17a GVG. | 10 BAG v. 1.7.1992 – 5 AS 4/92, BAGE 70, 374 = AP Nr. 39 zu § 36 ZPO; v. 22.7.1998 – 5 AS 17/98, AP Nr. 55 zu § 36 ZPO. | 11 Zur Problematik: BGH v. 7.3.2002 – IX ZB 11/02, BGHZ 150, 133 = NJW 2002, 1577; v. 12.3.2002 – X ARZ 314/01; *Lipp*, NJW 2002, 1700.

Entschädigung bei Enteignung) und Art. 34 S. 3 GG (Anspruch auf Schadensersatz und Rückgriff bei Amtspflichtverletzungen). Nach dieser Regelung müssen daher das ArbG, das von Anfang an angerufen worden ist und seine Zuständigkeit für gegeben erachtet bzw. ausdrücklich bejaht hat, und das ArbG, an das der Rechtsstreit bindend verwiesen worden ist, den Rechtsstreit unter allen in Betracht kommenden rechtl. Gesichtspunkten entscheiden. Insoweit kommt es nicht darauf an, welchem Rechtsgebiet die Norm angehört. Es sind also auch Anspruchsgrundlagen zu prüfen, für die das ArbG an sich nicht zuständig wäre. Das gilt nicht nur für mehrere Anspruchsgrundlagen bei gemischten Rechtsverhältnissen und für Klagegründe, die zur Rechtswegzuständigkeit der ordentl. Gerichte gehören (zB Werkvertrag oder Geschäftsführung ohne Auftrag), sondern auch für öffentl.-rechtl. Klagegründe[1]. Sofern es sich um ein und denselben Sachverhalt handelt, aus dem die klagende Partei Ansprüche herleitet, kommt eine von dieser veranlasste Beschränkung der Prüfung auf einzelne Anspruchsgrundlagen nicht in Betracht[2].

62 Eine Rückverweisung ist ausgeschlossen[3]. Entsprechendes gilt für eine Weiterverweisung an ein Gericht eines anderen Rechtswegs[4]. Wenn dennoch eine gesetzwidrige Rück- oder Weiterverweisung erfolgt, entfaltet allerdings auch sie die Bindungswirkung des § 17a II 3 GVG, sobald sie rechtskräftig wird[5]. Die Bindungswirkung dieser zweiten Verweisung hat dann Vorrang vor der Bindungswirkung der Ursprungsverweisung.

63 Das Gericht, an das der Rechtsstreit von einem Gericht eines anderen Rechtsweges verwiesen worden ist, kann aber wegen örtlicher Unzuständigkeit innerhalb „seines" Rechtsweges weiterverweisen[6].

64 Erklärt das Gericht, an das der Rechtsstreit verwiesen wurde, sich gleichwohl für unzuständig, so kommt es zu einem Bestimmungsverfahren in entsprechender Anwendung des § 36 I Nr. 6 ZPO. Die Vorschrift betrifft ihrem Wortlaut und ursprünglichen Sinn nach zunächst nur Kompetenzkonflikte zwischen verschiedenen ordentl. Gerichten im zivilprozessualen Verfahren. Es ist aber anerkannt, dass § 36 I Nr. 6 ZPO auch bei einem negativen Kompetenzkonflikt von Gerichten verschiedener Gerichtsbarkeiten entsprechend anwendbar ist, da andernfalls Rechtsschutzverweigerung einträte. In derartigen Fällen ist das zuständige Gericht von dem Obersten Gerichtshof des Bundes zu bestimmen, der zunächst um die Bestimmungen angegangen wurde. Die bindende Wirkung des Verweisungsbeschlusses ist auch im Bestimmungsverfahren des § 36 I Nr. 6 ZPO zu beachten. Nur so kann der Zweck des § 17a II 3 GVG erreicht werden, unnötige und zu Lasten der Parteien gehende Zuständigkeitsstreitigkeiten zu vermeiden. Das bedeutet: Es ist das Gericht als zuständig zu bestimmen, an das die Sache durch den ersten Verweisungsbeschluss gelangt ist[7].

65 **9. Kosten der Verweisung.** Wird der Rechtsstreit an ein anderes Gericht verwiesen, so werden die Kosten im Verfahren vor dem angegangenen Gericht als Teil der Kosten behandelt, die bei dem Gericht erwachsen, an das der Rechtsstreit verwiesen wurde (§ 17b II 1 GVG). Die entstandenen Mehrkosten sind dem Kläger auch dann aufzuerlegen, wenn er in der Hauptsache obsiegt (§ 17b II 2 GVG).

66 **10. Verweisung im PKH-Verfahren.** Wird ein PKH-Verfahren von einem AG oder LG an ein ArbG verwiesen, so ist dieses daran gebunden, jedoch nur hinsichtlich des Rechtswegs (§ 17a II 3 GVG entsprechend)[8]. Die Bindungswirkung des im PKH-Verfahren ergangenen Verweisungsbeschlusses erstreckt sich nicht auf das Hauptsacheverfahren[9]. Das ArbG darf die Erfolgsaussichten der beabsichtigten Klage nicht mit der Begründung verneinen, der Rechtsweg zu den ArbG sei nicht gegeben[10].

67 **11. Rechtsfolgen des Verweisungsbeschlusses.** Nach Eintritt der Rechtskraft des Verweisungsbeschlusses wird der Rechtsstreit mit Eingang der Akten bei dem im Beschluss bezeichneten Gericht anhängig. Die Wirkung der Rechtshängigkeit bleibt bestehen. Dies betrifft zum Einen die prozessualen Wirkungen der Rechtshängigkeit (§ 17 I GVG), zum anderen die materiellrechtl. Wirkungen der Rechtshängigkeit wie die Hemmung der Verjährung (§ 204 BGB) oder die Wahrung von Klagefristen (§ 4 KSchG; § 17 TzBfG).

68 **V. Entscheidung über die Verfahrensart.** Urteils- und Beschlussverfahren schließen einander aus[11]. Sie können auch nicht gem. § 147 ZPO verbunden werden. Ebenso scheidet eine Vereinbarung über die Verfahrensart aus. Nach Abs. 1 sind die §§ 17–17b GVG auch für die Zulässigkeit der Verfahrensart entsprechend anzuwenden.

69 Die Geltung dieser Vorschriften für die Prüfung der zulässigen Verfahrensart bedeutet, dass auch über die Frage, ob über die gestellten Anträge im Urteils- oder Beschlussverfahren zu entscheiden ist, vorab eine gesonderte Entscheidung durch Beschluss des ArbG zu ergehen hat, der einer gesonderten Anfech-

---

1 *Schwab*, NZA 1991, 663; *Klimpe-Auerbach*, ArbuR 1992, 114. | 2 BAG v. 20.10.1995 – 5 AZB 5/95, AP Nr. 36 zu § 2 ArbGG 1979. | 3 Schwab/Weth/*Walker*, § 48 ArbGG Rz. 78. | 4 Schwab/Weth/*Walker*, § 48 ArbGG Rz. 78. | 5 BGH v. 12.3.2002 – X ARZ 314/01, NZA 2002, 1109 (1110); v. 24.2.2000 – III ZB 33/99, ZIP 2000, 598; v. 13.11.2001 – X ZR 266/01, NZA 2002, 637. | 6 BAG v. 14.1.1994 – 5 AS 22/93, AP Nr. 43 zu § 36 ZPO. | 7 BAG v. 14.12.1998 – 5 AS 8/98, AP Nr. 38 zu § 17a GVG; v. 3.11.1993 – 5 AS 20/93, AP Nr. 11 zu § 17a GVG; v. 22.7.1998 – 5 AS 17/98, AP Nr. 55 zu § 36 ZPO. | 8 BAG v. 27.10.1992 – 5 AS 5/92, AP Nr. 5 zu § 281 ZPO 1977. | 9 BAG v. 27.10.1992 – 5 AS 5/92, AP Nr. 5 zu § 281 ZPO 1977; Schwab/Weth/*Walker*, § 48 ArbGG Rz. 80. | 10 BAG v. 27.10.1992 – 5 AS 5/92, AP Nr. 5 zu § 281 ZPO 1977. | 11 St. Rspr. seit BAG v. 3.4.1957, AP Nr. 46 zu § 2 ArbGG 1953.

tung unterliegt. Die § 17a und § 17b GVG müssen insoweit analog angewandt werden[1]. Hält das ArbG die eingeschlagene Verfahrensart für zulässig, unterlässt es eine entsprechende Vorabentscheidung und unterbleibt auch eine entsprechende Rüge seitens der Parteien bzw. Beteiligten, obwohl die Verfahrensart unrichtig ist, kommt es in der unzulässigen Verfahrensart zu einem Urteil bzw. Beschluss (§ 84). Zwar ist diese Entscheidung mit der Berufung bzw. Beschwerde (§ 87 I) anfechtbar. Das LAG prüft jedoch nicht mehr, ob die Verfahrensart zulässig ist (§ 65 bzw. § 88).

Deshalb wird teilweise geltend gemacht, nicht nur das ArbG, sondern auch die 2. und 3. Instanz müssten vom Beschluss- in das Urteilsverfahren und umgekehrt durch Beschluss verweisen können, soweit dem nicht eine rechtskräftige Vorabentscheidung entgegensteht[2]. 70

Erachtet dagegen das ArbG die Verfahrensart für unzulässig, so hat es dies nach Anhörung der Parteien bzw. Beteiligten von Amts wegen auszusprechen und den Rechtsstreit in die zulässige Verfahrensart zu verweisen (§ 17a II 1 GVG). Wird vom Urteils- in das Beschlussverfahren verwiesen, sind dem Kläger die entstandenen Mehrkosten aufzuerlegen (§ 17b II GVG). Im umgekehrten Fall bedarf es keiner Kostenentscheidung, weil im Beschlussverfahren Kosten nicht erhoben werden (§ 12 V). 71

VI. Entscheidung über örtliche Zuständigkeit. 1. Allgemeines. Eine besondere Regelung zur örtlichen Zuständigkeit findet sich im ArbGG in Abs. 1a u. 2 (vgl. Rz. 83a f. u. 84 ff.), und in § 61b II 1 für Fälle geschlechtlicher Benachteiligung. Im Übrigen gelten über § 46 II die Vorschriften der §§ 12–37 ZPO. Im Beschlussverfahren richtet sich die örtliche Zuständigkeit nach § 82. 72

Die örtliche Unzuständigkeit ist nur auf Einrede des Beklagten zu beachten. Dabei sind Rügen, welche die Zulässigkeit der Klage betreffen, von dem Beklagten gleichzeitig und vor der Verhandlung zur Hauptsache vorzubringen (§ 282 III 1 ZPO). 73

Verhandelt der Beklagte mündlich zur Hauptsache, ohne die Unzuständigkeit geltend zu machen, wird dadurch die Zuständigkeit eines Gerichts des ersten Rechtszuges begründet (rügelose Einlassung – § 39 S. 1 ZPO; nicht im Gütetermin!). Dies gilt indes nicht, wenn die gerichtl. Belehrung nach § 504 ZPO unterblieben ist (§ 39 S. 2 ZPO). 74

2. Besonderheiten bei Säumnis. Ist der Beklagte säumig, ist zwar das tatsächliche mündliche Vorbringen des Klägers als zugestanden anzusehen (§ 331 I 1 ZPO), nicht jedoch sein Vorbringen zur Zuständigkeit des Gerichts nach §§ 29 II, 38 ZPO (§ 331 I 2 ZPO). 75

Ist das Versäumnisurteil gegen den Kläger ergangen, kann nach Einsprucheinlegung der Beklagte wegen der Regelung in § 342 ZPO in dem neuen Termin noch die Einrede der örtlichen Unzuständigkeit erheben. 76

3. Entscheidung des ArbG. Hat der Beklagte die örtliche Zuständigkeit des angerufenen ArbG gerügt, so hat es hierüber nach Anhörung der Parteien zu entscheiden (Abs. 1 iVm. § 17a GVG). 77

- Verneint das ArbG seine örtliche Zuständigkeit, spricht es dies aus und verweist den Rechtsstreit zugleich an das örtlich zuständige ArbG (§ 17a II 1 GVG). Sind mehrere ArbG zuständig, wird an das vom Kläger auszuwählende Gericht verwiesen oder, wenn die Wahl unterbleibt, an das vom ArbG bestimmte (§ 17a II 2 GVG).
- Erachtet das ArbG die örtliche Zuständigkeit eines anderen ArbG für gegeben, hat es an dieses zu verweisen. Eine Abweisung der Klage als unzulässig durch Urteil ist auch dann gesetzwidrig, wenn der Kläger keinen Verweisungsantrag gestellt hat[3].
- Bejaht das ArbG seine örtliche Zuständigkeit, so hat es eine entsprechende Vorabentscheidung zu treffen (§ 17a III 2 GVG).

Der Beschluss des ArbG nach Abs. 2 oder 3 kann ohne mündliche Verhandlung ergehen (§ 17a IV 1 GVG; § 55 I Nr. 7, II 1). Für den Beschluss besteht ein Alleinentscheidungsrecht des Vorsitzenden (§ 55 I Nr. 7). Er ist zu begründen (§ 17a IV 2 GVG).Nach dem BAG ist eine fehlende Begründung dann unschädlich, wenn sich die Begründung aus der Akte ergibt[4]. 78

Beschlüsse des ArbG nach § 17a II u. III GVG über die örtliche Zuständigkeit sind unanfechtbar (Abs. 1 Nr. 1). Sie binden das Adressatengericht (§ 17a I GVG). Bei einem negativen Kompetenzkonflikt erfolgt die gerichtliche Zuständigkeitsbestimmung nach § 36 I Nr. 6 ZPO[5]. Danach hat das zuständige LAG das örtlich zuständige ArbG zu bestimmen, wenn sich verschiedene ArbG für örtlich unzuständig erklärt haben. Liegen diese ArbG in verschiedenen LAG-Bezirken, erfolgt die Zuständigkeitsbestimmung durch dasjenige LAG, zu dessen Bezirk das zuerst mit der Sache befasste ArbG gehört (§ 36 II ZPO)[6]. 79

1 Vgl. BAG v. 20.8.1991, AP Nr. 2 zu § 77 BetrVG 1972 – Tarifvorbehalt. |2 *Molkenbur*, DB 1992, 425; aA GMPM/*Matthes*, § 2a ArbGG Rz. 82 unter Hinweis auf den eindeutigen Wortlaut der als verfehlt gewerteten gesetzlichen Regelung. |3 LAG Hamm v. 5.9.1991 – 16 Sa 629/91, NZA 1992, 136. |4 BAG v. 3.11.1993 – 5 AS 20/93, AP Nr. 11 zu § 17a GVG. |5 BAG v. 22.7.1998 – 5 AS 17/98, AP Nr. 55 zu § 36 ZPO. |6 BAG v. 14.7.1998 – 5 AS 22/98, NZA 1998, 1189 f.; Schwab/Weth/*Walker*, § 48 ArbGG Rz. 99.

80 Der Verweisungsbeschluss eines ArbG ist indes nach der bisherigen Rspr. ausnahmsw. nicht bindend, wenn der durch den Beschluss belasteten Partei entgegen § 17a II 1 GVG kein rechtl. Gehör gewährt worden ist[1], wenn entgegen dem Willen beider Parteien die örtliche Zuständigkeit verneint wird[2] oder wenn die Entscheidung willkürlich erfolgte[3]. Beschlüsse, durch die der Rechtsstreit wegen örtlicher Unzuständigkeit verwiesen wird, sollen ausnahmsw. auch dann nicht binden, wenn sich das verweisende Gericht über die Zuordnung des von ihm für maßgeblich gehaltenen Ortes (Wohnsitz, Sitz, Erfüllungsort, Begehungsort usw.) zu dem Bezirk des Gerichts, an das verwiesen worden ist, offensichtlich geirrt hat[4]. Gleiches soll gelten, wenn das verweisende Gericht offensichtlich über den Wohnsitz, Sitz, Erfüllungsort, Begehungsort usw. geirrt hat[5]. Das Gleiche wird angenommen, wenn der Irrtum des Gerichts auf falschen Angaben der klagenden Partei beruht[6]. Es erscheint zweifelhaft, ob auf Grund der Rspr. zum Wegfall der sog. außerordentl. Rechtsbehelfe an dieser Rspr. festgehalten werden kann[7]. Eine außerordentliche Beschwerde gegen einen Verweisungsbeschluss des ArbG wegen fehlender örtlicher Zuständigkeit ist nicht statthaft[8].

81 Das LAG prüft im Berufungsverfahren nicht, ob das ArbG seine (örtliche) Zuständigkeit zu Unrecht angenommen hat (§ 65).

82 Im Revisionsverfahren beim BAG findet die Vorschrift des § 65 entsprechende Anwendung (§ 73 II).

83 Die Verweisung eines Rechtsstreits (wegen örtlicher Unzuständigkeit) an ein Gericht desselben Rechtswegs schließt die Weiterverweisung in einen anderen Rechtsweg nicht aus[9].

83a **VII. Gerichtsstand des Arbeitsortes.** Die Regelung zum Gerichtsstand des Arbeitsortes in Abs. 1a soll dem ArbN nach der Gesetzesbegründung ermöglichen, Klage vor dem ArbG zu erheben, in dessen Bezirk die Arbeit verrichtet wird. Die Formulierung entspricht Art. 19 Nr. 2a der VO (EG) Nr. 44/2001 vom 22.12.2000 über die gerichtliche Zuständigkeit und die Anerkennung und Vollstreckung von Entscheidungen in Zivil- und Handelssachen. Der Gerichtsstand des Arbeitsortes soll vor allem den ArbN zugutekommen, die ihre Arbeit gewöhnlich nicht am Firmensitz oder am Ort der Niederlassung leisten. Vor allem Beschäftigten in der Dienstleistungsbranche, wie im Bereich der Gebäudereinigung, und Mitarbeitern im Außendienst soll die Durchsetzung ihrer Ansprüche und Rechte erleichtert werden. Auch bei kurzzeitigen Arbeitsverhältnissen könnten die Beschäftigten den Gerichtsstand des Arbeitsortes nutzen. Unerheblich sei, ob an dem Ort der Arbeitsleistung eine räumliche Verfestigung der Betriebsstruktur des ArbGeb bestehe, ob und von wo aus Arbeitsanweisungen erteilt würden oder wo die Zahlung der Vergütung veranlasst werde. Für den besonderen Gerichtsstand des Arbeitsortes soll der Ort maßgeblich sein, an dem die geschuldete Arbeitsleistung tatsächlich erbracht werde. Erfolgt die Erbringung der Arbeitsleistung gewöhnlich an mehreren Orten, sei der Ort zu bestimmen, an dem die Arbeitsleistung überwiegend erbracht werde. Dies könne auch der Ort sein, an dem die Arbeit gemessen an der Gesamtdauer des Arbeitsverhältnisses erst kurzzeitig geleistet wurde, wenn auf der Grundlage des Arbeitsvertrages an diesem Ort die Arbeitsleistung bis auf weiteres verrichtet werden soll. Der gewöhnliche Arbeitsort ändere sich nicht dadurch, dass der ArbN die Arbeitsleistung vorübergehend an einem anderen Ort erbringe. Bei einem beendeten Arbeitsverhältnis sei der Arbeitsort derjenige Ort, an dem der ArbN die Arbeitsleistung zuletzt gewöhnlich verrichtet habe.

83b Abs. 1a S. 2 regelt den Fall, dass ein Schwerpunkt der Tätigkeit nicht ermittelt werden kann, zB weil Tätigkeiten vertragsgemäß in mehreren Gerichtsbezirken zu erbringen sind. Es ist dann auf den Ort abzustellen, von dem aus die Arbeitsleistung erbracht wird. Der Wohnort kann Arbeitsort sein, wenn dort mit der Arbeitsleistung verbundene Tätigkeiten erbracht werden, zB wenn ein Außendienstmitarbeiter zu Hause seine Reisetätigkeit für den ihm zugewiesenen Bezirk plant, Berichte schreibt oder andere mit der Arbeitsleistung verbundene Tätigkeiten verrichtet. Kein Arbeitsort ist gegeben, wenn sich zB ein Montagearbeiter oder ein Kraftfahrer im Rahmen einer Vielzahl einzelner weisungsgebundener Entsendungen vom Wohnort aus zum jeweiligen Einsatzort begibt.

84 **VIII. Tarifvertragliche Regelung der örtlichen Zuständigkeit.** Abs. 2 regelt eine Ausnahme zur weit gehenden Beschränkung der Prorogationsfreiheit im arbeitsgerichtl. Verfahren. Die TV-Parteien erhalten die Möglichkeit, kollektivrechtl. Prorogationsvereinbarungen zu treffen, um eine Konzentration von Rechtsstreiten in Bereichen ihrer Wahl zu erreichen[10]. Die tarifl. Regelung muss sich im normativen Teil des TV befinden[11]. Sie kann die ausschließliche oder nur eine zusätzliche örtliche Zuständigkeit eines ansonsten unzuständigen ArbG vorschreiben für bürgerliche Rechtsstreitigkeiten zwischen ArbN und ArbGeb aus einem Arbeitsverhältnis und aus Verhandlungen über die Eingehung eines Arbeitsverhält-

1 BAG v. 29.6.1992 – 5 AS 7/92, NZA 1992, 1049; v. 1.7.1992 – 5 AS 4/92, BAGE 70, 374 = AP Nr. 39 zu § 36 ZPO; v. 27.10.1992 – 5 AS 5/92, AP Nr. 5 zu § 281 ZPO 1977. | 2 LAG BW v. 16.2.2005 – 3 AR 4/05, ArbuR 2005, 165. | 3 Hessisches LAG v. 8.1.2004 – 1 AR 36/03, LAGE § 48 ArbGG 1979 Nr. 16. | 4 BAG v. 31.1.1994 – 5 AS 23/93, AP Nr. 44 zu § 36 ZPO. | 5 BAG v. 30.3.1994 – 5 AS 6/94. | 6 BAG v. 11.11.1996 – 5 AS 12/96, AP Nr. 51 zu § 36 ZPO. | 7 BGH v. 20.10.2004 – XII ZB 35/04, MDR 2005, 339; BVerwG v. 5.10.2004 – 2 B 90/04, NJW 2005, 771; BFH v. 29.9.2005 – I B 70/05, nv.; aA BFH v. 8.9.2005 – IV B 42/05, NJW 2005, 3374. | 8 LAG Rh.-Pf. v. 25.7.2006 – 2 Ta 111/06. | 9 BAG v. 4.1.1993 – 5 AS 12/92, AP Nr. 42 zu § 36 ZPO. | 10 GMPM/*Germelmann*, § 48 ArbGG Rz. 99. | 11 GMPM/*Germelmann*, § 48 ArbGG Rz. 99.

nisses, sofern sich das Arbeitsverhältnis nach einem TV bestimmt. Ohne Bedeutung ist, ob die Tarifbindung auf Grund normativer Tarifbindung, eines allgemeinverbindlichen TV oder auf Grund arbeitsvertragl. Inbezugnahme – des gesamten TV[1] in seinem Geltungsbereich – gilt. Streitigkeiten über Nachwirkungen des Arbeitsverhältnisses unterfallen nach dem Wortlaut der Vorschrift nicht der kollektivrechtl. Prorogation, damit auch nicht Streitigkeiten aus einem Ruhestandsverhältnis[2].

Nach Abs. 2 Nr. 2 kann eine kollektivrechtl. Prorogation auch für bürgerliche Rechtsstreitigkeiten aus dem Verhältnis einer gemeins. Einrichtung der TV-Parteien zu den ArbN oder ArbGeb erfolgen, nicht jedoch zu deren Hinterbliebenen[3]. 85

Die Erstreckung der kollektivrechtl. Prorogation auf Außenseiter hat zur Voraussetzung, dass der gesamte TV in Bezug genommen wird und dass das Arbeitsverhältnis dem Geltungsbereich des TV unterfällt[4]. 86

49 *Ablehnung von Gerichtspersonen*

(1) Über die Ablehnung von Gerichtspersonen entscheidet die Kammer des Arbeitsgerichts.

(2) Wird sie durch das Ausscheiden des abgelehnten Mitglieds beschlussunfähig, so entscheidet das Landesarbeitsgericht.

(3) Gegen den Beschluss findet kein Rechtsmittel statt.

I. Inhalt und Zweck. Ausschließung und Ablehnung dienen der Sicherung der Unparteilichkeit der Rspr. im konkreten Rechtsstreit und damit zugleich der Gewährleistung des gesetzl. Richters (Art. 101 I 2 GG). Das Gesetz unterscheidet zwischen Gründen, die der Gerichtsperson die Befugnis entziehen, in einem Verfahren ihr Amt auszuüben (Ausschließungsgründe), und Gründen, die der Partei/den Beteiligten das Recht geben, sie abzulehnen (Ablehnungsgründe). 1

§ 49 enthält gegenüber §§ 41–49 ZPO vorgehende Sonderregelungen zum Verfahren bei Ausschließung und Ablehnung von Gerichtspersonen. Die materiellen Ausschließungs- und Ablehnungsgründe richten sich allein nach §§ 41, 42 ZPO. 2

Die Vorschrift des § 49 gilt für das erstinstanzliche Urteils- und Beschlussverfahren (§ 80 II). Für das zweitinstanzliche Verfahren gelten lediglich die Abs. 1 und 3 (§ 64 VII, § 87 II). Im Revisions- und Rechtsbeschwerdeverfahren findet allein Abs. 1 sinngemäß Anwendung[5]. 3

Lehnt eine Betriebspartei den **Vorsitzenden einer Einigungsstelle** wegen Besorgnis der Befangenheit ab, bestimmt sich das weitere Verfahren entsprechend den Vorschriften der ZPO über die Ablehnung von Schiedsrichtern im schiedsgerichtl. Verfahren. Die für das arbeitsgerichtl. Urteilsverfahren geltenden Vorschriften der § 49, § 64 VII iVm. § 49, § 72 VI iVm. § 49 sowie § 80 II für das Beschlussverfahren betreffen die Ablehnung von Gerichtspersonen. Sie sind wegen des für das gerichtl. Verfahren vorgesehenen Eintretens eines durch Geschäftsverteilungsplan bestimmten Nachrückers an Stelle eines erfolgreich Abgelehnten auf das Einigungsstellenverfahren nicht übertragbar. Dem Einigungsstellenverfahren ist eine Ersatzbestellung des Einigungsstellenvorsitzenden fremd[6]. 4

II. Ausschließung. 1. Betroffener Personenkreis. „Ausschließung" ist die kraft Gesetzes eintretende und in jedem Stadium des Verfahrens von Amts wegen zu berücksichtigende Unfähigkeit von Gerichtspersonen zur Ausübung ihres Amtes in einem bestimmten Rechtsstreit. Dies betrifft die Berufsrichter und ehrenamtlichen Richter, nach § 10 S. 1 RPflG die Rechtspfleger sowie die Urkundsbeamten der Geschäftsstelle[7]. Nicht zu den Gerichtspersonen zählen die sonstigen Bediensteten des ArbG (zB Wachtmeister, Mitglieder der gerichtl. Serviceeinheiten), Sachverst. (§ 406 ZPO), Dolmetscher (§ 191 GVG) und Gerichtsvollzieher (§ 155 GVG). 5

2. Ausschließungsgründe. Die materiellen Ausschließungsgründe des § 41 Nr. 1–6 ZPO gelten über die Verweisungsnorm des § 46 II auch im arbeitsgerichtl. Verfahren. Die Aufzählung dort ist erschöpfend[8]. Den Ausschließungsgründen ähnliche Fallgestaltungen sind jedoch stets als Ablehnungsgründe iSv. § 42 ZPO zu würdigen[9]. Keine Ausschließungsgründe sind Hinderungsgründe, die der Ausübung richterlicher Tätigkeit überhaupt entgegenstehen, wie fehlende Richteramtsbefähigung, bestimmte körperliche und geistige Gebrechen oder Unzuständigkeit nach Geschäftsverteilungsplan. Liegen Hinderungsgründe vor, ist das Gericht nicht ordnungsgemäß besetzt. Dies kann nach § 68 ArbGG iVm. § 547 Nr. 1–3 ZPO (ohne Zurückverweisungsmöglichkeit), nach § 551 Nr. 1 ZPO und uU nach §§ 42 und 48 ZPO entsprechend geltend gemacht werden[10]. 6

---

1 Wobei den Parteien jedoch die Herausnahme der tarifl. Prorogationsregelung aus der Inbezugnahme möglich ist, vgl. GMPM/*Germelmann*, § 48 ArbGG Rz. 106. | 2 GMPM/*Germelmann*, § 48 ArbGG Rz. 102. | 3 GMPM/*Germelmann*, § 48 ArbGG Rz. 103. | 4 GMPM/*Germelmann*, § 48 ArbGG Rz. 107. | 5 GK-ArbGG/*Schütz*, § 49 Rz. 4. | 6 BAG v. 11.9.2001 – 1 ABR 5/01, AP Nr. 15 zu § 76 BetrVG 1972; krit. *Bertelsmann*, FS Hellmut Wißmann, S. 230. | 7 GMPM/*Germelmann*, § 49 ArbGG Rz. 3. | 8 So die hM, zB BGH v. 4.12.1989 – RiZ (R) 5/89, MDR 1990, 718. | 9 Zöller/*Vollkommer*, § 41 ZPO Rz. 1. | 10 Zöller/*Vollkommer*, § 41 ZPO Rz. 2.

7 **3. Ausschließungsverfahren.** Liegt ein Ausschließungsgrund vor, so ist die Gerichtsperson kraft Gesetzes von der Ausübung des Amtes ausgeschlossen. An die Stelle der ausgeschlossenen Gerichtsperson tritt die nach dem Geschäftsverteilungsplan bestimmte Vertretung. Hat die Gerichtsperson Zweifel an der Ausschließung, kann sie eine Entscheidung von Amts wegen herbeiführen (§ 48 ZPO); hält die Gerichtsperson einen Ausschließungsgrund nicht für gegeben, kann ihn jede Partei/jeder Beteiligte in Form eines Ablehnungsgesuchs geltend machen (§ 42 I ZPO). In beiden Fällen findet gegen den Beschluss kein Rechtsmittel statt (Abs. 3).

8 Hat die ausgeschlossene Gerichtsperson bei einer Entscheidung mitgewirkt, führt dies nicht zur Nichtigkeit, jedoch zur Anfechtbarkeit der Entscheidung (§ 547 Nr. 2 ZPO). Liegt nur eine Mitwirkung bei gerichtlichen Prozesshandlungen vor, so sind auch diese nicht nichtig; sie müssen während der Instanz in ordnungsgemäßer Besetzung wiederholt oder zurückgenommen werden. Die Unkenntnis der Gerichtsperson vom Ausschließungsgrund ist belanglos. § 295 ZPO (rügelose Einlassung) gilt nicht[1].

9 **III. Ablehnung.** Die Ablehnung einer Gerichtsperson wegen Besorgnis der Befangenheit bedarf stets besonderer Geltendmachung durch die Partei/den Beteiligten (Ablehnungsgesuch) oder durch die Gerichtsperson (Ablehnungsanzeige) und führt nur bei einer entsprechenden gerichtlichen Entscheidung zum Ausscheiden der Gerichtsperson aus dem Prozess. Ausschließungsgründe sind stets (auch) absolute Ablehnungsgründe. Das Ablehnungsverfahren richtet sich vorrangig nach § 49 und im Übrigen nach §§ 42–49 ZPO; die Ablehnungsgründe folgen ausschließlich aus § 42 I ZPO.

10 **1. Ablehnungsrecht.** Das Ablehnungsrecht besteht gegenüber und für Gerichtspersonen, für die auch eine Ausschließung in Betracht kommt. Betroffen sind Arbeitsrichter einschließlich der ehrenamtlichen Richter, Rechtspfleger und die Urkundsbeamten der Geschäftsstelle, nicht jedoch die sonstigen Bediensteten des ArbG, Sachverst.[2], Dolmetscher und Gerichtsvollzieher.

11 Das Ablehnungsrecht steht allen Parteien/Beteiligten zu, auch den Streitgehilfen (§ 67 ZPO); dies gilt selbst dann, wenn der Befangenheitsgrund nicht alle betrifft. Die Prozess- bzw. Verfahrensbevollmächtigten haben kein selbständiges Ablehnungsrecht aus eigener Person.

12 Ablehnbar sind bestimmte Gerichtspersonen, nicht ablehnbar sind das Gericht oder ein ganzer Spruchkörper, auch nicht eine einzelne Gerichtsperson allein wegen ihrer Zugehörigkeit zu einem Gericht oder Spruchkörper, es sei denn, der Ablehnungsgrund besteht gerade in der Mitwirkung an einer Kollegialentscheidung. Im Einzelfall kann die Ablehnung eines Spruchkörpers als Ablehnung bestimmter Mitglieder zu verstehen sein.

13 **2. Ablehnungsgründe.** Die Ablehnung von Gerichtspersonen kann nach § 42 I ZPO auf zwei Gründe gestützt werden: a) Vorliegen eines gesetzl. Ausschließungsgrundes und b) Besorgnis der Befangenheit.

14 **a) Gesetzlicher Ausschluss.** Für den Ablehnungsgrund „Ausschluss kraft Gesetzes" gelten die materiellen Grundsätze zum Ausschluss von Gerichtspersonen nach § 41 ZPO. Die gerichtl. Entscheidung auf ein Ablehnungsgesuch hat nur feststellenden Charakter, weil die Gerichtsperson bereits kraft Gesetzes ausgeschlossen ist.

15 **b) Besorgnis der Befangenheit.** Nach § 42 II ZPO setzt die Ablehnung wegen Besorgnis der Befangenheit einen Grund voraus, der geeignet ist, Misstrauen gegen die Unparteilichkeit eines Richters zu rechtfertigen. Gründe für ein solches Misstrauen sind gegeben, wenn ein Beteiligter von seinem Standpunkt aus bei vernünftiger, objektiver Betrachtung davon ausgehen kann, dass der Richter nicht unvoreingenommen entscheiden werde. Bei Anlegung dieses objektiven Maßstabes kommt es entscheidend darauf an, ob die Prozesspartei, die das Ablehnungsgesuch angebracht hat, von ihrem Standpunkt aus Anlass hat, Voreingenommenheit zu befürchten. Es muss also die Befürchtung bestehen, dass der abgelehnte Richter in die Verhandlung und Entscheidung des gerade anstehenden Falles sachfremde, unsachliche Momente mit einfließen lassen könnte und den ihm unterbreiteten Fall nicht ohne Ansehen der Person nur auf Grund der sachlichen Gegebenheiten des Falles und allein nach Recht und Gesetz entscheidet. Damit ist unter „Befangenheit" ein Zustand zu verstehen, der eine vollkommen gerechte, von jeder falschen Rücksicht freie Einstellung zur Sache beeinträchtigt. Die bereits erfolgte Bildung einer bestimmten Meinung (zB zur Rechtslage oder zur Beurteilung des Sachverhalts) genügt danach nicht, wenn nicht der Verdacht der Unsachlichkeit bei Bildung oder Beibehaltung der Meinung besteht. Das Ablehnungsverfahren nach § 42 II ZPO dient dementsprechend allein dazu, die Beteiligten vor der Unsachlichkeit des Richters aus einem in seiner Person liegenden Grund zu bewahren. Eine den Beteiligten ungünstige und möglicherweise auch unrichtige Rechtsauffassung als Ursache für die Parteilichkeit des Richters kommt als Ursache nicht in Betracht, es sei denn, die mögliche Fehlerhaftigkeit beruhte auf einer unsachlichen Einstellung des Richters oder auf Willkür[3]. Nicht erforderlich ist, dass die Gerichtsperson tatsächlich befangen ist; unerheblich ist, ob sie sich für befangen hält[4]. Ablehnungs-

---

1 Zöller/*Vollkommer*, § 41 ZPO Rz. 16. | 2 LAG Hamm v. 19.6.1986 – 8 Ta 16/86, AP Nr. 1 zu § 49 ArbGG 1979. | 3 BAG v. 10.7.1996 – 4 AZR 759/94 (A), AP Nr. 4 zu § 49 ArbGG 1979. | 4 BVerfG v. 4.6.1986 – 1 BvR 1046/85, AP Nr. 4 zu § 49 ArbGG 1979; v. 12.7.1986 – 1 BvR 713/83, NJW 1987, 430.

gründe sind vom Gericht in ihrer Gesamtheit zu würdigen; dabei ist auch eine bestehende Prozessvertretung der Partei/Beteiligten zu berücksichtigen. In Zweifelsfällen soll iS einer Stattgabe des Ablehnungsgesuchs und nicht iS seiner Zurückweisung zu entscheiden sein[1].

3. Verlust des Ablehnungsrechts. a) Rügelose Einlassung. Nach § 43 ZPO, der über § 46 II anwendbar ist, kann eine Partei/ein Beteiligter eine Gerichtsperson wegen der Besorgnis der Befangenheit nicht mehr ablehnen, wenn sie sich bei ihr, ohne den ihr bekannten Ablehnungsgrund geltend zu machen, in eine Verhandlung eingelassen oder Anträge gestellt hat. 16

Der Ablehnungsgrund muss der Partei/dem Beteiligten bekannt sein, Kenntnis der Prozess-/Verfahrensvertretung wird zugerechnet; Kennenmüssen des Ablehnungsgrundes reicht nicht. Als „Einlassen" in eine Verhandlung genügt jedes prozessuale und der Erledigung eines Streitpunktes dienende Handeln der Parteien/Beteiligten unter Mitwirkung der Gerichtsperson, zB Besprechung der Sach- und Rechtslage, Vergleichsverhandlungen, Einlegung der Beschwerde, aktive Teilnahme an einer Beweisaufnahme. Dies gilt auch für den Gütetermin. 17

b) Rechtsmissbrauch. Rechtsmissbräuchlich und damit unzulässig sind Ablehnungsgesuche, die nur der Verschleppung des Prozesses dienen sollen oder die exzessiv zur Verfahrenskomplikation eingesetzt werden, die sich lediglich in der Wiederholung eines abgelehnten Gesuchs ohne neue Begründung erschöpfen, die nur Beleidigungen und Beschimpfungen der Gerichtsperson enthalten. 18

4. Ablehnungsverfahren. a) Ablehnungsgesuch der Parteien/Beteiligten. § 44 ZPO, der nach der Verweisung des § 46 II entsprechend anwendbar ist, regelt Form und Inhalt des Ablehnungsgesuchs. Das Ablehnungsgesuch ist nach § 44 I ZPO bei dem Gericht, dem die Gerichtsperson angehört, anzubringen; es kann vor der Geschäftsstelle zu Protokoll erklärt werden. Eine besondere Form oder ein Vertretungszwang sind nicht vorgeschrieben. Es kann mündlich oder schriftl. – auch von der Partei/dem Beteiligten selbst – beim ArbG, LAG oder BAG angebracht und bis zur Entscheidung zurückgenommen werden. Aus dem Gesuch muss sich ergeben, welche Gerichtsperson(en) abgelehnt werden soll(en). In dem Gesuch sind die Tatsachen anzugeben, die die Ablehnung rechtfertigen sollen. Sie sind – bis zur Entscheidung über das Gesuch – nach § 44 II 1 ZPO glaubhaft zu machen, wobei die Partei/der Beteiligte zur Versicherung an Eides statt nicht zugelassen werden darf. Zur Glaubhaftmachung kann auf das Zeugnis des abgelehnten Richters Bezug genommen werden (§ 44 II 2 ZPO); die ablehnende Person kann sich aller sonstigen Beweismittel bedienen (§ 294 I ZPO). Die abgelehnte Gerichtsperson hat sich nach § 44 III ZPO über den Ablehnungsgrund dienstlich zu äußern; diese Äußerung ist der ablehnenden Person und den übrigen Parteien/Beteiligten zur Kenntnis und Stellungnahme zu geben. Einer dienstlichen Äußerung bedarf es nicht bei offensichtlich querulatorischen Gesuchen[2]. 19

b) Selbstablehnungsanzeige der Gerichtsperson. Das Ablehnungsverfahren kann nach § 48 ZPO auch von einer Gerichtsperson eingeleitet werden. § 48 ZPO findet gem. § 46 II im arbeitsgerichtl. Verfahren Anwendung. Die Selbstablehnung der Gerichtsperson geschieht durch Anzeige von einem Verhältnis, das ihre Ablehnung rechtfertigen könnte, oder wenn aus anderer Veranlassung Zweifel darüber entstehen, ob die Gerichtsperson kraft Gesetzes ausgeschlossen ist. In der Anzeige sind die eine Selbstablehnung oder Ausschließung ggf. begründenden Tatsachen mitzuteilen, ohne dass es aber einer Glaubhaftmachung bedarf. Vor der Entscheidung über die Anzeige ist eine Anhörung der Parteien/Beteiligten erforderlich[3]. 20

c) Entscheidung über das Ablehnungsgesuch. aa) Zuständiger Spruchkörper. Über die Ablehnung in 1. Instanz entscheidet nach Abs. 1 die Kammer des ArbG, der diese Gerichtsperson angehört, und zwar unabhängig davon, ob auf Grund mündlicher Verhandlung oder ohne mündliche Verhandlung entschieden wird, unter Beteiligung der ehrenamtlichen Richter. Bei Ablehnung eines Kammermitgliedes ist dieses durch die geschäftsplanmäßige Vertretung zu ersetzen. 21

Wird das Ablehnungsgesuch im Laufe einer mündlichen Verhandlung gestellt, so tritt an die Stelle des abgelehnten Berufsrichters dessen geschäftsplanmäßige Vertretung bzw. für den ehrenamtlichen Richter der nach der Liste nächstberufene Richter aus dem betroffenen Kreis der ArbN oder der ArbGeb. Wird ein Richter während der Verhandlung abgelehnt und würde die Entscheidung über die Ablehnung eine Vertagung der Verhandlung erfordern, so kann der Termin unter Mitwirkung des abgelehnten Richters fortgesetzt werden (§ 47 II 1 ZPO). Nach der Entscheidung über das Ablehnungsgesuch muss in dem ersten dann stattfindenden Termin das Gericht in der Besetzung tätig werden, in der es zurzeit der Ablehnung tätig war; nur für den abgelehnten Richter tritt dann, wenn die Ablehnung für begründet erklärt worden ist, ein anderer Richter ein[4]. Das Ablehnungsverfahren erledigt sich nicht dadurch, dass nach § 39 der abgelehnte ehrenamtliche Richter ohnehin nicht zur weiteren Verhandlung hinzuzuziehen wäre. 22

---

1 Zöller/*Vollkommer*, § 42 ZPO Rz. 10. | 2 GMPM/*Germelmann*, § 49 ArbGG Rz. 29. | 3 BVerfG v. 8.6.1993 – 1 BvR 878/90, AP Nr. 3 zu § 49 ArbGG 1979. | 4 BAG v. 25.1.1963 – 1 AZR 527/61, AP Nr. 1 zu § 45 ZPO.

23 Bei einem Ablehnungsgesuch außerhalb der mündlichen Verhandlung sind die nächstberufenen ehrenamtlichen Richter zuständig, auch wenn der Ablehnungsgrund aus Ereignissen in einer vorangegangenen mündlichen Verhandlung hergeleitet wird[1].

24 Werden die drei Richter einer Kammerbesetzung abgelehnt, so tritt an die Stelle des Vorsitzenden der geschäftsplanmäßig berufene Vertreter, für die ehrenamtlichen Richter sind die nach der Liste nächstberufenen heranzuziehen[2].

25 Wird die Kammer des ArbG durch Ausscheiden des abgelehnten Mitglieds beschlussunfähig, so entscheidet nach Abs. 2 das LAG, und zwar ebenfalls in voller Besetzung[3]. Die gleichen Grundsätze (vgl. Rz. 21 ff.) gelten bei Ablehnung von Gerichtspersonen in der 2. u. 3. Instanz. Wird das LAG durch die Ablehnung beschlussunfähig, so muss das BAG über das Ablehnungsgesuch entscheiden[4].

26 Über die Selbstablehnungsanzeige entscheidet das Gericht durch Beschluss in der gleichen Besetzung wie über ein Ablehnungsgesuch.

27 Die Entscheidung über ein rechtsmissbräuchliches Gesuch soll unter Mitwirkung des abgelehnten Richters erfolgen können[5].

28 **bb) Form.** Die Entscheidung über das Ablehnungsgesuch bzw. über die Selbstablehnung ergeht durch Beschluss, der nach § 9 V 2 eine Rechtsmittelbelehrung enthalten muss. Der Beschluss über das Ablehnungsgesuch ist zu begründen. Der Beschluss über eine Selbstablehnung soll dagegen keiner eingehenden Begründung bedürfen[6].

29 **cc) Verfahren nach der Ablehnung.** Ein abgelehnter Berufsrichter hat vor Erledigung des Ablehnungsgesuchs nur solche Handlungen vorzunehmen, die keinen Aufschub gestatten (§ 46 II ArbGG iVm. § 47 ZPO). Wird ein Richter während der Verhandlung abgelehnt und würde die Entscheidung über die Ablehnung eine Vertagung der Verhandlung erfordern, so kann der Termin unter Mitwirkung des abgelehnten Richters fortgesetzt werden (§ 47 II 1 ZPO). Wird die Ablehnung für begründet erklärt, so ist der nach Anbringung des Ablehnungsgesuchs liegende Teil der Verhandlung zu wiederholen (§ 47 II ZPO).

30 **dd) Rechtsmittel.** Nach Abs. 3 findet gegen den stattgebenden oder auch zurückweisenden Beschluss über ein Ablehnungsgesuch kein Rechtsmittel statt. Dies ist verfassungsrechtl. unbedenklich[7]. Auch die Entscheidung des Gerichts zur Sache kann später nicht mit der Begründung angefochten werden, einer der mitwirkenden Richter habe wegen Besorgnis der Befangenheit abgelehnt werden müssen[8]. Der Rechtsmittelausschluss gilt auch für den Fall der unter Mitwirkung des abgelehnten Richters erfolgten Verwerfung des Gesuchs als rechtsmissbräuchlich[9]. Ein außerordentl. Rechtsbehelf soll gegeben sein bei der Entscheidung allein des Vorsitzenden entgegen Abs. 1[10] und bei greifbarer Gesetzwidrigkeit[11]. Die außerordentl. sofortige Beschwerde wegen greifbarer Gesetzwidrigkeit der angefochtenen Entscheidung bleibe aber auf wirkliche Ausnahmefalle krassen Unrechts beschränkt[12]. Dem kann nicht mehr gefolgt werden. Auch unter dem Gesichtspunkt einer „greifbaren Gesetzwidrigkeit" kommt kein außerordentl. Rechtsbehelf mehr in Betracht, allenfalls eine befristete Gegenvorstellung[13].

50 *Zustellung*

(1) Die Urteile werden von Amts wegen binnen drei Wochen seit Übermittlung an die Geschäftsstelle zugestellt. § 317 Abs. 1 Satz 3 der Zivilprozessordnung ist nicht anzuwenden.

(2) Die §§ 174, 178 Abs. 1 Nr. 2 der Zivilprozessordnung sind auf die nach § 11 zur Prozessvertretung zugelassenen Personen entsprechend anzuwenden.

1 **I. Inhalt und Zweck.** Im arbeitsgerichtl. Verfahren gelten nach § 46 II die Zustellungsvorschriften der ZPO. Diese werden im Hinblick auf die Frist für die Urteilszustellung, die Möglichkeit zur Vereinbarung des Hinausschiebens der Urteilszustellung und die Verbandsvertreter nach § 11 modifiziert. Nach § 64 VII sind diese Modifikationen im Berufungsverfahren und nach § 72 VI auch im Revisionsverfahren entsprechend anwendbar.

2 **II. Zustellung arbeitsgerichtlicher Entscheidungen. 1. Zustellungsart. a) Urteile und Beschlüsse.** Im arbeitsgerichtl. Verfahren sind nach Abs. 1 S. 1 ausnahmslos alle Urteile von Amts wegen zuzustellen.

1 GMPM/*Germelmann*, § 49 ArbGG Rz. 41. | 2 GMPM/*Germelmann*, § 49 ArbGG Rz. 42. | 3 BAG v. 30.5.1972 – 1 AZR 11/72, AP Nr. 2 zu § 42 ZPO. | 4 BAG v. 1.2.1968 – 5 AR 43/68, AP Nr. 3 zu § 41 ZPO. | 5 GMPM/*Germelmann*, § 49 ArbGG Rz. 32. | 6 GMPM/*Germelmann*, § 49 ArbGG Rz. 36. | 7 BAG v. 14.2.2002 – 9 AZB 2/02, EzA § 49 ArbGG 1979 Nr. 8; v. 27.7.1998 – 9 AZB 5/98, AP Nr. 6 zu § 49 ArbGG 1979. | 8 BAG v. 18.3.1964 – 4 AZR 63/63, AP Nr. 112 zu § 3 TOA. | 9 LAG Rh.-Pf. v. 10.3.1982 – 1 Ta 18/82, LAGE § 49 ArbGG 1979 Nr. 2; GK-ArbGG/*Schütz*, § 49 Rz. 52. | 10 LAG Düsseldorf v. 19.12.2001 – 7 Ta 426/01, LAGE § 49 ArbGG 1979 Nr. 9; LAG Köln v. 18.8.1992 – 2 Ta 177/92, LAGE § 49 ArbGG 1979 Nr. 6. | 11 LAG Düsseldorf v. 17.4.1998 – 15 Ta 101/98; LAG Berlin v. 13.10.1997 – 9 Ta 10/97, LAGE § 49 ArbGG 1979 Nr. 8. | 12 BAG v. 14.2.2002 – 9 AZB 2/02, EzA § 49 ArbGG 1979 Nr. 8; v. 27.7.1998 – 9 AZB 5/98, AP Nr. 6 zu § 49 ArbGG 1979. | 13 BGH v. 20.10.2004 – XII ZB 35/04, MDR 2005, 339; BVerwG v. 5.10.2004 – 2 B 90/04, NJW 2005, 771; BFH v. 29.9.2005 – I B 70/05, nv.; aA BFH v. 8.9.2005 – IV B 42/05, NJW 2005, 3374.

Die Zustellung erfolgt regelmäßig an alle Parteien, mit Ausnahme der Versäumnisurteile, die nur der unterlegenen Partei zuzustellen sind (§ 317 I 1 ZPO). Dabei verbleibt das Original des Urteils in der Gerichtsakte, während eine Ausfertigung an die Parteien zugestellt wird. Die Amtszustellung ist Voraussetzung für die Zwangsvollstreckung. Abs. 1 geht insoweit der Bestimmung in § 750 I 2 ZPO vor[1]. Entsprechendes gilt für einen Vollstreckungsbescheid; hier geht Abs. 1 dem § 699 IV 2 ZPO vor[2]. Nach § 80 II gilt für die Zustellung von Beschlüssen im Beschlussverfahren ebenfalls, dass diese nach Abs. 1 von Amts wegen zu erfolgen hat.

Ein Beschluss im Verfahren um Arrest oder einstw. Verfügung ist nach §§ 62 II, 46 II ArbGG iVm. §§ 922 II, 936 ZPO und unter Berücksichtigung des nur Urteile nennenden § 50 im Parteibetrieb zuzustellen[3]. 3

b) Zustellung sonstiger Entscheidungen. Für die Zustellung gerichtlicher Verfügungen und sonstiger Beschlüsse gilt § 329 ZPO. Danach sind nicht verkündete Beschlüsse und Verfügungen des Gerichts bzw. des Vorsitzenden oder eines beauftragten oder ersuchten Richters den Parteien/Beteiligten formlos mitzuteilen (§ 329 II 1 ZPO). Hierzu genügt die Übersendung durch die Post, der Einwurf in den Wohnungsbriefkasten oder das gerichtliche Abholfach; selbst die fernmündliche Mitteilung kann ausreichen[4], sogar ohne einen entsprechenden Aktenvermerk. Enthält die Entscheidung jedoch eine Terminsbestimmung oder setzt sie eine Frist in Lauf, so ist sie von Amts wegen zuzustellen (§ 329 II 2 ZPO). Eine Ausnahme bildet § 497 I 1 ZPO (iVm. § 46 II), wonach die Ladung des Klägers zu dem auf die Klage bestimmten Termin, sofern nicht das Gericht die Zustellung anordnet, ohne besondere Form mitzuteilen ist. Bei der Fristverlängerung bedarf es für die Aufhebung des ursprünglichen Fristendes keiner Zustellung, wohl aber für die Festsetzung eines neuen Endtermins. 4

c) Zustellung sonstiger Schriftstücke. Ladungen (Aufforderungen, zum Termin zu erscheinen) werden von Amts wegen veranlasst (§ 214 ZPO) und durch Zustellung (§ 329 II 2 ZPO) bekannt gemacht. Die Klageschrift (§ 271 I ZPO) und Schriftsätze, die Sachanträge oder eine Zurücknahme der Klage enthalten, sind ebenfalls von Amts wegen zuzustellen (§ 270 I und II 1 ZPO), während die übrigen Schriftsätze und sonstigen Erklärungen der Parteien, sofern nicht das Gericht die Zustellung anordnet, ohne besondere Form mitzuteilen sind (§ 270 S. 1 ZPO). Sachanträge sind solche, die sich auf den Inhalt der gewünschten Entscheidung beziehen; sonstige nur den Verfahrensablauf betreffende Prozessanträge sowie die bloßen Verteidigungsanträge des Beklagten bedürfen keiner förmlichen Zustellung[5]. 5

Prozessvergleiche unterfallen nicht Abs. 1. Sie stellen nach § 794 I Nr. 1 ZPO einen Vollstreckungstitel dar und sind nach § 795 ZPO iVm. § 750 I ZPO im Wege des Parteibetriebs zuzustellen[6]. 6

2. Zustellungsfrist für Urteile. Urteile sind binnen drei Wochen seit Übermittlung an die Geschäftsstelle zuzustellen (Abs. 1 S. 1). Nach Abs. 1 S. 2 findet im arbeitsgerichtl. Verfahren § 317 I 3 ZPO keine Anwendung, wonach der Vorsitzende auf übereinstimmenden Antrag der Parteien die Zustellung verkündeter Urteile bis zum Ablauf von fünf Monaten nach der Verkündung hinausschieben kann. 7

Die Verletzung von Abs. 1 S. 1 hat keine prozessuale Folgen. Insbesondere beginnt nicht nach Ablauf der Zustellungsfrist die Rechtsmittelfrist[7]. 8

III. Sonderregelung für die Verbandsvertreter. Durch Abs. 2 werden die nach § 11 I 2 u. 3 und II 2 aF zur Prozessvertretung zugelassenen Verbandsvertreter im Hinblick auf von Amts wegen vorzunehmende Zustellungen den Rechtsanwälten gleichgestellt. Die nach § 11 I 4 aF den Verbandsvertretern iSv. § 11 I 2 aF gleichgestellten Bevollmächtigten (insb. Rechtssekretäre der DGB-Rechtsschutz GmbH) sind zu den in Abs. 2 angesprochenen zur Prozessvertretung zugelassenen Vertretern zu zählen. Ungeklärt ist, ob ab der Geltung von § 11 II nF (1.7.2008) die Sonderregelung für alle Bevollmächtigten gilt. 9

Damit können Zustellungen an Verbandsvertreter nach § 174 ZPO gegen Empfangsbekenntnis erfolgen. Die Kosten für die Rücksendung des Empfangsbekenntnisses trägt der Prozessbevollmächtigte[8], wobei die Schriftstücke auch durch Telekopie zugestellt werden können. Auch die Übermittlung elektronischer Dokumente ist möglich. Die Ersatzzustellung kann nach Abs. 2 iVm. § 178 I Nr. 2 ZPO in Geschäftsräumen einer dort beschäftigten Person zugestellt werden. Die Sonderregelung für die Verbandsvertreter gilt nach § 80 II auch im Beschlussverfahren. 10

Die Regelung in § 195 ZPO über die Zustellung von Anwalt zu Anwalt findet aber auf die Verbandsvertreter keine entsprechende Anwendung. 11

Auf Grund der Anwendbarkeit von § 178 I Nr. 2 ZPO auf Verbandsvertreter kann eine Ersatzzustellung auch an vom Verband beschäftigte Personen erfolgen. 12

---

1 LAG Frankfurt v. 29.8.1985 – 3 Ta 188/85; GMPM/*Germelmann*, § 50 ArbGG Rz. 7. | 2 GMPM/*Germelmann*, § 50 ArbGG Rz. 8; aA GK-ArbGG/*Schütz*, § 50 Rz. 68 (unter Hinweis auf § 46 II). | 3 GK-ArbGG/*Schütz*, § 50 Rz. 69. | 4 BAG v. 20.3.1974 – 5 AZB 3/74, AP Nr. 28 zu § 519 ZPO. | 5 Zöller/*Greger*, § 270 ZPO Rz. 4. | 6 GK-ArbGG/*Schütz*, § 50 Rz. 73; GMPM/*Germelmann*, § 50 ArbGG Rz. 11. | 7 GK-ArbGG/*Schütz*, § 50 Rz. 68. | 8 GMPM/*Germelmann*, § 51 ArbGG Rz. 26.

51 *Persönliches Erscheinen der Parteien*

(1) Der Vorsitzende kann das persönliche Erscheinen der Parteien in jeder Lage des Rechtsstreits anordnen. Im Übrigen finden die Vorschriften des § 141 Abs. 2 und 3 der Zivilprozessordnung entsprechende Anwendung.

(2) Der Vorsitzende kann die Zulassung eines Prozessbevollmächtigten ablehnen, wenn die Partei trotz Anordnung ihres persönlichen Erscheinens unbegründet ausgeblieben ist und hierdurch der Zweck der Anordnung vereitelt wird. § 141 Abs. 3 Satz 2 und 3 der Zivilprozessordnung findet entsprechende Anwendung.

1 **I. Allgemeines.** Die Möglichkeit zur Anordnung des persönlichen Erscheinens ist Ausprägung des Unmittelbarkeitsgrundsatzes im arbeitsgerichtl. Verfahren, demzufolge mündliche Verhandlung und Beweisaufnahme unmittelbar vor dem erkennenden Gericht stattfinden müssen. Sie dient zugleich dem Beschleunigungsgrundsatz, indem in geeigneten Fällen verbesserte Bedingungen für eine Sachverhaltsaufklärung und vergleichsweise Beilegung des Rechtsstreits geschaffen werden können.

2 Die Vorschrift modifiziert die Regelungen in § 141 ZPO und geht daher § 141 I 1 ZPO und § 279 II ZPO vor[1]. Eine weitere Möglichkeit zur Anordnung des persönlichen Erscheinens findet sich in § 56 I Nr. 3, wo es um die Vorbereitung der streitigen Verhandlung geht. Im Übrigen finden §§ 141 II u. III, 380, 381 ZPO Anwendung.

3 Nach § 64 VII gilt nur Abs. 1 in der Berufungsinstanz. Ausgeschlossen ist für die 2. Instanz die Ablehnung der Zulassung eines Prozessbevollmächtigten nach Abs. 2, da dies dem Vertretungszwang nach § 11 II aF bzw. IV nF widersprechen würde. In der Revisionsinstanz ist § 51 nicht anwendbar, denn dort handelt es sich nicht um eine Tatsacheninstanz. Die Vorschrift des § 51 ist schließlich entsprechend anwendbar im Beschlussverfahren (§ 80 II).

4 **II. Anordnung des persönlichen Erscheinens. 1. Anordnungsgrund.** Im Unterschied zu § 141 I 1 ZPO ist die Anordnung des persönlichen Erscheinens an keine gesetzl. geregelten Voraussetzungen gebunden. Die Anordnung steht allein im pflichtgemäßen Ermessen des Vorsitzenden. Hierbei hat der Vorsitzende die Interessen der Parteien und diejenigen des Gerichts abzuwägen. Für die Anordnung muss immer ein im Verfahren liegender sachlicher Grund vorhanden sein[2]. Eine Anordnung ist regelmäßig gerechtfertigt, wenn sie zur Aufklärung des Sachverhalts (so bereits § 141 I 1 ZPO) geboten erscheint. Die Anhörung der Parteien ist dann keine Beweisaufnahme iS einer Parteivernehmung (§ 448 ZPO); sie dient der Feststellung und Aufklärung des Sach- und Streitstandes im Rahmen des § 54 I 2 (im Gütetermin) bzw. im Rahmen des § 139 I, II ZPO (im Kammertermin). Die Anordnung ist grds. auch gerechtfertigt, wenn sie zur gütlichen Beilegung des Rechtsstreits geboten erscheint. Hat jedoch eine Partei oder deren Prozessbevollmächtigter nach Kenntnisnahme aller erörterungsfähigen Gesichtspunkte eine vergleichsweise Beilegung abgelehnt, so kommt eine Anordnung zum Zwecke der gütlichen Beilegung des Rechtsstreits regelmäßig nicht in Betracht. Auch dann, wenn eine Partei eindeutig zu erkennen gibt, dass sie jede Einlassung verweigern wolle, hat die Anordnung zu unterbleiben, weil keine Partei gezwungen werden darf, prozessuale Erklärungen abzugeben[3].

5 Nach § 141 I 2 ZPO sieht das Gericht von einer Anordnung ab, wenn der Partei wegen großer Entfernung oder aus sonstigen wichtigen Gründen die persönliche Wahrnehmung nicht zuzumuten ist. Diese gesetzl. Wertung wird der Vorsitzende bei Ausübung seines pflichtgemäßen Ermessens zu beachten haben. Bei ArbGeb mit Sitz weit entfernt vom Bezirk des erkennenden Gerichts ist zu berücksichtigen, dass diesen häufig die Entsendung eines sachkundigen Vertreters vom Ort eines näheren Betriebs möglich und zumutbar ist. Ist eine Partei an der weiteren Aufklärung des Sachverhalts gehindert, weil sie selbst nicht informiert ist, steht dies der Anordnung nicht entgegen, weil die Partei einen informierten Vertreter nach § 141 III 2 ZPO zur Verhandlung entsenden kann[4].

6 Die Anordnung kann in jeder Lage des Verfahrens, damit also für den Gütetermin, den Kammertermin und ggf. für einen Termin vor dem ersuchten Richter, erfolgen.

7 Der Vorsitzende kann nach pflichtgemäßem Ermessen sowohl das persönliche Erscheinen einer bestimmten als auch aller Parteien anordnen[5]. Die Anordnung richtet sich an eine Partei iSv. § 50 ZPO iVm. § 10. Zu den Parteien zählen auch der Insolvenzverwalter, der streitgenössische Streithelfer (§ 69 ZPO), nicht jedoch der Nebenintervenient (§ 66 ZPO). Bei einer juristischen Person und einer Handelsgesellschaft soll ein gesetzl. Vertreter zu laden sein[6], der (im Falle mehrerer Vertreter) namentlich in der gerichtlichen Anordnung zu bestimmen sein soll[7]. Es könne nicht der die Ladung ausführenden Gerichtsangestellten überlassen bleiben, welchen der gesetzl. Vertreter sie zum Termin lade[8]. Dies überzeugt

---

1 GK-ArbGG/*Schütz*, § 51 Rz. 3. | 2 GMPM/*Germelmann*, § 51 ArbGG Rz. 8. | 3 GK-ArbGG/*Schütz*, § 51 Rz. 11. | 4 GMPM/*Germelmann*, § 51 ArbGG Rz. 8. | 5 GK-ArbGG/*Schütz*, § 51 Rz. 18. | 6 LAG Köln v. 15.3.1996 – 11 (13) Sa 1221/95, ArbuR 1996, 459; LAG Rh.-Pf. v. 22.11.1984 – 1 Ta 243/84; *Tschöpe/Fleddermann*, NZA 2000, 1270. | 7 LAG Frankfurt v. 4.7.1985 – 3 Ta 109/85, nv. | 8 LAG Düsseldorf v. 6.1.1995 – 7 Ta 212/94, MDR 1996, 98.

nicht. Sicherlich ist die Ladung der Partei über den gesetzl. Vertreter zuzustellen (§ 170 I 1 ZPO), wobei bei mehreren Vertretern die Zustellung an einen von ihnen genügt (§ 170 III ZPO). Die Anordnung des persönlichen Erscheinens richtet sich jedoch allein an die Partei iSv. § 50 ZPO iVm. § 11 ArbGG, die der Verpflichtung durch Erscheinen eines ihrer Organe (nach ihrer Wahl) oder eines von dem Organ nach § 141 III 2 ZPO Bevollmächtigten nachkommt[1]. Konsequenterweise kann das Ordnungsgeld im Falle des Nichterscheinens nach Abs. 1 S. 2 iVm. §§ 143 III, 380 ZPO nur gegen die Partei, nicht jedoch gegen deren gesetzl. Vertreter festgesetzt werden[2]. In der Praxis empfiehlt sich bei der Anordnung des persönlichen Erscheinens eines größeren Unternehmens darauf hinzuweisen, dass das Erscheinen eines informierten Entscheidungsträgers (Personalleiter, Betriebsleiter) und weniger eines Organs erwünscht ist[3].

2. **Anordnungsentscheidung**. Die Anordnung erfolgt durch Verfügung des Vorsitzenden. Die nicht verkündete Anordnungsverfügung bedarf der Unterschrift des Vorsitzenden. Die Paraphe genügt nicht[4]. 8
Gegen die Entscheidung ist kein Rechtsmittel gegeben (§ 567 I Nr. 1 ZPO). Strittig ist, ob im Zusammenhang mit der Vertagung eines Termins die Anordnungsentscheidung durch die Kammer erfolgen muss oder zumindest kann[5]. Der Wortlaut von Abs. 1 S. 1 spricht für ein Alleinentscheidungsrecht des Vorsitzenden, weil diesem das Anordnungsrecht „in jeder Lage des Rechtsstreits" und damit auch für den Termin zur mündlichen Verhandlung zugesprochen wird. Zudem ist von dem Anordnungsrecht des Vorsitzenden die Rede, während nach – den im arbeitsgerichtl. Verfahren insoweit nicht anwendbaren – §§ 141 I, 273 I ZPO das Anordnungsrecht beim „Gericht" liegt (mit der Folge eines Anordnungsrechts des Vorsitzenden nach § 53 I nur außerhalb der mündlichen Verhandlung). Andererseits unterliegt die sofort zu verkündende Vertagungsentscheidung nach § 57 I 2 der Kammer. Auf diese gehen die Befugnisse des Vorsitzenden nach § 56 I über, damit auch die Kompetenz zur Anordnung des persönlichen Erscheinens nach § 56 I Nr. 3.

Zum Erfordernis der Begründung einer Anordnungsentscheidung wird vertreten, diese sei zweckmäßig[6], wobei spätestens bei Verhängung des Ordnungsgeldes der Grund der Anordnung angegeben und die darauf bezogene Ausübung des pflichtgemäßen Ermessens begründet werden müssten. Das Gesetz sieht aber keine Begründungs-, sondern lediglich eine Belehrungspflicht (Abs. 2 S. 2 iVm. § 141 III 3 ZPO) vor[7]. Eine Kurzbegründung (zB „zur Aufklärung des Sachverhalts"; „zu Vergleichszwecken") wird der Partei hinreichend die Entscheidung ermöglichen, ob ein Entsenden eines Vertreters oder ein persönliches Erscheinen geboten ist. 9

Nach Abs. 1 S. 2 iVm. § 141 II ZPO ist die Partei (bzw. deren gesetzl. Vertretung), deren Erscheinen angeordnet worden ist, von Amts wegen zu laden. Die Ladung ist der Partei selbst mitzuteilen, auch wenn sie einen Prozessbevollmächtigten bestellt hat. Die Prozessbevollmächtigten sind über die Anordnung zu unterrichten. Der Zustellung bedarf die Ladung nicht, die Mitteilung der Ladung kann also formlos erfolgen. Der Vorsitzende kann aber die förmliche Zustellung anordnen, was sich auch zum Nachweis des Zugangs empfiehlt[8]. Die Partei (bzw. ihre gesetzl. Vertretung) ist auf die Folgen ihres Ausbleibens in der Ladung hinzuweisen (Abs. 2 S. 2 iVm. § 141 III 3 ZPO). Der Hinweis muss die Möglichkeit sowohl der Verhängung eines Ordnungsgeldes nach Abs. 2 S. 2 iVm. § 141 III 1 ZPO als auch der Ablehnung des Prozessbevollmächtigten nach Abs. 2 S. 1 erwähnen. Fehlt der Hinweis, können Ordnungsmittel nicht ergriffen werden[9]. 10

Die Ladungsfrist nach § 217 ZPO oder eine sonstige Ladungsfrist sollen nicht gelten. Allerdings soll bei der Entscheidung über die Ordnungsmittel geprüft werden, ob der Partei unter Abwägung der Umstände des Einzelfalles die Wahrnehmung des Termins möglich war[10]. 11

Die Anordnungsentscheidung ist nicht anfechtbar (§ 567 I Nr. 1 ZPO)[11]. 12

III. Wirkung der Parteierklärungen. Kommt die Partei der Anordnung nach und wird sie vom Vorsitzenden befragt, liegt darin keine Parteivernehmung iSv. § 448 ZPO. Den tatsächlichen Erklärungen ihres Prozessbevollmächtigten kann sie widersprechen. Dann gilt nur die Parteierklärung. Widerspricht die Partei in 2. Instanz den tatsächlichen Erklärungen ihres Prozessbevollmächtigten, dann muss das Gericht nach § 286 ZPO abwägen[12]. Beweiswirkung hat die Erklärung der Partei insoweit, als sie Inhalt der Verhandlung iSv. § 286 ZPO ist; auch die Nichtabgabe einer Erklärung kann hier frei gewürdigt werden. 13

IV. Folgen des Ausbleibens der Partei. 1. Entschuldigtes Ausbleiben. Die Partei, deren persönliches Erscheinen angeordnet und die ordnungsgemäß geladen wurde, ist zum Erscheinen in der mündlichen Verhandlung verpflichtet. Keineswegs ist sie jedoch verpflichtet, sich zur Sache einzulassen, wenngleich ihre Weigerung uU nach § 286 ZPO gewürdigt werden kann. 14

---

1 AA GK-ArbGG/*Schütz*, § 51 Rz. 19; GMPM/*Germelmann*, § 51 ArbGG Rz. 13. | 2 LAG Hamm v. 25.1.1999 – 1 Ta 727/98, MDR 1999, 825. | 3 Ebenso GK-ArbGG/*Schütz*, § 51 Rz. 20. | 4 LAG Hamm v. 11.3.1982 – 8 Sa 32/82, MDR 1982, 612; LAG Rh.-Pf. v. 19.11.1993 – 6 Ta 242/93. | 5 Dagegen GK-ArbGG/*Schütz*, § 51 Rz. 14. | 6 GMPM/*Germelmann*, § 51 ArbGG Rz. 12; GK-ArbGG/*Schütz*, § 51 Rz. 12. | 7 LAG Nürnberg v. 25.11.1988 – 4 Ta 93/88, LAGE § 141 ZPO Nr. 6; aA wohl LAG Bremen v. 24.1.2002 – 3 Sa 16/02, LAGE § 51 ArbGG 1979 Nr. 8. | 8 GK-ArbGG/*Schütz*, § 51 Rz. 16. | 9 GK-ArbGG/*Schütz*, § 51 Rz. 17. | 10 GMPM/*Germelmann*, § 51 ArbGG Rz. 16. | 11 GMPM/*Germelmann*, § 51 ArbGG Rz. 11; GK-ArbGG/*Schütz*, § 51 Rz. 40. | 12 Zöller/*Vollkommer*, § 85 ZPO Rz. 7 f.

15 Die Partei braucht der Anordnung persönlichen Erscheinens nicht nachzukommen, wenn ein hinreichender Grund für das Nichterscheinen vorliegt, sie sich vor dem Termin entschuldigt hat und darauf die Anordnung aufgehoben wurde[1]. Insoweit ist von einer entsprechenden Anwendung von § 381 ZPO auszugehen. Die Entscheidung nach Abs. 2 S. 1 über eine Ablehnung der Zulassung des Prozessbevollmächtigten kann nicht nachträglich aufgehoben werden. Ist es infolge des Ausschlusses des Prozessbevollmächtigten zu einem (Ersten) Versäumnisurteil gekommen, bleibt nur der Rechtsbehelf des Einspruchs.

16 **Entschuldigungsgründe** können sein: eine an der Terminswahrnehmung hindernde Krankheit (hier genügt nicht ohne weiteres eine Arbeitsunfähigkeit)[2], schwere Erkrankung oder Tod eines nächsten Angehörigen, unaufschiebbares und persönlich wahrzunehmendes Geschäft oder auch anderweitiger Gerichtstermin, urlaubsbedingte Abwesenheit, unzumutbare wirtschaftl. Belastung durch Anreise zum Gerichtsort. Ob sich die Partei auf eine Auskunft ihres Prozessbevollmächtigten verlassen darf und sie deshalb als genügend entschuldigt gelten kann, hängt ab von den Fähigkeiten der Partei zu erkennen, dass nur das Gericht über die Erscheinungspflicht und eine Befreiung von dieser befinden und verbindlich Auskunft geben kann[3]. Die bloße Mitteilung der Prozessbevollmächtigten an seine Partei, sie brauche den Termin nicht wahrzunehmen, entschuldigt das Fernbleiben regelmäßig ebenso wenig[4] wie eine entsprechende Auskunft einer Kanzleiangestellten[5]. Die Berufung auf ein Vergessen des Termins genügt ebenfalls nicht[6]. Nicht genügend entschuldigt ist die ausgebliebene Partei dann, wenn das Gericht über das bevorstehende Ausbleiben ohne ersichtlichen Grund derart knapp vor dem Termin informiert wird, dass das Gericht den Termin nicht mehr absetzen und die Beteiligten nicht rechtzeitig abladen kann[7]. Die Entschuldigung muss hinreichend substanziiert sein. Pauschales Vorbringen reicht nicht[8].

17 Die Entscheidung, ob ein ausreichender Entschuldigungsgrund vorliegt und ggf. ob dieser glaubhaft gemacht worden ist, trifft der Vorsitzende. Erst durch eine Aufhebung der Anordnung des persönlichen Erscheinens entfällt die Verpflichtung zum Erscheinen[9].

18 **2. Entsendung eines Vertreters.** Die Partei kann nach Abs. 1 S. 2 iVm. § 141 III 2 ZPO zur mündlichen Verhandlung einen Vertreter entsenden, sofern dieser zur Aufklärung des Tatbestands in der Lage und zur Abgabe der gebotenen Erklärungen, insb. zu einem Vergleichsabschluss, ermächtigt ist. Die Sachkunde des Vertreters muss nicht notwendig auf eigenen unmittelbaren Wahrnehmungen beruhen; die gründliche Information durch die Partei kann genügen[10]. Daher kann die Vertretung auch durch einen Prozessbevollmächtigten erfolgen, wenn er für den Prozess umfassende Informationen erhalten hat[11], wobei jedoch die bloße Kenntnis der Schriftsätze nicht ausreicht[12]. Er muss in gleicher Weise Auskunft erteilen und Entscheidungen treffen können wie die Partei selbst[13]. Der Vertreter muss ferner zur Abgabe prozessual gebotener Erklärungen (zB Anerkenntnis, Erledigungserklärung) und zum Vergleichsabschluss bevollmächtigt sein, wobei die Vollmacht nur zu einem Widerrufsvergleich nicht ausreicht[14]. Gleichwohl kann die eigenständige Entscheidung des Vertreters, nur einen Widerrufsvergleich abschließen zu wollen, sachgerecht sein, zB wenn sozialrechtl. Konsequenzen zu bedenken und abzuklären sind[15]; sie spricht nicht für eine eingeschränkte Bevollmächtigung nur zum Abschluss eines Widerrufvergleichs[16]. Dem Auftreten als Vertreter iSv. § 141 III ZPO steht nicht entgegen, dass jemand zugleich als Zeuge bestimmt ist. § 394 I ZPO schließt die Anwesenheit eines Zeugen, der noch nicht gehört wurde, nur während der Vernehmung anderer Zeugen aus[17].

19 Kann die als Vertreter entsandte Person keine genügende Aufklärung geben oder hat ihr die Partei nicht eine ausreichende Vollmacht erteilt, so gilt die Partei als nicht erschienen. Eine besondere Zurückweisung des Vertreters ist nicht erforderlich. Vom Gegner kann beim Vorliegen der sonstigen Voraussetzungen ein Versäumnisurteil beantragt werden. Das Gericht kann Zwangsmaßnahmen nach § 141 III 1 ZPO bzw. § 51 II 1 ergreifen.

20 **3. Ordnungsgeld.** Bleibt die Partei im Termin aus, so kann gegen sie nach Abs. 1 S. 2 iVm. §§ 141 III 1, 380 I 2 ZPO ein Ordnungsgeld wie gegen einen im Vernehmungstermin nicht erschienenen Zeugen festgesetzt werden. Die Pflicht zur Zahlung des Ordnungsgeldes trifft auch dann die Partei, wenn auf Grund der Anordnung ihre gesetzl. Vertretung zu erscheinen hatte[18]. Die Verhängung des Ordnungsgeldes

1 GMPM/*Germelmann*, § 51 ArbGG Rz. 19; GK-ArbGG/*Schütz*, § 51 Rz. 23. | 2 LAG Köln v. 15.3.1996 – 11 (13) Sa 1221/95, ArbuR 1996, 459. | 3 LAG Frankfurt v. 30.11.1995 – 4 Ta 292/95, LAGE § 141 ZPO Nr. 7. | 4 LAG Schl.-Holst. v. 2.2.2007 – 1 Ta 202/06; LAG Köln v. 14.11.1994 – 5 (4) Ta 159/94, NZA 1995, 864; LAG Rh.-Pf. v. 22.11.1984 – 1 Ta 243/84. | 5 LAG Frankfurt v. 17.7.1986 – 3 Ta 152/86, ArbuR 1987, 245. | 6 LAG Düsseldorf v. 3.1993 – 7 Ta 142/92, LAGE § 51 ArbGG 1979 Nr. 4. | 7 LAG Köln v. 15.3.1996 – 11 (13) Sa 1221/95, ArbuR 1996, 459. | 8 GK-ArbGG/*Schütz*, § 51 Rz. 21. | 9 GMPM/*Germelmann*, § 51 ArbGG Rz. 19. | 10 GK-ArbGG/*Schütz*, § 51 Rz. 24. | 11 LAG Frankfurt v. 23.11.1964 – 1 Ta 69/64, NJW 1965, 1042; LAG Rh.-Pf. v. 2.8.1985 – 1 Ta 170/85; GK-ArbGG/*Schütz*, § 51 Rz. 25; GMPM/*Germelmann*, § 51 ArbGG Rz. 20; *Tschöpe/Fleddermann*, NZA 2000, 1273. | 12 GK-ArbGG/*Schütz*, § 51 Rz. 25. | 13 LAG Rh.-Pf. v. 19.4.1985 – 1 Ta 70/85, LAGE § 51 ArbGG 1979 Nr. 2; GMPM/*Germelmann*, § 51 ArbGG Rz. 20. | 14 GMPM/*Germelmann*, § 51 ArbGG Rz. 21. | 15 GK-ArbGG/*Schütz*, § 51 Rz. 25; *Tschöpe/Fleddermann*, NZA 2000, 1270. | 16 GK-ArbGG/*Schütz*, § 51 Rz. 29. | 17 GK-ArbGG/*Schütz*, § 51 Rz. 24. | 18 LAG Rh.-Pf. v. 27.4.2007 – 9 Ta 87/07, DB 2007, 2724; LAG Düsseldorf v. 28.12.2006 – 6 Ta 622/06; LAG Hamm v. 25.1.1999 – 1 Ta 727/98, LAGE § 51 ArbGG 1979 Nr. 6.

steht im Ermessen des Gerichts. Die Rechtfertigung für ein Verhängen des Ordnungsgeldes liegt nicht in der Tatsache einer Missachtung des Gerichts, sondern nach Abs. 2 in der Vereitelung des Zwecks der Anordnung des persönlichen Erscheinens[1]. Kommt es trotz Nichterscheinens der Partei zur sachgerechten Aufklärung des Sachverhalts bzw. zur gütlichen Beilegung des Rechtsstreits, so kann ein Ordnungsgeld nicht verhängt werden[2]. Das Ordnungsgeld kann allein oder kumulativ neben der Ablehnung des Bevollmächtigten verhängt werden[3].

Das Mindestmaß für das Ordnungsgeld beträgt 5 Euro und das Höchstmaß 1000 Euro (Art. 6 I 1 EGStGB). Weitere in § 380 ZPO angesprochene Ordnungsmittel bzw. Sanktionen (Auferlegung der durch Ausbleiben verursachten Kosten; Ordnungshaft) können nicht verhängt werden[4], ggf. aber eine Verzögerungsgebühr nach § 38 IGKG. 21

Die Entscheidung über die Verhängung des Ordnungsgeldes ergeht nach §§ 51 I 2, 53 I 1 ArbGG iVm. § 141 III ZPO in der mündlichen Verhandlung durch die Kammer und außerhalb der mündlichen Verhandlung durch den Vorsitzenden[5]. Der Beschluss ist zu begründen und als Vollstreckungstitel förmlich zuzustellen (§ 329 III ZPO). Er unterliegt der sofortigen Beschwerde nach Abs. 1 S. 2 iVm. §§ 141 III 1, 380 III ZPO. Nach Abs. 2 iVm. §§ 141 III 1, 381 I ZPO unterbleibt die Festsetzung des Ordnungsgeldes, wenn die nicht erschienene Partei glaubhaft macht, dass ihr die Ladung nicht rechtzeitig zugegangen ist, oder wenn sie ihr Ausbleiben genügend entschuldigt. Erfolgt die Glaubhaftmachung oder die genügende Entschuldigung nachträglich, so wird die Ordnungsgeldanordnung wieder aufgehoben. Die nicht erschienene Partei muss vortragen und ggf. glaubhaft machen, dass sie ohne ihr Verschulden an der Terminswahrnehmung gehindert war und dass es ihr nicht möglich war, den Hinderungsgrund bereits vor dem Termin dem Gericht mitzuteilen. Insoweit ist ihr das Verschulden des Prozessbevollmächtigten nicht nach § 85 II ZPO zuzurechnen[6]. Vielmehr ist darauf abzustellen, inwieweit die Partei auf Angaben des Prozessbevollmächtigten vertrauen durfte[7]. 22

4. Ausschließung des Prozessbevollmächtigten. Neben der Verhängung eines Ordnungsgeldes kann der Vorsitzende den Prozessbevollmächtigten der nicht erschienenen Partei von der weiteren Verhandlung in dem konkreten Termin ausschließen, wenn die Partei trotz Anordnung des persönlichen Erscheinens unbegründet ausgeblieben ist und hierdurch der Zweck der Anordnung vereitelt wird (Abs. 2 S. 1). Diese Möglichkeit besteht aber nur in 1. Instanz. Die Gesetzesformulierung „die Zulassung eines Prozessbevollmächtigten ablehnen" geht zurück auf die Fassung des § 11 I 3 ArbGG 1953, wonach der Vorsitzende über die Zulassung eines Rechtsanwalts im erstinstanzlichen Urteilsverfahren zu entscheiden hatte. Für die Ausschließungsentscheidung müssen folgende Voraussetzungen kumulativ vorliegen[8]: 23

- Das persönliche Erscheinen der Parteien muss zum konkreten Termin ordnungsgemäß durch den Vorsitzenden angeordnet sein,
- die Partei muss ordnungsgemäß mit Belehrung über die Folgen des Ausbleibens geladen sein,
- die persönlich geladene Partei darf sich nicht entschuldigt oder nur unzureichend entschuldigt haben,
- durch das Ausbleiben der Partei muss der vorher mitgeteilte Zweck der Anordnung vereitelt worden sein,
- es darf kein Vertreter entsandt sein, der zur Aufklärung des Sachverhalts und zur Abgabe der gebotenen Erklärungen in der Lage sowie zum Abschluss eines Vergleichs ermächtigt ist.

Der Ausschluss ist grds. in jeder Lage des Verfahrens möglich, auch in der Güteverhandlung[9]. Die Vorschrift des Abs. 2 S. 1 enthält keine Einschränkung auf Kammertermine. Diese folgt auch nicht aus teleologischen Erwägungen. Im Gütetermin ist sowohl eine Aufklärung des Sachverhalts als auch eine gütliche Beilegung des Rechtsstreits anzustreben (§ 54 I 2, 3), wenngleich eine streitige Entscheidung regelmäßig nicht ergehen kann. 24

---

1 LAG Nds. v. 7.8.2002 – 10 Ta 306/02, MDR 2002, 1333; LAG Düsseldorf v. 1.8.1985 – 7 Ta 264/85, LAGE § 51 ArbGG 1979 Nr. 3; LAG Rh.-Pf. v. 5.8.1987 – 4 Ta 147/87, ARST 1988, 79. | 2 LAG Nds. v. 7.8.2002 – 10 Ta 306/02, MDR 2002, 1333; LAG Schl.-Holst. v. 16.1.2003 – 5 Ta 218/02, NZA-RR 2003, 215; LAG Sa.-Anh. v. 24.2.1995 – 3 Ta 22/95, ArbuR 1995, 332; LAG Düsseldorf v. 21.2.1994 – 7 Ta 5/94; LAG BW v. 3.8.1987 – 13 Ta 6/87, NZA 1987, 827; LAG Düsseldorf 1.8.1985 – 7 Ta 264/85, LAGE § 51 ArbGG 1979 Nr. 3. | 3 GMPM/*Germelmann*, § 51 ArbGG Rz. 26; GK-ArbGG/*Schütz*, § 51 Rz. 34. | 4 LAG Berlin v. 17.11.1988 – 9 Ta 7/77, AP Nr. 2 zu § 141 ZPO; GMPM/*Germelmann*, § 51 ArbGG Rz. 23. | 5 LAG Schl.-Holst. v. 16.1.2003 – 5 Ta 218/02, NZA-RR 2003, 215; LAG Bremen v. 4.8.1993 – 1 Ta 34/93, MDR 1993, 1007; GMPM/*Germelmann*, § 51 ArbGG Rz. 24; aA GK-ArbGG/*Schütz*, § 51 Rz. 34. | 6 LAG Köln v. 27.7.1987 – 3 Ta 162/87, LAGE § 141 ZPO Nr. 5; v. 14.11.1994 – 5 (4) Ta 159/94, NZA 1995, 864; aA LAG Rh.-Pf. v. 22.11.1984 – 1 Ta 243/84; v. 19.4.1985 – 1 Ta 70/85, LAGE § 51 ArbGG 1979 Nr. 2. | 7 GMPM/*Germelmann*, § 51 ArbGG Rz. 25; GK-ArbGG/*Schütz*, § 51 Rz. 36. | 8 LAG Bremen v. 24.1.2002 – 3 Sa 16/02, LAGE § 51 ArbGG 1979 Nr. 8; LAG Bbg. v. 23.5.2000 – 3 Sa 83/00, LAGE § 51 ArbGG 1979 Nr. 7; GK-ArbGG/*Schütz*, § 51 Rz. 26. | 9 GK-ArbGG/*Schütz*, § 51 Rz. 30; GMPM/*Germelmann*, § 51 ArbGG Rz. 28 (der einen Ausschluss jedoch für wenig sinnvoll hält); *Vonderau*, NZA 1991, 336, 340; aA LAG Hamm v. 22.12.1994 – 4 Sa 1125/94, LAGE § 51 ArbGG 1979 Nr. 5.

25 Die Zurückweisung des Prozessbevollmächtigten erfolgt nach dem klaren Wortlaut des Abs. 2 S. 1 – auch im Kammertermin – durch Beschluss des Vorsitzenden[1], der zu begründen ist[2]. Ausgeschlossen werden kann jeder Prozessbevollmächtigte der nicht erschienenen Partei, also ein Rechtsanwalt, ein Verbandsvertreter oder auch ein sonstiger Prozessbevollmächtigter nach § 11. Wurde der Prozessbevollmächtigte ausgeschlossen, kann vom Gegner bei Vorliegen der sonstigen Voraussetzungen (Erstes oder Zweites) Versäumnisurteil beantragt werden. Hiergegen kann die nicht erschienene Partei Einspruch bzw. Berufung einlegen, wobei die Berufung nur darauf gestützt werden kann, dass ein Fall der schuldhaften Versäumung nicht vorgelegen habe, weil der Ausschluss zu Unrecht erfolgt sei (§ 64 IId).

26 Allein gegen den Zurückweisungsbeschluss ist keine sofortige Beschwerde gegeben. Die Voraussetzungen des § 567 I Nr. 1 ZPO liegen nicht vor. In Abs. 2 S. 2 ist ein Verweis auf § 380 III ZPO gerade ausgenommen, weshalb nicht von einer Lücke im Gesetz ausgegangen werden kann[3].

52 *Öffentlichkeit*

Die Verhandlungen vor dem erkennenden Gericht einschließlich der Beweisaufnahme und der Verkündung der Entscheidung ist öffentlich. Das Arbeitsgericht kann die Öffentlichkeit für die Verhandlung oder für einen Teil der Verhandlung ausschließen, wenn durch die Öffentlichkeit eine Gefährdung der öffentlichen Ordnung, insbesondere der Staatssicherheit, oder eine Gefährdung der Sittlichkeit zu besorgen ist oder wenn eine Partei den Ausschluss der Öffentlichkeit beantragt, weil Betriebs-, Geschäfts- oder Erfindungsgeheimnisse zum Gegenstand der Verhandlung oder der Beweisaufnahme gemacht werden; außerdem ist § 171b des Gerichtsverfassungsgesetzes entsprechend anzuwenden. Im Güteverfahren kann es die Öffentlichkeit auch aus Zweckmäßigkeitsgründen ausschließen. § 169 Satz 2 sowie die §§ 173 bis 175 des Gerichtsverfassungsgesetzes sind entsprechend anzuwenden.

1 **I. Inhalt und Zweck.** Der Grundsatz der Öffentlichkeit gehört zu den Prinzipien einer demokratischen Rechtspflege. Er ist zwar kein Verfassungsgrundsatz, aber ein auch in Art. 6 I 1 MRK verankerter Leitgedanke der Prozessgesetze. Durch die Öffentlichkeit des Verfahrens soll das Vertrauen in die Rechtspflege gestärkt und eine öffentl. Kontrolle der rechtsprechenden Gewalt ermöglicht werden. Durch § 52 wird für das arbeitsgerichtl. Verfahren der in §§ 169–175 GVG normierte Grundsatz der Öffentlichkeit modifiziert.

2 **II. Öffentlichkeit der Verhandlung. 1. Jedermann-Zugänglichkeit.** Nach S. 1 der Vorschrift sind die Verhandlungen vor dem erkennenden Gericht einschließlich der Beweisaufnahme und der Verkündung der Entscheidung öffentlich. Dem wird genügt, wenn die Verhandlungstermine bekannt gemacht und die Verhandlungen für jedermann zugänglich sind. Zur Bekanntmachung der Termine genügt ein im Gericht frei einsehbarer Terminsaushang, auf dem für einen bestimmten Terminstag für jeden stattfindenden Rechtsstreit die Parteien in Kurzbezeichnung, die Terminsstunde und der Sitzungsraum verzeichnet sind. Kurzfristige räumliche oder zeitliche Veränderungen sind in gleicher Weise bekannt zu machen. Zudem muss zum Gerichtsgebäude und zum Sitzungsraum freier Zugang gewährleistet sein. Nicht erforderlich ist, dass sämtliche Zuhörer an der Verhandlung teilnehmen können. Allerdings darf der Raum nicht so eingeschränkt werden, dass praktisch die Teilnahme beliebiger Personen an der Verhandlung nicht mehr möglich ist[4]. Bei großem Andrang ist die Vergabe von Platzkarten nach einer allgemeinen Regel (zB Reihenfolge des Erscheinens, Pressekontingent) zulässig. Der Zugang darf aber nicht selektiv auf bestimmte Personen oder Gruppen beschränkt werden.

3 Der Zutritt zu öffentl. Verhandlungen kann unerwachsenen und solchen Personen versagt werden, die in einer der Würde des Gerichts nicht entsprechenden Weise erscheinen (S. 4 iVm. § 175 I GVG). In einer offenen Gesellschaft mit unterschiedlichen Kulturen muss hier ein großzügiger Maßstab gelten, soweit es um Äußerlichkeiten wie Kleidung, Schmuck und Frisur geht. Der Würde des Gerichts widerspricht aber zB die Anwesenheit Betrunkener, regelmäßig jedoch nicht eines ArbN oder ArbGeb in Arbeitskleidung.

4 **2. Öffentliche Verhandlung.** Der Grundsatz der Öffentlichkeit gilt für jede Verhandlung, also für Gütetermin und Kammertermin einschließlich der von dem erkennenden Gericht in oder außerhalb des Gerichtsgebäudes durchgeführten Beweisaufnahme. Auch die dem Vorsitzenden nach § 58 I 2 übertragene Beweisaufnahme ist öffentl. durchzuführen. Dagegen gilt nicht als Verhandlung iSv. S. 1 die im Wege der Rechtshilfe (§ 13) erfolgende Beweisaufnahme, weshalb diese vom ersuchten Richter nicht öffentl., jedoch parteiöffentl. (§ 357 ZPO) durchzuführen ist. Die Beweisführung mit einer notariellen

---

1 LAG Bbg. v. 23.5.2000 – 3 Sa 83/02, LAGReport 2002, 357; GK-ArbGG/*Schütz*, § 51 Rz. 31; GMPM/*Germelmann*, § 51 ArbGG Rz. 30. | 2 LAG Bbg. v. 23.5.2000 – 3 Sa 83/00, LAGReport 2002, 357. | 3 LAG Hamm v. 20.4.1972 – 8 Ta 35/72, MDR 1972, 900; LAG Rh.-Pf. v. 24.9.1981 – 1 Ta 132/81; LAG München v. 20.10.1981 – 6 Ta 89/81; LAG Rh.-Pf. v. 11.11.1981 – 1 Ta 158/81, EzA § 61 ArbGG Nr. 1; LAG Düsseldorf v. 4.10.1984 – 7 Ta 227/84, MDR 1985, 435; LAG Schl.-Holst. v. 15.10.1987 – 6 Ta 181/87; GMPM/*Germelmann*, § 51 ArbGG Rz. 31. | 4 GMPM/*Germelmann*, § 52 ArbGG Rz. 3.

Erklärung (zB über die Anzahl der im Betrieb beschäftigten Gewerkschaftsmitglieder) verletzt nicht die Grundsätze der Unmittelbarkeit, der Öffentlichkeit und der Parteiöffentlichkeit der Beweisaufnahme[1].

Auch die Verkündung von Entscheidungen hat öffentl. zu erfolgen, unabhängig davon, ob sie in dem Termin, auf Grund dessen sie erlassen wird, oder in einem besonderen Termin geschieht. 5

3. Verbot von Ton- und Filmaufnahmen. Ton- und Fernseh-Rundfunkaufnahmen sowie Ton- und Filmaufnahmen zum Zwecke der öffentl. Vorführung oder Veröffentlichung ihres Inhalts sind unzulässig (S. 4 iVm. § 169 S. 2 GVG). Damit wird die mittelbare Öffentlichkeit (Möglichkeit, die Allgemeinheit über die Vorgänge in der gerichtl. Verhandlung zu unterrichten) eingeschränkt. Die Berichterstattung in Wort und Schrift über die Verhandlungen ist aber, vom Ausnahmefall des § 174 II GVG (Ausschluss der Berichterstattung wegen Gefährdung der Staatssicherheit) abgesehen, frei[2]. 6

Unzulässig sind sowohl Direktübertragungen als auch Aufzeichnungen der Verhandlungen, wenn die Aufnahme nachträglich öffentl. vorgeführt oder ihr Inhalt sonst der Öffentlichkeit bekannt gemacht werden soll. Vom Vorsitzenden als Inhaber der sitzungspolizeilichen Gewalt (§ 176 GVG) bzw. von der Justizverwaltung als Inhaberin des Hausrechts können solche Aufnahmen nur für Zeiten vor Beginn, der Sitzungspausen und nach Ende der Verhandlung zugelassen werden. Nicht unter die Vorschrift fallen Ton- und Filmaufnahmen für Zwecke des Gerichts, für die aber grds. eine Einwilligung der Beteiligten erforderlich ist. Ebenfalls von der Vorschrift nicht erfasst werden einfache Bildaufnahmen. Vom Vorsitzenden wird deshalb bestimmt, ob während der Verhandlung fotografiert werden darf. 7

III. Ausschließung der Öffentlichkeit. 1. Ausschließungsgründe. Das ArbG kann nach S. 2 die Öffentlichkeit für die Verhandlung oder für einen Teil der Verhandlung ausschließen, 8

- wenn durch die Öffentlichkeit eine Gefährdung der öffentl. Ordnung, insb. der Staatssicherheit, zu besorgen ist, oder
- wenn eine Gefährdung der Sittlichkeit zu besorgen ist, oder
- wenn eine Partei den Ausschluss der Öffentlichkeit beantragt, weil Betriebs-, Geschäfts- oder Erfindungsgeheimnisse zum Gegenstand der Verhandlung oder der Beweisaufnahme gemacht werden,
- soweit Umstände aus dem persönlichen Lebensbereich eines Prozessbeteiligten, Zeugen oder durch eine rechtswidrige Tat (§ 11 I Nr. 5 StGB) Verletzten zur Sprache kommen, deren öffentl. Erörterung schutzwürdige Interessen verletzen würde, soweit nicht das Interesse an der öffentl. Erörterung dieser Umstände überwiegt (S. 2 iVm. § 171b I GVG).

2. Ausschließung von Amts wegen. Die Ausschließungsgründe der Gefährdung der öffentl. Ordnung/Staatssicherheit und der Gefährdung der Sittlichkeit entsprechen denen in § 172 Nr. 1 GVG. Für die Ausschließung bedarf es keines Antrags. Das Gericht entscheidet von Amts wegen. Trotz der Formulierung der Vorschrift als Kann-Bestimmung ist der Ausschluss beim Vorliegen eines der Ausschließungsgründe vorzunehmen. 9

a) Gefährdung der öffentlichen Ordnung/Staatssicherheit. Es genügt eine nach objektiven Maßstäben begründete Befürchtung, dass eine Gefährdung eintreten würde. Dem Gericht steht bei der Wertung ein Beurteilungsspielraum zu[3]. 10

Eine Gefährdung der öffentl. Ordnung ist zu besorgen, wenn aus der Zuhörerschaft eine fortgesetzte Störung der Verhandlungen durch Kundgebungen zu befürchten ist, sofern wegen der unbestimmten Vielzahl von Störern Maßnahmen nach §§ 176, 177 GVG nicht ausreichen[4]. Um eine Gefährdung der Staatssicherheit geht es bei Bestrebungen nach § 92 III Nr. 2 StGB, also bei Bestrebungen, deren Träger darauf hinarbeiten, die äußere oder innere Sicherheit der Bundesrepublik Deutschland zu beeinträchtigen. Es muss die konkrete Gefahr bestehen, dass durch den Inhalt der Verhandlung die Allgemeinheit Kenntnis von Informationen erhält, deren Bekanntwerden die innere oder äußere Sicherheit der Bundesrepublik Deutschland gefährden würde. Dabei muss es sich nicht notwendig um Amtsgeheimnisse handeln. Nach Art. 38 ZA-NATO-Truppenstatut gilt dies auch, wenn Amtsgeheimnisse des Entsende- oder Aufnahmestaates oder für deren Sicherheit wichtige Informationen zur Sprache kommen[5]. 11

b) Gefährdung der Sittlichkeit. Der Ausschließungsgrund der Gefährdung der Sittlichkeit liegt vor, wenn in der Verhandlung sexuelle Vorgänge erörtert werden müssen, die geeignet sind, das Scham- und Sittlichkeitsgefühl Unbeteiligter erheblich zu verletzen. Dabei ist auf das sittliche Empfinden eines aufgeschlossenen Durchschnittsbürgers abzustellen. Gesichtspunkten des Jugendschutzes kann regelmäßig durch Ausschließung unerwachsener Personen nach S. 4 iVm. § 175 I GVG Rechnung getragen werden. 12

c) Zweckmäßigkeitsgründe. Im Gütetermin kann das Gericht die Öffentlichkeit bereits aus Zweckmäßigkeitsgründen ausschließen (S. 2), insb. um Vergleichsgespräche zu erleichtern. Schließt sich die 13

---

1 BAG v. 25.3.1992 – 7 ABR 65/90, AP Nr. 4 zu § 2 BetrVG 1972; aA *Prütting/Weth*, DB 1989, 2273. | 2 Zöller/*Gummer*, § 169 GVG Rz. 16. | 3 BGH v. 19.3.1992 – 4 StR 73/92, MDR 1992, 702. | 4 Zöller/*Gummer*, § 172 GVG Rz. 4; GK-ArbGG/*Schütz*, § 52 Rz. 10. | 5 GK-ArbGG/*Schütz*, § 52 Rz. 11.

weitere Verhandlung unmittelbar an (§ 54 IV), so ist die Öffentlichkeit wieder herzustellen. Sodann kann beim Vorliegen der Voraussetzungen nach S. 2 vorgegangen werden.

14 **3. Ausschließung auf Antrag.** Der Schutz überwiegender Individualinteressen durch Ausschluss der Öffentlichkeit erfolgt grds. (Ausnahme: Schutz der Privatsphäre) nur auf Antrag. Die Ausschließung, weil Betriebs-, Geschäfts- oder Erfindungsgeheimnisse zum Gegenstand der Verhandlung oder der Beweisaufnahme gemacht werden, findet eine Entsprechung in § 172 Nr. 2 GVG, der jedoch auf wichtige Geheimnisse abhebt, durch deren öffentl. Erörterung überwiegende schutzwerte Interessen verletzt würden. Für den Ausschluss der Öffentlichkeit zum Schütze der Privatsphäre verweist S. 2 Hs. 2 auf § 171b GVG.

15 **a) Geschäfts- und Betriebsgeheimnis.** Betriebs- oder Geschäftsgeheimnisse sind Tatsachen, die im Zusammenhang mit einem Geschäftsbetrieb stehen, nur einem eng begrenzten Personenkreis bekannt sind und nach dem bekundeten Willen des Betriebsinhabers geheim zu halten sind[1]. Betriebsgeheimnisse beziehen sich auf den technischen Betriebsablauf, insb. Herstellung und Herstellungsverfahren; Geschäftsgeheimnisse betreffen den allgemeinen Geschäftsverkehr des Unternehmens. Zu den Betriebsgeheimnissen können zB Kalkulationen, Marktstrategien und Kundenlisten zählen. Auch nicht patentfähiges technisches Know-how, Warenbezugsquellen, Kunden- und Preislisten, Inventuren, betriebswirtschaftl. Kennziffern zur Kreditwürdigkeit, im Rahmen des Arbeitsverhältnisses gemachte Erfindungen eines ArbN und Wettbewerbsverstöße des ArbGeb werden als schutzwürdig angesehen[2]. Bilanzen werden ebenfalls als schutzwürdig angesehen[3]. Dem kann nicht gefolgt werden, soweit die Unternehmen ua. nach § 325 HGB weit gehend zur Offenlegung der Bilanzen verpflichtet sind. Maßgeblich ist für den Ausschlussgrund der Geschäfts- und Betriebsgeheimnisse allein, dass ein berechtigtes Interesse an der Geheimhaltung besteht. Ein Ausschluss der Öffentlichkeit ist nicht nur in besonderen Ausnahmefällen zulässig, sondern bereits dann, wenn durch die öffentl. Erörterung überwiegende schutzwürdige Interessen eines Beteiligten verletzt würden[4]. Können Parteien, die es als unzumutbar bezeichnet haben, in einer öffentl. Verhandlung Angaben über die Finanzlage ihres Unternehmens zu machen, ihrer Darlegungslast nur genügen, indem sie Betriebs- oder Geschäftsgeheimnisse offenbaren, muss das Gericht sie mit den Mitteln des Prozessrechts schützen[5]. Ist der Vortrag von Tatsachen unumgänglich, die als Verschlusssachen der Verschwiegenheitspflicht unterliegen, so ist die darlegungspflichtige Partei auf Antrag ihrem Prozessbevollmächtigten und dem Gericht gegenüber insoweit von der Verschwiegenheitspflicht zu entbinden[6]. In Betracht kommen in beiden Fällen der zeitweise Ausschluss der Öffentlichkeit und strafbewehrte Schweigegebote. Im Bereich der Verbände können Arbeitskampfstrategien schutzwürdig sein[7], jedoch kaum Strategien der Mitgliedergewinnung und -betreuung[8].

16 **b) Erfindungsgeheimnis.** Zum Schutzbereich der Erfindungsgeheimnisse werden die eine (auch nicht geschützte) Erfindung betreffenden Umstände gerechnet, an deren Geheimhaltung ein berechtigtes Interesse besteht[9]. Dadurch wird nicht nur die Erfindung geschützt, sondern jede Aktivität, die auf eine Erfindung abzielt und diese vorbereiten soll, wenn an der Geheimhaltung ein berechtigtes Interesse besteht[10].

17 **c) Steuergeheimnis.** Dem Amtsermittlungsgrundsatz (§ 88 AO) und den weit gehenden Mitwirkungspflichten des Steuerpflichtigen im Besteuerungsverfahren entspricht die Verpflichtung des FA, die ihm bekannt gewordenen Besteuerungsgrundlagen (das sind die tatsächlichen und rechtl. Verhältnisse, die für die Steuerpflicht und die Bemessung der Steuer maßgebend sind) gegenüber der Kenntnisnahme Dritter zu schützen[11]. Die dem FA und den Steuerprüfern im Rahmen ihrer Tätigkeit bekannt gewordenen Daten und Verhältnisse der ArbN und der ArbGeb sind durch das strafbewehrte Steuergeheimnis geschützt (§ 30 AO, § 355 StGB). Im arbeitsgerichtl. Verfahren ist das Steuergeheimnis mittelbar betroffen, wenn Steuerunterlagen in das Verfahren eingeführt, Auskünfte vom FA eingeholt oder die Steuerpflicht der Arbeitsvertragsparteien betreffende Umstände erörtert werden, weil der ArbN mit Steuerangelegenheiten des ArbGeb oder der ArbGeb als Einziehungsstelle mit denen des ArbN befasst war. Die Wahrung des Steuergeheimnisses kann damit im schutzwerten Interesse beider Arbeitsvertragsparteien stehen[12]. In Abweichung zu § 172 Nr. 2 GVG wird das Steuergeheimnis in § 52 zwar nicht besonders erwähnt. Insoweit erscheint ein Rückgriff auf § 172 Nr. 2 GVG aber geboten[13].

18 **d) Schutz der Privatsphäre.** Die Öffentlichkeit kann nach S. 2 iVm. § 171b I 1 GVG auch ausgeschlossen werden, soweit Umstände aus dem persönlichen Lebensbereich eines Prozessbeteiligten, Zeugen

---

1 BAG v. 15.12.1987 – 3 AZR 474/86, AP Nr. 5 zu § 611 BGB – Betriebsgeheimnis. | **2** GK-ArbGG/*Schütz*, § 52 Rz. 12; GMPM/*Germelmann*, § 52 ArbGG Rz. 20. | **3** GK-ArbGG/*Schütz*, § 52 Rz. 13. | **4** BAG v. 23.4.1985 – 3 AZR 548/82, AP Nr. 16 zu § 16 BetrAVG. | **5** BAG v. 21.11.1991 – 6 AZR 544/89; v. 23.4.1985 – 3 AZR 548/82, AP Nr. 16 zu § 16 BetrAVG. | **6** BAG v. 25.8.1966 – 5 AZR 525/65, AP Nr. 1 zu § 611 BGB – Schweigepflicht; LAG Nürnberg v. 30.9.1986 – 2 Sa 125/84, ZTR 1987, 246. | **7** GK-ArbGG/*Schütz*, § 52 Rz. 14. | **8** AA GMPM/*Germelmann*, § 52 ArbGG Rz. 21; GK-ArbGG/*Schütz*, § 52 Rz. 14. | **9** BLAH/*Albers*, § 172 GVG Rz. 3. | **10** GMPM/*Germelmann*, § 52 ArbGG Rz. 22. | **11** *Küttner*, Personalbuch 2005, Datenschutz Rz. 35. | **12** AA GMPM/*Germelmann*, § 52 ArbGG Rz. 23 (wonach im Rahmen des Geschäftsgeheimnisses nur das Interesse des ArbGeb betroffen sei). | **13** Im Ergebnis wohl BAG v. 23.4.1985 – 3 AZR 548/82, AP Nr. 16 zu § 16 BetrAVG.

oder durch eine rechtswidrige Tat (§ 11 I Nr. 5 StGB) Verletzten zur Sprache kommen, deren öffentl. Erörterung schutzwürdige Interessen verletzen würde, soweit nicht das Interesse an der öffentl. Erörterung diese Umstände überwiegt. Diese Regelung räumt dem Schutz des Intimbereichs des Einzelnen grds. den Vorrang vor dem Öffentlichkeitsgrundsatz ein. Sie gibt dem Betroffenen unmittelbare Einflussmöglichkeiten darauf, ob seine Privatsphäre betreffende Umstände in öffentl. Verhandlung erörtert werden oder nicht[1]. Umstände aus dem persönlichen Lebensbereich sind vor allem solche gesundheitlicher, familiärer oder sexueller Art, soweit sie auf Grund ihres Bezugs zur Privatsphäre unbeteiligten Dritten nicht ohne weiteres zugänglich sind und nach ihrem Inhalt in allgemeiner Anschauung Schutz vor Einblick Außenstehender verdienen. Im arbeitsgerichtl. Verfahren kann der Schutz der Privatsphäre zB betroffen sein bei der Erörterung medizinischer Diagnosen des ArbN oder sexueller Belästigungen am Arbeitsplatz[2].

Der Schutz der Privatsphäre durch Ausschluss der Öffentlichkeit kann von Amts wegen nach pflicht- 19
gemäßer Abwägung der Interessen angeordnet werden. Dies gilt nicht, soweit die Personen, deren Lebensbereiche betroffen sind, in der mündlichen Verhandlung dem Ausschluss der Öffentlichkeit widersprechen. Die Öffentlichkeit ist aber auszuschließen, wenn das Interesse eines Prozessbeteiligten hieran überwiegt und der Ausschluss von der Person, deren Lebensbereich betroffen ist, beantragt wird (S. 2 iVm. § 171b II GVG).

e) Ausschlussverfahren. Der Ausschluss der Öffentlichkeit zum Schutz überwiegender Individual- 20
interessen erfolgt im Übrigen nur auf Antrag (S. 2; § 171b II GVG). Auf die Möglichkeit des Antrags hat das Gericht ggf. nach § 139 ZPO hinzuweisen[3]. Antragsbefugt ist allein die Partei, deren schutzwürdige Verhältnisse betroffen sind[4]. Insoweit enthalten die Regelungen in § 171b I 2, II GVG einen allgemeinen Rechtsgedanken. Der Antrag kann jederzeit zurückgenommen werden. In dem Fall ist die Öffentlichkeit sofort wieder herzustellen, ohne dass aber die unter Ausschluss der Öffentlichkeit vorgenommenen Prozesshandlungen zu wiederholen sind[5].

Das Verfahren zur Entscheidung über den Ausschluss der Öffentlichkeit richtet sich nach S. 2 iVm. 21
§§ 173 und 174 GVG. Der Antrag auf Ausschluss der Öffentlichkeit wird in öffentl. Verhandlung gestellt. Über die Ausschließung ist sodann nur dann nach § 174 I 1 GVG in nicht öffentl. Sitzung zu verhandeln, wenn ein Beteiligter es beantragt oder das Gericht es für angemessen erachtet[6].

Der Beschluss, der die Öffentlichkeit ausschließt, muss öffentl. verkündet werden; er kann in nicht 22
öffentl. Sitzung verkündet werden, wenn zu befürchten ist, dass seine öffentl. Verkündung eine erhebliche Störung der Ordnung in der Sitzung zur Folge haben würde (§ 174 I 2 GVG). Bei der Verkündung ist anzugeben, aus welchem Grund die Öffentlichkeit ausgeschlossen worden ist (§ 174 I 3 GVG).

Die Verkündung des Urteils erfolgt in jedem Fall öffentl. (§ 173 I GVG). Durch einen besonderen Be- 23
schluss kann, wenn der Schutz der Individualinteressen dies erfordert, auch für die Verkündung der Urteilsgründe oder eines Teiles davon die Öffentlichkeit ausgeschlossen werden (§ 173 II GVG).

f) Inhalt der Entscheidung. Der Ausschluss der Öffentlichkeit muss nicht die gesamte mündliche Ver- 24
handlung erfassen. Der Ausschluss erfolgt nur in dem durch den Ausschlussgrund gebotenen Umfang (S. 2). Hierüber entscheidet das Gericht nach pflichtgemäßem Ermessen.

Sofern der Schutz der Individualinteressen dies erfordert, kann das Gericht neben dem Ausschluss der 25
Öffentlichkeit gegenüber den anwesenden Personen die Geheimhaltung von Tatsachen, die durch die Verhandlung oder durch ein die Sache betreffendes amtliches Schriftstück zu ihrer Kenntnis gelangen, zur Pflicht machen (§ 174 III 1 GVG). Dieser Beschluss ist anfechtbar, wobei der Beschwerde keine aufschiebende Wirkung zukommt (§ 174 III 3 und 4 GVG). Die Verhängung eines Schweigegebots ist auch gegenüber Verbandsvertretern möglich[7].

g) Rechtsmittel. Die Entscheidung über den Ausschluss der Öffentlichkeit ist unanfechtbar[8]. Aus- 26
drücklich geregelt ist dies nur im Hinblick auf den Ausschluss zum Schutz der Privatsphäre (§ 171b III GVG).

IV. Rechtsfolgen bei Verletzung des Öffentlichkeitsgebots. Wurde vom ArbG die Öffentlichkeit aus- 27
geschlossen, ohne dass hierfür ein hinreichender Ausschlussgrund vorlag, so liegt ein schwerer Verfahrensverstoß vor, der aber wegen § 68 keine Zurückverweisung durch das LAG rechtfertigt. Bei einem entsprechenden Verfahrensverstoß durch das LAG liegt ein absoluter Revisionsgrund nach § 547 Nr. 5 ZPO vor[9]. Die Vorschriften über die Öffentlichkeit der Verhandlung sind aber nur verletzt, wenn die Ausschließung oder Beschränkung der Öffentlichkeit entweder auf einer Anordnung des Gerichts be-

1 Zöller/*Gummer*, § 171b GVG Rz. 1. | 2 GK-ArbGG/*Schütz*, § 52 Rz. 17. | 3 GK-ArbGG/*Schütz*, § 52 Rz. 20. | 4 GK-ArbGG/*Schütz*, § 52 Rz. 20; aA GMPM/*Germelmann*, § 52 ArbGG Rz. 15. | 5 GK-ArbGG/*Schütz*, § 52 Rz. 21. | 6 GK-ArbGG/*Schütz*, § 52 Rz. 28; aA GMPM/*Germelmann*, § 52 ArbGG Rz. 28 (wonach regelmäßig in nichtöffentlicher Sitzung zu verhandeln sei). | 7 BAG v. 23.4.1985 – 3 AZR 548/82, AP Nr. 16 zu § 16 BetrAVG. | 8 BLAH/*Albers*, § 174 GVG Rz. 2; GK-ArbGG/*Schütz*, § 52 Rz. 33. | 9 GMPM/*Germelmann*, § 52 ArbGG Rz. 34–36; GK-ArbGG/*Schütz*, § 52 Rz. 33.

ruht oder wenn eine tatsächlich eingetretene Beschränkung des Zugangs zum Sitzungssaal vom Gericht nicht sofort beseitigt wird, obwohl es die Beschränkung bemerkt hat oder bei Anwendung der gebotenen Aufmerksamkeit jedenfalls hätte bemerken müssen[1].

53 *Befugnisse des Vorsitzenden und der ehrenamtlichen Richter*

(1) Die nicht auf Grund einer mündlichen Verhandlung ergehenden Beschlüsse und Verfügungen erlässt, soweit nichts anderes bestimmt ist, der Vorsitzende allein. Entsprechendes gilt für Amtshandlungen auf Grund eines Rechtshilfeersuchens.

(2) Im Übrigen gelten für die Befugnisse des Vorsitzenden und der ehrenamtlichen Richter die Vorschriften der Zivilprozessordnung über das landgerichtliche Verfahren entsprechend.

1 **I. Inhalt und Zweck.** Bei den Gerichten für Arbeitssachen handelt es sich in allen Instanzen um Kollegialgerichte (§§ 16 II, 35 II, 41 II). Da die ehrenamtlichen Richter nicht ständige Mitglieder der Spruchkörper sind, sondern zu den jeweiligen Sitzungen herangezogen werden (§§ 31, 39, 43), besteht ein praktisches Bedürfnis, den berufsrichterlichen Vorsitzenden mit prozessvorbereitenden und prozessleitenden Befugnissen auszustatten. Vom Grundsatz werden dem Vorsitzenden in verschiedenen Vorschriften Kompetenzen für die Prozessvorbereitung und Prozessleitung und der Kammer Kompetenzen für die eine Erledigung der Hauptsache betreffenden Entscheidungen zugewiesen. Kompetenzregelungen für den Vorsitzenden finden sich in § 9 II ArbGG iVm. §§ 176 bis 179, 180 GVG (sitzungspolizeiliche Befugnisse), § 9 II ArbGG iVm. § 194 I GVG (Leitung der Beratung und Abstimmung), § 56 (Vorbereitung der streitigen Verhandlung) und § 55 (Alleinentscheidung trotz streitiger Verhandlung ua.). Diese Vorschriften modifizieren die allgemeine Kompetenzregelung in § 53. Die Kompetenzvorschriften sind nicht parteidispositiv (Ausnahme auf Grund „Öffnungsklausel" in § 55 III).

2 Im Berufungsverfahren gilt die Vorschrift des § 53 entsprechend (§ 64 VII). Auch im Revisionsverfahren ist die Vorschrift des § 53 entsprechend anzuwenden (§ 72 VI), wobei jedoch an Stelle des Senatsvorsitzenden der gesamte Senat ohne Hinzuziehung der ehrenamtlichen Richter (sog. Kleiner Senat) entscheidet[2]. Die Vorschrift des § 53 ist des Weiteren entsprechend in den drei Instanzen des Beschlussverfahrens anzuwenden (§§ 80 II, 87 II 1, 92 II 1).

3 **II. Befugnisse des Vorsitzenden. 1. Befugnis zur Alleinentscheidung außerhalb der mündlichen Verhandlung.** Soweit das Gesetz nichts anderes bestimmt, erlässt der Vorsitzende die nicht auf Grund einer mündlichen Verhandlung ergehenden Beschlüsse und Verfügungen allein. Beschlüsse sind gerichtliche Entscheidungen, die weder über den Klageanspruch noch über einzelne dafür erhebliche Streitpunkte entscheiden, also den Prozessstoff weder ganz noch teilweise in der Hauptsache erledigen. Verfügungen sind dagegen Anordnungen, die der Prozessleitung dienen. Entscheidungen des Gerichts, die nicht Urteile sind, können nach § 128 IV ZPO ohne mündliche Verhandlung ergehen, soweit nichts anderes bestimmt ist.

4 Das Alleinentscheidungsrecht scheidet zunächst aus bei Beschlüssen, die zwar ohne mündliche Verhandlung ergehen, für die aber die Entscheidung durch die Kammer vorgeschrieben ist. Dies ist zB der Fall bei:

- Beschlüssen nach § 48 I Nr. 2 über die Rechtswegzuständigkeit,
- Beschlüssen über die Ablehnung von Gerichtspersonen nach § 49 I,
- Verwerfung der Berufung nach § 66 II 2,
- Verwerfung der Revision – durch den sog. Kleinen Senat – nach § 74 II 3,
- Verwerfung der Beschwerde und Rechtsbeschwerde im Beschlussverfahren nach §§ 87 II 1, 92 II 1,
- nachträglicher Klagezulassung nach § 5 IV 1 KSchG.

5 Ferner scheidet das Alleinentscheidungsrecht aus für Beschlüsse, die nur auf Grund mündlicher Verhandlung ergehen dürfen, wie zB nach § 320 III ZPO für die Entscheidung über den Antrag auf Tatbestandsberichtigung.

6 Schließlich entfällt das Alleinentscheidungsrecht des Vorsitzenden in Fällen, in denen eine mündliche Verhandlung nicht vorgeschrieben ist, jedoch auf Grund Entscheidung des Vorsitzenden durchgeführt wurde.

7 Der Vorsitzende entscheidet – ohne (ggf. mögliche) mündl. Verhandlung – in folgenden Fällen allein:

- Festsetzung Gerichtsgebührenstreitwert nach § 63 II 1 GKG (auch bei Entscheidung im Gütetermin)[3],
- Festsetzung Rechtsanwaltsgebührenstreitwert nach § 33 RVG,

1 BAG v. 12.4.1973 – 2 AZR 291/72, AP Nr. 24 zu § 611 BGB – Direktionsrecht. | 2 GMPM/*Germelmann*, § 53 ArbGG Rz. 3. | 3 Vgl. *Creutzfeldt*, NZA 1996, 956 (959).

- Bestimmung des zuständigen Gerichts nach § 37 I ZPO,
- Kostenentscheidung nach § 91a I ZPO,
- Entscheidung über PKH (§ 127 I ZPO) und Beiordnung nach § 11a ArbGG,
- Entscheidung im Zusammenhang mit der Bewilligung der öffentl. Zustellung (§§ 186–188 ZPO),
- Friständerungen nach § 225 I ZPO,
- Abkürzung von Zwischenfristen nach § 226 III ZPO,
- Aufhebung oder Verlegung eines Termins nach § 227 IV ZPO,
- Entscheidung wegen Klagerücknahme nach § 269 IV ZPO,
- Berichtigung des Urteils nach § 319 II ZPO,
- Bemessung der Einspruchsfrist gegen ein Versäumnisurteil bei Zustellung im Ausland nach § 339 II ZPO,
- Bestimmung einer Beibringungsfrist nach § 356 ZPO,
- Änderung eines Beweisbeschlusses nach § 360 S. 2 ZPO,
- Ersuchen um Beweisaufnahme im Ausland nach § 363 I ZPO,
- Ablehnung eines Sachverst. nach § 406 IV ZPO,
- Bestimmung der Vorlegungsfrist bei Vorlegung durch Dritte nach § 431 I ZPO,
- Entscheidung über Beweissicherungsverfahren nach § 490 I ZPO,
- Beschluss über Folgen der Zurücknahme der Berufung nach § 516 III 2 ZPO,
- Abhilfe und Vorlageentscheidungen im Zusammenhang mit sofortiger Beschwerde (§ 572 ZPO),
- einstw. Einstellung der Zwangsvollstreckung bei Wiedereinsetzungs- und Wiederaufnahmeantrag nach § 707 II 1 ZPO,
- einstw. Einstellung der Zwangsvollstreckung bei Rechtsmittel oder Einspruch nach § 719 III ZPO,
- Entscheidung über die Erinnerung gegen die Erteilung der Vollstreckungsklausel nach § 732 I 2 ZPO,
- einstw. Anordnungen bei Vollstreckungsabwehrklage (§ 767 ZPO), Klage gegen Vollstreckungsklausel (§ 768 ZPO) und Drittwiderspruchsklage (§ 771 ZPO) nach §§ 769 III, 771 III ZPO,
- Anordnungen im Zusammenhang mit der Zwangsvollstreckung von vertretbaren Handlungen (§ 887 ZPO), unvertretbaren Handlungen (§ 888 ZPO) und zur Erzwingung von Unterlassungen und Duldungen (§ 890 ZPO) nach § 891 S. 1 ZPO,
- Entscheidungen über Gesuche auf einstw. Rechtsschutz im Urteilsverfahren können in dringenden Fällen ohne mündliche Verhandlung ergehen, wobei § 53 die Vorschrift des § 944 ZPO verdrängt[1], dabei kann es sich auch um eine abweisende Entscheidung handeln (§ 62 II 2) und
- Erklärung der Vollstreckbarkeit eines Schiedsspruchs nach § 109 II (auch bei Anhörung in der mündlichen Verhandlung).

Nicht zu beteiligen sind die ehrenamtlichen Richter im Rahmen der Erledigung von Rechtshilfeersuchen nach § 13 (Abs. 1 S. 2). 8

In der arbeitsgerichtl. Rspr. wenig geklärt ist die Frage des gesetzl. Richters bei Entscheidungen über die **Wiedereröffnung der Verhandlung** nach § 156 ZPO[2]. Das Gericht kann nach § 156 I ZPO die Wiedereröffnung einer Verhandlung, die geschlossen war, anordnen. Es hat nach § 156 II ZPO ua. die Wiedereröffnung anzuordnen, wenn es ein entscheidungserheblicher und rügbarer Verfahrensfehler (§ 295 ZPO), insb. eine Verletzung der Hinweis- und Aufklärungspflicht (§ 139 ZPO) oder eine Verletzung des Anspruchs auf rechtl. Gehör feststellt. Die Frage der Wiedereröffnung stellt sich auch, wenn das Gericht einen Verkündungstermin anberaumte und zwischen dem letzten Termin zur mündlichen Verhandlung und dem Verkündungstermin ein – ggf. nachgelassener – Schriftsatz mit neuem und erheblichem Tatsachenvortrag eingeht. Folgende Fälle sind zu unterscheiden: 9

- Ist über das Urteil zu dem Zeitpunkt, in dem sich das Gericht mit dem Vorbringen aus dem nachgereichten Schriftsatz befasst oder bei ordnungsgemäßem Verfahrensgang zu befassen hätte, noch nicht abschließend beraten und abgestimmt, das Urteil also noch nicht iSd. § 309 ZPO gefällt, ergibt sich unmittelbar aus der genannten Vorschrift, dass auch an der Entscheidung über die Frage einer Wiedereröffnung nur die Richter mitwirken dürfen, die an der vorangegangen letzten mündlichen Verhandlung beteiligt waren[3].

1 *Walker*, Der einstweilige Rechtsschutz, Rz. 736; GK-ArbGG/*Schütz*, § 53 Rz. 12; GMPM/*Germelmann*, § 53 ArbGG Rz. 11; aA LAG Nürnberg v. 10.4.1999 – 6 Ta 6/99, AP Nr. 6 zu § 85 ArbGG 1979. | 2 Vgl. aber GK-ArbGG/*Schütz*, § 53 Rz. 8; GMPM/*Germelmann*, § 53 ArbGG Rz. 18. | 3 BGH v. 1.2.2002 – V ZR 357/00, MDR 2002, 658.

- Im Ergebnis gilt das Gleiche, wenn der nachgereichte Schriftsatz nicht mehr bei der Entscheidung über das Urteil Beachtung finden kann, sondern dem zuständigen Spruchkörper erst dann vorliegt, wenn das Urteil nach Beratung und Abstimmung bereits beschlossen, aber noch nicht verkündet ist. Da das Gericht in diesem Verfahrensstadium noch nicht an das Urteil gebunden ist, obliegt es ihm weiterhin, eingehende Schriftsätze zur Kenntnis zu nehmen und eine Wiedereröffnung der mündlichen Verhandlung zu prüfen (vgl. § 296a S. 2 ZPO). Nur die an der Verhandlung und der nachfolgenden Beratung beteiligten Richter wissen in dieser Situation, was von den Parteien vorgetragen und vom Gericht erörtert wurde. Nur ihnen ist ferner bekannt, welches tatsächliche Vorbringen und welche rechtl. Gesichtspunkte im konkreten Fall Entscheidungserheblichkeit erlangen sollen. Sie allein können mithin einschätzen, ob das rechtl. Gehör verletzt, Hinweispflichten missachtet, Verfahrensfehler unterlaufen oder neues erhebliches Vorbringen erfolgt ist. Dies sind aber die Umstände, die für eine fehlerfreie und sachgerechte Ermessensausübung – auch im Hinblick auf eine zwingende Wiedereröffnung wegen eines Verfahrensfehlers (§ 156 II Nr. 1 ZPO) – maßgeblich sind. Nach alledem hat das Gericht über die Frage der Wiedereröffnung der mündlichen Verhandlung in der für den letzten Termin zur mündlichen Verhandlung maßgeblichen Besetzung zu entscheiden[1]. Ist zwischenzeitlich ein Richter ausgeschieden, treffen die verbleibenden Richter die Entscheidung über die Wiedereröffnung oder Nichtwiedereröffnung der Verhandlung[2].
- Lehnt das Gericht in der Besetzung der letzten mündlichen Verhandlung die Wiedereröffnung der Verhandlung ab, kann das ursprünglich gefällte Urteil verkündet werden. Die Verkündung muss nicht von denselben Richtern vorgenommen werden, die an der ihm zu Grunde liegenden mündlichen Verhandlung mitgewirkt und es beschlossen haben[3].
- Beschließt jedoch das Gericht in der Besetzung der letzten mündlichen Verhandlung die Wiedereröffnung der Verhandlung, so hat der Vorsitzende einen neuen Termin zur mündlichen Verhandlung zu bestimmen. Zu der Verhandlung sind die für diesen Termin geschäftsplanmäßig zuständigen Richter zu laden[4]. Die Wiedereröffnung der mündlichen Verhandlung auf Grund neuen, nicht nachgelassenen Vorbringens ist dabei, von dem Sonderfall eines Wiederaufnahmegrundes abgesehen, nur dann geboten, wenn dieses Vorbringen ergibt, dass es auf Grund eines nicht prozessordnungsmäßigen Verhaltens des Gerichts, insb. einer Verletzung der richterlichen Aufklärungspflicht (§ 139 ZPO) oder des Anspruchs auf rechtl. Gehör, nicht rechtzeitig in den Rechtsstreit eingeführt worden ist[5]. Im Übrigen steht der Wiedereintritt in die mündliche Verhandlung im freien Ermessen des Gerichts[6].

10 **2. Sonstige Befugnisse.** Im Übrigen gelten für die Befugnisse des Vorsitzenden und der ehrenamtlichen Richter die Vorschriften der ZPO über das landgerichtliche Verfahren entsprechend (§ 51 II). Zu den wesentlichen Befugnissen des Vorsitzenden zählen insoweit:

- Terminsbestimmung nach § 216 II ZPO,
- Eröffnung und Leitung der mündl. Verhandlung nach § 136 I ZPO einschließlich Erteilung bzw. Entzug des Wortes (§ 136 II ZPO), Hinwirken auf eine erschöpfende Erörterung der Sache (§ 136 III ZPO), Wahrnehmung der sitzungspolizeilichen Befugnisse (§ 9 II ArbGG iVm. §§ 176 bis 179, 180 GVG), Schließung der mündl. Verhandlung (nach entsprechender Entscheidung der Kammer) nach § 136 IV ZPO, Leitung der Beratung und Abstimmung (§ 9 II ArbGG iVm. § 194 I GVG),
- Wahrnehmung der Aufklärungspflicht nach § 139 ZPO,
- Entscheidung über die Hinzuziehung eines Urkundsbeamten der Geschäftsstelle (§ 159 I 2 ZPO) und
- Unterzeichnung und Berichtigung des Protokolls nach §§ 163 f. ZPO.

11 **III. Befugnisse der ehrenamtlichen Richter.** Für die ehrenamtlichen Richter besteht – außerhalb der Beratungs- und Entscheidungskompetenzen und unter Respektierung der Verhandlungsleitung durch den Vorsitzenden – ein jederzeitiges Fragerecht während der mündlichen Verhandlung. Nach § 136 II 2 ZPO ist ihnen auf Verlangen vom Vorsitzenden das Stellen von Fragen zu gestatten. Der Vorsitzende hat grds. kein Recht, eine Frage des Beisitzers als ungehörig oder als zur Unzeit gestellt zurückzuweisen[7], er kann die Frage aber ggf. bei Störung seiner Verhandlungsleitung für eine angemessene Zeit zurückstellen.

12 Im landgerichtl. Verfahren ist anerkannt, dass der Vorsitzende einzelne Aufgaben der sachlichen Prozessleitung (zB Vernehmung eines Zeugen) unter Beibehaltung seines Vorsitzes einem Beisitzer übertragen kann[8]. Für das arbeitsgerichtl. Verfahren wird dies abgelehnt, weil anders als beim LG (dort gibt es aber ehrenamtliche Beisitzer in der Kammer für Handelssachen) keine berufsrichterlichen Beisitzer

1 GMPM/*Germelmann*, § 53 ArbGG Rz. 18; GK-ArbGG/*Schütz*, § 53 Rz. 9 f. | 2 BGH v. 1.2.2002 – V ZR 357/00, MDR 2002, 658. | 3 BGH v. 8.11.1973 – VII ZR 86/73, MDR 1974, 219. | 4 BAG v. 16.5.2002 – 8 AZR 412/01, MDR 2003, 47. | 5 BGH v. 28.10.1999 – IX ZR 341/98, MDR 2000, 103. | 6 BGH v. 21.2.1986 – V ZR 246/84, MDR 1986, 663. | 7 BLAH/*Hartmann*, § 136 ZPO Rz. 20; GMPM/*Germelmann*, § 53 ArbGG Rz. 18 (der in § 140 ZPO – Kammerentscheidung bei Beanstandung der Prozessleitung des Vorsitzenden – eine Sonderregelung sieht). | 8 BLAH/*Hartmann*, § 136 ZPO Rz. 5.

vorhanden seien[1]. Dies überzeugt nicht. Es sind durchaus Situationen denkbar, wo die Übertragung einer einzelnen Aufgabe (zB Vernehmung eines sachverst. Zeugen, für dessen Befragung sich der von Berufs wegen gleich oder ähnlich kompetente Beisitzer anbietet) gerade wegen der besonderen Kenntnisse der aus diesem Grund zur Mitentscheidung berufenen ehrenamtlichen Richter sachgerecht ist, zumal der Vorsitzende ja die formelle Prozessleitung behält und die sachliche Prozessleitung jederzeit an sich ziehen kann. Eine Anwendung von § 21f II GVG bei Verhinderung des Vorsitzenden oder gar eine Übertragung des Rechtsstreits auf den ehrenamtlichen Richter zur Entscheidung nach §§ 348 ff. ZPO kommt nicht in Betracht[2].

54 *Güteverfahren*

(1) Die mündliche Verhandlung beginnt mit einer Verhandlung vor dem Vorsitzenden zum Zwecke der gütlichen Einigung der Parteien (Güteverhandlung). Der Vorsitzende hat zu diesem Zwecke das gesamte Streitverhältnis mit den Parteien unter freier Würdigung aller Umstände zu erörtern. Zur Aufklärung des Sachverhalts kann er alle Handlungen vornehmen, die sofort erfolgen können. Eidliche Vernehmungen sind jedoch ausgeschlossen. Der Vorsitzende kann die Güteverhandlung mit Zustimmung der Parteien in einem weiteren Termin, der alsbald stattzufinden hat, fortsetzen.

(2) Die Klage kann bis zum Stellen der Anträge ohne Einwilligung des Beklagten zurückgenommen werden. In der Güteverhandlung erklärte gerichtliche Geständnisse nach § 288 der Zivilprozessordnung haben nur dann bindende Wirkung, wenn sie zu Protokoll erklärt worden sind. § 39 Satz 1 und § 282 Abs. 3 Satz 1 der Zivilprozessordnung sind nicht anzuwenden.

(3) Das Ergebnis der Güteverhandlung, insbesondere der Abschluss eines Vergleichs, ist in die Niederschrift aufzunehmen.

(4) Erscheint eine Partei in der Güteverhandlung nicht oder ist die Güteverhandlung erfolglos, schließt sich die weitere Verhandlung unmittelbar an oder es ist, falls der weiteren Verhandlung Hinderungsgründe entgegenstehen, Termin zur streitigen Verhandlung zu bestimmen; diese hat alsbald stattzufinden.

(5) Erscheinen oder verhandeln beide Parteien in der Güteverhandlung nicht, ist das Ruhen des Verfahrens anzuordnen. Auf Antrag einer Partei ist Termin zur streitigen Verhandlung zu bestimmen. Dieser Antrag kann nur innerhalb von sechs Monaten nach der Güteverhandlung gestellt werden. Nach Ablauf der Frist ist § 269 Abs. 3 bis 5 der Zivilprozessordnung entsprechend anzuwenden.

I. Inhalt und Zweck. Die Güteverhandlung ist ein besonderer Verfahrensabschnitt, kein besonderes 1
Verfahren, im arbeitsgerichtl. Urteilsverfahren 1. Instanz. Sie ist Teil der mündlichen Verhandlung[3]. Sie dient zwei Zwecken. Zum einen soll sie eine gütliche Erledigung des Rechtsstreits fördern (Abs. 1 S. 1). Insoweit verstärkt sie den Grundsatz aus § 57 II. Mit Unterstützung des Vorsitzenden sollen die Parteien das Streitverhältnis unbefangen und ohne Präjudiz für den eventuellen streitigen Prozess erörtern, ihre Meinungsverschiedenheiten offen und ohne Rücksicht auf prozessuale Vorschriften darlegen und in jeder Hinsicht „frei reden können"[4]. Zum anderen zielt die Güteverhandlung für den Fall der Nichterledigung des Rechtsstreits im Gütetermin auf eine Vorbereitung der streitigen Verhandlung.

Die Vorschrift des § 54 verdrängt zusammen mit §§ 51 I, 57 II als Sonderregelungen die §§ 278, 279 ZPO. 2
Die Güteverhandlung findet nur im erstinstanzlichen Urteilsverfahren und im erstinstanzlichen Beschlussverfahren (§ 80 II 2) statt.

Die Vorschrift eröffnet die Möglichkeit, „Rechtspflege als Konfliktmanagement"[5] zu betreiben. Die her- 3
kömmliche Verfahrenslehre verengt die Sicht auf den juristischen Streitgegenstand. Arbeitsgerichtl. Rechtspflege ist aber nach dieser Vorschrift nicht nur auf richterliche Streitentscheidung ausgerichtet, sondern lässt eine umfassende Streitbehandlung zu und kann sich so als Dienstleistung in Konfliktbehandlung darstellen. Ins Auge gefasst werden müssen dann nicht nur die rechtl. Aspekte einer Entscheidung über den arbeitsrechtl. Konflikt, sondern auch Aspekte, die über das Recht hinausgehen; diese Sicht wird mit dem Begriff „Streitbehandlungsgegenstand" umschrieben. Dieser Streitbehandlungsgegenstand hält den Konflikt für Lösungen offen, welche die Interessen der Beteiligten berücksichtigen, und bedeutet den Abschied von der reinen Streitentscheidungslehre. Er eröffnet das Tor zu einer noch zu entfaltenden Streitbehandlungslehre als einer „erweiterten Verfahrenslehre" und damit zum Konfliktmanagement. Erst diese erweiterte Perspektive lässt das arbeitsgerichtl. Verfahren nicht als bloßen Lieferanten von Rechtsentscheidungen, sondern als einen Modus von Konfliktbehandlungen verstehen[6], für die in dieser Vorschrift ein – verbesserungsbedürftiges, aber ausfüllungsfähiges – Verfahrensdesign angeboten wird.

---

1 GMPM/*Germelmann*, § 53 ArbGG Rz. 19 f. | 2 GMPM/*Germelmann*, § 53 ArbGG Rz. 19, 21; GK-ArbGG/*Schütz*, § 53 Rz. 21. | 3 GMPM/*Germelmann*, § 54 ArbGG Rz. 9; GK-ArbGG/*Schütz*, § 54 Rz. 3 u. 5. | 4 LAG München v. 24.1.1989 – 2 Sa 1042/88, NJW 1989, 1502. | 5 *Gottwald*, „Betrifft JUSTIZ" 1996, S. 312, mwN zur Mediationsdebatte. | 6 *Gottwald*, „Betrifft JUSTIZ" 1996, S. 313.

4 **II. Verfahrensgrundsätze der Güteverhandlung. 1. Mündliche Verhandlung.** Nach Abs. 1 S. 1 der Vorschrift beginnt die mündliche Verhandlung mit der Güteverhandlung. Die Güteverhandlung stellt sich damit als ein besonderer Verfahrensabschnitt in der einheitlichen Verhandlung vor dem ArbG dar. Während dieses Verfahrensabschnitts gilt das Gebot der Öffentlichkeit nach § 52 S. 1, jedoch mit der nach § 52 S. 3 erleichterten Möglichkeit eines Ausschlusses der Öffentlichkeit.

5 **2. Verhandlung vor dem Vorsitzenden.** Die Güteverhandlung findet vor dem Vorsitzenden statt (Abs. 1 S. 1). Eine Heranziehung der ehrenamtlichen Richter ist für diesen Verfahrensabschnitt nicht zulässig. Auch die passive Teilnahme der ehrenamtlichen Richter an der Güteverhandlung ist unzulässig, rechtfertigt jedoch keine Zurückverweisung nach § 68[1]. Das Recht des Vorsitzenden, ihm zur Ausbildung zugewiesene Referendare an der Güteverhandlung teilnehmen und ggf. die Güteverhandlung (unter Aufsicht des Vorsitzenden) leiten zu lassen, folgt aus § 9 II ArbGG iVm. § 10 S. 1 GVG.

6 **3. Obligatorisches Verfahren.** Die Durchführung der Güteverhandlung ist obligatorisch. Weder können die Parteien darauf verzichten[2], noch kann der Vorsitzende von ihrer Durchführung wegen offenkundiger Aussichtslosigkeit absehen. Dies gilt sowohl für Streitigkeiten aus dem Arbeitsvertrag als auch für kollektivrechtl. Auseinandersetzungen zwischen TV-Parteien. Die Parteien können allerdings die Durchführung einer Güteverhandlung vermeiden, wenn sie zum anberaumten Gütetermin nicht erscheinen oder verhandeln, um sodann nach Abs. 5 S. 2 Termin zur streitigen Verhandlung zu beantragen. Die Güteverhandlung ist keine Voraussetzung für eine den Rechtsstreit beendende Entscheidung des Gerichts[3].

7 Auch im Falle des Widerspruchs gegen einen Mahnbescheid ist – nach Eingang einer Anspruchsbegründung oder auf Antrag des Beklagten (§ 46a IV 2 und 3) – zunächst Termin zur Güteverhandlung zu bestimmen[4]. Nach Einspruch gegen einen Vollstreckungsbescheid ist jedoch nach § 46a VI ArbGG iVm. § 341a ZPO Termin zur Verhandlung über den Einspruch und die Hauptsache anzuberaumen[5].

8 Wird der Rechtsstreit von einem anderen ArbG wegen örtlicher Unzuständigkeit verwiesen, so ist eine Güteverhandlung beim Adressatengericht nur dann durchzuführen, wenn das abgebende Gericht noch keine Güteverhandlung durchgeführt hat. Bei Verweisung des Rechtsstreits aus einer anderen Gerichtsbarkeit an ein ArbG wegen unzulässigen Rechtswegs ist die Durchführung der Güteverhandlung obligatorisch, selbst wenn in der anderen Gerichtsbarkeit umfangreiche Verhandlungen durchgeführt wurden. Entsprechendes gilt bei Verweisungen eines Beschluss- in ein Urteilsverfahren[6], sofern bislang kein Gütetermin nach § 80 II 2 durchgeführt wurde.

9 Kommt es nach erfolgloser Durchführung der Güteverhandlung zu Veränderungen der Streitgegenstände zwischen denselben Parteien (Klageerweiterung, Widerklage), so ist kein weiterer Gütetermin anzuberaumen. Wird jedoch durch das Gericht angeordnet, dass nach der Güteverhandlung erhobene Ansprüche in getrennten Prozessen verhandelt werden (Prozesstrennung nach § 145 ZPO), so ist wegen der später erhobenen und getrennt zu verhandelnden Ansprüche (ggf. jeweils) eine Güteverhandlung durchzuführen[7]. Entsprechend ist bei einer nach der Güteverhandlung eingetretenen subjektiven Klagenhäufung zu verfahren. Die Zwecke der Güteverhandlung erfordern regelmäßig für die später begründeten Prozessrechtsverhältnisse eine – für diese Parteien erstmalige – Durchführung einer Güteverhandlung.

10 Bei gewillkürtem Parteiwechsel nach der Güteverhandlung soll, weil dieser entsprechend einer Klageänderung zu behandeln sei, keine erneute Güteverhandlung erforderlich sein[8]. Dem kann nur gefolgt werden, wenn der neue Beklagte in die Übernahme des bisherigen Prozessergebnisses einwilligt. Ist dies nicht der Fall, ist für das neu begründete Prozessverhältnis die Durchführung der Güteverhandlung obligatorisch. Insoweit greift nicht die Regelung für den weiteren Gütetermin nach Abs. 1 S. 5, weil in dem Prozessverhältnis nach dem gewillkürten Parteiwechsel noch keine Güteverhandlung stattfand.

11 Kommt es wegen Streits über die Nichtigkeit oder Beseitigung eines Prozessvergleichs zur Fortsetzung des für beendet gehaltenen Rechtsstreits[9], so ist keine weitere Güteverhandlung durchzuführen[10].

12 Schließlich ist eine Güteverhandlung auch in folgenden Fällen obligatorisch: Vollstreckungsabwehrklage nach § 767 ZPO, Klage auf Zulässigkeit der Vollstreckungsklausel nach § 768 ZPO, Klauselerteilungsklage nach § 731 ZPO, rechtskraftdurchbrechende Klage nach § 826 BGB, Wiederaufnahmeverfahren nach § 79 ArbGG iVm. §§ 578 ff. ZPO[11], nicht jedoch bei Klage auf Feststellung der Unwirksamkeit eines gerichtl. Vergleichs, da dieses Verfahren durch Fortsetzung des Ursprungsverfahrens durchzuführen ist[12].

1 GMPM/*Germelmann*, § 54 ArbGG Rz. 6. | 2 *Gift/Baur*, Urteilsverfahren, E Rz. 553; aA *van Venrooy*, ZfA 1984, 342 ff.; *Wieser*, Rz. 143. | 3 GK-ArbGG/*Schütz*, § 54 Rz. 7 f. | 4 *Gift/Baur*, Urteilsverfahren, E Rz. 43, 556. | 5 *Gift/Baur*, Urteilsverfahren, E Rz. 60, 556. | 6 *Gift/Baur*, Urteilsverfahren, E Rz. 557 f. | 7 *Gift/Baur*, Urteilsverfahren, E Rz. 560, 562. | 8 *Gift/Baur*, Urteilsverfahren, E Rz. 561. | 9 BAG v. 5.8.1982 – 2 AZR 199/80, AP Nr. 31 zu § 794 ZPO. | 10 *Gift/Baur*, Urteilsverfahren, E Rz. 565. | 11 *Gift/Baur*, Urteilsverfahren, E Rz. 563 f., 566. | 12 GMPM/*Germelmann*, § 54 ArbGG Rz. 4a; GK-ArbGG/*Schütz*, § 54 Rz. 10.

Das Gesetz sah in § 111 II 8 aF von dem grds. obligatorischen Güteverfahren ausdrücklich eine Ausnahme vor, nämlich wenn zur Beilegung von Streitigkeiten zwischen Auszubildenden und Ausbildenden aus einem bestehenden Berufsausbildungsverhältnis ein Schlichtungsverfahren nach § 111 II einzuleiten war. Dies wurde mit Wirkung vom 1.5.2000 dahin geändert, dass nun auch in solchen Streitigkeiten die Durchführung des Gütetermins obligatorisch ist. 13

Eine Ausnahme gilt für den einstw. Rechtsschutz im Urteilsverfahren. Eine obligatorische Güteverhandlung im Verfahren des einstw. Rechtsschutzes bewirkte eine Verzögerung, weil im Regelfall das Scheitern der Güteverhandlung wegen der dann sich ergebenden Notwendigkeit der Heranziehung der ehrenamtlichen Richter zu einer Anberaumung eines weiteren Termins führte. Diese Verzögerung ist mit dem Beschleunigungszweck des Eilverfahrens nicht vereinbar. Hinter dem verfassungsrechtl. Gebot, einen schnellen gerichtlichen Rechtsschutz zu ermöglichen, müssen daher die beiden Ziele der Güteverhandlung, die Parteien schon vor einem aufwändigen Verfahren zu einigen und eine eventuelle streitige Verhandlung vorzubereiten, zurückstehen. Die mündliche Verhandlung im arbeitsgerichtl. Eilverfahren beginnt deshalb sogleich mit der Verhandlung vor der Kammer[1]. 14

4. Weitere Güteverhandlung. In einer Reihe von Fällen sind die Prozessparteien auf Grund des Ergebnisses der Güteverhandlung und der dabei erörterten Rechtsfragen bereit, noch einmal über eine gütliche Beilegung des Rechtsstreits nachzudenken. Prozessual kann dem Rechnung getragen werden, wenn dem Vorsitzenden das Recht eingeräumt wird, die Güteverhandlung in einem weiteren Termin fortzusetzen. Die Durchführung eines weiteren „zeitnahen" Termins an Stelle einer langfristig terminierten Kammersitzung kann in diesen Fällen zu einer schnelleren Beendigung des Rechtsstreits führen. 15

Daher ist nach Abs. 1 S. 5 mit Zustimmung der Parteien eine Vertagung der Güteverhandlung iSv. § 227 I ZPO zulässig, wobei der Vorsitzende bei der Entscheidung über die Vertagung nicht an die Gründe des § 227 I ZPO gebunden ist, sondern hierüber nach pflichtgemäßem Ermessen zu entscheiden hat. Einer Anberaumung eines weiteren Gütetermins nach Abschluss der Güteverhandlung im vorherigen Gütetermin steht Abs. 4 entgegen, wonach bei erfolgloser Güteverhandlung und fehlender Möglichkeit der Durchführung des weiteren Termins ein Termin zur streitigen Verhandlung anzuberaumen ist. Die Regelung in Abs. 1 S. 5 gehört rechtssystematisch zu Abs. 4, der die Möglichkeiten des Fortgangs des Verfahrens bei erfolgloser Güteverhandlung regelt. 16

Für die Vertagung muss wegen des Beschleunigungsgrundsatzes nach § 9 I und wegen Abs. 4 ein in dem Verfahren liegender dringender sachlicher Grund vorhanden sein. Zu den erheblichen Gründen zählen ua. die unmittelbar bevorstehende Klärung von streitentscheidenden Rechts- und Sachfragen (angekündigte höchstrichterliche Entscheidung; bevorstehende Gesundheitsuntersuchung; Abschluss der Verhandlungen über Betriebserwerb) und die direkt im Anschluss an den ersten Gütetermin stattfindenden außergerichtlichen Aufklärungs- und Vergleichsbemühungen der Parteien. Kein dringender sachlicher Grund liegt jedoch vor, wenn die Vertagung vom Vorsitzenden als Druck- und Verzögerungsinstrument eingesetzt wird, um eine vergleichsweise Erledigung des Rechtsstreits nicht nur anzuregen, sondern faktisch zu erzwingen. 17

Die Vertagung ist nur zulässig, wenn der weitere Termin zur Güteverhandlung alsbald stattfindet. Für Bestandsschutzstreitigkeiten wird der alsbald stattfindende Gütetermin nicht die Frist von zwei Wochen nach § 61a II überschreiten dürfen. Der Wortlaut von Abs. 1 S. 4 („in einem weiteren Termin") lässt zudem nur die einmalige Vertagung der Güteverhandlung zu. 18

Die Vertagung darf nur mit Zustimmung aller Parteien erfolgen. Die Zustimmungserklärungen müssen ausdrücklich und eindeutig in der Güteverhandlung abgegeben werden. Sind Streitgenossen an dem Rechtsstreit beteiligt, ist auch deren Zustimmung erforderlich, nicht jedoch die von Nebenintervenienten[2]. 19

5. Vorbereitung der Güteverhandlung. Die Vorschrift des § 56 scheidet als Grundlage für die Anordnung vorbereitender Maßnahmen durch den Vorsitzenden aus, weil sie nach Überschrift, Wortlaut und systematischer Stellung lediglich Vorbereitungsmaßnahmen für die streitige Verhandlung deckt[3]. Vorbereitende Maßnahmen für die Güteverhandlung können aber auf § 46 II 1 ArbGG iVm. § 273 ZPO[4] gestützt werden, sofern diese der Zielsetzung der Güteverhandlung dienen und soweit das ArbGG nichts anderes bestimmt (§ 46 II 1). Der Anwendbarkeit von § 273 ZPO steht § 56 nicht entgegen; § 273 ZPO wird im arbeitsgerichtl. Urteilsverfahren nur im Anwendungsbereich von § 56 und damit allein im Hinblick auf Befugnisse für Anordnungen zur Vorbereitung der streitigen Verhandlung verdrängt[5]. Bereits der Wortlaut von § 273 II ZPO („Vorbereitung jedes Termins") verdeutlicht die Möglichkeit von Vorbereitungshandlungen, die natürlich dem Zweck der Güteverhandlung nicht zuwiderlaufen dürfen[6]. 20

---

1 *Walker*, Der einstweilige Rechtsschutz, Rz. 739. | **2** GMPM/*Germelmann*, § 54 ArbGG Rz. 28a. | **3** *Gift/Baur*, Urteilsverfahren, E Rz. 572. | **4** AA die hM, so: GMPM/*Germelmann*, § 54 ArbGG Rz. 13–18; GK-ArbGG/*Schütz*, § 54 Rz. 23. | **5** AA GMPM/*Germelmann*, § 54 ArbGG Rz. 14 (der unter Verkennung von §§ 278 f. ZPO meint, § 273 ZPO gehe auch im Bereich des zivilprozessualen Verfahren davon aus, dass eine gesonderte Güteverhandlung vor der streitigen Verhandlung nicht vorgesehen sei). | **6** Zöller/*Greger*, § 273 ZPO Rz. 2.

21 § 273 ZPO ist aber nicht umfassend anwendbar. Nach § 273 II Nr. 1 ZPO kann der Vorsitzende zur Vorbereitung jedes Termins den Parteien die Ergänzung oder Erläuterung ihrer vorbereitenden Schriftsätze sowie die Vorlegung von Urkunden und von anderen zur Niederlegung bei Gericht geeigneten Gegenständen aufgeben, insb. eine Frist zur Erklärung über bestimmte klärungsbedürftige Punkte setzen. Diese Vorschrift wird für das arbeitsgerichtl. Verfahren durch § 47 II eingeschränkt, wonach eine Aufforderung an den Beklagten, sich auf die Klage schriftl. zu äußern, idR nicht erfolgt. Anordnungen nach § 273 II Nr. 1 ZPO können sich daher regelmäßig nur an den Kläger richten, um diesen zB zur Substanziierung seiner Klagebegründung, zur Klarstellung seines Sachvortrags oder zur bestimmten Fassung seiner bislang unbestimmten Anträge anzuhalten[1]. Der Regelung in § 273 II Nr. 3 ZPO, welche die Anordnung des persönlichen Erscheinens der Parteien betrifft, geht § 51 I vor. Anordnungen nach § 273 II Nr. 4 ZPO (betreffend die Zeugen- und Sachverst.-Ladung) kommen nicht in Betracht, weil eine Beweisaufnahme vor dem Vorsitzenden ausscheidet; sie erfolgt nach § 58 vor der Kammer[2]. Zulässig ist jedoch die Einholung amtlicher Auskünfte (§ 273 II Nr. 2 ZPO).

22 **III. Ablauf der Güteverhandlung. 1. Erörterung.** Die Güteverhandlung wird vom Vorsitzenden eröffnet (§ 53 II ArbGG, § 136 I ZPO) und beginnt mit dem Aufruf der Sache (§ 220 I ZPO). Liegt noch keine schriftsätzliche Stellungnahme des Beklagten vor, kann der Vorsitzende das Klagevorbringen kurz wiedergeben und sodann den Beklagten zur Klageerwiderung auffordern.

23 Sodann hat der Vorsitzende mit den Parteien das gesamte Streitverhältnis unter freier Würdigung aller Umstände zu erörtern (Abs. 1 S. 2). Das Streitverhältnis wird nach überwiegendem Verständnis bestimmt durch den Streitgegenstand der Klage, ergänzt durch die kontradiktorische Position des Beklagten, wobei bereits eingebrachte oder beabsichtigte Angriffs- und Verteidigungsmittel (zB Aufrechnung, Widerklage) einzubeziehen sind[3]. Dieses Verständnis engt den Erörterungsgegenstand jedoch zu weit ein und verstellt ohne Not den Weg für eine an den Zielen der Effizienz, Parteiautonomie und Rechtsverwirklichung[4] orientierte Streitbeilegung. Das in der Vorschrift des Abs. 1 S. 2 angesprochene Streitverhältnis ist der Gegenstand einer Konfliktmanagement betreibenden Arbeitsrechtspflege; er umfasst Vergangenheit und Zukunft des gestörten Rechtsverhältnisses und dessen Außenwirkungen. Die Erörterung kann daher über den prozessualen Streitgegenstand hinausgehen und sich auf die gesamten Rechtsbeziehungen der Parteien oder einer Partei zu Dritten erstrecken[5], sofern der Konflikt entsprechend angelegt ist. Wesentliches Ziel ist eine selbstbestimmte Regelung zwischen den Parteien, die sich nicht an dem richterlichen Lösungsmuster orientieren muss.

24 Oft empfiehlt es sich, dass der Vorsitzende seine Rechtsansicht offen legt und die Erfolgschancen der Rechtsverfolgung und -verteidigung im Instanzenzug vorläufig bewertet. Die Erörterung erfolgt primär zum Zwecke der gütlichen Einigung (vgl. Abs. 1 S. 1), ohne dass jedoch Druck auf die Parteien ausgeübt und die Sach- und Rechtslage mit Manipulationsabsicht verkürzt, einseitig oder verzeichnet dargestellt wird. Freilich sind die Grenzen zwischen unzulässigem Druck und dem gebotenen Aufzeigen der möglichen Konsequenzen einer streitigen Durchführung des Prozesses nur schwer zu bestimmen[6].

25 **2. Aufklärung des Sachverhalts.** Soweit der Sachverhalt aufklärungsbedürftig ist, kann der Vorsitzende alle Handlungen vornehmen, die sofort erfolgen können (Abs. 1 S. 3). Eidliche Vernehmungen sind jedoch ausgeschlossen (Abs. 1 S. 4). Diese Regelung widerspricht der sonst vorhandenen Tendenz der Unverbindlichkeit der Güteverhandlung, soweit davon das spätere streitige Verfahren betroffen sein kann. Es können nur solche Handlungen vom Vorsitzenden vorgenommen werden, die die Dispositionsbefugnisse der Parteien im weiteren Verfahren nicht beschränken[7]. In Betracht kommen insoweit zB die Einsichtnahme in Urkunden, die Inaugenscheinnahme von Gegenständen und die informatorische Befragung von Parteien und präsenten Zeugen oder Sachverst.[8]. Im Einvernehmen mit den Parteien ist auch die informatorische (ausforschende) Befragung von Dritten (zB nicht als Zeuge benannter Sachbearbeiter, Steuerberater des ArbGeb oder eines Sachverst.) zulässig, die auch mit Zustimmung der Parteien telefonisch durchgeführt werden kann, denn in Abs. 1 S. 3 ist nur von „Handlungen" die Rede, also nicht allein von den prozessrechtl. zugelassenen Beweismitteln nach §§ 371 ff., 373 ff., 402 ff., 415 ff. und 445 ff. ZPO. Den Ergebnissen solcher Befragungen kommt aber im streitigen Verfahren kein Beweiswert zu, weil die Feststellungen entgegen § 58 I 1 unter Ausschluss der ehrenamtlichen Richter getroffen wurden[9].

26 **3. Antragstellung.** Da die Güteverhandlung ein besonderer Verfahrensabschnitt im arbeitsgerichtl. Urteilsverfahren 1. Instanz und keine in § 137 I ZPO vorausgesetzte streitige Verhandlung ist, wie ua. Abs. 5 S. 2 deutlich macht, sind in der Güteverhandlung keine Anträge zu stellen[10].

---

1 IE ebenso *Gift/Baur*, Urteilsverfahren, E Rz. 413. |**2** *Gift/Baur*, E Rz. 413. |**3** *van Venrooy*, ZfA 1984, 337 (357 ff.); *Gift/Baur*, E Rz. 605; noch enger GMPM/*Germelmann*, § 54 ArbGG Rz. 20. |**4** *Gottwald*, „Betrifft JUSTIZ" 47 S. 314. |**5** *Grunsky*, § 54 ArbGG Rz. 9. |**6** *Grunsky*, § 54 ArbGG Rz. 10. |**7** GMPM/*Germelmann*, § 54 ArbGG Rz. 22. |**8** GMPM/*Germelmann*, § 54 ArbGG Rz. 23 f. |**9** GK-ArbGG/*Schütz*, § 36–38. |**10** LAG München v. 24.1.1989 – 2 Sa 1042/88, NZA 1989, 863; *Gift/Baur*, E Rz. 594–598; GMPM/*Germelmann*, § 54 ArbGG Rz. 29; GK-ArbGG/*Schütz*, § 54 Rz. 28.

4. Vorbringen von Angriffs- und Verteidigungsmitteln. Angriffs- und Verteidigungsmittel und insb. prozesshindernde Einreden müssen nicht bereits im Gütetermin vorgebracht werden. § 282 ZPO findet keine Anwendung. Diese Vorschrift wird der Güteverhandlung als besonderem Verfahrensabschnitt der mündlichen Verhandlung nicht gerecht, weshalb auch ihre entsprechende Anwendung abzulehnen ist (vgl. auch Abs. 2 S. 3). Ihre Anwendung würde die vom Gesetz intendierte Herstellung einer ungezwungenen Situation zur Erörterung der Sach- und Rechtslage in der Güteverhandlung erschweren[1]. 27

IV. Dispositionsmöglichkeiten der Parteien. Der Ausgang der Güteverhandlung wird von den Parteien bestimmt. Neben der Einigung kommen verschiedene prozessuale Möglichkeiten der Erledigung des Rechtsstreits ohne Urteil in Betracht. 28

1. Prozessvergleich. Eine Vielzahl arbeitsgerichtl. Rechtsstreite wird durch Prozessvergleich iSv. § 794 I Nr. 1 ZPO beendet. Der Prozessvergleich muss zur Beilegung des Rechtsstreits geschlossen werden; er kann sich auf einen quantitativ abgrenzbaren, einem Teilurteil (§ 301 ZPO) zugänglichen Teil des Streitgegenstands beschränken. Zum Wesensmerkmal des Vergleichs gehört, dass ein gegenseitiges Nachgeben der Parteien vorliegt. Das Nachgeben braucht sich nicht auf die Hauptsache zu beziehen; es genügt, dass eine Partei einen Teil der Gerichtskosten übernimmt oder dass keine Regelung in dem Vergleich über die Tragung der Gerichtskosten getroffen wird, so dass sich die Kostentragung nach § 98 ZPO richtet[2]. 29

Verbreitet ist der Abschluss eines Widerrufsvergleichs. Dieser wird erst nach Ablauf der ungenutzten Widerrufsfrist bzw. nach Verzicht auf das Widerrufsrecht wirksam. Der Widerruf muss wirksam erklärt werden. Ist im Vergleich festgelegt, dass der Widerruf durch schriftl. Anzeige an das Gericht zu erfolgen hat, kann der Vergleichswiderruf im Zweifel nicht wirksam gegenüber dem Prozessgegner ausgeübt werden[3]. Da es sich bei dem Vergleichswiderruf um einen bestimmenden Schriftsatz iSv. § 129 ZPO handelt, ist die eigenhändige Unterschrift erforderlich. Eine Paraphe genügt nicht[4]. Dem Frist- und Formrisiko kann dadurch begegnet werden, dass statt des Widerrufs die Vergleichsbestätigung gewählt oder die Anwendung der Wiedereinsetzungsvorschriften (§§ 233 ff. ZPO) vereinbart wird[5]. Insbesondere die Vereinbarung der aufschiebenden Bedingung, dass der Vergleich nur wirksam ist, wenn er innerhalb einer bestimmten Frist von einer oder beiden Parteien schriftl. bestätigt wird, vermeidet das Fristenrisiko eines üblichen Widerrufsvergleichs. 30

Ein gerichtl. Vergleich kann auch dadurch geschlossen werden, dass die Parteien dem Gericht einen schriftl. Vergleichsvorschlag unterbreiten oder einen schriftl. Vergleichsvorschlag des Gerichts durch Schriftsatz gegenüber dem Gericht annehmen. Das Gericht stellt dann das Zustandekommen und den Inhalt des Vergleichs durch Beschluss fest (§ 278 VI ZPO). 31

Der Prozessvergleich bedarf der Protokollierung (vgl. § 54 II ArbGG, § 160 III Nr. 1 ZPO) und der Verlesung/des Abspielens der Aufzeichnung und Genehmigung (§ 162 I ZPO). 32

2. Klagerücknahme. Der Rechtsstreit kann in der Güteverhandlung auch durch Klagerücknahme mit der Kostenfolge des § 269 III 2 u. 3 ZPO beendet werden. Während nach § 269 I ZPO die Klage ohne Einwilligung des Beklagten nur bis zum Beginn der mündlichen Verhandlung des Beklagten zur Hauptsache zurückgenommen werden kann, ordnet Abs. 2 S. 1 an, dass die Klage bis zum Stellen der Anträge ohne Einwilligung des Beklagten zurückgenommen werden kann. Da in der Güteverhandlung, dem nichtstreitigen besonderen Abschnitt der mündlichen Verhandlung, keine Anträge gestellt werden, kann die Klage bis zur Antragstellung in der streitigen Verhandlung zurückgenommen werden, ohne dass es der gegnerischen Zustimmung bedarf. Die Erklärung der Klagerücknahme ist nach § 160 III Nr. 8 ZPO zu protokollieren und nach § 162 I ZPO zu genehmigen. 33

Die Klagerücknahme hat den Widerruf des Gesuchs auf Rechtsschutz zum Inhalt. Den mit der Klage geltend gemachten materiell-rechtl. Anspruch lässt sie unberührt. Die Rücknahme kann den ganzen prozessualen Anspruch oder einen selbständigen Teil davon betreffen. Als Prozesshandlung muss die Rücknahmeerklärung nicht ausdrücklich, aber eindeutig und unzweifelhaft sein und gegenüber dem Prozessgericht erfolgen. Sämtliche prozessualen Wirkungen der Rechtshängigkeit (§§ 261–266 ZPO) entfallen rückwirkend. Über die Kosten entscheidet der Vorsitzende nach § 55 I Nr. 1 in der sich unmittelbar an die Güteverhandlung anschließenden Verhandlung[6]. 34

3. Verzicht und Anerkenntnis. Der Kläger kann des Weiteren eine prozessuale Verzichtserklärung abgeben. Verzicht ist die Erklärung des Klägers an das Gericht, dass der geltend gemachte prozessuale Anspruch nicht besteht. Er enthält die endgültige Zurücknahme der aufgestellten Rechtsbehauptung, führt deshalb zur sachlichen Klageabweisung[7]. Ein Teilverzicht ist möglich, wenn es sich um einen abtrennbaren Teil eines mehrgliedrigen Streitgegenstandes handelt[8]. Liegt eine prozessuale Verzichtserklärung vor, so ist der Kläger auf Grund des Verzichts mit dem (prozessualen) Anspruch abzuweisen 35

---

1 GMPM/*Germelmann*, § 54 ArbGG Rz. 11 f. | 2 BAG v. 19.9.1958 – 2 AZR 487/55, AP Nr. 1 zu § 611 BGB – Deputat. | 3 BAG v. 21.2.1991 – 2 AZR 458/90, AP Nr. 41 zu § 794 ZPO. | 4 BAG v. 31.5.1989 – 2 AZR 548/88, AP Nr. 39 zu § 794 ZPO. | 5 *Thomas/Putzo*, § 794 ZPO Rz. 23. | 6 GMPM/*Germelmann*, § 54 ArbGG Rz. 5. | 7 *Thomas/Putzo*, § 306 ZPO Rz. 1. | 8 BAG v. 26.10.1979 – 7 AZR 752/77, AP Nr. 5 zu § 9 KSchG 1969.

(§ 306 ZPO), wenn der Beklagte die Abweisung beantragt. Die materielle Rechtskraft des Urteils steht der Neuerhebung des gleichen Anspruchs – anders als bei der bloßen Klagerücknahme – entgegen.

36 Das prozessuale Gegenstück zum Verzicht des Klägers ist das Anerkenntnis des Beklagten. Das Anerkenntnis ist die Erklärung des Beklagten an das Gericht, dass der vom Kläger geltend gemachte prozessuale Anspruch besteht, die aufgestellte Rechtsbehauptung richtig ist[1]. Der Unterschied zum Geständnis besteht darin, dass dieses dem Gericht die Prüfung der Wahrheit einer Behauptung abnimmt, während sich das Anerkenntnis auf den prozessualen Anspruch bezieht und dem Gericht die rechtl. Prüfung abnimmt. Gegenstand des Anerkenntnisses ist damit der prozessuale Anspruch selbst, mag er auf Leistung, Feststellung oder richterliche Gestaltung gerichtet sein. Auch ein Teilanerkenntnis ist im Hinblick auf einen abtrennbaren Teil eines Streitgegenstands möglich. Liegt ein Anerkenntnis vor, so ist die anerkennende Partei dem Anerkenntnis gem. zu verurteilen (§ 307 I ZPO).

37 Ein Verzichts- bzw. ein Anerkenntnisurteil kann nicht im Gütetermin, sondern erst in der sich unmittelbar an den Gütetermin anschließenden weiteren Verhandlung getroffen werden[2]. Das Anerkenntnisurteil kann ohne mündliche Verhandlung ergehen (§ 307 S. 2 ZPO).

38 **4. Übereinstimmende Erledigungserklärungen.** Der Rechtsstreit kann von den Parteien des Weiteren dadurch beendet werden, dass sie ihn in der mündlichen Verhandlung oder durch Einreichung eines Schriftsatzes oder zu Protokoll der Geschäftsstelle übereinstimmend in der Hauptsache für erledigt erklären (§ 91a I ZPO). Für abtrennbare Teile des Streitgegenstands kann eine Teilerledigung erklärt werden. Durch die übereinstimmenden Erledigungserklärungen wird der Prozess in der Hauptsache beendet und bleibt nur noch hinsichtlich der Kosten rechtshängig. Über die Kosten entscheidet das Gericht von Amts wegen (§ 308 II ZPO) nach § 91a I ZPO. Das Gericht muss nicht über die Kosten entscheiden, wenn die Parteien sich darüber vergleichen oder auf eine Kostenentscheidung verzichten[3]. Die Kostenentscheidung kann ohne mündliche Verhandlung durch den Vorsitzenden (§ 53 I 1) oder in der sich unmittelbar an die Güteverhandlung anschließenden weiteren Verhandlung ebenfalls durch den Vorsitzenden ergehen, Letzteres aber nur, wenn die Parteien übereinstimmend eine Entscheidung durch den Vorsitzenden beantragen (§ 55 III).

39 **V. Ergebnis der Güteverhandlung.** Haben die Parteien von ihren Dispositionsmöglichkeiten Gebrauch gemacht, ist der Rechtsstreit (ggf. zum Teil) beendet. Ist die Güteverhandlung erfolglos, schließt sich nach dem Wortlaut des Abs. 4 die weitere Verhandlung unmittelbar an. Hieran müssten aber die ehrenamtlichen Richter teilnehmen, die aber regelmäßig nicht für den Fall erfolgloser Güteverhandlungen geladen werden. Da der unmittelbaren Durchführung der weiteren Verhandlung wegen der Abwesenheit der ehrenamtlichen Richter Hinderungsgründe entgegenstehen, hat der Vorsitzende Termin zur streitigen Verhandlung zu bestimmen, die alsbald stattfinden soll (vgl. Abs. 4). Mit Zustimmung der Parteien kann der Vorsitzende zudem die Güteverhandlung vertagen.

40 **VI. Säumnis. 1. Säumnis einer Partei.** Erscheint eine Partei in der Güteverhandlung nicht, obwohl die Ladungs- und die Einlassungsfrist gewahrt wurden, so schließt sich die weitere Verhandlung unmittelbar an (Abs. 4). In dieser kann die erschienene Partei den Erlass eines Versäumnisurteils beantragen. Für die Entscheidung steht dem Vorsitzenden nach § 55 I Nr. 4 ein Alleinentscheidungsrecht zu. Wurde die Ladungs- oder die Einlassungsfrist nicht gewahrt, ist erneut Termin zur Güteverhandlung anzuberaumen[4].

41 Erscheint die klagende Partei nicht, so ist auf Antrag der beklagten Partei das Versäumnisurteil dahin zu erlassen, dass die Klage abgewiesen wird (§ 330 ZPO). Erscheint hingegen die beklagte Partei nicht, so ist das tatsächliche mündliche Vorbringen der klagenden Partei als zugestanden anzunehmen, soweit es nicht das Vorbringen zur Zuständigkeit des ArbG nach § 29 II ZPO (Vereinbarung über Erfüllungsort) oder nach § 38 ZPO (Gerichtsstandsvereinbarung) betrifft. Soweit das Vorbringen den Klageantrag rechtfertigt, ist nach § 331 II Hs. 1 ZPO nach dem Antrag zu erkennen (echtes Versäumnisurteil); soweit dies nicht der Fall ist, ist gem. § 331 II Hs. 2 ZPO die Klage abzuweisen (unechtes Versäumnisurteil). Eine Entscheidung nach Lage der Akten kommt im Anschluss an die Güteverhandlung nicht in Betracht, weil noch nicht in einem früheren Termin mündlich verhandelt wurde (§§ 331a, 251a II 1 ZPO).

42 **2. Säumnis beider Parteien.** Erscheinen oder verhandeln beide Parteien in der Güteverhandlung nicht, so ist nach Abs. 5 S. 1 das Ruhen des Verfahrens anzuordnen. Diese Regelung geht dem § 251a I ZPO vor, wonach in einem solchen Fall eine Entscheidung nach Lage der Akten ergehen kann. Auf Antrag einer Partei, der nur innerhalb von sechs Monaten nach der Güteverhandlung gestellt werden kann (Abs. 5 S. 3), ist Termin zur streitigen Verhandlung zu bestimmen (Abs. 5 S. 2). Kein Fall des Abs. 5 S. 4 liegt vor, wenn die Parteien zwar in der Güteverhandlung erscheinen und Erklärungen abgeben, dann jedoch das Ruhen des Verfahrens beantragen, weil nach einer anderen Einsatzmöglichkeit für die ArbNin gesucht werden soll[5].

---

1 *Thomas/Putzo*, § 307 ZPO Rz. 1. | 2 GMPM/*Germelmann*, § 54 ArbGG Rz. 33. | 3 *Thomas/Putzo*, § 91a ZPO Rz. 25. | 4 GMPM/*Germelmann*, § 54 ArbGG Rz. 49; aA *van Venrooy*, ZfA 1984, 337 (378 f.). | 5 AA LAG Schl.-Holst. v. 9.9.2005 – 2 Ta 207/05.

Nach Ablauf der Frist von sechs Monaten gilt die Klage als zurückgenommen. Der Rechtsstreit ist dann als nicht anhängig geworden anzusehen. Die klagende Partei ist verpflichtet, die Kosten des Rechtsstreits zu tragen. Auf Antrag der beklagten Partei ist dies durch den Vorsitzenden (§ 55 I Nr. 1) nach Gewährung des rechtl. Gehörs durch Beschluss auszusprechen. Der Beschluss bedarf keiner mündlichen Verhandlung. Er unterliegt der sofortigen Beschwerde (Abs. 5 S. 4 iVm. § 269 V ZPO). Die Klage kann aber erneut erhoben werden. In dem nach Ablauf von sechs Monaten gestellten Antrag auf Bestimmung eines neuen Termins kann keine neue Klage gesehen werden[1]. Abs. 5 S. 4 ist nicht analog anzuwenden, wenn von den Parteien im ersten Gütetermin auf Grund einer außergerichtl. Absprache, über die sie das Gericht zuvor unterrichtet hatten, eine nicht erscheint, die andere nicht verhandelt und das Verfahren anschließend länger als sechs Monate ruht[2]. 43

Ist das Verfahren aber über die Güteverhandlung hinaus gediehen und kommt es erst dann zur Ruhensanordnung, so kann nach Ablauf von sechs Monaten keine das Verfahren abschließende Kostenentscheidung zu Lasten des Klägers getroffen werden. Die Sondervorschrift des Abs. 5 S. 4 kommt nur zum Zuge, wenn die Ruhensanordnung im Anschluss an den Gütetermin getroffen worden ist[3]. 44

VII. Verfahren nach ergebnisloser Güteverhandlung. Ist die Güteverhandlung erfolglos, schließt sich nach Abs. 4 ebenfalls die weitere Verhandlung unmittelbar an. Falls der weiteren Verhandlung Hinderungsgründe entgegenstehen, ist vom Vorsitzenden Termin zur streitigen Verhandlung zu bestimmen, wobei diese alsbald stattzufinden hat. 45

Die streitige Verhandlung kann sich regelmäßig nur dann unmittelbar an die Güteverhandlung anschließen, wenn eine das Verfahren beendende Entscheidung ergehen kann und die Parteien übereinstimmend eine Entscheidung durch den Vorsitzenden beantragen (§ 55 III). 46

Im Übrigen ist vom Vorsitzenden Termin zur streitigen Verhandlung zu bestimmen. Die ehrenamtlichen Richter, die an der Güteverhandlung nicht teilnehmen dürfen, sind regelmäßig für die anschließende Verhandlung zu laden, weil sie sich üblicherweise nicht vorsorglich für den Fall ergebnisloser Güteverhandlungen im ArbG aufhalten. Die Unmöglichkeit, die ehrenamtlichen Richter sofort heranziehen zu können, ist ein ausreichender Hinderungsgrund iSv. Abs. 4. 47

Der Termin zur streitigen Verhandlung ist sofort anzusetzen und zu verkünden. Eine Ladung der Parteien ist bei verkündetem Termin nicht erforderlich (§ 218 ZPO). Auch eine unverzügliche Terminsanberaumung nach der Güteverhandlung, regelmäßig verbunden mit einem sorgfältig abzusetzenden Auflagenbeschluss (§ 56 I; § 61a III u. IV), wird dem Beschleunigungsgrundsatz noch gerecht. 48

55 *Alleinentscheidung durch den Vorsitzenden*

(1) Der Vorsitzende entscheidet außerhalb der streitigen Verhandlung allein

1. bei Zurücknahme der Klage;

2. bei Verzicht auf den geltend gemachten Anspruch;

3. bei Anerkenntnis des geltend gemachten Anspruchs;

4. bei Säumnis einer Partei;

4a. über die Verwerfung des Einspruchs gegen ein Versäumnisurteil oder einen Vollstreckungsbescheid als unzulässig;

5. bei Säumnis beider Parteien;

6. über die einstweilige Einstellung der Zwangsvollstreckung;

7. über die örtliche Zuständigkeit;

8. über die Aussetzung des Verfahrens;

9. wenn nur noch über die Kosten zu entscheiden ist;

10. bei Entscheidungen über eine Berichtigung des Tatbestandes, soweit nicht eine Partei eine mündliche Verhandlung hierüber beantragt;

11. im Fall des § 11 Abs. 3 über die Zurückweisung des Bevollmächtigten oder die Untersagung der weiteren Vertretung ***[Nr. 11 gültig ab 1.7.2008].***

(2) Der Vorsitzende kann in den Fällen des Absatzes 1 Nr. 1, 3 und 4a bis 10 eine Entscheidung ohne mündliche Verhandlung treffen. Dies gilt mit Zustimmung der Parteien auch in dem Fall des Absatzes 1 Nr. 2.

(3) Der Vorsitzende entscheidet ferner allein, wenn in der Verhandlung, die sich unmittelbar an die Güteverhandlung anschließt, eine das Verfahren beendende Entscheidung ergehen kann und die Par-

---

1 LAG Frankfurt v. 22.8.1991 – 7 Sa 1427/90, nv. | 2 LAG München v. 11.9.2006 – 6 Sa 1089/05. | 3 LAG Hamm v. 21.7.1983 – 8 Ta 135/83, EzA § 54 ArbGG 1979 Nr. 2.

teien übereinstimmend eine Entscheidung durch den Vorsitzenden beantragen; der Antrag ist in die Niederschrift aufzunehmen.

(4) Der Vorsitzende kann vor der streitigen Verhandlung einen Beweisbeschluss erlassen, soweit er anordnet

1. eine Beweisaufnahme durch den ersuchten Richter;

2. eine schriftliche Beantwortung der Beweisfrage nach § 377 Abs. 3 der Zivilprozessordnung;

3. die Einholung amtlicher Auskünfte;

4. eine Parteivernehmung;

5. die Einholung eines schriftlichen Sachverständigengutachtens.

Anordnungen nach den Nummern 1 bis 3 und 5 können vor der streitigen Verhandlung ausgeführt werden.

1 **I. Inhalt und Zweck.** Die Befugnisse des Vorsitzenden werden insb. in den §§ 53, 55 und 56 geregelt. Während § 53 allein die Befugnisse des Vorsitzenden außerhalb der mündlichen Verhandlung bzw. im Rahmen der Rechtshilfe regelt, wird in § 55 das Alleinentscheidungsrecht des Vorsitzenden auch für Fälle festgelegt, in denen eine mündliche, jedoch nicht streitige Verhandlung (Gütetermin nach § 54) stattfinden muss. Ergeht der Beschluss außerhalb der mündlichen Verhandlung, folgt das Alleinentscheidungsrecht des Vorsitzenden aus § 53 I. Ergeht die Entscheidung in Anwesenheit der ehrenamtlichen Richter innerhalb der streitigen Verhandlung, sind diese auch in den in § 55 Abs. 1–11 genannten Fällen zu beteiligen. In § 56 wiederum sind die Befugnisse des Vorsitzenden zur Vorbereitung der streitigen Verhandlung geregelt. Nach § 64 VII finden Abs. 1, 2 u. 4 auch im Berufungsverfahren Anwendung. § 55 findet aber mangels Inbezugnahme weder im Revisionsverfahren (§ 72 VI) noch im Beschlussverfahren (§ 80 II) Anwendung. Die abschließenden Regelungen des § 55 schließen eine Anwendung des § 349 II ZPO (Befugnisse des Vorsitzenden einer Kammer für Handelssachen), des § 358a ZPO (Beweisbeschluss vor mündlicher Verhandlung im amts- und landgerichtlichen Verfahren) und der §§ 526 f. ZPO (Befugnisse des Einzelrichters im Berufungsverfahren bei den ordentl. Gerichten) aus[1]. In den nicht in § 55 erwähnten Fällen müssen regelmäßig die ehrenamtlichen Richter beteiligt werden. Soweit eine Befugnis des Vorsitzenden zur Alleinentscheidung besteht, ist die Beteiligung der ehrenamtlichen Richter an der Entscheidung unzulässig. Durch § 55 wird der gesetzl. Richter für besondere Fälle bestimmt[2].

2 **II. Alleinentscheidung auf Grund gesetzlicher Ermächtigung (Abs. 1). 1. Klagerücknahme (Nr. 1).** Die Klagerücknahme ist der Widerruf des Gesuchs um Rechtsschutz in diesem Prozess. Den materiellrechtl. Anspruch lässt sie unberührt. Die Klagerücknahme kann den ganzen prozessualen Anspruch oder einen selbständigen Teil davon betreffen. Zeitlich ist sie möglich ab Rechtshängigkeit (§ 261 ZPO) ohne Rücksicht auf die Zulässigkeit der Klage. Als Prozesshandlung muss sie nicht ausdrücklich, aber eindeutig und unzweifelhaft sein[3]. Die Rücknahmeerklärung ist in dem zu beendenden Rechtsstreit an das Prozessgericht entweder in der mündlichen Verhandlung oder durch Einreichen eines bestimmenden Schriftsatzes zu richten (§ 269 II 2 ZPO). Die Klagerücknahme ist bindend. Sie kann nicht widerrufen und nicht angefochten, jedoch mit Einverständnis der beklagen Partei rückgängig gemacht werden. Die Einwilligung des Beklagten zur Klagerücknahme ist nötig, sobald die Anträge gestellt wurden (§ 54 II 1). Die Einwilligung als Prozesshandlung unterliegt den gleichen Anforderungen wie die Klagerücknahme. Wird die Klagerücknahme durch Schriftsatz erklärt, ist dieser dem Gegner zuzustellen, wenn seine Einwilligung zur Wirksamkeit der Zurücknahme der Klage erforderlich ist. Widerspricht die beklagte Partei in diesem Fall der Zurücknahme der Klage nicht innerhalb einer Notfrist von zwei Wochen seit der Zustellung des Schriftsatzes, so gilt die Einwilligung als erteilt, wenn die beklagte Partei zuvor auf diese Folge hingewiesen worden ist (§ 269 II 3 u. 4 ZPO). Auf Grund wirksamer Klagerücknahme entfallen rückwirkend sämtliche prozessualen Wirkungen der Rechtshängigkeit (§§ 261–266 ZPO) und materiell-rechtl. Wirkungen (§ 262 ZPO) nach sachlichem Recht, nicht aber die im Prozess abgegebenen privatrechtl. Erklärungen, wie zB eine Aufrechnung. Verlangt die Ausschlussfrist gerichtliche Geltendmachung des Anspruchs, so entfällt die fristwahrende Wirkung der Klageerhebung, wenn die Klage zurückgenommen wird. Wird bei einer zweistufigen tarifl. Verfallfrist eine die Verfallfrist wahrende Klage zurückgenommen, so führt eine erneute Klage nach Ablauf der Verfallfrist nicht dazu, dass die Verfallfrist als durch die erste Klage eingehalten gilt[4]. Noch nicht rechtskräftig gewordene Entscheidungen werden ohne Aufhebung wirkungslos (vgl. § 269 III 1 Hs. 2 ZPO). Die klagende Partei hat die ganzen Kosten des Rechtsstreit – auch den durch Säumnis der beklagten Partei entstandenen Teil – zu tragen (vgl. § 269 III 2 ZPO), soweit nicht bereits rechtskräftig über sie erkannt oder sie dem Beklagten aus einem anderen Grund aufzuerlegen sind. Ist der Anlass zur Einreichung der Klage vor Rechtshängigkeit weggefallen und wird die Klage daraufhin unverzüglich zurückgenommen, so bestimmt sich die

1 GMPM/*Germelmann*, § 55 ArbGG Rz. 22. | 2 LAG Berlin v. 14.7.1997 – 9 Sa 52/97, LAGE § 626 BGB Nr. 108; GMPM/*Germelmann*, § 55 ArbGG Rz. 22a; GK-ArbGG/*Schütz*, § 55 Rz. 7; aA ArbG Bamberg v. 29.10.1997 – 1 Ca 675/97, NZA 1998, 904. | 3 BGH v. 22.5.1989 – VII ZR 129/88, MDR 1989, 536. | 4 BAG v. 19.2.2003 – 4 AZR 168/02.

Kostentragungspflicht unter Berücksichtigung des bisherigen Sach- und Streitstandes nach billigem Ermessen (§ 269 III 2 u. 3 ZPO). Wegen des Ausschlusses der Kostenerstattung im erstinstanzlichen Verfahren (§ 12a I 1) betrifft die Kostentragungspflicht allein die bei Gericht entstandenen Kosten.

3 Auf Antrag der beklagten Partei sind die Wirkungslosigkeit eines bereits ergangenen Urteils und die Kostentragungspflicht durch Beschluss auszusprechen (§ 269 IV ZPO). Der Beschluss bedarf keiner mündlichen Verhandlung (Abs. 2 S. 1); er unterliegt der sofortigen Beschwerde, wenn der Streitwert der Hauptsache 600 Euro übersteigt (§ 269 V ZPO). Ergeht der Beschluss außerhalb der mündlichen Verhandlung, folgt das Alleinentscheidungsrecht des Vorsitzenden aus § 53 I; wird der Beschluss innerhalb der streitigen Verhandlung erlassen, besteht kein Alleinentscheidungsrecht.

4 Wird zwischen den Parteien über die Wirksamkeit einer Klagerücknahme gestritten, besteht kein Alleinentscheidungsrecht des Vorsitzenden. Darüber ist vielmehr von der Kammer unter Beteiligung der ehrenamtlichen Richter unter Fortsetzung des bisherigen Verfahrens zu entscheiden. Bei Annahme einer wirksamen Klagerücknahme ist dies durch Endurteil festzustellen und sodann durch Beschluss über die Kosten nach § 269 III 2 ZPO zu entscheiden. Wird eine wirksame Klagerücknahme verneint, so ist dies entweder im Zusammenhang mit dem Urteil in der Hauptsache oder durch Zwischenurteil nach § 303 ZPO zu entscheiden[1].

5 Das Alleinentscheidungsrecht nach Abs. 1 Nr. 1 besteht nicht für den Fall beiderseitiger Erklärung des Rechtsstreits in der Hauptsache für erledigt. Durch diese Prozesserklärungen wird der Rechtsstreit in der Hauptsache beendet, während er hinsichtlich der Kostentragungspflicht rechtshängig bleibt. Wegen des Ausschlusses der Kostenerstattung im erstinstanzlichen Verfahren (§ 12a I 1) betrifft die Kostentragungspflicht – wie bei der Klagerücknahme – allein die bei Gericht entstandenen Kosten. Die Kostenentscheidung kann ohne mündliche Verhandlung und in dem Fall nach § 53 I durch den Vorsitzenden ergehen. Im Falle der streitigen Verhandlung entscheidet die Kammer über die Kosten, ansonsten der Vorsitzende nach Abs. 1 Nr. 9.

6 **2. Verzicht (Nr. 2).** Verzicht (§ 306 ZPO) ist die Erklärung der klagenden Partei an das Gericht, dass der geltend gemachte prozessuale Anspruch nicht besteht. Er enthält die endgültige Zurücknahme der aufgestellten Rechtsbehauptung und führt deshalb auf Antrag zur sachlichen Klageabweisung. Die Verzichtserklärung muss nicht ausdrücklich, aber als Prozesshandlung eindeutig und bedingungslos sein. Aus Abs. 2 S. 2 folgt mittelbar, dass in Abweichung zu § 306 ZPO der Verzicht auch außerhalb der mündlichen Verhandlung erklärt werden kann[2]. Der Verzicht muss nicht den gesamten Klageanspruch erfassen; es genügt, wenn auf einen abtrennbaren Teil eines Anspruchs verzichtet wird[3]. Bei Teilverzicht muss wegen der dem § 301 II ZPO vorgehenden Regelung in § 306 ZPO ein Verzichts-Teilurteil ergehen[4].

7 Allein die Verzichtserklärung beseitigt nicht die Rechtshängigkeit des prozessualen Anspruchs[5], sie berechtigt die beklagte Partei jedoch zum Antrag auf Erlass eines Verzichtsurteils. Nach Abs. 1 Nr. 2 kann dieses außerhalb der streitigen Verhandlung durch den Vorsitzenden erlassen werden. Hierfür bedarf es grds. einer mündlichen Verhandlung. Mit Zustimmung der Parteien kann nach Abs. 2 S. 2 ohne mündliche Verhandlung entschieden werden.

8 **3. Anerkenntnis (Nr. 3).** Anerkenntnis nach § 307 ZPO ist die Erklärung der beklagten Partei an das Gericht, dass der von der klagenden Partei geltend gemachte prozessuale Anspruch besteht. Gegenstand des Anerkenntnisses ist der prozessuale Anspruch selbst, mag er auf Leistung, Feststellung oder Gestaltung gerichtet sein. Die Erklärung muss als Prozesshandlung nicht ausdrücklich, aber eindeutig und bedingungslos sein. Das Anerkenntnis kann auch außerhalb der mündlichen Verhandlung erklärt werden (§ 307 S. 2 ZPO). Verwahrung gegen die Kosten schadet nicht. Teilanerkenntnis ist wie Teilverzicht möglich.

9 Auf die Anerkenntniserklärung hin ist dem Anerkenntnis gem. zu verurteilen, ohne dass es eines Antrags auf Erlass eines Anerkenntnisurteils bedarf. Dieses kann nach Abs. 1 Nr. 3 außerhalb der streitigen Verhandlung der Vorsitzende erlassen, wozu es nach Abs. 2 S. 1 keiner mündlichen Verhandlung bedarf.

10 **4. Säumnis einer Partei und unzulässiger Einspruch (Nr. 4 u. 4a).** Säumnis einer Partei liegt vor, wenn sie nach Aufruf der Sache nicht erscheint (§ 330 ZPO) oder nicht verhandelt (§ 333 ZPO). Sie muss jedoch ordnungsgemäß, insb. rechtzeitig geladen sein (§ 335 I Nr. 2 ZPO). Ihr muss tatsächliches mündliches Vorbringen oder ein Antrag rechtzeitig mittels Schriftsatzes mitgeteilt worden sein (§ 335 I Nr. 3 ZPO) und das Gericht darf nicht dafür halten, dass die Partei ohne ihr Verschulden am Erscheinen verhindert ist (Vertagung von Amts wegen nach § 337 ZPO).

11 Im Fall der Säumnis einer Partei folgt für den Vorsitzenden aus Abs. 1 Nr. 4 ein Alleinentscheidungsrecht für alle Entscheidungen außerhalb der streitigen Verhandlung, die auf die Säumnis zurückzuführen sind. Der Vorsitzende ist berechtigt zum Erlass eines echten Versäumnisurteils (§ 330 ZPO), eines

---

1 Hess. LAG v. 14.8.2006 – 9 Ta 25/06; GMPM/*Germelmann*, § 55 ArbGG Rz. 6. | 2 GK-ArbGG/*Schütz*, § 55 Rz. 17; aA GMPM/*Germelmann*, § 55 ArbGG Rz. 10. | 3 BAG v. 26.10.1979 – 7 AZR 752/77, AP Nr. 5 zu § 9 KSchG 1969. | 4 GMPM/*Germelmann*, § 55 ArbGG Rz. 12. | 5 BLAH/*Hartmann*, § 306 ZPO Rz. 3.

sog. unechten Versäumnisurteils (§ 331 II ZPO), zur Entscheidung nach Lage der Akten (§ 331a ZPO), zur Entscheidung über die Zurückweisung des Antrags auf Erlass des Versäumnisurteils nach § 335 ZPO oder zur Vertagung nach § 337 ZPO sowie zum Erlass des zweiten Versäumnisurteils nach § 345 ZPO[1]. Alle diese Entscheidungen bedürfen der mündlichen Verhandlung (vgl. Abs. 2 S. 1). Durch die Nr. 4a wird die Alleinentscheidungsbefugnis des Vorsitzenden auf die Verwerfung unzulässiger Einsprüche gegen ein Versäumnisurteil oder einen Vollstreckungsbescheid erweitert. Eine Beteiligung der ehrenamtlichen Richterinnen und Richter ist nicht erforderlich, zumal der Vorsitzende befugt ist, das mit dem Einspruch angegriffene Versäumnisurteil allein zu erlassen (§ 55 I Nr. 4 u. 5).

12 **5. Säumnis beider Parteien (Nr. 5).** Bei Säumnis beider Parteien außerhalb der streitigen Verhandlung steht dem Vorsitzenden nach Abs. 1 Nr. 5 ein Alleinentscheidungsrecht zu. Dies umfasst die Kompetenz zur

- Entscheidung nach Lage der Akten (§ 251a I ZPO; strittig, ob im ersten Kammertermin nach dem Gütetermin[2]),
- Vertagung nach §§ 251a III ZPO iVm. § 227 ZPO[3] oder
- Anordnung des Ruhens des Verfahrens nach § 251a III ZPO[4].

13 Die Entscheidungen können vom Vorsitzenden auch ohne mündliche Verhandlung getroffen werden (vgl. Abs. 2 S. 1). Für die Güteverhandlung gilt für den Fall der Säumnis beider Parteien § 54 V.

14 **6. Einstweilige Einstellung der Zwangsvollstreckung (Nr. 6).** Wird ohne mündliche Verhandlung über den Antrag auf einstw. Einstellung der Zwangsvollstreckung (§ 62 I 2 ArbGG, §§ 707 I, 719, 769 ZPO) entschieden (vgl. Abs. 2 S. 1), folgt die Befugnis des Vorsitzenden zur Alleinentscheidung aus § 53 I. In Fällen der Entscheidung auf Grund mündlicher Verhandlung ergibt sich das Alleinentscheidungsrecht aus Abs. 1 Nr. 6, sofern keine streitige Verhandlung erfolgt.

15 **7. Örtliche Zuständigkeit (Nr. 7).** Das Alleinentscheidungsrecht des Vorsitzenden über die örtliche Zuständigkeit nach § 48 I ArbGG iVm. §§ 17–17b GVG folgt aus Nr. 7. Nach der Gesetzesbegründung[5] handele es sich um eine wenig bedeutsame Verfahrensentscheidung, die nach der bisherigen Rechtslage die Kammersitzung unnötig belastet habe. Auf die Sachkunde der ehrenamtlichen Richter komme es bei dieser Entscheidung nicht an.

16 **8. Aussetzung des Verfahrens (Nr. 8). a) Allgemeines.** Das Alleinentscheidungsrecht des Vorsitzenden über die Aussetzung des Verfahrens beruht auf Nr. 8. Der Vorsitzende kann die Aussetzung des Verfahrens anordnen, wenn die Entscheidung des Rechtsstreits ganz oder zum Teil von dem Bestehen oder Nichtbestehen eines Rechtsverhältnisses abhängt, das den Gegenstand eines anderen anhängigen Rechtsstreits bildet oder von einer Verwaltungsbehörde festzustellen ist (§ 148 ZPO) oder sich im Laufe eines Rechtsstreits der Verdacht einer Straftat ergibt, deren Ermittlung auf die Entscheidung von Einfluss ist (§ 149 ZPO). Auch eine Teilaussetzung kommt in Betracht[6]. Für eine Aussetzung allein wegen Zustimmung der Parteien fehlt die Rechtsgrundlage[7]; in der Sache geht es um die Anordnung des Ruhens des Verfahrens nach § 251 ZPO.

17 Das Verfahren muss vom Vorsitzenden ausgesetzt werden, wenn in Fällen des Todes, des Verlustes der Prozessfähigkeit, des Wegfalls des gesetzl. Vertreters, der Anordnung einer Nachlassverwaltung oder des Eintritts der Nacherbfolge eine Vertretung durch einen Prozessbevollmächtigten stattfand (auf Antrag; § 246 ZPO).

18 **b) Aussetzung bei Vorabentscheidungsverfahren.** Keine reine prozessleitende Maßnahme liegt vor, wenn die Verfassungswidrigkeit von Gesetzen (Art. 100 I GG) oder europarechtl. Fragen (Vorabentscheidungsverfahren nach Art. 234 I u. II EGV) vorab zu klären sind. Insoweit ist von der Zuständigkeit der Kammer für die Vorlageentscheidung auszugehen. Es handelt sich insoweit keineswegs um eine wenig bedeutsame Verfahrensentscheidung, die die Kammersitzung unnötig belastet und für die es auf die Sachkunde der ehrenamtlichen Richter bei dieser Entscheidung nicht ankommt[8]. Die infolge Einleitung des Vorabentscheidungsverfahrens gebotene Aussetzungsentscheidung hat dann der Vorsitzende zu erlassen.

19 **c) Aussetzung bei Vorgreiflichkeit.** Die Aussetzung des Verfahrens nach §§ 148 f. ZPO ist eine prozessleitende Maßnahme, die – bei Vorliegen der Voraussetzungen für die Aussetzung – im pflichtgemäßen Ermessen des Gerichts steht und nicht der Prozessverschleppung Vorschub leisten darf[9]. Grundsätzlich ist dem Beschleunigungsgrundsatz (§§ 9 I 1, 61a ArbGG) gegenüber der Aussetzungsmöglichkeit nach

---

1 GMPM/*Germelmann*, § 55 ArbGG Rz. 17; GK-ArbGG/*Schütz*, § 55 Rz. 18 f. |2 Vgl. LAG Frankfurt v. 31.10.2000 – 9 Sa 2072/99, MDR 2001, 517; GMPM/*Germelmann*, § 55 ArbGG Rz. 18; aA GK-ArbGG/*Schütz*, § 55 Rz. 22. |3 GMPM/*Germelmann*, § 55 ArbGG Rz. 18. |4 GMPM/*Germelmann*, § 55 ArbGG Rz. 19. |5 BT-Drs. 14/626, S. 9. |6 LAG Frankfurt v. 17.1.2000 – 9 Ta 32/00. |7 AA LAG Frankfurt v. 17.1.2000 – 9 Ta 32/00. |8 So die Begründung zum Alleinentscheidungsrecht, BT-Drs. 14/626, S. 9; ebenso GMPM/*Germelmann*, § 55 ArbGG Rz. 21 f.; GK-ArbGG/*Schütz*, § 55 Rz. 26. |9 GMPM/*Germelmann*, § 55 ArbGG Rz. 21g.

§ 148 ZPO der Vorrang einzuräumen, wenn nicht gewichtige Gründe die Aussetzung gebieten[1]. Sie muss erkennen lassen, dass das ArbG die Vor- und Nachteile gegeneinander abgewogen hat[2]. Kann das ArbG, das mit verschiedenen Prozessen derselben Partei befasst ist, der Gefahr divergierender Entscheidungen in den Instanzen durch eine Verfahrensverbindung begegnen, so muss der Verfahrensverbindung regelmäßig gegenüber der Aussetzung der Vorzug gegeben werden[3]. Dies gilt auch, wenn mehrere Rechtsstreite um verschiedene Kündigungen rechtshängig sind[4]. Es ist nicht zulässig, von mehreren Parallelprozessen nur einen durchzuführen und die anderen auszusetzen. Treffen die Parteien eine Musterprozessvereinbarung, kommt die Anordnung des Ruhens des Verfahrens nach § 251 ZPO in Betracht.

In der arbeitsgerichtl. Praxis ist die Aussetzung nach § 148 ZPO wegen einer anderen Entscheidung 20 von besonderer Bedeutung. Die Entscheidung in dem anderen Rechtsstreit oder Verwaltungsverfahren muss vorgreiflich sein für die Entscheidung, die in dem auszusetzenden Verfahren ergehen soll. Dies ist nur der Fall, wenn im anderen Verfahren über ein Rechtsverhältnis entschieden wird, dessen Bestehen für den vorliegenden Rechtsstreit präjudizielle Bedeutung hat. Das Rechtsverhältnis muss den Gegenstand des anderen Verfahrens bilden, darf dort nicht nur Vorfrage sein[5]. Eine Aussetzung wegen Vorgreiflichkeit darf erst dann erfolgen, wenn feststeht, dass der anstehende Rechtsstreit nicht aus anderen Gründen zu einer Entscheidung gebracht werden kann; es reicht nicht aus, wenn der anstehende Rechtsstreit möglicherweise von dem Ausgang des anderen Rechtsstreits abhängt[6]. Insoweit hat der Vorsitzende auch die Vorfrage der Vorgreiflichkeit zu entscheiden.

Wird ein Entgeltprozess über kündigungsabhängige Entgeltansprüche gesondert geführt, so braucht 21 das ArbG im Allgemeinen weder die Rechtskraft des zu Gunsten des ArbN ergangenen Bestandsschutzurteils noch das Ergebnis des Berufungsverfahrens abzuwarten. Für eine Aussetzung des Rechtsstreits über die kündigungsabhängigen Entgeltansprüche ist regelmäßig kein Raum[7]. Eine Aussetzung des Verfahrens über einen Beschäftigungsanspruch bis zum rechtskräftigen Abschluss eines anhängigen Rechtsstreits über die Wirksamkeit der Kündigung ist nicht zwingend[8], sondern kommt nur in engen Grenzen in Betracht[9]. Ist ein Sozialplan wegen Wegfalls der Geschäftsgrundlage durch die Betriebsparteien anzupassen, ist ein Rechtsstreit über die Sozialplanabfindung in entsprechender Anwendung von § 148 ZPO auszusetzen[10]. Wird jedoch in einem Beschlussverfahren nach § 76 V 4 BetrVG die Unwirksamkeit eines Sozialplans geltend gemacht, so führt das nicht zu einer Regelaussetzung[11].

Solange die „Zweigleisigkeit" des Rechtsweges bei der Kündigung von schwerbehinderten oder diesen 22 gleichgestellten behinderten Menschen besteht, muss immer mit divergierenden Entscheidungen der ArbG und der VerwG gerechnet werden. Das bedingt nach Auffassung des Sechsten Senats des BAG die Notwendigkeit der Aussetzung eines Kündigungsschutzprozesses, wenn die erteilte Zustimmung des Integrationsamtes angefochten wird[12], während es nach dem Zweiten Senat im Ermessen des Gerichts steht, ob es den von einem schwerbehinderten oder diesem gleichgestellten behinderten Menschen anhängig gemachten Kündigungsschutzprozess nach § 148 ZPO aussetzt, solange über die Anfechtung der Zustimmung des Integrationsamtes zu der Kündigung noch nicht rechtskräftig entschieden ist, wenn es die Kündigung für sozial gerechtfertigt hält[13]. Hat der ArbN im Kündigungsschutzprozess geltend gemacht, ein von ihm anhängig gemachtes Verfahren zur Feststellung der Schwerbehinderteneigenschaft sei noch nicht abgeschlossen, so kann eine Aussetzung erst in Betracht kommen, wenn zu überblicken ist, dass es entscheidend auf den Schwerbehindertenschutz ankommt[14].

---

1 BAG v. 26.9.1991 – 2 AZR 132/91, AP Nr. 28 zu § 1 KSchG 1969 – Krankheit; LAG Schl.-Holst. v. 25.9.1998 – 6 Ta 137/98, AP Nr. 5 zu § 148 ZPO; LAG München v. 22.2.1989 – 7 Ta 25/89, LAGE § 148 ZPO Nr. 20. | **2** LAG Düsseldorf v. 16.2.1989 – 7 Ta 56/89, LAGE § 148 ZPO Nr. 21. | **3** LAG Hamm v. 20.10.1983 – 8 Ta 291/83, LAGE § 148 ZPO Nr. 13; LAG Schl.-Holst. v. 25.9.1998 – 6 Ta 137/98, AP Nr. 5 zu § 148 ZPO; LAG Frankfurt v. 20.10.1995 – 16 Ta 414/95; LAG Sa.-Anh. v. 22.9.1995 – 2 Ta 140/95, LAGE § 148 ZPO Nr. 29. | **4** LAG Schl.-Holst. v. 25.9.1998 – 6 Ta 137/98, AP Nr. 5 zu § 148 ZPO; LAG Frankfurt v. 13.8.1999 – 5 Ta 512/99, LAGE § 148 ZPO Nr. 36; v. 11.8.1999 – 5 Ta 513/99, LAGE § 148 ZPO Nr. 35; aA LAG Frankfurt v. 17.1.2000 – 9 Ta 32/00 (dass von dem Grundsatz der Aussetzung der Verhandlung über zeitlich später wirkende Kündigungen ausgeht). | **5** Zöller/*Greger*, § 148 ZPO Rz. 5. | **6** LAG Düsseldorf v. 11.3.1992 – 7 Ta 58/92, LAGE § 148 ZPO Nr. 25; GK-ArbGG/*Schütz*, § 55 Rz. 25. | **7** LAG Frankfurt v. 3.7.2002 – 12 Ta 213/02, BB 2002, 2075; LAG Thür. v. 27.6.2001 – 6/9 Ta 160/00; LAG Hamm v. 18.4.1985 – 8 Ta 96/85, LAGE § 148 ZPO Nr. 4; LAG Köln v. 21.11.1985 – 5 Ta 208/85, NZA 1986, 140; v. 17.12.1985 – 9 Ta 230/85, NZA 1986, 404; LAG Nürnberg v. 9.7.1986 – 3 Ta 8/86, NZA 1987, 211; LAG Düsseldorf v. 23.12.1982 – 7 Ta 299/82, EzA § 148 ZPO Nr. 13; LAG Köln v. 14.12.1992 – 11 Ta 234/92, LAGE § 148 ZPO Nr. 26; v. 24.11.1997 – 4 Ta 343/97, LAGE § 148 ZPO Nr. 32; aA LAG Berlin v. 2.12.1993 – 9 Ta 24/93, LAGE § 148 ZPO Nr. 28. | **8** BAG v. 27.2.1985 – GS 1/84, AP Nr. 14 zu § 611 BGB – Beschäftigungspflicht. | **9** LAG Köln v. 17.5.1991 – 5 Ta 107/91, LAGE § 148 ZPO Nr. 23. | **10** BAG v. 28.8.1996 – 10 AZR 886/95, AP Nr. 104 zu § 112 BetrVG 1972. | **11** LAG Berlin v. 22.11.1983 – 3 Ta 11/83. | **12** BAG v. 25.11.1980 – 6 AZR 210/80, AP Nr. 7 zu § 12 SchwbG. | **13** BAG v. 26.9.1991 – 2 AZR 132/91, AP Nr. 28 zu § 1 KSchG 1969 – Krankheit; LAG Köln v. 3.2.1997 – 5 Ta 30/97, LAGE § 148 ZPO Nr. 31; LAG Berlin v. 25.7.1996 – 10 Sa 46/96; LAG Frankfurt v. 11.2.1994 – 3 Ta 465/93; v. 12.11.1993 – 15 Ta 346/93, BB 1994, 944; LAG Köln v. 17.3.1992 – 10 Ta 4/92, LAGE § 148 ZPO Nr. 24; LAG Frankfurt v. 15.3.1990 – 2 Ta 41/90, LAGE § 15 SchwbG 1986 Nr. 2. | **14** LAG Hamm v. 10.2.1983 – 8 Ta 363/82, ArbuR 1983, 187; LAG Berlin v. 24.6.1991 – 9 Sa 20/91, LAGE § 1 KSchG – Personenbedingte Kündigung Nr. 8; LAG Köln v. 21.6.1996 – 11 Sa 260/96, juris (betr. Gleichstellungsantrag); v. 19.12.1995 – 13 Sa 928/95, LAGE § 1 KSchG – Krankheit Nr. 22 (betr. Gleichstellungsantrag).

23 § 148 ZPO ist über seinen Wortlaut hinaus auf vergleichbare Fallgestaltungen entsprechend anwendbar, zB bei demnächst zu erwartender Klärung von Rechtsfragen durch das BAG, die für andere bei unteren Instanzgerichten anhängige Verfahren allein streitentscheidend sind[1].

24 **d) Aussetzung bei Verdacht einer Straftat.** Eine Aussetzung nach § 149 ZPO kommt nur in Betracht, wenn das aussetzende Gericht selbst davon überzeugt ist, dass sich ein Prozessbeteiligter dem Verdacht einer strafbaren Handlung ausgesetzt hat[2]. Liegt dem Strafverfahren und dem Verfahren vor dem ArbG nahezu derselbe Sachverhalt zugrunde, findet eine Aussetzung nicht statt[3]. Beschränkt sich der ArbGeb allerdings im Rechtsstreit über eine außerordentl. Verdachtskündigung gegenüber einem Angestellten darauf, den Inhalt des Haftbefehls als Tatsachengrundlage des kündigungsbegründenden Verdachts vorzutragen und dies ergänzend in das „Zeugnis" des ermittlungsführenden Staatsanwalts zu stellen, so ist eine Aussetzung des arbeitsgerichtl. Verfahrens nicht ermessensfehlerhaft, sondern sogar angezeigt[4].

25 Aus Gründen der Prozessökonomie kann es ausnahmsw. zulässig sein, wenn es bei der Entscheidung auf die Gültigkeit eines Gesetzes ankommt, gegen das verfassungsrechtl. Bedenken bestehen, nicht nach Art. 100 GG zu verfahren, sondern den Rechtsstreit in entsprechender Anwendung des § 148 ZPO bis zur Entscheidung des BVerfG in einem bereits anhängigen Verfahren des BVerfG nach Art. 100 GG über die Gültigkeit der anzuwendenden Vorschrift auszusetzen[5].

26 **e) Verfahren.** Vor der Aussetzung des Verfahrens ist den Parteien Gelegenheit zur Stellungnahme zu geben, wozu die Gelegenheit zur schriftsätzlichen Stellungnahme ausreicht[6]. Die Aussetzungsentscheidung erfolgt durch Beschluss, der zu begründen ist (§ 329 ZPO). Gegen den Aussetzungsbeschluss oder die Zurückweisung des Aussetzungsantrags des ArbG ist die sofortige Beschwerde (§ 252 ZPO iVm. § 78) gegeben. Entscheidet das LAG, ist gegen den Beschluss des LAG nur dann die Rechtsbeschwerde gegeben, wenn sie von dem LAG nach § 78 S. 2 zugelassen wurde[7].

26a **9. Kosten (Nr. 9).** Durch die Regelung Nr. 9 wird die Kostenentscheidung vereinheitlicht, vereinfacht und beschleunigt. Die Alleinentscheidungsbefugnis des Vorsitzenden besteht auch dann, wenn ein Teilurteil vorausgegangen ist und deshalb die nachfolgende Kostenentscheidung eines Urteils bedarf (§ 46 II ArbGG iVm. § 308 II ZPO). Die Regelung sorgt für eine einheitliche Handhabung der Kostenentscheidung. Bei Klagerücknahme oder beidseitiger Erledigungserklärung entscheidet der Vorsitzende allein, wenn er über die Kosten durch Beschluss ohne mündliche Verhandlung entscheidet (§ 53 I 1).

26b **10. Tatbestandsberichtigung (Nr. 10).** Die Regelung Nr. 10 vereinfacht und beschleunigt die Berichtigung des Tatbestands außerhalb der mündlichen Verhandlung. Eine Berichtigung kommt in Betracht, wenn der Tatbestand Auslassungen, Dunkelheiten oder Widersprüche enthält (§ 320 I ZPO). Der Vorsitzende entscheidet allein, wenn keine der Parteien von ihrem Recht Gebrauch macht, eine mündliche Verhandlung zu beantragen (§ 46 II ArbGG iVm. § 320 III ZPO), der Fehler im Tatbestand und seine Berichtigung demnach zwischen den Parteien unstreitig ist.

27 **11. Zurückweisung des Bevollmächtigten (Nr. 11).** Schließlich besteht ab dem 1.7.2008 ein Alleinentscheidungsrecht des Vorsitzenden im Fall des § 11 III bei der Entscheidung über die Zurückweisung des Bevollmächtigten oder die Untersagung der weiteren Vertretung.

28 **III. Alleinentscheidung auf Antrag beider Parteien (Abs. 3).** Die Parteien können nach Abs. 3 durch übereinstimmenden Antrag eine Entscheidung des Vorsitzenden allein herbeiführen, wenn in der Verhandlung, die sich unmittelbar an die Güteverhandlung anschließt, eine das Verfahren beendende Entscheidung ergehen kann[8]. Im Gütetermin darf keine Vertagung erforderlich sein. Eine der Alleinentscheidungsbefugnis entgegenstehende Unterbrechung soll bereits vorliegen, wenn zwischen der Güteverhandlung und der streitigen Verhandlung eine andere Sache verhandelt wird[9]. Dies erscheint zu formalistisch. In der Praxis werden nicht selten während der Gütesitzung Verhandlungen unterbrochen, andere Sachen vorgezogen, außerhalb des Sitzungssaals geführte Vergleichsgespräche oder telefonische Anfragen abgewartet. Auch die Parteien können nach gescheiterter Güteverhandlung ein Interesse haben, kurzfristig zu klären, ob eine Alleinentscheidung anzustreben ist. Der Vorschrift ist genüge getan, wenn die streitige Verhandlung sich in dem Sinne unmittelbar an den Gütetermin anschließt, als sie noch am Sitzungstag vor Anberaumung eines Kammertermins erfolgt[10].

29 In der Verhandlung muss eine das Verfahren beendende Entscheidung ergehen können. Ist eine Beweisaufnahme erforderlich, kommt eine Alleinentscheidung in Betracht, wenn jene auf Grund präsenter Beweismittel sofort durchgeführt werden kann. Dies wird der Sitzungsplan häufig aus Zeitgründen nicht

---

1 BAG v. 12.3.1996 – 3 AZR 993/94, AP Nr. 1 zu § 24 TV Arb – Bundespost; LAG Sa.-Anh. v. 11.12.1997 – 4 (8) Ta 288/97. | 2 LAG Frankfurt v. 8.3.1988 – 13 Ta 66/88. | 3 LAG Berlin v. 12.10.1981 – 9 Ta 3/81, AP Nr. 1 zu § 149 ZPO 1977. | 4 LAG Frankfurt v. 26.2.1991 – 12 Ta 154/91, DB 1992, 48. | 5 BAG v. 28.1.1988 – 2 AZR 296/87, AP Nr. 24 zu § 622 BGB; LAG Düsseldorf v. 21.4.1994 – 7 Ta 71/94, juris. | 6 GMPM/*Germelmann*, § 55 ArbGG Rz. 21h. | 7 GMPM/*Germelmann*, § 55 ArbGG Rz. 21i. | 8 Zu verfassungsrechtlichen Bedenken wegen Einfluss der Parteien auf Besetzung der Richterbank vgl. GMPM/*Germelmann*, § 55 ArbGG Rz. 27. | 9 GMPM/*Germelmann*, § 55 ArbGG Rz. 28. | 10 Ähnlich GK-ArbGG/*Schütz*, § 55 Rz. 33.

zulassen. Bei Vertagung fehlt bzw. entfällt eine Voraussetzung für die Alleinentscheidungsbefugnis. Eine durchgeführte Beweisaufnahme ist in diesem Fall – entsprechend der Situation bei einer Vertagung der Verhandlung vor der Kammer – nicht zu wiederholen[1]. Des Weiteren wirken sämtliche Prozesshandlungen der Parteien, die in der streitigen Verhandlung vorgenommen wurden (zB Geständnisse, Klageänderungen, Antragstellungen) im weiteren Verfahren fort[2].

Die Befugnis des Vorsitzenden zur Alleinentscheidung besteht nur, wenn sämtliche am Rechtsstreit beteiligten Parteien bzw. Streitgenossen[3] übereinstimmend eine Entscheidung durch den Vorsitzenden beantragen. Der Antrag ist in das Protokoll aufzunehmen. Die Antragstellung erfolgt durch unwiderrufliche Prozesshandlungen und kann auf abtrennbare, teilurteilsfähige Teile des prozessualen Anspruchs beschränkt werden. Der Antrag ist für den Vorsitzenden bindend. Er allein ist gesetzl. Richter[4]. 30

Als verfahrensbeendende Entscheidungen kommen in Betracht: (Teil-)Urteil, Entscheidung nach § 5 KSchG über den Antrag auf nachträgliche Zulassung einer Kündigungsschutzklage[5], Entscheidung nach § 17 S. 2 TzBfG (iVm. § 5 KSchG) über den Antrag auf nachträgliche Zulassung einer Befristungs- oder Bedingungskontrollklage oder ein Verweisungsbeschluss. 31

IV. Folgen unzulässiger Alleinentscheidung. Entscheidet der Vorsitzende des ArbG trotz fehlender Befugnis zur Alleinentscheidung, liegt die Entscheidung eines nicht ordnungsgemäß besetzten Gerichts vor. Ist die Berufung statthaft, rechtfertigt der Fehler des Vorsitzenden nicht die Zurückverweisung (§ 68). Ist gegen die Entscheidung kein Rechtsmittel gegeben, besteht die Möglichkeit der Nichtigkeitsklage nach § 579 I Nr. 1 ZPO[6]. Entsprechendes gilt für die Entscheidung des Vorsitzenden des LAG. Bei statthafter, weil zugelassener Revision, liegt der absolute Revisionsgrund des § 547 Nr. 1 ZPO vor[7]. Ansonsten bleibt der Weg über die Nichtigkeitsklage. 32

V. Beweisbeschluss vor streitiger Verhandlung (Abs. 4). Unter Verdrängung von § 358a ZPO regelt Abs. 4 S. 1 für das arbeitsgerichtl. Verfahren abschließend die Möglichkeit des Erlasses eines Beweisbeschlusses vor der streitigen Verhandlung durch den Vorsitzenden[8]. 33

Der Vorsitzende kann nach Nr. 2 eine Beweisaufnahme durch den ersuchten Richter (§ 362 ZPO) anordnen, jedoch nach Maßgabe der Anordnungsmöglichkeiten nach Abs. 4 Nr. 2–5. Deshalb kann die Augenscheineinnahme durch den ersuchten Richter nicht vor der streitigen Verhandlung angeordnet werden[9], jedoch in der mündlichen Verhandlung durch die Kammer[10]. Die Beweisaufnahme erfolgt dann durch ein anderes Gericht im Wege der Rechtshilfe (§ 13). Insoweit kommen in Betracht die Anordnungen 34

- der Aufnahme des Zeugenbeweises nach § 375 I ZPO, wenn von vornherein anzunehmen ist, dass das Prozessgericht das Beweisergebnis auch ohne unmittelbaren Eindruck von dem Verlauf der Beweisaufnahme sachgemäß zu würdigen vermag, und (1.) wenn zur Ermittlung der Wahrheit die Vernehmung des Zeugen an Ort und Stelle dienlich erscheint oder nach gesetzl. Vorschrift der Zeuge nicht an der Gerichtsstelle, sondern an einem anderen Ort zu vernehmen ist; (2.) wenn der Zeuge verhindert ist, vor dem Prozessgericht zu erscheinen; (3.) wenn dem Zeugen das Erscheinen vor dem Prozessgericht wegen großer Entfernung unter Berücksichtigung der Bedeutung seiner Aussage nicht zugemutet werden kann;
- der Urkundsvorlegung nach § 434 ZPO, wenn eine Urkunde bei der mündlichen Verhandlung wegen erheblicher Hindernisse nicht vorgelegt werden kann oder wenn es bedenklich erscheint, sie wegen ihrer Wichtigkeit und der Besorgnis ihres Verlustes oder ihrer Beschädigung vorzulegen;
- der Ausführung der Parteivernehmung nach § 451 ZPO iVm. § 375 ZPO.

Nach Nr. 2 kann der Vorsitzende eine schriftl. Beantwortung der Beweisfrage nach § 377 III ZPO anordnen, wenn er dies im Hinblick auf den Inhalt der Beweisfrage und die Person des Zeugen für ausreichend erachtet. Der Zeuge ist darauf hinzuweisen, dass er zur Vernehmung geladen werden kann, wobei der Vorsitzende oder auf Grund mündlicher Verhandlung die Kammer die Ladung des Zeugen anordnet, wenn dies zur weiteren Klärung der Beweisfrage für notwendig erachtet wird (§ 377 III 3 ZPO). Der Zeuge ist schriftl. zur Wahrheit zu ermahnen (§ 395 I ZPO) und über das Recht zur Zeugnisverweigerung aus persönlichen Gründen zu belehren (§ 383 II ZPO). Eine eidesstattliche Versicherung ist nicht vorgesehen[11]. 35

Des Weiteren kann der Vorsitzende nach Nr. 3 die Einholung amtlicher Auskünfte anordnen. Die Anordnung darf nur Beweiszwecken, nicht der Sachverhaltsermittlung dienen[12]. 36

1 GMPM/*Germelmann*, § 55 ArbGG Rz. 29; GK-ArbGG/*Schütz*, § 55 Rz. 36. | 2 GMPM/*Germelmann*, § 55 ArbGG Rz. 29. | 3 GMPM/*Germelmann*, § 55 ArbGG Rz. 30. | 4 Im Einzelnen GK-ArbGG/*Schütz*, § 55 Rz. 34. | 5 LAG Frankfurt v. 27.3.1987 – 13 Ta 74/87, LAGE § 55 ArbGG 1979 Nr. 2. | 6 GMPM/*Germelmann*, § 55 ArbGG Rz. 39. | 7 GMPM/*Germelmann*, § 55 ArbGG Rz. 40. | 8 GK-ArbGG/*Schütz*, § 55 Rz. 45; aA GMPM/*Germelmann*, § 55 ArbGG Rz. 35. | 9 GMPM/*Germelmann*, § 55 ArbGG Rz. 35; GK-ArbGG/*Schütz*, § 55 Rz. 46. | 10 GMPM/*Germelmann*, § 55 ArbGG Rz. 35. | 11 GMPM/*Germelmann*, § 55 ArbGG Rz. 36b. | 12 GMPM/*Germelmann*, § 55 ArbGG Rz. 36c.

37 Ferner kann der Vorsitzende nach Nr. 4 die Parteivernehmung anordnen, sofern die Voraussetzungen der §§ 445 ff. ZPO vorliegen. Einem Antrag auf Vernehmung des Beweisgegners kann der Vorsitzende nach § 445 I ZPO nachkommen, wenn eine Partei den ihr obliegenden Beweis mit anderen Beweismitteln nicht vollständig geführt oder andere Beweismittel nicht vorgebracht hat. Der Antrag ist nicht zu berücksichtigen, wenn er Tatsachen betrifft, deren Gegenteil das Gericht für erwiesen erachtet (§ 445 II ZPO). Der Vorsitzende kann auch die Vernehmung der beweispflichtigen Partei anordnen, wenn eine Partei es beantragt und die andere damit einverstanden ist. Ohne Antrag einer Partei und ohne Rücksicht auf die Beweislast kann das Gericht die Vernehmung einer Partei oder beider Parteien anordnen, wenn das Ergebnis der bisherigen Verhandlungen und einer etwaigen Beweisaufnahme nicht ausreicht, um seine Überzeugung von der Wahrheit oder Unwahrheit einer zu erweisenden Tatsache zu begründen. Dies kommt nur zur Vorbereitung eines ggf. erforderlichen weiteren Kammertermins in Betracht.

38 Schließlich kann der Vorsitzende nach Nr. 5 die Einholung eines schriftl. Sachverst.-Gutachtens anordnen, um die Erledigung des Rechtsstreits in möglichst einem Kammertermin zu ermöglichen[1].

39 Der Inhalt des Beweisbeschlusses richtet sich nach § 359 ZPO. Der Beweisbeschluss enthält die Bezeichnung der streitigen Tatsachen, über die der Beweis zu erheben ist (Nr. 1), die Bezeichnung der Beweismittel unter Benennung der zu vernehmenden Zeugen und/oder der zu vernehmenden Partei oder des Sachverst. (Nr. 2) und die Bezeichnung der Partei, die sich auf das Beweismittel berufen hat (Nr. 3).

40 Bis auf die Parteivernehmung (Abs. 4 S. 1 Nr. 4) können die Beweisbeschlüsse vor der streitigen Verhandlung auch ausgeführt werden (Abs. 4 S. 2).

56 *Vorbereitung der streitigen Verhandlung*

(1) Der Vorsitzende hat die streitige Verhandlung so vorzubereiten, dass sie möglichst in einem Termin zu Ende geführt werden kann. Zu diesem Zweck soll er, soweit es sachdienlich erscheint, insbesondere

1. den Parteien die Ergänzung oder Erläuterung ihrer vorbereitenden Schriftsätze sowie die Vorlegung von Urkunden und von anderen zur Niederlegung bei Gericht geeigneten Gegenständen aufgeben, insbesondere eine Frist zur Erklärung über bestimmte klärungsbedürftige Punkte setzen;

2. Behörden oder Träger eines öffentlichen Amtes um Mitteilung von Urkunden oder um Erteilung amtlicher Auskünfte ersuchen;

3. das persönliche Erscheinen der Parteien anordnen;

4. Zeugen, auf die sich eine Partei bezogen hat, und Sachverständige zur mündlichen Verhandlung laden sowie eine Anordnung nach § 378 der Zivilprozessordnung treffen.

Von diesen Maßnahmen sind die Parteien zu benachrichtigen.

(2) Angriffs- und Verteidigungsmittel, die erst nach Ablauf einer nach Absatz 1 Satz 2 Nr. 1 gesetzten Frist vorgebracht werden, sind nur zuzulassen, wenn nach der freien Überzeugung des Gerichts ihre Zulassung die Erledigung des Rechtsstreits nicht verzögern würde oder wenn die Partei die Verspätung genügend entschuldigt. Die Parteien sind über die Folgen der Versäumung der nach Absatz 1 Satz 2 Nr. 1 gesetzten Frist zu belehren.

1 BT-Drs. 14/626, S. 9.

I. Inhalt und Zweck. Die Vorschrift des § 56 bringt den Beschleunigungs- und Konzentrationsgrundsatz zur Geltung, wie er auch in §§ 9 I 1, 57 I 1 und 61a I zum Ausdruck kommt[1]. Entsprechend ist sie im Berufungsverfahren (§ 64 VII 1), mangels Inbezugnahme aber nicht im Revisionsverfahren anwendbar. Im Beschlussverfahren gilt § 83 Ia. 1

II. Vorbereitung der streitigen Verhandlung (Abs. 1). Abs. 1 betrifft, wie der Wortlaut eindeutig ausweist, nur die Vorbereitung der streitigen Verhandlung, nicht die des Gütetermins[2]. Auf Grund einer Auflage nach Abs. 1 Nr. 1, die vor der Güteverhandlung erteilt worden ist, darf daher der Parteienvortrag, der „erst" in der Güteverhandlung erfolgt, nicht ausgeschlossen werden, weil damit die durch § 54 I 2 zwingend vorgeschriebene Verpflichtung, das „gesamte Streitverhältnis" mit den Parteien zu erörtern, unterlaufen würde[3]. 2

1. Pflicht zur Vorbereitung. In Abs. 1 S. 1 wird dem Vorsitzenden die Pflicht auferlegt, die streitige Verhandlung so vorzubereiten, dass sie möglichst in einem Termin zu Ende geführt werden kann. Dadurch wird die Konzentrations- und Beschleunigungspflicht des Zivilgerichts nach § 273 I 1 ZPO konkretisiert. Dem Vorsitzenden steht kein Ermessensspielraum zu, ob er sachlich gebotene Maßnahmen nach Abs. 1 anordnet. Er hat vielmehr alle Handlungen vorzunehmen, die im Interesse der Erledigung des Rechtsstreits im ersten streitigen Termin erforderlich sind. Ein Beurteilungsspielraum wird dem Vorsitzenden insoweit zugesprochen, als er prüfen muss, ob und welche Maßnahmen notwendig sind, um das Ziel der möglichst frühzeitigen Beendigung des Rechtsstreits zu erreichen[4]. 3

Eilanordnungen werden jedoch vom Vorsitzenden nicht erwartet. Dem Gericht werden nur solche Vorbereitungsmaßnahmen zugemutet, die im normalen Geschäftsgang noch ausführbar sind[5]. 4

Der Vorsitzende ist auch nicht gehalten, jede denkbare Maßnahme vorsorglich anzuordnen. Er ist nicht verpflichtet, jeden schriftl. angebotenen Beweis vor der streitigen Verhandlung vorzubereiten oder gar nach § 55 IV zu erheben. 5

Die Vorbereitung einer Beweiserhebung kommt idR nur dann in Betracht, wenn durch einzelne Beweismittel bestimmte Streitpunkte in der Verhandlung geklärt werden können; ihr Zweck ist nicht, eine umfangreiche, nicht überschaubare Beweisaufnahme in der ersten Verhandlung zu ermöglichen. Daher wird eine Pflicht zur Vorbereitung der Beweiserhebung abgelehnt bei beiderseits umfangreichen Beweisantritten, bei Zweifeln über Fragen der Beweislast, bei erst kurz vor dem – zeitlich ausgebuchten – Termin angebotenen Beweisen sowie bei erkennbarer Unmöglichkeit, alle notwendigen Beweise bereits im ersten Termin zu erheben. Von der vorsorglichen Ladung von Zeugen und Sachverst. kann Abstand genommen werden, wenn noch nicht absehbar ist, welche Tatsachen streitig bleiben. Entsprechendes gilt, wenn erst ein komplizierter Streitstoff in der mündlichen Verhandlung geklärt werden soll bzw. wenn möglicherweise eine solche Beweisaufnahme überflüssig werden könnte[6]. 6

Generell wird die Sachdienlichkeit von kostenverursachenden Maßnahmen, wozu insb. die Zeugenladung gehört, zu verneinen sein, sofern es nicht unwahrscheinlich ist, dass sich die Maßnahmen als überflüssig erweisen[7]. Die Praxis in den Tatsacheninstanzen zeigt, dass nur in einem Bruchteil aller Rechtsstreite eine Beweisaufnahme stattzufinden braucht. Häufig ist der Rechtsstreit aus rechtl. Gründen ohne Beweisaufnahme entscheidbar oder er wird auf Grund gütlicher Einigung (§ 57 II) erledigt. Zeugenladungen auf Vorrat verzögern wegen der damit verbundenen Notwendigkeit, jeweils ausreichend Verhandlungszeit zu reservieren und entsprechend weniger Rechtsstreite am Terminstag anzusetzen, die Beschleunigung aller rechtshängigen Rechtsstreite. 7

In Abs. 1 S. 2 ist die richterliche Pflicht zur Setzung von Fristen normiert, nicht jedoch eine solche zur Erinnerung der mit ordnungsgemäßer Belehrung über die Folgen der Fristversäumung ermahnten Parteien an die abgelaufene Frist. Die Verletzung der gerichtl. Konzentrations- und Beschleunigungspflicht ist prozessrechtl. sanktionslos. 8

---

1 GMPM/*Germelmann*, § 56 ArbGG Rz. 2. | 2 GMPM/*Germelmann*, § 56 ArbGG Rz. 5. | 3 LAG Nds. v. 12.12.1989 – 6 Sa 357/89, LAGE § 56 ArbGG 1979 Nr. 2. | 4 GMPM/*Germelmann*, § 56 ArbGG Rz. 6. | 5 BGH v. 30.5.1984 – VIII ZR 20/83, MDR 1984, 837. | 6 BGH v. 27.2.1980 – VIII ZR 54/79, MDR 1980, 574; v. 13.2.1980 – VIII ZR 61/79, MDR 1980, 487. | 7 *Gift/Baur*, Urteilsverfahren, E Rz. 715.

9 **2. Vorbereitungsmaßnahmen.** Welche Maßnahmen der Vorsitzende anordnet, ist von der jeweiligen Prozesslage, insb. von dem bereits erfolgten schriftl. Vorbringen der Parteien und dem Ergebnis der Erörterung des gesamten Streitverhältnisses mit den Parteien im Gütetermin abhängig. Die Aufzählung möglicher Maßnahmen in Abs. 1 S. 2 ist dabei nicht abschließend.

10 **a) Hinweis auf Darlegungslücken und Aufklärungsdefizite (Nr. 1 Alt. 1).** Das Gericht hat nach § 139 ZPO das Sach- und Streitverhältnis, soweit erforderlich, mit den Parteien nach der tatsächlichen und rechtl. Seite zu erörtern und Fragen zu stellen. Es hat dahin zu wirken, dass die Parteien sich rechtzeitig und vollständig über alle erheblichen Tatsachen erklären, insb. ungenügende Angaben zu den geltend gemachten Tatsachen ergänzen, die Beweismittel bezeichnen und die sachdienlichen Anträge stellen. Auf einen Gesichtspunkt, den eine Partei erkennbar übersehen oder für unerheblich gehalten hat, darf das Gericht, soweit nicht nur eine Nebenforderung betroffen ist, seine Entscheidung nur stützen, wenn es darauf hingewiesen und Gelegenheit zur Äußerung dazu gegeben hat. Dasselbe gilt für einen Gesichtspunkt, den das Gericht anders beurteilt als die Parteien. Das Gericht hat auf die Bedenken aufmerksam zu machen, die hinsichtlich der von Amts wegen zu berücksichtigenden Punkte bestehen. Hinweise sind so früh wie möglich zu erteilen und aktenkundig zu machen. Ihre Erteilung kann nur durch den Inhalt der Akten bewiesen werden.

11 Das Gericht muss daher auf die Beseitigung von Sachverhaltslücken sowie auf Substanziierung ungenügender Angaben dringen und seine Schlüssigkeits- und Erheblichkeitsbedenken umfassend offenbaren. Aufklärungsdefiziten muss das Gericht entgegenwirken, indem es die Parteien bereits bei der Terminsvorbereitung zu einer Benennung der Beweismittel und Präzisierung der Beweisthemen anhält. Sobald die Darlegungs- und Aufklärungsdefizite dem Gericht bekannt werden, begründen sie im Zeitraum zwischen dem Gütetermin und den streitigen Verhandlungen die Pflicht des Vorsitzenden zu entsprechenden Hinweisen und Belehrungen, ohne das jedoch eine Amtsermittlung betrieben oder parteilich vorgegangen werden darf. Die gerichtliche Hinweispflicht erfährt keine Einschränkung bei Vertretung der Parteien durch Rechtsanwälte oder Verbandsvertreter[1]. § 139 ZPO und Abs. 1 Nr. 1 differenzieren nicht hinsichtlich der Prozessförderung zwischen persönlicher Parteibeteiligung und anwaltlicher bzw. verbandlicher Prozessvertretung.

12 Das Gericht darf sich nicht auf den rechtl. Hinweis beschränken, sondern es muss der betroffenen Partei hinreichend Gelegenheit geben, die ggf. erforderlichen Tatsachen vorzutragen oder Beweise anzubieten[2].

13 Die lapidare Aufforderung, zum Vortrag des Gegners Stellung zu nehmen, ist keine Maßnahme nach Abs. 1 Nr. 1. Im Gegensatz zu Abs. 1 Nr. 1 wird damit nicht die Ergänzung oder Erläuterung von vorbereitenden Schriftsätzen oder die Erklärung über bestimmte klärungsbedürftige Punkte angeordnet, sondern nur die Pflicht der Parteien zur schriftsätzlichen Vorbereitung des streitigen Termins begründet (§§ 129 II, 282 II ZPO). Für eine Auflage nach Abs. 1 Nr. 1 ist unverzichtbar, dass die klärungsbedürftigen Punkte genau bezeichnet werden[3]. Eine allgemein gehaltene Auflage mit Fristsetzung und Belehrung nach Abs. 2 S. 2 genügt jedoch, wenn die einzelnen klärungsbedürftigen Punkte vorher im Rahmen der Erörterung der Sach- und Rechtslage genau bezeichnet und in der Niederschrift festgehalten worden sind[4].

14 Die vom Vorsitzenden zu machenden Hinweise sind aktenkundig zu machen (§ 139 IV ZPO). Ist einer Partei eine sofortige Erklärung zu einem gerichtl. Hinweis nicht möglich, so soll auf Antrag das Gericht eine Frist bestimmen, in der sie die Erklärung in einem Schriftsatz nachbringen kann (§ 139 V ZPO).

15 **b) Anforderung von Urkunden und sonstigen Gegenständen (Nr. 1 Alt. 2).** Der Vorsitzenden kann den Parteien oder auch Dritten die Vorlegung von in ihren Händen befindlichen Urkunden und sonstigen Unterlagen aufgeben. Nach § 142 I ZPO setzt eine solche Anordnung voraus, dass eine Partei sich auf diese Urkunden oder Unterlagen bezogen hat. Das Gericht kann hierfür eine Frist setzen sowie anordnen, dass die vorgelegten Unterlagen während einer von ihm zu bestimmenden Zeit auf der Geschäftsstelle verbleiben. Dritte sind zur Vorlegung nicht verpflichtet, soweit ihnen diese nicht zumutbar ist oder sie zur Zeugnisverweigerung nach §§ 383–385 ZPO berechtigt sind (§ 142 II ZPO).

16 Das Gericht kann zudem nach § 142 III ZPO anordnen, dass von in fremder Sprache abgefassten Urkunden eine Übersetzung beigebracht werde, die ein nach den Richtlinien der Landesjustizverwaltung hierzu ermächtigter Übersetzer angefertigt hat. Diese Anordnung kann aber nicht gegenüber Dritten ergehen (§ 142 III 2 ZPO). Eine solche Anordnung ist regelmäßig nicht sachgerecht, wenn dadurch erhebliche Kosten entstehen und die Notwendigkeit der Übersetzung noch nicht feststeht. Vorgeschlagen wird insoweit, bei hinreichender Wahrscheinlichkeit der Entscheidungserheblichkeit zunächst die Vorlage einer privatschriftl. Übersetzung aufzugeben, damit der Vorsitzende – eigene Fremdsprachenkennt-

---

1 BGH v. 25.5.1977 – IV ZR 15/76, MDR 1977, 919; *Schilken*, Rz. 359. | 2 BGH v. 18.2.1992 – XI ZR 134/91, MDR 1992, 470. | 3 BAG v. 19.6.1980 – 3 AZR 1177/79, AP Nr. 1 zu § 56 ArbGG 1979. | 4 LAG Nürnberg v. 18.12.1989 – 7 Sa 411/89, LAGE § 56 ArbGG 1979 Nr. 1.

nisse vorausgesetzt – beurteilen kann, ob weitere Anordnungen überhaupt erforderlich sind. Unter Umständen erübrigt sich die Anfertigung durch einen amtlichen Übersetzer auch deshalb, weil die Parteien nach Vorlage der privatschriftl. Übersetzung den Inhalt der fremdsprachlichen Urkunde unstreitig stellen[1].

Des Weiteren kann das Gericht nach § 144 I ZPO zum Zwecke der Augenscheinseinnahme oder Sachverst.-Begutachtung einer Partei oder auch einem Dritten die Vorlegung eines in ihrem oder seinem Besitz befindlichen Gegenstands aufgeben und hierfür eine Frist setzen. Es kann auch die Duldung einer Augenscheinseinnahme aufgeben, sofern nicht eine Wohnung betroffen ist (§ 144 I ZPO). Dritte sind zur Vorlegung oder Duldung nicht verpflichtet, soweit ihnen diese nicht zumutbar ist oder sie zur Zeugnisverweigerung nach §§ 383–385 ZPO berechtigt sind (§ 142 II ZPO). 17

Die Vorschrift des § 142 ZPO ist trotz der unterlassenen redaktionellen Anpassung (vgl. § 273 I ZPO) von Abs. 1 auch im arbeitsgerichtl. Verfahren anwendbar, wie bereits die Formulierung „insbesondere" zeigt[2]. Wegen der Gefahr der Ausforschung des Gegners und des Eingriffs in Rechte Dritter ist jedoch sorgsam zu prüfen, ob eine gerichtliche Anordnung nach Abs. 1 iVm. §§ 142, 144 ZPO erfolgen soll. Es besteht nämlich die Gefahr, dass nach Abs. 1 Nr. 1 beigezogene Geschäftsunterlagen seitens der beweispflichtigen Partei zum Zwecke eines unzulässigen Ausforschungsbeweises verwendet werden, was dann der Fall ist, wenn unsubstanziiert die Vorlage von Geschäftsunterlagen verlangt wird mit dem Ziel, erst aus den Unterlagen Stoff für weiteres substanziiertes Vorbringen oder Beweismittel zu erhalten[3]. 18

Als **Voraussetzungen für eine Vorlagepflicht von Urkunden** durch Dritte werden genannt[4]: 19

- Berufung einer Partei auf die Urkunde,
- Schlüssiger Vortrag dieser Partei,
- Genaue Bezeichnung der Urkunde,
- Angabe, was sich aus der Urkunde ergeben soll,
- Vorlage dient der Klärung einer streitigen Tatsache,
- Kein Zeugnisverweigerungsrecht des Dritten,
- Keine Unzumutbarkeit der Vorlage durch den Dritten (Kriterien: Erbringbarkeit des Beweises auf andere Weise, Umfang des Aufwandes des Dritten im Verhältnis zum Klagebegehren, berechtigtes Vertraulichkeitsinteresse des Dritten unterhalb der Schwelle des Betriebs- und Geschäftsgeheimnisses).

Die Anordnung kann sich auch auf die Vorlage von Urkundensammlungen wie Personalakten, Kundenakten, Projektakten ua. beziehen. Hier besteht besonders die Gefahr der unzulässigen Ausforschung. Zudem ersetzt die Vorlage von Urkundensammlungen keinen substantiierten Vortrag. Die globale Bezugnahme auf solche Sammlungen kann gegen den Beibringungsgrundsatz verstoßen. Die Parteien haben die Tatsachen vorzutragen, die das Gericht seiner Beurteilung zugrunde legen soll; nicht das Gericht hat sie aus irgendwelchen ihm vorgelegten Schriftstücken zu ermitteln. Die Parteien erfüllen diese Aufgabe nicht, wenn sie dem Gericht Urkunden, Blattsammlungen, Akten oder Druckschriften vorlegen, aus denen das Gericht nach eigenem Ermessen die erheblichen Tatsachen auswählen soll. Unzulässig ist, wenn die darlegungspflichtige Partei nur Buchhaltungsunterlagen, Korrespondenzen oder andere Blattsammlungen vorlegt, aus denen das Gericht die Angaben heraussuchen müsste, die die Klage im Einzelnen begründen sollen; ebenso, wenn auf Akten anderer Verfahren – nicht nur auf einzelne Schriftsätze dort – zur Begründung Bezug genommen wird[5]. Die gebotene Individualisierung der Klagegründe nach § 253 II Nr. 2 ZPO kann allerdings grds. auch durch eine konkrete Bezugnahme auf andere Schriftstücke erfolgen[6]. 20

Die Beiziehung von Personalakten steht im pflichtgemäßen Ermessen des Gerichts. Die Erwägung, dass es in Eingruppierungsprozessen des öffentl. Dienstes im Allgemeinen zweckmäßig ist, die Personalakten des jeweiligen Bediensteten beizuziehen, rechtfertigt für sich allein keine andere rechtl. Beurteilung[7]. Dabei wird bereits die Beiziehung einer Personalakte wegen des davon betroffenen Persönlichkeitsrechts von der Zustimmung des Betroffenen abhängig gemacht[8]. Die Verwertung des Inhalts der Personalakte darf nicht gegen den Willen der Parteien erfolgen[9]. 21

Es steht auch im pflichtgemäßen Ermessen der Tatsachengerichte, ob sie zur Sachaufklärung bzw. zur Unterstützung des Prozessgerichts vorbereitende Maßnahmen wie die Beiziehung anderer Verfahrensakten von Amts wegen einleiten. Sind jedoch Art und Ausgang eines anderweitigen Verfahrens für die den Gerichten obliegende eigene rechtl. Beurteilung von möglicher rechtl. Bedeutung und ist zudem das diesbezügliche Parteivorbringen ungenau, widersprüchlich und möglicherweise sogar entstellend, dann 22

---

1 *Gift/Baur*, E Rz. 722. | 2 GMPM/*Germelmann*, § 56 ArbGG Rz. 9. | 3 BAG v. 10.9.1975 – 4 AZR 456/74, AP Nr. 24 zu § 1 TVG – Tarifverträge: Bau. | 4 *Schmidt/Schwab/Wildschütz*, NZA 2001, 1163. | 5 *Lange*, NJW 1989, 438 (442 f.). | 6 BGH v. 11.2.2004 – VIII ZR 127/03, MDR 2004, 824 f. | 7 BAG v. 13.2.1974 – 4 AZR 192/73, AP Nr. 4 zu § 70 BAT. | 8 GMPM/*Germelmann*, § 56 ArbGG Rz. 10. | 9 BAG v. 20.1.1975 – 2 AZR 534/73.

kann das Tatsachengericht sogar ermessensfehlerhaft und damit pflichtwidrig handeln, wenn es die Beiziehung der Akten zur Sachaufklärung unterlässt[1].

23 Nach § 143 ZPO kann das Gericht anordnen, dass die Parteien die in ihrem Besitz befindlichen Akten vorlegen, soweit diese aus Schriftstücken bestehen, welche die Verhandlung und Entscheidung der Sache betreffen. Akten iS dieser Vorschrift sind aber nur Schriftstücke, welche selbst Gegenstand der „Verhandlung und Entscheidung der Sache" wurden oder werden sollten, also Urkunden, welche Inhalt der Gerichtsakten sein sollten, jedoch dort (evtl. durch Verlust) fehlten[2].

24 Das Gericht kann anordnen, dass die vorgelegten Schriftstücke während einer von ihm zu bestimmenden Zeit auf der Geschäftsstelle verbleiben (§ 142 II ZPO).

25 Daneben kann der Vorsitzende zur Erläuterung und Veranschaulichung des Vortrags auch die Vorlegung von anderen Unterlagen wie zB Stammbäumen, Plänen, Rissen und sonstigen Zeichnungen verlangen. Diese Unterlagen und wohl auch Fotos sind, soweit noch nicht vorhanden, anzufertigen.

26 Üblich ist es, dass nicht die Vorlage von Urkunden und sonstigen Unterlagen, sondern vorbereitend nur die Fertigung und Vorlage von Kopien dieser Unterlagen angeordnet wird. Regelmäßig wird deren Übereinstimmung mit den Originalen unstreitig. Dann ist ebenfalls unstreitig, dass die aus der Kopie (oder auch einer nicht unterzeichneten Durchschrift) ersichtliche oder als solche benannte Partei die in der Kopie enthaltene Erklärung abgegeben hat. Ein Beweis ist insoweit nicht mehr erforderlich. Die Kopie hat nur noch den Zweck, das Gericht mit dem eindeutigen Wortlaut der Erklärung bekannt zu machen. Rechtlich zu würdigen ist nur noch deren Erklärungsinhalt.

27 Schließlich kann das Gericht den Parteien die Vorlage von anderen zur Niederlegung bei Gericht geeigneten Gegenständen aufgeben. Von einem Beweisantritt oder einer Inbezugnahme durch eine Partei ist die Anordnung ebenfalls nicht abhängig. Hierbei handelt es sich regelmäßig um Augenscheinsobjekte, wie zB fehlerhafte Werkstücke oder beschädigte Kleidungsstücke. Dazu gehören auch Ton- oder Bildaufnahmen und andere technische Aufzeichnungen oder Aufzeichnungsträger (Tonband, Festplatte, sonstige elektronische Speichermedien) ohne schriftl. Verkörperung[3].

28 **c) Anforderung amtlicher Auskünfte und Urkunden (Nr. 2).** Nach Nr. 2 (wortgleich mit § 273 II Nr. 2 ZPO) kann der Vorsitzende Behörden oder Träger eines öffentl. Amtes um Mitteilung von Urkunden oder um Erteilung amtlicher Auskünfte ersuchen. „Behörde" ist ein in den allgemeinen Organismus der Anstalten und Körperschaften des öffentl. Rechts eingefügtes Organ der Staatsgewalt, das dazu berufen ist, unter öffentl. Autorität für die Erreichung der Zwecke des Staates unmittelbar oder mittelbar tätig zu sein. Reine Fiskalunternehmen sind, ebenso wie vom staatlichen Behördenaufbau losgelöste Anstalten, keine Behörden[4]. Als Behörden gelten Gerichte, Bundes-, Landes- und Gemeindebehörden, amtliche Berufsvertretungen, öffentl.-rechtl. Versicherungsanstalten, kirchliche Behörden, Universitäten, öffentl. Sparkassen, die Girozentralen, Industrie- und Handelskammern, Handwerkskammern und auch ausländische Behörden[5]. Dagegen sind keine Behörden juristische Personen des Privatrechts, selbst wenn ihnen öffentl. Aufgaben übertragen sind (zB TÜV, Rotes Kreuz).

29 In Nr. 2 findet sich keine Ermächtigung zur Amtsermittlung, sondern nur eine Berechtigung zu einer das Parteivorbringen ergänzenden Stoffsammlung[6]. Als Urkunden kommen zB Gerichtsakten und Verwaltungsakten in Betracht. Die in Nr. 2 angesprochene, aber weder im ArbGG noch in der ZPO geregelte amtliche Auskunft ist ein selbständiges Beweismittel, also nicht nur eine Urkunde. Sie ersetzt bei einer Behörde die Zeugen- oder Sachverst.-Vernehmung[7]. Im arbeitsgerichtl. Verfahren kann es zB um die Einholung von Auskünften der AOK oder einer anderen öffentl.-rechtl. verfassten Krankenkasse, der BA, der Industrie- und Handelskammer, der Handwerkskammer, nicht aber der privatrechtl. verfassten Handwerksinnungen oder der Kreishandwerkerschaft gehen.

30 **d) Anordnung des persönlichen Erscheinens (Nr. 3).** In Nr. 3 ist die Anordnung des persönl. Erscheinens der Parteien aufgeführt, die jedoch bereits in § 51 eine umfassende Regelung erfahren hat. Durch Nr. 3 wird insoweit nur verdeutlicht, dass die Anordnung des persönl. Erscheinens der Parteien eine regelmäßig zu erwägende Vorbereitungsmaßnahme für eine streitige Verhandlung ist.

31 **e) Ladung von Zeugen und Sachverständigen (Nr. 4).** Durch Nr. 4 wird der Vorsitzende ermächtigt, Zeugen und Sachverst. zur streitigen Verhandlung zu laden. Daneben kann der Vorsitzende nach § 378 I 1 ZPO dem Zeugen das Einsehen und Mitbringen bestimmter Unterlagen aufgeben.

32 Die vorsorgliche Zeugenladung ist nur zulässig, wenn eine Partei sich bereits auf Zeugen bezogen hat. Sie ist nur sachdienlich, wenn die Ladung der Aufklärung eines streitigen, entscheidungserheblichen Sachverhalts dient. Nr. 4 ermächtigt aber nur zu vorbereitenden Maßnahmen, nicht zur Durchführung der Beweisaufnahme. Die schriftl. Beantwortung der Beweisfrage nach § 377 III ZPO kann der Vorsitzende aber nach § 55 IV Nr. 2 anordnen.

1 BAG v. 10.3.1977 – 4 AZR 675/75, AP Nr. 9 zu § 313 ZPO. | 2 Zöller/*Greger*, § 142 ZPO Rz. 1. | 3 BLAH/*Hartmann*, Übers. § 371 ZPO Rz. 10. | 4 Zöller/*Greger*, § 273 ZPO Rz. 8. | 5 BLAH/*Hartmann*, § 415 ZPO Rz. 2. | 6 *Gift/Baur*, Urteilsverfahren, E Rz. 726. | 7 BLAH/*Hartmann*, Übers. § 373 ZPO Rz. 33.

Nach Nr. 4 iVm. § 378 I 1, II ZPO kann der Vorsitzende dem Zeugen aufgeben, Aufzeichnungen und andere Unterlagen einzusehen und zu dem Termin mitzubringen, soweit dies ihm die Aussage über seine Wahrnehmungen erleichtert. Der Zeuge muss diese Unterlagen nicht selbst in Besitz haben. Befinden sie sich nicht in seinen Händen, so besteht die Pflicht nur, wenn ihm Einsichtnahme und Mitbringen gestattet ist. Grenze dieser Pflicht ist die Zumutbarkeit. Der Zeuge ist nicht verpflichtet, derartige Unterlagen dem Gericht oder den Parteien vorzulegen oder auszuhändigen. Er ist kein Urkundenlieferant und kann daher frei entscheiden, ob er einem entsprechenden Ersuchen des Gerichts oder der Parteien auf Vorlage oder Aushändigung von Unterlagen oder Kopien davon entspricht[1]. Zur Vorlage ist er nur nach Maßgabe von §§ 429, 142 I ZPO verpflichtet (§ 378 I 2 ZPO). Zwangsmaßnahmen gegen den die Anordnung missachtenden Zeugen nach §§ 378 II, 390 ZPO sind nur zulässig, wenn dem Zeugen die Einsichtnahme und das Mitbringen unter konkreter Bezeichnung der Unterlagen aufgegeben und er über die Folgen eines Verstoßes belehrt wurde. 33

Des Weiteren kann der Vorsitzende nach Nr. 4 die Ladung eines Sachverst. zur streitigen Verhandlung anordnen. Dies kommt nur in Betracht, wenn eine Partei sich auf ein Sachverst.-Gutachten bezogen hat oder wenn das Gericht sich eines Sachverst. von Amts wegen nach § 144 ZPO bedienen will. 34

f) Sonstige Maßnahmen. Die Aufzählung der Vorbereitungsmaßnahmen in Nr. 1–4 ist nicht abschließend, wie bereits die Formulierung „insbesondere" ausweist[2]. Der Vorsitzende kann den Parteien zB den Nachweis von fremdem Recht und von Statuten aufgeben. 35

Im arbeitsgerichtl. Verfahren von besonderer Bedeutung ist die Ermittlung des Tarifrechts. Auf tarifl. Normen sind die Grundsätze des § 293 ZPO anzuwenden. Ergibt sich aus dem Vortrag der Parteien, dass tarifl. Normen bestehen können, die für die Entscheidung des Rechtsstreits erheblich sind, so muss das Gericht diesem Vortrag nach Maßgabe des § 293 ZPO nachgehen. Es muss diese Normen ermitteln und daraufhin prüfen, ob sie auch das der Entscheidung unterliegende Arbeitsverhältnis betreffen. Dazu gehört auch die Klärung, ab wann ein TV wirksam geworden ist und ab wann er somit auf das Rechtsverhältnis der Parteien einwirken konnte[3]. Dabei kann das Gericht auf Tatsachen zurückgreifen, die ihm auf Grund amtlicher Tätigkeit in einem früheren Rechtsstreit zur Kenntnis gelangt und die damit bei dem Gericht „offenkundig" iSv. § 291 ZPO sind[4]. Sofern keine Offenkundigkeit vorliegt, kann der Vorsitzende den Parteien die Vorlage eines Exemplars des einschlägigen TV aufgeben oder bei den Verbänden eine „amtliche Auskunft" einholen. Dabei sollen Gewerkschaften und ArbGebVerbände wie Behörden „amtliche Auskünfte" erteilen können, zumal sie sowohl im Rechtsleben als auch in der „staatlichen Gesellschaft" Behörden vergleichbare Funktionen wahrnehmen. Darüber hinaus sei es unbedenklich rechtl. möglich, derartige Auskünfte der TV-Parteien dafür zu verwenden, um nach § 293 ZPO Mittel der Rechtsanwendung und die dazu erforderlichen Erkenntnisquellen zu gewinnen. Demgemäß können Auskünfte der TV-Parteien darüber eingeholt werden, ob für bestimmte Berufszweige TV bestehen, wann sie in Kraft getreten oder gekündigt worden sind, ob es zu TV Protokollnotizen oder vergleichbare Unterlagen gibt oder ob sich eine bestimmte tarifl. Übung mit Billigung der TV-Parteien herausgebildet hat[5]. 36

g) Benachrichtigung der Parteien. Von den terminsvorbereitenden Maßnahmen sind alle Parteien, nicht nur die von der Anordnung betroffene Partei, zu informieren (Abs. 1 S. 3). So können die Parteien sich auf die streitige Verhandlung einstellen. Die Benachrichtigung entspricht zudem dem Gebot rechtl. Gehörs. 37

III. Zurückverweisung verspäteten Vorbringens. 1. Allgemeines. Die Zurückweisungsmöglichkeit nach Abs. 2 S. 1 dient der beschleunigten und sachgerechten Abwicklung des Rechtsstreits. Der verfassungsrechtl. Grundsatz des rechtl. Gehörs nach Art. 103 I GG wird durch eine Zurückweisung verspäteten Vorbringens nicht verletzt. Nach der Rspr. des BVerfG bedeutet der Anspruch auf rechtl. Gehör, dass das entscheidende Gericht durch die mit dem Verfahren befassten Richter die Ausführungen der Prozessbeteiligten zur Kenntnis nehmen und in Erwägung ziehen muss[6]. Art. 103 GG gewährt aber keinen Schutz gegen Entscheidungen, die den – zur Kenntnis genommenen – Sachvortrag einer Partei aus Gründen des formellen oder materiellen Rechts teilweise oder ganz unberücksichtigt lassen[7]. Der Anspruch auf wirksamen Rechtsschutz, abgeleitet aus dem Rechtsstaatsprinzip (Art. 20 III GG), bedeutet auch Rechtsschutz innerhalb angemessener Zeit[8]. Dieses soll durch Anwendung der Beschleunigungsvorschriften erreicht werden. 38

Präklusionsvorschriften finden sich für das erstinstanzliche arbeitsgerichtl. Verfahren in Abs. 2 S. 1 und § 61a V 1. Soweit diese Vorschriften nicht eingreifen, kommt die Anwendung der §§ 282 und 296 ZPO in Betracht. 39

---

1 *Gift/Baur*, Urteilsverfahren, E Rz. 732. | 2 GMPM/*Germelmann*, § 56 ArbGG Rz. 17. | 3 BAG v. 9.8.1995 – 6 AZR 1047/94, AP Nr. 8 zu § 293 ZPO. | 4 BAG v. 9.8.1995 – 6 AZR 1047/94, AP Nr. 8 zu § 293 ZPO. | 5 BAG v. 16.10.1985 – 4 AZR 149/84, AP Nr. 108 zu §§ 22, 23 BAT 1975. | 6 BVerfG v. 23.11.1977 – 1 BvR 481/77, AP Nr. 30 zu Art. 104 GG. | 7 BVerfG v. 2.7.1979 – 1 BvR 1292/78, AP Nr. 31 zu Art. 103 GG. | 8 BVerfG v. 3.8.1989 – 1 BvR 1178/88, AP Nr. 40 zu Art. 103 GG.

40 **2. Zurückweisung nach Abs. 2.** Nach Abs. 2 S. 2 sind Angriffs- und Verteidigungsmittel, die erst nach Ablauf einer nach Abs. 1 S. 2 Nr. 1 gesetzten Frist vorgebracht werden, nur zuzulassen, wenn nach der freien Überzeugung des Gerichts ihre Zulassung die Erledigung des Rechtsstreits nicht verzögern würde oder wenn die Partei die Verspätung genügend entschuldigt. Die Zurückweisungsmöglichkeit besteht somit nur in Fällen einer Auflage an die Parteien mit Hinweis auf Darlegungslücken und Aufklärungsdefizite nach Abs. 1 S. 2 Nr. 1. Der wortgleiche § 296 I ZPO tritt insoweit hinter der spezielleren Norm des § 56 II 1 zurück.

41 Eine Zurückweisung verspäteten Vorbringens ist nur zulässig, wenn die folgenden Voraussetzungen sämtlich vorliegen:

- konkrete Aufklärungsauflage des Gerichts,
- ausreichende Frist für den schriftsätzlichen Vortrag,
- Unterzeichnung der Auflagen- und Fristsetzungsverfügung durch den Vorsitzenden,
- ordnungsgemäße Belehrung über Folgen der Versäumung der Frist,
- förmliche Zustellung der Aufklärungsauflage,
- Vortrag von – entscheidungserheblichen – Angriffs- oder Verteidigungsmitteln nach Fristablauf,
- kein Unterlassen zumutbarer Vorbereitungshandlungen durch das Gericht,
- Verzögerung des Verfahrens,
- Anhörung der betroffenen Partei zur Zurückweisungsabsicht des Gerichts,
- keine genügende Entschuldigung der Partei, ggf. keine ausreichende Glaubhaftmachung des Entschuldigungsgrundes durch die Partei.

42 **a) Konkrete gerichtliche Aufklärungsauflage.** Eine Zurückweisung kommt nur in Betracht, wenn der Vorsitzende die klärungsbedürftigen Punkte genau bezeichnet[1]. Eine allgemein gehaltene Auflage mit Fristsetzung und Belehrung nach Abs. 2 S. 2 genügt dann, wenn die einzelnen klärungsbedürftigen Punkte vorher im Rahmen der Erörterung der Sach- und Rechtslage genau bezeichnet und in der Niederschrift festgehalten worden sind[2]. Die allgemeine gerichtl. Aufforderung an eine Partei, zum Vortrag des Gegners Stellung zu nehmen, ist keine Maßnahme nach Abs. 1 S. 2 Nr. 1. Im Gegensatz zu Nr. 1 wird damit nicht die Ergänzung oder Erläuterung von vorbereitenden Schriftsätzen oder die Erklärung über bestimmte klärungsbedürftige Punkte angeordnet, sondern nur die Pflicht der Parteien zur schriftsätzl. Vorbereitung des streitigen Termins begründet (§§ 129 II u. 282 II ZPO).

43 **b) Angemessene Frist zum Vortrag der Angriffs- oder Verteidigungsmittel.** Der darlegungspflichtigen Partei muss eine ausreichende Frist[3] zur Beseitigung der Darlegungslücken und Aufklärungsdefizite eingeräumt werden. Die Länge der Frist ist abhängig vom Umfang der von der Partei zu erwartenden Darlegungen und der für sie notwendigen Nachforschungen, Rücksprachen und Berechnungen und auch davon, ob die Partei selbst oder ein beruflich belasteter Prozessbevollmächtigter den Schriftsatz zu fertigen hat. Besteht eine ausreichende Spanne bis zur streitigen Verhandlung, wird eine Frist von mindestens zwei Wochen, nicht weniger jedoch als eine Woche für angemessen gehalten[4]. Die richterliche Frist kann nach § 224 II ZPO auf Antrag beim Vorliegen erheblicher Gründe, die glaubhaft zu machen sind, verlängert werden. Der Antrag muss vor Fristablauf bei Gericht eingehen, während die Entscheidung nach Fristablauf möglich ist.

44 Hat der Vorsitzende die Frist zu kurz bemessen, so dass sie dem Anspruch auf rechtl. Gehör nicht genügt, ist die Frist durch Zulassung verspäteten Vorbringens zu korrigieren. Ob die Frist „angemessen" war, ist aus der Sicht im Zeitpunkt der Entscheidung über die Zulassung oder Zurückweisung des Vorbringens zu beurteilen[5].

45 **c) Form und Zustellung der Auflagen- und Fristsetzungsverfügung.** Die Auflagen- und Fristsetzungsverfügung bedarf nach § 329 I 2 ZPO iVm. § 317 II 1 ZPO der vollständigen Unterschrift durch den Vorsitzenden. Eine Paraphierung genügt nicht[6]. Die Unterschrift muss von dem nach dem Geschäftsverteilungsplan zuständigen Richter stammen[7].

46 Die Auflagen- und Fristsetzungsverfügung muss verkündet oder der betroffenen Partei bzw. deren Prozessbevollmächtigten (§ 172 ZPO) förmlich zugestellt werden (§ 329 II 2 ZPO)[8]. Eine formlose Mitteilung an die betroffene Partei berechtigt im Falle verspäteten Vorbringens nicht zur Zurückweisung des Vorbringens nach Abs. 2 S. 1. Dem Gegner kann die Verfügung formlos übermittelt werden.

---

1 BAG v. 19.6.1980 – 3 AZR 1177/79, AP Nr. 1 zu § 56 ArbGG 1979; GMPM/*Germelmann*, § 56 ArbGG Rz. 21. | 2 LAG Nürnberg v. 18.12.1989 – 7 Sa 411/89, LAGE § 56 ArbGG 1979 Nr. 1. | 3 Vgl. BGH v. 11.11.1993 – VII ZR 54/93, MDR 1994, 508 (zur Klageerwiderungsfrist). | 4 *Gift/Baur*, Urteilsverfahren, E Rz. 747. | 5 OLG Hamm 22.1.1982 – 6 U 61/82, MDR 1983, 63. | 6 BGH v. 5.3.1990 – II ZR 109/89, MDR 1990, 1095. | 7 BGH v. 27.6.1991 – IX ZR 222/90, MDR 1992, 185; GMPM/*Germelmann*, § 56 ArbGG Rz. 22. | 8 BGH v. 5.3.1990 – II ZR 109/89, MDR 1990, 1095; LAG Nds. v. 12.12.1989 – 6 Sa 357/89, LAGE § 56 ArbGG 1979 Nr. 2; GMPM/*Germelmann*, § 56 ArbGG Rz. 23 (förmliche Zustellung nicht zwingend erforderlich, aber empfehlenswert).

d) Belehrung über Folgen bei Fristversäumung. Nach Abs. 2 S. 2 ist die betroffene Partei über die Folgen der Versäumung der nach Abs. 1 S. 2 Nr. 1 gesetzten Frist zu belehren. Dies gilt unabhängig davon, ob die Partei durch Rechtsanwalt oder Verbandsvertreter vertreten wird oder nicht[1]. 47

Durch die Belehrung muss der betroffenen Partei vor Augen geführt werden, dass sie grds. nur innerhalb der gesetzten Frist vortragen und dass sie bei Versäumung der Frist allein deshalb im Rechtsstreit vollständig unterliegen kann[2]. Die bloße Wiederholung des Gesetzeswortlauts genügt wegen der einschneidenden Folgen einer Fristversäumung im Allgemeinen nicht[3]. 48

Etwas anderes gilt, wenn die Partei selbst Rechtsanwalt ist. Denn dann kann vorausgesetzt werden, dass die in der Belehrung mitgeteilten Verfahrensvorschriften ohne die sonst notwendige Erläuterung verstanden werden[4]. 49

Mindere Anforderungen an den Umfang der Belehrung sind auch dann zu stellen, wenn die belehrte darlegungs- und beweisbelastete Partei anwaltlich vertreten ist. Der Prozessbevollmächtigte vertritt die Partei; sein Verschulden wird ihr zugerechnet (§ 85 ZPO). Entsprechend dem Rechtsgedanken in § 166 I BGB sind deshalb Kenntnis oder Kennenmüssen des Prozessbevollmächtigten der Folgen einer Fristsetzung der Partei zuzurechnen, wenn die Belehrung wörtlich oder sinngemäß den Gesetzeswortlaut wiedergibt[5]. 50

e) Verspäteter Vortrag von Angriffs- oder Verteidigungsmitteln. Sind die genannten formellen Voraussetzungen für eine Präklusion von Parteienvortrag erfüllt, dann sind Angriffs- und Verteidigungsmittel, die nicht fristgerecht vorgebracht werden, nicht zuzulassen, wenn dadurch die Erledigung des Rechtsstreits verzögert würde oder wenn die Partei die Verspätung nicht genügend entschuldigt. Insoweit besteht eine Zurückweisungspflicht, die nicht zur Disposition der Parteien steht[6]. Die Frist ist versäumt, wenn die vom Gericht geforderte Erklärung nicht innerhalb der Frist bei Gericht eingeht. Die Partei darf allerdings die gesetzte Frist bis zuletzt ausschöpfen[7]. 51

Den Parteien können die schwerwiegenden Folgen der Versäumung richterlicher Erklärungsfristen nur dann zugemutet werden, wenn die förmlichen Voraussetzungen für eine Nichtzulassung von Angriffs- und Verteidigungsmitteln genau eingehalten werden. Deshalb ist von dem Gericht zu verlangen, dass es sich selbst bei Erlass der Verfügung an die gesetzl. Förmlichkeiten und Zuständigkeitsregeln hält. Fehlt es an einer der genannten förmlichen Voraussetzungen, darf verspätetes Vorbringen nicht zurückgewiesen werden. Eine Heilung nach § 295 BGB findet nicht statt[8]. 52

Zurückgewiesen werden können nur Angriffs- und Verteidigungsmittel. Dazu zählt jedes sachliche und prozessuale Vorbringen, das der Durchsetzung bzw. Abwehr des geltend gemachten prozessualen Anspruchs dient, zB Behauptungen, Bestreiten, Einwendungen, auch Aufrechnungen, Einreden einschließlich der Tatsachenbehauptungen und Beweismittel zu ihrer Rechtfertigung, Beweisanträge und Beweiseinreden. Keine Angriffs- und Verteidigungsmittel sind Rechtsausführungen und verfahrensbestimmende Anträge wie Klage, Klageänderung, Klageerweiterung, Parteiänderung, Widerklage und Widerklageänderung oder -erweiterung und das Vorbringen zu ihrer Begründung. 53

f) Verzögerung des Rechtsstreits. aa) Verzögerungsrelevanter Vortrag. Solange nicht feststeht, dass die Gegenpartei verspätetes Vorbringen bestreitet, liegen die Voraussetzungen für ein Zurückweisen nach Abs. 2 nicht vor[9]. Vor einer Zurückweisung hat das Gericht verspätetes Vorbringen auf seine Erheblichkeit zu prüfen und, wenn es diese bejaht, den Gegner zur Stellungnahme zu veranlassen[10]. Kann sich der Prozessgegner auf ein verspätet vorgebrachtes Angriffs- oder Verteidigungsmittel im Verhandlungstermin nicht erklären, darf das Gericht dieses Vorbringen nur dann als verspätet zurückweisen, wenn der Gegner in einem nach § 283 ZPO nachgelassenen Schriftsatz den Vortrag bestreitet[11]. 54

Vor der Zurückweisung verspäteten Vertrags ist daher dem Gegner nach § 283 ZPO Gelegenheit zur Stellungnahme durch nachgereichten Schriftsatz zu geben. Erst danach ist über die Zurückweisung des bestrittenen und damit beweisbedürftig gebliebenen verspäteten Vorbringens zu entscheiden[12]. 55

bb) Kausalität. Zwischen der Verspätung des Vorbringens und der Verzögerung des Rechtsstreits muss ein alleinursächlicher Zusammenhang bestehen. Dieser besteht nicht, wenn es zur Verzögerung aus Gründen kommt, die dem Prozess allgemein und unabhängig davon innewohnen, ob die Partei rechtzeitig oder verspätet vorgetragen hat[13]. 56

---

1 LAG Schl.-Holst. v. 12.1.1989 – 6 Sa 544/88, NJW-RR 1989, 441; für § 277 Abs. 2 ZPO ebenso BGH v. 14.7.1983 – VII ZR 328/82, MDR 1983, 1017. | 2 *Gift/Baur*, Urteilsverfahren, E Rz. 753. | 3 BGH v. 23.10.1990 – XI ZR 20/90, NJW 1991, 493. | 4 BGH v. 23.10.1990 – XI ZR 20/90, NJW 1991, 493. | 5 BAG v. 19.5.1998 – 9 AZR 362/97, EzA § 56 ArbGG 1979 Nr. 2. | 6 *Gift/Baur*, Urteilsverfahren, E Rz. 763 f. | 7 BVerfG v. 25.2.1993 – 2 BvR 1066/91, AP Nr. 20 zu § 233 ZPO 1977; BAG v. 4.2.1994 – 8 AZB 16/93 (zur Berufungsbegründungsfrist); *Gift/Baur*, Urteilsverfahren, E Rz. 776. | 8 BGH v. 21.6.1991 – IX ZR 222/90, NJW 1991, 2774 zu § 296 Abs. 1 ZPO. | 9 OLG Naumburg v. 7.1.1994 – 3 U 69/93, NJW-RR 1994, 704 zu § 296 ZPO. | 10 OLG Frankfurt v. 8.10.1991 – 14 U 247/90, NJW-RR 1992, 1405. | 11 LG Berlin v. 4.2.1992 – 64 S 319/91, NJW-RR 1992, 958; KG v. 25.10.1982 – 24 U 2582/82, MDR 1983, 235. | 12 OLG Frankfurt v. 24.9.1986 – 17 U 20/85, MDR 1987, 330. | 13 BGH v. 5.5.1982 – VIII ZR 152/81, MDR 1982, 1012; v. 21.4.1986 – VIII ZR 125/85, MDR 1986, 1017.

57 Daher darf das Nichterscheinen eines ordnungsgemäß geladenen Zeugen nicht zur Benachteiligung der beweisführenden Partei verwertet werden[1]. Die durch das Ausbleiben eines Zeugen oder einer zu vernehmenden Partei eintretenden Verzögerungen müssen von der Rechtsordnung beim verspäteten Vorbringen ebenso wie beim rechtzeitigen Vorbringen notwendigerweise hingenommen werden[2]. Geht wegen verspäteten Beweisantritts die Ladung dem Zeugen nicht zu und erscheint er auch nicht freiwillig im Termin, steht der Annahme der Verzögerung des Rechtsstreits durch das Ausbleiben des Zeugen nicht entgegen, dass er sich der Partei gegenüber zum Erscheinen bereit erklärt hatte und möglicherweise auch bei rechtzeitiger Ladung ausgeblieben wäre[3]. Es fehlt an einer Verzögerung der Erledigung des Rechtsstreits, wenn auch bei fristgerechtem Eingang des Schriftsatzes mit dem verspäteten Vorbringen ein Beweisbeschluss hätte ergehen müssen und der Rechtsstreit folglich nicht erledigt worden wäre[4]. Verspätetes Vorbringen darf in einem Termin auch dann nicht zurückgewiesen werden, wenn nach der Sach- und Rechtslage des Streitfalles eine Streiterledigung in diesem Termin von vornherein ausscheidet[5], insb. weil keine ausreichenden Vorbereitungsmaßnahmen durch das Gericht ergriffen wurden[6], keine genügende Zeit für die Vernehmung von Zeugen vorgesehen wurde[7] oder die richterliche Verfahrensleitung und Terminsvorbereitung erkennbar unzulänglich sind[8].

58 **cc) Verzögerungsbegriff.** Eine Verzögerung liegt vor, wenn die Zulassung des verspäteten Sachvortrags zu einer nicht ganz unerheblichen zeitlichen Verschiebung zwingt[9].

59–63 Einstweilen frei.

64 **dd) Keine Mitursächlichkeit des Gerichts für Verzögerung.** Beruht die Verspätung eines Vorbringens oder das Unterlassen der Entschuldigung auch auf einer Verletzung der richterlichen Fürsorgepflicht, schließt die rechtsstaatlich gebotene faire Verfahrensführung eine Präklusion nach Abs. 2 aus[10]. Ist eine Verfahrensverzögerung durch zumutbare und damit prozessrechtl. gebotene Maßnahme vermeidbar, dient die Zurückweisung verspäteten Vorbringens nicht mehr der Verhinderung von Folgen säumigen Parteiverhaltens. Sie wirkt vielmehr einer Verzögerung entgegen, die erst infolge unzureichender richterlicher Verfahrensleitung droht[11].

65 Von der Möglichkeit des Ausschlusses von Parteivorbringen oder Beweismitteln wegen Verspätung kann kein Gebrauch gemacht werden, wenn ein Schriftsatz so rechtzeitig eingeht, dass die Ladung eines darin benannten Zeugen zu einem bereits anberaumten Termin möglich ist oder der betreffende Zeuge in dem Termin gestellt wird[12]. Mit Zeugenbeweis dem Gericht eingereichter Tatsachenvortrag kann nicht als verspätetes Vorbringen zurückgewiesen werden, wenn die Beweiserhebung dem Gericht zu dem bereits anberaumten Termin der mündlichen Verhandlung möglich wäre oder bei gehöriger Terminsvorbereitung möglich gewesen wäre[13]. Die Zurückweisung des Vorbringens als verspätet verletzt daher den Grundsatz des rechtl. Gehörs, wenn das Gericht entgegen seiner Prozessförderungspflicht einen Zeugen trotz ausreichender Zeit nicht lädt und dadurch die Verzögerung der Erledigung des Rechtsstreits mitverursacht[14]. Die Pflicht zur Wahrung rechtl. Gehörs erfordert aber nicht, schon vor Eingang der Klageerwiderung auf Grund des in der Klageschrift geschilderten vorprozessualen Streitstandes die hierzu benannten Zeugen für den Kammertermin zu laden[15]. Die Nichtzulassung verspäteten Zeugenbeweises ist ermessensfehlerhaft, wenn die Verzögerung des Verfahrensabschlusses damit begründet wird, der Verhandlungstermin sei bereits durch eine Parteivernehmung zum selben Beweisthema ausgelastet[16]. Die Vernehmung eines zunächst ohne ladungsfähige Anschrift, im Übrigen aber konkret und rechtzeitig benannten Zeugen darf nur unter den Voraussetzungen des § 356 ZPO abgelehnt werden. Die Ablehnung kann nicht stattdessen – wegen verspäteten Nachreichens der ladungsfähigen Anschrift – auf Abs. 2 gestützt werden[17]. Die Erledigung des Rechtsstreits wird aber verzögert, wenn der vom Beklagten verspätet erst in der mündlichen Verhandlung benannte Zeuge zwar präsent ist und deshalb vernommen werden könnte, seine Vernehmung aber bei einer dem Kläger günstigen Aussage die Vernehmung nicht präsenter Gegenzeugen erforderlich machen würde[18].

66 **g) Rechtliches Gehör wegen Vorwurfs der Verspätung.** Der betroffenen Partei ist vom Vorsitzenden rechtl. Gehör zum Vorwurf der Verspätung des Vorbringens zu gewähren. Sie ist ausdrücklich nach möglichen Entschuldigungsgründen für die Verspätung zu befragen und ggf. zur Glaubhaftmachung der Entschuldigungsgründe aufzufordern.

---

1 BGH v. 23.4.1986 – VIII ZR 128/85, MDR 1986, 1018. | 2 BGH v. 1.10.1986 – I ZR 125/84, NJW 1987, 502. | 3 BGH v. 19.10.1988 – VIII ZR 298/87, MDR 1989, 249. | 4 OLG Hamm v. 4.2.1994 – 9 U 192/93, NJW-RR 1995, 126. | 5 BGH v. 21.10.1986 – VI ZR 107/86, MDR 1987, 225. | 6 OLG Hamm v. 20.1.1989 – 20 U 78/88, NJW-RR 1989, 895. | 7 BVerfG v. 13.8.1991 – 1 BvR 72/91, NJW 1992, 299. | 8 BVerfG v. 22.8.1991 – 1 BvR 365/91, NJW 1992, 680; v. 20.10.1994 – 2 BvR 1506/94, NJW-RR 1995, 377. | 9 BAG v. 19.5.1998 – 9 AZR 362/97, EzA § 56 ArbGG 1979 Nr. 2. | 10 BVerfG v. 14.4.1987 – 1 BvR 162/84, MDR 1987, 814 (zu § 296 I ZPO). | 11 BVerfG v. 20.10.1994 – 2 BvR 1506/94, NJW-RR 1995, 377. | 12 BAG v. 23.11.1988 – 4 AZR 393/88, MDR 1989, 484. | 13 BVerfG v. 10.2.1993 – 2 BvR 2218/92. | 14 BVerfG v. 16.6.1995 – 2 BvR 2623/93, NJW-RR 1995, 1469. | 15 BGH v. 30.9.1986 – X ZR 2/86, MDR 1987, 230. | 16 BGH v. 9.11.1990 – V ZR 194/89, MDR 1991, 518. | 17 BGH v. 31.3.1993 – VIII ZR 91/92, MDR 1994, 512 (zu § 296 II ZPO). | 18 BGH v. 26.3.1982 – V ZR 149/81, MDR 1982, 658.

h) Unzureichende Entschuldigung oder Glaubhaftmachung. Das Verschulden der Partei, ggf. ihres gesetzl. Vertreters (§ 51 II ZPO) oder Prozessbevollmächtigten (§ 85 II ZPO) an der Fristversäumung wird vermutet. Die Partei muss sich entlasten, und zwar sofort, spätestens im Folgenden Termin. Nur eine in 1. Instanz schuldlos unterlassene Entschuldigung für das verspätete Vorbringen kann mit der Berufung nachgeholt werden[1]. **67**

An die Sorgfaltspflichten des Anwalts oder des Verbandsvertreters werden dabei strengere Anforderungen gestellt als an die Partei selbst[2]. Soweit es um ein Verschulden der Partei geht, wird danach gefragt, ob die Partei nach ihren persönlichen Kenntnissen und Fähigkeiten die Verspätung hätte vermeiden können und müssen[3]. Wegen der verfassungsrechtl. Dimension und des Gebots der zurückhaltenden Anwendung von Präklusionsvorschriften wird die Vermeidung einer kleinlichen Betrachtung und ein Abstellen auf die Umstände des Einzelfalles angeraten[4]. **68**

Das Gericht darf ein verspätetes Vorbringen nicht wegen Unglaubwürdigkeit des vorgetragenen Entschuldigungsgrundes zurückweisen, ohne dass es die Partei zur Glaubhaftmachung aufgefordert und ihr dazu in angemessener Weise – regelmäßig unter Einräumung einer kurzen Frist – Gelegenheit gegeben hat[5]. **69**

i) Zurückweisungsentscheidung. Liegen sämtliche Voraussetzungen für ein Zurückweisen verspäteten Vorbringens vor, so entscheidet die Kammer über die Zurückweisung des Vorbringens inzidenter in dem Urteil zur Hauptsache. **70**

j) Folgen der Präklusion verspäteten Vorbringens. Die Zurückweisung verspäteten Vorbringens hat die Wirkung, dass die Sachprüfung so vorzunehmen ist, als hätte die Partei das verspätete Vorbringen nicht vorgetragen[6]. **71**

Angriffs- o. Verteidigungsmittel dürfen nicht durch Teilurteil als verspätet zurückgewiesen werden[7]. **72**

Vorbringen, welches im Verfahren über einen im Wege der Stufenklage geltend gemachten Auskunftsanspruch ausgeschlossen worden ist, kann im Betragsverfahren erneut vorgetragen werden und kann dann auch nicht deshalb als verspätet zurückgewiesen werden, weil es nicht schon im Verfahren der ersten Stufe rechtzeitig und substanziiert vorgebracht worden ist[8]. **73**

k) Sonderfall: Eilverfahren. Im Arrestverfahren und im einstw. Verfügungsverfahren ist es den Parteien erlaubt, im Verhandlungstermin neue Tatsachen vorzutragen. Eine Zurückweisung als verspätet kommt regelmäßig nicht in Betracht, weil grds. kein Anspruch auf Vertagung besteht und daher keine Verzögerung eintritt[9]. **74**

3. Zurückweisung nach § 296 Abs. 1 ZPO. Ein Zurückweisen von Angriffs- u. Verteidigungsmitteln nach § 296 I ZPO findet im arbeitsgerichtl. Verfahren nicht statt. Die nahezu wortgleiche Vorschrift des Abs. 2 S. 1 geht dem § 296 I ZPO vor. Die in § 296 I ZPO angesprochenen Fristen nach § 275 I 1, III, IV, § 276 I 2, III und § 277 ZPO können zudem wegen § 46 II 2 im arbeitsgerichtl. Verfahren nicht gesetzt werden. Dies gilt auch für die in § 296 I ZPO genannte Frist nach § 273 II Nr. 1 ZPO, weil insoweit Abs. 1 S. 2 Nr. 1 als speziellere Regelung vorgeht[10]. **75**

4. Zurückweisung nach §§ 296 Abs. 2, 282 Abs. 1 ZPO. Nach § 46 II ArbGG iVm. § 296 II ZPO können aber Angriffs- u. Verteidigungsmittel, die entgegen § 282 I ZPO nicht rechtzeitig vorgebracht werden, zurückgewiesen werden, wenn ihre Zulassung nach der freien Überzeugung des Gerichts die Erledigung des Rechtsstreits verzögern würde und die Verspätung auf grober Nachlässigkeit beruht. **76**

a) Prozessförderungspflicht in mündlicher Verhandlung. Nach § 282 I ZPO hat jede Partei in der mündlichen Verhandlung ihre Angriffs- u. Verteidigungsmittel, insb. Behauptungen, Bestreiten, Einwendungen, Einreden, Beweismittel und Beweiseinreden, so zeitig vorzubringen, wie es nach der Prozesslage einer sorgfältigen und auf Förderung des Verfahrens bedachten Prozessführung entspricht. Die Zurückweisungsmöglichkeit nach §§ 296 II, 282 I ZPO gründet damit nicht auf der Versäumung einer vom Gericht gesetzten Frist, sondern auf der Verletzung der allgemeinen Prozessförderungspflicht der Parteien. **77**

In der mündlichen Verhandlung haben die Parteien ihre Angriffs- u. Verteidigungsmittel so frühzeitig wie möglich und vernünftig, also konzentriert und nicht tröpfchenweise, vorzubringen. Besondere Bedeutung erlangt diese Zurückweisungsmöglichkeit bei einem erstmaligen und schriftsätzlich nicht angekündigten Vortrag erst in einem späteren Termin, auf den die Verhandlung vertagt wurde. **78**

b) Voraussetzungen für Präklusion. Die zu Abs. 2 aufgeführten Voraussetzungen zur Verzögerung des Rechtsstreits müssen auch hier vorliegen, also ein verzögerungsrelevanter Vortrag, die Kausalität, keine **79**

---

1 BVerfG v. 14.4.1987 – 1 BvR 162/84, MDR 1987, 814. | 2 *Gift/Baur*, Urteilsverfahren, E Rz. 784. | 3 OLG Hamm v. 15.2.1991 – 12 U 143/90, NJW-RR 1992, 122. | 4 *Gift/Baur*, Urteilsverfahren, E Rz. 785. | 5 BGH v. 10.3 1986 – II ZR 107/85, MDR 1986, 1002. | 6 BGH v. 17.4.1996 – VII ZB 60/95, NJW-RR 1996, 961. | 7 BGH v. 4.2.1993 – VII ZR 39/92, MDR 1993, 1058. | 8 OLG Karlsruhe v. 10.10.1984 – 6 U 81/83, MDR 1985, 239. | 9 OLG Hamburg v. 29.5.1986 – 3 U 17/86, NJW-RR 1987, 36; OLG Koblenz v. 5.2.1987 – 6 U 1319/86, NJW-RR 1987, 509. | 10 GMPM/*Germelmann*, § 56 ArbGG Rz. 3.

Mitursächlichkeit eines die Parteien nicht zum Vortrag auffordernden Gerichts und das rechtl. Gehör wegen des Vorwurfs der Verletzung der Prozessförderungspflicht. Als Verschuldensgrad nennt das Gesetz die grobe Nachlässigkeit. Diese liegt vor, wenn die Partei oder ihr Prozessbevollmächtigter die prozessuale Sorgfalt in ungewöhnlich großem Maße verletzt und dasjenige unbeachtet gelassen hat, was jedem, der einen Prozess führt, hätte einleuchten müssen[1].

80 **5. Zurückweisung nach §§ 296 Abs. 2, 282 Abs. 2 ZPO.** Schließlich können Angriffs- und Verteidigungsmittel nach § 46 II ArbGG iVm. §§ 296 II, 282 II ZPO zurückgewiesen werden, die entgegen § 282 II ZPO nicht rechtzeitig mitgeteilt werden, wenn ihre Zulassung nach der freien Überzeugung des Gerichts die Erledigung des Rechtsstreits verzögern würde und die Verspätung auf grober Nachlässigkeit beruht.

81 **a) Anordnung vorbereitender Schriftsätze.** Nach § 282 II ZPO sind Anträge sowie Angriffs- und Verteidigungsmittel, auf die der Gegner voraussichtlich ohne vorhergehende Erkundigung keine Erklärung abgeben kann, vor der mündlichen Verhandlung durch vorbereitenden Schriftsatz so zeitig mitzuteilen, dass der Gegner die erforderliche Erkundigung noch einzuziehen vermag. Diese Pflicht trifft die Parteien im arbeitsgerichtl. Verfahren nur, wenn ihnen nach § 129 II ZPO durch richterliche Anordnung aufgegeben worden ist, die mündliche Verhandlung durch Schriftsätze oder durch zu Protokoll der Geschäftsstelle abzugebende Erklärungen vorzubereiten.

82 **b) Verspätete Mitteilung von Angriffs- und Verteidigungsmitteln.** Voraussetzung der Zurückweisung ist eine Verletzung des § 282 II ZPO; die bloße Nichteinhaltung der Schriftsatzfrist, also ein Verstoß gegen § 132 ZPO, genügt nach dem klaren Wortlaut des Gesetzes nicht. § 282 II ZPO verlangt, dass Angriffs- und Verteidigungsmittel, auf die der Gegner voraussichtlich ohne vorhergehende Erkundigung keine Erklärung abgeben kann, vor der mündlichen Verhandlung durch vorbereitenden Schriftsatz so zeitig mitzuteilen sind, dass der Gegner die erforderliche Erkundigung noch einzuziehen vermag. Diese Vorschrift hat vor allem Bedeutung für neue Tatsachenbehauptungen. Auf diese hat sich der Gegner gem. § 138 ZPO substanziiert und der Wahrheit gem. zu erklären. Hierzu wird vielfach nicht nur eine Rückfrage des Anwalts beim Mandanten, sondern auch eine Erkundigung bei Dritten erforderlich sein. Anders ist es dagegen, wenn für eine bereits früher aufgestellte und streitig gewordene Behauptung neue Beweise angeboten werden. Diese sind, soweit sie eine materiell-rechtl. erhebliche Behauptung betreffen und keine prozessualen Hindernisse entgegenstehen, auch dann zu erheben, wenn der Gegner sein Bestreiten nicht wiederholt. Ausnahmen von dieser Regel sind denkbar[2]. Dass neues Vorbringen so rechtzeitig schriftsätzlich anzukündigen sei, dass das Gericht noch vorbereitende Maßnahmen nach § 273 ZPO treffen könne, verlangt § 282 II ZPO nicht. Nach der jetzigen Fassung dient die Vorschrift nicht dem Zweck, dem Richter die rechtzeitige Terminsvorbereitung zu ermöglichen. Wenn das Gericht sicherstellen will, dass die Schriftsätze der Parteien bereits in einem Zeitpunkt bei Gericht eingehen, in dem noch die Ladung von Zeugen und andere vorbereitende Maßnahmen angeordnet werden können, bleibt ihm daher nur die Möglichkeit, nach §§ 56 II, 61a III, IV Fristen zu setzen[3].

83 **c) Voraussetzungen für die Präklusion.** Die zu §§ 296 II, 282 II ZPO aufgeführten weiteren Voraussetzungen zur Zurückweisung des Parteivorbringens müssen auch hier vorliegen.

84 **6. Verhinderung der Zurückweisung. a) Flucht in die Säumnis.** Der Zurückweisung verspäteten Vorbringens kann die betreffende Partei durch Nichtverhandeln im Termin zur mündlichen Verhandlung zu entgehen suchen. Gegen das auf Antrag des Gegners ergangene Versäumnisurteil kann Einspruch eingelegt werden. Zusammen mit dem Einspruch kann die Partei die Angriffs- oder Verteidigungsmittel bei Gericht anbringen[4].

85 Das Säumnisverfahren (§§ 330 ff. ZPO) hebt jedoch eine vorangegangene Versäumnis von Erklärungsfristen nicht auf. Die säumige Partei ist aber mit dem in der Einspruchsbegründung nachgeholten Vorbringen zur Hauptsache nicht schlechthin ausgeschlossen. Durch den zulässigen Einspruch wird der Prozess in die Lage zurückversetzt, in der er sich vor Eintritt der Versäumnis der mündlichen Verhandlung befand (§ 342 ZPO). Damit werden alle früheren Prozesshandlungen oder Unterlassungen wieder erheblich. Das Gesetz nimmt zwar die dem Säumnisverfahren eigene Verzögerung des Rechtsstreits in Kauf, jedoch werden andere Versäumnisse durch den Einspruch nicht ausgeräumt. So sind die Rechtsfolgen einer Fristversäumung nach Abs. 2 auch allein aus der Sicht der auf den Einspruch folgenden Verhandlung zu beurteilen. Soweit eine Verzögerung in der Erledigung des Rechtsstreits durch zumutbare vorbereitende Maßnahmen für diese Verhandlung vermieden werden kann, darf das Gericht das Vorbringen auch dann nicht zurückweisen, wenn die gem. Abs. 2 gesetzte Frist versäumt worden ist[5].

86 Nach Eingang eines zulässigen Einspruchs hat der Vorsitzende des Prozessgerichts unverzüglich Termin zur Verhandlung zu bestimmen (§§ 216 II, 341a ZPO). Die Verhandlung soll so früh wie möglich stattfinden (§ 272 III ZPO bzw. § 57 I 2). Damit wäre es nicht vereinbar, wenn der Vorsitzende die auf den Einspruch anzuberaumende Verhandlung so weit hinausschieben müsste, dass in diesem Termin alle

1 BGH v. 24.9.1986 – VIII ZR 255/85, MDR 1987, 229. | 2 BGH v. 28.9.1988 – IVa ZR 88/87, MDR 1989, 49. | 3 BGH v. 28.9.1988 – IVa ZR 88/87, MDR 1989, 49. | 4 GMPM/*Germelmann*, § 56 ArbGG Rz. 33. | 5 BGH v. 23.10.1980 – VII ZR 307/79, MDR 1981, 309 (zu § 275 ZPO).

nach dem verspäteten Vorbringen in Betracht kommenden Beweise erhoben werden könnten. Zwar ist bei der Terminsbestimmung nach Möglichkeit eine Zeitspanne zur Beweisaufnahme einzuplanen, welche nach dem neuen Sachstand und Streitstand geboten und durchführbar erscheint. Dies bedeutet jedoch nicht, dass der Vorsitzende bei der Terminsbestimmung einen freien, den Umständen nach in Betracht kommenden Termin auslassen müsste, um alle nachteiligen Folgen der Verspätung des Parteivorbringens auszuräumen. Andernfalls würde die Regelung des § 296 ZPO durch ein Säumnisverfahren unterlaufen. Eine Zurückweisung verspäteten Vorbringens käme in all jenen Fällen nicht mehr in Betracht, in denen der Verhandlungstermin erst nach Eingang des verspäteten Schriftsatzes bestimmt wird. Der Beschleunigungszweck der gesetzl. Neuregelung wäre verfehlt, eine „Flucht in die Terminsversäumnis" würde sich in allzu vielen Fällen doch lohnen[1].

Beruht die Verzögerung der Erledigung des Rechtsstreits allein auf der Verspätung des Sachvorbringens in der Einspruchsbegründung, so kommt eine Zurückweisung nach §§ 340 III 3, 296 I ZPO in Betracht. Insoweit ist die Anwendbarkeit im arbeitsgerichtl. Verfahren nicht ausgeschlossen[2]. 87

b) Flucht in die Berufungsinstanz. Nach Ablauf der Ausschlussfrist für schriftsätzlichen Vortrag kann die betroffene Partei den Tatsachenvortrag in 1. Instanz unterlassen und in der Berufungsbegründung nachholen. IdR wird ein solchermaßen verspäteter Vortrag keine Verzögerung bewirken, weshalb eine Zulassung nach § 67 II, der dem § 531 II ZPO als Spezialregelung vorgeht[3], erfolgen kann. Es bliebe nur die Kostensanktion des § 97 II ZPO[4]. 88

c) Flucht in die Klageänderung, Klageerweiterung oder Widerklage. Zurückgewiesen werden können nur Angriffs- und Verteidigungsmittel. Dazu gehören weder die Klageänderung, Klageerweiterung, Widerklage, Widerklageerweiterung oder Widerklageänderung, die den Angriff selbst darstellen. Für eine Präklusion verspäteten Vortrags von Angriffs- oder Verteidigungsmitteln zur Begründung neuer oder geänderter Angriffe wird angeführt, es sei kein sachlicher Grund dafür ersichtlich, denjenigen zu bevorzugen, der – auf der Grundlage desselben Streitstoffs – seinen verspätet ergänzten Vortrag mit einer Antragserweiterung begleite. Diese Gesichtspunkte rechtfertigen es indessen nicht, den Anwendungsbereich des Novenrechts im Weg der Rechtsfortbildung auszudehnen. Es spielt keine Rolle, dass die Vorschriften über die Zurückweisung verspäteten Vorbringens anwendbar gewesen wären, wenn eine Partei es bei dem bisherigen Angriff oder bei der bisherigen Verteidigung belassen hätte. Ausgangspunkt muss sein, dass der Angriff und die Verteidigung als solche nicht zurückgewiesen werden können; eine verschärfende analoge Anwendung des Novenrechts scheidet aus[5]. In Bezug auf den neuen Angriff kann der diesen tragende Tatsachenvortrag schon begrifflich nicht verspätet sein. Ist der neue Vortrag zur Entscheidung über den neuen Angriff zu berücksichtigen, so ist auch für die Zurückweisung in Bezug auf den ursprünglichen Angriff kein Raum. Es könnte nicht durch Teilurteil nur über den ursprünglichen Angriff eine Entscheidung unter Einbeziehung des neuen Vorbringens ergehen. Eine andere Beurteilung käme möglicherweise in Betracht, wenn die Erweiterung des Angriffs rechtsmissbräuchlich wäre, insbesondere nur den Sinn haben könnte, den Verspätungsfolgen zu entgehen[6]. 89

57 *Verhandlung vor der Kammer*

(1) Die Verhandlung ist möglichst in einem Termin zu Ende zu führen. Ist das nicht durchführbar, insbesondere weil eine Beweisaufnahme nicht sofort stattfinden kann, so ist der Termin zur weiteren Verhandlung, die sich alsbald anschließen soll, sofort zu verkünden.

(2) Die gütliche Erledigung des Rechtsstreits soll während des ganzen Verfahrens angestrebt werden.

I. Inhalt und Zweck. Die Vorschrift des § 57 bringt den Beschleunigungs- und Konzentrationsgrundsatz zur Geltung, wie er auch in §§ 9 I 1, 56 I 1 und 61a I zum Ausdruck kommt. Sie ist entsprechend im Berufungsverfahren (§ 64 VII 1), Revisionsverfahren (§ 72 VI unter Inbezugnahme von § 57 II) und in den drei Rechtszügen des Beschlussverfahrens (§§ 80 II, 87 II 1, 92 II 1) anwendbar. Außerdem betont die Vorschrift neben § 54 den Vorrang der gütlichen Erledigung eines Verfahrens. Über den Ablauf der streitigen mündlichen Verhandlung – nach einem gescheiterten Gütetermin – enthält das ArbGG keine Regelungen, weshalb nach § 46 II 1 die Vorschriften für das amtsgerichtl. (§§ 495 ff. ZPO) und das Verfahren vor den LG Anwendung finden. 1

II. Gang der mündlichen Verhandlung. 1. Eröffnung der mündlichen Verhandlung. Die Parteien verhandeln über den Rechtsstreit vor dem erkennenden Gericht mündlich (§ 128 I ZPO). Der Termin beginnt mit dem Aufruf der Sache (§ 220 ZPO) und der Eröffnung der mündlichen Verhandlung durch den Vorsitzenden (vgl. § 136 I ZPO). Sodann erfolgt die Protokollierung der für die Kennzeichnung der Sache und der Beteiligten erforderlichen Angaben (vgl. § 160 I ZPO), insb. die Feststellung der Namen 2

1 BGH v. 23.10.1980 – VII ZR 307/79, MDR 1981, 309 (zu § 275 ZPO). | 2 GMPM/*Germelmann*, § 59 ArbGG Rz. 30. | 3 BAG v. 25.1.2005 – 9 AZR 620/03, EzA § 1 AEntG Nr. 7. | 4 GMPM/*Germelmann*, § 56 ArbGG Rz. 34. | 5 BGH v. 23.4.1986 – VIII ZR 93/85, MDR 1986, 843 f.; BGH v. 12.2.1981 – VII ZR 112/80, LM ZPO § 528 Nr. 19. | 6 BGH v. 23.4.1986 – VIII ZR 93/85, MDR 1986, 843 f.

der erschienenen Parteien, Vertreter, Bevollmächtigten, Zeugen und Sachverst. (§ 160 I Nr. 4 ZPO). In bestimmten Fällen ist vorab das Vorliegen bestimmter Formalien festzustellen (zB Vollmacht des nichtanwaltlichen Vertreters – § 88 II ZPO). Werden Schriftsätze oder Telefaxschreiben unter Verstoß gegen § 132 ZPO, §§ 56, 61a erst im Termin überreicht, so muss auf jeden Fall durch Befragen, eventuell mündlichen Vortrag durch die überreichende Partei oder kurzes Überfliegen durch das Gericht, geklärt werden, ob sie neues tatsächliches Vorbringen enthalten. Bejahendenfalls ist zu prüfen, ob der Gegner sich hierauf einlässt, dh. eine Erklärung hierzu abgeben kann (Bestreiten, Zugestehen der neuen Tatsachen). Wird diese Einlassung verweigert, so hat das Gericht folgende Möglichkeiten: Weiterverhandeln bei unschlüssigem/unerheblichem neuem Vortrag, Schriftsatzvorbehalt (§ 283 ZPO) oder Vertagung (§ 227 I Nr. 2 ZPO).

3 **2. Antragstellung.** Die mündliche Verhandlung wird dadurch eingeleitet, dass die Parteien ihre Anträge stellen (§ 137 I ZPO). Der Vorsitzende hat dahin zu wirken, dass die Parteien sachdienliche Prozess- und Sachanträge stellen (vgl. § 139 I 2 ZPO); er hat die Verbesserung unzweckmäßiger Anträge und die bestimmte Formulierung unklarer Anträge anzuregen. Bei mehreren Anträgen ist zu klären, in welchem Verhältnis diese zueinander stehen sollen. Hat sich die Prozesslage geändert (zB Erledigung der Hauptsache, Anspruchsübergang), hat der Vorsitzende auf eine Anpassung des Antrags an die veränderte Situation hinzuwirken. Nicht durch § 139 I ZPO gedeckt sind Anregungen des Gerichts, die auf neue, im Vortrag der Parteien nicht andeutungsweise enthaltene Klagegründe (Klageerweiterung) zielen. Soweit wegen der Antragstellung erforderlich, hat der Vorsitzende bereits jetzt das Sach- und Streitverhältnis mit den Parteien nach der tatsächlichen und der rechtl. Seite zu erörtern (§ 139 I 1 ZPO) und zunächst in den Sach- und Streitstand einzuführen, insb. auch mit dem Ziel der gütlichen Einigung (Abs. 2). Nach § 297 ZPO erfolgt die Antragstellung entweder durch Verlesen aus den Schriftsätzen, durch Bezugnahme auf die Schriftsätze oder durch Aufnahme in das Protokoll. Die Aufnahme in das Protokoll bedarf der im pflichtgemäßen Ermessen des Vorsitzenden stehenden Gestattung (§ 297 I 3 ZPO), die bei umfangreichen und schwierigen Formulierungen nicht erwartet werden kann[1]. Aus dem Grundsatz der Unteilbarkeit der mündlichen Verhandlung folgt, dass die einmal gestellten Anträge der Parteien in weiteren Terminen nicht wiederholt werden müssen. Etwas anderes wird für den Fall angenommen, dass ein Wechsel in der Besetzung des Gerichts (wie dies bei Vertagungen wegen der Heranziehung der Beisitzer nach § 31 I regelmäßig der Fall ist) eintritt. In diesem Fall soll eine Wiederholung der Anträge notwendig sein[2].

4 **3. Einführung in den Sach- und Streitstand.** Der Vorsitzende hat die Parteien nach der Antragstellung in den Sach- und Streitstand einzuführen, soweit dies nicht bereits vor Antragstellung geschehen ist. Den Umfang der Ausführungen bestimmt der Vorsitzende nach pflichtgemäßem Ermessen. Bei einfach gelagerten Fällen kann sich der Vorsitzende auf wenige Sätze beschränken, in denen der Inhalt des Klagebegehrens und das Verteidigungsvorbringen des Beklagten dargestellt werden. Je nach Lage des Falles kann auf die Einführung gänzlich verzichtet werden, sofern etwaige Hinweise des Gerichts bereits im Rahmen der Vorbereitung der streitigen Verhandlung erteilt worden sind und davon ausgegangen werden kann, dass der Sach- und Streitstand bekannt ist. Hauptzweck der Einführung in den Sach- und Streitstand ist, das tatsächlich oder rechtl. Erörterungsbedürftige aufzuzeigen[3], damit die Parteien bei ihrem Vortrag nach § 137 II ZPO auch im Einzelnen Stellung nehmen können.

5 **4. Anhörung der Parteien.** Die nun folgende Anhörung der Parteien dient der Gewährung des rechtl. Gehörs. Die Parteien haben den Prozessstoff in freier Rede vorzutragen, wobei der Vortrag das Streitverhältnis in tatsächlicher und rechtl. Beziehung zu umfassen hat (§ 137 II ZPO). Eine Bezugnahme auf Schriftsätze ist zulässig, soweit keine der Parteien widerspricht und das Gericht sie für angemessen hält (§ 137 III 1 ZPO). Sie ist in der Praxis üblich. Ein mündlicher Vortrag wird oft von dem Gericht verlangt, wenn ein Schriftsatz verspätet vorgelegt wird, den das Gericht oder die Gegenpartei noch nicht kennt. Die Vorlesung von Schriftstücken findet nur insoweit statt, als es auf ihren wörtlichen Inhalt ankommt (§ 137 III 2 ZPO). Die Parteien haben ihre Erklärungen über tatsächliche Umstände nach Maßgabe von § 138 ZPO vorzunehmen.

6 **5. Richterliche Aufklärungs- und Hinweispflichten.** Der Vorsitzende hat dahin zu wirken, dass die Parteien über alle erheblichen Tatsachen sich vollständig erklären, insb. auch ungenügende Angaben der geltend gemachten Tatsachen ergänzen und die Beweismittel bezeichnen. Auch insoweit hat der Vorsitzende, soweit erforderlich, das Sach- und Streitverhältnis mit den Parteien nach der tatsächlichen und der rechtl. Seite zu erörtern und Fragen zu stellen (§ 139 I ZPO). Er hat auf Bedenken aufmerksam zu machen, soweit die Prüfung von Amts wegen stattfindet (§ 139 III ZPO). Hierher gehören insb. die Tatsachen, von denen die Zulässigkeit der Klage oder des Rechtsmittels abhängt. Auch Bedenken gegenüber der Schlüssigkeit bzw. Erheblichkeit des Parteienvortrags sind zu äußern. Auf einen rechtl. Gesichtspunkt, den eine Partei erkennbar übersehen oder für unerheblich gehalten hat, darf das Ge-

1 BLAH/*Hartmann*, § 297 ZPO Rz. 14. | 2 BAG v. 16.12.1970 – 4 AZR 98/70, AP Nr. 1 zu § 308 ZPO; aA mit überzeugender Begründung GMPM/*Germelmann*, § 57 ArbGG Rz. 8. | 3 *Gift/Baur*, Urteilsverfahren, E Rz. 880.

richt, soweit nicht nur eine Nebenforderung betroffen ist, seine Entscheidung nur stützen, wenn es darauf hingewiesen und Gelegenheit zur Äußerung dazu gegeben hat. Dasselbe gilt für einen Gesichtspunkt, den das Gericht anders beurteilt als beide Parteien (§ 139 II ZPO).

Der Vorsitzende hat die Parteien zu einer vollständigen Erklärung über alle nach seiner Beurteilung entscheidungserheblichen materiellen und prozessualen Tatsachen zu veranlassen. Wegen mangelnder Substanziierung darf eine Klage nicht abgewiesen werden, bevor nicht auf Ergänzung des Sachvortrags hingewirkt worden ist[1]. Dasselbe gilt für fehlende Schlüssigkeit[2]. Eine Differenzierung bei der Hinweispflicht nach anwaltlich vertretenen und nicht vertretenen Parteien sieht § 139 ZPO nicht vor[3]. Soweit die Bezeichnung der Beweismittel in § 139 I 2 ZPO angesprochen wird, geht es ua. um den Hinweis auf offenkundig versehentlich unterlassene Beweisantritte, um die Aufforderung zur Klarstellung unbestimmter Beweisthemen und um die Klärung der Zuordnung von Beweisantritten. 7

Das Gericht darf sich nicht auf den rechtl. Hinweis beschränken, sondern es muss der betroffenen Partei hinreichend Gelegenheit geben, die ggf. erforderlichen Tatsachen vorzutragen oder Beweise anzubieten[4]. 8

Soweit der Vorsitzende den Aufklärungs- und Hinweispflichten nachkommt, hat er den Geboten der Neutralität und Gleichbehandlung der Parteien gerecht zu werden[5]. 9

III. Erledigung im ersten Termin. Nach Abs. 1 S. 1 ist die Verhandlung möglichst in einem Termin zu Ende zu führen. Durch die Beschränkung auf einen Termin kommt der Konzentrationsgrundsatz zum Ausdruck. Zugleich wird durch die Aufforderung, das Verfahren in dem Termin zu Ende zu bringen, der Beschleunigungsgrundsatz zur Geltung gebracht. 10

1. Vorbereitung der mündlichen Verhandlung. Die Erledigung des Rechtsstreits in einem Termin ist nur zu erreichen, wenn die Parteien und auch das Gericht den Termin sorgfältig vorbereiten. Der Vorsitzende ist nach § 56 I 1 verpflichtet, die streitige Verhandlung so vorzubereiten, dass sie möglichst in einem Termin zu Ende geführt werden kann. Als Gegenstück zur Konzentrations- und Beschleunigungspflicht des Gerichts trifft die Parteien eine Prozessförderungspflicht. 11

Regelmäßig wird der Vorsitzende nach § 129 II ZPO (ggf. iVm. § 56 I 1 bzw. § 61a IV) den Parteien durch richterliche Anordnung aufgeben, die mündliche Verhandlung durch Schriftsätze oder zu Protokoll der Geschäftsstelle abzugebende Erklärungen vorzubereiten. Insoweit bedarf es keiner Fristsetzung durch das Gericht. Vorbereitende Schriftsätze dienen der Ankündigung des Vortrags in der Verhandlung. Prozessual wirksam wird das Vorbringen im Bereich des Mündlichkeitsgrundsatzes erst durch Vortrag in der mündlichen Verhandlung[6]. 12

Die Parteien sind bei der Vorbereitung der mündlichen Verhandlung zur Prozessförderung verpflichtet. Nach § 282 II ZPO, der jedoch nur bei Anordnung der schriftsätzlichen Vorbereitung der mündlichen Verhandlung Anwendung findet, sind Anträge sowie Angriffs- und Verteidigungsmittel, auf die der Gegner voraussichtlich ohne vorhergehende Erkundigungen keine Erklärung abgeben kann, vor der mündlichen Verhandlung durch vorbereitenden Schriftsatz so zeitig mitzuteilen, dass der Gegner die erforderliche Erkundigung noch einzuziehen vermag. Das neue Vorbringen hat sich auf das zu erstrecken, was nach Sach- und Rechtslage notwendig ist, und ist so rechtzeitig schriftsätzlich anzukündigen, dass der Gegner im Termin darauf erwidern kann. Das ist im Fall der Klagebegründung entsprechend § 47 I eine Woche. Die schriftl. Ankündigung des Vorbringens ist überflüssig, wenn der Gegner sich vor der Verhandlung zum einschlägigen Tatsachenstoff schon geäußert hat[7]. Die Prozessförderungspflicht erfasst nicht den Vortrag von Rechtsansichten. 13

Verstoßen die Parteien gegen die Prozessförderungspflicht durch verspätetes Einreichen von vorbereitenden Schriftsätzen, kommt eine Zurückweisung der Angriffs- oder Verteidigungsmittel nach § 292 II ZPO in Betracht. Wird das Vorbringen zugelassen, so hat eine unterlassene Gegenerklärung nicht die Folgen des § 138 III ZPO. Die verspätet vorgetragenen Tatsachen gelten nicht als zugestanden. In dieser Situation kann das Gericht zum einen auf Antrag des Gegners für diesen eine Frist bestimmen, in der dieser die Erklärung in einem Schriftsatz nachbringen kann; gleichzeitig ist ein Termin zur Verkündung einer Entscheidung anzuberaumen (§ 283 S. 1 ZPO). Eine fristgerecht eingereichte Erklärung muss, eine verspätet eingereichte Erklärung kann das Gericht bei der Entscheidung berücksichtigen (§ 283 S. 2 ZPO). Diese Verfahrensweise ist im arbeitsgerichtl. Verfahren aufwändig, weil allein wegen der notwendigen Erörterung der Kammer über die zu verkündende Entscheidung nach Eingang des nachgelassenen Schriftsatzes eine erneute Heranziehung der ehrenamtlichen Richter erforderlich ist. Zum anderen kann das Gericht die Verhandlung vertagen (§ 227 I ZPO). Die Verletzung der Prozessförderungspflicht kann zudem eine Verzögerungsgebühr nach § 38 GKG und eine nachteilige Kostenentscheidung nach 14

1 BGH v. 22.1.1987 – VII ZR 376/85, NJW-RR 1987, 797. | 2 BGH v. 11.7.1990 – VIII ZR 165/89, NJW-RR 1991, 256. | 3 Str., zum Streitstand *Gift/Baur*, E Rz. 884. | 4 BGH v. 18.2.1992 – XI ZR 134/91, NJW 1992, 1620. | 5 *Gift/Baur*, Urteilsverfahren, E Rz. 883. | 6 BAG v. 15.12.1987 – 3 AZR 606/87, AP Nr. 6 zu § 130 ZPO. | 7 BGH v. 29.5.1984 – IX ZR 57/83, WM 1984, 924.

§ 95 ZPO nach sich ziehen. Regelmäßig wird der Vorsitzende zudem zur Vorbereitung der streitigen Verhandlung von den ihm nach §§ 55 IV, 56 und 61a eingeräumten Möglichkeiten Gebrauch machen.

15 **2. Prozessförderungspflicht in der mündlichen Verhandlung.** In der mündlichen Verhandlung haben die Parteien ihre Angriffs- und Verteidigungsmittel, insb. Behauptungen, Bestreiten, Einwendungen, Einreden, Beweismittel und Beweiseinreden, so zeitig vorzubringen, wie es nach der Prozesslage einer sorgfältigen und auf Förderung des Verfahrens bedachten Prozessführung entspricht (§ 282 I ZPO).

16 Da der erste Termin der streitigen Verhandlung (nicht der Gütetermin) der frühest mögliche Zeitpunkt für das Parteivorbringen ist, kann das Vorbringen in ihm nicht verspätet sein[1]. Die Bedeutung von § 282 I ZPO liegt bei Folgeterminen.

17 Rechtzeitig sind Angriffs- und Verteidigungsmittel vorgebracht, wenn nach Maßgabe eines objektiven (= Prozesslage) und subjektiven (= sorgfältige und förderungsbedachte Prozessführung) Tatbestands ein früheres Vorbringen nicht zuzumuten war[2]. Was noch ohne Beweisantritt behauptet wird, kann auch noch ohne Gegenbeweisantritt bestritten werden. Es besteht kein Zwang, von vornherein erschöpfend alles auch nur ganz eventuell im Prozessverlauf einmal Erhebliche vorzutragen und unter Beweis zu stellen. In den Grenzen der Wahrheits- und Lauterkeitspflicht nach § 138 ZPO ist eine gewisse Prozesstaktik zulässig[3]. Andererseits ist keine tröpfchenweise Information des Gerichts zulässig, um Zeit zu gewinnen. Bei einem unkomplizierten und übersichtlichen Sachverhalt ist eine alsbaldige, einigermaßen umfassende Klagebegründung oder Klageerwiderung notwendig, und zwar einschließlich aller Beweisantritte. Wenn sich auf denselben Anspruch mehrere selbständige Angriffs- oder Verteidigungsmittel beziehen, dann darf die Partei sich grds. nicht auf das Vorbringen Einzelner von ihnen beschränken, selbst wenn sie nach dem Sach- und Streitstand davon ausgehen darf, dass diese für die Rechtsverfolgung oder Rechtsverteidigung ausreichen[4].

18 **IV. Vertagung. 1. Vertagungsgründe.** Kann die Verhandlung nicht in einem Termin zu Ende geführt werden, so ist der Termin nach Abs. 1 S. 2 zu vertagen. Als Vertagungsgrund wird im Gesetz der Fall der nicht sofort möglichen Beweisaufnahme angeführt. Hierbei handelt es sich aber um keine abschließende Regelung. Nach § 227 I 1 ZPO kann eine Verhandlung aus „erheblichen Gründen" vertagt werden. Die erheblichen Gründe sind auf Verlangen des Gerichts glaubhaft zu machen (§ 227 III ZPO).

19 Als „erhebliche Gründe" für eine Vertagung kommen zB in Betracht: Verhinderung der Partei, deren persönliches Erscheinen angeordnet und unverzichtbar erscheint, oder die ihren Prozess selbst führt; Erfolg versprechende außergerichtliche Vergleichsverhandlungen; Verhinderung von Zeugen oder Sachverst.; Verhinderung des Prozessbevollmächtigten auf Grund unverschuldeter Anreiseschwierigkeit und ggf. bei zu berücksichtigender Terminskollision[5]; wenn neues Tatsachenvorbringen oder neue Beweismittel erforderlich werden, weil im Termin neue tatsächliche und rechtl. Erkenntnisse gewonnen wurden.

20 „Erhebliche Gründe" für eine Vertagung sind aber nach § 227 I Nr. 1–3 ZPO insb. nicht:

- das Ausbleiben einer Partei oder die Ankündigung, nicht zu erscheinen, wenn nicht das Gericht dafür hält, dass die Partei ohne ihr Verschulden am Erscheinen verhindert ist (Nr. 1);
- die mangelnde Vorbereitung einer Partei, wenn nicht die Partei dies genügend entschuldigt (Nr. 2);
- das Einvernehmen der Parteien allein (Nr. 3).

21 **2. Vertagungsentscheidung.** Über die Vertagung einer Verhandlung entscheidet die Kammer (vgl. § 227 IV 1 Hs. 2 ZPO). Die Entscheidung ist sofort, also am Schluss des mündlichen Verhandlungsteils dieses Sitzungstages (Grundsatz der Einheit der mündlichen Verhandlung) zu verkünden (Abs. 1 S. 2). Der verbreitete Beschluss „Neuer Termin wird von Amts wegen anberaumt" ist durch den klaren Wortlaut des Gesetzes nicht gedeckt[6]. Sofern das Gericht die weitere mündliche Verhandlung nach §§ 56, 61a ArbGG vorzubereiten hat, bleibt nur, den neuen Termin vorab festzusetzen, und im Übrigen dem Vorsitzenden die weitere Vorbereitung des Termins zu überlassen. Stehen der sofortigen Bestimmung des neuen Termins jedoch objektive Hinderungsgründe entgegen, kann die Anberaumung des neuen Termins dem Vorsitzenden vorbehalten werden. Solche Hinderungsgründe liegen zB vor, wenn nicht absehbar ist, wann ein Sachverst.-Gutachten vorliegt, ein Zeuge erreichbar ist (vgl. aber § 356 ZPO) oder eine erkrankte Partei wieder zur Verfügung steht.

22 Die Vertagungsentscheidung ist kurz zu begründen (§ 227 IV 2 ZPO). Sie ist grds. unanfechtbar (§ 227 IV 3 ZPO)[7]. Eine Anfechtung der Vertagungsentscheidung durch Beschwerde soll zulässig sein, wenn die Vertagung in ihrer Wirkung einer Aussetzung gleichkommt[8] oder wenn eine „greifbare Gesetzeswidrig-

1 BGH v. 1.4.1992 – VIII ZR 86/91, MDR 1992, 608. | 2 Zöller/*Greger*, § 282 ZPO Rz. 3. | 3 BLAH/*Hartmann*, § 282 ZPO Rz. 8. | 4 BLAH/*Hartmann*, § 282 ZPO Rz. 9. | 5 BLAH/*Hartmann*, § 227 ZPO Rz. 21 (mit strengen Anforderungen). | 6 GMPM/*Germelmann*, § 57 ArbGG Rz. 24. | 7 AA für Kündigungsschutzverfahren LAG Rh.-Pf. v. 2.1.1981 – 1 Ta 86/81, NJW 1981, 2272. | 8 LAG München v. 12.9.1977 – 7 Ta 87/77.

keit“ vorliegt[1]. Dem kann nicht mehr gefolgt werden. Auch unter dem Gesichtspunkt einer „greifbaren Gesetzwidrigkeit“ kommt kein außerordentl. Rechtsbehelf mehr in Betracht, allenfalls eine befristete Gegenvorstellung[2].

Um keine Vertagung handelt es sich, wenn die Kammer einen Verkündungstermin anberaumt. Die Zulässigkeit dieser Verfahrensweise ist in § 60 I und II geregelt. 23

V. Gütliche Erledigung. Nach Abs. 2 soll die gütliche Erledigung des Rechtsstreits während des ganzen Verfahrens angestrebt werden. Hierdurch wird dem Gericht, wie bereits zu § 54 I 1 erläutert, die Aufgabe der „Rechtspflege als Konfliktmanagement“ zugewiesen. Die Regelung des Abs. 2 entspricht § 278 I ZPO. Nach § 278 V ZPO besteht sogar die Möglichkeit der Verweisung der Parteien für einen Güteversuch vor einem beauftragten oder ersuchten Richter. 24

Die Pflicht, eine gütliche Erledigung des Rechtsstreits anzustreben, betrifft nicht nur die mündliche Verhandlung. Auch außerhalb der mündlichen Verhandlung ist der Vorsitzende gehalten, auf eine gütliche Beilegung hinzuwirken. Zu diesem Zweck kann er den Parteien einen schriftl. Vergleichsvorschlag unterbreiten. 25

Ein getrenntes Telefonieren mit den Parteien zum Zwecke der gütlichen Erledigung des Rechtsstreits gilt mangels Transparenz der jeweiligen Gesprächsinhalte für die Parteien als problematisch[3]. Zumindest ist der jeweilige Gesprächsinhalt gegenüber der am Telefonat gerade nicht beteiligten Person über einen Aktenvermerk oder auch telefonisch bekannt zu geben[4]. Solange den Gerichten die Durchführung von technisch möglichen Telefonkonferenzen mit beiden Parteien nicht durch entsprechende technische Ausstattung der Richterarbeitsplätze ermöglicht wird, sollten die Vorbehalte gegenüber dem telefonischen „Konfliktmanagement“ nicht zur Überspannung der Anforderungen an diese schnelle, kostengünstige Verfahrenstechnik führen. Mit strengen Dokumentationsanforderungen geht der Vorteil des Einsatzes des Telefons verloren. Es sollte genügen, wenn die Parteien sich ausdrücklich mit einer telefonischen Erörterung von Vergleichsmöglichkeiten in getrennten Telefonaten einverstanden erklären, sofern sie auf eine vollständige telefonische Information über die Gespräche zwischen dem Vorsitzenden und dem Gegner vertrauen dürfen. Die im Einigungsstellenverfahren anzutreffende Entgegennahme von vertraulichen, nicht für die Gegenseite bestimmten Informationen durch den Vorsitzenden lässt diese Verfahrensweise auf keinen Fall zu. 26

58 *Beweisaufnahme*

(1) Soweit die Beweisaufnahme an der Gerichtsstelle möglich ist, erfolgt sie vor der Kammer. In den übrigen Fällen kann die Beweisaufnahme, unbeschadet des § 13, dem Vorsitzenden übertragen werden.

(2) Zeugen und Sachverständige werden nur beeidigt, wenn die Kammer dies im Hinblick auf die Bedeutung des Zeugnisses für die Entscheidung des Rechtsstreits für notwendig erachtet. Im Falle des § 377 Abs. 3 der Zivilprozessordnung ist die eidesstattliche Versicherung nur erforderlich, wenn die Kammer sie aus dem gleichen Grunde für notwendig hält.

I. Inhalt und Zweck. Das ArbGG enthält zum Beweisrecht nur wenige Regelungen. Im Übrigen gilt auf Grund der Verweisung in § 46 II das Beweisrecht der ZPO. Die Vorschrift des § 58 findet im erstinstanzlichen Verfahren und nach § 64 VII auch im zweitinstanzlichen Verfahren Anwendung. Da im Revisionsverfahren keine Tatsachenfeststellung erfolgt, sind die das Beweisverfahren betreffenden Vorschriften für dieses Verfahren ohne Bedeutung. Für das Beschlussverfahren des ersten Rechtszugs gelten nach § 80 II die für das Urteilsverfahren des ersten Rechtszugs maßgebenden Vorschriften über die Beweisaufnahme entsprechend, wobei das Gericht aber nach § 83 I 1 den Sachverhalt im Rahmen der gestellten Anträge von Amts wegen erforscht und die Beteiligten nach § 83 I 2 an der Aufklärung des Sachverhalts mitzuwirken haben. 1

II. Grundlagen des Beweisverfahrens. 1. Zweck des Beweisverfahrens. Die ArbG entscheiden über den Klageanspruch unter Anwendung des Rechts auf den zugrunde liegenden tatsächlichen Sachverhalt, der allerdings im Rahmen des Verhandlungsgrundsatzes weitgehend durch das Vorbringen der Parteien bestimmt wird. Soweit danach der tatsächliche Lebensvorgang unstreitig ist, beschränkt sich die gerichtliche Entscheidung auf die rechtl. Beurteilung dieses Sachverhalts im Rahmen des Klagebegehrens. Häufig wird aber zunächst um die tatsächlichen Grundlagen der rechtsanwendenden Entscheidung gestritten. Dann müssen vorab die für die anzuwendenden Rechtsnormen bedeutsamen Tatsachen geklärt werden. Nach § 286 I 1 ZPO hat das Gericht unter Berücksichtigung des gesamten Inhalts der Verhandlungen und des Ergebnisses einer etwaigen Beweisaufnahme nach freier Überzeugung zu 2

1 LAG Köln v. 12.9.1995 – 6 Ta 160/95, LAGE § 57 ArbGG 1979 Nr. 1. | 2 BGH v. 20.10.2004 – XII ZB 35/04, MDR 2005, 339; BVerwG v. 5.10.2004 – 2 B 90/04, NJW 2005, 771; BFH v. 29.9.2005 – I B 70/05, nv.; aA BFH v. 8.9.2005 – IV B 42/05, NJW 2005, 3374. | 3 Abl. GMPM/*Germelmann*, § 58 ArbGG Rz. 27. | 4 LAG Berlin v. 18.12.1996 – 18 Sa 97/96, LAGE § 49 ArbGG 1979 Nr. 7.

entscheiden, ob eine tatsächliche Behauptung für wahr oder für nicht wahr zu erachten ist. Der Herbeiführung einer solchen Überzeugung dient – neben den Verhandlungen – der Beweis. Zur Gewinnung des Beweises sieht die ZPO ein bestimmtes Verfahren, die Beweisaufnahme, mit speziellen Beweismitteln vor. Es müssen aber bestimmte Voraussetzungen erfüllt sein, bis es zu einem Beweisverfahren kommen kann. Ist die Beweisaufnahme abgeschlossen, so stellt sich die Aufgabe der Beweiswürdigung. Gelangt das Gericht dabei nicht zu einer sicheren Überzeugung über die tatsächlichen Grundlagen, so muss es trotz dieser Beweislosigkeit über die Klage entscheiden, und zwar nach den Regeln der Beweislast[1].

3 **2. Gesetzliche Grundlagen. a) Normen des Arbeitsgerichtsverfahrens.** Zum Beweisverfahren finden sich im ArbGG die folgenden Einzelregelungen:

- § 9 IV, wonach Zeugen und Sachverst. Entschädigung nach dem Justizvergütungs- und -entschädigungsgesetz erhalten;
- § 54 I 3, wonach der Vorsitzende zur Aufklärung des Sachverhalts in der Güteverhandlung alle Handlungen vornehmen kann, die sofort erfolgen können;
- § 54 I 4, der eine eidliche Vernehmung für die Güteverhandlung ausschließt;
- § 54 II 2, der in der Güteverhandlung erklärten gerichtlichen Geständnissen nach § 288 ZPO nur dann eine bindende Wirkung zuspricht, wenn sie zu Protokoll erklärt worden sind;
- § 55 IV, wonach der Vorsitzende vor der streitigen Verhandlung einen Beweisbeschluss erlassen kann, soweit er eine Beweisaufnahme durch den ersuchten Richter, eine schriftl. Beantwortung der Beweisfrage nach § 377 III ZPO, die Einholung amtlicher Auskünfte, die Einholung eines schriftl. Sachverst.-Gutachtens oder eine Parteivernehmung anordnet, wobei die Anordnungen (mit Ausnahme der Parteivernehmung) vor der streitigen Verhandlung ausgeführt werden können;
- § 58, der die Durchführung der Beweisaufnahme vor der Kammer, die Voraussetzungen für die Beeidigung von Zeugen und Sachverst. bzw. die Abgabe der eidesstattlichen Versicherung regelt;
- § 83 I 1, wonach das Gericht im Beschlussverfahren den Sachverhalt im Rahmen der gestellten Anträge von Amts wegen erforscht;
- § 83 I 2, der die Mitwirkung der am Beschlussverfahren Beteiligten bei der Aufklärung des Sachverhalts anordnet;
- § 83 II, nach dem im Beschlussverfahren zur Aufklärung des Sachverhalts Urkunden eingesehen, Auskünfte eingeholt, Zeugen, Sachverst. und Beteiligte vernommen und der Augenschein eingenommen werden kann.

4 **b) Zivilprozessuale Regelungen.** Soweit das ArbGG keine Regelungen zum Beweisrecht enthält, richtet sich das Beweisverfahren nach den zivilprozessualen Regelungen (§ 46 II 1).

5 **c) Verfassungs- und europarechtliche Regelungen.** Das „Recht auf Beweis" der Verfahrensbeteiligten ist verfassungsrechtl. gewährleistet. Es wird zum einen aus dem Justizgewährungsanspruch und damit letztlich aus dem Rechtsstaatsprinzip (Art. 20 GG) und zum anderen aus Art. 6 I EMRK hergeleitet. Inhalt des „Rechts auf Beweis" ist die Garantie, zur Beweisführung zugelassen zu werden, am Beweisverfahren teilzunehmen, zum Beweisergebnis Stellung zu nehmen sowie das Recht auf Unmittelbarkeit der Beweisaufnahme[2].

6 Der Grundsatz der Waffengleichheit gebietet es, dass jeder Partei eine vernünftige Möglichkeit eingeräumt werden muss, ihren Fall – einschließlich ihrer „Zeugenaussage" – vor Gericht unter Bedingungen zu präsentieren, die für die Partei keinen substanziellen Nachteil im Verhältnis zu ihrem Prozessgegner bedeuten[3]. Eine Verletzung dieses Gebots des fairen Verfahrens wird zB angenommen, wenn es einer juristischen Person verwehrt ist, ihr Organ als Zeugen für den Verlauf eines Gesprächs zu benennen, an dem nur der Alleingesellschafter und ein Vertreter der beklagten Partei teilgenommen haben, sofern andererseits der Gesprächsteilnehmer der beklagten Partei vom Tatgericht gehört wird[4]. Daher haben die Gerichte grds. zur Wahrung der Waffengleichheit im Zivilprozess und zur Gewährung eines Mindestmaßes an rechtl. Gehör in Situationen, in denen nach Gesprächen unter vier Augen nur der einen Partei ein Zeuge zur Verfügung steht, der Beweisnot der anderen Seite dadurch Rechnung zu tragen, dass sie die prozessual benachteiligte Partei nach § 448 ZPO vernehmen oder gem. § 141 ZPO anhören[5]. Eine Partei ist aber nicht in ihrem Recht auf ein faires Verfahren oder in ihrem Grundrecht auf Gewährung rechtl. Gehörs verletzt, wenn eine Parteivernehmung der Partei oder ihre Anhörung nach § 141 ZPO zur Wahrung ihrer Rechte und der Waffengleichheit nicht erforderlich ist, weil ein Zeuge vorhanden ist, der nicht ausschließlich im Lager des Gegners steht, und die Partei selbst genügend Gelegenheit hat, ihre Darstellung des Sachverhalts in den Rechtsstreit einzubringen[6].

---

1 *Schilken*, Rz. 463. | 2 GMPM/*Prütting*, § 58 ArbGG Rz. 3a mwN. | 3 EGMR v. 27.10.1993 – 37/1992/382/460, NJW 1995, 209. | 4 *Schloßer*, NJW 1995, 1404; *Zwanziger*, DB 1997, 776; krit. GMPM/*Prütting*, § 58 ArbGG Rz. 51. | 5 BAG v. 22.5.2007 – 3 AZN 1155/06, MDR 2007, 1214 f. | 6 BGH v. 30.9.2004 – III ZR 369/03.

III. Beweisverfahren. Die zivilprozessuale Beweisaufnahme erfolgt grds. im Rahmen eines förmlichen Verfahrens nach den §§ 355 ff. ZPO, im arbeitsgerichtl. Verfahren unter Berücksichtigung von §§ 54 I und II, 55 IV, 58 und 83 und unter Beschränkung auf die dort zugelassenen fünf Beweismittel (Zeugen, Parteivernehmung, Sachverst., Urkunden und Augenschein). Andere Beweismittel sind ausgeschlossen; es gilt der sog. Strengbeweis. 7

Der sog. Freibeweis ist demgegenüber weder an die genannten Beweismittel noch an ein förmliches Verfahren gebunden; zudem kann er – wie allerdings auch die Strengbeweismittel mit Ausnahme des Zeugenbeweises – von Amts wegen erhoben werden. Der Freibeweis ist zulässig bei der Ermittlung fremden Rechts iSv. § 293 ZPO, bei der Ermittlung von Erfahrungssätzen[1] und bei den Umständen, die der Amtsprüfung unterliegen (zB Prozess- und Rechtsmittelvoraussetzungen). Dabei gilt der sog. Freibeweis lediglich für die Beweiserhebung; dieser senkt nicht die Anforderungen an die richterliche Überzeugung, sondern stellt das Gericht – im Rahmen pflichtgemäßen Ermessens – nur freier bei der Gewinnung der Beweismittel und im Beweisverfahren[2]. 8

IV. Durchführung der Beweisaufnahme. In Abs. 1 S. 1 kommt der Grundsatz der Unmittelbarkeit der Beweisaufnahme zum Ausdruck. Danach erfolgt die Beweisaufnahme vor der Kammer, soweit sie an Gerichtsstelle möglich ist. Ist dies nicht möglich, kann die Beweisaufnahme dem Vorsitzenden übertragen werden (Abs. 1 S. 2) oder im Wege der Rechtshilfe (§ 13) erfolgen. Den Parteien ist gestattet, der Beweisaufnahme beizuwohnen (§ 357 ZPO). Dieser Grundsatz wird nicht verletzt durch Vorlage einer beim Notar abgegebenen und urkundlich verwerteten Aussage als Nachweis über das Vertretensein einer Gewerkschaft im Betrieb[3]. Es ist zwar ein das rechtsstaatliche Verfahren beherrschender Grundsatz, dass der Prozessgegner die Möglichkeit haben muss, Kenntnis von allen entscheidungserheblichen Tatsachen zu nehmen und die Angaben der darlegungs- und beweisbelasteten Partei selbst nachzuprüfen. Die Grundsätze des deutschen Zivilverfahrensrechts lassen es idR nicht zu, die von einer Partei geheim gehaltenen Tatsachen zu deren Gunsten zu verwerten[4]. Eine davon abweichende Beurteilung kann aber ausnahmsw. gerechtfertigt sein, wenn die darlegungs- und beweisbelastete Partei ein erhebliches rechtl. Interesse an der Geheimhaltung bestimmter innerbetrieblicher Informationen hat und dem Prozessgegner aus der Verwertung der geheim gehaltenen Tatsachen keine unzumutbaren Nachteile erwachsen[5]. 9

V. Selbständiges Beweisverfahren. Während oder außerhalb eines Streitverfahrens kann auf Antrag einer Partei die Einnahme des Augenscheins, die Vernehmung von Zeugen oder die Begutachtung durch einen Sachverst. angeordnet werden, wenn der Gegner zustimmt oder zu besorgen ist, dass das Beweismittel verloren geht oder seine Benutzung erschwert erscheint. Das selbständige Beweisverfahren ist in §§ 485–494a ZPO geregelt. 10

59 *Versäumnisverfahren*

Gegen ein Versäumnisurteil kann eine Partei, gegen die das Urteil ergangen ist, binnen einer Notfrist von einer Woche nach seiner Zustellung Einspruch einlegen. Der Einspruch wird beim Arbeitsgericht schriftlich oder durch Abgabe einer Erklärung zur Niederschrift der Geschäftsstelle eingelegt. Hierauf ist die Partei zugleich mit der Zustellung des Urteils schriftlich hinzuweisen. § 345 der Zivilprozessordnung bleibt unberührt.

I. Inhalt und Zweck. Das Versäumnisverfahren richtet sich grds. nach § 46 II 1 ArbGG iVm. §§ 330–347 ZPO. In § 59 finden sich nur Regelungen zur Form und Frist des Einspruchs und zum Inhalt der Rechtsbehelfsbelehrung. Weil im arbeitsgerichtl. Verfahren die Vorschriften über das schriftl. Vorverfahren keine Anwendung finden (vgl. § 46 II 2), scheidet eine Anwendbarkeit der §§ 331 III, 335 I Nr. 4 ZPO aus. Die Vorschrift des § 59 findet im Berufungsverfahren (§ 64 VII), mangels Inbezugnahme in § 72 VI ZPO jedoch nicht im Revisionsverfahren Anwendung. In der Revisionsinstanz richtet sich das Versäumnisverfahren nach §§ 330 ff. ZPO[6]. 1

Sofern das Versäumnisurteil ohne die Rechtsbehelfsbelehrung (oder mit unvollständiger Rechtsbehelfsbelehrung) zugestellt wird, läuft die Einspruchsfrist nicht an. Vielmehr ist eine erneute Zustellung des Urteils mit Rechtsbehelfsbelehrung erforderlich[7]. 2

II. Einspruch. 1. Rechtsbehelf. Der Partei, gegen die ein Versäumnisurteil erlassen ist, steht gegen das Urteil der Einspruch zu (§ 338 ZPO). Der Einspruch ist kein Rechtsmittel, sondern ein Rechtsbehelf, weil er die Sache nicht in die höhere Instanz bringt (Devolutiveffekt) und nicht zur Nachprüfung des Versäumnisurteils, sondern zur Nachholung der versäumten Verhandlung führt. Der Einspruch ist nur 3

---

1 Str., vgl. *Schilken*, Rz. 481. | 2 BGH v. 4.6.1992 – IX ZB 10/92, AP Nr. 16 zu § 286 ZPO. | 3 BAG v. 25.3.1992 – 7 ABR 65/90, AP Nr. 4 zu § 2 BetrVG 1972; bestätigt durch BVerfG v. 21.3.1994 – 1 BvR 1485/93, AP Nr. 4a zu § 2 BetrVG 1972; aA GMPM/*Prütting*, § 58 ArbGG Rz. 45. | 4 BGH v. 15.4.1994 – V ZR 286/92, MDR 1994, 941. | 5 BGH v. 18.10.1995 – I ZR 126/93, MDR 1996, 276; vgl. aber BAG v. 19.3.2003 – 4 AZR 271/02, AP Nr. 41 zu § 253 ZPO. | 6 Hauck/*Helml*, § 59 ArbGG Rz. 1. | 7 GMPM/*Germelmann*, § 59 ArbGG Rz. 21.

gegen ein echtes Versäumnisurteil (auch Versäumnis-Teilurteil) statthaft. Gegen ein unechtes Versäumnisurteil und eine Entscheidung nach Lage der Akten verbleibt es bei den normalen Rechtsmitteln. Auf den Lauf der Rechtsmittelfristen hat die Einspruchseinlegung keinen Einfluss[1]. Die Einschränkung des Einspruchs auf einen Teil des Streitgegenstands, der einer Entscheidung durch Teilurteil zugänglich wäre, ist zulässig.

4 **2. Einspruchsfrist.** Der Einspruch kann nur binnen einer Notfrist von einer Woche nach Zustellung des Versäumnisurteils eingelegt werden (§ 59 S. 1 ArbGG als Sonderregelung gegenüber § 339 I 1 ZPO). Die Einlegung des Einspruchs nach Verkündung, jedoch vor Zustellung der Versäumnisentscheidung ist zulässig.

5 Muss die Zustellung des Versäumnisurteils im Ausland oder durch öffentl. Zustellung erfolgen, so hat der Vorsitzende[2] die Einspruchsfrist im Versäumnisurteil oder nachträglich durch besonderen Beschluss, der ohne mündliche Verhandlung und damit vom Vorsitzenden erlassen werden kann, zu bestimmen (§ 339 II ZPO). Die Auslandszustellung kommt nur in Betracht, wenn entgegen § 184 ZPO kein Zustellungsbevollmächtigter ernannt ist.

6 **3. Form.** Der Einspruch wird beim ArbG schriftl. oder durch Abgabe einer Erklärung zur Niederschrift der Geschäftsstelle eingelegt (§ 59 S. 2). Die Einspruchsschrift muss die Bezeichnung des Urteils, gegen das der Einspruch eingelegt wird, und die Erklärung enthalten, dass gegen dieses Urteil Einspruch eingelegt werde (§ 340 II 1 ZPO).

7 Soll das Urteil nur zum Teil angefochten werden, so ist der Umfang der Anfechtung zu bezeichnen (§ 340 II 2 ZPO).

60 *Verkündung des Urteils*

(1) Zur Verkündung des Urteils kann ein besonderer Termin nur bestimmt werden, wenn die sofortige Verkündung in dem Termin, auf Grund dessen es erlassen wird, aus besonderen Gründen nicht möglich ist, insbesondere weil die Beratung nicht mehr am Tag der Verhandlung stattfinden kann. Der Verkündungstermin wird nur dann über drei Wochen hinaus angesetzt, wenn wichtige Gründe, insbesondere der Umfang oder die Schwierigkeit der Sache, dies erfordern. Dies gilt auch dann, wenn ein Urteil nach Lage der Akten erlassen wird.

(2) Bei Verkündung des Urteils ist der wesentliche Inhalt der Entscheidungsgründe mitzuteilen. Dies gilt nicht, wenn beide Parteien abwesend sind; in diesem Fall genügt die Bezugnahme auf die unterschriebene Urteilsformel.

(3) Die Wirksamkeit der Verkündung ist von der Anwesenheit der ehrenamtlichen Richter nicht abhängig. Wird ein von der Kammer gefälltes Urteil ohne Zuziehung der ehrenamtlichen Richter verkündet, so ist die Urteilsformel vorher von dem Vorsitzenden und den ehrenamtlichen Richtern zu unterschreiben.

(4) Das Urteil nebst Tatbestand und Entscheidungsgründen ist vom Vorsitzenden zu unterschreiben. Wird das Urteil nicht in dem Termin verkündet, in dem die mündliche Verhandlung geschlossen wird, so muss es bei der Verkündung in vollständiger Form abgefasst sein. Ein Urteil, das in dem Termin, in dem die mündliche Verhandlung geschlossen wird, verkündet wird, ist vor Ablauf von drei Wochen, vom Tag der Verkündung an gerechnet, vollständig abgefasst der Geschäftsstelle zu übermitteln; kann dies ausnahmsweise nicht geschehen, so ist innerhalb dieser Frist das von dem Vorsitzenden unterschriebene Urteil ohne Tatbestand und Entscheidungsgründe der Geschäftsstelle zu übermitteln. In diesem Fall sind Tatbestand und Entscheidungsgründe alsbald nachträglich anzufertigen, von dem Vorsitzenden besonders zu unterschreiben und der Geschäftsstelle zu übermitteln.

1 **I. Inhalt und Zweck.** Die Vorschrift des § 60 enthält im Hinblick auf Besonderheiten des arbeitsgerichtl. Verfahrens (Heranziehung der ehrenamtlichen Richter nach § 31 II) Sonderregelungen, die in ihrem Anwendungsbereich die Bestimmungen der §§ 310 und 311 ZPO verdrängen. Zugleich konkretisiert sie den Beschleunigungsgrundsatz für den Fall der Entscheidungsverkündung. ihr Anwendungsbereich ist beschränkt auf die zu verkündenden Entscheidungen[3].

2 Nach § 69 I 2 findet die Vorschrift des § 60 auch im Berufungsverfahren entsprechende Anwendung, jedoch mit der Modifikation, dass die Frist für das Absetzen des Urteils auf vier Wochen verlängert wird und Tatbestand und Entscheidungsgründe von sämtlichen Mitgliedern der Kammer zu unterschreiben sind. Für eine entsprechende Anwendung in der Revisionsinstanz fehlt es in § 72 VI an einer Verweisung.

3 Im erstinstanzl. Beschlussverfahren ist die Vorschrift entsprechend anwendbar (§ 84 S. 3). Die Anwendbarkeit im Beschwerdeverfahren ist entsprechend der im Urteilsverfahren geregelt (§§ 91 II 2, 69 I 2). Ebenso fehlt es für die Rechtsbeschwerdeinstanz an einer entsprechenden Verweisung in § 96.

---

1 BGH v. 25.6.1986 – IVb ZB 83/85, MDR 1987, 39. | 2 GMPM/*Germelmann*, § 59 ArbGG Rz. 33. | 3 GMPM/*Germelmann*, § 60 ArbGG Rz. 7.

Mit Ausnahme des Beschlussverfahrens nach §§ 80 ff. gilt die Vorschrift nicht für Beschlüsse. Für diese findet § 329 ZPO Anwendung. 4

II. Verkündung von Urteilen und Beschlüssen. 1. Schließung der mündlichen Verhandlung. Urteile sind, wie sich aus Abs. 1 ergibt, regelmäßig im letzten Termin zur mündlichen Verhandlung zu verkünden. Der Vorsitzende schließt die Verhandlung ausdrücklich oder konkludent, wenn nach Ansicht des Gerichts – nicht des Vorsitzenden – die Sache vollständig erörtert ist (§ 136 IV ZPO). Dies bedingt eine Abstimmung des Vorsitzenden mit den ehrenamtlichen Richtern, die ohne förmliche Beratung im Sitzungssaal durch Zuflüstern oÄ herbeigeführt werden kann[1]. Konkludente Schließung der mündlichen Verhandlung liegt in der Bestimmung eines Verkündungstermins oder im Aufruf einer anderen Sache. Eine Protokollierung der Schließung als wesentlicher Vorgang ist angezeigt (vgl. § 160 II). 5

2. Wiedereröffnung und nachgelassener Schriftsatz. Nach Schluss der mündlichen Verhandlung können Angriffs- und Verteidigungsmittel nicht mehr vorgebracht und Sachanträge nicht mehr gestellt werden, es sei denn, das Gericht ordnet die Wiedereröffnung der Verhandlung (§ 156 ZPO) oder die Zulassung eines nachgereichten Schriftsatzes nebst Verkündungstermin an (§ 283 ZPO). Das Gericht hat nach § 156 II ZPO ua. die Wiedereröffnung anzuordnen, wenn es einen entscheidungserheblichen und rügbaren Verfahrensfehler (§ 295 ZPO), insb. eine Verletzung der Hinweis- und Aufklärungspflicht (§ 139 ZPO) oder eine Verletzung des Anspruchs auf rechtl. Gehör, feststellt. Die Frage der Wiedereröffnung stellt sich auch, wenn das Gericht einen Verkündungstermin anberaumte und zwischen dem letzten Termin zur mündlichen Verhandlung und dem Verkündungstermin ein – ggf. nachgelassener – Schriftsatz mit neuem und erheblichem Tatsachenvortrag eingeht. Bei nicht nachgelassenem neuen Vorbringen ist das Gericht nicht zur Wiedereröffnung der mündlichen Verhandlung verpflichtet[2]. Die Entscheidungen über die Wiedereröffnung trifft die Kammer (vgl. § 53 Rz. 9). 6

3. Beratung der Kammer. Unmittelbar nach Schließung der mündlichen Verhandlung oder im weiteren Verlauf des Sitzungstages findet die Kammerberatung statt. Für Beratung und Abstimmung gelten nach § 9 II die Vorschriften der §§ 192 ff. GVG. Als Ergebnis der Beratung wird regelmäßig die Urteilsformel schriftl. niedergelegt, denn nach § 311 II 1 ZPO wird das Urteil durch Vorlesung der Urteilsformel verkündet. Die Vorlesung der Urteilsformel kann durch die Bezugnahme auf die Urteilsformel ersetzt werden, wenn bei der Verkündung von den Parteien niemand erschienen ist (§ 311 II 2 ZPO). Versäumnisurteile, Anerkenntnis- und Verzichturteile und Urteile infolge einer Klagerücknahme können verkündet werden, auch wenn die Urteilsformel noch nicht schriftl. abgefasst ist (§ 311 II 3 ZPO). Falls ein von der Kammer gefälltes Urteil ohne Zuziehung der ehrenamtlichen Richter verkündet wird, ist die Urteilsformel vorher von dem Vorsitzenden und den ehrenamtlichen Richtern zu unterzeichnen (Abs. 3 S. 2). 7

4. Zeitpunkt der Verkündung. a) Sofortige Verkündung. Abs. 1 S. 1 geht von dem Grundsatz aus, dass die Entscheidung am Schluss der Sitzung zu verkünden ist (sog. Stuhlurteil). Dem Erfordernis der sofortigen Verkündung wird auch eine Entscheidungsverkündung im Verlaufe oder am Ende des Sitzungstages, an dem mehrere Sachen verhandelt werden, gerecht[3]. 8

b) Besonderer Verkündungstermin. Nur ausnahmsw. kann ein besonderer Termin zur Verkündung des Urteils bestimmt werden, nämlich wenn aus besonderen Gründen eine sofortige Verkündung nicht möglich ist (Abs. 1 S. 1). Welche Gründe die Anberaumung eines Verkündungstermins rechtfertigen, regelt das Gesetz nicht abschließend. In Abs. 1 S. 1 findet sich der Beispielsfall, dass die Beratung nicht mehr am Tage der Verhandlung stattfinden kann. Weitere Gründe können sein: eine besonders schwierige Sache mit weiter gehendem Prüfungs-, Überlegungs- und Beratungsbedarf; die Verhinderung eines ehrenamtlichen Richters an der abschließenden Beratung; die Prüfungs- und Beratungsbedürftigkeit neuen Sachvortrags; die Erschöpfung eines Kammermitglieds nach einem umfangreichen Sitzungstag; zwischen den Parteien andauernde Vergleichsgespräche; der Lauf einer Widerrufsfrist für einen Prozessvergleich. 9

Die Anberaumung des Verkündungstermins erfolgt unmittelbar in dem Termin, in dem die Verhandlung geschlossen wird. Bei Festlegung des Termins wirken die ehrenamtlichen Richter mit; die Bestimmung des Termins kann dem Vorsitzenden überlassen werden (Verkündungstermin wird von Amts wegen anberaumt), der dann hierüber und ggf. über eine Verlegung wegen Nichtvorliegens eines noch nicht abgesetzten Urteils (Abs. 4 S. 2) nach § 53 I allein entscheidet[4]. 10

Grundsätzlich darf die Verkündung nicht über drei Wochen nach Schließung der mündlichen Verhandlung hinausgeschoben werden (vgl. Abs. 1 S. 2). Der Verkündungstermin wird nur dann über drei Wochen hinaus angesetzt, wenn wichtige Gründe, insb. der Umfang oder die Schwierigkeit der Sache, dies erfordern (Abs. 1 S. 2). Dies gilt auch dann, wenn ein Urteil nach Lage der Akten erlassen wird (Abs. 1 S. 3). Als wichtige Gründe für die Anberaumung eines Verkündungstermins nach drei Wochen kommen neben dem gesetzl. Beispielsfall in Betracht: länger andauernde außergerichtl. Vergleichsverhandlun- 11

---

1 *Gift/Baur*, Urteilsverfahren, E Rz. 1472. | 2 BGH v. 1.10.1992 – VIII ZR 199/91, MDR 1993, 173. | 3 *Gift/Baur*, Urteilsverfahren, E Rz. 1606. | 4 GMPM/*Germelmann*, § 60 ArbGG Rz. 13; aA *Gift/Baur*, Urteilsverfahren, E Rz. 1607.

gen; Widerrufsvergleich mit längerer Widerrufsfrist; Hinderung des Vorsitzenden am rechtzeitigen Absetzen der zu verkündenden Entscheidung durch Krankheit oder Überlastung des Vorsitzenden.

12 Ein Verstoß gegen Abs. 1 S. 2 kann die Anfechtbarkeit des Urteils nicht begründen[1].

13 **5. Form der Verkündung.** Das Urteil ergeht im Namen des Volkes (§ 311 I ZPO). Es wird durch Verlesung der Urteilsformel verkündet (§ 311 II 1 ZPO). Die Vorlesung der Urteilsformel kann durch die Bezugnahme auf die Urteilsformel ersetzt werden, wenn bei der Verkündung von den Parteien niemand erschienen ist (§ 311 II 2 ZPO). Versäumnisurteile, Anerkenntnis- und Verzichturteile und Urteile infolge einer Klagerücknahme können verkündet werden, auch wenn die Urteilsformel noch nicht schriftl. abgefasst ist (§ 311 II 3 ZPO). Die Wirksamkeit der Verkündung eines Urteils ist von der Anwesenheit der Parteien nicht abhängig. Die Verkündung gilt auch derjenigen Partei gegenüber als bewirkt, die den Termin versäumt hat (§ 312 I ZPO). Von der Anwesenheit der ehrenamtlichen Richter ist die Wirksamkeit der Verkündung ebenfalls nicht abhängig (Abs. 3 S. 1). Die Verkündung kann auch in Anwesenheit anderer ehrenamtlicher Richter erfolgen als derjenigen, die bei der Urteilsfällung mitgewirkt haben[2].

14 Bei Verkündung des Urteils ist der wesentliche Inhalt der Entscheidungsgründe mitzuteilen, sofern wenigstens eine Partei anwesend ist. Dem Vorsitzenden steht ein Beurteilungsspielraum dahin zu, was als wesentlicher Inhalt der Entscheidungsgründe anzusehen ist. Die anwesenden Parteien können (nur gemeinsam) auf die Mitteilung verzichten. Die Anwesenheit von Zuhörern löst die Mitteilungspflicht nicht aus. Lediglich bei Abwesenheit „beider" (vgl. Abs. 2 S. 2 Hs. 1) – gemeint sind alle am Rechtsstreit beteiligten – Parteien genügt die Bezugnahme auf die – in diesem Fall nur vom Vorsitzenden unterzeichnete – Urteilsformel (Abs. 2 S. 2 Hs. 2).

15 Tatsache und Form der Verkündung sowie die anwesenden Richter und Parteien sind im Protokoll festzustellen (vgl. § 160 III Nr. 7 ZPO). Die fehlende Protokollierung ist rückwirkend nachholbar (§ 164 I ZPO). Der Urkundsbeamte der Geschäftsstelle hat auf der Urschrift des Urteils den Tag der Verkündung zu vermerken und diesen Vermerk zu unterschreiben (§ 315 III ZPO). An die Unterschrift des Urkundsbeamten sind dieselben Anforderungen zu stellen wie an die Unterschrift des Richters, Rechtsanwalts oder Verbandsvertreters[3]. Der Vermerk bezeugt die Übereinstimmung mit der verkündeten Formel, ersetzt jedoch nicht die Feststellung der Verkündung im Sitzungsprotokoll[4]. Ein Verstoß gegen § 315 III ZPO führt nicht zur Fehlerhaftigkeit des Urteils[5].

16 **III. Abfassung des Urteils. 1. Abfassung und Unterzeichnung des Urteils.** Das Urteil nebst Tatbestand und Entscheidungsgründen ist in 1. Instanz (Abs. 4 S. 1) vom Vorsitzenden allein, in 2. (§ 69 I 1) und 3. (§ 75 II) Instanz von sämtlichen an der Entscheidung beteiligten Richtern zu unterschreiben. Eine Paraphe genügt nicht; es muss sich um eine Unterzeichnung zumindest mit vollem Familiennamen handeln, wobei der Schriftzug individualisierbar sein muss. Eine fehlende Unterschrift kann nachgeholt werden, ggf. auch noch nach Einlegung eines Rechtsmittels. Die fehlende oder unzureichende Unterschrift hat zur Folge, dass eine wirksame Urteilszustellung nicht erfolgte und somit auch eine Rechtsmittelfrist nicht in Lauf gesetzt werden konnte[6]. Ist der Vorsitzende einer Kammer des ArbG verhindert, seine Unterschrift beizufügen, so scheidet eine Ersetzung seiner Unterschrift nach § 315 I 2 ZPO aus, denn Abs. 4 S. 1 ist lex specialis gegenüber § 315 I ZPO[7]. Ist dagegen der Vorsitzende einer Kammer des LAG verhindert, die Begründung eines bereits verkündeten Urteils abzusetzen, so können die beisitzenden Landesarbeitsrichter die schriftl. Begründung des Urteils fertigen oder sich einen Entwurf des Vorsitzenden zu Eigen machen[8]. Die Ersetzung der Unterschrift des Vorsitzenden erfolgt dann nach § 315 I 2 ZPO.

17 **2. Fristen für Urteilsabfassung.** Ein Urteil, das in dem Termin, in dem die mündliche Verhandlung geschlossen wird, verkündet wird, ist vor Ablauf von drei Wochen, vom Tage der Verkündung an gerechnet, vollständig abgefasst der Geschäftsstelle zu übermitteln (Abs. 4 S. 3 Hs. 1). Vollständig abgefasst ist das Urteil, wenn es in der endgültigen Fassung mit Unterschrift des Vorsitzenden, nicht jedoch nur als Diktat (stenografiert oder auf Band) bei der Geschäftsstelle vorliegt. Kann das Urteil ausnahmsw. nicht rechtzeitig der Geschäftsstelle übermittelt werden, so ist innerhalb der Drei-Wochen-Frist das von dem Vorsitzenden unterschriebene Urteil ohne Tatbestand und Entscheidungsgründe der Geschäftsstelle zu übermitteln (Abs. 4 S. 3 Hs. 2). In diesem Fall sind Tatbestand und Entscheidungsgründe alsbald nachträglich anzufertigen, von dem Vorsitzenden besonders zu unterschreiben und der Geschäftsstelle zu übermitteln (Abs. 4 S. 4). Ausnahmsweise kann die Drei-Wochen-Frist überschritten werden in Fällen wie komplexer und umfangreicher Sachverhalt mit schwierigen Rechtsfragen, Erkrankung des Vorsitzenden, Kapazitätsengpässe im gerichtlichen Schreibdienst. Das Urteil sollte jedoch den Parteien vor

1 BAG v. 21.8.1967 – 3 AZR 383/66, AP Nr. 122 zu § 242 BGB – Ruhegehalt. | 2 BAG v. 21.1.1983 – 2 AZR 188/81, AP Nr. 12 zu § 38 ZPO – Internationale Zuständigkeit. | 3 BGH v. 27.10.1987 – VI ZR 268/86, MDR 1988, 218. | 4 BGH v. 7.2.1990 – XII ZB 6/90, MDR 1990, 919. | 5 BGH v. 11.12.1986 – VIII ZB 47/86, AP Nr. 3 zu § 516 ZPO. | 6 LAG Köln v. 23.2.1988 – 6 Ta 28/88, BB 1988, 768. | 7 *Gift/Baur*, Urteilsverfahren, E 1523; GMPM/*Germelmann*, § 60 ArbGG Rz. 35. | 8 BAG v. 21.8.1967 – 3 AZR 383/66, AP Nr. 122 zu § 242 BGB – Ruhegehalt; v. 30.4.1971 – 3 AZR 198/70, AP Nr. 15 zu § 9 ArbGG 1953.

Ablauf der Frist von drei Monaten seit Verkündung des Urteils zugestellt sein, weil sie sonst der Möglichkeit eines Tatbestandsberichtigungsantrags verlustig gehen (vgl. § 320 II 3 ZPO). Sind die Nichteinhaltung der Urteilsabsetzungsfrist und sogar der Frist für den Tatbestandsberichtigungsantrag absehbar, so ist die Anberaumung eines Verkündungstermins dem Stuhlurteil vorzuziehen[1]. Wird das Urteil nicht in dem Termin verkündet, in dem die mündliche Verhandlung geschlossen wird, so muss es bei der Verkündung in vollständiger Form abgefasst sein (Abs. 4 S. 2), ansonsten ist der Verkündungstermin zu verlegen.

IV. Folgen gerichtlicher Fristversäumnisse. Die Drei-Wochen-Frist zur Urteilsabsetzung wird als Ordnungsvorschrift verstanden[2]. Die Verletzung dieser Frist durch das ArbG stellt einen Verfahrensmangel dar. Zu den Verfahrensmängeln, die eine Zurückverweisung nach § 68 nicht zulassen, zählt jedoch auch der Fall der verspäteten Urteilsabsetzung[3]. Der hiermit verbundene Verlust einer Instanz ist angesichts des für das arbeitsgerichtl. Verfahren besonders bedeutsamen Gebots der Beschleunigung hinzunehmen. Dies gilt selbst dann, wenn die Entscheidung wegen weit verspäteter oder unterlassener Urteilsabsetzung als nicht mit Gründen (§ 547 Nr. 6 ZPO) versehen zu werten ist[4]. 18

Ein Urteil ist auch dann unterschrieben, wenn die Unterschrift eines an der Entscheidung beteiligten Richters durch einen Verhinderungsvermerk nach § 315 I 2 ZPO wirksam ersetzt worden ist. Ein Verhinderungsvermerk, in dem unter Angabe des Verhinderungsgrundes niedergelegt ist, dass der betreffende Richter verhindert ist, ersetzt dessen Unterschrift, wenn er bei Unterschriftsreife der Entscheidung längere Zeit tatsächlich oder rechtl. gehindert war, seine Unterschrift zu leisten. Hierfür reicht es jedenfalls nicht aus, wenn er an einem Tag nicht erreichbar war[5]. 19

61 *Inhalt des Urteils*

(1) Den Wert des Streitgegenstandes setzt das Arbeitsgericht im Urteil fest.

(2) Spricht das Urteil die Verpflichtung zur Vornahme einer Handlung aus, so ist der Beklagte auf Antrag des Klägers zugleich für den Fall, dass die Handlung nicht binnen einer bestimmten Frist vorgenommen ist, zur Zahlung einer vom Arbeitsgericht nach freiem Ermessen festzusetzenden Entschädigung zu verurteilen. Die Zwangsvollstreckung nach §§ 887 und 888 der Zivilprozessordnung ist in diesem Fall ausgeschlossen.

(3) Ein über den Grund des Anspruchs vorab entscheidendes Zwischenurteil ist wegen der Rechtsmittel nicht als Endurteil anzusehen.

I. Inhalt und Zweck. Die Vorschrift enthält in ihrem Abs. 1 einzelne Regelungen zum Inhalt, in Abs. 2 zu Vollstreckungsmodalitäten und in Abs. 3 zur Rechtsmittelfähigkeit arbeitsgerichtl. Urteile. Daneben gelten die §§ 313, 313a und 313b ZPO (betreffend Form und Inhalt des Urteils), § 9 V 1 (betreffend Rechtsmittelbelehrung), § 64 IIIa (betreffend Zulassung der Berufung) bzw. § 72 II (betreffend Zulassung der Revision) entsprechend. 1

In 2. Instanz gelten lediglich Abs. 2 und 3 (§ 64 VII), und in 3. Instanz gilt allein Abs. 2 (§ 72 VI). Im Beschlussverfahren kommt § 61 nicht zur Anwendung; dort gilt § 84. 2

II. Inhalt des Urteils. Aufgabe des Urteils ist es, über die in der Urteilsformel enthaltene Entscheidung hinaus die Parteien von der Richtigkeit zu überzeugen und dem Rechtsmittelgericht die Nachprüfung in materieller und formeller Hinsicht zu ermöglichen[6]. 3

Die Urteilsformel (§ 313 I Nr. 4 ZPO) hat in möglichst knapper und genauer Form die Entscheidung des Gerichts zu enthalten. Schon im Hinblick auf die Erteilung der abgekürzten Ausfertigung (§ 60 IV 3 Hs. 2) muss die Formel ohne Tatbestand und Entscheidungsgründe aus sich heraus verständlich sein und die Zwangsvollstreckung ermöglichen[7]. Wird zur Unterlassung einer Handlung verurteilt, dann muss der Unterlassungstenor den Gegenstand des Verbots deutlich bezeichnen, um eine geeignete Grundlage für das Vollstreckungsverfahren bilden zu können. Die bloße Wiederholung des Gesetzeswortlauts oder die Verwendung von Bezeichnungen, deren Bedeutung zwischen den Parteien umstritten ist, genügen dem Bestimmtheitserfordernis nicht[8]. 4

Der Tatbestand (§ 313 I Nr. 5 ZPO) beurkundet das schriftl. und mündliche Vorbringen der Parteien. Er ist berichtigungsfähig (§ 319 ZPO) und beweiskräftig (§ 314 ZPO). Im Tatbestand sollen die erhobenen Ansprüche und die dazu vorgetragenen Angriffs- und Verteidigungsmittel unter Hervorhebung der gestellten Anträge nur ihrem wesentlichen Inhalt nach knapp dargestellt werden. Wegen der Einzelheiten des Sach- und Streitstandes soll auf Schriftsätze, Protokolle und andere Unterlagen verwiesen 5

---

1 *Gift/Baur*, Urteilsverfahren, E Rz. 1632. | 2 BAG v. 7.12.1983 – 4 AZR 394/81, AP Nr. 82 zu §§ 22, 23 BAT 1975. | 3 BAG v. 24.4.1996 – 5 AZN 970/95, AP Nr. 2 zu § 68 ArbGG 1979; v. 24.2.1982 – 4 AZR 313/80, AP Nr. 1 zu § 68 ArbGG 1979. | 4 BAG v. 24.4.1996 – 5 AZN 970/95, AP Nr. 2 zu § 68 ArbGG 1979. | 5 BAG v. 17.8.1999 – 3 AZR 526/97, AP Nr. 51 zu § 551 ZPO. | 6 Zöller/*Vollkommer*, § 313 ZPO Rz. 2. | 7 Zöller/*Vollkommer*, § 313 ZPO Rz. 8. | 8 BGH v. 2.4.1992 – I ZR 131/90, MDR 1992, 657; v. 9.4.1992 – I ZR 171/90, MDR 1992, 954.

werden (§ 313 II ZPO), wobei die summarische Bezugnahme genügt[1]. Fehlende Angaben im Tatbestand können in den Entscheidungsgründen nachgeholt werden[2].

6 Die Entscheidungsgründe (§ 313 I Nr. 6 ZPO) enthalten nach § 313 III ZPO eine kurze Zusammenfassung der Erwägungen, auf denen die Entscheidung in tatsächlicher und rechtl. Hinsicht beruht. Nicht nötig ist, dass jede Einzelheit des Parteivorbringens erörtert wird[3], jedoch müssen die Gründe nachvollziehbar sein und eine Überprüfung der Entscheidungsgründe durch die höhere Instanz ermöglichen. Klageansprüche dürfen nicht übergangen, wesentlicher Sachvortrag muss zur Kenntnis genommen und erwogen werden[4] und Abweichungen von der herrschenden Rspr. müssen begründet werden[5]. Die Bezugnahme auf ein anderes Urteil ist zulässig, wenn den Parteien dessen Gründe bekannt sind und das andere Urteil genau bezeichnet wird[6].

7 **III. Weglassen von Tatbestand und Entscheidungsgründen.** Des Tatbestandes bedarf es nicht, wenn ein Rechtsmittel gegen das Urteil unzweifelhaft nicht eingelegt werden kann (§ 313a I 1 ZPO). In diesem Fall bedarf es auch keiner Entscheidungsgründe, wenn die Parteien auf sie verzichten oder wenn ihr wesentlicher Inhalt in das Protokoll aufgenommen worden ist (§ 313a I 2). Wird das Urteil in dem Termin, in dem die mündliche Verhandlung geschlossen worden ist, verkündet, so bedarf es des Tatbestands und der Entscheidungsgründe nicht, wenn beide Parteien auf Rechtsmittel gegen das Urteil verzichten. Ist das Urteil nur für eine Partei anfechtbar, so genügt es, wenn diese verzichtet (§ 313a II ZPO). Der Verzicht auf das Rechtsmittel und die Entscheidungsgründe kann schon vor der Verkündung des Urteils, spätestens jedoch eine Woche nach dem Schluss der mündlichen Verhandlung gegenüber dem Gericht erfolgen (§ 313a III ZPO). Diese Regelungen zum Weglassen von Tatbestand und Entscheidungsgründen gelten nicht im Falle der Verurteilung zu künftig fällig werdenden wiederkehrenden Leistungen (§ 313a IV Nr. 4 ZPO). Soll ein ohne Tatbestand und Entscheidungsgründe hergestelltes Urteil im Ausland geltend gemacht werden, so gelten die Vorschriften über die Vervollständigung von Versäumnis- und Anerkenntnisurteilen entsprechend (§ 313a V ZPO). Auch bei Versäumnisurteilen, Anerkenntnisurteilen und Verzichtsurteilen bedarf es nicht des Tatbestandes und der Entscheidungsgründe (§ 313b I ZPO), sofern nicht die Geltendmachung im Ausland zu erwarten ist (§ 313b III ZPO). Damit bedürfen Urteile 1. Instanz regelmäßig keines Tatbestandes und keiner Entscheidungsgründe, in denen der Beschwerdewert des § 64 II lit. b von mehr als 600 Euro nicht erreicht und in denen die Berufung nicht zugelassen wird. Ansonsten ist ein Rechtsmittelverzicht erforderlich.

8 Die Möglichkeit der Nichtzulassungsbeschwerde bei Berufungsurteilen lässt grds. die Feststellung, dass ein Rechtsmittel unzweifelhaft nicht eingelegt werden kann, nicht zu. § 313a ZPO kann hier nur angewandt werden, wenn die durch das Berufungsurteil beschwerte Partei auf die Einlegung eines Rechtsmittels verzichtet[7]. Wegen der weiteren Fragen des Inhalts und der Abkürzung des Berufungsurteils wird auf die Kommentierung zu § 69 verwiesen.

9 In der Revisionsinstanz kann § 313a ZPO entsprechend angewendet werden, denn gegen die Urteile des BAG findet kein Rechtsmittel statt. Bei der Verfassungsbeschwerde handelt es sich um kein Rechtsmittel iSv. § 313a ZPO.

10 **IV. Streitwertfestsetzung (Abs. 1). 1. Bedeutung.** Nach Abs. 1 hat das ArbG den Wert des Streitgegenstandes im Urteil festzusetzen. Die Bedeutung dieser Festsetzung war lange umstritten[8]. Durchgesetzt hat sich die Ansicht, nach der die Streitwertfestsetzung im arbeitsgerichtl. Urteil eine gewisse Bedeutung für die Zulässigkeit der Berufung hat. Das Berufungsgericht ist im Rahmen des § 64 II an den vom ArbG festgesetzten Streitwert (Obergrenze) gebunden und hat aus diesem die Höhe der Beschwer zu ermitteln. Daraus ergibt sich, dass der Beschwerdewert im Regelfall nicht höher sein kann als der festgelegte Streitwert[9]. Dies gilt ausnahmsw. nicht, wenn die Festsetzung offensichtlich unrichtig ist, wenn sie nämlich in jeder Beziehung unverständlich und unter keinem vernünftigen Gesichtspunkt zu rechtfertigen ist sowie außerdem der zutreffende Streitwert auf den ersten Blick die für den Beschwerdewert maßgebende Grenze übersteigt oder unterschreitet[10]. Eine Bindung besteht auch nicht, wenn der Beschwerdewert des § 64 II nach anderen Kriterien als der festgesetzte Streitwert zu ermitteln ist. Das ist zB der Fall, wenn die Streitwertfestsetzung im erstinstanzlichen Urteil sich allein am klägerischen Interesse orientieren muss und das wirtschaftl. Interesse der unterlegenen Partei nach anderen Grundsätzen zu ermitteln ist. So ist die Sachlage bei der Stufenklage[11]. In den Fällen der Verurteilung zur Erteilung einer Auskunft ist für das Rechtsmittelinteresse des Verurteilten in erster Linie auf den Aufwand an Zeit

1 BGH v. 16.6.1992 – XI ZR 166/91, MDR 1992, 960. | 2 BGH v. 17.1.1985 – VII ZR 257/83, MDR 1985, 570; v. 25.4.1991 – I ZR 232/89, MDR 1992, 188. | 3 BVerfG v. 3.4.1979 – 1 BvR 733/78, NJW 1980, 278. | 4 BVerfG v. 30.1.1985 – 1 BvR 99/84, MDR 1985, 551. | 5 BVerfG v. 1.4.1992 – 1 BvR 1097/91, NJW 1992, 2556. | 6 BGH v. 8.11.1990 – I ZR 49/89, MDR 1991, 506. | 7 GMPM/*Germelmann*, § 61 ArbGG Rz. 7. | 8 GMPM/*Germelmann*, § 61 ArbGG Rz. 11–13. | 9 BAG v. 2.3.1983 – 5 AZR 594/82, AP Nr. 6 zu § 64 ArbGG 1979; v. 30.11.1984 – 2 AZN 572/82 (B), AP Nr. 9 zu § 12 ArbGG 1979; v. 27.5.1994 – 5 AZB 3/94, AP Nr. 17 zu § 64 ArbGG 1979; gegen die Bindung des Berufungsgerichts GMPM/*Germelmann*, § 61 ArbGG Rz. 13. | 10 BAG v. 16.5.2007 – 2 AZB 53/06, AP Nr. 15 zu § 61 ArbGG 1979; BAG v. 22.5.1984 – 2 AZB 25/82, AP Nr. 7 zu § 12 ArbGG 1979. | 11 BAG v. 27.5.1994 – 5 AZB 3/94, AP Nr. 17 zu § 64 ArbGG 1979.

und Kosten abzustellen, den die Auskunftserteilung voraussichtlich erfordern wird. Entsprechendes gilt bei der Abgabe einer eidesstattlichen Versicherung[1]. Ist die Auskunft mit keinem besonderen Aufwand verbunden, wird die Mindestbeschwer regelmäßig nicht erreicht[2]:

Der Urteilsstreitwert hat keine Bedeutung für den Gerichtsgebührenstreitwert nach § 63 II GKG bzw. den Rechtsanwaltsgebührenstreitwert nach §§ 32, 33 RVG. Vielmehr hat das ArbG nach § 63 II GKG den Gerichtsgebührenstreitwert durch Beschluss festzusetzen, sobald eine Entscheidung über den gesamten Streitgegenstand ergeht oder sich das Verfahren anderweitig erledigt[3]. Nach § 32 I RVG ist der Gerichtsgebührenstreitwert grds. auch für die Berechnung der Rechtsanwaltsgebühren verbindlich. Dies gilt nur, wenn sich die anwaltliche Tätigkeit mit dem für die gerichtliche Festsetzung maßgebenden Gegenstand deckt. Stimmen die gebührenauslösenden Tatbestände nicht überein, so ist der Rechtsanwalt befugt, den Wert des Gegenstandes seiner Tätigkeit durch gesonderten Beschluss des ArbG nach § 33 I RVG festsetzen zu lassen. 11

Die Streitwertfestsetzung im Urteil nach Abs. 1 ist unanfechtbar[4]. Dies soll anders sein, wenn sich aus der Begründung des Urteils ergibt, dass zugleich der Gebührenstreitwert festgesetzt werden sollte. In diesem Fall soll die Beschwerde des § 68 GKG gegeben sein[5]. 12

2. Streitwertberechnung. Da die Streitwertfestsetzung für die Rechtsmittelfähigkeit der Entscheidung Bedeutung hat (Rz. 10), bemisst sich der Streitwert nach den letzten gestellten Anträgen[6]. Maßgeblicher Zeitpunkt ist mithin die letzte mündliche Verhandlung; wenn ausnahmsw. zwischen letzter mündlicher Verhandlung und einem anberaumten Verkündungstermin eine Klageteilrücknahme folgt, der schriftsätzlich vom Beklagten zugestimmt wird, sind die reduzierten Anträge maßgeblich[7]. Daraus folgt, dass zB eine Klageforderung, die im Laufe des Verfahrens ermäßigt worden ist oder ein durch Teilvergleich ausgeschiedener Streitgegenstand beim Urteilsstreitwert nicht zu berücksichtigen sind[8]. 13

3. Form der Streitwertfestsetzung. Die Streitwertfestsetzung hat grds. in jedem Urteil zu erfolgen, also auch in Teilurteilen nach § 301 ZPO, Vorbehaltsurteilen nach § 302 ZPO und Urteilen über die Zulässigkeit der Klage nach § 280 I ZPO. Ausnahmsweise soll keine Festsetzung erforderlich sein in Urteilen, gegen die unzweifelhaft ein beschwerabhängiges Rechtsmittel nicht statthaft ist (zB bei Zwischenurteilen nach § 61 III ArbGG, §§ 387, 135 und 71 ZPO)[9]. 14

Da die Streitwertfestsetzung mittelbare Bedeutung für die Berufungsfähigkeit des Urteils habe und die Anfechtbarkeit sofort feststehen müsse, habe sie – so die hM – grds. im Urteilstenor zu erfolgen[10]. Dem kann nicht gefolgt werden. Die hM orientiert sich an der überholten Rspr. des BAG zur Rechtsmittelzulassung. Nach dem Wortlaut von Abs. 1 ist der Wert des Streitgegenstands „im Urteil", und damit nicht zwingend im Urteilstenor festzusetzen, während die Entscheidung über die Zulassung oder Nichtzulassung der Berufung nach § 64 IIIa in den Urteilstenor aufzunehmen ist. 15

4. Folgen unterbliebener Streitwertfestsetzung. Fehlt eine Streitwertfestsetzung im Tenor des Urteils und wurde sie auch nicht in das vollständig abgesetzte Urteil aufgenommen, kommt nur eine Urteilsergänzung entsprechend § 321 ZPO in Betracht[11]. 16

V. Berufungszulassung. Nach § 64 IIa kann die Berufung eingelegt werden, wenn sie im Urteil des ArbG zugelassen worden ist, sofern sie nicht bereits nach § 64 IIb oder c statthaft ist. Die Entscheidung des ArbG, ob die Berufung zugelassen oder nicht zugelassen wird, ist in den Urteilstenor aufzunehmen. Ist dies unterblieben, kann binnen zwei Wochen ab Verkündung des Urteils eine entsprechende Ergänzung beantragt werden (§ 64 IIIa). 17

VI. Verurteilung zur Vornahme einer Handlung (Abs. 2). Durch Abs. 2 werden die Regelungen in §§ 510b und 888a ZPO modifiziert und der Anwendungsbereich des § 259 ZPO dahin erweitert, dass die Verurteilung zu einer erst in Zukunft fällig werdenden Entschädigung ermöglicht wird, ohne dass die Voraussetzungen des § 259 ZPO vorliegen müssen. 18

1. Anwendungsbereich. Abs. 2 gilt nur für Verurteilungen zur Vornahme von Handlungen, die nach §§ 887 oder 888 ZPO zu vollstrecken sind, wobei unbeachtlich ist, ob im Einzelfall eine Vollstreckung überhaupt zulässig wäre. Damit kommt eine Entscheidung nach Abs. 2 auch im Falle der Verurteilung zur Leistung von Diensten iSv. § 888 II ZPO zur Anwendung, obwohl die Zwangsvollstreckung unzulässig wäre[12]. Die Nichtvornahme der Handlung muss lediglich Entschädigungsansprüche auslösen. Dies findet seine Berechtigung darin, dass Abs. 2 keine besondere Form der Zwangsvollstreckung regelt, sondern die Möglichkeit für eine beschleunigte Titulierung eines Schadensersatzanspruchs schafft. Die 19

---

1 BGH v. 1.4.1992 – VIII ZB 2/92, MDR 1992, 1007. | 2 BAG v. 27.5.1994 – 5 AZB 3/94, AP Nr. 17 zu § 64 ArbGG 1979. | 3 *Creutzfeldt*, NZA 1996, 958. | 4 GMPM/*Germelmann*, § 61 ArbGG Rz. 15. | 5 LAG Düsseldorf v. 2.3.2000 – 7 Ta 39/00, MDR 2000, 708 f. | 6 GMPM/*Germelmann*, § 61 ArbGG Rz. 17. | 7 *Creutzfeldt*, NZA 1996, 957. | 8 GMPM/*Germelmann*, § 61 ArbGG Rz. 18. | 9 GMPM/*Germelmann*, § 61 ArbGG Rz. 15. | 10 *Gift/Baur*, Urteilsverfahren, E Rz. 1528; GMPM/*Germelmann*, § 61 ArbGG Rz. 20. | 11 GMPM/*Germelmann*, § 61 ArbGG Rz. 21; GK-ArbGG/*Schütz*, § 61 Rz. 27. | 12 GMPM/*Germelmann*, § 61 ArbGG Rz. 26.

Verurteilung muss aber auf Leistung, nämlich auf Vornahme einer vertretbaren oder unvertretbaren Handlung, und darf nicht nur auf die Feststellung der Leistungsverpflichtung gerichtet sein[1].

20 Eine Anwendung von Abs. 2 kommt grds. auch im einstw. Verfügungsverfahren in Betracht. Die Vorschrift knüpft nur an den Inhalt der Verurteilung, nicht an die Verfahrensart an. Voraussetzung für eine ersatzweise Verurteilung zur Entschädigung ist dann aber, dass auch für den Entschädigungsanspruch ein Verfügungsgrund besteht, was regelmäßig nicht der Fall ist[2].

21 Somit ist Abs. 2 anwendbar bei Verurteilungen auf:

- Vornahme der Arbeitsleistung, unabhängig davon, ob es bei der geschuldeten Arbeitsleistung um eine vertretbare oder unvertretbare Handlung geht und ob die Zwangsvollstreckung nach § 888 II ZPO unzulässig wäre[3];
- Ausfüllen von Arbeitspapieren (zB der LStKarte, der Arbeitsbescheinigung nach § 312 SGB III; Lohnnachweiskarte für Urlaub, Lohnausgleich und Zusatzversorgung im Baugewerbe) bzw. das Erteilen/Berichtigen von Arbeitspapieren (Urlaubsbescheinigung nach § 6 II BUrlG; Zeugnis), nicht jedoch die Verurteilung auf Herausgabe von Arbeitspapieren[4];
- Auskunft/Abrechnung betreffend Arbeitsvergütung, Provisionen; unzulässig ist jedoch Verbindung von Auskunftsklage, Antrag nach Abs. 2 und vom Ergebnis der Auskunft abhängiger Zahlungsklage[5];
- Beschäftigung/Weiterbeschäftigung, weil diese Ansprüche (gerichtet auf Zuweisung von Arbeit an einem bestimmten Arbeitsplatz) nach § 888 ZPO vollstreckt werden[6].

22 **Keine Anwendung** findet dagegen Abs. 2 bei Verurteilungen auf:

- Herausgabe einer Sache (Arbeitspapiere, Geschäftsunterlagen, Firmenfahrzeug), weil deren Vollstreckung sich nicht nach §§ 887 und 888 ZPO, sondern nach § 883 ZPO richtet[7];
- Abgabe einer Willenserklärung, denn hier richtet sich die Vollstreckung nach § 894 ZPO[8];
- Unterlassung einer Handlung oder zur Duldung der Vornahme einer Handlung, da sich insoweit die Vollstreckung nach § 890 ZPO richtet.

23 **2. Entschädigungsfestsetzung. a) Antrag des Klägers.** Die Verurteilung zu einer Entschädigung nach Abs. 2 S. 1 setzt einen Antrag voraus, der zu einer objektiven Klagenhäufung nach § 260 ZPO führt, wobei der Entschädigungsantrag regelmäßig als unechter Hilfsantrag nur für den Fall gestellt wird, dass dem Hauptantrag stattgegeben wird[9].

24 Der Kläger muss in dem Antrag entweder selbst eine Frist benennen oder er muss die Festsetzung der Frist in das Ermessen des Gerichts stellen.

25 Ferner muss der Antrag beziffert werden, sofern nicht die allgemeinen Voraussetzungen für die Zulässigkeit eines unbezifferten Antrags vorliegen[10]. Es geht um einen normalen Schadensersatzanspruch, der grds. zu beziffern ist. Etwas anderes gilt, wenn der Kläger die Höhe des Schadensersatzes in das Ermessen des Gerichts stellt (§ 287 ZPO), weil ihm die Bezifferung nicht möglich bzw. aus besonderen Gründen nicht zumutbar ist. In diesem Fall müssen sich allerdings aus der Begründung des Antrags zur Höhe genügend Anhaltspunkte ergeben, die dem Gericht die Bewertung des Schadens ermöglichen.

26 Schließlich muss der Antrag insoweit begründet werden, als der Kläger darlegen muss, dass ihm durch die Nichtvornahme der Handlung tatsächlich ein Schaden entsteht und wie hoch dieser zu veranschlagen ist[11].

27 Der Entschädigungsantrag kann von vornherein mit dem Leistungsantrag der Klage verbunden sein, aber auch im Laufe des Verfahrens rechtshängig gemacht werden[12]; jedoch nicht mehr nach rechtskräftiger Entscheidung über den Leistungsantrag[13]. Wird der noch nicht rechtskräftig titulierte Auskunftsanspruch in der 2. Instanz zurückgenommen, ist die weiterverfolgte Entschädigungsklage abzuweisen, weil es jetzt an der Voraussetzung der Verurteilung zur Vornahme einer Handlung fehlt[14]. Der Entschädigungsantrag soll auch noch während des Berufungsverfahrens gestellt werden können[15]. Dies erscheint bei Beachtung von § 533 Nr. 2 ZPO zweifelhaft, weil die Klageänderung auf Tatsachen (den künftig eintretenden Schaden) gestützt wird, die das Berufungsgericht seiner Verhandlung und Entscheidung über die Berufung nicht nach § 529 ZPO zugrunde zu legen hat. § 264 Nr. 3 ZPO hilft nicht, weil die

---

1 GMPM/*Germelmann*, § 61 ArbGG Rz. 27. | 2 *Gift/Baur*, Urteilsverfahren, E Rz. 1652; GMPM/*Germelmann*, § 61 ArbGG Rz. 28. | 3 GMPM/*Germelmann*, § 61 ArbGG Rz. 28. | 4 GMPM/*Germelmann*, § 61 ArbGG Rz. 28. | 5 LAG Frankfurt v. 16.11.1998 – 16 Sa 29/98; GMPM/*Germelmann*, § 61 ArbGG Rz. 28. | 6 GMPM/*Germelmann*, § 61 ArbGG Rz. 28. | 7 BAG v. 23.1.1958 – 2 AZR 62/56, AP Nr. 22 zu § 61 ArbGG; GMPM/*Germelmann*, § 61 ArbGG Rz. 27. | 8 GMPM/*Germelmann*, § 61 ArbGG Rz. 27. | 9 *Gift/Baur*, Urteilsverfahren, E Rz. 1653. | 10 GK-ArbGG/*Schütz*, § 61 Rz. 35. | 11 LAG Frankfurt v. 7.8.2001 – 2 Sa 106/01, LAGReport 2002, 52; GK-ArbGG/Schütz, § 61 Rz. 39; GMPM/*Germelmann*, § 61 ArbGG Rz. 30. | 12 *Gift/Baur*, Urteilsverfahren, E Rz. 1654. | 13 LAG Berlin v. 12.3.1999 – 2 Sa 3/98, LAGE § 61 ArbGG 1979 Nr. 13. | 14 BAG v. 4.10.1989 – 4 AZR 396/89, AP Nr. 9 zu § 61 ArbGG 1979. | 15 *Gift/Baur*, Urteilsverfahren, E Rz. 1654; GMPM/*Germelmann*, § 61 ArbGG Rz. 29.

Entschädigung nicht statt des ursprünglich geforderten Gegenstands gefordert wird und weil es nicht um eine Änderung des Anspruchsziels wegen später eingetretener Veränderung geht.

b) Festsetzung der Erfüllungsfrist. Die Bemessung der dem Schuldner für die Vornahme der Handlung einzuräumenden Frist steht im Ermessen des Gerichts. Hierbei sind nach der Rspr. im Wesentlichen zu berücksichtigen, wie lange die beklagte Partei für die Vornahme der Handlung benötigen wird und die gesetzl. eingeräumte Rechtsmittelfrist von einem Monat. Unzulässig ist die Festsetzung einer diese Zeiträume verkürzenden Frist[1]. 28

c) Festsetzung der Entschädigung. Bei der Entscheidung über den Entschädigungsantrag muss das Gericht für den Fall der nicht rechtzeitigen Vornahme der Handlung die Höhe der zu zahlenden Entschädigung beziffern[2]. Maßgebend ist der Schaden, der durch die Nichtvornahme der Handlung entsteht. Bei der Verurteilung zu einer Auskunft darf der Entschädigungsbetrag nicht dem Betrag entsprechen, der mit dem Auskunftsantrag ermittelt wird; als Regelwert wird vielmehr der um 20 % gekürzte Betrag des zu erwartenden Zahlungsanspruchs angesehen[3]. Ist der klagenden Partei bei Verurteilung zur Auskunfterteilung auch ohne Auskunft zur Bezifferung der offenen Forderungen in der Lage, soll die Entschädigung 20 % der Forderungen betragen[4]. Mit der festgesetzten Entschädigung sind idR sämtliche Schadensersatzansprüche abgegolten[5]. 29

d) Unzulässigkeit eines Teilurteils. Über den Antrag auf Vornahme der Handlung kann nicht vorab durch Teilurteil nach § 301 ZPO entschieden werden. Dies gilt erst recht für den unechten Hilfsantrag auf Entschädigung nach Abs. 2 S. 1. Bereits der Wortlaut der Vorschrift lässt erkennen, dass nur „zugleich" entschieden werden kann. Bei einer Vorabentscheidung durch Teilurteil bliebe zudem unklar, ob aus dem Teilurteil später noch vollstreckt werden kann[6]. 30

e) Zwangsvollstreckung. Wird der Antrag auf Verurteilung zur Vornahme einer Handlung abgewiesen, so bedarf der unechte Hilfsantrag auf Verurteilung zur Entschädigung keiner Entscheidung. Er wäre zudem unbegründet, weil die Leistungsverurteilung Voraussetzung für die Entschädigungsverurteilung nach Abs. 2 ist. 31

Kommt es zur Verurteilung der beklagten Partei zur Vornahme einer Handlung bei Abweisung des Entschädigungsantrags, kann der zusprechende Teil des Urteils nach §§ 887 u. 888 ZPO vollstreckt werden. 32

Gibt das Gericht sowohl dem Leistungs- als auch dem Entschädigungsantrag statt, ist nach Abs. 2 S. 2 die Zwangsvollstreckung des auf Vornahme einer Handlung gerichteten Titels ausgeschlossen. Es fehlt an der Vollstreckbarkeit des fortbestehenden Vornahmeanspruchs. Aus dem Ausschluss der Vollstreckbarkeit des Vornahmeanspruchs folgt nicht, dass damit der Vornahmeanspruch untergeht oder in einen Zahlungsanspruch umgewandelt wird. Der Ausschluss der Zwangsvollstreckung hat nur vollstreckungsrechtl. Bedeutung, lässt aber den Vornahmeanspruch unberührt. Daher kann der Vornahmeanspruch auch nach Fristablauf erfüllt werden[7]. Die Vollstreckung des Entschädigungstitels richtet sich nach den Vorschriften über die Zwangsvollstreckung wegen Geldforderungen (§§ 803–882a ZPO). Voraussetzung ist, dass die Frist zur Vornahme der Handlung, die in dem Urteil festgesetzt worden ist, abgelaufen ist (§ 751 I ZPO). Erfüllt der Schuldner den Anspruch auf Vornahme der Handlung aber noch während der gerichtlich gesetzten Frist, entfällt der Entschädigungsanspruch. Die Frist läuft mit Zustellung des den Rechtsstreit beendenden Urteils (ggf. erst das Revisionsurteil) an[8]. Betreibt der Gläubiger gleichwohl die Zwangsvollstreckung, kann der Schuldner Vollstreckungsabwehrklage nach § 767 ZPO erheben. Wird die Leistung aber nach Fristablauf erbracht, kann eine Vollstreckungsabwehrklage bezüglich der Entschädigungsverurteilung nur Erfolg haben, wenn der Gläubiger mit der verspäteten Leistung einverstanden war[9]. Die entsprechenden Instanzurteile, gerichtet auf Vornahme und ersatzweise Entschädigung, sind jedoch vorläufig vollstreckbar (vgl. § 62 I 1). Nach Ablauf der Frist (gerechnet ab Zustellung des erst vorläufig vollstreckbaren Urteils) zur Vornahme der geschuldeten Handlung kann der Gläubiger bereits wegen der festgesetzten Entschädigung die Zwangsvollstreckung einleiten. Ob diese vorläufige Vollstreckung endgültigen Bestand hat, hängt aber vom rechtskräftigen Abschluss des Rechtsstreits ab. Wurde die Entschädigung bereits im Wege der Zwangsvollstreckung beigetrieben, wird aber der Entschädigungstitel später aufgehoben, so erfolgt die Rückabwicklung der Vollstreckung nach § 717 II ZPO[10]. 33

---

1 BAG v. 5.6.1985 – 4 AZR 533/83, AP Nr. 67 zu § 1 TVG – Tarifverträge: Bau; GMPM/*Germelmann*, § 61 ArbGG Rz. 35; krit. mit überzeugenden Gründen GK-ArbGG/*Schütz*, § 61 Rz. 46. | 2 GK-ArbGG/*Schütz*, § 61 Rz. 43. | 3 BAG v. 5.6.1985 – 4 AZR 533/83, AP Nr. 67 zu § 1 TVG – Tarifverträge: Bau; v. 27.8.1986 – 4 AZR 280/85, AP Nr. 70 zu § 1 TVG – Tarifverträge: Bau; v. 6.5.1987 – 4 AZR 641/86, AP Nr. 7 zu § 61 ArbGG 1979; gegen einen Regelwert überzeugend GMPM/*Germelmann*, § 61 ArbGG Rz. 36. | 4 LAG Frankfurt v. 12.2.2001 – 16 Sa 585/00, EzAÜG § 1 AEntG Nr. 1. | 5 BAG v. 20.2.1997 – 8 AZR 121/95, AP Nr. 4 zu § 611 BGB – Haftung des Arbeitgebers. | 6 *Gift/Baur*, Urteilsverfahren, E Rz. 1664; GK-ArbGG/*Schütz*, § 61 Rz. 42. | 7 BAG v. 4.10.1989 – 4 AZR 396/89, AP Nr. 9 zu § 61 ArbGG 1979. | 8 BAG v. 11.7.1975 – 4 AZR 396/89, AP Nr. 9 zu § 61 ArbGG 1979. | 9 LAG Frankfurt v. 30.4.1996 – 15 Sa 1521/95. | 10 BAG v. 11.7.1976 – 4 AZR 396/89, AP Nr. 9 zu § 61 ArbGG 1979.

34 Nimmt der Gläubiger nach Ablauf der vom Gericht bestimmten Frist dennoch die ursprünglich zu bewirkende Leistung (Vornahme der Handlung), die endgültig und nicht nur zur Abwendung der Zwangsvollstreckung erbracht wird, mit dem Willen an, sie als geschuldete Leistung gelten zu lassen, dann begibt er sich des Anspruchs auf die zugesprochene Entschädigung[1]. Wird dennoch vom Gläubiger die Zwangsvollstreckung aus dem die Entschädigung betreffenden Titel betrieben, kann der Schuldner sich hiergegen mit der Vollstreckungsgegenklage nach § 767 ZPO zur Wehr setzen. Nimmt der Gläubiger die Leistung nicht an Erfüllungs statt an, kann er weiterhin die Vollstreckung des Entschädigungstitels betreiben[2].

35 **VII. Zwischenurteil über den Anspruchsgrund (Abs. 3).** Nach § 304 I ZPO kann das Gericht über den Grund eines Anspruchs vorab entscheiden, wenn ein Anspruch nach Grund und Höhe streitig ist. Während das Urteil im Verfahren vor den ordentl. Gerichten nach § 304 II ZPO als Endurteil gilt und selbständig anfechtbar ist, ordnet Abs. 3 an, dass ein über den Grund des Anspruchs vorab entscheidendes Zwischenurteil wegen der Rechtsmittel nicht als Endurteil anzusehen ist. Damit ist im arbeitsgerichtl. Verfahren zwar ein Grundurteil zulässig, jedoch ist dieses nicht getrennt anfechtbar, sondern kann nur zusammen mit dem Schlussurteil rechtskräftig oder (ggf.) angefochten werden[3]. Es entfaltet aber für das erkennende Gericht nach § 318 ZPO Bindungswirkung. Die Anfechtbarkeit wird auch nicht durch eine falsche Rechtsmittelbelehrung[4], durch die Bezeichnung des Zwischenurteils als Teilurteil[5] oder durch Zulassungsentscheidung des ArbG bewirkt[6].

36 **VIII. Inhalt von Beschlüssen.** Für die unmittelbare Anwendung von § 61 ArbGG und von §§ 313, 313a ZPO auf Beschlüsse im Urteilsverfahren fehlt eine Verweisungsnorm. Der über § 46 II ArbGG anwendbare § 329 ZPO verweist nicht auf diese für Urteile geltenden Vorschriften[7]. Die Vorschriften §§ 313, 313a ZPO werden jedoch in der Praxis sinngemäß auf Beschlüsse angewendet[8]. Nicht vorgeschrieben sind zwar volles Rubrum, Tatbestand und Entscheidungsgründe; doch müssen Beschlüsse, die einem auch nur unter Umständen statthaften Rechtsmittel unterliegen, begründet werden[9]. In der Begründung müssen die wesentlichen der Rechtsverfolgung und Rechtsverteidigung dienenden Tatsachenbehauptungen verarbeitet werden (arg. Art. 103 I GG)[10]. Bloße Floskeln genügen nicht; eine Ermessensausübung muss nachprüfbar sein. Die gebotene Begründung ist spätestens im Rahmen der Abhilfeentscheidung nach § 572 I ZPO nachzuholen. Eine Ausnahme vom Begründungszwang besteht, wenn die Begründung unmittelbar aus dem Gesetz folgt, auf einer gefestigten Rspr. beruht oder sich ohne weiteres aus dem Streitstoff ergibt[11].

61a *Besondere Prozessförderung in Kündigungsverfahren*

(1) Verfahren in Rechtsstreitigkeiten über das Bestehen, das Nichtbestehen oder die Kündigung eines Arbeitsverhältnisses sind nach Maßgabe der folgenden Vorschriften vorrangig zu erledigen.

(2) Die Güteverhandlung soll innerhalb von zwei Wochen nach Klageerhebung stattfinden.

(3) Ist die Güteverhandlung erfolglos oder wird das Verfahren nicht in einer sich unmittelbar anschließenden weiteren Verhandlung abgeschlossen, fordert der Vorsitzende den Beklagten auf, binnen einer angemessenen Frist, die mindestens zwei Wochen betragen muss, im Einzelnen unter Beweisantritt schriftlich die Klage zu erwidern, wenn der Beklagte noch nicht oder nicht ausreichend auf die Klage erwidert hat.

(4) Der Vorsitzende kann dem Kläger eine angemessene Frist, die mindestens zwei Wochen betragen muss, zur schriftlichen Stellungnahme auf die Klageerwiderung setzen.

(5) Angriffs- und Verteidigungsmittel, die erst nach Ablauf der nach Absatz 3 oder 4 gesetzten Fristen vorgebracht werden, sind nur zuzulassen, wenn nach der freien Überzeugung des Gerichts ihre Zulassung die Erledigung des Rechtsstreits nicht verzögert oder wenn die Partei die Verspätung genügend entschuldigt.

(6) Die Parteien sind über die Folgen der Versäumung der nach Absatz 3 oder 4 gesetzten Fristen zu belehren.

1 **I. Inhalt und Zweck.** Die Vorschrift des § 61a zielt auf die beschleunigte und vorrangige Erledigung von Bestandsschutzstreitigkeiten. Sie regelt und verschärft die Beschleunigungspflicht nach § 9 I und geht als speziellere Regelung den allgemeinen Präklusionsvorschriften der § 56 II ArbGG bzw. § 296 I ZPO vor[12].

1 BAG v. 11.7.1975 – 5 AZR 273/74, AP Nr. 3 zu § 61 ArbGG 1953 – Zwangsvollstreckung. | 2 BAG v. 11.7.1975 – 5 AZR 273/74, AP Nr. 3 zu § 61 ArbGG 1953 – Zwangsvollstreckung. | 3 BAG v. 1.12.1975 – 5 AZR 466/75, AP Nr. 2 zu § 61 ArbGG 1953 – Grundurteil. | 4 GMPM/*Germelmann*, § 61 ArbGG Rz. 42. | 5 BAG v. 25.2.1999 – 3 AZR 232/97 (A). | 6 GK-ArbGG/*Schütz*, § 61 Rz. 55; GMPM/*Germelmann*, § 61 ArbGG Rz. 42. | 7 GMPM/*Germelmann*, § 61 ArbGG Rz. 5a. | 8 BGH v. 13.10.1982 – IVb ZB 154/82, MDR 1983, 214. | 9 BGH v. 23.3.1988 – IVb ARZ 8/88, FamRZ 1988, 943; Zöller/*Vollkommer*, § 329 ZPO Rz. 24. | 10 Zöller/*Vollkommer*, § 329 ZPO Rz. 24. | 11 Zöller/*Vollkommer*, § 329 ZPO Rz. 24. | 12 BAG v. 25.3.2004 – 2 AZR 380/03, AP Nr. 40 zu § 611 BGB – Kirchendienst.

II. Besondere Beschleunigungspflicht bei Bestandsschutzverfahren. 1. Allgemeines. In Abs. 1 wird angeordnet, dass die Bestandsschutzstreitigkeiten gegenüber anderen Streitigkeiten vorrangig zu erledigen sind. Soweit der besondere Beschleunigungsgrundsatz nicht in den Abs. 2–6 konkretisiert wurde, ist es Sache des Gerichts, wie es dem gesetzgeberischen Auftrag nachkommt. In Betracht kommen die Einrichtung besonderer Kündigungsschutzkammern, spezielle Bestandsschutztermine, das Freihalten oder das Verlegen von Terminen wegen anhängiger Bestandsschutzverfahren. Dabei würde Abs. 2 einen „erheblichen Grund" iSv. § 227 ZPO für die Verlegungsentscheidung darstellen[1]. Die besondere Beschleunigungspflicht des Abs. 1 ist zudem bei der Ausübung pflichtgemäßen Ermessens bei Aussetzungsentscheidungen nach § 148 ZPO zu beachten. 2

2. Anwendungsbereich. Die besondere Beschleunigungspflicht besteht für Verfahren in Rechtsstreitigkeiten über das Bestehen, das Nichtbestehen oder die Kündigung eines Arbeitsverhältnisses, also für Verfahren iSv. §§ 2 I Nr. 3b, 12 VII 1. Hierzu zählen Verfahren über 3

- die Sozialwidrigkeit und/oder Rechtsunwirksamkeit einer Eigen- oder Fremdkündigung,
- die Rechtsunwirksamkeit einer Anfechtungserklärung,
- die Rechtsunwirksamkeit von Befristungs- und Bedingungsabreden,
- die Rechtsunwirksamkeit eines (ggf. angefochtenen) Aufhebungsvertrages,
- das Bestehen oder die Auflösung eines Anschlussarbeitsverhältnisses nach § 78a BetrVG,
- das Bestehen oder Fortbestehen eines Arbeitsverhältnisses.

In allen diesen Fällen geht es um die Klärung des (Fort-)Bestands eines Arbeitsverhältnisses. Geht der Streit um den Inhalt des Arbeitsverhältnisses, wie bei der Änderungsschutzklage nach §§ 2, 4 S. 2 KSchG und der Statusklage, oder streben beide Parteien die Auflösung des Arbeitsverhältnisses durch beiderseitigen Auflösungsantrag nach §§ 9, 10 KSchG an, besteht kein Anlass zur Annahme einer besonderen Beschleunigungspflicht[2]. Entsprechendes gilt, wenn nur über den Bestand des Arbeitsverhältnisses in der Vergangenheit gestritten wird[3]. Nach Sinn und Zweck der Vorschrift unterliegt auch die Klage auf Einstellung, Fortsetzung oder Wiedereinstellung der besonderen Beschleunigungspflicht. Bestandsschutzstreitigkeiten bei freien Mitarbeiterverhältnissen, Rechtsverhältnissen der arbeitnehmerähnlichen Personen ua. unterfallen nicht dem § 61a. 4

Im Falle der Klagenhäufung begründet die Bestandsschutzstreitigkeit die besondere Beschleunigungspflicht auch für die übrigen prozessualen Ansprüche, sofern diese nicht abgetrennt werden oder die Bestandsschutzstreitigkeit nicht durch Teilurteil vorab beschieden wird[4]. 5

3. Alsbaldiger Gütetermin (Abs. 2). In den ein Arbeitsverhältnis betreffenden Bestandsschutzstreitigkeiten soll nach Abs. 2 die Güteverhandlung innerhalb von zwei Wochen nach Klageerhebung stattfinden. Die Frist beginnt mit der Zustellung der Klageschrift (vgl. § 253 I ZPO). Zugleich ist aber die Einlassungsfrist von einer Woche nach § 47 I zu wahren. Entgegen der wohl verbreiteten gerichtspraktischen Handhabung wird allgemein eine Pflicht des Vorsitzenden angenommen, bei der Terminsplanung eine Einhaltung dieser Vorschrift zu gewährleisten. Nur beim Vorliegen unabänderlicher Gründe (Notwendigkeit öffentl. Zustellung der Klageschrift, Terminstau nur mit Bestandsschutzverfahren, Krankheit oder Urlaub des Vorsitzenden) wird eine spätere Durchführung der Güteverhandlung für zulässig erachtet[5]. 6

4. Alsbaldiger Kammertermin. Ist die Güteverhandlung erfolglos oder wird das Verfahren nicht in einer sich unmittelbar anschließenden Verhandlung abgeschlossen, richtet sich das weitere Verfahren grds. nach § 54 IV und V bzw. § 55 III. Auch dabei ist die besondere Beschleunigungspflicht durch Einräumung eines Vorrangs der Bestandsschutzverfahren bei der Terminierung zu beachten. 7

5. Aufforderung zur Stellungnahme an die beklagte Partei (Abs. 3). a) Voraussetzung für die Aufforderung. Wenn die beklagte Partei noch nicht oder nicht ausreichend auf die Klage erwidert hat, fordert der Vorsitzende nach Abs. 3 diese auf, binnen einer angemessenen Frist, die mindestens zwei Wochen betragen muss, im Einzelnen unter Beweisantritt schriftl. die Klage zu erwidern. 8

Voraussetzung für die Aufforderung des Vorsitzenden ist also, dass die beklagte Partei noch nicht oder nicht ausreichend auf die Klage erwidert hat. Hat die beklagte Partei bereits vor der Güteverhandlung oder in ihr eine erschöpfende schriftsätzliche Klageerwiderung vorgelegt, ist für die gerichtliche Aufforderung zur Stellungnahme kein Raum. Entsprechendes gilt, wenn die beklagte Partei in der Güteverhandlung erschöpfend mündlich vorgetragen hat und die sofortige Protokollierung dieses Vertrags zumutbar gewesen und daher erfolgt ist[6]. 9

Ferner muss es sich um eine erwiderungsbedürftige, nämlich zulässige und schlüssig begründete Klage handeln. Andernfalls führte die Aufforderung zur Stellungnahme an die beklagte Partei nur zu einer überflüssigen Verzögerung der Verfahrenserledigung[7]. 10

---

1 GMPM/*Germelmann*, § 61a ArbGG Rz. 9. | 2 Ähnlich GK-ArbGG/*Schütz*, § 61a Rz. 6; aA GMPM/*Germelmann*, § 61a ArbGG Rz. 5. | 3 GMPM/*Germelmann*, § 61a ArbGG Rz. 6. | 4 *Grunsky*, § 61a ArbGG Rz. 8. | 5 GK-ArbGG/*Schütz*, § 61a Rz. 12. | 6 *Gift/Baur*, Urteilsverfahren, E Rz. 803. | 7 *Gift/Baur*, Urteilsverfahren, E Rz. 804.

11 **b) Inhalt der Aufforderung.** Inhalt der gerichtlichen Auflage an die beklagte Partei ist zum einen eine angemessene Frist von mindestens zwei Wochen und zum anderen die Aufforderung, im Einzelnen unter Beweisantritt schriftl. die Klage zu erwidern. Der Wortlaut von Abs. 3 weicht insoweit von § 56 I 2 Nr. 1 ab. Gleichwohl verlangt das BAG eine konkrete Auflage wie nach § 56 II[1].

12 **c) Form der Aufforderung.** Die Aufforderung zur Stellungnahme bedarf wie der Auflagenbeschluss nach § 56 der vollständigen Unterschrift durch den Vorsitzenden. Eine Paraphierung genügt nicht. Die Aufforderungsverfügung muss verkündet oder der betroffenen Partei bzw. deren Prozessbevollmächtigten (§ 172 ZPO) förmlich zugestellt werden. Eine formlose Mitteilung an die betroffene Partei berechtigt im Falle verspäteten Vorbringens nicht zur Zurückweisung des Vorbringens nach Abs. 5. Dem Gegner kann die Verfügung formlos übermittelt werden.

13 **d) Belehrung über Folgen bei Fristversäumung.** Die beklagte Partei ist über die Folgen der Fristversäumung zu belehren (vgl. Abs. 6). Dies gilt unabhängig davon, ob die Partei durch Rechtsanwalt oder Verbandsvertreter vertreten wird oder nicht. Insoweit gilt das zu § 56 II 2 Ausgeführte.

14 **6. Aufforderung an die klagende Partei (Abs. 4).** Nach Abs. 4 kann der Vorsitzende auch der klagenden Partei eine angemessene Frist, die mindestens zwei Wochen betragen muss, zur schriftl. Stellungnahme auf die Klageerwiderung setzen. Fristbeginn ist der Zeitpunkt des Zugangs der Klageerwiderung. Die Aufforderung an die klagende Partei kann zusammen mit der an die beklagte Partei gerichteten Aufforderung nach Abs. 3, aber auch nach Eingang der Klageerwiderung erfolgen. Ob die klagende Partei zur Stellungnahme aufgefordert wird, liegt im Ermessen des Vorsitzenden, ist aber in Bestandsschutzstreitigkeiten regelmäßig zwingend erforderlich, weil der Streitstoff erst durch die Stellungnahme der beklagten Partei erkennbar wird[2].

15 Zum Inhalt der Aufforderung gilt das bei der Aufforderung an die beklagte Partei Ausgeführte entsprechend. Hat die beklagte Partei in der Güteverhandlung nicht oder nur pauschal zur Klage Stellung genommen und ist in der Klageschrift noch kein konkreter Vortrag zu finden, kann sich der Vorsitzende auch gegenüber der klagenden Partei mit der nicht weiter konkretisierten Aufforderung zur Stellungnahme auf die zu erwartende Klageerwiderung binnen der gesetzten Frist begnügen. Ist die dann bei Gericht eingehende Stellungnahme der klagenden Partei ergänzungs- oder erläuterungsbedürftig und erfordert überhaupt der Vortrag der beklagten Partei – weil erheblich – eine Erwiderung und ist schließlich eine weitere schriftsätzl. Vorbereitung des Kammertermins zeitlich möglich, greift ebenfalls die Pflicht des Vorsitzenden zur Formulierung eines konkreten Auflagenbeschlusses nach § 56 I 2 Nr. 1. Hat die klagende Partei jedoch vor oder in der Güteverhandlung ergänzungs- oder erläuterungsbedürftig vorgetragen, muss bereits die Aufforderung der klagenden Partei zur Stellungnahme verbunden werden mit einer konkreten Auflage wie nach § 56 I 2 Nr. 1.

16 Zur Form der Aufforderung und der notwendigen Fristbelehrung nach Abs. 6 kann auf die obigen Ausführungen zur Aufforderung an die beklagte Partei verwiesen werden.

17 **III. Zurückweisung verspäteten Vorbringens (Abs. 5).** Die Möglichkeit zur Zurückweisung verspäteten Vorbringens in Abs. 5 entspricht in Voraussetzungen und Folgen der Vorschrift des § 56 II, weshalb auf die dazu erfolgten Ausführungen verwiesen wird.

61b *Klage wegen Benachteiligung*

(1) Eine Klage auf Entschädigung nach § 15 des Allgemeinen Gleichbehandlungsgesetzes muss innerhalb von drei Monaten, nachdem der Anspruch schriftlich geltend gemacht worden ist, erhoben werden.

(2) Machen mehrere Bewerber wegen Benachteiligung bei der Begründung eines Arbeitsverhältnisses oder beim beruflichen Aufstieg eine Entschädigung nach § 15 des Allgemeinen Gleichbehandlungsgesetzes gerichtlich geltend, so wird auf Antrag des Arbeitgebers das Arbeitsgericht, bei dem die erste Klage erhoben ist, auch für die übrigen Klagen ausschließlich zuständig. Die Rechtsstreitigkeiten sind von Amts wegen an dieses Arbeitsgericht zu verweisen; die Prozesse sind zur gleichzeitigen Verhandlung und Entscheidung zu verbinden.

(3) Auf Antrag des Arbeitgebers findet die mündliche Verhandlung nicht vor Ablauf von sechs Monaten seit Erhebung der ersten Klage statt.

1 **I. Inhalt und Zweck.** Die Vorschrift regelt die arbeitsgerichtl. Durchsetzung des Anspruchs auf Entschädigung nach § 15 II AGG, nicht die des Ausgleichs eines materiellen Schadens nach § 15 I AGG. Erfasst werden nur die Klagen von Beschäftigten auf Entschädigung. Die Geltendmachung von Rechten nach § 17 II AGG durch den BR oder die Gewerkschaft unterfallen nicht der Vorschrift, zumal mit dem Antrag nach § 17 II 1 AGG nicht die Ansprüche der Benachteiligten geltend gemacht werden dürfen (§ 17 II 2 AGG).

---

1 BAG v. 25.3.2004 – 2 AZR 380/03, AP Nr. 40 zu § 611 BGB – Kirchendienst. | 2 *Gift/Baur*, Urteilsverfahren, E Rz. 812.

Der Anwendungsbereich der Vorschrift erfasst alle Fälle der Benachteiligung aus Gründen der Rasse oder wegen der ethnischen Herkunft, des Geschlechts, der Religion oder Weltanschauung, einer Behinderung, des Alters oder der sexuellen Identität. 2

In § 61b II findet sich eine Regelung zur örtlichen Zuständigkeit bei Klagen mehrerer Bewerber wegen einer Diskriminerung bei der Einstellung oder beim beruflichen Aufstieg, während § 61b III die Möglichkeit des Hinausschiebens der mündlichen Verhandlung behandelt. 3

II. Klagefrist. Innerhalb von drei Monaten, nachdem der Anspruch – rechtzeitig und ordnungsgemäß – nach § 15 IV 1 AGG geltend gemacht worden ist, muss nach Abs. 1 Klage erhoben werden. Der Beschäftigte ist aber nicht gehindert, ohne vorherige Geltendmachung nach § 15 IV 1 AGG sofort die Entschädigungsklage zu erheben. In diesem Fall muss jedoch die Klage innerhalb der Frist nach § 15 IV 1 AGG von zwei Monaten dem ArbGeb zugestellt werden, weil die Zustellung der Klage zugleich der schriftlichen Geltendmachung dient[1]. 4

Die Fristen in § 15 IV 1 AGG iVm. § 61b I werden als zweistufige materiell-rechtl. Ausschlussfristen verstanden[2]. Die Einhaltung der Ausschlussfristen ist Anspruchsvoraussetzung für den Entschädigungsanspruch und daher bei der Schlüssigkeitsprüfung des Klagevortrags zu beachten. Von der klagenden Partei ist vorzutragen, wann der Entschädigungsanspruch schriftlich geltend gemacht worden ist, dh. wann das Geltendmachungsschreiben dem ArbGeb zuging, und dass die Klage innerhalb von drei Monaten nach der schriftl. Geltendmachung erhoben worden ist (Eingang der Klage und Zustellung demnächst – § 167 ZPO). Bei Nichteinhaltung der Geltendmachungs- oder der Klagefrist ist die Klage unbegründet. Eine Wiedereinsetzung in den vorigen Stand findet nicht statt[3]. Die Ausschlussfristen werden nicht dadurch hinausgeschoben, dass zunächst ein Anspruch auf Abschluss des Arbeitsvertrags oder ein Auskunftsanspruch hinsichtlich der Vergütungshöhe geltend gemacht wird[4]. Gegen die Versäumung der Geltendmachungs- und der Klagefrist kann regelmäßig nicht die Einrede der Arglist erhoben werden[5], es sei denn, der ArbGeb hat den Bewerber entgegen § 242 BGB von der rechtzeitigen Geltendmachung oder Klageerhebung abgehalten[6]. 5

Die **Berechnung der Klagefrist** richtet sich nach § 222 ZPO iVm. §§ 187, 188 BGB. Fristbeginn iSv. § 187 I BGB ist der Zeitpunkt der schriftl. Geltendmachung. Maßgeblich ist der Zeitpunkt, in dem das Geltendmachungsschreiben dem ArbGeb zugeht. Für die Tatsache des rechtzeitigen Zugangs rägt der ArbN die Darlegungs- und Beweislast[7]. 6

Die Klagefrist endet nach § 188 II BGB mit Ablauf desjenigen Tages des letzten der drei Monate, welcher durch seine Zahl dem Tage entspricht, in den der Zugang des Geltendmachungsschreibens fällt. Fällt das Ende der Klagefrist auf einen Sonntag, einen allgemeinen Feiertag oder einen Sonnabend, so endet die Frist mit Ablauf des nächsten Werktages (§ 222 II ZPO). 7

Gewahrt wird die Klagefrist bei Eingang der – regelmäßig erforderlichen – Leistungsklage[8] beim ArbG innerhalb von drei Monaten, nachdem der Anspruch geltend gemacht wurde. Wegen der Anwendbarkeit des § 287 ZPO kann die Höhe der Entschädigung in das Ermessen des Gerichts gestellt werden. Auch eine Feststellungsklage kann die Klagefrist wahren; sie wird jedoch regelmäßig wegen des Vorrangs der Leistungs- vor der Feststellungsklage unzulässig sein[9]. Zur Fristwahrung genügt, dass die Klage innerhalb der Frist vor einem örtlich unzuständigen Gericht erhoben wird, sofern der Rechtsstreit an das zuständige Gericht verwiesen wird[10]. Bei Klagerücknahme entfällt die fristwahrende Wirkung der Klageerhebung[11]. 8

III. Örtliche Zuständigkeit. Mit Abs. 2 S. 1 wird ein ausschließlicher Gerichtsstand für den Fall der Häufung von Entschädigungsklagen wegen Benachteiligung im Zusammenhang mit der Begründung von Arbeitsverhältnissen oder beim beruflichen Aufstieg begründet. Danach ist, sofern der ArbGeb einen entsprechenden Antrag stellt, ausschließlich das Gericht örtlich zuständig, bei dem die erste Entschädigungsklage erhoben wurde. Insoweit wird § 261 III Nr. 2 ZPO eingeschränkt, wonach die Rechtshängigkeit bewirkt, dass die Zuständigkeit des Prozessgerichts durch eine Veränderung der sie begründenden Umstände nicht berührt wird. Der Antrag lässt auch die Bindungswirkung eines vorherigen Verweisungsbeschlusses nach § 48 I ArbGG iVm. § 17a II 3 GVG entfallen. Der Antrag kann nur während des erstinstanzlichen Verfahrens gestellt werden[12], und zwar nur bis zum Ende der mündlichen Verhandlung der zuerst anhängig gemachten Klage[13]. Der ArbGeb muss jedoch keinen Antrag stellen und kann es bei der Zuständigkeit verschiedener Gerichte belassen. Dabei geht er jedoch das Risiko ein, dass die Gerichte bei den verschiedenen Bewerbern die Höchstbegrezung des Entschädigungsanspruchs unzutreffend beurteilen[14]. Der Antrag kann frühestens ab dem Zeitpunkt der Anhängigkeit der 9

1 GK-ArbGG/*Schütz*, § 61b ArbGG Rz. 22. | 2 GK-ArbGG/*Schütz*, § 61b Rz. 11 f. | 3 GK-ArbGG/*Schütz*, § 61b Rz. 13. | 4 GK-ArbGG/*Schütz*, § 61b Rz. 24. | 5 GK-ArbGG/*Schütz*, § 61b Rz. 14. | 6 GK-ArbGG/*Schütz*, § 61b Rz. 14. | 7 GK-ArbGG/*Schütz*, § 61b ArbGG Rz. 16 f. | 8 GK-ArbGG/*Schütz*, § 61b ArbGG Rz. 15. | 9 GK-ArbGG/*Schütz*, § 61b ArbGG Rz. 15. | 10 GK-ArbGG/*Schütz*, § 61b Rz. 19. | 11 BAG v. 11.7.1990, AP Nr. 141 zu § 4 TVG – Ausschlussfristen. | 12 GK-ArbGG/*Schütz*, § 61b ArbGG Rz. 33. | 13 GK-ArbGG/*Schütz*, § 61b Rz. 33. | 14 GK-ArbGG/*Schütz*, § 61b Rz. 29.

zweiten Entschädigungsklage gestellt werden. Ein vorsorglicher Antrag ist unzulässig. Der Antrag muss nur in einem, nicht in jedem Rechtsstreit gestellt werden. Er kann schriftsätzlich, zu Protokoll der Geschäftsstelle oder in der mündlichen Verhandlung gestellt werden[1]. Zur Begründung des Antrags muss der ArbGeb vortragen, dass mehrere Klagen bei bestimmten Gerichten anhängig sind und bei welchem Gericht die erste Klage erhoben wurde[2].

10 Die übrigen Rechtsstreite sind nach Abs. 2 S. 2 von Amts wegen an das ArbG zu verweisen, bei dem die erste Entschädigungsklage erhoben ist, bei dem also zuerst die Klage zugestellt wurde[3]. Es bedarf keines Verweisungsantrags der Parteien. Die Verweisungsbeschlüsse sind nach § 48 I Nr. 1 unanfechtbar.

11 Nach Verweisung sind alle Rechtsstreite von der zuständigen Kammer des nunmehr insgesamt zuständigen ArbG von Amts wegen zur gleichzeitigen Verhandlung und Entscheidung zu verbinden (Abs. 2 S. 2 Hs. 2). Insoweit steht dem ArbG kein Ermessen wie bei § 147 ZPO zu. Die Entscheidung zur Verbindung erfolgt durch Beschluss. Als prozessleitende Maßnahme bedarf der Beschluss keiner mündlichen Verhandlung. Nach § 53 I 1 entscheidet der Vorsitzende. Entsprechendes gilt, wenn mehrere Klagen nach § 61b II in verschiedenen Kammern desselben ArbG anhängig sind[4].

12 **IV. Zeitpunkt der mündlichen Verhandlung.** In den Verfahren wegen Benachteiligung findet nach Abs. 3 auf Antrag des ArbGeb die mündliche Verhandlung nicht vor Ablauf von sechs Monaten seit Erhebung der ersten Klage statt. Da die mündliche Verhandlung nach § 54 I mit dem Güteverfahren beginnt, darf auch dieses erst nach Ablauf von sechs Monaten stattfinden.

13 Voraussetzung für die Durchbrechung des Beschleunigungsgrundsatzes (§ 9 I 1) ist ein auf Hinausschieben der mündlichen Verhandlung gerichteter Antrag des ArbGeb. Voraussetzung für den Antrag ist, dass zumindest ein weiteres einschlägiges Verfahren anhängig ist[5].

62 *Zwangsvollstreckung*

(1) Urteile der Arbeitsgerichte, gegen die Einspruch oder Berufung zulässig ist, sind vorläufig vollstreckbar. Macht der Beklagte glaubhaft, dass die Vollstreckung ihm einen nicht zu ersetzenden Nachteil bringen würde, so hat das Arbeitsgericht auf seinen Antrag die vorläufige Vollstreckbarkeit im Urteil auszuschließen. In den Fällen des § 707 Abs. 1 und des § 719 Abs. 1 der Zivilprozessordnung kann die Zwangsvollstreckung nur unter derselben Voraussetzung eingestellt werden. Die Einstellung der Zwangsvollstreckung nach Satz 3 erfolgt ohne Sicherheitsleistung. Die Entscheidung ergeht durch unanfechtbaren Beschluss.

(2) Im Übrigen finden auf die Zwangsvollstreckung einschließlich des Arrests und der einstweiligen Verfügung die Vorschriften des Achten Buchs der Zivilprozessordnung Anwendung. Die Entscheidung über den Antrag auf Erlass einer einstweiligen Verfügung kann in dringenden Fällen, auch dann, wenn der Antrag zurückzuweisen ist, ohne mündliche Verhandlung ergehen.

---

1 GK-ArbGG/*Schütz*, § 61b Rz. 31 f. | 2 GK-ArbGG/*Schütz*, § 61b Rz. 31. | 3 GK-ArbGG/*Schütz*, § 61b Rz. 34. | 4 GK-ArbGG/*Schütz*, § 61b Rz. 36. | 5 GK-ArbGG/*Schütz*, § 61b ArbGG Rz. 43.

dieser Wertung genießt das Vollstreckungsinteresse des Gläubigers Vorrang vor dem Vollstreckungsabwehrinteresse des Schuldners, auch wenn dieses mit unersetzbaren Nachteilen begründet wird[1]. Wenn der Ausschluss der Vollstreckung für den Gläubiger vergleichbare Nachteile mit sich bringt wie die Durchführung der Vollstreckung für den Schuldner, dann muss der Gläubiger Vorrang genießen, weil er immerhin schon einen (wenn auch nur vorläufigen) Titel erstritten hat[2]. Bei der notwendige Interessenabwägung sind zumindest in rechtl. eindeutigen Fällen auch die Erfolgsaussichten des Schuldners im Rechtsmittelverfahren zu berücksichtigen[3]. Der Ausschluss der vorläufigen Vollstreckbarkeit soll den Schuldner nur vor solchen nicht zu ersetzenden Nachteilen schützen, die ungerechtfertigt sind[4]. Je eindeutiger die Rechtslage zu Gunsten des Gläubigers spricht, umso eher scheidet ein Vollstreckungsausschluss aus[5].

10 Ein nicht zu ersetzender Nachteil kann auch gegeben sein, wenn dieser nicht bei einer Vollstreckung schlechthin, sondern nur bei einer bestimmten Vollstreckungsmaßnahme oder ab einem bestimmten Vollstreckungsumfang zu erwarten ist[6]. In solchen Fällen ist die Vollstreckung nicht insgesamt, sondern nur hinsichtlich der konkret nachteiligen Vollstreckungsmaßnahmen auszuschließen[7].

11 **b) Beispiele nicht zu ersetzenden Nachteils. aa) Vornahme, Duldung oder Unterlassung einer Handlung.** Wird ein Anspruch auf Vornahme, Duldung oder Unterlassung einer Handlung vollstreckt, wird die Wirkung der Vollstreckung idR nicht mehr wieder rückgängig gemacht werden können. Dies verdeutlicht das Interesse des Vollstreckungsschuldners an der Ausschließung der Vollstreckung[8]. Die Voraussetzungen für einen Ausschluss der vorläufigen Vollstreckbarkeit liegen aber trotzdem nicht vor, wenn die Nichtdurchsetzung des Titels für den Vollstreckungsgläubiger zu einem nicht zu ersetzenden Nachteil führen würde[9].

12 **bb) Beschäftigung oder Weiterbeschäftigung.** Es ist keineswegs so, dass die Vollstreckung eines auf Beschäftigung bzw. Weiterbeschäftigung des ArbN lautenden Urteils dem ArbGeb grds. einen nicht zu ersetzenden Nachteil bringt, wenn später ein derartiger Anspruch mangels eines bestehenden bzw. weiterbestehenden Arbeitsverhältnisses verneint wird, weil die darin liegende Willensbeeinträchtigung des ArbGeb nicht rückgängig gemacht werden kann. Für die mit der Beschäftigung verbundene Entgeltzahlung erhält der ArbGeb mit der Arbeitsleistung einen Gegenwert[10]. Ein unersetzlicher Nachteil kann vielmehr nur ein solcher sein, der über den allein darin bestehenden Nachteil, nicht nach seinem Belieben handeln zu dürfen, hinausgeht[11].

13 Die Beschäftigung/Weiterbeschäftigung muss also sonstige Schäden (Nachteile wirtschaftl. oder immaterieller Art) befürchten lassen, für die aller Wahrscheinlichkeit nach vom ArbN kein Ersatz zu erlangen sein wird; die bloße Nichtrückabwicklungsmöglichkeit reicht nicht aus[12].

14 Ein derartiger Nachteil kann etwa darin liegen, dass die (Weiter-)Beschäftigung zu einer nicht absetzbaren Überproduktion führt, die Kosten verursachen und Verluste zur Folge haben würde, die im Falle des Obsiegens des ArbGeb nicht von dem gekündigten ArbN und auch nicht auf andere Weise zu ersetzen sind; hierbei spielt die Dauer des Rechtsstreits eine nicht unerhebliche Rolle[13].

15 **cc) Zahlungsansprüche.** Bei Geldansprüchen ist ein nicht zu ersetzender Nachteil noch nicht gegeben, wenn die Rückforderung mit Schwierigkeiten verbunden ist, sondern erst dann, wenn die Wiedererlangung des beigetriebenen Betrages wegen der Vermögenslage des Klägers von vornherein als aussichtslos erscheint. Die bloße Befürchtung mangelnder Rückforderbarkeit ist also unzureichend. Bei nur teilweiser Möglichkeit der Wiedererlangung kommt eine teilweise Ausschließung der vorläufigen Vollstreckbarkeit in Betracht[14]. Ein nicht zu ersetzender Nachteil kann aber auch bestehen, wenn die Pfändung eines wesentlichen Betriebsmittels zu außerordentl. Betriebsstörungen führt[15]. Allein die Tatsache der Bewilligung von PKH ohne Ratenzahlung begründet nicht die Vermutung späterer Zahlungsunfähigkeit[16].

---

1 Schwab/Weth/*Walker*, § 62 ArbGG Rz. 9. | 2 Schwab/Weth/*Walker*, § 62 ArbGG Rz. 10. | 3 LAG Düsseldorf v. 4.10.1979 – 14 (5) Sa 976/79, EzA § 62 ArbGG 1979 Nr. 1; v. 7.3.1980 – 8 Sa 59/80, EzA § 62 ArbGG Nr. 2; v. 20.3.1980 – 19 Sa 142/80, EzA § 62 ArbGG Nr. 3; *Dütz*, DB 1980, 1069; Schwab/Weth/*Walker*, § 62 ArbGG Rz. 11; krit. GMPM/*Germelmann*, § 62 ArbGG Rz. 14. | 4 Schwab/Weth/*Walker*, § 62 ArbGG Rz. 11. | 5 Schwab/Weth/*Walker*, § 62 ArbGG Rz. 11. | 6 BAG v. 24.9.1958 – 2 AZR 395/58, AP Nr. 2 zu § 719 ZPO; *Dütz*, DB 1980, 1069; GMPM/*Germelmann*, § 62 ArbGG Rz. 19. | 7 Schwab/Weth/*Walker*, § 62 ArbGG Rz. 16. | 8 LAG Düsseldorf v. 4.10.1979 – 14 (5) Sa 976/79, EzA § 62 ArbGG 1979 Nr. 1; v. 7.3.1980 – 8 Sa 59/80, EzA § 62 ArbGG Nr. 2. | 9 BAG v. 22.6.1972 – 3 AZR 263/72, AP Nr. 4 zu § 719 ZPO; BGH v. 6.7.1979 – I ZR 55/79, AP Nr. 5 zu § 719 ZPO; Schwab/Weth/*Walker*, § 62 ArbGG Rz. 15. | 10 Schwab/Weth/*Walker*, § 62 ArbGG Rz. 14. | 11 BAG (GS) v. 27.2.1985 – GS 1/84, AP Nr. 14 zu § 611 BGB – Beschäftigungspflicht; LAG Berlin v. 26.9.1980 – 12 Sa 63/80, DB 1980, 2448; LAG Frankfurt v. 28.7.1983 – 3 Ta 173/83, DB 1983, 2640; LAG Hamm v. 25.1.1982 – 2 (11) Sa 1531/81, DB 1982, 653; LAG Rh.-Pf. v. 5.1.1981 – 3 Sa 688/80, EzA § 62 ArbGG 1979 Nr. 5. | 12 BAG (GS) v. 27.2.1985 – GS 1/84, AP Nr. 14 zu § 611 BGB – Beschäftigungspflicht; LAG Frankfurt v. 28.7.1983 – 3 Ta 173/83, DB 1983, 2640. | 13 BAG v. 22.2.1983 – 1 AZR 466/82. | 14 BAG v. 24.9.1958 – 2 AZR 395/58, AP Nr. 2 zu § 719 ZPO; LAG Düsseldorf v. 20.12 1985 – 15 Sa 1125/85, LAGE § 62 ArbGG 1979 Nr. 13. | 15 Schwab/Weth/*Walker*, § 62 ArbGG Rz. 12. | 16 Schwab/Weth/*Walker*, § 62 ArbGG Rz. 12.

I. Inhalt und Zweck. Im ArbGG befasst sich allein § 62 mit der Zwangsvollstreckung arbeitsgerichtl. 1
Entscheidungen. Soweit die Vorschrift keine Sonderregelung enthält, werden die Vorschriften des 8. Buchs der ZPO für anwendbar erklärt. Die Vorschrift gilt unmittelbar im erstinstanzlichen Urteilsverfahren. Für die Zwangsvollstreckung während des Berufungsverfahrens verweist § 64 VII auf § 62. Dagegen nimmt § 72 VI für die Revisionsinstanz nicht Bezug auf § 62. Dies ist insoweit konsequent, als Revisionsurteile mit ihrer Verkündung rechtskräftig werden, so dass es keiner Regelung zu einer vorläufigen Vollstreckbarkeit bedarf. Die fehlende Bezugnahme auf Abs. 2 beruht dagegen auf einem Versehen; auch die Vollstreckung von Revisionsurteilen richtet sich nach dem 8. Buch der ZPO[1]. Für das Beschlussverfahren 1. Instanz gilt für die Zwangsvollstreckung die Sonderregelung des § 85, der wiederum nach § 87 II 1 im 2. und nach § 92 II 1 im 3. Rechtszug des Beschlussverfahrens entsprechend gilt.

II. Vorläufige Vollstreckbarkeit. Die vorläufige Vollstreckbarkeit ist in Abs. 1 für die Arbeitsgerichts- 2
barkeit wesentlich anders als für die ordentl. Gerichtsbarkeit geregelt.

Urteile des ArbG, gegen die der Einspruch oder die Berufung zulässig ist, sind kraft Gesetzes vorläufig 3
vollstreckbar (Abs. 1 S. 1). Das gilt nach § 64 VII auch für Urteile des LAG, die dem Einspruch oder der Revision unterliegen. Dagegen müssen Versäumnisurteile des BAG nach den allgemeinen ZPO-Vorschriften für vollstreckbar erklärt werden, weil § 62 mangels Verweises darauf in § 72 VI für sie nicht gilt[2]. Durch Abs. 1 S. 1 wird der klagenden Partei (idR ein ArbN) eine sofortige Durchsetzung des titulierten Anspruchs ermöglicht. Dies findet seinen Grund darin, das ArbN häufig zur Bestreitung ihres Lebensunterhalts auf eine zeitnahe Durchsetzung von Vergütungsansprüchen angewiesen sind[3]. Vorläufig vollstreckbar gem. Abs. 1 S. 1 sind übrigens auch Urteile im Kündigungsschutzprozess auf Zahlung einer Abfindung nach §§ 9, 10 KSchG hinsichtlich der zuerkannten Abfindungssumme[4].

Wird das Urteil des ArbG oder des LAG später aufgehoben oder abgeändert, tritt insoweit mit der 4
Verkündung der Entscheidung die vorläufige Vollstreckbarkeit außer Kraft (§ 717 I ZPO).

Nicht von Abs. 1 erfasst werden Arrestbefehle und einstw. Verfügungen, die jedoch nach §§ 929 I, 936 5
ZPO iVm. § 62 II 1 ohne weiteres vollstreckbar sind.

III. Ausschließung der vorläufigen Vollstreckbarkeit. Das ArbG/LAG hat auf Antrag des Vollstre- 6
ckungsschuldners im Urteil die vorläufige Vollstreckbarkeit auszuschließen, wenn dieser glaubhaft macht, dass die Vollstreckung ihm einen nicht zu ersetzenden Nachteil bringen würde (Abs. 1 S. 2 bzw. § 64 VII). Voraussetzungen hierfür sind

- ein Antrag und
- ein nicht zu ersetzender Nachteil.

1. Antrag. Der Antrag kann entsprechend § 714 I ZPO bis zum Schluss der mündlichen Verhandlung, 7
auf die das Urteil ergeht, gestellt werden[5]. Dies gilt für die 1. und auch für die 2. Instanz. Antragsberechtigt ist der Vollstreckungsschuldner. Dies kann – entgegen dem missglücktem Wortlaut der Vorschrift – sowohl die klagende als auch die beklagte Partei sein[6].

2. Nicht zu ersetzender Nachteil. a) Grundsätze. Ein nicht zu ersetzender Nachteil setzt voraus, dass 8

- der Vollstreckungsschuldner ihn nicht durch sein Verhalten abwenden kann und
- dass der Vollstreckungsgläubiger nicht in der Lage ist, den Schaden mit Geld oder in anderer Weise bei späterem Wegfall des Vollstreckungstitels auszugleichen[7].

Ein solcher Nachteil liegt grds. vor, wenn die Wirkungen der Vollstreckung nicht mehr rückgängig 9
gemacht werden können[8]. Es ist eine am Einzelfall orientierte Abwägung der beiderseitigen Interessen vorzunehmen, insb. des Sicherungsbedürfnisses des Vollstreckungsgläubigers und der Belange des Vollstreckungsschuldners[9]. Bei der Interessenabwägung darf aber nicht die gesetzgeberische Wertung unterlaufen werden, wonach arbeitsrechtl. Titel schnell und unkompliziert durchsetzbar sein sollen. Nach

1 Schwab/Weth/*Walker*, § 62 ArbGG Rz. 3. | 2 BAG v. 28.10.1981 – 4 AZR 251/79, AP Nr. 6 zu § 522a ZPO. | 3 Schwab/Weth/*Walker*, § 62 ArbGG Rz. 4. | 4 BAG v. 9.12.1987 – 4 AZR 561/87, AP Nr. 4 zu § 62 ArbGG 1979. | 5 Schwab/Weth/*Walker*, § 62 ArbGG Rz. 7. | 6 Schwab/Weth/*Walker*, § 62 ArbGG Rz. 8. | 7 GMPM/*Germelmann*, § 62 ArbGG Rz. 14. | 8 LAG Düsseldorf v. 4.10.1979 – 14 (5) Sa 976/79, EzA § 62 ArbGG 1979 Nr. 1; v. 7.3.1980 – 8 Sa 59/80, EzA § 62 ArbGG Nr. 2; v. 20.3.1980 – 19 Sa 142/80, EzA § 62 ArbGG Nr. 3. | 9 LAG Düsseldorf v. 20.3.1980 – 19 Sa 142/80, EzA § 62 ArbGG Nr. 3; LAG Bremen v. 25.10.1982 – 4 Sa 265/82, AP Nr. 2 zu § 62 ArbGG 1979.

Bei einem ausländischen ArbN genügt nicht schon der Hinweis, dieser sei arbeitslos und/oder könne sich einer etwaigen Rückforderung durch Rückkehr in seine Heimat entziehen[1]. Dies gilt unabhängig davon, ob es sich um einen EU-Ausländer handelt oder nicht[2]. 16

3. Glaubhaftmachung. Sind die den nicht zu ersetzenden Nachteil begründenden Tatsachen streitig, so muss der Vollstreckungsschuldner das Vorliegen dieser Tatsachen glaubhaft machen (§ 294 ZPO). 17

4. Entscheidung. Wenn das ArbG oder LAG dem Antrag des Vollstreckungsschuldners stattgeben will, muss es die vorläufige Vollstreckbarkeit ganz oder teilweise ausschließen. Dies soll im Tenor des Urteils erfolgen müssen[3]. Diese strenge Auffassung findet im Wortlaut der Vorschrift keine Grundlage, denn danach genügt die Ausschließung der vorläufigen Vollstreckbarkeit „im Urteil". Im ArbGG wird jedoch nicht immer streng zwischen dem Urteil iSv. § 313 ZPO und der Urteilsformel iSv. § 313 I Nr. 4 ZPO unterschieden[4]. Jedenfalls aus Gründen der Klarheit sollte die Entscheidung über den Antrag in die Urteilsformel aufgenommen werden. Die Ausschließung der vorläufigen Vollstreckbarkeit ist zu begründen[5]. Sie erfolgt immer ohne Anordnung einer Sicherheitsleistung. 18

Will das ArbG oder LAG dem Antrag nicht stattgeben, so ist strittig, ob dies in die Urteilsformel aufzunehmen ist[6]. 19

Hat das Gericht den Antrag übersehen, kommt eine Urteilsergänzung nach § 321 ZPO in Betracht. 20

IV. Einstellung der Zwangsvollstreckung nach §§ 707 Abs. 1 und 719 Abs. 1 ZPO. 1. Grundsätze. Nach Abs. 1 S. 3 kann in Fällen des § 707 I ZPO (Antrag auf Wiedereinsetzung oder Wiederaufnahme) und des § 719 I ZPO (Einlegung von Einspruch oder Berufung) die Zwangsvollstreckung nur unter derselben Voraussetzungen wie bei der Ausschließung der vorläufigen Vollstreckbarkeit eingestellt werden. Die Einstellung der Zwangsvollstreckung erfolgt ohne Sicherheitsleistung, Abs. 1 S. 4. Die einstweilige Einstellung der Zwangsvollstreckung soll regelmäßig nicht in Betracht kommen, wenn der Schuldner es versäumt hat, im erstinstanzlichen Verfahren einen Schutzantrag nach § 62 I 2 zu stellen, es sei denn, die Gründe, auf die der Einstellungsantrag gestützt wird, lagen im Zeitpunkt der letzten mündlichen Verhandlung vor dem Arbeitsgericht noch nicht vor oder konnten aus anderen Gründen nicht vorgetragen und glaubhaft gemacht werden[7]. Eine Einstellung der Zwangsvollstreckung aus einem eine Leistungsverfügung erlassenden Urteil durch das Berufungsgericht soll ebenfalls nicht in Betracht kommen, weil es – lägen die Voraussetzungen für eine solche Einstellung vor – dann grundsätzlich an einen Arrestgrund bzw. einem Verfügungsgrund fehlte[8]. 21

Nach Erlass des stattgebenden Urteils kann der Schuldner, der in die Berufung geht, wählen, ob er im Berufungsverfahren einen Antrag nach §§ 64 VII, 62 I 2 stellt oder die Einstellung der Zwangsvollstreckung beantragt[9]. 22

Voraussetzungen für die Einstellung der Zwangsvollstreckung sind 23

- ein Antrag
- Antrag auf Wiedereinsetzung (§ 233 ZPO) oder Wiederaufnahme eines durch rechtskräftiges Urteil abgeschlossenen Rechtsstreits oder Fortsetzung des Rechtsstreits nach der Verkündung eines Vorbehaltsurteils im Nachverfahren (§§ 302, 599 ZPO) oder
- Einspruch (§ 338 ZPO) gegen ein vorläufig vollstreckbares Versäumnisurteil (§§ 330 f., 708 Nr. 2 ZPO) oder
- Berufung (§ 64)
- nicht zu ersetzender Nachteil.

2. Verfahren. Für die Entscheidung über den Antrag auf Einstellung der Zwangsvollstreckung ist zuständig dasjenige Gericht, welches über das Wiedereinstellungsgesuch, den Wiederaufnahmeantrag, im Nachverfahren, den Einspruch oder die Berufung zu entscheiden hat[10]. Die Entscheidung wird beim ArbG und in der Berufungsinstanz (§ 64 VII) außerhalb der streitigen Verhandlung nicht von der Kammer, sondern von dem Vorsitzende allein getroffen (§ 55 I Nr. 6 und § 53 I 1). Eine mündliche Verhandlung kann angeordnet werden (§§ 707 II 1, 128 IV ZPO). Vor dem Erlass der Entscheidung ist dem Vollstreckungsschuldner zumindest rechtl. Gehör zu gewähren[11]. Falls das wegen der Dringlichkeit der Ein- 24

1 LAG Bremen v. 25.10.1982 – 4 Sa 265/82, AP Nr. 2 zu § 62 ArbGG 1979; LAG Frankfurt v. 15.10.1979 – 8 Ta 111/79, ARST 80, 112. | 2 Schwab/Weth/*Walker*, § 62 ArbGG Rz. 12. | 3 GMPM/*Germelmann*, § 62 ArbGG Rz. 25; *Hauck/Helml*, § 62 ArbGG Rz. 8; GK-ArbGG/*Vossen*, § 62 Rz. 26. | 4 Vgl. § 61 I, II 1, § 64 IIIa. | 5 Schwab/Weth/*Walker*, § 62 ArbGG Rz. 18. | 6 GK-ArbGG/*Vossen*, § 62 Rz. 26; *Hauck/Helml*, § 62 ArbGG Rz. 8; GMPM/*Germelmann*, § 62 ArbGG Rz. 26; aA Schwab/Weth/*Walker*, § 62 ArbGG Rz. 19. | 7 LAG Schl.-Holst. v. 23.8.2007 – 15 Sa 1630/07 in Anlehnung an BGH v. 31.10.2000 – XII ZR 3/00, NJW 2001, 375 u. BGH 3.7.1991 – XII ZR 262/90, NJW-RR 1991, 1216. | 8 Sächs. LAG v. 19.9.2006 – 7 Sa 617/06. | 9 Schwab/Weth/*Walker*, § 62 ArbGG Rz. 21. | 10 Schwab/Weth/*Walker*, § 62 ArbGG Rz. 27. | 11 LAG Hamm v. 18.7.1971 – 8 Ta 53/71, MDR 1972, 362; Schwab/Weth/*Walker*, § 62 ArbGG Rz. 27.

stellung nicht möglich ist, muss die Anhörung jedenfalls nachgeholt und die Einstellung ggf. wieder aufgehoben werden[1]. Insoweit empfiehlt sich, die Einstellung der Zwangsvollstreckung zunächst nur für einen Zeitraum vorzunehmen, in dem das rechtl. Gehör gewährt werden kann.

25 **3. Entscheidung.** Die Entscheidung über den Antrag auf Einstellung der Zwangsvollstreckung erfolgt durch Beschluss (Abs. 1 S. 5). Dieser ist zu begründen. Die Entscheidung über den Einstellungsantrag steht dabei im pflichtgemäßen Ermessen des Gerichts[2]. Es hat die Interessen des Gläubigers, aus dem erstrittenen (möglicherweise sogar schon rechtskräftigen) Titel zu vollstrecken, gegen das Abwendungsinteresse des Schuldners abzuwägen. In diese Interessenabwägung fließen auch die Erfolgsaussichten des Wiedereinsetzungsgesuchs, der Wiederaufnahmeklage, des Antrags im Nachverfahren (§ 707 ZPO), oder des Einspruchs oder der Berufung (§ 719 ZPO) ein[3]. Insoweit wird eine kursorische Prüfung der Rechtslage für ausreichend gehalten[4].

26 Die Einstellung ist idR zu versagen, wenn der Beklagte nur Gründe vorbringt, die das ArbG bereits bei der Prüfung der Ausschließung der vorläufigen Vollstreckbarkeit im Urteil als nicht ausreichend erachtet hat, wenn gerade die die Verurteilung tragenden Gründe auch den nicht zu ersetzenden Nachteil begründen sollen oder wenn die Berufung im Zeitpunkt der Entscheidung über den Einstellungsantrag nicht mindestens überwiegende Aussicht auf Erfolg hat[5].

27 Die Einstellung der Zwangsvollstreckung kann nur ohne Sicherheitsleistung angeordnet werden (Abs. 1 S. 4). Auch die Aufhebung von Vollstreckungsmaßnahmen nach § 707 I 1 ZPO kann nicht gegen Sicherheitsleistung erfolgen.

28 **4. Rechtsbehelf.** Gegen einstellende oder ablehnende Beschlüsse findet keine Anfechtung statt (Abs. 1 S. 5). Bei greifbarer Gesetzeswidrigkeit wurde eine Ausnahme von der Unanfechtbarkeit gemacht[6]. Hieran wird nicht mehr festgehalten werden können. Auch unter dem Gesichtspunkt einer „greifbaren Gesetzwidrigkeit" kommt kein außerordentl. Rechtsbehelf mehr in Betracht, allenfalls eine befristete Gegenvorstellung[7].

29 Ein zurückgewiesener Einstellungsantrag erwächst nicht in Rechtskraft; er kann wiederholt, aber nur auf erst nach dem Tag der ablehnenden Entscheidung entstandene Tatsachen gestützt werden[8].

30 **V. Einstellung der Zwangsvollstreckung nach anderen Vorschriften.** Nach der ZPO kommt die Einstellung der Zwangsvollstreckung in weiteren Fällen in Betracht, nämlich zB bei

- der Erinnerung gegen Erteilung der Vollstreckungsklausel (§ 732 II ZPO),
- der Erinnerung gegen Art und Weise der Zwangsvollstreckung (§§ 766 I 2, 732 II ZPO),
- der Vollstreckungsabwehrklage (§ 769 I 1 ZPO),
- dem Widerspruch gegen Arrest (§ 924 III 2 ZPO).

31 Für diese Fälle ist streitig, ob entsprechend Abs. 1 nur eine Einstellung ohne Sicherheitsleistung in Betracht kommt und dafür ein drohender unersetzbarer Nachteil vorausgesetzt wird. Eine entsprechende Anwendung des Abs. 1 S. 3 wird mit der Begründung bejaht, mit dem System der Zwangsvollstreckung im arbeitsgerichtl. Verfahren sei eine Einstellung gegen Sicherheitsleistung nicht vereinbar[9]. Nach aA[10] soll jedenfalls eine Einstellung nach den §§ 769, 732 II und 766 I 2 ZPO auch gegen Sicherheitsleistung möglich sein.

32 **VI. Zwangsvollstreckung. 1. Grundsätze.** Nach Abs. 2 finden im Übrigen auf die Zwangsvollstreckung die Vorschriften des 8. Buches der ZPO Anwendung. Entsprechendes gilt – leicht modifiziert nach § 85 I 3 – im Beschlussverfahren.

---

1 Schwab/Weth/*Walker*, § 62 ArbGG Rz. 27. | 2 LAG Frankfurt v. 8.1.1992 – 10 Sa 1901/91, NZA 1992, 427; *Dütz*, DB 1980, 1069; GMPM/*Germelmann*, § 62 ArbGG Rz. 32; GK-ArbGG/*Vossen*, § 62 Rz. 33; Schwab/Weth/*Walker*, § 62 ArbGG Rz. 28. | 3 BAG v. 6.1.1971 – 3 AZR 384/70, AP Nr. 3 zu § 719 ZPO; v. 22.6.1972 – 3 AZR 263/72, AP Nr. 4 zu § 719 ZPO; LAG Düsseldorf v. 4.10.1979 – 14 (5) Sa 976/79, EzA § 62 ArbGG 1979 Nr. 1; v. 7.3.1980 – 8 Sa 59/80, EzA § 62 ArbGG Nr. 2; v. 20.3.1980 – 19 Sa 142/80, EzA § 62 ArbGG Nr. 3; v. 20.12.1985 – 15 Sa 1125/85, LAGE Nr. 13 zu § 62 ArbGG 1979; LAG Berlin v. 4.7.1993 – 8 Sa 79/93, LAGE Nr. 20 zu § 62 ArbGG 1979; LAG Frankfurt v. 8.1.1992 – 10 Sa 1901/91, NZA 1992, 427; einschr. GMPM/*Germelmann*, § 62 ArbGG Rz. 30. | 4 BAG v. 6.1.1971 – 3 AZR 384/70, AP Nr. 3 zu § 719 ZPO; v. 22.6.1972 – 3 AZR 263/72, AP Nr. 4 zu § 719 ZPO. | 5 LAG Frankfurt v. 8.1.1992 – 10 Sa 1901/91, NZA 1992, 427. | 6 Vgl. umfassende Nachw. bei Schwab/Weth/*Walker*, § 62 ArbGG Rz. 30. | 7 BGH v. 20.10.2004 – XII ZB 35/04, MDR 2005, 339; BVerwG v. 5.10.2004 – 2 B 90/04, NJW 2005, 771; BFH v. 29.9.2005 – I B 70/05, nv.; aA BFH v. 8.9.2005 – IV B 42/05, NJW 2005, 3374. | 8 LAG Bremen v. 12.8.1982 – 4 Sa 170/83, EzA § 62 ArbGG 1979 Nr. 7; GMPM/*Germelmann*, § 62 ArbGG Rz. 34 u. 37. | 9 LAG Berlin v. 28.4.1986 – 9 Ta 5/86, LAGE § 62 ArbGG 1979 Nr. 16; LAG Bremen v. 24.6.1996 – 2 Ta 28/96, LAGE § 62 ArbGG 1979 Nr. 22; LAG Hamm v. 9.8.1984 – 8 Ta 144/84, AP Nr. 3 zu § 62 ArbGG 1979; für die Anwendbarkeit von § 62 I 3 auf gerichtliche Vergleiche: LAG Hamburg v. 14.7.1981 – 1 Ta 8/81, ARST 1983, 16; LAG Köln v. 16.6.1983 – 3 Ta 86/83, DB 1983, 1827; LAG Berlin v. 28.4.1986 – 9 Ta 5/86, LAGE § 62 ArbGG 1979 Nr. 16. | 10 LAG Köln v. 16.6.1983 – 3 Ta 86/83, DB 1983, 1827; LAG Nürnberg v. 7.5.1999 – 7 Ta 89/99, BB 1999, 1387; GMPM/*Germelmann*, §§ 38 f. ArbGG; GK-ArbGG/*Vossen*, § 62 Rz. 39; Schwab/Weth/*Walker*, § 62 ArbGG Rz. 32.

2. Vollstreckung arbeitsrechtlicher Titel. a) Abfindung. Der Titel auf Zahlung einer Abfindung nach §§ 9, 10 KSchG ist vorläufig vollstreckbar[1]. Dagegen kann nicht eingewendet werden, der Anspruch auf die Abfindung entstehe erst mit Rechtskraft des Urteils des ArbG über die Auflösung des Arbeitsverhältnisses[2]. Der Anspruch auf den Abfindungsbetrag entsteht vielmehr durch die richterliche Festsetzung im Urteil und wird damit, frühestens jedoch zum Zeitpunkt des festgesetzten Endes des Arbeitsverhältnisses, fällig[3]. Zudem liegt die Situation, wonach die Verurteilung auflösend bedingt ist durch die Abänderung oder Aufhebung des Urteils, der vorläufigen Vollstreckbarkeit typischerweise zugrunde[4]. 33

b) Abmahnung. Der Anspruch auf Entfernung der Abmahnung aus der Personalakte ist auf eine unvertretbare Handlung gerichtet, weil die Verfügung über die Personalakte durch einen Dritten nicht zulässig ist[5]. Die Vollstreckung richtet sich nach § 888 ZPO. 34

c) Abrechnung von Arbeitsvergütung. Abrechnungen können regelmäßig durch einen Buchsachverständigen vorgenommen werden, ohne dass der Abrechnungsverpflichtete mitwirken muss. Es geht dann bei der Erteilung der Abrechnung um eine vertretbare Handlung[6], die nach § 887 ZPO durch Ersatzvornahme vollstreckt werden kann. Sind die Unterlagen aber unvollständig oder bedarf es zu ihrer Auswertung besonderer Kenntnisse, die nur der Schuldner hat, handelt es sich um eine unvertretbare Handlung, die nach § 888 ZPO durch Verhängung eines Zwangsmittels vollstreckt wird[7]. 35

d) Arbeitsleistung. Für den Titel auf Arbeitsleistung ist umstritten, ob die Vollstreckung sich nach § 888 ZPO (unvertretbare Handlung) richtet, so dass eine Vollstreckung stets nach § 888 III ZPO ausscheidet[8], oder ob es auch um eine vertretbare Handlung gehen kann, so dass eine Vollstreckung nach § 887 ZPO in Betracht kommt[9]. Geht es um einfache Arbeitsleistungen, bei denen es dem ArbGeb egal ist, welche Person diese Arbeitsleistung erbringt, kann von einer vertretbaren Handlung ausgegangen werden, die durch Ersatzvornahme vollstreckt werden kann, ohne das der Ausschluss der Vollstreckung nach § 888 III ZPO eingreift[10]. Dagegen richtet sich die Vollstreckung bei einem Titel auf Leistung höherwertiger Arbeiten, bei denen es nicht gleichgültig ist, welcher ArbN sie erbringt, nach § 888 ZPO, weshalb eine Vollstreckung nach § 888 III ZPO ausgeschlossen ist[11]. 36

e) Arbeitspapiere. Der Anspruch auf Herausgabe der Arbeitspapiere wird nach § 883 ZPO[12] und der Anspruch auf Ausfüllung der Arbeitspapiere wird nach § 888 ZPO vollstreckt. Der Ausfüllungsanspruch zielt auf eine unvertretbare Handlung[13]. Ist der ArbGeb zur Herausgabe der Arbeitspapiere verurteilt worden und gibt er diese an den ArbN unausgefüllt oder nicht ordnungsgemäß ausgefüllt heraus, kann er mangels eines zur Vollstreckung geeigneten Titels nicht nach § 888 I 1 ZPO durch Zwangsgeld oder Zwangshaft zur Vornahme der Eintragungen angehalten werden[14]. 37

f) Arbeitsvergütung. Der Anspruch auf Zahlung der Arbeitsvergütung und die Durchsetzung sonstiger Vergütungsansprüche erfolgt nach §§ 803 ff. ZPO[15]. Die Klage auf Arbeitsvergütung ist zu richten auf die Zahlung der vereinbarten Vergütung, damit auf den Bruttobetrag. Bei der Zwangsvollstreckung aus einem solchen Urteil ist der gesamte Betrag einschließlich der einkommenssteuerrechtl. und sozialversicherungsrechtl. Vergütungsbestandteile beizutreiben. Wird die LSt vom ArbGeb nicht abgeführt, etwa auf Grund falscher Berechnung der Steuer, darf der ArbGeb diesen Betrag nicht etwa einbehalten, sondern hat ihn an den ArbN auszuzahlen[16]. Alte Titel über „DM“ müssen nicht umformuliert werden. Aus DM-Titeln kann ohne weiteres in Euro vollstreckt werden[17]. Wie sich aus § 244 BGB ergibt, kann eine im Inland zahlbare Geldschuld auch in ausländischer Währung ausgedrückt sein. Das deutsche Zivilrecht und Zivilprozessrecht lassen Klagen und Urteile, die auf Zahlung in fremder Währung lauten, zu[18]. Die Klagen auf Zahlung von Arbeitsvergütung können auf Brutto- oder auch auf Nettobeträge gerichtet sein, nicht jedoch in zulässiger Weise auf Beträge mit dem Zusatz „brutto“ oder „netto“[19]. 38

g) Beschäftigungsanspruch/Weiterbeschäftigungsanspruch. Der (Weiter-)Beschäftigungsanspruch zielt auf eine unvertretbare Handlung (§ 888 ZPO), nämlich auf die Zurverfügungstellung des vertrags- 39

1 LAG BW v. 9.7.1986 – 7 Ta 5/86, DB 1986, 2192; LAG Frankfurt v. 14.8.1986 – 3 Ta 178/86, BB 1987, 552; LAG Bremen v. 31.8.1983 – 2 Ta 72/82, DB 1983, 2315; LAG Hamm v. 17.7.1975 – 3 Sa 251/75, BB 1975, 1068. | 2 So aber: LAG Berlin v. 17.2.1986 – 9 Sa 110/85, LAGE § 9 KSchG Nr. 1; LAG Hamburg v. 28.12.1982 – 1 Sa 6/82, DB 1983, 724. | 3 BAG v. 9.12.1987 – 4 AZR 561/87, AP Nr. 4 zu § 62 ArbGG 1979. | 4 Schwab/Weth/*Walker*, § 62 ArbGG Rz. 37. | 5 LAG Frankfurt v. 9.6.1993 – 12 Ta 82/93, NZA 1994, 288; GMPM/*Germelmann*, § 62 ArbGG Rz. 48; GK-ArbGG/*Vossen*, § 62 Rz. 45; Schwab/Weth/*Walker*, § 62 ArbGG Rz. 74. | 6 LAG Hamm v. 11.8.1983 – 1 Ta 245/83, ZIP 1983, 1253; LAG Köln v. 22.11.1990 – 12 (11) Ta 247/90, MDR 1991, 650; Schwab/Weth/*Walker*, § 62 ArbGG Rz. 68. | 7 Schwab/Weth/*Walker*, § 62 ArbGG Rz. 68. | 8 LAG Düsseldorf v. 17.9.1957 – 3 Sa 253/57, BB 1958, 82. | 9 GMPM/*Germelmann*, § 62 ArbGG Rz. 48 „Arbeitsleistung“; Schwab/Weth/*Walker*, § 62 ArbGG Rz. 66. | 10 Schwab/Weth/*Walker*, § 62 ArbGG Rz. 66. | 11 GMPM/*Germelmann*, § 62 ArbGG Rz. 48 „Arbeitsleistung“; Schwab/Weth/*Walker*, § 62 ArbGG Rz. 66. | 12 GK-ArbGG/*Vossen*, § 62 Rz. 48. | 13 LAG Frankfurt v. 25.6.1980 – 8 Ta 75/80, DB 1981, 534; Schwab/Weth/*Walker*, § 62 ArbGG Rz. 73; GMPM/*Germelmann*, § 62 ArbGG Rz. 44; GK-ArbGG/*Vossen*, § 62 Rz. 48. | 14 GK-ArbGG/*Vossen*, § 62 Rz. 48. | 15 Schwab/Weth/*Walker*, § 62 ArbGG Rz. 77. | 16 BAG v. 11.2.1998 – 5 AZR 159/97, AP Nr. 19 zu § 611 BGB – Lohnanspruch. | 17 BAG v. 19.3.2002 – 9 AZR 29/01, AP Nr. 2 zu §§ 22, 23 BAT – Urlaubsgeld. | 18 BAG v. 26.7.1995 – 5 AZR 216/94, AP Nr. 7 zu § 157 BGB. | 19 Ausf. *Ziemann*, FS Schwerdtner, S. 715, 727.

gemäßen Arbeitsplatzes und die Zuteilung der Arbeit[1]. Eine für jeden Tag der Nichterfüllung des (Weiter-)Beschäftigungsanspruches bestimmte Zwangsgeldfestsetzung widerspricht nicht nur Eigenart und Zielrichtung von § 888 ZPO, sondern auch dem Gebot der Eindeutigkeit und Bestimmtheit vollstreckbarer gerichtl. Entscheidungen. Daher ist das Zwangsgeld einheitlich festzusetzen[2].

40 Voraussetzung für die Vollstreckung ist, dass der (Weiter-)Beschäftigungsanspruch hinreichend bestimmt tenoriert wurde. Im Anschluss an die Formulierung des Gesetzgebers in § 102 V BetrVG wird in der Praxis häufig die Beschäftigung zu „unveränderten Arbeitsbedingungen" oder auch „zu den bisherigen Arbeitsbedingungen" beantragt[3]. Dies ist im Hinblick auf das Bestimmtheitsgebot problematisch. Art, Zeit und Ort der Leistungsverpflichtung müssen sich aus dem Antrag entnehmen lassen. Die Übernahme der genannten Formulierung in den Tenor wird teilweise als nicht vollstreckbar angesehen. Im Vollstreckungsverfahren ist der Titel aber auszulegen; dazu können auch Tatbestand und Entscheidungsgründe herangezogen werden. Insoweit genügt es, wenn sich die „unveränderten Arbeitsbedingungen" aus dem Tatbestand und/oder den Entscheidungsgründen ergeben[4]. Der auf Beschäftigung zu „unveränderten Arbeitsbedingungen" gerichtete Antrag wird zudem als zulässig angesehen, solange zwischen den Parteien kein Streit über den Inhalt der Beschäftigungspflicht besteht[5].

41 **h) Einstellung/Wiedereinstellung.** Der Anspruch auf Einstellung/Wiedereinstellung ist auf die Abgabe des Angebots auf Abschluss eines Arbeitsvertrags oder auf die Annahme eines solchen Angebots gerichtet, weshalb die Vollstreckung sich nach § 894 ZPO richtet[6]. Geht es aber im Zusammenhang mit einer Konkurrentenklage um die Neuvornahme der Auswahlentscheidung, so erfolgt die Zwangsvollstreckung nach § 888 ZPO[7].

42 **i) Freistellungsanspruch.** Beim Freistellungsanspruch handelt es sich nicht um eine Geldforderung, die nach §§ 803 ff. ZPO zu vollstrecken wäre, sondern um eine vertretbare Handlung[8]. Die Vollstreckung des Anspruchs auf Freistellung von einer Verbindlichkeit richtet sich daher nach § 887 ZPO. Die Vollstreckung kann durch Ersatzvornahme erfolgen.

43 **j) Urlaub.** Die Vollstreckung des Anspruchs auf Erteilung von Urlaub richtet sich nach § 894 ZPO, denn die Urlaubserteilung erfolgt durch eine den Urlaubsanspruch konkretisierende Willenserklärung[9].

44 **k) Wettbewerbsverbot.** Die Durchsetzung eines Wettbewerbsverbots erfolgt nach § 890 ZPO. Es geht um die Erzwingung des Unterlassens von Wettbewerbshandlungen[10].

45 **l) Zeugnis.** Der Anspruch auf Erteilung eines Zeugnisses ist auf eine unvertretbare Handlung gerichtet und wird nach § 888 ZPO vollstreckt[11]. Dies gilt sowohl für die Fertigung des qualifizierten Zeugnisses[12] als auch für die Erteilung des einfachen Zeugnisses[13].

46 **VII. Arrest und einstweilige Verfügung. 1. Grundsätze.** Für Streitigkeiten, die im Urteilsverfahren abgewickelt werden, verweist Abs. 2 hinsichtlich Arrest und einstw. Verfügung auf die Vorschriften des 8. Buches der ZPO (§§ 916 ff. ZPO). In Abs. 2 S. 2 mit der Möglichkeit, ohne mündliche Verhandlung zu entscheiden, findet sich eine Sonderregelung.

47 **2. Arrest. a) Grundsätze.** Nach § 916 I ZPO findet der Arrest zur Sicherung der Zwangsvollstreckung in das bewegliche oder unbewegliche Vermögen wegen einer Geldforderung oder wegen eines Anspruchs statt, der in eine Geldforderung übergehen kann. Der Arrest zielt nur auf die Sicherung der Zwangsvollstreckung wegen einer Geldforderung, nicht auf die wenigstens vorläufige Befriedigung des Gläubigers.

48 Der Antrag ist nur zulässig, wenn die allgemeinen Prozessvoraussetzungen vorliegen[14]. Das gilt auch für die (Rechtsweg-)Zuständigkeit der ArbG. Ist diese nicht gegeben, ist auch im Arrest-/Verfügungsver-

1 LAG Berlin v. 6.6.1986 – 9 Ta 6/86, DB 1986, 2192; LAG Hamm v. 29.8.1979 – 1 Ta 147/79, BB 1980, 160; LAG Köln v. 17.2.1988 – 5 Ta 244/87, DB 1988, 660; v. 24.10.1995 – 13 (5) Ta 245/95, NZA-RR 1996, 108; LAG München v. 11.9.1993 – 2 Ta 214/93, BB 1994, 1083; Schwab/Weth/*Walker*, § 62 ArbGG Rz. 69; GK-ArbGG/*Vossen*, § 62 Rz. 51; GMPM/*Germelmann*, § 62 ArbGG Rz. 48 „Weiterbeschäftigungsanspruch". | 2 LAG Berlin v. 5.7.1985 – 4 Ta 4/85, NZA 1986, 36; LAG Hamm v. 22.1.1986 – 1 Ta 399/85, LAGE § 888 ZPO Nr. 4; LAG Frankfurt v. 11.3.1988 – 9 Ta 20/88, LAGE § 888 ZPO Nr. 16; LAG Köln v. 24.10.1995 – 13 (5) Ta 245/95, NZA-RR 1996, 108; LAG München v. 11.9.1993 – 2 Ta 214/93, LAGE § 888 ZPO Nr. 34; Schwab/Weth/*Walker*, § 62 ArbGG Rz. 70; GMPM/*Germelmann*, § 62 ArbGG Rz. 48 „Weiterbeschäftigungsanspruch". | 3 So zB der Antrag in BAG v. 13.6.1985 – 2 AZR 410/84, AP Nr. 19 zu § 611 BGB – Beschäftigungspflicht. | 4 LAG Frankfurt v. 27.11.1992 – 9 Ta 376/92, LAGE § 888 ZPO Nr. 30; LAG Rh.-Pf. v. 7.1.1986 – 1 Ta 302/85, LAGE § 888 ZPO Nr. 6; sehr eng aber LAG Schl.-Holst. v. 6.1.1987 – 6 Ta 157/86, LAGE § 888 ZPO Nr. 10. | 5 LAG Schl.-Holst. v. 6.1.1987 – 6 Ta 157/86, LAGE § 888 ZPO Nr. 10; LAG Köln v. 7.7.1987 – 9 Ta 128/87, LAGE § 888 ZPO Nr. 15; weiter gehend LAG Rh.-Pf. v. 7.1.1986 – 1 Ta 302/85, LAGE § 888 ZPO Nr. 6. | 6 Schwab/Weth/*Walker*, § 62 ArbGG Rz. 76. | 7 Schwab/Weth/*Walker*, § 62 ArbGG Rz. 76. | 8 BGH v. 22.10.1957 – VI ZR 231/56, JZ 1958, 57; BAG v. 30.4.1975 – 5 AZR 171/74, AP Nr. 1 zu § 67 KO; Schwab/Weth/*Walker*, § 62 ArbGG Rz. 67. | 9 GK-ArbGG/*Vossen*, § 62 Rz. 47. | 10 Schwab/Weth/*Walker*, § 62 ArbGG Rz. 75. | 11 LAG Düsseldorf v. 8.1.1958 – 6 Ta 64/57, BB 1959, 117; LAG Frankfurt v. 16.6.1989 – 9 Ta 74/89, LAGE § 630 BGB Nr. 7; LAG Hamburg v. 5.3.1969 – 2 Ta 3/69, BB 1969, 538. | 12 LAG Nürnberg v. 14.1.1993 – 6 Ta 169/92, BB 1993, 365. | 13 Schwab/Weth/*Walker*, § 62 ArbGG Rz. 72. | 14 Schwab/Weth/*Walker*, § 62 ArbGG Rz. 95.

fahren eine Rechtswegverweisung zulässig[1]. Ebenso ist eine Verweisung an das örtlich zuständige Gericht möglich[2].

Ferner muss ein Arrestanspruch gegeben sein. Arrestanspruch kann nur eine Geldforderung sein oder ein Individualanspruch, der in eine solche übergehen kann. Ein Übergang ist möglich bei Nichterfüllung. Es ist also nicht notwendig, dass der Anspruch bereits fällig ist. 49

Es muss außerdem ein Arrestgrund behauptet werden. Das Vorliegen eines Arrestgrundes wird nach hM als Zulässigkeitsvoraussetzung angesehen[3], so dass ein deshalb abgewiesener Antrag uU wiederholt werden kann. 50

Der Arrest ist begründet, wenn Arrestanspruch und Arrestgrund glaubhaft gemacht sind. 51

b) Arrestverfahren. Nach § 919 ZPO ist für die Anordnung des Arrestes sowohl das Gericht der Hauptsache als auch das Gericht zuständig, in dessen Bezirk der mit Arrest zu belegende Gegenstand oder die in ihrer persönlichen Freiheit zu beschränkende Person sich befindet. Die Zuständigkeit ist ausschließlich (§ 802 ZPO). 52

Gericht der Hauptsache ist in Arbeitssachen das örtlich für den Hauptprozess zuständige ArbG, solange der Hauptprozess dort noch anhängig ist (bis zum Eingang der Berufungsschrift beim LAG). Ist das Urteil des ArbG in der Hauptsache bereits mit der Berufung angefochten, ist Gericht der Hauptsache das LAG. 53

Die Anordnung eines Arrestes setzt einen Antrag voraus. Das Gesuch soll die Bezeichnung des Anspruchs unter Angabe des Geldbetrags oder des Geldwerts sowie die Bezeichnung des Arrestgrundes enthalten, wobei der Arrestanspruch und der Arrestgrund glaubhaft zu machen sind (§ 920 I u. II ZPO). Das Gesuch ist schriftl. anzubringen. Es kann auch vor der Geschäftsstelle zu Protokoll erklärt werden. 54

Der Beschluss, durch den der Arrest angeordnet wird, ist dem Antragsteller von Amts wegen zuzustellen (§ 329 III ZPO). Dieser hat ihn dem Antragsgegner zustellen zu lassen. Es gilt insoweit nicht der Amtsbetrieb (§ 922 II ZPO). § 50 I ist nach seinem Wortlaut weder unmittelbar noch entsprechend anzuwenden. Abs. 2 verweist allein auf die ZPO-Vorschriften. 55

Gegen den Beschluss, der den Arrest anordnet, gibt es ein eigenes Verfahren. Nach § 924 I ZPO findet gegen ihn der Widerspruch statt. Der Widerspruch ist der Rechtsbehelf des Schuldners oder seines Rechtsnachfolgers gegen den Beschluss, und zwar gleichgültig, welche Instanz den Arrest angeordnet hat. 56

Die widersprechende Partei hat in dem Widerspruch die Gründe anzugeben, die sie für die Aufhebung des Arrests geltend machen will. Der Widerspruch hat schriftl. zu erfolgen, beim ArbG auch zu Protokoll der Geschäftsstelle unter Angabe der Gründe. Das Gericht hat dann von Amts wegen Termin zur mündlichen Verhandlung zu bestimmen. Die mündliche Verhandlung ist hier zwingend. 57

Durch die Erhebung des Widerspruchs wird die Vollziehung des Arrestes nicht gehemmt. Das Gericht kann einstw. Anordnungen nach § 707 ZPO (einstw. Einstellung der Zwangsvollstreckung) treffen, wobei § 707 I 2 ZPO (Einstellung ohne Sicherheitsleistung) nicht anzuwenden ist (§ 924 III ZPO). 58

Wird Widerspruch erhoben, ist über die Rechtmäßigkeit des Arrestes durch Endurteil zu entscheiden (§ 925 I ZPO). Das Verfahren über die Rechtmäßigkeit des Arrestes entspricht dem normalen Urteilsverfahren. Das Urteil entscheidet über den Arrest, nicht über die Rechtmäßigkeit des Widerspruchs. Nach § 925 II ZPO kann das Gericht den Arrest ganz oder teilweise beseitigen, abändern oder aufheben. Die Beseitigung, Abänderung oder Aufhebung kann von einer Sicherheitsleistung abhängig gemacht werden. Die Kostenentscheidung ergeht nach §§ 91 ff. ZPO. § 12a findet auch im Arrestverfahren Anwendung. Gegen das Urteil gibt es die üblichen Rechtsmittel. 59

c) Anordnung der Klageerhebung. Der vom Arrest Betroffene kann nach § 926 I ZPO außerdem beantragen, dass die Partei, die den Arrestbefehl erwirkt hat, binnen einer zu bestimmenden Frist Klage zu erheben hat, wenn die Hauptsache nicht anhängig ist. Ordnet das Gericht die Klageerhebung an und wird ihr nicht Folge geleistet, ist auf Antrag die Aufhebung des Arrestes durch Endurteil auszusprechen (§ 926 II ZPO). 60

d) Aufhebung wegen veränderter Umstände. Nach § 927 ZPO kann ein Arrest wegen veränderter Umstände aufgehoben werden. Aufhebungsgrund ist die Erledigung des Arrestgrundes oder das Erbieten zur Sicherheitsleistung. Veränderte Umstände können den Arrestanspruch, zB Erlöschen der Forderung, oder den Arrestgrund, zB obsiegendes Urteil in der Hauptsache, betreffen. Gegenstand des Aufhebungsverfahrens ist allein die Rechtmäßigkeit der Fortdauer des Verfahrens. Zuständig ist das Gericht der Hauptsache (§ 943 ZPO), falls diese anhängig ist. Ist die Hauptsache nicht anhängig, ist das Gericht zuständig, das den Arrest erlassen hat. 61

---

1 *Gift/Baur*, Urteilsverfahren, J Rz. 34. | 2 BGH v. 8.2.1989 – IVb ARZ 47/88, FamRZ 1989, 847. | 3 Vgl. *Gift/Baur*, Urteilsverfahren, J Rz. 21 mwN.

62 Der Antrag ist begründet, wenn der Schuldner glaubhaft macht, dass sich die Umstände zu seinen Gunsten verändert haben. Das Urteil kann auf Aufhebung, auf Abänderung des Arrestes oder auf Zurückweisung des Antrags lauten.

63 **e) Vollziehung des Arrestes.** Nach § 928 ZPO sind auf die Vollziehung des Arrestes die Vorschriften über die Zwangsvollstreckung entsprechend anzuwenden, wobei folgende Besonderheiten gelten:

- Nach § 929 I ZPO bedürfen Arrestbefehle der Vollstreckungsklausel nur, wenn die Vollstreckung für einen anderen als den im Befehl bezeichneten Gläubiger oder gegen einen anderen als den im Befehl genannten Schuldner erfolgen soll.
- Die Vollstreckung ist unstatthaft, wenn seit dem Tag, an dem der Befehl verkündet oder der Partei, auf dessen Gesuch er erging, zugestellt ist, ein Monat verstrichen ist (§ 929 III ZPO).
- Die Vollziehung ist bereits vor der Zustellung des Arrestbefehls an den Schuldner zulässig. Sie ist jedoch ohne Wirkung, wenn die Zustellung nicht innerhalb einer Woche nach der Vollziehung und vor Ablauf der für diese in § 929 II ZPO bestimmten Frist erfolgt.

64 **3. Einstweilige Verfügung. a) Sicherungsverfügung.** Nach § 935 ZPO sind einstw. Verfügungen in Bezug auf den Streitgegenstand zulässig, wenn zu besorgen ist, dass durch eine Veränderung des bestehenden Umstandes die Verwirklichung des Rechts einer Partei vereitelt oder wesentlich erschwert werden könnte, sog. Sicherungsverfügung. Die Sicherungsverfügung bezweckt die Sicherung von solchen Forderungen, die nicht auf Geld gerichtet sind und daher auch nicht durch Arrest gesichert werden können[1].

65 Voraussetzung für eine Sicherungsverfügung ist zunächst, dass die allgemeinen Prozessvoraussetzungen vorliegen. Außerdem muss ein sicherbarer, konkreter Anspruch bestehen. Der zu sichernde Anspruch, der als Verfügungsanspruch bezeichnet wird, ist jeder bürgerlich-rechtl. oder arbeitsrechtl. Individualanspruch, nicht jedoch eine Geldforderung oder ein Anspruch, der in eine Geldforderung übergehen kann, weil insoweit der Arrest stattfindet.

66 Der Zweck der einstw. Verfügung besteht darin, die Verwirklichung des Anspruchs dadurch zu sichern, dass der bestehende Zustand in Bezug auf einen bestimmten Streitgegenstand erhalten bleibt. Dieser Grund für die Sicherung, der Verfügungsgrund, muss zur Abwendung einer Gefährdung des Gläubigerinteresses im Eilverfahren objektiv notwendig sein. Es müssen Umstände bestehen, die nach dem Urteil eines vernünftigen Menschen befürchten lassen, die Verwirklichung des Anspruchs sei durch eine bevorstehende Veränderung des bestehenden Zustandes gefährdet, zB es droht ein wesentlicher Substanzverlust durch die unerlaubte Weiterbenutzung eines Gerätes oder weil der Schuldner dabei ist, seinen Wohnsitz ins Ausland zu verlegen.

67 **b) Regelungsverfügung.** Eine andere Art der einstw. Verfügung ist die zur Sicherung des Rechtsfriedens, die sog. Regelungsverfügung. Nach § 940 ZPO sind einstw. Verfügungen auch zum Zweck der Regelung eines einstw. Zustandes in Bezug auf ein streitiges Rechtsverhältnis zulässig, sofern diese Regelung, insb. bei dauernden Rechtsverhältnissen zur Abwendung wesentlicher Nachteile oder zur Verhinderung drohender Gewalt oder aus anderen Gründen nötig erscheint.

68 Den Verfügungsgrund bildet hier das streitige Rechtsverhältnis. Dieses muss auf einen Zustand insb. von längerer Dauer gerichtet sein. Streitig ist das Rechtsverhältnis, wenn sein Bestand bestritten wird oder wenn ein unstreitig bestehendes verletzt wird.

69 Der Verfügungsanspruch und der Verfügungsgrund sind glaubhaft zu machen, wobei strenge Anforderungen zu stellen sind. Ein Verfügungsgrund liegt vor, wenn die Regelung notwendig ist. Dabei ist vom Interesse des Gläubigers auszugehen, wie es sich auf Grund der tatsächlichen Lage objektiv darstellt. Eine Dringlichkeit ist nicht gegeben, wenn der Gläubiger den beanstandeten Grund über längere Zeit untätig hingenommen hat (sog. Selbstverwirkung).

70 In Ausnahmefällen ist im Rahmen von § 940 ZPO eine sog. Leistungsverfügung zulässig[2]. Die Leistungsverfügung gewährt dem Gläubiger nicht nur eine Sicherung, sondern Erfüllung.

71 Nach neuerer Ansicht ist nur zwischen Sicherungs- und Befriedigungsverfügung zu unterscheiden. Jede Verfügungsart setze nämlich einen materiellen Verfügungsanspruch voraus, der entweder nur gesichert oder aber erfüllt werden könne. Für eine zwischen Sicherung und Befriedigung liegende Regelung sei kein Raum[3].

72 Als unzulässig werden feststellende Verfügungen angesehen, weil sie weder der Sicherung der Zwangsvollstreckung noch zur vorläufigen Durchsetzung eines Anspruchs noch zur verbindlichen Klärung der Rechtslage geeignet sind[4].

---

1 Schwab/Weth/*Walker*, § 62 ArbGG Rz. 93. | 2 Schwab/Weth/*Walker*, § 62 ArbGG Rz. 93. | 3 Vgl. zum Theorienstreit ausf. Schwab/Weth/*Walker*, § 62 ArbGG Rz. 93; *Walker*, Der einstweilige Rechtsschutz, Rz. 100–119. | 4 Schwab/Weth/*Walker*, § 62 ArbGG Rz. 93.

c) Verfahren. Die §§ 919 ff. ZPO gelten nach Abs. 2 iVm. § 936 ZPO grds. für das Verfahren der einstw. Verfügung in der Arbeitsgerichtsbarkeit. Dabei sind folgende Besonderheiten zu beachten: 73

- Die Zuständigkeit des Gerichts ergibt sich aus § 937 ZPO. Es ist das Gericht der Hauptsache zuständig. Das ist bei arbeitsgerichtl. Streitigkeiten das ArbG. Auch in dringenden Fällen besteht keine rechtswegübergreifende Zuständigkeit des AG der belegenen Sache (§ 942 ZPO)[1].
- Die Entscheidung kann in dringenden Fällen, auch dann, wenn der Antrag auf Erlass der einstw. Verfügung zurückzuweisen ist, ohne mündliche Verhandlung ergehen (Abs. 2 S. 2). Ein solcher Fall liegt nur vor, wenn im Interesse eines effektiven Rechtsschutzes die Warnung des Gegners oder die Zeitdauer, die mit einer mündlichen Verhandlung verbunden ist, vermieden werden muss, und wenn die zeitliche Dringlichkeit nicht auf ein zögerliches Verhalten des Antragstellers zurückzuführen ist[2].
- Im Verfahren des einstw. Rechtsschutzes beginnt die mündliche Verhandlung nicht mit der Güteverhandlung[3].
- Im arbeitsgerichtl. Verfahren wird § 944 ZPO zur Eilkompetenz des Vorsitzenden durch § 53 verdrängt[4].

d) Einzelfälle[5]. **aa) Arbeitskampf.** Einstweiligen Verfügungen können auch im Arbeitskampf ergehen. Dem stehen keine durchgreifenden verfassungsrechtl. Gründe entgegen[6]. Im Rahmen der Interessenabwägung ist maßgeblich auf die Eindeutigkeit der Sach- und Rechtslage abzustellen[7]. 74

bb) Arbeitsleistung. Zielt der Anspruch auf Arbeitsleistung auf eine unvertretbare Handlung, steht § 888 III ZPO einer Befriedigungsverfügung entgegen[8]. Geht es hingegen bei der Arbeitsleistung um eine vertretbare Handlung, liegt ein Verfügungsanspruch vor. Regelmäßig wird aber ein Verfügungsgrund fehlen, denn die Einstellung eines ErsatzArbN als Ersatzvornahme wird dem ArbGeb häufig möglich sein[9]. 75

cc) Arbeitspapiere. Der Anspruch auf Herausgabe der – ordnungsgemäß ausgefüllten – Arbeitspapiere kann im Wege der einstw. Verfügung (Befriedigungsverfügung) durchgesetzt werden. Der ArbN hat für den Verfügungsanspruch vorzutragen, 76

- dass er sich bei Beendigung des Arbeitsverhältnisses vergeblich bemüht hat, von seinem ArbGeb die zur Herausgabe fälligen Arbeitspapiere ausgehändigt zu erhalten
- dass der neue ArbGeb die Einstellung von der Vorlage der Arbeitspapiere abhängig macht (Verfügungsgrund)
- oder die LStKarte für den LStJahresausgleich benötigt wird (Verfügungsgrund[10]).

Der ArbN benötigt idR beim neuen ArbGeb die LStKarte des laufenden Kalenderjahres, die Arbeitserlaubnis, das Gesundheitszeugnis, ggf. die Urlaubsbescheinigung nach § 6 II BUrlG und ggf. die Lohnnachweiskarte für Urlaub, Lohnausgleich und Zusatzversorgung nach § 2 I BRTV Bau. Die Interessenabwägung wird selten zu Gunsten des ArbGeb ausgehen, weil dieser regelmäßig kein berechtigtes Interesse an der Zurückhaltung der Arbeitspapiere hat[11]. 77

dd) Arbeitsvergütung. Eine einstw. Verfügung auf Zahlung von Arbeitsvergütung führt zu einer vorläufigen Befriedigung des Gläubigers. Für eine Leistungsverfügung (Befriedigungsverfügung) hat der ArbN darzulegen und ggf. glaubhaft zu machen, dass er sich ohne die Entgeltzahlung in einer Notlage befindet[12]. Wird das Entgelt wegen einer ausgesprochenen Kündigung vom ArbGeb nicht gezahlt, kommt eine einstw. Verfügung auf Zahlung von Arbeitsvergütung nur in Betracht, wenn der ArbN 78

- zum einen die Unwirksamkeit der Kündigung glaubhaft macht,
- zum anderen darlegt, dass die Voraussetzungen des Annahmeverzuges vorliegen,
- im Übrigen zur Bestreitung seines Unterhalts dringend auf die Entgeltzahlung angewiesen ist[13],
- ggf., weshalb er von dritter Seite keine finanziellen Zuwendungen erhält.

---

1 GMPM/*Germelmann*, § 62 ArbGG Rz. 69; GK-ArbGG/*Vossen*, § 62 Rz. 86; Schwab/Weth/*Walker*, § 62 ArbGG Rz. 100. | 2 Schwab/Weth/*Walker*, § 62 ArbGG Rz. 101. | 3 LAG Frankfurt v. 16.2.1962 – 5 Sa 8/62, DB 1962, 1052; Schwab/Weth/*Walker*, § 62 ArbGG Rz. 102; GMPM/*Germelmann*, § 54 ArbGG Rz. 46. | 4 Schwab/Weth/*Walker*, § 62 ArbGG Rz. 103; GMPM/*Germelmann*, § 62 ArbGG Rz. 71. | 5 Vgl. *Walker*, ZfA 2005, 45; *Kliemt/Reinhard*, NZA 2005, 545; *Dütz*, ArbuR 2003, 161. | 6 BAG v. 21.3.1978 – 1 AZR 11/76, DB 1978, 1647; LAG Hamm v. 8.8.1985 – 8 Sa 1498/85, NZA 1985, 743; LAG München v. 19.12.1979 – 9 Sa 1015/79, NJW 1980, 957; LAG Schl.-Holst. v. 10.12.1996 – 6 Sa 581/96, NZA-RR 1997, 401; v. 25.11.1999 – Sa 584/99, NZA-RR 2000, 143; Schwab/Weth/*Walker*, § 62 ArbGG Rz. 142; GK-ArbGG/*Vossen*, § 62 Rz. 81. | 7 Schwab/Weth/*Walker*, § 62 ArbGG Rz. 145. | 8 Schwab/Weth/*Walker*, § 62 ArbGG Rz. 117. | 9 Schwab/Weth/*Walker*, § 62 ArbGG Rz. 117. | 10 *Baur* in Dunkl/Moeller/Baur/Feldmeier/Wetekamp, Handbuch des vorläufigen Rechtsschutzes, 2. Aufl., S. 249 Rz. 31; GMPM/*Germelmann*, § 62 ArbGG Rz. 90. | 11 Schwab/Weth/*Walker*, § 62 ArbGG Rz. 140. | 12 LAG Bremen v. 5.12.1997 – 4 Sa 258/97, ArbuR 1998, 206; LAG Hess. v. 9.7.1995 – 13 Ta 242/95, DB 1996, 48. | 13 GMPM/*Germelmann*, § 62 ArbGG Rz. 82; *Gift/Baur*, Urteilsverfahren, S. 1479 Rz. 111.

79 Der ArbN kann nicht auf die Inanspruchnahme von Sozialleistungen verwiesen werden; diese sind subsidiär gegenüber den Entgeltansprüchen aus dem Arbeitsverhältnis[1]. Es fehlt aber dann an dem für den Erlass einer Leistungsverfügung erforderlichen Verfügungsgrund, wenn der ArbN bereits den Notbedarf deckende Sozialleistungen bezieht, weil dann eine Notsituation nicht vorliegt[2].

80 Auf die Inanspruchnahme von Bankkredit kann der ArbN nicht verwiesen werden. Hat der ArbN aber bereits zur Sicherung seines Lebensunterhalts einen Bankkredit aufgenommen, dann liegt ein Verfügungsgrund nicht mehr vor. Würde das Gericht in diesem Fall dem Verfügungsantrag stattgeben, dann würde die Entscheidung dem ArbN lediglich die Rückführung des Kredits ermöglichen[3].

81 Für die Interessenabwägung, die bei der Prüfung des Verfügungsgrundes im Rahmen von Befriedigungsverfügungen immer erforderlich ist, kommt es in erster Linie auf den voraussichtlichen Ausgang des Hauptsacheverfahrens an[4].

82 Die einstw. Verfügung kann regelmäßig nicht in Höhe der Gesamtforderung erlassen werden, sondern nur in Höhe des für den Lebensunterhalt Notwendigen[5].

83 **ee) Beschäftigungsanspruch/Weiterbeschäftigungsanspruch.** Der Anspruch des ArbN gegen den ArbGeb auf tatsächliche Beschäftigung/Weiterbeschäftigung im unstreitig bestehenden/streitigen Arbeitsverhältnis kann wegen seiner Zeitgebundenheit nicht anders als durch eine Befriedigungsverfügung gesichert werden. Beschäftigungsverfügungen sind allgemein anerkannt[6].

84 Ein Verfügungsanspruch soll aus dem Gesichtspunkt der Selbstwiderlegung nicht vorliegen, wenn der ArbN den (Weiter-)Beschäftigungsanspruch nicht gerichtlich geltend macht[7].

85 Der Verfügungsgrund soll regelmäßig gegeben sein, weil bei Nichtbeschäftigung wegen Zeitablaufs ein endgültiger Rechtsverlust drohe[8]. Die im Rahmen des Verfügungsgrundes bei einer Befriedigungsverfügung im Allgemeinen zusätzlich erforderliche Interessenabwägung spiele beim allgemeinen Beschäftigungsanspruch praktisch keine Rolle, weil eine solche schon der Prüfung des Verfügungsanspruchs zugrunde liegt[9]. Es wäre geradezu widersprüchlich, im Rahmen des Verfügungsgrundes die Interessen des ArbGeb an einer Nichtbeschäftigung überwiegen zu lassen, wenn der Verfügungsanspruch mit dem überwiegenden Beschäftigungsinteresse des ArbN begründet wurde.

86 Der betriebsverfassungsrechtl. Weiterbeschäftigungsanspruch nach § 102 V 1 BetrVG kann ebenfalls im Wege der einstw. Befriedigungsverfügung durchgesetzt werden[10]. Darüber ist im Urteilsverfahren zu entscheiden[11]. Es geht um einen Anspruch aus dem Arbeitsverhältnis, der lediglich durch die Vorschriften des BetrVG näher ausgestaltet ist[12]. Der Verfügungsgrund soll auch beim betriebsverfassungsrechtl. Weiterbeschäftigungsanspruch regelmäßig gegeben sein, weil bei Nichtbeschäftigung wegen Zeitablaufs ein endgültiger Rechtsverlust drohe[13]. Eine Interessenabwägung sei ebenfalls nicht erforderlich, weil diese zur Prüfung des Verfügungsanspruchs gehöre. Daher liege in aller Regel ein Verfügungsgrund vor[14].

87 **ff) Konkurrentenklage.** Im Zusammenhang mit Konkurrentenklagen kann ein Bewerber durch einstw. Verfügung untersagen lassen, die Stelle bis zum Abschluss des Hauptsacheverfahrens mit einem anderen Bewerber zu besetzen[15]. Dabei handelt es sich um eine Sicherungsverfügung[16]. Der Verfügungsgrund soll in aller Regel zu bejahen sein[17]. Für den Verfügungskläger bestehe nämlich die Gefahr, dass

---

1 Schwab/Weth/*Walker*, § 62 ArbGG Rz. 116; GMPM/*Germelmann*, § 82 ArbGG. | **2** *Gift*/*Baur*, Urteilsverfahren, S. 1480 Rz. 111; Schwab/Weth/*Walker*, § 62 ArbGG Rz. 116. | **3** *Gift*/*Baur*, Urteilsverfahren, S. 1480 Rz. 111. | **4** Schwab/Weth/*Walker*, § 62 ArbGG Rz. 117. | **5** GMPM/*Germelmann*, § 62 ArbGG Rz. 82 (Höhe der Pfändungsfreigrenzen als gesetzlicher Regelfall des notwendigen Lebensunterhalts). | **6** LAG Hamm v. 27.9.2000 – 2 Sa 1178/00, NZA-RR 2001, 654; v. 18.2.1998 – 3 Sa 297/98, NZA-RR 1998, 422; LAG Chemnitz v. 8.3.1996 – 3 Sa 77/96, NZA-RR 1997, 4; LAG Hamm v. 9.3.1995 – 12 Sa 2036/94, NZA-RR 1996, 145; LAG München v. 10.2.1994 – 5 Sa 969/93, NZA 1994, 997; LAG BW v. 30.8.1993 – 15 Sa 35/93, NZA 1995, 683. | **7** Schwab/Weth/*Walker*, § 62 ArbGG Rz. 126 (Selbstwiderlegung lässt ausnahmsweise Verfügungsanspruch und nicht Verfügungsgrund entfallen, weil Interessenabwägung beim Beschäftigungsanspruch zum materiellen Anspruch zählt); für Wegfall des Verfügungsgrundes LAG Rh.-Pf. v. 25.5.2007 – 6 TaBVGa 6/07; LAG Düsseldorf v. 6.2.1987 – 2 (4) Sa 1848/86, NZA 1987, 536; LAG Hamm v. 18.2.1986 – 11 Sa 1656/85, NZA 1986, 399. | **8** LAG München v. 19.8.1992 – 5 Ta 185/92, NZA 1993, 1130; aA LAG Hamm v. 18.2.1998 – 3 Sa 297/98, NZA-RR 1998, 422. | **9** LAG Chemnitz v. 8.3.1996 – 3 Sa 77/96, NZA-RR 1997, 4; LAG Köln v. 26.11.1985 – 1 Sa 975/85, NZA 1986, 136; LAG Hamm v. 9.3.1995 – 12 Sa 2036/94, NZA-RR 1996, 145; *Walker*, Der einstweilige Rechtsschutz, Rz. 686; Schwab/Weth/*Walker*, § 62 ArbGG Rz. 128; aA LAG Hamm v. 18.2.1998 – 3 Sa 297/98, NZA-RR 1998, 422. | **10** LAG Berlin v. 15.9.1980 – 12 Sa 42/80, DB 1980, 2449; LAG Köln v. 18.1.1984 – 7 Sa 1156/83, NZA 1984, 57; LAG München v. 10.2.1994 – 5 Sa 969/93, NZA 1994, 997; Schwab/Weth/*Walker*, § 62 ArbGG Rz. 128; *Dütz*, NZA 1986, 209; GK-ArbGG/*Vossen*, § 62 Rz. 72; *Wenzel*, MDR 1978, 369. | **11** LAG Düsseldorf v. 29.5.1974 – 6 Ta BV 39/74, DB 1974, 1342; Schwab/Weth/*Walker*, § 62 ArbGG Rz. 128. | **12** GMPM/*Matthes*, § 2a ArbGG Rz. 12. | **13** LAG Berlin v. 15.9.1980 – 12 Sa 42/80, DB 1980, 2449; LAG Nürnberg v. 27.10.1992 – 6 Sa 496/92, LAGE § 102 BetrVG 1972 – Beschäftigungspflicht Nr. 11; Schwab/Weth/*Walker*, § 62 ArbGG Rz. 130. | **14** LAG Berlin v. 15.9.1980 – 12 Sa 42/80, DB 1980, 2449; LAG Hamburg v. 14.9.1992 – 2 Sa 50/92, NZA 1993, 140; LAG Köln v. 2.8.1984 – 5 Ta 133/84, NZA 1984, 300; Schwab/Weth/*Walker*, § 62 ArbGG Rz. 130; aA LAG BW v. 30.8.1993 – 15 Sa 35/93, NZA 1995, 683. | **15** LAG Thür. v. 13.1.1997 – 8 Sa 232/96, NZA-RR 1997, 234. | **16** Schwab/Weth/*Walker*, § 62 ArbGG Rz. 62 Rz. 112; GMPM/*Germelmann*, § 62 ArbGG Rz. 95. | **17** Schwab/Weth/*Walker*, § 62 ArbGG Rz. 113.

die Durchsetzung seines Anspruchs auf Neuvornahme der Auswahlentscheidung vereitelt oder erschwert werde, da mit der anderweitigen Besetzung der Stelle sein Anspruch untergehe[1]. Allein der Rechtsschutz im Hauptsacheverfahren wäre wegen der damit verbundenen Zeitdauer kein effektiver Rechtsschutz. Wenn der ArbGeb allerdings versichere, die Stelle bis zum rechtskräftigen Abschluss des Hauptsacheverfahrens nicht zu besetzen, fehle es an einem Verfügungsgrund.

gg) Teilzeitarbeitsanspruch. Der Anspruch auf Verringerung der Arbeitszeit ist auf Abgabe einer Willenserklärung gerichtet. Obwohl eine Willenserklärung nach § 894 ZPO erst mit Rechtskraft des Urteils als abgegeben gilt, soll ausnahmsw. und in engen Grenzen eine Befriedigungsverfügung möglich sein, weil sie für ihre Geltungsdauer endgültige Verhältnisse schaffe[2]. 88

hh) Urlaub. Häufig wird versucht, durch einstw. Verfügung die Festlegung von Urlaub durchzusetzen. Dies ist grds. möglich[3]. Voraussetzung hierfür ist, dass dem ArbN keine andere Möglichkeit offen steht, die Festlegung des Urlaubszeitraumes zu erlangen. Der ArbN darf nicht durch eigenes Verhalten die Ursache für die Eilbedürftigkeit gesetzt haben[4]. 89

An einem Verfügungsgrund soll es fehlen, wenn lediglich – ohne Vorgabe eines Zeitraumes – Urlaubsgewährung iHv. x Tagen angestrebt wird[5], oder wenn dem ArbN möglich ist, über den BR nach § 87 I Nr. 5 BetrVG eine zeitliche Festlegung des Urlaubs zu erzwingen[6]. Ein Verfügungsgrund soll vorliegen, wenn der ArbN auf Grund bewilligten Urlaubs eine Urlaubsreise gebucht, die Urlaubsgewährung jedoch vom ArbGeb aus betrieblichen Gründen widerrufen wurde. Nicht ausreichen soll, wenn der ArbN aus familiären Gründen an den Urlaubszeitraum gebunden ist oder eine teure Reise gebucht hat[7]. 90

Neuerdings wird vorgeschlagen, das Begehren nicht auf Gewährung von Urlaub, sondern auf Gestattung des Fernbleibens von der Arbeit zu richten. Damit würde einerseits eine Erfüllung des Urlaubsanspruchs vermieden, andererseits aber erreicht, dass der ArbN seine an sich fortbestehende Arbeitspflicht nicht verletzt. Irgendwelcher Vollstreckungsakte bedürfe es im Falle einer gerichtlichen Gestattung nicht, weil es sich um eine rechtsgestaltende Verfügung handle. Das Schicksal des arbeitsvertragl. Vergütungsanspruchs beurteilte sich nach dem Leistungsstörungsrecht. Habe der ArbN Anspruch auf Urlaubsgewährung gehabt, so habe es der ArbGeb zu vertreten, dass die Arbeitsleistung infolge der erlaubten Nichterbringung zur vorgesehenen Zeit unmöglich geworden sei, weshalb der ArbN seinen Vergütungsanspruch behielte. Stelle sich dagegen heraus, dass der ArbGeb nach § 7 I 1 BUrlG berechtigt gewesen sei, den Urlaub zu versagen, so verlöre der ArbN seinen Vergütungsanspruch. Zudem machte sich der ArbN nach § 945 ZPO schadenersatzpflichtig, weil dafür kein Verschulden erforderlich sei[8]. 91

ii) Wettbewerbsverbot. Die Einhaltung eines Wettbewerbsverbots kann durch eine Unterlassungsverfügung (Befriedigungsverfügung) durchgesetzt werden[9]. Für den Verfügungsgrund soll es genügen, wenn eine Wiederholungs- oder Erstbegehungsgefahr als Voraussetzung bereits des Verfügungsanspruchs vorliegt, weil eine Zuwiderhandlung nicht rückgängig gemacht werden könne, weshalb ein endgültiger Rechtsverlust drohe. Bei der Interessenabwägung sei im Wesentlichen der voraussichtliche Ausgang des Hauptsacheverfahrens zu berücksichtigen[10]. 92

63 *Übermittlung von Urteilen in Tarifvertragssachen*

Rechtskräftige Urteile, die in bürgerlichen Rechtsstreitigkeiten zwischen Tarifvertragsparteien aus dem Tarifvertrag oder über das Bestehen oder Nichtbestehen des Tarifvertrags ergangen sind, sind alsbald der zuständigen obersten Landesbehörde und dem Bundesministerium für Arbeit und Soziales in vollständiger Form abschriftlich zu übersenden oder elektronisch zu übermitteln. Ist die zuständige oberste Landesbehörde die Landesjustizverwaltung, so sind die Urteilsabschriften oder das Urteil in elektronischer Form auch der obersten Arbeitsbehörde des Landes zu übermitteln.

I. Inhalt und Zweck. Mit der Vorschrift wird § 9 TVG prozessual ergänzt. Nach § 9 TVG sind rechtskräftige Entscheidungen der Gerichte für Arbeitssachen, die in Rechtsstreitigkeiten zwischen TV-Parteien aus dem TV oder über das Bestehen oder Nichtbestehen des TV ergangen sind, in Rechtsstreitigkeiten zwischen tarifgebundenen Parteien sowie zwischen diesen und Dritten für die Gerichte und Schiedsgerichte bindend. Hierdurch wird die Rechtskraft arbeitsgerichtl. Entscheidungen über § 325 ZPO hinaus erweitert. Damit wird dem normativen Charakter tarifvertragl. Bestimmungen Rechnung getragen. Zudem dient dies der Rechtssicherheit und Rechtsklarheit[11]. Durch die Begründung der Über- 1

---

1 LAG Thür. v. 13.1.1997 – 8 Sa 232/96, NZA-RR 1997, 234. | 2 LAG Köln v. 5.3.2002 – 10 Ta 50/02, LAGReport 2002, 336; Schwab/Weth/*Walker*, § 62 ArbGG Rz. 134; aA *Rolfs*, RdA 2001, 129. | 3 LAG BW v. 29.10.1968 – 4 Ta 14/68, BB 1968, 1330; LAG Hamm v. 19.6.1970 – 8 Ta 35/70, DB 1970, 1396; LAG Köln v. 9.2.1991 – 8 Sa 94/91, NZA 1991, 396. | 4 GMPM/*Germelmann*, § 62 ArbGG Rz. 81. | 5 *Gift/Baur*, Urteilsverfahren, S. 1479 Rz. 109. | 6 GMPM/*Germelmann*, § 62 ArbGG Rz. 82. | 7 *Baur* in Dunkl/Moeller/Baur/Feldmeier/Wetekamp, Handbuch des vorläufigen Rechtsschutzes, 2. Aufl., S. 244 Rz. 26. | 8 Vgl. iE *Corts*, NZA 1998, 357. | 9 LAG Nürnberg v. 31.7.2001 – 6 Sa 408/01, NZA-RR 2002, 272; GK-ArbGG/*Vossen*, § 62 Rz. 79; Schwab/Weth/*Walker*, § 62 ArbGG Rz. 137. | 10 Schwab/Weth/*Walker*, § 62 ArbGG Rz. 138. | 11 BAG v. 28.9.1977 – 4 AZR 446/76, AP Nr. 1 zu § 9 TVG 1969.

sendungspflicht wird dabei sichergestellt, dass die einschlägigen Entscheidungen zugänglich sind. Aufgabe der obersten Landesbehörde bzw. des Bundesministeriums ist es, für eine geeignete Veröffentlichung Sorge zu tragen[1].

2 **II. Übermittlungspflicht.** Diese betrifft ausschließlich Urteile, die zwischen TV-Parteien, nicht zwischen diesen und Dritten, ergangen sind. Der Anwendungsbereich des § 63 ist nicht deckungsgleich mit der Regelung zur Rechtswegzuständigkeit in § 2 I Nr. 1[2]. Es muss ferner in den Rechtsstreiten um Fragen aus dem TV oder über das Bestehen oder Nichtbestehen des TV – oder um einzelne tarifvertragl. Regelungen – gehen, wobei die Klageart keine Rolle spielt[3]. Hiervon werden insb. Rechtsstreitigkeiten über die Auslegung von TV erfasst[4]. Zu übermitteln sind nur rechtskräftige Urteile beliebiger Instanz (vgl. § 64 VII u. § 72 VI ArbGG), von denen die Bindungswirkung nach § 9 TVG ausgehen kann, also nur Urteile, die Entscheidungen zu Sachfragen enthalten[5]. Wird ein Rechtsmittel als unzulässig verworfen, ist die dadurch rechtskräftig gewordene Sachentscheidung der Vorinstanz zu übermitteln[6]. § 63 gilt entsprechend für die rechtskräftigen Beschlüsse von Gerichten für Arbeitssachen im Verfahren nach § 2a I Nr. 4, damit in Verfahren über die Tariffähigkeit und die Tarifzuständigkeit einer Vereinigung.

3 Die Urteile sind in vollständiger Form[7] zu übermitteln. Kürzungen sind unzulässig, auch wenn nur ein Teil der Entscheidung die Übermittlungspflicht auslöst; eine Anonymisierung soll geboten sein[8]. Die Pflicht zur Veranlassung der Übermittlung trifft den Vorsitzenden des Spruchkörpers, der die Entscheidung getroffen hat. Die Verletzung der Übersendungspflicht hat keine prozessuale Folgen, stellt aber ein Dienstpflichtverletzung dar[9]. Adressat der zu übersendenden Entscheidung ist zum einen das genannte Bundesministerium. Weiterer Adressat ist die zuständige oberste Landesbehörde (vgl. § 15 I 1) des Bundeslandes, in dem das entscheidende Gericht seinen Sitz hat. Handelt es sich bei der obersten Landesbehörde um die Landesjustizverwaltung, so muss eine weitere Urteilsabschrift der obersten Arbeitsbehörde des Landes übersandt werden.

Zweiter Unterabschnitt. Berufungsverfahren

64 *Grundsatz*

(1) Gegen die Urteile der Arbeitsgerichte findet, soweit nicht nach § 78 das Rechtsmittel der sofortigen Beschwerde gegeben ist, die Berufung an die Landesarbeitsgerichte statt.

(2) Die Berufung kann nur eingelegt werden,

a) wenn sie in dem Urteil des Arbeitsgerichts zugelassen worden ist,

b) wenn der Wert des Beschwerdegegenstandes 600 Euro übersteigt,

c) in Rechtsstreitigkeiten über das Bestehen, das Nichtbestehen oder die Kündigung eines Arbeitsverhältnisses oder

d) wenn es sich um ein Versäumnisurteil handelt, gegen das der Einspruch an sich nicht statthaft ist, wenn die Berufung oder Anschlussberufung darauf gestützt wird, dass der Fall der schuldhaften Versäumung nicht vorgelegen habe.

(3) Das Arbeitsgericht hat die Berufung zuzulassen, wenn

1. die Rechtssache grundsätzliche Bedeutung hat,

2. die Rechtssache Rechtsstreitigkeiten betrifft

a) zwischen Tarifvertragsparteien aus Tarifverträgen oder über das Bestehen oder Nichtbestehen von Tarifverträgen,

b) über die Auslegung eines Tarifvertrags, dessen Geltungsbereich sich über den Bezirk eines Arbeitsgerichts hinaus erstreckt, oder

c) zwischen tariffähigen Parteien oder zwischen diesen und Dritten aus unerlaubten Handlungen, soweit es sich um Maßnahmen zum Zwecke des Arbeitskampfes oder um Fragen der Vereinigungsfreiheit einschließlich des hiermit im Zusammenhang stehenden Betätigungsrechts der Vereinigungen handelt, oder

3. das Arbeitsgericht in der Auslegung einer Rechtsvorschrift von einem ihm im Verfahren vorgelegten Urteil, das für oder gegen eine Partei des Rechtsstreits ergangen ist, oder von einem Urteil des im Rechtszug übergeordneten Landesarbeitsgerichts abweicht und die Entscheidung auf dieser Abweichung beruht.

---

1 GMPM/*Germelmann*, § 63 ArbGG Rz. 2; GK-ArbGG/*Vossen*, § 63 Rz. 5. |2 GMPM/*Germelmann*, § 63 ArbGG Rz. 3. |3 GK-ArbGG/*Vossen*, § 63 Rz. 7. |4 BAG v. 19.2.1965 – 1 AZR 237/64, AP Nr. 4 zu § 8 TVG. |5 GK-ArbGG/*Vossen*, § 63 Rz. 8. |6 GMPM/*Germelmann*, § 63 ArbGG Rz. 5. |7 IdR Ablichtung, denn Fotokopie genügt als Abschrift, Zöller/*Stöber*, § 168 ZPO Rz. 8. |8 GMPM/*Germelmann*, § 63 ArbGG Rz. 8. |9 GK-ArbGG/*Vossen*, § 63 Rz. 11.

(3a) Die Entscheidung des Arbeitsgerichts, ob die Berufung zugelassen oder nicht zugelassen wird, ist in den Urteilstenor aufzunehmen. Ist dies unterblieben, kann binnen zwei Wochen ab Verkündung des Urteils eine entsprechende Ergänzung beantragt werden. Über den Antrag kann die Kammer ohne mündliche Verhandlung entscheiden.

(4) Das Landesarbeitsgericht ist an die Zulassung gebunden.

(5) Ist die Berufung nicht zugelassen worden, hat der Berufungskläger den Wert des Beschwerdegegenstandes glaubhaft zu machen; zur Versicherung an Eides statt darf er nicht zugelassen werden.

(6) Für das Verfahren vor den Landesarbeitsgerichten gelten, soweit dieses Gesetz nichts anderes bestimmt, die Vorschriften der Zivilprozessordnung über die Berufung entsprechend. Die Vorschriften über das Verfahren vor dem Einzelrichter finden keine Anwendung.

(7) Die Vorschriften des § 49 Abs. 1 und 3, des § 50, des § 51 Abs. 1, der §§ 52, 53, 55 Abs. 1 Nr. 1 bis 9, Abs. 2 und 4, der §§ 56 bis 59, 61 Abs. 2 und 3 und der §§ 62 und 63 über Ablehnung von Gerichtspersonen, Zustellungen, persönliches Erscheinen der Parteien, Öffentlichkeit, Befugnisse des Vorsitzenden und der ehrenamtlichen Richter, Vorbereitung der streitigen Verhandlung, Verhandlung vor der Kammer, Beweisaufnahme, Versäumnisverfahren, Inhalt des Urteils, Zwangsvollstreckung und Übersendung von Urteilen in Tarifvertragssachen gelten entsprechend.

(8) Berufungen in Rechtsstreitigkeiten über das Bestehen, das Nichtbestehen oder die Kündigung eines Arbeitsverhältnisses sind vorrangig zu erledigen.

I. Statthaftigkeit der Berufung (Abs. 1). Das Rechtsmittel der Berufung findet nach Abs. 1 **gegen Endurteile der ArbG** statt. Dazu gehören auch **Teilurteile** nach § 301 ZPO, **Vorbehaltsurteile** nach § 302 ZPO, **Ergänzungsurteile** nach § 321 ZPO und **zweite Versäumnisurteile**. Die angegriffene Entscheidung wird im Rahmen der Berufung in tatsächlicher und rechtl. Hinsicht durch das im Instanzenzug übergeordnete LAG überprüft. 1

Nicht berufungsfähig sind **Zwischenurteile iSd. §§ 303, 304 ZPO**. § 61 III bestimmt ausdrücklich, dass ein Zwischenurteil über den Grund des Anspruchs wegen der Rechtsmittel nicht als Endurteil anzusehen ist. Etwas anderes gilt für das Zwischenurteil über die Zulässigkeit der Klage, das nach § 280 II ZPO „in Betreff der Rechtsmittel" als Endurteil zu behandeln ist. Berufungsfähig ist auch ein Zwischenurteil über die Ablehnung der Wiedereinsetzung in den vorigen Stand[1]. In der Berufungsinstanz wird dann auch nur der Zwischenstreit anhängig. Bei erfolgreichem Rechtsmittel bleibt die Kostenentscheidung dem arbeitsgerichtl. Endurteil vorbehalten[2]. 2

Unstatthaft ist die Berufung in den seltenen Fällen, in denen gegen arbeitsgerichtl. Urteile nach § 78 das Rechtsmittel der sofortigen Beschwerde gegeben ist: Das gilt etwa für eine isolierte Anfechtung der Kostenentscheidung bei einem Anerkenntnisurteil nach § 99 II ZPO, für das Zwischenurteil über Zulassung oder Zurückweisung des Streithelfers nach § 71 II ZPO oder für die Entscheidung über das Aussageverweigerungsrecht eines Zeugen nach § 387 III ZPO. 3

Trifft das ArbG eine **formfehlerhafte Entscheidung**, also etwa einen Beschluss statt eines Urteils oder umgekehrt, so kann die beschwerte Partei nach dem **Grundsatz der Meistbegünstigung** sowohl das richtige als auch das der Entscheidungsform entsprechende Rechtsmittel einlegen[3]. Voraussetzung ist allerdings stets, dass das Rechtsmittel an sich statthaft ist. Denn durch die formfehlerhafte Entscheidung soll die Partei keinen über die wahre Rechtslage hinausgehenden Vorteil erlangen[4]. 4

II. Spezielle Voraussetzungen (Abs. 2). Zulässigkeitsvoraussetzung einer jeden Berufung ist zunächst, dass der Berufungskläger beschwert ist. Beim **Kläger** wird regelmäßig eine **formelle Beschwer** vorausgesetzt, die gegeben ist, wenn der Klage nicht in vollem Umfang stattgegeben worden ist. Hat der Kläger beantragt, das Arbeitsverhältnis gem. § 9 KSchG gegen Zahlung einer angemessenen Abfindung aufzulösen, so ist der ArbN nicht formell beschwert, wenn das ArbG auf Zahlung einer Abfindung erkennt, für die ein Mindestbetrag nicht konkret verlangt wurde. Der ArbN kann in einem derartigen Fall nicht allein mit dem Ziel Berufung einlegen, seinen erstinstanzlich gestellten Auflösungsantrag zurückzunehmen und eine Fortsetzung des Arbeitsverhältnisses zu erreichen[5]. 5

Für den **Beklagten** reicht dagegen eine sog. **materielle Beschwer**, die danach zu beurteilen ist, ob er ganz oder zum Teil verurteilt wurde. Da der Beklagte jedenfalls auch gegen ein Anerkenntnisurteil Berufung einlegen kann, kommt es nicht darauf an, ob er der Verurteilung widersprochen hat oder nicht[6]. Materiell beschwert ist der Beklagte auch dann, wenn die Klage als unzulässig und nicht als 6

---

1 Vgl. BGH v. 15.10.1981 – III ZR 74/80, NJW 1982, 184. | 2 Vgl. Zöller/*Greger*, § 280 ZPO Rz. 8. | 3 Vgl. BAG v. 26.3.1992 – 2 AZR 443/91, EzA § 48 ArbGG 1979 Nr. 5; LAG Hamm v. 28.2.2002 – 17 Sa 187/02, LAGReport 2002, 259. | 4 BGH v. 20.4.1993 – BLw 25/92, MDR 1994, 307 = NJW-RR 1993, 956. | 5 BAG v. 23.6.1993 – 2 AZR 56/93, EzA § 64 ArbGG 1979 Nr. 30. | 6 Vgl. LAG Hamm v. 16.11.2004 – 12 Sa 1045/04; Zöller/*Gummer/Heßler*, vor § 511 ZPO Rz. 19a.

unbegründet abgewiesen wurde[1]. Es genügt aber nicht, dass die Urteilsbegründung einem **Streithelfer** oder einem **Streitgenossen** nachteilig ist[2].

7 **1. Beschwerdewertberufung (Abs. 2b).** Nach § 64 IIb ist die Berufung ohne weiteres statthaft, wenn der Wert des Beschwerdegegenstands **600 Euro** übersteigt. Die frühere Unterscheidung zwischen vermögensrechtl. und nichtvermögensrechtl. Streitigkeiten ist weggefallen[3]. Die erforderliche Beschwer von mehr als 600 Euro entspricht der Wertgrenze in dem neugefassten § 511 II Nr. 1 ZPO für die Zivilgerichtsbarkeit.

8 Der Wert des Beschwerdegegenstands richtet sich nach dem **Berufungsantrag**, wobei für die Berechnung auf den Zeitpunkt der **Einlegung der Berufung** abzustellen ist. Legt die in erster Instanz voll unterlegene Partei uneingeschränkt Berufung ein, entspricht die Beschwer regelmäßig dem im Urteil des ArbG festgesetzten Streitwert, den auch das LAG zugrunde zu legen hat. Diese Bindung besteht ausnahmsw. nicht, wenn die Streitwertfestsetzung offensichtlich unrichtig ist[4]. Maßgeblich ist die Beurteilung durch das Berufungsgericht, die auch erst in den Gründen der Endentscheidung vorgenommen werden kann[5].

9 Die **Berechnung der Beschwer** erfolgt nach den §§ 3–9 ZPO, so dass die Werte mehrerer Streitgegenstände zusammengerechnet werden können (§ 5 ZPO) und Nebenforderungen wie Zinsen und Kosten unberücksichtigt bleiben (§ 4 I ZPO). Entgegen § 5 ZPO berechnet sich die Beschwer des hinsichtlich Klage und Widerklage unterlegenen Beklagten nach addierten Streitwerten[6]. Der Wert der Beschwer kann weder durch eine mit der Berufung verbundene **Klageerweiterung** noch durch eine **Widerklage** erhöht werden. Denn die Beschwer kann sich nur in Bezug auf den Streitgegenstand der ersten Instanz ergeben. Grds. sind nur Wertveränderungen bis zum Zeitpunkt der Einlegung des Rechtsmittels zu berücksichtigen[7]. Eine Berufung ist daher unzulässig, wenn sie den im ersten Rechtszug erhobenen Anspruch nicht wenigstens teilweise in dem erforderlichen Umfang weiter verfolgt, sondern lediglich im Wege der **Klageänderung** einen neuen, bisher nicht geltend gemachten Anspruch zur Entscheidung stellt[8].

10 Eine **nachträgliche Minderung** des Beschwerdewerts ist für die Zulässigkeit des eingelegten Rechtsmittels unschädlich, wenn der Berufungskläger nicht durch willkürliche Reduzierung seiner Anträge oder teilweise Klaglosstellung des Gegners bewirkt, dass die Rechtsmittelsumme nicht mehr erreicht ist[9]. Unschädlich ist insb. die Anpassung der Anträge an die vom Gegner – etwa durch zwischenzeitliche Zahlung – geschaffene prozessuale Lage, um eine Abweisung als unbegründet zu vermeiden[10]. Schränkt dagegen der Rechtsmittelkläger in der mündlichen Verhandlung vor dem Berufungsgericht seinen Antrag freiwillig ein, ohne durch solche äußere Umstände dazu genötigt zu sein, und sinkt dadurch der Wert des Beschwerdegegenstandes unter den in Abs. 2b vorausgesetzten Wert, so kann er keine günstigere Behandlung beanspruchen, als wenn er das Rechtsmittel von vornherein in unzulässigem Umfang eingelegt hätte[11].

11 Andererseits kann der Kläger nicht durch einen teilweisen Klageverzicht die bisher zulässige Berufung des Beklagten unzulässig machen. Die Berufung des Beklagten wird allerdings unzulässig, wenn er seine mit der Berufung bekämpfte Leistungspflicht während des Berufungsverfahrens **freiwillig erfüllt**, so dass die Urteilsbeschwer wegfällt[12]. Der Beklagte nimmt sich die Beschwer auch dann, wenn er bereits vor Einlegung der Berufung die im arbeitsgerichtl. Urteil festgelegte Verpflichtung nicht nur zur Abwendung der Zwangsvollstreckung, sondern endgültig erfüllt[13]. Im Zweifel ist davon auszugehen, dass mit der Leistung nur die Vollstreckung vermieden werden soll.

12 Stellt der Berufungskläger nach uneingeschränkt eingelegter Berufung zunächst einen zu niedrigen Antrag, so wird die Berufungssumme doch erreicht, wenn er den Antrag noch innerhalb der Begründungsfrist entsprechend erweitert, sofern nicht ein teilweiser Berufungsverzicht vorliegt[14].

13 **2. Berufung in Bestandsschutzstreitigkeiten (Abs. 2c).** Durch das sog. Arbeitsgerichtsbeschleunigungsgesetz (BGBl. I S. 333) ist mit Wirkung vom 1.5.2000 neu geregelt worden, dass die Berufung in Rechtsstreitigkeiten über das Bestehen, das Nichtbestehen oder die Kündigung eines Arbeitsverhält-

---

1 BAG v. 19.11.1985 – 1 ABR 37/83, NJW 1987, 514. | **2** Vgl. Zöller/*Gummer/Heßler*, vor § 511 ZPO Rz. 10 mwN. | **3** Vgl. zum Rechtszustand bis zum 30.4.2000 GMPM/*Germelmann*, § 64 ArbGG Rz. 14b ff. | **4** Vgl. BAG v. 27.5.1994 – 5 AZB 3/94, EzA § 64 ArbGG 1979 mwN; zur Beschwer bei einem unbezifferten Leistungsantrag auf Nachteilsausgleich LAG Berlin v. 25.7.2006 – 7 Sa 2371/05, AuR 2007, 61. | **5** Vgl. Hess. LAG v. 16.10.2006 – 19 Sa 701/06; Zöller/*Gummer/Heßler*, § 511 ZPO Rz. 20a. | **6** Zöller/*Gummer/Heßler*, vor § 511 ZPO Rz. 26b mwN. | **7** Vgl. GMPM/*Germelmann*, § 64 ArbGG Rz. 20. | **8** BAG v. 10.2.2005 – 6 AZR 183/04, NZA 2005, 597 mwN. | **9** Vgl. BAG v. 27.1.2004 – 1 AZR 105/03, BAGReport 2004, 279; v. 9.7.2003 – 10 AZR 615/02, AP Nr. 33 zu § 64 ArbGG 1979; Zöller/*Gummer/Heßler*, § 511 ZPO Rz. 14 mwN. | **10** Vgl. BGH v. 29.4.1992 – XII ZR 221/90, NJW-RR 1992, 1032. | **11** BAG v. 23.3.2004 – 3 AZR 35/03, EzA § 64 ArbGG 1979 Nr. 38; v. 19.1.2006 – 6 AZR 259/05, NZA 2007, 56; LAG Köln v. 21.3.2005 – 2(10) Sa 1632/04. | **12** Vgl. BGH v. 16.1.1951 – I ZR 1/50, NJW 1951, 274. | **13** Vgl. LAG Frankfurt v. 11.11.1985 – 11 Sa 460/85, LAGE § 64 ArbGG 1979 Nr. 11. | **14** Vgl. Zöller/*Gummer/Heßler*, § 511 ZPO Rz. 18.

nisses wegen der großen sozialen Bedeutung für den ArbN in jedem Fall zulässig ist. Ein besonderer Beschwerdewert ist ebenso wenig erforderlich wie die Zulassung durch das ArbG.

Unmittelbar kraft Gesetzes ist die Berufung daher immer statthaft in **Kündigungsschutzsachen** und in sämtlichen Verfahren, die den **Bestand oder das Zustandekommen** eines rechtswirksamen Arbeitsverhältnisses betreffen. Zur „Kündigung" gehören auch die Änderungs- und Teilkündigung. Auch bei dem Streit über die Wirksamkeit einer sog. Nichtverlängerungsmitteilung nach dem Bühnentarifrecht oder einer Befristung handelt es sich um eine Bestandsschutzstreitigkeit iSd. Vorschrift. 14

3. Berufung gegen ein Versäumnisurteil (Abs. 2d). Diese Neuregelung, die am 1.1.2002 in Kraft getreten ist, beruht auf dem ZPO-RG und beseitigt die alte Streitfrage, ob eine hinreichende Beschwer nach Abs. 2b auch erforderlich ist, wenn sich die Berufung gegen ein zweites Versäumnisurteil richtet[1]. Ebenso wie in § 514 II ZPO wird nunmehr auch für das arbeitsgerichtl. Verfahren klargestellt, dass im Fall einer Säumnis beim ArbG die Berufung ohne weiteres statthaft ist, wenn der Rechtsmittelführer schlüssig geltend macht, dass er **unverschuldet säumig** war[2]. 15

Die Berufungsmöglichkeit setzt voraus, dass der Einspruch gegen das Versäumnisurteil an sich nicht statthaft ist. Das ist vor allem dann der Fall, wenn die säumige Partei im Einspruchstermin wieder nicht erschienen ist und der Einspruch durch **zweites Versäumnisurteil** nach § 345 ZPO verworfen wurde. Nicht statthaft ist der Einspruch gem. § 238 II ZPO auch in dem eher seltenen Fall, dass ein Antrag auf Wiedereinsetzung in den vorigen Stand durch neues Versäumnisurteil zurückgewiesen wird. 16

Die Berufung kann **nur darauf gestützt** werden, dass ein Fall der Säumnis nicht gegeben oder diese unverschuldet war. Die fehlende Säumnis – bei Erlass des zweiten Versäumnisurteils – kommt in Betracht bei Ladungsmängeln oder fehlerhaftem Aufruf der Sache[3]. Auf die fehlenden Voraussetzungen für das erste Versäumnisurteil wegen Unzulässigkeit oder Unschlüssigkeit der Klage kann die Berufung demgegenüber nicht gestützt werden[4]. Entscheidend ist vielmehr, dass das zweite Versäumnisurteil nicht hätte ergehen dürfen. 17

Die Beurteilung des Verschuldens richtet sich nach den gleichen Maßstäben wie bei der Wiedereinsetzung in den vorigen Stand[5]. Eine **unverschuldete Verhinderung** liegt etwa vor bei plötzlicher Erkrankung, Autopanne oder Verkehrsbehinderung[6]. Grds. reicht das objektive Vorliegen eines solchen Vertagungsgrundes iSd. § 337 ZPO aus. Ist der Hinderungsgrund der Partei vor dem Termin bekannt, muss sie ihn aber dem Gericht rechtzeitig mitteilen, um eine Vertagung zumindest zu ermöglichen, soweit diese Mitteilung nicht unmöglich oder unzumutbar ist[7]. 18

Die **Darlegungs- und Beweislast** für die fehlende oder unverschuldete Säumnis hat die Partei, die sich darauf beruft[8]. Werden die Voraussetzungen nicht innerhalb der Berufungsbegründungsfrist schlüssig vorgetragen, so ist die Berufung als unzulässig zu verwerfen[9]. Gelingt dem Berufungskläger dagegen der Nachweis, so kann das Berufungsgericht entweder nach § 538 I ZPO selbst abschließend entscheiden oder nach § 538 II Nr. 6 ZPO auf Antrag einer Partei den Rechtsstreit unter Aufhebung des Versäumnisurteils an das ArbG zurückverweisen. § 68 steht der Zurückverweisung nicht entgegen, weil eine Sachentscheidung beim ArbG nicht stattgefunden hat[10]. 19

4. Zulassung der Berufung (Abs. 2a). Soweit die Berufung nicht nach den vorstehenden Alternativen unmittelbar kraft Gesetzes statthaft ist, bedarf sie einer besonderen Zulassung durch das ArbG nach Maßgabe des Abs. 3. Die Entscheidung ist **von Amts wegen** zu treffen, so dass ein Antrag der Parteien nicht erforderlich ist. Raum für die Zulassung bleibt nur in den Fällen, in denen der Wert des Berufungsgegenstandes 600 Euro nicht übersteigt. 20

Durch das Arbeitsgerichtsbeschleunigungsgesetz vom 30.3.2000 (BGBl. I S. 333) ist aus Gründen der Rechtssicherheit und Rechtsklarheit in Abs. 3a normiert worden, dass die Entscheidung des ArbG, ob die Berufung zugelassen wird oder nicht, **in den Urteilstenor aufzunehmen** ist. Da auch die negative Entscheidung im Tenor fest zu halten ist, muss sich das ArbG in den nicht ohne weiteres berufungsfähigen Sachen stets mit der Zulassungsfrage befassen. Soll die Zulassung nur für einen Streitgegenstand oder sonst abtrennbaren Teil des Urteils gelten, muss dies ebenfalls eindeutig im Tenor formuliert werden[11]. 21

Ist die Zulassungsentscheidung nicht im Tenor enthalten oder sogar gänzlich unterblieben, so kann nach Abs. 3a S. 2 **binnen zwei Wochen** ab Verkündung des Urteils eine entsprechende **Ergänzung** bean- 22

1 Vgl. einerseits BAG v. 4.4.1989 – 5 AZB 9/88, EzA § 64 ArbGG 1979 Nr. 27; andererseits LAG Hamm v. 10.9.1980 – 12 Sa 646/80, EzA § 345 ZPO Nr. 2. | 2 Vgl. *Holthaus/Koch*, RdA 2002, 140 (149). | 3 Vgl. Zöller/*Gummer/Heßler*, § 514 ZPO Rz. 7 mwN. | 4 BGH v. 6.5.1999 – V ZB 1/99, MDR 1999, 1017; aA BAG JZ 1995, 523; zum Meinungsstreit ferner Zöller/*Gummer/Heßler*, § 514 ZPO Rz. 8b mwN. | 5 BGH v. 22.4.1999 – IX ZR 364/98, NJW 1999, 2120. | 6 Vgl. BGH v. 19.11.1998 – IX ZR 152/98, MDR 1999, 178; LAG Köln v. 29.10.1993 – 4 Sa 707/93, MDR 1994, 1046. | 7 LAG Köln v. 29.10.1993 – 4 Sa 707/93, MDR 1994, 1046; v. 2.6.2006 – 4 (2) Sa 309/06. | 8 BAG v. 8.4.1974 – 2 AZR 542/73, AP Nr. 5 zu § 513 ZPO. | 9 LAG Köln v. 29.10.1993 – 4 Sa 707/93, MDR 1994, 1046. | 10 Vgl. GK-ArbGG/*Vossen*, § 68 Rz. 27. | 11 Vgl. GMPM/*Germelmann*, § 64 ArbGG Rz. 34c.

tragt werden. Darüber kann die Kammer, die das Urteil gefällt hat, ohne weitere mündliche Verhandlung durch Beschluss entscheiden. Eine Wiedereinsetzung in den vorigen Stand kommt nicht in Betracht, weil es sich bei der Zwei-Wochen-Frist nicht um eine Notfrist handelt. Nach Ablauf der Frist bleibt letztlich nur die Möglichkeit einer **Korrektur von Amts wegen**, soweit eine **offensichtliche Unrichtigkeit** des Urteils in Bezug auf die nicht tenorierte Zulassung vorliegt[1]. Enthält das arbeitsgerichtl. Urteil keinen Ausspruch über die Zulassung der Berufung, ist die Berufung nicht statthaft[2].

23 Gegen die **Nichtzulassung** der Berufung findet **kein Rechtsmittel** statt. Eine Nichtzulassungsbeschwerde ist anders als bei der Revisionszulassung in § 72a nicht vorgesehen. Hat das ArbG die Berufung gesetzwidrig nicht zugelassen, bleibt in krassen Fällen nur die Möglichkeit der Urteilsverfassungsbeschwerde. An die **Zulassung** ist das LAG nach ausdrücklicher Bestimmung des Abs. 4 **gebunden**.

24 Die **Zulassungsgründe** sind in Abs. 3 Nr. 1–3 abschließend aufgeführt. Das ArbG muss die Berufung zulassen, wenn einer dieser Zulassungsgründe vorliegt. Ein Ermessensspielraum besteht nicht. Allerdings hat das ArbG einen gewissen Beurteilungsspielraum bei der Frage, ob die Rechtssache grundsätzliche Bedeutung iSd. Nr. 1 besitzt. Da eine Begründung der Zulassungsentscheidung nicht erforderlich ist, wirken sich etwaige Begründungsfehler nicht aus. Entscheidend ist allein die tatsächliche Zulassung, die das LAG selbst dann bindet, wenn ein Zulassungsgrund nach Maßgabe des Abs. 3 nicht vorliegt.

25 **III. Entsprechende Geltung der ZPO-Vorschriften über die Berufung (Abs. 6).** Für das Verfahren vor den LAG gelten die Vorschriften der **§§ 511 ff. ZPO** über die Berufung entsprechend, soweit das ArbGG nichts anderes bestimmt. So finden insb. die Vorschriften über das Verfahren vor dem Einzelrichter nach den §§ 526, 527 ZPO keine Anwendung. Bestimmte Alleinentscheidungsbefugnisse des Vorsitzenden ergeben sich jedoch aus der Verweisung des Abs. 7 auf die erstinstanzlichen Bestimmungen der §§ 53 und 55.

26 **1. Einlegung der Berufung.** Die Berufung wird entsprechend § 519 I ZPO durch Einreichung der **Berufungsschrift** innerhalb der einmonatigen Frist des § 66 I beim LAG eingelegt. Der Schriftsatz muss den in § 519 II ZPO bestimmten Inhalt haben und von einem nach § 11 IV nF postulationsfähigen Prozessvertreter **handschriftl. und eigenhändig unterzeichnet** sein. Die Unterzeichnung mit einer Paraphe oder durch ein Faksimile reicht nicht aus[3]. Eine fehlende Unterschrift kann nachgeholt werden, soweit die Berufungsfrist noch läuft. Das Berufungsgericht ist allerdings auch bei drohendem Fristablauf nicht verpflichtet, auf den Mangel durch vorgezogene Mitteilung hinzuweisen. Die Verantwortung für die Unterschrift liegt vielmehr bei dem handelnden Prozessbevollmächtigten der Partei. Eine Wiedereinsetzung in den vorigen Stand scheidet regelmäßig aus.

27 Die Berufung kann auch mittels moderner Kommunikationstechnik eingelegt werden. Was früher bereits für **Telegramm** und **Fernschreiber** anerkannt war[4], gilt heute auch für **Telefax**[5] und **Computerfax**[6]. Dabei muss im Hinblick auf die Unterschrift der technische Standard, den die jeweilige Technik erlaubt, eingehalten werden. Entspricht ein bestimmender Schriftsatz inhaltlich den prozessualen Anforderungen, so ist bei dem sog. Computerfax die Person des Erklärenden idR dadurch eindeutig bestimmt, dass seine Unterschrift eingescannt oder der Hinweis angebracht ist, der benannte Urheber könne wegen der gewählten Übertragungsform nicht unterzeichnen. Der beim LAG hergestellte Telefaxausdruck braucht in einem solchen Fall keine eigenhändige Unterschrift wiederzugeben[7]. Geht der unterschriebene Originalschriftsatz später bei Gericht ein, handelt es sich in aller Regel um dieselbe – einzige – Rechtsmittelerklärung. Die Bedeutung des Fax beschränkt sich daher im Ergebnis auf die Wahrung der Frist, wenn der Originalschriftsatz nicht rechtzeitig eingeht[8].

28 Von der weiter gehenden Möglichkeit des § 130a ZPO, elektronische Dokumente auch im Verkehr mit den Gerichten zuzulassen, ist bislang im Bereich der Arbeitsgerichtsbarkeit nur beim BAG und im Land Bremen unter speziellen Voraussetzungen Gebrauch gemacht worden. Eine Berufungseinlegung durch **E-Mail** ist daher bis auf weiteres **unzulässig**.

29 Nach § 519 II ZPO muss die Berufungsschrift die **Bezeichnung des Urteils**, gegen das die Berufung gerichtet wird, und die Erklärung, dass gegen dieses Urteil Berufung eingelegt werde, enthalten. Die notwendigen Einzelangaben dienen dem Zweck, **Klarheit über den Gegenstand und die Beteiligten** des Berufungsverfahrens herzustellen. Daher muss angegeben werden, für wen und gegen wen Berufung eingelegt wird. Etwaige Mängel sind unschädlich, wenn sich aus sonstigen Angaben in der Berufungsschrift oder aus der beigefügten Abschrift des angefochtenen Urteils die benötigten Daten entnehmen lassen[9]. Fehlende Angaben können im Übrigen – auch auf richterlichen Hinweis – bis zum Ablauf der

1 Vgl. *Appel/Kaiser*, AuR 2000, 281 (282). | 2 Vgl. LAG Köln v. 18.10.2005 – 9 Sa 215/05; Hess. LAG v. 16.10.2006 – 19 Sa 701/06. | 3 BAG v. 27.3.1996 – 5 AZR 576/94, EzA § 72 ArbGG 1979 Nr. 21. | 4 Grundl. RGZ 151, 82; ferner BGH v. 3.6.1987 – IVa ZR 292/85, MDR 1987, 917 = NJW 1987, 2586 (2587). | 5 BAG v. 14.1.1986 – 1 ABR 86/83, MDR 1986, 524. | 6 GmSOBG v. 5.4.2000 – 1/98, NZA 2000, 959; LAG Köln v. 10.4.2001 – 6 Ta 58/01, MDR 2001, 1316 mwN. | 7 Vgl. LAG MV v. 21.8.1997 – 1 Ta 18/97, MDR 1998, 367. | 8 BAG v. 19.5.1999 – 8 AZB 8/99, EzA § 518 ZPO Nr. 40; zum Ganzen ferner Zöller/*Gummer/Heßler*, § 519 ZPO Rz. 18c. | 9 Vgl. BAG v. 27.8.1996 – 8 AZB 14/96, NZA 1997, 456.

Rechtsmittelfrist ergänzt werden. Eine formfehlerhafte Berufung darf daher nicht sogleich nach ihrem Eingang als unzulässig verworfen werden.

Der Berufungsbeklagte muss mindestens **bestimmbar bezeichnet** sein oder innerhalb der Berufungsfrist erkennbar werden. Das Fehlen einer ladungsfähigen Anschrift des Rechtsmittelbeklagten oder seines Prozessbevollmächtigten ist demgegenüber unschädlich[1]. Diese Angaben können auch außerhalb der Berufungsfrist nachgeholt werden. 30

Die Berufung ist **bedingungsfeindlich** und kann insb. nicht daran geknüpft werden, dass die gleichzeitig beantragte **PKH** bewilligt wird[2]. Bei einer Bewilligung der PKH nach Ablauf der Berufungsfrist – unter besonderen Umständen auch bei einer Versagung – kann Wiedereinsetzung in den vorigen Stand nach Maßgabe der §§ 233 ff. ZPO gewährt werden[3]. 31

2. Begründung der Berufung. Für die Berufungsbegründung gilt **§ 520 ZPO entsprechend**, soweit das ArbGG nichts anderes bestimmt. Das bedeutet zunächst, dass die Berufungsbegründung in einem Schriftsatz bei dem LAG einzureichen ist, sofern sie nicht bereits in der Berufungsschrift enthalten ist. Die Anforderungen an den Inhalt richten sich im Wesentlichen nach § 520 III ZPO: 32

Nach § 520 III **Nr. 1** ZPO bedarf es konkreter **Berufungsanträge**, die deutlich machen, inwieweit das Urteil angefochten wird und welche Abänderungen begehrt werden. Fehlt es an einem besonders formulierten Berufungsantrag, so macht das die Berufung nicht ohne weiteres unzulässig. Vielmehr kann sich aus dem Begründungszusammenhang ergeben, in welchem Umfang das arbeitsgerichtl. Urteil angegriffen wird. Bleibt dies unklar, ist die Berufung unzulässig[4]. Die Anträge können bis zum Schluss der mündlichen Verhandlung in entsprechender Anwendung der §§ 263, 264, 533 ZPO eingeschränkt oder erweitert werden[5]. 33

Die Berufungsbegründung muss nach näherer Maßgabe des § 520 III **Nr. 2 und** 4 ZPO in Verbindung mit § 67 als Spezialvorschrift für das arbeitsgerichtl. Berufungsverfahren erkennen lassen, in welchen Punkten tatsächl. oder rechtl. Art der Berufungskläger das angefochtene Urteil für unrichtig hält. Die Aufgliederung in die Nrn. 2–4 entspricht der neuen Systematik des Berufungsverfahrens, die für die Zivilgerichtsbarkeit in § 513 ZPO festgelegt ist. Da das LAG nach wie vor auch zweite Tatsacheninstanz ist, wie sich aus § 67 ergibt, kann die besondere Maßgabe des § 520 III Nr. 3 ZPO, mit der eine neue Tatsachenfeststellung erreicht werden soll, nicht zur Anwendung kommen. Im Übrigen bringen die neuen Gesetzesformulierungen gegenüber § 519 III Nr. 2 ZPO aF der Sache nach keine Änderungen oder Erleichterungen. Der Berufungsbegründung muss **auf den Streitfall zugeschnitten** sein und darf sich nicht in formelhaften Wendungen erschöpfen. Unzureichend ist etwa eine pauschale Urteilskritik, die das erstinstanzliche Urteil als „irrig“ oder „unhaltbar“ bezeichnet. Ausreichend, aber auch unerlässlich, ist eine kurze, auf die wesentlichen Gesichtspunkte beschränkte Darlegung[6]. Das Berufungsgericht nimmt dann im Rahmen der gestellten Anträge nach den §§ 528, 529 II 2 ZPO eine **umfassende materiell-rechtl. Überprüfung** vor. 34

Vom Berufungskläger wird verlangt, dass er eine der **Eigenart des Falles** angepasste Begründung vorlegt, in der **im Einzelnen** ausgeführt wird, was er an Verfahrensweise, Beweiswürdigung oder Rechtsanwendung des Erstgerichts bemängelt und/oder welche neuen Tatsachen und/oder Beweismittel er zur Rechtfertigung seiner Änderungsanträge geltend macht[7]. Eine solche Begründung kann auch schon vor der Zustellung des in vollständiger Form abgesetzten Urteils erster Instanz vorgenommen werden[8]. Die schlichte Verweisung auf erstinstanzliches Vorbringen reicht ebenso wenig aus wie die pauschale Bezugnahme auf Ausführungen Dritter (zB Stellungnahme der Partei, Sachverständigengutachten)[9]. Zulässig sind dagegen im Rahmen einer ansonsten hinreichenden Berufungsbegründung **konkrete Bezugnahmen** auch auf einzelne Schriftsätze der ersten Instanz, um unnötige Wiederholungen zu vermeiden. Werden nur die Rechtsausführungen des ArbG angegriffen, dann muss die abweichende eigene Rechtsansicht dargelegt werden. Eine Auseinandersetzung mit den Gründen des erstinstanzlichen Urteils ist entbehrlich, wenn die Berufung ausschließlich auf **neue Tatsachen und Beweise** gestützt wird[10]. 35

Bei einer **Mehrheit von Ansprüchen**, die mit der Berufung verfolgt oder bekämpft werden, ist eine Begründung für jeden Einzelnen nötig. Eine Ausnahme gilt für den Fall, dass ein Rechtsgrund hinsichtlich aller Ansprüche durchgreifen soll (zB eine tarifl. Verfallklausel). Dann reicht der Angriff auf diesen Rechtsgrund, um die Prüfung auf alle Ansprüche zu erstrecken[11]. Hat das ArbG die Abweisung eines 36

---

1 BAG v. 16.9.1986 – GS 4/85, MDR 1987, 347. | 2 Vgl. Zöller/*Gummer/Heßler*, § 519 ZPO Rz. 1 mwN. | 3 Vgl. BGH v. 24.6.1999 – IX ZB 30/99, MDR 1999, 1159 = NJW 1999, 2823. | 4 Vgl. LAG Köln v. 13.6.2006 – 9 Sa 1508/05, AuR 2006, 411. | 5 Vgl. GMPM/*Germelmann*, § 64 ArbGG Rz. 54. | 6 Vgl. BAG v. 16.6.2004 – 5 AZR 529/03, BAGReport 2004, 383; v. 11.3.1998 – 2 AZR 497/97, BAGE 88, 171; LAG Hamm v. 28.9.2004 – 6 Sa 579/04; Zöller/*Gummer/Heßler*, § 520 ZPO Rz. 34. | 7 Vgl. BAG v. 14.10.2004 – 6 AZR 535/03, ZTR 2005, 144; v. 14.12.2004 – 1 AZR 504/03. | 8 BAG v. 6.3.2003 – 2 AZR 596/02, AP Nr. 32 zu § 64 ArbGG 1979. | 9 BAG v. 10.2.2005 – 6 AZR 183/04, NZA 2005, 597; BGH v. 24.2.1994 – VII ZR 127/93, MDR 1994, 506; v. 9.3.1995 – IX ZR 142/94, MDR 1995, 1063; v. 9.3.1995 – IX ZR 143/94, MDR 1995, 738; v. 18.6.1998 – IX ZR 389/97, MDR 1998, 1114 = NJW 1998, 3126. | 10 BGH v. 4.10.1999 – II ZR 361/98, NJW 1999, 3784. | 11 BGH v. 27.9.2000 – XII ZR 281/98, NJW-RR 2001, 789.

Klageanspruchs auf mehrere voneinander unabhängige, selbständig tragende rechtl. Erwägungen gestützt, dann liegt eine hinreichende Berufungsbegründung nur vor, wenn sie sich auch mit jedem dieser Aspekte auseinander setzt[1].

37 Entspricht die Berufungsbegründung nicht den gesetzl. Anforderungen, so ist die Berufung nach § 66 II ArbGG iVm. § 522 I ZPO als unzulässig zu verwerfen. Eine **unzulängliche oder lückenhafte Begründung** kann nach Fristablauf nicht über eine Wiedereinsetzung in den vorigen Stand ergänzt werden[2].

38 **3. Anschlussberufung.** Die nach Maßgabe des **§ 524 ZPO** auch im arbeitsgerichtl. Verfahren zulässige Anschlussberufung gibt dem Berufungsbeklagten die Möglichkeit, den Umfang der Überprüfung des angefochtenen Urteils mitzubestimmen und damit das Verschlechterungsverbot zu Lasten des Berufungsklägers auszuschalten. Die Vorschrift bezweckt vor allem den Schutz derjenigen Partei, die in Unkenntnis des Rechtsmittels der Gegenpartei trotz eigener Beschwer die Berufungsfrist im Vertrauen auf den Bestand des Urteils verstreichen lässt[3]. Wird der Berufungsbeklagte in dieser Hoffnung enttäuscht, so soll ihm ungeachtet eines bereits erklärten Rechtsmittelverzichts oder der inzwischen abgelaufenen Berufungsfrist die eigene Überprüfungsmöglichkeit durch die – **unselbständige** – Anschlussberufung erhalten bleiben. Konsequent sieht die gesetzl. Neuregelung durch das ZPO-RG vor, dass die mittels Anschließungserklärung eingelegte Berufung **stets in Abhängigkeit vom Hauptrechtsmittel** steht, mithin nach § 524 IV ZPO ihre Wirkung verliert, wenn die Berufung verworfen, durch Beschluss zurückgewiesen oder zurückgenommen wird.

39 Abweichend vom bisherigen Recht (§ 522 II ZPO aF) ist die Möglichkeit der selbständigen Anschlussberufung entfallen, weil dafür kein Bedürfnis besteht: Will die Partei unabhängig vom Hauptrechtsmittel Berufung einlegen, so kann sie dies unter den gleichen Voraussetzungen wie auch der Berufungskläger[4]. Es handelt sich dann um eine eigenständige Berufung, die im Unterschied zur Anschlussberufung eine hinreichende Beschwer voraussetzt sowie fristgerecht eingelegt und begründet werden muss[5]. Hat der Berufungsbeklagte sein Rechtsmittel ausdrücklich als Anschlussberufung bezeichnet, so ist sie als solche zu behandeln, selbst wenn sie noch in der Berufungsfrist eingelegt worden ist[6].

40 Die Anschließung erfolgt gem. § 524 I 2 ZPO durch **Einreichung der Berufungsanschlussschrift** bei dem LAG. Sie ist nach § 524 II 2 ZPO zulässig **bis zum Ablauf** der dem Berufungsbeklagten gesetzten Frist zur Berufungserwiderung. Da § 66 I 3 eine besondere gesetzl. Beantwortungsfrist **von einem Monat nach Zustellung der Berufungsbegründung** vorsieht, muss davon nach Maßgabe des § 64 VI 1 als Regelfrist ausgegangen werden, soweit der Hinweis nach § 66 I 4 erfolgt ist[7]. Wird die Frist zur Berufungsbeantwortung nach § 66 I 5 vom Vorsitzenden auf Antrag verlängert, so verlängert sich automatisch auch die Einlegungsfrist[8]. Die Anschlussschrift muss nach § 524 III ZPO auch eine **Begründung** enthalten. Insoweit kann auf das oben zur Begründung der Berufung Gesagte verwiesen werden. Werden die Form- und Fristvorschriften nicht beachtet, so ist die Anschlussberufung als unzulässig zu verwerfen, soweit sie nicht ohnehin nach § 524 IV ZPO ihre Wirkung verloren hat.

41 Eine spätere Begründung innerhalb der noch laufenden Frist kann als erneute, nunmehr zulässige Anschlussberufung angesehen werden[9]. Wird die Anschlussberufung bereits **vor Ablauf der Begründungsfrist für die Hauptberufung** und vor deren Begründung eingelegt, so verbleibt es bei der Frist zur Begründung der Anschließung von einem Monat nach Zustellung der Berufungsbegründung. Eine Verlängerung der Berufungsbegründungsfrist wirkt sich damit automatisch auch zu Gunsten des Anschließenden aus.

42 Wegen der **Entbehrlichkeit einer Beschwer** kann sich der erstinstanzlich voll obsiegende Kläger der Berufung des Beklagten zur **Klageerweiterung** anschließen[10]. Die Anschlussberufung kann auch bedingt erhoben werden, insb. für den Fall, dass dem Hauptantrag auf Zurückweisung der Berufung nicht entsprochen wird, sog. **Hilfsanschlussberufung**. Der Grundsatz der Bedingungsfeindlichkeit von Rechtsmitteln gilt nicht, weil die unselbständige Anschlussberufung kein Rechtsmittel im engeren Sinne, sondern ein Antrag innerhalb des vom Prozessgegner betriebenen Rechtsmittelverfahrens ist[11]. Daher kann die Einlegung auch von der PKH-Bewilligung abhängig gemacht werden[12].

43 Hinsichtlich der **Kostenlast der Anschlussberufung** ist zu unterscheiden: Wird die **Hauptberufung zurückgenommen**, so treffen nach neuem Recht den Berufungskläger stets auch die Kosten der damit wirkungslos gewordenen Anschlussberufung. Denn nach dem Wegfall des Zustimmungserfordernisses in die Berufungsrücknahme nach Beginn der mündlichen Verhandlung (§ 516 ZPO) entscheidet jetzt

---

1 BAG v. 10.2.2005 – 6 AZR 183/04, NZA 2005, 597; v. 11.3.1998 – 2 AZR 497/97, NZA 1998, 959; LAG Düsseldorf v. 25.7.2003 – 14 Sa 522/03, MDR 2004, 160. | 2 BGH v. 13.2.1997 – III ZR 285/95, NJW 1997, 1309; Zöller/*Gummer/Heßler*, § 520 ZPO Rz. 42a mwN. | 3 Vgl. Zöller/*Gummer/Heßler*, § 524 ZPO Rz. 1. | 4 Vgl. BT-Drs. 14/3750, S. 69 f. | 5 Vgl. BAG v. 8.9.1998 – 3 AZR 368/98, EzA § 522 ZPO Nr. 2. | 6 Zutr. Zöller/*Gummer/Heßler*, § 524 ZPO Rz. 6. | 7 Vgl. BAG v. 30.5.2006 – 1 AZR 111/05, NZA 2006, 1170. | 8 Vgl. Zöller/*Gummer/Heßler*, § 524 ZPO Rz. 10; GK-ArbGG/*Vossen*, § 64 Rz. 105. | 9 Vgl. BAG v. 31.7.2007 – 3 AZN 326/07. | 10 BAG v. 29.9.1993 – 4 AZR 693/92, EzA § 521 ZPO Nr. 1. | 11 BAG v. 29.9.1993 – 4 AZR 693/92, EzA § 521 ZPO Nr. 1 mwN. | 12 OLG Frankfurt v. 5.3.1999 – 1 UF 176/98, FamRZ 2000, 240.

immer der Berufungskläger allein über das Schicksal der Anschlussberufung[1]. Wird dagegen die **Hauptberufung als unzulässig verworfen**, so hat der Anschlussberufungskläger die Kosten seiner Anschlussberufung zu tragen, weil er sich einer von vornherein unzulässigen Hauptberufung angeschlossen hatte[2]. Die Kosten sind dann nach § 92 I ZPO verhältnismäßig zu quoteln. Gleiches gilt für eine wegen eigener Mängel unzulässige oder sachlich unbegründete oder zurückgenommene Anschlussberufung.

4. Zurücknahme, Verzicht und Erledigung. Nach dem entsprechend anwendbaren **§ 516 I ZPO** ist eine **Rücknahme** der Berufung **bis zur Verkündung des Berufungsurteils** möglich. Auch nach Beginn der mündlichen Verhandlung ist dazu eine **Einwilligung** des Gegners im Gegensatz zum alten Recht **nicht mehr erforderlich**. Die Rücknahme muss **vor Beginn** der Urteilsverkündung erklärt sein. Hat das Gericht mit der Verkündung begonnen, so ist eine Rücknahme ausgeschlossen. 44

Die von der Berufungsrücknahme zu unterscheidende **Klagerücknahme** bleibt nach § 269 ZPO bis zur Rechtskraft des Berufungsurteil **mit Einwilligung des Gegners** zulässig. Gleiches gilt für eine Erledigung der Hauptsache nach § 91a ZPO. Die Parteien können den Rechtsstreit auch vor Eintritt der Rechtskraft der Entscheidung durch einen Vergleich erledigen. 45

Die Berufungsrücknahme ist ebenso wie die Klagerücknahme im anhängigen Berufungsverfahren gegenüber dem LAG zu erklären, und zwar in der mündlichen Verhandlung oder durch Einreichung eines Schriftsatzes. Für die Erklärung besteht Vertretungszwang nach § 11 IV nF (s. aber § 11 Rz. 12). Sie ist als Prozesshandlung **bedingungsfeindlich, unwiderruflich und unanfechtbar**. In Ausnahmefällen können die Rechtsfolgen der Rücknahme mit Treu und Glauben unvereinbar sein, wenn ein Irrtum für Gericht und Gegner offenkundig war oder der Irrtum durch den Gegner verursacht wurde[3]. 46

Die Zurücknahme hat nach § 516 III ZPO den **Verlust des eingelegten Rechtsmittels** und die **Pflicht zur Kostentragung** zur Folge. Diese Wirkungen sind von Amts wegen durch Beschluss des LAG auszusprechen. Bei einer Rücknahme auf Grund eines außergerichtlichen Vergleichs kann je nach Lage des Falles die besondere Kostenregelung des § 98 ZPO eingreifen[4]. 47

Der **Verzicht auf die Berufung** kann nach der Neuregelung des **§ 515 ZPO** bereits vor dem erstinstanzlichen Urteil, nach Urteilserlass und in der Berufungsinstanz erklärt werden, ohne dass es der Zustimmung des Gegners bedarf. Eine Verzichtserklärung durch schlüssiges Verhalten setzt voraus, dass der Verzichtswille bei objektiver Betrachtung unzweideutig feststellbar ist. Die Erklärung „Kläger legt keine Berufung ein" reicht aus[5]. Der **gegenüber dem Gericht** erklärte Rechtsmittelverzicht ist als Prozesshandlung unanfechtbar und grds. unwiderruflich[6]. Der **gegenüber dem Gegner** erklärte Berufungsverzicht gibt diesem die Einrede des Rechtsmittelverzichts[7]. 48

Die **übereinstimmende Erledigungserklärung** nach § 91a ZPO ist auch in der Berufungsinstanz zulässig. Die Erledigung kann **das Rechtsmittel selbst oder die Hauptsache** betreffen. Voraussetzung ist stets, dass das Rechtsmittel statthaft und zulässig war[8]. Die unzulässige Berufung ist trotz beiderseitiger Erledigungserklärung zu verwerfen. Die Rechtsmittelerledigung lässt die angefochtene Entscheidung also solche unberührt; das Berufungsgericht hat nur noch über die Kosten der Berufung entsprechend § 91a ZPO zu entscheiden. Bei Erledigung der Hauptsache – etwa durch Erfüllung – geht es um die Kosten des Rechtsstreits insgesamt. Gleiches gilt für eine **Erledigung zwischen den Instanzen**, die eine Rechtsmitteleinlegung entbehrlich machen kann[9]. 49

5. Prüfungsumfang des LAG. Eine revisionsähnliche Einschränkung des Prüfungsumfangs, wie sie neuerdings aus § 513 I Alt. 1 ZPO iVm. § 546 ZPO abgeleitet wird[10], ist schon für die ordentl. Gerichtsbarkeit abzulehnen, weil die aus § 545 I ZPO im Revisionsrecht folgende Beschränkung auf revisibles Recht in der Berufungsinstanz nicht gilt[11]. Sie scheidet erst recht im arbeitsgerichtl. Berufungsverfahren aus, weil die entsprechende Anwendung der ZPO-Vorschriften nach § 64 VI 1 an den Vorbehalt geknüpft ist, dass das ArbGG nichts anderes bestimmt. Wie insb. die Regelung des § 67 IV deutlich macht, ist das LAG weiterhin eine volle zweite Tatsacheninstanz. Eine Einschränkung des Prüfungsmaßstabs nach revisionsrechtl. Grundsätzen ist damit nicht vereinbar. Auch in der Auslegung von Individualerklärungen nach Maßgabe der §§ 133, 157, 242 BGB oder etwa in der Beurteilung der Angemessenheit einer Abfindung nach den §§ 9, 10 KSchG ist das LAG daher nicht beschränkt. Dabei handelt es sich letztlich um Tatfragen, die **in vollem Umfang** der Überprüfung durch das Berufungsgericht unterliegen. Gleiches gilt für die fallbezogene Anwendung unbestimmter Rechtsbegriffe wie Sozialwidrigkeit, gute Sitten oder wichtiger Grund. Hier wirkt sich aus, dass es in der Berufung als zweiter Tatsacheninstanz vor allem um eine gerechte Einzelfallentscheidung geht, während in der Revision die Entscheidung von Rechtsfragen 50

---

1 Zutr. Zöller/*Gummer/Heßler*, § 524 ZPO Rz. 43. |2 Vgl. LAG Hamm v. 7.10.1991, LAGE § 97 ZPO Nr. 1 mwN. |3 Vgl. LAG Köln v. 30.6.2000 – 6 Sa 750/99, AnwBl 2001, 71 mwN. |4 Vgl. BGH v. 25.5.1988 – VIII ZR 148/87, MDR 1988, 1053; Zöller/*Herget*, § 98 ZPO Rz. 6 mwN. |5 BGH v. 19.3.1991 – XI ZR 138/90, NJW-RR 1991, 1213; weitere Beispiele bei Zöller/*Gummer/Heßler*, § 515 ZPO Rz. 5. |6 BGH v. 6.3.1985 – VIII ZR 123/84, MDR 1986, 139. |7 BGH v. 14.5.1997 – XII ZR 184/96, NJW-RR 1997, 1288. |8 BGH v. 27.5.1968 – AnwZ (B) 9/67, Z 50, 197, 198. |9 Vgl. Zöller/*Vollkommer*, § 91a ZPO Rz. 21 mwN. |10 Vgl. *Holthaus/Koch*, RdA 2002, 140 (154); ErfK/*Koch*, § 66 ArbGG Rz. 28. |11 Vgl. ausf. BGH v. 14.7.2004 – VIII ZR 164/03, MDR 2004, 1434 mwN; Zöller/*Gummer/Heßler*, § 513 ZPO Rz. 2.

mit grundsätzlicher Bedeutung im Vordergrund steht. Anders als im Verhältnis von Revisions- und Berufungsgericht[1] verbleibt dem ArbG kein Beurteilungsspielraum, der der landesarbeitsgerichtl. Nachprüfung nicht zugänglich ist.

51 **IV. Entsprechende Geltung von Vorschriften des erstinstanzlichen Verfahrens (Abs. 7).** Abs. 7 zählt abschließend die Vorschriften des erstinstanzlichen Verfahrens auf, die für das Berufungsverfahren entsprechend gelten. Wegen der Einzelheiten wird auf die jeweiligen Erläuterungen verwiesen. Insb. findet § 53 in vollem Umfang Anwendung, der die **Befugnisse des Vorsitzenden und der ehrenamtlichen Richter** regelt. Nach § 53 I 1 erlässt der Vorsitzende die nicht auf Grund einer mündlichen Verhandlung ergehenden Beschlüsse und Verfügungen allein, soweit nichts anderes bestimmt ist.

52 Ein **Alleinentscheidungsrecht des Vorsitzenden** besteht ferner in den Fällen des § 55 I Nr. 1–11 (Gesetzestext noch nicht bereinigt), II und IV, selbst wenn auf Grund mündlicher Verhandlung entschieden wird. Die alleinige Entscheidungskompetenz besteht etwa bei Rücknahme der Berufung, Verzicht, Anerkenntnis und Säumnis einer Partei oder beider Parteien. Auch die Entscheidung über die einstw. Einstellung der Zwangsvollstreckung[2] und die Aussetzung des Verfahrens obliegt dem Vorsitzenden. Soweit der Vorsitzende hiernach allein zur Entscheidung berufen ist, trifft ihn eine **Pflicht zur Alleinentscheidung**[3]. Eine Entscheidung durch die Kammer würde gegen den Grundsatz des gesetzl. Richters verstoßen.

53 Hervorzuheben ist, dass auch die Vorschrift des § 59 über das **Versäumnisverfahren** in der 2. Instanz entsprechende Anwendung findet[4]. Die **Einspruchsfrist** gegen ein Versäumnisurteil des LAG beträgt daher ebenfalls **nur eine Woche**. Der Einspruch kann auch von der Partei selbst durch Erklärung zur Niederschrift der Geschäftsstelle eingelegt werden[5].

54 Für die **Richterablehnung** gelten die Vorschriften des § 49 I u. III entsprechend. Danach entscheidet die Kammer des LAG durch Beschluss, gegen den kein Rechtsmittel stattfindet. Dieser Rechtsmittelausschluss ist verfassungsgemäß[6].

55 **V. Besonderheiten des Berufungsverfahrens.** Da § 64 VII keine Verweisung auf § 46 enthält, kann im Gegensatz zum Verfahren vor dem ArbG **§ 128 II ZPO** entsprechend angewendet werden, so dass das LAG mit Zustimmung der Parteien **im schriftl. Verfahren** entscheiden kann. Die Abgabe der Zustimmungserklärungen unterliegt dem Vertretungszwang des § 11 IV nF. Das LAG entscheidet durch die vollbesetzte Kammer, anders als bei der **Entscheidung nach Lage der Akten** gem. § 251a ZPO bei Säumnis beider Parteien, die der Vorsitzende allein zu treffen hat.

56 Für Berufungen in **Bestandsschutzverfahren** gilt nach Abs. 8 eine **besondere Beschleunigungspflicht**. Im Unterschied zu § 61a, der nicht entsprechend anwendbar ist, fehlt es jedoch an einer näheren prozessualen Ausgestaltung, so dass die gebotenen Maßnahmen im Ermessen des Gerichts liegen. Das LAG wird vor allem auf eine möglichst kurzfristige Terminierung achten, ohne dass deswegen andere Termine aufgehoben werden müssten[7]. Auch wenn die Frist zur Berufungserwiderung nach § 66 I 3 einen Monat beträgt und nicht abgekürzt werden kann, so bestehen doch etwa im Hinblick auf eine Fortsetzung der mündlichen Verhandlung und/oder die vorsorgliche Ladung von Zeugen und Sachverst. einige Möglichkeiten zur vorrangigen Erledigung solcher Verfahren.

65 *Beschränkung der Berufung*

Das Berufungsgericht prüft nicht, ob der beschrittene Rechtsweg und die Verfahrensart zulässig sind und ob bei der Berufung der ehrenamtlichen Richter Verfahrensmängel unterlaufen sind oder Umstände vorgelegen haben, die die Berufung eines ehrenamtlichen Richters zu seinem Amte ausschließen.

1 **I. Regelungsumfang und -zweck.** Die ab dem 1.1.2002 geltende Fassung der Vorschrift beruht auf Art. 30 Nr. 7 ZPO-RG[8]. Im Hinblick auf den novellierten § 513 II 1 ZPO, der nach § 64 VI 1 für das arbeitsgerichtl. Verfahren entsprechend gilt, konnte der Hinweis darauf entfallen, dass das Berufungsgericht – auch – nicht prüft, ob das Gericht des ersten Rechtszuges seine Zuständigkeit zu Unrecht angenommen hat. Am Regelungsinhalt hat sich dadurch nichts geändert: Der falsche Rechtsweg, die sachliche Unzuständigkeit und die unzutreffende Verfahrensart (Urteils- oder Beschlussverfahren) können nur nach Maßgabe des § 48 ArbGG iVm. den §§ 17–17b GVG erstinstanzlich geltend gemacht werden. In diesen prozessualen Vorfragen soll möglichst schnell eine **bindende Vorabentscheidung** ergehen. Ist das Vorabentscheidungsverfahren rechtskräftig abgeschlossen, so ist das LAG daran nach den §§ 65 ArbGG, 17a V GVG gebunden. Für die örtliche Zuständigkeit folgt die Bindung schon aus § 48 I Nr. 1[9].

1 Vgl. hierzu Zöller/*Gummer/Heßler*, § 546 ZPO Rz. 12 mwN. | 2 Dazu näher LAG Bln.-Bbg. v. 23.8.2007 – 15 Sa 1630/07. | 3 Vgl. LAG Köln v. 14.12.2000 – 6 Sa 1183/00; LAG BW v. 24.2.2006 – 9 Ta 13/05. | 4 Vgl. zur Pflicht, bei Säumigkeit einer Partei auch durch Versäumnisurteil zu entscheiden, BAG v. 4.12.2002 – 5 AZR 556/01, MDR 2003, 520. | 5 BAG v. 10.7.1957 – GS 1/57, AP Nr. 5 zu § 64 ArbGG 1953. | 6 BAG v. 14.2.2002 – 9 AZB 2/02, EzA § 49 ArbGG 1979 Nr. 8. | 7 Vgl. GK-ArbGG/*Vossen*, § 64 Rz. 133. | 8 BGBl. I S. 1887. | 9 BAG v. 5.9.1995 – 9 AZR 533/94, EzA § 65 ArbGG 1979 Nr. 2.

II. Die Prüfungssperren im Einzelnen. 1. Rechtsweg. Nach § 65 ArbGG, § 17a V GVG prüft das Berufungsgericht nicht, ob der beschrittene Rechtsweg zulässig ist. Mit der Einführung des Vorabentscheidungsverfahrens durch das Vierte Gesetz zur Änderung der Verwaltungsgerichtsordnung vom 17.12.1990[1] sollte der **Gleichwertigkeit aller Rechtswege** und praktischen Bedürfnissen Rechnung getragen werden. Die Frage der Rechtswegzuständigkeit soll zu einem möglichst frühen Zeitpunkt des Verfahrens abschließend geklärt werden, damit das weitere Verfahren nicht mehr mit dem Risiko eines später erkannten Mangels des gewählten Rechtswegs belastet wird[2]. Dementsprechend hat das Gericht, das über ein Rechtsmittel gegen eine Entscheidung in der Hauptsache entscheidet, nicht mehr zu prüfen, ob der beschrittene Rechtsweg zulässig ist. Das LAG hat dann über die Berufung unter allen in Betracht kommenden Gesichtspunkten zu entscheiden. Seine Prüfungskompetenz und -pflicht erstreckt sich in derartigen Fällen auch auf Schadensersatzansprüche wegen Amtspflichtverletzung[3]. 2

Die Zulässigkeit des Rechtsweges hat zunächst das ArbG **von Amts wegen** zu prüfen. Ist der beschrittene Rechtsweg zu den Gerichten für Arbeitssachen nicht gegeben, so verweist das ArbG den Rechtsstreit gem. § 48 I ArbGG iVm. § 17a II GVG nach Anhörung der Parteien an das zuständige Gericht des zulässigen Rechtsweges. Ein klageabweisendes Prozessurteil darf daher nicht ergehen. Auch wenn das Gericht den Rechtsweg für zulässig hält, **kann** dies nach § 17a III 1 GVG vorab durch Beschluss ausgesprochen werden. Das ArbG **muss** vorab entscheiden, wenn eine Partei die Zulässigkeit des Rechtsweges rügt. Diese Beschlüsse sind nach § 17a IV 3 GVG **beschwerdefähig** und unterliegen nur insoweit der Überprüfung durch das LAG. 3

Die Prüfungssperre im Hauptsacheverfahren gilt im Grundsatz auch dann, wenn das ArbG den zu ihm beschrittenen Rechtsweg ohne weiteres **stillschweigend durch Urteil** bejaht hat[4]. Eine Ausnahme besteht nur für den Fall, dass wegen der Rüge einer Partei eine Vorabentscheidung des ArbG geboten war[5]. Entscheidet das ArbG entgegen § 48 I ArbGG, § 17a III 2 GVG **trotz Rüge einer Partei** über die Zulässigkeit des Rechtsweges nicht vorab durch Beschluss, sondern in den Gründen des der Klage stattgebenden Urteils, so kann die beklagte Partei hiergegen nach dem Grundsatz der Meistbegünstigung **wahlweise sofortige Beschwerde oder Berufung** einlegen[6]. Wird Berufung eingelegt, so darf das LAG den Rechtsstreit nicht an das ArbG zurückverweisen. Es hat vielmehr zwei Möglichkeiten: 4

Bejaht das LAG die Zulässigkeit des Rechtsweges, so hat es dies **vorab durch Beschluss** auszusprechen. Lässt es hiergegen gem. § 17a IV 4 und 5 GVG die weitere Beschwerde zu, so hat es das Verfahren bis zur Entscheidung hierüber auszusetzen. Anderenfalls hat es in der Hauptsache durch Urteil zu entscheiden. 5

Hält das LAG die Zulässigkeit des Rechtsweges nicht für gegeben, so hat es dies ebenfalls durch Beschluss auszusprechen und unter **Abänderung des arbeitsgerichtl. Urteils** den Rechtsstreit an das zuständige Gericht des zulässigen Rechtsweges **zu verweisen**. Lässt es hiergegen keine Rechtsbeschwerde zu, ist der Beschluss rechtskräftig und bindet das Gericht, an das verwiesen wurde, hinsichtlich des Rechtsweges[7]. 6

Keine Prüfungssperre besteht schließlich auch dann, wenn das ArbG noch keine Prüfung vornehmen konnte, weil die Klage erst in der Berufungsinstanz geändert oder eine Aufrechnung erklärt oder eine Widerklage erhoben wurde. In diesen Fällen entscheidet das **LAG erstmals** über die Zulässigkeit des Rechtsweges unter Beachtung des § 17a GVG. 7

2. Zuständigkeit. Wegen der entsprechenden Geltung des § 513 II ZPO ist die **sachliche, örtliche und funktionelle Zuständigkeit** der Prüfung durch das Berufungsgericht entzogen. Die Frage der sachlichen Zuständigkeit tritt im ArbGV ohnehin hinter der Bestimmung des zutreffenden Rechtsweges zurück, während in der ordentl. Gerichtsbarkeit die Zuweisung der Sachen an das AG oder LG als Eingangsgericht betroffen ist[8]. 8

Im Übrigen finden nach § 48 I ArbGG die §§ 17–17a GVG entsprechende Anwendung mit der Maßgabe, dass Beschlüsse des ArbG über die **örtliche Unzuständigkeit unanfechtbar** sind. Dabei verbleibt es auch, wenn das ArbG trotz Rüge die gebotene Vorabentscheidung unterlassen hat. Denn anders als bei der Rechtswegfrage hätte die beschwerte Partei auch bei einem ordnungsgemäßen Beschluss keine weitere Überprüfungsmöglichkeit gehabt[9]. 9

3. Verfahrensart. Für die Überprüfung der richtigen Verfahrensart gelten die gleichen Grundsätze wie für die Zulässigkeit des Rechtsweges. Ob ein Rechtsstreit im Urteils- oder Beschlussverfahren auszutra- 10

1 BGBl. I S. 2809. | 2 BT-Drs. 11/7030 S. 36 f. | 3 BAG v. 14.12.1998 – 5 AS 8/98, EzA § 65 ArbGG 1979 Nr. 4; LAG Düsseldorf v. 12.2.2003 – 12 Sa 1345/02. | 4 Vgl. BAG v. 21.8.1996 – 5 AZR 1011/94, EzA § 73 ArbGG 1979 Nr. 2; v. 8.6.1999 – 3 AZR 136/98, EzA § 1 BetrAVG – Lebensversicherung Nr. 8; LAG Hamm v. 16.11.2004 – 12 Sa 1045/04. | 5 BAG v. 9.7.1996 – 5 AZB 6/96, EzA § 65 ArbGG 1979 Nr. 3; v. 21.8.1996 – 5 AZR 1011/94, EzA § 73 ArbGG 1979 Nr. 2. | 6 BAG v. 26.3.1992 – 2 AZR 443/91, EzA § 48 ArbGG 1979 Nr. 5; LAG Köln v. 3.4.1992 – 13/6 Ta 79/92, LAGE § 48 ArbGG 1979 Nr. 7. | 7 Vgl. BAG v. 26.3.1992 – 2 AZR 443/91, EzA § 48 ArbGG 1979 Nr. 5; v. 28.2.1995 – 5 AZB 24/92, EzA § 4 KSchG nF Nr. 51; *Boin*, NJW 1998, 3747 ff. | 8 Vgl. Zöller/*Gummer*/*Heßler*, § 513 ZPO Rz. 7. | 9 Vgl. BAG v. 5.9.1995 – 9 AZR 533/94, EzA § 65 ArbGG 1979 Nr. 2.

gen ist, kann nur und muss bei Rüge vom ArbG **vorab** entschieden werden. Über die dagegen nach § 48 I ArbGG iVm. § 17a IV 2 GVG zulässige **sofortige Beschwerde** befindet das LAG. Ansonsten gilt die Prüfungssperre, es sei denn, das ArbG hat sich über die Rüge hinweggesetzt und sogleich in der Sache entschieden[1].

11 **4. Berufung der ehrenamtlichen Richter.** Das Berufungsgericht prüft auch nicht, ob bei der Berufung der ehrenamtlichen Richter nach § 20 Verfahrensmängel unterlaufen sind oder Umstände vorgelegen haben, die nach den §§ 21–23 die Berufung eines ehrenamtlichen Richters zu seinem Amt ausschließen. Die Prüfungssperre erfasst damit nur das Verfahren **bis zur Berufung** des ehrenamtlichen Richters, das mit dem Zugang des Ernennungsschreibens der zuständigen obersten Landesbehörde bzw. der von der Landesregierung beauftragten Stelle abgeschlossen ist. Etwaige Verfahrensmängel sind ebenso wie etwaige Ausschlussgründe, die zu einer Amtsentbindung nach § 21 V führen können, einer Kontrolle in der Berufungsinstanz entzogen.

12 Die Prüfungssperre besteht **nicht für sonstige Verfahrensmängel** bei dem Einsatz des ehrenamtlichen Richters. Die Berufung kann etwa darauf gestützt werden, dass ein ehrenamtlicher Richter nach § 41 ZPO kraft Gesetzes von der Ausübung des Richteramts ausgeschlossen oder mit Erfolg abgelehnt worden oder seine Amtsperiode abgelaufen war[2]. War das ArbG mit Rücksicht darauf nicht ordnungsgemäß besetzt, scheidet allerdings eine Zurückverweisung nach § 68 aus, so dass das LAG abschließend in der Sache entscheiden muss.

66 *Einlegung der Berufung, Terminbestimmung*

(1) Die Frist für die Einlegung der Berufung beträgt einen Monat, die Frist für die Begründung der Berufung zwei Monate. Beide Fristen beginnen mit der Zustellung des in vollständiger Form abgefassten Urteils, spätestens aber mit Ablauf von fünf Monaten nach der Verkündung. Die Berufung muss innerhalb einer Frist von einem Monat nach Zustellung der Berufungsbegründung beantwortet werden. Mit der Zustellung der Berufungsbegründung ist der Berufungsbeklagte auf die Frist für die Berufungsbeantwortung hinzuweisen. Die Fristen zur Begründung der Berufung und zur Berufungsbeantwortung können vom Vorsitzenden einmal auf Antrag verlängert werden, wenn nach seiner freien Überzeugung der Rechtsstreit durch die Verlängerung nicht verzögert wird oder wenn die Partei erhebliche Gründe darlegt.

(2) Die Bestimmung des Termins zur mündlichen Verhandlung muss unverzüglich erfolgen. § 522 Abs. 1 der Zivilprozessordnung bleibt unberührt; die Verwerfung der Berufung ohne mündliche Verhandlung ergeht durch Beschluss des Vorsitzenden. § 522 Abs. 2 und 3 der Zivilprozessordnung findet keine Anwendung.

1 **I. Inhalt und Zweck.** Die Vorschrift regelt teilweise abweichend von den zivilprozessualen Bestimmungen Einzelheiten zur Einlegung und Begründung der Berufung, Berufungsbeantwortung, Fristverlängerung, Terminbestimmung und Verwerfung einer unzulässigen Berufung. Sie gilt in der aktuellen Fassung auf Grund Art. 30 Nr. 8 ZPO-RG **seit dem 1.1.2002**, hinsichtlich der Alleinentscheidungsbefugnis des Vorsitzenden in Abs. 2 S. 2 auf Grund Art. 2 Nr. 9 SGBArbGGÄndG **seit dem 1.4.2008**.

2 Mit der Neufassung des Abs. 1 S. 1 wird der Änderung in § 520 II ZPO Rechnung getragen, wonach die Frist für die Begründung der Berufung nicht mehr mit der Einlegung der Berufung, sondern mit der Zustellung des in vollständiger Form abgefassten Urteils beginnt und deshalb künftig zwei Monate beträgt. S. 2 stellt klar, dass die **Fristen** für die Einlegung und die Begründung der Berufung einheitlich **mit der Zustellung** des anzufechtenden Urteils beginnen, **spätestens** aber mit Ablauf von fünf Monaten nach der Verkündung. Letzteres ergab sich früher bereits aus der Verweisung auf § 516 ZPO aF. Daraus folgt auch, dass die Berufung auch **schon vor Zustellung** des vollständigen arbeitsgerichtl. Urteils eingelegt werden kann.

3 **Abweichend** von §§ 520 II, 521 II ZPO ist in § 66 I 5 die **Verlängerungsmöglichkeit** der Fristen zur Begründung und Beantwortung der Berufung geregelt worden: Beide Fristen können – unabhängig von der Einwilligung des Gegners – auf Antrag vom Vorsitzenden **nur einmal** verlängert werden.

4 **II. Berufungsfrist.** Die Frist für die Einlegung der Berufung beträgt **einen Monat**. Es handelt sich wie bei § 517 ZPO um eine **Notfrist** iSd. § 224 ZPO, die **nicht verlängert oder abgekürzt** werden kann[3]. Gegen ihre Versäumung ist allein die Wiedereinsetzung in den vorigen Stand nach Maßgabe der §§ 233 ff. ZPO möglich.

5 Die Fristberechnung richtet sich nach den §§ 222 ZPO, 187, 188 BGB. Fällt das Fristende auf einen Sonntag, einen allgemeinen Feiertag oder einen Sonnabend, so endet die Frist nach § 222 II ZPO mit Ablauf des nächsten Werktages. Entscheidend ist, ob der Tag an dem Ort des LAG, bei dem das Rechts-

---

1 Vgl. BAG v. 20.4.1999 – 1 ABR 72/98, EzA Art. 9 GG Nr. 65; v. 19.3.2003 – 4 AZR 271/02, NZA 2003, 1221. | 2 Vgl. GK-ArbGG/*Vossen*, § 65 Rz. 18. | 3 Vgl. GMPM/*Germelmann*, § 66 ArbGG Rz. 5.

mittel einzulegen ist, ein gesetzl. Feiertag ist[1]. Da die Frist mit Ablauf des letzten Tages, also um **24.00 Uhr**, endet, muss die Berufungsschrift bis dahin beim LAG eingegangen sein, etwa durch Einwurf in den **Nachtbriefkasten** oder durch **Telefax**. Das Berufungsgericht hat die Eingangsmöglichkeit bis zur letzten Minute durch geeignete Vorkehrungen sicherzustellen[2]. Die Beweislast für die Einhaltung der Frist trägt der Berufungskläger.

Die Berufungsfrist beginnt nach Abs. 1 S. 2 mit der **Zustellung** des **in vollständiger Form** abgesetzten arbeitsgerichtl. Urteils, wozu nach § 9 V auch die vom Richter unterschriebene **Rechtsmittelbelehrung** gehört. Nur die wirksame Zustellung von Amts wegen kann die Frist in Gang setzen. Unwirksam ist etwa die Zustellung eines noch nicht verkündeten Urteils, eines nicht unterschriebenen Urteils oder einer unbeglaubigten Abschrift[3]. Keine Unwirksamkeit liegt dagegen vor, wenn der Richter nach Anbringung eines Ablehnungsgesuchs die bereits vorher verkündete Entscheidung schriftl. vollständig abfasst und deren Zustellung veranlasst[4]. Die Zustellung eines **Scheinurteils** setzt die Frist an sich nicht in Gang[5]. Wird aber zulässigerweise Berufung eingelegt, um den Rechtsschein eines wirksamen Urteils zu beseitigen, so kann der Rechtsstreit unter besonderen Umständen entgegen § 68 an das ArbG zurückverwiesen werden[6]. 6

Auf die Wirksamkeit der Zustellung und den Lauf der Berufungsfrist hat idR **die Berichtigung eines Urteils gem. § 319 ZPO** wegen offenbarer Unrichtigkeit keinen Einfluss. Gleiches gilt für die **Berichtigung des Tatbestands nach § 320 ZPO**. Ausnahmen müssen dann gemacht werden, wenn die Beschwer erst aus der Berichtigung folgt oder erheblich vergrößert wird[7]. Einen Sonderfall regelt der entsprechend anwendbare § 518 ZPO: Wird ein Urteil innerhalb der Berufungsfrist durch eine nachträgliche Entscheidung **ergänzt (§ 321 ZPO)**, so beginnt mit der Zustellung dieser Entscheidung auch der Lauf der Berufungsfrist gegen das zuerst erlassene Urteil von neuem. Das gilt nicht, wenn die Berufungsfrist für das ergänzte Urteil bereits abgelaufen ist. Dann kann nur noch das Ergänzungsurteil mit der Berufung angegriffen werden, sofern die Voraussetzungen hierfür vorliegen. 7

Die **Berufungseinlegung nach Verkündung, aber vor Zustellung** des Urteils war früher mit dem Risiko verbunden, die Berufung nicht hinreichend nach Maßgabe des § 520 III 2 ZPO innerhalb der einmonatigen Begründungsfrist ab Einlegung (§ 66 I 1 aF iVm. § 519 II 2 ZPO aF) begründen zu können. Eine Fristverlängerung kam regelmäßig nicht in Betracht, weil an einer verfrühten Berufung kein schutzwürdiges Interesse bestand. In der Praxis wurden solche Berufungen auf Hinweis des LAG zumeist zurückgenommen, um eine Verwerfung als unzulässig zu vermeiden. An dieser Verfahrensweise kann nach neuem Recht nicht mehr festgehalten werden, weil die Frist zur Berufungsbegründung nach § 66 I 2 unabhängig von der Einlegung erst mit der Zustellung des in vollständiger Form abgefassten Urteils beginnt, spätestens fünf Monate nach der Verkündung. Wird also zulässigerweise sogleich nach Verkündung Berufung eingelegt, so läuft die zweimonatige Begründungsfrist erst ab Zustellung des schriftl. begründeten Urteils, ohne dass es einer Fristverlängerung bedarf[8]. Der Berufungskläger muss die einmal eingelegte Berufung jedoch bei ausbleibender Zustellung **spätestens bis zum Ablauf von sieben Monaten begründen**. Geschieht das nicht, so ist das Rechtsmittel nach § 522 I ZPO als unzulässig zu verwerfen. Ob dann später nach erfolgter Zustellung des arbeitsgerichtl. Urteils noch einmal Berufung eingelegt werden kann, erscheint zweifelhaft, weil die mit dem an sich zulässigen Rechtsmittel vertraute und dies einsetzende Partei nicht den Schutz des § 9 V verdient. 8

Wird ein erstinstanzliches Urteil verspätet, sogar erst nach Ablauf der Fünf-Monats-Frist des § 66 I 2 abgesetzt, so ist es ausreichend, wenn sich die vor Urteilszustellung abgefasste Berufungsbegründung mit den möglichen und hypothetischen Entscheidungsgründen auseinander setzt[9] oder auch nur rügt, es liege ein Verstoß gegen die Fünf-Monats-Frist vor[10]. Diese Erleichterung ist wegen der Garantie eines wirksamen Rechtsschutzes und der durch die Fünf-Monats-Frist angestrebten Verfahrensbeschleunigung **in Fällen verspätet abgesetzter Urteile** geboten. Damit wird der beschwerten Partei die Möglichkeit eröffnet, jedenfalls nach Ablauf von fünf Monaten seit der Verkündung, also zum Zeitpunkt des spätesten Fristbeginns, die Rechtssache mit einer zulässigen Berufung vor das LAG zu bringen und dort für einen Fortgang des Prozesses zu sorgen. 9

Die **Frist beginnt** nach § 66 I 2 **spätestens fünf Monate nach der Verkündung** des arbeitsgerichtl. Urteils. Dies soll auch und gerade dann gelten, wenn das vollständig abgefasste Urteil noch gar **nicht zugestellt** worden ist. In diesem Fall enden die Berufungsfrist **regelmäßig**[11] **sechs Monate** und die Berufungs- 10

1 BAG v. 16.1.1989 – 5 AZR 579/88, EzA § 222 ZPO Nr. 1. |2 Vgl. BVerfG v. 1.8.1996 – 1 BV 121/95, NJW 1996, 2857; BGH 14.3.2001 – XII ZR 51/99, NJW 2001,1581; Hess. LAG v. 4.12.2006 – 16 Sa 273/06, NZA-RR 2007, 320. |3 Vgl. BAG v. 23.7.1971 – 2 AZR 244/70, AP Nr. 3 zu § 242 BGB – Prozessverwirkung. |4 BAG v. 28.12.1999 – 9 AZN 739/99, EzA § 233 ZPO Nr. 43. |5 BGH v. 16.10.1984 – VI ZB 25/83, VersR 1984, 1192. |6 Vgl. Hess. LAG v. 6.5.1994 – 9 Sa 1370/93, LAGE § 64 ArbGG 1979 Nr. 30; zum Ganzen ferner GK-ArbGG/*Vossen*, § 66 Rz. 7 ff. |7 Vgl. BGH v. 21.5.1985 – VI ZB 4/85, MDR 1985, 838. |8 Vgl. *Schmidt/Schwab/Wildschütz*, NZA 2001, 1217 (1218); aA *Holthaus/Koch*, RdA 2002, 140 (151). |9 Vgl. BAG v. 6.3.2003 – 2 AZR 596/02, AP Nr. 32 zu § 64 ArbGG 1979; v. 5.3.1997 – 4 AZR 532/95, EZA § 77 BetrVG 1972 Nr. 58; v. 13.9.1995 – 2 AZR 855/94, EzA § 66 ArbGG 1979 Nr. 22. |10 Vgl. BAG v. 16.6.2004 – 5 AZR 529/03, BAGReport 2004, 383; LAG Köln v. 5.11.2004 – 4 Sa 724/04. |11 Vgl. zu Sonderfällen LAG Köln v. 1.9.2006 – 4 Sa 365/06, BB 2007, 612.

begründungsfrist **sieben Monate** nach Verkündung. Das BAG vertritt nämlich seit der Grundsatzentscheidung vom 28.10.2004[1] die Auffassung, § 66 I 2 stelle eine Spezialvorschrift zu § 9 V dar, so dass dessen Jahresfrist bei nicht erfolgter Zustellung des arbeitsgerichtl. Urteils „im Rahmen der Berufungsfrist" nicht mehr anwendbar sei. Bei der gegebenen Normenkollision zwischen einem älteren und einem jüngeren Gesetz müsse ein objektivierter Wille des Gesetzgebers zugrunde gelegt und angenommen werden, dass das später erlassene Gesetz (dh. § 66 I) dem älteren vorgehe. Würde man gegen eine nicht fristgerecht abgesetzte arbeitsgerichtl. Entscheidung noch bis zu einer Grenze von 17 Monaten Berufung einlegen können, was bislang allgemein anerkannt war[2], so würde nach Ansicht des BAG der mit dem Beschleunigungsgrundsatz verfolgte Zweck in sein Gegenteil verkehrt werden. Die Praxis hat sich auf diese neue Rechtslage, die inzwischen von mehreren Senaten des BAG bestätigt worden ist[3], einzustellen. Bei einer Fristversäumung bleibt nur die Wiedereinsetzung in den vorigen Stand nach § 233 ZPO, deren Anforderungen nicht überspannt werden dürfen und die ggf. auch von Amts wegen gewährt werden kann[4].

11 Auch wenn man die strikte Anwendung der Fünf-Monats-Frist für „rechtspolitisch uneingeschränkt wünschenswert" hält[5], vermag die geänderte Rspr. nicht zu überzeugen. Es verbleibt bei dem offenen Wertungswiderspruch, dass bei nicht zugestellten Urteilen nunmehr die Berufungsfrist erheblich kürzer ist als bei zugestellten Urteilen mit fehlender oder fehlerhafter Rechtsmittelbelehrung, für die unzweifelhaft die Jahresfrist des § 9 V gilt[6]. Weder aus dem Wortlaut noch aus der Systematik noch aus der Geschichte des Gesetzes ergeben sich Anhaltspunkte dafür, dass § 9 V bei Berufungen und Revisionen nicht gelten soll. Auch der gleichzeitige Beginn der Berufungsbegründungsfrist nach neuem Recht ändert daran nichts. Das BAG hat selbst den Vorrang des § 9 V mit Hinweis darauf anerkannt, dass der Lauf der Rechtsmittelbegründungsfrist nicht beginnt bzw. gehemmt ist, solange wegen § 9 V 3 und 4 keine Rechtsmittelfrist läuft[7]. Hätte der Gesetzgeber den bekannten Regelungskonflikt iSd. Auslegung durch das BAG auflösen wollen, so hätte er nicht einfach geschwiegen. Die besseren Gründe sprechen daher nach wie vor für eine Kumulierung der Fristen nach bisherigem Verständnis, also für eine Rechtsmittelfrist von 17 Monaten seit Verkündung[8], oder zumindest für einen Vorrang der Jahresfrist des § 9 V 4[9]. Denn die (Natural-)Parteien sind gerade dann besonders schutzwürdig, wenn das Urteil nicht zugestellt wird.

12 **III. Berufungsbegründungsfrist.** Die Frist zur Berufungsbegründung beträgt nach der Neufassung des Abs. 1 S. 1 unabhängig vom Zeitpunkt der Einlegung **zwei Monate**. Für Beginn und Berechnung gelten die gleichen Grundsätze wie bei der Berufungsfrist. Sie läuft grds. **ab Zustellung des in vollständiger Form abgefassten Urteils**. Da sie spätestens mit Ablauf von fünf Monaten nach der Verkündung beginnt, kann sich die verfügbare Frist nach vorsorglicher Einlegung der Berufung bei einer Zustellung erst im sechsten oder siebten Monat verkürzen. In diesen Fällen hilft ein Antrag auf Fristverlängerung. Unterbleibt die Zustellung ganz und wird auch keine Berufung eingelegt, dann kann nach hier vertretener Ansicht (**aA BAG**, s. Rz. 10) wegen der Rechtsfolge des § 9 V 4 auch die Begründungsfrist nicht ablaufen. Vielmehr kann die Berufung unter Hinzurechnung der Jahresfrist bis zum Ablauf von 17 Monaten seit der Verkündung eingelegt und begründet werden, wobei allerdings bei einer Zustellung mit ordnungsgemäßer Rechtsmittelbelehrung innerhalb von 16 Monaten wiederum die Grundfristen des § 66 I zu beachten sind[10].

13 Die Berufungsbegründungsfrist kann nach Abs. 1 S. 5 vom Vorsitzenden **auf Antrag einmal verlängert** werden, wenn nach seiner freien Überzeugung der Rechtsstreit dadurch nicht verzögert wird oder wenn die Partei erhebliche Gründe darlegt. Eine **weitere Verlängerung** ist daher im Unterschied zu § 520 II 2 ZPO gesetzl. **ausgeschlossen**. Sie kommt selbst dann nicht in Betracht, wenn das Urteil noch nicht zugestellt ist oder erst durch die zweite Verlängerung eine insgesamt einmonatige Verlängerung erreicht würde[11]. Darauf sollte bei noch ausstehender Zustellung vorsorglich hingewiesen werden, weil eine Berufungsbegründung auch ohne Kenntnis der Entscheidungsgründe des ArbG möglich ist[12].

---

1 BAG v. 28.10.2004 – 8 AZR 492/03, NZA 2005, 125. |2 BAG v. 6.8.1997 – 2 AZB 17/97, EzA § 9 ArbGG 1979 Nr. 12; v. 8.6.2000 – 2 AZR 584/99, EzA § 9 ArbGG 1979 Nr. 15; LAG Nürnberg v. 5.9.1994 – 7 Sa 43/94, LAGE § 66 ArbGG 1979 Nr. 15; GMPM/*Prütting*, § 9 ArbGG Rz. 58 mwN. |3 Vgl. BAG v. 3.11.2004 – 4 AZR 531/03, juris; v. 16.12.2004 – 2 AZR 611/03, NZA 2005, 1133; v. 23.6.2005 – 2 AZR 423/04, NZA 2005, 1135; v. 6.7.2005 – 4 AZR 35/04; im Ergebnis ebenso LAG Nürnberg v. 28.10.2002 – 2 SHa 5/02, LAGR 2003, 86; LAG Köln v. 24.9.2003 – 3 Sa 232/03, LAGReport 2004, 125; LAG München v. 18.5.2004 – 6 Sa 498/03; *Schmidt/Schwab/Wildschütz*, NZA 2001, 1217, 1218; *Schwab*, FA 2003, 258; Schwab/Weth/*Schwab*, § 66 ArbGG Rz. 6; GMPM/*Germelmann*, § 66 ArbGG Rz. 15a; *Ostrowicz/Künzl/Schäfer*, Rz. 486. |4 Vgl. BAG v. 16.12.2004 – 2 AZR 611/03, NZA 2005, 1133; v. 2.6.2005 – 2 AZR 177/04, FA 2005, 274; strenger dagegen BAG v. 23.6.2005 – 2 AZR 423/04, NZA 2005, 1135; v. 6.7.2005 – 4 AZR 35/04; v. 24.10.2006 – 9 AZR 709/05, NZA 2007, 228. |5 So BAG v. 28.10.2004 – 8 AZR 492/03 unter Hinweis auf *Holthaus/Koch*, RdA 2002, 140 (150). |6 Vgl. *Holthaus/Koch*, RdA 2002, 140 (151); ErfK/*Koch*, § 66 ArbGG Rz. 12; Schwab/Weth/*Weth*, § 9 ArbGG Rz. 33. |7 Vgl. BAG v. 13.4.2005 – 5 AZB 76/04, FA 2005, 256. |8 Vgl. LAG Köln v. 20.2.2003 – 10 Sa 801/02, NZA-RR 2003; v. 13.11.2003 – 5 Sa 759/03, LAGReport 2004, 153; *Holthaus/Koch*, RdA 2002, 140 (151); Schwab/Weth/*Weth*, § 9 ArbGG Rz. 33. |9 So wohl GMPM/*Prütting*, § 9 ArbGG Rz. 58. |10 Vgl. insoweit BAG v. 8.6.2000 – 2 AZR 584/99, EzA § 9 ArbGG 1979 Nr. 15; zu dem Sonderfall der Zustellung im sechsten Monat LAG Hamm v. 11.5.2004 – 19 Sa 1789/03. |11 BAG v. 13.9.1995 – 2 AZR 855/94, EzA § 66 ArbGG 1979 Nr. 22 mwN. |12 BAG v. 6.3.2003 – 2 AZR 596/02, AP Nr. 32 zu § 64 ArbGG 1979.

Die Fristverlängerung kann auch noch nach Ablauf der Begründungsfrist bewilligt werden, sofern der Antrag **rechtzeitig vor Fristablauf** beim LAG eingeht[1]. Dagegen scheidet die Verlängerung einer bereits abgelaufenen Frist schon begrifflich aus[2]. Der Antragsteller genießt insoweit keinen Vertrauensschutz, vielmehr ist eine irrtümlich beschlossene Verlängerung schlicht unwirksam. 14

Da die Entscheidung über die Fristverlängerung **im richterlichen Ermessen** liegt und nach § 225 III ZPO unanfechtbar ist, sollte sich der Antragsteller vor Fristablauf bei Gericht erkundigen, ob der Antrag eingegangen und wie er beschieden worden ist. Wird die Verlängerung nämlich abgelehnt und die Berufung nicht mehr fristgerecht begründet, so ist sie als unzulässig zu verwerfen. Bei der Ausübung des Ermessens hat der Vorsitzende jedoch **Aspekte des Vertrauensschutzes** zu beachten. Kann der Antragsteller mit großer Wahrscheinlichkeit nach Maßgabe der höchstrichterlichen Rspr. mit einer Fristverlängerung rechnen, so ist ihm im Falle der überraschenden Ablehnung Wiedereinsetzung in den vorigen Stand zu gewähren[3]. Die Versagung der Wiedereinsetzung verletzt unter diesen Umständen das Gebot einer rechtsstaatlichen Verfahrensgestaltung[4]. Zweifelhaft ist insb., ob ein **pauschal mit Arbeitsüberlastung** begründeter Antrag auf Fristverlängerung ohne weiteres abgelehnt werden kann und mit einem Erfolg auch nicht gerechnet werden konnte[5]. Die Verfahrensfairness gebietet es in solchen Fällen, dem Antragsteller rechtl. Gehör zu gewähren und ihm Gelegenheit zur Substanziierung zu geben. Reicht die Zeit hierfür nicht mehr aus, bleibt die Möglichkeit einer kurzfristigen Verlängerung, damit die Berufungsbegründung doch noch fristgerecht vorgenommen werden kann[6]. 15

Auch die **Dauer der einmaligen Fristverlängerung** liegt mangels gesetzl. Vorgabe im Ermessen des Vorsitzenden. Dabei ist einerseits der arbeitsgerichtl. Beschleunigungsgrundsatz des § 9 I zu berücksichtigen, andererseits aber auch der Tatsache Rechnung zu tragen, dass je nach Belastung des Berufungsgerichts ein kurzfristiger Termin ohnehin nicht möglich ist. Es wäre widersinnig, eine Fristverlängerung nicht oder nur eingeschränkt zu gewähren, den Verhandlungstermin dann aber erst relativ spät anberaumen zu können. Angesichts der gesetzl. normierten Dauer von Berufungs- und Berufungsbeantwortungsfrist wird eine Fristverlängerung von **einem Monat** regelmäßig unbedenklich sein, ohne dass es sich dabei um eine Höchstfrist handelt[7]. Entscheidend sind vielmehr die Umstände des Einzelfalls, die etwa in Bestandschutzstreitigkeiten gem. § 64 VIII für eine restriktive, gelegentlich aber auch für eine großzügige Bemessung sprechen können. 16

IV. Berufungsbeantwortungsfrist. Im Unterschied zu § 521 II ZPO statuiert § 66 I 3, dass die Berufung **innerhalb eines Monats** nach Zustellung der Berufungsbegründung beantwortet werden muss. Dadurch soll eine Konzentration und Beschleunigung des Berufungsverfahrens erreicht werden. Es handelt sich um eine besonders gestaltete Einlassungsfrist, mit der die allgemeine Regelung des § 274 III ZPO modifiziert wird. Das Berufungsgericht hat die Frist bei der Terminsbestimmung zu beachten. Wird bereits vor Ablauf der Beantwortungsfrist terminiert, so kann der Berufungsbeklagte Terminsverlegung beantragen, um die Frist ausschöpfen zu können. Erscheint er mit Rücksicht darauf in dem zunächst anberaumten Termin nicht, so darf kein Versäumnisurteil gegen ihn ergehen[8]. Allerdings kann im Einverständnis mit dem Berufungsbeklagten auch vor Ablauf der Frist verhandelt und entschieden werden. Dies entspricht § 295 ZPO. 17

Der Berufungsbeklagte ist mit der Zustellung der Berufungsbegründung **ausdrücklich** auf die Frist für die Berufungsbeantwortung **hinzuweisen**. Unterbleibt der Hinweis, so kann verspäteter Vortrag nicht nach § 67 IV zurückgewiesen werden. In der Zurückweisung verspäteten Vorbringens liegt im Übrigen die einzige **Sanktion für die nicht oder nicht rechtzeitig erfolgte Berufungsbeantwortung**. Wegen der Einzelheiten wird auf die Erläuterungen zu § 67 verwiesen. 18

Auch die Berufungsbeantwortungsfrist kann **auf Antrag einmal verlängert** werden, und zwar nach gleicher Maßgabe wie die Berufungsbegründungsfrist, so dass auf die dazu gegebenen Hinweise Bezug genommen werden kann. Die Fristverlängerung wird **regelmäßig nicht mehr als einen Monat** betragen dürfen. Bei seiner Ermessensentscheidung sollte der Vorsitzende des Berufungsgerichts auch den Aspekt der prozessualen Gleichbehandlung der Parteien iS eines fairen Verfahrens berücksichtigen. 19

Dieser Aspekt ist auch bei einer **Abkürzung der Frist im einstw. Verfügungsverfahren** zu beachten, die grds. zulässig ist, weil eine strikte Einhaltung der Beantwortungsfrist von einem Monat mit dem Zweck der Gewährleistung schnellen und effektiven Rechtsschutzes nicht zu vereinbaren wäre[9]. Wenn allerdings der Berufungskläger die Begründungsfrist voll ausschöpft, besteht in aller Regel keine Veranlassung, die Beantwortungsfrist abzukürzen. Über eine etwaige Abkürzung der **Einlassungs- und Ladungs-** 20

---

1 BAG v. 24.8.1979 – GS 1/78, EzA § 66 ArbGG 1979 Nr. 1. | 2 Vgl. BGH v. 17.12.1991 – VI ZB 26/91, EzA § 66 ArbGG 1979 Nr. 16. | 3 BAG v. 4.2.1994 – 8 AZB 16/93, EzA § 66 ArbGG 1979 Nr. 17; v. 27.9.1994 – 2 AZB 18/94, EzA § 66 ArbGG 1979 Nr. 18. | 4 BVerfG v. 10.8.1998 – 1 BvR 10/98, NJW 1998, 3703; ferner BVerfG v. 12.1.2000 – 1 BvR 1621/99, NZA 2000, 556. | 5 Vgl. einerseits LAG Köln v. 9.9.1993 – 5 Sa 603/93, LAGE § 233 ZPO Nr. 15; andererseits BAG v. 4.2.1994 – 8 AZB 16/93, EzA § 66 ArbGG 1979 Nr. 17; ferner GK-ArbGG/*Vossen*, § 66 Rz. 116b mwN. | 6 Vgl. BAG v. 20.10.2004 – 5 AZB 37/04, MDR 2005, 288. | 7 Vgl. GK-ArbGG/*Vossen*, § 66 Rz. 116a. | 8 Vgl. GMPM/*Germelmann*, § 66 ArbGG Rz. 19. | 9 Vgl. LAG Berlin v. 20.5.1985 – 9 Sa 38/85, LAGE § 7 BUrlG Nr. 9.

frist hat der Vorsitzende im Einzelfall nach § 226 ZPO bei der Terminsbestimmung zu befinden, worüber die Parteien mit der Ladung zu unterrichten sind.

21 **V. Verwerfung der Berufung.** Wird die **Berufungsfrist oder** die – verlängerte – **Berufungsbegründungsfrist versäumt**, so ist die Berufung nach § 522 I ZPO als unzulässig zu verwerfen. Dies geschieht entweder durch **Prozessurteil** der Kammer oder durch **Beschluss** des Vorsitzenden ohne mündliche Verhandlung[1]. Gleiches gilt, wenn die Berufung nicht statthaft oder nicht in der gesetzl. Form eingelegt worden ist. Demgegenüber findet § 522 II und III ZPO keine Anwendung, so dass die Zurückweisung einer offensichtlich unbegründeten Berufung durch Beschluss im arbeitsgerichtl. Verfahren ausgeschlossen ist.

22 Falls die Partei an der Versäumung der Fristen kein Verschulden trifft, kann ihr auf Antrag nach § 233 ZPO **Wiedereinsetzung in den vorigen Stand** gewährt werden. Mit Rücksicht darauf ist dem Berufungskläger vor einer beabsichtigten Verwerfung der Berufung als unzulässig **rechtl. Gehör** zu gewähren[2]. Begehrt er die Wiedereinsetzung, so muss er die versäumte Prozesshandlung, nämlich die Berufungseinlegung bzw. -begründung, gem. §§ 234 I, 236 II ZPO innerhalb der Antragsfrist von zwei Wochen bzw. einem Monat (§ 234 I 2 ZPO) nachholen. Die mit Wirkung vom 1.9.2004 auf einen Monat verlängerte Wiedereinsetzungsfrist zur Begründung der Berufung gilt allgemein und ist nicht auf die Fälle nachträglicher Bewilligung von PKH beschränkt[3]. Über den Antrag auf Wiedereinsetzung entscheidet das LAG in aller Regel zusammen mit der Hauptsache, also entweder in einem Verwerfungsbeschluss oder durch Urteil nach mündlicher Verhandlung. Zu den Wiedereinsetzungsgründen hat sich eine umfangreiche Kasuistik entwickelt, die vor allem in den Kommentierungen zur ZPO dokumentiert ist[4]. Übersieht das LAG die Fristversäumnis und entscheidet zur Sache, so kann die Berufung auch in der Revision noch als unzulässig verworfen werden[5].

67 *Zulassung neuer Angriffs- und Verteidigungsmittel*

(1) Angriffs- und Verteidigungsmittel, die im ersten Rechtszug zu Recht zurückgewiesen worden sind, bleiben ausgeschlossen.

(2) Neue Angriffs- und Verteidigungsmittel, die im ersten Rechtszug entgegen einer hierfür nach § 56 Abs. 1 Satz 2 Nr. 1 oder § 61a Abs. 3 oder 4 gesetzten Frist nicht vorgebracht worden sind, sind nur zuzulassen, wenn nach der freien Überzeugung des Landesarbeitsgerichts ihre Zulassung die Erledigung des Rechtsstreits nicht verzögern würde oder wenn die Partei die Verspätung genügend entschuldigt. Der Entschuldigungsgrund ist auf Verlangen des Landesarbeitsgerichts glaubhaft zu machen.

(3) Neue Angriffs- und Verteidigungsmittel, die im ersten Rechtszug entgegen § 282 Abs. 1 der Zivilprozessordnung nicht rechtzeitig vorgebracht oder entgegen § 282 Abs. 2 der Zivilprozessordnung nicht rechtzeitig mitgeteilt worden sind, sind nur zuzulassen, wenn ihre Zulassung nach der freien Überzeugung des Landesarbeitsgerichts die Erledigung des Rechtsstreits nicht verzögern würde oder wenn die Partei das Vorbringen im ersten Rechtszug nicht aus grober Nachlässigkeit unterlassen hatte.

(4) Soweit das Vorbringen neuer Angriffs- und Verteidigungsmittel nach den Absätzen 2 und 3 zulässig ist, sind diese vom Berufungskläger in der Berufungsbegründung, vom Berufungsbeklagten in der Berufungsbeantwortung vorzubringen. Werden sie später vorgebracht, sind sie nur zuzulassen, wenn sie nach der Berufungsbegründung oder der Berufungsbeantwortung entstanden sind oder das verspätete Vorbringen nach der freien Überzeugung des Landesarbeitsgerichts die Erledigung des Rechtsstreits nicht verzögern würde oder nicht auf Verschulden der Partei beruht.

1 **I. Inhalt und Zweck.** Die aktuelle Fassung der Vorschrift beruht auf Art. 30 Nr. 9 ZPO-RG und behält für das arbeitsgerichtl. Berufungsverfahren inhaltlich die bisherige Regelung des § 67 über die Zulassung neuer Angriffs- und Verteidigungsmittel bei. Die Neufassung übernimmt in den Absätzen 1 und 3 den Regelungsgehalt der bisherigen Verweisung in § 67 I 3 auf § 528 II und III ZPO aF, in den Absätzen 2 und 4 ebenfalls unverändert den Inhalt des bisherigen Abs. 1 S. 1, 2 und des Abs. 2. Damit wird dem Umstand Rechnung getragen, dass die Berufung im arbeitsgerichtl. Verfahren nach wie vor eine **volle Tatsacheninstanz** eröffnet und neuer Sachvortrag grds. bis zum Schluss der mündlichen Berufungsverhandlung zulässig ist. Daraus folgt auch die volle tatrichterliche Überprüfungskompetenz des LAG, die nicht etwa revisionsähnlich beschränkt ist (vgl. § 64 Rz. 50). Soweit nach näherer Maßgabe des § 67 die Möglichkeit der **Zurückweisung verspäteten Vorbringens** besteht, handelt es sich um eine zulässige Einschränkung des Anspruchs auf rechtl. Gehör[6]. Die fehlerhafte Anwendung der Vorschriften kann allerdings einen Grundrechtsverstoß darstellen, der mit der Verfassungsbeschwerde, neuerdings mit der sog. Gehörsrüge nach § 78a geltend gemacht werden kann[7].

1 Zur Bindungswirkung von Verwerfungsbeschlüssen BAG v. 21.8.2003 – 8 AZR 444/02, AP Nr. 9 zu § 318 ZPO. | 2 BAG v. 15.8.1989 – 8 AZR 557/88, EzA § 233 ZPO Nr. 11. | 3 Vgl. BAG v. 24.8.2005 – 2 AZB 20/05. | 4 Vgl. etwa Zöller/*Greger*, § 233 ZPO Rz. 23. | 5 BAG v. 27.6.2002 – 2 AZR 427/01, NZA 2003, 573. | 6 Vgl. dazu näher GK-ArbGG/*Vossen*, § 67 Rz. 14 ff. mwN. | 7 BVerfG v. 14.4.1987 – 1 BvR 162/84, NJW 1987, 2003; v. 26.1.1995 – 1 BvR 1068/93, EzA § 67 ArbGG 1979 Nr. 6.

II. Präklusion nach Abs. 1. Streitiger Sachvortrag, der im ersten Rechtszug zu Recht zurückgewiesen worden ist, bleibt auch in der 2. Instanz ausgeschlossen. **Der Ausschluss ist endgültig**, ohne dass es auf eine Verzögerung der Erledigung des Rechtsstreits vor dem LAG ankommt. Hat das ArbG den verspäteten Vortrag aber entgegen § 56 II oder § 61a V zugelassen, so ist auch das Berufungsgericht daran gebunden[1]. 2

Die Anwendung der Vorschrift setzt voraus, dass **bereits das ArbG** Angriffs- und Verteidigungsmittel nach §§ 56 II, 61a V ArbGG, § 296 II ZPO iVm. § 282 ZPO oder § 340 III 3 ZPO **zurückgewiesen hat**. Bleibt Vorbringen aus anderen Gründen unberücksichtigt, etwa weil es nach Auffassung des ArbG unschlüssig ist, so kann der Sachvortrag nach § 67 IV auch in der zweiten Instanz berücksichtigt werden[2]. Für eine rechtzeitig aufgestellte Behauptung können mit der Berufungsbegründung auch ohne weiteres neue Zeugen benannt werden, wenn das ArbG einen verspäteten Beweisantrag zurückgewiesen hat[3]. 3

Eine Präklusion scheidet aus, wenn das erstinstanzliche Vorbringen unstreitig war oder in 2. Instanz unstreitig geworden ist[4]. **Unstreitiger Sachverhalt ist stets zu berücksichtigen**, weil das Gericht nicht gezwungen sein kann, bewusst eine unzutreffende Entscheidung zu fällen. Das muss auch für offenkundige Tatsachen nach § 291 ZPO gelten. 4

Das LAG hat in vollem Umfang zu überprüfen, ob die Zurückweisung des Vorbringens durch das ArbG **zu Recht** erfolgt ist. Es ist festzustellen, dass alle gesetzl. Voraussetzungen für eine Zurückweisung vorlagen, also bei Berücksichtigung des Vorbringens eine Verzögerung des Rechtsstreits eingetreten wäre, die Verzögerung nicht durch prozessleitende Maßnahmen des Gerichts hätte verhindert werden können und die Partei die Verspätung ihres Vortrags nicht genügend entschuldigt hat. Die Entschuldigung kann ausnahmsw. im Berufungsverfahren nachgeholt werden, wenn das ArbG der Partei keine Gelegenheit zur Stellungnahme gegeben hat[5]. Hat ein Prozessbevollmächtigter eine richterliche Frist zur schriftsätzlichen Vorbereitung der mündlichen Verhandlung nach § 129 II ZPO nicht eingehalten, so kann verspätetes Vorbringen wegen **Verletzung der allgemeinen Prozessförderungspflicht** nach den §§ 282, 296 II ZPO zurückgewiesen werden mit der Folge, dass die Partei damit auch in der 2. Instanz ausgeschlossen bleibt[6]. Das LAG hat insb. in den Fällen der **Zurückweisung nach Fristsetzung** auf Grund der §§ 56 II und 61a V zu prüfen, ob überhaupt eine wirksame Fristsetzung vorgenommen wurde. Das setzt vor allem eine genaue Bezeichnung der klärungsbedürftigen Punkte voraus[7]. 5

III. Zurückweisung wegen Verletzung der konkreten Prozessförderungspflicht (Abs. 2). Die Zurückweisungsmöglichkeit betrifft Angriffs- und Verteidigungsmittel, die entgegen einer vom ArbG nach § 56 I 2 Nr. 1 oder § 61a III oder IV gesetzten Frist nicht vorgebracht worden sind und daher **erstmals im Berufungsverfahren** geltend gemacht werden. Es geht mit anderen Worten um eine Sanktion für erstinstanzliche Fristversäumung. Voraussetzung ist zunächst wiederum die Wirksamkeit der Fristsetzung, die nicht nur eine genaue Bezeichnung der klärungsbedürftigen Punkte, sondern auch eine Belehrung über die Folgen der Fristversäumung erfordert[8]. 6

Erfasst werden **neue Angriffs- und Verteidigungsmittel**, nicht unstreitiger Sachvortrag oder Rechtsausführungen. Es handelt sich nach § 282 I ZPO insb. um Behauptungen, Bestreiten, Einwendungen, Einreden, Beweismittel und Beweiseinreden. Davon zu unterscheiden ist der **Angriff selbst**, wie Klage und Widerklage, Klageerweiterung und Klageänderung[9]. Letztere ist wie **Aufrechnungserklärung und Widerklage** nach § 533 ZPO im Berufungsverfahren nur zulässig, wenn der Gegner einwilligt oder das Gericht dies für sachdienlich hält und sie auf Tatsachen gestützt werden kann, die das Berufungsgericht der Verhandlung und Entscheidung über die Berufung ohnehin zugrunde zu legen hat. Die Verwertbarkeit neuen Tatsachenvorbringens in der Berufungsinstanz richtet sich nach § 67, der dem § 531 II ZPO als Spezialregelung vorgeht[10]. Soweit neues Vorbringen unstreitig ist, kann es den Rechtsstreit nicht verzögern und muss stets berücksichtigt werden[11]. 7

Eine Zurückweisung nach Abs. 2 setzt weiter voraus, dass die **Erledigung** des Rechtsstreits durch eine Zulassung der neuen Angriffs- und Verteidigungsmittel **verzögert** würde **und** die Partei die Verspätung **nicht genügend entschuldigt**. Wird dies vom LAG festgestellt, so ist das neue Vorbringen von Amts wegen zurückzuweisen. Ein Ermessen steht dem Gericht insoweit nicht zu. Der Partei, deren Vorbringen zurückgewiesen werden soll, muss schon wegen der Entschuldigungsmöglichkeit zuvor Gelegenheit zur Stellungnahme gegeben werden[12]. 8

---

1 BVerfG v. 26.1.1995 – 1 BvR 1068/93, EzA § 67 ArbGG 1979 Nr. 6. | 2 Vgl. GMPM/*Germelmann*, § 67 ArbGG Rz. 21 mwN. | 3 Vgl. GK-ArbGG/*Vossen*, § 67 Rz. 23. | 4 BVerfG v. 7.10.1980 – 1 BvL 50/79, BVerfGE 55, 72, 84 ff. | 5 BVerfG v. 14.4.1987 – 1 BvR 162/84, NJW 1987, 2003. | 6 LAG Köln v. 10.7.1984 – 1 Sa 415/84, EzA § 528 ZPO Nr. 2. | 7 Vgl. LAG Nürnberg v. 18.12.1989 – 7 Sa 411/89, LAGE § 56 ArbGG 1979 Nr. 1; LAG Hamm v. 22.7.1982 – 8 Sa 734/82, EzA § 340 ZPO Nr. 2. | 8 BAG v. 19.6.1980 – 3 AZR 1177/79, EzA § 56 ArbGG 1979 Nr. 1; BGH v. 11.7.1985 – I ZR 145/83, NJW 1986, 133. | 9 Vgl. BAG v. 11.4.2006 – 9 AZN 892/05, NZA 2006, 750. | 10 Vgl. BAG v. 25.1.2005 – 9 AZR 44/04, EzA § 1 AEntG Nr. 8; zur Prozessaufrechnung in der Berufungsinstanz LAG Berlin v. 11.4.2003 – 6 Sa 2262/02. | 11 Vgl. BAG v. 25.1.2005 – 9 AZR 44/04, EzA § 1 AEntG Nr. 8; LAG Hamburg v. 15.11.2004 – 8 Sa 18/03. | 12 Vgl. BGH v. 10.5.1984 – III ZR 29/83, NJW 1984, 2039.

9 Eine **Verzögerung des Rechtsstreits** liegt nach der herrschenden absoluten Theorie vor, wenn der Rechtsstreit bei der Zulassung des verspäteten Vorbringens länger dauern würde als bei seiner Zurückweisung, also insb. bei einer notwendig werdenden **Vertagung**[1]. Diese Situation kann auch dann eintreten, wenn die verspätet vortragende Partei zum Termin präsente Zeugen stellt und die überraschte Gegenpartei Vertagung zur Einräumung des rechtl. Gehörs beantragt, um etwa Rücksprache halten oder Gegenzeugen anbieten zu können[2]. Stets erforderlich ist allerdings, dass die Verzögerung **allein von der Partei** zu vertreten ist. Sobald eine **Mitverursachung durch das Gericht oder das Verhalten Dritter**, welches der Partei nicht zugerechnet werden kann, hinzu kommt, scheidet eine Zurückweisung des verspäteten Vorbringens aus[3]. Daraus folgt für das Gericht die Obliegenheit, vorausschauend zu terminieren, damit notwendige Beweisaufnahmen bereits im ersten Termin durchgeführt werden können[4]. Hält sich der Aufklärungsbedarf in Grenzen, können und müssen Zeugen prozessleitend geladen werden, um eine Verzögerung zu vermeiden. Andererseits braucht das Gericht nicht eine umfangreiche Beweisaufnahme einzuplanen, die den normalen Sitzungsablauf sprengen würde[5].

10 Auch wenn eine Verzögerung des Rechtsstreits stattfindet, ist das neue Vorbringen zuzulassen, wenn die Partei die Verspätung **genügend entschuldigt**. Der Entschuldigungsgrund ist nach Abs. 2 S. 2 auf Verlangen des LAG glaubhaft zu machen. Erst die **kumulative Feststellung** der Verzögerung der Rechtsstreits und des Verschuldens der Partei bzw. ihres Vertreters erlaubt die Zurückweisung des verspäteten Vorbringens.

11 **IV. Zurückweisung bei Verstößen gegen die allgemeine Prozessförderungspflicht (Abs. 3).** Der Regelungsgehalt des Abs. 3 entspricht der früheren Verweisung auf § 528 II ZPO aF. Eine Verletzung der allgemeinen Prozessförderungspflicht kommt insb. dann in Betracht, wenn richterliche Fristen missachtet worden sind, die nicht von § 67 II 1 erfasst werden oder die dort genannten Fristsetzungen unwirksam sind. Nach **§ 282 I ZPO** hat jede Partei in der mündlichen Verhandlung ihre Angriffs- und Verteidigungsmittel so zeitig vorzubringen, wie es nach der Prozesslage einer sorgfältigen und auf Förderung des Verfahrens bedachten Prozessführung entspricht. Nach **§ 282 II ZPO** sind Anträge sowie Angriffs- und Verteidigungsmittel, auf die der Gegner voraussichtlich ohne vorhergehende Erkundigung keine Erklärung abgeben kann, vor der mündlichen Verhandlung durch vorbereitenden Schriftsatz so zeitig mitzuteilen, dass der Gegner die erforderliche Erkundigung noch einzuziehen vermag. Zwar gilt dieses Gebot der Rechtzeitigkeit vorbereitender Schriftsätze grds. nur im Anwaltsprozess. Jedoch kann auch das ArbG im Parteiprozess den Parteien aufgeben, die mündliche Verhandlung vor der Kammer durch Schriftsätze vorzubereiten (§ 129 II ZPO iVm. § 46 II 1). Macht das ArbG davon Gebrauch, zumeist nach erfolglosem Güteversuch, so **kann** es verspätetes Vorbringen nach Maßgabe des § 296 II ZPO zurückweisen[6].

12 Ist die Partei ihrer allgemeinen Prozessförderungspflicht im erstinstanzlichen Verfahren nicht nachgekommen, sondern trägt sie ihre neuen Angriffs- und Verteidigungsmittel im Berufungsverfahren **erstmals** vor, so sind diese **nur zuzulassen**, wenn ihre Zulassung nach der freien Überzeugung des LAG die Erledigung des Rechtsstreits **nicht verzögern** würde **oder** wenn die Partei das Vorbringen im ersten Rechtszug **nicht aus grober Nachlässigkeit** unterlassen hat. Die Verzögerung bezieht sich allein auf das Berufungsverfahren. Die Beurteilungskriterien sind dieselben wie bei Abs. 2 S. 1, so dass auf die dortigen Ausführungen verwiesen werden kann.

13 Ein grob nachlässiger Verstoß gegen die allgemeine Prozessförderungspflicht, der eine Zulassung des verspäteten Vortrags ausschließt, liegt vor, wenn die Partei oder ihr Vertreter die prozessuale Sorgfalt **in ungewöhnlich großem Maße** verletzt und dasjenige unbeachtet gelassen hat, was jedem, der einen Prozess führt, hätte einleuchten müssen[7]. Das ist zB bejaht worden in einem Fall, in dem die Partei entgegen einer Auflage im Gütetermin, bis zwei Monate vor dem Kammertermin die Kündigungsgründe näher darzulegen, erst drei Arbeitstage vor dem Termin einen umfangreichen Schriftsatz ohne eine nachvollziehbare Entschuldigung eingereicht hat[8]. Eine grobe Nachlässigkeit scheidet regelmäßig aus, wenn die Verspätung durch Fehler des Gerichts mitverursacht wurde, etwa durch unterbliebene Hinweise nach § 139 ZPO oder unrichtige Rechtsausführungen[9].

14 Kann eine grobe Nachlässigkeit nicht festgestellt werden, so ist der neue Sachvortrag selbst dann zuzulassen, wenn hierdurch der Berufungsrechtsstreit verzögert wird. Die Entscheidung über die Zulassung oder Zurückweisung des Vorbringens ist in dem abschließenden Urteil zu treffen und zu begründen. Obsiegt die Partei auf Grund des neuen Vorbringens, können ihr nach **§ 97 II ZPO** die Kosten des Rechtsmittelverfahrens ganz oder teilweise auferlegt werden.

---

1 Vgl. nur BGH v. 19.10.1988 – VIII ZR 298/87, NJW 1989, 719; LAG Sachs. v. 26.3.2003 – 2 Sa 466/02, juris; GK-ArbGG/*Vossen*, § 67 Rz. 40 mwN. | **2** Vgl. LAG Köln v. 2.6.1995 – 13 Sa 127/95, LAGE § 67 ArbGG 1979 Nr. 4. | **3** Vgl. LAG Köln v. 4.2.1988 – 8 Sa 173/87, LAGE § 528 ZPO Nr. 3; LAG Hamm v. 2.2.1995 – 4 Sa 1850/94, LAGE § 67 ArbGG 1979 Nr. 3. | **4** Vgl. BVerfG v. 26.8.1988 – 2 BvR 1437/87, NJW 1989, 706. | **5** Vgl. BGH v. 18.5.1999 – X ZR 105/96, NJW 1999, 3272. | **6** Vgl. LAG Köln v. 10.7.1984 – 1 Sa 415/84, EzA § 528 ZPO Nr. 2. | **7** BGH v. 24.9.1986 – VIII ZR 255/85, NJW 1987, 501. | **8** LAG Köln v. 10.7.1984 – 1 Sa 415/84, EzA § 528 ZPO Nr. 2. | **9** Vgl. GK-ArbGG/*Vossen* § 67 Rz. 65.

V. Prozessförderungspflicht in der Berufungsinstanz (Abs. 4). Soweit das Vorbringen neuer Angriffs- und Verteidigungsmittel nach den Absätzen 2 und 3 zulässig ist, sind diese vom Berufungskläger **in der Berufungsbegründung** und vom Berufungsbeklagten **in der Berufungsbeantwortung** vorzubringen. Einer besonderen Fristsetzung durch das LAG bedarf es nicht, weil sich die einzuhaltenden Fristen – abgesehen von einer möglichen Verlängerung – nach § 66 I unmittelbar aus dem Gesetz ergeben. Die Regelung bezweckt eine **Konzentration des Berufungsverfahrens**, so dass die Parteien mit verspätetem Vortrag außerhalb der vorbereitenden Schriftsätze grds. ausgeschlossen sind. 15

Von diesem Grundsatz lässt Abs. 4 S. 2 bei an sich zulässiger Berufung[1] nur drei **Ausnahmen** zu: 16

- Neue Angriffs- und Verteidigungsmittel sind **erst nach** der Berufungsbegründung oder der Berufungsbeantwortung **entstanden.**
- Die Berücksichtigung des verspäteten Vorbringens bewirkt **keine Verzögerung** des Verfahrens.
- An der Verspätung des Vorbringens trifft die Partei **kein Verschulden.**

Für die Frage, ob neue Angriffs- und Verteidigungsmittel nach Berufungsbegründung oder -beantwortung entstanden sind, ist auf den **Zeitpunkt des Eingangs der Schriftsätze** beim LAG abzustellen. Danach entstanden sind auch Tatsachen, die auf der **Ausübung eines Gestaltungsrechts** der Partei beruhen, zB die Erklärung der Anfechtung oder Kündigung. Das entsprechende Vorbringen ist auch dann zuzulassen, wenn es zu einer Verzögerung der Erledigung des Rechtsstreits führt. Gleiches gilt kraft ausdrücklicher gesetzl. Anordnung für den **Auflösungsantrag nach § 9 I KSchG**, der von jeder Partei bis zum Schluss der letzten mündlichen Verhandlung in der Berufungsinstanz gestellt werden kann, ohne dass die Form der Berufung bzw. Anschlussberufung gewahrt werden muss. Die Antragstellung ist selbst dann zulässig, wenn die Verhandlung daraufhin wegen einer notwendigen Beweisaufnahme zur Klärung der Begründetheit vertagt werden muss. Wird die Berufung gegen ein der Kündigungsschutzklage stattgebendes Urteil allerdings zurückgenommen, so entfällt damit ohne weiteres auch der im Wege der Anschlussberufung verfolgte Auflösungsantrag[2]. 17

Bereits früher entstandene Angriffs- und Verteidigungsmittel sind trotz Verspätung dann zu berücksichtigen, wenn dadurch die Erledigung des Rechtsstreits vor dem Berufungsgericht **nicht verzögert** wird. Es gelten an sich dieselben Grundsätze wie bei Abs. 2 S. 1. Zu beachten ist allerdings, dass das LAG in aller Regel den **Verhandlungstermin bereits anberaumt** haben wird und dann ergänzend prüfen muss, ob der verspätete Vortrag noch durch zumutbare prozessleitende Maßnahmen des Vorsitzenden einbezogen werden kann, indem etwa noch Zeugen zum Termin geladen werden. Solche ergänzenden Maßnahmen werden umso eher zumutbar sein, je mehr Zeit bis zum Verhandlungstermin verbleibt. Zu unangemessenen Eilanordnungen und unvorhersehbar umfangreichen Beweisaufnahmen ist das Gericht aber nicht verpflichtet[3]. Nach der Terminierung kann es mit Rücksicht auf die Terminslage im Einzelfall ausgeschlossen sein, vorbereitend noch Beweisanordnungen zur Abwendung von Verfahrensverzögerungen zu treffen[4]. Das LAG entscheidet über die Zulassung des verspäteten Vorbringens im Hinblick auf den Nichteintritt einer Verzögerung nach seiner freien Überzeugung. 18

Nach der Berufungsbegründung und -beantwortung erstmals vorgebrachte Angriffs- und Verteidigungsmittel sind schließlich auch dann zuzulassen, wenn das verspätete Vorbringen nach der freien Überzeugung des LAG nicht auf einem Verschulden der Partei beruht. Schädlich ist im Unterschied zu Abs. 3 bereits **leichte Fahrlässigkeit.** Dabei muss sich die Partei auch das Verschulden ihres Prozessvertreters gem. § 85 II ZPO zurechnen lassen. 19

67a (aufgehoben)

68 *Zurückverweisung*

Wegen eines Mangels im Verfahren des Arbeitsgerichts ist die Zurückverweisung unzulässig.

I. Verbot der Zurückweisung wegen eines Verfahrensmangels. Im Unterschied zu § 538 II 1 Nr. 1 ZPO untersagt § 68 für das arbeitsgerichtl. Berufungsverfahren eine Zurückverweisung wegen eines Verfahrensmangels erster Instanz. Damit wird dem Grundsatz der **Verfahrensbeschleunigung**, wie er in § 9 I 1 verankert ist, in besonderer Weise Rechnung getragen. Das LAG hat als **zweite Tatsacheninstanz** die notwendigen Beweise zu erheben und in der Sache selbst zu entscheiden. Die Vorschrift findet auf das Beschwerdeverfahren nach § 78 keine Anwendung[5]. 1

---

1 Vgl. BAG v. 25.4.2007 – 6 AZR 436/05, FA 2007, 276. | 2 AA LAG Bremen v. 29.6.2006 – 3 Sa 222/05, LAGE § 9 KSchG Nr. 38, n.rkr. | 3 Vgl. LAG Köln v. 17.5.2006 – 6 Sa 1632/05. | 4 Vgl. BVerfG 26.8.1988 – 2 BvR 1437/87, NJW 1989, 706; LAG Hamm v. 28.1.2004 – 18 Sa 1334/03, juris; GK-ArbGG/*Vossen*, § 67 Rz. 73. | 5 Vgl. LAG Bremen v. 5.1.2006 – 3 Ta 69/05, LAGE § 68 ArbGG 1979 Nr. 9.

2 Eine Zurückverweisung ist **auch bei schwersten Verfahrensfehlern** unzulässig. Das Verbot gilt selbst bei Verstößen gegen verfassungsrechtl. Grundsätze wie den des gesetzl. Richters nach Art. 101 I 1 GG oder den des rechtl. Gehörs nach Art. 103 I GG. So rechtfertigt weder die falsche Besetzung der Richterbank noch eine Überraschungsentscheidung die Zurückverweisung des Rechtsstreits an das ArbG[1]. Auch eine Tenorierung, die über den gestellten Antrag hinausgeht, oder die Urteilsunterzeichnung durch einen dazu nicht mehr befugten Richter[2] oder das Fehlen von Entscheidungsgründen sind schwerste Fehler, die eine Zurückverweisung gleichwohl ausschließen. Um ein Urteil ohne Entscheidungsgründe handelt es sich auch, wenn das – arbeitsgerichtl. – Urteil nicht innerhalb von fünf Monaten nach seiner Verkündung vollständig abgefasst und von den beteiligten Richtern unterschrieben wurde[3]. Da eine Zurückverweisung ausscheidet, hat das LAG selbst die notwendige Sachaufklärung zu betreiben und in der Sache abschließend zu entscheiden[4].

3 **II. Ausnahmen bei nicht korrigierbaren Verfahrensmängeln.** Das Verbot der Zurückverweisung greift ausnahmsw. dann nicht ein, wenn der Verfahrensverstoß im Berufungsverfahren **nicht mehr korrigiert** werden kann. Das ist insb. dann der Fall, wenn das ArbG den Antrag auf nachträgliche Zulassung im Kündigungsschutzprozess nicht vorab beschieden, sondern sofort zur Hauptsache erkannt hat. Dem LAG bleibt dann nur der Weg, das Urteil der 1. Instanz aufzuheben und den Rechtsstreit zur erneuten Verhandlung und Entscheidung – zunächst über den **Hilfsantrag auf nachträgliche Zulassung der Kündigungsschutzklage** – an das ArbG zurückzuverweisen[5]. Das gilt auch, wenn das LAG entgegen der Auffassung des ArbG eine Fristversäumung iSd. § 5 I KSchG bejaht oder der Hilfsantrag erst in der Berufungsinstanz gestellt wird[6].

4 Eine Zurückverweisung scheidet dagegen aus, wenn das ArbG formfehlerhaft gleichzeitig über den Zulassungsantrag und den Kündigungsschutzantrag durch Urteil entschieden hat. Auf die Berufung ist das weitere Verfahren zu trennen und – soweit es den Antrag auf nachträgliche Zulassung betrifft – als sofortige Beschwerde zu behandeln, über die durch Beschluss zu entscheiden ist. Erst danach kann über die Berufung zur Hauptsache durch Urteil entschieden werden[7].

5 Ein nicht korrigierbarer Verfahrensmangel, der eine Zurückverweisung ausnahmsw. zulässt, liegt nach hM auch dann vor, wenn das ArbG den ArbN entgegen **§ 6 S. 2 KSchG** nicht darauf hinweist, dass er bei an sich rechtzeitig erhobener Klage noch den Kündigungsschutz geltend machen kann[8]. Nach aA soll sich der ArbN auch noch in der Berufungsinstanz auf die Sozialwidrigkeit der Kündigung berufen können[9]. Der Rechtsstreit ist auch dann zurückzuverweisen, wenn das arbeitsgerichtl. Urteil trotz einer Verfahrensunterbrechung wegen Insolvenz (§ 240 ZPO) ergangen ist[10].

6 **III. Zurückverweisung wegen nicht vollständiger Entscheidung des Arbeitsgerichts.** Hat das ArbG nicht oder nicht umfassend sachlich entschieden, darf eine weitere Verhandlung in der ersten Instanz stattfinden, wenn eine Partei dies beantragt. Dies folgt aus der entsprechenden Anwendung des **§ 538 II Nr. 2–7 ZPO** nach § 64 VI 1, die durch § 68 nicht ausgeschlossen wird[11]. Da es im ArbGV keinen Urkunden- und Wechselprozess gibt und Grundurteile keiner selbständigen Anfechtung unterliegen, scheidet die Anwendung des § 538 II Nr. 4 und 5 ZPO allerdings grds. aus. Im Sonderfall der **Stufenklage** wird gleichwohl analog § 538 II Nr. 4 ZPO eine Zurückverweisung für zulässig gehalten, wenn nach Abweisung der Klage durch das ArbG zweitinstanzlich auf der ersten Stufe eine Verurteilung zur Auskunft erfolgt ist[12].

7 Ob das Berufungsgericht statt eigener Sachentscheidung die Zurückverweisung wählt, steht bei Vorliegen der sonstigen Voraussetzungen – Eingreifen einer Fallgruppe, Antrag einer Partei – in seinem Ermessen. Allerdings ist zu beachten, dass durch die Neufassung des § 538 ZPO die **eigene Sachentscheidung künftig die Regel** ist[13]. Ermessensfehlerhaft wäre eine Zurückverweisung wegen des Beschleunigungsgebots dann, wenn die Sache spruchreif ist. Im Einzelnen handelt es sich um folgende Zurückverweisungstatbestände:

8 **1. Verwerfung eines Einspruchs als unzulässig (§ 538 Abs. 2 Nr. 2 ZPO).** Erachtet das LAG den Einspruch für zulässig, dann darf **auf Antrag** zurückverwiesen werden, damit in 1. Instanz zur Sache verhandelt werden kann[14]. Andernfalls ist die Berufung zurückzuweisen.

---

1 Vgl. BAG v. 13.9.1995 – 2 AZR 855/94, EzA § 66 ArbGG 1979 Nr. 22; LAG Hamm v. 22.7.1987 – 12 TaBV 30/87, LAGE § 80 BetrVG 1972 Nr. 6; LAG Köln v. 21.2.2003 – 4 Sa 1054/02; LAG Hamm v. 16.11.2004 – 12 Sa 1045/04. | 2 LAG Sachs. v. 10.11.1999 – 2 Sa 265/99, NZA-RR 2000, 609 (610); LAG Düsseldorf v. 21.1.2004 – 12 Sa 1583/03. | 3 Vgl. BAG v. 13.9.1995 – 2 AZR 855/94, EzA § 66 ArbGG 1979 Nr. 22. | 4 BAG v. 24.4.1996 – 5 AZN 970/95, EzA § 68 ArbGG 1979 Nr. 2; v. 8.6.2000 – 2 AZR 584/99, EzA § 9 ArbGG 1979 Nr. 15; LAG Düsseldorf v. 21.1.2004 – 12 Sa 1583/03. | 5 Vgl. LAG Nürnberg v. 19.9.1995 – 2 Sa 203/95, LAGE § 5 KSchG Nr. 72; LAG Bbg. v. 13.6.1996 – 7 Sa 461/95, LAGE § 5 KSchG Nr. 77; LAG Köln v. 19.10.2000 – 10 Sa 342/00, MDR 2001, 517. | 6 Vgl. GMPM/*Germelmann*, § 68 ArbGG Rz. 5; GK-ArbGG/*Vossen*, § 68 Rz. 14 mwN. | 7 Vgl. BAG v. 14.10.1982 – 2 AZR 570/80, EzA § 5 KSchG Nr. 19. | 8 Vgl. BAG v. 30.11.1961 – 2 AZR 295/61; GK-ArbGG/*Vossen*, § 68 Rz. 16; GMPM/*Germelmann*, § 68 ArbGG Rz. 6a. | 9 *Bader*, NZA 2004, 65 (69); offenlassend BAG v. 16.4.2003 – 7 AZR 119/02, NZA 2004, 386. | 10 Vgl. LAG München v. 15.3.2007 – 4 Sa 54/07. | 11 Vgl. nur GMPM/*Germelmann*, § 68 ArbGG Rz. 8 mwN. | 12 BAG v. 21.11.2000 – 9 AZR 665/99, EzA § 242 BGB – Auskunftspflicht Nr. 6; LAG Köln v. 11.8.1992 – 4 Sa 470/91, NZA 1993, 864; dazu ferner Zöller/*Gummer/Heßler*, § 538 ZPO Rz. 48 mwN. | 13 Vgl. Zöller/*Gummer/Heßler*, § 538 ZPO Rz. 2. | 14 Vgl. LAG Hamm v. 14.3.2007 – 2 Sa 1284/06.

2. Entscheidung nur über die Zulässigkeit der Klage (§ 538 Abs. 2 Nr. 3 ZPO). Eine Zurückverweisung ist ferner möglich, wenn das ArbG nur über die Zulässigkeit der Klage entschieden hat, also die Klage als unzulässig abgewiesen wurde. Dies muss der tragende Entscheidungsgrund gewesen sein. Eine materiellrechtl. Hilfsbegründung steht der Zurückverweisung folglich nicht entgegen[1]. Die entsprechende Anwendung dieser Vorschrift ist mangels Sachentscheidung des ArbG auch geboten, wenn dieses den Fortgang des Verfahrens mit Hinweis auf die Wirksamkeit eines Prozessvergleichs, etwa wegen verspäteten Widerrufs, abgelehnt hat[2] oder zu Unrecht von einer wirksamen Klagerücknahme ausgegangen ist und deshalb die Klage abgewiesen hat[3]. 9

3. Zweites Versäumnisurteil nach § 345 ZPO (§ 538 Abs. 2 Nr. 6 ZPO). Diese Zurückverweisungsmöglichkeit bezieht sich nur auf wirkliche Versäumnisurteile nach § 514 II ZPO, erfasst also nicht das unechte Versäumnisurteil des § 331 II ZPO. Erachtet das LAG einen Fall der **Versäumung nicht für gegeben**, so darf es den Rechtsstreit auf Antrag einer Partei an das ArbG zurückverweisen, weil auch in diesem Fall eine Sachentscheidung nicht stattgefunden hat. Gleiches gilt unabhängig von einer Säumnis bei einem unzulässigerweise ergangenen zweiten Versäumnisurteil, das in Wahrheit erstes Versäumnisurteil ist und nach dem sog. Meistbegünstigungsgrundsatz mit dem Einspruch und/oder der Berufung angegriffen werden kann[4]. Auch beim **Anerkenntnisurteil trotz fehlenden Anerkenntnisses** kann entsprechend verfahren werden[5]. 10

4. Unzulässiges Teilurteil (§ 538 Abs. 2 Nr. 7 ZPO). Eine Zurückverweisung kommt schließlich beim unzulässigen **Teilurteil** in Betracht. Nach § 301 ZPO dürfen Teilurteile nur ergehen, wenn das Streitverhältnis teilbar ist. Das ist bei einer **Kündigungsschutzklage nebst Auflösungsantrag** nicht der Fall, so dass nicht etwa getrennt durch Teilurteil über die Rechtsunwirksamkeit der Kündigung und durch Schlussurteil über die Auflösung befunden werden kann[6]. Entscheidet das ArbG nicht gleichzeitig über beide Anträge, muss in aller Regel zurückverwiesen werden. Gleiches gilt bei einer objektiven Klagehäufung, wenn die geltend gemachten Ansprüche von derselben Vorfrage abhängig sind[7]. 11

Die Zurückverweisungsmöglichkeit soll der Gefahr vorbeugen, dass im Instanzenzug sachlich widersprechende Entscheidungen ergehen. Im Unterschied zu den anderen Fallgruppen ist daher auch nach dem ZPO-RG hier ein **Antrag der Partei nicht erforderlich**. Ausnahmsw. kann das Berufungsgericht zur Vermeidung divergierender Entscheidungen den beim ArbG anhängig gebliebenen Teil des Rechtsstreits an sich ziehen und dann gem. § 538 I ZPO einheitlich entscheiden[8]. 12

69 *Urteil*

(1) Das Urteil nebst Tatbestand und Entscheidungsgründen ist von sämtlichen Mitgliedern der Kammer zu unterschreiben. § 60 Abs. 1 bis 3 und Abs. 4 Satz 2 bis 4 ist entsprechend mit der Maßgabe anzuwenden, dass die Frist nach Absatz 4 Satz 3 vier Wochen beträgt und im Falle des Absatzes 4 Satz 4 Tatbestand und Entscheidungsgründe von sämtlichen Mitgliedern der Kammer zu unterschreiben sind.

(2) Im Urteil kann von der Darstellung des Tatbestandes und, soweit das Berufungsgericht den Gründen der angefochtenen Entscheidung folgt und dies in seinem Urteil feststellt, auch von der Darstellung der Entscheidungsgründe abgesehen werden.

(3) Ist gegen das Urteil die Revision statthaft, so soll der Tatbestand eine gedrängte Darstellung des Sach- und Streitstandes auf der Grundlage der mündlichen Vorträge der Parteien enthalten. Eine Bezugnahme auf das angefochtene Urteil sowie auf Schriftsätze, Protokolle und andere Unterlagen ist zulässig, soweit hierdurch die Beurteilung des Parteivorbringens durch das Revisionsgericht nicht wesentlich erschwert wird.

(4) § 540 Abs. 1 der Zivilprozessordnung findet keine Anwendung. § 313a Abs. 1 Satz 2 der Zivilprozessordnung findet mit der Maßgabe entsprechende Anwendung, dass es keiner Entscheidungsgründe bedarf, wenn die Parteien auf sie verzichtet haben; im Übrigen sind die §§ 313a und 313b der Zivilprozessordnung entsprechend anwendbar.

I. Zur Neufassung der Vorschrift durch das ZPO-RG. Durch Art. 30 Nr. 9a ZPO-RG sind der Vorschrift mit Wirkung vom 1.1.2002 die Abs. 2–4 hinzugefügt worden. Anlass hierfür war die völlige Neugestaltung des § 540 ZPO, dessen Übernahme in das arbeitsgerichtl. Verfahren wegen der Besonderheiten vor allem im Hinblick auf die Beteiligung der ehrenamtlichen Richter nicht möglich war[9]. Mit der Neufassung des 1

1 Vgl. Zöller/*Gummer/Heßler*, § 538 ZPO Rz. 37. | 2 BAG v. 18.7.1969 – 2 AZR 498/68, AP Nr. 17 zu § 794 ZPO. | 3 LAG Köln v. 24.10.2002 – 5 Sa 668/02, juris; vgl. auch Sächs. LAG v. 16.8.2006 – 2 Sa 434/06. | 4 Vgl. Sächs. LAG v. 24.11.2004 – 2 Sa 263/04, LAGE § 68 ArbGG 1979 Nr. 8. | 5 OLG München v. 23.10.1990 – 5 U 3462/90, MDR 1991, 795; Zöller/*Gummer/Heßler*, § 538 ZPO Rz. 54 mwN. | 6 Vgl. BAG v. 4.4.1957 – 2 AZR 456/54, AP Nr. 1 zu § 301 ZPO; LAG Rh.-Pf. v. 10.7.1997 – 11 Sa 1144/96, LAGE § 68 ArbGG 1979 Nr. 4; LAG Köln v. 25.4.1997 – 11 Sa 1395/96, MDR 1997, 1132. | 7 Vgl. BAG v. 23.3.2005 – 4 AZR 243/04, NZA 2006, 1062; LAG Köln v. 9.9.2005 – 4 Sa 325/05. | 8 Vgl. LAG Hamm v. 3.1.2006 – 6 Sa 814/05; Zöller/*Gummer/Heßler*, § 538 ZPO Rz. 55. | 9 Vgl. BT-Drs. 14/6036, S. 126.

§ 69 bleibt die **bisherige Rechtslage im Wesentlichen erhalten**: Die hinzugefügten Abs. 2 und 3 entsprechen bis auf eine kleine sprachliche Änderung wörtlich § 543 I und II ZPO aF, der bisher kraft Verweisung nach § 64 VI 1 Anwendung fand. Auch die bisher schon über § 523 ZPO aF anwendbaren §§ 313a aF, 313b ZPO sind gem. Abs. 4 S. 2 mit einer Maßgabe in Bezug auf § 313a I 2 ZPO weiter entsprechend anwendbar. Schließlich stellt Abs. 4 S. 1 klar, dass § 540 I ZPO, der eine gänzlich neue Form für das Berufungsurteil in Zivilsachen vorsieht, keine Anwendung findet.

2 **II. Unterschriften der Richter und Verkündung (Abs. 1).** Im Unterschied zum Urteil des ArbG ist das vollständige Berufungsurteil von allen Mitgliedern der Kammer des LAG zu unterschreiben. Damit wird der besonderen Bedeutung der in aller Regel abschließenden Entscheidung des arbeitsgerichtl. Streitverfahrens in zweiter Instanz Rechnung getragen. Die mitwirkenden Richter, also **auch die ehrenamtlichen Richter**, haben die Unterschrift mit vollem Familiennamen zu leisten. Bei Meinungsverschiedenheiten über die Begründung ist nach näherer Maßgabe der entsprechend anwendbaren §§ 192–197 GVG zu verfahren und im Einzelnen abzustimmen. Auch der etwa **überstimmte Richter** ist zur Unterschrift verpflichtet, weil durch sie nur bestätigt wird, dass die Urteilsgründe mit dem Ergebnis der Beratung übereinstimmen[1].

3 Eine fehlende Unterschrift kann jederzeit **nachgeholt** werden. Das Urteil muss dann allerdings erneut zugestellt werden[2].

4 Bei **Verhinderung eines Richters an der Unterschriftsleistung** ist dies nach § 64 VI 1 ArbGG iVm. §§ 315 I 2, 525 S. 1 ZPO unter Angabe des Verhinderungsgrundes von dem Vorsitzenden und bei dessen Verhinderung von dem ältesten beisitzenden Richter unter dem Urteil zu vermerken. Nur **triftige Gründe** wie bspw. das Ausscheiden eines Richters, längere Erkrankung oder berufliche Ortsabwesenheit kommen in Betracht. Kurzfristige Verhinderungen reichen dagegen nicht aus[3]. Weigert sich ein ehrenamtlicher Richter pflichtwidrig, eine getroffene Entscheidung zu unterschreiben, so liegt auch darin ein zureichender Ersetzungsgrund[4], der vom Vorsitzenden zu vermerken ist. Zu beachten ist, dass jeweils nur eine Unterschrift nach § 315 I 2 ZPO ersetzt werden kann. Ein Verhinderungsvermerk ist formell ordnungsgemäß, wenn er die Tatsache der Verhinderung und deren Grund angibt, ohne dass detaillierte Angaben erforderlich sind[5].

5 Auch wenn das Unterschriftenerfordernis nur für das vollständig abgesetzte Urteil gilt, so hat sich doch die **Praxis** herausgebildet, bereits den zu verkündenden **Tenor der Entscheidung** durch die mitwirkenden Richter unterschreiben zu lassen. Darin kommt zum Ausdruck, dass ein bestimmtes Urteil beraten und in aller Regel auch verkündet worden ist. Diese Praxis erleichtert zudem die **Herstellung einer vollstreckbaren Kurzausfertigung des Urteils**, die nach § 317 II ZPO die Unterschrift der Richter voraussetzt.

6 Für die **Verkündung des Berufungsurteils** gilt § 60 I–III entsprechend. Insb. ist die Anwesenheit der ehrenamtlichen Richter nicht erforderlich, wenn die Urteilsformel vorher von ihnen mit unterschrieben worden ist. Auch unter diesem Aspekt hat sich die Praxis der Unterzeichnung bereits des Urteilstenors nach Abschluss der Beratung bewährt. Die Nichteinhaltung der Verkündungsfrist nach § 60 I und der Umstand, dass das Urteil bei der Verkündung entgegen § 60 IV 2 nicht in vollständiger Form abgefasst ist, führen nicht zur Unwirksamkeit der Verkündung, weil lediglich Ordnungsvorschriften betroffen sind[6].

7 Die Frist zur vollständigen **Abfassung** des verkündeten Urteils beträgt abweichend von § 60 IV 3 **vier Wochen**. Es handelt sich um eine Ordnungsvorschrift, deren Verletzung auf die Wirksamkeit der verkündeten Entscheidung keinen Einfluss hat. Kann sie im Einzelfall nicht eingehalten werden, muss nach § 60 IV 3 sichergestellt werden, dass das unterschriebene Urteil ohne Tatbestand und Entscheidungsgründe innerhalb der Frist der Geschäftsstelle übergeben wird. Diesem Erfordernis wird bereits mit dem regelmäßig vorliegenden, von allen Richtern unterschriebenen Urteilstenor Rechnung getragen. Zu beachten ist aber, dass auch ein Berufungsurteil, das nicht innerhalb von **fünf Monaten** nach der Verkündung in vollständiger Form unterschrieben der Geschäftsstelle übergeben wird, als nicht mit Gründen versehen gilt. Da mit Überschreiten dieser Frist endgültig feststeht, dass eine rechtsstaatlich unbedenkliche Begründung durch das LAG nicht mehr erfolgen kann und damit auch eine Nichtzulassungsbeschwerde nach § 72a verhindert wird, kann und muss nunmehr an Stelle der früher allein möglichen Verfassungsbeschwerde[7] nach § 72b **sofortige Beschwerde beim BAG wegen verspäteter Absetzung** des Berufungsurteils erhoben werden[8]. Inhaltliche Defizite eines formal vollständig abgefassten Urteils, etwa das Übergehen einer Hilfsaufrechnung, reichen hierfür nicht aus[9].

8 **III. Entbehrlichkeit bzw. Kurzfassung von Tatbestand und Entscheidungsgründen (Abs. 2–4).** Nach Abs. 2, der dem **§ 543 I ZPO aF** entspricht, kann von der Darstellung des Tatbestandes und, soweit das

1 Vgl. Zöller/*Gummer/Heßler*, § 195 GVG Rz. 1. | 2 LAG Köln v. 23.2.1988 – 6 Ta 28/88, BB 1988, 768. | 3 BAG v. 17.8.1999 – 3 AZR 526/97, EzA § 69 ArbGG 1979 Nr. 2. | 4 Vgl. GMPM/*Germelmann*, § 69 ArbGG Rz. 8. | 5 Vgl. BAG v. 22.8.2007 – 4 AZN 1225/06; v. 19.12.2007 – 7 AZB 49/07. | 6 Vgl. BAG v. 16.5.2002 – 8 AZR 412/01, MDR 2003, 47. | 7 BVerfG v. 26.3.2001 – 1 BvR 383/00, NZA 2001, 348; BAG v. 1.10.2003 – 1 ABN 62/01. | 8 Vgl. BAG v. 2.11.2006 – 4 AZN 716/06, NZA 2007, 111. | 9 Vgl. BAG v. 20.12.2006 – 5 AZB 35/06, MDR 2007, 840.

Berufungsgericht der angefochtenen Entscheidung folgt und dies ausdrücklich feststellt, auch von der Darstellung der Entscheidungsgründe abgesehen werden. Von dieser **Möglichkeit der erleichterten Urteilsabfassung** wird das LAG idR nur dann Gebrauch machen, wenn in 2. Instanz nichts wesentlich Neues vorgetragen wurde und daher ohne weiteres der Tatbestand des arbeitsgerichtl. Urteils zugrunde gelegt werden kann.

Ist allerdings gegen das Urteil – auf Grund entsprechender Zulassung durch das LAG – die **Revision statthaft**, so soll nach Abs. 3 S. 1, der dem **§ 543 II 1 ZPO aF** entspricht, der Tatbestand eine **gedrängte Darstellung des Sach- und Streitstandes** auf der Grundlage der mündlichen Vorträge der Parteien enthalten. Eine Bezugnahme auf das angefochtene Urteil sowie auf bestimmte Akteninhalte ist nach Abs. 3 S. 2 zulässig, soweit hierdurch die Beurteilung des Parteivorbringens durch das Revisionsgericht nicht wesentlich erschwert wird. Die **Bezugnahme** auf den Tatbestand des arbeitsgerichtl. Urteils ist danach erlaubt, wenn der Sachverhalt unstreitig ist, in 2. Instanz keine neuen Tatsachen vorgetragen worden sind und lediglich um Rechtsfragen gestritten wird[1]. 9

Eine Unsicherheit hinsichtlich der zulässigen Verfahrensweise besteht wegen der Möglichkeit der **Nichtzulassungsbeschwerde**. Die Revision findet nämlich auch dann iSd. Abs. 3 S. 1 statt, wenn sie erst vom BAG durch Beschluss nach § 72a V zugelassen worden ist. In einem solchen Fall ist das Berufungsurteil **ohne Tatbestand** von Amts wegen **aufzuheben** und der Rechtsstreit an das LAG **zurückzuverweisen**[2]. Das Urteil muss also bei statthafter Revision zumindest einen durch Bezugnahme auf das arbeitsgerichtl. Urteil feststellbaren Tatbestand enthalten. Eine schlichte Bezugnahme wird in aller Regel nicht ausreichen, weil sie die Fortentwicklung des Sach- und Streitstandes in der Berufungsinstanz unberücksichtigt lässt[3]. Enthält das Berufungsurteil nur wörtliche Zitate aus den Gründen des arbeitsgerichtl. Urteils in einem Parallelfall und die Wertung, diese seien auf den Streitfall übertragbar, so ist das Urteil iSd. § 547 Nr. 6 ZPO nicht mit Gründen versehen[4]. Das LAG kann aber nach Abs. 2 von der Darstellung der Entscheidungsgründe auch bei revisiblen Urteilen absehen, wenn es den Gründen der angefochtenen Entscheidung folgt und dies ausdrücklich feststellt[5]. 10

Ein völliges **Absehen von Tatbestand und Entscheidungsgründen** ist nach **§ 313a I ZPO** nur zulässig, wenn ein Rechtsmittel gegen das Berufungsurteil unzweifelhaft nicht eingelegt werden kann und die Parteien auf die Begründung spätestens binnen einer Woche nach dem Schluss der mündlichen Verhandlung verzichten. Das kommt wegen der Möglichkeit der Nichtzulassungsbeschwerde wohl nur in Betracht, wenn die beschwerte Partei auf das Rechtsmittel der Revision eindeutig verzichtet hat[6]. In dem bloßen Begründungsverzicht kann idR kein Rechtsmittelverzicht gesehen werden[7]. 11

Des Tatbestandes und der Entscheidungsgründe bedarf es ferner nach **§ 313a II ZPO** nicht, wenn beide Parteien auf Rechtsmittel gegen das in dem Termin, in dem die mündliche Verhandlung geschlossen worden ist, verkündete Urteil verzichten. Ist das Urteil nur für eine Partei anfechtbar, genügt deren Verzicht. Der **Rechtsmittelverzicht** kann ebenso wie der Begründungsverzicht nach § 313a I ZPO bereits vor der Verkündung des Urteils erfolgen; er muss gem. § 313a III ZPO spätestens binnen einer Woche nach dem Schluss der mündlichen Verhandlung gegenüber dem Gericht erklärt sein. 12

Schließlich sind Tatbestand und Entscheidungsgründe nach Abs. 4 in Verbindung mit **§ 313b I 1 ZPO** entbehrlich bei **Versäumnisurteil, Anerkenntnisurteil oder Verzichtsurteil**, die als solche zu bezeichnen sind. Diese Erleichterung scheidet nach § 313b III ZPO aus, wenn zu erwarten ist, dass das Versäumnisurteil oder das Anerkenntnisurteil im Ausland geltend gemacht werden soll. 13

IV. Unanwendbarkeit des § 540 ZPO. Die Anwendbarkeit des § 540 I ZPO wird durch Abs. 4 S. 1 mit Rücksicht auf die Besonderheiten des arbeitsgerichtl. Berufungsverfahrens ausgeschlossen. Daher ist insb. das sog. **Protokollurteil** nach § 540 I 2 ZPO **unzulässig**. Auch für die Heranziehung des § 540 II ZPO verbleibt kein Raum, weil insoweit die speziellere Regelung des Abs. 4 S. 2 zur Anwendbarkeit der §§ 313a und 313b ZPO vorgeht. 14

70, 71 (aufgehoben)

---

1 BAG v. 22.11.1984 – 6 AZR 103/82, EzA § 543 ZPO Nr. 5. | 2 BAG v. 21.4.1993 – 5 AZR 413/92, EzA § 543 ZPO Nr. 8; v. 15.8.2002 – 2 AZR 386/01, EzA § 543 ZPO Nr. 12; v. 18.5.2006 – 6 AZR 627/05, NZA 2006, 1037; zur Ausnahme: BAG v. 28.9.2005 – 10 AZR 593/04, FA 2006, 157. | 3 BAG v. 28.5.1997 – 5 AZR 632/96, EzA § 543 ZPO Nr. 9. | 4 BAG v. 16.6.1998 – 5 AZR 255/98, EzA § 543 ZPO Nr. 10. | 5 Vgl. GK-ArbGG/*Vossen*, § 69 Rz. 14. | 6 Vgl. GK-ArbGG/*Vossen*, § 69 Rz. 8. | 7 Vgl. BAG v. 15.3.2006 – 9 AZN 885/05, NZA 2006, 876.

Dritter Unterabschnitt. Revisionsverfahren

72 *Grundsatz*

(1) Gegen das Endurteil eines Landesarbeitsgerichts findet die Revision an das Bundesarbeitsgericht statt, wenn sie in dem Urteil des Landesarbeitsgerichts oder in dem Beschluss des Bundesarbeitsgerichts nach § 72a Abs. 5 Satz 2 zugelassen worden ist. § 64 Abs. 3a ist entsprechend anzuwenden.

(2) Die Revision ist zuzulassen, wenn

1. eine entscheidungserhebliche Rechtsfrage grundsätzliche Bedeutung hat,

2. das Urteil von einer Entscheidung des Bundesverfassungsgerichts, von einer Entscheidung des Gemeinsamen Senats der obersten Gerichtshöfe des Bundes, von einer Entscheidung des Bundesarbeitsgerichts oder, solange eine Entscheidung des Bundesarbeitsgerichts in der Rechtsfrage nicht ergangen ist, von einer Entscheidung einer anderen Kammer desselben Landesarbeitsgerichts oder eines anderen Landesarbeitsgerichts abweicht und die Entscheidung auf dieser Abweichung beruht oder

3. ein absoluter Revisionsgrund gemäß § 547 Nr. 1 bis 5 der Zivilprozessordnung oder eine entscheidungserhebliche Verletzung des Anspruchs auf rechtliches Gehör geltend gemacht wird und vorliegt.

(3) Das Bundesarbeitsgericht ist an die Zulassung der Revision durch das Landesarbeitsgericht gebunden.

(4) Gegen Urteile, durch die über die Anordnung, Abänderung oder Aufhebung eines Arrestes oder einer einstweiligen Verfügung entschieden wird, ist die Revision nicht zulässig.

(5) Für das Verfahren vor dem Bundesarbeitsgericht gelten, soweit dieses Gesetz nichts anderes bestimmt, die Vorschriften der Zivilprozessordnung über die Revision mit Ausnahme des § 566 entsprechend.

(6) Die Vorschriften des § 49 Abs. 1, der §§ 50, 52 und 53, des § 57 Abs. 2, des § 61 Abs. 2 und des § 63 über Ablehnung von Gerichtspersonen, Zustellung, Öffentlichkeit, Befugnisse des Vorsitzenden und der ehrenamtlichen Richter, gütliche Erledigung des Rechtsstreits sowie Inhalt des Urteils und Übersendung von Urteilen in Tarifvertragssachen gelten entsprechend.

1 **I. Überblick.** Auch in der Arbeitsgerichtsbarkeit können gerichtl. Entscheidungen in einer **Revisionsinstanz** auf der Grundlage der festgestellten Tatsachen auf **Rechtsfehler** hin überprüfen werden. Mit der statthaften Revision wird der Eintritt der Rechtskraft verhindert. Das BAG kann die angefochtenen Urteile aufheben und an die Vorinstanz zurückverweisen oder **an Stelle der Vorinstanz** entscheiden, wenn die Voraussetzungen von Abs. 5 iVm. § 563 III ZPO vorliegen.

2 Das arbeitsgerichtl. Verfahren kennt **nur** die **Zulassungsrevision**: Die Revision ist statthaft, wenn das anzufechtende Urteil **an sich revisibel** ist **und** das LAG die Revision in seinem Urteil oder das BAG sie nachträglich auf Beschwerde (§ 72a) durch Beschluss **zugelassen** hat. Die Notwendigkeit der Revisionszulassung besteht auch dann, wenn die Revision auf einen absoluten Revisionsgrund iSv. § 547 ZPO gestützt werden soll (Abs. 2 Nr. 3)[1].

3 Seit dem Inkrafttreten des Anhörungsrügengesetzes[2] am 1.1.2005 gilt das Zulassungserfordernis auch für zweite Versäumnisurteile des LAG. Entweder das LAG lässt die Revision auch gegen dieses Urteil zu, oder die beschwerte Partei muss über § 72a I, § 72 II Nr. 3 mit der Nichtzulassungsbeschwerde geltend machen, sie sei nicht säumig gewesen, weshalb ihr Anspruch auf rechtl. Gehör verletzt worden sei[3].

4 **II. Revisible und nicht revisible Entscheidungen.** Für eine Zulassung der Revision kommen von vornherein nur **Endurteile** der LAG in Betracht, also Sach- oder Prozessurteile, durch die über den Streitgegenstand oder einen Teil von ihm abschließend entschieden worden ist. Hierzu zählen Teilurteile, Ergänzungsurteile nach § 321 ZPO, Anerkenntnisurteile, Verzichtsurteile sowie unechte und zweite Versäumnisurteile. **Zwischenurteile** sind dann revisibel, wenn sie auf Grund gesetzl. Anordnung wegen der Rechtsmittel als Endurteil anzusehen sind (§ 280 II, § 302 III ZPO). Ein Zwischenurteil über den Grund des Anspruchs ist nach § 61 III, einer Spezialregelung zu § 304 ZPO, ebenso wenig revisibel, wie ein Zwischenurteil, in dem nicht über einen Teil des Streitgegenstandes, sondern über einen innerhalb des Prozesses entstandenen verfahrensmäßigen Streit entschieden wird (zB § 303 iVm. § 238 II ZPO)[4].

5 Entscheidet das LAG in einer **unrichtigen Form**, also bspw. durch Zwischenurteil an Stelle des an sich gebotenen (Teil-)Endurteils[5], durch Beschluss statt durch Urteil oder umgekehrt, kommt es für die Revisibilität der Entscheidung darauf an, ob die Entscheidung, wäre sie in der richtigen Form ergangen, revisibel wäre. Ist dies der Fall und hat das LAG ein Rechtsmittel gegen diese Entscheidung zugelassen,

1 BAG v. 8.10.2002 – 8 AZR 259/02, NZA 2003, 287. | 2 BGBl. 2004 I S. 3220. | 3 BAG v. 5.6.2007 – 5 AZR 276/07, NZA 2007, 944. | 4 GK-ArbGG/*Mikosch*, § 72 Rz. 6 ff.; GMPM/*Müller-Glöge*, § 72 ArbGG Rz. 6, jeweils mwN. | 5 BAG v. 9.12.1955, 2 AZR 439/54, AP Nr. 1 zu § 300 ZPO.

ist die Revision statthaft (**Grundsatz der Meistbegünstigung**). Die Rspr. zur fehlenden revisionsrechtl. Überprüfungsmöglichkeit einer fehlerhaft mit dem Urteil erfolgten Bescheidung eines Antrags nach § 5 KSchG[1] ist seit dem 1.4.2008 auf Grund der Änderung des § 5 IV KSchG überholt. Über den Antrag auf **nachträgliche Zulassung der Kündigungsschutzklage** wird grds. als Vorfrage mit dem Endurteil entschieden, das auch insoweit unter den **allgemeinen Voraussetzungen durch Rechtsmittel angreifbar** ist. Wenn über diesen Antrag durch **Zwischenurteil** entschieden worden ist, ist dieses Urteil auf Grund gesetzl. Anordnung wie ein Endurteil, also nach – ggf. nachträglicher – Revisionszulassung, **anfechtbar** (§ 5 IV 3 KSchG).

Nicht revisibel sind auf Grund gesetzl. Anordnungen die Urteile in **Arrest**- und **einstweiligen Verfügungsverfahren.** Sie dienen nur der Regelung eines vorläufigen Rechtszustandes und gefährden deshalb die Einheit der Rechtsordnung nicht[2]. Eine gleichwohl erfolgte Zulassung ist wirkungslos[3], eine Nichtzulassungsbeschwerde ausgeschlossen[4]. 6

III. Zulassung der Revision durch das LAG. 1. Entscheidung von Amts wegen. Das LAG hat bei jedem an sich revisiblen Urteil von Amts wegen auch darüber zu entscheiden, ob es die Revision gegen sein Urteil zulässt oder nicht. Es hat seine Entscheidung – **negativ wie positiv** – in den **Urteilstenor** aufzunehmen (Abs. 1 S. 2, § 64 IIIa). Lehnt es eine Zulassung ab, ist gegen diese Entscheidung die **Beschwerde nach § 72a** statthaft. 7

Das LAG hat bei seiner Zulassungsentscheidung **keinen eigenen Beurteilungsspielraum.** Es ist an die **drei möglichen Gründe** des Abs. 2 gebunden. Sie sind aus der Funktion des BAG als Revisionsgericht, was Rechtseinheit und Rechtsfortbildung angeht, und – hinsichtlich Abs. 2 Nr. 3 – im Hinblick auf den vom BVerfG aufgestellten Grundsatz der nur subsidiären Zuständigkeit der Verfassungsgerichtsbarkeit für Verfassungsverstöße in der Fachgerichtsbarkeit[5] entwickelt worden. Der Zulassungsgrund des Abs. 2 Nr. 3 kommt an sich nur für eine nachträgliche Zulassung der Revision in Betracht. § 72 fasst indes die Voraussetzungen für eine anfängliche wie für eine nachträgliche Zulassung der Revision zusammen[6]. 8

2. Zulassungsgründe. a) Entscheidungserhebliche Rechtsfrage von grundsätzlicher Bedeutung. Dieser Zulassungsgrund ist mit der Neuregelung des Revisionszugangs durch das Anhörungsrügengesetz[7] **umformuliert** worden. An dem vom BAG zum Begriff der grundsätzlichen Bedeutung der Rechtssache entwickelten Zulassungsgrund wollte der Gesetzgebers aber nichts ändern. Es geht also auch weiterhin mit der Zulassung der Revision weniger um eine Gewährleistung der Einzelfallgerechtigkeit als um die Wahrung der Rechtseinheit und die Fortbildung des Rechts[8]. 9

Eine Rechtsfrage ist entscheidungserheblich und hat grundsätzliche Bedeutung, wenn die Entscheidung des Rechtsstreits von ihrer Beantwortung abhängt und sie in der Revisionsinstanz **klärungsfähig** und **klärungsbedürftig ist.** Die Klärung der Rechtsfrage muss weiter entweder von **allgemeiner Bedeutung** für die **Rechtsordnung** sein oder wegen ihrer tatsächlichen Auswirkungen die **Interessen der Allgemeinheit** oder eines **größeren Teils** von ihr eng berühren[9]. Es muss also um eine **abstrakte Frage** gehen, die den Inhalt, den Regelungsbereich oder die Wirksamkeit einer geschriebenen oder ungeschriebenen Rechtsnorm – innerhalb und außerhalb des Arbeitsrechts – zum Gegenstand hat und die vom Revisionsgericht mit einem abstrakten, fallübergreifenden Rechtssatz beantwortet werden kann. Die Frage, ob eine Rechtsnorm auf einen individuellen Lebenssachverhalt richtig angewendet worden ist, ist eine Frage der **Rechtsanwendung** und keine Rechtsfrage iSv. Abs. 2 Nr. 1, um derentwillen die Revision zuzulassen ist. 10

Eine Rechtsfrage ist **klärungsfähig**, wenn das Revisionsgericht sie nach dem ihm vorgegebenen Prüfungsmaßstab[10] beantworten kann – was etwa bei der Frage, ob ein Vorbringen in der Berufungsinstanz zu Recht zugelassen worden ist, nicht der Fall ist –, und ihre Beantwortung im Lösungsweg des LAG ein wesentliches Element ist[11]. Bleibt das Ergebnis des Rechtsstreits aus der Sicht des LAG auf Grund einer selbständig tragenden – nur einzelfallbezogenen – Hilfs- oder Alternativbegründung gleich, wenn die betreffende Rechtsfrage von grundsätzlicher Bedeutung nicht oder anders als vom LAG beantwortet wird, muss sich auch das Revisionsgericht nicht mit ihr befassen. Die Zulassung der Revision wegen grundsätzlicher Bedeutung ist dann nicht geboten[12]. 11

Einer Rechtsfrage **fehlt das Klärungsbedürfnis**, wenn sie bereits in dem vom LAG vertretenen Sinn höchstrichterlich entschieden ist und gegen die Richtigkeit keine neuen Gesichtspunkte von einigem 12

---

1 BAG v. 20.8.2002 – 2 AZB 16/02, BAGE 102, 213; GK-ArbGG/*Mikosch*, § 72 ArbGG Rz. 8. | 2 GK-ArbGG/*Mikosch*, § 72 Rz. 12; GMPM/*Müller-Glöge*, § 72 ArbGG Rz. 9. | 3 BAG v. 22.1.2003 – 9 AZB 7/03, AP Nr. 1 zu § 78 nF ArbGG 1979. | 4 BAG v. 16.12.2004 – 9 AZN 969/04, AP Nr. 50 zu § 72 ArbGG 1979. | 5 BVerfG v. 30.4.2003 – 1 PBvU 1/02, BVerfGE 107, 395. | 6 GK-ArbGG/*Mikosch*, § 72 Rz. 34c; GMPM/*Müller-Glöge*, § 72 ArbGG Rz. 11. | 7 Gesetz über die Rechtsbehelfe bei Verletzung des Anspruchs auf rechtliches Gehör v. 9.12.2004, BGBl. I S. 3220; dazu BT-Drs. 15/3706, S. 20 ff. | 8 BT-Drs. 15/3706, S. 20; BAG v. 15.2.2005 – 9 AZN 982/04, NZA 2005, 542. | 9 BAG v. 26.9.2000 – 3 AZN 181/00, AP Nr. 61 zu § 72a ArbGG 1979 – Grundsatz; v. 22.3.2005 – 1 ABN 1/05, AP Nr. 3 zu § 72a ArbGG – Rechtliches Gehör. | 10 *Etzel*, ZTR 1997, 248 (254); *Hauck*, NZA 1999, 925 (926). | 11 BAG v. 28.9.1989 – 6 AZN 303/89, BAGE 63, 58, 63. | 12 BAG v. 14.4.2005 – 1 AZN 840/04, AP Nr. 4 zu § 72a ArbGG 1979 – Rechtliches Gehör; GK-ArbGG/*Mikosch*, § 72 Rz. 23.

Gewicht vorgebracht worden sind[1]. Dasselbe gilt, wenn die richtige Antwort auf die anstehende Frage eindeutig und für jeden Kundigen ohne Zweifel erkennbar ist[2]. Geht es um eine nachträgl. Zulassung der Revision auf Beschwerde nach § 72a hin, kann das Klärungsbedürfnis allerdings von vornherein nicht mit der Offensichtlichkeit der richtigen Antwort verneint werden, wenn das **LAG** eine **entgegengesetzte Antwort** auf die anstehende Rechtsfrage gegeben hat, also das Klärungsbedürfnis (wieder-)hergestellt hat.

13 Damit eine Zulassung der Revision wegen grundsätzlicher Bedeutung geboten ist, muss die Beantwortung der klärungsfähigen und klärungsbedürftigen Rechtsfrage **über den Einzelfall hinaus bedeutsam** sein. Sie dient der Rechtseinheit und Rechtsfortbildung idR nur dann, wenn die Frage für eine unbestimmte Zahl von Arbeitsverhältnissen Bedeutung erlangen kann[3]. Es ist nicht entscheidend, dass eine bestimmte, starr festgelegte Zahl möglicher betroffener Arbeitsverhältnisse festgestellt werden kann[4]. Eine allgemeine Bedeutung fehlt einer Rechtsfrage dann, wenn sie sich auf Grund zwischenzeitlich **geänderter Normlage** in Zukunft so nicht mehr stellen wird[5]. Die **wirtschaftl. Tragweite** einer Entscheidung kann allenfalls dann für eine allgemeine Bedeutung der Rechtsfrage sprechen, wenn sie sich bei der Allgemeinheit oder einem größeren Teil von ihr einstellt; auf die wirtschaftl. Bedeutung der Angelegenheit allein für die Parteien kann es nicht ankommen[6]. In einem solchen Fall besteht keine Gefahr für die Einheit der Rechtsordnung. Es kommt seit der Streichung des § 72a I Nr. 2 aF auch nicht mehr darauf an, ob die Rechtsnorm oder das Regelwerk, welche die Rechtsfrage aufwirft, über den Bezirk eines LAG hinaus gilt; auch eine Rechtsfrage, die diese Bedingung nicht erfüllt, kann grundsätzliche Bedeutung haben[7]. So hat auch eine Verbandsklage über die Auslegung eines TV unabhängig von dessen Geltungsbereich schon im Hinblick darauf immer grundsätzliche, allgemeine Bedeutung, dass diese Entscheidung für alle Tarifunterworfenen in Rechtskraft erwächst (§ 9 TVG)[8].

14 **b) Divergenz.** Das LAG hat die Revision auch zuzulassen, wenn es von einer Entscheidung eines der in Abs. 2 Nr. 2 abschließend aufgezählten Spruchkörper und Gerichte abweichen will und die **Abweichung entscheidungserheblich** ist.

15 Eine **Abweichung „von einer Entscheidung"** liegt nur dann vor, wenn das LAG einen abstrakten, fallübergreifenden, zur Subsumtion geeigneten Rechtssatz[9] oder allgemeinen Erfahrungssatz[10] aufstellt, der im Widerspruch zu einem ebensolchen **Rechtssatz** aus einer divergenzfähigen Entscheidung steht, mit der **dieselbe Rechtsfrage** beantwortet wird. Eine solche Abweichung im Rechtssatz liegt nicht vor, wenn nur ähnliche Lebenssachverhalte von verschiedenen Gerichten unterschiedlich bewertet werden. Das LAG stellt auch dann zur Divergenz geeignete Rechtssätze auf, wenn es sich Rechtsausführungen 1. Instanz nach § 69 II zu Eigen macht[11] oder Rechtserkenntnisse aus anderen Urteilen oder wissenschaftlichen Veröffentlichungen zustimmend wiedergibt[12]. Hatte sich das LAG durch Teil- oder Zwischenurteile für sein abschließendes Urteil selbst gebunden, sind die dort aufgestellten Rechtssätze Teil der abschließenden Entscheidung.

16 Abs. 2 Nr. 2 zählt die **Gerichte und Spruchkörper abschließend** auf, auf deren Rechtssätze es bei der Zulassung der Revision ankommen kann. **Nicht divergenzfähig** sind Entscheidungen der anderen obersten Gerichtshöfe des Bundes, wie des BGH[13], oder der OLG. Auch Entscheidungen des **EuGH** sind nicht divergenzfähig. Eine Abweichung von seinen Vorgaben sollte indes stets unter dem Gesichtspunkt einer Zulassung wegen grundsätzlicher Bedeutung einer entscheidungserheblichen Rechtsfrage überprüft werden; Entsprechendes wird regelmäßig auch im Verhältnis zu BGH-Entscheidungen in Betracht kommen[14]. Entscheidungen der **LAG** sind nur divergenzfähig, wenn es noch keine Entscheidung des BAG zu der betreffenden Rechtsfrage gibt. Sie verlieren ihre Divergenzfähigkeit dann, wenn sie vom BAG aufgehoben wurden[15]. Entscheidungen **desselben LAG** sind nur divergenzfähig, wenn sie von einer – nach ihrer

---

1 BAG v. 8.9.1998 – 9 AZN 541/98, AP Nr. 56 zu § 72a ArbGG 1979 – Grundsatz. | 2 Ähnlich BAG v. 22.4.1987 – 4 AZN 114/87, AP Nr. 32 zu § 72a ArbGG 1979 – Grundsatz; v. 25.10.1989 – 2 AZN 401/89, AP Nr. 39 zu § 72a ArbGG 1979 – Grundsatz. | 3 GK-ArbGG/*Mikosch*, § 72 Rz. 21; ErfK/*Koch*, § 72 ArbGG Rz. 9; GMPM/*Müller-Glöge*, § 72 ArbGG Rz. 17. abzulehnen ist eine starre Grenze von mindestens 20 Arbeitsverhältnissen (BAG v. 21.10.1998 – 10 AZR 588/98, AP Nr. 55 zu § 72a ArbGG 1979 – Grundsatz; v. 15.11.1995 – 4 AZN 580/95, AP Nr. 49 zu § 72a ArbGG 1979 – Grundsatz) oder von mindestens mehr als 20 Arbeitsverhältnissen (BAG v. 26.9.2000 – 3 AZN 181/00, BAGE 95, 372); vgl. hierzu auch *Etzel*, ZTR 1997, 248 (255). | 4 AA noch (mindestens 20 Arbeitsverhältnisse) BAG v. 21.10.1998 – 10 AZR 588/98, AP Nr. 55 zu § 72a ArbGG 1979 – Grundsatz; v. 15.11.1995 – 4 AZN 580/95, AP Nr. 49 zu § 72a ArbGG 1979 – Grundsatz und (mehr als 20 Arbeitsverhältnisse); v. 26.9.2000 – 3 AZN 181/00, BAGE 95, 372; vgl. hierzu auch *Etzel*, ZTR 1997, 248 (255). | 5 BAG v. 21.10.1998 – 10 AZN 588/98, AP Nr. 55 zu § 72a ArbGG 1979 – Grundsatz. | 6 ErfK/*Koch*, § 72 ArbGG Rz. 10. | 7 BAG v. 26.9.2007 – 10 AZN 768/07, NZA 2007, 1316; GK-ArbGG/*Mikosch*, § 72 Rz. 24 mwN; GMPM/*Müller-Glöge*, § 72 ArbGG Rz. 17. | 8 BAG v. 17.6.1997 – 9 AZN 251/97, BAGE 86, 125 = AP Nr. 51 zu § 72a ArbGG 1979 – Grundsatz. | 9 St. Rspr., zB BAG v. 23.7.1996 – 1 ABN 18/96, AP Nr. 33 zu § 72 ArbGG 1979 – Divergenz. | 10 BAG v. 12.12.1968 – 1 AZR 238/68, AP Nr. 34 zu § 72 ArbGG 1953 – Divergenzrevision. | 11 BAG v. 3.2.1981 – 5 AZN 503/80, AP Nr. 4 zu § 72a ArbGG 1979 – Divergenz. | 12 GK-ArbGG/*Mikosch*, § 72a Rz. 61. | 13 BAG v. 21.1.1986 – 1 ABN 33/85, nv. | 14 GMPM/*Müller-Glöge*, § 72 ArbGG Rz. 23; *Bepler*, RdA 2005, 65 (71/72). | 15 BAG v. 5.12.1995 – 9 AZN 678/95, BAGE 81, 355.

Ordnungszahl – anderen Kammer stammen. Entscheidungen derselben Kammer – auch in anderer Besetzung – sind nicht divergenzfähig[1].

Das LAG weicht in einem Rechtssatz von einem Rechtssatz eines der anderen im Gesetz genannten 17
Gerichte und Spruchkörper nur ab und muss die Revision deshalb zulassen, wenn die einander gegenüberstehenden Rechtssätze jeweils **Teil der abschließenden gerichtlichen Stellungnahme** in einer Entscheidung sind. Divergenzfähig sind deshalb Kammer-, Senats- und Plenarentscheidungen des BVerfG, Urteile und Beschlüsse im Beschlussverfahren des BAG, ggf. auch der LAG sowie Beschlüsse des Großen Senats des BAG. Die Äußerung vorläufiger Rechtsmeinungen durch eines der genannten Gerichte ist demgegenüber **nicht divergenzfähig**, so Ausführungen in **Vorlagebeschlüssen** an den Großen Senat des BAG[2] oder an das BVerfG, sowie in **Vorabentscheidungsersuchen** an den EuGH, soweit es jeweils um die Rechtsfrage geht, um derentwillen die Sache vorgelegt wird. In Beschlüssen in **PKH-Sachen** werden bei der Prüfung der Erfolgsaussichten regelmäßig nur vorläufige Rechtsauffassungen geäußert; sie binden bei einer abschließenden materiell-rechtl. Entscheidung nicht und sind deshalb nicht divergenzfähig[3]. Auch amtliche **Leitsätze** oder nicht amtliche, vom Verein der Richterinnen und Richter des BAG verantwortete **Orientierungssätze**, die nicht Bestandteile der Entscheidungen selbst sind, enthalten grds. keine divergierenden Rechtssätze. Sie weisen regelmäßig nur darauf hin, dass sich in der Entscheidung selbst ein divergierender Rechtssatz finden kann[4].

Eine Entscheidung des BAG verliert ihre Divergenzfähigkeit für eine bestimmte dort beantwortete 18
Rechtsfrage dann, wenn das BAG in einer späteren Entscheidung die Frage anders beantwortet hat. Entsprechendes gilt auch für die anderen divergenzfähigen Entscheidungen. Das LAG muss die **aktuelle Entscheidungslage** bei den genannten Gerichten und Spruchkörpern bei seiner Entscheidung berücksichtigen, ob es die Revision zulässt[5]. Für eine **nachträgliche Zulassung** durch das BAG kommt es auf die Rechtslage zum **Zeitpunkt** der Entscheidung des **BAG**, nicht des LAG, an[6]. Sollte die **jüngste Entscheidung** des BAG **frühere** abweichende **Entscheidungen** des BAG **nicht zitiert** haben, sollte allerdings stets eine Zulassung wegen einer Rechtsfrage von **grundsätzlicher Bedeutung** erwogen werden; hier besteht erkennbar Klärungsbedarf.

Eine Abweichung im Rechtssatz liegt nur dann vor, wenn das LAG mit seinem Rechtssatz eine **Rechts-** 19
frage zu derselben geschriebenen oder ungeschriebenen **Rechtsnorm** beantwortet hat, wie das Gericht, das den anderen Rechtssatz aufgestellt hat. Ist die betreffende Entscheidung zu einer anderen Norm ergangen, muss das LAG die Revision wegen Divergenz **nur** dann zulassen, wenn die betroffenen Normen im Wesentlichen wortgleich sind und sich aus ihnen und dem Normzusammenhang keine Gesichtspunkte dafür erkennen lassen, dass die Normgeber **unterschiedliche Regelungsabsichten** hatten[7].

Die Revision ist schließlich nur dann wegen Divergenz zuzulassen, wenn die **Entscheidung anders aus-** 20
gefallen wäre, wäre nicht der vom LAG aufgestellte, sondern der abweichende Rechtssatz angewendet worden. Nur dann beruht die Entscheidung auf der Abweichung, ist die Divergenz **entscheidungserheblich**. Enthält das Urteil des LAG – und sei es auch nur hilfsweise – eine weitere allein tragfähige Begründung, fehlt es an der Entscheidungserheblichkeit[8], es sei denn, auch die andere Begründung enthält einen divergierenden Rechtssatz, bei dessen Ersetzung auch die Hilfs- oder Alternativbegründung nicht mehr trägt.

Während der vom LAG aufgestellte Rechtssatz entscheidungserheblich sein muss, kann sich der in der 21
divergierenden Entscheidung aufgestellte Rechtssatz auch nur in einer Hilfsbegründung oder in einem obiter dictum finden. Aus dem Gesamtzusammenhang muss sich nur entnehmen lassen, dass in der divergenzfähigen Entscheidung ein abstrakter Rechtssatz aufgestellt werden sollte[9], mit dem das erkennende Gericht auf die Rechtsordnung einwirken wollte.

c) Verfahrensverstöße. Seit Inkrafttreten des Anhörungsrügengesetzes am 1.1.2005 können auch be- 22
stimmte Verfahrensverstöße eine Zulassung der Revision gebieten. Sie kommt nur nachträglich auf Beschwerde hin in Betracht, weil das LAG erkannte Verfahrensverstöße nicht begehen wird, um dann anschließend die Revision zuzulassen.

Das Gesetz hat **zwei Arten** von die Revisionszulassung gebietenden Verfahrensverstößen abschließend 23
aufgeführt: Die **absoluten Revisionsgründe** des § 547 ZPO mit **Ausnahme der Nr. 6** (Entscheidung ohne Gründe) sowie **entscheidungserhebliche Verletzungen des Anspruchs auf rechtl. Gehör** (Art. 103 GG). Die **Herausnahme des § 547 Nr. 6 ZPO** beruht wohl auf der Einschätzung, dass es hier stets um Fälle

1 BAG v. 21.2.2002 – 2 AZN 909/01, AP Nr. 43 zu § 72a ArbGG 1979 – Divergenz. |2 BAG v. 20.8.1986 – 8 AZN 244/86, BAGE 52, 394. |3 BAG v. 18.6.1997 – 2 AZN 333/97, FA 1998, 52. |4 BAG v. 26.3.1997 – 4 AZN 1073/96, nv. |5 BAG v. 15.7.1986 – 1 ABN 13/86, AP Nr. 5 zu § 92a ArbGG 1979. |6 GMPM/*Müller-Glöge*, § 72a ArbGG Rz. 20; Hauck/Helml/*Hauck*, § 72a ArbGG Rz. 15; zu § 544 ZPO: BGH v. 23.7.2002 – VI ZR 91/02, NJW 2002, 3334; aA *Seiler*, MDR 2003, 785. |7 Zuletzt BAG v. 20.8.2002 – 9 AZN 130/02, AP Nr. 45 zu § 72a ArbGG 1979 – Divergenz; GMPM/*Müller-Glöge*, § 72 ArbGG Rz. 20; Hauck/Helml/*Hauck*, § 72a ArbGG Rz. 7; aA GK-ArbGG/*Mikosch*, § 72 Rz. 28. |8 BAG v. 9.12.1980 – 7 AZN 374/80, AP Nr. 3 zu § 72a ArbGG 1979 – Divergenz; *Grunsky*, FS Hilger/Stumpf, S. 261. |9 BAG v. 17.2.1981 – 1 ABN 25/80, AP Nr. 7 zu § 72a ArbGG 1979 – Divergenz; GMPM/*Müller-Glöge*, § 72 ArbGG Rz. 22.

verspäteter Entscheidungsabsetzung gehen werde; denn dieser Verfahrensverstoß ist **allein mithilfe der besonderen sofortigen Beschwerde des § 72b** zu bereinigen (vgl. Komm. zu § 72b); weder eine Nichtzulassungsbeschwerde noch eine Revision kann auf diese Verletzung rechtsstaatlicher Prinzipien gestützt werden. Soweit indes Entscheidungen nur hinsichtlich einzelner Streitgegenstände keine Begründung enthalten oder die vom LAG vorgenommene Rechtsauslegung bei verständiger Würdigung der das Grundgesetz beherrschenden Gedanken auf der Grundlage der allgemeinen Denkgesetze nicht mehr verständlich ist, also schlechthin unhaltbar und deshalb objektiv willkürlich ist, liegt zwar auch – zumindest teilweise – eine Entscheidung ohne Gründe iS § 547 Nr. 6 ZPO vor[1]; der Weg über § 72b ist aber verschlossen (§ 72b Rz. 5). In einem solchen Fall wird dann aber vielfach eine **Revisionszulassung** wegen Verletzung **rechtl. Gehörs** in Betracht kommen[2].

24 Die Revision muss damit in jedem Falle, und **ohne** dass es auf eine **Entscheidungserheblichkeit** dieser Verfahrensverstöße ankäme, zugelassen werden, wenn das erkennende LAG **nicht vorschriftsmäßig besetzt** war (§ 547 Nr. 1 ZPO)[3], ein Richter bei der Entscheidung mitgewirkt hat, der kraft Gesetzes von der Ausübung des Richteramtes ausgeschlossen war, sofern dieser Einwand nicht bereits erfolglos durch Ablehnungsgesuch geltendgemacht worden war (Nr. 2), ein Richter trotz begründeten Ablehnungsgesuchs mitgewirkt hat (Nr. 3), eine Partei im Rechtsstreit **nicht ordnungsgemäß vertreten** war und die Vertretung auch nicht ausdrücklich oder stillschweigend genehmigt worden ist (Nr. 4) oder wenn eine Entscheidung zwar auf Grund mündlicher Verhandlung ergangen ist, dabei aber die **Vorschriften über die Öffentlichkeit** des Verfahrens (§§ 169 ff. GVG) **verletzt** wurden (Nr. 5)[4].

25 Praktisch erheblich bedeutsamer ist die auf die Plenarentscheidung des BVerfG vom 30.4.2003[5] zurückgehende Notwendigkeit, die Revision bei einer entscheidungserheblichen Verletzung des Anspruchs auf **rechtl. Gehör**[6] zuzulassen. „Rechtliches Gehör ist nicht nur ein prozessuales ‚Urrecht' des Menschen, sondern auch ein objektivrechtl. Verfahrensprinzip, das für ein rechtsstaatliches Verfahren iSd. Grundgesetzes schlechthin konstitutiv ist. Seine rechtsstaatliche Bedeutung ist auch in dem Anspruch auf ein faires Verfahren ... anerkannt. Der Einzelne soll nicht nur Objekt der richterlichen Entscheidung sein, sondern vor einer Entscheidung, die seine Rechte betrifft, zu Wort kommen, um als Subjekt Einfluss auf das Verfahren nehmen zu können. Rechtl. Gehör sichert den Parteien ein Recht auf Information, Äußerung und Berücksichtigung mit der Folge, dass sie ihr Verhalten im Prozess eigenbestimmt und situationsspezifisch gestalten können. Insbesondere sichert es, dass sie mit Ausführungen und Anträgen gehört werden."[7]

26 Als Verletzungen dieses Verfahrensgrundrechts kommen etwa in Betracht[8]:

- Zurückweisung von **Vorbringen** als **verspätet**, obwohl die gesetzl. Voraussetzungen hierfür nicht vorliegen oder das Vorbringen auf einen gerichtlichen Hinweis hin erfolgte[9],
- Nichteinräumung einer **Äußerungsfrist** nach erstmaligem Hinweis auf fehlende Schlüssigkeit[10],
- Entscheidung vor Ablauf einer für eine Stellungnahme gesetzten Frist,
- Entscheidung ohne Einhaltung der gesetzl. gebotenen Ladungsfrist[11],
- Nichteinhaltung einer für die Einl. einer **Anhörung** vorgeschriebenen **Form**,
- Säumnisentscheidung ohne **Säumnis** der Partei,
- **Übergehen** des **Bestreitens** einer Partei oder eines von einer bestreitenden Partei **angebotenen Beweises**, einschließlich der **eigenen Vernehmung als Partei** für den Inhalt eines Gesprächs, für das die beweisbelastete Partei nur auf diese Weise Beweis führen kann[12],
- Entscheidung ohne **Berücksichtigung** von tatsächlichem oder rechtl. **Vorbringen** einer Partei[13],
- Entscheidung auf der Grundlage einer rechtl. oder tatsächl. Beurteilung, die unter Verstoß gegen § 139 ZPO nicht oder nicht ausreichend zum Gegenstand der mündlichen Verhandlung gemacht worden war, nur dann, wenn auch ein gewissenhafter und rechtskundiger Prozessbevollmächtigter mit einer solchen rechtl. Beurteilung nicht zu rechnen brauchte[14].

Keine Verletzung rechtl. Gehörs, die **ohne weiteres eine Revisionszulassung** geböte, liegt demgegenüber in einer **überlangen Verfahrensdauer** (Art. 6 I MRK[15]). Sie kann **Schadensersatzansprüche** gegen

---

1 Vgl. zB BAG v. 13.12.2005 – 3 AZR 214/05, AP Nr. 5 zu § 1 BetrAVG – Auslegung; v. 20.12.2006 – 5 AZB 35/06, AP Nr. 2 zu § 72b ArbGG 1979. | **2** Vgl. *Zuck*, NJW 2005, 3753 (3754 mwN). | **3** Zum gesetzlichen Richter BAG v. 5.6.2007 – 10 AZR 82/07, AP Nr. 6 zu § 547 ZPO; v. 26.9.2007 – 10 AZN 35/07, NZA 2007, 1318. | **4** Vgl. BAG v. 13.11.2007 – 3 AZN 414/07. | **5** BVerfG v. 30.4.2003 – 1 PBvU 1/02, BVerfGE 107, 395. | **6** Grundl. hierzu Dreier/*Schulze-Fielitz*, Art. 103 GG Rz. 1 ff. | **7** BVerfG v. 30.4.2003 – 1 PBvU 1/02, BVerfGE 107, 395 (408 f.). | **8** Weitere Einzelfälle BAG v. 12.12.2006 – 3 AZN 625/06, NZA 2007, 581; v. 13.11.2007 – 3 AZN 449/07, NZA 2008, 246. | **9** *Zuck*, NJW 2005, 3753 (3756 mwN). | **10** BAG v. 14.12.2005 – 10 AZN 967/05; v. 11.4.2006 – 9 AZN 892/05, NZA 2006, 750. | **11** BSG v. 28.4.2004 – B 11 AL 250/03 B. | **12** BAG v. 22.5.2007 – 3 AZN 1155/06, NZA 2007, 885. | **13** Vgl. aber BAG v. 14.3.2005 – 1 AZN 1002/04, AP Nr. 53 zu § 72a ArbGG 1979; v. 22.3.2005 – 1 ABN 1/05, AP Nr. 3 zu § 72a ArbGG 1979 – Rechtliches Gehör; v. 31.8.2005 – 5 AZN 187/05, AP Nr. 7 zu § 72 ArbGG 1979 – Rechtliches Gehör. | **14** BVerfG v. 14.7.1998 – 1 BvR 1640/97, BVerGE 98, 218 (263); BAG v. 31.7.2007 – 3 AZN 326/07. | **15** Vgl. zB EGMR v. 17.10.2002, Nr. 38365/97, Rz. 41 ff.

die Bundesrepublik auslösen, gibt aber keine taugliche Begründung dafür, das Verfahren durch – nachträgliche – Zulassung der Revision zu Lasten der anderen Partei weiter zu verlängern[1], **es sei denn**, durch die verzögerliche Bearbeitung ist es im Einzelfall zu einem **entscheidungserheblichen Verstoß** gegen den Anspruch auf rechtl. Gehör gekommen.

Eine Zulassung der Revision ist nur dann geboten, wenn die Verletzung des rechtl. Gehörs **entscheidungserheblich** ist. Dies ist nur dann der Fall, wenn die **Begründung der Entscheidung des LAG** insgesamt oder zu einem Streitgegenstand mit einem Begründungselement oder dessen Fehlen steht und fällt, das unter Verletzung dieses Verfassungsgebots gewonnen worden ist, oder das bei dessen Beachtung hätte berücksichtigt werden müssen. Nach einer Auffassung muss darüber hinaus aus der Sicht des Revisionsgerichts die ernsthafte Möglichkeit bestehen, dass der geltend gemachte materielle Anspruch des Beschwerdeführers besteht oder sein Klageabweisungsbegehren gerechtfertigt ist. Das **BAG** hat hiernach über die Prüfung der Entscheidungserheblichkeit des Verfahrensfehlers im Entscheidungsduktus des LAG hinaus eine eigene **Schlüssigkeits-** bzw. **Erheblichkeitsprüfung** vorzunehmen[2]. Dem ist in dieser Allgemeinheit **nicht zu folgen**. Eine solche, dem Revisionsverfahren vorbehaltene Prüfung kann nicht in ein Verfahren vorverlegt werden, in dem es nur um die Richtigkeit der Entscheidung geht, die Revision nicht zuzulassen[3]. Etwas anderes wird zu gelten haben, wenn es darauf ankommt, ob das neue, nur mithilfe eines Verstoßes gegen Art. 103 GG verhinderte Vorbringen an der Entscheidung des LAG etwas geändert hätte. Hier muss das BAG bewertend an die Stelle des ja nicht mit diesem Vortrag befassten LAG treten. 27

3. Zulassungsentscheidung des LAG. a) Form der Entscheidung. Auf Grund von § 72 I 2 und der Verweisung auf § 64 IIIa steht fest, dass das LAG **im Tenor** verkünden muss, ob es die Revision gegen sein Urteil zulässt oder nicht[4]. Auch die Entscheidung, die Revision nicht zuzulassen, ist nach der eindeutigen gesetzl. Anordnung erforderlich. Fehlt es an einer solchen Entscheidung, kann kein Rechtsmittel eingelegt werden. Eine **Zulassung in den Gründen** der Entscheidung oder eine Rechtsmittelbelehrung, wonach die Revision für eine der Parteien statthaft sei, **reicht nicht** aus. Hat das LAG in den Urteilstenor **keine Entscheidung** über die Zulassung der Revision aufgenommen, muss die durch sein Urteil beschwerte Partei innerhalb einer – leider nicht: Not- – **Frist von zwei Wochen** ab Verkündung des Urteils 2. Instanz die **Ergänzung** um einen Ausspruch zur Revisionszulassung **beantragen**. Sie muss sich deshalb unverzüglich darum kümmern, welche Entscheidung das LAG verkündet hat. Über den Ergänzungsantrag hat die Kammer des LAG in der Besetzung zu entscheiden, in der sie das zu ergänzende Urteil gefällt hat[5]. Dies kann auch ohne mündliche Verhandlung durch Beschluss geschehen. 28

Hat das LAG die förmliche Entscheidung über die Revisionszulassung übergangen, kann das Urteil **nicht von Amts wegen** ergänzt werden[6]. Dies gilt auch dann, wenn die beschwerte Partei die Frist für den Ergänzungsantrag nach § 72 I 2, § 64 IIIa schuldhaft **versäumt** hat. In einem solchen Fall ist weder eine Revision noch eine Nichtzulassungsbeschwerde statthaft. Es gilt der Vorrang des Ergänzungsverfahrens nach Abs. 1 S. 2. Diese Rechtsfolge kann dann nicht greifen, wenn die Frist für den Ergänzungsantrag nach § 64 IIIa 2, § 72 I 2 schuldlos versäumt wurde. Wohl auf Grund eines Versehens ist diese Frist **nicht als Notfrist** ausgestaltet worden, so dass eine Wiedereinsetzung in den vorigen Stand nicht in Betracht kommt. Dies ist verfassungsrechtl. nicht haltbar. Dem sollte man angesichts des eindeutig geregelten Ergänzungsverfahrens nicht über eine Ergänzung des Urteils von Amts wegen nach Ablauf der Frist begegnen. Vielmehr ist für einen solchen Fall der Vorrang des Ergänzungsverfahrens einzuschränken; es besteht die Möglichkeit der **Nichtzulassungsbeschwerde**[7]. Eine Urteilsberichtigung nach § 319 ZPO scheidet in aller Regel aus; es ist zwar offenbar, dass eine an sich gesetzl. gebotene Entscheidung fehlt. Es ist jedoch nur **selten offenbar, welche Entscheidung** – Zulassung oder Nichtzulassung – fehlt, und ob es überhaupt eine entsprechende Willensbildung der Kammer hierzu gegeben hat[8]. 29

b) Beschränkte und unbeschränkte Zulassung. Lässt das LAG die Revision gegen sein Urteil zu, ohne diese Entscheidung einzuschränken, kann jede durch das Urteil **beschwerte Partei** Revision einlegen. Eine **Einschränkung** der Zulassung – die **stets im** ggf. durch Beschluss nach § 64 IIIa ergänzten **Entscheidungsausspruch** zu erfolgen hat; nur in den Gründen ist sie wirkungslos[9] – kommt in Betracht, wenn nur bei einem von mehreren Streitgegenständen oder für einen **teilurteilsfähigen Teil** eines Streitgegenstandes die Voraussetzungen für eine Zulassung der Revision gegeben sind[10]. Sind durch ein Urteil **beide Parteien beschwert**, kann die Revisionszulassung nur dann auf eine Partei beschränkt werden, wenn nur hinsichtlich ihrer Beschwer die Rechtssache grundsätzliche Bedeutung hat oder nur insoweit eine Di- 30

1 AA BSG v. 13.12.2005 – B 4 RA 220/04 B, SGb 2006, 553. | 2 BAG v. 31.8.2005 – 5 AZN 580/05, AP Nr. 6 zu § 72a ArbG 1979 – Rechtliches Gehör. | 3 Vgl. näher Düwell/Lipke/*Bepler*, ArbGG § 72 Rz. 28h. | 4 Zur Gesetzesgeschichte: *Bepler*, AuR 1997, 421. | 5 GMPM/*Germelmann*, § 64 ArbGG Rz. 33. | 6 GK-ArbGG/*Vossen*, § 64 Rz. 62; GMPM/*Müller-Glöge*, § 72 ArbGG Rz. 36; ErfK/*Koch*, § 64 ArbGG Rz. 12; aA *Appel/Kaiser*, AuR 2000, 281 (282); *Lakies*, BB 2000, 667 (669). | 7 Im Ergebnis ebenso GMPM/*Müller-Glöge*, § 72 ArbGG Rz. 27; *Germelmann*, NZA 2000, 1017 (1023), die diesen Weg aber möglicherweise auch bei schuldhafter Versäumung der Antragsfrist einräumen wollen. | 8 Zu einer ausnahmsweise statthaften Berichtigung: BAG v. 10.5.2005 – 9 AZR 251/04, AP Nr. 4 zu § 8 BUrlG. | 9 BAG v. 5.11.2003 – 4 AZR 643/02, AP Nr. 49 zu § 72 ArbGG 1979. | 10 BAG v. 19.3.2003 – 5 AZN 751/02, BB 2003, 1183; GMPM/*Müller-Glöge*, § 72 ArbGG Rz. 29 ff.

vergenz vorliegt (zB eine Klageforderung wird teilweise abgewiesen, weil eine tarifl. Ausschlussfristbestimmung in einem bestimmten Sinn verstanden wird). Ist auf diese Weise wirksam die Revisionszulassung eingeschränkt worden, ist die Revision für die Gegenpartei auch in Form der Anschlussrevision ausgeschlossen[1]. Dabei ist es Sache des Revisionsgerichts, die Wirksamkeit der Zulassungseinschränkung von Amts wegen zu **überprüfen**[2].

31 Während eine Beschränkung der Revisionszulassung auf einzelne Rechtsfragen oder Anspruchsgrundlagen nach allgemeiner Auffassung unzulässig ist[3], wird es als möglich angesehen, die Revisionszulassung auf einen von mehreren freiwilligen **Streitgenossen** zu beschränken[4], auf Klage oder Widerklage, auf die zur Aufrechnung gestellte Forderung oder die Forderung, gegen die aufgerechnet worden ist[5]. Nach überwiegender Auffassung kann die Zulassung der Revision auch auf diejenigen Teile des Rechtsstreits beschränkt werden, über die ein **selbständig anfechtbares Zwischenurteil** (vgl. Rz. 4) hätte ergehen können, wobei hier sogar die Einschränkung des § 61 III, § 64 VII unerheblich sein soll, so dass auch eine Beschränkung der Zulassung auf den Grund des Anspruchs statthaft sein soll[6]. Dem ist nicht zu folgen. Von einem selbständig anfechtbaren Teil des Streitgegenstandes kann nur ausgegangen werden, wenn das Gericht zuvor nach **§ 280 ZPO** verfahren ist, also gesondert verhandelt und entschieden hat. Bei einheitlicher Verhandlung fällt die Privilegierung des § 280 ZPO weg[7].

32 Hat das LAG in seine verkündete Entscheidung, mit der es die Revision zugelassen hat, die Einschränkung der Zulassung nicht aufgenommen, oder hat es die Zulassung in einer Weise beschränkt, die **nicht eindeutig** oder **nicht statthaft** ist, ist die **Revision uneingeschränkt** für jede beschwerte Partei statthaft. Bei einer unzulässigen Beschränkung auf einzelne Rechtsfragen oder Anspruchsgrundlagen kann die Auslegung der Entscheidung allerdings ergeben, dass sich die Zulassung nur auf den Streitgegenstand beziehen soll, in dem diese Rechtsfrage oder Anspruchsgrundlage eine Rolle spielt[8].

33 **4. Wirkung der Zulassung.** Mit der wirksamen Zulassung der **Revision** durch das LAG ist die Revision zum BAG im Umfang der Zulassung für jede beschwerte Partei **eröffnet**, es sei denn, sie wäre nur für eine Partei zugelassen. Das BAG ist an die Zulassung der Revision durch das LAG nach Abs. 3 **gebunden**. Das ist auch dann der Fall, wenn das LAG die Revision ohne rechtl. Veranlassung und deshalb rechtsfehlerhaft zugelassen hat[9].

34 Eine **Bindung** tritt nur dann **nicht** ein, wenn das LAG die Revision gegen ein Urteil zugelassen hat, das als solches nicht revisibel ist (vgl. Rz. 6). Wird auf Grund einer solchen Revisionszulassung und einer entsprechenden Rechtsmittelbelehrung Revision eingelegt, die dann letztlich als unzulässig verworfen werden muss, sind keine Gerichtskosten zu erheben (§ 8 GKG)[10].

35 **IV. Anwendbare Vorschriften. 1. Vorschriften der ZPO (Abs. 5).** Neben dem ausdrücklich genannten § 566 ZPO über die Sprungrevision, der durch § 76 verdrängt wird, werden auch weitere Bestimmungen der ZPO durch Regelungen des ArbGG **ersetzt**:

- §§ 542–544 ZPO über die Zulassung der Revision durch § 72, § 72a;
- § 545, § 546, § 563 IV ZPO zu den möglichen Revisionsgründen durch § 73;
- § 548 und § 553 ZPO zu Revisionsfrist und Terminsbestimmung durch § 74.

36 Die **übrigen Bestimmungen** der ZPO über das Revisionsverfahren **gelten entsprechend**, so insb. die Bestimmungen über die absoluten Revisionsgründe (§ 547 ZPO), über die – nach der ZPO-Reform nur noch unselbständig mögliche[11] – Anschlussrevision (§ 554 ZPO) (vgl. § 74 Rz. 38 ff.), über den Verlust des Rügerechts (§ 556 ZPO), über die tatsächlichen Grundlagen der revisionsgerichtlichen Überprüfung (§ 559 ZPO), über zurückverweisende und ersetzende Revisionsentscheidungen (§ 563 I–III ZPO) und über die Begründung bei Verfahrensrügen (§ 564 ZPO).

37 **2. Bestimmungen des ArbGG (Abs. 6).** Die in Abs. 6 angeordnete entsprechende Anwendung der Bestimmungen über das erstinstanzliche Verfahren vor den ArbG bedeutet:

- Über die **Ablehnung eines** (Berufs- oder ehrenamtlichen) **Richters** des BAG hat der Senat einschließlich der ehrenamtlichen Richter mit Ausnahme des abgelehnten Richters zu entscheiden[12], es sei denn das Ablehnungsgesuch wird in einem Verfahren angebracht, das durch eine Entscheidung nur der Berufsrichter beendet wird (zB PKH).

---

1 BAG v. 7.12.1995 – 2 AZR 772/94, BAGE 81, 371 (375). | 2 BAG v. 18.12.1984 – 3 AZR 389/83, AP Nr. 8 zu § 17 BetrAVG; GK-ArbGG/*Mikosch*, § 72 Rz. 48; GMPM/*Müller-Glöge*, § 72 ArbGG Rz. 51. | 3 BAG v. 9.3.1996 – 2 AZR 497/94, AP Nr. 123 zu § 626 BGB unter II.1 d.Gr.; ErfK/*Koch*, § 72 ArbGG Rz. 25; GMPM/*Müller-Glöge*, § 72 ArbGG Rz. 42. | 4 GMPM/*Müller-Glöge*, § 72 ArbGG Rz. 39. | 5 GK-ArbGG/*Mikosch*, § 72 Rz. 39. | 6 GMPM/*Müller-Glöge*, § 72 ArbGG Rz. 41; Hauck/Helml/*Hauck*, § 72 ArbGG Rz. 15. | 7 AA GMPM/*Müller-Glöge*, § 72 ArbGG Rz. 41. | 8 GK-ArbGG/*Mikosch*, § 72 Rz. 41. | 9 BAG v. 16.4.1997 – 4 AZR 653/95, AP Nr. 35 zu § 72 ArbGG 1979 gegen die ältere überholte Rspr.; ebenso GMPM/*Müller-Glöge*, § 72 ArbGG Rz. 47; GK-ArbGG/*Mikosch*, § 72 Rz. 57. | 10 Ähnlich BAG v. 15.12.1986 – 2 AZR 289/86, AP Nr. 1 zu § 8 GKG 1975. | 11 Für sie bedarf es einer Beschwer der sich anschließenden Partei: Thomas/Putzo/*Reichold*, § 554 ZPO Rz. 2. | 12 BAG v. 29.10.1992 – 5 AZR 367/92, BAGE 71, 293.

- Nach § 50 muss auch die **Zustellung der Revisionsurteile** binnen drei Wochen seit Übergabe des von sämtlichen Mitgliedern des erkennenden Senats unterschriebenen Urteils nebst Tatbestand und Entscheidungsgründen (§ 75) erfolgen.
- Die Verhandlungen vor dem Senat und die Verkündung der Entscheidungen des BAG sind entsprechend § 52 **öffentlich**. Soweit ausnahmsw., etwa wegen der Feststellung prozessualer Zulässigkeitsvoraussetzungen, in der Revisionsinstanz eine Beweisaufnahme durchzuführen ist, gilt auch für sie das Öffentlichkeitsgebot. § 52 entscheidet auch darüber, ob der Senat die Öffentlichkeit ausschließen kann. Nach § 52 IV ArbGG, § 169 S. 2 GVG sind jedenfalls derzeit Ton- und Fernseh-, Rundfunkaufnahmen sowie Ton- und Filmaufnahmen von mündlichen Verhandlungen und Anhörungen zum Zwecke der öffentl. Vorführung oder Veröffentlichung ihres Inhalts unzulässig, sobald die mündliche Verhandlung begonnen hat.
- Die entsprechende Anwendung des **§ 53** bedeutet, dass dort, wo diese Vorschrift die Befugnisse des Vorsitzenden klärt, ohne die ehrenamtlichen Richter tätig zu werden, in der Revisionsinstanz an die Stelle des Vorsitzenden der Kammer die **berufsrichterlichen Mitglieder des Senats** treten[1].
- Die Befugnisse des **Senatsvorsitzenden** im Verhältnis zu den übrigen berufsrichterlichen Mitgliedern des Senats bestimmen sich nach den Vorschriften der ZPO (§ 53 II). Der Vorsitzende ist deshalb allein zuständig für die Terminierung (§ 216 II ZPO[2]) und für die Führung der mündlichen Verhandlung (§ 136, auch § 140 ZPO).
- Auch in der Revisionsinstanz ist die **gütliche Erledigung** des Rechtsstreits anzustreben (§ 57 II), die angesichts des Fehlens einer Güteverhandlung in der Revisionsinstanz sinnvoller Weise durch gerichtliche Hinweisschreiben vorbereitet wird.
- Was den Inhalt des Revisionsurteils angeht, so ist § 61 I, der die Festsetzung des **Gegenstandswertes** im Urteil betrifft, ausdrücklich **nicht** in Bezug genommen; es gilt nur § 61 II, wonach auf Antrag zur Zahlung einer vom Gericht festzusetzenden **Entschädigung** zu verurteilen ist, wenn eine Handlung, zu deren Vornahme verurteilt wurde, nicht innerhalb einer bestimmten Frist vorgenommen wurde.
- Rechtskräftige Urteile in **TV-Sachen** sind auch durch das BAG nach § 63 alsbald der obersten Arbeitsbehörde des Landes oder dem Bundesminister für Arbeit und Soziales in vollständiger Form schriftl. zu übersenden. Dies betrifft nur rechtskräftige Entscheidungen in der Sache, nicht auch solche, durch die das Urteil der Vorinstanz aufgehoben und zurückverwiesen wird.

72a *Nichtzulassungsbeschwerde*

(1) Die Nichtzulassung der Revision durch das Landesarbeitsgericht kann selbständig durch Beschwerde angefochten werden.

(2) Die Beschwerde ist bei dem Bundesarbeitsgericht innerhalb einer Notfrist von einem Monat nach Zustellung des in vollständiger Form abgefassten Urteils schriftlich einzulegen. Der Beschwerdeschrift soll eine Ausfertigung oder beglaubigte Abschrift des Urteils beigefügt werden, gegen das die Revision eingelegt werden soll.

(3) Die Beschwerde ist innerhalb einer Notfrist von zwei Monaten nach Zustellung des in vollständiger Form abgefassten Urteils zu begründen. Die Begründung muss enthalten:

1. die Darlegung der grundsätzlichen Bedeutung einer Rechtsfrage und deren Entscheidungserheblichkeit,

2. die Bezeichnung der Entscheidung, von der das Urteil des Landesarbeitsgerichts abweicht, oder

3. die Darlegung eines absoluten Revisionsgrundes nach § 547 Nr. 1 bis 5 der Zivilprozessordnung oder der Verletzung des Anspruchs auf rechtliches Gehör und der Entscheidungserheblichkeit der Verletzung.

(4) Die Einlegung der Beschwerde hat aufschiebende Wirkung. Die Vorschriften des § 719 Abs. 2 und 3 der Zivilprozessordnung sind entsprechend anzuwenden.

(5) Das Landesarbeitsgericht ist zu einer Änderung seiner Entscheidung nicht befugt. Das Bundesarbeitsgericht entscheidet unter Hinzuziehung der ehrenamtlichen Richter durch Beschluss, der ohne mündliche Verhandlung ergehen kann. Die ehrenamtlichen Richter wirken nicht mit, wenn die Nichtzulassungsbeschwerde als unzulässig verworfen wird, weil sie nicht statthaft oder nicht in der gesetzlichen Form und Frist eingelegt und begründet ist. Dem Beschluss soll eine kurze Begründung beigefügt werden. Von einer Begründung kann abgesehen werden, wenn sie nicht geeignet wäre, zur Klärung der Voraussetzungen beizutragen, unter denen eine Revision zuzulassen ist, oder wenn der Beschwerde stattgegeben wird. Mit der Ablehnung der Beschwerde durch das Bundesarbeitsgericht wird das Urteil rechtskräftig.

---

1 BAG v. 10.12.1992 – 8 AZB 6/92, BAGE 72, 84. | 2 BAG v. 4.2.1993 – 4 AZR 541/92, BAGE 72, 184.

(6) Wird der Beschwerde stattgegeben, so wird das Beschwerdeverfahren als Revisionsverfahren fortgesetzt. In diesem Fall gilt die form- und fristgerechte Einlegung der Nichtzulassungsbeschwerde als Einlegung der Revision. Mit der Zustellung der Entscheidung beginnt die Revisionsbegründungsfrist.

(7) Hat das Landesarbeitsgericht den Anspruch des Beschwerdeführers auf rechtliches Gehör in entscheidungserheblicher Weise verletzt, so kann das Bundesarbeitsgericht abweichend von Absatz 6 in dem der Beschwerde stattgebenden Beschluss das angefochtene Urteil aufheben und den Rechtsstreit zur neuen Verhandlung und Entscheidung an das Landesarbeitsgericht zurückverweisen.

1 **I. Allgemeines. 1. Überblick.** Gegen die Entscheidung des LAG, die Revision gegen sein Urteil nicht zuzulassen, kann Beschwerde beim BAG eingelegt werden. Mit diesem Rechtsbehelf (nicht: Rechtsmittel; dazu Rz. 9)[1], der nicht die Sachentscheidung des LAG sondern nur dessen **Verfahrensentscheidung** zur Überprüfung durch das BAG stellt, und dem das LAG nicht abhelfen kann (Abs. 5 S. 1), wird die letzte Möglichkeit für die beschwerte Partei eröffnet, die Revisionsinstanz zu erreichen. Sie besteht weder gegenüber dem Beschluss des ArbG im Beschlussverfahren nach § 125 InsO[2] noch dann, wenn das LAG die Rechtsbeschwerde nach § 78 nicht zugelassen hat[3]. In beiden Bestimmungen ist § 72a nicht in Bezug genommen. Die 3. Instanz kann hier nur durch Zulassung in der anzufechtenden Entscheidung eröffnet werden.

2 Durch die Einführung der Zulassungsrevision wollte der Gesetzgeber die **Revisionsinstanz entlasten**. Er hat dies auch erreicht, wie die – unterschiedlich – zurückhaltende Zulassungspraxis der LAG belegt[4]. Die ungewöhnlich hohe Zahl von Nichtzulassungsbeschwerden[5] spricht aber dafür, dass diese Gesetzeslage nicht wesentlich zur **Rechtsbefriedung** beigetragen hat. Hinzu kommt, dass die Nichtzulassungsbeschwerden zuletzt nur in einem sehr geringen, dazu noch rückläufigen Umfang Erfolg hatten[6]. Dies beruhte besonders darauf, dass die **Entscheidung** des LAG, die Revision nicht zuzulassen, nur sehr **eingeschränkt zu überprüfen** war. Es genügte zwar für die nachträgliche Zulassung der Revision das Vorliegen einer Divergenz, wie sie in § 72 II Nr. 2 angesprochen ist. Eine grundsätzliche Bedeutung der Rechtssache führte aber bis 2004 nur dann zur nachträglichen Zulassung, wenn die Rechtsstreitigkeit zusätzlich einen der in § 72a I aF abschließend aufgezählten kollektivrechtl. Streitgegenstände betraf.

3 Diese Rechtslage ist durch das **Anhörungsrügengesetz** wesentlich und schon im ersten Jahr seiner Geltung mit einigem Erfolg[7] **geändert** worden[8]. Der Gesetzgeber stellte einen Gleichlauf der Gründe für eine Zulassung durch die LAG und die nachträgliche Zulassung durch das BAG her, indem er die **Beschränkung der Zulassungsmöglichkeiten** wegen grundsätzlicher Bedeutung auf drei kollektivrechtl. Streitgegenstände **ersatzlos strich** und zudem die nur im Beschwerdeverfahren wirkenden **verfahrensrechtl. Zulassungsgründe** schuf.

4 **2. Abschließende Regelung.** Die Gründe für eine Zulassung der Revision durch das BAG, wie sie sich aus § 72 II ergeben, sind **abschließend**. Verfahrensverstöße, die nicht unter die Tatbestände einer Verletzung rechtl. Gehörs oder eines absoluten Revisionsgrundes subsumiert werden können und auch keine entscheidungserhebliche Rechtsfrage von grundsätzlicher Bedeutung betreffen oder im Widerspruch zu einer divergenzfähigen Entscheidung stehen, können eine Zulassung der Revision durch das BAG nicht rechtfertigen. Der Verfahrensverstoß einer **Entscheidung ohne – rechtzeitig abgesetzte – Gründe** (§ 547 Nr. 6) kann, soweit die Voraussetzungen des § 72b erfüllt sind, nur über die dort eingeführte sofortige Beschwerde verfolgt werden. Eine nachträgliche Zulassung der Revision auf Beschwerde nach **§ 72a** kann er **in keinem Fall** begründen (§ 72b I 2). Umgekehrt: Liegt ein **„Urteil ohne Gründe“** wegen verspäteter Absetzung vor, in dem die **Revision nicht zugelassen** worden ist, ist die **Nichtzulassungsbeschwerde insgesamt unstatthaft**; es bleibt nur die sofortige Beschwerde nach § 72b (näher § 72b Rz. 4)[9].

5 **3. Erschöpfung des Rechtsweges.** Liegt in dem eine nachträgliche Zulassung der Revision nicht rechtfertigenden Verfahrensfehler zugleich ein Verfassungsverstoß, kommt eine Verfassungsbeschwerde in Betracht. Bevor gegen ein Urteil des LAG, in dem die Revision nicht zugelassen worden ist, **Verfassungsbeschwerde** eingelegt werden kann, muss aber der Rechtsweg erschöpft sein (§ 90 II BVerfGG) und deshalb auch das Nichtzulassungsbeschwerde-Verfahren durchgeführt werden. Dies soll nach der Rspr. des BVerfG dann nicht gelten, wenn die beschwerte Partei bei Einlegung der Nichtzulassungsbeschwerde nach der Rechtslage nicht habe im Ungewissen sein können, dass diese Beschwerde unstatthaft oder unzulässig sei. Durch die Einlegung eines solchen Rechtsbehelfs werde die Monatsfrist zur Einlegung der Verfassungsbeschwerde nicht unterbrochen und mit der Entscheidung über die Nichtzulassungsbe-

1 Zu Unrecht zweifelnd *Fölsch*, SchlHA 2005, 68 (72); auch durch die Einfügung von Nr. 3 in § 72 II hat sich am Prüfungsgegenstand der Nichtzulassungsbeschwerde nichts geändert. | 2 BAG v. 14.8.2001 – 2 ABN 20/01, AP Nr. 44 zu § 72a ArbGG 1979 – Divergenz. | 3 BAG v. 19.12.2002 – 5 AZB 54/02, NZA 2003, 287. | 4 Vgl. *Schliemann*, FS 50 Jahre Arbeitsgerichtsbarkeit Rheinland-Pfalz, 1999, S. 655 (660). | 5 In den meisten Jahren sind mehr als doppelt so viele Nichtzulassungsbeschwerden wie Revisionen und Rechtsbeschwerden eingelegt worden. | 6 *Schliemann*, FS 50 Jahre Arbeitsgerichtsbarkeit Rheinland-Pfalz, 1999, S. 655 (663); *Leschnig/Gross*, JbArbR, Bd. 39, S. 37. | 7 Im Einzelnen *Bepler*, JbArbR 43 (2006), 45. | 8 Überblick *Bepler*, RdA 2005, 65 (69 ff.). | 9 BAG v. 2.11.2006 – 4 AZN 716/06, NZA 2007, 111.

schwerde neu in Gang gesetzt[1]. Bei verfassungsrechtl. Bedenken gegen das Urteil eines LAG, in dem die Revisionszulassung abgelehnt wurde, sollte in jedem Falle Verfassungsbeschwerde und Nichtzulassungsbeschwerde **gleichzeitig** eingelegt und rechtzeitig begründet werden, auch wenn man die Nichtzulassungsbeschwerde für aussichtslos hält. Legt man nur Verfassungsbeschwerde ein, wird deren Zurückweisung wegen Nichterschöpfung des Rechtsweges riskiert, legt man nur Nichtzulassungsbeschwerde ein, droht die Verwerfung einer danach erhobenen Verfassungsbeschwerde wegen Verfristung.

II. Einlegung der Nichtzulassungsbeschwerde. 1. Form und Frist. Die Nichtzulassungsbeschwerde 6 muss durch einen **Rechtsanwalt oder** einen **Verbandsvertreter**, der die **Befähigung zum Richteramt hat** (§ 11 IV nF) schriftsätzlich und ordnungsgemäß unterzeichnet, nicht lediglich paraphiert[2], beim BAG eingereicht werden. Dies kann auch durch Fax oder Telebrief geschehen (im Einzelnen § 74 Rz. 6)[3]. Die Beschwerdeschrift muss die **Entscheidung** des LAG, die angefochten werden soll, nach Gericht, Datum und Aktenzeichen **eindeutig benennen**[4], es sei denn, diese notwendigen Angaben lassen sich aus sonstigen Umständen, wie insb. einer **der Beschwerdeschrift beigefügten Ausfertigung oder Abschrift des anzufechtenden Urteils** entnehmen. Aus der Beschwerdeschrift muss sich weiter ergeben, für **welche Partei** Beschwerde eingelegt wird, und dass es dieser Partei darum geht, eine **nachträgliche Zulassung** der Revision zu erreichen.

Die Beschwerde kann nicht unter einer **Bedingung** eingelegt werden[5]. Sie kann deshalb auch nicht nur 7 für den Fall eingelegt werden, dass für ihre Durchführung **PKH** (zur PKH im Verfahren nach § 72a Rz. 33) bewilligt wird. Die Gegenauffassung[6] beruft sich zu Unrecht auf Gründe der Prozessökonomie. Die beschwerte Partei ist nicht gehindert, neben dem Antrag auf Bewilligung von PKH vorsorglich – und mit vollem Kostenrisiko – Nichtzulassungsbeschwerde einzulegen.

Die Nichtzulassungsbeschwerde ist innerhalb einer **Notfrist von einem Monat** nach Zustellung des in 8 vollständiger Form abgefassten Urteils beim BAG einzulegen (Abs. 2 S. 1). Eine Einreichung beim LAG wahrt die Frist nicht. Die Beschwerdeschrift muss innerhalb der Monatsfrist beim BAG eingegangen sein[7].

Für den Beginn des Fristablaufs kommt es **nicht** darauf an, dass das LAG seinem Urteil eine **formge-** 9 **rechte Belehrung** über die Möglichkeit der Nichtzulassungsbeschwerde beigefügt hat. § 9 V 4 ist unanwendbar. Die Nichtzulassungsbeschwerde ist **kein Rechtsmittel** iS dieser Bestimmung, über das förmlich belehrt werden müsste. Ihr fehlt der hierfür wesentliche Devolutiv-Effekt. Auf die Beschwerde ist nur die Richtigkeit der Verfahrensentscheidung über die Nichtzulassung der Revision, nicht die Entscheidung in der Hauptsache zu überprüfen[8], auch wenn diese Aussage hinsichtlich der sog. Verfahrensbeschwerde und der Entscheidungsmöglichkeit aus § 72a VII nicht unproblematisch ist[9]. Es ist zwar üblich und anzuraten, dem Urteil, in dem die Revision nicht zugelassen wird, einen formlosen Hinweis auf die Möglichkeit der Nichtzulassungsbeschwerde beizufügen. Fehlt ein solcher Hinweis, ergeben sich daraus aber keine Rechtsfolgen[10].

2. Mögliche Anträge. Mit der Beschwerdeschrift, aber auch im Rahmen der Beschwerdebegründung 10 kann der Beschwerdeführer die folgenden Anträge stellen: Hat das LAG die Revision gegen sein Urteil **insgesamt nicht zugelassen** oder hat es die Entscheidung über die Zulassung übergangen und die beschwerte Partei die Frist für den Ergänzungsantrag nach § 64a III 2 schuldlos versäumt[11] (vgl. § 72 Rz. 29), kann diese beantragen,

die Revision gegen das Urteil des LAG ... vom ... – Az.: ... zuzulassen.

Sind mehrere Parteien beschwert, von denen jede Nichtzulassungsbeschwerde einlegen kann, empfiehlt sich für den einzelnen Antrag der Zusatz „für den Kläger“ oder „für die Beklagte“.

Hat das LAG die Revision nur **für** einen **Teil** des Streitstoffes **zugelassen** (vgl. § 72 Rz. 30 f.), kann 11 wegen der teilweisen Nichtzulassung beantragt werden,

die Revision gegen ... auch zuzulassen, soweit es über den Anspruch auf ... entschieden hat.

Die beschwerte Partei kann schließlich auch, wenn die Revision insgesamt nicht zugelassen wurde, nur **wegen eines Teils** des Streitstoffes die **Zulassung** der Revision beantragen, also etwa

die Revision gegen ... zuzulassen, soweit es über den Anspruch auf ... entschieden hat.

---

1 BVerfG v. 6.6.1978 – 1 BvR 98/76, BVerfGE 48, 341, 344; zuletzt bestätigt durch Beschl. v. 6.12.2001 – 1 BvR 1976/01, nv. | 2 BAG v. 27.3.1996 – 5 AZR 576/94, AP Nr. 67 zu § 518 ZPO. | 3 *Düwell*, NZA 1999, 291 (292). | 4 BAG v. 27.10.1981 – 3 AZN 283/81, AP Nr. 12 zu § 72a ArbGG 1979. | 5 BAG v. 13.8.1985 – 4 AZN 212/85, AP Nr. 22 zu § 72a ArbGG 1979. | 6 GMPM/*Müller-Glöge*, § 72a ArbGG Rz. 29. | 7 BAG v. 4.11.1980 – 4 AZN 370/80, AP Nr. 7 zu § 72a ArbGG 1979. | 8 BAG v. 1.4.1980 – 4 AZN 77/80, AP Nr. 5 zu § 72a ArbGG 1979; ebenso GMPM/*Müller-Glöge*, § 72a ArbGG Rz. 7 mwN; aA *Fölsch*, SchlHA 2005, 68 (72) für die neue Gesetzeslage, der aber übersieht, dass § 78a I Nr. 1 gerade im Hinblick auf den besonderen Rechtsbehelf der Nichtzulassungsbeschwerde weiter gefasst worden ist. | 9 GMPM/*Müller-Glöge*, § 72a ArbGG Rz.7. | 10 BAG v. 9.7.2003 – 5 AZN 316/03, AP Nr. 49 zu § 72a ArbGG 1979. | 11 Weiter gehend, möglicherweise auch für den Fall einer schuldhaften Säumnis: GMPM/*Müller-Glöge*, § 72 ArbGG Rz. 27; *Germelmann*, NZA 2000, 1017, 1023.

12 **3. Wirkung.** Durch die Einlegung der Nichtzulassungsbeschwerde wird der Eintritt der **Rechtskraft** des anzufechtenden Urteils **gehemmt**. Dies gilt allerdings nicht, soweit der Beschwerdegegner durch dieses Urteil beschwert ist und insoweit weder die Revision zugelassen wurde, noch der Beschwerdegegner seinerseits Nichtzulassungsbeschwerde eingelegt hat. Dies ist nur dann anders, wenn der Beschwerdegegner, was bei einem einheitlichem Streitgegenstand in Betracht kommt, in der Lage ist, nach Zulassung der Revision für den Gegner durch Einlegung einer **Anschlussrevision** den gesamten Streitstoff zur Entscheidung durch das BAG zu stellen[1].

13 Die **aufschiebende Wirkung** der Nichtzulassungsbeschwerde hat zur Folge, dass dann, wenn die materielle Rechtslage von der Rechtskraft einer bestimmten Entscheidung abhängt, wie bspw. bei einer Verurteilung auf Abgabe einer Willenserklärung, die Rechtslage erst mit der Zurückweisung der Nichtzulassungsbeschwerde geändert wird. Dies gilt unabhängig davon, wie aussichtsreich die Nichtzulassungsbeschwerde ist[2]. Das anzufechtende Urteil des LAG ist auch bis zur Entscheidung über die Nichtzulassungsbeschwerde nur **vorläufig vollstreckbar**, weshalb der Beschwerdeführer zusammen mit der Nichtzulassungsbeschwerde nach Abs. 4 S. 2 iVm. § 719 II und III ZPO die **einstw. Einstellung der Zwangsvollstreckung** aus dem anzufechtenden Urteil beantragen kann. Hierüber hat das BAG ohne mündliche Verhandlung zu entscheiden. In der besonderen Situation nach Einlegung der Nichtzulassungsbeschwerde kommt eine Einstellung der Zwangsvollstreckung nur in Betracht, wenn sowohl die Nichtzulassungsbeschwerde als auch eine etwaige Revision Aussicht auf Erfolg haben. Ist dies nicht der Fall, oder würde einer zeitlich begrenzten Entscheidung der Vorinstanz durch eine einstw. Einstellung jede Wirkung genommen, ist der Einstellungsantrag zurück zu weisen[3].

14 **III. Begründung der Nichtzulassungsbeschwerde. 1. Frist.** Nach Abs. 3 S. 1 ist die Beschwerde innerhalb einer Notfrist von zwei Monaten nach Zustellung des in vollständiger Form abgefassten Urteils nach Maßgabe des Abs. 3 S. 2 Nr. 1–3 zu begründen. Diese Frist läuft auch ab, wenn die Beschwerdefrist versäumt wurde und bislang über einen **Wiedereinsetzungsantrag** wegen des Ablaufs der Beschwerdefrist noch nicht entschieden wurde[4]. Die **Begründungsfrist** kann **nicht verlängert** werden[5].

15 Bei den **Fristen** für die Einlegung und Begründung der Nichtzulassungsbeschwerde handelt es sich seit der Vereinheitlichung der Rechtsmittelfristen der ZPO (§ 517, § 520 II; § 548, § 551 II 3 ZPO) und in der Arbeitsgerichtsbarkeit (§ 66 I; § 74 I) nur noch um **Routinefristen**. Ihre Berechnung kann ein Rechtsanwalt regelmäßig seinem geschultem Büropersonal überlassen. Dort gleichwohl vorkommende Fehler schließen eine Wiedereinsetzung in den vorigen Stand nach § 233 ZPO nicht aus[6].

16 **2. Divergenzbeschwerde.** Eine Nichtzulassungsbeschwerde wegen Divergenz ist begründet, wenn das anzufechtende Urteil einen abstrakten, zur Subsumtion geeigneten **Rechtssatz** aufgestellt hat, der von einem abstrakten Rechtssatz in einer Entscheidung eines der in § 72 II Nr. 2 genannten Gerichte und Spruchkörper **abweicht**, und das anzufechtende Urteil auf dieser Abweichung **beruht**[7]. Diese Voraussetzungen hat der Beschwerdeführer in seiner Beschwerdebegründung im Einzelnen **darzulegen** (§ 72a III Nr. 2).

17 **a) Divergenzfähige Entscheidung.** Der Beschwerdeführer hat die divergenzfähige Entscheidung (vgl. § 72 Rz. 15 ff.), von der das LAG abgewichen ist, nach Gericht, Datum und Aktenzeichen eindeutig zu **bezeichnen**. Dabei kann eine angezogene, an sich divergenzfähige Entscheidung nur dann eine Divergenzbeschwerde begründen, wenn sie **vor** der Verkündung des **anzufechtenden Urteils** ergangen ist; die Heranziehung eines späteren Urteils reicht nur dann aus, wenn dort lediglich wiederholend auf einen bereits zuvor aufgestellten Rechtssatz verwiesen wird[8].

18 **b) Abweichung im Rechtssatz.** Der Beschwerdeführer muss weiter im Einzelnen darlegen, welche sich widersprechenden fallübergreifenden Rechtssätze zu einer bestimmten Rechtsfrage das anzufechtende Urteil und die angezogene divergenzfähige Entscheidung aufgestellt haben[9].

19 **Rechtsanwendungsfehler** können eine nachträgliche Zulassung der Revision nicht rechtfertigen. Ausnahmsw. kann aber eine Divergenz in Betracht kommen, wenn das anzufechtende Urteil zwar nur **einzelfallbezogene Ausführungen** enthält, diesen Ausführungen aber **zwingend** entnommen werden muss, dass ihnen ein bestimmter abstrakter Rechtssatz zugrunde liegt, der im Widerspruch zu einer divergenzfähigen Entscheidung steht. Dass und warum dies so ist, muss der Beschwerdeführer im Einzelnen

---

1 GK-ArbGG/*Mikosch*, § 72a Rz. 47; GMPM/*Müller-Glöge*, § 72a ArbGG Rz. 41. |2 BAG v. 9.7.1998 – 2 AZR 142/98, BAGE 89, 220 = AP Nr. 35 zu § 103 BetrVG 1972. |3 BAG v. 27.6.2000 – 9 AZN 525/00, AP Nr. 42 zu § 72a ArbGG 1979; GMPM/*Müller-Glöge*, § 72a ArbGG Rz. 43. |4 BAG v. 26.7.1988 – 1 ABN 16/88, BAGE 59, 174 = AP Nr. 25 zu § 72a ArbGG 1979. |5 ErfK/*Koch*, § 72a ArbGG Rz. 17; Hauck/Helml/*Hauck*, § 72a ArbGG Rz. 10; GMPM/*Müller-Glöge*, § 72a ArbGG Rz. 30. |6 Anders noch zur alten Gesetzeslage BAG v. 20.6.1995 – 3 AZN 261/95, AP Nr. 42 zu § 533 ZPO 1977; v. 27.9.1995 – 4 AZN 473/95, AP Nr. 43 zu § 233 ZPO 1977; unverändert aA Hauck/Helml/*Hauck*, § 72a ArbGG Rz. 10. |7 St. Rspr.: zB BAG v. 20.8.2002 – 9 AZN 130/02, AP Nr. 45 zu § 72a ArbGG 1979 – Divergenz mwN. |8 BAG v. 15.11.1994 – 5 AZN 617/94, AP Nr. 27 zu § 72a ArbGG 1979 – Divergenz. |9 Zuletzt BAG v. 20.8.2002 – 9 AZN 130/02, AP Nr. 45 zu § 72a ArbGG 1979 – Divergenz.

darlegen[1]. Er muss die Gesichtspunkte und Schlussregeln, die Deduktion, für die Ableitung des behaupteten Rechtssatzes aus den fallbezogenen Ausführungen des LAG vortragen[2]. Er muss so insb. ausschließen, dass nicht lediglich ein nur im Rahmen einer statthaften Revision überprüfbarer Rechtsanwendungsfehler vorliegt, indem ein an sich rechtserheblicher Gesichtspunkt unberücksichtigt geblieben ist[3].

Schließlich müssen die einander widersprechenden Rechtssätze grds. auch **dieselbe** geschriebene oder ungeschriebene **Rechtsnorm** betreffen (zu mögl. Ausnahmen vgl. § 72 Rz. 19). 20

c) Entscheidungserheblichkeit. Der Beschwerdeführer muss schließlich konkret und fallbezogen[4] darlegen, dass die festgestellte Divergenz für die Entscheidung insgesamt erheblich ist, dass die Entscheidung also anders ausgefallen wäre, wenn das LAG ihr statt des eigenen den divergierenden Rechtssatz zugrunde gelegt hätte (vgl. § 72 Rz. 20 f.). 21

3. Grundsatzbeschwerde. Eine Nichtzulassungsbeschwerde kann auf das Vorliegen einer entscheidungserheblichen Rechtsfrage von grundsätzlicher Bedeutung gestützt werden, wenn die Entscheidung des Rechtsstreits von einer erklärungsfähigen und klärungsbedürftigen Rechtsfrage abhängt und diese Klärung von einiger Bedeutung für die Rechtsordnung oder eines größeren Teils von ihr ist (im Einzelnen § 72 Rz. 9 ff.)[5]. Dabei sind grds. die **Rechtsfragen** zu **würdigen**, **die** das **LAG** behandelt hat[6] und zu denen sie auf die Einheit der Rechtsordnung und die Rechtsfortbildung einwirkende Antworten gegeben oder verweigert hat. Darauf, ob auf einem anderen Lösungsweg auf entscheidungserhebliche Rechtsfragen von grundsätzlicher Bedeutung Antworten hätten gefunden werden müssen, kommt es nicht an[7]. 22

Seit Inkrafttreten des Anhörungsrügengesetzes ist die Beschränkung der Möglichkeiten der nachträglichen Zulassung der Revision auf Rechtstreitigkeiten mit drei kollektivrechtl. Streitgegenständen (§ 72a I Nr. 1–3 aF) entfallen. Nunmehr muss der Beschwerdeführer einer **Grundsatzbeschwerde** für eine nachträgliche Zulassung der Revision durch das BAG **darlegen**, welche konkret zu bezeichnende **Rechtsfrage** die anzufechtende Entscheidung aufwirft und inwiefern sie **klärungsfähig** und **klärungsbedürftig** ist, sowie dass und inwiefern deren Beantwortung **allgemeine Bedeutung** für die Rechtsordnung oder Auswirkungen auf die Allgemeinheit oder einen größeren Teil von ihr hat. Schließlich ist im Einzelnen unter Nachvollzug der Gründe des anzufechtenden Urteils darzulegen, dass es auf die Beantwortung der Rechtsfrage **für das Ergebnis** des Rechtsstreits **ankommt**[8] (zu den Anforderungen im Einzelnen § 72 Rz. 10 ff.). 23

4. Verfahrensbeschwerde. Die verfahrensrechtl. Gründe für eine Zulassung der Revision (vgl. § 72 Rz. 22 ff.) stellen an den Beschwerdeführer einige Anforderungen. Dies gilt insb., wenn die Beschwerde auf eine entscheidungserhebliche Verletzung rechtl. Gehörs gestützt werden soll. Es genügt nicht, einen der oben § 72 Rz. 26 beispielhaft aufgelisteten **Verstöße** gegen den Anspruch auf rechtl. Gehör **konkret und präzise** darzulegen. Es muss für einen Erfolg der Beschwerde stets hinzukommen, dass im Einzelnen vorgetragen wird, **was** zur Entscheidung des Gerichts gestanden hätte, **wenn** es den Verfahrensverstoß nicht gegeben hätte, dem Beschwerdeführer also **rechtl. Gehör gewährt** worden wäre. Konkret bedeutet dies, dass vorgetragen werden muss, was bei einem vom LAG zu Unrecht unterlassenen rechtl. Hinweis vorgetragen worden wäre, was sich bei Erhebung eines übergangenen Beweisangebots ergeben hätte, was vorgetragen worden wäre, wenn das LAG nach seinem neuen rechtl. Hinweis vertagt hätte usw. Weiter muss dargelegt werden, **inwiefern und warum** das LAG in seiner Entscheidungsfindung, also auf der Grundlage seiner sonstigen Ausführungen im Urteil, bei einem derart ergänzten Prozessstoff **zu** einem **anderen**, den Beschwerdeführer **nicht oder geringer belastenden Urteil** gekommen wäre. 24

So muss ein Beschwerdeführer, der geltend machen will, das LAG habe eine bestimmte in seinem Urteil wesentliche **Rechtsfrage** in der mündlichen Verhandlung **nicht angesprochen**, den Inhalt des gesamten Rechtsgesprächs darlegen[9]. Wird die **Unterlassung eines Hinweises** entgegen § 139 II ZPO gerügt, muss vorgetragen werden, welchen Hinweis das LAG hätte geben müssen, was der Beschwerdeführer dann vorgebracht hätte, und dass das LAG bei diesem Vortrag im Zweifel anders und ganz oder teilweise zu seinen Gunsten entschieden hätte[10]. Der Umstand, dass sich die **Gründe** des anzufechtenden Urteils mit einem bestimmten **vorgetragenen Gesichtspunkt nicht** ausdrücklich **auseinander setzen**, rechtfertigt nur bei Vorliegen besonderer, vom Beschwerdeführer im Einzelnen darzulegender Anhaltspunkte die Annahme, dadurch sei der Anspruch auf rechtl. Gehör verletzt worden[11]. Eine Gehörs- 25

---

1 BAG v. 16.12.1982 – 2 AZN 337/82, AP Nr. 11 zu § 72a ArbGG 1979 – Divergenz; vgl. auch BAG v. 10.12.1997 – 4 AZN 737/97, AP Nr. 40 zu § 72a ArbGG 1979 zu 2.2.2 d.Gr. | 2 BAG v. 6.12.2006 – 4 AZN 529/06, AP Nr. 51 zu § 72a ArbGG 1979 – Divergenz. | 3 BAG v. 18.5.2004 – 9 AZN 653/03, AP Nr. 46 zu § 72a ArbGG 1979 – Divergenz. | 4 BAG v. 15.9.2004 – 4 AZN 281/04, AP Nr. 47 zu § 72a ArbGG 1979 – Divergenz. | 5 Zum entsprechenden Begriffsverständnis im Rahmen von § 544, § 543 ZPO: BGH v. 1.10.2002 – XI ZR 71/02, BGHZ 152, 182 = NJW 2003, 65. | 6 Hauck/Helml/*Hauck*, § 72a ArbGG Rz. 2. | 7 BAG v. 13.6.2006 – 9 AZN 226/06, NZA 2006, 1004; v. 25.7.2006 – 3 AZN 108/06, NZA 2007, 407. | 8 Zuletzt BAG v. 14.4.2005 – 1 ABN 840/04, AP Nr. 4 zu § 72a ArbGG 1979 – Rechtliches Gehör. | 9 BAG v. 1.3.2005 – 9 AZN 29/05, AP Nr. 2 zu § 72a ArbGG 1979 – Rechtliches Gehör. | 10 BAG v. 14.3.2005 – 1 AZN 1002/04, AP Nr. 53 zu § 72a ArbGG 1979. | 11 BAG v. 22.3.2005 – 1 ABN 1/05, AP Nr. 3 zu § 72a ArbGG 1979 – Rechtliches Gehör.

verletzung liegt nicht schon darin, dass das LAG **nicht** auf sämtliche für seine Entscheidung wesentlichen **rechtl. Gesichtspunkte** zuvor **hingewiesen** hatte. Selbst wenn die Rechtslage umstritten und problematisch ist, muss ein Verfahrensbevollmächtigter grds. alle vertretbaren rechtl. Gesichtspunkte von sich aus in Betracht ziehen und bei seinem Vortrag berücksichtigen[1].

26 **IV. Entscheidung des BAG. 1. Verfahren.** Das Verfahren bis zur Entscheidung über die Nichtzulassungsbeschwerde richtet sich nach den allgemeinen Regeln. Die Beschwerde kann mit den Folgen des **§ 516 III**, § 565 ZPO iVm. § 72 V **zurückgenommen** oder – etwa nach außergerichtl. Vergleich – entsprechend § 91a übereinstimmend für **erledigt** erklärt werden[2]. Im Nichtzulassungsbeschwerdeverfahren kann auch nach § 278 VI ZPO verfahren werden.

27 **2. Richterbank.** Nach Abs. 5 S. 2 wirken die ehrenamtlichen Richter bei der Entscheidung über die Nichtzulassungsbeschwerde grds. mit. Etwas anderes gilt immer dann, wenn die Nichtzulassungsbeschwerde als unzulässig verworfen werden soll (Abs. 5 S. 3). Mit den im Gesetz ausdrücklich aufgezählten drei Gründen für eine Verwerfung der Beschwerde als unzulässig sind alle Gründe genannt, die es für eine solche Entscheidung gibt. Entscheidet der Senat in fehlerhafter Besetzung, liegt hierin ein Verstoß gegen den gesetzl. Richter[3].

28 **3. Form.** Über eine Nichtzulassungsbeschwerde ist durch **Beschluss** zu entscheiden, der ohne mündliche Verhandlung ergehen kann, idR auch so ergeht. Ein Sachbericht muss nicht vorangestellt werden. Der Beschluss ist kurz zu **begründen**, es sei denn, eine Begründung ist nicht geeignet, zur abstrakten Klärung der Voraussetzungen für eine Revisionszulassung beizutragen oder die Revision soll zugelassen werden (Abs. 5 S. 5).

29 Eine **unzulässige Beschwerde** ist zu verwerfen. Ist sie **unbegründet**, wird sie zurückgewiesen. Liegen die Voraussetzungen für eine nachträgliche Zulassung der Revision hinsichtlich aller oder eines Teils der Streitgegenstände des Urteils 2. Instanz vor, ist die Revision ganz oder unter Zurückweisung oder Verwerfung im Übrigen teilweise[4] unabhängig davon zuzulassen, welche materiellen Erfolgsaussichten ihr beigemessen werden.

30 **4. Beurteilungszeitpunkt bei Grundsatz- und Divergenzbeschwerde.** Maßgebend für die Beurteilung der grundsätzlichen Bedeutung und das Vorliegen einer Divergenz ist der **Zeitpunkt des Beschlusses**. Das BAG, das bei seiner Entscheidung über die Beschwerde nur die vom Beschwerdeführer konkret geltend gemachten Zulassungsgründe zu überprüfen hat[5], wobei es allerdings nicht an eine Qualifikation der Beschwerde durch den Beschwerdeführer („Divergenzbeschwerde", „Grundsatzbeschwerde") gebunden ist[6], muss über eine Zulassung der Revision danach befinden, ob durch eine Zulassung Rechtseinheit oder Rechtsfortbildung gefördert werden kann. Dies ist dann nicht der Fall, wenn zum Zeitpunkt seiner Entscheidung eine zuvor bestehende Divergenz durch eine mit dem anzufechtenden Urteil übereinstimmende neue höchstrichterliche Entscheidung weggefallen ist[7], oder die grundsätzliche Bedeutung einer bestimmten Rechtsfrage **nicht mehr** besteht, weil das BAG sie zwischenzeitlich beantwortet hat[8]. Dies gilt jedenfalls dann, wenn die Antwort des BAG mit der im anzufechtenden Urteil übereinstimmt. Bei abweichender Beantwortung besteht der Klärungsbedarf fort. Er verlangt die Zulassung der Revision.

31 **5. Wirkung der Entscheidung.** Gegen die Entscheidung des BAG über die Nichtzulassungsbeschwerde gibt es kein Rechtsmittel, auch nicht die Möglichkeit einer erfolgreichen Gegenvorstellung[9]. Es besteht nur die Möglichkeit der Anhörungsrüge nach § 78a, die keine den Eintritt der Rechtskraft aufschiebende Wirkung hat. Mit **Verwerfung** oder **Zurückweisung** der Beschwerde wird das Urteil des LAG rechtskräftig (Abs. 5 S. 6). Auf Grund der Neufassung der Abs. 6 und 7 zum 1.1.2005 entspricht die Rechtslage nach Zulassung der Revision durch das BAG derjenigen der ZPO: Das Beschwerdeverfahren wird mit der Zulassung der Revision **„umgewidmet"** und als **Revisionsverfahren** fortgesetzt. Die nach § 72a form- und fristgerechte Einlegung der Nichtzulassungsbeschwerde gilt im Umfang der Zulassung als ordnungsgemäße Revisionseinlegung. Mit der **Zustellung** der **Zulassungsentscheidung beginnt** die **zweimonatige Revisionsbegründungsfrist** zu laufen. Die Zulassungsentscheidung bedarf deshalb auch **keiner Rechtsmittelbelehrung** nach § 9 V[10]. Diese ist für die Rechtsmittelbegründung nicht vorgesehen. Ein Hinweis des BAG ist aber üblich. Unabhängig davon: Wird die Begründungsfrist verpasst, wird die zugelassene Revision ohne weiteres unzulässig. Im Rahmen seiner – in jedem Falle **erforderlichen**! – **Revisionsbegründung** kann der nunmehrige Revisionsführer nach § 72 V ArbGG, § 551 III 2 ZPO auf seine Ausfüh-

---

1 BAG v. 31.8.2005 – 5 AZN 187/05, AP Nr. 7 zu § 72a ArbGG 1979 – Rechtliches Gehör. | **2** BAG v. 24.6.2003 – 9 AZN 319/03, AP Nr. 48 zu § 72a ArbGG 1979. | **3** Hauck/Helml/*Hauck*, § 41 ArbGG Rz. 9. | **4** BAG v. 6.12.1994 – 9 AZN 337/94, BAGE 78, 373 = AP Nr. 32 zu § 72a ArbGG 1979. | **5** Allg. Auffassung: GMPM/*Müller-Glöge*, § 72a ArbGG Rz. 31; Hauck/Helml/*Hauck*, § 72a ArbGG Rz. 15; zu § 544 ZPO: BGH v. 23.7.2002 – VI ZR 91/02, NJW 2002, 3334; aA *Seiler*, MDR 2003, 785. | **6** BAG v. 15.2.2005 – 9 AZN 892/04, NZA 2005, 484. | **7** BAG v. 5.12.1995 – 9 AZN 678/95, BAGE 81, 355 = AP Nr. 32 zu § 72a ArbGG 1979 – Divergenz. | **8** BAG v. 16.9.1997 – 9 AZN 133/97, AP Nr. 54 zu § 72a ArbGG 1979 – Grundsatz; GMPM/*Müller-Glöge*, § 72a ArbGG Rz. 16 mzwN. | **9** BAG v. 15.5.1984 – 1 ABN 2/84 (2), AP Nr. 19 zu § 72a ArbGG 1979. | **10** GMPM/*Müller-Glöge*, § 72a ArbGG Rz. 61; ErfK/*Koch*, § 72a ArbGG Rz. 23.

rungen in der Beschwerdebegründung Bezug nehmen. Die Rechtslage hat sich hier durch die Verbindung der beiden Verfahren – Nichtzulassungsbeschwerde und Revision – geändert[1].

Ist die Nichtzulassungsbeschwerde wegen eines Verstoßes gegen den Anspruch auf **rechtl. Gehör** begründet, kann das BAG ohne weitere Verhandlung über die zugelassene Revision den Rechtsstreit **sofort** an das LAG **zurückverweisen** (Abs. 7), wobei für dessen weiteres Verfahren die allgemeinen Regeln gelten. Diese Möglichkeit ist stets zu wählen, wenn bei einer Fortsetzung als Revisionsverfahren die gerügte Verletzung des rechtl. Gehörs nicht beseitigt werden könnte[2], auch wenn es für ein solches Vorgehen keine Rechtspflicht gibt. Auch im Falle einer erfolgreichen Nichtzulassungsbeschwerde wegen eines **absoluten Revisionsgrundes** iSv. § 547 Nr. 1 bis 5 ZPO besteht die Möglichkeit einer **sofortigen Zurückverweisung**. Die fehlende Erwähnung in Abs. 7 dürfte auf ein Redaktionsversehen zurückgehen[3]. 32

V. PKH und Wiedereinsetzung. Einer durch ein Urteil des LAG beschwerten Partei ist auf Antrag nach den allgemeinen Regeln PKH zu bewilligen, wenn sie die Kosten des Verfahrens nicht aufbringen kann. Die Unfähigkeit, die Kosten des Nichtzulassungsbeschwerde-Verfahrens aufzubringen, ist ein **Hinderungsgrund** zur Einhaltung der Beschwerde- und Beschwerdebegründungsfrist[4]. Ist eine dieser Fristen oder sind beide bis zur Bewilligung der PKH abgelaufen, kann innerhalb von zwei Wochen nach Zustellung des Beschlusses über die Bewilligung von PKH Antrag auf **Wiedereinsetzung** in den vorigen Stand wegen der Versäumung der Beschwerdefrist nach § 233, § 234 I ZPO gestellt werden; gleichzeitig ist die Nichtzulassungsbeschwerde formgerecht einzulegen (§ 236 II 2 ZPO). Ist der PKH-Antrag erst **nach Ablauf der Beschwerdebegründungsfrist** beschieden worden, hat der Beschwerdeführer ab Zustellung des Beschlusses, mit dem die Wiedereinsetzung wegen der Versäumung der Beschwerdefrist bewilligt worden ist, einen Monat Zeit, die Nichtzulassungsbeschwerde zu begründen[5]. Diese Sonderregeln gelten nicht, wenn der Beschwerdeführer vorsorglich – also unbedingt – Beschwerde eingelegt und gleichzeitig PKH beantragt hat[6]. Für den Beschwerdegegner kommt eine Bewilligung von PKH erst dann in Betracht, wenn das Rechtsmittel begründet worden ist und die Voraussetzungen für eine Verwerfung der Beschwerde nicht vorliegen[7]. Die Beiordnung eines **Notanwalts** für die Einlegung und Begründung einer Nichtzulassungsbeschwerde setzt den Nachweis der Partei voraus, dass sie **keinen** zur Vertretung bereiten **Rechtsanwalt gefunden** hat; außerdem muss ein **Zulassungsgrund** iSv. § 72 II **in Betracht** kommen[8]. 33

VI. Kosten. Für die Durchführung des Nichtzulassungsbeschwerdeverfahrens wird eine 16/10-Gebühr (Nr. 8611 des Kostenverzeichnisses) erhoben, wenn die Beschwerde verworfen oder zurückgewiesen wird. Wird sie zurückgenommen oder anderweit erledigt, halbiert sich die Gebühr (Nr. 8612). Wird die Revision zugelassen, entstehen keine Gerichtskosten (Nr. 8612). Der **Rechtsanwalt** erhält im Verfahren über die Nichtzulassungsbeschwerde eine Verfahrensgebühr von 16/10 nach Nr. 3606 des Vergütungsverzeichnisses zu § 2 II RVG. Der Streitwert des Nichtzulassungsbeschwerdeverfahrens entspricht der Beschwer des Beschwerdeführers. 34

72b *Sofortige Beschwerde wegen verspäteter Absetzung des Berufungsurteils*

(1) Das Endurteil eines Landesarbeitsgerichts kann durch sofortige Beschwerde angefochten werden, wenn es nicht binnen fünf Monaten nach der Verkündung vollständig abgefasst und mit den Unterschriften sämtlicher Mitglieder der Kammer versehen der Geschäftsstelle übergeben worden ist. § 72a findet keine Anwendung.

(2) Die sofortige Beschwerde ist innerhalb einer Notfrist von einem Monat beim Bundesarbeitsgericht einzulegen und zu begründen. Die Frist beginnt mit dem Ablauf von fünf Monaten nach der Verkündung des Urteils des Landesarbeitsgerichts. § 9 Abs. 5 findet keine Anwendung.

(3) Die sofortige Beschwerde wird durch Einreichung einer Beschwerdeschrift eingelegt. Die Beschwerdeschrift muss die Bezeichnung der angefochtenen Entscheidung sowie die Erklärung enthalten, dass Beschwerde gegen diese Entscheidung eingelegt werde. Die Beschwerde kann nur damit begründet werden, dass das Urteil des Landesarbeitsgerichts mit Ablauf von fünf Monaten nach der Verkündung noch nicht vollständig abgefasst und mit den Unterschriften sämtlicher Mitglieder der Kammer versehen der Geschäftsstelle übergeben worden ist.

(4) Über die sofortige Beschwerde entscheidet das Bundesarbeitsgericht ohne Hinzuziehung der ehrenamtlichen Richter durch Beschluss, der ohne mündliche Verhandlung ergehen kann. Dem Beschluss soll eine kurze Begründung beigefügt werden.

1 GMPM/*Müller-Glöge*, § 72a ArbGG Rz. 61. | 2 BAG v. 10.5.2005 – 9 AZN 195/05, AP Nr. 5 zu § 72a ArbGG 1979 – Rechtliches Gehör. | 3 *Bepler*, RdA 2005, 65 (76); ErfK/*Koch*, § 72a ArbGG Rz. 26; aA GK-ArbGG/*Mikosch*, § 72a Rz. 83c; GMPM/*Müller-Glöge*, § 72a ArbGG Rz. 62. | 4 BAG v. 26.1.2006 – 9 AZA 11/05, NZA 2006, 1180. | 5 BAG v. 19.9.1983 – 5 AZN 446/83, BAGE 43, 297. | 6 BAG v. 12.2.1997 – 5 AZN 1106/96, AP Nr. 38 zu § 72a ArbGG 1979. | 7 BAG v. 15.2.2005 – 5 AZN 781/04 (A), NZA 2005, 431. | 8 BAG v. 28.12.2007 – 9 AS 5/07, ArbuR 2008, 122.

(5) Ist die sofortige Beschwerde zulässig und begründet, ist das Urteil des Landesarbeitsgerichts aufzuheben und die Sache zur neuen Verhandlung und Entscheidung an das Landesarbeitsgericht zurückzuverweisen. Die Zurückverweisung kann an eine andere Kammer des Landesarbeitsgerichts erfolgen.

1 **I. Allgemeines.** Das besondere **Rechtsmittel** der sog. **Kassationsbeschwerde** ist mit Wirkung vom 1.1.2005 durch das Anhörungsrügengesetz vom 9.12.2004[1] eingefügt worden. Mit diesem den Rechtsstreit insgesamt in die nächste Instanz bringenden Rechtsmittel soll eine sachgerechte Behandlung verspätet abgesetzter Berufungsurteile ermöglicht werden. Ausgangspunkt ist der Beschluss des Gemeinsamen Senats der Obersten Gerichtshöfe des Bundes vom 27.4.1993[2]. Seither steht fest, dass eine Endentscheidung als nicht mit Gründen versehene Entscheidung iSv. **§ 547 Nr. 6 ZPO** gilt, wenn die Entscheidungsgründe nicht innerhalb von fünf Monaten nach der Verkündung der Entscheidung schriftl. niedergelegt und von **allen** Richtern unterschrieben **zur Geschäftsstelle** des erkennenden Spruchkörpers **gelangt** sind. Auf den Zeitpunkt der **Urteilszustellung** kommt es **nicht** an.

2 Für die Einhaltung der Fünf-Monats-Frist ist der zeitliche Abstand zwischen **Verkündung und Übergabe** des vollständig schriftl. niedergelegten Urteils an die Geschäftsstelle (§ 75) entscheidend. Dies gilt im Grundsatz auch, wenn für das LAG-Urteil ein **gesonderter Verkündungstermin** anberaumt worden ist. Auf den zeitlichen Abstand zur letzten mündlichen Verhandlung kommt es an sich nicht an[3]. Die Grundsätze der einschlägigen verfassungsrechtlichen Rechtsprechung sprechen indes dafür, ein **rechtsstaatlichen Grundsätzen nicht mehr** entsprechendes Urteil auch dann anzunehmen, wenn **zwischen der letzten mündlichen Verhandlung und** dem Termin einer **Nachberatung oder** zwischen der **letzten Beratung** mit den ehrenamtlichen Richtern **und** dem **Termin, zu dem das Urteil zur Geschäftsstelle gelangt ist** – unabhängig davon, wann es verkündet wurde –, ein Zeitraum von mehr als fünf Monaten liegt. Ein Urteil ist auch dann nicht innerhalb der Fünf-Monats-Frist mit Unterschriften zur Geschäftsstelle gelangt, wenn die Unterschrift eines der an der Entscheidung beteiligten Richters zwar durch einen **Verhinderungsvermerk** nach § 315 I 2 ZPO ersetzt wurde, ein Verhinderungsgrund tatsächlich aber nicht vorlag. Dies ist vom Revisionsgericht ggf. durch Beweisaufnahme zu klären, wenn die rügende Partei im Einzelnen nachvollziehbar darlegt, dass der Vermerk auf willkürlichen oder sachfremden Erwägungen beruht oder darauf, dass der Rechtsbegriff der Verhinderung verkannt wurde[4].

3 Nach Auffassung des **Gemeinsamen Senats** handelt es sich bei der verspäteten Urteilsabsetzung um einen **rügebedürftigen Verfahrensmangel**. Allerdings hatte das BVerfG durch Beschluss vom 26.3.2001[5] erkannt, die Entscheidung eines LAG, die mit Gründen erst nach Ablauf der Fünf-Monats-Frist abgesetzt worden sei, verstoße gegen das **Rechtsstaatsprinzip**. Verspätet abgesetzte Gründe könnten auch nicht mehr Grundlage für ein Revisionsgericht sein, das Vorliegen von Revisionszulassungsgründen in rechtsstaatlicher Weise zu überprüfen. Deshalb war eine **Nichtzulassungsbeschwerde** gegen ein **verspätet abgesetztes** Berufungsurteil stets **unzulässig**; gegen ein solches Urteil, in dem die Revision nicht zugelassen war, war nur die Verfassungsbeschwerde eröffnet[6].

4 Um den hiernach bestehenden offenkundigen **Widerspruch** zum **Plenarbeschluss** des BVerfG vom 30.4.2003[7], wonach richterl. Verstöße gegen verfassungsrechtl. abgesicherte Verfahrensrechte in erster Linie durch die Fachgerichte selbst korrigiert werden sollen[8], zu beseitigen, wurde § 72b geschaffen. Er führt als **– einzigen – Weg** für die Rüge, es liege eine zweitinstanzliche Entscheidung ohne Gründe vor, weil diese erst verspätet abgesetzt worden sei, eine **besondere sofortige Beschwerde** ein. Die so begründete Rüge des § 547 Nr. 6 ZPO kann weder im Revisionsverfahren (vgl. § 73 I 2), noch im Verfahren der Nichtzulassungsbeschwerde (§ 72b I 2; Umkehrschluss aus § 72 III Nr. 3) mit Erfolg erhoben werden. Da eine Nichtzulassungsbeschwerde gegen ein verspätet abgesetztes LAG-Urteil, in dem die Revision nicht zugelassen wurde, nicht eingelegt werden kann[9] und nur der Weg des § 72b bleibt, muss ein Beschwerdeführer, der innerhalb der Rechtsbehelfsfristen **nicht sicher** feststellen kann, **ob** tatsächlich **Verspätung** iSv. § 72b I vorliegt, gegen ein solches Urteil vorsorglich nach **§ 72b** vorgehen und gleichzeitig **hilfsweise** das Verfahren nach **§ 72a** für den Fall einleiten, dass das Urteil doch rechtzeitig zur Geschäftsstelle gelangt ist[10].

5 **II. Einlegung des Rechtsmittels.** Die sofortige Beschwerde nach § 72b steht nur einer durch den Entscheidungsausspruch im verspätet abgesetzten Urteil **beschwerten Partei** zu. Sie ist statthaft gegen alle **revisiblen Endurteile**[11] des LAG[12], die nicht innerhalb von – nach §§ 187 ff. BGB, **nicht aber nach § 222 II ZPO**[13] zu berechnenden – fünf Monaten nach – stets notwendiger[14] – Verkündung vollständig abgefasst

1 BGBl. I S. 3220, 3222. |2 GmS OGB v. 27.4.1993 – GmS OGB 1/92, BVerwGE 92, 367. |3 BAG v. 20.11.1997 – 6 AZR 215/96, AP Nr. 47 zu § 551 ZPO. |4 BAG v. 17.8.1999 – 3 AZR 526/97, AP Nr. 51 zu § 551 ZPO; v. 2.11.2006 – 4 AZN 716/06, NZA 2007, 111. |5 BVerfG v. 26.3.2001 – 1 BvR 383/00, AP Nr. 33 zu Art. 20 GG. |6 BAG v. 1.10.2003 – 1 ABN 62/01, AP Nr. 50 zu § 72a ArbGG 1979. |7 BVerfG v. 30.4.2003 – 1 PBvU 1/02, BVerfGE 107, 395. |8 Krit. *Gehb*, DÖV 2005, 683. |9 BAG v. 1.10.2003 – 1 ABN 62/01, AP Nr. 50 zu § 72a ArbGG 1979. |10 BAG v. 2.11.2006 – 4 AZN 716/06, NZA 2007, 111. |11 GK-ArbGG/*Mikosch*, § 72b Rz. 8, 9. |12 Nur gegen die Urteile als ganze, nicht wegen Einzelner nicht innerhalb der Frist behandelter Streitgegenstände; aA GK-ArbGG/*Mikosch*, § 72b Rz. 30. |13 BAG v. 17.2.2000 – 2 AZR 350/99, BAGE 93, 360. |14 GK-ArbGG/*Mikosch*, § 72b Rz. 12.

und mit den Unterschriften aller erkennenden Richter versehen zur Geschäftsstelle gelangt sind. Darauf, ob in diesen Urteilen die **Revision zugelassen** worden ist oder nicht, **kommt** es **nicht an**. Ein Urteil ist schon dann „vollständig abgefasst", wenn es den Anforderungen der §§ 313–313b ZPO, 69 ArbGG entspricht. Für eine sofortige Beschwerde nach **§ 72b** reicht es **nicht** aus, dass ein Urteil den **inhaltlichen Mindestanforderungen des § 547 Nr. 6 ZPO nicht** genügt (vgl. § 73 Rz. 20)[1]. Je nach dem, ob Revision zugelassen worden ist oder nicht, muss in solchen Fällen **Revision** mit der Rüge des § 547 Nr. 6 oder **Nichtzulassungsbeschwerde**, gestützt auf eine Verletzung rechtl. Gehörs, eingelegt werden.

Die Beschwerde ist innerhalb einer nach den allgemeinen Regeln zu berechnenden **Notfrist** von einem **Monat beim BAG einzulegen.** Die Frist beginnt unabhängig davon zu laufen, dass über den Rechtsbehelf des § 72b nicht schriftl. belehrt worden ist; nach Abs. 2 S. 3 ist § 9 V unanwendbar. Die **Notfrist des Abs. 2 S. 1** beginnt mit dem fruchtlosen Ablauf von fünf Monaten seit Verkündung des Berufungsurteils. Diese Frist muss vom anwaltlichen Prozessvertreter nach Urteilsverkündung im **Fristenkalender** vermerkt werden. Nach Fristablauf ist eine unverzügliche Klärung durch Akteneinsicht oder Einholung einer Auskunft[2], ob die Voraussetzungen des Abs. 1 vorliegen, geboten. **Im Zweifel muss** innerhalb von sechs Monaten seit Verkündung sofortige Beschwerde **eingelegt werden** (s.o. Rz. 4)[3]. 6

Die Beschwerde ist von einem **Rechtsanwalt** oder einem Verbandsvertreter, der die Befähigung zum Richteramt hat (§ 11 IV nF), einzulegen und zu unterzeichnen (§ 74 Rz. 6 f.). Die Beschwerdeschrift muss die angefochtene Entscheidung nach Datum und Aktenzeichen bezeichnen. Sie muss die Erklärung enthalten, dass gegen dieses Urteil Beschwerde eingelegt wird. Die Beschwerde muss nicht mit ihrer Einlegung begründet werden. Dies muss aber innerhalb der schon für die Einlegung laufenden Monatsfrist geschehen. Die **Begründung** für den **möglichen Antrag**, 7

das Urteil des Landesarbeitsgerichts ... vom ..., Aktenzeichen ..., aufzuheben und die Sache zur neuen Verhandlung und Entscheidung an das Landesarbeitsgericht ... zurückzuverweisen,

könnte lauten:

Das angefochtene Urteil ist am ... verkündet worden. Nach Auskunft der Geschäftsstelle des Landesarbeitsgerichts vom ... ist das Urteil bis zum ... einschließlich, also innerhalb von fünf Monaten seit seiner Verkündung, nicht mit schriftl. Urteilsgründen und den Unterschriften der erkennenden Richter versehen zur Geschäftsstelle gelangt.

Beweis: Amtliche Auskunft der Geschäftsstelle der ... Kammer des Landesarbeitsgerichts.

III. Entscheidung. Das BAG hat **zunächst** zu prüfen, ob die sofortige Beschwerde **rechtzeitig** und **formell ordnungsgemäß** eingelegt und begründet worden ist, **danach**, ob das Urteil tatsächlich **nicht innerhalb der Höchstfrist** von fünf Monaten schriftl. vollständig abgesetzt mit allen Unterschriften versehen bei der Geschäftsstelle eingegangen ist. Eine mündliche Verhandlung ist nicht erforderlich. Der maßgebliche Zeitpunkt des Eingangs der unterzeichneten Entscheidungsgründe muss sich aus der Prozessakte selbst ergeben, kann aber auch, wenn ein entsprechender Vermerk fehlt oder sich die Übersendung der Akte verzögert, im Wege der Beweisaufnahme durch **amtliche Auskunft der Geschäftsstelle** ermittelt werden. Vor einer Entscheidung ist dem **Prozessgegner rechtl. Gehör** zu geben. Die nicht rechtsmittelfähige **Entscheidung** über die sofortige Beschwerde erfolgt nur durch die **berufsrichterlichen Mitglieder** des Senats, und ist kurz zu begründen. Die Darlegung der tatsächlichen Verspätung der Urteilsabsetzung reicht aus. 8

Ist die **Beschwerde begründet**, muss die mit der Verkündung existierende Entscheidung des LAG durch **Beschluss aufgehoben** und die Sache ohne weiteres zur neuen Verhandlung und Entscheidung an das LAG **zurückverwiesen** werden[4]. Eine eigene Sachentscheidung durch das BAG ist im Rahmen des § 72b ausgeschlossen. **Regelmäßig** wird man von der im Gesetz eröffneten Möglichkeit der Zurückverweisung an eine **andere Kammer** des LAG Gebrauch zu machen haben. 9

IV. Revision gegen verspätet abgesetzte Urteile? Hat das LAG die Revision gegen sein Urteil zugelassen, es aber nicht innerhalb der Fünf-Monats-Frist abgesetzt, stellt sich die Frage, ob gegen ein solches Urteil – ohne die Rügemöglichkeiten nach § 547 Nr. 6 (§ 73 I 2) – mit Aussicht auf Erfolg Revision eingelegt und begründet werden kann. Bedenken ergeben sich daraus, dass eine materiell-rechtl. Auseinandersetzung mit nicht auf rechtsstaatl. Weg zu Stande gekommenen Entscheidungsgründen an sich ausscheiden müsste[5]. Gegen eine solch rigorose Sicht spricht aber schon die noch nicht förmlich aufgegebene These des Gemeinsamen Senats der Obersten Gerichtshöfe von der **Rügebedürftigkeit** des Einwandes aus § 547 Nr. 6 ZPO. Außerdem streitet die Erwähnung des § 72b in **§ 73 I 2** dafür, dass an sich auch gegen verspätet abgesetzte Urteile die **Revision statthaft** sein muss. **Andererseits**: Die Frist für die Einlegung und Begründung der Revision nach § 74 I 2 beginnt unabhängig von § 9 V spätestens mit Ablauf von fünf Monaten seit Verkündung des Berufungsurteils[6]. Eine zulässige, weil rechtzeitig einge- 10

---

1 BAG v. 20.12.2006 – 5 AZB 35/06, NZA 2007, 226; aA GK-ArbGG/*Mikosch*, § 72b Rz. 16 ff. | 2 *Fölsch*, SchlHA 2005, 68 (71). | 3 *Treber*, NJW 2005, 97 (101). | 4 Zum Hintergrund der Neuregelung Düwell/Lipke/*Bepler*, § 72b ArbGG Rz. 10. | 5 Vgl. BAG v. 1.10.2003 – 1 ABN 62/01, AP Nr. 50 zu § 72a ArbGG 1979. | 6 BAG v. 28.10.2004 – 8 AZR 492/03, AP Nr. 29 zu § 66 ArbGG 1979.

legte und begründete Revision kommt danach nur ganz ausnahmsw. in Betracht: So dann, wenn die erkennenden Richter in der mündlichen Verhandlung hinreichend deutlich gemacht haben, auf welche tatsächl. und rechtl. Gesichtspunkte sie ihre Entscheidung stützen. Dann kann die beschwerte Partei auch ohne Vorliegen von Entscheidungsgründen Revision einlegen und diese auch auf das Ergebnis der mündlichen Verhandlung gestützt begründen[1]. Eine Revision dürfte auch möglich sein, wenn das Urteil zwar verspätet abgesetzt, aber noch innerhalb von sieben Monaten zugestellt worden ist. Hier kann zumindest theoretisch innerhalb der laufenden Fristen Revision eingelegt und begründet werden[2].

11 **V. Kosten.** Bleibt die sofortige Beschwerde nach § 72b erfolglos, fällt eine **gerichtl. Festgebühr** von 40 Euro an (Nr. 8613 Kostenverzeichnis Anlage 1 zu § 3 II des KostRMoG). Hat die Beschwerde Erfolg, fallen keine Kosten an. Eine Kostenentscheidung unterbleibt. Über die Kosten des Rechtsstreits ist nach Zurückverweisung zu entscheiden. Der **anwaltlich Bevollmächtigte** hat Anspruch auf eine **5/10-Gebühr** nach § 13 RVG (Nr. 3500 Vergütungsverzeichnis in der Anlage 1 zu § 2 II RVG). Der Gegenstandswert der Beschwerde entspricht der Beschwer des Beschwerdeführers in der Hauptsache.

73 *Revisionsgründe*

(1) Die Revision kann nur darauf gestützt werden, dass das Urteil des Landesarbeitsgerichts auf der Verletzung einer Rechtsnorm beruht. Sie kann nicht auf die Gründe des § 72b gestützt werden.

(2) § 65 findet entsprechende Anwendung.

1 **I. Allgemeines.** § 73 verdrängt als Spezialvorschrift § 545 I ZPO und erweitert die möglichen Revisionsgründe gegenüber dem Zivilprozess dadurch, dass eine statthafte Revision auf die Verletzung von Rechtsnormen **unabhängig** davon gestützt werden kann, ob sich deren **Geltungsbereich** über den Bezirk eines LAG hinaus erstreckt[3]. Entscheidend ist, dass es um die Erfüllung der besonderen Aufgabe des BAG geht, zur Rechtsfortbildung beizutragen. Im arbeitsgerichtl. Verfahren ist auf Grund der umfassenden Formulierung in Abs. 1 auch anders als im Zivilprozess **ausländisches Recht** revisibel[4].

2 Bei der Revision geht es nicht darum, eine dritte Tatsacheninstanz zu eröffnen. Die Revision kann nur auf **Rechtsverletzungen** gestützt werden, also darauf, eine Rechtsnorm sei nicht oder nicht richtig angewendet worden (§ 546 ZPO, § 72 V). Das BAG ist an den im Berufungsurteil festgestellten, ggf. auf Antrag nach § 320 ZPO berichtigten Tatbestand gebunden, sofern nicht bei dessen Feststellung Rechtsvorschriften verletzt worden sind und dies ordnungsgemäß gerügt worden ist (vgl. § 74 Rz. 25 ff.). Neues Vorbringen kann in der Revisionsinstanz nur in eng begrenzten Ausnahmefällen berücksichtigt werden (vgl. § 75 Rz. 10).

3 Die Revision kann auf die Verletzung aller Rechtsnormen gestützt werden, die zum **Zeitpunkt der Entscheidung** des **BAG** auf den zu entscheidenden Sachverhalt anwendbar sind. Dies kann zwischenzeitlich außer Kraft getretenes Recht[5] ebenso sein, wie neues Recht, das wirksam rückwirkend in Kraft gesetzt worden ist[6]. Es ist für die Zulässigkeit einer Revision ohne Bedeutung, ob die vom Revisionsführer als verletzt angesehene Rechtsnorm zur Anwendung gelangt. Es reicht aus, dass die Revisionsbegründung überhaupt die Verletzung einer Rechtsnorm darlegt[7].

4 **II. Verletzung einer Rechtsnorm. 1. Materielles Recht. a) Gesetzes- und Satzungsrecht.** Zu den Rechtsnormen, auf deren Verletzung eine Revision gestützt werden kann, gehört das gesamte staatliche Gesetzes- und Verordnungsrecht des Bundes und der Länder sowie das Recht der europäischen Gemeinschaften[8]. Außerdem zählt hierzu das kommunale Satzungsrecht und das Satzungsrecht der sonstigen juristischen Personen des öffentl. Rechts und des Privatrechts[9]. Revisibel sind auch Dienstordnungen von SozV-Trägern[10] sowie **kirchliches Recht**, soweit es für die staatliche Rspr. entscheidungserheblich werden kann[11]. Zum revisiblen Recht gehören das **ausländische materielle Recht**[12], sowie die Regeln des Gewohnheitsrechts, also des Rechts, das durch stetige, von Rechtsüberzeugung getragene Übung innerhalb der Rechtsgemeinschaft entstanden ist[13]. Schließlich werden zu den Rechtsnormen iSv. § 73 auch **Denkgesetze** und allgemeine Erfahrungssätze gerechnet[14], weshalb eine Revision auch auf einen nicht nach § 319 ZPO berichtigten Rechenfehler gestützt werden kann.

5 Das Revisionsgericht hat das auf den Sachverhalt anwendbare Bundes- und Landesrecht zu kennen. Geht es um Rechtsnormen iSv. **§ 293 ZPO**, also ausländisches Recht, Gewohnheitsrecht und Satzungs-

1 BAG v. 16.4.2003 – 4 AZR 367/02, AP Nr. 1 zu § 551 ZPO 2002. | 2 Ebenso ErfK/*Koch*, § 72b ArbGG Rz. 3; GMPM/*Müller-Glöge*, § 72b ArbGG Rz. 9. | 3 BAG v. 7.10.1981 – 4 AZR 173/81, AP Nr. 1 zu § 48 ArbGG 1979. | 4 GK-ArbGG/*Mikosch*, § 73 ArbGG Rz. 3. | 5 BAG v. 5.6.2007 – 9 AZR 82/07, AP Nr. 49 zu § 15 BErzGG. | 6 BAG v. 14.11.1979 – 4 AZR 3/78, BAGE 32, 187. | 7 BAG v. 20.7.2003 – 1 AZR 496/02, BAGReport 2003, 334. | 8 Dabei ist der Auslegungsvorrang des EuGH aus Art. 234 EG zu beachten; MüKo-ZPO-Reform 2002/*J. Wenzel*, § 545 Rz. 5; BLAH/*Albers*, § 545 ZPO Rz. 9. | 9 BAG v. 14.11.1974 – 3 AZR 547/73, AP Nr. 1 zu § 242 BGB – Ruhegehalt: Zusatzversorgung; GK-ArbGG/*Mikosch*, § 73 Rz. 20; GMPM/*Müller-Glöge*, § 73 ArbGG Rz. 16. | 10 BAG v. 26.9.1984 – 4 AZR 608/83, BAGE 47, 1. | 11 GK-ArbGG/*Mikosch*, § 73 Rz. 21. | 12 BAG v. 10.4.1975 – 2 AZR 128/74, BAGE 27, 99. | 13 Hauck/Helml/*Hauck*, § 73 ArbGG Rz. 4; GK-ArbGG/*Mikosch*, § 73 Rz. 15. | 14 BAG v. 9.3.1972 – 1 AZR 261/71, AP Nr. 2 zu § 561 ZPO.

recht, kann das Revisionsgericht über deren Inhalt **Beweis** erheben und verlangen, dass die **Prozessparteien** bei der Beibringung dieses Rechts in zumutbarem Umfang **mitwirken**[1]. Das Revisionsgericht ist aber nicht auf die von den Parteien beigebrachten Nachweise beschränkt, sondern kann auch andere Erkenntnisquellen nutzen, insb. Auskünfte oder Sachverständigengutachten einholen, oder den Rechtsstreit zur Ermittlung des betreffenden Rechts an das LAG zurückverweisen.

b) Kollektives Recht. Eine Revision kann auch darauf gestützt werden, Bestimmungen des normativen Teils eines **TV**[2] oder einer **BV**[3] seien nicht oder falsch angewendet worden. Entsprechendes gilt für die allgemeinverbindlichen TV gleichstehenden **bindenden Festsetzungen des Heimarbeitsausschusses** nach § 19 I HAG[4]. 6

Das BAG muss nicht von Amts wegen prüfen, ob **TV** im Rechtsstreit auf ein Arbeitsverhältnis Anwendung finden[5]. Besteht aber nach dem Parteivortrag Anlass zu einer solchen Annahme, muss es sich **Kenntnis** vom Inhalt der TV verschaffen, wobei die Parteien eine Mitwirkungspflicht trifft. Bei entsprechender Veranlassung muss auch noch in der Revisionsinstanz geprüft werden, ob ein TV **wirksam** zu Stande gekommen und wirksam geblieben ist[6]. 7

c) Kontrollmaßstab. Das Revisionsgericht überprüft die vollständige und richtige Anwendung der Rechtsnormen durch das Berufungsgericht an sich uneingeschränkt. Anders verhält es sich aber, wenn es um die Anwendung **unbestimmter Rechtsbegriffe** geht. Gemeint sind Begriffe, die einer rechtl. und tatsächlichen Ausfüllung durch die Gerichte bedürfen, wie etwa „Verschulden"[7], „Mitverschulden"[8], „wichtiger Grund"[9], „Treu und Glauben"[10], „Sozialwidrigkeit"[11] und „Verwirkung"[12] oder die Tarifbegriffe der „Bedeutung"[13], der „selbständigen Leistung"[14] oder der „selbständigen Tätigkeit"[15] im Rahmen von Eingruppierungsbestimmungen. Solche unbestimmten Rechtsbegriffe sind in der Normensprache unumgänglich, um vielgestaltige, nicht im Einzelnen normierbare und ständigen Veränderungen unterworfene Lebenssachverhalte zu regeln[16]. Ihre Verwendung durch das LAG kann vom Revisionsgericht nur **daraufhin** überprüft werden, ob das Berufungsgericht den **Rechtsbegriff** selbst **verkannt** hat, ob es ihn bei der Unterordnung des Sachverhaltes **beibehalten** hat, ob ihm bei der Anwendung **Verstöße gegen Denkgesetze** oder **allgemeine Erfahrungssätze** unterlaufen sind, ob es **alle entscheidungserheblichen Umstände** des individuellen Sachverhalts berücksichtigt hat und ob das Urteil insoweit in sich **widerspruchsfrei** ist[17]. Das Revisionsgericht sorgt durch seine Prüfung, ob der Rechtsbegriff selbst verkannt worden ist, in dem gebotenen und möglichen Umfang für Rechtseinheit. Wenn von den LAG im Einzelfall ähnliche Sachverhalte unterschiedlich beurteilt werden, ist dies hinzunehmen. Unbestimmte Rechtsbegriffe sollen gerade die Berücksichtigung aller Umstände des Einzelfalles ermöglichen und eine schematische Beurteilung vermeiden[18]. 8

Eingeschränkt ist die revisionsgerichtliche Überprüfung auch in den Fällen, in denen die Rechtsnorm den Gerichten ein **Ermessen** bei der Entscheidung einräumt, etwa bei der Beurteilung von Direktionsmaßnahmen[19], bei der Bemessung des Schmerzensgeldes nach § 847 BGB[20] oder einer Abfindung nach §§ 9, 10 KSchG[21]. In solchen Fällen ist die Ermessensentscheidung des LAG nur daraufhin zu überprüfen, ob es überhaupt seinen Ermessensspielraum erkannt und von seinem Ermessen einen fehlerfreien Gebrauch gemacht hat, indem es alle relevanten Umstände gewürdigt hat und sich nicht von sachfremden Erwägungen hat leiten lassen[22]. Derselbe Maßstab gilt auch für die Überprüfung von **Ermessensentscheidungen im Verfahrensrecht**[23]. 9

2. Vertragskontrolle. a) Grundsatz. Verträge und einseitige Willenserklärungen sind keine Rechtsnormen. Ihren Inhalt festzustellen, ist **Tatsachenermittlung**. Die Auslegung von Verträgen und Willenserklärungen ist deshalb grds. Sache der Tatsachengerichte. Sie ist von den Revisionsgerichten nur daraufhin zu überprüfen, ob bei der Auslegung die hierfür geltenden rechtl. Bestimmungen (§§ 133, 157 BGB) richtig angewendet worden sind, ob der Tatsachenstoff vollständig verwertet wurde und bei der Auslegung gegen Denkgesetze und Erfahrungssätze verstoßen wurde. Die Auslegung selbst ist nicht revisi- 10

---

1 BLAH/*Hartmann*, § 293 ZPO Rz. 5. | 2 BAG v. 30.9.1971 – 5 AZR 123/71, AP Nr. 121 zu § 1 TVG – Auslegung. | 3 BAG v. 28.9.1965 – 1 AZR 73/65, BAGE 17, 305. | 4 BAG v. 5.5.1992 – 9 AZR 447/90, AP Nr. 14 zu § 19 HAG. | 5 BAG v. 9.8.1995 – 6 AZR 1047/94, BAGE 80, 316. | 6 ZB BAG v. 13.7.1994 – 4 AZR 699/93, BAGE 77, 201. | 7 BAG v. 19.2.1998 – 8 AZR 645/96, AP Nr. 8 zu § 254 BGB. | 8 BAG v. 18.1.2007 – 8 AZR 250/06, AP Nr. 15 zu § 254 BGB. | 9 BAG v. 26.7.2001 – 8 AZR 739/00, AP Nr. 13 zu § 628 BGB. | 10 BAG v. 4.5.1999 – 10 AZR 417/98, AP Nr. 214 zu § 611 BGB – Gratifikation. | 11 BAG v. 11.3.1999 – 2 AZR 507/98, AP Nr. 149 zu § 626 BGB. | 12 BAG v. 12.12.2006 – 9 AZR 747/06, NZA 2007, 396. | 13 BAG v. 14.4.1999 – 4 AZR 334/98, AP Nr. 263 zu §§ 22, 23 BAT 1975. | 14 BAG v. 18.2.1998 – 4 AZR 581/96, AP Nr. 239 zu §§ 22, 23 BAT 1975. | 15 BAG v. 8.11.2006 – 4 AZR 620/05, AP Nr. 304 zu §§ 22, 23 BAT 1975. | 16 BAG v. 28.2.1979 – 4 AZR 461/77, AP Nr. 9 zu § 1 TVG – Tarifverträge: Rundfunk. | 17 BAG v. 12.5.2004 – 4 AZR 371/03, AP Nr. 301 zu §§ 22, 23 BAT 1975; v. 8.11.2006 – 4 AZR 620/05, AP Nr. 304 zu §§ 22, 23 BAT 1975; GMPM/*Müller-Glöge*, § 73 ArbGG Rz. 9; ErfK/*Koch*, § 73 ArbGG Rz. 9; kritisch GK-ArbGG/*Mikosch*, § 73 Rz. 24 ff. | 18 GMPM/*Müller-Glöge*, § 73 ArbGG Rz. 9. | 19 BAG v. 21.4.1999 – 5 AZR 174/98, AP Nr. 5 zu § 4 MuSchG 1968. | 20 BAG v. 26.1.1971 – 1 AZR 304/70, AP Nr. 10 zu § 847 BGB. | 21 BAG v. 29.3.1960 – 3 AZR 568/58, BAGE 9, 131. | 22 BAG v. 30.4.1975 – 4 AZR 351/74, AP Nr. 8 zu § 38 MTB II; v. 29.1.1992 – 5 AZR 266/90, AP Nr. 104 zu § 611 BGB – Lehrer, Dozenten; GMPM/*Müller-Glöge*, § 73 ArbGG Rz. 10; aA ErfK/*Koch*, § 73 ArbGG Rz. 10. | 23 GMPM/*Müller-Glöge*, § 73 ArbGG Rz. 11.

bel. Ist sie unter Anwendung der Auslegungsregeln möglich, ist sie vom Revisionsgericht hinzunehmen[1]. Der revisionsgerichtlichen Kontrolle unterliegt demgegenüber die Beurteilung des LAG, die Voraussetzungen für eine ergänzende Vertragsauslegung lägen vor; hier geht es um die fallübergreifende Anwendung von Rechtsregeln[2].

11 **b) Uneingeschränkte Revisibilität.** Die Vertragsauslegung wird einer uneingeschränkten revisionsgerichtlichen Überprüfung unterzogen, soweit es sich um **typische Verträge** handelt, die in einer Vielzahl von Fällen angewendet werden und bei der ein besonderes Interesse an **einheitlichem Vertragsverständnis** besteht. Hierzu zählen **Formulararbeitsverträge**[3], **Allgemeine Geschäftsbedingungen**[4], **Gesamtzusagen**[5] oder Arbeitsverträge, die durch Verweisung TV, Lehrer-Richtlinien oder kirchliche Arbeitsvertragsrichtlinien inkorporieren. Die Auslegung solcher allgemeiner, zum individuellen Vertragsgegenstand gemachter Verhaltensregeln ist uneingeschränkt revisibel.

12 In vollem Umfang revisibel sind typische Verträge auch dann, wenn sie nur von **einem ArbGeb**, aber in einer größeren Vielzahl von Fällen verwendet werden[6]. Der Gesichtspunkt, dass hier regelmäßig keine Gefahren für die Rechtseinheit drohen, verfängt angesichts des weiten Prüfungsansatzes des § 73 nicht.

13 Umstritten ist die revisionsgerichtliche Behandlung einer **betriebl. Übung**. Teilweise wird angenommen, dass die Feststellung, ob überhaupt eine rechtsbegründende betriebl. Übung entstanden ist, und mit welchem genauen Inhalt sie die Einzelarbeitsverträge ausgestaltet hat, eine tatrichterliche Aufgabe ist, die nur einer eingeschränkten Kontrolle des Revisionsgerichts anhand der Rechtsregeln über die Tatsachenfeststellungen unterliegt[7]. Richtigerweise werden aber die auf Grund einer betriebl. Übung typisiert gestalteten Arbeitsvertragsbestimmungen einer uneingeschränkten revisionsrichterlichen Überprüfung unterzogen[8].

14 Bei individuell ausgehandelten Verträgen mit **typischen Klauseln** ist die Auslegung der Letzteren uneingeschränkt in der Revisionsinstanz überprüfbar, es sei denn, es sind einzelfallbezogene Anhaltspunkte dafür ersichtlich, dass die betreffenden Klauseln von den Vertragsparteien in einem vom allgemein Üblichen abweichenden Sinn verstanden wurden[9].

15 **c) Auslegung von Prozesshandlungen und gerichtlichen Vergleichen.** Die Inhaltsermittlung von Prozesshandlungen unterliegt grds. der uneingeschränkten Auslegung durch das Revisionsgericht[10]. Dies bedeutet aber nicht, dass auch die Auslegung gerichtl. Vergleiche uneingeschränkt revisibel wäre[11]. Es wird zu Recht eingewandt, dass die Auslegung des Prozessvergleichs nicht die darin liegende Prozesshandlung, die übereinstimmende Beendigung des Rechtsstreits, sondern die dem zugrunde liegende privatrechtl. Vereinbarung betrifft, die sich hier nicht von einer nur eingeschränkt überprüfbaren sonstigen Individualvereinbarung unterscheidet[12]. Nur gerichtl. Vergleiche, die nicht von den Parteien ausgehandelt wurden, sondern auf der Annahme eines gerichtl. Vorschlags beruhen, sind wie typische Verträge zu behandeln[13], soweit sie in der Gerichtssprache allgemein übliche Klauseln enthalten.

16 **3. Verfahrensrecht. a) Arten von Verfahrensmängeln.** Die Revision kann auch darauf gestützt werden, das LAG habe Rechtsnormen des Verfahrensrechts verletzt. Dabei sind die Verfahrensmängeln zu unterscheiden, die vom Revisionsgericht **von Amts wegen** zu überprüfen sind (§ 75 Rz. 5), und diejenigen, die – wie meist – nur **auf Rüge** zu prüfen sind (§ 75 Rz. 6; zu den Anforderungen an eine Verfahrensrüge § 74 Rz. 25 ff.). Dabei ist die Verfahrensrüge vom Revisionsführer bis zum Ablauf der Revisionsbegründungsfrist anzubringen (§ 551 III ZPO, § 72 V)[14], während der Revisionsbeklagte hierfür bis zum Schluss der mündlichen Verhandlung in der Revisionsinstanz Zeit hat[15]. Als Verfahrensverstöße kommen etwa Fehler bei der **Beweiswürdigung** in Betracht (§ 286 ZPO): eine Parteiaussage wird in 2. Instanz anders als vom ArbG gewürdigt, ohne dass die Partei erneut vernommen wurde[16]; auf der Grundlage eines Sachverständigengutachtens wird etwas als bewiesen angesehen, nach dem der Sachverst. nicht gefragt

---

1 BAG v. 20.2.2001 – 9 AZR 46/00, AP Nr. 11 zu § 1 TVG – Tarifverträge: Gaststätten, jeweils mwN. | 2 BAG v. 8.11.1972 – 4 AZR 15/72, AP Nr. 3 zu § 157 BGB. | 3 BAG v. 29.1.1992 – 5 AZR 266/90, AP Nr. 104 zu § 611 BGB – Lehrer, Dozenten; v. 25.9.2002 – 4 AZR 294/01, AP Nr. 26 zu § 1 TVG – Bezugnahme auf Tarifvertrag. | 4 BAG v. 31.8.2005 – 5 AZR 545/04, BAGE 115, 372, 380. | 5 BAG v. 11.12.2000 – 3 AZR 674/00, AP Nr. 21 zu § 1 BetrAVG – Berechnung. | 6 GMPM/*Müller-Glöge*, § 73 ArbGG Rz. 19. | 7 So noch BAG v. 16.9.1998 – 5 AZR 598/97, AP Nr. 54 zu § 242 BGB – Betriebliche Übung; Schwab/Weth/*Ulrich*, § 73 ArbGG Rz. 27b. | 8 BAG v. 28.6.2006 – 10 AZR 385/05, BAGE 118, 360; v. 12.12.2006 – 3 AZR 57/6, AP Nr. 77 zu § 242 BGB – Betriebliche Übung; GK-ArbGG/*Mikosch*, § 73 Rz. 42; GMPM/*Müller-Glöge*, § 73ArbGG Rz. 21; *G. Reinecke*, BB 2004, 1625 (1631). | 9 GK-ArbGG/*Mikosch*, § 73 Rz. 39; GMPM/*Müller-Glöge*, § 73 ArbGG Rz. 18. | 10 BAG v. 22.5.1985 – 4 AZR 427/83, AP Nr. 7 zu § 1 TVG – Tarifverträge: Bundesbahn; GMPM/*Müller-Glöge*, § 73 ArbGG Rz. 18; Hauck/Helml/*Hauck*, § 73 ArbGG Rz. 10. | 11 So noch BAG v. 16.7.2002 – 10 AZR 513/01, AP Nr. 74 zu § 74 HGB; sowie GMPM/*Müller-Glöge*, § 73 ArbGG Rz. 22; ErfK/*Koch*, § 73 ArbGG Rz. 15. | 12 GK-ArbGG/*Mikosch*, § 73 Rz. 43; *Ostrowicz/Künzl/Schäfer*, Rz. 269; ebenso jetzt auch BAG v. 15.9.2004 – 4 AZR 9/04, NZA 2005, 691; v. 8.3.2006 – 10 AZR 349/05, BAGE 117, 218 226; v. 13.12.2006 – 10 AZR 787/05, AP Nr. 1 zu § 278 ZPO. | 13 Angedeutet in BAG v. 16.1.2003 – 2 AZR 316/01, nv. | 14 Hauck/Helml/*Hauck*, § 74 ArbGG Rz. 19. | 15 BAG v. 11.9.1997 – 8 AZR 4/96, AP Nr. 7 zu Art. 38 Einigungsvertrag; GK-ArbGG/*Mikosch*, § 73 Rz. 77. | 16 BAG v. 6.12.2001 – 2 AZR 396/00, BAGE 100, 52 = AP Nr. 33 zu § 286 ZPO.

worden ist[1]. Zu den typischen Verfahrensfehlern nach **§ 139 ZPO** gehört es, wenn nicht auf eine **Antragstellung** hingewirkt wird, die dem erkennbaren Rechtsschutzziel der klagenden Partei entspricht[2].

b) **Absolute Revisionsgründe.** Zu den Rechtsnormen des Verfahrensrechts, auf deren Verletzung eine Revision gestützt werden kann, gehören auch die in § 72 V ArbGG iVm. § 547 Nr. 1–6 ZPO aufgelisteten absoluten Revisionsgründe: 17

Mit einer entsprechenden Rüge kann die Revision darauf gestützt werden, das erkennende Gericht sei bei Schluss der mündlichen Verhandlung nicht vorschriftsmäßig **besetzt** gewesen (§ 547 Nr. 1 ZPO). Mit dieser einfachgesetzl. Ausprägung des Art. 101 GG steht es im Widerspruch, wenn die für die anstehende Entscheidung zuständigen Richter nicht normativ-abstrakt im Geschäftsverteilungsplan vorherbestimmt sind, sondern nach freiem Ermessen festgelegt werden[3] oder wenn ein Spruchkörper seine Zuständigkeit in Kenntnis einer anderen durch Geschäftsverteilungsplan begründeten Zuständigkeit annimmt[4]. Verstöße gegen § 547 Nr. 1 ZPO liegen etwa dann vor, wenn die beteiligten ehrenamtl. Richter bewusst und ohne generell-abstrakte Grundlage im Geschäftsverteilungsplan abweichend von der Reihenfolge der **Liste nach § 39** herangezogen worden sind. Fehler, die dadurch entstehen, dass der Geschäftsstelle bei der Anwendung des § 39 ein Irrtum unterlaufen ist, reichen für eine erfolgreiche Rüge nach § 547 Nr. 1 ZPO allerdings ebenso wenig aus, wie davon ausgelöste Fehler bei der Heranziehung der ehrenamtl. Richter in den Folgeterminen[5]. Verstöße gegen § 547 Nr. 1 ZPO liegen aber vor, wenn der beteiligte Berufsrichter nicht nach § 8 DRiG berufen worden ist, oder durch **Geschäftsverteilungsplan** eine **Ermessensentscheidung** eröffnet und genutzt wurde, über die Zuständigkeit für einen Rechtsstreit in dem einen oder anderen Sinne zu entscheiden[6]. Auf Fehler bei der Berufung der ehrenamtl. Richter kann dagegen eine Revision nicht gestützt werden (§ 73 II, § 65). 18

Hat ein Richter mitgewirkt, der kraft Gesetzes (§ 41) von der Mitwirkung ausgeschlossen war, liegt der absolute Revisionsgrund des § 547 Nr. 2 ZPO vor, es sei denn, das Nichtvorliegen des **Ausschlussgrundes** ist im Rahmen einer – unanfechtbaren (§ 49 III) – Entscheidung über ein Ablehnungsgesuch, das diesen Grund geltend gemacht hatte, festgestellt worden. 19

§ 547 Nr. 3 (Mitwirkung eines erfolgreich abgelehnten Richters), Nr. 4 (nicht gesetzmäßige Prozessvertretung einer Partei) und Nr. 5 ZPO (Verletzung der Vorschriften über die Öffentlichkeit des Verfahrens, §§ 173–175 GVG; § 52) spielen in der gerichtl. Praxis eine untergeordnete Rolle. Sie sind ebenso nur auf Rüge hin zu berücksichtigen, wie der absolute Revisionsgrund der Nr. 6, die **Entscheidung ohne Gründe**. Eine solche Entscheidung ohne Gründe liegt vor, wenn § 69 verletzt ist, das Berufungsurteil also eine gedrängte Darstellung des Sach- und Streitstandes nicht enthält. Lässt das Berufungsgericht die Revision nicht zu, kann es zwar bei der Abfassung des Urteils nach **§ 69 II** verfahren und von der Darstellung des Tatbestandes und der Entscheidungsgründe absehen, soweit es den Gründen der angefochtenen Entscheidung folgt[7]. Da eine nachträgliche Zulassung der Revision nach § 72a aber nicht ausgeschlossen ist, muss das Berufungsurteil zumindest die **Fortentwicklung des Sach- und Streitstandes** in der Berufungsinstanz **wiedergeben**[8]. Ist dies nicht geschehen, ist der absolute Revisionsgrund des § 547 Nr. 6 ZPO zwar nur auf entsprechende Rüge hin zu berücksichtigen. Da aber in einem solchen Fall zugleich auch die **tatsächlichen Grundlagen für eine rechtl. Beurteilung** durch das Revisionsgericht fehlen, muss nach zugelassener Revision von Amts wegen eine Zurückverweisung erfolgen[9], es sei denn der Sach- und Streitstand ergibt sich mit der erforderlichen Bestimmtheit aus den Entscheidungsgründen des LAG-Urteils oder im Zusammenhang mit einer Inbezugnahme des Urteils 1. Instanz[10]. Ein Urteil ohne Gründe liegt darüber hinaus auch dann vor, wenn die Entscheidungsgründe des Berufungsgerichts in sich absolut unverständlich oder nichtssagend sind, zu wesentlichen Punkten nicht Stellung nehmen, zum Tenor im Widerspruch stehen oder nur die Gründe des erstinstanzlichen Urteils wiederholen, ohne auf neues Vorbringen des Berufungsklägers einzugehen[11]. 20

Während eine auf die vorgenannten Umstände gestützte Rüge aus § 547 Nr. 6 ZPO im Rahmen einer statthaften Revision möglich ist, ist die Rüge, es liege eine Entscheidung ohne Gründe vor, weil das vollständig abgesetzte Urteil **nicht innerhalb von fünf Monaten** seit seiner Verkündung von allen Richtern unterschrieben zur Geschäftsstelle des LAG gelangt sei, in der Revision nach Abs. 1 S. 2 ausgeschlossen. Auch hierin liegt zwar an sich ein absoluter Revisionsgrund[12]. Bei einem **solchen Verfahrensfehler** steht indes **ausschließlich** das Rechtsmittel der besonderen **sofortigen Beschwerde nach § 72b** zur Verfügung[13]. 21

1 BAG v. 7.11.2002 – 2 AZR 599/01, AP Nr. 40 zu § 1 KSchG 1969 – Krankheitsbedingte Kündigung Nr. 40. | 2 BAG v. 18.2.2003 – 9 AZR 356/02, AP Nr. 1 zu § 8 TzBfG. | 3 BAG v. 26.9.1996 – 8 AZR 126/95, BAGE 84, 189. | 4 BAG v. 20.6.2007 – 10 AZR 375/06, AP Nr. 6 zu § 547 ZPO. | 5 BAG v. 7.5.1998 – 2 AZR 344/97, AP Nr. 49 zu § 551 ZPO. | 6 BAG v. 22.3.2001 – 8 AZR 565/00, AP Nr. 59 zu Art. 101 GG. | 7 *Schmidt/Schwab/Wildschütz*, NZA 2001, 1217 (1219). | 8 GMPM/*Müller-Glöge*, § 73 ArbGG Rz. 53. | 9 BAG v. 9.8.2002 – 2 AZR 386/01, AP Nr. 12 zu § 543 ZPO 1977. | 10 BAG v. 19.8.2003 – 9 AZR 611/02, AP Nr. 20 zu § 1 TVG – Tarifverträge: Luftfahrt; v. 28.9.2005 – 10 AZR 593/04, AP Nr. 279 zu § 1 TVG – Tarifverträge: Bau. | 11 BAG v. 16.6.1998 – 5 AZR 255/98, AP Nr. 3 zu § 543 ZPO. | 12 GmS OGB v. 27.4.1993 – GmS OGB 1/92, AP Nr. 21 zu § 551 ZPO; BAG v. 4.8.1993 – 4 AZR 501/92, BAGE 74, 44. | 13 BAG v. 2.11.2006 – 4 AZN 716/06, NZA 2007, 111.

22 **c) Irrevisibles Verfahrensrecht.** Nach Abs. 2 iVm. § 65 kann die Revision nicht darauf gestützt werden, das Berufungsgericht habe die Frage nach dem richtigen **Rechtsweg**, der **örtlichen Zuständigkeit** oder der **richtigen Verfahrensart** fehlerhaft beantwortet. Diese Fragen sind im besonderen Verfahren nach **§ 17a GVG** in den Tatsacheninstanzen abschließend zu klären. Eine Besonderheit gilt, wenn die Vorinstanzen trotz der von einer Partei erhobenen Rüge hierüber fehlerhaft nicht vorab durch Beschluss nach § 17a GVG, sondern nur in den Gründen des Endurteils entschieden haben. Wird dies im Rahmen einer vom **LAG zugelassenen Revision** gerügt, gilt der Grundsatz der **Meistbegünstigung**: Das BAG hat an Stelle der Vorinstanzen durch Beschluss ohne mündliche Verhandlung und ohne Hinzuziehung der ehrenamtl. Richter über **Rechtsweg** oder **Verfahrensart** durch Beschluss zu entscheiden. Es kann den Rechtsstreit ggf. in die andere Gerichtsbarkeit oder die andere Verfahrensart zu verweisen. Dies gilt **nicht**, wenn das Fehlen einer Vorabentscheidung über die **örtliche Zuständigkeit** gerügt wird, weil auch eine entsprechende Vorabentscheidung nicht anfechtbar gewesen wäre (§ 48 I Nr. 1), und dann, wenn die Revision auf **Nichtzulassungsbeschwerde** hin eröffnet worden ist, weil das Gesetz zwar eine nachträgliche Zulassung der Revision, nicht aber eine nachträgliche Zulassung der weiteren sofortigen Beschwerde kennt[1].

23 Nach § 73 II, § 65 kann auch nicht mehr gerügt werden, bei der **Berufung** der ehrenamtl. Richter nach §§ 20–23 seien Verfahrensfehler unterlaufen. Darüber hinaus ist die Rüge, eine Klageänderung sei zu Unrecht als sachdienlich zugelassen worden, nach § 268 ZPO ebenso ausgeschlossen, wie die Beanstandung, das Berufungsgericht hätte verspätetes Vorbringen nicht zulassen dürfen[2].

24 **III. Ursächlichkeit des Rechtsfehlers.** Die Revision ist nur begründet, wenn die Entscheidung des LAG auf einem revisiblen Rechtsfehler beruht. Die Revision ist deshalb unbegründet, wenn sich das Urteil aus anderen Gründen unabhängig vom vorliegenden Rechtsfehler als richtig erweist (§ 561 ZPO). Wenn allerdings einer der in § 547 Nr. 1–6[3] ZPO genannten absoluten Revisionsgründe vorliegt und ordnungsgemäß gerügt worden ist, gilt die unwiderlegliche gesetzl. Vermutung, dass der betreffende Rechtsfehler für die angefochtene Entscheidung ursächlich war. Der Rechtsstreit ist dann an das LAG zur Beseitigung des Rechtsfehlers zurück zu verweisen.

74 *Einlegung der Revision, Terminbestimmung*

(1) Die Frist für die Einlegung der Revision beträgt einen Monat, die Frist für die Begründung der Revision zwei Monate. Beide Fristen beginnen mit der Zustellung des in vollständiger Form abgefassten Urteils, spätestens aber mit Ablauf von fünf Monaten nach der Verkündung. Die Revisionsbegründungsfrist kann einmal bis zu einem weiteren Monat verlängert werden.

(2) Die Bestimmung des Termins zur mündlichen Verhandlung muss unverzüglich erfolgen. § 552 Abs. 1 der Zivilprozessordnung bleibt unberührt. Die Verwerfung der Revision ohne mündliche Verhandlung ergeht durch Beschluss des Senats und ohne Zuziehung der ehrenamtlichen Richter.

1 **I. Allgemeines.** Einlegung und Begründung der Revision sind in § 74 nur lückenhaft geregelt. Ergänzend gelten §§ 549–553 ZPO (§ 72 V).

2 **1. Revisionsbefugnis.** Zulässigkeitsvoraussetzung jeder – zugelassenen – Revision, durch deren rechtzeitige Einlegung der Eintritt der Rechtskraft des Berufungsurteils gehindert wird (§ 705 ZPO), ist eine **Beschwer** des Revisionsführers, also eine nachteilige Abweichung des Entscheidungsausspruchs des LAG von dessen letztem Antrag. Diese Voraussetzung ist für den Beklagten auch dann erfüllt, wenn der gegen ihn gerichtete Antrag nicht als unbegründet, sondern als unzulässig abgewiesen wurde[4], oder wenn eine Zahlungsklage nicht wegen Nichtbestehens einer Forderung, sondern im Hinblick auf eine vorsorglich zur Aufrechnung gestellte Gegenforderung abgewiesen wurde[5].

3 Auch **Streithelfer** sind revisionsbefugt. Handelt es sich um eine einfache Streitgenossenschaft (§ 67 ZPO), bilden die Revision des Streithelfers und der unterstützten Partei ein einheitliches Rechtsmittel, dessen Form- und Fristanforderungen nur einmal erfüllt sein müssen[6]. Will nur der Streithelfer Revision einlegen, was der streitgenössische Nebenintervient (§ 69 ZPO) auch gegen den Willen der von ihm unterstützten Hauptpartei tun kann[7], muss er innerhalb der für die unterstützte Partei laufenden Frist, die auch für ihn ausschließlich durch die Zustellung an die Partei in Gang gesetzt wird[8], Revision einlegen.

---

1 BAG v. 26.3.1992 – 2 AZR 443/91, AP Nr. 7 zu § 48 ArbGG 1979; Hauck/Helml/*Hauck*, § 73 ArbGG Rz. 20; GMPM/*Müller-Glöge*, § 73 ArbGG Rz. 31 f.; aA für den Fall der Rüge der fehlerhaft gewählten Verfahrensart BAG v. 28.4.1992 – 1 ABR 68/91, AP Nr. 11 zu § 50 BetrVG 1972, wo noch von einem endgültigen Verlust einer solchen Rügemöglichkeit in der Revisionsinstanz ausgegangen wird. | 2 BAG v. 31.10.1984 – 4 AZR 604/82, AP Nr. 3 zu § 42 TVAL II. | 3 Nr. 6 nur insoweit, wie nicht durch § 72b präkludiert. | 4 BAG v. 19.11.1985 – 1 ABR 37/83, BAGE 50, 179; die Beschwer fehlt allerdings im umgekehrten Fall: BAG v. 15.4.1986 – 1 ABR 55/84, BAGE 51, 345. | 5 BAG v. 24.1.1974 – 5 AZR 17/73, AP Nr. 24 zu § 72 ArbGG 1953 – Streitwertrevision. | 6 BAG v. 16.9.1999 – 2 AZR 712/98, AP Nr. 1 zu Art. 4 GrO – Kath. Kirche. | 7 BAG v. 15.1.1985 – 3 AZR 39/84, AP Nr. 3 zu § 67 ZPO. | 8 BAG v. 17.8.1984 – 3 AZR 597/83, AP Nr. 2 zu § 67 ZPO.

2. Revision im unterbrochenen Verfahren. Ist ein Verfahren **nach Verkündung** des Berufungsurteils unterbrochen worden (§§ 239 ff. ZPO), läuft keine Rechtsmittelfrist (§ 249 I ZPO). Eine gleichwohl formgerecht eingelegte Revision ist jedoch dem Revisionsgericht gegenüber wirksam; sie muss nach dem Ende der Unterbrechung **nicht wiederholt** werden[1]. Hat das LAG trotz Unterbrechung oder Aussetzung des Verfahrens über die Sache entschieden, kann hiergegen auch schon vor dem Ende der Unterbrechung Revision eingelegt werden, um diesen Mangel geltend zu machen[2], und im Zusammenhang damit insb. eine vorläufige Einstellung der Zwangsvollstreckung beantragt werden. 4

3. Wiederholte Revision. Innerhalb der laufenden Fristen kann von derselben Partei auch mehrfach Revision eingelegt werden, insb. um **Formmängel** einer vorangegangenen Revision zu **beseitigen**. Ist mehrfach Revision eingelegt worden und zumindest eine Revisionseinlegung form- und fristgerecht, müssen die Übrigen nicht mehr förmlich beschieden werden; es ist **nur ein Rechtsmittel** anhängig[3]. 5

II. Einlegung der Revision. 1. Form und Inhalt. Die Revisionsschrift ist ein bestimmender Schriftsatz, der von einem **Rechtsanwalt** oder einem **Verbandsvertreter**, der die **Befähigung zum Richteramt** haben muss (§ 11 IV nF), in einer Form unterzeichnet sein muss, die erkennen lässt, dass es sich um eine die Verantwortung für den unterzeichneten Schriftsatz übernehmende Unterschrift, nicht lediglich eine **Paraphe** handelt (§ 549 II iVm. § 130 Nr. 6 ZPO)[4]. Es muss sich um einen individuellen Schriftzug handeln, der sich – ohne lesbar sein zu müssen – als Wiedergabe eines Namens darstellt und die Absicht einer vollen Unterschriftleistung erkennen lässt[5]. Selbst diese Handhabung des § 130 Nr. 6 ZPO steht in einem Wertungswiderspruch zu dem höchstrichterlichen Bestreben, den Prozessbeteiligten bei der Abgabe von Prozesserklärungen gegenüber dem Gericht die Nutzung der **modernen Kommunikationsmittel** zu ermöglichen. So reicht es nach allgemeiner Auffassung für eine formgerechte Rechtsmitteleinlegung auch aus, wenn die Rechtsmittelschrift per **Telegramm**, **Fernschreiben** oder **Telefax** beim Rechtsmittelgericht eingeht. Dabei hat die Rspr. zwar bisher angenommen, ein bei einem Empfangsgerät des Gerichts eingehendes, vom Originalschriftsatz gezogenes Fax[6] müsse die Originalunterschrift des Prozessbevollmächtigten wiedergeben[7]. Bei Schriftsätzen per Telegramm oder Telex reicht aber die maschinenschriftl. Wiedergabe der vom Absender geleisteten Unterschrift oder die aus dem Text des Telegramms oder aus der sog. **Kennung** des Fernschreibens zweifelsfrei ersichtliche Angabe der Person, welche die Nachricht als von ihr stammend abgesandt hat[8]. Nach Auffassung des Gemeinsamen Senats der Obersten Gerichtshöfe des Bundes[9] können bestimmende Schriftsätze sogar formwirksam durch elektronische Übertragung einer **Textdatei** mit **eingescannter** Unterschrift auf ein Faxgerät des Gerichts übermittelt werden[10]. Seit dem 1.4.2006 können beim BAG auch **elektronische Dokumente** in den dort eingerichteten **elektronischen Gerichtsbriefkasten** übermittelt werden[11]. 6

Die etwa für Kostenfestsetzungen bedeutsame **Frage**, **ob** eine Partei **durch** einen **Rechtsanwalt** oder einen zur Vertretung befugten **Verband** (§ 11 IV nF) vertreten wurde, ist dann, wenn der Schriftsatz unter dem **Briefkopf** des **Verbandes** erfolgte, stets im letztgenannten Sinne zu beantworten. Wird zur Unterschrift der Zusatz „Rechtsanwalt" gesetzt, belegt das nur die Befähigung des Unterzeichners zum Richteramt, aber nicht, dass hier ein Rechtsanwalt in dieser Eigenschaft die Verantwortung für die Prozesshandlung übernimmt[12]. 7

Die Revision muss **unbedingt** eingelegt werden. Eine Einlegung für den Fall, dass **PKH** bewilligt wird, reicht nicht aus (wegen der Möglichkeiten einer Wiedereinsetzung in den vorigen Stand, wenn eine Partei nicht in der Lage ist, die Kosten der Rechtsmitteldurchführung aufzubringen: § 72a Rz. 33). Hinsichtlich des notwendigen Inhalts einer Revisionsschrift gilt § 549 I 2 ZPO: Es müssen die beteiligten Parteien und – wenn möglich – ihre gesetzl. Vertreter sowie das angefochtene **Urteil** nach Gericht, Verkündungsdatum und Aktenzeichen **bezeichnet** werden[13], so dass das Revisionsgericht die Identität des angefochtenen Urteils innerhalb der Revisionsfrist erkennen kann; es muss weiter eindeutig erklärt werden, dass und **für wen** gegen dieses Urteil das die Sachprüfung eröffnende **Rechtsmittel eingelegt** werden soll; auf die Bezeichnung als Revision kommt es nicht an[14]. Sind die **Angaben** in der Revisionsschrift unvollständig oder ungenau, ist dies unschädlich, wenn sich die präzisen Angaben **aus** bis zum Ablauf der Revisionsfrist eingereichten **Unterlagen** ergeben, wie insb. der der Revisionsschrift beigefügten **Ausfertigung** oder beglaubigten Abschrift **des angefochtenen Urteils** (§ 550 I ZPO)[15]. Die Revisionsschrift ist auch 8

1 BGH v. 30.9.1968 – VII ZR 93/67, BGHZ 50, 397. | 2 GMPM/*Müller-Glöge*, § 74 ArbGG Rz. 6. | 3 BAG v. 16.8.1991 – 2 AZR 241/90, AP Nr. 2 zu § 15 SchwbG 1986; GK-ArbGG/*Mikosch*, § 74 Rz. 22. | 4 BAG v. 27.3.1996 – 5 AZR 576/94, AP Nr. 67 zu § 518 ZPO. | 5 BAG v. 30.8.2000 – 5 AZB 17/00, AP Nr. 17 zu § 130 ZPO. | 6 Also kein Fax, das an einen privaten Anschlussinhaber übermittelt und von diesem eingereicht worden ist: BAG v. 5.7.1990 – 8 AZB 16/89, BAGE 65, 255. | 7 BAG v. 24.9.1986 – 7 AZR 669/84, BAGE 53, 105. | 8 BGH v. 25.3.1986 – IX ZB 15/86, BGHZ 97, 238; v. 9.3.1982 – 1 StR 817/81, BGHSt 31, 7. | 9 Beschl. v. 5.4.2000 – GmS OGB 1/98, AP Nr. 2 zu § 129 ZPO. | 10 Vgl. hierzu insgesamt *Düwell*, NZA 1999, 291 ff.; Zöller/*Greger*, § 130 ZPO Rz. 5 ff. | 11 Einzelheiten bei GMPM/*Müller-Glöge*, § 74 ArbGG Rz. 13. | 12 Durch die Änderung des § 11 überholt: BAG v. 23.2.2005 – 4 AZR 139/04, AP Nr. 42 zu § 1 TVG – Tarifverträge: Druckindustrie. | 13 BAG v. 24.6.2004 – 8 AZR 292/03, AP Nr. 3 zu § 104 SGB VII. | 14 BAG v. 3.12.1985 – 4 ABR 7/85, AP Nr. 1 zu § 74 BAT. | 15 BAG v. 23.8.2001 – 7 ABR 15/01, NZA 2001, 1214.

dann ordnungsgemäß, wenn sie nicht die ladungsfähige Anschrift des Revisionsbeklagten oder seines Prozessbevollmächtigten enthält[1].

9 Die Revisionsschrift ist nach § 550 II ZPO der gegnerischen Partei zuzustellen mit der Angabe durch die Geschäftsstelle des BAG, wann die Revision eingegangen ist. Die Revisionsschrift soll mit der hierfür erforderlichen Zahl von **beglaubigten Abschriften** eingereicht werden.

10 **2. Frist.** Nach Abs. 1 S. 1 beläuft sich die **Notfrist** für die Einlegung der Revision auf einen Monat. Sie beginnt mit der Zustellung des in vollständiger Form abgefassten Urteils von Amts wegen. Ist ein Urteil an mehrere Prozessbevollmächtigte zuzustellen, beginnt die Frist **mit der ersten Zustellung** zu laufen[2]. Wird die Revision nach § 72 I 2, § 64 IIIa 2 auf Antrag einer Partei durch Beschluss des LAG **nachträglich** durch **Ergänzung** des Urteilstenors zugelassen, beginnt die Revisionsfrist mit der Zustellung dieses Beschlusses, falls die Zustellung des Urteils bereits zuvor erfolgt ist[3]. Wird die Revision nachträglich auf **Nichtzulassungsbeschwerde** vom BAG zugelassen, wird das Verfahren ohne weiteres als Revision fortgesetzt; einer fristgebundenen Revisionseinlegung bedarf es nicht mehr (72a Abs. 6).

11 Die Revisionsfrist beginnt auch dann mit Zustellung des Berufungsurteils, wenn dieses danach gem. § 319 ZPO **berichtigt** wird; es läuft keine neue Rechtsmittelfrist[4]. Anders verhält es sich, wenn das anzufechtende Urteil durch Urteil nach § 321 ZPO **ergänzt** worden ist. Hier beginnt mit der Zustellung des Ergänzungsurteils der Lauf der Revisionsfrist auch gegen das ergänzte Urteil, in dem die Revision zugelassen ist, von neuem (§ 518 ZPO)[5], wenn die Rechtsmittelfrist nicht bereits vor Zustellung des Ergänzungsurteils abgelaufen war. Hinsichtlich der Revision ist auch das **Ergänzungsurteil** als selbständiges Urteil anzusehen, es sei denn, es wurde lediglich die Kostenentscheidung ergänzt. Das ergänzende Urteil über einen zunächst übergangenen Anspruch ist deshalb nur revisibel, wenn auch im Ergänzungsurteil die Revision zugelassen worden ist[6].

12 Unabhängig von der den Ablauf der Monatsfrist auslösenden Zustellung eines vollständigen, mit einer zutreffenden Rechtsmittelbelehrung versehenen Urteils beginnt die einmonatige Revisionsfrist jedenfalls fünf Monate nach Verkündung des anzufechtenden Urteils zu laufen (Abs. 1 S. 2). Hierdurch ist die Jahresfrist des § 9 V 4 verdrängt, die sich nach der früheren Rspr. an die Fünf-Monats-(Höchst-)Frist des § 516 ZPO aF (= § 517 ZPO) anschloss, wenn ein verkündetes Urteil nicht – und damit auch keine Rechtsmittelbelehrung – zugestellt wurde[7]. Auch gegen verkündete, aber nicht zugestellte oder fehlerhaft zugestellte[8] Urteile muss deshalb **spätestens** bis zum **Ablauf des sechsten Monats** nach ihrer Verkündung Revision eingelegt werden[9].

13 Die Revisionsschrift muss zur Fristwahrung bis zum Ablauf der nach § 222 ZPO, §§ 187, 188 BGB[10] zu berechnenden Revisionsfrist **beim BAG** eingegangen sein. Der Zugang bei einem anderen Gericht wahrt die Frist nicht. Ein Eingang beim BAG liegt vor, wenn die Revisionsschrift die Verfügungsmacht des Rechtsmittelführers verlassen hat und in die des Revisionsgerichts gelangt ist. Bei **elektronischer Übermittlung** kommt es auf die vollständige **Aufzeichnung** der Daten durch das **Empfangsgerät** des BAG an. Eingangsvermerke der Geschäftsstelle sind demgegenüber unbeachtlich[11]. Eine mangelhafte Wiedergabe des Gesendeten auf Grund eines Defektes im Empfangsgerät ändert an dem rechtzeitigen Zugang der Revisionsschrift bei einem rechtzeitigen Eingang der elektronischen Daten nichts[12]. Gehen die Daten demgegenüber auf Grund von Störungen der Leitung oder des Absendegerätes nicht rechtzeitig bei Gericht ein, ist die Revisionsfrist versäumt. Es ist **Wiedereinsetzung** in den vorigen Stand zu gewähren, wenn so rechtzeitig mit der Sendung des Fax begonnen wurde, dass unter normalen Umständen vor Fristablauf um 24.00 Uhr mit dem Empfang beim Rechtsmittelgericht zu rechnen war, sich aber nach dem Sendeversuch herausstellt, dass die Leitung gestört war[13].

14 **III. Revisionsbegründung. 1. Form und Frist.** Die Revisionsbegründung erfolgt durch einen bestimmenden, von einem Rechtsanwalt zu unterzeichnenden Schriftsatz. Eine **Bezugnahme** auf die Schriftsätze der Vorinstanz reicht nicht aus. Nach § 72 V ArbGG, § 551 III 2 ZPO kann aber auf die **Begründung** der **Nichtzulassungsbeschwerde Bezug** genommen werde, auf die hin die Revision zugelassen worden ist[14]. Dies **muss** aber auch tatsächlich **innerhalb der Revisionsbegründungsfrist geschehen**. Auch die Bezugnahme auf Schriftsätze im PKH-Bewilligungsverfahren kann den Anforderungen an eine Revisionsbegründung genügen[15].

---

1 BAG v. 16.9.1986 – GS 4/85, BAGE 53, 30. | 2 BAG v. 23.1.1986 – 6 ABR 47/82, BAGE 51, 29. | 3 GMPM/*Müller-Glöge*, § 74 ArbGG Rz. 8; Schwab/Weth/*Ulrich*, § 74 ArbGG Rz. 24. | 4 BGH v. 9.11.1994 – XII ZR 184/93, NJW 1995, 1033. | 5 GMPM/*Müller-Glöge*, § 74 ArbGG Rz. 6. | 6 Vgl. BGH v. 20.6.2000 – VI ZR 2/00, NJW 2000, 3008. | 7 Zuletzt BAG v. 8.6.2000 – 2 AZR 584/99, AP Nr. 21 zu § 66 ArbGG 1979 mwN. | 8 GMPM/*Müller-Glöge*, § 74 ArbGG Rz. 7; teilweise aA (Einjahresfrist) *Künzl*, ZZP 2005, 59 (77). | 9 BAG v. 1.10.2003 – 1 ABN 62/01, AP Nr. 50 zu § 72a ArbGG 1979; GMPM/*Müller-Glöge*, § 74 ArbGG Rz. 7; Hauck/Helml/*Hauck*, § 74 ArbGG Rz. 6. | 10 Zu § 193 BGB: Maßgeblich sind die gesetzlichen Feiertage in Erfurt: Feiertagsgesetz des Freistaates Thüringen v. 21.12.1994 (GVbl. 1221), neben den neun üblichen zusätzlich der 31. Oktober. | 11 BAG v. 19.1.1999 – 9 AZR 679/97, BAGE 90, 329. | 12 Düwell/Lipke/*Düwell*, § 74 ArbGG Rz. 7. | 13 BVerfG v. 1.8.1996 – 1 BvR 121/95, NZA 1996, 1173. | 14 *Bepler*, RdA 2005, 65 (75) mwN. | 15 BAG v. 2.2.1968 – 1 AZR 248/67, BAGE 20, 275.

Die **Revisionsbegründungsfrist** beginnt gemeins. mit der Revisionsfrist mit Zustellung des vollständig begründeten Urteils mit ordnungsgemäßer Rechtsmittelbelehrung oder den diesem Termin gleichstehenden Zeitpunkten (vgl. Rz. 10 ff.) und beträgt zwei Monate. Bei Versäumung der Revisionsbegründungsfrist ist eine Wiedereinsetzung in den vorigen Stand möglich (§ 233 ZPO)[1]. Die Revisionsbegründungsfrist kann **nur einmal** bis zu einem weiteren Monat **verlängert** werden (Abs. 1 S. 2)[2], wenn der Antrag auf Verlängerung vor Ablauf der Begründungsfrist beim Revisionsgericht eingeht; die Verlängerung kann auch noch nach Fristablauf erfolgen[3]. Zum Wiedereinsetzungsverfahren: Ein Antrag, die Revisionsbegründungsfrist zu verlängern, steht der Revisionsbegründung nicht gleich; die Revisionsbegründung selbst ist die versäumte Prozesshandlung, die mit dem Antrag auf **Wiedereinsetzung** in den vorigen Stand wegen Versäumung der Revisionsbegründungsfrist nachgeholt werden muss (§ 236 II ZPO)[4]. 15

Wiedereinsetzung kann nach überwiegender Auffassung nicht gewährt werden, **um** dem Revisionskläger das **Nachschieben** eines weiteren **Revisionsgrundes** zu ermöglichen, der ohne sein Verschulden nicht rechtzeitig geltend gemacht werden konnte[5]. Dadurch wird allerdings nur das Nachschieben von Verfahrensrügen durch den Revisionskläger verhindert. Materiell-rechtl. Rügen können auch nach Ablauf der Revisionsbegründungsfrist vorgebracht werden, wenn die Revision als solche fristgerecht begründet worden ist. 16

Eine Verlängerung der Revisionsbegründungsfrist, die durch den Vorsitzenden allein erfolgt (§ 551 II 5 ZPO), ist auch dann nur einmal möglich, wenn die Frist von einem **Monat** bei dieser Verlängerung **nicht ausgeschöpft** worden ist[6]. Ist die Revisionsbegründungsfrist um einen bestimmten Zeitraum verlängert worden, endet sie mit dem im Beschluss angegebenen Tag, auch wenn dadurch die Fristverlängerung im Widerspruch zur Höchstgrenze des § 74 steht[7]. 17

2. Inhalt. a) Antrag und Antragsänderung. Die Revisionsbegründung[8] muss nach § 551 III Nr. 1 ZPO eine Erklärung darüber enthalten, in welchem Umfang das Berufungsurteil angefochten wird. Ein Revisionsantrag muss nicht ausdrücklich formuliert werden; notfalls reicht es aus, wenn Gericht und Gegner dem Revisionsvorbringen das mit dem Rechtsmittel verfolgte Ziel mit der gebotenen Deutlichkeit entnehmen können[9]. Gleichwohl sollte zur präzisen Bestimmung des Umfangs der Revisionseinlegung an den **Beginn der Revisionsbegründung** ein förmlicher **Antrag** gestellt werden. Der Antrag sollte so gefasst werden, dass dann, wenn der Revisionsführer mit ihm Erfolg hat, die Sachentscheidung verbleibt, die er anstrebt. **Beispiele:** Der Revisionsführer ist in allen Instanzen mit seiner Klage abgewiesen worden (bzw. antragsgemäß verurteilt worden): 18

..., das Urteil des LAG (Ort, Datum, Aktenzeichen) aufzuheben, und auf die Berufung des Klägers (bzw. des Beklagten) das Urteil des ArbG (Ort, Datum, Aktenzeichen) abzuändern und den Beklagten zu verurteilen an den Kläger ... (bzw. ... und die Klage abzuweisen).

Der Revisionsführer hat in 1. Instanz obsiegt und ist in 2. Instanz unterlegen:

..., das Urteil des LAG ... aufzuheben und die Berufung des Beklagten (bzw. des Klägers) gegen das Urteil des ArbG ... zurückzuweisen.

Entsprechend sind die Anträge zu fassen, wenn der Revisionsführer in der Berufungsinstanz nur teilweise unterlegen ist und nur insoweit die Aufhebung des Urteils des LAG und die ein vollständiges Unterliegen bzw. Obsiegen herbeiführende Neuentscheidung an Stelle des LAG erreichen will. Will der Revisionsführer schließlich nur einen Teils des Antrags, mit dem er in der Berufungsinstanz unterlegen ist, zur Überprüfung durch das BAG stellen, muss er auch dies durch eine entsprechende Antragstellung deutlich machen, die etwa die Aufhebung des Berufungsurteils nur geltend macht, soweit es in einer bestimmten Höhe oder wegen eines bestimmten Gegenstandes der Klageforderung entsprochen bzw. die Klageforderung zurückgewiesen hat. Ein Antrag auf Zurückverweisung der Sache an das Berufungsgericht nach § 563 I ZPO ist überflüssig. Hierüber ist nach dem Stand der Tatsachenaufklärung von Amts wegen zu entscheiden. Wendet sich der Revisionskläger mit seinem Antrag **gegen** die Entscheidung über den **Hauptantrag**, **fällt** ohne weiteres **auch** ein bisher verfolgter **Hilfsantrag** zur Entscheidung an[10].

Eine **Änderung der Klage**, die in einer **Antragsänderung**, aber auch in einer **Änderung des** den unveränderten Sachantrag stützenden **Lebenssachverhalts** liegen kann[11], ist in der Revisionsinstanz grds. **ausgeschlossen**, weil der Beurteilung des Revisionsgerichts nur dasjenige Parteivorbringen unterliegt, das aus dem Tatbestand des Berufungsurteils oder dem Sitzungsprotokoll ersichtlich ist[12]. Daraus ergibt sich zugleich die Ausnahme von der Regel: Eine Änderung des Klageantrages iSv. **§ 264 Nr. 2 oder** 19

---

1 Zu den Kontrollanforderungen an die Übermittlung der Fax: BAG v. 19.7.2007 – 6 AZR 432/06, AP Nr. 84 zu § 233 ZPO 1977. | 2 BAG v. 20.1.2004 – 9 AZR 291/04, AP Nr. 1 zu § 112 LPVG Rh.-Pf. | 3 BAG v. 24.8.1979 – GS 1/78, BAGE 32, 71. | 4 BAG v. 16.1.1989 – 5 AZR 579/88, AP Nr. 3 zu § 222 ZPO. | 5 BAG v. 6.6.1962 – 3 AZR 296/59, AP Nr. 10 zu § 554 ZPO. | 6 BAG v. 6.12.1994 – 1 ABR 34/94, BAGE 79, 1. | 7 BAG v. 14.3.1979 – 4 AZR 435/77, AP Nr. 17 zu §§ 22, 23 BAT 1975. | 8 Zusammenfassend zu den Anforderungen BAG v. 6.1.2004 – 9 AZR 680/02, AP Nr. 11 zu § 74 ArbGG 1979. | 9 Zuletzt BAG v. 16.8.2005 – 9 AZR 378/04, AP Nr. 8 zu § 1 TVG – Gleichbehandlung; Düwell/Lipke/*Düwell*, § 74 ArbGG Rz. 38. | 10 Statt aller GMPM/*Müller-Glöge*, § 74 ArbGG Rz. 43. | 11 BAG v. 11.4.2006 – 9 AZN 892/05, NZA 2006, 750; v. 2.10.207 – 1 ABR 79/06. | 12 Zuletzt etwa BAG v. 5.6.2003 – 6 AZR 277/02, AP Nr. 81 zu § 256 ZPO 1977; GMPM/*Müller-Glöge*, § 74 ArbGG Rz. 44.

Nr. 3 ZPO ist auch in der Revisionsinstanz statthaft, wenn der geänderte Antrag auf den vom LAG festgestellten Sachverhalt und/oder auf unstreitiges tatsächliches Vorbringen gestützt wird[1]. Eine Rolle kann spielen, dass der Prozessgegner der Änderung zustimmt und dass die Änderung auch darauf beruht, dass die Vorinstanz einen gebotenen Hinweis nach § 139 I ZPO unterlassen hat[2]. Für statthaft wird es auch gehalten, wenn der Kläger in der Revisionsinstanz vom **Leistungs- zum Feststellungsantrag** übergeht[3]. Gleiches gilt im **umgekehrten** Fall nur dann, wenn erst in der Revisionsinstanz die Voraussetzungen zur Geltendmachung der Leistung vorliegen und die notwendigen tatsächlichen Feststellungen für die Begründetheit des Leistungsantrags getroffen sind[4].

20 Zweifelhaft ist, ob ein in den Vorinstanzen als **Hilfsantrag** verfolgtes Rechtsschutzziel in der Revisionsinstanz zum **Hauptantrag** erhoben werden kann[5]. Das BAG hat dies im Urteilsverfahren bisher nur in einem Fall angenommen, in dem der bisherige Hilfsantrag, ein Feststellungsantrag, ohnehin Teil des zunächst als Hauptantrag verfolgten Leistungsantrags war[6]. Es hat damit nur eine Änderung zugelassen, die auch ohne den bisherigen Hilfsantrag statthaft gewesen wäre. Die **Einführung** eines **zusätzlichen Hilfsantrags** in der Revisionsinstanz ist nur statthaft, wenn die Entscheidung hierüber keine neuen Feststellungen erfordert[7].

21 **b) Auseinandersetzung mit dem Berufungsurteil.** Während nach § 554 III Nr. 3a ZPO aF, § 72 V in der Revisionsbegründung noch die verletzte **Rechtsnorm** konkret zu bezeichnen war, fordert § 551 III Nr. 2 ZPO nur noch die Angabe der **Revisionsgründe**, die sich aber in aller Regel auf verletzte Rechtsnormen beziehen werden. Dies wird näher dahin konkretisiert, dass die bestimmte Bezeichnung der Umstände gefordert wird, aus denen sich die Rechtsverletzung ergibt, und, soweit Verfahrensmängel geltend gemacht werden, die Tatsachen bezeichnet werden, die den Verfahrensmangel ergeben (§ 551 III Nr. 2a und b ZPO).

22 Es genügt für eine Revisionsbegründung **nicht**, wenn der Revisionsführer **allgemeine Ausführungen** dazu macht, das angefochtene Urteil sei unrichtig, es verletzte das materielle Recht oder es „berücksichtige nicht die allgemeinen Regelungen des Europäischen Arbeitsrechts“[8]. Das BAG verlangt eine sorgfältige Begründung der Revision, die sich mit den Erwägungen des angefochtenen Urteils im Einzelnen auseinander setzt und darlegt, warum diese Erwägungen unrichtig sind. Die Revisionsbegründung muss sich mit den **tragenden Gründen** des angefochtenen Urteils **auseinander setzen**. **Rechtsfehler** sind **so** aufzuzeigen, dass **Gegenstand und Richtung des Revisionsangriffs** erkennbar sind. Gericht und Gegner müssen sicher erkennen können, wie der Rechtsmittelführer den Streitfall in der Revisionsinstanz beurteilt wissen will, damit sie sich hierauf umfassend vorbereiten können[9]. Eine bloße Wiederholung der in der Vorinstanz vertretenen eigenen Rechtsauffassung, die das LAG als nicht entscheidungserheblich angesehen hat, reicht zB nicht aus[10]. Eine Revisionsbegründung ist allerdings auch nicht schon deshalb unzureichend und macht die Revision unzulässig, weil sie vor Zustellung des Berufungsurteils erstellt worden ist; sie muss nur eine hinreichende Auseinandersetzung mit dem Berufungsurteil enthalten, für dessen Inhalt sich auch schon aus dem Prozessverlauf, besonders aus der mündlichen Verhandlung hinreichend verlässliche Anhaltspunkte ergeben können[11]. Unbedingt erforderlich ist weiter eine **Auseinandersetzung mit jeder selbständig tragenden Erwägung** des LAG; sonst ist die gesamte Revision unzulässig[12].

23 Die uneingeschränkt eingelegte Revision ist auch nur dann ordnungsgemäß begründet, wenn sie sich in der beschriebenen Weise mit **jedem selbständigen Streitgegenstand** – nicht notwendig: Mit jeder vom LAG behandelten Anspruchsgrundlage[13] – befasst, über den das LAG mit eigenständiger Begründung entschieden hat. Fehlt die Begründung hinsichtlich eines solchen Streitgegenstandes, ist die darauf bezogene Revision **unzulässig**[14]. Etwas anderes gilt, wenn von dem Angriff gegen den einen Streitgegenstand – zB Feststellung der Unwirksamkeit einer Kündigung – zugleich auch die Grundlage des anderen Streitgegenstandes betroffen ist – zB Zahlung von Annahmeverzugslohn für die Zeit nach Ablauf der Kündigungsfrist[15].

---

1 BAG v. 10.2.2004 – 9 AZR 89/03, AP Nr. 6 zu § 2 ATG; v. 9.11.2005 – 5 AZR 105/05, AP Nr. 196 zu § 1 TVG-Tarifverträge: Metallindustrie. | 2 BAG v. 29.9.2004 – 1 ABR 29/03, AP Nr. 112 zu § 87 BetrVG 1972 – Arbeitszeit. | 3 BAG v. 22.11.2005 – 1 AZR 458/04, AP Nr. 176 zu § 102 BetrVG 1972; v. 1.2.2006 – 5 AZR 187/05, BAGE 117, 44. | 4 GMPM/*Müller-Glöge*, § 74 ArbGG Rz. 44; aA GK-ArbGG/*Mikosch*, § 73 ArbGG Rz. 95. | 5 Abl.: GK-ArbGG/*Mikosch*, § 73 Rz. 95. | 6 BAG v. 23.4.1985 – 1 ABR 39/81, AP Nr. 11 zu § 87 BetrVG 1972 – Überwachung; allgemein für eine Möglichkeit Haupt- und Hilfsantrag noch umzustellen: BAG v. 19.9.2006 – 1 ABR 58/05, AP Nr. 29 zu 77 BetrVG 1972 – Betriebsvereinbarung. | 7 BAG v. 12.7.2006 – 5 AZR 646/05, AP Nr. 1 zu § 611 – Lohnabrechnung. | 8 BAG v. 7.7.1999 – 10 AZR 575/98, AP Nr. 32 zu § 554 ZPO; GMPM/*Müller-Glöge*, § 74 ArbGG Rz. 52: Keine „rein formelhafte Begründung“. | 9 BAG v. 14.7.2005 – 8 AZR 300/04, AP Nr. 41 zu § 242 BGB –Auskunftspflicht; v. 10.10.2006 – 1 ABR 59/05, AP Nr. 24 zu § 77 BetrVG 1972 – Tarifvorbehalt. | 10 BAG v. 12.11.2002 – 1 ABR 60/01, AP Nr. 43 zu § 99 BetrVG 1972 – Einstellung; v. 18.2.1999 – 8 AZR 735/97, AP Nr. 31 zu § 611 BGB – Persönlichkeitsrecht. | 11 BAG v. 16.4.2003 – 4 AZR 367/02, AP Nr. 1 zu § 551 ZPO. | 12 BAG v. 11.2.2004 – 7 ABR 33/03, AP Nr. 3 zu § 94 ArbGG 1979; v. 16.5.2007 – 7 ABR 45/06, AP Nr. 90 zu § 40 BetrVG 1972. | 13 BAG v. 21.10.2003 – 1 ABR 39/02, AP Nr. 62 zu § 80 BetrVG 1972. | 14 BAG v. 15.3.2006 – 4 AZR 73/06, AP Nr. 63 zu § 551 ZPO; v. 9.11.2006 – 2 AZR 532/05, EzA Nr. 4 zu § 551 ZPO 2002; v. 16.10.2007 – 9 AZR 144/07. | 15 GK-ArbGG/*Mikosch*, § 74 ArbGG Rz. 59.

Für die Zulässigkeit der Revision ist es ohne Bedeutung, ob die vom Revisionsführer geltend gemachten Rechtsfehler tatsächlich vorliegen oder auch nur plausibel sind. Der Revisionskläger ist auch frei, nach Ablauf der Revisionsbegründungsfrist aus seiner Sicht auf **weitere materielle Rechtsfehler** hinzuweisen, wenn er nur innerhalb der Frist eine den dargelegten Anforderungen entsprechende Revisionsbegründung vorgelegt hat[1]. 24

c) Insbesondere: Verfahrensrügen. Die Anforderungen an eine ordnungsgemäße Verfahrensrüge nach § 551 III Nr. 2d ZPO, die der **Revisionskläger** bis zum Ablauf der **Revisionsbegründungsfrist** erhoben haben muss, während der **Revisionsbeklagte** für die **nicht selten erforderliche Gegenrüge**[2] bis zum **Ende** der **mündlichen Verhandlung** vor dem Revisionsgericht Zeit hat[3], werden in der gerichtl. Praxis häufig nicht erfüllt (zu möglichen Verfahrensrügen und Arten von Verfahrensmängeln vgl. § 72 Rz. 26, § 73 Rz. 16 ff., § 75 Rz. 4 ff.). 25

Für eine erfolgreiche Verfahrensrüge ist nicht nur erforderlich, dass die rügende Partei die **Tatsachen** anführt, aus denen sich nach ihrer Auffassung eine **Verletzung des Verfahrensrechts** ergibt. Sie muss auch dartun, wenn sich nicht aus der Art des Verfahrensmangels etwas anderes ergibt, dass das Urteil auf dem gerügten Verfahrensmangel **beruht**, dass das Berufungsgericht also bei richtiger Verfahrensweise auf seinem Begründungsweg anders entschieden hätte. 26

Wird also bspw. gerügt, das LAG habe eigenen **Prozessvortrag übergangen**, muss genau angegeben werden, auf Grund welchen Vortrags in welchem Schriftsatz oder zu Protokoll welcher mündlichen Verhandlung das LAG zu welcher Tatsachenfeststellung hätte gelangen müssen, und dass und warum sich dies auf das Ergebnis des Rechtsstreits ausgewirkt hätte[4]. Wird eine Verletzung der gerichtlichen **Hinweispflicht** (§ 139 ZPO) gerügt, muss im Einzelnen vorgetragen werden, dass der Revisionskläger auf eine entsprechende Frage oder einen Hinweis des Gerichts einen bestimmten entscheidungserheblichen Sachverhalt vorgetragen oder einen bestimmten Antrag gestellt[5] hätte; dieser Vortrag muss im Zusammenhang mit der Rüge vollständig nachgeholt werden[6]. Danach ist darzulegen, warum der ergänzte Tatsachenstoff im Begründungsweg des LAG zu einem anderen Ergebnis geführt hätte. Wird gerügt, das Berufungsgericht habe einen **Beweisantritt übergangen**, ist diese Rüge nur zulässig, wenn die rügende Partei das hinreichend bestimmt und deshalb **zulässig benannte Beweisthema** wiedergibt, die zur Nachprüfung geeigneten Stellen im Parteivortrag oder bei Protokollerklärungen genau benennt, an denen der Beweis in der Berufungsinstanz angetreten worden ist, darlegt, welches Ergebnis die Beweisaufnahme voraussichtlich gehabt hätte, und dass sich dies auf das angefochtene Urteil ausgewirkt hätte[7]. Auf Grund einer solchen Rüge hat das Revisionsgericht dann auch zu überprüfen, ob der in der Tatsacheninstanz angetretene Beweisantritt zulässig war, oder ob es sich um einen unzulässigen Ausforschungsbeweis gehandelt hätte[8]. Auch die Rüge, ein Urteil sei **zu spät** zugestellt worden, um einen **Tatbestandsberichtigungsantrag** stellen zu können, ist nur dann ordnungsgemäß erfolgt, wenn angegeben wird, welche relevante Berichtigung beantragt worden wäre. 27

Wird zu den genannten Punkten durch die rügende Partei vorgetragen, ist die **Rüge zulässig**. Begründet ist sie dann, wenn der Verfahrensmangel tatsächlich vorliegt, und es bei richtiger Verfahrensweise und dem sich dann ergebenden Sachverhalt zu einer anderen Entscheidung des Berufungsgerichts gekommen wäre. 28

Zur **Ursächlichkeit** des Verfahrensmangels für die Entscheidung des Berufungsgerichts muss nicht vorgetragen werden, wenn ein Verfahrensmangel nach § 547 ZPO – wie grds. erforderlich – gerügt, also ein absoluter Verfahrensmangel geltend gemacht wird. Hier wird die Ursächlichkeit des Verfahrensfehlers für die Entscheidung **unwiderleglich vermutet**. 29

Verfahrensmängel, die **von Amts wegen** zu berücksichtigen sind, müssen weder gerügt werden, noch muss der Revisionskläger auf sie innerhalb der Revisionsbegründungsfrist hinweisen. Soweit sich solche Fehler nicht bereits nach Aktenlage ergeben, können beide Parteien zu ihnen in jedem Stadium des Revisionsverfahrens vortragen. Sind die vorgebrachten Tatsachen schlüssig, muss das Revisionsgericht ihnen nachgehen. 30

IV. Entscheidungen vor der Terminierung. 1. Verwerfung als unzulässig. Bevor das Gericht nach Eingang der Revisionsbegründung, auf die der Revisionsbeklagte nicht **erwidern** muss, aber frühzeitig vor dem Termin erwidern sollte, nach Abs. 2 Termin zur mündlichen Verhandlung bestimmt, ist die **Zulässigkeit** der Revision zu **überprüfen** (Abs. 2 S. 2 iVm. § 552 I ZPO). Sie fehlt auch dann, wenn die **von Amts wegen** festzustellende **Prozessfortsetzungsvoraussetzung** nicht vorliegt, was insb. bei verfristeter oder sonst unzulässiger Berufung der Fall ist[9]. Ist die Revision aus diesem Grund unzulässig oder deshalb, 31

---

1 Statt aller: Hauck/Helml/*Hauck*, § 74 ArbGG Rz. 18. | 2 Vgl. zB BAG v. 28.9.2005 – 10 AZR 587/04, AP Nr. 278 zu § 1 TVG – Tarifverträge: Bau. | 3 BAG v. 14.7.1965 – 1 AZR 343/64, BAGE 17, 236. | 4 BAG v. 29.1.1992 – 7 ABR 27/91, AP Nr. 1 zu § 7 BetrVG 1972. | 5 BAG v. 11.5.2005 – 9 AZR 230/04, AP Nr. 8 zu § 81 SGB IX. | 6 BAG v. 12.4.2000 – 5 AZR 704/98, AP Nr. 72 zu § 1 TVG – Tarifverträge: Einzelhandel mwN. | 7 BAG v. 9.2.1968 – 3 AZR 419/66, AP Nr. 13 zu § 554 ZPO; v. 12.7.2007 – 2 AZR 723/05, nv. | 8 BAG v. 28.5.1998 – 6 AZR 618/98, AP Nr. 6 zu § 16 TV Ang Bundespost; v. 15.12.1999 – 5 AZR 566/98, AP Nr. 9 zu § 84 HGB. | 9 BAG v. 5.2.2004 – 8 AZR 112/03, AP Nr. 23 zu § 611a BGB; v. 23.3.2004 – 3 AZR 36/03, AP Nr. 36 zu § 64 ArbGG 1979.

weil sie nicht zugelassen wurde, weil sie nicht frist- und formgerecht eingelegt und/oder begründet wurde, oder weil der Revisionskläger durch die angefochtene Entscheidung nicht beschwert ist, ist sie nach § 552 ZPO – ggf. auch teilweise – als unzulässig zu verwerfen. Die Entscheidung kann ohne mündliche Verhandlung durch Beschluss der **berufsrichterlichen Mitglieder** des Senats ergehen (Abs. 2 S. 3). Ein solcher Beschluss ist nicht anfechtbar. Es ist aber eine erneute Einlegung der Revision möglich, was insb. in Betracht kommt, wenn eine Wiedereinsetzung in den vorigen Stand wegen Versäumung der Revisionsfrist gewährt werden kann. Ansonsten wird das Urteil des LAG mit der Verwerfung der Revision rechtskräftig.

32 Hat das Revisionsgericht die Revision **nicht** vorab durch **Beschluss** verworfen, sondern Termin zur mündlichen Verhandlung bestimmt, hindert dies nicht, die Revision **nach** Durchführung der **mündlichen Verhandlung durch Urteil** als unzulässig zu verwerfen. Durch die Terminierung tritt **keine Selbstbindung** des Gerichts ein[1].

33 **2. Einstellung der Zwangsvollstreckung.** Auf Antrag hat das Revisionsgericht, wenn die Voraussetzungen des **§ 719 II ZPO** erfüllt sind, die Zwangsvollstreckung aus dem vorläufig vollstreckbaren Urteil des LAG einzustellen. Eine Einstellung **scheidet aus**, wenn die Revision offensichtlich keine Aussicht auf Erfolg hat oder dem Urteil des LAG auf Grund einer zeitlich beschränkten Verurteilung durch eine Einstellung der Zwangsvollstreckung jede Wirkung genommen würde[2]. Über den Einstellungsantrag haben die berufsrichterlichen Mitglieder des Senats ebenso ohne die ehrenamtlichen Richter zu entscheiden, wie über einen Antrag nach **§ 558 ZPO**, mit dem das Ziel verfolgt wird, ein Berufungsurteil, dessen vorläufige Vollstreckbarkeit nach § 64 VII, § 62 ausgeschlossen worden ist, nach Ablauf der Revisionsbegründungsfrist für vollstreckbar zu erklären, soweit es nicht mit der Revision angegriffen worden ist.

34 **V. Rücknahme der Revision und Verzicht.** Nach § 565 iVm. § 516 ZPO kann die Revision ohne Einwilligung des Revisionsbeklagten bis zum **Beginn der Verkündung** des Revisionsurteils[3] durch einen **Rechtsanwalt** oder **Verbandsvertreter**, der die Befähigung zum Richteramt haben muss (§ 11 IV nF) zurückgenommen werden. Dies kann schriftsätzlich oder zu Protokoll der mündlichen Verhandlung geschehen. Der Revisionskläger geht in diesem Fall der eingelegten Revision verlustig und hat deren Kosten zu tragen. Beides ist **von Amts wegen** durch **Beschluss** auszusprechen (§ 516 III 2 ZPO)[4].

35 Anders als die Revisionsrücknahme bedarf die **Klagerücknahme** in der Revisionsinstanz nach § 269 ZPO der **Einwilligung** des Beklagten, die aber nach § 269 II, IV ZPO als erteilt gilt, wenn der Beklagte der Klagerücknahme innerhalb einer Notfrist von zwei Wochen seit Zustellung einer schriftsätzlichen Klagerücknahme und **Belehrung** über diese Wirkung nicht widersprochen hat.

36 Nach § 565 iVm. § 515 ZPO kann jede Partei gegenüber dem Gericht oder dem Prozessgegner ohne dessen Zustimmung den **Verzicht** auf die Einlegung der Revision erklären. Eine Erklärung gegenüber dem Gericht ist von Amts wegen, eine Erklärung gegenüber dem Prozessgegner auf dessen Einrede hin zu berücksichtigen.

37 Ein einseitiger Verzicht auf die Einlegung der Revision ist nur nach Erlass des Berufungsurteils möglich. Vor dessen Erlass kann auf die Revision nur durch einen gesetzl. nicht geregelten Vertrag verzichtet werden[5]. Er begründet wie der Revisionsverzicht gegenüber einer dann doch eingelegten Revision ein **Rügerecht** des Revisionsbeklagten. Wird eine solche Rüge erhoben, muss das Revisionsgericht auch im Tatsächlichen überprüfen, ob ein Revisionsverzicht erklärt oder ein Verzichtsvertrag abgeschlossen worden ist. Wird dies festgestellt, ist der Verzicht unanfechtbar, es sei denn, es liegt ein **Anfechtungsgrund** vor, der auch als **Restitutionsgrund** geeignet wäre[6]. Verzicht und Verzichtsvertrag führen dazu, dass die Revision als unzulässig zu verwerfen ist.

38 **VI. Anschlussrevision.** Das Gesetz kennt nach § 554 ZPO, § 72 V **nur** noch die **unselbständige Anschlussrevision**. Sie ist dadurch gekennzeichnet, dass derjenige, der das Rechtsmittel einlegt, sich – nur – dem Rechtsmittel der Gegenpartei anschließen will. Hiervon ist der Fall zu unterscheiden, dass beide Parteien unabhängig voneinander gegen ein Berufungsurteil Revision einlegen. Ob dies der Fall ist, ist durch Auslegung von Prozesserklärungen und Bewertung der Begleitumstände festzustellen, die auch die schützenswerten Interessen des Prozessgegners berücksichtigen muss; Wortwahl, die Zulassung der Revision auch für diesen Revisionsführer und eine auch für ihn noch laufende Revisionsfrist können Auslegungshilfen sein. Fehlt es an einer Verknüpfung der beiden Revisionen, ist von **zwei selbständigen Revisionen** auszugehen. Nur durch eine Vorgehensweise, die eine solche Auslegung ermöglicht und die auch den Begriff der Anschlussrevision vermeidet, entgeht die Partei, die als zweite Revision eingelegt hat, den Folgen des § 554 IV ZPO, dem Verlust des eigenen Rechtsbehelfs, wenn der Prozessgegner seine Revision zurücknimmt oder sie als unzulässig verworfen wird. In Falle einer eigenständigen zweiten Revision müssen alle Zulässigkeitsvoraussetzungen einer Revision erfüllt werden.

---

1 GK-ArbGG/*Mikosch*, § 74 Rz. 73. | 2 BGH v. 5.5.1965 – VIII ZR 95/65, JZ 1965, 540; BAG v. 6.1.1971 – 3 AZR 384/70, AP Nr. 3 zu § 719 ZPO; v. 22.6.1972 – 3 AZR 263/72, BAGE 24, 331 = AP Nr. 4 zu § 719 ZPO. | 3 GMPM/*Müller-Glöge*, § 74 ArbGG Rz. 21. | 4 GMPM/*Müller-Glöge*, § 74 ArbGG Rz. 23; Hauck/Helml/*Hauck*, § 74 ArbGG Rz. 27. | 5 GK-ArbGG/*Mikosch*, § 74 Rz. 89. | 6 GMPM/*Müller-Glöge*, § 74 ArbGG Rz. 26.

Anders verhält es sich bei der Anschlussrevision nach § 554 ZPO. Es kommt zwar nur eine **Anschließung** an eine **zulässige Revision** in Betracht[1]. Diese ist aber auch dann statthaft, wenn der Revisionsbeklagte auf eine selbständige Revision verzichtet hat, seine Revisionsfrist verstrichen oder die Revision für ihn nicht zugelassen worden ist[2]; er muss nur die Anschließungsfrist von einem Monat nach Zustellung der Revisionsbegründung (§ 554 II 2 ZPO) einhalten, die keine Notfrist ist, weshalb eine **Wiedereinsetzung** nach Fristversäumung ausscheidet. Die **Anschließungsschrift** muss den Anforderungen des § 559 ZPO entsprechen. Mit ihr muss auch die Anschlussrevision wie eine selbständige Revision begründet werden. 39

Dass eine Anschließung auch statthaft ist, wenn die Revision für den Revisionsbeklagten nicht zugelassen worden ist (§ 554 II 1 ZPO), könnte bedeuten, dass die Anschlussrevision auch Teile und Streitgegenstände des Rechtsstreits wieder in das Revisionsverfahren einführen kann, für die die Revision nicht zugelassen worden ist[3]. Dies ist allerdings noch nicht abschließend geklärt; Sinn und Zweck der Revision könnten angesichts des nicht völlig eindeutigen Wortlauts des § 554 II 1 ZPO auch dafür sprechen, die **streitgegenständliche Beschränkung** einer Revisionszulassung **für Revisionskläger und Anschlussrevisionskläger in gleicher Weise** wirken zu lassen[4] oder zumindest einen rechtl. und wirtschaftl. Zusammenhang zwischen den Gegenständen von Revison und Anschlussrevision zu verlangen[5]. 40

Die Anschließung verliert nach **§ 554 IV ZPO** nicht nur ihre Wirkung, wenn die Revision zurückgenommen wird, was nicht der Zustimmung des Anschlussrevisionsklägers bedarf, oder wenn sie als unzulässig verworfen wird. Auch bei Rücknahme der Klage, einem Verzicht auf die Revision oder einem Vergleich über den Gegenstand der Hauptrevision wirkt das Anschlussrechtsmittel nicht mehr. Im Falle der Erklärung einer **Klagerücknahme** kann der Beklagte den Verlust der Anschließungswirkung indes **verhindern**, indem er hierin nicht einwilligt. Kommt es in der Hauptrevision zu einer Sachentscheidung oder tritt insoweit eine Erledigung der Hauptsache ein, bleibt die Anschlussrevision erhalten; das Revisionsgericht muss über sie entscheiden. Verfolgt der Revisionsbeklagte seine Anschlussrevision weiter, obwohl sie ihre Wirkung verloren hat, ist sie als unzulässig zu verwerfen. Hat der Revisionskläger nach Rücknahme seiner Hauptrevision nach § 97 ZPO deren Kosten zu tragen, fallen ihm auch die Kosten der Anschlussrevision zur Last[6]. Dies soll dann nicht gelten, wenn sich der Revisionsbeklagte einer von Anfang an **unstatthaften Revision angeschlossen** hat. In diesem Fall hat der Revisionsbeklagte die Kosten seiner Anschlussrevision selbst zu tragen[7]. 41

75 *Urteil*

(1) Die Wirksamkeit der Verkündung des Urteils ist von der Anwesenheit der ehrenamtlichen Richter nicht abhängig. Wird ein Urteil in Abwesenheit der ehrenamtlichen Richter verkündet, so ist die Urteilsformel vorher von sämtlichen Mitgliedern des erkennenden Senats zu unterschreiben.

(2) Das Urteil nebst Tatbestand und Entscheidungsgründen ist von sämtlichen Mitgliedern des erkennenden Senats zu unterschreiben.

I. Überblick. Die Bestimmung regelt einige **Formalien** zu Verkündung und Unterzeichnung eines Revisionsurteils. **Ergänzend** gelten über § 72 V ArbGG und § 555 I ZPO die §§ 310–313b und § 315 ZPO sowie hinsichtlich des Gegenstandes des Revisionsurteils §§ 555–559 und §§ 562–565 ZPO. 1

II. Gegenstand der Revisionsentscheidung. 1. Bedeutung von Sachantrag und Revisionsgründen. Wenn das Revisionsgericht eine Revision nicht vorab durch Beschluss nach § 74 II 3 verwirft, überprüft es das Berufungsurteil im Rahmen der in der Revisionsinstanz zulässigerweise **angefallenen Sachanträge** auf seine materielle Richtigkeit. Auch ohne Anschlussrevision angefallen ist ein **Hilfsantrag**, über den das Berufungsgericht nicht entschieden hat, weil es nach dem Hauptantrag erkannt hat; dies gilt zumindest dann, wenn zwischen Haupt- und Hilfsantrag ein enger sachlicher und rechtl. Zusammenhang besteht[8]. Eine Abänderung der angefochtenen Entscheidung zum Nachteil des Revisionsklägers ist ausgeschlossen. Sie liegt allerdings nicht schon darin, dass eine in der Vorinstanz als unzulässig abgewiesene Klage nun als unbegründet abgewiesen wird[9]. 2

Das Revisionsgericht überprüft das Urteil der Vorinstanz auf **alle** infrage kommenden **materiellen Rechtsfehler** hin. Es ist nicht an die geltend gemachten Revisionsgründe gebunden; ihrer bedarf es nur für die Zulässigkeit der Revision (§ 557 III ZPO). Auch die Gründe, die zur – ggf. nachträglichen (§ 72a) – Zulassung der Revision geführt haben, begrenzen den Prüfauftrag nicht. Der Revisionskläger kann diese 3

---

1 BAG v. 7.5.1963 – 5 AZR 19/63, AP Nr. 2 zu § 556 ZPO. |2 BAG v. 3.12.2003 – 10 AZR 124/03, AP Nr. 19 zu § 1 TVG – Musiker. |3 So im Ergebnis BAG v. 16.6.2005 – 6 AZR 411/04, AP Nr. 12 zu § 14 BBiG; GMPM/*Müller-Glöge*, § 74 ArbGG Rz. 74; Schwab/Weth/*Ulrich*, § 74 ArbGG Rz. 93; GK-ArbGG/*Mikosch*, § 74 Rz. 94 jeweils mwN. |4 BAG v. 19.10.1982 – 4 AZR 303/82, BAGE 40, 250. |5 Thomas/Putzo/*Reichold*, § 544 ZPO Rz. 2. |6 BAG v. 30.4.1958 – 2 AZR 506/57, AP Nr. 1 zu § 515 ZPO. |7 BAG v. 7.5.1963 – 5 AZR 19/63, AP Nr. 2 zu § 556 ZPO. |8 BAG v. 10.10.2002 – 2 AZR 597/01, AP Nr. 123 zu § 1 KSchG 1969 – Betriebsbedingte Kündigung; v. 22.7.2003 – 1 AZR 496/02, BAGReport 2003, 334. |9 BAG v. 31.1.1979 – 5 AZR 34/78, AP Nr. 1 zu § 611 BGB – Rundfunk; GK-ArbGG/*Mikosch*, § 73 Rz. 11.

Aufgabe des Gerichts auch nicht seinerseits auf einzelne Rechtsfragen beschränken; er muss von der Geltendmachung von Revisionsgründen abgesehen nicht einmal eine rechtl. Würdigungen des angefochtenen Urteils vornehmen[1].

4 **2. Verfahrensmängel.** Die verfahrensrechtl. Überprüfung durch das Revisionsgericht ist **beschränkt** (§ 557 III 2 ZPO). Das angefochtene Urteil darf nur auf Verfahrensmängel überprüft werden, die **von Amts wegen** zu berücksichtigen, und solche, die in der Revisionsbegründung in zulässiger Weise **gerügt** worden sind (vgl. § 74 Rz. 25 ff.). Nichts anderes gilt für die **absoluten Revisionsgründe** des § 547 ZPO, bei deren Vorliegen eine unwiderlegliche Vermutung für die Ursächlichkeit der Rechtsverletzung begründet wird, so dass die angefochtene Entscheidung in jedem Falle aufzuheben ist. Auch sie sind vom Revisionsgericht nur nach einer Rüge zu beachten[2].

5 **Ohne Rüge**, allein anhand des Prozessstoffes hat das BAG das angefochtene Urteil auf die folgenden möglichen Mängel hin zu überprüfen, die Parteien vor einer hierauf gestützten Entscheidung von sich aus auf Bedenken hinzuweisen und sie aufzufordern, etwa erforderliche Nachweise zur Beseitigung der Mängel zu beschaffen:

- Fehlen der **allgemeinen Prozessvoraussetzungen**[3] (Parteifähigkeit, Prozessfähigkeit der Partei und des Prozessbevollmächtigten[4] sowie Prozessführungsbefugnis);
- Nichtbestehen der **Prozessfortsetzungsbefugnis**; sie fehlt, wenn der Rechtsstreit bereits durch eine vorangegangene, nicht ordnungsgemäß und rechtzeitig angegriffene Entscheidung beendet worden ist[5];
- keine **internationalen Zuständigkeit**[6] und keine Zuständigkeit der **deutschen Gerichtsbarkeit**[7];
- **Fehlen** eines für eine Revisionsentscheidung verwertbaren, § 313 II, § 540 I Nr. 1 ZPO genügenden und widerspruchsfreien **Tatbestandes,** wenn dieser auch nicht mit Hilfe einer Verweisung auf das erstinstanzl. Urteil oder Angaben in den Entscheidungsgründe zu ermitteln ist[8];
- keine hinreichende **Bestimmtheit** des Klageantrages, sowie des Umfangs und des Inhalts der angefochtenen gerichtl. Entscheidung[9].

6 Die **übrigen Verfahrensfehler** sind nur auf eine in zulässiger Form erhobene **Rüge** hin zu überprüfen. Hierzu gehören die Verletzung der gerichtlichen Hinweispflicht (§ 139 ZPO), eine zu Unrecht unterlassene Beweiserhebung oder die ungerechtfertigte Zurückweisung von Vorbringen (vgl. auch § 74 Rz. 25 ff.). Auch die absoluten Revisionsgründe sind auf Rüge hin zu überprüfen, wie etwa die nicht ordnungsgemäße Besetzung des Gerichts (§ 547 Nr. 1 ZPO)[10]. Während das Revisionsgericht Verfahrensrügen des Revisionsklägers nur nachgehen muss, wenn sie innerhalb der Revisionsbegründungsfrist erhoben wurden, hat der **Revisionsbeklagte** noch bis zum Schluss der mündl. Verhandlung vor dem Revisionsgericht die Möglichkeit, Verfahrens(gegen-)rügen zu erheben[11]; hierauf sollte er sich vorbereiten.

7 Eine verfahrensrechtl. Überprüfung durch das Revisionsgericht findet **nicht** statt, soweit es um den eingeschlagenen **Rechtsweg**, die richtige **Verfahrensart** und die **örtliche Zuständigkeit** geht[12]. Die Rüge, das LAG habe eine Klageänderung zu Unrecht als sachdienlich zugelassen, ist nach **§ 268 ZPO** ausgeschlossen. Entsprechendes gilt für die Beanstandung, das Berufungsgericht hätte **verspätetes Vorbringen** nicht zulassen dürfen[13].

8 **3. Tatsachenmaterial.** Nach § 559 ZPO hat das Revisionsgericht nur das **bisherige Parteivorbringen** zu berücksichtigen, soweit es aus dem Tatbestand oder Feststellungen im Rahmen der Entscheidungsgründe[14], den im Urteil in Bezug genommenen Schriftsätzen und Anlagen sowie den Sitzungsprotokollen ersichtlich ist[15]. Ein unrichtiger Tatbestand kann grds. nur über einen Antrag nach **§ 320 ZPO** berichtigt werden. Dasselbe gilt für eine Feststellung im Urteil, eine tatsächliche Behauptung sei nicht bestritten worden.

9 Hat das LAG festgestellt, eine Tatsachenbehauptung sei wahr oder nicht wahr, ist diese Feststellung nach § 559 II ZPO bindend. Die **Bindungswirkung** entfällt nur dann, wenn wegen des Verfahrens, das zu

1 BAG v. 13.2.1975 – 3 AZR 211/74, AP Nr. 2 zu § 308 ZPO mwN. | 2 GMPM/*Müller-Glöge*, § 73 ArbGG Rz. 40; BLAH/*Albers*, § 547 ZPO Rz. 2. | 3 Vgl. hierzu BLAH/*Hartmann*, Grundz. § 253 ZPO Rz. 21 f. | 4 BAG v. 18.8.1965 – 1 AZR 77/65, AP Nr. 1 zu § 244 ZPO. | 5 Zuletzt BAG v. 5.2.2004 – 8 AZR 112/03, AP Nr. 23 zu § 611a BGB; v. 23.3.2004 – 3 AZR 36/03, AP Nr. 36 zu § 64 ArbGG 1979; BGH v. 4.11.1981 – IVb ZR 625/80, NJW 1982, 1873; im Einzelnen GMPM/*Müller-Glöge*, § 74 ArbGG Rz. 95. | 6 BAG v. 5.9.1972 – 3 AZR 212/69, BAGE 24, 411. | 7 BGH v. 7.6.1955 – I ZR 64/53, BGHZ 18, 1. | 8 BAG v. 28.5.1997 – 5 AZR 632/96, AP Nr. 9 zu § 543 ZPO 1977; v. 28.9.2005 – 10 AZR 593/04, AP Nr. 279 zu § 1 TVG – Tarifverträge: Bau. | 9 Zu Letzterem gehört auch die Prüfung, ob ein unzulässiges Teilurteil erlassen wurde; BAG v. 12.8.1993 – 6 AZR 553/92, BAGE 74, 85. | 10 BAG v. 7.5.1998 – 2 AZR 344/97, BAGE 88, 344; die Rüge eines verspätet abgesetzten Urteils (§ 547 Nr. 6 ZPO) gehört nicht mehr zum Prüfprogramm des Revisionsgerichts; die Prüfung hat ausschließlich im Rahmen des besondere Rechtsmittels des § 72b zu geschehen (§ 73 I 2). | 11 BAG v. 11.9.1997 – 8 AZR 4/96, BAGE 86, 278, 287. | 12 § 545 II ZPO, § 48 I, § 65, § 73 II. | 13 BAG v. 31.10.1984 – 4 AZR 604/82, AP Nr. 3 zu § 42 TVAL II. | 14 BAG v. 23.8.2006 – 4 AZR 410/05, AP Nr. 12 zu § 1 TV AL II. | 15 BAG v. 14.6.1967 – 4 AZR 282/66, BAGE 19, 342; v. 28.10.1999 – 6 AZR 243/98, insoweit nv.; BGH v. 17.1.1985 – VII ZR 257/85, LM ZPO § 543 Nr. 7.

dieser Feststellung geführt hat, eine zulässige und begründete **Verfahrensrüge** erhoben worden ist. Sie entfällt ausnahmsw. auch ohne Rüge, soweit die tatsächlichen Feststellungen der Berufungsentscheidung Unklarheiten enthalten, Lücken aufweisen, oder widersprüchlich sind[1]. Solche Widersprüche sind von Amts wegen zu berücksichtigen[2]. Beruht die Tatsachenfeststellung auf einer Beweiswürdigung, so ist auch diese nicht nur auf Rüge, sondern ohne weiteres daraufhin zu überprüfen, ob sie § 286 ZPO entspricht, insb. ob der gesamte Inhalt der Verhandlung berücksichtigt wurde, alle erhobenen Beweise gewürdigt worden sind und die Beweiswürdigung in sich widerspruchsfrei und frei von Verstößen gegen Denkgesetze und allgemeine Erfahrungssätze ist[3].

Vorbringen, das sich nicht aus dem Tatbestand des Berufungsurteils, den dort in Bezug genommenen 10
Schriftsätzen und Anlagen oder den Sitzungsprotokollen ergibt, ist in der Revisionsinstanz als **neues Vorbringen** grds. ausgeschlossen. Etwas anderes gilt ausnahmsw. aus Gründen der Prozessökonomie in den folgenden Fällen: Neues tatsächliches Vorbringen ist **zuzulassen**:

- wenn es **unstreitig** oder seine Richtigkeit offenkundig ist[4],
- wenn das neue Vorbringen auch geeignet wäre, eine **Restitutionsklage** nach § 580 ZPO hinsichtlich des laufenden Verfahrens zu begründen[5];
- bei einer **Änderung** des Rechts oder der Rspr. nach Erlass des Berufungsurteils, wonach weitere tatsächliche Feststellungen für eine Entscheidung des Rechtsstreits erforderlich sind;
- soweit es von Amts wegen zu berücksichtigende **Prozessvoraussetzungen**[6], Prozessfortsetzungsbedingungen[7], das Fortbestehen des Rechtsschutzinteresses oder die nachträgliche Erledigung der Hauptsache betrifft;
- sowie dann, wenn die Parteien nach der Rechtsauffassung der Vorinstanz **keinen Anlass** hatten, bestimmte Tatsachen **vorzutragen**, auf die es nach Auffassung des Revisionsgerichts ankommt[8]; soweit die Parteienvertreter hierzu in der mündlichen Verhandlung vor dem Senat nicht in der Lage sind, ist ihnen durch **Zurückverweisung** des Rechtsstreits Gelegenheit zu ergänzendem Vortrag zu geben.

4. Entscheidungsalternativen. Ergibt die rechtl. Überprüfung des angefochtenen Urteils, dass in ihm 11
keine Rechtsnorm verletzt wurde, ist die Revision unbegründet und **zurückzuweisen.** Dasselbe gilt, wenn das Berufungsgericht zwar eine Rechtsnorm verletzt hat, sich seine Entscheidung aber **aus anderen Gründen** im Ergebnis als **richtig** erweist. Das Revisionsgericht kann bei dieser Gelegenheit, solange der Rechtsstreit noch schwebt, auch offensichtliche **Unrichtigkeiten** im Tenor des Berufungsurteils nach § 319 I ZPO **berichtigen** (Zurückweisung der Revision „mit der Maßgabe ...")[9].

Beruht das Urteil demgegenüber auf einem materiellen Rechtsfehler oder zur Überprüfung des Revi- 12
sionsgerichts stehenden Verfahrensfehler, ist es **aufzuheben** (§ 562 I ZPO). Dies gilt nach richtiger Auffassung auch dann, wenn das LAG eine Klage zu Unrecht **als unzulässig abgewiesen** hat, diese sich aber als **unbegründet** herausgestellt hat. Auch in diesem Falle ist das angefochtene Urteil unrichtig. Allenfalls kann die Revision mit der Maßgabe zurückgewiesen werden, dass die Klage nicht als unzulässig, sondern als unbegründet abgewiesen wird. Bei durchgreifenden Verfahrensmängeln ist zugleich auch das **Verfahren** insoweit **aufzuheben,** wie es durch den Mangel betroffen wird (§ 562 II ZPO).

Im Falle der (teilweisen) Aufhebung des Urteils ist die Sache zur **neuen Verhandlung und Entschei-** 13
dung an das Berufungsgericht zurückzuverweisen. Die Zurückverweisung kann auch an einen anderen Spruchkörper des Berufungsgerichts erfolgen. Ihn festzulegen, ist nicht Sache des Revisionsgerichts; die zuständige andere Kammer muss sich aus dem generell-abstrakt festgelegten **Geschäftsverteilungsplan** des Berufungsgerichts ergeben (Art. 101 GG)[10].

Das **BAG** darf den Rechtsstreit nicht zurückverweisen, sondern **muss selbst entscheiden,** wenn sich 14
die Klage als unzulässig erweist **oder** wenn die Sache bei richtiger Rechtsanwendung **entscheidungsreif** ist, weil weitere tatsächliche Feststellungen nicht im Hinblick auf eine zulässige und begründete Verfahrensrüge geboten und auch nicht auf Grund der anderen Rechtsauffassung des Revisionsgerichts erforderlich sind[11]. Dabei kann das BAG seine ersetzende Sachentscheidung auch auf einen **Teil** der zu ihm gelangten Streitgegenstände **beschränken** und im Übrigen zur neuen Verhandlung und Entscheidung zurückverweisen.

Ist die Sache an das LAG zurückverwiesen worden, hat es die entscheidungserheblichen **rechtl. Beur-** 15
teilungen des BAG seiner Entscheidung **zugrunde zu legen.** Festgestellte Verfahrensverstöße sind vom

---

1 BAG v. 23.8.2006 – 4 AZR 410/05, AP Nr. 12 zu § 1 TV AL II. |2 BAG v. 18.9.2003 – 2 AZR 498/02, NZA 2004, 253. |3 BAG v. 13.2.2002 – 5 AZR 588/00, AP Nr. 22 zu § 11 MuSchG 1968. |4 GMPM/*Müller-Glöge*, § 74 Rz. 116; Schwab/Weth/*Ulrich*, § 73 Rz. 58. |5 BAG v. 15.5.1997 – 2 AZR 43/96, BAGE 86,7; BSG v. 20.12.1962 – 3 RJ 85/55, AP Nr. 6 zu § 580 ZPO; GMPM/*Müller-Glöge*, § 74 ArbGG Rz. 117, jeweils mwN. |6 Zum Feststellungsinteresse: BAG v. 6.6.2007 – 4 AZR 411/06. |7 BAG v. 3.5.2006 – 4 AZR 795/05, BAGE 18, 159, 163. |8 BAG v. 27.4.2000 – 6 AZR 861/98, AP Nr. 1 zu § 14 BMT-G II. |9 BAG v. 10.12.2002 – 1 ABR 36/90, AP Nr. 59 zu § 80 BetrVG 1972. |10 Hauck/Helml/*Hauck*, § 75 ArbGG Rz. 4. |11 BAG v. 25.10.2001 – 6 AZR 718/00, BAGE 99, 250.

LAG zu beheben. Die **Bindungswirkung** bleibt solange bestehen, wie sich die tatsächlichen Feststellungen, die der Revisionsentscheidung zugrunde lagen, nicht ändern. Die Parteien können in der erneut eröffneten Tatsacheninstanz neue Tatsachen vorbringen und neue Angriffs- und Verteidigungsmittel geltend machen oder auch **andere Anträge**[1] stellen; das LAG muss dem nach den allgemeinen Regeln nachgehen[2]. Die Bindungswirkung der zurückverweisenden Entscheidung entfällt außerdem, wenn sich die gesetzl. Rechtslage oder die Rechtsauffassung des BAG nach der aufhebenden Entscheidung geändert haben[3].

16 Kommt der Rechtsstreit nach Aufhebung und erneuter Entscheidung des LAG wieder in die Revisionsinstanz, ist auch das **Revisionsgericht** in entsprechendem Umfang **an seine** im vorangegangenen Urteil geäußerte entscheidungserhebliche **Rechtsauffassung gebunden**, selbst wenn nun ein anderer Senat für die Sache zuständig ist[4]. Dies gilt nur dann nicht, wenn das BAG in der Zwischenzeit seine frühere Rechtsauffassung aufgegeben hat; eine Änderung seiner Rechtsansicht erst anlässlich der erneuten Befassung mit derselben Sache ist ausgeschlossen[5].

17 **III. Form und Inhalt des Revisionsurteils.** Revisionsurteile müssen auch dann, wenn das BAG nach § 128 ZPO im schriftl. Verfahren entscheidet, **verkündet werden**. Dies hat in dem Termin, in dem die mündliche Verhandlung geschlossen wird, oder in einem sofort anzuberaumenden Termin zu geschehen, der nur bei wichtigen Gründen über **drei Wochen** hinaus angesetzt werden kann (§ 72 V ArbGG iVm. § 557, § 310 I ZPO). Wird das Urteil in einem **gesonderten Verkündungstermin** verkündet, muss es in vollständiger Form vorliegen. Ein Verstoß gegen diese Ordnungsvorschrift führt allerdings nicht zur Unwirksamkeit der Verkündung.

18 Das Urteil wird durch die **Verlesung der Urteilsformel** verkündet (§ 311 II 1 ZPO), die nur eine Kostenentscheidung zu enthalten hat, wenn das Revisionsgericht selbst abschließend entscheidet. In einem besonderen Verkündungstermin genügt die Bezugnahme auf die Urteilsformel, wenn keine der Parteien erschienen ist. Hält es das Gericht für angemessen, kann es bei der Verkündung zugleich auch den **wesentlichen Inhalt der Entscheidungsgründe** mit verkünden (§ 311 II ZPO). Eine Pflicht hierzu besteht nicht; § 66 II 1 gilt nicht im Revisionsverfahren[6].

19 Der notwendige **Inhalt des Revisionsurteils** ergibt sich aus § 313 ZPO. Es besteht aus dem Rubrum, der Bezeichnung des Gerichts, den Namen der Richter, dem Tag, an dem die mündliche Verhandlung geschlossen worden ist, der Urteilsformel und den Entscheidungsgründen. **Entscheidungsgründe** sind nicht erforderlich bei Versäumnis-, Anerkenntnis- oder Verzichtsurteilen sowie dann, wenn die Parteien nach § 313a I ZPO auf die Gründe einer den Rechtsstreit abschließenden Entscheidung verzichten[7]. Da gegen Urteile des BAG ein Rechtsmittel nicht gegeben ist, bedarf es keines förmlichen Tatbestandes; er ist aber üblich. Vom Tatbestand kann auch in Revisionsurteilen nicht abgesehen werden bei einer Verurteilung zu künftig fällig werdenden wiederkehrenden Leistungen oder dann, wenn zu erwarten ist, dass das Urteil im Ausland geltend gemacht werden wird (§ 313a IV Nr. 4 und 5 ZPO)[8].

20 Tatbestand und Entscheidungsgründe sind **von sämtlichen** – berufsrichterlichen und ehrenamtlichen – **Mitgliedern** des erkennenden Senats zu **unterschreiben**. Im Falle der Verhinderung ist nach § 315 I 2 ZPO zu verfahren: Der Verhinderungsgrund ist anzugeben und von dem Vorsitzenden oder – bei dessen Verhinderung – von dem dienstältesten beisitzenden Richter unter dem Urteil zu vermerken[9].

21 Kann – wie regelmäßig schon auf Grund der Postwege – das Urteil **nicht** innerhalb von **drei Wochen** (§ 315 II 1 ZPO) in vollständiger Form der Geschäftsstelle übergeben werden, ist innerhalb der Frist das Urteil ohne Tatbestand und Entscheidungsgründe von sämtlichen Richtern zu unterschreiben und der Geschäftsstelle zuzuleiten (§ 315 II 2 ZPO).

22 Das Revisionsurteil wird den Parteien von Amts wegen **zugestellt** (§ 72 VI, § 50). Da das BAG keine eigenen tatsächlichen Feststellungen trifft, kommt eine Tatbestandsberichtigung von Revisionsurteilen nicht in Betracht[10]. Offenbare Unrichtigkeiten können nach § 319 ZPO berichtigt werden.

23 **IV. Säumnisverfahren.** Vor dem BAG findet das Säumnisverfahren nach den §§ 333 ff. und § 539 ZPO statt, obwohl die letztgenannte Vorschrift nicht ausdrücklich in Bezug genommen ist[11]. Bei **Säumnis** oder dem gleich stehendem Nichtverhandeln **des Revisionsklägers** wird die Revision auf Antrag des Gegners durch Versäumnisurteil zurückgewiesen oder – bei Unzulässigkeit der Revision – verworfen. Bei **Säumnis** des **Revisionsbeklagten** wird über die Revision durch Versäumnisurteil sachlich entschieden,

---

1 Zur fortdauernden Bindung an die zurückverweisende Revisionsentscheidung, wenn damit keine Änderung des Klagegrundes verbunden ist: BAG v. 20.3.2003 – 8 AZR 77/02, AP Nr. 23 zu § 565 ZPO. | **2** GMPM/*Müller-Glöge*, § 74 ArbGG Rz. 124. | **3** GmS OGB v. 6.2.1973 – GmS OGB 1/72, BGHZ 60, 392. | **4** BAG v. 13.12.2007 – 6 AZR 200/07. | **5** GmS OGB v. 6.2.1973 – GmS OGB 1/72, BGHZ 60, 392; BAG v. 20.3.2003 – 8 AZR 77/02, AP Nr. 23 zu § 565 ZPO; BLAH/*Albers*, § 563 ZPO Rz. 9. | **6** GK/ArbGG/*Mikosch*, § 75 Rz. 9. | **7** Ohne Auswirkungen auf die Kosten; die Privilegierung nach Nr. 9134 des Kostenverzeichnisses ist entfallen. | **8** Hauck/Helml/*Hauck*, § 75 ArbGG Rz. 3. | **9** Zum Verhinderungsvermerk: BAG v. 22.8.2007 – 4 AZN 1225/06, AP Nr. 2 zu § 315 ZPO. | **10** BAG v. 13.8.1985 – 4 AZR 304/83, AP Nr. 5 zu § 320 ZPO; ErfK/*Koch*, § 75 ArbGG Rz. 8. | **11** GMPM/*Müller-Glöge*, § 74 ArbGG Rz. 145.

weil die Fiktion des § 331 I 1 ZPO keine Rolle spielt. Das Revisionsgericht ist verpflichtet, auf der Grundlage des schon vom LAG festgestellten Sachverhalts zu entscheiden. Ein Versäumnisurteil ist nach § 708 Nr. 2 ZPO für **vorläufig vollstreckbar** zu erklären; § 62 gilt im Revisionsverfahren nicht[1].

Im Revisionsverfahren ist auch **§ 59 nicht** anwendbar. Deshalb beträgt die **Einspruchsfrist** gegen ein Versäumnisurteil des BAG **zwei Wochen** (§ 565, § 525, § 339 ZPO). Der Einspruch, der dem **Vertretungszwang** (§ 11 IV nF) unterliegt, ist stets durch Urteil zu bescheiden. Auch eine Verwerfung des Einspruchs als unzulässig kann nach § 341 II nur durch Urteil erfolgen, das auch ohne mündliche Verhandlung ergehen kann. Die ehrenamtlichen Richter haben in jedem Falle an der Entscheidung über den Einspruch mitzuwirken[2]. 24

V. Vergleich und Erledigung in der Hauptsache. Nach § 72 VI, § 57 II hat auch das Revisionsgericht die gütliche Erledigung des Rechtsstreits anzustreben. Auch deshalb können die Parteien in der Revisionsinstanz den Rechtsstreit **jederzeit durch Vergleich** erledigen. 25

Auch § 91a ZPO ist in der Revisionsinstanz anwendbar. Die Parteien können gemeins. über den Streitgegenstand disponieren und den Rechtsstreit – nicht das Rechtsmittel – **übereinstimmend für erledigt erklären**, wobei für solche Erklärungen außerhalb der mündlichen Verhandlung kein Vertretungszwang besteht[3], und wechselseitige Kostenanträge stellen, wenn die Revision zulässig ist[4]. War die Revision unzulässig, ist die Erledigungserklärung wirkungslos und die Revision als unzulässig zu verwerfen[5]. 26

Auch eine **einseitige Erledigungserklärung** ist möglich[6]. Der Sachantrag ist danach auf die Feststellung der Erledigung der Hauptsache gerichtet. Er hat Erfolg, wenn die ursprüngliche Klage zulässig und begründet war und nachträglich ein Ereignis eingetreten ist, das den Kläger hindert, seine Klage weiterhin mit Erfolg zu betreiben. Eine prozessual erhebliche **Erledigung** in der Revisionsinstanz kommt allerdings von vornherein nur dann in Betracht, wenn sich das – möglicherweise – erledigende **Ereignis nach der letzten Sachantragsstellung** ereignet hat oder dem Revisionsführer zumindest erst nach diesem Zeitpunkt bekannt geworden ist[7]. Eine auf Feststellung der Erledigung gerichtete Klageänderung ist in der Revisionsinstanz auch nur statthaft, wenn das **erledigende Ereignis** selbst **außer Streit** steht; eine Beweisaufnahme vor dem Revisionsgericht hierüber ist ausgeschlossen[8]. Bei Unzulässigkeit der Änderung auf den Erledigungs-Feststellungsantrag bleibt der ursprüngliche Antrag zu bescheiden. 27

76 *Sprungrevision*

(1) Gegen das Urteil eines Arbeitsgerichts kann unter Übergehung der Berufungsinstanz unmittelbar die Revision eingelegt werden (Sprungrevision), wenn der Gegner schriftlich zustimmt und wenn sie vom Arbeitsgericht auf Antrag im Urteil oder nachträglich durch Beschluss zugelassen wird. Der Antrag ist innerhalb einer Notfrist von einem Monat nach Zustellung des in vollständiger Form abgefassten Urteils schriftlich zu stellen. Die Zustimmung des Gegners ist, wenn die Revision im Urteil zugelassen ist, der Revisionsschrift, andernfalls dem Antrag beizufügen.

(2) Die Sprungrevision ist nur zuzulassen, wenn die Rechtssache grundsätzliche Bedeutung hat und Rechtsstreitigkeiten betrifft

1. zwischen Tarifvertragsparteien aus Tarifverträgen oder über das Bestehen oder Nichtbestehen von Tarifverträgen,

2. über die Auslegung eines Tarifvertrags, dessen Geltungsbereich sich über den Bezirk des Landesarbeitsgerichts hinaus erstreckt, oder

3. zwischen tariffähigen Parteien oder zwischen diesen und Dritten aus unerlaubten Handlungen, soweit es sich um Maßnahmen zum Zwecke des Arbeitskampfes oder um Fragen der Vereinigungsfreiheit einschließlich des hiermit im Zusammenhang stehenden Betätigungsrechts der Vereinigungen handelt.

Das Bundesarbeitsgericht ist an die Zulassung gebunden. Die Ablehnung der Zulassung ist unanfechtbar.

(3) Lehnt das Arbeitsgericht den Antrag auf Zulassung der Revision durch Beschluss ab, so beginnt mit der Zustellung dieser Entscheidung der Lauf der Berufungsfrist von neuem, sofern der Antrag in der gesetzlichen Form und Frist gestellt und die Zustimmungserklärung beigefügt war. Lässt das Arbeitsgericht die Revision durch Beschluss zu, so beginnt mit der Zustellung dieser Entscheidung der Lauf der Revisionsfrist.

---

1 BAG v. 28.10.1981 – 4 AZR 251/79, BAGE 36, 303. |2 GMPM/*Müller-Glöge*, § 74 ArbGG Rz. 148; GK-ArbGG/*Mikosch*, § 73 Rz. 134; § 53 I gilt nicht für Urteile. |3 BAG v. 22.1.2004 – 1 AZR 495/01, AP Nr. 25 zu § 91a ZPO. |4 Zuletzt BAG v. 3.7.2002 – 2 AZR 147/00, EzA § 1 KSchG – Betriebsbedingte Kündigung Nr. 116. |5 GK-ArbGG/*Mikosch*, § 73 Rz. 138. |6 Zuletzt BAG v. 25.7.2002 – 6 AZR 31/00, AP Nr. 62 zu § 611 BGB – Direktionsrecht. |7 BAG v. 6.6.2007 – 4 AZR 411/06. |8 BAG v. 5.9.1995 – 9 AZR 718/93, BAGE 80, 380, 382; Düwell/Lipke/*Düwell*, § 75 ArbGG Rz. 34; GK-ArbGG/*Mikosch*, § 73 Rz. 143; aA BGH v. 7.11.1968 – VII ZR 72/66, AP Nr. 14 zu § 91a ZPO; GMPM/*Müller-Glöge*, § 74 ArbGG Rz. 120.

(4) Die Revision kann nicht auf Mängel des Verfahrens gestützt werden.

(5) Die Einlegung der Revision und die Zustimmung gelten als Verzicht auf die Berufung, wenn das Arbeitsgericht die Revision zugelassen hat.

(6) Verweist das Bundesarbeitsgericht die Sache zur anderweitigen Verhandlung und Entscheidung zurück, so kann die Zurückverweisung nach seinem Ermessen auch an dasjenige Landesarbeitsgericht erfolgen, das für die Berufung zuständig gewesen wäre. In diesem Falle gelten für das Verfahren vor dem Landesarbeitsgericht die gleichen Grundsätze, wie wenn der Rechtsstreit auf eine ordnungsmäßig eingelegte Berufung beim Landesarbeitsgericht anhängig geworden wäre. Das Arbeitsgericht und das Landesarbeitsgericht haben die rechtliche Beurteilung, die der Aufhebung zugrunde gelegt ist, auch ihrer Entscheidung zugrunde zu legen. Von der Einlegung der Revision nach Absatz 1 hat die Geschäftsstelle des Bundesarbeitsgerichts der Geschäftsstelle des Arbeitsgerichts unverzüglich Nachricht zu geben.

1 **I. Sprungrevision als Sonderrechtsbehelf.** Die Sprungrevision ist, wie das relativ komplizierte, **immer wieder** zur **Unzulässigkeit** führende Verfahren zeigt, ein Sonderrechtsbehelf geblieben, von dem nur ganz ausnahmsw. Gebrauch gemacht werden sollte. Seine praktische Bedeutung soll nach der gesetzgeberischen Konzeption geringer sein als die der Sprungrechtsbeschwerde[1], weshalb für eine Zulassung der Sprungrevision zusätzliche Zulassungsvoraussetzungen erfüllt sein müssen.

2 Anders als nach § 566 ZPO[2] weist § 76 die alleinige **Entscheidung über die Zulassung** der Sprungrevision weiterhin dem **Gericht 1. Instanz** zu. Wegen der Änderungen durch das ZPO-Reformgesetz ist in Abs. 6 für das Verfahren vor dem Revisionsgericht an die Stelle der Verweisung auf die einschlägigen Bestimmungen der ZPO eine eigenständige Regelung getreten.

3 **II. Zulassungsverfahren. 1. Überblick.** Sprungrevision kann nur eingelegt werden, wenn sie vom **ArbG** zugelassen worden ist. Hierfür sieht § 76 **zwei Wege** vor, die beide den Antrag einer oder beider Parteien voraussetzen: Die Zulassung kann im Urteil 1. Instanz erfolgen oder durch einen nachträglichen Zulassungsbeschluss des ArbG. Der letztgenannte Weg verlangt, dass die **Zustimmung zur Einlegung** der Sprungrevision von den übrigen Prozessparteien **erteilt** und dem ArbG vorgelegt worden ist. Darüber hinaus setzt die Zulassung der Sprungrevision durch das ArbG eine grundsätzliche Bedeutung der Rechtssache sowie bestimmte im Gesetz genannte privilegierte Streitgegenstände voraus. Darüber hinausgehend ist die Möglichkeit der Sprungrevision nicht eröffnet. Sie besteht auch nicht gegenüber solchen Entscheidungen, die nach ihrem Gegenstand nicht mit der Revision angegriffen werden können (§ 72 IV).

4 **2. Antrag auf Zulassung.** Während des laufenden Rechtsstreits 1. Instanz kann von jeder Partei – auch beiden – bis zum Schluss der mündlichen Verhandlung formfrei[3] der Antrag gestellt werden, die Sprungrevision gegen das bevorstehende Urteil zuzulassen. Eine **Zulassung von Amts wegen** ist **ausgeschlossen**. Ein solcher Antrag, dem der Prozessgegner nicht zustimmen muss, ist unabhängig davon statthaft und zu bescheiden, ob die Partei, die den Antrag gestellt hat, dann durch das Urteil beschwert ist und ob der Prozessgegner des Antragstellers der Einlegung der Sprungrevision zugestimmt hat.

5 Die **Zustimmungserklärung des Prozessgegners** ist dem Antrag beizufügen, wenn die Zulassung der Sprungrevision nicht bis zum Schluss der mündlichen Verhandlung 1. Instanz beantragt war. Hier kann jede vom Urteil 1. Instanz **beschwerte** Partei innerhalb einer Notfrist (§ 233 ZPO!) von einem Monat ab Zustellung des vollständigen Urteils die **nachträgliche Zulassung** der Sprungrevision beim ArbG schriftl. **beantragen**. Für diesen Antrag, der Teil des Verfahrens 1. Instanz ist, besteht **kein Vertretungszwang**.

6 **3. Zustimmungserklärung.** Die Zustimmungserklärung des Prozessgegners[4] ist dem Antrag der beschwerten Partei auf nachträgliche Zulassung der Sprungrevision oder – bei Zulassung bereits im Urteil – der (Sprung-)Revisionsschrift **beizufügen.** Sie muss zweifelsfrei zum Ausdruck bringen[5], dass der Einlegung der Sprungrevision zugestimmt wird („In pp. wird der Einlegung der Sprungrevision gegen das Urteil des ArbG ... vom ... AZ ... zugestimmt."); eine Zustimmung zur Zulassung der Sprungrevision ist überflüssig und rechtl. ebenso unerheblich[6], wie der Umstand, dass sich auch der Prozessgegner dem Antrag auf Zulassung der Sprungrevision angeschlossen hatte[7].

7 Die Zustimmungserklärung, für die **kein Vertretungszwang** besteht[8], muss grds. schriftl., dh. auch **eigenhändig unterzeichnet**, abgegeben werden. Es reicht aber auch aus, wenn eine eigenhändig unterzeichnete Zustimmungserklärung **per Fax** dem **Antragsteller**/Revisionsführer zugeleitet wird. Die Zustimmung zur Einlegung der Sprungrevision kann auch zur Niederschrift des Urkundsbeamten der Geschäftsstelle oder zu Protokoll der mündlichen Verhandlung erklärt werden[9]. Die Zustimmungserklä-

---

1 *Wlotzke*, FS Gerhard Müller, 1981, S. 647 (660 f.). |2 Zu diesem Verfahren und dem Gebührenanspruch des Anwalts: *Norbert Schneider*, MDR 2003, 250. |3 BAG v. 10.11.1993 – 4 AZR 316/93, AP Nr. 169 zu § 1 TVG – Tarifverträge: Bau. |4 Hierzu *Bepler*, NJW 1989, 686. |5 BAG v. 16.6.1998 – 5 AZR 67/97, BAGE 89, 95 (98). |6 Zuletzt BAG v. 16.4.2003 – 7 ABR 27/02, AP Nr. 1 zu § 95 SGB IX. |7 BAG v. 16.6.1998 – 5 AZR 67/97, BAGE 89, 95, 98. |8 BAG v. 30.7.1992 – 6 AZR 11/92, BAGE 71, 68. |9 GMPM/*Müller-Glöge*, § 76 ArbGG Rz. 17.

rung ist dem Zulassungsantrag oder der Sprung-Revisionsschrift in der Form beizufügen, die bei der Einlegung eines Rechtsbehelfs zu beachten ist. Sie ist Teil des Antrags auf nachträgliche Zulassung oder der Einlegung der Sprungrevision. Deshalb ist regelmäßig die **original unterzeichnete** Erklärung vorzulegen. Bei einer Erklärung zur Niederschrift oder zu Protokoll genügt auch die Vorlage einer entsprechenden Fotokopie oder Abschrift in beglaubigter Form[1]. Ist die Zustimmung durch Telefax erfolgt, genügt es, wenn Antragsteller oder Revisionsführer das **Original-Fax** beifügen[2] oder es zusammen mit Antrags- oder Rechtsmittelschrift per Fax weiterleiten[3]. Die Vorlage einer vom Antragsteller **beglaubigten Kopie** der Zustimmungserklärung **reicht nicht**[4].

Es genügt für eine **Beifügung** der Zustimmungserklärung iSv. Abs. 1 S. 3, wenn diese zwar nicht zusammen mit Antragsschrift oder Revisionsschrift eingeht, aber bis zum Ablauf von Antrags- bzw. Revisionsfrist nachgereicht wird[5]. Lag dem Antragsteller/Revisionsführer die Zustimmungserklärung des Gegners rechtzeitig vor, wurde sie aber auf Grund eines von ihm nicht zu vertretenden Fehlers **nicht** innerhalb der Antrags- oder Revisionsfrist bei Gericht vorgelegt, kommt wegen der Versäumung der Fristen aus Abs. 1 S. 2 oder § 74 I eine **Wiedereinsetzung** in den vorigen Stand (§ 233 ZPO) in Betracht[6]. 8

4. Zulassungsgründe. Das **ArbG muss** die Sprungrevision zulassen, wenn eine antragsbefugte Person (Rz. 4) den Antrag auf Zulassung gestellt hat, wenn – soweit erforderlich (Rz. 6) – die Zustimmungserklärung des Prozessgegners beigefügt worden ist, und wenn die in Abs. 2 abschließend aufgezählten materiellen Zulassungsvoraussetzungen vorliegen. Hiernach ist erforderlich, dass die Rechtssache grundsätzliche Bedeutung hat[7]. Wegen des Begriffs der grundsätzlichen Bedeutung kann auf § 72 Rz. 9 ff. verwiesen werden. Eine Zulassung der Sprungrevision ist darüber hinaus auch nur dann statthaft, wenn es um Streitigkeiten der TV-Parteien aus von ihnen geschlossenen TV im Rechtssinne und unabhängig von ihrem Geltungsbereich[8] oder um deren Bestand geht (Abs. 2 Nr. 1), wenn die Auslegung von TV[9] Gegenstand des Rechtsstreits ist, die über den Bezirk des erkennenden LAG hinaus Geltung beanspruchen (Abs. 2 Nr. 2), oder wenn die in Abs. 2 Nr. 3 angesprochenen Streitgegenstände aus den Bereichen des Arbeitskampfrechts und der Vereinigungsfreiheit betroffen sind. 9

5. Zulassungsentscheidung. a) Form der Zulassung und Rechtsmittelbelehrung. Soll die Sprungrevision für die beschwerte Partei bereits im Urteil des ArbG zugelassen werden, muss dies im **Urteilsausspruch** geschehen; eine Zulassung allein in den Gründen reicht nicht aus. Auch die den Antrag auf Zulassung **zurückweisende** Entscheidung des ArbG ist in den **Urteilstenor** aufzunehmen[10]. Hat das ArbG den bis zum Schluss der mündlichen Verhandlung gestellten Antrag einer Partei auf Zulassung der Sprungrevision in seinem Urteil übergangen, ist entsprechend § 64 IIIa 2 oder § 321 ZPO ein **Ergänzungsbeschluss** herbeizuführen; für ihn ist – anders als für einen Antrag auf nachträgliche Zulassung der Sprungrevision nach Abs. 1 S. 2[11], – die Zustimmung des Prozessgegners zur Einlegung der Sprungrevision nicht erforderlich. Andererseits hat die an der Einlegung der Sprungrevision interessierte Partei auch nicht die nach Abs. 1 S. 2 zur Verfügung stehende Zeit, den Antrag auf Zulassung der Sprungrevision zu stellen. 10

Wird der Zulassungsantrag im **Urteil** beschieden, entscheidet die **Kammer**, unter den Voraussetzungen des **§ 55 III** auch der Vorsitzende allein. Über den nachträglichen Zulassungsantrag nach Abs. 1 S. 2 hat durch Beschluss die Kammer zu entscheiden, die für die Hauptsache zuständig war; dabei müssen **nicht dieselben Richter** wie bei der Hauptsacheentscheidung mitwirken[12]. Der Beschluss kann aber auch ohne mündliche Verhandlung ergehen und dann nach § 53 I durch den Vorsitzenden allein[13]. 11

Ein Urteil, in dem die Sprungrevision zugelassen wird, muss eine **Rechtsmittelbelehrung** für **Berufung und Sprungrevision** enthalten. Fehlt eine von ihnen, kann die beschwerte Partei das Rechtsmittel, über das sie nicht belehrt worden ist, an sich innerhalb der sich aus § 9 V 4 ergebenden Frist einlegen; es spricht jedoch mehr dafür, dass auch insoweit § 9 V 4 durch die **neuen Fristbestimmungen** in § 74 II 2, § 66 I 2 verdrängt wird (vgl. § 74 Rz. 12). Die Belehrung über die Sprungrevision muss darauf hinweisen, dass der Revisionsschrift die Zustimmung des Gegners zur Einlegung der Sprungrevision beigefügt werden muss. Fehlt dieser Hinweis, gilt nach überkommenem Rechtsverständnis § 9 V 4, richtigerweise aber wohl die **Höchstfrist aus § 74 I 2**: Die Sprungrevision kann deshalb nur innerhalb von fünf und einem Monat seit Zustellung der erstinstanzlichen Entscheidung unter Beifügung der Zustimmungs- 12

---

1 GK-ArbGG/*Mikosch*, § 76 Rz. 4. | 2 BAG v. 30.5.2001 – 4 AZR 269/00, BAGE 98, 35; BSG v. 12.11.1996 – 9 RvS 4/96, AP Nr. 11 zu § 76 ArbGG 1979. | 3 BAG v. 27.5.2005 – 6 AZR 6/03, BAGE 111, 30 (32). | 4 BAG v. 24.3.2001 – 4 AZR 367/00, AR-Blattei ES 160.10.3 Nr. 68. | 5 BAG v. 16.4.2003 – 7 ABR 27/02, AP Nr. 1 zu § 95 SGB IX; Hauck/Helml/*Hauck*, § 76 ArbGG Rz. 9. | 6 GK-ArbGG/*Mikosch*, § 76 Rz. 21. | 7 BAG v. 21.10.1998 – 10 AZN 588/98, AP Nr. 55 zu § 72a ArbGG 1979 – Grundsatz. | 8 BAG v. 17.6.1997 – 9 AZN 251/97, AP Nr. 51 zu § 72a ArbGG 1979 – Grundsatz. | 9 Hierzu BAG v. 26.3.1981 – 2 AZN 410/80, AP Nr. 17 zu § 72a ArbGG – Grundsatz. | 10 GMPM/*Müller-Glöge*, § 76 ArbGG Rz. 7; Düwell/Lipke/*Bepler*, § 76 ArbGG Rz. 6; Hauck/Helml/*Hauck*, § 76 ArbGG Rz. 4; aA GK-ArbGG/*Mikosch*, § 76 Rz. 9 (Ablehnung der Zulassung in den Gründen reicht aus). | 11 Ihn und nicht den Ergänzungsantrag halten GMPM/*Müller-Glöge*, § 76 ArbGG Rz. 7; Hauck/Helml/*Hauck*, § 76 ArbGG Rz. 4; GK-ArbGG/*Mikosch*, § 76 Rz. 9 für allein statthaft. | 12 GK-ArbGG/*Mikosch*, § 76 Rz. 10. | 13 BAG v. 9.6.1982 – 4 AZR 247/80, BAGE 39, 124.

erklärung des Gegners eingelegt werden[1]. Wird die Sprungrevision auf Antrag nachträglich durch Beschluss zugelassen, muss dieser Beschluss eine die Rechtsmittelbelehrung des Urteils ergänzende, den Anforderungen genügende Belehrung über die Einlegung der Sprungrevision enthalten.

13 **b) Beschränkte Zulassung.** Nach dem Gesetzeswortlaut ist es möglich, die Sprungrevision nur für einzelne Streitgegenstände zuzulassen. Eine solche Beschränkung der Zulassung ist nur wirksam, wenn sie in den Entscheidungsausspruch mit aufgenommen worden ist[2]. Sie sollte aber aus Gründen der Prozessökonomie und zur Vermeidung unnötiger Kosten möglichst unterbleiben, damit nicht ein Teil des Rechtsstreits in der Berufungs- und ein anderer Teil in der Revisionsinstanz fortgesetzt werden muss[3].

14 **III. Wirkung der Zulassung. 1. Abschließende und verbindliche Entscheidung.** Hat das ArbG die Sprungrevision **nicht zugelassen**, ist dies **unanfechtbar** (Abs. 2 S. 3); unter den Voraussetzungen des § 64 bleibt der beschwerten Partei nur die Berufung. Eine nachträgliche Zulassung der Sprungrevision durch Beschluss (Abs. 1 S. 2) ist ausgeschlossen, wenn ein Antrag auf Zulassung der Sprungrevision zuvor im Urteil zurückgewiesen worden ist[4]. Auch die Entscheidung, die Sprungrevision zuzulassen, ist grds. unanfechtbar. Nur dann, wenn das ArbG die Sprungrevision nachträglich durch Beschluss zugelassen hat, ohne dass ihm eine Zustimmung des Prozessgegners zur Einlegung der Sprungrevision vorlag, ist eine Beschwerde nach **§ 78** eröffnet[5].

15 Auch das BAG ist an die Zulassung der Sprungrevision **gebunden** (Abs. 2 S. 2). Nach überwiegender Auffassung gilt dies allerdings nicht, wenn das ArbG die Sprungrevision zugelassen hat, ohne dass ein privilegierter Streitgegenstand iSv. Abs. 2 S. 1 Nr. 1–3 betroffen war[6]. Diese Auffassung ist unrichtig[7]. Die Entscheidung des ArbG, die Sprungrevision zuzulassen, bindet, wie die gesetzl. Systematik (Abs. 2 S. 2 unmittelbar im Anschluss an die in S. 1 aufgelisteten Zulassungsvoraussetzungen, die das ArbG zu prüfen hat) zeigt, das BAG insgesamt, soweit es um die Erfüllung der Voraussetzungen von Abs. 2 S. 1 geht[8].

16 **Fehlte** für eine Zulassungsentscheidung ein entsprechender **Antrag** oder – soweit erforderlich – die Zustimmungserklärung des Prozessgegners, tritt eine Bindung des BAG nur ein, wenn das ArbG in seiner Entscheidung festgestellt hat, diese Voraussetzungen seien erfüllt[9]. Eine Bindung des Revisionsgerichts findet in keinem Falle statt, wenn die Sprungrevision in einer Sache zugelassen worden ist, die mit der Revision nicht angefochten werden kann (§ 72 IV).

17 **2. Möglichkeiten der beschwerten Partei.** Hat das ArbG den Antrag auf Zulassung der Sprungrevision im Urteil zurückgewiesen, ist die Sprungrevision endgültig ausgeschlossen. Der beschwerten Partei bleibt die Möglichkeit der **Berufung;** die Berufungsfrist beginnt mit Zustellung des anzufechtenden Urteils zu laufen. Ist der nachträglich gestellte Antrag auf Zulassung der Sprungrevision durch Beschluss zurückgewiesen worden, beginnen **Berufungsfrist** und Berufungsbegründungsfrist mit Zustellung dieses Beschlusses neu zu laufen, wenn der Antrag auf Zulassung der Sprungrevision form- und fristgerecht gestellt worden ist und ihm eine ordnungsgemäße Zustimmungserklärung des Prozessgegners beigefügt war. Wurde der Antrag zurückgewiesen, weil er **formell mangelhaft** war, **scheidet** regelmäßig auch eine **Berufung aus**, weil die Berufungsfrist abgelaufen ist und eine Wiedereinsetzung in den vorigen Stand ausscheidet.

18 Hat das ArbG die Sprungrevision **zugelassen**, kann die beschwerte Partei **wählen**, ob sie Sprungrevision oder Berufung einlegen will. Erst mit Einlegung der Sprungrevision verzichtet sie auf die Möglichkeit der Berufung (Abs. 5). Dabei liegt in der Zulassung der Sprungrevision zugleich auch die Zulassung der Berufung, soweit es einer solchen Zulassung bedarf. Mit der **Einlegung** der zugelassenen Sprungrevision **endet** das **Wahlrecht** der betreffenden Partei. Eine zwischenzeitlich eingelegte Berufung wird unzulässig. Sie ist nach § 516 ZPO zurück zu nehmen; eine Erklärung nach § 91a ZPO scheidet aus[10]. Die **gegnerische Partei**, die mit ihrer Zustimmungserklärung die Möglichkeit zur Einlegung der Sprungrevision eröffnet hat, verliert – erst! – mit deren Einlegung die Möglichkeit, falls auch sie beschwert ist, Berufung einzulegen oder sie weiter zu verfolgen[11]. Ihr bleibt die Möglichkeit der **Anschlussrevision**.

19 **3. Fristen.** Die Frist für die Einlegung und die Begründung der Sprungrevision (**§ 74 I**) beginnt mit der **Zustellung** der Entscheidung zu laufen, in der die Sprungrevision zugelassen worden ist, wenn in dieser Entscheidung ordnungsgemäß über die Einlegung der Sprungrevision belehrt wurde (Rz. 12).

---

1 BAG v. 16.6.1998 – 5 AZR 67/97, BAGE 89, 95 (98). | **2** BAG v. 19.3.2003 – 5 AZN 751/02, AP Nr. 47 zu § 72 ArbGG 1979 gilt entsprechend. | **3** Düwell/Lipke/*Bepler*, § 76 ArbGG Rz. 8; ähnlich GMPM/*Müller-Glöge*, § 76 ArbGG Rz. 4. | **4** GMPM/*Müller-Glöge*, § 76 ArbGG Rz. 11. | **5** Hauck/Helml/*Hauck*, § 76 ArbGG Rz. 6; wohl aA GMPM/*Müller-Glöge*, § 76 ArbGG Rz. 18. | **6** BAG v. 16.11.1982 – 3 AZR 177/82, BAGE 40, 355; v. 15.10.1992 – 6 AZR 349/91, AP Nr. 19 zu § 17 BAT; GMPM/*Müller-Glöge*, § 76 ArbGG Rz. 20; GK-ArbGG/*Mikosch*, § 76 Rz. 15; Hauck/Helml/*Hauck*, § 76 ArbGG Rz. 7. | **7** Im Einzelnen Düwell/Lipke/*Bepler*, § 76 ArbGG Rz. 21. | **8** Ebenso BAG v. 25.4.1996 – 3 AZR 316/95 (A), AP Nr. 10 zu § 76 ArbGG 1979; *Wieser*, Arbeitsgerichtsverfahren, 1994, Rz. 344. | **9** Ebenso GK-ArbGG/*Mikosch*, § 76 Rz. 15; weitergehend GMPM/*Müller-Glöge*, § 76 ArbGG Rz. 22. | **10** Näher Düwell/Lipke/*Bepler*, § 76 ArbGG Rz. 27 mwN. | **11** GMPM/*Müller-Glöge*, § 76 ArbGG Rz. 25; *Ostrowicz/Künzl/Schäfer*, Rz. 258; GK-ArbGG/*Mikosch*, § 76 Rz. 17.

IV. Verfahren vor dem BAG. 1. Grundsatz. Mit der Sprungrevision entfällt eine Tatsacheninstanz, das Revisionsgericht wird unmittelbar erreicht. Für das Verfahren der Sprungrevision gelten deshalb grds. die allgemeinen **Regeln über das Revisionsverfahren**. Sie bestimmen nach wirksamer Einlegung der zugelassenen Sprungrevision den weiteren Gang des Verfahrens. Der Revisionsgegner kann Anschlussrevision einlegen, ohne dass der Revisionsführer dem zustimmen muss[1]. 20

2. Verfahrensrügen. Nach einer Sprungrevision ist der Revisionsführer mit Verfahrensrügen **ausgeschlossen**. Er kann sein Rechtsmittel nur auf Verfahrensmängel stützen, die **von Amts wegen** zu berücksichtigen sind, wie dies beim Fehlen der staatlichen Rechtsprechungsgewalt oder der allgemeinen Prozessvoraussetzungen, wie etwa der Partei- oder Prozessfähigkeit, oder dem Fehlen der Prozessfortsetzungsvoraussetzung, sowie der Nichtbeachtung der Rechtskraft einer Vorentscheidung der Fall ist. Damit ist der Revisionsführer insb. mit Aufklärungsrügen ausgeschlossen. Will er nach Kenntnis des Urteils 1. Instanz geltend machen, das ArbG habe Parteivortrag übergangen, muss er an Stelle der Sprungrevision Berufung einlegen[2]. 21

3. Zurückverweisung. Das BAG, dessen **Geschäftsstelle** die Geschäftsstelle des ArbG innerhalb von 24 Stunden über die Einlegung der Sprungrevision **unterrichten** muss (Abs. 6 S. 4), hat nach pflichtgemäßem Ermessen darüber zu entscheiden, ob es dann, wenn der Rechtsstreit zur weiteren Sachaufklärung zurückverwiesen werden muss, die Sache an das ArbG oder an das für Berufungen gegen dessen Urteil zuständige LAG zurückverweist (Abs. 6 S. 1, 2). Das Gericht, an das zurückverwiesen worden ist, hat bei seiner Entscheidung die entscheidungserheblichen rechtl. Beurteilungen des BAG in der Aufhebungsentscheidung zugrunde zu legen (näher § 75 Rz. 15 ff.). 22

77 *Revisionsbeschwerde*

Gegen den Beschluss des Landesarbeitsgerichts, der die Berufung als unzulässig verwirft, findet die Rechtsbeschwerde nur statt, wenn das Landesarbeitsgericht sie in dem Beschluss zugelassen hat. Für die Zulassung der Rechtsbeschwerde gilt § 72 Abs. 2 entsprechend. Über die Rechtsbeschwerde entscheidet das Bundesarbeitsgericht ohne Zuziehung der ehrenamtlichen Richter. Die Vorschriften der Zivilprozessordnung über die Rechtsbeschwerde gelten entsprechend.

Die Regelungen über die Revisionsbeschwerde sind mit der Reform des Zivilprozesses im Jahre 2001 geändert worden. Sie unterscheiden sich aber nach wie vor von der einschlägigen Regelung der ZPO (§ 522 I): Rechtsbeschwerde gegen einen die Berufung als unzulässig verwerfenden Beschluss des LAG (§ 522 I 2 ZPO, § 66 II 1) findet nicht stets (so § 522 I 4 ZPO), sondern nur statt, wenn das LAG sie im Verwerfungsbeschluss **zugelassen** hat. 1

Die Revisionsbeschwerde ist nur gegen die Berufung verwerfende LAG-**Beschlüsse**, nicht gegen verwerfende Urteile statthaft. Ist die Berufung durch Urteil verworfen worden, ist nur die – von Anfang an oder nachträglich auf Beschwerde hin (§ 72a) zugelassene – Revision statthaft[3]. 2

Der Weg des § 77 gegen einen Verwerfungsbeschluss ist auch dann nicht eröffnet, wenn gegen ein verwerfendes Urteil eine – zugelassene – Revision nicht statthaft wäre (zB im **Arrest-** und **einstw. Verfügungsverfahren**)[4]. Das vereinfachte Verfahren nach § 522 I 2 ZPO, § 66 II führt nicht zu einem weiter gehenden Instanzenzug als das normale Verfahren. 3

Die Revisionsbeschwerde ist nur dann zulässig, wenn sie im ohne mündliche Verhandlung ergehenden Verwerfungsbeschluss **ausdrücklich** zugelassen worden ist. Einer vorab klarstellenden Zulassung im Beschlusstenor bedarf es hier nicht; es genügt eine Zulassung in den Gründen[5]. Eine Zulassung kommt auch noch in einem nach dem Verwerfungsbeschluss ergehenden Beschluss in Betracht, in dem die Wiedereinsetzung wegen der Versäumung von Berufungs- oder Berufungsbegründungsfrist verweigert wurde[6]. Eine nachträgliche **Ergänzung** des Verwerfungsbeschlusses ist **ausgeschlossen**. § 72 I 2, § 64 IIIa 2 können nicht entsprechend angewendet werden[7]: Anders als § 64 IIIa 1 und § 72 I 2 bestimmt § 77 nicht, dass die – positive wie negative – Entscheidung über die Zulassung in den Beschlusstenor aufzunehmen ist. Nur die Zulassung hat im Verwerfungsbeschluss zu geschehen. Fehlt ein solcher Ausspruch, ist die Revisionsbeschwerde nicht zugelassen. 4

Das Berufungsgericht hat seine Entscheidung, ob es die Revisionsbeschwerde zulässt, an § 72 II auszurichten (wegen der Zulassungsgründe vgl. § 72 Rz. 9 ff.) Wird die Revisionsbeschwerde **zugelassen**, ist der Verwerfungsbeschluss mit einer **Rechtsmittelbelehrung** zu versehen. Gegen die **Nichtzulassung** der Revisionsbeschwerde ist die **Nichtzulassungsbeschwerde nicht eröffnet**[8]. Die sich hieraus ergebende 5

---

1 BAG v. 12.6.1996 – 4 ABR 1/95, AP Nr. 2 zu § 96 a ArbGG 1979. | 2 BAG v. 28.5.1998 – 6 AZR 349/96, AP Nr. 53 zu § 611 BGB – Bühnenengagementsvertrag. | 3 Zur Überprüfbarkeit einer einem Verwerfungsurteil vorausgehenden Entscheidung nach § 238 ZPO: BAG, 5.9.2007 – 3 AZB 41/06, | 4 GMPM/*Müller-Glöge*, § 77 ArbGG Rz. 4. | 5 Vgl. BAG v. 17.1.2007 – 5 AZB 43/06, AP Nr. 40 zu § 64 ArbGG 1979; aA noch 2. Aufl. | 6 GMPM/*Müller-Glöge*, § 77 ArbGG Rz. 6. | 7 Zu seltenen anderen Möglichkeiten einer nachträglichen Zulassung: GMPM/*Müller-Glöge*, § 78 ArbGG Rz. 41. | 8 BAG v. 23.5.2000 – 9 AZB 21/00, AP Nr. 10 zu § 77 ArbGG 1979; v. 31.7.2007 – 3 AZN 326/07.

unterschiedliche Rechtslage für Verwerfungsbeschlüsse und Verwerfungsurteile (vgl. Rz. 2) ist **verfassungsrechtl.** unbedenklich[1].

6 Revisionsbeschwerde ist binnen einer **Notfrist von einem Monat** nach Zustellung des Verwerfungsbeschlusses durch eine von einem Rechtsanwalt oder einem Verbandsvertreter, der die Befähigung zum Richteramt besitzen muss (§ 11 IV nF), unterzeichnete Beschwerdeschrift beim BAG einzulegen (§ 77 S. 4 ArbGG, §§ 574 ff. ZPO) und innerhalb **derselben Frist** auch zu **begründen**. Die Begründungsfrist kann mit Zustimmung des Beschwerdegegners, ansonsten bis zu zwei Monaten **verlängert** werden, wenn der Rechtsstreit hierdurch nicht verzögert wird oder der Beschwerdeführer erhebliche Gründe für die Verlängerung vorträgt (§ 575 II 3, § 551 II 5 und 6 ZPO).

7 Die Entscheidung über die Revisionsbeschwerde erfolgt **ohne Hinzuziehung der ehrenamtlichen Richter**. Ist sie zulässig und begründet, ist der Verwerfungsbeschluss aufzuheben; die Zulässigkeit der Berufung steht fest (§ 563 II ZPO, § 77 S. 4). Das zweitinstanzliche Verfahren ist fortzusetzen. In besonderen Ausnahmefällen kann die Entscheidung über die Revisionsbeschwerde aber auch auf **Aufhebung** und **Zurückverweisung** zur erneuten Verhandlung und Entscheidung über die Zulässigkeit der Berufung lauten, wenn das LAG verfahrensfehlerhaft entschieden hat, eine abschließende Entscheidung über die Zulässigkeit der Berufung auf Grund fehlender Tatsachenfeststellungen aber noch nicht möglich ist. Wird die Revisionsbeschwerde als unzulässig verworfen oder als unbegründet zurückgewiesen, wird eine 8/10-**Gerichtsgebühr** nach der Anlage 1 zum ArbGG (Nr. 9304) erhoben.

Vierter Unterabschnitt. Beschwerdeverfahren, Abhilfe bei Verletzung des Anspruchs auf rechtliches Gehör

78 *Beschwerdeverfahren*

Hinsichtlich der Beschwerde gegen Entscheidungen der Arbeitsgerichte oder ihrer Vorsitzenden gelten die für die Beschwerde gegen Entscheidungen der Amtsgerichte maßgebenden Vorschriften der Zivilprozessordnung entsprechend. Für die Zulassung der Rechtsbeschwerde gilt § 72 Abs. 2 entsprechend. Über die sofortige Beschwerde entscheidet das Landesarbeitsgericht ohne Hinzuziehung der ehrenamtlichen Richter, über die Rechtsbeschwerde das Bundesarbeitsgericht.

1 **I. Inhalt und Zweck.** Die aktuelle Fassung der Vorschrift beruht auf Art. 30 des ZPO-RG vom 27.7.2001[2] und passt das arbeitsgerichtl. Beschwerdeverfahren der **Neuordnung des Beschwerderechts** in der ZPO nach Art. 2 ZPO-RG an. Danach tritt gem. S. 1 auch im arbeitsgerichtl. Verfahren an die Stelle der bisherigen einfachen – unbefristeten – Beschwerde die **sofortige Beschwerde** gegen Entscheidungen der ArbG oder ihrer Vorsitzenden. An die Stelle des in § 78 II aF bisher ausgeschlossenen Zugangs zum BAG tritt die **Rechtsbeschwerde**, wenn das LAG sie in seiner Entscheidung über die sofortige Beschwerde oder gegen eigene Beschlüsse oder Verfügungen entsprechend § 574 I Nr. 2, II, III ZPO zulässt. Mit Rücksicht darauf ist auch § 70 aF, wonach die letztgenannten Entscheidungen grds. unanfechtbar waren, ersatzlos aufgehoben worden.

2 Satz 1 normiert die **entsprechende Geltung** der für das amtsgerichtliche Beschwerdeverfahren maßgebenden Vorschriften **der §§ 567 ff. ZPO**, und zwar anders als § 46 II hinsichtlich des erstinstanzlichen Urteilsverfahrens ohne jede Einschränkung. Daraus kann nur geschlossen werden, dass die Beschwerdevorschriften insgesamt einschließlich des Titels 2 über die Rechtsbeschwerde Anwendung finden, auch wenn eine besondere Verweisung hierauf fehlt. Wäre dies anders, so ergäbe S. 2 keinen Sinn, der für die Zulassung der Rechtsbeschwerde auf die Kriterien des § 72 II verweist. Bestätigt wird dies auch durch die Ergänzung in S. 3, dass für die Entscheidung über die Rechtsbeschwerde das BAG zuständig ist.

3 Eine Sonderform der Rechtsbeschwerde stellt die nach wie vor in § 77 geregelte **Revisionsbeschwerde** dar, die gegen einen die Berufung verwerfenden Beschluss nach § 522 I stattfindet, wenn das LAG sie in dem Beschluss zugelassen hat. Die Vorschriften der ZPO über die Rechtsbeschwerde gelten insoweit kraft ausdrücklicher Anordnung des Gesetzes entsprechend.

4 Im Unterschied zu der Beschwerde im Urteilsverfahren nach § 78 handelt es sich bei der Beschwerde im arbeitsgerichtl. **Beschlussverfahren** nach § 87 um eine Beschwerde ganz anderer Art: Sie richtet sich gegen den das Hauptverfahren beendenden Beschluss des ArbG und entspricht der Berufung des Urteilsverfahrens. Ähnliches gilt für die Rechtsbeschwerde nach § 92, die an die Stelle der Revision des Urteilsverfahrens tritt. Soweit allerdings **Verfahrensbeschwerden oder Beschwerden in Nebenverfahren** betroffen sind (zB Ordnungsgeld-, Vollstreckungs- und Streitwertbeschwerden), findet gem. § 83 V auch im Beschlussverfahren die Regelung des § 78 Anwendung[3].

---

1 Bei etwas anderer Gesetzeslage: BVerfG v. 10.8.1978 – 2 BvR 415/78, AP Nr. 19 zu § 77 ArbGG 1953. |2 BGBl. I S. 1887. |3 Vgl. BAG v. 28.2.2003 – 1 AZB 53/02, MDR 2003, 770; v. 25.8.2004 – 1 AZB 41/03, BAGReport 2004, 413.

Von der Beschwerde iSd. § 78 zu unterscheiden ist schließlich die befristete **Erinnerung**, die nach § 573 I ZPO gegen Entscheidungen des beauftragten oder ersuchten Richters oder des Urkundsbeamten der Geschäftsstelle zur Herbeiführung der Entscheidung des Gerichts eingelegt werden kann. Erst gegen dessen Beschluss findet gem. § 573 II ZPO die sofortige Beschwerde statt. Die praxisrelevanten Entscheidungen des Rechtspflegers im Kostenfestsetzungsverfahren nach den §§ 103 ff. ZPO, 11 RVG sind seit der Abschaffung der vorgeschalteten Durchgriffserinnerung durch das 3. Gesetz zur Änderung des Rechtspflegergesetzes vom 6.8.1998[1] auf Grund der Neufassung des § 11 I RPflG unmittelbar mit der sofortigen Beschwerde angreifbar. Für die befristete Erinnerung verbleiben nach § 11 II RPflG die Fälle, in denen nach den allgemeinen verfahrensrechtl. Vorschriften ein Rechtsmittel nicht gegeben ist, also vor allem dann, wenn der gem. § 567 II ZPO notwendige Beschwerdewert fehlt. Auch an der Abhilfebefugnis des Rechtspflegers kann wegen der Neuregelung des § 572 I ZPO kein Zweifel mehr bestehen[2]. 5

II. Sofortige Beschwerde gegen arbeitsgerichtliche Entscheidungen. 1. Voraussetzungen. Mit der sofortigen Beschwerde können entsprechend § 567 I ZPO die im ersten Rechtszug ergangenen Entscheidungen der ArbG angegriffen werden, wenn dies **im Gesetz ausdrücklich bestimmt** ist oder es sich um Entscheidungen handelt, durch die ein das **Verfahren betreffendes Gesuch zurückgewiesen** worden ist, ohne dass eine mündliche Verhandlung erforderlich war. Als besondere Zulassungsnormen kommen **auch Vorschriften außerhalb der ZPO oder des ArbGG** in Betracht, wie etwa § 5 IV 2 KSchG bei der nachträglichen Klagezulassung oder § 33 III RVG bei der Wertfestsetzung für die Anwaltsgebühren. Eine von Amts wegen getroffene Verfahrens- oder Nebenentscheidung des ArbG ist nur in den gesetzl. bestimmten Fällen anfechtbar, auch wenn dem Beschluss ein „Gesuch" einer Partei vorangegangen ist[3]. Daher ist eine sog. Terminierungsbeschwerde wegen der Bestimmung des Verhandlungstermins durch das ArbG grds. ausgeschlossen[4]. Unzulässig ist auch eine Beschwerde gegen die Nichtberücksichtigung von Beweismitteln[5] oder die Verweisung wegen fehlender örtlicher Zuständigkeit gem. § 48 I Nr. 1[6]. 6

Auf Grund ausdrückl. **gesetzl. Zulassung** ist die sofortige Beschwerde statthaft in folgenden Fällen: 7

- § 11a ArbGG iVm. § 127 II ZPO (Ablehnung der Beiordnung eines Rechtsanwalts)
- § 17a IV GVG (Rechtswegentscheidung)
- § 91a II ZPO (Kostenentscheidung nach Erledigung der Hauptsache)
- § 99 II ZPO (Kostenentscheidung im Anerkenntnisurteil)
- §§ 104, 107 ZPO (Kostenfestsetzungsverfahren)
- § 127 II, III ZPO (Entscheidungen im PKH-Bewilligungsverfahren)
- §§ 141 III, 380 III ZPO (Ordnungsgeld gegen eine Partei)
- § 252 ZPO (Aussetzung des Verfahrens)
- § 269 III ZPO (Kostenentscheidung bei Klagerücknahme)
- § 319 III ZPO (Urteilsberichtigung)
- § 336 I 1 ZPO (Ablehnung eines Versäumnisurteils)
- §§ 380 III, 390 III, 409 II ZPO (Maßnahmen gegen Zeugen und Sachverst.)
- § 793 ZPO (Beschlüsse im Rahmen der Zwangsvollstreckung)
- §§ 934 IV, 936 ZPO (Aufhebung eines Arrestes oder einer einstw. Verfügung)[7].

Ein das **Verfahren betreffendes Gesuch** kann ohne mündliche Verhandlung zurückgewiesen werden zB in folgenden Fällen: 8

- § 62 II ArbGG iVm. §§ 922, 936 ZPO (Ablehnung eines Arrestes oder einer einstw. Verfügung)
- § 204 ZPO (Ablehnung der öffentl. Zustellung)
- § 225 ZPO (Ablehnung der Verkürzung einer Frist)
- § 299 I ZPO (Ablehnung der Akteneinsicht durch die Parteien).

Die sofortige Beschwerde setzt ferner stets voraus, dass eine hinreichende **Beschwer** gegeben ist. Ist der Beschwerdeführer durch die angefochtene Entscheidung nicht beschwert, so ist die Beschwerde nach § 572 II ZPO als unzulässig zu verwerfen. Daher ist die auf Veranlassung der **Rechtsschutzversicherung** eingelegte Streitwertbeschwerde regelmäßig mangels Beschwer der Partei unzulässig[8]. Eine andere Beurteilung kommt allenfalls dann in Betracht, wenn der Beschwerdeführer konkrete Nachteile bei Nichtbefolgung der Weisung des Versicherers darlegen kann. Die nicht beschwerte Partei kann auch 9

1 BGBl. I S. 2030. | 2 Vgl. früher bereits LAG Köln v. 24.9.1999 – 10 Ta 142/88, LAGE § 104 ZPO Nr. 2; aA LAG Schl.-Holst. v. 28.10.1999 – 1 Ta 135/99, LAGE § 104 ZPO Nr. 3. | 3 Vgl. GMPM/*Müller-Glöge*, § 78 ArbGG Rz. 2. | 4 Vgl. LAG Köln v. 12.9.1995 – 6 Ta 160/95, LAGE § 57 ArbGG 1979 Nr. 1; zum Sonderfall einer Beschwerde gegen die Bestimmung des Terminsorts Thür. LAG v. 30.3.2005 – 4 Ta 41/05. | 5 Vgl. LAG Köln v. 28.6.2006 – 14 Ta 246/06. | 6 Vgl. LAG Rh.-Pf. v. 25.7.2006 – 2 Ta 111/06. | 7 Aber keine Beschwerde, nur Widerspruch gegen sog. Zwischenverfügungen im Eilverfahren: LAG Saarland v. 11.5.2006 – 1 Ta 19/06, ZTR 2006, 377. | 8 Vgl. LAG Bremen – 4 Ta 35/88, LAGE § 10 BRAGO Nr. 3.

keine Streitwerterhöhungsbeschwerde zu Gunsten ihres Anwalts oder zu Lasten des erstattungspflichtigen Gegners einlegen[1]. Das Beschwerderecht steht nach § 33 II und III RVG dem jeweils beschwerten Beteiligten zu.

10 Für Kosten- und Streitwertbeschwerden ist im Regelfall eine betragsmäßige **Mindestbeschwer erforderlich**. Sie beträgt bei Entscheidungen über Kosten (Oberbegriff für Gebühren und Auslagen einschl. der Vergütung für anwaltl. Tätigkeiten) nach § 567 II ZPO nunmehr einheitlich mehr als **200 Euro**. Bei Beschwerden nach den §§ 91a II, 99 II und 269 V ZPO ist zusätzliche Voraussetzung, dass der Streitwert der Hauptsache die Berufungssumme von **600 Euro** übersteigt. Für die Streitwertbeschwerden nach den §§ 33 III RVG, 66 II GKG wird nunmehr ebenfalls eine Mindestbeschwer von mehr als **200 Euro** vorausgesetzt, es sei denn, das Gericht hat die Beschwerde wegen der grundsätzlichen Bedeutung der Rechtsfrage besonders zugelassen.

11 Besonderes gilt auch für die sofortige Beschwerde gegen die Zurückweisung des Antrags auf Bewilligung von **PKH** mangels Erfolgsaussicht. Sie ist nach § 127 II 2 ZPO nicht statthaft, wenn der Streitwert der Hauptsache die nach den §§ 511 ZPO, 64 IIb ArbGG maßgebende Berufungssumme von 600 Euro nicht übersteigt. Über die Beschwerde soll keine Instanz eröffnet werden, die für die Hauptsache nicht zur Verfügung steht. Im Einklang damit bestimmt § 46 II 3, dass im ArbGV die sofortige Beschwerde nach § 127 II ZPO bei Bestandsschutzstreitigkeiten unabhängig von dem Streitwert zulässig ist.

12 **2. Einlegung der sofortigen Beschwerde.** Nach § 569 I ZPO ist die sofortige Beschwerde, soweit keine andere Frist bestimmt ist, binnen einer **Notfrist von zwei Wochen** bei dem Gericht, dessen Entscheidung angefochten wird, oder bei dem Beschwerdegericht einzulegen, und zwar nach § 569 II ZPO durch **Einreichung einer Beschwerdeschrift oder** nach Maßgabe des § 569 III ZPO **zu Protokoll der Geschäftsstelle**. Erst recht ist auch die Einlegung des Rechtsmittels zu richterlichem **Sitzungsprotokoll** zulässig[2]. Die Beschwerde kann auch telegrafisch, durch Telefax oder Computerfax erhoben werden[3].

13 Die Beschwerdefrist wird nach den §§ 329 III, 569 I 2 ZPO erst durch die **Zustellung** der Entscheidung in Gang gesetzt. Ist die Zustellung unterblieben, so beginnt die Notfrist spätestens mit dem Ablauf von fünf Monaten nach der Verkündung des Beschlusses. Bei **fehlender oder fehlerhafter Rechtsmittelbelehrung** schließt sich daran nicht die zweiwöchige Beschwerdefrist an, sondern die Jahresfrist des § 9 V 4[4].

14 Bei schuldloser Versäumung der Beschwerdefrist kann nach §§ 233 ff. ZPO **Wiedereinsetzung** in den vorigen Stand beantragt werden. Liegen die Voraussetzungen der Nichtigkeits- oder Restitutionsklage vor, so kann die Beschwerde gem. § 569 I 3 ZPO auch noch nach Ablauf der Beschwerdefrist innerhalb der für diese Klagen geltenden Notfristen erhoben werden.

15 Da vor dem ArbG kein Vertretungs- und insb. kein Anwaltszwang besteht, können die Beteiligten – auch Zeugen, Sachverst. oder ehrenamtliche Richter – die Beschwerde ohne weiteres selbst einlegen. **Kein Vertretungszwang** besteht auch für das weitere Beschwerdeverfahren, wenn das LAG wie üblich im schriftl. Verfahren entscheidet. Ordnet das Beschwerdegericht **ausnahmsw. mündliche Verhandlung** an, so greift § 11 IV nF ein: Die Beteiligten müssen sich durch Rechtsanwälte oder durch Vertreter von Verbänden vertreten lassen.

16 Nach § 571 I ZPO „soll" die Beschwerde begründet werden. Es besteht also auch nach neuem Recht **keine Begründungspflicht**, sondern lediglich eine Obliegenheit, deren Nichtbeachtung auf die Zulässigkeit des Rechtsmittels keinen Einfluss hat, wohl aber Auswirkung auf die Begründetheit haben kann. Der Beschwerdeführer kann die Beschwerde auf **neue Angriffs- und Verteidigungsmittel** stützen, wie § 571 II 1 ZPO ausdrücklich hervorhebt. Er kann aber nicht geltend machen, dass das ArbG seine Zuständigkeit zu Unrecht angenommen hat. Dies ist nur in dem besonderen Rechtswegbestimmungsverfahren nach § 17a GVG möglich.

17 Der Beschwerdegegner kann nach § 567 III ZPO **Anschlussbeschwerde** einlegen, selbst wenn er auf die Beschwerde verzichtet hat oder die Beschwerdefrist verstrichen ist. Einer eigenen Beschwer bedarf es in diesem Fall nicht[5]. Die Anschließung verliert ihre Wirkung, wenn die Beschwerde zurückgenommen oder als unzulässig verworfen wird. Da die Beschwerde bis zur Beendigung des Verfahrens ohne Einwilligung des Gegners zurückgenommen werden kann, hat der Beschwerdeführer jederzeit die Möglichkeit, der Anschlussbeschwerde die Grundlage zu entziehen.

18 **3. Abhilfe durch das Arbeitsgericht.** Eine wesentliche Neuerung des Beschwerderechts enthält § 572 I ZPO mit der **generellen Abhilfebefugnis** des erstinstanzlichen Gerichts: Erachtet das ArbG oder der Vorsitzende, dessen Entscheidung angefochten wird, die Beschwerde für begründet, so haben sie ihr abzuhelfen; andernfalls ist die Beschwerde unverzüglich dem Beschwerdegericht vorzulegen. Die Neuregelung führt gleichzeitig dazu, dass **auch der Rechtspfleger** gem. § 11 I RPflG immer abhelfen kann.

---

1 Vgl. GK-ArbGG/*Wenzel*, § 78 Rz. 63. | 2 Vgl. GK-ArbGG/*Wenzel*, § 78 Rz. 46 mwN. | 3 Vgl. LAG Köln v. 10.4.2001 – 6 Ta 56/01, MDR 2001, 1316 mwN. | 4 Vgl. BAG v. 8.6.2000 – 2 AZR 584/99, EzA § 9 ArbGG 1979 Nr. 15. | 5 Vgl. GK-ArbGG/*Wenzel*, § 78 Rz. 71.

Durch die mögliche Eigenkorrektur einer nachträglich als unrichtig erkannten Festsetzungsentscheidung wird der Anfall einer gerichtl. Beschwerdegebühr vermieden und verhindert, dass das Beschwerdegericht mit der Vornahme von Bagatellkorrekturen befasst wird[1].

Falls die Beschwerde unmittelbar beim LAG eingelegt worden ist, muss sie zunächst dem ArbG zur **Abhilfeprüfung** vorgelegt werden. Je nach Lage des Falles kann das Beschwerdegericht nach § 570 III ZPO eine **einstw. Anordnung** erlassen. Das erstinstanzliche Gericht kann die Vollziehung der angefochtenen Entscheidung aussetzen (§ 570 II). Bei besonderer Eilbedürftigkeit kann das LAG auch ohne vorherige Abhilfeprüfung über die Beschwerde entscheiden[2]. 19

Der Beschluss, mit dem das ArbG der Beschwerde ganz oder zum Teil abhilft, ist regelmäßig **zu begründen**. Mit einer umfassenden Abhilfeentscheidung endet das Beschwerdeverfahren, so dass auch über etwaige Kosten des Verfahrens zu entscheiden ist. Eine abändernde Entscheidung muss nach Maßgabe des § 329 II 2 oder III ZPO zugestellt werden, weil sie nunmehr für den Gegner anfechtbar sein kann. 20

Andernfalls hat das ArbG die Sache mit einem ebenfalls zu begründenden **Nichtabhilfebeschluss oder Nichtabhilfevermerk** dem LAG zur Entscheidung vorzulegen. Die Nichtabhilfeentscheidung ist den Verfahrensbeteiligten in Abschrift zur Kenntnis zu geben, damit sie hierzu ergänzend Stellung nehmen können. Ist dies im Einzelfall unterblieben, so kann und muss das Beschwerdegericht den Mangel im Rahmen der Gewährung rechtl. Gehörs vor seiner abschließenden Entscheidung beheben. Eine **Zurückverweisung** wegen eines schweren Verfahrensmangels wird nur bei **Fehlen jedweder Begründung** für die arbeitsgerichtl. Entscheidung in Betracht kommen[3]. 21

4. Entscheidung durch das Landesarbeitsgericht. Das LAG entscheidet über die Beschwerde nach § 572 IV ZPO stets **durch Beschluss**, und zwar nach § 78 S. 3 in jedem Fall **ohne Hinzuziehung der ehrenamtlichen Richter** unabhängig davon, ob eine mündliche Verhandlung stattgefunden hat. Eine Entscheidung durch die vollbesetzte Kammer ist nach neuem Recht ausgeschlossen. 22

Das Beschwerdegericht hat zunächst gem. § 572 II ZPO von Amts wegen zu prüfen, ob die Beschwerde an sich statthaft und ob sie in der gesetzl. Form und Frist eingelegt ist. Fehlt eine dieser Voraussetzungen, so ist die Beschwerde **als unzulässig zu verwerfen**. 23

Erweist sich das Rechtsmittel als zulässig, aber **unbegründet**, hat das LAG die Beschwerde durch Beschluss **zurückzuweisen**. Der Grund für den Misserfolg der Beschwerde kann nunmehr insb. auch in der **Zurückweisung verspäteten Vorbringens** liegen. Während das alte Beschwerderecht keine Präklusionsnormen enthielt und eine analoge Anwendung der §§ 296, 528 ZPO aF an verfassungsrechtl. Bedenken scheiterte[4], räumt die Neuregelung des § 571 III 1 ZPO dem Vorsitzenden des ArbG im Hinblick auf die Abhilfebefugnis oder dem Beschwerdegericht die Möglichkeit ein, den Beteiligten für das Vorbringen von Angriffs- und Verteidigungsmitteln Äußerungsfristen zu setzen, und schafft damit die Voraussetzungen für die Zurückweisung verspäteten Vorbringens nach S. 2, der die Regelung des § 296 I ZPO auf das Beschwerdeverfahren überträgt. Verspäteter Vortrag darf nur zugelassen werden, wenn die Erledigung des Verfahrens nicht verzögert würde oder wenn die Partei die Verspätung genügend entschuldigt. Insoweit kommen die zum **Verzögerungs- und Verschuldensbegriff des § 296 ZPO** entwickelten Grundsätze zur Anwendung[5]. 24

Bei der **erfolgreichen Beschwerde** richtet sich der Tenor nach dem jeweiligen Beschwerdegegenstand: In Betracht kommt sowohl eine schlichte **Aufhebung** der angegriffenen Entscheidung, etwa der Verfahrensaussetzung, oder eine **ersetzende Sachentscheidung**, etwa die Gewährung der nachträglichen Klagezulassung in Abänderung des arbeitsgerichtl. Beschlusses. Das Beschwerdegericht kann aber auch eine **Zurückverweisung nach § 572 III ZPO** vornehmen und dem ArbG die erforderliche Sachentscheidung übertragen. Mit der Zurückverweisung können konkrete Weisungen verknüpft werden, an die das ArbG nach näherer Maßgabe der Beschwerdeentscheidung gebunden ist[6]. Dieses Verfahren kann etwa bei einer umfangreichen Kostenfestsetzung geboten sein. 25

Darüber hinaus ist eine **Zurückverweisung wegen eines wesentlichen Verfahrensmangels** analog § 538 II Nr. 1 ZPO zulässig, wenn auf Grund dieses Mangels eine umfangreiche oder aufwändige Beweisaufnahme notwendig ist und eine Partei die Zurückverweisung beantragt. Das Zurückverweisungsverbot des § 68 steht dem nicht entgegen, weil es nur für das Berufungsverfahren gilt[7]. Eine Zurückverweisung sollte jedoch wegen des Beschleunigungsgebots nur im Ausnahmefall vorgenommen werden. Im vorgeschalteten Rechtswegbestimmungsverfahren nach § 17a GVG ist eine Zurückverweisung stets unzulässig[8]. Entscheidet das LAG abschließend in der Sache, hat es regelmäßig auch eine Kostenentscheidung gem. den §§ 91 ff. ZPO zu treffen. 26

---

1 Vgl. Begr. RegE ZPO-RG, S. 292 f. mwN. |2 Vgl. LAG Bln.-Bbg. v. 16.4.2007 – 19 Ta 199/07. |3 Vgl. LAG Rh.-Pf. v. 18.10.2006 – 8 Ta 202/06; GMPM/*Müller-Glöge*, § 78 ArbGG Rz. 12; GK-ArbGG/*Wenzel*, § 78 Rz. 79. |4 Vgl. BVerfG v. 9.2.1982 – 1 BvR 799/78, NJW 1982, 1635. |5 Vgl. Begr. RegE ZPO-RG, S. 290. |6 Vgl. Zöller/*Gummer*, § 572 ZPO Rz. 30. |7 Vgl. GK-ArbGG/*Wenzel*, § 78 Rz. 105 mwN. |8 BAG v. 17.2.2003 – 5 AZB 37/02, NZA 2003, 517.

27 **III. Rechtsbeschwerde gegen Entscheidungen des Landesarbeitsgerichts.** Gegen einen Beschluss des LAG ist nach § 78 S. 1 und 2 ArbGG iVm. § 574 I Nr. 2, II, III ZPO die Rechtsbeschwerde zum BAG statthaft, wenn das LAG sie in seiner Entscheidung nach Maßgabe des § 72 II zugelassen hat. Das Rechtsbeschwerdegericht ist nach § 574 III 2 an die Zulassung gebunden. Eine Nichtzulassungsbeschwerde sieht das Gesetz nicht vor und ist deshalb unzulässig[1]. Die **Zulassung** der Rechtsbeschwerde sollte entsprechend §§ 64 IIIa, 72 **in den Tenor des Beschlusses** aufgenommen werden, kann aber bei nicht verkündeten Beschlüssen auch in den Gründen erfolgen[2]. Sofortige Beschwerden gegen Beschlüsse des LAG sind generell unzulässig und können allenfalls als Gegenvorstellungen behandelt werden[3].

28 Die vom Gesetzgeber nach der Entwurfsbegründung zugrunde gelegte entsprechende Anwendung der Vorschriften über die Rechtsbeschwerde nach den §§ 574 ff. ZPO ist in der Gesetz gewordenen Regelung nur unvollkommen zum Ausdruck gekommen. In der Begründung zur Aufhebung des § 70 aF heißt es, gegen Beschlüsse und Verfügungen des LAG oder seines Vorsitzenden solle nach dem „im arbeitsgerichtlichen Berufungsverfahren entsprechend anzuwendenden § 574 I Nr. 2, II, III ZPO-E" die Rechtsbeschwerde auf Grund besonderer Zulassung statthaft sein. Allerdings wird diese Rechtsfolge von der Verweisung des § 64 VI auf die Vorschriften der ZPO lediglich über die Berufung nicht gedeckt. Es bleibt die Verweisungsnorm des § 78, die aber anders als § 77 auch keine ausdrückliche Bezugnahme auf die Vorschriften der Rechtsbeschwerde enthält. Erst aus der Gesamtregelung der Norm erschließt sich, dass die **entsprechende Anwendung der §§ 574 ff. ZPO** vorausgesetzt wird[4]. Ansonsten wäre insb. § 78 S. 2 sinnlos. Aus der dort vorausgesetzten „Zulassung der Rechtsbeschwerde" folgt iVm. der ersatzlosen Aufhebung des § 70 aF letztlich auch die Statthaftigkeit bei Beschlüssen und Verfügungen des LAG im Berufungsverfahren und auf Grund der Verweisung in § 83 V auch im Beschlussverfahren[5].

29 Die Neuregelung des Beschwerderechts gilt nach der Entwurfsbegründung nur für die Beschwerden, die dem „Recht der Zivilprozessordnung" unterliegen. Daraus kann aber nicht geschlossen werden, dass die Rechtsbeschwerde auf Beschwerdeverfahren im engeren Bereich der ZPO beschränkt sei, also etwa im Fall der **nachträglichen Klagezulassung** nach § 5 IV KSchG nicht in Betracht komme[6]. Denn auch die nach § 5 IV 2 KSchG aF eröffnete sofortige Beschwerde unterliegt in ihrer Durchführung dem Recht der ZPO als dem anwendbaren Verfahrensrecht[7]. Folglich muss das LAG nach neuem Recht auch die **Rechtsbeschwerde** zulassen können[8]. Das BAG hält sie demgegenüber nach wie vor für **nicht statthaft**[9]. Der Gesetzgeber hat den Streit durch die Neufassung des § 5 IV KSchG im Rahmen des SGBArbGGÄndG mit Wirkung ab dem 1.4.2008 beseitigt. Danach ist ggf. durch Zwischenurteil über die nachträgliche Klagezulassung zu entscheiden, so dass künftig bei Rechtsfragen von grundsätzlicher Bedeutung auch die Revision zum BAG eröffnet ist.

30 Für die Zulassung bedarf es nach § 574 I Nr. 2 ZPO keiner weiteren besonderen Ermächtigung. Sie ist nur ausgeschlossen, wenn **Spezialregelungen** den Zugang zum Rechtsbeschwerdegericht ausdrücklich versperren[10]. So bestimmen insb. die §§ 33 IV 3 RVG, 66 III 3 GKG für den Bereich der Wertfestsetzung, dass eine Beschwerde an einen obersten Gerichtshof des Bundes nicht stattfindet. Bei den **Streitwertbeschwerden** nach den §§ 33 RVG, 63 II GKG endet das Verfahren also nach wie vor beim LAG[11]. Die Zulassung einer Rechtsbeschwerde scheidet auch bei Streitwertbeschlüssen des Berufungsgerichts aus. Ebenso ist in Verfahren des einstw. Rechtsschutzes eine Rechtsbeschwerde auch dann nicht zulässig, wenn das LAG durch Beschluss entschieden und darin die Rechtsbeschwerde zugelassen hat[12]. Statthaft ist die Rechtsbeschwerde demgegenüber im **Kostenfestsetzungsverfahren** nach § 104 ZPO[13].

31 Wenn das LAG die Rechtsbeschwerde zugelassen hat, ist sie gem. § 575 I und II ZPO binnen einer Notfrist von einem Monat nach Zustellung des Beschlusses einzulegen und zu begründen. Dies gilt auch für die weitere sofortige Beschwerde im Rechtswegbestimmungsverfahren nach § 17a IV 4 GVG, bei der es sich seit dem Inkrafttreten des ZPO-RG um eine Rechtsbeschwerde iSd. §§ 574 ff. ZPO handelt[14].

32 **IV. Außerordentliche Beschwerde bei greifbarer Gesetzwidrigkeit.** Eine an sich unanfechtbare Entscheidung der Instanzgerichte kann nach richterrechtl. entwickelten Grundsätzen ausnahmsw. angreif-

1 BAG v. 19.12.2002 – 5 AZB 54/02, NZA 2003, 287; v. 27.8.2003 – 5 AZB 45/03; v. 21.6.2006 – 3 AZB 65/05, NZA 2006, 1006. | 2 Vgl. BAG v. 17.1.2007 – 5 AZB 43/06, FA 2007, 143. | 3 Vgl. BAG v. 21.6.2006 – 3 AZB 65/05, NZA 2006, 1006; Hess. LAG v. 19.7.2006 – 8 Sa 104/05. | 4 Im Ergebnis ebenso *Bader*, NZA 2002, 121 (122); *Schmidt/Schwab/Wildschütz*, NZA 2001, 1217 (1226). | 5 Vgl. BAG v. 28.2.2003 – 1 AZB 53/02, MDR 2003, 770; v. 25.8.2004 – 1 AZB 41/03, BAGReport 2004, 413. | 6 So GK-ArbGG/*Wenzel*, § 78 Rz. 121; ferner *Stahlhacke/Preis/Vossen*, Rz. 1143g. | 7 Vgl. nur KR/*Friedrich*, § 5 KSchG Rz. 151. | 8 Im Ergebnis ebenso LAG Düsseldorf v. 28.3.2002 und 30.7.2002 – 15 Ta 91/02 und 15 Ta 282/02, NZA-RR 2003, 80; ferner *Holthaus/Koch*, RdA 2002, 140, 158; Schwab/Weth/*Schwab*, § 78 ArbGG Rz. 73 mwN. | 9 BAG v. 20.8.2002 – 2 AZB 16/02, MDR 2003, 157; v. 15.9.2005 – 3 AZB 48/05, NZA-RR 2006, 211; aA zuvor LAG Nds. v. 13.7.2005 – 10 Ta 409/05, LAGReport 2005, 281 m. zust. Anm. *Schwab*. | 10 Vgl. Zöller/*Gummer*, § 574 ZPO Rz. 9. | 11 Vgl. BAG v. 4.8.2004 – 3 AZB 15/04, BAGReport 2004, 384; v. 17.3.2003 – 2 AZB 21/02, NZA 2003, 682; *Bader*, NZA 2002, 121, 122 f. | 12 BAG v. 22.1.2003 – 9 AZB 7/03, MDR 2003, 650. | 13 Vgl. dazu näher *Schütt*, MDR 2001, 1278 (1280); BAG v. 4.2.2003 – 2 AZB 18/02, NZA-RR 2003, 320. | 14 BAG v. 26.9.2002 – 5 AZB 15/02, NZA 2002, 1302; BGH v. 16.10.2002 – VIII ZB 27/02, MDR 2003, 285.

bar sein, wenn sie jeder gesetzl. Grundlage entbehrt und dem Gesetz inhaltlich fremd ist[1]. Eine solche außerordentl. Beschwerde wegen greifbarer Gesetzwidrigkeit muss allerdings auf wirkliche **Ausnahmefälle krassen Unrechts** beschränkt bleiben[2]. Diese Voraussetzung ist dann gegeben, wenn die angegriffene Entscheidung mit der geltenden Rechtsordnung schlechthin unvereinbar ist. Die Nichtbeachtung wesentlicher Verfahrensvorschriften allein reicht nicht aus. Verfassungsverstöße, zB die Verletzung des Anspruchs auf rechtl. Gehör nach Art. 103 I GG[3], sind bei Erschöpfung des fachgerichtl. Rechtswegs, der seit dem 1.1.2005 auch eine besondere Anhörungsrüge (§ 78a) beinhaltet, mit der Verfassungsbeschwerde geltend zu machen[4].

Um einen außerordentl. Rechtsbehelf handelt es sich auch dann, wenn das Gesetz die Möglichkeit der weiteren sofortigen Beschwerde oder der Rechtsbeschwerde zwar vorsieht, sie aber von der – nicht erfolgten – Zulassung durch das erste Beschwerdegericht abhängig macht. In solchen Fällen besteht für die obergerichtliche Zulassung wegen greifbarer Gesetzeswidrigkeit so lange kein Bedürfnis, wie eine Korrektur der angegriffenen Entscheidung auf einem Weg möglich ist, der weniger stark in das gesetzl. Rechtsmittelsystem eingreift[5]. In Betracht kommt vor allem die **Möglichkeit einer Selbstkorrektur** durch das Beschwerdegericht, weil eine Bindungswirkung verfassungswidrig ergangener Beschlüsse zu verneinen ist. Dies entspricht der Aufforderung des BVerfG an die Fachgerichte, durch eine grundrechtl. orientierte Handhabung der Prozessvorschriften dafür zu sorgen, dass in ihrem Verfahren eingetretene Grundrechtsverstöße ohne den Umweg über eine Verfassungsbeschwerde ausgeräumt werden[6]. Der Gesetzgeber hat dieser Problematik mit Einführung der **Anhörungsrüge nach § 78a** wegen Verletzung des Anspruchs auf rechtl. Gehör Rechnung getragen. Für eine außerordentl. Rechtsbeschwerde ist daneben kein Raum mehr[7]. 33

V. Beschlüsse und Verfügungen des Bundesarbeitsgerichts. Gegen Entscheidungen des BAG als letztinstanzlichem Fachgericht ist kein Rechtsmittel gegeben. Wird gleichwohl gegen einen Beschluss oder eine Verfügung sofortige Beschwerde eingelegt, kann diese als **Gegenvorstellung** betrachtet werden, die zu einer Abänderung der Entscheidung führen kann, soweit keine Bindungswirkung eingetreten ist[8]. Selbst gebunden ist das BAG an alle über ein Rechtsmittel, eine Nichtzulassungsbeschwerde oder einen Wiedereinsetzungsantrag getroffenen Entscheidungen[9]. Eine Ausnahme besteht bei Verstößen gegen das Verfahrensgrundrecht auf rechtl. Gehör aus Art. 103 GG, die mit dem neuen Rechtsbehelf der sog. Anhörungsrüge nach § 78a geltend gemacht werden können. 34

78a *Abhilfe bei Verletzung des Anspruchs auf rechtliches Gehör*

(1) Auf die Rüge der durch die Entscheidung beschwerten Partei ist das Verfahren fortzuführen, wenn

1. ein Rechtsmittel oder ein anderer Rechtsbehelf gegen die Entscheidung nicht gegeben ist und

2. das Gericht den Anspruch dieser Partei auf rechtliches Gehör in entscheidungserheblicher Weise verletzt hat.

Gegen eine der Endentscheidung vorausgehende Entscheidung findet die Rüge nicht statt.

(2) Die Rüge ist innerhalb einer Notfrist von zwei Wochen nach Kenntnis von der Verletzung des rechtlichen Gehörs zu erheben; der Zeitpunkt der Kenntniserlangung ist glaubhaft zu machen. Nach Ablauf eines Jahres seit Bekanntgabe der angegriffenen Entscheidung kann die Rüge nicht mehr erhoben werden. Formlos mitgeteilte Entscheidungen gelten mit dem dritten Tage nach Aufgabe zur Post als bekannt gegeben. Die Rüge ist schriftlich bei dem Gericht zu erheben, dessen Entscheidung angegriffen wird. Die Rüge muss die angegriffene Entscheidung bezeichnen und das Vorliegen der in Absatz 1 Satz 1 Nr. 2 genannten Voraussetzungen darlegen.

(3) Dem Gegner ist, soweit erforderlich, Gelegenheit zur Stellungnahme zu geben.

(4) Das Gericht hat von Amts wegen zu prüfen, ob die Rüge an sich statthaft und ob sie in der gesetzlichen Form und Frist erhoben ist. Mangelt es an einem dieser Erfordernisse, so ist die Rüge als unzulässig zu verwerfen. Ist die Rüge unbegründet, weist das Gericht sie zurück. Die Entscheidung ergeht durch unanfechtbaren Beschluss. Der Beschluss soll kurz begründet werden.

---

1 BGH v. 1.12.1985 – VI ZB 13/85, EzA § 127 ZPO Nr. 9; v. 4.3.1993 – V ZB 5/93, NJW 1993, 1865; dagegen nunmehr BGH v. 7.3.2002 – IX ZB 11/02, NJW 2002, 1577; zust. *Lipp*, NJW 2002, 1700 ff. | 2 BAG v. 21.4.1998 – 2 AZB 4/98, EzA § 49 ArbGG 1979 Nr. 6; v. 14.2.2002 – 9 AZB 2/02, EzA § 49 ArbGG 1979 Nr. 8. | 3 Zum Fall einer Überraschungsentscheidung BVerfG v. 2.1.1995 – 1 BvR 320/94, EzA Art. 103 GG Nr. 3. | 4 BAG v. 21.4.1998 – 2 AZB 4/98, EzA § 49 ArbGG 1979 Nr. 6 mwN; v. 27.7.1998 – 9 AZB 5/98, EzA § 49 ArbGG 1979 Nr. 7. | 5 BAG v. 22.10.1999 – 5 AZB 21/99, EzA § 78 ArbGG 1979 Nr. 4. | 6 BVerfG v. 9.12.1996 – 2 BvR 2316/96, NJW 1997, 1301. | 7 Vgl. BAG v. 8.8.2005 – 5 AZB 31/05, MDR 2006, 225; LAG Düsseldorf v. 23.2.2006 – 16 Ta 82/06, JurBüro 2006, 359. | 8 Vgl. GMPM/*Müller-Glöge*, § 78 ArbGG Rz. 18; zur Fristgebundenheit einer Gegenvorstellung (zwei Wochen ab Kenntnis) OLG Dresden v. 17.10.2005 – 21 UF 527/04, NJW 2006, 851. | 9 BAG v. 21.7.1993 – 7 ABR 25/92, AP Nr. 4 zu § 579 ZPO.

(5) Ist die Rüge begründet, so hilft ihr das Gericht ab, indem es das Verfahren fortführt, soweit dies auf Grund der Rüge geboten ist. Das Verfahren wird in die Lage zurückversetzt, in der es sich vor dem Schluss der mündlichen Verhandlung befand. § 343 der Zivilprozessordnung gilt entsprechend. In schriftlichen Verfahren tritt an die Stelle des Schlusses der mündlichen Verhandlung der Zeitpunkt, bis zu dem Schriftsätze eingereicht werden können.

(6) Die Entscheidungen nach den Absätzen 4 und 5 erfolgen unter Hinzuziehung der ehrenamtlichen Richter. Die ehrenamtlichen Richter wirken nicht mit, wenn die Rüge als unzulässig verworfen wird oder sich gegen eine Entscheidung richtet, die ohne Hinzuziehung der ehrenamtlichen Richter erlassen wurde.

(7) § 707 der Zivilprozessordnung ist unter der Voraussetzung entsprechend anzuwenden, dass der Beklagte glaubhaft macht, dass die Vollstreckung ihm einen nicht zu ersetzenden Nachteil bringen würde.

(8) Auf das Beschlussverfahren finden die Absätze 1 bis 7 entsprechende Anwendung.

1 **I. Vorbemerkung.** Die Vorschrift ist mit dem sog. Anhörungsrügengesetz vom 9.12.2004 (BGBl. I S. 3220) mit Wirkung vom 1.1.2005 in das Gesetz eingefügt worden. Die Neuregelung geht zurück auf den Plenarbeschluss des BVerfG vom 30.4.2003[1], mit dem die Schaffung eines fachgerichtlichen Rechtsbehelfssystems bei Verletzungen des Anspruchs auf rechtl. Gehör verlangt wurde. Denn es entspreche dem rechtsstaatlichen Gebot effektiven Rechtsschutzes und der durch den Grundsatz der Subsidiarität gekennzeichneten Aufgabenverteilung zwischen Fach- und Verfassungsgerichtsbarkeit, wenn die Prüfung von gerichtlichen Verstößen gegen Art. 103 GG und deren Beseitigung in erster Linie durch die Fachgerichte selbst erfolge und dort für Abhilfe gesorgt werde. Dass solche Verstöße nur im Wege der Verfassungsbeschwerde verfolgt werden könnten, könne nur noch für eine Übergangszeit hingenommen werden. Diesem Regelungsauftrag hat der Gesetzgeber ua. mit der Einführung des § 78a Rechnung getragen, der als Spezialvorschrift für die Arbeitsgerichtsbarkeit die teilweise wortgleiche Bestimmung des § 321a ZPO verdrängt[2].

2 **II. Voraussetzungen einer erfolgreichen Anhörungsrüge (Abs. 1 und 2).** Die sog. Anhörungsrüge ist bei dem Gericht, genauer bei dem Spruchkörper des Gerichts anzubringen, dem die Gehörsverletzung unterlaufen sein soll[3]. Für die Erhebung der Rüge besteht in demselben Umfang wie für die angefochtene Entscheidung **Vertretungszwang**[4]. Ein Rügerecht steht naturgemäß nur der „durch die Entscheidung beschwerten Partei" zu. Auf die Rüge ist das an sich formell rechtskräftig abgeschlossene Verfahren fortzuführen, wenn ein Rechtsmittel oder ein anderer Rechtsbehelf gegen die Entscheidung nicht gegeben ist und das Gericht den Anspruch dieser Partei auf rechtl. Gehör in entscheidungserheblicher Weise verletzt hat. Daraus folgt auch, dass nicht jede unanfechtbare Zwischenentscheidung, zB die Zurückweisung eines Ablehnungsgesuchs, auf Anhörungsrüge zu überprüfen ist, sondern nur diejenige Entscheidung, die ein Ersuchen um gerichtl. Entscheidung rechtskräftig beschieden hat[5].

3 **1. Sonstige Unanfechtbarkeit der angegriffenen Entscheidung.** Die Anhörungsrüge setzt als „ultima ratio" voraus, dass ein Rechtsmittel oder ein anderer Rechtsbehelf, mit dem auch der Verstoß gegen den Grundsatz des rechtl. Gehörs geltend gemacht werden kann, nicht zur Verfügung steht. Daher ist sie insb. **nicht statthaft**, soweit gegen sie Entscheidung des LAG die erweiterte **Nichtzulassungsbeschwerde** nach § 72a III Nr. 3 eröffnet ist[6]. Zu den nicht rechtsmittelfähigen und auch nicht mehr rechtsbehelfsfähigen Endentscheidungen gehören vor allem die Urteile der Arbeitsgerichte in vermögensrechtl. Angelegenheiten unterhalb der Berufungsgrenze von 600 Euro, soweit die Berufung nicht zugelassen wurde, ferner Urteile des LAG im Bereich des einstw. Rechtsschutzes (§ 72 IV), Beschlüsse des LAG als Beschwerdegericht, in denen die Rechtsbeschwerde nicht zugelassen worden ist oder nicht zugelassen werden kann, sowie schließlich alle Urteile und Beschlüsse des BAG.

4 **2. Entscheidungserheblicher Verstoß gegen den Anspruch auf rechtliches Gehör.** Begründet ist die Rüge, wenn das Gericht den Anspruch der beschwerten Partei auf rechtl. Gehör in entscheidungserheblicher Weise verletzt hat. Das ist nur dann der Fall, wenn und soweit die Entscheidung mit einem Begründungselement oder dessen Fehlen „steht und fällt", das gehörswidrig gewonnen wurde oder bei hinreichender Gewährung rechtl. Gehörs mit zu berücksichtigen gewesen wäre[7]. Gibt es für die Entscheidung eine selbständig tragende Zweitbegründung, auf die sich die behauptete Gehörsverletzung nicht auswirkt, so ist der angebliche Verstoß insgesamt nicht entscheidungserheblich. Ist nur einer von mehreren Streitgegenständen oder nur ein Teil des Streitgegenstandes betroffen, so kann die Rüge auch nur insoweit begründet sein. Für den Erfolg kommt es gezielt auf die **Erheblichkeit der Rechtsverletzung** in dem konkreten Begründungszusammenhang an. Eine hypothetisch gegebene alternative Be-

---

1 BVerfG v. 30.4.2003 – 1 PbvU 1/02, AP Nr. 64 zu § 103 GG = BVerfGE 107, 395. | 2 Vgl. *Bepler*, RdA 2005, 65 (66); zum Anhörungsrügengesetz insgesamt *Rensen*, MDR 2005, 181 ff. | 3 Krit. hierzu *Gravenhorst*, NZA 2005, 24 (25). | 4 Vgl. LAG Rh.-Pf. v. 2.2.2005 – 2 Sa 1212/03, LAGReport 2005, 157. | 5 Vgl. BAG v. 14.2.2007 – 5 AZA 15/06 (B), NZA 2007, 528. | 6 Vgl. LAG München v. 21.4.2005 – 3 Sa 257/04, juris; *Schrader*, NZA-RR 2006, 57 (62). | 7 Vgl. *Bepler*, RdA 2005, 65 (68).

gründungsmöglichkeit für die angegriffene Entscheidung, bei der die Gehörsverletzung keine Rolle spielen würde, vermag diese Erheblichkeit nicht zu beseitigen. Denn der beschwerten Partei soll letztlich keine Entscheidung zugemutet werden, die so, wie sie ergangen ist, nicht angemessen auf ihre Teilnahme am Rechtsstreit Rücksicht genommen hat, In Betracht kommen zB folgende Verstöße gegen das **Verfahrensgrundrecht auf rechtl. Gehör**:

- Zurückweisung verspäteten Vorbringens trotz Nichtvorliegens der gesetzl. Voraussetzungen
- Entscheidung vor Ablauf einer gesetzten Stellungnahmefrist oder ohne Einhaltung der gesetzl. Ladungsfrist
- Säumnisentscheidung bei objektiv fehlender Säumnis der Partei
- Übergehen eines ordnungsgemäßen Beweisantrags
- Überraschungsentscheidung insb. unter Verstoß gegen § 139 ZPO[1]
- Entscheidung durch einen abgelehnten oder sonst unzuständigen Richter.

Wegen der Begründungserfordernisse im Einzelnen kann auf die Rspr. des BAG zu den Anforderungen an eine Nichtzulassungsbeschwerde nach Maßgabe des ebenfalls neu geschaffenen § 72 II Nr. 3 verwiesen werden[2]. Wird etwa gerügt, das Gericht habe das rechtl. Gehör verletzt, weil es keine rechtl. Hinweise gem. § 139 ZPO erteilt habe, so muss zum einen dargelegt werden, dass es sich um eine Überraschungsentscheidung gehandelt hat, und darüber hinaus, welcher Vortrag erfolgt wäre, wenn der gebotene Hinweis erteilt worden wäre. Denn anders kann nicht festgestellt werden, ob die Entscheidung auf dem unterlassenen Hinweis beruht. Dabei genügt die nachvollziehbare Darlegung, dass das Gericht bei Beachtung seiner Hinweispflicht möglicherweise anders entschieden hätte[3]. Wird in einer Anhörungsrüge gegen ein Urteil des BAG die Verletzung des rechtl. Gehörs in Bezug auf Tatsachenvortrag geltend gemacht, so muss der Rügende darlegen, dass die nach seiner Auffasssung übergangenen Tatsachen nach § 559 ZPO berücksichtigungsfähig waren. Gelingt dies nicht, so ist die Rüge bereits als unzulässig zu verwerfen (Abs. 2 S. 5 iVm. Abs. 4 S. 1 und 2)[4]. 5

3. Frist und Form. Die Rüge muss innerhalb einer **Notfrist von zwei Wochen** nach Kenntnis von der Gehörsverletzung **schriftl.** bei dem Gericht, dessen Entscheidung angegriffen wird, erhoben werden. Der Zeitpunkt der Kenntniserlangung ist glaubhaft zu machen. Ein Kennen-Müssen der Rechtsverletzung reicht für den Fristbeginn nicht aus[5]. Bis zum Ablauf der endgültigen Jahresfrist nach Abs. 2 S. 2 bleibt eine Wiedereinsetzung in den vorigen Stand nach Maßgabe der §§ 233 ff. ZPO möglich. Formlos mitgeteilte Entscheidungen (zB Streitwertfestsetzungen des LAG und BAG) gelten mit dem dritten Tage nach Aufgabe zur Post als bekannt gegeben. Die Zulässigkeit der Rüge setzt ferner voraus, dass sie die **angegriffene Entscheidung bezeichnet** und näher darlegt, dass und wodurch das Gericht mit dieser Entscheidung den Anspruch der beschwerten Partei auf rechtl. Gehör **in entscheidungserheblicher Weise** verletzt hat. Diese nicht geringen Anforderungen gelten grds. auch für die Darlegung einer Gehörsverletzung im erstinstanzlichen Verfahren, obwohl dort kein Anwaltszwang besteht. Umso mehr wird es darum gehen, zwischen querulatorischen und sachlich fundierten Rügen zu unterscheiden, um das neue Instrument der Selbstkorrektur verantwortungsvoll zu nutzen. 6

III. Gerichtliches Verfahren (Abs. 3–6). 1. Anhörung des Gegners. Soweit erforderlich, also regelmäßig bei formal zulässiger Rüge, ist zunächst dem Prozessgegner Gelegenheit zur Stellungnahme zu geben. Denn das weitere Verfahren kann sich auf die Rechtsstellung der anderen Partei auswirken. 7

2. Entscheidungsmöglichkeiten des Gerichts. Nach Abs. 4 ist die Rüge durch Beschluss als **unzulässig** zu verwerfen, wenn sie nicht statthaft ist – sich also gegen eine anderweitig angreifbare Endentscheidung oder eine dieser vorausgehende Entscheidung richtet – und/oder nicht in der gesetzl. Frist und Form begründet worden ist, wozu auch die nachvollziehbare Darlegung der Gehörsverletzung und deren Entscheidungserheblichkeit gehört. Einer mündlichen Verhandlung bedarf es nicht. Ist die Rüge zulässig erhoben, aber nach Auffassung des Gerichts **unbegründet**, so ist sie durch Beschluss zurückzuweisen. Die jeweilige Entscheidung, die kurz begründet werden soll, ist unanfechtbar und beendet den fachgerichtlichen Rechtsweg. Sodann beginnt die Monatsfrist des § 93 BVerfGG für die Einlegung der allenfalls noch denkbaren **Verfassungsbeschwerde**. Mit Rücksicht darauf empfiehlt sich die Zustellung dieser Beschlüsse[6]. 8

3. Mitwirkung der ehrenamtlichen Richter. Nach Abs. 6, der teilweise an die Stelle des durch das Anhörungsrügengesetz aufgehobenen § 55 I Nr. 9 aF getreten ist, haben die ehrenamtlichen Richter grds. an den Entscheidungen über die Gehörsrüge mitzuwirken. **Das gilt nicht**, wenn die Rüge als 9

---

1 Hierzu näher LAG Köln v. 24.6.2006 – 8 Ta 307/05. | 2 Vgl. BAG v. 1.3.2005 – 9 AZN 29/05, BAGReport 2005, 249; v. 22.3.2005 – 1 ABN 1/05, FA 2005, 256; v. 10.5.2005 – 9 AZN 195/05; v. 25.5.2005 – 8 AZN 346/05. | 3 Vgl. BAG v. 14.3.2005 – 1 AZN 1002/04, DB 2005, 956; v. 25.5.2005 – 8 AZN 346/05. | 4 Vgl. BAG v. 30.11.2005 – 2 AZR 622/05 (F), NZA 2006, 452; v. 31.5.2006 – 5 AZR 342/06 (F), MDR 2007, 47. | 5 Vgl. BVerfG v. 4.4.2007 – 1 BvR 66/07, nv.; BAG v. 31.5.2006 – 5 AZR 342/06 (F), MDR 2007, 47; aA noch 2. Aufl. u. *Bepler*, RdA 2005, 65 (67); *Treber*, NJW 2005, 97 (99). | 6 Vgl. Zöller/*Vollkommer*, § 329 ZPO Rz. 16.

unzulässig verworfen wird oder sich gegen eine Entscheidung richtet, die ohne Hinzuziehung der ehrenamtlichen Richter erlassen wurde (zB Streitwertbeschluss). Mangels abweichender Regeln im Geschäftsverteilungsplan des Gerichts sind die Richter heranzuziehen, die an der angegriffenen Entscheidung mitgewirkt haben. Die Rechtslage kann grundsätzlich nicht anders sein als bei einer Wiedereröffnung der mündlichen Verhandlung (§ 156 ZPO) oder einer Tatbestandsberichtigung (§ 320 ZPO). Auch in diesen Fällen entscheidet „das Gericht" unter Mitwirkung der an der Schlussverhandlung beteiligten Richter. Nur diese Verfahrensweise entspricht im Übrigen auch Sinn und Zweck der mit der Neuregelung eröffneten „richterlichen Selbstkorrektur"[1].

10 **4. Fortsetzung des Verfahrens bei begründeter Rüge.** Im Umfang der Begründetheit der Rüge hat das Gericht gem. Abs. 5 das Ausgangsverfahren fortzuführen und erneut einen Termin zur mündlichen Verhandlung anzuberaumen, wenn die angefochtene Entscheidung auf Grund mündlicher Verhandlung ergangen war. Durch den **Verweis auf § 343 ZPO** ist das weitere Verfahren dem Säumnisverfahren mit seinen Entscheidungsmöglichkeiten nachgebildet: Bleibt es nach der Gewährung rechtl. Gehörs im Ergebnis bei der angefochtenen Entscheidung, so ist diese aufrechtzuerhalten. Dabei kann das Gericht auch einen von der Gehörsverletzung unabhängigen neuen Begründungsweg beschreiten, der uU eine weitere Beweiserhebung entbehrlich macht. Im Übrigen ist die angegriffene Entscheidung aufzuheben und eine neue Sachentscheidung zu treffen, wobei die – ggf. teilweise – Wiederaufnahme des Rechtsstreits in der abschließenden Entscheidung angemessen begründet werden muss[2].

11 **IV. Einstweilige Einstellung der Zwangsvollstreckung (Abs. 7).** Die Erhebung der Anhörungsrüge eröffnet der beschwerten Partei auch die Möglichkeit, eine einstw. Einstellung der Zwangsvollstreckung zu beantragen. § 707 ZPO, der dies für die Rüge nach § 321a ZPO nunmehr unmittelbar vorsieht, ist entsprechend anwendbar, allerdings mit der aus § 62 I 3 übernommenen Besonderheit, dass der „Beklagte" – gemeint ist wohl die beschwerte Partei – glaubhaft macht, dass die Vollstreckung ihm **einen nicht zu ersetzenden Nachteil** bringen würde (vgl. § 62 Rz. 7 ff.).

12 Voraussetzung ist weitergehend stets, dass die Anhörungsrüge als Hauptantrag eine sachliche **Erfolgsaussicht** hat[3]. Hierzu kann ergänzend auf die einschlägige Rspr. des BAG zur Einstellung der Zwangsvollstreckung nach Einlegung einer Nichtzulassungsbeschwerde verwiesen werden (vgl. § 72a Rz. 15 mwN).

13 Anders als bei der Einstellung der Zwangsvollstreckung nach § 62 I kommt wegen der besonderen Situation bei der Anhörungsrüge, die an der formellen Rechtskraft der angegriffenen Entscheidung zunächst nichts ändert, auch eine einstw. Einstellung der Zwangsvollstreckung gegen **Sicherheitsleistung** in Betracht. Die entsprechende Anwendung des § 707 ZPO ist insoweit nicht eingeschränkt.

14 **V. Entsprechende Anwendung auf das Beschlussverfahren (Abs. 8).** Die dargestellte Regelung der Gehörsrüge findet auf das Beschlussverfahren in den Fällen des § 2a entsprechende Anwendung. Der mögliche Anwendungsbereich ist aber schon deswegen geringer, weil sämtliche verfahrensbeendenden Beschlüsse des ArbG nach § 87 ohne Mindestbeschwer mit der Beschwerde beim LAG angegriffen werden können. Auch die Beschlüsse des LAG sind nicht unangreifbar, sondern unterliegen – soweit die Rechtsbeschwerde nicht zugelassen wurde – der Nichtzulassungsbeschwerde nach § 92a, so dass die Gehörsrüge gem. § 78a I Nr. 1 ausgeschlossen ist. Für die Anhörungsrüge verbleiben daher nur die **Beschlüsse des BAG und die Beschlüsse des LAG im Bereich des einstw. Rechtsschutzes**, weil dort die Rechtsbeschwerde nach § 92 I 3 nicht stattfindet.

Fünfter Unterabschnitt. Wiederaufnahme des Verfahrens

79 *Wiederaufnahme des Verfahrens*

Die Vorschriften der Zivilprozessordnung über die Wiederaufnahme des Verfahrens gelten für Rechtsstreitigkeiten nach § 2 Abs. 1 bis 4 entsprechend. Die Nichtigkeitsklage kann jedoch nicht auf Mängel des Verfahrens bei der Berufung der ehrenamtlichen Richter oder auf Umstände, die die Berufung eines ehrenamtlichen Richters zu seinem Amt ausschließen, gestützt werden.

1 **I. Grundsätzliche Verweisung auf die Vorschriften der ZPO.** Nach S. 1 finden die Vorschriften über die Wiederaufnahme des Verfahrens nach den §§ 578 ff. ZPO für die Rechtsstreitigkeiten, über die im **Urteilsverfahren** nach § 2 zu entscheiden ist, entsprechende Anwendung. Gleiches gilt im Übrigen auf Grund der Verweisung in § 80 II auch für das arbeitsgerichtl. **Beschlussverfahren.**

2 Die Wiederaufnahme eines durch rechtskräftiges Urteil – oder Beschluss im Beschlussverfahren – geschlossenen Verfahrens kann nach § 578 I ZPO durch **Nichtigkeitsklage** und durch **Restitutionsklage**

---

1 Vgl. *Treber*, NJW 2005, 97 (100); *Bepler*, RdA 2005, 65 (68); *Düwell*, FA 2005, 75 (76); ArbG Berlin v. 28.3.2006 – 30 Ca 1905/05; aA GK-ArbGG/*Dörner*, § 78a Rz. 39; *Natter*, JbArbR, Bd. 42, S. 95 (103). | 2 Vgl. *Bepler*, RdA 2005, 65 (68). | 3 Vgl. Zöller/*Herget*, § 707 Rz. 9; *Bepler*, RdA 2005, 65 (67).

erfolgen. Beide Klagen sind trotz ihres rechtsmittelähnlichen Charakters keine echten Rechtsmittel, sondern zielen auf die Beseitigung bereits eingetretener Rechtskraft durch neue Verhandlung und Entscheidung vor demselben Gericht, nicht höherer Instanz[1].

Zu den anfechtbaren Entscheidungen gehören nicht nur die nach § 705 ZPO rechtskräftigen Endurteile, sondern auch **urteilsvertretende Beschlüsse**, mit denen das Verfahren formell rechtskräftig abgeschlossen wird, zB nach § 91a ZPO bei Erledigung der Hauptsache oder nach §§ 66 II 2, 522 I ZPO bei Verwerfung einer unzulässigen Berufung[2]. Angreifbar ist auch ein Beschluss des BAG nach § 72a V, durch den eine Nichtzulassungsbeschwerde verworfen oder zurückgewiesen wird[3]. 3

Die Parteien des Wiederaufnahmeverfahrens sind grds. dieselben wie in dem vorangegangenen Verfahren. Der Ablauf gliedert sich drei Abschnitte: Die **Prüfung der Zulässigkeit** (§ 589 ZPO), das **aufhebende Verfahren** mit der Prüfung, ob Wiederaufnahmegründe vorliegen, und schließlich das **ersetzende Verfahren** mit einer neuen Verhandlung der Hauptsache (§ 590 ZPO). Nach Ablauf von fünf Jahren seit Eintritt der Rechtskraft der anzugreifenden Entscheidung ist jede Wiederaufnahmeklage unstatthaft (§ 586 II 2 ZPO). 4

II. Sonderregelung des S. 2. Nach § 579 I Nr. 1 ZPO findet die Nichtigkeitsklage ua. statt, wenn das erkennende Gericht nicht vorschriftsmäßig besetzt war[4]. Diese Klage kann jedoch nach ausdrücklicher Einschränkung des § 79 S. 2 nicht auf Mängel des Verfahrens **bei der Berufung der ehrenamtlichen Richter** oder auf Umstände, die die Berufung eines ehrenamtlichen Richters zu seinem Amt ausschließen, gestützt werden. Unschädlich sind damit Fehler im Berufungsverfahren nach den §§ 20 ff. durch die oberste Landesbehörde oder die beauftragte Stelle, insb. Ausschließungsgründe nach § 21. Möglich bleibt demgegenüber eine Nichtigkeitsklage wegen falscher Besetzung des Gerichts infolge fehlerhafter Heranziehung der ehrenamtlichen Richter zu den einzelnen Sitzungen nach den §§ 31, 39, 43[5]. Allerdings liegt eine nach Art. 101 I 2 GG verfassungswidrige Entziehung des gesetzl. Richters nicht bei jeder irrtümlichen Verkennung der Besetzungsregeln vor. Erforderlich ist vielmehr Willkür, die dann anzunehmen ist, wenn sich die Maßnahme so weit vom Grundsatz des gesetzl. Richters entfernt, dass sie nicht mehr verständlich erscheint und unhaltbar ist[6]. 5

Soweit die Sonderregelung nicht eingreift, können die Nichtigkeits- und Wiederaufnahmegründe nach näherer Maßgabe der **§§ 579, 580 ZPO** geltend gemacht werden. Insb. kann die Nichtigkeitsklage nach § 579 I Nr. 2 ZPO auch darauf gestützt werden, dass der ehrenamtliche Richter im Streitfall von der Ausübung des Richteramts kraft Gesetzes nach § 41 ZPO ausgeschlossen war. Eine Restitutionsklage ist allerdings unzulässig, wenn dem Ziel der Neuverhandlung der Hauptsache eine anderweitige, rechtskräftige und abschließende Entscheidung entgegensteht[7]. 6

Wegen der Zweispurigkeit des Schwerbehindertenschutzes haben folgende Wiederaufnahmetatbestände im arbeitsgerichtl. Verfahren besondere Bedeutung: Der Restitutionsgrund des § 580 Nr. 6 ZPO ist gegeben, wenn der Zustimmungsbescheid des Integrationsamts zur Kündigung eines Schwerbehinderten im verwaltungsgerichtlichen Verfahren rechtskräftig aufgehoben wird, zuvor aber das ArbG wegen der Zustimmung die Wirksamkeit der Kündigung festgestellt hat[8]. Auch der nach Rechtskraft eines klageabweisenden Kündigungsschutzurteils erlassene Feststellungsbescheid des Versorgungsamtes, in dem eine zum Zeitpunkt der Kündigung bereits bestandene Schwerbehinderteneigenschaft festgestellt wird, stellt einen Restitutionsgrund analog § 580 Nr. 7b ZPO dar[9]. In diesen Fällen ist der Kündigungsschutzprozess neu zu verhandeln. Das kann auf später ergehende Strafurteile, an deren Feststellungen Zivilgerichte gem. § 14 II Nr. 1 EGZPO nicht gebunden sind, nicht übertragen werden[10]. 7

Zweiter Abschnitt. Beschlussverfahren

Erster Unterabschnitt. Erster Rechtszug

80 *Grundsatz*

(1) Das Beschlussverfahren findet in den in § 2a bezeichneten Fällen Anwendung.

(2) Für das Beschlussverfahren des ersten Rechtszugs gelten die für das Urteilsverfahren des ersten Rechtszugs maßgebenden Vorschriften über Prozessfähigkeit, Prozessvertretung, Ladungen, Termine und Fristen, Ablehnung und Ausschließung von Gerichtspersonen, Zustellungen, persönliches Erschei-

1 Vgl. näher Zöller/*Greger*, Vor § 578 ZPO Rz. 1. | 2 Vgl. GMPM/*Müller-Glöge*, § 79 ArbGG Rz. 4 mwN. | 3 BAG v. 18.10.1990 – 8 AS 1/90, SAE 1991, 112. | 4 Vgl. zur Subsidiarität der Verfassungsbeschwerde BVerfG v. 31.7.2001 – 1 BvR 304/01, NZA 2002, 284. | 5 Vgl. BAG v. 21.6.2001 – 2 AZR 359/00, EzA § 21e GVG Nr. 2. | 6 BAG v. 21.6.2001 – 2 AZR 359/00, EzA § 21e GVG Nr. 2 mwN. | 7 Vgl. LAG Schl.-Holst. v. 16.12.2004 – 4 Sa 303/04, juris. | 8 BAG v. 25.11.1980 – 6 AZR 210/80, EzA § 580 ZPO Nr. 1. | 9 BAG v. 15.8.1984 – 7 AZR 558/82, EzA § 580 ZPO Nr. 2. | 10 Vgl. BAG v. 25.4.2007 – 6 AZR 436/05, FA 2007, 276.

nen der Parteien, Öffentlichkeit, Befugnisse des Vorsitzenden und der ehrenamtlichen Richter, Vorbereitung der streitigen Verhandlung, Verhandlung vor der Kammer, Beweisaufnahme, gütliche Erledigung des Verfahrens, Wiedereinsetzung in den vorigen Stand und Wiederaufnahme des Verfahrens entsprechend, soweit sich aus den §§ 81 bis 84 nichts anderes ergibt. Der Vorsitzende kann ein Güteverfahren ansetzen; die für das Urteilsverfahren des ersten Rechtszugs maßgebenden Vorschriften über das Güteverfahren gelten entsprechend.

(3) § 48 Abs. 1 findet entsprechende Anwendung.

1 Das Beschlussverfahren nach §§ 80 ff. findet in den in § 2a aufgeführten Streitigkeiten sowie in den in § 122, § 126 InsO genannten Angelegenheiten statt (wegen der Abgrenzung zu Urteilsverfahren mit ähnlichem Streitgegenstand vgl. § 2a Rz. 2–15). Ob das arbeitsgerichtl. Beschlussverfahren oder das Urteilsverfahren die richtige **Verfahrensart** ist, hat das angerufene ArbG **von Amts wegen** zu prüfen (§ 48 I, § 80 III, vgl. hierzu § 2a Rz. 25 ff.). Die Verfahrensarten schließen einander aus. Gegenstände, die verschiedenen Verfahrensarten zugewiesen sind, können nicht in einem Verfahren verbunden werden[1]. **Entsprechende Anwendung** finden §§ 80 ff. nach § 83 II BPersVG für das verwaltungsgerichtl. Verfahren in bundespersonalvertretungsrechtl. Angelegenheiten sowie über § 106 BPersVG auch im Landespersonalvertretungsrecht, wenn dort eine entsprechende Verfahrensregel geschaffen worden ist[2] (zB § 88 II MBG Schl.-Holst.; § 86 LPVG Bad.-Württemb.).

2 Das arbeitsgerichtl. Beschlussverfahren dient der Entscheidung von Rechtsstreitigkeiten. Die Regelung kollektiver Angelegenheiten ist insb. in dem vom BetrVG festgelegten Umfang dem betriebsnahen Einigungsstellenverfahren vorbehalten. Das **Beschlussverfahren** ist durch eine Reihe terminologisch-formaler, aber auch inhaltlicher **Besonderheiten** im Vergleich zum Urteilsverfahren gekennzeichnet; in der Gesetzesentwicklung ist allerdings eine deutliche Annäherung an die dort geltenden Verfahrensregeln festzustellen: Das Beschlussverfahren wird nicht durch Klage, sondern durch einen Antrag eingeleitet. Das ArbG hat die an dem so durch den Antragsteller bestimmten Verfahrensgegenstand materiell **Beteiligten von Amts wegen** festzustellen und sie am Verfahren zu beteiligen (§ 83). Einen Antragsgegner kennt das Beschlussverfahren nicht. Die tatsächlichen Entscheidungsgrundlagen sind nicht vom Antragsteller und den übrigen Beteiligten beizubringen, sondern in Anwendung des **Untersuchungsgrundsatzes** von Amts wegen zu ermitteln, wobei die Beteiligten allerdings **wesentliche Mitwirkungspflichten** haben. Die instanzbeendende Entscheidung ergeht nicht durch Urteil, sondern durch Beschluss. Die Rechtsmittel im Beschlussverfahren sind Beschwerde (§§ 87 f.) und Rechtsbeschwerde (§§ 92 ff.).

3 Soweit die §§ 81–84 nicht etwas anderes bestimmen, gelten für eine Reihe von Regelungsgegenständen im Beschlussverfahren die Vorschriften für das Urteilsverfahren 1. Instanz, die in Abs. 2 in Bezug genommen sind. So richtet sich die Prozessfähigkeit über § 46 II ArbGG nach § 51 ZPO. Für die **Parteifähigkeit**, der im Beschlussverfahren die Beteiligtenfähigkeit entspricht, gibt es mit **§ 10** eine spezielle Regelung, die den besonderen Akteuren der kollektivrechtl. Streitigkeiten nach § 2a die Beteiligtenfähigkeit zuerkennt.

4 Für die **Prozessvertretung** gilt § 11. Nach dieser Bestimmung dürfen Verbandsvertreter nur Mitglieder vertreten. Dies gilt auch im Beschlussverfahren. Ist ein betriebsverfassungsrechtl. Organ Antragsteller oder Beteiligter, genügt es, wenn wenigstens ein Mitglied dieses Organs dem betreffenden Verband angehört und das Organ eine entsprechende Vertretung beschlossen hat[3]. Ein solcher **Beschluss** ist im Übrigen **immer** erforderlich, wobei nach dem **Alleingang** eines BR-Mitglieds dessen Beauftragung eines Prozessbevollmächtigten **aber auch** bis zum Ende des Verfahrens **durch den BR genehmigt** werden kann[4]. Auch § 11a über die Beiordnung eines Rechtsanwalts und über die Bewilligung von **PKH** findet Anwendung, wenn und soweit der Beteiligte eine natürliche Person ist. Im Übrigen folgt die **Kostentragungspflicht** im Beschlussverfahren dem materiellen kollektiven Arbeitsrecht[5], insb. § 40 BetrVG[6] und § 44 BPersVG. Für Ladungen, Termine und Fristen gelten § 46 II 1 ArbGG, §§ 241 ff. ZPO, für die Ablehnung und Ausschließung von Gerichtspersonen § 49, sowie § 46 II ArbGG, §§ 41 ff. ZPO, wobei an die Stelle der dort genannten Parteien die Beteiligten zu setzen sind.

5 Die Regelungen über die **Zustellung** finden sich in § 50 sowie in § 46 II ArbGG, §§ 166 ff. ZPO. Zustellungen an den BR, PersR oder andere Organe der Betriebsverfassung müssen entsprechend § 170 II ZPO an deren Vorsitzenden erfolgen. Eine Ersatzzustellung (§ 178 I ZPO) ist möglich, wenn BR oder PersR ein eigenes Büro mit Bürokraft unterhalten. Betrieb oder Dienststelle sind nicht Geschäftsraum der ArbN-Vertretung[7]. Anders ist es, wenn die ArbN-Vertretung die Postannahmestelle des ArbGeb durchgängig damit betraut hat, für sie bestimmte Post entgegen zu nehmen und weiterzuleiten[8]. § 185 ZPO ist unter dieser Bedingung unanwendbar.

1 Hauck/Helml/*Hauck*, § 80 ArbGG Rz. 3. | 2 BVerwG v. 16.12.1977 – VII P 27.77, Buchholz 238.3A § 106 BPersVG. | 3 BAG v. 29.1.1992 – 7 ABR 29/91, AP Nr. 14 zu § 11 ArbGG 1979 – Prozessvertreter; GK-ArbGG/*Dörner*, § 80 Rz. 34. | 4 BAG v. 16.11.2005 – 7 ABR 12/05, BAGE 116,192; v. 10.10.2007 – 7 ABR 51/06. | 5 Ein Rückgriff auf das allgemeine Schuldrecht ist ausgeschlossen: BAG v. 2.10.2007 – 1 ABR 79/06. | 6 Zuletzt BAG v. 19.3.2003 – 7 ABR 15/02, BAGE 105, 311 = AP Nr. 77 zu § 40 BetrVG 1972. | 7 GMPM/*Matthes*, § 80 ArbGG Rz. 51. | 8 BAG v. 20.1.1976 – 1 ABR 48/75, AP Nr. 2 zu § 47 BetrVG 1972.

Auch im Beschlussverfahren kann das persönliche Erscheinen der Beteiligten nach § 51 ArbGG, § 141 ZPO angeordnet und durchgesetzt werden. Wegen des das arbeitsgerichtl. Beschlussverfahren – eingeschränkt – beherrschenden Untersuchungsgrundsatzes ist **§ 51 II** allerdings **unanwendbar**; ein Verfahrensbevollmächtigter kann nicht mit der Begründung zurückgewiesen werden, der Beteiligte, dessen persönliches Erscheinen angeordnet worden war, sei unbegründet ausgeblieben. Für die Öffentlichkeit der Verhandlung und den Ausschluss der Öffentlichkeit (§ 52 ArbGG, §§ 169, 173 ff. GVG) gelten keine Besonderheiten. 6

Wegen der **Befugnisse** des **Vorsitzenden** und der ehrenamtlichen Richter (§§ 53, 55) gilt Besonderes insoweit, als ein instanzabschließender Beschluss zwar ohne mündliche Verhandlung ergehen (§ 83 IV 3), nicht aber vom Vorsitzenden allein erlassen werden kann. Das Verfahren nach Antragsrücknahme ist speziell in § 81 II geregelt. Ein **Säumnisverfahren** gibt es im arbeitsgerichtl. Beschlussverfahren **nicht;** § 55 I Nr. 3 und Nr. 4 sind unanwendbar. Durch das Arbeitsgerichtsbeschleunigungsgesetz vom 30.3.2000 ist § 80 II um S. 2 ergänzt worden; seither hat der Vorsitzende die im pflichtgemäßen Ermessen stehende Möglichkeit, auch im Beschlussverfahren einen **Gütetermin** (§ 54) vorzuschalten[1] mit der von der Verweisung des Abs. 2 S. 2 mit umfassten Möglichkeit, dass bei dessen **Scheitern** der **Vorsitzende allein** nach § 55 III im Einvernehmen mit allen Beteiligten eine **abschließende Entscheidung** treffen kann[2]. Eine Säumnis im Gütetermin bleibt wegen der fehlenden Möglichkeit einer Säumnisentscheidung folgenlos; auch das Ruhen des Verfahrens kann nicht nach § 54 V angeordnet werden[3]. Im Falle der Säumnis ist Termin zur **Anhörung vor der Kammer** anzuberaumen, falls nicht bereits mit der Ladung zum Gütetermin auch zu einem etwa anschließenden Kammertermin geladen worden ist. In diesem Fall kann durch die Kammer im unmittelbaren Anschluss entschieden werden, weil der Anhörungspflicht genügt ist[4]. 7

Trotz der umfassenden Verweisung in Abs. 2 findet das **Güteverfahren** allerdings **weder** im Verfahren nach **§ 98** noch bei der **einstw. Verfügung im Beschlussverfahren** statt[5]. 8

Für die Anhörung der Beteiligten vor der Kammer gilt § 57, für die Beweisaufnahme § 58, wobei die Beweisaufnahme durch Kammerbeschluss dem Vorsitzenden übertragen oder im Wege der Rechtshilfe durchgeführt werden kann. Auch im Beschlussverfahren ist eine gütliche Beilegung des Verfahrens nach § 57 II anzustreben. Ein **Vergleich** ist aber nur möglich, soweit die Beteiligten über den Verfahrensgegenstand verfügen können; § 278 VI ZPO ist unanwendbar (vgl. § 83a Rz. 2 ff.). Schließlich gelten auch die Vorschriften über die **Wiedereinsetzung in den vorigen Stand** (§§ 233 ff. ZPO) und die Wiederaufnahme des Verfahrens (§ 80 II, § 79 ArbGG, §§ 578 ff. ZPO). 9

Obwohl Abs. 2 keine allgemeine Verweisung auf die **ZPO** enthält, sind deren Vorschriften **subsidiär** anwendbar. Bleiben nach §§ 80 ff. und den dort in Bezug genommenen Bestimmungen Fragen ungeregelt, ist auf die Regelungen der ZPO zurückzugreifen, es sei denn der besondere Charakter des arbeitsgerichtl. Beschlussverfahrens steht dem entgegen[6]. Auf dieser Grundlage werden bspw. die Bestimmungen zur Aussetzung des Verfahrens (§ 148 ZPO), zur Rechtshängigkeit (§ 261 ZPO), sowie zur Bestimmtheit des Antrags und zum Feststellungsinteresse des Antragenden angewendet, **nicht** aber die Bestimmungen über **Nebenintervention** und **Streitverkündung**, die durch die Regelungen zur Beteiligung verdrängt sind[7]. 10

81 *Antrag*

(1) Das Verfahren wird nur auf Antrag eingeleitet; der Antrag ist bei dem Arbeitsgericht schriftlich einzureichen oder bei seiner Geschäftsstelle mündlich zur Niederschrift anzubringen.

(2) Der Antrag kann jederzeit in derselben Form zurückgenommen werden. In diesem Fall ist das Verfahren vom Vorsitzenden des Arbeitsgerichts einzustellen. Von der Einstellung ist den Beteiligten Kenntnis zu geben, soweit ihnen der Antrag vom Arbeitsgericht mitgeteilt worden ist.

(3) Eine Änderung des Antrags ist zulässig, wenn die übrigen Beteiligten zustimmen oder das Gericht die Änderung für sachdienlich hält. Die Zustimmung der Beteiligten zu der Änderung des Antrags gilt als erteilt, wenn die Beteiligten sich, ohne zu widersprechen, in einem Schriftsatz oder in der mündlichen Verhandlung auf den geänderten Antrag eingelassen haben. Die Entscheidung, dass eine Änderung des Antrags nicht vorliegt oder zugelassen wird, ist unanfechtbar.

I. Verfahrenseinleitung durch Antragsschrift. 1. Antragsschrift. Das Beschlussverfahren, für das, soweit in §§ 80 ff. nicht besonders geregelt, die allgemeinen Prozessvoraussetzungen des Urteilsverfahrens erfüllt sein müssen, wird durch einen der Klage entsprechenden **Antrag eingeleitet**. Für ihn besteht **kein Vertretungszwang**, Vertretung ist aber nach den allgemeinen Regeln (§ 11) möglich. Es ist auch eine 1

---

1 Der Beschleunigungseffekt ist zweifelhaft: *Germelmann*, NZA 2000, 1017 (1024). | 2 GK-ArbGG/*Dörner*, § 55 Rz. 55; GMPM/*Matthes*, § 80 ArbGG Rz. 57; aA ErfK/*Eisemann*, § 80 ArbGG Rz. 4. | 3 Hauck/Helml/*Hauck*, § 80 ArbGG Rz. 7a. | 4 GK-ArbGG/*Dörner*, § 80 Rz. 53. | 5 GK-ArbGG/*Dörner*, § 80 Rz. 56; ebenso Düwell/Lipke/*Koch*, § 80 ArbGG Rz. 12; ErfK/*Eisemann*, § 80 ArbGG Rz. 4. | 6 BAG v. 16.7.1996 – 3 ABR 13/95, AP Nr. 53 zu § 76 BetrVG 1972. | 7 BAG v. 5.12.2007 – 7 ABR 72/06.

Antragstellung zu Protokoll der Geschäftsstelle statthaft. Wird eine **Antragsschrift** beim ArbG eingereicht, muss sie vom Antragsteller oder seinem Verfahrensvertreter **unterzeichnet** sein. Es reicht aus, wenn eine entsprechende **schriftl. Vorlage** per Telegramm, Fernschreiben oder als Telefax, nach Auffassung des Gemeinsamen Senats der Obersten Gerichtshöfe des Bundes sogar als Textdatei mit **eingescannter Unterschrift** unmittelbar beim ArbG eingeht (einzelne Nachw. bei § 74 Rz. 6).

2 Die Antragsschrift muss den **Antragsteller** zweifelsfrei **erkennen** lassen. Einen förmlichen **Antragsgegner** gibt es im Beschlussverfahren **nicht**. Das Gesetz kennt nur Antragsteller(in) und – übrige – Beteiligte. Eine Person oder Stelle, der gegenüber im Beschlussverfahren Rechte in Anspruch genommen werden, kann zwar in einem materiellen Sinne Verfahrensgegner sein. Formell handelt es sich aber auch insoweit nur um einen von möglicherweise mehreren materiell **Beteiligten** (dazu § 83 Rz. 19 f.) mit grds. gleichen Verfahrensrechten[1]. Sie müssen in der Antragsschrift nicht im Einzelnen aufgeführt werden. Sie sind nach den Vorgaben des § 83 III **von Amts wegen** zu beteiligen[2].

3 Die Antragsschrift muss einen Sachantrag enthalten und den **Sachverhalt darstellen**, aus dem sich die dem Gericht zur Entscheidung vorgelegte Streitfrage ergibt (§ 253 II Nr. 2 ZPO), damit der Antrag zulässig erhoben ist und eine etwa gebotene Frist eingehalten wird[3].

4 **2. Funktionen des Antrags.** Mit dem Antrag wird der **Streitgegenstand** des Verfahrens und der Rahmen **festgelegt**, innerhalb dessen allein eine gerichtliche Entscheidung statthaft ist (§ 308 ZPO); anderes oder mehr als beantragt darf nicht zuerkannt werden[4]. Deshalb muss der Sachantrag **bestimmt** sein. Ihm muss entnommen werden können, über welche konkrete Streitfrage das Gericht mit Wirkung für die Beteiligten entscheiden soll. Eine antragsgemäße, auf eine Verpflichtung gerichtete Entscheidung muss einen **vollstreckungsfähigen Inhalt** haben; ein Vollstreckungsschuldner muss wissen, welche Pflichten er erfüllen soll, was er zu unterlassen hat[5]; eine erforderliche Konkretisierung der Verhaltenspflichten darf nicht in das Vollstreckungsverfahren verlagert werden[6]. Der Antrag muss die Maßnahme, den betrieblichen Vorgang oder auch die angestrebten Detailregelung genau bezeichnen, für die ein MitbestR in Anspruch genommen oder geleugnet wird. Dann steht mit der Entscheidung über diesen Antrag zweifelsfrei fest, für welche Maßnahmen oder Vorgänge das MitbestR bejaht oder verneint worden ist; eine bloße Gesetzeswiederholung reicht nie aus[7].

5 Das ArbG kann zwar bei der gebotenen Festlegung des Streitgegenstandes durch **Auslegung des Sachantrages** helfen. Dabei ist aber nur ein Auslegungsergebnis möglich, das bei loyalem Verständnis des Vorbringens des Antragstellers als **Antragsziel** erkennbar ist.

6 Mit dem Antrag muss nicht – und kann auch **nicht** verbindlich – die **Verfahrensart gewählt** werden. Sie unterliegt nicht der Disposition eines Beteiligten. Sie ergibt sich aus dem mit dem Antrag bestimmten Streitgegenstand und der gerichtlichen Anwendung von § 2 und § 2a. Ein Antrag, für den die unrichtige Verfahrensart „gewählt" wurde, ist deshalb nicht unzulässig, sondern nach § 48 von Amts wegen in der richtigen Verfahrensart zu behandeln. Nur dann, wenn der Antragsteller auf der „gewählten" Verfahrensart beharrt, ist hierüber nach § 48 ArbGG iVm. §§ 17 ff. GVG **vorab** zu **entscheiden**[8].

7 Mit der **förmlichen Zustellung** der ordnungsgemäßen Antragsschrift an alle übrigen materiell am Verfahren Beteiligten, die nach § 80 II, § 47 **von Amts wegen** zu erfolgen hat, obwohl Abs. 2 S. 2 nur von der Mitteilung des Antrags spricht[9], wird der Streitgegenstand **rechtshängig**. Eine etwa einzuhaltende **Frist**[10] wird **gewahrt**. Im Hinblick auf § 270 ZPO reicht zur Fristwahrung aber in aller Regel bereits die rechtzeitige Einreichung der Antragsschrift bei Gericht.

8 Ebenso wie im Urteilsverfahren und unter denselben Voraussetzungen wie dort sind auch **Antragshäufungen**, **Hilfsanträge** und **Wideranträge** statthaft. Gelegentlich, wenn es um die Durchführung vorläufiger personeller Maßnahmen geht, werden sie sogar vom Gesetz angeordnet (§ 100 II und III BetrVG)[11]. **Für jeden** der nebeneinander stehenden Anträge müssen die **Zulässigkeitsvoraussetzungen** erfüllt sein, wozu bspw. auch deren Bedingungsfeindlichkeit gehört[12]. **Wideranträge** sind wegen anderweitiger Rechtshängigkeit unzulässig, wenn sie lediglich das **genaue Gegenteil** dessen beinhalten, was mit dem Antrag angestrebt wird. Etwas anderes gilt, wenn es sich bei den beiden einander gegenüberstehenden Anträgen um Globalanträge handelt (Rz. 19 ff.) oder wenn mit dem Widerantrag zumindest teilweise ein anderer Streitgegenstand zur Entscheidung gestellt wird[13].

---

1 BAG v. 16.12.1986 – 1 ABR 35/85, BAGE 54, 36 (41); aA *Grunsky*, § 80 ArbGG Rz. 27; *Dunkl*, Der Begriff und die Arten der Beteiligten im arbeitsgerichtlichen Beschlussverfahren, 1979, S. 88 ff. | **2** GK-ArbGG/*Dörner*, § 81 Rz. 27, 53. | **3** ErfK/*Eisemann*, § 81 ArbGG Rz. 1. | **4** BAG v. 27.11.1992 – 1 ABR 17/92, AP Nr. 61 zu § 87 BetrVG 1972 – Lohngestaltung. | **5** Zu Besonderheiten beim Antrag, ein Dulden zu unterlassen: BAG v. 14.11.2006 – 1 ABR 5/06, AP Nr. 121 zu § 87 BetrVG 1972 – Arbeitszeit. | **6** BAG v. 3.6.2003 – 1 ABR 19/02, AP Nr. 1 zu § 89 BetrVG 1972. | **7** BAG v. 1.7.2003 – 1 ABR 20/02, AP Nr. 107 zu § 87 BetrVG 1972 – Arbeitszeit. | **8** GK-ArbGG/*Dörner*, § 81 Rz. 7. | **9** GMPM/*Matthes*, § 81 ArbGG Rz. 71; aA *Grunsky*, § 81 ArbGG Rz. 3, der nur eine Zustellung an den „Antragsgegner" für erforderlich hält. | **10** ZB nach § 19 II 2, § 76 V 4, § 78a IV, § 100 II 3 BetrVG. | **11** BAG v. 15.9.1987 – 1 ABR 44/86, BAGE 56, 108. | **12** BAG v. 7.5.1986 – 2 ABR 27/85, BAGE 52, 50. | **13** BAG v. 3.6.2003 – 1 ABR 19/02, AP Nr. 1 zu § 89 BetrVG 1972.

II. Antragsteller und Antragsbefugnis. Jede **beteiligtenfähige** Person oder Stelle kann im Beschlussverfahren einen Antrag stellen, also jeder Parteifähige iSv. § 50 ZPO unter Einschluss einer GbR als ArbGeb[1], sowie die Organe der Betriebsverfassung. Deren Anträge sind aber nur dann zulässig, wenn eine Beschlussfassung über Gegenstand und angestrebtes Ergebnis des Verfahrens erfolgt[2] oder die Verfahrenseinleitung zumindest nachträglich durch Beschluss genehmigt worden ist[3]. Auch der von einem Beteiligtenfähigen verfolgte Antrag ist aber unzulässig, wenn dem Antragsteller die von der Beteiligtenfähigkeit zu trennende **Antragsbefugnis** fehlt[4]. Diese Zulässigkeitsvoraussetzung dient entsprechend der Prozessführungsbefugnis im Urteilsverfahren dazu, **Popularklagen** auszuschließen. Sie ist in jedem Stadium des Verfahrens von Amts wegen und für jeden Antrag gesondert zu prüfen. Sie liegt vor, wenn der Antragsteller vorträgt, Träger des streitbefangenen Rechts, durch die begehrte Entscheidung in seiner betriebsverfassungsrechtl. Rechtsposition betroffen zu sein. Dies ist in aller Regel nur dann der Fall, wenn der Antragsteller **eigene Rechte geltend macht**[5] oder vom Gesetz ausdrücklich als antragsbefugt gekennzeichnet wird (zB § 19 II oder § 76 V 4 BetrVG), wobei in letzterem Falle grds. andere Personen oder Stellen, als die im Gesetz benannten, nicht antragsbefugt sind[6]. 9

Im Beschlussverfahren sind ebenso wie im Urteilsverfahren Leistungs-, Feststellungs- und Gestaltungsanträge statthaft[7]. Für **Leistungsanträge** besteht die Antragsbefugnis, weil ein Antragsteller, der eine Leistung an sich verlangt, damit zugleich auch geltend macht, ihm stehe ein entsprechendes Recht zu. Geht es um die **Feststellung** eines Rechtsverhältnisses, liegt Antragsbefugnis vor, wenn der Antragsteller die Feststellung eines **Rechtsverhältnisses** begehrt, an dem er **selbst beteiligt** ist[8]. Die Feststellung eines Rechtsverhältnisses zwischen Dritten kann im Beschlussverfahren dann verfolgt werden, wenn der Antragsteller im Zusammenhang damit eigene betriebsverfassungsrechtl. Rechte verfolgt und die materielle Rechtsordnung dem Antragsteller eine **eigene Rechtsposition** zuordnet, die es ihm erlaubt, sich vor entsprechenden Rechtsbeeinträchtigungen zu schützen[9]. Hier wie auch bei **Gestaltungsanträgen** ist ausnahmsw. bereits bei der Antragsbefugnis die materielle Rechtseinräumung entscheidend. 10

Auch im Beschlussverfahren kann sich die Antragsbefugnis aus einer gesetzl. (zB § 23 III BetrVG) oder **gewillkürten Prozessstandschaft** ergeben, also einem privatautonom übertragenen Recht, eine fremde Rechtsposition in eigenem Namen gerichtlich zu verfolgen. So kann etwa der BR den GBR, der GBR den KBR **beauftragen**, eine bestimmte Angelegenheit zu behandeln und notfalls gerichtlich klären zu lassen[10]. In einem solchen Fall ist nur der GBR/KBR, nicht der BR/GBR beteiligungs- und antragsbefugt. Mit diesen gesetzl. eingeräumten Möglichkeiten sind aber soweit ersichtlich die einzigen Fälle angesprochen, in denen eine andere Stelle als der BR/GBR deren Rechte im Wege der Prozessstandschaft verfolgen kann. Voraussetzung hierfür ist nämlich, dass der Rechtsinhaber nach **materiellem Recht befugt** ist, seine **Rechtsposition** auf einen anderen, den Prozessstandschafter, zu **übertragen**. Dies ist den Trägern der betrieblichen Mitbest., was ihre betriebsverfassungsrechtl. Rechte angeht, sieht man von § 50 II und § 58 II BetrVG ab, grds. versagt[11]. Im Übrigen gilt für die Zulässigkeit der Prozessstandschaft der allgemeine Grundsatz, dass hierfür neben der Ermächtigung durch den Rechtsinhaber ein eigenes rechtl. Interesse an der Durchsetzung der Rechtsposition erforderlich ist, damit **nicht die Beteiligtenstellung willkürlich verschoben** werden kann[12]. 11

Ein BR kann auch unter dem Gesichtspunkt einer zulässigen Prozessstandschaft **nicht Rechte für betroffene Mitarbeiter** geltend machen, etwa in der Form, dass er die Feststellung beantragt, den Mitarbeitern stünden aus einer BV noch bestimmte Rechte zu[13]. Er kann auch kein Rechtsverhältnis festgestellt verlangen, aus dem sich **Folgen nur für einzelne ArbN** und nicht auch für ihn selbst ergeben[14]. Hier gilt Entsprechendes wie im Verhältnis zwischen einer Gewerkschaft und den ArbN, die von einem von dieser Gewerkschaft abgeschlossenen TV begünstigt werden[15]. Ebenso wie dort die Gewerkschaft kann der BR aber die selbst mitgeschaffene Ordnung gegen Eingriffe verteidigen und etwa die Unwirksamkeit der Kündigung einer BV über betrAV geltend machen, wobei eine solche Entscheidung 12

---

1 BAG v. 1.12.2003 – 5 AZR 597/03, NZA 2005, 318 im Anschluss an BGH v. 29.1.2001 – II ZR 331/00, BGHZ 146, 341; v. 15.1.2003 – XII ZR 300/99, NJW 2003, 1043 (Rubrumsberichtigung von Amts wegen bei Gesellschafterklage!). | 2 BAG v. 29.4.2004 – 1 ABR 30/02, AP Nr. 3 zu § 77 BetrVG 1972 – Buchführung; vgl. auch BAG v. 10.10.2007 – 7 ABR 51/06. | 3 BAG v. 16.11.2005 – 7 ABR 12/05, AP Nr. 64 zu § 80 BetrVG 1972. | 4 BAG v. 23.2.1988 – 1 ABR 75/86, AP Nr. 9 zu § 81 ArbGG 1979; GK-ArbGG/*Dörner*, § 81 Rz. 64. | 5 BAG v. 18.2.2003 – 1 ABR 17/02, AP Nr. 11 zu § 77 BetrVG 1972 mwN; zur Abgrenzung: BAG v. 18.1.2005 – 3 ABR 21/04, AP Nr. 24 zu § 77 BetrVG 1972 – Betriebsvereinbarung. | 6 GK-ArbGG/*Dörner*, § 81 Rz. 68. | 7 Im Einzelnen GMPM/*Matthes*, § 81 ArbGG Rz. 14 ff.; GK-ArbGG/*Dörner*, § 81 Rz. 9 ff. | 8 BAG v. 15.8.2001 – 7 ABR 2/99, AP Nr. 10 zu § 47 BetrVG 1972, zum Antrag eines einzelnen BR-Mitglieds, die Unwirksamkeit einer Wahl im BR festzustellen. | 9 BAG v. 23.2.1988 – 1 ABR 75/86, AP Nr. 9 zu § 81 ArbGG 1979; *Weth*, Das arbeitsgerichtliche Beschlussverfahren, S. 195. | 10 BAG v. 6.4.1976 – 1 ABR 27/74, AP Nr. 2 zu § 50 BetrVG 1972. | 11 BAG v. 29.8.1985 – 6 ABR 63/82, BAGE 49, 267 = AP Nr. 13 zu § 83 ArbGG 1979. | 12 *Laux*, Antrags- und Beteiligungsbefugnis, S. 54 ff.; BLAH/*Hartmann*, ZPO, Grdz § 50 Rz. 30. | 13 BAG v. 18.1.2005 – 3 ABR 21/04, AP Nr. 24 zu § 77 BetrVG 1972 – Betriebsvereinbarung. | 14 BAG v. 22.6.2005 – 10 ABR 34/04, ZTR 2006, 195. | 15 BAG v. 20.4.1999 – 1 ABR 72/98, BAGE 91, 210 (229); zur fehlenden Befugnis des BR zB BAG v. 21.1.2003 – 1 ABR 5/02, AP Nr. 117 zu § 87 BetrVG 1972 – Lohngestaltung.

sogar für einzelne ArbN und Betriebsrentner **präjudiziell wirken** kann (vgl. § 84 Rz. 11 ff.)[1]. Ebenso kann er im Rahmen seines Durchführungsanspruchs auch den **Inhalt** des Vereinbarten gerichtlich **klären** lassen[2].

13 In einem Beschlussverfahren können – gelegentlich: müssen (zB § 19, § 23 I BetrVG) – auch **mehrere Beteiligte Sachanträge** stellen. Es ist durch Auslegung des Antrags und des Verfahrensverhaltens der Beteiligten zu klären, ob es sich jeweils um **eigenständige Antragstellungen** handelt, die in der abschließenden Entscheidung des ArbG auch gesondert beschieden werden müssen, **oder** ob lediglich **ein Sachantrag** vorliegt, der **durch mehrere** Beteiligte gestellt wird, oder von einem Beteiligten gestellt und von anderen Beteiligten **nur unterstützt** werden soll. Für das letztgenannte Verfahrensverhalten ist anders als bei selbständiger Antragstellung eine Antragsbefugnis nicht erforderlich[3].

14 **III. Einzelfragen zum Sachantrag. 1. Antragsauslegung.** Bei der Feststellung des genauen Inhaltes eines den Verfahrensgegenstand begrenzenden (§ 308 ZPO[4]) Sachantrages ist wie stets nicht an dessen Wortlaut zu haften. Bei der **Ermittlung des Verfahrenszieles** des Antragstellers sind auch dessen tatsächliches Vorbringen, der von Amts wegen ermittelte Sachverhalt und der Anlass, der zu dem Verfahren geführt hat, mit zu berücksichtigen. Dabei kann es sein, dass in einem bestimmten Antrag ein **anderer Antrag** mit entsprechendem Verfahrensziel **enthalten** ist, der ggf. ohne weiteres mit zu bescheiden ist. So ist im Antrag auf **Ersetzung der Zustimmung** des BR nach § 99 IV BetrVG[5] grds. der Antrag auf Feststellung enthalten, die Zustimmung gelte – wegen nicht ordnungsgemäßer Zustimmungsverweigerung – nach § 99 III 2 BetrVG als erteilt[6], oder im **Wahlanfechtungsantrag** der Antrag, die Nichtigkeit der betreffenden BR-Wahl festzustellen[7].

15 **2. Rechtsschutzinteresse.** Ein – den Bestimmtheitsanforderungen genügender[8] – Antrag bleibt zulässig, **so lange** ein rechtl. geschütztes Interesse an seiner gerichtlichen Bescheidung besteht. Es liegt bei Leistungsanträgen regelmäßig vor und entfällt auch nicht durch während des Verfahrens eintretende Erfüllung; durch sie wird der Antrag allerdings unbegründet[9].

16 Bei **Gestaltungsanträgen** kann das Rechtsschutzinteresse entfallen, wenn das Rechtsverhältnis, dessen gerichtliche Gestaltung angestrebt wird, nicht mehr besteht. Bei Anträgen nach § 23 I BetrVG oder einer Wahlanfechtung[10] entfällt ein rechtl. geschütztes Interesse an gerichtlicher Entscheidung deshalb mit dem **Ende der Amtszeit** des betreffenden BR-Mitgliedes oder des BR. Ein Rücktritt aller BR-Mitglieder beseitigt demgegenüber das Rechtsschutzinteresse für eine Wahlanfechtung nicht, wie ein Vergleich von § 13 II Nr. 3 mit Nr. 4 BetrVG vor dem Hintergrund des § 22 BetrVG zeigt[11]. Das Rechtsschutzbedürfnis, das auch in der Rechtsbeschwerdeinstanz noch bestehen muss, entfällt für einen Antrag auf Ersetzung der Zustimmung zu einer **personellen Einzelmaßnahme**, wenn die personelle Einzelmaßnahme oder das von dieser Maßnahme betroffene Arbeitsverhältnis **beendet** ist[12]. Hier kann sich die Frage nach einer Antragsänderung stellen. Dabei kommen ein Antrag auf Unterlassung bestimmter konkret zu bezeichnender personeller Einzelmaßnahmen ohne Zustimmung des BR oder ein entsprechender Feststellungsantrag in Betracht.

17 Ein Antrag auf **künftige Leistungen** ist auch im Beschlussverfahren nach § 259 ZPO zulässig, wenn den Umständen nach die Besorgnis gerechtfertigt ist, der Schuldner werde sich der rechtzeitigen Leistung entziehen, was insb. bei in die Zukunft gerichteten **Unterrichtungsansprüchen** in Betracht kommen wird[13]. Für **Feststellungsanträge** gilt § 256 ZPO entsprechend. Mit einem Feststellungsantrag kann das Bestehen oder Nichtbestehen eines Rechtsverhältnisses, nicht etwa das Vorliegen einer bestimmten gesetzl. Voraussetzung für das Eingreifen von Beteiligungsrechten oder die (Un-)Zuständigkeit der Einigungsstelle, geltend gemacht werden; solche an sich unstatthafte Anträge können aber regelmäßig dahin ausgelegt werden, dass das Bestehen oder Nichtbestehen eines MitbestR bei bestimmten Maßnahmen oder Vorgängen festgestellt werden soll[14]; dafür besteht auch dann ein **Feststellungsinteresse**, wenn auch die Möglichkeit bestünde, die Errichtung einer **Einigungsstelle** zu **betreiben**[15]. Das Feststellungsinteresse fehlt regelmäßig, wenn nur Elemente oder Vorfragen eines Rechtsverhältnisses festgestellt werden sollen[16]. Weiter verlangt § 256 I ZPO auch im Beschlussverfahren ein rechtl. Interesse an der alsbaldigen gerichtl. Feststellung des umstrittenen Rechtsverhältnisses. Der prozesswirtschaftl.

---

1 BAG v. 17.8.1999 – 3 ABR 55/98, BAGE 92, 203. | **2** BAG v. 18.1.2005 – 3 ABR 21/04, AP Nr. 24 zu § 77 BetrVG 1972 – Betriebsvereinbarung. | **3** ErfK/*Eisemann*, § 81 ArbGG Rz. 9. | **4** Auch Entscheidungen, die gegen § 308 ZPO verstoßen, können aber in Rechtskraft erwachsen: BAG v. 6.5.2003 – 1 ABR 13/02, BAGE 106, 111 = AP Nr. 61 zu § 80 BetrVG 1972. | **5** Zur – ausschließlichen – Gegenwarts- und Zukunftsbezogenheit von Anträgen nach § 99 IV BetrVG: BAG v. 16.1.2007 – 1 ABR 16/06, EzA Nr. 3 zu § 99 BetrVG 2001 – Versetzung. | **6** BAG v. 18.10.1988 – 1 ABR 33/87, BAGE 60, 57. | **7** BAG v. 13.11.1991 – 7 ABR 18/91, BAGE 69, 49 (53) mwN. | **8** Vgl. zB BAG v. 3.6.2003 – 1 ABR 19/02, BAGE 106, 188; v. 3.5.2006 – 1 ABR 63/04, NZA 2007, 285. | **9** GMPM/*Matthes*, § 81 ArbGG Rz. 29; ErfK/*Eisemann*, § 81 ArbGG Rz. 8. | **10** BAG v. 13.5.1998 – 7 ABR 5/97, BAGE 89, 15. | **11** BAG v. 29.5.1991 – 7 ABR 54/90, BAGE 68, 67. | **12** BAG v. 27.6.2002 – 2 ABR 22/01, AP Nr. 47 zu § 103 BetrVG 1972; v. 16.11.2004 – 1 ABR 48/03, AP Nr. 44 zu § 99 BetrVG 1972 – Einstellung. | **13** BAG v. 6.11.1990 – 1 ABR 60/89, BAGE 66, 186 (190 f.). | **14** BAG v. 26.10.1982 – 1 ABR 11/81, BAGE 41, 92 (101); v. 8.6.2004 – 1 ABR 13/03, AP Nr. 13 zu § 87 BetrVG 1972 – Gesundheitsschutz. | **15** BAG v. 27.6.2006 – 1 ABR 18/05, AP Nr. 14 zu § 112a BetrVG 1972. | **16** BAG v. 3.5.2006 – 1 ABR 63/04, NZA 2007, 285.

darüber, **ob** hierfür ein erzwingbares MitbestR besteht und deshalb die **Einigungsstelle angerufen** werden kann, ist nach überwiegender Auffassung ein **Vorabentscheidungsverfahren** zur Feststellung des Bestehens oder auch des Nichtbestehens eines MitbestR, nicht: der (Un-)Zuständigkeit der Einigungsstelle[1], statthaft. Ein solches Verfahren, in dem **nicht** die Mitbestimmungspflichtigkeit eines bestimmten **Regelungsentwurfs**, der ja jederzeit modifiziert werden könnte, **sondern** diejenige bestimmter, im Einzelnen zu beschreibender **Regelungsgegenstände in den Antrag** aufzunehmen ist[2], kann sowohl vom ArbGeb als auch vom BR eingeleitet werden. Es muss nicht zunächst die Errichtung einer Einigungsstelle betrieben und deren Entscheidung abgewartet werden[3]. Zwar hat die **Einigungsstelle** selbst über ihre Zuständigkeit zu befinden. Die Entscheidung der Einigungsstelle bindet die ArbG aber nicht. **Einigungsstellenverfahren** und **Vorabentscheidungsverfahren** über das Bestehen oder Nichtbestehen eines MitbestR können **parallel** betrieben werden[4]. Erst wenn im Beschlussverfahren nach §§ 80 ff. das Fehlen eines MitbestR rechtskräftig festgestellt ist, fehlt die Grundlage für das Tätigwerden der Einigungsstelle. Bis dahin muss die nur im Falle offensichtlicher Unzuständigkeit nicht zu errichtende Einigungsstelle, wenn sie sich für zuständig hält, eine Regelung versuchen. Daraus folgt auch, dass das **Einigungsstellenverfahren grds. nicht** im Hinblick auf ein schwebendes Vorabentscheidungsverfahren **ausgesetzt** werden sollte[5]. Geschieht dies im Hinblick auf eine gerichtliche Klärung der mitbestimmungsrechtl. Lage doch, ergibt sich bereits daraus das Feststellungsinteresse für die Durchführung eines Vorabentscheidungsverfahrens[6].

23 Hat die **Einigungsstelle** ihre Tätigkeit **durch einen Spruch beendet**[7], kann – nur – jeder der am Einigungsstellenverfahren beteiligten Betriebspartner beantragen, die **Unwirksamkeit** dieses Spruchs **festzustellen,** nicht: den Spruch aufzuheben; der Spruch der Einigungsstelle steht nicht einer gerichtlichen Entscheidung, sondern einer Einigung zwischen ArbGeb und BR gleich. Der Antrag auf „Aufhebung" eines Einigungsstellenspruchs ist regelmäßig als Antrag auszulegen, die Unwirksamkeit des Spruchs festzustellen[8]. Er ist an die **Zweiwochenfrist** des § 76 V 4 BetrVG gebunden, wenn mit ihm die Überschreitung der Grenzen des der Einigungsstelle eingeräumten Ermessens geltend gemacht wird[9]. Wird ein **Gesetzesverstoß** der Einigungsstelle, zB deren Unzuständigkeit, gerügt, kann dies auch außerhalb der Zweiwochenfrist geschehen. Solche Rügen können auch als **Vorfragen** im Streit um ein Recht aus dem Spruch der Einigungsstelle zu behandeln sein.

24 **IV. Antragsänderung und Antragsrücknahme. 1. Änderung des Antrags.** Der Begriff der Antragsänderung in Abs. 3 entspricht dem der Klageänderung (§ 263 ZPO). Eine Klarstellung des Antrags entsprechend dem durch Auslegung ermittelbaren Rechtsschutzziel ist keine Antragsänderung. Für die Annahme einer Antragsänderung reicht es aber aus, wenn ein unveränderter Antrag auf einen neuen Lebenssachverhalt gestützt wird[10]. **§ 264 ZPO** ist entsprechend anzuwenden: Bei gleichem Antragsgrund bewirkt die Geltendmachung eines anderen Gegenstandes wegen einer zwischenzeitlich eingetretenen Veränderung keine Antragsänderung iSv. § 81 II (§ 264 Nr. 3 ZPO). Demgegenüber liegt eine Antragsänderung und nicht ein Fall des § 264 Nr. 2 ZPO vor, wenn an Stelle eines **Globalantrages** ein auf bestimmte, konkret beschriebene Vorgänge bezogener Unterlassungsantrag gestellt wird (vgl. Rz. 20)[11].

25 Es wird häufig übersehen, dass der **BR** als Antragsteller in einem bereits laufenden Beschlussverfahren den Streitgegenstand durch **Änderung** des Sachantrags nur ändern kann, wenn er hierüber einen – zumindest genehmigenden – **Beschluss** gefasst hat. Die allgemeine Prozessvollmacht für den Verfahrensbevollmächtigten reicht nicht aus, den Antrag für den BR zu ändern.

26 Ein **Wechsel** des **Antragstellers** oder der Beitritt eines weiteren Beteiligten mit eigenem Antrag ist nach den Regeln der Antragsänderung zu behandeln[12]. Dasselbe gilt, wenn ein am Verfahren bereits Beteiligter im Laufe des Verfahrens **erstmals** einen eigenen **Sachantrag** stellt, durch den der Streitgegenstand des bislang anhängigen Verfahrens erweitert wird[13].

27 Bei einer Antragsänderung iSv. Abs. 3 setzt die inhaltlich Befassung mit dem Antrag voraus, dass die übrigen Beteiligten der Antragsänderung **zugestimmt** haben oder die Änderung sachdienlich ist. Es müssen **alle** am Beschlussverfahren **Beteiligten** die Zustimmung erklärt[14] oder sich in einem Schriftsatz

---

1 BAG v. 8.6.2004 – 1 ABR 13/03, AP Nr. 13 zu § 87 BetrVG 192 – Gesundheitsschutz; v. 31.5.2005 – 1 ABR 22/04, AP Nr. 125 zu § 87 BetrVG 1972 – Lohngestaltung. |2 BAG v. 6.12.1983 – 1 ABR 43/81, BAGE 44, 285 (290) = AP Nr. 7 zu § 87 BetrVG 1972 – Überwachung. |3 BAG v. 28.10.1992 – 10 ABR 75/91, AP Nr. 63 zu § 112 BetrVG 1972; GK-ArbGG/*Dörner*, § 81 Rz. 136; *Fitting*, BetrVG, nach § 1 Rz. 12, *I. Schmidt*, Einigungsstellen vor Gericht, in JbArbR, Bd. 40, S. 121 (123); aA *G. Rossmanith*, AuR 1982, 339. |4 Zuletzt BAG v. 1.7.2003 – 1 ABR 20/02, AP Nr. 107 zu § 87 BetrVG 1972 – Arbeitszeit. |5 BAG v. 10.12.1996 – 1 ABR 32/96, BAGE 85, 1 = AP Nr. 110 zu § 112 BetrVG 1972. |6 BAG v. 1.7.2003 – 1 ABR 20/02, AP Nr. 107 zu § 87 BetrVG 1972. |7 Zwischensprüche über die eigene Zuständigkeit sind als solche unanfechtbar: BAG v. 31.5.2005 – 1 ABR 22/04, AP Nr. 125 zu § 87 BetrVG 1972 – Lohngestaltung; Wlotzke/Preis/*Preis*, § 76 BetrVG Rz. 33. |8 BAG v. 23.10.2002 – 7 ABR 55/01, AP Nr. 26 zu § 50 BetrVG 1972 mwN. |9 BAG v. 6.5.2003 – 1 ABR 11/02, BAGE 106, 95. |10 BAG v. 2.10.2007 – 1 ABR 79/06; GMPM/*Matthes*, § 81 ArbGG Rz. 84. |11 BAG v. 11.12.2001 – 1 ABR 3/01, AP Nr. 93 zu § 87 BetrVG 1972 – Arbeitszeit. |12 BAG v. 16.12.1986 – 1 ABR 35/85, BAGE 54, 36 (42); GK-ArbGG/*Dörner*, § 81 Rz. 163. |13 BAG v. 31.1.1989 – 1 ABR 60/87, AP Nr. 12 zu § 81 ArbGG 1979. |14 ErfK/*Eisemann*, § 81 ArbGG Rz. 7; GMPM/*Matthes*, § 81 ArbGG Rz. 87.

Grundsatz vom **Vorrang des Leistungsantrags**[1] steht der Zulässigkeit eines Feststellungsantrages aber nicht entgegen, wenn durch diesen Antrag der Streit der Beteiligten umfassend bereinigt werden kann, oder wenn und soweit Leistungsanträge mit entsprechendem Rechtsschutzziel nur sehr schwer in der gebotenen Bestimmtheit (§ 253 II Nr. 2 ZPO) zu fassen sind[2].

Das besondere **Feststellungsinteresse** fehlt etwa, wenn die begehrte Feststellung nur für einen bestimmten abgeschlossenen Vorgang angestrebt wird, etwa die Feststellung der Unwirksamkeit einer BV, die zwischenzeitlich gekündigt wurde und nicht mehr nachwirkt, so dass sie zum Zeitpunkt der gerichtl. Entscheidung im Betrieb nicht mehr gilt[3]. Für einen durch einen **abgeschlossenen Vorgang in der Vergangenheit** ausgelösten Feststellungsantrag besteht aber dann das erforderliche Feststellungsinteresse, wenn mit ihm Mitwirkungsrechte für Vorgänge geltend gemacht werden, die sich so jederzeit wiederholen können[4]. Ein BR hat andererseits dann kein schützenswertes Interesse an der Feststellung eines bestehenden MitbestR mehr, wenn er zwar mit dem ArbGeb über den Bestand dieses MitbestR streitet, die Betriebsparteien sich aber unter Aufrechterhaltung ihrer Rechtsstandpunkte auf eine Regelung der betreffenden Angelegenheit verständigt haben[5]. Regelmäßig entfällt sogar bereits die **Rechtshängigkeit** nach **§ 100 II 3 BetrVG**, wenn rechtskräftig über die (Nicht-)Berechtigung zur endgültigen Durchführung der Maßnahme entschieden worden ist[6]. Insgesamt ist das **Feststellungsinteresse im Beschlussverfahren eher** als im Urteilsverfahren zu bejahen, weil beim Streit um kollektivrechtl. Fragen ein besonderes Interesse besteht, Störungen der betriebl. Zusammenarbeit schnell und nachhaltig zu beseitigen[7]. 18

3. „Globalanträge". Auch deshalb, weil viele betriebl. Einzelvorgänge durch Zeitablauf erledigt sind, bevor gerichtlich geklärt werden kann, ob insoweit ein Mitwirkungsrecht oder ein sonstiges betriebsverfassungsrechtl. Recht bestanden hat, sind in Beschlussverfahren sog. Globalanträge häufig. Mit ihnen wird mit Unterlassungs- oder Feststellungsanträgen für **abstrakt beschriebene Vorgänge** oder Ereignisse das Bestehen eines betriebsverfassungsrechtl. Rechts verfolgt. Nach den Umständen des Einzelfalles wird nicht differenziert. Solche Anträge **erfassen** eine **Vielzahl unterschiedlicher Fallgestaltungen**. Hierzu gehören etwa Anträge, durch die dem ArbGeb untersagt werden soll, Mitarbeiterversammlungen durchzuführen, in denen Themen zur Sprache kommen, die zum Aufgabenbereich des BR gehören[8], ohne Zustimmung des BR Überstunden anzuordnen[9], und BR-Mitglieder abzumahnen[10]. 19

Solche Anträge mit umfassendem Verfahrensziel sind wie alle Sachanträge im Beschlussverfahren auf ihre hinreichende **Bestimmtheit** und das Vorliegen des erforderlichen **Rechtsschutzinteresses** hin zu überprüfen. Ihre **Besonderheit** liegt darin, dass sie bereits **dann unbegründet** sind, wenn nur hinsichtlich **einer** der **denkbaren Fallgestaltungen** das umstrittene **Recht nicht besteht** oder – bei umfassendem negativen Feststellungsantrag – doch besteht[11]. In einem solchen Fall kann dem Antrag grds. auch **nicht teilweise entsprochen** werden. Dies wäre kein Weniger, sondern etwas anderes, als beantragt wurde. Deshalb ist auch die erstmalige Einschränkung eines Globalantrages auf bestimmte Fallgestaltungen in der Rechtsbeschwerdeinstanz als Antragsänderung nicht mehr statthaft[12]. Kann man allerdings einem umfassend formulierten Antrag und seiner Begründung auch in ihm enthaltene **Teilziele** mit hinreichender Bestimmtheit entnehmen, so dass ein Globalantrag im Wortsinne eigentlich nicht vorliegt, können auch Teilziele gesondert beschieden werden[13]. 20

Eine Besonderheit des Globalantrages zeigt sich, wenn einem solchen Antrag mit einem ansonsten **wortgleichen negativen Widerantrag** begegnet wird. In einem solchen Fall besteht für den umfassend gestellten Widerantrag dann ein eigenständiges Rechtsschutzinteresse, wenn der Globalantrag des Antragstellers – nur – mit der Begründung abgewiesen wird, es gebe jedenfalls eine Fallgestaltung, in der er sich als unbegründet erweist. Regelmäßig wird ein leugnender Widerantrag auch nur für diesen Fall gestellt sein[14]. 21

4. Einigungsstelle und Beschlussverfahren. Die betriebliche Einigungsstelle nach § 76 BetrVG ist nicht nur in dem besonders beschleunigten Verfahren zu ihrer Einrichtung (§ 98) Gegenstand von arbeitsgerichtl. Beschlussverfahren. Entsteht auf Grund des Regelungsvorschlages eines Betriebspartners **Streit** 22

---

1 BAG v. 18.9.2002 – 1 ABR 54/01, AP Nr. 93 zu § 77 BetrVG 1972. | 2 BAG v. 21.1.2003 – 1 ABR 5/02, AP Nr. 117 zu § 87 BetrVG 1972 – Lohngestaltung. | 3 BAG v. 18.2.2003 – 1 ABR 17/02, AP Nr. 59 zu § 80 BetrVG 1972. | 4 BAG v. 28.5.2002 – 1 ABR 35/01, BAGE 101, 232 (236). | 5 BAG v. 11.6.2002 – 1 ABR 44/01, AP Nr. 70 zu § 256 ZPO 1977; v. 27.1.2004 – 1 ABR 5/03, AP Nr. 56 zu § 81 ArbGG 1979. | 6 BAG v. 14.12.2004 – 1 ABR 55/03, AP Nr. 122 zu § 99 BetrVG 1972; v. 25.1.2005 – 1 ABR 61/03, AP Nr. 48 zu § 99 BetrVG 1972 – Einstellung. | 7 Vgl. auch BAG v. 27.6.2001 – 7 ABR 50/99, BAGE 98, 151 (153); v. 22.3.2000 – 7 ABR 34/98, BAGE 94, 144 (148); jeweils zu Anträgen, mit denen die Wahlberechtigung von bestimmt gekennzeichneten ArbN-Gruppen festgestellt werden sollte. | 8 BAG v. 27.6.1989 – 1 ABR 28/88, BAGE 62, 192 = AP Nr. 5 zu § 42 BetrVG 1972. | 9 BAG v. 10.3.1992 – 1 ABR 31/91, AP Nr. 1 zu § 77 BetrVG 1972 – Regelungsabrede. | 10 BAG v. 3.6.2003 – 1 ABR 19/02, AP Nr. 1 zu § 89 BetrVG 1972. | 11 BAG v. 3.6.2003 – 1 ABR 19/02, AP Nr. 1 zu § 89 BetrVG 1972; v. 22.6.2005 – 10 ABR 34/04, NZA-RR 2006, 23. | 12 BAG v. 28.5.2002 – 1 ABR 40/01, AP Nr. 96 zu § 87 BetrVG 1972 – Arbeitszeit; v. 23.6.2003 – 1 ABR 19/02, AP Nr. 1 zu § 89 BetrVG 1972 mwN. | 13 BAG v. 6.12.1994 – 1 ABR 30/94, BAGE 78, 379 = AP Nr. 24 zu § 23 BetrVG 1972; *Fitting*, Nach § 1 BetrVG Rz. 25. | 14 BAG v. 3.6.2003 – 1 ABR 19/02, AP Nr. 1 zu § 89 BetrVG 1972.

oder in der mündlichen Verhandlung ohne Widerspruch gegen die Änderung auf den geänderten Antrag eingelassen haben. Eine so zu Stande gekommene Zustimmung ist **unwiderruflich**. Fehlt sie auch nur bei einem der Beteiligten[1], ist die Antragsänderung nur zulässig, wenn das ArbG sie für **sachdienlich** hält. Sie ist sachdienlich, wenn mit einer Entscheidung über den geänderten Antrag der Streit der Beteiligten besser beigelegt werden kann, ein weiteres Verfahren vermieden wird und wenn der bisherige Streitstoff und das bisherige Ergebnis des Verfahrens auch für die Entscheidung über den geänderten Antrag nutzbar gemacht werden können[2]. Sachdienlichkeit ist weder dadurch ausgeschlossen, dass auch der geänderte Antrag keine Erfolgsaussichten hat, noch dadurch, dass es für die Erledigung des Verfahrens nach der Antragsänderung weiterer tatsächlicher Feststellungen bedarf, sich das Verfahren also verzögert[3].

Bei einer zulässigen Antragsänderung ist nur noch über den geänderten Antrag zu entscheiden. Die **Zulässigkeit der Antragsänderung** kann **in den Gründen** festgestellt werden. Diese Feststellung ist ebenso wenig anfechtbar wie die Entscheidung, dass eine Antragsänderung iSd. Abs. 3 nicht vorliegt. Die Bewertung der Vorinstanz, eine Antragsänderung sei sachdienlich, **bindet** das (Rechts-)Beschwerdegericht[4]. Hält das ArbG die **Antragsänderung** für **unstatthaft**, hat es den geänderten Antrag als unzulässig zurückzuweisen. Über den ursprünglichen Antrag kann nur entschieden werden, wenn der Antragsteller ihn zumindest hilfsweise weiterverfolgt hat. Der Beschluss, durch den der neue Antrag als unzulässig zurückgewiesen wird, ist durch Beschwerde nach § 87 anfechtbar. Im Rahmen der Beschwerde hat das **LAG** auch zu **überprüfen**, ob die Antragsänderung entgegen der Auffassung des ArbG **sachdienlich** war. 28

2. Antragsrücknahme. Nach Abs. 2 S. 1 kann der Antrag schriftl., zur Niederschrift der Geschäftsstelle oder im Anhörungstermin zu Protokoll unabhängig davon zurückgenommen werden, in welcher **Form** er eingereicht worden ist[5]. Bis zur Entscheidung 1. Instanz bedarf die Antragsrücknahme anders als die Klagerücknahme nach § 269 ZPO **nicht** der **Zustimmung** der übrigen Beteiligten. **Nach Verkündung der Entscheidung** 1. Instanz gilt § 87 II 3 entsprechend; eine Antragsrücknahme ist **nur mit Zustimmung** aller übrigen Beteiligten möglich[6]. Hat der Antragsteller einen von mehreren Anträgen in 1. Instanz zurückgenommen, ist er entsprechend § 269 IV ZPO nicht gehindert, diesen Antrag in 2. Instanz erneut zu stellen[7]. 29

Von mehreren Antragstellern kann jeder seinen Antrag zurücknehmen, ohne dass sich dadurch etwas an der Anhängigkeit der übrigen Anträge ändert. Wird nach einer Antragsrücknahme die Zahl der erforderlichen Antragsteller, zB nach § 19 II oder § 23 I BetrVG, unterschritten, wird der Antrag der übrigen unzulässig[8]. 30

Wird der Antrag zurückgenommen, hat der Vorsitzende das Verfahren – ggf. teilweise – durch **Einstellungsbeschluss** von Amts wegen einzustellen. Nach ganz überwiegender Auffassung ist den Beteiligten zwar von der Einstellung Kenntnis zu geben, einer **förmlichen Zustellung** des Einstellungsbeschlusses bedarf es hiernach aber nicht[9]. Da der Beschluss nach Abs. 2 aber eine die Instanz beendende Entscheidung ist, gegen die das Rechtsmittel der Beschwerde nach § 87 gegeben ist[10], spricht mehr dafür, dass auch der Einstellungsbeschluss nach Abs. 2 – oder nach § 83a II – förmlich zugestellt werden muss. 31

82 *Örtliche Zuständigkeit*

(1) Zuständig ist das Arbeitsgericht, in dessen Bezirk der Betrieb liegt. In Angelegenheiten des Gesamtbetriebsrats, des Konzernbetriebsrats, der Gesamtjugendvertretung oder der Gesamt-Jugend- und Auszubildendenvertretung, des Wirtschaftsausschusses und der Vertretung der Arbeitnehmer im Aufsichtsrat ist das Arbeitsgericht zuständig, in dessen Bezirk das Unternehmen seinen Sitz hat. Satz 2 gilt entsprechend in Angelegenheiten des Gesamtsprecherausschusses, des Unternehmenssprecherausschusses und des Konzernsprecherausschusses.

(2) In Angelegenheiten eines Europäischen Betriebsrats, im Rahmen eines Verfahrens zur Unterrichtung und Anhörung oder des besonderen Verhandlungsgremiums ist das Arbeitsgericht zuständig, in dessen Bezirk das Unternehmen oder das herrschende Unternehmen nach § 2 des Gesetzes über Europäische Betriebsräte seinen Sitz hat. Bei einer Vereinbarung nach § 41 des Gesetzes über Europäische Betriebsräte ist der Sitz des vertragschließenden Unternehmens maßgebend.

---

1 Auch bei Schweigen des Beteiligten fehlt dessen Zustimmung: BCF/*Friedrich*, § 81 ArbGG Rz. 10; GMPM/*Matthes*, § 81 ArbGG Rz. 89. |2 GK-ArbGG/*Dörner*, § 81 Rz. 171. |3 BAG v. 5.5.1992 – 1 ABR 78/91, AP Nr. 97 zu § 99 BetrVG 1972. |4 BAG v. 12.11.2002 – 1 ABR 60/01, AP Nr. 43 zu § 99 BetrVG 1972 – Einstellung mwN. |5 GK-ArbGG/*Dörner*, § 81 Rz. 153. |6 GMPM/*Matthes*, § 81 ArbGG Rz. 74; Hauck/Helml/*Hauck*, § 81 ArbGG Rz. 10; aA *Weth*, Das arbeitsgerichtliche Beschlussverfahren, S. 323. |7 BAG v. 12.11.2002 – 1 ABR 60/01, AP Nr. 43 zu § 99 BetrVG 1972 – Einstellung. |8 BAG v. 10.6.1983 – 6 ABR 50/82, BAGE 44, 57. |9 GMPM/*Matthes*, § 81 ArbGG Rz. 79; GK-ArbGG/*Dörner*, § 81 Rz. 159. |10 ErfK/*Eisemann*, § 81 ArbGG Rz. 6; GK-ArbGG/*Dörner*, § 81 Rz. 160 mwN auch zur Gegenauffassung.

(3) In Angelegenheiten aus dem SE-Beteiligungsgesetz ist das Arbeitsgericht zuständig, in dessen Bezirk die Europäische Gesellschaft ihren Sitz hat; vor ihrer Eintragung ist das Arbeitsgericht zuständig, in dessen Bezirk die Europäische Gesellschaft ihren Sitz haben soll.

(4) In Angelegenheiten nach dem SCE-Beteiligungsgesetz ist das Arbeitsgericht zuständig, in dessen Bezirk die Europäische Genossenschaft ihren Sitz hat; vor ihrer Eintragung ist das Arbeitsgericht zuständig, in dessen Bezirk die Europäische Genossenschaft ihren Sitz haben soll.

(5) In Angelegenheiten nach dem Gesetz über die Mitbestimmung der Arbeitnehmer bei einer grenzüberschreitenden Verschmelzung ist das Arbeitsgericht zuständig, in dessen Bezirk die aus der grenzüberschreitenden Verschmelzung hervorgegangene Gesellschaft ihren Sitz hat; vor ihrer Eintragung ist das Arbeitsgericht zuständig, in dessen Bezirk die aus der grenzüberschreitenden Verschmelzung hervorgegangene Gesellschaft ihren Sitz haben soll.

1 Die Bestimmung regelt abschließend und **zwingend** die örtliche Zuständigkeit im Beschlussverfahren[1]. Die Bestimmung knüpft nicht an die Beteiligten an, sondern an den **Ort des Konfliktes**[2]. Das ArbG hat seine örtliche Zuständigkeit von Amts wegen zu überprüfen. Es muss ggf. nach **§ 17a GVG**, § 48 I verfahren, wobei ein die örtliche Zuständigkeit feststellender Beschluss ebenso wenig wie ein Verweisungsbeschluss anfechtbar ist (§ 48 I Nr. 1).

2 § 82, der entsprechend auch für Angelegenheiten der Schwerbehindertenvertretung und des Werkstattrates gilt (§ 2a I Nr. 3a), legt in S. 1 die örtliche Zuständigkeit für alle im Beschlussverfahren auszutragenden Angelegenheiten fest, die den **Betrieb** und die betriebsverfassungsrechtl. Rechte und Pflichten dort betreffen. Zuständig ist das ArbG, in dessen Bezirk sich der Betrieb, bei mehreren über eine größere Fläche verteilten unselbständigen **Außenstellen**: die **Betriebsleitung**[3], befindet. Diese Zuständigkeit besteht auch für solche Angelegenheiten, die den einzelnen Betrieb betreffen, und nur **kraft Auftrages** (§ 50 II BetrVG) vom **GBR** behandelt werden[4]. Der Gerichtsstand des Betriebes gilt auch für alle Konflikte nach § 18a BetrVG (Zuordnung der leitenden Angestellten bei Wahlen) und für Angelegenheiten nach § 18a BBiG, § 2a I Nr. 3c, die in § 82 nicht ausdrücklich genannt sind. Andererseits ergibt sich die örtliche Zuständigkeit nicht aus S. 1, sondern aus S. 2, wenn es um das Recht des BR geht, Vertreter in den GBR oder KBR zu entsenden[5].

3 Ist umstritten, ob ein **Gemeinschaftsbetrieb** aus mehreren in verschiedenen Gerichtsbezirken angesiedelten Teileinheiten gebildet ist, ist der Ort maßgeblich, von dem geltend gemacht wird, dass sich dort die Leitung des gemeins. Betriebs befindet. Ein Wahlrecht des Antragstellers besteht hier ebenso wenig wie in dem Fall, dass darüber gestritten wird, ob eine kleine Einheit nach **§ 4 BetrVG** als selbständiger Betrieb gilt. Hier richtet sich die Zuständigkeit danach, was der jeweilige Antragsteller geltend macht: Macht er geltend, die kleine Einheit sei unselbständiger Teil des zentralen Betriebes, ist dieser maßgeblich; wird die Feststellung angestrebt, es liege ein Fall des § 4 BetrVG vor, entscheidet der Sitz des Betriebsteils[6].

4 Für die Angelegenheiten der in S. 2 aufgezählten überbetriebl. Mitbestimmungsorgane ist der durch seine Satzung, ansonsten durch den Ort der Führung der Verwaltung (§ 17 ZPO) bestimmte **Sitz des Unternehmens** (bei Konzernangelegenheiten: des herrschenden Unternehmens) entscheidend. Bei **ausländischen** Unternehmen ist für die unter den Geltungsbereich des BetrVG fallenden inländischen Teile der inländische Ort maßgeblich, von dem aus der deutsche Unternehmensteil **geleitet** wird[7]. S. 2 gilt allerdings nur für originäre Angelegenheiten dieser Mitbestimmungsorgane. Wird das betreffende Gremium kraft Auftrags tätig, und sei es auch kraft **Auftrags aller** hierfür in Betracht kommenden **Mitbestimmungsorgane**, bleibt es bei der originären Zuständigkeit[8]: Ist der GBR nach § 50 II BetrVG beauftragt, entscheidet der Sitz der beauftragenden Betriebe; handelt der KBR auf Grund des § 58 II BetrVG, ist nicht der Sitz des herrschenden, sondern der beauftragenden Unternehmen maßgeblich. Der Sitz des Unternehmens ist auch maßgeblich, wenn es um die Vertretung der ArbN im Aufsichtsrat geht. Für alle Auseinandersetzungen über die Wahl ist stets das ArbG zuständig, in dessen Bezirk das mitbestimmte Unternehmen seinen Sitz hat[9].

5 Im Gesetz nicht geregelt ist die örtliche Zuständigkeit für Angelegenheiten einer nach **§ 3 BetrVG** vom gesetzl. Typus abweichend geregelten ArbN-Vertretung. Hier spricht alles dafür, dass der Ort maßgeblich ist, an dem die nach § 3 BetrVG zusammengefasste **organisatorische Einheit** ihre **Leitung** hat; dies wird regelmäßig das Unternehmen, kann aber auch das herrschende Unternehmen oder im Falle des § 3 I Nr. 5 BetrVG der Betrieb sein[10].

---

1 GMPM/*Matthes*, § 82 ArbGG Rz. 2. | 2 BAG v. 19.6.1986 – 6 ABR 66/84, AP Nr. 1 zu § 82 ArbGG 1979. | 3 ErfK/*Eisemann*, § 82 ArbGG Rz. 2; GMPM/*Matthes*, § 82 ArbGG Rz. 8. | 4 *Fitting*, § 50 BetrVG Rz. 78; GK-ArbGG/*Dörner*, § 82 Rz. 12. | 5 GMPM/*Matthes*, § 82 ArbGG Rz. 8. | 6 GK-ArbGG/*Dörner*, § 82 Rz. 5b ff.; aA GMPM/*Matthes*, § 82 ArbGG Rz. 8 (Wahlrecht des Antragstellers). | 7 BAG v. 31.10.1975 – 1 ABR 4/74, AP Nr. 2 zu § 106 BetrVG 1972. | 8 GK-ArbGG/*Dörner*, § 82 Rz. 12; aA GMPM/*Matthes*, § 82 ArbGG Rz. 11 (Gerichtsstand am Unternehmenssitz). | 9 GMPM/*Matthes*, § 82 ArbGG Rz. 13. | 10 GK-ArbGG/*Dörner*, § 82 Rz. 13a ff.

Nach Abs. 2 ist für Angelegenheiten des **EBR** das ArbG zuständig, in dessen Bezirk das inländische Unternehmen liegt, das die Anwendbarkeit des Gesetzes über EBR nach § 2 EBRG begründet; gilt nach § 41 EBRG eine Vereinbarung über grenzübergreifende Unterrichtung und Anhörung an Stelle des EBRG, ist der Sitz des Unternehmens maßgebend, das diese Vereinbarung geschlossen hat. Streitet man um die Rechtmäßigkeit der **Bestellung** der **inländischen Arbeitnehmervertreter im EBR** einer gemeinschaftsweit tätigen Unternehmensgruppe mit Sitz des herrschenden Unternehmens im Ausland, ist das ArbG örtlich und international zuständig, in dessen Bezirk das nach der Zahl der wahlberechtigten ArbN **größte Unternehmen, bei dem ein GBR** gebildet ist, seinen Sitz hat[1]. 6

In den Abs. 3–5 ist die örtliche Zuständigkeit für die Streitigkeiten im Zusammenhang mit den **neuen Europäischen Gesellschaften** und **grenzüberschreitenden gesellschaftsrechtlichen Vorgängen** geregelt, für die nach § 2a I Nr. 3d–f die ArbG im Beschlussverfahren zuständig sind (vgl. auch § 2a Rz. 21a, 21b). Für Angelegenheiten nach dem SEBG sieht Abs. 3 die örtliche Zuständigkeit am deutschen Sitz der Europäischen Gesellschaft vor. Der weite Begriff der Angelegenheiten umfasst auch Streitigkeiten im Zusammenhang mit dem Wahlgremium bei der Bildung des besonderen Verhandlungsgremiums oder des SE-BR[2]. 6a

§ 82 regelt nicht die örtliche Zuständigkeit für die Beschlussverfahren, die keinem bestimmten Betrieb oder Unternehmen zuzuordnen sind. Dies betrifft insb. die Streitigkeiten um die **Tariffähigkeit** oder die **Tarifzuständigkeit** einer Vereinigung sowie die Streitigkeiten über die **Anerkennung** einer **Schulungsveranstaltung** als geeignet nach § 37 VII BetrVG. Im ersten Fall entscheidet nach allgemeiner Meinung der Sitz der Vereinigung, deren Tariffähigkeit oder Tarifzuständigkeit umstritten ist unabhängig von ihrer Rolle im Verfahren[3], im letzteren der Sitz der obersten Arbeitsbehörde des Landes, in dem der Träger der Schulungsveranstaltung ansässig ist[4]. 7

83 *Verfahren*

(1) Das Gericht erforscht den Sachverhalt im Rahmen der gestellten Anträge von Amts wegen. Die am Verfahren Beteiligten haben an der Aufklärung des Sachverhalts mitzuwirken.

(1a) Der Vorsitzende kann den Beteiligten eine Frist für ihr Vorbringen setzen. Nach Ablauf einer nach Satz 1 gesetzten Frist kann das Vorbringen zurückgewiesen werden, wenn nach der freien Überzeugung des Gerichts seine Zulassung die Erledigung des Beschlussverfahrens verzögern würde und der Beteiligte die Verspätung nicht genügend entschuldigt. Die Beteiligten sind über die Folgen der Versäumung einer nach Satz 1 gesetzten Frist zu belehren.

(2) Zur Aufklärung des Sachverhalts können Urkunden eingesehen, Auskünfte eingeholt, Zeugen, Sachverständige und Beteiligte vernommen und der Augenschein eingenommen werden.

(3) In dem Verfahren sind der Arbeitgeber, die Arbeitnehmer und die Stellen zu hören, die nach dem Betriebsverfassungsgesetz, dem Sprecherausschussgesetz, dem Mitbestimmungsgesetz, dem Mitbestimmungsergänzungsgesetz, dem Drittelbeteiligungsgesetz, den §§ 94, 95, 139 des Neunten Buches Sozialgesetzbuch, dem § 18a des Berufsbildungsgesetzes und den zu diesen Gesetzen ergangenen Rechtsverordnungen sowie nach dem Gesetz über Europäische Betriebsräte, dem SE-Beteiligungsgesetz, dem SCE-Beteiligungsgesetz und dem Gesetz über die Mitbestimmung der Arbeitnehmer bei einer grenzüberschreitenden Verschmelzung im Einzelnen Fall beteiligt sind.

(4) Die Beteiligten können sich schriftlich äußern. Bleibt ein Beteiligter auf Ladung unentschuldigt aus, so ist der Pflicht zur Anhörung genügt; hierauf ist in der Ladung hinzuweisen. Mit Einverständnis der Beteiligten kann das Gericht ohne mündliche Verhandlung entscheiden.

(5) Gegen Beschlüsse und Verfügungen des Arbeitsgerichts oder seines Vorsitzenden findet die Beschwerde nach Maßgabe des § 78 statt.

I. Überblick. § 83 behandelt die zentralen **Besonderheiten des Beschlussverfahrens**, den hier bestehenden Amtsermittlungs- oder **Untersuchungsgrundsatz**, und die an diesem Verfahren an Stelle der Prozessparteien des Urteilsverfahrens auch so bezeichneten **Beteiligten**. 1

II. Untersuchungsgrundsatz. 1. Begriffe. Im arbeitsgerichtl. Beschlussverfahren gilt ebenso wie im Urteilsverfahren die sog. **Dispositionsmaxime**[5]: Über die **Verfahrenseinleitung** und den **Gegenstand** des Verfahrens entscheidet der **Antragsteller** (§ 81), nicht, wie nach der Offizialmaxime, das Gericht. Auch über die **Beendigung** des Beschlussverfahrens entscheidet der Antragsteller, ggf. zusammen mit den übrigen Beteiligten; das Gericht hat hier nur in den gesetzl. vorgesehenen Fällen die Aufgabe, die von den Beteiligten getroffene Entscheidung durch förmlichen gerichtlichen Beschluss umzusetzen (§ 81 II, § 83a). 2

---

1 BAG v. 18.4.2007 – 7 ABR 30/06, AP Nr. 1 zu § 18 EBRG. | 2 BT-Drs. 438/04, S. 148. | 3 GK-ArbGG/*Dörner*, § 82 Rz. 18; Schwab/Weth/*Weth*, § 82 ArbGG Rz. 22. | 4 Düwell/Lipke/*Koch*, § 82 ArbGG Rz. 4. | 5 *Fenn*, FS 25 Jahre BAG, 1979, S. 91; *Weth*, Das arbeitsgerichtliche Beschlussverfahren, 1995, S. 272 ff., jeweils mwN.

3 Abs. 1 ändert hieran nichts. Die Bestimmung legt nur fest, dass im arbeitsgerichtl. Beschlussverfahren im Grundsatz das **Gericht** die **Verantwortung** dafür trägt, dass die entscheidungserheblichen **Tatsachen** in das Verfahren eingeführt und aufgeklärt werden. Es gilt der **Untersuchungs-, nicht** der **Beibringungsgrundsatz**. Das Ergebnis eines Beschlussverfahren wirkt in aller Regel nicht nur zwischen den unmittelbar am Verfahren Beteiligten, sondern in seinem Ergebnis auch für Dritte, den Betrieb und die in ihm beschäftigten ArbN. Es darf deshalb nicht allein den Verfahrensbeteiligten überlassen bleiben, welchen Lebenssachverhalt sie zur Entscheidung des Gerichts stellen[1].

4 Der **Untersuchungsgrundsatz** wird im arbeitsgerichtl. Beschlussverfahren allerdings dadurch **abgeschwächt**, dass den Beteiligten nicht nur die Mitwirkung an der Aufklärung des Sachverhaltes aufgegeben wird (Abs. 1 S. 2), sondern dass sogar nach Abs. 1a **entscheidungserheblicher Tatsachenvortrag zurückgewiesen** werden kann, wenn er verspätet erfolgt. Unter diesen besonderen Umständen kann es so zur Maßgeblichkeit der eigentlich nur mit dem Beibringungsgrundsatz korrespondierenden „formellen Wahrheit" und nicht der dem Untersuchungsgrundsatz entsprechenden „materiellen Wahrheit" kommen. Es gilt deshalb eigentlich eine Mischform von Beibringungs- und Untersuchungsgrundsatz[2].

5 **2. Die Verantwortung für den Tatsachenstoff. a) Grundsätzliche Verantwortlichkeit des Gerichts.** Nach Abs. 1 S. 1 hat das ArbG den entscheidungserheblichen Sachverhalt grds. **von Amts wegen im Rahmen** des vom Antragsteller und seinem Antrag **vorgegebenen Streitgegenstandes** (§ 81 Rz. 4, 15) zu ermitteln. Es ist nicht auf den von den Beteiligten vorgetragenen Prozessstoff beschränkt oder von deren Rechtsauffassungen abhängig. Auch entscheidungserhebliche Tatsachen, die von keinem Beteiligten in das Verfahren eingeführt wurden, sind vom Gericht zu ermitteln. Es kann von sich aus Beweis erheben[3], muss andererseits aber auch **Beweis- und Gegenbeweisangeboten** zu entscheidungserheblichen Tatsachen, wenn und solange es von deren Wahrheit nicht überzeugt ist, **unabhängig** davon nachgehen, **von wem** sie stammen[4]. Es ist weder an **Geständnisse** nach § 288 ZPO, § 46, noch an ein **Nichtbestreiten** gebunden[5], wobei beide tatsächliche Verhaltensweisen aber im Rahmen der gerichtlichen Würdigung, ob eine Tatsache als wahr oder noch nicht feststehend anzusehen ist, eine Rolle spielen (§ 286 ZPO). Die **Ermittlungspflicht endet** erst, wenn die entscheidungserheblichen Tatsachen **vorgetragen** und **nicht wirksam bestritten** worden sind **und** sich **keine Zweifel** an deren Richtigkeit aufdrängen[6]. Aus dem Untersuchungsgrundsatz ergibt sich schließlich auch, dass es keinen Versäumnisbeschluss entsprechend §§ 330 ff. ZPO geben kann[7]. Die Folgen einer unentschuldigten Säumnis ergeben sich allein aus Abs. 4 S. 2 (Rz. 38).

6 **b) Bedeutung der Mitwirkungspflicht der Beteiligten.** Aus dem Nebeneinander von Dispositionsmaxime (Rz. 2) und Untersuchungsgrundsatz ergibt sich ein vielfach problematisches **Spannungsverhältnis** zwischen den Anforderungen an die **Mitwirkung** der Beteiligten, insb. des Antragstellers, und der **Pflicht des Gerichts**, den entscheidungserheblichen Sachverhalt von Amts wegen aufzuklären: Einerseits muss der Antragsteller nicht nur durch seinen **Antrag**, sondern auch durch den zu dessen Untermauerung erforderlichen **Sachvortrag** deutlich machen, welchen Gegenstand er zur Entscheidung des Gerichts stellt, wodurch die **äußeren Grenzen** der gerichtl. **Aufklärungspflicht** definiert sind. Andererseits kann ein dem Untersuchungsgrundsatz unterworfenes Gericht **nicht** den Vortrag eines am Verfahren Beteiligten **ohne weiteres** als **nicht ausreichend substanziiert** bezeichnen[8]. Nach richtiger Auffassung ergibt sich aus Abs. 1 S. 2 und der gleichwohl geltenden Dispositionsmaxime eine **abgestufte Pflichtenverteilung** zwischen Antragsteller und Beteiligten auf der einen Seite und dem Gericht auf der anderen Seite: Zunächst hat der **Antragsteller** die aus seiner Sicht erforderlichen antragsbegründenden **Tatsachen darzulegen**. Hält das **Gericht** dieses Vorbringen, oder das dem entgegen gesetzte Vorbringen eines weiteren Beteiligten für **unzureichend**, hat es hierauf konkret **hinzuweisen** und Gelegenheit zu ergänzendem Vorbringen zu geben, wobei allen Beteiligten hierfür nach Abs. 1a **Fristen** gesetzt werden können[9].

7 Es kommt also für das Gericht darauf an, in wieweit sich aus dem Vorbringen aller **Beteiligten**, die auch **alle zur Mitwirkung** bei der Sachaufklärung **verpflichtet** sind, zu dem durch den Antrag und seine Begründung gebildeten Streitgegenstand Anhaltspunkte dafür ergeben, dass der entscheidungserhebliche Sachverhalt noch weiterer Aufklärung bedarf[10]. Hieraus ergibt sich etwa die Pflicht des ArbG, innerhalb einer die Anfechtung eines Einigungsstellen-Spruchs (§ 76 V 4 BetrVG) betreffenden gerichtl. Auseinandersetzung auch Anfechtungsgründen nachzugehen, die erst im Laufe des Verfahrens sichtbar geworden sind[11]. Entsprechendes dürfte für nachträglich bekannt werdende Anfechtungs- oder Nichtigkeitsgründe im Rahmen einer Wahlanfechtung gelten. Andererseits reicht es **als Anlass** für eine **Amts-**

1 GK-ArbGG/*Dörner*, § 83 Rz. 121. | 2 *Fitting*, Nach § 1 BetrVG Rz. 45. | 3 BAG v. 13.3.1973 – 1 ABR 15/72, AP Nr. 1 zu § 20 BetrVG 1972. | 4 BAG v. 25.3.1992 – 7 ABR 65/90, AP Nr. 4 zu § 2 BetrVG 1972. | 5 BAG v. 10.12.1992 – 2 ABR 32/92, AP Nr. 30 zu § 103 BetrVG 1972. | 6 BAG v. 16.5.2007 – 7 ABR 63/06, AP Nr. 3 zu § 96a ArbGG 1979. | 7 *Fitting*, Nach § 1 BetrVG Rz. 48. | 8 Vgl. BAG v. 11.3.1998 – 7 ABR 59/96, AP Nr. 57 zu § 40 BetrVG 1972, unter B.I.4.c d.Gr.; v. 11.11.1998 – 7 ABR 75/97, AP Nr. 64 zu § 40 BetrVG 1972. | 9 BAG v. 12.5.1999 – 7 ABR 36/97, AP Nr. 65 zu § 40 BetrVG 1972. | 10 BAG v. 10.12.1992 – 2 ABR 32/92, AP Nr. 4 zu § 87 ArbGG 1979. | 11 BAG v. 26.5.1988 – 1 ABR 11/87, AP Nr. 26 zu § 76 BetrVG 1972.

ermittlung nicht aus, dass ein Antrag gestellt und dieser völlig unzureichend mit Tatsachen untermauert wird, oder gar nur Rechtstatsachen behauptet werden. Zunächst muss der Antragsteller die Tatsachen vortragen, aus denen sich greifbare Anhaltspunkte für die Begründetheit seines Antrages ergeben, und die es den weiteren Beteiligten ermöglichen, hierauf konkret zu erwidern[1].

c) Beweislast? Aus dem Untersuchungsgrundsatz und der umfassenden Mitwirkungspflicht aller Beteiligten an der Aufklärung des entscheidungserheblichen Sachverhaltes ergibt sich, dass es im Beschlussverfahren eine schlüssigkeitsbegründende **Darlegungslast** und eine **Beweisführungslast** im zivilprozessualen Sinne nicht gibt. Es kommt aber auch bei amtswegigen Ermittlungen immer wieder dazu, dass sich entscheidungserhebliche Tatsachen nicht mit der gebotenen Gewissheit ermitteln lassen. Dann bleiben die aus dem materiellen Recht abzuleitenden **Grundsätze der objektiven Beweislast** anwendbar: Bleiben erhebliche Zweifel am Vorliegen bestimmter rechtsbegründender oder rechtsvernichtender Tatsachen, treffen den Nachteil hieraus in aller Regel denjenigen, der von ihrem Vorliegen begünstigt würde[2]. 8

d) Verspätete Mitwirkung. Das Gericht kann die Beteiligten zu einer **Mitwirkung** bei der Sachverhaltsaufklärung **nicht zwingen**. Erfolgt keine oder keine ausreichende Mitwirkung, was das Gericht nach § 286 I ZPO zu würdigen hat[3], und besteht keine erkennbare Möglichkeit zu weiterer Sachaufklärung, hat das Gericht auf der Grundlage des Sachverhalts, soweit er aufgeklärt ist, und im Übrigen nach den Regeln der objektiven Beweislast zu entscheiden. 9

Es kann aber auch sein, dass der **Mitwirkungspflicht** zwar genügt wird, dies aber **so spät** geschieht, dass die Entscheidung des Verfahrens **verzögert** würde, ginge das Gericht dem neuen Vortrag nach. Im Beschlussverfahren nach §§ 122, 126 InsO kann das Gericht in einem solchen Fall auf die Präklusionsvorschrift des § 61a V zurückgreifen (§ 122 II 3 InsO). 10

Für das allgemeine Beschlussverfahren wurde die **Präklusionsregelung** des **Abs. 1a** in das Gesetz eingefügt[4]. Die Vorschrift ist im arbeitsgerichtl. Beschlussverfahren ein **nicht unbedenklicher Fremdkörper**[5]. Trotz der **Wirkung** vieler Entscheidungen für nicht am Verfahren beteiligte **Dritte** (Rz. 3) kann danach eine **entscheidungserhebliche Tatsache** bei verspätetem Vortrag möglicherweise **unberücksichtigt** bleiben und so eine – objektiv – unrichtige Entscheidung ergehen. Andererseits war **Missbrauchsmöglichkeiten** zu begegnen; ein daran interessierter Beteiligter konnte durch Vortrag in letzter Minute weiteren Aufklärungsbedarf und damit eine Verzögerung der Entscheidung herbeiführen. Voraussetzung für eine Präklusion nach Abs. 1a ist zunächst, dass das ArbG **für** ein **Vorbringen zu** einem bestimmten, von ihm **konkret zu bezeichnenden Punkt** eine **angemessene**, angesichts des zu erwartenden Ermittlungsaufwandes ausreichende **Frist** gesetzt hat. Mit dieser Auflage verbunden sein muss der **Hinweis** auf die mögliche **Folge einer Verspätung**, wobei nicht der Hinweis auf das Gesetz, wohl aber die **wörtliche Aufnahme** des Textes **von Abs. 1a S. 2** in den **Auflagenbeschluss** ausreicht. Wird die Auflage im Anhörungstermin erteilt, ist sie einschließlich der Belehrung über die möglichen Rechtsfolgen wörtlich zu **protokollieren**[6]. 11

Liegen diese Voraussetzungen vor, und geht der **Vortrag nach** Ablauf der gesetzten **Frist** bei Gericht ein, **kann** das Gericht auch entscheidungserheblichen Vortrag **unberücksichtigt lassen**, wenn zwei Voraussetzungen neben einander erfüllt sind: (1) Bei Berücksichtigung des Vorbringens **verzögerte** sich nach der freien Überzeugung des Gerichts die Erledigung des Verfahrens und (2) der Beteiligte hat die Verspätung **nicht genügend entschuldigt**. 12

Im Unterschied zum Urteilsverfahren (§ 56 II) muss das ArbG im Beschlussverfahren Vorbringen nicht als verspätet zurückweisen, wenn die Voraussetzungen hierfür vorliegen, sondern es hat seine **Entscheidung** hierüber **nach pflichtgemäßem Ermessen** zu treffen. Dabei muss es abwägen, ob es der Beschleunigung statt weiterer Sachaufklärung den Vorzug gibt und dabei Gefahr läuft, nicht alle maßgebenden Tatsachen für seine Entscheidung aufgeklärt zu haben[7]. Soweit sich das ArbG für eine **Zurückweisung** verspäteten Vorbringens entscheidet, steht diese Entscheidung zur Überprüfung durch das **Beschwerdegericht**. Eine Zulassung von Vorbringen ist nicht korrigierbar. 13

Angesichts der **besonderen Aufgaben des arbeitsgerichtl. Beschlussverfahrens** und der vielfachen Drittbetroffenheiten sollte, wenn die Entscheidung nicht außerordentl. dringlich ist, verspätetes entscheidungserhebliches Vorbringen nur dann zurückgewiesen werden, wenn ein missbräuchliches Verfahrensverhalten des vortragenden Beteiligten nahe liegt. 14

3. Mittel der Sachaufklärung (Abs. 2). Das Gericht hat, wenn die Wahrheit einer entscheidungserheblichen Tatsache nicht feststeht, hierüber **Beweis zu erheben**. Es ist dabei nicht an Beweisanträge der Beteiligten gebunden. Es hat ihnen aber nachzugehen, wenn sie dem Nachweis oder der Widerlegung 15

---

1 BAG v. 26.7.1989 – 7 ABR 64/88, AP Nr. 10 zu § 38 BetrVG 1972. | 2 ErfK/*Eisemann*, § 83 ArbGG Rz. 5; GK-ArbGG/*Dörner*, § 83 Rz. 153; Hauck/Helml/*Hauck*, § 83 ArbGG Rz. 6. | 3 Düwell/Lipke/*Koch*, § 83 ArbGG Rz. 2; GK-ArbGG/*Dörner*, § 83 Rz. 126. | 4 Im Einzelnen *Holthaus/Koch*, RdA 2002, 140 (159 f.); *Schmidt/Schwab/Wildschütz*, NZA 2001, 1217 (1223). | 5 *Trittin/Backmeister*, DB 2000, 618, 620; *Fitting*, Nach § 1 BetrVG Rz. 49. | 6 GK-ArbGG/*Dörner*, § 83 Rz. 136. | 7 So zutr. GK-ArbGG/*Dörner*, § 83 Rz. 157.

eines entscheidungserheblichen Tatsachenvortrages dienen[1]. Das ArbG hat die in Abs. 2 aufgezählten Mittel zur Sachaufklärung zur Verfügung, zu denen auch die formlose Einholung **informeller Auskünfte** und ihre Einführung in das Verfahren zählen. Durch sie kann zwar eine Beweisaufnahme nicht ersetzt werden, es können aber Anhaltspunkte für weiteren Aufklärungsbedarf gewonnen werden[2].

16 Für die **Durchführung der Beweisaufnahme** gelten die Regeln der **ZPO** über den Zeugenbeweis (§§ 373 ff. ZPO), die Einvernahme von Sachverst. (§§ 402 ff. ZPO) und die Augenscheinseinnahme (§§ 337 ff. ZPO) sowie für den Urkundenbeweis (§§ 415 ff. ZPO)[3].

17 Nach § 80, § 56 I Nr. 3 kann auch das **persönliche Erscheinen der Beteiligten**, bei beteiligten Stellen von dessen Vorstand oder Vorsitzendem, angeordnet werden. Abs. 2 sieht die Möglichkeit vor, **Beteiligte zu vernehmen**. Für diese Vernehmung gelten die Regeln über die Parteivernehmung nach §§ 450–455 ZPO, wobei bei der Beteiligung des BR nur dessen Vorsitzender als Beteiligter zu vernehmen ist, während die übrigen BR-Mitglieder als Zeugen vernommen werden können. Im Hinblick auf den Untersuchungsgrundsatz finden aber **§§ 445–447 ZPO keine Anwendung**. Eine Einvernahme von Beteiligten kann von Amts wegen erfolgen, wenn das erkennende Gericht dies im Interesse einer Sachaufklärung für geboten hält.

18 **III. Die Beteiligten. 1. Grundsätze und Begriffe.** Das Gericht hat **zu Beginn des Verfahrens** und bis in die Rechtsbeschwerdeinstanz hinein[4] **von Amts wegen** die am Verfahren **Beteiligten festzustellen** und nach Abs. 3 und 4 vor einer Entscheidung zu hören. Wird eine Person oder Stelle, die von Rechts wegen hätte beteiligt werden müssen, zunächst **zu Unrecht nicht beteiligt**, kann deren Beteiligung und Anhörung nachgeholt werden. Ist eine gebotene Anhörung bis zur Entscheidung Erster Instanz unterblieben, ist ein von dieser Entscheidung materiell **Betroffener auch ohne** formelle **Beteiligung** am Verfahren nach den allgemeinen Regeln **rechtsmittelbefugt**. Für ihn beginnt die Rechtsmittelfrist erst mit der – nachträglichen – Zustellung der erstinstanzlichen Entscheidung zu laufen. Im Übrigen handelt es sich bei einer zu Unrecht unterbliebenen Beteiligung um einen Verfahrensfehler, der auch in der Rechtsbeschwerdeinstanz gerügt werden und zur Aufhebung des angefochtenen Beschlusses führen kann. Erfolgt demgegenüber eine **Beteiligung zu Unrecht**, so ist dieser Fehler dadurch zu beseitigen, dass dieser formell Beteiligte nicht mehr am weiteren Verfahren beteiligt wird. Für einen etwaigen Konflikt über seine Beteiligung bleibt er am Verfahren beteiligt. Ansonsten führt die nur formelle Beteiligung nicht dazu, dass sich daraus Beteiligtenrechte iSd. §§ 80 ff. ergeben[5].

19 Terminologisch gehört zu den Beteiligten der **Antragsteller** als **formell Beteiligter**; er setzt das Verfahren in Gang und bestimmt den Streitgegenstand. Auf seine materiell-rechtl. Betroffenheit kommt es nicht an (zur Antragsbefugnis § 81 Rz. 9–13)[6]. Einen Antragsgegner kennt das ArbGG nicht, sondern **nur weitere Beteiligte** (Abs. 3). Die nach der Aufzählung in Abs. 3 in Betracht kommenden Personen und Stellen sind vom Gericht formell **zu beteiligen**, wenn eine **gesetzl. Regelung** dies ausdrücklich vorsieht (zB § 78a IV, § 103 II BetrVG) **oder** wenn sie am Streitgegenstand materiell beteiligt sind, wenn die betreffende **Person oder Stelle** also durch die angestrebte Entscheidung **in ihrer betriebsverfassungsrechtl. oder mitbestimmungsrechtl. Stellung unmittelbar materiell betroffen** wird[7], als Inhaber des streitigen Anspruchs oder Rechts materiell-rechtlich ernsthaft in Betracht kommt[8]. Damit sind die Verfahrensbeteiligten am Beschlussverfahren abschließend festgelegt. Die Vorschriften der ZPO über die **Streitverkündung** und die **Nebenintervention** finden keine Anwendung (§ 80 II 1)[9].

20 Die **Beteiligtenstellung** ergibt sich aus dem **materiellen Recht**. Sie kann **nicht durch Vereinbarung** begründet werden[10]. **Ändert sich** während des Beschlussverfahrens die materielle Befugnis zur Geltendmachung eines betriebsverfassungsrechtl. Rechtes, aus der sich die **materielle Betroffenheit** ergibt, dann **tritt** ohne weiteres der nunmehr materiell Beteiligte **an die Stelle** des bisherigen Beteiligten, zB ein neugebildeter GBR an die Stelle eines BR, der BR eines aufnehmenden Betriebes an die Stelle des BR eines übernommenen und eingegliederten Betriebes oder der ArbGeb des übernehmenden Betriebes an die Stelle des bisherigen ArbGeb[11].

21 **2. Einzelfälle materieller Betroffenheit. a) Arbeitgeber.** Im Beschlussverfahren mit **betriebsverfassungsrechtl. Streitgegenstand** ist der **ArbGeb immer** zu beteiligen. Dies beruht darauf, dass der ArbGeb Beteiligter des **betriebsverfassungsrechtl. Grundverhältnisses** ist und von Streitigkeiten über die betriebsverfassungsrechtl. Ordnung stets betroffen ist[12]. Er ist deshalb auch bei betriebsratsinternen Strei-

---

1 BAG v. 25.3.1992 – 7 ABR 65/90, AP Nr. 4 zu § 2 BetrVG 1972. |2 GK-ArbGG/*Dörner*, § 83 Rz. 138. |3 Hauck/Helml/*Hauck*, § 83 ArbGG Rz. 7; ErfK/*Eisemann*, § 83 ArbGG Rz. 5. |4 BAG v. 25.9.1996 – 1 ABR 25/96, AP Nr. 4 zu § 97 ArbGG 1979. |5 GK-ArbGG/*Dörner*, § 83 Rz. 59 mwN. |6 Hauck/Helml/*Hauck*, § 83 ArbGG Rz. 8. |7 St. Rspr., zuletzt etwa BAG v. 31.5.2005 – 1 ABR 22/04, AP Nr. 125 zu § 87 BetrVG 1972 – Lohngestaltung; Düwell/Lipke/*Koch*, § 3 ArbGG Rz. 15; GK-ArbGG/*Dörner*, § 83 Rz. 42. |8 BAG, 28.3.2006 – 1 ABR 59/04, BAGE 117, 337. |9 BAG v. 5.12.2007 – 7 ABR 72/06; GK-ArbGG/*Dörner*, § 83 Rz. 52 ff. |10 GK-ArbGG/*Dörner*, § 83 Rz. 50. |11 BAG v. 21.1.2003 – 1 ABR 9/02, AP Nr. 1 zu § 21a BetrVG 2002; Hauck/Helml/*Hauck*, § 83 ArbGG Rz. 10. |12 BAG v. 16.3.2005 – 7 ABR 43/04, AP Nr. 6 zu § 28 BetrVG 1972; GK-ArbGG/*Dörner*, § 83 Rz. 71; Hauck/Helml/*Hauck*, § 83 ArbGG Rz. 12; aA *Laux*, Die Antrags- und Beteiligungsbefugnis im arbeitsgerichtlichen Beschlussverfahren, S. 82 ff.; GMPM/*Matthes*, § 83 ArbGG Rz. 38; Düwell/Lipke/*Koch*, § 83 ArbGG Rz. 16.

tigkeiten oder im Wahlanfechtungsverfahren zu beteiligen, muss die sich hieraus ergebenden Rechte aber nicht wahrnehmen[1].

Geht es um eine betriebsverfassungsrechtl. Streitigkeit in einem **Gemeinschaftsbetrieb**, sind regelmäßig **alle** an diesem Gemeinschaftsbetrieb beteiligten Unternehmen/ArbGeb **zu beteiligen**[2], es sei denn, es geht materiell nur um ein bestimmtes Arbeitsverhältnis und dessen Gestaltung nicht durch die Führung des Gemeinschaftsbetriebes, sondern den entsendenden ArbGeb, wie dies bei einem Verfahren um die Zustimmung zur Eingruppierung der Fall ist[3]. 22

b) Betriebsrat. Auch die **Beteiligtenstellung des BR**[4] hängt von seiner materiellen betriebsverfassungsrechtl. Betroffenheit ab. Sie ist in betriebsverfassungsrechtl. Angelegenheiten **regelmäßig gegeben**. Dies gilt auch für Grenzbereiche. So ist der BR zu beteiligen, wenn ein **BR-Mitglied** die **Kostenerstattung** wegen der Teilnahme an Schulungsveranstaltungen vom ArbGeb verlangt; **anders** verhält es sich nach Abtretung des Kostenerstattungsanspruchs an die Gewerkschaft als Träger der Schulungsveranstaltung, wenn über die Kostenerstattungspflicht dem Grunde nach keine Meinungsverschiedenheiten bestehen und sich der Streit über die Höhe der Kostenerstattung auf die Frage beschränkt, ob die Kostenrechnung der Gewerkschaft aus koalitionsrechtl. Gründen zu beanstanden ist; hier ist weder der betreffende Schulungsteilnehmer, noch der BR zu beteiligen[5]. Der BR ist zu beteiligen bei Verfahren, die sich mit der **Wahl einer JAV** befassen[6] oder dann, wenn es um den **Ausschluss eines BR-Mitglieds**[7] oder um die **Befugnisse des BR-Vorsitzenden** als Leiter einer **Betriebsversammlung** geht[8]. Materiell betroffen ist der einzelne BR auch, wenn es um die Wirksamkeit der Errichtung eines GesamtBR oder darum geht, inwieweit eine **GesamtBV wirksam** ist[9]. Unproblematisch ist die Beteiligtenstellung des BR, wenn seine Mitwirkungs- und MitbestR, seine Wahl oder seine Binnenorganisation im Streit stehen. 23

Geht es nur um Befugnisse des **GBR** im Verhältnis zur **Unternehmensleitung**, ist der **BR neben dem GBR** zu beteiligen, wenn sich aus der Entscheidung über diese Befugnisse auch unmittelbare Wirkungen für die einzelnen Betriebe und BR ergeben, wie dies etwa bei einem Streit um die Errichtung eines GBR oder dessen Zuständigkeit für den Abschluss von BV der Fall ist. BR und GBR sind auch dann nebeneinander zu beteiligen, wenn es um den Inhalt einer GesamtBV, um die richtige Zusammensetzung des GBR[10] oder um dessen Zuständigkeit geht[11]. 24

c) Einzelne Betriebsratsmitglieder. Mitglieder eines betriebsverfassungsrechtl. Organs sind nach § 103 II BetrVG **kraft Gesetzes** zu beteiligen, wenn die gerichtliche Ersetzung der Zustimmung zu einer Kündigung angestrebt wird, die ihnen gegenüber ausgesprochen werden soll. Im Übrigen sind sie immer dann beteiligt, wenn über ihre betriebsverfassungsrechtl. Rechte gestritten wird, etwa um die **Übernahme von Schulungskosten** oder darum, ob eine **betriebsratsinterne Wahl wirksam** war[12]. 25

d) Einzelne Arbeitnehmer. ArbN sind nur zu beteiligen, wenn es um ihre **individuellen betriebsverfassungsrechtl.** oder **mitbestimmungsrechtl. Rechte** geht, etwa wenn ihr persönliches aktives oder passives **Wahlrecht** im Streit steht[13]. 26

Nicht zu beteiligen sind einzelne ArbN, wenn es nur um das **Wahlrecht der nach abstrakten Merkmalen beschriebenen Gruppe** geht, der sie angehören[14]. Keine individuelle, sondern nur eine **kollektive Betroffenheit**, die für eine Beteiligung nicht ausreicht, besteht auch dann, wenn um die **Auflösung des BR** oder um die **Wirksamkeit einer BR-Wahl** gestritten wird. Einzelne ArbN sind auch **nicht** an betriebsverfassungsrechtl. Streitigkeiten nach **§ 99 IV BetrVG** zu **beteiligen**. In diesen Verfahren geht es nicht um betriebsverfassungsrechtl. Rechtspositionen der von einer personellen Einzelmaßnahme betroffenen ArbN, sondern um die betriebsverfassungsrechtl. Kompetenzabgrenzung zwischen ArbGeb und BR. Aus diesem Streit können sich nur Reflexwirkungen für den einzelnen ArbN und seine arbeitsvertragl. Position ergeben[15], die für dessen Beteiligtenstellung nicht ausreichen. 27

e) Gewerkschaften und Arbeitgeberverbände. Gewerkschaften sind **in aller Regel nur als Antragsteller** Beteiligte. Weitere Beteiligte sind sie weder bei der Anfechtung einer Wahl zum BR noch bei der 28

---

1 BAG v. 29.8.1985 – 6 ABR 63/82, AP Nr. 13 zu § 83 ArbGG 1979; im Ergebnis ebenso BAG v. 15.8.2001 – 7 ABR 2/99, AP Nr. 10 zu § 47 BetrVG 1972. | 2 BAG v. 29.9.2004 – 1 ABR 39/03, AP Nr. 40 zu § 99 BetrVG 1972 – Versetzung; v. 15.5.2007 – 1 ABR 32/06, AP Nr. 30 zu § 1 BetrVG 1972 – Gemeinsamer Betrieb; aA GMPM/*Matthes*, § 83 ArbGG Rz. 40 („Gemeinsame Leitung" als „Arbeitgeber"). | 3 BAG v. 12.12.2006 – 1 ABR 38/05, EzA Nr. 13 zu § 87 BetrVG 2001 – Betriebliche Lohngestaltung. | 4 Zur Beteiligtenfähigkeit der für den Flugbetrieb errichteten Personalvertretung (§ 117 II 1 BetrVG: BAG v. 22.11.2005 – 1 ABR 49/04, AP Nr. 7 zu § 117 BetrVG 1972. | 5 BAG v. 15.1.1992 – 7 ABR 23/90, AP Nr. 41 zu § 40 BetrVG 1972. | 6 BAG v. 13.3.1991 – 7 ABR 89/89, AP Nr. 2 zu § 60 BetrVG 1972. | 7 BAG v. 1.8.1958 – 1 ABR 6/58, AP Nr. 1 zu § 83 ArbGG 1953. | 8 BAG v. 19.5.1978 – 6 ABR 41/75, AP Nr. 3 zu § 43 BetrVG 1972. | 9 BAG v. 30.10.1986 – 6 ABR 52/83, AP Nr. 6 zu § 47 BetrVG 1972; v. 31.1.1989 – 1 ABR 67/87, AP Nr. 15 zu § 87 BetrVG 1972 – Tarifvorrang. | 10 Vgl. BAG v. 9.8.2000 – 7 ABR 56/98, AP Nr. 9 zu § 47 BetrVG 1972; v. 15.1.2002 – 1 ABR 10/01, AP Nr. 23 zu § 50 BetrVG 1972. | 11 BAG v. 22.6.2005 – 7 ABR 57/04, AP Nr. 23 zu § 1 BetrVG 1972 – Gemeinsamer Betrieb. | 12 Vgl. BAG v. 14.11.2001 – 7 ABR 31/00, AP Nr. 24 zu § 38 BetrVG 1972; v. 15.8.2001 – 7 ABR 2/99, AP Nr. 10 zu § 47 BetrVG 1972. | 13 Vgl. etwa BAG v. 23.1.1986 – 6 ABR 47/82, AP Nr. 31 zu § 5 BetrVG 1972. | 14 BAG v. 10.2.1981 – 6 ABR 86/78, AP Nr. 25 zu § 5 BetrVG 1972. | 15 GK-ArbGG/*Dörner*, § 83 Rz. 81 mwN; teilweise aA Schwab/Weth/*Weth*, § 83 ArbGG Rz. 66; Düwell/Lipke/*Koch*, § 83 ArbGG Rz. 17.

Anfechtung einer Aufsichtsratswahl[1]. Nur soweit die Gewerkschaft selbst die Wahlanfechtung betreibt, ist sie in das Beschlussverfahren einbezogen.

29 Eine im Betrieb vertretene Gewerkschaft ist **nicht** zu **beteiligen**, wenn es um die Wirksamkeit der **Wahl des BR-Vorsitzenden**, um die **Freistellung von BR-Mitgliedern**, die Errichtung eines **GBR**, die Zuordnung von **Nebenbetrieben** oder das aktive oder passive **Wahlrecht von ArbN** geht[2]. Streiten ArbGeb und BR darum, ob eine **BV wegen Verstoßes gegen einen TV unwirksam** ist, ist die Gewerkschaft zwar als Koalition und TV-Partei, nicht aber unmittelbar in einer betriebsverfassungsrechtl. Position betroffen. Deshalb soll auch in einem solchen Fall die Gewerkschaft nicht zu beteiligen sein[3]. Diese Auffassung ist indes angesichts der Rspr. zum im Beschlussverfahren durchzusetzenden Unterlassungsanspruch der Gewerkschaften gegenüber tarifwidrigen Bündnissen für Arbeit[4] nicht mehr uneingeschränkt aufrecht zu erhalten.

30 Eine im Betrieb vertretene Gewerkschaft **ist** demgegenüber **zu beteiligen**, wenn um das Recht auf **Entsendung eines Gewerkschaftsvertreters** zur Betriebsversammlung oder darum gestritten wird, ob ein solcher Beauftragter an Sitzungen des **Wirtschaftsausschusses** teilnehmen kann[5].

31 Den **ArbGebVerbänden** ist durch das Betriebsverfassungsrecht keine eigene betriebsverfassungsrechtl. Rechtsposition eingeräumt worden. Der zuständige ArbGebVerband ist deshalb **nicht** am arbeitsgerichtl. Beschlussverfahren **zu beteiligen.**

32 In den Verfahren um die **Anerkennung einer Schulungsveranstaltung** nach § 37 VII BetrVG ist die Spitzenorganisation der ArbGebVerbände zu beteiligen, nicht der einzelne ArbGebVerband, sowie die Spitzenorganisation auf ArbN-Seite. Geht es um die Anerkennung einer Schulungsveranstaltung, deren Träger eine bestimmte Gewerkschaft ist, ist auch Letztere zu beteiligen[6].

33 **f) Weitere mögliche Beteiligte.** Die **JAV** ist **nur soweit** zu beteiligen, **wie** eine **betriebsverfassungsrechtl. Rechtsstellung** eingeräumt ist (§§ 60 ff. BetrVG), also in einem Verfahren über ihre Rechtstellung und ihre Befugnisse sowie in Verfahren, in denen es um die Erforderlichkeit der Teilnahme eines ihrer Mitglieder an einer Schulungsveranstaltung geht[7]. Entsprechendes gilt für tarifl. Interessenvertretungen außerbetrieblich Auszubildender nach § 51 I BBiG nF, der an die Stelle des § 18a BBiG getreten ist[8]. Kraft gesetzl. Anordnung ist die JAV im Verfahren nach § 78a IV BetrVG Beteiligte.

34 Auch der **Wirtschaftsausschuss**, der lediglich eine Hilfsfunktion für den BR wahrnimmt, ist **regelmäßig nicht** an Beschlussverfahren zu beteiligen. Er ist nur dann Beteiligter, wenn Rechte ihm gegenüber geltend gemacht werden oder wenn es um seine Geschäftsführung und seine Aufgaben geht[9].

35 Der **Wahlvorstand** ist an allen Verfahren zu beteiligen, die im Laufe des Wahlverfahrens in Bezug auf die Durchführung der Wahl anhängig werden. Er bleibt bis zum Ende des Verfahrens Beteiligter, auch wenn die Wahl zwischenzeitlich abgeschlossen ist[10]. Dem gegenüber ist der Wahlvorstand **nicht** an einem **Wahlanfechtungsverfahren** zu beteiligen unabhängig davon, worauf die Wahlanfechtung gestützt wird[11]. Hier ist das Organ Beteiligter, um dessen Wahl es geht.

36 **Schwerbehindertenvertretungen, Vertrauensleute der Zivildienstleistenden** und **Werkstatträte** sind zu beteiligen, wenn es um ihre betriebsverfassungsrechtl. Rechte geht[12]. Mangels eigener betriebsverfassungsrechtl. Rechtspositionen, in denen sie betroffen sein könnten, sind **grds. nicht** zu beteiligen: Vom BR hinzugezogene **Sachverst.** oder **Verfahrensbevollmächtigte**, wenn es um deren Kosten geht, die **Einigungsstelle** oder ihr Vorsitzender auch dann, wenn die Wirksamkeit eines Einigungsstellenspruchs in Rede steht, oder ein **Datenschutzbeauftragter**, dessen Rechte und Pflichten im Betrieb sich nicht aus dem BetrVG, sondern aus dem Datenschutzrecht ergeben[13]. Wer in den Verfahren nach § 2a I Nr. 3d–f zu beteiligen ist, ergibt sich aus den Kompetenzzuordnungen, die in den in Abs. 3 aufgezählten Gesetzen vorgenommen werden.

37 **IV. Anhörung der Beteiligten.** Die Beteiligten sind nach Abs. 3 und 4 **grds. mündlich** und **von der Kammer des ArbG** anzuhören, auch wenn sie zuvor Gelegenheit hatten, sich an einer Güteverhandlung zu beteiligen. Für die **Anhörung** vor der Kammer gelten §§ 55 ff., weshalb auch ein **vorbereitender Beweisbeschluss** durch den Kammervorsitzenden (§ 55 IV) ergehen kann. Alle Beteiligten können sich zwar schriftl. äußern. Dies ändert aber nichts am **Gebot der mündlichen Anhörung**.

---

1 BAG v. 4.12.1986 – 6 ABR 48/85, AP Nr. 13 zu § 19 BetrVG 1972; v. 27.1.1993 – 7 ABR 37/92, AP Nr. 29 zu § 76 BetrVG 1952. | **2** GK-ArbGG/*Dörner*, § 83 Rz. 109 f. mwN. | **3** BAG v. 9.2.1984 – 6 ABR 10/81, AP Nr. 9 zu § 77 BetrVG 1972. | **4** BAG v. 20.4.1999 – 1 ABR 72/98, BAGE 91, 210 = AP Nr. 89 zu Art. 9 GG. | **5** BAG v. 18.3.1964 – 1 ABR 123/63, AP Nr. 1 zu § 45 BetrVG; v. 18.11.1980 – 1 ABR 31/78, AP Nr. 2 zu § 108 BetrVG 1972. | **6** BAG v. 6.4.1976 – 1 ABR 96/74, AP Nr. 23 zu § 37 BetrVG 1972; v. 11.8.1993 – 7 ABR 52/92, AP Nr. 92 zu § 37 BetrVG 1972. | **7** BAG v. 10.5.1974 – 1 ABR 47/73, AP Nr. 2 zu § 65 BetrVG 1972. | **8** BAG v. 24.8.2004 – 1 ABR 28/03, AP Nr. 12 zu § 98 BetrVG 1972; der Gesetzgeber hat § 83 insoweit noch nicht an die neue Gesetzeslage angepasst. | **9** BAG v. 5.11.1985 – 1 ABR 56/83, AP Nr. 4 zu § 117 BetrVG 1972. | **10** BAG v. 25.8.1981 – 1 ABR 61/79, AP Nr. 2 zu § 83 ArbGG 1979. | **11** BAG v. 24.5.2006 – 7 ABR 40/05, EzA Nr. 1 zu § 97 SGB IX. | **12** GK-ArbGG/*Dörner*, § 83 Rz. 100. | **13** BAG v. 11.11.1997 – 1 ABR 21/97, AP Nr. 1 zu § 36 BDSG.

Der **Pflicht** zur Anhörung nach Abs. 4 S. 2 ist bereits dann **genügt**, wenn ein Beteiligter zum Anhörungstermin **geladen** und mit der Ladung darauf **hingewiesen** worden ist, dass auch dann der Pflicht zu seiner Anhörung genügt ist, wenn er dem Anhörungstermin unentschuldigt fern bleibt. **Bleibt** ein Beteiligter **entschuldigt fern**, muss der Anhörungstermin **vertagt** werden. Zu diesem neuen Termin sind erneut **alle Beteiligten** zu laden, da ihre Anhörung in einem gemeins. Termin zu erfolgen hat[1]. 38

Nur dann, wenn **alle** am Verfahren Beteiligten sich hiermit **ausdrücklich einverstanden** erklärt haben, kann das Gericht nach Abs. 4 S. 3 **ohne mündliche Anhörung** entscheiden; § 83a III 2 findet keine Anwendung. Selbst wenn ein solches Einverständnis aller Beteiligten vorliegt, steht es **im Ermessen des Gerichts**, ob eine mündliche Anhörung stattfindet[2]. Entschließt sich das Gericht für das schriftl. Verfahren, weil der entscheidungserhebliche Sachverhalt vollständig aufgeklärt ist und es nur noch um Rechtsfragen geht, ist nach § 60 I ein **Termin zur Verkündung** eines **vollständig** schriftl. abgefassten und von den ehrenamtlichen Richtern hinsichtlich der Beschlussformel unterschriebenen **Beschlusses** (§ 84 S. 3, § 60 III 2, IV 2) anzuberaumen. 39

V. Verfahrensbeschwerde. Nach Abs. 5 findet gegen **Beschlüsse und Verfügungen** des ArbG oder seines Vorsitzenden die im Laufe des Verfahrens ergehen, also **verfahrensleitende Anordnungen**, die **nicht instanzbeendend** sind, die **sofortige Beschwerde** nach Maßgabe von **§ 78**, §§ 567 ff. ZPO statt. Im Falle einer **Vorabentscheidung über die zutreffende Verfahrensart** ist § 17a IV 3 GVG nach § 80 III, § 48 I als Spezialvorschrift anwendbar. Auch gegen einen solchen Beschluss ist die sofortige Beschwerde nach § 567 ZPO eröffnet. 40

83a *Vergleich, Erledigung des Verfahrens*

(1) Die Beteiligten können, um das Verfahren ganz oder zum Teil zu erledigen, zur Niederschrift des Gerichts oder des Vorsitzenden einen Vergleich schließen, soweit sie über den Gegenstand des Vergleichs verfügen können, oder das Verfahren für erledigt erklären.

(2) Haben die Beteiligten das Verfahren für erledigt erklärt, so ist es vom Vorsitzenden des Arbeitsgerichts einzustellen. § 81 Abs. 2 Satz 3 ist entsprechend anzuwenden.

(3) Hat der Antragsteller das Verfahren für erledigt erklärt, so sind die übrigen Beteiligten binnen einer von dem Vorsitzenden zu bestimmenden Frist von mindestens zwei Wochen aufzufordern, mitzuteilen, ob sie der Erledigung zustimmen. Die Zustimmung gilt als erteilt, wenn sich der Beteiligte innerhalb der vom Vorsitzenden bestimmten Frist nicht äußert.

Die auch im Instanzenzug über § 90 II und § 95 S. 4 anwendbare Bestimmung hat für das arbeitsgerichtl. Beschlussverfahren die Tendenzen deutlich verstärkt, den Beteiligten **mehr Dispositionsbefugnisse** über das Verfahren und dessen Beendigung, einzuräumen[3]. 1

Die Möglichkeit eines – jederzeit anzustrebenden (§ 80 II, § 57 II) – **gerichtlichen Vergleichs**, der ohne Einstellungsbeschluss verfahrensbeendende Wirkung hat, ist dadurch **gegenständlich beschränkt**, dass nur solche Vergleiche wirksam werden können[4], über deren Gegenstand alle am Verfahren materiell Beteiligte verfügen können[5]. Wirksamkeitsvoraussetzung ist auch, dass ihm **alle** materiell **Beteiligten** ausdrücklich und schriftl. oder zu Protokoll, ggf. auf Aufforderung des Vorsitzenden nachträglich, **zugestimmt haben**. Eine **Zustimmungsfiktion** nach Abs. 3 S. 2 kommt hier **nicht** in Betracht. Bei dem verfahrensbeendenden gerichtl. Vergleich handelt es sich um einen Vollstreckungstitel, der nicht auf Grund einer Zustimmungsfiktion zu Stande kommen kann[6]. 2

§ 83a sieht nur die Möglichkeit eines Vergleichsschlusses zu Protokoll vor. Die Möglichkeit, einen verfahrensbeendenden gerichtl. **Vergleich** im schriftl. Verfahren nach **§ 278 VI ZPO** abzuschließen, besteht **nicht**[7]. **Außergerichtl. Vereinbarungen**, die dann aber auch keine materiell-rechtl. Wirkungen haben, können nur über eine übereinstimmende Erledigungserklärung zur Beendigung des Verfahrens führen. 3

Ob ein **Gegenstand** der **Verfügungsmacht** der Beteiligten unterliegt, richtet sich nach dem jeweiligen materiellen Recht. Regelmäßig ist dies bei vermögensrechtl. Streitigkeiten (zB nach § 37 oder § 40 BetrVG) der Fall, während vergleichsweise Vereinbarungen über die Errichtung, Zusammensetzung und Organisation des BR, über aktives und passives Wahlrecht sowie über die Durchführung der Wahl oder die Ausfüllung des Betriebsbegriffs nicht eröffnet sind. Auch **Mitwirkungs- und MitbestR** stehen grds. nicht zur Disposition von Beteiligten[8]. Hier kann die Abgrenzung zwischen einem unzulässigen Verzicht auf MitbestR und einer **zulässigen** längerfristigen **Bindung** des BR in einer vergleichsweisen **Rahmenregelung** Schwierigkeiten aufwerfen[9]. Die Beteiligten sind demgegenüber **befugt**, den der Mitbest. unter- 4

---

1 GK-ArbGG/*Dörner*, § 83 Rz. 168; aA *Grunsky*, § 83 ArbGG Rz. 24. | 2 ErfK/*Eisemann*, § 83 ArbGG Rz. 11 mwN. | 3 *Fenn*, FS 25 Jahre BAG, 1979, S. 91, 100 ff. | 4 GK-ArbGG/*Dörner*, § 83a Rz. 7, 10. | 5 ErfK/*Eisemann*, § 83a ArbGG Rz. 2; GMPM/*Matthes*, § 83a ArbGG Rz. 5; GK-ArbGG/*Dörner*, § 83a Rz. 7; *Dütz*, RdA 1980, 96 (99); aA *Grunsky*, § 83a ArbGG Rz. 3. | 6 ErfK/*Eisemann*, § 83a ArbGG Rz. 1. | 7 AA GK-ArbGG/*Dörner*, § 83a ArbGG Rz. 16a. | 8 BAG v. 23.6.1992 – 1 ABR 53/91, AP Nr. 51 zu § 87 BetrVG 1972 – Arbeitszeit. | 9 BAG v. 3.6.2003 – 1 AZR 349/02, NZA 2003, 1155.

liegenden Gegenstand, etwa **Arbeitszeitfragen** oder ein bestimmtes Ordnungsverhalten im Betrieb, auch **vor Gericht zu regeln** und so zugleich den Streit um das Bestehen oder den Umfang des betreffenden MitbestR zu erledigen.

5 **Fehlt** den Beteiligten die **Verfügungsbefugnis** über den Vergleichsgegenstand, muss das Gericht die Beteiligten vor einer Protokollierung hierauf hinweisen. Ein gleichwohl protokollierter Vergleich hat weder verfahrensbeendende Wirkung, noch kann aus ihm vollstreckt werden. Wird einem Beteiligten die mögliche Unwirksamkeit des Vergleichs bewusst, kann er verbunden mit seinem ursprünglichen Sachantrag die **Fortsetzung des Verfahrens** beantragen. Dann ist zunächst zu klären, ob der Vergleich das Verfahren tatsächlich beendet hat oder nicht. Will der Antragsteller diesen Weg gehen, hat er seinen bisherigen Sachantrag zu stellen, ein sonstiger Beteiligter kann die Feststellung der Unwirksamkeit des Vergleichs beantragen[1].

6 Wird ein nach seinem Gegenstand an sich möglicher **Vergleich** im Anhörungstermin geschlossen, dem aber ein bei Vergleichsschluss **nicht anwesender Beteiligter** auch auf Nachfrage des Gerichts **nicht** ausdrücklich **zustimmt**, liegt ebenfalls kein vollstreckungsfähiger und verfahrensbeendender Vergleich vor. Die am Vergleichsschluss Beteiligten können im Hinblick auf die zwischen ihnen wirksam bleibende Vereinbarung aber das Verfahren für erledigt erklären. Dann kann das Verfahren nach **Abs. 3 S. 2** erledigt werden. Einfacher ist eine Antragsrücknahme im Hinblick auf die getroffene Vereinbarung (§ 81 II).

7 Wird das Beschlussverfahren mit Zustimmung aller Beteiligten **für erledigt erklärt**, hat das ArbG nicht zu prüfen, ob der Antrag ursprünglich zulässig und begründet war oder ein erledigendes Ereignis eingetreten ist[2]. Der Vorsitzende hat auf Grund der **Erledigungserklärung** und der ggf. über Abs. 3 S. 2 fingierten **Zustimmung** aller übrigen Beteiligten das Verfahren durch förmlichen, verfahrensbeendenden Beschluss einzustellen, der den Beteiligten zur Kenntnis zu bringen ist. Gegen den Einstellungsbeschluss ist die Möglichkeit der Beschwerde nach § 87 eröffnet[3]. Der Beschluss hat allerdings keine materiellen Auswirkungen. Er steht insb. einem neuen Verfahren über den gleichen Streitgegenstand nicht entgegen[4].

8 Eine allseitige Zustimmung zur Erledigung des Verfahrens wird vielfach nur nach **Abs. 3 S. 2** zu Stande kommen. **Voraussetzung** dafür, dass eine Zustimmung hiernach als erteilt gilt, ist, (1) dass den Beteiligten vom Gericht eine Frist gesetzt worden ist, die mindestens zwei Wochen betragen muss, (2) sie vom Vorsitzenden aufgefordert worden sind, innerhalb dieser Frist mitzuteilen, ob sie der Erledigung zustimmen, (3) sie dabei darüber belehrt wurden, dass ihrem Schweigen der entsprechende Erklärungswert zukommt[5], und (4) sie sich bis zum Ablauf der Frist nicht bei Gericht eingehend geäußert haben. Dabei ist wegen der Versäumnis der Frist, die weder eine Notfrist, noch eine sonstige in § 233 ZPO genannte Frist ist, eine **Wiedereinsetzung** in den vorigen Stand **nicht möglich**[6]. Eine nachträgliche Zustimmungserklärung ist ausnahmsw. entbehrlich, wenn ein Beteiligter bereits vorab erklärt hatte, er stimme einer etwaigen Erledigungserklärung zu[7].

9 Hat der Antragsteller das Beschlussverfahren für erledigt erklärt, aber zumindest einer der übrigen Beteiligten seine **Zustimmung** hierzu **verweigert**, muss das ArbG darüber **entscheiden**, ob tatsächlich ein **erledigendes Ereignis** eingetreten ist, ob also der Antrag nach Rechtshängigkeit unzulässig oder unbegründet geworden ist. Darauf, ob der Antrag vor Eintritt des erledigenden Ereignisses zulässig und begründet war, kommt es anders als im Urteilsverfahren nicht an[8]. Liegt ein erledigendes Ereignis vor, ist das Verfahren durch den Beteiligten **förmlich zuzustellenden Beschluss** nach Abs. 2 mit der Beschwerdemöglichkeit nach § 87 einzustellen. Fehlt es am erledigenden Ereignis, ist über den Sachantrag zu entscheiden. Erledigende Ereignisse sind bspw. im Verfahren nach § 103 II BetrVG die nachträgliche Zustimmung des BR zur beabsichtigten Kündigung[9], im Verfahren nach § 99 IV das Ausscheiden eines gegen den Willen des BR eingestellten, umgruppierten oder versetzten ArbN[10] oder die Rücknahme des Zustimmungsersuchens des ArbGeb[11]. Darüber hinaus werden sich Streitigkeiten über den Umfang eines MitbestR regelmäßig dann erledigen, wenn der betroffene Betrieb stillgelegt worden ist und kein Anlass mehr für eine geforderte Regelung oder die Anwendung einer in ihrer Wirksamkeit umstrittenen BV besteht[12], oder wenn das Letzte BR-Mitglied aus dem Betrieb ausgeschieden ist und jedes **betriebsverfassungsrechtl. Rechtsverhältnis erloschen** ist[13].

---

1 GK-ArbGG/*Dörner*, § 83a Rz. 16a ff. |2 BAG v. 28.2.2006 – 1 ABR 1/05, AP Nr. 51 zu § 99 BetrVG 1972 – Einstellung; *Fenn*, FS 25 Jahre BAG, S. 91, 101 f.; Düwell/Lipke/*Koch*, § 83a ArbGG Rz. 7. |3 GMPM/*Matthes*, § 83a ArbGG Rz. 14; GK-ArbGG/*Dörner*, § 83a Rz. 24; aA *Molkenbur*, DB 1992, 425 (429); *Grunsky*, § 87 ArbGG Rz. 2 (Beschwerde nach § 83 V, § 78). |4 GMPM/*Matthes*, § 83a ArbGG Rz. 10. |5 GMPM/*Matthes*, § 83a ArbGG Rz. 17; GK-ArbGG/*Dörner*, § 83a Rz. 26. |6 Statt aller ErfK/*Eisemann*, § 83a ArbGG Rz. 4. |7 BAG v. 26.4.1990 – 1 ABR 79/89, BAGE 65, 105, 108. |8 BAG v. 28.2.2006 – 1 ABR 1/05, AP Nr. 51 zu § 87 BetrVG 1972 – Einstellung; GK-ArbGG/*Dörner*, § 83a Rz. 30 mwN. |9 BAG v. 23.6.1993 – 2 ABR 58/92, AP Nr. 2 zu § 83a ArbGG 1979. |10 BAG v. 15.9.1987 – 1 ABR 44/86, BAGE 56, 108; v. 10.2.1999 – 10 ABR 42/98, AP Nr. 5 zu § 83a ArbGG 1979. |11 BAG v. 28.2.2006 – 1 ABR 1/05, AP Nr. 51 zu § 99 BetrVG 1972 – Einstellung. |12 ZB BAG v. 19.6.2001 – 1 ABR 48/00, AP Nr. 8 zu § 83a ArbGG 1979. |13 BAG v. 14.8.2001 – 1 ABR 52/00, AP Nr. 1 zu § 21b BetrVG 1972.

10 Ein Beschlussverfahrens kann **in keinem Falle von Amts wegen**, ohne entsprechende Erklärung des Antragstellers, im Hinblick auf ein erledigendes Ereignis **eingestellt** werden[1]. Dies gilt auch für Feststellungsanträge nach § 100 II 3 BetrVG; auch insoweit tritt keine automatische Beendigung des Verfahrens ein[2]; auch ein solches Beschlussverfahren kann nicht von Amts wegen analog Abs. 2 eingestellt werden. Das **BAG** nimmt allerdings in einem solchen Fall ein **Ende der Rechtshängigkeit** an[3].

84 *Beschluss*

Das Gericht entscheidet nach seiner freien, aus dem Gesamtergebnis des Verfahrens gewonnenen Überzeugung. Der Beschluss ist schriftlich abzufassen. § 60 ist entsprechend anzuwenden.

1 Das ArbG entscheidet die anstehenden Rechtsfragen auf der Grundlage des unter Mitwirkung der Beteiligten von Amts wegen festgestellten Sachverhaltes, wobei zur Sachverhaltsfeststellung auch der Vortrag der Beteiligten nach § 286 I ZPO zu würdigen ist[4]. Die Entscheidungsmöglichkeiten des Gerichts werden durch das Rechtsschutzziel des Antragstellers begrenzt, wie es in seinem Vorbringen zum Ausdruck kommt und – ggf. mit Hilfe des Gerichts – mit einer entsprechenden **Antragstellung** umgesetzt worden ist (§ 308 ZPO).

2 Das Verfahren wird nicht durch Urteil, sondern einen von verfahrensleitenden Beschlüssen nach § 53, § 83 V zu unterscheidenden Beschluss beendet. Auf ihn sind §§ 300 ff. ZPO entsprechend anzuwenden. Bei Entscheidungsreife iSv. § 300 ZPO entscheidet die **Kammer unter Mitwirkung der ehrenamtlichen Richter**, auch wenn nach § 83 IV 3 eine mündliche Verhandlung nicht stattgefunden hat. Eine Entscheidung durch den **Vorsitzenden allein** kommt **nur** ausnahmsw. nach § 80 II, **§ 55 III** im unmittelbaren Anschluss an eine erfolglose Güteverhandlung in Betracht, wenn einer solchen Entscheidung alle Beteiligten unabhängig von ihrer Anwesenheit im Anhörungstermin zugestimmt haben[5]. Ein Beschluss, der zu Unrecht ohne die ehrenamtlichen Richter ergangen ist, ist anfechtbar, ggf. auch nach § 80 II, § 79 ArbGG iVm. § 579 I Nr. 1 ZPO durch Nichtigkeitsklage angreifbar.

3 Der Beschluss kann auch bei nur teilweiser Entscheidungsreife als Teilbeschluss (§ 301 ZPO[6]) oder als Zwischenfeststellungsbeschluss[7], sowie als Zwischenbeschluss über die Zulässigkeit des Antrags oder als Vorbehaltsbeschluss ergehen. Auch Verzichts- oder Anerkenntnisentscheidungen nach § 306, § 307 ZPO sind möglich, während eine **Säumnisentscheidung** im Beschlussverfahren **ausgeschlossen** ist (§ 83 IV 2)[8].

4 Der Beschluss hat ein Rubrum zu enthalten, in dem neben dem Antragsteller alle materiell Beteiligten, nicht nur die, die sich am Verfahren tatsächlich beteiligt haben, aufzuführen sind. Nach dem Entscheidungsausspruch folgen in der Sache Tatbestand und Entscheidungsgründe, die im Beschlussverfahren überkommen in zweigeteilte **„Gründe"** aufgenommen werden. Die Entscheidungsformel enthält **keine Kostenentscheidung**, weil die Entscheidung im Beschlussverfahren gerichtskostenfrei ergeht (§ 12 V) und sich die Erstattung sonstiger Verfahrenskosten nach materiellem kollektivem Arbeitsrecht[9], etwa § 20 III BetrVG[10], § 40 I BetrVG[11] oder § 20 III 1 MitBestG[12] richtet. Auch eine **Streitwertfestsetzung** erfolgt im Beschluss **nicht**. Sie ist gesondert auf Antrag nach **§ 32 II RVG** möglich[13].

5 Da eine Entscheidung im Beschlussverfahren nur bei vermögensrechtl. Streitigkeiten **vorläufig vollstreckbar** ist, sollte in solchen Fällen zur Klarstellung eine Vollstreckbarkeitserklärung im Beschluss selbst erfolgen[14]. Für den Antragsteller empfiehlt es sich, einen **entsprechenden Entscheidungsausspruch** zu **beantragen**. Da gegen einen Beschluss nach § 84 stets die Beschwerde nach § 87 eröffnet ist, kann **nicht** nach **§ 313a I ZPO** auf die vom Vorsitzenden schriftl. abzufassenden und zu unterzeichnenden Gründe, die Tatbestand und Entscheidungsgründe umfassen müssen, verzichtet werden. Allerdings finden **§ 313a II und III entsprechende Anwendung**: Wird der Beschluss im Anschluss an einen mündlichen Anhörungstermin verkündet, und haben alle am Verfahren Beteiligten, die durch den Beschluss beschwert sind, innerhalb einer Woche nach Schluss der **mündlichen Verhandlung** gegenüber dem Gericht auf die Einlegung von Rechtsmitteln gegen den Beschluss verzichtet, kann von der schriftl. Niederlegung von Tatbestand und Entscheidungsgründen abgesehen werden. Nach dem Gesetzeswortlaut ist

---

1 BAG v. 23.6.1993 – 2 ABR 58/92, AP Nr. 2 zu § 83a ArbGG 1979; ErfK/*Eisemann*, § 83a ArbGG Rz. 4. | 2 GK-ArbGG/*Dörner*, § 83a Rz. 34, 35 gegen BAG v. 18.10.1988 – 1 ABR 36/87, AP Nr. 4 zu § 100 BetrVG 1972; Hauck/Helml/*Hauck*, § 83a ArbGG Rz. 9. | 3 BAG v. 14.12.2004 – 1 ABR 55/03, AP Nr. 122 zu § 99 BetrVG 1972; v. 25.1.2005 – 1 ABR 61/03, AP Nr. 48 zu § 99 BetrVG 1972 – Einstellung. | 4 ErfK/*Eisemann*, § 84 ArbGG Rz. 1. | 5 GK-ArbGG/*Dörner*, § 80 Rz. 55. | 6 BAG v. 31.1.1995 – 1 ABR 35/94, AP Nr. 56 zu § 118 BetrVG 1972. | 7 BAG v. 1.2.1989 – 4 ABR 86/88, BAGE 61, 66. | 8 Hauck/Helml/*Hauck*, § 84 ArbGG Rz. 2; GMPM/*Matthes*, § 84 ArbGG Rz. 7. | 9 Nicht: nach allgemeinem Bürgerlichen Recht zB § 280 I BGB: BAG v. 2.10.2007 – 1 ABR 59/06. | 10 BAG v. 8.4.1992 – 7 ABR 56/91, BAGE 70, 126; LAG Düsseldorf v. 25.10.1994 – 6 TaBV 78/94, LAGE § 20 BetrVG 1972 Nr. 10. | 11 BAG v. 19.3.2003 – 7 ABR 15/02, AP Nr. 77 zu § 40 BetrVG 1972 mwN. | 12 BAG v. 25.5.2005 – 7 ABR 42/04, AP Nr. 1 zu § 20 MitbestG. | 13 Zum Streitwert im arbeitsgerichtl. Beschlussverfahren: Düwell/Lipke/*Krönig*, § 12 ArbGG Rz. 63 ff.; GK-ArbGG/*Wenzel*, § 12 Rz. 440 ff. | 14 ErfK/*Eisemann*, § 84 ArbGG Rz. 2; GMPM/*Matthes*, § 84 ArbGG Rz. 12.

diese Möglichkeit aber weder bei einer Entscheidung im schriftl. Verfahren, noch bei einer Verkündung des Beschlusses in einem besonderen Verkündungstermin eröffnet[1].

6 Als Teil des Beschlusses ist über die möglichen **Rechtsmittel** zu **belehren**, wobei das ArbG dann, wenn es die **Sprungrechtsbeschwerde** nach § 96a zulässt, über Beschwerde nach § 87 **und** Sprungrechtsbeschwerde belehren muss. Entscheidet das ArbG im Beschlussverfahren nach **§ 122 II** oder **§ 126 II InsO**, hat es nach § 122 III auch darüber zu **entscheiden**, **ob** es die **Rechtsbeschwerde** zulassen will, wobei es diese Entscheidung trotz fehlender Inbezugnahme des § 72 I 2 entsprechend § 64 IIIa in den **Beschlusstenor** aufzunehmen hat[2].

7 Der Beschluss ist nach § 84 S. 3, **§ 60 IV** zu verkünden; hiernach richten sich auch die Fristen für die Festlegung eines Verkündungstermins und die Absetzung der Entscheidung (vgl. die Komm. zu § 60). Der Beschluss ist nach § 80 II iVm. § 50 I an alle am Verfahren formell Beteiligten **zuzustellen**, unabhängig davon, ob sie sich tatsächlich beteiligt haben. Ein **Abhilfeverfahren** nach § 78a wegen Verletzung des Anspruchs auf rechtl. Gehör kommt im Beschlussverfahren 1. Instanz **nicht** in Betracht, weil gegen alle Beschlüsse das Rechtsmittel der Beschwerde gegeben ist.

8 Ein Beschluss nach § 84 beendet die Instanz in dem beschiedenen Umfang (Rz. 3). Wird gegen den Beschluss nicht innerhalb eines Monats ab Zustellung Beschwerde eingelegt (§ 87 II, § 66), oder bleiben Rechtsmittel erfolglos, ist er **formell rechtskräftig**. Er erwächst auch in **materieller Rechtskraft**, so dass dieselbe Streitfrage, derselbe aus Antrag und tragendem Lebenssachverhalt gebildete Streitgegenstand, nicht erneut zwischen denselben Beteiligten zur gerichtl. Entscheidung gestellt werden kann. Geschieht dies doch, ist der Antrag als unzulässig zu verwerfen[3].

9 Die **Wirkung** der materiellen Rechtskraft erstreckt sich auf **alle** am Verfahren durch das Gericht formell **Beteiligten**, auch wenn sie sich tatsächlich nicht beteiligt haben[4]. Eine materielle Betroffenheit reicht **nicht** aus, wenn das Gericht den Betreffenden zu Unrecht nicht auch formell **beteiligt** hat und er deshalb bei der Beibringung der Entscheidungsgrundlagen nicht mitwirken konnte[5]. Die Rechtskraft von Entscheidungen in betriebsverfassungsrechtl. Angelegenheiten erstreckt sich auf die **Beteiligten in ihrer** jeweiligen **Rolle**; Wechsel in den Personen sind unerheblich. Deshalb wirkt ein Beschluss auch für einen neu gewählten BR[6] oder einen neuen Betriebsinhaber/ArbGeb nach § 613a BGB[7]. Voraussetzung ist, dass die **Identität** des das betriebsverfassungsrechtl. Rechtsverhältnis bestimmenden **Betriebes** erhalten bleibt.

10 Die materielle Rechtskraft hindert ein neues Verfahren nicht, wenn sich der dem Antrag maßgeblich zugrunde gelegte **Lebenssachverhalt wesentlich geändert** hat, so dass ein neuer Streitgegenstand zur Entscheidung steht. **Gesetzesänderungen** oder Änderungen von gesetzesvertretendem Richterrecht hindern die Rechtskraftwirkung demgegenüber grds. nicht[8], es sei denn, die rechtl. Verhältnisse ändern sich grundlegend und diese Änderungen treffen auf eine **Entscheidung mit Dauerwirkung**, wie etwa eine gerichtliche Feststellung der Gewerkschaftseigenschaft einer Organisation[9].

11 Nicht umfassend geklärt ist, inwieweit Entscheidungen im Beschlussverfahren **über** die **Verfahrensbeteiligten hinaus präjudiziell wirken**[10]. Eine solche Rechtskrafterstreckung weicht von der Grundkonzeption des **§ 325 ZPO** ab. Sie ist aber insb. dann geboten, wenn und soweit **individualrechtl. Rechtspositionen** von Verhältnissen der **Betriebsparteien abhängig** sind, oder – wie im Falle des § 113 BetrVG und im Zusammenhang mit der Theorie der Wirksamkeitsbedingung[11], sowie wohl auch beim Kündigungsschutz des BR-Mitglieds über § 103 I BetrVG[12] – vorrangig oder zumindest auch der Effektuierung betriebsverfassungsrechtl. Rechte dienen.

12 So schließt die rechtskräftige Feststellung in einem Beschlussverfahren, eine mitbestimmungspflichtige **Betriebsänderung** habe **nicht** vorgelegen, die individualrechtl. Durchsetzung eines Anspruchs auf **Nachteilsausgleich** aus[13]. Ist festgestellt worden, dass dem BR bei einer bestimmten ArbGebWeisung **kein MitbestR** nach § 87 BetrVG zustand, kann ein ArbN im Folgeprozess **nicht** geltend machen, die betreffende **Weisung** sei ihm gegenüber wegen Verletzung eines MitbestR **unverbindlich**[14]; Entsprechendes dürfte für eine Entscheidung nach § 99 iVm. § 95 III BetrVG gelten[15]. In solchen Fällen bleibt dem klagenden ArbN die Möglichkeit, vertragl. Einwände gegenüber den erteilten Weisungen geltend zu

1 GMPM/*Matthes*, § 84 ArbGG Rz. 11. | 2 § 72 I 3 wurde nach Inkrafttreten der InsO neu geschaffen. | 3 BAG v. 20.3.1996 – 7 ABR 41/95, BAGE 82, 291 m. Anm. *Krause*. | 4 BAG v. 27.8.1968 – 1 ABR 6/68, BAGE 21, 139; v. 1.2.1983 – 1 ABR 33/78, BAGE 41, 316. | 5 GK-ArbGG/*Dörner*, § 84 Rz. 26; Schwab/Weth/*Weth*, § 84 ArbGG Rz. 31; ErfK/*Eisemann*, § 84 ArbGG Rz. 3; GMPM/*Matthes*, § 84 ArbGG Rz. 27. | 6 BAG v. 27.1.1981 – 6 ABR 68/79, BAGE 35, 1. | 7 BAG v. 5.2.1991 – 1 ABR 32/90, BAGE 67, 168. | 8 BAG v. 20.3.1996 – 7 ABR 41/95, BAGE 82, 291 (298 f.). | 9 BAG v. 6.6.2000 – 1 ABR 21/99, BAGE 95, 47 (55 ff.). | 10 Hierzu insb. *Krause*, Rechtskrafterstreckung im kollektiven Arbeitsrecht, 1996; *Dütz*, FS Gnade, 1992, S. 487; *Konzen*, FS Zeuner, 1994, S. 401; *Nottebohm*, RdA 2002, 292. | 11 Etwa BAG v. 13.7.1977 – 1 AZR 336/75, AP Nr. 2 zu § 87 BetrVG 1972 – Kurzarbeit. | 12 BAG v. 15.8.2002 – 2 AZR 214/02, AP Nr. 48 zu § 103 BetrVG. | 13 BAG v. 10.11.1987 – 1 AZR 360/86, BAGE 56, 304. | 14 BAG v. 10.3.1998 – 1 AZR 658/97, AP Nr. 5 zu § 84 ArbGG 1979 gegen BAG v. 15.1.1987 – 6 AZR 589/84, AP Nr. 21 zu § 75 BPersVG. | 15 Vgl. BAG v. 3.5.1994 – 1 ABR 58/93, BAGE 77, 1; GMPM/*Matthes*, § 84 ArbGG Rz. 29.

machen. Ein Anspruch auf Nachteilsausgleich kann auch nicht darauf gestützt werden, in einem gemeins. Betrieb sei § 111 BetrVG nicht beachtet worden, wenn zuvor in einem Beschlussverfahren nach **§ 18 II BetrVG** rechtskräftig festgestellt worden ist, ein gemeins. Betrieb mehrerer Unternehmen sei nicht gebildet worden[1].

Eine präjudizielle Wirkung tritt auch ein, wenn zwischen ArbGeb und BR der **Inhalt einer BV** in einem bestimmten Sinne **festgestellt** worden ist; ArbN oder ArbGeb können sich im Individualprozess nicht zur Stützung ihrer Rechtsposition auf einen anderen Regelungsinhalt berufen[2]. Der Rechtsgedanke des § 9 TVG trägt auch hier. Eine entsprechende Bindung ergibt sich auch aus der gerichtlichen Entscheidung im Beschlussverfahren über die – eingeschränkte – **Wirkung der Kündigung einer BV** für Ansprüche aus dieser BV, soweit nicht individuelle Gesichtspunkte eine Rolle spielen, die im Beschlussverfahren nicht zu berücksichtigen waren[3]. Eine präjudizielle Wirkung für ein erneutes Beschlussverfahren besteht über den Kreis der ursprünglich Beteiligten hinaus, wenn zunächst festgestellt wurde, bei einer bestimmten ArbN-Gruppe handele es sich um **ArbN** iSv. § 5 BetrVG, und dann in einem Folgeverfahren eine Wahlanfechtung nach § 19 BetrVG darauf gestützt werden soll, die betreffenden ArbN hätten **zu Unrecht mitgewählt**[4]. 13

85 *Zwangsvollstreckung*

(1) Soweit sich aus Absatz 2 nichts anderes ergibt, findet aus rechtskräftigen Beschlüssen der Arbeitsgerichte oder gerichtlichen Vergleichen, durch die einem Beteiligten eine Verpflichtung auferlegt wird, die Zwangsvollstreckung statt. Beschlüsse der Arbeitsgerichte in vermögensrechtlichen Streitigkeiten sind vorläufig vollstreckbar; § 62 Abs. 1 Satz 2 bis 5 ist entsprechend anzuwenden. Für die Zwangsvollstreckung gelten die Vorschriften des Achten Buches der Zivilprozessordnung entsprechend mit der Maßgabe, dass der nach dem Beschluss Verpflichtete als Schuldner, derjenige, der die Erfüllung der Verpflichtung auf Grund des Beschlusses verlangen kann, als Gläubiger gilt und in den Fällen des § 23 Abs. 3, des § 98 Abs. 5 sowie der §§ 101 und 104 des Betriebsverfassungsgesetzes eine Festsetzung von Ordnungs- oder Zwangshaft nicht erfolgt.

(2) Der Erlass einer einstweiligen Verfügung ist zulässig. Für das Verfahren gelten die Vorschriften des Achten Buches der Zivilprozessordnung über die einstweilige Verfügung entsprechend mit der Maßgabe, dass die Entscheidungen durch Beschluss der Kammer ergehen, erforderliche Zustellungen von Amts wegen erfolgen und ein Anspruch auf Schadensersatz nach § 945 der Zivilprozessordnung in Angelegenheiten des Betriebsverfassungsgesetzes nicht besteht.

Beschlüsse im Beschlussverfahren, gegen die ein Rechtsmittel nicht mehr gegeben ist, und gerichtl. Vergleiche nach § 83a sind **vollstreckungsfähig**, wenn sie in einer für die Zwangsvollstreckung ausreichenden **Bestimmtheit** die **Verpflichtung** eines Beteiligten aus materiellem Recht festlegen, eine Handlung vorzunehmen, sie zu unterlassen oder zu dulden, Sachen herauszugeben oder Geld zu zahlen[5]. Beschlüsse, die nur die Rechtslage feststellen oder sie gestalten sollen[6], sind nicht vollstreckbar; dasselbe gilt für Unterlassungsverpflichtungen in gerichtlichen Vergleichen, wenn von ihnen im Vergleichstext nicht näher beschriebene Fallgestaltungen ausgenommen worden sind[7]. Die Wirkung gestaltender Entscheidungen tritt ohne weiteres mit Rechtskraft ein. 1

Nicht rechtskräftige Beschlüsse sind nicht ohne weiteres **vorläufig vollstreckbar**. Anders als im Urteilsverfahren (§ 62 I) setzt die vorläufige Vollstreckbarkeit voraus, dass der Beschluss in einer – **unmittelbar – vermögensrechtl.** Streitigkeit ergangen ist, wenn der Antragsteller also in erheblichem Umfang wirtschaftl. Zwecke verfolgt[8]. Es muss letztlich um Geld oder geldwerte Leistungen gestritten werden[9]. Vorläufig vollstreckbar sind deshalb Beschlüsse, die nach § 20 III 1 oder § 40 I zur **Kostenerstattung** oder dazu verpflichten, Sachmittel zur Verfügung zu stellen (§ 40 II). **Nicht vorläufig vollstreckbar** sind auch dann, wenn sie einen erheblichen wirtschaftl. Hintergrund haben, Beschlüsse, in denen der Bestand, die Wirkung oder die Durchführung von **MitbestR** Streitgegenstand ist[10]. Wegen der hier bestehenden Unklarheit sollte die vorläufige Vollstreckbarkeit stets in den **Beschlusstenor** aufgenommen werden. ihr Ausschluss, der förmlich beantragt werden muss und nach Maßgabe des § 62 I 2 möglich ist, ist stets in den Entscheidungsausspruch aufzunehmen[11]. Bei einem nachträglichen Antrag im Rahmen einer Beschwerde nach § 87 ist hierüber gem. § 718 ZPO nach Anhörung der Beteiligten durch Teilbeschluss in 2. Instanz vorab zu entscheiden[12]. Auch für die **Einstellung der Zwangsvollstreckung** gilt § 62 I, die 2

---

1 BAG v. 9.4.1991 – 1 AZR 488/90, BAGE 68, 1. | 2 BAG v. 17.2.1992 – 10 AZR 448/91, BAGE 69, 367. | 3 So tendenziell BAG v. 17.8.1999 – 3 ABR 55/98, AP Nr. 79 zu § 77 BetrVG 1972. | 4 BAG v. 20.3.1996 – 7 ABR 41/95, BAGE 82, 291. | 5 GMPM/*Matthes*, § 85 ArbGG Rz. 2; Düwell/Lipke/*Krönig*, § 85 ArbGG Rz. 3. | 6 ZB nach § 16 II, § 23 II, § 99 IV oder § 24 Nr. 6 BetrVG – hierzu BAG v. 29.9.1983 – 2 AZR 212/82, AP Nr. 15 zu § 15 KSchG 1969. | 7 BAG v. 28.2.2003 – 1 AZB 53/02, AP Nr. 2 zu § 78 ArbGG 1979. | 8 BAG v. 28.9.1989 – 5 AZB 8/89, AP Nr. 14 zu § 64 ArbGG 1979. | 9 HAS/*Laux*, § 25 A X Rz. 102; Düwell/Lipke/*Krönig*, § 85 ArbGG Rz. 4. | 10 GMPM/*Matthes*, § 85 ArbGG Rz. 6; Hauck/Helml/*Hauck*, § 85 ArbGG Rz. 4; Schwab/Weth/*Walker*, § 85 ArbGG Rz. 8; aA *Weth*, Das arbeitsgerichtliche Beschlussverfahren, S. 347 f.; *Herbst/Bertelsmann/Reiter*, Rz. 175. | 11 Hauck/Helml/*Hauck*, § 85 ArbGG Rz. 4; GK-ArbGG/*Vossen*, § 85 Rz. 14. | 12 GMPM/*Matthes*, § 85 ArbGG Rz. 7.

Zwangsvollstreckung ist also, wenn die gesetzl. Voraussetzungen hierfür vorliegen, durch **unanfechtbaren** Beschluss und **ohne Sicherheitsleistung** einzustellen (S. 3–5 iVm. § 707 I, § 719 I ZPO)[1].

3 Ist ein vorläufig vollstreckbarer Beschluss, aus dem die Zwangsvollstreckung betrieben worden ist, auf Rechtsmittel aufgehoben worden, findet **§ 717 II 1 ZPO keine** entsprechende **Anwendung**. Dem Vollstreckungsschuldner bleibt der Bereicherungsanspruch. Die Zuerkennung eines verschuldensunabhängigen Schadenersatzanspruches aus § 717 II 1 ZPO stünde im Widerspruch zu § 85 II, der im Falle einer vollzogenen und später aufgehobenen einstw. Verfügung den entsprechenden Anspruch aus § 945 ZPO ausdrücklich ausschließt[2].

4 Für die Durchführung der Zwangsvollstreckung gilt das Achte Buch der ZPO mit zwei Besonderheiten: Wer Gläubiger und Schuldner ist, ergibt sich aus den Festlegungen der Pflichtenlage im Beschlusstenor (Abs. 1 S. 3); außerdem ist in den im Gesetz genannten Fällen der § 23 III, § 98 V, § 101 und § 104 BetrVG die Verhängung von **Ordnungs- oder Zwangshaft** ausgeschlossen. In den genannten Bestimmungen finden sich zugleich § 890 I ZPO **verdrängende Absenkungen** des höchstmöglichen **Ordnungs- oder Zwangsgeldes**[3]. Für Beschlüsse außerhalb der genannten Bestimmungen gelten die allgemeinen Regeln unter Einschluss des Rechts, die Festsetzung von Ordnungs- oder Zwangshaft zu beantragen[4]. Über die Verhängung von Ordnungsgeld oder die Festlegung von Zwangsgeld oder Zwangshaft, die auch schon in dem das Erkenntnisverfahren abschließenden Beschluss angedroht werden können[5], ist nach Maßgabe des Achten Buches der ZPO zu entscheiden. §§ 80 ff. gelten hier nicht. Demgemäß hat der Vorsitzende allein im schriftl. Verfahren nach vorheriger Anhörung des Schuldners zu entscheiden (§ 891 ZPO)[6]. Seine Beschlüsse nehmen am Kostenprivileg des § 2 II GKG teil und ergehen kostenfrei[7].

5 In der Zwangsvollstreckung nach § 85 können alle materiell Beteiligten unabhängig von ihrer Rechtsfähigkeit, ggf. also nach Maßgabe des **§ 10**, **Gläubiger** und antragsbefugt sein[8]. Soweit ihnen im Beschlusstitel ein Anspruch zuerkannt worden ist, können sie im Wege der Zwangsvollstreckung auch **Rechte erwerben**, etwa Besitz an Sachen, die ihnen nach § 40 II BetrVG zugestanden wurden.

6 Schwieriger ist die Rechtslage beim **Vollstreckungsschuldner**. Zwar kann gegenüber dem ArbGeb als Schuldner nach den allgemeinen Regeln und deren Modifikation durch Abs. 1 die Zwangsvollstreckung betrieben werden. Die Möglichkeiten **gegenüber** den **betriebsverfassungsrechtl. Organen** sind demgegenüber aber eingeschränkt, weil diese nicht vermögensfähig sind. Alle Vollstreckungsmaßnahmen, die ein Vermögen des Schuldners voraussetzen, scheiden aus[9]. Zwar kann gegenüber dem BR nach **§ 883 ZPO** die Herausgabe von Sachen, die sich in seinem Besitz befinden, oder von bestimmtem Geld, das er als Vorschuss erhalten hat, erzwungen werden[10]. Eine Zwangsvollstreckung mithilfe von Zwangs- oder Ordnungsgeld oder eine Ersatzvornahme kommen gegenüber dem BR aber in keinem Fall in Betracht. Auf dem BR treuhänderisch zur Geschäftsführung überlassene Geldmittel kann zu diesem Zweck nicht zurückgegriffen werden[11]. Zwangsmaßnahmen nach § 887, § 888 und § 890 ZPO gegenüber dem betriebsverfassungsrechtl. Organ selbst kommen ebenfalls nicht in Betracht. Ein gegen eine solche Stelle gerichteter Titel kann weder unmittelbar gegen die Mitglieder der Stelle vollstreckt werden, noch kann er auf die Mitglieder umgeschrieben werden[12]. **Einzelne BR-Mitglieder** können nur in Anspruch genommen werden, wenn sich der **Titel auch gegen sie** richtet, was bereits bei der Antragstellung zu berücksichtigen ist. In diesem Fall gilt das allgemeine Vollstreckungsrecht nach Maßgabe des Abs. 1 ohne weitere Besonderheiten[13].

7 Auch im Beschlussverfahren gibt es **einstw. Rechtsschutz** in der Form der einstw. Verfügung[14] und des praktisch wenig bedeutsamen Arrestes zur Sicherung von Geldforderungen[15]. Über den Antrag auf Erlass einer einstw. Verfügung entscheidet stets das ArbG der Hauptsache[16] in **voller Besetzung**, auch wenn es ausnahmsw. nach § 937 II ZPO wegen der Dringlichkeit ohne Anhörung der Beteiligten entscheidet[17]. Es ist umstritten, ob ganz ausnahmsw. auch eine Entscheidung des **Vorsitzenden allein** statthaft ist[18]. Die hinter der Besetzungsregel des Abs. 2 S. 2 stehende Wertung, dass in jedem Fall praktischer Sachverstand aus den Betrieben in die gerichtlichen Entscheidungen im Eilverfahren, die in

1 Keine Rechtsbeschwerde gegen eine Einstellungsentscheidung des LAG: BAG v. 5.11.2003 – 10 AZB 59/03, AP Nr. 12 zu § 78 ArbGG 1979. | 2 Ebenso GMPM/*Matthes*, § 85 ArbGG Rz. 26; GK-ArbGG/*Vossen*, § 85 Rz. 32; aA HAS/*Laux*, § 25 A X Rz. 102. | 3 BAG v. 22.2.1983 – 1 ABR 27/81, BAGE 42, 11 = AP Nr. 2 zu § 23 BetrVG 1972. | 4 LAG Düsseldorf v. 7.3.1991 – 7 TaBV 55/91, LAGE § 890 ZPO Nr. 2. | 5 LAG Frankfurt v. 3.6.1988 – 12 TaBV 154/87, DB 1989, 536. | 6 LAG Schl.-Holst. v. 27.12.2001 – 1 TaBV 15c/01, LAGE § 888 ZPO Nr. 48; ErfK/*Eisemann*, § 85 ArbGG Rz. 4. | 7 GMPM/*Matthes*, § 85 ArbGG Rz. 25; GK-ArbGG/*Vossen*, § 85 Rz. 30. | 8 Düwell/Lipke/*Krönig*, § 85 ArbGG Rz. 10. | 9 GK-ArbGG/*Vossen*, § 85 Rz. 21. | 10 Düwell/Lipke/*Krönig*, § 85 ArbGG Rz. 11. | 11 ErfK/*Eisemann*, § 85 ArbGG Rz. 2 mwN; aA *Grunsky*, § 85 ArbGG Rz. 5. | 12 Hauck/Helml/*Hauck*, § 85 ArbGG Rz. 5; GK-ArbGG/*Vossen*, § 85 Rz. 25; *Herbst/Bertelsmann/Reiter*, Rz. 590. | 13 Düwell/Lipke/*Krönig*, § 85 ArbGG Rz. 14 f.; *Herbst/Bertelsmann/Reiter*, Rz. 591. | 14 Umfassend aus BR-Sicht: *Herbst/Bertelsmann/Reiter*, Rz. 249 bis 573. | 15 *Grunsky*, § 85 ArbGG Rz. 24. | 16 Keine Ersatzzuständigkeit der Amtsgerichte: GMPM/*Matthes*, § 85 ArbGG Rz. 42; GK-ArbGG/*Vossen*, § 85 Rz. 69; ist die Hauptsache bereits beim LAG anhängig, ist dieses auch das Verfügungsgericht. | 17 BAG v. 28.8.1991 – 7 ABR 72/90, BAGE 68, 232. | 18 Dafür *Grunsky*, § 85 ArbGG Rz. 18; *Herbst/Bertelsmann/Reiter*, Rz. 531; aA wohl GMPM/*Matthes*, § 85 ArbGG Rz. 45; wie hier GK-ArbGG/*Vossen*, § 85 Rz. 80; ErfK/*Eisemann*, § 85 ArbGG Rz. 7; Düwell/Lipke/*Krönig*, § 85 ArbGG Rz. 33; Hauck/Helml/*Hauck*, § 85 ArbGG Rz. 14.

erheblichem Umfang in die betriebl. Wirklichkeit einwirken können, einfließen soll, spricht gegen eine solche Möglichkeit. Sie wird jedenfalls nur nach Ausschöpfung aller denkbaren Versuche, ehrenamtliche Richter zu beteiligen, eröffnet sein.

Für das **Verfügungsverfahren** gelten die allgemeinen Regeln des Beschlussverfahrens, aus denen sich auch die Antragsbefugnis und der Kreis der von Amts wegen zu Beteiligenden ergibt. Auch hier gilt der **Amtsermittlungsgrundsatz;** das angerufene Gericht hat auf der Grundlage der vom Antragsteller nach Abs. 2 S. 2 iVm. § 920 II ZPO geforderten **Glaubhaftmachung** von **Verfügungsanspruch** und **Verfügungsgrund** diejenigen Ermittlungen anzustellen, die unter Berücksichtigung der Dringlichkeit der angestrebten Entscheidung in angemessener Zeit möglich und zumutbar sind. Auch im Beschlussverfahren kommen Sicherungsverfügung (§ 935 ZPO), Regelungsverfügung (§ 940 ZPO) und – unter den hierfür entwickelten besonderen Voraussetzungen – auch eine Leistungs- oder Befriedigungsverfügung in Betracht. **8**

Der durch eine solche Verfügung zu sichernde Verfügungsanspruch richtet sich nach dem materiellen Betriebsverfassungsrecht, zu dem auch einschlägige Regelungen in TV und BV gehören. Als **Verfügungsansprüche gegenüber dem ArbGeb** kommen zB in Betracht: Zugangsrechte von Gewerkschaftsbeauftragten nach § 2 II BetrVG[1] oder von BR-Mitgliedern, denen ein Hausverbot erteilt worden war, jedenfalls zur Durchführung von BR-Aufgaben; das Recht auf ungestörte BR- oder Wahlvorstandstätigkeit oder Freistellungsansprüche für BR-Mitglieder wegen des Besuches von Schulungsveranstaltungen[2]. **9**

Im Einzelnen ist vielfach problematisch, inwieweit **MitbestR** des BR im einstw. Verfügungsverfahren **vorläufig gesichert** werden können, wobei zusätzliche Fragen im Zusammenhang mit den Anforderungen an den Verfügungsgrund (hierzu Rz. 13) bestehen. Für die MitbestR nach **§ 87 BetrVG** gilt, dass der dort jedenfalls unter der Voraussetzung des Bestehens einer Wiederholungsgefahr anerkannte vorbeugende Anspruch gegen den ArbGeb, eine mitbestimmungspflichtige Maßnahme bis zur ordnungsgemäßen Beteiligung des BR zu **unterlassen**[3], unter der Voraussetzung eines Verfügungsgrundes auch durch einstw. Verfügung gesichert werden kann[4]. Auch ein im Eilverfahren durchsetzbarer Anspruch auf Unterlassung von betriebsbedingten Kündigungen auf der Grundlage einer mitbestimmungspflichtigen, aber nicht mitbestimmten Auswahlrichtlinie (§ 1 III KSchG, § 95 BetrVG) kommt in Betracht[5]. **10**

Umstritten ist, inwieweit das Unterrichtungs- und **Beratungsrecht** des BR **vor Betriebsänderungen** (§ 111 BetrVG) **gesichert** werden kann, indem dem ArbGeb im Eilverfahren die **Durchführung** einer **geplanten Betriebsänderung**, insb. der Ausspruch von Kündigungen, **untersagt** wird, **bis** ein **Interessenausgleich** versucht worden ist. Das BAG[6] und ihm folgend die LAG Düsseldorf, Baden-Württemberg und Schleswig-Holstein halten eine solche Möglichkeit mit der zweifelhaften Begründung für nicht eröffnet, der BR habe kein eigenes zu sicherndes Recht auf Einhaltung des Interessenausgleichs. Die LAG Hessen, Berlin, Hamburg und Thüringen[7] haben demgegenüber ebenso wie ein Teil des Schrifttums[8] die vorläufige **Sicherung** des **Beratungsanspruchs** des BR aus § 111 BetrVG durch Aufschiebung der geplanten Betriebsänderung im Wege der einstw. Verfügung grds. für rechtl. möglich gehalten. Dem ist zu folgen. Der Hinweis, § 113 BetrVG enthalte mit dem Nachteilsausgleich eine abschließende individualrechtl. Sanktion für die Verletzung des Beratungsrechtes[9], überzeugt nicht. Hierin liegt regelmäßig keine hinreichende Sicherung der dem BR vom Gesetzgeber wenn auch eingeschränkt zugewiesenen Mitgestaltungsaufgabe bei langfristig und kollektiv wirkenden Betriebsänderungen. Es geht nicht darum, dass der BR einen materiellen Anspruch auf Unterlassung von Betriebsänderungen hat, denen er nicht zugestimmt hat. Er kann aber mit gerichtlicher Hilfe nach § 938 II ZPO sicherstellen, dass sein Beratungsrecht nicht dadurch gegenstandslos wird, dass ohne vorherige Beratung vollendete Tatsachen geschaffen werden und die Betriebsänderung durchgeführt wird[10]. Darüber hinaus dürfte zumindest seit dem 23.3.2005, dem Ablauf der Umsetzungsfrist für die Unterrichtungs- und Anhörungsrichtlinie 2002/14/EG, eine Sicherungsverfügung mit dem Gebot des effet utile aus dieser Richtlinie (Art. 10 iVm. Art. 4 II Buchst. c, IV Buchst. e) ergänzend gerechtfertigt werden können. **11**

Auch dem ArbGeb kann **gegenüber dem BR** ein **Verfügungsanspruch** zur Seite stehen. Hier wird es insb. um die Sicherung der Pflichten des BR gehen, auf den **Betriebsablauf Rücksicht** zu nehmen. Einstw. Verfügungen kommen deshalb zB in Betracht, um eine Betriebsversammlungen verschieben zu lassen[11], oder mit dem Antrag, einem BR-Mitglied die Teilnahme an einer bestimmten Schulungsveran- **12**

---

1 LAG Düsseldorf v. 5.12.1988 – 4 TaBV 140/88, LAGE § 2 BetrVG 1972 Nr. 6; Hauck/Helml/*Hauck*, § 85 ArbGG Rz. 10. | **2** LAG Hamm v. 23.11.1972 – 8 TaBV 37/72, LAGE § 37 BetrVG 1972 Nr. 2. | **3** Zuletzt etwa BAG v. 29.2.2000 – 1 ABR 4/99, AP Nr. 105 zu § 87 BetrVG 1972 – Lohngestaltung. | **4** LAG Hamburg v. 5.5.2000 – 3 TaBV 6/00, AuR 2000, 356; GMPM/*Matthes*, § 85 ArbGG Rz. 34; GK-BetrVG/*Wiese*, § 87 Rz. 1043; Hauck/Helml/*Hauck*, § 85 ArbGG Rz. 10; Düwell/Lipke/*Krönig*, § 85 ArbGG Rz. 29; HAS/*Laux*, § 25 A X Rz. 112. | **5** BAG v. 26.7.2005 – 1 ABR 29/04, AP Nr. 43 zu § 95 BetrVG 1972. | **6** BAG v. 28.8.1991 – 7 ABR 72/90, BAGE 68, 232, 241 f. | **7** Nachw. der LAG-Rspr. bei GK-ArbGG/*Vossen*, § 85 Rz. 47. | **8** ErfK/*Eisemann*, § 85 ArbGG Rz. 5; Düwell/Lipke/*Krönig*, § 85 ArbGG Rz. 30; HAS/Laux, § 25 A X Rz. 114; aA HWK/*Hohenstatt/Willemsen*, § 112 BetrVG Rz. 80; Jaeger/Röder/Heckelmann/*Röder/Baeck*, Kapitel 28 Rz. 165 mwN. | **9** So etwa GMPM/*Matthes*, § 85 ArbGG Rz. 37. | **10** *Fitting*, § 111 BetrVG Rz. 138 ff. | **11** LAG Düsseldorf v. 24.10.1972 – 11 (6) TaBV 43/72, DB 1972, 2212.

staltung zu untersagen, während deren seine Anwesenheit dem Betrieb dringend erforderlich ist. Darüber hinaus kann der ArbGeb im Wege der einstw. Verfügung die **betriebsverfassungsrechtl. Friedenspflicht** sichern[1]. Problematisch ist, inwieweit ein ArbGeb **gegen** eine bereits angesetzte **BR-Wahl** vorgehen kann[2]. Ein Antrag auf vorläufige Aussetzung der BR-Wahl oder Abbruch der Wahl wegen eines Wahlfehlers scheidet regelmäßig aus, weil damit eine längere betriebsratslose Zeit verbunden wäre: Etwas anderes gilt nur dann, wenn die erkennbaren Mängel der bevorstehenden BR-Wahl schwerwiegend und offenkundig sind sowie in der verbleibenden Zeit nicht mehr beseitigt werden können, so dass die bevorstehende **Wahl** ohnehin **nichtig** wäre. Nur ein berichtigender Eingriff im Wege der einstw. Verfügung, etwa bei offenkundiger Verkennung des Betriebsbegriffs und Fehlerhaftigkeit der Wählerliste wird demgegenüber in Betracht kommen, wenn eine Entscheidung so frühzeitig möglich ist, dass nach Berichtigung die bereits angesetzte Wahl noch ordnungsgemäß durchgeführt werden kann[3].

13 Eine vorläufige Sicherung von Verfügungsansprüchen setzt voraus, dass dem Antragsteller ein **Verfügungsgrund** zur Seite steht. Es muss die berechtigte Besorgnis bestehen, dass die Verwirklichung eines Rechtes ohne die baldige gerichtliche Sicherung durch einstw. Verfügung vereitelt oder wesentlich erschwert würde[4]. Bei der gebotenen umfassenden Interessenabwägung[5] ist mit zu würdigen, dass die Vollstreckung im Hauptsacheverfahren erst **nach** Eintritt der **Rechtskraft** möglich ist (Abs. 1). Auf der anderen Seite: etwa eintretende Schäden auf Grund der Vollziehung einer im Ergebnis ungerechtfertigten einstw. Verfügung sind **nicht** nach **§ 945 ZPO** auszugleichen (§ 85 II). Weiter kann zu berücksichtigen sein, inwieweit anderweitiger Schutz der betroffenen ArbN vor den Wirkungen einer Verletzung von MitbestR gewährleistet ist, etwa über das – inzwischen allerdings zweifelhaft gewordene – Prinzip, dass die Wahrung der MitbestR Wirksamkeitsbedingung der betreffenden Maßnahme ist[6].

14 Eine einstw. Verfügung ist **ausgeschlossen**, wo das **Gesetz** dies ausdrücklich **anordnet** oder durch abschließende Regelung einer anderweitigen Rechtsfolge verhindert. § 85 II ist kraft Gesetzes unanwendbar in den Fällen des § 97 II und des § 98 I 3. Im BetrVG finden sich **verdrängende Sonderregelungen** in § 98 V 3, § 100, § 101 sowie 104 S. 2 zur Sicherung der dort behandelten betriebsverfassungsrechtl. Rechte. **§ 101 BetrVG** schließt auch die Möglichkeit eines – ggf. auch im Eilverfahren durchsetzbaren – Unterlassungsanspruchs nach § 23 III BetrVG grds. aus[7]. Etwas **anderes** gilt nur dann, wenn der ArbGeb, etwa bei der Einstellung kurzfristiger **Aushilfskräfte**, das MitbestR des BR nach § 99 BetrVG ständig und **bewusst unterläuft**, ohne dass hiergegen wegen der immer wieder zuvor eingetretenen Erledigung auf dem spezialgesetzl. vorgezeichneten Weg eine gerichtliche Entscheidung herbeigeführt werden kann[8].

15 Erlässt das ArbG die beantragte einstw. Verfügung, so hat es auf Antrag nach **§ 926 ZPO** dem Antragsteller aufzugeben, innerhalb einer von ihm zu bestimmenden Frist ein bisher noch nicht anhängiges **Hauptsacheverfahren** einzuleiten. Ist der Beschluss auf Grund einer **mündlichen Anhörung** ergangen, ist gegen ihn die Beschwerde nach **§ 87** statthaft. Über sie ist im Beschluss zu belehren. Hat das Verfügungsgericht **ohne Anhörung** entschieden und den Antrag auf Erlass einer einstw. Verfügung **zurückgewiesen**, ist sofortige Beschwerde nach § 567 ZPO möglich. Die Beschwerde ist beim Verfügungsgericht einzulegen, das nach § 572 ZPO der Beschwerde abhelfen kann. Geschieht dies nicht, und weist das Beschwerdegericht die Beschwerde zurück, so ist kein weiteres Rechtsmittel gegeben, selbst wenn das Beschwerdegericht die Rechtsbeschwerde zugelassen hat (§ 92 I 3)[9]. Hat das Verfügungsgericht die einstw. Verfügung **ohne Anhörung erlassen**, kann der beschwerte Beteiligte hiergegen Widerspruch nach § 924 ZPO einlegen, über den das Verfügungsgericht nach mündlicher Anhörung entscheidet. Gegen den daraufhin ergehenden Beschluss 1. Instanz besteht die Beschwerdemöglichkeit nach § 87.

16 Hat das ArbG eine einstw. Verfügung erlassen, ist diese zwar nach Abs. 2 S. 2 von Amts wegen zuzustellen. Muss sie aber **vollzogen** werden, bedarf es **zusätzlich** noch deren **Zustellung im Parteibetrieb**, zB der Übergabe einer Beschlussausfertigung im Parteibetrieb an den Schuldner, um die Vollziehungsfrist des § 929 II iVm. § 936 ZPO zu wahren[10].

86 (weggefallen)

1 GMPM/*Matthes*, § 85 ArbGG Rz. 31 mwN. | 2 Hierzu GK-ArbGG/*Vossen*, § 85 Rz. 51 ff.; HAS/*Laux*, § 25 A X Rz. 115; *Rieble/Triskatis*, NZA 2006, 223. | 3 LAG BW v. 16.9.1996 – 15 TaBV 10/96, LAGE § 19 BetrVG 1972 Nr. 15. | 4 Hauck/Helml/*Hauck*, § 85 ArbGG Rz. 11. | 5 GK-ArbGG/*Vossen*, § 85 Rz. 80. | 6 Hauck/Helml/*Hauck*, § 85 ArbGG Rz. 11. | 7 BAG v. 6.12.1994 – 1 ABR 30/94, BAGE 78, 379 (382 f.). | 8 ErfK/*Kania*, § 101 BetrVG Rz. 9; Düwell/Lipke/*Krönig*, § 85 ArbGG Rz. 22. | 9 BAG v. 22.1.2003 – 9 AZB 7/03, AP Nr. 1 zu § 78 ArbGG 1979 nF. | 10 BAG v. 28.8.1991 – 7 ABR 72/90, BAGE 68, 232 (240); aA LAG Hamm v. 7.8.1987 – 8 Sa 1369/86, NZA 1987, 825; GMPM/*Matthes*, § 85 ArbGG Rz. 45.

Zweiter Unterabschnitt. Zweiter Rechtszug

87 *Grundsatz*

(1) Gegen die das Verfahren beendenden Beschlüsse der Arbeitsgerichte findet die Beschwerde an das Landesarbeitsgericht statt.

(2) Für das Beschwerdeverfahren gelten die für das Berufungsverfahren maßgebenden Vorschriften über die Einlegung der Berufung und ihre Begründung, über Prozessfähigkeit, Ladungen, Termine und Fristen, Ablehnung und Ausschließung von Gerichtspersonen, Zustellungen, persönliches Erscheinen der Parteien, Öffentlichkeit, Befugnisse des Vorsitzenden und der ehrenamtlichen Richter, Vorbereitung der streitigen Verhandlung, Verhandlung vor der Kammer, Beweisaufnahme, gütliche Erledigung des Rechtsstreits, Wiedereinsetzung in den vorigen Stand und Wiederaufnahme des Verfahrens sowie die Vorschriften des § 85 über die Zwangsvollstreckung entsprechend. Für die Vertretung der Beteiligten gilt § 11 Abs. 1 bis 3 und 5 entsprechend *[idF ab 1.7.2008]*. Der Antrag kann jederzeit mit Zustimmung der anderen Beteiligten zurückgenommen werden; § 81 Abs. 2 Satz 2 und 3 und Absatz 3 ist entsprechend anzuwenden.

(3) In erster Instanz zu Recht zurückgewiesenes Vorbringen bleibt ausgeschlossen. Neues Vorbringen, das im ersten Rechtszug entgegen einer hierfür nach § 83 Abs. 1a gesetzten Frist nicht vorgebracht wurde, kann zurückgewiesen werden, wenn seine Zulassung nach der freien Überzeugung des Landesarbeitsgerichts die Erledigung des Beschlussverfahrens verzögern würde und der Beteiligte die Verzögerung nicht genügend entschuldigt. Soweit neues Vorbringen nach Satz 2 zulässig ist, muss es der Beschwerdeführer in der Beschwerdebegründung, der Beschwerdegegner in der Beschwerdebeantwortung vortragen. Wird es später vorgebracht, kann es zurückgewiesen werden, wenn die Möglichkeit es vorzutragen vor der Beschwerdebegründung oder der Beschwerdebeantwortung entstanden ist und das verspätete Vorbringen nach der freien Überzeugung des Landesarbeitsgerichts die Erledigung des Rechtsstreits verzögern würde und auf dem Verschulden des Beteiligten beruht.

(4) Die Einlegung der Beschwerde hat aufschiebende Wirkung; § 85 Abs. 1 Satz 2 bleibt unberührt.

I. Überblick. Auch das Beschlussverfahren kennt grds. eine **zweite Tatsacheninstanz**, die durch das an die Stelle der Berufung tretende Rechtsmittel der Beschwerde eröffnet wird. §§ 87–91 treffen hierfür nur einige wenige vorrangige **Sonderbestimmungen**. Im Übrigen finden auf Grund der Verweisungen in Abs. 2 das **Berufungsrecht** des arbeitsgerichtl. **Urteilsverfahrens** sowie über die Verweisungen dort die **ZPO** Anwendung, soweit dem nicht Besonderheiten des arbeitsgerichtl. Beschlussverfahrens entgegen stehen[1]. 1

II. Beschwerdefähige Entscheidungen. Die beim **LAG einzulegende** Beschwerde nach § 87 ist ohne Zulassung statthaft gegen alle **Entscheidungen** im arbeitsgerichtl. Beschlussverfahren, die das **Verfahren** 1. Instanz ganz oder – bei Teil- oder Zwischenbeschlüssen – hinsichtlich einzelner Streitpunkte **beenden**[2]. Hierzu gehören auch Einstellungsbeschlüsse nach § 81 II 2, § 83a II[3]. Es kommt weder auf eine Mindestbeschwer noch darauf an, welcher Streitgegenstand beschieden worden ist. 2

Besonderheiten gelten für das arbeitsgerichtl. Beschlussverfahren nach **§ 122** und **§ 126 InsO**. In diesem **beschleunigten Verfahren** ist gegen erstinstanzliche Beschlüsse nur die Rechtsbeschwerde nach § 92 eröffnet und dies auch nur, wenn das ArbG sie in seinem Beschluss zugelassen hat. Eine Möglichkeit der Nichtzulassungsbeschwerde gibt es hier nicht (§ 92a Rz. 1). 3

Verfahrensbegleitende Beschlüsse und Verfügungen des ArbG nach § 83 V können nicht mit der Beschwerde nach § 87 zur Überprüfung durch das zweitinstanzliche Gericht gestellt werden. Hier sind nur Beschwerde und im Falle der – nicht erzwingbaren[4] – Zulassung durch das LAG Rechtsbeschwerde nach **§ 78 ArbGG, §§ 567 ff. ZPO** statthaft. 4

III. Beschwerdebefugnis und Beschwer. Eine statthafte Beschwerde ist zulässig, wenn der Beschwerdeführer beschwerdebefugt und beschwert ist. **Beschwerdebefugt** sind der Antragsteller und alle durch das Verfahren in ihren betriebsverfassungsrechtl. oder mitbestimmungsrechtl. Positionen **unmittelbar Betroffenen**[5], auch wenn sie vom ArbG fälschlich nicht beteiligt wurden[6]. Hierzu zählt im Verfahren nach **§ 103 BetrVG** auch das nach Abs. 2 S. 2 dieser Bestimmung zu beteiligende **BR-Mitglied**; es ist gegenüber einem die Zustimmung zur Kündigung ersetzenden Beschluss selbst dann **beschwerdebefugt**, wenn der beteiligte BR die erstinstanzliche Entscheidung hinnimmt[7]. Eine zu Unrecht beteiligte Person oder Stelle ist auch dann nicht beschwerdebefugt, wenn das ArbG von einem von ihr gestellten Antrag 5

---

1 GK-ArbGG/*Dörner*, § 87 Rz. 5, 6. | 2 GMPM/*Matthes*, § 87 ArbGG Rz. 3. | 3 LAG Rh.-Pf. v. 25.6.1982 – 5 TaBV 10/82, LAGE § 92 ArbGG 1979 Nr. 1; GMPM/Matthes, § 87 ArbGG Rz. 5; GK-ArbGG/*Dörner*, § 87 Rz. 3 mwN auch zur Gegenauffassung. | 4 BAG v. 19.12.2002 – 5 AZB 54/02, BAGE 104, 239. | 5 BAG v. 24.3.1996 – 7 ABR 34/95, AP Nr. 10 zu § 5 BetrVG 1972 – Ausbildung; GK-ArbGG/*Dörner*, § 89 Rz. 6 mwN. | 6 BAG v. 20.2.1986 – 6 ABR 5/85, AP Nr. 2 zu § 5 BetrVG 1972 – Rotes Kreuz. | 7 BAG v. 10.12.1992 – 2 ABR 32/92, AP Nr. 4 zu § 87 ArbGG 1979.

abgewichen ist[1], oder ihr in der Rechtsmittelbelehrung – irrig – die Möglichkeit der Beschwerde eingeräumt hat.

6 Eine zulässige Beschwerde durch eine beschwerdebefugte Person oder Stelle setzt weiter voraus, dass diese **durch** die angefochtene **Entscheidung beschwert** ist und mit ihrer Beschwerde die Beseitigung eben dieser Beschwer verfolgt[2], dass sie also ein **Rechtsschutzbedürfnis** für ihre Beschwerde hat. Die aus Tenor und Gründen des erstinstanzlichen Beschlusses zu ermittelnde Beschwer ergibt sich für den Antragsteller, wenn die Entscheidung **hinter** dem zuletzt gestellten **Sachantrag zurückbleibt**. Die **übrigen Beteiligten**, die im Verfahren 1. Instanz keinen Antrag stellen müssen, sind beschwert, wenn und soweit sie durch den angefochtenen Beschluss in ihrer materiellen Rechtsstellung **objektiv nachteilig betroffen** sind[3]. Darauf, ob die sonstigen Beteiligten einen – für das Verfahren unerheblichen – Abweisungsantrag gestellt haben, kommt es nicht an; es entscheidet allein die materielle Beschwer. Diese Anforderung muss **auch** ein am Verfahren 1. Instanz **zu Unrecht nicht Beteiligter** erfüllen, es sei denn, seine Beteiligtenbefugnis ist gerade Gegenstand des Verfahrens[4].

7 Wird ein Antrag als unzulässig, nicht als unbegründet zurückgewiesen, sind neben dem Antragsteller auch die übrigen Beteiligten beschwert. Sie können wegen einer **fehlenden abweisenden Sachentscheidung** einem erneuten Verfahren mit demselben Streitgegenstand ausgesetzt sein[5]. Entsprechendes gilt für die Beschwer des BR, wenn das ArbG einen Zustimmungsersetzungsantrag des ArbGeb nach § 99 IV BetrVG – fehlerhaft[6] – als unzulässig zurückgewiesen hat, weil die Zustimmung als erteilt gelte, statt dies als Minus durch entsprechende Entscheidung festzustellen, was den BR zweifelsfrei beschwert hätte.

8 **IV. Beschwerdeverfahren. 1. In Bezug genommene Regelungen (Abs. 2 S. 1).** Abs. 2 S. 1 verweist für das Beschwerdeverfahren umfangreich auf die Regelungen über die Berufung im arbeitsgerichtl. Urteilsverfahren, die ihrerseits vielfach die Bestimmungen des arbeitsgerichtl. Verfahrens 1. Instanz und der ZPO in Bezug nehmen. Dass diese Bestimmungen nur entsprechend gelten sollen, unterstreicht die Pflicht der Rechtsanwender, die in Bezug genommenen Regeln ggf. im Hinblick auf die **Besonderheiten des arbeitsgerichtl. Beschlussverfahrens** zu modifizieren.

9 In diesem Zusammenhang ist darauf hinzuweisen:

- Die im ArbGG nicht geregelte **Prozessfähigkeit** richtet sich nach §§ 51 ff. ZPO; für die hier vorausgesetzte Parteifähigkeit – im Beschlussverfahren: **Beteiligtenfähigkeit**[7] – gilt neben § 50 ZPO für die Träger betriebsverfassungsrechtl. und mitbestimmungsrechtl. Befugnisse **§ 10 S. 1 Hs. 2.**
- Für **Ladungen**, **Termine** und **Fristen** kommt es über § 64 VI ArbGG auf § 525, §§ 214 ff. und auf § 523 ZPO an; zwischen der Ladung der Beteiligten und dem Termin zur mündlichen Anhörung müssen deshalb mindestens drei Tage liegen (§ 217 ZPO), weil das Beschwerdeverfahren **kein „Anwaltsprozess"** ist (Rz. 10), zwischen der Zustellung der Beschwerdeschrift und dem Anhörungstermin mindestens zwei Wochen (§ 523 II iVm. § 274 III 1 ZPO)[8].
- Für **Zustellungen** gelten über § 64 VII, § 50 ArbGG §§ 166 ff. ZPO; die Anordnung des **persönlichen Erscheinens** der Beteiligten richtet sich nach § 51, wobei dessen Abs. 2 S. 1 im Beschlussverfahren unter der Geltung des Untersuchungsgrundsatzes keine Anwendung finden kann[9]; § 52 regelt die **Öffentlichkeit** des Beschlussverfahrens 2. Instanz, § 53, inwieweit der **Vorsitzende** allein oder nur die Kammer unter Einschluss der **ehrenamtlichen Richter** tätig werden können.
- Auch in der Beschwerdeinstanz hat der Vorsitzende durch vorbereitende Maßnahmen dafür zu sorgen, dass das Verfahren grds. in einem Termin beendet werden kann (§ 56 I, § 57 I), in dem wie stets eine gütliche Einigung zwischen den Beteiligten angestrebt werden soll (§ 67 VII iVm. § 57 II). Für die Durchführung der Beweisaufnahme, bei der die Besonderheiten des Untersuchungsgrundsatzes, wie etwa die – **geringeren** – **Anforderungen an einen Beweisantritt** zu berücksichtigen sind, sind neben § 58 ArbGG die §§ 284 bis 294 ZPO maßgeblich. Über die **Wiedereinsetzung** in den vorigen Stand nach Versäumung von Notfristen oder ihnen gleichgestellten Fristen, wie der Beschwerdebegründungsfrist[10], ist nach §§ 233 ff. ZPO zu entscheiden.
- Schließlich richtet sich auch die **Zwangsvollstreckung** aus zweitinstanzlichen Beschlüssen des LAG nach § 85 I. Durch die uneingeschränkte Verweisung auf § 85 hat das LAG in dem Fall, dass das Beschlussverfahren in der Hauptsache bereits in der 2. Instanz anhängig ist, nach § 85 II, §§ 937 I, 943 I ZPO eine erstinstanzliche Zuständigkeit zum Erlass einer einstw. Verfügung[11]. Soweit es – im Hinblick auf den regelmäßig problematischen Verfügungsgrund: ausnahmsw. – zum Erlass einer einstw. Verfügung durch das LAG kommt, ist hiergegen lediglich der Widerspruch möglich (§ 87 II 1, § 85 II ArbGG, §§ 936, 924 ZPO). Ein Rechtsmittel zum BAG gibt es nicht (§ 92 I 3).

---

1 BAG v. 25.8.1981 – 1 ABR 61/79, BAGE 37, 31, 43. | 2 BAG v. 29.1.1992 – 7 ABR 29/91, AP Nr. 14 zu § 11 ArbGG 1979 – Prozessvertreter. | 3 BAG v. 29.1.1992 – 7 ABR 29/91, AP Nr. 14 zu § 11 ArbGG 1979 – Prozessvertreter. | 4 BAG v. 29.1.1992 – 7 ABR 29/91, AP Nr. 14 zu § 11 ArbGG 1979 – Prozessvertreter. | 5 BAG v. 22.10.1985 – 1 ABR 81/83, AP Nr. 24 zu § 99 BetrVG 1972. | 6 BAG v. 18.10.1988 – 1 ABR 33/87, BAGE 60, 57. | 7 BAG v. 25.8.1981 – 1 ABR 61/79, BAGE 37, 31, 36. | 8 GMPM/*Matthes*, § 87 ArbGG Rz. 13. | 9 GK-ArbGG/*Dörner*, § 87 Rz. 12. | 10 GK-ArbGG/*Dörner*, § 87 Rz. 16. | 11 *Grunsky*, § 87 ArbGG Rz. 28; GK-ArbGG/*Dörner*, § 87 Rz. 19.

2. Vertretung im Verfahren. Das Beschwerdeverfahren ist kein Verfahren mit umfassendem Vertretungszwang: Nach Abs. 2 S. 2 iVm. § 11 I–III, V nF können Antragsteller und Beteiligte das **Verfahren selbst führen,** oder sich dabei nach Maßgabe der Sonderregeln des § 11 II Nr. 1–3 oder durch einen Verband (§ 11 II Nr. 4 u. 5) vertreten lassen. Einen **Vertretungszwang** enthält nur § 89 I für die **schriftl. Einreichung der Beschwerde, ihre Begründung** sowie **ihre Rücknahme**; diese bestimmenden Schriftsätze müssen jeweils von einem **Rechtsanwalt** oder dem **Vertreter** eines **Verbandes** oder einer **verbandsabhängigen Vertretungsorganisation** (§ 11 IV iVm. 11 II 2 Nr. 4 u. 5) unterschrieben sein (§ 89 Rz. 2, 4). 10

3. Antragsrücknahme und -änderung (Abs. 2 S. 3). Auch in der Beschwerdeinstanz ist eine Antragsrücknahme möglich. Sie bedarf aber – anders als die Rücknahme der Beschwerde – der **Zustimmung aller materiell Beteiligten,** nicht nur des „Antragsgegners“[1]. Fraglich ist, ob die Regelung in Abs. 2 S. 2, der § 83a III nicht in Bezug nimmt, abschließend ist, so dass eine **Zustimmung durch Schweigen** grds. ausscheidet[2], oder ob **ergänzend § 269 II ZPO** entsprechende Anwendung findet, so dass die Zustimmung eines Beteiligten zur Antragsrücknahme als erteilt gilt, wenn er innerhalb einer Notfrist von zwei Wochen seit der Zustellung der Antragsrücknahme dieser nicht widersprochen hat, nachdem er zuvor auf diese Folge seines Schweigens hingewiesen worden war[3]. Da ihr Wertungen des arbeitsgerichtl. Beschlussverfahrens nicht entgegenstehen, spricht die größere Praktikabilität für die Anwendbarkeit des § 269 II ZPO. 11

Liegen alle erforderlichen Zustimmungen zur Antragsrücknahme vor, muss der Vorsitzende das Verfahren entsprechend § 81 II 2 **durch Beschluss einstellen**, der denen gegenüber bekannt zu geben ist, denen auch der Antrag mitgeteilt worden war. Mit dem Einstellungsbeschluss **entfällt** die **Rechtshängigkeit** des Antrags und die Wirkung des erstinstanzlichen Beschlusses (§ 269 III 1 ZPO). Diese Folgen sind vom Vorsitzenden im Einstellungsbeschluss auszusprechen, wenn ein Beteiligter dies beantragt. Gegen den Einstellungsbeschluss ist unter den Voraussetzungen ihrer Zulassung die Rechtsbeschwerde nach **§ 92** gegeben[4]. Die Antragsrücknahme steht einer **erneuten Antragstellung** im Beschlussverfahren nicht entgegen (§ 269 VI ZPO)[5]. 12

Eine Änderung oder Erweiterung des Streitgegenstandes durch **Antragsänderung** ist in der Beschwerdeinstanz zulässig, wenn alle übrigen Beteiligten **zustimmen** oder das LAG die Änderung für **sachdienlich** hält. Die Zustimmung kann auch in der Einlassung auf den geänderten Antrag liegen (§ 81 III 2). Lässt das LAG die Änderung nicht zu, besteht hiergegen nach § 81 III 3 kein Rechtsmittel. Ein entsprechender (Zwischen-)Beschluss ist unanfechtbar[6]. 13

4. Verspätetes Vorbringen (Abs. 3). Abs. 3 enthält eine **Sonderregelung** zur Behandlung **verspäteten Vorbringens** im Beschlussverfahren 2. Instanz. Die strengeren Präklusionsbestimmungen der § 530, § 531 ZPO sind ebenso wenig anwendbar wie § 67, der allerdings in seinen Abs. 1, 2 und 4 überwiegend den Bestimmungen in § 87 III entspricht; es kann deshalb ergänzend auf die Kommentierung des § 67 verwiesen werden. Die Abweichungen des Abs. 3 gegenüber § 67 sind den **Besonderheiten** des **Beschlussverfahrens** geschuldet: Statt um neue Angriffs- und Verteidigungsmittel geht es um **neues Vorbringen**, das ist jeglicher streitiger Tatsachenvortrag, auf den es ankommen kann und dem deshalb im Rahmen des Untersuchungsgrundsatzes nachzugehen wäre. Darüber hinaus wird dem **Beschwerdegericht** in den Fällen des Abs. 3 S. 2 eine **abwägende Entscheidung** aufgegeben (**„kann“**), ob es bei Vorliegen der Voraussetzungen neues Vorbringen tatsächlich zurückweist oder hiervon absieht. Dies sollte Anlass dafür sein, von der im Beschlussverfahren, das vielfach Drittinteressen berührt, an sich systemfremden Möglichkeit der **Zurückweisung** verspäteten Vorbringens nur **sehr sparsam Gebrauch** zu machen[7]. Eine Zurückweisung scheidet auch dann aus, wenn alle Beteiligten die **Berücksichtigung** neuen Vorbringens **übereinstimmend anregen**; die Präklusionsvorschriften dienen vorrangig den Interessen der Beteiligten an einer zügigen Erledigung des Verfahrens[8]. 14

Im Einzelnen gilt: 15

- Unabhängig davon, ob seine Berücksichtigung die Erledigung des Verfahrens verzögern würde, ist **streitiges Vorbringen** in der Beschwerdeinstanz **zwingend ausgeschlossen**, wenn es bereits in 1. Instanz erfolgt war, **vom ArbG** aber im Rahmen des § 83 Ia 2 und deshalb **zu Recht zurückgewiesen** worden war (vgl. § 83 Rz. 9 ff.).
- Vorbringen, das **erstmals in der Beschwerdeinstanz** erfolgt, für das aber in 1. Instanz eine Frist nach § 83 Ia 1, 3 gesetzt worden war, kann zurückgewiesen werden, wenn seine Zulassung die Erledigung des Verfahrens verzögern würde; eine mögliche Verzögerung ist hinzunehmen, wenn der Beteiligte die Nichteinhaltung der in 1. Instanz gesetzten Frist **genügend entschuldigt**.

---

1 GMPM/*Matthes*, § 87 ArbGG Rz. 24; zum Sinn dieser Einschränkung: BAG v. 21.6.1957 – 1 ABR 1/56, AP Nr. 2 zu § 81 ArbGG 1953. | 2 GK-ArbGG/*Dörner*, § 87 Rz. 24; GMPM/*Matthes*, § 87 ArbGG Rz. 25. | 3 ErfK/*Eisemann*, § 87 ArbGG Rz. 3. | 4 GMPM/*Matthes*, § 81 ArbGG Rz. 80. | 5 BAG v. 12.11.2002 – 1 ABR 60/01, AP Nr. 43 zu § 99 BetrVG 1972 – Einstellung. | 6 ErfK/*Eisemann*, § 87 ArbGG Rz. 3. | 7 Zum Ausnahmecharakter von Präklusionsbestimmungen BVerfG v. 26.1.1995 – 1 BvR 1068/93, AP Nr. 3 zu § 67 ArbGG 1979. | 8 ErfK/*Eisemann*, § 87 ArbGG Rz. 4.

16 Ist in 1. Instanz entgegen einer Fristsetzung unterlassenes Vorbringen in der Beschwerdeinstanz nach Abs. 3 S. 2 zulässig, weil es die Erledigung des Verfahrens nicht verzögert oder die Fristversäumnis genügend entschuldigt ist, muss es vom Beschwerdeführer in der **Beschwerdebegründung**, von den weiteren Beteiligten in der Beschwerdebeantwortung vorgetragen werden. Alle weiteren Beteiligten außer dem Beschwerdeführer können allerdings – anders als nach § 66 I 3 – auf die Beschwerdebegründung bis unmittelbar vor dem Anhörungstermin antworten[1].

17 Neues tatsächliches Vorbringen nach S. 2 und 3 **außerhalb von Beschwerdebegründung** und Beschwerdebeantwortung kann nach S. 4 **zurückgewiesen** werden, wenn

- es mit Beschwerdebegründung oder Beschwerdebeantwortung hätte vorgetragen werden können,
- die Zulassung des Vorbringens nach der freien Überzeugung des LAG die Erledigung des Verfahrens verzögern würde **und**
- die Verspätung auf Vorsatz oder Fahrlässigkeit des Beteiligten beruht.

18 Hat das Beschwerdegericht **Vorbringen zugelassen**, kann dies mit der Rechtsbeschwerde **nicht gerügt** werden, es sei denn, es hätte nach Abs. 3 S. 1 unberücksichtigt bleiben müssen. Ansonsten gilt schon auf Grund des von Abs. 3 S. 2 ausdrücklich eingeräumten Entscheidungsspielraums[2] des LAG bei Zulassung von Vorbringen („kann"), dass zugelassenes Vorbringen in der Rechtsbeschwerdeinstanz uneingeschränkt zu berücksichtigen ist. Die **Zurückweisung verspäteten Vorbringens** ist demgegenüber **auf Rüge** in der Rechtsbeschwerdeinstanz **zu überprüfen**. Die Kann-Bestimmung des § 87 II 2 und 4 ändert hieran nichts. Sie erweitert nur die Möglichkeiten der Zulassung, nicht die der Zurückweisung.

19 **V. Wirkung der Beschwerdeeinlegung (Abs. 4).** Die Beschwerde bringt als Rechtsmittel das Verfahren insgesamt in die nächste Instanz (**Devolutiveffekt**). Darüber hinaus schiebt sie den Eintritt der Rechtskraft des Beschlusses 1. Instanz hinaus (**Suspensiveffekt**). Der Beschluss bleibt, soweit es um eine vermögensrechtl. Streitigkeit geht, **vorläufig vollstreckbar** (§ 87 II Hs. 2, § 85 I). Die aufschiebende Wirkung der Beschwerde hängt nicht von deren Zulässigkeit ab; erst mit Verwerfung einer unzulässigen Beschwerde nach § 89 III wird der angefochtene Beschluss rechtskräftig[3].

88 *Beschränkung der Beschwerde*

§ 65 findet entsprechende Anwendung.

1 Auf Grund der Verweisung auf § 65 ist es dem Beschwerdegericht, das an sich den Beschluss 1. Instanz in tatsächlicher und rechtl. Hinsicht in vollem Umfang zu überprüfen hat, **verwehrt**, den angefochtenen Beschluss auf **bestimmte** mögliche **Verfahrensfehler** hin zu **überprüfen.**

2 Das Beschwerdegericht prüft grds. nicht mehr den beschrittenen **Rechtsweg** zu den Gerichten für Arbeitssachen **und** die vom Antragsteller gewählte und vom ArbG für richtig gehaltene **Verfahrensart.** Soweit in 1. Instanz insoweit Zweifel bestanden oder ein Beteiligter den beschrittenen Rechtsweg oder die gewählte Verfahrensart rügte, hatte das ArbG hierüber unter Aussetzung des Hauptsacheverfahrens vorab durch Beschluss nach **§ 17a III 2 GVG, § 48** zu entscheiden[4]. Wurde eine Rüge nicht erhoben und hat das ArbG Rechtsweg und Verfahrensart – konkludent – für gegeben erachtet, oder ist nach § 17a III GVG hierüber rechtskräftig entschieden, kann der Beschluss des ArbG insoweit **nicht mehr überprüft** werden (§ 17a V GVG). Eine an sich in eine andere Gerichtsbarkeit oder ins Urteilsverfahren gehörende Sache ist weiter im Beschlussverfahren durchzuführen.

3 Hat das ArbG seine **örtliche Zuständigkeit** innerhalb des Beschlusses nach § 84 bejaht oder ist dies im Rahmen eines Vorabbeschlusses nach § 17a III GVG, § 48 I 1 Nr. 1 geschehen, kann dies das Beschwerdegericht ebenfalls nicht mehr überprüfen (§ 64 VI 1 ArbGG iVm. § 513 II ZPO)[5].

4 Das Beschwerdegericht prüft nach § 88, § 65 nicht mehr, ob **bei der Berufung der** am angefochtenen Beschluss beteiligten **ehrenamtlichen Richter** (§ 20) **Verfahrensmängel** vorgekommen sind oder ob die Berufung in ihr Amt nach §§ 21 bis 23 ausgeschlossen war. Denkbare **gerichtsinterne Mängel** im Zusammenhang mit der Teilnahme der ehrenamtlichen Richter an der Entscheidungsfindung hat das Beschwerdegericht demgegenüber zu prüfen, wenn hierfür Anlass besteht, also zB die fehlende Beeidigung eines ehrenamtlichen Richters; seine Heranziehung abweichend von der nach der Liste (§ 31) gebotenen Reihenfolge oder nach Ablauf seiner Amtszeit (wegen der rechtl. Konsequenzen solcher Verstöße vgl. § 91 Rz. 3)[6].

5 Die **Einschränkung** der Prüfungskompetenz des Beschwerdegerichts aus § 88 gilt unter besonderen Umständen in einem **Teil** des Regelungsbereichs des § 65 **nicht**: Hat das ArbG trotz Rüge eines Beteiligten, was den eingeschlagenen Rechtsweg oder die gewählte Verfahrensart angeht, entgegen § 17a III 2

1 So zu Recht GK-ArbGG/*Dörner*, § 87 Rz. 31. | 2 Ebenso *Schmidt/Schwab/Wildschütz*, NZA 2001, 1224. | 3 ErfK/*Eisemann*, § 87 ArbGG Rz. 5. | 4 BAG v. 26.3.1992 – 2 AZR 443/91, AP Nr. 7 zu § 48 ArbGG 1979. | 5 GK-ArbGG/*Vossen*, § 65 Rz. 12. | 6 GK-ArbGG/*Vossen*, § 65 Rz. 17 f.

GVG hierüber nicht vorab, sondern im Rahmen des Beschlusses in der Hauptsache entschieden, gilt zu Gunsten der beschwerten Beteiligten der Grundsatz der **Meistbegünstigung**. Wird gegen den Beschluss in der Hauptsache Beschwerde nach § 87 eingelegt, kann der Beschwerdeführer auch rügen, es sei zu Unrecht durch ein ArbG oder fehlerhaft im Beschlussverfahren entschieden worden. Seine Beschwerde ist dann – auch – als sofortige Beschwerde iSv. § 17a IV 3 GVG zu behandeln. Das Beschwerdegericht kann so das Verfahren in die richtigen Bahnen lenken[1]: Hält das Beschwerdegericht den Rechtsweg zu den ArbG nicht für gegeben, hebt es die Sachentscheidung des ArbG auf und verweist das Verfahren durch Beschluss **an das zuständige Gericht 1. Instanz**. Kommt es zu dem Ergebnis, die Sache sei nicht im Beschlussverfahren, sondern im Urteilsverfahren zu entscheiden, hat es hierüber vorab durch Beschluss zu entscheiden und dabei auch darüber zu befinden, ob es die **weitere Beschwerde** gegen diese Entscheidung **zulässt** oder nicht (§ 17a IV 4 GVG). Erst wenn dieser Beschluss rechtskräftig geworden ist, kann das Beschwerdegericht durch die dann nach dem Geschäftsverteilungsplan zuständige Kammer über die eingelegte Beschwerde als Berufung, also **im Urteilsverfahren**, entscheiden[2]. Einer **Vorabentscheidung** über den Rechtsweg und die Verfahrensart bedarf es dann nicht, wenn das Beschwerdegericht sich insoweit dem ArbG anschließen und die weitere Beschwerde gegen seine Entscheidung nicht zulassen will. Sie ist nur erforderlich, wenn das LAG eine Überprüfung durch das Rechtsbeschwerdegericht eröffnen will. Ansonsten kann unmittelbar nach § 91 über die Hauptsache entschieden werden.

Der Grundsatz der Meistbegünstigung erweitert die Prüfungsaufgabe für das Beschwerdegericht nicht, 6
wenn das ArbG die eigene **örtliche Zuständigkeit** trotz Rüge zu Unrecht **nur in der Hauptsacheentscheidung** und nicht vorab durch Beschluss festgestellt hat. Da eine solche Vorabentscheidung nach § 48 I Nr. 1 **unanfechtbar** gewesen wäre, ist **auch** die erstmalige Feststellung der eigenen örtlichen Zuständigkeit in der Hauptsacheentscheidung des ArbG **nicht überprüfbar**. Das Meistbegünstigungsprinzip eröffnet keine rechtl. Möglichkeiten, die auch bei einer richtigen Verfahrensweise nicht bestånden hätten[3].

89 *Einlegung*

(1) Für die Einlegung und Begründung der Beschwerde gilt § 11 Abs. 4 und 5 entsprechend ***[idF ab 1.7.2008].***

(2) Die Beschwerdeschrift muss den Beschluss bezeichnen, gegen den die Beschwerde gerichtet ist, und die Erklärung enthalten, dass gegen diesen Beschluss die Beschwerde eingelegt wird. Die Beschwerdebegründung muss angeben, auf welche im Einzelnen anzuführenden Beschwerdegründe sowie auf welche neuen Tatsachen die Beschwerde gestützt wird.

(3) Ist die Beschwerde nicht in der gesetzlichen Form oder Frist eingelegt oder begründet, so ist sie als unzulässig zu verwerfen. Der Beschluss kann ohne vorherige mündliche Verhandlung durch den Vorsitzenden ergehen; er ist unanfechtbar. Er ist dem Beschwerdeführer zuzustellen. § 522 Abs. 2 und 3 der Zivilprozessordnung ist nicht anwendbar.

(4) Die Beschwerde kann jederzeit in der für ihre Einlegung vorgeschriebenen Form zurückgenommen werden. Im Falle der Zurücknahme stellt der Vorsitzende das Verfahren ein. Er gibt hiervon den Beteiligten Kenntnis, soweit ihnen die Beschwerde zugestellt worden ist.

Ein durch den Beschluss des ArbG im Beschlussverfahren beschwerter (§ 87 Rz. 6, 7) und beschwerde- 1
befugter (§ 87 Rz. 5) Beteiligter muss bei der Einlegung und Begründung der Beschwerde **neben § 89 I und II** auch die entsprechend heranzuziehenden Bestimmungen für das arbeitsgerichtl. Urteilsverfahren und der **ZPO** über die Einlegung und Begründung der Berufung berücksichtigen[4]. Abs. 3 regelt die gerichtl. Behandlung einer unzulässigen Beschwerde und die – gegenüber der ZPO eingeschränkten (S. 4) – Möglichkeiten einer Vorabverwerfung. Das Verfahren bei Rücknahme der Beschwerde richtet sich nach Abs. 4.

Die Beschwerde ist beim **LAG** einzulegen[5]. Nur durch den Eingang dort werden Fristen gewahrt. Die 2
Beschwerdeschrift muss von einem **Rechtsanwalt** oder dem Vertreter eines **Verbandes** nach § 11 II 2 Nr. 4 u. 5 nF unterzeichnet sein. Sie muss den angefochtenen **Beschluss** genau – regelmäßig durch Angabe des Herkunftsgerichts, des Aktenzeichens und des Verkündungsdatums – **kennzeichnen**. Hier auftretende Fehler bleiben folgenlos, wenn der Beschwerdeführer entsprechend der Soll-Vorschrift des § 519 III ZPO eine **Abschrift** des angefochtenen **Beschlusses beifügt**. Es ist weiter notwendig, dass derjenige, der die Beschwerde führt, eindeutig erkennbar ist[6], während die übrigen Beteiligten nicht notwendig aufgeführt werden müssen. Der Beschwerdeschrift sollte aber eine der Zahl der Beteiligten 1. Instanz entsprechende Zahl von Abschriften beigefügt werden (§ 519 IV, § 133 I 1 ZPO). Weiter muss die Beschwerdeschrift deutlich machen, dass ein erstinstanzlicher Beschluss im Beschlussverfahren mit

1 BAG v. 26.3.1992 – 2 AZR 443/91, AP Nr. 7 zu § 48 ArbGG 1979. | 2 GMPM/*Matthes*, § 88 ArbGG Rz. 7; teilweise aA Hauck/Helml/*Hauck*, § 88 ArbGG Rz. 3. | 3 GK-ArbGG/*Dörner*, § 88 Rz. 6. | 4 ErfK/*Eisemann*, § 89 ArbGG Rz. 1. | 5 Zu Adressierungsfehlern und ihrer rechtl. Behandlung BAG v. 29.8.2001 – 4 AZR 388/00, AP Nr. 24 zu § 66 ArbGG 1979. | 6 BAG v. 23.8.2001 – 7 ABR 15/01, NZA 2001, 1214.

dem hierfür **statthaften Rechtsmittel** beim nächsthöheren Gericht angefochten werden soll. Auf die richtige Bezeichnung des Rechtsmittels kommt es nicht an[1].

3 Die Beschwerde ist nach § 66 I 1, § 87 II innerhalb einer Frist von **einem Monat einzulegen**, die mit Zustellung des vollständigen erstinstanzlichen Beschlusses zu laufen **beginnt**, **spätestens** aber **mit Ablauf von fünf Monaten** seit dessen Verkündung. Die Jahresfrist des **§ 9 V 4** spielt seit der Änderung des Rechtsmittelrechts durch die ZPO-Reform auch bei der Beschwerdeeinlegung **keine Rolle** mehr[2]. Bei der Beschwerdefrist handelt es sich um eine Notfrist iSd. §§ 233 ff. ZPO. Sie kann nicht gerichtlich verlängert werden[3].

4 Die **Beschwerde** muss schriftsätzlich **begründet** werden. Die Begründungsschrift ist von einem Rechtsanwalt oder einem Repräsentanten eines nach § 11 II Nr. 4 u. 5 nF zur Vertretung befugten Verbandes oder einer verbandsabhängigen Vertretungsorganisation zu unterzeichnen[4], wobei diese Repräsentanten im Beschlussverfahren 2. Instanz **nicht** die **Befähigung zum Richteramt** haben müssen. Die Beschwerdebegründung, für die neben § 89 II über § 87 II, § 64 VI ArbGG auch § 520 ZPO gilt, muss binnen einer Frist von **zwei Monaten** seit Zustellung des vollständigen Beschlusses Erster Instanz beim LAG eingegangen sein. Die Begründungsfrist **beginnt** aber ebenso wie die Einlegungsfrist **spätestens fünf Monate seit der Verkündung** des angefochtenen Beschlusses zu laufen (Rz. 3). Diese einer Notfrist gleichstehende Frist (§ 87 II, § 64 VI ArbGG iVm. § 233 ZPO) kann durch den Vorsitzenden der Kammer **nur einmal** auf Antrag **verlängert** werden. Eine Höchstfrist besteht hierfür nicht, jedoch wird regelmäßig im Hinblick auf den Beschleunigungsgrundsatz eine Verlängerung um mehr als einen Monat ausscheiden[5]. Der Verlängerungsantrag muss innerhalb der zweimonatigen Begründungsfrist beim LAG eingehen. Die Entscheidung hierüber steht im durch das Gebot des **fairen Verfahrens** begrenzten Ermessen des Vorsitzenden[6], und hat unverzüglich zu erfolgen.

5 In der Beschwerdebegründung sollte durch einen **eindeutigen Antrag** deutlich gemacht werden, **inwieweit** der Beschluss Erster Instanz **angefochten** wird; eine Beschränkung auf Einzelne vom ArbG beschiedene Streitgegenstände ist möglich. Das Fehlen eines Beschwerdeantrages ist unschädlich, wenn eindeutig feststellbar ist, ob nach dem Begehren des Beschwerdeführers der gesamte vorinstanzliche Beschluss oder nur ein Teil davon abgeändert werden soll[7]. Die Beschwerdebegründung muss sich im Umfang der Anfechtung **mit** den **tragenden Gründen** der angefochtenen Entscheidung zu allen beschiedenen Streitgegenständen **auseinander setzen**, deren Rechtsfehlerhaftigkeit aufzeigen und evtl. **neue Tatsachen**, die die Beschwerde stützen, benennen. Soweit die Beschwerde innerhalb der Beschwerdebegründungsfrist Streitgegenstände des angefochtenen Beschlusses nicht behandelt hat, ist sie unzulässig[8].

6 Der Beschwerdeführer muss bei der Bezeichnung der von ihm gerügten Rechtsfehler **nicht** die **Rechtsnormen** benennen, deren Verletzung er geltend machen will. Die Überprüfungskompetenz des Beschwerdegerichts ist nicht beschränkt. Durch die Beschwerde wird eine **volle zweite Tatsacheninstanz** eröffnet. Die Restriktionen für das Berufungsverfahren durch **§ 513 I ZPO** gelten im arbeitsgerichtl. Beschlussverfahren **nicht**[9]. Auch in der Beschwerdeinstanz ist weiterhin der Untersuchungsgrundsatz maßgeblich.

7 Da § 87 II 1 nur die Bestimmungen über die Einlegung und Begründung der Berufung, nicht auch der **Berufungsbeantwortung** in Bezug nimmt, unterliegt die Beschwerdebeantwortung keinen besonderen Regeln. **Alle** neben dem Beschwerdeführer am Verfahren **Beteiligten** können zur Beschwerdebegründung bis zum Anhörungstermin Stellung nehmen.

8 Auch wenn § 524 ZPO im Beschwerdeverfahren nicht ausdrücklich in Bezug genommen ist, wird die **Anschlussbeschwerde** im arbeitsgerichtl. Beschlussverfahren allgemein für zulässig erachtet[10]. Voraussetzung hierfür ist die Beschwerdebefugnis, also die materielle **Beteiligtenfähigkeit** (§ 87 Rz. 5). Einer **Beschwer** bedarf es anders als bei einer neben einer ersten Beschwerde durch einen weiteren Beteiligten innerhalb der Beschwerdefrist eingelegten selbständigen zweiten Beschwerde **nicht**. Die Anschlussbeschwerde ist beim LAG einzulegen, wobei sich Inhalt und Form nach § 524 III ZPO iVm. § 519 II, IV, § 520 III, § 521 ZPO sowie § 89 I bestimmen. Die **Einlegung** einer Anschlussbeschwerde unterliegt **keiner Frist**. § 524 II ZPO knüpft für die dortige Frist an die dem Berufungsbeklagten gesetzte Beantwortungsfrist an, die es für die übrigen Beteiligten in der Beschwerdeinstanz des Beschlussverfahrens nicht gibt[11]. Die

---

1 BAG v. 3.12.1985 – 4 ABR 7/85, BAGE 50, 277 (281). | 2 Ebenso ErfK/*Eisemann*, § 89 ArbGG Rz. 4; Hauck/Helml/*Hauck*, § 89 ArbGG Rz. 4; GMPM/*Matthes*, § 89 ArbGG Rz. 11; für die Berufungseinlegung: BAG v. 28.10.2004 – 8 AZR 492/03, NZA 2005, 125; GMPM/*Germelmann*, § 66 ArbGG Rz. 16; GK-ArbGG/*Dörner*, § 89 ArbGG Rz. 25; *Schmidt/Schwab/Wildschütz*, NZA 2001, 1217; für die Rechtsbeschwerde- und Revisionseinlegung: BAG v. 1.10.2003 – 1 ABN 62/01, NZA 2003, 1356. | 3 GK-ArbGG/*Dörner*, § 89 Rz. 21; GMPM/*Matthes*, § 89 ArbGG Rz. 12. | 4 GMPM/*Matthes*, § 89 ArbGG Rz. 24; ErfK/*Eisemann*, § 89 ArbGG Rz. 5. | 5 GK-ArbGG/*Dörner*, § 89 Rz. 28 mwN. | 6 BAG v. 4.2.1994 – 8 AZB 16/93, BAGE 75, 350 (353); v. 20.10.2004 – 5 AZB 37/04, AP Nr. 28 zu § 66 ArbGG 1979. | 7 BAG v. 3.12.1985 – 4 ABR 60/85, BAGE 50, 258 (262 f.). | 8 BAG v. 13.3.2003 – 6 AZR 585/01, AP Nr. 7 zu § 11 BAT. | 9 *Holthaus/Koch*, RdA 2002, 140 (159); ErfK/*Eisemann*, § 89 ArbGG Rz. 5. | 10 BAG v. 2.4.1987 – 6 ABR 29/85, BAGE 55, 202; GK-ArbGG/*Dörner*, § 89 Rz. 39 mwN. | 11 GK-ArbGG/*Dörner*, § 89 ArbGG Rz. 41.

Anschlussbeschwerde muss aber mit der Anschließung begründet werden. Sie **verliert** nach § 524 IV ZPO ihre **Wirkung**, wenn das Hauptrechtsmittel als unzulässig verworfen oder zurückgenommen wird. Im letztgenannten Fall ist diese Wirkung in den **Einstellungsbeschluss** nach Abs. 4 S. 2 aufzunehmen. Dieselbe Folge tritt ein, wenn das Beschlussverfahren hinsichtlich der Beschwerde durch alle Beteiligten für erledigt erklärt, der Sachantrag zurückgenommen oder wegen des Gegenstandes der Beschwerde ein Vergleich geschlossen wird[1].

Ausnahmsw. **ohne** mündlichen **Anhörungstermin** kann eine Beschwerde nach Abs. 3 vom **Vorsitzenden allein** durch Beschluss **verworfen** werden, wenn die Beschwerde an einem formellen Mangel leidet. Dieser Beschluss ist anders als der Beschluss nach § 91 I 1 stets **unanfechtbar** (Abs. 3 S. 2). Dies gilt auch dann, wenn die auf **formelle Mängel** gestützte Verwerfungsentscheidung nach mündlicher Anhörung, dann aber durch die **Kammer**, erfolgt ist[2]. 9

Ein **Verwerfungsbeschluss**, der dem Beschwerdeführer **förmlich zuzustellen** ist, setzt voraus, dass die Beschwerde nicht in der gesetzl. Form oder Frist eingelegt oder begründet worden ist. Solchen bloßen Form- und Fristmängeln stehen **sonstige Unzulässigkeitsgründe** gleich, wenn es zu deren Bewertung keiner Beurteilung der materiellen, insb. betriebsverfassungsrechtl., Rechtslage bedarf; auch hier erfolgt die Verwerfung nach Abs. 3. **Im Übrigen** ist über die Zulässigkeit der Beschwerde stets auf Grund **Anhörungstermins** zu entscheiden. Eine Verwerfung kommt über den Wortlaut des Abs. 3 S. 1 hinaus in Betracht, wenn die Beschwerde, etwa mangels Beschwer, von vornherein unstatthaft ist; sie scheidet aus, wenn es um die Berechtigung des Beschwerdeführers geht, Beschwerde einzulegen[3]. 10

Die **Restriktionen** des Berufungsrechts nach **§ 522 II ZPO** finden nach Abs. 3 S. 4 im Beschwerdeverfahren **keine Anwendung**. Auch eine aussichtslose Beschwerde kann erst nach Anhörung der Beteiligten durch die Kammer nach § 91 als unbegründet zurückgewiesen werden. 11

Anders als der Sachantrag kann die **Beschwerde ohne Zustimmung** der übrigen Beteiligten jederzeit, also bis zum Eintritt der Rechtskraft der Beschwerdeentscheidung oder der Einlegung der Rechtsbeschwerde, **zurückgenommen** werden[4]. Die Einlegung einer Nichtzulassungsbeschwerde (§ 92a) nimmt diese Möglichkeit nicht. Die Rücknahme muss in der Form des Abs. 1 erfolgen, wobei durch die dort genannten Personen auch eine Rücknahme zu Protokoll des Gerichts erklärt werden kann (§ 516 II ZPO). Nach Rücknahme der Beschwerde ist das Verfahren vom Kammervorsitzenden durch Beschluss einzustellen. Der Beschluss ist den Beteiligten nach Satz 3 bekannt zu geben. Er muss darüber hinaus auch förmlich zugestellt werden, weil es sich um einen verfahrensbeendenden, nach § 92 grds. anfechtbaren Beschluss handelt[5]. Mit der Rücknahme der Beschwerde wird eine bereits ergangene aber noch nicht rechtskräftige Entscheidung des Beschwerdegerichts gegenstandslos und die arbeitsgerichtl. Entscheidung rechtskräftig, es sei denn, es sind noch Beschwerden anderer Beteiligter anhängig. 12

Es ist auch ein **Verzicht** auf die Beschwerde **möglich**, der zum endgültigen Verlust des Rechtsmittels führt und eine gleichwohl eingelegte Beschwerde unzulässig macht. Der Verzicht ist grds. nach Verkündung des arbeitsgerichtl. Beschlusses möglich. Ein Verzicht kann aber auch schon **vor der Entscheidung des ArbG** erfolgen, wenn sich **alle Beteiligten** hierauf geeinigt haben[6]. 13

90 *Verfahren*

(1) Die Beschwerdeschrift und die Beschwerdebegründung werden den Beteiligten zur Äußerung zugestellt. Die Äußerung erfolgt durch Einreichung eines Schriftsatzes beim Beschwerdegericht oder durch Erklärung zur Niederschrift der Geschäftsstelle des Arbeitsgerichts, das den angefochtenen Beschluss erlassen hat.

(2) Für das Verfahren sind die §§ 83 und 83a entsprechend anzuwenden.

(3) Gegen Beschlüsse und Verfügungen des Landesarbeitsgerichts oder seines Vorsitzenden findet kein Rechtsmittel statt.

Am Beginn der Behandlung einer Beschwerde im Beschlussverfahren steht die **Überprüfung**, ob das ArbG **alle** vom Streitgegenstand des Beschlussverfahrens Betroffenen, also die **materiell Beteiligten** iSv. § 83 III, tatsächlich beteiligt hat. An sie und nicht nur die vom ArbG formell Beteiligten oder diejenigen, die sich am Verfahren 1. Instanz auch tatsächlich beteiligt haben, sind Beschwerde- und Beschwerdebegründungsschrift mit der **Aufforderung zur Äußerung** förmlich zuzustellen, es sei denn, die Beschwerde wäre offensichtlich unzulässig[7]. Dies ist dann nicht der Fall, wenn wegen der Versäumung der Beschwerde- oder der Beschwerdebegründungsfrist eine beantragte **Wiedereinsetzung** in den vorigen Stand in Betracht kommt. In diesem Falle ist den übrigen Beteiligten im Hinblick auf den Wiedereinsetzungsantrag **rechtl. Gehör** zu gewähren. War ein Beteiligter in 1. Instanz durch einen Verfahrensbevollmäch- 1

1 GK-ArbGG/*Dörner*, § 89 Rz. 47; ErfK/*Eisemann*, § 89 ArbGG Rz. 6. | 2 BAG v. 25.7.1989 – 1 ABR 48/88, AP Nr. 6 zu § 92 ArbGG 1979. | 3 GMPM/*Matthes*, § 89 ArbGG Rz. 46. | 4 GK-ArbGG/*Dörner*, § 89 Rz. 58. | 5 ErfK/*Eisemann*, § 89 ArbGG Rz. 8; GMPM/*Matthes*, § 89 ArbGG Rz. 59. | 6 ErfK/*Eisemann*, § 89 ArbGG Rz. 8; aA GMPM/*Matthes*, § 89 ArbGG Rz. 64. | 7 GMPM/*Matthes*, § 90 ArbGG Rz. 2, 3.

tigten (§ 11) vertreten, sind Beschwerdeschrift und Beschwerdebegründung an diesen von Amts wegen zuzustellen[1].

2 Für ihre Äußerung kann den übrigen Beteiligten eine angemessene **Frist** gesetzt werden, damit der **Anhörungstermin** ordnungsgemäß vorbereitet werden kann. Nach dem **fruchtlosen** Ablauf einer solchen Frist kann **Vorbringen** bei Erfüllung der Voraussetzungen des **§ 83 Ia**, **§ 90 II zurückgewiesen** werden. Wenn mit der Zustellung Termin zur Anhörung bestimmt wird, muss die **Einlassungsfrist** mindestens **zwei Wochen** betragen. **Für die Äußerungen** der **Beteiligten** im Verfahren gilt § 87 II 2, § 11 I: Es besteht insoweit auch in der Beschwerdeinstanz **kein Vertretungszwang**; er gilt nur für die Einlegung und Begründung der Beschwerde (§ 89 I). Die Äußerung kann schriftsätzlich an das Beschwerdegericht gerichtet, aber auch zu Protokoll der Geschäftsstelle des ArbG erklärt werden, das den angefochtenen Beschluss erlassen hat. Die **Beteiligten haben** zwar nach § 90 II, § 83 I 2 durch ihre Äußerungen an der Aufklärung des Sachverhalts **mitzuwirken**[2]. **Unterbleibt** eine Äußerung, ergeben sich daraus aber **keine Rechtsfolgen**. Der Betreffende bleibt **Beteiligter** des Beschlussverfahrens. Er kann sich auch **erstmals im Anhörungstermin** melden und äußern, es sei denn, das Beschwerdegericht hatte ihm für seine Äußerungen eine Frist nach § 90 II, § 83 Ia gesetzt und die Voraussetzungen für eine Zurückweisung des Vorbringens sind erfüllt[3]. Für die Beschwerdebegründung wie für die Äußerungen der übrigen Beteiligten gilt, dass **neues Vorbringen** nach Maßgabe von **§ 87 III 1 ausgeschlossen** ist oder nach **§ 87 III 2 zurückgewiesen** werden **kann**.

3 Für das Verfahren vor dem Beschwerdegericht gelten im Übrigen § 83 und § 83a entsprechend. Nach **Eingang** der Beschwerdebegründung ist alsbald **Termin zur Anhörung aller** materiell **Beteiligten** zu bestimmen, die förmlich unter Einhaltung einer Frist von **zwei Wochen** zu laden sind. Die Anhörung erfolgt vor der **Kammer** (§ 83 IV 1), auch wenn sich die Beteiligten schriftl. geäußert haben. Dem Gebot **rechtl. Gehörs** ist genüge getan, wenn **jeder Beteiligter** die **Möglichkeit** hatte, am Anhörungstermin **teilzunehmen**, worauf in der Ladung hinzuweisen ist (§ 83 IV 2). Das **LAG kann** über die Beschwerde auch **ohne mündliche Verhandlung** entscheiden, **wenn alle** materiell Beteiligten[4] ihr **Einverständnis** erklärt haben. Für die Form des erforderlichen Einverständnisses gilt **Abs. 1 S. 2**. Auch das Beschwerdegericht hat auf eine gütliche Einigung der Beteiligten hinzuwirken, die, um das Verfahren ganz oder zum Teil zu erledigen, soweit rechtl. möglich (§ 83a Rz. 4 f.) einen **Vergleich** schließen oder das Verfahren für **erledigt erklären** können.

4 Nach Abs. 3 sind Beschlüsse und Verfügungen der Kammer des LAG oder des Vorsitzenden, die das eigene Verfahren, nicht eine verfahrensbegleitende Entscheidung 1. Instanz (§ 83 V) betreffen, unanfechtbar, **soweit** sie die **Instanz nicht beenden**. § 83 V gilt in der Beschwerdeinstanz nicht entsprechend[5].

91 *Entscheidung*

(1) Über die Beschwerde entscheidet das Landesarbeitsgericht durch Beschluss. Eine Zurückverweisung ist nicht zulässig. § 84 Satz 2 gilt entsprechend.

(2) Der Beschluss nebst Gründen ist von den Mitgliedern der Kammer zu unterschreiben und den Beteiligten zuzustellen. § 69 Abs. 1 Satz 2 gilt entsprechend.

1 Die 2. Instanz in den Verfahren nach § 2a, §§ 80 f. wird durch einen Beschluss des Beschwerdegerichts ganz oder – bei Teilbeschlüssen – teilweise beendet. Es entscheidet die **Kammer** des LAG unter Beteiligung der ehrenamtlichen Richter, auch wenn keine mündliche Anhörung stattgefunden hat. Nur bei dem Beschluss, durch den das Beschlussverfahren oder das Beschwerdeverfahren nach Rücknahme des Antrages, Rücknahme der Beschwerde, Vergleich oder Erledigterklärung **eingestellt** wird, entscheidet der **Vorsitzende allein**[6].

2 Die Beschwerdeentscheidung kann nur im Rahmen der gestellten Anträge ergehen. Eine **Zurückverweisung** an das ArbG ist **ausgeschlossen** (Abs. 1 S. 2). Dies gilt anders als im Urteilsverfahren (§ 68) **umfassend**. Auch in den Fällen des § 538 II Nr. 2 bis 7, soweit sie im Beschlussverfahren in Betracht kommen, scheidet eine Zurückverweisung aus[7]. Hat das Beschwerdegericht **gleichwohl** das Beschlussverfahren an das ArbG **zurückverwiesen**, kommt gegen diese Entscheidung nur unter den dort geltenden besonderen Bedingungen eine **Rechtsbeschwerde** in Betracht, die, wenn sie zulässig ist, zur Aufhebung der Beschwerdeentscheidung und zur Zurückverweisung an das LAG führen muss. Wird die Beschwerdeentscheidung nicht auf diese Weise aufgehoben, muss das ArbG auf Grund der Zurückverweisung über den Antrag neu entscheiden[8].

3 **Verfahrensmängel** der Entscheidung 1. Instanz müssen durch das Beschwerdegericht bei seiner Entscheidungsfindung **behoben** werden; Vorbringen, das das ArbG zu Unrecht als verspätet zurückgewiesen hat, ist zu berücksichtigen, offensichtliche Unrichtigkeiten im angefochtenen Beschluss sind zu

---

1 § 87 II 1, § 64 VII, § 50 II ArbGG; § 176, § 210a I ZPO. | 2 ErfK/*Eisemann*, § 90 ArbGG Rz. 1. | 3 GMPM/*Matthes*, § 90 ArbGG Rz. 5. | 4 Hauck/Helml/*Hauck*, § 83 ArbGG Rz. 24. | 5 Hauck/Helml/*Hauck*, § 83 ArbGG Rz. 24, § 90 Rz. 4. | 6 § 87 II 3 iVm. § 81 II 2; § 89 IV 2; § 90 II iVm. § 83a II. | 7 GMPM/*Matthes*, § 91 ArbGG Rz. 3. | 8 GK-ArbGG/*Dörner*, § 91 Rz. 5.

berichtigen[1]. Ist der Beschluss 1. Instanz **insgesamt** nach Maßgabe von § 88, § 65 **verfahrensfehlerhaft** ergangen – etwa, weil auf Grund gerichtsinterner Fehler nicht durch die gesetzl. Richter verhandelt und entschieden wurde (§ 88 Rz. 4) oder die Entscheidung als Entscheidung ohne Gründe anzusehen ist[2] –, muss das Beschwerdegericht das Verfahren wie ein erstinstanzliches Gericht durchführen. Die sonst eröffneten erleichterten Verfahrensmöglichkeiten eines zweitinstanzlichen Gerichts, etwa durch Inbezugnahmen nach § 69 und die grds. gebotene Verwertung der erstinstanzlichen Beweisaufnahme, oder die Einschränkungen des Prüfungsumfangs nach § 529 I ZPO, § 64 VI[3] können hier grds. nicht Platz greifen. Bezieht sich der Verfahrensfehler nur auf einzelne Verfahrenshandlungen 1. Instanz, gilt das Ausgeführte hierauf beschränkt.

Der Beschluss in der Beschwerdeinstanz ist **schriftl.** abzufassen. Er ist auch dann zu **verkünden**, wenn 4
er im schriftl. Verfahren ergangen ist. Die Mitteilung des der Entscheidung zugrunde liegenden Sachverhaltes und die eigentlichen materiellen Entscheidungsgründe werden üblicherweise unter der Überschrift „Gründe" zusammengefasst. Der vollständige Beschluss ist vom Vorsitzenden und den ehrenamtlichen Richtern zu unterschreiben; er ist vollständig schriftl. niedergelegt und unterschrieben vor Ablauf von **vier Wochen**, vom Tage der Verkündung an gerechnet, der **Geschäftsstelle** zu übergeben (§ 91 II 2, § 69 I 2, § 60 IV 3). Eine **Überschreitung** dieser Frist bleibt allerdings – solange die Fünf-Monats-Frist der §§ 72b, 92b nicht überschritten wird – ohne Rechtsfolge. Ein **Verzicht auf** die aus Tatbestand und Entscheidungsgründe bestehenden **„Gründe"** entsprechend § 313a I ZPO scheidet nach allg. Meinung[4] aus.

In den **Tenor** des Beschlusses im Beschwerdeverfahren ist die **Entscheidung** des Beschwerdegerichts 5
über die **Zulassung** oder Nichtzulassung der **Rechtsbeschwerde** aufzunehmen[5]. Wird diese Entscheidung **übergangen**, kann binnen einer Frist von **zwei Wochen** ab Verkündung des Beschlusses dessen **Ergänzung** um eine solche Entscheidung beantragt werden. Über diesen Ergänzungsantrag entscheidet die Kammer in der Besetzung des Beschlusses in der Hauptsache[6]. Darüber hinaus sollte eine Entscheidung über die **vorläufige Vollstreckbarkeit** in den Beschlusstenor aufgenommen werden. Beschlüsse im Beschwerdeverfahren werden nicht mit Verkündung rechtskräftig. Eine vorläufige Vollstreckbarkeit von Beschlüssen nach §§ 80 ff. ist nur bei vermögensrechtl. Streitigkeiten möglich. Zur **Klarstellung** und Abgrenzung ist dies bereits im Beschlusstenor mitzuteilen[7].

Lässt das Beschwerdegericht die Rechtsbeschwerde gegen seine Entscheidung zu, muss der Beschluss 6
eine **Rechtsmittelbelehrung** (§ 9 V) enthalten. Anderenfalls bedarf es nur eines **Hinweises** auf die Möglichkeit der **Nichtzulassungsbeschwerde** nach § 92a, bei der es sich nicht um ein Rechtsmittel, sondern nur um einen Rechtsbehelf handelt (vgl. auch § 72a Rz. 9)[8]. Der Streitwert des Beschlussverfahrens muss im Beschluss selbst ebenso wenig festgesetzt werden, wie es einer Kostenentscheidung bedarf. Nach Beendigung der Instanz ist der Streitwert durch gesonderten Beschluss nach **§ 32 II RVG** auf Antrag festzusetzen. Die Festsetzung ist mit der Beschwerde nach § 33 III RVG anfechtbar.

Die **formelle Rechtskraft** des Beschlusses des LAG im Beschwerdeverfahren tritt erst mit Ablauf der 7
Frist für die Einlegung der **Nichtzulassungsbeschwerde** ein; diese hat nach § 72a IV 1, § 92a S. 3 aufschiebende Wirkung bis zu ihrer Erledigung[9]. Nur wenn hiernach formelle Rechtskraft eingetreten ist, treten auch materiell-rechtl. Wirkungen ein, die von der Rechtskraft der Entscheidung des LAG abhängen, wie etwa die **Ersetzung der Zustimmung** des BR zu einer personellen Einzelmaßnahme. Eine Wirkung bereits mit Verkündung der Beschwerdeentscheidung scheidet auch dann aus, wenn eine Nichtzulassungsbeschwerde offensichtlich nicht in Betracht kommt[10]. Deshalb ist eine Kündigung, die vor formeller Rechtskraft eines Beschlusses nach § 103 II BetrVG über die Ersetzung der BR-Zustimmung zum Ausspruch einer außerordentl. Kündigung ausgesprochen wurde, unheilbar nichtig[11].

Dritter Unterabschnitt. Dritter Rechtszug

92 *Rechtsbeschwerdeverfahren, Grundsatz*

(1) Gegen den das Verfahren beendenden Beschluss eines Landesarbeitsgerichts findet die Rechtsbeschwerde an das Bundesarbeitsgericht statt, wenn sie in dem Beschluss des Landesarbeitsgerichts oder in dem Beschluss des Bundesarbeitsgerichts nach § 92a Satz 2 zugelassen wird. § 72 Abs. 1 Satz 2, Abs. 2 und 3 ist entsprechend anzuwenden. In den Fällen des § 85 Abs. 2 findet die Rechtsbeschwerde nicht statt.

---

1 BAG v. 10.12.2002 – 1 ABR 7/02, AP Nr. 59 zu § 80 BetrVG 1972. | 2 Vgl. GmSOGB v. 27.4.1993 – GmS-OGB 1/92, AP Nr. 21 zu § 551 ZPO; BVerfG v. 26.3.2001 – 1 BvR 383/00, AP Nr. 33 zu Art. 20 GG. | 3 *Koch/Holthaus*, RdA 2002, 140 (154). | 4 Hauck/Helml/*Hauck*, § 91 ArbGG Rz. 4; GMPM/*Matthes*, § 91 ArbGG Rz. 5; GK-ArbGG/*Dörner*, § 91 Rz. 3. | 5 § 92 I 2, § 72 I 2, § 64 IIIa. | 6 GMPM/*Matthes*, § 91 ArbGG Rz. 10. | 7 GMPM/*Matthes*, § 91 ArbGG Rz. 7. | 8 GK-ArbGG/*Dörner*, § 91 Rz. 10. | 9 BAG v. 25.1.1979 – 2 AZR 983/77, BAGE 31, 253. | 10 BAG v. 9.6.1998 – 2 AZR 142/98, BAGE 89, 220. | 11 BAG v. 9.7.1998 – 2 AZR 142/98, BAGE 89, 220.

(2) Für das Rechtsbeschwerdeverfahren gelten die für das Revisionsverfahren maßgebenden Vorschriften über Einlegung der Revision und ihre Begründung, Prozessfähigkeit, Ladung, Termine und Fristen, Ablehnung und Ausschließung von Gerichtspersonen, Zustellungen, persönliches Erscheinen der Parteien, Öffentlichkeit, Befugnisse des Vorsitzenden und die Beisitzer, gütliche Erledigung des Rechtsstreits, Wiedereinsetzung in den vorigen Stand und Wiederaufnahme des Verfahrens sowie die Vorschriften des § 85 über die Zwangsvollstreckung entsprechend, soweit sich aus den §§ 93 bis 96 nichts anderes ergibt. Für die Vertretung der Beteiligten gilt § 11 Abs. 1 bis 3 und 5 entsprechend *[idF ab 1.7.2008]*. Der Antrag kann jederzeit mit Zustimmung der anderen Beteiligten zurückgenommen werden; § 81 Abs. 2 Satz 2 und 3 ist entsprechend anzuwenden.

(3) Die Einlegung der Rechtsbeschwerde hat aufschiebende Wirkung. § 85 Abs. 1 Satz 2 bleibt unberührt.

1 **I. Überblick.** §§ 92–96a regeln nur **lückenhaft** den dritten – bei § 122, § 126 InsO, § 96a: zweiten – Rechtszug im Beschlussverfahren. Wesentliche Regelungsaufgaben werden durch Verweis insb. auf das Revisionsverfahren erfüllt. Wie dort geht es auch im Rechtsbeschwerdeverfahren nur um eine Überprüfung der angefochtenen Entscheidung auf **Rechtsfehler**; die tatsächlichen Feststellungen der Vorinstanz sind zugrunde zu legen. § 92 I bestimmt, wann die Rechtsbeschwerde statthaft ist. Abs. 2 verweist weit reichend auf die Bestimmungen über das Revisionsverfahren, enthält aber, was die **Verfahrensvertretung** angeht, eine Besonderheit und regelt außerdem die **Antrags**-(nicht: Rechtsbeschwerde-)**Rücknahme** in der Rechtsbeschwerdeinstanz. Abs. 3 beschreibt die Wirkung der Einlegung der Rechtsbeschwerde.

2 **II. Statthaftigkeit (Abs. 1). 1. Verfahrensbeendender Beschluss.** Die Rechtsbeschwerde findet gegen Beschlüsse des LAG nach § 91 statt, durch die das zweitinstanzliche Beschwerdeverfahren beendet wird, sowie gegen Beschlüsse des ArbG nach § 122 und § 126 InsO. An sich sind auch Einstellungsbeschlüsse nach Antrags- oder Beschwerderücknahme, nach Vergleichsschluss oder Verfahrenserledigung[1] als verfahrensbeendende Beschlüsse rechtsbeschwerdefähig[2]; eine Rechtsbeschwerde scheitert hier aber regelmäßig an der fehlenden Zulassung.

3 Auch verfahrensbeendende Beschlüsse der LAG sind von vornherein **nicht rechtsbeschwerdefähig**, wenn dies im Gesetz so bestimmt ist, also nach § 89 III 2, § 92 I 3, § 85 II, § 98 II 4.

4 Demgegenüber sind **Teilbeschlüsse** entsprechend § 301 ZPO oder selbständig anfechtbare Zwischenbeschlüsse grds. auch rechtsbeschwerdefähig, weil sie für den behandelten Teilbereich instanzbeendend sind[3].

5 **2. Nicht verfahrensbeendende Beschlüsse.** Gegen **verfahrensbegleitende** Beschlüsse und Verfügungen **des LAG** oder seines Vorsitzenden findet kein Rechtsmittel statt (§ 90 III). Entscheidungen des LAG über nicht verfahrensbeendende, **prozessleitende** Beschlüsse und Verfügungen **1. Instanz** können durch eine **von § 92 zu unterscheidende** Rechtsbeschwerde nach § 83 V, **§ 78,** § 72 II ArbGG iVm. § 574 I Nr. 2 ZPO anfechtbar sein; das LAG kann auch im Beschlussverfahren die **Rechtsbeschwerde** gegen verfahrensbegleitende Beschlüsse **zulassen**, wenn es als Rechtsmittelgericht über eine sofortige Beschwerde nach § 78 ArbGG iVm. § 83 V entscheidet[4].

6 **3. Zulassung der Rechtbeschwerde.** Gegen eine an sich rechtsbeschwerdefähige Entscheidung ist die Rechtsbeschwerde nur statthaft, wenn sie auch zugelassen worden ist. Hierüber muss das LAG – in den Fällen des § 122, § 126 InsO: das ArbG – von Amts wegen entscheiden und seine für das Rechtsbeschwerdegericht **verbindliche** (Abs. 1 S. 2, § 72 III) **Entscheidung**, ob es die Rechtsbeschwerde zulässt oder nicht, in den zu verkündenden **Entscheidungsausspruch** aufnehmen. Bei teilbaren Verfahrensgegenständen kann die Zulassung auch auf einen von mehreren Gegenständen beschränkt werden. Sind mehrere Beteiligte beschwert, kann die Rechtsbeschwerdezulassung nur dann auf einen Beteiligten beschränkt werden, wenn nur hinsichtlich dessen Beschwer die Voraussetzungen für eine Zulassung gegeben sind (vgl. § 72 Rz. 30 ff.). Eine unklare Zulassungsbeschränkung oder eine **Beschränkung** der Rechtsbeschwerdezulassung nur in den Gründen, nicht **im Entscheidungsausspruch** ist wirkungslos, die Rechtsbeschwerde ist dann uneingeschränkt statthaft[5]. Hat die Vorinstanz die Rechtsbeschwerde gegen eine an sich rechtsbeschwerdefähige Entscheidung **nicht zugelassen**, ist diese nur statthaft, wenn sie vom BAG auf die **Nichtzulassungsbeschwerde** hin (§ 92a) zugelassen worden ist. Die Zulassung der Rechtsbeschwerde gegen eine von vornherein **nicht rechtsbeschwerdefähige** Entscheidung (Rz. 3) ist demgegenüber unwirksam und bindet das BAG nicht[6].

7 Nach § 92 I 2, § 72 II ist die Rechtsbeschwerde – ohne Beurteilungsspielraum – zuzulassen, wenn eine entscheidungserhebliche Rechtsfrage **grundsätzliche Bedeutung** hat, die Entscheidung von einer nach

1 § 87 II 3, § 81 II 2; § 89 IV 2; § 90 II, § 83a II 1. |2 GK-ArbGG/*Dörner*, § 92 Rz. 5 mwN. |3 GMPM/*Matthes*, § 92 ArbGG Rz. 4. |4 BAG v. 28.2.2003 – 1 AZB 53/02, AP Nr. 2 zu § 78 ArbGG 1979 nF. |5 BAG v. 19.3.2003 – 5 AZN 751/02, AP Nr. 47 zu § 72 ArbGG 1979. |6 BAG v. 25.7.1989 – 1 ABR 48/88, AP Nr. 6 zu § 92 ArbGG 1979.

§ 72 II Nr. 2 divergenzfähigen Entscheidung, die nicht im Beschlussverfahren ergangen sein muss[1], **abweicht** und auf dieser Abweichung beruht oder wenn ein absoluter Revisionsgrund gem. § 547 Nr. 1–5 ZPO oder eine entscheidungserhebliche Verletzung des Anspruchs auf rechtl. Gehör geltend gemacht wird und vorliegt (§ 72 II Nr. 3).

Wegen der **Zulassungsgründe** wird auf die Kommentierung zu § 72 verwiesen. Besonderheiten können sich nur ergeben, was den Zulassungsgrund der Gehörsverletzung angeht. Hier ist, wenn es um eine Verletzung der gerichtl. Hinweis- und Aufklärungspflichten geht, die Herrschaft des Untersuchungsgrundsatzes im Beschlussverfahren zu beachten, der weiter gehende gerichtl. Pflichten als im Urteilsverfahren begründet (s. § 92a Rz. 5). 8

Mit der **Zulassungsentscheidung** wird die Rechtsbeschwerde **statthaft**. Gegen die Zulassung ist ein Rechtsmittel nicht gegeben. Die Nichtzulassung kann durch eine Nichtzulassungsbeschwerde nach § 92a angefochten werden, über die das BAG in einer nicht mehr rechtsmittelfähigen Entscheidung zu befinden hat. 9

III. Rechtsbeschwerdeverfahren (Abs. 2). Das Rechtsbeschwerdeverfahren ist in §§ 92 ff. nur in einigen **wenigen Punkten** speziell **geregelt**: § 93 legt fest, dass auch das Rechtsbeschwerdeverfahren der Rechtskontrolle dient. § 94 bestimmt Form und notwendigen Inhalt von Rechtsbeschwerde und Rechtsbeschwerdebegründung und regelt Form und Verfahren für die Rechtsbeschwerdebegründung. Wie die Anhörung der Beteiligten durchzuführen ist, bestimmt § 95, die Form der Entscheidung über die Rechtsbeschwerde § 96. 10

Im Übrigen finden über die Verweisung in Abs. 2 die Regelungen des arbeitsgerichtl. Revisionsverfahren Anwendung, für das über § 72 V und VI auch das Revisionsrecht der ZPO maßgeblich ist. Es sind nur wenige Besonderheiten zu beachten: 11

- Für die **Befugnisse** des **Vorsitzenden** und der **ehrenamtlichen Richter** gilt § 53; an Stelle des Vorsitzenden entscheiden in den Fällen dieser Vorschrift die Berufsrichter des Senats; die Bestimmung dient nur der Abgrenzung der Befugnisse von Berufsrichtern auf der einen und ehrenamtlichen Richtern auf der anderen Seite[2]. Dabei bedeutet die Möglichkeit, im Rechtsbeschwerdeverfahren alle Entscheidungen nach § 95 ohne mündliche Verhandlung zu treffen, nicht, dass deshalb die ehrenamtlichen Richter grds. aus dem Rechtsbeschwerdeverfahren ausgeschlossen wären. Richtigerweise ist § 53 über § 72 VI im Rechtsbeschwerdeverfahren so anzuwenden, dass nicht die berufsrichterlichen Mitglieder des Senats allein, sondern auch die ehrenamtlichen Richter mitzuwirken haben, wenn die Entscheidung, wäre sie nach mündlicher Verhandlung ergangen, nur unter ihrer Mitwirkung statthaft gewesen wäre[3]. Entscheidungen über die Rechtsbeschwerde nach § 96 I 1 sind damit stets vom **Senat in voller Besetzung** zu treffen. Nur dann, wenn die Rechtsbeschwerde nach § 94 II 3, § 74 II ohne mündliche Verhandlung vorab als **unzulässig verworfen** wird, hat der Senat **ohne die ehrenamtlichen Richter** zu entscheiden (§ 94 Rz. 13).
- Hinsichtlich der **Vertretung der Beteiligten** verweist Abs. 2 auf § 11 I–III, V nF, so dass zwar auf Grund von § 94 die schriftsätzliche Einlegung und Begründung der Rechtsbeschwerde sowie deren schriftsätzliche Rücknahme **durch** einen **Rechtsanwalt** oder **Verbandsvertreter** mit Befähigung zum Richteramt **unterzeichnet** sein müssen (§ 94 I iVm. § 11 IV u. V). Im Verfahren **im Übrigen** brauchen sich die Beteiligten aber **nicht** vertreten zu lassen oder können die Vertretung durch eine der in § 11 II Nr. 1–3 genannten Personen oder Organisationen wählen[4].

IV. Antragsrücknahme (Abs. 2 S. 3). Auch im Rechtsbeschwerdeverfahren ist die **Rücknahme des Sachantrages** möglich; sie bedarf aber der **Zustimmung aller** am Verfahren materiell Beteiligter[5]. Nach wirksamer Antragsrücknahme ist ebenso wie nach einer Rechtsmittelrücknahme erforderlich, dass der **Vorsitzende** das **Verfahren einstellt** (Abs. 2 S. 3 Hs. 2, § 81 II 2 und 3). Daraus, dass § 92 II 3 nicht auf § 81 III verweist, ergibt sich – auch –, dass eine **Antragsänderung** in der **Rechtsbeschwerdeinstanz** grds. **nicht mehr möglich** ist (zu Besonderheiten: § 94 Rz. 8 mwN)[6]. 12

V. Wirkung der Rechtsbeschwerde (Abs. 3). Mit Einlegung der Rechtsbeschwerde wird der Eintritt der **Rechtskraft** des zweitinstanzlichen Beschlusses **gehindert**. Durch sie wird zugleich der Verfahrensgegenstand in die nächsthöhere Instanz gebracht. Die Einlegung der Rechtsbeschwerde ändert nichts daran, dass die Beschlüsse des LAG zu **vermögensrechtl. Streitigkeiten** nach § 85 I 2 **vorläufig vollstreckbar** bleiben. 13

---

1 ErfK/*Eisemann*, § 92 ArbGG Rz. 2; GMPM/*Matthes*, § 92 ArbGG Rz. 12. | 2 BAG v. 10.12.1992 – 8 AZB 6/92, BAGE 72, 84. | 3 GK-ArbGG/*Dörner*, § 92 Rz. 20. | 4 BAG v. 20.3.1990 – 1 ABR 20/89, BAGE 64, 254. | 5 GMPM/*Matthes*, § 92 ArbGG Rz. 23; GK-ArbGG/*Dörner*, § 92 Rz. 24. | 6 ErfK/*Eisemann*, § 92 ArbGG Rz. 3.

92a *Nichtzulassungsbeschwerde*

Die Nichtzulassung der Rechtsbeschwerde durch das Landesarbeitsgericht kann selbständig durch Beschwerde angefochten werden. § 72a Abs. 2 bis 7 ist entsprechend anzuwenden.

1 Die **Möglichkeit, nachträglich** auf Beschwerde hin eine Zulassung der **Rechtsbeschwerde** zum BAG zu **erreichen**, besteht grds. **für alle Beschlussverfahren**. Sie ist **nicht eröffnet** für die nachträgliche Zulassung von Rechtsbeschwerden in den besonders beschleunigten Verfahren nach **§ 122 III** und **§ 126 II InsO**; diese Bestimmungen verweisen nur auf § 72, nicht auch auf § 72a oder § 92a; deshalb ist dort die Rechtsbeschwerde nur eröffnet, wenn sie vom ArbG zugelassen worden ist[1].

2 Für das Beschlussverfahren gelten, was die **Einlegung** und die **Begründung** der Nichtzulassungsbeschwerde und deren **Wirkungen** sowie das bei der Behandlung und Entscheidung der Beschwerde einzuhaltende **Verfahren** angeht, die Regeln über die nachträgliche Zulassung der Revision (**§ 72, § 72a**) **entsprechend**; auf die Kommentierung dieser Vorschriften wird verwiesen. Da die Nichtzulassungsbeschwerde den Eintritt der **formellen Rechtskraft** im Beschlussverfahren aufschiebt (§ 72a IV 1, § 92a II), kann zB. das Arbeitsverhältnis eines BR-Mitglieds erst dann außerordentl. gekündigt werden, wenn ein LAG die Zustimmung des BR hierzu nach **§ 103 II BetrVG** ersetzt hat, ohne die Rechtsbeschwerde gegen seinen Beschluss zuzulassen, und die hiergegen gerichtete Nichtzulassungsbeschwerde zurückgewiesen oder verworfen worden ist[2].

3 Es gibt im Beschlussverfahren ebenso wie im Urteilsverfahren drei Möglichkeiten, Beschwerde gegen die Nichtzulassung der Rechtsbeschwerde zu begründen:

- die **Grundsatzbeschwerde** – eine entscheidungserhebliche Rechtsfrage habe grundsätzliche Bedeutung –,
- die **Divergenzbeschwerde** – die anzufechtende Entscheidung weiche in einem tragenden Rechtssatz von einem Rechtssatz eines der in § 72 II Nr. 2 abschließend aufgezählten Spruchkörpers ab –, wobei es nicht darauf ankommt, in welcher Verfahrensart deren Entscheidungen getroffen worden sind[3], und
- die **Verfahrensbeschwerde** wegen eines Verstoßes gegen das Gebot rechtl. Gehörs oder wegen Vorliegens eines absoluten Revisionsgrundes.

4 Die Anforderungen an diese möglichen Begründungen für eine nachträgliche Zulassung der Rechtsbeschwerde entsprechen denen einer Nichtzulassungsbeschwerde nach § 72a iVm. § 72. Auf die Kommentierung dieser Bestimmungen wird verwiesen. Seit Inkrafttreten des Anhörungsrügengesetzes vom 9.12.2004[4] am 1.1.2005 gibt es bei der Grundsatzbeschwerde nicht mehr die Besonderheit, dass die Rechtssache Streitigkeiten über die Tariffähigkeit und/oder Tarifzuständigkeit einer Vereinigung betreffen muss. Eine nachträgliche Zulassung der Rechtsbeschwerde kommt damit nicht nur in Beschlussverfahren nach § 2a I Nr. 4, § 97 in Betracht. Entscheidend ist allein, ob die Entscheidung im Beschlussverfahren von (irgend-)einer Rechtsfrage abhängt, die die klärungsfähig und klärungsbedürftig ist, und deren Klärung von grundlegender Bedeutung für die Rechtsordnung ist oder wegen ihrer tatsächlichen Auswirkungen die Interessen der Allgemeinheit oder eines größeren Teils von ihr berührt (näher bei § 72 Rz. 9 ff.)[5].

5 Soll die Nichtzulassungsbeschwerde auf einen Verstoß gegen das Gebot rechtl. Gehörs gestützt werden, reicht es auch im Beschlussverfahren nicht aus, sich auf einen Verstoß des Gerichts gegen den einfachgesetzl. Untersuchungsgrundsatz zu berufen (hierzu § 94 Rz. 11). Es muss zugleich auch in entscheidungserheblicher Weise gegen das verfassungsrechtl. Gebot rechtl. Gehörs verstoßen worden sein. Dies ist etwa der Fall, wenn die prozessrechtl. Möglichkeit gerichtl. Sachverhaltsfeststellung so eng ausgelegt worden und entsprechend verfahren worden ist, dass eine sachliche Prüfung der Fragen, die dem Gericht vorgelegt wurden, nicht möglich war[6].

6 Die Nichtzulassungsbeschwerde kann **von jedem Beteiligten eingelegt** werden, der im Falle der Zulassung der **Rechtsbeschwerde** zu deren Einlegung **befugt** ist (s. auch § 94 Rz. 1)[7]. Nach allgemeiner Auffassung besteht für die **Einlegung** und **Begründung** der Nichtzulassungsbeschwerde entsprechend § 94 I **Vertretungszwang** (§ 94 Rz. 3), während Stellungnahmen zur Nichtzulassungsbeschwerde durch die übrigen Beteiligten auch ohne Einschaltung eines Verfahrensbevollmächtigten möglich sind[8]. Hat das BAG die Rechtsbeschwerde nachträglich zugelassen, wird das Nichtzulassungsbeschwerdeverfahren ohne weiteres als Rechtsbeschwerdeverfahren fortgesetzt (§ 72a VI). Das BAG kann bei einem Gehörsverstoß aber auch den Beschluss 2. Instanz ohne weiteres aufheben und das Verfahren zur neuen Verhandlung und Entscheidung an das LAG zurückverweisen (§ 72a VII).

---

1 BAG v. 14.8.2001 – 2 ABN 20/01, AP Nr. 44 zu § 72a ArbGG 1979 – Divergenz. | 2 BAG v. 9.7.1998 – 2 AZR 142/98, BAGE 89, 220. | 3 ErfK/*Eisemann*, § 92 ArbGG Rz. 2; GMPM/*Matthes*, § 92 ArbGG Nr. 12. | 4 BGBl. I, S. 3220; vgl. *Bepler*, RdA 2005, 65. | 5 Zuletzt BAG v. 15.2.2005 – 9 AZN 982/05, BAGE 113, 321; v. 22.3.2005 – 1 ABN 1/05, AP Nr. 3 zu § 72a ArbGG 1979 – Rechtliches Gehör. | 6 Vgl. BVerfG v. 19.10.2004 – 1 BvR 779/04, EuGRZ 2004, 656; BAG v. 18.1.2006 – 7 ABN 30/05, nv. | 7 GMPM/*Matthes*, § 92a ArbGG Rz. 9. | 8 GMPM/*Matthes*, § 92a ArbGG Rz. 10; GK-ArbGG/*Mikosch*, § 92a Rz. 13; Hauck/Helml/*Hauck*, § 92a ArbGG Rz. 6.

92b *Sofortige Beschwerde wegen verspäteter Absetzung der Beschwerdeentscheidung*

Der Beschluss eines Landesarbeitsgerichts nach § 91 kann durch sofortige Beschwerde angefochten werden, wenn er nicht binnen fünf Monaten nach der Verkündung vollständig abgefasst und mit den Unterschriften sämtlicher Mitglieder der Kammer versehen der Geschäftsstelle übergeben worden ist. § 72b Abs. 2 bis 5 gilt entsprechend. § 92a findet keine Anwendung.

Die Vorschrift ist durch das Anhörungsrügengesetz vom 9.12.2004 eingefügt worden. Damit steht ebenso wie im Urteilsverfahren (§ 72b) auch für das Beschlussverfahren ein besonderer Rechtsbehelf zur Verfügung, mit dem eine verspätete, rechtsstaatlichen Anforderungen nicht mehr genügende Entscheidung zweiter Instanz ohne weiteres kassiert und an die Vorinstanz zurückverwiesen werden kann. Ist in einer **verspäteten** Beschwerdeentscheidung die **Rechtsbeschwerde nicht zugelassen** worden, ist hiergegen keine Nichtzulassungsbeschwerde (§ 92a), sondern immer **nur die sofortige Beschwerde** nach § 92b statthaft, die sich gegen den Beschluss selbst richtet. Aber auch dann, wenn die Rechtsbeschwerde im verkündeten aber noch nicht zugestellten Beschluss zugelassen worden ist, sollte nicht der Versuch einer Rechtsbeschwerde, in der man sich mit mündlich mitgeteilten oder vermutlichen Entscheidungsgründen auseinander setzt und die Verspätungsrüge verliert (§ 93 I 2), unternommen werden. Auch hier ist regelmäßig der Weg über § 92b vorzugswürdig. Wegen der Einzelheiten des Rechtsbehelfs wird auf die Kommentierung zu § 72b verwiesen. Eine Besonderheit gilt nur für die Berechtigung, das Rechtsmittel des § 92b einzulegen: Hier ist jeder am Beschlussverfahren materiell Beteiligte einlegungsbefugt, dessen Rechtsposition durch den anzufechtenden Beschluss nachteilig betroffen ist[1]. 1

93 *Rechtsbeschwerdegründe*

(1) Die Rechtsbeschwerde kann nur darauf gestützt werden, dass der Beschluss des Landesarbeitsgerichts auf der Nichtanwendung oder der unrichtigen Anwendung einer Rechtsnorm beruht. Sie kann nicht auf die Gründe des § 92b gestützt werden.

(2) § 65 findet entsprechende Anwendung.

Die Bestimmung, die inhaltlich mit **§ 73** übereinstimmt, schränkt die Rügemöglichkeiten des Rechtsbeschwerdeführers und die Prüfungskompetenz des BAG ein. Abs. 1 legt fest, dass nur eine **Rechtskontrolle** stattfindet. Abs. 2 iVm. § 65 **schließt** es **aus**, sich in der Rechtsbeschwerdeinstanz auf bestimmte **Verfahrensmängel** zu berufen (vgl. hierzu die Komm. zu § 88). 1

Die Beschränkung des Prüfungsmaßstabs auf **Rechtsfehler**, die darin liegen können, dass eine Rechtsnorm (zum Begriff der Rechtsnorm iSd. § 73, § 93: § 73 Rz. 4 ff.) nicht oder fehlerhaft angewendet worden ist, ist auch unter der Geltung des Untersuchungsgrundsatzes verbindlich. Es besteht auch in der Rechtsbeschwerde nur eine eingeschränkte Möglichkeit, die Anwendung eines **unbestimmten Rechtsbegriffs** durch das LAG in der Rechtsbeschwerdeinstanz zu überprüfen (zum eingeschränkten Prüfungsmaßstab § 73 Rz. 8)[2]. Der **Untersuchungsgrundsatz** steht der Beschränkung auf eine Rechtskontrolle in der Rechtsbeschwerdeinstanz und deren Bindung an die tatsächlichen Feststellungen des Beschwerdegerichts nicht entgegen[3]. Wie im Revisionsverfahren entfällt die **Bindung an Tatsachenfeststellungen** der Vorinstanz nur dann, wenn hierbei **Fehler in der Anwendung des Verfahrensrechts** unterlaufen sind und dies gerügt wird[4]. Hier können sich dann aber Besonderheiten aus dem Untersuchungsgrundsatz ergeben, insb. dadurch, dass zusätzlich ein Verstoß gegen das **Amtsermittlungsgebot** des § 83 I in Betracht kommt[5]. Zu den vom Rechtsbeschwerdegericht – je nach Rechtsfehler von Amts wegen oder auf Rüge (§ 94 Rz. 10 f.) – zu überprüfenden Verfahrensbestimmungen gehört im Beschlussverfahren auch die Frage, ob ein materiell zu Beteiligender vom Beschwerdegericht nicht beteiligt worden ist oder eine Beteiligung ohne materiellrechtl. Grund erfolgt ist (wegen der – begrenzten – Entscheidungserheblichkeit eines solchen Rechtsmangels § 96 Rz. 5). Soll die Rechtsbeschwerde hierauf gestützt werden, muss dies gerügt werden; davon unabhängig besteht die Pflicht des Rechtsbeschwerdegerichts, von Amts wegen durch tatsächliche Beteiligung aller materiell am Streitgegenstand Beteiligten für deren rechtl. Gehör zu sorgen[6]. Die Rüge, die angefochtene Beschwerdeentscheidung sei verspätet iSd. § 92b abgesetzt worden, ist im Rahmen der Rechtsbeschwerde ausgeschlossen. Dem kann nur im Rahmen des besonderen Rechtsbehelfs des § 92b nachgegangen werden. 2

Die **Verletzung** einer Rechtsnorm ist für die Entscheidung in 3. Instanz **nur** dann **beachtlich**, wenn die angefochtene Entscheidung auf dieser Rechtsverletzung **beruht**, es sei denn, es liegt ein auch im Beschlussverfahren in Betracht kommender absoluter (Revisions- =) Rechtsbeschwerdegrund – § 547 ZPO gilt auch im Beschlussverfahren[7]) – vor, bei dem die Ursächlichkeit des Rechtsverstoßes für die angefochtene Entscheidung unwiderleglich vermutet wird. 3

1 GK-ArbGG/*Mikosch*, § 92b Rz. 6. | 2 BAG v. 11.11.1998 – 7 ABR 57/97, AP Nr. 64 zu § 40 BetrVG 1972; v. 12.5.1999 – 7 ABR 36/97, AP Nr. 65 zu § 40 BetrVG 1972. | 3 BAG v. 27.1.1977 – 2 ABR 77/76, AP Nr. 7 zu § 103 BetrVG 1972; ErfK/*Eisemann*, § 93 ArbGG Rz. 1. | 4 BAG v. 28.10.1986 – 1 ABR 16/85, BAGE 53, 237. | 5 GMPM/*Matthes*, § 93 ArbGG Rz. 5. | 6 GK-ArbGG/*Dörner*, § 93 Rz. 5 mwN. | 7 BAG v. 25.8.1983 – 6 ABR 31/82, BAGE 43, 258; v. 27.6.2001 – 7 ABR 7/01; ErfK/*Eisemann*, § 93 ArbGG Rz. 1.

94 *Einlegung*

(1) Für die Einlegung und Begründung der Rechtsbeschwerde gilt § 11 Abs. 4 und 5 entsprechend *[idF ab 1.7.2008]*.

(2) Die Rechtsbeschwerdeschrift muss den Beschluss bezeichnen, gegen den die Rechtsbeschwerde gerichtet ist, und die Erklärung enthalten, dass gegen diesen Beschluss die Rechtsbeschwerde eingelegt werde. Die Rechtsbeschwerdebegründung muss angeben, inwieweit die Abänderung des angefochtenen Beschlusses beantragt wird, welche Bestimmungen verletzt sein sollen und worin die Verletzung bestehen soll. § 74 Abs. 2 ist entsprechend anzuwenden.

(3) Die Rechtsbeschwerde kann jederzeit in der für ihre Einlegung vorgeschriebenen Form zurückgenommen werden. Im Falle der Zurücknahme stellt der Vorsitzende das Verfahren ein. Er gibt hiervon den Beteiligten Kenntnis, soweit ihnen die Rechtsbeschwerde zugestellt worden ist.

1 Die Befugnis, Rechtsbeschwerde einzulegen, folgt der Beteiligtenbefugnis unabhängig davon, ob der Beteiligte in der Vorinstanz einen Antrag gestellt hat oder nicht[1]. **Rechtsbeschwerdebefugt** ist deshalb jeder zu Recht Beteiligte und ein etwa zu Unrecht nicht Beteiligter (vgl. § 87 Rz. 5). Eine fehlerhafte Beteiligung begründet ebenso wenig eine Rechtsbeschwerdebefugnis wie eine fehlerhafte Rechtsmittelbelehrung[2]. Darüber hinaus muss der Rechtsbeschwerdeführer durch die angefochtene Entscheidung **beschwert**, also in einer materiellen Rechtsstellung nachteilig betroffen sein, und sich gegen diese Beschwer wenden (zur Beschwer sonstiger Beteiligter, die keinen Antrag gestellt haben müssen, vgl. § 87 Rz. 6)[3].

2 § 94 legt in Abs. 1 und Abs. 2 Form und Inhalt von Rechtsbeschwerde und Rechtsbeschwerdebegründung fest. Ergänzend gelten über § 92 II die § 74 I und §§ 549–553 ZPO. In Abs. 2 S. 3 wird dieselbe **Vorabverwerfungsmöglichkeit** durch die berufsrichterlichen Mitglieder des Senats eröffnet, wie sie auch im sonstigen Rechtsmittelrecht besteht. Abs. 3 regelt die Rücknahme einer Rechtsbeschwerde und deren Behandlung durch das Rechtsbeschwerdegericht.

3 Für die schriftl. **Einlegung**, **Begründung** und **Rücknahme** der beim BAG einzulegenden Rechtsbeschwerde gilt einheitlich **Vertretungszwang** (Abs. 1). Seit Inkrafttreten des Gesetzes zur **Neuregelung** des **Rechtsberatungsrechts** vom 12.12.2007[4] zum 1.7.2008 ist insoweit auch eine **Vertretung durch Verbandsvertreter** oder Vertreter verbandsabhängiger Vertretungsorganisationen (§ 11 IV iVm. II Nrn. 4 und 5 nF), welche die **Befähigung zum Richteramt** haben müssen, möglich. Es genügt, wenn die bestimmenden Schriftsätze von einer der eben genannten Personen unterzeichnet wurden. Der Rechtsbeschwerdeführer muss nicht im gesamten Rechtsbeschwerdeverfahren nach Maßgabe des § 11 IV vertreten sein. § 92 II 2 verweist auf § 11 I–III, V, so dass sich der Rechtsbeschwerdeführer **im Übrigen** grds. **selbst vertreten** oder durch einen der besonderen Vertreter nach § 11 II Nr. 1–3 vertreten lassen kann[5]. **Dasselbe** gilt **hinsichtlich jeder Prozesshandlung** für die **übrigen** am Rechtsbeschwerdeverfahren **Beteiligten**.

4 Die **Rechtsbeschwerdeschrift** muss entsprechend § 89 II 1 und § 72 V, § 553 I ZPO den angefochtenen **Beschluss** eindeutig **bezeichnen** und die **unbedingte**[6] **Erklärung** enthalten, dass gegen diesen Beschluss **Rechtsbeschwerde** eingelegt wird. Eines Antrags bedarf es nicht; es genügt, wenn aus der Rechtsbeschwerdebegründung das Rechtsmittelziel mit der gebotenen Deutlichkeit hervorgeht[7]. Die Rechtsbeschwerdeschrift muss weiter den oder die **Beschwerdeführer** eindeutig **benennen**. Die erforderlichen Angaben müssen sich zumindest aus innerhalb der Rechtsbeschwerdefrist vorliegenden Unterlagen zweifelsfrei entnehmen lassen[8].

5 Die (Not-)**Frist für die Einlegung** der Rechtsbeschwerde beim **BAG** beträgt nach § 92 II 1, § 74 I 1 **einen Monat**. Sie beginnt mit der **Zustellung** des in **vollständiger** Form abgefassten anzufechtenden Beschlusses zu laufen. Eine Zustellung ist noch nicht erfolgt, wenn einzelne Seiten in der zugestellten Beschlussausfertigung fehlen **und deshalb** der Umfang der Beschwer nicht erkennbar wird[9]. Auch wenn eine vollständige Beschwerdeentscheidung noch nicht zugestellt worden ist, beginnt die Rechtsbeschwerdefrist in jedem Falle **fünf Monate nach Verkündung** des anzufechtenden Beschlusses (§ 92 II 1, § 74 I 2)[10]. Die aus § 9 V hergeleitete **Jahresfrist** ist nach der Änderung des Rechtsmittelrechts durch die ZPO-Reform **nicht mehr einschlägig**. Es ist an sich möglich, auch gegen verkündete, aber in diesem Zeitpunkt noch nicht zugestellte Beschlüsse bis zum Ablauf des sechsten Monats nach ihrer Verkündung Rechtsbeschwerde einzulegen[11]. Davon ist indes abzuraten. Der Rechtsbehelf des § 92b ist vorzugswürdig, es sei

1 BAG v. 4.12.1986 – 6 ABR 48/85, BAGE 53, 385. | 2 BAG v. 13.3.1984 – 1 ABR 49/82, AP Nr. 9 zu § 83 ArbGG 1979. | 3 BAG v. 29.1.1992 – 7 ABR 29/91, AP Nr. 14 zu § 11 ArbGG 1979 – Prozessvertreter. | 4 BGBl. I S. 2840, 2853. | 5 BAG v. 20.3.1990 – 1 ABR 20/89, BAGE 64, 254, 256. | 6 BAG v. 8.12.1970 – 1 ABR 23/70, BAGE 23, 130. | 7 BAG v. 16.8.2005 – 9 AZR 378/04, AP Nr. 8 zu § 1 TVG – Gleichbehandlung. | 8 BAG v. 23.8.2001 – 7 ABR 15/01, NZA 2001, 1214. | 9 BAG v. 22.4.1997 – 1 ABR 74/96, AP Nr. 16 zu § 99 BetrVG 1972 – Einstellung. | 10 Hauck/Helml/*Hauck*, § 94 ArbGG Rz. 2; ErfK/*Eisemann*, § 94 ArbGG Rz. 1. | 11 BAG v. 1.10.2003 – 1 ABN 62/01, NZA 2003, 1356; ebenso GMPM/*Müller-Glöge*, § 74 ArbGG Rz. 7, 9; Hauck/Helml/*Hauck*, § 74 ArbGG Rz. 6.

denn, der Rechtsbeschwerdeführer ist **nicht sicher**, dass die **Fünf-Monats-Frist**, die vom Eingang des Beschlusses bei der Geschäftsstelle des LAG abhängig ist, tatsächlich **überschritten** wurde. In diesem Fall muss er nebeneinander nach § 92b und § 94 bzw. § 92a vorgehen[1].

Die **Rechtsbeschwerde** kann andererseits auch schon **vor Zustellung** eines verkündeten Beschlusses wirksam eingelegt werden[2]. Die vorzeitige Einlegung bleibt unabhängig davon wirksam, wann die Rechtsbeschwerdebegründung beim BAG eingeht, wenn dies nur rechtzeitig geschieht. Die **Frist für** die **Begründung** der Rechtsbeschwerde beginnt mit der Rechtsbeschwerdefrist zu laufen (Rz. 5). Sie beträgt zwei Monate (§ 92 II 1, § 74 I 1). Sie kann vom Vorsitzenden auf Antrag einmal um bis zu einem Monat verlängert werden (§ 92 II, § 74 I 2)[3]. Wegen der Versäumung der Frist für die Begründung der Rechtsbeschwerde ist die **Wiedereinsetzung** in den vorigen Stand **möglich** (§ 233 ZPO)[4]. 6

Die inhaltlichen Anforderungen an die Rechtsbeschwerdebegründung ergeben sich aus § 94 II 2 und § 92 II 1, § 74 I sowie § 72 V ArbGG, § 551 ZPO. Die Beschwerdebegründung muss deutlich machen, **inwieweit** eine **Abänderung** des angefochtenen Beschlusses angestrebt wird. Der **Antrag** sollte in die Rechtsbeschwerdebegründung aufgenommen werden. Sein Fehlen ist unschädlich, wenn mit der gebotenen Deutlichkeit ersichtlich wird, welches Ziel mit der Rechtsbeschwerde verfolgt wird[5]. **Verfahrensanträge** haben auf (1) – gänzliche oder teilweise – Aufhebung der im Einzelnen bezeichneten Beschwerdeentscheidung und – deren Ersetzung durch – (2a) Zurückweisung der Beschwerde oder (2b) Abänderung des genau gekennzeichneten Beschlusses 1. Instanz auf Beschwerde hin entsprechend dem dann folgenden Sachantrag zu lauten. 7

Eine den Streitgegenstand **erweiternde** oder **verändernde Antragsänderung** über die Grenzen des § 624 ZPO hinaus, die auch in einer **Änderung des Lebenssachverhaltes** liegen kann, auf den der unveränderte Antrag gestützt wird[6], ist in der Rechtsbeschwerdeinstanz grds. **unzulässig**[7]. Unbedenklich ist es, auf der Grundlage des festgestellten Sachverhaltes vom Leistungsantrag auf einen auf denselben Gegenstand bezogenen Feststellungsantrag überzugehen[8] oder in der Rechtsbeschwerdeinstanz den bisherigen **Hilfsantrag** als **Hauptantrag** weiterzuverfolgen[9]. Eine Antragsänderung oder -erweiterung ist in der Rechtsbeschwerde auch dann zulässig, wenn sich der geänderte Sachantrag auf einen in der Beschwerdeinstanz festgestellten Sachverhalt stützen kann, die anderen Verfahrensbeteiligten zustimmen, ihre Verfahrensrechte nicht verkürzt werden und die Antragsänderung oder -erweiterung darauf beruht, dass in den Vorinstanzen ein nach § 139 ZPO gebotener Hinweis unterblieben ist[10]. 8

Über § 551 III ZPO hinausgehend ist es im Beschlussverfahren erforderlich, dass die Beschwerdebegründung angibt, welche – geschriebenen oder ungeschriebenen – **Rechtsnormen verletzt** sind und **worin** die **Verletzung** liegt. Weiter ist stets eine **Auseinandersetzung** mit den tragenden Gründen der angefochtenen Entscheidung notwendig, damit Gegenstand und Richtung der Rechtsbeschwerde erkennbar werden[11]. Richtet sich die Rechtsbeschwerde gegen eine Entscheidung, die zu **mehreren Streitgegenständen** ergangen ist, oder die **auf mehrere selbständig tragende Erwägungen gestützt** ist, muss ihre Begründung sich auf jeden Streitgegenstand und jede tragende Erwägung beziehen[12]. Soweit dies nicht geschieht, oder nur formelhaft eine Rechtsnorm bezeichnet und ausgeführt wird, das Beschwerdegericht habe den darin enthaltenen Rechtsbegriff verkannt, muss die Rechtsbeschwerde (teilweise) als unzulässig verworfen werden[13]. Die Rechtsbeschwerde muss sich allerdings nicht mit jeder vom LAG behandelten **Anspruchsgrundlage für** den durch den Antrag bestimmten **Streitgegenstand** befassen[14]. 9

Verstöße gegen **Verfahrensregeln** müssen ebenso wie im Urteilsverfahren[15] entsprechend § 551 III Nr. 2b ZPO vom Beschwerdeführer innerhalb der Beschwerdebegründungsfrist, im Übrigen innerhalb der Äußerungsfristen, spätestens bis zum Ende eines etwaigen Erörterungstermins **gerügt** werden, damit sich das Rechtsbeschwerdegericht mit ihnen auseinander setzen kann. Nur **ausnahmsw.** sind Verfahrensfehler **von Amts wegen** zu berücksichtigen (vgl. hierzu die Aufstellung in § 75 Rz. 4 bis 6 sowie § 73 Rz. 16 bis 23). Eine **Verfahrensrüge** hat nur dann Erfolg, wenn dargelegt wird, (1) welche Tatsachen die Verletzung (2) welcher Verfahrensvorschrift begründen und (3) inwiefern sich dies auf die Entscheidung ausgewirkt hat, warum es also bei fehlerfreiem Verhalten zu einer anderen Entscheidung gekommen wäre. Etwas anderes gilt nur, wenn ein **absoluter Rechtsbeschwerdegrund** (§ 547 ZPO) gerügt wird, bei dem diese Ursächlichkeit unwiderleglich vermutet wird. 10

---

1 Vgl. BAG v. 22.8.2007 – 4 AZN 1225/06, AP Nr. 2 zu § 315 ZPO. | **2** So schon BAG v. 26.4.1963 – 1 ABR 10/62, AP Nr. 3 zu § 94 ArbGG 1959. | **3** Richtig GK-ArbGG/*Dörner*, § 94 Rz. 13; aA Hauck/Helml/*Hauck*, § 94 ArbGG Rz. 4 (keine Verlängerungsmöglichkeit). | **4** ErfK/*Eisemann*, § 94 ArbGG Rz. 2. | **5** BAG v. 16.8.2005 – 9 AZR 378/04, AP Nr. 8 zu § 1 TVG – Gleichbehandlung. | **6** BAG v. 2.10.2007 – 1 ABR 79/06. | **7** BAG v. 25.8.1981 – 1 ABR 61/79, BAGE 37, 31; Hauck/Helml/*Hauck*, § 94 ArbGG Rz. 5. | **8** BAG v. 28.6.2005 – 1 ABR 24/04, AP Nr. 146 zu § 102 BetrVG 1972. | **9** BAG v. 19.9.2006 – 1 ABR 58/05, AP Nr. 29 zu § 77 BetrVG 1972 – Betriebsvereinbarung. | **10** BAG v. 29.9.2004 – 1 ABR 29/03, AP Nr. 112 zu § 87 BetrVG 1972 – Arbeitszeit; v. 12.11.2002 – 1 ABR 60/01, AP Nr. 43 zu § 99 BetrVG 1972 – Einstellung. | **11** BAG v. 10.10.2006 – 1 ABR 59/05, AP Nr. 24 zu § 77 BetrVG 1972 – Tarifvorbehalt; v. 14.11.2006 – 1 ABR 4/06, AP Nr. 43 zu § 87 BetrVG 1972 – Überwachung. | **12** BAG v. 11.2.2004 – 7 ABR 33/03, AP Nr. 3 zu § 94 ArbGG 1979; v. 16.5.2007 – 7 ABR 45/06, NZA 2007, 1117. | **13** BAG v. 10.4.1984 – 1 ABR 62/82, AP Nr. 1 zu § 94 ArbGG 1979. | **14** BAG v. 21.10.2003 – 1 ABR 39/02, AP Nr. 62 zu § 80 BetrVG 1972. | **15** GMPM/*Matthes*, § 94 ArbGG Rz. 21.

11 Wird eine Verletzung der **Amtsermittlungspflicht gerügt**, muss jedenfalls dargelegt werden, (1) in welcher Richtung die Vorinstanz hätte weiter ermitteln müssen, (2) welche Beweismittel hierzu hätten herangezogen werden können, und (3) warum sich eine solche weitere Sachaufklärung hätte aufdrängen müssen. Problematisch aber wohl zu bejahen ist die Frage, ob im Beschlussverfahren für eine erfolgreiche Rüge (4) dargelegt werden muss, wie sich mögliche Ergebnisse auf die angefochtene Entscheidung ausgewirkt hätten. Angesichts des im Beschlussverfahren geltenden Amtsermittlungsgrundsatzes bedarf es zumindest nicht der Darlegung, welches konkrete Ergebnis die weiteren Ermittlungen gehabt hätten (zur Behandlung von Fehlern bei der Bestimmung der zu Beteiligenden § 96 Rz. 4)[1].

12 Im Beschlussverfahren ist auch die **Anschlussrechtsbeschwerde** zulässig[2]. Sie muss nach § 92 II, § 72 V ArbGG iVm. § 554 I ZPO **innerhalb eines Monats** nach Zustellung der Rechtsbeschwerdebegründung beim BAG eingelegt und innerhalb dieser Frist **auch begründet** werden[3]. Eine Fristverlängerung ist ausgeschlossen[4]. Die Anschlussrechtsbeschwerde ist auch statthaft, wenn sie nicht zugelassen worden ist (§ 554 II ZPO)[5].

13 Ist die **Rechtsbeschwerde** von Amts wegen als nicht statthaft oder nicht form- und fristgerecht eingelegt und begründet festzustellen, kann sie ohne mündliche Anhörung und ohne Mitwirkung der ehrenamtlichen Richter von Amts wegen durch Beschluss **verworfen** werden (Abs. 2 S. 3 iVm. § 74 II 2 ArbGG und § 552 I ZPO)[6]. Eine schriftl. Anhörung der übrigen Beteiligten hat zu erfolgen, wenn eine Frist versäumt wurde und vom Rechtsbeschwerdeführer formell ordnungsgemäß Wiedereinsetzung in den vorigen Stand beantragt worden ist. Werden die betreffenden Mängel erst auf der Grundlage eines mündlichen Anhörungstermins festgestellt oder ist die Sache nach § 95 mit den **ehrenamtlichen Richtern** beraten worden, sind die ehrenamtlichen Richter auch an der Verwerfungsentscheidung zu beteiligen.

14 Die Rechtsbeschwerde kann wie die Beschwerde (§ 89 IV) jederzeit ohne Zustimmung der übrigen Beteiligten durch einen von einem Rechtsanwalt unterzeichneten Schriftsatz (Abs. 1) **zurückgenommen** werden. In diesem Falle wird das Verfahren durch den **Vorsitzenden** des Senats allein[7] durch **Beschluss eingestellt**. Der Beschluss ist den Beteiligten formlos mitzuteilen.

95 *Verfahren*

Die Rechtsbeschwerdeschrift und die Rechtsbeschwerdebegründung werden den Beteiligten zur Äußerung zugestellt. Die Äußerung erfolgt durch Einreichung eines Schriftsatzes beim Bundesarbeitsgericht oder durch Erklärung zur Niederschrift der Geschäftsstelle des Landesarbeitsgerichts, das den angefochtenen Beschluss erlassen hat. Geht von einem Beteiligten die Äußerung nicht rechtzeitig ein, so steht dies dem Fortgang des Verfahrens nicht entgegen. § 83a ist entsprechend anzuwenden.

1 § 95, der weitgehend **§ 90 I** für die Behandlung der Beschwerde **entspricht**, legt Regeln fest, die durch mehrere in **§ 92 II** in Bezug genommene Bestimmungen über das Revisionsverfahren **ergänzt** werden: Rechtsbeschwerde und Rechtsbeschwerdebegründung sind **allen übrigen Beteiligten** (vgl. § 90 Rz. 1) **zuzustellen**. Von einer Zustellung kann abgesehen werden, wenn die Rechtsbeschwerde ohne weiteres als unzulässig zu verwerfen ist. Dies ist dann nicht der Fall, wenn wegen der Versäumung der Rechtsbeschwerde- oder der Begründungsfrist eine **Wiedereinsetzung** in den vorigen Stand in Betracht kommt und vom Rechtsbeschwerdeführer beantragt wird. In diesem Falle ist den übrigen Beteiligten im Hinblick auf den Wiedereinsetzungsantrag **rechtl. Gehör** zu gewähren. Da nur eine „rechtzeitige" Stellungnahme der Beteiligten berücksichtigt werden muss, ist den Beteiligten eine **Frist** zur Äußerung zu setzen, damit die **nicht rechtzeitige Äußerung** eines Beteiligten **festgestellt** und das Rechtsbeschwerdeverfahren fortgesetzt und **entschieden** werden kann[8]. Auf diese Möglichkeit sollte, obwohl § 83 Ia von § 95 nicht in Bezug genommen ist, mit der Aufforderung zur Äußerung **hingewiesen** werden.

2 Die **Beteiligten** können zur Rechtsbeschwerde auch **ohne anwaltliche oder verbandliche Vertretung Stellung** nehmen (§ 92 II 2, § 11 I–III, V nF); dies muss aber innerhalb einer vom BAG gesetzten Frist (S. 3) **schriftsätzlich oder zu Protokoll** der Geschäftsstelle des LAG, das den angefochtenen Beschluss erlassen hat, geschehen. Nach Fristablauf besteht keine Sicherheit, den eigenen Rechtsstandpunkt einbringen zu können. S. 4 verweist **nicht** auf **§ 83**. Das **Rechtsbeschwerdeverfahren** ist deshalb grds. als **schriftl. Verfahren** angelegt[9]. Dies **schließt** eine **mündliche Anhörung** vor dem BAG aber **nicht aus**; § 92 II 1 verweist auch auf die Regeln über das persönliche Erscheinen der Parteien und über die Öffentlichkeit der Verhandlung[10].

3 Nach S. 4 ist § 83a entsprechend anzuwenden. Die Beteiligten können deshalb auch in der Rechtsbeschwerde das Verfahren durch einen **Vergleich** über ihrer Disposition unterliegende Streitgegenstände

1 BAG v. 22.10.2003 – 7 ABR 18/03, AP Nr. 1 zu § 1 BetrVG 1972 – Gemeinsamer Betrieb. | 2 BAG v. 11.7.1990 – 7 ABR 23/89, AP Nr. 9 zu Art. 56 ZA-Nato-Truppenstatut. | 3 GMPM/*Matthes*, § 94 ArbGG Rz. 19. | 4 ErfK/*Eisemann*, § 94 ArbGG Rz. 4; GK-ArbGG/*Dörner*, § 94 Rz. 24; *Grunsky*, § 94 ArbGG Rz. 11. | 5 BAG v. 3.12.2003 – 10 AZR 124/03, nv. | 6 GK-ArbGG/*Dörner*, § 94 Rz. 25 ff. | 7 ErfK/*Eisemann*, § 94 ArbGG Rz. 5. | 8 ErfK/*Eisemann*, § 95 ArbGG Rz. 1; GMPM/*Matthes*, § 95 ArbGG Rz. 4. | 9 BAG v. 22.10.1985 – 1 ABR 42/84, BAGE 50, 55; GK-ArbGG/*Dörner*, § 95 Rz. 6. | 10 GMPM/*Matthes*, § 95 ArBGG Rz. 8.

erledigen oder das Verfahren übereinstimmend für **erledigt** erklären. In diesem Fall ist das Verfahren durch Beschluss der berufsrichterlichen Mitglieder des Senates, die an die Stelle des in § 83a II 1 genannten Vorsitzenden treten, einzustellen.

96 *Entscheidung*

(1) Über die Rechtsbeschwerde entscheidet das Bundesarbeitsgericht durch Beschluss. Die §§ 562, 563 der Zivilprozessordnung gelten entsprechend.

(2) Der Beschluss nebst Gründen ist von sämtlichen Mitgliedern des Senats zu unterschreiben und den Beteiligten zuzustellen.

Auch in der Rechtsbeschwerdeinstanz ist **durch Beschluss** zu entscheiden, ob der Entscheidung eine mündliche Anhörung der Beteiligten vorausgegangen ist oder nicht. Dabei betrifft § 96 nur die Entscheidung über eine zulässige Rechtsbeschwerde. Ist sie **unzulässig**, muss sie durch Beschluss nach § 552 ZPO, § 74 II 3, § 94 II 3 als unzulässig **verworfen** werden (vgl. § 94 Rz. 13). Neben den in Abs. 1 S. 3 ausdrücklich genannten § 562 und § 563 sind im Rechtsbeschwerdeverfahren auch § 559, § 561 und § 564 ZPO sowie die allgemeinen Bestimmungen der ZPO über Form und Inhalt gerichtl. Entscheidungen entsprechend anwendbar[1]. 1

Das BAG entscheidet über die zulässige Rechtsbeschwerde im Rahmen der gestellten **Anträge** auf der Grundlage der **tatsächlichen Feststellungen** durch das Beschwerdegericht (§ 559 II ZPO), aber unter allen rechtl. Gesichtspunkten. An die vom Rechtsbeschwerdeführer geltend gemachten Beschwerdegründe ist es nicht gebunden[2]. **Neues** tatsächliches **Vorbringen** in der Rechtsbeschwerdeinstanz ist ausgeschlossen, es sei denn, es betrifft von Amts wegen zu berücksichtigende Sachentscheidungsvoraussetzungen wie etwa das Rechtsschutzinteresse, das für eine Wahlanfechtung entfallen kann, wenn während des Verfahrens 3. Instanz die Amtszeit des gewählten Gremiums endet[3]. 2

Auf **Verfahrensmängel** hin ist der angefochtene Beschluss nur nach ordnungsgemäßer **Rüge** zu prüfen (§ 74 Rz. 25–30; zu denkbaren Verfahrensmängeln: § 75 Rz. 4 ff.). Es gibt aber auch Verfahrensmängel, die **von Amts wegen** berücksichtigt werden müssen. Hierzu gehört etwa das **Fehlen** des Feststellungsinteresses nach § 256 ZPO[4], oder der **Verfahrensfortsetzungsvoraussetzung** für die Rechtsbeschwerde, weil bereits die Beschwerde unzulässig war[5]. 3

Auf Rechtsbeschwerde hin ist die angefochtene Entscheidung ohne weiteres aufzuheben, wenn sie **keinerlei Sachverhaltsfeststellungen** getroffen hat. Dies gilt auch dann, wenn die Rechtsbeschwerde erst auf Grund einer Nichtzulassungsbeschwerde zugelassen worden ist[6]. 4

Was die zu Beteiligenden angeht, ist zu unterscheiden: Das Rechtsbeschwerdegericht hat von Amts wegen festzustellen, ob alle materiell **Beteiligten** von der Vorinstanz auch formell beteiligt worden sind; soweit dies nicht geschehen ist, ist es in der Rechtsbeschwerdeinstanz **nachzuholen**. Eine Auswirkung auf die Entscheidung nach § 96 ergibt sich nur, wenn der zu Unrecht nicht Beteiligte diesen Verfahrensmangel **rügt**[7] **und darlegt**, dass er bei seiner Anhörung in der Tatsacheninstanz zusätzliche, für die Entscheidung des LAG möglicherweise entscheidungserhebliche Tatsachen dargelegt hätte[8]. **Überwiegend** wird **allerdings** angenommen, es genüge, wenn nur die **abstrakte Möglichkeit** bestehe, dass die Beteiligung zu einem anderen Sachverhalt und damit zu einer anderen Entscheidung geführt hätte[9]. Nach hier vertretener Auffassung muss sich die Möglichkeit einer anderen Entscheidung aus dem Vorbringen des neu Beteiligten ergeben. Ist dies der Fall, muss das Verfahren an die Beschwerdeinstanz **zurückverwiesen** werden, damit auf der Grundlage des neuen Vorbringens eine weitere Tatsachenermittlung stattfinden kann. Hält das Rechtsbeschwerdegericht eine **Verfahrensrüge** für **unbegründet**, muss es seine Entscheidung nur **begründen**, wenn die Rüge einen absoluten Rechtsbeschwerdegrund betrifft (§ 564 ZPO). 5

Das BAG hat die **Rechtsbeschwerde zurückzuweisen**, wenn sie **unbegründet** ist, weil die angefochtene Entscheidung rechtl. richtig oder zwar rechtsfehlerhaft, aber aus anderen Gründen im Ergebnis richtig ist (§ 561 ZPO). Es kann bei dieser Gelegenheit auch offensichtliche **Unrichtigkeiten** im Tenor der Beschwerdeentscheidung nach § 319 I ZPO **berichtigen** („mit der Maßgabe ...")[10]. Ist die Rechtsbe- 6

---

1 GMPM/*Matthes*, § 96 ArbGG Rz. 1. | 2 Hauck/Helml/*Hauck*, § 96 ArbGG Rz. 2; GK-ArbGG/*Dörner*, § 96 Rz. 4; aA überholt und unrichtig BAG v. 26.6.1973 – 1 ABR 24/72, AP Nr. 2 zu § 2 BetrVG 1972. | 3 BAG v. 13.3.1991 – 7 ABR 5/90, BAGE 67, 316. | 4 Zuletzt etwa BAG v. 11.6.2002 – 1 ABR 44/01, AP Nr. 70 zu § 256 ZPO 1977. | 5 BAG v. 23.3.2004 – 3 AZR 35/03, AP Nr. 36 zu § 64 ArbGG 1979. | 6 Zu Grundsatz und Ausnahme BAG v. 26.4.2005 – 1 ABR 1/04, AP Nr. 118 zu § 87 BetrVG – Arbeitszeit. | 7 BAG v. 15.1.2002 – 1 ABR 10/01, BAGE 100, 157, 159; v. 29.9.2004 – 1 ABR 39/03, AP Nr. 40 zu § 99 BetrVG 1972 – Versetzung. | 8 BAG v. 19.3.1974 – 1 ABR 44/73, BetrVG 1972 § 26 Nr. 1; GMPM/*Matthes*, § 96 ArbGG Rz. 15; viel zu „zurückverweisungsfreundlich" BAG v. 20.2.1986 – 6 ABR 25/85. | 9 GK-ArbGG/*Dörner*, § 96 Rz. 12; ErfK/*Eisemann*, § 96 ArbGG Rz. 2; wohl auch BAG 11.11.1998 – 4 ABR 40/97, BAGE 90, 135, 143. | 10 BAG v. 10.12.2002 – 1 ABR 36/90, AP Nr. 59 zu § 80 BetrVG 1972.

schwerde **begründet**, weil die Entscheidung des Beschwerdegerichts auf einer Verletzung des materiellen Rechts oder des Verfahrensrechts beruht, ist der angefochtene Beschluss **aufzuheben** (§ 562 I ZPO); beruht der Beschluss auf einem Verfahrensmangel ist auch das dadurch betroffene Verfahren aufzuheben (§ 562 II ZPO). Ist das Verfahren nach dem festgestellten und nicht gerügten Sachverhalt für eine abweichenden Endentscheidung reif, hat das Rechtsbeschwerdegericht an Stelle des Beschwerdegerichts in der Sache **selbst zu entscheiden** (§ 563 III ZPO). Die Sache ist nur dann – ggf. an einer andere Kammer (§ 563 I 1 ZPO) – **zurückzuverweisen**, wenn aus verfahrensrechtl. oder materiell-rechtl. Gründen weitere Sachaufklärung erforderlich ist (§ 563 I 1) oder ein absoluter (Revisions- =) Rechtsbeschwerdegrund vorliegt.

7 Im Beschlussverfahren nach **§ 122 und § 126 InsO**, in dem es keine Beschwerdeinstanz gibt und die Entscheidungen der ArbG nur auf Grund vom ArbG zugelassener[1] Rechtsbeschwerde überprüfbar sind, erfolgt eine **Zurückverweisung** an das **ArbG**, ggf. entsprechend § 563 I 2 ZPO, § 96 I 2 an eine **andere Kammer**[2]. Anders als allgemein im Beschlussverfahren und grds. auch im Rechtsbeschwerdeverfahren bedarf es bei einer Entscheidung des Rechtsbeschwerdegerichts in einem Beschlussverfahren nach **§ 126 InsO** einer **Kostenentscheidung**, durch die im Verhältnis zwischen **Insolvenzverwalter** und beteiligten **ArbN** die Erstattung der außergerichtlichen Kosten des Rechtsbeschwerdeverfahrens nach den Bestimmungen der ZPO geregelt werden muss (§ 126 III 2 InsO)[3]. Der BR, der nicht iSd. ZPO prozessfähig ist, ist hieran nicht beteiligt; seine Kosten sind im Zweifel unabhängig vom Ausgang des Verfahrens nach § 40 I BetrVG vom ArbGeb zu tragen.

8 Der **Beschluss** des Rechtsbeschwerdegerichts ist mit Gründen **schriftl.** abzufassen und von den an der Beschlussfassung beteiligten Mitgliedern des Senats unter Einschluss der **ehrenamtlichen Richter** zu unterschreiben. Hat vor der Beschlussfassung eine Anhörung stattgefunden, ist der Beschluss zu **verkünden**; ohne eine vorherige Anhörung genügt die Zustellung des Beschlusses an alle Beteiligte (§ 329 I ZPO)[4].

96a *Sprungrechtsbeschwerde*

(1) Gegen den das Verfahren beendenden Beschluss eines Arbeitsgerichts kann unter Übergehung der Beschwerdeinstanz unmittelbar Rechtsbeschwerde eingelegt werden (Sprungrechtsbeschwerde), wenn die übrigen Beteiligten schriftlich zustimmen und wenn sie vom Arbeitsgericht wegen grundsätzlicher Bedeutung der Rechtssache auf Antrag in dem verfahrensbeendenden Beschluss oder nachträglich durch gesonderten Beschluss zugelassen wird. Der Antrag ist innerhalb einer Notfrist von einem Monat nach Zustellung des in vollständiger Form abgefassten Beschlusses schriftlich zu stellen. Die Zustimmung der übrigen Beteiligten ist, wenn die Sprungrechtsbeschwerde in dem verfahrensbeendenden Beschluss zugelassen ist, der Rechtsbeschwerdeschrift, andernfalls dem Antrag beizufügen.

(2) § 76 Abs. 2 Satz 2, 3, Abs. 3 bis 6 ist entsprechend anzuwenden.

1 **I. Systematik.** Die Sprungrechtsbeschwerde, mit der eine Rechtsbeschwerdeentscheidung unter **Übergehung der Beschwerdeinstanz herbeigeführt werden kann**, entspricht in ihren Voraussetzungen und Wirkungen im Wesentlichen der Sprungrevision (§ 76; vgl. deshalb die Komm. zu § 76).

2 Die Statthaftigkeit der Sprungrechtsbeschwerde hängt von **Mitwirkungshandlungen** der am Verfahren **Beteiligten** ab. Der Rechtsbehelf des **§ 122 III InsO**, durch den ebenfalls die Beschwerdeinstanz übergangen wird, ist kein Fall der Sprungrechtsbeschwerde, sondern ein **Sonderfall** der **Rechtsbeschwerde**. Gegen den Beschluss 1. Instanz findet hier kraft gesetzl. Anordnung ausschließlich die Rechtsbeschwerde statt und auch dies nur, wenn das ArbG sie zugelassen hat, also unter Auschluss der Möglichkeit des § 92a (§ 122 III 1 InsO; vgl. § 92a Rz. 1).

3 Die Sprungrechtsbeschwerde **unterscheidet sich von der Sprungrevision** in zwei Punkten: Bei den Gründen für die Zulassung des Sprungrechtsmittels und hinsichtlich derer, die antragsbefugt sind und deren Zustimmung zur Einlegung des Sprungrechtsmittels erforderlich ist.

4 **II. Zulassungsverfahren. 1. Überblick.** Für die Zulassung der Sprungrechtsbeschwerde, die nur durch das Gericht 1. Instanz erfolgen kann, gibt es **zwei Verfahrenswege**, die beide vom Antrag eines Beteiligten abhängig sind: Die Zulassung durch das ArbG kann **in** der verfahrensbeendenden **Sachentscheidung** erfolgen **oder** durch einen **nachträglichen** Zulassungsbeschluss. Die **Zustimmung** der übrigen Beteiligten **zur Einlegung** der Sprungrechtsbeschwerde ist nur Voraussetzung für die nachträgliche Zulassung. Eine **Zustimmung zur Zulassung** der Sprungrechtsbeschwerde durch die weiteren Beteiligten ist **ohne rechtl. Bedeutung**[5].

---

1 BAG 14.8.2001 – 2 ABN 20/01, AP Nr. 44 zu § 72a ArbGG 1979 – Divergenz. | 2 BAG v. 20.1.2000 – 2 ABR 30/99, BAGE 93, 267. | 3 *Fitting*, §§ 112, 112a BetrVG Rz. 74. | 4 GMPM/*Matthes*, § 96 ArbGG Rz. 24; GK-ArbGG/*Dörner*, § 96 Rz. 10; aA *Grunsky*, Rz. 6 (Verkündung nicht geboten). | 5 BAG v. 16.4.2003 – 7 ABR 27/02, AP Nr. 1 zu § 95 SGB IX.

2. Antrag auf Zulassung der Sprungrechtsbeschwerde. Den Antrag auf Zulassung der Sprungrechtsbeschwerde kann **jeder materiell Beteiligte** iSd. § 83 III stellen, also jeder, der vom Verfahrensgegenstand materiell-rechtl. betroffen ist, auch wenn er nicht formell beteiligt worden ist[1]. **Fehlt** einem formell Beteiligten die **materielle Betroffenheit**, kann er **keinen Zulassungsantrag** stellen[2]. Der Antrag kann schriftl., aber auch zur Niederschrift bei der Geschäftsstelle oder zu Protokoll des Gerichts gestellt werden. **Vertretungszwang** besteht **nicht**. 5

Diese Grundsätze gelten auch für den innerhalb einer **einmonatigen Notfrist** (§ 233 ZPO) seit Zustellung der Sachentscheidung zu stellenden **Antrag auf nachträgliche Zulassung** der Sprungrechtsbeschwerde an das insoweit allein entscheidungsbefugte **ArbG**. Diesem Antrag, für den allerdings nur ein beschwerter Beteiligter befugt ist, ist zusätzlich die **Erklärung aller übrigen Beteiligten** hinzuzufügen, sie stimmten der Einlegung der Sprungrechtsbeschwerde zu. Ist dieses Rechtsmittel **bereits** mit der Sachentscheidung 1. Instanz **zugelassen** worden, sind die entsprechenden **Erklärungen** der **Rechtsbeschwerdeschrift beizufügen.** 6

3. Zustimmungserklärung. Die Zustimmungserklärung aller übrigen Beteiligten muss die **Einlegung**, **nicht** die **Zulassung** der Sprungrechtsbeschwerde betreffen; mit der Einlegung, nicht mit der Zulassung, ändern sich die verfahrensrechtl. Möglichkeiten der übrigen Beteiligten[3]. Die Zustimmungserklärung, für die **kein Vertretungszwang** besteht, ist regelmäßig im **Original** vorzulegen. Die **vom Beschwerdeführer beglaubigte** Kopie der Zustimmungserklärung **reicht nicht** aus[4]. Bei einer Erklärung zur **Niederschrift** der Geschäftsstelle oder zu **Protokoll** des Anhörungstermins vor dem ArbG genügt die Vorlage einer **Kopie** oder Abschrift hiervon in **beglaubigter** Form. Wird die Zustimmung per **Telefax** erteilt, genügt die Vorlage des **Originalfaxausdrucks**[5]; die Zustimmungserteilung kann aber auch ebenso wie die Rechtsbeschwerdebegründung unmittelbar per Telefax an das BAG übermittelt werden[6]. 7

Zwar ist grds. die **Zustimmung aller** übrigen, am Beschlussverfahren **materiell Beteiligten** erforderlich. Ist ein materiell Beteiligter **tatsächlich nicht beteiligt** worden, **hängt** die **Zulässigkeit** der Sprungrevision oder von deren nachträglicher Zulassung durch das ArbG aber **nicht** von der Zustimmungserklärung dieses Beteiligten **ab**[7]. 8

Im Gesetz ist zwar von einer Beifügung der **Zustimmungserklärung** die Rede. Es genügt aber, wenn eine Zustimmungserklärung **bis zum Ablauf der Antragsfrist oder der Rechtsbeschwerdefrist** nachgereicht worden ist[8]. 9

4. Zulassungsgründe. Das ArbG hat die Sprungrechtsbeschwerde zuzulassen, wenn die Rechtssache **grundsätzliche Bedeutung** hat. Anders als in § 76 hängt die Zulassung der Sprungrechtsbeschwerde **nicht** davon ab, dass **bestimmte Streitgegenstände** betroffen sind. Es kommen alle in § 2a bezeichneten Angelegenheiten in Betracht. Der Begriff der grundsätzlichen Bedeutung entspricht dem der §§ 72, 76 und 92 (im Einzelnen § 72 Rz. 9 ff.)[9]. Sieht das ArbG die von ihm entschiedene Rechtssache als grds. bedeutsam an, **muss** es die Sprungrechtsbeschwerde auf einen ordnungsgemäßen Antrag hin zulassen. Es hat keinen Ermessensspielraum. 10

5. Zulassungsentscheidung. Der Zulassungsantrag ist durch das ArbG stets **förmlich** im Entscheidungsausspruch zu **bescheiden;** eine **Zulassung** in den **Entscheidungsgründen** des Beschlusses nach § 84 reicht **nicht** aus. Dieses Ergebnis kann man auch auf eine entsprechende Anwendung des § 64 IIIa stützen[10]. Entgegen einer anders lautenden Auffassung[11] ist im Falle einer **Übergehung** des vorab gestellten Zulassungsantrags im Beschluss nach § 84 nicht ein Antrag auf nachträgliche Zulassung nach § 96a I 1 geboten. Es ist vielmehr durch einen Antrag entsprechend § 64 IIIa 2 oder über § 321 ZPO, § 80 II ein **Ergänzungsbeschluss** herbeizuführen, für den – anders als für eine nachträgliche Zulassung der Sprungrechtsbeschwerde und entsprechend dem gestellten, aber übergangenen Antrag – die Beifügung der Zustimmung der übrigen Beteiligten zur Einlegung der Sprungrechtsbeschwerde nicht erforderlich ist. 11

Die **Entscheidung** über die Zulassung der Sprungrevision hat die **Kammer** des ArbG zu treffen, wenn sie bereits im Hauptsachebeschluss erfolgt. Den Antrag auf nachträgliche Zulassung kann der **Vorsitzende** im schriftl. Verfahren bescheiden. 12

Die **Zulassung** kann auf einen von mehreren Streitgegenständen **beschränkt** werden, nicht allerdings auf einen von mehreren Beteiligten[12]. Eine Beschränkung auf einzelne Streitgegenstände ist wegen der möglicherweise in derselben Sache parallel durchzuführenden unterschiedlichen Rechtsmittel aber möglichst zu vermeiden. 13

---

1 GMPM/*Matthes*, § 96a ArbGG Rz. 4 mwN. | 2 GK-ArbGG/*Mikosch*, § 96a Rz. 5. | 3 BAG v. 16.4.2003 – 7 ABR 27/02, AP Nr. 1 zu § 95 SGB IX. | 4 BAG v. 24.3.2001 – 4 AZR 367/00, AR-Blattei ES 160.10.3 Nr. 68. | 5 BAG v. 30.5.2001 – 4 AZR 269/00, BAGE 98, 35; BSG v. 12.11.1996 – 9 RVs 4/96, AP Nr. 11 zu § 76 ArbGG 1979. | 6 BAG v. 27.5.2005 – 6 AZR 6/03, AP Nr. 13 zu § 37 BAT. | 7 BAG v. 16.5.2007 – 7 ABR 63/06, AP Nr. 3 zu § 96a ArbGG 1979; ErfK/*Eisemann*, § 96 ArbGG Rz. 1. | 8 BAG v. 25.4.1977 – 4 AZR 986/77, BAGE 31, 397; v. 4.12.2002 – 10 AZR 83/02, AP Nr. 14 zu § 76 ArbGG 1979. | 9 BAG v. 24.3.1993 – 4 AZN 5/93, BAGE 73, 4. | 10 GMPM/*Müller-Glöge*, § 76 ArbGG Rz. 7; GMPM/*Matthes*, § 96a ArbGG Rz. 10; aA GK-ArbGG/*Mikosch*, § 96a ArbGG Rz. 22. | 11 Hauck/Helml/*Hauck*, § 96a ArbGG Rz. 4, § 76 Rz. 4. | 12 GMPM/*Matthes*, § 96a ArbGG Rz. 12; GK-ArbGG/*Mikosch*, § 96a ArbGG Rz. 23.

14 Wird der Antrag auf Zulassung der Sprungrechtsbeschwerde bereits im Beschluss nach § 84 **zurückgewiesen**, ist auch dies in den **Entscheidungsausspruch** aufzunehmen. Wird die Sprungrechtsbeschwerde zugelassen, muss eine **zweifache Rechtsmittelbelehrung** erfolgen; der beschwerte Beteiligte hat die Wahl, ob er Beschwerde oder Rechtsbeschwerde einlegen will. Wird die Sprungrechtsbeschwerde erst auf nachträglichen Beschluss zugelassen, genügt die Belehrung über dieses Rechtsmittel. Dabei ist die Rechtsmittelbelehrung stets nur dann ordnungsgemäß, wenn die postalische Anschrift des Rechtsmittelgerichts mit Sitz und Straße angegeben ist; die Angabe der Postfachadresse reicht nicht aus[1].

15 Die **Ablehnung** der Zulassung der Sprungrechtsbeschwerde durch das ArbG ist **unanfechtbar** (§ 96a II, § 76 II 3). Der Antrag auf Zulassung der Sprungrechtsbeschwerde, der bereits während des laufenden Verfahrens 1. Instanz gestellt und in dem Beschluss nach § 84 zurückgewiesen worden war, kann deshalb auch nicht erneut mit dem Ziel einer nachträglichen Zulassung gestellt werden[2].

16 **III. Verfahren nach der Entscheidung über den Zulassungsantrag.** Das **weitere Verfahren** nach der Entscheidung des ArbG über den Zulassungsantrag richtet sich nach **§ 76 II 2 und 3** sowie **Abs. 3 bis 6** (§ 96a II). Hat das ArbG die Zulassung der Sprungrechtsbeschwerde bereits in seinem Beschluss nach § 84 zurückgewiesen, beginnt mit der Zustellung dieses Beschlusses die Beschwerdefrist zu laufen. Hat das ArbG den nachträglich gestellten Zulassungsantrag durch gesonderten Beschluss zurückgewiesen, beginnt mit der Zustellung des ablehnenden Beschlusses der **Lauf** der **Beschwerdefrist von neuem, sofern** der **Antrag** auf Zulassung der Revisionsbeschwerde **form-** und **fristgerecht** unter Vorlage der erforderlichen Zustimmungserklärungen gestellt worden war. **Andernfalls** scheidet nicht nur die Sprungrechtsbeschwerde, sondern wegen Fristablaufs regelmäßig auch die Beschwerde nach § 87 zum LAG aus[3].

17 Hat das ArbG die Sprungrechtsbeschwerde zugelassen, ist das **BAG** an diese Entscheidung auch dann **gebunden**, wenn das ArbG den Begriff der grundsätzlichen Bedeutung der Rechtssache verkannt hat (§ 76 II 2, 96a II)[4]. Der beschwerte Beteiligte hat die **Wahl**, ob er innerhalb der laufenden Frist für das jeweilige Rechtsmittel Beschwerde nach § 87 oder Sprungrechtsbeschwerde einlegt. Mit der Einlegung der Sprungrechtsbeschwerde, für die die Rechtsbeschwerdefrist der § 92 II, § 74 gilt, endet das Wahlrecht. Eine vorsorglich eingelegte Beschwerde wird unzulässig (§ 76 V).

18 Bei der Sprungrechtsbeschwerde ist der Beschwerdeführer **mit Verfahrensrügen ausgeschlossen** (§ 76 IV, § 96a II). Das BAG kann die angefochtene Entscheidung nur auf Verfahrensmängel hin überprüfen, die **von Amts wegen** berücksichtigt werden müssen. Außerdem kann ein materiell Beteiligter, den das ArbG nicht beteiligt hat und der erstmals in der Rechtsbeschwerdeinstanz hinzugezogen worden ist, seine **mangelnde Beteiligung** in 1. Instanz **rügen**; beruht die angefochtene Entscheidung auf diesem Verfahrensfehler, ist sie aufzuheben und die Sache zurückzuverweisen[5]. **Anschlussrechtsbeschwerden** sind im Sprungrechtsbeschwerdeverfahren nach den allgemeinen Regeln statthaft[6].

19 Nach § 76 VI hat das **BAG** die ermessensfehlerfrei auszuübende **Wahl**, **ob** es die Sache an das **ArbG oder** an das **LAG** zurückverweist. Je nach dem, in welche Instanz das Verfahren zurückverwiesen wird, gelten für das weitere Verfahren die dort maßgeblichen Verfahrensregeln. Das Gericht, an das zurückverwiesen worden ist, hat seiner Entscheidung die entscheidungserheblichen rechtl. Beurteilungen des BAG in seiner zurückverweisenden Entscheidung zugrunde zu legen.

Vierter Unterabschnitt. Beschlussverfahren in besonderen Fällen

97

Entscheidung über die Tariffähigkeit und Tarifzuständigkeit einer Vereinigung

(1) In den Fällen des § 2a Abs. 1 Nr. 4 wird das Verfahren auf Antrag einer räumlich und sachlich zuständigen Vereinigung von Arbeitnehmern oder von Arbeitgebern oder der obersten Arbeitsbehörde des Bundes oder der obersten Arbeitsbehörde eines Landes, auf dessen Gebiet sich die Tätigkeit der Vereinigung erstreckt, eingeleitet.

(2) Für das Verfahren sind die §§ 80 bis 84, 87 bis 96a entsprechend anzuwenden.

(3) Die Vorschrift des § 63 über die Übersendung von Urteilen gilt entsprechend für die rechtskräftigen Beschlüsse von Gerichten für Arbeitssachen im Verfahren nach § 2a Abs. 1 Nr. 4.

(4) In den Fällen des § 2a Abs. 1 Nr. 4 findet eine Wiederaufnahme des Verfahrens auch dann statt, wenn die Entscheidung über die Tariffähigkeit und Tarifzuständigkeit darauf beruht, dass ein Beteiligter absichtlich unrichtige Angaben oder Aussagen gemacht hat. § 581 der Zivilprozessordnung findet keine Anwendung.

---

1 BAG v. 16.4.2003 – 7 ABR 27/02, AP Nr. 1 zu § 95 SGB IX. | 2 GMPM/*Müller-Glöge*, § 76 ArbGG Rz. 11. | 3 Näher Düwell/Lipke/*Bepler*, § 76 ArbGG Rz. 25. | 4 GMPM/*Müller-Glöge*, § 76 ArbGG Rz. 22. | 5 GK-ArbGG/*Mikosch*, § 96a Rz. 30. | 6 BAG v. 12.6.1996 – 4 ABR 1/95, AP Nr. 2 zu § 96a ArbGG 1979.

(5) Hängt die Entscheidung eines Rechtsstreits davon ab, ob eine Vereinigung tariffähig oder ob die Tarifzuständigkeit der Vereinigung gegeben ist, so hat das Gericht das Verfahren bis zur Erledigung des Beschlussverfahrens nach § 2a Abs. 1 Nr. 4 auszusetzen. Im Falle des Satzes 1 sind die Parteien des Rechtsstreits auch im Beschlussverfahren nach § 2a Abs. 1 Nr. 4 antragsberechtigt.

I. Überblick. § 2a I Nr. 4 weist mit der Tariffähigkeit und der Tarifzuständigkeit zwei für die Tarifautonomie zentrale Streitgegenstände wegen des hier herrschenden Untersuchungsgrundsatzes und der Möglichkeit, materiell Beteiligte von Amts wegen hinzuzuziehen, dem Beschlussverfahren zu. § 97 enthält einige wenige Sonderregelungen: Der Kreis der möglichen **Antragsteller** wird **erweiternd** festgelegt (Abs. 1). Abs. 2 ordnet die Geltung der Regelungen des Beschlussverfahrens mit Ausnahme des § 85 an, der ohnehin keine praktische Bedeutung hätte, weil es hier stets um feststellende Erkenntnisse gehen wird[1]. Die Möglichkeiten einer **Wiederaufnahme** des Verfahrens werden in Abs. 3 **erweitert**. Schließlich wird festgelegt, dass für die Streitgegenstände des § 2a I Nr. 4 **keine Vorfragenkompetenz** besteht. Wo es auf Tariffähigkeit oder Tarifzuständigkeit ankommt, muss Verfahren oder Rechtsstreit ausgesetzt werden, bis in einem Beschlussverfahren nach § 97 hierüber entschieden ist (Abs. 4). 1

II. Entscheidung über Tariffähigkeit und Tarifzuständigkeit. 1. Tariffähigkeit. Die Entscheidung über die Tariffähigkeit, also das rechtl. Können, normativ wirkende TV mit dem sozialen Gegenspieler abzuschließen[2], ist nur dann im besonderen Beschlussverfahren zu klären, wenn es um die Tariffähigkeit **von Vereinigungen** geht. Das Problem der – verbleibenden – Tariffähigkeit **einzelner ArbGeb** nach deren Beitritt zu einem tariffähigen Verband hat der Gesetzgeber offenbar **nicht** gesehen oder hielt seine gesonderte verfahrensrechtl. Behandlung nicht für geboten[3]. Im Rahmen des § 97 war bislang im Wesentlichen die Frage zu klären, ob eine bestimmte ArbN-Koalition auch eine tariffähige Gewerkschaft iSv. § 2 TVG ist[4]. Eine Festlegung der Begriffsmerkmale der Tariffähigkeit findet sich unter A III 2 des Gemeinsamen Protokolls über Leitsätze zum Vertrag über die Schaffung einer Klärungs-, Wirtschafts- und Sozialunion zwischen der Bundesrepublik Deutschland und der Deutschen Demokratischen Republik (**Erster Staatsvertrag**) vom 18.5.1990 (BGBl. II S. 537): 2

„Tariffähige Gewerkschaften und Arbeitgeberverbände müssen frei gebildet, gegnerfrei, auf überbetrieblicher Grundlage organisiert und unabhängig sein sowie das geltende Tarifrecht als für sich verbindlich anerkennen; ferner müssen sie in der Lage sein, durch Ausüben von Druck auf den Tarifpartner zu einem Tarifabschluss zu kommen.“

Diese zumindest als wesentliche **Auslegungshilfe**[5] zu wertende Festlegung des Gesetzgebers geht, was die Voraussetzungen für einen tariffähigen ArbGebVerband angeht, wegen des auch hier geforderten Merkmals, Druck ausüben zu können („**Mächtigkeit**“), über die ansonsten nur bestätigte st. Rspr. des BAG[6] hinaus; nach seiner Auffassung[7] kommt es für die Tariffähigkeit von ArbGebVereinigungen nicht – besonders – auf deren Mächtigkeit an. 3

2. Tarifzuständigkeit. Tarifzuständigkeit ist die Fähigkeit eines an sich tariffähigen Verbandes, TV mit einem bestimmten fachlichen, betrieblichen, personellen oder räumlichen **Geltungsbereich** abschließen zu können. Sie richtet sich grds. nach dem in der **Verbandssatzung** selbst festgelegten Organisationsbereich, dessen Ausgestaltung und Änderung dem Verband freisteht (Art. 9 III GG)[8]. **Nur innerhalb** des verbandsautonom festgelegten Zuständigkeitsbereichs und für diesen oder einen Ausschnitt davon können tariffähige Verbände **wirksam TV** abschließen[9]. 4

Zu Streitigkeiten über die Tarifzuständigkeit kann es insb. dadurch kommen, dass ein ArbGeb von einer Gewerkschaft unter Androhung von Arbeitskampfmaßnahmen aufgefordert wird, einen TV abzuschließen, und er der Auffassung ist, ein solcher TV könne mangels Tarifzuständigkeit nicht wirksam werden – und er könne deshalb von der betreffenden Gewerkschaft auch nicht rechtmäßig bestreikt werden[10]. Nicht selten kommt es aber auch zu Auseinandersetzungen zwischen einzelnen Gewerkschaften um die Tarifzuständigkeit für bestimmte Betriebe oder Unternehmen[11]. Auch die Frage, ob die ArbGebVerbände einen Teil ihrer Mitglieder, sog. **OT-Mitglieder**, wirksam aus ihrer personellen Tarifzuständigkeit ausnehmen können, hat eine Rolle gespielt[12]. Zwischenzeitlich hat das BAG allerdings darauf erkannt, es gehe hier nicht um eine Frage der Tarifzuständigkeit, sondern der **Tarifgebundenheit**. Sie ist regelmäßig nicht mit Hilfe eines selbständigen Feststellungsantrags im Beschlussverfahren ge- 5

---

1 GK-ArbGG/*Dörner*, § 97 Rz. 6. | 2 BVerfG v. 19.10.1966 – 1 BvL 24/65, AP Nr. 24 zu § 2 TVG. | 3 Zu dieser Fragestellung BAG v. 10.12.2002 – 1 AZR 96/02, AP Nr. 162 zu Art. 9 GG – Arbeitskampf mit zahlr. Nachw. auch zur Gegenauffassung. | 4 ZB BAG v. 25.11.1986 – 1 ABR 22/85, BAGE 53, 347; v. 6.6.2000 – 1 ABR 10/99, BAGE 95, 36. | 5 Hierzu BAG v. 6.6.2000 – 1 ABR 21/99, BAGE 95, 47. mwN. | 6 Zuletzt zusammengefasst BAG v. 28.3.2006 – 1 ABR 58/04, BAGE 117, 308, 315. | 7 BAG v. 20.11.1990 – 1 ABR 62/89, BAGE 66, 258. | 8 Zuletzt BAG v. 27.9.2005 – 1 ABR 41/04, BAGE 116,45. | 9 BAG v. 27.11.1964 – 1 ABR 13/83, BAGE 16, 329 = AP Nr. 1 zu § 2 TVG – Tarifzuständigkeit. | 10 ZB BAG v. 22.11.1988 – 1 ABR 6/87, AP Nr. 5 zu § 2 TVG – Tarifzuständigkeit; v. 14.12.1999 – 1 ABR 74/98, BAGE 93, 83. | 11 ZB BAG v. 12.11.1996 – 1 ABR 33/96, BAGE 84, 314; v. 27.9.2005 – 1 ABR 41/04, BAGE 116, 45. | 12 BAG v. 23.10.1996 – 4 AZR 409/95 (A), BAGE 84, 238; vgl. auch einerseits Däubler/*Peter*, § 3 TVG Rz. 118 ff.; *Glaubitz*, FS für Dieter Stege, 1997, S. 39; auch *Hanau/Kania*, FS für Wolfgang Däubler, 1999, S. 437; andererseits *Nicolai Besgen*, Mitgliedschaft im Arbeitgeberverband ohne Tarifbindung, 1998.

richtlich zu klären[1]. Wirkungen und Grenzen der OT-Mitgliedschaft spielen in aller Regel nur als Vorfragen in Urteilsverfahren um tarifvertragl. Rechte eine Rolle.

6 **3. Mögliche Antragsteller.** Abs. 1 zählt für Verfahren nach § 2a I Nr. 4 mögliche Antragsberechtigte auf. Zu ihnen kommen, wenn das Verfahren durch einen anderweitigen Rechtsstreit veranlasst worden ist, die Parteien des Ausgangsrechtsstreits (Abs. 5), deren Antragsbefugnis sich allerdings auf die Klärung der Vorfrage beschränkt, wegen der das Ausgangsverfahren ausgesetzt worden ist[2]. Die gesetzl. Aufzählung ist indes nicht **abschließend**[3]. Abs. 1 spricht nur die räumlich und sachlich zuständigen ArbN- und ArbGebVereinigungen an, also Vereinigungen, die durch die Organisation, deren Tariffähigkeit oder Tarifzuständigkeit umstritten ist, im räumlichen oder sachlichen Bereich, in dem sie TV abschließen, betroffen sind. Es muss sich also bei den Antragstellern um **tariffähige Vereinigungen** handeln, also Gewerkschaften und ArbGebVerbände einschließlich ihrer Spitzenorganisationen, soweit sie tariffähig sind, sowie Innungen und Innungsverbände. Das Erfordernis der räumlichen und sachlichen Zuständigkeit der möglichen Antragsteller zeigt darüber hinaus, dass hier die **Verbände, um deren Tariffähigkeit** oder Tarifzuständigkeit gestritten wird, **nicht angesprochen** sind. Sie wären, verstünde man Abs. 1 abschließend, nicht antragsberechtigt. Dies machte keinen Sinn. Für diese Vereinigungen sowie **einzelne ArbGeb**, die ebenfalls in Abs. 1 nicht genannt werden, besteht vielmehr über § 2a I Nr. 4 nach den **allgemeinen Regeln**, insb. des § 81, die Möglichkeit, im Beschlussverfahren eine etwa bestrittene Tariffähigkeit oder die Reichweite von Tarifzuständigkeiten klären zu lassen[4]. Deshalb ist auch ein einzelner ArbGeb in einem Verfahren antragsbefugt, in dem es um die (Un-)Zuständigkeit einer Gewerkschaft geht, mit ihm TV abzuschließen[5]. Das rechtl. Interesse für einen solchen Antrag fehlt allerdings, wenn die betreffende Gewerkschaft gegenüber dem antragstellenden ArbGeb keine Befugnisse wahrnimmt oder dies versucht, für die es ihrer Tarifzuständigkeit bedarf[6].

7 Die **oberste Arbeitsbehörde** des Bundes, also der BMAS, ist nach Abs. 1 antragsbefugt, wenn die Tätigkeit des umstrittenen Verbandes sich über das Gebiet eines Bundeslandes hinaus erstreckt oder insoweit eine dieses **Gebiet übergreifende Tarifzuständigkeit** im Streit steht. Ansonsten besteht die Antragsbefugnis für die Arbeits- und/oder Sozialminister der betroffenen Bundesländer.

8 **4. Weitere Beteiligte.** Im Verfahren um die Tariffähigkeit oder Tarifzuständigkeit einer Vereinigung sind neben dem Antragsteller von Amts wegen alle diejenigen zu beteiligen, deren materielle **Rechtsstellung** durch die bevorstehende Entscheidung **unmittelbar betroffen** sein kann[7]. Dies sind zunächst die Vereinigungen selbst, um deren Tariffähigkeit oder Tarifzuständigkeit es geht. Darüber hinaus sind es konkurrierende Organisationen, deren TV verdrängt werden könnten. Sehr problematisch ist, ob auch alle ArbGeb und ArbGebVerbände zu beteiligen sind, deren – **beabsichtigte – TV** in ihrer Wirksamkeit **von** der bevorstehenden **Entscheidung betroffen** sind. Bejahte man dies, wäre angesichts der Vielzahl von TV, die auch kleine ArbN-Organisationen abschließen können, deren Tariffähigkeit umstritten ist, ein ordnungsgemäßes Verfahren kaum zu gewährleisten. Ohne eine unmittelbare, durch Tarifabschluss oder – kampfbegleitete – Tarifverhandlungen dokumentierte Beziehung zu der umstrittenen Vereinigung fehlt jedenfalls die Beteiligtenfähigkeit[8].

9 Nach der – **zweifelhaften** – Auffassung des BAG sind die **obersten Arbeitsbehörden** des Bundes oder eines Bundeslandes in dem jeweiligen, durch Abs. 1 bestimmten Zuständigkeitsbereich zwar in jeder Fallkonstellation mögliche Antragsteller. Wenn sie keinen Antrag gestellt haben, sollen sie aber **nur** dann zu beteiligen sein, wenn es darum geht, mit Wirksamkeit gegenüber jedermann (Rz. 15) die **Tariffähigkeit** einer Vereinigung festzustellen oder zu verneinen[9]. Wird um die Tarifzuständigkeit einer Vereinigung für bestimmte Betriebe und Unternehmen gestritten, sollen weder die obersten Arbeitsbehörden noch die Spitzenorganisationen auf ArbGeb- oder ArbN-Seite materiell beteiligt sein[10]. Immerhin hat der Gesetzgeber aber den obersten Arbeitsbehörden durch die Zuweisung der Antragsbefugnis eine **Wächterstellung** für zentrale Fragen der Tarifautonomie zugewiesen. Dem sollte auch bei anderweitiger Verfahrenseinleitung durch Beteiligung Rechnung getragen werden. Dies setzt allerdings voraus, dass man die obersten Arbeitsbehörden als eine Art **Vertreter des öffentlichen Interesses** im Verfahren nach § 97 begreift. Lehnt man dies ab und wendet die allgemeinen Regeln über die Beteiligung bei materieller Betroffenheit an, wird man nur ausnahmsweise zu einer Beteiligung der obersten Arbeitsbehörden des Bundes oder der Länder kommen[11].

10 **5. Zulässigkeit des Antrags.** Für die Antragstellung **örtlich zuständig** ist das ArbG, in dessen Bezirk die umstrittene Vereinigung ihren **Sitz** hat. Der Antrag, der im Allgemeinen auf die Feststellung der feh-

---

1 BAG v. 24.4.2007 – 1 ABR 27/06, NZA 2007, 1011. | 2 BAG v. 29.6.2004 – 1 ABR 14/03, AP Nr. 10 zu § 97 ArbGG 1979. | 3 GMPM/*Matthes*, § 97 ArbGG Rz. 15, 19; iE. auch GK-ArbGG/*Dörner*, § 97 Rz. 25 ff. | 4 GMPM/*Matthes*, § 97 ArbGG Rz. 19; Hauck/Helml/*Hauck*, § 97 ArbGG Rz. 4; auch BAG v. 25.11.1986 – 1 ABR 22/85, BAGE 53, 347, 351; v. 10.5.1989 – 4 AZR 80/89, BAGE 62, 44. | 5 BAG v. 27.9.2005 – 1 ABR 41/05, BAGE 116, 45. | 6 BAG v. 13.3.2007 – 1 ABR 24/06, NZA 2007, 1069. | 7 BAG v. 25.9.1996 – 1 ABR 4/96, BAGE 84, 166, 176 = AP Nr. 10 zu § 2 TVG – Tarifzuständigkeit; v. 14.12.1999 – 1 ABR 44/98, BAGE 93, 83, 89 = AP Nr. 14 zu § 2 TVG – Tarifzuständigkeit. | 8 BAG v. 14.12.1999 – 1 ABR 74/98, BAGE 93, 83, 89. | 9 So BAG v. 25.11.1986 – 1 ABR 22/85, BAGE 53, 347. | 10 BAG v. 25.9.1996 – 1 ABR 4/96, BAGE 84, 166, 175; v. 14.12.1999 – 1 ABR 74/98, BAGE 93, 83, 89. | 11 So etwa GK-ArbGG/*Dörner*, § 97 Rz. 24; etwas weiter GMPM/*Matthes*, § 97 ArbGG Rz. 23.

lenden Tariffähigkeit oder das Fehlen der Tarifzuständigkeit einer Vereinigung für einen bestimmten Betrieb, ein Unternehmen oder eine Branche gerichtet sein wird, ist nur dann zulässig, wenn für ihn ein § 256 ZPO genügendes **Feststellungsinteresse** besteht. Die Tariffähigkeit oder Tarifzuständigkeit muss allgemein oder im Einzelfall umstritten oder aus sonstigen tatsächlichen Gründen – insb. aus der Sicht einer obersten Arbeitsbehörde – klärungsbedürftig sein.

6. Bedeutung des DGB-Schiedsverfahrens. Für die Feststellung der Tarifzuständigkeit im Konflikt **zwischen Einzelgewerkschaften** des Deutschen Gewerkschaftsbundes sieht § 16 der DGB-Satzung ein Vermittlungs- und Schiedsverfahren vor, das unter den beteiligten Einzelgewerkschaften die **Wirkungen** eines rechtskräftigen **Urteils** haben soll: Es ist im Ergebnis auch für einen ArbGeb oder ArbGebVerband verbindlich, was die für ihn zuständige DGB-Gewerkschaft angeht[1]. Auch die Gerichte haben die auf der Grundlage der **Koalitionsfreiheit** durch die DGB-Schiedsstelle in **authentischer Interpretation** und ggf. Ergänzung der Einzelsatzungen festgestellte Zuständigkeit als verbindlich hinzunehmen, es sei denn, die Schiedsstelle hätte selbst unter Berücksichtigung des ihr zustehenden **Beurteilungsspielraums** eine Satzung iS einer Zuständigkeitserweiterung **ergänzt**[2]. 11

Schon im Hinblick hierauf **schließt** die Existenz des **Schiedsgerichts** nach § 16 der DGB-Satzung oder dessen Spruch die **Zulässigkeit** des Antrages einer DGB-Gewerkschaft **nicht** aus, die eigene Tarifzuständigkeit im Verhältnis zu einer anderen DGB-Gewerkschaft gerichtlich festzustellen, zumal solche Konflikte im Allgemeinen unter Beteiligung einzelner ArbGeb oder ArbGebVerbände stattfinden[3]. 12

Eine für die ArbGebSeite im Ergebnis verbindliche Festlegung der Tarifzuständigkeit kann sich auch aus einer **im Schiedsstellenverfahren** getroffenen und deshalb verbindlichen[4] **Übereinkunft** der beteiligten Gewerkschaften ergeben[5], nicht jedoch aus einer – unverbindlichen – Unzuständigkeitserklärung einer DGB-Gewerkschaft außerhalb eines Schiedsverfahrens[6]. 13

Wenn sich die in den Satzungen festgelegten **Organisationsbereiche** einzelner DGB-Gewerkschaften **überschneiden** und eine – nicht erzwingbare – Klärung durch die DGB-Schiedsstelle nicht erfolgt ist, bleibt es bei der Zuständigkeit der **Gewerkschaft**, die **vor** Entstehen der **Konkurrenzsituation** als zuständig angesehen worden war[7]. 14

7. Rechtskraft und Entscheidungsübersendung. Entscheidungen nach § 97, die stets durch die **Kammer** in voller Besetzung zu treffen sind, erwachsen wie jeder Beschluss im Beschlussverfahren in materielle Rechtskraft. Die Rechtskraftwirkung einer Entscheidung über die Tariffähigkeit einer Organisation erstreckt sich über den Kreis der am Beschlussverfahren Beteiligten hinaus. Die **rechtskräftige Feststellung** der **Tariffähigkeit** oder ihres Fehlens wirkt **gegenüber jedermann**[8]. Entscheidungen über die Tarifzuständigkeit wirken nur zwischen den am Verfahren materiell Beteiligten. Sie wirken **präjudiziell** auf die im Hinblick auf das Beschlussverfahren ausgesetzten **Hauptsacheverfahren** und deren Parteien oder Beteiligte. 15

Nach Eintritt der Rechtskraft des Beschlusses über die Tariffähigkeit oder Tarifzuständigkeit einer Vereinigung ist diese Entscheidung entsprechend § 63 der zuständigen obersten Landesbehörde **und** dem Bundesministerium für Arbeit und Soziales in vollständiger Form schriftl. zu übersenden (Abs. 3). 16

Abs. 4 **erleichtert** die **Durchbrechung der Rechtskraft** von Beschlüssen über die Tariffähigkeit und Tarifzuständigkeit einer Vereinigung: Für eine Wiederaufnahme nach §§ 579, 580 ZPO reicht es aus, dass ein Beteiligter absichtlich unrichtige Angaben oder Aussagen gemacht hat. Eine Falschaussage unter Eid ist nicht erforderlich. Soweit die Wiederaufnahme mit einer Straftat begründet werden soll, bedarf es keiner rechtskräftigen Verurteilung; die Einl. oder Durchführung des Strafverfahrens darf auch aus anderen Gründen als wegen des Mangels an Beweisen ausgeschlossen sein; § 581 ZPO ist unanwendbar. 17

III. Tariffähigkeit und Tarifzuständigkeit als vorgreifliche Rechtsfragen (Abs. 5). Alle Rechtsstreitigkeiten sind zur Durchführung eines Verfahrens nach § 97 von Amts wegen **auszusetzen**, für deren Entscheidung es darauf ankommt, ob eine ArbGeb- oder ArbN-Vereinigung tariffähig oder in einem bestimmten Bereich tarifzuständig ist oder ihre Tarifzuständigkeit wirksam beschränkt hat. Dies gilt **auch** für Rechtsstreitigkeiten **außerhalb der Arbeitsgerichtsbarkeit**, insb., aber nicht nur, für personalvertretungsrechtl. Streitigkeiten vor den VerwG[9]. Diese unabdingbare Pflicht gilt nur **nicht** in Eilverfahren (**einstw. Verfügung**), denkbar insb. im Rahmen von Arbeitskämpfen. Hier muss das angerufene Gericht 18

1 Zuletzt BAG v. 14.12.1999 – 1 ABR 74/98, BAGE 93, 83. |2 BAG v. 25.9.1996 – 1 ABR 4/96, BAGE 84, 166; Entsprechendes gilt für einen Vergleichsschluss vor dem DGB-Schiedsgericht: BAG v. 27.9.2005 – 1 ABR 41/04, NZA 2006, 273. |3 Vgl. nur BAG v. 25.9.1996 – 1 ABR 4/96, BAGE 83, 166; v. 12.11.1996 – 1 ABR 33/96, BAGE 94, 83. |4 Verbindlich in dem Sinne, dass ein ArbGeb oder ein ArbGebVerband sich nicht exklusiv und das Tarifvertrags- und Arbeitskampfrecht gestaltend die ihm genehmste Gewerkschaft aussuchen kann. |5 BAG v. 14.12.1999 – 1 ABR 74/98, BAGE 93, 83. |6 BAG v. 22.11.1988 – 1 ABR 6/87, AP Nr. 5 zu § 2 TVG – Tarifzuständigkeit. |7 BAG v. 12.11.1996 – 1 ABR 33/96, BAGE 84, 314. |8 BAG v. 25.11.1986 – 1 ABR 22/85, BAGE 53, 347; ebenso GMPM/*Matthes*, § 97 ArbGG Rz. 28 mwN; zweifelnd GK-ArbGG/*Dörner*, § 97 Rz. 56. |9 Hauck/Helml/*Hauck*, § 97 ArbGG Rz. 8; GK-ArbGG/*Dörner*,§ 97 Rz. 50; GMPM/*Matthes*, § 97 ArbGG Rz. 11; ErfK/*Eisemann*, § 97 ArbGG Rz. 6.

– vorläufig – selbst über Tariffähigkeit oder Tarifzuständigkeit mit erkennen, falls es hierauf für die Bescheidung des gestellten Eilantrages ankommt.

19 Die in jedem Stadium des Verfahrens gebotene[1] **Aussetzung** zur Durchführung eines Verfahrens nach § 97 hat zu **unterbleiben**, wenn die Tarifzuständigkeit oder Tariffähigkeit nicht nachvollziehbar umstritten ist **und** beim erkennenden Gericht auch insoweit **keine Bedenken** bestehen. Darüber hinaus bedarf es keiner Aussetzung, wenn über Tariffähigkeit oder Tarifzuständigkeit einer Vereinigung bereits in einer die Parteien oder Beteiligten des Hauptsacheverfahrens bindenden Weise **rechtskräftig entschieden** ist, oder schließlich, wenn die Frage der Tariffähigkeit oder Tarifzuständigkeit nicht (mehr) vorgreiflich ist, etwa deshalb, weil der gestellte **Sachantrag**, für den es hierauf angekommen wäre, **unzulässig** (geworden) ist[2].

20 Hat das Hauptsachegericht zu Unrecht nicht nach Abs. 5 ausgesetzt, kann dies als **Verfahrensmangel** geltend gemacht werden. Ein Aussetzungsbeschluss des ArbG ist nach § 78 ArbGG iVm. §§ 567 ff. ZPO **anfechtbar**. Das ArbG, das über das **Verfahren** nach **§ 97** zu entscheiden hat, kann den vorangegangenen Aussetzungsbeschluss jedoch nicht überprüfen.

98 *Entscheidung über die Besetzung der Einigungsstelle*

(1) In den Fällen des § 76 Abs. 2 Satz 2 und 3 des Betriebsverfassungsgesetzes entscheidet der Vorsitzende allein. Wegen fehlender Zuständigkeit der Einigungsstelle können die Anträge nur zurückgewiesen werden, wenn die Einigungsstelle offensichtlich unzuständig ist. Für das Verfahren gelten die §§ 80 bis 84 entsprechend. Die Einlassungs- und Ladungsfristen betragen 48 Stunden. Ein Richter darf nur dann zum Vorsitzenden der Einigungsstelle bestellt werden, wenn auf Grund der Geschäftsverteilung ausgeschlossen ist, dass er mit der Überprüfung, der Auslegung oder der Anwendung des Spruchs der Einigungsstelle befasst wird. Der Beschluss des Vorsitzenden soll den Beteiligten innerhalb von zwei Wochen nach Eingang des Antrags zugestellt werden; er ist den Beteiligten spätestens innerhalb von vier Wochen nach diesem Zeitpunkt zuzustellen.

(2) Gegen die Entscheidungen des Vorsitzenden findet die Beschwerde an das Landesarbeitsgericht statt. Die Beschwerde ist innerhalb einer Frist von zwei Wochen einzulegen und zu begründen. Für das Verfahren gelten § 87 Abs. 2 und 3 und die §§ 88 bis 90 Abs. 1 und 2 sowie § 91 Abs. 1 und 2 entsprechend mit der Maßgabe, dass an die Stelle der Kammer des Landesarbeitsgerichts der Vorsitzende tritt. Gegen dessen Entscheidungen findet kein Rechtsmittel statt.

1 Betriebliche Regelungen mitbestimmungspflichtiger Angelegenheiten, insb. nach § 87 I BetrVG, kommen übereinstimmend zu Stande. Zur im betrieblichen Interesse liegenden zügigen Auflösung eines Dissenses sieht § 76 BetrVG das Verfahren vor der **Einigungsstelle** vor. Die Einigungsstelle ist mit einem unparteiischen Vorsitzenden und einer gleichen Anzahl von Beisitzern besetzt, die vom ArbGeb und vom BR weitgehend frei zu benennen sind[3]. § 98 stellt ein besonders **beschleunigtes Beschlussverfahren** für den Fall zur Verfügung, dass sich die Betriebsparteien über die Person des Vorsitzenden und die Zahl der von jeder Seite zu benennenden Beisitzer nicht einigen. Es geht hier weder um die materielle Regelungsfrage, noch um das Verfahren vor der Einigungsstelle[4], noch um die inhaltliche Kontrolle des Spruchs der Einigungsstelle[5]. Hierüber ist jeweils im Allgemeinen Beschlussverfahren nach § 80 bis § 96a zu entscheiden.

2 Das Verfahren nach § 98 soll ein **unverzügliches Tätigwerden** der Einigungsstelle (§ 76 III 1 BetrVG) ermöglichen. An ihm sind regelmäßig nur der ArbGeb und der BR zu **beteiligen**. Es wird durch einen **nicht fristgebundenen** Antrag eingeleitet. **Antragsbefugt** ist, wer die Einigungsstelle anrufen kann[6], also regelmäßig **beide Betriebsparteien**[7]. Auf Seiten des BR kann je nach Zuständigkeit auch der GBR oder der KBR antragsbefugt sein. Eine besondere Antragsbefugnis an Stelle des BR ergibt sich für den GBR aus § 47 VI BetrVG und für dem KBR aus § 55 IV BetrVG. Es kommt aber auch eine Antragsbefugnis **nur** des ArbGeb[8] oder **nur** des **BR**[9] vor. Der **Antrag** sollte die **Person** des vom Antragsteller gewünschten Einigungsstellen-Vorsitzenden namentlich bezeichnen und die angestrebte **Zahl** der Beisitzer benennen, muss dies aber nicht[10]. Notwendig ist die Benennung des **Regelungsbereichs**, in dem die Einigungsstelle tätig werden soll, also zB die Festlegung eines Schichtplanes für eine bestimmte Abteilung und

---

1 BAG v. 23.10.1996 – 4 AZR 409/95 (A), AP Nr. 15 zu § 3 TVG – Verbandszugehörigkeit. |2 BAG v. 25.9.1996 – 1 ABR 25/96, AP Nr. 4 zu § 97 ArbGG 1979. |3 *Fitting*, BetrVG § 76 Rz. 10; Jäger/Röder/Heckelmann/*Trappehl/Wolff*, Praxis-Handbuch Betriebsverfassungsrecht, Kap. 8 Rz. 22, jeweils mwN. |4 Hierzu *Hennige*, Das Verfahrensrecht der Einigungsstelle, 1995; *Pünnel/Isenhardt*, Die Einigungstelle des BetrVG 1972, 4. Aufl. 1997; *I. Schmidt*, JbArbR, Bd. 40 (2003), S. 121 ff.; *Eisemann*, FS 25 Jahre Arbeitsgemeinschaft Arbeitsrecht, S. 837 ff. |5 Hierzu zuletzt BAG v. 6.5.2003 – 1 ABR 11/02, BAGE 106, 95; *Richardi*, § 76 BetrVG Rz. 114 ff. mwN. |6 Hauck/Helml/*Hauck*, § 98 ArbGG Rz. 2. |7 §§ 39 I, 87 II, 91, 94 I, 95 II, 97 II, 98 IV, 109, 112 II, 116 III Nr. 2, 4 und 8 BetrVG sowie im freiwilligen Einigungsstellenverfahren nach § 76 VI BetrVG. |8 §§ 37 Abs. 6 Satz 5, 38 Abs. 2 Satz 4, 95 Abs. 1 Satz 2 BetrVG. |9 § 85 Abs. 2 BetrVG. |10 ErfK/*Eisemann*, § 98 ArbGG Rz. 2; aA Düwell/Lipke/*Koch*, § 98 ArbGG Rz. 11.

Zeit. Der im Antrag beschriebene Gegenstand kann nicht durch **Widerantrag** verändert oder erweitert werden[1].

Der Antrag muss auch **begründet** werden (§ 253 II Nr. 2 ZPO). Es ist darzulegen, um die Regelung welcher konkreten **Angelegenheit** der notwendigen Mitbest. es geht (§ 76 V BetrVG), oder in welcher bestimmten Angelegenheit sich die Betriebspartner **geeinigt** haben, eine **freiwillige Einigungsstelle** nach § 76 VI BetrVG zu errichten. Das darzulegende Rechtsschutzinteresse für den Antrag besteht, wenn der betriebliche Gegenspieler Verhandlungen zum Regelungsgegenstand von vornherein verweigert hat oder ernsthafte **Verhandlungen** in der Sache und über die Besetzung der Einigungsstelle **gescheitert** sind[2]. Die Gegenauffassung, die es der einzelnen Betriebspartei überlässt autonom zu entscheiden, ob sie Verhandlungen mit der Gegenseite aufnimmt oder weiterführt, oder ob sie sie auf die Einigungsstelle delegiert[3], verkennt die Nachrangigkeit des unter Beteiligung von Dritten durchzuführenden Einigungsstellenverfahrens gegenüber der betriebsautonomen Konfliktregelung. Das Rechtsschutzinteresse kann auch dann fehlen, wenn die – etwa durch einen Interessenausgleich – zu regelnden Verhältnisse keiner Regelung mehr zugänglich sind – etwa weil die Betriebsänderung irreparabel durchgeführt ist[4]. 3

Das **gerichtl. Verfahren** zur Entscheidung über den Antrag richtet sich zunächst nach **§§ 80–84**; ein **einstw. Verfügungsverfahren** nach § 85 II ist **ausgeschlossen**[5]. Über die Besetzung der Einigungsstelle ist nach § 83 I grds. **mündlich** allein vor dem Vorsitzenden zu **verhandeln.** Die Beteiligten sind anzuhören. Eine Entscheidung ohne mündliche Verhandlung kann nur bei Einverständnis aller Beteiligten erfolgen (§ 83 IV 2). Zur besonderen Beschleunigung des Verfahrens nach § 98, für das wie allgemein der **Untersuchungsgrundsatz** gilt[6], sind die Ladungs- und Einlassungsfristen auf 48 Stunden verkürzt. Damit wird das – kaum erreichbare – Ziel verfolgt, die Entscheidung über die Besetzung der Einigungsstelle, die **der Vorsitzende stets allein** zu treffen hat, innerhalb von zwei Wochen seit Antragseingang zustellen zu können. Das besondere Eilverfahren des § 98 **schließt** trotz der umfassenden Verweisung in Abs. 1 S. 3 die Durchführung eines **Gütetermins** nach § 80 II 3 **aus** (§ 80 Rz. 8 mwN). Aus demselben Grund ist auch die **Aussetzung des Bestellungsverfahrens** mit der Begründung **ausgeschlossen**, es sei ein Beschlussverfahren anhängig, ob in der Angelegenheit, in der die Einigungsstelle tätig werden solle, überhaupt ein MitbestR besteht[7]. Der **Vorsitzende** hat anhand des Prüfungsmaßstabes der **nicht offensichtlichen Unzuständigkeit durchzuentscheiden.** 4

Gegenstand der Entscheidung, die der Vorsitzende der Kammer nach § 98 zu treffen hat, ist allein die Bestimmung des unparteiischen Vorsitzenden der Einigungsstelle und/oder – nach dem Verhandlungsstand der Betriebspartner im Vorfeld und dem gestellten Antrag – der Zahl der Beisitzer von jeder Seite. Er hat **weder positiv noch negativ** über die **Zuständigkeit** der Einigungsstelle für den angesprochenen Regelungsgegenstand zu befinden. Insoweit ist seine Entscheidung auch **nicht** der **Rechtskraft** fähig. Er kann einen zulässigen Besetzungsantrag nur **zurückweisen**, wenn die Einigungsstelle **offensichtlich unzuständig** ist (S. 2), wenn also nach seiner fachkundigen Beurteilung sofort erkennbar ist, dass ein MitbestR unter keinem rechtl. Gesichtspunkt infrage kommt (§ 76 V BetrVG), es offensichtlich ist, dass das erforderliche Einvernehmen der Betriebsparteien in ein freiwilliges Einigungsstellenverfahren fehlt, oder für den von den Betriebsparteien übereinstimmend angestrebten Regelungsgegenstand offensichtlich keine betriebsverfassungsrechtl. Regelungsbefugnis besteht (§ 76 VI BetrVG). Bei jedem **rechtl. Zweifel** ist die Einigungsstelle **einzurichten** und zu besetzen; **tatsächliche Zweifelsfragen** sind **aufzuklären**[8]. Im besonderen Eilverfahren des § 98 gilt nicht nur für die Frage nach der Zuständigkeit, sondern auch für die übrigen in diesem Verfahren zu entscheidenden Fragen der **Maßstab der Offensichtlichkeit**[9]. 5

Der Einwand, es fehle an einer mitbestimmungspflichtigen Angelegenheit, kann nur ausnahmsw. Erfolg haben, nämlich etwa dann, wenn nach ständiger, nicht ernsthaft angefochtener **höchstrichterlicher Rspr.** für den angestrebten Regelungsgegenstand **kein MitbestR** infrage kommt. Gibt es keine höchstrichterliche Rspr. und erscheint die Annahme eines MitbestR zumindest vertretbar, ist die Einigungsstelle nicht offensichtlich unzuständig[10]. Die gerichtliche Einrichtung einer Einigungsstelle scheidet 6

---

1 Sächsisches LAG v. 12.10.2001 – 3 TaBV 22/01, LAGE § 98 ArbGG 1979 Nr. 37a. | **2** LAG BW v. 16.10.1991 – 12 TaBV 10/91, LAGE § 98 ArbGG 1990 Nr. 21; GK-ArbGG/*Dörner*, § 98 Rz. 8; ErfK/*Eisemann*, § 96 ArbGG Rz. 2. | **3** LAG Nds. v. 25.10.2005 – 1 TaBV 48/05, LAGE § 98 ArbGG Nr. 45; ähnlich auch schon LAG Hamm v. 9.8.2004 – 10 TaBV 81/04, LAGE § 98 ArbGG Nr. 43. | **4** LAG Nds. v. 14.2.2006 – 1 TaBV 105/05, LAGE § 98 ArbGG Nr. 46. | **5** Ebenso Düwell/Lipke/*Koch*, § 98 ArbGG Rz. 15; GK-ArbGG/*Leinemann*, § 98 Rz. 9 mwN; aA *J. H. Bauer*, NZA 1992, 433, 436; *Bertelsmann*, AR-Blattei, Arbeitsgerichtsbarkeit XII A 3.d. | **6** § 83 I 1; LAG Düsseldorf v. 10.12.1997 – 12 TaBV 61/97, LAGE § 98 ArbGG 1979 Nr. 31. | **7** BAG v. 24.11.1981 – 1 ABR 42/79, AP Nr. 11 zu § 76 BetrVG 1972; *Fitting*, § 76 BetrVG Rz. 11; *Pünnel*/Isenhardt, S. 13 f. mwN zur teilweise divergierenden Rspr. der LAG. | **8** ZB LAG Düsseldorf v. 10.12.1997 – 12 TaBV 61/97, LAGE § 98 ArbGG 1979 Nr. 31; zum in Nuancen umstrittenen Prüfungsmaßstab im Bestellungsverfahren: GK-ArbGG/*Leinemann*, § 98 Rz. 29; ErfK/*Eisemann*, § 98 ArbGG Rz. 3; Düwell/Lipke/*Koch*, § 98 ArbGG Rz. 17; GMPM/*Matthes*, § 98 ArbGG Rz. 11, jeweils mwN. | **9** LAG Hamburg v. 2.11.1988 – 4 TaBV 6/88, LAGE § 98 ArbGG 1979 Nr. 16; Jaeger/Röder/Heckelmann/*Trappehl/Wolff*, Praxishandbuch Betriebsverfassungsrecht, Kapitel 8, Rz. 21 mwN auch zur Gegenauffassung. | **10** LAG Nürnberg v. 21.9.1992 – 7 TaBV 29/92; LAG Köln v. 5.12.2001 – 7 TaBV 71/01, LAGE § 98 ArbGG 1979 Nr. 23, 38; noch enger GK-ArbGG/*Leinemann*, § 98 Rz. 38.

nach im Ergebnis richtiger Auffassung auch dann aus, wenn zu dem angestrebten Regelungsgegenstand **bereits** eine voll wirksame und **ungekündigte BV** besteht[1]. Dadurch ist zwar nicht das betreffende Mitbestimmungsrecht erloschen, „verbraucht". Solange es aber eine ungekündigte Regelung gibt, ist ein Bedarf für eine Neuregelung nicht erkennbar; allein die rechtl. Möglichkeit einer ablösenden Neuregelung reicht hierfür nicht aus. Der Errichtungsantrag ist in einem solchen Fall unzulässig. Der Antrag ist demgegenüber unbegründet, wenn es für den Regelungsgegenstand zweifelsfrei eine einschlägige und **umfassende tarifl. Regelung** gibt oder der antragstellende **BR** offensichtlich nicht oder **nicht** mehr **im Amt** ist, weil seine Wahl nichtig oder wirksam angefochten worden ist[2]. Demgegenüber ist es Sache der vom ArbG zu bestellenden Einigungsstelle, sich über die eigene Zuständigkeit Klarheit zu verschaffen[3] oder auch festzustellen, ob sich aus einer Betriebsänderung ausgleichswürdige Nachteile für Mitarbeiter ergeben[4].

7 Hat der Vorsitzende der Kammer die **Vorfrage** dahin beantwortet, der Errichtung der Einigungsstelle stünden weder deren offensichtliche Unzuständigkeit noch sonstige offenkundige Mängel entgegen, hat er über die **Besetzungsanträge** zu entscheiden. Hat der Antragsteller eine bestimmte **Person** als unparteiischen Vorsitzenden **benannt**, ist das ArbG zwar nicht in dem Sinne an diese Benennung gebunden, dass es dem Antrag nur entsprechen oder ihn zurückweisen kann[5]. Bevor es jedoch eine andere Person zum unparteiischen Vorsitzenden bestellt, muss es zumindest prüfen, ob und wenn ja welche Einwände gegen den Vorgeschlagenen erhoben werden. Eine völlige **Freiheit bei** der **Auswahl** des unparteiischen Vorsitzenden besteht **nicht**[6]. Das Gericht kann aber bereits dann von dem Vorschlag abweichen, wenn ihm die Einwände ernsthaft und nicht nur vorgeschoben erscheinen, weil dann bei einer Bestellung des Vorgeschlagenen der **Erfolg** der Einigungsstelle von vornherein **infrage** steht[7]. In jedem Fall müssen alle Beteiligten vom Gericht angehört werden, will es einen anderen als den Vorgeschlagenen zum Vorsitzenden bestellen.

8 Soll ein **Richter der Arbeitsgerichtsbarkeit** zum Vorsitzenden der Einigungsstelle bestellt werden, bedarf dieser einer **Nebentätigkeitsgenehmigung**. Dabei, wie auch bei der Bestellung selbst, ist darauf zu achten, dass auf Grund der Geschäftsverteilung des Gerichtes ausgeschlossen ist, dass der Richter mit der Überprüfung, der Auslegung oder der Anwendung eines Spruchs der Einigungsstelle befasst wird (Abs. 1 S. 5). Eine Tätigkeit als Einigungsstellenvorsitzender ist also auch in einem Betrieb des **eigenen Gerichtsbezirks** möglich. Die vom Gesetz geforderte Verhinderung einer Nachbefassung durch die **Geschäftsverteilung** ist aber in aller Regel nur dann sichergestellt, wenn sich die Kammerzuständigkeit des betreffenden Gerichts nach dem Alphabet und dem Namen der am Verfahren beteiligten ArbGeb richtet, und das Einigungsstellenverfahren bei einem ArbGeb durchgeführt werden soll, für den der zu bestellenden Vorsitzende hiernach nicht zuständig ist.

9 Die Beteiligten können wegen der Person des unparteiischen Vorsitzenden und wegen der Zahl der von jeder Seite zu benennenden Beisitzer einen **gerichtlichen Vergleich** nach § 83a schließen ; auf einen an sich nach Abs. 1 S. 5 ausgeschlossenen Vorsitzenden können sie sich aber nicht einigen[8]. Was die **Zahl der Beisitzer** angeht, hat sich in der Praxis als Ausgangspunkt eine Besetzung mit jeweils **zwei Beisitzern** bewährt[9]. Einige LAG gehen aber auch von einem Regelsatz von drei oder einem Beisitzer pro Seite aus. Entscheidend ist stets der **Einzelfall**, wobei die Schwierigkeit des Regelungsgegenstandes, die Größe und die Art der vom Regelungsgegenstand betroffenen ArbN-Gruppen, die Kosten des Einigungsstellenverfahrens und die Leistungsfähigkeit des ArbGeb sowie sonstige betriebliche Rahmenbedingungen von Bedeutung sein können. Das ArbG ist auch hinsichtlich der **Zahl** der Beisitzer **nicht** an die Antragstellung **gebunden**[10]. Die Umstände des Einzelfalles können auch einmal dafür sprechen, dass das Gericht eine größere als die vom Antragsteller beantragte Zahl der Beisitzer bestellt[11].

10 Weder der vom Gericht eingesetzte Vorsitzende, noch die von den Betriebsparteien frei auszuwählenden Beisitzer, wobei auf BR-Seite ein förmlicher Beschluss erforderlich ist[12], müssen das **Amt** in der Einigungsstelle **übernehmen**. Lehnt dies der zum Vorsitzenden Bestellte ab, muss ein neues Verfahren

---

1 LAG Düsseldorf v. 9.9.1977 – 8 TaBV 27/77, LAGE § 76 BetrVG 1972 Nr. 12; GMPM/*Matthes*, § 98 ArbGG Rz. 9; GK-ArbGG/*Dörner*, § 98 Rz. 26; aA LAG Köln v. 6.9.2005 – 4 TaBV 41/05, LAGE § 98 ArbGG Nr. 44a. | 2 LAG Hamburg v. 2.11.1988 – 4 TaBV 6/88, LAGE § 98 ArbGG 1979 Nr. 16. | 3 Ein (Zwischen-)Spruch des Einigungsstelle zu ihrer Zuständigkeit ist nicht mit einem auf die Feststellung seiner Unwirksamkeit gerichteten Feststellungsklage anfechtbar: BAG v. 31.5.2005 – 1 ABR 22/04, BAGE 115, 49. | 4 LAG Hamburg v. 4.7.1991 – 1 TaBV 2/91, LAGE § 98 ArbGG 1979 Nr. 22. | 5 So nur Düwell/Lipke/*Koch*, § 98 ArbGG Rz. 18. | 6 GK-ArbGG/*Dörner*, § 98 Rz. 32; jetzt auch ErfK/*Eisemann*, § 98 ArbGG Rz. 5; aA GMPM/*Matthes*, § 98 ArbGG Rz. 23. | 7 LAG Hess. v. 23.6.1988 – 12 TaBV 66/88, LAGE § 98 ArbGG 1979 Nr. 12; enger LAG Schl.-Holst. v. 23.6.1989 – 6 TaBV 23/89, LAGE § 98 ArbGG 1979 Nr. 17; LAG Hamburg v. 8.5.1995 – 7 TaBV 2/95, LAGE § 98 ArbGG 1990 Nr. 29; GK-ArbGG/*Dörner*, § 98 Rz. 33. | 8 GK-ArbGG/*Dörner*, § 96 Rz. 39; ErfK/*Eisemann*, § 96 ArbGG Rz. 4; aA GMPM/*Matthes*, § 98 ArbGG Rz. 24. | 9 LAG Nds. v. 15.8.2006 – 1 TaBV 43/06, LAGE § 8 Nr. 47; *Pünnel*/Isenhardt, Die Einigungsstelle des BetrVG 1972, S. 20; GMPM/*Matthes*, § 98 ArbGG Rz. 29. | 10 Hauck/Helml/*Hauck*, § 98 ArbGG Rz. 6; ErfK/*Eisemann*, § 98 ArbGG Rz. 6. | 11 Str.; wie hier LAG Hamm v. 6.12.1976 – 3 TaBV 65/76, EzA § 76 BetrVG 1972 Nr. 13; aA LAG München v. 31.1.1989 – 3 TaBV 62/88, LAGE § 98 ArbGG 1979 Nr. 14; GMPM/*Matthes*, § 98 ArbGG Rz. 28; GK-ArbGG/*Dörner*, § 98 ArbGG 43. | 12 BAG v. 14.2.1996 – 7 ABR 24/95, AP Nr. 6 zu § 76a BetrVG 1972.

nach § 98 durchgeführt werden[1]. Eine gerichtliche **Abberufung** des bestellten Vorsitzenden ist nicht möglich. Die Betriebspartner können aber das bisherige Einigungsstellenverfahren übereinstimmend erledigen und sich auf einen neuen Vorsitzenden für ein neues Verfahren einigen.

Ist die Einigungsstelle durch Beschluss bestellt, kann es über den **Regelungsstreit** entscheiden, für den es **bestellt** worden ist. Darüber hinaus gehende Regelungen durch die Einigungsstelle sind nur dann möglich, wenn die Betriebsparteien die Einigungsstelle hierzu im laufenden Verfahren ermächtigen. Bestehen trotz der Bestellung der Einigungsstelle bei einer der Betriebsparteien weiterhin **Zweifel an der Zuständigkeit** der Einigungsstelle, kann dies nicht nur **vor** die **Einigungsstelle** gebracht, sondern auch in einem **gesonderten Beschlussverfahren** nach §§ 80–96a durch einen negativen Feststellungsantrag geklärt werden. Dieser Antrag kann **parallel** zum Einigungsstellenverfahren verfolgt werden, die Entscheidung hierüber ist für das Einigungsstellenverfahren aber **nicht vorgreiflich**. Darüber hinaus kann die Zuständigkeitsfrage bei der Anfechtung des Einigungsstellenspruchs nach § 76 V BetrVG mit aufgeworfen werden. 11

Die Entscheidung des ArbG nach § 98 kann durch eine Beschwerde beim **LAG** angefochten werden, die innerhalb einer **Notfrist**[2] von **zwei Wochen** ab Zustellung des Beschlusses eingelegt und begründet werden muss, wobei für die Beschwerdeschrift nach Abs. 2 S. 3 die **Formerfordernisse** des § 89 I gelten. In der **Beschwerdebegründung** muss eindeutig klargestellt werden, ob der Beschluss wegen der Entscheidung über die offensichtliche Unzuständigkeit, über die Person des Vorsitzenden und/oder über die Anzahl der Beisitzer angefochten wird. Im **Umfang der Anfechtung** ist die Fehlerhaftigkeit der angefochtenen Entscheidung zu begründen. Der Vorsitzende der Kammer des LAG – **allein** – ist im Umfang der Anfechtung zur uneingeschränkten Überprüfung des Beschlusses 1. Instanz befugt. Gegen seine Entscheidung besteht **kein Rechtsmittel mehr**. 12

99, 100 (weggefallen)

Vierter Teil. Schiedsvertrag in Arbeitsstreitigkeiten

101 *Grundsatz*

(1) Für bürgerliche Rechtsstreitigkeiten zwischen Tarifvertragsparteien aus Tarifverträgen oder über das Bestehen oder Nichtbestehen von Tarifverträgen können die Parteien des Tarifvertrags die Arbeitsgerichtsbarkeit allgemein oder für den Einzelfall durch die ausdrückliche Vereinbarung ausschließen, dass die Entscheidung durch ein Schiedsgericht erfolgen soll.

(2) Für bürgerliche Rechtsstreitigkeiten aus einem Arbeitsverhältnis, das sich nach einem Tarifvertrag bestimmt, können die Parteien des Tarifvertrags die Arbeitsgerichtsbarkeit im Tarifvertrag durch die ausdrückliche Vereinbarung ausschließen, dass die Entscheidung durch ein Schiedsgericht erfolgen soll, wenn der persönliche Geltungsbereich des Tarifvertrags überwiegend Bühnenkünstler, Filmschaffende, Artisten oder Kapitäne und Besatzungsmitglieder im Sinne der §§ 2 und 3 des Seemannsgesetzes umfasst. Die Vereinbarung gilt nur für tarifgebundene Personen. Sie erstreckt sich auf Parteien, deren Verhältnisse sich aus anderen Gründen nach dem Tarifvertrag regeln, wenn die Parteien dies ausdrücklich und schriftlich vereinbart haben; der Mangel der Form wird durch Einlassung auf die schiedsgerichtliche Verhandlung zur Hauptsache geheilt.

(3) Die Vorschriften der Zivilprozessordnung über das schiedsrichterliche Verfahren finden in Arbeitssachen keine Anwendung.

I. Vorbemerkung. Durch das schiedsgerichtl. Verfahren wird die staatliche Gerichtsbarkeit nach Maßgabe der §§ 101 ff. ersetzt. Als Sondervorschriften des Arbeitsrechts verdrängen sie insoweit die Bestimmungen der ZPO über das schiedsrichterliche Verfahren (§§ 1025 ff. ZPO), deren Anwendung nach Abs. 3 ausdrücklich ausgeschlossen ist. 1

Zwar ist das schiedsgerichtl. Verfahren kein Teil des staatlichen ArbGV, was insb. daran deutlich wird, dass ein Schiedsspruch nicht ohne weiteres vollstreckbar ist, sondern erst vom zuständigen ArbG für vollstreckbar erklärt werden muss (§ 109 I). Funktionell betreiben aber auch die Schiedsgerichte Rspr.: Ein rechtskräftiger Schiedsspruch hat dieselben Wirkungen wie ein rechtskräftiges Urteil des ArbG (§ 108 IV). 2

Es besteht ein unmittelbarer Regelungszusammenhang mit § 4, wonach „nur" in den Fällen des § 2 I und II die Arbeitsgerichtsbarkeit nach Maßgabe der §§ 101 ff. ausgeschlossen werden kann. Daraus folgt, dass eine Schiedsvereinbarung nur im Urteilsverfahren und nicht im Beschlussverfahren zulässig ist. 3

---

1 Hauck/Helml/*Hauck*, § 98 ArbGG Rz. 7. | 2 GMPM/*Matthes*, § 98 ArbGG Rz. 40; ErfK/*Eisemann*, § 98 ArbGG Rz. 7.

4 Durch Schiedsvertrag kann die Arbeitsgerichtsbarkeit auch nur in den „Arbeitssachen" ausgeschlossen werden, die in den Abs. 1 und 2 beschrieben sind. Für die übrigen Arbeitsrechtsstreitigkeiten kann eine Schiedsvereinbarung weder nach dem ArbGG noch nach der ZPO getroffen werden[1].

5 **II. Parteien des Schiedsvertrages.** Beide Arten des Schiedsvertrages, die in Abs. 1 geregelte sog. **Gesamtschiedsvereinbarung** und die in Abs. 2 behandelte sog. **Einzelschiedsvereinbarung** sind den **TV-Parteien** vorbehalten, also den Gewerkschaften einerseits und dem ArbGeb sowie ArbGebVerbänden andererseits (§ 2 I TVG). Daraus folgt, dass weder die Arbeitsvertragsparteien durch Arbeitsvertrag noch die Betriebsparteien durch BV wirksam ein Schiedsgericht installieren können. Unwirksam ist etwa die Regelung in einem Sozialplan, dass hieraus entstehende Streitigkeiten zwischen ArbGeb und ArbN durch eine Einigungsstelle verbindlich entschieden werden sollen[2]. Zulässig ist es demgegenüber, vorab die Einigungsstelle über die Rechtsfrage entscheiden zu lassen, welchen Inhalt eine abgeschlossene BV hat[3].

6 Den Arbeitsvertrags- und Betriebsparteien verbleibt allerdings die Möglichkeit, sich zur Leistungsbestimmung auf ein Schiedsgutachten nach Maßgabe der §§ 317, 319 BGB zu verständigen. So dürfen die Betriebsparteien etwa **paritätische Kommissionen** zur verbindlichen Beurteilung eingereichter Verbesserungsvorschläge einrichten[4]. Das Schiedsgutachten unterliegt jedoch, anders als der Schiedsspruch, einer inhaltlichen Kontrolle durch das staatliche Gericht[5].

7 **III. Das tarifbezogene Schiedsgericht (sog. Gesamtschiedsvereinbarung).** Für die in Abs. 1 genannten Rechtsstreitigkeiten aus Tarifverträgen oder über das Bestehen oder Nichtbestehen von Tarifverträgen können die Tarifparteien die Arbeitsgerichtsbarkeit allgemein oder für den Einzelfall durch die ausdrückliche Vereinbarung eines Schiedsgerichts ausschließen. Auch wenn eine besondere Form der Vereinbarung nicht vorgesehen ist, sollte schon aus Nachweisgründen wie bei dem TV selbst (§ 1 II TVG) die Schriftform gewählt werden. Letztlich genügt die ausdrückliche Erklärung vor dem Schiedsgericht, das Gericht solle den Rechtsstreit entscheiden.

8 Die Streitigkeiten können sowohl aus dem obligatorischen als auch aus dem normativen Teil des TV resultieren. In Betracht kommen die schuldrechtl. Pflichten zur Durchführung des TV und/oder entsprechende Einwirkung auf die Verbandsmitglieder, zur Unterlassung von Arbeitskampfmaßnahmen, die gegen die tarifl. Friedenspflicht verstoßen, ferner der Streit um die Auslegung eines TV[6]. Stets muss es sich um **Rechtsstreitigkeiten** handeln, für die ohne den Schiedsvertrag das staatliche ArbG zuständig wäre. Für **Regelungsstreitigkeiten**, etwa im Zusammenhang mit laufenden TV-Verhandlungen, kann nur das sog. **Schlichtungsverfahren** vereinbart werden.

9 Keine schiedsgerichtl. Zuständigkeit besteht auch für die zur Zwangsvollstreckung der ZPO gehörenden **Eilverfahren (Arrest und einstw. Verfügung)**. Die ohne weiteres vollstreckbaren Entscheidungen können nur von den staatlichen Gerichten für Arbeitssachen getroffen werden[7]. Gleiches gilt für die **Vollstreckungsabwehrklage** (§ 767 ZPO) und die **Drittwiderspruchsklage** (§ 771 ZPO).

10 **IV. Das arbeitsvertragsbezogene Schiedsgericht (sog. Einzelschiedsvereinbarung). Für bestimmte Berufsgruppen**, nämlich für Bühnenkünstler, Filmschaffende, Artisten oder Kapitäne und Besatzungsmitglieder nach Maßgabe des SeemG kann die Arbeitsgerichtsbarkeit durch eine Schiedsvereinbarung für bürgerliche Rechtsstreitigkeiten aus einem Arbeitsverhältnis ausgeschlossen werden. Als Bühnenkünstler erfasst werden **Schauspieler, Opernsänger, Chorsänger, Tänzer, Regisseure** und technisches Personal der Bühnen, soweit es **künstlerische Aufgaben** mit einer gewissen Gestaltungsfreiheit wahrnimmt. Für andere als die im Gesetz genannten Berufsgruppen steht die Schiedsgerichtsbarkeit nicht zur Verfügung.

11 Sachlich erfasst werden **bürgerliche Rechtsstreitigkeiten aus einem Arbeitsverhältnis**. Aus dieser knappen Formulierung lässt sich nicht ableiten, dass etwa Klagen auf Schadensersatz wegen Verschuldens bei Vertragsschluss oder Klagen mit dem Ziel, das Zustandekommen eines Arbeitsvertrages feststellen zu lassen, nicht vor die Schiedsgerichte gebracht werden könnten[8]. Vielmehr erstreckt sich die schiedsgerichtliche Zuständigkeit je nach konkreter tarifl. Regelung der Schiedsgerichtsbarkeit auf den **Gesamtkatalog der Streitigkeiten des § 2 I Nr. 3**. So ist zB in § 1 I des TV über die Bühnenschiedsgerichtsbarkeit für Opernchöre (BSchGO-C) zulässigerweise bestimmt, dass über bürgerliche Rechtsstreitigkeiten iSd. § 2 ArbGG zwischen Theaterveranstaltern und Opernchorsängern sowie Tanzgruppenmitgliedern ständige Schiedsgerichte unter Ausschluss der Arbeitsgerichtsbarkeit entscheiden[9]. Erfasst werden daher insb. **auch alle Bestandsschutzklagen (Kündigungsschutzklagen, Entfristungs- und Verlängerungsklagen)**. Gleiches gilt für Streitigkeiten aus **Nachwirkungen** eines Arbeitsverhältnisses und aus **unerlaubten Handlungen** im Zusammenhang mit einem Arbeitsverhältnis.

1 Vgl. Düwell/Lipke/*Schunck*, § 101 ArbGG Rz. 8. | **2** BAG v. 27.10.1987 – 1 AZR 80/86, AP Nr. 22 zu § 76 BetrVG 1972. | **3** BAG v. 20.11.1990 – 1 ABR 45/89, AP Nr. 43 zu § 76 BetrVG 1972. | **4** Vgl. BAG v. 20.1.2004 – 9 AZR 393/03, NZA 2004, 994. | **5** Vgl. BAG v. 18.12.1980 – 2 AZR 934/78, NJW 1982, 713. | **6** Vgl. zB § 15 BMTV Güterverkehrsgewerbe NRW; § 25 MTV – Einzelhandel NRW. | **7** Vgl. LAG Köln v. 7.9.1982 – 1 Sa 608/82, nv.; LAG Sachs. v. 2.9.1998 – 2 Sa 906/98, MDR 1999, 812. | **8** So aber Düwell/Lipke/*Schunck*, § 101 ArbGG Rz. 27, 28. | **9** Vgl. auch die Generalklausel in § 53 Normalvertrag Bühne v. 15.10.2002.

1. Unmittelbare Tarifgeltung (Abs. 2 S. 2). Die beiderseitige Tarifgebundenheit nach § 3 I TVG bewirkt gem. § 4 I TVG eine unmittelbare und zwingende Geltung der Schiedsvereinbarung. Das wird durch Abs. 2 S. 2 lediglich klargestellt. Auch wenn die Tarifbindung ausnahmsw. auf Grund einer **Allgemeinverbindlichkeit** nach § 5 TVG eintritt, besteht eine unmittelbare Bindung an die Schiedsvereinbarung als Teil der anzuwendenden Tarifnormen[1]. 12

Die Schiedsklausel mit der vorrangigen Zuständigkeit des Schiedsgerichts ist für die tarifgebundenen Arbeitsvertragsparteien **unabdingbar**. Bei den einschlägigen Regelungen handelt es sich um Inhaltsnormen iSd. § 4 I TVG, von denen nach § 4 III und IV TVG nicht abgewichen werden darf, weil eine Abweichung zu Gunsten der ArbN regelmäßig nicht in Betracht kommt[2]. 13

2. Einzelvertragliche Übernahmevereinbarung (Abs. 2 S. 3). Die allein zulässige tarifl. Schiedsklausel kann auch durch einzelvertragl. Vereinbarung auf nicht tarifgebundene Arbeitsverhältnisse erstreckt werden. Voraussetzung ist allerdings, dass sich das Arbeitsverhältnis **aus anderen Gründen nach dem TV regeln muss**. Insoweit reicht jede – auch formlos mögliche – Inbezugnahme auf den TV oder eine sog. Gleichstellungsabrede mit dem tarifgebundenen ArbGeb aus[3]. Die lediglich herausgreifende Bezugnahme auf einzelne Bestimmungen eines TV erfüllt diese Voraussetzung nicht[4]. 14

Die Erstreckung durch einzelvertragl. Vereinbarung ist auch auf Mitglieder anderer Gewerkschaften zulässig, wenn diese einer Schiedsgerichtsordnung kraft Tarifgebundenheit nicht – mehr – unterliegen und eine solche Schiedsklausel tarifl. nicht gerade ausgeschlossen ist. Ist etwa die Schiedsgerichtsordnung von einer Gewerkschaft unter Ausschluss der Nachwirkung gekündigt worden, so kann für die Mitglieder dieser Gewerkschaft durchaus die Anwendung der Schiedsvereinbarung mit einer anderen Gewerkschaft verabredet werden[5]. 15

Die von der einzelvertragl. Inbezugnahme eines TV zu unterscheidende **besondere Übernahmevereinbarung** hinsichtlich der Schiedsklausel muss **ausdrückl. und schriftl.** erfolgen. Wird die Schriftform nach Maßgabe des § 126 BGB nicht eingehalten, so kann sich jeder Vertragspartner auf den Mangel der Form berufen. 16

Der Formmangel, aber nur dieser und nicht das Fehlen der übrigen Voraussetzungen, wird nach Abs. 2 S. 3 Hs. 2 **durch Einlassung** auf die schiedsgerichtliche Verhandlung **zur Hauptsache geheilt**. Die rügelose schriftl. Stellungnahme vor Beginn der mündlichen Verhandlung, die nach § 105 II vorgeschrieben ist, genügt nicht. Erforderlich ist vielmehr das rügelose Verhandeln zu den Sachanträgen bei der Anhörung vor dem Schiedsgericht. Eine Heilung tritt daher nicht ein, wenn eine Partei dem Verhandlungstermin unentschuldigt fernbleibt. In diesem Fall ist zwar nach § 105 III der Pflicht zur Anhörung genügt, aber keine Einlassung zur Hauptsache gegeben[6]. Die Klage muss wegen der Unzuständigkeit des Schiedsgerichts als unzulässig abgewiesen werde. 17

102 *Prozesshindernde Einrede*

(1) Wird das Arbeitsgericht wegen einer Rechtsstreitigkeit angerufen, für die die Parteien des Tarifvertrages einen Schiedsvertrag geschlossen haben, so hat das Gericht die Klage als unzulässig abzuweisen, wenn sich der Beklagte auf den Schiedsvertrag beruft.

(2) Der Beklagte kann sich nicht auf den Schiedsvertrag berufen,

1. **wenn in einem Falle, in dem die Streitparteien selbst die Mitglieder des Schiedsgerichts zu ernennen haben, der Kläger dieser Pflicht nachgekommen ist, der Beklagte die Ernennung aber nicht binnen einer Woche nach der Aufforderung des Klägers vorgenommen hat;**
2. **wenn in einem Falle, in dem nicht die Streitparteien, sondern die Parteien des Schiedsvertrags die Mitglieder des Schiedsgerichts zu ernennen haben, das Schiedsgericht nicht gebildet ist und die den Parteien des Schiedsvertrags von dem Vorsitzenden des Arbeitsgerichts gesetzte Frist zur Bildung des Schiedsgerichts fruchtlos verstrichen ist;**
3. **wenn das nach dem Schiedsvertrag gebildete Schiedsgericht die Durchführung des Verfahrens verzögert und die ihm von dem Vorsitzenden des Arbeitsgerichts gesetzte Frist zur Durchführung des Verfahrens fruchtlos verstrichen ist;**
4. **wenn das Schiedsgericht den Parteien des streitigen Rechtsverhältnisses anzeigt, dass die Abgabe eines Schiedsspruchs unmöglich ist.**

(3) In den Fällen des Absatzes 2 Nummern 2 und 3 erfolgt die Bestimmung der Frist auf Antrag des Klägers durch den Vorsitzenden des Arbeitsgerichts, das für die Geltendmachung des Anspruchs zuständig wäre.

---

1 Vgl. GMPM/*Germelmann*, § 101 Rz. 23; aA Düwell/Lipke/*Schunck*, § 101 ArbGG Rz. 45. | 2 Vgl. Düwell/Lipke/*Schunck*, § 101 ArbGG Rz. 46; GMPM/*Germelmann*, § 101 Rz. 24 mwN. | 3 Vgl. LAG Köln v. 24.5.2007 – 10 Sa 593/06. | 4 Zutr. GMPM/*Germelmann*, § 101 Rz. 26. | 5 Vgl. BAG v. 10.4.1996 – 10 AZR 722/95, AP Nr. 4 zu § 101 ArbGG 1979. | 6 Zutr. Düwell/Lipke/*Schunck*, § 101 Rz. 53; aA GMPM/*Germelmann*, § 101 Rz. 29.

(4) Kann sich der Beklagte nach Absatz 2 nicht auf den Schiedsvertrag berufen, so ist eine schiedsrichterliche Entscheidung des Rechtsstreits auf Grund des Schiedsvertrags ausgeschlossen.

103 *Zusammensetzung des Schiedsgerichts*

(1) Das Schiedsgericht muss aus einer gleichen Zahl von Arbeitnehmern und von Arbeitgebern bestehen; außerdem können ihm Unparteiische angehören. Personen, die infolge Richterspruchs die Fähigkeit zur Bekleidung öffentlicher Ämter nicht besitzen, dürfen ihm nicht angehören.

(2) Mitglieder des Schiedsgerichts können unter denselben Voraussetzungen abgelehnt werden, die zur Ablehnung eines Richters berechtigen.

(3) Über die Ablehnung beschließt die Kammer des Arbeitsgerichts, das für die Geltendmachung des Anspruchs zuständig wäre. Vor dem Beschluss sind die Streitparteien und das abgelehnte Mitglied des Schiedsgerichts zu hören. Der Vorsitzende des Arbeitsgerichts entscheidet, ob sie mündlich oder schriftlich zu hören sind. Die mündliche Anhörung erfolgt vor der Kammer. Gegen den Beschluss findet kein Rechtsmittel statt.

104 *Verfahren vor dem Schiedsgericht*

Das Verfahren vor dem Schiedsgericht regelt sich nach den §§ 105 bis 110 und dem Schiedsvertrag, im Übrigen nach dem freien Ermessen des Schiedsgerichts.

105 *Anhörung der Parteien*

(1) Vor der Fällung des Schiedsspruchs sind die Streitparteien zu hören.

(2) Die Anhörung erfolgt mündlich. Die Parteien haben persönlich zu erscheinen oder sich durch einen mit schriftlicher Vollmacht versehenen Bevollmächtigten vertreten zu lassen. Die Beglaubigung der Vollmachtsurkunde kann nicht verlangt werden. Die Vorschrift des § 11 Abs. 1 bis 3 gilt entsprechend, soweit der Schiedsvertrag nichts anderes bestimmt *[idF ab 1.7.2008]*.

(3) Bleibt eine Partei in der Verhandlung unentschuldigt aus oder äußert sie sich trotz Aufforderung nicht, so ist der Pflicht zur Anhörung genügt.

106 *Beweisaufnahme*

(1) Das Schiedsgericht kann Beweise erheben, soweit die Beweismittel ihm zur Verfügung gestellt werden. Zeugen und Sachverständige kann das Schiedsgericht nicht beeidigen, eidesstattliche Versicherungen nicht verlangen oder entgegennehmen.

(2) Hält das Schiedsgericht eine Beweiserhebung für erforderlich, die es nicht vornehmen kann, so ersucht es um die Vornahme den Vorsitzenden desjenigen Arbeitsgerichts oder, falls dies aus Gründen der örtlichen Lage zweckmäßiger ist, dasjenige Amtsgericht, in dessen Bezirk die Beweisaufnahme erfolgen soll. Entsprechend ist zu verfahren, wenn das Schiedsgericht die Beeidigung eines Zeugen oder Sachverständigen gemäß § 58 Abs. 2 Satz 1 für notwendig oder eine eidliche Parteivernehmung für sachdienlich erachtet. Die durch die Rechtshilfe entstehenden baren Auslagen sind dem Gericht zu ersetzen; § 22 Abs. 1 und § 29 des Gerichtskostengesetzes finden entsprechende Anwendung.

107 *Vergleich*

Ein vor dem Schiedsgericht geschlossener Vergleich ist unter Angabe des Tages seines Zustandekommens von den Streitparteien und den Mitgliedern des Schiedsgerichts zu unterschreiben.

108 *Schiedsspruch*

(1) Der Schiedsspruch ergeht mit einfacher Mehrheit der Stimmen der Mitglieder des Schiedsgerichts, falls der Schiedsvertrag nichts anderes bestimmt.

(2) Der Schiedsspruch ist unter Angabe des Tages seiner Fällung von den Mitgliedern des Schiedsgerichts zu unterschreiben und muss schriftlich begründet werden, soweit die Parteien nicht auf schriftliche Begründung ausdrücklich verzichten. Eine vom Verhandlungsleiter unterschriebene Ausfertigung des Schiedsspruchs ist jeder Streitpartei zuzustellen. Die Zustellung kann durch eingeschriebenen Brief gegen Rückschein erfolgen.

(3) Eine vom Verhandlungsleiter unterschriebene Ausfertigung des Schiedsspruchs soll bei dem Arbeitsgericht, das für die Geltendmachung des Anspruchs zuständig wäre, niedergelegt werden. Die Akten des Schiedsgerichts oder Teile der Akten können ebenfalls dort niedergelegt werden.

(4) Der Schiedsspruch hat unter den Parteien dieselben Wirkungen wie ein rechtskräftiges Urteil des Arbeitsgerichts.

109 *Zwangsvollstreckung*

(1) Die Zwangsvollstreckung findet aus dem Schiedsspruch oder aus einem vor dem Schiedsgericht geschlossenen Vergleich nur statt, wenn der Schiedsspruch oder der Vergleich von dem Vorsitzenden des Arbeitsgerichts, das für die Geltendmachung des Anspruchs zuständig wäre, für vollstreckbar erklärt worden ist. Der Vorsitzende hat vor der Erklärung den Gegner zu hören. Wird nachgewiesen, dass auf Aufhebung des Schiedsspruchs geklagt ist, so ist die Entscheidung bis zur Erledigung dieses Rechtsstreits auszusetzen.

(2) Die Entscheidung des Vorsitzenden ist endgültig. Sie ist den Parteien zuzustellen.

Wegen der Erläuterungen zu den §§ 102–109 wird auf die 1. Auflage verwiesen. 1

110 *Aufhebungsklage*

(1) Auf Aufhebung des Schiedsspruchs kann geklagt werden,

1. wenn das schiedsgerichtliche Verfahren unzulässig war;

2. wenn der Schiedsspruch auf der Verletzung einer Rechtsnorm beruht;

3. wenn die Voraussetzungen vorliegen, unter denen gegen ein gerichtliches Urteil nach § 580 Nr. 1 bis 6 der Zivilprozessordnung die Restitutionsklage zulässig wäre.

(2) Für die Klage ist das Arbeitsgericht zuständig, das für die Geltendmachung des Anspruchs zuständig wäre.

(3) Die Klage ist binnen einer Notfrist von zwei Wochen zu erheben. Die Frist beginnt in den Fällen des Absatzes 1 Nr. 1 und 2 mit der Zustellung des Schiedsspruchs. Im Falle des Absatzes 1 Nr. 3 beginnt sie mit der Rechtskraft des Urteils, das die Verurteilung wegen der Straftat ausspricht, oder mit dem Tage, an dem der Partei bekannt geworden ist, dass die Einleitung oder die Durchführung des Verfahrens nicht erfolgen kann; nach Ablauf von zehn Jahren, von der Zustellung des Schiedsspruchs an gerechnet, ist die Klage unstatthaft.

(4) Ist der Schiedsspruch für vollstreckbar erklärt, so ist in dem der Klage stattgebenden Urteil auch die Aufhebung der Vollstreckbarkeitserklärung auszusprechen.

I. Grundsätze des Aufhebungsverfahrens. Das Aufhebungsverfahren führt zu einer rechtl. Überprüfung des Schiedsspruchs nach näherer Maßgabe des § 110. Es hat **revisionsähnlichen Charakter**[1]. Daraus folgt, dass neue Tatsachen und Beweismittel grds. nicht mehr vorgebracht werden können. Die Beweiswürdigung des Schiedsgerichts kann nur mit einer Verfahrensrüge als fehlerhaft angegriffen werden. 1

Das **Revisionsrecht** der ZPO ist **entsprechend anzuwenden**, soweit dies mit der selbständigen Ausgestaltung des Schiedsgerichtsverfahrens einerseits und des arbeitsgerichtl. Aufhebungsverfahrens andererseits vereinbar ist[2]. Das Aufhebungsgericht ist daher gem. **§ 557 II ZPO** nicht an die geltend gemachten Aufhebungsgründe gebunden. Allerdings dürfen Verfahrensmängel, die nicht von Amts wegen zu berücksichtigen sind, nur geprüft werden, wenn sie nach den §§ 551, 554 III ZPO rechtzeitig gerügt worden sind, dh. unverzüglich nach Erhebung der Aufhebungsklage, mindestens aber innerhalb der einmonatigen Revisionsfrist[3]. Anwendbar ist ferner **§ 559 II ZPO**, wonach das Aufhebungsgericht die vom Schiedsgericht festgestellten Tatsachen zugrunde zu legen hat. 2

Demgegenüber scheidet eine analoge Anwendung des § 563 ZPO im Verhältnis zwischen Schiedsgerichtsbarkeit und Arbeitsgerichtsbarkeit aus[4]: Eine **Zurückverweisung** des Rechtsstreits **an die (Bühnen-)Schiedsgerichtsbarkeit** ist **ausgeschlossen**, weil das Schiedsgerichtsverfahren mit dem Erlass des Schiedsspruchs verbraucht ist und die Kompetenz zur Sachentscheidung nach Aufhebung des Schiedsspruchs allein den Gerichten für Arbeitssachen zusteht. Eine andere Handhabung wäre auch mit dem Gebot einer effektiven Rechtsschutzgewährung kaum vereinbar. 3

Wenn das ArbG bzw. LAG weitere tatsächliche Feststellungen für erforderlich hält, hat es diese selbst zu treffen und den Rechtsstreit in der Sache abschließend zu entscheiden[5]. Voraussetzung dafür ist aber, dass neben dem **Aufhebungsverfahren** zugleich das **Sachverfahren** bei den Gerichten für Arbeitssachen anhängig ist. Der Schiedskläger kann das je nach Ausgangslage durch verschiedene Prozessmittel erreichen: Hat er vor dem Schiedsgericht obsiegt, so kann er als Beklagter der Aufhebungsklage seinen Sachantrag mit der **(Hilfs-)Widerklage** weiterverfolgen. War die Schiedsklage erfolglos, so kann er als Aufhebungskläger sein materielles Klageziel im Wege der objektiven **Klagehäufung** geltend machen. Wegen 4

---

1 BAG v. 2.7.2003 – 7 AZR 613/02, NZA 2004, 1119; v. 18.4.1986 – 7 AZR 114/85, AP Nr. 27 zu § 611 BGB – Bühnenengagementsvertrag; v. 7.11.1995 – 3 AZR 955/94, AP Nr. 48 zu § 611 BGB – Bühnenengagementsvertrag. | 2 BAG v. 27.1.1993 – 7 AZR 124/92, EzA § 110 ArbGG 1979 Nr. 1. | 3 BAG v. 26.4.1990 – 6 AZR 462/88, AP Nr. 42 zu § 611 BGB – Bühnenengagementsvertrag; enger dagegen BAG v. 18.4.1986 – 7 AZR 114/85, AP Nr. 27 zu § 611 BGB – Bühnenengagementsvertrag. | 4 BAG v. 27.1.1993 – 7 AZR 124/92, AP Nr. 3 zu § 110 ArbGG 1979. | 5 LAG Köln v. 12.11.1998 – 6 Sa 1225/97.

der Identität der Streitgegenstände steht dem „gleichartigen Antrag" zwar an sich der Einwand der Rechtshängigkeit entgegen. Das BAG hält es aber aus Gründen der **Prozesswirtschaftlichkeit** für zulässig, dass zugleich vorsorglich über den erneuerten Sachantrag verhandelt und – unter dem Vorbehalt einer rechtskräftigen Aufhebung des Schiedsspruchs – auch entschieden werden kann[1].

5 Eine besondere Situation tritt im **Bühnenbereich** wegen des zweistufigen Schiedsgerichtsverfahrens dann ein, wenn der Kläger zwar in der ersten Instanz obsiegt, das Berufungsgericht aber den Schiedsspruch ändert und seine Klage abweist. In diesem Fall genügt der schlichte Aufhebungsantrag auch zur Durchsetzung des Sachbegehrens, weil durch die Aufhebung des Berufungsschiedsspruchs die für ihn günstige Sachentscheidung des Bühnenschiedsgerichts wiederhergestellt wird[2].

6 **II. Aufhebungsgründe. 1. Unzulässigkeit des schiedsgerichtlichen Verfahrens.** Der Aufhebungsgrund des **Abs. 1 Nr. 1** erfasst Mängel, die das gesamte Verfahren betreffen, also insb. seiner Einl. oder Fortsetzung entgegenstehen. Das schiedsgerichtliche Verfahren ist immer dann unzulässig, wenn die Voraussetzungen des § 101 nicht gegeben sind.

7 Nicht zur Unzulässigkeit des Verfahrens in diesem Sinne führen einzelne Verfahrensfehler des Schiedsgerichts, wenn das Verfahren an sich eröffnet ist[3]. Für eine solche Einbeziehung besteht auch kein Bedürfnis, weil Verfahrensverstöße nach Nr. 2 und Nr. 3 geltend gemacht werden können.

8 **2. Verletzung einer Rechtsnorm.** Der Aufhebungsgrund des **Abs. 1 Nr. 2** erfasst wie § 73 I Verstöße gegen **materielle und formelle Rechtsnormen**. Materielle Rechtsfehler sind wie im Revisionsverfahren von Amts wegen zu berücksichtigen[4]. Das folgt aus entsprechender Anwendung des § 557 III 1 ZPO.

9 Dagegen darf der Schiedsspruch auf **Verfahrensmängel**, die nicht von Amts wegen zu berücksichtigen sind, nur geprüft werden, wenn die Mängel nach den §§ 551, 554 ZPO gerügt worden sind. So muss etwa in der Aufhebungsklageschrift oder spätestens in der Berufungsbegründung gegenüber dem LAG ausdrücklich beanstandet und näher dargelegt werden, dass das Schiedsgericht gegen den Grundsatz der Gewährung rechtl. Gehörs verstoßen habe oder fehlerhaft besetzt gewesen sei[5].

10 **Materielle Rechtsfehler** können in der falschen Auslegung von Willenserklärungen oder Verträgen nach den §§ 133, 157 BGB oder auch von Tarifrecht liegen[6]. In Betracht kommen ferner Verstöße gegen die Grundsätze der Darlegungs- und Beweislast sowie eine fehlerhafte Beweiswürdigung.

11 Die Rechtsprüfung durch das Aufhebungsgericht bezieht sich auf die Rechtslage, die zum Zeitpunkt des Schiedsspruchs bestanden hat. Spätere Änderungen von Gesetzen oder Tarifnormen können mangels Rückwirkung grds. ebenso wenig berücksichtigt werden wie neue Tatsachen. Erst wenn die Tatsachenfeststellung durch das Schiedsgericht infolge der Aufhebung des Schiedsspruchs keinen Bestand mehr hat, können **im Rahmen des weiteren Sachverfahrens** auch **neue Tatsachen** vorgebracht werden.

12 **3. Restitutionsklagegründe.** Der Aufhebungsgrund des **Abs. 1 Nr. 3** ist an die Voraussetzungen geknüpft, unter denen gegen ein gerichtl. Urteil nach § 580 Nr. 1–6 ZPO die Restitutionsklage zulässig wäre. Wegen der **Hilfsnatur der Restitutionsklage** muss entsprechend § 582 ZPO stets geprüft werden, ob der Wiederaufnahmegrund nicht schon in dem früheren Verfahren einschließlich der normalen Aufhebungsklage binnen der zweiwöchigen Klagefrist geltend gemacht werden konnte.

13 Eine **Nichtigkeitsklage** nach Maßgabe des § 579 ZPO ist demgegenüber **ausgeschlossen**. Soweit Nichtigkeitsgründe vorliegen, müssen sie mit der normalen Aufhebungsklage als Rechtsverletzung nach Nr. 2 verfolgt werden.

14 **III. Aufhebungsklage.** Für die Klage ist nach Abs. 2 das ArbG **örtlich zuständig**, das für die Geltendmachung des Anspruchs zuständig wäre. Nach § 48 II können die Tarifparteien allerdings die Zuständigkeit eines an sich unzuständigen ArbG mit Wirkung für die Arbeitsvertragsparteien vereinbaren. Für den **Bühnenbereich** ist eine solche **Prorogation** in den §§ 38 BSchGO, 37 BSchGO-C vorgenommen worden: Danach ist die Aufhebungsklage gegen einen Schiedsspruch des Bühnenschiedsgerichts, gegen den eine Berufung nicht zulässig ist, sowie gegen einen Schiedsspruch des Bühnenoberschiedsgerichts binnen einer Notfrist von zwei Wochen ausschließlich beim **ArbG Köln** zu erheben.

15 Da es sich bei der **Klagefrist von zwei Wochen** nach Abs. 3 S. 1 um eine **Notfrist** handelt, kann bei einer schuldlosen Versäumung Wiedereinsetzung in den vorigen Stand nach Maßgabe der §§ 233 ff. ZPO beantragt werden.

16 Die Klagefrist beginnt – abgesehen von der Sonderregelung für die Restitutionsfälle – mit der Zustellung des Schiedsspruchs gem. den Anforderungen des § 108 II 2 und 3. Der Fristbeginn richtet sich nach

1 BAG v. 27.1.1993 – 7 AZR 124/92, AP Nr. 3 zu § 110 ArbGG 1979. |2 Ebenso Düwell/Lipke/*Schunck*, § 110 ArbGG Rz. 1c. |3 Str., vgl. einerseits Düwell/Lipke/*Schunck*, § 110 ArbGG Rz. 22; andererseits GMPM/*Germelmann*, § 110 ArbGG Rz. 8. |4 BAG v. 18.4.1986 – 7 AZR 114/85, AP Nr. 27 zu § 611 BGB – Bühnenengagementsvertrag. |5 Vgl. noch enger BAG v. 12.1.2000 – 7 AZR 925/98, NZA 2000, 1345. |6 BAG v. 11.5.1983 – 4 AZR 545/80, AP Nr. 21 zu § 611 BGB – Bühnenengagementsvertrag.

dem Zustellungszeitpunkt an die jeweils betoffene Partei. Insoweit kann nichts anderes gelten als bei den Rechtsmittelfristen der §§ 66, 74. Die Ansicht, es sei einheitlich auf die Zustellung an die letzte Partei abzustellen[1], vermag nicht zu überzeugen[2].

Der **Inhalt der Aufhebungsklageschrift** muss den Anforderungen des § 253 ZPO genügen, also insb. die „bestimmte Angabe des Gegenstandes und des Grundes des erhobenen Anspruchs" beinhalten. Dies bedeutet, dass der Aufhebungskläger bereits innerhalb der Klagefrist und zweckmäßig sogleich in der Klageschrift die Aufhebungsgründe konkretisieren muss[3]. Die bloße Bezugnahme auf früheren Vortrag im Schiedsverfahren reicht nicht aus. Zulässig ist aber, eine zunächst zur Fristwahrung eingereichte kurze Kennzeichnung der Aufhebungsgründe später zu vertiefen. 17

IV. Urteil des Arbeitsgerichts. Das ArbG hat im Aufhebungsverfahren nur **zwei Entscheidungsmöglichkeiten**: Entweder weist es die Klage ab mit der Folge, dass der Schiedsspruch bestandskräftig wird, oder es hebt den Schiedsspruch ganz oder zum Teil auf mit der Folge, dass er insoweit jede Rechtswirkung einbüßt. Eine Zurückverweisung des Rechtsstreits an das Schiedsgericht in entsprechender Anwendung des § 563 I ZPO kommt nicht in Betracht[4]. 18

Wird der Aufhebungsklage stattgegeben, so ist nach **Abs. 4** zugleich von Amts wegen eine zuvor erfolgte **Vollstreckbarkeitserklärung aufzuheben**. Schon vor Rechtskraft des Aufhebungsurteils kann die Einstellung der Zwangsvollstreckung gem. den §§ 775, 776 ZPO erreicht werden[5]. 19

Durch die Aufhebung des Schiedsspruchs kann die Rechtslage eintreten, dass über den Streitgegenstand **in der Sache keine abschließende Entscheidung** ergangen ist, und zwar unabhängig davon, ob die Klage vom Schiedsgericht abgewiesen oder zugesprochen wurde. Eine Ausnahme gilt für den **Sonderfall des zweistufigen Schiedsverfahrens** dann, wenn das Oberschiedsgericht die Entscheidung des Schiedsgerichts abgeändert hat. Die Aufhebung des zweitinstanzlichen Schiedsspruchs führt nach der Rspr. des BAG[6] zur Wiederherstellung der erstinstanzlichen Entscheidung und damit letztendlich **doch** zu einer schiedsgerichtlichen **Sachentscheidung**, die wegen der rechtskraftähnlichen Wirkung des § 108 IV einem weiteren Verfahren entgegensteht. 20

In den übrigen Fällen kann und sollte wegen der nun bestehenden **Sachentscheidungskompetenz der Gerichte für Arbeitssachen** der Sachantrag vorsorglich in das Aufhebungsverfahren mit einbezogen werden, sei es als Klagehäufung des erfolglosen Schiedsklägers oder als (Hilfs-)Widerklage des Aufhebungsbeklagten, der vor den Schiedsgerichten obsiegt hatte (vgl. Rz. 4). Mit der Aufhebung des Schiedsspruchs ist nämlich das Schiedsgerichtsverfahren verbraucht. Eine erneute Zuständigkeit des Schiedsgerichts für den Streitgegenstand kann nicht begründet werden, zumal eine Zurückverweisung der Sache ausscheidet[7]. Wenn demgegenüber teilweise die Ansicht vertreten wird, das Verfahren werde nach Aufhebung auch ohne Zurückverweisung wieder bei dem Schiedsgericht (Oberschiedsgericht) anhängig[8], so ist dies auch mit dem Beschleunigungsgrundsatz des § 9 kaum vereinbar. 21

De lege ferenda sollte mit Rücksicht auf den Beschleunigungsgrundsatz erwogen werden, das Aufhebungsverfahren bei dem LAG beginnen zu lassen. Für einen fünfzügigen Instanzenzug, wie er im Bühnenbereich bei einer zweizügigen Schiedsgerichtsbarkeit derzeit oftmals Praxis ist, besteht kein Bedürfnis. Die schutzwürdigen Interessen der Parteien würden durch den Wegfall einer Aufhebungs- und Tatsacheninstanz nicht beeinträchtigt. Im Gegenteil würden sie schneller zu einer abschließenden Entscheidung kommen, selbst wenn das LAG die Revision zum BAG zulässt. 22

Fünfter Teil. Übergangs- und Schlussvorschriften

111 *Änderung von Vorschriften*

(1) Soweit nach anderen Rechtsvorschriften andere Gerichte, Behörden oder Stellen zur Entscheidung oder Beilegung von Arbeitssachen zuständig sind, treten an ihre Stelle die Arbeitsgerichte. Dies gilt nicht für Seemannsämter, soweit sie zur vorläufigen Entscheidung von Arbeitssachen zuständig sind.

(2) Zur Beilegung von Streitigkeiten zwischen Ausbildenden und Auszubildenden aus einem bestehenden Berufsausbildungsverhältnis können im Bereich des Handwerks die Handwerksinnungen, im Übrigen die zuständigen Stellen im Sinne des Berufsbildungsgesetzes Ausschüsse bilden, denen Arbeitgeber und Arbeitnehmer in gleicher Zahl angehören müssen. Der Ausschuss hat die Parteien

---

1 GK-ArbGG/*Mikosch*, § 110 Rz. 21. | 2 Vgl. Düwell/Lipke/*Schunck*, § 110 ArbGG Rz. 18; GMPM/*Germelmann*, § 110 ArbGG Rz. 18. | 3 BAG v. 26.2.1980 – 6 AZR 970/77, AP Nr. 3 zu § 110 ArbGG 1979. | 4 BAG v. 27.1.1993 – 7 AZR 124/92, NZA 1993, 1102; aA LAG Köln v. 24.2.1992 – 4 (7) Sa 254/91, LAGE § 101 ArbGG 1979 Nr. 1. | 5 GK-ArbGG/*Mikosch*, § 110 Rz. 32. | 6 BAG v. 24.9.1986 – 7 AZR 663/84, AP Nr. 28 zu § 611 BGB – Bühnenengagementsvertrag. | 7 BAG v. 27.1.1993 – 7 AZR 124/92, NZA 1993, 1102; v. 7.11.1995 – 3 AZR 955/94, NZA 1996, 487. | 8 GMPM/*Germelmann*, § 110 ArbGG Rz. 26 ff. mwN.

mündlich zu hören. Wird der von ihm gefällte Spruch nicht innerhalb einer Woche von beiden Parteien anerkannt, so kann binnen zwei Wochen nach ergangenem Spruch Klage beim zuständigen Arbeitsgericht erhoben werden. § 9 Abs. 5 gilt entsprechend. Der Klage muss in allen Fällen die Verhandlung vor dem Ausschuss vorangegangen sein. Aus Vergleichen, die vor dem Ausschuss geschlossen sind, und aus Sprüchen des Ausschusses, die von beiden Seiten anerkannt sind, findet die Zwangsvollstreckung statt. Die §§ 107 und 109 gelten entsprechend.

1 **I. Zuständigkeit der Seemannsämter (Abs. 1 S. 2).** Die Vorschrift enthält eine Ausnahme von der ausschließlichen Zuständigkeit der Gerichte für Arbeitssachen nach den §§ 2 und 2a hinsichtlich **der vorläufigen Entscheidung** von arbeitsrechtl. Streitigkeiten in der **Seeschifffahrt**. Die endgültige Entscheidung obliegt den ArbG, wenn kein besonderes Schiedsgericht nach § 101 II 1 für Kapitäne und Besatzungsmitglieder iSd. §§ 2, 3 SeemG zuständig ist. Für Streitigkeiten in der **Binnenschifffahrt** bleibt es bei der alleinigen Zuständigkeit der ArbG.

2 Die Seemannsämter haben die Funktion von Sonderaufsichtsbehörden für die Seeschifffahrt. Außerhalb des Geltungsbereichs des Grundgesetzes sind dies die vom Auswärtigen Amt bestimmten diplomatischen und konsularischen Vertretungen der Bundesrepublik Deutschland (§ 9 SeemG). Zuständigkeit und Verfahren richten sich nach den **§§ 14–19 der Seemannsamtsverordnung**.

3 Das zuständige Seemannsamt kann zum Beispiel von einem Schiffsbesatzungsmitglied im Ausland angerufen werden, um vorläufig über die Berechtigung einer außerordentl. Kündigung nach § 69 SeemG oder einer Rückbeförderung nach § 72 IV SeemG zu entscheiden. Ein Anrufungszwang besteht allerdings nicht. Die ArbN sind nicht daran gehindert, sogleich Klage vor dem für die endgültige Entscheidung zuständigen Schieds- oder ArbG zu erheben.

4 **II. Ausbildungsstreitigkeiten (Abs. 2).** Die Regelung über ein vorgeschaltetes Schlichtungsverfahren bei Ausbildungsstreitigkeiten ist umständlich, kompliziert und in allen wesentlichen Punkten umstritten. Zwar hat das BAG im Jahre 1961 entschieden, dass damit nicht gegen das Prinzip des gesetzl. Richters iSd. Art. 101 I GG verstoßen wird[1]. Es bestehen jedoch erhebliche Bedenken, ob die Norm mit dem rechtsstaatlichen Grundsatz des gleichmäßigen Zugangs zu Gericht vereinbar ist[2].

5 **1. Bildung, Besetzung und Zuständigkeit der Schlichtungsausschüsse.** Die Errichtung der Ausschüsse steht nach Abs. 2 S. 1 im **Ermessen** der **Handwerksinnungen**, im Übrigen der zuständigen Stellen iSd. BBiG. Das sind nach den §§ 71 ff. BBiG vor allem die **Berufskammern**, ua. die Industrie- und Handelskammern, die Rechtsanwalts- und Notarkammern sowie die Ärzte-, Zahnärzte- und Apothekerkammern. Von dem Ermessen wird unterschiedlich Gebrauch gemacht. Daher ist im Einzelfall zu prüfen, ob ein Schlichtungsausschuss für den jeweiligen Wirtschafts- oder Berufszweig gebildet worden ist.

6 Im Hinblick auf die **Besetzung der Ausschüsse** bestimmt das Gesetz lediglich, dass ihnen ArbGeb und ArbN in gleicher Zahl angehören müssen. Auch wenn die Heranziehung Unparteiischer nicht besonders erwähnt wird, muss sie wie nach § 103 I 1 als zulässig und zweckmäßig erachtet werden, um Pattsituationen zu vermeiden. Bewährt hat sich eine Besetzung mit einem unparteiischen Vorsitzenden und je einem ArbGeb- und ArbN-Beisitzer. Wer dies sein kann, beantwortet sich in entsprechender Anwendung der §§ 21–23. Die näheren Einzelheiten der Berufung können die zuständigen Stellen unter Beachtung rechtsstaatlicher Grundsätze selbst festlegen. Sie sollten auch eine Verfahrensordnung für den Ausschuss schaffen.

7 Welcher Ausschuss für die Beilegung der Streitigkeit **zuständig** ist, richtet sich nach der für den Ausbildungsberuf zuständigen Stelle. Das ist regelmäßig die Stelle, in deren Verzeichnis der Berufsausbildungsvertrag nach Maßgabe der §§ 34 ff. BBiG eingetragen ist oder sein müsste. Der bei ihr gebildete Schlichtungsausschuss muss angerufen werden.

8 **2. Streitgegenstände der Schlichtung.** Materiell zuständig ist der Schlichtungsausschuss zur Beilegung von **Streitigkeiten** zwischen Ausbildenden und Auszubildenden **aus einem bestehenden Berufsausbildungsverhältnis**, zB über die Höhe der Ausbildungsvergütung[3]. Wenn das Ausbildungsverhältnis unzweifelhaft beendet ist, etwa Schadensersatz wegen vorzeitiger Auflösung verlangt oder nur über den Zeitpunkt der Beendigung gestritten wird, kann sogleich vor dem ArbG geklagt werden[4]. Zu den Streitigkeiten „aus einem Berufsausbildungsverhältnis" gehören auch die **Bestandsschutzstreitigkeiten**, die in dem vorher begründeten Vertragsverhältnis ihren Ursprung haben[5].

9 Der Schlichtungsausschuss ist daher insb. zuständig für den Streit über die Wirksamkeit einer **Kündigung des Ausbildungsverhältnisses** nach § 22 BBiG[6] und über die **befristete Fortsetzung** bei Nichtbe-

1 BAG v. 18.10.1961 – 1 AZR 437/60, AP Nr. 1 zu § 111 ArbGG 1953. | 2 Vgl. dazu näher GMPM/*Prütting*, § 111 ArbGG Rz. 71; demgegenüber BAG v. 26.1.1999 – 2 AZR 134/98, EzA § 4 KSchG nF Nr. 58. | 3 BAG v. 30.9.1998 – 5 AZR 690/97, EzA § 10 BBiG Nr. 4. | 4 Vgl. BAG v. 18.10.1961 – 1 AZR 437/60, AP Nr. 1 zu § 111 ArbGG 1953; v. 13.3.2007 – 9 AZR 494/06, FA 2007, 149. | 5 HM; vgl. GK-ArbGG/*Mikosch*, § 111 Rz. 8; GMPM/*Prütting*, § 111 ArbGG Rz. 17 mwN zum Streitstand. | 6 BAG v. 18.9.1975 – 2 AZR 602/74, AP Nr. 2 zu § 111 ArbGG 1953; v. 9.10.1979 – 6 AZR 776/77, AP Nr. 3 zu § 111 ArbGG 1953; v. 26.1.1999 – 2 AZR 134/98, EzA § 4 KSchG nF Nr. 58 mwN.

stehen der Abschlussprüfung nach § 21 III BBiG[1]. Diese Streitigkeiten stehen in der Praxis auch deswegen im Vordergrund, weil über eine schnelle und kompetente Schlichtung am ehesten eine gedeihliche Fortsetzung des Ausbildungsverhältnisses zu erreichen ist.

Keine Zuständigkeit des Schlichtungsausschusses besteht demgegenüber beim Streit darüber, ob überhaupt ein Berufsausbildungsverhältnis wirksam zu Stande gekommen ist oder ob Schadensersatz aus dem Gesichtspunkt des Verschuldens bei Vertragsschluss zu zahlen ist, wenn der Abschluss eines Berufsausbildungsvertrages gescheitert ist[2]. **10**

Das Schlichtungsverfahren ist subjektiv auf die **Parteien des Berufsausbildungsverhältnisses** beschränkt. Es gilt weder für Streitigkeiten von Auszubildenden untereinander, noch für Praktikanten, Volontäre und sonstige Personen iSd. § 26 BBiG, noch bei überwiegend schulisch ausgestalteter Ausbildung[3]. **11**

3. Anrufungszwang (S. 5) und Anrufungsfrist. Nach Abs. 2 S. 5 ist die vorangehende Verhandlung vor dem Ausschuss **Prozessvoraussetzung der Klage vor dem ArbG**[4]. Auf diese grds. von Amts wegen zu prüfende Zulässigkeitsvoraussetzung kann allerdings durch rügelose Verhandlung zur Hauptsache entsprechend § 295 ZPO verzichtet werden[5]. **12**

Die zunächst unzulässige Klage vor dem ArbG wird **nachträglich zulässig**, wenn das später – etwa nach Hinweis im arbeitsgerichtl. Gütetermin – eingeleitete Schlichtungsverfahren beendet und ein ergangener Spruch nicht anerkannt wurde[6]. **13**

Ein **erneutes Schlichtungsverfahren** vor dem Ausschuss ist trotz anderen Streitgegenstands **entbehrlich**, wenn wegen einer wesentlichen Vorfrage bereits ein solches Vorverfahren erfolglos durchgeführt wurde[7]. Die entgegengesetzte formale Betrachtungsweise widerspricht nach Auffassung des BAG dem Zweck des Schlichtungsverfahrens, eine gerichtliche Auseinandersetzung zwischen den Parteien eines Ausbildungsverhältnisses nach Möglichkeit zu verhindern. War eine wesentliche Vorfrage für einen Anspruch bereits Gegenstand eines Schlichtungsverfahrens, blieb dieses erfolglos und muss dieselbe Frage nochmals gerichtlich nachgeprüft werden, so wäre es **unnütze Förmelei**, gleichwohl nochmals die Durchführung eines Schlichtungsverfahrens zu verlangen[8]. **14**

Sehr umstritten ist, ob der Auszubildende den Schlichtungsausschuss in Fällen des Kündigungsschutzes nach den §§ 22 BBiG, 13 I 2 KSchG bei einer außerordentl. Kündigung innerhalb der **Drei-Wochen-Frist des § 4 KSchG** anrufen muss[9]. Nach der Rspr. des BAG ist wie folgt zu differenzieren: **15**

Die Vorschriften des KSchG über die fristgebundene Klageerhebung innerhalb von drei Wochen sind auf außerordentl. Kündigungen von Berufsausbildungsverhältnissen **dann nicht anzuwenden**, wenn eine Verhandlung vor einem nach § 111 II **gebildeten** Ausschuss stattfinden muss. Die Anrufung des Ausschusses und des ArbG ist daher **unbefristet zulässig**. Bei einer Versäumung der Klagefrist des § 4 S. 1 KSchG greift die Wirksamkeitsfiktion des § 7 KSchG nicht ein. Der späteren Klageerhebung kann nur der Einwand der Prozessverwirkung entgegen gehalten werden[10]. **16**

Ist dagegen ein **Schlichtungsausschuss** von der zuständigen Stelle **gar nicht gebildet** worden, so muss auch der Auszubildende die außerordentl. Kündigung des Ausbildenden unter den Voraussetzungen des § 13 I 2 KSchG gem. § 4 KSchG durch **fristgebundene Klage beim ArbG** innerhalb von drei Wochen angreifen[11]. Eine nachträgliche Zulassung der Kündigungsschutzklage nach § 5 I KSchG scheidet aus, wenn der Prozessbevollmächtigte des Auszubildenden die Klagefrist ohne Reaktion der angeschriebenen Innung verstreichen lässt[12]. **17**

Die Frage der Fristgebundenheit hängt daher entscheidend davon ab, ob für den betroffenen Berufsausbildungsvertrag ein Schlichtungsausschuss errichtet worden ist. In Zweifelsfällen kann nur empfohlen werden, vorsorglich fristwahrend vor dem ArbG zu klagen. Ein etwa bestehender Ausschuss kann auch noch nach der Frist des § 4 KSchG angerufen werden[13]. Die unterschiedliche Behandlung ist unbefriedigend und sachlich nicht zu begründen. Im Hinblick auf die Vereinheitlichung der Klagefrist durch die ab 1.1.2004 neugefassten §§ 4, 6, 7, 13 KSchG sollte generell die 3-Wochen-Frist Anwendung finden[14]. **18**

---

1 BAG v. 15.3.2000 – 5 AZR 622/98, EzA § 14 BBiG Nr. 10. | 2 Vgl. Düwell/Lipke/*Schunck*, § 111 ArbGG Rz. 11. | 3 BAG v. 18.6.1980 – 4 AZR 545/78, AP Nr. 4 zu § 611 BGB – Ausbildungsverhältnis mwN. | 4 BAG v. 25.11.1976 – 2 AZR 751/75, AP Nr. 4 zu § 15 BBiG. | 5 Str., wie hier BAG v. 17.9.1987 – 2 AZR 654/86, EzA § 15 BBiG Nr. 6; GK-ArbGG/*Mikosch*, § 111 Rz. 12, 24; Düwell/Lipke/*Schunck*, § 111 ArbGG Rz. 18; aA BAG v. 13.4.1989 – 2 AZR 441/80, EzA § 13 KSchG nF Nr. 4; GMPM/*Prütting*, § 111 ArbGG Rz. 20. | 6 BAG v. 25.11.1976 – 2 AZR 751/75, AP Nr. 4 zu § 15 BBiG. | 7 BAG v. 13.4.1989 – 2 AZR 441/88, EzA § 13 KSchG nF Nr. 4; v. 15.3.2000 – 5 AZR 622/98, EzA § 14 BBiG Nr. 10. | 8 BAG v. 13.4.1989 – 2 AZR 441/88, EzA § 13 KSchG nF Nr. 4. | 9 Vgl. GMPM/*Prütting*, § 111 ArbGG Rz. 22 mwN zum Streitstand. | 10 BAG v. 13.4.1989 – 2 AZR 441/88, EzA § 13 KSchG nF Nr. 4; v. 26.1.1999 – 2 AZR 134/98, EzA § 4 KSchG nF Nr. 58. | 11 BAG v. 5.7.1990 – 2 AZR 53/90, EzA § 4 KSchG nF Nr. 39; v. 26.1.1999 – 2 AZR 134/98, EzA § 4 KSchG nF Nr. 58. | 12 Vgl. LAG Berlin v. 30.6.2003 – 6 Ta 1276/03, MDR 2004, 160. | 13 Vgl. GMPM/*Prütting*, § 111 ArbGG Rz. 25; Düwell/Lipke/*Schunck*, § 111 ArbGG Rz. 15. | 14 Ebenso KR/*Weigand*, §§ 21, 22 BBiG, Rz. 116 ff. mwN.

19 **4. Durchführung und Abschluss des Schlichtungsverfahrens.** In Abs. 2 S. 2 ist zum Verfahren lediglich vorgeschrieben, dass der Ausschuss die Parteien **mündlich zu hören** hat. Insoweit kann auf die Erläuterungen zu der gleich lautenden Regelung des § 105 verwiesen werden. Ausreichend ist die Möglichkeit der Stellungnahme in einer mündlichen Verhandlung. Wird diese Möglichkeit von einer Partei oder beiden Parteien nicht genutzt, so kann gleichwohl ein abschließender Schlichtungsspruch gefällt werden. Das folgt aus der entsprechenden Anwendung des § 105 III[1]. Ein Versäumnisverfahren iSd. §§ 330 ff. ZPO scheidet aus.

20 Das Verfahren richtet sich im Übrigen nach einer etwa vorhandenen Verfahrensordnung und dem Ermessen des Schlichtungsausschusses. Jedenfalls müssen elementare **rechtsstaatl. Grundsätze** eingehalten werden[2]. Dazu gehören die Gewährung rechtl. Gehörs ebenso wie die Erhebung angebotener Beweise. Da der Ausschuss nicht über Zwangsmittel verfügt, kann er den Parteien nur aufgeben, benannte Zeugen und Sachverst. zu stellen. Folgen sie dem nicht, geht dies zu ihren Lasten.

21 Regelmäßig wird das Schlichtungsverfahren durch einen **Vergleich** oder einen **Schlichtungsspruch** abgeschlossen. Beide sind schon im Hinblick auf eine etwaige Zwangsvollstreckung schriftl. abzufassen. Aus rechtsstaatlichen Erwägungen muss entsprechend § 108 II auch angenommen werden, dass der **Spruch schriftl. zu begründen**, von den Mitgliedern des Ausschusses **zu unterschreiben** und den Streitparteien **zuzustellen** ist[3]. Einer Verkündung bedarf es zu seiner Wirksamkeit ebenso wenig wie bei einem Schiedsspruch. Allerdings muss der zugestellte Schlichtungsspruch eine unterschriebene **Rechtsmittelbelehrung** enthalten, weil ansonsten die zweiwöchige Klagefrist nach Abs. 2 S. 4 iVm. § 9 V nicht zu laufen beginnt[4].

22 Das Schlichtungsverfahren kann analog § 102 II Nr. 4 auch durch die Anzeige des Ausschusses enden, dass die Fällung eines Spruchs unmöglich ist. Wenn die Durchführung eines Verfahrens abgelehnt wird, kann wie beim Fehlen eines Ausschusses sogleich Klage beim ArbG erhoben werden[5]. Gleiches muss bei Untätigkeit oder unzumutbarer Verzögerung des Verfahrens gelten[6].

23 **5. Wirkungen des Schlichtungsspruchs.** Materielle Rechtskraft erlangt der Schlichtungsspruch nur, wenn er einen anerkennbaren Inhalt hat und wenn beide Parteien ihn anerkennen[7]. Für eine Klage vor dem ArbG besteht dann kein Rechtsschutzinteresse mehr. Nur bei rechtzeitiger **beiderseitiger Anerkennung** kann aus dem für vollstreckbar erklärten Spruch auch die Zwangsvollstreckung betrieben werden.

24 Die Anerkennung muss nach Abs. 2 S. 3 **innerhalb einer Woche** durch ausdrückliche Erklärung entweder gegenüber dem Ausschuss oder gegenüber der anderen Partei erfolgen. Die Erklärung ist als Prozesshandlung bedingungsfeindlich und nicht widerruflich[8]. Sie kann daher auch nicht gem. den §§ 119, 123 BGB angefochten werden[9]. Vielmehr kommen nur die Lösungsmöglichkeiten des Verfahrensrechts in Betracht[10].

25 Die Wochenfrist beginnt mit der Zustellung des Schlichtungsspruchs zu laufen. Eine Anerkennung ist freilich auch schon vorher nach einer Verkündung möglich. Nach Ablauf der Wochenfrist kann eine Anerkennung die dargestellten Rechtswirkungen dagegen nicht mehr erzeugen. Auch eine Wiedereinsetzung in den vorigen Stand scheidet aus, weil die Anerkennungsfrist keine Notfrist darstellt[11]. Eine **verspätete Anerkennung** kann allenfalls als Angebot zum Abschluss eines außergerichtlichen Vergleichs gewertet werden.

26 **6. Zwangsvollstreckung (S. 6 u. 7).** Geeignete Vollstreckungstitel sind sowohl **Vergleiche**, die vor dem Ausschuss geschlossen worden sind, als auch **Sprüche**, die von beiden Seiten anerkannt worden sind.

27 Durch die Verweisung auf § 107 wird klargestellt, dass ein Vergleich die dort normierten **formellen Voraussetzungen** erfüllen muss, insb. von den Streitparteien und den Mitgliedern des Ausschusses zu unterschreiben ist. Die Anforderungen an den Spruch entsprechen weitgehend denen des § 108 II, wie bereits ausgeführt wurde.

28 Das Vollstreckbarkeitsverfahren durch das zuständige ArbG richtet sich nach § 109. Auf die dortigen Erläuterungen kann verwiesen werden. Die zusätzlich notwendige Anerkennung des Spruchs durch beide Parteien wird regelmäßig durch Urkunden zu belegen sein, notfalls sind die angebotenen Beweise zu erheben.

29 Lehnt das ArbG die Vollstreckbarkeitserklärung des Vergleichs oder des Spruchs wegen nicht behebbarer Mängel ab, so bleibt letztlich nur der Ausweg einer Klage vor dem ArbG mit dem Ziel, einen

---

1 Vgl. Düwell/Lipke/*Schunck*, § 111 ArbGG Rz. 23; ähnlich GMPM/*Prütting*, § 111 ArbGG Rz. 31, 32. | 2 BAG v. 18.10.1961 – 1 AZR 437/60, AP Nr. 1 zu § 111 ArbGG 1953. | 3 Vgl. GK-ArbGG/*Mikosch*, § 111 Rz. 23. | 4 BAG v. 30.9.1998 – 5 AZR 690/97, EzA § 10 BBiG Nr. 4. | 5 BAG v. 17.9.1987 – 2 AZR 654/86, EzA § 15 BBiG Nr. 6. | 6 Vgl. Düwell/Lipke/*Schunck*, § 111 ArbGG Rz. 37. | 7 BAG v. 9.10.1979 – 6 AZR 776/77, AP Nr. 3 zu § 111 ArbGG 1953. | 8 GK-ArbGG/*Mikosch*, § 111 ArbGG Rz. 25. | 9 Str., ebenso GMPM/*Prütting*, § 111 ArbGG Rz. 47; aA GK-ArbGG/*Ascheid*, § 111 Rz. 25. | 10 Vgl. Zöller/*Greger*, Vor § 128 ZPO Rz. 21 ff. | 11 Zutr. GMPM/*Prütting*, § 111 ArbGG Rz. 46.

entsprechenden Vollstreckungstitel zu erlangen. Die Zwei-Wochen-Frist des S. 3 hindert daran nicht, weil sie nur eingreift, wenn der Spruch nicht von beiden Seiten anerkannt worden ist.

7. Anschließende Klage beim zuständigen Arbeitsgericht (S. 3). Wird der Schlichtungsspruch von einer oder von beiden Parteien nicht oder nicht rechtzeitig anerkannt, so hängt die **Art der zu erhebenden Klage** vom Ausgang des Schlichtungsverfahrens ab: 30

Der **unterlegene Antragsteller** muss sein Klagebegehren vor dem ArbG wiederholen, weil der nicht anerkannte Spruch keinerlei Rechtswirkung entfaltet. Für eine Aufhebung oder Abänderung des Spruchs bleibt kein Raum. 31

Gleiches gilt regelmäßig auch für den **siegreichen Antragsteller**, der etwa einen vollstreckbaren Zahlungstitel erstrebt, den er infolge der unterbliebenen Anerkennung bisher nicht erlangt hat. Der unterlegene Antragsgegner wird in diesen Fällen im Allgemeinen kein Rechtsschutzinteresse für eine „Anfechtungsklage" iS negativer Feststellung haben, weil er durch den ihm nachteiligen, aber folgenlosen Spruch nicht beschwert ist[1]. 32

Anders ist die Rechtslage in **Bestandsschutzstreitigkeiten** zu beurteilen, in denen der ausbildende ArbGeb unterlegen ist. Wegen des zu Gunsten des Antragstellers erzeugten Rechtsscheins und im Hinblick auf akzessorische Ansprüche insb. aus dem Aspekt des Annahmeverzugs wird man ein schutzwürdiges Interesse an der Beseitigung des Schlichtungsspruchs anerkennen müssen. In diesen Fällen dürfte regelmäßig eine Klage auf Feststellung, dass das Ausbildungsverhältnis zu einem bestimmten Zeitpunkt beendet worden ist, zulässig sein. 33

Die **Klagefrist** beträgt nach S. 3 **zwei Wochen** und beginnt mit der **Zustellung** des mit einer ordnungsgemäßen Rechtsmittelbelehrung versehenen Schlichtungsspruchs. Denn § 9 V findet entsprechende Anwendung. Die Zwei-Wochen-Frist ist auch bei einer Kündigungsschutzklage einzuhalten, weil § 4 KSchG im Anwendungsbereich des Schlichtungsverfahrens nicht eingreift. 34

Die **Versäumung der Klagefrist** bewirkt lediglich prozessual, dass der Streitgegenstand des Schlichtungsverfahrens nicht mehr vor dem ArbG verhandelt werden kann. Eine entsprechende Klage ist unzulässig, wenn die hier mögliche Wiedereinsetzung in den vorigen Stand nach Maßgabe der §§ 233 ff. ZPO versagt wird[2]. Da der Spruch im Übrigen keine materielle Rechtskraft erlangt, kann das ArbG die von dem Ausschuss behandelte Frage in einem Folgeprozess als Vorfrage erneut prüfen und abweichend beurteilen[3]. 35

8. Kosten. Der Rechtsanwalt erhält für die Vertretung vor dem Ausschuss nach § 17 Nr. 7b RVG eine volle Gebühr, die auf die im arbeitsgerichtl. Anschlussverfahren entstehenden Gebühren nicht angerechnet wird. Ein prozessualer Kostenerstattungsanspruch gegen die unterlegene Partei besteht nicht. Allerdings sind materielle Erstattungsansprüche im Rahmen geschuldeten Schadensersatzes durch § 12a nicht ausgeschlossen. 36

Die Beiordnung eines Rechtsanwalts nach § 11a ist im Schlichtungsverfahren ebenso wenig möglich wie die Bewilligung von PKH nach den §§ 114 ff. ZPO, weil diese Rechtsvorschriften nur im gerichtl. Verfahren anwendbar sind[4]. 37

112–116 (weggefallen)

117

Soweit in den Fällen der §§ 40 und 41 das Einvernehmen nicht erzielt wird, entscheidet die Bundesregierung.

118–120 (weggefallen)

121

Überleitungsvorschriften aus Anlass des Gesetzes vom 21. Mai 1979

(1) Für Verfahren in Arbeitssachen, für die durch das neue Recht die Zuständigkeit der Gerichte für Arbeitssachen begründet wird und die vor dem 1. Juli 1979 bei Gerichten anderer Zweige der Gerichtsbarkeit anhängig sind, bleiben diese Gerichte bis zum rechtskräftigen Abschluss der Verfahren zuständig.

---

1 Vgl. Düwell/Lipke/*Schunck*, § 111 ArbGG Rz. 51. |2 Vgl. GMPM/*Prütting*, § 111 ArbGG Rz. 53 mwN. |3 BAG v. 9.10.1979 – 6 AZR 776/77, AP Nr. 3 zu § 111 ArbGG 1953; v. 13.4.1989 – 2 AZR 441/88, EzA § 13 KSchG nF Nr. 4; v. 26.1.1999 – 2 AZR 134/98, EzA § 4 KSchG nF Nr. 58. |4 Vgl. GK-ArbGG/*Mikosch*, § 111 Rz. 38; GMPM/*Prütting*, § 111 ArbGG Rz. 69.

(2) Auf Klagen oder Anträge, die vor dem 1. Juli 1979 eingereicht waren, sind die bis dahin geltenden Vorschriften über die Kosten, die Kostentragungspflicht, das Güteverfahren und die Gebühren weiterhin anzuwenden.

(3) Ist die mündliche Verhandlung vor dem 1. Juli 1979 geschlossen worden, so richten sich die Verkündung und der Inhalt der Entscheidung, die Zulässigkeit von Rechtsmitteln, die Rechtsmittelbelehrung, die Fristen zur Einlegung und Begründung eines zulässigen Rechtsmittels, die Begründung und die Beantwortung von Rechtsmitteln nach der bis zu diesem Zeitpunkt geltenden Fassung dieses Gesetzes. Für die Zulässigkeit von Rechtsmitteln gilt dies auch dann, wenn die anzufechtende Entscheidung nach dem 30. Juni 1979 verkündet worden ist.

121a

Überleitungsvorschriften aus Anlass des Gesetzes vom 26. Juni 1990

(1) Für Verfahren in Arbeitssachen, für die durch Artikel 1 Nr. 1 die Zuständigkeit der Gerichte für Arbeitssachen begründet wird und die vor dem Inkrafttreten dieses Gesetzes bei Gerichten anderer Zweige der Gerichtsbarkeit anhängig sind, bleiben diese Gerichte bis zum rechtskräftigen Abschluss des Verfahrens zuständig.

(2) Bis zur Bestimmung der zuständigen obersten Landesbehörde im Sinne des Artikels 1 Nr. 2, 4 bis 14 und 16 bleibt die jeweilige oberste Arbeitsbehörde des Landes zuständig.

122

(gegenstandslos)

Gesetz über den Schutz des Arbeitsplatzes bei Einberufung zum Wehrdienst (Arbeitsplatzschutzgesetz – ArbPlSchG)

in der Fassung der Bekanntmachung vom 14.2.2001 (BGBl. I S. 253), zuletzt geändert durch Gesetz vom 22.4.2005 (BGBl. I S. 1106)

– Auszug –

Erster Abschnitt. Grundwehrdienst und Wehrübungen

§ 1 *Ruhen des Arbeitsverhältnisses*

(1) Wird ein Arbeitnehmer zum Grundwehrdienst oder zu einer Wehrübung einberufen, so ruht das Arbeitsverhältnis während des Wehrdienstes.

(2) Einem Arbeitnehmer im öffentlichen Dienst hat der Arbeitgeber während einer Wehrübung Arbeitsentgelt wie bei einem Erholungsurlaub zu zahlen. Zum Arbeitsentgelt gehören nicht besondere Zuwendungen, die mit Rücksicht auf den Erholungsurlaub gewährt werden.

(3) Der Arbeitnehmer hat den Einberufungsbescheid unverzüglich seinem Arbeitgeber vorzulegen.

(4) Ein befristetes Arbeitsverhältnis wird durch Einberufung zum Grundwehrdienst oder zu einer Wehrübung nicht verlängert; das Gleiche gilt, wenn ein Arbeitsverhältnis aus anderen Gründen während des Wehrdienstes geendet hätte.

(5) Wird der Einberufungsbescheid zum Grundwehrdienst oder zu einer Wehrübung vor Diensteintritt aufgehoben oder wird der Grundwehrdienst oder die Wehrübung vorzeitig beendet und muss der Arbeitgeber vorübergehend für zwei Personen am gleichen Arbeitsplatz Lohn oder Gehalt zahlen, so werden ihm die hierdurch ohne sein Verschulden entstandenen Mehraufwendungen vom Bund auf Antrag erstattet. Der Antrag ist innerhalb von sechs Monaten, nachdem die Mehraufwendungen entstanden sind, bei der vom Bundesministerium der Verteidigung bestimmten Stelle zu stellen.

I. Inhalt und Zweck. Ein wehrpflichtiger ArbN steht, wenn er zum Wehrdienst einberufen wird, seinem ArbGeb in dieser Zeit nicht zur Verfügung. Infolge dessen ist es nicht ausgeschlossen, dass er auf Grund des Wehrdienstes Nachteile im Hinblick auf die Fortsetzung oder die weitere Ausgestaltung des Arbeitsverhältnisses sowie den hierdurch erlittenen Zeitverlust für die berufliche Laufbahn erfährt. Dieser Gefahr will das ArbPlSchG zur ökonomischen und sozialen Sicherung der Wehrpflichtigen Rechnung tragen[1]. Eine entsprechende Pflicht des Bundes, für die Wehrpflichtigen zu sorgen, folgt aus § 31 S. 2 SoldG. Das ArbPlSchG ist als Nebengesetz zum WPflG in seinem Schutz zwingend und steht nicht zur Disposition der Vertragsparteien. 1

II. Personeller Anwendungsbereich. Das ArbPlSchG findet nur im **Geltungsbereich des GG** Anwendung. Damit werden deutsche ArbN, insb. Grenzgänger, die im Ausland bei einem dort ansässigen ArbGeb beschäftigt sind, nicht durch das Gesetz geschützt. Im Einzelfall können damit verbundene Nachteile eines betroffenen ArbN im Rahmen der Zurückstellung vom Wehrdienst wegen besonderer Härte (§ 12 IV WPflG) berücksichtigt werden, wenn sie auf diese Weise abgewendet werden können[2]. 2

1. Arbeitnehmer. Von dem Schutz des Gesetzes werden zunächst alle wehrpflichtigen ArbN der **Privatwirtschaft** iSd. § 15 I erfasst. Hierzu zählen Arbeiter, Angestellte sowie die zur Berufsausbildung Beschäftigten. Weiterhin werden die in Heimarbeit Beschäftigten (§ 7) sowie Richter und Beamte (§ 9) geschützt. Den auf Grund ihrer fehlenden ArbN-Eigenschaft bestehenden Besonderheiten für Handelsvertreter trägt § 8 Rechnung. ArbN des **öffentl. Dienstes** fallen mit einigen Besonderheiten ebenfalls unter das ArbPlSchG. Zu ihnen rechnen alle Beschäftigten bei einer der in § 15 II Hs. 1 bezeichneten öffentl.-rechtl. Einrichtungen, wobei gem. § 15 II Hs. 2 ArbN öffentl.-rechtl. Religionsgemeinschaften sowie deren Verbände nicht erfasst werden. 3

Wehrpflichtig sind alle Männer ab dem vollendeten 18. LJ. Sie müssen Deutsche iSd. Art. 116 GG sein und entweder ihren ständigen Aufenthalt in der Bundesrepublik Deutschland haben bzw., sofern sie 4

1 Begr. zum 3. ÄndG des ArbPlSchG, BT-Drs. VIII/885, S. 6. | 2 BVerwG v. 16.7.1970 – VIII C 208/67, NJW 1971, 479; KR/*Weigand*, § 2 ArbPlSchG Rz. 14.

sich nicht ständig in der Bundesrepublik aufhalten, ihren früheren ständigen Aufenthalt in der Bundesrepublik Deutschland gehabt haben oder einen Pass oder eine Staatsangehörigkeitsurkunde der Bundesrepublik Deutschland besitzen oder sich auf andere Weise ihrem Schutz unterstellt haben, § 1 I WPflG.

5 **2. Ausländische Wehrpflichtige.** Das ArbPlSchG gilt grds. nur zu Gunsten solcher ArbN, die auf Grund deutscher Wehrgesetzgebung zum Wehrdienst bei der Bundeswehr einberufen werden[1]. Sofern sie gem. § 2 I und II WPflG durch entsprechende RechtsVO der Wehrpflicht unterworfen werden, betrifft dies auch Ausländer und Staatenlose, welche in der Bundesrepublik Deutschland beschäftigt sind. Grds. genießen jedoch ausländische ArbN, welche in ihrer Heimat Wehrdienst zu leisten haben, **keinen Schutz** durch die Normen des ArbPlSchG[2].

6 **a) Für Nicht-EU-Ausländer** ist das hM[3]. Diesen kann allenfalls für eine relativ kurzzeitige Wehrdienstverpflichtung von bis zu zwei Monaten in analoger Anwendung von §§ 616, 228, 904 BGB sowie § 72 HGB idF v. 18.4.1950 ein **Leistungsverweigerungsrecht** unter Wegfall des Vergütungsanspruchs zustehen[4]. Grundlage dafür ist eine Interessenabwägung zwischen der Erfüllung der arbeitsvertragl. Leistungspflicht und der zwingenden Wehrpflicht. Danach darf die Arbeitsleistung des Wehrpflichtigen für einen geordneten Betriebslauf nicht von erheblicher Bedeutung sein und der ArbGeb durch die Gewährung der Leistungsverweigerung nicht in eine Zwangslage geraten[5]. Ein Leistungsverweigerungsrecht für eine zwölf Monate dauernde Wehrpflicht in einem nicht der EU angehörenden Staat besteht jedenfalls auf Grund des auf die Staatsangehörigkeit bezogenen Anwendungsbereichs des ArbPlSchG nicht[6]. Teilweise wird den ausländischen ArbN ein Anspruch auf Sonderurlaub[7] bzw. auch Erholungsurlaub[8] zugestanden. Im Übrigen steht es den Vertragsparteien offen, einen Aufhebungsvertrag mit einem vertraglichen Wiedereinstellungsanspruch für die Zeit nach dem Wehrdienst zu vereinbaren[9]. Sofern ein Nicht-EU-Ausländer von seiner Leistungspflicht einvernehmlich ohne Vergütung von seiner Arbeitsleistung freigestellt worden ist, darf eine anteilige Verkürzung des Urlaubsanspruchs nicht erfolgen[10]. Auch ein ausländischer ArbN ist auf Grund vertraglicher Nebenpflichten verpflichtet, den ArbGeb unverzüglich über den Zeitpunkt der Einberufung zu unterrichten, und er hat auf Verlangen eine amtl. Bescheinigung vorzulegen. Ein Verstoß hiergegen kann nach entsprechender Interessenabwägung eine ordentl. bzw. außerordentl. Kündigung rechtfertigen[11].

7 Soweit ausländischen ArbN kein Leistungsverweigerungsrecht zusteht und der Arbeitsausfall zu einer erheblichen Beeinträchtigung betriebl. Interessen führt, ist im Einzelfall nach einer entsprechenden Interessenabwägung, insb. vor dem Hintergrund, dass der ArbN keine Alternative zu dem Antritt des Wehrdienstes und damit zu dem Fernbleiben von der Arbeit hat, eine **personenbedingte Kündigung** möglich, soweit Überbrückungsmaßnahmen dem ArbGeb nicht zumutbar sind[12]. Zu Letzteren kann auch eine Stellenausschreibung für eine Aushilfskraft über den Bereich des Beschäftigungsbetriebes hinaus gehören, auch wenn im Unternehmensbereich ein Personalabbau betrieben wird oder geplant ist[13].

8 **b) Auf EU-Ausländer** findet das ArbPlSchG nach überwiegender Ansicht Anwendung[14]. Gegenüber dem Diskriminierungsverbot nach Art. 10 iVm. Art. 12, 39 EG muss insoweit das Gegenseitigkeitsprinzip zurücktreten. Eine Gleichbehandlung ist jedenfalls solange geboten, bis andere EU-Staaten eine dem ArbPlSchG vergleichbare Regelung treffen[15].

9 **3. Zivildienstleistende.** Gem. § 78 I Nr. 1 ZDG gilt das ArbPlSchG auch für anerkannte Kriegsdienstverweigerer. Ausweislich des gesetzgeberischen Willens genießen hingegen diejenigen, welche aus Gewissensgründen sowohl den Dienst an der Waffe als auch den Ersatzdienst verweigern und dafür eine Tätigkeit im Kranken-, Heil- oder Pflegebereich auszuüben bereit sind (§ 15a ZDG), keinen Schutz durch das ArbPlSchG, da es sich hierbei um eine Ausnahme, nicht aber um eine Alternative zum Zivildienst handelt[16]. In der Konsequenz müssen sie mit dem ArbGeb eine dem ArbPlSchG vergleichbare

---

1 BAG v. 5.12.1969 – 5 AZR 215/68, AP Nr. 3 zu Art. 177 EWG-Vertrag. | 2 BAG v. 5.12.1969 – 5 AZR 215/68, AP Nr. 3 zu Art. 177 EWG-Vertrag; KR/*Weigand*, § 2 ArbPlSchG Rz. 3; *Riegel*, BB 1978, 1422; *Schimana*, BB 1978, 1017 und 1722. | 3 EuGH v. 15.10.1969 – 15/69, AP Nr. 2 zu Art. 177 EWG-Vertrag; BAG v. 30.7.1986 – 8 AZR 475/84, AP Nr. 22 zu § 13 BUrlG; v. 22.12.1982 – 2 AZR 282/82, AP Nr. 23 zu § 123 BGB; KR/*Weigand*, § 2 ArbPlSchG Rz. 5; aA *Däubler*, NZA 1992, 577; *Lörcher*, EuroAS 1995, 151 (153). | 4 BAG v. 20.5.1988 – 2 AZR 682/87, AP Nr. 9 zu § 1 KSchG 1969 – Personenbedingte Kündigung; v. 22.12.1982 – 2 AZR 282/82, AP Nr. 23 zu § 123 BGB; KDZ/*Zwanziger*, § 2 ArbPlSchG Rz. 5; *Kreizberg*, AR-Blattei SD 1800 Rz. 103. | 5 BAG v. 22.12.1982 – 2 AZR 282/82, AP Nr. 23 zu § 123 BGB. | 6 KR/*Weigand*, § 2 ArbPlSchG Rz. 5a. | 7 ArbG Bochum v. 13.5.1981 – 3 Ga 1/81, BB 1981, 1951. | 8 KR/*Weigand*, § 2 ArbPlSchG Rz. 5; aA LAG Hamm v. 14.4.1982 – 2 Sa 1604/81, DB 1982, 1328. | 9 BAG v. 22.12.1982 – 2 AZR 282/82, AP Nr. 23 zu § 123 BGB. | 10 BAG v. 30.7.1986 – 8 AZR 475/84, AP Nr. 22 zu § 13 BUrlG. | 11 BAG v. 7.9.1983 – 7 AZR 433/82, AP Nr. 7 zu § 1 KSchG 1969 – Verhaltensbedingte Kündigung. | 12 BAG v. 20.5.1988 – 2 AZR 682/87, AP Nr. 9 zu § 1 KSchG 1969 – Personenbedingte Kündigung; KR/*Weigand*, § 2 ArbPlSchG Rz. 5a; *Kreizberg*, AR-Blattei SD 1800 Rz. 104. | 13 BAG v. 20.5.1988 – 2 AZR 682/87, AP Nr. 9 zu § 1 KSchG 1969 – Personenbedingte Kündigung. | 14 EuGH v. 15.10.1969 – 15/69, AP Nr. 2 zu Art. 177 EWG-Vertrag; BAG v. 5.12.1969 – 5 AZR 215/68, AP Nr. 3 zu Art. 177 EWG-Vertrag; ErfK/*Kiel*, § 1 ArbPlSchG Rz. 1. | 15 KR/*Weigand*, § 2 ArbPlSchG Rz. 4; *Riegel*, BB 1978, 1422. | 16 BT-Drs. V/3795 v. 30.1.1969, Nr. 1 der Begr.

Einigung erzielen oder das Arbeitsverhältnis kündigen. Diese legislative Entscheidung stößt angesichts der mit den Zivildienstleistenden vergleichbaren Tätigkeit für die Allgemeinheit auf Bedenken, da auch diese ArbN erheblich zur Leistungsfähigkeit von Krankenhäusern sowie Einrichtungen zur Behandlung, Pflege und Betreuung beitragen[1]. Gleiches gilt für **Entwicklungshelfer**, die gem. § 14a ZDG iVm. § 1 I Nr. 1 oder 2 EhfG statt des Wehrdienstes einen mindestens zwei Jahre dauernden Entwicklungshilfedienst ableisten[2].

4. Sonstige schutzbedürftige Arbeitnehmer. Von § 1 IV und V, §§ 2, 3, 4 I 1, II–IV sowie §§ 5, 6, 12, 13 werden ebenfalls ArbN erfasst, die zum Zwecke der Verteidigung einschließlich des Schutzes der Zivilbevölkerung gem. **§ 2 ASG**[3] in ein Arbeitsverhältnis verpflichtet werden, **§ 15 I ASG**. Auch **Zivilangestellte bei einer ausländischen Stationierungsstreitkraft** (Art. 56 Ia ZA zum Abkommen zwischen den Parteien des Nordatlantik-Vertrages über die Rechtsstellung ihrer Truppen hinsichtlich der in der Bundesrepublik Deutschland stationierten ausländischen Truppen v. 3.8.1959[4] idF v. 18.3.1993[5]) genießen den Schutz des ArbPlSchG. Gleiches gilt gem. § 16 V für Wehrpflichtige, die gem. **§ 6c I WPflG** zu Hilfeleistungen im Innern herangezogen werden sowie gem. § 59 BGSG aF[6] für ArbN, welche die Grenzschutzdienstpflicht erfüllt haben. 10

III. Zeitlicher Anwendungsbereich. Das ArbPlSchG findet für alle im **WPflG vorgesehenen Arten des Wehrdienstes** Anwendung. Hierzu zählen der Grundwehrdienst (§ 5 WPflG), die Pflichtwehrübung (§ 6 WPflG) sowie freiwillige Verpflichtungen zum Wehrdienst (§ 4 III WPflG). Für Letztere gelten die besonderen Bestimmungen des § 10. Sofern sie im Kalenderjahr über den zeitlichen Rahmen von sechs Wochen hinausgehen, findet das ArbPlSchG danach keine Anwendung. **Soldaten und Soldatinnen**[7] **auf Zeit** genießen den Schutz des Gesetzes für die zunächst auf sechs Monate festgesetzte Dienstzeit sowie für eine endgültig auf maximal zwei Jahre festgesetzte Dienstverpflichtung (vgl. § 16a). Im Falle des unbefristeten Wehrdienstes im Verteidigungsfall (§ 16) findet das ArbPlSchG ebenfalls Anwendung. Die Regelung des § 11 für Kurzwehrübungen von nicht mehr als drei Tagen ist nunmehr durch das SkResNOG[8] aufgehoben worden. 11

Nicht in den Regelungsbereich des ArbPlSchG fällt die Zeit für Übungen zur Auswahl freiwilliger Soldaten (§ 17 III). Diesbezüglich ist im Gesetz über den Einfluss von Eignungsübungen der Streitkräfte auf Vertragsverhältnisse der ArbN und Handelsvertreter sowie auf Beamtenverhältnisse (EÜG[9]) eine dem ArbPlSchG vergleichbare Regelung getroffen worden, die dem Schutzbedürfnis der genannten Personen selbständig Rechnung trägt. 12

IV. Ruhen des Arbeitsverhältnisses. 1. Beginn des Ruhens. Soweit ein befristetes, unbefristetes oder auch nur fehlerhaftes[10] Arbeitsverhältnis besteht, tritt das Ruhen mit **Beginn des Wehrdienstes** ein und nicht mit dem tatsächlichen Dienstantritt. Der Wehrdienst beginnt gem. § 2 SoldG grds. mit dem für einen bestimmten Zeitpunkt vorgesehenen Dienstantritt, weshalb ein Fernbleiben vom Wehrdienst, sei es, dass der Wehrpflichtige dem Einberufungsbescheid nicht Folge leistet[11], sei es auf Grund von Krankheit[12], das Ruhen des Arbeitsverhältnisses nicht berührt. Sofern **Vertragsverhandlungen** mit dem ArbGeb dazu geführt haben, dass die Arbeit zu einem späteren Zeitpunkt als demjenigen der Einberufung aufgenommen werden soll, tritt das Ruhen erst zu diesem ein. Seit dem Wegfall des § 11[13] kommt es zu einem Ruhen des Arbeitsverhältnisses und damit zu der Suspendierung der Hauptleistungspflichten nunmehr auch bei Kurzwehrübungen von nicht länger als drei Tagen. 13

2. Arbeitsvertragliche Pflichten. Das Ruhen des Arbeitsverhältnisses führt zur **Suspendierung der Hauptleistungspflichten**. Der ArbN wird damit von der Erbringung seiner Arbeitsleistung, der ArbGeb – sofern nichts anderes vereinbart worden ist – von der Zahlungspflicht in Bezug auf den Arbeitslohn befreit. Aus diesem Grunde kann der ArbN im Falle der krankheitsbedingten Arbeitsunfähigkeit keine Entgeltfortzahlung nach dem EFZG verlangen[14]. Das Arbeitsentgelt umfasst hierbei alle geldwerten Leistungen, die der ArbGeb im Zusammenhang mit dem Arbeitsverhältnis erbringt[15]. Gratifikationen[16] sowie Ergebnis- und Gewinnbeteiligungen[17] sind nur dann zu zahlen, wenn eine entsprechende Rechtsgrundlage besteht. Der Wehrpflichtige erhält während des Wehrdienstes **auf eigenen Antrag** Leistungen 14

---

1 KR/*Weigand*, § 2 ArbPlSchG Rz. 8. | 2 ErfK/*Kiel*, § 1 ArbPlSchG Rz. 3; KR/*Weigand*, § 2 ArbPlSchG Rz. 9. | 3 IdF v. 9.7.1968, BGBl. I S. 787, zuletzt geändert durch Art. 13 G. v. 20.4.2007, BGBl. I S. 554. | 4 BGBl. 1961 II S. 1218. | 5 BGBl. II S. 2598. | 6 IdF v. 18.8.1972, BGBl. I S. 1834, geändert durch G. v. 19.10.1994, BGBl. I S. 2978. | 7 Seit Art. 5 des Soldatinnen- und Soldatengleichstellungsgesetzes – SDGleiG v. 27.12.2004, BGBl. I S. 3822, geändert durch Art. 3 Abs. 15 iVm. Art. 4 des Gesetzes zur Umsetzung europäischer Richtlinien zur Verwirklichung des Grundsatzes der Gleichbehandlung vom 14.8.2006, BGBl. I S. 1897. | 8 Durch Art. 5 des Gesetzes über die Neuordnung der Reserve der Streitkräfte und zur Rechtsbereinigung des Wehrpflichtgesetzes – Streitkräfte-Neuordnungsgesetz – v. 22.4.2005, BGBl. I S. 1106. | 9 Vom 20.1.1956, BGBl. I S. 13, zuletzt geändert durch Art. 52 G. v. 23.12.2003, BGBl. I S. 2848. | 10 ErfK/*Kiel*, § 1 ArbPlSchG Rz. 5. | 11 *Sahmer/Busemann*, E § 1 ArbPlSchG Nr. 28. | 12 VGH BW v. 24.2.1987 – 11 S 1708/85, AP Nr. 3 zu § 11 ArbPlSchG. | 13 Durch Art. 5 des Gesetzes über die Neuordnung der Reserve der Streitkräfte und zur Rechtsbereinigung des Wehrpflichtgesetzes – Streitkräfte-Neuordnungsgesetz – v. 22.4.2005, BGBl. I S. 1106. | 14 ArbG Aachen v. 27.3.1974 – 2 Ca 453/74, ARSt. 1975, 12. | 15 *Sahmer/Busemann*, E § 1 ArbPlSchG Nr. 8. | 16 ArbG Hamm v. 14.8.1956 – 1 Ca 941/55, BB 1956, 785. | 17 BAG v. 8.11.1962 – 5 AZR 112/62, AP Nr. 1 zu § 6 ArbPlSchG.

aus dem Unterhaltssicherungsgesetz und dem Wehrsoldgesetz. **Nicht suspendiert** werden **arbeitsvertragl. Nebenpflichten**, wie bspw. die Verschwiegenheitspflicht über Betriebsinterna sowie andere Treue- und Fürsorgepflichten.

15 **3. Betriebszugehörigkeit.** Das Ruhen führt nicht zu einer Beendigung der Betriebszugehörigkeit des ArbN. Dieser behält damit bspw. das Recht, sich als Kandidat zur BR-Wahl aufstellen zu lassen bzw. sein Wahlrecht auszuüben[1]. Etwas anderes gilt für ArbN, die gem. § 13 I 2 BPersVG oder nach landesrechtl. Vorschriften am Tag der Wahl seit länger als sechs Monaten unter Wegfall der Bezüge beurlaubt und damit nicht wahlberechtigt sind, weil sie ihren Grundwehrdienst ableisten[2]. Das **BR-** bzw. **Personalratsamt** sowie das Amt des SprAuMitglieds bleiben als solche von der Einberufung unberührt. Jedoch gelten unabhängig davon die entsprechenden Regelungen über die Verhinderung des Amtsinhabers, weshalb in diesen Fällen ein Ersatzmitglied in das jeweilige Amt eintritt, vgl. § 25 BetrVG, § 10 SprAuG und § 31 BPersVG. Die Fortdauer der Betriebszugehörigkeit führt dazu, dass der Wehrpflichtige auch während des Verlaufs des Wehrdienstes die Wartezeit iSd. § 1 I KSchG erfüllt[3].

16 **4. Ende des Ruhens.** Mit dem Tage des **Ausscheidens** des ArbN **aus der Bundeswehr** bzw. mit der Beendigung der Wehrübung endet das Ruhen des Arbeitsverhältnisses. Gleiches geschieht, wenn der ArbN während des Grundwehrdienstes bzw. der Wehrübung gem. §§ 40, 41 SoldG Berufssoldat wird[4]. Sofern der Wehrpflichtige gem. § 5 III WPflG nachzudienen hat, endet das Ruhen mit Ablauf dieses Zeitraums. In der Folge leben die suspendierten Pflichten aus dem Arbeitsverhältnis wieder auf[5].

17 Der ArbN hat dementsprechend nach Beendigung des Wehrdienstes bzw. der Wehrübung seine Arbeitsleistung, der ArbGeb die ursprüngliche Beschäftigung wieder anzubieten. Etwaige Pflichtenverstöße können zu den allgemeinen arbeitsrechtl. Konsequenzen führen. Wenn der ArbN während des Wehrdienstes erkrankt und die Krankheit über dessen Ende hinaus fortdauert, richtet sich die Entgeltfortzahlung nach dem EFZG, wobei der Sechs-Wochen-Zeitraum gem. § 3 I 1 EFZG erst mit Ende des Ruhens zu laufen beginnt[6].

18 **V. Öffentlicher Dienst.** Wird ein ArbN des öffentl. Dienstes zu einer Wehrübung einberufen, hat der ArbGeb diesem – wie bei einem Erholungsurlaub – Arbeitsentgelt zu zahlen, **Abs. 2 S. 1.** Dabei handelt es sich um eine besondere Form des Unterhalts, die Abs. 1 unberührt lässt. Etwaige Sonderzuwendungen hinsichtlich des Urlaubs wie etwa Urlaubsgeld kann der ArbN nicht beanspruchen[7].

19 **VI. Befristete Arbeitsverhältnisse.** Sie werden durch die Einberufung zum Wehrdienst, sofern nichts Abweichendes vereinbart worden ist, nicht verlängert. Dies stellt **Abs. 4 Hs. 1** klar. Für Probe- bzw. Ausbildungsverhältnisse ist § 6 III zu beachten (vgl. § 6 Rz. 6). **Abs. 4 Hs. 2** betrifft Arbeitsverhältnisse, die auf Grund einer Beendigungsvereinbarung oder einer wirksamen Kündigung auslaufen. Sie enden, obschon eine Wehrdienstverpflichtung des ArbN besteht.

20 **VII. Ersatzansprüche des Arbeitgebers.** Häufig wird der ArbGeb für den abwesenden ArbN befristet eine Ersatzkraft einstellen (§ 14 I Nr. 3 TzBfG) und sich insoweit nach dem planmäßigen Ende des Grundwehrdienstes oder der Wehrübung richten. Sofern der Wehrdienst ausnahmsw. verfrüht endet oder der Einberufungsbescheid vor Dienstantritt aufgehoben wird, muss der ArbGeb ggf. diese Ersatzkraft weiterhin neben dem zurückkehrenden ArbN beschäftigen. **Abs. 5** gewährt in diesem Fall dem ArbGeb gegen den Bund einen öffentl.-rechtl. Anspruch auf Erstattung der Mehraufwendungen[8] bis zum regulären Ende des Wehrdienstes, sofern die Ersatzkraft nicht sofort aus dem Arbeitsverhältnis entlassen werden kann und den ArbGeb kein Verschulden an den entstehenden Mehraufwendungen trifft. Zu Letzteren rechnen die gesamten Entgeltkosten, mithin das Bruttoentgelt sowie die aufzuwendenden Nebenkosten. Der Anspruch entsteht mit dem Zeitpunkt, zu welchem der ArbGeb dem zurückkehrenden ArbN wieder das Arbeitsentgelt zu zahlen hat. Er ist innerhalb von **sechs Monaten**, nachdem die Mehraufwendungen entstanden sind, bei der vom Bundesministerium für Verteidigung bestimmten Stelle geltend zu machen, **Abs. 5 S. 2.** Zuständige Stelle ist insoweit die jeweilige Wehrbereichsverwaltung (WBV), in deren Bereich der ArbGeb seinen Firmensitz hat.

21 Von einem **Verschulden** ist auszugehen, wenn der Unternehmer bei der Einstellung der Ersatzkraft nicht die unter Berücksichtigung aller Umstände zu erwartende Sorgfalt beachtet hat[9]. Besteht eine andere Einsatzmöglichkeit für die Ersatzkraft im Betrieb, ist der Anspruch ausgeschlossen[10].

22 **VIII. Vorlagepflicht des Arbeitnehmers.** Damit der ArbGeb sich auf die Abwesenheit einstellen und entsprechende Entscheidungen treffen kann, hat der ArbN diesem gem. **Abs. 3** den Einberufungsbescheid unverzüglich (§ 121 I BGB) vorzulegen. Eine Verletzung dieser Pflicht kann einen Schadensersatzanspruch begründen, wirkt sich auf das Ruhen des Arbeitsverhältnisses gleichwohl nicht aus.

---

1 BAG v. 29.3.1974 – 1 ABR 27/73, AP Nr. 2 zu § 19 BetrVG 1972. |2 BVerwG v. 20.11.1979 – 6 P 12/79, ZBR 1980, 322; aA *Sahmer/Busemann*, E § 1 ArbPlSchG Nr. 22. |3 KR/*Weigand*, § 2 ArbPlSchG Rz. 18; *Sahmer/Busemann*, E § 2 ArbPlSchG Nr. 2. |4 *Sahmer/Busemann*, E § 1 ArbPlSchG Nr. 31a. |5 LAG BW v. 29.10.1958 – IV Sa 78/58, BB 1959, 739. |6 BAG v. 2.3.1971 – 1 AZR 284/70, AP Nr. 1 zu § 1 ArbPlSchG. |7 *Sahmer/Busemann*, E § 1 ArbPlSchG Nr. 17. |8 BVerwG v. 29.9.1982 – 8 C 74/81, MDR 1983, 696. |9 BVerwG v. 2.7.1982 – 8 C 60/80, MDR 1983, 163. |10 *Sahmer/Busemann*, E § 1 ArbPlSchG Nr. 43.

2 *Kündigungsschutz für Arbeitnehmer, Weiterbeschäftigung nach der Berufsausbildung*

(1) Von der Zustellung des Einberufungsbescheides bis zur Beendigung des Grundwehrdienstes sowie während einer Wehrübung darf der Arbeitgeber das Arbeitsverhältnis nicht kündigen.

(2) Im Übrigen darf der Arbeitgeber das Arbeitsverhältnis nicht aus Anlass des Wehrdienstes kündigen. Muss er aus dringenden betrieblichen Erfordernissen (§ 1 Abs. 2 des Kündigungsschutzgesetzes) Arbeitnehmer entlassen, so darf er bei der Auswahl der zu Entlassenden den Wehrdienst eines Arbeitnehmers nicht zu dessen Ungunsten berücksichtigen. Ist streitig, ob der Arbeitgeber aus Anlass des Wehrdienstes gekündigt oder bei der Auswahl der zu Entlassenden den Wehrdienst zu Ungunsten des Arbeitnehmers berücksichtigt hat, so trifft die Beweislast den Arbeitgeber.

(3) Das Recht zur Kündigung aus wichtigem Grund bleibt unberührt. Die Einberufung des Arbeitnehmers zum Wehrdienst ist kein wichtiger Grund zur Kündigung; dies gilt im Falle des Grundwehrdienstes von mehr als sechs Monaten nicht für unverheiratete Arbeitnehmer in Betrieben mit in der Regel fünf oder weniger Arbeitnehmern ausschließlich der zu ihrer Berufsbildung Beschäftigten, wenn dem Arbeitgeber infolge Einstellung einer Ersatzkraft die Weiterbeschäftigung des Arbeitnehmers nach Entlassung aus dem Wehrdienst nicht zugemutet werden kann. Bei der Feststellung der Zahl der beschäftigten Arbeitnehmer nach Satz 2 sind teilzeitbeschäftigte Arbeitnehmer mit einer regelmäßigen wöchentlichen Arbeitszeit von nicht mehr als 20 Stunden mit 0,5 und nicht mehr als 30 Stunden mit 0,75 zu berücksichtigen. Satz 3 berührt bis zum 30. September 1999 nicht die Rechtsstellung der Arbeitnehmer, die am 30. September 1996 gegenüber ihrem Arbeitgeber Rechte aus der bis zu diesem Zeitpunkt geltenden Fassung der Sätze 3 und 4 hätten herleiten können. Eine nach Satz 2 zweiter Halbsatz zulässige Kündigung darf jedoch nur unter Einhaltung einer Frist von zwei Monaten für den Zeitpunkt der Entlassung aus dem Wehrdienst ausgesprochen werden.

(4) Geht dem Arbeitnehmer nach der Zustellung des Einberufungsbescheides oder während des Wehrdienstes eine Kündigung zu, so beginnt die Frist des § 4 Satz 1 des Kündigungsschutzgesetzes erst zwei Wochen nach Ende des Wehrdienstes.

(5) Der Ausbildende darf die Übernahme eines Auszubildenden in ein Arbeitsverhältnis auf unbestimmte Zeit nach Beendigung des Berufsausbildungsverhältnisses nicht aus Anlass des Wehrdienstes ablehnen. Absatz 2 Satz 3 gilt entsprechend.

I. Kündigungsschutz. Der allgemeine Kündigungsschutz, insb. der des KSchG, wird durch die Norm nicht verdrängt, sondern besteht neben ihr[1]. Dies bestätigt **Abs. 2 S. 2**, wonach der ArbGeb bei einer Kündigungsmaßnahme aus betriebl. Gründen gem. § 1 II KSchG den Wehrdienst eines ArbN nicht zu dessen Ungunsten berücksichtigen darf. Das Kündigungsrecht des Wehrpflichtigen wird durch § 2 nicht berührt. Auch ist es, abgesehen von Abs. 2 S. 2, nicht erforderlich, dass der sachliche und persönliche Anwendungsbereich des KSchG eröffnet ist, damit der Schutz der Norm eingreift. 1

1. Ordentliche Kündigung. a) Während des Wehrdienstes. Das Kündigungsverbot des **Abs. 1** ist ein umfassendes, wobei jedweder Kündigungsgrund, auch der einer betriebsbedingten Kündigung, erfasst wird. Legt der ArbGeb seinen Betrieb still, berechtigt ihn dies auf Grund des Kündigungsverbotes nicht zu einer betriebsbedingten Kündigung[2]. Er kann dann dem Wehrpflichtigen erst nach Ablauf des Ruhens des Arbeitsverhältnisses ordentl. kündigen[3]. Von der Zustellung des Einberufungsbescheides bis zur Beendigung des Wehrdienstes ist eine gleichwohl ausgesprochene Kündigung wegen Verstoßes gegen ein gesetzl. Verbot **gem. § 134 BGB nichtig**[4]. Die genannten Grundsätze gelten auch für Kündigungen während der Probezeit[5]. In Kleinbetrieben iSd. Abs. 3 S. 2 ist Abs. 1 ebenfalls anwendbar. 2

b) Vor oder nach dem Wehrdienst. Auch hier wirkt der Schutz des ArbPlSchG neben einem etwaig bestehenden allgemeinen Kündigungsschutz nach dem KSchG. Dies gilt insofern, als der ArbGeb gem. **Abs. 2 S. 1** nicht **aus Anlass des Wehrdienstes** kündigen darf. Als anlässlich des Wehrdienstes ist eine Kündigung bereits dann anzusehen, wenn dieser zumindest mitbestimmendes Motiv gewesen ist[6]. Sie ist dann gem. § 134 BGB nichtig. 3

Darüber hinaus ist es dem ArbGeb gem. **Abs. 2 S. 2** im Rahmen einer betriebsbedingten Kündigung verwehrt, den Wehrdienst zu Ungunsten des Wehrpflichtigen zu berücksichtigen, was ausschließt, dass sich der ArbGeb auf eine fehlerfreie Sozialauswahl iSd. § 1 III KSchG beruft[7]. Da es sich bei Abs. 2 S. 2 um eine Sonderregelung zu der des § 1 KSchG handelt, muss das KSchG insoweit auf das jeweilige Arbeitsverhältnis anwendbar sein[8]. Soweit der Wortlaut auf die Entlassung abstellt, ist die Kündigung als solche gemeint[9]. Möchte der ArbGeb dem Wehrpflichtigen aus dringenden betrieblichen Gründen 4

1 ErfK/*Kiel*, § 2 ArbPlSchG Rz. 2; KR/*Weigand*, § 2 ArbPlSchG Rz. 41. | 2 KR/*Weigand*, § 2 ArbPlSchG Rz. 19; *Sahmer/Busemann*, E § 2 ArbPlSchG Nr. 11. | 3 KR/*Weigand*, § 2 ArbPlSchG Rz. 19; *Sahmer/Busemann*, E § 2 ArbPlSchG Nr. 11. | 4 LAG Bremen 1.7.1964 – 1 Sa 121/63, NJW 1964, 127. | 5 KR/*Weigand*, § 2 ArbPlSchG Rz. 19. | 6 IdS BAG v. 5.2.1998 – 2 AZR 270/97, AP Nr. 3 zu § 1 TVG – Tarifverträge: Apotheken; ErfK/*Kiel*, § 2 ArbPlSchG Rz. 4; KR/*Weigand*, § 2 ArbPlSchG Rz. 32. | 7 LAG Hamm v. 26.5.1967 – 5 Sa 247/67, DB 1967, 1272; KR/*Weigand*, § 2 ArbPlSchG Rz. 33. | 8 ErfK/*Kiel*, § 2 ArbPlSchG Rz. 5; KR/*Weigand*, § 2 ArbPlSchG Rz. 33. | 9 ErfK/*Kiel*, § 2 ArbPlSchG Rz. 5.

iSd. § 1 II 1 KSchG kündigen, kann er diesen, auch wenn im Zeitpunkt der Kündigungserklärung der Schutz des **Abs. 1** eingreift, in die nach § 1 III KSchG erforderliche Sozialauswahl einbeziehen, sofern Abs. 1 vor Ablauf der Kündigungsfrist nicht mehr anwendbar ist[1].

5 Der Kündigungsschutz des Abs. 2 S. 2 muss entsprechend dem Schutzzweck des ArbPlSchG auch dann eingreifen, wenn dem ArbN kein Einberufungsbescheid, sondern ein **Bereitstellungsbescheid** zugestellt wird, welchen der ArbN dem ArbGeb vorzulegen hat. Nur so kann einer Umgehung vorgebeugt werden, da in dieser Situation zeitnah mit einer Einberufung des ArbN zu rechen ist[2].

6 c) **Beweislastumkehr.** Dem ArbN wird regelmäßig der Beweis nicht möglich sein, dass der ArbGeb entgegen den soeben genannten Einschränkungen gekündigt hat, da es sich hierbei um innere Tatsachen handelt. Dem trägt **Abs. 2 S. 3** Rechnung, wonach den ArbGeb die Beweislast dafür trifft, dass er sich im Rahmen der Kündigung an die Vorgaben des Abs. 2 S. 1 und 2 gehalten hat, sofern der ArbN im Prozess zunächst Gegenteiliges behauptet hat. Es ist dann ausreichend, wenn er Gründe für die Kündigung nennt, welche einem verständig denkenden ArbGeb unter Außerachtlassung der Einberufung ein Motiv für die Auflösung des Arbeitsverhältnisses geben können[3]. Soweit im Anschluss daran weiterhin Zweifel in Bezug auf den Kündigungsgrund bestehen, ist von der Richtigkeit des Vortrags des ArbN auszugehen[4]. Insoweit besteht eine Vermutung dahin gehend, dass der ArbGeb entgegen Abs. 2 S. 1 die Kündigung ausgesprochen hat, wenn er sie in Kenntnis der Einberufung erklärt[5]. Die Beweislastregelung des Abs. 2 S. 3 greift auch dann ein, wenn ein Einberufungsbescheid – etwa wegen Nichtbestehen einer Abschlussprüfung – zunächst zurückgenommen wird, der ArbGeb gleichwohl noch vor Erlass des zu erwartenden folgenden Einberufungsbescheides kündigt[6].

7 **2. Außerordentliche Kündigung. a) Bestehen des Kündigungsrechts.** Grds. ist gem. **Abs. 3 S. 1** das Recht des ArbGeb, das Arbeitsverhältnis auch während des Wehrdienstes außerordentl. aus wichtigem Grund iSd. § 626 BGB zu kündigen, **nicht ausgeschlossen**. Zu denken ist hierbei vor allem an die Verletzung nicht suspendierter Nebenpflichten aus dem Arbeitsverhältnis[7], wie etwa der Verrat von Betriebsgeheimnissen (vgl. § 1 Rz. 14).

8 Die Einberufung kann eine außerordentl. Kündigung grds. nicht rechtfertigen, **Abs. 3 S. 2 Hs. 1**. Wird sie dennoch zum Anlass genommen, ist die Kündigung gem. § 134 BGB nichtig. Unter den Voraussetzungen des Abs. 3 S. 2 Hs. 2 kann die Einberufung jedoch einen wichtigen Grund darstellen, wenn der ArbGeb in seinem Betrieb (vgl. § 23 KSchG Rz. 3) fünf oder weniger ArbN ausschließlich der Auszubildenden beschäftigt, der zu kündigende ArbN unverheiratet ist, er einen Grundwehrdienst von mehr als sechs Monaten ableisten soll und es dem ArbGeb infolge der Einstellung einer Ersatzkraft nicht zumutbar ist, den ArbN nach Entlassung aus dem Wehrdienst weiterzubeschäftigen. Zu den Ersatzkräften idS rechnen nur diejenigen, welche für die Neubesetzung des betroffenen Arbeitsplatzes neu eingestellt werden[8]. Eine innerbetriebliche Umsetzung ist insoweit nicht ausreichend[9]. Die Änderung der Kleinbetriebsklausel des § 23 KSchG zum 1.1.2004[10] wurde nicht übernommen. Bei der Bestimmung der **Arbeitnehmerzahl** werden Teilzeitbeschäftigte mit einer regelmäßigen Arbeitszeit von weniger als 30 Stunden nur anteilig einbezogen. Beträgt die regelmäßige Arbeitszeit nicht mehr als 20 Stunden, werden sie mit 0,5 bzw. bei nicht mehr als 30 Stunden mit 0,75 berücksichtigt. In Bezug auf die Regelmäßigkeit ist auf die für § 23 KSchG entwickelten Grundsätze zurückzugreifen (vgl. § 23 KSchG Rz. 16).

9 Voraussetzung für das Vorliegen einer **Unzumutbarkeit** iSd. **Abs. 3 S. 2 Hs. 2** ist grds., dass nach Rückkehr des Wehrpflichtigen die Auftragslage des ArbGeb den Personalbestand nicht rechtfertigt. Diesbezüglich trifft den ArbGeb die Darlegungs- und Beweislast, insb. muss sie noch im Zeitpunkt der letzten mündlichen Verhandlung vorliegen[11]. Der ArbGeb muss unter Vorlage konkreter Zahlen aus dem Vorjahr und dem Kündigungszeitpunkt das gegenwärtige und zu erwartende Arbeitsvolumen darlegen und Ausführungen dazu vornehmen, dass mit Rückkehr des Wehrpflichtigen eine Überkapazität an Personal gegeben ist[12]. An der Unzumutbarkeit fehlt es, wenn der ArbGeb eine Ersatzkraft eingestellt hat und sich von dieser nicht lösen kann, da es in solchen Fällen dem ArbGeb auf Grund der Kenntnis des zeitl. Umfangs des Wehrdienstes möglich war, einen befristeten Arbeitsvertrag (§ 14 I Nr. 3 TzBfG) abzuschließen[13].

10 Eine **Betriebsstilllegung** kann keinen wichtigen Grund iSd. § 626 BGB darstellen[14]. Dies würde der Ratio des ArbPlSchG zuwiderlaufen. Dieser kann nur dann ausreichend Rechnung getragen werden,

1 ArbG Hamburg v. 23.4.1998 – 8 Ca 551/97, AiB 1999, 50; KR/*Weigand*, § 2 ArbPlSchG Rz. 33. | 2 ArbG Aalen v. 8.3.1965 – Ca 599/64, BB 1965, 791; KR/*Weigand*, § 2 ArbPlSchG Rz. 34. | 3 LAG Frankfurt/M v. 7.3.1969 – 3 Sa 443/68, AP Nr. 1 zu § 2 ArbPlSchG. | 4 ErfK/*Kiel*, § 2 ArbPlSchG Rz. 6. | 5 LAG Bremen v. 1.7.1964 – 1 Sa 532/82, NJW 1965, 12. | 6 LAG Köln v. 6.10.1982 – 5 Sa 532/82, EzB Nr. 1 zu § 2 ArbPlSchG; KR/*Weigand*, § 2 ArbPlSchG Rz. 36. | 7 KR/*Weigand*, § 2 ArbPlSchG Rz. 21. | 8 ErfK/*Kiel*, § 2 ArbPlSchG Rz. 10. | 9 KR/*Weigand*, § 2 ArbPlSchG Rz. 27. | 10 Durch das Gesetz zu Reformen am Arbeitsmarkt v. 24.12.2003, BGBl. I S. 3002. | 11 KR/*Weigand*, § 2 ArbPlSchG Rz. 28; *Sahmer/Busemann*, E § 2 ArbPlSchG Nr. 14e. | 12 LAG Kiel v. 31.10.1985 – 5 Sa 69/85, RzK IV 2 Nr. 1; KR/*Weigand*, § 2 ArbPlSchG Rz. 28. | 13 KR/*Weigand*, § 2 ArbPlSchG Rz. 28. | 14 ErfK/*Kiel*, § 2 ArbPlSchG Rz. 8; KDZ/*Zwanziger*, § 2 ArbPlSchG Rz. 12; KR/*Weigand*, § 2 ArbPlSchG Rz. 22; aA ArbG Bochum v. 17.12.1971 – 1 Ca 1531/71, DB 1972, 441.

wenn man das Kündigungsverbot dahin gehend versteht, dass der Wehrpflichtige vor jeder Benachteiligung auf Grund der Einberufung geschützt wird. Die Betriebsstilllegung berechtigt grds. allein zu einer ordentl. Kündigung. Im Verlauf der Kündigungsfrist kann sich der ArbN mit Hilfe des Freistellungsanspruchs aus § 629 BGB um eine neue Arbeitsstelle kümmern. Durch eine außerordentl. fristl. Kündigung würde ihm diese Möglichkeit genommen und damit eine Benachteiligung auf Grund des Wehrdienstes vorliegen[1]. Abs. 3 S. 2 Hs. 2, welcher dem ArbGeb die Möglichkeit einer fristl. Kündigung eröffnet, kann keine gegenteilige Wertung entnommen werden, da er sich nur auf eine eng begrenzte ArbN-Gruppe bezieht. Daher kann der ArbGeb erst nach Beendigung des Wehrdienstes ordentl. kündigen.

Soweit die genannten Voraussetzungen vorliegen, kann gem. **Abs. 3 S. 5** eine außerordentl. Kündigung aus wichtigem Grund mit einer **Frist** von zwei Monaten für den Zeitpunkt der Entlassung aus dem Wehrdienst ausgesprochen werden. Damit kann der ArbGeb die Kündigung frühestens mit Einstellung der Ersatzkraft und spätestens zwei Monate vor der Entlassung aus dem Grundwehrdienst erklären[2]. 11

b) Einschränkung des Kündigungsrechts. Eine nach Abs. 3 an sich zulässige außerordentl. Kündigung ist gleichwohl gem. **Abs. 2 S. 1** unzulässig, wenn sie aus Anlass des Wehrdienstes erfolgt (vgl. Rz. 3), selbst wenn der ArbGeb dabei eine soziale Auslauffrist eingeräumt hat. Auch eine außerordentl. Kündigung, die unmittelbar nach Beendigung des Wehrdienstes ausgesprochen wird, ist unwirksam, wenn sie gerade wegen des Wehrdienstes erklärt worden ist[3]. Im Übrigen ist auch **vor oder nach dem Wehrdienst** eine außerordentl. Kündigung aus Anlass des Wehrdienstes ausgeschlossen. 12

II. Besonderheiten betreffs Auszubildender. Gem. **Abs. 5** darf die **Übernahme** eines Auszubildenden iSd. § 10 BBiG in ein Arbeitsverhältnis nicht aus Anlass des Wehrdienstes durch den Ausbilder abgelehnt werden. Nicht zu den Auszubildenden in diesem Sinne zählen die in § 26 BBiG genannten Personen, die eingestellt werden, um berufliche Kenntnisse, Fertigkeiten oder Erfahrungen zu erwerben, ohne dass es sich um eine Berufsausbildung iSd. BBiG handelt. Abs. 5 findet darüber hinaus nur auf bestehende Ausbildungsverhältnisse Anwendung und bezieht sich allein auf den bisherigen Ausbildungsbetrieb[4]. Gem. Abs. 5 S. 2 gilt die Beweislastumkehr (vgl. Rz. 6) nach Abs. 2 S. 3 auch hinsichtlich der Übernahmebenachteiligung. 13

Einen ausdrücklich formulierten **Anspruch auf Abschluss eines Arbeitsverhältnisses** gewährt Abs. 5 nicht[5]. Dennoch handelt es sich bei der Regelung nicht um einen bloßen Programmsatz, sondern vielmehr um eine zwingende Verbotsnorm, welche der Durchsetzung der Wehrgerechtigkeit zu dienen bestimmt ist. Aus diesem Grunde ist dem benachteiligten Auszubildenden, sofern die Voraussetzungen im Einzelnen gegeben sind, richtigerweise ein Schadensersatzanspruch auf Begründung eines Arbeitsverhältnisses zuzubilligen[6]. Dies kann etwa der Fall sein, wenn die Übernahme ohne Vorliegen von personen-, verhaltens- oder betriebsbedingten Gründen abgelehnt wird. Das BAG hat in Bezug auf die insoweit vergleichbare Norm des § 78 S. 2 BetrVG den Schutzgesetzcharakter iSd. § 823 II BGB anerkannt. Schadensersatz sei insoweit zu leisten, als derjenige Zustand herzustellen sei, der bestünde, wenn der ArbGeb die schädigende Handlung unterlassen hätte (§ 249 BGB). Dann aber wäre es zu einem Arbeitsverhältnis gekommen[7]. Der solchermaßen anzuerkennende Einstellungsanspruch des Auszubildenden ist allerdings dahin gehend einzuschränken, dass eine derartige Pflicht des Ausbilders nicht besteht, wenn der Betrieb durch den Abschlusszwang wirtschaftl. gefährdet wird[8]. 14

III. Prozessuale Geltendmachung. Die Unwirksamkeit einer Kündigung nach dieser Norm muss binnen der dreiwöchigen Ausschlussfrist des § 4 S. 1 KSchG geltend gemacht werden. Gem. **Abs. 4** beginnt diese Frist, sofern die Kündigung dem ArbN nach Zustellung des Einberufungsbescheides oder während des Wehrdienstes zugeht, erst zwei Wochen nach Ende des Wehrdienstes zu laufen. Im Falle der Fristversäumung ist § 5 KSchG zu beachten. 15

3 *Wohnraum und Sachbezüge*

(1) Das Ruhen des Arbeitsverhältnisses (§ 1 Abs. 1) lässt eine Verpflichtung zum Überlassen von Wohnraum unberührt.

(2) Für die Auflösung eines Mietverhältnisses über Wohnraum, der mit Rücksicht auf das Arbeitsverhältnis zur Unterbringung des Arbeitnehmers und seiner Familie überlassen ist, darf die durch den Grundwehrdienst oder eine Wehrübung veranlasste Abwesenheit des Arbeitnehmers nicht zu seinem Nachteil berücksichtigt werden. Dies gilt entsprechend für allein stehende Arbeitnehmer, die den Wohnraum während ihrer Abwesenheit aus besonderen Gründen benötigen.

1 APS/*Dörner*, § 2 ArbPlSchG Rz. 15; KR/*Weigand*, § 2 ArbPlSchG Rz. 23. | 2 KR/*Weigand*, § 2 ArbPlSchG Rz. 30. | 3 LAG Hamm v. 26.5.1967 – 5 Sa 247/67, DB 1967, 1272; KR/*Weigand*, § 2 ArbPlSchG Rz. 32. | 4 KR/*Weigand*, § 2 ArbPlSchG Rz. 38. | 5 BT-Drs. 8/855, S. 6. | 6 APS/*Dörner*, § 2 ArbPlSchG Rz. 20; KR/*Weigand*, § 2 ArbPlSchG Rz. 38; *Sahmer/Busemann*, E § 2 ArbPlSchG Nr. 26; aA KDZ/*Zwanziger*, § 2 ArbPlSchG Rz. 19. | 7 BAG v. 12.2.1975 – 5 AZR 79/74, AP Nr. 1 zu § 78 BetrVG 1972. | 8 APS/*Dörner*, § 2 ArbPlSchG Rz. 20; KR/*Weigand*, § 2 ArbPlSchG Rz. 38.

(3) Bildet die Überlassung des Wohnraumes einen Teil des Arbeitsentgelts, so hat der Arbeitnehmer für die Weitergewährung an den Arbeitgeber eine Entschädigung zu zahlen, die diesem Teil des Arbeitsentgelts entspricht. Ist kein bestimmter Betrag vereinbart, so hat der Arbeitnehmer eine angemessene Entschädigung zu zahlen.

(4) Sachbezüge sind während des Grundwehrdienstes oder während einer Wehrübung auf Verlangen weiterzugewähren. Absatz 3 gilt sinngemäß.

(5) Die Absätze 3 und 4 finden keine Anwendung, wenn der Arbeitgeber nach diesem Gesetz das Arbeitsentgelt während des Wehrdienstes weiterzuzahlen hat.

1 **I. Inhalt und Zweck.** Wird der Wohnraum nicht als Arbeitsentgelt gewährt, bleibt die Verpflichtung zu dessen Überlassung von der Einberufung zum Wehrdienst unberührt. Insoweit ist auch § 1 I nicht einschlägig, der nur das Ruhen der Hauptleistungspflichten aus dem Arbeitsverhältnis betrifft. Wird der Wohnraum als Teil des Arbeitsentgelts gewährt, ist er dem ArbN auch während des Wehrdienstes zu gewähren, **Abs. 1**. Insoweit handelt es sich um eine Ausnahme zu dem in § 1 I niedergelegten Grundsatz.

2 **II. Wohnraum.** Hierzu zählen Werkmiet- (§ 576 BGB) und Werkdienstwohnungen (§ 576b BGB). Für den Zeitraum des Wehrdienstes bleibt die Pflicht zur Mietzinszahlung unabhängig von den Regelungen des ArbPlSchG bestehen. Sofern der Wohnraum einen Teil des Arbeitsentgelts darstellt, ist für die Zeit des Wehrdienstes gem. **Abs. 3 S. 1 eine Entschädigung** vom ArbN zu zahlen, weil er eine entsprechende Arbeitsleistung nicht erbringt. In ihrer Höhe richtet sich diese Entschädigung nach dem Anteil des Wohnraumes am Arbeitsentgelt, sofern dieser fest vereinbart ist. Im Übrigen hat der ArbN eine angemessene Entschädigung zu zahlen, Abs. 3 S. 2. Dabei ist zu berücksichtigen, dass der ArbGeb den Wohnraum meist deutlich unterhalb der marktüblichen Preise überlassen wird, weshalb diese insoweit nicht maßgeblich sein können[1]. Die **Entschädigungspflicht entfällt**, wenn der ArbGeb, etwa gem. §§ 1 Abs. 2, 10, 14 und 16, das Arbeitsentgelt weiter zu zahlen hat, **Abs. 5**.

3 **III. Kündigungsschutz.** Der Vermieter darf das Mietverhältnis nicht aus Anlass des Wehrdienstes (vgl. § 2 Rz. 3) kündigen, sofern die Wohnung auch Familienmitgliedern des Wehrpflichtigen überlassen worden ist, **Abs. 2 S. 1**. Eine gleichwohl ausgesprochene Kündigung ist unwirksam[2]. Zu den Familienmitgliedern rechnen alle iSd. § 3 USG[3]. Bewohnt der ArbN die Wohnung nicht mit Angehörigen idS, liegen aber besondere Gründe auf Seiten des ArbN vor, greift das Kündigungsverbot gem. **Abs. 2 S. 2** ein. Solche Gründe sind gegeben, wenn es unter Würdigung der Gesamtumstände sachgerecht erscheint, dem ArbN das Wohnrecht zu erhalten, wobei insoweit keine übertrieben hohen Anforderungen zu stellen sind[4]. Es ist ausreichend, wenn eigene Möbel nur mit gesteigertem Aufwand aufbewahrt werden können[5].

4 **IV. Weitergewährung von Sachbezügen.** Vom ArbGeb gewährte Sachbezüge sind auf Verlangen des ArbN für die Zukunft weiterzugewähren, **Abs. 4 S. 1**. Für die Vergangenheit kann der ArbN die Sachbezüge nicht weiter verlangen, wenn in dem bisherigen Nichtverlangen ein konkludenter Verzicht zu sehen ist oder die zu beziehende Sache wegen ihrer Beschaffenheit oder ihres Zwecks nicht mehr verwendet werden kann[6]. Sofern die Sachbezüge einen Bestandteil des Arbeitsentgelts darstellen, hat der ArbN gem. Abs. 4 S. 2 iVm. Abs. 3 im Falle der Weitergewährung eine Entschädigung zu zahlen.

4 *Erholungsurlaub*

(1) Der Arbeitgeber kann den Erholungsurlaub, der dem Arbeitnehmer für ein Urlaubsjahr aus dem Arbeitsverhältnis zusteht, für jeden vollen Kalendermonat, den der Arbeitnehmer Wehrdienst leistet, um ein Zwölftel kürzen. Dem Arbeitnehmer ist der ihm zustehende Erholungsurlaub auf Verlangen vor Beginn des Wehrdienstes zu gewähren.

(2) Hat der Arbeitnehmer den ihm zustehenden Urlaub vor seiner Einberufung nicht oder nicht vollständig erhalten, so hat der Arbeitgeber den Resturlaub nach dem Wehrdienst im laufenden oder im nächsten Urlaubsjahr zu gewähren.

(3) Endet das Arbeitsverhältnis während des Wehrdienstes oder setzt der Arbeitnehmer im Anschluss an den Wehrdienst das Arbeitsverhältnis nicht fort, so hat der Arbeitgeber den noch nicht gewährten Urlaub abzugelten.

(4) Hat der Arbeitnehmer vor seiner Einberufung mehr Urlaub erhalten, als ihm nach Absatz 1 zustand, so kann der Arbeitgeber den Urlaub, der dem Arbeitnehmer nach seiner Entlassung aus dem Wehrdienst zusteht, um die zu viel gewährten Urlaubstage kürzen.

(5) Für die Zeit des Wehrdienstes richtet sich der Urlaub nach den Urlaubsvorschriften für Soldaten.

1 *Sahmer/Busemann*, E § 3 ArbPlSchG Nr. 7. | 2 LAG Frankfurt/M v. 21.7.1966 – 3 Sa 215/66, AP Nr. 2 zu § 565b BGB; *Sahmer/Busemann*, E § 3 ArbPlSchG Nr. 8. | 3 *Sahmer/Busemann*, E § 3 ArbPlSchG Nr. 9. | 4 *Sahmer/Busemann*, E § 3 ArbPlSchG Nr. 10. | 5 *Sahmer/Busemann*, E § 3 ArbPlSchG Nr. 10. | 6 *Sahmer/Busemann*, E § 3 ArbPlSchG Nr. 11.

I. Zweck und Anwendungsbereich. Durch die Ableistung des Wehrdienstes und das damit verbundene Ruhen des Arbeitsverhältnisses ergeben sich Besonderheiten bezüglich des Urlaubsanspruchs, insb. dessen Sicherung, nach dem BUrlG. Die Norm findet auch für Eignungsübungen nach der EignungsübungsVO Anwendung, obschon weder das Eignungsübungsgesetz[1] noch seine DurchführungsVO[2] in § 15 I BUrlG genannt sind, da diese Bestimmungen unbefristet fortbestehen[3]. Für Heimarbeiter findet die Norm gem. § 7 I ebenfalls Anwendung, so dass die Bestimmungen des § 12 BUrlG im Hinblick auf die Kürzung, Erteilung, Übertragung und Befristung nicht einschlägig sind. Der Urlaubsanspruch von Soldaten gem. § 28 SoldG iVm. der VO über den Urlaub der Soldaten[4] besteht gem. Abs. 5 neben dem Urlaubsanspruch aus dem Arbeitsverhältnis. 1

II. Verkürzung des Urlaubsanspruchs. Der Umfang des Urlaubsanspruchs ist gem. **Abs. 1 S. 1** für jeden vollen Kalendermonat, den der ArbN Wehrdienst leistet, **um ein Zwölftel** zu kürzen und entspricht im Wesentlichen der Kürzung gem. § 17 I BEEG. Die Kürzung erfolgt nicht kraft Gesetzes, sondern durch empfangsbedürftige Willenserklärung und tritt im Zeitpunkt des Zugangs der Gestaltungserklärung des ArbGeb ein (vgl. § 17 BEEG Rz. 5). Hat der ArbGeb bereits **mehr Urlaub** gewährt, als dem ArbN nach der Kürzung zusteht, findet gem. Abs. 4 eine Anrechnung auf den Urlaubsanspruch des Folgejahres statt (vgl. § 17 BEEG Rz. 11). 2

III. Pflicht zur Gewährung vor dem Wehrdienst. Der ArbGeb hat den gekürzten Urlaub auf Verlangen des ArbN zwingend in dem Zeitraum zwischen Vorlage des Einberufungsbescheids und Antritt des Wehrdienstes zu gewähren, **Abs. 1 S. 2**. Damit verliert der ArbGeb ein ihm grds. gem. § 7 BUrlG zustehendes Verweigerungsrecht. Er kann die Urlaubsgewährung grds. nicht unter Hinweis auf zwingende Gründe oder eine besondere Ausnahmesituation verwehren[5]. Andererseits steht dem ArbN wie auch sonst kein Selbstbeurlaubungsrecht zu. Ggf. muss er seinen Anspruch durch einstw. Rechtsschutz sichern[6]. 3

Das **Urlaubsentgelt** wird dem ArbN entsprechend § 11 BUrlG, ein **Urlaubsgeld** nach Maßgabe der entsprechenden tarifvertragl. oder vertragl. Regelung gezahlt, soweit diese keinen Ausschluss vorsehen[7]. 4

IV. Übertragung des Urlaubs. Sofern der ArbN den Urlaub vor Beginn des Wehrdienstes wegen Zeitablaufs nicht nehmen kann, würde dieser gem. § 7 III BUrlG verfallen. Daher findet gem. **Abs. 2** eine Übertragung auf das Folgejahr statt, ohne dass es einer Handlung der Vertragsparteien bedarf (vgl. § 17 BEEG Rz. 6). 5

V. Abgeltung des Urlaubsanspruchs. Endet das Arbeitsverhältnis, bevor der Urlaub gewährt werden kann, erlangt der ArbN als Surrogat gem. **Abs. 3** mit Beendigung des Arbeitsverhältnisses einen Abgeltungsanspruch (vgl. § 17 BEEG Rz. 9). 6

5 (weggefallen)

6 *Fortsetzung des Arbeitsverhältnisses*

(1) Nimmt der Arbeitnehmer im Anschluss an den Grundwehrdienst oder im Anschluss an eine Wehrübung in seinem bisherigen Betrieb die Arbeit wieder auf, so darf ihm aus der Abwesenheit, die durch den Wehrdienst veranlasst war, in beruflicher und betrieblicher Hinsicht kein Nachteil entstehen.

(2) Die Zeit des Grundwehrdienstes oder einer Wehrübung wird auf die Berufs- und Betriebszugehörigkeit angerechnet; bei Auszubildenden und sonstigen in Berufsausbildung Beschäftigten wird die Wehrdienstzeit auf die Berufszugehörigkeit jedoch erst nach Abschluss der Ausbildung angerechnet. Die Zeit des Grundwehrdienstes oder einer Wehrübung gilt als Dienst- und Beschäftigungszeit im Sinne der Tarifordnungen und Tarifverträge des öffentlichen Dienstes.

(3) Auf Probe- und Ausbildungszeiten wird die Zeit des Grundwehrdienstes oder einer Wehrübung nicht angerechnet.

(4) Auf Bewährungszeiten, die für die Einstufung in eine höhere Lohn- oder Vergütungsgruppe vereinbart sind, wird die Zeit des Grundwehrdienstes nicht angerechnet. Während der Zeit, um die sich die Einstufung in eine höhere Lohn- oder Vergütungsgruppe hierdurch verzögert, erhält der Arbeitnehmer von seinem Arbeitgeber zum Arbeitsentgelt eine Zulage in Höhe des Unterschiedsbetrages zwischen seinem Arbeitsentgelt und dem Arbeitsentgelt, das ihm bei der Einstufung in die höhere Lohn- oder Vergütungsgruppe zustehen würde.

---

1 V. 20.1.1956, BGBl. I S. 13. | 2 V. 15.2.1956, BGBl. I S. 71. | 3 Vgl. G v. 17.12.1970, BGBl. I S. 1741. *Neumann/Fenski*, § 15 BUrlG Rz. 5; aA *Leinemann/Linck*, § 15 BUrlG Rz. 22 ff. | 4 IdF v. 14.5.1997, BGBl. I S. 1135. | 5 Unter dem Gesichtspunkt des § 242 BGB hierzu näher *Sahmer/Busemann*, E § 4 ArbPlSchG Nr. 14. | 6 KassHdb/*Hauck*, 2.4 Rz. 758. | 7 Für den Erziehungsurlaub BAG v. 24.10.1989 – 8 AZR 253/88, AP Nr. 52 zu § 7 BUrlG – Abgeltung; v. 28.7.1992 – 9 AZR 340/91, AP Nr. 3 zu § 17 BErzGG.

1 **I. Benachteiligungsverbot.** Nimmt der ArbN nach Beendigung des Wehrdienstes die Arbeit in seinem bisherigen Betrieb wieder auf, so darf ihm aus der wehrdienstbedingten Abwesenheit kein Nachteil entstehen, **Abs. 1.** Dieses Benachteiligungsverbot wird durch Abs. 2–4 konkretisiert. Es bezieht sich allein auf **betriebl. und berufl. Aspekte** für die Zeit nach Ableistung des Wehrdienstes. Dagegen braucht der ArbN im Rahmen seiner Vergütung nicht so gestellt zu werden, als ob er während des Wehrdienstes seine Arbeitsleistung erbracht hätte, da die Pflichten aus dem Arbeitsverhältnis gem. § 1 I geruht haben. Aus diesem Grunde können ihm bspw. Zuschläge verwehrt werden, die ihre Grundlage in der Ausübung des Berufs haben[1]. Abs. 1 findet während des Ruhens des Arbeitsverhältnisses gem. § 1 I keine Anwendung.

2 Sofern **tarifl. Sonderzuwendungen** auf Grund einer tarifl. Regelung für die Dauer des Grundwehrdienstes nicht gekürzt werden, gebieten weder § 6 noch der arbeitsrechtl. Gleichbehandlungsgrundsatz, dies auf ArbN auszudehnen, welche als Soldaten auf Zeit dienen[2].

3 Das Benachteiligungsverbot gem. Abs. 1 wirkt nur zwischen dem **ArbN und seinem alten ArbGeb**, sofern der ArbN mit diesem nicht – wegen Beendigung des alten Arbeitsverhältnisses während des Wehrdienstes – einen neuen Arbeitsvertrag geschlossen hat[3]. Sucht der Wehrdienstleistende sich einen neuen ArbGeb, findet Abs. 1 keine Anwendung. Im Falle eines Betriebsübergangs gem. § 613a BGB gilt das Benachteiligungsverbot auch gegenüber dem neuen ArbGeb. Voraussetzung ist weiterhin, dass der Wehrpflichtige in den bisherigen Betrieb, nicht in einen davon verschiedenen, zurückkehrt. Die Arbeitsaufnahme muss nicht unmittelbar nach dem Wehrdienst erfolgen. Es ist unschädlich, wenn der ArbN zunächst einen Erholungsurlaub verbringt[4]. Für ArbN, welche an einer Eignungsübung teilnehmen, greift der Schutz von § 6 I EÜG ein, der auch dann Anwendung findet, wenn der ArbN in einen anderen Betrieb zurückkehrt[5].

4 **II. Inhalt des Benachteiligungsverbotes.** Ein Nachteil iSd. Abs. 1 besteht in jeder **diskriminierenden Behandlung** des ArbN in betrieblicher oder beruflicher Hinsicht[6] und kann sowohl durch ein Tun als auch durch ein Unterlassen des ArbGeb herbeigeführt werden. Beispielhaft sind die Zuordnung eines allgemein nicht beliebten Arbeitsplatzes oder Vorgesetzten sowie die Nichtvornahme einer begründeten Eingruppierung in eine höhere Lohngruppe[7] zu nennen. Zur Beurteilung, ob ein solcher Nachteil gegeben ist, kommt es allein auf objektive Maßstäbe und nicht auf die subjektive Sicht des ArbGeb an[8]. Die Benachteiligung muss in Beziehung zu der Abwesenheit während des Wehrdienstes stehen. An einem solchen Bezug fehlt es bspw., wenn wegen Auftragsmangel unabhängig vom Wehrdienst erforderliche Verschlechterungen der Arbeitsbedingungen, wie Kurzarbeit oder eine Versetzung des ArbN in Rede stehen[9]. Der Verstoß gegen Abs. 1 begründet einen Unterlassungsanspruch.

5 **III. Anrechnung der Zeit des Wehrdienstes.** Gem. **Abs. 2** wird die Wehrdienstzeit auf die Zeit der Betriebs- und Berufszugehörigkeit kraft Gesetzes angerechnet[10]. Die Anrechnung erfolgt ausschließlich in dem Betrieb, dem der ArbN vor dem Wehrdienst angehört hat. Eine Anrechnung der Berufszugehörigkeit erfolgt allein bezüglich der zuvor ausgeübten Tätigkeit, wobei insoweit die tatsächliche Art der Beschäftigung, etwa Mechaniker oder Maurer, ausschlaggebend ist. Entscheidend ist die Betriebszugehörigkeit bspw. für die Wahlberechtigung zum BR (§ 7 BetrVG) sowie die Wartezeit gem. § 1 I KSchG.

6 Die Wehrdienstzeit wird **Auszubildenden** und sich sonst in einer **Berufsausbildung** befindlichen Beschäftigten auf die Berufszugehörigkeit angerechnet, wenn der Beruf unmittelbar im Anschluss an die Ausbildung ausgeübt wird, **Abs. 2 S. 1.** Die Anrechnung erfolgt erst nach der erfolgreichen Ausbildung, nicht jedoch auf diese selbst, **Abs. 3.** Gleiches gilt für Probezeiten. Der Grund für diese Regelung liegt darin, dass ein Zeitraum zur Prüfung der Geeignetheit eines ArbN oder ein Ausbildungsabschnitt nicht durch einen Zeitraum ersetzt werden kann, in welchem keine Arbeitsleistung erbracht worden ist bzw. keine Ausbildung stattgefunden hat. Eine Ausbildung idS ist jede planmäßige, praktische und schulische Vermittlung von Kenntnissen, Fertigkeiten oder Erfahrungen[11]. Beispielhaft sind hier das Berufsausbildungsverhältnis gem. §§ 10 ff. BBiG sowie das Volontär- bzw. Praktikantenverhältnis und ähnliche andere Ausbildungsverhältnisse iSd. § 26 BBiG zu nennen. Zu den Probezeiten zählen neben den vertraglich vereinbarten auch diejenigen nach § 20 BBiG[12].

7 **Abs. 3** ist **lex specialis** zu § 1 IV, weshalb befristete Arbeitsverhältnisse und solche auf Probe, deren Ende in den Zeitraum des Wehrdienstes fallen, nicht zu dem vorher bestimmten Zeitpunkt enden[13].

8 Sofern der ArbN nach seinem Wehrdienst **erstmalig ein Arbeitsverhältnis** begründet, findet § 12 Anwendung. Bezüglich der Anrechnung der Wehrdienstzeit auf Wartefristen im **zukünftigen Berufsleben**

1 BAG v. 27.1.1994 – 6 AZR 446/93, AP Nr. 5 zu § 6 ArbPlSchG; v. 7.4.1987 – 8 AZR 19/85, AP Nr. 7 zu § 47 BAT; v. 27.1.1981 – 6 AZR 331/78, AP Nr. 2 zu § 47 BAT; ErfK/*Kiel*, § 6 ArbPlSchG Rz. 1. | 2 BAG v. 24.1.1996 – 10 AZR 175/95, AP Nr. 7 zu § 6 ArbPlSchG. | 3 ErfK/*Kiel*, § 6 ArbPlSchG Rz. 2. | 4 ErfK/*Kiel*, § 6 ArbPlSchG Rz. 2. | 5 *Sahmer/Busemann*, E § 6 ArbPlSchG Nr. 1. | 6 ErfK/*Kiel*, § 6 ArbPlSchG Rz. 3. | 7 ErfK/*Kiel*, § 6 ArbPlSchG Rz. 3; *Sahmer/Busemann*, E § 6 ArbPlSchG Nr. 4. | 8 BAG v. 4.11.1970 – 4 AZR 121/70, AP Nr. 119 zu § 1 TVG – Auslegung. | 9 ErfK/*Kiel*, § 6 ArbPlSchG Rz. 3. | 10 BAG v. 25.7.2006 – 3 AZR 307/05, AP Nr. 8 zu § 6 ArbPlSchG. | 11 ErfK/*Kiel*, § 6 ArbPlSchG Rz. 8. | 12 *Sahmer/Busemann*, E § 6 ArbPlSchG Nr. 24. | 13 ErfK/*Kiel*, § 6 ArbPlSchG Rz. 11.

ist § 13 zu berücksichtigen. Orientiert sich eine tarifvertragl. Regelung bezüglich einer Lohnerhöhung an vorgegebenen **Steigerungsstufen**, die sich nach der Anzahl der Beschäftigungsjahre in der jeweiligen Gehaltsstufe richten, findet eine Anrechnung der Wehrdienstzeit nicht statt; anderes soll gelten, wenn die Anzahl der Dienstjahre maßgeblich ist[1].

IV. Zulageverpflichtung. Gem. **Abs. 4** wird die Grundwehrdienstzeit ebenfalls nicht auf **Bewährungszeiten** angerechnet. Sofern sich wegen der fehlenden Anrechnung eine Höherstufung verzögert, erhält der ArbN gem. Abs. 4 S. 2 vom ArbGeb eine Zulage, deren Höhe sich nach dem Unterschiedsbetrag zwischen dem gegenwärtigen und dem Arbeitsentgelt im Falle einer Höhergruppierung richtet. Angesichts einer insoweit bestehenden Regelungslücke ist Abs. 4 S. 2 auf tarifl. Entgeltzahlungen mit **Zeitaufstieg** entsprechend anwendbar[2]. Die Zulage wird mit dem Zeitpunkt **fällig**, in dem die Voraussetzungen für eine Höhergruppierung ohne Ableistung des Wehrdienstes erreicht worden wären. 9

V. Europarechtliche Besonderheiten. Auf der Grundlage von Art. 9 I EWG-VO 38/64 und Art. 7 EWG-VO 1612/68 hat der EuGH entschieden, dass Staatsangehörigen eines Mitgliedstaates, welche als WanderArbN ihre Tätigkeit in einem anderen Mitgliedstaat wegen der Wehrpflicht in ihrem Heimatland unterbrechen müssen, die Wehrdienstzeit auf die Betriebszugehörigkeit anzurechnen ist, soweit dies zu Gunsten einheimischer ArbN in dem Beschäftigungsland erfolgt[3] (s.a. § 1 Rz. 5 ff.). 10

7 *Vorschriften für in Heimarbeit Beschäftigte*

(1) Für in Heimarbeit Beschäftigte, die ihren Lebensunterhalt überwiegend aus der Heimarbeit beziehen, gelten die §§ 1 bis 4 sowie § 6 Abs. 2 sinngemäß.

(2) Vor und nach dem Wehrdienst dürfen in Heimarbeit Beschäftigte aus Anlass des Wehrdienstes bei der Ausgabe von Heimarbeit im Vergleich zu den anderen in Heimarbeit Beschäftigten des gleichen Auftraggebers oder Zwischenmeisters nicht benachteiligt werden; andernfalls haben sie Anspruch auf das dadurch entgangene Entgelt. Der Berechnung des entgangenen Entgelts ist das Entgelt zugrunde zu legen, das der in Heimarbeit Beschäftigte im Durchschnitt der letzten 52 Wochen vor der Vorlage des Einberufungsbescheides beim Auftraggeber oder Zwischenmeister erzielt hat.

I. Vorbemerkung. Die Begrifflichkeit des in Heimarbeit Beschäftigten deckt sich mit derjenigen in § 1 Ia und b iVm. § 2 I und II HAG. Für diesen Personenkreis gilt § 6 I nicht. In **Abs. 2** ist insoweit eine besondere Regelung getroffen worden. Personen, die den Heimarbeitern und Hausgewerbetreibenden gleichgestellt sind (§ 1 II HAG), sowie fremde Hilfskräfte (§ 2 VI HAG) werden von § 7 nicht erfasst. Bei Letzteren handelt es sich um ArbN, auf welche §§ 1 ff. Anwendung finden. Der Heimarbeiter muss seine Existenzgrundlage in der Heimarbeit haben, mithin seinen Lebensunterhalt vornehmlich aus ihr beziehen, wobei es unschädlich ist, wenn mehrere Heimarbeitsverhältnisse gegeben sind[4]. 1

II. Regelungsinhalt. Es gelten die Regelungen des § 1 bezüglich des Ruhens (vgl. § 1 Rz. 13 ff.), der Vorlagepflicht, der Nichtverlängerung von befristeten und anderweitig endenden Vertragsverhältnissen (vgl. § 1 Rz. 19) entsprechend. Beginnend mit der Zustellung des Einberufungsbescheides bis zum Ende des Wehrdienstes darf das Beschäftigungsverhältnis nicht nach § 29 HAG gekündigt werden, **Abs. 1** iVm. § 2 I. Auch gelten § 2 II und III entsprechend (vgl. § 2 Rz. 3 ff.), wobei § 2 II 2 nicht zur Anwendung kommt, da Heimarbeiter nicht vom Schutzbereich des KSchG erfasst werden[5]. 2

Gem. **Abs. 2 S. 1** dürfen in Heimarbeit Beschäftigte weder vor noch nach dem Wehrdienst durch den gleichen Auftraggeber oder Zwischenmeister im Verhältnis zu anderen Heimarbeitern wegen des Wehrdienstes benachteiligt werden. Im Falle einer Missachtung hat der Betroffene gem. Abs. 2 S. 1 Hs. 2 einen Anspruch auf das dadurch entgangene Entgelt, dessen Höhe sich nach Abs. 2 S. 2 bestimmt. 3

8 *Vorschriften für Handelsvertreter*

(1) Das Vertragsverhältnis zwischen einem Handelsvertreter und einem Unternehmer wird durch Einberufung des Handelsvertreters zum Grundwehrdienst oder zu einer Wehrübung nicht gelöst.

(2) Der Handelsvertreter hat den Einberufungsbescheid unverzüglich den Unternehmern vorzulegen, mit denen er in einem Vertragsverhältnis steht.

(3) Ein befristetes Vertragsverhältnis wird durch Einberufung zum Grundwehrdienst oder zu einer Wehrübung nicht verlängert; das Gleiche gilt, wenn ein Vertragsverhältnis aus anderen Gründen während des Wehrdienstes geendet hätte.

(4) Der Unternehmer darf das Vertragsverhältnis aus Anlass der Einberufung des Handelsvertreters zum Grundwehrdienst oder zu einer Wehrübung nicht kündigen.

---

1 BAG v. 10.9.1980 – 4 AZR 719/78, AP Nr. 125 zu § 1 TVG – Auslegung. | 2 BAG v. 28.6.1994 – 3 AZR 988/93, AP Nr. 6 zu § 6 ArbPlSchG; ErfK/*Kiel*, § 6 ArbPlSchG Rz. 9. | 3 EuGH v. 15.10.1969 – 15/69, AP Nr. 2 zu Art. 177 EWG-Vertrag; BAG v. 5.12.1969 – 5 AZR 215/68, AP Nr. 3 zu Art. 177 EWG-Vertrag. | 4 *Sahmer/Busemann*, E § 7 ArbPlSchG Nr. 4a. | 5 KR/*Weigand*, § 2 ArbPlSchG Rz. 11; aA *Schmidt/Koberski/Tiemann/Wascher*, § 29 HAG Rz. 129.

(5) Ist dem Handelsvertreter ein bestimmter Bezirk oder ein bestimmter Kundenkreis zugewiesen und kann er während des Grundwehrdienstes oder während einer Wehrübung seine Vertragspflichten nicht in dem notwendigen Umfang erfüllen, so kann der Unternehmer aus diesem Grund erforderliche Aufwendungen von dem Handelsvertreter ersetzt verlangen. Zu ersetzen sind nur die Aufwendungen, die dem Unternehmer dadurch entstehen, dass er die dem Handelsvertreter obliegende Tätigkeit selbst ausübt oder durch Angestellte oder durch andere Handelsvertreter ausüben lässt; soweit der Unternehmer selbst die Tätigkeit ausübt, kann er nur die aufgewendeten Reisekosten ersetzt verlangen. Die Aufwendungen sind nur bis zur Höhe der Vergütung des Handelsvertreters zu ersetzen; sie können mit ihr verrechnet werden.

(6) Der Unternehmer ist, auch wenn der Handelsvertreter zum Alleinvertreter bestellt ist, während des Grundwehrdienstes oder einer Wehrübung des Handelsvertreters berechtigt, selbst oder durch Angestellte oder durch andere Handelsvertreter sich um die Vermittlung oder den Abschluss von Geschäften zu bemühen.

1 **I. Vertragsverhältnis.** Für selbständige Handelsvertreter iSd. § 84 I HGB ist das ArbPlSchG, anders als für unselbständige Vertreter iSd. § 84 II HGB, welche als ArbN bereits von §§ 1 ff. erfasst werden, mit den modifizierten Regelungen des § 8 anwendbar. Dies gilt auch für Versicherungs- und Bausparkassenvertreter (§ 92 I und V HGB). Das Vertragsverhältnis bleibt während des Wehrdienstes bestehen, **Abs. 1.** Anders als durch § 1 I wird jedoch insoweit **kein Ruhen** angeordnet. Folglich hat der Unternehmer auch während des Wehrdienstes seine Pflichten aus § 86a HGB zu erfüllen. Der Handelsvertreter behält den Provisionsanspruch aus § 87 I und II HGB und muss die vertraglichen Verpflichtungen, ggf. durch Einsetzung eines Untervertreters, erfüllen. Er hat dem Unternehmer unverzüglich (§ 121 I BGB) den Einberufungsbescheid vorzulegen, **Abs. 2.** War das Vertragsverhältnis befristet oder endet es im Verlauf des Wehrdienstes aus anderen Gründen, wird es durch den Wehrdienst nicht verlängert, **Abs. 3.**

2 **II. Kündigungsschutz.** Gem. **Abs. 4** darf einem Handelsvertreter nicht aus Anlass des Wehrdienstes gekündigt werden (vgl. § 2 Rz. 3). §§ 89, 89a HGB bleiben hiervon unberührt[1]. Die besondere Beweislastregelung gem. § 2 II 3 ist nicht anwendbar.

3 **III. Ersatzanspruch des Unternehmers.** Der Handelsvertreter ist auch während des Wehrdienstes verpflichtet, sich in dem ihm zugewiesenen Bezirk (§ 87 II HGB) um den Abschluss von Geschäften zu bemühen (§ 86 HGB). Kann er dieser Pflicht nicht in dem notwendigen Umfang genügen, bleiben die Umsätze hinter dem zurück, was bei normaler Betätigung erreicht werden kann. Insoweit gibt **Abs. 5 S. 1** dem Unternehmer einen Ersatzanspruch für die zum Ausgleich erforderlichen Aufwendungen. Dies sind solche Belastungen, die mit der **Einberufung in Zusammenhang** stehen, wie etwa Kosten für die Beauftragung eines Angestellten oder eines anderen Handelsvertreters sowie tatsächlich entstandene Fahrt- und Unterkunftskosten des Unternehmers, wenn er die fehlende Arbeitskraft des Wehrpflichtigen durch eigene Arbeit ersetzt, **Abs. 5 S. 2 Hs. 2.** In der Höhe ist der Anspruch auf die Vergütung des Handelsvertreters begrenzt und kann mit ihr verrechnet werden, **Abs. 5 S. 3.** Auch wenn der Wehrpflichtige **Alleinvertreter** in einem Bezirk ist, kann der Unternehmer selbst oder durch Angestellte oder durch andere Handelsvertreter die Geschäfte des Wehrpflichtigen durchführen lassen **(Abs. 6)** und die Kosten hierfür ersetzt verlangen.

9 *Vorschriften für Beamte und Richter*

(vom Abdruck wurde abgesehen)

10 *Freiwillige Wehrübungen*

Wird der Wehrpflichtige zu einer Wehrübung auf Grund freiwilliger Verpflichtung (§ 4 Abs. 3 Satz 1 und 2 des Wehrpflichtgesetzes) einberufen, so gelten die §§ 1 bis 4, 6 bis 9 sowie 14a und 14b nur, soweit diese Wehrübung allein oder zusammen mit anderen freiwilligen Wehrübungen im Kalenderjahr nicht länger als sechs Wochen dauert.

11 **(weggefallen)**

11a *Bevorzugte Einstellung in den öffentlichen Dienst*

(1) Bewirbt sich ein Soldat oder entlassener Soldat bis zum Ablauf von sechs Monaten nach Beendigung des Grundwehrdienstes um Einstellung in den öffentlichen Dienst, so hat er Vorrang vor gesetzlich nicht bevorrechtigten Bewerbern gleicher Eignung. Das Gleiche gilt für Wehrpflichtige, die im Anschluss an den Grundwehrdienst eine für den künftigen Beruf im öffentlichen Dienst vorgeschriebene, über die allgemein bildende Schulbildung hinausgehende Ausbildung ohne unzulässige Über-

1 *Sahmer/Busemann*, E § 8 ArbPlSchG Nr. 14.

schreitung der Regelzeit durchlaufen, wenn sie sich innerhalb von sechs Monaten nach Abschluss dieser Ausbildung um Einstellung bewerben.

(2) Haben sich die Anforderungen an die fachliche Eignung für die Einstellung in den öffentlichen Dienst für Wehrpflichtige im Sinne des Absatzes 1 Satz 2 während der wehrdienstbedingten Verzögerung ihrer Bewerbung um Einstellung erhöht, so ist der Grad ihrer fachlichen Eignung nach den Anforderungen zu prüfen, die zu einem Zeitpunkt bestanden haben, zu dem sie sich ohne den Grundwehrdienst hätten bewerben können. Führt die Prüfung zu dem Ergebnis, dass ein Wehrpflichtiger ohne diese Verzögerung eingestellt worden wäre, kann er vor Bewerbern ohne Grundwehrdienst eingestellt werden. Die Zahl der Stellen, die Wehrpflichtigen in einem Einstellungstermin vorbehalten werden kann, bestimmt sich nach dem zahlenmäßigen Verhältnis der Bewerber mit wehrdienstbedingter Verzögerung zu denjenigen, bei denen eine solche nicht vorliegt; Bruchteile von Stellen sind zu Gunsten der Wehrpflichtigen aufzurunden.

Die Norm gewährt Wehrpflichtigen gegenüber anderen nicht einstellungsbevorrechtigten Bewerbern 1
nach Ableistung des Grundwehrdienstes einen **Anspruch auf vorrangige Einstellung** in den öffentl. Dienst (§ 15 II). Die Teilnahme an einer Wehrübung ist dafür nicht ausreichend. Die Bewerbung kann frühestens unmittelbar nach Beginn und muss bis spätestens sechs Monate nach Ableistung des Grundwehrdienstes eingereicht werden[1]. Gem. Abs. 1 S. 2 besteht ein gleicher Anspruch, wenn im Anschluss an den Grundwehrdienst ohne unzulässige Überschreitung der Regelzeit eine Ausbildung, die Voraussetzung für den Beruf im öffentl. Dienst ist und über die allgemeine Schulbildung hinausgeht, durchlaufen wird und der Wehrpflichtige sich innerhalb von sechs Monaten nach deren Beendigung um eine Einstellung bewirbt. Dabei ist es ohne Belang, wenn zwischen Grundwehrdienst und Ausbildungsbeginn etwa ein Urlaub verbracht wird. Auch wenn die Regelausbildungszeit vor dem Wehrdienst zwar überschritten worden ist, die Ausbildung anschließend jedoch fortgesetzt wird, ist dies unschädlich[2]. Bei den in Abs. 1 S. 1 und 2 genannten Fristen handelt es sich um **Ausschlussfristen**, deren Nichteinhaltung zum Erlöschen des Anspruchs führt.

Gem. **Abs. 2** findet im **Bewerbungsverfahren** der Wehrpflichtigen iSd. Abs. 1 S. 2 die Ableistung des 2
Grundwehrdienstes insofern Berücksichtigung, als ungediente Bewerber, welche nach den aktuellen Anforderungen für die Stelle besser geeignet sind, gegenüber dem Wehrdienstleistenden nachrangig berücksichtigt werden. **Voraussetzung** ist, dass sich die Anforderungen an die zu besetzende Stelle nachträglich erhöht haben und der Wehrdienstleistende zu den ursprünglichen Anforderungen eingestellt worden wäre. Sofern sich mehrere Bevorrechtigte für eine Stelle bewerben, sind wiederum die aktuellen Anforderungen für die Stelle maßgeblich[3] und der Qualifizierteste ist einzustellen.

12 *Anrechnung der Wehrdienstzeit und der Zeit einer Berufsförderung bei Einstellung entlassener Soldaten*

(1) Wird ein entlassener Soldat im Anschluss an den Grundwehrdienst oder an eine Wehrübung als Arbeitnehmer eingestellt, gilt § 6 Abs. 2 bis 4, nachdem er sechs Monate lang dem Betrieb oder der Verwaltung angehört. Das Gleiche gilt für Wehrpflichtige, die im Anschluss an den Grundwehrdienst oder eine Wehrübung eine für den künftigen Beruf als Arbeitnehmer förderliche, über die allgemein bildende Schulbildung hinausgehende Ausbildung ohne unzulässige Überschreitung der Regelzeit durchlaufen und im Anschluss daran als Arbeitnehmer eingestellt werden. Ist dem Soldaten infolge einer Wehrdienstbeschädigung nach Entlassung aus der Bundeswehr auf Grund des Soldatenversorgungsgesetzes Berufsumschulung oder Berufsfortbildung gewährt worden, so wird auch die hierfür erforderliche Zeit auf die Berufs- und Betriebszugehörigkeit oder als Dienst- und Beschäftigungszeit angerechnet.

(2) Die Besoldungsgesetze regeln unter Berücksichtigung des § 9 Abs. 7 und 11 die Anrechnung der Wehrdienstzeit auf das Besoldungsdienstalter für entlassene Soldaten, die nach dem Grundwehrdienst oder nach einer Wehrübung als Beamter oder Richter eingestellt werden.

(3) Bewirbt sich ein Soldat oder entlassener Soldat bis zum Ablauf von sechs Monaten nach Beendigung des Grundwehrdienstes oder einer Wehrübung um Einstellung als Beamter und wird er in den Vorbereitungsdienst eingestellt, so gelten Absatz 2 und § 9 Abs. 8 Satz 4 bis 6 entsprechend.

(4) Absatz 3 gilt entsprechend für einen Arbeitnehmer, dessen Ausbildung für ein späteres Beamtenverhältnis durch eine festgesetzte mehrjährige Tätigkeit im Arbeitsverhältnis an Stelle des sonst vorgeschriebenen Vorbereitungsdienstes durchgeführt wird.

Die Norm richtet sich an entlassene Soldaten, welche nach ihrem Wehrdienst erstmals überhaupt oder 1
ein **neues Arbeitsverhältnis** begründen. In diesen Fällen erfolgt eine Anrechnung des Wehrdienstes gem. § 6 II und IV, sofern der Wehrpflichtige dem Betrieb oder der Verwaltung sechs Monate ohne Unter-

---

1 *Sahmer/Busemann*, E § 11a ArbPlSchG Nr. 5. | 2 *Sahmer/Busemann*, E § 11a ArbPlSchG Nr. 6b f. | 3 VGH Kassel v. 18.2.1985 – 1 TG 252/83, NJW 1985, 1103.

brechung angehört hat[1]. Eine tatsächliche Unterbrechung ist anders als eine rechtl. (vgl. § 1 KSchG Rz. 14) unschädlich[2]. Als entlassener Soldat gilt derjenige, dessen Wehrdienst gem. § 29 WPflG endet. **Ein Anschluss** an den Wehrdienst iSd. **Abs.** 1 ist auch dann gegeben, wenn bis zum Beginn des Arbeitsverhältnisses ein Erholungsurlaub verbracht wird bzw. eine kurzfristige Krankheit oder Arbeitslosigkeit besteht. Das gilt auch dann, wenn zwischen der Entlassung und der Aufnahme einer Berufsausbildung ein Zeitraum von einem Monat liegt[3]. Die Anrechnung erfolgt auf das erste auf Dauer angelegte Arbeitsverhältnis nach dem Wehrdienst[4]. Dies gilt gem. Abs. 1 S. 2 auch für die in § 11a II 2 genannten Personen (s.a. § 6 Rz. 5 ff.).

2 Von **Abs. 1 S. 3** werden sämtliche im Einzelfall erforderlichen Bemühungen der Berufsumschulung und Fortbildung erfasst, die zur Wiedererlangung einer beruflichen Eignung eines Wehrpflichtigen, der eine Wehrdienstbeschädigung iSd. § 81 SVG erlitten hat, notwendig sind. Die Anrechnung erfolgt kraft Gesetzes im Anschluss an die Fortbildung bzw. Umschulung.

13 *Anrechnung des Wehrdienstes im späteren Berufsleben*

(1) Die Zeit des Grundwehrdienstes und der Wehrübungen wird auf die bei der Zulassung zu weiterführenden Prüfungen im Beruf nachzuweisende Zeit einer mehrjährigen Tätigkeit nach der Lehrabschlussprüfung angerechnet, soweit eine Zeit von einem Jahr nicht unterschritten wird.

(2) Beginnt ein entlassener Soldat im Anschluss an den Grundwehrdienst oder eine Wehrübung eine für den künftigen Beruf als Beamter oder Richter über die allgemein bildende Schulbildung hinausgehende vorgeschriebene Ausbildung (Hochschul-, Fachhochschul-, Fachschul- oder andere berufliche Ausbildung) oder wird diese durch den Grundwehrdienst oder durch Wehrübungen unterbrochen, so gelten für Beamte § 9 Abs. 8 Satz 4 bis 6 und § 12 Abs. 2, für Richter § 9 Abs. 11 Satz 2 und § 12 Abs. 2 entsprechend, wenn er sich bis zum Ablauf von sechs Monaten nach Abschluss der Ausbildung um Einstellung als Beamter oder Richter bewirbt und auf Grund dieser Bewerbung eingestellt wird.

(3) Für einen Arbeitnehmer, dessen Ausbildung für ein späteres Beamtenverhältnis durch eine festgesetzte mehrjährige Tätigkeit im Arbeitsverhältnis an Stelle des sonst vorgeschriebenen Vorbereitungsdienstes durchgeführt wird und dessen Anstellung durch Heranziehung zum Grundwehrdienst oder zu Wehrübungen verzögert wird, gelten § 9 Abs. 8 Satz 4 bis 6 und § 12 Abs. 2 entsprechend.

Zweiter Abschnitt. Meldung bei den Erfassungsbehörden und Wehrersatzbehörden

14 *Weiterzahlung des Arbeitsentgelts*

(1) Wird ein Arbeitnehmer auf Grund der Wehrpflicht von der Erfassungsbehörde oder einer Wehrersatzbehörde aufgefordert, sich persönlich zu melden oder vorzustellen, so hat der Arbeitgeber für die ausfallende Arbeitszeit das Arbeitsentgelt weiterzuzahlen.

(2) Der Arbeitnehmer hat die Ladung unverzüglich seinem Arbeitgeber vorzulegen.

(3) Die Absätze 1 und 2 gelten entsprechend für den Arbeitnehmer, der zu Dienstleistungen nach dem Vierten Abschnitt des Soldatengesetzes herangezogen werden soll.

1 Die Norm erfasst nur ArbN iSd. § 15 I, welche bspw. in den Fällen der §§ 15 I 4, 17 III 2 u. VIII 3, 20a II, 23 I 4 sowie 24 VI Nr. 3 u. 4 WPflG persönlich bei der Erfassungs- oder Wehrersatzbehörde erscheinen müssen. **Nicht erfasst** werden Handelsvertreter und in Heimarbeit Beschäftigte. Die zwingende Norm betrifft nur den Anspruch auf **Fortzahlung des Arbeitsentgeltes**, welcher davon abhängig ist, dass der ArbN zur Vorstellung bei der jeweiligen Behörde amtlich aufgefordert worden ist. Fortzuzahlen ist das Entgelt auch für Zeiten der An- und Abreise zu den Vorstellungsterminen. Führt die Wahrnehmung einer der genannten Verpflichtungen dazu, dass bspw. die gesamte Schicht eines Taxifahrers praktisch undurchführbar ist, ist das Arbeitsentgelt für die ganze Schicht zu zahlen[5]. Die Höhe des zu zahlenden Arbeitsentgeltes richtet sich nach den Umständen des Einzelfalls, wobei es etwa bei Akkordlöhnen maßgeblich darauf ankommt, was der Betroffene bei Erbringen seiner Arbeitsleistung hätte verdienen können[6]. Der Anspruch entsteht nur, wenn der ArbN während der Arbeitszeit vorstellig werden muss. Soweit er etwa in seinem Erholungsurlaub von der Erbringung der Arbeitsleistung befreit ist, besteht der Anspruch nicht[7]. Der ArbN muss durch Vorlage der entsprechenden Aufforderung die Abwesenheit und damit die zu vergütende Zeit nachweisen. Soweit dem ArbN Aufwendungen im Zusammenhang mit der Vorstellung bei der Erfassungs- oder Wehrersatzbehörde entstehen, haftet hierfür der Staat, vgl. §§ 15 V 1, 19 V WPflG.

1 *Sahmer/Busemann*, E § 12 ArbPlSchG Nr. 4. |2 ErfK/*Kiel*, § 12 ArbPlSchG Rz. 2. |3 BAG v. 25.7.2006 – 3 AZR 307/05, AP Nr. 8 zu § 6 ArbPlSchG. |4 BAG v. 22.5.1974 – 5 AZR 427/73, AP SoldVersG § 8 Nr. 1. |5 LAG Nds. v. 16.9.1968 – 6 Sa 414/68, BB 1969, 1226. |6 *Sahmer/Busemann*, E § 14 ArbPlSchG Nr. 4. |7 Weiterführend *Sahmer/Busemann*, E § 14 ArbPlSchG Nr. 6.

Arbeitszeitgesetz (ArbZG)

vom 6.6.1994 (BGBl. I S. 1170),
zuletzt geändert durch VO vom 31.10.2006 (BGBl. I S. 2407)

Erster Abschnitt. Allgemeine Vorschriften

1 *Zweck des Gesetzes*

Zweck des Gesetzes ist es,

1. die Sicherheit und den Gesundheitsschutz der Arbeitnehmer bei der Arbeitszeitgestaltung zu gewährleisten und die Rahmenbedingungen für flexible Arbeitszeiten zu verbessern sowie

2. den Sonntag und die staatlich anerkannten Feiertage als Tage der Arbeitsruhe und der seelischen Erhebung der Arbeitnehmer zu schützen.

I. Entstehungsgeschichte und europarechtliche Vorgaben. Mit dem ArbZG, das als Art. 1 des Gesetzes zur Vereinheitlichung und Flexibilisierung des Arbeitszeitrechts (Arbeitszeitrechtsgesetz – ArbZRG) v. 6.6.1994[1] verkündet worden ist, hat der Gesetzgeber die Arbeitszeitordnung (AZO) aus dem Jahre 1938, die Vorschriften der Gewerbeordnung über die Sonn- und Feiertagsarbeit (§§ 105b–105j GewO) sowie weitere 26 Gesetze und RechtsVO abgelöst und damit die Forderung aus Art. 30 Abs. 1 Nr. 1 des Einigungsvertrages erfüllt, wonach der gesamtdeutsche Gesetzgeber das öffentl.-rechtl. Arbeitszeitrecht einschließlich der Zulässigkeit von Sonn- und Feiertagsarbeit und den besonderen Frauenarbeitsschutz möglichst bald einheitlich neu zu kodifizieren hatte. Bereits zuvor hatte das BVerfG den Gesetzgeber aufgefordert, spezielle Teilbereiche des Arbeitszeitrechts neu zu regeln[2]. 1

Zudem enthält die RL 2003/88/EG des Europäischen Parlaments und des Rates über bestimmte Aspekte der Arbeitszeitgestaltung vom 4.11.2003 – **Arbeitszeitrichtlinie**[3], Mindestvorschriften, die die Sicherheit und Gesundheit der europäischen ArbN schützen sollen[4] und durch die nationalen Gesetzgeber umgesetzt werden müssen. Dies ist in der Vergangenheit nicht immer gelungen (s. Regelung des Bereitschaftsdienstes, § 2 Rz. 6 und § 25 Rz. 2). Der RL kommt besondere Bedeutung zu, da **eine mit Gemeinschaftsrecht unvereinbare Norm des nationalen Rechts nicht angewendet werden darf**. Dieser Vorrang des Gemeinschaftsrechts besteht sowohl gegenüber staatl. gesetztem Recht, als auch gegenüber **Tarifnormen** und Regelungen in **BV**. Zwar kommt einer RL im Unterschied zu den Normen des europäischen Primärrechts und den Regelungen in EG-VO grds. keine unmittelbare Wirkung zu, da sie sich nur mit dem Auftrag an die Mitgliedstaaten wendet, ihre Vorgaben in nationales Recht umzusetzen. Allerdings kann sich ein Mitgliedstaat, der eine RL nicht oder nicht ordnungsgemäß umgesetzt hat, seinen Bürgern gegenüber nicht auf diese Säumigkeit berufen. Die RL hat dann im Verhältnis des Bürgers zum Staat und allen seinen Organisationen und Einrichtungen[5] **unmittelbare Wirkung** zu Gunsten der Bürger, sofern die betreffende Vorschrift eine inhaltlich hinreichend bestimmte und unbedingte Regelung enthält[6]. Dies ist bei der ArbeitszeitRL zumindest teilweise der Fall[7]. Dagegen kann eine nicht umgesetzten RL im Verhältnis zwischen einem privaten ArbGeb und einem ArbN keine unmittelbaren Ansprüche begründen[8]. Auch wenn die Gerichte das nationale Recht in einem Rechtsstreit zwischen Privaten so weit wie möglich anhand des Wortlauts und des Zwecks der RL auslegen müssen, um zu einem mit dem von der RL verfolgten Ziel vereinbaren Ergebnis zu gelangen[9], und ggf. entgegenstehende Bestimmungen des nationalen Rechts unangewendet lassen müssen[10], ergibt sich hieraus noch keine unmittelbare Wirkung der RL zwischen Privaten[11]. 1a

---

1 BGBl. I S. 1170. | 2 BVerfG v. 13.11.1979 – 1 BvR 631/78, BVerfGE 52, 369 = NJW 1980, 823 (zu § 1 des Gesetzes des Landes NRW über Freizeitgewährung für Frauen mit eigenem Hausstand vom 27.7.1948); v. 28.1.1992 – 1 BvR 1025/82, BVerfGE 85, 191 = NJW 1992, 964 (zu § 19 AZO Nachtarbeitsverbot für Arbeiterinnen). | 3 Früher RL 93/104/EG v. 23.11.1993. | 4 BT-Drs. 12/5888, S. 20. | 5 Hierzu gehören nicht (private) Vereine, die Aufgaben im hoheitl. Interesse wahrnehmen (etwa Rettungsdienste usw.). | 6 BAG v. 18.2.2003 – 1 ABR 2/02, NZA 2003, 742 mit Nachw. aus der EuGH-Rspr.; v. 14.10.2004 – 6 AZR 564/03, BB 2005, 834. | 7 Etwa bei Art. 6 Wöchentliche Höchstarbeitszeit, EuGH v. 5.10.2004 – Rs. C-397/01 bis C-403/01, NZA 2004, 1145 – Pfeiffer. | 8 BAG v. 18.2.2003 – 1 ABR 2/02, NZA 2003, 742. | 9 EuGH v. 5.10.2004 – RS C-397/01 bis C-403/01), NZA 2004, 1145 – Pfeiffer; insbesondere hat es alles zu tun, was in seiner Zuständigkeit liegt, um die Überschreitung der wöchentl. Höchstarbeitszeit zu verhindern, die in der ArbeitszeitRL auf 48 Stunden festgesetzt ist. | 10 EuGH v. 22.11.2005 – RS. C-144/04, NZA 2005, 1345 – Mangold. | 11 Auf gleicher Linie *Anzinger/Koberski*, Einf. ArbZG Rz. 63; aA *Matthiessen/Shea*, DB 2005, 106 (109).

Das Gesetz hat sechs Mal inhaltliche Änderungen erfahren, und zwar durch das

- Gesetz zur Änderung des Gesetzes über den Ladenschluss und zur Neuregelung der Arbeitszeit in Bäckereien und Konditoreien v. 30.7.1996[1], wodurch § 2 III geändert, § 10 III eingefügt und § 18 IV aufgehoben worden sind,
- Gesetz zur Einführung des Euro (Euro-Einführungsgesetz – EuroEG) v. 9.6.1998[2], wodurch § 10 IV eingefügt worden ist,
- Gesetz zur Einführung des Euro im Sozial- und Arbeitsrecht sowie zur Änderung anderer Vorschriften (4. Euro-Einführungsgesetz) v. 21.12.2000[3], wodurch § 22 II geändert worden ist,
- Gesetz zu Reformen am Arbeitsmarkt v. 24.12.2003[4], durch das §§ 5, 7, 12, 14, 15, 16, 17 und 25 Änderungen erfahren haben,
- Fünfte Gesetz zur Änderung des SGB III und anderer Gesetze v. 22.12.2005, wodurch die Übergangsvorschrift des § 25 auf ein Jahr verlängert worden ist und
- Gesetz zur Änderung personenbeförderungsrechtlicher Vorschriften und arbeitszeitrechtlicher Vorschriften für Fahrpersonal v. 14.8.2006[5], mit dem neben redaktionellen Änderungen die Vorschrift des § 21a eingeführt worden ist.

2 **II. Inhalt und Zweck. 1. Öffentlich-rechtliches Arbeitszeitrecht.** Das ArbZG regelt das öffentl.-rechtl. Arbeitszeitrecht, indem es festlegt, wie lange und zu welchen Zeiten der ArbGeb ArbN beschäftigen darf. Es steckt damit den zulässigen zeitlichen Rahmen ab, innerhalb dessen die privatrechtl. vereinbarte Arbeitsleistung zu erbringen ist[6]. Hingegen wird keine Verpflichtung der ArbN begründet, während der höchstzulässigen Arbeitszeiten durchgehend zu arbeiten[7]. Auch über die Vergütung der Arbeitszeit enthält das Gesetz abgesehen von § 6 V keine Aussagen. Das öffentl.-rechtl. Arbeitszeitrecht ist gleichwohl zivilrechtl. verpflichtend. Der ArbN hat einen vertragl. Anspruch auf Einhaltung des ArbZG, den er ggf. im Wege einer Unterlassungsklage oder mit einem Feststellungsantrag durchsetzen kann[8].

3 **2. Gesundheitsschutz der Arbeitnehmer.** Aufgabe des ArbZG ist es, den ArbN vor Gefahren zu schützen, die durch das Überschreiten der zeitlichen Leistungsgrenzen für die Gesundheit drohen. Zugleich soll dem ArbN im Interesse seiner Menschenwürde und der Erhaltung seiner Persönlichkeit ausreichend Freizeit erhalten bleiben[9]. Dies entspricht weitgehend dem Zweck der alten AZO, den ArbN vor einer Beeinträchtigung seiner Leistungsfähigkeit und Gesundheit zu schützen, ihm Gelegenheit zur Erholung und Entfaltung seiner Persönlichkeit zu geben und ihm die Möglichkeit zur Teilnahme am Familienleben sowie am kulturellen und politischen Geschehen zu sichern[10].

4 **3. Flexibilisierung.** Hinzugekommen ist als Zweck des Gesetzes die Verbesserung der Rahmenbedingungen für flexible Arbeitszeiten[11]. So sollen zum einen die Betriebslaufzeiten ohne Rücksicht auf die individuellen Arbeitszeiten des ArbN erhöht werden können, zum anderen soll dem ArbN mehr Freiheit in der individuellen Gestaltung seiner Arbeitszeit gegeben werden[12]. Der Gesetzgeber hat dies als einen wichtigen Schritt zur Sicherung des Investitionsstandortes Deutschland angesehen[13].

5 **4. Sonn- und Feiertagsarbeit.** Schließlich führt das Gesetz als weiteren Zweck des neuen Arbeitszeitrechts die Regelung der Sonn- und Feiertagsarbeit an. Durch die gesetzl. Regelung der Sonn- und Feiertagsarbeit kommt der Gesetzgeber seinem verfassungsrechtl. Auftrag nach, Art. 139 WRV[14], der gem. Art. 140 GG Bestandteil des Grundgesetzes ist, inhaltlich näher auszugestalten[15].

6 **III. Geltungsbereich. 1. Räumlich.** Das Gesetz gilt grds.[16] und unabhängig von der Staatsbürgerschaft für alle ArbN innerhalb der Bundesrepublik Deutschland, wobei Anknüpfungspunkt derjenige Ort ist, an dem der ArbN seine Arbeitsleistung erbringt[17]. Hingegen gilt es nicht für deutsche ArbN, die ihre Arbeitsleistung im Ausland erbringen[18].

7 **2. Spezialregelungen.** Es existieren arbeitszeitrechtl. Spezialvorschriften für

- **Jugendliche**: §§ 4, 8 ff. JArbSchG
- **Besatzungsmitglieder** auf Kauffahrteischiffen: SeemG

---

1 BGBl. I S. 1186. | 2 BGBl. I S. 1242. | 3 BGBl. I S. 1983. | 4 BGBl. I S. 3002. | 5 BGBl. I S. 1962. | 6 MünchArbR/*Anzinger*, § 217 Rz. 13. | 7 MünchArbR/*Anzinger*, § 217 Rz. 13. | 8 Dieser Anspruch lässt sich entweder aus § 241 II oder aus § 618 BGB ableiten. Für letzteres *Zwanziger*, DB 2007, 1356 (1358). | 9 BVerwG v. 19.9.2000 – 1 C 17/99, NZA 2000, 1232. | 10 BayObLG v. 23.3.1992 – 3 ObOWi 18/92, NZA 1992, 811. | 11 Zum Gesetzeszweck siehe BT-Drs. 12/5888, S. 23; nach *Anzinger/Koberski*, § 1 ArbZG Rz. 9, ist die Flexibilität gegenüber dem Gesundheitsschutz der ArbN stets nachrangig. | 12 *Neumann/Biebl*, § 1 ArbZG Rz. 4. | 13 *Anzinger*, BB 1994, 1492. | 14 Art. 139 WRV: „Der Sonntag und die staatlich anerkannten Feiertage bleiben als Tage der Arbeitsruhe und der seelischen Erhebung gesetzlich geschützt." | 15 *Anzinger/Koberski*, § 1 ArbZG Rz. 11. | 16 Ausnahmen vom persönl. Geltungsbereich enthält § 18 ArbZG. | 17 *Baeck/Deutsch*, § 18 ArbZG Rz. 13. | 18 BAG v. 12.12.1990 – 4 AZR 238/90, NZA 1991, 386, wonach die Festsetzung einer regelmäßigen wöchentl. Arbeitszeit von 54 Stunden in Saudi-Arabien wirksam sein kann.

- ArbN als **Besatzungsmitglieder in der Luftfahrt**: 2. DVO zur Betriebsordnung für Luftfahrtgerät[1]
- **Beamte**: ArbeitszeitVO des Bundes und der Länder
- ArbN in **Verkaufsstellen**: § 17 LSchlG

2 *Begriffsbestimmungen*

(1) Arbeitszeit im Sinne dieses Gesetzes ist die Zeit vom Beginn bis zum Ende der Arbeit ohne die Ruhepausen; Arbeitszeiten bei mehreren Arbeitgebern sind zusammenzurechnen. Im Bergbau unter Tage zählen die Ruhepausen zur Arbeitszeit.

(2) Arbeitnehmer im Sinne dieses Gesetzes sind Arbeiter und Angestellte sowie die zu ihrer Berufsbildung Beschäftigten.

(3) Nachtzeit im Sinne dieses Gesetzes ist die Zeit von 23 bis 6 Uhr, in Bäckereien und Konditoreien die Zeit von 22 bis 5 Uhr.

(4) Nachtarbeit im Sinne dieses Gesetzes ist jede Arbeit, die mehr als zwei Stunden der Nachtzeit umfasst.

(5) Nachtarbeitnehmer im Sinne dieses Gesetzes sind Arbeitnehmer, die

1. auf Grund ihrer Arbeitszeitgestaltung normalerweise Nachtarbeit in Wechselschicht zu leisten haben oder

2. Nachtarbeit an mindestens 48 Tagen im Kalenderjahr leisten.

Abs. 3 geändert durch Gesetz zur Änderung des Gesetzes über den Ladenschluss und zur Neuregelung der Arbeitszeit in Bäckereien und Konditoreien v. 30.7.1996, BGBl. S. 1186.

I. Inhalt und Zweck. § 2 regelt nur die wichtigsten arbeitszeitrechtl. Begriffe. Eigene und weitere Definitionen enthält Art. 2 der ArbeitszeitRL 2003/88/EG. 1

II. Definitionen. 1. Arbeitszeit (Abs. 1). Indem das Gesetz die Arbeitszeit formal als „die Zeit vom Beginn bis zum Ende der Arbeit ohne die Ruhepausen" definiert, lässt es die inhaltl. Tragweite des Begriffs unklar. 2

a) Arbeitsschutzrechtlicher, arbeitsvertraglicher und betriebsverfassungsrechtlicher Arbeitszeitbegriff. Der arbeitsschutzrechtl. Begriff der Arbeitszeit im ArbZG ist nicht vollständig kongruent mit dem arbeitsvertragl. Arbeitszeitbegriff[2]. So können bestimmte Zeiten auf Grund vertragl. oder tarifl. Regelung vergütungsrechtl. als Arbeitszeit gewertet werden, während sie arbeitsschutzrechtl. außer Betracht bleiben[3]. Zwar sind in aller Regel solche Zeiten, die iSd. ArbZG als Arbeitszeit gelten, auch individualrechtl. vergütungspflichtig. Umgekehrt kann aber nicht ausgeschlossen werden, dass eine vergütungspflichtige Arbeitsleistung vorliegt, die keine Arbeitszeit iSd. öffentl.-rechtl. Schutzvorschriften des ArbZG darstellt[4]. Maßgeblich für die Auslegung des Begriffs „Arbeitszeit" iSd. § 2 sind allein **Sinn und Zweck des Arbeitsschutzes**[5]. Er besteht maßgeblich darin, den ArbN vor einer Beeinträchtigung seiner Leistungsfähigkeit und Gesundheit zu schützen, ihm Gelegenheit zur Erholung und Entfaltung seiner Persönlichkeit zu geben und ihm die Möglichkeit zur Teilnahme am Familienleben sowie am kulturellen und politischen Geschehen zu sichern[6]. Einen wiederum anderen Arbeitszeitbegriff kennt das BetrVG in § 87 I Nr. 2 und Nr. 3 BetrVG. Der dort verwendete Begriff der Arbeitszeit ist nicht deckungsgleich mit dem Begriff der vergütungspflichtigen Arbeitszeit und der Arbeitszeit iSd. Arbeitsschutzes. Er bestimmt sich vielmehr nach dem Zweck des MitbestR. Die Beteiligung des BR soll die Interessen der ArbN an einer sinnvollen Arbeitszeit- und Freizeiteinteilung und -gestaltung schützen[7]. 3

b) Konzeption des ArbZG. Das deutsche Arbeitszeitrecht versteht im Einklang mit dem europäischen Arbeitszeitbegriff unter „Arbeitszeit" die Zeit, in welcher der ArbN auf Weisung des ArbGeb zur Arbeitsleistung im Betrieb, dh. der Arbeitsstelle, an welcher er Arbeiten zu verrichten hat, zur Verfügung steht oder aber außerhalb des Betriebes tatsächlich arbeitet[8]. **Charakteristisches Merkmal der Arbeitszeit ist, dass der ArbN verpflichtet ist, sich an einem vom ArbGeb bestimmten Ort aufzuhalten und sich zu dessen Verfügung zu halten, um ggf. sofort seine Leistungen erbringen zu können**[9]. Maßgeblich sind insoweit für „Beginn und Ende der Arbeit" iSd. Abs. 1 die Zeitpunkte der Arbeitsaufnahme sowie deren Beendigung am Arbeitsplatz, der nicht mit der Arbeitsstätte oder der Werkstätte identisch sein muss 4

1 Zweite Durchführungsverordnung zur Betriebsordnung für Luftfahrtgerät (Flug-, Flugdienst- und Ruhezeiten von Besatzungsmitgliedern in Luftfahrtunternehmen und außerhalb von Luftfahrtunternehmen bei berufsmäßiger Betätigung sowie Dienst- und Ruhezeiten von Flugdienstberatern) – DVLuftBO vom 12.11.1974, BGBl. I S. 3181. | 2 BAG v. 11.7.2007 – 9 AZR 519/05, NZA 2007, 155. | 3 BAG v. 11.10.2000 – 5 AZR 122/99, NZA 2001, 458; BayObLG v. 23.3.1992 – 3 ObOWi 18/92, NZA 1992, 811. | 4 BAG v. 11.10.2000 – 5 AZR 122/99, NZA 2001, 458. | 5 BAG v. 11.7.2007 – 9 AZR 519/05, NZA 2007, 155; v. 11.10.2000 – 5 AZR 122/99, NZA 2001, 458. | 6 BayObLG v. 23.3.1992 – 3 ObOWi 18/92, NZA 1992, 811. | 7 BAG v. 14.11.2006 – 1 ABR 5/06, NZA 2007, 458; v. 23.7.1996 – 1 ABR 17/96, NZA 1997, 216; *Richardi*, § 87 BetrVG Rz. 256. | 8 BayObLG v. 23.3.1992 – 3 ObOWi 18/92, NZA 1992, 811. | 9 EuGH v. 3.10.2002 – Rs. C-303/98, NZA 2000, 1227 – SIMAP; v. 1.12.2005 – Rs. C-14/04, NZA 2006, 89 – Dellas.

(zB Baustelle)[1]. Regelmäßig enthalten auch TV Bestimmungen, wonach die Arbeitszeit an der Arbeitsstelle bzw. bei wechselnden Einsätzen oder größeren Baustellen an der sog. Sammelstelle beginnt und endet[2]. Es geht also um die Zeit, die vom ArbN in betriebsbezogener organisatorischer Einbindung im Interesse des ArbGeb verbracht wird[3]. Der arbeitszeitrechtl. **Gegenbegriff zur Arbeitszeit** ist die **Ruhezeit**, die ebenso wie die Arbeitszeit unterschiedl. Gestaltungen ermöglicht.

5

Arbeitszeit	**Vollarbeit** **Arbeitsbereitschaft:** Sie ist ein Fall der Vollarbeit, wenn von dem ArbN eine „wache Achtsamkeit im Zustand der Entspannung“ verlangt wird[4]. Beispiel: Ein Kellner wartet auf Gäste. Arbeitsbereitschaft ist grds., falls keine Abschläge oder Pauschalabgeltungen vereinbart sind, wie Vollarbeit zu vergüten[5]. **Bereitschaftsdienst:** Das sind die Zeiten, in denen sich der ArbN außerhalb der regelmäßigen Arbeitzeit an einer vom ArbGeb festgelegten Stelle innerhalb oder außerhalb des Betriebs aufzuhalten hat, um bei Bedarf seine volle Arbeitstätigkeit unverzüglich aufzunehmen[6]. Beispiel: Ärzte oder Rettungssanitäter, die sich im Krankenhaus aufhalten und bei Notwendigkeit eingesetzt werden können. Bereitschaftsdienst zählt zur Arbeitszeit und ist vergütungspflichtig. Die Vergütung darf wegen der insgesamt geringen Inanspruchnahme des ArbN niedriger sein als bei Vollarbeit, wobei der gesamte Bereitschaftsdienst und nicht etwa nur die darin enthaltene Vollarbeit vergütet werden muss. Unter dieser Voraussetzung darf die Vergütung des Bereitschaftsdienstes nach dem voraussichtlichen Umfang der Heranziehung zur Vollarbeit pauschaliert werden[7]. Zu den Besonderheiten im Fahrpersonalrecht s. § 21a.
Ruhezeit	**Rufbereitschaft**[8] (Hintergrunddienst): Hier ist der ArbN nur verpflichtet, auf Abruf die Arbeit aufzunehmen. Er darf sich hierfür an einem Ort seiner Wahl aufhalten, der dem ArbGeb anzuzeigen ist oder von dem aus er jederzeit erreichbar ist (über „Piepser“ oder „Handy“)[9]. Der ArbGeb kann nicht die Zeit zwischen dem Abruf und der Arbeitsaufnahme im Voraus und für alle Fälle auf eine bestimmte Höchstdauer beschränken. Eine solche zeitliche Beschränkung liefe dem Wesen der Rufbereitschaft zuwider[10], da es an der Freiheit der Ortswahl fehlt[11]. Ein Angestellter des öffentl. Dienstes, der auf Anordnung seines ArbGeb außerhalb der regelmäßigen Arbeitszeit ein auf Empfang geschaltetes Funktelefon mitführt, um von seinem Standort aus das Notwendige fernmündlich zu veranlassen (etwa Erteilung von Anordnungen oder Einsatzaufträgen), leistet während der Dauer dieser Verpflichtung Rufbereitschaft (s. § 7 IV TVöD). Eine Ortsveränderung des ArbN ist nicht notwendig[12]. Rufbereitschaft ist keine Arbeitszeit, muss aber vergütet werden[13]. **Freizeit**

6 **c) Rückblick: Das SIMAP-Urteil und seine Folgen.** Nach der ursprünglichen Konzeption des ArbZG waren Zeiten des Bereitschaftsdienstes keine Arbeitszeit, sondern Ruhezeit. Diese Konzeption war durch das sog. SIMAP-Urteil des EuGH v. 3.10.2000[14] (s. Stichwort-ABC, Rz. 15) fraglich geworden und seit dem sog. Jaeger-Urteil des EuGH v. 9.9.2003[15] (s. Stichwort-ABC, Rz. 15) nicht mehr haltbar. Der EuGH wertet den **Bereitschaftsdienst** insgesamt als **Arbeitszeit** iSd. ArbeitszeitRL. Nach den Urteilen v. 3.10.2000 und 9.9.2003 stand damit fest, dass das ArbZG in seiner alten Fassung gegen **Art. 2 Nr. 1 der Arbeitszeitrichtlinie 93/104/EG** (jetzt 2003/88/EG) verstieß. Darin ist Arbeitszeit als jede Zeitspanne definiert, während der ein ArbN gem. den einzelstaatl. Rechtsvorschriften und/oder Gepflogenheiten arbeitet, dem ArbGeb zur Verfügung steht oder Aufgaben wahrnimmt. Auch das BAG sah schon vor der Jaeger-Entscheidung des EuGH den Bereitschaftsdienst im vollen zeitl. Umfang als Arbeitszeit an[16]. Da eine europarechtskonforme Auslegung des ArbZG nicht möglich war[17], musste der Gesetzgeber handeln. Mit dem Gesetz zu Reformen am Arbeitsmarkt v. 24.12.2003[18] ist er dieser Verpflichtung mWz. 1.1.2004 nachgekommen.

1 *Linnenkohl/Rauschenberg*, § 2 ArbZG Rz. 4. | 2 Etwa § 3 Nr. 4 des Bundesrahmentarifvertrages für das Baugewerbe v. 4.7.2002, idF v. 14.12.2004. | 3 BayObLG v. 23.3.1992 – 3 ObOWi 18/92, NZA 1992, 811. | 4 BAG v. 10.1.1991 – 6 AR 352/89, NZA 1991, 516; v. 9.3.2005 – 5 AZR 385/02, NZA 2005, 1016. | 5 *Baeck/Deutsch*, § 2 ArbZG Rz. 40. | 6 BAG v. 24.10.2000 – 9 AZR 634/99, NZA 2001, 449 = NJW 2001, 1813; s. auch § 9 TvöD. | 7 BAG v. 28.1.2004 – 5 AZR 530/02, NZA 2004, 656 (68% der regulären Vergütung). | 8 Nach BAG v. 23.7.1996 – 1 ABR 17/96, NZA 1997, 216 kann Rufbereitschaft aber Arbeitszeit iSd. § 87 I Nr. 1 u. Nr. 2 BetrVG sein. | 9 BAG v. 24.10.2000 – 9 AZR 634/99, NZA 2001, 449. | 10 BAG v. 31.1.2002 – 6 AZR 214/00, AuR 2002, 113. | 11 So schon BAG v. 19.12.1991 – 6 AZR 592/89, NZA 1992, 560. | 12 BAG v. 29.6.2000 – 6 AZR 900/98, NZA 2001, 165. | 13 *Baeck/Deutsch*, § 2 ArbZG Rz. 52. | 14 EuGH v. 3.10.2000 – Rs. C-303/98, NZA 2000, 1227 – SIMAP. | 15 EuGH v. 9.9.2003 – Rs. C-151/02, NZA 2003, 1019. | 16 BAG v. 18.2.2003 – 1 ABR 2/02, NZA 2003, 742. | 17 BAG v. 18.2.2003 – 1 ABR 2/02, NZA 2003, 742. | 18 BGBl. I S. 3002.

d) Arbeitszeit (Beispiele). Unerheblich für die Frage der Arbeitszeit ist, ob der ArbN wirtschaftl. produktiv ist[1]. Auch auf die Intensität der geleisteten Arbeit kommt es nicht an[2]. Zur Arbeitszeit zählen daher: 7

- Arbeitsbereitschaft
- betriebsbedingte Wartezeiten[3]
- Vor- und Abschlussarbeiten (Aufräumen des Arbeitsplatzes, Material- und Werkzeugausgabe usw.)[4]
- Zuendebedienen der Kundschaft[5]
- Arbeiten, die der ArbN mit nach Hause nimmt und dort erledigt
- Reisezeit von Außendienstmitarbeitern[6], Handlungsreisenden und Berufskraftfahrern[7]
- Fahrtzeiten bei Dienstreisen, wenn der ArbN auf Veranlassung des ArbGeb einen PKW führt[8]
- Wartezeit des Omnibusfahrers einer Gesellschaftsreise am Fahrtziel[9]
- Zeiten einer ärztl. Untersuchung[10]
- Wegezeiten zwischen dem Betrieb und äußeren Arbeitsstellen[11]

e) Keine Arbeitszeit (Beispiele). Nicht zur Arbeitszeit gehören: 8

- Wasch- und Umkleidezeiten[12]
- Wegezeit zwischen Wohnung und Arbeitsstätte[13]
- Wegezeiten bei Dienstreisen, wenn während der Reisezeit keine Arbeit im eigentlichen Sinne (Konferenz, Aktenbearbeitung usw.) geleistet[14] und dem ArbN durch die Beschränkung auf ein öffentl. Verkehrsmittel lediglich ein Freizeitopfer abverlangt wird[15]
- Rufbereitschaft[16]
- Ruhepausen (mit Ausnahme der Ruhepausen im Bergbau, Abs. 1 S. 2)[17]

f) Arbeitszeiten bei mehreren Arbeitgebern sind gem. Abs. 1 S. 1 Hs. 2 bei der Ermittlung der Arbeitszeit zusammenzurechnen. Außer Betracht bleiben diejenigen Zeiten, in denen nicht auf Grund eines Arbeitsverhältnisses gearbeitet wird[18], wie etwa bei selbständigen oder ehrenamtl. Tätigkeiten. Schließt der ArbN mehrere Arbeitsverträge ab und überschreitet die festgelegte (Gesamt-)Arbeitszeit die gesetzl. Höchstgrenze, so ist der zeitlich spätere Arbeitsvertrag gem. § 134 BGB nichtig (Prioritätsprinzip)[19]. Im Einzelfall ist dabei nach allgemeinen Grundsätzen zu prüfen, ob eine geltungserhaltende Reduktion des Vertrages möglich ist. Dies soll davon abhängen, ob die zulässige Arbeitszeit erheblich überschritten wird (dann Gesamtnichtigkeit des späteren Arbeitsvertrages) oder nicht (dann geltungserhaltende Reduktion auf die zulässige Arbeitszeit, wenn das Arbeitsverhältnis auch mit verkürzter Arbeitszeit sinnvoll durchgeführt werden kann)[20]. 9

g) Aufklärungspflichten bei mehreren Arbeitsverhältnissen. Da Verstöße gegen arbeitszeitrechtl. Vorschriften für den ArbGeb nach §§ 22, 23 straf- und bußgeldbewehrt sind, hat der ArbN den ArbGeb von sich aus über weitere Arbeitsverhältnisse aufzuklären[21]. Bestehen Anhaltspunkte für eine (verschwiegene) weitere Arbeitstätigkeit, ist der ArbGeb allerdings gehalten, sich bei dem ArbN hiernach zu erkundi- 10

---

1 KassHdb/*Schliemann*, 2.5 Rz. 45. | 2 EuGH v. 1.12.2005 – Rs. C-14/04, NZA 2006, 89 – Dellas. | 3 *Baeck/Deutsch*, § 2 ArbZG Rz. 4. | 4 KassHdb/*Schliemann*, 2.5 Rz. 48; *Buschmann/Ulber*, § 2 ArbZG Rz. 5. | 5 *Buschmann/Ulber*, § 2 ArbZG Rz. 5. | 6 BAG v. 14.11.2006 – 1 ABR 5/06, NZA 2007, 458; v. 28.3.1963 – 5 AZR 209/62, AP Nr. 3 zu § 611 BGB Wegezeit. | 7 KassHdb/*Schliemann*, 2.5 Rz. 76, 77. | 8 *Baeck/Lösler*, NZA 2005, 247 (249); s. auch BAG v. 14.11.2006 – 1 ABR 5/06, NZA 2007, 458. | 9 LAG BW v. 28.3.1960 – IV Sa 113/59, BB 1960, 627. | 10 BAG v. 10.5.1957 – 2 AZR 56/55, AP Nr. 5 zu § 611 BGB – Lohnanspruch; *Neumann/Biebl*, § 2 ArbZG Rz. 13. | 11 BAG v. 23.7.1996 – 1 ABR 17/96, NZA 1997, 216; *Neumann/Biebl*, § 2 ArbZG Rz. 14; *Buschmann/Ulber*, § 2 ArbZG Rz. 8. | 12 BAG v. 25.4.1962 – 1 AZR 250/61, BB 1962, 715; v. 11.10.2000 – 5 AZR 122/99, NZA 2001, 458: Es drohen bei den entsprechenden Verrichtungen auch nach Ausschöpfung der entsprechenden Verrichtungen keine Gefahren, denen durch Einbezug in die gesetzliche Arbeitszeit vorzubeugen wäre; *Anzinger/Koberski*, § 2 ArbZG Rz. 27; Ausnahmen von diesem Grundsatz kommen in Betracht, wenn es um das An- und Ausziehen spezieller Sicherheitskleidung geht (LAG BW v. 12.2.1987 – 13 (7) Sa 92/86, AiB 1987, 246; *Neumann/Biebl*, § 2 ArbZG Rz. 13; *Anzinger/Koberski*, § 2 ArbZG, Rz. 28) oder Umkleiden zur geschuldeten Arbeitsleistung gehört, wie etwa bei einem Model (KassHdb/*Schliemann*, 2.5 Rz. 66). | 13 BAG v. 26.8.1960 – 1 AZR 421/58, AP Nr. 2 zu § 611 BGB – Wegezeit. | 14 *Neumann/Biebl*, § 2 ArbZG Rz. 15; aA *Buschmann/Ulber*, § 2 ArbZG Rz. 9, da Dienstreisen soziale Belastungen mit sich bringen; *Adam*, AuR 2001, 481; *Buschmann*, FS Hanau, S. 197 (208 f.); häufig finden sich tarifliche Regelungen der Dienstreisezeit, wonach notwendige Reisezeit zu einem gewissen Anteil als vergütungspflichtige Arbeitszeit behandelt wird, etwa in § 5 Nr. II des Manteltarifvertrages für die Arbeiter, Angestellten und Auszubildenden in der Metall- und Elektroindustrie Nordrhein-Westfalens v. 24.8./11.9.2001. | 15 BAG v. 11.7.2006 – 9 AZR 519/05, NZA 2007, 155. | 16 BT-Drs. 12/5888, S. 27; best. durch EuGH v. 3.10.2000 – Rs. C-303/98, NZA 2000, 1227. | 17 *Neumann/Biebl*, § 2 ArbZG Rz. 17. | 18 *Baeck/Deutsch*, § 2 ArbZG Rz. 16. | 19 *Baeck/Deutsch*, § 2 ArbZG Rz. 20. | 20 *Baeck/Deutsch*, § 2 ArbZG Rz. 22. | 21 ErfK/*Wank*, § 2 ArbZG Rz. 30.

gen, will er sich nicht selbst dem Vorwurf der Fahrlässigkeit aussetzen. Solche Anhaltspunkte bestehen etwa, wenn der ArbN keine LStKarte vorlegt[1].

11 **2. Arbeitnehmer (Abs. 2).** ArbN iSd. ArbZG sind nach Abs. 2 Arbeiter und Angestellte sowie die zu ihrer Berufsbildung Beschäftigten. Die Begriffsbestimmung lehnt sich an § 5 I 1 BetrVG an, ersetzt jedoch den dort verwendeten Begriff der „Berufsausbildung" durch „Berufsbildung", um die Berufsbildungsverhältnisse zu erfassen, die weder Ausbildungsverhältnisse noch Arbeitsverhältnisse sind[2]. Die gesetzl. Definition hilft in der Praxis bei Zweifelsfällen nicht weiter, da auch die Begriffe des Arbeiters und des Angestellten die allgemeinen Merkmale des ArbN-Begriffs voraussetzen. **ArbN** ist nach der Rspr. des BAG[3], wer auf Grund eines privatrechtl. Vertrages zur Arbeit im Dienste eines anderen verpflichtet ist. Arbeitsverhältnisse unterscheiden sich somit von anderen Rechtsverhältnissen durch den Grad der **persönlichen Abhängigkeit**, in der sich der zur Dienstleistung Verpflichtete befindet. ArbN ist derjenige, der seine vertragl. geschuldete Leistung im Rahmen einer von Dritten bestimmten Arbeitsorganisation erbringt. **Keine ArbN** iSd. Arbeitszeitrechts sind **Organmitglieder** juristischer Personen (Geschäftsführer, Vorstand), **Beamte** (wohl aber Dienstordnungsangestellte von Trägern der gesetzl. SozV), **Freiberufler**, **Ordensangehörige** und **Heimarbeiter**[4]. Hingegen fallen **selbständige Kraftfahrer** ab dem 23.3.2009 unter den Geltungsbereich der RL 2002/15/EG des Europäischen Parlaments und des Rates v. 11.3.2002 zur Regelung der Arbeitszeit von Personen, die Fahrtätigkeiten im Bereich des Straßentransports ausüben – **Fahrpersonalrichtlinie**.

12 **3. Nachtzeit (Abs. 3).** Als Nachtzeit legt der Gesetzgeber in Abs. 3 die **Zeit von 23 bis 6 Uhr** und für Bäckereien und Konditoreien die Zeit von 22 Uhr bis 5 Uhr fest. Dies steht im Einklang mit Art. 2 Nr. 3 der ArbeitszeitRL, wonach Nachtzeit jede in den einzelstaatlichen Rechtsvorschriften festgelegte Zeitspanne von mindestens 7 Stunden darstellt, sofern sie die Zeitspanne zwischen 24 und 5 Uhr umfasst. Gem. § 7 I Nr. 5 kann in einem TV oder auf Grund eines TV in einer BV der Beginn des siebenstündigen Nachtzeitraums auf die Zeit zwischen 22 und 24 Uhr festgelegt werden.

13 **4. Nachtarbeit (Abs. 4).** Nachtarbeit liegt gem. Abs. 4 vor, wenn die Arbeit **mehr als zwei Stunden** der Nachtzeit umfasst. Maßgeblich ist die für den Betrieb gültige Definition der Nachtzeit, die gem. § 7 I Nr. 5 auch in einem TV oder in einer BV festgelegt sein kann. Nachtarbeit umfasst nicht nur den Zeitraum innerhalb der festgelegten Nachtzeit, sondern die Zeit von Anfang bis Ende der Arbeit, auch wenn diese teilweise nicht in die Nachtzeit fällt[5].

14 **5. Nachtarbeitnehmer (Abs. 5).** NachtArbN ist gem. Abs. 5, wer auf Grund seiner Arbeitszeitgestaltung **normalerweise Wechselschicht** zu leisten hat, oder wer **Nachtarbeit an mindestens 48 Tagen im Kalenderjahr** leistet. Während es bei der ersten Alternative darauf ankommt, ob die Arbeitszeitgestaltung eine Nachtarbeit in Wechselschicht vorsieht („zu leisten haben"), stellt die zweite Alternative ihrem Wortlaut nach darauf ab, ob der ArbN tatsächlich an 48 Tagen im Kalenderjahr gearbeitet hat („leistet"). Ansprüche aus § 6, wie etwa der Anspruch auf Umsetzung auf einen Tagesarbeitsplatz, könnten daher frühestens nach Ablauf von 48 Arbeitstagen und regelmäßig nicht vor März eines Jahres entstehen, auch wenn der ArbN im vorausgegangenen Jahr bereits an 48 oder mehr Arbeitstagen Nachtarbeit geleistet hat[6]. Die besseren Argumente sprechen allerdings dafür, die NachtArbN-Eigenschaft auch schon dann anzuerkennen, wenn mit Sicherheit davon auszugehen ist, der ArbN werde in dem Kalenderjahr Nachtarbeit in dem erforderl. Umfang leisten[7]. Nicht unter den Begriff „Nachtarbeitnehmer" fällt hingegen derjenige, der nur als Ersatzmann im Schichtdienst einspringt oder in gewissen Zeitabschnitten in geringfügigem Maße in den Schichtplan aufgenommen wird[8].

15 **III. Stichwort-ABC**

Begriff	Fundstelle im Gesetz	Definition
Amorphe Arbeitszeit	kein Begriff des ArbZG	Bei der amorphen (= gestaltlosen) Arbeitszeit legen ArbGeb und ArbN zwar das Volumen der vom ArbN in einem bestimmten Zeitraum geschuldeten Arbeitszeit fest, lassen aber eine konkrete Verteilung der Arbeitszeit bewusst offen[9].
Arbeit auf Abruf	§ 12 TzBfG	Anderer Begriff: Kapazitätsorientierte variable Arbeitszeitgestaltung (Kapovaz). ArbGeb und ArbN vereinbaren, dass der ArbN seine Arbeitsleistung entsprechend dem Arbeitsanfall zu erbringen hat.

1 *Neumann/Biebl*, § 2 ArbZG Rz. 19. | 2 BT-Drs. 12/5888, S. 23. | 3 BAG v. 19.11.1997 – 5 AZR 653/96, NZA 1998, 364; v. 3.6.1998 – 5 AZR 656/97, NZA 1998, 1165; v. 30.9.1998 – 5 AZR 563/97, NZA 1999, 374. | 4 *Linnenkohl/Rauschenberg*, § 2 ArbZG Rz. 28 ff. | 5 *Neumann/Biebl*, § 2 ArbZG Rz. 25. | 6 So *Baeck/Deutsch*, § 2 ArbZG Rz. 113. | 7 *Neumann/Biebl*, § 2 ArbZG Rz. 30; ErfK/*Wank*, § 2 ArbZG Rz. 37. | 8 *Erasmy*, NZA 1994, 1105 (1106). | 9 *Kilz/Reh*, S. 45.

Begriff	Fundstelle im Gesetz	Definition
Arbeitsbereitschaft	§ 7 I Buchst. a	Fall der Vollarbeit, wenn von dem ArbN eine „wache Achtsamkeit im Zustand der Entspannung" verlangt wird[1]. Ist grds., falls keine Abschläge oder Pauschalabgeltungen vereinbart sind, wie Vollarbeit zu vergüten[2].
Arbeitszeit	§ 2 I	Zeit vom Beginn bis zum Ende der Arbeit ohne Ruhepausen. Ausnahme im Bergbau: Ruhepausen zählen zur Arbeitszeit.
Arbeitszeitmodell	kein Begriff des ArbZG	s. *Amorphe Arbeitszeit, Arbeit auf Abruf, Arbeitszeitkonto, Gleitzeit, Job-Sharing, Sabbatical, Santa-Clara-Modell, Tandem-Arbeitszeit, Vertrauensarbeitszeit, Zeitautonome Arbeitsgruppe*
Arbeitszeitkonto	kein Begriff des ArbZG	Gegenüberstellung der Soll-Arbeitszeit und der Ist-Arbeitszeit. Anstelle einer gleichmäßig verteilten Arbeitszeit kann der ArbN seine Arbeitszeit individuell innerhalb eines bestimmten Rahmens variieren und längerfristig über den festgelegten Ausgleichszeitraum (Monat, Jahr, Leben) mittels Zeitguthaben und Zeitschulden ausgleichen. Beispiele: Gleitzeitkonto, Überstundenkonto
Arbeitszeitkorridor	kein Begriff des ArbZG	Differenz zwischen der erlaubten Anzahl von Plus- oder Minusstunden eines Arbeitszeitkontos. Häufig wird ein zuschlagsfreier Arbeitszeitkorridor eingerichtet, der innerhalb eines bestimmten Zeitraums ausgeglichen wird.
Arbeitszeitrichtlinie	kein Begriff des ArbZG	RL 2003/88/EG des Europäischen Parlaments und des Rates v. 4.11.2003 (früher RL 93/104/EG v. 23.11.1993)
Ausgleichszeitraum	§ 3 S. 2, § 7 I	Zeitraum, in dem höhere werktägliche Arbeitszeiten ausgeglichen werden können.
Bedürfnisgewerbe	§ 13 I Nr. 2	Gewerbe, das der Befriedigung täglicher Bedürfnisse dient.
Bedovaz	kein Begriff des ArbZG	Bedarfsorientierte variable Arbeitszeitgestaltung
Bereitschaftsdienst	§ 5 III, § 7 II Nr. 1	Ist gegeben, wenn der ArbN sich an einer vom ArbGeb festgelegten Stelle innerhalb oder außerhalb des Betriebs aufzuhalten hat, um bei Bedarf seine volle Arbeitstätigkeit unverzüglich aufzunehmen[3]. Zählt zur Arbeitszeit und ist – wenn auch nicht wie Vollarbeit – vergütungspflichtig[4].
Chargenbetrieb	wichtig bei § 10 I Nr. 15	Bei der Chargenproduktion werden die Werkstoffe bedingt durch das Fassungsvermögen der Produktionseinrichtung mit zeitl. Unterbrechung in das Arbeitssystem eingegeben und partieweise be- und verarbeitet (Brennöfen, Betonmischer, Färbebäder usw.)[5]. Gegensatz: *Konti-Betrieb* (s. dort)
Dienstreise	kein Begriff des ArbZG	Arbeitszeit nur dann, wenn auf der Reise Arbeit im eigentlichen Sinn geleistet wird (Konferenz, Aktenbearbeitung)[6].

1 BAG v. 10.1.1991 – 6 AR 352/89, NZA 1991, 516. |2 Vgl. *Baeck/Deutsch*, § 2 ArbZG Rz. 40. |3 BAG v. 24.10.2000 – 9 AZR 634/99, NZA 2001, 449. |4 BAG v. 28.1.2004 – 5 AZR 530/02, NZA 2004, 656; *Baeck/Deutsch*, § 2 ArbZG Rz. 46. |5 Vgl. auch Gabler Wirtschaftslexikon, 15. Aufl. 2000, Stichwort „diskontinuierliche Produktion"; Beispiele aus *Brockhaus*, Die Enzyklopädie, 2001, Stichwort „Charge". |6 BAG v. 11.7.2006 – 9 AZR 519/05, NZA 2007, 155.

Begriff	Fundstelle im Gesetz	Definition
diskontinuierliche Sonn- und Feiertagsarbeit		s. *Chargenbetrieb*
Ersatzruhetag	§ 11 II	Dient dem Ausgleich von Sonn- und Feiertagsarbeit
Freizeit	kein Begriff des ArbZG	Teil der Ruhezeit ohne Verpflichtung, sich dem ArbGeb zur Verfügung zu halten
Gleitzeit	kein Begriff des ArbZG	Arbeitsbeginn und Arbeitsende werden von den ArbN selbst bestimmt, wobei häufig eine Kernzeit einzuhalten ist.
Hintergrunddienst		s. *Rufbereitschaft*
Jaeger-Urteil		Urt. des EuGH v. 9.9.2003[1], wonach der in einem deutschen städtischen Krankenhaus angeordnete Bereitschaftsdienst als Arbeitszeit anzusehen ist.
Job-Sharing	§ 13 TzBfG	Arbeitszeitmodell, bei dem sich zwei ArbN einen Vollzeitarbeitsplatz teilen und die Arbeitszeiten entsprechend den persönl. und betriebl. Bedürfnissen absprechen. Unterfall der zeitautonomen Arbeitsgruppe.
Kapovaz		s. *Arbeit auf Abruf*
Kampagnebetrieb	§ 15 I Nr. 2	Betrieb mit einer von der Erntezeit abhängigen Produktionsweise[2] (Zuckerfabrik, Fischräucherei)
Kernzeit	kein Begriff des ArbZG	Zeitraum innerhalb eines Gleitzeitmodells, in dem der ArbN am Arbeitsplatz sein muss.
Konti-Betrieb	wichtig bei § 10 I Nr. 15, § 12 S. 1 Nr. 4, § 15 I Nr. 1 Buchst. a	Bei der kontinuierlichen Produktion erfolgen Transporttätigkeiten und Produktionstätigkeiten simultan und ohne zeitliche Unterbrechung, weil die zu verarbeitenden Stoffe stetig durch einen Apparat laufen (Reaktionsapparat, Kolonne, Trockner usw.)[3]. Gegensatz: *Chargenbetrieb* (s. dort)
kontinuierliche Sonn- und Feiertagsarbeit		s. *Konti-Betrieb*
Kurzpause	§ 7 I Nr. 2	Kürzere Pause als die reguläre Ruhepause des § 4
LASI	kein Begriff des ArbZG	Länderausschuss für Arbeitsschutz und Sicherheitstechnik. Mitglieder sind die Vertreter der obersten Arbeitsschutzbehörden der Länder mit dem Bundesministerium für Arbeit und Soziales und der BA für Arbeitsschutz und Arbeitsmedizin als ständigen Gästen. Zu den Aufgaben des LASI zählen Erörterung grundlegender Fragen des Arbeitsschutzes und der technischen Sicherheit, die Diskussion von Rechtsfragen des Arbeitsschutzes und der technischen Sicherheit, die Fortentwicklung der einschlägigen Rechtsvorschriften sowie die Behandlung organisatorischer Fragen des Arbeitsschutzes
Mehrarbeit	kein Begriff des ArbZG	Arbeit, die über die normale gesetzl. Arbeitszeit hinausgeht[4]. Mittlerweile wird der Begriff Mehrarbeit auch für Überarbeit verwendet[5].

1 EuGH v. 9.9.2003 – Rs. C-151/02, NZA 2003, 1019. | 2 Gabler Wirtschaftslexikon, 15. Aufl. 2000, Stichwort „Kampagnebetrieb". | 3 Vgl. auch Gabler Wirtschaftslexikon, 15. Aufl. 2000, Stichwort „kontinuierliche Produktion"; Beispiele aus *Brockhaus*, Die Enzyklopädie, 2001, Stichwort „kontinuierlicher Betrieb". | 4 BAG v. 8.11.1989 – 5 AZR 642/88, NZA 1990, 309. | 5 Zur Terminologie Küttner/*Reinecke*, Personalbuch 2005, Überstunden Rz. 2.

Begriff	Fundstelle im Gesetz	Definition
Nachtarbeit	§ 2 IV	Jede Arbeit, die mehr als zwei Stunden der Nachtzeit umfasst
NachtArbN	§ 2 V	ArbN, die normalerweise Nachtarbeit in Wechselschicht zu leisten haben oder an mindestens 48 Tagen im Kalenderjahr Nachtarbeit leisten
Nachtzeit	§ 2 III	Zeit von 23 bis 6 Uhr, in Bäckereien und Konditoreien von 22 bis 5 Uhr
Opt-out	Art. 18 ArbeitszeitRL, § 7 IIa	Möglichkeit, von der in Art. 18 Arbeitszeitrichtlinie enthaltenen Arbeitszeitbegrenzung abzuweichen
Pfeiffer-Urteil		Entscheidung des EuGH v. 5.10.2004 – Rs. C-397/01 bis C-403/01[1]: Danach muss ein nationales Gericht, bei dem ein Rechtsstreit ausschließlich zwischen Privaten anhängig ist, das nationale Recht so weit wie möglich anhand des Wortlauts und des Zweckes der ArbeitszeitRL auszulegen und alles tun, was in seiner Zuständigkeit liegt, um die Überschreitung der wöchentl. Höchstarbeitszeit von 48 Stunden zu verhindern.
Rufbereitschaft	§ 5 III, § 7 II Nr. 1	Rufbereitschaft (Hintergrunddienst) verpflichtet den ArbN, auf Abruf die Arbeit aufzunehmen. Er kann sich hierfür an einem Ort seiner Wahl aufhalten, der dem ArbGeb anzuzeigen ist oder von dem aus er jederzeit erreichbar ist (über „Piepser" oder „Handy")[2]. Rufbereitschaft ist keine Arbeitszeit, ist aber ähnlich wie Bereitschaftsdienst zu vergüten[3].
Ruhepause	§ 4	Muss im Voraus feststehen. Dauer bei Arbeitszeit von mehr als 6 bis zu 9 Stunden: 30 Minuten Dauer bei Arbeitszeit von mehr 9 Stunden: 45 Minuten
Ruhezeit	§ 5	Zeit zwischen dem Ende der tägl. Arbeit und Beginn der nächsten tägl. Arbeitszeit. Muss grds. mindestens 11 Stunden betragen.
Sabbatical	kein Begriff des ArbZG	Aufgespartes Arbeitszeitguthaben, das für eine lange Freizeit verwendet wird.
Saisonbetrieb	§ 15 I Nr. 2	Betrieb, dessen Produktions- oder Absatzprogramm abhängig von der Jahreszeit oder Verbrauchsgewohnheiten größeren, regelmäßig wiederkehrenden Schwankungen unterliegt[4] (Feriengastronomiebetriebe, Hersteller bestimmter Süßwaren, usw.).
Santa-Clara-Modell	kein Begriff des ArbZG	Arbeitszeitmodell, bei dem der Arbeitsvertrag aus der Bandbreite des Arbeitsvolumens und der Arbeitszeit nach den Wünschen des ArbN ausgestaltet wird. Benannt nach der kalifornischen Stadt Santa Clara, in der dieses Modell zum ersten Mal angewandt wurde[5].
Schichtarbeit	§ 6, § 7 I Nr. 2	Eine bestimmte Arbeitsaufgabe wird über einen erheblich längeren Zeitraum als die wirkliche Arbeitszeit eines ArbN hinaus erfüllt und daher von mehreren ArbN oder ArbN-Gruppen in einer geregelten zeitl. Reihenfolge, teilweise auch außerhalb der allgemein üblichen Arbeitszeit, erbracht. Bei der Schichtarbeit arbeiten nicht sämtliche Beschäftigte eines Betriebes zu gleicher Zeit, sondern ein Teil

1 EuGH v. 5.10.2004 – Rs. C-397/01 bis C- 403/01, NZA 2004, 1145. | 2 BAG v. 24.10.2000 – 9 AZR 634/99, NZA 2001, 449. | 3 *Baeck/Deutsch*, § 2 ArbZG Rz. 53. | 4 Gabler Wirtschaftslexikon, 15. Aufl. 2000, Stichwort „Saisonbetrieb". | 5 Gabler Wirtschaftslexikon, 15. Aufl. 2000, Stichwort „Santa-Clara-Modell".

Begriff	Fundstelle im Gesetz	Definition
		arbeitet, während der andere Teil arbeitsfreie Zeit hat, beide Teile sich aber regelmäßig nach einem feststehenden und überschaubaren Plan ablösen[1].
SchichtArbN	§ 6 I	Jeder ArbN, der Schichtarbeit leistet.
Schichtzeit	§§ 4 II, 12 JArbSchG	Tägl. Arbeitszeit unter Hinzurechnung der Ruhepausen.
SIMAP-Urteil		Die Ärzte in der spanischen Region Valencia waren gehalten, häufig in Zwei-Tages-Schichten mit zwischenzeitlichem nächtlichen Bereitschaftsdienst zu arbeiten. Das Sindicato de Médicos de Asistencia Pública de la Comunidad Valenciana (SIMAP), eine Gewerkschaft der Ärzte im öffentl. Gesundheitswesen, klagte deswegen gegen das Gesundheitsministerium der Regionalregierung von Valencia. Der EuGH hat diesen Bereitschaftsdienst im Urteil vom 3.10.2000[2] als Arbeitszeit iSd. ArbeitszeitRL 93/104/EG (jetzt 2003/88/EG) angesehen.
Tandem-Arbeitszeit	§ 13 TzBfG	Unterfall des Job-Sharing, wobei die ArbN zu bestimmten Zeiten anwesend sein müssen.
Telearbeit	kein Begriff des ArbZG	Telearbeit ermöglicht eine weit gehende Flexibilisierung von Arbeitszeit und Arbeitsort, wobei die Erreichbarkeit der ArbN zu bestimmten Zeiten regelmäßig im Arbeitsvertrag festgelegt wird.
Überarbeit (Überstunden, Überschichten)	kein Begriff des ArbZG	Arbeit, die über die für das jeweilige Beschäftigungsverhältnis auf Grund TV, BV oder Einzelvertrages festgelegte Arbeitszeit hinausgeht[3]. Mittlerweile wird hierfür auch der Begriff *Mehrarbeit* verwendet[4]. Tarifl. nicht zulässige Überarbeit ist nach den Grundsätzen gesetzl. unzulässiger Mehrarbeit zu vergüten[5].
Umsetzungsanspruch	§ 6 IV	Anspruch des NachtArbN auf Umsetzung auf einen geeigneten Tagesarbeitsplatz
Vertrauensarbeitszeit	kein Begriff des ArbZG	Der ArbN erfüllt das vertragl. verabredete Arbeitszeitkontingent selbständig und eigenverantwortlich, wobei der ArbGeb auf eine Kontrolle der Zeiterfassung verzichtet (s. § 7 Rz. 29).
Wegezeit	kein Begriff des ArbZG	Arbeitszeit: Wegezeit zwischen Betrieb und äußerer Arbeitsstelle Keine Arbeitzeit: Wegezeit zwischen Wohnung und Arbeitsstelle[6]
Wechselschicht	§ 2 V Nr. 1	Wechselnde Schichtenfolge (etwa eine Woche Früh-, dann eine Woche Spät-, schließlich eine Woche Nachtschicht)[7].
Wochenarbeitszeit	§§ 12, 15 JArbSchG	Fünf-Tage-Woche für Jugendliche, keine ausdrückliche gesetzl. Regelung im ArbZG
Zeitautonome Arbeitsgruppe	kein Begriff des ArbZG	Die ArbN einer Organisationseinheit stimmen ihre persönl. Arbeitszeit untereinander nach den betriebl. Bedürfnissen ab.

1 BAG v. 20.6.1990 – 4 AZR 5/90, NZA 1990, 861. | 2 EuGH v. 3.10.2000 – Rs. C-303/98, NZA 2000, 1227. | 3 BAG v. 8.11.1989 – 5 AZR 642/88, NZA 1990, 309. | 4 Zur Terminologie Küttner/*Reinecke*, Personalbuch 2005, Überstunden Rz. 2. | 5 BAG v. 27.5.1993 – 6 AZR 359/92, NZA 1994, 708. | 6 *Neumann/Biebl*, § 2 ArbZG Rz. 14. | 7 *Baeck/Deutsch*, § 2 ArbZG Rz. 65.

Zweiter Abschnitt. Werktägliche Arbeitszeit und arbeitsfreie Zeiten

3 *Arbeitszeit der Arbeitnehmer*

Die werktägliche Arbeitszeit der Arbeitnehmer darf acht Stunden nicht überschreiten. Sie kann auf bis zu zehn Stunden nur verlängert werden, wenn innerhalb von sechs Kalendermonaten oder innerhalb von 24 Wochen im Durchschnitt acht Stunden werktäglich nicht überschritten werden.

I. Inhalt und Zweck. Die Vorschrift übernimmt den seit 1918 geltenden Grundsatz des Acht-Stunden- 1
Tages aus § 3 AZO. Sie trägt damit den arbeitswissenschaftl. und arbeitsmedizinischen Erkenntnissen Rechnung, wonach eine gesetzl. Regelung der tägl. Höchstarbeitszeit zum Schutz der Gesundheit der ArbN erforderlich ist[1]. § 3 unterscheidet sich von Art. 6 Buchst. b der ArbeitszeitRL 2003/88/EG (früher Art. 6 Nr. 2 der EG-RL 93/104 vom 23.11.1993), der lediglich eine durchschnittl. Höchstarbeitszeit von 48 Stunden pro Siebentageszeitraum vorsieht.

II. Werktägliche Höchstarbeitszeit (S. 1). Die gesetzl. zulässige werktägl. Arbeitszeit beträgt nach § 3 I 2
höchstens acht Stunden. **Werktag** iSd. § 3 ist nicht der Kalendertag; er beginnt vielmehr mit dem Arbeitsbeginn und endet 24 Stunden später und ist somit für jeden ArbN **individuell zu bestimmen**[2]. Maßgeblich ist nur die tatsächl. geleistete Arbeit, nicht etwa die für den Tag vorgesehene Arbeitszeit, die tatsächl. aber nicht gearbeitet wird[3]. Werktägl. Arbeit ist die Arbeit, die an Tagen geleistet wird, die nicht Sonn- oder Feiertag sind, also auch an **Samstagen**.

**III. Verlängerung der werktäglichen Höchstarbeitszeit und Ausgleich (S. 2). 1. Gesetzliche Möglich- 3
keiten.** Eine Verlängerung der tägl. Arbeitszeit auf höchstens 10 Stunden ist nach S. 2 nur möglich, wenn innerhalb von sechs Kalendermonaten bzw. innerhalb von 24 Wochen ein Ausgleich auf die Durchschnittsgrenze von acht Stunden werktägl. erfolgt. Durch dieses Kernstück der Arbeitszeitflexibilisierung[4] soll den Betrieben ausreichend Spielraum für flexible Arbeitszeiten eingeräumt werden[5]. Der Ausgleichszeitraum ist arbeitnehmerbezogen, nicht etwa betriebsbezogen[6]. Lage und Dauer der Ausgleichsräume können bei den ArbN eines Betriebs daher durchaus verschieden sein. **Achtung:** Jede über acht Stunden hinausgehende werktägl. Arbeitszeit eines **schwerbehinderten Menschen** ist Mehrarbeit iSd. § 124 SGB IX. Er ist mit der Geltendmachung seines Anspruchs auf Freistellung von Mehrarbeit nicht mehr zur Leistung von Mehrarbeit verpflichtet, auch wenn innerhalb des vorgesehenen Ausgleichszeitraums eine durchschnittl. werktägl. Arbeitszeit von acht Stunden nicht überschritten wird[7].

a) Ausgleichzeiträume. Das Gesetz ermöglicht – anders als Art. 16 ArbeitszeitRL – Ausgleichszeit- 4
räume von **sechs Kalendermonaten oder 24 Wochen**[8]. Umstritten ist, ob mit „Kalendermonat" dem Wortlaut entsprechend die mit Namen bezeichneten Monate oder Zeitmonate gemeint sind. Weder im Regierungsentwurf[9] noch in der Beschlussempfehlung und im Bericht des BT-Ausschusses für Arbeit- und Sozialordnung[10] ist die Frage thematisiert. Gegen eine wörtl. Auslegung der Vorschrift spricht der Umstand, dass der alternative Ausgleichszeitraum 24 „Wochen" und nicht 24 Kalenderwochen beträgt und insoweit eine nicht verständl. Diskrepanz beim Beginn der Frist und der tatsächlichen Dauer des Ausgleichszeitraums auftreten kann[11]. Dies ändert jedoch nichts an dem klaren Wortlaut der gesetzl. Regelung, der eine andere Auslegung nicht zulässt[12]. Der Ausgleichszeitraum beginnt daher stets mit dem Ersten eines Kalendermonats und endet sechs Monate später[13]. Bei dem nach Wochen (nicht Kalenderwochen) bemessenen Ausgleichszeitraum bestimmt sich dessen Ende nach § 188 II BGB[14]. Er endet mit Ablauf desjenigen Tages der letzten Woche, welcher durch seine Benennung dem Tag entspricht, an dem die Arbeitszeitgrenze überschritten worden ist. Der Wechsel von einem Ausgleichszeitraum zum anderen ist jederzeit möglich[15].

b) Festlegung, Lage und Wechsel des Ausgleichszeitraums. S. 2 enthält keine Aussage darüber, ob der 5
Ausgleichszeitraum durch den ArbGeb festgelegt werden muss.

aa) Keine Erforderlichkeit der Festlegung durch den Arbeitgeber. Wahl und Bestimmung eines be- 6
stimmten Ausgleichszeitraums durch den ArbGeb sind keine Voraussetzung für eine Arbeitszeitverlängerung nach S. 2[16]. Die Ausgleichszeiträume des S. 2 beschreiben nur eine **öffentl.-rechtl. Obergrenze**,

---

1 BT-Drs. 12/5888, S. 24. |2 *Baeck/Deutsch*, § 3 ArbZG Rz. 16; *Buschmann/Ulber*, § 3 ArbZG Rz. 4; *Linnenkohl/Rauschenberg*, § 3 ArbZG Rz. 6; *Anzinger/Koberski*, § 3 ArbZG Rz. 10 stellen auf den Beginn der üblichen Arbeitszeit des ArbN ab. |3 KassHdb/*Schliemann*, 2.5 Rz. 200. |4 *Neumann/Biebl*, § 3 ArbZG Rz. 6. |5 BT-Drs. 12/5888, S. 24. |6 *Dobberahn*, Rz. 30. |7 BAG v. 21.11.2006 – 9 AZR 176/06, NZA 2004, 446. |8 Da Art. 16 Buchst. b der ArbeitszeitRL 2003/88/EG nur einen Bezugszeitraum von 4 Monaten vorsieht, wird § 3 S. 2 von Teilen der Lit. als europarechtswidrig angesehen, etwa *Buschmann/Ulber*, § 3 ArbZG Rz. 12; dagegen *Baeck/Deutsch*, § 3 ArbZG Rz. 8; *Zwanziger*, DB 2007, 1356, 1357. |9 BT-Drs. 12/5888. |10 BT-Drs. 12/6990. |11 KassHdb/*Schliemann*, 2.5 Rz. 164; *Neumann/Biebl*, § 3 ArbZG Rz. 8. |12 *Baeck/Deutsch*, § 3 ArbZG Rz. 28; *Buschmann/Ulber*, § 3 ArbZG Rz. 7. |13 *Anzinger/Koberski*, § 3 ArbZG Rz. 29; *Baeck/Deutsch*, § 3 ArbZG Rz. 29: aA KassHdb/*Schliemann*, 2.5 Rz. 164; *Neumann/Biebl*, § 3 ArbZG Rz. 8. |14 *Baeck/Deutsch*, § 3 ArbZG Rz. 30. |15 *Baeck/Deutsch*, § 3 ArbZG Rz. 32. |16 So aber *Zmarzlik*, AR-Blattei SD, 240, Rz. 104.

innerhalb derer ein tatsächlicher Ausgleich der Arbeitszeitüberschreitung zu erfolgen hat[1]. Die Arbeitszeit der nächsten sechs Monate muss im Zeitpunkt der ersten Verlängerung nach S. 2 weder im Voraus feststehen[2] noch muss der Ausgleich im Nachhinein erfolgen. Die Begründung des RegE schien zwar für Letzteres zu sprechen, da dort, anders als im Gesetzeswortlaut des RegE, von den „folgenden sechs Kalendermonaten bzw. 24 Wochen" die Rede ist[3]. Im Hinblick auf das gesetzgeberische Ziel, Rahmenbedingungen für flexible Arbeitszeiten zu schaffen, kann es aber keine Rolle spielen, ob die Arbeitstage mit längerer oder kürzerer Arbeitszeit am Anfang, Ende oder in der Mitte des Ausgleichszeitraums liegen[4]. Auch Sicherheit und Gesundheitsschutz der ArbN gebieten keinen nachfolgenden Ausgleichszeitraum[5]. **Bei einer Überschreitung der zulässigen werktäglichen Arbeitszeit von acht Stunden ist daher zu prüfen, ob in der zurückliegenden oder (!) der folgenden Zeit der Durchschnitt von acht Stunden erhalten geblieben ist**[6]. Hat der ArbN etwa am 20.9.2007 zehn Stunden gearbeitet, ist zu ermitteln, ob diese Überschreitung der Höchstarbeitszeitgrenze durch geringere Arbeitszeiten im Zeitraum von 6 Kalendermonaten oder 24 Wochen vor oder nach dem 20.9.2007 ausgeglichen wird.

7 **bb) Festlegung durch den Arbeitgeber.** Der ArbGeb ist berechtigt, Ausgleichszeiträume von vornherein festzulegen[7]. Dies bedeutet jedoch nicht, dass jede während des Ausgleichszeitraums über acht Stunden täglich geleistete Arbeit nach S. 2 innerhalb dieses Zeitraums auszugleichen ist[8]. Eine solche betriebl. Festlegung des Ausgleichszeitraums, selbst wenn sie in Form einer BV erfolgt, hat **keine arbeitsschutzrechtl. Bedeutung**[9]. Sie hat lediglich unternehmens- bzw. betriebsinterne Auswirkungen[10], indem sie die Leistungspflicht des ArbN im Rahmen des arbeitgeberseitigen Weisungsrechts konkretisiert[11]. Der ArbN muss nur dann mehr als acht Stunden arbeiten, wenn ein Ausgleich innerhalb des festgesetzten Ausgleichszeitraums erfolgt. Der öffentl.-rechtl. Arbeitszeitschutz ist von einer betriebl. Festlegung des Ausgleichszeitraums unabhängig. Wird eine Überschreitung der werktägl. Höchstarbeitszeitgrenze nicht in dem vom ArbGeb festgelegten Zeitraum ausgeglichen, muss die Aufsichtsbehörde alle möglichen gesetzl. Ausgleichszeiträume prüfen[12].

8 **cc) Informationen und Aufzeichnungen.** Eine Pflicht, den ArbN über die Festlegung des Ausgleichszeitraums zu unterrichten, besteht nicht, sofern die Festlegung nicht in einer BV erfolgt, die gem. § 77 II 3 BetrVG an geeigneter Stelle im Betrieb auszulegen ist[13]. Da der ArbGeb nach § 16 II verpflichtet ist, werktägl. Arbeitszeiten von mehr als acht Stunden aufzuzeichnen und mindestens zwei Jahre aufzubewahren, empfiehlt es sich, auch die Ausgleichszeiträume fest zu halten[14].

9 **c) Lange Arbeitszeitzyklen.** S. 2 ermöglicht sehr lange Arbeitszeitzyklen, bei denen auch Ausgleichszeiträume mit reziproker Arbeitszeitverteilung aneinander gekoppelt werden können[15]. Zulässig ist danach selbst folgende Verteilung der Arbeitszeit[16]:

Januar bis Juni:	6 Wochen keine Arbeit
	20 Wochen 60-Stunden-Woche
Juli bis Dezember:	20 Wochen 60-Stunden-Woche
	6 Wochen keine Arbeit.

10 **d) Mögliche Ausgleichszeiten.** Nicht jeder Werktag, an dem der ArbN nicht beschäftigt wird, trägt zum Ausgleich der verlängerten Arbeitszeiten bei. Zeiten, in denen der ArbN auf Grund besonderer Tatbestände von der Verpflichtung zur Arbeitsleistung freigestellt ist, können nicht nochmals als Arbeitszeitausgleich berücksichtigt werden[17]. Im Einzelnen gilt Folgendes:

- **arbeitsfreier Samstag**: Beim Samstag handelt es sich um einen normalen Werktag, der zum Ausgleich beiträgt[18].
- **Arbeitsunfähigkeit**: Zeiten der Arbeitsunfähigkeit sind mit der üblichen Arbeitszeit an den betreffenden Tagen anzusetzen und kommen für einen Ausgleich nicht in Betracht[19].

---

1 *Tietje*, Grundfragen des Arbeitszeitrechts, S. 138; *Neumann/Biebl*, § 3 ArbZG Rz. 9. | 2 *Erasmy*, NZA 1994, 1105 (1106). | 3 BT-Drs. 12/5888, S. 24; der Begriff „folgende" Kalendermonate bzw. Wochen ist, obwohl von Gewerkschaftsseite vehement gefordert, nicht ins Gesetz aufgenommen worden, vgl. *Erasmy*, NZA 1994, 1106 (1106). | 4 *Dobberahn*, Rz. 32; ErfK/*Wank*, § 3 ArbZG Rz. 11; *Neumann/Biebl*, § 3 ArbZG Rz. 9; *Baeck/Deutsch*, § 3 ArbZG Rz. 34; *LinnenkohlRauschenberg*, § 3 ArbZG Rz. 23; *Erasmy*, NZA 1994, 1105 (1106); aA *Buschmann/Ulber*, § 3 ArbZG Rz. 13, wonach der Sechsmonatsdurchschnitt zu keinem Zeitpunkt, weder zurück noch voraus, überschritten werden darf. | 5 *Baeck/Deutsch*, § 3 Rz. 34; aA *Buschmann/Ulber*, § 3 ArbZG Rz. 13; zumindest missverständlich KassHdb/*Schliemann*, 2.5 Rz. 175; wonach mit jeder tatsächll. werktägl. Arbeitsleistung von mehr als acht Stunden gemäß § 187 I BGB mit dem jeweils darauf folgenden Tag ein neuer Ausgleichszeitraum beginnen soll. | 6 *Neumann/Biebl*, § 3 ArbZG Rz. 9; *Baeck/Deutsch*, § 3 ArbZG Rz. 35; *Junker*, ZfA 1998, 105 (114); *Tietje*, Grundfragen des Arbeitszeitrechts, S. 141. | 7 *Zmarzlik*, AR-Blattei SD, 240, Rz. 104; *Baeck/Deutsch*, § 3 ArbZG Rz. 27; *Schliemann*, § 3 ArbZG Rz. 39, 46 ff. | 8 So aber KassHdb/*Schliemann*, 2.5 Rz. 173. | 9 *Tietje*, Grundfragen des Arbeitszeitrechts, S. 139. | 10 *Baeck/Deutsch*, § 3 ArbZG Rz. 39; *Erasmy*, NZA 1994, 1105 (1106). | 11 *Tietje*, Grundfragen des Arbeitszeitrechts, S. 138. | 12 *Baeck/Deutsch*, § 3 ArbZG Rz. 39. | 13 *Schliemann*, § 3 ArbZG Rz. 77. | 14 Vgl. KassHdb/*Schliemann*, 2.5 Rz. 197. | 15 *Schliemann*, § 3 ArbZG Rz. 60. | 16 *Erasmy*, NZA 1994, 1105 (1106); aA *Buschmann/Ulber*, § 3 ArbZG Rz. 8. | 17 KassHdb/*Schliemann*, 2.5 Rz. 205. | 18 *Neumann/Biebl*, § 3 ArbZG Rz. 10. | 19 KassHdb/*Schliemann*, 2.5 Rz. 206; *Neumann/Biebl*, § 3 ArbZG Rz. 10; aA *Dobberahn*, Rz. 31.

- **Brauchtumstage**, die keine Feiertage sind, lassen einen Ausgleich zu[1].
- **Feiertag**: Er ist mit der üblichen Arbeitszeit an den betreffenden Tagen anzusetzen und kommt für einen Ausgleich nicht in Betracht[2].
- **Freistellung**: Zeiten der Freistellung tragen zum Ausgleich verlängerter Arbeitszeiten bei.
- **Rosenmontag**: Siehe *Brauchtumstage*.
- **Sonderurlaub mit Vergütungsfortzahlung** (für Hochzeit, Todesfall usw.): Er ist mit der üblichen Arbeitszeit an den betreffenden Tagen anzusetzen und kommt für einen Ausgleich nicht in Betracht[3].
- **Sonderurlaub ohne Vergütungszahlung**: Er gleicht verlängerte Arbeitszeiten aus, da er nur dazu dient, den ArbN von der Verpflichtung zur Arbeitsleistung zu befreien[4].
- **Sonntag**: Er kommt für einen Ausgleich nicht in Betracht[5].
- **Urlaub**: Er ist mit der üblichen Arbeitszeit an den betreffenden Tagen anzusetzen und kommt für einen Ausgleich nicht in Betracht (str.)[6].
- **Zusatzurlaub für Schwerbehinderte**: Er kann für den Ausgleich verlängerter Arbeitszeiten nicht herangezogen werden[7].

2. Tarifvertragliche Möglichkeiten. Eine Ausdehnung der werktägl. Arbeitszeit auf über 10 Stunden ist durch TV oder durch eine BV auf Grund eines TV auch ohne Ausgleich nach § 7 I Nr. 1a möglich, wenn in die Arbeitszeit regelmäßig und in erheblichem Umfang Arbeitsbereitschaft oder Bereitschaftsdienst fällt. Eine Verlängerung des Ausgleichszeitraums ist nach § 7 I Nr. 1b durch TV oder durch eine BV auf Grund eines TV möglich. Tariflich mögliche Erweiterungen der gesetzl. werktägl. Höchstarbeitszeit müssen aber gem. § 7 VIII einschließlich der Zeiten von Arbeitsbereitschaft und Bereitschaftsdienst spätestens innerhalb eines Jahres auf einen Durchschnittswert von acht Stunden pro Werktag oder 48 Stunden pro Woche zurückgeführt werden[8]. 11

3. Mitbestimmung. Nach § 87 I Nr. 2 BetrVG hat der BR ua. über Beginn und Ende der täglichen Arbeitszeit sowie über die Verteilung der Arbeitszeit auf die einzelnen Wochentage mitzubestimmen. Das MitbestR umfasst auch die Wahl oder die Änderung des Ausgleichszeitraums[9]. 12

4. Straf- und bußgeldrechtliche Sanktionen. Beschäftigt der ArbGeb einen ArbN über die in § 3 festgelegte Grenze der Arbeitszeit hinaus, können ihn straf- und bußgeldrechtl. Sanktionen gem. §§ 22 I Nr. 1, 23 I treffen. 13

5. Sonderregelungen für Kraftfahrer. a) Für Kraftfahrer gelten mit der VO (EWG) Nr. 3820/85 des Rates v. 20.12.1985 über die Harmonisierung bestimmter Sozialvorschriften im Straßenverkehr[10] und der FahrpersonalVO vom 22.8.1969[11] strenge Regeln für die Lenk- und Ruhezeiten[12]. Dies betrifft Fahrer von Fahrzeugen, die der **Güterbeförderung** dienen und deren zulässiges Gesamtgewicht einschließlich Anhänger und Sattelanhänger mehr als 2,8 t beträgt, sowie Fahrer von Fahrzeugen, die der **Personenbeförderung** im Linienverkehr dienen und einschließlich Fahrer mehr als 9 Personen transportieren können[13]. Diese ArbN unterfallen nicht der Arbeitszeitrichtlinie, sondern der RL 2002/15/EG des Europäischen Parlaments und des Rates v. 11.3.2002 zur Regelung der Arbeitszeit von Personen, die Fahrtätigkeiten im Bereich des Straßentransports ausüben – Fahrpersonalrichtlinie, die nunmehr in § 21a abschließend umgesetzt ist. 14

1 *Dobberahn*, Rz. 31. | 2 *Dobberahn*, Rz. 31; KassHdb/*Schliemann*, 2.5 Rz. 206; *Neumann/Biebl*, § 3 ArbZG Rz. 10. | 3 KassHdb/*Schliemann*, 2.5 Rz. 206; *Neumann/Biebl*, § 3 ArbZG Rz. 10. | 4 KassHdb/*Schliemann*, 2.5 Rz. 206; Erlass des MASSKS NRW v. 18.5.1999 – 215–8435, Nr. 3.2. | 5 *Dobberahn*, Rz. 31. | 6 Wie hier: KassHdb/*Schliemann*, 2.5 Rz. 206; *Neumann/Biebl*, § 3 ArbZG Rz. 10; gemäß dem Erlass des MASSKS NRW v. 18.5.1999 – 215–8435, Nr. 3.2 sind die über den gesetzlichen Urlaubsanspruch von 24 Tagen hinausgehenden Urlaubstage als Ausgleichstage anzusehen; *Dobberahn*, Rz. 31 lässt Urlaubstage generell für den Ausgleich zu. | 7 KassHdb/*Schliemann*, 2.5 Rz. 207. | 8 BAG v. 24.1.2006 – 1 ABR 6/05, NZA 2006, 862. | 9 *Junker*, ZfA 1998, 105 (113); *Baeck/Deutsch*, § 3 ArbZG Rz. 55. | 10 Abl. Nr. L 370 vom 31.12.1985, S. 1–7. | 11 BGBl. I S. 1307. | 12 Die VO eröffnet dem ArbGeb des Verkehrsgewerbes nach Auffassung des LAG Thür. hingegen keine Erweiterung der nach § 3 ArbZG zulässigen Arbeitszeitgrenzen, LAG Thür. v. 19.3.2002 – 5 (6) 5 Sa 527/99, LAG-Report 2002, 359. | 13 Die Verordnung (EWG) Nr. 3820/85 des Rates v. 20.12.1985 über die Harmonisierung bestimmter Sozialvorschriften im Straßenverkehr gilt gem. Art. 4 nicht für Beförderungen mit Fahrzeugen, (a) die zur Güterbeförderung dienen und deren zulässiges Gesamtgewicht, einschließlich Anhänger oder Sattelanhänger, 3,5 Tonnen nicht übersteigt; (b) die zur Personenbeförderung dienen und die nach ihrer Bauart und Ausstattung geeignet und dazu bestimmt sind, bis zu neun Personen – einschließlich des Fahrers – zu befördern; (c) die zur Personenbeförderung im Linienverkehr dienen, wenn die Linienstrecke nicht mehr als 50 km beträgt. Durch § 6 Fahrpersonalverordnung wird der Anwendungsbereich der Verordnung auf Fahrzeuge, die der Güterbeförderung dienen und deren zulässiges Gesamtgewicht einschließlich Anhänger und Sattelanhänger mehr als 2,8 und nicht mehr als 3,5 t beträgt sowie auf Fahrzeuge, die der Personenbeförderung dienen und einschließlich Fahrer mehr als 9 Personen transportieren können und die im Linienverkehr mit einer Linienlänge von bis zu 50 km eingesetzt sind, erweitert.

4 *Ruhepausen*

Die Arbeit ist durch im Voraus feststehende Ruhepausen von mindestens 30 Minuten bei einer Arbeitszeit von mehr als sechs bis zu neun Stunden und 45 Minuten bei einer Arbeitszeit von mehr als neun Stunden insgesamt zu unterbrechen. Die Ruhepausen nach Satz 1 können in Zeitabschnitte von jeweils mindestens 15 Minuten aufgeteilt werden. Länger als sechs Stunden hintereinander dürfen Arbeitnehmer nicht ohne Ruhepause beschäftigt werden.

1 **I. Inhalt und Zweck.** Ruhepausen sollen den ArbN vor den Gesundheits- und Unfallgefahren infolge von Übermüdung schützen.Während §§ 12, 18 AZO noch unterschiedliche Pausenvorschriften für Männer und Frauen vorsahen, enthält § 4 aus Gründen der Gleichbehandlung und zur Vermeidung von betriebl. Schwierigkeiten[1] eine einheitliche Pausenregelung. Für **Jugendliche** besteht eine **Sonderregelung** in § 11 JArbSchG.

2 **II. Begriff der Ruhepause. 1. Allgemeine Begriffsbestimmung.** Unter Ruhepausen sind Unterbrechungen der Arbeitszeit anzusehen, in denen der ArbN keine Arbeit leisten muss. Entscheidendes Merkmal der Ruhepause ist, dass der ArbN von jeder Arbeitsverpflichtung und von jeder Verpflichtung, sich bereit zu halten, freigestellt ist[2]. Eine über § 4 hinausgehende Pflicht des ArbGeb, (muslimischen) ArbN **Gebetspausen** während der Arbeitszeit einzuräumen, besteht jedenfalls dann nicht, wenn hierdurch betriebl. Störungen verursacht würden[3].

3 **2. Bereitschaftsdienst und Rufbereitschaft während der Ruhepause.** Für die Zeit der Ruhepause darf nach der hM im Schrifttum kein Bereitschaftsdienst, wohl aber Rufbereitschaft angeordnet werden[4]. Letzteres ist zumindest zweifelhaft, wenn man mit dem BAG das entscheidende Kriterium für eine Ruhepause in der Freistellung von jeder Dienstverpflichtung und von jeder Verpflichtung, sich zum Dienst bereitzuhalten[5], sieht.

4 **III. Festlegung der Ruhepausen und Mitbestimmung.** Die Ruhepausen müssen **im Voraus** feststehen[6]. Eine Arbeitsunterbrechung, bei deren Beginn der ArbN nicht weiß, wie lange sie dauern wird, ist keine Pause, da der ArbN sich durchgehend zur Arbeit bereithalten muss[7]. Dabei ist zu beachten, dass der ArbN nicht länger als sechs Stunden ohne Unterbrechung beschäftigt werden darf (S. 3). Durch Letzteres ist etwa ausgeschlossen, dass bei einer Arbeitszeit von neun Stunden entgegen ergonomischen Erkenntnissen und dem Zweck der Ruhepause erst nach sieben Stunden eine 45-minütige Unterbrechung gewährt wird[8]. Es ist Pflicht des ArbGeb, eine verbindl. Pausenregelung zu treffen[9]. Zu Beginn der tatsächlichen Arbeitszeit muss wenigstens ein zeitlicher Rahmen[10] feststehen, innerhalb dessen der ArbN seine Ruhepause ggf. in Absprache mit anderen ArbN in Anspruch nehmen kann[11]. Der ArbN muss sich auf die Pause einrichten können[12]. Der ArbGeb kann es nicht den ArbN überlassen, die Pausenlage eigenverantwortlich zu gestalten[13]. Nichtig ist somit eine BV, die einen pauschalen Pausenabzug von der vereinbarten Vergütung wegen möglicher Kurzpausen vorsieht, jedoch Zeitdauer und Lage der möglichen Kurzpausen offen lässt[14]. Freilich hat der ArbGeb bei der Festlegung der Pausen neben dem MitbestR des BR nach § 87 I Nr. 2 BetrVG auch die Grundsätze billigen Ermessens (§ 315 BGB[15]) zu beachten. Eine Pausenregelung entspricht billigem Ermessen, wenn sie die wesentl. Umstände des Falles abgewogen und die beiderseitigen Interessen angemessen berücksichtigt hat. Versucht der ArbGeb, seine Interessen einseitig durchzusetzen, ohne ausreichend auf das Interesse der ArbN Rücksicht zu nehmen, widerspricht die Pausenregelung dem Grundsatz der Billigkeit[16]. Nicht ordnungsmäß festgelegte Pausen sind als Arbeitszeit vergütungspflichtig[17].

5 **1. Arbeitszeit bis zu sechs Stunden.** Bis zu einer Arbeitszeit von sechs Stunden muss der ArbGeb keine Ruhepause gewähren. Hierdurch wird den Wünschen der TeilzeitArbN, ihre Anwesenheit im Betrieb nicht über Gebühr zu verlängern, gesetzgeberisch Rechnung getragen[18].

6 **2. Arbeitszeit zwischen sechs und nicht mehr als neun Stunden.** Beträgt die Arbeitszeit mehr als sechs Stunden und überschreitet sie nicht neun Stunden, muss eine Ruhepause von mindestens 30 Minuten gewährt werden. Dauert die Arbeitszeit mehr als neun Stunden, muss die Gesamtdauer der Ruhepausen 45 Minuten betragen. Der ArbGeb darf die Pausen nicht an den Beginn und das Ende der Arbeitszeit

---

1 BT-Drs. 12/5888, S. 24. | 2 BAG v. 9.3.2005 – 5 AZR 385/02, NZA 2005, 1016. | 3 LAG Hamm v. 18.1.2002 – 5 Sa 1782/01, NZA 2002, 675. | 4 *Baeck/Deutsch*, § 4 ArbZG Rz. 10; *Neumann/Biebl*, § 4 ArbZG Rz. 2; *Anzinger/Koberski*, § 4 ArbZG Rz. 3; ErfK/*Wank*, § 4 ArbZG Rz. 3. | 5 BAG v. 27.2.1992 – 6 AZR 478/90, AP Nr. 5 zu § 3 AZO; v. 9.3.2005 – 5 AZR 385/02, NZA 2005, 1016. | 6 BT-Drs. 12/5888, S. 24; BAG v. 27.2.1992 – 6 AZR 478/90, AP Nr. 5 zu § 3 AZO. | 7 BAG v. 9.3.2005 – 5 AZR 385/02, NZA 2005, 1016. | 8 BT-Drs. 12/6990, S. 43. | 9 BAG v. 27.2.1992 – 6 AZR 478/90, AP Nr. 5 zu § 3 AZO; *Baeck/Deutsch*, § 4 ArbZG Rz. 30. | 10 BAG v. 28.9.1972 – 5 AZR 198/72, DB 1972, 2404 hält einen zeitlichen Rahmen von 2 Stunden für zulässig. | 11 BT-Drs. 12/5888, S. 24 unter Berufung auf BAG v. 27.2.1992 – 6 AZR 478/90, AP Nr. 5 zu § 3 AZO; *Baeck/Deutsch*, § 4 ArbZG Rz. 24; *Neumann/Biebl*, § 4 ArbZG Rz. 3. | 12 *Neumann/Biebl*, § 4 ArbZG Rz. 3 mwN; aA nur KassHdb/*Schliemann*, 2.5 Rz. 250. | 13 BAG v. 27.2.1992 – 6 AZR 478/90, AP Nr. 5 zu § 3 AZO. | 14 LAG Köln v. 23.8.2001 – 6 Sa 567/01, nv. | 15 *Baeck/Deutsch*, § 4 ArbZG Rz. 36. | 16 BAG v. 19.5.1992 – 1 AZR 418/91, NZA 1992, 978. | 17 BAG v. 23.9.1992 – 4 AZR 562/91, AP Nr. 6 zu § 3 AZO. | 18 BT-Drs. 12/5888, S. 24.

legen[1]. Allerdings ist nicht gefordert, dass zwischen Pause und Arbeitsbeginn bzw. Arbeitsende eine bestimmte Mindestzeit liegt[2].

3. Kurzfristige Überschreitung der Neun-Stunden-Grenze. Wird kurz vor Ablauf von neun Stunden erkennbar, dass diese zeitl. Grenze geringfügig um einige Minuten überschritten wird, ist die Einlegung einer weiteren Pause nicht erforderlich, weil so dem Gesundheitsschutz nicht wirkungsvoll Rechnung getragen und der ArbN unnötig lang an den Betrieb gebunden wäre[3]. Eine andere Betrachtungsweise wäre eine sinnlose, dem Gesundheitsschutz nicht mehr dienende Förmelei[4]. 7

4. Mindestdauer der Ruhepausen. Der ArbGeb kann die Ruhepausen in Zeitabschnitte von jeweils 15 Minuten aufteilen (S. 2). 8

5. Sanktionen. Gewährt der ArbGeb schuldhaft keine Ruhepausen mit der gesetzl. vorgeschriebenen Mindestdauer, treffen ihn die Sanktionen der §§ 22 I Nr. 2, 23 I. Hingegen hat der ArbN weder einen Abgeltungs- noch einen Schadensersatzanspruch, da die Ruhepause nicht vergütungspflichtig ist und ihre Vorenthaltung nicht zu einem ersatzfähigen Schaden führt[5]. 9

IV. Gestaltung und Ort der Ruhepause. Wo der ArbN die Pause verbringt, bleibt grds. ihm überlassen[6]. Er ist daher auch berechtigt, das Betriebsgelände zu verlassen, sofern ihm dies nicht einzelvertragl. oder durch eine BV untersagt ist[7]. Nach § 6 III **ArbeitsstättenVO** muss der ArbGeb den ArbN einen **Pausenraum** oder einen entsprechenden **Pausenbereich** zur Verfügung zu stellen, wenn mehr als zehn ArbN beschäftigt sind oder gesundheitliche Gründe oder die Art der ausgeübten Tätigkeit es erfordern. Dies gilt jedoch nicht, wenn die ArbN in Büroräumen oder vergleichbaren Arbeitsräumen beschäftigt sind und dort die Voraussetzungen für eine gleichwertige Erholung während der Pausen gegeben sind. 10

5 *Ruhezeit*

(1) Die Arbeitnehmer müssen nach Beendigung der täglichen Arbeitszeit eine ununterbrochene Ruhezeit von mindestens elf Stunden haben.

(2) Die Dauer der Ruhezeit des Absatzes 1 kann in Krankenhäusern und anderen Einrichtungen zur Behandlung, Pflege und Betreuung von Personen, in Gaststätten und anderen Einrichtungen zur Bewirtung und Beherbergung, in Verkehrsbetrieben, beim Rundfunk sowie in der Landwirtschaft und in der Tierhaltung um bis zu eine Stunde verkürzt werden, wenn jede Verkürzung der Ruhezeit innerhalb eines Kalendermonats oder innerhalb von vier Wochen durch Verlängerung einer anderen Ruhezeit auf mindestens zwölf Stunden ausgeglichen wird.

(3) Abweichend von Absatz 1 können in Krankenhäusern und anderen Einrichtungen zur Behandlung, Pflege und Betreuung von Personen Kürzungen der Ruhezeit durch Inanspruchnahmen während der Rufbereitschaft, die nicht mehr als die Hälfte der Ruhezeit betragen, zu anderen Zeiten ausgeglichen werden.

Abs. 3 geändert durch Gesetz zu Reformen am Arbeitsmarkt v. 24.12.2003, BGBl. I, S. 3002; Abs. 4 gestrichen durch Gesetz zur Änderung personenbeförderungsrechtlicher Vorschriften und arbeitszeitrechtlicher Vorschriften für Fahrpersonal v. 14.8.2006, BGBl. I S. 1962.

I. Inhalt und Zweck. § 5 enthält im Interesse des Gesundheitsschutzes der ArbN[8] Vorschriften über die Mindestruhezeit nach Beendigung der täglichen Arbeitszeit. Unter Ruhezeit ist dabei die Zeit zwischen zwei Arbeitsschichten zu verstehen. Eine **Sonderregelung** für **Jugendliche** findet sich in § 13 JArbSchG (Ruhezeit mind. 12 Stunden). 1

II. Mindestruhezeit (Abs. 1). Entsprechend Abs. 1 muss die ununterbrochene tägl. Ruhezeit mindestens **11 Stunden** betragen. Während dieser Zeit darf der ArbN nicht zu Arbeiten herangezogen werden. Ihm steht insoweit, falls keine Notfallarbeiten iSd. § 14 zu erledigen sind, ein **Leistungsverweigerungsrecht** zu[9]. Grds. führen Unterbrechungen der Ruhezeit durch Arbeitszeit dazu, dass dem ArbN eine neue ununterbrochene Ruhezeit von 11 Stunden zu gewähren ist[10], auch wenn er zu Notfallarbeiten iSd. § 14 herangezogen war[11]. Eine Ausnahme wird man jedoch für **geringfügige Unterbrechungen der Ruhezeit** machen müssen, bei denen gesundheitl. Schäden des ArbN durch Überanstrengung ausgeschlossen sind und die Erholung des ArbN gewährleistet ist, etwa bei einer kurzen telefonischen Auskunft des ArbN[12], beim Abschließen von Türen oder Ein-/Ausschalten von Beleuchtung[13]. Die gegenteilige Ansicht[14], wo- 2

1 *Baeck/Deutsch*, § 4 ArbZG Rz. 23; *Neumann/Biebl*, § 4 ArbZG Rz. 6. | 2 *Neumann/Biebl*, § 4 ArbZG Rz. 6. | 3 *Erasmy*, NZA 1994, 1105 (1107); *Baeck/Deutsch*, § 4 ArbZG Rz. 17. | 4 *Erasmy*, NZA 1994, 1105 (1107). | 5 *Baeck/Deutsch*, § 4 ArbZG Rz. 27. | 6 *Neumann/Biebl*, § 4 ArbZG Rz. 8; *Baeck/Deutsch*, § 4 ArbZG Rz. 12. | 7 *Neumann/Biebl*, § 4 ArbZG Rz. 9; *Baeck/Deutsch*, § 4 ArbZG Rz. 12, 13. | 8 BT-Drs. 12/5888, S. 24. | 9 *Baeck/Deutsch*, § 5 ArbZG Rz. 17. | 10 *Baeck/Deutsch*, § 5 ArbZG Rz. 13; *Neumann/Biebl*, § 5 ArbZG Rz. 4. | 11 *Anzinger/Koberski*, § 5 ArbZG Rz. 12; *Baeck/Deutsch*, § 5 ArbZG Rz. 17. | 12 *Baeck/Deutsch*, § 5 ArbZG Rz. 14. | 13 *Anzinger/Koberski*, § 5 ArbZG Rz. 13 f. | 14 *Anzinger/Koberski*, § 5 ArbZG Rz. 14; *Anzinger*, BB 1994, 1492 (1494): „Die Ruhezeit ist nur dann ununterbrochen, wenn der Arbeitnehmer zu keiner wie auch immer gearteten Arbeitsleistung herangezogen wird."

nach selbst ganz kurze Zeit dauernde, leichte Tätigkeiten verboten sind, überzeugt nicht und würde zu unpraktischen Ergebnissen führen. Richtigerweise können daher bei unbedeutenden Unterbrechungen die Ruhezeiten vor und nach der Unterbrechung zusammengezogen werden[1]. Zur Frage der Anrechnung von Transferzeiten auf Ruhezeiten in der Luftfahrt siehe BAG v. 21.1.2003 – 9 AZR 600/01[2]. Wird ein zur Rufbereitschaft eingeteilter ArbN zu Arbeiten herangezogen und muss wegen der zwingend vorgeschriebenen mindestens elfstündigen Ruhezeit deshalb für ihn am folgenden Tag die regelmäßige Tagesschicht ausfallen, so kann er für die ausgefallenen Stunden der Tagesschicht nach Auffassung des BAG keine Bezahlung verlangen, wenn nicht kollektiv- oder einzelvertragl. etwas anderes vereinbart ist[3].

3 **III. Ausnahmen. 1. Ausnahmen für Krankenhäuser, andere Einrichtungen zur Behandlung, Pflege und Betreuung von Personen, Gaststätten, andere Einrichtungen zur Bewirtung und Beherbergung, Verkehrsbetriebe, für den Rundfunk sowie die Landwirtschaft und die Tierhaltung (Abs. 2).** Die Vorschrift lässt für die genannten Betriebe eine Verkürzung der Ruhezeit auf 10 Stunden zu, wenn für jede Verkürzung innerhalb eines Kalendermonats oder innerhalb von vier Wochen ein Ausgleich durch Verlängerung einer anderen Ruhezeit auf mindestens 12 Stunden erfolgt. Dies bedeutet nach richtiger Auffassung, dass auch eine Verkürzung der Ruhezeit von wenigen Minuten die Verlängerung einer anderen Ruhezeit um mindestens eine Stunde erfordert[4]. Demgegenüber wird auch die Auffassung vertreten, dass es zur Vermeidung einer Überkompensation ausreicht, wenn die Summe der Ruhezeiten im Durchschnitt des Ausgleichszeitraumes 11 Stunden nicht unterschreitet[5]. Als Ausgleichszeiträume stellt das Gesetz alternativ einen Kalendermonat oder vier Wochen zur Verfügung, wobei es keine Rolle spielt, ob die Verlängerung der Ruhezeit der Verkürzung folgt oder ihr vorangeht[6].

4 **2. Weitere Ausnahmen für Krankenhäuser und andere Einrichtungen zur Behandlung, Pflege und Betreuung von Personen (Abs. 3).** Die Bestimmung stellt sicher, dass ArbN in Krankenhäusern und den angeführten Einrichtungen, und zwar sowohl Ärzte und Pflegepersonal als auch sonstige Bedienstete, trotz Arbeitsleistung während der Rufbereitschaft ihre Tätigkeit aufnehmen können, ohne dass eine erneute Ruhezeit erforderlich wird, sofern ein Ausgleich erfolgt. Dabei darf die Kürzung der Ruhezeit nicht mehr als die Hälfte betragen. Den ArbN muss also eine ununterbrochene Ruhezeit von 5 ½ Stunden verbleiben. Anders als in Abs. 2 unterlässt es das Gesetz in Abs. 3, den Ausgleichszeitraum näher zu bestimmen. Entsprechend dem Zweck der Ruhezeit, Gesundheitsbeschädigungen der ArbN zu verhindern, wird der Ausgleich jedoch in angemessener Zeit zu erfolgen haben[7].

5 **IV. Straf- und bußgeldrechtliche Sanktionen.** Gewährt der ArbGeb vorsätzlich oder fahrlässig entgegen Abs. 1 nicht die Mindestruhezeit oder gleicht er entgegen Abs. 2 eine Verkürzung der Ruhezeit nicht oder nicht rechtzeitig durch die Verlängerung einer anderen Ruhezeit aus, treffen ihn die Sanktionen der §§ 22 I Nr. 3, 23 I (s. dort).

6 *Nacht- und Schichtarbeit*

(1) Die Arbeitszeit der Nacht- und Schichtarbeitnehmer ist nach den gesicherten arbeitswissenschaftlichen Erkenntnissen über die menschengerechte Gestaltung der Arbeit festzulegen.

(2) Die werktägliche Arbeitszeit der Nachtarbeitnehmer darf acht Stunden nicht überschreiten. Sie kann auf bis zu zehn Stunden nur verlängert werden, wenn abweichend von § 3 innerhalb von einem Kalendermonat oder innerhalb von vier Wochen im Durchschnitt acht Stunden werktäglich nicht überschritten werden. Für Zeiträume, in denen Nachtarbeitnehmer im Sinne des § 2 Abs. 5 Nr. 2 nicht zur Nachtarbeit herangezogen werden, findet § 3 Satz 2 Anwendung.

(3) Nachtarbeitnehmer sind berechtigt, sich vor Beginn der Beschäftigung und danach in regelmäßigen Zeitabständen von nicht weniger als drei Jahren arbeitsmedizinisch untersuchen zu lassen. Nach Vollendung des 50. Lebensjahres steht Nachtarbeitnehmern dieses Recht in Zeitabständen von einem Jahr zu. Die Kosten der Untersuchungen hat der Arbeitgeber zu tragen, sofern er die Untersuchungen den Nachtarbeitnehmern nicht kostenlos durch einen Betriebsarzt oder einen überbetrieblichen Dienst von Betriebsärzten anbietet.

(4) Der Arbeitgeber hat den Nachtarbeitnehmer auf dessen Verlangen auf einen für ihn geeigneten Tagesarbeitsplatz umzusetzen, wenn

a) nach arbeitsmedizinischer Feststellung die weitere Verrichtung von Nachtarbeit den Arbeitnehmer in seiner Gesundheit gefährdet oder

b) im Haushalt des Arbeitnehmers ein Kind unter zwölf Jahren lebt, das nicht von einer anderen im Haushalt lebenden Person betreut werden kann, oder

---

1 *Baeck/Deutsch*, § 5 ArbZG Rz. 14. | 2 BAG v. 21.1.2003 – 9 AZR 600/01, NZA 2003, 930. | 3 BAG v. 5.7.1976 – 5 AZR 264/75, AP Nr. 10 zu § 12 AZO. | 4 *Baeck/Deutsch*, § 5 ArbZG Rz. 21; *Anzinger/Koberski*, § 5 ArbZG Rz. 31, jeweils mwN. | 5 *Neumann/Biebl*, § 5 ArbZG Rz. 5; ErfK/*Wank*, § 5 ArbZG Rz. 7. | 6 *Baeck/Deutsch*, § 5 ArbZG Rz. 23; *Anzinger/Koberski*, § 5 ArbZG Rz. 32; *Neumann/Biebl*, § 5 ArbZG Rz. 6. | 7 *Baeck/Deutsch*, § 5 ArbZG Rz. 46.

c) der Arbeitnehmer einen schwerpflegebedürftigen Angehörigen zu versorgen hat, der nicht von einem anderen im Haushalt lebenden Angehörigen versorgt werden kann,

sofern dem nicht dringende betriebliche Erfordernisse entgegenstehen. Stehen der Umsetzung des Nachtarbeitnehmers auf einen für ihn geeigneten Tagesarbeitsplatz nach Auffassung des Arbeitgebers dringende betriebliche Erfordernisse entgegen, so ist der Betriebs- oder Personalrat zu hören. Der Betriebs- oder Personalrat kann dem Arbeitgeber Vorschläge für eine Umsetzung unterbreiten.

(5) Soweit keine tarifvertraglichen Ausgleichsregelungen bestehen, hat der Arbeitgeber dem Nachtarbeitnehmer für die während der Nachtzeit geleisteten Arbeitsstunden eine angemessene Zahl bezahlter freier Tage oder einen angemessenen Zuschlag auf das ihm hierfür zustehende Bruttoarbeitsentgelt zu gewähren.

(6) Es ist sicherzustellen, dass Nachtarbeitnehmer den gleichen Zugang zur betrieblichen Weiterbildung und zu aufstiegsfördernden Maßnahmen haben wie die übrigen Arbeitnehmer.

I. Inhalt und Zweck. § 6 enthält entsprechend dem Auftrag des BVerfG aus dem Urteil vom 28.1.1992[1] **geschlechtsneutrale Schutzvorschriften für alle NachtArbN**[2]. Denn Nachtarbeit ist grds. für jeden Menschen schädlich. Sie führt zu Schlaflosigkeit, Appetitstörungen, Störungen des Magen-Darm-Traktes, erhöhter Nervosität und Reizbarkeit sowie zu einer Herabsetzung der Leistungsfähigkeit[3]. Andererseits kann in einer modernen Industriegesellschaft nicht generell auf Nachtarbeit verzichtet werden. 1

II. Die einzelnen Bestimmungen. 1. Gestaltung der Nacht- und Schichtarbeitszeit durch den Arbeitgeber (Abs. 1). Die Vorschrift verpflichtet den ArbGeb im Hinblick auf die drohenden Gesundheitsgefahren, die Arbeitszeit der Nacht- und SchichtArbN nach den gesicherten arbeitswissenschaftlichen Erkenntnissen über die menschengerechte Gestaltung der Arbeit festzulegen. 2

a) Gesicherte arbeitswissenschaftliche Erkenntnisse über die menschengerechte Gestaltung der Arbeitszeit. Der Begriff findet sich auch in § 90 II 2 BetrVG, wonach ArbGeb und BR diese Erkenntnisse bei der technischen und organisatorischen Gestaltung der Arbeitsplätze, des Arbeitsablaufs und der Arbeitsumgebung[4] zu berücksichtigen haben. Ob es in Bezug auf die Nacht- und Schichtarbeit solche Erkenntnisse überhaupt gibt, ist umstritten[5]. So gibt es nach Auffassung des BAG nicht einmal gesicherte arbeitsmedizinischen Erkenntnisse darüber, ob eine kurze oder längere Schichtfolge die Gesundheit der ArbN stärker beeinträchtigt[6]. 3

b) Gestaltungsempfehlungen. Gleichwohl haben Wissenschaft und Praxis Gestaltungsempfehlungen entwickelt, die etwa das nordrhein-westfälische Arbeitsministerium den ArbGeb im Wege der Information und Beratung entsprechend § 21 ArbSchG nahe bringt. Hierzu gehören[7]: 4

- **dauerhafte Nachtschicht** nur in besonderen Ausnahmefällen;
- in der Regel nicht mehr als **zwei bis vier Nachtschichten in Folge**;
- ausreichende **Ruhezeiten** zwischen zwei Schichten, keinesfalls kürzer als 24 Stunden;
- regelmäßig **freie Wochenenden** in kontinuierlichen Schichtsystemen;
- **Wochenendfreizeiten von mindestens zwei Tagen**, darunter einen Samstag oder Sonntag;
- Ausgleich der Mehrbelastung für Schichtarbeiter durch **zusätzliche Freizeit**;
- keine Arbeitsperioden von **acht oder mehr Arbeitstagen in Folge**;
- möglichst **keine langen Schichten**;
- **Anpassung der Schichtlänge** an den Grad der körperlichen und geistigen Beanspruchung durch die Arbeit;
- **Nachtschichten grundsätzlich kürzer** als Früh- und Spätschichten;
- **vorwärts rotierende Schichtfolgen** bei kontinuierlichen Schichtsystemen (erst Früh-, dann Spät-, dann Nachtschicht);
- möglichst **später Beginn der Frühschichten**, möglichst **frühes Ende der Nachtschicht**;
- Flexibilität bei den **Übergabezeiten**, etwa durch den Einsatz von Springern;
- möglichst **Verzicht auf starre Anfangszeiten**;
- **Regelmäßigkeit** in der **Schichtenfolge**;

1 BVerfG v. 28.1.1992 – 1 BvR 1025/82, BVerfGE 85, 191 = NJW 1992, 964 (zu § 19 AZO: Nachtarbeitsverbot für Arbeiterinnen). | 2 BT-Drs. 12/5888, S. 25. | 3 BVerfG v. 28.1.1992 – 1 BvR 1025/82, 1 BvL 16/83, 1 BvL 10/91 = NJW 1992, 964. | 4 *Fitting*, § 90 BetrVG Rz. 1. | 5 Verneinend etwa *Neumann/Biebl*, § 6 ArbZG Rz. 8; teilweise wird auf die Untersuchungsergebnisse der Europäischen Stiftung zur Verbesserung der Lebens- und Arbeitsbedingungen verwiesen, vgl. *Anzinger*, BB 1994, 1492 (1495) und *Baeck/Deutsch*, § 6 ArbZG Rz. 23; weitere Forschungseinrichtungen mit Anschriften bei KassHdb/*Schliemann*, 2.5 Rz. 341. | 6 BAG v. 11.2.1998 – 5 AZR 472/97, NZA 1998, 647. | 7 Erlass des MASSKS NRW v. 18.5.1999 – 215–8435, Nr. 6.3.

- **rechtzeitige Information** der ArbN über den Schichtplan;
- **Vermeidung geteilter Schichten.**

Tatsächlich bleibt aber die menschengerechte Gestaltung des Arbeitsplatzes nach den gesicherten arbeitswissenschaftlichen Erkenntnissen wegen der Vielzahl der Einflussfaktoren immer auch eine **Frage des Einzelfalles**[1].

5 **c) Zivilrechtliche Sanktionen.** Umstritten ist, ob ein Verstoß des ArbGeb gegen Abs. 1 dem ArbN angesichts der inhaltlichen Unschärfe des Begriffs der „gesicherten arbeitswissenschaftlichen Erkenntnissen über die menschengerechte Gestaltung der Arbeit" ein **Zurückbehaltungsrecht** an seiner Arbeitsleistung gibt[2] und ob sich der ArbGeb **schadensersatzpflichtig** machen kann[3]. Die wohl hM[4] verneint dies, ohne allerdings neben den auftretenden praktischen Schwierigkeiten rechtl. überzeugende Gründe für ihre Ansicht anführen zu können[5]. *Erasmy*[6] bezeichnet Abs. 1 wegen seines unscharfen, offenen Tatbestandes als **„lex imperfecta"**[7], die der Gesetzgeber aus gutem Grund nicht bußgeld- bzw. strafbewehrt ausgestaltet hat.

6 **2. Werktägliche Arbeitszeit der Nachtarbeitnehmer (Abs. 2).** Die werktägliche Arbeitszeit darf grds. **acht Stunden** nicht überschreiten und darf nur dann auf zehn Stunden verlängert werden, wenn innerhalb eines gegenüber § 3 S. 2 aus Gründen des Gesundheitsschutzes[8] **stark verkürzten Ausgleichszeitraums** von einem Kalendermonat oder innerhalb von vier Wochen im Durchschnitt acht Stunden werktäglich nicht überschritten werden. Abs. 2 S. 3 lässt hiervon entsprechend der Beschlussempfehlung des Ausschusses für Arbeit und Sozialordnung wiederum eine Ausnahme für diejenigen ArbN zu, die für längere Zeit nicht zur Nachtarbeit herangezogen werden[9]. Betroffen von dieser Ausnahmeregelung sind ArbN, die zwar nicht normalerweise Nachtarbeit in Wechselschicht, aber an mindestens 48 Tagen im Kalenderjahr Nachtarbeit leisten. Wann ein längerer Zeitraum vorliegt, ist gesetzl. nicht geregelt. Rspr. und Lit., die diesen Zeitraum exakt eingrenzt, existiert nicht. Ein längerer Zeitraum ohne Nachtarbeit lässt sich nur im Vergleich zu den Zeiträumen mit Nachtarbeit ermitteln und muss deutlich länger sein[10]. Nach § 7 I Nr. 4 kann die Arbeitszeit durch TV oder auf Grund eines TV in einer BV oder DV über zehn Stunden werktäglich verlängert werden , wenn in die Arbeitszeit regelmäßig oder in erheblichem Umfang Arbeitsbereitschaft oder Bereitschaftsdienst fällt. Ebenso kann ein anderer Ausgleichzeitrauzm festgelegt werden. Die Erweiterungen der gesetzl. werktägl. Höchstarbeitszeit müssen aber gem. § 7 VIII einschließlich der Zeiten von Arbeitsbereitschaft und Bereitschaftsdienst spätestens innerhalb eines Jahres auf einen Durchschnittswert von acht Stunden pro Werktag oder 48 Stunden pro Woche zurückgeführt werden[11].

7 **3. Arbeitsmedizinische Untersuchung (Abs. 3).** Nach Abs. 3 S. 1 ist jeder NachtArbN berechtigt, sich vor der Aufnahme von einer mit Nachtarbeit verbundenen Tätigkeit und danach in regelmäßigen Zeitabschnitten von mindestens drei Jahren arbeitsmedizinisch untersuchen zu lassen.

8 **a) Arbeitsverweigerungsrecht und Beschäftigungshindernis.** Solange ein NachtArbN vor Beginn der Beschäftigung entgegen seinem Verlangen nicht arbeitsmedizinisch iSd. Abs. 3 untersucht worden und das Untersuchungsergebnis bekannt gegeben ist, kann er die Arbeit verweigern[12]. Der ArbN ist nicht verpflichtet, sich einer vom ArbGeb angeordneten arbeitsmedizinischen Untersuchung zu unterziehen[13]. Andererseits ist der ArbGeb nicht verpflichtet, einen ArbN, der sich einer solchen Untersuchung trotz Aufforderung nicht unterzieht, in Nachtarbeit zu beschäftigen. Er muss nicht abwarten, bis der ArbN seine Gesundheit gefährdet. Insoweit besteht bis zur Untersuchung ein Beschäftigungshindernis[14]. Ggf. kann der ArbGeb sogar kündigen, wenn der ArbN nur in Nachtarbeit beschäftigt werden kann und sich trotz wiederholter Mahnung einer arbeitsmedizinischen Untersuchung nicht unterzieht[15].

9 **b) Untersuchender Arzt.** Die Untersuchungen sind durch **Arbeitsmediziner** oder Ärzte mi einer arbeitsmedizinischen Fachkunde durchzuführen[16]. Die Ärzte bestimmen auf Grund ihrer Fachkunde Form und Inhalt der Untersuchung[17]. Hausärzte verfügen regelmäßig nicht über die erforderliche arbeitsmedizinische Fachkunde[18].

10 **c) Kosten der Untersuchung.** Die Kosten der Untersuchung muss grds. der **ArbGeb** tragen. Eine Kostentragungspflicht besteht nicht,

---

1 *Erasmy*, NZA 1994, 1105 (1108). | 2 Bejahend KassHdb/*Schliemann*, 2.5 Rz. 345; *Buschmann/Ulber*, § 6 ArbZG Rz. 8 geht ebenfalls von einer unmittelbaren Verpflichtung des ArbGeb (und des BR) aus, Nacht- und Schichtarbeit entsprechend den gesicherten arbeitswissenschaftlichen Erkenntnissen zu gestalten; aA die wohl hM, vgl. Nachw. bei *Baeck/Deutsch*, § 6 ArbZG Rz. 28. | 3 Bejahend KassHdb/*Schliemann*, 2.5 Rz. 347. | 4 Nachweise bei *Baeck/Deutsch*, § 6 ArbZG Rz. 28. | 5 Nach *Diller*, NJW 1994, 2726 (2727) macht § 6 I ArbZG nur als Sollvorschrift Sinn. Denn es könne nicht Wille des Gesetzgebers gewesen sein, aufwendige Arbeitsgerichtsverfahren über die Berechtigung der Einteilung eines ArbN zur Nachtarbeit zu führen. | 6 *Erasmy*, NZA 1994, 1105 (1108). | 7 Hiergegen *Buschmann/Ulber*, § 6 ArbZG Rz. 8. | 8 *Baeck/Deutsch*, § 6 ArbZG Rz. 31. | 9 BT-Drs. 12/6990, S. 43. | 10 *Anzinger/Koberski*, § 6 ArbZG Rz. 36. | 11 BAG v. 24.1.2006 – 1 ABR 6/05, NZA 2006, 862. | 12 ErfK/*Wank*, § 6 ArbZG Rz. 12. | 13 *Zmarzlik*, AR-Blattei SD, 240, Rz. 184. | 14 *Zmarzlik*, AR-Blattei SD, 240, Rz. 184. | 15 *Zmarzlik*, AR-Blattei SD, 240, Rz. 184. | 16 MünchArbR/*Anzinger*, § 220 Rz. 35. | 17 *Anzinger*, BB 1994, 1492 (1495). | 18 MünchArbR/*Anzinger*, § 221 Rz. 41.

- wenn der ArbGeb die kostenlose Untersuchung durch einen Betriebsarzt oder einen überbetrieblichen Dienst von Betriebsärzten anbietet und der ArbN die Untersuchung durch einen Arzt seiner Wahl[1], oder
- wenn der ArbN eine Untersuchung durch einen Arzt ohne arbeitsmedizinische Fachkunde[2]

durchführen lässt.

11 **d) Freistellung und Entgeltfortzahlung.** Für die Dauer einer arbeitsmedizinischen Untersuchung während der Arbeitszeit hat der ArbGeb den ArbN für die Untersuchung freizustellen[3] und das Entgelt entsprechend allgemeinen Grundsätzen fortzuzahlen, wenn eine Untersuchung außerhalb der Arbeitszeit nicht möglich ist[4]. Der ArbN hat bei der Vereinbarung des Untersuchungstermins auf die betriebl. Belange Rücksicht zu nehmen[5]. Bei **gleitender Arbeitszeit** hat der ArbN keinen Anspruch auf Arbeitsbefreiung für die Untersuchung, wenn sie in die Gleitzeit fällt[6]. Denn Regelungen über die gleitende Arbeitszeit verfolgen, soweit sie nicht die Kernarbeitszeit beteffen, den Zweck, innerhalb der festgelegten Gleitzeit dem Angestellten zu ermöglichen, die zeitl. Lage der Arbeitsleistung in freier Selbstbestimmung nach seinen Bedürfnissen und Wünschen festzulegen. Damit ist es dem ArbGeb letztlich unmöglich, den Angestellten während der Gleitzeit von der zeitlichen Lage der Arbeitspflicht zu befreien[7]. Bei Untersuchungen **außerhalb der Arbeitszeit** besteht **keine Vergütungspflicht**[8].

12 **e) Untersuchungsergebnis.** Hinsichtlich des Untersuchungsergebnisses unterliegt der Arzt der **Schweigepflicht** (§ 203 I Nr. 1 StGB). Der ArbN entscheidet allein, ob und in welchem Umfang er dem ArbGeb den Befund mitteilt[9]. Mitteilen sollte er freilich, ob er für die Nachtarbeit gesundheitl. geeignet ist, da sich der ArbGeb anderenfalls auf ein Beschäftigungshindernis berufen könnte.

13 **4. Umsetzungsanspruch (Abs. 4).** Nach Abs. 4 muss der ArbGeb den NachtArbN auf dessen Verlangen auf einen für ihn geeigneten Tagesarbeitsplatz umsetzen, wenn

- die **Gesundheit** der ArbN nach arbeitsmedizinischer Feststellung bei weiterer Verrichtung von Nachtarbeit **konkret**[10] **gefährdet** ist; die fachärztl. Prognose muss deutlich ergeben, dass der ArbN bei weiterer Verrichtung der Nachtarbeit gesundheitl. beeinträchtigt ist[11]; bei deutlichen Zweifeln an der Richtigkeit des ärztl. Gutachtens kann der ArbGeb eine Nachuntersuchung, ggf. durch einen anderen Arbeitsmediziner verlangen[12]; oder
- ein **Kind unter 12 Jahren** im Haushalt des ArbN lebt, das nicht von einer im Haushalt lebenden Person betreut werden kann, oder
- der ArbN einen **schwerpflegebedürftigen** (vgl. § 15 SGB XI: mindestens Pflegestufe II [str.[13]]) **Angehörigen** zu versorgen hat, der nicht von einem anderen im Haushalt lebenden Angehörigen versorgt werden kann.

14 **a) Weiterbeschäftigungsmöglichkeit auf einem Tagesarbeitsplatz.** Der Umsetzungsanspruch des NachtArbN besteht nur im Rahmen der objektiven Weiterbeschäftigungsmöglichkeiten und setzt voraus, dass ein geeigneter Tagesarbeitsplatz frei ist[14]. Ein Umsetzungsanspruch des ArbN besteht nicht bei **entgegenstehenden dringenden betriebl. Erfordernissen.** Dass diese betriebl. Erfordernisse nicht so dringend wie in § 1 II KSchG sein sollen, da es nicht um den Verlust des Arbeitsplatzes gehe[15], überzeugt nicht, da die Gesundheit des NachtArbN ein mindestens genauso hohes Rechtsgut darstellt wie der Arbeitsplatz. Im Übrigen wäre es dem Gesetzgeber unbenommen gewesen, an Stelle des aus § 1 II KSchG bekannten Begriffs der „dringenden betrieblichen Erfordernisse" eine andere Formulierung zu wählen[16]. Als betriebl. Erfordernisse kommen insb. in Betracht, dass die Tagesarbeitsplätze für den ArbN nicht geeignet sind, dass für einen qualifizierten NachtArbN kein geeigneter Ersatz gefunden werden kann oder dass ein geeigneter Tagesarbeitsplatz für den ArbN wegen Auftragsmangels oder Produktionsrückgangs weggefallen ist[17].

15 **b) Anhörung des Betriebsrats.** Stehen der Umsetzung nach Auffassung des ArbGeb dringende betriebl. Erfordernisse entgegen, so muss er nach Abs. 4 S. 2 den BR oder PersR hören. Diese können ihm nach Abs. 4 S. 3 Vorschläge für eine Umsetzung unterbreiten. Die Anhörung des BR stellt **keine Wirk-**

---

1 *Zmarzlik*, AR-Blattei SD, 240, Rz. 185. | 2 ErfK/*Wank*, § 6 ArbZG Rz. 14. | 3 *Zmarzlik*, AR-Blattei SD, 240, Rz. 186. | 4 *Baeck/Deutsch*, § 6 ArbZG Rz. 49. | 5 *Zmarzlik*, AR-Blattei SD, 240, Rz. 186. | 6 *Zmarzlik*, AR-Blattei SD, 240, Rz. 186. | 7 BAG v. 16.12.1993 – 6 AZR 236/93, NZA 1994, 854. | 8 *Baeck/Deutsch*, § 6 ArbZG Rz. 49. | 9 *Zmarzlik*, AR-Blattei SD, 240, Rz. 183; MünchArbR/*Anzinger*, § 221 Rz. 41. | 10 *Baeck/Deutsch*, § 6 ArbZG Rz. 64; ErfK/*Wank*, § 6 ArbZG Rz. 18; KassHdb/*Schliemann*, 2.5 Rz. 384. | 11 *Zmarzlik*, AR-Blattei SD, 240, Rz. 203. | 12 *Zmarzlik*, AR-Blattei SD, 240, Rz. 204. | 13 *Neumann/Biebl*, § 6 ArbZG Rz. 21; ErfK/*Wank*, § 6 ArbZG Rz. 20; *Anzinger/Koberski*, § 6 ArbZG Rz. 74 und MünchArbR/*Anzinger*, § 221 Rz. 49 lassen die Pflegestufe I ausreichen; wie hier: *Baeck/Deutsch*, § 6 ArbZG Rz. 71 und KassHdb/*Schliemann*, 2.5 Rz. 390; *Zmarzlik*, AR-Blattei SD, 240, Rz. 208. | 14 BT-Drs. 12/5888, S. 26. | 15 So aber *Anzinger/Koberski*, § 6 ArbZG Rz. 58, KassHdb/*Schliemann*, 2.5 Rz. 392 und ErfK/*Wank*, § 6 ArbZG Rz. 21; nach *Zmarzlik*, AR-Blattei SD, 240, Rz. 212, müssen dem Betrieb erhebliche Nachteile entstehen. | 16 Wie hier *Neumann/Biebl*, § 6 ArbZG Rz. 22. | 17 *Zmarzlik*, AR-Blattei SD, 240, Rz. 212.

samkeitsvoraussetzung für die Ablehnung des Versetzungsverlangens dar, da das Gesetz anders als etwa § 102 I 3 BetrVG keine Nichtigkeitsfolge vorschreibt (str.)[1]. Da eine Entscheidung der Rechtsfrage durch die Rspr. noch aussteht, sollte auf die ordnungsgemäße Anhörung des BR vorsichtshalber besonders geachtet werden.

16 c) **Kündigungsrechtliche Folgen.** Krankheitsbedingte Leistungseinschränkungen eines NachtArbN können als eine kündigungsrechtl. relevante Beeinträchtigung der betriebl. Interessen nur unter der Voraussetzung angesehen werden, dass der ArbGeb den ArbN nicht zumutbar seinem eingeschränkten Leistungsvermögen entsprechend unter Vermeidung von Nachtarbeit einsetzen kann. Eine Kündigung ist sozialwidrig, wenn im Kündigungszeitpunkt die Prüfung entgegenstehender betriebl. Belange gem. § 6 IV 2 und das in diesem Zusammenhang eingeleitete Einigungsstellenverfahren nach § 87 BetrVG wegen Änderung des Dienstplans noch nicht abgeschlossen sind[2].

17 d) **Beweislast.** Die Beweislast für das Vorliegen eines Umsetzungsanspruches, also für den freien Arbeitsplatz und den Umsetzungsgrund, trägt der **ArbN**. Die Beweislast für entgegenstehende dringende betriebliche Erfordernisse liegt beim **ArbGeb**[3]. Dabei kommen sowohl dem ArbGeb als auch dem ArbN die **Grundsätze der abgestuften Beweislast** entgegen[4]. Zeigt der gekündigte leistungsgeminderte ArbN auf, wie er sich eine leidensgerechte Beschäftigung vorstellt, so hat der ArbGeb im Rahmen der ihn gem. § 1 II 4 KSchG treffenden Darlegungs- und Beweislast das Fehlen einer derartigen Möglichkeit der leidensgerechten Beschäftigung darzulegen bzw. nachzuweisen[5].

18 **5. Ausgleich für Nachtarbeit (Abs. 5).** Nach Abs. 5 hat der ArbGeb, soweit keine tarifvertragl. Ausgleichsregelungen bestehen, für die Nachtarbeitsstunden nach seinem Ermessen[6] eine angemessene Anzahl freier Tage oder einen angemessenen Zuschlag auf das Bruttoentgelt zu gewähren. Ihm steht insoweit ein **Wahlrecht** iSd. § 263 BGB zu[7]. Aus dem Gesetz ergibt sich keine rechtl. Verpflichtung des ArbGeb, den Ausgleich in erster Linie in Form von Freizeit zu gewähren[8]. Da Abs. 5 die Möglichkeit der Zahlung und der Freizeitgewährung gleichwertig nebeneinander stellt, ist die Angemessenheit nach einem einheitl. Maßstab zu beurteilen. Der Umfang der Ausgleichsverpflichtung soll nicht davon abhängen, für welche Art des Ausgleichs sich der ArbGeb entscheidet. Sein Wahlrecht macht nur Sinn, wenn sich die jeweiligen Leistungen nach ihrem Wert grundsätzlich entsprechen[9]. Bei der Entscheidung des ArbGeb darüber, ob ein Ausgleich für Nachtarbeit nach Abs. 5 durch bezahlte freie Tage oder durch Entgeltzuschlag zu gewähren ist, hat der BR nach § 87 I Nr. 7 und Nr. 10 BetrVG **mitzubestimmen**[10], sofern keine tarifl. Ausgleichsregelung besteht[11]. Die Entscheidung darüber, wie viele bezahlte freie Tage oder in welcher Höhe Entgeltzuschläge nach Abs. 5 zu beanspruchen sein sollen, ist nach § 87 I EingangsHs. BetrVG hingegen mitbestimmungsfrei. Die Ermittlung des angemessenen Umfangs der Kompensation ist nicht der betriebl. Regelung überlassen, sondern eine Rechtsfrage der Billigkeit[12]. Erschöpft sich eine tarifl. Regelung darin, dass Nachtarbeit als zuschlagsfreie Arbeitszeit gilt, stellt dies keine Ausgleichsregelung dar. Allerdings reduziert sich dadurch die gesetzl. eröffnete Wahlmöglichkeit auf die Gewährung von Freizeitausgleich, bei dessen Ausgestaltung der BR ein MitbestR hat, etwa hinsichtlich der Frage, bis wann der Ausgleich erfolgen muss[13].

19 a) **Freizeit.** Der Bundesrat hatte in seiner Stellungnahme zum RegE vorgeschlagen, nach jeweils 20 Tagen Nachtarbeitszeit mit täglich mehr als drei Stunden einen zusätzlichen freien Arbeitstag zu gewähren[14]. Dieser Vorschlag ist nicht Gesetz geworden. In Rspr. und Lit. wird es als angemessen angesehen, **für 90 Nachtarbeitsstunden einen freien Tag** zu gewähren[15]. Die Freizeitgewährung muss aber einem etwa festgelegten Vergütungsaufschlag entsprechen[16].

20 b) **Entgeltzuschlag.** Art und Höhe der Ausgleichsleistung wegen Nachtarbeit werden regelmäßig im Arbeitsvertrag vereinbart, wobei die Arbeitsvertragsparteien auf eine gesonderte Zuschlagsregelung in Form eines Prozentsatzes des Stundenlohnes verzichten und statt dessen einen erhöhten Grundlohn vereinbaren können. Von einer pauschalen Abgeltung des Nachtarbeitszuschlags ist allerdings nur auszugehen, wenn der Arbeitsvertrag einen Bezug zwischen der zu leistenden Nachtarbeit und der Lohnhöhe hergestellt[17]. Haben die Arbeitsvertragsparteien keine angemessene Vereinbarung über die Höhe

1 *Baeck/Deutsch*, § 6 ArbZG Rz. 62; wohl auch KassHdb/*Schliemann*, 2.5 Rz. 400 (keine ausdrückl. Rechtsfolge); aA ErfK/*Wank*, § 6 ArbZG Rz. 23; *Neumann/Biebl*, § 6 ArbZG Rz. 23. | 2 LAG Hamm v. 14.9.2000 – 8 Sa 307/00, nv. | 3 KassHdb/*Schliemann*, 2.5 Rz. 395 f. | 4 KassHdb/*Schliemann*, 2.5 Rz. 395. | 5 LAG Hamm v. 14.9.2000 – 8 Sa 307/00, nv. | 6 KassHdb/*Schliemann*, 2.5 Rz. 405; *Anzinger/Koberski*, § 6 ArbZG Rz. 83; ErfK/*Wank*, § 6 ArbZG Rz. 24. | 7 BAG v. 1.2.2006 – 5 AZR 422/04, NZA 2006, 494; v. 5.9.2002 – 9 AZR 202/01, NZA 2003, 563; v. 27.5.2003 – 9 AZR 180/02, AP Nr. 5 zu § 6 ArbZG; LAG Schl.-Holst. v. 21.1.1997 – 1 Sa 467/96, NZA-RR 1998, 200; LAG Hamm v. 29.1.2001 – 19 Sa 257/00, nv. | 8 BAG v. 26.8.1997 – 1 ABR 16/97, NZA 1998, 441. | 9 BAG v. 1.2.2006 – 5 AZR 422/04, NZA 2006, 494. | 10 BAG v. 26.8.1997 – 1 ABR 16/97, NZA 1998, 441. | 11 BAG v. 26.4.2005 – 1 ABR 1/04 NZA 2005, 884. | 12 BAG v. 26.8.1997 – 1 ABR 16/97, NZA 1998, 441; v. 26.4.2005 – 1 ABR 1/04, NZA 2005, 884; LAG Hessen v. 6.7.2000 – 5 TaBV 7/00, nv. | 13 BAG v. 26.4.2005 – 1 ABR 1/04, NZA 2005, 884. | 14 BT-Drs. 12/5888, S. 41. | 15 BAG v. 5.9.2002 – 9 AZR 202/01, NZA 2003, 563; LAG Hamm v. 29.1.2001 – 19 Sa 257/00, nv.; *Anzinger/Koberski*, § 6 ArbZG Rz. 81; KassHdb/*Schliemann*, 2.5 Rz. 405. | 16 BAG v. 1.2.2006 – 5 AZR 422/04, NZA 2006, 494. | 17 BAG v. 27.5.2003 – 9 AZR 180/02, AP Nr. 5 zu § 6 ArbZG.

des Nachtzuschlags getroffen, obliegt dem ArbGeb die Bestimmung des für die Nachtarbeit zu zahlenden Zuschlags. Einen Anhaltspunkt bei der Bemessung des entgeltlichen Nachtarbeitszuschlags bieten die Tarifsätze des jeweiligen BranchenTV[1]. Der Zuschlag muss aber nicht in jedem Fall **Tarifniveau** erreichen. Denn andernfalls würde der ArbGeb im Ergebnis an einen TV gebunden, an dessen Zustandekommen und Geltung er weder durch eine Mitgliedschaft in der tarifvertragsschließenden Partei noch durch einzelvertragl. Bezugnahme beteiligt ist[2]. Die Angemessenheit des Zuschlags richtet sich vielmehr nach den Umständen des Einzelfalles. Insoweit muss der ArbGeb die Grundsätze billigen Ermessens wahren[3]. Für Angehörige eines Rettungsdienstes ist dabei regelmäßig ein Zuschlag in Höhe von 10 % des Arbeitsverdienstes angemessen. Denn durch den Zuschlag soll für diesen Personenkreis nur die mit der Nachtarbeit verbundene Erschwernis abgegolten werden, während der ansonsten mit dem Zuschlag verbundene Zweck, Nachtarbeit einzuschränken nicht zum Tragen kommt[4]. Als unterste Grenze eines angemessenen Nachtzuschlags werden ansonsten 15 % angesehen[5]. Im Mittel betragen die tarifl. Nachtarbeitszuschläge 25 %. Dieser Satz ist idR angemessen, um die mit Nachtarbeit verbundenen Erschwernisse bei nicht dauerhafter Nachtarbeit (Wechselschicht) auszugleichen[6]. Bei dem belastenderen Dauereinsatz in der Nachtschicht ist hingegen ein Zuschlag von 30 % als angemessen iSd. Abs. 5 anzusehen[7].

6. Gleichbehandlung bei weiterbildenden und aufstiegsfördernden Maßnahmen (Abs. 6). Der ArbGeb hat ggf. durch Organisationsmaßnahmen sicherzustellen, dass NachtArbN denselben Zugang zu betrieblichen Fördermaßnamen haben wie andere ArbN[8]. Bei der Vorschrift handelt es sich um eine Konkretisierung des allgemeinen arbeitsrechtl. Gleichbehandlungsgrundsatzes[9]. 21

III. Straf- und bußgeldrechtliche Sanktionen. Der ArbGeb, der einen NachtArbN über die Grenzen der zulässigen Arbeitszeit hinaus beschäftigt, begeht nach § 22 I Nr. 1 eine Ordnungswidrigkeit bzw. unter den weiteren Voraussetzungen des § 23 I sogar eine Straftat. 22

IV. Überwachung durch die Aufsichtsbehörde. Die Überwachungspflicht der Aufsichtsbehörde nach § 17 I erstreckt sich auch auf die Durchführung der arbeitsmedizinischen Untersuchungen, wohingegen die in § 6 III–VI enthaltenen Rechte der NachtArbN nicht durch Anordnungen der Aufsichtsbehörde nach § 17 II, sondern durch die ArbN selbst vor den ArbG durchzusetzen sind[10]. 23

7 *Abweichende Regelungen*

(1) In einem Tarifvertrag oder auf Grund eines Tarifvertrags in einer Betriebs- oder Dienstvereinbarung kann zugelassen werden,

1. abweichend von § 3

a) die Arbeitszeit über zehn Stunden werktäglich zu verlängern, wenn in die Arbeitszeit regelmäßig und in erheblichem Umfang Arbeitsbereitschaft oder Bereitschaftsdienst fällt,

b) einen anderen Ausgleichszeitraum festzulegen,

2. abweichend von § 4 Satz 2 die Gesamtdauer der Ruhepausen in Schichtbetrieben und Verkehrsbetrieben auf Kurzpausen von angemessener Dauer aufzuteilen,

3. abweichend von § 5 Abs. 1 die Ruhezeit um bis zu zwei Stunden zu kürzen, wenn die Art der Arbeit dies erfordert und die Kürzung der Ruhezeit innerhalb eines festzulegenden Ausgleichszeitraums ausgeglichen wird,

4. abweichend von § 6 Abs. 2

a) die Arbeitszeit über zehn Stunden werktäglich hinaus zu verlängern, wenn in die Arbeitszeit regelmäßig und in erheblichem Umfang Arbeitsbereitschaft oder Bereitschaftsdienst fällt,

b) einen anderen Ausgleichszeitraum festzulegen,

5. den Beginn des siebenstündigen Nachtzeitraums des § 2 Abs. 3 auf die Zeit zwischen 22 und 24 Uhr festzulegen.

(2) Sofern der Gesundheitsschutz der Arbeitnehmer durch einen entsprechenden Zeitausgleich gewährleistet wird, kann in einem Tarifvertrag oder auf Grund eines Tarifvertrags in einer Betriebs- oder Dienstvereinbarung ferner zugelassen werden,

---

1 Vgl. LAG Hamm v. 29.1.2001 – 19 Sa 257/00, nv., wonach bei der Bemessung des entgeltlichen Nachtarbeitszuschlags die Tarifsätze des jeweiligen BranchenTV zugrunde zu legen sind, sofern sich im Einzelfall nichts anderes ergibt. | 2 BAG v. 5.9.2002 – 9 AZR 202/01, NZA 2003, 563. | 3 BAG v. 24.2.1999 – 4 AZR 62/98, AP Nr. 17 zu § 3 TVG. | 4 BAG v. 31.8.2005 – 5 AZR 545/04, Pressemitteilung. | 5 *Zwanziger*, DB 2007, 1356 (1358). | 6 BAG v. 27.5.2003 – 9 AZR 180/02, AP Nr. 5 zu § 6 ArbZG. | 7 BAG v. 5.9.2002 – 9 AZR 202/01, NZA 2003, 563; v. 27.5.2003 – 9 AZR 180/02, AP Nr. 5 zu § 6 ArbZG; abweichend LAG Köln v. 16.1.2004 – 12 Sa 1055/03, das bei Dauernachtarbeit (Zeitungszusteller) eine um 12,4 % erhöhte Vergütung für angemessen erachtet. | 8 ErfK/*Wank*, § 6 ArbZG Rz. 26. | 9 *Anzinger*, BB 1994, 1492 (1495). | 10 Erlass des MASSKS NRW v. 18.5.1999 – 215–8435, Nr. 6.5.

1. abweichend von § 5 Abs. 1 die Ruhezeiten bei Rufbereitschaft den Besonderheiten dieses Dienstes anzupassen, insbesondere Kürzungen der Ruhezeit infolge von Inanspruchnahmen während dieses Dienstes zu anderen Zeiten auszugleichen,

2. die Regelungen der §§ 3, 5 Abs. 1 und § 6 Abs. 2 in der Landwirtschaft der Bestellungs- und Erntezeit sowie den Witterungseinflüssen anzupassen,

3. die Regelungen der §§ 3, 4, 5 Abs. 1 und § 6 Abs. 2 bei der Behandlung, Pflege und Betreuung von Personen der Eigenart dieser Tätigkeit und dem Wohl dieser Personen entsprechend anzupassen,

4. die Regelungen der §§ 3, 4, 5 Abs. 1 und § 6 Abs. 2 bei Verwaltungen und Betrieben des Bundes, der Länder, der Gemeinden und sonstigen Körperschaften, Anstalten und Stiftungen des öffentlichen Rechts sowie bei anderen Arbeitgebern, die der Tarifbindung eines für den öffentlichen Dienst geltenden oder eines im Wesentlichen inhaltsgleichen Tarifvertrags unterliegen, der Eigenart der Tätigkeit bei diesen Stellen anzupassen.

(2a) In einem Tarifvertrag oder auf Grund eines Tarifvertrags in einer Betriebs- oder Dienstvereinbarung kann abweichend von den §§ 3, 5 Abs. 1 und 6 Abs. 2 zugelassen werden, die werktägliche Arbeitszeit auch ohne Ausgleich über acht Stunden zu verlängern, wenn in die Arbeitszeit regelmäßig und in erheblichem Umfang Arbeitsbereitschaft oder Bereitschaftsdienst fällt und durch besondere Regelungen sichergestellt wird, dass die Gesundheit der Arbeitnehmer nicht gefährdet wird.

(3) Im Geltungsbereich eines Tarifvertrags nach Absatz 1, 2 oder 2a können abweichende tarifvertragliche Regelungen im Betrieb eines nicht tarifgebundenen Arbeitgebers durch Betriebs- oder Dienstvereinbarung oder, wenn ein Betriebs- oder Personalrat nicht besteht, durch schriftliche Vereinbarung zwischen dem Arbeitgeber und dem Arbeitnehmer übernommen werden. Können auf Grund eines solchen Tarifvertrags abweichende Regelungen in einer Betriebs- oder Dienstvereinbarung getroffen werden, kann auch in Betrieben eines nicht tarifgebundenen Arbeitgebers davon Gebrauch gemacht werden. Eine nach Absatz 2 Nr. 4 getroffene abweichende tarifvertragliche Regelung hat zwischen nicht tarifgebundenen Arbeitgebern und Arbeitnehmern Geltung, wenn zwischen ihnen die Anwendung der für den öffentlichen Dienst geltenden tarifvertraglichen Bestimmungen vereinbart ist und die Arbeitgeber die Kosten des Betriebs überwiegend mit Zuwendungen im Sinne des Haushaltsrechts decken.

(4) Die Kirchen und die öffentlich-rechtlichen Religionsgesellschaften können die in Absatz 1, 2 oder 2a genannten Abweichungen in ihren Regelungen vorsehen.

(5) In einem Bereich, in dem Regelungen durch Tarifvertrag üblicherweise nicht getroffen werden, können Ausnahmen im Rahmen des Absatzes 1, 2 oder 2a durch die Aufsichtsbehörde bewilligt werden, wenn dies aus betrieblichen Gründen erforderlich ist und die Gesundheit der Arbeitnehmer nicht gefährdet wird.

(6) Die Bundesregierung kann durch Rechtsverordnung mit Zustimmung des Bundesrates Ausnahmen im Rahmen des Absatzes 1 oder 2 zulassen, sofern dies aus betrieblichen Gründen erforderlich ist und die Gesundheit der Arbeitnehmer nicht gefährdet wird.

(7) Aufgrund einer Regelung nach Absatz 2a oder den Absätzen 3 bis 5 jeweils in Verbindung mit Absatz 2a darf die Arbeitszeit nur verlängert werden, wenn der Arbeitnehmer schriftlich eingewilligt hat. Der Arbeitnehmer kann die Einwilligung mit einer Frist von sechs Monaten schriftlich widerrufen. Der Arbeitgeber darf einen Arbeitnehmer nicht benachteiligen, weil dieser die Einwilligung zur Verlängerung der Arbeitszeit nicht erklärt oder die Einwilligung widerrufen hat.

(8) Werden Regelungen nach Absatz 1 Nr. 1 und 4, Absatz 2 Nr. 2 bis 4 oder solche Regelungen auf Grund der Absätze 3 und 4 zugelassen, darf die Arbeitszeit 48 Stunden wöchentlich im Durchschnitt von zwölf Kalendermonaten nicht überschreiten. Erfolgt die Zulassung auf Grund des Absatzes 5, darf die Arbeitszeit 48 Stunden wöchentlich im Durchschnitt von sechs Kalendermonaten oder 24 Wochen nicht überschreiten.

(9) Wird die werktägliche Arbeitszeit über zwölf Stunden hinaus verlängert, muss im unmittelbaren Anschluss an die Beendigung der Arbeitszeit eine Ruhezeit von mindestens elf Stunden gewährt werden.

Abs. 2a, 7, 8 u. 9 eingefügt durch Gesetz zu Reformen am Arbeitsmarkt v. 24.12.2003[1].

1 **I. Inhalt und Zweck.** Bei § 7 handelt es sich um eine der zentralen Vorschriften des ArbZG, durch die der Gesetzgeber ein völlig neues System der **Arbeitszeitflexibilisierung** eingeführt hat[2]. War bislang eine weiter gehende Flexibilisierung der Arbeitszeit von der Zustimmung staatlicher Gewerbeaufsichtsämter abhängig[3], schafft § 7 die Möglichkeit, die Grundnormen der §§ 3 bis 6 an die konkreten **betrieblichen Erfordernisse** anzupassen, indem die TV-Parteien abweichende Regelungen treffen oder Abweichungen

1 BGBl. I S. 3002. | 2 *Diller*, NJW 1994, 2726 (2727). | 3 Nach § 8 AZO konnte das Gewerbeaufsichtsamt nur beim Nachweis eines dringenden Bedürfnisses eine von den §§ 3, 4 und 7 abweichende befristete Regelung der Arbeitszeit zulassen. Eine über zehn Stunden täglich hinausgehende Arbeitszeit durfte das Gewerbeaufsichtsamt nur zulassen, wenn in die Arbeitszeit regelmäßig und in erheblichem Umfang Arbeitsbereitschaft fiel oder wenn die Arbeitszeitverlängerung aus dringenden Gründen des Gemeinwohls erforderlich war.

in BV nach § 77 BetrVG oder in Dienstvereinbarungen nach den jeweiligen Personalvertretungsgesetzen zulassen[1]. Eine formlose Regelungsabrede[2] zwischen BR und ArbGeb reicht aber ebenso wenig aus wie eine Einigung zwischen ArbN und ArbGeb[3].

II. Übersicht. Die Vorschrift ist recht unübersichtlich geraten: Die umfangreichen Abweichungsmöglichkeiten des Abs. 1 u. 2 zeigt folgender Überblick: 2

Vorschrift	Inhalt	Flexibilisierungsgrundlage	Flexibilisierungsmöglichkeit
§ 2 III	Nachtzeit von 23 bis 6 Uhr in Bäckereien von 22 bis 5 Uhr	§ 7 I Nr. 5	Festlegung des Beginns des siebenstündigen Nachtzeitraums auf die Zeit zwischen 22 und 24 Uhr
§ 3	werktägl. Arbeitszeit maximal 8 Stunden verlängerbar auf 10 Stunden, wenn Ausgleich innerhalb von sechs Kalendermonaten/ 24 Wochen	§ 7 I Nr. 1 Buchst. a	verlängerbar auf über 10 Stunden werktägl. ohne Ausgleich, wenn regelmäßig und in erheblichem Umfang Arbeitsbereitschaft oder Bereitschaftsdienst anfällt und spätestens innerhalb eines Jahres ein Durchschnittswert von acht Stunden pro Werktag oder 48 Stunden pro Woche erreicht wird.
		§ 7 I Nr. 1b	anderer Ausgleichszeitraum möglich
		§ 7 II Nr. 2 § 7 II Nr. 3 § 7 II Nr. 4	sofern Gesundheitsschutz der ArbN durch einen entsprechenden Ausgleich gesichert: Anpassung der werktäglichen Arbeitszeit – in der Landwirtschaft an die Bestellungs- und Erntezeit sowie an die Witterungseinflüsse – bei der Behandlung und Pflege von Personen an die Eigenart der Tätigkeit und das Wohl der Personen – im öffentl. Dienst an die Eigenart der Tätigkeit
		§ 7 IIa	verlängerbar auf über acht Stunden auch ohne Ausgleich, wenn regelmäßig Arbeitsbereitschaft oder Bereitschaftsdienst anfällt und durch besondere Regelungen sichergestellt wird, dass die Gesundheit der ArbN nicht gefährdet wird
§ 4	bei Arbeitszeit von sechs bis neun Stunden Ruhepause von mind. 30 Minuten bei Arbeitszeit von mehr als neun Stunden Ruhepause von mind. 45 Minuten	§ 7 I Nr. 2	Verteilung der Gesamtdauer der Ruhepausen in Schichtbetrieben und Verkehrsbetrieben auf Kurzpausen von angemessener Dauer

1 BT-Drs. 12/5888, S. 26; zur Frage der Verfassungsmäßigkeit der Bestimmung siehe ErfK/*Wank*, § 7 ArbZG Rz. 3 (verneinend) und BAG v. 18.8.1987 – 1 ABR 30/86, NZA 1987, 779 (bejahend). | 2 *Neumann/Biebl*, § 7 ArbZG Rz. 6; *Baeck/Deutsch*, § 7 ArbZG Rz. 38. | 3 *Baeck/Deutsch*, § 7 ArbZG Rz. 44.

Vorschrift	Inhalt	Flexibilisierungs-grundlage	Flexibilisierungsmöglichkeit
		§ 7 II Nr. 3 § 7 II Nr. 4	sofern Gesundheitsschutz der ArbN durch einen entsprechenden Ausgleich gesichert: Anpassung der Ruhepausen – bei der Behandlung und Pflege von Personen an die Eigenart der Tätigkeit und das Wohl der Personen – im öffentl. Dienst an die Eigenart der Tätigkeit
§ 5 I	ununterbrochene Ruhezeit von mind. 11 Stunden	§ 7 I Nr. 3	Kürzung der Ruhezeit um zwei Stunden, wenn Art der Arbeit dies erfordert und Ausgleich innerhalb eines festzulegenden Ausgleichzeitraums erfolgt.
		§ 7 II Nr. 1 § 7 II Nr. 2 § 7 II Nr. 3 § 7 II Nr. 4	sofern Gesundheitsschutz der ArbN durch einen entsprechenden Ausgleich gesichert: Anpassung der Ruhezeit – bei Rufbereitschaft an die Besonderheiten dieses Dienstes – in der Landwirtschaft Anpassung der Ruhezeit an die Bestellungs- und Erntezeit sowie an die Witterungseinflüsse – bei der Behandlung und Pflege von Personen an die Eigenart der Tätigkeit und das Wohl der Personen – im öffentl. Dienst an die Eigenart der Tätigkeit
		§ 7 IIa	Arbeitszeit verlängerbar auf über acht Stunden auch ohne Ausgleich, wenn regelmäßig Arbeitsbereitschaft oder Bereitschaftsdienst anfällt und durch besondere Regelungen sichergestellt wird, dass die Gesundheit der ArbN nicht gefährdet wird
§ 6 II	werktägliche Arbeitszeit der NachtArbN maximal 8 Stunden verlängerbar auf 10 Stunden, wenn Ausgleich innerhalb von einem Kalendermonat/ 4 Wochen	§ 7 I Nr. 4a	verlängerbar auf über 10 Stunden ohne Ausgleich, wenn regelmäßig und in erheblichem Umfang Arbeitsbereitschaft anfällt und spätestens innerhalb eines Jahres ein Durchschnittswert von acht Stunden pro Werktag oder 48 Stunden pro Woche erreicht wird.
		§ 7 I Nr. 4b	anderer Ausgleichszeitraum

Vorschrift	Inhalt	Flexibilisierungs-grundlage	Flexibilisierungsmöglichkeit
		§ 7 II Nr. 2 § 7 II Nr. 3 § 7 II Nr. 4	sofern Gesundheitsschutz der ArbN durch einen entsprechenden Ausgleich gesichert: Anpassung der werktäglichen Arbeitszeit der NachtArbN – in der Landwirtschaft an die Bestellungs- und Erntezeit sowie an die Witterungseinflüsse – bei der Behandlung und Pflege von Personen an die Eigenart der Tätigkeit und das Wohl der Personen – im öffentl. Dienst an die Eigenart der Tätigkeit
		§ 7 IIa	Arbeitszeit verlängerbar auf über acht Stunden auch ohne Ausgleich, wenn regelmäßig Arbeitsbereitschaft oder Bereitschaftsdienst anfällt und durch besondere Regelungen sichergestellt wird, dass die Gesundheit der ArbN nicht gefährdet wird

III. Die einzelnen Bestimmungen. 1. Abweichungen durch oder auf Grund eines Tarifvertrags (Abs. 1). Die Vorschrift erlaubt Abweichungen von den Bestimmungen des § 3 über die werktägliche Arbeitszeit der ArbN. 3

a) Abs. 1 Nr. 1a. Regelmäßig fällt Arbeitsbereitschaft oder Bereitschaftsdienst an, wenn die Arbeitsbereitschaft oder der Bereitschaftsdienst vorhersehbar, etwa erfahrungsgemäß nur an bestimmten Tagen, auftritt[1]. Die Arbeitsschutzbehörden bejahen Arbeitsbereitschaft in erheblichem Umfang, wenn sie **mindestens 30 % der Arbeitszeit** beträgt[2]. Gleiches hat für den Bereitschaftsdienst zu gelten. Zulässig ist eine Ausdehnung der werktägl. Arbeitszeit bis zur Höchstgrenze von 24 Stunden[3]. Für die Arbeitszeitverlängerung muss ein Zeitausgleich erfolgen, wobei der Ausgleichszeitraum nach Abs. 8 zwölf Kalendermonate betragen darf[4]. 4

b) Abs. 1 Nr. 1b. Der **Ausgleichszeitraum** darf **12 Kalendermonate** nicht übersteigen (Abs. 8). 5

c) Abs. 1 Nr. 2. Die Vorschrift eröffnet Schicht- und Verkehrsbetrieben Flexibilisierungsmöglichkeiten durch eine Aufteilung der Ruhepausen in Kurzpausen. Die Kurzpausen müssen aber von angemessener Dauer sein und in der Regel mindestens fünf Minuten betragen[5]. 6

d) Abs. 1 Nr. 3. Hiernach sind Verkürzungen der Ruhezeit zulässig. Eine Verkürzung der Ruhezeit auf bis zu neun Stunden ist möglich, wenn organisatorische oder branchenspezifische Gründe dies erfordern[6]. Den TV-Parteien und den Betriebspartnern ist bei der Beurteilung der Erforderlichkeit ein weiter Ermessensspielraum eingeräumt[7]. 7

e) Abs. 1 Nr. 4. Die Vorschrift überträgt die Regelung des Abs. 1 Nr. 1a und b auf NachtArbN. 8

f) Abs. 1 Nr. 5. Die Bestimmung ermächtigt TV-Parteien und Betriebspartner, den Beginn des siebenstündigen Nachtzeitraums entsprechend den Branchenbedürfnissen jeweils um bis zu eine Stunde nach vorne oder nach hinten zu verschieben[8]. 9

2. Weitere Abweichungen durch oder auf Grund eines Tarifvertrags bei gewährleistetem Gesundheitsschutz der Arbeitnehmer (Abs. 2). Die Vorschrift eröffnet weitere Abweichungsmöglichkeiten für die 10

1 *Neumann/Biebl*, § 7 ArbZG Rz. 18. | 2 Vgl. Erlass des MASSKS NRW v. 18.5.1999 – 215-8435, Nr. 7.2L; *Anzinger/Koberski*, § 7 ArbZG, Rz. 23; in der Lit. schwanken die Auffassungen zwischen 1/4 und 1/3 der werktägl. Arbeitszeit, Nachw. bei *Neumann/Biebl*, § 7 ArbZG Rz. 18. | 3 KassHdb/*Schliemann*, 2.5, Rz. 456; *Anzinger/Koberski*, § 7 ArbZG Rz. 25; zur Vereinbarkeit mit Art. 2 Nr. 1 der ArbeitszeitRL 93/104/EG (jetzt: 2003/88/EG) siehe *Linnenkohl*, Das „SIMAP"-Urteil des EuGH, AuR 2002, 211 (213). | 4 BT-Drs. 15/1587, S. 35. | 5 *Neumann/Biebl*, § 7 ArbZG Rz. 24; ErfK/*Wank*, § 7 ArbZG Rz. 8. | 6 *Neumann/Biebl*, § 7 ArbZG Rz. 27. | 7 Vgl. *Neumann/Biebl*, § 7 ArbZG Rz. 27; ErfK/*Wank*, § 7 ArbZG Rz. 9. | 8 BT-Drs. 12/5888, S. 27.

TV-Parteien und Betriebspartner bei Rufbereitschaft, ferner für die Landwirtschaft[1], Krankenhäuser, Pflege- und Betreuungseinrichtungen sowie für den öffentl. Dienst. Zwingende Voraussetzung ist jedoch jeweils, dass der Gesundheitsschutz der ArbN durch einen entsprechenden Zeitausgleich gewährleistet ist. Der Zeitausgleich kann insb. nicht durch finanzielle Anreize ersetzt werden[2] und muss in den Fällen des Abs. 2 Nr. 2–4 innerhalb von 12 Kalendermonaten erfolgen (Abs. 8).

11 **3. Verlängerung der werktäglichen Arbeitszeit auch ohne Ausgleich (Abs. 2a).** Die durch das Gesetz zu Reformen am Arbeitsmarkt neu eingeführte Regelung soll den TV-Parteien die Möglichkeit eröffnen, Arbeitszeiten zuzulassen, die über den Rahmen der §§ 3 und 7 I hinausgehen („**opt-out**", siehe Stichwort-ABC, § 2 Rz. 15). Das Gesetz sieht eine Begrenzung der Höchstarbeitszeit nicht vor. Sofern zu einem erheblichen Teil, also zu mindestens 30 %, **Arbeitsbereitschaft oder Bereitschaftsdienst** anfällt, dürfen die TV-Parteien zulassen, dass die Arbeitszeit auch ohne Ausgleich über acht Stunden täglich verlängert wird[3]. Die TV-Parteien können zudem entsprechende Öffnungsklauseln für BV und DV vereinbaren. Voraussetzung ist, dass der ArbN mit einer Verlängerung seiner Arbeitszeit ausdrückl. einverstanden ist und eine entsprechende schriftl. Erklärung angegeben hat (Abs. 7). Der TV selbst muss diese Freiwilligkeitsregelung nicht enthalten, da weder Abs. 2a noch Abs. 7 eine entsprechende Vorgabe machen. Auch die systematische Trennung der einzelnen Absätze zeigt, dass die Zustimmungserklärung nicht tarifl. geregelt sein muss. Der einzelne ArbN ist durch den höherrangigen Abs. 7 hinreichend geschützt. Der ArbG darf also bei Vorliegen der sonstigen Voraussetzungen des Abs. 2a die Verlängerung der Arbeitszeit anordnen, wenn die schriftl. Zustimmung des ArbN in die Verlängerung der Arbeitszeit erteilt ist, auch wenn der TV selbst den Freiwilligkeitsvorbehalt nicht enthält. Zur Vorbeugung von Missverständnissen erscheint die Aufnahme eines entsprechenden Freiwilligkeitsvorbehalts in den TV allerdings empfehlenswert. Im Hinblick auf die mit überlangen Arbeitszeiten verbundenen Gesundheitsrisiken verpflichtet das Gesetz die TV-Parteien, durch geeignete Maßnahmen den Gesundheitsschutz der ArbN zu gewährleisten. Dabei hat der Gesetzgeber bewusst darauf verzichtet, einzelne Gestaltungsmöglichkeiten vorzugeben. Vielmehr hat er sich auf den Standpunkt zurückgezogen, dass die TV-Parteien von der ihnen eingeräumten Möglichkeit in verantwortungsvoller Weise Gebrauch machen und die angemessenen Schutzmaßnahmen vereinbaren[4]. Beispielhaft sind zu nennen:

- Begrenzung der Arbeitszeitverlängerung auf einen bestimmten Personenkreis,
- Vereinbarung verlängerter Ruhezeiten,
- besondere arbeitsmedizinische Betreuung der Betroffenen,
- Höchstgrenzen für Arbeitszeiten,
- bestimmte Zeiträume, für die sich die ArbN zu einer längeren Arbeitszeit bereit erklären.

12 **4. Tarifungebundene Arbeitgeber (Abs. 3).** Nicht tarifgebundenen ArbGeb werden im Geltungsbereich eines TV Möglichkeiten eingeräumt, eine oder mehrere abweichende tarifvertragl. Regelungen durch eine BV bzw. DV oder unter bestimmten Voraussetzungen durch eine schriftl. Vereinbarung mit dem einzelnen ArbN zu übernehmen[5]. Die Vorschrift ist **rechtspolitisch verfehlt**, da ein tarifungebundener ArbGeb abweichende tarifvertragl. Regelungen übernehmen kann, ohne an die Anwendung aller Vorschriften des TV gebunden zu sein. Diese Möglichkeit, sich allein die vorteilhaften Tarifbestimmungen auszusuchen, führt zu einer nicht gerechtfertigten Privilegierung tarifungebundener ArbGeb[6]. Zu prüfen wird sein, ob solche schriftl. Vereinbarungen zwischen ArbGeb und ArbN über die Übernahme tarifvertragl. Regelungen als AGB einer **Inhaltskontrolle** nach § 307 BGB standhalten.

13 a) **Abs. 3 S. 1.** Durch Abs. 3 S. 1 wird dem nicht tarifgebundenen ArbGeb im Geltungsbereich eines TV ermöglicht, eine oder mehrere abweichende Regelungen nach Abs. 1, 2 und 2a zu übernehmen und zwar

- in Betrieben mit BR oder Personalrat nur durch eine BV oder DV[7] und
- in Betrieben ohne BR oder Personalrat durch eine schriftl. Vereinbarung mit dem einzelnen ArbN.

14 b) **Abs. 3 S. 2.** Die Vorschrift stellt klar, dass auch tarifungebundene ArbGeb auf Grund einer tarifvertragl. Öffnungsklausel durch eine BV oder DV abweichende Regelungen von den §§ 3–6 treffen können[8].

15 c) **Abs. 3 S. 3.** Die Vorschrift soll gewährleisten, dass der Verwaltungsaufwand der aus Bundesmitteln geförderten Einrichtungen in den für den Bund maßgeblichen Grenzen gehalten wird[9]. Die ArbN der Zuwendungsempfänger sollen auch in arbeitszeitrechtl. Hinsicht nicht besser gestellt werden als die Beschäftigten der Bewilligungsbehörden[10]. Aus diesem Grund sieht die Regelung eine Ausnahme vom

1 Umfasst sind alle Unternehmen, die der landwirtschaftl. Unfallversicherung unterliegen, BT-Drs. 12/5888, S. 27; *Kraegeloh*, § 7 ArbZG Rz. 4. | 2 *Neumann/Biebl*, § 7 ArbZG Rz. 32. | 3 BT-Drs. 15/1587, S. 35. | 4 BT-Drs. 15/1587, S. 35. | 5 BT-Drs. 12/5888, S. 27. | 6 *Erasmy*, NZA 1994, 1105 (1111). | 7 So soll sichergestellt werden, dass ein BR nicht übergangen wird, vgl. BT-Drs. 12/5888, S. 27. | 8 BT-Drs. 12/5888, S. 27. | 9 BT-Drs. 12/5888, S. 27. | 10 *Reim*, DB 2004, 186 (188 f.); *Anzinger/Koberski*, § 7 ArbZG Rz. 89.

Grundsatz der Geltung abweichender tarifvertragl. Regelungen auf Grund schriftl. Übernahme durch BV oder Arbeitsvertrag vor, wenn

- zwischen den nicht tarifgebundenen Arbeitsvertragsparteien die Anwendung der für den öffentl. Dienst geltenden tarifl. Bestimmungen (insb. TVöD) vereinbart ist (hierzu bedarf es nicht der Schriftform. Regelmäßig wird die tatsächliche Anwendung der für den öffentl. Dienst geltenden tarifl. Bestimmungen auf eine entsprechende konkludente Vereinbarung schließen lassen[1].)

und

- der tarifungebundene ArbGeb die Kosten seines Betriebes überwiegend mit Zuwendungen iSd. Haushaltsrechts[2] deckt[3].

5. Kirchen und Religionsgesellschaften (Abs. 4). Nach Abs. 4 können die Kirchen und Religionsgesellschaften die in Abs. 1, 2 und 2a genannten Abweichungen in ihren Regelungen vorsehen. Dieses Recht steht nicht nur der verfassten Kirche, sondern allen der Kirche zugeordneten karitativen und erzieherischen Einrichtungen ohne Rücksicht auf ihre Rechtsform zu, wenn sie dazu berufen sind, einen Teil des kirchl. Auftrags zu erfüllen[4]. Damit wird dem Recht der Religionsgesellschaften, ihre Angelegenheiten selbständig innerhalb der Schranken des für alle geltenden Gesetzes zu verwalten (Art. 140 GG iVm. Art. 137 Abs. 3 WRV), Rechnung getragen. Voraussetzung für das Vorliegen einer kirchl. Regelung ist ein kirchenrechtl. legitimiertes Arbeitsrechtsregelungsverfahren. Abs. 4 kommt nicht schon dann zur Anwendung, wenn irgend eine Regelung im kirchl. Bereich getroffen wurde[5]. Arbeitszeitregelungen mit der Mitarbeitervertretung müssen daher mit dem kirchl. Mitarbeitervertretungsrecht in Einklang stehen[6]. Eine Regelung, dass **Bereitschaftsdienst** nicht der Arbeitszeit zugerechnet wird, fällt unter Abs. 4 und wird von der Übergangsvorschrift des § 25 nicht erfasst[7]. 16

Den Religionsgesellschaften sind gem. Art. 140 GG iVm. Art. 137 Abs. 7 WRV die **Vereinigungen** gleichgestellt, die sich die gemeinschaftliche Pflege einer Weltanschauung zur Aufgabe machen. Sie sind dementsprechend auch arbeitszeitrechtl. den Kirchen und Religionsgesellschaften gleichgestellt[8]. Der Begriff „Religionsgesellschaft" kommt aus dem deutschen Staatskirchenrecht und bezeichnete jene Vereinigungen, die sich im Gegensatz zum weltlichen Staat auf das gemeins. Bekenntnis zu Gott gründeten und diesem Bekenntnis in kultischen Akten Ausdruck verliehen. Heute wird der Begriff weiter verwandt. Er erfasst alle Vereinigungen, die sich auf einen Konsens ihrer Mitglieder über ein außermenschliches Sein, eine außermenschliche Kraft, auf einen Glauben an ein Heiliges gründen[9]. Eine Vereinigung ist demnach dann als Religions- oder Weltanschauungsgemeinschaft iSd. Grundgesetzes anzusehen, wenn ihre Mitglieder oder Anhänger auf der Grundlage gemeins. religiöser oder weltanschaulicher Überzeugungen eine unter ihnen bestehende Übereinstimmung über Sinn und Bewältigung des menschlichen Lebens bezeugen. Sie verliert diese Eigenschaft nicht dadurch, dass sie überwiegend politisch oder erwerbswirtschaftl. tätig ist. Dienen aber die religiösen oder weltanschaulichen Lehren nur als Vorwand für die Verfolgung wirtschaftl. Ziele, kann von einer Religions- oder Weltanschauungsgemeinschaft iSd. der Art. 4, 140 GG, 137 WRV nicht mehr gesprochen werden[10]. Demgemäß handelt es sich bei den **Scientology-Gemeinschaften** nicht um Religions- oder Weltanschauungsgemeinschaften[11]. 16a

6. Bestimmte Branchen (Abs. 5). Die Vorschrift ermöglicht abweichende Regelungen von den §§ 3–6 auch für solche Branchen, in denen üblicherweise keine TV existieren, sofern dies aus betriebl. Gründen erforderlich ist und die Gesundheit der ArbN nicht gefährdet wird. Der Gesetzgeber selbst hatte insb. an 17

- Rechtsanwälte und Notare,
- Wirtschaftsprüfer, Unternehmens- und Steuerberater,
- ArbGeb- und Unternehmerverbände,
- Gewerkschaften sowie
- Industrie- und Handelskammern

gedacht[12]. Entsprechende ArbGeb können bei der zuständigen Aufsichtsbehörde eine Ausnahmebewilligung beantragen.

7. Ermächtigungsgrundlage (Abs. 6). Die Bestimmung enthält die Ermächtigung für den Erlass einer RechtsVO für den Fall, dass die Regelungen in Abs. 1, 2, 3 u. 5 nicht ausreichen, die Ausnahmen aus betrieblichen Gründen erforderlich sind und die Gesundheit der ArbN nicht gefährdet wird[13]. Dass eine solche VO jemals erlassen wird, ist sehr zweifelhaft[14]. 18

---

1 *Anzinger/Koberski*, § 7 ArbZG Rz. 91. | 2 Vgl. § 44 BHO. | 3 *Anzinger/Koberski*, § 7 ArbZG Rz. 92. | 4 BVerfG v. 11.10.1977 – 2 BvR 209/76, BVerfGE 46, 73; BAG v. 16.3.2004 – 9 AZR 93/03, NZA 2004, 927; BT-Drs. 12/5888, S. 28. | 5 BAG v. 16.3.2004 – 9 AZR 93/03, NZA 2004, 927. | 6 BAG v. 16.3.2004 – 9 AZR 93/03, NZA 2004, 927. | 7 BAG v. 21.11.2006 – 9 AZR 176/06, NZA 2007, 446. | 8 BT-Drs. 12/5888, S. 28. | 9 *Friesenhahn/Scheuner/Jurina*, Handbuch des Staatskirchenrechts der Bundesrepublik Deutschland, 1975, Bd. I, S. 589. | 10 BAG v. 22.3.1995 – 5 AZB 21/94, NZA 1995, 823 mwN. | 11 BAG v. 22.3.1995 – 5 AZB 21/94, NZA 1995, 823 mwN. | 12 BT-Drs. 12/5888, S. 28. | 13 BT-Drs. 12/5888, S. 28. | 14 *Baeck/Deutsch*, § 7 ArbZG Rz. 140.

19 **8. Freiwilligkeitsprinzip und Benachteiligungsverbot (Abs. 7).** Verlängerungen der Arbeitszeit nach Abs. 2a, 3, 4 u. 5 dürfen nur nach **vorheriger**[1], **ausdrücklicher, freier**[2] und **schriftl. Einwilligung** des ArbN in eine Verlängerung seiner werktägl. Arbeitszeit von über durchschnittlich acht Stunden erfolgen. Nicht ausreichend ist, dass der Arbeitsvertrag auf einen TV verweist, der solche Überschreitungen erlaubt[3]. Ohne Einwilligung ist der ArbN nicht zur Einhaltung verlängerter Arbeitszeiten verpflichtet[4]. Die Einwilligung kann unter Einhaltung einer Sechs-Monats-Frist schriftl. widerrufen werden. Diese Frist ist erforderlich, damit der ArbGeb etwa notwendige organisatorische Änderungen treffen kann[5]. ArbN, die keine Einwilligung erklärt haben oder die ihre Einwilligung widerrufen haben, dürfen deswegen **nicht benachteiligt** werden, etwa bei einem berufl. Aufstieg[6]. UU kommt sogar ein Einstellungsanspruch in Betracht, wenn der Abschluss eines Arbeitsvertrages wegen der Verweigerung des schriftl. Einverständnisses nicht zu Stande kommt[7]. Ihnen steht ein **Leistungsverweigerungsrecht** bei Arbeitszeitverlängerungen nach Abs. 2a, 3, 4 u. 5 zu.

20 **9. Ausgleichszeiträume (Abs. 8).** Die TV-Parteien können Ausgleichszeiträume für Arbeitszeitverlängerungen von bis zu 12 Monaten vereinbaren. Innerhalb dieses Zeitraums darf die Arbeitszeit nicht höher sein als durchschnittlich 48 Stunden/Woche. Dasselbe gilt für die Fälle des Abs. 3 u. 4, bei denen die tarifl. Möglichkeiten gem. Abs. 3 entsprechend genutzt werden dürfen, sowie für die Regelungen der Kirchen und Religionsgemeinschaften (Abs. 4)[8]. Nur in den Fällen des Abs. 5, in denen die Aufsichtsbehörde die Arbeitszeitverlängerung zulässt, beträgt der Ausgleichzeitraum sechs Kalendermonate oder 24 Wochen. Die Grenze von durchschnittl. 48 Stunden/Woche innerhalb von 12 Monaten gilt auch für Alt-TV, die insoweit von der Übergangsregelung des § 25 nicht erfasst werden[9].

21 **10. Mindestruhezeit (Abs. 9).** Einer Verlängerung der werktägl. Arbeitszeit über 12 Stunden muss eine Mindestruhezeit von 11 Stunden folgen.

22 **IV. Vorlagepflicht des Arbeitgebers.** Der ArbGeb hat der Aufsichtsbehörde nach § 17 IV 2 auf Verlangen die TV oder BV bzw. DV vorzulegen, aus denen sich die Abweichungen vom staatl. Arbeitszeitrecht ergeben. Zudem ist entsprechend Art. 22 Abs. 1c ArbeitszeitRL ein Verzeichnis der ArbN zu führen, die in eine Verlängerung ihrer Arbeitszeit gem. Abs. 7 eingewilligt haben.

23 **V. Flexible Arbeitszeiten durch Arbeitszeitkonten.** Das ArbZG eröffnet mit § 3 S. 2 und insb. mit § 7 einen weiten Rahmen für flexible Arbeitszeitmodelle auf gesetzl., tarifl. und betriebl. Ebene[10]. Heute sind im Wesentlichen folgende Arbeitszeitmodelle bzw. Möglichkeiten der Arbeitszeitflexibilisierung vorzufinden:

24 **1. Überstundenkonten.** Hier werden Überstunden auf dem Arbeitszeitkonto gutgeschrieben, um sie später als arbeitsfreie Zeit in Anspruch nehmen zu können[11].

25 **2. Gleitzeit.** Bei dieser Urform des Arbeitszeitkontos, das einen relativ engen Flexibilisierungsspielraum aufweist[12], werden Arbeitsbeginn und Arbeitsende von den ArbN selbst bestimmt, wobei häufig eine Kernzeit einzuhalten ist.

26 **3. Ansparmodelle.** Hier wird die tägl. oder wöchentl. Arbeitszeit nicht um die tarifl. vereinbarte Größe gekürzt. Sie verbleibt vielmehr auf dem ursprünglichen Niveau. Die Differenz zwischen effektiver und tarifl. Arbeitszeit wird auf einem Zeitkonto gutgeschrieben und durch einzelne freie Tage (Freischichten), mehrere Wochen umfassende Freizeitblöcke oder mehrmonatige Blöcke am Ende der Erwerbstätigkeit (Verkürzung der Lebensarbeitszeit) ausgeglichen[13].

27 **4. Bandbreitenmodelle.** Hier wird die wöchentl. tarifl. Regelarbeitszeit als Durchschnittswert fixiert, um den die tatsächliche Arbeitszeit innerhalb eines vereinbarten Ausgleichszeitraums schwanken kann[14]. Dabei wird die tatsächlich geleistete Arbeitszeit auf einem individuellen Konto mit Grenzwerten für die Saldenstände geführt. Innerhalb dieser Grenzwerte können die Zeitkonten überzogen oder Arbeitszeitguthaben angespart werden[15].

28 **VI. Neuere Arbeitszeitformen.** Noch nicht überall betrieblicher Alltag sind neuere Formen der Arbeitszeitgestaltung:

29 **1. Vertrauensarbeitszeit**[16]. Hier erfüllt der ArbN das vertragl. verabredete Arbeitszeitkontingent selbständig und eigenverantwortlich. Der ArbGeb verzichtet auf eine Kontrolle der Zeiterfassung. Er bleibt aber für die Einhaltung des Arbeitszeitrechts verantwortlich[17]. Eine solche betriebl. Arbeitszeitregelung ist nur zulässig, wenn gewährleistet ist, dass die gesetzl., tarifl. und betriebl. Höchstarbeitszeitgrenzen

---

1 *Anzinger/Koberski*, § 7 ArbZG, Rz. 109. | 2 EuGH v. 5.10.2004 – Rs. C-397/01 bis C-403/01, NZA 2004, 1145 – Pfeiffer. | 3 EuGH v. 5.10.2004 – Rs. C-397/01 bis C-403/01, NZA 2004, 1145 – Pfeiffer. | 4 *Reim*, DB 2004, 186 (189); *Anzinger/Koberski*, § 7 ArbZG Rz. 109. | 5 BT-Drs. 15/1587, S. 36. | 6 BT-Drs. 15/1587, S. 36. | 7 *Neumann/Biebl*, § 7 ArbZG Rz. 57. | 8 BT-Drs. 15/1587, S. 36. | 9 BAG v. 24.1.2006 – 1 ABR 6/05, NZA 2006, 1685. | 10 *Klenner/Ochs/Seifert*, S. 156. | 11 *Bundesmann-Jansen/Groß/Munz*, S. 117. | 12 *Bundesmann-Jansen/Groß/Munz*, S. 118. | 13 *Klenner/Ochs/Seifert*, S. 150. | 14 *Klenner/Ochs/Seifert*, S. 150. | 15 *Klenner/Ochs/Seifert*, S. 150. | 16 Hierzu eingehend *Pleßner*, Vertrauensarbeitszeit, S. 74 ff. | 17 *Zwanziger*, DB 2007, 1356, 1357.

beachtet werden[1]. Zudem muss der ArbGeb dem BR nach § 80 I Nr. 1 BetrVG Beginn und Ende der tägl. Arbeitszeit und den Umfang der tatsächlich geleisteten wöchentl. Arbeitszeit der ArbN mitteilen. Er kann dies nicht mit der Begründung verweigern, er wolle die Arbeitszeit der ArbN wegen der Vertrauensarbeitszeit bewusst nicht erfassen. Der ArbGeb muss sich daher die betreffenden Informationen beschaffen und dazu die entsprechenden Zeiten erheben[2] und die ArbN anhalten, werktägl. nicht mehr als 10 Stunden zu arbeiten und Arbeitszeiten von mehr als 48 Stunden/Woche aufzuzeichnen[3]. Eine durch Spruch der **Einigungsstelle** gegen den Willen des BR eingeführte Vertrauensarbeitszeit ist daher regelmäßig von vorneherein zum Scheitern verurteilt[4].

2. Sabbatical. Hier wird das aufgesparte Arbeitszeitguthaben für eine lange Freizeit, etwa ein Sabbat-Jahr, verwendet. 30

3. Santa-Clara-Modell. Bei diesem Arbeitszeitmodell wird der Arbeitsvertrag aus der Bandbreite des Arbeitsvolumens und der Arbeitszeit nach den Wünschen des ArbN ausgestaltet. Es ist nach der kalifornischen Stadt Santa Clara, in der dieses Modell zum ersten Mal angewandt wurde, benannt[5]. 31

4. Amorphe Arbeitszeit. Bei der amorphen (= gestaltlosen) Arbeitszeit legen ArbGeb und ArbN zwar das Volumen der vom ArbN in einem bestimmten Zeitraum geschuldeten Arbeitszeit fest, lassen aber eine konkrete Verteilung der Arbeitszeit bewusst offen[6]. 32

VII. Teilzeit und Telearbeit. Keine primär arbeitszeitrechtl. Fragen betreffen bestimmte Formen des Teilzeitarbeitsverhältnisses wie Kapovaz, Bedovaz, Job-Sharing, Tandemarbeit und Telearbeit. Insoweit wird auf die kurzen Begriffserläuterungen im Stichwort-ABC zu § 2 (dort Rz. 15) verwiesen. 33

8 *Gefährliche Arbeiten*

Die Bundesregierung kann durch Rechtsverordnung mit Zustimmung des Bundesrates für einzelne Beschäftigungsbereiche, für bestimmte Arbeiten oder für bestimmte Arbeitnehmergruppen, bei denen besondere Gefahren für die Gesundheit der Arbeitnehmer zu erwarten sind, die Arbeitszeit über § 3 hinaus beschränken, die Ruhepausen und Ruhezeiten über die §§ 4 und 5 hinaus ausdehnen, die Regelungen zum Schutz der Nacht- und Schichtarbeitnehmer in § 6 erweitern und die Abweichungsmöglichkeiten nach § 7 beschränken, soweit dies zum Schutz der Gesundheit der Arbeitnehmer erforderlich ist. Satz 1 gilt nicht für Beschäftigungsbereiche und Arbeiten in Betrieben, die der Bergaufsicht unterliegen.

I. Inhalt und Zweck. Die in § 8 enthaltene Ermächtigung zum Erlass von RechtsVO erfasst neben Arbeitszeitbeschränkungen die Ausdehnung der Ruhepausen und Ruhezeiten nach Dauer und Lage[7]. Adressat der Ermächtigung ist die Bundesregierung, die wegen Art. 80 II GG nur mit Zustimmung des Bundesrates[8] entsprechende Regelungen treffen kann. § 8 löst die Ermächtigungsgrundlage des § 9 AZO ab. Von den auf Grund dieser Ermächtigungsgrundlage erlassenen RechtsVO gelten heute noch die VO über Arbeiten in Druckluft – DruckluftVO – vom 4.10.1972[9] und die VO zum Schutz vor gefährlichen Stoffen – GefahrstoffVO – vom 26.10.1993[10]. 1

II. Einzelne Verordnungen. 1. Druckluftverordnung. Bei Arbeiten unter einem mehr als 0,1 bar höheren als dem atmosphärischen Luftdruck (etwa Vortrieb von Tunneln, Untertunnelung von Flüssen, Taucherarbeiten) sind die ArbN erhöhten Gefahren für ihre Gesundheit ausgesetzt. Nach § 21 III DruckLV muss bei Arbeiten in Druckluft, die von einem ArbGeb gewerbsmäßig ausgeführt werden, zwischen zwei Arbeitsschichten eine arbeitsfreie Zeit von mindestens 12 Stunden liegen. Nach § 21 IV DruckLV dürfen ArbN täglich höchstens acht und wöchentlich höchstens 40 Stunden einschließlich Ein- und Ausschleusungszeiten in Druckluft beschäftigt werden. Wenn die Zeit des Aufenthalts in der Arbeitskammer vier Stunden überschreitet, sind den Beschäftigten Pausen in der Gesamtdauer von mindestens einer halben Stunde zu gewähren (§ 21 V DruckLV). 2

2. Gefahrstoffverordnung. Nach § 15a GefStoffV dürfen ArbN täglich nicht länger als acht Stunden und wöchentlich nicht länger als 40 Stunden – bei Vierschichtbetrieben 42 Stunden pro Woche im Durchschnitt von vier aufeinander folgenden Wochen – beschäftigt werden, wenn die Auslöseschwelle für Krebs erzeugende Gefahrstoffe überschritten wird. 3

3. Klima-Bergverordnung. Im Bergbau gelten die §§ 66–68 BBergG, wonach durch RechtsVO (BergVO) bestimmt werden kann, dass die Beschäftigung bestimmter Personengruppen mit bestimmten Arbeiten nicht oder nur unter Einschränkungen zulässig ist und dass die Beschäftigung an bestimmten Betriebspunkten unter Tage eine bestimmte Höchstdauer nicht überschreiten darf. Von dieser Ermächtigung hat der Bundesminister für Wirtschaft im Einvernehmen mit dem Bundesminister für Arbeit und Sozial- 4

1 BAG v. 6.5.2003 – 1 ABR 13/02, NZA 2003, 1348. | 2 BAG v. 6.5.2003 – 1 ABR 13/02, NZA 2003, 1348. | 3 *Pleßner*, Vertrauensarbeitszeit, S. 144. | 4 *Pleßner*, Vertrauensarbeitszeit, S. 182 mwN. | 5 Gabler Wirtschaftslexikon, 15. Aufl. 2000, Stichwort „Santa-Clara-Modell“. | 6 *Kilz/Reh*, S. 45. | 7 BT-Drs. 12/5888, S. 28. | 8 *Baeck/Deutsch*, § 8 ArbZG Rz. 7. | 9 BGBl. I S. 1909. | 10 BGBl. I S. 1783.

ordnung mit Zustimmung des Bundesrates Gebrauch gemacht und die BergVO zum Schutz der Gesundheit gegen Klimaeinwirkungen – Klima-BergVO – am 9. Juni 1983 erlassen[1].

5 **a) Höchstzulässige Beschäftigungsdauer außerhalb des Salzbergbaus.** Wird außerhalb des Salzbergbaus eine Trockentemperatur von 28° C oder eine Effektivtemperatur von 25° C überschritten, so dürfen Personen innerhalb des tägl. Arbeitsablaufs gem. § 3 KlimaBergV nicht länger beschäftigt werden als

- 6 Stunden, wenn sie tägl. mehr als 3 Stunden bei Trockentemperaturen über 28° C bis zu einer Effektivtemperatur von 29° C oder bei Effektivtemperaturen über 25° C bis 29° C verbringen bzw.
- 5 Stunden, wenn sie tägl. mehr als 2 ½ Stunden bei Effektivtemperaturen über 29° C bis 30° C verbringen.

6 **b) Höchstzulässige Beschäftigungsdauer im Salzbergbau.** Wird im Salzbergbau eine Trockentemperatur von 28° C überschritten, so dürfen Personen innerhalb des tägl. Arbeitsablaufs nicht länger beschäftigt werden als

- 7 Stunden, wenn sie tägl. mehr als 5 Stunden bei Trockentemperaturen über 28° C bis 37° C oder mehr als 4 ½ Stunden bei Trockentemperaturen über 37° C bis 46° C verbringen bzw.
- 6 ½ Stunden, wenn sie tägl. mehr als 4 Stunden bei Trockentemperaturen über 46° C bis 52° C verbringen.

7 **c) Beschäftigung außerhalb des Salzbergbaus bei Temperaturen von mehr als 30° C.** Gem. § 4 KlimaBergV dürfen außerhalb des Salzbergbaus Personen bei Effektivtemperaturen von mehr als 30° C grds. nicht beschäftigt werden. Ausnahmen gelten im Einzelfall bis zu einer Effektivtemperatur von 32° C nur, wenn

- die ArbN im Rahmen ihrer Beschäftigung ohne eine Unterbrechung von mindestens 6 Wochen höchstens 4 Monate Effektivtemperaturen von mehr als 30° C ausgesetzt sind,
- wenn ihre Beschäftigungszeit täglich höchstens 5 Stunden beträgt, sofern sie davon mehr als 2 ½ Stunden bei Effektivtemperaturen von mehr als 30° C verbringen und
- wenn in Abbaubetrieben außerdem höchstens ein Drittel der jeweiligen Beschäftigten Effektivtemperaturen von mehr als 30° C ausgesetzt ist.

Ferner kann die Aufsichtsbehörde unter bestimmten Voraussetzungen Ausnahmen zulassen.

8 **d) Pausen.** Nach § 7 KlimaBergV sind neben den gesetzl. Pausen zusätzliche Pausen zu gewähren, und zwar

außerhalb des Salzbergbaus

- von 10 Minuten bei Effektivtemperaturen von mehr als 29° C bis 30° C
- von 20 Minuten bei Effektivtemperaturen von mehr als 30° C,

im Salzbergbau

- von 15 Minuten bei Trockentemperaturen von mehr als 37° C bis 46° C,
- von 30 Minuten bei Trockentemperaturen von mehr als 46° C.

Dabei sind die Pausen auf die Beschäftigungszeiten anzurechnen.

9 **e) Eingewöhnungszeit.** Nach § 8 KlimaBergV haben die ArbN einen Anspruch auf eine Eingewöhnungszeit von zwei Wochen, während der sie außerhalb des Salzbergbaus täglich mehr als 2 ½ Stunden bei einer Effektivtemperatur von mehr als 29° C oder im Salzbergbau täglich mehr als vier Stunden bei einer Trockentemperatur von mehr als 37° C verbringen sollen.

10 **III. Bußgeldrechtliche Sanktionen.** Nach § 22 I Nr. 4 liegt eine Ordnungswidrigkeit vor, wenn der ArbGeb gegen eine RechtsVO nach S. 1 verstößt, sofern diese RechtsVO für einen bestimmten Tatbestand auf § 22 I Nr. 4 verweist.

Dritter Abschnitt. Sonn- und Feiertagsruhe

9 *Sonn- und Feiertagsruhe*

(1) Arbeitnehmer dürfen an Sonn- und gesetzlichen Feiertagen von 0 bis 24 Uhr nicht beschäftigt werden.

(2) In mehrschichtigen Betrieben mit regelmäßiger Tag- und Nachtschicht kann Beginn oder Ende der Sonn- und Feiertagsruhe um bis zu sechs Stunden vor- oder zurückverlegt werden, wenn für die auf den Beginn der Ruhezeit folgenden 24 Stunden der Betrieb ruht.

1 BGBl. I S. 685.

(3) Für Kraftfahrer und Beifahrer kann der Beginn der 24-stündigen Sonn- und Feiertagsruhe um bis zu zwei Stunden vorverlegt werden.

1 **I. Inhalt und Zweck.** § 9 konkretisiert § 1 Nr. 2, wonach der Zweck des ArbZG ua. darin liegt, den Sonntag und die staatl. anerkannten Feiertage als **Tage der Arbeitsruhe und der seelischen Erhebung** der ArbN zu schützen. Die Vorschrift dient der Umsetzung des verfassungsrechtl. Gebots zum Schutz des Sonntags und der anerkannten Feiertage (Art. 140 GG iVm. Art. 139 WRV). Ihre primäre Schutzrichtung zielt zwar auf die Sonn- und Feiertage als solche. Mittelbar dient sie auch dem Schutz der ArbN vor zu langer Arbeitszeit und den damit verbundenen Gefahren für Sicherheit und Gesundheit[1]. Zahlreiche Ausnahmetatbestände enthalten die §§ 10–13, die vor dem Hintergrund der institutionellen Garantie der Sonn- und Feiertragsruhe grds. restriktiv auszulegen sind[2]. Sonderregelungen finden sich für werdende und stillende Mütter in § 8 I MuSchG, für Jugendliche in §§ 17, 18 JArbSchG, für ArbN in einem Heuerverhältnis in §§ 84 ff. SeemG (s. Erl. zu § 18 Rz. 8 ff.) und für ArbN in Verkaufsstellen in § 17 LSchlG (s. Rz. 6 ff.).

2 **II. Beschäftigungsverbot (Abs. 1).** Abs. 1 verbietet die Beschäftigung von ArbN an Sonn- und Feiertagen von 0 bis 24 Uhr. „Beschäftigung" ist jede zum Betrieb gehörende Tätigkeit, auch die Heranziehung zu Bereitschaftsdienst oder Rufbereitschaft. Der Begriff der „Beschäftigung" ist weiter als der der Arbeit, der die Leistung von Rufbereitschaft nicht umfasst[3]. Die Vorschrift enthält ein objektives Verbot. Der ArbGeb darf die Beschäftigung weder dulden, noch kann der ArbN auf die Arbeitsruhe verzichten[4]. Maßgeblich ist der Kalendertag[5]. Bei Feiertagen kommt es im Hinblick auf die unterschiedlichen gesetzl. Feiertage in den einzelnen Bundesländern auf den Ort der Beschäftigung an. Folgt auf den Sonntag ein Feiertag, beträgt die Dauer des Beschäftigungsverbotes insgesamt 48 Stunden[6].

3 **III. Ausnahmen. 1. Mehrschichtige Betriebe (Abs. 2).** In mehrschichtigen Betrieben ist es nach Abs. 2 zulässig, den Beginn oder das Ende der Feiertagsruhe um bis zu sechs Stunden vor- oder zurückzuverlegen, wenn für die auf den Beginn der Ruhezeit folgenden 24 Stunden der Betrieb ruht. So kann etwa der Beginn der Ruhezeit auf Samstag, 18 Uhr vorverlegt werden, wenn die Ruhezeit bis Sonntag, 18 Uhr andauert. Auf diese Weise wird die Beibehaltung der **üblichen Schichtwechselzeiten** ermöglicht[7]. Eine Verlegung der Sonn- und Feiertagsruhe ist jedoch nur möglich, wenn für die auf den Beginn der Ruhezeit folgenden 24 Stunden der Betrieb ruht. Nach hM muss der gesamte Betrieb ruhen[8]. Die bloße Gewährung einer Ruhezeit von 24 Stunden an die ArbN ohne objektive Betriebsruhe soll nicht ausreichen[9]. Denn dies fordere der klare Schutzzweck des § 1 Nr. 2, der auch eine kollektive Komponente enthalte[10]. Verboten wären danach auch die selbständige Eigentätigkeit des ArbGeb und das automatische Weiterlaufenlassen einer am Werktag in Gang gesetzten Maschine ohne einen Menschen in einer sog. **„Geisterschicht"**[11]. Zurecht wird jedoch darauf hingewiesen, dass das ArbZG selbst keine vollständige Betriebsruhe an Sonn- und Feiertagen sicherstellt. Denn neben den Ausnahmetatbeständen der §§ 10 ff. wird das Beschäftigungsverbot auch durch den beschränkten persönl. Anwendungsbereich des § 18 durchbrochen[12].

4 **2. Kraftfahrer und Beifahrer (Abs. 3).** Für Kraftfahrer und Beifahrer kann der Beginn der 24-stündigen Ruhezeit um bis zu zwei Stunden vorverlegt werden. Eine Zurückverlegung kommt nicht in Betracht. Mit der Sonderregelung wird § 30 III StVO[13] Rechnung getragen, wonach an Sonn- und Feiertagen von 0 bis 22 Uhr ein grds. Fahrverbot für Lastkraftwagen mit einem zulässigen Gesamtgewicht von über 7,5 t sowie für Anhänger hinter Lastkraftwagen besteht[14]. Abs. 3 gilt jedoch für alle Kraftfahrer und Beifahrer unabhängig von dem Gesamtgewicht der benutzten Fahrzeuge[15]. Zu den Sonderregelungen für Kraftfahrer s. § 21a.

5 **3. Arbeitnehmer in Verkaufsstellen (§ 17 LSchlG).** Für ArbN in Verkaufsstellen gilt § 17 LSchlG.

6 **a) Arbeitszeit an Sonn- und Feiertagen.** Nach § 17 I LSchlG dürfen ArbN in Verkaufsstellen an Sonn- und Feiertagen nur während der ausnahmsw. zugelassenen Öffnungszeiten und während insgesamt weiterer 30 Minuten zur Erledigung von unerlässlichen Vorbereitungs- und Abschlussarbeiten beschäf-

---

1 BVerwG v. 19.9.2000 – 1 C 17/99, NZA 2000, 1232. | 2 *Richardi/Annuß*, Sonn- und Feiertagsarbeit, S. 43. | 3 BAG v. 22.9.2005 – 6 AZR 579/04, NZA 2006, 329. | 4 BAG v. 24.2.2005 – 2 AZR 211/04, NZA 2005, 759. | 5 *Baeck/Deutsch*, § 9 ArbZG Rz. 6. | 6 ErfK/*Wank*, § 9 ArbZG Rz. 3. | 7 *Baeck/Deutsch*, § 9 ArbZG Rz. 22. | 8 *Neumann/Biebl*, § 9 ArbZG Rz. 6; *Anzinger/Koberski*, § 9 ArbZG Rz. 46; *Junker*, ZfA 1998, 105 (125). | 9 *Neumann/Biebl*, § 9 ArbZG Rz. 6; *Anzinger/Koberski*, § 9 ArbZG Rz. 46; ErfK/*Wank*, § 9 ArbZG Rz. 7. | 10 KassHdb/*Schliemann*, 2.5 Rz. 514; *Junker*, ZfA 1998, 105 (125). | 11 So *Anzinger/Koberski*, § 9 ArbZG Rz. 46, anders der Erlass des MASSKS NRW v. 18.5.1999 – 215–8435, Nr. 9.3; vgl. auch *Junker*, ZfA 1998, 105 (125 Fn. 24), der die Frage, ob „Geisterschichten" eine Betriebsruhe ausschließen – zu Unrecht – für rein theoretischer Natur hält. | 12 *Baeck/Deutsch*, § 9 ArbZG Rz. 24. | 13 Feiertage iSd. § 30 III StVO sind Neujahr, Karfreitag, Ostermontag, Tag der Arbeit (1. Mai), Christi Himmelfahrt, Pfingstmontag, Fronleichnam (in BW, Bayern, Hess., NRW, Rh.-Pf. und im Saarl.), Tag der deutschen Einheit (3. Oktober), Reformationstag (31. Oktober, in Bbg., MV, Sachs., Sa.-Anh. und Thür.), Allerheiligen (1. November, in BW, Bayern, NRW, Rh.-Pf. und im Saarl.), 1. und 2. Weihnachtstag. | 14 *Baeck/Deutsch*, § 9 ArbZG Rz. 27. | 15 *Baeck/Deutsch*, § 9 ArbZG Rz. 29.

tigt werden. Dabei darf die Dauer der Beschäftigungszeit des einzelnen ArbN an Sonn- und Feiertagen acht Stunden nicht überschreiten (§ 17 II LSchlG).

7 **b) Arbeitszeit an Sonn- und Feiertagen bei Verkaufsstellen in Kur- und Erholungsorten.** Bei Verkaufsstellen in Kur- und Erholungsorten, die an Sonnabenden geöffnet sind, dürfen ArbN nach § 17 IIa LSchlG jährlich an höchstens 22 Sonn- und Feiertagen beschäftigt werden. Ihre Arbeitszeit an Sonn- und Feiertagen darf vier Stunden nicht überschreiten.

8 **c) Ersatzfreistellungen.** ArbN, die an Sonn- und Feiertagen beschäftigt werden, sind, wenn die Beschäftigung länger als drei Stunden dauert, an einem Werktag derselben Woche ab 13 Uhr, wenn sie länger als sechs Stunden dauert, an einem ganzen Werktag derselben Woche von der Arbeit freizustellen; mindestens jeder dritte Sonntag muss beschäftigungsfrei bleiben. Werden sie bis zu drei Stunden beschäftigt, so muss jeder zweite Sonntag oder in jeder zweiten Woche ein Nachmittag ab 13 Uhr beschäftigungsfrei bleiben. Statt an einem Nachmittag darf die Freizeit am Samstag- oder Montagvormittag bis 14 Uhr gewährt werden. Während der Zeiten, zu denen die Verkaufsstelle geschlossen sein muss, darf die Freizeit nicht gegeben werden (§ 17 III LSchlG).

9 **d) Beschicker von Warenautomaten.** Mit dem Beschicken von Warenautomaten dürfen ArbN außerhalb der Öffnungszeiten der mit dem Warenautomaten in räuml. Zusammenhang stehenden Verkaufsstelle nicht beschäftigt werden (§ 17 V LSchlG).

10 **4. Mitbestimmung.** Eine Verschiebung der Sonn- und Feiertagsruhe ist gem. § 87 I Nr. 2 BetrVG mitbestimmungspflichtig.

11 **IV. Straf- und bußgeldrechtliche Sanktionen.** Verstöße gegen Abs. 1 sind gem. § 22 I Nr. 5 und § 23 I bußgeld- bzw. strafbewehrt.

10 *Sonn- und Feiertagsbeschäftigung*

(1) Sofern die Arbeiten nicht an Werktagen vorgenommen werden können, dürfen Arbeitnehmer an Sonn- und Feiertagen abweichend von § 9 beschäftigt werden

1. in Not- und Rettungsdiensten sowie bei der Feuerwehr,

2. zur Aufrechterhaltung der öffentlichen Sicherheit und Ordnung sowie der Funktionsfähigkeit von Gerichten und Behörden und für Zwecke der Verteidigung,

3. in Krankenhäusern und anderen Einrichtungen zur Behandlung, Pflege und Betreuung von Personen,

4. in Gaststätten und anderen Einrichtungen zur Bewirtung und Beherbergung sowie im Haushalt,

5. bei Musikaufführungen, Theatervorstellungen, Filmvorführungen, Schaustellungen, Darbietungen und anderen ähnlichen Veranstaltungen,

6. bei nichtgewerblichen Aktionen und Veranstaltungen der Kirchen, Religionsgesellschaften, Verbände, Vereine, Parteien und anderer ähnlicher Vereinigungen,

7. beim Sport und in Freizeit-, Erholungs- und Vergnügungseinrichtungen, beim Fremdenverkehr sowie in Museen und wissenschaftlichen Präsenzbibliotheken,

8. beim Rundfunk, bei der Tages- und Sportpresse, bei Nachrichtenagenturen sowie bei den der Tagesaktualität dienenden Tätigkeiten für andere Presseerzeugnisse einschließlich des Austragens, bei der Herstellung von Satz, Filmen und Druckformen für tagesaktuelle Nachrichten und Bilder, bei tagesaktuellen Aufnahmen auf Ton- und Bildträger sowie beim Transport und Kommissionieren von Presseerzeugnissen, deren Ersterscheinungstag am Montag oder am Tag nach einem Feiertag liegt,

9. bei Messen, Ausstellungen und Märkten im Sinne des Titels IV der Gewerbeordnung sowie bei Volksfesten,

10. in Verkehrsbetrieben sowie beim Transport und Kommissionieren von leicht verderblichen Waren im Sinne des § 30 Abs. 3 Nr. 2 der Straßenverkehrsordnung,

11. in den Energie- und Wasserversorgungsbetrieben sowie in Abfall- und Abwasserentsorgungsbetrieben,

12. in der Landwirtschaft und in der Tierhaltung sowie in Einrichtungen zur Behandlung und Pflege von Tieren,

13. im Bewachungsgewerbe und bei der Bewachung von Betriebsanlagen,

14. bei der Reinigung und Instandhaltung von Betriebseinrichtungen, soweit hierdurch der regelmäßige Fortgang des eigenen oder eines fremden Betriebs bedingt ist, bei der Vorbereitung der Wiederaufnahme des vollen werktägigen Betriebs sowie bei der Aufrechterhaltung der Funktionsfähigkeit von Datennetzen und Rechnersystemen,

15. zur Verhütung des Verderbens von Naturerzeugnissen oder Rohstoffen oder des Misslingens von Arbeitsergebnissen sowie bei kontinuierlich durchzuführenden Forschungsarbeiten,

16. zur Vermeidung einer Zerstörung oder erheblichen Beschädigung der Produktionseinrichtungen.

(2) Abweichend von § 9 dürfen Arbeitnehmer an Sonn- und Feiertagen mit den Produktionsarbeiten beschäftigt werden, wenn die infolge der Unterbrechung der Produktion nach Absatz 1 Nr. 14 zulässigen Arbeiten den Einsatz von mehr Arbeitnehmern als bei durchgehender Produktion erfordern.

(3) Abweichend von § 9 dürfen Arbeitnehmer an Sonn- und Feiertagen in Bäckereien und Konditoreien für bis zu drei Stunden mit der Herstellung und dem Austragen oder Ausfahren von Konditorwaren und an diesem Tag zum Verkauf kommenden Bäckerwaren beschäftigt werden.

(4) Sofern die Arbeiten nicht an Werktagen vorgenommen werden können, dürfen Arbeitnehmer zur Durchführung des Eil- und Großbetragszahlungsverkehrs und des Geld-, Devisen-, Wertpapier- und Derivatehandels abweichend von § 9 Abs. 1 an den auf einen Werktag fallenden Feiertagen beschäftigt werden, die nicht in allen Mitgliedstaaten der Europäischen Union Feiertage sind.

Abs. 3 eingefügt durch Gesetz zur Änderung des Gesetzes über den Ladenschluss und zur Neuregelung der Arbeitszeit in Bäckereien und Konditoreien v. 30.7.1996, BGBl. I S. 1186; Abs. 4 eingefügt durch Gesetz zur Einführung des Euro (Euro-Einführungsgesetz – EuroEG) v. 9.6.1998, BGBl. I S. 1242.

I. Inhalt und Zweck. § 10 fasst die **Ausnahmen vom Beschäftigungsverbot an Sonn- und Feiertagen** in einem Katalog zusammen[1]. § 10 erfasst vornehmlich ArbN im Dienstleistungsbereich[2]. Gem. dem Einleitungssatz von Abs. 1, der für alle folgenden Ausnahmen gilt, ist die Beschäftigung an Sonn- und Feiertagen nur zulässig, sofern die Arbeiten nicht an Werktagen vorgenommen werden können. Dies ist der Fall, wenn die Arbeiten an Werktagen technisch unmöglich sind oder wenn die Verlagerung der Arbeiten auf Werktage wegen unverhältnismäßiger Nachteile wirtschaftl. oder sozialer Natur unzumutbar ist. Hierfür sind die jeweiligen betriebl. Verhältnisse maßgeblich[3]. 1

II. Die einzelnen Ausnahmebestimmungen. 1. Hilfsdienste (Abs. 1 Nr. 1). Erfasst sind neben den privaten, gemeinnützigen und öffentl. Hilfsdiensten (ärztliche und zahnärztl. Notdienste, Flugwacht, Straßenwacht und Bergwacht[4]) auch die handwerkl. Notdienste sowie die Notrufzentralen, etwa von Automobilclubs[5]. Ferner fallen die Sperrannahmedienste der Banken und Kreditkartenorganisationen unter diese Vorschrift[6]. 2

2. Öffentliche Zwecke (Abs. 1 Nr. 2). Die Bestimmung enthält einen von der früher geltenden GewO nicht geregelten Tatbestand und soll die Aufrechterhaltung der öffentl. Sicherheit und Ordnung, die Funktionsfähigkeit von Gerichten und Behörden und die Verteidigungsbereitschaft sichern[7]. Hierunter fallen auch **unaufschiebbar notwendige Straßenbauarbeiten**[8]. 3

3. Pflege (Abs. 1 Nr. 3). Die Vorschrift erfasst neben dem Bereich der Krankenpflege auch den Bereich der rein pflegerischen Versorgung, wie etwa die ambulanten Pflegedienste[9] und ununterbrochen betriebene Erziehungsheime[10]. 4

4. Gastronomie und Haushalt (Abs. 1 Nr. 4). Die Ausnahmeregelung umfasst neben den ArbN in der Gastronomie und Party-Service-Betrieben[11] auch die im **Haushalt** beschäftigten ArbN. Nach dem Entwurf der Bundesregierung sollte das ArbZG auf die im Haushalt beschäftigten ArbN wegen der besonderen Verhältnisses im Haushalt überhaupt keine Anwendung finden[12]. Dem widersetzten sich die Fraktionen von CDU und FDP, die der Auffassung waren, dass den Beschäftigten im Haushalt der gleiche Schutz wie den übrigen ArbN zuteil werden solle, freilich aber eine Ausnahme für das Verbot der Beschäftigung an Sonn- und Feiertagen erforderlich hielten[13]. 5

5. Kulturelle Veranstaltungen (Abs. 1 Nr. 5). Die Vorschrift erlaubt die Beschäftigung bei Musik- und Theateraufführungen sowie bei ähnlichen Schaustellungen, da solche Veranstaltungen vermehrt an Sonn- und Feiertagen in Anspruch genommen werden[14]. Proben für solche Veranstaltungen müssen hingegen idR an Werktagen stattfinden[15]. 6

6. Wohltätige Veranstaltungen (Abs. 1 Nr. 6). Erfasst sind die nichtgewerbl. Aktionen und Veranstaltungen der Kirchen, Religionsgesellschaften, Verbände, Vereine, Parteien und anderer ähnlicher Vereinigungen[16]. **Nichtgewerblich** ist eine Veranstaltung auch dann, wenn sie einen finanziellen Ertrag erzielen soll, aber nicht auf Dauer angelegt ist (zB Wohltätigkeitsbasar)[17]. Wichtig ist, dass ein gemeinnütziger Zweck im Vordergrund steht[18]. 7

---

1 BT-Drs. 12/5888, S. 29. |2 BT-Drs. 12/5888, S. 29. |3 BVerwG v. 19.9.2000 – 1 C 17/99, NZA 2000, 1232. |4 MünchArbR/*Anzinger*, § 221 Rz. 33. |5 BT-Drs. 12/5888, S. 29. |6 BT-Drs. 12/5888, S. 29; *Anzinger*, BB 1994, 1492 (1496). |7 *Anzinger*, BB 1994, 1492 (1496). |8 Erlass des MASSKS NRW v. 18.5.1999 – 215-8435, Nr. 10.3.2. |9 BT-Drs. 12/5888, S. 29. |10 Erlass des MASSKS NRW v. 18.5.1999 – 215-8435, Nr. 10.3.8. |11 BT-Drs. 12/6990, S. 40; *Anzinger*, BB 1994, 1492 (1496). |12 BT-Drs. 12/5888, S. 10, 32. |13 BT-Drs. 12/6990, S. 40. |14 *Baeck/Deutsch*, § 10 ArbZG Rz. 37. |15 MünchArbR/*Anzinger*, § 221 Rz. 37. |16 *Anzinger*, BB 1994, 1492 (1496). |17 KassHdb/*Schliemann*, 2.5 Rz. 538. |18 Erlass des MASSKS NRW v. 18.5.1999 – 215-8435, Nr. 10.3.6.

8 **7. Sport, Freizeit, Erholung, Vergnügen (Abs. 1 Nr. 7).** Die Ausnahmebestimmung trägt dem Gedanken der Daseinsvorsorge Rechnung, der sich wiederum aus dem Sozialstaatsprinzip des Art. 20 Abs. 1 GG ableitet. Dabei hat der Gesetzgeber berücksichtigt, dass die Mehrzahl der Bevölkerung die entsprechenden Veranstaltungen und Einrichtungen nur am Wochenende besuchen bzw. nutzen kann[1].

9 **8. Presse und Rundfunk (Abs. 1 Nr. 8).** Die Regelung erfasst nicht nur **journalistische Tätigkeiten**[2], sondern auch das **Austragen** der Zeitungen (nicht hingegen die Verteilung reinen Werbematerials)[3], die **Herstellung** von Satz, Filmen und Druckformen für tagesaktuelle Nachrichten und Bilder sowie die **tagesaktuelle Aufnahme** auf Bild- und Tonträger[4]. Zu der in Abs. 1 Nr. 8 aufgeführten Tagespresse gehören auch **Sonntagszeitungen**, und zwar unabhängig davon, ob sie als reine Sonntagszeitungen nur am Sonntag oder als siebte Ausgabe einer Tageszeitung am Sonntag erscheinen[5]. Dasselbe gilt für sog. **Anzeigenblätter**, nicht hingegen für reine Werbeveröffentlichungen[6]. Die Ausnahmebestimmung erfasst nicht die Beschäftigung zur Herstellung von **Zeitungsbeilagen**, die keinen tagesaktuellen Inhalt haben[7]. Die Bedeutung des Begriffs „**Rundfunk**" richtet sich nach den rundfunkrechtl. Vorschriften. Daher sind der öffentl.-rechtl. Rundfunk sowie die Rundfunksender, denen eine Übertragungskapazität durch die Rundfunkanstalten der Länder zugebilligt worden ist, berechtigt, ArbN auch an Sonn und Feiertagen zu beschäftigen[8].

10 **9. Messen und Ausstellungen (Abs. 1 Nr. 9).** Die Vorschrift trägt der Tatsache Rechnung, dass zu den sog. Marktprivilegien der nach § 69 GewO festgesetzten **Messen, Ausstellungen, Märkte und Volksfeste** seit jeher die Befreiung vom Verbot der Beschäftigung von ArbN an Sonn- und Feiertagen zählt[9]. Diese Vorschrift gilt allerdings nicht für **ArbN in Verkaufsstellen**, die in die Veranstaltung einbezogen werden. Hier gehen die Spezialregelungen im LSchlG vor[10]. Nicht vom Beschäftigungsverbot befreit sind ebenfalls die für gewerbliche Wiederverkäufer veranstalteten **Haus- und Ordermessen**[11].

11 **10. Verkehrs- und Transportsysteme (Abs. 1 Nr. 10).** Zu den „Verkehrsbetrieben" nach Nr. 10 zählen alle gewerblichen und nicht gewerblichen Betriebe des **Güternah-** und **Güterfernverkehrs**, des **Personennah-** und **Personenfernverkehrs** sowie alle öffentl. und privaten Betriebe, deren Betriebszweck darin besteht, Güter, Personen oder Nachrichten zu befördern[12]. Zulässig ist auch die Beschäftigung von ArbN an Sonn- und Feiertagen bei dem Transport und der **Kommissionierung** (Aufbereiten, Verpacken, versandfertiges Zusammenstellen, Sortieren, Abfüllen, Umwickeln, Etikettierung[13]) von leicht verderblichen Waren iSd. § 30 III Nr. 2 StVO (frische Milch, frische Milcherzeugnisse, frisches Fleisch, frische Fleischerzeugnisse, frische Fische, lebende Fische, frische Fischerzeugnisse, leicht verderbliches Obst und Gemüse).

12 **11. Versorgungs- und Entsorgungsbetriebe (Abs. 1 Nr. 11). Energieversorgungsbetriebe** iSd. Abs. 1 Nr. 11 sind alle öffentl. und privaten Betriebe, die mit Strom, Gas und Wärme versorgen[14]. **Wasserversorgungsbetriebe** sind alle Betriebe zur Deckung des Wasserbedarfs mit Trink- und Brauchwasser[15]. **Abfallentsorgungsbetriebe** befassen sich mit dem Sammeln, der Abnahme und der Beseitigung von Abfallstoffen, Abfällen und Abgängen der Haushalte, der Industrie, des Handwerks, des Dienstleistungsgewerbes und der Krankenhäuser[16]. **Wasserentsorgungsbetriebe** sind alle Betriebe zur Sammlung und Klärung von Abwässern[17]. Erfasst sind auch die Erhaltung der Versorgungsnetze sowie die Fremdfirmen, die für die Versorgungsbetriebe tätig werden[18].

13 **12. Landwirtschaft (Abs. 1 Nr. 12).** Die Ausnahmebestimmung trägt dem Umstand Rechnung, dass die Produktion in der Landwirtschaft zu einem Teil von nicht beeinflussbaren Faktoren abhängt, und Sonn- und Feiertagsarbeit zwingend notwendig machen kann[19]. Ferner sind Tätigkeiten in Einrichtungen zur Behandlung und Pflege von Tieren an Sonn- und Feiertagen zulässig. Voraussetzung ist jedoch, dass es sich um dringende Tätigkeiten handelt und nicht um normale ärztl. Untersuchungen, die auch noch an einem Werktag ausgeführt werden können[20].

14 **13. Bewachungsgewerbe (Abs. 1 Nr. 13).** Die Vorschrift enthält eine Ausnahme für das Bewachungsgewerbe, also für die Beschäftigten in Unternehmen, die gewerbsmäßig Leben oder Eigentum fremder Personen bewachen (vgl. § 34a I GewO). Die Vorschrift erstreckt sich hingegen nicht auf solche ArbN, die mit der Überwachung anderer Personen beschäftigt sind (**Detektive**), oder auf **Auskunfteien**[21]. Zulässig ist ferner die Beschäftigung von ArbN zur Bewachung von Betriebsanlagen. Damit sind nur solche

---

1 *Baeck/Deutsch*, § 10 ArbZG Rz. 51. | 2 So aber noch der RegE, BT-Drs. 12/5888, S. 8. | 3 MünchArbR/*Anzinger*, § 221 Rz. 41. | 4 *Baeck/Deutsch*, § 10 ArbZG Rz. 67. | 5 BT-Drs. 12/5888, S. 29. | 6 MünchArbR/*Anzinger*, § 221 Rz. 40. | 7 Str., wie hier: Erlass des MASSKS NRW v. 18.5.1999 – 215–8435, Nr. 10.3.8; wohl auch *Anzinger/Koberski*, § 10 ArbZG Rz. 65. | 8 Erlass des MASSKS NRW v. 18.5.1999 – 215–8435, Nr. 10.3.8. | 9 BT-Drs. 12/5888, S. 29. | 10 Erlass des MASSKS NRW v. 18.5.1999 – 215–8435, Nr. 10.3.9. | 11 MünchArbR/*Anzinger*, § 221 Rz. 41. | 12 Erlass des MASSKS NRW v. 18.5.1999 – 215–8435, Nr. 10.3.10.1. | 13 *Baeck/Deutsch*, § 10 ArbZG Rz. 78. | 14 Erlass des MASSKS NRW v. 18.5.1999 – 215–8435, Nr. 10.3.11. | 15 Erlass des MASSKS NRW v. 18.5.1999 – 215–8435, Nr. 10.3.11. | 16 Erlass des MASSKS NRW v. 18.5.1999 – 215–8435, Nr. 10.3.11. | 17 Erlass des MASSKS NRW v. 18.5.1999 – 215–8435, Nr. 10.3.11. | 18 Erlass des MASSKS NRW v. 18.5.1999 – 215–8435, Nr. 10.3.11. | 19 *Baeck/Deutsch*, § 10 ArbZG Rz. 87. | 20 *Baeck/Deutsch*, § 10 ArbZG Rz. 90. | 21 *Neumann/Biebl*, § 10 ArbZG Rz. 36; *Baeck/Deutsch*, § 10 ArbZG Rz. 94.

ArbN gemeint, die den unmittelbaren Wächterdienst über die Anlagen ausführen, wie **Pförtner, Nachtwächter, Werksfeuerwehrleute.** Nicht erfasst sind ArbN, die darüber hinaus gehende Kontrollen bei vollautomatischen Produktionsanlagen wahrnehmen[1], da es sich hierbei um eine der Produktion dienende Tätigkeit handelt[2].

14. Reinigungs-, Wartungs- und Vorbereitungsarbeiten sowie Datennetze und Rechnersysteme (Abs. 1 Nr. 14). Die Bestimmung enthält drei Tatbestandsalternativen: 15

a) Reinigungs- und Instandhaltungsarbeiten (Abs. 1 Nr. 14, Alt. 1). Erlaubt sind danach die Reinigung und Instandhaltung von Betriebseinrichtungen an Sonn- und Feiertagen, soweit hierdurch der regelmäßige Fortgang des eigenen oder eines fremden Betriebes bedingt ist. Ohne die Arbeiten zur Reinigung und Instandhaltung von Betriebsstätten, Maschinen, Apparaten und sonstigen Betriebseinrichtungen muss der eigene oder fremde Betrieb am nächsten Tag nicht in der regelmäßigen Art oder nicht im regelmäßigen Umfang fortgeführt werden können[3]. 16

b) Vorbereitungsarbeiten (Abs. 1 Nr. 14, Alt. 2). Erfasst sind nach diesem Ausnahmetatbestand die Vorbereitung der vollen Aufnahme des vollen werktätigen Betriebs (zB das Anfeuern von Öfen, die Inbetriebnahme von Förder- und Aufzugsanlagen oder der Betrieb von EDV-gestützten Verbundsystemen)[4]. Entscheidendes Kriterium für den zulässigen Umfang der Vorbereitungsarbeiten ist der Begriff des „vollen werktätigen Betriebs“. Ein „voller werktätiger Betrieb“ setzt die Funktionsfähigkeit aller regelmäßig betriebenen Maschinen in einem Umfang voraus, dass eine ausreichende Beschäftigungsmöglichkeit für die volle Zahl der ArbN ermöglicht wird. Für Jahresinstandsetzungsarbeiten großer und kapitalintensiver Aggregate können auch mehrere Sonn- und Feiertage in Anspruch genommen werden. Hingegen zählen das Aufstellen neuer Maschinen und das Auswechseln ganzer Betriebseinrichtungen nicht zu den Instandhaltungsarbeiten iSd. Abs. 1 Nr. 14[5]. 17

c) Datennetze und Rechnersysteme (Abs. 1 Nr. 14, Alt. 3). Hier wird klargestellt, dass an Sonn- und Feiertagen auch die „Kontrolle der Funktionsfähigkeit von Datennetzen“ zulässig ist. Der seit den 80er Jahren gestiegene bargeldlose Zahlungsverkehr erfordert den ununterbrochenen Betrieb von Großrechnern. Durch die Klarstellung soll die Funktionsfähigkeit der Rechner an allen Tagen des Jahres kontrolliert werden können[6]. 18

15. Arbeiten zur Verhütung des Verderbens von Naturerzeugnissen oder Rohstoffen oder des Misslingens von Arbeitsergebnissen sowie kontinuierlich durchzuführende Forschungsarbeiten (Abs. 1 Nr. 15). Die Vorschrift enthält drei Alternativtatbestände und erlaubt eine Beschäftigung an Sonn- und Feiertagen für solche Arbeiten, die bereits an dem vorangegangenen Werktag begonnen worden sind und nach an dem jeweiligen Sonn- oder Feiertag fertig gestellt werden sollen[7]. Bei dieser sog. **diskontinuierlichen Sonn- und Feiertagsarbeit**, die auch **Chargenproduktion** genannt wird, werden die Werkstoffe bedingt durch das Fassungsvermögen der Produktionseinrichtung mit zeitl. Unterbrechung in das Arbeitssystem eingegeben und partieweise be- und verarbeitet (Brennöfen, Betonmischer, Färbebäder usw.)[8]. Darüber hinaus kann die Vorschrift eine **kontinuierliche Sonn- und Feiertagsbeschäftigung rechtfertigen**[9]. Bei der kontinuierlichen Produktion erfolgen Transporttätigkeiten und Produktionstätigkeiten simultan und ohne zeitl. Unterbrechung, weil die zu verarbeitenden Stoffe stetig durch einen Apparat laufen (Reaktionsapparat, Kolonne, Trockner usw.)[10]. 19

a) Verderben von Rohstoffen und Naturerzeugnissen (Abs. 1 Nr. 15, Alt. 1). Die Vorschrift soll das Verderben von Rohstoffen und Naturerzeugnissen, insb. von tierischen und pflanzlichen Erzeugnissen in naturbelassenem Zustand[11], verhindern. Rohstoffe sind nicht nur die eigentlichen Rohprodukte, sondern auch die im Produktionsprozess anfallenden Zwischenprodukte (Halbfabrikate)[12]. Die **Grenze**, ab der ein Verderben vorliegt, kann nicht immer präzise festgelegt werden[13] und wird nicht allein durch toxikologische oder chemische Maßstäbe bestimmt[14]. Entscheidend sind vielmehr Zweckbestimmung, Verwendungsmöglichkeit, Konsumverhalten[15] und Marktanforderungen[16]. So liegt ein „Verderben“ bei Frischobst schon bei einer Qualitätsminderung vor[17]. Sonn- und Feiertagsarbeit sind gleichwohl nur 20

---

1 KassHdb/*Schliemann*, 2.5 Rz. 561; *Neumann/Biebl*, § 10 ArbZG Rz. 36; *Baeck/Deutsch*, § 10 ArbZG Rz. 94. |2 MünchArbR/*Anzinger*, § 221 Rz. 45. |3 MünchArbR/*Anzinger*, § 221 Rz. 46. |4 MünchArbR/*Anzinger*, § 221 Rz. 47. |5 Erlass des MASSKS NRW v. 18.5.1999 – 215–8435, Nr. 10.3.14. |6 BT-Drs. 12/5888, S. 29. |7 BVerwG v. 19.9.2000 – 1 C 17/99, NZA 2000, 1232. |8 Vgl. auch Gabler Wirtschaftslexikon, 15. Aufl. 2000, Stichwort „diskontinuierliche Produktion“; Beispiele aus *Brockhaus*, Die Enzyklopädie, 2001, Stichwort „Charge“. |9 BT-Drs. 12/5888, S. 29; *Zmarzlik*, DB 1994, 1082 (1085); durch die Verwendung des Wortes „kontinuierlich“ in der dritten Alternative der Vorschrift soll nicht zum Ausdruck kommen, dass bei den ersten beiden Alternativen nur diskontinuierliche Sonn- und Feiertagsarbeit gemeint ist. Dies ergibt sich auch aus dem in § 1 Nr. 1 zum Ausdruck kommenden Flexibilisierungsgedanken, BVerwG v. 19.9.2000 – 1 C 17/99, NZA 2000, 1232. |10 Vgl. auch, Gabler Wirtschaftslexikon, 15. Aufl. 2000, Stichwort „kontinuierliche Produktion“; Beispiele aus *Brockhaus*, Die Enzyklopädie, 2001, Stichwort „kontinuierlicher Betrieb“. |11 *Zmarzlik*, DB 1994, 1082 (1085). |12 Erlass des MASSKS NRW v. 18.5.1999 – 215–8435, Nr. 10.3.15. |13 *Zmarzlik*, AR-Blattei SD, 240, Rz. 418. |14 Erlass des MASSKS NRW v. 18.5.1999 – 215–8435, Nr. 10.3.15. |15 Erlass des MASSKS NRW v. 18.5.1999 – 215–8435, Nr. 10.3.15. |16 *Zmarzlik*, AR-Blattei SD, 240, Rz. 418. |17 Erlass des MASSKS NRW v. 18.5.1999 – 215–8435, Nr. 10.3.15.

zulässig, wenn die allgemein gebräuchlichen und zumutbaren betriebstechnischen und organisatorischen Möglichkeiten ausgeschöpft sind, um das Verderben der Naturerzeugnisse und Rohstoffe zu verhindern wie etwa Kühlung, Einfrieren, Trocknen, Begasen, Einsalzen, schneller Transport zum Verbraucher oder besondere Verpackungen[1]. Das Verderben darf keinesfalls vom ArbGeb schuldhaft verursacht worden sein[2].

21 **b) Misslingen von Arbeitsergebnissen (Abs. 1 Nr. 15, Alt. 2).** Diese Ausnahmeregelung hat den Begriff des „Misslingens von Arbeitsergebnissen" in das Arbeitszeitrecht eingeführt. Anders als die Vorgängervorschrift des § 105c I Nr. 4, Alt. 2 GewO, bei der von „Arbeitserzeugnissen" die Rede war, werden daher jetzt nicht nur die End- und Zwischenprodukte von Herstellungsprozessen, sondern die **Ergebnisse jeder Arbeit**, auch außerhalb von Herstellungsprozessen, erfasst[3].

22 **aa) Zweck und Erforderlichkeit der Arbeiten.** Die Beschäftigung an Sonn- und Feiertagen zur Verhütung des Misslingens von Arbeitsergebnissen schließt Arbeiten, die in Wirklichkeit anderen Zwecken wie der Produktionssteigerung, der besseren wirtschaftl. Auslastung der Maschinen oder der Verringerung der Produktionskosten dient, aus[4]. Erforderlich ist, dass es durch die Nichtarbeit an Sonn- und Feiertagen zu einer **Ausschussproduktion** kommen würde[5]. Die Sonn- und Feiertagsarbeit muss zur Erreichung dieses Zwecks nicht nur nützlich, sondern **erforderlich** sein. Der vom Gesetz bezweckte Schutz der ArbN erfordert die Beschränkung zulässiger Sonn- und Feiertagsbeschäftigung auf das Notwendige. Notwendig ist die Beschäftigung an Sonn- und Feiertagen dann nicht, wenn das Misslingen von Arbeitsergebnissen auf andere, zumutbare Weise verhütet werden kann[6]. Der ArbGeb muss die **allgemein gebräuchlichen und zumutbaren betriebstechnischen und organisatorischen Möglichkeiten ausschöpfen**, um ein Misslingen von Arbeitsergebnissen so gering wie möglich zu halten[7]. Ggf. ist er gehalten, zumutbare Maßnahmen zur Modernisierung der Betriebsabläufe zu treffen, bevor er die Beschäftigung an Sonn- und Feiertagen anordnet[8]. Eine drohende Ausschuss-/Ausfallquote ist dann nicht zu berücksichtigen, wenn der Arbeitsprozess aus anderen Gründen einmal oder mehrmals pro Woche unterbrochen werden muss, sofern die Unterbrechung auf einen Sonn- oder Feiertag gelegt werden kann[9].

23 **bb) Misslungene Arbeitsergebnisse.** Bei einem Produktionsbetrieb sind Arbeitsergebnisse misslungen, wenn sie zu dem vorgesehenen Zweck nicht brauchbar sind, dh., wenn ihre bestimmungsgemäße Verwendung ausgeschlossen oder wesentlich beeinträchtigt ist[10]. Das **Nichtgelingen** ist die gravierendste Form des Misslingens. Auch Ergebnisse, die nicht vollständig missraten und noch absetzbar aber von **minderer Qualität** sind, können misslungen sein[11]. Für die Beurteilung ist auf die **Vorgaben des Unternehmens** abzustellen, da es im Interesse des Absatzes die Qualitätsanforderungen festlegt[12]. Werden von dem Unternehmen typischerweise, etwa wegen bestimmter Unterschiede in der Zusammensetzung der Rohmaterialien, Produkte von unterschiedlicher Qualität hergestellt (1. und 2. Wahl), liegt ein Misslingen der Arbeitsergebnisse nur dann vor, wenn sie nach der Produktpalette überhaupt nicht verkäuflich sind oder die vorgegebene Quote für Produkte der jeweiligen Qualitätsstufe deutlich verfehlt wird[13]. Ungeeignete Ausgangsstoffe oder ein fehlerhafter Herstellungsprozess rechtfertigen keine Sonn- und Feiertagsarbeit[14].

24 **cc) Misslingensquote.** Nicht erforderlich ist, dass alle Arbeitsergebnisse ohne Sonn- und Feiertagsarbeit misslingen würden. Hier reicht eine relevante Misslingensquote, die allerdings nicht ohne Rücksicht auf das jeweilige Produkt festgelegt werden kann, aus. Die Begründung zum RegE[15] führt einen Anteil von **5% der Wochenproduktion** an und bietet damit einen Anhalt[16]. 5% der werktäglichen Wochenproduktion entsprechen 7,2 Arbeitsstunden und damit etwa einer Schicht[17]. Dabei ist als Bezugsgröße die fehlerfreie Wochenproduktion von Montag 0 Uhr bis Samstag 24 Uhr (144 Stunden) zugrunde zu legen[18]. Im Einzelfall kann auch eine Unterschreitung der 5%-Grenze ein „Misslingen von Arbeitsergebnissen" darstellen[19]. Eine starre 5%-Grenze als Voraussetzung für die Zulässigkeit der Sonntagsarbeit würde den unterschiedl. Industriezweigen und den unterschiedlichen tatsächlichen Gegebenheiten nicht gerecht[20].

25 **dd) Beispiele.** Folgende kontinuierlichen Herstellungsprozesse verlangen regelmäßig Sonn- und Feiertagsarbeit[21]:

---

1 *Zmarzlik*, AR-Blattei SD, 240, Rz. 421; Erlass des MASSKS NRW v. 18.5.1999 – 215–8435, Nr. 10.3.15. | 2 *Zmarzlik*, AR-Blattei SD, 240, Rz. 420. | 3 *Zmarzlik*, DB 1994, 1082 (1085). | 4 BVerwG v. 19.9.2000 – 1 C 17/99, NZA 2000, 1232. | 5 BVerwG v. 19.9.2000 – 1 C 17/99, NZA 2000, 1232. | 6 BVerwG v. 19.9.2000 – 1 C 17/99, NZA 2000, 1232. | 7 Erlass des MASSKS NRW v. 18.5.1999 – 215–8435, Nr. 10.3.15. | 8 BVerwG v. 19.9.2000 – 1 C 17/99, NZA 2000, 1232. | 9 BT-Drs. 12/5888, S. 29. | 10 BVerwG v. 19.9.2000 – 1 C 17/99, NZA 2000, 1232. | 11 *Zmarzlik*, AR-Blattei SD, 240, Rz. 425. | 12 BVerwG v. 19.9.2000 – 1 C 17/99, NZA 2000, 1232. | 13 BVerwG v. 19.9.2000 – 1 C 17/99, NZA 2000, 1232. | 14 Erlass des MASSKS NRW v. 18.5.1999 – 215–8435, Nr. 10.3.15. | 15 BT-Drs. 12/5888, S. 29. | 16 BVerwG v. 19.9.2000 – 1 C 17/99, NZA 2000, 1232. | 17 *Zmarzlik*, AR-Blattei SD, 240, Rz. 439; dieser Maßstab findet sich vergleichbar in § 9 II, womit der Verlust an Produktionszeit bei einem Schichtwechsel um 22 Uhr zwischen 22 und 6 Uhr (8 Stunden) vermieden werden kann, vgl. Erlass des MASSKS NRW v. 18.5.1999 – 215–8435, Nr. 10.3.15. | 18 Erlass des MASSKS NRW vom 18.5.1999 – 215–8435, Nr. 10.3.15. | 19 BT-Drs. 12/5888, S. 29. | 20 *Zmarzlik*, AR-Blattei SD, 240, Rz. 436. | 21 Beispiele nach *Zmarzlik*, AR-Blattei SD, 240, Rz. 442, 444.

- Produktion in der **chemischen Industrie**, bei der die geforderte Qualität nur bei genauer Einhaltung der Parameter Produktreinheit, Mischungsverhältnis, physikalische und sicherheitstechnische Daten gewährleistet ist;
- Herstellung von Kunststofffasern, Zement, keramischen Erzeugnissen, Glas, Koks, Zellstoff, Gleitschalungen, Obst- und Gemüsekonserven, Schokolade-, Karamell- und Keksriegeln, Bier, entkoffeiniertem Kaffee und Tiernahrung.

ee) Produktionsausfall. Vergleichbar mit den Fällen des „Misslingens von Arbeitsergebnissen" sind die Fallgestaltungen, in denen das Beschäftigungsverbot an Sonn- und Feiertagen zu einem werktägl. Produktionsausfall von mindestens acht Stunden führen würde[1]. Insb. bei länger dauernden Arbeitsprozessen ist eine gleichmäßige Aufteilung auf die werktägl. wöchentl. Arbeitszeit nicht immer möglich. So können etwa beim **versetzten Chargenbetrieb** durch das Beschäftigungsverbot Produktionsausfälle von mehr als 8 Stunden auftreten, was einem Produktionsverlust von mehr als 5 % entsprechen würde. Kann ein derartiger Produktionsausfall dadurch vermieden werden, dass das Verfahren am Sonn- und Feiertag zu Ende geführt wird, so sind die entsprechenden Arbeiten zulässig[2], und zwar unabhängig davon, ob vorhersehbar war, dass die Arbeit oder das Herstellungsverfahren nicht ohne Sonn- und Feiertagsarbeit zu Ende geführt werden kann[3]. Nicht zulässig ist jedoch ein Ansetzen neuer Chargen[4]. 26

c) Forschungsarbeiten (Abs. 1 Nr. 15, Alt. 3). Die dritte Alternative des Abs. 1 Nr. 15 lässt die Beschäftigung von ArbN an Sonn- und Feiertagen bei kontinuierlich durchzuführenden Forschungsarbeiten zu. 27

16. Arbeiten zur Vermeidung von Schäden an Produktionseinrichtungen (Abs. 1 Nr. 16). Die Vorschrift lässt kontinuierliche Sonn- und Feiertagsarbeit dann zu, wenn die Produktionsunterbrechung zu einer Zerstörung oder erheblichen Beschädigung von Produktionseinrichtungen führen würde[5]. Dies wäre dann der Fall, wenn sie wegen der Arbeitsunterbrechung an Sonn- und Feiertagen sofort oder im Laufe der Zeit unbrauchbar oder in ihrer Haltbarkeit erheblich beschädigt oder beeinträchtigt würden[6]. 28

17. Produktionsarbeiten (Abs. 2). Nach Abs. 2 sind Produktionsarbeiten an Sonn- und Feiertagen dann erlaubt, wenn Unterbrechungen wegen zulässiger Reinigungs- und Instandhaltungsarbeiten iSd. Abs. 1 Nr. 14 den Einsatz von mehr ArbN erfordern würden als bei durchgehender Produktion. Mit dieser Regelung soll eine Verringerung der von Sonntagsarbeit betroffenen ArbN erreicht werden. Denn es dient nicht dem Sonn- und Feiertagsschutz, wenn infolge der Unterbrechung mehr ArbN beschäftigt werden müssten als bei fortlaufender Produktion. Maßgeblich ist nicht die Kopfzahl der ArbN, sondern die in dem jeweiligen Fall zu leistende Arbeitszeit[7]. 29

18. Bäckereien und Konditoreien (Abs. 3). Die Ausnahme des Abs. 3, wonach ArbN in Bäckereien und Konditoreien an Sonn- und Feiertagen bis zu drei Stunden mit der **Herstellung** und dem **Austragen** oder Ausfahren von Konditorwaren und an diesem Tag zum Verkauf kommenden Bäckerwaren beschäftigt werden, soll die durchgehende Versorgung der Bevölkerung mit frischen Back- und Konditorwaren sicherstellen[8]. Entgegen dem Wortlaut der Vorschrift müssen auch Konditorwaren noch am selben Tag zum Verkauf kommen. Es handelt sich um ein offensichtliches Redaktionsversehen des Gesetzgebers, der keine Privilegierung der Konditoreien beabsichtigt hatte[9]. 30

19. Finanzgeschäfte (Abs. 4). Diese Ausnahmebestimmung wurde durch die Einführung des Eil- und Großbetragszahlungssystems TARGET, das eine schnelle Abwicklung des bargeldlosen Zahlungsverkehrs in den Mitgliedstaaten der EU gewährleisten soll, erforderlich. Erfasst werden alle nicht an einem Werktag vornehmbaren Arbeiten, die zur Durchführung des Eil- und Großbezahlungsverkehrs sowie des Geld-, Devisen-, Wertpapier- und Derivatenhandels erforderlich sind, einschließlich der Hilfs- und Nebentätigkeiten, **nicht** hingegen der normale **Massenzahlungsverkehr**[10]. Abs. 4 erlaubt keine Arbeit an Feiertagen, die auf einen Werktag fallen, wenn sie in allen Tagen der EU Feiertage sind. Dies sind der 25. Dezember und der 1. Januar[11]. 31

11 *Ausgleich für Sonn- und Feiertagsbeschäftigung*

(1) Mindestens 15 Sonntage im Jahr müssen beschäftigungsfrei bleiben.

(2) Für die Beschäftigung an Sonn- und Feiertagen gelten die §§ 3 bis 8 entsprechend, jedoch dürfen durch die Arbeitszeit an Sonn- und Feiertagen die in den §§ 3, 6 Abs. 2, §§ 7 und 21a Abs. 4 bestimmten Höchstarbeitszeiten und Ausgleichszeiträume nicht überschritten werden.

(3) Werden Arbeitnehmer an einem Sonntag beschäftigt, müssen sie einen Ersatzruhetag haben, der innerhalb eines den Beschäftigungstag einschließenden Zeitraums von zwei Wochen zu gewähren ist.

---

1 Erlass des MASSKS NRW v. 18.5.1999 – 215–8435, Nr. 10.3.15. | 2 Erlass des MASSKS NRW v. 18.5.1999 – 215–8435, Nr. 10.3.15. | 3 *Zmarzlik*, AR-Blattei SD, 240, Rz. 433. | 4 Erlass des MASSKS NRW v. 18.5.1999 – 215–8435, Nr. 10.3.15. | 5 BT-Drs. 12/5888, S. 29. | 6 Erlass des MASSKS NRW v. 18.5.1999 – 215–8435, Nr. 10.3.16. | 7 ErfK/*Wank*, § 10 ArbZG Rz. 28. | 8 *Neumann/Biebl*, § 10 ArbZG Rz. 56. | 9 KassHdb/*Schliemann*, 2.5 Rz. 594; *Baeck/Deutsch*, § 10 ArbZG Rz. 153; *Neumann/Biebl*, § 10 ArbZG Rz. 58. | 10 *Neumann/Biebl*, § 10 ArbZG Rz. 60. | 11 KassHdb/*Schliemann*, 2.5 Rz. 595.

Werden Arbeitnehmer an einem auf einen Werktag fallenden Feiertag beschäftigt, müssen sie einen Ersatzruhetag haben, der innerhalb eines den Beschäftigungstag einschließenden Zeitraums von acht Wochen zu gewähren ist.

(4) Die Sonn- oder Feiertagsruhe des § 9 oder der Ersatzruhetag des Absatzes 3 ist den Arbeitnehmern unmittelbar in Verbindung mit einer Ruhezeit nach § 5 zu gewähren, soweit dem technische oder arbeitsorganisatorische Gründe nicht entgegenstehen.

Abs. 2 geändert durch Gesetz zur Änderung personenbeförderungsrechtlicher Vorschriften und arbeitszeitrechtlicher Vorschriften für Fahrpersonal v. 14.8.2006, BGBl. I S. 1962.

1 **I. Inhalt und Zweck.** § 11 enthält Ausgleichsverpflichtungen für Sonn- und Feiertagsbeschäftigung. Während der RegE noch vorsah, dass mindestens ein Sonntag im Monat beschäftigungsfrei bleiben sollte[1], wurde Abs. 1 im Hinblick auf die Beschlüsse des Ausschusses für Arbeits- und Sozialordnung dahin gehend flexibler gestaltet, dass 15 Tage im Jahr beschäftigungsfrei bleiben müssen. Damit wurde dem Umstand Rechnung getragen, dass die Gewährung eines arbeitsfreien Sonntags in Saisonbetrieben sowie in den Bereichen, in denen typischerweise sonntags gearbeitet wird, nicht immer ohne weiteres möglich ist[2].

2 **II. Die einzelnen Ausgleichsverpflichtungen. 1. Mindestzahl beschäftigungsfreier Sonntage (Abs. 1).** Nach Abs. 1 müssen mindestens **15 Sonntage** im Jahr beschäftigungsfrei bleiben. Maßgeblich ist die Zahl der tatsächlich beschäftigungsfreien Sonntage[3]. Auch Urlaubs- und Krankheitstage sind insoweit anrechenbar[4]. Bezugszeitraum ist nicht das Kalenderjahr und auch nicht das Beschäftigungsjahr, das auf die erstmalige Sonntagsarbeit folgt[5]. Vielmehr kann der ArbGeb im Interesse der mit dem ArbZG gewollten Flexibilisierung den Bezugszeitraum von 12 aufeinanderfolgenden Monaten individuell festlegen[6]. Auf **Feiertage** findet Abs. 1 **keine (analoge) Anwendung**. Der ArbGeb muss ArbN nicht von Feiertagsarbeit freistellen[7].

3 **2. Arbeitszeitgrenzen (Abs. 2).** Gem. Abs. 2 sind aus Gründen des Gesundheitsschutzes der ArbN[8] auch bei der Sonn- und Feiertagsarbeit die Arbeitszeitgrenzen der §§ 3–8 maßgeblich. Insb. sind Ruhepausen und Ruhezeiten wie an Werktagen zu gewähren[9], ebenso Zuschläge nach § 6 V (für Nachtarbeit s. Rz. 9)[10]. Da im ArbZG keine höchst zulässige Wochenarbeitszeit festgelegt ist, kommt somit sogar eine Beschäftigung von ArbN bis zu 70 Stunden/Woche in Betracht[11]. Sichergestellt sein muss indes, dass innerhalb des maßgeblichen Zeitraums ein Ausgleich erfolgt.

4 **3. Ersatzruhetage (Abs. 3).** Abs. 3 regelt den erforderlichen Ausgleich von Sonn- und Feiertagsarbeit durch Ersatzruhetage. Der Ersatzruhetag für Sonntagsarbeit muss innerhalb eines den Beschäftigungstag einschließenden Ausgleichszeitraums von **zwei Wochen**, der Ersatzruhetag für Feiertagsarbeit, die auf einen Werktag fällt, muss innerhalb eines den Beschäftigungstag einschließenden Zeitraums von **acht Wochen** gewährt werden.

5 **a) Geeignete Ersatzruhetage.** Der Ersatzruhetag des Abs. 3 S. 1 muss nach Konzeption und Zweck des ArbZG, das von der Sechs-Tage-Woche ausgeht, kein Tag sein, der ansonsten ein **Arbeitstag** wäre[12]; er muss aber auf einem **Werktag** liegen[13]. Ein Ersatzruhetag kann somit an einem ohnehin arbeitsfreien Samstag oder an einem schichtplanmäßig arbeitsfreien sonstigen Werktag gewährt werden, ohne vergütungspflichtig zu sein[14]. Er kann auch vor dem Beschäftigungstag liegen[15] oder durch den Schichtplan „gewährt" werden, ohne dass er ausdrücklich als Ersatzruhetag bezeichnet sein müsste[16]. Sonn-, Feier- und Urlaubstage können aber nicht angerechnet werden[17]. Ein vorher festgelegter Ersatzruhetag entfällt nicht deswegen, weil der ArbN an diesem Tag unerwartet erkrankt[18]. Fällt ein Feiertag auf einen Sonntag, ist nur ein Ersatzruhetag zu gewähren[19].

6 **b) Mitbestimmung.** Gem. § 87 I Nr. 2 BetrVG hat der BR bei der Festlegung der zeitl. Lage des Ersatzruhetages mitzubestimmen. Dem MitbestR steht § 12 S. 1 Nr. 2 nicht entgegen, wonach durch TV oder auf Grund eines TV durch BV zB der Wegfall von Ersatzruhetagen vereinbart werden. Denn es geht bei

1 BT-Drs. 12/5888, S. 8 u. 29. | 2 BT-Drs. 12/6990, S. 43. | 3 *Baeck/Deutsch*, § 11 ArbZG Rz. 7; Erlass des MASSKS NRW v. 18.5.1999 – 215–8435, Nr. 11.1. | 4 Erlass des MASSKS NRW v. 18.5.1999 – 215–8435, Nr. 11.1. | 5 So aber *Neumann/Biebl*, § 11 ArbZG Rz. 3; *Baeck/Deutsch*, § 11 ArbZG Rz. 9. | 6 *Anzinger/Koberski*, § 11 ArbZG Rz. 15; *Junker*, ZfA 1998, 105 (127). | 7 *Baeck/Deutsch*, § 11 ArbZG Rz. 7. | 8 BT-Drs. 12/5888, S. 29. | 9 *Neumann/Biebl*, § 10 ArbZG Rz. 5; *Baeck/Deutsch*, § 11 ArbZG Rz. 13. | 10 BAG v. 27.1.2000 – 6 AZR 471/98, NZA 2001, 41; *Neumann/Biebl*, § 10 ArbZG Rz. 5. | 11 *Dobberahn*, Rz. 29; *Baeck/Deutsch*, § 11 ArbZG Rz. 14. | 12 BAG v. 13.7.2006 – 6 AZR 55/06, NZA 2007, 273; v. 23.3.2006 – 6 AZR 497/05, AP Nr. 3 zu § 11 ArbZG; v. 12.12.2001 – 5 AZR 294/00, DB 2002, 1111; LAG Sachsen v. 21.4.1999 – 2 Sa 1077/98, ZTR 1999, 477; *Dobberahn*, Rz. 122; *Neumann/Biebl*, § 11 ArbZG Rz. 8; *Baeck/Deutsch*, § 11 ArbZG Rz. 18; *Anzinger/Koberski*, § 11 ArbZG Rz. 31; aA *Buschmann/Ulber*, § 11 ArbZG Rz. 6a; Erlass des MASSKS NRW v. 18.5.1999 – 215–8435, Nr. 11.2. | 13 *Neumann/Biebl*, § 11 ArbZG Rz. 8. | 14 BAG v. 13.7.2006 – 6 AZR 55/06, NZA 2007, 273; v. 23.3.2006 – 6 AZR 497/05, AP Nr. 3 zu § 11 ArbZG; v. 12.12.2001 – 5 AZR 294/00, DB 2002, 1111. | 15 *Neumann/Biebl*, § 11 ArbZG Rz. 10. | 16 BAG v. 12.12.2001 – 5 AZR 294/00, DB 2002, 1111. | 17 Erlass des MASSKS NRW v. 18.5.1999 – 215–8435, Nr. 11.2. | 18 Erlass des MASSKS NRW v. 18.5.1999 – 215–8435, Nr. 11.2. | 19 *Baeck/Deutsch*, § 11 ArbZG Rz. 16.

der Festlegung der Ersatzruhetage nicht um abweichende Regelungen, sondern um die zeitl. Lage der Tage. Hier lässt der Gesetzgeber in Abs. 3 einen Regelungsspielraum, in dessen Rahmen das MitbestR besteht[1].

4. Ersatzruhetag und Ruhezeit (Abs. 4). Die Bestimmung gewährleistet, dass die Sonn- und Feiertagsruhe oder der Ersatzruhetag in Verbindung mit einer 11-stündigen Ruhezeit des § 5 liegt. Es soll damit eine wöchentl. Mindestruhezeit von 35 Stunden sicher gestellt werden[2]. Die 11-stündige Ruhezeit kann vor oder nach dem Sonn-, Feier- oder Ersatzruhetag liegen[3]. Abweichungen von der unmittelbaren Verbindung von Ruhetag und Ruhezeit sind bei technischen oder arbeitsorganisatorischen Gründen möglich. Eine Unterschreitung der 24-stündigen Ruhezeit an Sonn- und Feiertagen bzw. am Ersatzruhetag kommt jedoch nach Abs. 4 nicht in Betracht. Insoweit sind nur die Ausnahmetatbestände der §§ 10, 13, 14, 15 einschlägig[4]. Die Gründe nach Abs. 4 müssen so bedeutsam sein, dass dem ArbGeb die Einhaltung des Grundsatzes der unmittelbaren Verbindung nicht zugemutet werden kann[5]. Hierzu zählen: 7

- üblicher **Schichtwechsel**[6] von der Spätschicht am Samstag (Ende 22 Uhr) auf die Frühschicht am Montag (Beginn 6 Uhr)[7]
- Ende der **Verkaufszeit** im Einzelhandel an Samstagen nach 13 Uhr und früher Beginn der Arbeit am Montag[8]
- **Abschlussarbeiten** am Samstag nach 22 Uhr oder **Vorbereitungsarbeiten** am Montag vor 6 Uhr

5. Unmöglichkeit der Gewährung eines Ersatzruhetags und Kündigung. Kann einem ArbN, der ausschließlich an Sonntagen eingesetzt wird (etwa als Zusteller einer Sonntagszeitung), ein Ersatzruhetag deshalb nicht gewährt werden, weil er auch an allen anderen Tagen der Woche in einem (anderen Arbeitsverhältnis) tätig wird, ist regelmäßig eine personenbedingte ordentl. Kündigung sozial gerechtfertigt[9]. 8

6. Zuschläge. Sonn- und Feiertagsarbeit ist **von Gesetzes wegen nicht zuschlagpflichtig**. Soweit Abs. 2 auf § 6 V verweist, handelt es sich um eine Rechtsgrundverweisung, die keinen Anspruch auf einen Zuschlag zur Arbeitsvergütung begründet, solange nicht an Sonn- und Feiertagen Nachtarbeit geleistet wird[10]. Regelmäßig sehen aber **TV Zuschläge** für Sonn- und Feiertagsarbeit vor. 9

III. Straf- und bußgeldrechtliche Sanktionen. Verstöße gegen Abs. 1 u. 3 sind nach §§ 22 I Nr. 6, 23 I straf- und bußgeldbewehrt. 10

12 *Abweichende Regelungen*

In einem Tarifvertrag oder auf Grund eines Tarifvertrags in einer Betriebs- oder Dienstvereinbarung kann zugelassen werden,

1. **abweichend von § 11 Abs. 1 die Anzahl der beschäftigungsfreien Sonntage in den Einrichtungen des § 10 Abs. 1 Nr. 2, 3, 4 und 10 auf mindestens zehn Sonntage, im Rundfunk, in Theaterbetrieben, Orchestern sowie bei Schaustellungen auf mindestens acht Sonntage, in Filmtheatern und in der Tierhaltung auf mindestens sechs Sonntage im Jahr zu verringern,**
2. **abweichend von § 11 Abs. 3 den Wegfall von Ersatzruhetagen für auf Werktage fallende Feiertage zu vereinbaren oder Arbeitnehmer innerhalb eines festzulegenden Ausgleichszeitraums beschäftigungsfrei zu stellen,**
3. **abweichend von § 11 Abs. 1 bis 3 in der Seeschifffahrt die den Arbeitnehmern nach diesen Vorschriften zustehenden freien Tage zusammenhängend zu geben,**
4. **abweichend von § 11 Abs. 2 die Arbeitszeit in vollkontinuierlichen Schichtbetrieben an Sonn- und Feiertagen auf bis zu zwölf Stunden zu verlängern, wenn dadurch zusätzliche freie Schichten an Sonn- und Feiertagen erreicht werden.**

§ 7 Abs. 3 bis 6 findet Anwendung.

Abs. 1 geändert durch Gesetz zu Reformen am Arbeitsmarkt v. 24.12.2003, BGBl. I S. 3002[11].

I. Inhalt und Zweck. Mit § 12 wird den TV-Parteien und den Betriebspartnern die Befugnis übertragen, die Dauer der Arbeitszeit bei gesetzl. zulässiger Sonn- und Feiertagsarbeit festzulegen sowie die Zahl der arbeitsfreien Sonntage und die Ersatzruhetage zu variieren[12]. 1

II. Die einzelnen Bestimmungen. 1. Zahl der beschäftigungsfreien Sonntage (S. 1 Nr. 1). Die Bestimmung ermöglicht, die Zahl der nach § 11 I grds. 15 freien Sonntage in den näher bezeichneten Beschäftigungsbereichen zu verringern. 2

---

1 LAG Köln v. 24.9.1998 – 10 TaBV 57/97, NZA-RR 1999, 194; *Neumann/Biebl*, § 11 Nr. 11. | 2 BT-Drs. 12/5888, S. 30. | 3 *Baeck/Deutsch*, § 11 ArbZG Rz. 26. | 4 *Baeck/Deutsch*, § 11 ArbZG Rz. 27. | 5 *Baeck/Deutsch*, § 11 ArbZG Rz. 31. | 6 BT-Drs. 12/5888, S. 30. | 7 *Baeck/Deutsch*, § 11 ArbZG Rz. 31; *Neumann/Biebl*, § 11 ArbZG Rz. 15. | 8 *Baeck/Deutsch*, § 11 ArbZG Rz. 29. | 9 BAG v. 24.2.2005 – 2 AZR 211/04, NZA 2005, 759. | 10 BAG v. 11.1.2006 – 5 AZR 97/05, NZA 2006, 372. | 11 BGBl. I S. 3002. | 12 BT-Drs. 12/5888, S. 30.

3 **a) Reduzierung auf zehn Sonntage.** Eine Reduzierung der beschäftigungsfreien Sonntage auf mindestens zehn im Jahr ist möglich bei Arbeiten

- zur Aufrechterhaltung der öffentl. Sicherheit und Ordnung,
- zur Aufrechterhaltung der Funktionsfähigkeit von Gerichten und Behörden,
- für Zwecke der Verteidigung,
- in Krankenhäusern und anderen Einrichtungen zur Behandlung, Pflege und Betreuung von Personen,
- in Gaststätten und anderen Einrichtungen zur Bewirtung und Beherbergung,
- im Haushalt,
- in Verkehrsbetrieben sowie
- beim Transport und Kommissionieren von leicht verderblichen Waren iSd. § 30 III Nr. 2 der Straßenverkehrsordnung.

4 **b) Reduzierung auf acht Sonntage.** Eine Reduzierung der beschäftigungsfreien Sonntage auf mindestens acht im Jahr ist möglich bei Beschäftigung

- im Rundfunk,
- in Theaterbetrieben,
- in Orchestern und bei
- Schaustellungen.

5 **c) Reduzierung auf sechs Sonntage.** Eine Reduzierung der beschäftigungsfreien Sonntage auf mindestens sechs im Jahr ist möglich bei Arbeiten

- in Filmtheatern und
- in der Tierhaltung.

6 **2. Ersatzruhetage für Feiertage (S. 1 Nr. 2).** Die TV-Parteien bzw. die Betriebspartner können nach dieser Vorschrift Ersatzruhetage für Feiertage wegfallen lassen und abweichende Ausgleichszeiträume für die Gewährung von Ersatzruhetagen vereinbaren[1]. Eine zeitl. Grenze für den Ausgleichszeitraum besteht nicht[2]. Der Grund für die abweichende Regelungsmöglichkeit liegt darin, dass die Gewährung von Ersatzruhetagen und die in § 11 III bestimmten Ausgleichszeiträume in einigen Bereichen nicht für alle ArbN eingehalten werden können[3]. Nr. 2 gilt zwar für alle Arten von Betrieben, betrifft vor allem aber **Saisonbetriebe**, deren Produktions- und Absatzprogramm abhängig von der Jahreszeit oder Verbrauchsgewohnheiten größeren, regelmäßig wiederkehrenden Schwankungen unterliegt[4] (Feriengastronomiebetriebe, Hersteller bestimmter Süßwaren usw.) sowie **Kampagnebetriebe** mit einer von der Erntezeit abhängigen Produktionsweise[5] (Zuckerfabriken, Fischräuchereien)[6].

7 **3. Besonderheiten für die Seeschifffahrt (S. 1 Nr. 3).** Die Regelung trägt den Besonderheiten bei der Beschäftigung auf Seeschiffen Rechnung, die nicht in den Anwendungsbereich des SeemG fallen[7]. Den TV-Parteien bzw. den Betriebspartnern ist es gestattet, Ersatzruhetage zusammenhängend zu gewähren, nicht jedoch die Zahl der Ersatzruhetage zu verringern oder die Höchstarbeitszeiten zu verlängern[8]. Die zusammenhängende Gewährung von Ersatzruhetagen setzt voraus, dass auch der Ausgleichszeitraum verlängert wird[9]. Betroffen sind Beschäftigte[10]

- in der Seefischerei,
- bei der Küstenwache,
- in der Seenotrettung,
- auf Fischereischutzbooten[11],
- auf Forschungsschiffen des Bundes[12],
- die nicht in einem Heuerverhältnis stehen (§ 7 SeemG),
- Angestellte eines Geschäfts an Bord sowie
- Hilfskräfte in einem Restaurantbetrieb.

8 **4. Besonderheiten bei Konti-Betrieben (S. 1 Nr. 4).** Die Ausnahmevorschrift hat den Zweck, den ArbN in vollkontinuierlichen Schichtbetrieben, also in Betrieben mit einer wöchentl. Betriebszeit von 168 Stunden[13], **mehr beschäftigungsfreie Sonntage** zu ermöglichen[14]. Im Gegenzug kann die Sonn- und

1 *Baeck/Deutsch*, § 12 ArbZG Rz. 12. | 2 *Baeck/Deutsch*, § 12 ArbZG Rz. 14. | 3 BT-Drs. 12/5888, S. 30. | 4 Gabler Wirtschaftslexikon, 15. Aufl. 2000, Stichwort „Saisonbetrieb“. | 5 Gabler Wirtschaftslexikon, 15. Aufl. 2000, Stichwort „Kampagnebetrieb“. | 6 *Baeck/Deutsch*, § 12 ArbZG Rz. 12. | 7 BT-Drs. 12/5888, S. 30. | 8 *Neumann/Biebl*, § 12 ArbZG Rz. 7. | 9 *Baeck/Deutsch*, § 12 ArbZG Rz. 15. | 10 Vgl. *Baeck/Deutsch*, § 12 ArbZG Rz. 15. | 11 BT-Drs. 12/5888, S. 30. | 12 BT-Drs. 12/5888, S. 30. | 13 *Baeck/Deutsch*, § 12 ArbZG Rz. 17. | 14 BT-Drs. 12/5888, S. 30.

Feiertagsarbeit auf bis zu 12 Stunden verlängert werden. Die Vorschrift lässt im Gegensatz zu den abweichenden Regelungen nach § 7 keine Arbeitszeitverlängerung insgesamt zu. Sie ermöglicht lediglich eine andere Verteilung der Arbeitszeit[1].

5. Nicht tarifgebundene Betriebe und Kirchen (S. 2). Nach S. 2 findet § 7 III–VI Anwendung, um in nicht tarifgebundenen Betrieben sowie bei den Kirchen und öffentl.-rechtl. Religionsgemeinschaften ebenfalls die Abweichungsmöglichkeiten des S. 1 Nr. 1–4 zu eröffnen[2]. 9

13 *Ermächtigung, Anordnung, Bewilligung*

(1) Die Bundesregierung kann durch Rechtsverordnung mit Zustimmung des Bundesrates zur Vermeidung erheblicher Schäden unter Berücksichtigung des Schutzes der Arbeitnehmer und der Sonn- und Feiertagsruhe

1. die Bereiche mit Sonn- und Feiertagsbeschäftigung nach § 10 sowie die dort zugelassenen Arbeiten näher bestimmen,

2. über die Ausnahmen nach § 10 hinaus weitere Ausnahmen abweichend von § 9

a) für Betriebe, in denen die Beschäftigung von Arbeitnehmern an Sonn- oder Feiertagen zur Befriedigung täglicher oder an diesen Tagen besonders hervortretender Bedürfnisse der Bevölkerung erforderlich ist,

b) für Betriebe, in denen Arbeiten vorkommen, deren Unterbrechung oder Aufschub

aa) nach dem Stand der Technik ihrer Art nach nicht oder nur mit erheblichen Schwierigkeiten möglich ist,

bb) besondere Gefahren für Leben oder Gesundheit der Arbeitnehmer zur Folge hätte,

cc) zu erheblichen Belastungen der Umwelt oder der Energie- oder Wasserversorgung führen würde,

c) aus Gründen des Gemeinwohls, insbesondere auch zur Sicherung der Beschäftigung,

zulassen und die zum Schutz der Arbeitnehmer und der Sonn- und Feiertagsruhe notwendigen Bedingungen bestimmen.

(2) Soweit die Bundesregierung von der Ermächtigung des Absatzes 1 Nr. 2 Buchstabe a keinen Gebrauch gemacht hat, können die Landesregierungen durch Rechtsverordnung entsprechende Bestimmungen erlassen. Die Landesregierungen können diese Ermächtigung durch Rechtsverordnung auf oberste Landesbehörden übertragen.

(3) Die Aufsichtsbehörde kann

1. feststellen, ob eine Beschäftigung nach § 10 zulässig ist,

2. abweichend von § 9 bewilligen, Arbeitnehmer zu beschäftigen

a) im Handelsgewerbe an bis zu zehn Sonn- und Feiertagen im Jahr, an denen besondere Verhältnisse einen erweiterten Geschäftsverkehr erforderlich machen,

b) an bis zu fünf Sonn- und Feiertagen im Jahr, wenn besondere Verhältnisse zur Verhütung eines unverhältnismäßigen Schadens dies erfordern,

c) an einem Sonntag im Jahr zur Durchführung einer gesetzlich vorgeschriebenen Inventur,

und Anordnungen über die Beschäftigungszeit unter Berücksichtigung der für den öffentlichen Gottesdienst bestimmten Zeit treffen.

(4) Die Aufsichtsbehörde soll abweichend von § 9 bewilligen, dass Arbeitnehmer an Sonn- und Feiertagen mit Arbeiten beschäftigt werden, die aus chemischen, biologischen, technischen oder physikalischen Gründen einen ununterbrochenen Fortgang auch an Sonn- und Feiertagen erfordern.

(5) Die Aufsichtsbehörde hat abweichend von § 9 die Beschäftigung von Arbeitnehmern an Sonn- und Feiertagen zu bewilligen, wenn bei einer weit gehenden Ausnutzung der gesetzlich zulässigen wöchentlichen Betriebszeiten und bei längeren Betriebszeiten im Ausland die Konkurrenzfähigkeit unzumutbar beeinträchtigt ist und durch die Genehmigung von Sonn- und Feiertagsarbeit die Beschäftigung gesichert werden kann.

I. Inhalt und Zweck. § 13 ermöglicht weitere Ausnahmen vom Beschäftigungsverbot an Sonn- und Feiertagen. 1

II. Die einzelnen Bestimmungen. 1. Verordnungsermächtigung der Bundesregierung (Abs. 1). a) Verordnungsermächtigung zur Begegnung von Missbräuchen. Abs. 1 Nr. 1 soll die Bundesregierung in die Lage versetzen, durch RechtsVO mit Zustimmung des Bundesrates Missbräuche bei der Anwendung 2

---

1 Erlass des MASSKS NRW v. 18.5.1999 – 215–8435, Nr. 12. | 2 *Baeck/Deutsch*, § 12 ArbZG Rz. 19.

des § 10 I u. II zu begegnen und Grundlagen für eine einheitliche und vorhersehbare Verwaltungspraxis zu schaffen[1]. Bislang hat sie davon **keinen Gebrauch** gemacht. Die VO über Ausnahmen vom Verbot der Beschäftigung von ArbN an Sonn- und Feiertagen in der Eisen- und Stahlindustrie[2] und in der Papierindustrie[3] sind noch auf der Grundlage des § 105d GewO erlassen worden.

3 **b) Verordnungsermächtigung hinsichtlich bestimmter Betriebe.** Abs. 1 Nr. 2 ermöglicht weitere Ausnahmen vom Beschäftigungsverbot an Sonn- und Feiertagen durch RechtsVO, nämlich

- für das sog. **Bedürfnisgewerbe** (Abs. 1 Nr. 2a), das Waren oder Dienstleistungen zum Gegenstand hat, die von einem wesentlichen Teil der Bevölkerung als täglich wichtig in Anspruch genommen werden[4].
- ferner für Betriebe, bei denen die Unterbrechung oder der Aufschub der Arbeiten nach dem Stand der Technik ihrer Art nach nicht oder nur mit erheblichen Schwierigkeiten möglich ist (Abs. 1 Nr. 2b aa),
- für Betriebe, bei denen die Unterbrechung oder der Aufschub der Arbeiten besondere Gefahren für Leben und Gesundheit der ArbN zur Folge hätte (Abs. 1 Nr. 2b bb),
- für Betriebe, bei denen die Unterbrechung oder der Aufschub der Arbeiten zu erheblichen Belastungen der Umwelt oder der Energie- oder Wasserversorgung führen würde (Abs. 1 Nr. 2b cc),
- aus Gründen des Gemeinwohls, insb. zur Sicherung der Beschäftigung (Abs. 1 Nr. 2c). Gründe des Gemeinwohls umfassen auch gesamtwirtschaftl. Gründe wie die Existenzgefährdung von Betrieben und den damit verbundenen drohenden Verlust von Arbeitsplätzen sowie die angespannte internationale Wettbewerbssituation in einer Branche[5].

4 **2. Verordnungsermächtigung der Landesregierungen (Abs. 2).** Nach Abs. 2 haben die Landesregierungen die Möglichkeit, insb. bei regionalen Regelungsbedürfnissen in den Fällen des Abs. 1 Nr. 2a RechtsVO zu erlassen, soweit die Bundesregierung von ihrer Ermächtigung keinen Gebrauch gemacht hat[6]. Von dieser Ermächtigung haben zahlreiche Landesregierungen Gebrauch gemacht[7] und entsprechend einem **Musterentwurf des Länderausschusses für Arbeitsschutz und Sicherheitstechnik (LASI)** entsprechende VO erlassen. So sieht etwa die nordrhein-westfälische BedarfsgewerbeVO[8] vor, dass ArbN abweichend von § 9 an Sonn- und Feiertagen in den folgenden Bereichen beschäftigt werden dürfen, soweit die Arbeiten für den Betrieb unerlässlich sind und nicht an Werktagen durchgeführt werden können:

- in Blumengeschäften, Kranzbindereien und Gärtnereien mit dem Zusammenstellen und Binden von Blumen und Pflanzen bis zu zwei Stunden außerhalb der zulässigen Ladenöffnungszeiten,
- Arbeiten zur Ausschmückung für Fest- und Feierlichkeiten, die an Sonn- und Feiertagen stattfinden,
- im Bestattungsgewerbe,
- in Garagen und Parkhäusern,
- in Brauereien, Betrieben zur Herstellung alkoholfreier Erfrischungsgetränke sowie Betrieben des Großhandels, die deren Erzeugnisse vertreiben, zur Belieferung der Kundschaft vom 1. April bis 31. Oktober,
- in Roh- und Speiseeisfabriken und Betrieben des Großhandels, die deren Erzeugnisse vertreiben, mit der Herstellung und zur Belieferung der Kundschaft vom 1. April bis 31. Oktober,
- im Immobiliengewerbe mit der Begleitung und Beratung von Kunden bei der Besichtigung von Häusern und Wohnungen bis zu vier Stunden,
- in Musterhaus-Ausstellungen mit gewerblichem Charakter bis zu sechs Stunden,
- im Buchmachergewerbe bis zu sechs Stunden außer an stillen Feiertagen nach Maßgabe des Feiertagsgesetzes NW vom 23.4.1989[9],
- mit der telefonischen und elektronischen Entgegennahme von Aufträgen, der Auskunftserteilung und Beratung per Telefon und mittels elektronischer Medien sowie
- im telefonischen Lotsendienst.

5 **3. Feststellungen der Aufsichtsbehörde (Abs. 3 Nr. 1).** Bei Zweifeln, ob eine Beschäftigung an Sonn- und Feiertagen nach § 10 I und II zulässig ist, soll die Aufsichtsbehörde nach Abs. 3 eine schnelle Klärung herbeiführen[10].

---

1 BT-Drs. 12/5888, S. 30. | 2 Verordnung über Ausnahmen vom Verbot der Beschäftigung von ArbN an Sonn- und Feiertagen in der Eisen- und Stahlindustrie v. 31.7.1968, BGBl. I S. 885. | 3 Verordnung über Ausnahmen vom Verbot der Beschäftigung von ArbN an Sonn- und Feiertagen in der Papierindustrie v. 20.7.1963, BGBl. I S. 491. | 4 BVerwG v. 14.11.1989 – 1 C 14/88, NJW 1990, 1061. | 5 BT-Drs. 12/5888, S. 30. | 6 BT-Drs. 12/5888, S. 30. | 7 Etwa Bayerische Bedürfnisgewerbeverordnung vom 29.7.1997, GVBl. S. 295; der wesentliche Inhalt ist abgedr. bei *Neumann/Biebl*, § 13 ArbZG Rz. 11; baden-württembergische Bedarfsgewerbeverordnung v. 16.11.1998, GBl., S. 616. | 8 Verordnung über die Zulassung der Beschäftigung von ArbN an Sonn- und Feiertagen zur Befriedigung täglicher oder an diesen Tagen besonders hervortretender Bedürfnisse der Bevölkerung (Bedarfsgewerbeverordnung) vom 5.5.1998 – SGV. NRW 805. | 9 GV NW, S. 222. | 10 BT-Drs. 12/5888, S. 30.

a) Sinn und Zweck der Feststellungen. Zwar darf der ArbGeb in den Fällen des § 10 ohne behördl. Gestattung ArbN beschäftigen. Dabei trägt er allerdings das Risiko, dass die gesetzl. Voraussetzungen entgegen seiner Einschätzung nicht vorliegen und er deshalb mit der Beschäftigung ordnungswidrig handelt oder sich sogar strafbar macht. Um dieses Risiko zu verhindern, kann er die behördliche Feststellung nach Abs. 3 Nr. 1 beantragen. Auf diese Weise wird zugleich der Aufsichtsbehörde ermöglicht, an Stelle einer Untersagungsverfügung gegenüber dem ArbGeb die weniger einschneidende Feststellung zu treffen[1]. Der Feststellungsbescheid ist nach den Verwaltungsgebührenordnungen der Länder gebührenpflichtig[2]. Er kann nach den allgemeinen verwaltungsprozessrechtl. Grundsätzen angefochten, bzw. mit der Verpflichtungsklage durchgesetzt werden[3]. 6

b) Klagebefugnis der Arbeitnehmer. Der Bescheid stellt zwar an sich nur im Verhältnis zwischen ArbGeb und Aufsichtsbehörde fest, ob die Voraussetzungen des § 10 vorliegen. Er greift aber auch in mögliche Rechte der ArbN ein, weil er zugleich verhindert, dass die Aufsichtsbehörde auf Antrag oder Anregung der ArbN gegen den ArbGeb wegen nicht erlaubter Beschäftigung an Sonn- und Feiertagen gem. § 17 II vorgeht[4]. ArbN, die arbeitsvertragsrechtl. an Sonn- und Feiertagen beschäftigt werden dürfen, sind daher befugt, gegen eine behördl. Feststellung zu klagen, wonach ihre Beschäftigung an Sonn- und Feiertagen zulässig ist[5]. 7

c) Verfahren. Vor Erlass des Feststellungsbescheides kann der BR gehört werden, soweit dies zur Sachverhaltsaufklärung erforderlich ist[6]. 8

4. Bewilligung von Sonn- und Feiertagsarbeit durch die Aufsichtsbehörde (Abs. 3 Nr. 2). Nach Abs. 3 Nr. 2 kann die Aufsichtsbehörde ferner abweichend von § 9 die Sonn- und Feiertagsarbeit je nach Voraussetzungen an bis zu zehn Sonn- und Feiertagen im Jahr bewilligen. Sind die zugelassenen Arbeiten öffentl. bemerkbar, wird die jeweils zuständige Ordnungsbehörde hierüber unterrichtet oder die Bewilligung mit einer Nebenbestimmung versehen, wonach das für den Ort der Beschäftigung zuständige Ordnungsamt rechtzeitig vor Beginn der Beschäftigung entsprechend benachrichtigt wird[7]. Genehmigungen nach Abs. 3 Nr. 2a erteilen die Aufsichtsbehörden der Bundesländer einheitlich[8] nur für Betriebe, in denen die ArbN auf Dauer, mindestens sechs Monate, beschäftigt sind[9]. 9

a) Ausnahmebewilligung für das Handelsgewerbe. Ausnahmen vom Beschäftigungsverbot können für das Handelsgewerbe an bis zu zehn Sonn- und Feiertagen im Jahr, an denen besondere Verhältnisse einen erweiterten Geschäftsverkehr erforderlich machen, bewilligt werden. 10

aa) Handelsbegriff. Unter den arbeitszeitrechtl. Handelsbegriff fällt der Umsatz von Waren aller Art und Geld[10]. Hierzu zählen insb.[11] 11

- der Groß- und Einzelhandel,
- der Geld- und Kredithandel,
- Buch-, Presse- und Zeitungsverlage,
- Hilfsgewerbe des Handels (Spedition, Kommission und Lagerung, aber auch der Änderungsdienst im Bekleidungshandel[12]).

bb) Besondere Verhältnisse. „Besondere Verhältnisse“, die einen erweiterten Geschäftsverkehr erforderlich machen, liegen nur bei **außerbetrieblichen Besonderheiten** an bestimmten Sonn- und Feiertagen vor[13]. Die Sonn- und Feiertagsbeschäftigung wird nicht zu einem beliebigen, vom Antragsteller ausgewählten Zweck zugelassen, sondern nur für diejenigen Sonn- und Feiertage, an denen sich das Beschäftigungsverbot wegen der besonderen Verhältnisse und ohne das Zutun des Gewerbetreibenden als unbillig auswirken würde[14]. Besondere Situationen einzelner Betriebe wie Umsatzrückgänge oder Absatzschwierigkeiten kommen hier keinesfalls in Betracht[15]. Unerheblich ist auch, ob der Betrieb Wettbewerbsnachteile erleidet, wenn er einen Geschäftsverkehr gar nicht oder nur ohne Beschäftigung von ArbN durchführen kann[16]. Dasselbe gilt für Umstände, die der Antragsteller selbst geschaffen hat, um bestimmte Tätigkeiten, die üblicherweise an einem Werktag verrichtet werden, an einem Sonn- und Feiertag zu verrichten[17]. 12

1 BVerwG v. 19.9.2000 – 1 C 17/99, NZA 2000, 1232. | 2 Etwa Tarifstelle 1.1.5 im Allgemeinen Gebührentarif der AVwGebO NRW v. 5.8.1980 – SGV. NW 2011, vgl. Erlass des MASSKS NRW v. 18.5.1999 – 215–8435, Nr. 13.3. | 3 MünchArbR/*Anzinger*, § 221 Rz. 66; *Neumann/Biebl*, § 13 ArbZG Rz. 12. | 4 BVerwG v. 19.9.2000 – 1 C 17/99, NZA 2000, 1232. | 5 BVerwG v. 19.9.2000 – 1 C 17/99, NZA 2000, 1232. | 6 Vgl. Erlass des MASSKS NRW v. 18.5.1999 – 215–8435, Nr. 13.3. | 7 Erlass des MASSKS NRW v. 18.5.1999 – 215–8435, Nr. 13.6.1. | 8 Erlass des MASSKS NRW v. 18.5.1999 – 215–8435, Nr. 13.5. | 9 Erlass des MASSKS NRW v. 18.5.1999 – 215–8435, Nr. 13.5.2.1. | 10 BVerwG v. 14.11.1989 – 1 C 29/88, NJW 1990, 1059; KassHdb/*Schliemann*, 2.5 Rz. 670. | 11 MünchArbR/*Anzinger*, § 221 Rz. 67. | 12 KassHdb/*Schliemann*, 2.5 Rz. 670. | 13 *Dobberahn*, Rz. 129. | 14 Erlass des MASSKS NRW v. 18.5.1999 – 215–8435, Nr. 13.5.2.3. | 15 *Dobberahn*, Rz. 129; Erlass des MASSKS NRW v. 18.5.1999 – 215–8435, Nr. 13.5.2.3. | 16 Erlass des MASSKS NRW v. 18.5.1999 – 215–8435, Nr. 13.5.2.3. | 17 *Dobberahn*, Rz. 129; Erlass des MASSKS NRW v. 18.5.1999 – 215–8435, Nr. 13.5.2.3.

13 **cc) Beispiele.** Besondere Verhältnisse liegen hingegen vor bei

- Veranstaltungen für gewerbliche Wiederverkäufer (Haus- und Ordermessen, Musterungen, Nachmesseveranstaltungen), die von einem oder mehreren Unternehmen aus Anlass von festgesetzten (§ 69 GewO) Messen, Märkten oder Ausstellungen durchgeführt werden und in einem zeitlichen und sachlichen Zusammenhang hierzu stehen[1],
- Darbietungen eines repräsentativen Angebotes bei branchenüblichen Orderterminen des Großhandels[2].

14 **dd) Verfahren.** Der ArbGeb, der eine Ausnahmebewilligung beantragt, muss im Interesse der Verfahrensbeschleunigung des Verfahrens darlegen, worin die „besonderen Verhältnisse" begründet sind[3].

15 **b) Ausnahmebewilligung zur Schadensverhütung.** Für bis zu fünf Sonn- und Feiertage im Jahr kann die Beschäftigung von ArbN bewilligt werden, wenn besondere Verhältnisse zur Verhütung eines unverhältnismäßigen Schadens dies erfordern. Unter Schaden in Abs. 3 Nr. 2b ist jeder Nachteil zu verstehen, den der ArbGeb erleidet, auch drohende Vertragsstrafen oder der Verlust eines guten Kunden[4]. Dies gilt selbst dann, wenn der ArbGeb selbst dazu beigetragen hat, dass besondere Verhältnisse eingetreten sind[5]. Zu diesen besonderen Verhältnissen zählen neben den Notsituationen bei Bränden, Überschwemmungen und Explosionen[6] auch die plötzliche Erkrankung eines Teils der Belegschaft, saisonaler Spitzenbedarf, die Erledigung eiliger Aufträge, Organisations- und Dispositionsmängel mit erheblichen Folgen[7] sowie Unterbrechungen des Fabrikationsbetriebes wegen verspäteter Lieferung von Rohmaterialien[8], nicht hingegen ein Streik[9].

16 **c) Ausnahmebewilligung für die Inventur.** Schließlich kann die Aufsichtsbehörde an einem Sonntag im Jahr Arbeiten zur Durchführung einer gesetzl. vorgeschriebenen Inventur, etwa nach § 240 HGB oder nach § 153 I 1 InsO[10], bewilligen.

17 **d) Anordnungen über die Beschäftigungszeit.** Die Aufsichtsbehörde kann ferner Anordnungen über die Beschäftigungszeit unter Berücksichtigung der für den öffentl. Gottesdienst bestimmten Zeit treffen. Die entsprechende Schlusspassage des Abs. 3 gilt nur für die Ausnahmebewilligung des Abs. 3 Nr. 2, nicht für die Feststellung nach Abs. 3 Nr. 1[11].

18 **5. Ausnahmebewilligungen aus naturwissenschaftlich-technischen Gründen oder aus Gründen der Arbeitsplatzsicherung.** Abs. 4 u. 5 sehen Ausnahmebewilligungen für Arbeiten vor, die aus naturwissenschaftlich-technischen Gründen oder aus Gründen der Arbeitsplatzsicherung an Sonn- und Feiertagen verrichtet werden müssen. Auf diese Weise privilegiert ist häufig nur ein Teil der betriebl. Gesamttätigkeit. Die Bewilligung wird daher regelmäßig auf die privilegierte Tätigkeit beschränkt[12]. Zur Sachaufklärung werden von den Aufsichtsbehörden teilweise Stellungnahmen des BR und der zuständigen Gewerkschaft gefordert[13]. Bei der Bewilligung einer Ausnahme vom Verbot der Sonn- und Feiertagsarbeit unterscheiden Abs. 4 u. 5 – anders als die VO über Ausnahmen vom Verbot der Beschäftigung von ArbN an Sonn- und Feiertagen in der Eisen- und Stahlindustrie[14] und in der Papierindustrie[15] – nicht zwischen „hohen" Feiertagen (Weihnachts-, Oster- und Pfingstfeiertage, 1. Januar und 1. Mai) und „normalen" Sonn- und Feiertagen[16]. Gleichwohl werden die hohen Feiertage teilweise durch die Aufsichtsbehörden von der Bewilligung ausgenommen[17].

19 **a) Abs. 4.** Nach Abs. 4 soll die Aufsichtsbehörde abweichend von § 9 die Beschäftigung von ArbN an Sonn- und Feiertagen bei Arbeitsverfahren bewilligen, die aus Gründen, die im Arbeitsverfahren selbst liegen, einen ununterbrochenen Fortgang des Verfahrens erfordern[18]. Während der RegE die Bewilligung noch in das pflichtgemäße Ermessen der Behörde stellte[19], sieht das Gesetz auf Grund des Beschlussempfehlung des Ausschusses für Arbeit- und Sozialordnung vor, dass die Aufsichtsbehörde zur Genehmigung der Sonn- und Feiertagsarbeit verpflichtet ist, wenn die gesetzl. Voraussetzungen vorliegen. Ihr freies Ermessen wird insoweit ausgeschlossen[20]. „Erforderlich" iSd. Abs. 4 ist die Sonn- und Feiertagsbeschäftigung nicht nur, wenn ohne den ununterbrochenen Fortgang eine Durchführung der Arbeiten überhaupt nicht möglich ist. Eine Ausnahme soll vielmehr auch dann bewilligt werden, wenn eine Unterbrechung nicht zumutbar ist, wobei die Länder hier teilweise strenge Maßstäbe anlegen[21]. Hingegen

---

1 *Anzinger/Koberski*, § 13 ArbZG Rz. 58; Erlass des MASSKS NRW v. 18.5.1999 – 215–8435, Nr. 13.5.2.3.1. |2 *Anzinger/Koberski*, § 13 ArbZG Rz. 58; Erlass des MASSKS NRW v. 18.5.1999 – 215–8435, Nr. 13.5.2.3.2. |3 Erlass des MASSKS NRW v. 18.5.1999 – 215–8435, Nr. 13.5.2.4. |4 *Dobberahn*, Rz. 130. |5 Erlass des MASSKS NRW v. 18.5.1999 – 215–8435, Nr. 13.6. |6 *Anzinger/Koberski*, § 13 ArbZG Rz. 70. |7 *Anzinger/Koberski*, § 13 ArbZG Rz. 71. |8 *Dobberahn*, Rz. 130; *Anzinger/Koberski*, § 13 ArbZG Rz. 70. |9 *Anzinger/Koberski*, § 13 ArbZG Rz. 72; *Baeck/Deutsch*, § 13 ArbZG Rz. 45. |10 *Baeck/Deutsch*, § 13 ArbZG Rz. 47. |11 BVerwG v. 19.9.2000 – 1 C 17/99, NZA 2000, 1232. |12 Erlass des MASSKS NRW v. 18.5.1999 – 215–8435, Nr. 13.7.2. |13 Erlass des MASSKS NRW v. 18.5.1999 – 215–8435, Nr. 13.7.4. |14 Verordnung über Ausnahmen vom Verbot der Beschäftigung von ArbN an Sonn- und Feiertagen in der Eisen- und Stahlindustrie v. 31.7.1968, BGBl. I S. 885. |15 Verordnung über Ausnahmen vom Verbot der Beschäftigung von ArbN an Sonn- und Feiertagen in der Papierindustrie v. 20.7.1963, BGBl. I S. 491. |16 OVG Münster v. 10.4.2000 – 4 A 756/97, NZA-RR 2000, 491. |17 Etwa gemäß Erlass des MASSKS NRW v. 18.5.1999 – 215–8435, Nr. 13.7.3. |18 BT-Drs. 12/5888, S. 30. |19 BT-Drs. 12/5888, S. 30, 31. |20 BT-Drs. 12/6990, S. 44. |21 So etwa ausdrückl. der Erlass des MASSKS NRW v. 18.5.1999 – 215–8435, Nr. 13.8.

bedarf es keiner intensiven Prüfung, auf welchen der in Abs. 4 genannten Gründe die Bewilligung gestützt wird, da mit den Begriffen „chemischen, biologischen, technischen oder physikalischen Gründe" nahezu alle betriebsbedingten Ursachen abgedeckt sind[1]. Auch Minder- und Ausschussproduktionen von weniger als 5 % sind mit zu berücksichtigen[2].

b) Abs. 5. Diese Bestimmung verpflichtet die Aufsichtsbehörde, bei Vorliegen der gesetzl. Voraussetzungen die Beschäftigung an Sonn- und Feiertagen zu bewilligen. Ihr steht insoweit **kein Ermessen** zu[3]. Die Vorschrift war im Gesetzgebungsverfahren sehr umstritten. Während der RegE erforderte, dass nachweisbar die Konkurrenzfähigkeit gegenüber dem Ausland wegen längerer Betriebszeiten oder anderer Arbeitsbedingungen im Ausland unzumutbar beeinträchtigt ist und durch die Genehmigung von Sonn- und Feiertagsarbeit die Beschäftigung gesichert werden kann[4], setzte der Ausschuss für Arbeit und Sozialordnung im Interesse einer einheitlichen Verwaltungspraxis[5] eine Präzisierung der Voraussetzungen durch. Nunmehr ist erforderlich, dass die Konkurrenzfähigkeit bei einer weit gehenden Ausnutzung der gesetzl. zulässigen wöchentl. Betriebszeiten und bei längeren Betriebszeiten im Ausland unzumutbar beeinträchtigt ist. 20

aa) Weitgehende Ausnutzung der zulässigen wöchentlichen Betriebszeit. Eine weit gehende Ausnutzung der zulässigen wöchentl. Betriebszeit von **144 Stunden** ist dann gegeben, wenn die tatsächliche Betriebszeit nur **geringfügig niedriger** liegt und eine vollständige Ausnutzung der zulässigen Betriebszeit aus betriebstechnischen Gründen (zB Umrüstzeiten), aus hygienischen Gründen (zB regelmäßige Reinigung der Anlagen) oder aus organisatorischen Gründen (zB Betriebsurlaub) nicht möglich ist[6]. In der Lit. wird bei der Frage nach der weit gehenden Ausnutzung der zulässigen wöchentl. Betriebszeit auf Zeitspannen zwischen Montag 6 Uhr und Samstag 14 Uhr[7] bzw. 22 Uhr[8] abgestellt, um genügend Zeit für die Erledigung von Wiederaufnahme und Abschlussarbeiten zu lassen. Kürzere Betriebszeiten als 144 Stunden müssen gleichwohl regelmäßig vom Antragsteller begründet werden[9]. 21

bb) Betriebszeiten im Ausland. Die zugelassenen Betriebszeiten im Ausland müssen mehr als 144 Stunden pro Woche betragen und für den Antragszeitraum anfallen[10]. Dies hat die Aufsichtsbehörde grds. von sich aus zu ermitteln[11]. Hierbei ist sie jedoch idR auf die Auskünfte des Antragstellers angewiesen. Dass seine ausländischen Konkurrenten tatsächliche Betriebszeiten von mehr als 144 Stunden nutzen können, muss der Antragsteller der Aufsichtsbehörde daher überzeugend darlegen[12]. Dies empfiehlt sich zudem wegen der damit verbundenen Verfahrensbeschleunigung[13]. 22

cc) Konkurrenzsituation. Eine Konkurrenzsituation mit einem ausländischen Betrieb, der auch zu einem konzernrechtl. verbundenen Unternehmen gehören kann, ist gegeben, wenn es sich um gleiche oder gleichartige Produkte handelt, die von der Konkurrenz auf **demselben Markt** abgesetzt werden oder werden sollen[14]. Der Wettbewerbsvorteil der ausländischen Konkurrenz muss so groß sein, dass sich der deutsche Antragsteller mit seinen Produkten am Markt nicht mehr behaupten kann[15]. Dabei dürfen an die **Unzumutbarkeit** im Hinblick auf das verfassungsrechtl. Gebot der Sonn- und Feiertagsruhe **keine geringen Anforderungen** gestellt werden[16]. Um von einer unzumutbaren Beeinträchtigung der Konkurrenzfähigkeit ausgehen zu können, reichen wirtschaftl. Einbußen allein nicht aus. Auf lange Sicht muss ein Verlust von Marktanteilen und letztlich eine Gefährdung des Betriebes zu gewärtigen sein[17]. Anhaltspunkte für die Beurteilung kann die Situation nationaler Wettbewerber geben. Wenn nationale Wettbewerber keine Sonn- und Feiertagsarbeit benötigen oder nicht einmal die zulässigen wöchentlichen Betriebszeiten ausschöpfen, spricht dies dafür, dass das Verbot der Sonn- und Feiertagsarbeit nicht der entscheidende Wettbewerbsnachteil ist[18]. Der ArbGeb ist zu deren Benennung jedoch nicht verpflichtet[19]. Die Bewältigung von Einzelaufträgen und das Auffangen von saisonalen Spitzen stellt in der Regel keine unzumutbare Beeinträchtigung der Konkurrenzfähigkeit dar, kann aber eine Ausnahmebewilligung nach Abs. 3 Nr. 2b rechtfertigen[20]. 23

dd) Kausalität. Ferner muss die Beeinträchtigung der Konkurrenzfähigkeit nach der Verwaltungspraxis[21] entgegen der wohl hM im Schrifttum[22] in erheblichem Maße durch die längeren wöchentlichen 24

1 Erlass des MASSKS NRW v. 18.5.1999 – 215–8435, Nr. 13.8.1. | 2 Erlass des MASSKS NRW v. 18.5.1999 – 215–8435, Nr. 13.8.2. | 3 BT-Drs. 12/5888, S. 31. | 4 BT-Drs. 12/5888, S. 9, 31. | 5 BT-Drs. 12/6990, S. 44. | 6 Erlass des MASSKS NRW v. 18.5.1999 – 215–8435, Nr. 13.10.1.1. | 7 *Dobberahn*, Rz. 136. | 8 *Neumann/Biebl*, § 13 ArbZG Rz. 23. | 9 Erlass des MASSKS NRW v. 18.5.1999 – 215–8435, Nr. 13.10.1.1. | 10 *Erasmy*, NZA 1995, 97 (101); *Baeck/Deutsch*, § 13 ArbZG Rz. 76. | 11 *Dobberahn*, Rz. 137; *Baeck/Deutsch*, § 13 ArbZG Rz. 78. | 12 Erlass des MASSKS NRW v. 18.5.1999 – 215–8435, Nr. 13.10.1.2. | 13 *Dobberahn*, Rz. 137. | 14 Erlass des MASSKS NRW v. 18.5.1999 – 215–8435, Nr. 13.10.1.3. | 15 Erlass des MASSKS NRW v. 18.5.1999 – 215–8435, Nr. 13.10.1.3. | 16 *Neumann/Biebl*, § 13 ArbZG Rz. 26; *Buschmann/Ulber*, § 13 ArbZG Rz. 30. | 17 Erlass des MASSKS NRW v. 18.5.1999 – 215–8435, Nr. 13.10.1.4. | 18 Erlass des MASSKS NRW v. 18.5.1999 – 215–8435, Nr. 13.10.1.4. | 19 *Erasmy*, NZA 1995, 97 (101); *Dobberahn*, Rz. 137. | 20 Erlass des MASSKS NRW v. 18.5.1999 – 215–8435, Nr. 13.10.1.4. | 21 Die Bundesländer haben am 6.10.1994 einen Kriterienkatalog für Entscheidungen nach § 13 Abs. 5 aufgestellt, abgedr. bei *Schliemann/Förster/Meyer*, Rz. 788, dort 1.3.1; zust. *Buschmann/Ulber*, § 13 ArbZG Rz. 27. | 22 Vgl. *Anzinger/Koberski*, § 13 ArbZG Rz. 122; *Schnieders*, S. 82; *Dobberahn*, Rz. 18 und *Baeck/Deutsch*, § 13 ArbZG Rz. 82 (mwN), die auf den Gesetzeswortlaut („bei längeren Betriebszeiten im Ausland") sowie darauf abstellen, dass im Gesetzgebungsverfahren das Wort „nachweisbar" im Gesetzentwurf der Bundesregierung gestrichen worden ist (BT-Drs. 12/6990, S. 17, 41).

Betriebszeiten im Ausland verursacht sein[1]. Es reicht nicht aus, wenn die Beeinträchtigung der Konkurrenzfähigkeit mit den längeren Betriebszeiten im Ausland nichts zu tun hat, sondern etwa auf anderen ausländischen Arbeitsbedingungen wie zB niedrigeren Lohn- und Lohnnebenkosten usw. oder Mängeln beim Betrieb des Antragstellers beruht[2].

25 **ee) Sicherung oder Schaffung von Arbeitsplätzen.** Die Erteilung der Ausnahmebewilligung muss Arbeitsplätze im Betrieb des Antragstellers sichern oder schaffen. Dies muss durch die **betriebswirtschaftl. relevanten Daten** der Vergangenheit und Prognosen für die Zukunft belegt sein[3]. Ggf. fordert die Aufsichtsbehörde ein betriebswirtschaftl. Gutachten an[4].

26 **ff) Kriterien.** Die Aufsichtsbehörden machen die Ausnahmebewilligung nach Abs. 5 von folgenden Kriterien abhängig[5]:

- Konkurrenzsituation mit vollkontinuierlich arbeitenden Betrieben im Ausland; sie ist regelmäßig ausgeschlossen bei hohen Transportkosten für Produkte mit geringer Wertschöpfung;
- Kapitalintensität der Produktion; betragen die Kosten des Arbeitsplatzes ein Mehrfaches der Lohnkosten, kann von einer hohen Kapitalintensität und einer erheblichen Beeinträchtigung der Konkurrenzfähigkeit ausgegangen werden;
- Zeitdauer der Maschinennutzung; bei schnellem technischen Wandel ist die vollkontinuierliche Nutzung der Maschinen oder die kurzfristige Herstellung hoher Stückzahlen von besonderer Bedeutung für die Konkurrenzfähigkeit;
- Standortgebundenheit bei Dienstleistungen; bei Dienstleistungen ergibt sich eine internationale Konkurrenzsituation nur in Ausnahmefällen, wenn etwa die Sprachbarriere oder die telefonische Übermittlung keine wesentlichen Schwierigkeiten bereitet.

27 **gg) Vorgehen der Aufsichtsbehörden.** Die Aufsichtsbehörde prüft die vorgelegten Antragsunterlagen auf Vollständigkeit und Schlüssigkeit. Fehlende Unterlagen werden angefordert. Zudem holt die Aufsichtsbehörde im Rahmen ihrer Aufklärungspflicht nötigenfalls **Auskünfte bei Industrie- und Handelskammern, ArbGebVerbänden, Gewerkschaften und beim BR** ein[6], auch wenn dies im ArbZG nicht ausdrücklich vorgesehen ist[7]. Ggf. wird ein wirtschaftswissenschaftliches Gutachten über die Situation der Branche eingeholt. Die Verhältnisse bei nationalen Konkurrenzbetrieben werden erforderlichenfalls bei den örtlich zuständigen Ämtern für Arbeitsschutz/Gewerbeaufsichtsämtern erfragt[8].

28 **6. Genehmigungen nach dem BImSchG.** Genehmigungen nach dem BImSchG sind anlagenbezogene behördliche Entscheidungen, die keine Ausnahmen von den personenbezogenen Arbeitszeitbestimmungen der Abs. 4 u. 5 enthalten[9].

29 **III. Mitbestimmung.** Die Zulassung von Sonn- und Feiertagsarbeit lässt die MitbestR des BR aus § 87 I Nr. 2 u. 3 BetrVG unberührt[10].

30 **IV. Rechtschutz von Arbeitnehmern und Konkurrenten.** Der von bewilligter Sonntagsarbeit betroffene **ArbN** kann die Entscheidung der Aufsichtsbehörde über die Bewilligung von Sonn- oder Feiertagsarbeit durch Widerspruch und Anfechtungsklage anfechten und ggf. vorläufigen Rechtsschutz über § 80 V VwGO erhalten. Gleiches soll auch für den BR gelten[11] (zweifelhaft). Ein **Konkurrent**, dessen Wettbewerbssituation durch die erteilte Ausnahmebewilligung beeinträchtigt wird, hat hingegen keine verwaltungsprozessualen Möglichkeiten, die Entscheidung der Aufsichtsbehörde anzufechten[12]. § 13 hat insoweit keinen drittschützenden Charakter.

31 **V. Straf- und bußgeldrechtliche Sanktionen.** Verstöße gegen eine RechtsVO nach Abs. 1 o. 2 werden durch §§ 22 I Nr. 4, 23 I sanktioniert. Der Verstoß gegen eine vollziehbare Anordnung nach Abs. 3 Nr. 2 stellt gem. § 22 I Nr. 7 eine Ordnungswidrigkeit und unter den Voraussetzungen des § 23 I eine Straftat dar.

---

1 Vgl. auch *Buschmann/Ulber*, § 13 ArbZG Rz. 27; Erlass des MASSKS NRW v. 18.5.1999 – 215–8435, Nr. 13.10.1.3. | 2 *Neumann/Biebl*, § 13 ArbZG Rz. 26. | 3 Erlass des MASSKS NRW v. 18.5.1999 – 215–8435, Nr. 13.10.1.5. | 4 Erlass des MASSKS NRW v. 18.5.1999 – 215–8435, Nr. 13.10.5.5. | 5 Erlass des MASSKS NRW v. 18.5.1999 – 215–8435, Nr. 13.10.1.5, der auch in diesem Zusammenhang auf die besondere Bedeutung der Stellungnahmen von BR und zuständiger Gewerkschaft zur Sachaufklärung hinweist. | 6 So der von den Bundesländern am 6.10.1994 beschlossene Kriterienkatalog, abgedr. bei *Schliemann/Förster/Meyer*, Rz. 788, dort 2.; dementsprechend etwa der Erlass des MASSKS NRW v. 18.5.1999 – 215–8435, Nr. 13.10.2. | 7 Kritisch *Erasmy*, NZA 1995, 97 (102); *Dobberahn*, Rz. 140, 141. | 8 So der von den Bundesländern am 6.10.1994 beschlossene Kriterienkatalog, abgedr. bei *Schliemann/Förster/Meyer*, Rz. 788, dort 2. | 9 Erlass des MASSKS NRW v. 18.5.1999 – 215–8435, Nr. 13.9. | 10 *Neumann/Biebl*, § 13 ArbZG Rz. 30; *Baeck/Deutsch*, § 13 ArbZG Rz. 98. | 11 *Buschmann/Ulber*, § 13 ArbZG Rz. 34. | 12 *Baeck/Deutsch*, § 13 ArbZG Rz. 97; *Buschmann/Ulber*, § 13 ArbZG Rz. 34.

Vierter Abschnitt. Ausnahmen in besonderen Fällen

14 *Außergewöhnliche Fälle*

(1) Von den §§ 3 bis 5, 6 Abs. 2, §§ 7, 9 bis 11 darf abgewichen werden bei vorübergehenden Arbeiten in Notfällen und in außergewöhnlichen Fällen, die unabhängig vom Willen der Betroffenen eintreten und deren Folgen nicht auf andere Weise zu beseitigen sind, besonders wenn Rohstoffe oder Lebensmittel zu verderben oder Arbeitsergebnisse zu misslingen drohen.

(2) Von den §§ 3 bis 5, 6 Abs. 2, §§ 7, 11 Abs. 1 bis 3 und § 12 darf ferner abgewichen werden,

1. wenn eine verhältnismäßig geringe Zahl von Arbeitnehmern vorübergehend mit Arbeiten beschäftigt wird, deren Nichterledigung das Ergebnis der Arbeiten gefährden oder einen unverhältnismäßigen Schaden zur Folge haben würden,

2. bei Forschung und Lehre, bei unaufschiebbaren Vor- und Abschlussarbeiten sowie bei unaufschiebbaren Arbeiten zur Behandlung, Pflege und Betreuung von Personen oder zur Behandlung und Pflege von Tieren an einzelnen Tagen,

wenn dem Arbeitgeber andere Vorkehrungen nicht zugemutet werden können.

(3) Wird von den Befugnissen nach Absatz 1 oder 2 Gebrauch gemacht, darf die Arbeitszeit 48 Stunden wöchentlich im Durchschnitt von sechs Kalendermonaten oder 24 Wochen nicht überschreiten.

Abs. 3 eingefügt durch Gesetz zu Reformen am Arbeitsmarkt v. 24.12.2003, BGBl I, S. 3002.

I. Inhalt und Zweck. § 14 sieht **Ausnahmeregelungen für Notfälle und andere außergewöhnliche Fälle** sowie für in Abs. 2 näher bestimmte Fallgestaltungen vor[1], um solche in jedem Betrieb auftretenden unvorhersehbaren Umstände bewältigen zu können, die Mehrarbeit unter Abweichung von den arbeitszeitrechtl. Vorgaben erfordern[2]. 1

II. Die einzelnen Ausnahmetatbestände. 1. Abs. 1. Die Vorschrift ist aus § 14 AZO übernommen worden, weil sich die Regelung in der Praxis bewährt hat[3]. Gestattet sind danach Abweichungen von den Bestimmungen über 2

- die höchstzulässige tägliche Arbeitszeit,
- die Mindestruhepausen,
- die Mindestruhezeiten,
- die Beschäftigung an Sonn- und Feiertagen.

a) Notfall. Ein Notfall ist gegeben, wenn die Arbeiten zur Beseitigung eines **Notstandes** oder zur Abwendung einer **dringenden Gefahr** erforderlich sind[4]. Bei Arbeiten „in Notfällen" muss es sich um vorübergehende Arbeiten und um Fälle handeln, in denen nur durch Mehrarbeit oder durch Arbeit außerhalb der normalen Arbeitszeit geholfen werden kann. Diese Arbeiten müssen durch ein unvorhergesehenes Ereignis veranlasst sein, das unverzügliches Einschreiten erfordert und das ein Verschieben der dadurch gebotenen Arbeiten auf spätere Zeit nicht zulässt[5]. Dabei braucht es sich nicht um einen öffentl. Notstand oder ein öffentl. Interesse an der Durchführung der Arbeiten zu handeln[6]. In jedem Fall muss der Eintritt des Bedürfnisses außerhalb des Bereichs unternehmerischer Vorhersehbarkeit liegen[7]. Der vom Notfall Betroffene muss nicht der ArbGeb selbst, sondern kann auch ein Dritter sein, zB ein Kunde des ArbGeb[8]. 3

aa) Beispiele für Notfälle: Brände[9]; Einsturz von Gebäuden[10]; Erdbeben[11]; Explosionen[12]; Frost[13]; Totalausfall von Maschinen[14]; Unwetter[15]; ungewöhnliche Todesfälle, Erkrankungen oder Unfälle[16]; Wassereinbrüche[17]; Überschwemmungen[18]. 4

bb) Keine Notfälle. Als Notfälle sind hingegen nicht solche Ereignisse anerkannt, die als Folge von fehlerhaften Entscheidungen des ArbGeb und von Organisationsmängeln aus dessen Verantwortungsbereich auftreten[19], wie zB: 5

- Überstunden in einem Betrieb der Damenkonfektion wegen vermehrten Arbeitsanfalls vor Pfingsten an 17 Tagen[20]

---

1 BT-Drs. 12/5888, S. 31. | 2 *Baeck/Deutsch*, § 14 ArbZG Rz. 4. | 3 BT-Drs. 12/5888, S. 31. | 4 OLG Bremen v. 16.2.1955 – Ss 137/54, BB 1955, 225. | 5 OLG Köln v. 9.2.1954 – Ss 362/53, BB 1954, 410. | 6 OLG Bremen v. 16.2.1955 – Ss 137/54, BB 1955, 225. | 7 OLG Bremen v. 16.2.1955 – Ss 137/54, BB 1955, 225. | 8 BVerwG v. 23.6.1992 – 1 C 29/90, NVwZ 1993, 185. | 9 OLG Bremen v. 16.2.1955 – Ss 137/54, BB 1955, 225. | 10 *Baeck/Deutsch*, § 14 ArbZG Rz. 7. | 11 *Baeck/Deutsch*, § 14 ArbZG Rz. 7. | 12 OLG Bremen v. 16.2.1955 – Ss 137/54, BB 1955, 225. | 13 *Baeck/Deutsch*, § 14 ArbZG Rz. 7. | 14 *Baeck/Deutsch*, § 14 ArbZG Rz. 7. | 15 *Baeck/Deutsch*, § 14 ArbZG Rz. 7. | 16 *Baeck/Deutsch*, § 14 ArbZG Rz. 7. | 17 OLG Bremen v. 16.2.1955 – Ss 137/54, BB 1955, 225. | 18 LAG Hamm v. 17.2.1956 – 4 Sa 654/55, DB 1956, 428. | 19 *Anzinger/Koberski*, § 14 ArbZG Rz. 5. | 20 OLG Bremen v. 16.2.1955 – Ss 137/54, BB 1955, 225.

- Dringliche Arbeiten, die infolge verspäteten Eintreffens von Transportmitteln anfallen[1], sofern sie nicht auf Verkehrsstörungen beruhen[2]
- durch mangelnde Kapazität des Betriebes bei Auftragsballung verursachte Schwierigkeit, alle eingegangenen Aufträge fristgerecht zu erledigen (Unternehmerrisiko)[3]
- Streik[4] und Aussperrung; bei hierdurch verursachten Produktionseinbußen, die keine deutlich darüber hinausgehenden nachteiligen Folgen für den Betrieb nach sich ziehen, handelt es sich um typische Beeinträchtigungen durch Arbeitskampfmaßnahmen. Ihre Anerkennung als Ausnahmefall würde zur weit gehenden Unanwendbarkeit der Arbeitszeitvorschriften in Fällen des Streiks eines Teiles der Belegschaft führen und würde dem Streik trotz seiner Anerkennung als legitimem Mittel zur Interessendurchsetzung wesentliche Teile seiner Effektivität nehmen[5]
- Wunsch der Belegschaft nach Mehrarbeit.

6 **b) Außergewöhnliche Fälle** iSd. § 14 brauchen keine Notfälle zu sein, sie müssen jedoch den **Rahmen des Üblichen und Normalen überschreiten, unabhängig vom Willen des Betroffenen** eintreten, und ihre **Folgen** müssen **auf andere Weise nicht zu beseitigen** sein. Außergewöhnlich ist ein Fall aber nur dann, wenn die Umstände, welche die Mehrarbeit bedingen, weder regelmäßig noch vorausschaubar sind. Vor allem dürfen die Arbeiten zur Beseitigung des außergewöhnlichen Falles oder zur Abwendung der durch seinen Eintritt bedingten Gefahren nur vorübergehender Art sein. Dabei hat der ArbGeb in der Regel eine Güterabwägung vorzunehmen. Er muss prüfen, ob sich die Verkürzung der Arbeitsruhe gegenüber den durch das schädigende Ereignis bedrohten Rechtsgütern oder rechtl. geschützten Interessen als das geringere Übel darstellt[6].

7 **aa) Beispiele für außergewöhnliche Fälle:**

- Ein Schulhausmeister in Berlin ist verpflichtet, außerhalb seiner regelmäßigen Arbeitszeit Schnee und Eis vor 7 Uhr oder nach 20 Uhr zu beseitigen. Schneefall und Eisglätte sind in den Wintermonaten in Berlin nicht genau voraussehbar[7].
- In größeren Mengen unerwartet eingetroffene Lebensmittel müssen noch am selben Tag ausgeladen, gespeichert oder verarbeitet werden[8].
- Infolge einer Betriebsstörung muss ein unterbrochener Arbeitsprozess zu Ende geführt werden[9].
- Dringende Arbeiten auf Grund von plötzlichen Todesfällen oder unvorhergesehenen Erkrankungen[10].

8 **bb) Keine außergewöhnlichen Fälle.** Zu den außergewöhnlichen Fällen zählen hingegen solche Vorfälle nicht, die als Folge von fehlerhaften Entscheidungen des ArbGeb und von Organisationsmängeln aus dessen Verantwortungsbereich auftreten sowie Ereignisse, die zur Eigenart des Betriebs gehören[11], wie zB:

- Der ArbGeb nimmt Aufträge an, die er mit den vorhandenen Arbeitskräften nicht erledigen kann[12];
- Erkrankungen von Patienten in Krankenhäusern[13];
- Gästeandrang in Ausflugslokalen[14];
- Messen und Saisonverkäufe[15];
- Streik und Aussperrung; hier können jedoch Notstands- und Erhaltungsarbeiten zulässig sein[16].

9 **c) Zulässige Arbeiten.** Zulässig sind nach Abs. 1 solche Arbeiten, die nur **vorübergehend** sind. Die zeitliche Grenze richtet sich hier nach dem Einzelfall, so dass Zeiträume von wenigen Stunden bis zu mehreren Tagen in Betracht kommen. Die besondere Ausnahmesituation ist dann beendet, wenn ihr mit anderen Maßnahmen (Neueinstellung von Arbeitskräften, Umorganisation des Betriebes usw.) begegnet werden kann[17]. Je länger in einem Betrieb oder Betriebsteil unter Berufung auf Abs. 1 gearbeitet wird, umso höher sind die Anforderungen an den Nachweis zu stellen, dass die Folgen nicht auf andere betriebsorganisatorische planbare Weise zu beseitigen sind[18].

10 **d) Jugendliche.** Nach der Spezialvorschrift des § 21 JArbSchG dürfen Jugendliche in Notfällen mit vorübergehenden und unaufschiebbaren Arbeiten nur betraut werden, soweit erwachsene Beschäftigte nicht zur Verfügung stehen.

11 **e) Keine andere Abhilfemöglichkeit.** Ferner dürfen die Folgen der Notfälle oder außergewöhnlichen Fälle nicht auf andere Weise beseitigt werden können. Sind Bereitschaftsdienste und Rufbereitschaften

---

1 LAG Hamm v. 17.2.1956 – 4 Sa 654/55, DB 1956, 428. | 2 *Anzinger/Koberski*, § 14 ArbZG Rz. 5. | 3 OLG Düsseldorf v. 30.7.1959 – (1) Ss 494/59, BB 1959, 994. | 4 Erlass des MASSKS NRW v. 18.5.1999 – 215–8435, Nr. 14.4. | 5 OLG Celle v. 8.10.1986 – 2 Ss (Owi) 53/86, NZA 1987, 283. | 6 BAG v. 17.9.1986 – 5 AZR 369/85, nv. | 7 BAG v. 17.9.1986 – 5 AZR 369/85, nv. | 8 *Neumann/Biebl*, § 14 ArbZG Rz. 5. | 9 *Neumann/Biebl*, § 14 ArbZG Rz. 5. | 10 *Neumann/Biebl*, § 14 ArbZG Rz. 5. | 11 *Anzinger/Koberski*, § 14 ArbZG Rz. 7. | 12 *Anzinger/Koberski*, § 14 ArbZG Rz. 7. | 13 *Anzinger/Koberski*, § 14 ArbZG Rz. 7. | 14 *Anzinger/Koberski*, § 14 ArbZG Rz. 7. | 15 *Neumann/Biebl*, § 14 ArbZG Rz. 5. | 16 *Anzinger/Koberski*, § 14 ArbZG Rz. 7. | 17 *Baeck/Deutsch*, § 14 ArbZG Rz. 16. | 18 Erlass des MASSKS NRW v. 18.5.1999 – 215–8435, Nr. 14.3.

eingerichtet, um vorhersehbaren Betriebsstörungen zu begegnen, kann kein Notfall oder außergewöhnlicher Fall angenommen werden[1].

2. **Abs.** 2 lässt weitere Ausnahmen von den arbeitszeitrechtl. Bestimmungen zu, wenn nur eine verhältnismäßig geringe Zahl von ArbN vorübergehend mit Arbeiten beschäftigt wird, deren Nichterledigung das Ergebnis der Arbeiten gefährden oder einen unverhältnismäßigen Schaden zur Folge haben würden, sowie bei Forschung und Lehre, bei unaufschiebbaren Vor- und Abschlussarbeiten sowie bei unaufschiebbaren Arbeiten zur Behandlung, Pflege und Betreuung von Personen oder zur Behandlung und Pflege von Tieren an einzelnen Tagen. Abs. 2 lässt im Gegensatz zu Abs. 1 Nr. 1 **keine Abweichung vom Verbot der Sonn- und Feiertagsbeschäftigung** zu. Die Arbeiten sind werktags abzuschließen. Ausnahmen kommen nur in Betracht, wenn der ArbGeb über eine Genehmigung nach § 13 III Nr. 2b (an bis zu fünf Sonn- und Feiertagen im Jahr, wenn besondere Verhältnisse zur Verhütung eines unverhältnismäßigen Schadens dies erfordern[2]) oder nach § 15 II (dringendes öffentl. Interesse[3]) verfügt. 12

a) **Andere Vorkehrungen.** Können dem ArbGeb andere Vorkehrungen technischer oder organisatorisch-personeller Art zugemutet werden, kommt eine Ausnahme nach Abs. 2 nicht in Betracht. Zumutbar sind andere Vorkehrungen dieser Art, wenn der Aufwand für den ArbGeb bei wirtschaftl. Betrachtungsweise nicht außer Verhältnis zu der Belastung der ArbN steht[4]. Das ist etwa der Fall, wenn der ArbGeb **leistungsfähigere Maschinen** oder **Aushilfskräfte** einsetzen könnte[5]. Unzumutbar wäre es hingegen etwa, mehr Monteure auf eine Montagestelle zu schicken, als dort üblicherweise gebraucht werden[6]. 13

b) **Vorübergehende Beschäftigung zur Schadensverhütung.** Dem ArbGeb wird durch Abs. 2 Nr. 1 ermöglicht, eine während der normalen Arbeitszeit begonnene Arbeit ohne Unterbrechung zu beenden[7], selbst und insoweit abweichend von Abs. 1, wenn bei Beginn der Arbeit voraussehbar war, dass sie nicht ohne Abweichung beendet werden kann[8]. Voraussetzung ist, dass nur eine verhältnismäßig geringe Anzahl von regelmäßig nicht mehr als fünf[9] ArbN benötigt wird. Ferner darf die Beschäftigung wie bei Abs. 1 nur vorübergehend sein. Schließlich muss ohne die Erledigung der begonnenen Arbeit deren Ergebnis gefährdet sein oder ein unverhältnismäßiger Schaden eintreten. Eine Gefährdung des Ergebnisses liegt vor, wenn der mit ihr verfolgte Zweck bei Abbruch nicht erreicht werden könnte[10]. Weitgehend kann hier auf die Fälle des „Misslingens von Arbeitsergebnissen" gem. § 10 I Nr. 15 verwiesen werden[11]. Unverhältnismäßig wäre ein Schaden, wenn es bei wirtschaftl. Betrachtungsweise[12] der Billigkeit entspricht, den Arbeitszeitschutz seinetwegen zurücktreten zu lassen, etwa weil vorbereitetes Material am nächsten Tag nicht mehr verwendungsfähig wäre[13], oder wenn ein ArbN nur noch eine kurze Arbeitszeit bis zur Erledigung der Aufgabe benötigt, am nächsten Tag aber hohe Anfahrtskosten entstehen würden[14]. 14

c) **Forschung und Lehre.** Abs. 2 Nr. 2 gestattet die genannten Abweichungen im Bereich der Forschung und Lehre. Während der RegE noch eine Ausnahme bei Forschungsarbeiten vorsah[15], wurde im weiteren Gesetzgebungsverfahren der Vorschlag des Ausschusses für Arbeit und Sozialordnung[16] übernommen, die Ausnahme auf Forschung und Lehre zu erstrecken. Eine pauschale Freistellung der Forschung und Lehre von den Anforderungen des Arbeitszeitschutzes soll damit gleichwohl nicht erfolgt sein. Vielmehr soll erforderlich sein, dass die Belange von Forschung und Lehre die Belange des Arbeitszeitschutzes überwiegen[17]. Der Ausnahmetatbestand erstreckt sich nicht nur auf die sog. „Denker, Experimentierer und Rechnenden", die kreativ tätig sind[18], sondern auch auf die nichtwissenschaftl. Mitarbeiter[19] und die technischen Hilfskräfte[20]. 15

d) **Vor- und Abschlussarbeiten** iSd. Abs. 2 Nr. 2 sind 16

- Arbeiten zur Reinigung und Instandhaltung, soweit sich diese Arbeiten während des regelmäßigen Betriebs nicht ohne Unterbrechung oder erhebliche Störung ausführen lassen[21],
- Arbeiten, von denen die Wiederaufnahme oder Aufrechterhaltung des vollen Betriebs arbeitstechnisch abhängt[22] wie etwa, das Anheizen von Öl, das Ingangsetzen von Maschinen, das Anfahren von Kesseln usw.[23],
- Aufräumarbeiten[24],
- das Zuendebedienen der Kundschaft bis zu einer halben Stunde je Tag[25].

---

1 Erlass des MASSKS NRW v. 18.5.1999 – 215–8435, Nr. 14.1. | 2 *Anzinger/Koberski*, § 14 ArbZG Rz. 11. | 3 *Baeck/Deutsch*, § 14 ArbZG Rz. 19. | 4 *Baeck/Deutsch*, § 14 ArbZG Rz. 23 mwN. | 5 *Anzinger/Koberski*, § 14 ArbZG Rz. 22; *Baeck/Deutsch*, § 14 ArbZG Rz. 23 mwN. | 6 *Anzinger/Koberski*, § 14 ArbZG Rz. 23. | 7 *Baeck/Deutsch*, § 14 ArbZG Rz. 24; *Anzinger/Koberski*, § 14 ArbZG Rz. 12 drücken sich mE missverständlich aus, wenn sie verlangen, dass die Arbeit „am selben Tag" beendet werden muss. | 8 *Anzinger/Koberski*, § 14 ArbZG Rz. 12. | 9 *Anzinger/Koberski*, § 14 ArbZG Rz. 13; zweifelnd KassHdb/*Schliemann*, 2.5 Rz. 738, der darauf verweist, dass das Gesetz keine derartige Zahlengrenze enthalte. | 10 *Baeck/Deutsch*, § 14 ArbZG Rz. 28; vgl. *Anzinger/Koberski*, § 14 ArbZG Rz. 15. | 11 *Baeck/Deutsch*, § 14 ArbZG Rz. 28. | 12 *Baeck/Deutsch*, § 14 ArbZG Rz. 28. | 13 *Anzinger/Koberski*, § 14 ArbZG Rz. 15. | 14 *Neumann/Biebl*, § 14 ArbZG Rz. 8. | 15 BT-Drs. 12/5888, S. 9, 31. | 16 BT-Drs. 12/6990, S. 44. | 17 *Baeck/Deutsch*, § 14 ArbZG Rz. 31. | 18 So aber *Anzinger/Koberski*, § 14 ArbZG Rz. 17. | 19 KassHdb/*Schliemann*, 2.5 Rz. 742. | 20 *Baeck/Deutsch*, § 14 ArbZG Rz. 33. | 21 BT-Drs. 12/5888, S. 31. | 22 BT-Drs. 12/5888, S. 31. | 23 *Baeck/Deutsch*, § 14 ArbZG Rz. 35. | 24 *Baeck/Deutsch*, § 14 ArbZG Rz. 35. | 25 BT-Drs. 12/5888, S. 31.

Die Arbeiten müssen unaufschiebbar sein und Nachteile verhindern, die schwerer wiegen würden als die Überschreitung der arbeitszeitrechtl. Beschränkungen, wie etwa ein Produktionsausfall oder eine Störung des Publikumsverkehrs[1].

17 **e) Behandlung, Pflege und Betreuung.** Wegen der Geltung des Gesetzes für Krankenhäuser[2] darf ferner bei unaufschiebbaren Arbeiten zur Behandlung, Pflege und Betreuung von Personen von den in Abs. 2 genannten Vorschriften abgewichen werden. Dasselbe gilt für die Behandlung und Pflege von Tieren. Voraussetzung ist jeweils, dass die notwendigen Arbeiten unaufschiebbar sind.

18 **3. Abs. 3.** Arbeiten in Notfällen und außergewöhnl. Fällen unterliegen der **Ausgleichspflicht** des § 3[3]. Durch Abs. 3 wird klargestellt, dass der Durchschnitt von 48 Stunden/Woche nicht überschritten werden darf[4].

19 **4. Mitbestimmung.** Ggf. ist ein MitbestR des BR aus § 87 I Nr. 2 oder Nr. 3 BetrVG zu beachten, nämlich wenn nicht nur einzelne spezielle ArbN von den Arbeiten betroffen sind[5].

15 *Bewilligung, Ermächtigung*

(1) Die Aufsichtsbehörde kann

1. eine von den §§ 3, 6 Abs. 2 und § 11 Abs. 2 abweichende längere tägliche Arbeitszeit bewilligen

a) für kontinuierliche Schichtbetriebe zur Erreichung zusätzlicher Freischichten,

b) für Bau- und Montagestellen,

2. eine von den §§ 3, 6 Abs. 2 und § 11 Abs. 2 abweichende längere tägliche Arbeitszeit für Saison- und Kampagnebetriebe für die Zeit der Saison oder Kampagne bewilligen, wenn die Verlängerung der Arbeitszeit über acht Stunden werktäglich durch eine entsprechende Verkürzung der Arbeitszeit zu anderen Zeiten ausgeglichen wird,

3. eine von den §§ 5 und 11 Abs. 2 abweichende Dauer und Lage der Ruhezeit bei Arbeitsbereitschaft, Bereitschaftsdienst und Rufbereitschaft den Besonderheiten dieser Inanspruchnahmen im öffentlichen Dienst entsprechend bewilligen,

4. eine von den §§ 5 und 11 Abs. 2 abweichende Ruhezeit zur Herbeiführung eines regelmäßigen wöchentlichen Schichtwechsels zweimal innerhalb eines Zeitraums von drei Wochen bewilligen.

(2) Die Aufsichtsbehörde kann über die in diesem Gesetz vorgesehenen Ausnahmen hinaus weiter gehende Ausnahmen zulassen, soweit sie im öffentlichen Interesse dringend nötig werden.

(3) Das Bundesministerium der Verteidigung kann in seinem Geschäftsbereich durch Rechtsverordnung mit Zustimmung des Bundesministeriums für Arbeit und Soziales aus zwingenden Gründen der Verteidigung Arbeitnehmer verpflichten, über die in diesem Gesetz und in den auf Grund dieses Gesetzes erlassenen Rechtsverordnungen und Tarifverträgen festgelegten Arbeitszeitgrenzen und -beschränkungen hinaus Arbeit zu leisten.

(4) Werden Ausnahmen nach Absatz 1 oder 2 zugelassen, darf die Arbeitszeit 48 Stunden wöchentlich im Durchschnitt von sechs Kalendermonaten oder 24 Wochen nicht überschreiten.

Abs. 4 eingefügt durch Gesetz zu Reformen am Arbeitsmarkt v. 24.12.2003, BGBl. I, S. 3002; Abs. 3 geändert durch VO v. 31.10.2006, BGBl. I S. 2407.

1 **I. Inhalt und Zweck.** § 15 enthält drei unterschiedl. Regelungsmaterien, nämlich zum einen die Befugnis der Aufsichtsbehörde, Ausnahmen von gesetzl. Arbeitszeitregelungen für besondere Fallgestaltungen zuzulassen (Abs. 1), zum anderen die Ermächtigung der Aufsichtbehörde, im öffentl. Interesse Ausnahmeregelungen zu erlassen (Abs. 2), und schließlich eine VO-Ermächtigung für das Bundesministerium der Verteidigung aus zwingenden Gründen der Verteidigung (Abs. 3).

2 **II. Die einzelnen Bestimmungen. 1. Ausnahmebefugnisse der Aufsichtsbehörden (Abs. 1).** Die Vorschrift sieht Ausnahmen von den gesetzl. Arbeitszeitbestimmungen vor. Nicht erlaubt sind Ausnahmebewilligungen von tarifl. Regelungen[6]. Existieren keine einschlägigen TV, kann die Aufsichtsbehörde ihre Bewilligung nicht mit der Begründung ablehnen, es stehe noch nicht fest, ob die TV-Parteien keine abweichenden Regelungen treffen[7]. Etwas anderes gilt nur in einer aktuellen Tarifauseinandersetzung, da ansonsten die Verhandlungen unterlaufen würden[8].

3 **a) Abs. 1 Nr. 1.** Hiernach ist die Aufsichtsbehörde befugt, die tägliche Höchstarbeitszeit für **kontinuierliche Schichtbetriebe** zur Erreichung **zusätzlicher Freischichten** sowie ohne besondere Voraussetzung für **Bau- und Montagestellen** auf über 10 Stunden zu verlängern. Eine Höchstgrenze für die Verlän-

---

1 *Baeck/Deutsch*, § 14 ArbZG Rz. 38. | 2 BT-Drs. 12/5888, S. 31. | 3 Erlass des MASSKS NRW v. 18.5.1999 – 215–8435, Nr. 14.2. | 4 BT-Drs. 15/1587, S. 36. | 5 *Baeck/Deutsch*, § 14 ArbZG Rz. 46. | 6 KassHdb/*Schliemann*, 2.5 Rz. 763. | 7 KassHdb/*Schliemann*, 2.5 Rz. 763; aA *Anzinger/Koberski*, § 15 ArbZG Rz. 7. | 8 Vgl. *Anzinger/Koberski*, § 15 ArbZG Rz. 7.

gerung der täglichen Arbeitszeit ist im Gesetz nicht festgelegt, jedoch wird eine Arbeitszeit von mehr als 12 Stunden aus Gründen des Gesundheitsschutzes[1] sowie aus arbeitsorganisatorischen Gründen[2] nicht in Betracht kommen. Für die nach Abs. 1 Nr. 1 bewilligten längeren tägl. Arbeitszeiten muss die Aufsichtsbehörde keine Ausgleichsverpflichtung in dem Bewilligungsbescheid festlegen[3]. Regelmäßig wird sie dies jedoch mit guten Gründen tun[4].

aa) Konti-Betriebe. Abs. 1 Nr. 1a erfasst sowohl vollkontinuierliche Schichtbetriebe, die von montags 0 Uhr bis sonntags 24 Uhr arbeiten, als auch teilkontinuierliche Schichtbetriebe mit einer Arbeitszeit von regelmäßig Montag 6 Uhr bis Samstag 22 Uhr[5]. Erforderlich ist, dass zusätzl. Freischichten erreicht werden, so dass dem ArbN mehr freie Tage zur Verfügung stehen als ohne die Verlängerung der tägl. Arbeitszeit[6]. Dies wird der ArbGeb bei Antragstellung nachweisen müssen[7]. Indes ist nicht erforderlich, dass die zusätzl. Freischichten der einzige Zweck der Arbeitszeitverlängerung ist. Der ArbGeb kann auch andere Ziele wie Produktionserweiterung, Beschäftigungssicherung oder Schaffung neuer Arbeitsplätze verfolgen[8]. 4

bb) Bau- und Montagestellen. Abs. 1 Nr. 1b sieht eine Ausnahmebewilligung für Bau- und Montagestellen vor. Baustellen sind zeitlich begrenzte oder ortsveränderliche Arbeitsstellen, an denen Hoch- oder Tiefbauarbeiten ausgeführt werden[9]. Montagestellen sind Arbeitsstellen, auf denen vorgefertigte Teile oder Baugruppen zu einem fertigen Endergebnis montiert bzw. zusammengesetzt werden[10]. 5

b) Abs. 1 Nr. 2. Die Bestimmung räumt der Aufsichtsbehörde die Befugnis ein, für Saison- und Kampagnebetriebe für die Zeit der **Saison** bzw. **Kampagne** längere tägl. Arbeitszeiten zu bewilligen. Voraussetzung ist, dass ein Ausgleich durch eine entsprechende Verkürzung der Arbeitszeit zu anderen Zeiten erfolgt. Hier muss die Behörde im Rahmen des Abs. 4 eine entsprechende Festlegung treffen. Der Antragsteller sollte hier einen Ausgleichszeitraum vorschlagen, an dem sich die Behörde orientieren kann[11]. Sofern TV für Saison- und Kampagnebetriebe einschlägige Arbeitszeitregelungen enthalten, kommt eine Ausnahmebewilligung nach Abs. 1 Nr. 2 nicht in Betracht[12]. 6

c) Abs. 1 Nr. 3. Die Vorschrift eröffnet für den Bereich des **öffentl. Dienstes** die Möglichkeit zu flexiblen Regelungen von Lage und Dauer der Ruhezeit bei Arbeitsbereitschaft, Bereitschaftsdienst und Rufbereitschaft, was etwa bei Winterdiensten erforderlich werden kann[13]. Im äußersten Fall kann eine Ruhezeit vollständig gestrichen werden[14]. 7

d) Abs. 1 Nr. 4. Der Ausnahmetatbestand ermöglicht es, zur **Herbeiführung eines regelmäßigen wöchentlichen Schichtwechsels**, zweimal innerhalb eines Zeitraums von drei Wochen eine von den §§ 5 und 11 II abweichende Ruhezeit zu bewilligen. Grund für diese Regelung ist der Umstand, dass die Belegschaft in verschiedenen Schichten regelmäßig an einem bestimmten Tag in der Woche ausgewechselt wird. Häufig geschieht dies am Wochenende[15]. In Konti-Betrieben kann ein solcher wöchentl. Wechsel dadurch verwirklicht werden, dass für jeden SchichtArbN nach Abs. 1 Nr. 1a **für zwei Wochenenden eine Schicht von 12 Stunden** zugelassen wird[16]. Eine andere Möglichkeit besteht darin, jeden Schichtarbeiter **jeden dritten Sonntag** ebenfalls gem. einer Ausnahmebewilligung nach Abs. 1 Nr. 1a **eine Doppelschicht von 16 Stunden** arbeiten zu lassen[17]. Abs. 1 Nr. 4 eröffnet schließlich die Möglichkeit, den regelmäßigen wöchentl. Schichtwechsel durch eine **Verkürzung der Ruhezeit** herbeizuführen. Die Aufsichtbehörde kann zulassen, dass der SchichtArbN innerhalb von drei Wochen zweimal seine neue Schicht nicht, wie sonst üblich, nach 16 Stunden Ruhezeit, sondern schon nach acht Stunden beginnt[18]. 8

2. Ausnahmen im dringenden öffentlichen Interesse (Abs. 2). Das Tatbestandsmerkmal „dringendes öffentliches Interesse" bedarf besonders sorgfältiger Prüfung, da die gesetzl. und durch die Aufsichtsbehörde bewilligten erteilten Ausnahmen nahezu alle Sachverhalte abdecken, in denen eine Beschäftigung von ArbN erforderlich ist[19]. Maßgeblich sind die **Belange der Allgemeinheit**[20]. Hingegen haben 9

---

1 *Neumann/Biebl*, § 15 ArbZG Rz. 4. | 2 *Baeck/Deutsch*, § 15 ArbZG Rz. 11 halten in Ausnahmefällen 16 Stunden für zulässig. | 3 *Neumann/Biebl*, § 15 ArbZG Rz. 3; *Baeck/Deutsch*, § 15 ArbZG Rz. 10. | 4 Vgl. Erlass des MASSKS NRW v. 18.5.1999 – 215–8435, Nr. 15.1, wonach die Aufsichtbehörden gehalten sind, die Ausgleichsregelung in der Bewilligung festzulegen. | 5 *Baeck/Deutsch*, § 15 ArbZG Rz. 10. | 6 *Baeck/Deutsch*, § 15 ArbZG Rz. 12. | 7 Vgl. Erlass des MASSKS NRW v. 18.5.1999 – 215–8435, Nr. 15.1. | 8 *Baeck/Deutsch*, § 15 ArbZG Rz. 12. | 9 *Anzinger/Koberski*, § 15 ArbZG Rz. 8 unter Hinweis auf Art. 2a der RL 92/57/EWG des Rates vom 24.6.1992 über die auf zeitlich begrenzte oder ortsveränderliche Baustellen anzuwendenden Mindestvorschriften für die Sicherheit und den Gesundheitsschutz der ArbN; *Neumann/Biebl*, § 15 ArbZG Rz. 4; KassHdb/*Schliemann*, 2.5 Rz. 756 stellt auf den bauordnungsrechtl. Begriff der „Baustelle" ab; hiergegen *Baeck/Deutsch*, § 15 ArbZG Rz. 14. | 10 *Anzinger/Koberski*, § 15 ArbZG Rz. 8; *Neumann/Biebl*, § 15 ArbZG Rz. 4. | 11 Vgl. *Baeck/Deutsch*, § 15 ArbZG Rz. 22, wonach die Behörde auf Grund des Verhältnismäßigkeitsgrundsatzes an den Vorschlag gebunden ist, wenn der Vorschlag geeignet ist, dem Gesundheitsschutz der ArbN entstprechend Rechnung zu tragen. | 12 KassHdb/*Schliemann*, 2.5 Rz. 759. | 13 BT-Drs. 12/5888, S. 31. | 14 *Anzinger/Koberski*, § 15 ArbZG Rz. 16; *Neumann/Biebl*, § 15 ArbZG Rz. 6; *Baeck/Deutsch*, § 15 ArbZG Rz. 26. | 15 *Anzinger/Koberski*, § 15 ArbZG Rz. 19. | 16 *Anzinger/Koberski*, § 15 ArbZG Rz. 19; KassHdb/*Schliemann*, 2.5 Rz. 762. | 17 *Anzinger/Koberski*, § 15 ArbZG Rz. 19; KassHdb/*Schliemann*, 2.5 Rz. 762. | 18 *Anzinger/Koberski*, § 15 ArbZG Rz. 20. | 19 Erlass des MASSKS NRW v. 18.5.1999 – 215–8435, Nr. 15.3.1. | 20 Hamburgisches OVG v. 17.8.1982 – Bf VI 5/82, BB 1983, 771 zum Nachtbackverbot.

bloße geschäftl. Interessen des ArbGeb[1] und wirtschaftl. Erwägungen, wie die Folgen der Nichteinhaltung getroffener Vereinbarungen sowie Gründe der Kosten- und Preisgestaltung hinter dem Zweck der jeweiligen Arbeitszeitvorschrift zurück zu treten[2]. Ebenso wenig reichen bloße Konsumerwartungen der Bevölkerung aus, um ein dringendes öffentl. Interesse zu begründen[3].

10 a) **Beispiele.** Ein dringendes öffentl. Interesse kann etwa angenommen werden bei

- der Schaffung einer nennenswerten Zahl von zusätzl. oder dem Erhalt von bestehenden **Arbeitsplätzen**[4],
- Arbeiten zur Sicherung der **Ernährung** der Bevölkerung[5],
- Arbeiten zur Sicherung der **Versorgung** mit Elektrizität, Gas und Wasser[6],
- **Notfällen** und **Katastrophen** im **Ausland**, die sofortige Hilfe erfordern[7],
- Belangen der **Landesverteidigung**[8],
- Maßnamen zur Aufrechterhaltung des **Verkehrs**[9],
- Maßnahmen zum Schutz größerer Mengen von **Lebensmitteln** vor dem Verderben[10], wenn §§ 10 I, 14 I nicht ausreicht aber ein überragendes öffentl. Interesse vorliegt[11],
- **dringendem Bedarf** für die Herstellung des Produkts oder das Angebot der Dienstleistung an Sonn- und Feiertagen[12],
- **Existenzgefährdung eines Betriebs**[13], jedoch nicht, wenn und soweit der existenzgefährdete Betrieb in seinem gegenwärtigen Umfang auf der Übertretung arbeitszeitrechtl. Vorschriften aufgebaut ist und die Existenzgefährdung allein daraus resultiert, dass die Aufsichtsbehörde auf die Einhaltung der geltenden arbeitszeitrechtl. Vorschriften dringt[14],
- herausragender **strukturpolitischer Bedeutung**[15],
- einer besonderen **arbeitsmarktpolitischen Problemlage**[16],
- Arbeiten aus Anlass von Dienst-, Werk- und Sachleistungen im Rahmen **notstandsrechtl. Regelungen**[17].

11 b) **Verfahren und Rechtsschutz.** Ausnahmen nach Abs. 2 setzen einen Antrag des ArbGeb voraus, der nach den ZuständigkeitsVO der Länder regelmäßig nicht bei den Gewerbe- bzw. Arbeitsschutzämtern sondern bei den obersten Arbeitsschutzbehörden[18] bzw. bei der Bezirksregierung[19] zu stellen ist. Der ArbGeb hat keinen Anspruch auf Erteilung der Ausnahmebewilligung[20]. Er hat jedoch einen Anspruch auf ermessensfehlerfreie Entscheidung[21] und kann ggf. eine Untätigkeitsklage erheben. Regelmäßig wird die Ausnahmebewilligung mit **Nebenbestimmungen** versehen[22]. So kann die Ausnahmebewilligung befristet und/oder mit einem Widerrufsvorbehalt versehen werden. Möglich sind auch **Auflagen** zur Vermeidung von Gesundheitsgefahren für die ArbN[23]. Ein **Dritter** kann nicht geltend machen, durch die einem Mitbewerber erteilte Ausnahmebewilligung in eigenen Rechten verletzt zu sein. § 15 II dient nicht dem Schutz des Konkurrenten[24]. Es besteht auch kein im Verwaltungsrechtsweg durchsetzbarer Anspruch eines Unternehmens darauf, dass die zuständige Arbeitsschutzbehörde gegen ein anderes Unternehmen zur Unterbindung von nichtgenehmigter Sonntagsarbeit **ordnungsbehördl.** oder **strafrechtl. Maßnahmen** einleitet[25].

12 **3. Ermächtigung des Bundesministeriums der Verteidigung (Abs. 3).** Die Bestimmung enthält eine Ermächtigung für das Bundesministerium der Verteidigung, ArbN seines Geschäftsbereichs mit Zustimmung des Bundesministeriums für Wirtschaft und Arbeit aus zwingenden Gründen der Verteidigung ohne Rücksicht auf den Inhalt der Arbeitsverträge, TV und DV zur Leistung von Mehrarbeit zu verpflichten und die gesetzl. und tarifl. Arbeitszeitbestimmungen auszuschalten[26]. Die Rechtsnormen

1 *Neumann/Biebl*, § 15 ArbZG Rz. 9; *Baeck/Deutsch*, § 15 ArbZG Rz. 32. | 2 Hamburgisches OVG v. 17.8.1982 – Bf VI 5/82, BB 1983, 771 zum Nachtbackverbot. | 3 BayVGH v. 18.8.1980 – 190 XXII 77, GewArch 1981, 22; *Anzinger/Koberski*, § 15 ArbZG Rz. 29. | 4 Erlass des MASSKS NRW v. 18.5.1999 – 215-8435, Nr. 15.3.2. | 5 *Baeck/Deutsch*, § 15 ArbZG Rz. 33. | 6 *Neumann/Biebl*, § 15 ArbZG Rz. 9; *Baeck/Deutsch*, § 15 ArbZG Rz. 33. | 7 *Baeck/Deutsch*, § 15 ArbZG Rz. 33. | 8 *Neumann/Biebl*, § 15 ArbZG Rz. 9. | 9 *Baeck/Deutsch*, § 15 ArbZG Rz. 33. | 10 *Neumann/Biebl*, § 15 ArbZG Rz. 9; *Baeck/Deutsch*, § 15 ArbZG Rz. 33. | 11 *Anzinger/Koberski*, § 15 ArbZG Rz. 29. | 12 Erlass des MASSKS NRW v. 18.5.1999 – 215-8435, Nr. 15.3.2. | 13 *Baeck/Deutsch*, § 15 ArbZG Rz. 33. | 14 BayVGH v. 18.8.1980 – 190 XXII 77, GewArch 1981, 22. | 15 Erlass des MASSKS NRW v. 18.5.1999 – 215-8435, Nr. 15.3.2. | 16 Erlass des MASSKS NRW v. 18.5.1999 – 215-8435, Nr. 15.3.2. | 17 BT-Drs. 12/588, S. 31. | 18 *Anzinger/Koberski*, § 15 ArbZG Rz. 36. | 19 So etwa in NRW gem. Anlage III, Nr. 4.1 der Verordnung zur Regelung von Zuständigkeiten auf dem Gebiet des Arbeits- und technischen Gefahrenschutze vom 25.1.2000, GV.NRW 2000, S. 54. | 20 *Anzinger/Koberski*, § 15 ArbZG Rz. 35; *Baeck/Deutsch*, § 15 ArbZG Rz. 38. | 21 *Neumann/Biebl*, § 15 ArbZG Rz. 10; *Baeck/Deutsch*, § 15 ArbZG Rz. 38. | 22 *Neumann/Biebl*, § 15 ArbZG Rz. 10. | 23 *Neumann/Biebl*, § 15 ArbZG Rz. 10. | 24 OVG Rh.-Pf. v. 8.2.1993 – 11 B 12228/92, NVwZ 1993, 699 zu § 28 AZO; *Baeck/Deutsch*, § 15 ArbZG Rz. 40; s.a. BVerwG v. 23.3.1982 – 1 C 157/79, NJW 1982, 2513 zu § 23 I LSchlG. | 25 VG Düsseldorf v. 30.6.1959 – 7 K 3731/58, WA 1959, 190 zu § 28 AZO. | 26 *Neumann/Biebl*, § 15 ArbZG Rz. 12.

einer solchen VO gelten gem. § 56 Ia des Zusatzabkommens zum NATO-Truppenstatut ohne weiteres auch für die Arbeitsverhältnisse der **zivilen Beschäftigten bei den Stationierungsstreitkräften** in Deutschland[1].

4. Ausgleichspflicht (Abs. 4). Durch Abs. 4 wird klargestellt, dass bei den nach Abs. 1 und 2 zugelassenen Ausnahmen der Durchschnitt von 48 Stunden je Woche im Ausgleichszeitraum von sechs Kalendermonaten oder 24 Wochen nicht überschritten werden darf. 13

Fünfter Abschnitt. Durchführung des Gesetzes

16 *Aushang und Arbeitszeitnachweise*

(1) Der Arbeitgeber ist verpflichtet, einen Abdruck dieses Gesetzes, der auf Grund dieses Gesetzes erlassenen, für den Betrieb geltenden Rechtsverordnungen und der für den Betrieb geltenden Tarifverträge und Betriebs- oder Dienstvereinbarungen im Sinne des § 7 Abs. 1 bis 3, §§ 12 und 21a Abs. 6 an geeigneter Stelle im Betrieb zur Einsichtnahme auszulegen oder auszuhängen.

(2) Der Arbeitgeber ist verpflichtet, die über die werktägliche Arbeitszeit des § 3 Satz 1 hinausgehende Arbeitszeit der Arbeitnehmer aufzuzeichnen und ein Verzeichnis der Arbeitnehmer zu führen, die in eine Verlängerung der Arbeitszeit gemäß § 7 Abs. 7 eingewilligt haben. Die Nachweise sind mindestens zwei Jahre aufzubewahren.

§ 16 geändert durch Gesetz zu Reformen am Arbeitsmarkt v. 24.12.2003, BGBl. I S. 3002; Abs. 1 geändert durch Gesetz zur Änderung personenbeförderungsrechtlicher Vorschriften und arbeitszeitrechtlicher Vorschriften für Fahrpersonal v. 14.8.2006, BGBl. I S. 1962.

I. Inhalt und Zweck. § 16 enthält einmal die Pflicht des ArbGeb, einen Abdruck der maßgeblichen arbeitszeitrechtl. Bestimmungen im Betrieb zur Einsichtnahme auszulegen oder auszuhängen. Dies soll den ArbN ermöglichen, die für sie geltenden Schutzbestimmungen an geeigneter Stelle im Betrieb kennen zu lernen[2]. Ferner wird der ArbGeb verpflichtet, die über die werktägl. Arbeitszeit des § 3 S. 1 hinausgehende Arbeitszeit der ArbN aufzuzeichnen und die Aufzeichnungen mindestens zwei Jahre aufzubewahren. Schließlich muss er ein Verzeichnis der ArbN führen, die einer Verlängerung ihrer Arbeitszeit zugestimmt haben, und dieses Verzeichnis mindestens zwei Jahre aufbewahren. 1

II. Die einzelnen Pflichten. 1. Aushangpflicht (Abs. 1). a) Umfang. Die Aushangspflicht umfasst das **ArbZG**, die auf Grund dieses Gesetzes erlassenen, für den Betrieb geltenden **RechtsVO** und die für den Betrieb geltenden **TV**, **BV** u. **DV** iSd. § 7 I–III und des § 12. ArbGeb, die regelmäßig mindestens drei **Jugendliche** beschäftigen, haben darüber hinaus gem. § 48 JArbSchG einen Aushang über Beginn und Ende der regelmäßigen tägl. Arbeitszeit und der Pausen der Jugendlichen an geeigneter Stelle im Betrieb anzubringen. 2

b) Ort des Aushangs. Geeignet sind solche Stellen im **Betrieb**, an denen der ArbN sich in Ruhe mit den Vorschriften vertraut machen kann, ohne dass er sich von dem ArbGeb beaufsichtigt fühlt[3]. Beispiele: **Schwarze Bretter, Aufenthalts- und Pausenräume**[4]. Ungeeignet wäre die Auslegung der Vorschriften im Büro des Vorgesetzten, im Personalbüro oder beim ArbGeb selbst[5]. Führt der ArbGeb keinen Betrieb, sondern lediglich einen **Privathaushalt**, in dem er ArbN beschäftigt, entfällt eine Auslege- und Aushangpflicht[6]. 3

c) Sanktionen. Kommt der ArbGeb seiner Verpflichtung aus Abs. 1 nicht nach, handelt er ordnungswidrig (§ 22 I Nr. 8). Ein Schadensersatzanspruch des ArbN wegen einer Verletzung dieser Pflicht kommt jedoch nicht in Betracht, da § 16 I kein Schutzgesetz iSd. § 823 II BGB ist[7]. 4

2. Aufzeichnungs- und Nachweispflicht (Abs. 2). Die Vorschrift verpflichtet den ArbGeb, die über die werktägl. Arbeitszeit des § 3 S. 1 hinausgehende Arbeitszeit der ArbN aufzuzeichnen und die Aufzeichnungen mindestens zwei Jahre aufzubewahren. Die Nachweispflicht des ArbGeb ist notwendig, um die **Überwachung des Gesetzes durch die Aufsichtsbehörden** sicherzustellen[8]. Im Hinblick auf die Erweiterung des Ausgleichszeitraums zur Erreichung der durchschnittl. tägl. Arbeitszeit sowie der umfangreichen Möglichkeiten, durch TV und BV abweichende Regelungen festzulegen, wäre anderenfalls eine Überwachung durch die Aufsichtsbehörden nicht gewährleistet[9]. Durch die Beschränkung der Nachweispflicht auf die über die werktägl. Arbeitszeit des § 3 S. 1 hinausgehenden Arbeitszeiten soll unnötiger Aufwand vermieden werden[10]. Während der RegE zunächst eine Aufbewahrungspflicht von mindestens einem Jahr vorgesehen hat[11], ist die Aufbewahrungsfrist gem. den Vorschlägen des Bundes- 5

1 BT-Drs. 12/5888, S. 31. | 2 BT-Drs. 12/5888, S. 31. | 3 *Neumann/Biebl*, § 16 ArbZG Rz. 1. | 4 *Neumann/Biebl*, § 16 ArbZG Rz. 1. | 5 *Neumann/Biebl*, § 16 ArbZG Rz. 1. | 6 *Baeck/Deutsch*, § 16 ArbZG Rz. 16; aA *Anzinger/Koberski*, § 16 ArbZG Rz. 4. | 7 *Neumann/Biebl*, § 16 ArbZG Rz. 4. | 8 BT-Drs. 12/5888, S. 31. | 9 BT-Drs. 12/5888, S. 31. | 10 BT-Drs. 12/5888, S. 31. | 11 BT-Drs. 12/5888, S. 10.

rates[1] und des Ausschusses für Arbeit und Sozialpolitik[2] im Hinblick auf die Verjährungsfrist von zwei Jahren für Ordnungswidrigkeiten (§ 31 II Nr. 2 OWiG) auf mindestens zwei Jahre verlängert worden. Seit dem 1.1.2004 ist der ArbGeb zudem verpflichtet, ein Verzeichnis der ArbN zu führen, die in eine Verlängerung ihrer Arbeitszeit nach § 7 VII eingewilligt haben. Das Verzeichnis kann in schriftl. Form oder als Datei geführt werden. Die Einwilligungen selbst müssen jedoch schriftl. vorliegen. Das Verzeichnis und die Einwilligungserklärungen sind mindestens zwei Jahre nach der letzten Verlängerung der Arbeitszeit eines der betroffenen ArbN aufzubewahren.

6 **a) Umfang der Aufzeichnungspflicht.** Aufzeichnungspflichtig sind nach Sinn und Zweck der Vorschrift nicht nur die werktägl. Arbeitszeiten, die über acht Stunden hinausgehen, sondern auch der erforderliche Ausgleich der Mehrarbeit durch Arbeitszeitverkürzung an anderen Tagen innerhalb des Ausgleichszeitraums[3].

7 **b) Form.** Für die Arbeitszeitnachweise ist **keine bestimmte Form** vorgeschrieben. Es reicht aus, wenn sich aus ihnen die Überschreitung der Achtstundengrenze und der entsprechende Ausgleich ergeben[4]. Der Nachweis kann daher durch **Stundenzettel**, **Stempeluhrkarten**, **Lohnlisten** und andere **Arbeitszeitkarten** geführt werden, wenn sich aus ihnen die von den ArbN geleistete tägl. Arbeitszeit ergibt[5]. Zulässig sind auch Eigenaufschreibungen der ArbN sowie der Nachweis durch Datenverarbeitungsanlagen und Zeiterfassungssysteme, wenn die gespeicherten Daten für die Aufsichtsbehörde jederzeit abrufbar sind[6].

8 **c) Mehrere Arbeitsverhältnisse.** Bei ArbN mit mehreren Arbeitsverhältnissen muss derjenige ArbGeb die Zeitnachweise führen, bei dem die Achtstundengrenze überschritten wird[7].

9 **d) Aufbewahrungsfrist.** Die Aufbewahrungsfrist richtet sich nach §§ 187 I, 188 II BGB[8]. Sie beginnt mit dem Tag, der auf den letzten Tag der Eintragung folgt und endet mit Ablauf des entsprechenden Monatstages, an dem die Aufzeichnung erfolgte. Beispiel: Der ArbN arbeitet am 3.5.2008 mehr als acht Stunden. In diesem Falle beginnt die Aufbewahrungsfrist mit dem 4.5.2008 und endet am 3.5.2010. Liegt der Ausgleichszeitraum vor der geleisteten Mehrarbeit, sind die entsprechenden Unterlagen mit der Aufzeichnung der Mehrarbeit aufzubewahren.

10 **e) Bußgeldrechtliche Sanktionen.** Der schuldhafte Verstoß gegen die Aufzeichnungs- und Aufbewahrungspflicht stellt eine Ordnungswidrigkeit dar (§ 22 I Nr. 9). Dies ist hinsichtlich der Arbeitszeitnachweise eindeutig. Hingegen dürften Verstöße gegen die Verpflichtung, ein Verzeichnis der ArbN zu führen, die einer Verlängerung ihrer Arbeitszeit zugestimmt haben, nicht vom Wortlaut des § 22 I Nr. 9 erfasst sein, da der Gesetzgeber insoweit eine Folgeänderung unterlassen hat.

17 *Aufsichtsbehörde*

(1) Die Einhaltung dieses Gesetzes und der auf Grund dieses Gesetzes erlassenen Rechtsverordnungen wird von den nach Landesrecht zuständigen Behörden (Aufsichtsbehörden) überwacht.

(2) Die Aufsichtsbehörde kann die erforderlichen Maßnahmen anordnen, die der Arbeitgeber zur Erfüllung der sich aus diesem Gesetz und den auf Grund dieses Gesetzes erlassenen Rechtsverordnungen ergebenden Pflichten zu treffen hat.

(3) Für den öffentlichen Dienst des Bundes sowie für die bundesunmittelbaren Körperschaften, Anstalten und Stiftungen des öffentlichen Rechts werden die Aufgaben und Befugnisse der Aufsichtsbehörde vom zuständigen Bundesministerium oder den von ihm bestimmten Stellen wahrgenommen; das Gleiche gilt für die Befugnisse nach § 15 Abs. 1 und 2.

(4) Die Aufsichtsbehörde kann vom Arbeitgeber die für die Durchführung dieses Gesetzes und der auf Grund dieses Gesetzes erlassenen Rechtsverordnungen erforderlichen Auskünfte verlangen. Sie kann ferner vom Arbeitgeber verlangen, die Arbeitszeitnachweise und Tarifverträge oder Betriebs- und Dienstvereinbarungen im Sinne des § 7 Abs. 1 bis 3, §§ 12 und 21a Abs. 6 vorzulegen oder zur Einsicht einzusenden.

(5) Die Beauftragten der Aufsichtsbehörde sind berechtigt, die Arbeitsstätten während der Betriebs- und Arbeitszeit zu betreten und zu besichtigen; außerhalb dieser Zeit oder wenn sich die Arbeitsstätten in einer Wohnung befinden, dürfen sie ohne Einverständnis des Inhabers nur zur Verhütung von dringenden Gefahren für die öffentliche Sicherheit und Ordnung betreten und besichtigt werden. Der Arbeitgeber hat das Betreten und Besichtigen der Arbeitsstätten zu gestatten. Das Grundrecht der Unverletzlichkeit der Wohnung (Artikel 13 des Grundgesetzes) wird insoweit eingeschränkt.

1 BT-Drs. 12/5888, S. 45. | 2 BT-Drs. 12/6990, S. 44. | 3 *Neumann/Biebl*, § 16 ArbZG Rz. 6; KassHdb/*Schliemann*, 2.5 Rz. 776; Erlass des MASSKS NRW v. 18.5.1999 – 215–8435, Nr. 16.1; aA *Baeck/Deutsch*, § 16 ArbZG Rz. 24; ErfK/*Wank*, § 16 ArbZG Rz. 9. | 4 Erlass des MASSKS NRW v. 18.5.1999 – 215–8435, Nr. 16.2. | 5 *Anzinger/Koberski*, § 16 ArbZG Rz. 12; ErfK/*Wank*, § 16 ArbZG Rz. 10; Erlass des MASSKS NRW v. 18.5.1999 – 215–8435, Nr. 16.2. | 6 *Anzinger/Koberski*, § 16 ArbZG Rz. 12; ErfK/*Wank*, § 16 ArbZG Rz. 10. | 7 *Anzinger/Koberski*, § 16 ArbZG Rz. 14. | 8 *Anzinger/Koberski*, § 16 ArbZG Rz. 17; *Baeck/Deutsch*, § 16 ArbZG Rz. 34.

(6) Der zur Auskunft Verpflichtete kann die Auskunft auf solche Fragen verweigern, deren Beantwortung ihn selbst oder einen der in § 383 Abs. 1 Nr. 1 bis 3 der Zivilprozessordnung bezeichneten Angehörigen der Gefahr strafgerichtlicher Verfolgung oder eines Verfahrens nach dem Gesetz über Ordnungswidrigkeiten aussetzen würde.

Abs. 4 geändert durch Gesetz zu Reformen am Arbeitsmarkt v. 24.12.2003, BGBl. I S. 3002 und durch Gesetz zur Änderung personenbeförderungsrechtlicher Vorschriften und arbeitszeitrechtlicher Vorschriften für Fahrpersonal v. 14.8.2006, BGBl. I S. 1962.

I. Inhalt und Zweck. § 17 regelt die Überwachungsaufgaben der Aufsichtsbehörden und die hierzu notwendigen Befugnisse[1]. 1

II. Die einzelnen Bestimmungen. 1. Bestimmung der Aufsichtsbehörden. Nach **Abs. 1** werden die zuständigen Aufsichtsbehörden nach Landesrecht bestimmt. Denn nach Art. 83 GG wird das ArbZG als Bundesgesetz von den Ländern als eigene Angelegenheit durchgeführt[2]. Zuständige Behörden sind nach den ZuständigkeitsVO der Länder in der Regel die **Staatlichen Ämter für Arbeitschutz** bzw. die **Gewerbeaufsichtsämter**. Teilweise sind bestimmte Befugnisse übergeordneten Behörden vorbehalten. Die örtl. Zuständigkeit richtet sich nach den jeweiligen VwVfG. 2

2. Ermächtigung. In **Abs. 2** werden die Aufsichtsbehörden zur Anordnung solcher Maßnahmen ermächtigt, die der ArbGeb zur Erfüllung der sich aus dem ArbZG und der hierauf gestützten RechtsVO, treffen muss. Hierdurch wird es den Aufsichtsbehörden ermöglicht, die Einhaltung der von ihr zu überwachenden Vorschriften durchzusetzen[3]. Den Aufsichtsbehörden stehen dabei die **Befugnisse der Ortspolizeibehörde** zu[4]. Stellt die Aufsichtsbehörde Verstöße fest, wird sie den ArbGeb regelmäßig zunächst auf die Zuwiderhandlungen hinweisen und zu gesetzmäßigem Handeln auffordern[5]. Besteht eine Wiederholungsgefahr, kann die Behörde durch Verwaltungsakt die notwendigen Anordnungen treffen[6], wobei sie ein ihr eingeräumtes Ermessen pflichtgemäß auszuüben und die Grundsätze der Gleichbehandlung und Verhältnismäßigkeit zu beachten hat[7]. Diese Maßnahmen unterliegen der vollen verwaltungsgerichtl. Kontrolle[8]. 3

3. Öffentlicher Dienst. Abs. 3 regelt die Überwachungszuständigkeit für den öffentl. Dienst des Bundes sowie für die unmittelbaren Körperschaften, Anstalten und Stiftungen des öffentl. Rechts[9]. 4

4. Auskunftspflicht. Nach **Abs. 4 S. 1** ist der ArbGeb verpflichtet, den Aufsichtsbehörden alle Auskünfte zu erteilen, die zur Erfüllung ihrer Aufgaben notwendig sind[10]. Das Auskunftsverlangen kann auch **mündlich** oder **telefonisch** ergehen[11]. Auf Verlangen muss der ArbGeb gem. § 14 IV 2 auch die vorhandenen Unterlagen über die Arbeitszeit sowie die TV oder BV iSd. § 7 I–III und des § 12 vorlegen. Diese Auskünfte und Unterlagen können **unabhängig von Besichtigungen** verlangt werden[12]. Benötigt der ArbGeb die Originalunterlagen für seine tägl. Arbeit, kann die Behörde nur in besonderen Fällen eine **Übersendung** verlangen[13]. Die **Kosten** der Übersendung trägt der ArbGeb[14]. Ob der **BR** nach § 89 I 2 BetrVG berechtigt ist, der Aufsichtsbehörde auf einzelne ArbN bezogene Arbeitszeiten mitzuteilen, hängt davon ab, ob die Datenübermittlung im Einzelfall zur Wahrung der berechtigten Interessen des BR oder der Aufsichtsbehörde erforderlich ist und schutzwürdige Interessen der betroffenen ArbN nicht entgegenstehen[15]. 5

5. Befugnisse der Aufsichtsbehörde. Nach **Abs. 5** ist es den Beauftragten der Aufsichtsbehörde gestattet, die Arbeitstätte ohne entsprechende Anordnung zu **betreten** und zu **besichtigen**[16]. Der ArbGeb ist insoweit zur Duldung verpflichtet[17]. Dieses Betretungsrecht steht den Beauftragten der Aufsichtsbehörde nicht nur zu den üblichen Betriebs- und Arbeitszeiten zu[18], sondern auch dann, wenn der Betrieb etwa ausnahmsw. an **Sonn- und Feiertagen** arbeitet[19]. Denn gerade in solchen Fällen setzt eine wirksame Kontrolle die Besichtigung der Arbeitsstätte voraus[20]. Insoweit wird das Grundrecht des ArbGeb aus Art. 13 GG (Unverletzlichkeit der Wohnung) eingeschränkt. **Außerhalb der Betriebs- und Arbeitszeit** bedarf das Betreten und die Besichtigung der Arbeitsstätten der **Einwilligung des ArbGeb**, wenn nicht dringende Gefahren für die öffentl. Sicherheit und Ordnung drohen. Dieselbe Voraussetzung gilt, wenn sich die Arbeitsstätte in einer Wohnung befindet. Der ArbGeb, der die Maßnahmen der Aufsichtsbehörde nicht duldet, handelt ordnungswidrig (§ 22 I Nr. 9 ArbZG). 6

6. Auskunftsverweigerungsrecht. Abs. 6 enthält eine übliche Regelung über das Auskunftsverweigerungsrecht[21] und erstreckt sich nur auf **einzelne Fragen**[22]. Nach dem ausdrückl. Gesetzeswortlaut be- 7

---

1 BT-Drs. 12/5888, S. 32. | 2 BT-Drs. 12/5888, S. 32. | 3 BT-Drs. 12/5888, S. 32. | 4 BVerwG v. 4.7.1989 – 1 C 3/87, NJW 1990, 529; *Neumann/Biebl*, § 17 ArbZG Rz. 2. | 5 *Anzinger/Koberski*, § 17 ArbZG Rz. 10. | 6 *Anzinger/Koberski*, § 17 ArbZG Rz. 10. | 7 *Anzinger/Koberski*, § 17 ArbZG Rz. 9; *Baeck/Deutsch*, § 17 ArbZG Rz. 22. | 8 *Neumann/Biebl*, § 17 ArbZG Rz. 2; *Anzinger/Koberski*, § 17 ArbZG Rz. 10. | 9 BT-Drs. 12/5888, S. 32. | 10 BT-Drs. 12/5888, S. 32. | 11 ErfK/*Wank*, § 17 ArbZG Rz. 5. | 12 BT-Drs. 12/5888, S. 32. | 13 *Anzinger/Koberski*, § 17 ArbZG Rz. 20. | 14 *Anzinger/Koberski*, § 17 ArbZG Rz. 20; ErfK/*Wank*, § 17 ArbZG Rz. 6. | 15 BAG v. 3.6.2003 – 1 ABR 19/02, AP Nr. 1 zu § 89 BetrVG. | 16 BT-Drs. 12/5888, S. 32. | 17 BT-Drs. 12/5888, S. 32. | 18 So noch der RegE, BT-Drs. 12/5888, S. 10. | 19 BT-Drs. 12/6990, S. 44. | 20 BT-Drs. 12/6990, S. 44. | 21 BT-Drs. 12/5888, S. 32. | 22 *Baeck/Deutsch*, § 17 ArbZG Rz. 38; *Anzinger/Koberski*, § 17 ArbZG Rz. 31.

zieht sich das Auskunftsverweigerungsrecht lediglich auf die Auskünfte nach Abs. 4 S. 1. Dies entspricht auch Sinn und Zweck der Vorschrift. Anderenfalls wäre die in § 16 II vorgeschriebene Aufzeichnungspflicht sinnlos, deren Zweck es gerade ist, die Überwachung der Einhaltung des ArbZG durch die Aufsichtsbehörden sicherzustellen[1]. Der ArbGeb kann daher nicht die Herausgabe von Unterlagen nach Abs. 4 S. 2 mit dem Hinweis verweigern, dass er sich oder einen nahen Angehörigen der Gefahr einer strafrechtl. Verfolgung oder eines Verfahrens nach dem OWiG aussetzen würde[2]. Dem Verbot der Selbstbelastung ist bereits durch das Auskunftsverweigerungsrecht hinreichend Rechnung getragen[3].

8 **III. Bußgeldrechtliche Sanktionen.** Wer vorsätzlich oder fahrlässig entgegen Abs. 4 eine Auskunft nicht, nicht richtig oder nicht vollständig erteilt, Unterlagen nicht oder nicht vollständig vorlegt oder nicht einsendet oder entgegen Abs. 5 S. 2 eine Maßnahme nicht gestattet, handelt ordnungswidrig (§ 22 I Nr. 10).

Sechster Abschnitt. Sonderregelungen

18 *Nichtanwendung des Gesetzes*

(1) Dieses Gesetz ist nicht anzuwenden auf

1. leitende Angestellte im Sinne des § 5 Abs. 3 des Betriebsverfassungsgesetzes sowie Chefärzte,

2. Leiter von öffentlichen Dienststellen und deren Vertreter sowie Arbeitnehmer im öffentlichen Dienst, die zu selbstständigen Entscheidungen in Personalangelegenheiten befugt sind,

3. Arbeitnehmer, die in häuslicher Gemeinschaft mit den ihnen anvertrauten Personen zusammenleben und sie eigenverantwortlich erziehen, pflegen oder betreuen,

4. den liturgischen Bereich der Kirchen und der Religionsgemeinschaften.

(2) Für die Beschäftigung von Personen unter 18 Jahren gilt an Stelle dieses Gesetzes das Jugendarbeitsschutzgesetz.

(3) Für die Beschäftigung von Arbeitnehmern auf Kauffahrteischiffen als Besatzungsmitglieder im Sinne des § 3 des Seemannsgesetzes gilt an Stelle dieses Gesetzes das Seemannsgesetz.

Abs. 4 aufgehoben durch Gesetz zur Änderung des Gesetzes über den Ladenschluss und zur Neuregelung der Arbeitszeit in Bäckereien und Konditoreien v. 30.7.1996, BGBl. I S. 1186.

1 **I. Inhalt und Zweck.** § 18 soll den Besonderheiten bei der Arbeitszeit bestimmter Personengruppen Rechnung tragen[4].

2 **II. Die einzelnen Ausnahmen. 1. Leitende Angestellte (Abs. 1 Nr. 1).** Die Vorschrift nimmt die leitenden Angestellten von dem Geltungsbereich des Gesetzes aus. Dabei verweist das Gesetz aus Gründen der Rechtssicherheit und Rechtsklarheit auf die Definition des leitenden Angestellten in § 5 III BetrVG[5].

3 **2. Chefärzte (Abs. 1 Nr. 1).** Ferner sind die Chefärzte, nicht hingegen die übrigen Ärzte, in Anlehnung an § 3i BAT (jetzt § 1 IIa TVöD) von dem Geltungsbereich des Gesetzes ausgenommen[6]. Unter einem „Chefarzt" versteht man im üblichen Sprachgebrauch den ärztl. Leiter einer Krankenhausabteilung[7], der innerhalb seiner Zuständigkeit die ärztl. Gesamtverantwortung für die Patientenversorgung trägt und zugleich Vorgesetzter des ärztl. und nichtärztl. Dienstes seiner Abteilung ist[8]. Der Chefarzt als Leiter einer Abteilung eines Kreiskrankenhauses ist nicht leitender Angestellter iSd. § 5 III BetrVG[9], sofern ihm weder die Befugnis zur Einstellung und/oder Entlassung von Mitarbeitern seiner Abteilung noch eine Budgetverantwortung eingeräumt ist[10].

4 **3. Dienststellenleiter und öffentlich Bedienstete mit Personalverantwortung (Abs. 1 Nr. 2).** In Abs. 1 Nr. 2 werden die Leiter von öffentl. Dienststellen, deren Vertreter sowie ArbN im öffentl. Dienst, die zu selbstständigen Entscheidungen in Personalangelegenheiten befugt sind, vom Anwendungsbereich des Gesetzes ausgenommen[11]. Es handelt sich dabei um den Personenkreis, der nach Bundespersonalvertretungsrecht nicht zu den Personalvertretungen wählbar ist[12].

5 **4. Arbeitnehmer in häuslicher Gemeinschaft (Abs. 1 Nr. 3).** Der RegE von Abs. 1 Nr. 3 sah vor, dass die Beschäftigung von ArbN im Haushalt generell nicht dem Geltungsbereich des Gesetzes unterliegen

---

1 VGH BW v. 13.6.2006 – 6 S 517/06. |2 VGH BW v. 13.6.2006 – 6 S 517/06; *Neumann/Biebl*, § 17 ArbZG Rz. 6; *Baeck/Deutsch*, § 17 ArbZG Rz. 37; *Anzinger/Koberski*, § 17 ArbZG Rz. 33; Erlass des MASSKS NRW v. 18.5.1999 – 215–8435, Nr. 17.2; aA *Dobberahn*, Rz. 168. |3 VGH BW v. 13.6.2006 – 6 S 517/06. |4 BT-Drs. 12/5888, S. 32. |5 BT-Drs. 12/5888, S. 32. |6 BT-Drs. 12/5888, S. 32. |7 *Laufs* in Laufs/Uhlenbruck, Handbuch des Arztrechts, 2. Aufl. 1999, § 12 Rz. 8. |8 KassHdb/*Schliemann*, 2.5 Rz. 812. |9 LAG Thür. v. 6.7.2000 – 1 TaBV 16/99, LAGE Nr. 22 zu § 5 BetrVG 1972; s.a. BAG v. 18.11.1999 – 2 AZR 903/98, NZA 2000, 427. |10 Vgl. *Laufs* in Laufs/Uhlenbruck, Handbuch des Arztrechts, 2. Aufl. 1999, § 12 Rz. 8, der wohl eine Personalentscheidungsbefugnis für ärztliche Mitarbeiter fordert. |11 BT-Drs. 12/5888, S. 32. |12 BT-Drs. 12/5888, S. 32; *Neumann/Biebl*, § 18 ArbZG Rz. 6.

sollte[1]. Entsprechend einem Vorschlag des Bundesrates[2] und der Beschlussempfehlung des Ausschusses für Arbeit und Sozialordnung wurde die vorgesehene Ausnahmeregelung nicht Gesetzesinhalt, da das Gesetz so flexibel konzipiert sei, dass es auch den besonderen Verhältnissen im Haushalt ausreichend Rechnung trage[3]. Das Gesetz gilt daher auch für im Haushalt beschäftige Personen. Ausgenommen sind hingegen ArbN, die in häuslicher Gemeinschaft mit den ihn anvertrauten Personen (Kinder, Jugendliche, Senioren, Behinderte, Drogenabhängige[4]) zusammenleben und sie eigenverantwortlich erziehen, pflegen und betreuen. Ein gemeins. Wirtschaften ist insoweit nicht erforderlich[5]. Die besonderen Lebens- und Arbeitsbedingungen dieser ArbN lassen eine Unterscheidung zwischen Arbeitszeit und Freizeit nicht zu[6]. Mit dieser Ausnahmeregelung ist zugleich einer Petition der SOS-Kinderdörfer Rechnung getragen worden[7]. Hingegen bedurfte es keiner Ausnahme für mithelfende Familienangehörige, da sie die Arbeit allein auf einer familienrechtl. Beziehung und nicht auf Grund einer arbeitsvertragl. Vereinbarung leisten[8]. Soweit sie jedoch auf Grundlage eines Arbeitsvertrages tätig sind, fallen sie auch unter den Geltungsbereich des ArbZG[9].

5. Liturgischer Bereich der Kirchen (Abs. 1 Nr. 4). Die Vorschrift stellt klar, dass das Gesetz im Hinblick auf Art. 4 II GG auf den liturgischen Bereich der Kirche und Religionsgemeinschaften keine Anwendung findet[10]. 6

6. Jugendliche (Abs. 2). Die Regelung verweist für die Beschäftigung von Jugendlichen auf die Bestimmungen des **JArbSchG.** 7

7. Arbeitnehmer auf Kauffahrteischiffen (Abs. 3). Für ArbN auf Kauffahrteischiffen gelten die Bestimmungen des SeemG, das in den §§ 84–90 Arbeitszeitvorschriften enthält. 8

a) Seearbeitszeit und Hafenarbeitszeit. Das Gesetz unterscheidet zwischen Seearbeitszeit und Hafenarbeitszeit (§ 84 SeemG). Die Vorschriften über die Seearbeitszeit gelten von dem Zeitpunkt ab, in dem das Schiff zum Antritt oder zur Fortsetzung der Reise seinen Liegeplatz im Hafen oder auf der Reede zu verlassen beginnt. Die Vorschriften über die Hafenarbeitszeit gelten von dem Zeitpunkt ab, in dem das Schiff im Hafen ordnungsgemäß festgemacht oder auf der Reede geankert hat. 9

b) Höchstarbeitszeiten und Mindestruhezeiten. § 84a SeemG regelt die Höchstarbeits- und Mindestruhezeiten. Danach darf die Höchstarbeitszeit des Besatzungsmitglieds 14 Stunden in jedem Zeitraum von 24 Stunden und 72 Stunden in jedem Zeitraum von sieben Tagen nicht überschreiten. Die Mindestruhezeit des Besatzungsmitglieds darf zehn Stunden in jedem Zeitraum von 24 Stunden und 77 Stunden in jedem Zeitraum von sieben Tagen nicht unterschreiten. Die tägliche Ruhezeit darf in maximal zwei Zeiträume aufgeteilt werden. Der Zeitraum zwischen zwei aufeinander folgenden Ruhezeiten darf 14 Stunden nicht überschreiten. Wenn bei Bereitschaftsdienst die planmäßige Ruhezeit durch Aufrufe zur Arbeit gestört wird, ist dem Besatzungsmitglied eine angemessene Ruhezeit als Ausgleich zu gewähren. In jedem Fall muss eine ununterbrochene Ruhezeit von sechs Stunden gewährleistet sein. 9a

c) Seearbeitszeit der Besatzungsmitglieder. § 85 SeemG regelt die Seearbeitszeit der Besatzungsmitglieder mit Ausnahme des Verpflegungs-, Bedienungs- und Krankenpflegepersonals. Die Seearbeitszeit der zum Wachdienst bestimmten Besatzungsmitglieder, die nach dem **Dreiwachenplan** eingeteilt wird, darf **acht Stunden** täglich nicht überschreiten. An Werktagen zwischen 18 und 6 Uhr sowie an Sonn- und Feiertagen dürfen diese Besatzungsmitglieder während der Wache neben dem Wachdienst nur mit gelegentlichen Instandsetzungsarbeiten sowie mit Arbeiten beschäftigt werden, die zur Sicherung des Schiffs und dessen Fahrt, zur Sicherung der Ladung, zum Segeltrocknen oder zum Bootsdienst unbedingt erforderlich sind. Die Seearbeitszeit der nicht zum Wachdienst bestimmten Besatzungsmitglieder mit Ausnahme des Verpflegungs-, Bedienungs- und Krankenpflegepersonals darf acht Stunden werktäglich nicht überschreiten und muss zwischen 6 und 18 Uhr liegen. 10

d) Hafenarbeitszeit der Besatzungsmitglieder. Die Hafenarbeitszeit der Besatzungsmitglieder darf nach § 86 SeemG von Montag bis Freitag **acht Stunden** täglich nicht überschreiten. Am **Sonnabend** darf die Hafenarbeitszeit fünf Stunden, bei Wachdienst acht Stunden nicht überschreiten. Die Hafenarbeitszeit muss, abgesehen vom Wachdienst, von Montag bis Freitag zwischen 6 und 18 Uhr, am Sonnabend zwischen 6 und 13 Uhr liegen. An Werktagen außerhalb dieser Zeiten sowie an Sonn- und Feiertagen dürfen die Besatzungsmitglieder nur mit notwendigem Wachdienst sowie mit unumgänglichen und unaufschiebbaren Arbeiten beschäftigt werden; hierzu gehört auch das Laden und Löschen der Post. An Sonn- und Feiertagen darf die Beschäftigung mit unumgänglichen und unaufschiebbaren Arbeiten fünf Stunden nicht überschreiten. 11

e) See- und Hafenarbeitszeit des Verpflegungs-, Bedienungs- und Krankenpflegepersonals. § 87 SeemG enthält Sondervorschriften für die See- und Hafenarbeitszeit des Verpflegungs-, Bedienungs- 12

---

1 BT-Drs. 12/5888, S. 11, 32. | **2** BT-Drs. 12/5888, S. 46. | **3** BT-Drs. 12/5888, S. 46; BT-Drs. 12/6990, S. 44. | **4** *Neumann/Biebl*, § 18 ArbZG Rz. 7. | **5** *Baeck/Deutsch*, § 18 ArbZG Rz. 22; aA KassHdb/*Schliemann*, 2.5 Rz. 816. | **6** BT-Drs. 12/6990, S. 44. | **7** BT-Drs. 12/6990, S. 44. | **8** BT-Drs. 12/5888, S. 32. | **9** BT-Drs. 12/5888, S. 33. | **10** BT-Drs. 12/5888, S. 33.

und Krankenpflegepersonals, die **acht Stunden** täglich nicht überschreiten darf. Nur wenn in die Arbeitszeit regelmäßig und in erheblichem Umfang **Arbeitsbereitschaft** fällt, darf die Arbeitszeit bis zu einer Stunde täglich verlängert werden. Die Arbeitszeit einschließlich Arbeitsbereitschaft muss auf See zwischen 6 und 20 Uhr, im Hafen und auf der Reede zwischen 6 und 18 Uhr liegen. Diese Zeiträume dürfen in besonderen Fällen für die auf Fahrgastschiffen ausschließlich zur Verpflegung und Bedienung der Fahrgäste bestimmten Besatzungsmitglieder auf Anordnung des Kapitäns und für das Krankenpflegepersonal auf Anordnung des Schiffsarztes oder des Kapitäns überschritten werden. Jedoch muss eine ununterbrochene Freizeit von mindestens acht Stunden gewährt werden. An Sonn- und Feiertagen darf das Verpflegungs-, Bedienungs- und Krankenpflegepersonal nur mit Arbeiten beschäftigt werden, die zur Verpflegung, Bedienung und Krankenpflege der an Bord befindlichen Personen unbedingt erforderlich sind.

13 **f) Notfälle und dringende Fälle.** In Notfällen kann der Kapitän nach § 88 SeemG eine Verlängerung der tägl. Arbeitszeit für Arbeiten zur Erhaltung des Schiffs in Fällen drohender Gefahr, zur Rettung von Schiff und Menschen, für Rollenmanöver auf See, für Hilfeleistungen zur Rettung anderer Schiffe oder von Menschen und für Segelmanöver anordnen. In diesem Fall finden die Vorschriften der §§ 84a–87 SeemG über die Lage der Arbeitszeit, die Ruhezeit und Beschäftigungsbeschränkungen keine Anwendung. Zudem kann der Kapitän nach § 89 SeemG in sonstigen dringenden Fällen und bei Wachdienst im Hafen eine Verlängerung der täglichen Arbeitszeit anordnen, ohne dass die Vorschriften der §§ 85–87 SeemG über die Lage der Arbeitszeit und Beschäftigungsbeschränkungen anwendbar sind.

13a **g) Abweichende Regelungen.** § 89a SeemG lässt unter bestimmten Voraussetzungen abweichende Regelungen in einem TV, auf Grund eines TV in einer Betriebs- oder Bordvereinbarung oder im Geltungsbereich eines TV durch eine schriftl. Vereinbarung zwischen Reeder und Besatzungsmitglied zu.

13b **h) Vergütung für Mehr-, Nacht- und Sonntagsarbeit.** § 90 SeemG enthält Bestimmungen über die Mindestzuschläge bei Mehr-, Nacht- und Sonntagsarbeit.

14 **i) Sonn- und Feiertage.** Nach § 91 SeemG steht dem Besatzungsmitglied für jeden Sonn- und Feiertag, an dem sich das Schiff weniger als zwölf Stunden im Hafen befunden hat, ein Ausgleich durch einen arbeitsfreien Werktag zu. Dem Verpflegungs-, Bedienungs- und Krankenpflegepersonal sind im Monat mindestens zwei freie Tage zu gewähren. **Feiertage** sind innerhalb des Geltungsbereichs des Grundgesetzes die gesetzl. Feiertage des **Liegeorts**, außerhalb des Geltungsbereichs des Grundgesetzes und auf See die Feiertage des **Registerhafens** (§ 84 IV SeemG). Die freien Tage sind so bald wie möglich und in einem Hafen zu gewähren, in dem Landgang zulässig und möglich ist. Auf Verlangen des Besatzungsmitglieds kann der freie Tag auch auf See gewährt werden.

19 *Beschäftigung im öffentlichen Dienst*

Bei der Wahrnehmung hoheitlicher Aufgaben im öffentlichen Dienst können, soweit keine tarifvertragliche Regelung besteht, durch die zuständige Dienstbehörde die für Beamte geltenden Bestimmungen über die Arbeitszeit auf die Arbeitnehmer übertragen werden; insoweit finden die §§ 3 bis 13 keine Anwendung.

1 **I. Inhalt und Zweck.** § 19 räumt im **öffentl. Dienst** den Dienstbehörden die Befugnis ein, die für Beamte geltenden Bestimmungen über die Arbeitszeit insgesamt auf die ArbN zu übertragen, sofern keine tarifl. Regelung besteht. Auf diese Weise wird dem Interesse an einer **einheitlichen Arbeitszeit** von zusammenarbeitenden **ArbN und Beamten** Rechnung getragen[1]. Dies hat zur Folge, dass die §§ 3–13 keine Anwendung finden[2]. Während der RegE noch entsprechend § 13 AZO keine Einschränkung bzgl. der Art der Arbeiten vorsah[3], beschränkt das Gesetz den Geltungsbereich der Vorschrift entsprechend der Empfehlung des Ausschusses für Arbeit und Sozialpolitik[4] auf die Wahrnehmung hoheitlicher Aufgaben. Dadurch wird es ausgeschlossen, die für Beamte geltenden Arbeitszeitbestimmungen auf ArbN für solche Fälle auszuschließen, in denen privatwirtschaftl. Aufgaben durch den öffentl. Dienst wahrgenommen werden[5]. Dies dient der Vermeidung von Wettbewerbsverzerrungen[6].

2 **II. Die Übertragung** ist ein **gestaltender Akt besonderer Art**, der durch eine Verwaltungsanordnung, einen Erlass oder durch eine ähnliche Maßnahme erfolgen kann[7]. Möglich sind auch eine DV[8] und ein TV[9]. Ausgeschlossen ist hingegen ein entsprechender Verwaltungsakt, da die Behörde insoweit nicht hoheitlich handelt[10]. Mangels einer geeigneten Ermächtigungsgrundlage kommt auch keine RechtsVO in Betracht[11].

---

1 BT-Drs. 12/5888, S. 33. |2 BT-Drs. 12/5888, S. 33. |3 BT-Drs. 12/5888, S. 11, 33. |4 BT-Drs. 12/6990, S. 20. |5 BT-Drs. 12/6990, S. 44. |6 BT-Drs. 12/6990, S. 44. |7 *Anzinger/Koberski*, § 19 ArbZG Rz. 25, 28. |8 *Anzinger/Koberski*, § 19 ArbZG Rz. 27. |9 *Baeck/Deutsch*, § 19 ArbZG Rz. 23; *Neumann/Biebl*, § 19 ArbZG Rz. 2; aA *Anzinger/Koberski*, § 19 ArbZG Rz. 26. |10 *Anzinger/Koberski*, § 19 ArbZG Rz. 24; *Baeck/Deutsch*, § 19 ArbZG Rz. 23. |11 So zutr. *Anzinger/Koberski*, § 19 ArbZG Rz. 24; *Baeck/Deutsch*, § 19 ArbZG Rz. 23; aA *Neumann/Biebl*, § 19 ArbZG Rz. 2.

III. Tarifvertrag. Eine Übertragung kommt jedoch nur in Betracht, soweit kein TV besteht. Die Nachwirkung von TV ist einem bestehenden TV im Rahmen des § 19 anders als bei § 25 nicht gleichgestellt. Die praktische Bedeutung der Vorschrift war bislang gering, da die Arbeitszeit für die Angestellten und Arbeiter des öffentl. Dienstes im BAT (§§ 15–17), bzw. den entsprechenden TV für Arbeiter geregelt war[1] und nunmehr in §§ 6–11 TVöD/TV-L geregelt ist. 3

20 *Beschäftigung in der Luftfahrt*

Für die Beschäftigung von Arbeitnehmern als Besatzungsmitglieder von Luftfahrzeugen gelten an Stelle der Vorschriften dieses Gesetzes über Arbeits- und Ruhezeiten die Vorschriften über Flug-, Flugdienst- und Ruhezeiten der Zweiten Durchführungsverordnung zur Betriebsordnung für Luftfahrtgerät in der jeweils geltenden Fassung.

§ 20 trägt den Besonderheiten in der Luftfahrt Rechnung und lässt die aus Gründen der Verkehrssicherheit erlassenen Vorschriften den arbeitsschutzrechtl. Bestimmungen vorgehen[2]. Für Besatzungsmitglieder von Luftfahrzeugen gelten daher die Bestimmungen der Zweiten DurchführungsVO zur Betriebsordnung für Luftfahrtgerät vom 12.11.1974[3] in der jeweils geltenden Fassung. Dies soll nach Auffassung des LAG Hess. nicht lediglich zu einem Ausschluss der Geltung des § 3 über „Arbeitszeit" und des § 5 über „Ruhezeit" führen. Das Begriffspaar „Arbeits- und Ruhezeiten" in § 20 umfasse vielmehr die Vorschriften der §§ 3–5 insgesamt, also auch die Ruhepausen nach § 4[4]. Zur Frage der Anrechnung von Transferzeiten auf Ruhezeiten siehe BAG v. 21.1.2003 – 9 AZR 600/01[5]. 1

21 *Beschäftigung in der Binnenschifffahrt*

Die Vorschriften dieses Gesetzes gelten für die Beschäftigung von Fahrpersonal in der Binnenschifffahrt, soweit die Vorschriften über Ruhezeiten der Rheinschiffs-Untersuchungsordnung und der Binnenschiffs-Untersuchungsordnung in der jeweils geltenden Fassung dem nicht entgegenstehen. Sie können durch Tarifvertrag der Eigenart der Binnenschifffahrt angepasst werden.

Grds. gelten die Bestimmungen des ArbZG in der Binnenschifffahrt. Nur die Vorschriften über Ruhezeiten der Rheinschiffs-Untersuchungsordnung[6] und der Binnenschiffs-Untersuchungsordnung[7] in der jeweils geltenden Fassung gehen diesen Regelungen vor[8]. 1

21a *Beschäftigung im Straßentransport*

(1) Für die Beschäftigung von Arbeitnehmern als Fahrer oder Beifahrer bei Straßenverkehrstätigkeiten im Sinne der Verordnung (EG) Nr. 561/2006 des Europäischen Parlaments und des Rates vom 15. März 2006 zur Harmonisierung bestimmter Sozialvorschriften im Straßenverkehr und zur Änderung der Verordnungen (EWG) Nr. 3821/85 und (EG) Nr. 2135/98 des Rates sowie zur Aufhebung der Verordnung (EWG) Nr. 3820/85 des Rates (ABl. EG Nr. L 102 S. 1) oder des Europäischen Übereinkommens über die Arbeit des im internationalen Straßenverkehr beschäftigten Fahrpersonals (AETR) vom 1. Juli 1970 (BGBl. II 1974 S. 1473) in ihren jeweiligen Fassungen gelten die Vorschriften dieses Gesetzes, soweit nicht die folgenden Absätze abweichende Regelungen enthalten. Die Vorschriften der Verordnung (EG) Nr. 561/2006 und des AETR bleiben unberührt.

(2) Eine Woche im Sinne dieser Vorschriften ist der Zeitraum von Montag 0 Uhr bis Sonntag 24 Uhr.

(3) Abweichend von § 2 Abs. 1 ist keine Arbeitszeit:

1. die Zeit, während derer sich ein Arbeitnehmer am Arbeitsplatz bereithalten muss, um seine Tätigkeit aufzunehmen,

2. die Zeit, während derer sich ein Arbeitnehmer bereithalten muss, um seine Tätigkeit auf Anweisung aufnehmen zu können, ohne sich an seinem Arbeitsplatz aufhalten zu müssen;

3. für Arbeitnehmer, die sich beim Fahren abwechseln, die während der Fahrt neben dem Fahrer oder in einer Schlafkabine verbrachte Zeit.

Für die Zeiten nach Satz 1 Nr. 1 und 2 gilt dies nur, wenn der Zeitraum und dessen voraussichtliche Dauer im Voraus, spätestens unmittelbar vor Beginn des betreffenden Zeitraums bekannt ist. Die in Satz 1 genannten Zeiten sind keine Ruhezeiten. Die in Satz 1 Nr. 1 und 2 genannten Zeiten sind keine Ruhepausen.

---

1 *Neumann/Biebl*, § 19 ArbZG Rz. 5; ErfK/*Wank*, § 19 ArbZG Rz. 4. | 2 BT-Drs. 12/5888, S. 33. | 3 Zweite Durchführungsverordnung zur Betriebsordnung für Luftfahrgerät (Flug-, Flugdienst- und Ruhezeiten von Besatzungsmitgliedern in Luftfahrtunternehmen und außerhalb von Luftfahrtunternehmen bei berufsmäßiger Betätigung sowie Dienst- und Ruhezeiten von Flugdienstberatern) – DVLuftBO v. 12.11.1974, BGBl. I S. 3181. | 4 LAG Hess. v. 21.12.2006 – 5 TaBV 103/06, n.rkr. | 5 BAG v. 21.1.2003 – 9 AZR 600/01, NZA 2003, 930. | 6 BGBl. I S. 773. | 7 Verordnung über die Schiffssicherheit in der Binnenschifffahrt v. 17.3.1988, BGBl. I S. 238, dort § 115 Dienst- und Ruhezeiten. | 8 BT-Drs. 12/5888, S. 33.

(4) Die Arbeitszeit darf 48 Stunden wöchentlich nicht überschreiten. Sie kann auf bis zu 60 Stunden verlängert werden, wenn innerhalb von vier Kalendermonaten oder 16 Wochen im Durchschnitt 48 Stunden wöchentlich nicht überschritten werden.

(5) Die Ruhezeiten bestimmen sich nach den Vorschriften der Europäischen Gemeinschaften für Kraftfahrer und Beifahrer sowie nach dem AETR. Dies gilt auch für Auszubildende und Praktikanten.

(6) In einem Tarifvertrag oder auf Grund eines Tarifvertrags in einer Betriebs- oder Dienstvereinbarung kann zugelassen werden,

1. nähere Einzelheiten zu den in Absatz 3 Satz 1 Nr. 1, 2 und Satz 2 genannten Voraussetzungen zu regeln,

2. abweichend von Absatz 4 sowie den §§ 3 und 6 Abs. 2 die Arbeitszeit festzulegen, wenn objektive, technische oder arbeitszeitorganisatorische Gründe vorliegen. Dabei darf die Arbeitszeit 48 Stunden wöchentlich im Durchschnitt von sechs Kalendermonaten nicht überschreiten.

§ 7 Abs. 1 Nr. 2 und Abs. 2a gilt nicht. § 7 Abs. 3 gilt entsprechend.

(7) Der Arbeitgeber ist verpflichtet, die Arbeitszeit der Arbeitnehmer aufzuzeichnen. Die Aufzeichnungen sind mindestens zwei Jahre aufzubewahren. Der Arbeitgeber hat dem Arbeitnehmer auf Verlangen eine Kopie der Aufzeichnungen seiner Arbeitszeit auszuhändigen.

(8) Zur Berechnung der Arbeitszeit fordert der Arbeitgeber den Arbeitnehmer schriftlich auf, ihm eine Aufstellung der bei einem anderen Arbeitgeber geleisteten Arbeitszeit vorzulegen. Der Arbeitnehmer legt diese Angaben schriftlich vor.

§ 21a eingeführt durch Gesetz zur Änderung personenbeförderungsrechtlicher Vorschriften und arbeitszeitrechtlicher Vorschriften für Fahrpersonal v. 14.8.2006, BGBl. I S. 1962.

1 **I. Entstehungsgeschichte.** Mit § 21a hat der Gesetzgeber die RL 2002715/EG des Europäischen Parlaments und des Rates zur Regelung von Personen, die Fahrtätigkeiten im Straßentransport ausüben, vom 11.3.2002 – **Fahrpersonalrichtlinie** umgesetzt. Diese RL enthält besondere Arbeitszeitbestimmungen, die von der ArbeitszeitRL abweichen. Nicht erfasst sind selbständige Kraftfahrer. Für sie wird die FahrpersonalRL erst ab 2009 Anwendung finden[1]. Von den Regelungen in § 21a bleiben die **vorrangigen Bestimmungen der Verordnung (EG) Nr. 561/2006 und des AETR** ausdrücklich unberührt.

2 **II. Die einzelnen Bestimmungen. 1. Persönlicher Anwendungsbereich (Abs. 1).** Erfasst sind nur ArbN, die Straßenverkehrstätigkeiten iSd. genannten europarechtl. Bestimmungen ausüben. Das sind im Wesentlichen

- im **Gütertransport**: die Beförderung mit Fahrzeugen mit einem Gesamtgewicht von über 3,5 Tonnen.
- bei der **Personenbeförderung**: die Beförderung mit Fahrzeugen mit mehr als acht Fahrgastplätzen, sofern sie nicht im Linienverkehr mit einer Linienstrecke von bis zu 50 km eingesetzt werden. Ausgenommen sind ferner Feuerwehr-, Rettungs- und Streitkräftefahrzeuge[2].

3 **2. Woche (Abs. 2).** Während unter Woche im ArbZG ein beliebiger Zeitraum von sieben aufeinander folgenden Tagen angesehen wird, versteht das Fahrpersonalrecht darunter die Kalenderwoche von Montag bis Sonntag.

4 **3. Besonderheiten bei der Definition der Arbeitszeit (Abs. 3).** Die Arbeitszeit des Fahrpersonals umfasst die

- **Lenkzeiten**. Nach Art. 4 der VO (EG) Nr. 561/2006 ist damit die Dauer der aufzuzeichnenden Lenktätigkeit gemeint. Das sind alle Zeiten, die mit der Fahrtätigkeit in Zusammenhang stehen. **Faustformel**: Solange der Motor läuft, handelt es sich um Lenkzeit (also auch vor Ampeln, Bahnübergängen oder bei Staus)[3]. Die tägl. Lenkzeit darf nach Art. 6 der Verordnung (EG) Nr. 561/2006 grds. neun Stunden nicht überschreiten und nur zweimal in der Woche auf höchstens 10 Stunden verlängert werden. Die summierte Gesamtlenkzeit während zweier aufeinander folgender Wochen darf 90 Stunden nicht überschreiten.
- **Zeiten, in denen es sich um das Fahrzeug und seine Fahrgäste kümmern muss** (Wartungsarbeiten, selbst durchgeführtes Be- oder Entladen etc.).
- Zeiten der **Arbeitsbereitschaft**, deren **voraussichtliche Dauer nicht im Voraus bekannt** ist.

5 Für das Fahrpersonal sind jedoch bestimmte Zeiten, während derer es sich am Arbeitsplatz aufhalten muss, um seine Tätigkeit aufzunehmen, nicht als Arbeitszeit anzusehen. Voraussetzung ist stets, dass ihre voraussichtliche Dauer im Voraus, spätestens unmittelbar vor Beginn des betreffenden Zeitraums bekannt ist (S. 2). Hierzu zählen etwa Wartezeiten beim Be- und Entladen, Zeiten der Beförderung auf einer Fähre oder mit einem Zug sowie Wartezeiten an den Grenzen und infolge von Fahrverboten. Diese Zeiten müssen zwar bei der Ermittlung der Höchstarbeitszeiten nicht mitgerechnet werden. Sie sind

1 BT-Drs. 16/1685, S. 12. | 2 BT-Drs. 16/1685, S. 12. | 3 *Heimlich*, Arbeitszeiten/Lenkzeiten, AuR 2003, 285.

jedoch weder Ruhezeiten noch Ruhepausen. In diese Zeiten kann eine Ruhezeit oder Ruhepause nur genommen werden, wenn sich das Fahrpersonal nicht zur Arbeitsaufnahme bereithalten muss, sondern frei über seine Zeit verfügen kann[1].

Bei Arbeitnehmern, die sich beim Fahren abwechseln, sind die während der Fahrt neben dem Fahrer oder in einer Schlafkabine verbrachte Zeit nicht als Arbeitszeit anzusehen. Dies kann im Interesse der Verkehrssicherheit Anreize zur Besetzung der Fahrzeuge mit einem weiteren Fahrer bieten[2]. 6

4. Höchstdauer der Arbeitszeit (Abs. 4). Die wöchentliche Höchstarbeitszeit beträgt 48 Stunden und kann auf bis 60 Stunden verlängert werden, wenn der Wochendurchschnitt in vier Kalendermonaten oder 16 Kalenderwochen nicht übersteigt (Art. 4a der VO [EG] Nr. 561/2006). Gem. Art. 8 Abs. 2 der VO (EG) Nr. 561/2006 kann der Bezugszeitraum durch TV auf bis zu 6 Monate verlängert werden. 7

5. Ruhezeiten (Abs. 5). Die Vorschrift verweist wegen der auch von Auszubildenden und Praktikanten einzuhaltenden Ruhezeiten auf europarechtl. Bestimmungen. Nach Art. 8 der VO (EG) Nr. 561/2006 muss der Fahrer innerhalb von 24 Stunden nach dem Ende der vorangegangenen tägl. oder wöchentl. Ruhezeit der Fahrer eine neue tägl. Ruhezeit genommen haben. Beträgt der Teil der tägl. Ruhezeit, die in den 24-Stunden-Zeitraum fällt, mindestens neun Stunden, jedoch weniger als 11 Stunden, so ist die fragliche tägl. Ruhezeit als reduzierte tägl. Ruhezeit anzusehen. Ein im Mehrfahrerbetrieb eingesetzter Fahrer muss innerhalb von 30 Stunden nach dem Ende einer tägl. oder wöchentl. Ruhezeit eine neue tägl. Ruhezeit von mindestens neun Stunden genommen haben. Eine tägl. Ruhezeit kann verlängert werden, so dass sich eine regelmäßige wöchentl. Ruhezeit oder eine reduzierte wöchentl. Ruhezeit ergibt. Der Fahrer darf zwischen zwei wöchentl. Ruhezeiten höchstens drei reduzierte tägl. Ruhezeiten einlegen. In zwei jeweils aufeinander folgenden Wochen hat der Fahrer mindestens zwei regelmäßige wöchentl. Ruhezeiten oder eine regelmäßige wöchentl. Ruhezeit und eine reduzierte wöchentl. Ruhezeit von mindestens 24 Stunden einzuhalten. Im letzten Fall wird die Reduzierung durch eine gleichwertige Ruhepause ausgeglichen, die ohne Unterbrechung vor dem Ende der dritten Woche nach der betreffenden Woche genommen werden muss. Eine wöchentl. Ruhezeit beginnt spätestens am Ende von sechs 24-Stunden-Zeiträumen nach dem Ende der vorangegangenen wöchentl. Ruhezeit. Jede Ruhepause, die als Ausgleich für eine reduzierte wöchentl. Ruhezeit eingelegt wird, ist an eine andere Ruhezeit von mindestens neun Stunden anzuhängen. Sofern sich ein Fahrer hierfür entscheidet, können nicht am Standort eingelegte tägl. Ruhezeiten und reduzierte wöchentl. Ruhezeiten im Fahrzeug verbracht werden, sofern das Fahrzeug über geeignete Schlafmöglichkeiten für jeden Fahrer verfügt und nicht fährt. Eine wöchentl. Ruhezeit, die in zwei Wochen fällt, kann für eine der beiden Wochen gezählt werden, nicht aber für beide. 8

6. Abweichungsmöglichkeiten (Abs. 6). In TV sowie in auf Grund von TV zulässigen BV oder DV können Regelungen vereinbart werden, mit denen die Einzelheiten zu Abs. 3 näher bestimmt werden. Zudem kann die Arbeitszeit abweichend geregelt werden, sofern objektive, technische oder arbeitszeitorganisatorische Gründe vorliegen, wenn die wöchentl. Arbeitszeit 48 Stunden im Durchschnitt von sechs Kalendermonaten nicht überschreitet. Zudem stehen die Abweichungsmöglichkeiten nach § 7 zur Verfügung. Unzulässig sind jedoch die Aufteilung der Ruhepausen in Kurzpausen und die Zulassung von Arbeitszeitverlängerungen ohne Ausgleich mit Zustimmung des ArbN (S. 2)[3]. 9

7. Aufzeichnungspflicht (Abs. 7). Über § 16 II hinaus ist der ArbGeb erpflichtet, die **gesamte Arbeitszeit** der ArbN aufzuzeichnen. Eine besondere Form ist dafür nicht vorgeschrieben. Der ArbGeb muss dies auch nicht persönlich tun. Ausreichend sind sowohl eine Selbstaufschreibung durch den ArbN als auch das Bereithalten von entsprechenden Unterlagen wie Schaublättern, Speicherdaten der digitalen Kontrollgeräte, sofern sich die Arbeitszeiten vollständig entnehmen lassen[4]. 10

8. Zusammenrechnen von Arbeitszeiten (Abs. 8). Die Vorschrift ergänzt § 2 II 1, wonach Arbeitszeiten bei verschiedenen ArbGeb zusammen zu rechnen sind. Nach Abs. 8 muss der ArbGeb den ArbN schriftlich auffordern, ihm eine Aufstellung der bei einem anderen ArbGeb geleisteten Arbeitszeit vorzulegen. Die durch den ArbN vorzulegende Aufstellung muss ebenfalls schriftlich erfolgen. 11

Siebter Abschnitt. Straf- und Bußgeldvorschriften

22 *Bußgeldvorschriften*

(1) Ordnungswidrig handelt, wer als Arbeitgeber vorsätzlich oder fahrlässig

1. entgegen §§ 3, 6 Abs. 2 oder § 21a Abs. 4, jeweils auch in Verbindung mit § 11 Abs. 2, einen Arbeitnehmer über die Grenzen der Arbeitszeit hinaus beschäftigt,

2. entgegen § 4 Ruhepausen nicht, nicht mit der vorgeschriebenen Mindestdauer oder nicht rechtzeitig gewährt,

---

1 BT-Drs. 16/1685, S. 12. | 2 BR-Drs. 78/05, S. 7. | 3 BT-Drs. 16/1685, S. 13. | 4 BT-Drs. 16/1685, S. 13.

3. entgegen § 5 Abs. 1 die Mindestruhezeit nicht gewährt oder entgegen § 5 Abs. 2 die Verkürzung der Ruhezeit durch Verlängerung einer anderen Ruhezeit nicht oder nicht rechtzeitig ausgleicht,

4. einer Rechtsverordnung nach § 8 Satz 1, § 13 Abs. 1 oder 2 oder § 24 zuwiderhandelt, soweit sie für einen bestimmten Tatbestand auf diese Bußgeldvorschrift verweist,

5. entgegen § 9 Abs. 1 einen Arbeitnehmer an Sonn- oder Feiertagen beschäftigt,

6. entgegen § 11 Abs. 1 einen Arbeitnehmer an allen Sonntagen beschäftigt oder entgegen § 11 Abs. 3 einen Ersatzruhetag nicht oder nicht rechtzeitig gewährt,

7. einer vollziehbaren Anordnung nach § 13 Abs. 3 Nr. 2 zuwiderhandelt,

8. entgegen § 16 Abs. 1 die dort bezeichnete Auslage oder den dort bezeichneten Aushang nicht vornimmt,

9. entgegen § 16 Abs. 2 oder § 21a Abs. 7 Aufzeichnungen nicht oder nicht richtig erstellt oder nicht für die vorgeschriebene Dauer aufbewahrt oder

10. entgegen § 17 Abs. 4 eine Auskunft nicht, nicht richtig oder nicht vollständig erteilt, Unterlagen nicht oder nicht vollständig vorlegt oder nicht einsendet oder entgegen § 17 Abs. 5 Satz 2 eine Maßnahme nicht gestattet.

(2) Die Ordnungswidrigkeit kann in den Fällen des Absatzes 1 Nr. 1 bis 7, 9 und 10 mit einer Geldbuße bis zu fünfzehntausend Euro, in den Fällen des Absatzes 1 Nr. 8 mit einer Geldbuße bis zu zweitausendfünfhundert Euro geahndet werden.

Abs. 2 geändert durch Gesetz zur Einführung des Euro im Sozial- und Arbeitsrecht sowie zur Änderung anderer Vorschriften – 4. Euro-Einführungsgesetz v. 21.12.2000, BGBl. I S. 1983; Abs. 1 geändert durch Gesetz zur Änderung personenbeförderungsrechtlicher Vorschriften und arbeitszeitrechtlicher Vorschriften für Fahrpersonal v. 14.8.2006, BGBl. I S. 1962.

23 *Strafvorschriften*

(1) Wer eine der in § 22 Abs. 1 Nr. 1 bis 3, 5 bis 7 bezeichneten Handlungen

1. vorsätzlich begeht und dadurch Gesundheit oder Arbeitskraft eines Arbeitnehmers gefährdet oder

2. beharrlich wiederholt,

wird mit Freiheitsstrafe bis zu einem Jahr oder mit Geldstrafe bestraft.

(2) Wer in den Fällen des Absatzes 1 Nr. 1 die Gefahr fahrlässig verursacht, wird mit Freiheitsstrafe bis zu sechs Monaten oder mit Geldstrafe bis zu 180 Tagessätzen bestraft.

1 **I. Inhalt und Zweck. 1. Ordnungswidrigkeiten.** Nach § 22 werden Verstöße des ArbGeb gegen die im Gesetz enthaltenen oder durch RechtsVO zu schaffenden Verpflichtungen als Ordnungswidrigkeit geahndet. Dabei hat der Gesetzgeber formelle und materielle Verstöße bußgeldrechtl. im Wesentlichen gleich behandelt, da formelle Verstöße nach seiner Einschätzung idR eine Verschleierung materieller Verstöße bezwecken[1]. Lediglich bezüglich einer Verletzung der Aushang- bzw. Auslegepflicht nach § 16 II hat er den Bußgeldrahmen eingeschränkt, da ein Bußgeld von seinerzeit 30 000 DM, heute 15 000 Euro, nicht verhältnismäßig erschien[2].

2 **2. Straftaten.** § 23 qualifiziert darüber hinaus bestimmte ordnungswidrige Handlungen als **Straftaten,** wenn durch sie vorsätzlich die Gesundheit oder die Arbeitskraft von ArbN gefährdet wird oder wenn sie beharrlich wiederholt werden[3]. Strafbar ist danach, wer vorsätzlich einen ArbN über die Grenzen der Arbeitszeit hinaus beschäftigt, Ruhepausen nicht, nicht mit der vorgeschriebenen Mindestdauer oder nicht rechtzeitig gewährt, die Mindestruhezeit nicht gewährt oder die Verkürzung der Ruhezeit durch Verlängerung einer anderen Ruhezeit nicht oder nicht rechtzeitig ausgleicht, einen ArbN an Sonn- oder Feiertagen beschäftigt, einen ArbN an allen Sonntagen beschäftigt oder einen Ersatzruhetag nicht oder nicht rechtzeitig gewährt und einer vollziehbaren Anordnung nach § 13 III Nr. 2 zuwiderhandelt. Weitere Voraussetzung ist, dass dadurch die Gesundheit oder die Arbeitskraft von ArbN gefährdet wird oder dass der Verstoß beharrlich wiederholt wird.

3 **II. Verantwortlichkeit.** Verantwortlich iSd. §§ 22, 23 ist der **ArbGeb.**

4 **1. Organe und Gesellschafter.** Bei juristischen Personen trifft die Verantwortlichkeit gem. § 9 I OWiG, § 14 I StGB das vertretungsberechtigte Organ (Vorstand, Geschäftsführer). Bei einer Personenhandelsgesellschaft ist der vertretungsberechtigte Gesellschafter haftbar. Das sind bei einer OHG und einer GbR die Gesellschafter, bei einer KG der Komplementär.

5 **2. Vertreter.** Ebenso ist verantwortlich, wer als Vertreter des ArbGeb handelt, etwa der gesetzl. Vertreter eines entmündigten ArbGeb[4] sowie uU bestimmte Angestellte oder der Insolvenzverwalter[5]. Ist

1 BT-Drs. 12/5888, S. 33. | 2 BT-Drs. 12/6990, S. 45. | 3 BT-Drs. 12/5888, S. 33. | 4 *Neumann/Biebl*, § 22 ArbZG Rz. 6; *Baeck/Deutsch*, § 22 ArbZG Rz. 11. | 5 *Neumann/Biebl*, § 22 ArbZG Rz. 6.

jemand von dem Inhaber eines Betriebes oder einem sonst dazu Befugten beauftragt, den Betrieb ganz oder zum Teil zu leiten, oder ausdrücklich beauftragt, in eigener Verantwortung Aufgaben wahrzunehmen, die dem Inhaber des Betriebes bzw. Unternehmens obliegen, und handelt er auf Grund dieses Auftrages, so ist er hierfür bei Verstößen gegen die bußgeldbewehrten Verpflichtungen gem. § 9 II OWiG, § 14 II StGB verantwortlich. Dies gilt sinngemäß auch für solche Personen, die auf Grund eines entsprechenden Auftrages für eine Stelle handeln, die Aufgaben der öffentl. Verwaltung wahrnimmt (§ 9 II 3 OWiG, § 14 II 3 StGB). Die bußgeld- und strafrechtl. Verantwortung besteht auch dann, wenn die Rechtshandlung, welche die Vertretungsbefugnis oder das Auftragsverhältnis begründen sollte, unwirksam ist (§ 9 III OWiG, § 14 III StGB).

3. Verletzung der Aufsichtspflicht. Nach § 130 I OWiG handelt auch der **Inhaber** eines Betriebes oder 6
Unternehmens ordnungswidrig, der vorsätzlich oder fahrlässig die erforderlichen Aufsichtsmaßnahmen unterlässt, wenn eine Zuwiderhandlung gegen § 22 begangen wird, die durch gehörige Aufsicht verhindert oder wesentlich erschwert worden wäre. Zu den erforderlichen Aufsichtsmaßnahmen gehören dabei auch die Bestellung, sorgfältige Auswahl und Überwachung von Aufsichtspersonen.

4. Bußgeld gegen die juristische Person oder Personenvereinigung. Nach § 30 I OWiG kann auch gegen 7
eine juristische Person oder eine Personenvereinigung selbst ein Bußgeld verhängt werden, wenn ein vertretungsberechtigtes Organ, der Vorstand eines nicht rechtsfähigen Vereins, der vertretungsberechtigte Gesellschafter einer Personenhandelsgesellschaft, ein Generalbevollmächtigter oder ein in leitender Stellung tätiger Prokurist oder Handlungsbevollmächtigter eine Straftat oder Ordnungswidrigkeit begeht und dabei Pflichten der juristische Person oder der Personenvereinigung verletzt. Eine leitende Tätigkeit iSd. § 30 I OWiG kann je nach Einzelfall auch der Disponent für das Fahrpersonal einer Kommanditgesellschaft sein[1].

III. Verjährung. Zuwiderhandlungen gegen **§ 22** verjähren gem. § 31 II Nr. 2 OWiG nach **zwei Jahren**, 8
Verstöße gegen **§ 23** gem. § 78 III Nr. 5 StGB nach **drei Jahren**.

Achter Abschnitt. Schlussvorschriften

24 *Umsetzung von zwischenstaatlichen Vereinbarungen und Rechtsakten der EG*

Die Bundesregierung kann mit Zustimmung des Bundesrates zur Erfüllung von Verpflichtungen aus zwischenstaatlichen Vereinbarungen oder zur Umsetzung von Rechtsakten des Rates oder der Kommission der Europäischen Gemeinschaften, die Sachbereiche dieses Gesetzes betreffen, Rechtsverordnungen nach diesem Gesetz erlassen.

§ 24 soll eine etwa erforderlich werdende Erfüllung von Verpflichtungen aus zwischenstaatl. Vereinba- 1
rungen oder die Umsetzung von Rechtsakten der Kommission oder des Rates der Europäischen Gemeinschaften durch RechtsVO ermöglichen[2]. Die **praktische Bedeutung** der Vorschrift ist, soweit es um zwischenstaatl. Vereinbarungen geht, **gering**, da Verträge, welche die politischen Beziehungen des Bundes regeln oder sich auf Gegenstände der Bundesgesetzgebung beziehen, nach Art. 59 II GG der Zustimmung oder der Mitwirkung der jeweils für die Bundesgesetzgebung zuständigen Körperschaften in der Form eines Bundesgesetzes bedürfen[3]. Da Rechtsakte der Europäischen Gemeinschaften in Form von VO unmittelbar in jedem Mitgliedstaat gelten und daher keiner Umsetzung bedürfen, kommen lediglich **Richtlinien** oder **verbindliche Entscheidungen** zur Umsetzung in Betracht[4].

25 *Übergangsregelung für Tarifverträge*

Enthält ein am 1. Januar 2004 bestehender oder nachwirkender Tarifvertrag abweichende Regelungen nach § 7 Abs. 1 oder 2 oder § 12 Satz 1, die den in diesen Vorschriften festgelegten Höchstrahmen überschreiten, bleiben diese tarifvertraglichen Bestimmungen bis zum 31. Dezember 2006 unberührt. Tarifverträgen nach Satz 1 stehen durch Tarifvertrag zugelassene Betriebsvereinbarungen sowie Regelungen nach § 7 Abs. 4 gleich.

§ 25 geändert durch Gesetz zu Reformen am Arbeitsmarkt v. 24.12.2003[5] und durch Fünftes Gesetz zur Änderung des SGB III und anderer Gesetze v. 22.12.2005[6].

I. Inhalt und Zweck. Bestehende oder nachwirkende TV, die abweichende Regelungen iSd. §§ 7 I u. II, 1
12 S. 1 treffen und den gesetzl. festgelegten Rahmen überschreiten, sowie entsprechende BV, die auf einem TV beruhen, hätten mit Inkrafttreten des Gesetzes im Jahr 1994 als höherrangigem Recht ihre Wirkung verloren. Sie sollten nach dem Willen des Gesetzgebers jedoch **fortbestehen**, wobei gem. § 25

1 KG v. 8.7.1998 – 2 Ss 109/96, nv. | 2 BT-Drs. 12/5888, S. 33. | 3 *Anzinger/Koberski*, § 24 ArbZG Rz. 6; *Baeck/Deutsch*, § 24 ArbZG Rz. 6. | 4 *Anzinger/Koberski*, § 24 ArbZG Rz. 8 ff.; *Baeck/Deutsch*, § 24 ArbZG Rz. 8 ff. | 5 BGBl. I S. 3002. | 6 BGBl. I S. 3676.

die Nachwirkung der unmittelbaren und zwingenden Geltung (§ 4 I TVG) gleichsteht. Unerheblich ist, ob die Nachwirkung erst nach Inkrafttreten des ArbZG einsetzte. Der bestehende TV sollte entsprechend der jeweiligen Interessenlage in den unterschiedl. Branchen so lange respektiert werden, wie ihm unmittelbare Wirkung zukommt. Der Gesetzgeber hatte dabei zunächst darauf verzichtet, eine feste zeitliche Grenze für die Weitergeltung der Tarifnormen zu bestimmen, damit die TV-Parteien ohne Zeitdruck über eine Neuregelung verhandeln können. Der Übergangszeitraum sollte erst enden, wenn die Tarifregelung abgelöst wird oder die TV-Parteien eine neue Entscheidung treffen[1]. Zu den vorübergehend unbeachtlichen Höchstrahmen zählt aber nicht die Höchstgrenze der jahresdurchschnittl. Arbeitszeit von 48 Wochenstunden. Diese Grenze ist weder in § 7 I noch in § 7 II oder in § 12 S. 1 normiert. Sie ist ausschließlich in den Vorschriften des § 3 S. 2 und § 7 VIII geregelt, auf die § 25 S. 1 keinen Bezug nimmt [2]. Nicht unter § 25 fallen auch kirchliche Arbeitsvertragsrichtlinien nach § 7 IV, in denen der Bereitschaftsdienst nicht der Arbeitszeit zugerechnet wird. Denn § 25 S. 1 privilegiert nur die Überschreitung derjenigen gesetzl. Höchstrahmen, welche in den ausdrücklich genannten Vorschriften des § 7 I, § 7 II und § 12 S. 1 festgelegt sind[3].

2 Mit Wirkung vom 1.1.2004 ist die Weitergeltung der TV, die Abweichungen von § 7 I o. II oder § 12 S. 1 enthalten, zunächst auf die Zeit bis zum 31.12.2005 beschränkt worden. Der Gesetzgeber hat den Übergangszeitraum schließlich bis zum 31.12.2006 verlängert, da die Bewertung der Bereitschaftsdienstzeiten als Arbeitszeit zur Einführung von Schichtmodellen im Gesundheitswesen und damit zu einem finanziell nicht tragbaren zusätzlichen Personalbedarf führen würde. Zudem sollte abgewartet werden, ob eine Novellierung der ArbeitszeitRL 2003/88/EG zu einer Änderung der Bewertung des Bereitschaftsdienstes führt[4].

3 **II. Europarechtswidrige Alt-Tarifverträge.** Die Vereinbarkeit der Vorschrift mit den europäischen Vorgaben war bereits seit ihrem Inkrafttreten umstritten[5] und wurde überwiegend zu Recht verneint[6]. Hinsichtlich der Rechtsfolgen gilt Folgendes: § 25 konnte von vornherein nicht **TV des öffentl. Dienstes** erfassen, soweit sie gegen europäisches Recht verstoßen (etwa wegen Nichteinbeziehung des Bereitschaftsdienstes in die Arbeitszeit), da der öffentl. Dienst unmittelbar an die Bestimmungen der ArbeitszeitRL gebunden ist[7] (s. § 1 Rz. 1a). Dies soll nach verbreiteter Auffassung auch für privatrechtl. Gesellschaften mit Mehrheitsbeteiligung der öffentl. Hand gelten[8]. TV des öffentl. Dienstes, die Überschreitungen der höchstzulässigen Arbeitszeit zulassen, sind daher teilnichtig. Die dadurch entstehenden unbeabsichtigten Tariflücken sind im Wege der ergänzenden Vertragsauslegung entsprechend dem Regelungswillen der Tarifvertragsparteien zu füllen. Maßgeblich war dann nach richtiger Ansicht die zeitliche Obergrenze des § 3[9]. Dementsprechend verringerte sich die in der tarifl. Sonderregelung Sr 2r BAT für Hausmeister vorgesehene wöchentl. Arbeitszeit von 50,5 Stunden nicht auf die in § 15 I 1 BAT festgelegte wöchentliche Arbeitszeit von 38,5 Stunden, sondern lediglich auf 48 Stunden[10].

4 **Im Übrigen** sind Alt-TV europarechtskonform auszulegen. Dies folgt aus dem Grundsatz, dass nationales Recht soweit wie möglich anhand des Wortlauts und des Zweckes der RL auslegen ist, um zu einem mit dem von der RL verfolgten Ziel vereinbaren Ergebnis zu gelangen[11] und so die volle Wirksamkeit des Gemeinschaftsrechts zu garantieren[12]. Dies führt dazu, dass auch TV, die am 1.1.2004 bereits galten, nur dann verlängerte Arbeitszeiten im Übergangszeitraum zulassen durften, wenn die Arbeitszeit einschließlich Arbeitsbereitschaft und Bereitschaftsdienst im Durchschnitt von zwölf Monaten 48 Wochenstunden nicht übersteigt[13].

5 **III. Rechtslage seit dem 31.12.2006.** Seit Ablauf des 31.12.2006 sind tarifl. Regelungen und BV, die den in § 7 I o. II oder § 12 S. 1 festgelegten Höchstrahmen überschreiten, nichtig. Dies führt zur Teilnichtigkeit des gesamten Regelungswerks. Die dadurch entstehenden Regelungslücken sind – soweit möglich – im Wege der ergänzenden Vertragsauslegung zu füllen.

6 **IV. Neuabschlüsse von Tarifverträgen und Betriebsvereinbarungen.** Unabhängig von der Frage der Vereinbarkeit des § 25 mit europäischem Recht mussten die gesetzl. Bestimmungen bei Neuabschluss eines TV bzw. einer BV schon im Übergangszeitraum beachtet werden. Daher konnten abweichende Bestimmungen in einem abgelaufenen TV oder einer ausgelaufenen BV nicht durch eine vereinbarte Verlängerung weiter Gültigkeit behalten[14].

---

1 BAG v. 12.12.2001 – 5 AZR 294/00, DB 2002, 1111 (insoweit nicht abgedr.). | 2 BAG v. 24.1.2006 – 1 ABR 6/05, NZA 2006, 862. | 3 BAG v. 21.11.2006 – 9 AZR 176/06, NZA 2007, 446. | 4 BT-Drs. 16/219, S. 1. | 5 Offen gelassen von BAG v. 14.10.2004 – 6 AZR 564/03, BB 2005, 834. | 6 *Linnenkohl/Rauschenberg*, § 25 ArbZG Rz. 2; *Schliemann*, NZA 2004, 513 (518); *Matthiesen/Shea*, DB 2005, 106 (107); *Ulber*, ZTR 2005, 70 (81); wohl auch *Bauer/Krieger*, BB 2004, 549 (550). | 7 *Neumann/Biebl*, § 25 ArbZG Rz. 4; ErfK/*Wank*, § 25 ArbZG Rz. 4. | 8 LAG Nds. v. 16.9.2003 – 9 Sa 648/02, AuR 2004, 74; *Linnenkohl/Rauschenberg*, § 25 ArbZG Rz. 2; *Buschmann*, AuR 2004, 1 (5). | 9 *Bauer/Krieger*, BB 2004, 549 (550); krit. *Matthiesen/Shea*, DB 2005, 106 (109). | 10 BAG v. 14.10.2004 – 6 AZR 564/03, BB 2005, 834. | 11 EuGH v. 5.10.2004 – RS C 397/01 bis C-403/01, NZA 2004, 1145 – Pfeiffer. | 12 EuGH v. 22.11.2005 – RS C 144/04, NZA 2005, 1345 – Mangold. | 13 BAG v. 24.1.2006 – 1 ABR 6/05, NZA 2006, 862. | 14 *Neumann/Biebl*, § 25 ArbZG Rz. 1; ErfK/*Wank*, § 25 ArbZG Rz. 2.

26 (aufgehoben)

Anhang: Übersicht Zeiträume und Zeitgrenzen

Zeitraum/ -grenze	Fundstelle im Gesetz	Regelungsinhalt
Jahre		
3 Jahre	§ 6 III	Regelmäßiger Mindestzeitabstand für arbeitsmedizinische Untersuchung von NachtArbN
2 Jahre	§ 16 II 2, § 21a VII	Aufbewahrungspflicht für Arbeitszeitnachweise sowie ArbN-Verzeichnis und Einwilligungserklärungen betr. Verlängerung der Arbeitszeit
1 Jahr		Regelmäßiger Mindestzeitabstand für arbeitsmedizinische Untersuchung von NachtArbN nach Vollendung des 50. LJ
Monate		
12 Monate	§ 7 VIII	Ausgleichszeitraum bei bestimmten arbeitszeitverlängernden Regelungen (Kalendermonate)
6 Monate	§ 3 I 2, § 7 VIII, § 15 IV, § 21a VI Nr. 2	Ausgleichszeitraum für Arbeitszeitverlängerung (Kalendermonate)
4 Monate	Art. 16b ArbeitszeitRL	Bezugszeitraum für wöchentl. Höchstarbeitszeit
4 Monate	§ 21a IV	Ausgleichszeitraum bei Verlängerung der Wochenarbeitszeit für Fahrpersonal
1 Monat	§ 5 II	Ausgleichzeitraum bei Verkürzung der Ruhezeit (Kalendermonat)
1 Monat	§ 6 II 1	Ausgleichszeitraum für Arbeitszeitverlängerung bei NachtArbN (Kalendermonat)
Wochen		
24 Wochen	§ 3 I 2, § 7 VIII, § 15 IV	Ausgleichszeitraum für Arbeitszeitverlängerung
16 Wochen	§ 21a IV	Ausgleichszeitraum bei Verlängerung der Wochenarbeitszeit für Fahrpersonal
8 Wochen	§ 11 III 3	Zeitraum, innerhalb dessen ein Ersatzruhetag für Feiertagsarbeit gewährt werden muss
4 Wochen	§ 5 II	Ausgleichzeitraum bei Verkürzung der Ruhezeit
4 Wochen	§ 6 II 1	Ausgleichszeitraum für Arbeitszeitverlängerung bei NachtArbN
2 Wochen	§ 11 III 1	Zeitraum, innerhalb dessen ein Ersatzruhetag für Sonntagsarbeit gewährt werden muss
Tage		
48 Tage	§ 2 V Nr. 3	NachtArbN-Eigenschaft bei Nachtarbeit von 48 Tagen im Kalenderjahr
15 Tage	§ 11 I	Mindestanzahl beschäftigungsfreier Sonntage im Jahr
10 Tage	§ 13 III Nr. 2a	Bewilligungsfähige Sonn- und Feiertagsarbeit wegen besonderer Verhältnisse
5 Tage	§ 13 III Nr. 2b	Bewilligungsfähige Sonn- und Feiertagsarbeit zur Verhütung eines unverhältnismäßigen Schadens
1 Tag	§ 13 III Nr. 2c	Bewilligungsfähige Sonntagsarbeit wegen Inventur

Zeitraum/ -grenze	Fundstelle im Gesetz	Regelungsinhalt
Stunden		
168 Stunden		Anzahl der Stunden/Woche
144 Stunden		Zulässige wöchentl. Betriebszeit (ohne Sonntagsarbeit)
60 Stunden	§ 21a IV	Höchstzulässige Wochenarbeitszeit für Fahrpersonal
48 Stunden	Art. 6b ArbeitszeitRL, § 7 VIII, § 14 III, § 15 IV, § 21a IV	Wöchentl. durchschnittl. Höchstarbeitszeit
24 Stunden	§ 9 I, II	Dauer der Sonn- und Feiertagsruhe
12 Stunden	§ 5 II	Mindestruhezeit zum Ausgleich von Ruhezeitverkürzungen
12 Stunden	§ 13 JArbSchG	Mindestruhezeit von Jugendlichen
12 Stunden	§ 12 I Nr. 4	Höchstarbeitszeit an Sonn- und Feiertagen zur Erreichung zusätzlicher freier Schichten an Sonn- und Feiertagen
11 Stunden	§ 5 I, § 7 IX	Ruhezeit nach Beendigung der täglichen Arbeitszeit
11 Stunden	§ 12 JArbSchG	Höchstdauer der Schichtzeit von Jugendlichen im Gaststättengewerbe, in der Landwirtschaft, in der Tierhaltung sowie auf Bau- und Montagestellen
10 Stunden	§ 3 I 2, § 6 II	Zulässige werktägl. Arbeitszeit bei Ausgleich
10 Stunden	§ 5 II	Mindestruhezeit bei Ruhezeitverkürzung in bestimmten Branchen
10 Stunden	§ 12 JArbSchG	Höchstdauer der Schichtzeit von Jugendlichen
9 Stunden	§ 4 I	Bei Arbeitszeit von 9 Stunden Ruhepause von 45 Minuten
9 Stunden	§ 7 I Nr. 3	Mindestruhezeit bei abweichender Regelung durch TV oder BV
8 Stunden	§ 3 I 1, § 6 II	Zulässige werktägl. Arbeitszeit ohne Ausgleich
8 Stunden	§ 12 JArbSchG	Höchstdauer der Schichtzeit von Jugendlichen im Bergbau unter Tage
7 Stunden	§ 2 III	Dauer der Nachtzeit
6 Stunden	§ 9 II	Vor- oder Zurückverlegung der Sonn- und Feiertagsruhe um bis zu 6 Stunden
6 Stunden	§ 4 S. 3	Höchstarbeitszeit ohne Pause
3 Stunden	§ 10 III	Zulässige Arbeitszeit in Bäckereien und Konditoreien an Sonn- und Feiertagen
2 Stunden	§ 9 III	Vor- oder Zurückverlegung der Sonn- und Feiertagsruhe um bis zu 2 Stunden für Kraftfahrer und Beifahrer
Minuten		
45 Minuten	§ 4 S. 1	Pausendauer bei Arbeitszeit von mehr als 9 Stunden
30 Minuten	§ 4 S. 1	Pausendauer bei Arbeitszeit von 6 bis 9 Stunden
15 Minuten	§ 4 S. 2	Mindestdauer einer Kurzpause

Altersteilzeitgesetz

vom 23.7.1996 (BGBl. I S. 1078)
zuletzt geändert durch Gesetz vom 20.12.2007 (BGBl. I S. 3150)

Vorbemerkungen

I. Einführung. Der Gesetzgeber hat Mitte 1996 aus der Not heraus, als der sog. Frühruhestand ab 55 Jahren, der Weg über die Altersarbeitslosigkeit in die gesetzl. Rente, auf einem neuen Höhepunkt war, mit der Altersteilzeit (ATZ) eine Personalanpassungsmöglichkeit geschaffen, die inzwischen nicht nur in der Praxis akzeptiert ist, sondern langfristig das Potential hat, zu einem der innovativsten Personalanpassungsinstrumente überhaupt zu werden. Soweit die positive Sicht. Leider hat der Gesetzgeber sich im neuen „Gesetz zur Förderung eines gleitenden Übergangs in den Ruhestand" mit dem ATZ-Gesetz in Art. 1[1], im Folgenden ATZG, sehr viel auf einmal vorgenommen. Kennzeichnend ist vor allem eine komplizierte Mischung aus Arbeits- und Sozialrecht sowie eine enge Zusammenarbeit zwischen ArbGeb und AA, die das Tagesgeschäft des Personalpraktikers schnell verlässt. Die Regelungen des ATZG, vor allem die Regelungen zur Berechnung der Aufstockungsleistungen, wurden in der betriebl. Praxis als zu kompliziert und wenig praktikabel wahrgenommen[2]. Dies vor allem, weil im Zusammenspiel von gesetzl. Mindestsicherungen und tarifrechtl. Vorschriften die Berechnung der Aufstockungsleistungen nur noch von wenigen Fachleuten durchschaut wird. Durch Art. 95 des **Dritten Gesetzes für moderne Dienstleistungen am Arbeitsmarkt** vom 23.12.2003[3] und durch Art. 42 des **Vierten Gesetzes für moderne Dienstleistungen am Arbeitsmarkt** vom 24.12.2003[4] wurde das ATZG erheblich vereinfacht. Nach den Vorstellungen des Gesetzgebers sollen die Vereinfachungen das Instrument ATZ auch bei kleineren Unternehmen attraktiver und handhabbarer machen[5]. Die Änderungen wurden erst für ATZ-Arbeitsverhältnisse wirksam, die nach dem 30.6.2004 begannen (§ 15g ATZG). Dass es bisher relativ wenig Rechtstreite gibt, ist der ausführlichen Kommentierung der BA in ihren Durchführungsanweisungen[6], im Folgenden DA, und einer zunehmend pragmatischen Anwendung der Behörde zu verdanken. Die Kommentierung der Einzelvorschriften setzt sich deshalb aus der Sicht der Praxis bei wichtigen Weichenstellungen mit dieser dokumentierten Auslegung der Arbeitsbehörde auseinander. 1

1. Drei Schritte zur Entstehung. a) Die Frühruhestandsproblematik '94: Personalanpassung über Altersarbeitslosigkeit und Frührente. Das Thema der Personalkapazitätsanpassung unter Wahrung oder Verbesserung der Altersstruktur beschäftigt Unternehmen, Politik und Verwaltung seit Mitte der 80er Jahre. Der erste gesetzl. Steuerungsversuch betrieblicher Personalpolitik über § 128 AFG aF endete in einer so komplizierten Situation, dass im Anschluss an das Urteil des BVerfG von 1990[7] nur ein Pauschalvergleich und die Aufhebung der Altvorschrift[8] die Thematik bereinigen konnten. Zum „neuen" ab 1993 geltenden § 128 AFG[9] konnte erst mit einer vom Bundesarbeitsministerium gebilligten pragmatischen Haltung der BA im Dienstblatt-Runderlass[10] (jetzt: Durchführungsanweisungen Altersteilzeit, abgekürzt DA) eine gemeins. Linie für die Praxisbewältigung durch die AA und die Betriebe gefunden werden. Hierbei spielte insb. die Bewertung betriebsbedingter Kündigungen mit der Anerkennung einer 2

---

1 Vom 23.7.1996, BGBl. I S. 1078 ff. | **2** BT-Drs. 15/1515 S. 75. | **3** BGBl. I S. 2848 (2910). | **4** BGBl. I S. 2954 (2993). | **5** BT-Drs. 15/1515 S. 75. | **6** Durchführungsanweisungen Altersteilzeit, Herausgeber: Bundesagentur für Arbeit Team SPIII 32, Stand 1.1.2008. | **7** BVerfG v. 23.1.1990 – 1 BvL 44/86 u. 48/87, BVerfGE 81, 156 ff. = DB 1990, 325 ff. | **8** Eingefügt durch Gesetz v. 18.12.1992, BGBl. I 1992, 2044 ff.; vgl. dazu *Pröbsting*, Personalführung 1991, S. 672 ff.; *Reß*, NZA 1991, 369 ff. | **9** Vgl. dazu BDA-Fachtagung „Der neue § 128 AFG" Dokumentation, Köln 1992; *Stindt*, DB 1993, 1361 ff. mit weiteren Quellenangaben. | **10** Dienstblatt der Bundesanstalt für Arbeit 11/93 vom 3.2.1993, überarbeitet als 11/94 vom 3.2.1994.

ausgewogenen Personalstruktur eine herausragende Rolle[1]. Die praxisgerechte Haltung der BA hat mit der ausdrücklichen gesetzl. Anerkennung im Kündigungsrechtsteil des arbeitsrechtl. Beschäftigungsförderungsgesetzes[2] ihre Auszeichnung gefunden.

3 Mit dem § 128 AFG von 1993 hat der Gesetzgeber die vorzeitige Entlassung älterer ArbN zur Personalkapazitätsanpassung notgedrungen anerkennen müssen. Er wollte über die dort genannten Voraussetzungen jedoch mitsteuern, was ihm nach seiner eigenen Beurteilung nur völlig unzureichend gelungen ist. Insbesondere war das Ausmaß der Frühruhestandspraxis in 1993 und 1994 für ihn überraschend groß und führte zu erheblichen Belastungen der SozV-Systeme[3]. Die Gesetzesbegründung und der Abschlussbericht des A+S-Ausschusses zum neuen ATZG zitieren eine Verfünffachung der Frühverrentungsfälle von 1992 bis 1995, die die künftige Finanzierbarkeit der sozialen Sicherungssysteme gefährde. Angesichts dieser Entwicklung und der anhaltenden tendenziellen Überalterung vieler Belegschaften wurde die Suche nach Alternativen dringlich.

4 **b) Das BKU-Modell '95: gemeinsame Lösungsalternative von BDA und DGB zur Vermeidung der Altersarbeitslosigkeit.** Der Bund Katholischer Unternehmer e.V. (BKU), Köln, hat im Frühjahr 1995 im Zuge der allgemeinen Debatte der Teilzeitförderung für Personalanpassungsmaßnahmen ein Modell zum gleitenden Vorruhestand durch ATZ zwischen 55 und 60 Jahren und ohne Arbeitslosigkeit entwickelt. Ein Kernbestandsteil war die gesetzl. Aufwertung der ATZ durch die Anerkennung als alternativer Zugang zur Altersrente statt über Arbeitslosigkeit, verbunden mit einer Änderung des § 38 SGB VI. Um die Trendwende zu erreichen und Akzeptanz bei ArbGeb und ArbN zu finden, sollte die Differenz zwischen Teilzeitentgelt und früherem Vollzeitentgelt teilweise mit Leistungen des ArbGeb und der BA ausgeglichen werden. Mitte 1995 haben BDA und DGB in einem gemeins. Brief an den Bundesarbeitsminister neben eigenen Varianten dieses Modell zur vertieften Diskussion empfohlen[4].

5 **c) Das ATZ-Gesetz '96: Förderung eines gleitenden Übergangs in den Ruhestand (und von Neueinstellungen).** Der Gesetzgeber hat im neuen ATZG das Kernelement des BKU-Vorschlags, die Gleichstellung des Verzichts auf Arbeit durch zweijährige hälftige Arbeitszeitreduzierung mit dem Verlust durch einjährige Altersarbeitslosigkeit, übernommen. Mit § 38 Nr. 2b SGB VI 1996[5], jetzt § 237 SGB IV und befristet auf die Jahrgänge bis einschließlich 1951, hat der Gesetzgeber im Unterschied zum Vorläufergesetz einen eigenen Rentenzugang wegen ATZ geschaffen.

6 Zur Bereitschaft der Praxis, die Frühruhestandspraxis zu ändern, hat die Anerkennung der Arbeitszeitblockung zu Beginn der ATZ als „Gleitmodell" beigetragen. Pionierarbeit leistete der erste ATZ-TV der Chemischen Industrie vom 17. Juli 1996, der noch während des Gesetzgebungsverfahrens abgeschlossen wurde.

7 **2. Sechs Einzelziele.** Die ATZ dient der Beschäftigungssicherung und Beschäftigungsförderung. Der Gesetzgeber verfolgt gleichzeitig sechs differenzierte Ziele, was die Umsetzung des ATZG kompliziert macht.

8 **a) Beitrag zur allgemeinen Teilzeitförderung.** Das ATZG 1996 gehört in den größeren Rahmen der allgemeinen Teilzeitförderung. Mit Hinweis auf bestimmte Untersuchungen schätzte man ein zusätzliches Arbeitsplatzpotenzial von bis zu 2 Millionen.

9 **b) Zugang zur Altersrente durch Arbeitszeitverzicht.** Vor den Zugang zum Ruhestand hat der Gesetzgeber den Arbeitszeitverzicht des ArbN gesetzt. Während Altersarbeitslosigkeit auch erzwungen werden kann, zB durch ArbGebKündigung, soll das neue ATZ-Modell nur im Konsens ermöglicht werden. Der Gesetzgeber verlangt einen entsprechenden Vertrag zwischen ArbN und ArbGeb. Der ArbN muss im Vergleich zum bisherigen Zustand freiwillig verzichten; durch Anreize für ihn und den ArbGeb wird dies allerdings leichter gemacht. Die Gesetzesbegründung[6] wertet die Aufstockleistungen als ausreichende soziale Absicherung des in Teilzeit arbeitenden älteren ArbN durch den ArbGeb.

10 **c) Beitrag zur sozialverträglichen Personalanpassung.** ATZ soll als Ablösemodell wirken. Die Begründung zum ATZG[7] führt aus: „Mit dem vorliegenden Gesetzentwurf soll die Praxis der Frühverrentung von einer neuen sozialverträglichen Möglichkeit eines gleitenden Übergangs vom Erwerbsleben in den Ruhestand (ATZ-Arbeit) abgelöst werden. Durch den Einsatz von ATZ-Arbeit werden sich unumgäng-

1 Dienstblatt-Runderlass 11/94; in dessen Einleitung (S. 1) und in der Erläuterung zu § 128 I 2 Nr. 4 AFG (betriebsbedingte Kündigung – S. 17) wurde das berechtigte Interesse des ArbGeb an einer leistungsfähigen Altersstruktur ausdrücklich berücksichtigt; vgl. dazu auch *Stindt*, DB 1993, 1361 ff. |2 BR-Drs. 461/96 v. 28.6.1996, endgültig verabschiedet am 13.9.1996, vgl. dort Art. 1 Nr. 1 zu § 1 III 2 KSchG. |3 Vgl. zB die Gesetzesbegründung zum neuen ATZG, BR-Drs. 208/96 v. 22.3.1996, S. 1, 22 ff.; Beschlussempfehlung und Bericht des Bundestags-Ausschusses für Arbeit und Sozialordnung (11. BT-Ausschuss), BT-Drs. 13/4877 v. 12.6.1996, S. 31. |4 Vgl. *Stindt*, Innovative Arbeitsförderung – aus Sicht der betrieblichen Praxis – Drei Vorschläge vom Bund Katholischer Unternehmer (BKU), in: Die Reform der Arbeitsförderung, Schriftenreihe der Bayer-Stiftung für deutsches und internationales Arbeits- und Wirtschaftsrecht, Bd. 2, 1997, S. 37 ff. |5 BGBl. I S. 1078. |6 BR-Drs. 208/96 v. 22.3.1996, A. Allgemeiner Teil II, S. 24. |7 BR-Drs. 208/96 v. 22.3.1996, A. Allgemeiner Teil II, S. 22, 23.

liche betriebliche Personalanpassungsmaßnahmen durchführen lassen, ohne dass auf die wertvollen Erfahrungen älterer Arbeitnehmer, die einen wichtigen Wettbewerbsvorteil darstellen können, verzichtet werden muss und ohne dass dies auf Kosten der Solidargemeinschaft der Versicherten geschieht." Der Frühruhestand diente ganz eindeutig der Personalreduzierung, wenn auch zu hohen betriebl. und sozialversicherungsrechtl. Kosten. Wenn das Neuinstrument ebenfalls für eine Personalanpassung zwar nicht nach Köpfen, aber über Arbeitszeitreduzierung geeignet sein soll, darf es – um von der Praxis angenommen zu werden – nicht teurer als der bisherige Frühruhestand sein. Die Waagschale neigt sich jedenfalls dann zu Gunsten der ATZ, wenn immaterielle (weiche) Faktoren zusätzlich gewichtet werden wie Halten der „wertvollen Erfahrungen älterer Arbeitnehmer" und damit Verhinderung des Know-how-Abflusses.

d) Beitrag zum qualitativen Personalaustausch. Der Gesetzgeber sieht die Hauptattraktivität auch für den ArbGeb darin, dass es zu einer Wiedervergabe des frei gewordenen Arbeitszeitkontingentes kommt. Dies soll eine Kombination der „wertvollen Kenntnisse und Erfahrungen älterer Arbeitnehmer" mit Neueinstellungen von Ausgebildeten oder Arbl. interessanter machen. Die Berücksichtigung von Ausgebildeten ist neu gegenüber dem alten ATZ-Gesetz[1]. Durch die Verbindung von Erfahrungswissen und Ausbildungswissen verspricht sich der Gesetzgeber eine Qualitätsoptimierung oder gar einen Schub. Vergleichbares dürfte auch bei der Einstellung von Arbl., jedenfalls mit entsprechender Qualität oder nach Qualifizierung, erreichbar sein. 11

Die Tendenz zur qualitativen Verbesserung kann der Gesetzgeber in Krisenzeiten besser gewahrt wissen, wenn er, wie im Rahmen des BeschFG vom 25.9.1996[2] und zB jetzt wieder in § 1 III 2 KSchG berücksichtigt, bei betriebsbedingten Kündigungen Beschäftigungsförderung und Leistung noch stärker verbinden würde. Seinerzeit war geregelt worden, dass ArbN nicht in die soziale Auswahl einzubeziehen sind, deren Weiterbeschäftigung, insb. wegen ihrer Kenntnisse, Fähigkeiten und Leistungen oder zur Sicherung einer ausgewogenen Personalstruktur, im berechtigten betriebl. Interesse liegt. Vornehmlich dürften davon jüngere als 55-jährige ArbN profitieren. Selbstverständlich kann dies aber auch für ältere ArbN gelten, weil eine Kündigung trotz ATZ-Vereinbarung in der Arbeitsphase nicht ausgeschlossen ist. 12

Wichtig ist, dass der Gesetzgeber nicht starr nur die Verklammerung der unterschiedlichen Kenntnisse an einem konkreten Arbeitsplatz als Aktionsfeld fordert. Denn so wie bereits bei der Begründung der Zielsetzung[3] und der weiteren Begründung die Eignung der ATZ-Arbeit für unumgängliche betriebl. Personalanpassungsmaßnahmen gesehen wird, gilt dieses weitere Betätigungsfeld auch bei der Wiederbesetzung nach einer Umsetzung, die über den konkreten Arbeitsplatz des ATZ-ArbN hinausgeht. 13

e) Förderung individueller und flexibler Vertragsgestaltungen. ATZ kann tatbestandlich nur angenommen werden, wenn der einzelne **ArbN** dies vertragl. vereinbart, also individuell zustimmt. Die Begründung zu § 2 I Nr. 2 macht dies deutlich: „Der Arbeitnehmer soll stets frei entscheiden können, ob er von der Möglichkeit der Altersteilzeit Gebrauch machen oder weiter seine Tätigkeit in ihrem bisherigen Umfang ausüben will." 14

Neben der Betonung der Individualität regt der Gesetzgeber auch eine Flexibilität bei der Vertragsgestaltung an und setzt dabei auch auf den ArbGeb. So heißt es im Allgemeinen Teil der Gesetzesbegründung, dass bei der Ausgestaltung des Arbeitsplatzes des Wiederbesetzers dem **ArbGeb** viele Gestaltungsmöglichkeiten gegeben sind. In der Begründung zur Einzelvorschrift des § 2 I Nr. 3 heißt es ausdrücklich: „Die Verteilung der Arbeitszeit bleibt den Arbeitsvertragsparteien überlassen, die am besten in der Lage sind, zu beurteilen, welche Ausgestaltung der ATZ-Arbeit der Situation am Arbeitsplatz am besten Rechnung trägt." Mit der nachgeschobenen Änderung in § 2 II leistete der Gesetzgeber laut Beschlussempfehlung und Bericht des BT-Ausschusses für Arbeit und Sozialordnung[4] sogar vor für ein neues Instrument: Mit der Ausdehnung des Teilzeitraumes auf bis zu fünf Jahre „können im Rahmen der ATZ auch längerfristige Arbeitszeitkonten angelegt werden." Der Zeitraum beträgt inzwischen sechs bzw. zehn Jahre. 15

f) Einfache oder doppelte Arbeitsmarktentlastung. Die vorgenannten differenzierten Zielsetzungen lassen sich schließlich wieder zu der entscheidenden Klammerzielsetzung zusammenführen: Beschäftigungssicherung und Beschäftigungsförderung sollen zu einer Arbeitsmarktentlastung beitragen. Dem Grundsatz in § 1 lässt sich entnehmen, dass der Gesetzgeber mit einer einfachen bzw. doppelten Arbeitsmarktentlastung rechnet. Wird die ATZ-Arbeit zur Personalkapazitätsanpassung über Arbeitszeitreduzierung benutzt, entsteht im Unterschied zum Frühruhestand in Zukunft keine Arbeitslosigkeit mehr. Dies bringt bereits eine massive Entlastung des Arbeitsmarktes. Der Gesetzgeber stellt sich nun eine Verdoppelung des Entlastungseffektes vor, wenn die ATZ-Arbeit die Einstellung eines sonst arbeitslosen ArbN oder die Übernahme eines Ausgebildeten ermöglicht. 16

---

1 Das ATZG v. 20.12.1988, BGBl. I S. 2343, förderte in § 1 nur die Einstellung eines Arbeitslosen. | 2 BGBl. I S. 1476, Geltung vom 1.10.1996 bis 31.12.1998. | 3 BR-Drs. 208/96, A. Zielsetzung, S. 1. | 4 BT-Drs. 13/4877 v. 12.6.1996, S. 33.

17 **3. Drei Praxisanreize.** Das ATZG bietet Anreize in drei aufeinander aufbauenden Stufen der Förderung bei einfacher bzw. doppelter Arbeitsmarktentlastung.

(1) Vorzeitiger Rentenzugang nach 24-monatiger Altersteilzeit bis zum Jahrgang 1951 (s. § 2 Rz. 1),

(2) Steuer- und Beitragsfreiheit von Aufstockungsleistungen,

(3) Erstattung von Aufstockungsleistungen bei ursächlicher Neueinstellung.

Die Erläuterung erfolgt bei der Kommentierung der Einzelvorschriften.

18 Die Chancen für eine betriebl. Akzeptanz hängen entscheidend davon ab, wie die Anreize des Gesetzes im „Marketingkonzept" der BA, in den Durchführungsanweisungen, (kurz: DA; vgl. Rz. 1 Fn. 6) greifen. Ergänzend zu den DA geben die „Hinweise der BA für ArbGeb und ArbN zum neuen ATZ-Gesetz"[1] eine Schnellübersicht.

19 Angeboten wird dort auch eine elektronisch gestützte Berechnung der finanziellen Auswirkungen für ArbN, die das Bundesministerium für Arbeit und Soziales zur Verfügung stellt. Kostenprogramme für ArbGeb stellen zT ArbGebVerbände zur Verfügung.

20 **4. Zukunftweisendes Potential.** ATZ hat sicher Bedeutung gehabt für die Anpassung der Personalkapazitäten bei geburtenstarken Jahrgängen, die ab 1996 55 Jahre alt wurden. Die betriebliche Praxis hat das Instrument bisher hauptsächlich als Frühruhestandsersatz genutzt. Dieser extreme Bedarf wird in diesem Jahrzehnt auslaufen.

21 Das in die Zukunft weisende Potential steckt zunächst in der Möglichkeit, die Jahrgangszugangsschwelle (55 Jahre) ohne konstruktive Veränderung an die demografische Entwicklung anzupassen und schrittweise zu erhöhen, ähnlich wie die Rentenzugangsschwelle gesetzl. in Stufen erhöht wird.

22 Die künftige Bedeutung liegt jedoch vor allem in der besseren Nutzung des Flexibilitätspotenzials, das zwar viel gefordert wird, aber wenig praktiziert wurde. Der Gesetzgeber hat die Vertragsparteien bei der Arbeitszeitfeinverteilung nicht eingeschränkt. Spätestens bei einsetzender Arbeitskräfteknappheit und dem betrieblichen Interesse nach einer Verlängerung der Lebensarbeitszeit erfahrener ArbN wird die ATZ die Interessenausgleichsplattform für die unterschiedlichen Bedürfnisse sein. Es dürfte zu einer Entblockung und flexiblen Verteilung der Arbeitskapazität über die gesamten Verteilzeiträume kommen. Die Weitergabe des Erfahrungswissens an Jüngere oder die Wertsteigerung beim älteren ArbN selbst durch Nutzung seiner arbeitsfreien Zeiten für die berufliche Weiterbildung, intern oder extern, könnten als wertschöpfend erkannt werden und die moderne Rechtfertigung für eine überproportionale Vergütung sein. Die Gegenleistung für eine die hälftige Arbeitsleistung überschreitende steuerfreie Vergütung könnte aber auch die Anerkennung/Förderung außerbetriebl. ehrenamtlicher Aufgaben sein.

23 Das Management und die Kombination der Ressourcen von ATZ-ArbN mit Erfahrungswissen und neu eingestellter Ausgebildeter mit Ausbildungswissen oder Arbl. mit externer Erfahrung und BA-gefördertem Weiterbildungswissen und/oder Eingliederungszuschüssen, kann betriebswirtschaftl. verblüffen. Es führt statistisch zu einer Kopfzahlerhöhung, aber gleichzeitig zu einer signifikanten Personalkostenreduzierung bei Qualitätssteigerung der Arbeit. Das ATZ-Instrument hat das Potential, den Nachweis zu erbringen, dass sich soziales Verhalten betriebswirtschaftl. rechnet.

24 Hinweise und Beispiele mit Einsparpotential von 10–30 % finden sich bei *Stindt*, Altersteilzeit: Chancen und Probleme der Kostensenkung und Qualitätserhöhung ohne Arbeitslosigkeit, in: Hanau/Schaub (Hrsg.), Arbeitsrecht 1997, Sammelband RWS-Forum 11, S. 271–290; *Stindt*, Altersteilzeit und deren Implementierungschancen für Klein- und Mittelstands-Unternehmen (KMU) – dargestellt am einem Fallbeispiel –, in: Clermont/Schmeisser (Hrsg.), Betriebliche Personal- und Sozialpolitik, 1998, S. 589 ff.; *Vogel*, Rente mit 60 – Was kostet ein „freigemachter" Arbeitsplatz?, ASP 2000, 46 ff.; kritisch zur bisherigen Praxis *Menges*, Altersteilzeit – Problematisch ist weniger das Gesetz, sondern die Art und Weise, wie Unternehmen es nutzen, in: Personal 2001, S. 558 ff.; die Kombination der ATZ mit dem von der Volkswagen AG entwickelten Zeit-Wertpapier erläutern *Grawert/Knoll*, Flexibles Ende der Lebensarbeitszeit und Altersteilzeit, Das Beispiel des VW Zeit-Wertpapiers, Personal 2000, S. 114 ff.; zu Teilzeitformen *Andresen/Neise*, Rz. 520 ff. Der betriebswirtschaftl. Anreiz bleibt trotz der jetzigen Beschränkung der Erstattung der nur noch auf das Regelarbeitsentgelt bezogenen Aufstockungsbeträge bestehen (vgl. § 3 Rz. 12).

25 Der ATZ wird zT entgegenhalten, sie passe nicht bei der Notwendigkeit eines schnellen Personalabbaus. Die Antwort richtet sich der Art und Höhe des Abbaubedarfs. Die sofortige Reduzierung überzähliger Arbeitszeit wird zu 50 % durch tatsächliche Halbierung der Arbeitszeit ohne Wiederbesetzung erreicht. Selbst bei Arbeitszeit-Blockbildung kann mit der Nutzung von Transferkurzarbeitergeld (Transfer-Kug) ein sofortiger Kapazitätsabbau erreicht werden, wenn die übrigen Voraussetzungen für Transfer-Kug (§ 216b SGB III) vorliegen. Mitarbeiter in ATZ werden im gegebenen Fall wie alle anderen

---

1 Im Internet verfügbar unter www.arbeitsagentur.de, Suchmaschine „Altersteilzeit" und „Finanzielle Hilfen für Arbeitgeber, Beschäftigung Älterer".

Mitarbeiter in einer relevanten Abteilung Transfer-Kug (sog. betriebsorganisatorische eigenständige Einheit, auch beE abgekürzt, (§ 216b III Nr. 2 SGB III) erfasst. Anerkannt wird allerdings nicht, wenn betriebsorganisatorisch eigenständige Einheiten nur für ältere Jahrgänge gebildet werden. Im Einzelfall dürfte die Nutzung der ATZ von der Kostenbelastung abhängen. Weil die Kombination beider gesetzl. Instrumente eine Altersarbeitslosigkeit in besonderen Drucksituationen von Personalüberkapazitäten verhindern helfen kann, sollten die Vorschriften nicht nur von der BA flexibel angewandt werden, sondern der Gesetzgeber sollte auf eine weitere Vereinfachung der Anwendung durch die betriebl. Praxis de lege ferenda hinwirken. Es muss vermieden werden, dass die ArbGebBelastung bei Alg attraktiver als bei Transfer-Kug ist.

II. Mustervertrag ATZ 26

(Kurzfassung auf der Grundlage eines Altersteilzeit-TV, ggf. mit ergänzender BV)

Zwischen ____________
und
Frau, Herrn ____________
geboren am ____________
wird in Abänderung des Arbeitsvertrages vom ____________
auf der Grundlage
a) des ATZG und
b) des TV zur Regelung der ATZ ____________ (Branche/Geltungsbereich)
in der Fassung vom ____________ (kurz ATZ-TV)
c) der BV vom ____________ über ATZ[1] Folgendes vereinbart:

§ 1 ATZ-Verhältnis

Das Arbeitsverhältnis wird nach Maßgabe der folgenden Regelungen ab ____________
als ATZ-Arbeitsverhältnis fortgesetzt.

§ 2 Arbeitszeit und Aufgabenübertragung

Die Arbeitszeit wird auf die Hälfte der bisherigen wöchentlichen Arbeitszeit verringert, das sind im Durchschnitt des Gesamtverteilzeitraums xx Stunden wöchentlich (Altersteilzeit).
Die ATZ-Arbeit wird geleistet,
– im Blockmodell[2]:
Arbeitsphase vom ____________ bis ____________
Freistellungsphase vom ____________ bis ____________;
– im flexiblen Teilzeitmodell, wie in der Anlage geregelt.

§ 3 Arbeitsentgelt, Aufstockungsleistungen

1. Der ArbN erhält für die Dauer des ATZ-Arbeitsverhältnisses Vergütung nach Maßgabe der gem. § 2 reduzierten Arbeitszeit. Das Arbeitsentgelt ist unabhängig von der Verteilung der Arbeitszeit fortlaufend zu zahlen.
2. Außerdem erhält der ArbN Aufstockungsleistungen nach Maßgabe des § ... ATZ-TV.

§ 4 Steuer- und sozialversicherungsrechtl. Behandlung der Aufstockungsleistungen

1. Die vom ArbGeb erbrachten Aufstockungsleistungen (Aufstockung zum Entgelt und Zuschuss zur Rentenversicherung) sind nach den derzeitigen gesetzl. Bestimmungen steuerfrei (§ 3 Nr. 28 EStG). Die Steuerfreiheit gilt auch für Beträge, die über die gesetzl. vorgesehenen Aufstockungsleistungen hinausgehen und vom ArbGeb freiwillig gezahlt werden. Nach § 32b Abs. 1 Nr. 1g EstG unterliegt die Aufstockung auf das Entgelt allerdings dem Progressionsvorbehalt, dh. sie ist bei der Bestimmung des anzuwendenden Steuersatzes im Rahmen der JahresEStVeranlagung zum Einkommen hinzuzurechnen. Der so ermittelte höhere Steuersatz wird beim steuerpflichtigen Einkommen angesetzt. Deshalb werden die ATZ-Leistungen gesondert auf der LStKarte ausgewiesen. Etwaige Nachforderungen auf Grund des Progressionsvorbehalts gehen zu Lasten des ArbN.
2. Der Aufstockungsbetrag und der Zuschuss zur RV sind nach geltendem Recht sozialversicherungsfrei.
3. Der ArbN verpflichtet sich ausdrücklich, die gesetzl. Hinzuverdienstgrenzen zu beachten.

§ 5 Arbeitsunfähigkeit

1. Im Fall krankheitsbedingter Arbeitsunfähigkeit leistet der ArbGeb Lohnfortzahlung nach den für das Arbeitsverhältnis jeweils geltenden Bestimmungen. Das gilt nicht, wenn der ArbN bei Blockzeit in der Phase der Freistellung arbeitsunfähig erkrankt.

---

1 Falls zum ATZ-TV eine ergänzende BV abgeschlossen ist. | 2 Die maximale Dauer (Arbeitsphase + Freistellungsphase) richtet sich nach dem anzuwendenden ATZ-TV.

2. Im Falle des Bezugs von Krankengeld, Versorgungskrankengeld, Verletztengeld oder Übergangsgeld nach Ablauf der Entgeltfortzahlung erbringt der ArbGeb die ATZ-Leistungen (Aufstockung zum Entgelt und zusätzliche RV-Beiträge) weiter[1].

§ 6 Urlaub

Der ArbN erhält Urlaub nach den bisherigen Vereinbarungen entsprechend dem zeitlichen Umfang seiner Arbeitsleistung; bei Blockzeit entsteht während der Phase der Freistellung kein Urlaubsanspruch.

§ 7 Mitwirkungs- und Erstattungspflichten

1. Der ArbN hat jede Änderung der ihn betreffenden Verhältnisse, die für die Gewährung von Leistungen der BA an den ArbGeb erheblich sind, unverzüglich mitzuteilen. Die Aufnahme einer weiteren Tätigkeit gegen Entgelt darf nur mit schriftlicher Zustimmung des ArbGeb erfolgen. Die Zustimmung wird erteilt, wenn dadurch die Anerkennung als geförderte ATZ und ggf. die Erstattung der Aufstockungsbeträge nicht beeinträchtigt ist und im Übrigen berechtigte Interessen des ArbGeb nicht entgegenstehen.
2. Der ArbGeb hat ein Zurückbehaltungsrecht, solange der ArbN diesen Mitwirkungspflichten nicht nachkommt. Zu Unrecht empfangene Leistungen hat der ArbN zu erstatten, wenn er die unrechtmäßige Zahlung dadurch bewirkt hat, dass er den Mitwirkungspflichten nach Abs. 1 nicht nachgekommen ist.

§ 8 Geltung des TV

Für das ATZ-Arbeitsverhältnis sind die Regelungen des ATZ-TV in ihrer jeweils geltenden Fassung anzuwenden.

§ 9 Rückabwicklungsregelungen für Störfälle mit vorzeitiger Vertragsbeendigung

Für den Fall einer Störung des Altersteilzeitarbeitsverhältnisses während der Arbeitsphase, die zu einer vorzeitigen Beendigung des Alterteilzeitarbeitsvertrags führt, gilt (ergänzend zu den einschlägigen Regelungen des ATZ-TV) Folgendes:
Grundsätzlich soll der ArbN so gestellt werden, dass er ein volles Entgelt für die tatsächlich geleistete Arbeit erhält. Mit Bezug auf Vorleistungen des ArbN heißt das: (Hinweis: die ergänzenden Details hängen von den Regelungen des jeweiligen TV ab.)

§ 10 Vertragsänderungen

Mündliche Nebenanreden bestehen nicht. Änderungen und Ergänzungen dieses Vertrages bedürfen der Schriftform. Dies gilt auch für eine Vereinbarung zur Aufhebung des Schriftformerfordernisses.

Ort ____________ Datum ____________

Unterschriften:

____________ ____________
ArbGeb ArbN

Anlage: Vereinbarung zur flexiblen Verteilung der Arbeitszeit und Aufgabenerledigung zwischen Herrn/Frau (ArbN) und Firma (ArbGeb). Textvorschlag:
„Die Arbeitszeit kann nach näherer Vereinbarung mit Ihnen flexibel verteilt werden. Dabei können sich regelmäßig oder unregelmäßig der Abstand und die Dauer der Arbeitsphasen und Freizeitphasen verändern. Die Gesamtzahl der Arbeitsstunden wird zu Beginn der ATZ in einem Mehr-Jahres-Arbeitszeitkonto als Guthaben zu unseren Gunsten erfasst. Sie führen das Konto (Vertrauenskonto) und tragen die von Ihnen zur Aufgabenerledigung aufgewandte Arbeitszeit als Tages-, Wochen- oder Monatsverbrauch ein. Monatlich erfolgt eine Abstimmung der Wertguthabenführung in den Lohnunterlagen iSd. § 8 Abs. 1 Nr. 7 Beitragsverfahrensverordnung. Wir werden uns gemeins. bemühen, die Planbarkeit Ihrer Einsätze dadurch zu erhöhen, dass wir den voraussichtlichen aufgabenbezogenen Arbeitszeitbedarf für einen Zeitraum von wenigstens drei Monaten vorausschätzen. Dabei werden wir Ihre persönlichen Interessen angemessen berücksichtigen.
Wir können Ihnen neben oder an Stelle Ihrer bisherigen Aufgaben gleichwertige andere Aufgaben zur eigenständigen Erledigung oder zur gemeins. Bearbeitung in einem Team übertragen, zB im Rahmen eines Projektes oder einer Recherche. Durch einen etwaigen Positionswechsel ändert sich weder Ihre bisherige Einstufung noch die vertragl. vereinbarte Vergütung."

Weitere Muster finden sich bei *Allary/Olschewski/Waldhorst*, S. 252 ff., 290 ff.; *Andresen*, S. 251 ff.; *Gussone/Voelzke*, S. 189 ff.; *Langenbrinck/Litzka*, S. 302 ff. für den öffentl. Dienst; *Nimscholz/Oppermann/Ostrowicz*, S. 445 ff.; *Rittweger/Petri/Schweigert*, S. 170 ff.

---

1 Abs. 2 ist nicht zwingend, da der ArbGeb nur im Förderfall einen Anspruch auf Förderleistungen der BA hat. Nur unter dieser Voraussetzung handelt es sich um Altersteilzeitarbeit iSd. ATZG (vgl. auch § 10 Rz. 6 und *Nimscholz/Oppermann/Ostrowicz*, Altersteilzeit Handbuch für die Personal- und Abrechungspraxis, 6. Aufl. 2008, Kapitel V).

III. Zehn häufig gestellte Fragen

1. Was sind die Voraussetzungen der ATZ auf einen Blick? 27

Es müssen im Wesentlichen acht Voraussetzungen beachtet werden:

(1) Der Vertragspartner des ArbGeb muss sozialversicherungspflichtig beschäftigter **ArbN** iSd. allgemeinen Arbeitsrechts und SozV-Rechts sein; (2) der ArbN muss bei Beginn der ATZ das **55. Lebensjahr vollendet** haben; (3) ArbGeb und ArbN müssen einen schriftl. **individualrechtl. Beschäftigungsvertrag vor** Beginn der ATZ-Phase geschlossen haben; (4) der Arbeitsvertrag muss zeitlich bis zur **Rentenbezugsmöglichkeit wegen Alters** reichen; (5) die bisherige durchschnittliche wöchentliche **Arbeitszeit** muss, bezogen auf die Gesamtlaufzeit der ATZ, **auf die Hälfte verringert** werden; (6) der ArbN muss **weiter sozialversicherungspflichtig beschäftigt** sein; (7) der ArbGeb muss mindestens im gesetzl. zwingenden Umfang das **Teilzeitentgelt erhöhen (Aufstockung des Regelarbeitsentgeltes um 20 % – maximal bis zur monatlichen BBG, zusätzliche RV-Beiträge, aus 80 % des Regelarbeitsentgeltes – maximal bis zu 90 % der BBG)**; (8) der ArbN muss innerhalb eines **Fünf-Jahres-Referenzzeitraums** vor Beginn der ATZ drei Jahre (1080 Tage) nach SGB III, oder nach den Vorschriften eines Mitgliedstaates der EU, in dem die Verordnung EWG Nr. 1408/71 Anwendung findet, sozialversicherungspflichtig beschäftigt gewesen sein.

2. Was sind die Vorteile für ArbN?

Vorzeitiges Ausscheiden aus dem Arbeitsleben ohne Arbeitslosigkeit, Chance eines gleitenden Übergangs, finanzielle Absicherung, klarer und vom Gesetz bevorzugter Weg in die Rente, Beitrag zum „Generationenvertrag".

3. Was sind die Vorteile für ArbGeb?

Vermeiden von Entlassungen und Altersarbeitslosigkeit, Wählen des vom Gesetz privilegierten sozialverträglichen Wegs der Personalanpassung, Verbesserung der Altersstruktur, Sicherungsmöglichkeit des Know-how-Transfers, Reduzierung der Personalkosten, Vermeiden von Arbeitslosigkeit an der 2. Berufsschwelle, dh. für Ausgebildete, Hochschulabsolventen, Förderung der Übernahme von im eigenen Betrieb Ausgebildeten, Erleichterung einer mittelfristigen Personalplanung.

4. Gibt es einen Anspruch auf ATZ?

Das Gesetz gibt keinen Anspruch, ATZ beruht vielmehr auf beiderseitiger Freiwilligkeit. Viele TV geben hingeben einen Anspruch, zT unter Bedingungen.

5. Kann ATZ gekündigt werden?

Es gelten die allgemeinen Kündigungsbedingungen, Ausnahme: IdR keine Kündigung in der Freizeitphase bei Blockbildung.

6. Was passiert bei vorzeitiger Beendigung der ATZ?

Sog. „Störfälle" sind nur im Blockmodell problematisch. Es gilt der Grundsatz, dass keine Rückabwicklung im sozialversicherungsrechtl. und steuerrechtl. Sinne erfolgen kann. Die Arbeitszeit-Wertguthaben werden arbeitsrechtl. unterschiedlich je nach TV behandelt. Das arbeitsrechtl. Wertguthaben ist grds. vererblich.

7. Was sind die Auswirkungen auf die spätere Rente?

Bei Rentenbezug vor dem Erreichen des Alters für die Regelaltersrente (§ 35 SGB VI) hat der ArbN Rentenabschläge in Kauf zu nehmen, Ausnahme schwerbehinderte ArbN, wenn sie einen vorzeitigen Anspruch auf abschlagsfreie Rente haben. Das Gesetz verlangt vom ArbGeb keinen Ausgleich. TV sehen unterschiedliche Lösungen mit einem teilweisen Ausgleich vor. Die Rentenabschläge gelten lebenslang.

8. Können Betriebsräte/Aufsichtsräte in ATZ gehen?

Alle ArbN ab 55 können, grds. unabhängig von einem Amt als BR oder Aufsichtsrat, in ATZ gehen. Besonderheiten gibt es nach der BAG-Rspr. für die Freizeitphase. Mangels betrieblicher Eingliederung entfällt die Wahlberechtigung und Wählbarkeit für Ämter, so dass es zu arbeitsrechtl. Problemen, nicht zum Problem des ATZ-Vertrags als solchem, kommt. Soll ein Amt fortgesetzt werden, empfiehlt sich die Vermeidung eines Blockmodells, vielmehr die passgenaue Verteilung der Arbeitszeit über den Gesamtzeitraum des ATZ-Vertrags.

9. Wie flexibel ist ATZ?

Das Gesetz macht bezüglich der Feinverteilung der ATZ keinerlei Einschränkungen.

10. Wie lange gibt es noch ATZ?

Das Gesetz sieht nur eine zeitlich befristete Förderung vor. Nach derzeitiger Regelung werden noch die ATZ-Modelle erfasst, die vor dem 1.1.2010 begonnen haben. Von der BA ungeförderte ATZ ist auch mit Beginn nach dem Stichtag möglich Die Steuer- (und Sozialversicherungs-)freiheit bleibt bestehen, wenn die übrigen Voraussetzungen der Altersteilzeit vorliegen.

1 *Grundsatz*

(1) Durch Altersteilzeitarbeit soll älteren Arbeitnehmern ein gleitender Übergang vom Erwerbsleben in die Altersrente ermöglicht werden.

(2) Die Bundesagentur für Arbeit (Bundesagentur) fördert durch Leistungen nach diesem Gesetz die Teilzeitarbeit älterer Arbeitnehmer, die ihre Arbeitszeit ab Vollendung des 55. Lebensjahres spätestens ab 31. Dezember 2009 vermindern und damit die Einstellung eines sonst arbeitslosen Arbeitnehmers ermöglichen.

(3) Altersteilzeit im Sinne dieses Gesetzes liegt unabhängig von einer Förderung durch die Bundesagentur auch vor bei einer Teilzeitarbeit älterer Arbeitnehmer, die ihre Arbeitszeit ab Vollendung des 55. Lebensjahres nach dem 31. Dezember 2009 vermindern. Für die Anwendung des § 3 Nr. 28 des Einkommensteuergesetzes kommt es nicht darauf an, dass die Altersteilzeit vor dem 1. Januar 2010 begonnen wurde und durch die Bundesagentur nach § 4 gefördert wird.

1 ATZ ist grds. nur möglich für ArbN, die einen Anspruch auf Rente wegen Alters (§§ 35 ff. SGB VI) oder aus einer berufsständischen Versorgung haben (§ 6 I 1 Nr. 1 SGB VI) oder im Zusammenhang mit der Erhöhung der Jahresarbeitsverdienstgrenze von der Versicherungspflicht in der Rentenversicherung befreit sind (§ 231GKI u. II SGB VI). Keinen Anspruch haben ArbN, die als Versorgungsbezieher nach § 5 IV Nr. 2 SGB VI von der gesetzl. Rentenversicherung befreit sind (BSG v. 21.3.2007 – B 11a AL 9/06 R).

2 Eine Förderung der ATZ durch die BA ist nur dann möglich, wenn die ATZ vor dem 1.1.2010 beginnt. Das gilt auch dann, wenn die die Förderung auslösende Wiederbesetzung nach diesem Zeitpunkt erfolgt. ATZ ist aber nach der Neufassung des Abs. 3 durch Art. 26a des Jahressteuergesetzes 2008 (BGBl. I S. 3187) von der BA ungefördert auch nach dem 31.12.2009 möglich, da die Steuerfreiheit des Entgeltaufstockungsbetrages nicht an eine Förderung durch die BA anknüpft. Diese Klarstellung bedeutet aber nicht, dass wegen des Begriffs „Teilzeit älterer Arbeitnehmer" jedwede Verringerung der Arbeitszeit unter den Begriff der ATZ fällt. Alle übrigen Voraussetzungen des Gesetzes müssen vorliegen, wie etwa Vorversicherungszeiten und insbesondere die Halbierung der bisherigen Arbeitszeit (vgl. Komm. zu § 2).

3 Vgl. auch Vorbemerkungen vor § 1 und zur beitragsrechtl. Behandlung für die Zeit ab 2010 Rundschreiben der Spitzenverbände vom 28.12.2007, S. 71, 72.

2 *Begünstigter Personenkreis*

(1) Leistungen werden für Arbeitnehmer gewährt, die

1. das 55. Lebensjahr vollendet haben,

2. nach dem 14. Februar 1996 auf Grund einer Vereinbarung mit ihrem Arbeitgeber, die sich zumindest auf die Zeit erstrecken muss, bis eine Rente wegen Alters beansprucht werden kann, ihre Arbeitszeit auf die Hälfte der bisherigen wöchentlichen Arbeitszeit vermindert haben, und versicherungspflichtig beschäftigt im Sinne des Dritten Buches Sozialgesetzbuch sind (Altersteilzeitarbeit) und

3. innerhalb der letzten fünf Jahre vor Beginn der Altersteilzeitarbeit mindestens 1080 Kalendertage in einer versicherungspflichtigen Beschäftigung nach dem Dritten Buch Sozialgesetzbuch oder nach den Vorschriften eines Mitgliedstaates, in dem die Verordnung (EWG) Nr. 1408/71 des Rates der Europäischen Union Anwendung findet, gestanden haben. Zeiten mit Anspruch auf Arbeitslosengeld oder Arbeitslosenhilfe, Zeiten des Bezuges von Arbeitslosengeld II sowie Zeiten, in denen Versicherungspflicht nach § 26 Abs. 2 des Dritten Buches Sozialgesetzbuch bestand, stehen der versicherungspflichtigen Beschäftigung gleich. § 427 Abs. 3 des Dritten Buches Sozialgesetzbuch gilt entsprechend.

(2) Sieht die Vereinbarung über die Altersteilzeitarbeit unterschiedliche wöchentliche Arbeitszeiten oder eine unterschiedliche Verteilung der wöchentlichen Arbeitszeit vor, ist die Voraussetzung nach Absatz 1 Nr. 2 auch erfüllt, wenn

1. die wöchentliche Arbeitszeit im Durchschnitt eines Zeitraums von bis zu drei Jahren oder bei Regelung in einem Tarifvertrag, auf Grund eines Tarifvertrages in einer Betriebsvereinbarung oder in einer Regelung der Kirchen und der öffentlich-rechtlichen Religionsgesellschaften im Durchschnitt eines Zeitraums von bis zu sechs Jahren die Hälfte der bisherigen wöchentlichen Arbeitszeit nicht überschreitet und der Arbeitnehmer versicherungspflichtig beschäftigt im Sinne des Dritten Buches Sozialgesetzbuch ist und

2. das Arbeitsentgelt für die Altersteilzeitarbeit sowie der Aufstockungsbetrag nach § 3 Abs. 1 Nr. 1 Buchstabe a fortlaufend gezahlt werden.

Im Geltungsbereich eines Tarifvertrages nach Satz 1 Nr. 1 kann die tarifvertragliche Regelung im Betrieb eines nicht tarifgebundenen Arbeitgebers durch Betriebsvereinbarung oder, wenn ein Betriebsrat nicht besteht, durch schriftliche Vereinbarung zwischen dem Arbeitgeber und dem Arbeitnehmer übernommen werden. Können auf Grund eines solchen Tarifvertrages abweichende Regelungen in einer Betriebsvereinbarung getroffen werden, kann auch in Betrieben eines nicht tarifgebundenen Arbeitgebers davon Gebrauch gemacht werden. Satz 1 Nr. 1, 2. Alternative gilt entsprechend. In einem

Bereich, in dem tarifvertragliche Regelungen zur Verteilung der Arbeitszeit nicht getroffen sind oder üblicherweise nicht getroffen werden, kann eine Regelung im Sinne des Satzes 1 Nr. 1, 2. Alternative auch durch Betriebsvereinbarung oder, wenn ein Betriebsrat nicht besteht, durch schriftliche Vereinbarung zwischen Arbeitgeber und Arbeitnehmer getroffen werden.

(3) Sieht die Vereinbarung über die Altersteilzeitarbeit unterschiedliche wöchentliche Arbeitszeiten oder eine unterschiedliche Verteilung der wöchentlichen Arbeitszeit über einen Zeitraum von mehr als sechs Jahren vor, ist die Voraussetzung nach Absatz 1 Nr. 2 auch erfüllt, wenn die wöchentliche Arbeitszeit im Durchschnitt eines Zeitraums von sechs Jahren, der innerhalb des Gesamtzeitraums der vereinbarten Altersteilzeitarbeit liegt, die Hälfte der bisherigen wöchentlichen Arbeitszeit nicht überschreitet, der Arbeitnehmer versicherungspflichtig beschäftigt im Sinne des Dritten Buches Sozialgesetzbuch ist und die weiteren Voraussetzungen des Absatzes 2 vorliegen. Die Leistungen nach § 3 Abs. 1 Nr. 1 sind nur in dem in Satz 1 genannten Zeitraum von sechs Jahren zu erbringen.

Die Vorschrift regelt die allgemeinen **arbeitnehmerbezogenen Voraussetzungen** für ATZ-Arbeit. ATZ iSd. ATZG ermöglicht den vorzeitigen Rentenzugang nach 24-monatiger ATZ-Arbeit für ArbN, die vor dem 1.1.1952 geboren sind, (§ 237 I Nr. 3b SGB VI). Dabei kann der vorzeitige Rentenzugang mit Abschlägen für vor dem 1.1.1946 geborene ArbN mit vollendetem 60. Lebensjahr erfolgen. Für nach dem 31.12.1945 geborene ArbN wird der Rentenzugang durch das RV-Nachhaltigkeitsgesetz vom 21.7.2004[1] in Monatsschritten auf das 63. Lebensjahr angehoben. ATZ iSd. ATZG können nur abhängig Beschäftigte, die der Versicherungspflicht zur ArblV unterliegen (dazu können grds. auch Geschäftsführer gehören), oder die eine versicherungspflichtige Beschäftigung nach den Vorschriften eines Mitgliedstaates der EU, in dem die VO (EWG) Nr. 1408/71 Anwendung findet, in Anspruch nehmen. Beamte und selbständig Tätige gehören damit nicht zum begünstigten Personenkreis nach dem ATZG. Für Beamte kommt allerdings ATZ nach beamtenrechtl. Vorschriften in Betracht (zB § 72b BBG). 1

ATZ-Arbeit wird durch einen zwischen ArbGeb und ArbN abgeschlossenen **schriftl. ATZ-Vertrag** vor Beginn der ATZ vereinbart. Eine rückwirkende Vereinbarung von ATZ ist grds. nicht zulässig[2]. Eine Ausnahme ergibt sich, wenn die „rückwirkende Begründung das Ergebnis einer (gerichtlichen) Auseinandersetzung ist"[3]. Ob eine außergerichtl. Geltendmachung ausreicht, wird vom BAG als möglich angedeutet, dürfte aber im begründeten Einzelfall nach dem Prinzip von Regel und Ausnahme nur zulässig und zu empfehlen sein, wenn ein Missbrauch nachweislich ausgeschlossen werden kann. Außerdem ist zu empfehlen, dass (bei anzunehmender Wiederbesetzung) gemäß § 12 I 3 eine Auskunftsentscheidung der AA eingeholt wird. Dies bietet sich deshalb an, weil der DA (zu § 2 Abs. 12) eine Ausnahme von der vorangehenden Vereinbarung nicht erwähnt. Eine weitere Einschränkung der rückwirkenden Begründung dürfte sich dann ergeben, wenn die Durchführung der ATZ durch Zeitablauf nicht mehr möglich ist, dann kommt nur noch ein Schadenersatzanspruch in Frage. Das Schriftformerfordernis ergibt sich wegen der vielen Nachweispflichten gegenüber der AA nicht nur aus Zweckmäßigkeitsgesichtspunkten, es ist zwingend nach § 14 IV TzBfG und § 623 BGB: 2

Durch den Vertrag wird das bisherige (idR) unbefristete Arbeitsverhältnis in ein **befristetes Teilzeitarbeitsverhältnis** geändert oder es wird bei einem neuen ArbGeb von vornherein ein befristetes Arbeitsverhältnis begründet (Zweckbefristung iSd. §§ 21, 15 II TzBfG)[4]. Sofern/weil das Enddatum und damit die Beendigung des Arbeitsvertrags sowie idR sonstige mit dem Vertragsende verbundenen Punkte vereinbart werden, handelt es sich im Fall der Änderung des bisher unbefristeten Arbeitsvertrags zugleich um einen Aufhebungsvertrag. 3

Der Abschluss eines ATZ-Vertrages beruht nach dem Gesetz auf **Freiwilligkeit**[5]. Dabei und bei der materiellen Ausstattung ist auf die arbeitsrechtl. Gleichbehandlung zu achten, wie das BAG im Zusammenhang mit dem Jahrgang/Lebensalter als Stichtag und erheblich unterschiedlichen Abfindungsbeträgen in Orientierung an unterschiedlichen Belastungen durch Aufstockungsbeträge bestätigt hat[6]. Rechtfertigungsgründe für eine Gruppendiffernzierung setzen voraus, dass ein legitimes Ziel vorliegt und die gewählten Mittel zur Zielerreichung angemessen und erforderlich sind. Bei einer Stichtagsregelung muss die Wahl des Zeitpunkts am zu regelnden Sachverhalt orientiert und die Interessenlage der Betroffenen angemessen erfasst sein[7]. Es bedarf der Offenlegung der sachlichen Gründe, die sich hinter einer Stichtagsregelung verbergen[8]. Eine Anknüpfung an die Dauer eines ATZ-Vertrages scheint auf weniger Bedenken zu stoßen. 4

Durch TV oder eine BV kann dem ArbN ein **Anspruch** auf Abschluss eines ATZ-Vertrages zugestanden werden (s. aber auch § 3 III). Zur Anspruchbegründung nach TV für den Öffentl. Dienst vgl. BAG v. 5

---

1 BGBl. I S. 1791 ff.; eine Übersicht der verschiedenen Rentenzugänge bietet *Birk*, NZA 2007, 244 ff. | 2 Rundschreiben der Spitzenverbände vom 6.9.2001, S. 24; DA § 2 XII. | 3 BAG v. 23.1.2007 – 9 AZR 393/06, Rz. 39 ff. mit Hinweis auf *Nimscholz/Oppermann/Ostrowicz*, 5. Aufl. S. 42 f.; BAG v. 23.1.2007 – 9 AZR 624/06. | 4 BAG v. 27.4.2004 – 9 AZR 18/03, AP Nr. 1 zu § 8 ATG; zur Beendigung als auflösende Bedingung BAG v. 8.8.2007 – 7 AZR 605/06; vgl. auch *Birk*, NZA 2007, 244 ff. | 5 BAG v. 12.12.2000 – 9 AZR 706/99, NZA 2001, 1209 ff.; v. 26.6.2001 – 9 AZR 244/00, NZA 2002, 44 ff. | 6 BAG v. 18.9.2007 – 9 AZR 788/06. | 7 BAG v. 18.9.2007 – 9 AZR 788/06, Rz. 18. | 8 BAG v. 18.9.2007 – 9 AZR 788/06, Rz. 24.

26.6.2001[1] und BAG v. 12.12.2000[2]. Auch wenn sich weder aus TV, BV oder dem Individualrecht ein Anspruch auf ATZ-Arbeit ergibt, kann der ArbGeb nicht nach freiem Belieben über einen Antrag entscheiden, vielmehr muss er über den Antrag sachlich entscheiden[3]. Ausreichend ist die Begründung des ArbGeb, er beabsichtige nicht, ATZ-Arbeit einzuführen[4]. Es bleibt dem ArbN nur die Durchsetzung eines (normalen) Teilzeitanspruchs nach dem TzBfG (ohne Aufstockungsleistungen).

6 Geförderte ATZ und damit ATZ überhaupt kann frühestens nach Vollendung des **55. Lebensjahres** des ArbN beginnen (Abs. 1 Nr. 1).

7 Vor Beginn der ATZ muss der ArbN innerhalb der letzten fünf Jahre mindestens 1080 Kalendertage (drei Jahre) in einer **versicherungspflichtigen Beschäftigung** nach dem SGB III, die nicht beim gleichen ArbGeb zurückgelegt sein muss, gestanden haben (Abs. 1 Nr. 3). Bei ATZ, die nach dem 30.6.2004 beginnt, werden auch in einem EU-/EWR-Mitgliedsstaat bzw. der Schweiz zurückgelegte versicherungspflichtige Beschäftigungszeiten berücksichtigt. Der Beginn eines ATZ-Verhältnisses aus Arbeitslosigkeit gleichzeitig mit Beginn eines Beschäftigungsverhältnisses ist jedenfalls nach der bisherigen Rspr. des BSG nicht zulässig[5]; es ist aber fraglich, ob diese restriktive Haltung angesichts der Chancen, die sich generell für ältere Arbl. durch den Einstieg in neue Beschäftigung über einen ATZT-Vertrag ergeben, aufrechtzuerhalten ist.

8 Hat der ArbN innerhalb der Fünfjahresfrist **Arbeitslosengeld/Alhi oder Alg II** oder eine andere Entgeltersatzleistung iSd. § 26 II SGB III (zB Krankengeld, Versorgungskrankengeld) bezogen, werden auch die Zeiten des Leistungsbezugs als versicherungspflichtige Beschäftigungszeiten berücksichtigt.

9 Ein Nahtloswechsel des 55-jährigen und der Start in ATZ bei einem anderen ArbGeb ist möglich. Zuvor Arbl. müssen zunächst in Vollzeit (die Dauer ist nicht vorgeschrieben) arbeiten (ggf. mit Eingliederungszuschuss), um dann in ATZ zu wechseln, wenn die übrigen Voraussetzungen des Abs. 1 Nr. 3 vorliegen.

10 Die ATZ **muss** zumindest bis zum frühestmöglichen Zeitpunkt reichen, zu dem der ArbN eine **Altersrente** (ggf. auch eine geminderte) beanspruchen kann[6]. Dies muss nicht ein Rentenzugang nach 24-monatiger ATZ gem. § 237 SGB VI sein. Liegt das vereinbarte Ende der ATZ dagegen vor dem Erreichen des Rentenalters, sind die Voraussetzungen des ATZG **nicht** erfüllt. Der Zeitpunkt des frühestmöglichen Rentenbeginns sollte durch eine entsprechende Auskunft des zuständigen RV-Trägers nachgewiesen werden.

11 Abs. 1 Nr. 2 setzt des Weiteren voraus, dass ArbN **„ihre Arbeitszeit" auf die Hälfte** der bisherigen wöchentlichen Arbeitszeit **vermindert** haben. Es kommt auf die individuelle Arbeitszeit an, die sehr sorgfältig zu ermitteln ist[7]. Dabei sind die Berechnungsvorschriften des § 6 II zu beachten. Das ATZG verlangt seit dem 1.1.2000 nicht mehr, dass der ArbN zuvor in Vollzeit beschäftigt war. Ist die vereinbarte Arbeitszeit niedriger als der errechnete Durchschnittswert der letzten 24 Monate, ist nur die zuletzt vereinbarte Arbeitszeit Basis für die Halbierung. § 6 II 2 regelt nur die Höchstgrenze. Eine Auf- oder Abrundung um die nächste volle Stunde ist zulässig[8]. Die Konsequenzen aus der ungenauen Beachtung (der Erstfassung des Gesetzes) behandelt BSG vom 29.1.2001[9].

12 Die verminderte Arbeitszeit muss der **Versicherungspflicht** iSd. SGB III unterliegen, zu beachten sind §§ 24, 25, 27, 28 SGB III. Der ArbN muss mehr als eine geringfügige Beschäftigung iSd. § 8 SGB IV (mehr als 400 Euro monatlicher Verdienst) ausüben.

13 Bei **Arbeitszeitflexibilisierungsvereinbarungen** ist die Halbierung auch anzuerkennen, wenn bei unterschiedlichen wöchentlichen Arbeitszeiten während des Kalenderjahres die wöchentliche durchschnittliche Arbeitszeit im maßgebenden Verteilzeitraum die Hälfte der bisherigen wöchentlichen Arbeitszeit geringfügig über- oder unterschreitet.

14 **Wertguthaben** iSd. § 7 Ia SGB IV, die zB auf Grund einer tarifl. zulässigen Regelung über flexible Zeiten vor Beginn der ATZ angesammelt wurden, können grds. mit ATZ kombiniert werden und so die Arbeitsphase verkürzen[10]. Vgl. zu Blockmodell und Entgeltersatzleistung im Übrigen § 10. Zur Berücksichtigung der Mehrarbeit vgl. § 5 Rz. 5 ff.

15 ATZ-ArbN, die im Unternehmen oder Betrieb **Organmitglieder** sind, zB ArbN-Vertreter im Aufsichtsrat oder BR-Mitglieder, verlieren ihre Wählbarkeit mit Eintritt in die endgültige Freistellungsphase; das

---

1 BAG v. 26.6.2001 – 9 AZR 244/00, NZA 2002, 44 ff. | 2 BAG v. 12.12.2000 – 9 AZR 706/99, DB 2001, 1995 ff.; s. auch BAG v, 23.1.2007 – 9 AZR 393/06. | 3 Vgl. BAG v. 29.11.1995 – 5 AZR 753/94, BAGE 81, 323 ff.; zur BV: BAG v. 5.6.2007 – 9 AZR 498/06. | 4 *Ostrowicz* in Nimscholz/Oppermann/Ostrowicz, Altersteilzeit, S. 26. | 5 BSG v. 23.7.1992 – 7 RAr 74/91, NZA 1993, 287; vgl. idS differenzierter jetzt auch *Grimmke/Podewin/Thau*, § 2 ATZG Rz. 46, 47. | 6 Zum Transparenzgebot bei überraschenden Beendigungsklauseln BAG v. 8.8.2007 – 9 AZR 605/06. | 7 Zur präzisen Stundenzahl bei Lehrern zB BAG v. 14.8.2007 - 9 AZR 18/07, 9 AZR 58/07, 9 AZR 59/07. | 8 Beispiele vgl. DA zu § 2, 2.2. | 9 BSG v. 29.1.2001 – B 7 AL 98/99 R, NZA-RR 2001, 596 ff. | 10 Zu Lebensarbeitszeitkonten und ATZ *Klemm*, NZA 2006, 946 ff.; zur Bilanzierung *Wellisch/Quast*, BB 2006, 763 ff.; zur grundsätzlichen Übertragbarkeit von Wertguthaben *Engesser/Clauss*, NZA 2006, 293 ff.

BAG[1] begründet dies mit der fehlenden betrieblichen Einordnung. Soll der Status erhalten bleiben, sollte die Arbeitszeit vorsorglich vertragl. flexibel über die Gesamtlaufzeit verteilt werden, so dass nicht von einem endgültigen Ausscheiden aus der betrieblichen Organisation ausgegangen werden kann.

Das ATZG will die Vielfalt der Arbeitszeitmodelle nicht einschränken, vielmehr fördern. Dazu enthalten die Absätze 2 und 3 Regelungen, die allerdings der genauesten Beachtung bedürfen, um die rechtl. Voraussetzungen der Förderung zu erfüllen. Der DA[2] nennt zB Modelle der degressiven ATZ, dh. ein stufenweises Reduzieren der Arbeitszeit. Der **höchstzulässige Verteilzeitraum** für ATZ-Vereinbarungen ohne tarifvertragl. Grundlage oder Regelung der Kirchen beträgt seit 1.1.1998 grds. drei Jahre. Innerhalb dieses Zeitraums kann die Arbeitszeit unterschiedlich auf Wochen oder unterschiedlich innerhalb einer Woche verteilt werden, solange die Gesamtarbeitszeit des Drei-Jahres-Zeitraums im Durchschnitt die Hälfte der bisherigen wöchentlichen Arbeitszeit nicht überschreitet und die Grenzen des § 8 SGB IV nicht unterschritten werden. 16

Durch eine tarifvertragl. oder eine entsprechende kirchenrechtl. Regelung kann der Verteilzeitraum auf bis zu sechs Jahre ausgedehnt werden (Abs. 2 Nr. 1, 2. Alt.). Das Gleiche Ergebnis kann auf Grund einer BV erreicht werden, wenn ein entsprechender TV eine dahin gehende Öffnungsklausel enthält. 17

ATZ-Vereinbarungen können auf der Grundlage eines TV oder einer Kirchenregelung auch einen Gesamtzeitraum von mehr als sechs Jahren (bis zu zehn Jahren) umfassen, Abs. 3. Die Förderung erstreckt sich allerdings maximal auf einen Sechs-Jahres-Zeitraum innerhalb des Gesamtzeitraums von bis zu zehn Jahren. 18

Die Voraussetzung des Abs. 1 Nr. 2 ist erfüllt, wenn die Arbeitszeit im Durchschnitt des Förderzeitraums die Hälfte der bisherigen wöchentlichen Arbeitszeit nicht überschreitet und die Beschäftigung sozialversicherungspflichtig iSd. SGB III ist. 19

Den **nicht tarifgebundenen ArbGeb** im Geltungsbereich eines TV wird die Möglichkeit eingeräumt, die tarifvertragl. Regelung zur ATZ durch BV bzw. in Betrieben ohne BR einzelvertragl. zu übernehmen. Es müssen in diesem Fall aber alle Regelungen des TV ATZ übernommen werden. Für Bereiche, in denen TV zur Verteilung der Arbeitszeit nicht getroffen oder üblich sind, können ATZ-Regelungen mit bis zu zehnjähriger Verteilzeit durch BV oder mangels BR einzelvertragl. vereinbart werden, zB für außertarifl. Angestellte und Freiberufler. 20

Eine Sonderregelung gibt es in der **chemischen Industrie**, die in langer Tradition für Akademiker TV abschließt und eine spezielle ATZ-Regelung vereinbart hat. 21

In der **Praxis** werden die über drei Jahre hinaus reichenden tarifl. Verteilzeiträume vielfach genutzt, man kann seit 1996 von insgesamt deutlich über 500 000 ATZ-Vereinbarungen ausgehen. ATZ-Verträge von über sechs und bis zehn Jahren in nennenswertem Umfang sind allerdings nicht bekannt geworden. 22

Abs. 2 Nr. 2 verlangt, dass das Arbeitsentgelt für die ATZ-Arbeit sowie der Aufstockungsbetrag nach § 3 I Nr. 1a fortlaufend gezahlt werden. Die **kontinuierliche Zahlung** hat Bedeutung für diskontinuierliche Arbeitsleistungen. Die Regelmäßigkeit bezieht sich auf das echte Arbeitsentgelt und die Aufstockungsbeträge, nicht auf die Aufstockungsbeiträge zur gesetzl. RV. 23

Die Notwendigkeit der **Rückstellungsbildung** hängt von der Wahl des ATZ-Modells ab. Zur Ermittlung, Bewertung und Bilanzierung der Rückstellungen für ATZ vgl. BMF-Schreiben vom 11.11.1999[3]. Der BFH hat mit Urt. v. 30.11.2005[4] die steuerliche Rückstellung beim Blockmodell klargestellt. Danach umfasst der in der Beschäftigungsphase kontinuierlich zurückzustellende Erfüllungsbetrag die gesamte in der Freistellungsphase zu gewährende Vergütung einschließlich der zu erbringenden Aufstockungsbeträge und der Nebenleistungen. 24

3 *Anspruchsvoraussetzungen*

(1) Der Anspruch auf die Leistungen nach § 4 setzt voraus, dass

1. der Arbeitgeber auf Grund eines Tarifvertrages, einer Regelung der Kirchen und der öffentlich-rechtlichen Religionsgesellschaften, einer Betriebsvereinbarung oder einer Vereinbarung mit dem Arbeitnehmer

a) das Regelarbeitsentgelt für die Altersteilzeitarbeit um mindestens 20 vom Hundert aufgestockt hat, wobei die Aufstockung auch weitere Entgeltbestandteile umfassen kann, und

---

1 Beschl. v. 25.10.2000 – 7 ABR 18/00, NZA 2001, 461 f.; kritisch dazu: *Haag/Gräter/Dangelmaier*, DB 2001, 702 ff.; *Kaus*, AiB 2001, 359 f.; *Weiß*, AiB 2000, 351 f.; neuerdings auch LAG Nürnberg v. 16.2.2006 – 2 Ta aBV/9/06, NZA-RR 2006, 358. | 2 Zu § 3, 1.3. | 3 BStBl. I S. 959 ff. | 4 BFH v. 30.11.2005 – I R 110/04; weitere Erläuterungen enthält das darauf Bezug nehmende Schreiben des BMF an die Obersten Finanzbehörden der Länder v. 28.3.2007 (IV B 2 – S 2175/07/0002); vgl. dazu auch *Heger*, BB 2007, 1043 ff.; zum BFH-Urteil *Euler/Benger*, StR 2007, 177 ff.

b) für den Arbeitnehmer zusätzlich Beiträge zur gesetzlichen Rentenversicherung mindestens in Höhe des Beitrags entrichtet hat, der auf 80 vom Hundert des Regelarbeitsentgelts für die Altersteilzeitarbeit, begrenzt auf den Unterschiedsbetrag zwischen 90 vom Hundert der monatlichen Beitragsbemessungsgrenze und dem Regelarbeitsentgelt, entfällt, höchstens bis zur Beitragsbemessungsgrenze, sowie

[Fassung von § 3 Abs. 1 Nr. 1 Buchst. a und b bis zum 30.6.2004:

a) das Arbeitsentgelt für die Altersteilzeitarbeit um mindestens 20 vom Hundert dieses Arbeitsentgelts, jedoch auf mindestens 70 vom Hundert des um die gesetzlichen Abzüge, die bei Arbeitnehmern gewöhnlich anfallen, verminderten bisherigen Arbeitsentgelts im Sinne des § 6 Abs. 1 (Mindestnettobetrag), aufgestockt hat und

b) für den Arbeitnehmer Beiträge zur gesetzlichen Rentenversicherung mindestens in Höhe des Beitrags entrichtet hat, der auf den Unterschiedsbetrag zwischen 90 vom Hundert des bisherigen Arbeitsentgelts im Sinne des § 6 Abs. 1 und dem Arbeitsentgelt für die Altersteilzeitarbeit entfällt, höchstens bis zur Beitragsbemessungsgrenze, sowie]

2. der Arbeitgeber aus Anlass des Übergangs des Arbeitnehmers in die Altersteilzeitarbeit

a) einen bei einer Agentur für Arbeit arbeitslos gemeldeten Arbeitnehmer , einen Bezieher von Arbeitslosengeld II oder einen Arbeitnehmer nach Abschluss der Ausbildung auf dem freigemachten oder auf einem in diesem Zusammenhang durch Umsetzung frei gewordenen Arbeitsplatz versicherungspflichtig im Sinne des Dritten Buches Sozialgesetzbuch beschäftigt; bei Arbeitgebern, die in der Regel nicht mehr als 50 Arbeitnehmer beschäftigen, wird unwiderleglich vermutet, dass der Arbeitnehmer auf dem freigemachten oder auf einem in diesem Zusammenhang durch Umsetzung frei gewordenen Arbeitsplatz beschäftigt wird,

oder

b) einen Auszubildenden versicherungspflichtig im Sinne des Dritten Buches Sozialgesetzbuch beschäftigt, wenn der Arbeitgeber in der Regel nicht mehr als 50 Arbeitnehmer beschäftigt

und

3. die freie Entscheidung des Arbeitgebers bei einer über fünf vom Hundert der Arbeitnehmer des Betriebes hinausgehenden Inanspruchnahme sichergestellt ist oder eine Ausgleichskasse der Arbeitgeber oder eine gemeinsame Einrichtung der Tarifvertragsparteien besteht, wobei beide Voraussetzungen in Tarifverträgen verbunden werden können.

(1a) ***Bei der Ermittlung des Arbeitsentgelts für die Altersteilzeitarbeit nach Absatz 1 Nr. 1 Buchstabe a bleibt einmalig gezahltes Arbeitsentgelt insoweit außer Betracht, als nach Berücksichtigung des laufenden Arbeitsentgelts die monatliche Beitragsbemessungsgrenze überschritten wird. [Absatz 1a Satz 1 ist zum 1.7.2004 aufgehoben]*** **Die Voraussetzungen des Absatzes 1 Nr. 1 Buchstabe a sind auch erfüllt, wenn Bestandteile des Arbeitsentgelts, die für den Zeitraum der vereinbarten Altersteilzeitarbeit nicht vermindert worden sind, bei der Aufstockung außer Betracht bleiben.**

(2) Für die Zahlung der Beiträge nach Absatz 1 Nr. 1 Buchstabe b gelten die Bestimmungen des Sechsten Buches Sozialgesetzbuch über die Beitragszahlung aus dem Arbeitsentgelt.

(3) Hat der in Altersteilzeitarbeit beschäftigte Arbeitnehmer die Arbeitsleistung oder Teile der Arbeitsleistung im Voraus erbracht, so ist die Voraussetzung nach Absatz 1 Nr. 2 bei Arbeitszeiten nach § 2 Abs. 2 und 3 erfüllt, wenn die Beschäftigung eines bei einer Agentur für Arbeit arbeitslos gemeldeten Arbeitnehmers oder eines Arbeitnehmers nach Abschluss der Ausbildung auf dem freigemachten oder durch Umsetzung frei gewordenen Arbeitsplatz erst nach Erbringung der Arbeitsleistung erfolgt.

1 **I. Inhalt und Zweck.** Die Vorschrift regelt die allgemeinen **arbeitgeberbezogenen Voraussetzungen** für ATZ-Arbeit und die Fördervoraussetzungen im Falle der Wiederbesetzung des durch den ATZ-ArbN freigemachten Arbeitsplatzes. Bei ATZ ist neben der Halbierung der Arbeitszeit Voraussetzung, dass der ArbGeb zum einen das während der ATZ erarbeitete Teilzeitarbeitsentgelt aufstockt und zum anderen zusätzlich RV-Beiträge entrichtet.

2 Die **Berechnung** der gesetzl. erforderlichen Mindestaufstockungsbeträge und der zusätzlichen RV-Beiträge richtet sich danach, ob die ATZ nach der bis zum 30.6.2004 geltenden Rechtslage (Altfall) oder nach der ab 1.7.2004 geltenden Rechtslage (Neufall) abzuwickeln ist. Ob es sich um einen Altfall oder einen Neufall handelt, richtet sich nach dem Beginn der ATZ und nicht nach dem Datum des Abschlusses des ATZ-Vertrages.

3 Bei ATZ, die nach dem 30.6.2004 begann (**Neufälle**), muss der ArbGeb das Regelarbeitsentgelt iSd. des § 6 I um 20% aufstocken und zusätzliche, vom ArbGeb allein zu tragende RV-Beiträge aus 80% des Regelarbeitsentgeltes – maximal den Unterschiedsbetrag zwischen 90% der BBG und dem Regelarbeitsentgelt – entrichten (Abs. 1 Nr. 1b idF ab 1.7.2004).

4 Bei ATZ, die vor dem 1.7.2004 begann (**Altfälle**), muss der ArbGeb zum einem das Teilzeitbrutto um 20%, mindestens aber auf 70% des bisherigen Nettoentgeltes (Mindestnetto) aufstocken (Abs. 1a idF

bis zum 30.6.2004) Die Mindestnettobeträge werden durch das BMAS durch RechtsVO[1] jeweils für ein Kalenderjahr festgelegt. Änderungen im Laufe des Kalenderjahres werden nicht berücksichtigt. Die Beträge der Mindestnettotabelle werden unter Berücksichtigung der Regelungen des § 133 SGB III ermittelt. Zum anderen muss der ArbGeb zusätzliche RV-Beiträge für den Unterschiedsbetrag zwischen 90 % des bisherigen Entgeltes und dem sozialversicherungspflichtigem Entgelt für die Teilzeitarbeit entrichten (Abs. 1b idF bis zum 30.6.2000). Einzelheiten zur Berechnung der Aufstockungsleistungen in Altfällen siehe 2. Auflage.

Sowohl in Altfällen als auch in Neufällen handelt es sich bei dem Aufstockungsbetrag zum Entgelt ebenso wie bei den zusätzlichen RV-Beiträgen um gesetzl. vorgeschriebene **Mindestbeträge**. Der ArbGeb kann darüber hinaus Zahlungen entweder auf Grund eines TV, einer BV oder einer Individualvereinbarung erbringen. Die **Grenze** für einen über den gesetzl. erforderlichen Aufstockungsbetrag zum Entgelt hinausgehenden Betrag ergibt sich aus den steuerrechtl. Vorschriften, wonach der Nettoauszahlungsbetrag während der ATZ nicht höher sein darf als vor der ATZ (LStR R 18 Abs. 3). 5

Entgeltbestandteile, die für die Gesamtlaufzeit der ATZ (zB vermögenswirksame Leistung, die nicht entsprechend der Kürzung der Arbeitszeit gekürzt wird) ungekürzt gezahlt werden, müssen bei der Berechnung des Aufstockungsbetrages zum Teilzeitentgelt nicht mit berücksichtigt werden (Abs. 1a). 6

Zusätzliche RV-Beiträge können maximal bis zur BBG der RV entrichtet werden. Dabei ist bei Neufällen zu beachten, dass höhere zusätzliche RV-Beiträge nur auf Bestandteile des Regelarbeitsentgeltes und nicht wie bei Altfällen auf nicht zum Regelarbeitsentgelt gehörende Entgeltbestandteile entrichtet werden können. 7

Die über den gesetzl. erforderlichen Aufstockungsbetrag **hinausgehenden Beträge**, die der ArbGeb zusätzlich aufstockt, werden im Förderfall nicht erstattet (§ 4 I Nr. 1). 8

Fällt das sozialversicherungspflichtige Entgelt für die Teilzeitarbeit unter die mit dem Zweiten Gesetz für moderne Dienstleistungen am Arbeitsmarkt[2] eingeführte Gleitzone (400,01 Euro bis 800,00 Euro), errechnet sich der **ArbN-Anteil an den SozV-Beiträgen** nicht nach den besonderen Regelungen zur Gleitzone, sondern nach den allgemeinen Regelungen[3]. 9

Der **Aufstockungsbetrag** zum Teilzeitentgelt ist **steuerfrei** und somit auch sozialabgabenfrei. Er unterliegt aber dem Progressionsvorbehalt (§ 3 Nr. 28 EStG iVm. § 1 ArEV). Zur Betragsfreiheit: § 1 I Nr. 1 SvEV. Auf die Auswirkungen des Progressionsvorbehaltes sollte der ArbN vor Abschluss des ATZ-Vertrages hingewiesen werden. Die durch den Progressionsvorbehalt entstehende steuerliche Mehrbelastung muss der ArbGeb selbst dann nicht ausgleichen, wenn er den ArbN nicht auf die Auswirkungen des Progressionsvorbehaltes hingewiesen hat[4]. Die Aufstockungsbeträge sind auch dann steuerfrei, wenn sie über den gesetzl. erforderlichen Mindestbetrag hinausgehen. Allerdings sind höhere Aufstockungszahlungen zum Entgelt nur bis zu 100 % des bisherigen Nettoentgeltes (R 18 Abs. 3 LStR) steuerfrei. Der Aufstockungsbetrag zum Teilzeitentgelt ist auch dann steuerfrei, wenn der ArbGeb keinen Anspruch auf Erstattungsleistungen gegenüber der BA hat. Steuerfreiheit kommt nur in Betracht, wenn die Voraussetzungen des § 2 erfüllt sind. 10

Der ArbGeb hat die Aufstockungsbeträge zum Entgelt zu **bescheinigen** (vgl. § 41 I u. § 41b I 2 Nr. 4 EStG). 11

II. Grundlage für die Berechnung in Neufällen. In Neufällen (Beginn der ATZ nach dem 30.6.2004) ist Grundlage für die Berechnung des gesetzl. Aufstockungsbetrages zum Entgelt und des zusätzlichen RV-Beitrages allein das Regelarbeitsentgelt (§ 6 I idF ab 1.7.2004). Das Regelarbeitsentgelt ist das durch die monatl. BBG der ArblV begrenzte sozialversicherungspflichtige Teilzeitentgelt, soweit die Entgeltbestandteile regelmäßig (in jedem Abrechnungszeitraum) anfallen. Entgeltbestandteile, die nicht regelmäßig anfallen (zB Einmalzahlungen, unregelmäßige Zulagen) und Entgeltbestandteile, die nicht für die vereinbarte Arbeitszeit (zB Mehrarbeitsvergütung) gezahlt werden, sind nicht Teil des Regelarbeitsentgeltes. Einmalzahlungen, die ungeachtet der arbeitsrechtl. Zulässigkeit gezwölftelt werden, sind Teil des Regelarbeitsentgeltes[5]. Unregelmäßig anfallende Zulagen werden dann Teil des Regelarbeitsentgeltes, wenn sie im Abrechnungsmonat selbst und in den davor liegenden drei Abrechnungszeiträumen angefallen sind[6]. Das Regelarbeitsentgelt kann daher vom Teilzeitentgelt abweichen. Enthält das Regelarbeitsentgelt zB variable Entgeltbestandteile, ist es in jedem Abrechnungsmonat neu festzusetzen. 12

Der Aufstockungsbetrag zum Teilzeitentgelt beträgt 20 % des Regelarbeitsentgeltes. Der ArbGeb kann aber auch Entgeltbestandteile, die nicht Teil des Regelarbeitsentgeltes sind, mit aufstocken (§ 3 I Nr. 1a idF ab 1.7.2004). 13

---

1 Mindestnettobetrags-Verordnung nach § 15 ATZG, MindestnettoVO 2008 v. 22.12.2007 (BGBl. I S. 3040). | 2 BGBl. I 2002 S. 4621. | 3 Rundschreiben der Spitzenverbände zu den Beschäftigungsverhältnissen in der Gleitzone v. 25.2.2003, S. 17. | 4 BAG v. 25.6.2002 – 9 AZR 155/01, DB 2002, 2491 ff.; v. 1.10.2002 – 9 AZR 298/01, nv. Zur aktuellen steuerlichen Behandlung ab 2002 nimmt *Macher*, NZA 2002, 142 ff. Stellung. | 5 Rundschreiben der Spitzenverbände v. 9.3.2004 S. 25. | 6 Rundschreiben der Spitzenverbände v. 9.3.2004 S. 26.

14 Der darüber hinaus vom ArbGeb allein zu tragende zusätzliche RV-Beitrag aus 80 % des Regelarbeitsentgelts ist gem § 3 I Nr. 1b idF ab 1.7.2004 gedeckelt auf den Unterschiedsbetrag zwischen 90 % der BBG und dem Regelarbeitsentgelt.

Beispiel (Stand 2008):

Regelarbeitsentgelt:	3000,00 Euro
90 % der BBG (West)	4770,00 Euro
Differenz zum Regelarbeitsentgelt	1770,00 Euro
80 % vom Regelarbeitsentgelt	2400,00 Euro

Zusätzliche RV-Beiträge sind daher aus 1770,00 Euro zu entrichten.

15 Für die Berechnung der zusätzlichen RV-Beiträge können nur Entgeltbestandteile herangezogen werden, die Teil des Regelarbeitsentgeltes sind. Das bisherige Aufstockungsniveau auf mindestens 90 % des bisherigen Arbeitsentgeltes bleibt im Ergebnis in Neufällen bestehen[1]. In bestimmten Sonderfällen, zB bei Mehrarbeit, wird ein höherer zusätzlicher RV-Beitrag als nach der bisherigen Regelung fällig.

Das Nähere zur Ermittlung der zusätzlichen RV-Beiträge in Neufällen ist im Rundschreiben der Spitzenverbände zur ATZ vom 9.3.2004 geregelt.

16 **III. Wiederbesetzung.** Die praxisgerechte Lösung der Wiederbesetzungsproblematik ist der eigentliche Schlüssel für die Akzeptanz des ATZG[2]. Das Schlüsselproblem enthält Abs. 1 Nr. 2. Es geht um die Frage, was der ArbGeb nachzuweisen hat, wenn es aus Anlass des Übergangs in die ATZ-Arbeit zu einer (neuen) Beschäftigung „auf dem freigemachten oder auf einem in diesem Zusammenhang durch Umsetzung frei gewordenen Arbeitsplatz" kommt. Hier die Wiederbesetzung iS einer Arbeitsplatzidentität oder auch einer Arbeitsidentität zu verstehen, ginge an der Lebenswirklichkeit vorbei. Diese Auslegung würde auch der Gesamttendenz des modernen Gesetzgebers des ATZG zuwiderlaufen, mit einer mehrfach in der Gesetzesbegründung betonten Flexibilisierung der Arbeitsbedingungen zur Beschäftigungssicherung und Beschäftigungsförderung beizutragen. Weder wird eine Arbeitsplatz- oder Aufgabenidentität verlangt, noch reicht eine generelle Arbeitszeitvolumenbetrachtung aus. Geboten ist eine spezielle Arbeitsmittelkausalität. Nachzuweisen ist als zeitlicher und ursächlicher Zusammenhang zwischen Arbeitszeitverminderung und Neueinstellung, dass die frei gewordenen zeitbezogenen Mittel, vor allem die neu verfügbare Arbeitszeit, die Beschäftigung des neuen Mitarbeiters ermöglichen.

17 § 3 I Nr. 2 selbst geht nicht davon aus, dass es bei der Neueinstellung zu einer Arbeitsplatzidentität kommen muss. Denn es werden im selben Satz die Beschäftigung „auf dem freigemachten" oder „auf einem in diesem Zusammenhang durch Umsetzung frei gewordenen Arbeitsplatz" genannt. Der Arbeitsplatzbegriff als solcher ist nicht konturenfest. Die §§ 81, 82 BetrVG zeigen, wie viele Faktoren einen Arbeitsplatz außer der Arbeitszeit bestimmen.

18 § 2 I Nr. 2 definiert nur die Reduzierung und den Umfang der Verminderung, aber nicht die Teilung. Die **Definition der Teilung** der Arbeitszeit findet sich in Abs. 1 Nr. 2 von § 3. Das Ergebnis der Arbeitszeitverminderung ist die ATZ-Arbeit, das Ergebnis der Arbeitszeitteilung ist die Neueinstellung. Durch eine Arbeitszeitverminderung wird unmittelbar nur Arbeitszeit frei, schon logisch kein voller Arbeitsplatz. Für die Dominanz des Arbeitszeitfaktors bei der Lösung der Problematik spricht auch die Legaldefinition für „Arbeitsplatzteilung" im neuen § 13 I 1 TzBfG; danach reicht, dass sich mehrere ArbN die Arbeitszeit an einem Arbeitsplatz teilen[3].

19 Das Gesetz selbst sagt nichts zum Nachweis der Teilung. Die BA geht in ihren DA inzwischen von einer **funktionsbereichsbezogenen Betrachtung** aus. Die Wiederbesetzung muss grds. beim gleichen ArbGeb erfolgen. Bei einem ArbGebWechsel im Verlauf der ATZ müssen ATZ-ArbN, Nachrücker und Wiederbesetzer zum neuen ArbGeb wechseln. Für die betriebliche Praxis ist diese Auslegung zu eng.

20 **Wiederbesetzung** des Arbeitsplatzes bedeutet nach der Weisungslage der BA[4], dass der konkrete, durch den ATZ-ArbN freigemachte Arbeitsplatz tatsächlich wiederbesetzt wird. Der Arbeitsplatz des ATZ-Mitarbeiters muss erhalten bleiben. Auf die konkrete Wiederbesetzung des Arbeitsplatzes des ATZ-ArbN wird nur bei ArbGeb mit bis zu 50 Beschäftigten und bei größeren ArbGeb mit abgrenzbaren Organisationsbereichen mit nicht mehr als 50 Beschäftigten verzichtet. Der Wiederbesetzer muss nicht in ein unbefristetes Beschäftigungsverhältnis übernommen werden.

21 Die Wiederbesetzung des durch den ATZ-ArbN freigemachten Arbeitsplatzes muss der ArbGeb nachweisen. Unproblematisch ist dieser Nachweis, wenn der zur Wiederbesetzung eingestellte Mitarbeiter **direkt** auf den freigemachten Arbeitsplatz des ATZ-Mitarbeiters einmündet.

1 BT-Drs. 15/1515 S. 133. | 2 Ausf. dazu *Stindt*, DB 1996, 2281 ff.; vgl. auch *Andresen/Neise*, Rz. 534–542. | 3 Vgl. dazu auch *Rolfs*, Teilzeit- und Befristungsgesetz, 2000, S. 74. | 4 DA 3.1.7 ff. Dies gilt auch bei einer Ausgliederung von Betriebsteilen, vgl. DA 3.1.7 Abs. 6 u. 5.1 Abs. 3.

Die Darstellung der **indirekten** Wiederbesetzung in größeren Einheiten kann durch die Bezugnahme auf **Funktionsbereiche** erleichtert werden, in die der Wiederbesetzer einmündet. Als Beispiele für die Bildung von Funktionsbereichen werden die Produktion, die Forschung und die Verwaltung eines Betriebes genannt. Eine weitere Untergliederung dieser Großfunktionsbereiche nach dem internen Betriebszweck der Funktionsbereiche ist möglich (zB Untergliederung des Funktionsbereiches Produktion bei einem PKW-Hersteller in Lackiererei, Lenkungsbau, Motorenbau, Karosseriebau etc.). Funktionsbereiche sind daher nicht immer mit einzelnen Betriebsorganisationen identisch. Sie gehen über die enge Betriebsorganisation – etwa Abteilungen – hinaus. Ein Funktionsbereich kann mehrere betriebsorganisatorische Bereiche umfassen. Voraussetzung ist, dass die aus dem internen Betriebszweck herleitbare Gemeinsamkeiten der Bereiche, die zu einem Funktionsbereich zusammengefasst werden, vorhanden sind. Funktionsbereiche können daher auch betriebsstättenübergreifend definiert werden. Eine einzelne Betriebsstätte selbst ist kein Funktionsbereich, da ein Funktionsbereich Teil einer oder mehrerer Betriebsstätten ist. Die Definition und Darstellung von Funktionsbereichen eröffnet für die betriebl. Praxis der Wiederbesetzung vielfältige Gestaltungsmöglichkeiten. Erfolgt die Wiederbesetzung des Arbeitsplatzes des ATZ-Mitarbeiters in einem Funktionsbereich, reicht es aus, dass in einem Funktionsbereich der Arbeitsplatz des ATZ-Mitarbeiters funktionsadäquat wiederbesetzt wird und in den Funktionsbereich ein arbeitslos gemeldeten ArbN oder ein Ausgebildeter einmündet. Auch eine funktionsbereichsübergreifende Wiederbesetzung beim selben ArbGeb ist möglich. In diesen Fällen muss jedoch der Wechsel eines Mitarbeiters von einem Funktionsbereich in den anderen Funktionsbereich (Kettenglied) nachgewiesen werden[1]. 22

ArbGeb mit bis zu 50 Beschäftigten (50er-Regelung): Bei ArbGeb mit idR nicht mehr als 50 Beschäftigten muss der frei gewordene Arbeitsplatz des ATZ-Mitarbeiters nicht durch einen Nachrücker wiederbesetzt werden. Der Arbeitsplatz des ATZ-Mitarbeiters kann daher zB mit Beginn der Freizeitphase auch entfallen. Eine Förderung erfolgt schon dann, wenn ein Wiederbesetzer, der die Voraussetzungen erfüllt, eingestellt oder übernommen wird und entsprechend der durch den ATZ-Mitarbeiter freigemachten Arbeitszeit beschäftigt wird (Abs. 1 Nr. 2a). 23

Übertragung der 50er-Regelung auf größere Unternehmen: Über den gesetzl. Anwendungsbereich hinaus kann die 50er Regelung auch auf ArbGeb mit mehr als 50 Beschäftigten übertragen werden, wenn der in ATZ wechselnde Mitarbeiter dort in einem abgrenzbaren, eigenständigen Organisationsbereich mit nicht mehr als 50 Beschäftigten beschäftigt ist. Von einer abgrenzbaren, eigenständigen Organisationseinheit kann dann ausgegangen werden, wenn die Organisationseinheit einen abgeschlossenen, eigenständigen Betriebszweck – auch Hilfszweck – verfolgt und wenn diese Organisationseinheit über eine eigene Leitung verfügt. In den DA[2] wird in diesem Zusammenhang auf die Weisungen zum Begriff der Betriebsabteilung im KugBereich (§ 171 SGB III) verwiesen. 24

Für eine Förderung durch die BA reicht es bei ArbGeb mit nicht mehr als 50 Beschäftigten auch aus, dass ein **Auszubildender** aus Anlass des Überganges des Mitarbeiters in ATZ eingestellt wird (Abs. 1 Nr. 2b). Mit der Berücksichtigung von ArbN nach Abschluss der Ausbildung gem. Abs. 1 Nr. 2a hat der Gesetzgeber aus besonderem arbeitsmarktpolitischen Grund, nämlich der Verhinderung von Jugendarbeitslosigkeit nach Abschluss einer Ausbildung und indirekt der Förderung von zusätzlichen Ausbildungsplätzen, die gesetzl. Vermutung aufgestellt, dass der Personenkreis der Ausgebildeten, der aus Anlass des Übergangs in die ATZ-Arbeit eines ArbN eingestellt wird, immer zum förderungswürdigen Personenkreis gehört. 25

Bezüglich der Einstellungen sonst Arbl. bleibt es bei den allgemeinen Arbeitslosigkeitsregeln und in Zweifelsfällen bei der Beurteilung durch die AA. Die **Arbeitslosigkeit** muss nicht schon eingetreten sein. Die Arbeitslosmeldung muss nach § 122 SGB III grundsätzlich persönlich erfolgen. Die Arbeitslosmeldung **iS des § 3 I Nr. 2a** kann laut DA[3] auch schriftlich oder telefonisch erfolgen. Die Arbeitslosmeldung bei der AA ist auch zulässig, wenn der Eintritt der Arbeitslosigkeit innerhalb der nächsten drei Monate zu erwarten ist, zB die Kündigung bereits ausgesprochen oder ein Aufhebungsvertrag unterzeichnet ist oder die Befristung endet. Wegen der Verpflichtung, sich gem. § 37b SGB III frühzeitig arbeitsuchend zu melden, wird die vorgreifende Arbeitslosmeldung in Zukunft die Regel sein. 26

Ab dem 1.1.2008 werden auch Bezieher von Alg II (arbeitslose erwerbsfähige Hilfebedürftige) als arbeitslos gemeldete ArbN iSd. § 3 I Nr. 2a gleichgestellt. Im Unterschied zum Recht ab 1.1.2005 entfällt ab Anfang. 2008 bei Wiederbesetzung die bisher erforderliche Kostenzusage nach § 16 II 2 Nr. 6 SGB II. Förderfälle, in denen die rechtswirksame Wiederbesetzung (mit Kostenzusage) bereits vor dem 1.1.2008 vorgelegen hat, sind weiterhin grundsätzlich zu Lasten der BA zu finanzieren[4].

Als Wiederbesetzter iSd. Abs. 1 Nr. 2a kann grds. auch ein in einem EU-Staat arbeitslos gemeldeter Arbeitsuchender/ArbN anerkannt werden; das neue Arbeitsverhältnis muss aber der Versicherungspflicht der BA unterliegen. 27

---

1 Kritisch zum Nachweis bei Wiederbesetzungsketten *Andresen/Kreßel*, Rz. 17 und *Andresen/Neise*, Rz. 534. | 2 § 3, 3.1.7 Abs. 10. | 3 DA 3.1.7.1 Abs. 1. | 4 Zu weiteren Details DA 3.1.7.1 Abs. 5.

28 Auch verblockte ATZ kann gefördert werden. Da allerdings erst mit Beginn der Freistellungsphase der Arbeitsplatz freigemacht wird, kann eine die Förderung auslösende Wiederbesetzung des Arbeitsplatzes erst mit Beginn der Freistellungsphase erfolgen.

29 Die Wiederbesetzung muss in einem **zeitlichen Umfang** erfolgen, in dem der ältere ArbN seinen Arbeitsplatz freigemacht hat. Das Gesamtvolumen der bisherigen Arbeitszeit muss also grds. erhalten bleiben. Die Anwendungspraxis der BA lässt geringfügige Abweichungen durch Über- oder Unterschreiten im Umfang von 10 % und Abrundungen zu. Beispiel bei Blockbildung: Bei einer bisherigen Arbeitszeit von 35 Stunden kann nicht nur um 3,5 Stunden (10 %) abgewichen werden, unschädlich ist auch die Abrundung um 0,5 Stunden, so dass die Wiederbesetzung bei einer Beschäftigung mit 31 Stunden wöchentlich anerkannt wird. Beispiel bei kontinuierlicher Arbeitszeitverteilung: Bisherige Arbeitszeit 35 Stunden, Reduzierung um die Hälfte auf 17,5, Abweichung um 1,75 (10 %) auf 15,75, zulässige Abrundung auf 15 Stunden wöchentlich. Die betriebliche Nutzung der Wiederbesetzung im zeitlichen Umfang wie dargestellt bietet ein zusätzliches Potenzial zur Personalkapazitätsanpassung über Arbeitszeitreduzierung in einem Umfang von ca. 15 %. In Anlehnung an den neuerdings tarifl. ermöglichten arbeitsrechtl. Arbeitszeitkorridor kann man hier von einem **sozialrechtl. Arbeitszeitkorridor** sprechen.

30 **Überforderungsklausel.** Abs. 1 Nr. 3 zählt zu den Anspruchsvoraussetzungen der Leistungen nach § 4, nicht der ATZ, die Vermeidung einer arbeitgeberseitigen Überforderung durch übermäßige, vom Betrieb nicht zu verkraftende Inanspruchnahme von ATZ. Der ArbGeb soll bei tarifvertragl. eingeräumtem Anspruch frei entscheiden können, ob er einem ATZ-Vertrag noch zustimmt, wenn damit die 5 %-Grenze der Betriebsbelegschaft überschritten würde (Überforderungsklausel). Der ArbGeb soll vor finanzieller Überforderung geschützt werden[1].

31 Als Berechnungsgrundlage dient die Beschäftigtenzahl des Betriebs (nicht Unternehmens) im Durchschnitt der letzten zwölf Monate. Wenn kollektivrechtl. nicht anders geregelt, sind die Anspruchsteller in der zeitlichen Reihenfolge der Antragseingänge zu bedienen.

32 Ohne Anspruch hat der ArbGeb die Anträge nach **billigem Ermessen** zu behandeln. Die gesetzl. garantierte freie Entscheidungsmöglichkeit des ArbGeb geht als „gesetzl. Regelung" iSd. § 87 I Eingangssatz BetrVG dem MitbestR des BR bei der Arbeitszeit nach § 87 I BetrVG vor, ganz abgesehen davon, dass es sich um individuelle, nicht kollektive Regelungen handelt. Auch bei tarifl. Ansprüchen lösen freiwillige Vereinbarungen jenseits der 5 %-Grenze kein MitbestR des BR aus; das zum gesetzl. Vorrang nach § 87 I Eingangssatz BetrVG Gesagte gilt entsprechend[2]. Die Umwandlung eines bisherigen Vollzeitvertrags in einen ATZ-Vertrag löst auch kein MitbestR des Personalrats nach § 75 I Nr. 1 BPersVG aus, mitbestimmungspflichtig ist erst die Wiederbesetzung, zB mit einem bisher Arbl.[3]

33 In der Praxis hat die Überforderungsklausel zumindest in Großbetrieben die Erfüllung von ATZ-Anträgen nicht gebremst. Das Potenzial ist entweder nicht ausgeschöpft oder die Grenze wird willentlich überschritten. Angesichts der inzwischen ausformulierten Tarifregelungen und der aufgezeigten Vorteile auch für ArbGeb ist das nicht verwunderlich. Der gesetzl. Überforderungsschutz differenziert nicht nach Tarifgebundenheit der ArbN. Entscheidend ist die Zugehörigkeit zur Belegschaft[4].

4 *Leistungen*

(1) Die Bundesagentur erstattet dem Arbeitgeber für längstens sechs Jahre

1. den Aufstockungsbetrag nach § 3 Abs. 1 Nr. 1 Buchstabe a in Höhe von 20 vom Hundert des für die Altersteilzeitarbeit gezahlten Regelarbeitsentgelts und

2. den Betrag, der nach § 3 Abs. 1 Nr. 1 Buchstabe b in Höhe des Beitrags geleistet worden ist, der auf den Betrag entfällt, der sich aus 80 vom Hundert des Regelarbeitsentgelts für die Altersteilzeitarbeit ergibt, jedoch höchstens des auf den Unterschiedsbetrag zwischen 90 vom Hundert der monatlichen Beitragsbemessungsgrenze und dem Regelarbeitsentgelt entfallenden Beitrags.

[Fassung des § 4 Abs. 1 bis zum 30.6.2004:

(1) Die Bundesanstalt erstattet dem Arbeitgeber für längstens sechs Jahre

1. den Aufstockungsbetrag nach § 3 Abs. 1 Nr. 1 Buchstabe a in Höhe von 20 Prozent des für die Altersteilzeitarbeit gezahlten Arbeitsentgelts, jedoch mindestens den Betrag zwischen dem für die Altersteilzeitarbeit gezahlten Arbeitsentgelt und dem Mindestnettobetrag, und

2. den Betrag, der nach § 3 Abs. 1 Nr. 1 Buchstabe b in Höhe des Beitrags geleistet worden ist, der auf den Unterschiedsbetrag zwischen 90 vom Hundert des bisherigen Arbeitsentgelts im Sinne des § 6 Abs. 1 und dem Arbeitsentgelt für die Altersteilzeitarbeit entfällt.]

---

1 BAG v. 18.9.2001 – 9 AZR 397/00, NZA 2002, 1161 ff.; zum Anspruch auf Altersteilzeitarbeit vgl. auch *Thüsing*, EWiR 2001, 935 f.; BAG v. 23.1.2007 – 9 AZR 393/06 stellt klar, dass die Vorschrift nicht greift, wenn die 5 %-Grenze bereits freiwillig überschritten wurde; zum spez. Fall im kirchl. Bereich mit entsprechenden Richtlinien BAG v. 23.1.2007 – 9 AZR 624/06. |2 So auch *Rittweger/Petri/Schweigert*, Rz. 71. |3 BVerwG v. 12.6.2001 – 6 P 11/00, NZA 2001, 1091 f. |4 BAG v. 18.9.2001 – 9 AZR 397/00, NZA 2002, 1161 ff.

(2) Bei Arbeitnehmern, die nach § 6 Abs. 1 Satz 1 Nr. 1 oder § 231 Abs. 1 und 2 des Sechsten Buches Sozialgesetzbuch von der Versicherungspflicht befreit sind, werden Leistungen nach Absatz 1 auch erbracht, wenn die Voraussetzung des § 3 Abs. 1 Nr. 1 Buchstabe b nicht erfüllt ist. Dem Betrag nach Absatz 1 Nr. 2 stehen in diesem Fall vergleichbare Aufwendungen des Arbeitgebers bis zur Höhe des Beitrags gleich, den die Bundesagentur nach Absatz 1 Nr. 2 zu tragen hätte, wenn der Arbeitnehmer nicht von der Versicherungspflicht befreit wäre.

Die Höhe der Leistungen der BA richtet sich danach, ob ein Alt- oder Neufall vorliegt. 1

In **Altfällen (Beginn der Altersteilzeit vor dem 1.7.2004)** wird dem ArbGeb durch die BA der gesetzl. erforderliche Aufstockungsbetrag zum Teilzeitentgelt (20% vom Teilzeitbrutto, mindestens 70% des bisherigen Nettoentgeltes aus der Mindestnettotabelle; § 4 I Nr. 1 idF bis 30.6.2004) und der Unterschiedsbetrag zur RV bis zu 90% des bisherigen Arbeitsentgeltes vor Übergang in die ATZ erstattet (Abs. 1 Nr. 2). Die gesetzl. erforderlichen Mindestleistungen entsprechen daher in Altfällen den Erstattungsbeträgen im Förderfall.

Mit der Neufassung des Abs. 1[1] wurde die **Erstattung der Aufstockungsleistungen im Förderfall für ATZ-Fälle, die nach dem 30.6.2004 begannen, neu geregelt**. Im Förderfall werden die Aufstockungsleistungen auf Basis des Regelarbeitsentgelts im ersten vollen Abrechnungsmonat nach dem Vorliegen der Fördervoraussetzungen (Wiederbesetzung des Arbeitsplatzes) für die gesamte Förderdauer ermittelt und als Förderfestbetrag festgelegt (§ 12 II 1 idF ab 1.7.2004). 2

Der Förderfestbetrag wird nur dann angepasst, wenn sich das für die Berechnung der gesetzl. erforderlichen Aufstockungsbeträge zu berücksichtigende Regelarbeitsentgelt, das unabhängig von der Höhe des einmal ermittelten Förderfestbetrages in jedem Abrechnungsmonat zu ermitteln ist, um mindestens 10 Euro verringert (§ 12 II 2 idF ab 1.7.2004). Es entfällt daher im Förderfall die bei Altfällen notwendige monatliche Neuberechnung der Erstattungsbeträge[2]. Die gesetzl. erforderlichen Aufstockungsbeträge können daher von den Förderfestbeträgen abweichen. 3

Grundlage für die Festsetzung der Förderfestbeträge bildet das Regelarbeitsentgelt im ersten Monat der erfolgten Wiederbesetzung (Basismonat). Basismonat bei kontinuierlicher Arbeitszeitverteilung ist idR der erste Monat der ATZ, im Blockmodell der erste Monat der Freistellungsphase. Bei Beschäftigung eines Auszubildenden beginnt die Förderung auch im Blockmodell mit der Einstellung des Auszubildenden. 4

Zur Berechnung der Förderfestbeträge s. unter www.arbeitsagentur.de Vordruck ATG 310.

Sowohl in Altfällen als auch in Neufällen **entsteht der Anspruch** auf Förderung frühestens dann, wenn der Arbeitsplatz rechtswirksam wiederbesetzt iSd. § 3 I Nr. 2 ist. Bei einem kontinuierlichen Arbeitszeitmodell entsteht der Anspruch demnach sofort nach erfolgter Wiederbesetzung. In einem Blockmodell kann die die Förderung auslösende Wiederbesetzung frühestens mit Beginn der Freizeitphase erfolgen, da erst im Zeitpunkt der Wiederbesetzung die Voraussetzungen für eine Förderung der ATZ vorliegen (§ 3 III). 5

Im Falle der Beschäftigung eines Auszubildenden (§ 3 I Nr. 2b) werden Förderleistungen nur für Zeiten der tatsächlichen Beschäftigung erbracht. 6

Zahlt der ArbGeb auf Grund tarifvertragl. Regelungen, einer BV oder auf Grund einer einzelvertragl. Verpflichtung höhere Aufstockungsleistungen, so werden die den gesetzl. erforderlichen Aufstockungsbetrag übersteigenden Leistungen nicht erstattet. 7

Die Höchstförderdauer beträgt auch bei längerer ATZ sechs Jahre (s. auch Komm. zu § 5). 8

Bei von der gesetzl. RV befreiten ArbN werden im Förderfall Beitragszuschüsse des ArbGeb zu Gunsten des ArbN etwa an berufsständische Versorgungseinrichtungen maximal in der Höhe übernommen, in der zusätzliche Beiträge zur gesetzl. RV bei entsprechender Versicherungspflicht vom ArbGeb zu entrichten wären (Abs. 2). 9

Beispiel Neufall (Stand 2008):

Bisheriges Entgelt:	6000,00 Euro
Teilzeitentgelt/Regelarbeitsentgelt:	3000,00 Euro
Zusätzliche Beiträge des ArbGeb an eine Versorgungseinrichtung:	500,00 Euro
Erstattung durch die BA als Förderfestbetrag:	**477,60 Euro**

[Im Falle der Versicherungspflicht zur gesetzl. RV hätte der ArbGeb zusätzliche RV-Beiträge aus 80% des Regelarbeitsentgeltes zu entrichten (80% von 3000 Euro = 2400 Euro × 19,9%).]

1 Art. 95 des Dritten Gesetzes für moderne Dienstleistungen am Arbeitsmarkt vom 23.12.2003 (BGBl. I S. 2848). | 2 BT-Drs. 15/1515 S. 75.

5 *Erlöschen und Ruhen des Anspruchs*

(1) Der Anspruch auf die Leistungen nach § 4 erlischt

1. mit Ablauf des Kalendermonats, in dem der Arbeitnehmer die Altersteilzeitarbeit beendet hat,

2. mit Ablauf des Kalendermonats vor dem Kalendermonat, für den der Arbeitnehmer eine Rente wegen Alters oder, wenn er von der Versicherungspflicht in der gesetzlichen Rentenversicherung befreit ist, das 65. Lebensjahr vollendet hat oder eine der Rente vergleichbare Leistung einer Versicherungs- oder Versorgungseinrichtung oder eines Versicherungsunternehmens beanspruchen kann; dies gilt nicht für Renten, die vor dem für den Versicherten maßgebenden Rentenalter in Anspruch genommen werden können oder

3. mit Beginn des Kalendermonats, für den der Arbeitnehmer eine Rente wegen Alters, eine Knappschaftsausgleichsleistung, eine ähnliche Leistung öffentlich-rechtlicher Art oder, wenn er von der Versicherungspflicht in der gesetzlichen Rentenversicherung befreit ist, eine vergleichbare Leistung einer Versicherungs- oder Versorgungseinrichtung oder eines Versicherungsunternehmens bezieht.

(2) Der Anspruch auf die Leistungen besteht nicht, solange der Arbeitgeber auf dem freigemachten oder durch Umsetzung frei gewordenen Arbeitsplatz keinen Arbeitnehmer mehr beschäftigt, der bei Beginn der Beschäftigung die Voraussetzungen des § 3 Abs. 1 Nr. 2 erfüllt hat. Dies gilt nicht, wenn der Arbeitsplatz mit einem Arbeitnehmer, der diese Voraussetzungen erfüllt, innerhalb von drei Monaten erneut wiederbesetzt wird oder der Arbeitgeber insgesamt für vier Jahre die Leistungen erhalten hat.

(3) Der Anspruch auf die Leistungen ruht während der Zeit, in der der Arbeitnehmer neben seiner Altersteilzeitarbeit Beschäftigungen oder selbständige Tätigkeiten ausübt, die die Geringfügigkeitsgrenze des § 8 des Vierten Buches Sozialgesetzbuch überschreiten oder auf Grund solcher Beschäftigungen eine Entgeltersatzleistung erhält. Der Anspruch auf die Leistungen erlischt, wenn er mindestens 150 Kalendertage geruht hat. Mehrere Ruhenszeiträume sind zusammenzurechnen. Beschäftigungen oder selbständige Tätigkeiten bleiben unberücksichtigt, soweit der altersteilzeitarbeitende Arbeitnehmer sie bereits innerhalb der letzten fünf Jahre vor Beginn der Altersteilzeitarbeit ständig ausgeübt hat.

(4) Der Anspruch auf die Leistungen ruht während der Zeit, in der der Arbeitnehmer über die Altersteilzeitarbeit hinaus Mehrarbeit leistet, die den Umfang der Geringfügigkeitsgrenze des § 8 des Vierten Buches Sozialgesetzbuch überschreitet. Absatz 3 Satz 2 und 3 gilt entsprechend.

(5) § 48 Abs. 1 Nr. 3 des Zehnten Buches Sozialgesetzbuch findet keine Anwendung.

1 Der Anspruch auf Förderung **erlischt** immer dann, wenn das ATZ-Beschäftigungsverhältnis, sei es durch Fristablauf oder vorzeitig, beendet wird (Abs. 1 Nr. 1). Auf den Grund für die Beendigung des ATZ-Arbeitsverhältnisses kommt es dabei nicht an.

2 Auch dann, wenn der ATZ-ArbN einen **Anspruch auf eine ungeminderte Altersrente** hat, erlischt der Anspruch auf Förderung selbst dann, wenn das ATZ-Arbeitsverhältnis weiter besteht, und die Höchstförderdauer noch nicht ausgeschöpft ist (Abs. 1 Nr. 2). Es empfiehlt sich daher, wenn eine Förderung des ATZ-Arbeitsverhältnisses von Seiten des ArbGeb beabsichtigt ist, die Dauer des ATZ-Arbeitsverhältnisses nicht über den Zeitpunkt hinaus zu vereinbaren, an dem der ArbN einen Anspruch auf eine ungeminderte Altersrente hat. Der Anspruch auf Förderung erlischt auch dann, wenn der ATZ-ArbN eine Rente oder eine Knappschaftsausgleichsleistung **tatsächlich bezieht** (Abs. 1 Nr. 3). **Altersrenten**, die zum Erlöschen des Anspruchs auf Förderung führen, sind: Die Regelaltersrente (§ 35 SGB VI), Altersrente für besonders langjährig Versicherte (§ 38 SGB VI), Altersrente für langjährig Versicherte (§§ 36, 236 SGB VI), Altersrente für schwerbehinderte Menschen (§§ 37, 236a SGB VI; Ausnahme siehe § 15e ATZG), Altersrente für langjährig unter Tage beschäftigte Bergleute (§ 40 SGB VI), Altersrente wegen Arbeitslosigkeit oder nach ATZ-Arbeit (§ 237 SGB VI) und die Altersrente für Frauen (§ 237a SGB VI). Darüber hinaus erlischt der Anspruch auf Förderung bei Zuerkennung einer Rente wegen voller Erwerbsminderung (§ 43 SGB VI).

3 Wenn der ATZ-Mitarbeiter von der Versicherungspflicht zur gesetzl. RV befreit ist, erlischt der Anspruch auf Förderung mit Ablauf des Kalendermonats vor dem Kalendermonat, in dem der in ATZ beschäftigte Mitarbeiter das 65. LJ vollendet oder einen Anspruch auf eine vergleichbare Leistungen einer Versicherungs-/Versorgungseinrichtung oder eines Versicherungsunternehmens hat (Abs. 1 Nr. 2 u. Nr. 3).

4 Ein Anspruch auf Förderleistungen besteht auch dann nicht, wenn der **Wiederbesetzer**, der die Förderung auslöst, nicht mehr beschäftigt wird (Abs. 2). Wird der frei gewordene Arbeitsplatz innerhalb des Zeitraumes von drei Monaten erneut besetzt, erfolgt die Förderung durchgehend auch für die Zeit, in der der Arbeitsplatz nicht entsprechend wiederbesetzt war. Bei der Darstellung der Wiederbesetzung in einem Funktionsbereich muss sowohl der Arbeitsplatz des Nachrückers als auch der des Wiederbesetzers erhalten bleiben[1]. Für die Höchstförderdauer von sechs Jahren (§ 4 I) ist es jedoch nicht erforderlich, dass der als Wiederbesetzer beschäftigte Mitarbeiter über die Gesamtförderdauer beschäftigt wird. Es reicht aus, dass der Wiederbesetzer für insgesamt vier Jahre beschäftigt wird (Abs. 2 S. 2). Die Be-

schäftigungsdauer des Wiederbesetzers von vier Jahren wird im Blockmodell schon nach zwei Jahren erfüllt. Dies gilt allerdings nicht, wenn ein Auszubildender eingestellt wird, weil hier die monatliche Förderung in einfacher Höhe mit der Einstellung des Auszubildenden beginnt. Dauert die vereinbarte ATZ weniger als vier Jahre, ist für das Auslösen der Förderung eine der ATZ-Vereinbarung entsprechende Wiederbesetzungsdauer erforderlich.

Zeiten, in denen der Altersteilzeiter oder der Wiederbesetzer auf Grund von **Beschäftigungsverboten** (zB MuSchG), Ableistung von Wehr- oder Zivildienst oder Elternzeit unter Aufrechterhaltung des Arbeitsverhältnisses nicht beschäftigt wird, sind keine Unterbrechungstatbestände.

Der Anspruch auf Förderung **ruht**, wenn der ATZ-Mitarbeiter entweder eine mehr als geringfügige Tätigkeit bei einem anderen ArbGeb oder in mehr als geringfügigen Umfang Mehrarbeit iSd. § 8 SGB IV leistet. Das Gleiche gilt für die Ausübung einer (nicht bereits zuvor ausgeübten) selbständigen Tätigkeit, sobald diese die Geringfügigkeitsgrenze überschreitet (Abs. 3 S. 1). Beitragsfreie Entgeltbestandteile zählen nicht zum berücksichtigungsfähigen Einkommen. Wird sowohl eine Nebentätigkeit ausgeübt, als auch Mehrarbeit geleistet, werden die Erlöse aus diesen Tätigkeiten bei der Beurteilung der Frage, ob die Geringfügigkeitsgrenze überschritten ist, nicht zusammengerechnet[1]. Arbeitseinkommen ist der nach den allg. Gewinnermittlungsvorschriften des Einkommensteuerrechts ermittelte Gewinn (§ 15 SGB IV). Öffentl. Ehrenämter (Übertragung durch Wahl oder Delegation) und unentgeltlich dem Gemeinwohl dienende Tätigkeiten und Tätigkeiten bei Organisationen, die Aufgaben im öffentl. Interesse, gemeinnützige, mildtätige oder kirchliche Zwecke fördern, fallen nicht unter § 5 III. Der Ersatz der tatsächlichen Auslagen und Aufwandsentschädigungen in Anlehnung an § 3 Nr. 26 EStG, wenn sie den Höchstsatz nicht übersteigen, sind zulässig. Auch Auslandstätigkeit wird grds. nicht erfasst. 5

Der Anspruch auf Förderung erlischt, wenn auf Grund mehr als geringfügiger **Mehrarbeit/Nebentätigkeit** der Anspruch auf Förderung mindestens 150 Kalendertage, die nicht zusammenhängen müssen, geruht hat (Abs. 3 S. 2). Unter Mehrarbeit versteht man nur die Zeiten, die nach den einschlägigen tarifrechtl. Bestimmungen als Mehrarbeit definiert sind. Bereitschaftsdienst- und Rufbereitschaftsentgelte, etwa im öffentl. Dienst, sind keine Mehrarbeit. Nur die im Rahmen der Bereitschaftsdienste tatsächlich geleisteten Arbeitsstunden stellt Mehrarbeit dar. Der Anspruch auf Förderung ruht bei der Überschreitung der Geringfügigkeitsgrenze an den Tagen, an denen die Mehrarbeit bzw. Nebentätigkeit zur Überschreitung der Geringfügigkeitsgrenze (Entgelt mehr als 400,00 Euro monatlich) führt. 6

Mehr als geringfügige Mehrarbeit führt dann nicht zum Ruhen des Anspruches auf Förderung, wenn sie nicht ausgezahlt wird und in Freizeit ausgeglichen wird. 7

Die mehr als geringfügige Nebentätigkeit oder Mehrarbeit bringt nur den Anspruch auf Förderung zum Ruhen. Sie ändert an der sozialrechtl. und steuerrechtl. Bewertung des ATZ-Beschäftigungsverhältnisses nichts. Trotz der mehr als geringfügigen Nebentätigkeit oder Mehrarbeit liegt weiterhin ATZ im sozialversicherungsrechtl. und steuerrechtl. Sinne vor. Der Rentenzugang ist daher trotz einer Nebentätigkeit/Mehrarbeit oberhalb der Geringfügigkeitsgrenze nicht gefährdet[2]. 8

Eine unselbständige oder selbständige Nebentätigkeit **oberhalb der Geringfügigkeitsgrenze** ist nur dann unschädlich, wenn der ATZ-Mitarbeiter diese innerhalb der letzten fünf Jahre vor Beginn der ATZ nicht nur gelegentlich sondern ständig ausgeübt hat (Abs. 3 S. 4). Es ist aber förderungsrechtl. nicht zulässig, die Nebentätigkeit während der ATZ auszudehnen. Mehrarbeit – auch ständige Mehrarbeit – **unterhalb der Geringfügigkeitsgrenze** ist nach den Weisungen der BA förderungsrechtl. unschädlich. Dies gilt in einem Blockmodell allerdings nur für die Dauer der Arbeitsphase[3]. 9

Wurden für den Zeitraum des Ruhens oder Erlöschen des Förderanspruches, weil zB der ATZ-ArbN einer nicht umgehend angezeigten Nebenbeschäftigung nachgegangen ist, Förderleistungen erbracht, werden die an den ArbGeb schon gezahlten Förderleistungen von der BA nicht zurückgefordert (Abs. 5). Kommt es zu einem Ruhen oder Erlöschen des Förderanspruches wird die Förderleistung mit **Wirkung für die Zukunft** und nicht vom Zeitpunkt der Änderung an aufgehoben (Abs. 5). 10

6 *Begriffsbestimmungen*

(1) Das Regelarbeitsentgelt für die Altersteilzeitarbeit im Sinne dieses Gesetzes ist das auf einen Monat entfallende vom Arbeitgeber regelmäßig zu zahlende sozialversicherungspflichtige Arbeitsentgelt, soweit es die Beitragsbemessungsgrenze des Dritten Buches Sozialgesetzbuch nicht überschreitet. Entgeltbestandteile, die nicht laufend gezahlt werden, sind nicht berücksichtigungsfähig.

[Fassung des § 6 Abs. 1 bis zum 30.6.2004:

(1) Bisheriges Arbeitsentgelt im Sinne dieses Gesetzes ist das Arbeitsentgelt, das der in Altersteilzeitarbeit beschäftigte Arbeitnehmer für eine Arbeitsleistung bei bisheriger wöchentlicher Arbeitszeit zu

---

1 Näheres zur Veränderung oder Wegfall des Arbeitsplatzes siehe DA zu § 5 Ziff. 5.1. | 2 DA 5.2 Abs. 8. | 3 Rundschreiben der Spitzenverbände vom 9.3.2004 S. 28. | 4 DA 2 Abs. 16.

beanspruchen hätte, soweit es die Beitragsbemessungsgrenze des Dritten Buches Sozialgesetzbuch nicht überschreitet. § 134 Abs. 2 Nr. 1 des Dritten Buches Sozialgesetzbuch gilt entsprechend.]

(2) Als bisherige wöchentliche Arbeitszeit ist die wöchentliche Arbeitszeit zugrunde zu legen, die mit dem Arbeitnehmer vor dem Übergang in die Altersteilzeitarbeit vereinbart war. Zugrunde zu legen ist höchstens die Arbeitszeit, die im Durchschnitt der letzten 24 Monate vor dem Übergang in die Altersteilzeitarbeit vereinbart war. Die ermittelte durchschnittliche Arbeitszeit kann auf die nächste volle Stunde gerundet werden.

1 § 6 in der ab dem 1.7.2004 geltenden Fassung definiert den Begriff des Regelarbeitsentgeltes als Berechnungsgrundlage für die Ermittlung des Mindestaufstockungsbetrages zum Teilzeitentgelt und der zusätzlichen RV-Beiträge und der bisherigen Arbeitszeit (zum Regelarbeitsentgelt s. § 3 Rz. 12 ff.). Die Definition des Begriffs der bisherigen Arbeitszeit wurde mit der Öffnung der ATZ für in Teilzeit beschäftigte ArbN durch das „Gesetz zur Fortentwicklung der Altersteilzeit" vom 20.12.1999 (BGBl. I S. 2494 f.) erforderlich.

2 **Bisherige Arbeitszeit**, die im Rahmen der ATZ halbiert wird, ist zunächst die zuletzt vertragl. vereinbarte Arbeitszeit unmittelbar vor Übergang in die ATZ. Diese darf aber nicht höher sein, als die im Durchschnitt der letzten 24 Monate vor Übergang in die ATZ vereinbarte Arbeitszeit. Zeiten der Nichtbeschäftigung (zB Freistellung von der Arbeit ohne Bezüge) verlängern den 24-Monats-Zeitraum nicht, sondern werden bei der Durchschnittsberechnung berücksichtigt. Zu den Schwierigkeiten der Ermittlung der bisherigen Arbeitszeit bei Lehrkräften gibt es eine umfangreiche Rspr., die sich zB mit einer Pflichtstundenerhöhung während der Altersteilzeit[1] oder der Präsenzpflicht angestellter Lehrkräfte während der Schulferien[2] befasst. Das BAG hat mehrfach entschieden, dass die Vereinbarung einer variablen, vom jeweiligen Verhältnis eines Vollbeschäftigten abhängige Arbeitszeit ausgeschlossen ist[3].

3 Der ermittelte Durchschnittswert kann auf die nächste volle Stunde gerundet werden. Um zu erreichen, dass von einer betrieblich umsetzbaren Arbeitszeit ausgegangen werden kann (BT-Drs. 495/99), ist eine Rundung sowohl nach unten als auch nach oben zulässig. Für ATZ, die nach dem 30.6.2004 beginnt, s. § 2 Rz. 11 ff.

4 § 6 in der bis zum 30.6.2004 geltenden Fassung definiert den Begriff des bisherigen Arbeitsentgeltes. **Bisheriges Arbeitsentgelt** ist danach das beitragspflichtige Arbeitsentgelt, auf das der ArbN im jeweiligen Abrechnungszeitraum Anspruch hätte, wenn er seine Arbeitszeit im Rahmen der ATZ nicht reduziert hätte. Das bisherige Entgelt ist Ausgangspunkt für die Ermittlung des 70%igen Nettoentgeltes (§ 3 I Nr. 1a idF bis 30.6.2004) aus der Mindestnettotabelle (§ 15 Nr. 1 idF bis 30.6.2004). Berücksichtigt wird das bisherige Entgelt aber nur insoweit, als es die monatliche BBG nicht übersteigt. Das bisherige Arbeitsentgelt ist das im jeweiligen Abrechnungsmonat hypothetisch zustehende Arbeitsentgelt ohne Verringerung der Arbeitszeit. Zum bisherigen Arbeitsentgelt gehören alle Entgeltbestandteile, auf die ein Anspruch ohne Verringerung der Arbeitszeitbestände, unabhängig davon, ob beim Teilzeitentgelt in der Freistellungsphase ein Anspruch auf diese Entgeltbestandteile, besteht[4].

7 *Berechnungsvorschriften*

(1) Ein Arbeitgeber beschäftigt in der Regel nicht mehr als 50 Arbeitnehmer, wenn er in dem Kalenderjahr, das demjenigen, für das die Feststellung zu treffen ist, vorausgegangen ist, für einen Zeitraum von mindestens acht Kalendermonaten nicht mehr als 50 Arbeitnehmer beschäftigt hat. Hat das Unternehmen nicht während des ganzen nach Satz 1 maßgebenden Kalenderjahrs bestanden, so beschäftigt der Arbeitgeber in der Regel nicht mehr als 50 Arbeitnehmer, wenn er während des Zeitraums des Bestehens des Unternehmens in der überwiegenden Zahl der Kalendermonate nicht mehr als 50 Arbeitnehmer beschäftigt hat. Ist das Unternehmen im Laufe des Kalenderjahrs errichtet worden, in dem die Feststellung nach Satz 1 zu treffen ist, so beschäftigt der Arbeitgeber in der Regel nicht mehr als 50 Arbeitnehmer, wenn nach der Art des Unternehmens anzunehmen ist, dass die Zahl der beschäftigten Arbeitnehmer während der überwiegenden Kalendermonate dieses Kalenderjahrs 50 nicht überschreiten wird.

(2) Für die Berechnung der Zahl der Arbeitnehmer nach § 3 Abs. 1 Nr. 3 ist der Durchschnitt der letzten zwölf Kalendermonate vor dem Beginn der Altersteilzeitarbeit des Arbeitnehmers maßgebend. Hat ein Betrieb noch nicht zwölf Monate bestanden, ist der Durchschnitt der Kalendermonate während des Zeitraums des Bestehens des Betriebes maßgebend.

(3) Bei der Feststellung der Zahl der beschäftigten Arbeitnehmer nach Absatz 1 und 2 bleiben schwerbehinderte Menschen und Gleichgestellte im Sinne des Neunten Buches Sozialgesetzbuch sowie

1 BAG v. 14.8.2007 – 9 AZR 18/07 sowie 9 AZR 58/07 und 9 AZR 59/07; BAG v. 17.7.2007 – 9 AZR 1113/06 sowie fünf Entscheidungen des BAG v. 3.4.2007, zB BAG v. 3.4.2007 – 9 AZR 281/06; BAG v. 23.1.2007 – 9 AZR 664/05. | 2 BAG v. 16.10.2007 – 9 AZR 144/07. | 3 BAG v. 11.4.2006 9 AZR 369/05. | 4 BSG v. 10.2.2004 – B 7 AL 54/03 R.

Auszubildende außer Ansatz. Teilzeitbeschäftigte Arbeitnehmer mit einer regelmäßigen wöchentlichen Arbeitszeit von nicht mehr als 20 Stunden sind mit 0,5 und mit einer regelmäßigen wöchentlichen Arbeitszeit von nicht mehr als 30 Stunden mit 0,75 zu berücksichtigen.

(4) Bei der Ermittlung der Zahl der in Altersteilzeitarbeit beschäftigten Arbeitnehmer nach § 3 Abs. 1 Nr. 3 sind schwerbehinderte Menschen und Gleichgestellte im Sinne des Neunten Buches Sozialgesetzbuch zu berücksichtigen.

Die Berechnungsvorschrift des § 7 regelt die **Ermittlung der Beschäftigtenzahl** bei Wiederbesetzung des Arbeitsplatzes bei einem ArbGeb mit nicht mehr als 50 Beschäftigten oder in einer eigenständigen, abgrenzbaren Organisationseinheit mit nicht mehr als 50 ArbN (§ 3 I Nr. 2a und b). Beurteilungszeitraum ist das Kalenderjahr, das vor dem Jahr der Wiederbesetzung liegt (Abs. 1 S. 1). 1

Bei einem kontinuierlichen Arbeitszeitmodell ist dies das Jahr vor Übergang des Mitarbeiters in die ATZ. In einem Blockmodell ist dies das Jahr vor Beginn der Freistellungsphase und nicht schon das Jahr vor Übergang in die ATZ. 2

Bei der Ermittlung der Beschäftigtenzahl sind alle Beschäftigten zu berücksichtigen, unabhängig davon, ob sie sozialversicherungspflichtig sind. Nur schwerbehinderte Menschen und Gleichgestellte iSd. SGB IX sowie Auszubildende bleiben außer Betracht. Teilzeitbeschäftigte werden anteilig berücksichtigt. 3

Stichtag für die Feststellung der Beschäftigtenzahl im Kalendermonat ist der 1. des Monats, wenn an diesem Tag idR die höchste Beschäftigtenzahl des Kalendermonats erreicht wird[1]. 4

8 *Arbeitsrechtliche Regelungen*

(1) Die Möglichkeit eines Arbeitnehmers zur Inanspruchnahme von Altersteilzeitarbeit gilt nicht als eine die Kündigung des Arbeitsverhältnisses durch den Arbeitgeber begründende Tatsache im Sinne des § 1 Abs. 2 Satz 1 des Kündigungsschutzgesetzes; sie kann auch nicht bei der sozialen Auswahl nach § 1 Abs. 3 Satz 1 des Kündigungsschutzgesetzes zum Nachteil des Arbeitnehmers berücksichtigt werden.

(2) Die Verpflichtung des Arbeitgebers zur Zahlung von Leistungen nach § 3 Abs. 1 Nr. 1 kann nicht für den Fall ausgeschlossen werden, dass der Anspruch des Arbeitgebers auf die Leistungen nach § 4 nicht besteht, weil die Voraussetzung des § 3 Abs. 1 Nr. 2 nicht vorliegt. Das Gleiche gilt für den Fall, dass der Arbeitgeber die Leistungen nur deshalb nicht erhält, weil er den Antrag nach § 12 nicht, nicht richtig, nicht vollständig oder nicht rechtzeitig gestellt hat oder seinen Mitwirkungspflichten nicht nachgekommen ist, ohne dass dafür eine Verletzung der Mitwirkungspflichten des Arbeitnehmers ursächlich war.

(3) Eine Vereinbarung zwischen Arbeitnehmer und Arbeitgeber über die Altersteilzeitarbeit, die die Beendigung des Arbeitsverhältnisses ohne Kündigung zu einem Zeitpunkt vorsieht, in dem der Arbeitnehmer Anspruch auf eine Rente wegen Alters hat, ist zulässig.

Der Kern der arbeitsrechtl. Regelungen ist in § 2 I Nr. 2 (Legaldefinition ATZ-Arbeit) enthalten, § 8 enthält ergänzende arbeitsrechtl. Klarstellungen und Regelungen. Die geförderte ATZ, mithin die sozialrechtl. ATZ-Definition, ergibt sich erst aus der Gesamtschau der §§ 2–5. 1

Abs. 1 stellt klar, dass die Möglichkeit zu einer Inanspruchnahme von ATZ **keinen Grund für eine** personenbedingte, verhaltensbedingte oder betriebsbedingte **Kündigung** gibt (§ 1 II 1 KSchG)[2]. 2

Die Möglichkeit in ATZ zu gehen, kann auch nicht durch **Änderungskündigung** erzwungen werden[3]. Der Gesetzgeber unterstreicht an dieser Stelle nochmals die Freiwilligkeit der ATZ-Vereinbarung. 3

Unbenommen bleibt dem ArbGeb, während der gesamten Dauer der kontinuierlichen ATZ-Arbeit oder bei Arbeitszeitblockung in der Arbeitsphase bei Vorliegen der kündigungsrechtl. Voraussetzungen wie ohne ATZ-Vertrag ordentl. zu kündigen. So kann nach der Rspr. des BAG[4] die Stilllegung eines Betriebes ein dringendes betriebliches Erfordernis iSv. § 1 II KSchG darstellen, das die Kündigung eines dort beschäftigten ArbN auch dann bedingt, wenn er sich in der Arbeitsphase der ATZ nach dem Blockmodell befindet. Wegen des Befristungscharakters ist aber zu beachten, dass die grundsätzliche Möglichkeit einer ordentl. Kündigung eines ATZ-Vertrags mit Bezug auf § 15 III TzBfG ausdrücklich verein- 4

1 Näheres dazu DA 7 sowie im Merkblatt für Arbeitgeber 14b der BA und in *Nimscholz/Oppermann/Ostrowicz*, Altersteilzeit, S. 290. | 2 Vgl. BAG v. 2.4.1987 – 2 AZR 227/86, AP Nr. 1 zu § 612a BGB. In einer neueren Entscheidung zum Anspruch auf ATZ stellt das BAG (v. 23.1.2007 – 9 AZR 393/06, Rz. 26 f. sowie 9 AZR 624/06, Rz. 19 ff.) fest, dass typische ATZ-Aufwendungen für sich regelmäßig noch keine dringenden betrieblichen/dienstlichen Gründe (iSd. einschlägigen TV bzw. von Richtlinien, die erkennbar den Wortlaut des KSchG übernommen hatten) darstellen. | 3 *Stindt*, DB 1996, 2281. | 4 BAG v. 16.6.2005 – 6 AZR 476/04, BB 2005, 2357; das Urteil behandelt zugleich insolvenzrechtl. Besonderheiten.

bart werden muss[1]. Die Kündigung aus wichtigem Grund nach allgemeinen Regeln ist durchgehend, also auch während der Freistellungsphase, möglich.

5 Wie im Rahmen einer **sozialen Auswahl** bei betriebsbedingten Kündigungen zu entscheiden ist, insb. die Frage, ob teilzeitbeschäftigte ArbN vollzeitbeschäftigten ArbN vergleichbar sind, ist unter Berücksichtigung der Organisationsentscheidung des ArbGeb nach den gefestigten Grundsätzen zu § 1 III KSchG zu entscheiden. Es dürfte hier allerdings im Rahmen der Interessenabwägung von Gewicht sein, dass ein ATZ-ArbN mit dem freiwilligen Arbeitszeitverzicht bereits einen Beitrag zur Beschäftigungssicherung geleistet hat. Offen ist, ob die bisherige hM zum Vorrang der Organisationsentscheidung des ArbGeb weiter ohne Einschränkung gelten kann, nachdem das TzBfG den ArbN unter den dort genannten Voraussetzungen Ansprüche auf Durchsetzung der Verringerung der Arbeitszeit gewährt.

6 Noch weiter gehend kann der ArbN nach § 8 TzBfG sogar die **Feinverteilung seiner Arbeitszeit** vorbestimmen bzw. mitbestimmen. § 9 TzBfG gewährt schließlich einen Anspruch auf Verlängerung der Arbeitszeit, dies allerdings unter den in der Vorschrift genannten einschränkenden Bedingungen.

7 Seit BAG vom 5.12.2002[2] ist im Blockmodell eine **Kündigung aus dringenden betrieblichen Erfordernissen** während der Freizeitphase nicht mehr möglich, wenn der ArbN bereits in der Arbeitsphase vorgeleistet hat. Zu Recht argumentiert *Rolfs*[3], dass es der Konstruktion eines Kündigungsverbotes aus § 242 BGB nicht bedarf, im Übrigen eine verhaltensbedingte Kündigung weiterhin möglich bleibt.

8 Für die Sicherung der Entgeltansprüche (Wertguthaben) im Blockmodell hatte der Gesetzgeber über die Regelung des § 7d SGB IV hinaus keine Regelungen getroffen. Mit der Neuregelung des ATZG durch das Dritte Gesetz für moderne Dienstleistungen am Arbeitsmarkt vom 23.12.2003 (BGBl. I S. 2910) wird mit dem neuen § 8a ATZG eine verbindliche **Insolvenzsicherung von Wertguthaben** bei ATZ im Blockmodell vorgeschrieben[4] (s. im Einzelnen die Komm. zu § 8a).

8a Bei der ATZ im Blockmodell bewirkt der Übergang von der Arbeits- in die Freistellungsphase keine Beendigung des Arbeitsverhältnisses iSd. § 7 IV BUrlG. Zu diesem Zeitpunkt offene **Urlaubsansprüche** sind daher nur dann abzugelten, wenn sie zum Zeitpunkt der Beendigung des Arbeitsverhältnisses noch nicht verfallen sind und die in der Person des ArbN liegenden Voraussetzungen für die Urlaubsgewährung erfüllt sind[5].

8b Mit der Vereinbarung einer unwiderruflichen Freistellung von der Arbeit unter Fortzahlung der Vergütung wird regelmäßig kein Rechtsgrund für eine **Entgeltzahlungspflicht** des ArbGeb geschaffen, die über die gesetzl. geregelten Fälle der Entgeltfortzahlung bei krankheitsbedingter Arbeitsunfähigkeit hinausgeht[6].

9 Abs. 2 verbietet **vertragl. Vereinbarungen**, in denen **Aufstockungszahlungen** davon abhängig gemacht werden, dass es zu einer Wiederbesetzung mit Erstattung der Aufstockungsbeträge in gesetzl. Umfang kommt. Der Gesetzgeber will, dass das Risiko der Wiederbesetzung einschließlich der Dauer beim ArbGeb liegt. Nur dieser hat das Recht und die Verantwortung hinsichtlich des übernommenen ArbN.

10 Nicht versperrt ist der Weg zu Regelungen für den Fall, dass bei bereits gezahlten Aufstockungsbeträgen der ArbN, zB durch Eigenkündigung oder begründete ArbGebKündigung, die Ursache setzt, dass die ATZ nicht mehr als förderungsfähig anerkannt wird[7]. Ob bzw. in welchem Umfang die Koppelung der Aufstockungsleistungen an Bedingungen zulässig ist, kann nur unter Heranziehung der einschlägigen tarifl. Regelungen entschieden werden, die wegen der unmittelbaren und zwingenden Wirkung des TV nach § 4 I TVG bzw. entsprechender BV nach § 77 BetrVG vorgehen.

11 Zulässig dürfte es sein, wegen der zwingenden gesetzl. Regelung, die Grenzen der Nebentätigkeit einzuhalten, mit dem ArbN eine Erstattung des Schadens zu vereinbaren, der aus der Verletzung resultiert, so auch die Erstattung der Aufstockungsbeträge, die über den gesetzl. Umfang hinausgehen[8].

12 Das Gesetz will den gleitenden Übergang vom Erwerbsleben in die Altersrente auch über den 31.12.2009 hinaus. Deshalb stellt Abs. 3 ausdrücklich klar, dass Vereinbarungen auf den Tag befristet werden können, an dem der ArbN die erstmaligen Voraussetzungen für den Bezug einer **Rente wegen Alters** nach Maßgabe der §§ 35 ff. SGB VI (und auslaufend nach ATZ gem. § 237 SGB VI) erfüllt, wobei die Voraussetzungen auch vorliegen, wenn der ArbN Abschläge von der gesetzl. Rente wegen vorzeitiger Inanspruchnahme zu gewärtigen hat[9]. Damit ist kraft gesetzl. Spezialregelung[10] zulässig, das renten-

1 *Grimmke/Podewin/Thau* § 8 ATZG Rz. 12. | 2 BAG v. 5.12.2002 – 2 AZR 571/01, AP Nr. 125 zu § 1 KSchG – Betriebsbedingte Kündigung. | 3 ErfK/*Rolfs*, § 8 ATZG Rz. 2; so auch *Nimscholz*, ZIP 2002, 1936 (1938). | 4 Mit der Gesamtthematik der Insolvenzsicherung befasst sich *Hanau*, ZIP 2002, 2028 ff. | 5 BAG v. 15.3.2005 – 9 AZR 143/04, DB 2005, 1858 ff. | 6 BAG v. 29.9.2005 – 5 AZR 99/04, AP Nr. 23 zu § 3 EntgeltFG. | 7 Beispiele finden sich bei *Diller*, NZA 1996, 847 (851) und *Bauer*, NZA 1997, 401 (405). | 8 IdS auch *Reichling/Wolf*, NZA 1997, 422 (426); zweifelnd ErfK/*Rolfs*, § 8 ATZG Rz. 6. | 9 Zu den einzelnen Rentenarten und deren Ausnahmen DA 2.1 Abs. 13 ff. und *Birk*, NZA 2007, 244 ff. | 10 BAG v. 27.4.2004 – 9 AZR 18/03, AP Nr. 1 zu § 8 ATG.

bezogene Ende des Arbeitsverhältnisses je nach auf den individuellen Fall abgestellter Vereinbarung mehr als 2, 3, 6 oder 10 Jahre oder ggf. auch darüber hinaus im Voraus festzulegen. Abs. 3 ist die Spezialregelung gegenüber § 41 SGB VI, die die Gültigkeit einer Befristungsregelung mit Bezug auf die Rentenbezugsmöglichkeit davon abhängig macht, dass diese innerhalb der drei Jahre vor dem Rentenbeginn schriftl. vereinbart bzw. bestätigt wird.

Zulässig ist des Weiteren eine Vereinbarung, wonach das ATZ-Arbeitsverhältnis auf jeden Fall mit Vollendung des 65. Lebensjahres endet. 13

Abs. 3 geht als Spezialregelung im Übrigen auch aus § 14 TzBfG vor. 14

Zum Zusammenhang der ATZ-Arbeitnehmereigenschaft und der **Wahlberechtigung und Wählbarkeit zum BR** bzw. Aufsichtsrat vgl. Komm. zu § 2. Hingewiesen wurde dort insb. auf die praxisgerechte Regelung, wenn ein Interesse an der weiteren Zugehörigkeit zu Organen besteht. Unabhängig von der wohl zu rigiden Haltung des BAG[1] bietet das geltende Recht genügend Anpassungsmöglichkeiten, um Situationen gerecht zu werden. 15

8a *Insolvenzsicherung*

(1) Führt eine Vereinbarung über die Altersteilzeitarbeit im Sinne von § 2 Abs. 2 zum Aufbau eines Wertguthabens, das den Betrag des Dreifachen des Regelarbeitsentgelts nach § 6 Abs. 1 einschließlich des darauf entfallenden Arbeitgeberanteils am Gesamtsozialversicherungsbeitrag übersteigt, ist der Arbeitgeber verpflichtet, das Wertguthaben einschließlich des darauf entfallenden Arbeitgeberanteils am Gesamtsozialversicherungsbeitrag mit der ersten Gutschrift in geeigneter Weise gegen das Risiko seiner Zahlungsunfähigkeit abzusichern. Bilanzielle Rückstellungen sowie zwischen Konzernunternehmen (§ 18 des Aktiengesetzes) begründete Einstandspflichten, insbesonders Bürgschaften, Patronatserklärungen oder Schuldbeitritte, gelten nicht als geeignete Sicherungsmittel im Sinne des Satzes 1.

(2) Bei der Ermittlung der Höhe des zu sichernden Wertguthabens ist eine Anrechnung der Leistungen nach § 3 Abs. 1 Nr. 1 Buchstabe a und b und § 4 Abs. 2 sowie der Zahlungen des Arbeitgebers zur Übernahme der Beiträge im Sinne des § 187a des Sechsten Buches Sozialgesetzbuch unzulässig.

(3) Der Arbeitgeber hat dem Arbeitnehmer die zur Sicherung des Wertguthabens ergriffenen Maßnahmen mit der ersten Gutschrift und danach alle sechs Monate in Textform nachzuweisen. Die Betriebsparteien können eine andere gleichwertige Art und Form des Nachweises vereinbaren; Absatz 4 bleibt hiervon unberührt.

(4) Kommt der Arbeitgeber seiner Verpflichtung nach Absatz 3 nicht nach oder sind die nachgewiesenen Maßnahmen nicht geeignet und weist er auf schriftliche Aufforderung des Arbeitnehmers nicht innerhalb eines Monats eine geeignete Insolvenzsicherung des bestehenden Wertguthabens in Textform nach, kann der Arbeitnehmer verlangen, dass Sicherheit in Höhe des bestehenden Wertguthabens geleistet wird. Die Sicherheitsleistung kann nur erfolgen durch Stellung eines tauglichen Bürgen oder Hinterlegung von Geld oder solchen Wertpapieren, die nach § 234 Abs. 1 und 3 des Bürgerlichen Gesetzbuchs zur Sicherheitsleistung geeignet sind. Die Vorschriften der §§ 233, 234 Abs. 2, §§ 235 und 239 des Bürgerlichen Gesetzbuchs sind entsprechend anzuwenden.

(5) Vereinbarungen über den Insolvenzschutz, die zum Nachteil des in Altersteilzeitarbeit beschäftigten Arbeitnehmers von den Bestimmungen dieser Vorschrift abweichen, sind unwirksam.

(6) Die Absätze 1 bis 5 finden keine Anwendung gegenüber dem Bund, den Ländern, den Gemeinden, Körperschaften, Stiftungen und Anstalten des öffentlichen Rechts, über deren Vermögen die Eröffnung eines Insolvenzverfahrens nicht zulässig ist, sowie solchen juristischen Personen des öffentlichen Rechts, bei denen der Bund, ein Land oder eine Gemeinde kraft Gesetzes die Zahlungsfähigkeit sichert.

Verpflichtender Insolvenzschutz von Wertguthaben beim Blockmodell. Für den Bereich der ATZ wurde durch das 3. Gesetz für moderne Dienstleistungen am Arbeitsmarkt vom 23.12.2009 für ATZ-Beschäftigungsverhältnisse, die nach dem 30.6.2004 beginnen, eine spezielle, über die Regelung des § 7d SGB IV hinausgehende Insolvenzsicherung für Wertguthaben im Blockmodell gesetzl. vorgeschrieben. Der ArbGeb wird verpflichtet, mit der ersten Gutschrift eines Wertguthabens im Blockmodell eine geeignete Insolvenzsicherung des Wertguthabens durchzuführen, wenn abzusehen ist, dass ein Wertguthaben aufgebaut wird, das den Betrag des dreifachen Regelarbeitsentgeltes einschließlich des darauf entfallenden ArbGeb-Anteils zur GesamtSozV überschreitet. 1

Obwohl die Kündigung des ATZ-Arbeitsverhältnisses im Blockmodell auch im Insolvenzfall in der Freistellungsphase oder dann, wenn die Kündigungsfrist in die Freistellungsphase hinein reicht, nicht zulässig ist[2], ist der von der Insolvenz betroffene ArbN für vor dem Insolvenzereignis erarbeitetes Wert- 2

1 Vgl. dazu auch *Natzel*, NZA 1998, 1262 (1265). | 2 BAG v. 5.12.2002 – 2 AZR 571/01; Näheres mwN s. *Nimscholz/Oppermann/Ostrowicz*, Altersteilzeit, 5. Aufl. S. 86 ff.

guthaben nur Insolvenzgläubiger iSd. § 108 III InsO[1]. Das Wertguthaben ist damit ohne Insolvenzsicherung praktisch wertlos. Mit der Neuregelung soll sich die Akzeptanz der ATZ, insb. bei den ArbN, die bei nicht tarifgebundenen ArbGeb beschäftigt sind und daher nicht von tarifl. Insolvenzsicherungsregeln profitieren, erhöhen[2].

3 Abzusichern hat der ArbGeb das während der Arbeitsphase des Blockmodells erarbeitete, aber nicht ausgezahlte hälftige Arbeitsentgelt und die darauf entfallenden ArbGebAnteile zur SozV. Nicht abgesichert werden müssen die während der Freistellungsphase in jedem Monat entstehenden und fällig werdenden Aufstockungsbeträge zum Entgelt und die vom ArbGeb allein zu tragenden zusätzlichen RV-Beiträge. Auch der Teil des Entgelts, der wegen der Überschreitung der BBG der ArblV beitragsfrei ist, bleibt unberücksichtigt. Das Ausmaß der Absicherung ist damit gesetzl. verbindlich vorgegeben[3]. Die in vielen TV für den Störfall vorgesehene **Verrechnung** von steuer- und beitragsfreien Aufstockungsleistungen mit den beitragspflichtigen Entgelten im Wertguthaben ist bei der Insolvenzsicherung des Wertguthabens nicht zulässig (Abs. 2). Es reicht daher sozialversicherungsrechtl. nicht aus, nur den arbeits- oder tarifl. Anspruch im Störfall abzusichern. Ob die Verrechnung der arbeitgeberseitigen Aufstockungsleistungen zum Entgelt arbeitsrechtl. zulässig ist, ist umstritten. Diese tarifvertragl. Praxis hat das BAG für rechtens erklärt[4]. Diese Entscheidung erging aber zu einem Fall, in dem die ATZ vor dem 1.7.2004 begann. Ob diese Entscheidung auch auf ATZ, die nach dem 30.6.2004 begann, übertragen werden kann, ist in der Lit. umstritten[5]. Zuzustimmen dürfte der Auffassung *Rolfs* sein, dass für nach dem 30.6.2004 begonnene ATZ-Beschäftigungsverhältnisse die tarifl. vorgesehene Anrechnung unzulässig ist[6].

4 Das Gesetz macht keine Vorgaben, was unter einer **geeigneten Insolvenzabsicherung** zu verstehen ist. Im Gesetz werden lediglich beispielhaft bestimmte Gestaltungsmodelle ausgeschlossen (Abs. 1 S. 2), die sich in der Vergangenheit als nicht insolvenzfest erwiesen haben, wie zB eine Insolvenzsicherung durch eine Konzernbürgschaft oder finanzielle Rückstellungen[7]. In Betracht kommen als Insolvenzsicherung zB Bankbürgschaften, Absicherungen im Wege dinglicher Sicherheiten (zB Verpfändung von Wertpapieren, insb. Fonds) zu Gunsten der ArbN, bestimmte Versicherungsmodelle der Versicherungswirtschaft oder das Modell der doppelseitigen Treuhand.

5 Der ArbGeb hat gegenüber dem ArbN erstmals mit der ersten Gutschrift und anschließend alle sechs Monate die zur Sicherung des Wertguthabens ergriffenen Maßnahmen **nachzuweisen** und entsprechende Unterlagen zur Verfügung zu stellen (Abs. 3). Der Nachweis kann entweder schriftl. gegenüber jedem ArbN erbracht werden oder in anderer Form, wenn die Betriebsparteien eine gleichwertige Regelung zum Nachweis der Insolvenzsicherung treffen, die es den ArbN in ATZ weiterhin ermöglicht, eventuelle Ansprüche auf Insolvenzsicherung gegenüber dem ArbGeb geltend zu machen, die nicht so aufwendig ist wie der Einzelnachweis[8].

6 Daneben besteht weiter die Verpflichtung, den **BR** nach § 80 II BetrVG **zu unterrichten**.

7 Die Nichtdurchführung der Insolvenzsicherung des Wertguthabens durch einen GmbH-Geschäftsführer führt nur dann zu einer **Schadensersatzpflicht des Geschäftsführers** einer GmbH-ArbGebin, wenn er dem ArbN oder dem BR vorspiegelt, das Wertguthaben gegen Insolvenz gesichert zu haben[9].

8 Die Durchführung eines Insolvenzschutzes ist aber **nicht Voraussetzung für die Wirksamkeit** des ATZ-Arbeitsverhältnisses. Sie geben dem in ATZ befindlichen ArbN einen **arbeitsrechtl. Anspruch**, den Insolvenzschutz seines Wertguthabens in einem vorgegebenen Verfahren durchsetzen, wenn die Voraussetzungen einer nach den gesetzl. Vorgaben hinreichenden Insolvenzsicherung im Einzelfall nicht vorliegen. Kommt der ArbGeb seiner gesetzl. Sicherungsverpflichtung nicht nach, oder sind die nachgewiesenen Maßnahmen unzureichend, kann der ArbN ihn schriftl. zum Nachweis bzw. zur Vornahme der entsprechenden Sicherungsmaßnahmen auffordern. Kommt der ArbGeb innerhalb eines Monats seiner Verpflichtung nicht nach, wird dem ArbN ein **gesetzl. Anspruch** auf Sicherheitsleistung in Höhe des bestehenden Wertguthabens gegen seinen ArbG, entweder durch Stellung eines tauglichen Bürgen oder durch Hinterlegung von Geld oder Wertpapieren, die gem. § 234 I u. III BGB zur Sicherheitsleistung geeignet sind, eingeräumt. Dabei hat der ArbN das Wahlrecht hinsichtlich der Sicherheitsleistungen (Abs. 4).

9 Der Insolvenzschutz sichert nicht die ordnungsgemäße Fortführung des ATZ-Verhältnisses und damit den Rentenzugang nach Beendigung[10].

10 Ein Insolvenzschutz ist bei **öffentl. ArbGeb**, über deren Vermögen die Eröffnung eines Insolvenzverfahrens nicht zulässig ist, nicht erforderlich (Abs. 6).

---

1 BAG v. 19.12.2006 – 9 AZR 230/06. | 2 BT-Drs. 15/1515 S. 134. | 3 BT-Drs. 15/1515 S. 134. | 4 BAG v. 14.10.2003 – 9 AZR 146/03, AP Nr. 9 zu § 3 ATG. | 5 Zur Gesamtproblematik siehe *Rolfs*, RdA 2004, 370 ff. | 6 *Rolfs*, RdA 2004, 373 f. | 7 BT-Drs. 15/1515 S. 134. | 8 BT-Drs. 15/1728 S. 4. | 9 BAG v. 13.2.2007 – 9 AZR 207/06, NZA 2007, 878 ff. | 10 Zu den arbeits- und sozialversicherungsrechtl. Auswirkungen einer Insolvenz auf Altersteilzeitbeschäftigungsverhältnisse siehe *Nimscholz*, ZInsO 2005, 522 ff.; vgl. auch *Grimmke/Podewin/Thau*, § 8a ATZG.

9 *Ausgleichskassen, gemeinsame Einrichtungen*

(1) Werden die Leistungen nach § 3 Abs. 1 Nr. 1 auf Grund eines Tarifvertrages von einer Ausgleichskasse der Arbeitgeber erbracht oder dem Arbeitgeber erstattet, gewährt die Bundesagentur auf Antrag der Tarifvertragsparteien die Leistungen nach § 4 der Ausgleichskasse.

(2) Für gemeinsame Einrichtungen der Tarifvertragsparteien gilt Absatz 1 entsprechend.

10 *Soziale Sicherung des Arbeitnehmers*

(1) Beansprucht ein Arbeitnehmer, der Altersteilzeitarbeit (§ 2) geleistet hat und für den der Arbeitgeber Leistungen nach § 3 Abs. 1 Nr. 1 erbracht hat, Arbeitslosengeld oder Arbeitslosenhilfe, erhöht sich das Bemessungsentgelt, das sich nach den Vorschriften des Dritten Buches Sozialgesetzbuch ergibt, bis zu dem Betrag, der als Bemessungsentgelt zugrunde zu legen wäre, wenn der Arbeitnehmer seine Arbeitszeit nicht im Rahmen der Altersteilzeit vermindert hätte. Kann der Arbeitnehmer eine Rente wegen Alters in Anspruch nehmen, ist von dem Tage an, an dem die Rente erstmals beansprucht werden kann, das Bemessungsentgelt maßgebend, das ohne die Erhöhung nach Satz 1 zugrunde zu legen gewesen wäre. Änderungsbescheide werden mit dem Tag wirksam, an dem die Altersrente erstmals beansprucht werden konnte.

(2) Bezieht ein Arbeitnehmer, für den die Bundesagentur Leistungen nach § 4 erbracht hat, Krankengeld, Versorgungskrankengeld, Verletztengeld oder Übergangsgeld und liegt der Bemessung dieser Leistungen ausschließlich die Altersteilzeit zugrunde oder bezieht der Arbeitnehmer Krankentagegeld von einem privaten Krankenversicherungsunternehmen, erbringt die Bundesagentur an Stelle des Arbeitgebers die Leistungen nach § 3 Abs. 1 Nr. 1 in Höhe der Erstattungsleistungen nach § 4. Satz 1 gilt soweit und solange nicht, als Leistungen von § 3 Abs. 1 Nr. 1 vom Arbeitgeber erbracht werden. Durch die Leistungen darf der Höchstförderungszeitraum nach § 4 Abs. 1 nicht überschritten werden. § 5 Abs. 1 gilt entsprechend.

(3) Absatz 2 gilt entsprechend für Arbeitnehmer, die nur wegen Inanspruchnahme der Altersteilzeit nach § 2 Abs. 1 Nr. 1 und Nr. 2 des Zweiten Gesetzes über die Krankenversicherung der Landwirte versicherungspflichtig in der Krankenversicherung der Landwirte sind, soweit und solange ihnen Krankengeld gezahlt worden wäre, falls sie nicht Mitglied einer landwirtschaftlichen Krankenkasse geworden wären.

(4) Bezieht der Arbeitnehmer Kurzarbeitergeld, gilt für die Berechnung der Leistungen des § 3 Abs. 1 Nr. 1 und des § 4 das Entgelt für die vereinbarte Arbeitszeit als Arbeitsentgelt für die Altersteilzeitarbeit.

(5) Sind für den Arbeitnehmer Aufstockungsleistungen nach § 3 Abs. 1 Nr. 1 Buchstabe a und b gezahlt worden, gilt in den Fällen der nicht zweckentsprechenden Verwendung von Wertguthaben für die Berechnung der Beiträge zur gesetzlichen Rentenversicherung der Unterschiedsbetrag zwischen dem Betrag, den der Arbeitgeber der Berechnung der Beiträge nach § 3 Abs. 1 Nr. 1 Buchstabe b zugrunde gelegt hat, und dem Doppelten des Regelarbeitsentgelts bis zum Zeitpunkt der nicht zweckentsprechenden Verwendung, höchstens bis zur Beitragsbemessungsgrenze, als beitragspflichtige Einnahme aus dem Wertguthaben; für die Beiträge zur Krankenversicherung, Pflegeversicherung oder nach dem Recht der Arbeitsförderung gilt § 23b Abs. 2 bis 3 des Vierten Buches Sozialgesetzbuch. Im Falle der Zahlungsunfähigkeit des Arbeitgebers gilt Satz 1 entsprechend, soweit Beiträge gezahlt werden.

[Fassung des § 10 Abs. 5 bis zum 30.6.2004:

(5) Sind für den Arbeitnehmer Aufstockungsbeträge zum Arbeitsentgelt und Beiträge zur gesetzlichen Rentenversicherung für den Unterschiedsbetrag zwischen dem Arbeitsentgelt für die Altersteilzeitarbeit und mindestens 90 vom Hundert des bisherigen Arbeitsentgelts nach § 3 Abs. 1 gezahlt worden, gilt in den Fällen der nicht zweckentsprechenden Verwendung von Wertguthaben für die Berechnung der Beiträge zur gesetzlichen Rentenversicherung der Unterschiedsbetrag zwischen dem Betrag, den der Arbeitgeber der Berechnung der Beiträge nach § 3 Abs. 1 Nr. 1 Buchstabe b zu Grunde gelegt hat, und 100 vom Hundert des bis zu dem Zeitpunkt der nicht zweckentsprechenden Verwendung erzielten bisherigen Arbeitsentgelts als beitragspflichtige Einnahme aus dem Wertguthaben; für die Beiträge zur Krankenversicherung, Pflegeversicherung oder nach dem Recht der Arbeitsförderung gilt § 23b Abs. 2 und 3 des Vierten Buches Sozialgesetzbuch. Im Falle der Zahlungsunfähigkeit des Arbeitgebers gilt Satz 1 entsprechend, soweit Beiträge gezahlt werden.]

Zur sozialen Sicherung des ATZ-ArbN, dessen ATZ-Beschäftigungsverhältnis vorzeitig vor Erreichen 1
eines Anspruches auf eine gekürzte Altersrente endet, hat der Gesetzgeber eine **Sonderregelung für die Bemessung des Alg** eingeführt. Danach richtet sich die Höhe des Alg, solange der ATZ-ArbN noch keinen Anspruch auf eine Altersrente hat, nicht nach dem Entgelt für die ATZ-Arbeit, sondern nach dem Entgelt, dass der ATZ-ArbN ohne Verminderung – also dem bisherigen Arbeitsentgelt – erzielt hätte (Abs. 1 S. 1). Sobald der ArbN während des Bezuges von Alg einen Anspruch auf eine auch gekürzte Altersrente erreicht hat, richtet sich die Höhe des Alg nur nach dem für die ATZ-Arbeit erzielten Teilzeitentgelt (Abs. 1 S. 2) ohne Berücksichtigung des Aufstockungsbetrages.

2 Im Falle einer insolvenzbedingten vorzeitigen Beendigung des ATZ-Beschäftigungsverhältnisses bemisst sich das Alg idR nicht nur bis zum frühestmöglichen Rentenzugang nach dem bisherigen Entgelt, sondern für die Gesamtdauer des Alg-Anspruches, wenn die ATZ nicht länger als drei Jahre vor dem Tag der Arbeitslosigkeit begonnen hat (§ 130 II Nr. 4 SGB III)[1].

3 Anspruch auf Alg hat ein ATZ-ArbN, wenn alle Voraussetzungen für den Bezug von Alg (Arbeitslosigkeit, Arbeitslosmeldung und Erfüllung der Anwartschaftszeit) erfüllt sind, entsprechend der individuellen Bezugsdauer (§ 127 SGB III) maximal vom Beginn des folgenden Monats an, wenn sie das für die Regelaltersgrenze gem. § 35 SGB VI maßgebliche LJ vollendet haben (§ 117 II SGB III). Ein Anspruch auf Alg besteht nicht nur für den Fall der vorzeitigen Beendigung des ATZ-Arbeitsverhältnisses, sondern auch für den Fall des vertragl. Ablaufes der ATZ, obwohl in diesem Fall der ATZ-ArbN einen Anspruch auf einen Rentenzugang erlangt hat. In den Fällen, in denen nach planmäßiger Beendigung der ATZ Alg beantragt wird, tritt dann eine Sperrzeit gem § 144 I Nr. 1 SGB III ein, wenn der ArbN keinen wichtigen Grund für den Abschluss des ATZ-Vertrages hat[2]. Ein wichtiger Grund für den Abschluss eines ATZ-Vertrages ist dann gegeben, wenn der Betreffende zum Abschluss des ATZ-Vertrages gedrängt worden ist und wenn ohne Abschluss die vorzeitige Beendigung seines Arbeitsverhältnisses drohte[3].

4 Bei **Bezug von Entgeltersatzleistungen** (Krankengeld, Versorgungskrankengeld, Verletztengeld oder Übergangsgeld) tritt die BA im Förderfall (im Blockmodell nach erfolgter Wiederbesetzung in der Freistellungsphase) nach Ablauf des Entgeltfortzahlungszeitraumes mit Beginn des Anspruches auf die Entgeltersatzleistung gem. Abs. 2 an die Stelle des ArbGeb und übernimmt die Aufstockungsleistungen zum Gehalt und die zusätzlichen RV-Beiträge in der gesetzl. Höhe. Der ArbGeb kann in ATZ-Fällen, die vor dem 1.7.2004 begonnen haben, während der Zeit des Bezuges der Entgeltersatzleistung die Aufstockungsleistungen zum Entgelt, nicht hingegen die zusätzlichen RV-Beiträge, weiterzahlen und sich vom ArbN seinen Anspruch auf Erstattung abtreten lassen. Bei ATZ-Verhältnissen, die nach dem 30.6.2004 begannen, kann der ArbGeb bei Krankheit des ArbN in ATZ außerhalb des Entgeltfortzahlungszeitraumes auch die zusätzlichen RV-Beiträge zahlen und im Förderfall sich von der AA erstatten lassen. Hierbei handelt es sich um einen eigenen Anspruch des ArbGeb allerdings nur in Höhe der gesetzl. erforderlichen Beträge.

5 Handelt es sich bei dem ArbN um einen privat Krankenversicherten mit einem Krankentagegeldanspruch in vergleichbarer Höhe zum Krankengeld, erfolgt eine Förderung in gleicher Weise, wenn der ArbN für die Zeit des Krankentagegeldbezuges eine Antragspflichtversicherung gem. § 4 III 1 Nr. 2 SGB VI abgeschlossen hat. Der Abschluss einer Antragspflichtversicherung, deren Beiträge der ATZ-ArbN in voller Höhe selbst übernehmen muss, ist erforderlich, da im Gegensatz zum Krankengeldbezug eine RV-Pflicht bei privat krankenversicherten ArbN nach Ablauf des Entgeltfortzahlungszeitraumes nicht besteht[4].

6 Im Nichtförderfall ist die Zeit einer Entgeltersatzleistung nur dann ATZ im rentenrechtl. Sinne, wenn der Aufstockungsbetrag zum Entgelt *und* der zusätzliche RV-Beitrag vom ArbGeb weiter gezahlt werden[5]. Zahlt der ArbGeb im Nichtförderfall für die Zeit nach Auslauf der Entgeltfortzahlung nur die Aufstockungsbeträge zum Entgelt weiter, sind die gezahlten Aufstockungsbeiträge beitrags- und steuerfrei[6].

7 Während des Bezuges von Entgeltersatzleistungen in einem Blockmodell in der Arbeitsphase, in der die Aufstockungsbeträge und zusätzlichen RV-Beiträge gezahlt werden, wird kein Wertguthaben erarbeitet, so dass das außerhalb der Fehlzeiten erarbeitete Wertguthaben nicht ausreicht, die gesamte Freistellungsphase mit Arbeitsentgelt aus der Vorarbeit zu belegen. Von daher ist es erforderlich, im Vorfeld der ATZ zu klären, welche Auswirkungen die Fehlzeiten auf die ATZ haben. Fehlzeiten ohne Anspruch auf Entgeltzahlung haben nur während der Arbeitsphase Auswirkungen auf die ATZ. Fehlzeiten während einer Freistellungsphase im einem Blockmodell haben keine sozialrechtl. Auswirkungen auf die ATZ, weil in diesen Fällen auf Grund der Vorarbeit in der Arbeitsphase ein Anspruch sowohl auf das Entgelt als auch auf den Aufstockungsbetrag zum Gehalt und die zusätzlichen RV-Beiträge aus dem Unterschiedsbetrag besteht. Der Anspruch auf Krankengeld ruht in der Freistellungsphase gem. § 49 I Nr. 6 SGB V. Daher sind in der Freistellungsphase Beiträge zur KV nur nach dem verminderten Beitragssatz zu entrichten[7].

---

1 Näheres zu den Auswirkungen einer Insolvenz auf die Altersteilzeit BAG v. 5.12.2002 – 2 AZR 571/01, BAG v. 19.10.2004 – 9 AZR 654/03 und 9 AZR 647/03; *Nimscholz*, ZInsO 2005, 522; *Fischer*, Insolvenzsicherung für Altersteilzeit, Arbeitszeitkonten und Altersversorgung, Vermögensdeckung mit doppelseitiger Treuhand in der Praxis, DB 2001, Beilage Nr. 5, S. 21 ff.; *Hessling*, Finanzierung und Insolvenzsicherung von Arbeitszeitkonten, in: Betriebliche Altersversorgung im 21. Jahrhundert, FS für Wolfgang Förster, 2001, S. 405 ff. | 2 LSG NW v. 1.6.2005 – L 12 AL 221/04, nv. | 3 SG Mannheim v. 24.6.2003 – S 9 Al 299/03, nv. | 4 Rundschreiben der Spitzenverbände vom 9.3.2004, S. 50. | 5 Rundschreiben der Spitzenverbände vom 9.3.2004, S. 51. | 6 Rundschreiben der Spitzenverbände vom 9.3.2004, S. 51. | 7 BSG v. 25.8.2004 – B 12 KR 22/02 R.

Bei einem Bezug von **Kug** oder **Saison-Kug** wird die Höhe des vom ArbGeb allein zu zahlenden Aufstockungsbetrages und der zusätzlichen RV-Beiträge nicht aus dem Kurzlohn, sondern aus dem ungekürzten Teilzeitentgelt ermittelt (Abs. 4)[1]. 8

Für den Störfall (vorzeitige Beendigung des ATZ-Arbeitsverhältnisses) in einem Blockmodell enthält Abs. 5 für die Berechnung der Beiträge zur RV aus dem Wertguthaben eine Sonderregelung gegenüber dem sonstigen in § 23b II und III SGB IV geregelten Beitragsverfahren[2]. In ATZ-Fällen, die nach dem 30.6.2004 begannen, ist „Beitragsluft" der Unterschiedsbetrag zwischen dem doppelten Regelarbeitsentgelt und dem Betrag, den der ArbGeb der Beitragsberechnung zugrunde gelegt hat[3]. 9

Das ATZG hat (von Ausnahmen abgesehen, siehe vorstehend) die Fragen nicht geregelt, die dann auftreten, wenn bei einem ATZ-Arbeitsverhältnis eine Störung mit der Konsequenz einer vorzeitigen Vertragsbeendigung – insb. durch Tod – eintritt. Auch TV sehen solche Regelungen nur teilweise oder unvollständig vor. Zur Klarstellung und Streitvermeidung empfehlen sich daher (ergänzende) vertragl. „Rückabwicklungsregelungen". Hierauf weist ausdrücklich auch das LAG Niedersachsen mit fallbezogenen Anregungen zur Behandlung des Aufstockungsbetrages hin[4]. Bei der Ausformulierung durch ArbGeb ist mit Bezug auf die neue Entwicklung zur AGB-Kontrolle von Arbeitsverträgen nach den Vorschriften des BGB darauf zu achten, dass die gesetzl. Grundwertung des ATZG (zB die bewusste Unterscheidung zwischen Teilzeitentgelt und Aufstockungsbetrag mit unterschiedlichen steuerlicher Behandlung) beibehalten wird. 10

11 *Mitwirkungspflichten des Arbeitnehmers*

(1) Der Arbeitnehmer hat Änderungen der ihn betreffenden Verhältnisse, die für die Leistungen nach § 4 erheblich sind, dem Arbeitgeber unverzüglich mitzuteilen. Werden im Fall des § 9 die Leistungen von der Ausgleichskasse der Arbeitgeber oder der gemeinsamen Einrichtung der Tarifvertragsparteien erbracht, hat der Arbeitnehmer Änderungen nach Satz 1 diesen gegenüber unverzüglich mitzuteilen.

(2) Der Arbeitnehmer hat der Bundesagentur die dem Arbeitgeber zu Unrecht gezahlten Leistungen zu erstatten, wenn der Arbeitnehmer die unrechtmäßige Zahlung dadurch bewirkt hat, dass er vorsätzlich oder grob fahrlässig

1. Angaben gemacht hat, die unrichtig oder unvollständig sind, oder

2. der Mitteilungspflicht nach Absatz 1 nicht nachgekommen ist.

Die zu erstattende Leistung ist durch schriftlichen Verwaltungsakt festzusetzen. Eine Erstattung durch den Arbeitgeber kommt insoweit nicht in Betracht.

Der ArbN hat alle Änderungen, die die Höhe der Leistung und deren Dauer beeinflussen können, dem ArbGeb bzw. der Ausgleichskasse/gemeins. Einrichtung der TV-Parteien unverzüglich anzuzeigen (Abs. 1). Dies bezieht sich zB auf geänderte steuerrechtl. relevante Daten, aber auch auf Hinzuverdienste, die altersteilzeitschädlich sind. Der ArbGeb bestätigt mit dem Antrag auf Anerkennung der Voraussetzungen bzw. auf Vorabentscheidung, den in ATZ beschäftigten ArbN auf die Mitwirkungspflichten hingewiesen zu haben. Am besten wird eine entsprechende Klausel in den ATZ-Vertrag aufgenommen. Die Mitwirkungspflichten des ArbGeb als Empfänger der Leistungen nach dem ATZG ergeben sich aus den §§ 60 ff. SGB I. Gleiches gilt, wenn der ArbN Leistungen nach § 10 II unmittelbar von der BA erhält. 1

Abgesehen davon darf der ArbN sich auch nicht rechtsmissbräuchlich iSd. § 242 BGB verhalten. Davon geht das BAG zB aus, wenn ein ArbN seine LStKlasse nur ändert, um die Aufstockungsleistungen des ArbGeb zu erhöhen[5]. 1a

Abs. 2 S. 1 bestimmt die **Voraussetzungen für eine Erstattungspflicht des ArbN**. Zwischen dem pflichtwidrigen Verhalten des ArbN und der unrechtmäßigen Leistungsgewährung an den ArbGeb muss ein adäquater Kausalzusammenhang bestehen. Leichte Fahrlässigkeit verpflichtet den ArbN nicht zur Erstattung der Leistung. Es gilt die Erfahrung: Je besser der Hinweis auf die Pflichten, desto größer die Chance der Regelbefolgung. 2

Wurden Leistungen nach § 10 II durch die BA unmittelbar an den ArbN zu Unrecht erbracht, finden die §§ 45, 48, 50 SGB X (und nicht § 11 II) Anwendung. 3

1 Bsp. hierzu s. Rundschreiben der Spitzenverbände vom 9.3.2004, S. 52 f. | 2 Näheres zur Verbeitragung im Störfall siehe Rundschreiben der Spitzenverbände vom 6.9.2001, S. 58 ff.; und Rundschreiben der Spitzenverbände vom 9.3.2004, S. 54 ff.; *Nimscholz/Oppermann/Ostrowicz*, Altersteilzeit, S. 272 ff.; *Debler*, NZA 2001, 1285 ff.; *Gussone/Voelzke*, S. 161 ff.; *Allary/Birgel/Olschewski/Waldhorst*, S. 71 ff. | 3 Rundschreiben der Spitzenverbände vom 9.3.2004, S. 54. | 4 LAG Nds. v. 25.6.2003 – 2 Sa 1556/02, NZA-RR 2004, 254 f. mit weiterführenden Hinweisen auf die Lit. | 5 BAG v. 9.9.2003 – 9 AZR 554/02, AP Nr. 2 zu § 4 ATG; v. 10.2.2004 – 9 AZR 183/03; v. 18.8.2004 – 5 AZR 423/04; v. 13.6.2006 – 9 AZR 423/05.

4 Ist der ArbN seiner Anzeigepflicht nach Abs. 1 nachgekommen und hat der ArbGeb/die Ausgleichskasse versäumt, die sich hieraus ergebenden Verpflichtungen gegenüber der BA zu erfüllen, finden in Bezug auf den ArbGeb die §§ 45, 48, 50 SGB X Anwendung. Gleiches gilt, wenn der ArbGeb den ihm nach § 60 SGB I obliegenden Mitwirkungspflichten nicht nachkommt und deshalb Leistungen nach § 4 zu Unrecht gewährt werden.

12 *Verfahren*

(1) Die Agentur für Arbeit entscheidet auf schriftlichen Antrag des Arbeitgebers, ob die Voraussetzungen für die Erbringung von Leistungen nach § 4 vorliegen. Der Antrag wirkt vom Zeitpunkt des Vorliegens der Anspruchsvoraussetzungen, wenn er innerhalb von drei Monaten nach deren Vorliegen gestellt wird, andernfalls wirkt er vom Beginn des Monats der Antragstellung. In den Fällen des § 3 Abs. 3 kann die Agentur für Arbeit auch vorab entscheiden, ob die Voraussetzungen des § 2 vorliegen. Mit dem Antrag sind die Namen, Anschriften und Versicherungsnummern der Arbeitnehmer mitzuteilen, für die Leistungen beantragt werden. Zuständig ist die Agentur für Arbeit, in deren Bezirk der Betrieb liegt, in dem der Arbeitnehmer beschäftigt ist. Die Bundesagentur erklärt eine andere Agentur für Arbeit für zuständig, wenn der Arbeitgeber dafür ein berechtigtes Interesse glaubhaft macht.

(2) Die Höhe der Leistungen nach § 4 wird zu Beginn des Erstattungsverfahrens in monatlichen Festbeträgen für die gesamte Förderdauer festgelegt. Die monatlichen Festbeträge werden nur angepasst, wenn sich das berücksichtigungsfähige Regelarbeitsentgelt um mindestens 10 Euro verringert. Leistungen nach § 4 werden auf Antrag erbracht und nachträglich jeweils für den Kalendermonat ausgezahlt, in dem die Anspruchsvoraussetzungen vorgelegen haben. Leistungen nach § 10 Abs. 2 werden auf Antrag des Arbeitnehmers oder, im Falle einer Leistungserbringung des Arbeitgebers an den Arbeitnehmer gemäß § 10 Abs. 2 Satz 2, auf Antrag des Arbeitgebers monatlich nachträglich ausgezahlt.

[Fassung des § 12 Abs. 2 bis zum 30.6.2004:

(2) Leistungen nach § 4 werden nachträglich jeweils für den Kalendermonat ausgezahlt, in dem die Anspruchsvoraussetzungen vorgelegen haben, wenn sie innerhalb von sechs Monaten nach Ablauf dieses Kalendermonats beantragt werden. Leistungen nach § 10 Abs. 2 werden auf Antrag des Arbeitnehmers monatlich nachträglich ausgezahlt.]

(3) In den Fällen des § 3 Abs. 3 werden dem Arbeitgeber die Leistungen nach Absatz 1 erst von dem Zeitpunkt an ausgezahlt, in dem der Arbeitgeber auf dem freigemachten oder durch Umsetzung frei gewordenen Arbeitsplatz einen Arbeitnehmer beschäftigt, der bei Beginn der Beschäftigung die Voraussetzungen des § 3 Abs. 1 Nr. 2 erfüllt hat. Endet die Altersteilzeitarbeit in den Fällen des § 3 Abs. 3 vorzeitig, erbringt die Agentur für Arbeit dem Arbeitgeber die Leistungen für zurückliegende Zeiträume nach Satz 3, solange die Voraussetzungen des § 3 Abs. 1 Nr. 2 erfüllt sind und soweit dem Arbeitgeber entsprechende Aufwendungen für Aufstockungsleistungen nach § 3 Abs. 1 Nr. 1 und § 4 Abs. 2 verblieben sind. Die Leistungen für zurückliegende Zeiten werden zusammen mit den laufenden Leistungen jeweils in monatlichen Teilbeträgen ausgezahlt. Die Höhe der Leistungen für zurückliegende Zeiten bestimmt sich nach der Höhe der laufenden Leistungen.

(4) Über die Erbringung von Leistungen kann die Agentur für Arbeit vorläufig entscheiden, wenn die Voraussetzungen für den Anspruch mit hinreichender Wahrscheinlichkeit vorliegen und zu ihrer Feststellung voraussichtlich längere Zeit erforderlich ist. Auf Grund der vorläufigen Entscheidung erbrachte Leistungen sind auf die zustehende Leistung anzurechnen. Sie sind zu erstatten, soweit mit der abschließenden Entscheidung ein Anspruch nicht oder nur in geringerer Höhe zuerkannt wird.

1 Das Antragsverfahren ist ein **zweistufiges Verfahren**. Die zuständige AA entscheidet zunächst über das Vorliegen der Fördervoraussetzungen auf Grund eines Anerkennungsantrages (Abs. 1 S. 1). Für das Erstattungsverfahren ist ein gesonderter Antrag erforderlich. Das Erstattungsverfahren und die Höhe der Erstattungsleistungen richtet sich danach, ob es sich um einen Altfall oder einen Neufall handelt.

2 Der **Antrag auf Anerkennung** ist innerhalb von drei Monaten nach Vorliegen der Fördervoraussetzungen – erfolgter Wiederbesetzung – bei der zuständigen AA zu stellen, damit die Förderung vom Beginn der Wiederbesetzung nach Freimachung des Arbeitsplatzes erfolgen kann (Abs. 1 S. 2). Bei späterer Antragstellung beginnt die Förderung der ATZ erst vom Beginn des Monats der Antragstellung an (Abs. 1 S. 2).

3 Wird ATZ in einem Blockmodell durchgeführt, besteht die Möglichkeit, schon vor der Wiederbesetzung des Arbeitsplatzes des ATZ-Mitarbeiters einen Antrag auf Vorabentscheidung zu stellen, ob die Voraussetzungen für eine Förderung im Falle der Wiederbesetzung des Arbeitsplatzes vorliegen (Abs. 1 S. 3).

4 Wird der Arbeitsplatz mit Beginn der Freistellungsphase wiederbesetzt, ist noch ein Antrag auf Anerkennung der Fördervoraussetzungen und ein Erstattungsantrag zu stellen, da erst mit dem Anerkennungsantrag die Wiederbesetzungsvoraussetzungen dargestellt werden. Die Anträge sind im Inter-

net unter: http://www.arbeitsagentur.de/nn_193154/zentraler-Content/A06-Schaffung/A062-Beschaeftigungsverhaeltnisse/Allgemein/Altersteilzeit-Vordrucke.html zu finden.

5 **Zuständig** für die Frage, ob eine Förderung in Betracht kommt, ist zunächst die AA, in deren Bezirk der Betrieb liegt, in dem der ATZ-ArbN beschäftigt ist. Hat ein ArbGeb mehrere Betriebsstätten, für die jeweils andere AA zuständig wären, kann eine AA sich auf seinen Wunsch hin für alle Grundentscheidungen für zuständig erklären, so dass die Beantragung der Förderfähigkeit auf eine AA konzentriert wird. Der ArbGeb muss allerdings ein berechtigtes Interesse an der Wahl einer bestimmten AA haben (Abs. 1 S. 6).

Sowohl in Alt- als auch in Neufällen werden die Leistungen nachträglich jeweils für den Kalendermonat ausgezahlt, in dem die Anspruchsvoraussetzungen vorgelegen haben (Abs. 2 S. 1).

6 Im Blockmodell werden die Förderleistungen erst nach erfolgter Wiederbesetzung des freigemachten oder frei gewordenen Arbeitsplatzes ab Beginn der Freistellungsphase erbracht, da erst im Zeitpunkt der Wiederbesetzung die Voraussetzungen für eine Förderung der ATZ vorliegen (Abs. 2 S. 1). Der sich aus dem laufenden Abrechnungsmonat ergebende Erstattungsbetrag wird nach den Vorgaben des ATZG (Abs. 3 S. 4) verdoppelt, soweit dem ArbGeb Aufwendungen für die Arbeitsphase entstanden sind.

7 **In Neufällen** (Beginn der ATZ nach dem 30.6.2004) werden die Erstattungsbeträge auf Basis des Regelarbeitsentgelts im ersten Abrechnungsmonat (Basismonat) nach dem Vorliegen der Fördervoraussetzungen (Wiederbesetzung des Arbeitsplatzes) für die gesamte Förderdauer ermitteltet und festgelegt (Förderfestbetrag gem. Abs. 2 S. 1). Wenn keine tarif- oder einzelvertragl. Regelungen bestehen, wird die Höhe der Förderfestbeträge durch die AA nach dem Durchschnittswert eines Referenzzeitraumes von zwölf Monaten, unter Einschluss des Basismonates ermittelt, wenn das Regelarbeitsentgelt im Basismonat aus einer variablen Grundvergütung besteht (zB Leistungslöhner), oder wenn es variable Entgeltbestandteile enthält. Der Förderfestbetrag wird dann nach unten angepasst, wenn sich das zu berücksichtigende Regelarbeitsentgelt vertrgl. um mindestens 10 Euro verringert (Abs. 2 S. 2). Es entfällt daher für die Ermittlung der Förderbeträge die in Altfällen auch weiterhin notwendige Neuberechnung der gesetzl. Aufstockungsbeträge[1]. Der ArbGeb muss daher nur noch nach Vorliegen der Fördervoraussetzungen *einen* Leistungsantrag bei der AA stellen (Vordruck AtG 300). Er erhält dann die Erstattungsleistungen – solange dafür die Voraussetzungen vorliegen – nachträglich monatlich für die Gesamtförderzeit. Der Erstattungsanspruch unterliegt der vierjährigen Verjährungsfrist des § 45 SGB I.

8 **In Altfällen** (Beginn der ATZ vor dem 1.7.2004) muss die **Beantragung der Erstattung** der verauslagten Aufstockungsbeträge zum Entgelt und der zusätzlichen RV-Beiträge (Vordrucke ATZG 21 und ATZG 21a) spätestens innerhalb von sechs Monaten nach Ablauf des entsprechenden Kalendermonats gestellt werden. Fällt das Ende des Monats auf einen Samstag, Sonntag oder einen gesetzl. Feiertag, endet die Frist mit Ablauf des nächstfolgenden Werktages (§ 26 III SGB X). Es ist daher ein Erstattungsantrag für jeden Fördermonat erforderlich.

9 Erstattet werden in Altfällen die gesetzl. erforderlichen Aufstockungsbeträge zum Entgelt und die zusätzlichen RV-Beiträge bis auf 90% des bisherigen Arbeitsentgeltes. Darüber hinaus vom ArbGeb erbrachte Leistungen werden nicht erstattet.

10 Da im Blockmodell der sich aus dem laufenden Abrechnungsmonat ergebende Betrag nach den Vorgaben des ATZG (Abs. 3 S. 4) verdoppelt wird, kommt es auf die Höhe der in der Arbeitsphase gezahlten Aufstockungsbeträge nicht an.

11 Erhöht sich aber in der Freistellungsphase das Gehalt auf Grund einer Tariferhöhung und somit der vom ArbGeb zu zahlende Aufstockungsbetrag, wird in Altfällen dieser höhere Aufstockungsbetrag verdoppelt und erstattet, obwohl dem ArbGeb tatsächlich geringere Aufwendungen entstanden sind. In Neufällen erhöht sich der im Basismonat festgelegte Förderbetrag nicht.

12 **Endet die ATZ vorzeitig**, und hat der ArbGeb den Arbeitsplatz schon rechtswirksam wiederbesetzt, oder besetzt er ihn nach der vorzeitigen Beendigung der ATZ in der Arbeitsphase, werden die ihm entstandenen Aufwendungen für zurückliegende Zeiträume, soweit sie ihm verblieben sind, erstattet (Abs. 3 S. 2). Die Dauer der Wiederbesetzung des Arbeitsplatzes muss dabei zeitlich zumindest dem Zeitraum entsprechen, für den der Aufwendungsersatz beansprucht wird. Sieht die tarifvertragl. oder einzelvertragl. Vereinbarung der ATZ für den Fall der vorzeitigen Beendigung der ATZ etwa eine nachträgliche fiktive Umwandlung in ein Vollzeitbeschäftigungsverhältnis vor, und verbleiben dem ArbGeb keine Aufwendungen für Aufstockungsbeträge zum Entgelt und zusätzliche RV-Beiträge, kommt ein Aufwendungsersatz nicht in Betracht.

13 Hat die BA im Förderfall nach Ablauf des **Entgeltfortzahlungszeitraumes** mit Beginn des Anspruches auf Krankengeld die Aufstockungsleistungen (Aufstockung zum Regelarbeitsentgelt und zusätzliche RV-Beiträge aus dem Regelarbeitsentgelt) übernommen (§ 10 II), werden die Aufstockungsleistungen

1 BT-Drs. 15/1515 S. 75.

zum Entgelt auf Antrag des ArbN hin monatlich nachträglich ausgezahlt (Abs. 2 S. 2). In den Fällen, in denen der ArbGeb in Neufällen die Aufstockungsleistungen zum Regelarbeitsentgelt und die zusätzlichen RV-Beiträge aus dem Regelarbeitsentgelt während des Krankengeldbezuges erbracht hat, steht der Erstattungsanspruch dem ArbGeb als eigener Anspruch zu. In Altfällen besteht für den ArbGeb nur die Möglichkeit, die Aufstockungsbeträge zum Teilzeitentgelt, nicht aber die zusätzlichen RV-Beiträge, weiterzuzahlen. Da es sich in diesen Fällen um einen Erstattungsanspruch des ArbN handelt, muss die Antragstellung durch den ArbN auch in den Fällen selbst erfolgen, in denen sich der ArbGeb die Ansprüche gegen die BA vom ArbN hat abtreten lassen (Vordruck ATZG 22). Dieser Antrag ist nicht fristgebunden und unterliegt somit nicht der Sechsmonatsfrist. Die Auszahlung erfolgt direkt an den ArbGeb.

14 Im Nichtförderfall wird die Zeit des Krankengeldbezuges nur dann als ATZ im sozialversicherungsrechtl. Sinne gewertet, wenn der ArbGeb für diesen Zeitraum sowohl die Aufstockungsleistungen zum Entgelt als auch die zusätzlichen RV-Beiträge übernimmt[1].

15 Wenn die Voraussetzungen für eine Förderung dem Grunde nach vorliegen (ATZ-Arbeitsverhältnis und Wiederbesetzung des Arbeitsplatzes) und eine unverzügliche Prüfung der vom ArbGeb eingereichten Abrechnungsliste nicht möglich ist, kann die AA auf Antrag des ArbGeb im Wege der **vorläufigen Entscheidung** die Förderleistungen auszahlen. Soweit Leistungen, die mit einer vorläufigen Entscheidung bewilligt wurden, zu Unrecht gewährt worden sind, sind die Leistungen vom ArbGeb zu erstatten (Abs. 4).

13 *Auskünfte und Prüfung*

Die §§ 315 und 319 des Dritten Buches und das Zweite Kapitel des Zehnten Buches Sozialgesetzbuch gelten entsprechend. § 2 Abs. 1 Nr. 3 des Schwarzarbeitsbekämpfungsgesetzes bleibt unberührt.

1 Die Vorschrift regelt die **Prüfzuständigkeit** und die **Prüfrechte** der BA und die Auskunfts- und Mitwirkungspflichten der ArbGeb, der ATZ-ArbN und Dritter im Zusammenhang mit geförderter ATZ.

2 Danach haben die Mitarbeiter der AA das Recht, die Grundstücke und Geschäftsräume des ArbGeb während der Geschäftszeiten zu betreten und Einsicht in alle Unterlagen zu nehmen, aus denen sich Umfang, Art und Dauer des ATZ-Mitarbeiters ergeben (§ 319 SGB III). ArbGeb und Dritte haben die Verpflichtung, an der Prüfung insb. durch Auskunftserteilung mitzuwirken (§ 315 SGB III).

14 *Bußgeldvorschriften*

(1) Ordnungswidrig handelt, wer vorsätzlich oder fahrlässig

1. entgegen § 11 Abs. 1 oder als Arbeitgeber entgegen § 60 Abs. 1 Nr. 2 des Ersten Buches Sozialgesetzbuch eine Mitteilung nicht, nicht richtig, nicht vollständig oder nicht rechtzeitig macht,

2. entgegen § 13 Satz 1 in Verbindung mit § 315 Abs. 1, 2 Satz 1, Abs. 3 oder 5 Satz 1 des Dritten Buches Sozialgesetzbuch eine Auskunft nicht, nicht richtig, nicht vollständig oder nicht rechtzeitig erteilt,

3. entgegen § 13 Satz 1 in Verbindung mit § 319 Abs. 1 Satz 1 des Dritten Buches Sozialgesetzbuch Einsicht oder Zutritt nicht gewährt oder

4. entgegen § 13 Satz 1 in Verbindung mit § 319 Abs. 2 Satz 1 des Dritten Buches Sozialgesetzbuch Daten nicht, nicht richtig, nicht vollständig, nicht in der vorgeschriebenen Weise oder nicht rechtzeitig zur Verfügung stellt.

(2) Die Ordnungswidrigkeit kann in den Fällen des Absatzes 1 Nr. 4 mit einer Geldbuße bis zu dreißigtausend Euro, in den übrigen Fällen mit einer Geldbuße bis zu tausend Euro geahndet werden.

(3) Verwaltungsbehörden im Sinne des § 36 Abs. 1 Nr. 1 des Gesetzes über Ordnungswidrigkeiten sind die Agenturen für Arbeit.

(4) Die Geldbußen fließen in die Kasse der Bundesagentur. § 66 des Zehnten Buches Sozialgesetzbuch gilt entsprechend.

(5) Die notwendigen Auslagen trägt abweichend von § 105 Abs. 2 des Gesetzes über Ordnungswidrigkeiten die Bundesagentur; diese ist auch ersatzpflichtig im Sinne des § 110 Abs. 4 des Gesetzes über Ordnungswidrigkeiten.

1 Die Verletzung der Auskunfts- und Mitwirkungspflichten stellt eine Ordnungswidrigkeit dar und ist mit Bußgeld bewehrt. Die Vorschrift bestimmt die einzelnen Bußgeldtatbestände (Abs. 1), die Höhe des Bußgeldes (Abs. 2) und die zuständige AA als Verwaltungsbehörde für die Durchführung des Ordnungswidrigkeitenverfahrens (Abs. 3).

---

1 Näheres dazu siehe Rundschreiben der Spitzenverbände vom 9.3.2004 S. 51; *Nimscholz/Oppermann/Ostrowicz*, Altersteilzeit, Kap. V.

15 *Verordnungsermächtigung*

Das Bundesministerium für Arbeit und Soziales kann durch Rechtsverordnung die Mindestnettobeträge nach § 3 Abs. 1 Nr. 1 Buchstabe a in der bis zum 30. Juni 2004 gültigen Fassung bestimmen. Die Vorschriften zum Leistungsentgelt des Dritten Buches Sozialgesetzbuch gelten entsprechend. Das bisherige Arbeitsentgelt im Sinne des § 6 Abs. 1 in der bis zum 30. Juni 2004 gültigen Fassung ist auf den nächsten durch fünf teilbaren Euro-Betrag zu runden. Der Kalendermonat ist mit 30 Tagen anzusetzen.

Zur Erleichterung der Errechnung des gesetzl. Aufstockungsbetrages zum Entgelt in ATZ-Fällen, die vor dem 1.7.2004 begannen, hat der Gesetzgeber dem BMAS eingeräumt, in einer pauschalierten Tabelle die **Mindestnettobeträge** nach § 3 I Nr. 1a idF bis zum 30.6.2004 pauschal durch RechtsVO festzulegen (für 2008: Mindestnettobetrags-VO vom 19.12.2007, BGBl. I S. 3040 ff.). 1

Die Mindestnettotabelle wird generell durch die **BBG** begrenzt. 2

Die **Festlegung** der Mindestnettobeträge richtet sich nach § 133 SGB III. Dabei werden als Abzug neben der LSt, die nach dem auf Grund des § 51 IV Nr. 1a EStG erstellten Programmablaufplanes unter Berücksichtigung der Vorsorgepauschale ermittelt wird, der Solidaritätszuschlag und die SozV-Beiträge berücksichtigt. Die SozV-Beiträge werden pauschal bis zur BBG der ArblV mit 21 % berücksichtigt. Abzüge für die Kirchensteuer erfolgen unabhängig von der Kirchensteuerpflicht nicht mehr. 3

Eine Verpflichtung zur jährlichen Erstellung einer Mindestnettobetrags-VO besteht nicht[1]. Für 2006 und 2007 wurde auf die Erstellung verzichtet. 4

15a *Übergangsregelung nach dem Gesetz zur Reform der Arbeitsförderung*

Haben die Voraussetzungen für die Erbringung von Leistungen nach § 4 vor dem 1. April 1997 vorgelegen, erbringt die Bundesagentur die Leistungen nach § 4 auch dann, wenn die Voraussetzungen des § 2 Abs. 1 Nr. 2 und Abs. 2 Nr. 1 in der bis zum 31. März 1997 geltenden Fassung vorliegen.

Mit dem Inkrafttreten des Arbeitsförderungsreformgesetzes[2] zum 1.4.1997 wurde das ATZG dahin gehend geändert, dass im Rahmen der ATZ die reduzierte Arbeitszeit nicht mehr mindesten 18 Wochenstunden betragen muss, sondern nur über der allgemeinen Geringfügigkeitsgrenze der SozV iSd. § 8 SGB IV liegen muss. Die Übergangsregelung stellte sicher, dass nicht alle vor dem 1.4.1997 umgesetzten ATZ-Verträge bezüglich der Arbeitszeit umgestellt werden mussten. 1

15b *Übergangsregelung nach dem Gesetz zur Reform der gesetzlichen Rentenversicherung*

Abweichend von § 5 Abs. 1 Nr. 2 erlischt der Anspruch auf die Leistungen nach § 4 nicht, wenn mit der Altersteilzeit vor dem 1. Juli 1998 begonnen worden ist und Anspruch auf eine ungeminderte Rente wegen Alters besteht, weil 45 Jahre mit Pflichtbeiträgen für eine versicherte Beschäftigung oder Tätigkeit vorliegen.

Das RRG 1999[3] eröffnet Versicherten, die vor dem 1.1.1942 geboren sind und 45 Jahre Pflichtbeitragszeiten in der gesetzl. RV zurückgelegt haben, ab dem 1.1.1997 bzw. ab dem 1.1.2000 die Möglichkeit, vorzeitig eine ungeminderte Altersrente (Art. 1 Nr. 75 u. 76, Art. 33 IX u. 13 RRG 1999) zu beanspruchen. 1

Die Übergangsregelung stellt sicher, dass der Förderanspruch nicht erlischt, wenn der ATZ-ArbN eine solche ungekürzte Rente in Anspruch nehmen könnte, und die ATZ vor dem 1.7.1998 begonnen hat. 2

15c *Übergangsregelung nach dem Gesetz zur Fortentwicklung der Altersteilzeit*

Ist eine Vereinbarung über Altersteilzeitarbeit vor dem 1. Januar 2000 abgeschlossen worden, erbringt die Bundesagentur die Leistungen nach § 4 auch dann, wenn die Voraussetzungen des § 2 Abs. 1 Nr. 2 und 3 in der bis zum 1. Januar 2000 geltenden Fassung vorliegen.

Mit dem Gesetz zur Fortentwicklung der Altersteilzeit[4], das am 1.1.2000 in Kraft getreten ist, wurde die ATZ auch für Teilzeitbeschäftigte geöffnet. Die Übergangsregelung ist notwendig, damit die bestehenden ATZ-Verträge nicht an die neue Regelung der Arbeitszeit unmittelbar vor Übergang in die ATZ angepasst werden müssen. 1

15d *Übergangsregelung zum Zweiten Gesetz zur Fortentwicklung der Altersteilzeit*

Ist eine Vereinbarung über Altersteilzeitarbeit vor dem 1. Juli 2000 abgeschlossen worden, gelten § 5 Abs. 2 Satz 2 und § 6 Abs. 2 Satz 2 in der bis zum 1. Juli 2000 geltenden Fassung. Sollen bei einer Vereinbarung nach Satz 1 Leistungen nach § 4 für einen Zeitraum von länger als fünf Jahren beansprucht werden, gilt § 5 Abs. 2 Satz 2 in der ab dem 1. Juli 2000 geltenden Fassung.

1 BT-Drs. 15/1515 S. 136. | 2 BGBl. I S. 594. | 3 BGBl. I S. 2998. | 4 BGBl. I S. 2494.

1 Mit dem Zweiten Gesetz zur Fortentwicklung der Altersteilzeit vom 27.6.2002[1] wurde die Höchstförderdauer von fünf auf sechs Jahre erhöht. Im Gegenzug dazu muss der Wiederbesetzer nicht nur für drei, sondern für vier Jahre beschäftigt werden, um die Höchstförderdauer zu erreichen. Mit der Übergangsregelung wird für vor dem 1.7.2000 abgeschlossene ATZ-Vereinbarungen ein Wahlrecht eingeräumt, ob die neue Höchstförderdauer von sechs Jahren mit der Verpflichtung den Wiederbesetzer für vier Jahre oder die bis zum in Kraft treten des Gesetzes geltende Höchstförderdauer von fünf Jahren mit dreijähriger Wiederbesetzungspflicht gewünscht wird.

15e *Übergangsregelung nach dem Gesetz zur Reform der Renten wegen verminderter Erwerbsfähigkeit*

Abweichend von § 5 Abs. 1 Nr. 2 erlischt der Anspruch auf die Leistungen nach § 4 nicht, wenn mit der Altersteilzeit vor dem 17. November 2000 begonnen worden ist und Anspruch auf eine ungeminderte Rente wegen Alters besteht, weil die Voraussetzungen nach § 236a Satz 5 Nr. 1 des Sechsten Buches Sozialgesetzbuch vorliegen.

1 Durch das Gesetz zur Reform der Renten wegen verminderter Erwerbsfähigkeit vom 20.12.2000[2] wurde der Vertrauensschutz für schwerbehinderte Menschen neu gestaltet. Danach können schwerbehinderte Menschen mit vollendetem 60. Lebensjahr eine ungekürzte Rente in Anspruch nehmen, wenn sie bis zum 16.11.1950 geboren sind und am 16.11.2000 schwerbehindert, berufsunfähig oder erwerbsunfähig nach dem am 31.12.2000 geltenden Recht waren. Die mit dem Altersvermögensergänzungsgesetz vom 21.3.2001[3] eingefügte Übergangsregelung stellt sicher, dass der Förderanspruch nicht erlischt, wenn der ATZ-ArbN eine ungekürzte Rente für schwerbehinderte Menschen in Anspruch nehmen könnte, und die ATZ vor dem 17.7.2000 begonnen hat.

15f *Übergangsregelung nach dem Zweiten Gesetz für moderne Dienstleistungen am Arbeitsmarkt*

Wurde mit der Altersteilzeit vor dem 1. April 2003 begonnen, gelten Arbeitnehmer, die bis zu diesem Zeitpunkt in einer versicherungspflichtigen Beschäftigung nach dem Dritten Buch Sozialgesetzbuch gestanden haben, auch nach dem 1. April 2003 als versicherungspflichtig beschäftigt, wenn sie die bis zum 31. März 2003 geltenden Voraussetzungen für das Vorliegen einer versicherungspflichtigen Beschäftigung weiterhin erfüllen.

1 Die Übergangsregelung wurde durch die Änderung der Geringfügigkeitsgrenze des § 8 SGB IV durch das Zweite Gesetz für moderne Dienstleistungen am Arbeitsmarkt vom 23.12.2002[4] erforderlich.

2 Von dieser Übergangsregelung werden die Fälle erfasst, in denen das Teilzeitentgelt des ATZ-ArbN zwischen der bis zum 31.3.2003 maßgeblichen Geringfügigkeitsgrenze von 325 Euro und der ab dem 1.4.2003 geltenden neuen Geringfügigkeitsgrenze von 400 Euro liegt. Durch die Übergangsregelung wird sichergestellt, dass trotz der Anhebung der Geringfügigkeitsgrenze die sich in ATZ befindlichen ArbN auch weiterhin versicherungspflichtig iSd. SGB III (§ 2 I Nr. 1 ATZG) bleiben.

15g *Übergangsregelung zum Dritten Gesetz für moderne Dienstleistungen am Arbeitsmarkt*

Wurde mit der Altersteilzeitarbeit vor dem 1. Juli 2004 begonnen, sind die Vorschriften in der bis zum 30. Juni 2004 geltenden Fassung mit Ausnahme des § 15 weiterhin anzuwenden. Auf Antrag des Arbeitgebers erbringt die Bundesagentur abweichend von Satz 1 Leistungen nach § 4 in der ab dem 1. Juli 2004 geltenden Fassung, wenn die hierfür ab dem 1. Juli 2004 maßgebenden Voraussetzungen erfüllt sind.

1 Die Übergangsregelung wurde durch die Änderung des ATZG durch das Dritte Gesetz für moderne Dienstleistungen am Arbeitsmarkt vom 23.12.2003[5] erforderlich. Die Vorschrift stellt sicher, dass in ATZ-Fällen, die vor dem 1.7.2004 begannen, die zu diesem Tage in Kraft getretenen Änderungen im Verhältnis ArbGeb zu ArbN keine Auswirkungen auf die Durchführung bestehender ATZ-Verhältnisse haben[6]. Der ArbG kann aber in Altfällen die Erstattungsleistungen der BA bei Wiederbesetzung des Arbeitsplatzes nach neuer Rechtslage beantragen. Die Förderfestbeträge werden dann auf der Grundlage des Monats ermittelt, ab dem die Leistungen gem § 4 nach neuem Recht bewilligt werden. Von dieser Möglichkeit ist abzuraten, da die Erstattungsbeträge nach neuem Recht in aller Regel im Laufe der ATZ geringer als nach altem Recht sind.

1 BGBl. I S. 910. |2 BGBl. I S. 1827. |3 BGBl. I S. 403. |4 BGBl. I S. 4621. |5 BGBl I S. 2848. |6 BT-Drs. 15/1515 S. 136.

16 *Befristung der Förderungsfähigkeit*

Für die Zeit ab dem 1. Januar 2010 sind Leistungen nach § 4 nur noch zu erbringen, wenn die Voraussetzungen des § 2 erstmals vor diesem Zeitpunkt vorgelegen haben.

Gefördert wird ATZ durch die BA, wenn das ATZ-Beschäftigungsverhältnis vor dem 1.1.2010 begonnen 1
hat. Es können daher auch vor dem Stichtag begonnene ATZ-Beschäftigungsverhältnisse mit einer Laufzeit von mehr als sechs Jahren gefördert werden.

Die die Förderung auslösende Wiederbesetzung des Arbeitsplatzes des Altersteilzeiters muss daher 2
nicht vor dem Stichtag erfolgt sein.

Ein Rentenzugang nach ATZ-Arbeit gem. § 237 SGB VI ist nur bis zum Jahrgang 1951 möglich, da ab 3
2012 der Rentenzugang wegen Arbeitslosigkeit oder ATZ-Arbeit entfällt (§ 237 I Nr. 1 SGB VI).

Ungeförderte Altersteilzeit kann auch noch nach dem Stichtag begonnen werden (§ 1 III; s. § 1 Rz. 2). 4

Gesetz zur Regelung der gewerbsmäßigen Arbeitnehmerüberlassung (Arbeitnehmerüberlassungsgesetz – AÜG)

in der Fassung der Bekanntmachung vom 3.2.1995 (BGBl. I S. 158), zuletzt geändert durch Art. 233 Neunte ZuständigkeitsanpassungsVO v. 31.10.2006 (BGBl. I S. 2407)

1 *Erlaubnispflicht*

(1) Arbeitgeber, die als Verleiher Dritten (Entleihern) Arbeitnehmer (Leiharbeitnehmer) gewerbsmäßig zur Arbeitsleistung überlassen wollen, bedürfen der Erlaubnis. Die Abordnung von Arbeitnehmern zu einer zur Herstellung eines Werkes gebildeten Arbeitsgemeinschaft ist keine Arbeitnehmerüberlassung, wenn der Arbeitgeber Mitglied der Arbeitsgemeinschaft ist, für alle Mitglieder der Arbeitsgemeinschaft Tarifverträge desselben Wirtschaftszweiges gelten und alle Mitglieder auf Grund des Arbeitsgemeinschaftsvertrages zur selbstständigen Erbringung von Vertragsleistungen verpflichtet sind. Für einen Arbeitgeber mit Geschäftssitz in einem anderen Mitgliedstaat des Europäischen Wirtschaftsraumes ist die Abordnung von Arbeitnehmern zu einer zur Herstellung eines Werkes gebildeten Arbeitsgemeinschaft auch dann keine Arbeitnehmerüberlassung, wenn für ihn deutsche Tarifverträge desselben Wirtschaftszweiges wie für die anderen Mitglieder der Arbeitsgemeinschaft nicht gelten, er aber die übrigen Voraussetzungen des Satzes 2 erfüllt.

(2) Werden Arbeitnehmer Dritten zur Arbeitsleistung überlassen und übernimmt der Überlassende nicht die üblichen Arbeitgeberpflichten oder das Arbeitgeberrisiko (§ 3 Abs. 1 Nr. 1 bis 3), so wird vermutet, dass der Überlassende Arbeitsvermittlung betreibt.

(3) Dieses Gesetz ist mit Ausnahme des § 1b Satz 1, des § 16 Abs. 1 Nr. 1b und Abs. 2 bis 5 sowie der §§ 17 und 18 nicht anzuwenden auf die Arbeitnehmerüberlassung

1. zwischen Arbeitgebern desselben Wirtschaftszweiges zur Vermeidung von Kurzarbeit oder Entlassungen, wenn ein für den Entleiher und Verleiher geltender Tarifvertrag dies vorsieht,

2. zwischen Konzernunternehmen im Sinne des § 18 des Aktiengesetzes, wenn der Arbeitnehmer seine Arbeit vorübergehend nicht bei seinem Arbeitgeber leistet, oder

3. in das Ausland, wenn der Leiharbeitnehmer in ein auf der Grundlage zwischenstaatlicher Vereinbarungen begründetes deutsch-ausländisches Gemeinschaftsunternehmen verliehen wird, an dem der Verleiher beteiligt ist.

1 **I. Regelungszweck und Regelungsmittel des Gesetzes.** Das AÜG bildet den rechtl. Rahmen für die gewerbsmäßige AÜ. Es regelt deren zulässige Formen und bekämpft die illegalen Fälle der Überlassung von ArbN. Seine Bestimmungen sollen den arbeits- und sozialversicherungsrechtl. Schutz der überlassenen ArbN sicherstellen. Bereits nach der Begründung des Regierungsentwurfes vom 15.6.1971 diente es dazu, bei der AÜ Verhältnisse herzustellen, die den Anforderungen des sozialen Rechtsstaats entsprechen und eine Ausbeutung der betroffenen ArbN ausschließen[1]. Dem Schutzbedürfnis der LeihArbN trägt das Gesetz Rechnung durch die Erlaubnispflicht für den Verleiher und die gesetzl. Fiktion eines Arbeitsverhältnisses zum Entleiher bei illegaler AÜ. Der Erlaubnisvorbehalt ist demgegenüber kein Schutzgesetz zu Gunsten des Entleihers[2].

2 Allerdings trifft das Gesetz keine umfassende und abschließende Regelung der Rechtsbeziehungen im Rahmen der AÜ. Neben ausführlichen gewerberechtl. Vorschriften enthält das Gesetz straf- und ordnungswidrigkeitenrechtl. Bestimmungen. Dagegen sind das Schuldrecht und das Arbeitsrecht nur auszugsweise und unsystematisch mit geregelt.

3 **II. Geltungsbereich des Gesetzes.** Der räumliche Geltungsbereich des Gesetzes ist nach dem Territorialprinzip auf das Gebiet der Bundesrepublik Deutschland beschränkt. Dazu gehören auch die unter der Deutschen Bundesflagge fahrenden Seeschiffe[3]. Ebenso gilt das Gesetz an Bord deutscher Luftfahrzeuge, die in die Luftfahrzeugrolle eingetragen sind. Auch ein Verleiher mit Geschäftssitz im Ausland benötigt eine Erlaubnis nach dem AÜG, wenn er in Deutschland, nach Deutschland hinein oder aus Deutschland heraus ArbN überlassen will. Diese Erlaubnispflicht steht nicht im Widerspruch zur gemeinschaftsrechtl. Garantie des freien Dienstleistungsverkehrs gem. den Art. 49, 50 EGV[4].

---

1 BT-Drs. VI/2303, S. 9; vgl. zur Entstehungsgeschichte näher Thüsing/*Waas*, § 1 AÜG Rz. 9 ff. | 2 Vgl. OLG Karlsruhe v. 23.9.2005 – 15 U 16/04, EzAÜG § 9 AÜG Nr. 19. | 3 BSG v. 29.6.1984 – 12 RK 38/82, EzAÜG Nr. 31 zu § 10 AÜG – Fiktion. | 4 EuGH v. 17.12.1981 – Rs. 279/80, NJW 1982, 1203; krit. *Kienle/Koch*, DB 2001, 922.

Der persönliche Geltungsbereich des Gesetzes beschränkt sich auf eine Rechtsbeziehung, an der ein ArbGeb als Verleiher, ein ArbN dieses Verleihers und ein Entleiher beteiligt sind. Nach seinem sachlichen Geltungsbereich betrifft das Gesetz nur die AÜ und nicht sonstige Formen eines drittbezogenen Personaleinsatzes. Es gilt an sich auch für ArbN im kirchlichen Dienst. Die auf Dauer angelegte Beschäftigung von LeihArbN ist aber mit dem Kirchenarbeitsrecht nicht vereinbar, weil sie dem Leitbild von der Dienstgemeinschaft widerspricht[1]. 4

III. Gewerbsmäßige Arbeitnehmerüberlassung (Abs. 1 S. 1). Nach der Legaldefinition in § 1 I liegt eine AÜ vor, wenn ein ArbGeb als Verleiher Dritten ArbN gewerbsmäßig zur Arbeitsleistung überlässt. Daher setzt die AÜ immer die Beteiligung von drei Rechtssubjekten voraus. Dabei handelt es sich neben dem Verleiher als ArbGeb um den LeihArbN und den Entleiher als Dritten. Ferner bedarf es einer Vereinbarung zwischen dem Verleiher und dem Entleiher, wonach der LeihArbN auf Grund der damit eingegangenen Verpflichtung seines ArbGeb bei dem Dritten zur Förderung von dessen Betriebszwecken tätig wird[2]. Allerdings ist der Einsatz eines ArbN der Muttergesellschaft bei einer Tochtergesellschaft keine AÜ iS dieses Gesetzes, wenn die Tochtergesellschaft nicht über eine eigene Betriebsorganisation verfügt oder mit der Muttergesellschaft einen Gemeinschaftsbetrieb führt[3]. Der Einsatz eines ArbN in einer anderen Betriebsstätte des ArbGeb stellt bereits begrifflich keine AÜ dar, auch wenn diese Betriebsstätte an einem räumlich weit entfernten Ort oder im Ausland liegt[4]. Dagegen fällt die Überlassung von ArbN zwischen rechtl. selbständigen Unternehmen eines Konzerns unter das AÜG. Für die Anwendung des AÜG ist es unbeachtlich, ob zwischen Entleiher und Verleiher familienrechtl. Beziehungen bestehen[5]. 5

Die AÜ ist nur ein **Unterfall des drittbezogenen Personaleinsatzes**. Nach welchen Grundsätzen die AÜ von den übrigen Formen des drittbezogenen Personaleinsatzes abzugrenzen ist, regelt das AÜG selbst nicht. Die Arbeit im Rahmen eines drittbezogenen Personaleinsatzes kann auch beruhen auf einem Werkvertrag, einem Dienstvertrag, einem Geschäftsbesorgungsvertrag, einem Dienstverschaffungsvertrag, einer Arbeitsvermittlung oder Mischformen dieser Vertragstypen. Kennzeichnend für alle Erscheinungsformen des dirttbezogenen Personaleinsatzes ist ein Dreiecksverhältnis zwischen dem ArbN, seinem (Vertrags-)ArbGeb und einem Dritten, bei dem der ArbN beschäftigt wird. Die Notwendigkeit einer Abgrenzung ergibt sich vor allem mit Blick auf die illegale AÜ[6]. Da die legale AÜ zum Schutz des ArbN reglementiert ist, besteht eine **Umgehungsgefahr durch die Wahl anderer Vertragsformen**. Liegt trotz anderer Bezeichnung in Wahrheit eine – illegale – AÜ vor, so wird nach § 10 ein ArbVerh. zum Entleiher fingiert. Für eine gewerbsmäßige AÜ iSd. Abs. 1 S. 1 müssen folgende Voraussetzungen erfüllt sein: 6

- Arbeitsverhältnis zwischen einem ArbGeb und einem ArbN (Leiharbeitsvertrag),
- vertragl. Beziehungen zwischen dem ArbGeb und einem Dritten, auf deren Grundlage der LeihArbN dem Dritten zur Arbeitsleistung überlassen wird (AÜ-Vertrag),
- tatsächliche Erbringung der Arbeitsleistung durch den ArbN bei dem Dritten,
- Gewerbsmäßigkeit der Überlassung,
- keine Arbeitsvermittlung.

1. Leiharbeitsvertrag. Der Leiharbeitsvertrag regelt die Bedingungen, unter denen der ArbN abweichend von § 613 S. 2 BGB seine Arbeitsleistung bei einem Dritten zu erbringen hat. Die Begriffe des ArbN als LeihArbN und des ArbGeb als Verleiher nach dem AÜG entsprechen denen des Arbeitsrechts. Das Vorliegen eines **Arbeitsverhältnisses** ist auch für den Bereich der AÜ nach den allgemeinen Grundsätzen des Arbeitsrechts zu beurteilen. Danach ist ArbN, wer auf Grund eines privatrechtl. Vertrags einem anderen gegenüber verpflichtet ist, eine fremdbestimmte, abhängige und weisungsgebundene Tätigkeit auszuüben[7]. Der Leiharbeitsvertrag kann auch nach § 14 II TzBfG für die Dauer von zwei Jahren sachgrundlos befristet werden, selbst wenn die Beschäftigung des ArbN bei seinem vormaligen VertragsArbGeb erfolgen soll[8]. 7

Beamte, Soldaten oder Richter, die in einem öffentl.-rechtl. Dienst- oder Treueverhältnis stehen, kommen für eine AÜ von vornherein nicht in Betracht[9]. 8

Auszubildenden dürfen nach den Vorschriften des BBiG nur Verrichtungen übertragen werden, die dem Ausbildungszweck dienen. Das Wesen der AÜ besteht aber gerade in der Überlassung von Personen zum Zweck der Arbeitsleistungen nach Weisung des Entleihers und damit gerade nicht zu Ausbildungszwecken. Auch die Durchführung der einem öffentl. Träger obliegenden Jugendhilfemaßnahmen durch einen bei einem freien Träger angestellten ArbN ist jedenfalls dann nicht an den Vorschriften des AÜG 9

---

1 Vgl. Gerichtshof der ev. Kirche in Deutschland v. 9.10.2006 – II-0124/M35-06, NZA 2007, 761. | 2 BAG v. 26.4.1995 – 7 AZR 850/94, DB 1995, 2427. | 3 BAG v. 3.12.1997 – 7 AZR 764/96, DB 1998, 1520. | 4 *Boewer*, DB 1982, 2033. | 5 BGH v. 10.7.1973 – VI ZR 66/72, NJW 1973, 2020. | 6 Vgl. ErfK/*Wank*, § 1 AÜG Rz. 10; *Schüren/Hamann*, § 1 AÜG Rz. 111 ff. | 7 St. Rspr., BAG v. 10.4.1991 – 4 AZR 467/90, AP Nr. 54 zu § 611 BGB – Abhängigkeit. | 8 Vgl. BAG v. 18.10.2006 – 7 AZR 145/06, NZA 2007, 443. | 9 Vgl. nur BAG v. 28.3.2001 – 7 ABR 21/00, MDR 2001, 1121.

zu messen, wenn sich das Zusammenwirken beider Träger auf der Grundlage der Spezialregelungen des SGB VII vollzieht[1]. Ob überlassene Personen als ArbN zu qualifizieren sind, richtet sich nicht nach der Auffassung oder der Bezeichnung der Vertragsparteien, sondern anhand objektiver Kriterien nach den tatsächlichen Verhältnissen[2].

10 Freie Mitarbeiter sind mangels persönlicher Abhängigkeit und Weisungsgebundenheit gegenüber ihrem Auftraggeber keine ArbN. Als Selbständige können sie nicht einem anderen zur Arbeitsleistung überlassen werden. Auch Heimarbeiter und Hausgewerbetreibende können nicht einem Entleiher zur weisungsabhängigen Arbeitsleistung überlassen werden. Ebenso wenig ist ArbN, wer auf Grund einer mitgliedschaftlichen Verpflichtung seine Arbeitsleistung zu erbringen hat. Das gilt für Mitglieder einer Produktionsgenossenschaft im Rahmen ihrer genossenschaftlichen Verpflichtung, für Vereinsmitglieder auf Grund ihrer Vereinszugehörigkeit, für die Mitarbeit eines Gesellschafters auf Grund des Gesellschaftsvertrags sowie für Mitglieder von Orden und Schwesternschaften, die ausschließlich auf Grund ihrer persönlichen Zugehörigkeit zum Orden oder zur Schwesternschaft tätig werden. Soweit diese aufgrund eines Gestellungsvertrags in Krankenhäusern oder anderen Einrichtungen Pflegeleistungen erbringen, handelt es sich nicht um AÜ iS dieses Gesetzes[3].

11 Allerdings kann die Anwendung des AÜG nicht dadurch umgangen werden, dass eine Beschäftigungsgesellschaft in Form eines eingetragenen Vereins oder mithilfe von Gesellschaftern gegründet wird, deren einzige Einlage ihre Arbeitskraft ist. In diesen Fällen sind die Vereinsmitglieder und Gesellschafter als ArbN iSd. AÜG anzusehen[4]. In dem Leiharbeitsvertrag zwischen dem ArbN und dem ArbGeb werden die Voraussetzungen und Bedingungen vereinbart, unter denen der ArbN abweichend von § 613 S. 2 BGB seine Arbeitsleistung nicht beim ArbGeb als seinem Vertragspartner, sondern bei einem Dritten zu erbringen hat.

12 **2. Arbeitnehmerüberlassungsvertrag.** Als weitere Voraussetzung für die gewerbsmäßige AÜ muss eine **vertragl. Beziehung zwischen dem ArbGeb und einem Dritten** bestehen, auf dessen Grundlage der LeihArbN dem Dritten zur Arbeitsleistung überlassen wird. Nach dem Wortlaut des Gesetzes reicht dafür allein das Tätigwerden des ArbN in einem fremden Betrieb nicht aus. Insb. liegt ein Überlassen des ArbN nach der Gesetzesbegründung nicht vor, wenn der ArbN auf Grund eines Werkvertrags seines ArbGeb als dessen Erfüllungsgehilfe in einem Drittunternehmen tätig wird[5].

13 Andere erlaubnisfreie Formen des drittbezogenen Personaleinsatzes können beruhen auf Dienstverträgen, Dienstverschaffungsverträgen oder Geschäftsbesorgungsverträgen. Für deren Abgrenzung von einer erlaubnispflichtigen AÜ kommt es entscheidend darauf an, ob der ArbN in den Betrieb des Dritten eingegliedert ist und den Weisungen des Dritten unterliegt[6].

14 Maßgeblich ist der objektive Geschäftsinhalt der zwischen den Beteiligten vereinbarten Verträge. Er lässt sich sowohl anhand der schriftl. Vereinbarungen der Vertragspartner als auch anhand der praktischen Durchführung der Verträge ermitteln[7]. Widersprechen sich Vereinbarung und Durchführung, ist die tatsächliche Vertragsdurchführung für die Feststellung des Geschäftsinhalts maßgebend[8]. Eine gegenüber dem Inhalt des schriftlichen Vertrages abweichende praktische Durchführung ist allerdings nur maßgebend, sofern die auf beiden Seiten zum Vertragsschluss Berechtigten sie kennen und zumindest billigen[9].

15 Dabei bedarf es einer umfassenden Würdigung sämtlicher Umstände des Einzelfalls. So kann es darauf ankommen, wem die Aufsicht über die ArbN obliegt, ob das Werkzeug und Material durch den Entleiher gestellt wird und ob der Verleiher nach seiner materiellen Ausstattung in der Lage ist, andere Geschäftszwecke als die AÜ zu verfolgen[10]. Für die Zurechenbarkeit einer vom Vertragsinhalt abweichenden Vertragspraxis in Gestalt einer AÜ ist darüber hinaus erforderlich, dass auch die Personalverantwortlichen davon Kenntnis hatten.

16 In der Theorie lassen sich **Werkvertrag** und AÜ-Vertrag leicht voneinander abgrenzen. Bei der AÜ werden ArbN einem Dritten zur Arbeitsleistung zur Verfügung gestellt. Bei einem Werkvertrag verpflichtet sich der Unternehmer gegenüber dem Besteller zur Herstellung eines individuellen Werkes. Schwierig wird die Abgrenzung dadurch, dass auch ein durch Arbeits- oder Dienstleistung herbeigeführter Erfolg gem. § 631 II BGB Gegenstand eines Werkvertrags sein kann.

---

1 BAG v. 11.6.1997 – 7 AZR 487/96, AP Nr. 1 zu § 2 SGB VII. | **2** BAG v. 22.6.1994 – 7 AZR 506/93, EzAÜG Nr. 4 zu § 13 AÜG. | **3** BAG v. 6.7.1995 – 5 AZB 9/93, NZA 1996, 33; v. 4.7.1979 – 5 AZR 8/78, BAGE 32, 47 = AP Nr. 10 zu § 611 BGB – Rotes Kreuz. | **4** LAG Hess. v. 13.7.1998 – 10 Sa 1791/97, nv. | **5** BT-Drs. VI/2303, S. 10. | **6** BAG v. 25.10.2000 – 7 AZR 487/99, EzAÜG Nr. 11 zu § 1 AÜG – Konzerninterne Arbeitnehmerüberlassung = EzA Nr. 10 zu § 10 AÜG m. Anm. *Hamann* = RdA 2002, 107 m. Anm. *Schüren/Behrend*. | **7** Vgl. BGH v. 2.2.2007 – III ZR 61/05, FA 2006, 117; BAG v. 22.6.1994 – 7 AZR 506/93, EzAÜG Nr. 4 zu § 13 AÜG. | **8** Vgl. BAG v. 24.5.2006 – 7 AZR 365/05; v. 6.8.2003 – 7 AZR 180/03, AP Nr. 6 zu § 9 AÜG; LAG München v. 7.12.2004 – 6 Sa 1235/03, m. krit. Anm. *Hamann*, jurisPR-ArbR 32/2005. | **9** Vgl. BAG v. 27.1.1993 – 7 AZR 476/92, EzAÜG § 10 AÜG Fiktion Nr. 75; v. 6.8.2003 – 7 AZR 180/03, NZA 2004, 1182; LAG Köln v. 22.11.2007 – 6 Sa 616/07. | **10** BAG v. 15.6.1983 – 5 AZR 111/81, DB 1983, 2420.

Wichtiges Merkmal der AÜ ist die **arbeitsbezogene Weisungsbefugnis des Entleihers** gegenüber den ihm zum Arbeitseinsatz überlassenen ArbN. Denn der Entleiher als Empfänger der Arbeitsleistung hat einen unmittelbar gegen den ArbN des Verleihers gerichteten Anspruch auf Erbringung der Arbeitsleistung. Damit ist seine Befugnis verknüpft, im Wege des Direktionsrechts die vom ArbN geschuldete Leistung gem. § 106 GewO zu konkretisieren. Demgegenüber beschränkt sich die Pflicht des Verleihers darauf, arbeitsbereite und arbeitsfähige ArbN zur Verfügung zu stellen. Er haftet nur für ein Verschulden bei der Auswahl der verliehenen ArbN. Um den Arbeitseinsatz der ihm überlassenen LeihArbN selbständig organisieren und diese gewinnbringend im eigenen Betrieb einsetzen zu können, steht dem Entleiher ein arbeitsbezogenes Weisungsrecht zu[1]. 17

Dagegen organisiert ein Werkunternehmer den Arbeitseinsatz seiner ArbN in eigener Verantwortung. Die zur Ausführung des Werkvertrags eingesetzten ArbN unterliegen der **arbeitsrechtl. Weisung des Werkunternehmers** und sind dessen Erfüllungsgehilfen gem. § 278 BGB[2]. Allerdings ist der Besteller im Rahmen eines Werkvertrags gem. § 645 I 1 Alt. 2 BGB berechtigt, Anweisungen hinsichtlich der Modalitäten bei der Ausführung des von ihm in Auftrag gegebenen Werks zu erteilen. Dieses Recht besteht an sich nur gegenüber dem Werkunternehmer als Vertragspartner, kann beim Einsatz von Erfüllungsgehilfen im Betrieb des Bestellers aber auch diesen gegenüber ausgeübt werden. Es beschränkt sich allerdings auf die Herstellung des geschuldeten Werks. Es richtet sich auf das Arbeitsergebnis als ganzes, nicht aber auf einzelne Arbeitsverrichtungen. 18

Im Unterschied dazu erstreckt sich das arbeitsbezogene Weisungsrecht des Entleihers im Fall der AÜ auf den konkreten Arbeitseinsatz des LeihArbN und damit auf die nähere Bestimmung der individuellen Arbeitspflicht nach Art, Ort und Zeit der Arbeitsleistung. Dazu zählen die Zuweisung einzelner Aufgaben an einem bestimmten Arbeitsplatz, die Überwachung der Qualität einzelner Arbeitsschritte, die Bestimmung der täglichen Arbeitszeiten einschließlich der Pausen, die Festlegung des Arbeitstempos, die Anordnung von Überstunden oder die Durchführung von Arbeitszeitkontrollen. Der ArbN muss dem Entleiher also vollständig zur Verfügung stehen und während seines Arbeitseinsatzes ausschließlich dessen Weisungen unterliegen. 19

Erfüllt der ArbN dagegen ausschließlich Pflichten, die seinem ArbGeb gegenüber dem Auftraggeber obliegen, liegt eine AÜ an einen Dritten selbst dann nicht vor, wenn dieser Dritte die Tätigkeit des ArbN durch Weisungen steuert[3]. Verfügt der Werkunternehmer gar nicht über die betrieblichen oder personellen Voraussetzungen, die Tätigkeit der von ihm zur Erfüllung vertragl. Pflichten im Betrieb eines Dritten eingesetzten ArbN vor Ort zu organisieren und ihnen Weisungen zu erteilen, ist hingegen von einer AÜ auszugehen[4]. In Zweifelsfällen muss entscheidend auf den Umgehungsgedanken abgestellt und gefragt werden, ob die Gefahren bestehen, vor denen das AÜG schützen will[5]. Hilfreich für die Abgrenzung zwischen AÜ und anderen Formen drittbezogenen Personaleinsatzes sind auch die Durchführungsanweisungen (DA) der nach § 17 zuständigen BA[6]. 20

3. Arbeitsleistung beim Dritten. Im Rahmen einer gewerbsmäßigen AÜ nach Abs. 1 S. 1 muss der LeihArbN seine Arbeitsleistung tatsächlich bei einem Dritten erbringen. Als Kriterium zur Abgrenzung der AÜ dient dabei die tatsächliche **Eingliederung** des ArbN **in die Betriebsorganisation des Entleihers**. Während bei einem Werkvertrag der Unternehmer für die Herstellung des geschuldeten Werkes verantwortlich bleibt, endet beim AÜ-Vertrag die Pflicht des Verleihers dann, wenn er den ArbN ausgewählt und dem Entleiher zur Arbeitsleistung zur Verfügung gestellt hat[7]. 21

Für eine Eingliederung in den Betrieb des Entleihers können die Zusammenarbeit der überlassenen ArbN mit denjenigen des Entleihers, die Übernahme von Tätigkeiten, die früher durch eigene ArbN des Entleihers ausgeführt wurden sowie die Gestellung von Werkzeug und Material durch den Entleiher sprechen[8]. Bereits die Ausstattung des ArbN mit einem Rufgerät, durch das er jederzeit vom Auftraggeber oder dessen ArbN dirigiert werden kann, stellt ein Anzeichen für eine AÜ dar[9]. Eine AÜ liegt gleichfalls vor, wenn im Rahmen eines sog. Regalfüllvertrags ArbN des Auffüllunternehmens ihre Arbeit erst erbringen können, wenn die einzusortierende Ware von dem Kaufhaus bereitgestellt worden ist und damit die Auffüllarbeiten nur durch eine unmittelbare Zusammenarbeit mit dem Personal des Kaufhauses geleistet werden können[10]. 22

Eine Abgrenzung zwischen AÜ und Werkvertrag kann auch anhand der **Bestimmung des Leistungsgegenstands** in dem zugrunde liegenden Vertrag vorgenommen werden. So setzt ein Werkvertrag eine von vornherein ausreichend präzise Beschreibung des zu erstellenden Werkes voraus, um dem Unter- 23

1 BAG v. 6.8.1997 – 7 AZR 663/96, EzAÜG Nr. 39 zu § 631 BGB – Werkvertrag. |2 BAG v. 25.10.2000 – 7 AZR 487/99, AP Nr. 15 zu § 10 AÜG. |3 BAG v. 22.6.1994 – 7 AZR 506/93, EzAÜG Nr. 4 zu § 13 AÜG. |4 BAG v. 9.11.1994 – 7 AZR 217/94, DB 1995, 1566. |5 Vgl. ErfK/*Wank*, § 1 AÜG Rz. 24; zu Fallgruppen verdeckter AÜ *Schüren/Hamann*, § 1 AÜG Rz. 217 ff. |6 Zugriff über www.arbeitsagentur.de unter der Rubrik „Weisungen – Arbeitgeber". |7 BAG v. 6.8.1997 – 7 AZR 663/96, EzAÜG Nr. 39 zu § 631 BGB – Werkvertrag. |8 BAG v. 15.6.1983 – 5 AZR 111/81, DB 1983, 2420. |9 LAG Berlin v. 25.7.1988 – 12 Sa 9/88, EzAÜG Nr. 63 zu § 10 AÜG – Fiktion. |10 LAG Hess. v. 11.7.1989 – 4 TaBV 211/88, EzAÜG Nr. 56 BetrVG.

nehmer einen abgrenzbaren Erfolg als eigene Leistung zurechnen zu können. Ganz allgemein gehaltene Vereinbarungen wie etwa das Mauern von Innenwänden oder die Bedienung eines Krans sprechen nicht für die Vereinbarung eines Werkvertrags, sondern für AÜ[1].

24 Von dem AÜ-Vertrag unterscheidet den Werkvertrag ferner die gesetzl. **Risikoverteilung**. Der Werkunternehmer trägt bis zu Abnahme des Werkes die Vergütungsgefahr bei zufälligem Untergang. Dagegen hat der Verleiher bei der AÜ auch dann Anspruch auf die vereinbarte Vergütung, wenn das Werk vor der Fertigstellung zufällig untergeht. So ist die Übernahme der Gewährleistung ein Anzeichen für das Vorliegen eines Werkvertrags[2]. Umgekehrt deutet die Beschränkung oder gar der Ausschluss von Gewährleistungsansprüchen auf einen AÜ-Vertrag hin.

25 Die Art der Vergütungsregelung ist für die Abgrenzung der AÜ hingegen nicht aussagekräftig. So kann bei einem Einsatz von ArbN auf werkvertragl. Basis ihre Bezahlung auf Stundenbasis erfolgen, während die Abrechnung nach Kubikmeter, Kilogramm oder Tonne auch im Rahmen der AÜ vertragl. vereinbart werden kann.

26 Bei einem **Dienstvertrag** treten nur dann Abgrenzungsschwierigkeiten zur AÜ auf, wenn sich der Dienstverpflichtete durch Erfüllungsgehilfen unterstützen lässt. Von einem Dienstvertrag kann nur dann die Rede sein, wenn die Erfüllungsgehilfen in dem Betrieb des Dienstberechtigten selbständige Dienstleistungen erbringen und der Dienstverpflichtete in eigener Verantwortung und nach eigenem Plan handeln muss[3]. Erhält der Dienstberechtigte gegenüber dem Erfüllungsgehilfen des Dienstverpflichteten auch nur teilweise ein eigenes Weisungsrecht, handelt es sich um AÜ. Danach werden Bewachungsaufgaben in einem Drittunternehmen regelmäßig nicht im Wege der AÜ, sondern auf Grund eines Dienstvertrags erbracht[4].

27 Leichter ist die Abgrenzung des AÜ-Vertrags von einem **Geschäftsbesorgungsvertrag** gem. § 675 BGB, der die selbständige Besorgung eines Geschäfts für einen anderen zum Gegenstand hat und bei dem auch Erfüllungsgehilfen zum Einsatz gelangen können. Denn bei einer Geschäftsbesorgung nimmt ein Geschäftsführer in völliger wirtschaftl. Selbständigkeit fremde Vermögensinteressen wahr. Das gilt etwa für den Vertrag zwischen einem Rechtsanwalt und seinem Mandanten über die Führung eines Prozesses, für den Auftrag an eine Bank zur Vermittlung eines Kredits, für den Speditionsvertrag, für den Auftrag an einen Architekten zur Baubetreuung oder für die Durchführung von Werbemaßnahmen durch eine Agentur. Geschäfte dieser Art erfordern typischerweise nicht die Eingliederung von Hilfspersonen in die Betriebsorganisation des Geschäftsherrn.

28 Von der AÜ unterscheidet sich der **Dienstverschaffungsvertrag** dadurch, dass nicht ein ArbN zum Zweck der unselbständigen Arbeitsleistung überlassen wird, sondern die Verschaffung der selbstständigen Dienstleistung eines Dritten geschuldet wird. Das gilt etwa für die Dienste eines Wirtschaftsprüfers, Unternehmensberaters oder Ingenieurs, der als freier Mitarbeiter in wirtschaftl. und sozialer Unabhängigkeit und Selbständigkeit für den Auftraggeber tätig wird[5].

29 Verpflichtet sich dagegen der Auftragnehmer zur **Verschaffung von unselbständigen Diensten**, kann es sich um AÜ handeln. So kann neben einem Kaufvertrag oder einem Mietvertrag über Maschinen, Fahrzeuge oder EDV-Anlagen zusätzlich das zeitweilige Überlassen von Bedienungs- oder Montagepersonal vereinbart werden. Liegt darin nur eine bloße Nebenleistung, handelt es sich bereits nach der Gesetzesbegründung nicht um AÜ[6]. So stellt die **Gebrauchsüberlassung** von Flugzeugen einschließlich des fliegenden Personals keine gewerbsmäßige AÜ dar[7]. Für die Anwendbarkeit des AÜG ist maßgeblich, ob die Gebrauchsüberlassung der Maschine oder die Gestellung des Personals den Inhalt des Vertrags prägt. Es kommt darauf an, ob der Vertrag auch auf eine AÜ ausgerichtet ist. Daran fehlt es etwa, wenn das Personal nur in der Anfangsphase der Maschinennutzung oder nur zur Einweisung in die Maschinentechnik zur Verfügung gestellt wird. Dagegen kommt es auf den wirtschaftl. Wert der Überlassung von ArbN im Verhältnis zu dem Wert der Maschine nicht an[8].

30 Im Unterschied zur gewerbsmäßigen AÜ, bei der der Verleiher selbständiger Unternehmer ist, handelt es sich bei dem Zwischenmeister im Rahmen eines sog. mittelbaren Arbeitsverhältnisses seinerseits um den ArbN eines Dritten[9].

31 Im Gegensatz zur AÜ schließt eine Personalführungsgesellschaft, die von mehreren miteinander verbundenen Unternehmen zum Zweck gemeins. Personalverschaffung und Personalzuweisung begründet worden ist, Arbeitsverträge nicht im eigenen Namen ab, sondern in Vertretung der angeschlossenen Einzelunternehmen.

1 OLG Düsseldorf v. 16.11.1995 – 5 Ss (Owi) 387/95, BB 1996, 80. | 2 BSG v. 11.2.1988 – 7 RAr 5/86, DB 1989, 930. | 3 BayObLG v. 20.2.1979 – 3 ObOWi 242/78, AP Nr. 3 zu § 1 AÜG. | 4 BAG v. 31.3.1993 – 7 AZR 338/92, DB 1993, 2337; v. 28.11.1989 – 1 ABR 90/88, DB 1990, 1139. | 5 LAG BW v. 28.6.1984 – 7 Sa 129/83, EzAÜG Nr. 30 zu § 10 AÜG – Fiktion. | 6 BT-Drs. VI/3505, S. 2. | 7 BAG v. 17.2.1993 – 7 AZR 167/92, DB 1993, 2287. | 8 So zutr. ErfK/*Wank*, § 1 AÜG Rz. 38. | 9 BAG v. 22.7.1982 – 2 AZR 57/81, EzAÜG Nr. 5 zu § 611 BGB – Leiharbeitsverhältnis.

4. Gewerbsmäßigkeit. Die Erlaubnispflicht nach Abs. 1 setzt voraus, dass der Verleiher gewerbsmäßig LeihArbN überlässt. Dabei ist der gewerberechtl. Begriff der Gewerbsmäßigkeit zugrunde zu legen[1]. Gewerbsmäßige AÜ setzt danach eine nicht nur gelegentliche, sondern auf eine gewisse Dauer angelegte und auf die Erzielung unmittelbarer oder mittelbarer wirtschaftl. Vorteile gerichtete selbständige Überlassungstätigkeit voraus[2]. 32

Die **Selbständigkeit** eines Gewerbetreibenden wird dadurch gekennzeichnet, dass er im eigenen Namen und für eigene Rechnung tätig wird und das Unternehmerrisiko trägt[3]. Werden die AÜ-Verträge mit den Entleihern durch Handelsvertreter oder Franchisenehmer abgeschlossen, sind diese trotz ihrer selbstständigen Tätigkeit keine Verleiher iSd. AÜG. Vielmehr ist als Verleiher das Unternehmen anzusehen, in dessen Namen die Handelsvertreter oder Franchisenehmer die AÜ-Verträge abschließen[4]. 33

Ferner ist die Gewerbsmäßigkeit der AÜ dadurch gekennzeichnet, dass sie nicht nur gelegentlich geschieht, sondern auf eine **gewisse Dauer** angelegt ist. Dabei kommt es weder auf die Dauer der einzelnen Überlassungen, den Umfang des Überlassungsgeschäftes hinsichtlich der Zahl der ArbN, die zeitliche Dichte der Verleihfälle oder die Verleihdauer an. Von gewisser Dauer ist die AÜ bereits dann, wenn ein Betrieb einen ArbN wiederholt eine Zeit überlässt, die über der Einsatzfrist von 12 bzw. 24 Monaten iSd. § 3 I Nr. 6 aF liegt (Fassung bis zum 31.12.2002)[5]. Nach der Intention des Gesetzes fällt damit aus seinem Anwendungsbereich nur die einmalige Überlassung eines ArbN auf Grund einer spontanen Entscheidung eines Unternehmens heraus. 34

Das Merkmal der **Gewinnerzielungsabsicht** setzt voraus, dass die AÜ auf den Erwerb eines unmittelbaren oder mittelbaren wirtschaftl. Vorteils gerichtet ist. Ob ein Gewinn tatsächlich erzielt wird, ist dabei unerheblich. Der beabsichtigte Gewinn kann auch in der Verbesserung der Wettbewerbschancen des Verleihers, der Gewinnung zukünftiger Kunden oder steuerlicher Vorteile liegen[6]. An der Gewinnerzielungsabsicht fehlt es, wenn es sich um gemeinnützige AÜ handelt[7]. Das gilt etwa für Dorfhelfer von Selbsthilfeorganisationen im Bereich der Landwirtschaft, für das Pflegepersonal von religiösen Genossenschaften oder Schwesternorganisationen, für Geistliche, die in Schulen Unterricht erteilen, und für Konsumvereine oder Genossenschaften, die keinen Gewinn erzielen wollen. Durch das Gesetz über die Schaffung eines besonderen ArbGeb für Hafenarbeiter vom 3.8.1950 ist den Gesamthafenbetrieben eine erwerbswirtschaftl. Tätigkeit ausdrücklich untersagt, so dass sie mangels Gewerbsmäßigkeit nicht unter das AÜG fallen[8]. Keine Gewinnerzielungsabsicht besteht ferner dann, wenn die Überlassung lediglich gegen Erstattung der Personalkosten erfolgen soll und dem Verleiher daraus auch mittelbar keine wirtschaftl. Vorteile erwachsen[9]. 35

5. Keine Arbeitsvermittlung. Keine Anwendung findet das AÜG auf die Tätigkeit eines Verleihers, die ausschließlich auf eine Arbeitsvermittlung iSd. § 35 I 2 SGB III gerichtet ist. Danach umfasst die Vermittlung alle Tätigkeiten, die darauf gerichtet sind, Ausbildungssuchende mit ArbGeb zur Begründung eines Ausbildungsverhältnisses und Arbeit Suchende mit ArbGeb zur Begründung eines Beschäftigungsverhältnisses zusammenzuführen. 36

IV. Abordnung zu einer Arbeitsgemeinschaft (Abs. 1 S. 2 u. 3). Unter bestimmten Voraussetzungen stellt die Abordnung eines ArbN zu einer Arbeitsgemeinschaft keine AÜ iSd. Gesetzes dar. Im Gegensatz zu der Freistellung eines ArbN, bei der sein ursprüngliches Arbeitsverhältnis ruht und ein neues mit einem anderen ArbGeb abgeschlossen wird, bleibt bei einer Abordnung sein Arbeitsverhältnis bestehen. Danach handelt es sich tatsächlich um eine AÜ, die aber auf Grund der gesetzl. nicht eingeschränkten und unwiderleglichen Fiktion des Abs. 2 S. 2 nicht als solche betrachtet wird und damit nicht unter den Geltungsbereich des AÜG fällt. Durch diese Regelung soll eine wirtschaftl. sinnvolle Form der Zusammenarbeit verschiedener ArbGeb erleichtert werden[10]. 37

Diese gesetzl. Fiktion setzt zunächst voraus, dass ein ArbN zu einer Arbeitsgemeinschaft abgeordnet wird, die zur Herstellung eines konkreten Werks gebildet worden ist. Unter einer **Arbeitsgemeinschaft** ist der Zusammenschluss mehrerer Betriebe auf Grund eines entsprechenden Vertrags zu verstehen. Die Rechtsform dieses Vertrags ist ohne Bedeutung. Regelmäßig handelt es sich jedoch um eine GbR. Der gemeins. Zweck der Arbeitsgemeinschaft muss in der Herstellung eines konkreten Werks bestehen. Die Herstellung einer unbestimmten Zahl von Werken genügt ebenso wenig wie die Erfüllung einer Dienstleistung oder der bloße Austausch von Arbeitskräften. 38

Der ArbGeb, der seinen ArbN zu einer Arbeitsgemeinschaft abordnet, muss selbst Mitglied dieser Arbeitsgemeinschaft sein, und ebenso wie alle übrigen Mitglieder dieser Arbeitsgemeinschaft zur selb- 39

---

1 BAG v. 21.3.1990 – 7 AZR 198/89, DB 1991, 2282. | 2 BAG v. 10.2.1977 – 2 ABR 80/76, AP Nr. 9 zu § 103 BetrVG 1972; v. 15.6.1983 – 5 AZR 111/81, AP Nr. 5 zu § 10 AÜG; v. 21.3.1990 – 7 AZR 198/89, AP Nr. 15 zu § 1 AÜG. | 3 *Sandmann/Marschall*, § 1 AÜG Anm. 36; *Schüren*, § 1 AÜG Rz. 294; LSG Celle v. 30.8.1977 – L 3 U 94/75, EzAÜG Nr. 5 – Sozialversicherungsrecht. | 4 BAG v. 24.4.1980 – 3 AZR 911/77, EzAÜG Nr. 12 zu § 1 AÜG – Gewerbsmäßige Arbeitnehmerüberlassung. | 5 BAG v. 18.2.1988 – 2 AZR 578/87, EzAÜG Nr. 4 zu § 613a BGB; v. 21.3.1990 – 7 AZR 198/89, DB 1991, 282. | 6 Vgl. BAG v. 26.7.1984 – 2 AZR 473/83. | 7 BAG v. 4.7.1979 – 5 AZR 8/78, DB 1979, 2282. | 8 BGBl. I 1950, S. 352. | 9 Vgl. BAG v. 25.1.2005 – 1 ABR 61/03, NZA 2005, 1199; v. 22.3.2000 – 7 AZR 34/98, MDR 2000, 2098; LAG München v. 26.10.2006 – 4 Sa 1324/05. | 10 BT-Drs. X/4211, S. 32.

ständigen Erbringung von Vertragsleistungen verpflichtet sein. Seine Verpflichtung darf sich nicht darin erschöpfen, der Arbeitsgemeinschaft einen oder mehrere ArbN zu überlassen. Es genügt auch nicht, wenn der ArbGeb lediglich auf Grund eines Werkvertrags oder eines Dienstvertrags für die Arbeitsgemeinschaft tätig wird. Vielmehr muss er als Mitglied dieser Arbeitsgemeinschaft verpflichtet sein, selbständig in sich abgrenzbare Vertragsleistungen zu erbringen und dabei in eigener Verantwortung zu handeln[1].

40 Schließlich setzt die gesetzl. Fiktion voraus, dass für alle Mitglieder der Arbeitsgemeinschaft die **TV desselben Wirtschaftszweiges** gelten. Auf diese Weise soll verhindert werden, dass im Wege der Abordnung von ArbN TV umgangen werden. Ob derselbe Wirtschaftszweig betroffen ist, beurteilt sich nach dem allgemeinen Sprachgebrauch. So stellen das Baugewerbe, die chemische Industrie oder der Bergbau Wirtschaftszweige iSd. Abs. 1 S. 2 dar. Es müssen nicht für alle Mitglieder der Arbeitsgemeinschaft inhaltlich gleiche TV gelten. Diese können vielmehr durchaus unterschiedlich sein, etwa wenn einige Mitglieder der Arbeitsgemeinschaft zum Bauhauptgewerbe gehören, andere dagegen zum Baunebengewerbe. Die Anwendbarkeit der TV kann darauf beruhen, dass die Mitglieder der Arbeitsgemeinschaft tarifgebunden sind oder dass die TV für allgemeinverbindlich erklärt wurden. Nach dem Wortlaut des Gesetzes dürfte es auch genügen, dass ein nicht tarifgebundener ArbGeb die Geltung eines TV für das Arbeitsverhältnis mit einem ArbN vereinbart, den er zu einer Arbeitsgemeinschaft abordnet[2].

41 Ein **ausländisches Unternehmen** kann sich nur dann an einer Arbeitsgemeinschaft beteiligen, wenn es eine Niederlassung in Deutschland gründet. Denn erst dann wird es von den Regelungen eines deutschen TV erfasst. Dieses Erfordernis einer festen Niederlassung, das sich indirekt aus Abs. 1 S. 2 ergibt, verstößt gegen die in Art. 59 EGV garantierte Dienstleistungs- und Niederlassungsfreiheit[3]. Durch Abs. 1 S. 3 wird die Regelung an das EG-Recht angepasst[4].

42 Für ArbGeb mit Geschäftssitz in einem anderen Mitgliedstaat des EWR, die sich an einer inländischen Arbeitsgemeinschaft beteiligen wollen, wird im Vergleich zu Abs. 1 S. 2 auf die Tarifbindung verzichtet. Dagegen müssen die übrigen Voraussetzungen dieser Bestimmung erfüllt sein[5]. Der ausländische ArbGeb muss daher demselben Wirtschaftszweig angehören wie die übrigen Mitglieder der Arbeitsgemeinschaft und zur selbstständigen Erbringung einer Vertragsleistung verpflichtet sein. Welchem Wirtschaftszweig der ausländische ArbGeb angehört, beurteilt sich nach der Gesamttätigkeit aller seiner ArbN im EWR[6].

43 Die Privilegierung nach Abs. 1 S. 3 erfasst nur ArbGeb mit einem Geschäftssitz in Mitgliedstaaten der EU oder einem Vertragsstaat des EWR-Abkommens wie Norwegen, Island und Liechtenstein. Dabei ist unter dem Geschäftssitz nicht unbedingt der formelle satzungsmäßige Sitz des Unternehmens zu verstehen, sondern der Ort, von dem aus die Geschäfte tatsächlich ausgeübt werden[7].

44 Wenn die Voraussetzungen des Abs. 1 S. 3 vorliegen, wird unwiderleglich vermutet, dass der ausländische ArbGeb keine AÜ betreibt. Er benötigt für die Abordnung von ArbN zu einer Arbeitsgemeinschaft keine Erlaubnis.

45 **V. Gesetzliche Vermutung der Arbeitsvermittlung (Abs. 2).** Mit der Regelung in Abs. 2 stellt das Gesetz unter bestimmten Voraussetzungen die Vermutung auf, es handele sich bei der Überlassung von ArbN tatsächlich um Arbeitsvermittlung. Von dieser Regelung wird sowohl die gewerbsmäßige als auch die nicht gewerbsmäßige, nicht jedoch eine konzerninterne Überlassung von ArbN erfasst[8].

46 Im Gegensatz zu Abs. 1, der bereits bei der Absicht einer AÜ eingreift, setzt die Vermutung in Abs. 2 den tatsächlichen Vollzug der Überlassung eines ArbN voraus. Ferner muss einer der drei im Gesetz abschließend aufgezählten Vermutungstatbestände erfüllt sein. So gilt als Arbeitsvermittler, wer als Verleiher nicht die üblichen ArbGebPflichten oder nicht das ArbGebRisiko übernimmt oder gegen das Gleichstellungsgebot verstößt. Die gesetzl. Vermutung ist allerdings widerlegbar, so dass je nach den Umständen des Einzelfalls durchaus eine erlaubnispflichtige AÜ vorliegen kann[9].

47 Wegen der **üblichen ArbGebPflichten** verweist das Gesetz auf § 3 I Nr. 1 u. 2. Dazu gehören neben der Lohnzahlungspflicht, der Pflicht zur Gewährung von Urlaub und der Fürsorgepflicht auch die Verpflichtung des ArbGeb zur Abführung von SozV-Beiträgen und Steuern. Maßgeblich ist, ob der ArbGeb seinen Pflichten tatsächlich nicht nachkommt, mögen diese vertragl. auch ausdrücklich abbedungen worden sein.

48 Das **ArbGebRisiko** ist durch den Hinweis auf die Regelung in § 3 I Nr. 3 abschließend definiert. Dieser Vermutungstatbestand erfasst Verleiher, die gegen das Gleichstellungsgebot verstoßen.

49 **VI. Ausnahmen vom Anwendungsbereich (Abs. 3).** Von dem Anwendungsbereich des AÜG sind drei besondere Fallgestaltungen der AÜ ausgenommen. Dabei handelt es sich um bestimmte Formen des

1 BAG v. 1.6.1994 – 7 AZR 7/93, DB 1994, 2549. | 2 ErfK/*Wank*, § 1 AÜG Rz. 59. | 3 EuGH v. 25.10.2001 – Rs. C-493/99, NZA 2001, 1299. | 4 BT-Drs. XV/25, S. 38. | 5 *Ulber*, AuR 2003, 7. | 6 BT-Drs. XV/25, S. 38. | 7 *Boemke/Lembke*, § 1 AÜG Rz. 131. | 8 BAG v. 21.3.1990 – 7 AZR 198/89, DB 1991, 282; v. 26.4.1995 – 7 AZR 850/94, DB 1995, 2427. | 9 Vgl. SG Hamburg v. 23.11.2004 – S 13 AL 5/99, EzAÜG § 1 AÜG – Gewerbsmäßige Arbeitnehmerüberlassung Nr. 39.

Personalaustausches, bei denen weder der soziale Schutz der LeihArbN noch die Ordnung des Arbeitsmarktes die Anwendung der strengen Form- und Kontrollvorschriften des Gesetzes fordern[1]. Als Rückausnahme sind einzelne ausdrücklich aufgeführte Vorschriften des AÜG wiederum von der Nichtanwendung ausgeschlossen. Es handelt sich um Bestimmungen, durch die im Baubereich die AÜ eingeschränkt wird (§ 1b S. 1), durch die Verstöße gegen die Einschränkung des Verleihs in das Baugewerbe mit Bußgeld bedroht werden (§ 16 I Nr. 1b u. II) sowie um Vorschriften, mit denen der Verbleib der Geldbußen (§ 16 V), die Zusammenarbeit bei der Verfolgung und Ahndung der Ordnungswidrigkeiten nach § 16 mit anderen Behörden (§ 18) sowie das Recht des zuständigen Bundesministeriums zur Erteilung von fachlichen Weisungen an die BA (§ 17) geregelt wird.

1. Arbeitnehmerüberlassung zur Vermeidung von Kurzarbeit und Entlassungen (Abs. 3 Nr. 1). Diese 50
Norm diente ursprünglich dazu, die Praxis des Personalaustausches in der Norddeutschen Werftindustrie zu legalisieren. Einzelne Werften tauschten im Wege der sog. Nachbarschaftshilfe je nach Auftragsbestand ArbN untereinander aus, um in ihrem Unternehmen Kurzarbeit und Entlassungen zu vermeiden[2]. Im Gesetz wurde der Ausnahmetatbestand so allgemein formuliert, dass er für alle Wirtschaftszweige gilt. Allerdings wird nur der **Personalaustausch zwischen ArbGeb desselben Wirtschaftszweiges** begünstigt. Beide ArbGeb müssen daher demselben betriebl.-fachl. Bereich eines TV unterfallen. Bei gemischten Unternehmen entscheidet der überwiegende Unternehmenszweck, wobei maßgeblich auf die überwiegend in diesem Unternehmen zu leistende Arbeit abzustellen ist[3].

Die Überlassung der ArbN muss dazu dienen, Entlassungen im arbeitsrechtl. Sinn oder Kurzarbeit iSd. 51
§§ 196 ff. SGB III zu vermeiden. Die Beweislast dafür trägt das Unternehmen, das sich auf die Ausnahmevorschriften beruft. Die AÜ muss objektiv geeignet sein, Kurzarbeit oder Entlassungen zu verhindert. Soweit es die Kurzarbeit angeht, muss es sich um eine lediglich vorübergehende, nicht branchentypische Form des Arbeitsausfalls handeln gem. § 170 SGB III. Im Hinblick auf Entlassungen darf es sich gleichfalls nur um einen vorübergehenden Arbeitsausfall handeln, bei dem durch die AÜ Arbeitsplätze gerettet werden können. Sollen die Arbeitsplätze dagegen voraussichtlich ohnehin dauerhaft entfallen, sollen vorhandene Arbeitskräfte lediglich besser ausgenutzt werden oder sollen ausschließlich Saisonspitzen durch die überlassenen Arbeitskräfte abgedeckt werden, greift die Ausnahmebestimmung nicht ein.

Unter den genannten Voraussetzungen greift die Ausnahmebestimmung nur ein, wenn das ein **TV** 52
vorsieht, der sowohl für den Entleiher als auch für den Verleiher gilt. Dabei muss es sich nach zutreffender Ansicht nicht um denselben TV handeln[4]. Bereits nach dem Wortlaut der Ausnahmebestimmung ergebe deren Beschränkung auf ArbGeb desselben Wirtschaftszweiges wenig Sinn, wenn ohnehin ein und derselbe TV für das überlassende und das die ArbN aufnehmende Unternehmen gelten müsste. Nach der Entstehungsgeschichte der Norm sollte die Praxis des Personalaustausches unter den norddeutschen Werften legalisiert werden, für die auf Grund ihrer Lage in unterschiedlichen Tarifbezirken verschiedene TV galten. Die Geltung des TV kann auf der Tarifbindung des Entleihers und des Verleihers beruhen oder auf der Allgemeinverbindlichkeit des TV. Richtigerweise kann die Geltung des maßgeblichen TV durch einen nichttarifgebundenen ArbGeb auch individualrechtl. vereinbart werden[5].

2. Arbeitnehmerüberlassung im Konzern (Abs. 3 Nr. 2). Das Gesetz ist nicht anwendbar auf eine AÜ 53
zwischen Konzernunternehmen, wenn der ArbN seine Arbeit nur vorübergehend nicht bei seinem ArbGeb leistet. Auch bei dieser Fallgestaltung werden weder der Sozialschutz der ArbN noch Belange des Arbeitsmarktes gefährdet. Durch die Verweisung auf § 18 AktG ist der Begriff des Konzernunternehmens präzise bestimmt. Dazu zählt sowohl der Unterordnungskonzern, bei dem ein herrschendes Unternehmen und ein oder mehrere abhängige Unternehmen unter einer einheitlichen Leitung zusammengefasst sind. Ferner zählt dazu der Gleichordnungskonzern, bei dem keine Abhängigkeit der Unternehmen vorliegt. Aus dem Sinn und Zweck der Vorschrift, den Personalaustausch innerhalb eines Konzerns in gewissem Umfang zu erleichtern, folgt deren Anwendbarkeit auf Konzernunternehmen ohne Beschränkung auf die Rechtsform der AG oder KGaA[6].

Die Ausnahmebestimmung ist auf eine vorübergehende Arbeitsleistung in dem anderen konzernange- 54
hörigen Unternehmen beschränkt. Durch dieses Merkmal soll verhindert werden, dass über eine konzerninterne AÜ ein reines Verleihunternehmen innerhalb des Konzerns auf Dauer ArbN an andere Konzernunternehmen zur Arbeitsleistung überlässt[7]. Da eine Höchstdauer im Gesetz nicht festgelegt ist, kann selbst eine mehrjährige Abordnung zu einem anderen Konzernunternehmen noch als vorübergehend iSd. Ausnahmebestimmung angesehen werden[8]. Bei einem Missbrauch dieser Gestaltungsmög-

---

1 *Sandmann/Marschall*, § 1 AÜG Anm. 68. | 2 Protokoll Nr. 45 des 11. BT-Ausschusses vom 16./17.1.1985, S. 307. | 3 BAG v. 17.2.1971 – 3 AZR 62/70, BB 1971, 653. | 4 *Sandmann/Marschall*, § 1 AÜG Anm. 78; *Schüren/Hamann*, § 1 AÜG Rz. 507; aA *Ulber*, § 1 AÜG Rz. 234; *Becker/Wulfgramm*, § 1 AÜG Rz. 111; ErfK/*Wank*, § 1 AÜG Rz. 62. | 5 ErfK/*Wank*, § 1 AÜG Rz. 62; *Schüren/Hamann*, § 1 AÜG Rz. 514; aA *Ulber*, § 1 AÜG Rz. 235; *Becker/Wulfgramm*, § 1 AÜG Rz. 111; Kasseler Handbuch/*Düwell*, 4.5 Rz. 194. | 6 BAG v. 5.5.1988 – 2 AZR 795/87, DB 1989, 1139. | 7 BT-Drs. X/3206, S. 33. | 8 Für eine weite Auslegung auch LAG München v. 26.10.2006 – 4 Sa 1324/05; *B. Gaul*, BB 1996, 1224; vgl. aber ArbG Düsseldorf v. 11.8.2004 – 4 BV 90/04, AiB 2004, 766.

lichkeit muss sich der ArbN an den Entleiher halten, in dessen Betrieb sich der Dauerarbeitsplatz befindet[1]. Die Ausnahme gilt im Übrigen nicht für sog. Personalführungsgesellschaften, deren einziger Zweck die Einstellung und Beschäftigung von ArbN ist, um sie dauerhaft zu anderen Konzernunternehmen zu entsenden[2]. Diese können aber mit der erforderlichen Erlaubnis nach Abs. 1 durchaus legale AÜ betreiben[3].

55 **3. Arbeitnehmerüberlassung ins Ausland (Abs. 3 Nr. 3).** Auf die Überlassung von ArbN an ein ausländisches Gemeinschaftsunternehmen, an dem der Verleiher selbst beteiligt ist, findet das AÜG keine Anwendung, wenn dieses Unternehmen auf der Grundlage einer zwischenstaatlichen Vereinbarung gegründet wurde. Mit dieser Regelung sollte die Durchführung von sog. Joint Ventures-Ventures erleichtert und die Möglichkeit eröffnet werden, ArbN unabhängig von der Höchstüberlassungsdauer des § 3 I Nr. 6 aF dem Auslandsunternehmen zu überlassen[4]. Diese Ausnahmebestimmung gilt nicht für den Verleih von ArbN vom Ausland nach Deutschland. Bei dem Entleiher muss es sich um ein Unternehmen handeln, an dem sowohl ein deutsches als auch ein ausländisches Unternehmen beteiligt sind. Ferner muss es auf der Grundlage einer zwischenstaatlichen Vereinbarung gegründet worden sein, etwa der Anwerbestopausnahmeverordnung oder des deutsch-chinesischen Investitionsförderungs- und Schutzvertrages. Schließlich muss der Verleiher an dem deutsch-ausländischen Gemeinschaftsunternehmen beteiligt sein, wobei der Umfang seiner Beteiligung keine Rolle spielt. Auf die Staatsangehörigkeit des überlassenen ArbN kommt es ebenso wenig an wie auf die Dauer seiner Überlassung.

1a *Anzeige der Überlassung*

(1) Keiner Erlaubnis bedarf ein Arbeitgeber mit weniger als 50 Beschäftigten, der zur Vermeidung von Kurzarbeit oder Entlassungen an einen Arbeitgeber einen Arbeitnehmer bis zur Dauer von zwölf Monaten überlässt, wenn er die Überlassung vorher schriftlich der Bundesagentur für Arbeit angezeigt hat.

(2) In der Anzeige sind anzugeben

1. Vor- und Familiennamen, Wohnort und Wohnung, Tag und Ort der Geburt des Leiharbeitnehmers,

2. Art der vom Leiharbeitnehmer zu leistenden Tätigkeit und etwaige Pflicht zur auswärtigen Leistung,

3. Beginn und Dauer der Überlassung,

4. Firma und Anschrift des Entleihers.

1 Unter bestimmten Voraussetzungen bedarf ein ArbGeb, der gewerbsmäßig AÜ betreibt, keiner Erlaubnis iSd. § 1 I 1, wenn er die Überlassung von ArbN vorher schriftl. der BA angezeigt hat.

2 Dadurch sollen **Kleinbetriebe** in die Lage versetzt werden, Schwankungen des Arbeitsvolumens dadurch auszugleichen, dass sie ArbN an Dritte verleihen[5]. Das Gesetz umreißt in § 1a lediglich eine Ausnahme von der Erlaubnispflicht bei gewerbsmäßiger AÜ. Alle übrigen Bestimmungen des AÜG finden auch auf diese Form der AÜ Anwendung. Zulässig ist die erlaubnisfreie Überlassung von ArbN nur, wenn die materiellen Voraussetzungen des Gesetzes vorliegen und die formale Anzeige ordnungsgemäß erfolgt ist.

3 Der **persönliche Geltungsbereich** der Vorschrift beschränkt sich auf ArbGeb mit weniger als 50 Beschäftigten. Allerdings werden nicht diejenigen ArbGeb erfasst, die als Verleiher bereits eine Erlaubnis nach § 1 I 1 besitzen[6]. Zu den Beschäftigten iSd. Gesetzes gehören neben den Arbeitern und Angestellten auch die Auszubildenden und Heimarbeiter. Da es auf die Arbeitszeit der Beschäftigten nicht ankommt, gehören dazu auch Teilzeitkräfte und geringfügig beschäftigte ArbN. Bei der Zahl der Beschäftigten ist auf den ArbGeb und nicht auf den Betrieb abzustellen, so dass bei ArbGeb, die mehrere Betriebe haben, die Beschäftigten aller Betriebe zusammengezählt werden. Dabei kommt es auf die Zahl der Beschäftigten im Zeitpunkt der Überlassung an.

4 Ebenso wie in § 1 III Nr. 1 muss die AÜ dazu dienen, Kurzarbeit oder Entlassungen zu vermeiden. Der Unterschied beider Regelungen besteht allerdings darin, dass es an einer tarifvertragl. Grundlage fehlt und die AÜ iSv. § 1a zeitlich begrenzt ist. In beiden Fällen aber muss die AÜ auf einem Arbeitsmangel beruhen, der die Einführung von Kurzarbeit iSv. § 170 SGB III oder die Entlassung einer Mehrzahl von ArbN rechtfertigen würde. Dieser Arbeitsmangel darf allerdings voraussichtlich nur für einen Zeitraum von max. 12 Monaten bestehen, denn nur in diesem Zeitraum ist eine AÜ in Form dieser sog. **Kollegenhilfe** erlaubt.

5 Die Anzeige an die BA muss schriftl. erfolgen und inhaltlich den in Abs. 2 abschließend aufgeführten Anforderungen entsprechen. Unterbleibt die Anzeige, handelt es sich um illegale AÜ, bei der ein Arbeits-

---

1 Vgl. LAG Berlin v. 7.1.2005 – 6 Sa 2008/04, LAGReport 2005, 137. | 2 Vgl. BAG v. 20.5.2005 – 7 ABR 20/04, BAGReport 2005, 315. | 3 Vgl. LAG Nds. v. 28.2.2006 – 13 TaBV 56/05. | 4 BT-Drs. XIII/4941, S. 248. | 5 BT-Drs. XI/4952, S. 9. | 6 BT-Drs. XI/4952, S. 12.

verhältnis zwischen dem ArbN und dem Entleiher gem. § 10 I 1 fingiert wird[1]. Liegen die Voraussetzungen für eine erlaubnisfreie AÜ vor, erfolgt die Anzeige aber inhaltlich unrichtig, unvollständig oder nicht rechtzeitig, begeht der Verleiher eine Ordnungswidrigkeit iSd. § 16 I Nr. 2a.

1b *Einschränkungen im Baugewerbe*

Gewerbsmäßige Arbeitnehmerüberlassung in Betriebe des Baugewerbes für Arbeiten, die üblicherweise von Arbeitern verrichtet werden, ist unzulässig. Sie ist gestattet

a) zwischen Betrieben des Baugewerbes und anderen Betrieben, wenn diese Betriebe erfassende, für allgemeinverbindlich erklärte Tarifverträge dies bestimmen,

b) zwischen Betrieben des Baugewerbes, wenn der verleihende Betrieb nachweislich seit mindestens drei Jahren von denselben Rahmen- und Sozialkassentarifverträgen oder von deren Allgemeinverbindlichkeit erfasst wird.

Abweichend von Satz 2 ist für Betriebe des Baugewerbes mit Geschäftssitz in einem anderen Mitgliedstaat des Europäischen Wirtschaftsraumes gewerbsmäßige Arbeitnehmerüberlassung auch gestattet, wenn die ausländischen Betriebe nicht von deutschen Rahmen- und Sozialkassentarifverträgen oder für allgemeinverbindlich erklärten Tarifverträgen erfasst werden, sie aber nachweislich seit mindestens drei Jahren überwiegend Tätigkeiten ausüben, die unter den Geltungsbereich derselben Rahmen- und Sozialkassentarifverträge fallen, von denen der Betrieb des Entleihers erfasst wird.

Das Gesetz untersagt die gewerbsmäßige AÜ für einen bestimmten Bereich des Arbeitsmarktes. Das Verbot des S. 1 greift ein, wenn es sich beim Entleiherbetrieb um einen **Betrieb des Baugewerbes** handelt. Der Begriff des Baubetriebs wird in § 211 SGB III definiert. Danach handelt es sich um einen Betrieb, der gewerblich überwiegend Bauleistungen auf dem Baumarkt erbringt. Bauleistungen sind alle Leistungen, die der Herstellung, Instandsetzung, Instandhaltung, Änderung oder Beseitigung von Bauwerken dienen. Konkret und abschließend aufgeführt sind diese Bauleistungen in der Baubetriebeverordnung vom 28.10.1980[2]. 1

Verfolgt der Entleiherbetrieb **verschiedene Zwecke**, wird er von dem gesetzl. Verbot erfasst, wenn mehr als 50 % der betriebl. Gesamtarbeitszeit auf baugewerbl. Tätigkeiten entfallen[3]. Das Überlassen von Baumaschinen mit Bedienungspersonal (§ 1 II Nr. 38 Baubetriebeverordnung) wird von dem Verbot der gewerbsmäßigen AÜ nicht erfasst, soweit dem Entleiherbetrieb gegenüber den entliehenen ArbN kein arbeitsbezogenes Weisungsrecht zusteht[4]. 2

Ferner beschränkt sich das Verbot auf den Verleih für Arbeiten in Betrieben des Baugewerbes, die sonst **üblicherweise von Arbeitern** des Entleihbetriebs verrichtet würden. Danach ist die gewerbsmäßige AÜ nicht verboten, wenn es um Arbeiten geht, die üblicherweise von Angestellten verrichtet werden. 3

Maßgeblich sind die **Verhältnisse im Entleiherbetrieb**. Dabei kann zur Abgrenzung der Tätigkeiten von Arbeitern und Angestellten auf das Berufsgruppenverzeichnis des BundesrahmenTV – Bau zurückgegriffen werden. Dort sind die Tätigkeiten der Baufacharbeiter und der ungelernten Arbeiter im Einzelnen aufgeführt. Andererseits kann auf § 133 II SGB VI zurückgegriffen werden, um die Tätigkeiten von Angestellten abzugrenzen. 4

Das Verbot der gewerbsmäßigen AÜ im Bereich des Baugewerbes verletzt weder das Grundrecht der **Freiheit der Berufswahl** noch das Grundrecht der **Freiheit der Berufsausübung** und ist daher mit dem GG vereinbar[5]. Die verbotswidrige AÜ führt nicht etwa analog §§ 9, 10 zu einem Arbeitsverhältnis zwischen Entleiher und LeihArbN, sondern wird gem, § 16 nur als Ordnungswidrigkeit geahndet und bei der Beurteilung der für die Ausübung der gewerbsmäßigen AÜ erforderlichen Zuverlässigkeit des Verleihers berücksichtigt[6]. 5

Eine Ausnahme von dem Verbot sieht S. 2a für die AÜ zwischen Betrieben des Baugewerbes und anderen Betrieben vor, wenn diese Betriebe von für **allgemeinverbindlich erklärten TV** erfasst werden, die eine AÜ in das Baugewerbe gestatten. Da das Verbot nach S. 1 nur eine AÜ in das Baugewerbe erfasst, kommt auch der Ausnahme nur Bedeutung zu, wenn der Entleiher dem Baugewerbe angehört. Im Gegensatz zu der Ausnahmeregelung in S. 2 aF müssen die Betriebe des Verleihers und des Entleihers nicht demselben Tarifbereich unterfallen. Traditionell gliedert sich das Baugewerbe in vier Tarifbereiche. Dabei handelt es sich um den Garten- und Landschaftsbau, den Gerüstbau, das Dachdeckerhandwerk und das Bauhauptgewerbe. Nach S. 2a müssen die Betriebe des Verleihers und des Entleihers lediglich von dem räumlichen, betrieblichen und fachlichen Geltungsbereich eines für allgemeinverbindlich erklärten branchenübergreifenden TV erfasst werden, der die AÜ zulässt. 6

---

1 BT-Drs. XI/4952, S. 9. | 2 BGH v. 17.2.2000 – III ZR 78/99, NJW 2000, 1557. | 3 BAG v. 18.5.1994 – 10 AZR 646/93, AP Nr. 180 zu § 1 TVG – Tarifverträge: Bau. | 4 BAG v. 16.6.1982 – 4 AZR 862/79, BB 1983, 1343. | 5 BVerfG v. 6.10.1987 – 1 BvR 1068, 1468, 1623/82, BVerfGE 77, 84 = NJW 1988, 1195. | 6 Vgl. BAG v. 13.12.2006 – 10 AZR 674/05, MDR 2007, 593.

7 Eine weitere Ausnahme von dem Verbot in S. 1 sieht S. 2b für Betriebe des Baugewerbes vor, wenn der verleihende Betrieb seit mindestens drei Jahren von denselben **Rahmen- und SozialkassenTV** oder deren Allgemeinverbindlichkeit erfasst wird wie der entleihende Betrieb. Dessen Tarifunterworfenheit wird nicht vorausgesetzt[1]. Um zu verhindern, dass Baubetriebe allein zu dem Zweck der AÜ in diesem Bereich gegründet werden, muss der verleihende Betrieb im Zeitpunkt der Überlassung bereits mindestens drei Jahre tarifgebunden sein.

8 Von dem Verbot in S. 1 sind schließlich Baubetriebe mit **Geschäftssitz in einem anderen Mitgliedstaat** des EWR gem. S. 3 ausgenommen, wenn sie nicht von deutschen Rahmen- und SozialkassenTV oder für allgemeinverbindlich erklärten TV erfasst werden, aber seit mindestens drei Jahren überwiegend Tätigkeiten ausüben, die unter den Geltungsbereich derselben Rahmen- und SozialkassenTV fallen, von denen der Betrieb des Entleihers erfasst wird. Der Betrieb des ausländischen Verleihers ist dem Baugewerbe zuzuordnen, wenn mehr als die Hälfte der betriebl. Gesamtarbeitszeit auf bauliche Leistungen entfallen. Dabei kommt es nicht darauf an, ob diese Leistungen in Deutschland, im EWR oder außerhalb erbracht werden[2]. Mit dieser Regelung wird das Verbot im Gegensatz zu S. 2 aF, der die Niederlassungs- und Dienstleistungsfreiheit beeinträchtigte, an das EG-Recht angepasst[3].

2 *Erteilung und Erlöschen der Erlaubnis*

(1) Die Erlaubnis wird auf schriftlichen Antrag erteilt.

(2) Die Erlaubnis kann unter Bedingungen erteilt und mit Auflagen verbunden werden, um sicherzustellen, dass keine Tatsachen eintreten, die nach § 3 die Versagung der Erlaubnis rechtfertigen. Die Aufnahme, Änderung oder Ergänzung von Auflagen sind auch nach Erteilung der Erlaubnis zulässig.

(3) Die Erlaubnis kann unter dem Vorbehalt des Widerrufs erteilt werden, wenn eine abschließende Beurteilung des Antrags noch nicht möglich ist.

(4) Die Erlaubnis ist auf ein Jahr zu befristen. Der Antrag auf Verlängerung der Erlaubnis ist spätestens drei Monate vor Ablauf des Jahres zu stellen. Die Erlaubnis verlängert sich um ein weiteres Jahr, wenn die Erlaubnisbehörde die Verlängerung nicht vor Ablauf des Jahres ablehnt. Im Falle der Ablehnung gilt die Erlaubnis für die Abwicklung der nach § 1 erlaubt abgeschlossenen Verträge als fortbestehend, jedoch nicht länger als zwölf Monate.

(5) Die Erlaubnis kann unbefristet erteilt werden, wenn der Verleiher drei aufeinander folgende Jahre lang nach § 1 erlaubt tätig war. Sie erlischt, wenn der Verleiher von der Erlaubnis drei Jahre lang keinen Gebrauch gemacht hat.

1 **I. Verfahren der Erlaubniserteilung (Abs. 1).** Die Erlaubnis zur AÜ wird auf **schriftl. Antrag** erteilt. Antragsteller kann jeder sein, der auch Inhaber einer Erlaubnis nach § 1 I sein kann.

2 Neben natürlichen Personen können das auch Personengesamtheiten (Vereine), Personengesellschaften (OHG und KG) sowie juristische Personen des Privatrechts (AG und GmbH) oder juristische Personen des öffentl. Rechts (Kirchen u. Kommunen) sein. Der Antrag ist bei der BA als Erlaubnisbehörde gem. § 17 zu stellen. Die Durchführung des Erlaubnisverfahrens und die Erteilung der Erlaubnisse nach dem AÜG ist den Regionaldirektionen übertragen[4].

3 Auf das **Verwaltungsverfahren nach dem AÜG** finden weder das VwVfG noch die Verwaltungsverfahrensvorschriften des SGB im SGB IV oder im SGB X Anwendung. Denn das AÜG ist in der ausdrücklichen Aufzählung aller Gesetze, die als besondere Teile des SGB gelten, unter Art. 2 § 1 SGB I nicht aufgeführt.

4 Das beruht nicht auf einem Versehen des Gesetzgebers, sondern darauf, dass das Recht der AÜ zum Grenzgebiet zwischen Verwaltungs-, Sozial- und Arbeitsrecht gehört. Für das Verwaltungsverfahren nach dem AÜG gelten neben den im Gesetz selbst enthaltenen Verfahrensvorschriften die allgemeinen Grundsätze des Verwaltungsverfahrensrechts[5].

5 Der Antrag auf eine Verleiherlaubnis muss schriftl. gestellt werden. Die Erteilung der Erlaubnis ist ein **mitwirkungsbedürftiger, begünstigender Verwaltungsakt**. Zusätzlich zu dem förmlichen Antrag trifft den Antragsteller die Obliegenheit, der Regionaldirektion die erforderlichen Auskünfte zu erteilen. Für die Erlaubnis selbst sieht das Gesetz keine besondere Form vor. Lediglich in einer Dienstanweisung der BA ist die Schriftform vorgeschrieben. Wirksam wird die Erlaubnis mit ihrem Zugang. Der Bescheid der Regionaldirektion wird regelmäßig durch Postzustellungsurkunde zugestellt.

6 **II. Nebenbestimmungen zur Erlaubnis (Abs. 2 u. 3).** Die Erlaubnis zur AÜ kann entweder gem. § 2 erteilt oder gem. § 3 abgelehnt werden. Ferner kann die Erlaubnis mit Nebenbestimmungen versehen

---

1 *Boemke/Lembke*, § 1b AÜG Rz. 32; *Ulber*, AuR 2003, 7. | 2 *Boemke/Lembke*, § 1b AÜG Rz. 48; aA *Sandmann/Marschall*, § 1b AÜG Rz. 18a. | 3 EuGH v. 25.10.2001 – Rs. C-493/99, NZA 2001, 1299. | 4 BAnz. 1972 Nr. 196, S. 5; BGH v. 17.2.2000 – III ZR 78/99, NJW 2000, 1557. | 5 *Sandmann/Marschall*, § 2 AÜG Anm. 7.

werden. In Betracht kommen insoweit die Bedingung, die Auflage, der Widerrufsvorbehalt und die Befristung.

Unter dem Begriff der **Bedingung** ist die Abhängigkeit der Erlaubnis von einem künftigen ungewissen Ereignis zu verstehen. Bei einer aufschiebenden Bedingung bleibt bis zum Eintritt des zukünftigen und ungewissen Ereignisses in der Schwebe, ob der Antragsteller die Erlaubnis zur AÜ erhält. Bei einer auflösenden Bedingung fällt die zunächst erteilte und wirksame Erlaubnis zur AÜ bei Eintritt des künftigen ungewissen Ereignisses fort. Während des Schwebezustandes ist ungewiss, ob die mit der Erlaubnis beabsichtigte Rechtsfolge eintritt oder bestehen bleibt. Da die Bedingung unselbständiger Teil der Erlaubnis ist, kann der Antragsteller nur die Erlaubnis einschließlich der Bedingung angreifen, nicht aber allein die Bedingung selbst. 7

Bei der Erlaubnis zur AÜ kommt eine aufschiebende Bedingung bereits nach dem Wortlaut von Abs. 2 S. 1 nicht in Betracht. Denn die Bedingung darf sich nur auf Tatsachen beziehen, die nach der Erteilung der Erlaubnis eintreten. Auch eine Erlaubnis unter einer auflösenden Bedingung wird in der Praxis nur ausnahmsw. erteilt werden. Ob diese Bedingung eingetreten ist oder der Verleiher sie eingehalten hat, wird praktisch oft unmöglich oder nur schwer feststellbar sein. Das aber führt zu Zweifeln darüber, ob die in ihrem Bestand von dieser Bedingung abhängige Erlaubnis zur AÜ überhaupt wirksam ist oder nicht. 8

Durch eine **Auflage** wird der Antragsteller zu einem bestimmten Tun, Dulden oder Unterlassen verpflichtet. Diese Nebenbestimmung ist ein selbständiger Teil der Erlaubnis, so dass sie allein angegriffen werden kann[1]. Hält der Verleiher eine erteile Auflage nicht ein, bleibt seine Erlaubnis zur AÜ gleichwohl wirksam. Allerdings begeht er eine Ordnungswidrigkeit gem. § 16 und riskiert den Widerruf seiner Erlaubnis nach § 5 I Nr. 2. Die Auflage muss eine besondere Verpflichtung des Antragstellers betreffen, die sich nicht bereits zweifelsfrei aus dem Gesetz ergibt[2]. So kann sich die Auflage beziehen auf die Einrichtung des Geschäftsbetriebs, die betriebliche Organisation, die Einhaltung konkreter Bestimmungen des Arbeitsschutzes und die Ausgestaltung der Vertragsmuster. Die Erlaubnis zur AÜ kann gem. Abs. 2 S. 2 auch nachträglich mit einer Auflage verbunden werden. Eine ursprünglich erteilte Auflage kann nachträglich geändert, ergänzt oder erlassen werden[3]. 9

Schließlich kann die Erlaubnis zur AÜ unter den **Vorbehalt des Widerrufs** gestellt werden gem. Abs. 3. Diese Nebenbestimmung dient dem Interesse des Antragstellers an einer Verfahrensbeschleunigung. Sie ist allerdings nicht in das freie Ermessen der Regionaldirektion gestellt. Vielmehr kommt sie in Betracht, wenn eine abschließende Beurteilung des Antrags aus Gründen, die nicht in der Person des Antragstellers liegen, noch nicht möglich und ein Abwarten mit der Entscheidung dem Antragsteller nicht zuzumuten ist. Allerdings darf der Vorbehalt des Widerrufs nicht dazu genutzt werden, eine Erlaubnis zur AÜ auf Probe oder zur Bewährung zu erteilen. 10

Die Erlaubnis zur AÜ ist grds. mit einer **Befristung** auf ein Jahr zu versehen gem. Abs. 4 S. 1. Das gilt bei erstmaliger Erteilung der Erlaubnis ebenso wie in den beiden darauf folgenden Jahren. Erst nach Ablauf von drei aufeinander folgenden Jahren kann eine unbefristete Erlaubnis erteilt werden gem. Abs. 5 S. 1. 11

III. Verlängerung der Erlaubnis (Abs. 4). Der Inhaber einer Erlaubnis zur AÜ kann zur Vermeidung von Rechtsnachteilen deren Verlängerung spätestens drei Monate vor Ablauf der Jahresfrist stellen. Lehnt die Regionaldirektion die Verlängerung nicht bis zum Ablauf dieses Jahres ab, verlängert sich die Erlaubnis automatisch um ein weiteres Jahr. Allerdings kann die Erlaubnis mit den bisherigen oder auch mit neuen Nebenstimmungen versehen werden. Lediglich ein erneuter Widerrufsvorbehalt ist bei der Verlängerung der Erlaubnis ausgeschlossen, soweit er nicht auf neue Tatsachen gestützt wird. Wird der Antrag auf Verlängerung der Erlaubnis zur AÜ abgelehnt, fingiert Abs. 4 S. 4 den Fortbestand der Erlaubnis für einen Zeitraum von maximal 12 Monaten. Allerdings darf dieser Zeitraum nur für die **Abwicklung** der zulässigerweise abgeschlossenen Verträge mit den Entleihern und den LeihArbN genutzt werden. Der Abschluss neuer Verträge ist unzulässig. Im Übrigen steht dem Verleiher ein Recht zur ordentl. Kündigung der AÜ-Verträge und der Leiharbeitsverträge zu[4]. 12

IV. Erlöschen der Erlaubnis (Abs. 5). Ist ein Verleiher über einen Zeitraum von drei aufeinander folgenden Jahren gewerbsmäßig mit der Überlassung von ArbN befasst, kann ihm die Regionaldirektion die Erlaubnis unbefristet erteilen. Ob sie davon Gebrauch macht, steht in seinem Ermessen. Im Rahmen dieser Ermessensentscheidung ist zu berücksichtigen, dass kleinere Einzelverstöße gegen die Bestimmungen des AÜG es nicht rechtfertigen, die Erteilung einer unbefristeten Erlaubnis zu versagen[5]. Die Alternative besteht darin, die Verlängerung ganz abzulehnen oder wiederum nur eine befristete Erlaubnis zur AÜ zu erteilen. 13

Macht ein Verleiher von der unbefristeten Erlaubnis über einen Zeitraum von drei Jahren hinweg keinen Gebrauch, so erlischt seine Erlaubnis zur AÜ kraft Gesetzes gem. Abs. 5 S. 2. Dabei ist rechtl. 14

---

1 Vgl. Thüsing/*Kämmerer*, § 2 AÜG Rz. 11 mwN. | 2 BSG v. 14.6.1983 – 7 RAr 114/81, EzAÜG Nr. 3 zu § 2 AÜG – Erlaubnisarten. | 3 SG Hamburg v. 8.10.1986 – 13 Ar 89/86, EzAÜG Nr. 4 zu § 2 AÜG – Erlaubnisarten. | 4 ErfK/*Wank*, § 2 AÜG Rz. 15, 16; *Ulber*, § 2 AÜG Rz. 47, 48. | 5 SG Hamburg v. 14.3.1978 – 2 Ar 1067/76, nv.

unbeachtlich, aus welchen Gründen der Verleiher von der Erlaubnis keinen Gebrauch macht. Da sich die Erlaubnis auf die Person des Verleihers und nicht auf seinen Betrieb bezieht, erlischt sie auch bei dem Tod des Verleihers oder bei der Auflösung des Rechtsträgers[1]. Im Interesse des sozialen Schutzes der LeihArbN ist in entsprechender Anwendung des § 46 GewO iVm. § 4 IV 4 von einem Übergang der Erlaubnis zur AÜ auf die Erben auszugehen, die sich allerdings auf die Abwicklung der laufenden Geschäfte beschränkt[2].

2a *Kosten*

(1) Für die Bearbeitung von Anträgen auf Erteilung und Verlängerung der Erlaubnis werden vom Antragsteller Kosten (Gebühren und Auslagen) erhoben.

(2) Die Vorschriften des Verwaltungskostengesetzes sind anzuwenden. Die Bundesregierung wird ermächtigt, durch Rechtsverordnung die gebührenpflichtigen Tatbestände näher zu bestimmen und dabei feste Sätze und Rahmensätze vorzusehen. Die Gebühr darf im Einzelfall 2500 Euro nicht überschreiten.

1 Für die Bearbeitung von Anträgen auf Erteilung und auf Verlängerung der Erlaubnis zur AÜ werden vom Antragsteller Kosten in Form von Gebühren und Auslagen erhoben. Dabei ist nach Abs. 2 grds. das VwKostG anwendbar. Daneben hat die Bundesregierung auf Grund der Ermächtigung in Abs. 2 S. 2 eine VO über die Kosten der Erlaubnis zur gewerbsmäßigen AÜ vom 18.6.1982 (BGBl. I S. 692) erlassen, zuletzt geändert durch Art. 94 des Gesetzes v. 23.12.2003 (BGBl. I S. 2848). Danach beträgt die Gebühr für die Erteilung oder Verlängerung einer befristeten Erlaubnis 750 Euro und für die Erteilung einer unbefristeten Erlaubnis 2000 Euro.

2 Die Kostenpflicht entsteht bereits mit der Antragstellung und gilt für alle Antragsteller, auch wenn sie ihren Geschäftssitz in einem anderen Staat der EU haben. Ausnahmsw. können nur juristische Personen des öffentl. Rechts von der Gebührenpflicht befreit werden gem. § 8 VwKostG. Die Gebühr ist um ein Viertel zu ermäßigen gem. § 15 II VwKostG, wenn die Erteilung oder Verlängerung der Erlaubnis abgelehnt, die Erlaubnis zurückgenommen oder widerrufen wird. Fällig werden die Kosten mit der Bekanntgabe der Kostenentscheidung an den Antragsteller gem. § 17 VwKostG. Die Kostenentscheidung kann gem. § 22 VwKostG zusammen mit der Sachentscheidung oder selbständig angefochten werden.

3 *Versagung*

(1) Die Erlaubnis oder ihre Verlängerung ist zu versagen, wenn Tatsachen die Annahme rechtfertigen, dass der Antragsteller

1. die für die Ausübung der Tätigkeit nach § 1 erforderliche Zuverlässigkeit nicht besitzt, insbesondere weil er die Vorschriften des Sozialversicherungsrechts, über die Einbehaltung und Abführung der Lohnsteuer, über die Arbeitsvermittlung, über die Anwerbung im Ausland oder über die Ausländerbeschäftigung, die Vorschriften des Arbeitsschutzrechts oder die arbeitsrechtlichen Pflichten nicht einhält;

2. nach der Gestaltung seiner Betriebsorganisation nicht in der Lage ist, die üblichen Arbeitgeberpflichten ordnungsgemäß zu erfüllen;

3. dem Leiharbeitnehmer für die Zeit der Überlassung an einen Entleiher die im Betrieb dieses Entleihers für einen vergleichbaren Arbeitnehmer des Entleihers geltenden wesentlichen Arbeitsbedingungen einschließlich des Arbeitsentgelts nicht gewährt, es sei denn, der Verleiher gewährt dem zuvor arbeitslosen Leiharbeitnehmer für die Überlassung an einen Entleiher für die Dauer von insgesamt höchstens sechs Wochen mindestens ein Nettoarbeitsentgelt in Höhe des Betrages, den der Leiharbeitnehmer zuletzt als Arbeitslosengeld erhalten hat; Letzteres gilt nicht, wenn mit demselben Verleiher bereits ein Leiharbeitsverhältnis bestanden hat. Ein Tarifvertrag kann abweichende Regelungen zulassen. Im Geltungsbereich eines solchen Tarifvertrages können nicht tarifgebundene Arbeitgeber und Arbeitnehmer die Anwendung der tariflichen Regelungen vereinbaren.

(2) Die Erlaubnis oder ihre Verlängerung ist ferner zu versagen, wenn für die Ausübung der Tätigkeit nach § 1 Betriebe, Betriebsteile oder Nebenbetriebe vorgesehen sind, die nicht in einem Mitgliedstaat der Europäischen Wirtschaftsgemeinschaft oder einem anderen Vertragsstaat des Abkommens über den Europäischen Wirtschaftsraum liegen.

(3) Die Erlaubnis kann versagt werden, wenn der Antragsteller nicht Deutscher im Sinne des Artikels 116 des Grundgesetzes ist oder wenn eine Gesellschaft oder juristische Person den Antrag stellt, die entweder nicht nach deutschem Recht gegründet ist oder die weder ihren satzungsmäßigen Sitz noch ihre Hauptverwaltung noch ihre Hauptniederlassung im Geltungsbereich dieses Gesetzes hat.

---

1 BSG v. 12.12.1991 – 7 RAr 56/90, NZA 1992, 1006. | 2 *Schüren*, § 2 AÜG Rz. 100; *Boemke/Lembke*, § 2 AÜG Rz. 40; ErfK/*Wank*, § 2 AÜG Rz. 19; *Ulber*, § 2 AÜG Rz. 53; *Becker/Wulfgramm*, § 2 AÜG Rz. 40; aA *Sandmann/Marschall*, § 2 AÜG Anm. 23, 34.

(4) Staatsangehörige der Mitgliedstaaten der Europäischen Wirtschaftsgemeinschaft oder eines anderen Vertragsstaates des Abkommens über den Europäischen Wirtschaftsraum erhalten die Erlaubnis unter den gleichen Voraussetzungen wie deutsche Staatsangehörige. Den Staatsangehörigen dieser Staaten stehen gleich Gesellschaften und juristische Personen, die nach den Rechtsvorschriften dieser Staaten gegründet sind und ihren satzungsgemäßen Sitz, ihre Hauptverwaltung oder ihre Hauptniederlassung innerhalb dieser Staaten haben. Soweit diese Gesellschaften oder juristische Personen zwar ihren satzungsmäßigen Sitz, jedoch weder ihre Hauptverwaltung noch ihre Hauptniederlassung innerhalb dieser Staaten haben, gilt Satz 2 nur, wenn ihre Tätigkeit in tatsächlicher und dauerhafter Verbindung mit der Wirtschaft eines Mitgliedstaates oder eines Vertragsstaates des Abkommens über den Europäischen Wirtschaftsraum steht.

(5) Staatsangehörige anderer als der in Absatz 4 genannten Staaten, die sich auf Grund eines internationalen Abkommens im Geltungsbereich dieses Gesetzes niederlassen und hierbei sowie bei ihrer Geschäftstätigkeit nicht weniger günstig behandelt werden dürfen als deutsche Staatsangehörige, erhalten die Erlaubnis unter den gleichen Voraussetzungen wie deutsche Staatsangehörige. Den Staatsangehörigen nach Satz 1 stehen gleich Gesellschaften, die nach den Rechtsvorschriften des anderen Staates gegründet sind.

1 **I. Inhalt und Zweck.** Das Gesetz zählt die Gründe für die Versagung oder Nichtverlängerung einer Verleiherlaubnis abschließend auf. Es handelt sich um eine der GewO vorgehende Spezialvorschrift für die Fälle fehlender Zuverlässigkeit[1]. Aus anderen als den in § 3 genannten Gründen darf die Erlaubnis nicht versagt werden. Die zuständige Behörde hat insoweit kein Ermessen[2].

2 Der Antragsteller hat einen Rechtsanspruch auf Erteilung oder Verlängerung der Erlaubnis, wenn kein Versagungsgrund vorliegt. Dieser Anspruch leitet sich aus dem Grundrecht der Berufsfreiheit nach Art. 12 I GG und dem Grundsatz der Gewerbefreiheit nach § 1 I GewO ab. Das Grundrecht der Berufsfreiheit gilt nach Art. 19 III GG auch für inländische juristische Personen. Danach handelt es sich bei der Erlaubnispflicht gem. § 1 rechtstechnisch um ein **präventives Verbot mit Erlaubnisvorbehalt.** Die zuständige Behörde hat lediglich zu prüfen, ob ein konkretes Verhalten die gesetzl. Voraussetzungen erfüllt. Liegen die positiven Voraussetzungen vor, muss die Behörde die Erlaubnis erteilen. Liegen die negativen Voraussetzungen vor, muss sie die Erlaubnis versagen. Insoweit hat die Behörde kein Ermessen.

3 Durch die Verbindung des präventiven Verbots mit der gebundenen Erlaubnis wird der Konflikt zwischen der Berufsfreiheit des Verleihers gem. Art. 12 GG und der aus dem Sozialstaatsprinzip des Art. 20 I GG folgenden Verpflichtung des Staates zum sozialen Schutz abhängig Beschäftigter gelöst. Es handelt sich um eine Berufsausübungsregelung iSv. Art. 12 I 2 GG, die die ordnungsgemäße Ausübung der Verleihtätigkeit im Interesse der LeihArbN bezweckt und deshalb nach der vom BVerfG entwickelten Stufentheorie verhältnismäßig ist[3].

4 Bei der Prüfung der Gründe für eine Versagung der Erlaubnis ist der Grundsatz der Verhältnismäßigkeit zu beachten und zu prüfen, ob die ordnungsgemäße Ausübung der AÜ auch durch weniger einschneidende Mittel wie etwa die Verhängung von Auflagen erreicht werden kann[4].

5 **II. Allgemeine Versagungsgründe (Abs. 1).** Das Gesetz enthält zunächst allgemeine materielle Versagungsgründe, die alle Verleiher betreffen. Dadurch sollen unzuverlässige Verleiher ausgeschlossen werden und gleichzeitig die zulässige AÜ von der Arbeitsvermittlung abgegrenzt werden.

6 Die Erlaubnisbehörde ist nicht verpflichtet, vor einer Ablehnung den Sachverhalt vollständig aufzuklären oder das Vorliegen eines Versagungsgrundes zu beweisen. Es genügt vielmehr der Nachweis von Tatsachen, aus denen mit hinreichender Sicherheit auf das Vorliegen von Versagungsgründen geschlossen werden kann. Maßgeblich ist dabei der Zeitpunkt, in dem eine Entscheidung der Erlaubnisbehörde ergeht. In diesem Zeitpunkt ist eine Prognose darüber anzustellen, ob der Antragsteller unter Berücksichtigung seines bisherigen Verhaltens auch in Zukunft die Pflichten des Abs. 1 beachten wird.

7 Nach dem Wortlaut des Gesetzes ist die Erlaubnis bereits dann zu versagen, wenn nur einer der Tatbestände des Abs. 1 vorliegt. Der Grundsatz der Verhältnismäßigkeit gebietet jedoch, nicht bereits bei einem geringfügigen Verstoß gegen die Verleiherpflichten mit einer Versagung der Erlaubnis zu reagieren. Vielmehr setzt eine Versagung voraus, dass ein schwerwiegender Verstoß oder mehrere geringfügige Verstöße gegen die Pflichten aus Abs. 1 Nr. 1–3 vorliegen[5].

1 Vgl. Hamb. OVG v. 5.4.2004 – 1 Bs 64/05, GewArch 2005, 257. | 2 *Sandmann/Marschall*, § 3 AÜG Anm. 1; *Schüren*, § 3 AÜG Rz. 34; *Becker/Wulfgramm*, § 3 AÜG Rz. 6; aA LSG Bremen v. 17.12.1975 – L 5 Ar 11/75, EzAÜG Nr. 11 zu § 3 AÜG – Versagungsgründe. | 3 BSG v. 6.2.1992 – 7 RAr 140/90, NZA 1992, 1006. | 4 BSG v. 22.3.1979 – 7 RAr 47/78, EzAÜG Nr. 2 zu § 2 AÜG – Erlaubnisverfahren. | 5 BayLSG v. 29.7.1986 – L 08/AI 0040/83, EzAÜG Nr. 9 zu § 3 AÜG – Versagungsgründe; *Schüren*, § 3 AÜG Rz. 43; *Becker/Wulfgramm*, § 3 AÜG Rz. 9; aA *Sandmann/Marschall*, § 3 AÜG Anm. 1; *Ulber*, § 3 AÜG Rz. 16.

8 **1. Unzuverlässigkeit des Antragstellers (Abs. 1 Nr. 1).** Die Erteilung oder die Verlängerung der Verleiherlaubnis ist zu versagen, wenn Tatsachen die Annahme rechtfertigen, dass der Antragsteller die für die AÜ erforderliche Zuverlässigkeit nicht besitzt. Zur Konkretisierung zählt das Gesetz einige Tatbestände als Regelbeispiele auf, die eine Unzuverlässigkeit indizieren. Der Begriff der erforderlichen Zuverlässigkeit ist im Gesetz nicht definiert. Bei dieser gewerberechtl. Erlaubnisvoraussetzung handelt es sich um einen **unbestimmten Rechtsbegriff**, der gerichtlich in vollem Umfang nachprüfbar ist[1].

9 Die gewerberechtl. Zuverlässigkeit ist nicht allgemein, sondern im Hinblick auf das **konkrete** Gewerbe zu bestimmen[2]. Danach fehlt die erforderliche Zuverlässigkeit, wenn auf Grund bestimmter Tatsachen in der Person des Antragstellers zu besorgen ist, dass er das gewerbsmäßige Überlassen von ArbN nicht im Einklang mit den bestehenden rechtl. Vorschriften ausüben wird[3]. Dem Schutzzweck des Gesetzes entsprechend kommt es darauf an, ob der soziale Schutz der LeihArbN durch das Verhalten des Verleihers gefährdet sein könnte. Das ist insb. der Fall, wenn der Verleiher die ihm als ArbGeb gegenüber seinen LeihArbN obliegenden Kernpflichten verletzt[4].

10 Im Rahmen der Prüfung kommt es wegen des **höchstpersönlichen Charakters** der Verleiherlaubnis bei natürlichen Personen auf deren Zuverlässigkeit an, bei Personengesellschaften auf die Zuverlässigkeit aller Gesellschafter und bei juristischen Personen auf die Zuverlässigkeit der vertretungsberechtigten Organe[5].

11 Die Unzuverlässigkeit einer natürlichen Person kann sich auch daraus ergeben, dass sie einem **unzuverlässigen Dritten**, etwa ihrem Ehepartner oder einem Hintermann im Rahmen eines sog. „Strohmanngeschäfts“, maßgeblichen Einfluss auf die Ausübung und Führung des Verleihunternehmens einräumt[6]. Der Antragsteller ist auch unzuverlässig, wenn er unzuverlässiges Stammpersonal mit Führungsaufgaben betraut[7].

12 Da bei **Personengesellschaften** sämtliche Gesellschafter eine Verleiherlaubnis benötigen, kommt es darauf an, dass keiner dieser Gesellschafter unzuverlässig ist. Liegt die Zuverlässigkeit eines Gesellschafter nicht vor, ist die Erlaubnis insgesamt zu versagen[8]. Theoretisch bestünde in diesem Fall zwar die Möglichkeit, nur den zuverlässigen Gesellschaftern die Erlaubnis zur AÜ unter der Voraussetzung zu erteilen, dass die Unzuverlässigkeit des einen Gesellschafters sich nicht auf die anderen auswirkt[9]. Dem dürfte aber bereits entgegenstehen, dass die Erlaubnisbehörde die Vertretungsmacht eines wenn auch unzuverlässigen Gesellschafters einer Personengesellschaft nicht beschränken kann.

13 Liegt eines der im Gesetz aufgeführten **Regelbeispiele** vor, führt das nicht automatisch zur Versagung der Verleiherlaubnis oder ihrer Verlängerung. Maßgeblich ist vielmehr, ob im Einzelfall auf Grund der Schwere des jeweiligen Verstoßes eine Unzuverlässigkeit des Antragstellers angenommen werden kann[10].

14 Darüber hinaus ist die Aufzählung der Regelbeispiele **nicht abschließend**. Vielmehr kann sich die Unzuverlässigkeit des Antragstellers auch aus weiteren Umständen ergeben. So sprechen ungeordnete Vermögensverhältnisse gegen eine Zuverlässigkeit, wenn die Gefahr besteht, dass der Antragsteller nicht in der Lage ist, den Leiharbeitern ihren Lohn zu zahlen. Er muss für Zeiten, in denen er die Leiharbeiter nicht einsetzen kann, eine Finanzreserve vorhalten. Auch die Abgabe einer eidesstattlichen Versicherung nach § 807 ZPO oder die Eröffnung des Insolvenzverfahrens über sein Vermögen sprechen gegen die Zuverlässigkeit des Antragstellers. Das gilt auch für Straf- oder Ordnungswidrigkeitenverfahren, wenn diese im Zusammenhang mit einer Tätigkeit des Antragstellers als Verleiher standen. Liegt der Verstoß des Antragstellers bereits längere Zeit zurück, sinkt dessen Bedeutung für die Prognose der Zuverlässigkeit mit dem größer werdenden zeitlichen Abstand[11].

15 Ein Antragsteller muss nicht über eine einschlägige Fachkunde oder Berufserfahrung verfügen, wohl aber über elementare **Grundkenntnisse auf dem Gebiet des Arbeits- und Sozialrechts**, da sonst nicht erwartet werden kann, dass er seine ArbGebPflichten erfüllt[12].

16 Die wichtigsten einschlägigen Gesetzesbestimmungen, bei deren Verletzung eine Unzuverlässigkeit des Antragstellers anzunehmen ist, führt das Gesetz ausdrücklich auf. Dabei umfassen die **Vorschriften des SozV-Rechts** alle Bestimmungen über die ArbGebPflichten im Bereich der Kranken-, Unfall-, Renten- und ArblV. Nach diesen in den verschiedenen Büchern des SGB und in den entsprechenden Nebengesetzen und VO enthaltenen Regelungen ist der ArbGeb verpflichtet, SozV-Beiträge abzuführen, Versicherungsleistungen zu erstatten, Entgeltbescheinigungen auszustellen sowie seinen Melde-, Anzeige-

1 BayLSG v. 14.3.1985 – L 9/Al 146/83, EzAÜG Nr. 8 zu § 3 AÜG – Versagungsgründe = NZA 1986, 109. | 2 BVerwG v. 27.6.1961 – I C 34/60, GewArch 1961, 166; LSG Rh.-Pf. v. 16.1.1981 – L 6 Ar 65/80, EzAÜG Nr. 5 zu § 3 AÜG – Versagungsgründe. | 3 BSG v. 6.2.1992 – 7 RAr 140/90, NZA 1992, 1006. | 4 BayLSG v. 14.3.1985 – L 9/Al 146/83, EzAÜG Nr. 8 zu § 3 AÜG – Versagungsgründe. | 5 ErfK/*Wank*, § 3 AÜG Rz. 4. | 6 BVerwG v. 2.2.1982 – 1 C 3.81, MDR 1982, 1046. | 7 *Schüren*, § 3 AÜG Rz. 59; *Sandmann/Marschall*, § 3 AÜG Anm. 7; *Ulber*, § 3 AÜG Rz. 23. | 8 *Ulber*, § 3 AÜG Rz. 25; *Franßen/Haesen*, § 3 AÜG Rz. 17. | 9 *Sandmann/Marschall*, § 3 AÜG Anm. 8; *Becker/Wulfgramm*, § 3 AÜG Rz. 17. | 10 BSG v. 6.2.1992 – 7 RAr 140/90, NZA 1992, 1006. | 11 LSG BW v. 15.3.1988 – L 5 Ar 2015/87, nv. | 12 BSG v. 6.2.1992 – 7 RAr 140/90, NZA 1992, 1006.

und Auskunftspflichten nachzukommen. Meldet ein Verleiher LeihArbN nicht zur SozV an oder führt er SozV-Beiträge für diese nicht ab, liegen Tatsachen vor, die die Annahme seiner Unzuverlässigkeit gem. Abs. 1 Nr. 1 rechtfertigen[1].

Die **Vorschriften über die Einbehaltung und Abführung der LSt** sind §§ 38, 41a EStG sowie § 7 LStDV. Auch die Verletzung sonstiger steuerrechtl. Verpflichtungen wie etwa die Hinterziehung von Körperschaft-, Einkommen- oder Mehrwertsteuer kann zur Versagung der Erlaubnis führen, wenn aus der Art der Pflichtverletzung auf eine Unzuverlässigkeit des Antragstellers geschlossen werden kann[2]. 17

Die **Vorschriften über die Arbeitsvermittlung** sind die §§ 292, 296–297 SGB III. Danach ist die Arbeitsvermittlung nur unter bestimmten Voraussetzungen, neuerdings ohne Erlaubnis der BA zulässig. Ein Verstoß gegen diese Bestimmungen kann die Annahme einer Unzuverlässigkeit des Antragstellers iSv. Abs. 1 Nr. 1 rechtfertigen. 18

Zu den **Vorschriften über die Anwerbung im Ausland und über die Ausländerbeschäftigung** gehören die §§ 292, 284 SGB III iVm. den einschlägigen Vorschriften des AufenthG. Für die Anwerbung von ArbN für eine Beschäftigung im Ausland außerhalb des EWR und für die Anwerbung von ausländischen ArbN, die nicht Staatsangehörige eines Mitgliedstaats des EWR sind, für eine Beschäftigung im Inland war früher die vorherige Zustimmung der BA erforderlich. Diese Restriktion ist mit Wirkung vom 23.2.2002 (BGBl. I 1130) entfallen. Allerdings verbleibt es bei der gewerberechtlichen Anzeigepflicht nach § 14 I GewO[3]. 19

Ausländische ArbN dürfen grds. nur beschäftigt werden, wenn sie zuvor von der BA gem. § 284 I SGB III eine **Arbeitserlaubnis** erhalten haben. Von dieser Erlaubnispflicht ausgenommen sind ArbN aus Mitgliedstaaten der EU und des EWR sowie heimatlose Ausländer. Das gilt auch für bestimmte ArbN-Gruppen nach § 9 ArGV. Nach § 6 I ArGV erhalten ausländische ArbN, die erlaubnispflichtig sind und eine Tätigkeit als LeihArbN aufnehmen wollen, grds. keine erstmalige Arbeitserlaubnis. Auch Bürger der neuen MOE-Beitrittsländer können während einer Übergangszeit wie Drittstaatsangehörige grds. nicht als LeihArbN in Deutschland tätig werden (Einzelheiten § 15 Rz. 7). Beruht ein Verstoß des Antragstellers gegen die Bestimmungen über die Arbeitsvermittlung oder gegen die Vorschriften über die Beschäftigung ausländischer ArbN nicht auf seiner Tätigkeit als Verleiher, rechtfertigen diese Tatsachen gleichwohl die Annahme seiner Unzuverlässigkeit iSv. Abs. 1 Nr. 1[4]. 20

Zu den **Vorschriften des Arbeitsschutzrechts** gehören neben dem ArbSchG und dem ASiG die Bestimmungen der ArbStättV, die Unfallverhütungsvorschriften der Berufsgenossenschaften, das ArbZG, das Ladenschlussgesetz und die speziellen Regelungen zum Schutz bestimmter ArbN-Gruppen im MuSchG, im JArbSchG und im SGB IX. 21

Die Verleiherlaubnis oder ihre Verlängerung ist auch dann zu versagen, wenn Tatsachen die Annahme rechtfertigen, dass der Antragsteller seine arbeitsrechtl. Pflichten nicht einhält. Darunter fallen alle ArbGebPflichten, die nicht bereits in den übrigen Regelbeispielen des Abs. 1 Nr. 1 ausdrücklich erwähnt worden sind. Diese **ArbGebPflichten** können sich aus dem Arbeitsvertrag, aus BV, aus TV oder aus dem Gesetz ergeben. Auch die besonderen Verleiherpflichten nach den §§ 9–11 zählen dazu. Praktisch bedeutsam sind die ArbGebPflichten aus dem BetrVG und den Mitbestimmungsgesetzen, die Pflicht zur Beschäftigung von Schwerbehinderten nach § 71 SGB IX, die Pflicht zur Gewährung von Erholungsurlaub und die Pflicht zur Entgeltfortzahlung im Krankheitsfall[5]. 22

2. Mangelhafte Betriebsorganisation (Abs. 1 Nr. 2). Die Verleiherlaubnis oder ihre Verlängerung ist zu versagen, wenn der Antragsteller nach der Gestaltung seiner Betriebsorganisation nicht in der Lage ist, die üblichen ArbGebPflichten ordnungsgemäß zu erfüllen. 23

Neben den Anforderungen an die persönliche Zuverlässigkeit des Verleihers gem. Abs. 1 Nr. 1 muss auch der Betrieb des Antragstellers bestimmten organisatorischen Anforderungen entsprechen. Damit will das Gesetz Verleiher ausschließen, die lediglich formell „vom Sofa aus" als ArbGeb auftreten, ihre ArbGebFunktion jedoch auf Grund der tatsächlichen Beziehungen zwischen den Beteiligten nicht ausüben können[6]. 24

Der Antragsteller muss bestimmte organisatorische Vorkehrungen zur Erfüllung seiner ArbGebPflichten als Verleiher treffen. Danach setzt eine ordnungsgemäße Betriebsorganisation eine Betriebsstätte oder Geschäftsräume des Verleihers von gewisser Dauer voraus. Es muss auch der Zugang der üblichen Post sichergestellt sein. Dafür genügt ein Campingwagen, ein Hotelzimmer oder eine Baubude regelmäßig nicht. Denn bei derartigen sog. Rucksackfirmen ist es weder den Behörden noch den SozV-Trägern oder Gerichten möglich, den Verleiher zur Einhaltung seiner gesetzl. Pflichten zu veranlassen[7]. 25

---

1 *Becker/Wulfgramm*, § 3 AÜG Rz. 19. | 2 *Becker/Wulfgramm*, § 3 AÜG Rz. 20. | 3 *Sandmann/Marschall*, § 3 AÜG Anm. 15. | 4 *Sandmann/Marschall*, § 3 AÜG Anm. 15a. | 5 BayLSG v. 14.3.1985 – L 9/AI 146/83, EzAÜG Nr. 8 zu § 3 AÜG – Versagungsgründe. | 6 BT-Drs. VI/2303, S. 11. | 7 *Sandmann/Marschall*, § 3 AÜG Anm. 19.

26 Der Umfang der Betriebsorganisation hängt von der Größe des Verleihunternehmens ab. Maßgebend ist das Ziel, die ArbGebPflichten des Verleihers ordnungsgemäß und sachgerecht erfüllen zu können. Dabei sind die üblichen ArbGebPflichten genauso zu definieren wie in § 1 II. Neben den Pflichten aus dem Arbeitsvertrag zählen dazu die Abführung von SozV-Beiträgen und LSt, die Einhaltung der entsprechenden Melde-, Anzeige- und Auskunftspflichten, die Überwachung des Arbeitsschutzes in den Entleihbetrieben und die statistischen Meldungen nach § 8. Je nach der Größe des Unternehmens und der Zahl der LeihArbN kann es notwendig sein, eine Buchhaltung und eine Personalabteilung einzurichten und diese mit Mitarbeitern zu besetzen, die über eine entsprechende fachliche Ausbildung verfügen. Bei der Einrichtung von Zweigniederlassungen kann es geboten sein, zuverlässigen Mitarbeitern Überwachungs- und Leitungsaufgaben zu übertragen[1].

27 Erfordert das Unternehmen des Verleihers einen in kaufmännischer Weise eingerichteten Geschäftsbetrieb, ist die gewerbsmäßige AÜ Gegenstand eines Handelsgewerbes nach § 1 II HGB. Das gilt auch, wenn die Firma des Verleihunternehmens nach § 2 HGB in das Handelsregister eingetragen ist.

28 **3. Verstoß gegen das Gleichstellungsgebot (Abs. 1 Nr. 3).** Die Verleiherlaubnis oder ihre Verlängerung ist zu versagen, wenn Tatsachen die Annahme rechtfertigen, dass der Antragsteller dem LeihArbN nicht die für einen vergleichbaren ArbN des Entleihers geltenden wesentlichen Arbeitsbedingungen gewährt und kein Ausnahmefall vorliegt. Mit dieser Regelung, die verfassungsgemäß ist[2], wird das arbeitsrechtl. Gleichstellungsgebot in den §§ 9 Nr. 2 und 10 IV in gewerberechtl. Hinsicht ergänzt. Die Bestimmung des Abs. 1 Nr. 3 erfasst nur die gewerbsmäßige AÜ, da sie allein gem. § 1 I 1 einer Erlaubnis bedarf[3].

29 Das Gleichstellungsgebot bezieht sich auf die dem LeihArbN zu gewährenden **wesentlichen Arbeitsbedingungen einschließlich des Arbeitsentgelts**. Zu den Arbeitsbedingungen gehören nach der Gesetzesbegründung alle nach dem allgemeinen Arbeitsrecht vereinbarten Bedingungen, wie die Dauer der Arbeitszeit und des Urlaubs sowie die Nutzung sozialer Einrichtungen[4]. Um zu bestimmen, welche Arbeitsbedingungen wesentlich sind, kann auf die Definition in Art. 3 Id des Richtlinienentwurfs zur Leiharbeit zurückgegriffen werden[5]. Danach sind Arbeitsbedingungen wesentlich, die sich auf die Dauer der Arbeit, Ruhezeiten, Nachtarbeit, bezahlten Urlaub, arbeitsfreie Tage, die Arbeit von Schwangeren und Stillenden, Kindern und Jugendlichen sowie alle Maßnahmen zur Bekämpfung jeglicher Diskriminierung beziehen. Darüber hinaus kann auf Grund der Bezugnahme in § 11 I die Regelung in § 2 I NachwG als Orientierungshilfe bei der Bestimmung wesentlicher Arbeitsbedingungen dienen[6].

30 Soweit sich das Gleichstellungsgebot auf das **Arbeitsentgelt** erstreckt, sind darunter nicht nur das laufende Entgelt, sondern auch Zuschläge und andere Lohnbestandteile zu verstehen[7]. Dabei kann es sich auch um Sozialleistungen in Form von Geld- und Sachzuwendungen handeln, die nicht der unmittelbaren Abgeltung der erbrachten Arbeitsleistung dienen, sondern mit Rücksicht auf den Bestand des Arbeitsverhältnisses gewährt werden[8]. Wenn sich diese Lohnbestandteile am Betriebsergebnis orientieren und erst nach Ablauf eines bestimmten Zeitraums, etwa dem Geschäftsjahr, ermittelt werden können oder wenn es sich um Leistungen wie Firmenwagen, Personalkauf oder Aktienoptionen handelt, die nicht nach Zeitabschnitten einer AÜ aufgeteilt werden können, kommt die Umrechnung in einen Geldwert in Betracht, der an den LeihArbN auszuzahlen ist[9]. Dabei ist allerdings zu beachten, dass besondere Leistungsvoraussetzungen, zB eine bestimmte Beschäftigungsdauer, auch in der Person des LeihArbN erfüllt sein müssen[10].

31 Als Maßstab für einen Verstoß gegen das Gleichstellungsgebot gem. Abs. 1 Nr. 3 dienen die kraft einzelvertragl. Regelung oder kraft BV für einen **vergleichbaren ArbN des Entleihers** geltenden Arbeitsbedingungen. Bei diesem Vergleich kommt es allein auf den Zeitraum an, für den der LeihArbN dem Entleiher überlassen worden ist.

32 Mit dem LeihArbN sind nur die ArbN des Entleihers vergleichbar, die dieselbe oder zumindest ähnliche Tätigkeiten auszuführen haben[11]. Maßgeblich ist allein die Art der Tätigkeit, die entweder identische Arbeitsvorgänge aufweist oder nach dem Anforderungsprofil und der mit ihr verbundenen Belastung einen jederzeitigen Austausch der ArbN zulässt[12]. Dagegen kommt es für die Vergleichbarkeit grds. nicht auf Qualifikation, Beschäftigungsdauer, Berufserfahrung oder Lebensalter an. Lediglich bei einer betrieblichen Vergütungsordnung, die als konstitutives Merkmal der Eingruppierung auf bestimmte subjektive Merkmale abstellt, führt eine daraus resultierende unterschiedliche Vergütung des LeihArbN nicht zu einem Verstoß gegen das Gleichstellungsgebot[13]. Der Vergleichbarkeit steht eine unterschiedliche Arbeitszeit nicht entgegen. Allerdings kann ein teilzeitbeschäftigter LeihArbN nur die Arbeitsbe-

---

1 *Sandmann/Marschall*, § 3 AÜG Anm. 20. | 2 Vgl. BVerfG v. 29.12.2004 – 1 BVR 2283/03, DB 2005, 110. | 3 Str., wie hier *Boemke/Lembke*, § 9 AÜG Rz. 42; *Richardi*, ZfA 2003, 655; aA Thüsing/*Pelzner*, § 3 AÜG Rz. 59; offen lassend BAG v. 25.1.2005 – 1 ABR 61/03, NZA 2005, 1199. | 4 BT-Drs. 15/25, S. 38. | 5 KOM (2002) 149 endg., ABl. EG Nr. C 203 v. 27.8.2002, S. 1. | 6 *Boemke/Lembke*, § 9 AÜG Rz. 62. | 7 BT-Drs. 15/25, S. 38. | 8 *Rieble/Klebeck*, NZA 2003, 23; *Ulber*, ZTR 2003, 7. | 9 *Boemke/Lembke*, § 9 AÜG Rz. 163; *Bauer/Krets*, NJW 2003, 537. | 10 Vgl. Thüsing/*Pelzner*, § 3 AÜG Rz. 62 mwN. | 11 BT-Drs. 15/25, S. 38. | 12 *Annuß/Thüsing*, § 3 TzBfG Rz. 13 und § 4 TzBfG Rz. 25. | 13 *Ulber*, ZTR 2003, 7; *Boemke/Lembke* § 9 AÜG Rz. 55; aA *Bertram*, ZESAR 2003, 205 unter Hinweis auf Art. 5 I des geänderten Richtlinienentwurfs.

dingungen und das Arbeitsentgelt beanspruchen, das ihm als Teilzeitbeschäftigter des Entleihers zustehen würde[1].

Wird im Betrieb des Entleihers **kein vergleichbarer ArbN** beschäftigt, läuft das Gleichstellungsgebot zwar seinem Wortlaut nach leer[2]. Das AÜG enthält auch keine dem § 2 I 4 TzBfG entsprechende Regelung, nach der die Vergleichbarkeit in diesem Fall auf Grund des im Betrieb des Entleihers anwendbaren TV zu bestimmen wäre[3]. Aus dem Rechtsgedanken dieser Vorschrift und des § 612 II BGB lässt sich jedoch entnehmen, dass auf die üblichen Arbeitsbedingungen abzustellen ist, die sich nach dem für den Betrieb des Entleihers geltenden TV richten[4]. Dieser Anknüpfungspunkt ist auch in Art. 5 V des Richtlinienentwurfs der EU-Kommission vorgesehen[5]. 33

Werden im Betrieb des Entleihers mehrere mit dem LeihArbN vergleichbare ArbN beschäftigt, deren Arbeitsbedingungen oder Arbeitsentgelt auf Grund individueller Vereinbarungen oder wegen ihrer unterschiedlichen Beschäftigungszeit verschieden sind, bezieht sich das Gleichstellungsgebot auf die jeweils ungünstigsten bzw. die Arbeitsbedingungen, die für neu eingestellte ArbN des Entleihers gelten[6]. 34

Das Gleichstellungsgebot erlaubt dem LeihArbN nicht, sich die jeweils günstigsten Arbeitsbedingungen auszusuchen, etwa den längeren Urlaub beim Verleiher und das höhere Urlaubsgeld beim Entleiher. Vielmehr ist wie bei dem Günstigkeitsvergleich gem. § 4 III TVG ein Sachgruppenvergleich vorzunehmen, der die Arbeitsbedingungen zusammenzieht, die in einem sachlichen inneren Zusammenhang stehen[7]. 35

Ein Verstoß des Verleihers gegen das Gleichstellungsgebot nach § 3 I Nr. 3 liegt nicht vor, wenn der **LeihArbN** vor der Aufnahme des Leiharbeitsverhältnisses **arbeitslos** war, während der Überlassung an den Entleiher für sechs Wochen mindestens ein Nettoarbeitsentgelt in Höhe des Alg erhält und mit demselben Verleiher nicht bereits zuvor ein Leiharbeitsverhältnis bestanden hat. Der Begriff der Arbeitslosigkeit entspricht § 119 SGB III und erfasst auch Dauerarbeitslose, die zuletzt lediglich Alg II oder überhaupt keine Leistungen bezogen haben. Bereits nach dem Wortlaut der Ausnahmebestimmung gilt sie nicht für Berufsanfänger, Sozialhilfeempfänger oder Personen, die aus anderen Gründen kein Alg bezogen haben[8]. 36

Nach Abs. 1 Nr. 3 S. 3 kann ein **TV** Regelungen zulassen, die von dem Gleichstellungsgebot abweichen. Durch diese Ausnahme vom Gleichstellungsgebot sollen die TV-Parteien Gelegenheit erhalten, die **Zeitarbeit flexibel zu gestalten**, Pauschalierungen beim Arbeitsentgelt zuzulassen und die Leistungen für die Zeiten des Verleihs und Nichtverleihs in einem Gesamtkonzept zu regeln[9]. Es muss sich um einen TV handeln, der nach dem 15.11.2002 abgeschlossen worden ist, wie sich aus § 19 S. 2 ergibt. Daher sind im Gegensatz zu Art. 5 III des Richtlinienentwurfs Ausnahmen durch bereits bestehende TV nicht zugelassen[10]. Allerdings genügt es ohnehin nicht, wenn ein TV nur allgemeine Regelungen über die Arbeitsbedingungen von LeihArbN und ihre Vergütung enthält. Vielmehr muss er die wesentlichen Arbeitsbedingungen und das Arbeitsentgelt während eines Einsatzes bei dem Entleiher iSd. Abs. 1 Nr. 3 ausdrücklich zum Gegenstand einer eigenständigen Regelung machen[11]. Dieser TV ist auch nicht darauf beschränkt, das gesetzl. Gleichstellungsgebot lediglich auszugestalten, so dass der Tariflohn des LeihArbN einschließlich aller Nebenleistungen mindestens das Niveau eines neu eingestellten ArbN im Entleiherbetrieb erreicht[12]. Allerdings sind die TV-Parteien an den Gleichheitssatz des Art. 3 GG gebunden[13]. Diese Bindung verbietet eine willkürliche Schlechterstellung von LeihArbN durch tarifl. Regelungen und erlaubt eine Ungleichbehandlung gegenüber den vergleichbaren ArbN des Entleihers nur bei entsprechender sachlicher Rechtfertigung[14]. Die Möglichkeit, durch TV vom Gebot des „Equal Pay" und „Equal Treatment" nach unten abzuweichen, hat seit 2003 zu einer ganz neuen Tariflandschaft in der Zeitarbeitsbranche geführt[15]. 37

Die Ausnahme von dem Gleichstellungsgebot nach Abs. 1 Nr. 3 S. 3 bezieht sich auf einen TV, der kraft **Tarifbindung** gilt. Dazu müssen sowohl der Verleiher als auch der LeihArbN kraft Mitgliedschaft im tarifschließenden Verband[16] oder der Verleiher als TV-Partei eines FirmenTV tarifgebunden sein. Für diesen Ausnahmetatbestand genügt es, wenn der TV zwar ausgelaufen oder gekündigt ist, aber gem. § 4 V TVG noch nachwirkt[17]. Bei Einstellungen im Nachwirkungszeitraum kann durch eine dyn. Verweisung auf den einschlägigen nachwirkenden LeiharbeitsTV sichergestellt werden, dass der Gleichstel- 38

---

1 *Boemke/Lembke*, § 9 AÜG Rz. 56; *Bertram*, ZESAR 2003, 205. | 2 *Thüsing*, DB 2003, 446. | 3 *Hanau*, ZIP 2003, 1573. | 4 *Boemke/Lembke*, § 9 AÜG Rz. 57; aA *Rieble/Klebeck*, NZA 2003, 23. | 5 KOM (2002) 149 endg., ABl. EG Nr. C 203 v. 27.8.2002, S. 1. | 6 *Bauer/Krets*, NJW 2003, 537; *Thüsing*, DB 2002, 2218. | 7 *Boemke/Lembke*, § 9 AÜG Rz. 68 ff. mit Beispielen; *Thüsing*, DB 2003, 446. | 8 *Schüren*, § 9 AÜG Rz. 210; aA *Boemke/Lembke*, § 9 AÜG Rz. 78. | 9 BT-Drs. 15/25, S. 38. | 10 *Bertram*, ZESAR 2003, 205. | 11 *Ulber*, ZTR 2003, 7; aA *Boemke/Lembke*, § 9 AÜG Rz. 108. | 12 *Hanau*, ZIP 2003, 1537; aA *Schüren/Behrend*, NZA 2003, 521; *Reim*, ZTR 2003, 106. | 13 ErfK/*Dieterich*, Art. 9 GG Rz. 79. | 14 *Ulber*, ZTR 2003, 7; *Reim*, ZTR 2003, 106; vgl. zur Bindung an „elementare Gerechtigkeitsanforderungen" BAG v. 24.3.2004 – 5 AZR 303/03, MDR 2004, 1303. | 15 Vgl. *Lembke*, FS Leinemann, 2006, 427 ff.; krit. *Schüren*, § 9 AÜG Rz. 107 ff. | 16 Die Tariffähigkeit der „Tarifgemeinschaft Christliche Gewerkschaften Zeitarbeit und PSA" (CGZP) ist umstritten – vgl. auch zu den Rechtsfolgen: *Böhm*, DB 2003, 2598; *Schöne*, DB 2004, 136; *Schüren*, NZA 2007, 1213. | 17 *Thüsing*, DB 2003, 446.

lungsgrundsatz nicht gilt[1]. Beabsichtigt der ArbGeb, nachdem er einem ArbGebVerband beigetreten ist, den TV auf das bestehende ArbV des LeihArbN anzuwenden, so kann er das – gegen den Willen des ArbN – nur durch eine Änderungskündigung erreichen[2].

39 Nach Abs. 1 Nr. 3 S. 4 gilt eine weitere Ausnahme von dem Gleichstellungsgebot, wenn nicht tarifgebundene ArbGeb und ArbN die **Anwendung tarifl. Regelungen vereinbaren**. Diese Vereinbarung kann in einer ausdrücklichen einzelvertragl. Bezugnahme erfolgen oder konkludent kraft betriebl. Übung geschehen[3]. Dabei genügt die Verweisung auf einzelne tarifl. Bestimmungen jedoch nicht. Ebenso wenig bedarf es der Bezugnahme auf das gesamte Tarifwerk. Ausreichend ist vielmehr die Verweisung auf sachlich und inhaltlich zusammenhängende tarifl. Regelungskomplexe[4]. Ferner müssen die Parteien des Leiharbeitsvertrags von dem räumlichen, fachlichen, persönlichen und zeitlichen Geltungsbereich des einschlägigen TV erfasst werden. Dabei kommt es bei sog. Mischbetrieben nicht darauf an, ob sie überwiegend LeihArbN beschäftigen oder nicht. Der Zweck der gesetzl. Tariföffnungsklausel, die Arbeitsbedingungen für LeihArbN abweichend vom Schlechterstellungsverbot flexibel zu gestalten, geht dem – ohnehin zweifelhaften – Grundsatz der Tarifeinheit vor[5].

40 **III. Versagungsgrund der fehlenden Betriebsstätte im EG-Raum oder EWR (Abs. 2).** Die Verleiherlaubnis oder ihre Verlängerung ist zu versagen, wenn sich die Betriebsstätte des Verleihers, von der aus er AÜ betreiben will, weder im Inland noch in einem Mitgliedstaat der EU oder in einem anderen Vertragsstaat des Abkommens über den EWR befindet. Durch diese zwingende Regelung wird eine AÜ vom Ausland außerhalb des EWR zum Schutz der LeihArbN ausnahmslos untersagt. Damit soll eine wirksame Kontrolle der Verleiher möglichst durch deutsche Behörden, mindestens aber durch Behörden eines Mitgliedstaates des EWR gesichert werden[6].

41 Den Anknüpfungspunkt für diesen Versagungsgrund bildet allein der Ort, an dem die Verleihtätigkeit ausgeübt wird. Soweit es die Mitgliedstaaten der EU angeht, bestimmt sich der räumliche Geltungsbereich der Vorschrift nach Art. 299 des EGV. Danach findet dieser Vertrag bspw. keine Anwendung auf die britischen Hoheitszonen auf Zypern, auf den Kanalinseln und auf der Insel Man. Soweit es die Vertragsstaaten des Abkommens über den EWR angeht, bestimmt sich der Geltungsbereich der Vorschrift nach dem Vertrag von Porto vom 2.5.1992. Danach gehören bspw. Island, Norwegen und Liechtenstein zu den Vertragsstaaten[7].

42 Da es für diesen Versagungsgrund allein auf den Ort ankommt, von dem aus die AÜ betrieben wird, muss der Verleiher am Einsatzort des LeihArbN keine Betriebsstätte haben. Das entspricht den europarechtl. Vorgaben der Niederlassungs- und Dienstleistungsfreiheit nach der RL 67/43/EWG vom 12.1.1967[8].

43 Als **Betriebsstätte des Verleihers** kommen neben seinem Betrieb auch Betriebsteile oder Nebenbetriebe in Betracht. Diese Begriffe sind im Gesetz nicht definiert. Daher ist auf die Begriffsbestimmungen zurückzugreifen, die dem allgemeinen Sprachgebrauch entsprechen und die in den §§ 1 und 4 BetrVG ihren Niederschlag gefunden haben[9]. Nach der von Rspr. und Lehre entwickelten Definition ist ein **Betrieb** die organisatorische Einheit, innerhalb deren ein ArbGeb mit Hilfe von technischen und immateriellen Mitteln bestimmte arbeitstechnische Zwecke fortgesetzt verfolgt, die sich nicht in der Befriedigung von Eigenbedarf erschöpfen[10].

44 Bei einem **Betriebsteil** handelt es sich um eine räumlich und organisatorisch unterscheidbare Abteilung eines Betriebs, die ihrem Wesen nach an sich organisatorisch unselbständig ist und wegen ihrer Eingliederung in den Hauptbetrieb nicht allein bestehen könnte. Sie erfüllt lediglich eine bestimmte Aufgabe, die sich von anderen erkennbar unterscheiden lässt, in ihrer Zielrichtung jedoch dem arbeitstechnischen Zweck des Gesamtbetriebs dient.

45 Demgegenüber ist ein **Nebenbetrieb** ein organisatorisch selbständiger Betrieb, der unter einer eigenen Leitung einen eigenen Betriebszweck verfolgt, jedoch in seiner Aufgabenstellung auf Hilfeleistungen für einen Hauptbetrieb ausgerichtet ist[11].

46 Der Versagungsgrund setzt voraus, dass gerade der Betrieb, Betriebsteil oder Nebenbetrieb des Verleihers außerhalb des EWR für die Verleihtätigkeit vorgesehen oder an ihr beteiligt ist. Als Anhaltspunkt dafür dienen bspw. die Arbeitsverträge der LeihArbN oder die Geschäftsunterlagen im Zusammenhang mit der AÜ, wenn diese in einem Betriebsteil außerhalb des EWR verwaltet werden. Steht der Betriebsteil oder der Nebenbetrieb des Verleihers außerhalb des EWR mit der AÜ in keinem Zusammenhang, greift der Versagungsgrund dagegen nicht ein[12].

---

1 Vgl. *Hamann*, BB 2005, 2185 (2189). | 2 Vgl. LAG Düsseldorf v. 22.2.2005 – 8 Sa 1756/04, LAGReport 2005, 186. | 3 *Boemke/Lembke*, § 9 AÜG Rz. 141. | 4 *Thüsing*, DB 2003, 446; *Hamann*, BB 2005, 2185. | 5 Vgl. *Lembke/Distler*, NZA 2006, 952 (959). | 6 BT-Drs. VI/2303, S. 12. | 7 *Sandmann/Marschall*, § 3 AÜG Anm. 40a; *Schüren*, § 3 AÜG Rz. 177. | 8 *Schüren*, § 3 AÜG Rz. 178. | 9 *Franßen/Haesen*, § 3 AÜG Rz. 57. | 10 BAG v. 14.9.1988 – 7 ABR 10/87, DB 1989, 127. | 11 BAG v. 24.2.1976 – 1 ABR 62/75, DB 1976, 1579; v. 29.1.1992 – 7 ABR 27/91, AP Nr. 1 zu § 7 BetrVG 1972 m. Anm. *Kohte* = DB 1992, 1429. | 12 *Sandmann/Marschall*, § 3 AÜG Anm. 44.

IV. Versagungsgrund für natürliche und juristische Personen außerhalb des EWR (Abs. 3). Die Verleiherlaubnis kann versagt werden, wenn der Antragsteller nicht Deutscher ist oder wenn eine Gesellschaft oder juristische Person den Antrag stellt, die entweder nicht nach deutschem Recht gegründet ist oder die weder ihren satzungsmäßigen Sitz noch ihre Hauptverwaltung noch ihre Hauptniederlassung im Geltungsbereich des AÜG hat. Danach haben die genannten natürlichen und juristischen Personen keinen Anspruch auf eine Verleiherlaubnis. Vielmehr steht die Erteilung dieser Erlaubnis im Ermessen der Erlaubnisbehörde. Dieses Ermessen kann die Erlaubnisbehörde nur innerhalb der allgemeinen und besonderen verfassungs- und verwaltungsrechtl. Ermessungsschranken ausüben. 47

Mögliche **Ermessensfehler** der Behörde können in einer Ermessensunterschreitung und einem Ermessensfehlgebrauch liegen. Um eine Ermessensunterschreitung handelt es sich, wenn die Behörde ihr Ermessen gar nicht ausübt, etwa in der Annahme, einem Antragsteller außerhalb des EWR generell die Verleiherlaubnis versagen zu können[1]. Um einen Ermessensfehlgebrauch handelt es sich, wenn die Erlaubnisbehörde von dem ihr eingeräumten Ermessen nicht dem Gesetzeszweck entsprechend Gebrauch macht, etwa indem sie entscheidungsrelevante Tatsachen außer Acht lässt oder falsche oder in Wahrheit nicht bestehende Tatsachen berücksichtigt[2]. 48

Zwar hat der Antragsteller grds. nur einen Anspruch auf eine ermessensfehlerfreie Entscheidung der Erlaubnisbehörde. Im Zusammenhang mit anderen Rechtsvorschriften oder auf Grund der besonderen Umstände des Einzelfalls kann sich das Ermessen der Erlaubnisbehörde aber bereits aus rechtl. Gründen auf null reduzieren, so dass ausschließlich die Erteilung der Verleiherlaubnis in Betracht kommt[3]. 49

Da in Abs. 3 nur die Versagung der Verleiherlaubnis geregelt ist, kann die Verlängerung einer bereits erteilten Erlaubnis nicht nach dieser Vorschrift, sondern allenfalls auf der Grundlage des Abs. 1 und 2 versagt werden. 50

Zu den **Deutschen** iSd. Art. 116 GG zählen neben den deutschen Staatsangehörigen nach dem Staatsangehörigkeitsgesetz auch Flüchtlinge oder Vertriebene deutscher Volkszugehörigkeit oder deren Ehegatten oder Abkömmlinge, sofern sie im Gebiet des Deutschen Reichs nach dem Stand vom 31.12.1937 Aufnahme gefunden haben, und zwischen dem 30.1.1933 und dem 8.5.1945 Ausgebürgerte, soweit sie nach dem 8.5.1945 ihren Wohnsitz in Deutschland genommen und keinen entgegengesetzten Willen geäußert haben[4]. 51

Im Gegensatz zu natürlichen Personen kommt es bei **Gesellschaften** und **juristischen Personen** nicht auf die Staatsangehörigkeit der Gesellschafter oder der Organe an. Bei ihnen kommt es vielmehr darauf an, ob sie nach deutschem Recht gegründet sind oder ihren satzungsmäßigen Sitz, ihre Hauptverwaltung oder ihre Hauptniederlassung im Geltungsbereich des Gesetzes haben. Der Begriff der Gesellschaft erfasst die Personengesellschaften ohne eigene Rechtspersönlichkeit. Zu den juristischen Personen gehören dagegen die mit eigener Rechtspersönlichkeit ausgestatteten Kapitalgesellschaften oder Genossenschaften. Der satzungsmäßige Sitz lässt sich der Gesellschaftssatzung oder dem Gesellschaftsvertrag entnehmen. Die Hauptverwaltung einer juristischen Person befindet sich an dem Ort, an dem ihre Organe die Leitung der Gesellschaft tatsächlich ausüben. Dagegen bildet die Hauptniederlassung den Schwerpunkt der gewerblichen Tätigkeit der Gesellschaft oder der juristischen Person[5]. 52

V. Gleichstellung von natürlichen und juristischen Personen aus dem EWR (Abs. 4). Handelt es sich bei dem Antragsteller um eine natürliche Person, wird durch Abs. 4 S. 1 klargestellt, dass Staatsangehörige eines Mitgliedstaates des EWR mit deutschen Staatsangehörigen gleichbehandelt werden müssen. Auf diese Weise wird den europäischen Grundsätzen der Niederlassungsfreiheit und des freien Dienstleistungsverkehrs Rechnung getragen. Durch Abs. 4 S. 2 werden diesen natürlichen Personen Gesellschaften und juristischen Personen gleichgestellt, die nach den Rechtsvorschriften eines Mitgliedstaates des EWR gegründet sind und ihren satzungsgemäßen Sitz, ihre Hauptverwaltung oder ihre Hauptniederlassung innerhalb der Staaten des EWR haben. 53

Allerdings gilt diese Gleichstellung nur, wenn die Tätigkeit der Gesellschaften und juristischen Personen in tatsächlicher und dauerhafter Verbindung mit der Wirtschaft eines Mitgliedstaates oder eines Vertragsstaates des Abkommens über den EWR steht. Durch diese Einschränkung soll die Gründung sog. Briefkastenfirmen im EWR durch Unternehmen außerhalb dieses Raumes verhindert werden. Neben dem satzungsmäßigen Sitz der Gesellschaft oder der juristischen Person muss auch eine Zweigniederlassung oder eine Betriebsstätte in einem Mitgliedstaat der EU oder einem Vertragsstaat des EWR liegen, um eine tatsächliche und dauerhafte Verbindung der Tätigkeit des Verleihers mit der Wirtschaft dieses Staates anzunehmen. Um die Neugründung von Unternehmen nicht von vornherein auszuschließen, ist dabei der Begriff „dauerhaft" lediglich als Gegensatz zu einer rein gelegentlichen Verbindung der Verleihtätigkeit anzusehen[6]. 54

1 BSG v. 12.12.1990 – 11 RAr 49/90, EzAÜG Nr. 16 zu § 3 AÜG – Versagungsgründe. | 2 *Kopp*, § 40 VwVfG Rz. 27, 31. | 3 *Schüren*, § 3 AÜG Rz. 192. | 4 *Renner* ZAR 1999, 154; *Huber/Butzke*, NJW 1999, 2769. | 5 *Schüren*, § 3 AÜG Rz. 217. | 6 *Sandmann/Marschall*, § 3 AÜG Anm. 55; *Schüren*, § 3 AÜG Rz. 220.

55 **VI. Gleichbehandlung auf Grund internationaler Abkommen (Abs. 5).** Personen und Gesellschaften aus Drittstaaten, die sich auf Grund internationaler Abkommen im Geltungsbereich des AÜG niederlassen und bei ihrer Geschäftstätigkeit mit deutschen Staatsangehörigen gleichbehandelt werden müssen, erhalten auch unter den gleichen Voraussetzungen die Erlaubnis zur AÜ. Diese Vorschrift erlangt ihre Bedeutung im Zusammenhang mit Assoziierungsabkommen und sonstigen bilateralen oder multilateralen Verträgen zwischen der EU und dem EWR sowie Drittstaaten über die Erweiterung des EWR und der Gewährung von Niederlassungs- und Geschäftstätigkeitsrechten[1].

4 *Rücknahme*

(1) Eine rechtswidrige Erlaubnis kann mit Wirkung für die Zukunft zurückgenommen werden. § 2 Abs. 4 Satz 4 gilt entsprechend.

(2) Die Erlaubnisbehörde hat dem Verleiher auf Antrag den Vermögensnachteil auszugleichen, den dieser dadurch erleidet, dass er auf den Bestand der Erlaubnis vertraut hat, soweit sein Vertrauen unter Abwägung mit dem öffentlichen Interesse schutzwürdig ist. Auf Vertrauen kann sich der Verleiher nicht berufen, wenn er

1. die Erlaubnis durch arglistige Täuschung, Drohung oder eine strafbare Handlung erwirkt hat;

2. die Erlaubnis durch Angaben erwirkt hat, die in wesentlicher Beziehung unrichtig oder unvollständig waren, oder

3. die Rechtswidrigkeit der Erlaubnis kannte oder infolge grober Fahrlässigkeit nicht kannte.

Der Vermögensnachteil ist jedoch nicht über den Betrag des Interesses hinaus zu ersetzen, das der Verleiher an dem Bestand der Erlaubnis hat. Der auszugleichende Vermögensnachteil wird durch die Erlaubnisbehörde festgesetzt. Der Anspruch kann nur innerhalb eines Jahres geltend gemacht werden; die Frist beginnt, sobald die Erlaubnisbehörde den Verleiher auf sie hingewiesen hat.

(3) Die Rücknahme ist nur innerhalb eines Jahres seit dem Zeitpunkt zulässig, in dem die Erlaubnisbehörde von den Tatsachen Kenntnis erhalten hat, die die Rücknahme der Erlaubnis rechtfertigen.

1 Unter bestimmten Voraussetzungen kann eine **rechtswidrige Verleiherlaubnis** mit Wirkung für die Zukunft zurückgenommen werden. Demgegenüber kann eine ursprünglich rechtmäßige Verleiherlaubnis nur unter den Voraussetzungen des § 5 widerrufen werden. Die Begriffe der Rücknahme und des Widerrufs, die auf eine Aufhebung der Verleiherlaubnis als Verwaltungsakt abzielen, entsprechen der Terminologie des SGB X und des VwVfG[2].

2 Von der rechtswidrigen ist die **nichtige Verleiherlaubnis** zu unterscheiden. Sie entfaltet keine Rechtswirkungen, ist von Anfang an unwirksam und für alle Beteiligten unbeachtlich. Auch wenn sie keiner Rücknahme bedarf, ist diese gleichwohl zulässig. Diese Rücknahme hat nur deklaratorischen Charakter und löst keinen Ausgleichsanspruch nach Abs. 2 aus[3]. Allerdings ist eine Verleiherlaubnis nur dann nichtig, wenn der Fehler bei ihrer Erteilung besonders schwer und offenkundig ist, etwa wenn eine völlig unzuständige Behörde gehandelt hat, wenn eine Auflage tatsächl. oder rechtl. unausführbar ist, wenn durch die Erlaubnis gegen Strafgesetze oder die guten Sitten verstoßen wird.

3 Nach Abs. 1 kann eine rechtswidrig erteilte Erlaubnis ohne weiteres zurückgenommen werden. Der Erlaubnisinhaber kann sich weder auf einen Bestandsschutz noch darauf berufen, er habe auf die Aufrechterhaltung der Erlaubnis vertraut. Die ihm aus der Rücknahme erwachsenden Nachteile sind ausschließlich durch eine Entschädigung nach Abs. 2 auszugleichen.

4 **Rechtswidrig** ist eine Verleiherlaubnis, die nicht hätte erteilt werden dürfen, weil im Zeitpunkt der Erlaubniserteilung die entsprechenden gesetzl. Voraussetzungen nicht vorlagen oder Gründe für eine Versagung nach § 3 bestanden. Unerheblich ist, ob der Erlaubnisbehörde die Versagungsgründe schon bei der Erlaubniserteilung bekannt waren oder auf Grund welcher Umstände sie ihr verborgen geblieben sind. Maßgeblich ist allein die objektiv bestehende Rechtswidrigkeit der Verleiherlaubnis im Zeitpunkt ihrer Erteilung. Tritt ein Versagungsgrund erst nach der Erteilung der Verleiherlaubnis ein, kann sie nicht mehr zurückgenommen, sondern nur widerrufen werden.

5 Bei einer **Straftat** des Verleihers, die zu seiner Verurteilung führt, ist für die Bewertung seiner Zuverlässigkeit iSv. § 3 nicht das Urteil, sondern die zugrunde liegende Straftat maßgeblich. Lag diese vor der Erteilung der Verleiherlaubnis, während das Strafurteil erst danach ergangen ist, ist die Erlaubnis zurückzunehmen und nicht zu widerrufen[4].

6 **Unrichtige Angaben** des Antragstellers führen nicht zur Rechtswidrigkeit der Verleiherlaubnis, wenn ihm trotz seiner unrichtigen Angaben ein Anspruch auf diese Erlaubnis zustand. Verfahrens- oder Formfehler bei der Erlaubniserteilung führen nicht zu deren Rechtswidrigkeit, wenn sie zwischenzeitlich geheilt worden sind.

---

1 *Sandmann/Marschall*, § 3 AÜG Anm. 56. | 2 Vgl. §§ 45, 46 SGB X und §§ 48, 49 VwVfG. | 3 *Becker/Wulfgramm*, § 4 AÜG Rz. 16. | 4 LSG Nds. v. 22.7.1977 – L 7 S(Ar) 31/77, EzAÜG Nr. 1 zu § 4 AÜG – Rücknahme.

Ohne jeden Einfluss auf die Rechtmäßigkeit der Verleiherlaubnis sind bloße **Bagatellfehler**, wie etwa offenbare Schreib- oder Rechenfehler, die Verwendung eines rechtl. unzutreffenden Ausdrucks oder falsche Personen- oder Unternehmensbezeichnungen[1]. 7

Im Zeitpunkt der Rücknahme muss die Verleiherlaubnis noch gegen geltendes Recht verstoßen. Das folgt aus dem Rechtsgedanken des § 5 III, wonach ein Widerruf unzulässig ist, wenn eine Erlaubnis gleichen Inhalts erneut erteilt werden müsste[2]. 8

Grds. liegt die Rücknahme der rechtswidrigen Verleiherlaubnis im **Ermessen der Erlaubnisbehörde**. Sie muss bei ihrer Entscheidung dem Grundsatz der Verhältnismäßigkeit Rechnung tragen. Danach kommt eine Rücknahme erst in Betracht, wenn weniger belastende Entscheidungen, bspw. eine nachträgliche Auflage, nicht zu einer gesetzmäßigen Tätigkeit des Erlaubnisinhabers führen[3]. Im Gegensatz zu § 48 VerVfG kann die Verleiherlaubnis nur mit Wirkung für die Zukunft zurückgenommen werden. Für die Abwicklung laufender Verträge nach der Rücknahme steht dem Verleiher nach Abs. 1 S. 2 iVm. § 2 IV 4 ein Zeitraum von sechs Monaten zur Verfügung. 9

Die **Beweislast** für die Rechtswidrigkeit der Verleiherlaubnis trägt die Erlaubnisbehörde. Sie muss im Streitfall bspw. die Tatsachen beweisen, die die Annahme der Unzuverlässigkeit des Verleihers rechtfertigen[4]. 10

Im Fall der Rücknahme hat der Verleiher nach Abs. 2 Anspruch auf den **Ausgleich eines Vermögensnachteils**, wenn sein Vertrauen auf den Bestand der Verleiherlaubnis schutzwürdig ist. Dieser Ausgleichsanspruch stellt das notwendige Korrektiv für die uneingeschränkte Möglichkeit der Rücknahme rechtswidriger Verleiherlaubnisse ohne Rücksicht auf die Interessen des Verleihers dar[5]. Der Ausgleichsanspruch setzt voraus, dass der Verleiher auf Grund des Verhaltens der Erlaubnisbehörde auf den Bestand der Verleiherlaubnis vertraut hat. Auf dieses Vertrauen kann sich der Verleiher regelmäßig nicht berufen, wenn einer der im Gesetz ausdrücklich aufgeführten Ausschlusstatbestände vorliegt: 11

1. Erwirken der rechtswidrigen Erlaubnis durch eine arglistige Täuschung, Drohung oder strafbare Handlung des Verleihers;
2. Erwirken der rechtswidrigen Erlaubnis durch Angaben, die in wesentlicher Beziehung unrichtig oder unvollständig waren;
3. Kenntnis oder grob fahrlässige Unkenntnis des Verleihers von der Rechtswidrigkeit der Erlaubnis.

Da diese Aufzählung nicht abschließend ist, kann ein Vertrauen des Verleihers aus ähnlichen Gründen in seiner Person oder in der Person eines Vertreters entsprechend § 166 BGB ausgeschlossen sein[6]. Der Ausgleichsanspruch ist auf das **negative Interesse** des Verleihers beschränkt. Dabei handelt es sich um den Vermögensnachteil, den er dadurch erleidet, dass er auf den Bestand der Erlaubnis vertraut hat. Danach kann der Vermögensnachteil die tatsächlichen Aufwendungen zur Errichtung, Unterhaltung oder Erweiterung des Verleihbetriebs umfassen, nicht hingegen den entgangenen Gewinn aus seiner zukünftigen Verleihtätigkeit[7]. 12

Die Rücknahme der Verleiherlaubnis ist nach Abs. 3 nur **innerhalb eines Jahres** seit dem Zeitpunkt zulässig, in dem die Erlaubnisbehörde von den Tatsachen Kenntnis erhalten hat, die die Rücknahme rechtfertigen. Maßgeblich ist die amtliche positive Kenntnis dieser Tatsachen, während ein Kennenmüssen nicht ausreicht. Allerdings hat sich die Erlaubnisbehörde die Kenntnis ihres gesamten Personals zurechnen zu lassen[8]. 13

5 *Widerruf*

(1) Die Erlaubnis kann mit Wirkung für die Zukunft widerrufen werden, wenn

1. der Widerruf bei ihrer Erteilung nach § 2 Abs. 3 vorbehalten worden ist;

2. der Verleiher eine Auflage nach § 2 nicht innerhalb einer ihm gesetzten Frist erfüllt hat;

3. die Erlaubnisbehörde auf Grund nachträglich eingetretener Tatsachen berechtigt wäre, die Erlaubnis zu versagen, oder

4. die Erlaubnisbehörde auf Grund einer geänderten Rechtslage berechtigt wäre, die Erlaubnis zu versagen; § 4 Abs. 2 gilt entsprechend.

(2) Die Erlaubnis wird mit dem Wirksamwerden des Widerrufs unwirksam. § 2 Abs. 4 Satz 4 gilt entsprechend.

---

1 *Becker/Wulfgramm,* § 4 AÜG Rz. 10. | 2 *Franßen/Haesen,* § 4 AÜG Rz. 4; *Becker/Wulfgramm,* § 4 AÜG Rz. 13. | 3 LSG Bremen v. 17.8.1992 – L 2 Ar 68/90, DBlR Nr. 2070 zu § 5 AÜG. | 4 *Franßen/Haesen,* § 4 AÜG Rz. 7; *Becker/Wulfgramm,* § 4 AÜG Rz. 31. | 5 BT-Drs. VI/2303, S. 24. | 6 *Sandmann/Marschall,* § 4 AÜG Anm. 11; *Becker/Wulfgramm,* § 4 AÜG Rz. 43. | 7 *Sandmann/Marschall,* § 4 AÜG Anm. 10; *Becker/Wulfgramm,* § 4 AÜG Rz. 50. | 8 LSG Nds. v. 25.11.1993 – L 10 Ar 219/92, EzAÜG Nr. 1 zu § 5 AÜG; aA LG Hannover v. 29.2.1996 – 19 O 145/95, nv.

(3) Der Widerruf ist unzulässig, wenn eine Erlaubnis gleichen Inhalts erneut erteilt werden müsste.

(4) Der Widerruf ist nur innerhalb eines Jahres seit dem Zeitpunkt zulässig, in dem die Erlaubnisbehörde von den Tatsachen Kenntnis erhalten hat, die den Widerruf der Erlaubnis rechtfertigen.

1 Bei dem Widerruf handelt es sich um die Aufhebung einer ursprünglich rechtmäßig erteilten Verleiherlaubnis. Da es sich bei der Verleiherlaubnis um einen begünstigenden Verwaltungsakt handelt, kann sie nur aus besonderen Gründen widerrufen werden.

2 Diese Gründe müssen einerseits dem Bestands- und Vertrauensschutzinteresse des Verleihers entsprechen und andererseits dem öffentl. Interesse an der Aufhebung des Verwaltungsaktes Rechnung tragen. Bei der Abwägung dieser Interessen hat die Erlaubnisbehörde ihr Ermessen nach denselben Grundsätzen wie bei der Rücknahme gem. § 4 auszuüben. Der Widerruf selbst wirkt erst für die Zukunft, und zwar ab dem Zeitpunkt seiner Bekanntgabe[1].

3 Die **Gründe für einen Widerruf** sind in Abs. 1 abschließend aufgezählt. Nach Abs. 1 Nr. 1 kann die Verleiherlaubnis widerrufen werden, wenn sich die Erlaubnisbehörde diesen **Widerruf** nach § 2 III ausdrücklich **vorbehalten** hat. Neben diesem Widerrufsvorbehalt muss eine abschließende Prüfung des Antrags auf Erteilung einer Verleiherlaubnis ergeben, dass ein Versagungsgrund nach § 3 vorliegt. Allerdings genügt es, wenn sich im Rahmen einer vorläufig erteilten Erlaubnis herausstellt, dass die damit verbunden Risiken nicht länger tragbar sind[2]. In diesem Fall verschiebt sich die Beweislast zum Nachteil des Verleihers[3]. Von der Möglichkeit eines Widerrufs nach Abs. 1 Nr. 1 werden allerdings nicht die Fälle erfasst, in denen die Erlaubnisbehörde im Rahmen des § 3 III eine Verleiherlaubnis mit einem Widerrufsvorbehalt verbindet[4]. Dagegen spricht bereits der eindeutige Wortlaut des Abs. 1 Nr. 1. Nach dieser Spezialvorschrift, die der allgemeinen Bestimmung in § 3 III vorgeht, ist ein Widerruf in diesen Fällen nicht möglich.

4 Nach Abs. 1 Nr. 2 kann die Verleiherlaubnis widerrufen werden, wenn der Verleiher eine **Auflage** nach § 2 **nicht innerhalb einer ihm gesetzten Frist** erfüllt. Die Erlaubnisbehörde kann dem Verleiher eine Frist nur dann setzen, wenn sie ihm ein positives Tun auferlegt hat. Dagegen besteht kein Raum für eine Fristsetzung, wenn es sich bei der Auflage um ein Verbot handelt. Es kommt nicht darauf an, ob der Verleiher gegen eine Auflage Widerspruch eingelegt oder Klage erhoben hat. Diese Rechtsbehelfe haben keine aufschiebende Wirkung und der Vollzug von Auflagen kann auch nicht ausgesetzt werden[5]. Allerdings entfällt der Grund für den Widerruf, wenn sich eine Auflage im Verlauf des Widerspruchsverfahrens als rechtswidrig erweist[6]. Für den Widerruf kommt es nicht auf ein Verschulden des Verleihers an. Sein fehlendes Verschulden kann aber im Rahmen der Ermessensentscheidung berücksichtigt werden. Denn bei der Ausübung des Widerrufs muss die Erlaubnisbehörde den Verhältnismäßigkeitsgrundsatz beachten. Allein die Nichteinhaltung geringfügiger Auflagen rechtfertigt nicht bereits den Widerruf der Verleiherlaubnis. Vielmehr muss die Erlaubnisbehörde zunächst versuchen, die Auflage im Wege der Verwaltungsvollstreckung durchzusetzen. Darüber hinaus kommt in Betracht, ein Bußgeld nach § 16 I Nr. 3 gegen den Verleiher zu verhängen[7].

5 Die Verleiherlaubnis kann nach Abs. 1 Nr. 3 widerrufen werden, wenn die Erlaubnisbehörde auf Grund nachträglich eingetretener Tatsachen berechtigt wäre, diese Erlaubnis zu versagen. Diese Widerrufsmöglichkeit bezieht sich auf sämtliche **Gründe für eine Versagung nach § 3**, also die Unzuverlässigkeit des Verleihers, dessen mangelnde Betriebsorganisation, Umgehungen des ArbGebRisikos durch den Verleiher oder die Verlegung seines Geschäftssitzes außerhalb des EWR. Allerdings müssen für den Widerruf die Tatsachen, die eine Versagung der Verleiherlaubnis rechtfertigen, erst nachträglich eingetreten sein. Lagen diese Tatsachen bereits bei der Erteilung der Verleiherlaubnis vor und werden sie erst nachträglich bekannt, liegt ein Grund für die Rücknahme der Verleiherlaubnis nach § 4 vor[8].

6 Schließlich kann die Verleiherlaubnis nach Abs. 1 Nr. 4 widerrufen werden, wenn die Erlaubnisbehörde auf Grund einer **geänderten Rechtslage** berechtigt wäre, die Erlaubnis zu versagen. Allerdings führt ein Widerruf nach dieser Bestimmung zu einem Ausgleichsanspruch des Verleihers in entsprechender Anwendung von § 4 II. Die Änderung der Rechtslage kann sowohl durch eine Änderung der Gesetzgebung als auch durch eine Änderung der höchstrichterlichen Rspr. erfolgen[9].

7 Nach Abs. 2 erlischt die Verleiherlaubnis mit dem Wirksamwerden des Widerrufs. Allerdings wird dem Verleiher eine Frist von 12 Monaten zur Abwicklung der laufenden Verträge entsprechend § 2 IV 4 eingeräumt.

---

1 *Becker/Wulfgramm*, § 5 AÜG Rz. 23. | 2 *Schüren/Stracke*, § 5 AÜG Rz. 16. | 3 *Franßen/Haesen*, § 5 AÜG Rz. 4. | 4 *Sandmann/Marschall*, § 5 AÜG Anm. 3; *Schüren/Stracke*, § 5 AÜG Rz. 13; *Franßen/Haesen*, § 5 AÜG Rz. 8; aA *Ulber*, § 5 AÜG Rz. 6. | 5 *Sandmann/Marschall*, § 5 AÜG Anm. 4. | 6 *Franßen/Haesen*, § 5 AÜG Rz. 6. | 7 *Becker/Wulfgramm*, § 5 AÜG Rz. 11; *Schüren/Stracke*, § 5 AÜG Rz. 21; *Franßen/Haesen*, § 5 AÜG Rz. 8; aA *Ulber*, § 5 AÜG Rz. 6. | 8 LSG Nds. v. 22.7.1977 – L 7 S(Ar) 31/77, EzAÜG Nr. 1 zu § 4 AÜG – Rücknahme. | 9 BT-Drs. VI/3505, S. 3; aA *Franßen/Haesen*, § 5 AÜG Rz. 11.

Nach Abs. 3 ist ein Widerruf unzulässig, wenn eine Verleiherlaubnis gleichen Inhalts neu erteilt werden müsste. Durch diese Bestimmung soll ein widersprüchliches Verhalten der Erlaubnisbehörde ausgeschlossen werden. 8

Nach Abs. 4 ist ein Widerruf nur innerhalb eines Jahres nach Kenntnis der Tatsachen zulässig, die einen Widerruf der Verleiherlaubnis rechtfertigen. Diese Bestimmung entspricht § 4 III. 9

6 *Verwaltungszwang*

Werden Leiharbeitnehmer von einem Verleiher ohne die erforderliche Erlaubnis überlassen, so hat die Erlaubnisbehörde dem Verleiher dies zu untersagen und das weitere Überlassen nach den Vorschriften des Verwaltungsvollstreckungsgesetzes zu verhindern.

Die Erlaubnisbehörde ist kraft Gesetzes ermächtigt und verpflichtet, einem Verleiher, der die erforderliche Erlaubnis nicht besitzt, die gewerbsmäßige Überlassung von ArbN zu untersagen. Dieser Teil der Regelung in § 6 ergänzt die Bestimmungen über die Aufhebung der Verleiherlaubnis im Wege der Rücknahme nach § 4 und im Wege des Widerrufs nach § 5. 1

Ferner ermächtigt § 6 die Erlaubnisbehörde ausdrücklich, gegen die illegale Überlassung von ArbN nach den Vorschriften des VwVG einzuschreiten. Dabei handelt es sich um das VwVG des Bundes, da die BA nach § 17 mit der Durchführung des AÜG betraut ist. 2

Die **Untersagungsverfügung** nach § 6, die einen Verwaltungsakt iSd. § 35 VwVG darstellt, bildet den Vollstreckungstitel für weitere Maßnahmen nach dem VwVG[1]. Die Untersagungsverfügung konkretisiert das in § 1 I geregelte Verbot der AÜ mit Erlaubnisvorbehalt[2]. Denn dem Verleiher wird untersagt, die Überlassung von ArbN ohne gültige Verleiherlaubnis fortzusetzen. 3

Der **Erlass** einer Untersagungsverfügung kommt nicht erst dann in Betracht, wenn ein Verstoß gegen das Verbot nach § 1 I bereits vollzogen ist. Sie ist bereits möglich, wenn dieser Verstoß unmittelbar bevorsteht oder künftig zu erwarten ist. So genügt für ein Einschreiten der Erlaubnisbehörde nach § 6 bereits der Abschluss eines AÜ-Vertrags, ohne dass der LeihArbN seine Arbeit beim Entleiher bereits aufgenommen hat. Darüber hinaus genügt es, wenn ein Verleiher ohne Erlaubnis am Markt werbend auftritt und potenziellen Entleihern seine Leistungen anbietet oder LeihArbN anwirbt. Denn bereits auf Grund dieser Werbung kann es unmittelbar zum Abschluss von AÜ-Verträgen kommen[3]. 4

Der Erlass einer Untersagungsverfügung steht nicht im Ermessen der Erlaubnisbehörde. Bereits nach dem Wortlaut von § 6 ist sie zu einem Einschreiten verpflichtet. Darüber hinaus lassen sich nur durch diese Untersagungsverfügung weitere Ordnungswidrigkeiten nach § 16 I Nr. 1 verhindern[4]. 5

Der **Adressat** der Untersagungsverfügung ist der illegale Verleiher. Handelt es sich bei ihm um eine juristische Person, ist die Untersagungsverfügung gegen diese, vertreten durch ihre Organe, und nicht etwa persönlich gegen die Organe zu richten[5]. Bei einem sog. Strohmannverhältnis richtet sich die Untersagungsverfügung sowohl gegen den Strohmann als auch gegen den Hintermann[6]. 6

Da es sich bei der Untersagungsverfügung um einen Verwaltungsakt handelt, muss ihre **Form** den allgemeinen Bestimmungen genügen. Sie muss schriftl. erfolgen, inhaltlich hinreichend bestimmt sein, eine Begründung enthalten und mit einer Rechtsbehelfsbelehrung versehen sein. Regelmäßig wird sie dem Adressaten mit einer Postzustellungsurkunde zugestellt. Als Vollstreckungstitel muss sie einen vollstreckungsfähigen Inhalt haben, also das ausdrückliche Verbot, die erlaubnispflichtige Tätigkeit fortzusetzen. 7

Zweckmäßigerweise sollte in der Untersagungsverfügung bereits ein bestimmtes **Zwangsmittel** gem. § 13 III VwVG angedroht werden. Diese Androhung ist zwar für die Wirksamkeit des Verwaltungsakts nicht notwendig, aber Voraussetzung für die Anwendung der weiteren Zwangsmittel. In Betracht kommen dabei die Ersatzvornahme, das Zwangsgeld und unmittelbarer Zwang nach § 9 I VwVG. Allerdings setzt die Anwendung von Zwangsmitteln voraus, dass die Untersagungsverfügung als Vollstreckungstitel unanfechtbar oder sofort vollziehbar ist. 8

Nach § 6 II VwVG ist die Anwendung von **Verwaltungszwang** ausnahmsw. auch ohne eine Untersagungsverfügung zulässig, wenn der sofortige Vollzug zur Verhinderung einer rechtswidrigen Tat, die einen Straf- oder Bußgeldtatbestand verwirklicht, oder zur Abwendung einer drohenden Gefahr notwendig ist. Dieser Fall mag vor allem dann vorliegen, wenn ein Verleiher ohne ausreichende Betriebs- 9

---

1 Vgl. SG Hamburg v. 23.11.2004 – S 13 AL 5/99, EzAÜG § 1 AÜG – Gewerbsmäßige Arbeitnehmerüberlassung Nr. 39; *Schüren/Stracke*, § 6 AÜG Rz. 4. | 2 *Becker/Wulfgramm*, § 6 AÜG Rz. 5. | 3 BayObLG v. 22.12.1970 – 8 Ws(B) 19/70, BB 1971, 174; *Sandmann/Marschall*, § 6 AÜG Anm. 2; *Schüren/Stracke*, § 6 AÜG Rz. 8; *Schubel/Engelbrecht*, § 6 AÜG Rz. 4; aA *Becker/Wulfgramm*, § 6 AÜG Rz. 8. | 4 *Noack*, BB 1973, 1313; aA *Sandmann/Marschall*, § 6 AÜG Anm. 3. | 5 LSG Nds. v. 24.2.1981 – L 7 Ar 78/79, EzAÜG Nr. 7 zu § 1 AÜG – Erlaubnispflicht; SG Frankfurt/M v. 22.8.1986 – S 14 Ar 373/79, EzAÜG Nr. 16 zu § 1 AÜG – Erlaubnispflicht. | 6 BVerwG v. 2.2.1982 – 1 C 3.81, MDR 1982, 1046.

organisation und ohne festen Geschäftssitz illegale AÜ betreibt und sich daher Zwangsmaßnahmen der Erlaubnisbehörde leicht entziehen kann[1].

10 Gegen die Untersagungsverfügung kann sich ein Verleiher mit dem **Widerspruch** und mit der **Anfechtungsklage** zur Wehr setzen. Beide haben indessen keine aufschiebende Wirkung[2].

7 *Anzeigen und Auskünfte*

(1) Der Verleiher hat der Erlaubnisbehörde nach Erteilung der Erlaubnis unaufgefordert die Verlegung, Schließung und Errichtung von Betrieben, Betriebsteilen oder Nebenbetrieben vorher anzuzeigen, soweit diese die Ausübung der Arbeitnehmerüberlassung zum Gegenstand haben. Wenn die Erlaubnis Personengesamtheiten, Personengesellschaften oder juristischen Personen erteilt ist und nach ihrer Erteilung eine andere Person zur Geschäftsführung oder Vertretung nach Gesetz, Satzung oder Gesellschaftsvertrag berufen wird, ist auch dies unaufgefordert anzuzeigen.

(2) Der Verleiher hat der Erlaubnisbehörde auf Verlangen die Auskünfte zu erteilen, die zur Durchführung des Gesetzes erforderlich sind. Die Auskünfte sind wahrheitsgemäß, vollständig, fristgemäß und unentgeltlich zu erteilen. Auf Verlangen der Erlaubnisbehörde hat der Verleiher die geschäftlichen Unterlagen vorzulegen, aus denen sich die Richtigkeit seiner Angaben ergibt, oder seine Angaben auf sonstige Weise glaubhaft zu machen. Der Verleiher hat seine Geschäftsunterlagen drei Jahre lang aufzubewahren.

(3) In begründeten Einzelfällen sind die von der Erlaubnisbehörde beauftragten Personen befugt, Grundstücke und Geschäftsräume des Verleihers zu betreten und dort Prüfungen vorzunehmen. Der Verleiher hat die Maßnahmen nach Satz 1 zu dulden. Das Grundrecht der Unverletzlichkeit der Wohnung (Artikel 13 des Grundgesetzes) wird insoweit eingeschränkt.

(4) Durchsuchungen können nur auf Anordnung des Richters bei dem Amtsgericht, in dessen Bezirk die Durchsuchung erfolgen soll, vorgenommen werden. Auf die Anfechtung dieser Anordnung finden die §§ 304 bis 310 der Strafprozessordnung entsprechende Anwendung. Bei Gefahr im Verzuge können die von der Erlaubnisbehörde beauftragten Personen während der Geschäftszeit die erforderlichen Durchsuchungen ohne richterliche Anordnung vornehmen. An Ort und Stelle ist eine Niederschrift über die Durchsuchung und ihr wesentliches Ergebnis aufzunehmen, aus der sich, falls keine richterliche Anordnung ergangen ist, auch die Tatsachen ergeben, die zur Annahme einer Gefahr im Verzuge geführt haben.

(5) Der Verleiher kann die Auskunft auf solche Fragen verweigern, deren Beantwortung ihn selbst oder einen der in § 383 Abs. 1 Nr. 1 bis 3 der Zivilprozessordnung bezeichneten Angehörigen der Gefahr strafgerichtlicher Verfolgung oder eines Verfahrens nach dem Gesetz über Ordnungswidrigkeiten aussetzen würde.

1 **I. Inhalt und Zweck.** Das Gesetz erlegt dem Verleiher bestimmte Anzeige- und Auskunftspflichten auf und gewährt der Erlaubnisbehörde Prüfungs- und Eingriffsrechte bis hin zu Durchsuchungen. Dadurch soll eine ordnungsgemäße Durchführung der AÜ durch legale Verleiher sichergestellt werden. Demgegenüber sind die Regelungen des § 7 nicht auf die illegale Überlassung von LeihArbN zugeschnitten. Für die Verpflichtung nach Abs. 1 ergibt sich das bereits aus dem eindeutigen Wortlaut, der auf die Zeit nach der Erteilung der Erlaubnis abstellt[3].

2 Zwar ist diese Einschränkung in den Abs. 2–4 des § 7 nicht enthalten. Daraus kann indessen nicht der Schluss gezogen werden, dass diese Regelungen auch den illegalen Verleiher betreffen. Dieser wäre sonst von Pflichten freigestellt, die seine gesetzmäßig handelnden Konkurrenten treffen[4]. Vielmehr ist die Erlaubnisbehörde gegenüber illegalen Verleihern nicht auf die Aufsichts- und Überprüfungsrechte nach § 7 beschränkt. Sie kann gegen diese zunächst nach § 6 vorgehen. Ferner stehen ihr alle nach dem OWiG zulässigen Ermittlungshandlungen zu Gebote. Darüber hinaus sind die Vorschriften des § 7 nicht auf den illegalen Verleih zugeschnitten. Eine Anwendung von Abs. 2 würde dazu führen, dass der illegale Verleiher zu einer unserem Rechtssystem fremden Selbstanzeige oder Selbstbeschuldigung gezwungen wäre. Auch die Regelung über das Auskunftsverweigerungsrecht nach Abs. 5 bliebe unverständlich. Denn ein illegaler Verleiher wäre bei jeder Auskunft über die von ihm durchgeführte AÜ der Gefahr eines Ordnungswidrigkeitenverfahrens ausgesetzt. Indessen ist es gerade nicht die Aufgabe der Erlaubnisbehörde, den illegalen Verleih von ArbN zu verwalten, sondern diesen zu unterbinden[5].

3 **II. Anzeigepflichten (Abs. 1).** Nach Abs. 1 S. 1 ist der Verleiher verpflichtet, der Erlaubnisbehörde nach Erteilung der Erlaubnis unaufgefordert die **Verlegung, Schließung und Errichtung von Betrieben, Betriebsteilen oder Nebenbetrieben** im Voraus anzuzeigen, soweit diese die Ausübung der AÜ zum Gegenstand haben. Dabei muss die Anzeige so rechtzeitig vor dem Eintritt der Veränderung erfolgen, dass die

---

1 *Sandmann/Marschall*, § 6 AÜG Anm. 9. |2 *Schüren/Stracke*, § 6 AÜG Rz. 43; *Becker/Wulfgramm*, § 6 AÜG Rz. 15; *Franßen/Haesen*, § 6 AÜG Rz. 7. |3 *Schüren/Stracke*, § 7 AÜG Rz. 6. |4 *Franßen/Haesen*, § 7 AÜG Rz. 27; *Ulber*, § 7 AÜG Rz. 2. |5 *Sandmann/Marschall*, § 7 AÜG Anm. 3.

Erlaubnisbehörde die Auswirkungen der beabsichtigten Veränderung auf die Verleiherlaubnis prüfen kann.

Durch diese Anzeigepflicht soll gewährleistet werden, dass der Verleiherlaubnis trotz der Veränderungen keine Hinderungsgründe gem. § 3 I Nr. 2 entgegenstehen. Gleichzeitig dient die Anzeige auch dem Interesse des Verleihers. Denn die BA hat ihre Dienststellen angewiesen, dem Verleiher Mitteilung zu machen, wenn sich die angezeigte Veränderung auf die bestehende Verleiherlaubnis auswirken sollte[1]. 4

Die **Begriffe des Betriebs**, des Betriebsteils und des Nebenbetriebs lassen sich anhand der entsprechenden Bestimmungen des BetrVG beurteilen. Um eine Verlegung handelt es sich bei jeder örtlichen Veränderung der Betriebsstätte unter Beibehaltung ihrer Identität. Zu der Schließung eines Betriebs gehört neben der endgültigen Einstellung auch dessen Veräußerung oder Verpachtung. Unter der Errichtung eines Betriebs versteht man dessen Eröffnung[2]. 5

Allein die Anzeige nach Abs. 1 setzt noch nicht die **Jahresfrist** nach § 5 IV für den Widerruf der Verleiherlaubnis in Gang. Vielmehr beginnt diese Frist erst, wenn die angezeigte Veränderung tatsächlich eingetreten ist[3]. 6

Nach Abs. 1 S. 2 ist der Verleiher außerdem verpflichtet, bestimmte **persönliche Veränderungen** bei einer Personengesamtheit, einer Personengesellschaft oder bei einer juristischen Person anzuzeigen. Die Anzeigepflicht erstreckt sich auf Veränderungen in der Geschäftsführung oder der Vertretung kraft Gesetzes, Satzung oder Gesellschaftsvertrags. Die auf einem Rechtsgeschäft beruhende Veränderung der Vollmacht in Form der Prokura oder Handlungsvollmacht fällt nicht unter die Anzeigepflicht[4]. Denn diese Anzeigepflicht dient dazu, die Zuverlässigkeit eines Verleihers nach der Erteilung der Verleiherlaubnis zu überwachen. Die Zuverlässigkeit einer Gesellschaft richtet sich indessen nicht nach der Zuverlässigkeit ihrer rechtsgeschäftlichen Vertreter. 7

Die Anzeigepflicht kann notfalls im Wege des **Verwaltungszwangs** nach § 6 durchgesetzt werden[5]. Im Übrigen stellt die Verletzung der Auskunftspflicht eine Ordnungswidrigkeit gem. § 16 I Nr. 4–6 dar. Ein wiederholter Verstoß gegen Anzeigepflichten kann darüber hinaus die Annahme der Unzuverlässigkeit iSd. § 3 I Nr. 1 begründen und zum Widerruf der Erlaubnis nach § 5 I Nr. 3 führen. 8

III. Auskunftspflichten (Abs. 2). Nach Abs. 2 ist der Verleiher verpflichtet, der Erlaubnisbehörde auf Verlangen die Auskünfte zu erteilen, die zur Durchführung des Gesetzes erforderlich sind. Dabei hat er die **Auskünfte wahrheitsgemäß, vollständig, fristgemäß und unentgeltlich** zu erteilen. Diese Auskunftspflicht ermöglicht der Erlaubnisbehörde die Überprüfung der materiellen Voraussetzungen für die Verleiherlaubnis. Gleichzeitig dient sie ggf. der Vorbereitung einer Entscheidung über die Erteilung von Auflagen, über die Rücknahme oder den Widerruf der Verleiherlaubnis oder über die Einl. von Ordnungswidrigkeitenverfahren. Allerdings darf die Erlaubnisbehörde nur solche Auskünfte verlangen, die sich auf die Erfüllung der Vorschriften des AÜG beziehen. Danach wäre ein Auskunftsverlangen über geschäftliche Beziehungen zu Drittunternehmen und deren betriebliche Verhältnisse unzulässig[6]. 9

Ggf. hat der Verleiher seine Auskünfte durch eine **Vorlage der Geschäftsunterlagen** zu beweisen oder glaubhaft zu machen. Dazu gehören alle schriftl. Unterlagen, die mit der AÜ in irgendeiner Form zusammenhängen können. Es sind dies neben den Arbeitsverträgen mit den LeihArbN und den Verleihverträgen mit den Entleihern auch die Unterlagen der Buchhaltung über die Abführung von SozV-Beiträgen und LSt sowie der Schriftwechsel mit anderen Behörden und Verleihern[7]. 10

Bei **gemischten Unternehmen** kann die Erlaubnisbehörde die namentliche Bezeichnung aller Beschäftigten, getrennt nach LeihArbN und anderen ArbN, sowie Angaben zu ihrer Beschäftigungsdauer verlangen. Denn nur so kann sie bestimmte ArbN eindeutig dem Schutzbereich des AÜG zuordnen und unzulässige Vermischungen von Arbeitsbereichen verhindern[8]. 11

Auf welche Weise und in welchem Umfang die Erlaubnisbehörde von ihrer Möglichkeit zur Einholung von Auskünften Gebrauch macht, steht in ihrem Ermessen. Allerdings ist sie sowohl an den **Gleichheitsgrundsatz** als auch an den Grundsatz der **Verhältnismäßigkeit** gebunden. Eine Begründung für das Auskunftsverlangen ist nicht erforderlich. Denn im Interesse eines sozial- und arbeitsrechtl. Mindestschutzes der LeihArbN sollen gesetzeswidrige Praktiken gar nicht erst entstehen[9]. 12

Um eine wirksame Überprüfung durch die Erlaubnisbehörde zu ermöglichen, muss der Verleiher seine Geschäftsunterlagen nach § 7 II 4 drei Jahre lang **aufbewahren**. Auch das Auskunftsverlangen und die Aufforderung zur Vorlage der Geschäftsunterlagen können im Wege des Verwaltungszwangs nach § 6 13

---

1 *Sandmann/Marschall*, § 7 AÜG Anm. 9. | 2 *Becker/Wulfgramm*, § 7 AÜG Rz. 4; *Schüren/Stracke*, § 7 AÜG Rz. 14. | 3 *Franßen/Haesen*, § 7 AÜG Rz. 5. | 4 *Sandmann/Marschall*, § 7 AÜG Anm. 10. | 5 BSG v. 12.7.1989 – 7 RAr 46/88, EzAÜG Nr. 2 zu § 7 AÜG – Auskunftspflicht; v. 29.7.1992 – 11 RAr 51/91, NZA 1993, 527. | 6 *Sandmann/Marschall*, § 7 AÜG Anm. 12; aA *Franßen/Haesen*, § 7 AÜG Rz. 11. | 7 *Sandmann/Marschall*, § 7 AÜG Anm. 15; *Franßen/Haesen*, § 7 AÜG Rz. 11. | 8 LSG Berlin v. 26.1.1988 – L 14 Ar 7/86, EzAÜG Nr. 1 zu § 7 AÜG – Auskunftspflichten; LSG Rh.-Pf. v. 10.6.1988 – L 6 Ar 117/87, nv. | 9 BSG v. 12.7.1989 – 11 RAr 46/88, NZA 1990, 157.

durchgesetzt werden. Verstößt der Verleiher gegen diese Pflichten, begeht er eine Ordnungswidrigkeit gem. § 16 I Nr. 5 und Nr. 6. Hartnäckige und schwerwiegende Verstöße gegen die Pflichten aus Abs. 1 können den Widerruf der Verleiherlaubnis nach § 5 I Nr. 3 rechtfertigen.

14 **IV. Behördliche Nachschau (Abs. 3).** Nach Abs. 3 sind von der Erlaubnisbehörde beauftragte Personen befugt, in begründeten Einzelfällen Grundstücke und Geschäftsräume des Verleihers zur Vornahme von Prüfungen zu betreten. Allerdings ist diese behördliche Nachschau nur zulässig, um die Einhaltung der Vorschriften des AÜG zu überprüfen. Von einem begründeten Einzelfall kann dabei nur ausgegangen werden, wenn Tatsachen vorliegen, die den konkreten Verdacht begründen, dass eine Prüfung gesetzwidrige Zustände ergeben würde und hierzu ein Betreten der Geschäftsräume erforderlich ist[1]. Demgegenüber wären Stichprobenkontrollen ohne besonderen Anlass nicht gerechtfertigt.

15 Die Erlaubnisbehörde hat den **Grundsatz der Verhältnismäßigkeit** zu beachten. Dieser gebietet es regelmäßig, zunächst weniger einschneidende Maßnahmen zu ergreifen. Gleichwohl muss die Erlaubnisbehörde nicht etwa zunächst versuchen, Auskünfte bei dem Verleiher einzuholen, die von diesem nicht, nicht glaubhaft oder unvollständig beantwortet werden, bevor sie eine Nachschau nach Abs. 2 anordnet[2]. Vielmehr ist bei begründetem Verdacht auf Verstöße, die zum Widerruf der Erlaubnis berechtigen würden, eine Durchsuchung bereits dann zulässig, wenn die Erlaubnisbehörde von ihren Rechten aus Abs. 2 u. 3 zuvor keinen Gebrauch gemacht hat[3].

16 Da auch **Geschäftsräume** von dem **Schutzbereich des Art. 13 I GG** erfasst werden, ist deren Betreten und die Durchführung der Prüfung nur zu den Zeiten gestattet, in denen die Räumlichkeiten üblicherweise zur geschäftlichen oder betrieblichen Nutzung dienen[4]. Die Durchsuchung von Geschäftsräumen außerhalb der normalen Öffnungs- und Betriebszeiten ist ebenso wie die Durchsuchung von Wohnräumen nach Abs. 4 sowie im Rahmen eines Ordnungswidrigkeitenverfahrens möglich[5].

17 Das Betreten von Grundstücken und Geschäftsräumen des Verleihers ist nur Personen gestattet, die dazu von der Erlaubnisbehörde beauftragt sind. Neben den eigenen Bediensteten der Erlaubnisbehörde kann es sich dabei um Angehörige anderer Behörden oder um private Sachverst. handeln[6].

18 Der Verleiher hat die Maßnahmen im Rahmen der Behördennachschau zu **dulden**. Er muss dem Beauftragten der Erlaubnisbehörde den Zutritt zu seinen Grundstücken und Geschäftsräumen gestatten und seine geschäftl. Unterlagen offen legen. Grds. beschränken sich seine Pflichten auf ein passives Gewährenlassen. Ein Mindestmaß an Tätigwerden wird dem Verleiher jedoch abverlangt, wenn es um die Öffnung verschlossener Räume und die Auskunft über den Aufbewahrungsort von Unterlagen geht[7]. Auch die behördl. Nachschau kann im Wege des Verwaltungszwangs nach § 6 durchgesetzt werden, wobei allein die Festsetzung eines Zwangsgelds in Betracht kommt. Duldet der Verleiher die Maßnahmen nicht, begeht er zudem eine Ordnungswidrigkeit nach § 16 I Nr. 6a.

19 **V. Durchsuchungsrecht (Abs. 4).** Nach Abs. 4 steht der Erlaubnisbehörde sogar ein Durchsuchungsrecht zu. Dabei ist unter Durchsuchung die zwangsweise Suche gegen den Willen des Verleihers oder ohne seine Zustimmung auf Grundstücken und in Räumen zur Sicherstellung von Unterlagen zu verstehen. Vorgefundene geschäftliche Unterlagen, die sich auf AÜ durch den Verleiher beziehen, dürfen sichergestellt werden. Allerdings setzt die Durchsuchung voraus, dass andere Überwachungsmaßnahmen nach Abs. 2 und 3 keinen Erfolg versprechen. Darüber hinaus bedarf die Durchsuchung der richterlichen Anordnung. Für deren Erlass ist der Richter des AG zuständig, in dessen Bezirk die Durchsuchung vorgenommen werden soll. Sie kann im Gegensatz zur behördlichen Nachschau auch zur Nachtzeit erfolgen. Allerdings sind hier besonders hohe Anforderungen an die Wahrung des Verhältnismäßigkeitsgrundsatzes zu stellen.

20 In Betracht kommt etwa der begründete Verdacht des Zusammenwirkens des Verleihers mit bandenmäßig organisierten illegalen Unternehmen[8]. Der Verleiher kann die Durchsuchungsanordnung mit der Beschwerde nach § 304 StPO anfechten.

21 Bei **Gefahr im Verzuge** sind Durchsuchungen auch ohne richterliche Anordnung während der Geschäftszeit möglich nach Abs. 4 S. 3. Liegen konkrete Anhaltspunkte dafür vor, dass der Verleiher bis zur Anordnung der Durchsuchung Unterlagen beseitigt, verfälscht oder wegschafft, würde die vorherige Einholung der richterlichen Anordnung den Durchsuchungszweck gefährden[9]. Diese Gefahr besteht auch, wenn Verleiher nach dem Verlust ihrer Betriebsräume oder ihrer Organisation ihre Tätigkeit nunmehr ohne festen Geschäftssitz fortführen[10].

---

1 BSG v. 29.7.1992 – 11 RAr 57/91, NZA 1993, 524. | 2 *Schüren/Stracke*, § 7 AÜG Rz. 42; aA SG Duisburg v. 12.10.1988 – 16 Ar 135/86, EzAÜG Nr. 2 zu § 7 AÜG – Prüfrecht. | 3 BSG v. 29.7.1992 – 11 RAr 57/91, NZA 1993, 524. | 4 BVerfG v. 13.10.1971 – 1 BvR 280/66, NJW 1971, 2299; *Becker/Wulfgramm*, § 7 AÜG Rz. 13; aA *Franßen/Haesen*, § 7 AÜG Rz. 31; *Schubel/Engelbrecht*, § 7 AÜG Rz. 15. | 5 *Schüren/Stracke*, § 7 AÜG Rz. 48. | 6 *Sandmann/Marschall*, § 7 AÜG Anm. 21. | 7 *Sandmann/Marschall*, § 7 AÜG Anm. 25; *Schüren/Stracke*, § 7 AÜG Rz. 50. | 8 *Sandmann/Marschall*, § 7 AÜG Anm. 28. | 9 BVerwG v. 12.12.1967 – I C 112.64, DVBl 1968, 752. | 10 *Sandmann/Marschall*, § 7 AÜG Anm. 31; *Becker/Wulfgramm*, § 7 AÜG Rz. 17.

Eine **Anfechtung der Durchsuchungsmaßnahme** bei Gefahr im Verzug ist der Sache nach ausgeschlossen. Bei Vorliegen eines berechtigten Interesses kann der betroffene Verleiher jedoch eine sozialgerichtl. Nachprüfung über die nachträgliche Feststellungsklage erreichen[1]. 22

Nach Abs. 4 S. 4 ist sowohl bei der Durchsuchung auf richterliche Anordnung als auch bei der Durchsuchung auf Anordnung der Erlaubnisbehörde zwingend ein **Protokoll** aufzunehmen. Eine nachträgliche Anfertigung genügt nicht. In der Niederschrift müssen der Ort und die Zeit der Durchsuchung, sämtliche Anwesenden, der Gegenstand und der Grund der Durchsuchung sowie deren wesentliche Ergebnisse festgehalten werden. Das Protokoll muss auch die Tatsachen enthalten, die zur Annahme einer Gefahr im Verzug geführt haben. Wird gegen diese Formvorschrift verstoßen, ist die Durchsuchung nach Art. 13 II GG rechtswidrig. Dem Verleiher ist auf Wunsch eine Abschrift auszuhändigen[2]. 23

VI. Auskunftsverweigerungsrecht (Abs. 5). Nach Abs. 5 kann der Verleiher die Auskunft auf solche Fragen verweigern, deren Beantwortung ihn selbst oder einen Angehörigen der Gefahr eines Straf- oder Ordnungswidrigkeitenverfahrens aussetzen würde. Bei Personengesamtheiten, Personengesellschaften und juristischen Personen steht dieses Recht dem Geschäftsführer oder den gesetzl. Vertretern zu. 24

Der Verleiher muss sich auf sein Auskunftsverweigerungsrecht ausdrücklich berufen, da ihm sonst ein Verfahren nach § 16 I Nr. 5 droht. Einer Begründung seiner Auskunftsverweigerung bedarf es nicht, es sei denn, eine Straftat oder eine Ordnungswidrigkeit wäre nicht einmal entfernt ersichtlich[3]. Allerdings kann die Berufung auf das Auskunftsverweigerungsrecht die Erlaubnisbehörde dazu veranlassen, sich die zur Überprüfung notwendigen Informationen auf andere Weise zu verschaffen. 25

8 *Statistische Meldungen*

(1) Der Verleiher hat der Erlaubnisbehörde halbjährlich statistische Meldungen über

1. die Zahl der überlassenen Leiharbeitnehmer getrennt nach Geschlecht, nach der Staatsangehörigkeit, nach Berufsgruppen und nach der Art der vor der Begründung des Vertragsverhältnisses zum Verleiher ausgeübten Beschäftigung,

2. die Zahl der Überlassungsfälle, gegliedert nach Wirtschaftsgruppen,

3. die Zahl der Entleiher, denen er Leiharbeitnehmer überlassen hat, gegliedert nach Wirtschaftsgruppen,

4. die Zahl und die Dauer der Arbeitsverhältnisse, die er mit jedem überlassenen Leiharbeitnehmer eingegangen ist,

5. die Zahl der Beschäftigungstage jedes überlassenen Leiharbeitnehmers, gegliedert nach Überlassungsfällen,

zu erstatten. Die Erlaubnisbehörde kann die Meldepflicht nach Satz 1 einschränken.

(2) Die Meldungen sind für das erste Kalenderhalbjahr bis zum 1. September des laufenden Jahres, für das zweite Kalenderhalbjahr bis zum 1. März des folgenden Jahres zu erstatten.

(3) Die Erlaubnisbehörde gibt zur Durchführung des Absatzes 1 Erhebungsvordrucke aus. Die Meldungen sind auf diesen Vordrucken zu erstatten. Die Richtigkeit der Angaben ist durch Unterschrift zu bestätigen.

(4) Einzelangaben nach Absatz 1 sind von der Erlaubnisbehörde geheim zu halten. Die §§ 93, 97, 105 Abs. 1, § 111 Abs. 5 in Verbindung mit § 105 Abs. 1 sowie § 116 Abs. 1 der Abgabenordnung gelten nicht. Dies gilt nicht, soweit die Finanzbehörden die Kenntnisse für die Durchführung eines Verfahrens wegen einer Steuerstraftat sowie eines damit zusammenhängenden Besteuerungsverfahrens benötigen, an deren Verfolgung ein zwingendes öffentliches Interesse besteht, oder soweit es sich um vorsätzlich falsche Angaben des Auskunftspflichtigen oder der für ihn tätigen Personen handelt. Veröffentlichungen von Ergebnissen auf Grund von Meldungen nach Absatz 1 dürfen keine Einzelangaben enthalten. Eine Zusammenfassung von Angaben mehrerer Auskunftspflichtiger ist keine Einzelangabe im Sinne dieses Absatzes.

Die Verpflichtung des Verleihers, detaillierte statische Meldungen über seine Verleihtätigkeit zu erstatten, dient dazu, der BA einen **Überblick über die Entwicklungen** auf dem Teilarbeitsmarkt der AÜ zu ermöglichen. Die Meldungen der Verleiher bilden darüber hinaus die Grundlage für die Erfahrungsberichte der Bundesregierung, die sie dem Bundestag turnusgemäß erstattet. Gleichzeitig verschaffen die statistischen Meldungen der Erlaubnisbehörde zumindest einen groben Überblick darüber, ob Verleiher die Bestimmungen des AÜG einhalten. 1

Die **statistischen Meldungen** der Verleiher sind der Erlaubnisbehörde halbjährlich unaufgefordert und unentgeltlich zu erstatten. Diese Meldungen werden entweder für einen bestimmten Stichtag, zu jedem 2

1 LSG NW v. 11.4.1979 – L 12 Ar 236/77, EzAÜG Nr. 1 zu § 7 AÜG – Prüfrecht. | 2 *Sandmann/Marschall*, § 7 AÜG Anm. 34. | 3 *Sandmann/Marschall*, § 7 AÜG Anm. 36.

Monatsende, zum Ende des Kalenderjahres oder aber als Gesamtzahl der innerhalb eines Kalenderhalbjahres eingetretenen statistischen Vorfälle erhoben[1]. Der Inhalt der statistischen Meldung ist in Abs. 1 S. 1 Nr. 1–5 im Einzelnen geregelt[2]. Der Umfang der Meldepflicht kann nach Abs. 1 S. 2 durch die Erlaubnisbehörde eingeschränkt werden. Von dieser Möglichkeit hat die BA Gebrauch gemacht, indem sie für einen Teil der Daten nur eine Stichtagserhebung durchführt und auf eine Untergliederung dieser Daten nach Berufsgruppen und Wirtschaftsgruppen verzichtet. Darüber hinaus verlangt sie für Fälle der grenzüberschreitenden AÜ ins Ausland lediglich formlose Meldungen[3].

3 Nach Abs. 2 sind die statistischen Meldungen für das erste Kalenderhalbjahr bis zum 1. September des laufenden Jahres und für das zweite Kalenderhalbjahr bis zum 1. März des folgenden Jahres zu erstatten. Wenn die Verleiherlaubnis im Verlauf eines Kalenderhalbjahres erteilt wird oder erlischt, hat der Verleiher für den jeweiligen Rest des Kalenderhalbjahres die statistischen Meldungen abzugeben. Um die Aktualität der Arbeitsmarktbeobachtung nicht zu gefährden, dürfen die Meldetermine nicht überschritten werden. Nicht rechtzeitige statistische Meldungen stellen eine Ordnungswidrigkeit nach § 16 I Nr. 7 dar.

4 Die BA hat nach Abs. 3 für die statistischen Meldungen *Erhebungsvordrucke* herausgegeben. Der Verleiher ist verpflichtet, seine Meldungen auf diesen Vordrucken wahrheitsgemäß und vollständig zu erstatten und die Richtigkeit seiner Angaben durch Unterschrift zu bestätigen. Auch falsche oder unvollständige Angaben stellen eine Ordnungswidrigkeit nach § 16 I Nr. 7 dar.

5 Die **zuständige Erlaubnisbehörde** ist die Regionaldirektion, in deren Bezirk der Verleiher seinen Geschäftssitz oder bei mehreren Niederlassungen seinen Hauptsitz hat. Für ausländische Verleiher ist die Regionaldirektion Hessen zuständig.

6 Nach Abs. 4 S. 1 ist die Erlaubnisbehörde verpflichtet, die Einzelangaben der Verleiher nach Abs. 1 **geheim zu halten**. Diese Bestimmung zum Schutz des sog. Statistikgeheimnisses betrifft allerdings nur Einzelangaben über die persönlichen oder sachlichen Verhältnisse des Verleihers, wie die Art und den Umfang seines Betriebs, seinen Umsatz oder seine Gewinnspanne[4]. Sobald die Angaben in den statistischen Meldungen mehrerer Verleiher zusammengefasst werden, handelt es sich nicht mehr um geheimhaltungsbedürftige Einzelangaben[5]. Die Geheimhaltungspflicht der Erlaubnisbehörde erstreckt sich nach Abs. 4 S. 2 abweichend von den allgemeinen Regeln der Abgabenordnung auch auf Auskünfte gegenüber Finanzbehörden.

7 Diese Geheimhaltungspflicht findet nach Abs. 4 S. 3 ihre Grenze erst dort, wo die Finanzbehörden die Kenntnisse für die Durchführung eines Verfahrens wegen einer Steuerstraftat sowie eines damit zusammenhängenden Besteuerungsverfahrens benötigen, an deren Verfolgung ein zwingendes öffentl. Interesse besteht, oder soweit es sich um vorsätzlich falsche Angaben des Auskunftspflichtigen oder der für ihn tätigen Personen handelt. Nur bei Steuerstraftaten von erheblichem Umfang oder erheblichem Gewicht dürfte ein zwingendes öffentl. Interesse an der Verfolgung anzunehmen sein[6].

8 Neben dieser speziellen Regelung zum Schutz des Statistikgeheimnisses sind weitere **datenschutzrechtl. Pflichten** der Erlaubnisbehörde zum Schutz des Sozialgeheimnisses in § 35 SGB I und in den §§ 67–77 SGB X sowie zum Schutz bei der Übermittlung personenbezogener Daten in den §§ 15, 16 BDSG vorgesehen. Allerdings erstreckt sich die Geheimhaltungspflicht nicht auf das Verhältnis der Erlaubnisbehörde zu anderen Dienststellen der BA, da die Geheimhaltungspflicht grds. nur gegenüber Dritten besteht, die nicht mit der Durchführung des AÜG befasst sind[7].

9 *Unwirksamkeit*

Unwirksam sind:

1. **Verträge zwischen Verleihern und Entleihern sowie zwischen Verleihern und Leiharbeitnehmern, wenn der Verleiher nicht die nach § 1 erforderliche Erlaubnis hat,**
2. **Vereinbarungen, die für den Leiharbeitnehmer für die Zeit der Überlassung an einen Entleiher schlechtere als die im Betrieb des Entleihers für einen vergleichbaren Arbeitnehmer des Entleihers geltenden wesentlichen Arbeitsbedingungen einschließlich des Arbeitsentgelts vorsehen, es sei denn, der Verleiher gewährt dem zuvor arbeitslosen Leiharbeitnehmer für die Überlassung an einen Entleiher für die Dauer von insgesamt höchstens sechs Wochen mindestens ein Nettoarbeitsentgelt in Höhe des Betrages, den der Leiharbeitnehmer zuletzt als Arbeitslosengeld erhalten hat; Letzteres gilt nicht, wenn mit demselben Verleiher bereits ein Leiharbeitsverhältnis bestanden hat; ein Tarifvertrag kann abweichende Regelungen zulassen; im Geltungsbereich eines solchen Tarifvertrages kön-**

1 *Sandmann/Marschall*, § 8 AÜG Anm. 2. | 2 Vgl. *Sandmann/Marschall*, § 8 AÜG Anm. 3–11. | 3 *Becker/Wulfgramm*, § 8 AÜG Rz. 4a. | 4 *Becker/Wulfgramm*, § 8 AÜG Rz. 9. | 5 *Franßen/Haesen*, § 8 AÜG Rz. 12; *Schubel/Engelbrecht*, § 8 AÜG Rz. 5. | 6 *Sandmann/Marschall*, § 8 AÜG Anm. 20. | 7 *Sandmann/Marschall*, § 8 AÜG Anm. 22.

nen nicht tarifgebundene Arbeitgeber und Arbeitnehmer die Anwendung der tariflichen Regelungen vereinbaren,

3. Vereinbarungen, die dem Entleiher untersagen, den Leiharbeitnehmer zu einem Zeitpunkt einzustellen, in dem dessen Arbeitsverhältnis zum Verleiher nicht mehr besteht; dies schließt die Vereinbarung einer angemessenen Vergütung zwischen Verleiher und Entleiher für die nach vorangegangenem Verleih oder mittels vorangegangenem Verleih erfolgte Vermittlung nicht aus,

4. Vereinbarungen, die dem Leiharbeitnehmer untersagen, mit dem Entleiher zu einem Zeitpunkt, in dem das Arbeitsverhältnis zwischen Verleiher und Leiharbeitnehmer nicht mehr besteht, ein Arbeitsverhältnis einzugehen.

I. Gegenstand und Zweck der Regelung. Neben den gewerberechtl. Regelungen enthält das AÜG in den §§ 9–14 zivil- und arbeitsrechtl. Bestimmungen für die gewerbsmäßige AÜ. Allerdings handelt es sich nicht um eine umfassende Regelung der zivil- und arbeitsrechtl. Aspekte der AÜ. Diese als rudimentäre arbeitsrechtl. Reglementierung des Leiharbeitsverhältnisses beklagte Beschränkung des Gesetzes konzentriert sich auf die Vorschriften, die der besonderen Lage und der besonderen Gestaltung der Rechtsbeziehungen zwischen den Beteiligten der AÜ Rechnung tragen[1]. 1

Durch § 9 werden die gewerberechtl. Vorschriften über die Erlaubnispflicht nach § 1 und der Versagungsgrund nach § 3 I Nr. 3 durch **zivilrechtl. Sanktionen** ergänzt. Gleichzeitig wird die in § 10 I geregelte Fiktion eines Arbeitsverhältnisses zwischen dem Entleiher und dem von einem illegal tätigen Verleiher überlassenen LeihArbN vorbereitet. Insoweit zielt das Gesetz darauf ab, Verleiher und Entleiher zu einem gesetzmäßigen Verhalten zu bewegen. Darüber hinaus erklärt das Gesetz Wettbewerbsabreden zum Nachteil des LeihArbN für unwirksam, soweit sie darauf gerichtet sind, den Abschluss von Arbeitsverträgen mit anderen potenziell vorhandenen ArbGeb zu verhindern oder einzuschränken. Damit räumt das Gesetz dem Erwerb einer dauerhaften Beschäftigung eindeutig Vorrang ein vor ungesicherten Beschäftigungsverhältnissen im Rahmen der AÜ. 2

Die in § 9 im Einzelnen aufgeführten Rechtsgeschäfte erklärt das Gesetz für unwirksam. Grds. gelten für unwirksame Rechtsgeschäfte die Bestimmungen des BGB über nichtige Rechtsgeschäfte. Während ein nichtiges Rechtsgeschäft jedoch von Anfang an ungültig ist und damit die rechtl. Bindungen rückwirkend beseitigt werden, erfasst die Unwirksamkeit nach § 9 auch die Fälle, in denen das Rechtsgeschäft später ungültig wird und damit die rechtl. Bindungen erst für die Zukunft beseitigt werden[2]. 3

II. Fehlende Verleiherlaubnis (Nr. 1). Nach Nr. 1 ist sowohl der **AÜ-Vertrag** zwischen dem Verleiher und dem Entleiher als auch der **Leiharbeitsvertrag** zwischen dem Verleiher und dem LeihArbN **unwirksam**, wenn der Verleiher nicht die nach § 1 erforderliche Erlaubnis hat. Dabei kommt es nicht darauf an, ob der Verleiher von Anfang an keine Verleiherlaubnis besaß oder ob diese erst später durch eine Rücknahme, einen Widerruf, den Eintritt einer auflösenden Bedingung oder die Ablehnung ihrer Verlängerung entfallen ist[3]. Jedoch erstreckt sich die Unwirksamkeit im Fall einer Rücknahme, eines Widerrufs oder einer Nichtverlängerung der Verleiherlaubnis nicht auf den Zeitraum der Abwicklungsfrist des § 2 IV 4. Auf die Kenntnis des Entleihers und des LeihArbN vom Fehlen oder Wegfall der Verleiherlaubnis kommt es nicht an. Allerdings ist der Verleiher gem. den §§ 11, 12 dazu verpflichtet, sowohl den LeihArbN als auch den Entleiher darüber zu unterrichten. 4

Zwar erklärt das Gesetz sowohl den AÜ-Vertrag als auch den Leiharbeitsvertrag für unwirksam. Dieses Unwerturteil über die illegale AÜ richtet sich jedoch nur gegen den Verleiher und den Entleiher, während der Schutz des LeihArbN nicht gemindert werden soll. Demnach hat die Unwirksamkeit der einzelnen Rechtsgeschäfte zwischen den an der AÜ Beteiligten unterschiedliche Folgen. 5

Fehlte dem Verleiher bereits beim Abschluss des AÜ-Vertrags die Verleiherlaubnis, konnte er zwischen den Vertragsparteien keine Leistungspflichten begründen. Wurden gleichwohl Leistungen in Erfüllung des unwirksamen AÜ-Vertrags erbracht, sind sie nach den Grundsätzen des Bereicherungsrechts zurückzugewähren. Der Bereicherungsanspruch des Verleihers ist nur in dem Umfang anzuerkennen, in dem er dem LeihArbN den nach § 10 I vom Entleiher geschuldeten Lohn und sonstige gesetzl. Abgaben zahlt, nicht aber in Höhe seines Gewinns[4]. Da weder der Verleiher noch der Entleiher einem ArbN entsprechend schutzbedürftig sind, scheidet die Annahme eines fehlerhaften oder faktischen AÜ-Vertrags aus[5]. Daneben kommt eine faktische Rückabwicklung erbrachter Leistungen über den Gesamtschuldnerausgleich zwischen dem Verleiher und dem Entleiher in Betracht, soweit es die Arbeitsvergütung und die abgeführten SozV-Beiträge angeht[6]. 6

1 *Becker*, BlStSozArbR 1976, 225; *Trieschmann*, BArbBl 1972, 668. | 2 *Sandmann/Marschall*, § 9 AÜG Anm. 18. | 3 *Becker/Wulfgramm*, § 9 AÜG Rz. 11; *Thüsing/Mengel*, § 9 AÜG Rz. 9. | 4 BGH v. 8.11.1979 – VII ZR 337/78, AP Nr. 2 zu § 10 AÜG; BAG v. 17.1.1984 – VI ZR 87/82, EzAÜG Nr. 2 zu § 10 AÜG – Fiktion; OLG Celle v. 27.8.2003 – 7 U 52/03, EzAÜG Nr. 2 zu § 1b AEntG; *Thüsing/Mengel*, § 9 AÜG Rz. 14. | 5 *Becker/Wulfgramm*, § 9 AÜG Rz. 18; *Immenga*, BB 1972, 807. | 6 BGH v. 17.2.2000 – III ZR 78/99, NJW 2000, 1557; im Einzelnen *Schüren*, § 9 AÜG Rz. 45 ff.

7 Fällt die Erlaubnis des Verleihers zur AÜ erst in einem Zeitpunkt weg, in dem der AÜ-Vertrag mit dem Entleiher bereits vollzogen worden ist, entfaltet die Unwirksamkeit nach Nr. 1 keine Rückwirkung. Vielmehr endet der AÜ-Vertrag mit dem Wegfall der Verleiherlaubnis[1].

8 Wird die Verleiherlaubnis erst erteilt, nachdem der Verleiher den AÜ-Vertrag mit dem Entleiher abgeschlossen und bereits in Vollzug gesetzt hat, wird dieser Vertrag weder rückwirkend noch in entsprechender Anwendung des § 139 BGB für die Zukunft geheilt[2]. Vielmehr muss ein neuer AÜ-Vertrag abgeschlossen werden. Wegen des Erfordernisses der Schriftform in § 12 I 1 kann in der Fortführung des AÜ-Vertrags durch den Verleiher und den Entleiher kein wirksamer konkludenter Abschluss eines neuen Vertrags liegen[3].

9 War der Leiharbeitsvertrag zwischen dem Verleiher und dem LeihArbN auf Grund der fehlenden Verleiherlaubnis von Anfang an unwirksam gem. Nr. 1, konnte auch dieser Vertrag grds. keine Leistungspflicht zwischen den Vertragsparteien begründen. Haben die Parteien jedoch ihre vermeintlichen Leistungspflichten erfüllt, fehlte dafür der Rechtsgrund, so dass die Rückabwicklung eigentlich nach den allgemeinen zivilrechtl. Grundsätzen des Bereicherungsrechts vorgenommen werden müsste[4]. Da die Bestimmungen des Bereicherungsrechts dem Schutz des LeihArbN nicht hinreichend gerecht werden, sind auf den unwirksamen Leiharbeitsvertrag die arbeitsrechtl. Grundsätze über das fehlerhafte bzw. **faktische Arbeitsverhältnis** anzuwenden[5].

10 Das gilt entsprechend, wenn die Verleiherlaubnis in einem Zeitpunkt wegfällt, in dem der Leiharbeitsvertrag zwischen dem Verleiher und dem LeihArbN bereits in Vollzug gesetzt worden ist. In diesem Zeitpunkt wird der Leiharbeitsvertrag unwirksam und das Leiharbeitsverhältnis wandelt sich in ein fehlerhaftes Arbeitsverhältnis um[6].

11 Erhält der Verleiher die Erlaubnis zur AÜ erst in einem Zeitpunkt, in dem ein Leiharbeitsvertrag mit einem LeihArbN bereits in Vollzug gesetzt wurde, wird dieser Vertrag nicht rückwirkend geheilt[7]. Auch in diesem Fall bedarf es für die weitere Durchführung des Leiharbeitsverhältnisses des Abschlusses eines neuen Leiharbeitsvertrags. Regelmäßig ist in der Fortführung des bisherigen Leiharbeitsverhältnisses ein konkludenter Neuabschluss zu sehen.

12 **III. Verstoß gegen das Gleichstellungsgebot (Nr. 2).** Nach der verfassungsgemäßen[8] Vorschrift des § 9 Nr. 2 sind Vereinbarungen, die für den LeihArbN für die Zeit der Überlassung an einen Entleiher schlechtere als die im Betrieb des Entleihers für einen vergleichbaren ArbN des Entleihers geltenden wesentlichen Arbeitsbedingungen einschließlich des Arbeitsentgelts vorsehen, grds. unwirksam. Durch diese arbeitsrechtl. Sanktion wird die gewerberechtl. Bestimmung in § 3 I Nr. 3 ergänzt. Ebenso wie diese Vorschrift (§ 3 Rz. 28) gilt Nr. 2 nur für die gewerbsmäßige und nicht für die nicht gewerbsmäßige AÜ[9]. Von der Unwirksamkeit werden neben individualvertragl. Abreden auch BV im Betrieb des Verleihers erfasst, die den LeihArbN für die Zeit der Überlassung schlechter stellen als einen vergleichbaren ArbN im Entleiherbetrieb[10]. An die Stelle dieser unwirksamen Vereinbarungen tritt gem. § 10 IV der Anspruch des LeihArbN auf Gleichstellung. Wegen der einzelnen Voraussetzungen des Gleichstellungsgebotes und der gesetzl. Ausnahmeregelungen wird auf die Kommentierung zu § 3 I Nr. 3 Bezug genommen (dort Rz. 28 ff.). Hingewiesen sei aber darauf, dass eine Änderungskündigung zur Entgeltsenkung nicht allein deshalb sozial gerechtfertigt ist, weil die neue gesetzl. Regelung die Möglichkeit vorsieht, durch Parteivereinbarung einen geringeren (tariflichen) Lohn festzulegen, als er dem ArbN bisher gesetzlich oder vertraglich zustand[11].

13 **IV. Einstellungsverbot im Überlassungsvertrag (Nr. 3).** Nach Nr. 3 sind Vereinbarungen unwirksam, die dem Entleiher untersagen, den LeihArbN zu einem Zeitpunkt einzustellen, in dem dessen Arbeitsverhältnis zum Verleiher nicht mehr besteht. Durch diese Regelung räumt das Gesetz dem Recht des LeihArbN, seinen Arbeitsplatz frei zu wählen und nach Beendigung des Leiharbeitsverhältnisses ein normales Arbeitsverhältnis einzugehen, Vorrang ein gegenüber den wirtschaftl. Interessen des Verleihers[12]. Nach diesem Gesetzeszweck sind auch Vereinbarungen unwirksam, die es dem Entleiher verbieten, dem LeihArbN eine Tätigkeit in seinem Betrieb anzubieten[13].

14 Davon abzugrenzen sind jedoch jegliche unlautere Methoden der ArbN-Abwerbung. Dazu zählt etwa die Aufforderung, den Arbeitsplatz ohne Einhaltung der Kündigungsfrist gegenüber dem Verleiher zu

---

1 *Becker/Wulfgramm*, § 9 AÜG Rz. 11. | 2 *Thüsing/Mengel*, § 9 AÜG Rz. 12. | 3 *Boemke/Lembke*, § 9 AÜG Rz. 22; *Schüren*, § 9 AÜG Rz. 44; *Thüsing/Mengel*, § 9 AÜG Rz. 12; *Ulber*, § 9 AÜG Rz. 13; aA *Becker/Wulfgramm*, § 9 AÜG Rz. 11; *ErfK/Wank*, § 9 AÜG Rz. 8. | 4 *Thüsing/Mengel*, § 9 AÜG Rz. 13. | 5 BAG v. 26.6.1984 – 2 AZR 471/83, EzAÜG Nr. 18 zu § 1 AÜG – Gewerbsmäßige Arbeitnehmerüberlassung; BGH v. 31.3.1982 – 2 StR 744/81, AP Nr. 4 zu § 10 AÜG. | 6 *Schüren*, § 9 AÜG Rz. 22. | 7 LAG Köln v. 20.8.1985 – 1 Sa 416/85, EzAÜG Nr. 43 zu § 10 AÜG – Fiktion. | 8 BVerfG v. 29.12.2004 – 1 BvR 2283/03, NZA 2005, 153. | 9 *Boemke/Lembke*, § 9 AÜG Rz. 42; *Richardi*, ZfA 2003, 655 (678); aA *Kokemoor*, NZA 2003, 238 (242); *Ulber*, ArbuR 2003, 7 (10); offen gelassen von BAG v. 25.1.2005 – 1 ABR 61/03, AP Nr. 48 zu § 99 BetrVG 1972 – Einstellung. | 10 *Boemke/Lembke*, § 9 AÜG Rz. 45. | 11 BAG v. 12.1.2006 – 2 AZR 126/05, DB 2006, 1114; zust. *Böhm*, DB 2007, 168 (169); krit. *Röder/Krieger*, DB 2006, 2122 (2124). | 12 BT-Drs. VI/2303, S. 13. | 13 *Sandmann/Marschall*, § 9 AÜG Rz. 29; *Schüren*, § 9 AÜG Rz. 74, 76.

wechseln. Diese Anstiftung zum Vertragsbruch stellt zum einen eine Verletzung von Nebenpflichten des Entleihers aus dem AÜ-Vertrag dar. Zum anderen verstößt der Entleiher gegen § 3, § 8 I UWG[1]. **Unwirksam** ist nach § 9 Nr. 3 ausschließlich die Vereinbarung eines **Einstellungs- oder Abwerbungsverbots**, nicht jedoch der gesamte AÜ-Vertrag[2]. Wie sich aus Nr. 3 Hs. 2 nunmehr ergibt, kann der Verleiher mit dem Entleiher – auch formularmäßig – die Zahlung einer Vergütung oder Vermittlungsprovision für den Fall der Übernahme des LeihArbN vereinbaren. Denn in aller Regel besteht der Sinn dieser Provision darin, die dem Verleiher entstehenden Rekrutierungskosten auf den Entleiher umzulegen. Solange sich diese Vermittlungsgebühr im üblichen Rahmen hält und sich bei fortschreitender Überlassungsdauer bis zum völligen Wegfall reduziert, dient sie nicht als Druckmittel, um eine Übernahme des LeihArbN zu verhindern. Einer derartigen Vereinbarung steht der Schutz der freien Arbeitsplatzwahl des LeihArbN nicht entgegen[3].

V. Einstellungsverbot im Leiharbeitsvertrag (Nr. 4). Nach Nr. 4 sind Vereinbarungen unwirksam, die 15
dem LeihArbN untersagen, mit dem Entleiher zu einem Zeitpunkt, in dem das Arbeitsverhältnis zwischen Verleiher und LeihArbN nicht mehr besteht, ein Arbeitsverhältnis einzugehen. Diese Bestimmung dient wie Nr. 3 dem Ziel, das Recht des LeihArbN auf freie Wahl des Arbeitsplatzes zu sichern und seine Chancen auf ein gesichertes Normalarbeitsverhältnis im Anschluss an sein Leiharbeitsverhältnis zu verbessern. Der Regelung in Nr. 4 gebührt der Vorrang vor den Bestimmungen über die Vereinbarung von Wettbewerbsverboten nach den §§ 74 ff. HGB iVm. §§ 6 II, 110 GewO[4].

Die Regelung in Nr. 4 erfasst auch Nebenabreden, die in einem inneren sachlichen Zusammenhang mit 16
einem unwirksamen Abschlussverbot stehen. Das gilt einmal für **Vertragsstrafenversprechen**, die den LeihArbN von der Begründung eines Arbeitsverhältnisses mit dem Entleiher abhalten sollen[5]. Das gilt aber auch für die Vereinbarung, nach der dem LeihArbN eine Abfindung gezahlt wird, falls er bei einem bestimmten Entleiher kein Arbeitsverhältnis begründet[6]. Wird diese **Abfindung** als eine Art Karenzentschädigung tatsächlich gezahlt, kann der Verleiher sie nach § 817 BGB selbst dann nicht zurückfordern, wenn der LeihArbN sich an die so abgesicherte Verpflichtung nicht hält. Vereinbarungen zwischen Verleihern und LeihArbN, die für die etwaige Aufnahme einer Tätigkeit bei dem Entleiher die Zahlung einer **Vermittlungsgebühr** vorsehen, sind nach Nr. 4 unwirksam.

Dagegen kann einem LeihArbN während der Dauer des Leiharbeitsverhältnisses selbstverständlich 17
nach den allgemeinen Regeln eine Nebentätigkeit untersagt werden. Das setzt allerdings voraus, dass diese Nebentätigkeit die Erfüllung seiner Arbeitspflicht im Rahmen des Leiharbeitsverhältnisses erheblich beeinträchtigen würde[7].

In entsprechender Anwendung von § 60 HGB ist einem LeihArbN während der Dauer seines Leih- 18
arbeitsverhältnisses jede Form von Konkurrenztätigkeit zum Verleiher verboten[8]. Danach darf er nicht als selbständiger Verleiher tätig werden und etwa ehemaligen Entleihern andere LeihArbN überlassen oder mit ehemaligen Entleihern gemeins. AÜ betreiben. Von diesem allgemeinen **Wettbewerbsverbot** wird allerdings die Vorbereitung des LeihArbN für die Zeit nach seinem Ausscheiden aus dem Leiharbeitsverhältnis nicht erfasst[9].

Die Unwirksamkeit nach Nr. 4 führt zur Nichtigkeit entsprechender Vereinbarungen zwischen Verlei- 19
her und LeihArbN einschließlich damit zusammenhängender Nebenabreden. Die Wirksamkeit des Leiharbeitsverhältnisses im Übrigen wird davon nicht berührt[10].

10 *Rechtsfolgen bei Unwirksamkeit*

(1) Ist der Vertrag zwischen einem Verleiher und einem Leiharbeitnehmer nach § 9 Nr. 1 unwirksam, so gilt ein Arbeitsverhältnis zwischen Entleiher und Leiharbeitnehmer zu dem zwischen dem Entleiher und dem Verleiher für den Beginn der Tätigkeit vorgesehenen Zeitpunkt als zu Stande gekommen; tritt die Unwirksamkeit erst nach Aufnahme der Tätigkeit beim Entleiher ein, so gilt das Arbeitsverhältnis zwischen Entleiher und Leiharbeitnehmer mit dem Eintritt der Unwirksamkeit als zu Stande gekommen. Das Arbeitsverhältnis nach Satz 1 gilt als befristet, wenn die Tätigkeit des Leiharbeitnehmers bei dem Entleiher nur befristet vorgesehen war und ein die Befristung des Arbeitsverhältnisses sachlich rechtfertigender Grund vorliegt. Für das Arbeitsverhältnis nach Satz 1 gilt die zwischen dem Verleiher und dem Entleiher vorgesehene Arbeitszeit als vereinbart. Im Übrigen bestimmen sich Inhalt und Dauer dieses Arbeitsverhältnisses nach den für den Betrieb des Entleihers geltenden

---

1 *Becker/Wulfgramm*, § 9 AÜG Rz. 30c; *Schüren*, § 9 AÜG Rz. 75. | 2 *Becker/Wulfgramm*, § 9 AÜG Rz. 30; *Thüsing/Mengel*, § 9 AÜG Rz. 56. | 3 BGH v. 7.12.2006 – III ZR 82/06, DB 2007, 526; *Sandmann/Marschall*, § 9 AÜG Anm. 29; ErfK/*Wank*, § 9 AÜG Rz. 10, 13; *Thüsing*, DB 2003, 2122; zum Ganzen *Lembke/Fesenmeyer*, DB 2007, 801. | 4 LAG Köln v. 17.5.1984 – 8 Sa 48/84, EzAÜG Nr. 3 zu KSchG; *Becker/Wulfgramm*, § 9 AÜG Rz. 33; *Thüsing/Mengel*, § 9 AÜG Rz. 60. | 5 *Becker/Wulfgramm*, § 9 AÜG Rz. 33b; *Schüren*, § 9 AÜG Rz. 94, 95. | 6 LAG Köln v. 22.8.1984 – 5 Sa 1306/83, EzAÜG Nr. 32 zu § 10 AÜG – Fiktion. | 7 BAG v. 26.8.1976 – 2 AZR 377/75, AP Nr. 68 zu § 626 BGB. | 8 LAG Berlin v. 9.2.1981 – 9 Sa 83/80, EzAÜG Nr. 3 zu § 611 BGB – Leiharbeitsverhältnis. | 9 BAG v. 16.1.1975 – 3 AZR 72/74, AP Nr. 8 zu § 60 HGB. | 10 *Becker/Wulfgramm*, § 9 AÜG Rz. 34; *Sandmann/Marschall*, § 9 AÜG Anm. 32; *Schüren*, § 9 AÜG Rz. 95.

Vorschriften und sonstigen Regelungen; sind solche nicht vorhanden, gelten diejenigen vergleichbarer Betriebe. Der Leiharbeitnehmer hat gegen den Entleiher mindestens Anspruch auf das mit dem Verleiher vereinbarte Arbeitsentgelt.

(2) Der Leiharbeitnehmer kann im Falle der Unwirksamkeit seines Vertrages mit dem Verleiher nach § 9 Nr. 1 von diesem Ersatz des Schadens verlangen, den er dadurch erleidet, dass er auf die Gültigkeit des Vertrages vertraut. Die Ersatzpflicht tritt nicht ein, wenn der Leiharbeitnehmer den Grund der Unwirksamkeit kannte.

(3) Zahlt der Verleiher das vereinbarte Arbeitsentgelt oder Teile des Arbeitsentgelts an den Leiharbeitnehmer, obwohl der Vertrag nach § 9 Nr. 1 unwirksam ist, so hat er auch sonstige Teile des Arbeitsentgelts, die bei einem wirksamen Arbeitsvertrag für den Leiharbeitnehmer an einen anderen zu zahlen wären, an den anderen zu zahlen. Hinsichtlich dieser Zahlungspflicht gilt der Verleiher neben dem Entleiher als Arbeitgeber; beide haften insoweit als Gesamtschuldner.

(4) Der Leiharbeitnehmer kann im Falle der Unwirksamkeit der Vereinbarung mit dem Verleiher nach § 9 Nr. 2 von diesem die Gewährung der im Betrieb des Entleihers für einen vergleichbaren Arbeitnehmer des Entleihers geltenden wesentlichen Arbeitsbedingungen einschließlich des Arbeitsentgelts verlangen.

1 **I. Inhalt und Zweck der Norm.** Durch § 10 werden die Folgen eines unwirksamen Leiharbeitsvertrags, einer unwirksamen Kündigung und einer unwirksamen Befristung des Leiharbeitsvertrags geregelt. Dazu gehört die **Fiktion eines Arbeitsverhältnisses zum Entleiher**, die Begründung eines **Schadensersatzanspruchs des LeihArbN** gegen den Verleiher und dessen **gesamtschuldnerische Haftung** für Lohnnebenleistungen und Teile des Entgelts. Schließlich wird der Verleiher verpflichtet, die Arbeitsbedingungen des LeihArbN an diejenigen im Betrieb des Entleihers anzupassen.

2 Bei § 10 handelt es sich um einen Eckpfeiler der gesetzl. Konstruktion der AÜ[1]. Er regelt allgemein die Abwicklung illegaler Leiharbeit, auch in der Form von Scheinwerk- und Scheindienstverträgen, bei denen es sich nach dem objektiven Geschäftsinhalt um AÜ handelt (zur Abgrenzung § 1 Rz. 12 ff.). Dabei dient die Regelung in erster Linie der sozialen Absicherung der LeihArbN. Zugleich hat sie eine abschreckende Funktion, indem sie einen Entleiher, der von einem illegal tätigen Verleiher einen ArbN ausleiht, durch die Fiktion eines Arbeitsverhältnisses weit reichend in die Pflicht nimmt. Schließlich sichert sie die Überwachungs- und Kontrollmöglichkeiten der Erlaubnisbehörde[2].

3 **II. Fiktion eines Arbeitsverhältnisses (Abs. 1).** Ist der Leiharbeitsvertrag deswegen unwirksam, weil der Verleiher nicht die zur AÜ erforderliche Erlaubnis besitzt, wird zum Schutz des LeihArbN ein Arbeitsverhältnis zum Entleiher kraft gesetzl. Fiktion begründet. Der Eintritt dieser gesetzl. Fiktion setzt voraus, dass nach dem Inhalt der vertragl. Vereinbarungen, die die beteiligten Vertragspartner getroffen haben, der Tatbestand der gewerbsmäßigen oder erlaubnispflichtigen AÜ vorliegt, dass es sich also bei dem Vertrag zwischen dem ArbGeb und dem Dritten, in dessen Betrieb der ArbN eingesetzt werden soll, seiner rechtl. Qualifikation nach um einen AÜ-Vertrag und nicht etwa um einen Werk- oder Dienstvertrag (vgl. § 1 Rz. 12 ff.) handelt, weil im letzteren Fall Vorschriften des AÜ nicht zur Anwendung kommen[3]. Da Arbeitsgelegenheiten mit Mehraufwandsentschädigung nach § 16 III 2 SGB II (sog. Ein-Euro-Jobs) kein Arbeitsverhältnis, sondern ein öffentl.-rechtl. Vertragsverhältnis begründen, kommt § 10 I auch in diesen Fällen nicht zur Anwendung[4].

3a Diese gesetzl. angeordnete Rechtsfolge kann von den Beteiligten weder abbedungen noch durch einen Widerspruch des LeihArbN verhindert werden[5]. Das Recht eines nicht mehr im Betrieb des Entleihers eingesetzten LeihArbN, den Bestand des gesetzlich fingierten Arbeitsverhältnisses klageweise geltend zu machen, unterliegt der Verwirkung (sog. Prozessverwirkung)[6]. Die Berufung auf dieses Rechtsverhältnis kann auch auf Grund widersprüchlichen Verhaltens rechtsmissbräuchlich sein[7]. Ob hingegen das Recht, sich auf den Bestand eines Arbeitsverhältnis zu berufen, verwirken kann, ist zweifelhaft[8]. Unter den Voraussetzungen des § 10 I kommt ohne eine vertragl. Einigung zwischen dem LeihArbN und dem Entleiher ein Arbeitsverhältnis zu Stande. Allerdings muss das Leiharbeitsverhältnis zum Verleiher gerade deshalb unwirksam sein, weil ihm die Verleiherlaubnis von vornherein fehlt oder weil diese nachträglich weggefallen ist[9]. Beruht die ursprüngliche oder nachträglich eintretende Unwirksamkeit des

1 *Schüren*, § 10 AÜG Rz. 6. | 2 OLG Hamm v. 14.11.1980 – 5 SsOwi 1967/80, AP Nr. 7 zu § 19 AFG. | 3 BAG v. 15.3.2006 – 7 ABR 39/05, EzAÜG BetrVG Nr. 93; LAG Hamm v. 9.11.2006 – 15 Sa 789/06, EzAÜG § 611 BGB Abgrenzung Nr. 11; LAG Düsseldorf v. 27.8.2007 – 17 Sa 864/07. | 4 LAG Köln v. 27.4.2007 – 4 Sa 1406/06. | 5 *Becker/Wulfgramm*, § 10 AÜG Rz. 10; *Schüren*, § 10 AÜG Rz. 41 f.; *Thüsing/Mengel*, § 10 AÜG Rz. 6; aA LAG Hess. v. 6.3.2001 – 2/9 Sa 1246/00, NZA-RR 2002, 73; *Seiter*, Anm., AR Blattei D Entscheidung Nr. 11 – Leiharbeitsverhältnis. | 6 BAG v. 24.5.2006 – 7 AZR 365/05, EzAÜG § 10 AÜG Fiktion Nr. 114; LAG Düsseldorf v. 27.8.2007 – 17 Sa 864/07. | 7 BAG v. 24.5.2006 – 7 AZR 365/05, EzAÜG § 10 AÜG Fiktion Nr. 114. | 8 Offen lassend jetzt BAG v. 18.2.2003 – 3 AZR 160/02, AP Nr. 5 zu § 13 AÜG; v. 24.5.2006 – 7 AZR 365/05, EzAÜG § 10 AÜG Fiktion Nr. 114; v. 17.1.2007 – 7 AZR 23/06, DB 2007, 1034; bejahend noch BAG v. 30.1.1991 – 7 AZR 497/89, BAGE 67, 124; v. 19.3.2003 – 7 AZR 267/02, AP Nr. 4 zu § 13 AÜG. | 9 BAG v. 27.7.1983 – 5 AZR 194/81, AP Nr. 6 zu § 10 AÜG.

Leiharbeitsvertrags dagegen auf anderen Gründen, greift die gesetzl. Fiktion des § 10 nicht ein. Das gilt etwa für Willensmängel, mangelnde Geschäftsfähigkeit oder fehlende Vertretungsbefugnis einer der Leiharbeitsvertragsparteien[1]. Durch das Verbot einer gewerbsmäßigen AÜ in Betriebe des Baugewerbes nach § 1b wird die Rechtsfolge des § 10 I nicht ausgeschlossen, dh. die gesetzl. Fiktion greift auch in diesen Fällen ein, wenn es an der erforderlichen Erlaubnis fehlt[2]. Ist der Verleiher hingegen im Besitz einer Erlaubnis zur AÜ, führt eine – allein – nach § 1b S. 1 unzulässige AÜ in Betrieben des Baugewerbes nicht zu einem Arbeitsverhältnis zwischen Entleiher und LeihArbN. Einer analogen Anwendung von § 10 I 1 steht entgegen, dass keine unbewusste, planwidrige Regelungslücke vorliegt[3]. Fehlt es an einer – ausdrücklichen oder stillschweigenden – Vereinbarung gemäß § 613 S. 2 BGB zur Überlassung an einen Dritten, findet die Fiktion des § 10 I ebenfalls keine entsprechende Anwendung[4].

1. Beginn des Arbeitsverhältnisses (Abs. 1 S. 1). Das fingierte Arbeitsverhältnis kommt in dem Zeitpunkt zu Stande, der zwischen dem Entleiher und dem Verleiher für den Beginn der Tätigkeit des LeihArbN vorgesehen war. Danach greift die Fiktion des § 10 grds. immer gleichzeitig mit der Unwirksamkeit nach § 9 Nr. 1 ein. Wenn die Verleiherlaubnis bereits bei Abschluss des Leiharbeitsvertrags fehlt, kommt es auf den Zeitpunkt an, der für den Beginn der Tätigkeit des LeihArbN vorgesehen war. Bei einem späteren Wegfall der Erlaubnis tritt die Unwirksamkeit des Leiharbeitsvertrags und die Fiktion des Arbeitsverhältnisses zwischen Entleiher und LeihArbN erst mit dem Wegfall der Verleiherlaubnis ein. Fehlt in dem AÜ-Vertrag eine Vereinbarung über den Zeitpunkt des Einsatzes des LeihArbN, ist der Zeitpunkt seiner tatsächlichen Arbeitsaufnahme maßgeblich[5]. 4

Allerdings kommt das kraft gesetzl. Fiktion begründete Arbeitsverhältnis zwischen dem Entleiher und dem LeihArbN nur zu Stande, wenn die Beteiligten die AÜ in dem maßgeblichen Zeitpunkt auch noch tatsächlich durchführen wollen. Denn eine Bindung der Beteiligten für die Zukunft kann auf Grund der unwirksamen Vertragsbeziehungen zwischen den Beteiligten nicht eintreten. Nimmt der LeihArbN seine Arbeit beim Entleiher gar nicht erst auf, kommt ein fingiertes Arbeitsverhältnis nicht zu Stande. Überlässt der Verleiher dem Entleiher einen anderen als den vorgesehenen LeihArbN, tritt die gesetzl. Fiktion nur in der Person des tatsächlich entsandten ArbN ein[6]. 5

Für den **Eintritt der Fiktion** ist es ohne Bedeutung, ob die Beteiligten das Fehlen der Verleiherlaubnis kannten oder kennen mussten[7]. Das Arbeitsverhältnis zwischen Entleiher und LeihArbN wird auch dann fingiert, wenn der Verleiher bei Abschluss der Verträge den Besitz einer Verleiherlaubnis vorspiegelt, deren späteren Wegfall nicht anzeigt oder wenn die Beteiligten der Überzeugung waren, es handele sich um einen Werk- oder Dienstvertrag[8]. 6

Der wegen fehlender Verleiherlaubnis unwirksame Leiharbeitsvertrag begründet zwischen dem Verleiher und dem LeihArbN bis zu dem Zeitpunkt der vorgesehenen Aufnahme der Tätigkeit beim Entleiher lediglich ein fehlerhaftes Arbeitsverhältnis. Fällt die Verleiherlaubnis erst nach dem Abschluss des Arbeitsvertrags weg, besteht bis zu diesem Zeitpunkt ein wirksames und erst danach ein fehlerhaftes Leiharbeitsverhältnis[9]. Fällt die Verleiherlaubnis dagegen erst nach Beginn der Arbeitsaufnahme beim Entleiher weg, entsteht das fingierte Arbeitsverhältnis zwischen LeihArbN und Entleiher erst in diesem Zeitpunkt. In den Fällen des Widerrufs, der Rücknahme oder der Nichtverlängerung der Verleiherlaubnis gilt das jedoch erst nach Ablauf der gesetzl. vorgesehenen Abwicklungsfrist in § 2 IV 4. Erhält der Verleiher die Erlaubnis erst nach dem Eintritt der gesetzl. Fiktion, werden deren Rechtsfolgen dadurch nicht wieder beseitigt[10]. 7

2. Dauer des Arbeitsverhältnisses (Abs. 1 S. 2). Wenn die Tätigkeit des LeihArbN bei dem Entleiher nur befristet vorgesehen war und ein die Befristung des Arbeitsverhältnisses sachlich rechtfertigender Grund vorlag, gilt auch das fingierte Arbeitsverhältnis zwischen dem Entleiher und dem LeihArbN als befristet. Damit fingiert das Gesetz eine Ausnahme zu dem Grundsatz in Abs. 1 S. 4, nach dem nicht nur für den Inhalt, sondern auch für die Dauer des fingierten Arbeitsverhältnisses die für den Betrieb des Entleihers geltenden Vorschriften und sonstigen Regelungen maßgeblich sind. 8

Die **Fiktion der Befristung** des Arbeitsverhältnisses zwischen dem Entleiher und dem LeihArbN setzt kumulativ eine Befristungsabrede zwischen Entleiher und Verleiher sowie einen sachlich rechtfertigenden Grund für diese Befristungsabrede voraus. Ursprünglich knüpfte das Gesetz dabei an die Rspr. des BAG zur Wirksamkeit von Befristungen an[11]. Die Prüfung des sachlichen Grundes richtet sich nunmehr nach § 14 I TzBfG[12]. Eine Rechtfertigung der Befristung des fingierten Arbeitsverhältnisses gem. § 14 9

1 *Schüren*, § 10 AÜG Rz. 34; *Thüsing/Mengel*, § 10 AÜG Rz. 5. | 2 BAG v. 8.7.1998 – 10 AZR 274/97, AP Nr. 214 zu § 1 TVG – Tarifverträge: Bau. | 3 BAG 13.12.2006 – 10 AZR 674/05, MDR 2007, 593. | 4 LAG Düsseldorf v. 27.8.2007 – 17 Sa 864/07. | 5 BAG v. 10.2.1977 – 2 ABR 80/76, AP Nr. 9 zu § 103 BetrVG 1972. | 6 *Schüren*, § 10 AÜG Rz. 36. | 7 BGH v. 8.11.1979 – VII ZR 337/78, BGHZ 75, 299; LAG Düsseldorf v. 14.1.2002 – 5 Sa 1448/01. | 8 *Becker/Wulfgramm*, § 10 AÜG Rz. 13; *Sandmann/Marschall*, § 10 AÜG Anm. 5. | 9 *Becker/Wulfgramm*, § 10 AÜG Rz. 14, 15. | 10 LAG Schl.-Holst. v. 6.4.1984 – 3 (4) Sa 597/82, EzAÜG Nr. 35 zu § 10 AÜG – Fiktion. | 11 BT-Drs. VI/2303, S. 14. | 12 *Boemke/Lembke*, § 10 AÜG Rz. 39; *Thüsing/Mengel*, § 10 AÜG Rz. 37; ErfK/*Wank*, Einl. AÜG Rz. 6 f., § 10 AÜG Rz. 16; s. auch *Böhm*, RdA 2005, 360 ff.

II–III TzBfG, dh. ohne Sachgrund, kommt wegen der klaren Regelung des Abs. 1 S. 2 nicht in Betracht[1]. Zur Wirksamkeit der Befristung bedarf es nicht der Schriftform des § 14 IV TzBfG[2].

10 Liegt ein **sachlicher Grund** für die Befristung des AÜ-Vertrags vor, endet nach Abs. 1 S. 2 auch das fingierte Arbeitsverhältnis zwischen dem Entleiher und dem LeihArbN zu dem vereinbarten Zeitpunkt. Fehlt es an einer wirksamen Befristungsabrede, kommt ein unbefristetes Arbeitsverhältnis zwischen Entleiher und LeihArbN zu Stande. Zeitlichen Befristungen in dem AÜ-Vertrag gleichgestellt sind Zweckbefristungen[3]. Wird der Einsatz des LeihArbN über den im AÜ-Vertrag vereinbarten Zeitraum hinaus fortgesetzt, gilt das fingierte Arbeitsverhältnis zwischen Entleiher und LeihArbN gem. § 15 V TzBfG als auf unbestimmte Zeit abgeschlossen[4]. Im Übrigen kann das fingierte Arbeitsverhältnis zwischen dem Entleiher und dem LeihArbN nach den allgemeinen Grundsätzen durch den Abschluss eines Aufhebungsvertrags oder die Erklärung einer Kündigung beendet werden[5]. Zu beachten ist, dass bei einem befristeten Arbeitsverhältnis die ordentl. Kündigung mangels anderer Abrede ausgeschlossen ist (§ 15 III TzBfG)[6].

11 **3. Arbeitszeit (Abs. 1 S. 3).** Für das fingierte Arbeitsverhältnis zwischen dem Entleiher und dem LeihArbN gilt die Arbeitszeit als vereinbart, die zwischen dem Verleiher und dem Entleiher im AÜ-Vertrag vorgesehen war. Wiederum handelt es sich um eine Ausnahme von dem Grundsatz in § 10 I 4, nach dem sich der Inhalt des fingierten Arbeitsverhältnisses nach den im Betrieb des Entleihers geltenden Vorschriften und sonstigen Regelungen richtet. Die **Fiktion der vereinbarten Arbeitszeit** erstreckt sich auch auf die zwischen Entleiher und Verleiher vereinbarte Tageszeit, während der der LeihArbN zum Einsatz kommen sollte. Nur so kann der LeihArbN dem Gesetzeszweck entsprechend vor unvorhersehbaren Änderungen seiner vertragl. Pflichten geschützt werden[7]. Allerdings kann die Bindung des Entleihers an die Arbeitszeitregelungen in dem AÜ-Vertrag nicht weiter reichen als die des Verleihers im Rahmen des Leiharbeitsverhältnisses.

12 Grds. kann der Verleiher die Lage der Arbeitszeit gem. § 106 S. 1 GewO innerhalb der durch TV oder BV gezogenen Grenzen einseitig bestimmen. Durch die Fiktion des Arbeitsverhältnisses zwischen dem Entleiher und dem LeihArbN steht dieses Recht dem Entleiher zu[8]. Eine Beschränkung dieses Rechts muss ausdrücklich im Leiharbeitsvertrag vereinbart werden und entsteht nicht bereits dadurch, dass der Verleiher seine betriebsübliche Arbeitszeit zum Gegenstand des Leiharbeitsvertrags macht[9].

13 **4. Übriger Inhalt des Arbeitsverhältnisses (Abs. 1 S. 4).** Grds. gelten für den Inhalt des fingierten Arbeitsverhältnisses zwischen dem LeihArbN und dem Entleiher die für dessen Betrieb geltenden Vorschriften und sonstigen Regelungen. Fehlt es daran, gelten die Vorschriften und die Regelungen für vergleichbare Betriebe. Zu den Vorschriften und sonstigen Regelungen gehören alle einschlägigen arbeitsrechtl. Gesetze und VO, TV, BV und die betriebl. Übung im Entleiherbetrieb. Insoweit schreibt das Gesetz die Gleichbehandlung des LeihArbN mit den übrigen ArbN des Entleihers fest.

14 Das betrifft seine **Vergütung** ebenso wie alle übrigen Arbeitsbedingungen. Auch fortlaufende Sozialleistungen kann der LeihArbN unter dem Gesichtspunkt der Gleichbehandlung verlangen. Ist nur der Entleiher tarifgebunden, gelten gem. § 3 II TVG für den LeihArbN nur die tarifl. Normen über betriebliche und betriebsverfassungsrechtl. Fragen. Die übrigen Bestimmungen der einschlägigen TV gelten nach § 3 I TVG nur, wenn sowohl der Entleiher als auch der LeihArbN tarifgebunden sind[10]. Sieht eine für den Entleiherbetrieb verbindliche Kollektivregelung Ausschlussfristen für Ansprüche auf Arbeitsentgelt vor, beginnen diese Fristen für den LeihArbN erst in dem Zeitpunkt, in dem der Entleiher seine ArbGeb-Stellung eingeräumt hat[11].

15 Das kraft gesetzl. Fiktion begründete Arbeitsverhältnis steht einem durch einen normalen Arbeitsvertrag begründeten Arbeitsverhältnis in jeder Hinsicht gleich. Der Entleiher hat, weil er kraft gesetzl. Anordnung ArbGeb ist, den GesamtSozV-Beitrag des LeihArbN zu entrichten[12]. Vereinbaren Entleiher und LeihArbN schließlich einen neuen Arbeitsvertrag, wandelt sich das fingierte Arbeitsverhältnis in ein normales um[13]. Hierbei ist § 623 BGB zu beachten[14].

16 Nach Ablauf der Wartezeit erwirbt der LeihArbN auch den Anspruch auf **Kündigungsschutz** nach § 1 KSchG. Für die Erfüllung dieser Wartezeit sind indessen nur die Zeiten des fingierten Arbeitsverhältnisses anzurechnen, nicht jedoch die Zeiten, in denen der LeihArbN vor Eintritt der Fiktion des Arbeitsverhältnisses beim Entleiher beschäftigt war[15].

---

1 *Thüsing/Mengel*, § 10 AÜG Rz. 41. | 2 *Ulber*, § 10 AÜG Rz. 26. | 3 ArbG Oberhausen v. 9.4.1985 – 2 Ca 83/85, EzAÜG Nr. 38 zu § 10 AÜG – Fiktion. | 4 LAG BW v. 19.10.1984 – 7 Sa 28/84, EzAÜG Nr. 33 zu § 10 AÜG – Fiktion. | 5 *Schüren*, § 10 AÜG Rz. 117 f. | 6 *Boemke/Lembke*, § 10 AÜG Rz. 43; *Thüsing/Mengel*, § 10 AÜG Rz. 42. | 7 *Becker/Wulfgramm*, § 10 AÜG Rz. 19. | 8 *Schüren*, § 10 AÜG Rz. 89. | 9 BAG v. 23.6.1992 – 1 AZR 57/92, AP Nr. 1 zu § 611 BGB – Arbeitszeit. | 10 ErfK/*Wank*, § 10 AÜG Rz. 15. | 11 BAG v. 27.7.1983 – 5 AZR 194/81, AP Nr. 6 zu § 10 AÜG; LAG Rh.-Pf. v. 19.10.1999 – 10 Ta 175/99, NZA-RR 2000, 523. | 12 BGH v. 2.12.2004 – IX ZR 200/03, NJW 2005, 884. | 13 BAG v. 19.12.1979 – 4 AZR 901/77, AP Nr. 1 zu § 10 AÜG. | 14 *Thüsing/Mengel*, § 10 AÜG Rz. 17. | 15 BAG v. 10.5.1989 – 7 AZR 450/88, AP Nr. 7 zu § 1 KSchG 1969 – Wartezeit; *Thüsing/Mengel*, § 10 AÜG Rz. 25, 44.

5. Mindestarbeitsentgelt (Abs. 1 S. 5). Im Rahmen des fingierten Arbeitsverhältnisses kann der LeihArbN von dem Entleiher mindestens das Arbeitsentgelt verlangen, das er im Rahmen des Leiharbeitsvertrags mit dem Verleiher vereinbart hatte. Dieser Mindestvergütungsanspruch des LeihArbN steht ihm für die Zeit zu, in der die übliche Vergütung im Betrieb des Entleihers niedriger liegt[1]. Unter den Begriff des Arbeitsentgelts fallen **alle Vergütungsbestandteile**, die als Gegenleistung für die Arbeit des LeihArbN angesehen werden können[2]. Sind der Entleiher und der LeihArbN tarifgebunden, kann der LeihArbN das tarifl. vorgesehene Entgelt beanspruchen. Zahlt der Entleiher an seine StammArbN übertarifl. Löhne, kann der LeihArbN den gleichen Lohn im Wege der Gleichbehandlung beanspruchen. Liegt das mit dem Verleiher vereinbarte Arbeitsentgelt des LeihArbN höher, richten sich danach auch die Beiträge, die der Entleiher an gemeins. Einrichtungen der TV-Parteien abzuführen hat[3]. Als vertragl. mit dem Verleiher vereinbartes Arbeitsentgelt gilt bei Tarifbindung von Verleiher und LeihArbN der für das Leiharbeitsverhältnis vorgeschriebene Tariflohn[4]. 17

III. Pflicht des Verleihers zum Schadensersatz (Abs. 2). Ist der Leiharbeitsvertrag nach § 9 Nr. 1 unwirksam, kann der LeihArbN von dem Verleiher Ersatz des Schadens verlangen, den er dadurch erleidet, dass er auf die Gültigkeit des Vertrags vertraut, es sei denn, er kannte den Grund für dessen Unwirksamkeit. Mit dieser Regelung wollte der Gesetzgeber dem Umstand Rechnung tragen, dass an Stelle des in Aussicht genommenen Leiharbeitsvertrags ein völlig neues Arbeitsverhältnis mit dem Entleiher zu möglicherweise stark abweichenden Bedingungen entsteht. Denn das fingierte Arbeitsverhältnis stellt keineswegs in allen Fällen ein angemessenes Äquivalent für die gesetzl. angeordnete Unwirksamkeit des Leiharbeitsvertrags dar[5]. Allerdings kommt es in der Praxis selten zu Vermögenseinbußen auf Seiten des LeihArbN, die nicht bereits durch seinen Vergütungsanspruch aus dem fehlerhaften Leiharbeitsverhältnis abgedeckt werden[6]. 18

Der Schadensersatzanspruch setzt voraus, dass die Unwirksamkeit des Leiharbeitsvertrags gerade auf § 9 Nr. 1 beruht. Daher führt nicht jeder Grund für eine Unwirksamkeit des Leiharbeitsvertrags zur Schadensersatzpflicht des Verleihers nach Abs. 2. Auch nach dem Gesetzeszweck ist es nicht geboten, den Verleiher für jede Fehlerhaftigkeit des Leiharbeitsvertrags einstehen zu lassen[7]. Allerdings kann die Unwirksamkeit des Leiharbeitsvertrags sowohl darauf beruhen, dass der Verleiher bereits bei Vertragsabschluss über keine Verleiherlaubnis verfügte, als auch darauf, dass die ursprünglich vorhandene Erlaubnis im Verlauf des Leiharbeitsverhältnisses wegfällt. In letzterem Fall greift die Schadensersatzpflicht erst ein, wenn die Rechtswirkungen der Verleiherlaubnis enden, im Fall ihrer Rücknahme, ihres Widerrufs oder ihrer Nichtverlängerung erst nach Ablauf der gesetzl. vorgesehenen Abwicklungsfristen. 19

Die Schadensersatzpflicht des Verleihers ist gem. Abs. 2 S. 2 nur dann ausgeschlossen, wenn der LeihArbN **positive Kenntnis** von dem Grund für die Unwirksamkeit des Leiharbeitsvertrags hatte. Allgemeine Vermutungen, Zweifel an der Legalität und selbst grob fahrlässige Unkenntnis des LeihArbN vom Fehlen der Verleiherlaubnis lassen die Schadensersatzpflicht nicht entfallen[8]. Danach musste der LeihArbN wissen, dass er im Rahmen einer gewerbsmäßigen AÜ eingesetzt wurde, für die der Verleiher einer Erlaubnis bedurfte, und dass diese Erlaubnis dem Verleiher bereits bei Vertragsabschluss fehlte oder im Verlauf des Leiharbeitsvertrags weggefallen war. 20

Der LeihArbN kann vom Verleiher als Schadensersatz die Herstellung der Vermögenslage verlangen, die bestehen würde, wenn er den unwirksamen Leiharbeitsvertrag nicht eingegangen wäre und seine Arbeitskraft anderweitig eingesetzt hätte. Damit umfasst der Schadensersatzanspruch gem. Abs. 2 den **Vertrauensschaden ohne Begrenzung auf das Erfüllungsinteresse** wie etwa in den §§ 122 I, 179 II BGB. 21

Dementsprechend hätte der Verleiher auch die Vermögenseinbußen des LeihArbN zu ersetzen, die diesem entstehen, wenn er anstatt des Leiharbeitsverhältnisses eine höher dotierte Stelle angetreten hätte[9]. Der Anspruch des LeihArbN umfasst auch die Schäden, die er erleidet, weil der Entleiher seinen Verpflichtungen nach Abs. 1 nicht nachkommt[10]. Ferner sind die Schäden zu ersetzen, die dem LeihArbN dadurch entstehen, dass sein Leiharbeitsverhältnis kraft Gesetzes endet. Der LeihArbN hat gegen den Verleiher auch einen Anspruch auf Auskunft über die Tatsachen, die er zur Durchsetzung etwaiger Ansprüche benötigt. Dazu genügt bereits der Verdacht auf eine unerlaubte AÜ[11]. 22

Ersatzfähige Schäden können dem LeihArbN auch dadurch entstehen, dass er es im Vertrauen auf die Wirksamkeit des Leiharbeitsvertrags unterlassen hat, seine Ansprüche gegenüber dem Entleiher rechtzeitig, ggf. unter Beachtung tarifvertragl. Ausschlussfristen, schriftl. oder gerichtl. geltend zu machen[12]. Dabei ist allerdings zu berücksichtigen, dass die Verfallfristen für den Entgeltanspruch des LeihArbN nach Abs. 1 erst zu laufen beginnen, wenn der Entleiher seine Schuldnerstellung eingeräumt hat[13]. Da 23

1 BAG v. 21.7.1993 – 5 AZR 554/92, AP Nr. 10 zu § 10 AÜG. | 2 *Schüren*, § 10 AÜG Rz. 96; *Becker/Wulfgramm*, § 10 AÜG Rz. 25. | 3 LAG Hess. v. 7.6.1993 – 16 Sa 137/93, EzAÜG Nr. 92 zu § 10 AÜG – Fiktion. | 4 *Becker/Wulfgramm*, § 10 AÜG Rz. 28; ErfK/*Wank*, § 10 AÜG Rz. 13. | 5 BT-Drs. VI/2303, S. 14. | 6 *Schüren*, § 10 AÜG Rz. 145. | 7 BT-Drs. VI/2303, S. 19; *Sandmann/Marschall*, § 10 AÜG Anm. 24. | 8 *Schüren*, § 10 AÜG Rz. 196. | 9 *Schüren*, § 10 AÜG Rz. 200. | 10 *Becker/Wulfgramm*, § 10 AÜG Rz. 45. | 11 BAG v. 11.4.1984 – 5 AZR 316/82, AP Nr. 7 § 10 AÜG. | 12 *Sandmann/Marschall*, § 10 AÜG Anm. 26. | 13 BAG v. 27.7.1983 – 5 AZR 194/81, AP Nr. 6 zu § 10 AÜG.

der Schadensersatzanspruch gegen den Verleiher auch den Lohnanspruch des LeihArbN umfasst und damit an dessen Stelle tritt, erwirbt der LeihArbN im Fall der Insolvenz des Verleihers einen Anspruch auf Insolvenzgeld nach § 183 SGB III[1]. Wird der Entleiher insolvent, haftet der Verleiher nach Abs. 2, wenn der LeihArbN es in Unkenntnis des fingierten Arbeitsverhältnisses unterlässt, seinen Anspruch auf Insolvenzgeld innerhalb der gesetzl. Ausschlussfrist geltend zu machen[2].

24 **IV. Gesamtschuldnerische Haftung von Verleiher und Entleiher (Abs. 3).** Ist ein Leiharbeitsvertrag nach § 9 Nr. 1 unwirksam, zahlt der Verleiher aber gleichwohl das vereinbarte Arbeitsentgelt ganz oder teilweise an den LeihArbN, haftet er neben dem Entleiher als **Gesamtschuldner auch für sonstige Teile des Arbeitsentgelts**, die bei einem wirksamen Leiharbeitsvertrag an einen anderen zu zahlen wären. Diese sonstigen Teile des Arbeitsentgelts umfassen die Beiträge zur gesetzl. KV, RV und ArblV, die Beiträge zur gesetzl. UnfallV, die LSt und ESt, die Beiträge zu einer freiwilligen höheren RV oder KV des LeihArbN, Beiträge zu seiner betrieblichen Altersversorgung oder vermögenswirksame Leistungen sowie gepfändete oder abgetretene Teile seines Arbeitslohnes. Dabei gelten für die Abführung des GesamtSozV-Beitrags die Sondervorschrift des § 28e II SGB IV und für die LSt die Sondervorschrift des § 42d VI EStG neben § 10 III.

25 Nach seinem Wortlaut setzt die Haftung des Verleihers voraus, dass er trotz der Unwirksamkeit des Leiharbeitsvertrags das Arbeitsentgelt an den LeihArbN ganz oder teilweise ausgezahlt hat. Dabei ging der Gesetzgeber wegen der Unwirksamkeit des Leiharbeitsvertrags davon aus, dass der illegale Verleiher zur Zahlung einer Vergütung an sich nicht verpflichtet war[3].

26 Tatsächlich erwachsen jedoch aus einem unwirksamen, aber gleichwohl vollzogenen Leiharbeitsverhältnis jedenfalls für die Zeit dieses Vollzugs wechselseitige Ansprüche wie in einem wirksamen Arbeitsverhältnis. Daher muss sich die Haftung des Verleihers iSd. Abs. 3 auch auf den Zeitraum erstrecken, in dem das unwirksame Leiharbeitsverhältnis tatsächlich vollzogen wurde, ohne dass es darauf ankommt, ob er an den LeihArbN bisher tatsächlich ein Arbeitsentgelt gezahlt hat[4].

27 Bei illegaler AÜ ist die Durchsetzung der Haftung des Entleihers für die SozV-Beiträge dann schwierig, wenn die Namen der LeihArbN nicht feststehen. Nach § 28f II SGB IV kann die Einzugsstelle den GesamtSozV-Beitrag deswegen nach der Summe der insgesamt gezahlten Arbeitsentgelte berechnen. Auf Grund der gesamtschuldnerischen Haftung von Entleiher und Verleiher hat die Einzugsstelle darüber hinaus die Wahl, an welchen der beiden Beteiligten sie sich wenden will[5].

28 **V. Anspruch des LeihArbN auf Gleichstellung (Abs. 4).** Ist ein Leiharbeitsvertrag nach § 9 Nr. 2, der nur auf die gewerbsmäßige AÜ Anwendung findet (§ 9 Rz. 12), unwirksam, hat der LeihArbN Anspruch auf die im Betrieb des Entleihers für einen vergleichbaren ArbN des Entleihers geltenden wesentlichen Arbeitsbedingungen einschließlich des Arbeitsentgelts. Dieser verfassungsgemäße[6] gesetzl. Anspruch ist allerdings subsidiär gegenüber tarifl. Ansprüchen, die ein tarifgebundener Verleiher nicht erfüllt[7]. Auf Grund der Bezugnahme auf § 9 Nr. 2 kommt ein Anspruch für einen zuvor arbeitslosen LeihArbN erst nach Ablauf eines Überlassungszeitraums von sechs Wochen in Betracht. Wegen der Verweisung auf § 9 Nr. 2 ist der Anspruch auf Gleichstellung ausgeschlossen, wenn sich die Arbeitsbedingungen und das Arbeitsentgelt des LeihArbN nach einem einschlägigen TV richten. Wegen der einzelnen Voraussetzungen des Gleichstellungsanspruchs, insb. der Begriffe der wesentlichen Arbeitsbedingungen und des Arbeitsentgelts, sowie wegen des Vergleichsmaßstabes s. Komm. zu § 3 I Nr. 3 Rz. 28 ff. Macht ein LeihArbN gegenüber seinem ArbGeb die vergleichbare Vergütung gem. Abs. 4 klageweise geltend, genügt es zunächst, wenn er eine Auskunft des entleihenden Unternehmens über den dort gezahlten Vergleichslohn gem. § 13 vorlegt. Es ist dann Sache des LeihArbGeb, die Richtigkeit dieser Auskunft, insb. die Vergleichbarkeit der Tätigkeit oder die Höhe der dort bescheinigten Vergütung substantiiert zu bestreiten[8].

11 *Sonstige Vorschriften über das Leiharbeitsverhältnis*

(1) Der Nachweis der wesentlichen Vertragsbedingungen des Leiharbeitsverhältnisses richtet sich nach den Bestimmungen des Nachweisgesetzes. Zusätzlich zu den in § 2 Abs. 1 des Nachweisgesetzes genannten Angaben sind in die Niederschrift aufzunehmen:

1. Firma und Anschrift des Verleihers, die Erlaubnisbehörde sowie Ort und Datum der Erteilung der Erlaubnis nach § 1,

2. Art und Höhe der Leistungen für Zeiten, in denen der Leiharbeitnehmer nicht verliehen ist.

(2) Der Verleiher ist ferner verpflichtet, dem Leiharbeitnehmer bei Vertragsschluss ein Merkblatt der Erlaubnisbehörde über den wesentlichen Inhalt dieses Gesetzes auszuhändigen. Nichtdeutsche Leih-

---

1 BSG v. 20.3.1984 – 10 RAr 11/83, BSGE 56, 211. | 2 *Becker/Wulfgramm*, § 10 AÜG Rz. 45a. | 3 BT-Drs. X/318, S. 53. | 4 *Schüren*, § 10 AÜG Rz. 222. | 5 *Sandmann/Marschall*, § 10 AÜG Anm. 26b. | 6 BVerfG v. 29.12.2004 – 1 BvR 2283/03, NZA 2005, 153. | 7 *Schüren*, § 10 AÜG Rz. 232; s.a. BAG v. 19.9.2007 – 4 AZR 656/06, PM. | 8 BAG v. 19.9.2007 – 4 AZR 656/06, PM.

arbeitnehmer erhalten das Merkblatt und den Nachweis nach Absatz 1 auf Verlangen in ihrer Muttersprache. Die Kosten des Merkblatts trägt der Verleiher.

(3) Der Verleiher hat den Leiharbeitnehmer unverzüglich über den Zeitpunkt des Wegfalls der Erlaubnis zu unterrichten. In den Fällen der Nichtverlängerung (§ 2 Abs. 4 Satz 3), der Rücknahme (§ 4) oder des Widerrufs (§ 5) hat er ihn ferner auf das voraussichtliche Ende der Abwicklung (§ 2 Abs. 4 Satz 4) und die gesetzliche Abwicklungsfrist (§ 2 Abs. 4 Satz 4 letzter Halbsatz) hinzuweisen.

(4) § 622 Abs. 5 Nr. 1 des Bürgerlichen Gesetzbuchs ist nicht auf Arbeitsverhältnisse zwischen Verleihern und Leiharbeitnehmern anzuwenden. Das Recht des Leiharbeitnehmers auf Vergütung bei Annahmeverzug des Verleihers (§ 615 Satz 1 des Bürgerlichen Gesetzbuchs) kann nicht durch Vertrag aufgehoben oder beschränkt werden; § 615 Satz 2 des Bürgerlichen Gesetzbuchs bleibt unberührt.

(5) Der Leiharbeitnehmer ist nicht verpflichtet, bei einem Entleiher tätig zu sein, soweit dieser durch einen Arbeitskampf unmittelbar betroffen ist. In den Fällen eines Arbeitskampfes nach Satz 1 hat der Verleiher den Leiharbeitnehmer auf das Recht, die Arbeitsleistung zu verweigern, hinzuweisen.

(6) Die Tätigkeit des Leiharbeitnehmers bei dem Entleiher unterliegt den für den Betrieb des Entleihers geltenden öffentlich-rechtlichen Vorschriften des Arbeitsschutzrechts; die hieraus sich ergebenden Pflichten für den Arbeitgeber obliegen dem Entleiher unbeschadet der Pflichten des Verleihers. Insbesondere hat der Entleiher den Leiharbeitnehmer vor Beginn der Beschäftigung und bei Veränderungen in seinem Arbeitsbereich über Gefahren für Sicherheit und Gesundheit, denen er bei der Arbeit ausgesetzt sein kann, sowie über die Maßnahmen und Einrichtungen zur Abwendung dieser Gefahren zu unterrichten. Der Entleiher hat den Leiharbeitnehmer zusätzlich über die Notwendigkeit besonderer Qualifikationen oder beruflicher Fähigkeiten oder einer besonderen ärztlichen Überwachung sowie über erhöhte besondere Gefahren des Arbeitsplatzes zu unterrichten.

(7) Hat der Leiharbeitnehmer während der Dauer der Tätigkeit bei dem Entleiher eine Erfindung oder einen technischen Verbesserungsvorschlag gemacht, so gilt der Entleiher als Arbeitgeber im Sinne des Gesetzes über Arbeitnehmererfindungen.

I. Normzweck. Zum Schutz des LeihArbN enthält das Gesetz besondere Bestimmungen über den Inhalt und die Form des Leiharbeitsverhältnisses als Ergänzung zu den §§ 9, 10. Durch eine Reihe von Informations- und Hinweispflichten des Verleihers wird die Stellung des LeihArbN verbessert. Dazu wird dem Verleiher der Rückgriff auf einige arbeitsvertragl. Gestaltungsmöglichkeiten durch die Verkürzung von Kündigungsfristen oder die Abwälzung des Betriebsrisikos verwehrt. Im Fall von Arbeitskämpfen steht dem ArbN ein Leistungsverweigerungsrecht zu. Schließlich ist der Entleiher dem LeihArbN gegenüber für die Einhaltung der öffentl.-rechtl. Arbeitsschutzvorschriften in seinem Betrieb und für Vergütungsansprüche verantwortlich, die dem LeihArbN auf Grund von Erfindungen oder technischen Verbesserungsvorschlägen im Entleiherbetrieb zustehen. 1

Die Bestimmungen in § 11 sind nur auf die gewerbsmäßige AÜ anwendbar. Insoweit gehen sie den Regelungen des NachwG vor, die für andere Leiharbeitsverhältnisse und die übrigen Arbeitsverhältnisse gelten[1]. 2

II. Nachweis der wesentlichen Vertragsbedingungen (Abs. 1). Der Nachweis der wesentlichen Vertragsbedingungen des Leiharbeitsverhältnisses richtet sich gem. Abs. 1 S. 1 nach den Bestimmungen des NachwG. Nach § 2 I 1 NachwG muss der ArbGeb die wesentlichen Vertragsbedingungen schriftl. niederlegen, die Niederschrift unterzeichnen und sie dem ArbN aushändigen. 3

Hat der LeihArbN länger als einen Monat seine Arbeitsleistung außerhalb der Bundesrepublik Deutschland zu erbringen, muss ihm die Niederschrift bereits vor seiner Ausreise ausgehändigt werden. Sie muss gem. § 2 II NachwG zusätzliche Angaben enthalten. Neben der Dauer der im Ausland auszuübenden Tätigkeit ist die Währung aufzuführen, in der das Arbeitsentgelt gezahlt wird, sowie ein zusätzliches mit dem Auslandsaufenthalt verbundenes Arbeitsentgelt, etwaige zusätzliche Sachleistungen und die vereinbarten Bedingungen für die Rückkehr des ArbN. Darunter fallen ein vereinbarter Kaufkraftausgleich, eine Umzugskostenzusage sowie ein Anspruch auf Weiterbeschäftigung nach der Beendigung der Auslandstätigkeit[2]. 4

Grds. ist für den Abschluss des Leiharbeitsvertrags **keine besondere Form** vorgeschrieben. Das Leiharbeitsverhältnis kann demnach auch mündlich wirksam begründet werden. Dagegen muss der Nachweis über die wesentlichen Vertragsbedingungen schriftl. abgefasst werden, wobei die elektronische Form gem. § 2 I 3 NachwG ausdrücklich ausgeschlossen ist. Der Nachweis muss jedoch nicht in einer einheitlichen Urkunde erbracht werden, sondern kann durch die Aushändigung mehrerer Dokumente erfolgen. Ein Verstoß gegen die Verpflichtung nach Abs. 1 führt nicht zur Unwirksamkeit des Leiharbeitsvertrags. Es liegt jedoch eine Pflichtverletzung vor, aus der sich der Verleiher dem LeihArbN gegenüber schadensersatzpflichtig (§ 280 I BGB; § 280 I, II, § 286 BGB) machen kann[3]. Es handelt sich 5

---

1 *Sandmann/Marschall*, § 11 AÜG Anm. 3; *Schüren*, § 11 AÜG Rz. 20; *Grüneberger*, NJW 1995, 2809; *Birk*, NZA 1996, 281; aA *Becker/Wulfgramm*, § 11 AÜG Rz. 5. | 2 BAG v. 21.11.1996 – 6 AZR 222/96, ZTR 1997, 465. | 3 *Boemke/Lembke*, § 11 AÜG Rz. 98; *Thüsing/Mengel*, § 11 AÜG Rz. 31; ErfK/*Wank*, § 11 AÜG Rz. 30.

zudem um eine Ordnungswidrigkeit des Verleihers iSd. § 16 I Nr. 8[1]. Bereits das Fehlen einer im Gesetz vorgesehenen Angabe in der Urkunde führt zu einer Ordnungswidrigkeit. In schweren Fällen kommen die Nichtverlängerung oder der Widerruf der Erlaubnis in Betracht[2]. Haben die Parteien des Leiharbeitsvertrags weiter gehende Abreden getroffen, die zum Wesen des Vertragsinhalts gehören, sind diese auch in die Urkunde aufzunehmen[3]. Denn der Katalog des § 2 I 2 NachwG enthält nur Mindestangaben und ist keinesfalls abschließend.

6 Nach Abs. 1 S. 2 Nr. 1 sind in die Niederschrift **die Firma, die Anschrift des Verleihers, die Erlaubnisbehörde sowie Ort und Datum der Erteilung der Verleiherlaubnis** anzugeben. Zu dem vollen Firmennamen gehört bei einer GmbH & Co. KG auch der volle Name der Komplementär-GmbH[4]. Dagegen müssen die vertretungsberechtigten Personen nicht benannt werden[5]. Die Angaben über die Erteilung der Verleiherlaubnis sollen den LeihArbN vor den Folgen einer fehlenden Erlaubnis schützen. Dabei ist als Erlaubnisbehörde diejenige anzugeben, welche die Erlaubnis tatsächlich erteilt hat, selbst wenn deren Zuständigkeit streitig ist[6]. Anzugeben ist das Datum der zuletzt erteilten Erlaubnis.

7 Nach Abs. 1 S. 2 Nr. 2 sind in die Niederschrift die **Art und Höhe der Leistungen** für Zeiten aufzunehmen, in denen der LeihArbN nicht verliehen ist. Da der Verleiher als ArbGeb grds. das Beschäftigungsrisiko trägt, muss die Niederschrift Angaben zu der Vergütung des LeihArbN für die Fälle enthalten, in denen er vorübergehend nicht an einen Entleiher überlassen werden kann. Allerdings bedarf es in diesem Zusammenhang keiner Angaben zu den Leistungen bei Krankheit, Urlaub, Feiertagen, Mutterschutz, Elternurlaub oder persönlicher Verhinderung iSd. § 616 BGB. Soweit diese gesetzl. geregelten Leistungen im Rahmen des Leiharbeitsverhältnisses aber zulässigerweise eingeschränkt oder erweitert werden sollen, ist eine solche Abrede in die Niederschrift aufzunehmen.

8 Nach Abs. 1 S. 1 und § 2 I 2 Nr. 1 NachwG sind **die persönlichen Daten des LeihArbN** in die Niederschrift aufzunehmen, um dessen Person hinreichend zu individualisieren. Dabei kann es sich wegen der besonderen Pflichten des Verleihers gegenüber ausländischen LeihArbN empfehlen, zusätzlich die Staatsangehörigkeit des LeihArbN aufzunehmen[7].

9 Nach Abs. 1 S. 1 und § 2 I 2 Nr. 2 NachwG ist der **Beginn des Leiharbeitsverhältnisses** in die Niederschrift aufzunehmen. Dabei handelt es sich weder um den Zeitpunkt des Vertragsabschlusses noch um den Anfang der tatsächlichen Arbeitsaufnahme. Maßgeblich ist allein der vereinbarte Beginn der Laufzeit des Leiharbeitsverhältnisses[8].

10 Nach Abs. 1 S. 1 und § 2 I 2 Nr. 3 NachwG ist bei **befristeten Leiharbeitsverhältnissen** deren vorhersehbare Dauer in die Niederschrift aufzunehmen. Der Angabe des Befristungsgrundes bedarf es dagegen nicht. Bei zweckbefristeten oder auflösend bedingten Leiharbeitsverhältnissen ist statt eines festen Termins der Zweck der Befristung oder die Bedingung im Einzelnen zu bezeichnen[9].

11 Nach Abs. 1 S. 1 und § 2 I 2 Nr. 4 NachwG ist in die Niederschrift der **Arbeitsort** aufzunehmen oder, falls der LeihArbN nicht nur an einem bestimmten Ort tätig sein soll, ein Hinweis darauf, dass er an verschiedenen Orten beschäftigt werden kann. Diese Angaben sind für LeihArbN von besonderer Bedeutung, da sie in aller Regel nicht nur für den Einsatz bei einem Entleiher eingestellt werden. Neben der Pflicht des LeihArbN zur Erbringung auswärtiger Arbeitsleistungen sind in der Niederschrift neben dem räuml. Einsatzgebiet auch etwaige Sonderleistungen wie Fahrtkosten und Auslösung schriftl. fest zu halten[10].

12 Nach Abs. 1 S. 1 und § 2 I 2 Nr. 5 NachwG muss die Niederschrift eine **kurze Charakterisierung oder Beschreibung der** von dem LeihArbN zu leistenden **Tätigkeit** enthalten. Die Tätigkeit kann konkret angegeben oder durch ein charakteristisches Berufsbild fachlich umschrieben werden, wie etwa Maurer, Schlosser oder Elektriker einschließlich der notwendigen Qualifikation[11]. Auch Nebenarbeiten oder etwaige vorübergehend zu erbringende andere Tätigkeiten sind exakt aufzuführen. Ist die vorübergehende Zuweisung berufsfremder Tätigkeiten vereinbart, kann der Verleiher einen als Angestellten beschäftigten LeihArbN nicht zu gewerblichen Arbeiten verleihen[12].

13 Nach Abs. 1 S. 1 und § 2 I 2 Nr. 6 NachwG muss die Niederschrift Auskunft geben über die **Zusammensetzung und die Höhe des Arbeitsentgelts** einschließlich der Zuschläge, Zulagen, Prämien und Sonderzahlungen sowie anderer Entgeltbestandteile und deren Fälligkeit. Neben der Angabe, ob im Zeit- oder Leistungslohn gearbeitet werden soll, und der Grundvergütung in der Form eines Monatsgehalts oder eines Stundenlohnes sind alle Bemessungsfaktoren aufzuführen, die sich bei der Berechnung von Zuschlägen, Prämien oder Provisionen auf die Höhe des Gesamtentgelts auswirken. Dazu gehören auch

---

1 *Sandmann/Marschall*, § 11 AÜG Anm. 5; ArbG Stuttgart v. 18.3.1976 – 10 Ca 895/75, nv. | 2 ErfK/*Wank*, § 11 AÜG Rz. 27. | 3 *Sandmann/Marschall*, § 11 AÜG Anm. 7; *Schüren*, § 11 AÜG Rz. 28; KassHdb./*Düwell*, 4.5. Rz. 330; krit. ErfK/*Wank*, § 11 AÜG Rz. 3. | 4 *Grüneberger*, NJW 1995, 2809; *Thüsing/Mengel*, § 11 AÜG Rz. 26. | 5 *Sandmann/Marschall*, § 11 AÜG Anm. 8. | 6 *Thüsing/Mengel*, § 11 AÜG Rz. 27; ErfK/*Wank*, § 11 AÜG Rz. 16. | 7 *Schüren*, § 11 AÜG Rz. 31. | 8 *Grüneberger*, NJW 1995, 2809. | 9 *Birk*, NZA 1996, 281. | 10 *Schüren*, § 11 AÜG Rz. 37. | 11 *Schüren*, § 11 AÜG Rz. 38; *Richter/Mitsch*, AuA 1996, 7. | 12 LAG Berlin v. 27.7.1982 – 8 Sa 44/82, nv.

Lohnnebenleistungen mit Entgeltcharakter wie das Weihnachtsgeld, eine betriebliche Altersversorgung oder die maßgeblichen Auslösesätze[1]. Ferner sind die Zahlungsweise, der Zahlungstermin oder ein Anspruch auf Vorschuss in der Urkunde anzugeben[2].

Nach Abs. 1 S. 1 und § 2 I 2 Nr. 7 NachwG muss die Niederschrift Angaben zu der vereinbarten **Arbeitszeit** enthalten. Danach sind die Dauer und die Lage der Arbeitszeit festzulegen. Daneben ist eine Verpflichtung des LeihArbN zur Leistung von Mehrarbeit, Schichtarbeit sowie Nacht- und Wochenendarbeit schriftl. zu fixieren. Auch flexible Formen der Arbeitszeit wie Arbeit auf Abruf sind zu dokumentieren[3]. 14

Nach Abs. 1 S. 1 und § 2 I 2 Nr. 8 NachwG muss die Niederschrift die **Dauer des jährlichen Erholungsurlaubs** enthalten. Damit soll zunächst die Gewährung des gesetzl. Mindesturlaubs sicher gestellt werden. Darüber hinaus sind tarifl. oder individuell vereinbarte Regelungen aufzunehmen, die den LeihArbN besser stellen. 15

Nach Abs. 1 S. 1 und § 2 I 2 Nr. 9 NachwG sind in die Niederschrift die **Fristen für die Kündigung** des Leiharbeitsverhältnisses aufzunehmen. Das kann durch eine ausdrückliche Angabe der vereinbarten Fristen geschehen oder gem. § 2 III NachwG durch einen Hinweis auf die entsprechenden gesetzl. oder tarifl. Regelungen. 16

Nach Abs. 1 S. 1 und § 2 I 2 Nr. 10 NachwG muss die Niederschrift einen in allgemeiner Form gehaltenen **Hinweis auf die TV und BV** enthalten, die auf das Leiharbeitsverhältnis anwendbar sind. Einer Auflistung der konkreten kollektivrechtl. Regelungen bedarf es dazu nicht. Grds. müssen nur die TV dokumentiert werden, die auf Grund einer Tarifbindung oder einer individualvertragl. Abrede zwischen den Parteien des Leiharbeitsvertrags gelten. Durch den Hinweis auf die BV soll der LeihArbN einen Überblick über seine Rechte und Pflichten im Arbeitsverhältnis und im Betrieb erhalten. Da sie ebenso wie TV im Betrieb auszulegen sind, kann sich der LeihArbN über den aktuellen Inhalt der Vereinbarungen ohne weiteres Aufschluss verschaffen[4]. 17

Da es sich bei den Angaben gem. Abs. 1 S. 1 und § 2 I 2 NachwG lediglich um Mindestangaben handelt, können weitere für den Inhalt des Leiharbeitsverhältnisses wesentliche Abreden in die Niederschrift aufgenommen werden. Dazu gehört die Vereinbarung einer **Vertragsstrafe** für den Fall, dass der LeihArbN seine Arbeit nicht oder nicht rechtzeitig aufnimmt oder sie grundlos und ohne Einhaltung einer Kündigungsfrist beendet und damit vertragsbrüchig wird (zu den Voraussetzungen von Vertragsstrafen in AGB s. Anh. §§ 305–310 BGB Rz. 46 ff.)[5]. 18

Die Niederschrift ist dem LeihArbN nach § 2 I 1 NachwG spätestens einen Monat nach dem vereinbarten Beginn des Arbeitsverhältnisses auszuhändigen, im Falle einer Auslandstätigkeit spätestens vor der Abreise[6]. Einem ausländischen LeihArbN ist die Niederschrift auf Verlangen in seiner Muttersprache auszuhändigen gem. Abs. 2 S. 2. Jede nachträgliche Änderung einer Angabe in der Niederschrift ist nach § 3 NachwG spätestens einen Monat nach der Änderung dem LeihArbN schriftl. mitzuteilen. 19

III. Merkblatt der Erlaubnisbehörde (Abs. 2). Bei dem Abschluss des Leiharbeitsvertrags hat der Verleiher dem LeihArbN ein Merkblatt der Erlaubnisbehörde über den wesentlichen Inhalt des AÜG auszuhändigen. Ausländische LeihArbN erhalten das Merkblatt auf Verlangen in ihrer Muttersprache. Dabei kommt es nicht darauf an, ob der ausländische ArbN im Einzelfall über hinreichende deutsche Sprachkenntnisse verfügt[7]. Den Text des Merkblatts legt die Bundesagentur für Arbeit fest[8]. Sie hat dieses Merkblatt in nahezu allen europäischen Sprachen verfasst. Ist es gleichwohl in der Muttersprache des LeihArbN nicht vorhanden, muss es ihm der Verleiher auf eigene Kosten übersetzen lassen[9]. 20

IV. Hinweis bei Wegfall der Erlaubnis (Abs. 3). Der Verleiher muss den LeihArbN unverzüglich über den Zeitpunkt des Wegfalls der Verleiherlaubnis unterrichten und ihn auf das voraussichtliche Ende der Abwicklung einschließlich der gesetzl. Abwicklungsfrist hinweisen. Letzteres gilt in den Fällen der Nichtverlängerung, der Rücknahme und des Widerrufs der Verleiherlaubnis. Denn der LeihArbN soll sich rechtzeitig auf die Beendigung seines Vertragsverhältnisses einstellen können. Da das Gesetz keine besondere Form vorschreibt, muss die Unterrichtung über den Wegfall der Verleiherlaubnis nicht schriftl. erfolgen[10]. 21

V. Unabdingbarkeit (Abs. 4). Das Gesetz versagt dem Verleiher einige rechtl. Gestaltungsmöglichkeiten, die nach allgemeinem Arbeitsrecht zulässig wären und durch die das Beschäftigungsrisiko des 22

---

1 LAG Bremen v. 23.10.1975 – 3 Sa 155/79, EzAÜG Nr. 3 zu § 1 TVG – Tarifverträge. | 2 *Franßen/Haesen*, § 11 AÜG Rz. 7; *Becker/Wulfgramm*, § 11 AÜG Rz. 13. | 3 *Schüren*, § 11 AÜG Rz. 49. | 4 Kasseler Handbuch/*Düwell*, 4.5. Rz. 344. | 5 BAG v. 20.4.1989 – 2 AZR 511/88, EzAÜG Nr. 7 zu § 611 BGB – Leiharbeitsverhältnis. | 6 *Becker/Wulfgramm*, § 11 AÜG Rz. 13b; *Franßen/Haesen*, § 11 AÜG Rz. 11. | 7 LSG Bremen v. 15.3.1983 – L 5 BR 11/82, nv.; LSG Rh.-Pf. v. 10.6.1988 – L 6 Ar 117/87, nv. | 8 *Sandmann/Marschall*, Anhang 1. | 9 *Ulber*, § 11 AÜG Rz. 87; *Sandmann/Marshall*, § 11 AÜG Rz. 19; aA ErfK/*Wank*, § 11 AÜG Rz. 18; *Thüsing/Mengel*, § 11 AÜG Rz. 33. | 10 *Becker/Wulfgramm*, § 11 AÜG Rz. 16; *Thüsing/Mengel*, § 11 AÜG Rz. 37; aA *Schüren*, § 11 AÜG Rz. 88; *Ulber*, § 11 AÜG Rz. 91.

ArbGeb auf den LeihArbN abgewälzt würde[1]. Insoweit ergänzt Abs. 4 die Bestimmungen in §§ 3, 9 und 10. Zunächst verbietet Abs. 4 S. 1 dem Verleiher, mit dem LeihArbN einzelvertragl. **Kündigungsfristen** zu vereinbaren, die kürzer sind als in § 622 I und II BGB. Dadurch wird dem Verleiher die Möglichkeit genommen, LeihArbN wie Aushilfskräfte zu behandeln. Eine Verkürzung der Kündigungsfristen kann sich danach nur auf Grund tarifvertragl. Regelungen ergeben, soweit das Leiharbeitsverhältnis unter den Geltungsbereich eines TV fällt. Die einzelvertragl. Bezugnahme auf tarifvertragl. Abkürzungen von Kündigungsfristen ist jedoch ausgeschlossen[2].

23 Nach Abs. 4 S. 2 ist es dem Verleiher untersagt, den Vergütungsanspruch des LeihArbN bei **Annahmeverzug** für beschäftigungslose Zeiten aufzuheben oder zu beschränken. Darunter fällt auch die vertragl. Verpflichtung des LeihArbN, seine Arbeitskraft unabhängig von einer Einsatzmöglichkeit täglich im Betrieb des Verleihers anzubieten[3]. Allerdings muss sich der LeihArbN wie jeder andere ArbN nach § 615 S. 2 BGB auf seinen Verzugslohnanspruch anrechnen lassen, was er infolge des Unterbleibens seiner Arbeitsleistung erspart oder durch anderweitige Verwendung seiner Arbeitsleistung erwirbt oder zu erwerben böswillig unterlässt. Das wird durch § 615 S. 2 BGB in gleicher Weise klargestellt wie durch Abs. 4 S. 2 Hs. 2. Allerdings kann diese Anrechnungsbestimmung durch die Parteien des Leiharbeitsvertrags abbedungen werden.

24 Zwar enthält § 615 BGB keine Bestimmung über die Anrechnung öffentl.-rechtl. Leistungen. Erhält ein LeihArbN jedoch AlG I oder II, geht sein Vergütungsanspruch gegenüber dem Verleiher gem. § 115 I SGB X kraft Gesetzes auf den Träger der jeweiligen Sozialleistung über. Insoweit verliert der LeihArbN seine Stellung als Gläubiger des Vergütungsanspruchs. In Höhe der erhaltenen Leistungen kann der Verleiher Zahlungen verweigern[4]. Ob die Vorschrift in entsprechender Anwendung die Abbedingung des Betriebsrisikos (§ 615 S. 3 BGB), untersagt, ist umstritten[5]. In Formulararbeitsverträgen stellt die Abweichung von § 615 S. 3 BGB ohne Kompensation jedoch ohnehin eine unangemessene Benachteiligung dar, weil eine Abweichung vom gesetzl. Leitbild vorliegt (§ 307 II Nr. 1 BGB, s. § 307 BGB Rz. 17).

25 **VI. Leistungsverweigerungsrecht bei Arbeitskämpfen (Abs. 5).** Der LeihArbN ist nicht verpflichtet, bei einem Entleiher tätig zu sein, dessen Betrieb unmittelbar durch einen Arbeitskampf betroffen ist. Auf dieses Leistungsverweigerungsrecht hat der Verleiher den LeihArbN hinzuweisen. Mit dieser Regelung trägt das Gesetz dem Umstand Rechnung, dass weder der Abschluss von Arbeitsverträgen mit Streikbrechern noch der Abschluss von Verträgen, die auf eine Überlassung von LeihArbN als Streikbrecher abzielen, verboten ist[6]. Die Leistungspflicht entfällt nicht automatisch. Der LeihArbN muss das Leistungsverweigerungsrecht gegenüber dem Verleiher als seinem ArbGeb geltend machen[7].

26 Der Geltungsbereich dieser Bestimmung beschränkt sich auf Arbeitskämpfe im Entleiherbetrieb. Bei Arbeitskämpfen im Betrieb des Verleihers richtet sich das Recht des LeihArbN, die Arbeit zu verweigern, nach den allgemeinen Grundsätzen des Arbeitskampfrechts. Durch das individuelle Leistungsverweigerungsrecht des LeihArbN bei Arbeitskämpfen im Entleiherbetrieb stellt das Gesetz sicher, dass das Kräftegleichgewicht zwischen ArbGeb und Gewerkschaften durch den Einsatz von LeihArbN weder zu Lasten noch zu Gunsten einer der streitenden TV-Parteien verschoben wird[8].

27 Immer dann, wenn der Betrieb des Entleihers von einem Arbeitskampf betroffen ist, wird die Leistungspflicht des LeihArbN gegenüber dem Verleiher eingeschränkt. Kann dieser den LeihArbN deswegen nicht einsetzen, bleibt er gleichwohl zur Zahlung der vereinbarten Vergütung verpflichtet. Dieses Lohnrisiko gehört typischerweise zu dem allgemeinen wirtschaftl. Risiko eines Verleihunternehmens[9]. Eine abweichende vertragliche Vereinbarung ist wegen Verstoß gegen § 11 IV 2 iVm. § 615 S. 3, 1 BGB unwirksam[10].

28 Der Entleiher ist nicht nur dann durch einen Arbeitskampf unmittelbar betroffen, wenn sein Betrieb bestreikt wird oder er ArbN aussperrt, sondern immer dann, wenn der Betrieb unter den räumlichen und fachlichen Geltungsbereich eines TV fällt, auf den sich ein Arbeitskampf bezieht[11].

29 Wenn der LeihArbN von seinem Leistungsverweigerungsrecht keinen Gebrauch macht, ist er trotz des Arbeitskampfes zur Arbeitsleistung im Betrieb des Entleihers verpflichtet. Beteiligt er sich dort allerdings an Arbeitskampfmaßnahmen, verletzt er damit seine Leistungspflicht gegenüber dem Entleiher und seine Treuepflicht gegenüber dem Verleiher[12].

30 Der Verleiher ist verpflichtet, den LeihArbN bei jedem neuen Arbeitseinsatz auf dieses Leistungsverweigerungsrecht hinzuweisen, wenn der Betrieb des Entleihers von einem Arbeitskampf betroffen ist.

---

1 BT-Drs. VI/2303, S. 14. | 2 *Sandmann/Marschall*, § 11 AÜG Anm. 24; *Becker/Wulfgramm*, § 11 AÜG Rz. 28; aA *Franßen/Haesen*, § 11 AÜG Rz. 25. | 3 LAG Hess. v. 23.1.1987 – 13 Sa 1007/86, EzAÜG Nr. 2 zu § 626 BGB. | 4 *Schüren*, § 11 AÜG Rz. 106 f.; *Thüsing/Mengel*, § 11 AÜG Rz. 45. | 5 Dafür *Schüren*, § 11 AÜG Rz. 108; abl. *Thüsing/Mengel*, § 11 AÜG Rz. 46. | 6 *Sandmann/Marschall*, § 11 AÜG Anm. 28. | 7 *Thüsing/Mengel*, § 11 AÜG Rz. 49, *Ulber*, § 11 AÜG Rz. 127; aA *Boemke/Lembke*, § 11 AÜG Rz. 133. | 8 *Ulber*, § 11 AÜG Rz. 112, 120. | 9 BAG v. 1.2.1973 – 5 AZR 382/72, AP Nr. 29 zu § 615 BGB Betriebsrisiko; *Thüsing/Mengel*, § 11 AÜG Rz. 50; aA *Boemke/Lembke*, § 11 AÜG Rz. 138. | 10 LSG NRW v. 30.8.2006 – L 12 AL 168/05, EzAÜG § 615 Nr. 3; *Schüren*, § 11 AÜG Rz. 113. | 11 *Ulber*, § 11 AÜG Rz. 120. | 12 *Schüren*, § 11 AÜG Rz. 115.

Dazu reicht ein allgemein gehaltener Hinweis bei Abschluss des Leiharbeitsvertrags nicht aus[1]. Beginnt der Arbeitskampf erst, nachdem der LeihArbN seine Arbeit im Betrieb des Entleihers aufgenommen hat, muss der Hinweis des Verleihers unverzüglich erfolgen[2].

VII. Arbeitsschutz und Arbeitnehmererfindungen (Abs. 6 u. 7). Die im Betrieb des Entleihers geltenden öffentl.-rechtl. Vorschriften des Arbeitsschutzrechts gelten auch für die dort eingesetzten LeihArbN. Zu diesen Arbeitsschutzvorschriften gehören unter anderem das ArbSchG, das ArbZG, die Ladenschlussgesetze der Länder, die GewO, das MuSchG, das JArbSchG und das SGB IX über den Arbeitsschutz der Schwerbehinderten. Für die Einhaltung dieser Vorschriften sind Verleiher und Entleiher gemeins. verantwortlich. Dabei ist der Entleiher verpflichtet, in seinem Betrieb die praktischen Maßnahmen zur Durchführung des Arbeitsschutzes zu ergreifen, während der Verleiher im Wesentlichen auf die Überwachung und die Kontrolle der Einhaltung dieser Bestimmungen beschränkt ist[3]. 31

Darüber hinaus ist der Entleiher verpflichtet, den LeihArbN vor Beginn der Beschäftigung und bei jeder Veränderung in seinem Arbeitsbereich über die Gefahren für seine Sicherheit und Gesundheit sowie über Maßnahmen und Einrichtungen zur Abwendung dieser Gefahren zu unterrichten. Diese **Unterrichtungspflicht des Entleihers** erstreckt sich auch auf die Notwendigkeit besonderer Qualifikationen, beruflicher Fähigkeiten, eine besondere ärztliche Überwachung sowie auf eine erhöhte besondere Gefahr des Arbeitsplatzes. Verletzt der Entleiher diese Pflichten, kann dem LeihArbN daraus ein Leistungsverweigerungsrecht erwachsen[4]. Die Pflicht zur Zahlung der Ausgleichsabgabe nach § 77 SGB IX trifft allerdings allein den Verleiher als vertragl. ArbGeb des LeihArbN[5]. 32

Nach Abs. 7 gilt der Entleiher als ArbGeb iSd. ArbNErfG, wenn der LeihArbN während der Dauer der Tätigkeit bei ihm eine Erfindung oder einen technischen Verbesserungsvorschlag gemacht hat. Diese Bestimmung dient einer interessengerechten Zuordnung der Verwertungsrechte. Denn diese fallen grds. dem Entleiher zu, während der LeihArbN entsprechende Vergütungsansprüche ihm gegenüber erhält. Allerdings muss es sich um Erfindungen und technische Verbesserungsvorschläge handeln, die sich auf den Betrieb des Entleihers beziehen[6]. Die Vergütungsansprüche des LeihArbN können sich auch aus einem TV oder einer BV ergeben[7]. 33

12 *Rechtsbeziehungen zwischen Verleiher und Entleiher*

(1) Der Vertrag zwischen dem Verleiher und dem Entleiher bedarf der Schriftform. In der Urkunde hat der Verleiher zu erklären, ob er die Erlaubnis nach § 1 besitzt. Der Entleiher hat in der Urkunde anzugeben, welche besonderen Merkmale die für den Leiharbeitnehmer vorgesehene Tätigkeit hat und welche berufliche Qualifikation dafür erforderlich ist sowie welche im Betrieb des Entleihers für einen vergleichbaren Arbeitnehmer des Entleihers wesentlichen Arbeitsbedingungen einschließlich des Arbeitsentgelts gelten; Letzteres gilt nicht, soweit die Voraussetzungen einer der beiden in § 3 Abs. 1 Nr. 3 und § 9 Nr. 2 genannten Ausnahmen vorliegen.

(2) Der Verleiher hat den Entleiher unverzüglich über den Zeitpunkt des Wegfalls der Erlaubnis zu unterrichten. In den Fällen der Nichtverlängerung (§ 2 Abs. 4 Satz 3), der Rücknahme (§ 4) oder des Widerrufs (§ 5) hat er ihn ferner auf das voraussichtliche Ende der Abwicklung (§ 2 Abs. 4 Satz 4) und die gesetzliche Abwicklungsfrist (§ 2 Abs. 4 Satz 4 letzter Halbsatz) hinzuweisen.

Das Gesetz regelt die Rechtsbeziehungen zwischen Verleiher und Entleiher nur ansatzweise und schreibt lediglich einzelne Pflichten der Parteien des AÜ-Vertrags und dessen Form vor. Die vorgeschriebene Vertragsform und die Unterrichtungspflichten des Verleihers dienen dem Schutz des Entleihers. Die Angaben des Entleihers ermöglichen dem Verleiher, seiner Gleichstellungspflicht zu genügen. Sie dienen daher mittelbar dem Schutz des LeihArbN, während die Vorschrift insgesamt die Kontrolle und Überwachung durch die Erlaubnisbehörde erleichtern soll. 1

Dem **Schriftformerfordernis** nach Abs. 1 S. 1, das nur für die gewerbsmäßige AÜ gilt[8], kann dadurch genügt werden, dass der AÜ-Vertrag von beiden Parteien auf derselben Urkunde unterzeichnet wird. Werden mehrere gleich lautende Urkunden aufgenommen, genügt es nach § 126 II 2 BGB, wenn jede Vertragspartei die für die jeweils andere Partei bestimmte Urkunde unterzeichnet. Das Gesetz schreibt nicht vor, dass der AÜ-Vertrag in deutscher Sprache abgefasst sein muss. Es kann auch eine Kurzschrift oder eine Fremdsprache verwendet werden, die im Wege der Übersetzung allgemein ermittelt und verständlich gemacht werden kann[9]. Die Schriftform wird auch durch die elektronische Form (§§ 126 III, 126a BGB), nicht jedoch durch die Textform gewahrt (§ 126b BGB). 2

---

1 *Schüren*, § 11 AÜG Rz. 117; *Sandmann/Marschall*, § 11 AÜG Anm. 30. | 2 *Becker/Wulfgramm*, § 11 AÜG Rz. 18; *Franßen/Haesen*, § 11 AÜG Rz. 19. | 3 *Becker/Wulfgramm*, § 11 AÜG Rz. 60; *Franßen/Haesen*, § 11 AÜG Rz. 45; s. auch LAG Hamm v. 4.8.2003 – 2 Ta 739/02, EzAÜG Nr. 11 zu § 611 BGB – Haftung. | 4 BVerwG v. 13.12.2001 – 5 C 26/01, NZA 2002, 385. | 5 BAG v. 8.7.1971 – 5 AZR 29/71, AP Nr. 2 zu § 611 BGB – Leiharbeitsverhältnis. | 6 *Becker/Wulfgramm*, § 11 AÜG Rz. 47; *Thüsing/Mengel*, § 11 AÜG Rz. 56. | 7 ArbG Frankfurt/M v. 10.12.1985 – 8 Ca 50/75, EzAÜG Nr. 1 zu § 11 AÜG – Inhalt. | 8 *Boemke/Lembke*, § 12 AÜG Rz. 6; *Thüsing*, § 12 AÜG Rz. 4; aA *Ulber*, § 12 AÜG Rz. 3. | 9 *Schüren/Brors*, § 12 AÜG Rz. 10; *Sandmann/Marschall*, § 12 AÜG Anm. 2.

3 Die Formvorschrift bezieht sich auf das gesamte Rechtsgeschäft der AÜ einschließlich aller Nebenabreden und allgemeinen Geschäftsbedingungen. Das gilt auch für Vorverträge zwischen Verleiher und Entleiher[1]. Erforderlich ist, dass alle wesentlichen vertragl. Abreden in der Urkunde enthalten sind. Die hierzu vom BGH entwickelten Grundsätze zu § 126 II BGB einschließlich der sog. „Auflockerungsrechtsprechung" gelten auch für das AÜG[2]. Ein **Formmangel** führt gem. § 125 BGB regelmäßig zur Nichtigkeit des gesamten AÜ-Vertrags einschließlich aller Nebenabreden[3]. Die Rückabwicklung eines formnichtigen AÜ-Vertrags erfolgt nach Bereicherungsrecht. Da weder der Verleiher noch der Entleiher einem ArbN vergleichbar sozial schutzbedürftig sind, können die Grundsätze über das fehlerhafte Arbeitsverhältnis auf diesen Fall nicht übertragen werden[4].

4 Ist ein formnichtiger AÜ-Vertrag **bereits vollzogen** worden, müssen die vom LeihArbN erbrachten Arbeitsleistungen und die vom Entleiher gezahlte Vergütung einander gegenüber gestellt werden, um den Umfang der Bereicherung zu ermitteln[5]. Der Entleiher ist bei vorliegender Erlaubnis nach § 1 um den Verkehrswert der AÜ einschließlich des Gewinns des Verleihers bereichert, weil er eine solche AÜ regelmäßig nur auf der Grundlage eines mit diesem oder einem anderen Verleiher abzuschließenden formwirksamen Vertrag und damit lediglich gegen Zahlung der vollen Vergütung erreichen kann[6]. In der **Insolvenz** kann der Entleiher SozV-Beiträge, die er nach Eröffnung des Insolvenzverfahrens über das Vermögen des Verleihers zum Ausgleich der diesem obliegenden Zahlungspflicht an die Kasse geleistet hat, der vom Insolvenzverwalter geltend gemachten Bereicherungsforderung nicht anspruchsmindernd entgegensetzen[7]. Tritt zu einer Nichtigkeit wegen Verstoß gegen das Schriftformerfordernis diejenige wegen Fehlens der AÜ-Erlaubnis (§ 9 Nr. 1), gelten für den Bereicherungsausgleich die Grundsätze zu § 9 Rz. 6.

5 Bei einem AÜ-Vertrag besteht die **Hauptleistungspflicht des Verleihers** darin, dem Entleiher in dem vertragl. vorgesehenen Zeitraum und Umfang geeignete Arbeitskräfte zur Arbeitsleistung zur Verfügung zu stellen[8]. Danach schuldet der Verleiher nicht die Überlassung eines bestimmten ArbN, sondern einer für die vorgesehene Arbeitsaufgabe geeigneten Person, für deren Auswahl er dem Entleiher einzustehen hat[9]. Es handelt sich bei der AÜ um eine Gattungsschuld, ohne dass durch die Bereitstellung eines bestimmten LeihArbN eine endgültige Konkretisierung iSd. § 243 II BGB eintreten kann. Denn die Verpflichtung des Verleihers dauert während der gesamten Überlassungszeit an. Es ist keine Hauptpflicht des Verleihers, die vom Entleiher erhaltene Vergütung für die Zahlung der Löhne und Lohnnebenkosten der LeihArbN zu verwenden. Dies ist bloße Nebenpflicht. Wie er diese erfüllt, obliegt grds. der Entscheidung des Verleihers[10].

6 Dagegen wird bei einer konzerninternen Abordnung von ArbN und bei echter Leiharbeit nur ein ganz bestimmter ArbN zur Arbeitsleistung überlassen. In diesem Fall beschränkt sich die Pflicht des Verleihers darauf, diese Person bereit zu stellen und dafür Sorge zu tragen, dass sie in dem vorgesehenen Zeitraum für den Entleiher arbeitet[11].

7 Zusätzlich zu der allgemeinen Nebenpflicht des Verleihers, die Vermögensinteressen des Entleihers zu wahren, schreibt das Gesetz in Abs. 2 bestimmte **Unterrichtungspflichten** fest. Diese beziehen sich zunächst auf den Zeitpunkt des Wegfalls der Verleiherlaubnis. In den Fällen der Nichtverlängerung, der Rücknahme oder des Widerrufs der Verleiherlaubnis erstrecken sich diese Unterrichtungspflichten auch auf das voraussichtliche Ende der Abwicklung und die gesetzl. Abwicklungsfrist. Dadurch soll dem Entleiher ermöglicht werden, sich auf das Ende der Überlassungszeit einzustellen[12].

8 Der AÜ-Vertrag **verpflichtet den Entleiher** in der Hauptsache zur Zahlung der vereinbarten Vergütung[13]. Durch Vereinbarungen über die Zahlungsweise dieser Vergütung kann die grundsätzliche Vorleistungspflicht des Verleihers abbedungen werden[14]. Die Annahme der Arbeitsleistung des LeihArbN gehört nicht zu den Hauptpflichten des Entleihers. Denn er ist auch dann zur Zahlung der Überlassungsvergütung verpflichtet, wenn er die ihm vom Verleiher ordnungsgemäß angebotene Leiharbeitskraft nicht einsetzt. Die Annahme dieser Arbeitskraft stellt eine bloße Obliegenheit des Entleihers dar[15].

9 Über die allgemeine Fürsorgepflicht hinaus, die aus der Entgegennahme der Arbeitsleistung erwächst, gehört es zu den **Nebenpflichten des Entleihers**, für die Sicherheit der Arbeitsplätze zu sorgen, an denen er die LeihArbN beschäftigt, und den Verleiher über Arbeitspflichtverletzungen oder Leistungsmängel

---

1 *Thüsing*, § 12 AÜG Rz. 10; *Ulber*, § 12 AÜG Rz. 4. | 2 BGH v. 2.12.2004 – IX ZR 200/03, NJW 2005, 884. | 3 BGH v. 2.12.2004 – IX ZR 200/03, NJW 2005, 884; BGH v. 2.2.2006 – III ZR 61/05, VersR 2006, 1497; *Schüren/Brors*, § 12 AÜG Rz. 12. | 4 BAG v. 8.11.1978 – 5 AZR 261/77, AP Nr. 2 zu § 1 AÜG; OLG Naumburg v. 28.10.2004 – 4 U 138/04, EzAÜG Nr. 2 zu § 812 BGB; *Thüsing*, § 12 AÜG Rz. 14. | 5 BGH v. 17.1.1984 – VI ZR 187/82, DB 1984, 1194. | 6 BGH v. 2.12.2004 – IX ZR 200/03, NJW 2005, 884; OLG Naumburg v. 28.10.2004 – 4 U 138/04, EzAÜG Nr. 2 zu § 812 BGB; *Thüsing*, § 12 AÜG Rz. 16. | 7 BGH v. 2.12.2004 – IX ZR 200/03, NJW 2005, 884. | 8 OLG Hamburg v. 30.5.1973 – 5 U 33/73, EzAÜG Nr. 3 zu § 611 BGB Haftung; BGH v. 2.12.2004 – IX ZR 200/03, NJW 2005, 884. | 9 BGH v. 13.5.1975 – VI ZR 247/73, AP Nr. 1 zu § 12 AÜG. | 10 BGH v. 2.12.2004 – IX ZR 200/03, NJW 2005, 884. | 11 *Schüren*, Einl. Rz. 319; *Thüsing*, § 12 AÜG Rz. 23. | 12 *Becker/Wulfgramm*, § 12 AÜG Rz. 7. | 13 BGH v. 2.12.2004 – IX ZR 200/03, NJW 2005, 884. | 14 *Schüren*, Einl. Rz. 343. | 15 *Schüren*, Einl. Rz. 348; aA *Thüsing*, § 12 AÜG Rz. 36; *Ulber*, § 12 Rz. 19.

des LeihArbN zu unterrichten[1]. Nach Abs. 1 S. 2 hat der Entleiher darüber hinaus in der Urkunde über den AÜ-Vertrag anzugeben, welche besonderen Merkmale die für den LeihArbN vorgesehene Tätigkeit hat und welche beruflichen Qualifikationen dafür erforderlich sind. Die Angaben müssen sich ferner auf die wesentlichen Arbeitsbedingungen einschließlich des Arbeitsentgelts erstrecken, die in seinem Betrieb für einen mit dem LeihArbN vergleichbaren ArbN gelten. Wegen der Einzelheiten zu den Begriffen der wesentlichen Arbeitsbedingungen und des Arbeitsentgelts s. Komm. zu § 3 I Nr. 3 (s. dort Rz. 28 ff.). Die Vergleichbarkeit der in seinem Betrieb beschäftigten ArbN kann der Entleiher anhand der im AÜ-Vertrag angegebenen Tätigkeitsmerkmale und der erforderlichen Qualifikation feststellen. Sind in seinem Betrieb keine vergleichbaren ArbN beschäftigt, erübrigen sich die Angaben für den Entleiher[2]. Richten sich die Arbeitsbedingungen und das Arbeitsentgelt im Betrieb des Entleihers nach TV und BV, genügt er seiner Auskunftspflicht, wenn er auf diese Regelungen verweist und sie dem AÜ-Vertrag beifügt. Ist der Verleiher in Folge der Einstellung eines Arbl. von der Gewährung gleicher Arbeitsbedingungen für sechs Wochen befreit (§ 3 I Nr. 3, § 9 Nr. 2), ist im AÜ-Vertrag darauf hinzuweisen[3].

Im Fall einer Befristung **endet das AÜ-Verhältnis** mit Zeitablauf und im Fall einer auflösenden Bedingung mit deren Eintritt[4]. Neben dem gesetzl. verankerten Recht zur außerordentl. Kündigung des Vertrags können die Parteien auch das Recht zur ordentl. fristgerechten Kündigung vereinbaren. Schließlich kann der AÜ-Vertrag einvernehmlich aufgehoben werden. Der Vertrag endet nicht durch den Tod des LeihArbN, da sich die Leistungspflicht des Verleihers lediglich auf die Bereitstellung eines geeigneten LeihArbN erstreckt. Stirbt der Verleiher, können dessen Erben die AÜ-Verträge in entsprechender Anwendung von § 2 IV 4 im Rahmen der gesetzl. Abwicklungsfrist zu Ende führen oder das Verleihunternehmen mit einer eigenen Verleiherlaubnis fortsetzen. 10

Für Streitigkeiten aus dem Überlassungsverhältnis ist der **Rechtsweg** zu den ordentl. Gerichten eröffnet, weil zwischen Verleiher und Entleiher kein Arbeitsverhältnis besteht[5]. 11

13 *Auskunftsanspruch des Leiharbeitnehmers*

Der Leiharbeitnehmer kann im Falle der Überlassung von seinem Entleiher Auskunft über die im Betrieb des Entleihers für einen vergleichbaren Arbeitnehmer des Entleihers geltenden wesentlichen Arbeitsbedingungen einschließlich des Arbeitsentgelts verlangen; dies gilt nicht, soweit die Voraussetzungen einer der beiden in § 3 Abs. 1 Nr. 3 und § 9 Nr. 2 genannten Ausnahmen vorliegen.

Der Auskunftsanspruch des LeihArbN ergänzt die gewerberechtl. Regelung in § 3 I Nr. 3 und die arbeitsrechtl. Bestimmungen zum Gleichstellungsgebot in den §§ 9 Nr. 2 und 10 IV. Der Anspruch erlaubt dem LeihArbN einen Vergleich zwischen den Leistungen, die ihm der Verleiher gewährt, und den Leistungen, die ihm nach dem Gleichstellungsgebot zustehen. 1

Der Auskunftsanspruch steht dem LeihArbN nur zu, wenn er im Rahmen einer erlaubten gewerbsmäßigen AÜ im Betrieb des Entleihers tätig wird[6]. Eine Ausnahme besteht für Vereinbarungen nach § 3 I Nr. 3 und 9 Nr. 2. Er entsteht mit der Aufnahme der Tätigkeit im Betrieb des Entleihers. Nach dem Zeitraum der Überlassung besteht der Auskunftsanspruch gegen den Entleiher solange fort, wie der LeihArbN seinen Gleichstellungsanspruch gegen den Verleiher mit Rücksicht auf tarifl. Verfallfristen, Verjährung und Verwirkung noch erfolgreich geltend machen kann. Wenn der Entleiher die Auskunft nur unvollständig, fehlerhaft oder gar nicht erteilt, stehen dem LeihArbN Ansprüche auf Schadensersatz aus § 280 I BGB[7] und gem. § 823 II BGB iVm. § 13 als Schutzgesetz zu[8]. 2

Für die Klage des LeihArbN auf Erteilung der Auskunft gegen den Entleiher ist der **Rechtsweg** zu den ArbG eröffnet (§ 2 I Nr. 3a ArbGG)[9]. 3

14 *Mitwirkungs- und Mitbestimmungsrechte*

(1) Leiharbeitnehmer bleiben auch während der Zeit ihrer Arbeitsleistung bei einem Entleiher Angehörige des entsendenden Betriebs des Verleihers.

(2) Leiharbeitnehmer sind bei der Wahl der Arbeitnehmervertreter in den Aufsichtsrat im Entleiherunternehmen und bei der Wahl der betriebsverfassungsrechtlichen Arbeitnehmervertretungen im Entleiherbetrieb nicht wählbar. Sie sind berechtigt, die Sprechstunden dieser Arbeitnehmervertretungen aufzusuchen und an den Betriebs- und Jugendversammlungen im Entleiherbetrieb teilzunehmen. Die §§ 81, 82 Abs. 1 und die §§ 84 bis 86 des Betriebsverfassungsgesetzes gelten im Entleiherbetrieb auch in Bezug auf die dort tätigen Leiharbeitnehmer.

---

1 *Schüren*, Einl. Rz. 351 ff. | 2 *Boemke/Lembke*, § 12 AÜG Rz. 22; *Thüsing*, § 12 AÜG Rz. 20. | 3 *Ulber*, § 12 AÜG Rz. 6b. | 4 *Becker/Wulfgramm*, § 12 AÜG Rz. 54. | 5 *Thüsing*, § 12 AÜG Rz. 46; *Ulber*, § 12 AÜG Rz. 43. | 6 *Boemke/Lembke*, § 13 AÜG Rz. 6; *Thüsing/Pelzner*, § 13 AÜG Rz. 3. | 7 *Thüsing/Pelzner*, § 13 AÜG Rz. 10; *Boemke/Lembke*, § 13 AÜG Rz. 15. | 8 *Boemke/Lembke*, § 13 AÜG Rz. 15. | 9 *Boemke/Lembke*, § 13 AÜG Rz. 17; s. auch LAG Hamm v. 4.8.2003 – 2 Ta 739/02, NZA-RR 2004, 106; OLG Düsseldorf v. 7.7.2004 – 6 W 36/04, NZA 2005, 103; aA *Thüsing/Pelzner*, § 13 AÜG Rz. 11.

(3) Vor der Übernahme eines Leiharbeitnehmers zur Arbeitsleistung ist der Betriebsrat des Entleiherbetriebs nach § 99 des Betriebsverfassungsgesetzes zu beteiligen. Dabei hat der Entleiher dem Betriebsrat auch die schriftliche Erklärung des Verleihers nach § 12 Abs. 1 Satz 2 vorzulegen. Er ist ferner verpflichtet, Mitteilungen des Verleihers nach § 12 Abs. 2 unverzüglich dem Betriebsrat bekannt zu geben.

(4) Die Absätze 1 und 2 Sätze 1 und 2 sowie Absatz 3 gelten für die Anwendung des Bundespersonalvertretungsgesetzes sinngemäß.

1 **I. Betriebsverfassungsrechtliche Zuordnung der Leiharbeitnehmer (Abs. 1).** Auch während der Zeit ihrer Arbeitsleistung bei einem Entleiher bleiben LeihArbN **Angehörige des entsendenden Betriebs** des Verleihers. Dies gilt auch dann, wenn sie ArbN einer konzernangehörigen Personalführungsgesellschaft sind, deren ausschließliche Aufgabe es ist, ihre ArbN anderen Konzernunternehmen zur Arbeitsleistung zu überlassen[1]. Nach der jetzigen Gesetzeskonzeption, die eine zeitliche Beschränkung der AÜ nicht mehr vorsieht, gilt dies auch dann, wenn die ArbN dauerhaft an ein Unternehmen überlassen werden[2]. Etwas anderes kann auch nicht deshalb gelten, weil ansonsten eine ordnungsgemäße betriebsverfassungsrechtl. Vertretung der überlassenen ArbN nicht gewährleistet sei[3]. Eine solche korrigierende Wertung obliegt dem Gesetzgeber[4]. Aus der Zuordnung zum Verleiherbetrieb folgt, dass die LeihArbN dort alle Rechte nach dem BetrVG haben. Auch wenn sie ihre Arbeitsleistung ständig außerhalb des Verleiherbetriebs erbringen, haben sie dort das aktive und passive Wahlrecht nach dem BetrVG[5]. Die Anwendung des Abs. 1 setzt nicht voraus, dass die LeihArbN vor ihrer Überlassung in die Betriebsorganisation des Verleihers eingegliedert gewesen sind[6].

2 Sie können an den Betriebsversammlungen im Verleiherbetrieb teilnehmen und haben das Recht, die Sprechstunden des BR im Verleiherbetrieb aufzusuchen. Die Vergütung für die dazu erforderliche Zeit hat der Verleiher weiter zu zahlen. Ob er berechtigt ist, dem Entleiher diese Zeiten in Rechnung zu stellen, richtet sich nach dem Inhalt des AÜ-Vertrags[7].

3 Die in den §§ 81, 82 I und 84–86 BetrVG geregelten Rechte und Pflichten gelten auch im Verhältnis zwischen Verleiher und LeihArbN. Danach ist der Verleiher zur Unterrichtung über Unfall- und Gesundheitsgefahren und zur Erörterung von Veränderungen der Arbeitsabläufe und deren Auswirkungen auf den Arbeitsplatz des LeihArbN verpflichtet. Der LeihArbN hat gegenüber dem Verleiher das Recht, in betrieblichen Angelegenheiten angehört zu werden und die Berechnung und Zusammensetzung seines Arbeitsentgelts sowie die Beurteilung seiner Leistungen und die Möglichkeiten seiner beruflichen Entwicklung zu erörtern.

4 Darüber hinaus steht dem LeihArbN das Recht zu, sich bei den zuständigen Stellen des Verleiherbetriebs zu beschweren. Dazu gehört auch der in diesem Betrieb gebildete BR. Diesem stehen sämtliche Rechte nach dem BetrVG auch hinsichtlich der LeihArbN zu. Das betrifft insb. die Einstellung und die Kündigung von LeihArbN im Verleiherbetrieb. Bei der Anordnung oder Duldung von Überstunden im Entleiherbetrieb steht dem BR des Verleiherbetriebs nur dann ein MitbestR nach § 87 I Nr. 3 BetrVG zu, wenn der Verleiher dem Entleiher das Recht zur Anordnung von Überstunden im AÜ-Vertrag übertragen hat[8].

5 Diese Grundsätze gelten bei legaler AÜ ebenso wie bei den gesetzl. nicht geregelten Erscheinungsformen der nicht gewerbsmäßigen AÜ, denn ob ein Verleiher gewerbsmäßig oder nicht gewerbsmäßig handelt, ist für die betriebsverfassungsrechtl. Stellung des LeihArbN unbeachtlich[9]. Besitzt der Verleiher nicht die erforderliche Erlaubnis, wird nach den §§ 9 Nr. 1, 10 I ein Arbeitsverhältnis zum Entleiher fingiert. In diesem Fall wird der LeihArbN auch betriebsverfassungsrechtl. dem Betrieb des Entleihers zugerechnet[10]. Da die Überlassung dieses LeihArbN als Einstellung in den Betrieb des Entleihers anzusehen ist, hat dieser den in seinem Betrieb gebildeten BR zu unterrichten und seine Zustimmung einzuholen[11].

5a Einer Anwendung des Abs. 1 steht nicht entgegen, dass ein inländischer ArbGeb einen Teil seiner ArbN ausländischen Unternehmen zum **Auslandseinsatz** überlässt. Anknüpfungspunkt für die Anwendung des BetrVG ist nach dem Territorialitätsprinzip der im Inland gelegene Betrieb der ArbGeb[12].

6 **II. Rechte des Leiharbeitnehmers im Entleiherbetrieb (Abs. 2).** LeihArbN sind bei der Wahl der ArbN-Vertreter in den Aufsichtsrat im Entleiherunternehmen und bei der Wahl der betriebsverfassungsrechtl. ArbN-Vertretung **im Entleiherbetrieb nicht wählbar**[13]. Danach steht LeihArbN ein passives Wahlrecht

---

1 BAG v. 20.4.2005 – 7 ABR 20/04, EzA Nr. 5 zu § 14 AÜG. | 2 LAG Thür. v. 29.3.2007 – 8 TaBV 12/06, EzAÜG BetrVG Nr. 97. | 3 So aber LAG Schl.-Holst. v. 24.5.2007 – 1 TaBV 64/06, EzAÜG BetrVG Nr. 98. | 4 Vgl. *Brose*, NZA 2005, 797, 800. | 5 BAG v. 20.4.2005 – 7 ABR 20/04, EzA Nr. 5 zu § 14 AÜG; BT-Drs. IX/847, S. 8. | 6 BAG v. 20.4.2005 – 7 ABR 20/04, EzA Nr. 5 zu § 14 AÜG. | 7 *Sandmann/Marschall*, § 14 AÜG Anm. 5. | 8 LAG Köln v. 21.10.1994 – 13/10 TaBV 45/94, EzAÜG Nr. 69 zu BetrVG. | 9 BAG v. 10.3.2004 – 7 ABR 49/03, AP Nr. 8 zu § 7 BetrVG 1972; v. 20.4.2005 – 7 ABR 20/04, EzA Nr. 5 zu § 14 AÜG. | 10 BAG v. 20.4.2005 – 7 ABR 20/04, EzA Nr. 5 zu § 14 AÜG; *Thüsing*, § 14 AÜG Rz. 8. | 11 BAG v. 31.1.1989 – 1 ABR 72/87, AP Nr. 33 zu § 80 BetrVG 1972. | 12 BAG v. 20.4.2005 – 7 ABR 20/04, EzA Nr. 5 zu § 14 AÜG. | 13 BAG v. 16.4.2003 – 7 ABR 53/02, NZA 2003, 1345; v. 22.10.2003 – 7 ABR 3/03, DB 2004, 939.

im Entleiherbetrieb selbst dann nicht zu, wenn sie für einen Zeitraum von mehr als sechs Monaten überlassen worden sind. Diesen Zeitraum einer Betriebszugehörigkeit setzt bereits § 8 BetrVG für die Wählbarkeit zum BR voraus.

Werden LeihArbN länger als drei Monate im Betrieb des Entleihers eingesetzt, steht ihnen das **aktive Wahlrecht** nach § 7 S. 2 BetrVG zu. Unter denselben Voraussetzungen können sie gem. § 10 II 2 MitbestG, § 8 II 2 MontanMitbestErgG und § 5 II 2 DrittelbG an der Wahl der ArbN-Vertreter in den Aufsichtsrat des Entleiherunternehmens aktiv teilnehmen. Diese Regelungen dienen dazu, eine Erosion der Stammbelegschaft und der damit verbundenen negativen Auswirkungen auf die Betriebsverfassung entgegenzuwirken[1]. Dieses aktive Wahlrecht steht neben den im Rahmen einer gewerbsmäßigen AÜ tätigen LeihArbN auch echten LeihArbN und denjenigen zu, die im Rahmen einer sog. Konzernleihe in einem anderen Betrieb desselben Konzerns eingesetzt werden[2]. 7

Diese Regelung über das aktive Wahlrecht der LeihArbN im Betrieb des Entleihers unterliegt keinen verfassungsrechtl. Bedenken. Denn der Entleiher übt gegenüber den LeihArbN kraft seiner Organisationshoheit und Dispositionsbefugnis teilweise ArbGebFunktionen aus. Damit wird auch der BR des Entleiherbetriebs partiell zuständig[3]. Denn die Zuständigkeit des BR für ArbN eines fremden ArbGeb beruht bereits darauf, dass diese in den Betrieb tatsächlich eingegliedert sind[4]. 8

Bei der Berechnung betriebsverfassungsrechtl. **Schwellenwerte** sind LeihArbN dagegen nicht zu berücksichtigen. Allein ihre Wahlberechtigung nach § 7 S. 2 BetrVG macht sie nicht zu wahlberechtigten ArbN des Betriebs. Denn die Mitglieder der Stammbelegschaft bestimmen sich ausschließlich nach § 5 BetrVG. Demgegenüber stellen die LeihArbN allenfalls eine Art Randbelegschaft dar, die nur hinsichtlich einzelner Rechte den Betriebsangehörigen gleichgestellt ist[5]. Diese Grundsätze gelten auch im Falle nicht gewerbsmäßiger AÜ oder bei einer Überlassung der ArbN im Wege der Konzernleihe gem. § 1 III Nr. 2[6]. 9

LeihArbN sind berechtigt, die Sprechstunden der ArbN-Vertretungen im Verleiherbetrieb aufzusuchen und an den dortigen Betriebs- und Jugendversammlungen teilzunehmen. Im Verhältnis zum Entleiher stehen ihnen auch die Informations-, Anhörungs- und Beschwerderechte nach den §§ 81, 82 II und 84 bis 86 BetrVG zu. Danach kann der LeihArbN vom Entleiher auch eine Arbeitsfreistellung für einen Besuch bei dem BR des Verleihers verlangen[7]. War dieser Besuch erforderlich, steht ihm gegenüber dem Verleiher die vereinbarte Vergütung zu. Ob der Verleiher diese Kosten dem Entleiher in Rechnung stellen kann, hängt wiederum von den Vereinbarungen in dem AÜ-Vertrag ab. 10

Die Auskunfts- und Erörterungsrechte nach § 82 II BetrVG sowie das Einsichtsrecht in Personalakten nach § 83 BetrVG stehen dem LeihArbN ausschließlich im Verhältnis zum Verleiher zu. Die Rechte der LeihArbN im Entleiherbetrieb nach dem BetrVG sind in Abs. 2 nur beispielhaft aufgezählt[8]. So gelten für sie auch die Grundsätze für die Behandlung der Betriebsangehörigen nach § 75 BetrVG. Der Entleiher und der in seinem Betrieb gebildete BR haben auch im Hinblick auf LeihArbN darüber zu wachen, dass jede unterschiedliche Behandlung im Hinblick auf ihre Abstammung, Religion, Nationalität, Herkunft, politische oder gewerkschaftliche Betätigung oder Einstellung oder wegen ihres Geschlechts oder ihrer sexuellen Identität unterbleibt, zumal der Entleiher jetzt gem. § 6 II 2 AGG insoweit auch als ArbGeb gilt[9]. Die Feststellung weiterer Beteiligungsrechte des Entleiherbetriebsrats im Hinblick auf den LeihArbN bleibt der Rspr. vorbehalten[10]. 11

III. Rechte des Entleiherbetriebsrats (Abs. 3). Vor der **Übernahme eines LeihArbN** zur Arbeitsleistung ist der BR des Entleiherbetriebs nach § 99 BetrVG zu beteiligen. Dabei hat der Entleiher dem BR auch die schriftl. Erklärung des Verleihers über die ihm erteilte Verleiherlaubnis vorzulegen. Ferner ist er verpflichtet, Mitteilungen des Verleihers über den Zeitpunkt des Wegfalls der Erlaubnis, über das voraussichtliche Ende der Abwicklung und über die gesetzl. Abwicklungsfrist dem BR unverzüglich bekannt zu geben. 12

Diese Rechte stehen dem BR des Entleiherbetriebs auch bei anderen Formen eines drittbezogenen Personaleinsatzes zu. Das gilt einmal für die nicht gewerbsmäßige AÜ[11]. Entsprechende Anwendung findet Abs. 3 auch bei einer Abordnung zu einer Arbeitsgemeinschaft gem. § 1 I 2 und im Fall einer illegalen AÜ[12]. Werden ArbN von Fremdfirmen dagegen auf der Grundlage echter Dienst- oder Werk- 13

---

1 ErfK/*Wank*, § 14 AÜG Rz. 6. | 2 BT-Drs. XIV/5741, S. 36. | 3 *Konzen*, RdA 2001, 76; *Brors*, NZA 2002, 123; *Däubler*, AiB 2001, 684; *Engels/Trebinger/Löhr-Steinhaus*, DB 2001, 532. | 4 *Fitting*, § 7 BetrVG Rz. 40; aA *Reichold*, NZA 2001, 857. | 5 BAG v. 16.4.2003 – 7 ABR 53/02, DB 2003, 2128; v. 22.10.2003 – 7 ABR 3/03, AP Nr. 28 zu § 38 BetrVG 1972; aA *Thüsing*, § 14 AÜG Rz. 63; DKK/*Schneider* § 9 BetrVG Rz. 10b ff. mwN. Zum Ganzen auch *Dörner*, FS Wißmann 286, 292 ff. | 6 BAG v. 10.3.2004 – 7 ABR 49/03, AP Nr. 8 zu § 7 BetrVG 1972; aA *Boemke/Lembke*, § 14 AÜG Rz. 65; *Fitting*, § 8 BetrVG Rz. 27. | 7 BAG v. 28.7.1992 – 1 ABR 22/92, AP Nr. 7 zu § 87 BetrVG 1972 – Werkmietwohnungen. | 8 *Sandmann/Marschall*, § 14 AÜG Anm. 15; *Thüsing*, § 14 AÜG Rz. 72. | 9 *Schüren/Hamann*, § 14 AÜG Rz. 213 f.; ErfK/*Wank*, § 14 AÜG Rz. 13. | 10 BT-Drs. IX/847, S. 13; s. auch *Hamann*, NZA 2003, 526 (530 ff.). | 11 BAG v. 25.1.2005 – 1 ABR 61/03, AP Nr. 48 zu § 99 BetrVG 1972 – Einstellung. | 12 BAG v. 6.6.1978 – 1 ABR 66/75, AP Nr. 6 zu § 99 BetrVG 1972; v. 14.4.1986 – 1 ABR 44/84, AP Nr. 35 zu § 35 BetrVG 1972; v. 31.1.1989 – 1 ABR 72/87, AP Nr. 33 zu § 80 BetrVG 1972.

verträge eingesetzt, ist für die Anwendung des § 99 BetrVG kein Raum, da es an der Personalhoheit des Einsatzbetriebs fehlt[1].

14 Da es sich bei der Verweisung in Abs. 3 nicht um eine Rechtsgrundverweisung, sondern um eine Verweisung auf die Rechtsfolgen des § 99 BetrVG handelt, ist der BR des Entleiherbetriebs zu beteiligen, wenn dort nur 20 oder weniger wahlberechtigte ArbN beschäftigt sind[2]. Jegliche Übernahme eines LeihArbN löst das MitbestR des EntleiherBR nach Abs. 3 S. 1 aus. Auf die Dauer dieser Übernahme und etwaige Auswirkungen auf die Produktion im Entleiherbetrieb kommt es nicht an[3]. Soll der LeihArbN durch eine andere Person ausgetauscht werden oder soll sein Einsatzzeitraum verlängert werden, handelt es sich jeweils um eine erneute Übernahme iSd. Gesetzes[4]. Soll dem LeihArbN im Betrieb des Entleihers ein anderer Arbeitsplatz zugewiesen werden, handelt es sich allenfalls um eine zustimmungspflichtige Versetzung, nicht aber um eine Übernahme[5].

15 Der BR im Entleiherbetrieb muss alle Informationen erhalten, die für seine Entscheidung nach § 99 II BetrVG von Bedeutung sein können. Er muss sich darüber vergewissern können, ob überhaupt ein Beteiligungsrecht nach § 14 besteht, ob es um eine gewerbsmäßige AÜ geht, ob der Verleiher die dazu erforderliche Erlaubnis besitzt oder ob etwa ein unmittelbares Arbeitsverhältnis zwischen dem LeihArbN und dem Entleiher kraft der gesetzl. Fiktion des § 10 I begründet wird. Bei begründeten Zweifeln kann der BR die Vorlage aller Verträge mit Fremdfirmen über die Beschäftigung von LeihArbN verlangen[6]. Inwieweit auf Grund der Natur des Leiharbeitsverhältnisses und eines dadurch eingeschränkten Kenntnisstands des Entleihers Erleichterungen für den Umfang der Unterrichtung anzunehmen sind, ist noch nicht abschließend geklärt[7]. Ob es dem Entleiher zB gestattet ist, das personenbezogene Mitbestimmungsverfahren nach § 99 BetrVG – insb. im Hinblick auf den Zustimmungsverweigerungsgrund in § 99 II Nr. 6 BetrVG[8] – ohne Angabe der Personalien der zu übernehmenden LeihArbN einzuleiten, ohne dass er sich ggf. bei dem Verleiher erkundigen muss, ist umstritten[9]. Zur Wahrnehmung seiner Beteiligungsrechte bei der Personalplanung nach § 92 II BetrVG kann der BR darüber hinaus die Einsichtnahme in Listen verlangen, aus denen er die Einsatzzeiten der LeihArbN, deren Qualifikationen und persönliche Daten sowie die vorgesehenen Tätigkeiten im Entleiherbetrieb entnehmen kann[10].

16 Ein MitbestR im Hinblick auf die **Eingruppierung des LeihArbN** steht dem EntleiherBR nicht zu[11]. Die Höhe der Vergütung ist Bestandteil des Leiharbeitsvertrags, den der Verleiher weder gegenüber dem Verleiher noch gegenüber dessen BR offen legen muss[12]. Das gilt auch für Bewerbungsunterlagen des LeihArbN, da dessen Übernahme allein durch die Zuweisung des Verleihers erfolgt[13]. Auch wenn sich die Vergütung des LeihArbN wegen Verstoß gegen § 3 I Nr. 3, § 9 Nr. 2 gem. § 10 IV nach den wesentlichen Arbeitsbedingungen des Entleihers richtet, bleiben der Verleiher als VertragsArbGeb und dessen BR für die Eingruppierung zuständig[14].

17 Der EntleiherBR kann seine Zustimmung zur Übernahme des LeihArbN aus den in § 99 II Nr. 1 bis 6 BetrVG verweigern. Dabei kann er sich jedoch nicht auf eine Benachteiligung des LeihArbN stützen, die sich im Verhältnis zu den übrigen ArbN aus der gesetzl. Ausgestaltung der AÜ ergibt[15]. Weil die legale – Vorliegen einer Erlaubnis und Einhaltung des § 9 Nr. 2 in Folge der Zahlung von Tariflohn nach einem ZeitarbeitsTV auf Grund Tarifbindung – gewerbsmäßige AÜ durch eine konzerneigene oder unternehmenszugehörige Personaldienstleistungsgesellschaft nicht gegen das AÜG verstößt, kann der BR in diesen Fällen schon mangels Gesetzesverstoß der Besetzung von Dauerarbeitsplätzen mit LeihArbN die Zustimmung nicht gem. § 99 II Nr. 1 BetrVG verweigern[16].

18 Ein **Verstoß gegen das Gleichbehandlungsgebot** aus § 3 I Nr. 3, § 9 Nr. 2 stellt im Übrigen bei nicht gewerbsmäßiger AÜ, käme es in diesem Falle zur Anwendung (vgl. hierzu abl. § 3 Rz. 28, § 9 Rz. 12 mwN) keinen Zustimmungsverweigerungsgrund des EntleiherBR zur Übernahme des LeihArbN gem. § 99 II

1 BAG v. 5.5.1992 – 1 ABR 78/91, AP Nr. 97 zu § 99 BetrVG 1972. | 2 *Becker/Wulfgramm*, § 14 AÜG Rz. 96; *Sandmann/Marschall*, § 14 Anm. 16; *Ulber*, § 14 AÜG Rz. 134; ErfK/*Wank*, § 14 AÜG Rz. 18; aA *Schüren/Hamann*, § 14 AÜG Rz. 140 ff.; *Thüsing*, § 14 AÜG Rz. 147. | 3 *Schüren/Hamann*, § 14 AÜG Rz. 148; *Sandmann/Marschall*, § 14 AÜG Anm. 18. | 4 Hess. LAG v. 16.1.2007 – 4 TaBV 203/06, EzAÜG § 14 Betriebsverfassung Nr. 66; *Schüren/Hamann*, § 14 AÜG Rz. 151; MünchArbR/*Marschall*, § 168 Rz. 104. | 5 *Schüren/Hamann*, § 14 AÜG Rz. 150. | 6 BAG v. 31.1.1989 – 1 ABR 72/87, AP Nr. 33 zu § 80 BetrVG 1972; v. 5.3.1991 – 1 ABR 38/90, EzAÜG Nr. 29 zu § 14 AÜG – Betriebsverfassung; v. 9.7.1991 – 1 ABR 45/90, AP Nr. 94 zu § 99 BetrVG 1972. | 7 Vgl. zB *Fitting*, § 99 BetrVG Rz.153 mwN. | 8 Vgl. a. LAG Nds. v. 9.8.2006 – 15 TaBV 53/05, EzAÜG BetrVG Nr. 94. | 9 Offen lassend Hess. LAG v. 16.1.2007 – 4 TaBV 203/06, EzAÜG § 14 Betriebsverfassung Nr. 66 mwN. | 10 BAG v. 31.1.1989 – 1 ABR 72/87, AP Nr. 33 zu § 80 BetrVG 1972; LAG Nds. v. 22.6.1989 – 14 TaBV 20/89, EzAÜG Nr. 50, 55 BetrVG; LAG Köln v. 9.8.1989 – 5 TaBV 3/89, AiB 1990, 76. | 11 LAG Düsseldorf v. 26.1.2007 – 17 TaBV 109/06, EzAÜG § 14 AÜG Betriebsverfassung Nr. 67. | 12 BAG v. 6.6.1978 – 1 ABR 66/75, AP Nr. 6 zu § 99 BetrVG 1972; *Thüsing*, § 14 AÜG Rz. 165; *Wensing/Freise*, BB 2004, 2238 (2240 f.); s.a. LAG Nds. v. 31.10.2006 – 12 TaBV 1/06, EzAÜG §1 AÜG Konzerninterne Arbeitnehmerüberlassung Nr. 16; LAG Nds. v. 20.2.2007 – 9 TaBV 107/05, EzAÜG §1 AÜG Konzerninterne Arbeitnehmerüberlassung Nr. 18. | 13 BAG v. 18.12.1990 – 1 ABR 15/90, AP Nr. 85 zu § 99 BetrVG 1972; *Boemke/Lembke*, § 14 AÜG Rz. 104; *Thüsing*, § 14 AÜG Rz. 186. | 14 *Hamann*, NZA 2003, 526 (531); *Ulber*, § 14 AÜG Rz. 26a. | 15 *Sandmann/Marschall*, § 14 AÜG Anm. 21; *Becker/Wulfgramm*, § 14 AÜG Rz. 102. | 16 LAG Nds. v. 20.2.2007 – 9 TaBV 107/05, EzAÜG §1 AÜG Konzerninterne Arbeitnehmerüberlassung Nr. 18; aA *Schüren*, § 1 AÜG Rz. 431.

Nr. 1 BetrVG dar[1]. Im Falle der gewerbsmäßigen AÜ besteht jedoch ein Zustimmungsverweigerungsrecht, weil aus dem Erlaubnisvorbehalt des § 3 I Nr. 3 folgt, dass bei Nichtbeachtung des Gleichbehandlungsgebots die Beschäftigung des LeihArbN als solche untersagt ist[2]. Der EntleiherBR kann seine Zustimmung wegen einer Benachteiligung des LeihArbN dann verweigern, wenn dieser für Arbeiten eingesetzt werden soll, die wegen ihrer Unbequemlichkeit oder Schwere von den StammArbN des Entleiherbetriebs nicht durchgeführt werden[3]. Eine Benachteiligung befristet beschäftigter ArbN im Entleiherbetrieb iSv. § 99 II Nr. 3 1. und 2. Hs. BetrVG liegt nicht vor, wenn der ArbGeb LeihArbN einstellt, anstatt Dauerarbeitsplätze einzurichten und diese mit den befristet beschäftigten ArbN zu besetzen[4].

Streitigkeiten über das MitbestR des EntleiherBR können im Rahmen eines arbeitsgerichtl. Beschlussverfahrens vor dem ArbG geklärt werden, in dessen Bezirk der Entleiherbetrieb liegt[5]. Allerdings kann der Einsatz von LeihArbN zunächst als vorläufige personelle Maßnahme nach § 100 BetrVG geführt werden. Der EntleiherBR kann dann ggf. die Aufhebung dieser Beschäftigung nach § 101 BetrVG verlangen[6]. Daneben hat er die Möglichkeit, durch Antrag auf Erlass einer einstw. Verfügung die Beschäftigung von ArbN zu untersagen[7]. Hat der Entleiher ein Verfahren auf Ersetzung der Zustimmung und Feststellung der Dringlichkeit nach § 100 BetrVG bereits eingeleitet, kann der BR in diesem Verfahren seinen Abweisungsantrag mit dem Antrag verbinden, die vorläufige personelle Maßnahme aufzuheben[8]. 19

Da ein LeihArbN für die Zeit seiner Überlassung in die Betriebsorganisation des Entleihers eingegliedert wird und unter dessen Direktionsrecht seine Arbeitsleistung erbringt, erstreckt sich auf ihn auch das Beteiligungsrecht des EntleiherBR **in sozialen Angelegenheiten** gem. § 87 BetrVG. Das gilt auch im Hinblick auf den Beginn und das Ende der täglichen Arbeitszeit von LeihArbN im Entleiherbetrieb[9]. 20

Da der längerfristige Einsatz von ArbN Einfluss auf die Personalplanung eines Unternehmens hat und die Interessen der Stammbelegschaft des Unternehmens in wesentlichem Maß berühren, muss auch der **Wirtschaftsausschuss** gem. § 106 BetrVG stets über den Einsatz von LeihArbN unterrichtet werden[10]. 21

IV. Rechte der Personalvertretung (Abs. 4). Für den Anwendungsbereich des BPersVG gelten die betriebsverfassungsrechtl. Regelungen des § 14 entsprechend. Für den Bereich des Personalvertretungsrechts der Länder ist es deren Sache, die Frage der Mitbest. und Mitwirkung der Personalvertretungen zu regeln[11]. Soweit keine ausdrückliche Regelung über die Anwendung des § 14 vorhanden ist, wie etwa in § 115 des Niedersächsischen Landespersonalvertretungsgesetzes, erfüllt die Aufnahme eines LeihArbN in eine Dienststelle zur Arbeitsleistung den Mitbestimmungstatbestand der Einstellung[12]. Allerdings verbleiben diese verliehenen ArbN des öffentl. Dienstes auch während der Zeit ihrer Arbeitsleistung bei der entleihenden Dienststelle ArbN der verleihenden Dienststelle. Nur dort steht ihnen das aktive und passive Wahlrecht für die Personalvertretung zu[13]. 22

In der entleihenden Dienststelle können sie die Sprechstunden der Personalvertretung besuchen und an Personalversammlungen teilnehmen. Die Beteiligung bei der Übernahme eines LeihArbN zur Arbeitsleistung in der entleihenden Dienststelle bestimmt sich nach § 75 I BPersVG. Danach steht dem Personalrat der entleihenden Dienststelle ein MitbestR bei Einstellungen, Versetzungen und Umsetzungen zu. Da § 14 auch insoweit keine abschließende Regelung enthält, können sich weitere Befugnisse der Personalvertretung aus der tatsächlichen Eingliederung der entliehenen ArbN und aus ihrem Verhalten in der Dienststelle ergeben[14]. 23

15 *Ausländische Leiharbeitnehmer ohne Genehmigung*

(1) Wer als Verleiher einen Ausländer, der einen erforderlichen Aufenthaltstitel nach § 4 Abs. 3 des Aufenthaltsgesetzes, eine Aufenthaltsgestattung oder eine Duldung, die zur Ausübung der Beschäftigung berechtigen, oder eine Genehmigung nach § 284 Abs. 1 des Dritten Buches Sozialgesetzbuch nicht besitzt, entgegen § 1 einem Dritten ohne Erlaubnis überlässt, wird mit Freiheitsstrafe bis zu drei Jahren oder mit Geldstrafe bestraft.

(2) In besonders schweren Fällen ist die Strafe Freiheitsstrafe von sechs Monaten bis zu fünf Jahren. Ein besonders schwerer Fall liegt in der Regel vor, wenn der Täter gewerbsmäßig oder aus grobem Eigennutz handelt.

---

1 BAG v. 25.1.2005 – 1 ABR 61/03, AP BetrVG 1972 § 99 Einstellung Nr. 48. | 2 So allg. *Grimm/Brock*, DB 2003, 1113 (1115); so zu § 3 Abs. 1 Nr. 6 AÜG aF BAG v. 28.9.1988 – 1 ABR 85/87, AP Nr. 60 zu § 99 BetrVG 1972; offen gelassen von BAG v. 25.1.2005 – 1 ABR 61/03, AP Nr. 48 zu § 99 BetrVG 1972 – Einstellung; aA *Hamann*, NZA 2003, 2238 (2242); *Lembke*, BB 2003, 98 (102);*Wensing/Freise*, DB 2004, 2238 (2242). | 3 *Sandmann/Marschall*, § 14 AÜG Anm. 22. | 4 BAG v. 25.1.2005 – 1 ABR 61/03, AP Nr. 48 zu § 99 BetrVG 1972 – Einstellung. | 5 *Sandmann/Marschall*, § 14 AÜG Anm. 17. | 6 BAG v. 1.8.1989 – 1 ABR 54/88, BAGE 62, 271. | 7 ArbG Hameln v. 12.10.1990 – 2 BVGa 15/90, DB 1990, 2611. | 8 ArbG Stuttgart v. 26.3.1992 – 6 BV 161/91, AuR 1993, 187. | 9 BAG v. 15.12.1992 – 1 ABR 38/92, AP Nr. 7 zu § 14 AÜG; v. 19.6.2001 – 1 ABR 43/00, SAE 2002, 41; *Schüren/Hamann*, § 14 AÜG Rz. 240; im Einzelnen *Ulber*, § 14 AÜG Rz. 95 ff. | 10 *Sandmann/Marschall*, § 14 AÜG Anm. 18a; ErfK/*Wank*, § 14 AÜG Rz. 28; aA *Schüren/Hamann*, § 14 AÜG Rz. 322. | 11 BT-Drs. IX/847, S. 9. | 12 BVerwG v. 20.5.1992 – 6 P 4.90, DVBl 1993, 402. | 13 *Sandmann/Marschall*, § 14 AÜG Anm. 25; *Schüren/Hamann*, § 14 AÜG Rz. 564; *Becker/Wulfgramm*, § 14 AÜG Rz. 137. | 14 *Schüren/Hamann*, § 14 AÜG Rz. 579a.

1 Mit § 15 beginnen die **Straf- und Ordnungswidrigkeitenbestimmungen des AÜG**. Dabei beziehen sich die §§ 15 und 15a auf die Beschäftigung von Ausländern. Diese Vorschriften korrespondieren mit den Bußgeldvorschriften des § 404 SGB III und den Strafvorschriften der §§ 10, 11 SchwarzArbG, die an die Stelle der §§ 406, 407 SGB III aF getreten sind, über die illegale Vermittlung und Beschäftigung von Ausländern ohne Arbeitsgenehmigung nach § 284 I 1 SGB III bzw. Aufenthaltsrecht nach § 4 III AufenthaltsG. Sie sollen die Einhaltung der Bestimmungen des Arbeitsgenehmigungsrechts sichern. Gleichzeitig dienen sie dem Schutz des deutschen Arbeitsmarktes. Darüber hinaus tragen sie dem erhöhten Schutzbedürfnis ausländischer ArbN Rechnung. Denn diese laufen in erhöhtem Maße Gefahr, von Verleihern ausgebeutet zu werden, weil sie sich bei einer Verletzung ihrer Rechte nicht an Behörden und Gerichte wenden können, ohne damit rechnen zu müssen, sich für die fehlende Arbeitserlaubnis zu verantworten[1].

2 Die besondere **Bedeutung** der Straf- und Bußgeldvorschriften des AÜG kommt dadurch zum Ausdruck, dass sie sowohl in den Richtlinien für das Straf- und Bußgeldverfahren (RiStBV) als auch in der Anordnung über die Mitteilung in Strafsachen (MiStra) ausdrücklich erwähnt werden, um den Strafverfolgungsbehörden die Relevanz dieser zum Nebenstrafrecht zählenden Bestimmungen deutlich zu machen[2].

3 Grds. gelten für die **Straftaten nach dem AÜG** die Bestimmungen des StGB. Da es sich um Vergehen iSd. § 12 II StGB handelt, ist eine versuchte Straftat mangels entsprechender Regelung nicht unter Strafe gestellt. Dagegen sind die Straftaten gem. den §§ 15, 15a nach den allgemeinen Regeln teilnahmefähig. So können Dolmetscher, die bei einem illegalen Verleih von Ausländern mitwirken, oder die Überbringer von Lohngeldern an LeihArbN als Gehilfen strafbar sein[3].

4 Dagegen handelt es sich bei dem ausländischen LeihArbN selbst und dem Entleiher um sog. **notwendige Teilnehmer** an der Straftat des illegalen Verleihers. Daher können beide nicht als dessen Gehilfen nach § 27 StGB iVm. § 15 bestraft werden[4]. Ihnen droht allerdings eine Verfolgung nach §§ 15a, 16 I Nr. 2.

5 Die Gründung oder das Betreiben einer Einzelfirma oder einer Personen- oder Kapitalgesellschaft zum Zweck der illegalen AÜ stellt noch keine Bildung einer **kriminellen Vereinigung** iSd. § 129 StGB dar, auch wenn die Mitglieder dieser Gesellschaft bei dem Betrieb des Unternehmens Straftaten begehen wollen. Dazu müssten die Straftaten aus einer fest organisierten Vereinigung heraus geplant und begangen werden[5].

6 Unter Strafe gestellt ist nach § 15 I zunächst die **Überlassung von ausländischen ArbN** ohne die erforderliche Arbeitsgenehmigung durch einen gewerbsmäßigen Verleiher, der eine Verleiherlaubnis nach § 1 nicht besitzt. Damit setzt der Tatbestand voraus, dass der Täter weder die erforderliche Erlaubnis zum Verleih von LeihArbN besitzt noch die Fiktion einer Erlaubnis nach § 1 III eingreift. Die Tat kann etwa durch die Überlassung ausländischer ArbN zu werkvertragsfremden Zwecken begangen werden. Der Verleiher, der ArbN außerhalb der genehmigten Werkverträge und außerhalb der erteilten Arbeitserlaubnisse einsetzt, ist als faktischer ArbG für die gezahlten Löhne sozialversicherungspflichtig. Führt er die SozV-Beiträge nicht ab, so macht er sich wegen Vorenthaltens von Arbeitsentgelt auch gem. § 266a I StGB strafbar[6]. Handelt es sich bei dem Verleiher um eine Personengesellschaft oder eine juristische Person, richtet sich die Strafbarkeit nach § 14 StGB[7].

7 **Ausländer** ist jeder, der weder die deutsche Staatsangehörigkeit noch die Rechtsstellung eines Deutschen gem. Art. 116 I GG besitzt. Ob er als LeihArbN eine Arbeitsgenehmigung besitzen muss, richtet sich nach den §§ 284, 288, 292 SGB III und der dazu erlassenen Arbeitsgenehmigungsverordnung sowie nach der auf Grund des AufenthG erlassenen Beschäftigungsverordnung vom 22.11.2004[8]. Nach deren Bestimmungen sind grds. alle ausländischen und im Inland tätigen ArbN genehmigungspflichtig. Ausnahmsw. keiner Arbeitserlaubnis bedürfen die Bürger der **EG-Mitgliedstaaten und der Vertragsstaaten des EWR**, weil auf sie das AufenthG keine Anwendung findet (§ 1 II Nr. 1 AufenthG). Eine Unterausnahme hiervon gilt für die in § 284 SGB III und § 39 VI AufenthG genannten Bürger der **neuen MOE-Beitrittsstaaten**, die in der Übergangszeit maximal für 7 Jahre bis 1.5.2011 nur beschränkt Zugang zum deutschen Arbeitsmarkt haben und einer besonderen Arbeitsgenehmigung der BA bedürfen[9].

8 Für die **Tathandlung** reicht bereits die Überlassung *eines* Ausländers ohne den erforderlichen Aufenthaltstitel nach § 4 III AufenthG bzw. eine erforderliche Genehmigung nach § 284 SGB III aus[10]. Der ArbN muss auch **tatsächlich** an einen in Deutschland ansässigen Entleiher überlassen worden sein, dh. die Leiharbeit muss begonnen haben. Die Prüfung des vollendeten Überlassens ist wegen der fehlenden Strafbarkeit des Versuchs von entscheidender Bedeutung.

---

1 BT-Drs. VI/2303, S. 15. |2 *Sandmann/Marschall*, § 15 AÜG Anm. 1 bis 4. |3 AG München v. 30.4.1979 – 71 Ls 336 Js 17558/68, nv.; zweifelnd *Thüsing/Kudlich*, Vorb. §§ 15 ff. AÜG Rz. 25. |4 *Schubel/Engelbrecht*, § 15 AÜG Rz. 6; *Thüsing/Kudlich*, Vorb. §§ 15 ff. AÜG Rz. 24. |5 BGH v. 13.1.1983 – 4 StR 578/72, NJW 1983, 1334. |6 LG Oldenburg v. 8.7.2004 – 2 KLs 65/04, NZA-RR 2005, 354. |7 *Becker/Wulfgramm*, § 15 AÜG Rz. 36. |8 Vgl. zur Rechtsentwicklung *Niesel/Düe*, § 284 SGB III Rz. 2 ff. |9 Vgl. *Gagel/Bieback*, Vor § 284 SGB III Rz. 5. |10 *Thüsing/Kudlich*, § 15 AÜG Rz. 12 mwN.

Eine Strafbarkeit nach § 15 setzt **vorsätzliches Handeln** des illegalen Verleihers voraus, wobei sich der Vorsatz auf alle Tatbestandsmerkmale erstrecken muss. Danach muss der Täter wissen, dass er keine Verleiherlaubnis besitzt und einen ausländischen ArbN ohne Arbeitserlaubnis überlässt. Befindet er sich über eines dieser Tatbestandsmerkmale im Irrtum, handelt er gem. § 16 I StGB nicht vorsätzlich und kann daher nicht bestraft werden. 9

Kennt der Täter zwar alle Tatumstände, nimmt aber irrtümlich an, er benötige für seine Tätigkeit keine Verleiherlaubnis oder der ausländische LeihArbN benötige keine Arbeitserlaubnis, liegt ein **Verbotsirrtum** nach § 17 StGB vor. In diesem Fall handelt der Täter nur dann schuldlos, wenn er diesen Irrtum nicht vermeiden konnte, anderenfalls ist seine Strafe zu mildern. Allerdings ist der Verleiher verpflichtet, sich nach den einschlägigen Rechtsvorschriften für die Überlassung ausländischer ArbN zuverlässig zu erkundigen[1]. Gegen diese Pflichten verstößt er auch dann, wenn er den ausländischen ArbN nicht nach seiner konkreten Staatsangehörigkeit befragt[2]. 10

Der illegale Verleiher kann nach § 15 I mit einer **Freiheitsstrafe** bis zu drei Jahren oder mit einer **Geldstrafe** bestraft werden. Das Mindestmaß der Freiheitsstrafe beträgt nach § 38 II StGB einen Monat. Die Geldstrafe ist in Tagessätzen zu verhängen und beträgt mindestens 5 und höchstens 360 volle Tagessätze gem. § 40 StGB. Für die Höhe dieser Geldstrafe kommt es nach § 40 II, III StGB auf die persönlichen und wirtschaftl. Verhältnisse des Täters an. Hat sich der illegale Verleiher durch die Tat bereichert oder versucht, sich durch diese Tat zu bereichern, kann neben einer Freiheitsstrafe nach § 41 StGB auch eine Geldstrafe verhängt werden. 11

In **besonders schweren Fällen** ist nach Abs. 2 eine Freiheitsstrafe zwischen sechs Monaten und fünf Jahren zu verhängen. Dabei liegt ein besonders schwerer Fall idR vor, wenn der Täter gewerbsmäßig oder aus grobem Eigennutz handelt. Neben diesen ausdrücklich erwähnten Regelbeispielen liegt ein besonders schwerer Fall immer dann vor, wenn die objektiven und subjektiven Tatumstände die üblicherweise vorkommenden an Strafwürdigkeit so übertreffen, dass der Strafrahmen für die üblicherweise zu ahndenden Fälle nicht ausreicht[3]. Das ist etwa anzunehmen, wenn der illegale Verleiher einen besonders großen Vorteil über einen langen Zeitraum hinaus erstrebt oder die Zwangslage der ausländischen LeihArbN zu besonders gefährlichen Arbeiten ausnutzt[4]. 12

Da bereits der Tatbestand des Abs. 1 nur durch einen **gewerbsmäßig** handelnden Verleiher verwirklicht werden kann, ist der Begriff der Gewerbsmäßigkeit iSd. strafverschärfenden Regelbeispiels nach Abs. 2 S. 2 in einem darüber hinausgehenden strafrechtl. Sinn zu verstehen[5]. Danach muss sich die Gewerbsmäßigkeit gerade auch auf die Überlassung ausländischer ArbN ohne Arbeitserlaubnis beziehen[6]. Der illegale Verleiher muss sich gerade durch die wiederholte Überlassung ausländischer ArbN eine nicht nur vorübergehende Einnahmequelle verschaffen wollen, wobei sich die besondere Strafwürdigkeit gerade daraus ergibt, dass die ausländischen LeihArbN ausgebeutet oder auf andere Weise erheblich benachteiligt werden[7]. 13

Aus **grobem Eigennutz** handelt ein illegaler Verleiher, wenn er in besonders anstößigem Maß nach wirtschaftl. Vorteilen strebt[8]. Dazu genügt allerdings weder ein Streben nach deutlich höheren Gewinnspannen als üblich noch ein auffälliges Missverhältnis der Arbeitsbedingungen ausländischer ArbN zu denjenigen vergleichbarer deutscher ArbN. Vielmehr muss der illegale Verleiher die Notlage der ausländischen ArbN skrupellos ausnutzen. Das ist insb. der Fall, wenn er ihnen unter Hinweis auf die drohende Ausweisung wegen fehlender Arbeitserlaubnis menschenunwürdige Arbeitsbedingungen aufzwingt oder einen Lohn zahlt, der eine Existenzsicherung nicht gewährleistet[9]. 14

15a *Entleih von Ausländern ohne Genehmigung*

(1) Wer als Entleiher einen ihm überlassenen Ausländer, der einen erforderlichen Aufenthaltstitel nach § 4 Abs. 3 des Aufenthaltsgesetzes, eine Aufenthaltsgestattung oder eine Duldung, die zur Ausübung der Beschäftigung berechtigen, oder eine Genehmigung nach § 284 Abs. 1 des Dritten Buches Sozialgesetzbuch nicht besitzt, zu Arbeitsbedingungen des Leiharbeitsverhältnisses tätig werden lässt, die in einem auffälligen Missverhältnis zu den Arbeitsbedingungen deutscher Leiharbeitnehmer stehen, die die gleiche oder eine vergleichbare Tätigkeit ausüben, wird mit Freiheitsstrafe bis zu drei Jahren oder mit Geldstrafe bestraft. In besonders schweren Fällen ist die Strafe Freiheitsstrafe von sechs Monaten bis zu fünf Jahren; ein besonders schwerer Fall liegt in der Regel vor, wenn der Täter gewerbsmäßig oder aus grobem Eigennutz handelt.

---

1 OLG Hamm v. 14.11.1980 – 5 Ss OWi 1967/80, BB 1981, 122. | 2 OLG Düsseldorf v. 4.9.1979 – 5 Ss OWi 480/79, EzAÜG Nr. 10 zu § 1 AÜG – Gewerbsmäßige Arbeitnehmerüberlassung; AG Gießen v. 13.4.1987 – 54 OWi 15 Js 22376/86, EzAÜG Nr. 24 zu § 1 AÜG – Gewerbsmäßige Arbeitnehmerüberlassung. | 3 BGH v. 24.6.1987 – 3 StR 200/87, EzAÜG Nr. 1 zu § 15 AÜG. | 4 *Schüren/Stracke*, § 15 AÜG Rz. 38. | 5 BayObLG v. 24.6.1977 – 4 St 93/76, DB 1977, 1561. | 6 BT-Drs. VII/3100, S. 7. | 7 BGH v. 14.4.1981 – 1 StR 676/80, DB 1981, 1568. | 8 BT-Drs. VII/3100, S. 6. | 9 *Becker/Wulfgramm*, § 15 AÜG Rz. 16; *Ulber*, § 15 AÜG Rz. 18.

(2) Wer als Entleiher

1. gleichzeitig mehr als fünf Ausländer, die einen erforderlichen Aufenthaltstitel nach § 4 Abs. 3 des Aufenthaltsgesetzes, eine Aufenthaltsgestattung oder eine Duldung, die zur Ausübung der Beschäftigung berechtigen, oder eine Genehmigung nach § 284 Abs. 1 des Dritten Buches Sozialgesetzbuch nicht besitzen, tätig werden lässt oder

2. eine in § 16 Abs. 1 Nr. 2 bezeichnete vorsätzliche Zuwiderhandlung beharrlich wiederholt,

wird mit Freiheitsstrafe bis zu einem Jahr oder mit Geldstrafe bestraft. Handelt der Täter aus grobem Eigennutz, ist die Strafe Freiheitsstrafe bis zu drei Jahren oder Geldstrafe.

1 Die durch das Zuwanderungsgesetz vom 30.7.2004 (BGBl. I 1950) mWv. 1.1.2005 neugefasste Regelung des § 15a dient der **Bekämpfung der illegalen Ausländerbeschäftigung**. Während § 15 die Strafbarkeit von Verleihern betrifft, beschreibt § 15a die Voraussetzungen für eine Strafe des Entleihers, die gegenüber der Ordnungswidrigkeit nach § 16 I Nr. 2 in quantitativer Hinsicht qualifiziert ist. Durch diesen Straftatbestand sollen diejenigen Entleiher erfasst werden, die es illegalen Verleihern durch ihre kollusive Mitwirkung ermöglichen, SozV-Beiträge vorzuenthalten und Steuern zu hinterziehen[1].

2 Gegenüber dem „einfachen" Tätigwerdenlassen ausländischer LeihArbN ohne Arbeitserlaubnis iSd. § 16 I Nr. 2 enthält § 15a drei verschiedene **Qualifikationen**. Strafbar ist danach das Tätigwerdenlassen unter ausbeuterischen Arbeitsbedingungen (Abs. 1 S. 1), der umfangreiche Entleih (Abs. 2 S. 1 Nr. 1) und der beharrliche Entleih (Abs. 2 S. 1 Nr. 2), wobei in besonders schweren Fällen eine Strafschärfung vorgesehen ist[2].

3 Werden die ausländischen LeihArbN dem Entleiher von einem Verleiher überlassen, der nicht über eine Verleiherlaubnis verfügt, fingiert § 10 I ein Arbeitsverhältnis zwischen Entleiher und LeihArbN, so dass § 15a nicht anwendbar ist. In Betracht kommt dann allerdings eine Strafbarkeit als ArbGeb nach den §§ 10, 11 SchwarzArbG. In Zweifelsfällen ist eine Wahlfeststellung möglich.

4 Gleichzeitig begeht der Entleiher, dessen ArbGebEigenschaft fingiert wird, eine Ordnungswidrigkeit nach § 404 II Nr. 3 SGB III, wenn der ausländische LeihArbN keine Arbeitserlaubnis besitzt[3].

5 Demgegenüber setzen die Straftatbestände des § 15a voraus, dass dem Entleiher die ausländischen LeihArbN von einem Verleiher überlassen werden, der über eine Verleiherlaubnis verfügt. Für die Strafbarkeit des Entleihers nach Abs. 1 S. 1 kommt es darauf an, dass die **Arbeitsbedingungen des ausländischen LeihArbN** in einem **auffälligen Missverhältnis** zu den Arbeitsbedingungen deutscher LeihArbN stehen, die die gleiche oder eine vergleichbare Tätigkeit ausüben. Maßgeblich sind damit die Bedingungen des Leiharbeitsvertrags. Beschäftigt der Verleiher keine vergleichbaren deutschen LeihArbN, ist auf vergleichbare deutsche LeihArbN eines vergleichbaren Verleihers abzustellen[4].

6 **Gleich ist eine Tätigkeit** dann, wenn sie in ihrer wesentlichen Ausgestaltung der Tätigkeit des ausländischen LeihArbN entspricht. **Vergleichbar** ist die Tätigkeit bereits dann, wenn sie zwar in wesentlichen Punkten abweicht, aber noch zum überwiegenden Teil Übereinstimmung mit der Tätigkeit des ausländischen LeihArbN ausweist[5].

7 Unter **Arbeitsbedingungen** ist die tatsächliche Ausgestaltung des Arbeitsverhältnisses nach Lohnhöhe, Urlaubsdauer, Umfang der Nebenleistungen und Kündigungsfristen zu verstehen. Die Abweichung muss eine auffällige zu missbilligende Ungleichheit darstellen. Bei der Höhe des Lohnes wird das erst bei einem Unterschied in Höhe von 20 % oder mehr anzunehmen sein[6]. Ein auffälliges Missverhältnis kann sich auch aus der Sittenwidrigkeit des Leiharbeitsvertrags zwischen dem ausländischen LeihArbN und dem Verleiher ergeben[7].

8 Nach Abs. 2 S. 1 **Nr. 1** macht sich der Entleiher strafbar, der **gleichzeitig mehr als fünf ausländische LeihArbN** ohne Arbeitserlaubnis beschäftigt. Dabei muss es sich nicht um dieselben LeihArbN handeln. Sie müssen auch nicht von demselben Verleiher überlassen worden sein[8].

9 Nach Abs. 2 S. 1 **Nr. 2** macht sich der Entleiher strafbar, der vorsätzlich ausländische LeihArbN ohne Arbeitserlaubnis einsetzt und diesen **Einsatz beharrlich wiederholt**. Danach muss er sich mindestens zweimal über das Verbot der Beschäftigung illegaler ausländischer LeihArbN hinweggesetzt haben. Beharrlich handelt er dann, wenn er deutlich auf die Ordnungswidrigkeit seines Handelns hingewiesen wurde, etwa durch eine Ahndung, Abmahnung oder Verwarnung der Erlaubnisbehörde. Erst eine trotzdem erfolgende Wiederholung des Verstoßes kann die erforderliche besondere Hartnäckigkeit oder Uneinsichtigkeit des Verleihers belegen[9]. Handelt der Entleiher aus grobem Eigennutz, erhöht sich seine Strafe nach Abs. 2 S. 2.

---

1 BT-Drs. X/2102, S. 32. | 2 *Schüren/Stracke*, § 15a Rz. 18 ff.; OLG Hamm v. 14.11.1980 – 5 Ss OWi 1967/80, BB 1981, 122. | 3 *Sandmann/Marschall*, § 15a AÜG Anm. 2. | 4 *Becker/Wulfgramm*, § 15a AÜG Rz. 6. | 5 *Sandmann/Marschall*, § 15a AÜG Anm. 3; *Ulber*, § 15a AÜG Rz. 9. | 6 *Becker/Wulfgramm*, § 15a AÜG Rz. 8; *Thüsing/Kudlich*, § 15a AÜG Rz. 24. | 7 *Becker/Wulfgramm*, § 15a AÜG Rz. 8a. | 8 *Schüren/Stracke*, § 15a AÜG Rz. 26; *Thüsing/Kudlich*, § 15a AÜG Rz. 26. | 9 BT-Drs. X/2102, S. 32.

16 *Ordnungswidrigkeiten*

(1) Ordnungswidrig handelt, wer vorsätzlich oder fahrlässig

1. entgegen § 1 einen Leiharbeitnehmer einem Dritten ohne Erlaubnis überlässt,

1a. einen ihm von einem Verleiher ohne Erlaubnis überlassenen Leiharbeitnehmer tätig werden lässt,

1b. entgegen § 1b Satz 1 gewerbsmäßig Arbeitnehmer überlässt oder tätig werden lässt,

2. einen ihm überlassenen ausländischen Leiharbeitnehmer, der einen erforderlichen Aufenthaltstitel nach § 4 Abs. 3 des Aufenthaltsgesetzes, eine Aufenthaltsgestattung oder eine Duldung, die zur Ausübung der Beschäftigung berechtigen, oder eine Genehmigung nach § 284 Abs. 1 des Dritten Buches Sozialgesetzbuch nicht besitzt, tätig werden lässt,

2a. eine Anzeige nach § 1a nicht richtig, nicht vollständig oder nicht rechtzeitig erstattet,

3. einer Auflage nach § 2 Abs. 2 nicht, nicht vollständig oder nicht rechtzeitig nachkommt,

4. eine Anzeige nach § 7 Abs. 1 nicht, nicht richtig, nicht vollständig oder nicht rechtzeitig erstattet,

5. eine Auskunft nach § 7 Abs. 2 Satz 1 nicht, nicht richtig, nicht vollständig oder nicht rechtzeitig erteilt,

6. seiner Aufbewahrungspflicht nach § 7 Abs. 2 Satz 4 nicht nachkommt,

6a. entgegen § 7 Abs. 3 Satz 2 eine dort genannte Maßnahme nicht duldet,

7. eine statistische Meldung nach § 8 Abs. 1 nicht, nicht richtig, nicht vollständig oder nicht rechtzeitig erteilt,

8. einer Pflicht nach § 11 Abs. 1 oder Abs. 2 nicht nachkommt.

(2) Die Ordnungswidrigkeit nach Absatz 1 Nr. 1 bis 1b kann mit einer Geldbuße bis zu fünfundzwanzigtausend Euro, die Ordnungswidrigkeit nach Absatz 1 Nr. 2 mit einer Geldbuße bis zu fünfhunderttausend Euro, die Ordnungswidrigkeit nach Absatz 1 Nr. 2a und 3 mit einer Geldbuße bis zu zweitausendfünfhundert Euro, die Ordnungswidrigkeit nach Absatz 1 Nr. 4 bis 8 mit einer Geldbuße bis zu fünfhundert Euro geahndet werden.

(3) Verwaltungsbehörden im Sinne des § 36 Abs. 1 Nr. 1 des Gesetzes über Ordnungswidrigkeiten sind für die Ordnungswidrigkeiten nach Absatz 1 Nr. 1 bis 2a die Behörden der Zollverwaltung, für die Ordnungswidrigkeiten nach Absatz 1 Nr. 3 bis 8 die Bundesagentur für Arbeit.

(4) § 66 des Zehnten Buches Sozialgesetzbuch gilt entsprechend.

(5) Die Geldbußen fließen in die Kasse der zuständigen Verwaltungsbehörde. Sie trägt abweichend von § 105 Abs. 2 des Gesetzes über Ordnungswidrigkeiten die notwendigen Auslagen und ist auch ersatzpflichtig im Sinne des § 110 Abs. 4 des Gesetzes über Ordnungswidrigkeiten.

Im Gegensatz zu den Strafvorschriften der §§ 15, 15a sind die Tatbestände des Verwaltungsunrechts 1 im Rahmen der gewerbsmäßigen AÜ in § 16 als **Ordnungswidrigkeiten** ausgestaltet. Denn sie weisen nicht die besondere Gefährlichkeit auf, die von einer illegalen Ausländerbeschäftigung im Rahmen der gewerbsmäßigen AÜ ausgeht[1]. Mit dieser Vorschrift erhält die Erlaubnisbehörde eine weitere Möglichkeit, geordnete Verhältnisse in dem Bereich der AÜ zu gewährleisten und die ordnungsgemäße Ausübung der Verleihtätigkeit zu sichern.

Neben der Anwendung von Verwaltungszwang nach § 6 und dem Widerruf der Verleiherlaubnis nach 2 § 5 kann die Erlaubnisbehörde nach § 16 bei bestimmten Verstößen ein **Bußgeld** verhängen. Sie kann eine dieser Sanktionsmöglichkeiten nach pflichtgemäßem Ermessen auswählen und ggf. mehrere miteinander kombinieren. Bei geringfügigen Verstößen kommt nach dem Grundsatz der Verhältnismäßigkeit zunächst die Verhängung eines Bußgeldes oder die Anwendung von Verwaltungszwang in Betracht, da sie gegenüber dem Widerruf der Verleiherlaubnis die milderen Mittel darstellen[2].

Da die Tatbestände des § 16 als Ordnungswidrigkeiten ausgestaltet sind, finden die Bestimmungen 3 des OWiG Anwendung. Handelt es sich bei dem Täter der jeweiligen Ordnungswidrigkeit nicht um eine natürliche **Person**, richtet sich das Bußgeldverfahren gem. den §§ 9, 29 OWiG gegen die zur Geschäftsführung oder Vertretung berufenen Personen. Gegen juristische Personen oder Personengesellschaften kann nach § 30 OWiG als Nebenfolge auch eine Buße festgesetzt werden, wenn die Pflichten des Unternehmens verletzt wurden oder das Unternehmen bereichert wurde oder bereichert werden sollte[3].

Darüber hinaus kann nach § 130 OWiG ein Unternehmer verfolgt werden, der vorsätzlich oder fahr- 4 lässig Aufsichtsmaßnahmen unterlässt, die erforderlich sind, um in dem Betrieb oder Unternehmen Zuwiderhandlungen gegen straf- und bußgeldbewehrte Pflichten zu verhindern[4]. Beteiligen sich mehrere Personen an einer Ordnungswidrigkeit nach § 16, kommt es nicht darauf an, ob sie als Mittäter, An-

1 *Schüren/Stracke*, § 16 AÜG Rz. 16. | 2 BT-Drs. VI/2303, S. 15. | 3 OLG Düsseldorf v. 16.11.1995 – 5 SsOWi 387/95, BB 1996, 79. | 4 *Sandmann/Marschall*, § 16 AÜG Anm. 3a.

stifter oder Gehilfen handeln. Nach § 14 S. 1 OWiG handelt jeder von ihnen ordnungswidrig. Das gilt allerdings nicht für die LeihArbN, soweit sie notwendige Teilnehmer einer Ordnungswidrigkeit des Verleihers oder Entleihers sind.

5 Eine Ordnungswidrigkeit nach § 16 kann sowohl **vorsätzlich** als auch **fahrlässig** begangen werden. Nach § 17 II OWiG kann fahrlässiges Handeln nur mit der Hälfte des zulässigen Höchstbetrags der Geldbuße geahndet werden.

6 Wer sich über ein Tatbestandsmerkmal des Abs. 1 im **Irrtum** befindet, begeht zwar keine vorsätzliche Ordnungswidrigkeit. Sein Verhalten kann aber gem. § 11 I 2 OWiG wegen eines fahrlässigen Verstoßes geahndet werden, wenn ihm seine Unkenntnis vorwerfbar ist. Der Versuch einer Ordnungswidrigkeit gem. Abs. 1 kann nicht geahndet werden, da eine entsprechende ausdrückliche Regelung fehlt.

7 Eine Ordnungswidrigkeit gem. Abs. 1 **Nr. 1** begeht der **Verleiher**, der **ohne** die erforderliche **Erlaubnis** nach § 1 I gewerbsmäßig AÜ betreibt. Dieser Tatbestand setzt lediglich voraus, dass die überlassene Person in einem Arbeitsverhältnis zum entsendenden ArbGeb steht[1]. Jede einzelne Überlassung stellt eine eigene Ordnungswidrigkeit dar, auch wenn gleichzeitig mehrere LeihArbN überlassen werden. Ob der Verleiher seinen ArbGebPflichten aus dem fehlerhaften Leiharbeitsverhältnis nachkommt, ist für den Tatbestand der Ordnungswidrigkeit ohne Belang[2].

8 Überlässt der Verleiher dem Entleiher gleichzeitig mehrere LeihArbN, liegt Tateinheit nach § 19 OWiG vor. Überlässt der Verleiher dagegen mehrere LeihArbN an verschiedene Entleiher oder an denselben Entleiher auf Grund mehrerer Vereinbarungen oder Handlungen, liegt Tatmehrheit nach § 20 OWiG vor, so dass jeweils gesondert eine Geldbuße festzusetzen ist.

9 Handelt es sich bei der Ordnungswidrigkeit nach § 16 gleichzeitig um eine Straftat nach § 15, wird das Verhalten des Verleihers nach § 21 OWiG nur dann als Ordnungswidrigkeit geahndet, wenn keine Strafe verhängt worden ist.

10 Nach Abs. 1 **Nr. 1a** handelt ein **Entleiher** ordnungswidrig, wenn er einen LeihArbN tätig werden lässt, der ihn von einem Verleiher ohne Erlaubnis überlassen wurde. Da dieser Bußgeldtatbestand auch fahrlässig verwirklicht werden kann, ist der Entleiher verpflichtet, alle zumutbaren Anstrengungen zu unternehmen, um sich über das Vorliegen einer gültigen Verleiherlaubnis Gewissheit zu verschaffen[3]. Ohne entgegenstehende konkrete Anhaltspunkte darf er allerdings auf die Erklärung nach § 12 I 2 vertrauen, ohne sich die aktuelle gültige Verleiherlaubnis vorlegen lassen zu müssen[4]. Zur Erfüllung der Abgrenzungs- und Informationsfunktion eines Bußgeldbescheids ist es jedenfalls erforderlich, die Einzelakte des Tätigwerdenlassens nach Zeit, Ort, Bauobjekt und der vom Verleiher abgerechneten Vergütung zu konkretisieren[5].

11 Nach Abs. 1 **Nr. 1b** handeln **Verleiher und Entleiher** ordnungswidrig, wenn sie sich an einer verbotenen **AÜ in Betrieben des Baugewerbes** beteiligen. Dabei kommt es nicht darauf an, ob der Verleiher im Besitz einer Verleiherlaubnis nach § 1 I ist. Wenn ein Verleiher feststellt, dass der LeihArbN für eine Tätigkeit eingesetzt wird, für die er ihn nicht überlassen darf, muss er für eine unverzügliche Beendigung des Einsatzes sorgen, um eine Ordnungswidrigkeit zu vermeiden[6].

12 Eine Ordnungswidrigkeit nach Abs. 1 **Nr. 2** begeht der **Entleiher**, der einen **ausländischen LeihArbN** ohne die erforderliche Erlaubnis tätig werden lässt. Diese Bestimmung entspricht § 404 II Nr. 3 SGB III, der einen ArbGeb mit Geldbuße bedroht, wenn er einen Ausländer ohne die erforderliche Arbeitsgenehmigung beschäftigt. Der Tatbestand des Abs. 1 Nr. 2 erfasst nur die legale Überlassung ausländischer LeihArbN. Da auch diese Ordnungswidrigkeit fahrlässig begangen werden kann, muss sich der Entleiher die Arbeitserlaubnis des ausländischen LeihArbN zeigen lassen[7].

13 Nach Abs. 1 **Nr. 2a** handelt ein **Verleiher** ordnungswidrig, der eine **Anzeige für** eine **erlaubnisfreie Überlassung** von LeihArbN nach § 1a nicht richtig, nicht vollständig oder nicht rechtzeitig erstattet. Ordnungswidrig ist danach sowohl die Angabe einer falschen Zahl der bei ihm beschäftigten ArbN als auch die unrichtige Angabe des Namens des LeihArbN. Dagegen kann die unrichtige Beantwortung einer Frage dann nicht als Ordnungswidrigkeit geahndet werden, wenn sie sich nicht auf die in § 1a vorgeschriebenen Angaben bezieht[8].

14 Nach Abs. 1 **Nr. 3** handelt der **Verleiher** ordnungswidrig, der einer **Auflage** nach § 2 II nicht, nicht vollständig oder nicht rechtzeitig nachkommt. Das Bußgeld kann auch bei der Anfechtung einer Auflage verhängt werden, da sie keine aufschiebende Wirkung hat. Allerdings wird die Erlaubnisbehörde auf

---

1 BayObLG v. 25.1.1991 – 5 ObWi 149/90, AP Nr. 1 zu § 16 AÜG. | 2 *Becker/Wulfgramm*, § 16 AÜG Rz. 9. | 3 OLG Hamm v. 14.11.1980 – 5 Ss OWi 1967/80, AP Nr. 7 zu § 19 AFG = BB 1981, 122. | 4 Schüren/Stracke, § 16 AÜG Rz. 30; Kasseler Handbuch/*Düwell*, 4.5. Rz. 290; aA *Becker/Wulfgramm*, § 16 AÜG Rz. 9a. | 5 Vgl. OLG Düsseldorf v. 7.4.2006 – IV-2 Ss (OWi), NJW 2006, 2647. | 6 BayObLG v. 26.2.1999 – 3 ObOWi 4/99, DB 1999, 1019. | 7 *Becker/Wulfgramm*, § 16 AÜG Rz. 10. | 8 *Sandmann/Marschall*, § 16 AÜG Anm. 29a; *Thüsing/Kudlich*, § 16 AÜG Rz. 30.

Grund des Opportunitätsgrundsatzes das Bußgeldverfahren idR so lange aussetzen, bis über die Auflage rechtskräftig entschieden ist[1].

Nach Abs. 1 **Nr.** 4 bzw. **Nr.** 5 handelt der **Verleiher** ordnungswidrig, der seiner **Anzeigepflicht** nach § 7 I bzw. seiner **Auskunftspflicht** nach § 7 II 1 nicht, nicht richtig, nicht vollständig oder nicht rechtzeitig nachkommt. Kommt der Verleiher dagegen einer Aufforderung der Erlaubnisbehörde zur Vorlage seiner geschäftlichen Unterlagen oder zur anderweitigen Glaubhaftmachung seiner Angaben gem. § 7 II 3 nicht nach, handelt es sich dabei nicht um eine Ordnungswidrigkeit. Daher kann die Erlaubnisbehörde ihre Aufforderung nur im Wege des Verwaltungszwangs durchsetzen oder bei schwerwiegenden Verstößen die Verleiherlaubnis widerrufen. Ein Verstoß gegen die Anzeige- und Auskunftspflichten kann auch dann nicht als Ordnungswidrigkeit verfolgt werden, wenn dem Verleiher ein Auskunftsverweigerungsrecht nach § 7 V zusteht. 15

Nach Abs. 1 **Nr.** 6 handelt ein **Verleiher** ordnungswidrig, wenn er seinen **Aufbewahrungspflichten** nach den §§ 7 II 4 oder 11 I 5 nicht nachkommt. Denn der Verleiher ist verpflichtet, die Geschäftsunterlagen und die Urkunde über die Vertragsbedingungen mit dem LeihArbN drei Jahre lang aufzubewahren. 16

Nach Abs. 1 **Nr. 6a** wird nunmehr auch die Nichtduldung des Betretens von Grundstücken und Geschäftsräumen des Verleihers unter Bußgelddrohung gestellt. Dadurch sollen die Prüfrechte der BA verstärkt und effektive Kontrollen ermöglicht werden. 17

Nach Abs. 1 **Nr.** 7 handelt ein **Verleiher** ordnungswidrig, der eine **statistische Meldung** nach § 8 I nicht, nicht richtig, nicht vollständig oder nicht rechtzeitig erteilt hat. Allerdings kann die Erlaubnisbehörde den Umfang der Meldepflichten nach § 8 I 2 einschränken. 18

Nach Abs. 1 **Nr.** 8 handelt ein **Verleiher** ordnungswidrig, der einer **Dokumentationspflicht** nach § 11 I oder II nicht nachkommt. Dieser Tatbestand betrifft die Verstöße gegen die Pflicht zur Dokumentation des wesentlichen Inhalts des Leiharbeitsverhältnisses, gegen die Pflicht zur Aushändigung der entsprechenden Niederschrift an den LeihArbN und gegen die Pflicht zur Aushändigung des Merkblatts der Erlaubnisbehörde. 19

In Abs. 2 sind die **Höchstbeträge der Geldbußen** festgelegt, die für Ordnungswidrigkeiten nach Abs. 1 verhängt werden können. Im Einzelfall bestimmt sich die Höhe der Geldbuße nach Unrechtsgehalt der jeweiligen Ordnungswidrigkeit, Grad der Gefährdung der geschützten Rechtsgüter, Häufigkeit der Verstöße und erstrebtem Abschreckungsgrad[2]. Nach § 17 III 2 OWiG können auch die wirtschaftl. Verhältnisse des Täters berücksichtigt werden. Darüber hinaus kann auch der wirtschaftl. Vorteil ins Gewicht fallen, den der Verleiher oder der Entleiher aus der Tat gezogen haben[3]. Das Minimum einer Geldbuße beträgt nach § 17 I OWiG 5 Euro, das Maximum nach § 16 II OWiG 500 000 Euro. Bei einer fahrlässigen Ordnungswidrigkeit ist der zulässige Höchstbetrag nach § 17 II OWiG zu halbieren. 20

Infolge der Übertragung der Zuständigkeit für Außenprüfung auf dem Gebiet der Bekämpfung illegaler Beschäftigung von der BA auf die **Behörden der Zollverwaltung** sind mit Ausnahme einiger Tatbestände des Leistungsmissbrauchs die Behörden der Zollverwaltung grds. für die Verfolgung aller Formen illegaler Beschäftigung zuständig. Sie sind nach Abs. 3 nunmehr auch Verwaltungsbehörde iSv. § 36 I Nr. 1 OWiG. Ihre Zuständigkeit erfasst damit die Fälle der illegalen AÜ, dh. des Verleihs ohne erforderliche Verleiherlaubnis oder ohne wirksame Anzeige, des Verleihs/Entleihs nichtdeutscher LeihArbN ohne erforderliche Arbeitsgenehmigung. Alle Ordnungswidrigkeitentatbestände im Zusammenhang mit dem Erlaubnisverfahren und den sonstigen Meldepflichten nach dem AÜG verbleiben hingegen in der Zuständigkeit der BA. Im Gegensatz zur Staatsanwaltschaft entscheidet die Erlaubnisbehörde nach pflichtgemäßen Ermessen darüber, ob sie wegen eines Verstoßes gegen das AÜG ein Bußgeldverfahren einleitet. 21

Auf Grund der entsprechenden Anwendung von § 66 SGB X iVm. § 16 IV obliegt die Beitreibung der Geldbußen auf Ersuchen der BA den Hauptzollämtern der Länder[4]. 22

Nach Abs. 5 fließen die Geldbußen nach dem AÜG in die Kasse der BA, die auch in Abweichung von den Regelungen des OWiG die notwendigen Auslagen des Verfahrens trägt und Vermögensschäden zu ersetzen hat, die durch eine Verfolgungsmaßnahme im Bußgeldverfahren unrechtmäßigerweise verursacht wurden. 23

---

1 *Sandmann/Marschall*, § 16 AÜG Anm. 30; *Becker/Wulfgramm*, § 16 AÜG Rz. 11. | 2 *Schüren/Stracke*, § 16 AÜG Rz. 58. | 3 BGH v. 13.1.1983 – 4 StR 578/82, NJW 1983, 1334; BayObLG v. 8.2.1990 – 3 ObOWi 5/90, EzAÜG Nr. 21 zu § 1 AÜG – Erlaubnispflicht. | 4 *Sandmann/Marschall*, § 16 AÜG Anm. 46.

17 *Durchführung*

Die Bundesagentur für Arbeit führt dieses Gesetz nach fachlichen Weisungen des Bundesministeriums für Arbeit und Soziales durch. Verwaltungskosten werden nicht erstattet.

1 Das Gesetz überträgt der BA die Durchführung des AÜG als Auftragsangelegenheit und nicht etwa als Selbstverwaltungsangelegenheit. Dabei steht dem Ministerium ein fachliches Weisungsrecht zu. Wegen des engen Zusammenhangs zwischen Arbeitsvermittlung und AÜ erscheint die Übertragung der Verwaltungsaufgaben nach dem AÜG auf die BA sachgerecht[1]. Aus dieser Aufgabenübertragung folgt die einheitliche Zuständigkeit der Sozialgerichtsbarkeit für Entscheidungen über öffentl.-rechtl. Streitigkeiten aus dem AÜG.

2 Da das AÜG keine eigenen Organisationsvorschriften enthält, bestimmen sich die Verwaltungsaufgaben nach der Satzung der BA. Danach legt deren Verwaltungsrat fest, von welchen Organen oder Dienststellen die Aufgaben nach dem AÜG wahrgenommen werden. So obliegt die Durchführung des AÜG den Regionaldirektionen, vormals Landesarbeitsämtern, sog. Stützpunkt-Arbeitsämtern und in einem beschränkten Umfang allen AA[2].

3 Die BA unterliegt nach § 401 SGB III grds. der Rechtsaufsicht durch das Ministerium. Seine Kompetenzen werden durch § 17 dahin erweitert, dass er sowohl allgemeine fachliche Weisungen als auch Weisungen im Einzelfall erteilen kann[3]. Soweit die Erlaubnisbehörde ihre Entscheidungen nach pflichtgemäßem Ermessen zu treffen hat, kann das Ministerium allerdings nur Richtlinien aufstellen, die Raum für Einzelfallentscheidungen lassen[4]. So wurde unter anderem auf Weisung des Ministeriums die Durchführungsanweisung der BA zum AÜG erlassen[5].

4 Nach S. 2 werden der BA die bei der Durchführung des AÜG entstehenden Verwaltungskosten nicht erstattet. Sie werden teilweise durch die Gebühren und Auslagen nach § 2a und durch die Geldbußen gedeckt, die ihr nach § 16 V zufließen.

18 *Zusammenarbeit mit anderen Behörden*

(1) Zur Verfolgung und Ahndung der Ordnungswidrigkeiten nach § 16 arbeiten die Bundesagentur für Arbeit und die Behörden der Zollverwaltung insbesondere mit folgenden Behörden zusammen:

1. den Trägern der Krankenversicherung als Einzugsstellen für die Sozialversicherungsbeiträge,

2. den in § 71 des Aufenthaltsgesetzes genannten Behörden,

3. den Finanzbehörden,

4. den nach Landesrecht für die Verfolgung und Ahndung von Ordnungswidrigkeiten nach dem Schwarzarbeitsbekämpfungsgesetz zuständigen Behörden,

5. den Trägern der Unfallversicherung,

6. den für den Arbeitsschutz zuständigen Landesbehörden,

7. den Rentenversicherungsträgern,

8. den Trägern der Sozialhilfe.

(2) Ergeben sich für die Bundesagentur für Arbeit oder die Behörden der Zollverwaltung bei der Durchführung dieses Gesetzes im Einzelfall konkrete Anhaltspunkte für

1. Verstöße gegen das Schwarzarbeitsbekämpfungsgesetz,

2. eine Beschäftigung oder Tätigkeit von Ausländern ohne erforderlichen Aufenthaltstitel nach § 4 Abs. 3 des Aufenthaltsgesetzes, eine Aufenthaltsgestattung oder eine Duldung, die zur Ausübung der Beschäftigung berechtigen, oder eine Genehmigung nach § 284 Abs. 1 des Dritten Buches Sozialgesetzbuch,

3. Verstöße gegen die Mitwirkungspflicht nach § 60 Abs. 1 Satz 1 Nr. 2 des Ersten Buches Sozialgesetzbuch gegenüber einer Dienststelle der Bundesagentur für Arbeit, einem Träger der gesetzlichen Kranken-, Pflege-, Unfall- oder Rentenversicherung oder einem Träger der Sozialhilfe oder gegen die Meldepflicht nach § 8a des Asylbewerberleistungsgesetzes,

4. Verstöße gegen die Vorschriften des Vierten und Siebten Buches Sozialgesetzbuch über die Verpflichtung zur Zahlung von Sozialversicherungsbeiträgen, soweit sie im Zusammenhang mit den in den Nummern 1 bis 3 genannten Verstößen sowie mit Arbeitnehmerüberlassung entgegen § 1 stehen,

5. Verstöße gegen die Steuergesetze,

6. Verstöße gegen das Aufenthaltsgesetz,

---

1 BT-Drs. VI/2303, S. 16. | 2 *Sandmann/Marschall*, § 17 AÜG Anm. 3. | 3 *Sandmann/Marschall*, § 17 AÜG Anm. 1; *Becker/Wulfgramm*, § 17 AÜG Rz. 2. | 4 BSG v. 12.12.1990 – 11 RAr 49/90, EzAÜG Nr. 14 zu § 3 AÜG – Versagungsgründe. | 5 *Ulber*, Anhang 3.

unterrichten sie die für die Verfolgung und Ahndung zuständigen Behörden, die Träger der Sozialhilfe sowie die Behörden nach § 71 des Aufenthaltsgesetzes.

(3) In Strafsachen, die Straftaten nach den §§ 15 und 15a zum Gegenstand haben, sind der Bundesagentur für Arbeit und den Behörden der Zollverwaltung zur Verfolgung von Ordnungswidrigkeiten

1. bei Einleitung des Strafverfahrens die Personendaten des Beschuldigten, der Straftatbestand, die Tatzeit und der Tatort,

2. im Falle der Erhebung der öffentlichen Klage die das Verfahren abschließende Entscheidung mit Begründung

zu übermitteln. Ist mit der in Nummer 2 genannten Entscheidung ein Rechtsmittel verworfen worden oder wird darin auf die angefochtene Entscheidung Bezug genommen, so ist auch die angefochtene Entscheidung zu übermitteln. Die Übermittlung veranlasst die Strafvollstreckungs- oder die Strafverfolgungsbehörde. Eine Verwendung

1. der Daten der Arbeitnehmer für Maßnahmen zu ihren Gunsten,

2. der Daten des Arbeitgebers zur Besetzung seiner offenen Arbeitsplätze, die im Zusammenhang mit dem Strafverfahren bekannt geworden sind,

3. der in den Nummern 1 und 2 genannten Daten für Entscheidungen über die Einstellung oder Rückforderung von Leistungen der Bundesagentur für Arbeit

ist zulässig.

(4) Gerichte, Strafverfolgungs- oder Strafvollstreckungsbehörden sollen den Behörden der Zollverwaltung Erkenntnisse aus sonstigen Verfahren, die aus ihrer Sicht zur Verfolgung von Ordnungswidrigkeiten nach § 16 Abs. 1 Nr. 1 bis 2 erforderlich sind, übermitteln, soweit nicht für die übermittelnde Stelle erkennbar ist, dass schutzwürdige Interessen des Betroffenen oder anderer Verfahrensbeteiligter an dem Ausschluss der Übermittlung überwiegen. Dabei ist zu berücksichtigen, wie gesichert die zu übermittelnden Erkenntnisse sind.

I. Inhalt und Zweck. Mit dieser Vorschrift verfolgt der Gesetzgeber das Ziel, eine wirksame Bekämpfung der illegalen Formen der Beschäftigung zu ermöglichen. Denn sie verstößt in ihren vielfältigen Erscheinungsformen gegen eine Vielzahl von Gesetzen. Entsprechend groß ist die Zahl der zu ihrer Bekämpfung zuständigen Behörden. Eine effektive Verfolgung und Ahndung dieser Gesetzesverstöße lässt sich nur erreichen, wenn die Zusammenarbeit der zuständigen Behörden verstärkt und koordiniert wird[1]. Dem gleichen Zweck dient der gesetzl. vorgeschriebene Informationsaustausch aller an der Bekämpfung illegaler Beschäftigung beteiligten Behörden[2]. 1

II. Pflicht zur Zusammenarbeit (Abs. 1). Die Verpflichtung zur Zusammenarbeit nach Abs. 1 beschränkt sich nicht auf die Fälle einer illegalen AÜ ieS, sondern erstreckt sich auf alle Tatbestände, die nach § 16 I eine Ordnungswidrigkeit darstellen. Denn häufig stehen die in § 16 I Nr. 3–9 aufgeführten Tatbestände in einem unmittelbaren Zusammenhang mit der illegalen Überlassung von LeihArbN[3]. Dagegen erfasst Abs. 1 seinem Wortlaut nach nicht die Verfolgung von Straftatbeständen nach den §§ 15, 15a. Deren Verfolgung obliegt in erster Linie den Staatsanwaltschaften und deren Ahndung den Gerichten. Allerdings handelt es sich bei den Straftatbeständen in den §§ 15, 15a lediglich um Qualifikationen der Ordnungswidrigkeitentatbestände des § 16 I Nr. 1 u. 2. Auf Grund dessen erstreckt sich die Verpflichtung zur Zusammenarbeit nach Abs. 1 auch auf die Straftatbestände des Gesetzes[4]. 2

Die Behörden, die nach Abs. 1 zu einer Zusammenarbeit mit der BA und den Behörden der Zollverwaltung verpflichtet sind, werden im Gesetz nicht abschließend aufgezählt. Nach Abs. 1 Nr. 1 gehören dazu in jedem Fall die **Träger der Krankenversicherung** als Einzugsstellen für die GesamtSozV-Beiträge. Diese sind im Einzelnen im 6. Kapitel des SGB V aufgezählt. Es handelt sich um die Ortskrankenkassen (§§ 143 f. SGB V), Betriebskrankenkassen (§§ 147 f. SGB V), Innungskrankenkassen (§§ 157 f. SGB V), Seekrankenkassen (§ 165 SGB V), landwirtschaftl. Krankenkassen (§ 166 SGB V), die Bundesknappschaft (§ 167 SGB V) und die Ersatzkassen (§§ 168 f. SGB V). 3

Die Verpflichtung zur Zusammenarbeit ist nach Abs. 1 Nr. 2 auch den nach § 63 AuslG zuständigen **Ausländerbehörden** vorgeschrieben. 4

Zu den **Finanzbehörden** gem. Abs. 1 Nr. 3 gehören neben den eigentlichen steuereinziehenden Behörden wie den Finanzämtern, den Oberfinanzdirektionen und dem Bundesamt für Finanzen auch die Länderministerien für Finanzen und das Bundesfinanzministerium. 5

Die Pflicht zur Zusammenarbeit obliegt nach Abs. 1 Nr. 4 auch den Behörden, die nach Landesrecht für die Verfolgung und Ahndung von Ordnungswidrigkeiten nach dem Gesetz zur **Bekämpfung der Schwarzarbeit** zuständig sind. Diese Zuständigkeiten sind in den einzelnen Bundesländern unterschiedlich geregelt[5]. 6

1 BT-Drs. IX/847, S. 8. | 2 BT-Drs. IX/847, S. 10. | 3 *Schüren/Hamann*, § 18 AÜG Rz. 11. | 4 *Sandmann/Marschall*, § 18 AÜG Anm. 7. | 5 Im Einzelnen *Sandmann/Marschall*, § 18 AÜG Anm. 15.

7 Zu den **Trägern der Unfallversicherung** nach Abs. 1 Nr. 5 gehören neben den Berufsgenossenschaften, die im Einzelnen in den Anlagen 1 und 2 zu § 114 SGB VII aufgeführt sind, der Bund, die Länder, die Gemeinden und die Gemeindeunfallversicherungsverbände.

8 Die Pflicht zur Zusammenarbeit erfasst nach Abs. 1 Nr. 6 auch die für den **Arbeitsschutz** zuständigen Landesbehörden. Dabei handelt es sich regelmäßig um die staatlichen Gewerbeaufsichtsämter. Daneben haben die Länder für einzelne Bereiche des Arbeitsschutzes die Zuständigkeit von Sonderbehörden begründet. Das gilt insb. für die Bergämter, die für den Arbeitsschutz im Rahmen der Bergaufsicht zuständig sind.

9 Das gilt auch für die **Träger der RV**, denen nach Abs. 1 Nr. 8 eine Pflicht zur Zusammenarbeit mit der BA auferlegt wird. Denn sie prüfen die ordnungsgemäße Entrichtung der SozV-Beiträge bei den ArbGeb. Für die sachgerechte Durchführung dieser Prüfung kann es bedeutsam sein, in welchen Fällen von der BA eine AÜ angenommen wird. Andererseits ergeben sich bei den Prüfungen der RV-Träger häufig Anhaltspunkte für illegale AÜ[1].

10 Schließlich trifft die Pflicht zur Zusammenarbeit nach Abs. 1 Nr. 9 auch die **Träger der Sozialhilfe**. Durch deren Zusammenarbeit mit der BA kann den verschiedenen Formen des Leistungsmissbrauchs besser entgegengewirkt werden[2].

11 Da das Gesetz keine abschließende Regelung enthält, kommt eine Zusammenarbeit der BA und der Zollbehörden mit weiteren Behörden und Stellen in Betracht, um eine effektive Bekämpfung der illegalen AÜ zu gewährleisten. Dabei kann es sich um die Polizeidienststellen der Länder, das Bundeskriminalamt und den Bundesgrenzschutz, die Bundesbaudirektion, die Industrie- und Handelskammern sowie die Handwerkskammern, die Staatsanwaltschaften sowie die Amts- und ArbG handeln[3].

12 Das Gesetz schreibt eine **Rechtspflicht zur Zusammenarbeit** vor. Sobald konkrete Anhaltspunkte für eine Ordnungswidrigkeit vorliegen, müssen daher die BA, die Behörden der Zollverwaltung sowie die in Abs. 1 aufgeführten Behörden dieser Pflicht nachkommen. Sie geht damit über die allgemeine Pflicht zur Amtshilfe nach Art. 35 I GG weit hinaus. Die konkrete Zusammenarbeit kann in Form gemeins. Schulungsmaßnahmen, der Einrichtung von Gesprächskreisen und Arbeitsgruppen oder durch gemeins. Verkehrs- und Grenzkontrollen sowie Durchsuchungen erfolgen[4]. Die Mitarbeiter verschiedener Behörden können ArbN auf Baustellen gemeins. überprüfen und sich gegenseitig Einrichtungen und Geräte bei der Bekämpfung illegaler AÜ zur Verfügung stellen[5].

13 **III. Unterrichtungspflicht (Abs. 2).** Eine im Gesetz ausdrücklich geregelte Form der Zusammenarbeit stellt die Unterrichtungspflicht nach Abs. 2 dar. Dabei handelt es sich um eine einseitige Rechtspflicht der BA und der Behörden der Zollverwaltung gegenüber den im Gesetz abschließend aufgezählten Adressaten. Die Unterrichtungspflicht entsteht, wenn die BA oder die Behörden der Zollverwaltung bei der Durchführung des AÜG Erkenntnisse erlangten, die auf einen Verstoß der in Abs. 2 Nr. 1–6 genannten Art hindeuten. Die Form der Unterrichtung steht im Ermessen der BA bzw. der Zollbehörden. Gewinnen sie ihre Erkenntnisse allerdings nicht im Rahmen der Durchführung des AÜG, sondern etwa im Rahmen der Arbeitsvermittlung, der Berufsberatung oder bei der Bearbeitung von Anträgen auf Alg, begründen diese Erkenntnisse keine Pflicht zur Unterrichtung[6].

14 Die Unterrichtungspflicht nach Abs. 2 findet ihre Grenzen in der Geheimhaltungspflicht nach § 8 IV sowie der Pflicht zur Wahrung des Sozialgeheimnisses nach § 35 SGB I und des Steuergeheimnisses nach § 30 AO.

15 Nach Abs. 2 Nr. 1 entsteht eine Unterrichtungspflicht der BA bzw. der Behörden der Zollverwaltung, wenn sie bei ihrer Tätigkeit konkrete Anhaltspunkte für einen **Verstoß gegen das Gesetz zur Bekämpfung der Schwarzarbeit** erlangen.

16 Das gilt nach Abs. 2 Nr. 2 auch, wenn sie Erkenntnisse über eine Beschäftigung oder Tätigkeit von Ausländern ohne die erforderliche Arbeitserlaubnis gewinnen. Dabei wird von dem Begriff der Beschäftigung sowohl diejenige des LeihArbN durch den Verleiher als ArbGeb als auch diejenige durch den Entleiher erfasst[7].

17 Die Unterrichtungspflicht der BA und der Zollbehörden entsteht nach Abs. 2 Nr. 3 bei Anhaltspunkten für einen **Verstoß gegen die Mitwirkungspflicht nach § 60 I 1 Nr. 2 SGB I** oder für einen **Verstoß gegen die Meldepflicht nach § 8a des Asylbewerberleistungsgesetzes**. Dagegen erstreckt sich die Unterrichtungspflicht nicht auf Fälle, in denen ein Arbl. von vornherein falsche oder unvollständige Angaben über seine Einkünfte oder sein Vermögen gemacht hat[8].

18 Durch Abs. 2 Nr. 4 wird die Unterrichtungspflicht auch insoweit ausgelöst, als sich bei Verstößen nach Abs. 2 Nr. 1–3 Anhaltspunkte für **Verstöße gegen** die Vorschriften des SGB IV und SGB VII über die

1 *Sandmann/Marschall*, § 18 AÜG Anm. 17a. | 2 BT-Drs. XIII/8994, S. 2. | 3 *Schüren/Hamann*, § 18 AÜG Rz. 18 ff. | 4 *Schüren/Hamann*, § 18 AÜG Rz. 32. | 5 *Sandmann/Marschall*, § 18 AÜG Anm. 25. | 6 *Schüren/Hamann*, § 18 AÜG Rz. 36. | 7 *Becker/Wulfgramm*, § 18 AÜG Rz. 21. | 8 *Schüren/Hamann*, § 18 AÜG Rz. 57.

Verpflichtung zur Zahlung von SozV-Beiträgen ergeben. Dabei geht es in erster Linie um die Abführung der GesamtSozV-Beiträge und die Beiträge zur Unfallversicherung durch den jeweiligen ArbGeb.

Anhaltspunkte für einen **Verstoß gegen die Steuergesetze** führen nach Abs. 2 Nr. 5 zu einer Unterrichtungspflicht. Das betrifft alle bundes- und landesrechtl. Regelungen über Steuern und Abgaben. 19

Schließlich erfasst die Unterrichtungspflicht nach Abs. 2 Nr. 6 auch **Verstöße gegen das Aufenthaltsgesetz**. Diese müssen nicht einmal mit illegaler Beschäftigung von LeihArbN zusammenhängen. 20

IV. Übermittlungspflichten (Abs. 3 u. 4). Im Zusammenhang mit Straftaten und Ordnungswidrigkeiten nach den §§ 15, 15a und 16 I begründet das Gesetz Übermittlungspflichten von Behörden und Gerichten gegenüber der BA und den Behörden der Zollverwaltung. So haben die **Strafvollstreckungs- und Strafverfolgungsbehörden** diesen bei Straftaten nach den §§ 15, 15a gem. Abs. 3 Daten und Unterlagen zu übermitteln. Deren Zweck muss die Unterrichtung zur Verfolgung von Ordnungswidrigkeiten nach dem AÜG sein. 21

Die Übermittlungspflicht erstreckt sich bei der Einl. eines Strafverfahrens auf die persönlichen Daten des Beschuldigten, den Straftatbestand, die Tatzeit und den Tatort. Bei der Erhebung einer öffentl. Klage erstreckt sich die Übermittlungspflicht zusätzlich auf die verfahrensabschließende Entscheidung und deren Begründung. Bei der Verwerfung eines Rechtsmittels oder im Fall der Bezugnahme auf eine angefochtene Entscheidung ist auch diese zu übermitteln. 22

Durch Abs. 3 S. 4 lässt das Gesetz die Verwendung von Daten auch außerhalb eines Bußgeldverfahrens zu und schränkt auf diese Weise den allgemeinen Datenschutz ein. Das betrifft zum einen die Verwendung übermittelter Daten von ArbN zu ihren Gunsten, die Daten des ArbGeb zur Besetzung seiner offenen Arbeitsplätze und diejenigen Daten, die bei der Einstellung oder Rückforderung von Leistungen der BA verwendet werden. 23

Neben den Strafverfolgungs- und Strafvollstreckungsbehörden werden durch Abs. 4 auch die **Gerichte** ermächtigt, den Behörden der Zollverwaltung Daten zu übermitteln, die für eine Verfolgung von Ordnungswidrigkeiten von Bedeutung sind. Nach dem Verhältnismäßigkeitsgrundsatz hat indessen eine Übermittlung von Erkenntnissen zu unterbleiben, wenn überwiegende schutzwürdige Interessen des Betroffenen oder anderer Verfahrensbeteiligter dem entgegenstehen. 24

19 *Übergangsvorschrift*

§ 1 Abs. 2, § 1b Satz 2, die §§ 3, 9, 10, 12, 13 und 16 in der vor dem 1. Januar 2003 geltenden Fassung sind auf Leiharbeitsverhältnisse, die vor dem 1. Januar 2004 begründet worden sind, bis zum 31. Dezember 2003 weiterhin anzuwenden. Dies gilt nicht für Leiharbeitsverhältnisse im Geltungsbereich eines nach dem 15. November 2002 in Kraft tretenden Tarifvertrages, der die wesentlichen Arbeitsbedingungen einschließlich des Arbeitsentgelts im Sinne des § 3 Abs. 1 Nr. 3 und des § 9 Nr. 2 regelt.

Die Vorschrift regelte das Übergangsrecht für die Zeit vom 1.1.2003 bis zum 31.12.2003 und hat seit dem 1.1.2004 keine Bedeutung mehr. Lediglich die neuen oder geänderten Bestimmungen für ausländische ArbGeb über die Abordnung zu Arbeitsgemeinschaften gem. § 1 I 3, für ausländische Baubetriebe gem. § 1b S. 3 und für die Pflichten des Verleihers zum Nachweis der wesentlichen Vertragsbedingungen einschließlich der Aushändigung des Merkblatts in der Muttersprache des LeihArbN gem. § 11 I und II sind bereits unmittelbar am 1.1.2003 in Kraft getreten. 1

Für die neuen oder geänderten Regelungen in § 1 II, § 1b S. 2, § 3, § 9, § 10, § 12, § 13 und § 16 sah die Übergangsvorschrift des § 19 S. 1 grds. vor, dass sie erst nach Ablauf eines Jahres ab dem 1.1.2004 Wirkung entfalten. Gleichzeitig sah das Gesetz für diesen Übergangszeitraum eine Tariföffnungsklausel vor. Danach sollten auch die in § 19 S. 1 im Einzelnen aufgeführten Gesetzesänderungen bereits vor dem 1.1.2004 auf die Leiharbeitsverhältnisse angewendet werden, die in den Geltungsbereich eines TV fallen, der nach dem 15.11.2002 (Beschluss des BT zur Neufassung des AÜG) in Kraft getreten ist, und der die wesentlichen Arbeitsbedingungen einschließlich des Arbeitsentgelts iSd. § 3 I Nr. 3 und des § 9 Nr. 2 regelt. 2

Durch diese Übergangsfrist sollte den Parteien des Leiharbeitsverhältnisses Gelegenheit gegeben werden, sich auf die neue Rechtslage einzustellen. Gleichzeitig sollten die TV-Parteien einen hinreichend großen zeitlichen Spielraum erhalten, auf der Grundlage der geänderten Vorschriften des AÜ-Rechts neue oder erstmalige tarifl. Regelungen auszuhandeln[1]. 3

---

1 BT-Drs. 15/25, S. 39; vgl. ferner *Ankersen*, NZA 2003, 421; *Böhm*, NZA 2003, 828; *Schüren/Behrend*, DB 2003, 521; zur inzwischen erfolgten Fusion von Arbeitgeberverbänden der Zeitarbeitsbranche ausf. *Lembke*, FS Leinemann, 2006, S. 427 ff.

Berufsbildungsgesetz (BBiG)

vom 23.3.2005 (BGBl. I S. 931),
zuletzt geändert durch Art. 9b des Gesetzes v. 7.9.2007 (BGBl. I S. 2246)

– Auszug –

Teil 1. Allgemeine Vorschriften

1 *Ziele und Begriffe der Berufsbildung*

(1) Berufsbildung im Sinne dieses Gesetzes sind die Berufsausbildungsvorbereitung, die Berufsausbildung, die berufliche Fortbildung und die berufliche Umschulung.

(2) Die Berufsausbildungsvorbereitung dient dem Ziel, durch die Vermittlung von Grundlagen für den Erwerb beruflicher Handlungsfähigkeit an eine Berufsausbildung in einem anerkannten Ausbildungsberuf heranzuführen.

(3) Die Berufsausbildung hat die für die Ausübung einer qualifizierten beruflichen Tätigkeit in einer sich wandelnden Arbeitswelt notwendigen beruflichen Fertigkeiten, Kenntnisse und Fähigkeiten (berufliche Handlungsfähigkeit) in einem geordneten Ausbildungsgang zu vermitteln. Sie hat ferner den Erwerb der erforderlichen Berufserfahrungen zu ermöglichen.

(4) Die berufliche Fortbildung soll es ermöglichen, die berufliche Handlungsfähigkeit zu erhalten und anzupassen oder zu erweitern und beruflich aufzusteigen.

(5) Die berufliche Umschulung soll zu einer anderen beruflichen Tätigkeit befähigen.

1 **I. Berufsbildung und Berufsausbildung (Abs. 1–3).** § 1 bildet die Grundlage für das Ordnungssystem in der berufl. Bildung. Nach **Abs. 1** ist **Berufsbildung** der Oberbegriff für die Berufsausbildungsvorbereitung, Berufsausbildung, die berufl. Fortbildung und die berufl. Umschulung. Zu den **Maßnahmen der betrieblichen Berufsbildung** gehören insb. solche, die den ArbN die für die Ausfüllung ihres Arbeitsplatzes und ihrer berufl. Tätigkeit notwendigen Kenntnisse und Fähigkeiten verschaffen wollen, zB **Seminare**[1] oder **überbetriebliche Ausbildungsstätten**, welche eine berufspraktische Ausbildung vermitteln sollen[2]. Der in **§ 98 BetrVG** sowie **in § 5 I 1 ArbGG**[3] verwandte Berufsbildungsbegriff ist weiter gefasst als der des Abs. 1[4]. Eine Definition des Berufs enthält das BBiG nicht, es orientiert sich vielmehr an **Art. 12 GG**[5].

2 **Abs. 2** erläutert den Begriff und das Ziel der Berufsausbildungsvorbereitung. Sie bezweckt die Vermittlung von Grundlagen für den Erwerb berufl. Handlungsfähigkeit und soll damit an eine Berufsausbildung in einem anerkannten Ausbildungsberuf heranführen. Die Berufsausbildungsvorbereitung ist näher in den §§ 68 ff. geregelt. Sie richtet sich an lernbeeinträchtigte oder sozial benachteiligte Personen, deren Entwicklungsstand eine erfolgreiche Ausbildung in einem anerkannten Ausbildungsberuf oder eine gleichwertige Berufsausbildung nicht erwarten lässt (§ 68 I). Die Berufsausbildungsvorbereitung ist nicht selbst Berufsausbildung iSd. Abs. 3. Sie erfolgt auf Grund eines **Qualifizierungsvertrages**[6]. Über die vermittelten Grundlagen für den Erwerb berufl. Handlungsfähigkeit stellt der Anbieter der Berufsausbildungsvorbereitung eine Bescheinigung aus (§ 69 II)[7].

3 **Abs. 3** legt Inhalt und Ziele der **Berufsausbildung** fest. Bei der Berufsausbildung handelt es sich grds. um eine **Erstausbildung** nach Beendigung der Vollzeitschulpflicht. Wird im Anschluss an eine erste, abgeschlossene Berufsausbildung eine **Zweitausbildung** begonnen, liegt keine Umschulung, sondern eine erneute Berufsausbildung vor, wenn zwischen den beiden Ausbildungen keine erhebliche berufl. Betätigung in dem zuerst erlernten Beruf aufgenommen wurde[8].

4 Die Berufsausbildung muss in einem **geordneten Ausbildungsgang** (§ 4) erfolgen (**Abs. 3 S. 1**). Sie besteht nach der Definition in Abs. 3 in dem Erwerb der berufl. Handlungsfähigkeit sowie der erforderlichen Berufserfahrung. Der Begriff der „beruflichen Handlungsfähigkeit" wurde neu in das Gesetz aufgenommen. Damit soll eine Angleichung an die im Arbeitsförderungsrecht (vgl. § 85 III SGB III) verwand-

---

1 BAG v. 23.4.1991 – 1 ABR 49/90, AP Nr. 7 zu § 98 BetrVG 1972. | 2 BAG v. 26.1.1994 – 7 ABR 13/92, AP Nr. 154 zu § 5 BetrVG 1972. | 3 BAG v. 21.5.1997 – 5 AZB 30/96, AP Nr. 32 zu § 5 ArbGG 1979. | 4 WLMPP/*Wohlgemuth*, § 1 BBiG Rz. 2. | 5 ErfK/*Schlachter*, § 1 BBiG Rz. 1; grundl. zum Begriff des Berufs BVerfG v. 11.6.1958 – 1 BvR 596/56, AP Nr. 13 zu § 12 GG. | 6 *Natzel*, DB 2003, 720. | 7 Vgl. hierzu die Berufsausbildungsvorbereitungs-BescheinigungsVO v. 16.7.2003 (BGBl. S. 1472). | 8 BAG v. 3.6.1987 – 5 AZR 285/86, NZA 1988, 66.

ten Begrifflichkeiten vorgenommen werden[1]. Die erste Phase der Berufsausbildung kann für einzelne Berufsfelder in einem **schulischen Berufsbildungsjahr** abgeleistet werden[2]. Die Berufsausbildung soll klar gegliedert und sachlich und zeitlich in einen konkreten Rahmen gestellt werden, um auf diese Weise ihre Qualität zu steigern[3].

II. Berufliche Fortbildung und Umschulung (Abs. 4, 5). Das BBiG differenziert in seiner neuen Struktur zwischen der Anpassungsfortbildung (Abs. 4 Alt. 1) und der Aufstiegsfortbildung (Abs. 4 Alt. 2). **Berufliche Fortbildung** (§§ 53 ff.) setzt begrifflich eine abgeschlossene Berufsausbildung, eine langjährige berufl. Tätigkeit oder beides voraus. Sie soll vorhandene berufl. Kenntnisse und Fertigkeiten erweitern bzw. den neueren Entwicklungen anpassen[4]. 5

Die **berufliche Umschulung** (§§ 58 ff.) soll zu einer anderen berufl. Tätigkeit befähigen[5]. Im Rahmen einer berufl. Neuorientierung soll ein Beruf mit einem anderen Inhalt erlernt werden[6]. Das setzt voraus, dass der Umschüler zuvor bereits beruflich tätig gewesen sein muss. Eine vorherige Ausbildung ist nicht notwendig, der Umschüler kann vielmehr als Ungelernter tätig gewesen sein[7]. Für die Teilnahme an Umschulungsmaßnahmen bestehen Möglichkeiten der **finanziellen** Förderung (§§ 77 ff. SGB III)[8]. 6

2 *Lernorte der Berufsbildung*

(1) Berufsbildung wird durchgeführt

1. in Betrieben der Wirtschaft, in vergleichbaren Einrichtungen außerhalb der Wirtschaft, insbesondere des öffentlichen Dienstes, der Angehörigen freier Berufe und in Haushalten (betriebliche Berufsbildung),

2. in berufsbildenden Schulen (schulische Berufsbildung) und

3. in sonstigen Berufsbildungseinrichtungen außerhalb der schulischen und betrieblichen Berufsbildung (außerbetriebliche Berufsbildung).

(2) Die Lernorte nach Absatz 1 wirken bei der Durchführung der Berufsbildung zusammen (Lernortkooperation).

(3) Teile der Berufsausbildung können im Ausland durchgeführt werden, wenn dies dem Ausbildungsziel dient. Ihre Gesamtdauer soll ein Viertel der in der Ausbildungsordnung festgelegten Ausbildungsdauer nicht überschreiten.

I. Durchführung der Berufsbildung (Abs. 1). Abs. 1 zählt enumerativ die Lernorte der Berufsbildung auf. Sie findet insb. in Betrieben der Wirtschaft statt[9] sowie in vergleichbaren Einrichtungen außerhalb der Wirtschaft, zB in inner- oder überbetrieblichen Stätten zur Vermittlung einer berufspraktischen Ausbildung, etwa in **Lehrwerkstätten oder Ausbildungszentren**[10]. Die Aufzählung ist nicht abschließend. Zum Teil kann das erste Jahr der Ausbildung als **Berufsgrundbildungsjahr** absolviert werden (vgl. § 1 Rz. 4). 1

Schulische Berufsbildung findet ferner statt in **berufsbildenden Schulen**, wobei der Begriff „schulisch" eine bestimmte Organisationsform der Ausbildungsstätte und nicht eine bestimmte Lehrmethode voraussetzt[11]. Soweit diese den Schulgesetzen der Länder unterstehen, gilt das BBiG nicht (vgl. § 3 Rz. 1). Mit dieser Regelung soll klargestellt werden, dass auf die Berufsbildung in berufl. Schulen aus pädagogischen, fachlichen und volkswirtschaftl. Gründen nicht verzichtet werden kann[12]. 2

Sonstige Berufsbildungseinrichtungen sind zB Berufsbildungs- oder Berufsförderungswerke, reine Ausbildungsbetriebe oder Rehabilitationszentren[13]. 3

II. Lernortkooperation (Abs. 2). Nach Abs. 2 wirken die Lernorte – wie auch bisher schon in Form der Zusammenarbeit von Betrieben, Berufsschulen etc.[14] – bei der Berufsausbildung zusammen. Auf diese Weise sollen zwischen den einzelnen Lernorten eine engere Abstimmung erreicht[15] und damit neue Berufsbilder mit veränderten Qualifikationsanforderungen gefördert werden. Zudem soll die Tatsache Berücksichtigung finden, dass sich neue Ausbildungsberufe verstärkt am Arbeitsprozess auszurichten haben[16]. *Behmenburg* befürchtet wegen der unterschiedl. Gesetzgebungskompetenzen Probleme bei der Abstimmung von Berufsschule und Betrieb. Auch könnten konkrete Pflichten der Schulen nicht durch das BBiG, sondern nur durch Landesgesetze geregelt werden[17]. 4

1 *Natzel*, DB 2005, 610. | 2 ErfK/*Schlachter*, § 1 BBiG Rz. 4. | 3 BT-Drs. V/4260 zu § 1 BBiG. | 4 *Gedon/Hurlebaus*, § 1 BBiG Rz. 32 ff. mwN. | 5 BT-Drs. V/4620 S. 4 zu § 1 BBiG; *Gedon/Hurlebaus*, § 1 BBiG Rz. 42. | 6 *Lakies*, AR-Blattei SD 400 Rz. 103. | 7 BAG v. 15.3.1991, EzA § 47 BBiG Nr. 1; WLMPP/*Wohlgemuth*, § 1 BBiG Rz. 7. | 8 *Gedon/Hurlebaus*, § 1 BBiG Rz. 48 mwN. | 9 Zum Begriff des Betriebs im Arbeitsrecht vgl. *Gedon/Hurlebaus*, § 2 BBiG Rz. 8. | 10 BAG v. 24.2.1999 – 5 AZB 10/98, AP Nr. 45 zu § 5 ArbGG 1979 mwN. | 11 BAG v. 24.2.1999 – 5 AZB 10/98, AP Nr. 45 zu § 5 ArbGG 1979; *Gedon/Hurlebaus*, § 2 BBiG Rz. 16. | 12 BT-Drs. 15/3980 S. 43 zu § 2. | 13 BAG v. 15.11.2000 – 5 AZR 296/99, AP Nr. 9 zu § 10 BBiG; v. 24.2.1999 – 5 AZB 10/98, AP Nr. 45 zu § 5 ArbGG 1979. | 14 *Dorn/Nackmayr*, S. 10. | 15 *Taubert*, NZA 2005, 504. | 16 *Opolony*, BB 2005, 1050. | 17 *Behmenburg*, Kompetenzverteilung bei der Berufsbildung, 2003, S. 82.

5 **III. Berufsausbildung im Ausland (Abs. 3).** Mit Abs. 3 wird die Möglichkeit im Gesetz verankert, zeitlich begrenzte Abschnitte der Berufsausbildung auch im Ausland zu absolvieren. Mit dieser Neuregelung soll der zunehmenden Internationalisierung auch im Bereich der Berufsausbildung Rechnung getragen werden[1]. Der Auslandsaufenthalt wird rechtl. als Teil der Berufsausbildung behandelt, sofern er dem Ausbildungsziel dient[2]. Rechte und Pflichten der Auszubildenden sowie Ausbildenden bestehen mithin weiter[3]. Der Auslandsaufenthalt unterbricht in diesem Fall das Ausbildungsverhältnis nicht[4], kann allerdings nur in Abstimmung mit dem Ausbildenden erfolgen. Ein Anspruch auf die Absolvierung einer Auslandsausbildung besteht nicht[5]. Nach S. 2 soll die Auslandsausbildung maximal ein Viertel der in der Ausbildungsordnung (§ 4) festgelegten Ausbildungsdauer (§ 5 I Nr. 2) betragen (s. dort Rz. 2). Der Gesetzgeber will mit dieser Regelung dafür sorgen, dass der Schwerpunkt der Ausbildung im Inland liegt[6].

3 *Anwendungsbereich*

(1) Dieses Gesetz gilt für die Berufsbildung, soweit sie nicht in berufsbildenden Schulen durchgeführt wird, die den Schulgesetzen der Länder unterstehen.

(2) Dieses Gesetz gilt nicht für

1. die Berufsbildung, die in berufsqualifizierenden oder vergleichbaren Studiengängen an Hochschulen auf der Grundlage des Hochschulrahmengesetzes und der Hochschulgesetze der Länder durchgeführt wird,

2. die Berufsbildung in einem öffentlich-rechtlichen Dienstverhältnis,

3. die Berufsbildung auf Kauffahrteischiffen, die nach dem Flaggenrechtsgesetz die Bundesflagge führen, soweit es sich nicht um Schiffe der kleinen Hochseefischerei oder der Küstenfischerei handelt.

(3) Für die Berufsbildung in Berufen der Handwerksordnung gelten die §§ 4 bis 9, 27 bis 49, 53 bis 70, 76 bis 80 sowie 102 nicht; insoweit gilt die Handwerksordnung.

1 **I. Geltungsbereich des BBiG (Abs. 1).** § 3 regelt den Anwendungsbereich des BBiG in sachl. Hinsicht. Hierbei knüpft es an den Begriff der Berufsausbildung im umfassenden Sinne nach § 1 (vgl. § 1 Rz. 3) an. Danach findet das BBiG Anwendung im Bereich der betriebl. und außerschulischen Ausbildung. Die Berufsbildung in **berufsbildenden Schulen** wird vom Geltungsbereich des BBiG nicht erfasst. Sie unterfällt nicht der Gesetzgebungskompetenz des Bundesgesetzgebers, weil die schulische Ausbildung der Kultushoheit der Länder unterliegt. Dies gilt zB für **Berufsschulen** und **Fachschulen**[7]. Gleichwohl kann sich die Abschlussprüfung (§ 38) auf den im Berufsschulunterricht vermittelten Lehrstoff beziehen[8].

2 **II. Ausnahmen vom Geltungsbereich (Abs. 2).** Abs. 2 enthält in enumerativer Aufzählung Ausnahmen vom Anwendungsbereich des BBiG für Bereiche, die einer Regelung durch Bundesgesetz grds. zugänglich sind, deren Integration in das Gesetz unter sachlichen Gesichtspunkten jedoch nicht sinnvoll erscheint. **Nr. 1** enthält eine Neuregelung, indem klargestellt wird, dass die Vorschriften des BBiG nicht für die Berufsbildung gelten, die in **berufsqualifizierenden Studiengängen an Hochschulen** auf der Grundlage des HRG und der Hochschulgesetze der Länder durchgeführt wird[9]. Diese Abgrenzung dient der Rechtsklarheit, da von der umfassenden Definition der Berufsbildung in § 1 auch Studiengänge an Hochschulen erfasst werden können. Zudem enthält auch das HRG in § 2 I 2 sowie in § 10 I 1 eine deutliche Ausrichtung der Hochschulbildung hin zum Erwerb beruflicher Handlungsfähigkeit.

3 Darüber hinaus gilt das BBiG nach Nr. 2 nicht für die Berufsausbildung in einem **öffentl.-rechtl. Dienstverhältnis (Dienstanfänger in einem öffentl.-rechtl. Ausbildungsverhältnis, Beamte, Richter und Soldaten**[10]). Ein solches wird kraft Verwaltungsakt begründet. Grund dieser Regelung sind die besonderen Rechtsbeziehungen im öffentl. Dienst, die Ausrichtung auf die Wahrnehmung hoheitl. Aufgaben und die umfassenden Regelungen der Ausbildung und Fortbildung im Dienstrecht der Beamten.

4 Das BBiG gilt ferner nicht für die Berufsbildung auf **Kauffahrteischiffen (Nr. 2)**[11], wohl aber auf Schiffen der kleinen Hochsee- oder Küstenfischerei, da die dort anzutreffenden Verhältnisse denen an Land eher vergleichbar sind als denen auf hoher See (BT-Drs. V/4260 S. 5 zu § 2 BBiG)[12]. Es gilt das Seemannsrecht[13].

5 **III. Berufe der Handwerksordnung (Nr. 3).** Das Berufsbildungsreformgesetz verfolgt das Ziel, im Interesse der Rechtsklarheit und Transparenz Regelungen zur Berufsbildung in Handwerksberufen, die der HwO zugewiesen sind, von den Regelungen zur in anderen Berufsbereichen durchgeführten Berufsbil-

1 *Opolony*, BB 2005, 1051. |2 *Taubert*, NZA 2005, 504. |3 *Dorn/Nackmayr*, S. 11; *Stück*, NZA 2005, 1393. |4 *Natzel*, DB 2005, 610. |5 *Stück*, NZA 2005, 1395. |6 *Wohlgemuth*, AuR 2005, 241. |7 *Gedon/Hurlebaus*, § 3 BBiG Rz. 7 ff. mwN; MünchArbR/*Natzel*, § 177 Rz. 198. |8 WLMPP/*Wohlgemuth*, § 3 BBiG Rz. 3 mwN; BVerwG v. 28.1.1974 – VII B 14/73, EzB Nr. 1 zu Art. 74 GG. |9 Hierzu *Taubert*, NZA 2005, 504. |10 ErfK/*Schlachter*, § 3 BBiG Rz. 3. |11 Zum Begriff *Gedon/Hurlebaus*, § 3 BBiG Rz. 30. |12 WLMPP/*Wohlgemuth*, § 3 BBiG Rz. 7. |13 ErfK/*Schlachter*, § 3 BBiG Rz. 3.

dung klar zu trennen. Aus diesem Grunde stellt Abs. 3 klar, dass die dort genannten Vorschriften des BBiG für die Berufsbildung in Berufen der HwO nicht gelten. Insoweit greifen vielmehr die Regelungen der HwO.

Teil 2. Berufsbildung

Kapitel 1. Berufsausbildung

Abschnitt 1. Ordnung der Berufsausbildung; Anerkennung von Ausbildungsberufen

4 *Anerkennung von Ausbildungsberufen*

(1) Als Grundlage für eine geordnete und einheitliche Berufsausbildung kann das Bundesministerium für Wirtschaft und Technologie oder das sonst zuständige Fachministerium im Einvernehmen mit dem Bundesministerium für Bildung und Forschung durch Rechtsverordnung, die nicht der Zustimmung des Bundesrates bedarf, Ausbildungsberufe staatlich anerkennen und hierfür Ausbildungsordnungen nach § 5 erlassen.

(2) Für einen anerkannten Ausbildungsberuf darf nur nach der Ausbildungsordnung ausgebildet werden.

(3) In anderen als anerkannten Ausbildungsberufen dürfen Jugendliche unter 18 Jahren nicht ausgebildet werden, soweit die Berufsausbildung nicht auf den Besuch weiterführender Bildungsgänge vorbereitet.

(4) Wird die Ausbildungsordnung eines Ausbildungsberufes aufgehoben, so gelten für bestehende Berufsausbildungsverhältnisse die bisherigen Vorschriften.

(5) Das zuständige Fachministerium informiert die Länder frühzeitig über Neuordnungskonzepte und bezieht sie in die Abstimmung ein.

I. Staatliche Anerkennung von Ausbildungsberufen und Erlass von Ausbildungsordnungen (Abs. 1). 1
Nach Abs. 1 der Vorschrift können durch RechtsVO Ausbildungsberufe staatl. anerkannt bzw. aufgehoben sowie Ausbildungsordnungen erlassen werden. Für die staatl. Anerkennung ist eine nähere Ausgestaltung der Bezeichnung, der Ausbildungsdauer, des Ausbildungsberufsbildes und der Prüfungsanforderungen erforderlich. Der in diesem Verständnis vorgegebene Ermächtigungsrahmen wird durch § 5 präzisiert. Die RechtsVO sind zur Ordnung der Berufsausbildung notwendig, da nach § 4 II für einen anerkannten Ausbildungsberuf nur nach der Ausbildungsordnung ausgebildet werden darf (vgl. Rz. 3). Die **vor Inkrafttreten des BBiG** anerkannten Ausbildungsberufe gelten als solche iSd. § 4 I (§ 104 I)[1].

Die anerkannten Ausbildungsberufe werden von dem BIBB in einem Verzeichnis geführt und jährlich 2
veröffentlicht (§ 90 III Nr. 3 BBiG)[2].

II. Ausbildung nach der Ausbildungsordnung (Abs. 2, 3). § 4 verfolgt das Ziel, unter bildungs-, wirt- 3
schaftspolitischen und sozialen Gesichtspunkten insb. jugendlichen Auszubildenden die Gewähr dafür zu geben, dass die Berufsausbildung den Erfordernissen beruflicher Anpassungsfähigkeit und Durchlässigkeit genügt[3]. Die Vorschrift legt fest, dass **für einen anerkannten Ausbildungsberuf nur nach der Ausbildungsordnung (§ 5) ausgebildet werden darf** (vgl. das Verzeichnis der anerkannten Ausbildungsberufe oben Rz. 2). Berufsausbildungsverträge, die dieser Regelung widersprechen, sind nach § 134 BGB **nichtig**[4]. Bei Nichtigkeit entsteht ein faktisches *Arbeits*verhältnis[5]. Wird im Anschluss an eine erste eine **zweite Berufsausbildung** absolviert (vgl. § 1 Rz. 3), gilt der Ausschließlichkeitsgrundsatz auch für diese[6]. Die Vorschrift gilt nicht für Umschulungsverhältnisse[7].

Zudem dürfen **Jugendliche (§ 2 Abs. 2 JArbSchG)** grds. nur in anerkannten Ausbildungsberufen 4
(Rz. 2) ausgebildet werden, es sei denn, die Berufsausbildung bereitet nach **Abs. 3** auf den Besuch weiterführender Bildungsgänge vor (Bsp.: Praktika vor dem Besuch einer Fachschule)[8]. **Volljährige Personen** können hingegen in anderen als anerkannten Ausbildungsberufen eine Ausbildung absolvieren[9]. Die Beschäftigung Jugendlicher in nicht anerkannten Berufen ist jedoch zulässig[10].

---

1 *Gedon/Hurlebaus*, § 104 BBiG Rz. 2. | 2 *Gedon/Hurlebaus*, § 90 BBiG Rz. 24. | 3 BT-Drs. V/4260 zu § 28. | 4 LAG Schl.-Holst. v. 26.3.1981 – 3 Sa 33/81, EzB Nr. 5 zu § 28 BBiG; *Gedon/Hurlebaus*, § 4 BBiG Rz. 23; WLMPP/*Malottke*, § 4 BBiG Rz. 8 jeweils mwN. | 5 Vgl. die Nachw. bei *Gedon/Hurlebaus*, § 4 BBiG Rz. 23. | 6 *Gedon/Hurlebaus*, § 4 BBiG Rz. 13. | 7 *Natzel*, Berufsbildungsrecht, S. 352; aA *Gedon/Hurlebaus*, § 4 BBiG Rz. 14, sofern in einem anerkannten Ausbildungsberuf umgeschult wird. | 8 *Gedon/Hurlebaus*, § 4 BBiG Rz. 16; *Lakies*, AR-Blattei SD 300 Rz. 128. | 9 *Gedon/Hurlebaus*, § 4 BBiG Rz. 18. | 10 ErfK/*Schlachter*, § 4 BBiG Rz. 2 mwN.

5 **III. Aufhebung der Anerkennung eines Ausbildungsberufes (Abs. 4).** Wird die Anerkennung eines Ausbildungsberufes aufgehoben[1], kann der Auszubildende das Ausbildungsverhältnis kündigen (§ 22 II Nr. 2). Anstelle einer Kündigung kann er nach Abs. 4 das begonnene Ausbildungsverhältnis nach den bisherigen Vorschriften fortsetzen. Die Vorschrift ist im Zusammenhang mit § 5 II Nr. 3 zu sehen (vgl. dort Rz. 9). Entscheidet sich der Auszubildende für eine neue, tätigkeitsverwandte Ausbildung, ist die bereits zurückgelegte Ausbildungszeit zwingend anzurechnen[2].

6 **IV. Information der Länder über Neuordnungskonzepte (Abs. 5).** Neu in das Gesetz eingefügt worden ist die Vorschrift des Abs. 5. Danach informiert das zuständige Fachministerium die Länder frühzeitig über Neuordnungskonzepte und bezieht sie in die Abstimmung ein. Diese Regelung soll es ermöglichen, dass sich die Länder – nach Abschaffung des Länderausschusses beim BIBB[3] – künftig leichter auf gesetzl. Neuregelungen einstellen können[4]. Zudem soll die Vorschrift die Gestaltungsmöglichkeiten der Länder rechtl. sichern[5].

5 *Ausbildungsordnung*

(1) Die Ausbildungsordnung hat festzulegen

1. die Bezeichnung des Ausbildungsberufes, der anerkannt wird,

2. die Ausbildungsdauer; sie soll nicht mehr als drei und nicht weniger als zwei Jahre betragen,

3. die beruflichen Fertigkeiten, Kenntnisse und Fähigkeiten, die mindestens Gegenstand der Berufsausbildung sind (Ausbildungsberufsbild),

4. eine Anleitung zur sachlichen und zeitlichen Gliederung der Vermittlung der beruflichen Fertigkeiten, Kenntnisse und Fähigkeiten (Ausbildungsrahmenplan),

5. die Prüfungsanforderungen.

(2) Die Ausbildungsordnung kann vorsehen,

1. dass die Berufsausbildung in sachlich und zeitlich besonders gegliederten, aufeinander aufbauenden Stufen erfolgt; nach den einzelnen Stufen soll ein Ausbildungsabschluss vorgesehen werden, der sowohl zu einer qualifizierten beruflichen Tätigkeit im Sinne des § 1 Abs. 3 befähigt als auch die Fortsetzung der Berufsausbildung in weiteren Stufen ermöglicht (Stufenausbildung),

2. dass die Abschlussprüfung in zwei zeitlich auseinander fallenden Teilen durchgeführt wird,

3. dass abweichend von § 4 Abs. 4 die Berufsausbildung in diesem Ausbildungsberuf unter Anrechnung der bereits zurückgelegten Ausbildungszeit fortgesetzt werden kann, wenn die Vertragsparteien dies vereinbaren,

4. dass auf die durch die Ausbildungsordnung geregelte Berufsausbildung eine andere, einschlägige Berufsausbildung unter Berücksichtigung der hierbei erworbenen beruflichen Fertigkeiten, Kenntnisse und Fähigkeiten angerechnet werden kann,

5. dass über das in Absatz 1 Nr. 3 beschriebene Ausbildungsberufsbild hinaus zusätzliche berufliche Fertigkeiten, Kenntnisse und Fähigkeiten vermittelt werden können, die die berufliche Handlungsfähigkeit ergänzen oder erweitern,

6. dass Teile der Berufsausbildung in geeigneten Einrichtungen außerhalb der Ausbildungsstätte durchgeführt werden, wenn und soweit es die Berufsausbildung erfordert (überbetriebliche Berufsausbildung),

7. dass Auszubildende einen schriftlichen Ausbildungsnachweis zu führen haben.

Im Rahmen der Ordnungsverfahren soll stets geprüft werden, ob Regelungen nach Nummer 1, 2 und 4 sinnvoll und möglich sind.

1 **I. Mindestinhalt der Ausbildungsordnung (Abs. 1).** Abs. 1 legt den Mindestinhalt von Ausbildungsordnungen fest, die auf der Grundlage des § 4 zu erlassen sind. Nach **Nr. 1** ist die **Berufsbezeichnung** festzulegen, die den tatsächlichen Berufsinhalt kurz und knapp wiedergeben soll. Eine **Änderung** ist durch RechtsVO möglich[6]. Im Falle einer **Stufenausbildung** (vgl. unten Rz. 7) soll die Bezeichnung den jeweils möglichen Abschluss erkennen lassen[7]. Aus der staatl. Anerkennung eines Ausbildungsberufs folgt nicht zwangsläufig, dass die entsprechende Berufsbezeichnung schon allein mit Rücksicht darauf geschützt ist[8].

2 Nach **Nr. 2** ist die Ausbildungsdauer festzulegen. Die Bestimmung ist eine **Sollvorschrift**. Maßgebend für die anzusetzende Dauer ist die Zeit, in welcher ein durchschnittlich begabter Hauptschulabgänger in

---

1 Vgl. hierzu die VO über die Aufhebung der Anerkennung von Ausbildungsberufen v. 10.8.1972, BGBl. I S. 1459. | 2 *Gedon/Hurlebaus*, § 4 BBiG Rz. 25. | 3 Hierzu *Wohlgemuth*, AuR 2005, 242. | 4 *Taubert*, NZA 2005, 504. | 5 *Dorn/Nackmayr*, S. 15. | 6 *Gedon/Hurlebaus*, § 5 BBiG Rz. 6. | 7 WLMPP/*Malottke*, § 5 BBiG Rz. 6. | 8 ErfK/*Schlachter*, § 5 BBiG Rz. 1 mwN; VG Freiburg v. 31.5.1983 – 5 K 140/82, EzB Nr. 6 zu Art. 14 GG.

einem durchschnittlich geeigneten Betrieb das Ausbildungsziel mit entsprechenden Berufserfahrungen bei Vollzeitausbildung erreichen kann[1]. Die Ausbildungsdauer beträgt **überwiegend 3 Jahre** und soll eine qualifizierte Berufsausbildung gewährleisten[2]. §§ 7, 8 finden Anwendung.

Das **Ausbildungsberufsbild (Nr. 3)** muss alle Fertigkeiten und Kenntnisse angeben, die Gegenstand der Berufsausbildung sind, und diese konkretisieren, zusammenfassen und allgemein verständlich aufführen[3]. Der Begriff dient der Abgrenzung von Berufsbildern, welche auf die Ausübung einer Erwachsenentätigkeit ausgerichtet sind[4]. 3

Nach **Nr. 4** muss die Ausbildungsordnung eine Anleitung zur sachlichen und zeitlichen Gliederung der Fertigkeiten und Kenntnisse enthalten, den sog. **Ausbildungsrahmenplan**, auf dessen Grundlage die Ausbildungsstätte den betriebl. Ausbildungsplan erstellen kann[5]. Der Ausbildungsrahmenplan hat lediglich Richtliniencharakter ohne öffentl.- oder privatrechtl. Verpflichtung zur Einhaltung durch den Ausbildenden[6]. 4

Nach **Nr. 5** sind die **Prüfungsanforderungen** in die Ausbildungsordnung aufzunehmen, um das Niveau und den Umfang der Zwischen- und Abschlussprüfungen bundeseinheitlich zu gewährleisten[7]. Um der nach § 47 zu erlassenden Prüfungsordnung nicht vorzugreifen, dürfen die nach Nr. 5 festzulegenden Prüfungsanforderungen nur grundsätzlicher Art sein[8]. Der Hauptausschuss des BIBB hat am 11.2.1980 eine „**Empfehlung für die Vereinheitlichung der Prüfungsanforderungen in Ausbildungsordnungen**" (BWP 2/1980) beschlossen[9]. 5

II. Möglicher weiterer Inhalt der Ausbildungsordnung (Abs. 2). Abs. 2 S. 1 zählt mögliche weitere Inhalte der Ausbildungsordnung abschließend auf. Hierbei ist nach S. 2 im Rahmen der Ordnungsverfahren zu prüfen, ob die Regelungen nach Nrn. 1, 2 und 4 sinnvoll und möglich sind. 6

Nr. 1 stellt gegenüber der Vorgängerregelung in § 26 BBiG aF klar, dass jede Stufe mit einem Abschluss enden soll, der zu einer qualifizierten beruflichen Tätigkeit befähigt[10]. Zugleich wird die **Stufenausbildung** durch ihre Integration in § 5 als Regelfall der geordneten Berufsbildung anerkannt[11]. Sie soll der Forderung nach einer breiten Grundausbildung und der damit zusammenhängenden größeren berufl. Anpassungsfähigkeit und Mobilität, den Begabungen des Auszubildenden sowie dem Bedarf der Wirtschaft an qualifizierten Fachkräften besser gerecht werden (BT-Drs. V/4260 zu § 26). Nach neuem Recht muss sich der Berufsausbildungsvertrag auf alle Stufen beziehen und nach § 21 I 2 direkt über beide Stufen abgeschlossen werden[12]. Die Vereinbarung einer **Probezeit** ist nur für die erste Stufe zulässig[13]. Eine **Mindestanzahl von Stufen** ist gesetzl. nicht vorgeschrieben. Nach II 1 Nr. 1 Hs. 2 soll nach den einzelnen Stufen ein Ausbildungsabschluss vorgesehen werden. Bisher ungeklärt ist, in welcher Form dieser zu erfolgen hat[14]. 7

Nr. 2 eröffnet nunmehr ausdrücklich die Möglichkeit, die Abschlussprüfung in zwei zeitlich auseinander fallenden Teilen durchzuführen (sog. **gestreckte Abschlussprüfung**). Sofern dieses Modell genutzt wird, müssen entsprechende Regelungen (zB Zeitpunkt des ersten Teils der Abschlussprüfung, Ausbildungsinhalte zu diesem Zeitpunkt, Gewichtung der Teilprüfungen) in der Ausbildungsordnung erfolgen[15]. 8

Nr. 3 enthält eine Ausnahmeregelung zu § 4 IV (vgl. dort Rz. 5). Danach kann der Verordnungsgeber festlegen, dass im Falle der Aufhebung der alten Ausbildungsordnung die neue der Berufsausbildung zugrunde gelegt wird. Voraussetzung ist eine entsprechende Vereinbarung der Parteien. Wird eine solche getroffen, ist die auf der Grundlage der bisherigen Ausbildungsordnung absolvierte Ausbildungszeit zwingend anzurechnen[16]. 9

Nach **Nr. 4** kann eine andere, einschlägige Berufsausbildung angerechnet werden[17]. Voraussetzung hierfür ist, dass der Auszubildende bereits eine solche erfolgreich durchlaufen und dabei berufl. Fertigkeiten, Kenntnisse und Fähigkeiten erworben hat. 10

In der Ausbildungsordnung kann nach **Nr. 5** festgelegt werden, dass dem Auszubildenden zusätzliche, über das Ausbildungsberufsbild hinausgehende berufl. Kenntnisse und Fertigkeiten vermittelt werden. Gedacht ist zB an zusätzl. Wahlbausteine der Ausbildungsordnung bzw. an Teile anderer Ausbildungsordnungen[18]. Durch diese erweiterte berufl. Handlungsfähigkeit soll eine breitere Verwendung auf dem Arbeitsmarkt erreicht werden. Die **Zusatzqualifikationen** müssen nach § 49 gesondert geprüft und bescheinigt werden. Sie gehören nicht zum Mindestinhalt eines Ausbildungsberufes[19]. 11

---

1 *Gedon/Hurlebaus*, § 5 BBiG Rz. 9. | 2 WLMPP/*Malottke*, § 5 BBiG Rz. 7. | 3 *Gedon/Hurlebaus*, § 5 BBiG Rz. 10. | 4 Ausschussbericht BT-Drs. V/4260 zu § 25. | 5 Ausschussbericht BT-Drs. V/4260 zu § 25. | 6 *Natzel*, Berufsbildungsrecht, S. 349. | 7 *Gedon/Hurlebaus*, § 5 BBiG Rz. 15. | 8 ErfK/*Schlachter*, § 5 BBiG Rz. 4. | 9 Abgedr. bei *Leinemann/Taubert* im Anh. Nr. 4 zu § 25 BBiG. | 10 ErfK/*Schlachter*, § 5 BBiG Rz. 5; *Taubert*, NZA 2005, 504. | 11 *Taubert*, NZA 2005, 504. | 12 *Dorn/Nackmayr*, S. 16; *Lakies*, AR-Blattei SD 400 Nr. 138. | 13 BAG v. 27.11.1991 – 2 AZR 263/91, AP Nr. 2 zu § 13 BBiG. | 14 WLMPP/*Malottke*, § 5 BBiG Rz. 19 mwN. | 15 *Taubert*, NZA 2005, 504; *Dorn/Nackmayr*, S. 20. | 16 BT-Drs. 15/3980 S. 44; ErfK/*Schlachter*, § 5 BBiG Rz. 8. | 17 *Wohlgemuth*, AuR 2005, 242. | 18 *Wohlgemuth*, AuR 2005, 242. | 19 *Dorn/Nackmayr*, S. 17.

12 **Nr. 6** eröffnet die Möglichkeit der **Berufsausbildung außerhalb der Ausbildungsstätte.** Sieht eine Ausbildungsordnung Ausbildungsmaßnahmen außerhalb der Ausbildungsstätte vor, ist diese Regelung **zwingend**[1], sofern es sich nicht um eine bloße Empfehlung handelt. Die vorgesehene Ausbildung außerhalb der Ausbildungsstätte ist in die Vertragsniederschrift (§ 11 I 2 Nr. 3) aufzunehmen[2]. Sie ist nur **ausbildungsergänzend.** Für die Dauer der externen Ausbildung ist der Auszubildende unter Fortzahlung der Vergütung freizustellen (§§ 15, 19 I Nr. 1).

13 **Erforderlich** ist eine externe Berufsausbildung immer dann, wenn in Ausbildungsbetrieben ein Defizit an Ausbildungsmöglichkeiten gegeben ist[3]. **Außerbetriebliche Ausbildungsstätten** können Ausbildungseinrichtungen eines anderen Betriebes, überbetriebliche Einrichtungen[4] mehrerer Betriebe bzw. außerbetriebliche Bildungseinrichtungen von Innungen, Kammern oder auch Wirtschaftsorganisationen (ArbGebVerbände, Gewerkschaften) sein[5]. Der Hauptausschuss des BIBB hat am 26.9.1979 einen **Kriterienkatalog zur Beurteilung von Lehrgängen für überbetriebliche Ausbildung beschlossen**[6]. Die **Kosten außerbetrieblicher Ausbildungsmaßnahmen** sind vom Ausbildenden zu tragen, sofern erst durch diese die volle Erfüllung der Ausbildungspflicht gewährleistet ist[7].

14 **Nr. 7** stellt klar, dass der Auszubildende einen schriftl. Ausbildungsnachweis zu führen hat. Diese Pflicht erfüllt er zB durch das Führen eines Berichtsheftes, was aber nicht zwingend ist[8].

6 *Erprobung neuer Ausbildungsberufe, Ausbildungs- und Prüfungsformen*

Zur Entwicklung und Erprobung neuer Ausbildungsberufe sowie Ausbildungs- und Prüfungsformen kann das Bundesministerium für Wirtschaft und Technologie oder das sonst zuständige Fachministerium im Einvernehmen mit dem Bundesministerium für Bildung und Forschung nach Anhörung des Hauptausschusses des Bundesinstituts für Berufsbildung durch Rechtsverordnung, die nicht der Zustimmung des Bundesrates bedarf, Ausnahmen von § 4 Abs. 2 und 3 sowie den §§ 5, 37 und 48 zulassen, die auch auf eine bestimmte Art und Zahl von Ausbildungsstätten beschränkt werden können.

1 § 6 sieht vor, dass zur Entwicklung und Erprobung neuer Ausbildungsformen und -berufe durch RechtsVO Ausnahmen von § 4 II, III sowie den §§ 5, 37, 48 zugelassen werden können[9]. Diese **ErprobungsVO** müssen sich nicht auf Ausnahmen vom Ausschließlichkeitsgrundsatz beschränken[10]. Sie können auch auf neue Prüfungsformen erweitert werden[11]. Dadurch besteht die Möglichkeit, Prüfungen als wesentliches Qualitätsinstrument der Berufsausbildung effizient zu gestalten[12]. Die Ausnahmen sind in einer RechtsVO und nicht per Verwaltungsakt festzulegen, da sie für eine unbestimmte Anzahl von Berufsausbildungsverhältnissen bundeseinheitlich zugelassen werden sollen[13]. Das Verfahren zum Erlass der ErprobungsVO ist in § 6 geregelt. Die VO kann vorsehen, dass die Ausnahmeregelungen auf eine bestimmte Art und Zahl von Ausbildungsstätten beschränkt sind[14]. So wurde auf Grund der Verordnungsermächtigung zB die VO über die Entwicklung und Erprobung des Ausbildungsberufes Bestattungskraft vom 3.7.2003 (BGBl. I S. 1264) erlassen.

7 *Anrechnung beruflicher Vorbildung auf die Ausbildungszeit*

(1) Die Landesregierungen können nach Anhörung des Landesausschusses für Berufsbildung durch Rechtsverordnung bestimmen, dass der Besuch eines Bildungsganges berufsbildender Schulen oder die Berufsausbildung in einer sonstigen Einrichtung ganz oder teilweise auf die Ausbildungszeit angerechnet wird. Die Ermächtigung kann durch Rechtsverordnung auf oberste Landesbehörden weiter übertragen werden. Die Rechtsverordnung kann vorsehen, dass die Anrechnung eines gemeinsamen Antrags der Auszubildenden und Ausbildenden bedarf.

(2) Die Anrechnung nach Absatz 1 bedarf des gemeinsamen Antrags der Auszubildenden und Ausbildenden. Der Antrag ist an die zuständige Stelle zu richten. Er kann sich auf Teile des höchstzulässigen Anrechnungszeitraums beschränken.

Red. Anm.: Nach Art. 8 IV des Berufsbildungsreformgesetzes tritt das Gesetz am 1. April 2005 in Kraft. Abweichend davon tritt § 7 II am 1. August 2009 in Kraft und gleichzeitig tritt § 7 I 3 außer Kraft.

1 **I. Anrechnung vorberuflicher Vorbildungszeiten durch Rechtsverordnung.** Im Gegensatz zu § 29 I aF ist die Anrechnung beruflicher Vorbildungszeiten nunmehr Sache der Länder[15]. Diese – bzw. im Fall der

---

1 *Gedon/Hurlebaus*, § 5 BBiG Rz. 37. | 2 *Gedon/Hurlebaus*, § 5 BBiG Rz. 37. | 3 *Gedon/Hurlebaus*, § 5 BBiG Rz. 41. | 4 Str., so wie hier *Gedon/Hurlebaus*, § 5 BBiG Rz. 45; zum Meinungsstand ErfK/*Schlachter*, § 5 BBiG Rz. 12 mwN. | 5 *Gedon/Hurlebaus*, § 5 BBiG Rz. 45. | 6 Abgedr. als Auszug bei *Gedon/Hurlebaus*, § 5 BBiG Rz. 61 f. | 7 *Gedon/Hurlebaus*, § 5 BBiG Rz. 42 mwN; BAG v. 29.6.1988 – 5 AZR 450/87, EzB Nr. 27 zu § 5 BBiG; v. 26.9.1988 – 5 AZR 450/87, EzB Nr. 27 zu § 5 BBiG. | 8 *Taubert*, NZA 2005, 505. | 9 Hierzu im Einzelnen *Gedon/Hurlebaus*, § 6 BBiG Rz. 1 ff. | 10 BT-Drs. 15/3980 S. 45. | 11 BT-Drs. 15/3980 S. 45. | 12 *Dorn/Nackmayr*, S. 18. | 13 *Gedon/Hurlebaus*, § 6 Rz. 7. | 14 *Gedon/Hurlebaus*, § 6 BBiG Rz. 11 f. | 15 Hierzu *Dorn/Nackmayr*, S. 11.

möglichen Kompetenzübertragung die jeweilige oberste Landesbehörde (Abs. 1 S. 2) – können nach Anhörung des Landesausschusses für Berufsbildung entscheiden, ob und in welchem zeitlichen Umfang Bildungsabschnitte an berufsbildenden Schulen (idR Berufsfachschulen) oder einer sonstigen Berufsbildungseinrichtung auf eine sich anschließende betriebliche Erstausbildung angerechnet werden[1]. Nach dem Willen des Gesetzgebers soll eine Anrechnungsmöglichkeit idR nur dann in Betracht gezogen werden, wenn diese Bildungsangebote nach ihrer inhaltl. und zeitl. Struktur der Ausbildungsordnung eines anerkannten Ausbildungsberufs entsprechen[2]. Mit dieser Form der Anrechnung soll das bisherige System zwingender Anrechnungen auf der Grundlage der ehemaligen AnrechnungsVOs[3] gelockert werden[4]. Die Anrechnung setzt ein bestehendes Berufsausbildungsverhältnis voraus, welches sich um die Zeit der Anrechnung verkürzt. Von der Verordnungsermächtigung haben noch nicht alle Bundesländer Gebrauch gemacht (vgl. die Nachweise bei *Gedon/Hurlebaus*, § 7 BBiG Rz. 11).

II. Antragstellung. Nach § 7 I 3 kann die RechtsVO vorsehen, dass die Anrechnung eines gemeins. Antrages der Auszubildenden und Ausbildenden bedarf. Diese Regelung gilt nur bis zum 1.8.2009 (Art. 8 Abs. 4 Reformgesetz)[5]. Zu diesem Zeitpunkt tritt § 7 II in Kraft, der zwingend eine gemeins. Antragstellung vorsieht[6]. Der Grund für diese Regelung liegt darin, dass der Gesetzgeber es den Ländern ermöglichen wollte, schulorganisatorisch und zeitlich einen auf die landesspezifischen Verhältnisse angepassten Übergang von der bisher verpflichteten Anrechnung und der nach Abs. 2 flexiblen Anrechnungsmöglichkeit zu schaffen[7]. Nach der Vorstellung des Gesetzgebers ist eine Antragstellung notwendig, weil durch die Anrechnung eine Verkürzung der betriebl. Ausbildungsdauer erfolgt und damit rechtsgestaltend in die jeweiligen Vertragsbeziehungen eingegriffen wird[8]. Die Freiwilligkeit der Anrechnung ist zu begrüßen, da eine Zwangsanrechnung als Ausbildungshemmnis wirkt[9]. 2

III. Umfang der Anrechnung. Die nach Abs. 1 zu erlassende RechtsVO kann vorsehen, dass eine Anrechnung ganz oder teilweise erfolgt. Gleiches sieht auch der zum 1.8.2009 in Kraft tretende Abs. 2 S. 3 vor. Diese Regelung erlaubt den Vertragsparteien weit gehende Flexibilität bei der Gestaltung ihrer Vertragsverhältnisse. Nach dem Willen des Gesetzgebers soll eine mögliche Anrechnung regelmäßig einen Umfang von bis zu zwei Jahren nicht überschreiten[10]. Nach Abs. 2 S. 2 ist der Antrag an die zuständige Stelle zu richten. Diese ist bei der Eintragung des Ausbildungsverhältnisses in das Verzeichnis der Berufsausbildungsverhältnisse (§ 34) und bei der Prüfungszulassung (§ 43) in ihrem Ermessungs- und Beurteilungsspielraum beschränkt, da die Anrechnung unmittelbar durch rechtsgestaltenden Akt der Vertragsparteien herbeigeführt wird[11]. Vergütungsmäßig wird die angerechnete Zeit der Schulausbildung als verbrachte Ausbildungszeit gewertet mit der Folge, dass Auszubildende zB bei der Anrechnung von einem Jahr Schulzeit sogleich die Ausbildungsvergütung für das zweite Ausbildungsjahr erhalten[12]. 3

8 *Abkürzung und Verlängerung der Ausbildungszeit*

(1) Auf gemeinsamen Antrag der Auszubildenden und Ausbildenden hat die zuständige Stelle die Ausbildungszeit zu kürzen, wenn zu erwarten ist, dass das Ausbildungsziel in der gekürzten Zeit erreicht wird. Bei berechtigtem Interesse kann sich der Antrag auch auf die Verkürzung der täglichen oder wöchentlichen Ausbildungszeit richten (Teilzeitberufsausbildung).

(2) In Ausnahmefällen kann die zuständige Stelle auf Antrag Auszubildender die Ausbildungszeit verlängern, wenn die Verlängerung erforderlich ist, um das Ausbildungsziel zu erreichen. Vor der Entscheidung nach Satz 1 sind die Ausbildenden zu hören.

(3) Für die Entscheidung über die Verkürzung oder Verlängerung der Ausbildungszeit kann der Hauptausschuss des Bundesinstituts für Berufsbildung Richtlinien erlassen.

I. Verkürzung der Ausbildungszeit (Abs. 1). Die Verkürzung der Ausbildungszeit kann von beiden Parteien bei der zuständigen Stelle gemeins.[13] beantragt werden. Der Antrag ist **schriftlich** zu stellen; eine Erklärung des Betriebes sowie der Berufsschule ist beizufügen[14]. Ein Anspruch auf eine Verkürzung der Ausbildungszeit ist gegeben, wenn auf Grund persönl. Voraussetzungen oder während der Ausbildung gezeigten individuellen Leistungen zu erwarten ist, dass das Ausbildungsziel in der verkürzten Zeit erreicht wird[15]. Maßgeblich ist eine Prognose der zuständigen Stelle, die ergibt, dass der Auszubildende schon vor Ablauf der regulären Ausbildungszeit die volle berufliche Handlungsfähigkeit erlangt[16]. Bei Vorliegen dieser Voraussetzungen hat der Auszubildende einen **Anspruch auf eine Verkürzung der Ausbildungszeit**[17]. Die Verkürzung führt im Gegensatz zu der Anrechnung nach § 7 (vgl. 1

---

1 *Taubert*, NZA 2005, 505. | 2 BT-Drs. 15/3980 S. 45. | 3 Die auf der Grundlage des § 29 I BBiG aF erlassenen Berufsgrundbildungsjahr-AnrechnungsVOs sind am 1.8.2006 außer Kraft getreten, Art. 8 III BerBiRefG. | 4 Hierzu *Taubert*, NZA 2005, 505. | 5 *Taubert*, NZA 2005, 505. | 6 *Wohlgemuth*, AuR 2005, 242. | 7 Vgl. Beschlussempfehlung BT-Drs. 15/4752 zu § 7. | 8 BT-Drs. 15/3980 S. 45. | 9 *Dorn/Nackmayr*, S. 12. | 10 BT-Drs. 15/3980 S. 45. | 11 BT-Drs. 15/3980 S. 45. | 12 BAG v. 22.9.1982 – 4 AZR 719/79, AP Nr. 5 zu § 611 BGB – Ausbildungsverhältnis. | 13 *Opolony*, BB 2005, 1052. | 14 *Natzel*, Berufsbildungsrecht, S. 162. | 15 *Taubert*, NZA 2005, 505. | 16 BT-Drs. 15/3980 S. 46. | 17 *Gedon/Hurlebaus*, § 8 BBiG Rz. 9; *Leinemann/Taubert*, § 29 Rz. 16.

dort Rz. 3) nicht zu einer Vorverlegung des Ausbildungsbeginns und damit zu einem früheren Anspruch auf eine höhere Vergütung[1]. Eine Verkürzung kann bei Beginn bzw. im Laufe des Ausbildungsverhältnisses beantragt werden[2]. Neben der Anrechnung von Ausbildungszeiten nach § 7 kann auch ein Antrag auf Verkürzung nach Abs. 1 gestellt werden[3]. Nach Abs. 1 S. 2 kann sich der Antrag bei berechtigtem Interesse auch auf die Verkürzung der täglichen oder wöchentlichen Ausbildungszeit richten (**Teilzeitausbildung**), wobei die reguläre Ausbildungsdauer erhalten bleibt. Damit wird die Teilzeitausbildung gesetzl. verankert[4]. Ein berechtigtes Interesse ist zB gegeben, wenn der Auszubildende ein eigenes Kind oder einen pflegebedürftigen Angehörigen zu betreuen hat bzw. schwerbehindert ist[5]. Voraussetzung ist auch in diesem Fall, dass das Ausbildungsziel innerhalb der verkürzten Ausbildungszeit erreicht werden kann[6].

2 **II. Verlängerung der Ausbildungszeit (Abs. 2).** Eine Verlängerung der Ausbildungszeit kann vom Auszubildenden beantragt werden, wenn er diese Zeit benötigt, um das Ausbildungsziel zu erreichen. Der Grund kann zB eine längere Krankheit sein. Erfasst werden auch außergewöhnliche Fallgestaltungen, die auf diesem Wege einer angemessenen Regelung zugeführt werden sollen[7]. Liegen mehrere Verlängerungsgründe vor, kann jeweils erneut ein entsprechender Antrag gestellt werden[8]. Die Verlängerung steht im **Ermessen** der Behörde (**Kann-Vorschrift**[9]) und soll nur in Ausnahmefällen erfolgen. Der Auszubildende ist zuvor zu hören (Abs. 2 S. 2). Vergütungsmäßig wirkt sich die Verlängerung nicht aus. Der Auszubildende kann mithin keine weitere Erhöhung der Ausbildungsvergütung nach § 17 I 2 BBiG verlangen[10]. § 21 III gibt hingegen einen Anspruch auf die Verlängerung des Berufsausbildungsverhältnisses unter den dort genannten Voraussetzungen (§ 21 Rz. 4).

3 Verletzt der Ausbildende seine Ausbildungspflicht nach § 14 I Nr. 1 (vgl. § 14 Rz. 1 ff.), wodurch eine Verlängerung der Ausbildungszeit nach Abs. 2 erforderlich wird, besteht ein **Schadensersatzanspruch des Auszubildenden**[11]. Ein eventuelles **Mitverschulden** des Auszubildenden ist anzurechnen[12].

4 **III. Erlass von Richtlinien (Abs. 3).** Der Hauptausschuss des BIBB kann für die Entscheidung über die Verkürzung oder Verlängerung der Ausbildungszeit Richtlinien erlassen[13]. Wesentlich wird hierbei die Typisierung von Fällen sein, in denen ein berechtigtes Interesse an einer Teilzeitausbildung vorliegt[14].

9 *Regelungsbefugnis*

Soweit Vorschriften nicht bestehen, regelt die zuständige Stelle die Durchführung der Berufsausbildung im Rahmen dieses Gesetzes.

1 Die Vorschrift trägt dem Umstand Rechnung, dass das BBiG nicht alle Fragen regeln kann, die in der Praxis bei der Durchführung der Berufsausbildung auftreten. Hier kann die nach §§ 71 ff. zuständige Stelle Regelungen treffen, allerdings nur insoweit, als **Regelungslücken im Berufsordnungsrecht** auftreten[15]. **Das Vertragsrecht ist in den §§ 3–25 umfassend geregelt**[16]. Die Regelungsbefugnis ist allerdings auf die Berufsausbildung beschränkt. Sie greift nicht, soweit es um Fortbildungs- bzw. Umschulungsmaßnahmen geht[17].

2 Die zuständige Stelle kann im Rahmen ihrer Regelungsbefugnis **Verwaltungsvorschriften oder -richtlinien** erlassen, im Einzelfall auch durch **Verwaltungsakt** entscheiden[18]. In diversen Vorschriften finden sich gesetzl. Ermächtigungen zum Erlass von **Rechtsnormen** (vgl. zB §§ 47 I 1, 53 I, 58). Der Berufsbildungsausschuss entscheidet gem. § 79 IV, soweit statuarisches Recht in Betracht kommt[19].

3 Ihre **Grenze** findet die Regelungsbefugnis der zuständigen Stelle dort, wo Sachverhalte in anderen Vorschriften abschließend geregelt sind.

1 BAG v. 8.12.1982 – 5 AZR 474/80, NJW 1983, 1629 ff.; LAG Hamburg v. 23.1.1979 – 4 Sa 97/78, EzB Nr. 7 zu § 29 Abs. 2 BBiG. | 2 WLMPP/*Malottke*, § 8 BBiG Rz. 3 mwN; VGH Hessen v. 18.6.1971 – II TG 50/71, EzB Nr. 3 zu § 29 Abs. 2 BBiG. | 3 *Gedon/Hurlebaus*, § 8 BBiG Rz. 10. | 4 *Dorn/Nackmayr*, S. 12. | 5 *Opolony*, BB 2005, 1052. | 6 *Wohlgemuth*, AuR 2005, 242. | 7 BAG v. 30.9.1998 – 5 AZR 58/98, AP Nr. 9 zu § 14 BBiG. | 8 *Gedon/Hurlebaus*, § 8 BBiG Rz. 21,2. | 9 *Lakies*, AR-Blattei SD 400 Rz. 375. | 10 WLMPP/*Malottke*, § 8 BBiG Rz. 14 mwN. | 11 BAG v. 10.6.1976 – 3 AZR 412/75, AP Nr. 2 zu § 6 BBiG. | 12 ErfK/*Schlachter*, § 8 BBiG Rz. 3 mwN. | 13 *Opolony*, BB 2005, 1052; vgl. hierzu die BIBB-Empfehlung „Kriterien zur Abkürzung und Verlängerung der Ausbildungszeit", abgedr. bei *Gedon/Hurlebaus*, § 8 BBiG Rz. 21. | 14 *Dorn/Nackmayr*, S. 12. | 15 AA WLMPP/*Wohlgemuth*, § 9 BBiG Rz. 9, welcher insbesondere auch Regelungen zu der privatrechtl. Seite der Ausbildungsverhältnisse für möglich erachtet. | 16 *Gedon/Hurlebaus*, § 9 BBiG Rz. 4. | 17 S. jedoch §§ 54, 59 BBiG, hierzu *Gedon/Hurlebaus*, § 9 BBiG Rz. 3. | 18 Str., so wie hier ErfK/*Schlachter*, § 9 BBiG Rz. 1 mit Nachw. zum Meinungsstand. | 19 *Gedon/Hurlebaus*, § 79 BBiG Rz. 70.

Abschnitt 2. Berufsausbildungsverhältnis

Unterabschnitt 1. Begründung des Ausbildungsverhältnisses

10 *Vertrag*

(1) Wer andere Personen zur Berufsausbildung einstellt (Ausbildende), hat mit den Auszubildenden einen Berufsausbildungsvertrag zu schließen.

(2) Auf den Berufsausbildungsvertrag sind, soweit sich aus seinem Wesen und Zweck und aus diesem Gesetz nichts anderes ergibt, die für den Arbeitsvertrag geltenden Rechtsvorschriften und Rechtsgrundsätze anzuwenden.

(3) Schließen die gesetzlichen Vertreter oder Vertreterinnen mit ihrem Kind einen Berufsausbildungsvertrag, so sind sie von dem Verbot des § 181 des Bürgerlichen Gesetzbuchs befreit.

(4) Ein Mangel in der Berechtigung, Auszubildende einzustellen oder auszubilden, berührt die Wirksamkeit des Berufsausbildungsvertrages nicht.

(5) Zur Erfüllung der vertraglichen Verpflichtungen der Ausbildenden können mehrere natürliche oder juristische Personen in einem Ausbildungsverbund zusammenwirken, soweit die Verantwortlichkeit für die einzelnen Ausbildungsabschnitte sowie für die Ausbildungszeit insgesamt sichergestellt ist (Verbundausbildung).

I. Berufsausbildungsvertrag (Abs. 1). 1. Rechtsnatur des Berufsausbildungsverhältnisses. Nach Abs. 1 wird das Berufsausbildungsverhältnis durch den Abschluss eines **privatrechtl.** Ausbildungsvertrages begründet. Seine Rechtsnatur ist umstritten[1]. Richtiger Ansicht nach ist es ein durch Ausbildungsgesichtspunkte geprägtes Vertragsverhältnis mit Mischcharakter[2], welches nach Abs. 2 den für den Arbeitsvertrag geltenden Rechtsvorschriften und Rechtsgrundsätzen unterfällt. 1

Wird **im Rahmen des Strafvollzugs** zwischen dem Träger der Vollzugsanstalt und einem Strafgefangenen ein Ausbildungsvertrag geschlossen, handelt es sich nicht um ein privatrechtl., sondern um ein öffentl.-rechtl. Rechtsverhältnis[3]. 2

2. Vertragsparteien sind der Auszubildende[4] auf der einen und der Ausbildende[5] auf der anderen Seite. Das BBiG verlangt für Auszubildende – anders als für Ausbildende (§§ 28, 29) – keine besondere Eignung. Der **minderjährige Auszubildende** (vgl. Rz. 7 f.), der in seiner Geschäftsfähigkeit beschränkt ist (§ 106 BGB), ist selbst Vertragspartner und nicht sein gesetzl. Vertreter. Dieser ist auch nicht befugt, im eigenen Namen Ansprüche des Auszubildenden aus dem Ausbildungsverhältnis gerichtlich geltend zu machen[6]. 3

Ausbildender sind der Betriebsinhaber, die vertretungsberechtigten Gesellschafter von Personengesellschaften bzw. die juristische Person[7], nicht jedoch Prokuristen und Handlungsbevollmächtigte. Der Inhaber des Ausbildungsbetriebes muss den Ausbildungsvertrag nicht selbst abschließen, sondern kann die Ausbildungspflichten ganz oder teilweise auf Dritte übertragen[8]. Dritter kann auch eine überbetriebliche Ausbildungsstätte sein, sofern diese nicht den Schulgesetzen eines Landes unterliegt[9]. 4

Ausbilden kann nur, wer **persönlich und fachlich** geeignet ist (§ 28). Will er trotzdem Auszubildende einstellen, muss er einen Ausbilder bestellen (§ 14 I Nr. 2, vgl. § 14 Rz. 5 f.)[10], der dann seinerseits persönlich und fachlich geeignet sein muss[11]. Er ist vom Ausbildenden sorgfältig auszuwählen und dauernd zu beaufsichtigen[12]. 5

3. Abschluss des Ausbildungsvertrages. Das Berufsausbildungsverhältnis wird nur durch Vertrag begründet, der mündlich, schriftl. oder durch schlüssiges Verhalten abgeschlossen werden kann. Eine **Formvorschrift** besteht nicht[13]. Wird ein Berufsausbildungsvertrag mündlich abgeschlossen, ist er spätestens vor Beginn der betrieblichen Berufsausbildung schriftl. niederzulegen (§ 11 I, vgl. dort Rz. 1). Die Wirksamkeit ist nicht von der Niederschrift des wesentlichen Inhalts des Vertrages gem. § 11 abhängig[14]. 6

---

1 Zum Streitstand WLMPP/*Lakies*, § 10 BBiG Rz. 4 mwN. | 2 BAG v. 13.12.1972 – 4 AZR 89/72, AP Nr. 26 zu § 611 BGB – Lehrverhältnis. | 3 BAG v. 18.11.1986 – 7 AZR 311/85, AP Nr. 5 zu § 2 ArbGG; v. 3.10.1978 – 6 ABR 46/76, AP Nr. 18 zu § 5 BetrVG 1972. | 4 Zum Begriff *Lakies*, AR-Blattei SD 400 Rz. 232 ff. | 5 Hierzu *Lakies*, AR-Blattei SD 400 Rz. 228 ff. | 6 LAG BW v. 9.4.1957 – IV Sa 103/56, AP Nr. 1 zu § 611 BGB – Lehrverhältnis. | 7 *Gedon/Hurlebaus*, § 10 BBiG Rz. 12. | 8 BAG v. 11.10.1995 – 5 AZR 258/94, AP Nr. 6 zu § 10 BBiG. | 9 ErfK/*Schlachter*, § 10 BBiG Rz. 3 mwN. | 10 Der Begriff des Ausbilders ist im BBiG nicht ausdrücklich definiert. Vgl. hierzu *Eule*, Der Begriff des Ausbilders nach dem Berufsbildungsgesetz, BB 1991, 2366 ff. | 11 *Natzel*, Berufsbildungsrecht, S. 142; *Sahrhage*, Die gesetzlichen Voraussetzungen zum Einstellen und Ausbilden von Auszubildenden, BB 1974, 513. | 12 BAG v. 11.12.1964 – 1 AZR 39/64, AP Nr. 22 zu § 611 BGB – Lehrverhältnis. | 13 BAG v. 21.8.1997 – 5 AZR 713/96, AP Nr. 1 zu § 4 BBiG; v. 22.2.1972 – 2 AZR 205/71, AP Nr. 1 zu § 15 BBiG; *Lakies*, AR-Blattei SD 400 Rz. 244. | 14 BAG v. 22.2.1972 – 2 AZR 205/71, AP Nr. 1 zu § 15 BBiG.

Hieran haben weder die Nachweisrichtlinie – RL 91/533/EWG – noch das NachwG etwas geändert[1]. Der Ausbildungsvertrag verpflichtet den Ausbildenden zur Ausbildung, den Auszubildenden zum Erlernen des Ausbildungsberufes (§§ 14, 13)[2]. Für die **Aufhebung des Berufsausbildungsvertrages** gilt nunmehr § 623 BGB (vgl. § 10 II sowie unten Rz. 12)[3].

7 **4. Vertragsschluss mit Minderjährigen.** Wird ein Ausbildungsvertrag mit einem Minderjährigen abgeschlossen, muss der gesetzl. Vertreter in den Vertrag einwilligen (§ 107 BGB) oder diesen genehmigen (§ 108 BGB). **§ 113 BGB** findet nach hM keine Anwendung, da bei Berufsausbildungsverhältnissen der Ausbildungszweck überwiegt[4].

8 Können sich die Eltern über die Ausbildung nicht einigen, kann das **Vormundschaftsgericht** angerufen werden[5]. Wurde für den Minderjährigen ein **Vormund** bestellt, bedarf dieser gem. § 1822 Nr. 6 BGB der Genehmigung des Vormundschaftsgerichts, sofern der Ausbildungsvertrag für längere Zeit als ein Jahr abgeschlossen wird – was regelmäßig der Fall sein wird[6]. Jugendliche Auszubildende dürfen die Ausbildung nur aufnehmen, wenn die nach § 32 I JArbSchG vorgeschriebene Erstuntersuchung durchgeführt worden ist.

9 **5. Vertragsabschluss mit Ausländern.** Ob ein ausländischer Auszubildender für den Abschluss des Ausbildungsvertrages bzw. dessen Kündigung **geschäftsfähig** ist, beurteilt sich nach deutschem Recht und nicht nach den Gesetzen des Staates, dem dieser angehört[7].

10 Soweit drittstaatsangehörige Ausländer eine **Arbeitserlaubnis-EU nach § 284 SGB III** benötigen[8], kann ein Ausbildungsvertrag nur abgeschlossen werden, sofern diese im Besitz einer solchen Erlaubnis sind[9]. Wird ein Ausbildungsvertrag ohne die erforderliche Erlaubnis geschlossen, ist dieser gleichwohl wirksam, kann jedoch gekündigt werden[10].

11 **6. Vertragsmängel.** Ausbildungsverträge können nach den allgemeinen Bestimmungen des BGB (§§ 116 ff.) **anfechtbar** oder **nichtig** sein[11]. Die Anfechtung durch einen **Minderjährigen** bedarf der Einwilligung bzw. Genehmigung des gesetzl. Vertreters. Einen Sondertatbestand der Nichtigkeit enthält § 12 (vgl. dort Rz. 1 ff.).

12 **II. Anwendung arbeitsvertraglicher Regelungen (Abs. 2).** Auf das Berufsausbildungsverhältnis finden die für Arbeitsverhältnisse geltenden Rechtsvorschriften und die von Rspr. und Lehre erarbeiteten Rechtsgrundsätze Anwendung, soweit nicht Wesen und Zweck der Berufsausbildung bzw. das BBiG entgegenstehen[12]. Damit erhält der Auszubildende **arbeitsrechtl. Schutz**.

13 **III. Ausbildungsvertrag zwischen Eltern und Kindern (Abs. 3).** Eltern können mit ihrem minderjährigen Kind einen Berufsausbildungsvertrag im eigenen Namen als Ausbildende und als gesetzl. Vertreter ihres auszubildenden Kindes abschließen. Sie sind in diesem Falle gem. Abs. 3 von dem Verbot des Selbstkontrahierens befreit. Dies gilt auch, wenn nur **ein Elternteil** den Vertrag schließt[13].

14 **IV. Fehlende Berechtigung zur Ausbildung (Abs. 4).** Nach Abs. 4 ist ein Berufsausbildungsvertrag auch dann wirksam, wenn dem Ausbildenden die Berechtigung zur Ausbildung fehlt. **Fehlt diese bereits bei Vertragsschluss**, kann der Auszubildende den Vertrag fristlos kündigen oder anfechten. Entfällt die Ausbildungsbefugnis **nach Vertragsschluss**, bleibt der Vertrag dennoch wirksam, kann aber gekündigt werden[14]. § 23 findet Anwendung.

15 Nach § 102 I Nr. 5 handelt **ordnungswidrig**, wer Auszubildende einstellt, obwohl die persönliche oder fachliche Eignung (§ 28 I, II) fehlt.

16 **V. Verbundausbildung (Abs. 5).** Abs. 5 ist neu in das BBiG aufgenommen worden. Er sieht vor, dass im Rahmen der Ausbildung mehrere natürliche und juristische Personen in einem Ausbildungsverbund zur Erfüllung der vertragl. Pflichten des Ausbildenden zusammenwirken können. Insoweit ist eine Koordinierung der Ausbildung auf Seiten des Ausbildenden erforderlich[15]. Voraussetzung ist, dass die Verantwortlichkeit für die einzelnen Ausbildungsabschnitte sowie für die Ausbildungszeit insgesamt sichergestellt ist. Diese sog. Verbundausbildung ist keine eigene Ausbildungsform. Sie soll vielmehr kleinen und mittelständischen Unternehmen die Durchführung einer Berufsausbildung ermöglichen[16] und damit mehr Betriebe an der Berufsausbildung beteiligen[17].

---

1 BAG v. 21.8.1997 – 5 AZR 713/96, AP Nr. 1 zu § 4 BBiG. |2 MünchArbR/*Natzel*, § 178 Rz. 82 ff., 144 ff. |3 Palandt/*Weidenkaff*, § 623 BGB Rz. 7. |4 Palandt/*Heinrichs*, § 113 BGB Rz. 2; *Lakies*, AR-Blattei SD 400 Rz. 241 mwN. |5 *Natzel*, Berufsbildungsrecht, S. 145. |6 *Lakies*, AR-Blattei SD 400 Rz. 240. |7 MünchArbR/*Natzel*, 178 Rz. 8; *Natzel*, Berufsbildungsrecht, S. 147. |8 *Lakies*, AR-Blattei SD 400 Rz. 234. |9 BSG v. 10.10.1978 – 7/12 RAv 39/77, EzB Nr. 8 zu § 3 Abs. 2 BBiG; BayObLG vom 29.7.1977 – 3 Ob OWi 123/77, BB 1977, 1402; WLMPP/*Lakies*, § 10 BBiG Rz. 15. |10 BAG v. 16.12.1976 – 3 AZR 716/75, AP Nr. 4 zu § 19 AFG; *Hergenröder*, AR-Blattei SD 180 „Arbeitspapiere", Rz. 14; *Lakies*, AR-Blattei SD 400 Rz. 235; aA ErfK/*Schlachter*, § 10 BBiG Rz. 9. |11 KassHdb/*Taubert*, 5.1. Rz. 53 ff.; MünchArbR/*Natzel*, § 178 Rz. 9 mwN; *Natzel*, Berufsbildungsrecht, S. 147 ff. |12 *Taubert*, NZA 2005, 505; *Natzel*, DB 2005, 611. |13 *Gedon/Hurlebaus*, § 10 BBiG Rz. 97. |14 *Gedon/Hurlebaus*, § 10 BBiG Rz. 100. |15 *Opolony*, BB 2005, 1051. |16 *Taubert*, NZA 2005, 506. |17 *Dorn/Nackmayr*, S. 13.

11 *Vertragsniederschrift*

(1) Ausbildende haben unverzüglich nach Abschluss des Berufsausbildungsvertrages, spätestens vor Beginn der Berufsausbildung, den wesentlichen Inhalt des Vertrages gemäß Satz 2 schriftlich niederzulegen; die elektronische Form ist ausgeschlossen. In die Niederschrift sind mindestens aufzunehmen

1. Art, sachliche und zeitliche Gliederung sowie Ziel der Berufsausbildung, insbesondere die Berufstätigkeit, für die ausgebildet werden soll,

2. Beginn und Dauer der Berufsausbildung,

3. Ausbildungsmaßnahmen außerhalb der Ausbildungsstätte,

4. Dauer der regelmäßigen täglichen Ausbildungszeit,

5. Dauer der Probezeit,

6. Zahlung und Höhe der Vergütung,

7. Dauer des Urlaubs,

8. Voraussetzungen, unter denen der Berufsausbildungsvertrag gekündigt werden kann,

9. ein in allgemeiner Form gehaltener Hinweis auf die Tarifverträge, Betriebs- oder Dienstvereinbarungen, die auf das Berufsausbildungsverhältnis anzuwenden sind.

(2) Die Niederschrift ist von den Ausbildenden, den Auszubildenden und deren gesetzlichen Vertretern und Vertreterinnen zu unterzeichnen.

(3) Ausbildende haben den Auszubildenden und deren gesetzlichen Vertretern und Vertreterinnen eine Ausfertigung der unterzeichneten Niederschrift unverzüglich auszuhändigen.

(4) Bei Änderungen des Berufsausbildungsvertrages gelten die Absätze 1 bis 3 entsprechend.

I. Inhalt der Vertragsniederschrift (Abs. 1). 1. Vertragsniederschrift. Der Inhalt des Berufsausbildungsvertrages ist unverzüglich nach dessen Abschluss vom Ausbildenden auf seine Kosten[1] schriftl. niederzulegen. Die elektronische Form ist – wie im Allgemeinen Arbeitsrecht üblich – ausgeschlossen (Abs. 1 S. 1 Hs. 2)[2]. Ein Verstoß gegen diese Vorschrift führt nicht zur **Nichtigkeit** des Vertrages[3], stellt jedoch eine **Ordnungswidrigkeit** dar (§ 102 I Nr. 1)[4]. Auch der formlos geschlossene Ausbildungsvertrag ist von Anfang an rechtlich voll wirksam. Entsteht dem Auszubildenden aus dem Fehlen der Niederschrift ein Schaden, kann der Ausbildende haftbar gemacht werden[5]. Die Berufsausbildung darf **nicht vor Fertigung der Niederschrift** begonnen werden[6]. 1

2. Wesentlicher Inhalt. Abs. 1 S. 2 legt den Mindestinhalt der Vertragsniederschrift fest. Weitere Vereinbarungen sind zulässig, sofern sie nicht gegen höherrangiges Recht verstoßen[7]. Es empfiehlt sich, für die Fertigung der Niederschrift ein **Berufsausbildungsvertragsmuster** zu verwenden, welches bei der zuständigen Stelle bezogen werden kann[8]. Die Verwendung dieses Musters darf von dieser Stelle nicht als formelle Voraussetzung für die Eintragung in das Verzeichnis der Berufsausbildungsverhältnisse (§ 34) vorgeschrieben werden[9]. 2

Art und Ziel der Berufsausbildung (Nr. 1) ergeben sich aus § 5. Die Berufstätigkeit, für die ausgebildet werden soll, ist anzugeben. Zu vermerken ist, ob es sich um eine Stufenausbildung nach § 5 II Nr. 1 oder um eine betriebl. oder außerbetriebl. Ausbildung handelt[10]. Möglich ist es, nur Teilausbildungen in einem Betrieb vorzunehmen[11]. Die **zeitliche und sachliche Gliederung** ist in einem betriebl. Ausbildungsplan fest zu halten, welcher die Grobplanung des Ausbildungsrahmenplans (§ 5 I Nr. 4) den betriebl. Verhältnissen anpasst. 3

Der **Beginn der Berufsausbildung (Nr. 2)** ist durch Angabe eines bestimmten Kalendertages anzugeben. Die **Dauer** richtet sich nach der jeweiligen Ausbildungsordnung (§ 5 I Nr. 2). Erfolgt die Ausbildung in aufeinander aufbauenden Stufen (sog. Stufenausbildung, vgl. § 5 Rz. 7), sind jeweils Beginn und Dauer der auf die einzelnen Stufen entfallenden Zeiträume anzugeben. Eine Abkürzung oder Verlängerung der Ausbildungszeit ist nur im Rahmen der §§ 7,8 möglich und in die Niederschrift aufzunehmen, sofern ein entsprechender Antrag schon bei Abschluss des Ausbildungsvertrages gestellt wird[12]. Die Dauer der Berufsausbildung kann durch Vereinbarung nicht verlängert werden[13]. 4

---

1 *Gedon/Hurlebaus*, § 11 BBiG Rz. 6. | 2 *Lakies*, AR-Blattei SD 400 Rz. 258; hierzu kritisch *Wohlgemuth*, AuR 2005, 243. | 3 BAG v. 21.8.1997 – 5 AZR 713/96, AP Nr. 1 zu § 4 BBiG; BAG v. 22.2.1972 – 2 AZR 205/71, AP Nr. 1 zu § 15 BBiG; MünchArbR/*Natzel*, § 178 Rz. 23. | 4 *Gedon/Spietz*, § 11 BBiG Rz. 9. | 5 LAG Berlin v. 4.1.1966 – 5 Sa 96/65, BB 1966, 538. | 6 *Gedon/Hurlebaus*, § 11 BBiG Rz. 9; WLMPP/*Lakies*, § 11 BBiG Rz. 6. | 7 WLMPP/*Lakies*, § 11 BBiG Rz. 6; Beispiele finden sich etwa bei *Natzel*, Berufsbildungsrecht, S. 170 f. | 8 Das vom Hauptausschuss des BIBB verabschiedete Ausbildungsvertragsmuster ist abgedr. bei *Gedon/Hurlebaus*, § 11 BBiG Rz. 79. | 9 OVG Rh.-Pf. v. 10.4.1974 – 2 A 83/73, BB 1974, 788; VG Hannover v. 21.6.1974 – VII A 58/74, EzB Nr. 4 zu § 4 BBiG; ErfK/*Schlachter*, § 11 BBiG Rz. 1 mwN. | 10 WLMPP/*Lakies*, § 11 BBiG Rz. 13. | 11 *Bodewig*, Ausbildungsordnungen nach dem Berufsbildungsgesetz und Ausbildungspflichten der Betriebe, BB 1976, 983. | 12 *Gedon/Hurlebaus*, § 11 BBiG Rz. 19. | 13 BVerwG v. 8.6.1962 – VII C 78.61, AP Nr. 1 zu § 30 HandwO.

5 Nach **Nr. 3** sind **Ausbildungsmaßnahmen außerhalb der Ausbildungsstätte** (vgl. § 5 II Nr. 6) in die Niederschrift aufzunehmen. Hierunter fällt auch die Ausbildung im Verbund (§ 10 V)[1].

6 Die **tägliche Ausbildungszeit (Nr. 4)** ergibt sich für jugendliche Auszubildende vorrangig aus § 8 I JArbSchG, für Volljährige aus § 3 ArbZG. Sie beträgt grds. 8 Stunden. Daneben können tarifl. Regelungen bestehen. Eine **darüber hinausgehende Beschäftigung** ist besonders zu vergüten oder durch Freizeit auszugleichen (§ 17 III, vgl. dort Rz. 10).

7 Die **Dauer der Probezeit (Nr. 5)** ergibt sich aus § 20 (vgl. § 20 Rz. 3). Es ist der Endzeitpunkt bzw. der Zeitraum in Monaten anzugeben. Ein Verzicht auf die Probezeit ist nicht möglich (§ 25).

8 Die **Höhe der Vergütung (Nr. 6)** richtet sich nach § 17. Daneben sind Angaben zur **Zahlung**, dh. ua. zum Zahlungsort und -termin zu machen (§ 18)[2].

9 Die **Dauer des Urlaubs (Nr. 7)** ergibt sich bei minderjährigen Auszubildenden aus dem JArbSchG, bei Volljährigkeit greift das BurlG. Einschlägige TV oder Ausbildungsverträge können günstigere Regelungen enthalten. Sondervorschriften sind im SGB IX, im ArbPlSchG, im ZDG sowie im BEEG enthalten.

10 Der Urlaub ist für die Gesamtdauer sowie für jedes Jahr der Berufsausbildung gesondert anzugeben. Ein Hinweis auf die gesetzl. bzw. tarifl. Regelungen reicht nicht aus. Freistellungsansprüche (§ 15) sowie ein Anspruch auf **Bildungsurlaub** sind nicht in die Niederschrift aufzunehmen[3].

11 Die Voraussetzungen der **Kündigung des Berufsausbildungsverhältnisses (Nr. 8)** sind trotz umfassender Regelung in § 22 aufzuführen. Ein Hinweis auf das BBiG bzw. auf einen TV genügt nicht[4]. Die Kündigungsgründe des § 22 dürfen weder erweitert noch eingeschränkt werden[5]. Fehlen Angaben zur Kündigungsmöglichkeit, kann die Eintragung des Ausbildungsverhältnisses in das Verzeichnis der Berufsausbildungsverhältnisse abgelehnt werden (§ 35 II 1).

12 Nach **Nr. 9** ist zu vermerken, inwieweit **TV, BV oder DV** auf das Ausbildungsverhältnis anzuwenden sind, wobei ein in allgemeiner Form gehaltener Hinweis genügt[6]. Streitig war bisher, ob eine Verletzung dieser Hinweispflicht Schadensersatzansprüche begründen kann[7]. Dies wird vom BAG nunmehr bejaht, und zwar auch für den Fall, dass der Ausbilder den Hinweis auf einen TV unterlässt, der erst nach Beginn der Berufsausbildung infolge AVE auf das Ausbildungsverhältnis Anwendung findet[8].

13 **II. Unterzeichnung und Aushändigung der Vertragsniederschrift (Abs. 2, 3).** Die Niederschrift ist von den Parteien zu unterzeichnen. Der Auszubildende kann die **Unterschrift verweigern**, wenn und solange die Vertragsniederschrift nicht den tatsächlichen Vereinbarungen entspricht[9].

14 Eine Ausfertigung der unterzeichneten **Niederschrift** ist dem Auszubildenden und – sofern dieser noch minderjährig ist – dessen gesetzl. Vertreter **auszuhändigen**. Es genügt die Aushändigung an ein Elternteil, sofern beide gesetzl. Vertreter sind und nicht getrennt leben. Die Übergabe hat unverzüglich (§ 121 BGB) zu erfolgen, spätestens vor Beginn der Berufsausbildung[10]. Verstößt der Ausbildende gegen diese Regelung, handelt er ordnungswidrig (§102 I Nr. 1, 2) und kann sich schadensersatzpflichtig machen[11].

15 **III. Änderung des Berufsausbildungsvertrages (Abs. 4).** Für nachträgliche Änderungen gelten die Abs. 1–3 entsprechend, allerdings nur für **wesentliche Änderungen**, wie zB die Verlängerung oder Verkürzung der Ausbildungszeit nach § 8[12]. Ein Verstoß gegen § 11 kann als Ordnungswidrigkeit geahndet werden (§ 102 I Nr. 1, 2).

12 *Nichtige Vereinbarungen*

(1) Eine Vereinbarung, die Auszubildende für die Zeit nach Beendigung des Berufsausbildungsverhältnisses in der Ausübung ihrer beruflichen Tätigkeit beschränkt, ist nichtig. Dies gilt nicht, wenn sich Auszubildende innerhalb der letzten sechs Monate des Berufsausbildungsverhältnisses dazu verpflichten, nach dessen Beendigung mit den Ausbildenden ein Arbeitsverhältnis einzugehen.

(2) Nichtig ist eine Vereinbarung über

1. die Verpflichtung Auszubildender, für die Berufsausbildung eine Entschädigung zu zahlen,

2. Vertragsstrafen,

3. den Ausschluss oder die Beschränkung von Schadensersatzansprüchen,

4. die Festsetzung der Höhe eines Schadensersatzes in Pauschbeträgen.

---

1 *Gedon/Hurlebaus*, § 11 BBiG Rz. 25. | 2 ErfK/*Schlachter*, § 11 BBiG Rz. 4. | 3 ErfK/*Schlachter*, § 11 BBiG Rz. 5. | 4 WLMPP/*Lakies*, § 11 BBiG Rz. 62; VG Kassel v. 30.8.1973 – IV E 218/73, EzB Nr. 2 zu § 4 BBiG. | 5 *Gedon/Hurlebaus*, § 11 BBiG Rz. 59. | 6 *Lakies*, AR-Blattei SD 400 Rz. 278. | 7 Bejahend *Gedon/Hurlebaus*, § 11 BBiG Rz. 66; verneinend LAG Thür. v. 27.9.2000 – 900 Sa 630/99. | 8 BAG v. 24.10.2002 – 6 AZR 743/00, AR-Blattei ES 400 Nr. 111. | 9 *Gedon/Hurlebaus*, § 11 BBiG Rz. 68; ArbG Siegen v. 12.10.1979 – 1 Ca 1081/79, EzB Nr. 45 zu § 15 Abs. 2 Nr. 1 BBiG. | 10 *Gedon/Hurlebaus*, § 11 BBiG Rz. 70. | 11 BAG v. 24.10.2002 – 6 AZR 743/00, AP Nr. 2 zu § 4 BBiG. | 12 *Gedon/Hurlebaus*, § 11 BBiG Rz. 73, 74.

I. Nichtige Bindungsvereinbarung (Abs. 1). § 12 enthält neben den allgemeinen (vgl. § 10 Rz. 11) weitere, besondere Nichtigkeitsgründe. Die Vorschrift ist Ausdruck des in **Art. 12 Abs. 1 GG** verbürgten Rechts des Einzelnen, Beruf, Arbeitsplatz und Ausbildungsstätte frei zu wählen. Sie möchte den Schutz des Auszubildenen stärken und ihn in persönlicher und finanzieller Hinsicht vom Ausbildenden unabhängig machen[1]. **§ 139 BGB** greift nicht. Trotz Nichtigkeit einer Vereinbarung nach § 12 bleibt der Berufsausbildungsvertrag im Übrigen regelmäßig wirksam[2]. 1

1. Berufsbeschränkende Vereinbarung. Abs. 1 S. 1 führt zur Nichtigkeit einer Vereinbarung, durch die der Auszubildende für die Zeit nach Beendigung des Berufsausbildungsverhältnisses in der Ausübung seiner berufl. Tätigkeit beschränkt wird. Dies gilt auch dann, wenn durch eine **Rückzahlungsvereinbarung** mittelbarer Druck auf den Auszubildenden ausgeübt wird, der dessen Berufsfreiheit unverhältnismäßig einschränkt[3]. 2

Nichtig sind **vertragl. Wettbewerbsabreden**, die es unterbinden, dass der Auszubildende in der Zeit nach der Ausbildung seine erlernten Fähigkeiten und Kenntnisse nach eigenem Ermessen frei verwerten kann[4]. Auch ist es dem ArbGeb nicht gestattet, mit Auszubildenden zu vereinbaren, dass diese nach Abschluss der Berufsausbildung nur außerhalb des Ortes der Berufsausbildungsstätte oder nicht bei einem Konkurrenzunternehmen tätig werden[5]. Unwirksam ist des Weiteren eine Vereinbarung, wonach sich an das erste ein **weiteres Ausbildungsverhältnis** anschließt[6]. 3

In einem Berufsausbildungsvertrag kann auch keine **Weiterarbeitsklausel** des Inhalts vereinbart werden, dass der Auszubildende drei Monate vor Beendigung des Ausbildungsverhältnisses dem Ausbildenden schriftl. anzeigen muss, falls er nach Ende der Ausbildung kein Arbeitsverhältnis eingehen will[7]. Ebenso ist eine **Weiterarbeitsklausel** nichtig, nach welcher beide Parteien spätestens drei Monate vor dem voraussichtlichen Ende des Ausbildungsverhältnisses anzeigen müssen, falls sie nicht anschließend ein Arbeitsverhältnis mit dem anderen eingehen wollen[8]. 4

2. Ausnahmen. Innerhalb der letzten sechs Monate des Berufsausbildungsverhältnisses kann sich der Auszubildende wirksam verpflichten, nach dessen Beendigung ein **Arbeitsverhältnis mit dem Ausbilder** einzugehen (**Abs. 1 S. 2**). Maßgebend für die Fristberechnung ist die vereinbarte Vertragslaufzeit. Bei einer Verkürzung der Ausbildungszeit nach § 8 I ist der voraussichtliche Zeitpunkt des Bestehens der Abschlussprüfung relevant. Eine vor diesem Zeitraum getroffene Vereinbarung ist nichtig[9]. Eine Vereinbarung nach Abs. 1 S. 2 kann auch mit einem Vertragsstrafeversprechen für den Fall abgesichert werden, dass die Stelle nicht angetreten wird[10]. 5

II. Nichtige Zahlungsvereinbarungen (Abs. 2). 1. Entschädigung für Berufsausbildung. Der Ausbildende hat die Kosten der Berufsausbildung zu tragen, wozu bei externer Ausbildung (§ 5 II Nr. 6) auch die Aufwendungen für Verpflegung und Unterkunft des Auszubildenden gehören[11]. Aus diesem Grunde sind nach Abs. 2 Nr. 1 Vereinbarungen über eine Entschädigung des Auszubildenden für die Berufsausbildung nichtig. Hintergrund der Regelung ist die Tatsache, dass die mit einer Ausbildung einhergehenden finanziellen Belastungen möglichst gering gehalten werden sollen[12]. So ist zB eine Vereinbarung nichtig, welche den Auszubildenden im Rahmen der Fachausbildung zum Berufskraftfahrer mit den Kosten des Fahrschulunterrichts belasten soll[13]. Auch die von den **Eltern eines Auszubildenden** übernommene Verpflichtung zur Zahlung einer Entschädigung ist nichtig[14]. Gleiches gilt für die Vereinbarung, wonach der Auszubildende die Kosten für Unterkunft und Verpflegung am auswärtigen Ort zurückzuzahlen hat, sofern es nicht zum Abschluss eines Anstellungsvertrages kommt bzw. dieser vor Ablauf von drei Jahren beendet wird[15]. Nichtig ist des Weiteren die Vereinbarung über eine Entschädigung für Ausbildungsmaßnahmen außerhalb der Ausbildungsstätte[16]. 6

Wirksam ist hingegen eine Vereinbarung, wonach der Ausbildende die Kosten im Zusammenhang mit dem Besuch der staatl. Berufsschule[17] bzw. die **Fahrt- und Übernachtungskosten bei Lehrabschlussprüfungen** zu tragen hat[18]. Erhält der Auszubildende Unterkunft und Verpflegung, kann hierfür eine Entschädigung vereinbart werden[19]. 7

2. Vertragsstrafen. Abs. 2 Nr. 2 enthält ein Verbot für Vertragsstrafen, welche sich auf das Berufsausbildungsverhältnis beziehen. Dies gilt auch für Vertragsstrafen, zu denen **Eltern** verpflichtet werden 8

---

1 Vgl. *Lakies*, AR-Blattei SD 400 Rz. 311 ff. | 2 *Leinemann/Taubert*, § 5 BBiG Rz. 33. | 3 BAG v. 25.4.2001 – 5 AZR 509/99, AP Nr. 8 zu § 5 BBiG. | 4 BT-Drs. V/4260 S. 6 zu § 5 BBiG. | 5 *Gedon/Hurlebaus*, § 12 BBiG Rz. 7. | 6 WLMPP/*Lakies*, § 12 BBiG Rz. 10. | 7 BAG v. 31.1.1974 – 3 AZR 58/73, AP Nr. 1 zu § 5 BBiG. | 8 BAG v. 13.3.1975 – 5 AZR 199/74, AP Nr. 2 zu § 5 BBiG; ArbG Bad Oldesloe v. 17.10.1972 – 1 Ca 381/72, EzB Nr. 4 zu § 5 BBiG. | 9 *Natzel*, Berufsbildungsrecht, S. 149. | 10 BAG v. 23.6.1982 – 5 AZR 168/80, AP Nr. 4 zu § 5 BBiG; *Lakies*, AR-Blattei SD 400 Rz. 331; *Natzel*, DB 2005, 611. | 11 BAG v. 29.6.1988 – 5 AZR 450/87, EzB Nr 27 zu § 5 BBiG; v. 21.9.1995 – 5 AZR 994/94, AP Nr. 6 zu § 5 BBiG. | 12 *Natzel*, DB 2005, 611. | 13 BAG v. 25.4.1984 – 5 AZR 386/83, AP Nr. 5 zu § 5 BBiG. | 14 BAG v. 28.7.1982 – 5 AZR 46/81, AP Nr. 3 zu § 5 BBiG. | 15 BAG v. 21.9.1995 – 5 AZR 994/94, AP Nr. 6 zu § 5 BBiG. | 16 BAG v. 29.6.1988 – 5 AZR 450/87, EzB Nr. 27 zu § 5 BBiG. | 17 BAG v. 25.7.2002 – 6 AZR 381/00, AP Nr. 9 zu § 5 BBiG. | 18 BAG v. 14.12.1983 – 5 AZR 333/81, AP Nr. 1 zu § 34 BBiG. | 19 *Gedon/Hurlebaus*, § 12 BBiG Rz. 19 ff.

sollen[1]. Wurde nach Abs. 1 S. 2 wirksam ein Anstellungsvertrag geschlossen, ist die Vereinbarung einer **Vertragsstrafe für den Fall des Nichtantritts der Arbeit** wirksam (vgl. Rz. 5)[2].

9 **3. Schadensersatzansprüche.** Nach **Abs. 2 Nr. 3** dürfen Schadensersatzansprüche weder ausgeschlossen noch beschränkt werden. Damit haftet der Ausbildende dem Auszubildenden in voller Höhe. Nach allgM schließt die Vorschrift hingegen Haftungsbeschränkungen zu Gunsten des Auszubildenden nicht aus[3].

10 Vereinbarungen über die Festsetzung der Höhe eines **Schadensersatzes in Pauschbeträgen** sind nichtig (**Abs. 2 Nr. 4**).

Unterabschnitt 2. Pflichten der Auszubildenden

13 *Verhalten während der Berufsausbildung*

Auszubildende haben sich zu bemühen, die berufliche Handlungsfähigkeit zu erwerben, die zum Erreichen des Ausbildungsziels erforderlich ist. Sie sind insbesondere verpflichtet,

1. die ihnen im Rahmen ihrer Berufsausbildung aufgetragenen Aufgaben sorgfältig auszuführen,

2. an Ausbildungsmaßnahmen teilzunehmen, für die sie nach § 15 freigestellt werden,

3. den Weisungen zu folgen, die ihnen im Rahmen der Berufsausbildung von Ausbildenden, von Ausbildern oder Ausbilderinnen oder von anderen weisungsberechtigten Personen erteilt werden,

4. die für die Ausbildungsstätte geltende Ordnung zu beachten,

5. Werkzeug, Maschinen und sonstige Einrichtungen pfleglich zu behandeln,

6. über Betriebs- und Geschäftsgeheimnisse Stillschweigen zu wahren.

1 **I. Lernpflicht (S. 1). S. 1** beinhaltet eine Lernverpflichtung des Auszubildenden, die der Ausbildungspflicht nach § 14 entspricht. Der Umfang dieser Pflicht bestimmt sich nach der Art der Ausbildung, dem zu erlernenden Beruf und nach Können, Fleiß und Fähigkeiten des Einzelnen. Nicht das Bestehen der **Abschlussprüfung**, sondern der Erwerb der beruflichen Handlungsfähigkeit ist **Ausbildungsziel**[4]. Ein bestimmtes Maß geistiger Bemühungen (zB das Lesen von Büchern) kann vom Auszubildenden außerhalb der Arbeitszeit verlangt werden[5]. Ein grober Verstoß gegen die Pflichten nach § 13 berechtigt zur Kündigung gem. § 22 II Nr. 1 (vgl. dort Rz. 6).

2 **II. Einzelpflichten (S. 2). 1. Sorgfältige Ausführung aufgetragener Verrichtungen.** Nach **S. 2 Nr. 1** muss der Auszubildende die ihm im Rahmen der Berufsausbildung übertragenen Verrichtungen sorgfältig ausführen. Diese Vorschrift korrespondiert mit § 14 II, wonach von dem Auszubildenden nur dem Ausbildungszweck dienende Arbeiten verlangt werden dürfen (vgl. dort Rz. 14).

3 Die **Sorgfalt der Ausführung** richtet sich nach der Einsichtsfähigkeit und den Kenntnissen, die von einem durchschnittlich begabten Auszubildenden je nach dem erreichten Ausbildungsstand erwartet werden können[6]. Die Anforderungen an die Gewissenhaftigkeit nehmen mit fortschreitender Ausbildungsdauer zu[7].

4 **2. Teilnahme an Ausbildungsmaßnahmen. S. 2 Nr. 2** verlangt von dem Auszubildenden, an Ausbildungsmaßnahmen teilzunehmen, für die er nach § 15 freigestellt ist. Damit erstreckt sich die Teilnahmepflicht auf den **Berufsschulunterricht**, auf **Prüfungen** sowie auf **Ausbildungsmaßnahmen außerhalb der Ausbildungsstätte** (vgl. § 15 Rz. 1)[8]. Ein Zwang zur Teilnahme an Prüfungen besteht nach hM nicht[9].

5 **Teilnahme** bedeutet nicht nur die körperliche Anwesenheit in der Schule, sondern auch die geistige Mitarbeit im Unterricht[10]. Verstößt der Auszubildende gegen die Teilnahmepflicht, kann der Ausbildende die **Ausbildungsvergütung für die Zeit unberechtigten Fehlens kürzen**[11] bzw. den Auszubildenden unter den Voraussetzungen des § 22 II Nr. 1 **fristlos kündigen**[12].

6 **3. Befolgung von Weisungen. Weisungsbefugt** sind nach **S. 2 Nr. 3** neben dem Ausbildenden und dem Ausbilder andere weisungsberechtigte Personen wie zB Meister, Poliere, Vorarbeiter, Betriebsingenieure, Sachbearbeiter, Prokuristen, Personal- und Abteilungsleiter sowie der Personalchef oder Geschäftsführer[13]. Diese Personen können dem Auszubildenden Weisungen erteilen, ohne selbst Ausbilder zu sein. Voraussetzung ist, dass dieser bei ihnen entsprechend dem Ausbildungsplan eine gewisse Zeit tätig ist.

---

1 KassHdb/*Taubert*, 5.1. Rz. 66. | 2 BAG v. 23.6.1982 – 5 AZR 168/80, AP Nr. 4 zu § 5 BBiG. | 3 *Lakies*, AR-Blattei SD 400 Rz. 351; *Natzel*, Berufsbildungsrecht, S. 150. | 4 WLMPP/*Lakies*, § 13 BBiG Rz. 3. | 5 BAG v. 11.1.1973 – 5 AZR 467/72, AP Nr. 1 zu § 6 BBiG. | 6 LAG Düsseldorf v. 23.2.1973 – 8 Sa 598/72, DB 1973, 974. | 7 KassHdb/*Taubert*, 5.1. Rz. 156. | 8 KassHdb/*Taubert*, 5.1. Rz. 157; WLMPP/*Lakies*, § 13 BBiG Rz. 7. | 9 LAG Bremen v. 19.4.1960 – 2 Sa 4/60, BB 1960, 1022; *Gedon/Hurlebaus*, § 13 BBiG Rz. 18; zum Meinungsstand ErfK/*Schlachter*, § 13 BBiG Rz. 3 mwN. | 10 BAG v. 5.12.1985 – 2 AZR 61/85, AP Nr. 10 zu § 620 BGB – Bedingung. | 11 KassHdb/*Taubert*, 5.1. Rz. 159. | 12 ErfK/*Schlachter*, § 13 BBiG Rz. 3. | 13 *Lakies*, AR-Blattei SD 400 Rz. 404; WLMPP/*Lakies*, § 13 BBiG Rz. 9 mwN.

Die Weisungen müssen **im Rahmen der Ausbildung** erfolgen, also einen Bezug zum Ausbildungsziel haben. Nach allg. Meinung geht die Weisungsgebundenheit des Auszubildenden im Hinblick auf § 14 I Nr. 5 weiter als die des ArbN gegenüber dem ArbGeb[1]. Der Auszubildende hat allen Weisungen Folge zu leisten, die im weitesten Sinne zur Erreichung des Ausbildungszieles sowie zu seiner Erziehung notwendig sind. **Seine Grenze** findet das Weisungsrecht in den Vorschriften der Gesetze, der einschlägigen TV sowie des Ausbildungsvertrages; es darf nur nach **billigem Ermessen** ausgeübt werden[2]. Das Tragen einer bestimmten **Kleidung oder Haartracht** kann nur verlangt werden, soweit es der Geschäftsbetrieb[3] oder die Sicherheit des Betriebes erfordern. 7

4. Beachtung der Ordnung des Betriebes. Zu den Ausbildungsstätten iSv. **S. 2 Nr.** 4 zählen auch die in § 11 I Nr. 3 genannten **externen Ausbildungsstätten**[4] (vgl. § 11 Rz. 5). 8

Die Ordnung des Betriebes ergibt sich aus öffentl.-rechtl. Schutzvorschriften (JArbSchG, ArbStättV, Unfallverhütungsvorschriften) sowie aus eventuell bestehenden BV oder schriftl. bzw. mündlich festgelegten Betriebsordnungen[5]. 9

5. Pflegliche Behandlung des Betriebsinventars. S. 2 Nr. 5 verlangt von dem Auszubildenden die pflegliche Behandlung von Werkzeug, Maschinen und sonstigen Einrichtungen. Hieraus folgt auch die Pflicht zum **Aufräumen und Sauberhalten des Arbeitsplatzes**[6]. 10

6. Verschwiegenheitspflicht. Die dem Auszubildenden nach **S. 2 Nr.** 6 auferlegte Verschwiegenheitspflicht besteht während des Berufsausbildungsverhältnisses bzw. des sich anschließenden Arbeitsverhältnisses sowie für die Zeit nach dessen Beendigung[7]. Sie besteht gegenüber jedermann und umfasst sämtliche Umstände, von denen der Auszubildende weiß oder vermutet, dass sie geheimhaltungsbedürftig sind. Ein **Aussageverweigerungsrecht** des Auszubildenden vor Gericht gewährt Nr. 6 nicht[8]. 11

III. Rechtsfolgen bei Pflichtverletzung. Kommt der Auszubildene dauerhaft seinen Pflichten nach § 13 nicht nach, kann ein Grund zur **fristlosen Kündigung** gegeben sein[9] (§ 22 II Nr. 1, vgl. dort Rz. 6). Je nach Schwere des Verstoßes ist der Auszubildende vor Ausspruch der Kündigung **abzumahnen**[10]. 12

Verursacht der Auszubildende schuldhaft einen Schaden, kommt eine **Haftung nach allgemeinen Grundsätzen**[11] (§ 10 II) in Betracht, wobei die von der Rspr. entwickelten Grundsätze der Haftungsprivilegierung[12] Anwendung finden. Dabei ist zu beachten, dass an die Sorgfaltspflichten eines Auszubildenden geringere Anforderungen gestellt werden können als an die eines ArbN[13]. Zudem trifft den Ausbildenden eine **Verpflichtung zur Einweisung und zur Beaufsichtigung des Auszubildenden.** Kommt er der Verpflichtung nicht nach, findet dieser Umstand bei der Bemessung des Grades des Verschuldens Berücksichtigung[14]. Bei der Verrichtung **ausbildungsfremder Tätigkeiten** soll der Auszubildende bei auftretenden Schäden nur für Vorsatz und grobe Fahrlässigkeit haften[15]. 13

Den Ausbildenden kann ein **Mitverschulden** treffen, wenn er seine Aufsichtspflicht verletzt[16] bzw. wenn ihm der unzuverlässige Charakter des Auszubildenden bekannt ist und er gleichwohl keine zusätzl. Schutzmaßnahmen vorsieht[17]. Dies gilt auch im Umgang mit Maschinen und Werzeugen, wenn der Auszubildende hierin noch ungeübt ist und der Ausbildende ihn nicht ausreichend eingewiesen hat[18]. 14

Unterabschnitt 3. Pflichten der Ausbildenden

14 *Berufsausbildung*

(1) Ausbildende haben

1. dafür zu sorgen, dass den Auszubildenden die berufliche Handlungsfähigkeit vermittelt wird, die zum Erreichen des Ausbildungsziels erforderlich ist, und die Berufsausbildung in einer durch ihren Zweck gebotenen Form planmäßig, zeitlich und sachlich gegliedert so durchzuführen, dass das Ausbildungsziel in der vorgesehenen Ausbildungszeit erreicht werden kann,

---

1 *Gedon/Hurlebaus*, § 13 BBiG Rz. 21; KassHdb/*Taubert*, 5.1. Rz. 160. | 2 BAG v. 27.3.1980 – 2 AZR 506/78, AP Nr. 26 zu § 611 BGB – Direktionsrecht; v. 14.12.1961 – 5 AZR 180/61, AP Nr. 17 zu § 611 BGB – Direktionsrecht. | 3 *Lakies*, AR-Blattei SD 400 Rz. 406; ArbG Bayreuth v. 7.12.1971 – 1 Ca 433/71, EzB Nr. 7 zu § 15 II Nr. 1 BBiG. | 4 *Gedon/Hurlebaus*, § 13 BBiG Rz. 27. | 5 WLMPP/*Lakies*, § 13 BBiG Rz. 20. | 6 MünchArbR/*Natzel*, § 178 Rz. 174. | 7 BAG v. 15.12.1987 – 3 AZR 474/86, AP Nr. 5 zu § 611 BGB – Betriebsgeheimnis; *Gedon/Hurlebaus*, § 13 BBiG Rz. 35. | 8 ErfK/*Schlachter*, § 13 BBiG Rz. 6. | 9 *Gedon/Hurlebaus*, § 13 BBiG Rz. 36; LAG München v. 7.10.1970 – 1 Sa 774/69, EzB Nr. 2 zu § 9 BBiG. | 10 KassHdb/*Taubert*, 5.1. Rz. 167. | 11 BAG GS v. 27.9.1994 – GS 1/89 (A), AP Nr. 103 zu § 611 – Haftung des Arbeitnehmers. | 12 BAG v.18.4.2002 – 8 AZR 348/01, AP Nr. 122 zu § 611 BGB Haftung des Arbeitnehmers. | 13 WLMPP/*Lakies*, § 13 BBiG Rz. 31; ArbG Celle v. 26.11.1970 – Ca 517/70, EzB Nr. 1 zu § 3 Abs. 2 BBiG. | 14 BAG v. 7.7.1970 – 1 AZR 507/69, AP Nr. 59 zu § 611 – Haftung des Arbeitnehmers. | 15 ArbG Kiel v. 24.4.1963 – 3a Ca 266/63, AP Nr. 21 zu § 611 BGB – Lehrverhältnis. | 16 BAG v. 7.7.1970 – 1 AZR 507/69, AP Nr. 59 zu § 611 BGB – Haftung des Arbeitnehmers;v. 29.6.1964 – 1 AZR 434/63, AP Nr. 33 zu § 611 BGB – Haftung des Arbeitnehmers. | 17 BAG v. 7.7.1970 – 1 AZR 507/69, DB 1970, 1886. | 18 LAG Mainz v. 10.6.1958 – 1 Sa 61/58, DB 1958, 844; LAG Bremen v. 8.4.1959 – I Sa 15/59, BB 1959, 850.

2. selbst auszubilden oder einen Ausbilder oder eine Ausbilderin ausdrücklich damit zu beauftragen,

3. Auszubildenden kostenlos die Ausbildungsmittel, insbesondere Werkzeuge und Werkstoffe zur Verfügung zu stellen, die zur Berufsausbildung und zum Ablegen von Zwischen- und Abschlussprüfungen, auch soweit solche nach Beendigung des Berufsausbildungsverhältnisses stattfinden, erforderlich sind,

4. Auszubildende zum Besuch der Berufsschule sowie zum Führen von schriftlichen Ausbildungsnachweisen anzuhalten, soweit solche im Rahmen der Berufsausbildung verlangt werden, und diese durchzusehen,

5. dafür zu sorgen, dass Auszubildende charakterlich gefördert sowie sittlich und körperlich nicht gefährdet werden.

(2) Auszubildenden dürfen nur Aufgaben übertragen werden, die dem Ausbildungszweck dienen und ihren körperlichen Kräften angemessen sind.

1 **I. Pflichten des Ausbildenden (Abs. 1). 1. Berufsausbildung.** Das Gesetz nennt in **Abs. 1 Nr. 1** die wesentlichen Pflichten des Ausbildenden, die kraft Gesetzes Vertragsinhalt werden. Danach ist dieser verpflichtet, dem Auszubildenden die berufl. Handlungsfähigkeit zu vermitteln[1]. Auf welche Weise dieses Ziel erreicht werden kann, ergibt sich insb. aus der **Ausbildungsordnung** (§ 5) und dem **Ausbildungsberufsbild** (§ 5 I Nr. 3).

2 Der Ausbildende hat dafür einzustehen, dass in seinem Betrieb die zur ordnungsgemäßen Ausbildung erforderlichen persönl. (**Ausbildungskräfte**) und sachl. (**geeignete Aufträge**) Voraussetzungen gegeben sind[2]. Unzulässig ist es, die Ausbildung an dem gerade vorhandenen betriebl. Arbeitsanfall auszurichten. Ggf. sind Ausbildungsmaßnahmen außerhalb der Ausbildungsstätte durchzuführen (§ 5 II Nr. 6)[3]. Im Rahmen der Ausbildung ist der Auszubildende mit den **täglichen Betriebsabläufen** möglichst wirklichkeitsnah vertraut zu machen[4] (vgl. auch § 1 III 2).

3 Die **sachliche und zeitliche Gliederung** der Ausbildung ergibt sich aus dem **Ausbildungsrahmenplan** (§ 5 I Nr. 4), auf dessen Grundlage der betriebl. Ausbildungsplan zu erstellen ist. Die seit 1974 in den Ausbildungsordnungen enthaltene **Flexibilitätsklausel** erlaubt Abweichungen, soweit dadurch eine sinnvoll geordnete und planmäßig durchgeführte Ausbildung nicht gefährdet wird[5].

4 Verletzt der Ausbildende seine Ausbildungspflicht, hat er dem Auszubildenen den dadurch entstehenden **Schaden zu ersetzen**[6]. Der Auszubildende muss sich gem. § 254 BGB **mitwirkendes Verschulden** zurechnen lassen, wenn er sich nicht bemüht, das Ausbildungsziel zu erreichen (§ 13)[7]. Der Auszubildende kann seinen Anspruch auf tatsächl. Ausbildung nach **§ 888 I ZPO vollstrecken**[8].

5 **2. Beauftragung eines Ausbilders.** Besitzt der Ausbildende die erforderliche persönl. und fachl. Eignung zur Ausbildung nach § 28 nicht bzw. kann er die Ausbildung aus zeitl. oder organisatorischen Gründen nicht selbst durchführen, muss er einen Ausbilder bestellen, der seinerseits die Voraussetzungen des § 28 zu erfüllen hat (**Abs. 1 Nr. 2**). Die Beauftragung muss ausdrücklich, entweder **mündlich** oder **schriftlich**, erfolgen und ist der **zuständigen Stelle anzuzeigen** (§ 36 II Nr. 2)[9]. Eine stillschweigende Duldung ist nicht möglich[10].

6 Dem bestellten Ausbilder sind die Pflichten aus Abs. 1 Nr. 1, 4, 5 und Abs. 2 zu übertragen[11]. Es muss organisatorisch sichergestellt sein, dass dem Ausbilder die **erforderliche Zeit** für die fachgerechte, planmäßige Ausbildung zur Verfügung steht[12]. Bei fehlerhafter Ausbildung haftet der Ausbilder aus dem Ausbildungsvertrag auf **Schadensersatz**[13].

7 **3. Kostenlose Überlassung von Ausbildungsmitteln.** Dem Auszubildenden sind **Ausbildungsmittel** kostenlos – allerdings nur leihweise[14] – vom Ausbildenden zur Verfügung zu stellen (**Abs. 1 Nr. 3**), da er die Kosten der Ausbildung zu tragen hat[15]. Geschieht dies trotz Aufforderung nicht, kann der Auszubildende die Ausbildungsmittel selbst kaufen und Ersatz der Kosten Zug um Zug gegen Übereignung der angeschafften Arbeitsmittel verlangen[16]. **Freiwillige Aufwendungen des Auszubildenden** müssen nicht ersetzt werden. Eine **Kostenbeteiligung** des Auszubildenden bzw. seiner Eltern ist unzulässig[17]. Bücher

---

1 *Taubert*, NZA 2005, 506. | 2 BAG v. 11.12.1964 – 1 AZR 39/64, AP Nr. 22 zu § 611 BGB – Lehrverhältnis. | 3 WLMPP/*Lakies*, § 5 BBiG Rz. 35 ff.; OLV Rh.-Pf. v. 17.10.1979 – 2 A 2/78, EzB Nr. 4 zu § 113 HandwO. | 4 BVerwG v. 25.2.1982 – 5 C 1.81, EzB Nr. 21 zu § 32 BBiG. | 5 Str., wie hier *Gedon/Hurlebaus*, § 14 BBiG Rz. 9; KassHdb/*Taubert*, 5.1. Rz. 111. | 6 *Lakies*, AR-Blattei SD 400 Rz. 416, 620; *Taubert*, NZA 2005, 506. | 7 BAG v. 10.6.1976 – 3 AZR 412/75, AP Nr. 2 zu § 6 BBiG; v. 11.12.1964 – 1 AZR 39/64, AP Nr. 22 zu § 611 BGB – Lehrverhältnis. | 8 LAG Berlin v. 19.1.1978 – 9 Ta 1/78, EzB Nr. 1 zu § 888 ZPO; *Gedon/Hurlebaus*, § 12 BBiG Rz. 12; KassHdb/*Taubert*, 5.1. Rz. 112. | 9 KassHdb/*Taubert*, 5.1. Rz. 115; *Natzel*, Berufsbildungsrecht, S. 406. | 10 ErfK/*Schlachter*, § 14 BBiG Rz. 4. | 11 KassHdb/*Taubert*, 5.1. Rz. 116 mwN. | 12 ArbG Duisburg v. 11.11.1976 – 1 Ca 955/76, EzB Nr. 2 zu § 6 Abs. 1 Nr. 2 BBiG. | 13 Vgl. die Nachw. bei ErfK/*Schlachter*, § 14 BBiG Rz. 4. | 14 WLMPP/*Lakies*, § 14 BBiG Rz. 10. | 15 BAG v. 21.9.1995 – 5 AZR 994/94, AP Nr. 6 zu § 5 BBiG. | 16 BAG v. 16.12.1976 – 3 AZR 556/75, AP Nr. 3 zu § 611 BGB – Ausbildungsverhältnis. | 17 *Gedon/Hurlebaus*, § 14 BBiG Rz. 20; *Lakies*, AR-Blattei SD 400 Rz. 419, 334 ff.

und Schulmittel, die für den **Berufsschulunterricht** benötigt werden, muss der Ausbildende nicht finanzieren, es sei denn, diese dienen zugleich der innerbetriebl. Ausbildung[1].

Werkstücke, die der Auszubildende während seiner Ausbildung herstellt, gehen in das Eigentum des Ausbilders über (§ 950 BGB), während er an **Prüfungsstücken** regelmäßig Eigentum erwirbt, sofern es sich nicht um hochwertige Gegenstände wie etwa Schmuck handelt[2]. Nach Beendigung der Ausbildung sind die Gegenstände zurückzugeben, es sei denn, der Auszubildende muss die Prüfung wiederholen[3]. 8

4. Berufsschule und Ausbildungsnachweise. Der Lehrstoff des Berufsschulunterrichts gehört nach § 38 zum Prüfungsstoff der Abschlussprüfung. Aus diesem Grunde soll der Ausbildende den Auszubildenden zum Besuch der Berufsschule **anhalten** (**Abs. 1 Nr. 4**), dh. auf ihn kontinuierlich und konkret einwirken, regelmäßig am Unterricht teilzunehmen. Dies kann durch mündl. oder schriftl. **Abmahnung** sowie **Rücksprache mit den Eltern und der Schule** geschehen[4]. 9

Schriftliche Ausbildungsnachweise (**Abs. 1 Nr. 4**[5]) dienen dem Nachweis des zeitl. und sachl. Ablaufs der Berufsausbildung und sind Zulassungsvoraussetzung für die Abschlussprüfung (§ 43 I Nr. 2). Der Ausbildende hat den Auszubildenden aus diesem Grund dazu **anzuhalten** (zB durch Abmahnungen oder Rücksprache mit den Eltern), schriftl. Ausbildungsnachweise zu führen. Er ist verpflichtet, diese regelmäßig **durchzusehen**, dh. die Eintragungen auf Form, sachliche Richtigkeit und Vollständigkeit zu überprüfen. 10

Nach dem Gesetz hat der Auszubildende keinen Anspruch darauf, die Ausbildungsnachweise **während der Ausbildungszeit zu führen**[6]. Ein entsprechendes Recht kann sich aus der Ausbildungsordnung bzw. aus dem Arbeitsvertrag ergeben[7]. Legt der Auszubildende die schriftl. Ausbildungsnachweise nicht oder verspätet vor, kann eine **außerordentl. Kündigung** – nach erfolgloser Abmahnung – gerechtfertigt sein[8]. 11

5. Charakterliche Förderung und Abwehr von Gefährdungen. Die Pflicht zur **charakterlichen Förderung** (**Abs. 1 Nr. 5**) betrifft sowohl minderjährige als auch erwachsene Auszubildende[9]. Sie besteht nur für die Zeit der Tätigkeit in der Ausbildungsstätte und nicht auch im **privaten Bereich**. Die Art der Maßnahmen hängt von der Persönlichkeit des Auszubildenden ab. Der Einsatz **körperlicher Gewalt** ist unzulässig. Dies ergibt sich für minderjährige Auszubildende aus § 31 JArbSchG. 12

Dem Ausbildenden obliegt zudem der **Schutz des Auszubildenden vor sittlicher und körperlicher Gefährdung** (**Abs. 1 Nr. 5**). Hierunter fallen auch das Verbot des Abs. 2 (vgl. Rz. 14), die Fürsorgepflichten nach dem **JArbSchG** sowie die für alle ArbN geltenden **Arbeitsschutzvorschriften**[10]. Eine körperliche Gefährdung kann auch von **Bildschirmarbeitsplätzen** ausgehen[11]. § 5 **ArbStättV** v. 12.8.2004[12] erlegt dem ArbGeb die Pflicht auf, die erforderlichen Maßnahmen zu treffen, damit die nichtrauchenden Beschäftigten in Arbeitsstätten wirksam vor den Gesundheitsgefahren durch **Tabakrauch** geschützt werden[13]. Soweit erforderlich ist ein allgemeines oder auf einzelne Bereiche der Arbeitsstätte beschränktes Rauchverbot zu erlassen. Zu beachten ist auch **§ 32 JArbSchG**. Nach dieser Vorschrift darf ein Jugendlicher erst nach Vorlage einer **Bescheinigung über die ärztliche Erstuntersuchung** beschäftigt werden[14]. 13

II. Übertragung von Verrichtungen (Abs. 2). Nach **Abs. 2** dürfen dem Auszubildenden nur Verrichtungen übertragen werden, die entsprechend dem Berufsbild **dem Ausbildungszweck dienen**[15] und seinen körperlichen Kräften angemessen sind. Maßgebend ist die **körperliche Konstitution des Auszubildenden**. Untersagt ist die Übertragung minderwertiger oder **grober Reinigungsarbeiten**, die mit der Ausbildung nicht im Zusammenhang stehen. Hingegen dürfen aus berufspädagogischen Gründen Maßnahmen zur Aufrechterhaltung von Ordnung und Sauberkeit am Arbeitsplatz (**Reinigung von Werkzeug, Arbeitsmaterialien** etc.) übertragen werden[16]. Der Auszubildende im Friseurhandwerk darf auch mit der Reinigung des Fußbodens betraut werden, jedoch nur im angemessenen Verhältnis zu den berufsspezifischen Tätigkeiten[17]. Im ersten Ausbildungsjahr ist es wegen des Haftungsrisikos unzulässig, dem Auszubildenden aufzutragen, größere Geldbeträge zur Bank zu bringen[18]. 14

1 BAG v. 16.12.1976 – 3 AZR 556/75, AP Nr. 3 zu § 611 BGB – Ausbildungsverhältnis; *Lakies*, AR-Blattei SD 400 Rz. 419; WLMPP/*Lakies*, § 14 BBiG Rz. 7. | 2 BAG v. 3.3.1960 – 5 AZR 352/58, AP Nr. 2 zu § 23 HandwO; KassHdb/*Taubert*, 5.1. Rz. 118 mwN. | 3 KassHdb/*Taubert*, 5.1. Rz. 120. | 4 Vgl. im Einzelnen *Gedon/Hurlebaus*, § 14 BBiG Rz. 34. | 5 *Wohlgemuth*, AuR 2005, 243. | 6 BAG v. 11.1.1973 – 5 AZR 467/72, AP Nr. 1 zu § 6 BBiG. | 7 KassHdb/*Natzel*, 5.1. Rz. 125; *Lakies*, AR-Blattei SD 400 Rz. 432 f. | 8 LAG Frankfurt v. 3.11.1997 – 16 Sa 657/97, EzB Nr. 82 zu § 15 Abs. 2 Nr. 1 BBiG. | 9 *Gedon/Hurlebaus*, § 14 BBiG Rz. 45. | 10 *Gedon/Hurlebaus*, § 14 BBiG Rz. 48. | 11 BAG v. 6.12.1983 – 1 ABR 43/81, AP Nr. 7 zu § 87 BetrVG 1972 – Überwachung. | 12 BGBl. I S. 2179, zuletzt geändert durch Art. 2 des Gesetzes vom 20.7.2007 (BGBl. I S. 1595). | 13 Zum Nichtraucherschutz am Arbeitsplatz BAG v. 19.1.1999 – 1 AZR 499/98, AP Nr. 28 zu § 87 BetrVG 1972 – Ordnung des Betriebes; v. 17.2.1998 – 9 AZR 84/97, AP Nr. 26 zu § 618 BGB; BVerfG v. 9.2.1998 – 1 BVR 234/97. | 14 *Hergenröder*, AR-Blattei SD 180 „Arbeitspapiere" Rz. 17. | 15 *Gedon/Hurlebaus*, § 14 BBiG Rz. 54 ff.; OLG Karlsruhe v. 5.9.1988 – 1 Ss 134/88, EzB Nr. 6 zu § 6 Abs. 2 BBiG. | 16 WLMPP/*Lakies*, § 14 BBiG Rz. 33. | 17 OLG Frankfurt v. 30.3.1981 – 2 Ws (B) 61/81, Ez B Nr. 1 zu § 99 BBiG; *Gedon/Hurlebaus*, § 14 BBiG Rz. 59. | 18 LAG Düsseldorf v. 23.2.1973 – 8 Sa 598/72, EzB Nr. 1 zu § 6 Abs. 2 BBiG; *Gedon/Hurlebaus*, § 14 BBiG Rz. 58.

15 Werden dem Auszubildenen entgegen Abs. 2 Arbeiten übertragen, muss er diese nicht ausführen, ohne vertragsbrüchig zu werden und den Anspruch auf die Vergütung zu verlieren. Auch besteht nicht das Recht zur fristl. Kündigung des Ausbildungsvertrages[1]. Es liegt jedoch eine Ordnungswidrigkeit vor (§ 102 I Nr. 3).

15 *Freistellung*

Ausbildende haben Auszubildende für die Teilnahme am Berufsschulunterricht und an Prüfungen freizustellen. Das Gleiche gilt, wenn Ausbildungsmaßnahmen außerhalb der Ausbildungsstätte durchzuführen sind.

1 Eine Pflicht zur Freistellung des Auszubildenden besteht ausschließlich in drei Fällen: für die – auch freiwillige[2] – Teilnahme am Berufsschulunterricht, an Prüfungen sowie an Ausbildungsmaßnahmen außerhalb der Ausbildungsstätte[3]. Unter **Berufsschulunterricht** wird insoweit allgemein die „planmäßige und tatsächliche schulische und damit berufsbezogene pädagogische Maßnahme im Rahmen der Berufsausbildung und zur Vorbereitung auf die Abschlussprüfung" verstanden[4]. Die Freistellung für die **Prüfung** gilt für die gesamte Prüfung, dh. für den theoretischen und für den berufspraktischen Teil[5]. Jugendliche Auszubildende haben zudem Anspruch auf Freistellung an dem Arbeitstag, welcher der schriftl. Abschlussprüfung unmittelbar vorausgeht (§ 10 I Nr. 2 JArbSchG).

2 Der **Umfang der Freistellungspflicht** ergibt sich für **jugendliche Auszubildende aus den §§ 9, 10 JArbSchG**. Freizustellen ist für die Schul- und Prüfungszeit einschließlich der Pausen, der Wegzeiten zwischen Berufsschule bzw. Prüfungsort und Ausbildungsbetrieb sowie der erforderlichen Zeit zum Waschen und Umkleiden[6]. Der Besuch der Berufsschule geht der betriebl. Ausbildung vor und ersetzt insoweit die Ausbildungspflicht, so dass eine **Nachholung der ausgefallenen betrieblichen Ausbildungszeit** bei jugendlichen ArbN von Gesetzes wegen (§ 9 I JArbSchG) ausgeschlossen ist[7]. Die Zeiten sind vielmehr auf die betriebl. Arbeitszeit anzurechnen[8]. Für erwachsene Auszubildende fehlt eine dem § 9 I JArbSchG entsprechende Anrechnungsvorschrift[9]. **Hausaufgaben** sind in der Freizeit zu erledigen[10].

3 Für die Zeit der Freistellung hat der Auszubildende nach § 19 I Nr. 1 Anspruch auf Zahlung der ihm zustehenden **Vergütung**. Voraussetzung ist, dass der Auszubildende an den genannten Maßnahmen **tatsächlich teilnimmt**. Fällt Berufsschulunterricht aus oder bleibt der Auszubildende dem Unterricht unentschuldigt fern, besteht keine Fortzahlungspflicht des Ausbildenden. Die Vergütung kann anteilig gekürzt werden (vgl. § 18 BBiG Rz. 1). Vor einem vor 9 Uhr beginnenden Unterricht dürfen Jugendliche nach § 9 Abs. 1 Satz 2 Nr. 1 JArbSchG nicht im Betrieb beschäftigt werden. Dies gilt auch für volljährige Auszubildende, die noch berufsschulpflichtig sind.

4 Der **Umschüler** ist rechtl. wie ein Auszubildender zu behandeln. Er hat Anspruch auf Vergütung der Berufsschulzeit[11].

5 Die Verletzung der Freistellungspflicht stellt eine **Ordnungswidrigkeit** dar (§ 102 I Nr. 4).

16 *Zeugnis*

(1) Ausbildende haben den Auszubildenden bei Beendigung des Berufsausbildungsverhältnisses ein schriftliches Zeugnis auszustellen. Die elektronische Form ist ausgeschlossen. Haben Ausbildende die Berufsausbildung nicht selbst durchgeführt, so soll auch der Ausbilder oder die Ausbilderin das Zeugnis unterschreiben.

(2) Das Zeugnis muss Angaben enthalten über Art, Dauer und Ziel der Berufsausbildung sowie über die erworbenen beruflichen Fertigkeiten, Kenntnisse und Fähigkeiten der Auszubildenden. Auf Verlangen Auszubildender sind auch Angaben über Verhalten und Leistung aufzunehmen.

1 **I. Ausstellung des Zeugnisses (Abs. 1).** Nach Beendigung der Berufsausbildung – gleich aus welchem Grunde – ist dem Auszubildenden ein Zeugnis selbst dann auszustellen, wenn dieser es nicht ausdrücklich verlangt bzw. darauf verzichtet. Ein Zeugnis ist auch auszustellen, wenn der Auszubildende nach der Ausbildungszeit im Betrieb weiterbeschäftigt wird[12] bzw. wenn das Ausbildungsverhältnis – zB durch Kündigung nach § 22 – vorzeitig beendet wird[13]. Der Anspruch hierauf ist **unabdingbar** (§ 25), eine

---

1 *Gedon/Hurlebaus*, § 14 BBiG Rz. 57; KassHdb/*Natzel*, 5.1 Rz. 130 mwN. | 2 *Lakies*, AR-Blattei SD 400 Rz. 447; ArbG Bielefeld v. 8.3.1979 – 3 Ca 3076/78, EzB Nr. 18 zu § 4 BBiG. | 3 *Natzel*, DB 2005, 611. | 4 *Gedon/Hurlebaus*, § 15 BBiG Rz. 16. | 5 *Gedon/Hurlebaus*, § 15 BBiG Rz. 27 f. | 6 BAG v. 26.3.2001 – 5 AZR 413/99, AP Nr. 1 zu § 7 BBiG; WLMPP/*Lakies*, § 15 BBiG Rz. 16; *Gedon/Hurlebaus*, § 15 BBiG Rz. 27. | 7 BAG v. 26.3.2001 – 5 AZR 413/99, AP Nr. 1 zu § 7 BBiG. | 8 LAG Hamm v. 24.2.1999 – 9 Sa 1273/98, EzB Nr. 32 zu § 7 BBiG; aA hinsichtlich der Wegezeiten LAG Köln v. 18.9.1998 – 12 Sa 549/98, EzB Nr. 31 zu § 7 BBiG. | 9 BAG v. 26.3.2001 – 5 AZR 413/99, AP Nr. 1 zu § 7 BBiG; ErfK/*Schlachter*, § 15 BBiG Rz. 2. | 10 BAG v. 11.1.1973 – 5 AZR 467/72, AP Nr. 1 zu § 6 BBiG. | 11 ArbG Celle v. 28.6.1974 – 2 Ca 385/74, EzB Nr. 2 zu § 12 Abs. 1 Satz 1 Nr. 1 BBiG. | 12 *Lakies*, AR-Blattei SD 400 Rz. 539. | 13 WLMPP/*Lakies*, § 16 BBiG Rz. 7.

entsprechende Vereinbarung ist nichtig[1]. Neben dem Zeugnis nach § 16 erhält der Prüfling nach § 37 II ein Zeugnis über die Abschlussprüfung[2].

Das Zeugnis ist vom Ausbildenden auszustellen und unter den Voraussetzungen des **Abs. 1 S. 3** auch vom Ausbilder zu **unterschreiben.** Das Fehlen seiner Unterschrift macht das Zeugnis nicht unwirksam, da S. 3 Sollvorschrift ist[3]. Wird der Ausbildungsbetrieb nach Eröffnung eines Insolvenzverfahrens vom **Insolvenzverwalter** weitergeführt, ist dieser zur Zeugniserteilung auch für die Zeit vor Verfahrenseröffnung verpflichtet[4]. Hat das Ausbildungsverhältnis vorher geendet, ist das Zeugnis vom Ausbildenden und nicht vom Insolvenzverwalter zu erteilen[5]. 2

Ein vorläufiges bzw. ein Zwischenzeugnis kann verlangt werden, wenn der Auszubildende gekündigt hat und sich für eine andere Berufstätigkeit ausbilden lassen will (§ 22 II Nr. 2[6]) bzw. wenn er die Zwischenprüfung abgelegt hat (§ 48). 3

Das Zeugnis ist **schriftl. abzufassen**[7] und auf dem für die Geschäftskorrespondenz üblichen Geschäftspapier zu erstellen[8] sowie zu unterzeichnen. Hat der Ausbildende die Berufsausbildung nicht selbst durchgeführt, ist das Zeugnis auch von den Ausbildern zu unterzeichnen (Abs. 1 S. 3 BBiG). Die elektronische Form ist ausgeschlossen (Abs. 1 S. 2)[9]. Der Anspruch auf Erteilung eines Zeugnisses unterliegt der **Verwirkung**[10]; es gilt die regelmäßige Verjährungsfrist von drei Jahren (§ 195 BGB). Dem Auszubildenden steht ein Schadensersatzanspruch zu, sofern der Ausbildende das Zeugnis gar nicht oder fehlerhaft ausstellt und der Auszubildende dadurch einen Schaden erleidet[11]. 4

II. Inhalt des Zeugnisses (Abs. 2). 1. Einfaches Zeugnis. Abs. 2 S. 1 legt den Inhalt des einfachen Zeugnisses fest. Bei der **Art der Ausbildung** ist anzugeben, ob diese ausschließlich im Betrieb oder ergänzend außerhalb der Ausbildungsstätte durchgeführt wurde. Das **Ziel der Berufsausbildung** ist mittels der durch die Ausbildungsordnung festgelegten Bezeichnung des Ausbildungsberufes anzugeben. Die **erworbenen Fertigkeiten und Kenntnisse sowie die berufliche Handlungsfähigkeit** werden durch Angabe des erreichten Ausbildungszieles bzw. bei vorzeitiger Beendigung der Ausbildung durch Beschreibung des erreichten Ausbildungsstandes dokumentiert. Der **Beendigungsgrund** darf bei vorzeitiger Auflösung des Berufsausbildungsverhältnisses nur mit Zustimmung des Auszubildenden im Zeugnis aufgeführt werden[12]. 5

Das Zeugnis muss **objektiv wahr** sein[13], andernfalls der Auszubildende **Berichtigung** verlangen kann[14]. **Die Beweislast für die Unrichtigkeit** obliegt dem Auszubildenden[15]. 6

2. Qualifiziertes Zeugnis. Auf Verlangen des Auszubildenden ist ein qualifiziertes Zeugnis mit dem sich aus **Abs. 2 S. 2** ergebenden zusätzl. Inhalt auszustellen. Das qualifizierte Zeugnis muss alle wesentl. Tatsachen und Beurteilungen aufführen, die für das Gesamtbild des Auszubildenden von Bedeutung sind. Neben Verhaltensangaben können zB auch herausgehobenes Geschick bei der Arbeit oder den Ausbildungsstandard übertreffendes Fachwissen dokumentiert werden[16]. Der Ausbildende darf nicht von sich aus ein qualifiziertes Zeugnis erstellen, andernfalls der Auszubildende Abänderung, dh. ein einfaches Zeugnis verlangen kann[17]. 7

Unterabschnitt 4. Vergütung

17 *Vergütungsanspruch*

(1) Ausbildende haben Auszubildenden eine angemessene Vergütung zu gewähren. Sie ist nach dem Lebensalter der Auszubildenden so zu bemessen, dass sie mit fortschreitender Berufsausbildung, mindestens jährlich, ansteigt.

(2) Sachleistungen können in Höhe der nach § 17 Abs. 1 Satz 1 Nr. 4 des Vierten Buches Sozialgesetzbuch festgesetzten Sachbezugswerte angerechnet werden, jedoch nicht über 75 Prozent der Bruttovergütung hinaus.

(3) Eine über die vereinbarte regelmäßige tägliche Ausbildungszeit hinausgehende Beschäftigung ist besonders zu vergüten oder durch entsprechende Freizeit auszugleichen.

---

1 BAG v. 16.9.1974 – 5 AZR 255/74, AP Nr. 9 zu § 630 BGB; *Gedon/Hurlebaus*, § 16 BBiG Rz. 21. | 2 *Opolony*, BB 2005, 1053. | 3 ErfK/*Schlachter*, § 16 BBiG Rz. 1; MünchArbR/*Natzel*, § 178 Rz. 325. | 4 BAG v. 30.1.1991 – 5 AZR 32/90, AP Nr. 18 zu § 630 BGB. | 5 BAG v. 23.6.2004 – 10 AZR 495/03, NZA 2004, 1392. | 6 KassHdb/*Natzel*, 5.1. Rz. 338. | 7 BAG v. 21.9.1999 – 9 AZR 893/98, AP Nr. 23 zu § 630 BGB. | 8 BAG v. 3.3.1993 – 5 AZR 182/92, AP Nr. 20 zu § 630 BGB. | 9 *Opolony*, BB 2005, 1053. | 10 BAG v. 17.2.1988 – 5 AZR 638/86, AP Nr. 17 zu § 630 BGB; v. 17.10.1972 – 1 AZR 86/72, AP Nr. 8 zu § 630 BGB. | 11 BAG v. 24.3.1977 – 3 AZR 232/76, AP Nr. 12 zu § 630 BGB; v. 25.10.1967 – 3 AZR 456/66, AP Nr. 6 zu § 73 HGB; *Gedon/Hurlebaus*, § 16 BBiG Rz. 61 f. | 12 KassHdb/*Taubert*, 5.1. Rz. 339 mwN. | 13 BAG v. 29.7.1971 – 2 AZR 250/70, AP Nr. 6 zu § 630 BGB. | 14 BAG v. 23.6.1960 – 5 AZR 560/58, AP Nr. 1 zu § 73 HGB. | 15 *Gedon/Hurlebaus*, § 16 BBiG Rz. 50. | 16 BT-Drs. 15/3980 S. 46. | 17 KassHdb/*Taubert*, 5.1. Rz. 340.

1 **I. Rechtsnatur der Vergütung.** Die Vergütung soll eine finanzielle Hilfe zur Durchführung der Ausbildung sein, die Heranbildung eines ausreichenden Nachwuchses an qualifizierten Fachkräften gewährleisten und schließlich eine Entlohnung darstellen[1]. Sie steht in keinem Austauschverhältnis zum Produktionsinteresse des ArbGeb, da ein Ausbildungsvertrag keine leistungsorientierte Gewinnerwirtschaftung vorsieht[2]. **Steuer- und sozialversicherungsrechtl.** wird sie als Entgelt behandelt, dasselbe gilt **betriebsverfassungsrechtl.** (§ 87 I Nr. 4 BetrVG)[3]. Sie zählt zu den Erziehungsgeldern iSd. § 850 Nr. 6 ZPO und ist damit **unpfändbar**[4]. Aus diesem Grunde kann sie weder **abgetreten** (§ 400 BGB) noch **verpfändet** werden (§ 1274 II BGB)[5].

2 Der Anspruch auf die Vergütung beginnt mit dem Berufsausbildungsverhältnis. Der Auszubildende kann auf sie nicht **verzichten**, sie ist nach § 25 **unabdingbar**[6]. Die Vereinbarung, für die Zeit des Berufsschulbesuchs keine Vergütung zu zahlen, ist ebenfalls nichtig[7].

3 Unter § 17 fallen sämtliche Ausbildungsverhältnisse iSd. BBiG, nicht jedoch **öffentl.-rechtl. Berufsausbildungsverhältnisse** (§ 3 II Nr. 2, vgl. dort Rz. 3)[8]. Die Ausbildung in **Heil- und Hilfsberufen** wird von § 17 nur ausnahmsw. erfasst, wenn die praktische Ausbildung überwiegt[9]. Bei einem öffentl. finanzierten, dreiseitigen Ausbildungsverhältnis kann die Nichtanwendung von Abs. 1 S. 1 geboten sein[10].

4 **II. Höhe der Vergütung (Abs. 1).** Die Höhe der Vergütung kann tarif- oder einzelvertragl. vereinbart werden. Sie muss **angemessen** sein (**Abs. 1 S. 1**)[11]. Das ist dann der Fall, wenn sie hilft, die Lebenshaltungskosten zu bestreiten und wenn sie zugleich eine Mindestentlohnung für die Leistungen des Auszubildenden darstellt[12]. **Einschlägige tarifl. Vorschriften** stellen die Mindestentlohnung dar und sind stets angemessen[13]. Fehlt eine tarifvertragl. Regelung, kann zur Ermittlung der angemessenen Vergütung auf Empfehlungen von Kammern und Innungen zurückgegriffen werden[14]. Diese sind nicht berechtigt, Mindestsätze für die Vergütung verbindlich festzusetzen[15]. **Die Vergütung nicht tarifl. gebundener Auszubildender** ist auf jeden Fall angemessen, wenn sie nach einem entsprechenden TV bemessen wird[16]. Unterschreitet die Vergütung den für einen Ausbildungsbetrieb einschlägigen TV um mehr als 20 %, ist sie idR nicht mehr angemessen[17].

5 Wird die Vergütung **zu 100 % von der öffentl. Hand finanziert**, kann diese, auch wenn sie erheblich unter den tarifl. Ausbildungsvergütungen liegt, noch angemessen sein[18]. Bei einem durch Spenden Dritter finanzierten Ausbildungsverhältnis bestimmt sich die Angemessenheit der Ausbildungsvergütung nicht allein nach einschlägigen tarifl. Sätzen, wenn der Auszubildende auf einem zusätzlich geschaffenen Ausbildungsplatz ausgebildet wird und ohne diesen einen qualifizierten Berufsabschluss nicht hätte erreichen können[19]. Bei der Prüfung der Angemessenheit ist auf den **Zeitpunkt der Fälligkeit** und nicht auf den Zeitpunkt des Vertragsschlusses abzustellen[20].

6 Die Vergütung muss nach **Abs. 1 S. 2** das Lebensalter des Auszubildenden berücksichtigen und mindestens jährlich ansteigen – und zwar nach Ablauf des jeweiligen Berufsausbildungsjahres[21]. Wird eine **Zwischenprüfung** vorfristig erfolgreich abgelegt, besteht ein Anspruch auf die für den folgenden Ausbildungsabschnitt vorgesehene Vergütung. **Verkürzungszeiten nach § 7 I** gelten im Hinblick auf die Vergütung als abgeleistete Zeiten des Ausbildungsverhältnisses[22]. Bei einer **Verkürzung nach § 8 I** besteht kein Anspruch auf eine entsprechend vorgezogene Erhöhung der Ausbildungsvergütung[23]. Eine **Verlängerung der Ausbildungszeit** ebenso wie deren **Verkürzung** infolge vorzeitiger Ablegung der Abschlussprüfung (§ 21 II) haben auf die Höhe der Vergütung keine Auswirkung[24]. Bei **nicht bestandener Abschlussprüfung** kann das Ausbildungsverhältnis nach Maßgabe des § 21 III höchstens um ein Jahr

---

1 Schriftl. Bericht des Ausschusses für Arbeit, BT-Drs. V/4260, S. 9 zu § 10; BAG v. 30.9.1998 – 5 AZR 690/97, AP Nr. 8 zu § 10 BBiG; v. 11.10.1995 – 5 AZR 258/94, AP Nr. 6 zu § 10 BBiG. | 2 BAG v. 17.8.2000 – 8 AZR 578/99, AP Nr. 7 zu § 3 BBiG. | 3 KassHdb/*Taubert*, 5.1. Rz. 173; MünchArbR/*Natzel*, § 178 Rz. 194. | 4 Str., so wie hier *Lakies*, AR-Blattei SD 400 Rz. 471; WLMPP/*Lakies*, § 17 BBiG Rz. 3 jeweils mwN. | 5 *Lakies*, AR-Blattei SD 300 Rz. 471. | 6 *Gedon/Hurlebaus*, § 25 BBiG Rz. 10 mwN; LAG Rh.-Pf. v. 7.3.1997 – 3 Sa 540/96, EzB Nr. 69 zu § 10 Abs. 1 BBiG. | 7 ArbG Bayreuth v. 1.6.1978 – 2 Ca 25/78, EzB Nr. 15 zu § 4 BBiG. | 8 Braun/Mühlhausen/Munk/Stück/*Stück*, § 10 BBiG Rz. 4. | 9 BAG v. 7.3.1990 – 5 AZR 217/89, AP Nr. 28 zu § 611 BGB – Ausbildungsverhältnis; v. 18.6.1980, 4 AZR 545/78, AP Nr. 3 zu § 611 BGB – Ausbildungsverhältnis. | 10 BAG v. 15.11.2000 – 5 AZR 296/99, AP Nr. 9 zu § 10 BBiG. | 11 Hierzu *Natzel*, Zur Angemessenheit der Ausbildungsvergütung, DB 1992, 1521 ff. | 12 St. Rspr., BAG v. 30.9.1998 – 5 AZR 690/97, AP Nr. 8 zu § 10 BBiG; v. 11.10.1995 – 5 AZR 258/94, AP Nr. 6 zu § 10 BBiG; v. 10.4.1991 – 5 AZR 226/90, AP Nr. 3 zu § 10 BBiG. | 13 BAG v. 7.3.1990 – 5 AZR 217/89, AP Nr. 28 zu § 611 BGB – Ausbildungsverhältnis; v. 18.6.1980 – 4 AZR 545/78, AP Nr. 4 zu § 611 BGB – Ausbildungsverhältnis; v. 15.12.2005 – 6 AZR 224/05, AP Nr. 15 zu § 10 BBiG. | 14 BAG v. 30.9.1998 – 5 AZR 690/97, AP Nr. 8 zu § 10 BBiG; *Lakies*, AR-Blattei SD 400 Rz. 489. | 15 BVerwG v. 26.3.1981 – 4 C 50.80, EzB Nr. 23 zu § 4 BBiG. | 16 BAG v. 18.6.1980 – 4 AZR 545/78, AP Nr. 3 zu § 611 BGB – Ausbildungsverhältnis. | 17 BAG v. 10.4.1991 – 5 AZR 226/90, AP Nr. 3 zu § 10 BBiG; Nr. 16 zu § 72 ArbGG 1979; LAG Berlin v. 21.3.2000 – 5 Sa 81/00; *Opolony*, BB 2005, 1052. | 18 BAG v. 11.10.1995 – 5 AZR 258/94, AP Nr. 6 zu § 10 BBiG. | 19 BAG v. 8.5.2003 – 6 AZR 191/02, AR-Blattei Es 400 Nr. 114. | 20 BAG v. 30.9.1998 – 5 AZR 690/97, AP Nr. 8 zu § 10 BBiG. | 21 Ausschussbericht BT-Drs. V/4260 zu § 10; *Gedon/Hurlebaus*, § 17 BBiG Rz. 39. | 22 BAG v. 8.12.1982 – 5 AZR 474/80, AP Nr. 1 zu § 29 BBiG. | 23 BAG v. 8.12.1982 – 5 AZR 474/80, AP Nr. 1 zu § 29 BBiG. | 24 MünchArbR/*Natzel*, § 178 Rz. 209 f.

verlängert werden (vgl. dort Rz. 4). In diesem Fall besteht Anspruch auf eine Vergütung in der zuletzt gezahlten Höhe und nicht etwa auf die Vergütung für ein tarifl. vorgesehenes **viertes Ausbildungsjahr**[1].

7 Ist die vertragl. Vergütung unangemessen, führt dies nicht zur **Nichtigkeit** des gesamten Ausbildungsvertrages (§ 139 BGB). Der Auszubildende kann in diesem Fall vielmehr die angemessene Vergütung einklagen[2].

8 **III. Anrechnung von Sachleistungen (Abs. 2).** Sofern der Ausbildende Sachleistungen in Form von Wohnung, Heizung, Beleuchtung bzw. Verpflegung gewährt, können diese bis zu 75 % auf den Vergütungsanspruch kraft tarif- bzw. einzelvertragl. Vereinbarung angerechnet werden (§ 17 Abs. 2). 25 % müssen dem Auszubildenden auf jeden Fall ausbezahlt werden[3].

9 Die **Höhe der anzurechnenden Sachbezüge** ergibt sich aus der von der Bundesregierung auf der Grundlage des § 17 I 1 Nr. 4 SGB IV Sozialversicherungsentgeltverordnung. Diese bestimmt den Wert der Sachbezüge, die ArbN als Arbeitsentgelt erhalten[4].

10 **IV. Besondere Vergütung oder Freizeitausgleich bei Mehrarbeit (Abs. 3). Mehrbeschäftigung** liegt vor, wenn die tarif- oder einzelvertragl. vereinbarte regelmäßige Dauer der Ausbildungszeit überschritten wird[5]. Die besondere Vergütung muss **angemessen sein** und ist zusätzlich zur vereinbarten Bezahlung zu gewähren. Selbst wenn die nach § 8 I JArbSchG bzw. § 3 ArbZG (vgl. § 11 Rz. 6) zulässige tägliche Ausbildungszeit überschritten wird, besteht ein Anspruch auf die besondere Vergütung nach Abs. 3[6]. Der **Freizeitausgleich** tritt alternativ an die Stelle der besonderen Vergütung und ist grds. innerhalb eines Monats nach der Mehrbeschäftigung zu gewähren, um einen gewissen zeitlichen Zusammenhang zu wahren[7].

18 *Bemessung und Fälligkeit der Vergütung*

(1) Die Vergütung bemisst sich nach Monaten. Bei Berechnung der Vergütung für einzelne Tage wird der Monat zu 30 Tagen gerechnet.

(2) Die Vergütung für den laufenden Kalendermonat ist spätestens am letzten Arbeitstag des Monats zu zahlen.

1 **I. Bemessung der Vergütung (Abs. 1).** Nach **Abs. 1 S. 1** bemisst sich die Vergütung nach Kalendermonaten. Diese Vorschrift ist **unabdingbar** (§ 25)[8]. Bei der Bemessung für einzelne Tage wird jeder Monat mit 30 Tagen gerechnet, auch der Februar[9]. Die Vereinbarung eines kleineren Teilers ist zulässig[10]. Stunden- oder Schichtlöhne sowie vom Betriebsergebnis abhängige Vergütungen sind unzulässig[11]. Bei **unentschuldigtem Fehlen** des Auszubildenden kann die Vergütung für jeden Tag um 1/30 gekürzt werden[12].

2 **II. Fälligkeit der Vergütung (Abs. 2).** Die Vergütung für den laufenden Monat ist spätestens am letzten Arbeitstag des Monats fällig, frühere Zahlungen sind ebenso möglich wie **Vorschüsse** oder **Abschlagszahlungen**. Die Zahlung kann bar oder bargeldlos (per Überweisung oder Scheck) erfolgen[13]. Bei Barzahlung ist **Erfüllungsort** der Ort der Ausbildungsstätte[14].

3 An **minderjährige Auszubildende** kann die Vergütung grds. direkt bezahlt werden, es sei denn, die Erziehungsberechtigten legen etwas anderes fest[15].

4 Nach § 87 I Nr. 4 BetrVG hat der **BR ein MitbestR** bei Fragen von Zeit, Ort und Art der Auszahlung der Arbeitsentgelte[16].

19 *Fortzahlung der Vergütung*

(1) Auszubildenden ist die Vergütung auch zu zahlen

1. für die Zeit der Freistellung (§ 15),

2. bis zur Dauer von sechs Wochen, wenn sie

a) sich für die Berufsausbildung bereithalten, diese aber ausfällt oder

---

1 BAG v. 8.2.1978 – 4 AZR 552/76, AP Nr. 1 zu § 10 BBiG. | 2 LAG Nürnberg v. 29.5.1984 – 7 Sa 57/83, EzB Nr. 42 zu § 10 Abs. 1 BBiG; WLMPP/*Lakies*, § 17 BBiG Rz. 19. | 3 *Gedon/Hurlebaus*, § 17 BBiG Rz. 56. | 4 Vgl. hierzu die Sozialversicherungsentgeltverordnung v. 21.12.2006 (BGBl. I S. 3385), zuletzt geändert durch Art. 19a des Gesetzes v. 19.12.2007 (BGBl. I S. 3024), mit welcher die bisherige Sachbezugsverordnung aufgehoben und ersetzt wurde. | 5 *Gedon/Hurlebaus*, § 17 BBiG Rz. 59. | 6 BAG v. 3.10.1969 – 3 AZR 400/68, AP Nr. 12 zu § 15 AZO; v. 4.10.1963 – 1 AZR 461/62, AP Nr. 3 zu § 10 JArbSchG. | 7 Braun/Mühlhausen/Munk/Stück/*Stück*, § 10 BBiG Rz. 51. | 8 Str., zum Meinungsstand WLMPP/*Wohlgemuth/Pieper*, § 18 BBiG Rz. 2. | 9 *Gedon/Hurlebaus*, § 18 BBiG Rz. 7. | 10 *Gedon/Hurlebaus*, § 18 BBiG Rz. 7. | 11 ErfK/*Schlachter*, § 18 BBiG Rz. 1. | 12 KassHdb/*Taubert*, 5.1. Rz. 208. | 13 *Gedon/Hurlebaus*, § 18 BBiG Rz. 11. | 14 WLMPP/*Wohlgemuth/Pieper*, § 18 BBiG Rz. 5. | 15 *Gedon/Hurlebaus*, § 18 BBiG Rz. 13; WLMPP/*Wohlgemuth/Pieper*, § 18 BBiG Rz. 6. | 16 WLMPP/*Wohlgemuth/Pieper*, § 18 BBiG Rz. 7.

b) aus einem sonstigen, in ihrer Person liegenden Grund unverschuldet verhindert sind, ihre Pflichten aus dem Berufsausbildungsverhältnis zu erfüllen.

(2) Können Auszubildende während der Zeit, für welche die Vergütung fortzuzahlen ist, aus berechtigtem Grund Sachleistungen nicht abnehmen, so sind diese nach den Sachbezugswerten (§ 17 Abs. 2) abzugelten.

1 **I. Fortzahlung der Vergütung für die Zeit der Freistellung (Abs. 1 Nr. 1).** Soweit der Auszubildende nach § 15 (vgl. dort Rz. 1 f.) freizustellen ist, besteht ein Fortzahlungsanspruch nach Nr. 1. Voraussetzung ist, dass dieser an den Ausbildungsmaßnahmen auch **tatsächlich teilnimmt oder entschuldigt fehlt**[1]. Fällt der Berufsschulunterricht aus und bleibt der Auszubildende unentschuldigt der Ausbildungsstätte fern, kann die Vergütung anteilig gekürzt werden[2]. Der Anspruch auf Fortzahlung der Vergütung für die Zeit des Besuchs der Berufsschule ist auch dann gegeben, wenn der Auszubildende **nicht mehr berufsschulpflichtig** ist[3]. Eine Vereinbarung, für die Zeit des Berufsschulunterrichts **keine Vergütung zu zahlen**, ist nichtig[4]. Dies gilt nicht für die Zeit nach Abschluss des Ausbildungsverhältnisses[5]. Es ist nur die Vergütung für die vertragl. vereinbarte tägliche Ausbildungszeit (§ 11 I 2 Nr. 4) zu zahlen, selbst wenn die Maßnahme, für die freizustellen ist, länger dauert[6]. Für eine **rein schulische Ausbildung** ist keine Vergütung zu zahlen[7].

2 Es gilt das **Lohnausfallprinzip**. Dh., der Auszubildende hat für die Dauer der Freistellung Anspruch auf die Vergütung, die ihm bei Anwesenheit in der Ausbildungsstätte gezahlt worden wäre[8]. Eine Verrechnung von unentschuldigten Fehltagen mit Urlaubstagen ist nicht möglich[9]. Der Anspruch nach Nr. 1 endet mit der **Beendigung des Ausbildungsverhältnisses.**

3 **Abs. 1 Nr. 1** regelt nur die Fortzahlung der Vergütung für die Dauer der Freistellung, und begründet keinen Anspruch auf Übernahme der **Fahrtkosten zum Besuch der Berufsschule**. Ein solcher kann sich aber aus Betriebsübung[10] sowie aus tarif- oder einzelvertragl. Vereinbarung ergeben. Bei einer **auswärtigen Lehrabschlussprüfung** besteht ebenfalls kein gesetzl. Anspruch auf Übernahme der Fahrt- und Übernachtungskosten[11].

4 **II. Fortzahlung der Vergütung bei Ausfall der Berufsausbildung (Abs. 1 Nr. 2). 1. Ausfall der Berufsausbildung.** Nach **Abs. 1 Nr. 2a** ist die Vergütung für die Dauer von sechs Wochen fortzuzahlen, wenn **die Berufsausbildung aus vom Ausbildenden zu vertretenden Gründen ausfällt** (zB Auftrags- oder Materialmangel, Stromausfall, Maschinenschaden, Liquiditätsengpässe, Erkrankung des Ausbildenden, Produktionsverbote etc.). Voraussetzung ist, dass der **Auszubildende die Erfüllung seiner Pflichten ordnungsgemäß anbietet**, dh. er muss jederzeit für die Fortführung der Berufsausbildung zur Verfügung stehen[12]. Fällt die Berufsausbildung infolge **Streiks oder Aussperrung** aus, besteht nach allgM ein Vergütungsanspruch nach Nr. 2a, sofern sich der Auszubildende an diesen Maßnahmen nicht beteiligt[13]. Der Anspruch auf Fortzahlung der Vergütung ist **unabdingbar** (§ 25).

5 **2. Unverschuldete Verhinderung des Auszubildenden.** Eine Fortzahlungspflicht besteht nach **Abs. 1 Nr. 2b** dann, wenn ein in der Person des Auszubildenden liegender Grund diesen unverschuldet daran hindert, seinen Pflichten aus dem Ausbildungsverhältnis nachzukommen (zB Arztbesuch, Wohnungswechsel, Hochzeit, Kindstaufe, Beerdigung, Teilnahme an einem Gerichtstermin usw.). Die Vorschrift entspricht **§ 616 BGB**, ist aber in Gegensatz zu diesem **unabdingbar** (§ 25).

6 Ist es dem Auszubildenden auf Grund der **Witterungs- bzw. Verkehrsverhältnisse** unmöglich, seine Arbeitsstätte zu erreichen, besteht keine Vergütungspflicht[14].

7 In den Fällen 2a und 2b ist die Vergütung bis **zur Dauer von sechs Wochen** zu bezahlen. Für die Fristberechnung gelten die §§ 187, 188 BGB.

8 **III. Nichtabnahme von Sachleistungen (Abs. 2).** Berechtigte Gründe iSd. Vorschrift sind ua. Urlaub, eine Kur, ein Krankenhausaufenthalt oder die Ausbildung in einer außerbetrieblichen Ausbildungsstelle außerhalb des Wohnortes[15]. Kann der Auszubildende aus den genannten Gründen Sachleistungen nicht annehmen, sind diese unter Zugrundelegung der SachbezugsVO (vgl. § 17 Rz. 9) abzugelten.

---

1 KassHdb/*Taubert*, 5.1. Rz. 219; WLMPP/*Wohlgemuth/Pieper*, § 19 BBiG Rz. 2. |**2** *Gedon/Hurlebaus*, § 19 BBiG Rz. 12. |**3** ArbG Münster v. 20.12.1979 – 3 (2) Ca 658/79, EzB Nr. 7 zu § 12 Abs. 1 S. 1 Nr. 1 BBiG. |**4** ArbG Bayreuth v. 1.6.1978 – 2 Ca 25/78, EzB Nr. 6 zu § 12 Abs. 1 S. 1 Nr. 1 BBiG. |**5** Vgl. die Nachw. bei ErfK/*Schlachter*, § 19 BBiG Rz. 2. |**6** WLMPP/*Wohlgemuth/Pieper*, § 19 BBiG Rz. 3 mwN. |**7** BAG v. 16.10.1974 – 5 AZR 575/73, AP Nr. 1 zu § 1 BBiG. |**8** BAG v. 17.11.1972 – 3 AZR 112/72, AP Nr. 3 zu § 13 JArbSchG; v. 3.9.1960 – 1 AZR 210/59, AP Nr. 1 zu § 13 JArbSchG. |**9** BAG v. 5.2.1970 – 5 AZR 470/69, AP Nr. 4 zu § 3 BUrlG. |**10** BAG v. 11.1.1973 – 5 AZR 467/72, AP Nr. 1 zu § 6 BBiG. |**11** BAG v. 14.12.1983 – 5 AZR 333/81, AP Nr. 1 zu § 34 BBiG. |**12** *Gedon/Hurlebaus*, § 19 BBiG Rz. 30. |**13** KassHdb/*Natzel*, 5.1. Rz. 41; WLMPP/*Wohlgemuth/Pieper*, § 19 BBiG Rz. 9; aA *Natzel*, Berufsbildungsrecht, S. 252. |**14** BAG v. 8.12.1982 – 4 AZR 134/80, AP Nr. 58 zu § 616 BGB; v. 8.9.1982 – 5 AZR 283/80, AP Nr. 59 zu § 616 BGB; KassHdb/*Taubert*, 5.1. Rz. 226. |**15** *Gedon/Hurlebaus*, § 19 BBiG Rz. 39.

Unterabschnitt 5. Beginn und Beendigung des Ausbildungsverhältnisses

20 *Probezeit*

Das Berufsausbildungsverhältnis beginnt mit der Probezeit. Sie muss mindestens einen Monat und darf höchstens vier Monate betragen.

1 **I. Probezeit als Teil der Gesamtausbildung (S. 1).** Jedes Berufsausbildungsverhältnis beginnt mit einer Probezeit, welche Teil der Gesamtausbildung ist und diesem nicht vorgeschaltet werden darf[1]. Vom Probearbeitsverhältnis ist das sog. Einfühlungsverhältnis zu unterscheiden, welches das Kennenlernen des Arbeitsplatzes bezweckt und keine gegenseitigen Verpflichtungen begründet[2]. Die Beschäftigung als **Praktikant** vor Beginn der Berufsausbildung ist nicht auf die Probezeit anzurechnen[3]. Ab dem Beginn der Probezeit hat der Auszubildende Anspruch auf die **Ausbildungsvergütung**[4].

2 Die Probezeit soll es dem Auszubildenden ermöglichen, seine körperliche und geistige Eignung für den zu erlernenden Beruf festzustellen[5]. Der Ausbildende soll während der Probezeit prüfen können, ob der Auszubildende für den zu erlernenden Beruf geeignet ist und in den Betrieb „passt"[6]. Vereinbart der Auszubildende mit dem Ausbildenden ein **neues Ausbildungsverhältnis**, muss dieses wiederum mit einer Probezeit beginnen. Im Rahmen der **Stufenausbildung** (§ 5 II Nr. 1) ist die Vereinbarung einer Probezeit für die Folgestufen unzulässig[7].

3 **II. Dauer der Probezeit (S. 2).** Die Probezeit darf nach neuer Rechtslage höchstens vier Monate[8] betragen und einen Monat nicht unterschreiten. Diese Fristen gelten auch, wenn die Probezeit für ein Ausbildungsverhältnis vereinbart wird, welches sich an ein Arbeitsverhältnis anschließt[9]. Der Grund für die Heraufsetzung der Probezeit auf vier Monate ist der Wunsch des Gesetzgebers, den Arbeitsvertragsparteien ausreichend Zeit einzuräumen, um die für das Ausbildungsverhältnis wesentlichen Umstände prüfen zu können[10]. Zudem ergeben sich gerade zu Beginn der Ausbildung längere Abwesenheiten des Auszubildenden durch Blockunterricht etc., was dem Betrieb die Beurteilung seiner Leistungsfähigkeit erschwert[11]. Wird die Ausbildung während der Probezeit bspw. wegen Krankheit **unterbrochen**, verlängert sich diese nicht automatisch um die Dauer der Unterbrechung. Die Parteien können jedoch vertragl. festlegen, dass sich die Probezeit bei einer Unterbrechung um mehr als ein Drittel entsprechend verlängert[12]. Geringfügige Unterbrechungen sind unbeachtlich. Die Vereinbarung einer Probezeit von mehr als vier Monaten ist nichtig (§ 25). In diesem Fall tritt an ihre Stelle automatisch eine höchstzulässige Probezeit von vier Monaten[13]. Bei anderen Vertragsverhältnissen (zB bei Praktikanten oder Volontären) kann die Probezeit nach § 26 abgekürzt werden (vgl. dort Rz. 8).

4 Während der Probezeit kann das Ausbildungsverhältnis ohne Einhaltung einer Kündigungsfrist und ohne Angabe von Gründen **gekündigt** werden (§ 22 I, vgl. dort Rz. 4)[14]. **§ 9 MuSchG**[15] findet Anwendung, **§§ 85 SGB IX ff.** kommt hingegen im Hinblick auf die sechsmonatige Wartezeit nach § 90 I Nr. 1 SGB IX nicht zum Tragen (§ 22 Rz. 2 mwN).

21 *Beendigung*

(1) Das Berufsausbildungsverhältnis endet mit dem Ablauf der Ausbildungszeit. Im Falle der Stufenausbildung endet es mit Ablauf der letzten Stufe.

(2) Bestehen Auszubildende vor Ablauf der Ausbildungszeit die Abschlussprüfung, so endet das Berufsausbildungsverhältnis mit Bekanntgabe des Ergebnisses durch den Prüfungsausschuss.

(3) Bestehen Auszubildende die Abschlussprüfung nicht, so verlängert sich das Berufsausbildungsverhältnis auf ihr Verlangen bis zur nächstmöglichen Wiederholungsprüfung, höchstens um ein Jahr.

1 **I. Beendigung des Ausbildungsverhältnisses (Abs. 1).** Das Ausbildungsverhältnis ist ein befristetes Vertragsverhältnis und endet grds. durch Zeitablauf (§ 11 I 2 Nr. 2, vgl. dort Rz. 4). Dies gilt selbst dann, wenn der Auszubildende die Abschlussprüfung nicht besteht, sich zu dieser nicht meldet bzw. zu dieser nicht zugelassen wird[16]. Findet die Abschlussprüfung erst nach dem vereinbarten Ende der Berufsausbildung statt, endet das Ausbildungsverhältnis gleichwohl durch Zeitablauf[17]. Im Falle einer Stufenausbildung endet das Berufsausbildungsverhältnis nach dem neu in das Gesetz eingefügten Abs. 1 S. 2 mit

1 LAG Rh.-Pf. v. 19.12.1986 – 6 Sa 979/86, EzB Nr. 21 zu § 13 BBiG. | 2 *Löw*, RdA 2007, 124 ff.; *Maties*, RdA 2007, 135 ff. (141 f.). | 3 LAG BW v. 25.8.1976 – 4 Sa 44/76, EzB Nr. 7 zu § 13 BBiG; *Gedon/Hurlebaus*, § 20 BBiG Rz. 11; aA ArbG Wetzlar v. 24.10.1989 – 1 Ca 317/89, EzB Nr. 24 zu § 13 BBiG. | 4 WLMPP/*Lakies*, § 20 BBiG Rz. 2. | 5 BAG v.16.12.2004 – 6 AZR 127/04, NZA 2005, 578. | 6 WLMPP/*Lakies*, § 20 BBiG Rz. 3. | 7 BAG v. 27.11.1991 – 2 AZR 263/91, AP Nr. 2 zu § 13 BBiG. | 8 *Taubert*, NZA 2005, 506. | 9 BAG v. 16.12.2004 – 6 AZR 127/04, NJW 2005, 1678. | 10 *Wohlgemuth*, AuR 2005, 243. | 11 *Dorn/Nackmayr*, S. 13. | 12 BAG v. 15.1.1981 – 2 AZR 943/78, AP Nr. 1 zu § 13 BBiG; WLMPP/*Lakies*, § 20 BBiG Rz. 18 ff. | 13 *Gedon/Hurlebaus*, § 20 BBiG Rz. 13. | 14 *Opolony*, BB 2005, 1051. | 15 LAG Hamm v. 7.2.1979 – A 14 Sa 1457/78, EzB Nr. 14 zu § 13 BBiG. | 16 WLMPP/*Lakies*, § 21 BBiG Rz. 23. | 17 BAG v. 13.3.2007 – 9 AZR 494/06; *Gedon/Hurlebaus*, § 21 BBiG Rz. 11.

Ablauf der letzten Stufe[1]. Wird die Ausbildungszeit **abgekürzt** (§§ 7 I, 8 I) oder **verlängert** (§ 8 II), ist der jeweils vereinbarte Zeitpunkt maßgebend.

2 Daneben kommen weitere Beendigungsgründe in Betracht, namentlich die **Kündigung** (§ 22)[2], der Abschluss eines nach § 623 BGB schriftl. **Aufhebungsvertrages** (§ 10 Rz. 6) bzw. die **Anfechtung** des Ausbildungsvertrages (§ 10 Rz. 11)[3]. Nach § 113 InsO kann der **Insolvenzverwalter** das Berufsausbildungsverhältnis unter Einhaltung der Kündigungsfrist, die für das angestrebte Arbeitsverhältnis gelten würde, kündigen[4]. Wird der Auszubildende zum **Grundwehrdienst** einberufen, ruht das Ausbildungsverhältnis (§ 1 I ArbPlSchG). Unzulässig ist eine Vereinbarung, wonach das Ausbildungsverhältnis bei einem **schlechten Zeugnis** ohne Weiteres endet[5].

3 **II. Vorzeitige Abschlussprüfung (Abs. 2).** Wird der Auszubildende vor Ablauf der Ausbildungszeit zur Abschlussprüfung zugelassen (§ 45 I) und besteht er diese, endet ebenfalls das Ausbildungsverhältnis. Neu in das Gesetz aufgenommen wurde die Formulierung, dass bei Bestehen der Abschlussprüfung vor Ablauf der regulären Ausbildungszeit das Berufsausbildungsverhältnis mit Bekanntgabe des Prüfungsergebnisses durch den Prüfungsausschuss endet[6]. Damit hat der Gesetzgeber die Rspr. des BAG zu dem bisherigen § 14 II BBiG aF übernommen[7].

4 **III. Wiederholung der Abschlussprüfung (Abs. 3).** Bei nicht bestandener Abschlussprüfung verlängert sich das Ausbildungsverhältnis **auf Verlangen** des Auszubildenden um höchstens ein Jahr. Der Anspruch auf Verlängerung entsteht mit Kenntnis des Auszubildenden vom Nichtbestehen der Abschlussprüfung[8]. Das gilt auch, wenn dieser **krankheitsbedingt an der Prüfung nicht teilnehmen kann**[9] bzw. **entschuldigt in dieser fehlt**[10] oder wenn zu erwarten ist, dass die Wiederholungsprüfung nicht bestanden wird[11]. In diesem Fall richtet sich die **Vergütung** nach dem letzten regulären Ausbildungsjahr. Es besteht kein Anspruch auf die tarifl. Ausbildungsvergütung für ein viertes Ausbildungsjahr, soweit sich aus dem TV nichts anderes ergibt[12].

Wird die Prüfung bestanden, endet das Ausbildungsverhältnis. Andernfalls verlängert es sich auf Verlangen des Auszubildenden bis zur **zweiten Wiederholungsprüfung**, wenn diese noch innerhalb der Höchstfrist von einem Jahr abgelegt wird[13]. Das **Verlangen** bedarf keiner Form[14] und verlängert das Ausbildungsverhältnis unmittelbar, ohne dass der Ausbildende dies verweigern könnte[15].

22 *Kündigung*

(1) Während der Probezeit kann das Berufsausbildungsverhältnis jederzeit ohne Einhalten einer Kündigungsfrist gekündigt werden.

(2) Nach der Probezeit kann das Berufsausbildungsverhältnis nur gekündigt werden

1. aus einem wichtigen Grund ohne Einhalten einer Kündigungsfrist,

2. von Auszubildenden mit einer Kündigungsfrist von vier Wochen, wenn sie die Berufsausbildung aufgeben oder sich für eine andere Berufstätigkeit ausbilden lassen wollen.

(3) Die Kündigung muss schriftlich und in den Fällen des Absatzes 2 unter Angabe der Kündigungsgründe erfolgen.

(4) Eine Kündigung aus einem wichtigen Grund ist unwirksam, wenn die ihr zugrunde liegenden Tatsachen dem zur Kündigung Berechtigten länger als zwei Wochen bekannt sind. Ist ein vorgesehenes Güteverfahren vor einer außergerichtlichen Stelle eingeleitet, so wird bis zu dessen Beendigung der Lauf dieser Frist gehemmt.

1 **I. Allgemeines.** Entgegen § 620 BGB kann das mit befristetem Vertrag abgeschlossene Berufsausbildungsverhältnis nach Maßgabe des § 22 gekündigt werden. Die Kündigung ist eine einseitige, empfangsbedürftige Willenserklärung; sie muss dem Erklärungsempfänger schriftl. zustellt werden[16].

---

1 *Wohlgemuth*, AuR 2005, 243. | 2 Umfassend *Kreutzfeldt*, Rechtsfragen der Kündigung des Berufsausbildungsverhältnisses, DB 1995, 975 ff. | 3 Hierzu ausführl. *Große*, Rechtliche Gestaltungsmöglichkeiten zur vorzeitigen Beendigung des Berufsausbildungsverhältnisses, BB 1993, 2081 ff.; *Opolony*, Die Beendigung des Berufsausbildungsverhältnisses, BB 1999, 1706 ff. | 4 Str., so wie hier BAG v. 27.5.1993 – 2 AZR 601/92, AP Nr. 9 zu § 22 KO; FK-InsO/*Eisenbeis*, § 113 Rz. 17 ff., 20; aA bspw ErfKomm/*Müller-Glöge*, § 113 InsO Rz. 6 mwN. | 5 BAG v. 5.12.1985 – 2 AZR 61/85, EzB Nr. 9 zu § 14 Abs. 1 BBiG. | 6 BT-Drs. 15/3980 S. 47; BAG v. 16.2.1994 – 5 AZR 303/93, EzB Nr. 31 zu § 14 Abs. 2 BBiG; *Wohlgemuth*, AuR 2005, 243. | 7 *Dorn/Nackmayr*, S. 14. | 8 BAG v. 23.9.2004 – 6 AZR 519/03, AR-Blattei ES 400 Nr. 115. | 9 BAG v. 30.9.1998 – 5 AZR 58/98, EzB Nr. 19 zu § 14 Abs. 3 BBiG. | 10 LAG Rh.-Pf. v. 5.3.1985 – 3 Sa 984/84, EzB Nr. 11 zu § 14 Abs. 3 BBiG; aA ArbG Berlin v. 5.12.1985 – 1 Ca 281/85, EzB Nr. 4 zu § 29 Abs. 3 BBiG. Umfasssend *Sarge*, Verlängerung der Berufsausbildung bei entschuldigtem Fehlen in der Abschlussprüfung, DB 1993, 1034 ff. | 11 ArbG Emden v. 19.12.1973 – Ca 530/73, EzB Nr. 2 zu § 14 Abs. 3 BBiG. | 12 BAG v. 8.2.1978 – 4 AZR 552/76, EzB Nr. 21 zu § 10 Abs. 1 BBiG. | 13 BAG v. 15.3.2000 – 5 AZR 622/98, EzB Nr. 22 zu § 14 Abs. 3 BBiG; v. 26.9.2001 – 5 AZR 630/99, nv.; zum Meinungsstand *Gedon/Hurlebaus*, § 21 BBiG Rz. 32. | 14 MünchArbR/*Natzel*, § 178 Rz. 263. | 15 Vgl. die Nachw. bei ErfK/*Schlachter*, § 21 BBiG Rz. 4 mwN. | 16 WLMPP/*Wohlgemuth/Pieper*, § 22 BBiG Rz. 6.

Vor Ausspruch der Kündigung ist der BR ordnungsgemäß anzuhören (§ 102 I BetrVG)[1]. **§ 9 MuSchG**[2] findet – auch während der Probezeit – Anwendung[3]. Nach **§ 85 SGB IX** bedarf die Kündigung eines schwerbehinderten Auszubildenden der vorherigen Zustimmung des Integrationsamtes[4]. Im Hinblick auf die sechsmonatige Wartezeit nach § 90 I Nr. 1 SGB IX kann die Vorschrift auf die höchstens vier Monate dauernde Probezeit (§ 20, vgl. dort Rz. 4) keine Anwendung finden. Nach Ablauf der Probezeit ist eine außerordentl. Kündigung schwerbehindeter Auszubildender nach Maßgabe des § 91 SGB IX möglich, sofern das Ausbildungsverhältnis bereits sechs Monate besteht. 2

II. Kündigung während der Probezeit (Abs. 1). Bereits **vor Beginn der Berufsausbildung** ist eine ordentl. entfristete Kündigung möglich, sofern keine abweichende Regelung vereinbart wurde[5]. **Schadensersatzansprüche** des Ausbildenden werden hierdurch nicht begründet[6]. 3

Während der Probezeit kann das Berufsausbildungsverhältnis jederzeit ohne Grund fristlos gekündigt werden, sofern kein Verstoß gegen die guten Sitten oder gegen Treu und Glauben vorliegt (§§ 138, 242 BGB)[7]. Diese Regelung verstößt nicht gegen den Gleichheitssatz des Art. 3 I GG[8]. Es handelt sich dabei um eine **entfristete ordentl. Kündigung**, die auch unter Zubilligung einer Auslauffrist erfolgen kann, sofern diese nicht zu einer unangemessen langen Fortsetzung des Berufsausbildungsvertrages führt[9]. Die Kündigung kann vom Ausbildenden **am letzten Tag der Probezeit** ausgesprochen werden[10]. Die **Schriftform** des Abs. 3 ist einzuhalten. Für die Unwirksamkeit einer Kündigung während der Probezeit wegen Verstoßes gegen den Grundsatz von Treu und Glauben ist der Kläger **darlegungs- und beweispflichtig**[11]. 4

III. Kündigung nach der Probezeit (Abs. 2). 1. Kündigung aus wichtigem Grund. Nach Ablauf der Probezeit ist eine **ordentl. Kündigung mit Ausnahme von Abs. 2 Nr. 2 unzulässig**. Der Ausschluss kann nicht abbedungen werden (§ 25)[12]. Aus diesem Grund scheidet der **Kündigungsschutz des § 1 KSchG** für Auszubildende aus[13]. Anwendbar sollen nach der Rspr. indes §§ 13 I 2, 4 S. 1 KSchG sein[14], nicht jedoch § 13 I 3 KSchG[15]. 5

Nach **Abs. 2 Nr. 1** ist eine **fristlose Kündigung** aus wichtigem Grund zulässig[16]. Ein **wichtiger Grund** ist in Anlehnung an § 626 I BGB zu ermitteln und liegt nur vor, wenn dem Kündigenden unter Berücksichtigung aller Umstände des Einzelfalls und unter Abwägung der Interessen beider Vertragsteile die Fortsetzung des Ausbildungsverhältnisses bis zum Ablauf der Ausbildungszeit nicht zugemutet werden kann[17] (vgl. § 626 BGB Rz. 73 ff.). Die Parteien können im Ausbildungsvertrag wichtige Gründe iSd. Nr. 1 näher konkretisieren, sofern die Eigenart des Ausbildungsverhältnisses hierbei Berücksichtigung findet[18]. Die Kündigung ist nur wirksam, wenn sie unter Angabe des Kündigungsgrundes **schriftl.** erfolgt (Abs. 3)[19]. Für das Erfordernis einer **Abmahnung** gelten die gleichen Grundsätze wie im Arbeitsverhältnis[20]. Abmahnungsberechtigt sind neben dem Ausbildenden alle im Hinblick auf die Durchführung der Berufsausbildung weisungsberechtigten Mitarbeiter[21]. **Verdachtskündigungen** sind im Berufsausbildungsverhältnis grds. unzulässig. Eine Ausnahme ist möglich, wenn der besondere Charakter des Ausbildungsverhältnisses eine vertiefte Vertrauensbasis zwischen Ausbilder und Auszubildenden erfordert[22]. 6

Kündigt der Ausbildende fristlos, muss der wichtige Grund in einem engen Zusammenhang mit dem Berufsausbildungsverhältnis stehen und das Ausbildungsziel bei objektivierender Vorschau zumindest erheblich gefährden. **Kurz vor dem Prüfungstermin** wird eine fristl. Kündigung des Auszubildenden deshalb kaum noch möglich sein[23]. **Als wichtige Gründe kommen in Betracht**[24]: **Verstöße gegen Pflichten des Auszubildenden im Betrieb** (Ableistung von Fahrstunden während der Krankschreibung[25], er- 7

1 ErfK/*Kania*, § 102 BetrVG Rz. 1 ff. mwN. | 2 LAG Hamm v. 7.2.1979 – A 14 Sa 1457/78, EzB Nr. 8 zu § 15 Abs. 1 BBiG; LAG Berlin v. 1.7.1985 – 9 Sa 28/85, EzB Nr. 4 zu § 9 MuSchG. | 3 ErfK/*Schlachter*, § 22 BBiG Rz. 1. | 4 BAG v. 10.12.1987 – 2 AZR 385/87, AP Nr. 11 zu § 18 SchwbG. | 5 BAG v. 17.9.1987 – 2 AZR 654/86, AP Nr. 7 zu § 15 BBiG. | 6 ArbG Celle v. 23.2.1982 – 1 Ca 92/82, EzB Nr. 8 zu § 16 BBiG. | 7 BAG v. 8.3.1977 – 4 AZR 700/75, EzB Nr. 6 zu § 15 Abs. 1 BBiG; LAG Hamm v. 22.8.1985 – 9 Sa 830/85, EzB Nr. 16 zu § 15 Abs. 1 BBiG. | 8 BAG v. 16.12.2004 – 6 AZR 127/04, NJW 2005, 1678. | 9 BAG v. 10.11.1988 – 2 AZR 26/88, AP Nr. 8 zu § 15 BBiG. | 10 ArbG Verden v. 9.1.1976 – Ca 404/75, EzB Nr. 2 zu § 15 Abs. 1 BBiG. | 11 ArbG Bielefeld v. 24.1.1991 – 1 Ca 2081/90, EzB Nr. 22 zu § 15 Abs. 1 BBiG. | 12 AllgM, vgl. nur *Gedon/Hurlebaus*, § 22 BBiG Rz. 48. | 13 KassHdb/*Taubert*, 5.1 Rz. 257. | 14 BAG v. 26.1.1999 – 2 AZR 134/98, AP Nr. 43 zu § 4 KSchG 1969; v. 5.7.1990 – 2 AZR 53/90, NZA 1991, 671. | 15 BAG v. 29.11.1984 – 2 AZR 354/83, EzB Nr. 21 zu § 15 Abs. 3 BBiG. | 16 Hierzu *Natzel*, DB 2005, 612. | 17 LAG Köln v. 26.6.1987 – 10 Sa 223/87, EzB Nr. 64 zu § 15 Abs. 2 Nr. 1 BBiG; MünchArbR/*Natzel*, § 178 Rz. 284; ArbG Essen v. 27.9.2005 – 2 Ca 2427/05, EzB Nr. 1 zu § 22 BBiG 2005. | 18 BAG v. 22.11.1973 – 2 AZR 580/72, AP Nr. 67 zu § 626 BGB. | 19 BAG v. 10.2.1999 – 2 AZR 176/98, AP Nr. 2 zu § 54 BMT-G II. | 20 BAG v. 1.7.1999 – 2 AZR 676/98, EzB Nr. 86 zu § 15 Abs. 2 Nr. 1 BBiG; MünchArbR/*Natzel*, § 178 Rz. 271. | 21 BAG v. 18.1.1980 – 7 AZR 75/78, AP Nr. 3 zu § 1 KSchG 1969 – Verhaltensbedingte Kündigung. | 22 LAG Köln v.19.9.2006 – 9 Sa 1555/05, AR-Blattei ES 400 Nr. 121 m. Anm. *Hergenröder*; ErfK/*Schlachter*, § 22 BBiG Rz. 4. | 23 BAG v. 10.5.1973 – 2 AZR 328/72, AP Nr. 3 zu § 15 BBiG; LAG Köln v. 26.6.1987 – 10 Sa 223/87, EzB Nr. 64 zu § 15 Abs. 2 Nr. 1 BBiG. | 24 KassHdb/*Taubert*, 5.1. Rz. 275 ff.; WLMPP/*Wohlgemuth/Pieper*, § 22 BBiG Rz. 11 ff. mwN. | 25 ArbG Stade v. 16.10.1970 – Ca 531/70, EzB Nr. 3 zu § 15 Abs. 2 Nr. 1 BBiG.

heblicher Verstoß gegen die Ausbildungspflichten[1]), **gegen Berufsschulpflichten** (Nichtteilnahme am Berufsschulunterricht trotz wiederholter mündl. und schriftl. Abmahnung[2], unentschuldigte Nichtteilnahme am Berufsschulunterricht unter Vorspiegelung des Vorliegens einer Arbeitsunfähigkeitsbescheinigung[3]) sowie **sonstige Verstöße gegen öffentl. und privates Recht** (grobe Beleidigung des Ausbildenden durch den Auszubildenden[4], Diebstahl[5], ernst gemeinte Androhung von Gewalt gegenüber Vorgesetzten[6], rassistisches Verhalten[7]).

8 **Wichtige Gründe für eine Kündigung des Auszubildenden** sind zB schwerwiegende Verstöße gegen das JArbSchG, unbegründete Verweigerung der Freistellung nach § 15, schlechte Behandlung durch den Ausbildenden, Nichtgewährung von Urlaub etc.[8]

9 **2. Kündigung des Auszubildenden wegen Aufgabe oder Wechsel der Berufsausbildung.** Nach **Abs. 2 Nr. 2** kann der Auszubildende mit einer **Kündigungsfrist von vier Wochen** kündigen, wenn er die Berufsausbildung aufgeben oder sich für eine andere Berufstätigkeit ausbilden lassen will[9]. Maßgebend ist der Wille im Zeitpunkt des Ausspruchs der Kündigung, die nicht unwirksam wird, wenn sich der Auszubildende später anders entscheidet[10]. Eine **andere Berufstätigkeit** iSd. Vorschrift ist auch bei einem Wechsel von einem betrieblichen Ausbildungsverhältnis zu einer **Fachschule** zu bejahen[11]. Die Kündigung muss **schriftl. unter Angabe der Gründe** des Abs. 2 Nr. 2 erfolgen[12]. Die Fristberechnung erfolgt nach §§ 187 ff. BGB.

10 **IV. Formvorschriften (Abs. 3).** Die Kündigung muss nach **Abs. 3 schriftl.** erfolgen (vgl. auch § 623 BGB iVm. § 10 II), andernfalls sie **nichtig** ist[13]. Eine Kündigung per **Telefax, Telegramm, E-Mail oder SMS** wahrt die Schriftform nicht[14]. Sie ist eigenhändig zu unterzeichnen (§ 126 I BGB). Dem Kündigenden obliegt die **Beweislast** für die Einhaltung der vorgeschriebenen Form[15].

11 Kündigt ein **minderjähriger Auszubildender**, muss die Einwilligung des gesetzl. Vertreters vorliegen, ansonsten die Kündigung unwirksam ist (§§ 106, 111 BGB). § 113 BGB findet keine Anwendung[16]. Eine **Kündigung gegenüber einem minderjährigen Auszubildenden** kann grds. nur dem gesetzl. Vertreter gegenüber wirksam erklärt werden[17]. Leben beide Eltern, muss die Kündigung nicht gegenüber jedem Elternteil besonders erklärt werden[18]. Zur Entgegennahme der Kündigungserklärung ist jeder Elternteil berechtigt[19].

12 Bei Kündigungen nach **Abs. 2** sind die **Kündigungsgründe** in dem Kündigungsschreiben anzugeben, andernfalls die Kündigung nichtig ist (§ 22 III iVm. § 125 BGB)[20]. Die Nichtigkeit wird nicht dadurch geheilt, dass die **Begründung nachgeschoben** wird[21]. Nicht ausreichend ist, dass der Kündigende im Kündigungsschreiben auf die dem Gekündigten zuvor **mündlich mitgeteilten Gründe** Bezug nimmt[22]. Vielmehr müssen die Kündigungsgründe im Kündigungsschreiben so genau bezeichnet sein, dass im Prozess nicht ernsthaft streitig werden kann, auf welchen Lebenssachverhalt die Kündigung gestützt war[23]. Die Gründe sind im Kündigungsschreiben selbst oder in einer diesem beigefügten Anlage nachvollziehbar darzustellen[24].

13 **V. Unwirksamkeit der Kündigung (Abs. 4).** Die Kündigung aus wichtigem Grund muss **innerhalb von zwei Wochen ab Kenntnis von dem Kündigungsgrund** erklärt und dem Kündigungsempfänger zugegangen sein, andernfalls sie unwirksam ist. Die Vorschrift entspricht § 626 II BGB und kann individual- bzw. kollektivvertragl. nicht geändert werden[25]. Es gelten die Grundsätze der Rspr. zu § 626 II BGB[26]. Die **Beweislast** für die Einhaltung der Frist obliegt dem Kündigenden[27].

---

1 LAG München v. 14.8.1978 – 4 Sa 95/78, EzB Nr. 40 zu § 15 Abs. 2 Nr. 1 BBiG. |2 LAG Düsseldorf v. 15.4.1993 – 5 Sa 220/93, EzB Nr. 76 zu § 15 Abs. 2 Nr. 1 BBiG; LAG Hamm v. 7.11.1978 – 6 Sa 1096/78, EzB Nr. 42 zu § 15 Abs. 2 Nr. 1 BBiG; LAG München v. 7.10.1970 – 1 Sa 774/69, EzB Nr. 2 zu § 15 Abs. 2 Nr. 1 BBiG. |3 ArbG Düsseldorf v. 8.12.1984 – 9 Ca 5595/84, EzB Nr. 57 zu § 15 Abs. 2 Nr. 1 BBiG. |4 ArbG Göttingen v. 13.4.1976 – 1 Ca 1/76, EzB Nr. 26 zu § 15 Abs. 2 Nr. 1 BBiG. |5 LAG Düsseldorf v. 6.11.1973 – 11 Sa 561/73, EzB Nr. 15 zu § 15 Abs. 2 Nr. 1 BBiG. |6 LAG BW v. 5.1.1990 – 1 Sa 23/89, EzB Nr. 72 zu § 15 Abs. 2 Nr. 1 BBiG; ArbG Frankfurt v. 15.2.2006 – 22 Ca 4977/05, EzB Nr. 2 zu § 22 BBiG 2005. |7 BAG v. 1.7.1999 – 2 AZR 676/98, AP Nr. 11 zu § 15 BBiG. |8 Vgl. im Einzelnen *Gedon/Hurlebaus*, § 22 BBiG Rz. 105 ff. mwN. |9 Hierzu *Taubert*, NZA 2005, 506. |10 WLMPP/*Wohlgemuth/Pieper,* § 22 BBiG Rz. 18. |11 LAG Düsseldorf v. 2.2.1972 – 2 Sa 64/71, EzB Nr. 2 zu § 15 Abs. 2 Nr. 2 BBiG. |12 *Gedon/Hurlebaus,* § 22 BBiG Rz. 133. |13 BAG v. 25.8.1977 – 3 AZR 705/75, AP Nr. 1 zu § 54 BMT-G II; LAG München v. 11.11.1977 – 6 Sa 632/77, EzB Nr. 15 zu § 15 Abs. 3 BBiG; ArbG Bamberg v. 10.7.1972 – 1 Ca 333/72, EzB Nr. 3 zu § 15 Abs. 3 BBiG. |14 *Lakies,* AR-Blattei SD 400 Rz. 701. |15 LAG München v. 11.11.1977 – 6 Sa 632/77, EzB Nr. 15 zu § 15 Abs. 3 BBiG. |16 Palandt/*Heinrichs,* § 113 BGB Rz. 2. |17 BAG v. 25.11.1976 – 2 AZR 751/75, EzB Nr. 11 zu § 15 Abs. 3 BBiG. |18 LAG Düsseldorf v. 6.11.1973 – 11 Sa 561/73, EzB Nr. 6 zu § 15 Abs. 3 BBiG. |19 LAG Frankfurt v. 15.12.1975 – 10/8 Sa 813/75, EzB Nr. 9 zu § 15 Abs. 3 BBiG. |20 BAG v. 17.3.1998 – 2 AZR 741/97, EzB Nr. 83 zu § 15 Abs. 2 Nr. 1 BBiG; v. 25.11.1976 – 2 AZR 751/75, EzB Nr. 30 zu § 15 Abs. 2 Nr. 1 BBiG = AP Nr. 4 zu § 15 BBiG; v. 22.2.1972 – 2 AZR 205/71, EzB Nr. 2 zu § 15 Abs. 3 BBiG. |21 BAG v. 22.2.1972 – 2 AZR 205/71, EzB Nr. 2 zu § 15 Abs. 3 BBiG. |22 LAG Köln v. 26.1.1982 – 1/8 Sa 710/81, EzB Nr. 18 zu § 15 Abs. 3 BBiG. |23 BAG v. 10.2.1999 – 2 AZR 176/98, AP Nr. 2 zu § 54 BMT-G II. |24 LAG Köln v. 8.1.2003 – 7 Sa 852/02, AR-Blattei ES 400 Nr. 112. |25 BAG v. 19.1.1973 – 2 AZR 103/72, AP Nr. 5 zu § 626 BGB – Ausschlussfrist. |26 KassHdb/*Taubert*, 5.1. Rz. 318. |27 *Gedon/Hurlebaus*, § 22 BBiG Rz. 142.

Nach § 111 II ArbGG muss vor Erhebung einer Klage zum ArbG ein **Schlichtungsverfahren** durchgeführt werden, sofern ein solcher Ausschuss besteht[1]. Die Anrufung des Schlichtungsausschusses ist in diesem Falle **unverzichtbare Prozessvoraussetzung** für die Klage[2], kann aber uU bis zur streitigen Verhandlung nachgeholt werden[3]. Die **Anrufung des Schlichtungsausschusses ist nicht fristgebunden**[4]. Der Lauf der zweiwöchigen Kündigungsfrist wird bis zur Beendigung des Güteverfahrens **gehemmt** (**Abs. 4 S. 2**). 14

23 *Schadensersatz bei vorzeitiger Beendigung*

(1) Wird das Berufsausbildungsverhältnis nach der Probezeit vorzeitig gelöst, so können Ausbildende oder Auszubildende Ersatz des Schadens verlangen, wenn die andere Person den Grund für die Auflösung zu vertreten hat. Dies gilt nicht im Falle des § 22 Abs. 2 Nr. 2.

(2) Der Anspruch erlischt, wenn er nicht innerhalb von drei Monaten nach Beendigung des Berufsausbildungsverhältnisses geltend gemacht wird.

I. Vorzeitige Beendigung (Abs. 1 S. 1). Abs. 1 gewährt einen Schadensersatzanspruch, sofern eine Vertragspartei schuldhaft das Berufsausbildungsverhältnis vorzeitig nach Ablauf der Probezeit löst. Vorausgesetzt wird eine **tatsächliche, nicht notwendig rechtl. wirksame Beendigung**, so dass ein Ausscheiden unter Vertragsbruch genügt[5]. § 23 findet auch Anwendung, falls der Auszubildende nach der Probezeit schuldhaft Anlass zur **Anfechtung des Ausbildungsverhältnisses gem. §§ 119, 123 BGB** gegeben hat[6]. Wird die Ausbildung nicht angetreten oder vor Ablauf der Probezeit beendet, besteht kein Anspruch[7]. § 23 **ist lex specialis zu § 628 II BGB**, lässt aber die Anwendung der Rechtsgrundsätze des allgemeinen Schadensrechts unberührt[8]. Der Abschluss eines **Aufhebungsvertrages** umfasst mangels anderweitiger Anhaltspunkte regelmäßig den gegenseitigen Verzicht auf Schadensersatzansprüche[9]. Der Anspruch ist nach § 25 unabdingbar[10]. 1

II. Schadensersatz (Abs. 1 S. 1, 2). Ein Schadensersatzanspruch besteht nur, wenn die andere Partei die vorzeitige Auflösung des Ausbildungsverhältnis vorsätzlich oder fahrlässig zu vertreten hat[11], es sei denn, die Gründe für die Auflösung stammen aus der **Betriebssphäre** des Ausbildenden[12]. Im Fall der **Berufsaufgabekündigung nach § 22 II Nr. 2** ist ein Anspruch ausgeschlossen, was auch bei der vorzeitigen Lösung des Vertragsverhältnisses eines Volontärs oder eines Praktikanten nach Ablauf der Probezeit zu gelten hat (§ 26 Rz. 8). Dies ist auch anzunehmen, wenn die Ausbildung vom Auszubildenden nicht angetreten wird[13]. 2

So kommt ein Schadensersatzanspruch in folgenden Fällen in Betracht: bei schuldhaft mangelhafter Ausbildung des Auszubildenden, sofern er aus diesem Grunde **ein Ausbildungsjahr in einem anderen Betrieb wiederholen** muss[14]; bei einer Kündigung durch den Auszubildenden, weil die **Eignungsvoraussetzungen des Ausbilders** nicht vorliegen[15] bzw. weil kein **geeigneter Ausbilder** zur Verfügung steht[16]. Ein **Mitverschulden** des Auszubildenden ist anzurechnen[17]. 3

Der Schadensersatzanspruch kann weder im Ausbildungsvertrag ausgeschlossen (§ 12 II Nr. 3) noch kann ein pauschalierter Schadensersatzanspruch festgelegt werden (§ 12 II Nr. 4). 4

Zu ersetzen ist der **Erfüllungsschaden**, der sich aus einem Vergleich des nicht ordnungsgemäß erfüllten mit einem regulär beendeten Ausbildungsverhältnis ergibt[18]. Kündigt der Auszubildende, weil ihm die weitere Ausbildung verweigert wird, kann er Ersatz des **gesamten Schadens verlangen, der ihm durch die vorzeitige Lösung des Ausbildungsverhältnisses** entstanden ist (Aufwendungen für die Begründung eines neuen Berufsausbildungsverhältnisses, erhöhte Aufwendungen durch die Ausbildung an einem anderen Ort, verspäteter Anspruch auf Arbeitslohn anstelle Ausbildungsvergütung)[19]. Bei dem Schadensersatz handelt es sich um einen **Bruttoanspruch**[20]. 5

---

1 BAG v. 9.10.1979 – AZR 776/77, EzB Nr. 17 zu § 15 Abs. 3 BBiG; v. 25.11.1976 – 2 AZR 751/75, AP Nr. 4 zu § 15 BBiG. | 2 BAG v. 13.4.1989 – 2 AZR 441/88, EzB Nr. 23 zu § 111 ArbGG; v. 26.1.1999 – 2 AZR 134/98, EzB Nr. 18 zu § 4 KSchG. | 3 BAG v. 25.11.1976 – 2 AZR 751/75, AP Nr. 4 zu § 15 BBiG. | 4 Str., so wie hier *Gedon/Hurlebaus,* § 22 BBiG Rz. 154; zum Meinungsstand GMPM/*Prütting.* | 5 BAG v. 17.8.2000 – 8 AZR 578/99, AP Nr. 7 zu § 3 BBiG; *Gedon/Hurlebaus,* § 23 BBiG Rz. 11; BAG v. 17.8.2000 – 8 AZR 578/99, VjA-EzB § 16 BBiG aF Nr. 18. Zum Arbeitsvertragsbruch allgemein *Hergenröder,* AR-Blattei SD 230 passim. | 6 WLMPP/*Lakies,* § 23 BBiG Rz. 11. | 7 ErfK/*Schlachter,* § 23 BBiG Rz. 2 mwN. | 8 BAG v. 17.7.1997 – 8 AZR 257/96, AP Nr. 2 zu § 16 BBiG; KassHdb/*Taubert,* 5.1. Rz. 363. | 9 KassHdb/*Taubert,* 5.1. Rz. 369. | 10 MünchArbR/*Natzel,* § 178 Rz. 314. | 11 BAG v. 22.6.1972 – 2 AZR 346/71, AP Nr. 1 zu § 611 BGB – Ausbildungsverhältnis; v. 8.5.2007 – 9 AZR 527/06; LAG Kiel v. 9.11.1984 – 3 Sa 470/83, EzB Nr. 10 zu § 16 BBiG. | 12 LAG Rh.-Pf. v. 15.8.1974 – 2 Sa 464/73, EzB Nr. 4 zu § 611 BGB – Haftung des Arbeitgebers; differenzierend WLMPP/*Lakies,* § 23 BBiG Rz. 16. | 13 ArbG Celle v. 23.2.1982 – 1 Ca 92/82, EzB Nr. 8 zu § 16 BBiG. | 14 ArbG Duisburg v. 30.10.1972 – 1 Ca 85/72, EzB Nr. 4 zu § 16 BBiG. | 15 ArbG Detmold v. 31.7.1979 – 2 Ca 304/79, EzB Nr. 6 zu § 16 BBiG. | 16 LAG Frankfurt v. 6.2.1981 – 13/10 Sa 894/80, EzB Nr. 7 zu § 16 BBiG. | 17 *Gedon/Hurlebaus,* § 23 BBiG Rz. 30 ff. | 18 BAG v. 17.7.1997 – 8 AZR 257/96, AP Nr. 2 zu § 16 BBiG; v. 8.5.2007 – 9 AZR 527/06. | 19 BAG v. 11.8.1987 – 8 AZR 93/85, EzB Nr. 12 zu § 16 BBiG. | 20 LAG Nürnberg v. 27.10.1987 – 7 Sa 90/86, EzB Nr. 13 zu § 16 BBiG.

6 Veranlasst der Auszubildende den Ausspruch der Kündigung, kann der Ausbildende **Ersatz entstandener Inseratskosten** für die Wiederbesetzung der Stelle verlangen[1].

7 **III. Erlöschen des Schadensersatzanspruchs (Abs. 2).** Nach Abs. 2 ist der Schadensersatzanspruch innerhalb einer **Ausschlussfrist** von drei Monaten geltend zu machen. Die Frist berechnet sich nach §§ 187 I, 188 II BGB[2]. Aus Beweisgründen sollte der Anspruch **schriftl.** geltend gemacht werden, eine Formvorschrift besteht allerdings nicht[3]. Ein etwaiger Schlichtungsausschuss für Berufsausbildungsstreitigkeiten (§ 111 II ArbGG) muss vor einer Klage auf Schadensersatz nach § 23 nicht angerufen werden[4].

Unterabschnitt 6. Sonstige Vorschriften

24 *Weiterarbeit*

Werden Auszubildende im Anschluss an das Berufsausbildungsverhältnis beschäftigt, ohne dass hierüber ausdrücklich etwas vereinbart worden ist, so gilt ein Arbeitsverhältnis auf unbestimmte Zeit als begründet.

1 Im Falle einer kommentarlosen Weiterbeschäftigung des Auszubildenden im Anschluss an das Berufsausbildungsverhältnis tritt die Fiktion des § 24 ein mit der Folge, dass ein **Arbeitsverhältnis auf unbestimmte Zeit** begründet gilt[5]. Voraussetzung ist, dass der Auszubildende **tatsächlich beschäftigt** wird, und zwar **unmittelbar im Anschluss an das Berufsausbildungsverhältnis**[6]. Das bloße Anbieten seiner Arbeitskraft genügt nicht[7]. § 24 greift auch, wenn der Auszubildende die Abschlussprüfung vor Ende der vereinbarten Vertragszeit besteht und anschließend weiter für den Betrieb arbeitet[8].

2 Hiervon abweichende Vereinbarungen muss die Partei **beweisen**, die sich darauf beruft[9]. Hat der Ausbildende erklärt, sich nach Bestehen der Abschlussprüfung von dem Auszubildenden trennen zu wollen, greift § 24 nicht[10].

3 Voraussetzung ist, dass der Ausbildende **Kenntnis von der Weiterbeschäftigung und der Beendigung des Ausbildungsverhältnisses** hat bzw. einer nicht gewollten Weiterbeschäftigung nicht unverzüglich widerspricht[11]. Bietet der Ausbildende den Abschluss eines Arbeitsvertrages nur zu bestimmten Bedingungen an, die der Ausbildende nicht annimmt, tritt die Fiktion des § 24 nicht ein[12].

4 Nach allgM handelt es sich bei der Weiterbeschäftigung des Auszubildenden im Anschluss an das Berufsausbildungsverhältnis um eine **zustimmungspflichtige Einstellung iSv. § 99 I BetrVG**[13] (vgl. auch § 78a BetrVG, § 9 BPersVG).

5 Wird nach § 24 BBiG ein Arbeitsverhältnis auf unbestimmte Zeit begründet, hat der ArbN **Anspruch auf die branchen- bzw. ortsübliche oder die tarifl. Vergütung** (§ 612 BGB)[14].

25 *Unabdingbarkeit*

Eine Vereinbarung, die zuungunsten Auszubildender von den Vorschriften dieses Teils des Gesetzes abweicht, ist nichtig.

1 Die Vorschriften des Zweiten Teils des BBiG (§§ 4–25) sind zum **Schutz des Auszubildenden** zwingend anzuwenden. Sie dürfen weder einzel- noch kollektivvertragl.[15] **zuungunsten des Auszubildenden** abgedungen werden. Nichtig sind auch TV bzw. BV oder DV, sofern sie Regelungen enthalten, welche zuungunsten des Auszubildenden abweichen[16].

2 Ob dies der Fall ist, ist nach objektiven Maßstäben zu beurteilen[17]. **Zugunsten des Auszubildenden** darf von den Vorschriften abgewichen werden, sofern diesbezügliche Vereinbarungen nicht den zwingenden Regelungen des BBiG sowie anderer Rechtsvorschriften widersprechen[18]. Nichtige Vereinbarungen werden durch die gesetzl. Regeln ersetzt[19].

1 BAG v. 26.3.1981 – 2 AZN 410/80, AP Nr. 17 zu § 72a ArbGG 1979 – Grundsatz; WLMPP/*Lakies*, § 23 BBiG Rz. 34. | 2 KassHdb/*Taubert*, 5.1. Rz. 386. | 3 *Gedon/Hurlebaus*, § 23 BBiG Rz. 37. | 4 LAG Düsseldorf v. 26.6.1984 – 8 Sa 617/84, EzB Nr. 9 zu § 16 BBiG. | 5 LAG Düsseldorf v. 22.10.1985 – 8 Sa 1132/85, EzB Nr. 17 zu § 17 BBiG. | 6 *Gedon/Hurlebaus*, § 24 BBiG Rz. 2. | 7 MünchArbR/*Natzel*, § 178 Rz. 345. | 8 ErfK/*Schlachter*, § 24 BBiG Rz. 1; ArbG Kiel v. 7.1.1970 – 19 Ca 679/70, AP Nr. 1 zu § 17 BBiG. | 9 LAG Hamm v. 13.8.1980 – 12 Sa 550/80, EzB Nr. 7 zu § 17 BBiG. | 10 LAG Frankfurt v. 14.6.1982 – 11 Sa 141/81, EzB Nr. 12 zu § 17 BBiG; ArbG Emden v. 10.1.1977 – 1 Ca 864/77, EzB Nr. 6 zu § 17 BBiG. | 11 LAG Hamburg v. 12.9.1980 – 3 Sa 110/79, EzB Nr. 8 zu § 17 BBiG. | 12 BAG v. 4.11.1981 – 5 AZR 646/79, EzB Nr. 11 zu § 17 BBiG. | 13 BAG v. 20.4.1993 – 1 ABR 59/92, AP Nr. 106 zu § 99 BetrVG; aA MünchArbR/*Natzel*, § 178 Rz. 353; zum Meinungsstand WLMPP/*Lakies*, § 24 BBiG Rz. 32. | 14 WLMPP/*Lakies*, § 24 BBiG Rz. 27. | 15 *Natzel*, Berufsbildungsrecht, S. 103. | 16 WLMPP/*Lakies*, § 25 BBiG Rz. 2. | 17 ErfK/*Schlachter*, § 25 BBiG Rz. 1. | 18 *Gedon/Hurlebaus*, § 25 BBiG Rz. 20. | 19 BAG v. 13.3.1975 – 5 AZR 199/74, AP Nr. 2 zu § 5 BBiG.

26 *Andere Vertragsverhältnisse*
Soweit nicht ein Arbeitsverhältnis vereinbart ist, gelten für Personen, die eingestellt werden, um berufliche Fertigkeiten, Kenntnisse, Fähigkeiten oder berufliche Erfahrungen zu erwerben, ohne dass es sich um eine Berufsausbildung im Sinne dieses Gesetzes handelt, die §§ 10 bis 23 und 25 mit der Maßgabe, dass die gesetzliche Probezeit abgekürzt, auf die Vertragsniederschrift verzichtet und bei vorzeitiger Lösung des Vertragsverhältnisses nach Ablauf der Probezeit abweichend von § 23 Abs. 1 Satz 1 Schadensersatz nicht verlangt werden kann.

I. Andere Vertragsverhältnisse. Der zweite Teil des BBiG (§§ 4–25) gilt grds. nur für Personen, die in einem Berufsausbildungsverhältnis nach § 1 III stehen (vgl. dort Rz. 3). § 26 dehnt den Anwendungsbereich dieser Vorschriften auf Personen aus, die **in keinem Arbeitsverhältnis** stehen, aber eingestellt sind, **um außerhalb einesAusbildungsverhältnisses berufliche Kenntnisse, Fertigkeiten oder Erfahrungen** zu erwerben. Ein Arbeitsverhältnis ist anzunehmen, wenn die Leistung von Arbeit und die Zahlung von Entgelt Schwerpunkt des Beschäftigungsverhältnisses ist[1]. Auf Vertragsverhältnisse **Minderjähriger** findet § 26 keine Anwendung[2]. 1

Ein **Volontär** erstrebt keine vollständig abgeschlossene Ausbildung in einem anerkannten Ausbildungsberuf, sondern erhält systematisch vermittelte Einblicke in berufl. Tätigkeiten und soll sich bestimmte Fertigkeiten und gezielte Kenntnisse aneignen[3]. Auf ihn ist § 26 anwendbar[4]. Volontäre erhalten gem. §§ 26, 17 I eine Vergütung; § 82a HGB ist richtiger Ansicht nach nicht anwendbar[5]. 2

Das Praktikantenverhältnis ist nach allgM eine Unterart des Volontärverhältnisses[6]. **Praktikanten** durchlaufen idR einen Teil einer geordneten Gesamtausbildung[7]. Sie unterfallen § 26[8]. Dies gilt nicht für **Studenten**, die innerhalb eines Studiums und als dessen Bestandteil ein Praktikum absolvieren[9]. Die zwölfmonatige praktische Ausbildung von **Medizinstudenten** ist Teil des Studiums der Medizin und nicht „Praktikum", weshalb ein Anspruch auf eine angemessene Vergütung als Praktikant (§§ 26, 17 I) nicht besteht[10]. 3

Werkstudenten werden regelmäßig in einem befristeten Arbeitsverhältnis beschäftigt. Für sie gilt § 26 nicht[11]. 4

Dem **Anlernling** sollen in kurzer Zeit in einem eng begrenzten Umfang Spezialkenntnisse oder Teilkenntnisse eines Vollberufs vermittelt werden. Er fällt nicht unter § 26, da er auf einen bestimmten Arbeitsplatz eingearbeitet wird und seine Leistungen im Rahmen eines Arbeitsverhältnisses erbringt[12]. 5

Umschulungs- und Fortbildungsverhältnisse werden vom Regelungsbereich des § 26 nicht erfasst[13]. Gleiches gilt für Personen, die an der Berufsvorbereitung teilnehmen[14]. 6

II. Anwendung der §§ 10–23, 25. Soweit der unter I. (Rz. 1 ff.) genannte Personenkreis unter das Regelungswerk des § 26 fällt, gelten die §§ 10–23, 25 mit folgenden Ausnahmen: 7

Die **gesetzl. Probezeit** kann abweichend von § 20 abgekürzt, darf jedoch nicht ganz gestrichen werden. 8
Auf die **vorgeschriebene Vertragsniederschrift** (§ 11 I 2, vgl. dort Rz. 2 ff.) kann verzichtet werden, gleichwohl muss der wesentliche Vertragsinhalt wie vorgesehen vereinbart werden. **§ 23 I 1** findet keine Anwendung[15]. Im Gegensatz zu § 19 aF verweist § 26 nicht auf § 24, da die in dieser Vorschrift vorgesehene Fiktion einer Weiterbeschäftigung im unbefristeten Arbeitsverhältnis in einem reinen Praktikanten- und Volontärsverhältnis in Abwägung mit den Interessen des Vertragspartners nicht angemessen erscheint[16]. Es mag dahinstehen, ob damit gleichzeitig eine Berufung auf die Bestimmung des § 625 BGB ausgeschlossen ist[17].

1 BAG v. 5.12.2002 – 6 AZR 216/01, AP Nr. 2 zu § 19 BBiG. | 2 *Gedon/Hurlebaus*, § 26 BBiG Rz. 23. | 3 *Lakies*, AR-Blattei SD 400 Rz. 122 f. | 4 *Gedon/Hurlebaus*, § 26 BBiG Rz. 18; MünchArbR/*Natzel*, § 178 Rz. 375. | 5 So wie hier ErfK/*Schlachter*, § 26 BBiG Rz. 2. | 6 *Knigge*, AR-Blattei SD 1740 „Volontär und Praktikant", Rz. 27; *Natzel* S. 318 ff. | 7 *Maties*, RdA 2007, 135 ff. (138). | 8 MünchArbR/*Natzel*, § 178 Rz. 366. | 9 BAG v. 19.6.1974 – AZR 436/73, EzB Nr. 3 zu § 19 BBiG; LAG Hamburg v. 5.9.1980 – 3 Sa 37/80, EzB Nr. 10 zu § 19 BBiG. | 10 BAG v. 25.3.1981 – 5 AZR 353/79, AP Nr. 1 zu § 19 BBiG. | 11 *Knigge*, AR-Blattei SD 1810 „Der Werkstudent", Rz. 16; WLMPP/*Wohlgemuth/Pieper*, § 26 BBiG Rz. 6. | 12 *Gedon/Hurlebaus*, § 26 BBiG Rz. 21; aA ErfK/*Schlachter*, § 26 BBiG Rz. 4. | 13 BAG v. 15.3.1991 – 2 AZR 516/90, AP Nr. 2 zu § 47 BBiG; v. 10.2.1981 – 6 ABR 86/78, EzB Nr. 13 zu § 19 BBiG. | 14 *Natzel*, DB 2005, 612. | 15 Vgl. im Einzelnen *Gedon/Hurlebaus*, § 26 BBiG Rz. 33 ff. | 16 *Taubert*, NZA 2005, 507; BT-Drs. 15/3980 S. 47. | 17 *Wohlgemuth*, AuR 2005, 243.

Abschnitt 3. Eignung von Ausbildungsstätte und Ausbildungspersonal

27 *Eignung der Ausbildungsstätte*

(1) Auszubildende dürfen nur eingestellt und ausgebildet werden, wenn

1. die Ausbildungsstätte nach Art und Einrichtung für die Berufsausbildung geeignet ist und

2. die Zahl der Auszubildenden in einem angemessenen Verhältnis zur Zahl der Ausbildungsplätze oder zur Zahl der beschäftigten Fachkräfte steht, es sei denn, dass anderenfalls die Berufsausbildung nicht gefährdet wird.

(2) Eine Ausbildungsstätte, in der die erforderlichen beruflichen Fertigkeiten, Kenntnisse und Fähigkeiten nicht im vollen Umfang vermittelt werden können, gilt als geeignet, wenn diese durch Ausbildungsmaßnahmen außerhalb der Ausbildungsstätte vermittelt werden.

(3) Eine Ausbildungsstätte ist nach Art und Einrichtung für die Berufsausbildung in Berufen der Landwirtschaft, einschließlich der ländlichen Hauswirtschaft, nur geeignet, wenn sie von der nach Landesrecht zuständigen Behörde als Ausbildungsstätte anerkannt ist. Das Bundesministerium für Ernährung, Landwirtschaft und Verbraucherschutz kann im Einvernehmen mit dem Bundesministerium für Bildung und Forschung nach Anhörung des Hauptausschusses des Bundesinstituts für Berufsbildung durch Rechtsverordnung, die nicht der Zustimmung des Bundesrates bedarf, Mindestanforderungen für die Größe, die Einrichtung und den Bewirtschaftungszustand der Ausbildungsstätte festsetzen.

(4) Eine Ausbildungsstätte ist nach Art und Einrichtung für die Berufsausbildung in Berufen der Hauswirtschaft nur geeignet, wenn sie von der nach Landesrecht zuständigen Behörde als Ausbildungsstätte anerkannt ist. Das Bundesministerium für Wirtschaft und Technologie kann im Einvernehmen mit dem Bundesministerium für Bildung und Forschung nach Anhörung des Hauptausschusses des Bundesinstituts für Berufsbildung durch Rechtsverordnung, die nicht der Zustimmung des Bundesrates bedarf, Mindestanforderungen für die Größe, die Einrichtung und den Bewirtschaftungszustand der Ausbildungsstätte festsetzen.

1 **I. Voraussetzungen für die Einstellung von Auszubildenden (Abs. 1).** Nach **Abs. 1 Nr. 1** dürfen Auszubildende nur eingestellt werden, wenn die Ausbildungsstätte nach Art und Einrichtung für die Berufsausbildung geeignet ist. **Ausbildungsstätte** ist die Gesamtheit des Betriebs oder Betriebsteils, in welchem die Ausbildung stattfindet[1]. Der Begriff ist weit auszulegen und umfasst sämtliche Ausbildungseinrichtungen betrieblicher, über- oder außerbetrieblicher Art[2].

2 **Geeignet nach der Art** ist eine Ausbildungsstätte, wenn sie die Gewähr dafür bietet, dass der Auszubildende die im Berufszweig entsprechend dem Ausbildungsplan geforderten Fähigkeiten erwerben kann[3], was sich anhand des Ausbildungsberufsbildes und des Ausbildungsrahmenplans bemessen lässt[4]. **Hinsichtlich der Einrichtung** sind ua. das **JArbSchG**, die **ArbStättV** und die Unfallverhütungsvorschriften der Berufsgenossenschaften zu beachten[5].

3 **Abs. 1 Nr. 2** legt keine Höchstzahl der Auszubildenden fest, sondern stellt auf die konkreten Verhältnisse der einzelnen Ausbildungsstätten ab, solange die Berufsausbildung als solche nicht gefährdet wird. Die Festsetzung einer allgemein verbindlichen **Höchstzahl der gleichzeitig Auszubildenden ist unzulässig**[6]. Es ist ausreichend, wenn ein angemessenes Verhältnis zwischen der Zahl der Auszubildenden und einem der genannten Kriterien (Fachkräfte oder Ausbildungsplätze) besteht[7]. Ein **angemessenes Verhältnis** liegt vor, wenn 1 bis 2 Fachkräfte auf einen Auszubildenden bzw. 3 bis 5 Fachkräfte auf zwei Auszubildende kommen[8]. Zum Teil wird auch gefordert, dass mehr als zwei Fachkräfte auf einen Auszubildenden kommen müssen[9]. Maßgebend ist, dass die Ausbildung durch eine ausreichende Zahl von Ausbildern sichergestellt ist[10].

4 Die Anfügung des Wortes „und" nach Abs. 1 Nr. 1 verdeutlicht, dass die Voraussetzungen der Nr. 1 u. 2 kumulativ vorliegen müssen[11].

5 Vgl. auch die **„BIBB-Empfehlung über die Eignung der Ausbildungsstätten"** des Bundesausschusses für Berufsbildung v. 28./29.3.1972[12].

---

1 *Gedon/Hurlebaus*, § 27 BBiG Rz. 7; *Natzel*, Berufsbildungsrecht, S. 409. | 2 ErfK/*Schlachter*, § 27 BBiG Rz. 1. | 3 WLMPP/*Malottke*, § 27 BBiG Rz. 3. | 4 VG Arnsberg v. 20.5.1976 – 1 K 1704/74, EzB Nr. 4 zu § 22 BBiG. | 5 *Gedon/Hurlebaus*, § 27 BBiG Rz. 18. | 6 OVG Rh.-Pf. v. 17.3.1975 – 2 A 113/74, EzB Nr. 3 zu § 22 BBiG. | 7 VG Kassel v. 16.2.1984 – IV/2 E 1874/83, EzB Nr. 12 zu § 22 BBiG. | 8 *Natzel*, Berufsbildungsrecht, S. 412 mwN; vgl. im Einzelnen den Rspr.-Überblick bei WLMPP/*Malottke*, § 27 BBiG Rz. 8a. | 9 LAG Berlin v. 26.10.1978 – 7 Sa 33/78, EzB Nr. 6 zu § 22 BBiG. | 10 VG Kassel v. 16.2.1984 – IV/2 E 1874/83, EzB Nr. 12 zu § 22 BBiG; OVG Münster v. 3.3.1982 – 4 A 2141/80, EzB Nr. 9 zu § 22 BBiG; VG Freiburg v. 26.8.1976 – VS V 105/74, EzB Nr. 5 zu § 22 BBiG. | 11 BT-Drs. 15/3980 S. 47. | 12 BArbBl 1972, 344, abgedr. bei WLMPP/*Malottke*, § 27 BBiG Rz. 14a.

II. Ausbildung außerhalb der Ausbildungsstätte (Abs. 2). Ist die Ausbildungsstätte nicht in vollem Umfang geeignet, können **ergänzende Ausbildungsmaßnahmen** extern vorgenommen werden. Die Ausbildung muss ansonsten überwiegend in der Ausbildungsstätte erfolgen. § 11 I Nr. 3 ist zu beachten[1]. Die außerbetriebl. Ausbildungsstätte muss den Anforderungen der §§ 28–30, 32, 33 entsprechen[2]. 6

Nach § 32 wird die Beachtung dieser Vorschrift von der zuständigen Stelle überwacht. Wenn die Voraussetzungen des § 27 nicht mehr vorliegen, kann für eine bestimmte Ausbildungsstätte das Einstellen und Ausbilden untersagt werden (§ 33, vgl. dort Rz. 1). 7

III. Ausbildung in Berufen der Land- und Hauswirtschaft. Abs. 3 und 4 haben ihre Vorgängerregelung in den §§ 82, 96 BBiG aF[3]. Sie legen fest, dass die Ausbildungsstätten für die Berufsausbildung in Berufen der Land- und Hauswirtschaft nur dann zur Berufsausbildung geeignet sind, wenn sie nach Art und Einrichtung iSv. § 27 I Nr. 1 formal durch **Verwaltungsakt**[4] anerkannt werden. Sind sie geeignet, besteht ein Rechtsanspruch auf die Anerkennung[5]. Gegen die ablehnende Entscheidung der Behörde können die üblichen Rechtsmittel eingelegt werden[6]. Hintergrund dieser Regelung ist die Tatsache, dass die Berufsausbildung in diesen Berufen in erheblichem Umfang in kleinen Familienbetrieben mit nur einem Ausbilder und einem Auszubildenden erfolgt. Da diese Ausbildungsbetriebe zudem häufig großräumig verteilt sind, stellt das Erfordernis der Anerkennung der Ausbildungsstätte aus der Sicht der zuständigen Stellen und Behörden wesentliche und bewährte Elemente der Qualitätssicherung in der Berufsausbildung sowie eine Verwaltungsvereinfachung bei der Feststellung der Eignung der Ausbildungsstätte dar[7]. 8

Nach Abs. 3 S. 2 sowie Abs. 4 S. 2 können die Eignungskriterien in dem dort näher beschriebenen Verfahren durch RechtsVO festgelegt werden. Hierbei sind insb. Mindestanforderungen für die Größe, die Einrichtung und den Bewirtschaftungszustand der Ausbildungsstätte festzusetzen[8]. 9

28 *Eignung von Ausbildenden und Ausbildern oder Ausbilderinnen*

(1) Auszubildende darf nur einstellen, wer persönlich geeignet ist. Auszubildende darf nur ausbilden, wer persönlich und fachlich geeignet ist.

(2) Wer fachlich nicht geeignet ist oder wer nicht selbst ausbildet, darf Auszubildende nur dann einstellen, wenn er persönlich und fachlich geeignete Ausbilder oder Ausbilderinnen bestellt, die die Ausbildungsinhalte in der Ausbildungsstätte unmittelbar, verantwortlich und in wesentlichem Umfang vermitteln.

(3) Unter der Verantwortung des Ausbilders oder der Ausbilderin kann bei der Berufsausbildung mitwirken, wer selbst nicht Ausbilder oder Ausbilderin ist, aber abweichend von den besonderen Voraussetzungen des § 30 die für die Vermittlung von Ausbildungsinhalten erforderlichen beruflichen Fertigkeiten, Kenntnisse und Fähigkeiten besitzt und persönlich geeignet ist.

I. Eignung zum Einstellen und Ausbilden (Abs. 1). § 28 I ist eine öffentl.-rechtl. Vorschrift, welche zwischen der **Einstellungs-** und der **Ausbildungsberechtigung** unterscheidet. Während für die Einstellung die persönl. Eignung gegeben sein muss, darf nur ausbilden, wer persönlich und fachlich geeignet ist. Ansonsten ist ein geeigneter Ausbilder zu bestellen (Abs. 2). Handelt es sich bei dem Ausbildungsbetrieb um eine **juristische Person**, müssen die Eignungsmerkmale in der Person des gesetzl. Vertreters gegeben sein[9]. Zum Vorliegen einer **Ordnungswidrigkeit** vgl. § 102 I Nr. 5. 1

II. Bestellung eines Ausbilders (Abs. 2). Bildet der Ausbildende nicht selbst aus oder fehlt ihm die erforderliche fachl. Eignung, muss er einen geeigneten Ausbilder einstellen (s. auch § 14 I Nr. 2, vgl. dort Rz. 5 f.) und sich über dessen **Eignung vergewissern**[10]. Die **Bestellung muss vor der Einstellung** des Auszubildenden erfolgen. Zum **MitbestR des BR** bei der Bestellung einer mit der Durchführung der betriebl. Berufsbildung beauftragten Person vgl. § 98 II BetrVG[11]. Ein Verstoß gegen die Vorschriften über die fachl. und persönl. Eignung kann gem. § 102 I Nr. 5 als **Ordnungswidrigkeit** geahndet werden. 2

III. Mitwirken bei der Berufsausbildung (Abs. 3). Abs. 3 regelt erstmals die in der Praxis übliche partielle Vermittlung von Ausbildungsinhalten durch Personen, die zwar nicht alle Erfordernisse für die fachliche Eignung der Ausbilder erfüllen, jedoch neben ihrer persönlichen Eignung die beruflichen Fertigkeiten, Kenntnisse und Fähigkeiten besitzen, welche für die Vermittlung einzelner Ausbildungsgegenstände erforderlich sind[12]. Abs. 3 ist eine Sondervorschrift zu § 30. 3

1 *Gedon/Hurlebaus,* § 27 BBiG Rz. 31. | 2 WLMPP/*Malottke* § 27 BBiG Rz. 11. | 3 *Wohlgemuth,* AuR 2005, 244. | 4 *Gedon/Hurlebaus,* § 27 BBiG Rz. 33. | 5 ErfK/*Schlachter,* § 27 BBiG Rz. 5. | 6 *Gedon/Hurlebaus,* § 27 BBiG Rz. 36. | 7 BT-Drs. 15/3980 S. 48. | 8 Hierzu *Gedon/Hurlebaus,* § 27 BBiG Rz. 37 ff., 45. | 9 VGH BW v. 22.12.1988 – 9 S 2583/87, EzB Nr. 36 zu §§ 20, 21 BBiG. | 10 *Gedon/Hurlebaus,* § 28 BBiG Rz. 10. | 11 WLMPP/*Malottke,* § 28 BBiG Rz. 10. | 12 BT-Drs. 15/3980 S. 48; *Taubert,* NZA 2005, 508; *Wohlgemuth,* AuR 2005, 244.

29 *Persönliche Eignung*

Persönlich nicht geeignet ist insbesondere, wer

1. Kinder und Jugendliche nicht beschäftigen darf oder

2. wiederholt oder schwer gegen dieses Gesetz oder die auf Grund dieses Gesetzes erlassenen Vorschriften und Bestimmungen verstoßen hat.

1 § 29 enthält keine abschließende Aufzählung der Gründe, welche die persönliche Eignung zur Ausbildung ausschließen. So ist nach **Nr. 1** nicht geeignet, wer **Kinder und Jugendliche nicht beschäftigen darf** (§ 25 JArbSchG[1]). Diese Vorschrift sieht für Ausbildende und Ausbilder bei rechtskräftiger Verurteilung wegen bestimmter Straftaten und Ordnungswidrigkeiten ein Beschäftigungsverbot von Jugendlichen vor. Die persönl. Ungeeignetheit nach § 25 JArbSchG gilt für alle Ausbildungsverhältnisse, auch mit erwachsenen Auszubildenden[2]. Wer wegen **sexueller Handlungen** an weiblichen Auszubildenden verurteilt ist, ist auch nicht geeignet, männliche Auszubildende einzustellen und auszubilden[3].

2 Ein **schwerer Verstoß** nach **Nr. 2** ist dann gegeben, wenn dem Auszubildenden ein schwerer Schaden entstanden ist. **Wiederholte Verstöße** liegen vor, wenn der Ausbildende oder Ausbilder mehr als einmal gegen die in Nr. 2 genannten Schutznormen vestoßen hat[4].

3 Neben dem BBiG fallen unter diese Vorschrift auch Normen, welche eine zuständige Stelle auf Grund der Regelungskompetenz des § 9 erlassen hat (vgl. § 9 Rz. 3 f.), ebenso wie zB Ausbildungs- und Prüfungsordnungen[5]. Von der **Rspr. anerkannte Verstöße** sind zB die fast sechsmonatige Dauer eines ausbilderlosen Zustandes[6], ein Verstoß gegen Vorschriften des JArbSchG[7], die weltanschauliche Beeinflussung eines Auszubildenden (Scientology-Organisation[8]) sowie allgemeine Unzuverlässigkeit[9], nicht jedoch die Einstellung eines Strafverfahrens nach § 153 StPO[10].

30 *Fachliche Eignung*

(1) Fachlich geeignet ist, wer die beruflichen sowie die berufs- und arbeitspädagogischen Fertigkeiten, Kenntnisse und Fähigkeiten besitzt, die für die Vermittlung der Ausbildungsinhalte erforderlich sind.

(2) Die erforderlichen beruflichen Fertigkeiten, Kenntnisse und Fähigkeiten besitzt, wer

1. die Abschlussprüfung in einer dem Ausbildungsberuf entsprechenden Fachrichtung bestanden hat,

2. eine anerkannte Prüfung an einer Ausbildungsstätte oder vor einer Prüfungsbehörde oder eine Abschlussprüfung an einer staatlichen oder staatlich anerkannten Schule in einer dem Ausbildungsberuf entsprechenden Fachrichtung bestanden hat oder

3. eine Abschlussprüfung an einer deutschen Hochschule in einer dem Ausbildungsberuf entsprechenden Fachrichtung bestanden hat

und eine angemessene Zeit in seinem Beruf praktisch tätig gewesen ist.

(3) Das Bundesministerium für Wirtschaft und Technologie oder das sonst zuständige Fachministerium kann im Einvernehmen mit dem Bundesministerium für Bildung und Forschung nach Anhörung des Hauptausschusses des Bundesinstituts für Berufsbildung durch Rechtsverordnung, die nicht der Zustimmung des Bundesrates bedarf, in den Fällen des Absatzes 2 Nr. 2 bestimmen, welche Prüfungen für welche Ausbildungsberufe anerkannt werden.

(4) Das Bundesministerium für Wirtschaft und Technologie oder das sonst zuständige Fachministerium kann im Einvernehmen mit dem Bundesministerium für Bildung und Forschung nach Anhörung des Hauptausschusses des Bundesinstituts für Berufsbildung durch Rechtsverordnung, die nicht der Zustimmung des Bundesrates bedarf, für einzelne Ausbildungsberufe bestimmen, dass abweichend von Absatz 2 die für die fachliche Eignung erforderlichen beruflichen Fertigkeiten, Kenntnisse und Fähigkeiten nur besitzt, wer

1. die Voraussetzungen des Absatzes 2 Nr. 2 oder 3 erfüllt und eine angemessene Zeit in seinem Beruf praktisch tätig gewesen ist oder

2. die Voraussetzungen des Absatzes 2 Nr. 3 erfüllt und eine angemessene Zeit in seinem Beruf praktisch tätig gewesen ist oder

3. für die Ausübung eines freien Berufes zugelassen oder in ein öffentliches Amt bestellt ist.

---

1 *Natzel*, Berufsbildungsrecht, S. 394. | 2 ErfK/*Schlachter*, § 29 BBiG Rz. 1; BT-Drs. 15/3980 S. 48. | 3 OVG Saarl. v. 10.6.1976 – I R 89/75, EzB Nr. 5 zu § 24 HwO. | 4 WLMPP/*Wohlgemuth/Malottke*, § 29 BBiG Rz. 3; *Natzel*, Berufsbildungsrecht, S. 395. | 5 *Leinemann/Taubert*, § 20 Rz. 27 f. | 6 BVerwG v. 20.12.1985 – 1 C 42.84, EzB Nr. 7 zu §§ 23, 24 BBiG. | 7 OVG NRW v. 3.8.1984 – A 1011/83, EzB Nr. 30 zu §§ 20, 21 BBiG. | 8 OVG NRW v. 10.10.1994 – 23 B 2878/93, EzB Nr. 42 zu §§ 20, 21 BBiG. | 9 BVerwG v. 12.3.1965 – VII C 175.63, AP Nr. 3 zu § 20 HandwO. | 10 VGH BW v. 9.10.1987 – 14 S 2104/87, EzB Nr. 32 zu §§ 20, 21 BBiG.

(5) Das Bundesministerium für Bildung und Forschung kann nach Anhörung des Hauptausschusses des Bundesinstituts für Berufsbildung durch Rechtsverordnung, die nicht der Zustimmung des Bundesrates bedarf, bestimmen, dass der Erwerb berufs- und arbeitspädagogischer Fertigkeiten, Kenntnisse und Fähigkeiten gesondert nachzuweisen ist. Dabei können Inhalt, Umfang und Abschluss der Maßnahmen für den Nachweis geregelt werden.

(6) Die nach Landesrecht zuständige Behörde kann Personen, die die Voraussetzungen des Absatzes 2, 4 oder 5 nicht erfüllen, die fachliche Eignung nach Anhörung der zuständigen Stelle widerruflich zuerkennen.

I. Fachliche Eignung (Abs. 1). Nach Abs. 1 ist fachlich geeignet, wer die erforderlichen beruflichen Fertigkeiten, Kenntnisse und Fähigkeiten besitzt, um die Ausbildungsinhalte vermitteln zu können. Dies ist zB dann nicht der Fall, wenn der Ausbildende bzw. der Ausbilder nur über **Kenntnisse in Teilgebieten** der in Frage stehenden Berufsausbildung verfügt[1]. 1

Zudem muss der Ausbildende bzw. der Ausbilder auch über die erforderlichen berufs- und arbeitspädagogischen Kenntnisse verfügen[2]. Nach Abs. 5 (vgl. Rz. 8) kann durch RechtsVO bestimmt werden, dass der Erwerb der berufs- und arbeitspädagogischen Fertigkeiten, Kenntnisse und Fähigkeiten gesondert nachzuweisen ist. 2

II. Berufliche Fertigkeiten, Kenntnisse und Fähigkeiten (Abs. 2). Abs. 2 konkretisiert den Begriff der „beruflichen Fertigkeiten, Kenntnisse und Fähigkeiten" und bestimmt in den Nrn. 1–3 alternative Nachweismöglichkeiten[3]. Gemeins. Anforderung ist, dass der Nachweis in einer dem Ausbildungsberuf entsprechenden Fachrichtung erbracht worden ist und das Ausbildungspersonal eine angemessene Zeit in dem Beruf praktisch tätig gewesen ist[4]. Mit dieser Regelung wird klargestellt, dass fachlich geeignet iSd. Abs. 1 nur ist, wer die in Abs. 2 geregelten Voraussetzungen erfüllt[5]. 3

Nach **Nr. 2** kann der Nachweis durch eine anerkannte Prüfung an einer Ausbildungsstätte oder vor einer Prüfungsbehörde geführt werden. Hierunter sind insb. Fortbildungsabschlüsse nach den §§ 53, 54 sowie Prüfungen zu verstehen, die tatsächl. oder rechtl. im jeweiligen Wirtschafts- oder Berufszweig anerkannt sind. Zudem wird die Möglichkeit geschaffen, den Eignungsnachweis durch eine Abschlussprüfung an einer staatlich oder staatlich anerkannten Schule zu erbringen. Danach erhalten auch Absolventen vollzeitschulischer Bildungsgänge die Möglichkeit, im dualen Ausbildungssystem als Ausbildende bzw. als Ausbilder tätig zu werden. Das Erfordernis, dass die schulische Abschlussprüfung in einer dem Ausbildungsberuf entsprechenden Fachrichtung abgelegt wurde, stellt dabei sicher, dass der schulische Ausbildungsgang nach Struktur, Inhalt und Qualität einer betriebl. Ausbildung entsprechen muss. 4

Nach **Abs. 3** kann das Bundesministerium für Wirtschaft und Technologie oder das sonst zuständige Fachministerium unter Einhaltung des vorgeschriebenen Verfahrensablaufes in den Fällen der Nr. 2 durch RechtsVO bestimmen, welche Prüfungen für welche Ausbildungsberufe anerkannt werden. Die Vorschrift entspricht den §§ 76 II, 80 II BBiG aF. Im Gegensatz zu der Vorgängerregelung kann nunmehr durch RechtsVO für alle Berufsausbildungszweige festgelegt werden, welche Prüfungen anerkannt werden, und nicht nur für sog. IHK-Berufe sowie den Bereich der Landwirtschaft[6]. 5

Nr. 3 sieht vor, dass der Nachweis durch eine Abschlussprüfung an einer deutschen Hochschule erbracht werden kann, sofern sie in einer dem Ausbildungsberuf entsprechenden Fachrichtung bestanden wird. Ein Verweis auf öffentl. oder staatl. anerkannte deutsche Ingenieurschulen oder höhere Wirtschaftsfachschulen ist im Gegensatz zu der Vorgängerregelung in § 76 I BBiG aF (IHK-Berufe) und § 80 II BBiG aF (Landwirtschaft) nicht mehr erforderlich, da diese Einrichtungen in Fachschulen und damit in eine deutsche Hochschule nach dem HRG überführt wurden[7]. 6

III. Höhere Anforderungen an die Ausbildereignung durch Rechtsverordnung (Abs. 4). Abs. 4 sieht vor, dass das Bundesministerium für Arbeit und Technologie oder das sonst zuständige Fachministerium unter Einhaltung des vorgegebenen Verfahrensablaufs durch RechtsVO für einzelne Ausbildungsberufe bestimmen kann, dass in **berufspraktischer Hinsicht** höhere Anforderungen an die Ausbildereignung gestellt werden können[8]. Die möglichen Abweichungen von Abs. 2 ergeben sich im Einzelnen aus den Nrn. 1–3. Abs. 4 trägt damit dem Bedürfnis Rechnung, dass für die Ausbildung in bestimmten Berufen höhere Mindestanforderungen an die im Rahmen der fachl. Eignung erforderlichen Fertigkeiten, Kenntnisse und Fähigkeiten zu stellen sind[9]. Hierdurch sollen insb. die speziellen Bedürfnisse in der Berufsausbildung in der Landwirtschaft, der Hauswirtschaft und bei den Angehörigen der freien Berufe angemessen berücksichtigt werden können[10]. 7

---

1 BVerwG v. 3.3.1981 – 5 B 35.80, EzB Nr. 24 zu §§ 20, 21 BBiG. | 2 Hierzu BayVGH v. 18.8.1975 – 100 VI 74, EzB Nr. 13 zu §§ 20, 21 BBiG. | 3 Hierzu *Taubert*, NZA 2005, 508; *Wohlgemuth*, AuR 2005, 244. | 4 BT-Drs. 15/3980 S. 48. | 5 *Opolony*, BB 2005, 1052. | 6 BT-Drs. 15/3980 S. 49; *Wohlgemuth*, AuR 2005, 244. | 7 BT-Drs. 15/3980 S. 48. | 8 Hierzu *Wohlgemuth*, AuR 2005, 244. | 9 BT-Drs. 15/3980 S. 49. | 10 *Wohlgemuth*, AuR 2005, 244.

8 **IV. Erlass einer RechtsVerordnung.** Abs. 5 öffnet die Möglichkeit, durch RechtsVO zu bestimmen, dass der Erwerb berufs- und arbeitspädagogischer Kenntnisse gesondert nachzuweisen ist, was einer vernünftigen Erwägung des Gemeinwohls entspricht[1]. Auf Grund der Vorgängerregelung des § 21 I BBiG aF wurde die Ausbilder-EignungsVO (**AEVO vom 16.2.1999**[2]), erlassen. Sie wurde mit VO v. 28.5.2003[3] für Ausbildungsverhältnisse, die bis zum 31.7.2008 begründet werden, ausgesetzt. Die AEVO ist verfassungskonform[4] und hat auch nach Inkrafttreten des novellierten BBiG weiterhin Bestand[5]. Nach S. 2 kann die RechtsVO Inhalt, Umfang und Abschluss der Maßnahmen für den Nachweis regeln.

9 **V. Widerrufliche Zuerkennung der fachlichen Eignung (Abs. 6).** Um Härtefälle zu vermeiden, sieht Abs. 6 vor, dass die nach Landesrecht zuständige Behörde Ausbildern, welche die Voraussetzungen des Abs. 2, 4 oder 5 nicht erfüllen, die fachliche Eignung nach Anhörung der zuständigen Stelle widerruflich zuerkennen kann. Die Zuerkennung kann ggf. davon abhängig gemacht werden, dass ein etwa erforderlicher Nachweis innerhalb eines bestimmten Zeitraums zu erbringen ist[6].

31 *Europaklausel*

(1) In den Fällen des § 30 Abs. 2 und 4 besitzt die für die fachliche Eignung erforderlichen beruflichen Fertigkeiten, Kenntnisse und Fähigkeiten auch, wer die Voraussetzungen für die Anerkennung seiner Berufsqualifikation nach der Richtlinie 2005/36/EG des Europäischen Parlaments und des Rates vom 7. September 2005 über die Anerkennung von Berufsqualifikationen (ABl. EU Nr. L 255 S. 22) erfüllt, sofern er eine angemessene Zeit in seinem Beruf praktisch tätig gewesen ist, § 30 Abs. 4 Nr. 3 bleibt unberührt.

(2) Die Anerkennung kann unter den in Artikel 14 der in Absatz 1 genannten Richtlinie aufgeführten Voraussetzungen davon abhängig gemacht werden, dass der Antragsteller oder die Antragstellerin zunächst einen höchstens dreijährigen Anpassungslehrgang ableistet oder eine Eignungsprüfung ablegt.

(3) Die Entscheidung über die Anerkennung trifft die zuständige Stelle. Sie kann die Durchführung von Anpassungslehrgängen und Eignungsprüfungen regeln.

1 Mit der Vorschrift wird die in Abs. 1 genannte EG-Anerkennungsrichtlinie im Hinblick auf die Ausbildungsberechtigung auf Grund fachlicher Eignung umgesetzt[7]. Ausländische Diplome und Bildungsabschlüsse sind danach entsprechend den genannten EG-Richtlinien deutschen Abschlüssen bei der Feststellung der fachlichen Eignung gleichzustellen[8]. Damit soll die Freizügigkeit innerhalb der Gemeinschaft gefördert werden.

32 *Überwachung der Eignung*

(1) Die zuständige Stelle hat darüber zu wachen, dass die Eignung der Ausbildungsstätte sowie die persönliche und fachliche Eignung vorliegen.

(2) Werden Mängel der Eignung festgestellt, so hat die zuständige Stelle, falls der Mangel zu beheben und eine Gefährdung Auszubildender nicht zu erwarten ist, Ausbildende aufzufordern, innerhalb einer von ihr gesetzten Frist den Mangel zu beseitigen. Ist der Mangel der Eignung nicht zu beheben oder ist eine Gefährdung Auszubildender zu erwarten oder wird der Mangel nicht innerhalb der gesetzten Frist beseitigt, so hat die zuständige Stelle dies der nach Landesrecht zuständigen Behörde mitzuteilen.

1 **I. Überwachungspflicht der zuständigen Stelle (Abs. 1).** Die erforderliche Eignung des Ausbilders und der Ausbildungsstätte ist **vor der Eintragung von Berufsausbildungsverhältnissen** in das Verzeichnis nach §§ 34 ff. zu prüfen[9]. Diese Aufgabe obliegt der zuständigen Stelle (§§ 71 ff.)[10]. Die Überwachung kann durch die nach § 76 I 2 zu bestellenden **Berater** erfolgen[11]. Die Überwachungspflicht besteht für die **gesamte Dauer der Ausbildung**[12] und für **jedes einzelne Ausbildungsverhältnis**[13].

2 Die **fachliche Eignung** des Ausbilders kann durch Ablegung einer Ausbildereignungsprüfung bzw. durch Ablegung der Prüfungen nach § 30 II (vgl. § 30 Rz. 3 ff.) nachgewiesen werden[14]. Die **persönliche Eignung** besitzen solche Ausbildende, welche die Gewähr dafür bieten, dass der Auszubildende charakterlich gefördert sowie sittlich und körperlich nicht gefährdet wird[15].

3 **Zuständig iSv. Abs. 1** sind bei Berufen der HwO die Handwerkskammern (§ 71 I), für den Bereich der nicht handwerklichen Gewerbeberufe die Industrie- und Handelskammern (§ 71 II), für den Bereich der Landwirtschaft einschließlich der ländlichen Hauswirtschaft die Landwirtschaftskammern (§ 71 III). Im

1 BayVGH v. 18.8.1975 – 100 VI 74, EzB Nr. 13 zu §§ 20, 21 BBiG. |2 BGBl. I S. 157, ber. S. 700. |3 BGBl. I S. 783. |4 BayVGH v. 10.8.1976 – 194 VI 75, EzB Nr. 18 zu §§ 20, 21 BBiG. |5 BT-Drs. 15/3980 S. 49; *Wohlgemuth*, AuR 2005, 244. |6 BT-Drs. 15/3980 S. 49. |7 ErfK/*Schlachter*, § 31 BBiG Rz. 1. |8 *Taubert*, NZA 2005, 508. |9 Schriftl. Bericht des Ausschusses für Arbeit, BT-Drs. V/4260 zu § 23 BBiG. |10 *Taubert*, NZA 2005, 508. |11 *Gedon/Hurlebaus*, § 32 BBiG Rz. 8. |12 *Natzel*, Berufsbildungsrecht, S. 413. |13 WLMPP/*Wohlgemuth/Malottke*, § 32 BBiG Rz. 1. |14 *Gedon/Hurlebaus*, § 30 BBiG Rz. 21 ff. |15 VG Düsseldorf v. 23.1.1996 – 3 K 12881/94, EzB Nr. 14 zu §§ 23, 24 BBiG.

öffentl. Dienst, den rechts-, wirtschafts-, steuerberatenden und ärztlichen Berufen sowie im kirchlichen Bereich bestehen Sondervorschriften (§ 73, § 71 IV–VI, §§ 74, 75).

II. Folgen bei der Feststellung von Mängeln (Abs. 2). Wird ein Mangel festgestellt, der behebbar ist, und ist eine Gefährdung des Auszubildenden nicht zu erwarten, ist der Ausbildende unter Fristsetzung aufzufordern, diesen zu beseitigen (**Abs. 2 S. 1**). Die Aufforderung zur Mängelbeseitigung ist ein **Verwaltungsakt**[1]. Erfolgt die Mängelbeseitigung nicht fristgemäß, ist die nach Landesrecht zuständige Behörde einzuschalten, welche nach § 33 das weitere Ausbilden untersagen kann. § 35 II ist zu beachten. 4

Ist ein Mangel nicht behebbar oder eine Gefährdung des Auszubildenden zu erwarten, ist ebenfalls die nach Landesrecht zuständige Behörde zwecks Einl. eines **Untersagungsverfahrens** nach § 33 einzuschalten (**Abs. 2 S. 2**; vgl. § 33 Rz. 1). Die entsprechende Mitteilung ist kein Verwaltungsakt, aus Gründen der Rechtsklarheit sollte gleichwohl die Schriftform eingehalten werden[2]. 5

33 *Untersagung des Einstellens und Ausbildens*

(1) Die nach Landesrecht zuständige Behörde kann für eine bestimmte Ausbildungsstätte das Einstellen und Ausbilden untersagen, wenn die Voraussetzungen nach § 27 nicht oder nicht mehr vorliegen.

(2) Die nach Landesrecht zuständige Behörde hat das Einstellen und Ausbilden zu untersagen, wenn die persönliche oder fachliche Eignung nicht oder nicht mehr vorliegt.

(3) Vor der Untersagung sind die Beteiligten und die zuständige Stelle zu hören. Dies gilt nicht im Falle des § 29 Nr. 1.

I. Fehlende Eignung der Ausbildungsstätte (Abs. 1). Liegen bei einer Ausbildungsstätte die Voraussetzungen des § 27 nicht oder nicht mehr vor, kann die zuständige Stelle das Einstellen und Ausbilden untersagen[3]. Die Behörde hat ein **Ermessen**, ob und wann sie das Einstellen und Ausbilden untersagen will[4]. Die Untersagung kann sich kumulativ oder alternativ auf das Einstellen und Ausbilden beziehen. Die Untersagung kann befristet oder auf unbestimmte Zeit verfügt werden[5]. 1

Anstelle der Untersagung können auch **Auflagen** erteilt werden, sofern dadurch eine geregelte Berufsausbildung möglich wird[6]. Denkbar ist auch die Anordnung einer befristeten außerbetrieblichen Ausbildungsmaßnahme[7]. 2

Im Falle der gänzlichen Untersagung kann das Berufsausbildungsverhältnis nach § 22 II Nr. 1 **gekündigt** werden. Ggf. ist **Schadensersatz** nach § 23 I 1 zu leisten[8]. 3

II. Fehlende persönliche und fachliche Eignung (Abs. 2). Die nach Landesrecht zuständige Behörde[9] ist nicht verpflichtet, in allen Ausbildungsstätten nachzuforschen, ob die persönl. und fachl. Neigung vorliegt. Sie soll vielmehr einschreiten, wenn ihr Umstände bekannt werden, welche die persönl. und fachl. Eignung zweifelhaft erscheinen lassen[10]. Erhärten sich diese Zweifel, ist das Einstellen und Ausbilden zwingend zu untersagen, sofern der Mangel nicht nach § 32 II 1 behoben werden kann (vgl. § 32 Rz. 4). Ein **Ermessensspielraum besteht insoweit nicht**[11]. Die Untersagung kann sich gegen den Ausbildenden bzw. den Ausbilder richten. Die entsprechende Verfügung ist ein **Verwaltungsakt**, der vor den Verwaltungsgerichten angefochten werden kann[12]. 4

Die **nach Landesrecht zuständige Behörde** ist regelmäßig die als Aufsichtsbehörde zuständige höhere Verwaltungsbehörde (zB das Regierungspräsidium oder die Bezirksregierung)[13]. 5

III. Anhörung vor Untersagung (Abs. 3). Die nach **Abs. 3 S. 1** erforderliche Anhörung kann mündlich oder schriftl. erfolgen. Eine **Nichtanhörung** führt zu einem fehlerhaften, nicht jedoch zu einem nichtigen Verwaltungsakt. Dieser ist nach erfolgter Anhörung erneut zu erlassen[14]. 6

Beteiligte im Anhörungsverfahren sind der Ausbilder bzw. Ausbildende, der Auszubildende und seine Eltern, sofern durch die Untersagung der Ausbildungsplatz wegfällt[15]. 7

Eine Anhörung erübrigt sich im Falle des § 29 Nr. 1 (vgl. dort Rz. 1). 8

---

1 *Gedon/Hurlebaus*, § 33 BBiG Rz. 17; WLMPP/*Wohlgemuth/Malottke*, § 32 BBiG Rz. 4a. | 2 WLMPP/*Wohlgemuth/Malottke*, § 32 BBiG Rz. 5. | 3 *Taubert*, NZA 2005, 508. | 4 *Gedon/Hurlebaus*, § 33 BBiG Rz. 7. | 5 *Natzel*, Berufsbildungsrecht, S. 493 mwN. | 6 *Gedon/Hurlebaus*, § 33 BBiG Rz. 9. | 7 VG Braunschweig v. 21.11.1991 – 1 A 1106/90, EzB Nr. 10 zu §§ 23, 24 BBiG. | 8 ErfK/*Schlachter*, § 33 BBiG Rz. 3. | 9 Hierzu ErfK/*Schlachter*, § 33 BBiG Rz. 1. | 10 Ausschussbericht, BT-Drs. V/4260. | 11 BayVGH v. 28.8.1974 – 88 VI 74, EzB Nr. 2 zu § 24 HandwO; WLMPP/*Wohlgemuth/Malottke*, § 33 BBiG Rz. 4. | 12 *Gedon/Hurlebaus*, § 33 BBiG Rz. 20. | 13 ErfK/*Schlachter*, § 33 BBiG Rz. 1. | 14 WLMPP/*Wohlgemuth/Malottke*, § 33 BBiG Rz. 5. *Natzel*, Berufsbildungsrecht, S. 492. | 15 VGH BW v. 9.10.1987 – 14 S 2104/87, EzB Nr. 8 zu § 24 HandwO.

Bundesdatenschutzgesetz (BDSG)

vom 20.12.1990 (BGBl. I S. 2954) in der Fassung der Bekanntmachung vom 14.1.2003 (BGBl. I S. 66), zuletzt geändert durch Art. 1 Erstes Gesetz zum Abbau bürokratischer Hemmnisse insbesondere in der mittelständischen Wirtschaft vom 22.8.2006 (BGBl. I S. 1970)

– Auszug –

Einführung

1 **I. Einführung.** Das Arbeitsleben ist ohne Computer, Telefone, E-Mail, Internet etc. undenkbar. Die Nutzung elektronischer Medien und Datenverarbeitung führt dazu, dass eine immense Zahl personenbezogener Daten von ArbN verarbeitet, gespeichert und übermittelt werden. Das BDSG enthält Regelungen, unter welchen Voraussetzungen und in welcher Weise öffentl. Stellen (§ 2 I–III) und nicht öffentliche Stellen (§ 2 IV) personenbezogene Daten (§ 3 I) von natürlichen Personen erheben (§ 3 III), verarbeiten (§ 3 IV) und/oder nutzen (§ 3 V) dürfen. Zudem regelt es Rechte und Pflichten, die ArbGeb und ArbN zu beachten haben. Die nachfolgende Kommentierung gibt einen Überblick über die in arbeitsrechtlicher Hinsicht relevanten Fragestellungen.

2 **1. Zweck des BDSG.** Das BDSG dient dem Schutz personenbezogener Daten vor missbräuchlicher Verwendung. Zweck des Gesetzes ist es gemäß § 1 I, den Einzelnen davor zu **schützen**, dass er durch den Umgang mit seinen personenbezogenen Daten in seinem **Persönlichkeitsrecht** beeinträchtigt wird. Das durch Art. 2 I iVm. Art. 1 I GG gewährleistete Persönlichkeitsrecht umfasst das **Recht auf informationelle Selbstbestimmung**, dh. die Befugnis des einzelnen, grundsätzlich selbst über die Preisgabe und Verwendung seiner persönlichen Daten zu bestimmen[1], sowie das **Grundrecht auf Gewährleistung der**

1 BVerfG v. 15.12.1983 – 1 BvR 209/83 ua., NJW 1984, 419.

Vertraulichkeit und Integrität informationstechnischer Systeme. Letzteres bewahrt den persönlichen und privaten Lebensbereich der Grundrechtsträger vor staatlichem Zugriff im Bereich der Informationstechnik auch insoweit, als auf das informationstechnische System insgesamt zugegriffen wird und nicht nur auf einzelne Kommunikationsvorgänge oder gespeicherte Daten[1]. Vor diesem Hintergrund steht die Erhebung, Verarbeitung und Nutzung personenbezogener Daten unter **Verbot mit Erlaubnisvorbehalt (§ 4 I)** und ist nur zulässig, soweit sie gesetzlich erlaubt oder angeordnet ist oder eine Einwilligung der betroffenen Person (§ 4a) vorliegt.

2. Entstehungsgeschichte. Das erste BDSG wurde am 1.2.1977 verkündet[2]. Es wurde durch Gesetz zur Fortentwicklung der Datenverarbeitung und des Datenschutzes vom 20.12.1990[3] novelliert. Zwar gab es einige bereichsspezifische Ergänzungen des Gesetzes; ein ArbN-Datenschutzgesetz steht jedoch immer noch aus[4]. Aufgrund der **Richtlinie 95/46/EG** des Europäischen Parlaments und des Rates vom 24. Oktober 1995 zum Schutz natürlicher Personen bei der Verarbeitung personenbezogener Daten und zum freien Datenverkehr[5] wurde das BDSG mit Wirkung zum 23.5.2001 novelliert[6]. Zuletzt wurde das Gesetz im Jahr 2006 geändert[7]. Der Einfluss des Europarechts ist enorm und sollte stets im Auge behalten werden[8]. 3

3. Geltungsbereich des BDSG. Gemäß § 1 II Nr. 3 fallen **ArbGeb der Privatwirtschaft** als nicht-öffentl. Stellen (§ 2 IV) in den Anwendungsbereich des Gesetzes, wenn sie personenbezogene Daten automatisiert unter Einsatz von Datenverarbeitungsanlagen (§ 3 II 1) oder in oder aus nicht automatisierten Dateien (§ 3 II 2) verarbeiten, nutzen oder dafür erheben. 4

Das BDSG gilt auch für **öffentl. Stellen** (§ 2 I–III) des Bundes (§ 1 II Nr. 1) und nach Maßgabe des § 1 II Nr. 2 auch für öffentl. Stellen der Länder. Für öffentl. Stellen der Länder und Gemeinden sind aber vorwiegend die Datenschutzgesetze der Länder[9] maßgeblich. Hinsichtlich des arbeitsrechtlich relevanten Datenschutzes ist die Unterscheidung zwischen nicht-öffentl. und öffentl. Stellen von geringer Relevanz, da aufgrund der Verweisung in § 12 IV weitgehend die gleichen Vorschriften für ArbN des Bundes und der Privatwirtschaft anwendbar sind. 5

Im **EU-internen grenzüberschreitenden Datenverkehr** gilt grundsätzlich nicht das Territorialitätsprinzip, sondern das **Sitzprinzip**. Das anzuwendende nationale Datenschutzrecht richtet sich also nicht nach dem Ort der Erhebung, Verarbeitung oder Nutzung der Daten, sondern nach dem Recht des Ortes, an dem der ArbGeb seinen Sitz hat[10]. 6

EU-Ausländer sind jedoch dem deutschen BDSG unterworfen, wenn sie mit Hilfe einer **deutschen Niederlassung** agieren (§ 1 V 1). Von einer Niederlassung ist auszugehen, wenn die Tätigkeit effektiv und tatsächlich von einer „festen Einrichtung" ausgeübt wird. Dies ist in Anlehnung an § 42 II GewO der Fall, wenn der Gewerbetreibende einen zum dauernden Gebrauch eingerichteten, ständig oder in regelmäßiger Wiederkehr von ihm benutzten Raum für den Betrieb seines Gewerbes besitzt[11]. 7

ArbGeb, die **aus dem Nicht-EU-Gebiet** personenbezogene **Daten in Deutschland** erheben, verarbeiten oder nutzen, haben hierbei immer das BDSG zu beachten (§ 1 V 2). Sie haben zudem einen **inländischen Vertreter** zu benennen (§ 1 V 3). Abweichend hiervon gilt das Sitzprinzip, wenn gespeicherte Daten nur durch das Inland transportiert werden, dh. ein Datentransfer erfolgt, ohne dass die Daten in Deutschland zur Kenntnis genommen werden (§ 1 V 4)[12]. 8

II. Systematik und Inhalt des BDSG. Das Gesetz ist in sechs Abschnitte untergliedert. Für Arbeitsverhältnisse der Privatwirtschaft sind neben den allgemeinen Vorschriften im 1. Abschnitt (§§ 1–11) insbesondere die Vorschriften aus dem 3. Abschnitt (§§ 27–38a) sowie die Bußgeld- und Strafvorschriften im 5. Abschnitt (§§ 43, 44) von Bedeutung. Der 2. Abschnitt (§§ 12–26) betrifft hingegen öffentl. Stellen (§ 2 I–III) und wird im Folgenden nicht näher erläutert. 9

1. Begriffsbestimmungen. Das BDSG enthält zahlreiche Spezialbegriffe, die in den allgemeinen Vorschriften der §§ 2 und 3 näher definiert werden. 10

a) Öffentl. und nicht-öffentl. Stellen. Der Begriff der **nicht-öffentl. Stelle** wird in § 2 IV geregelt und umfasst ArbGeb der Privatwirtschaft. **Öffentl. Stellen** werden durch § 2 I–III näher bestimmt. 11

Für nicht-öffentl. Stellen ist das BDSG anwendbar, wenn sie bei der Erhebung, Verarbeitung oder Nutzung von personenbezogenen Daten Datenverarbeitungsanlagen einsetzen und sie iSd. § 3 II automatisiert verarbeiten (vgl. auch § 27). 12

1 BVerfG v. 27.2.2008 – 1 BvR 370/07 ua. (Rz. 201 ff.); dazu *Härting*, BB 12/2008, M1. | 2 BGBl. I S. 201. | 3 BGBl. I S. 2954. | 4 *Fleck*, BB 2003, 306; *Gola/Schomerus*, Einl. BDSG Rz. 8; *Grobys*, BB 2003, 682. | 5 ABl. EG v. 23.11.1995 Nr. L 281, S. 31; dazu *Simitis*, NJW 1997, 281. | 6 BGBl. I S. 904; dazu *Däubler*, NZA 2001, 874; *Franzen*, DB 2001, 1867; *Tinnefeld*, NJW 2001, 3078. | 7 *Gola/Klug*, NJW 2007, 118. | 8 Zu Datenschutz in Europa und relevanten Dokumenten ec.europa.eu/justice_home/fsj/privacy/index_de.htm. | 9 Abgedruckt bei *Schaffland/Wiltfang*, BDSG, Ziff. 1200 ff. | 10 AnwK-ArbR/*Gola*, § 1 BDSG Rz. 5. | 11 *Gola/Schomerus*, § 1 BDSG Rz. 28. | 12 *Gola/Schomerus*, § 1 BDSG Rz. 30.

13 **b) Personenbezogene Daten.** Nach § 3 I fallen darunter **Einzelangaben** über persönliche oder sachliche Verhältnisse einer bestimmten oder bestimmbaren natürlichen Person (Betroffener). Daten über **persönliche Verhältnisse** dienen der Identifizierung oder Beschreibung der Person, wie zB Name, Alter, Familienstand, Anzahl der Kinder, Berufsausbildung, Staatsangehörigkeit, Konfession, Leistung, Arbeitsverhalten[1]. Einzelangaben über **sachliche Verhältnisse** sind Informationen über einen auf den Betroffenen beziehbaren Sachverhalt. So sind Daten über Telefongespräche personenbezogene Daten des Anrufers und, wenn die Zielnummer erfasst wird, auch des Angerufenen[2]. Angaben über künftige Verhältnisse einer Person (zB im Rahmen von Personalplanungsdaten) sind ebenfalls personenbezogene Daten[3].

14 Das BDSG schützt nur die Daten **lebender natürlicher Personen**, nicht hingegen die Daten von juristischen Personen, Personengesellschaften oder Behörden[4]. Ausreichend ist die **Bestimmbarkeit** der Person nach den Kenntnissen, Mitteln und Möglichkeiten der speichernden Stelle. Sind die Angaben zu den betroffenen Personen hingegen **anonymisiert** (§ 3 VI), sind die Personen also nur noch mit unverhältnismäßigem Aufwand bestimmbar, so liegen keine personenbezogenen Daten vor. Die Frage, ob eine Anonymisierung vorliegt oder nicht, ist relativ. Maßgeblich ist, ob die speichernde Stelle die Möglichkeit hat, einen Personenbezug herzustellen[5]. Fertigt zB ein ArbGeb eine „anonymisierte" Personallisten mit Sozialauswahlkriterien an und behält er einen „Schlüssel" (zB Referenzdatei), mit dem die Liste ohne großen Aufwand entschlüsselt und die betreffenden Personen wieder bestimmbar gemacht werden können, enthält die Liste für den ArbGeb personenbezogene ArbN-Daten; insoweit liegt allenfalls ein Fall der Pseudonymisierung (§ 3 VIa) vor. Übermittelt er die Liste hingegen an Unternehmensberater oder an ein anderes Konzernunternehmen liegen für diese Empfänger anonymisierte Daten vor, wenn die Empfänger keine Entschlüsselungsmöglichkeit haben; das BDSG ist dann für die Übermittlung nicht einschlägig.

15 § 3 IX listet regelmäßig besonders sensible Angaben unter dem Begriff **„besondere Arten personenbezogener Daten"** auf. Darunter fallen Angaben über die rassische und ethnische Herkunft, politische Meinungen, religiöse oder philosophische Überzeugungen, Gewerkschaftszugehörigkeit, Gesundheit (zB Schwerbehinderung) oder Sexualleben. Sie beziehen sich auf Merkmale, die zwar nicht ganz deckungsgleich, aber der Sache nach durch § 1 AGG bzw. Art. 9 III GG (Gewerkschaftszugehörigkeit) geschützt sind. Die Erhebung, Verarbeitung und Nutzung dieser Daten unterliegt besonderen Restriktionen (vgl. § 4a III, § 28 VI–IX).

16 **c) Relevante Handlungen.** Der mögliche Umgang mit personenbezogenen Daten umfasst das **Erheben** (§ 3 III), **Verarbeiten** (§ 3 IV) und **Nutzen** (§ 3 V) der Daten. Zum Verarbeiten gehört das Speichern (§ 3 IV Nr. 1), Verändern (Nr. 2), Übermitteln (Nr. 3), Sperren (Nr. 4) und Löschen (Nr. 5). „Nutzen" ist ein Auffangtatbestand.

17 **d) Die Akteure im BDSG. aa) Betroffener** ist die lebende natürliche Person, um deren personenbezogene Daten es geht (§ 3 I). Auf die Staatsangehörigkeit kommt es nicht an[6].

18 **bb) Verantwortliche Stelle.** Nach Art. 2b der EU-Datenschutz-RL ist „für die Verarbeitung Verantwortlicher" die natürliche oder juristische Person, Behörde, Einrichtung oder jede andere Stelle, die allein oder gemeinsam mit anderen über die Zwecke und Mittel der Verarbeitung von personenbezogenen Daten entscheidet. Dies meint § 3 VII, wenn es als „verantwortliche Stelle" jede Person oder Stelle bezeichnet, die personenbezogene Daten für sich selbst erhebt, verarbeitet oder nutzt oder dies durch andere im Auftrag vornehmen lässt. Darunter fällt also insbesondere der **ArbGeb**, der Daten seiner Mitarbeiter erhebt, verarbeitet oder nutzt.

19 **cc) Dritter** ist hingegen jede Person oder Stelle außerhalb der verantwortlichen Stelle (§ 3 VIII 2). Die Muttergesellschaft oder andere **Unternehmen eines Konzerns** sind Dritte[7]. **BR** oder **GBR** oder sonstige ArbN-Vertretungen innerhalb des Unternehmens (zB Schwerbehindertenvertretung) sind **nicht** „Dritter". Vielmehr sind sie selbst Teil dieser verantwortlichen Stelle. Dies ergibt sich daraus, dass im nichtöffentl. Bereich „Stellen" iSd. BDSG nur natürliche und juristische Personen, Gesellschaften und andere Personenvereinigungen des privaten Rechts sind (vgl. § 2 IV 1)[8]. Der Datenfluss innerhalb der verantwortlichen Stelle erfüllt nicht den Tatbestand der Datenübermittlung an einen Dritten (§ 3 IV Nr. 3). Das generelle Verbot mit Erlaubnisvorbehalt des § 4 greift hier insoweit also nicht[9]. Es liegt aber ein „Nutzen" der Daten (§ 3 V) vor[10].

20 **dd) Auftragsdatenverarbeitung.** Führt ein ArbGeb die Erhebung, Verarbeitung oder Nutzung personenbezogener Daten nicht selbst durch, sondern lässt er dies von einer anderen Stelle (zB einem IT-

1 FaK-ArbR/*Scholz*, § 3 BDSG Rz. 1. | 2 BAG v. 27.5.1986 – 1 ABR 48/84, NZA 1986, 643 (645). | 3 *Gola/Schomerus*, § 3 BDSG Rz. 9. | 4 BAG v. 27.5.1986 – 1 ABR 48/84, NZA 1986, 643 (646); s. auch *Gola/Schomerus*, § 3 BDSG Rz. 11a, 12. | 5 *Gola/Schomerus*, § 3 BDSG Rz. 10. | 6 AnwK-ArbR/*Gola*, § 3 BDSG Rz. 4. | 7 Simitis/*Dammann*, § 3 BDSG Rz. 232. | 8 BAG v. 3.6.2003 – 1 ABR 19/02, AP Nr. 1 zu § 89 BetrVG 1972; v. 11.11.1997 – 1 ABR 21/97, NZA 1998, 385 (386). | 9 Vgl. *Gola/Wronka*, NZA 1991, 790 (791 f.). | 10 *Gola/Schomerus*, § 3 BDSG Rz. 49; FaK-ArbR/*Scholz*, § 3 BDSG Rz. 10.

Dienstleistungsunternehmen) im Rahmen einer Auftragsdatenverarbeitung durchführen, so ist der im Inland, in der EU oder auf dem Gebiet des EWR ansässige **Auftragnehmer nicht Dritter** (§ 3 VIII 3). Der ArbGeb bleibt „Herr der Daten“ und damit verantwortliche Stelle (§ 3 VII), welche für die Einhaltung der datenschutzrechtl. Vorschriften verantwortlich ist (§ 11 I 1).

Die Auftragsdatenverarbeitung ist daher ein Mittel, mit dem der Datentransfer zwischen Unternehmen so gestaltet werden kann, dass **keine** dem Verbot mit Erlaubnisvorbehalt des § 4 I unterliegende **Übermittlung** iSd. § 3 IV Nr. 3 vorliegt[1]. Dies kann auch bei Datenübermittlung im Konzern von Interesse sein, da das BDSG kein Konzernprivileg im Rahmen des § 28 I Nr. 1 kennt[2]. Konzernunternehmen, die an sich Dritte sind (Rz. 19), sind als Auftragnehmer keine Dritte mehr. Zu beachten ist aber, dass Auftragnehmer außerhalb der EU immer Dritte sind (vgl. § 3 VIII 3)[3]. Die Zulässigkeit der Datenübermittlung richtet sich dann nach §§ 4b II–III, 4c (Rz. 48 ff.). 21

Allerdings sind im Falle der Auftragsdatenverarbeitung die **Vorschriften des § 11 einzuhalten**. Der „**Auftrag**“ ist regelmäßig ein entgeltlicher Geschäftsbesorgungs-, Dienst- oder Werkvertrag[4]. Er muss **schriftlich** (§ 126 BGB) abgeschlossen werden (§ 11 II 2), sonst ist er nichtig (§ 125 Satz 1 BGB). Darin sind die **Datenerhebung, -verarbeitung oder -nutzung** sowie die **technischen und organisatorischen Maßnahmen gemäß § 9** und dessen **Anlage** im Einzelnen festzulegen ebenso wie **die Berechtigung zur Erteilung von Unterauftragsverhältnissen** (§ 11 II 2). Wichtig sind auch Regelungen darüber, dass der Auftragnehmer die **Weisungen** des Auftragsgebers zu befolgen hat (vgl. § 11 III 1; Nr. 6 der Anlage zu § 9), dass der Auftraggeber sowie der Datenschutzbeauftragte und der BR des Auftraggebers ihre **Kontrollrechte** gegenüber dem Auftragnehmer ausüben können und dass der Auftragnehmer Anweisungen der Aufsichtsbehörde, die gegenüber dem Auftraggeber ergehen, zu befolgen hat[5]. Sofern eine Konzernobergesellschaft Auftragnehmer ist, ist zudem zu vereinbaren, dass das Auftragsverhältnis und die Weisungsrechte des Auftraggebers den gesellschafsrechtlichen Weisungsrechten der Obergesellschaft vorgehen[6]. Ferner bedarf es Vereinbarungen über **Haftungsfragen** sowie darüber, was im Falle der **Beendigung des Auftrags** mit den Daten und Datenträgern geschieht[7]. 22

Der Auftraggeber hat den Auftragnehmer nach seiner Eignung sorgfältig auszuwählen (§ 11 II 1) und muss sich von der Einhaltung der bei Auftragnehmer getroffenen technischen und organisatorischen Maßnahmen überzeugen (§ 11 II 4). 23

Die Auftragsdatenverarbeitung ist abzugrenzen von der **Funktionsübertragung**[8]. Bei letzterer wird eine „rechtliche Zuständigkeit“ für die Aufgabe, deren Erfüllung die Datenverarbeitung oder Nutzung dient, dem externen Dienstleister zugewiesen. Er ist dann nicht mehr weisungsabhängiger Auftragnehmer und „verlängerter Arm“ bzw. „ausgelagerte Abteilung“ des Auftraggebers, sondern Dritter, so dass bei einem Datentransfer zwischen verantwortlicher Stelle (zB ArbGeb) und Dienstleister eine erlaubnispflichtige (§ 4 I) Datenübermittlung iSd. § 3 IV Nr. 3 vorliegt[9]. Maßgebliches Abgrenzungskriterium ist, ob der Auftraggeber die Entscheidungsbefugnis über die Daten und den Zweck der Datenverwendung sowie seine Weisungsbefugnisse behält (dann Auftragsdatenverarbeitung) oder ob die Entscheidungsbefugnis dem externen Dienstleister übertragen wird (dann Funktionsübertragung). Eine Funktionsübertragung kann **zB** vorliegen, wenn in einem Konzern die **Konzernmutter** in ihrem Rechenzentrum die **Personaldatenverarbeitung** einheitlich für alle Konzernunternehmen betreibt und **gleichzeitig eigenständige Personalentscheidungsbefugnisse** erhält[10]. Regelmäßig wird in der Praxis allerdings ein Fall der Auftragsdatenverarbeitung vorliegen, weil schon aus rechtlichen Gründen (zB wegen der Mitbest. des BR; Unabhängigkeit des Vorstands einer AG) die Entscheidungsbefugnisse trotz der Konzernbindungen letztlich bei der Tochtergesellschaft verbleiben. Außerdem kann man durch Vertragsgestaltung, insbesondere eindeutige Regelungen zum Weisungsrecht, sowie durch anschließende vereinbarungsgemäße Durchführung des Vertrags sicherstellen, dass von Auftragsdatenverarbeitung auszugehen ist. 24

Beispiele für **Auftragsdatenverarbeitung** sind die Auslagerung der **Lohn- und Gehaltsabrechnung**, weil damit keinerlei personalpolitische Entscheidungsbefugnisse verbunden sind, oder die Auslagerung der **Vorbereitung von Personalentscheidungen** auf **Personalberater** (zB zur Durchführung einer Vorauswahl unter Bewerbern), wenn ein differenzierter Entscheidungsbaum vorgegeben wird und die eigentlichen Personalentscheidungen beim ArbGeb verbleiben[11]. 25

---

1 Näher Arbeitsbericht der ad-hoc-Arbeitsgruppe „Konzerninterner Datentransfer“, S. 2 ff., www.rp-darmstadt.de (Pfad: Sicherheit & Ordnung/Datenschutz/Auslandstransfer); AnwK-ArbR/*Gola*, § 11 Rz. 2. | 2 Vgl. *Gola/Schomerus*, § 28 BDSG Rz. 10. | 3 AnwK-ArbR/*Gola*, § 11 BDSG Rz. 8. | 4 AnwK-ArbR/*Gola*, § 11 BDSG Rz. 5; Vertragsmuster zB bei *Schaffland/Wiltfang*, § 11 BDSG Anhang 1; s. auch die den Anforderungen des § 11 entsprechenden EU-Standardvertragsklauseln, Entscheidung der Kommission v. 27.12.2001 hinsichtlich Standardvertragsklauseln für die Übermittlung personenbezogener Daten an Auftragsverarbeiter in Drittländern nach der Richtlinie 95/46/EG, ABlEG v. 10.1.2002, Nr. L 6, S. 52. | 5 FaK-ArbR/*Scholz*, § 11 BDSG Rz. 2. | 6 FaK-ArbR/*Scholz*, § 11 BDSG Rz. 2. | 7 Weitere Einzelheiten bei *Gola/Schomerus*, § 11 BDSG Rz. 17 ff. | 8 *Sutschet*, RDV 2004, 97. | 9 *Gola/Schomerus*, § 11 BDSG Rz. 9. | 10 *Gola/Schomerus*, § 11 BDSG Rz. 9. | 11 FaK-ArbR/*Scholz*, § 11 BDSG Rz. 1; unklar *Gola/Wronka*, Handbuch zum Arbeitnehmerdatenschutz, Rz. 882.

26 **ee) Empfänger** ist jede Person oder Stelle, die Daten erhält (§ 3 VIII) und nicht mit dem Betroffenen identisch ist.

27 **ff) Aufsichtsbehörde.** Die Aufsichtsbehörden werden durch die Landesregierungen oder die von ihnen ermächtigten Stellen bestimmt (§ 38 VI). Diese Aufgabe wird in den **Ländern** von den Innenministerien (Baden-Württemberg, Brandenburg, Sachsen-Anhalt, Saarland), Regierungsbezirken bzw. -präsidien (Bayern, Hessen, Sachsen), dem Landesdatenschutzbeauftragten (Berlin, Bremen, Hamburg, Niedersachsen, Nordrhein-Westfalen, Mecklenburg-Vorpommern), dem Unabhängigen Landeszentrum für den Datenschutz (Schleswig-Holstein), dem zentralen Landesverwaltungsamt (Thüringen) oder der Aufsichts- und Dienstleistungsdirektion Trier (Rheinland-Pfalz) wahrgenommen[1]. Falls ArbGeb, zB durch Gestattung der Privatnutzung von E-Mail und Internet als Telekommunikationsdiensteanbieter anzusehen sind (vgl. Rz. 92), unterliegen sie der Aufsicht des Bundesbeauftragten für den Datenschutz (§ 115 IV TKG).

28 Die **örtliche Zuständigkeit** der Aufsichtsbehörden richtet sich gemäß den LVwVfG danach, in welchem Zuständigkeitsbezirk der Betrieb liegt (vgl. § 3 I Nr. 2 VwVfG).

29 Die Aufsichtsbehörde hat **zwei Funktionen**: Zum einen berät sie und unterstützt sich die Datenschutzbeauftragten (§ 4f) und die Unternehmen (§ 38 I 2). Zum anderen ist sie **„Datenschutzpolizei“** und **kontrolliert** gemäß § 38 I 1 die Einhaltung datenschutzrechtl. Bestimmungen (zB des BDSG, § 83 BetrVG). Die **Beratungsfunktion** steht in der Praxis im Vordergrund[2]. Die Datenschutzbehörden verstehen sich als Berater der Unternehmen und beantworten Anfragen üblicherweise sehr kooperativ und zügig. Auf den Internetseiten der Behörden finden sich zudem hilfreiche Informationsmaterialien. Praxisrelevant sind auch die Entschließungen des sog. **„Düsseldorfer Kreises“**. Die obersten Aufsichtsbehörden für den Datenschutz im nicht-öffentl. (privaten) Bereich haben sich nach dem Ort ihres ersten Zusammentreffens im Jahr 1977 als „Düsseldorfer Kreis“ benannt und tauschen sich regelmäßig zu aktuellen datenschutzrechtl. Themen aus und stimmen eine einheitliche Linie ab. Die wichtigsten Ergebnisse ihrer Treffen werden in Beschlüssen bekannt gemacht. Ein Verzeichnis mit den Beschlüssen des Düsseldorfer Kreises seit 2006 finden Sie im Internet beim Bundesbeauftragten für den Datenschutz und die Informationsfreiheit[3].

30 Zur Beratungsfunktion der Aufsichtsbehörden gehört auch das in Umsetzung von Art. 27 der EU-Datenschutz-RL in § 38a eingeführte **Anerkennungsverfahren für Datenschutzkonzepte und Verhaltensrichtlinien** (Codes of Conduct). Berufsverbände und andere Vereinigungen, die bestimmte Gruppen von verantwortlichen Stellen (§ 3 VII) vertreten (zB ArbGeb-Verbände, Gewerkschaften und Konzerne[4]) können einen Antrag auf Überprüfung von Verhaltensregeln durch die Aufsichtsbehörde auf die Vereinbarkeit mit Datenschutzrecht stellen; das Verfahren endet mit einem Verwaltungsakt[5].

31 Zur Durchsetzung ihrer **Kontrollfunktion** stehen der Aufsichtsbehörde zahlreiche Mittel zur Verfügung. Das Recht zur Einholung von Auskünften (§ 38 III), zum Betreten der Geschäftsräume und Vornahme von Prüfungen, Besichtigungen und Einsichtnahme (§ 38 IV) ist von den auskunftspflichtigen verantwortlichen Stellen zu beachten. Die Nichtbeachtung kann als **Ordnungswidrigkeit** sanktioniert werden (§ 43 I Nr. 10).

32 Werden Mängel festgestellt, kann die Aufsichtsbehörde durch **VA** die **Mängelbeseitigung** unter Setzung einer angemessenen Frist anordnen und durch **Zwangsgeld** durchsetzen. Bei schwerwiegenden Mitteln kann sie als ultima ratio den Einsatz einzelner Verfahren **untersagen** (vgl. § 38 V 1 u. 2). Ein sofortiges Verbot der Verarbeitungsverfahren ist also selbst bei gravierenden Sicherheitsmängeln nicht zulässig[6]. Abgesehen davon kann die Aufsichtsbehörde die Gewerbeaufsicht oder die Strafverfolgungsbehörden einschalten und den Betroffenen, um dessen personenbezogenen Daten es geht, über Verstöße unterrichten (vgl. § 38 I 6, VII). Sie hat zudem nach § 44 II ein eigenes **Strafantragsrecht**. Ferner kann sich die Abberufung des Datenschutzbeauftragten verlangen, wenn er nicht die erforderliche Fachkunde oder Zuverlässigkeit besitzt (§ 38 V 3 iVm. § 4f III 4 – s. §§ 4f, 4g Rz. 18). Das **Abberufungsverlangen** ist ein VA mit Drittwirkung, der sowohl von der verantwortlichen Stelle als auch vom Datenschutzbeauftragten angegriffen werden kann[7].

33 **2. Zentralnorm des § 4 I.** Ausgangspunkt bei der Prüfung eines datenschutzrechtlichen Sachverhalts ist stets das in § 4 I geregelte **Verbot mit Erlaubnisvorbehalt**. Jeder Umgang mit personenbezogenen Daten ist nur zulässig, wenn und soweit das BDSG oder eine andere Rechtsvorschrift dies erlaubt oder anordnet oder der Betroffene gemäß § 4a eingewilligt hat. Daten, die nicht in rechtlich zulässiger Weise erhoben werden (zB unter Verstoß gegen das BDSG oder das BetrVG), dürfen nicht gespeichert werden[8].

1 *Gola/Schomerus*, § 38 BDSG Rz. 29. | 2 So auch AnwK-ArbR/*Gola*, § 38 BDSG Rz. 13. | 3 www.bfdi.bund.de. | 4 *Gola/Schomerus*, § 38a BDSG Rz. 4. | 5 Näher *Gola/Schomerus*, § 38a BDSG Rz. 5 ff. | 6 AnwK-ArbR/*Gola*, § 38 BDSG Rz. 7. | 7 *Gola/Schomerus*, § 38 BDSG Rz. 28. | 8 BAG v. 22.10.1986 – 5 AZR 660/85, NZA 1987, 415.

a) Gesetzliche Erlaubnisnormen. Aufgrund der Subsidiarität des BDSG (§ 1 III 1) ist zunächst zu prüfen, ob sich aus anderen gesetzl. Vorschriften das **Verbot** (zB Geheimhaltungsvorschriften wie § 79 BetrVG, § 8 I 3 ASiG, § 17 UWG)[1] **oder** die **Erlaubnis** der Erhebung, Verarbeitung oder Nutzung ergibt. 34

aa) Allgemeines. Eine Erlaubnisnorm muss den jeweiligen Umgang eindeutig für zulässig erklären oder anordnen, dh. den Normadressaten dazu verpflichten. Dabei müssen die Art der Daten und der Verarbeitungszweck explizit benannt sein oder sich aus dem gesetzlichen Kontext ergeben[2]. Dies ist zB bei den Vorschriften der Fall, die den ArbGeb zur Speicherung oder Übermittlung von Personaldaten für staatliche Zwecke verpflichten[3]. Ausländische Regelungen (zB die US-amerikanischen Regelungen zur Pre-trial Discovery; Offenbarungspflichten nach dem Sarbanes-Oxley Act) sind keine Erlaubnisnormen iSd. § 4 I. Sie sind aber bei der Interessenabwägung nach § 28 I Nr. 2 zu berücksichtigen[4] (vgl. Rz. 46, 96). 35

bb) Erlaubnisnorm des § 28. Die Vorschriften der §§ 28 ff. finden im Arbeitsleben Anwendung, wenn der ArbGeb Personaldaten in Datenverarbeitungsanlagen zum Zwecke der Personalverwaltung und Erfüllung seiner Pflichten aus dem Arbeitsverhältnis erhebt, verarbeitet oder nutzt (§ 27 I). Die aus arbeitsrechtlicher Sicht relevanteste Erlaubnisnorm des BDSG iSd. § 4 I ist § 28, insb. Abs. 1 Nr. 1 und Abs. 1 Nr. 2. § 28 gilt für den Umgang mit Daten „für die **Erfüllung eigener Geschäftszwecke**" (vgl. § 28 I, VI, IX). Für die Erfüllung eigener Geschäftszwecke werden Daten verwendet, wenn sie Hilfsmittel zur Erfüllung bestimmter geschäftlicher, beruflicher oder gewerblicher Zwecke sind[5]. Diese Zwecke sind bei Gesellschaften typischerweise im Gesellschaftsvertrag (Satzung) geregelt. Die Speicherung und Verwendung von ArbN-Daten zur Durchführung des Arbeitsverhältnisses erfolgt in Erfüllung eigener Geschäftszwecke. Fremde Zwecke werden hingegen verfolgt, wenn die Personaldaten als Ware verwendet werden und der Umgang mit den Daten zum Selbstzweck wird (zB bei Datenübermittlung an Auskunfteien, zu Werbezwecken, zum Adresshandel, vgl. § 29)[6]. 36

Nach § 28 I 2 ist die verantwortliche Stelle verpflichtet, bei der Erhebung der Daten die Zwecke, für die die Daten verarbeitet oder genutzt werden sollen, konkret festzulegen. Dies sollte schriftlich dokumentiert werden[7]. § 28 II betrifft den Fall der späteren Zweckänderung oder -erweiterung. § 28 III erlaubt die Übermittlung und Nutzung für einen anderen als den ursprünglichen Zweck unter weiteren Voraussetzungen[8]. 37

Werden Daten **an Dritte übermittelt** (vgl. § 3 IV Nr. 3, VIII 2), darf der Dritte die Daten grundsätzlich nur für den Zweck verarbeiten oder nutzen, zu dessen Erfüllung sie ihm übermittelt werden (§ 28 V 1). Darauf hat ihn die übermittelnde Stelle hinzuweisen (§ 28 V 3). Eine Übermittlung an Dritte liegt allerdings im Falle der Auftragsdatenverarbeitung innerhalb der EU nicht vor (§ 3 VIII 3; Rz. 20 f.). 38

Hinsichtlich der sensiblen **besonderen Arten personenbezogener Daten iSd. § 3 IX** (zB Gesundheit, Gewerkschaftszugehörigkeit, Sexualleben, ethnische Herkunft, religiöse Überzeugung) sieht § 28 VI, IX bzw. VIII Sondervorschriften vor, die den allgemeinen Regelungen der § 28 I und II vorgehen. § 28 IX enthält eine Sonderregelung für die Speicherung personenbezogener Daten durch politisch, philosophisch, religiös oder gewerkschaftlich ausgerichtete Organisationen. Sie ist für die Speicherung von Personaldaten durch **Tendenzunternehmen** (zB Gewerkschaften, kirchliche Einrichtungen, Verlage) von Bedeutung. Danach ist der Umgang mit besonderen Arten personenbezogener Daten zulässig, soweit dies für die Tätigkeit der Organisation erforderlich ist (§ 28 IX 1). Die Speicherung von sensiblen Personaldaten zum Zwecke der Berufung auf Vorschriften, die einen Tendenzschutz vermitteln (zB § 9 AGG, § 118 BetrVG), ist also zulässig. 39

(1) Umgang mit Daten dient der Zweckbestimmung des Vertragsverhältnisses (§ 28 I Nr. 1). Nach § 28 I Nr. 1 ist das Speichern personenbezogener Daten zulässig im Rahmen der Zweckbestimmung eines Vertragsverhältnisses. Die Speicherung geschützter Daten liegt dann im Rahmen der Zweckbestimmung, wenn ein unmittelbarer Zusammenhang zwischen der beabsichtigten Speicherung und dem konkreten Verwendungszweck besteht, die Daten also zur Erfüllung des konkreten Vertragszwecks erforderlich sind. In die Privatsphäre des ArbN darf nicht tiefer eingedrungen werden, als es der Zweck des Arbeitsverhältnisses unbedingt erfordert. Maßgebend für die bei Datenspeicherungen im Rahmen der Zweckbestimmung des Arbeitsverhältnisses vorzunehmende **Interessenabwägung** der berechtigten Interessen des ArbGeb und der schutzwürdigen Belange des ArbN ist der Grundsatz der Verhältnismäßigkeit[9]. Schutzwürdige Belange der ArbN machen eine solche Datenverarbeitung noch nicht per se unzulässig. Die Grenze für die Zulässigkeit einer Datenverarbeitung ergibt sich vielmehr erst aus der Abwägung[10]. 40

§ 28 I Nr. 1 erlaubt die Erhebung, Speicherung und Nutzung personenbezogener ArbN-Daten, wenn und soweit dies **zur Durchführung des Arbeitsverhältnisses erforderlich** ist, dh. um die Pflichten erfüllen 41

---

1 ErfK/*Wank*, § 4 BDSG Rz. 4. | 2 BAG v. 3.6.2003 – 1 ABR 19/02, AP Nr. 1 zu § 89 BetrVG 1972; *Gola/Schomerus*, § 4 BDSG Rz. 8; ErfK/*Wank*, § 4 BDSG Rz. 3. | 3 Vgl. zB die Speicherungs- und Aufbewahrungsvorschriften in § 257 HGB, § 147 AO. | 4 Vgl. FaK-ArbR/*Scholz*, § 4 BDSG Rz. 2. | 5 Vgl. *Gola/Schomerus*, § 28 BDSG Rz. 4; *Simitis*, § 28 BDSG Rz. 22 f. | 6 *Schaffland/Wiltfang*, § 28 BDSG Rz. 3 ff.; *Simitis*, § 28 BDSG Rz. 22. | 7 *Gola/Schomerus*, § 28 BDSG Rz. 48. | 8 *Gola/Schomerus*, § 28 BDSG Rz. 49. | 9 BAG v. 22.10.1986 – 5 AZR 660/85, NZA 1987, 415 (416 f.). | 10 BAG v. 11.3.1986 – 1 ABR 12/84, NZA 1986, 526 (528).

und die Rechte geltend machen zu können, welche in gesetzlichen Vorschriften (insb. Arbeitsrecht, Sozialversicherungsrecht, Steuerrecht), Kollektivverträgen (insb. TV, BV) und Individualvereinbarungen mit dem ArbN (insb. Arbeitsvertrag) geregelt sind[1]. Für besondere Arten personenbezogener Daten iSd. § 3 IX ergibt sich dies aus § 28 VI Nr. 3[2]. Danach kann der ArbGeb zB folgende Daten über ArbN speichern:

- Stammdaten des ArbN wie Name und Adresse (vgl. § 2 I Nr. 1 NachwG);
- alle Daten, welche Arbeitsbedingungen iSd. § 2 I NachwG betreffen, wie zB Tätigkeit (Position, Titel, Vorgesetzter etc.), Arbeitsort (Abteilung, Betrieb etc.), Arbeitsentgelt (Entgeltgruppe, Vergütungsbestandteile, Zulagen, Zuschläge etc.), Arbeitszeit, Urlaub (Höhe des Urlaubsanspruchs, gewährter Urlaub etc.), Kündigungsfrist, Anwendbarkeit von TV (AT-Angestellter, Tarifmitarbeiter etc.) und BV (leitender Angestellter etc.), Beginn und Dauer des Arbeitsverhältnisses;
- alle Daten, die für die Personalplanung von Bedeutung sind (zB Ausbildung, Studium, Fortbildung, Berufserfahrung, Werdegang, Sprachkenntnisse)[3];
- alle Daten, die der Erfüllung oder Durchführung arbeitsrechtlicher Gesetze dienen (vgl. auch § 28 VI Nr. 3), zB Geschlecht (wegen MuSchG), Behinderung (wegen SGB IX), die Sozialauswahlkriterien nach § 1 III KSchG (Betriebszugehörigkeit, Alter, Unterhaltspflichten, Schwerbehinderung), alle geschützten Merkmale iSd. § 1 AGG (diese Daten darf der ArbGeb jedenfalls nach Einstellung des Mitarbeiters erheben zur Erfüllung der Schutzpflichten nach § 12 AGG – zum Fragerecht des ArbGeb Rz. 97) und Daten über krankheitsbedingte und sonstige Fehlzeiten (zB im Hinblick auf EZFG, § 84 II SGB IX, BEEG, MuSchG). Insoweit ist allerdings § 87 I Nr. 6 BetrVG zu berücksichtigen[4];
- alle Daten, die zur Erfüllung steuerrechtlicher Anzeigepflichten[5] und sozialversicherungsrechtlicher Meldepflichten (zB Versicherungsnummer, Name, Geburtsdatum, Staatsangehörigkeit, vgl. § 28a III SGB IV)[6] erforderlich sind;
- alle Daten, die dem ArbGeb eine Beurteilung der Leistung und des Verhaltens des ArbN im Arbeitsverhältnis ermöglichen (vgl. § 109 I 3 GewO). Insoweit ist das MitbestR des BR nach § 87 I Nr. 6 BetrVG zu beachten (Rz. 81);
- Veröffentlichung von ArbN-Daten im Internet, soweit dies zur Erfüllung der Arbeitsaufgabe (zB im Vertrieb, Einkauf) oder gesetzlicher Publikationspflichten (zB hinsichtlich des Impressums) erforderlich oder ansonsten üblich ist[7].

42 Diese Grundsätze werden durch die Rechtsprechung des BAG bestätigt. Danach darf der ArbGeb – zB in einem Personalfragebogen – nach folgenden ArbN-Daten fragen und diese anschließend speichern[8]: Geschlecht, Familienstand, Schulausbildung, Berufsausbildung und Sprachkenntnisse. Diese Daten dienen den Zwecken des Arbeitsverhältnisses, da sie für die Personalplanung, Personalauswahl oder Sozialauswahl bei betriebsbedingten Kündigungen erforderlich sind. Da diese Daten nichts über das Verhalten oder die Leistung des ArbN aussagen, bedarf es insoweit nicht der Zustimmung des BR nach § 87 I Nr. 6 BetrVG[9]. Hinsichtlich des Personalfragebogens ist allerdings § 94 BetrVG zu beachten (Rz. 104).

43 **Bewerberdaten** dürfen solange gespeichert werden, wie dies erforderlich ist, auch zum Zwecke der Abwehr möglicher Ansprüche abgelehnter Bewerber wegen angeblicher Verstöße gegen das Benachteiligungsverbot des § 7 I AGG (vgl. auch Rz. 77, 89). Die Ausschreibung von Stellen (vgl. § 11 AGG) und die Ablehnung von Bewerbern ist nicht zuletzt aufgrund der Beweislastregel des § 22 I AGG zu einer „gefahrgeneigten" und mit Haftungsrisiken verbundenen Tätigkeit geworden[10]. Da umstritten ist, ob die Ausschlussfristen nach § 15 IV AGG, § 61b I ArbGG auch für mit § 15 AGG konkurrierende Ansprüche gilt (zB § 280 I BGB iVm. § 7 I, III AGG; § 823 II BGB iVm. § 7 I AGG)[11], ist eine Speicherung über diese Ausschlussfristen hinaus bis zum Ablauf der regelmäßigen Verjährungsfrist (§ 195 BGB) zulässig[12].

44 **Nicht** der Zweckbestimmung des Arbeitsverhältnisses dient grundsätzlich die **Übermittlung** von ArbN-Daten vom ArbGeb **an andere Konzernunternehmen**. Denn diese Konzernunternehmen sind Dritte, wenn nicht ein Fall der Auftragsdatenverarbeitung innerhalb der EU vorliegt (vgl. § 3 VIII 3, Rz. 20 f.)[13]. Das BDSG kennt **kein „Konzernprivileg"**[14]. Die Datenübertragung an Dritte innerhalb des Konzerns kann nur ausnahmsweise nach § 28 I Nr. 1 zulässig sein, wenn es sich um ein Arbeitsverhältnis mit

1 Vgl. *Gola/Schomerus*, § 28 BDSG Rz. 14 ff.; AnwK-ArbR/*Gola*, § 28 BDSG Rz. 5 ff.; *Schaffland/Wiltfang*, § 28 BDSG Rz. 23 ff.; *Simitis*, § 28 BDSG Rz. 101 ff. | 2 AnwK-ArbR/*Gola*, § 28 BDSG Rz. 21. | 3 Vgl. BAG v. 22.10.1986 – 5 AZR 660/85, NZA 1987, 415. | 4 BAG v. 11.3.1986 – 1 ABR 12/84, NZA 1986, 526. | 5 Näher Küttner/*Huber*, Personalbuch 2007, Anzeigepflichten ArbGeb Rz. 6 ff. | 6 Näher Küttner/*Schlegel*, Personalbuch 2007, Meldepflichten ArbGeb Rz. 3 ff. | 7 *Gola/Schomerus*, § 28 BDSG Rz. 22b; FaK-ArbR/*Scholz*, § 28 BDSG Rz. 3. | 8 BAG v. 22.10.1986 – 5 AZR 660/85, NZA 1987, 415. | 9 BAG v. 22.10.1986 – 5 AZR 660/85, NZA 1987, 415. | 10 Vgl. nur *Diller*, NZA 2007, 1321; *Kania/Merten*, ZIP 2007, 8; *Lembke/Oberwinter*, AuA 2006, 727. | 11 Dafür *Bauer/Evers*, NZA 2006, 898 (903); dagegen ErfK/*Schlachter*, § 15 AGG Rz. 12. | 12 Vgl. *Simitis*, § 28 BDSG Rz. 129; aA *Gola/Schomerus*, § 28 BDSG Rz. 31; zum Ganzen auch *Moos/Bandehzadeh/Bodenstedt*, DB 2007, 1194. | 13 *Schaffland/Wiltfang*, § 28 BDSG Rz. 49 f. | 14 *Gola/Schomerus*, § 28 BDSG Rz. 10; FaK-ArbR/*Scholz*, § 28 BDSG Rz. 4; *Simitis*, § 2 BDSG Rz. 142 f.

Konzernbezug handelt (zB aufgrund einer Konzernversetzungsklausel – dazu § 106 GewO Rz. 74) oder wenn Personalentscheidungen im Wege der Funktionsübertragung (Rz. 24) zB von der Konzernmutter getroffen werden[1]. Die Datenübertragung kann aber ggf. gemäß § 28 I Nr. 2 gerechtfertigt sein[2] (Rz. 46).

(2) **Datenverwendung zur Wahrung berechtigter Interessen (§ 28 I Nr. 2).** Nach § 28 I Nr. 2 ist der Umgang mit personenbezogenen Daten von ArbN zur Erfüllung eigener Geschäftszwecke zulässig, soweit es zur Wahrung berechtigter Interessen des ArbGeb erforderlich ist und kein Grund zu Annahme besteht, dass das schutzwürdige Interesse des Betroffenen (ArbN) an dem Ausschluss der Verarbeitung oder Nutzung überwiegt. Erforderlich ist also eine Interessenabwägung. Allerdings wird § 28 I Nr. 2 **restriktiv ausgelegt** und **nicht** als **Auffangtatbestand** für Sachverhalte angesehen, die nicht mit Nr. 1 vereinbar sind[3]. 45

Konzerninteressen können dennoch berechtigte Interessen des ArbGeb sein[4]. Die Erstellung eines **konzernweit verfügbaren elektronischen Kommunikationsverzeichnisses** mit Namen der Mitarbeiter, dienstlicher Anschrift, Aufgabengebiet, dienstlicher Telefon- und Faxnummer sowie dienstlicher E-Mail-Adresse im Interesse einer reibungslosen konzerninternen Kommunikation wird grundsätzlich – wohl im Rahmen des § 28 I Nr. 2 – als zulässig angesehen[5]. Dasselbe gilt für konzernweite „Skill-Datenbanken“, um die Stellen bestmöglich besetzen zu können[6]. Datenerhebungen und -verarbeitungen im Rahmen von konzernweiten Reportingstrukturen (zB Ethikhotline, Meldepflicht als „Whistleblower“) zur Erfüllung allgemeiner Compliancevorgaben (zB US Sarbanes-Oxley Act, Corporate Governance Codex) können ebenfalls über § 28 I Nr. 2 gerechtfertigt werden[7] (vgl. Rz. 96). 46

Zur Übermittlung von ArbN-Daten im Rahmen einer **Due Diligence** Rz. 91. 47

cc) Datenübermittlung ins Ausland. Beim Datentransfer ins Ausland trägt die Verantwortung für deren Zulässigkeit die übermittelnde Stelle (§ 4b V). Die Stelle, an die die Daten übermittelt werden, ist auf den Zweck hinzuweisen, zu dessen Erfüllung die Daten übermittelt werden (vgl. §§ 4b VI, 4c I 2). 48

(1) **Innereuropäischer Datentransfer.** Gemäß § 4b I Nr. 1 ist der innereuropäische Datentransfer dem inländischen Datentransfer gleichgestellt. Insoweit gilt das Verbot mit Erlaubnisvorbehalt des § 4 I. 49

(2) **Datentransfer in Drittstaaten.** Werden Daten in Drittstaaten **außerhalb der EU** oder dem EWR (Liechtenstein, Norwegen, Island) übermittelt[8], ist auf einer **ersten Stufe** die Zulässigkeit des Datentransfers nach den allgemeinen Vorschriften (insb. § 4 I, §§ 28–30) ohne Berücksichtigung des Drittstaatenbezugs zu prüfen (§ 4b II 1 iVm. I). 50

Sodann muss auf einer **zweiten Stufe** geprüft werden, ob ein schutzwürdiges Interesse des Betroffenen der Datenübermittlung entgegensteht. Dies ist insbesondere der Fall, wenn beim Empfänger im Drittstaat ein **angemessenes Datenschutzniveau**, das dem des BDSG in materieller und prozessualer Hinsicht im Wesentlichen gleichwertig ist[9] (vgl. auch § 4b III), nicht gewährleistet ist (§ 4b II 2). Die EU-Kommission hat gemäß Art. 25 VI, 31 II EU-Datenschutz-RL verbindlich festgestellt, dass in verschiedenen Drittstaaten (Schweiz, Kanada, Argentinien, Guernsey, Isle of Man) ein angemessenes Datenschutzniveau herrscht[10]. Für die **USA** gilt dies, falls sich das Unternehmen, an das die Daten übermittelt werden, den **„Safe Harbor“-Grundsätzen** des US Department of Commerce unterwirft und auf der Safe-Harbor-Liste[11] registrieren lässt[12]. Ein angemessenes Datenschutzniveau besteht auch dann, wenn zwischen den verantwortlichen Stellen die von der **EU-Kommission** verabschiedeten **Standardvertragsklauseln** ohne Modifikation (sonst gilt § 4c II)[13] vereinbart werden[14]. 51

1 *Gola/Schomerus*, § 28 BDSG Rz. 10; AnwK-ArbR/*Gola*, § 28 BDSG Rz. 3; FaK-ArbR/*Scholz*, § 28 BDSG Rz. 4. | 2 Näher Arbeitsbericht der ad-hoc-Arbeitsgruppe „Konzerninterner Datentransfer“, www.rp-darmstadt.de (Pfad: Sicherheit & Ordnung/Datenschutz/Auslandstransfer). | 3 *Simitis*, § 28 BDSG Rz. 133 f. | 4 *Schaffland/Wiltfang*, § 28 BDSG Rz. 85. | 5 Arbeitsbericht der ad-hoc-Arbeitsgruppe „Konzerninterner Datentransfer“, S. 11 f., www.rp-darmstadt.de (Pfad: Sicherheit & Ordnung/Datenschutz/Auslandstransfer); *Gola/Schomerus*, § 4b BDSG Rz. 8, § 28 BDSG Rz. 22b. | 6 *Gola/Schomerus*, § 4b BDSG Rz. 8. | 7 *Gola/Schomerus*, § 4b BDSG Rz. 8. | 8 Nach EuGH v. 6.3.2003 – C-101/01, EuZW 2004, 245 liegt keine Übermittlung in ein Drittland vor, wenn personenbezogene Daten bei einem Host-Service-Provider in der EU auf einer überall abrufbaren Internetseite hochgeladen und gespeichert werden. | 9 Vgl. *Simitis*, § 4b BDSG Rz. 52 ff. | 10 *Gola/Schomerus*, § 4b BDSG Rz. 14; die relevanten Dokumenten finden sich unter http://ec.europa.eu/justice_home/fsj/privacy/thridcountries/index_de.htm. | 11 Abrufbar unter www.export.gov/safeharbor. | 12 Entscheidung der Kommission vom 26.7.2000, ABlEG v. 25.8.2000, Nr. L 215, S. 7; Berichtigung in ABlEG v. 25.4.2001, Nr. L 115, S. 14; dazu *Giesen* in Besgen/Prinz, Neue Medien und Arbeitsrecht § 11 Rz. 57 ff.; *Klug*, RDV 2000, 212; *Räther/Seitz*, MMR 2002, 425 (427 ff.); *Simitis*, § 4b BDSG Rz. 70 ff. | 13 *Gola/Schomerus*, § 4c BDSG Rz. 14. | 14 Entscheidung der Kommission v. 15.6.2001 hinsichtlich Standardvertragsklauseln für die Übermittlung personenbezogener Daten in Drittländer nach der Richtlinie 95/46/EG, ABlEG v. 4.7.2001, Nr. L 181, S. 19; Entscheidung der Kommission v. 27.12.2004 zur Änderung der Entscheidung 2001/497/EG bezüglich der Einführung alternativer Standardvertragsklauseln für die Übermittlung personenbezogener Daten in Drittländer; ABlEG v. 29.12.2004, Nr. L 385, S. 74; Entscheidung der Kommission v. 27.12.2001 hinsichtlich Standardvertragsklauseln für die Übermittlung personenbezogener Daten an Auftragsverarbeiter in Drittländern nach der Richtlinie 95/46/EG, ABlEG v. 10.1.2002, Nr. L 6, S. 52; s. auch die Handreichung des Düsseldorfer Kreises zur rechtlichen Bewertung von Fallgruppen zur international Auftragsdatenverarbeitung, http://www.rp-darmstadt.hessen.de (Pfad: Sicherheit & Ordnung/Datenschutz/Auslandsdatentransfer).

52 Ist im Drittstaat ein **angemessenes Schutzniveau nicht** gewährleistet (zB bei Übermittlung an ein Unternehmen in den USA, das sich nicht „Safe Harbor" unterworfen hat), ist ein Datentransfer auf der zweiten Stufe dennoch **unter den Voraussetzungen des § 4c** (vgl. Art. 26 der RL) zulässig, also insb. im Falle der **Einwilligung** des Betroffenen (§ 4c I Nr. 1 iVm. § 4a)[1] oder der **Ausnahmegenehmigung** durch die Aufsichtsbehörde (§ 4c II). Letztere setzt ausreichende Garantien hinsichtlich des Schutzes des Persönlichkeitsrechts und der Ausübung der damit verbundenen Rechte (vgl. Rz. 77) voraus. Diese Garantien können sich aus **Vertragsklauseln** (zB den modifizierten Standardvertragsklauseln) oder **verbindlichen Unternehmensregelungen** (zB Code of Conduct, IT Policy) ergeben (§ 4c II 1 Hs. 2)[2].

53 **b) Andere Rechtsvorschriften.** § 4 I schlägt die **Brücke zwischen Datenschutzrecht und Arbeitsrecht**. „Andere Rechtsvorschrift" iSd. § 4 I können auch die Rechtsnormen eines **TV** oder einer **BV** (bzw. DV) sein[3]. Denn sie sind Gesetze im materiellen Sinne (vgl. § 4 I 1 TVG; § 77 IV 1 BetrVG). Die gilt auch, wenn eine BV auf einem Spruch der Einigungsstelle beruht (vgl. § 77 I 1 BetrVG). Abgesehen davon, dass bei datenschutzrelevanten Sachverhalten in der Regel MitbestR des BR einschlägig sind (s.u. Rz. 80 ff.), stellt eine BV grundsätzlich eine geeignete Erlaubnisnorm für die Erhebung, Verarbeitung und Nutzung personenbezogener Personaldaten dar. Werden ArbN in einem betriebsratslosen Betrieb nicht durch den KBR oder GBR mitvertreten (vgl. §§ 58 I, 50 I BetrVG), bleibt häufig nur der aufwendige Weg, jeden einzelnen ArbN um seine Einwilligung (§ 4a) zu ersuchen[4].

54 Nach Auffassung des BAG können TV und BV (bzw. DV) auch zuungunsten der ArbN von den Vorschriften des BDSG abweichen[5]. Sie sind nicht darauf beschränkt, nur unbestimmte Rechtsbegriffe des BDSG unter Berücksichtigung der betriebl. Besonderheiten näher zu konkretisieren oder den Datenschutz der ArbN zu verstärken. Der Datenschutz nach dem BDSG ist gegenüber den genannten anderen Rechtsvorschriften nicht unabdingbarer Mindeststandard, der durch TV oder BV nur zugunsten der ArbN verbessert werden könnte. Datenschutzrechtl. Regelungen in TV oder BV müssen sich aber im Rahmen der Regelungsautonomie der TV-Parteien bzw. der Betriebspartner halten und die für diese Autonomie geltenden, sich aus grundgesetzl. Wertungen, zwingendem Gesetzesrecht und den allgemeinen Grundsätzen des Arbeitsrechts ergebenden Beschränkungen beachten. Sie müssen insb. den Grundsätzen über den Persönlichkeitsschutz des ArbN im Arbeitsverhältnis Rechnung tragen (vgl. auch § 75 II BetrVG)[6].

55 **Inhaltlich** sollte eine BV, welche die Erhebung, Verarbeitung oder Nutzung personenbezogener Daten erlaubt, insbesondere die Art der Daten und den Verarbeitungszweck angeben sowie die technischen und organisatorischen Datenschutzmaßnahmen (vgl. § 9 mit Anlage), die Rechte der ArbN (vgl. §§ 33–35) und die Kontrollmöglichkeiten des BR und des betriebl. Datenschutzbeauftragten regeln.

56 Bei der **Übermittlung** personenbezogener Daten **an Dritte** (zB Konzernunternehmen) **in Drittstaaten** ist nach Auffassung der Aufsichtsbehörden das Vorliegen einer BV alleine keine ausreichende Rechtsgrundlage[7]. Die Aufsichtsbehörden verlangen zusätzlich noch das Vorliegen eines **Vertrages** zwischen den Beteiligten (analog § 11), durch den sichergestellt werden soll, dass sich die Dritten an die datenschutzrechtl. Verpflichtungen aus der BV und dem deutschen Datenschutzrecht halten[8]. Abgesehen davon sind die §§ 4b, 4c zu beachten (Rz. 50 ff.).

57 **c) Einwilligung (§ 4a).** Die Einwilligung, dh. die **vorherige** Zustimmung des Betroffenen (§ 183 BGB) ist eine weitere Erlaubnisgrundlage für die Erhebung, Verarbeitung oder Nutzung der personenbezogenen Daten. Sie ist im arbeitsrechtlichen Kontext insbesondere erforderlich, wenn eine BV als Rechtsgrundlage nicht in Betracht kommt, insbesondere also bei **leitenden Angestellten** (§ 5 III BetrVG) und bei ArbN in **Betrieben ohne BR**, die nicht vom KBR oder GBR mitrepräsentiert werden (vgl. §§ 58 I, 50 I BetrVG).

58 **aa) Freiwilligkeit.** Mit der Einwilligung übt der Betroffene sein Recht auf informationelle Selbstbestimmung (Rz. 2) aus. Daher ist die Einwilligung nur wirksam, wenn sie **freiwillig** (§ 4a I 1) und auf **hinreichender Informationsgrundlage** (vgl. § 4a I 2, III) gegeben wird. Die Einwilligung ist ein einseitiges empfangsbedürftiges Rechtsgeschäft[9] und setzt daher Geschäftsfähigkeit (§§ 104 ff. BGB) und nicht nur bloße Einwilligungsfähigkeit voraus[10]. Sie kann jederzeit unter Beachtung des Grundsatzes von Treu und Glauben mit Wirkung ex nunc schriftlich **widerrufen** werden[11].

---

1 Dazu *Räther/Seitz*, MMR 2002, 425 (431 ff.). | 2 Näher dazu *Gola/Schomerus*, § 4c BDSG Rz. 10 ff. | 3 BAG v. 27.5.1986 – 1 ABR 48/84, NZA 1986, 643 (646); v. 20.12.1995 – 7 ABR 8/95, NZA 1996, 945 (947); v. 25.6.2002 – 9 AZR 405/00, NZA 2003, 275 (279); *Fitting*, § 83 BetrVG Rz. 29 f. | 4 Vgl. *Lembke*, CoPers 6/2005, 24 (25). | 5 BAG v. 27.5.1986 – 1 ABR 48/84, NZA 1986, 643 (646); *Schaffland/Wiltfang*, § 4 BDSG Rz. 3; aA die Aufsichtsbehörden, so *Gola/Schomerus*, § 4 BDSG Rz. 10a. | 6 BAG v. 27.5.1986 – 1 ABR 48/84, NZA 1986, 643 (646 f.). | 7 Vgl. AnwK-ArbR/*Gola*, § 4c BDSG Rz. 4; aA *Giesen* in Besgen/Prinz, Neue Medien und ArbR, § 11 Rz. 6. | 8 Vgl. abgestimmte Positionen der Aufsichtsbehörden in der AG „Internationaler Datenverkehr" am 12./13. Februar 2007, http://www.rp-darmstadt.hessen.de (Pfad: Sicherheit & Ordnung/Datenschutz/Auslandsdatentransfer); vgl. auch *Gola/Schomerus*, § 4b BDSG Rz. 4, § 4c BDSG Rz. 10; *Däubler*, RDV 1998, 96 mit Praxisbeispiel. | 9 *Schaffland/Wiltfang*, § 4a BDSG Rz. 2; vgl. *Jauernig*, § 182 BGB Rz. 3. | 10 *Simitis*, § 4a BDSG Rz. 20 ff.; aA *Schaffland/Wiltfang*, § 4a BDSG Rz. 21; ErfK/*Wank*, § 4a BDSG Rz. 1. | 11 AnwK-ArbR/*Gola*, § 4a BDSG Rz. 9; *Schaffland/Wiltfang*, § 4a BDSG Rz. 26 ff.; *Simitis*, § 4a BDSG Rz. 94 ff.

Bei der Auslegung des § 4a ist die europarechtl. Definition in Art. 2h der EU-Datenschutz-RL zu beachten. Danach ist unter Einwilligung der betroffenen Person „jede Willensbekundung“ zu verstehen, „die **ohne Zwang** für den konkreten Fall und in Kenntnis der Sachlage erfolgt und mit der die betroffene Person akzeptiert, dass personenbezogene Daten, die sie betreffen, verarbeitet werden.“ 59

Die Freiwilligkeit der von einem ArbN gegenüber seinem ArbGeb gegebenen Einwilligung wird vielfach 60 aufgrund der „strukturellen Überlegenheit“ des ArbGeb in Zweifel gezogen[1]. Das kann allerdings nicht bedeuten, dass im Arbeitsverhältnis oder in dessen Anbahnung keine wirksame Einwilligung erteilt werden kann. ArbN sind durch das geltende Arbeitsrecht (zB KSchG, §§ 305 ff. BGB) so umfangreich geschützt, dass nicht generell davon ausgegangen werden kann, sie könnten keine Einwilligung geben, die auf ihrer „freien Entscheidung“ (vgl. § 4a I 1) beruht. Andernfalls würde man die betroffenen ArbN entmündigen. Allenfalls kann man ein Koppelungsverbot fordern und die Freiwilligkeit bezweifeln, wenn die Einwilligung als Voraussetzung für bestimmte Leistungen vom ArbGeb verlangt wird[2]. Daher sollten ArbGeb die Koppelung von Einwilligung und Arbeitsvertragsabschluss oder Zuwendung von Entgeltbestandteilen nicht praktizieren. Hilfreich kann auch der Hinweis auf die jederzeitige Widerrufsmöglichkeit in dem Einwilligungsformular sein.

Nach hM kann der ArbGeb durch die Einwilligung des ArbN oder Bewerbers sein Fragerecht nicht 61 erweitern[3]. Richtig an dieser These ist, dass dem ArbN ein Lügerecht zusteht, wenn der ArbGeb sein Fragerecht überschreitet (Rz. 97). Gibt der ArbN oder Bewerber aufgrund einer wirksam erteilten Einwilligung jedoch richtige Antworten, können die damit verbundenen Daten auf Grundlage der Einwilligung – entgegen der hM – auch erhoben, verarbeitet oder genutzt werden.

bb) Hinweispflichten und Inhalt der Einwilligung. In inhaltlicher Hinsicht muss der Betroffene gemäß 62 § 4a I 2 vor Abgabe seiner Einwilligung auf den vorgesehenen Zweck der Erhebung, Verarbeitung und/ oder Nutzung hingewiesen werden. Um eine **informierte Entscheidung** des Betroffenen zu ermöglichen, muss das Einwilligungsformular konkrete Angaben zur **Identität der verantwortlichen Stelle**, **Zweckbestimmung** der Erhebung, Verarbeitung oder Nutzung, zu den betreffenden personenbezogenen Daten oder der **Art der Daten** sowie zu den Empfängern oder den **Kategorien von Empfängern** (vgl. auch § 4 III) enthalten[4]. Sofern beim Empfänger kein **adäquates Schutzniveau** gegeben ist (zB in Drittländern wie den USA, vgl. § 4b II, III) oder dies durch eine Vertragslösung hergestellt wird, ist darauf ebenfalls hinzuweisen[5]. Der Betroffene ist zudem auf sein Verlangen oder, soweit es nach den Umständen erforderlich ist, auf die Folgen der Verweigerung der Einwilligung hinzuweisen (§ 4a I 2). Ist die Einwilligung zB Voraussetzung für den Abschluss des Arbeitsvertrags, so ist das deutlich zu machen[6]; allerdings ist in einem solchen Fall die Freiwilligkeit der Einwilligung fraglich (vgl. Rz. 60). Die Hinweispflicht besteht nicht, wenn der Betroffene seine Daten von sich aus zur Verfügung stellt und dabei – zumindest konkludent – seine Einwilligung für bestimmte Zwecke erklärt[7].

Soweit **besondere Arten personenbezogener Daten** (§ 3 IX) erhoben, verarbeitet oder genutzt werden, 63 ist dies explizit anzuführen, weil sich die Einwilligung ausdrücklich auf diese Daten beziehen muss (§ 4a III).

cc) Schriftform. § 4a I 3 regelt ein Schriftformerfordernis, dem Warn-, Informations- und Beweis- 64 funktion zukommt. Die Einwilligung bedarf zu ihrer Wirksamkeit grundsätzlich der Schriftform iSd. § 126 BGB, ansonsten ist sie nichtig (§ 125 S. 1 BGB). **Etwas anderes gilt** jedoch, wenn „wegen **besonderer Umstände** eine andere Form angemessen ist“. Davon kann zB ausgegangen werden, wenn die Verarbeitung der Daten im Interesse des Betroffenen liegt, wenn Eilbedürftigkeit gegeben ist, wenn schwerwiegende Interessen der verantwortlichen Stelle bei Einhaltung der Formvorschrift unzumutbar beeinträchtigt würden und die Gefahr von Nachteilen für den Betroffenen gering sind, wenn im Rahmen längerer Geschäftsbeziehungen nach Erteilung einer schriftliche Einwilligung spätere Datenverarbeitungen rügelos hingenommen werden oder bei elektronischer Korrespondenz (zB über Internet, Intranet)[8].

Soll die Einwilligung **zusammen mit anderen Erklärungen** schriftlich abgegeben werden, so ist sie 65 besonders hervorzuheben (§ 4a I 4). Wenn die Einwilligung in vorformulierten Vertragsbedingungen (zB im Rahmen eines standardisierten Arbeitsvertrags) abgegeben werden soll, sind insoweit mindestens dieselben Anforderungen zu stellen wie die des Verbots überraschender Klauseln (§ 305c I BGB) und des Transparenzgebots (§ 307 I 2 BGB)[9]. Wird ein ArbN um seine Einwilligung ersucht, sollte die Einwilligungserklärung daher vorsorglich nicht bloß als eigenständiger Paragraf des Arbeitsvertrags ausgestaltet sein[10], sondern besser als gesonderte Erklärung (zB als Anlage zum Arbeitsvertrag) abgegeben

1 Vgl. *Gola/Schomerus*, § 4 BDSG Rz. 16; § 4a BDSG Rz. 6; FaK-ArbR/*Scholz*, § 4a BDSG Rz. 3. | 2 So *Simitis*, § 4a BDSG Rz. 63. | 3 AnwK-ArbR/*Gola*, § 4a BDSG Rz. 2; FaK-ArbR/*Scholz*, § 4a BDSG Rz. 3; ErfK/*Wank*, § 4a BDSG Rz. 1. | 4 Vgl. *Schaffland/Wiltfang*, § 4a BDSG Rz. 11 f., 19; *Simitis*, § 4a BDSG Rz. 70 ff. | 5 Vgl. FaK-ArbR/*Scholz*, § 4a BDSG Rz. 2. | 6 AnwK-ArbR/*Gola*, § 4a BDSG Rz. 5. | 7 AnwK-ArbR/*Gola*, § 4a BDSG Rz. 6. | 8 *Schaffland/Wiltfang*, § 4a BDSG Rz. 5. | 9 Vgl. dazu BAG v. 8.8.2007 – 7 AZR 605/06, Rz. 27, 33; s. auch *Simitis*, § 4a BDSG Rz. 40. | 10 So aber AnwK-ArbR/*Gola*, § 4a BDSG Rz. 8.

werden[1]. In jedem Fall ist aber eine drucktechnische Absetzung der Einwilligung vom übrigen Text (zB durch Fettdruck, Einrahmung) erforderlich.

66 **dd) Mitbest. des BR.** Benutzt der ArbGeb ein Formular für die Einholung von Einwilligungen bei den ArbN, unterliegt dieses nach hL der Mitbest. nach § 94 I BetrVG hinsichtlich Personalfragebögen[2]. Unter einem Personalfragebogen iSd. § 94 I BetrVG versteht man die formularmäßige Zusammenfassung von Fragen über die persönlichen Verhältnisse, insbesondere Eignung, Kenntnisse und Fähigkeiten einer Person, unabhängig davon, ob der Befragte den Fragebogen selbst ausfüllt oder der Fragende die Antworten auf die Fragen schriftlich festhält[3]. Unerheblich ist auch, ob der Fragebogen von einer ausländischen Konzernmutter kommt[4]. § 94 I BetrVG bezieht sich aber wohl nicht nur auf die persönlichen Verhältnisse (zum Begriff oben Rz. 13) des ArbN, sondern auf formalisierte Informationserhebungen über personenbezogene ArbN-Daten aller Art[5]. Im Hinblick auf **Einwilligungsformulare** greift § 94 I BetrVG also ein, soweit aus der Einwilligungserklärung nach § 4a konkrete Fragen zu Erhebung personenbezogener Daten des ArbN oder Bewerbers hergeleitet werden können. Dies wird angesichts der Konkretisierungserfordernisse hinsichtlich der Einwilligung (Rz. 62 f.) regelmäßig der Fall sein. Praktisch dürfte die Frage der Mitbestimmungspflicht hinsichtlich Einwilligungsformularen allerdings nicht von großer Bedeutung sein, weil der Umgang mit personenbezogenen Daten regelmäßig ohnehin mitbestimmungspflichtig nach § 87 I Nr. 6 BetrVG ist (Rz. 81).

67 **d) Grundsatz der Direkterhebung (§ 4 II).** Sollen personenbezogene Daten über eine Person erhoben werden (zB durch Befragen, Ausfüllen von Fragebögen, Anfordern von Unterlagen, Anhören, Beobachten, vgl. § 3 III), muss neben dem in § 4 I normierten Erfordernis einer Erlaubnisgrundlage für die Datenerhebung (zB § 28 I) der Grundsatz der Direkterhebung (§ 4 II 1) beachtet werden. Die Daten dürfen also nur in den Fällen des § 4 II 2 ohne Mitwirkung des Betroffenen erhoben werden. Dies ist im Arbeitsrecht zB bei Bewerbern zu beachten. Die Einschaltung von Detektiven zur Aufdeckung von Vertragsverletzungen kann allerdings nach § 4 II 2 gerechtfertigt sein[6].

68 **e) Unterrichtungspflicht bei der Datenerhebung beim Betroffenen (§ 4 III).** Im Falle der Direkterhebung von Daten beim Betroffenen verlagert § 4 III die Benachrichtigungspflicht des § 33 I nach vorne in die Phase der Erhebung. Er ist über die in § 4 III genannten Punkte zu unterrichten, sofern er nicht bereits auf andere Weise Kenntnis erlangt hat oder die Punkte so offenkundig sind, dass man in praktischer Hinsicht eine Kenntnis unterstellen kann (zB Weitergabe von Personaldaten an den BR)[7]. Die Weitergabe von Daten an Auftragsdatenverarbeiter ist offenzulegen, wie zB im Falle der Outsourcings der Gehaltsabrechnung oder der Personaldatenverarbeitung durch ein Konzernunternehmen[8]. Allerdings hat der Verstoß gegen § 4 III praktisch keine Konsequenzen[9].

69 **3. Pflichten des ArbGeb.** Der ArbGeb muss nach dem BDSG einige organisatorische Maßnahmen treffen, um eine unzulässige Datenerhebung, -verarbeitung oder -nutzung zu vermeiden oder zu beseitigen. Insoweit hat er insbesondere die folgenden Pflichten zu beachten:

70 Nach § 5 S. 2 hat er alle **bei der Datenverarbeitung beschäftigten Personen auf** das **Datengeheimnis** zu **verpflichten**, dh. es ist ihnen zu untersagen, personenbezogene Daten unbefugt zu erheben, zu verarbeiten oder zu nutzen (s. § 5 Rz. 3).

71 § 4f I bestimmt, dass nicht-öffentl. Stellen (§ 2 IV), dh. ArbGeb der Privatwirtschaft, einen **Beauftragten für den Datenschutz** zu **bestellen** haben, insb. wenn sie mindestens zehn Personen ständig mit der automatisierten Verarbeitung (§ 3 II 1) personenbezogener Daten beschäftigen (vgl. § 4f Rz. 2). Besteht keine Verpflichtung zur Bestellung des Datenschutzbeauftragten, so hat der Leiter der nicht-öffentl. Stelle die Einhaltung der Datenschutzbestimmungen zu gewährleisten und zu überwachen (§ 4g IIa).

72 Werden personenbezogene Daten von ArbN im Rahmen einer **Auftragsdatenverarbeitung** durch einen Auftragnehmer erhoben, verarbeitet oder genutzt (§ 11), so bleibt der ArbGeb (Auftraggeber) verantwortliche Stelle (§ 3 VII), dh. die Tätigkeit des Auftragnehmers wird ihm datenschutzrechtlich zugerechnet. Der ArbGeb als Auftraggeber ist verpflichtet, den Auftragnehmer **sorgfältig auszuwählen** (§ 11 II 1) und zu **überwachen**, zB sich von der Einhaltung der vereinbarten technischen und organisatorischen Datenschutzmaßnahmen zu überzeugen (§ 11 II 4).

73 Ferner ist der Unternehmer nach Maßgabe des **§ 4d** verpflichtet, vor Inbetriebnahme von Verfahren automatisierter Verarbeitungen (§ 3 II) der zuständigen Aufsichtsbehörde (§ 38 VI) eine **Meldung nach § 4e** zu machen. Die Pflicht entfällt bei Bestellung eines Datenschutzbeauftragten (§ 4d II) oder wenn die Daten nur zu eigenen Zwecke erhoben, verarbeitet oder genutzt, höchstens neue Personen damit beschäftigt sind und die Datenerhebung, -verarbeitung oder -nutzung kraft Einwilligung der Betroffenen

1 So auch *Simitis*, § 4a BDSG Rz. 41; ErfK/*Wank*, § 4a BDSG Rz. 2. | 2 *Fitting*, § 94 BetrVG Rz. 12, 27; DKK/*Klebe*, § 94 BetrVG Rz. 27; aA *Lambrich/Cahlik*, RDV 2002, 287. | 3 BAG v. 21.9.1993 – 1 ABR 28/93, NZA 1994, 375 (376). | 4 Hess. LAG v. 5.7.2001 – 5 TaBV 153/00, NZA-RR 2002, 200. | 5 ErfK/*Kania*, § 94 BetrVG Rz. 2. | 6 AnwK-ArbR/*Gola*, § 4 BDSG Rz. 9. | 7 AnwK-ArbR/*Gola*, § 4 BDSG Rz. 11. | 8 AnwK-ArbR/*Gola*, § 4 BDSG Rz. 12. | 9 Näher *Gola/Schomerus*, § 4 BDSG Rz. 46 ff.; *Schaffland/Wiltfang*, § 4 BDSG Rz. 17.

(§ 4a) oder nach § 28 I Nr. 1 zulässig ist (§ 4d III). Die Verletzung der Meldepflicht ist bußgeldbewehrt (§ 43 I Nr. 1).

4. Rechte des ArbN. Der Betroffene hat verschiedene datenschutzspezifische Rechte: 74

a) Benachrichtigungsanspruch. Der Informationsanspruch aus § 33 ist kaum praxisrelevant, weil er nicht gilt, wenn die Daten mit Kenntnis des Betroffenen gespeichert werden (vgl. § 33 I 1) oder der Betroffene auf andere Weise Kenntnis von der Speicherung oder Übermittlung hat (§ 33 II Nr. 1). 75

b) Auskunftsanspruch. Ein ArbN kann vom ArbGeb nach Maßgabe des § 34 Auskunft über die dort genannten Daten verlangen. Die Auskunft ist grundsätzlich schriftlich (§ 34 III) und unentgeltlich (§ 34 V) zu erteilen. Der Auskunftsanspruch kann nicht individual- oder kollektivvertraglich abbedungen oder beschränkt werden (§ 6 I). Ein Verstoß gegen die Auskunftspflicht ist nicht als Ordnungswidrigkeit sanktioniert. Neben § 34 besteht das Recht des ArbN zur Einsicht in die Personalakte gemäß § 83 I 1 BetrVG (vgl. Rz. 103). 76

c) Berichtigung, Löschung und Sperrung. Unrichtige Daten sind zu **berichtigen** (§ 35 I). Die **Löschung**, dh. das Unkenntlichmachen von gespeicherten Daten (§ 3 IV Nr. 5), ist unter den Voraussetzungen des § 35 II erforderlich. Dies ist zB gemäß § 35 II Nr. 3 bei einer **Abmahnung** der Fall, die sich durch Zeitablauf erledigt hat[1], oder bei **Bewerberdaten**, an denen der ArbGeb kein berechtigtes Aufbewahrungsinteresse mehr hat[2] (vgl. Rz. 43). An die Stelle der Löschung tritt unter den Voraussetzungen des § 35 III, IV die **Sperrung**, dh. das Kennzeichnen gespeicherter personenbezogener Daten, um ihre weitere Verarbeitung oder Nutzung einzuschränken (§ 3 IV Nr. 4, § 35 VIII). Die Rechte auf Berichtigung, Löschung und Sperrung sind unabdingbar (§ 6 I). § 35 V regelt ferner das **Widerspruchsrecht** des Betroffenen in Umsetzung von Art. 14 der EU-Datenschutz-RL. 77

d) Strafantragsrecht. Nach § 44 II hat der Betroffene das Recht, einen Strafantrag bei gegen ihn gerichteten strafbaren Datenschutzverstößen zu stellen. 78

e) Schadensersatzanspruch. Nach § 7 hat der ArbN einen Schadensersatz gegen den ArbGeb, wenn dieser als verantwortliche Stelle dem ArbN durch eine unzulässige oder unrichtige Erhebung, Verarbeitung oder Nutzung seiner personenbezogenen Daten ein Schaden entsteht. Der Schadensersatzanspruch setzt **Verschulden**, dh. zumindest Fahrlässigkeit (§ 276 II BGB), voraus. Aus der Formulierung des § 7 S. 2 ergibt sich, dass die Beweislast für fehlendes Verschulden bei der verantwortlichen Stelle (dh. dem ArbGeb) liegt. In der Regel fehlt es allerdings bereits an einem nachweisbaren Schaden, so dass der Schadensersatzanspruch bei unzulässiger oder unrichtiger Verwendung personenbezogener Daten in der Praxis keine große Bedeutung hat. Neben § 7 kommen vertragliche oder deliktische (zB §§ 823 I, II, 831 BGB) Anspruchsgrundlagen in Betracht. Ein **Schmerzensgeldanspruch** gemäß § 253 II BGB ist allenfalls denkbar, wenn durch unzulässigen Umgang mit Daten ein schwerer rechtswidriger und schuldhafter Eingriff in das Persönlichkeitsrecht stattfindet und die Beeinträchtigung nicht in anderer Weise ausgeglichen werden kann[3]. 79

5. Datenschutzrechtlich relevante MitbestR des BR. Bei datenschutzrelevanten Sachverhalten kommen zahlreiche MitbestR des BR in Betracht. Deren Beachtung und der Abschluss entsprechender BV ist in praktischer Hinsicht bereits deshalb angezeigt, weil eine BV geeignete Erlaubnisnorm für die Erhebung, Verarbeitung oder Nutzung personenbezogener Daten iSd. § 4 I ist (Rz. 53). Bei Verletzung der MitbestR aus § 87 BetrVG steht dem BR zudem ein Anspruch auf **Unterlassung** der mitbestimmungswidrigen Maßnahmen zu[4]. Datenschutzrechtlich führt die Nichtbeachtung des MitbestR grds. zu einer Unzulässigkeit der Verarbeitung der durch die mitbestimmungswidrige Maßnahme erlangten Daten[5]. Allerdings führt der Verstoß gegen § 87 I BetrVG nicht automatisch zu einem **Beweisverwertungsverbot** (Rz. 110 f.)[6]. 80

a) § 87 I Nr. 6 BetrVG. Im Vordergrund steht das MitbestR nach § 87 I Nr. 6 BetrVG hinsichtlich der Einführung und Anwendung technischer Einrichtungen, die zur Verhaltens- und Leistungskontrolle der ArbN bestimmt (lies: geeignet; vgl. § 87 BetrVG Rz. 120) sind. Es schützt das allgemeine Persönlichkeitsrecht der ArbN auf kollektiver Ebene[7]. § 87 I Nr. 6 BetrVG ist bei der automatisierten Verarbeitung personenbezogener Daten regelmäßig einschlägig. Denn praktisch jede im Zusammenhang mit technischen Einrichtungen eingesetzte Software führt zur Erhebung von ArbN-Daten (zB Log-on, Log-off), deren Auswertung Rückschlüsse auf das Verhalten oder die Leistung zulassen[8]. Daher ist jeder Einsatz von Software sowie deren Änderung nach § 87 I Nr. 6 BetrVG mitbestimmungspflichtig. Wird das MitbestR nach § 87 I missachtet, steht dem BR ein allg. Unterlassungsanspruch zu (§ 87 Rz. 55 ff.). S. auch Rz. 90, 93, 106, 109 ff. 81

---

1 BAG v. 18.11.1986 – 7 AZR 674/84, NZA 1987, 418. | 2 Vgl. BAG v. 6.6.1984 – 5 AZR 286/81, NZA 1984, 321. | 3 Vgl. zur Geldentschädigung bei Persönlichkeitsrechtsverletzung BGH v. 5.10.2004 – VI ZR 255/03, NJW 2005, 215 (216 ff.); *Kasper*, NZA-RR 2003, 1 (2 ff.); ErfK/*Preis*, § 619a BGB Rz. 71. | 4 BAG v. 27.1.2004 – 1 ABR 7/03, NZA 2004, 556 (557). | 5 AnwK-ArbR/*Gola*, § 4 BDSG Rz. 13. | 6 BAG v. 27.3.2003 – 2 AZR 51/02, NZA 2003, 1193. | 7 Vgl. BAG v. 27.1.2004 – 1 ABR 7/03, NZA 2004, 556 (558). | 8 *Fitting*, § 87 BetrVG Rz. 246; *Hanau/Hoeren*, Private Internetnutzung durch Arbeitnehmer, S. 79; *Lembke*, CoPers 5/2006, 24.

82 **b) § 87 I Nr. 1 BetrVG.** Regelungen über die Datenerhebung und -übermittlung können unter das MitbestR des § 87 I Nr. 1 BetrVG fallen, sofern das sog. Ordnungsverhalten betroffen ist. Dies kann zB der Fall sein bei Regelungen über die Pflicht zur Attestvorlage[1], zur Führung formalisierter Krankengespräche zur Aufklärung eines überdurchschnittlichen Krankenstandes[2] oder zur Meldung von Pflichtverletzungen bei einer zuständigen Stelle[3]. S. auch Rz. 90, 93, 96, 106.

83 **c) § 94 BetrVG.** S. Rz. 66, 97, 98, 104.

84 **d) § 80 I Nr. 1 BetrVG.** Im Übrigen gehört das BDSG zu den Gesetzen iSd. § 80 I Nr. 1 BetrVG, deren Einhaltung und Durchführung der BR zu überwachen hat[4].

85 **e) Zuständiger BR.** Welcher BR jeweils für die Regelung des datenschutzrelevanten Sachverhalts zuständig ist, bestimmt sich nach den allgemeinen Regelungen der §§ 50, 58 BetrVG. Lässt sich der Zweck einer Regelung (zB Austausch von Mitarbeiterdaten zwischen Konzernunternehmen) nur durch eine einheitliche Regelung auf der Konzernebene erreichen, so ist der **KBR** zuständig[5]. Existiert kein KBR, ist bei konzernweiter Umsetzung einer mitbestimmungspflichtigen Maßnahme (zB Einführung einer Ethikrichtlinie) der **GBR** zuständig, wenn eine Regelung durch die örtlichen BR nicht möglich ist[6]. Der GBR ist zuständig, wenn ein unternehmenseinheitliches elektronisches Datenverarbeitungssystem erforderlich ist[7]. Zu beachten ist, dass KBR und GBR im Rahmen ihrer Zuständigkeit auch **Betriebe ohne BR** repräsentieren. Die entsprechenden KBV und GBV dienen dann auch in diesen Betrieben als Erlaubnisnorm iSd. § 4 I (vgl. oben Rz. 53).

86 **III. Rechtsfolgen bei Verstößen gegen das BDSG.** Datenschutzrechtl. Verstöße können zahlreiche Folgen haben. Zum einen ist die Erhebung, Verarbeitung oder Nutzung der Daten bei Nichteinhaltung der Erlaubnisgrundlagen unzulässig (§ 4 I). Zum anderen sieht das Gesetz hoheitliche Sanktionen als Ordnungswidrigkeiten (§ 43) oder gar Straftaten (§ 44; s. auch §§ 201 ff., 263a, 269, 270, 303a, 303b StGB, § 17 UWG) vor. Zudem können die Datenschutzaufsichtsbehörde (§ 38) und ggf. die Gewerbeaufsicht einschreiten (Rz. 31 f.). Auch der Betroffene hat Individualrechte, die er geltend machen kann (Rz. 74 ff.). Bei Verstößen gegen echte MitbestR des BR, welche dessen Zustimmung erfordern, droht ferner ein Unterlassungsanspruch des BR (Rz. 80 f.). Mit am gefährlichsten dürften aber die mit der nicht ordnungsgemäßen Behandlung von ArbN-Daten verbundenen immateriellen Schäden für das Unternehmen aufgrund der Verschlechterung des Betriebsklimas, Misstrauen in der Belegschaft, Reputationsverlust in der Öffentlichkeit etc. sein.

87 **IV. ABC der arbeitsrechtlich relevanten Themengebiete. 1. Background Checks.** Sie dienen der Überprüfung der Bewerber im Sinne einer „Pre-Employment Due Diligence“[8]. Es gelten die Grundsätze zum Fragerecht des ArbGeb (Rz. 97). Danach ist die Anforderung eines **polizeilichen Führungszeugnisses** von einem Bewerber unzulässig, weil sich dieses auch auf Strafen bezieht, die zum angestrebten Anstellungsverhältnis keinen konkreten Bezug aufweisen[9]. Die Vorlage einer **SCHUFA-Eigenauskunft** kann der ArbGeb zum Zwecke der Information über die wirtschaftlichen und finanziellen Verhältnisse des Bewerbers allenfalls verlangen, wenn es um eine Position geht, die besonderes Vertrauen erfordert, mit Zugriff auf erhebliche Vermögensgegenstände verbunden ist (zB Bankangestellte) oder in der ungeordnete Vermögensverhältnisse des ArbN sonstwie eine abstrakte Gefahr für das Vermögen des ArbGeb darstellen[10]. Fragen nach **Gesundheitszeugnissen** sind nur zulässig, wenn sie sich auf Erkrankungen beziehen, die zu einer dauerhaften Gefährdung oder Einschränkung der Leistungsfähigkeit des ArbN auf dem in Frage stehenden Arbeitsplatz führen (zB Kraftfahrer, Fluglotse, Pilot)[11].

88 **2. Betriebliches Eingliederungsmanagement** (BEM). Sind ArbN innerhalb eines Jahres länger als sechs Wochen arbeitsunfähig, hat der ArbGeb „mit Zustimmung und Beteiligung“ des ArbN ein BEM durchzuführen (§ 84 II SGB IX). Der ArbN ist zuvor auf die Ziele des BEM sowie auf Art und Umfang der hierfür erhobenen und verwendeten Daten hinzuweisen (§ 84 II 3 SGB IX). Mit der Zustimmung des ArbN zum BEM sollte gleichzeitig seine Einwilligung (§ 4a I, III) zur Erhebung, Verarbeitung und Nutzung der (sensitiven) Daten zum Zwecke des BEM eingeholt werden. Alternativ kommt eine BV als Erlaubnisnorm für die Datenerhebung etc. in Betracht. Die im Rahmen des BEM gewonnenen sensitiven Daten sind vor unbefugter zufälliger Kenntnisnahme besonders zu schützen (vgl. Rz. 102)[12].

---

1 BAG v. 25.1.2000 – 1 ABR 3/99, NZA 2000, 665. | 2 BAG v. 8.11.1994 – 1 ABR 22/94, NZA 1995, 857. | 3 LAG Düsseldorf v. 14.11.2005 – 10 TaBV 46/05, NZA-RR 2006, 81 (84 f.). | 4 BAG v. 20.12.1995 – 7 ABR 8/95, NZA 1996, 945 (946). | 5 BAG v. 20.12.1995 – 7 ABR 8/95, NZA 1996, 945. | 6 LAG Düsseldorf v. 14.11.2005 – 10 TaBV 46/05, NZA-RR 2006, 81 (83 f.). | 7 BAG 14.11.2006 – 1 ABR 4/06, NZA 2007, 399 (401 f.). | 8 *Hohenstatt/Stamer/Hinrichs*, NZA 2006, 1065. | 9 *Thum/Szczesny*, BB 2007, 2405 (2406); weitergehend *Hohenstatt/Stamer/Hinrichs*, NZA 2006, 1065 (1067); aA Küttner/*Griese*, Personalbuch 2007, Datenschutz Rz. 8. | 10 Vgl. BAG v. 29.8.1980 – 7 AZR 726/77; *Fitting*, § 94 BetrVG Rz. 32; *Thum/Szczesny*, BB 2007, 2405 (2406 f.); weitergehend *Hohenstatt/Stamer/Hinrichs*, NZA 2006, 1065 (1069 f.). | 11 *Fitting*, § 94 BetrVG Rz. 25; *Hohenstatt/Stamer/Hinrichs*, NZA 2006, 1065 (1069); *Thum/Szczesny*, BB 2007, 2405 (2407). | 12 Vgl. Unabhängiges Landeszentrum für Datenschutz Schleswig-Holstein, Datenschutzfachliche Implikationen des Betrieblichen Eingliederungsmanagements, www.datenschutzzentrum.de/wirtschaft/eingliederungsmanagement.htm.

3. Bewerberdaten. Zur Dauer der Speicherung von Bewerberdaten Rz. 43, 77. Zum Fragerecht des ArbGeb Rz. 97. 89

4. Biometrische Systeme. Der BR hat gemäß § 87 I Nr. 1 und 6 BetrVG mitzubestimmen, wenn der ArbGeb ArbN anweist, sich in einem Kundenbetrieb der dort eingerichteten biometrischen Zugangskontrolle (Fingerabdruckerfassung) zu unterziehen[1]. 90

5. Due Diligence. Die Zulässigkeit der Übermittlung von ArbN-Daten vom ArbGeb an einen Kaufinteressenten bei der Due Diligence im Rahmen eines Unternehmensverkaufs richtet sich nach § 28 I Nr. 2[2]. Insoweit lassen sich folgende Grundsätze aufstellen: Daten normaler ArbN dürfen an potentielle Erwerber nur in anonymisierter Form übermittelt werden, jedenfalls solange noch keine abschließende Entscheidung über den Unternehmenskauf gefallen ist. Daten bezüglich des Managements (zB AG-Vorstand; GmbH-Geschäftsführer) oder von bes. Know-How-Trägern, die unmittelbar für die Bewertung der Transaktion von erheblicher Bedeutung sind (zB Vereinbarungen über Vergütungen, Altersversorgung, nachvertraglicher Wettbewerbsverbote, Sonderkündigungsrechte und Abfindungen bei „Change of Control"), können schon vorher in nicht anonymisierter Form zur Verfügung gestellt werden[3]. Unabhängig davon empfehlen sich vertragl. Vereinbarungen zwischen den an der Due Diligence Beteiligten über die vertrauliche Behandlung der Daten und die Einhaltung datenschutzrechtl. Vorschriften[4]. 91

6. E-Mail, Internet. Hat der ArbGeb jegliche **Privatnutzung** von E-Mail und Internet durch die ArbN **ausgeschlossen** – was ohne Mitbest. des BR möglich ist[5] – und duldet er sie auch nicht wissentlich, handelt es sich bei den E-Mails um Geschäftspost, die der ArbGeb einsehen kann. Ferner kann er zumindest stichprobenartig kontrollieren, ob der ArbN die Nutzungsregelungen hinsichtlich E-Mail und Internet einhält. Bei **Zulassung oder wissentlicher Duldung der Privatnutzung**[6] ist der ArbGeb nach hM als Diensteanbieter iSd. § 3 Nr. 6 u. 24 TKG bzw. § 2 S. 1 Nr. 1 TMG[7] anzusehen (vgl. auch § 11 I Nr. 1 TMG). In diesem Falle hat er das Fernmeldegeheimnis (§ 88 TKG) und die Datenschutzregelungen der §§ 11 ff. TMG strikt zu wahren, sonst drohen strafrechtl. Sanktionen (vgl. § 206 StGB). Die Erfassung und Verwendung von ArbN-Daten, zB im Zusammenhang mit der Kontrolle der Nutzung elektronischer Kommunikationsmittel, ist in diesem Fall eng begrenzt. Eine Kontrolle oder Einsichtnahme in die Daten, die mit dem Kommunikationsvorgang zusammenhängen, ist praktisch kaum möglich[8]. Eine BV ist keine geeignete Rechtsgrundlage zur Rechtfertigung von Eingriffen in das Fernmeldegeheimnis[9]. 92

Untersagt der ArbGeb die Privatnutzung von Internet und E-Mail umfassend und vollständig, besteht insoweit kein **MitbestR des BR** nach § 87 I Nr. 1 BetrVG[10]. Ein solches kann sich aber ergeben, wenn es um die Frage geht, in welcher Weise die Gestattung der Privatnutzung von Internet und E-Mail geschehen soll[11]. Regeln über die Überwachung der Nutzung von E-Mail und Internet sind zudem gemäß § 87 I Nr. 6 BetrVG mitbestimmungspflichtig (Rz. 81). 93

Die **exzessive Nutzung des Internets** während der Arbeitszeit zu privaten Zwecken kann eine schwere Pflichtverletzung des Arbeitsvertrags sein, die den ArbGeb ohne vorangegangene Abmahnung zu einer fristgemäßen **Kündigung** des Arbeitsverhältnisses aus verhaltensbedingten Gründen berechtigen kann[12]. Als kündigungsrelevante Verletzung arbeitsvertraglicher Pflichten kommt bei einer privaten Nutzung des Internets u.a. in Betracht: 94

- das Herunterladen einer erheblichen Menge von Daten aus dem Internet auf betriebl. Datensysteme („unbefugter Download"), insbesondere wenn damit einerseits die Gefahr möglicher Vireninfizierungen oder anderer Störungen des Betriebssystems verbunden sein können, oder andererseits von sol-

---

1 BAG 27.1.2004 – 1 ABR 7/03, NZA 2004, 556. | 2 *Gola/Schomerus*, § 28 BDSG Rz. 41 ff.; FaK-ArbR/*Scholz*, § 3 BDSG Rz. 7; § 28 BDSG Rz. 5; vgl. auch Abschnitt A der Hinweise des Innenministeriums Baden-Württemberg zum Datenschutz für die private Wirtschaft Nr. 38, Staatsanzeiger B-W v. 18.1.2000, S. 13, abgedruckt bei *Schaffland/Wiltfang* unter Ziff. 7010. | 3 AnwK-ArbR/*Gola*, § 28 BDSG Rz. 14; s. auch *Diller/Deutsch*, K&R 1998, 16 (19 ff.). | 4 *Diller/Deutsch*, K&R 1998, 16 (20); *Seibt/Hohenstatt* in Willemsen/Hohenstatt/Schweibert/Seibt, Rz. K 18. | 5 LAG Hamm v. 7.4.2006 – 10 TaBV 1/06, NZA-RR 2006, 20 (21). | 6 Zum Fehlen eines Anspruchs auf Internetnutzung aufgrund betrieblicher Übung *Beckschulze*, DB 2007, 1526; *Bloesinger*, BB 2007, 2177 (2179 ff.); *Waltermann*, NZA 2007, 529; aA *Barton*, NZA 2006, 460; vgl. auch ArbG Berlin v. 26.1.2006 – 71 Ca 24785/05, BB 2007, 948 = DB 2007, 808. | 7 Zum am 1.3.2007 in Kraft getretenen TMG *Hoeren*, NJW 2007, 801. | 8 Näher dazu *Barton*, NZA 2006, 460 (461 ff.); *Busse*, in Besgen/Prinz, Neue Medien und Arbeitsrecht, § 10; *Gola/Schomerus*, § 28 BDSG Rz. 20a; *Hanau/Hoeren*, Private Internetnutzung durch Arbeitnehmer, 2003; *Hilber/Frik*, RdA 2002, 89; *Kömpf/Kunz*, NZA 2007, 1341 (1343 ff.); *Lembke*, CoPers 6/2005, 24 (25); *Lindemann/Simon*, BB 2001, 1950; *Mengel*, BB 2004, 2014; *Wolf/Mulert*, BB 2008, 442; s. auch Orientierungshilfe zur datenschutzgerechten Nutzung von E-Mail und anderen Internetdiensten am Arbeitsplatz (Stand: September 2007), www.bfdi.bund.de; Hinweise des Innenministeriums BW Nr. 37, Staatsanzeiger BW v. 11.1.1999, S. 13, abgedruckt bei *Schaffland/Wiltfang* unter Ziffer 7010; krit. zur Einordnung des ArbGeb als Diensteanbieter *Schimmelpfennig/Wenning*, DB 2006, 2290. | 9 *Haußmann/Krets*, NZA 2005, 259 (263). | 10 LAG Hamm v. 7.4.2006 – 10 TaBV 1/06, NZA-RR 2006, 20 (21); *Fitting*, § 87 BetrVG Rz. 73. | 11 *Fitting*, § 87 BetrVG Rz. 71; vgl. LAG Nürnberg v. 29.1.1987 – 5 TaBV 4/86, NZA 1987, 572. | 12 BAG v. 31.5.2007 – 2 AZR 200/06, NZA 2007, 922; v. 27.4.2006 – 2 AZR 386/05, NZA 2006, 977; v. 7.7.2005, NZA 2006, 98; *Kramer*, NZA 2007, 1338; *Lansnicker*, BB 2007, 2184; *Liebscher* in Thüsing/Laux/Lembke, § 1 KSchG Rz. 468.

chen Daten, bei deren Rückverfolgung es zu möglichen Rufschädigungen des ArbGeb kommen kann, bspw. weil strafbare oder pornografische Darstellungen heruntergeladen werden;

- die private Nutzung des vom ArbGeb zur Verfügung gestellten Internetanschlusses als solche, weil durch sie dem ArbGeb möglicherweise – zusätzliche – Kosten entstehen können und der ArbN jedenfalls die Betriebsmittel – unberechtigterweise – in Anspruch genommen hat;
- die private Nutzung des vom ArbGeb zur Verfügung gestellten Internets *während* der Arbeitszeit, weil der ArbN während des Surfens im Internet zu privaten Zwecken seine arbeitsvertraglich geschuldete Arbeitsleistung nicht erbringt und dadurch seine Arbeitspflicht verletzt[1].

95 Auch die unerlaubte Installation einer Software stellt eine kündigungsrelevante Pflichtverletzung dar[2].

96 **7. Ethik-, Whistleblowing-Hotline.** Zahlreiche Regelungen, insb. in den USA (zB Sec. 406 Sarbanes-Oxley Act; Sec. 303A.10 des New York Stock Exchange Listed Company Manual; US Sentencing Guidelines), verpflichten Unternehmen zur Einführung von Ethik- und Verhaltensrichtlinien (Code of Ethics/Conduct) über das von den Mitarbeitern im Geschäftsverkehr erwartete Verhalten[3]. Diese sehen oftmals auch die Pflicht für ArbN vor, das Fehlverhalten von Kollegen und Vorgesetzten zu erfassen und bei einer Ethik- oder Whistleblower-Hotline oder sonstigen Stelle zu melden. Abgesehen davon, dass solche Regelungen nach § 87 I Nr. 1 BetrVG mitbestimmungspflichtig sind[4], kommt es im Rahmen derartiger Meldesysteme zu einer Erhebung, Verarbeitung und Nutzung personenbezogener ArbN-Daten, die unter das BDSG fallen[5]. S. auch Rz. 35, 46.

97 **8. Fragerecht des ArbGeb.** Der ArbGeb hat gegenüber Bewerbern das Recht, arbeitsplatzbezogene Fragen zu stellen, die für die Einstellungsentscheidung von Bedeutung sind (vgl. Rz. 41 f.). Allerdings darf die Frage bzw. dessen Beantwortung nicht zu einem unverhältnismäßigen Eingriff in das Persönlichkeitsrecht und die Privatsphäre des ArbN führen, sonst ist sie unzulässig. Sofern die Antwort auf eine Frage einzig dem Zweck dienen kann, Grundlage einer durch das Gesetz (zB §§ 7 I, 1 AGG) verbotenen ArbGeb-Entscheidung (zB Einstellung) zu sein, ist die Frage ebenfalls unzulässig. Bei Unzulässigkeit der Frage hat der Bewerber ein Lügerecht (näher § 123 BGB Rz. 3 ff.)[6]. Fragen, die **vor** der Einstellung unzulässig sind, können jedoch **nach der Einstellung** zulässig werden (zB Frage nach der Gewerkschaftsmitgliedschaft[7]). Verwendet der ArbGeb gegenüber Bewerbern einen Personalfragebogen, unterliegt dies der Mitbest. des BR nach § 94 I BetrVG[8].

98 **9. Mitarbeiterbefragung.** Die Durchführung einer Mitarbeiterumfrage zur Ermittlung der Arbeitszufriedenheit, Motivation, Vorgesetztenbeurteilung etc. stellt eine Erhebung personenbezogener Daten der ArbN dar, wenn anhand der Antworten ein konkreter ArbN als Urheber der Antworten näher bestimmt oder bestimmbar ist oder sich die Fragen auch auf das Verhalten und die Fähigkeiten von Vorgesetzten beziehen. Der Umgang mit den Daten bedarf einer Erlaubnisgrundlage (§ 4 I). Insoweit kommt eine BV in Betracht, zumal die Befragung ohnehin gemäß § 94 I mitbestimmungspflichtig ist. Ein MitbestR des BR gegenüber dem im Inland ansässigen ArbGeb, dessen ArbN davon betroffen sind, besteht auch bei einer von der im Ausland ansässigen Konzernmutter durchgeführten und gesteuerten Befragungsaktion per E-Mail oder Intranet[9]. Hinsichtlich der Ausgestaltung einer BV wird empfohlen, jede personenbezogene Erhebung bzw. Auswertung zum Zwecke der Herstellung eines Personenbezuges zu untersagen und auch die Nutzung von Drittinformationen für die Auswertung nicht zuzulassen[10].

99 **10. Ortung des ArbN**, zB über RFID oder GPS-Technik[11].

100 **11. Personalakte.** Personalakte ist jede Sammlung von Unterlagen (inklusive Bei-, Neben- und Sonderakten), die sich auf die Person des ArbN beziehen und in einem inneren Zusammenhang zum Arbeitsverhältnis stehen, unabhängig von deren Form, Material und der Stelle, an der die Sammlung geführt wird[12]. Es gilt der Grundsatz der Vollständigkeit und der wahrheitsgemäßen Dokumentation der Perso-

---

1 BAG v. 27.4.2006 – 2 AZR 386/05, NZA 2006, 977 (978, Rz. 22). |2 BAG v. 12.1.2006 – 2 AZR 179/05, NZA 2006, 980 (984). |3 *Berndt/Hoppler*, BB 2005, 2623; *Mahnhold*, Compliance und Arbeitsrecht, 2004, S. 29 ff. (93 ff.); *Mengel/Hagemeister*, BB 2007, 1386; *Schuster/Darsow*, NZA 2005, 273. |4 Dazu LAG Düsseldorf v. 14.11.2005 – 10 TaBV 46/05, NZA-RR 2006, 81 (84 f.); *Junker*, BB 2005, 602 (604); *Mengel/Hagemeister*, BB 2007, 1386 (1392). |5 Dazu Artikel-29-Datenschutzgruppe WP 117, Stellungnahme 1/2006 zur Anwendung der EU-Datenschutzvorschriften auf interne Verfahren zur Meldung mutmaßlicher Missstände in den Bereichen Rechnungslegung, interne Rechnungslegungskontrollen, Fragen der Wirtschaftsprüfung, Bekämpfung von Korruption, Banken- und Finanzkriminalität, ec.europa.eu/justice_home/fsj/privacy/docs/wpdocs/2006/wp117_de.pdf; Arbeitsbericht der Ad-hoc-Arbeitsgruppe „Beschäftigtenschutz" des Düsseldorfer Kreises „Whistleblowing Hotlines: Firmeninterne Warnsysteme und Beschäftigtendatenschutz (Stand: 4/2007)", www.datenschutz-hamburg.de (Pfad: Datenschutzbeauftragter/Informationsmaterial/Wirtschaft); *Wisskirchen/Körber/Bissels*, BB 2006, 1567 ff.; *Wisskirchen/Jordan/Bissels*, DB 2005, 2190 (2194 f.); zur Kündigung bei externem Whistleblowing BAG v. 7.12.2006 – 2 AZR 400/05, NZA 2007, 502. |6 S. auch *Fitting*, § 83 BetrVG Rz. 16 ff.; ErfK/*Preis*, § 611 BGB Rz. 271 ff.; *Wisskirchen/Bissels*, NZA 2007, 169; *Joussen*, NZA 2007, 174. |7 *Lembke*, Die Arbeitskampfbeteiligung von Außenseitern, 2000, S. 191 f. |8 *Fitting*, § 94 BetrVG Rz. 6. |9 LAG Hessen v. 5.7.2001 – 5 TaBV 153/00, NZA-RR 2002, 200. |10 Unabhängiges Landeszentrum für Datenschutz Schleswig-Holstein, Datenschutzrechtliche Aspekte bei der Durchführung einer Mitarbeiterbefragung, www.datenschutzzentrum.de/wirtschaft/praxis/20070313.htm. |11 Dazu *Gola*, NZA 2007, 1139. |12 ErfK/*Kania*, § 83 BetrVG Rz. 2.

nalakten. Daraus folgt jedoch kein Anspruch des ArbN, dass der ArbGeb die zu den Personalakten genommenen Unterlagen paginiert, dh. fortlaufend durchnummeriert[1].

Die Personalakte fällt nicht nur im Falle automatisierter Verarbeitung in Datenverarbeitungsanlagen (§ 3 II 1), sondern auch als „nicht automatisierte Datei" unter das BDSG, wenn sie als Akte oder Aktensammlung gleichartig aufgebaut und nach bestimmten Merkmalen (zB Namen) zugänglich ist und ausgewertet werden kann (vgl. §§ 3 II 2, 27 I BDSG, Art. 2 lit. c, 3 I EU-Datenschutz-RL)[2]. **101**

Die Personalakten dürfen **nicht allgemein zugänglich** sein und müssen sorgfältig verwahrt werden (zB in einem abschließbaren Schrank). Zudem muss der ArbGeb die Informationen vertraulich behandeln oder für die vertrauliche Behandlung durch die Sachbearbeiter Sorge tragen und den Kreis der mit Personalakten befassten Beschäftigten möglichst eng halten[3]. **Besonders sensible Daten** über den ArbN, wie etwa Daten über den körperlichen, geistigen, seelischen und gesundheitlichen Zustand (zB Sucht-/Alkoholerkrankung) sowie allgemeine Aussagen über die Persönlichkeit des ArbN, hat der ArbGeb in besonderer Weise aufzubewahren. Sie **sind vor unbefugter zufälliger Kenntnisnahme zu schützen** durch Einschränkung des Kreises der Informationsberechtigten und sonstige geeignete Maßnahmen, zB Aufbewahrung in einem verschlossenen Umschlag[4]. Bei einem berechtigten Anlass kann jede vom ArbGeb bestimmte Person den Umschlag öffnen, den Anlass vermerken und die Daten einsehen. Hält der ArbGeb diese Grundsätze nicht ein, hat der ArbN Anspruch auf Beseitigung der Beeinträchtigung seines Persönlichkeitsrechts analog §§ 12, 862, 1004 BGB[5]. **102**

Der ArbN hat nach § 83 I BetrVG das **Recht zur Einsichtnahme** in die über ihn geführte Personalakte. Er kann hierzu ein Mitglied des BR hinzuziehen (§ 83 I 2 BetrVG). Hingegen hat der BR keinen Anspruch gegen den ArbGeb auf Vorlage der ganzen Personalakte[6]. **103**

12. Personalfragebogen. Nach § 94 I BetrVG bedürfen Personalfragebogen der Zustimmung des BR (vgl. Rz. 66). Fehlt die Zustimmung und ist sie auch nicht durch Einigungsstellenspruch ersetzt, so ist die Datenerhebung durch Personalfragebogen unzulässig. Daten, die unter Verstoß gegen diese Vorschrift erhoben worden sind, dürfen nicht gespeichert werden. Sollten sie dennoch gespeichert worden sein, kann der ArbN ihre Löschung verlangen[7]. **104**

13. Telefonnutzung und -überwachung. Datenschutzrechtlich gelten hinsichtlich der Telefondatenerfassung, -verarbeitung und -nutzung im Prinzip dieselben Grundsätze wie hinsichtlich E-Mail und Internet (Rz. 92). Maßgeblich ist, ob der ArbGeb die private Telefonnutzung gestattet oder nicht, was er mitbestimmungsfrei entscheiden kann. Darf das Telefon auch **privat genutzt** werden, ist das Fernmeldegeheimnis (§ 88 TKG) zu wahren und der ArbGeb darf die Verbindungsdaten nicht speichern oder kontrollieren. Etwas anderes gilt nur, wenn der ArbN die privaten Telefonkosten selbst tragen muss; dann ist die vorübergehende Datenspeicherung zum Zwecke der Abrechnung möglich. Darf das Telefon hingegen **ausschließlich dienstlich genutzt** werden, kann der ArbGeb die Verbindungsdaten (zB Zielrufnummer, Datum, Uhrzeit und Dauer des Telefonats) und Anzahl der Gebühreneinheiten zum Zwecke der anlassbezogenen oder stichprobenartigen Missbrauchskontrolle sowie des Kostenmanagements speichern und nutzen[8]. Eine Kontrolle des Gesprächsinhalts ist nur zulässig, soweit der ArbGeb berechtigte Interessen verfolgt und dem ArbN die Kontrolloption bewusst ist (zB Aufzeichnung von Telefonaten zum Zwecke der Ausbildung und Leistungskontrolle im Call Center) oder wenn es der Gefahrenabwehr (zB Verrat von Geschäftsgeheimnissen) oder der Aufdeckung von Straftaten bei Vorliegen eines konkreten Verdachts dient[9]. Das heimliche Mithörenlassen von Gesprächen zwischen ArbN und ArbGeb oder Vorgesetzten ist grundsätzlich unzulässig. Das heimlich erlangte Wissen darf nur ausnahmsweise im gerichtl. Verfahren verwertet werden[10] (vgl. Rz. 108, 110 ff.). **105**

Der BR hat bei der Einführung und Anwendung eines Telefondatenerfassungssystems ein **MitbestR** nach § 87 I Nr. 6 BetrVG[11]. Eine BV, welche die Erfassung von Telefondaten inklusive der vollständigen Zielrufnummer regelt, ist nicht deswegen unwirksam, weil die Zielrufnummererfassung gegenüber dem Angerufenen (möglicherweise) datenschutzrechtlich unzulässig ist[12]. Es stellt keine unzulässige Behinderung der BR-Tätigkeit dar, wenn bei Ferngesprächen des BR auch Zeitpunkt und Dauer des einzelnen Gesprächs erfasst werden[13]. Sofern der ArbGeb die Privatnutzung der Diensttelefone gestattet, besteht hinsichtlich der Nutzungsregelungen ein MitbestR des BR nach § 87 I Nr. 1 BetrVG[14]. **106**

---

1 BAG v. 16.10.2007 – 9 AZR 110/07. | 2 ErfK/*Kania*, § 83 BetrVG Rz. 8 f.; vgl. auch *Gola/Schomerus*, § 3 BDSG Rz. 18 ff.; *Simitis*, § 27 BDSG Rz. 27; ErfK/*Wank*, § 27 BDSG Rz. 2; enger bzgl. des BDSG aF BAG v. 4.4.1990 – 5 AZR 299/89, NZA 1990, 933; BAG, 18.12.1984 – 3 AZR 389/83, NZA 1985, 811. | 3 BAG v. 12.9.2006 – 9 AZR 271/06, NZA 2007, 269 (272 Rz. 24). | 4 BAG v. 12.9.2006 – 9 AZR 271/06, NZA 2007, 269 (272 Rz. 25 f.). | 5 BAG v. 12.9.2006 – 9 AZR 271/06, NZA 2007, 269 (271 f.). | 6 BAG v. 20.12.1988 – 1 ABR 63/87, NZA 1989, 393 (395); LAG Nds. v. 22.1.2007 – 11 Sa 614/06, NAZ-RR 2007, 585 (587). | 7 BAG v. 22.10.1986 – 5 AZR 660/85, NZA 1987, 415 f. | 8 Näher *Mengel*, BB 2004, 1445; *Schaffland/Wiltfang*, § 28 BDSG Rz. 94 ff.; *Zilkens*, DuD 2005, 253. | 9 *Mengel*, BB 2004, 1445 (1449). | 10 BAG v. 29.10.1997 – 5 AZR 508/96, NZA 1998, 307 (308); LAG München v. 24.1.2008 – 3 Sa 800/07. | 11 BAG v. 27.5.1986 – 1 ABR 48/84, NZA 1986, 643 (644). | 12 BAG v. 27.5.1986 – 1 ABR 48/84, NZA 1986, 643. | 13 BAG v. 27.5.1986 – 1 ABR 48/84, NZA 1986, 643; s. auch BAG v. 18.1990 – 7 ABR 99/88, NZA 1991, 316. | 14 LAG Nürnberg v. 29.1.1987 – 5 TaBV 4/86, NZA 1987, 572; *Fitting*, § 87 BetrVG Rz. 71.

107 **14. Videoüberwachung.** **§ 6b** erlaubt die **offene Videoüberwachung** unter bestimmten Voraussetzungen. Er gilt aber nur für öffentlich zugängliche Räume. **Öffentlich zugänglich** sind nur solche Räume, die ihrem Zweck nach dazu bestimmt sind, von einer unbestimmten Zahl oder nach nur allgemeinen Merkmalen bestimmten Personen betreten und genützt zu werden (zB Bahnsteige, Ausstellungsräume eines Museums, Verkaufsräume und Schalterhallen)[1] Nicht öffentlich zugänglich sind demgegenüber Räume, die nur von einem bestimmten Personenkreis betreten werden dürfen (zB Bearbeitungshalle in einem Briefzentrum). Auf die Videoüberwachung an einem nicht öffentlich zugänglichen Arbeitsplatz ist § 6b nicht anwendbar[2].

108 Die **heimliche** Videoüberwachung eines ArbN durch den ArbGeb stellt einen Eingriff in das durch Art. 2 I GG geschützte allgemeine Persönlichkeitsrecht des ArbN dar[3]. Jedoch ist die heimliche Videoüberwachung eines ArbN zulässig und führt **nicht** zu einem **Beweisverwertungsverbot, wenn** der konkrete Verdacht einer strafbaren Handlung oder einer anderen schweren Verfehlung zu Lasten des ArbGeb besteht, weniger einschneidende Mittel zur Aufklärung des Verdachts ausgeschöpft sind, die verdeckte Videoüberwachung praktisch das einzig verbleibende Mittel darstellt und insgesamt nicht unverhältnismäßig ist[4]. Heimlich begangene Taten (zB Diebstahl oder Unterschlagung von Eigentum des ArbGeb am Arbeitsplatz) können ihrer Natur nach nicht durch offen angekündigte Beobachtung oder offene Videoüberwachung entdeckt werden. Ebenso wenig ist eine effektive Überwachung durch Vorgesetzte oder Kollegen denkbar[5]. Personenkontrollen (zB Tor-, Spind-, Taschenkontrollen) sind ebenfalls kein geeignetes Mittel, wenn sie nicht zur Aufdeckung der Taten führen können (zB bei Verzehr von Waren des ArbGeb am Arbeitsplatz; Überweisung von Fremdgeldern auf das eigene Konto des ArbN)[6]. Dass der Verdacht bei Beginn der verdeckten Überwachung nicht alleine einen bestimmten ArbN betrifft, macht die Überwachung noch nicht unverhältnismäßig[7].

109 Die verdeckte oder offene Videoüberwachung am Arbeitsplatz unterliegt der **Mitbest. des BR** nach § 87 I Nr. 6 BetrVG[8]. Die Betriebsparteien haben dabei gemäß § 75 II 1 BetrVG das allgemeine Persönlichkeitsrecht der ArbN zu beachten. Der Eingriff in das Persönlichkeitsrecht muss, sofern er nicht durch eine ausdrückliche gesetzl. Regelung gestattet ist, auf Grund schutzwürdiger Belange anderer Grundrechtsträger, insbesondere des ArbGeb, gerechtfertigt sein und dem Grundsatz der Verhältnismäßigkeit entsprechen[9]. Bei verdachtsunabhängiger dauerhafter offener Videoüberwachung setzt das BAG im Hinblick auf den „ständigen Überwachungsdruck" strenge Maßstäbe an.

110 Wird die **Videoüberwachung ohne Zustimmung des BR** durchgeführt, stellt sich die Frage, ob dies zu einem **Beweisverwertungsverbot** gegenüber dem durch die Videoaufnahmen belasteten ArbN führt. Dies wird teilweise unter Berufung auf die Theorie der Wirksamkeitsvoraussetzung bejaht[10], überwiegend jedoch zu Recht **verneint**[11]. Eine entgegen § 87 I Nr. 6 BetrVG unterbliebene Mitbest. gibt der Beweisverwertung durch die staatlichen Gerichte keinen eigenen Unrechtsgehalt, soweit es um den Schutz des Persönlichkeitsrechts des ArbN geht[12]. Zu unterscheiden ist zwischen dem Akt der Erlangung des Beweismittels (dh. der Videoaufzeichnung ohne Mitbest. des BR) und dem Akt der Verwertung des Beweismittels im Gerichtsverfahren; beide haben unterschiedliche Akteure (ArbGeb bzw. Gericht). Ein rechtswidriger Erlangungsakt führt nicht zwingend zu einem Beweisverwertungsverbot[13]. Ist die Verwertung nach allgemeinen Grundsätzen zulässig (Rz. 108), so kommt es nicht darauf an, ob die Erlangung des Beweismittels mitbestimmungswidrig war.

111 Das BAG nimmt bei mitbestimmungswidriger Videoüberwachung jedenfalls dann kein eigenständiges Beweisverwertungsverbot an, wenn der **BR** der Verwendung des Beweismittels und der darauf gestützten **Kündigung zustimmt** und die Beweisverwertung nach den allgemeinen Grundsätzen gerechtfertigt ist[14]. Dies gilt auch, wenn statt des BR der **Personalausschuss** aufgrund entsprechender Aufgabenübertragung (§ 28 BetrVG) für die Behandlung von Kündigungen (§ 102 BetrVG) zuständig ist. Der BR gibt durch seine Zustimmung zur Kündigung zu erkennen, dass er im Hinblick auf den konkreten Vorgang keine Rechtsfolgen an die Verletzung des zwischen dem ArbGeb und dem BR bestehenden Betriebsverhältnisses knüpfen will; dies kann der ArbGeb dem ArbN in Anwendung des Rechtsgedankens des § 334 BGB entgegenhalten[15].

---

1 BAG v. 29.6.2004 – 1 ABR 21/03, NZA 2004, 1278 (1282). | **2** BAG v. 29.6.2004 – 1 ABR 21/03, NZA 2004, 1278 (1282). | **3** BAG v. 27.3.2003 – 2 AZR 51/02, NZA 2003, 1193 (1194). | **4** BAG v. 27.3.2003 – 2 AZR 51/02, NZA 2003, 1193 (1194 f.). | **5** BAG v. 27.3.2003 – 2 AZR 51/02, NZA 2003, 1193 (1195). | **6** ArbG Frankfurt/M v. 23.2.2005 – 22 Ca 9404/04. | **7** BAG v. 27.3.2003 – 2 AZR 51/02, NZA 2003, 1193 (1195). | **8** BAG v. 29.6.2004 – 1 ABR 21/03, NZA 2004, 1278 (1279); v. 27.3.2003 – 2 AZR 51/02, NZA 2003, 1193 (1196). | **9** BAG v. 14.12.2004 – 1 ABR 74/03, AP Nr. 42 zu § 87 BetrVG 1972 – Überwachung; v. 29.6.2004 – 1 ABR 21/03, NZA 2004, 1278 (1279 ff.); dazu *Bayreuther*, NZA 2005, 1038. | **10** LAG BW v. 6.5.1999 – 12 Sa 115/97, BB 1999, 1439; *Fitting*, § 87 BetrVG Rz. 256; *Fischer*, BB 1999, 154. | **11** LAG Köln v. 28.12.2005 – 9 Ta 361/05, NZA-RR 2006, 434 (436); *Altenburg/Leister*, NJW 2006, 469; *Grosjean*, DB 2003, 2650 (2653 f.); *Otto*, Anm. BAG, AP Nr. 36 zu § 87 BetrVG 1972 – Überwachung; *Rhotert*, BB 1999, 1378 f.; *Schlewing*, NZA 2004, 1071 (1072 ff.). | **12** LAG Köln v. 28.12.2005 – 9 Ta 361/05, NZA-RR 2006, 434 (436). | **13** Vgl. BVerfG v. 19.12.1991 – 1 BvR 382/85, NJW 1992, 815 f.; v. 31.7.2001 – 1 BvR 304/01, NZA 2002, 284 f.; BAG v. 15.8.2002 – 2 AZR 214/01, NZA 2003, 432 (434). | **14** BAG v. 27.3.2003 – 2 AZR 51/02, NZA 2003, 1193 LS. 3; *Fitting*, § 87 BetrVG Rz. 256. | **15** Vgl. *v. Hoyningen-Huene*, FS Wiese, 1998, S. 175 (188).

Werden dem ArbN ohne Zustimmung des BR erstellte Videoaufnahmen im Rahmen einer Anhörung zur Verdachtskündigung teilweise vorgespielt und legt er daraufhin ein **Geständnis** ab, ist das Geständnis im Prozess verwertbar unabhängig davon, ob das Video selbst einem Beweisverwertungsverbot unterliegt oder nicht. Das gilt jedenfalls, wenn das Geständnis über die vorgespielten Sequenzen hinausgeht. Die Theorie der „Frucht des verbotenen Baumes", welche die Verwertung von Beweisen untersagt, die aus nicht verwertbaren Beweisen hervorgehen, ist weder im Straf- noch im Zivilprozessrecht anwendbar[1]. Räumt der ArbN im Kündigungsschutzprozess die den dringenden Verdacht begründende Handlung ein oder stellt er sie unstreitig (zB indem er behauptet, die am Arbeitsplatz verzehrten Lebensmittel gehörten ihm und nicht dem ArbGeb), ist eine Verdachtskündigung unabhängig von der Verwertbarkeit des Videos und des Geständnisses bereits aufgrund des unstreitigen Sachverhalts wirksam[2]. 112

1 *Zweck und Anwendungsbereich des Gesetzes*

(1) Zweck dieses Gesetzes ist es, den Einzelnen davor zu schützen, dass er durch den Umgang mit seinen personenbezogenen Daten in seinem Persönlichkeitsrecht beeinträchtigt wird.

(2) Dieses Gesetz gilt für die Erhebung, Verarbeitung und Nutzung personenbezogener Daten durch

1. öffentliche Stellen des Bundes,

2. öffentliche Stellen der Länder, soweit der Datenschutz nicht durch Landesgesetz geregelt ist und soweit sie

a) Bundesrecht ausführen oder

b) als Organe der Rechtspflege tätig werden und es sich nicht um Verwaltungsangelegenheiten handelt,

3. nicht-öffentliche Stellen, soweit sie die Daten unter Einsatz von Datenverarbeitungsanlagen verarbeiten, nutzen oder dafür erheben oder die Daten in oder aus nicht automatisierten Dateien verarbeiten, nutzen oder dafür erheben, es sei denn, die Erhebung, Verarbeitung oder Nutzung der Daten erfolgt ausschließlich für persönliche oder familiäre Tätigkeiten.

(3) Soweit andere Rechtsvorschriften des Bundes auf personenbezogene Daten einschließlich deren Veröffentlichung anzuwenden sind, gehen sie den Vorschriften dieses Gesetzes vor. Die Verpflichtung zur Wahrung gesetzlicher Geheimhaltungspflichten oder von Berufs- oder besonderen Amtsgeheimnissen, die nicht auf gesetzlichen Vorschriften beruhen, bleibt unberührt.

(4) Die Vorschriften dieses Gesetzes gehen denen des Verwaltungsverfahrensgesetzes vor, soweit bei der Ermittlung des Sachverhalts personenbezogene Daten verarbeitet werden.

(5) Dieses Gesetz findet keine Anwendung, sofern eine in einem anderen Mitgliedstaat der Europäischen Union oder in einem anderen Vertragsstaat des Abkommens über den Europäischen Wirtschaftsraum belegene verantwortliche Stelle personenbezogene Daten im Inland erhebt, verarbeitet oder nutzt, es sei denn, dies erfolgt durch eine Niederlassung im Inland. Dieses Gesetz findet Anwendung, sofern eine verantwortliche Stelle, die nicht in einem Mitgliedstaat der Europäischen Union oder in einem anderen Vertragsstaat des Abkommens über den Europäischen Wirtschaftsraum belegen ist, personenbezogene Daten im Inland erhebt, verarbeitet oder nutzt. Soweit die verantwortliche Stelle nach diesem Gesetz zu nennen ist, sind auch Angaben über im Inland ansässige Vertreter zu machen. Die Sätze 2 und 3 gelten nicht, sofern Datenträger nur zum Zweck des Transits durch das Inland eingesetzt werden. § 38 Abs. 1 Satz 1 bleibt unberührt.

2 *Öffentliche und nicht-öffentliche Stellen*

(1) Öffentliche Stellen des Bundes sind die Behörden, die Organe der Rechtspflege und andere öffentlich-rechtlich organisierte Einrichtungen des Bundes, der bundesunmittelbaren Körperschaften, Anstalten und Stiftungen des öffentlichen Rechts sowie deren Vereinigungen ungeachtet ihrer Rechtsform. Als öffentliche Stellen gelten die aus dem Sondervermögen Deutsche Bundespost durch Gesetz hervorgegangenen Unternehmen, solange ihnen ein ausschließliches Recht nach dem Postgesetz zusteht.

(2) Öffentliche Stellen der Länder sind die Behörden, die Organe der Rechtspflege und andere öffentlich-rechtlich organisierte Einrichtungen eines Landes, einer Gemeinde, eines Gemeindeverbandes und sonstiger der Aufsicht des Landes unterstehender juristischer Personen des öffentlichen Rechts sowie deren Vereinigungen ungeachtet ihrer Rechtsform.

(3) Vereinigungen des privaten Rechts von öffentlichen Stellen des Bundes und der Länder, die Aufgaben der öffentlichen Verwaltung wahrnehmen, gelten ungeachtet der Beteiligung nicht-öffentlicher Stellen als öffentliche Stellen des Bundes, wenn

---

1 ArbG Frankfurt/M v. 24.5.2005 – 12 Ca 9124/04; v. 21.6.2005 – 12 Ca 9681/04; vgl. auch BAG v. 20.8.1997 – 2 AZR 620/96, AP Nr. 27 zu § 626 BGB – Verdacht strafbarer Handlung. | 2 Hess. LAG v. 26.5.2006 – 10 Sa 1632/05; v. 7.7.2006 – 10/7 Sa 1296/05.

1. sie über den Bereich eines Landes hinaus tätig werden oder

2. dem Bund die absolute Mehrheit der Anteile gehört oder die absolute Mehrheit der Stimmen zusteht.

Andernfalls gelten sie als öffentliche Stellen der Länder.

(4) Nicht-öffentliche Stellen sind natürliche und juristische Personen, Gesellschaften und andere Personenvereinigungen des privaten Rechts, soweit sie nicht unter die Absätze 1 bis 3 fallen. Nimmt eine nicht-öffentliche Stelle hoheitliche Aufgaben der öffentlichen Verwaltung wahr, ist sie insoweit öffentliche Stelle im Sinne dieses Gesetzes.

3 *Weitere Begriffsbestimmungen*

(1) Personenbezogene Daten sind Einzelangaben über persönliche oder sachliche Verhältnisse einer bestimmten oder bestimmbaren natürlichen Person (Betroffener).

(2) Automatisierte Verarbeitung ist die Erhebung, Verarbeitung oder Nutzung personenbezogener Daten unter Einsatz von Datenverarbeitungsanlagen. Eine nicht automatisierte Datei ist jede nicht automatisierte Sammlung personenbezogener Daten, die gleichartig aufgebaut ist und nach bestimmten Merkmalen zugänglich ist und ausgewertet werden kann.

(3) Erheben ist das Beschaffen von Daten über den Betroffenen.

(4) Verarbeiten ist das Speichern, Verändern, Übermitteln, Sperren und Löschen personenbezogener Daten. Im Einzelnen ist, ungeachtet der dabei angewendeten Verfahren:

1. Speichern das Erfassen, Aufnehmen oder Aufbewahren personenbezogener Daten auf einem Datenträger zum Zweck ihrer weiteren Verarbeitung oder Nutzung,

2. Verändern das inhaltliche Umgestalten gespeicherter personenbezogener Daten,

3. Übermitteln das Bekanntgeben gespeicherter oder durch Datenverarbeitung gewonnener personenbezogener Daten an einen Dritten in der Weise, dass

a) die Daten an den Dritten weitergegeben werden oder

b) der Dritte zur Einsicht oder zum Abruf bereitgehaltene Daten einsieht oder abruft,

4. Sperren das Kennzeichnen gespeicherter personenbezogener Daten, um ihre weitere Verarbeitung oder Nutzung einzuschränken,

5. Löschen das Unkenntlichmachen gespeicherter personenbezogener Daten.

(5) Nutzen ist jede Verwendung personenbezogener Daten, soweit es sich nicht um Verarbeitung handelt.

(6) Anonymisieren ist das Verändern personenbezogener Daten derart, dass die Einzelangaben über persönliche oder sachliche Verhältnisse nicht mehr oder nur mit einem unverhältnismäßig großen Aufwand an Zeit, Kosten und Arbeitskraft einer bestimmten oder bestimmbaren natürlichen Person zugeordnet werden können.

(6a) Pseudonymisieren ist das Ersetzen des Namens und anderer Identifikationsmerkmale durch ein Kennzeichen zu dem Zweck, die Bestimmung des Betroffenen auszuschließen oder wesentlich zu erschweren.

(7) Verantwortliche Stelle ist jede Person oder Stelle, die personenbezogene Daten für sich selbst erhebt, verarbeitet oder nutzt oder dies durch andere im Auftrag vornehmen lässt.

(8) Empfänger ist jede Person oder Stelle, die Daten erhält. Dritter ist jede Person oder Stelle außerhalb der verantwortlichen Stelle. Dritte sind nicht der Betroffene sowie Personen und Stellen, die im Inland, in einem anderen Mitgliedstaat der Europäischen Union oder in einem anderen Vertragsstaat des Abkommens über den Europäischen Wirtschaftsraum personenbezogene Daten im Auftrag erheben, verarbeiten oder nutzen.

(9) Besondere Arten personenbezogener Daten sind Angaben über die rassische und ethnische Herkunft, politische Meinungen, religiöse oder philosophische Überzeugungen, Gewerkschaftszugehörigkeit, Gesundheit oder Sexualleben.

(10) Mobile personenbezogene Speicher- und Verarbeitungsmedien sind Datenträger,

1. die an den Betroffenen ausgegeben werden,

2. auf denen personenbezogene Daten über die Speicherung hinaus durch die ausgebende oder eine andere Stelle automatisiert verarbeitet werden können und

3. bei denen der Betroffene diese Verarbeitung nur durch den Gebrauch des Mediums beeinflussen kann.

3a *Datenvermeidung und Datensparsamkeit*

Gestaltung und Auswahl von Datenverarbeitungssystemen haben sich an dem Ziel auszurichten, keine oder so wenig personenbezogene Daten wie möglich zu erheben, zu verarbeiten oder zu nutzen. Insbesondere ist von den Möglichkeiten der Anonymisierung und Pseudonymisierung Gebrauch zu machen, soweit dies möglich ist und der Aufwand in einem angemessenen Verhältnis zu dem angestrebten Schutzzweck steht.

4 *Zulässigkeit der Datenerhebung, -verarbeitung und -nutzung*

(1) Die Erhebung, Verarbeitung und Nutzung personenbezogener Daten sind nur zulässig, soweit dieses Gesetz oder eine andere Rechtsvorschrift dies erlaubt oder anordnet oder der Betroffene eingewilligt hat.

(2) Personenbezogene Daten sind beim Betroffenen zu erheben. Ohne seine Mitwirkung dürfen sie nur erhoben werden, wenn

1. eine Rechtsvorschrift dies vorsieht oder zwingend voraussetzt oder

2. a) die zu erfüllende Verwaltungsaufgabe ihrer Art nach oder der Geschäftszweck eine Erhebung bei anderen Personen oder Stellen erforderlich macht oder

b) die Erhebung beim Betroffenen einen unverhältnismäßigen Aufwand erfordern würde

und keine Anhaltspunkte dafür bestehen, dass überwiegende schutzwürdige Interessen des Betroffenen beeinträchtigt werden.

(3) Werden personenbezogene Daten beim Betroffenen erhoben, so ist er, sofern er nicht bereits auf andere Weise Kenntnis erlangt hat, von der verantwortlichen Stelle über

1. die Identität der verantwortlichen Stelle,

2. die Zweckbestimmungen der Erhebung, Verarbeitung oder Nutzung und

3. die Kategorien von Empfängern nur, soweit der Betroffene nach den Umständen des Einzelfalles nicht mit der Übermittlung an diese rechnen muss,

zu unterrichten. Werden personenbezogene Daten beim Betroffenen aufgrund einer Rechtsvorschrift erhoben, die zur Auskunft verpflichtet, oder ist die Erteilung der Auskunft Voraussetzung für die Gewährung von Rechtsvorteilen, so ist der Betroffene hierauf, sonst auf die Freiwilligkeit seiner Angaben hinzuweisen. Soweit nach den Umständen des Einzelfalles erforderlich oder auf Verlangen, ist er über die Rechtsvorschrift und über die Folgen der Verweigerung von Angaben aufzuklären.

4a *Einwilligung*

(1) Die Einwilligung ist nur wirksam, wenn sie auf der freien Entscheidung des Betroffenen beruht. Er ist auf den vorgesehenen Zweck der Erhebung, Verarbeitung oder Nutzung sowie, soweit nach den Umständen des Einzelfalles erforderlich oder auf Verlangen, auf die Folgen der Verweigerung der Einwilligung hinzuweisen. Die Einwilligung bedarf der Schriftform, soweit nicht wegen besonderer Umstände eine andere Form angemessen ist. Soll die Einwilligung zusammen mit anderen Erklärungen schriftlich erteilt werden, ist sie besonders hervorzuheben.

(2) (nicht abgedruckt)

(3) Soweit besondere Arten personenbezogener Daten (§ 3 Abs. 9) erhoben, verarbeitet oder genutzt werden, muss sich die Einwilligung darüber hinaus ausdrücklich auf diese Daten beziehen.

4b *Übermittlung personenbezogener Daten ins Ausland sowie an über- oder zwischenstaatliche Stellen*

(1) Für die Übermittlung personenbezogener Daten an Stellen

1. in anderen Mitgliedstaaten der Europäischen Union,

2. in anderen Vertragsstaaten des Abkommens über den Europäischen Wirtschaftsraum oder

3. der Organe und Einrichtungen der Europäischen Gemeinschaften

gelten § 15 Abs. 1, § 16 Abs. 1 und §§ 28 bis 30 nach Maßgabe der für diese Übermittlung geltenden Gesetze und Vereinbarungen, soweit die Übermittlung im Rahmen von Tätigkeiten erfolgt, die ganz oder teilweise in den Anwendungsbereich des Rechts der Europäischen Gemeinschaften fallen.

(2) Für die Übermittlung personenbezogener Daten an Stellen nach Absatz 1, die nicht im Rahmen von Tätigkeiten erfolgt, die ganz oder teilweise in den Anwendungsbereich des Rechts der Europäischen Gemeinschaften fallen, sowie an sonstige ausländische oder über- oder zwischenstaatliche Stellen gilt Absatz 1 entsprechend. Die Übermittlung unterbleibt, soweit der Betroffene ein schutzwürdiges

Interesse an dem Ausschluss der Übermittlung hat, insbesondere wenn bei den in Satz 1 genannten Stellen ein angemessenes Datenschutzniveau nicht gewährleistet ist. (...)

(3) Die Angemessenheit des Schutzniveaus wird unter Berücksichtigung aller Umstände beurteilt, die bei einer Datenübermittlung oder einer Kategorie von Datenübermittlungen von Bedeutung sind; insbesondere können die Art der Daten, die Zweckbestimmung, die Dauer der geplanten Verarbeitung, das Herkunfts- und das Endbestimmungsland, die für den betreffenden Empfänger geltenden Rechtsnormen sowie die für ihn geltenden Standesregeln und Sicherheitsmaßnahmen herangezogen werden.

(4) (nicht abgedruckt)

(5) Die Verantwortung für die Zulässigkeit der Übermittlung trägt die übermittelnde Stelle.

(6) Die Stelle, an die die Daten übermittelt werden, ist auf den Zweck hinzuweisen, zu dessen Erfüllung die Daten übermittelt werden.

4c *Ausnahmen*

(1) Im Rahmen von Tätigkeiten, die ganz oder teilweise in den Anwendungsbereich des Rechts der Europäischen Gemeinschaften fallen, ist eine Übermittlung personenbezogener Daten an andere als die in § 4b Abs. 1 genannten Stellen, auch wenn bei ihnen ein angemessenes Datenschutzniveau nicht gewährleistet ist, zulässig, sofern

1. **der Betroffene seine Einwilligung gegeben hat,**
2. **die Übermittlung für die Erfüllung eines Vertrags zwischen dem Betroffenen und der verantwortlichen Stelle oder zur Durchführung von vorvertraglichen Maßnahmen, die auf Veranlassung des Betroffenen getroffen worden sind, erforderlich ist,**
3. **die Übermittlung zum Abschluss oder zur Erfüllung eines Vertrags erforderlich ist, der im Interesse des Betroffenen von der verantwortlichen Stelle mit einem Dritten geschlossen wurde oder geschlossen werden soll,**
4. **die Übermittlung für die Wahrung eines wichtigen öffentlichen Interesses oder zur Geltendmachung, Ausübung oder Verteidigung von Rechtsansprüchen vor Gericht erforderlich ist,**
5. **die Übermittlung für die Wahrung lebenswichtiger Interessen des Betroffenen erforderlich ist oder**
6. **die Übermittlung aus einem Register erfolgt, das zur Information der Öffentlichkeit bestimmt ist und entweder der gesamten Öffentlichkeit oder allen Personen, die ein berechtigtes Interesse nachweisen können, zur Einsichtnahme offen steht, soweit die gesetzlichen Voraussetzungen im Einzelfall gegeben sind.**

Die Stelle, an die die Daten übermittelt werden, ist darauf hinzuweisen, dass die übermittelten Daten nur zu dem Zweck verarbeitet oder genutzt werden dürfen, zu dessen Erfüllung sie übermittelt werden.

(2) Unbeschadet des Absatzes 1 Satz 1 kann die zuständige Aufsichtsbehörde einzelne Übermittlungen oder bestimmte Arten von Übermittlungen personenbezogener Daten an andere als die in § 4b Abs. 1 genannten Stellen genehmigen, wenn die verantwortliche Stelle ausreichende Garantien hinsichtlich des Schutzes des Persönlichkeitsrechts und der Ausübung der damit verbundenen Rechte vorweist; die Garantien können sich insbesondere aus Vertragsklauseln oder verbindlichen Unternehmensregelungen ergeben. Bei den Post- und Telekommunikationsunternehmen ist der Bundesbeauftragte für den Datenschutz und die Informationsfreiheit zuständig. Sofern die Übermittlung durch öffentliche Stellen erfolgen soll, nehmen diese die Prüfung nach Satz 1 vor.

(3) Die Länder teilen dem Bund die nach Absatz 2 Satz 1 ergangenen Entscheidungen mit.

4d *Meldepflicht*

(1) Verfahren automatisierter Verarbeitungen sind vor ihrer Inbetriebnahme von nicht-öffentlichen verantwortlichen Stellen der zuständigen Aufsichtsbehörde und von öffentlichen verantwortlichen Stellen des Bundes sowie von den Post- und Telekommunikationsunternehmen dem Bundesbeauftragten für den Datenschutz und die Informationsfreiheit nach Maßgabe von § 4e zu melden.

(2) Die Meldepflicht entfällt, wenn die verantwortliche Stelle einen Beauftragten für den Datenschutz bestellt hat.

(3) Die Meldepflicht entfällt ferner, wenn die verantwortliche Stelle personenbezogene Daten für eigene Zwecke erhebt, verarbeitet oder nutzt, hierbei höchstens neun Personen mit der Erhebung, Verarbeitung oder Nutzung personenbezogener Daten beschäftigt und entweder eine Einwilligung der Betroffenen vorliegt oder die Erhebung, Verarbeitung oder Nutzung der Zweckbestimmung eines Vertragsverhältnisses oder vertragsähnlichen Vertrauensverhältnisses mit den Betroffenen dient.

(4) Die Absätze 2 und 3 gelten nicht, wenn es sich um automatisierte Verarbeitungen handelt, in denen geschäftsmäßig personenbezogene Daten von der jeweiligen Stelle

1. zum Zweck der Übermittlung oder

2. zum Zweck der anonymisierten Übermittlung

gespeichert werden.

(5) Soweit automatisierte Verarbeitungen besondere Risiken für die Rechte und Freiheiten der Betroffenen aufweisen, unterliegen sie der Prüfung vor Beginn der Verarbeitung (Vorabkontrolle). Eine Vorabkontrolle ist insbesondere durchzuführen, wenn

1. besondere Arten personenbezogener Daten (§ 3 Abs. 9) verarbeitet werden oder

2. die Verarbeitung personenbezogener Daten dazu bestimmt ist, die Persönlichkeit des Betroffenen zu bewerten einschließlich seiner Fähigkeiten, seiner Leistung oder seines Verhaltens,

es sei denn, dass eine gesetzliche Verpflichtung oder eine Einwilligung des Betroffenen vorliegt oder die Erhebung, Verarbeitung oder Nutzung der Zweckbestimmung eines Vertragsverhältnisses oder vertragsähnlichen Vertrauensverhältnisses mit dem Betroffenen dient.

(6) Zuständig für die Vorabkontrolle ist der Beauftragte für den Datenschutz. Dieser nimmt die Vorabkontrolle nach Empfang der Übersicht nach § 4g Abs. 2 Satz 1 vor. Er hat sich in Zweifelsfällen an die Aufsichtsbehörde oder bei den Post- und Telekommunikationsunternehmen an den Bundesbeauftragten für den Datenschutz und die Informationsfreiheit zu wenden.

4e *Inhalt der Meldepflicht*

Sofern Verfahren automatisierter Verarbeitungen meldepflichtig sind, sind folgende Angaben zu machen:

1. Name oder Firma der verantwortlichen Stelle,

2. Inhaber, Vorstände, Geschäftsführer oder sonstige gesetzliche oder nach der Verfassung des Unternehmens berufene Leiter und die mit der Leitung der Datenverarbeitung beauftragten Personen,

3. Anschrift der verantwortlichen Stelle,

4. Zweckbestimmungen der Datenerhebung, -verarbeitung oder -nutzung,

5. eine Beschreibung der betroffenen Personengruppen und der diesbezüglichen Daten oder Datenkategorien,

6. Empfänger oder Kategorien von Empfängern, denen die Daten mitgeteilt werden können,

7. Regelfristen für die Löschung der Daten,

8. eine geplante Datenübermittlung in Drittstaaten,

9. eine allgemeine Beschreibung, die es ermöglicht, vorläufig zu beurteilen, ob die Maßnahmen nach § 9 zur Gewährleistung der Sicherheit der Verarbeitung angemessen sind.

§ 4d Abs. 1 und 4 gilt für die Änderung der nach Satz 1 mitgeteilten Angaben sowie für den Zeitpunkt der Aufnahme und der Beendigung der meldepflichtigen Tätigkeit entsprechend.

4f *Beauftragter für den Datenschutz*

(1) Öffentliche und nicht-öffentliche Stellen, die personenbezogene Daten automatisiert verarbeiten, haben einen Beauftragten für den Datenschutz schriftlich zu bestellen. Nicht-öffentliche Stellen sind hierzu spätestens innerhalb eines Monats nach Aufnahme ihrer Tätigkeit verpflichtet. Das Gleiche gilt, wenn personenbezogene Daten auf andere Weise erhoben, verarbeitet oder genutzt werden und damit in der Regel mindestens 20 Personen beschäftigt sind. Die Sätze 1 und 2 gelten nicht für die nicht-öffentlichen Stellen, die in der Regel höchstens neun Personen ständig mit der automatisierten Verarbeitung personenbezogener Daten beschäftigen. (...) Soweit nicht-öffentliche Stellen automatisierte Verarbeitungen vornehmen, die einer Vorabkontrolle unterliegen, oder personenbezogene Daten geschäftsmäßig zum Zweck der Übermittlung oder der anonymisierten Übermittlung automatisiert verarbeiten, haben sie unabhängig von der Anzahl der mit der automatisierten Verarbeitung beschäftigten Personen einen Beauftragten für den Datenschutz zu bestellen.

(2) Zum Beauftragten für den Datenschutz darf nur bestellt werden, wer die zur Erfüllung seiner Aufgaben erforderliche Fachkunde und Zuverlässigkeit besitzt. Das Maß der erforderlichen Fachkunde bestimmt sich insbesondere nach dem Umfang der Datenverarbeitung der verantwortlichen Stelle und dem Schutzbedarf der personenbezogenen Daten, die die verantwortliche Stelle erhebt oder verwendet. Zum Beauftragten für den Datenschutz kann auch eine Person außerhalb der verantwortlichen Stelle bestellt werden; die Kontrolle erstreckt sich auch auf personenbezogene Daten, die einem Berufs- oder besonderen Amtsgeheimnis, insbesondere dem Steuergeheimnis nach § 30 der Abgabenordnung, unterliegen. (...)

(3) Der Beauftragte für den Datenschutz ist dem Leiter der öffentlichen oder nicht-öffentlichen Stelle unmittelbar zu unterstellen. Er ist in Ausübung seiner Fachkunde auf dem Gebiet des Datenschutzes weisungsfrei. Er darf wegen der Erfüllung seiner Aufgaben nicht benachteiligt werden. Die Bestellung zum Beauftragten für den Datenschutz kann in entsprechender Anwendung von § 626 des Bürgerlichen Gesetzbuchs, bei nicht-öffentlichen Stellen auch auf Verlangen der Aufsichtsbehörde, widerrufen werden.

(4) Der Beauftragte für den Datenschutz ist zur Verschwiegenheit über die Identität des Betroffenen sowie über Umstände, die Rückschlüsse auf den Betroffenen zulassen, verpflichtet, soweit er nicht davon durch den Betroffenen befreit wird.

(4a) Soweit der Beauftragte für den Datenschutz bei seiner Tätigkeit Kenntnis von Daten erhält, für die dem Leiter oder einer bei der öffentlichen oder nichtöffentlichen Stelle beschäftigten Person aus beruflichen Gründen ein Zeugnisverweigerungsrecht zusteht, steht dieses Recht auch dem Beauftragten für den Datenschutz und dessen Hilfspersonal zu. Über die Ausübung dieses Rechts entscheidet die Person, der das Zeugnisverweigerungsrecht aus beruflichen Gründen zusteht, es sei denn, dass diese Entscheidung in absehbarer Zeit nicht herbeigeführt werden kann. Soweit das Zeugnisverweigerungsrecht des Beauftragten für den Datenschutz reicht, unterliegen seine Akten und andere Schriftstücke einem Beschlagnahmeverbot.

(5) Die öffentlichen und nicht-öffentlichen Stellen haben den Beauftragten für den Datenschutz bei der Erfüllung seiner Aufgaben zu unterstützen und ihm insbesondere, soweit dies zur Erfüllung seiner Aufgaben erforderlich ist, Hilfspersonal sowie Räume, Einrichtungen, Geräte und Mittel zur Verfügung zu stellen. Betroffene können sich jederzeit an den Beauftragten für den Datenschutz wenden.

4g *Aufgaben des Beauftragten für den Datenschutz*

(1) Der Beauftragte für den Datenschutz wirkt auf die Einhaltung dieses Gesetzes und anderer Vorschriften über den Datenschutz hin. Zu diesem Zweck kann sich der Beauftragte für den Datenschutz in Zweifelsfällen an die für die Datenschutzkontrolle bei der verantwortlichen Stelle zuständige Behörde wenden. Er kann die Beratung nach § 38 Abs. 1 Satz 2 in Anspruch nehmen. Er hat insbesondere

1. die ordnungsgemäße Anwendung der Datenverarbeitungsprogramme, mit deren Hilfe personenbezogene Daten verarbeitet werden sollen, zu überwachen; zu diesem Zweck ist er über Vorhaben der automatisierten Verarbeitung personenbezogener Daten rechtzeitig zu unterrichten,

2. die bei der Verarbeitung personenbezogener Daten tätigen Personen durch geeignete Maßnahmen mit den Vorschriften dieses Gesetzes sowie anderen Vorschriften über den Datenschutz und mit den jeweiligen besonderen Erfordernissen des Datenschutzes vertraut zu machen.

(2) Dem Beauftragten für den Datenschutz ist von der verantwortlichen Stelle eine Übersicht über die in § 4e Satz 1 genannten Angaben sowie über zugriffsberechtigte Personen zur Verfügung zu stellen. Der Beauftragte für den Datenschutz macht die Angaben nach § 4e Satz 1 Nr. 1 bis 8 auf Antrag jedermann in geeigneter Weise verfügbar.

(2a) Soweit bei einer nicht-öffentlichen Stelle keine Verpflichtung zur Bestellung eines Beauftragten für den Datenschutz besteht, hat der Leiter der nicht-öffentlichen Stelle die Erfüllung der Aufgaben nach den Absätzen 1 und 2 in anderer Weise sicherzustellen.

(3) (nicht abgedruckt)

1 **I. Bestellung eines Datenschutzbeauftragten.** Der Datenschutzbeauftragte ist nach der Konzeption des BDSG ein **Instrument der Selbstkontrolle des Unternehmens**, die neben der Fremdkontrolle durch die Aufsichtsbehörde nach § 38 BDSG steht. Der Datenschutzbeauftragte ist der Geschäftsleitung unterstellt (§ 4f III 1 BDSG) und quasi dessen „verlängerter Arm". Es kann nicht etwa aus eigenem Recht dafür sorgen, dass im Unternehmen die Verpflichtungen aus dem BDSG beachtet werden, sondern er kann insoweit nur beratend auf die Geschäftsleitung einwirken. Es ist allein deren Sache, Entscheidungen zur Gewährleistung des Datenschutzes zu treffen und erforderlichenfalls Verstöße abzustellen[1].

2 **1. Pflicht zur Bestellung.** Nach § 4f I haben privatwirtschaftl. Unternehmen einen Datenschutzbeauftragten innerhalb eines Monats nach Aufnahme ihrer Tätigkeit zu bestellen, wenn personenbezogene Daten

- automatisiert verarbeitet werden (§ 3 II 1) und „damit" ständig in der Regel mindestens zehn Personen beschäftigt sind (§ 4f I 4),
- auf andere Weise erhoben, verarbeitet oder genutzt werden (vgl. § 3 II 2) und „damit" (einschließlich Vor- und Nacharbeiten wie Lochen und Versenden von Ausdrucken)[2] in der Regel mindestens 20 Personen beschäftigt sind (§ 4f I 3),

1 BAG v. 11.11.1997 – 1 ABR 21/97, NZA 1998, 385 (387 f.). | 2 *Gola/Schomerus*, § 4f BDSG Rz. 13.

- so automatisiert verarbeitet werden, dass nach § 4d V, VI eine Vorabkontrolle erforderlich ist (§ 4f I 6 Alt. 1), oder
- geschäftsmäßig zum Zweck der (anonymisierten) Übermittlung verarbeitet werden (zB bei Auskunftei, Adresshandel, Markt- und Meinungsforschungsinstituten; § 4f I 6 Alt. 2)[1].

Bestellt der ArbGeb vorsätzlich oder fahrlässig nicht einen geeigneten Datenschutzbeauftragten oder tut er dies nicht rechtzeitig, handelt er **ordnungswidrig** (§ 43 I Nr. 2). Besteht keine Verpflichtung zur Bestellung eines Datenschutzbeauftragten, so hat die Geschäftsleitung die Einhaltung der Datenschutzbestimmungen zu gewährleisten und zu überwachen (§ 4g IIa). 3

2. Person des Datenschutzbeauftragten. a) Eignung. Zum Datenschutzbeauftragten darf nur bestellt werden, wer die zur Erfüllung seiner Aufgaben (§ 4g) erforderliche Fachkunde und Zuverlässigkeit besitzt (§ 4f II 1). An **Fachkunde** erforderlich sind in jedem Fall Grundkenntnisse des Datenschutzrechts, Kenntnisse über Verfahren und Techniken der automatisierten Datenverarbeitung sowie über die betriebl. Gegebenheiten des jeweiligen Unternehmens[2]. Je umfangreicher Daten verarbeitet werden und je sensibler die Daten sind, desto größer muss die – ggf. durch Schulungen oder Zertifikate nachzuweisende – Fachkunde sein (vgl. § 4f II 2). 4

Die Feststellung der **Zuverlässigkeit** erfordert eine Prognose, ob die betreffende Person als Datenschutzbeauftragter künftig die gesetzl. Vorschriften beachten wird. Diese Prognose muss auf gegenwärtige oder in der Vergangenheit liegende Tatsachen gestützt werden, wobei länger zurückliegende Tatsachen unter Umständen kein erhebliches Gewicht mehr haben. An der Zuverlässigkeit kann es daher fehlen, wenn der Datenschutzbeauftragte bereits schuldhaft in nicht unerheblicher Weise gegen das Datenschutzrecht verstoßen hat. Zur Zuverlässigkeit gehört es auch, dass der Datenschutzbeauftragte frei ist von anderen Aufgaben, die mit seiner Kontrollfunktion nicht zu vereinbaren sind und die ihn deshalb in **Interessenkonflikte** bringen könnten[3]. An der Zuverlässigkeit fehlt es daher, wenn er eine Position innehat, in der er sich selbst kontrollieren müsste (zB als EDV-Leiter, Vertriebsleiter, Personalleiter, Geschäftsführer, Vorstand, Leiter der verantwortlichen Stelle)[4]. Das Amt als **BR** ist aufgrund der damit verbundenen Überwachungspflichten (vgl. § 80 I Nr. 1 BetrVG), bei der nicht zwingend nur datenschutzspezifische, sondern auch andere – zB unternehmerische (vgl. § 2 I BetrVG) – Interessen zu berücksichtigen sind, mit der Stellung des Datenschutzbeauftragten nicht kompatibel[5]. Bedenken gegen die Zuverlässigkeit können sich auch im Falle drohender Interessenskonflikte ergeben, die mit der Kontrollfunktion des Datenschutzbeauftragten unvereinbar sind[6]. 5

Fehlt es an der erforderlichen Fachkunde und Zuverlässigkeit, kann der **BR seine Zustimmung zur Einstellung oder Versetzung** eines Mitarbeiters auf den Arbeitsplatz als Datenschutzbeauftragter nach § 99 II Nr. 1 BetrVG **verweigern**[7]. Dasselbe gilt, wenn die von einem internen Datenschutzbeauftragten neben der Datenschutzaufgabe wahrgenommene Tätigkeit im Wege der Versetzung so geändert werden soll, dass das Amt des Datenschutzbeauftragten mit der neuen Tätigkeit nicht mehr kompatibel ist[8]. Andernfalls könnte der ArbGeb der Kontrolle des BR ohne weiteres ausweichen, indem er dem ArbN neben der Funktion des Datenschutzbeauftragen zunächst eine kompatible Teiltätigkeit übertrüge und diese später – nachdem der BR der Einstellung/Versetzung zugestimmt hat – gegen eine nichtkompatible Teiltätigkeit auswechselte. Handelt es sich beim Datenschutzbeauftragten allerdings um einen leitenden Angestellten (§ 5 III BetrVG) oder um einen externen Beauftragten, der nicht in den Betrieb eingegliedert wird, besteht kein Zustimmungsverweigerungsrecht[9]. 6

b) Interner und externer Datenschutzbeauftragter. Möglich ist die Bestellung eines beim ArbGeb beschäftigten „internen" Datenschutzbeauftragten (zB eines Mitarbeiters der Revisions-, Rechts- oder Organisationsabteilung)[10] oder eines „externen" Datenschutzbeauftragten auf Grundlage eines entsprechenden Dienst- bzw. Geschäftsbesorgungsvertrags (vgl. § 4f II 3). Im Hinblick auf den besonderen Kündigungsschutz des internen Datenschutzbeauftragten (unten Rz. 24) wird die Bestellung eines Externen aus Sicht des ArbGeb häufig vorzugswürdig sein. § 4f II 3 und IVa stellen klar, dass auch einer besonderen Schweigepflicht unterliegende Berufe einen externen Datenschutzbeauftragten bestellen können, für den ebenfalls die Zeugnisverweigerungsrechte und die Strafandrohung (§ 203 IIa StGB) gelten[11]. 7

c) Stellung des Datenschutzbeauftragten. Nach § 4f III 1 ist der Datenschutzbeauftragte **unmittelbar der Geschäftsleitung zu unterstellen**. Praktische Bedeutung hat diese rein funktionsbezogene Unterstellung nur hinsichtlich des **internen** Datenschutzbeauftragten. Er erhält ein direktes Vortragsrecht in datenschutzrechtl. Angelegenheiten und muss den üblichen Dienstweg nicht einhalten. 8

1 Zur am 28.6.2006 in Kraft getretenen Neuregelung der Norm *Gola/Klug*, NJW 2007, 118. | 2 AnwK-ArbR/*Gola*, § 5 BDSG Rz. 5; FaK-ArbR/*Scholz*, § 4f BDSG Rz. 2. | 3 BAG v. 22.3.1994 – 1 ABR 51/93, NZA 1994, 1049 (1052). | 4 FaK-ArbR/*Scholz*, § 4f BDSG Rz. 2; ErfK/*Wank*, § 4f BDSG Rz. 3. | 5 *Simitis*, § 4f BDSG Rz. 108; aA *Gola/Schomerus*, § 4f BDSG Rz. 28. | 6 BAG v. 22.3.1994 – 1 ABR 51/93, NZA 1994, 1049. | 7 BAG v. 22.3.1994 – 1 ABR 51/93, NZA 1994, 1049 (1050 f.). | 8 BAG v. 22.3.1994 – 1 ABR 51/93, NZA 1994, 1049 (1051 f.). | 9 BAG v. 11.11.1997 – 1 ABR 21/97, NZA 1998, 385 (387). | 10 So die Empfehlung von AnwK-ArbR/*Gola*, § 5 BDSG Rz. 6. | 11 AnwK-ArbR/*Gola*, § 5 BDSG Rz. 8.

9 Der (interne) Datenschutzbeauftragte ist nach § 4f III 2 BDSG **in fachlicher Hinsicht weisungsfrei.** Weisungen des ArbGeb bezogen auf die Kontroll- und Beratungstätigkeit des Datenschutzbeauftragten sind daher unwirksam. Allerdings übt der ArbGeb die allgemeine Dienstaufsicht aus und überwacht die ordnungsgemäße Amtsausübung durch den Datenschutzbeauftragen. Der ArbGeb kann aufgrund seiner Verantwortung für die Durchführung des BDSG dem Datenschutzbeauftragten auch Prüfaufträge erteilen[1].

10 Nach § 4f III 3 darf der (interne) Datenschutzbeauftragte wegen der Erfüllung seiner Aufgaben **nicht benachteiligt** werden. Dies ist eine besondere Ausformung des allgemeinen Maßregelungsverbots (§ 612a BGB). Verstößt der ArbGeb gegen das Benachteiligungsverbot, ist die benachteiligende Maßnahme (zB Abmahnung, Kündigung) unwirksam (§ 134 BGB).

11 **d) Unterstützung und Ausstattung.** Gemäß § 4f V 1 ist der **ArbGeb verpflichtet**, den Datenschutzbeauftragten bei der Erfüllung seiner Aufgaben zu unterstützen und ihn insbesondere mit den erforderlichen personellen, sachlichen und finanziellen Mitteln auszustatten. Ferner muss er ihn rechtzeitig über neue Vorhaben der automatisierten Verarbeitung personbezogener Daten unterrichten (§ 4g I 4 Nr. 1 Hs. 2) und ihm eine Übersicht über die Verfahren (§ 4e Satz 1) und die zugriffsberechtigten Personen zur Verfügung zu stellen (§ 4g II 1).

12 **3. Beginn und Ende der Bestellung des Datenschutzbeauftragten. a) Bestellung und Grundverhältnis.** Die Bestellung zum Datenschutzbeauftragten begründet das Amtsverhältnis und löst die gesetzl. Pflichten und Aufgabe des Datenschutzbeauftragten nach §§ 4f und 4g aus. Davon zu unterscheiden ist – wie bei der Organperson einer Gesellschaft (zB GmbH-Geschäftsführer, AG-Vorstand) – das zugrunde liegende schuldrechtliche Rechtsverhältnis, aus dem die Verpflichtung zum Tätigwerden sowie die Vergütungsansprüche gegenüber dem Unternehmer erwachsen (**Trennungstheorie**)[2]. Mängel in der Bestellung wirken sich grundsätzlich nicht auf das zugrunde liegende Schuldrechtsverhältnis aus. Umgekehrt fällt die Bestellung nicht automatisch weg, wenn die schuldrechtliche Grundlage fehlt oder entfällt. Das BAG folgt im Ansatz ebenfalls der Trennungstheorie, hält sie allerdings – in wenig überzeugender Weise – nicht vollständig durch (vgl. Rz. 21).

13 Obwohl die Bestellung nur aus einem wichtigen Grund analog § 626 BGB widerrufen werden kann (§ 4f III 4), ist eine **Befristung der Bestellung** möglich[3]. Dies folgt schon aus dem Wortlaut des entsprechend anwendbaren § 626 I BGB („wenn ... die Fortsetzung ... bis zu der vereinbarten Beendigung ... nicht zugemutet werden kann").

14 Bei **externen** Datenschutzbeauftragten liegt der Bestellung meist ein Dienst- oder Geschäftsbesorgungsvertrag zugrunde und bei **internen** Datenschutzbeauftragten der Arbeitsvertrag[4]. Wird einem ArbN das Amt des (internen) Datenschutzbeauftragten übertragen, ist zu überprüfen, ob der etwa bereits vorhandene Arbeitsvertrag diese Tätigkeit mit abdeckt, so dass die Tätigkeit dem ArbN – ggf. neben anderen Aufgaben – einseitig kraft Direktionsrecht vom ArbGeb zugewiesen werden kann oder ob eine einvernehmliche Änderung bzw. Ergänzung des Arbeitsvertrags (oder eine Änderungskündigung) erforderlich ist. Wird ein ArbN von seinem ArbGeb mit seiner Zustimmung zum Beauftragten für den Datenschutz bestellt, ändert sich damit regelmäßig der Inhalt des Arbeitsvertrags. Die Aufgabe des Datenschutzbeauftragten wird zur zusätzlichen Arbeitsaufgabe. Die Beauftragung ist ohne eine solche Vertragsänderung regelmäßig nicht vom Direktionsrecht des ArbGeb umfasst[5].

15 Geht das Arbeitsverhältnis des internen Datenschutzbeauftragten im Rahmen eines **Betriebs(teil)übergangs** gemäß § 613a I 1 BGB auf einen neuen ArbGeb über, fällt die – vom Arbeitsverhältnis zu trennende – Stellung als Datenschutzbeauftragter automatisch weg[6]. Aufgrund der arbeitsvertragl. Vereinbarung ist der ArbN vom Erwerber aber wieder zum Datenschutzbeauftragten zu bestellen, es sei denn, der Erwerber hat bereits einen Datenschutzbeauftragten bestellt. Dann liegt ein wichtiger Grund für die Nichtbestellung des übergegangenen ArbN vor (§ 4f III 4 analog)[7]. Der Arbeitsvertrag als Grundverhältnis kann durch außerordentliche Änderungskündigung bzw. Teilkündigung (vgl. Rz. 20) dahingehend angepasst werden, dass der ArbN nicht mehr schuldrechtlich verpflichtet ist, die Aufgaben des Datenschutzbeauftragten wahrzunehmen.

16 **b) Schriftform.** Der Unternehmer hat den internen oder externen Datenschutzbeauftragten schriftlich zu bestellen (§ 4f I 1). Die Schriftform des § 126 BGB ist also einzuhalten, ansonsten ist der Bestellungsakt nichtig (§ 125 S. 1 BGB). Obwohl die Bestellung ein einseitiger Akt ist, bedarf sie der Zustimmung der bestellten Person. Erst mit Annahme der Bestellung wird diese wirksam[8].

1 BAG v. 13.3.2007 – 9 AZR 612/05, NZA 2007, 563 (564 Rz. 23); v. 11.11.1997 – 1 ABR 21/97, NZA 1998, 385 (388). | 2 Im Ansatz ebenso BAG v. 13.3.2007 – 9 AZR 612/05, NZA 2007, 563 (OS. 1); v. 22.3.1994 – 1 ABR 51/93, NZA 1994, 1049 (1051); *Liedtke*, NZA 2005, 390 (391). | 3 *Schaffland/Wiltfang*, § 4f BDSG Rz. 65 f.; *Simitis*, § 4f BDSG Rz. 61; aA *Gola/Schomerus*, § 4f BDSG Rz. 32. | 4 BAG v. 13.3.2007 – 9 AZR 612/05, NZA 2007, 563 (564 Rz. 23). | 5 BAG v. 13.3.2007 – 9 AZR 612/05, NZA 2007, 563 (LS. 1). | 6 Ebenso für den Datenschutzbeauftragten des übertragenden Rechtsträgers bei Verschmelzung *Schaffland/Wiltfang*, § 4f BDSG Rz. 65i; *Simitis*, § 4f BDSG Rz. 200. | 7 So wohl auch Küttner/*Griese*, Personalbuch 2007, Betriebsbeauftragte Rz. 26; nur im Erg. ebenso *Liedtke*, NZA 2005, 390 (391). | 8 Unklar *Gola/Schomerus*, § 4f BDSG Rz. 30 f.

c) Mitbest. des BR. Der Datenschutzbeauftragte wird nach vom ArbGeb ausgewählt und bestellt. Der Bestellungsakt als solcher unterliegt – anders als zB bei der Bestellung und Abberufung angestellter Betriebsärzte oder Fachkräfte für Arbeitssicherheit nach § 9 III ASiG – nicht der Mitbest. des BR. Allerdings kann der BR im Hinblick auf die Übertragung der Aufgaben eines internen Datenschutzbeauftragten an einen (nicht leitenden) Mitarbeiter seine Zustimmung Einstellung oder Versetzung nach § 99 II Nr. 1 BetrVG verweigern, wenn dem Mitarbeiter die erforderliche Fachkunde oder Zuverlässigkeit fehlen (oben Rz. 6)[1]. 17

d) Widerruf der Bestellung. Die Bestellung des externen oder internen Datenschutzbeauftragten kann nur widerrufen werden, wenn die **Aufsichtsbehörde** dies **verlangt** (§ 38 V 3) **oder** ein **wichtiger Grund für den Widerruf iSd. § 626 BGB** gegeben ist (§ 4f III 4). Ein wichtiger Grund liegt vor, wenn die Fortsetzung der Tätigkeit als Datenschutzbeauftragter unter Berücksichtigung aller Umstände des Einzelfalles und unter Abwägung der Interessen beider Vertragsteile bis zum Ablauf der ordentlichen Kündigungsfrist des Grundverhältnisses oder bis zur vereinbarten Beendigung der Bestellung nicht zugemutet werden kann (vgl. § 626 I BGB)[2]. Er ist zB gegeben, wenn der Datenschutzbeauftragte seine Pflichten und Aufgaben in grober Weise verletzt, so dass eine Fortführung des Amtes durch die betreffende Person für den Unternehmer nicht mehr weiter zumutbar ist (zB Unterlassen jeglicher Kontrollen über längeren Zeitraum, Verstoß gegen Verschwiegenheitspflicht). Ein wichtiger Grund ist auch dann anzunehmen, wenn er die gesetzlichen Voraussetzungen der Fachkunde oder Zuverlässigkeit nicht mehr erfüllt (zB wenn der Datenschutzbeauftragte zum EDV-Leiter ernannt wird). Das ergibt sich aus der gesetzlichen Wertung der §§ 4f II 1, 38 V 3. Fallen die gesetzl. Voraussetzungen für die Pflicht zur Bestellung eines Datenschutzbeauftragten für das Unternehmen weg (zB wegen Veränderung der ArbN-Zahlen), besteht ebenfalls ein wichtiger Grund für den Widerruf der Bestellung und die außerordentliche (Teil-)Kündigung des Grundverhältnisses[3]. 18

Obwohl das Gesetz keine Form für den Widerruf vorsieht, ist anzunehmen, dass der Widerruf als actus contrarius zur Bestellung ebenfalls der **Schriftform** unterliegt[4]. In formeller Hinsicht ist außerdem die **zweiwöchige Erklärungsfrist** ab Kenntnis der Widerrufsberechtigten Person von dem wichtigem Grund (§ 4f III 4 iVm. § 626 II BGB) zu beachten[5]. 19

Wird die Bestellung wirksam widerrufen, ist zugleich auch die aus dem schuldrechtl. **Grundverhältnis** (vgl. Rz. 14) folgende Verpflichtung, die Aufgaben des Datenschutzbeauftragten wahrzunehmen, zu **beenden** (zB durch außerordentl. Kündigung). Soll bei einem internen Datenschutzbeauftragten nur die zusätzliche Aufgabe als Datenschutzbeauftragter beendet werden, das Arbeitsverhältnis hingegen fortbestehen, ist nach Auffassung des BAG eine **außerordentl. Teilkündigung** auszusprechen[6]. 20

Die Bestellung kann wirksam widerrufen werden, ohne dass im selben Rechtsakt das Grundverhältnis beendet oder das aus dem Grundverhältnis folgende schuldrechtliche Pflichtenprogramm angepasst wird. Dies entspricht der im Gesetzeswortlaut angelegten **Trennungstheorie** (vgl. Rz. 12). **Demgegenüber** vertritt das **BAG** insoweit eine **„Akzessorietät"** zwischen Bestellung und Grundverhältnis. Schuldrechtliches Grundverhältnis und Bestellung seien unlösbar miteinander verknüpft. Gehört die Tätigkeit des (internen) Datenschutzbeauftragten zum arbeitsvertraglichen Pflichtenkreis des ArbN, könne der Widerruf der Bestellung wirksam nur bei gleichzeitiger Teilkündigung dieser arbeitsvertraglich geschuldeten Sonderaufgabe erfolgen[7]. Dies überzeugt jedoch nicht, weil sich das BAG selbst in Widerspruch zu seinem eigenen Ausgangspunkt bringt, dass die vertragliche Grundlage von der Bestellung zu trennen sei[8]. Richtig ist nur, dass der ArbGeb nach dem wirksamen Widerruf der Bestellung die schuldrechtl. Grundlage anzupassen hat, weil er im Hinblick auf den Beschäftigungsanspruch des ArbN sonst zur erneuten Bestellung verpflichtet ist. 21

Abgesehen vom Widerruf endet die Bestellung auch, wenn der Datenschutzbeauftragte sein **Amt** unter Einhaltung der Schriftform **niederlegt**[9]. 22

Hingegen endet die Bestellung zum Datenschutzbeauftragten nicht automatisch, wenn das Grundverhältnis wirksam beendet wird[10]. Dies folgt aus der Trennungstheorie (Rz. 12). 23

e) Besonderer Kündigungsschutz für interne Datenschutzbeauftragte. Ob das Arbeitsverhältnis des internen Datenschutzbeauftragten **für die Dauer seiner Bestellung** (mittelbar) einem besonderen Kündigungsschutz unterliegt, ist hochumstritten und bislang nicht abschließend geklärt[11]. Dies ist jedoch wohl zu bejahen. Das Arbeitsverhältnis kann während des Bestehens der Bestellung **nur aus wichtigem** 24

1 BAG v. 11.11.1997 – 1 ABR 21/97, NZA 1998, 385 (387); v. 22.3.1994 – 1 ABR 51/93, NZA 1994, 1049. | 2 *Simitis*, § 4f BDSG Rz. 183. | 3 ErfK/*Wank*, § 4f BDSG Rz. 6. | 4 *Simitis*, § 4f BDSG Rz. 199; aA *Gola/Schomerus*, § 4f BDSG Rz. 43. | 5 *Simitis*, § 4f BDSG Rz. 197. | 6 BAG v. 13.3.2007 – 9 AZR 612/05, NZA 2007, 563, OS. 3. | 7 BAG v. 13.3.2007 – 9 AZR 612/05, NZA 2007, 563 (565), Rz. 29, 35. | 8 Vgl. BAG v. 13.3.2007 – 9 AZR 612/05, NZA 2007, 563 (564 Rz. 22). | 9 *Simitis*, § 4f BDSG Rz. 179 f. | 10 AA BT-Drs. 11/4306, S. 52; LAG Nds. v. 16.6.2003 – 8 Sa 1968/02, NZA-RR 2004, 354 (355); FaK-ArbR/*Scholz*, § 4f BDSG Rz. 4; offengelassen von BAG v. 13.3.2007 – 9 AZR 612/05, NZA 2007, 563 (565), Rz. 35. | 11 S. etwa *Ehrich*, NZA 1993, 248; *Gola/Schomerus*, § 4f BDSG Rz. 40 f. mwN.

Grund gekündigt werden[1]. Würde man die Möglichkeit der ordentlichen Kündigung des Arbeitsverhältnisses zulassen, könnte zwar das Grundverhältnis beendet werden, die Bestellung liefe aber weiter. Dadurch würde der vom Gesetzgeber intendierte Schutz des Datenschutzbeauftragten beeinträchtigt.

25 Unberührt bleibt allerdings die Möglichkeit zum Abschluss eines **Aufhebungsvertrags** mit dem Datenschutzbeauftragten.

26 **II. Aufgaben des Datenschutzbeauftragten.** Nach § 4g I 1 hat der Datenschutzbeauftragte **bei der Geschäftsleitung auf die Einhaltung der datenschutzrechtlichen Vorschriften hinzuwirken.** Zu diesem Zweck kann er sich in Zweifelsfällen an die Datenschutzbehörde wenden und sich beraten lassen (§ 4g I 2, 3 iVm. § 38 I 2). Dabei darf er freilich seine aus dem Arbeits- oder Dienstverhältnis folgenden Treuepflichten gegenüber dem Unternehmen nicht außer Acht lassen. Nur in schwerwiegenden Ausnahmefällen haben die Treuepflichten zurückzutreten mit der Folge, dass der Datenschutzbeauftragte befugt ist, unternehmensinterne Vorgänge der Aufsichtsbehörde zu offenbaren und diese um Unterstützung zu bitten[2]. Zu seinen Aufgaben gehören insbesondere auch die **Überwachung der Datenverarbeitungsprogramme** (§ 4g I 4 Nr. 1) und die **Schulung** und Unterrichtung der bei der Verarbeitung personenbezogener Daten tätigen Personen **über Datenschutz** (Nr. 2). Hinsichtlich der Schulungen sind die MitbestR des BR (§§ 96–98 BetrVG) zu beachten.

27 Das **Kontrollrecht** des Datenschutzbeauftragten **bezieht sich nicht auf die Tätigkeit des BR.** Dies wäre mit der vom BetrVG vorgeschriebenen Unabhängigkeit des BR vom ArbGeb unvereinbar[3].

28 Der Datenschutzbeauftragte ist ferner **jederzeitige Anlaufstelle** bzw. „Beschwerdestelle in Datenschutzangelegenheiten" **für Betroffene** iSd. § 3 I (§ 4f V 2). Er unterliegt der **Pflicht zur Verschwiegenheit** über die Identität des Betroffenen sowie über Umstände, die Rückschlüsse auf den Betroffenen zulassen, soweit er nicht vom Betroffenen davon befreit wird (§ 4f IV).

5 *Datengeheimnis*

Den bei der Datenverarbeitung beschäftigten Personen ist untersagt, personenbezogene Daten unbefugt zu erheben, zu verarbeiten oder zu nutzen (Datengeheimnis). Diese Personen sind, soweit sie bei nicht-öffentlichen Stellen beschäftigt werden, bei der Aufnahme ihrer Tätigkeit auf das Datengeheimnis zu verpflichten. Das Datengeheimnis besteht auch nach Beendigung ihrer Tätigkeit fort.

1 **I. Bei der Datenverarbeitung beschäftigte Personen.** § 5 betrifft nicht nur die Personen, die unmittelbar „mit" der Verarbeitung personenbezogener Daten beschäftigt sind, dh. deren Aufgabe eine der in § 3 IV genannten Tätigkeiten umfasst (zB Mitarbeiter der EDV-Abteilung, im Controlling, in der Buchhaltung etc.). Aufgrund des weiten Schutzzwecks von § 5 werden alle Personen erfasst, die im Rahmen ihrer Tätigkeit mit personenbezogenen Daten dauernd oder regelmäßig in der Weise in Verbindung kommen, dass sie diese zur Kenntnis nehmen, verarbeiten oder in sonstiger Weise verwenden können. Darunter können zB Boten, Schreibkräfte, Reinigungs- und Wartungspersonal fallen. Auch der interne Datenschutzbeauftragte und die Betriebsräte[4] sind nach hM erfasst[5]. Angesprochen sind ferner Angehörige solcher Abteilungen, die durch fachliche Weisungen auf die Datenverarbeitung Einfluss nehmen[6].

2 **II. Pflicht zur Wahrung des Datengeheimnisses. Sätze 1 und 3** normieren die gesetzliche Pflicht, jegliche unbefugte Erhebung, Verarbeitung oder Nutzung personenbezogener Daten während und nach Beendigung ihrer Tätigkeit zu unterlassen. Sie ergänzen die arbeitsvertragl. (vgl. § 611 BGB Rz. 350 f.) und in anderen gesetzl. Vorschriften (zB §§ 79, 99 I 3, 102 II 5 BetrVG) enthaltenen Geheimhaltungspflichten. „**Unbefugt**" ist jeder Verwendung der Daten, die aus Sicht der verantwortlichen Stelle rechtswidrig ist (zB mangels Erlaubnistatbestands iSd. § 4 I oder wegen Verstoßes gegen § 87 I Nr. 6 BetrVG) oder die gegen interne Regelungen (zB Weisungen, Richtlinien, arbeitsvertragliche Vereinbarungen) verstoßen[7]. Der Verstoß gegen die Pflicht zur Wahrung des Datengeheimnisses kann arbeitsrechtl. Folgen (zB Abmahnung, Kündigung) haben[8] und ggf. sogar als Ordnungswidrigkeit (§ 43 II) oder Straftat (§ 44) sanktioniert werden.

3 **III. Verpflichtung auf das Datengeheimnis.** Die in **Satz 2** angeordnete Verpflichtung auf das Datengeheimnis ist **nicht konstitutiv** für die Pflicht zur Wahrung des Datengeheimnisses. Vielmehr dient sie dazu, den bei der Datenverarbeitung beschäftigten Personen im Falle eines Verstoßes die Ausrede mangelnden Verschuldens oder des Vorliegens eines Verbotsirrtums zu nehmen[9]. ArbGeb der Privatwirt-

1 *Gola/Schomerus*, § 4f BDSG Rz. 41; *Simitis*, § 4f Rz. 185; vgl. auch BAG v. 13.3.2007 – 9 AZR 612/05, NZA 2007, 563 (565 Rz. 33); aA für die Zulässigkeit der ordentlichen Kündigung aus nicht amtsbezogenen Gründen LAG Nds. v. 16.6.2003 – 8 Sa 1968/02, NZA-RR 2004, 354 f.; *Ehrich*, NZA 1993, 248 (252). | 2 Vgl. BAG v. 11.11.1997 – 1 ABR 21/97, NZA 1998, 385 (388). | 3 BAG v. 11.11.1997 – 1 ABR 21/97, NZA 1998, 385 (387 ff.). | 4 BAG v. 3.6.2003 – 1 ABR 19/02, AP Nr. 1 zu § 89 BetrVG 1972. | 5 Zum Ganzen *Gola/Schomerus*, § 5 BDSG Rz. 8 f.; Simitis/*Walz*, § 5 BDSG Rz. 14 ff. | 6 AnwK-ArbR/*Gola*, § 5 BDSG Rz. 3. | 7 *Gola/Schomerus*, § 5 BDSG Rz. 5 f. | 8 Vgl. *Gola/Wronka*, Handbuch zum Arbeitnehmerdatenschutz, Rz. 1267 ff. | 9 *Schaffland/Wiltfang*, § 5 BDSG Rz. 17.

schaft haben daher den angesprochene Personenkreis (Rz. 1) bei Aufnahme ihrer Tätigkeit, dh. am ersten Arbeitstag, persönlich auf das Datengeheimnis zu verpflichten. Hierzu bietet sich der Einsatz von **Verpflichtungserklärungen** an[1].

6 *Unabdingbare Rechte des Betroffenen*

(1) Die Rechte des Betroffenen auf Auskunft (§§ 19, 34) und auf Berichtigung, Löschung oder Sperrung (§§ 20, 35) können nicht durch Rechtsgeschäft ausgeschlossen oder beschränkt werden.

(2) Sind die Daten des Betroffenen automatisiert in der Weise gespeichert, dass mehrere Stellen speicherungsberechtigt sind, und ist der Betroffene nicht in der Lage festzustellen, welche Stelle die Daten gespeichert hat, so kann er sich an jede dieser Stellen wenden. Diese ist verpflichtet, das Vorbringen des Betroffenen an die Stelle, die die Daten gespeichert hat, weiterzuleiten. Der Betroffene ist über die Weiterleitung und jene Stelle zu unterrichten. (...)

6a–6c (nicht abgedruckt)

7 *Schadensersatz*

Fügt eine verantwortliche Stelle dem Betroffenen durch eine nach diesem Gesetz oder nach anderen Vorschriften über den Datenschutz unzulässige oder unrichtige Erhebung, Verarbeitung oder Nutzung seiner personenbezogenen Daten einen Schaden zu, ist sie oder ihr Träger dem Betroffenen zum Schadensersatz verpflichtet. Die Ersatzpflicht entfällt, soweit die verantwortliche Stelle die nach den Umständen des Falles gebotene Sorgfalt beachtet hat.

8 (nicht abgedruckt)

9 *Technische und organisatorische Maßnahmen*

Öffentliche und nicht-öffentliche Stellen, die selbst oder im Auftrag personenbezogene Daten erheben, verarbeiten oder nutzen, haben die technischen und organisatorischen Maßnahmen zu treffen, die erforderlich sind, um die Ausführung der Vorschriften dieses Gesetzes, insbesondere die in der Anlage zu diesem Gesetz genannten Anforderungen, zu gewährleisten. Erforderlich sind Maßnahmen nur, wenn ihr Aufwand in einem angemessenen Verhältnis zu dem angestrebten Schutzzweck steht.

Anlage (zu § 9 Satz 1)

Werden personenbezogene Daten automatisiert verarbeitet oder genutzt, ist die innerbehördliche oder innerbetriebliche Organisation so zu gestalten, dass sie den besonderen Anforderungen des Datenschutzes gerecht wird. Dabei sind insbesondere Maßnahmen zu treffen, die je nach der Art der zu schützenden personenbezogenen Daten oder Datenkategorien geeignet sind,

1. Unbefugten den Zutritt zu Datenverarbeitungsanlagen, mit denen personenbezogene Daten verarbeitet oder genutzt werden, zu verwehren (Zutrittskontrolle),

2. zu verhindern, dass Datenverarbeitungssysteme von Unbefugten genutzt werden können (Zugangskontrolle),

3. zu gewährleisten, dass die zur Benutzung eines Datenverarbeitungssystems Berechtigten ausschließlich auf die ihrer Zugriffsberechtigung unterliegenden Daten zugreifen können, und dass personenbezogene Daten bei der Verarbeitung, Nutzung und nach der Speicherung nicht unbefugt gelesen, kopiert, verändert oder entfernt werden können (Zugriffskontrolle),

4. zu gewährleisten, dass personenbezogene Daten bei der elektronischen Übertragung oder während ihres Transports oder ihrer Speicherung auf Datenträger nicht unbefugt gelesen, kopiert, verändert oder entfernt werden können, und dass überprüft und festgestellt werden kann, an welche Stellen eine Übermittlung personenbezogener Daten durch Einrichtungen zur Datenübertragung vorgesehen ist (Weitergabekontrolle),

5. zu gewährleisten, dass nachträglich überprüft und festgestellt werden kann, ob und von wem personenbezogene Daten in Datenverarbeitungssysteme eingegeben, verändert oder entfernt worden sind (Eingabekontrolle),

6. zu gewährleisten, dass personenbezogene Daten, die im Auftrag verarbeitet werden, nur entsprechend den Weisungen des Auftraggebers verarbeitet werden können (Auftragskontrolle),

1 Muster finden sich zB bei *Schaffland/Wiltfang*, 5001 § 5 BDSG Anh. 2 oder unter www.bfdi.bund.de.

7. zu gewährleisten, dass personenbezogene Daten gegen zufällige Zerstörung oder Verlust geschützt sind (Verfügbarkeitskontrolle),

8. zu gewährleisten, dass zu unterschiedlichen Zwecken erhobene Daten getrennt verarbeitet werden können.

9a, 10 (nicht abgedruckt)

11 *Erhebung, Verarbeitung oder Nutzung personenbezogener Daten im Auftrag*

(1) Werden personenbezogene Daten im Auftrag durch andere Stellen erhoben, verarbeitet oder genutzt, ist der Auftraggeber für die Einhaltung der Vorschriften dieses Gesetzes und anderer Vorschriften über den Datenschutz verantwortlich. Die in den §§ 6, 7 und 8 genannten Rechte sind ihm gegenüber geltend zu machen.

(2) Der Auftragnehmer ist unter besonderer Berücksichtigung der Eignung der von ihm getroffenen technischen und organisatorischen Maßnahmen sorgfältig auszuwählen. Der Auftrag ist schriftlich zu erteilen, wobei die Datenerhebung, -verarbeitung oder -nutzung, die technischen und organisatorischen Maßnahmen und etwaige Unterauftragsverhältnisse festzulegen sind. (...) Der Auftraggeber hat sich von der Einhaltung der beim Auftragnehmer getroffenen technischen und organisatorischen Maßnahmen zu überzeugen.

(3) Der Auftragnehmer darf die Daten nur im Rahmen der Weisungen des Auftraggebers erheben, verarbeiten oder nutzen. Ist er der Ansicht, dass eine Weisung des Auftraggebers gegen dieses Gesetz oder andere Vorschriften über den Datenschutz verstößt, hat er den Auftraggeber unverzüglich darauf hinzuweisen.

(4) Für den Auftragnehmer gelten neben den §§ 5, 9, 43 Abs. 1 Nr. 2, 10 und 11, Abs. 2 Nr. 1 bis 3 und Abs. 3 sowie § 44 nur die Vorschriften über die Datenschutzkontrolle oder die Aufsicht, und zwar für

1. a) öffentliche Stellen,

b) nicht-öffentliche Stellen, bei denen der öffentlichen Hand die Mehrheit der Anteile gehört oder die Mehrheit der Stimmen zusteht und der Auftraggeber eine öffentliche Stelle ist,

die §§ 18, 24 bis 26 oder die entsprechenden Vorschriften der Datenschutzgesetze der Länder,

2. die übrigen nicht-öffentlichen Stellen, soweit sie personenbezogene Daten im Auftrag als Dienstleistungsunternehmen geschäftsmäßig erheben, verarbeiten oder nutzen, die §§ 4f, 4g und 38.

(5) Die Absätze 1 bis 4 gelten entsprechend, wenn die Prüfung oder Wartung automatisierter Verfahren oder von Datenverarbeitungsanlagen durch andere Stellen im Auftrag vorgenommen wird und dabei ein Zugriff auf personenbezogene Daten nicht ausgeschlossen werden kann.

12–26 (nicht abgedruckt)

27 *Anwendungsbereich*

(1) Die Vorschriften dieses Abschnittes finden Anwendung, soweit personenbezogene Daten unter Einsatz von Datenverarbeitungsanlagen verarbeitet, genutzt oder dafür erhoben werden oder die Daten in oder aus nicht automatisierten Dateien verarbeitet, genutzt oder dafür erhoben werden durch

1. nicht-öffentliche Stellen,

2. a) öffentliche Stellen des Bundes, soweit sie als öffentlich-rechtliche Unternehmen am Wettbewerb teilnehmen,

b) öffentliche Stellen der Länder, soweit sie als öffentlich-rechtliche Unternehmen am Wettbewerb teilnehmen, Bundesrecht ausführen und der Datenschutz nicht durch Landesgesetz geregelt ist.

Dies gilt nicht, wenn die Erhebung, Verarbeitung oder Nutzung der Daten ausschließlich für persönliche oder familiäre Tätigkeiten erfolgt. In den Fällen der Nummer 2 Buchstabe a gelten anstelle des § 38 die §§ 18, 21 und 24 bis 26.

(2) Die Vorschriften dieses Abschnittes gelten nicht für die Verarbeitung und Nutzung personenbezogener Daten außerhalb von nicht automatisierten Dateien, soweit es sich nicht um personenbezogene Daten handelt, die offensichtlich aus einer automatisierten Verarbeitung entnommen worden sind.

28 *Datenerhebung, -verarbeitung und -nutzung für eigene Zwecke*

(1) Das Erheben, Speichern, Verändern oder Übermitteln personenbezogener Daten oder ihre Nutzung als Mittel für die Erfüllung eigener Geschäftszwecke ist zulässig

1. wenn es der Zweckbestimmung eines Vertragsverhältnisses oder vertragsähnlichen Vertrauensverhältnisses mit dem Betroffenen dient,

2. soweit es zur Wahrung berechtigter Interessen der verantwortlichen Stelle erforderlich ist und kein Grund zu der Annahme besteht, dass das schutzwürdige Interesse des Betroffenen an dem Ausschluss der Verarbeitung oder Nutzung überwiegt, oder

3. wenn die Daten allgemein zugänglich sind oder die verantwortliche Stelle sie veröffentlichen dürfte, es sei denn, dass das schutzwürdige Interesse des Betroffenen an dem Ausschluss der Verarbeitung oder Nutzung gegenüber dem berechtigten Interesse der verantwortlichen Stelle offensichtlich überwiegt.

Bei der Erhebung personenbezogener Daten sind die Zwecke, für die die Daten verarbeitet oder genutzt werden sollen, konkret festzulegen.

(2) Für einen anderen Zweck dürfen sie nur unter den Voraussetzungen des Absatzes 1 Satz 1 Nr. 2 und 3 übermittelt oder genutzt werden.

(3) Die Übermittlung oder Nutzung für einen anderen Zweck ist auch zulässig:

1. soweit es zur Wahrung berechtigter Interessen eines Dritten oder

2. zur Abwehr von Gefahren für die staatliche und öffentliche Sicherheit sowie zur Verfolgung von Straftaten erforderlich ist, oder

3. (...)

(4) (...)

(5) Der Dritte, dem die Daten übermittelt worden sind, darf diese nur für den Zweck verarbeiten oder nutzen, zu dessen Erfüllung sie ihm übermittelt werden. Eine Verarbeitung oder Nutzung für andere Zwecke ist nicht-öffentlichen Stellen nur unter den Voraussetzungen der Absätze 2 und 3 und öffentlichen Stellen nur unter den Voraussetzungen des § 14 Abs. 2 erlaubt. Die übermittelnde Stelle hat ihn darauf hinzuweisen.

(6) Das Erheben, Verarbeiten und Nutzen von besonderen Arten personenbezogener Daten (§ 3 Abs. 9) für eigene Geschäftszwecke ist zulässig, soweit nicht der Betroffene nach Maßgabe des § 4a Abs. 3 eingewilligt hat, wenn

1. dies zum Schutz lebenswichtiger Interessen des Betroffenen oder eines Dritten erforderlich ist, sofern der Betroffene aus physischen oder rechtlichen Gründen außerstande ist, seine Einwilligung zu geben,

2. es sich um Daten handelt, die der Betroffene offenkundig öffentlich gemacht hat,

3. dies zur Geltendmachung, Ausübung oder Verteidigung rechtlicher Ansprüche erforderlich ist und kein Grund zu der Annahme besteht, dass das schutzwürdige Interesse des Betroffenen an dem Ausschluss der Erhebung, Verarbeitung oder Nutzung überwiegt, oder

4. (...)

(7) (...)

(8) Für einen anderen Zweck dürfen die besonderen Arten personenbezogener Daten (§ 3 Abs. 9) nur unter den Voraussetzungen des Absatzes 6 Nr. 1 bis 4 oder des Absatzes 7 Satz 1 übermittelt oder genutzt werden. Eine Übermittlung oder Nutzung ist auch zulässig, wenn dies zur Abwehr von erheblichen Gefahren für die staatliche und öffentliche Sicherheit sowie zur Verfolgung von Straftaten von erheblicher Bedeutung erforderlich ist.

(9) Organisationen, die politisch, philosophisch, religiös oder gewerkschaftlich ausgerichtet sind und keinen Erwerbszweck verfolgen, dürfen besondere Arten personenbezogener Daten (§ 3 Abs. 9) erheben, verarbeiten oder nutzen, soweit dies für die Tätigkeit der Organisation erforderlich ist. Dies gilt nur für personenbezogene Daten ihrer Mitglieder oder von Personen, die im Zusammenhang mit deren Tätigkeitszweck regelmäßig Kontakte mit ihr unterhalten. Die Übermittlung dieser personenbezogenen Daten an Personen oder Stellen außerhalb der Organisation ist nur unter den Voraussetzungen des § 4a Abs. 3 zulässig. Absatz 3 Nr. 2 gilt entsprechend.

29–37 (nicht abgedruckt)

38 *Aufsichtsbehörde*

(1) Die Aufsichtsbehörde kontrolliert die Ausführung dieses Gesetzes sowie anderer Vorschriften über den Datenschutz, soweit diese die automatisierte Verarbeitung personenbezogener Daten oder die Verarbeitung oder Nutzung personenbezogener Daten in oder aus nicht automatisierten Dateien regeln einschließlich des Rechts der Mitgliedstaaten in den Fällen des § 1 Abs. 5. Sie berät und unterstützt die Beauftragten für den Datenschutz und die verantwortlichen Stellen mit Rücksicht auf deren typische Bedürfnisse. Die Aufsichtsbehörde darf die von ihr gespeicherten Daten nur für Zwecke der Aufsicht verarbeiten und nutzen; § 14 Abs. 2 Nr. 1 bis 3, 6 und 7 gilt entsprechend. Insbesondere darf die Aufsichtsbehörde zum Zweck der Aufsicht Daten an andere Aufsichtsbehörden übermitteln. Sie leistet den Aufsichtsbehörden anderer Mitgliedstaaten der Europäischen Union auf Ersuchen ergänzende Hilfe (Amtshilfe). Stellt die Aufsichtsbehörde einen Verstoß gegen dieses Gesetz oder andere Vorschriften über den Datenschutz fest, so ist sie befugt, die Betroffenen hierüber zu unterrichten, den Verstoß bei den für die Verfolgung oder Ahndung zuständigen Stellen anzuzeigen sowie bei schwerwiegenden Verstößen die Gewerbeaufsichtsbehörde zur Durchführung gewerberechtlicher Maßnahmen zu unterrichten. Sie veröffentlicht regelmäßig, spätestens alle zwei Jahre, einen Tätigkeitsbericht. § 21 Satz 1 und § 23 Abs. 5 Satz 4 bis 7 gelten entsprechend.

(2) Die Aufsichtsbehörde führt ein Register der nach § 4d meldepflichtigen automatisierten Verarbeitungen mit den Angaben nach § 4e Satz 1. Das Register kann von jedem eingesehen werden. Das Einsichtsrecht erstreckt sich nicht auf die Angaben nach § 4e Satz 1 Nr. 9 sowie auf die Angabe der zugriffsberechtigten Personen.

(3) Die der Kontrolle unterliegenden Stellen sowie die mit deren Leitung beauftragten Personen haben der Aufsichtsbehörde auf Verlangen die für die Erfüllung ihrer Aufgaben erforderlichen Auskünfte unverzüglich zu erteilen. Der Auskunftspflichtige kann die Auskunft auf solche Fragen verweigern, deren Beantwortung ihn selbst oder einen der in § 383 Abs. 1 Nr. 1 bis 3 der Zivilprozessordnung bezeichneten Angehörigen der Gefahr strafgerichtlicher Verfolgung oder eines Verfahrens nach dem Gesetz über Ordnungswidrigkeiten aussetzen würde. Der Auskunftspflichtige ist darauf hinzuweisen.

(4) Die von der Aufsichtsbehörde mit der Kontrolle beauftragten Personen sind befugt, soweit es zur Erfüllung der der Aufsichtsbehörde übertragenen Aufgaben erforderlich ist, während der Betriebs- und Geschäftszeiten Grundstücke und Geschäftsräume der Stelle zu betreten und dort Prüfungen und Besichtigungen vorzunehmen. Sie können geschäftliche Unterlagen, insbesondere die Übersicht nach § 4g Abs. 2 Satz 1 sowie die gespeicherten personenbezogenen Daten und die Datenverarbeitungsprogramme, einsehen. § 24 Abs. 6 gilt entsprechend. Der Auskunftspflichtige hat diese Maßnahmen zu dulden.

(5) Zur Gewährleistung des Datenschutzes nach diesem Gesetz und anderen Vorschriften über den Datenschutz, soweit diese die automatisierte Verarbeitung personenbezogener Daten oder die Verarbeitung personenbezogener Daten in oder aus nicht automatisierten Dateien regeln, kann die Aufsichtsbehörde anordnen, dass im Rahmen der Anforderungen nach § 9 Maßnahmen zur Beseitigung festgestellter technischer oder organisatorischer Mängel getroffen werden. Bei schwerwiegenden Mängeln dieser Art, insbesondere, wenn sie mit besonderer Gefährdung des Persönlichkeitsrechts verbunden sind, kann sie den Einsatz einzelner Verfahren untersagen, wenn die Mängel entgegen der Anordnung nach Satz 1 und trotz der Verhängung eines Zwangsgeldes nicht in angemessener Zeit beseitigt werden. Sie kann die Abberufung des Beauftragten für den Datenschutz verlangen, wenn er die zur Erfüllung seiner Aufgaben erforderliche Fachkunde und Zuverlässigkeit nicht besitzt.

(6) Die Landesregierungen oder die von ihnen ermächtigten Stellen bestimmen die für die Kontrolle der Durchführung des Datenschutzes im Anwendungsbereich dieses Abschnittes zuständigen Aufsichtsbehörden.

(7) Die Anwendung der Gewerbeordnung auf die den Vorschriften dieses Abschnittes unterliegenden Gewerbebetriebe bleibt unberührt.

38a–42 **(nicht abgedruckt)**

43 *Bußgeldvorschriften*

(1) Ordnungswidrig handelt, wer vorsätzlich oder fahrlässig

1. entgegen § 4d Abs. 1, auch in Verbindung mit § 4e Satz 2, eine Meldung nicht, nicht richtig, nicht vollständig oder nicht rechtzeitig macht,

2. entgegen § 4f Abs. 1 Satz 1 oder 2, jeweils auch in Verbindung mit Satz 3 und 6, einen Beauftragten für den Datenschutz nicht, nicht in der vorgeschriebenen Weise oder nicht rechtzeitig bestellt,

3. entgegen § 28 Abs. 4 Satz 2 den Betroffenen nicht, nicht richtig oder nicht rechtzeitig unterrichtet oder nicht sicherstellt, dass der Betroffene Kenntnis erhalten kann,

4. entgegen § 28 Abs. 5 Satz 2 personenbezogene Daten übermittelt oder nutzt,

5. entgegen § 29 Abs. 2 Satz 3 oder 4 die dort bezeichneten Gründe oder die Art und Weise ihrer glaubhaften Darlegung nicht aufzeichnet,

6. entgegen § 29 Abs. 3 Satz 1 personenbezogene Daten in elektronische oder gedruckte Adress-, Rufnummern-, Branchen- oder vergleichbare Verzeichnisse aufnimmt,

7. entgegen § 29 Abs. 3 Satz 2 die Übernahme von Kennzeichnungen nicht sicherstellt,

8. entgegen § 33 Abs. 1 den Betroffenen nicht, nicht richtig oder nicht vollständig benachrichtigt,

9. entgegen § 35 Abs. 6 Satz 3 Daten ohne Gegendarstellung übermittelt,

10. entgegen § 38 Abs. 3 Satz 1 oder Abs. 4 Satz 1 eine Auskunft nicht, nicht richtig, nicht vollständig oder nicht rechtzeitig erteilt oder eine Maßnahme nicht duldet oder

11. einer vollziehbaren Anordnung nach § 38 Abs. 5 Satz 1 zuwiderhandelt.

(2) Ordnungswidrig handelt, wer vorsätzlich oder fahrlässig

1. unbefugt personenbezogene Daten, die nicht allgemein zugänglich sind, erhebt oder verarbeitet,

2. unbefugt personenbezogene Daten, die nicht allgemein zugänglich sind, zum Abruf mittels automatisierten Verfahrens bereithält,

3. unbefugt personenbezogene Daten, die nicht allgemein zugänglich sind, abruft oder sich oder einem anderen aus automatisierten Verarbeitungen oder nicht automatisierten Dateien verschafft,

4. die Übermittlung von personenbezogenen Daten, die nicht allgemein zugänglich sind, durch unrichtige Angaben erschleicht,

5. entgegen § 16 Abs. 4 Satz 1, § 28 Abs. 5 Satz 1, auch in Verbindung mit § 29 Abs. 4, § 39 Abs. 1 Satz 1 oder § 40 Abs. 1, die übermittelten Daten für andere Zwecke nutzt, indem er sie an Dritte weitergibt, oder

6. entgegen § 30 Abs. 1 Satz 2 die in § 30 Abs. 1 Satz 1 bezeichneten Merkmale oder entgegen § 40 Abs. 2 Satz 3 die in § 40 Abs. 2 Satz 2 bezeichneten Merkmale mit den Einzelangaben zusammenführt.

(3) Die Ordnungswidrigkeit kann im Falle des Absatzes 1 mit einer Geldbuße bis zu fünfundzwanzigtausend Euro, in den Fällen des Absatzes 2 mit einer Geldbuße bis zu zweihundertfünfzigtausend Euro geahndet werden.

44 *Strafvorschriften*

(1) Wer eine in § 43 Abs. 2 bezeichnete vorsätzliche Handlung gegen Entgelt oder in der Absicht, sich oder einen anderen zu bereichern oder einen anderen zu schädigen, begeht, wird mit Freiheitsstrafe bis zu zwei Jahren oder mit Geldstrafe bestraft.

(2) Die Tat wird nur auf Antrag verfolgt. Antragsberechtigt sind der Betroffene, die verantwortliche Stelle, der Bundesbeauftragte für den Datenschutz und die Informationsfreiheit und die Aufsichtsbehörde.

45, 46 **(nicht abgedruckt)**

Gesetz zum Elterngeld und zur Elternzeit (Bundeselterngeld- und Elternzeitgesetz – BEEG)

in der Fassung der Bekanntmachung vom 5.12.2006 (BGBl. I S. 2748), zuletzt geändert durch Gesetz vom 19.8.2007 (BGBl. I S. 1970)

– Auszug –

Abschnitt 2. Elternzeit für Arbeitnehmerinnen und Arbeitnehmer

Vor §§ 15–21 BEEG

1 **I. Allgemeines.** Neben der staatlichen Gewährung von Elterngeld haben Eltern und Sorgeberechtigte gegen ihren ArbGeb Anspruch auf unbezahlte Freistellung von der Arbeit für eine Zeit von bis zu drei Jahren. Neben einer Erleichterung der Betreuung und Erziehung des Kindes soll die Elternzeit die Chancengleichheit von Mann und Frau fördern[1].

2 Das BEEG in seiner heutigen Fassung gilt in Bezug auf die Elternzeit für alle Kinder, unabhängig davon, wann sie geboren oder mit dem Ziel der Adoption in Obhut genommen wurden. Dies stellt § 27 II 1 klar. Die Änderungen, die mit dem BEEG einhergehen, beziehen sich hauptsächlich auf die Regelungen zum Elterngeld, das in seiner heutigen Form nur für Kinder in Anspruch genommen werden kann, die nach dem 31.12.2006 geboren worden sind. Diese Stichtagsregelung ist mit Art. 3, 6 I GG vereinbar. Ungeachtet dessen stimmen die §§ 15–21 im Wesentlichen mit den §§ 15–21 BErzGG überein. Ein Anspruch auf Elternzeit nach §§ 15 ff. steht dabei nur ArbN zu, die in einem Betreuungsverhältnis zu einem Kind stehen. Einzelheiten bestimmt § 15 I. Als ArbN gelten dabei auch die zu ihrer Berufsbildung Beschäftigten, die Heimarbeiter und die ihnen Gleichgestellten (§ 20).

3 **II. Auswirkungen auf die arbeitsrechtliche Stellung. 1. Allgemein.** Überwiegend wird angenommen, dass das Arbeitsverhältnis während der Elternzeit kraft Gesetzes ganz oder – wenn beim gleichen ArbGeb eine Teilzeitbeschäftigung ausgeübt wird – teilweise ruht[2]. Nebenpflichten (zB Nebentätigkeitsgenehmigung, Geheimhaltungspflicht, Wettbewerbsverbot) bestehen fort, soweit sie nicht mit den Hauptleistungspflichten verknüpft sind oder Abweichendes vereinbart wird[3]. Nach Ablauf der Elternzeit leben die Hauptpflichten unverändert auf. Da der ArbN erst dann wieder durch Arbeitsunfähigkeit an Arbeitsleistung gehindert sein kann, beginnt der Sechs-Wochen-Zeitraum der Entgeltfortzahlung (§ 3 EFZG) auch bei früherer Erkrankung erst mit Ablauf der Elternzeit[4]. Hängt eine Rechtsposition von der Dauer der Betriebszugehörigkeit ab (zB § 1 I KSchG, § 4 BUrlG, § 1b BetrAVG), wird Elternzeit grds. angerechnet.

4 **2. Lohn, Gehalt und Sonderleistungen. Allgemein:** Wenn keine Teilzeitbeschäftigung wahrgenommen wird, entfällt der Lohn- und Gehaltsanspruch während der Elternzeit. Rechtsfolgen für Sonderleistungen sind gesetzl. nicht geregelt und hängen deshalb zunächst einmal vom Inhalt der Vereinbarung ab. Soweit dort eine (zeitanteilige) Kürzung wegen Elternzeit vorgesehen ist, liegt darin kein Verstoß gegen Art. 141 EG, Art. 3 und 6 GG oder § 612a BGB[5]. Hiervon ist nach BAG auch dann auszugehen, wenn eine Kürzung für das „kraft Gesetzes" ruhende Arbeitsverhältnis vorgesehen ist[6]. Ist eine Jahressonderzahlung bislang kalenderjährlich mit wirksamen Freiwilligkeitsvorbehalt gewährt worden, kann über die Anspruchsvoraussetzungen jedes Jahr neu entschieden werden. Führt dies zu einer Kürzung wegen Elternzeit, liegt darin kein Verstoß gegen den Gleichbehandlungsgrundsatz[7]. Fehlt eine ausdrückliche

1 Vgl. Bericht der Bundesregierung v. 17.6.2004 (BT-Drs. 15/3400). |2 BAG v. 19.4.2005 – 9 AZR 233/04, BB 2006, 553 (557); v. 9.5.2006 – 9 AZR 278/05, NZA 2006, 1413. |3 BAG v. 10.5.1989 – 6 AZR 660/87, NZA 1989, 759; v. 9.5.2006 – 9 AZR 278/05, NZA 2006, 1413; *Mauer/Schmidt*, BB 1991, 1779 (1782). |4 Vgl. BAG v. 29.9.2004 – 5 AZR 558/03, EzA § 3 EFZG Nr. 13 S. 4 f. |5 EuGH v. 21.10.1999 – Rs. C-333/97, NZA 1999, 1325 (1328). |6 BAG v. 24.5.1995 – 10 AZR 619/94, NZA 1996, 31 (32); v. 10.2.1993 – 10 AZR 450/91, DB 1993, 1090. |7 BAG v. 6.12.1995 – 10 AZR 198/95, NZA 1996, 1027.

Regelung, ist eine Auslegung notwendig. Hier ist vor allem der Zweck der Zuwendung maßgeblich[1]. Die Bezeichnung hat dabei nur Indizcharakter. Im Zweifel wird eine Sonderleistung indes auch als Vergütung für Arbeitsleistung im Bezugszeitraum gewährt[2].

a) Elternzeit ohne Teilzeitbeschäftigung. Sonderleistungen wegen Betriebstreue müssen ungekürzt gezahlt werden. Sie werden ohne Rücksicht auf Arbeitsleistung wegen des Fortbestands des Arbeitsverhältnisses gezahlt (zB Jubiläumsgeld). Fehlen gegenteilige Regelungen, gehören hierzu auch Deputate oder den Bezug von Firmenleistungen mit Personalrabatt (zB Energie, Freifahrten im ÖPNV, Flugtickets, Kontobedingungen), Vereins- oder Verbandsmitgliedschaften, Regelungen zu ArbN-Darlehen oder Beihilfen im Krankheitsfall. 5

Allein arbeitsleistungsbezogene Sonderleistungen (Sonderzuwendung mit reinem Entgeltcharakter) sind in das vertragl. Synallagma eingebunden und verfolgen keinen darüber hinausgehenden Zweck[3]. Ohne abweichende Vereinbarung entfällt hier der Anspruch (anteilig) für die Dauer der Elternzeit[4]. Eine ausdrückliche Kürzungsabrede ist nicht erforderlich. Beispiele: 13. Monatsgehalt, Dienstwagen, Ergebnis- oder Gewinnbeteiligung, vermögenswirksame Leistungen oder sonstige Anlageformen (zB Sparbeitrag zum Erwerb von Aktien oder Aufwendungen des ArbN nach dem Wohnungsbau-Prämiengesetz). Entsprechend wird man aufwandsbezogene Leistungen behandeln müssen (zB Jobtickets für ÖPNV, Firmenparkplatz). 6

Sonderleistungen mit Mischcharakter vergüten neben der Arbeitsleistung auch die vergangene oder künftige Betriebszugehörigkeit. Da diese Zweckbestimmung im Zweifel kumulativ erfüllt werden soll[5], entsteht der Anspruch – wie bei Sonderzuwendungen mit Entgeltcharakter – nur für die Zeit, in der Arbeitsleistung erbracht wird. IdR gehören hierzu zB Urlaubs- oder Weihnachtsgeld, allerdings muss im Zweifel eine Feststellung des Zwecks anhand der sonstigen Anspruchsvoraussetzungen und Kürzungstatbestände erfolgen. Einer ausdrücklichen Kürzungsabrede wegen der Elternzeit bedarf es nicht[6]. Da letztendlich der Inhalt der Zusage maßgeblich ist, sollte indes eine klare Regelung getroffen werden. Zulässig ist es, den Zahlungsanspruch streng akzessorisch an das Bestehen eines Urlaubsanspruchs zu knüpfen[7]. Ohne Urlaubsanspruch (vgl. § 17) entsteht damit kein Zahlungsanspruch. Allerdings entsteht ein ungekürzter Anspruch, wenn nur eine bestimmte Mindestleistung (zB 14 Tage Arbeitsleistung) im Kalenderjahr verlangt wird, die außerhalb der Elternzeit erfüllt wird. Eine Kürzung der Sonderleistung mit Mischcharakter entfällt trotz gemischter Zweckbestimmung, wenn die Vergütung der Arbeitsleistung untergeordnete Bedeutung hat[8]. 7

Sonderfälle: Bei betrAV muss Elternzeit in Bezug auf die Unverfallbarkeitsfristen (§ 1b BetrAVG) berücksichtigt werden. Dies gilt selbst dann, wenn mehrere Elternzeiten lückenlos aufeinander folgen[9]. Hier steht die Vergütung der Betriebstreue im Vordergrund. Allerdings kann vereinbart werden, dass Elternzeit keine anspruchsteigernde Wirkung hat. Eine solche Regelung wäre mit Art. 141 EG, Art. 3 und 6 GG sowie § 612a BGB vereinbar[10]. Ein Eingriff in eine bereits bestehende Anwartschaft wegen der Elternzeit wäre indes unzulässig. Wenn Eltern selbst eine Kapital-Lebensversicherung abgeschlossen haben, müssen sie die Prämien auch während der Elternzeit tragen[11]. Hat ArbGeb seine Beitragspflicht für die Dauer des Arbeitsverhältnisses zugesagt, besteht sie während der Elternzeit fort[12]. Es kann aber vereinbart werden, dass Versicherung in Zeiten ohne Gehaltsanspruch beitragsfrei gestellt wird oder die Beiträge durch den Arbeitnehmer übernommen werden. Bei Entgeltumwandlung kann der ArbN verlangen, dass die Versicherung oder Versorgung während Elternzeit mit eigenen Beiträgen fortgesetzt wird (§ 1a IV BetrAVG). Bei der betriebszugehörigkeitsbezogenen Berechnung von Sozialplanabfindungen ist eine Ausgrenzung der Elternzeit unwirksam[13]. Bei Werkmietwohnungen (§ 576 BGB) bzw. Werkdienstwohnungen (§ 576b BGB) stellt die Elternzeit keinen Grund zur Kündigung dar. Eine zum Nachteil des Mieters abweichende Vereinbarung ist unwirksam. Bei Aktienoptionen muss differenziert werden. Im Zweifel setzt ein Anspruch auf die Option keine Arbeitsleistung während eines bestimmten Bezugszeitraums voraus. Die Ausübung der Option kann dann ohne Rücksicht auf eine etwaige Elternzeit erfolgen. Abweichendes kann vereinbart werden[14]. Dies gilt erst recht, wenn Option durch Muttergesellschaft ohne unmittelbaren Bezug zum Arbeitsverhältnis eingeräumt wird. 8

b) Elternzeit mit Teilzeittätigkeit. Wenn während der Elternzeit beim gleichen ArbGeb eine Teilzeitbeschäftigung ausgeübt wird, hat dies bei betriebszugehörigkeitsbezogenen Sonderleistungen keine 9

---

1 BAG v. 24.10.1990 – 6 AZR 156/89, BB 1991, 695 (696); *B. Gaul*, Sonderleistungen und Fehlzeiten, S. 146 ff., 265, 271 ff. | 2 *B. Gaul*, BB 1994, 494 (496); BAG v. 10.1.1991 – 6 AZR 205/89, BB 1991, 1045. | 3 BAG v. 24.10.1990 – 6 AZR 156/89, DB 1991, 446 (447). | 4 BAG v. 24.10.1990 – 6 AZR 156/89, DB 1991, 446 (447). | 5 Vgl. *B. Gaul*, Sonderleistungen und Fehlzeiten, S. 199 ff., 205. | 6 *Meisel/Sowka*, § 15 BErzGG Rz. 45c; *Sowka*, NZA 1993, 783 (784); aA BAG v. 24.10.1990 – 6 AZR 341/89, DB 1991, 868. | 7 BAG v. 15.4.2003 – 9 AZR 137/02, ZTR 2003, 624 f. | 8 Vgl. Erman/*Hanau*, § 611 BGB Rz. 455. | 9 *Doetsch*, DB 1992, 1239 (1240); *Köster/Schiefer/Überacker*, DB 1994, 2341 (2346). | 10 Vgl. BAG v. 15.2.1994 – 3 AZR 708/93, DB 1994, 1479. | 11 Vgl. BAG v. 15.12.1998 – 3 AZR 251/97, NZA 1999, 834 (835) zu TV Übergangsversorgung Flugbegleiter. | 12 LAG Nürnberg v. 27.8.2002 – 6 (5) Sa 141/01, NZA-RR 2003, 318 (319 f.). | 13 BAG v. 12.11.2002 – 1 AZR 58/02, DB 2003, 1635; aA LAG München v. 31.7.2002 – 5 Sa 877/01, nv. | 14 Vgl. BAG v. 12.1.2000 – 10 AZR 840/98, BB 2000, 2047 (2048); *Lembke*, BB 2001, 1469 (1472); *Harrer*, Mitarbeiterbeteiligungen, Rz. 433.

Bedeutung. Sie werden ohnehin nicht gekürzt. Im Übrigen aber entsteht bei Sonderleistungen mit reinem Entgeltcharakter (Rz. 6) oder Sonderleistungen mit Mischcharakter (vgl. Rz. 7) nur ein entsprechend der tatsächlichen Arbeitszeit in der Elternzeit gekürzter Anspruch (§ 4 I 2 TzBfG). Geringere Arbeitszeit darf quantitativ, nicht aber qualitativ anders abgegolten werden als Vollzeitarbeit[1]. Wird eine Mindestarbeitszeit durch Teilzeittätigkeit unterschritten, entfällt die Sonderleistung vollständig[2].

10 Auch bei Sonderleistungen mit Mischcharakter muss der Verzicht auf die Kürzung bzw. den Wegfall ausdrücklich vereinbart werden[3]. Wird eine Kürzung wegen Elternzeit vereinbarungsgemäß ausgeschlossen, was wegen Art. 141 IV EG, Art. 3 II 2 GG statthaft ist[4], gilt dies auch für ArbN mit Teilzeitbeschäftigung. Andernfalls würden solche ArbN, die mit der Beschäftigung sogar die arbeitsleistungsbezogenen Anspruchsvoraussetzungen erfüllen und – entsprechend der Zweckbestimmung von § 15 IV–VII – Kontakt zum Arbeitsplatz halten, schlechter gestellt als ArbN, die überhaupt keine Arbeitsleistung erbringen[5].

11 **III. Betriebsverfassungsrechtliche Stellung.** Wenn während der Elternzeit keine Teilzeitbeschäftigung ausgeübt wird, führt dies zwar zu einem Ruhen des Arbeitsvertrags. Der ArbN behält aber sein aktives und passives Wahlrecht bei den Wahlen zum BR[6]. Ob das Personal- oder BR-Mitglied durch die Elternzeit vorübergehend an der Amtsführung gehindert ist, so dass nach § 15 I 2 BetrVG, § 31 I 2 BPersVG ein Ersatzmitglied an seine Stelle tritt, hängt vom Einzelfall ab[7]. Eine Beendigung des Betriebsratsamts nach § 24 Nrn. 3, 4 BetrVG kommt nicht in Betracht[8]. Gemäß §§ 3 I, 7 II, 9 ff., 24 MitbestG, 3, 5 II DrittelbG besteht ein entsprechendes Recht zur Teilnahme an den Wahlen zum Aufsichtsrat. Ohne freiwillige Niederlegung kann das Mandat auch während der Elternzeit ausgeübt werden[9]. Anspruch auf Fahrtkostenerstattung besteht nur dann nicht, wenn wegen einer Teilzeitbeschäftigung in der Elternzeit ohnehin eine Anwesenheitspflicht bestanden hat[10]. Bei einer Wahl durch Delegierte kommen Ersatzdelegierte zum Einsatz (§ 14 II MitbestG). Wird das Mandat wegen der Elternzeit freiwillig niedergelegt, tritt Ersatzmitglied – falls solches gewählt wurde – an die Stelle des zurückgetretenen BR oder Aufsichtsratsmitglieds. Gibt es kein Ersatzmitglied (mehr), muss Neuwahl erfolgen. Dass ArbN während der Elternzeit gem. § 81 IV 1 BetrVG über Maßnahmen und deren Auswirkungen auf die Arbeitsplätze schriftlich zu unterrichten sind[11], erscheint zweifelhaft, weil die individuelle Betroffenheit erst bei Wiederaufnahme der Tätigkeit nach Elternzeit erkennbar wird.

12 **IV. Sozialversicherungsrechtliche Stellung. Kranken- und Pflegeversicherung:** Solange Elternzeit oder Erziehungsgeld in Anspruch genommen werden, bleibt die Mitgliedschaft Versicherungspflichtiger in der gesetzl. Kranken- und Pflegeversicherung erhalten (§ 192 I Nr. 2 SGB V, § 49 II SGB XI iVm. § 192 I Nr. 2 SGB V). Auch Familienangehörige sind nach § 10 SGB V geschützt[12]. Da die Elternzeit selbst keine Versicherungspflicht begründet, liegt darin die Fortführung der zuvor begründeten Versicherung. Beitragspflichtig sind ArbN in Elternzeit nur, wenn sie wegen einer Teilzeitarbeit Entgeltansprüche haben[13]. Der Anspruch auf Krankengeld ruht in der Elternzeit, soweit nicht Arbeitsunfähigkeit vor deren Beginn bestand. Tritt Arbeitsunfähigkeit erst nach Beginn der Elternzeit ein, ohne dass dadurch eine Teilzeittätigkeit unterbrochen wird, besteht kein Anspruch auf Krankengeld (§ 49 I Nr. 2 SGB V). Hier ist die Elternzeit Ursache des Vergütungsausfalls[14].

13 **Rentenversicherung:** Ohne Rücksicht auf die Inanspruchnahme von Elternzeit besteht während der Kindererziehung Versicherungspflicht (§§ 3 S. 1 Nr. 1, 56 SGB VI). Die Kindererziehungszeit beginnt nach Ablauf des Monats der Geburt und endet nach 36 Kalendermonaten. Sie wird für ein Elternteil angerechnet. Haben beide Eltern das Kind erzogen, können sie wählen, auf wessen Versicherung die Zeit angerechnet werden soll (§ 56 II 2, 3 SGB VI). Auf diese Weise wird der Aufbau einer Rentenanwartschaft trotz Kindererziehungszeiten erleichtert.

14 **Arbeitslosenversicherung:** Seit dem 1.1.2003 besteht auch während der Elternzeit Versicherungspflicht (§ 26 IIa SGB III). Damit wird die Zeit ohne Beitragspflicht anspruchsteigernd berücksichtigt. Als (fiktives) Arbeitsentgelt wird das tarifl. Arbeitsentgelt derjenigen Beschäftigung angesetzt, auf die die AA die Vermittlungsbemühungen für einen vergleichbaren Arbl. in erster Linie zu erstrecken hat (§ 135 Nr. 8 SGB III). Voraussetzung ist, dass in dieser Zeit nicht gearbeitet wird. Bei einer Teilzeitbeschäftigung während der Elternzeit bleibt die tatsächlich ausgeübte Tätigkeit maßgeblich.

---

1 BAG v. 24.5.2000 – 10 AZR 629/99, NZA 2001, 216 (218). |2 BAG v. 5.8.1992 – 10 AZR 88/90, NZA 1993, 130 (132); v. 8.12.1993 – 10 AZR 66/93, NZA 1994, 421 (422). |3 *Dörner*, Arbeitsrecht in der anwaltlichen und gerichtlichen Praxis, Kap. C Rz. 723. |4 BAG v. 19.3.2002 – 9 AZR 29/01, DB 2002, 2495 (2496). |5 BAG v. 19.3.2002 – 9 AZR 29/01, DB 2002, 2495 (2496); v. 12.2.2003 – 10 AZR 375/02, NZA-RR 2003, 482 (483 f.). |6 *Buchner/Becker*, Vor §§ 15–21 BErzGG Rz. 40. |7 BAG v. 25.5.2005 – 7 ABR 45/04, NZA 2005, 1002 f.; VGH Mannheim v. 26.9.1995 – PB 15 S 1138/95, NZA-RR 1996, 158 (159 f.); Buchner/*Becker*, Vor §§ 15–21 BErzGG Rz. 40; abw. GK-*Wiese*, § 25 BetrVG Rz. 17; *Meisel/Sowka*, § 15 BErzGG Rz. 41a (vorübergehende Verhinderung). |8 BAG v. 25.5.2005 – 7 ABR 45/04, NZA 2005, 1002 f. |9 BAG v. 31.5.1989 – 7 AZR 574/88, DB 1990, 793; v. 25.5.2005 – 7 ABR 45/04, NZA 2005, 1002 f.; LAG München v. 27.2.1998 – 8 TaBV 98/97, nv. |10 BAG v. 25.5.2005 – 7 ABR 45/04, NZA 2005, 1002 f. |11 So ArbG Bochum v. 20.4.2006 – 4 Ca 3329/05, NZA-RR 2006, 643 (644). |12 BSG v. 29.6.1993 – 12 RK 48/91, NZS 1994, 21. |13 *Buchner/Becker*, Vor §§ 15–21 BErzGG Rz. 52. |14 BAG v. 17.10.1990 – 5 AZR 10/90, NZA 1991, 321 (322).

15 *Anspruch auf Elternzeit*

(1) Arbeitnehmerinnen und Arbeitnehmer haben Anspruch auf Elternzeit, wenn sie

1. a) mit ihrem Kind,

b) mit einem Kind, für das sie die Anspruchsvoraussetzungen nach § 1 Abs. 3 oder 4 erfüllen, oder,

c) mit einem Kind, das sie in Vollzeitpflege nach § 33 des Achten Buches Sozialgesetzbuch aufgenommen haben,

in einem Haushalt leben und

2. dieses Kind selbst betreuen und erziehen.

Nicht sorgeberechtigte Elternteile und Personen, die nach Satz 1 Nr. 1 Buchstabe b und c Elternzeit nehmen können, bedürfen der Zustimmung des sorgeberechtigten Elternteils.

(2) Der Anspruch auf Elternzeit besteht bis zur Vollendung des dritten Lebensjahres eines Kindes. Die Zeit der Mutterschutzfrist nach § 6 Abs. 1 des Mutterschutzgesetzes wird auf die Begrenzung nach Satz 1 angerechnet. Bei mehreren Kindern besteht der Anspruch auf Elternzeit für jedes Kind, auch wenn sich die Zeiträume im Sinne von Satz 1 überschneiden. Ein Anteil der Elternzeit von bis zu zwölf Monaten ist mit Zustimmung des Arbeitgebers auf die Zeit bis zur Vollendung des achten Lebensjahres übertragbar; dies gilt auch, wenn sich die Zeiträume im Sinne von Satz 1 bei mehreren Kindern überschneiden. Bei einem angenommenen Kind und bei einem Kind in Vollzeit- oder Adoptionspflege kann Elternzeit von insgesamt bis zu drei Jahren ab der Aufnahme bei der berechtigten Person, längstens bis zur Vollendung des achten Lebensjahres des Kindes genommen werden; die Sätze 3 und 4 sind entsprechend anwendbar, soweit sie die zeitliche Aufteilung regeln. Der Anspruch kann nicht durch Vertrag ausgeschlossen oder beschränkt werden.

(3) Die Elternzeit kann, auch anteilig, von jedem Elternteil allein oder von beiden Elternteilen gemeinsam genommen werden. Satz 1 gilt in den Fällen des Absatzes 1 Satz 1 Nr. 1 Buchstabe b und c entsprechend.

(4) Der Arbeitnehmer oder die Arbeitnehmerin darf während der Elternzeit nicht mehr als 30 Wochenstunden erwerbstätig sein. Eine im Sinne des § 23 des Achten Buches Sozialgesetzbuch geeignete Tagespflegeperson kann bis zu fünf Kinder in Tagespflege betreuen, auch wenn die wöchentliche Betreuungszeit 30 Stunden übersteigt. Teilzeitarbeit bei einem anderen Arbeitgeber oder selbständige Tätigkeit nach Satz 1 bedarf der Zustimmung des Arbeitgebers. Dieser kann sie nur innerhalb von vier Wochen aus dringenden betrieblichen Gründen schriftlich ablehnen.

(5) Der Arbeitnehmer oder die Arbeitnehmerin kann eine Verringerung der Arbeitszeit und ihre Ausgestaltung beantragen. Über den Antrag sollen sich der Arbeitgeber und der Arbeitnehmer oder die Arbeitnehmerin innerhalb von vier Wochen einigen. Der Antrag kann mit der schriftlichen Mitteilung nach Absatz 7 Satz 1 Nr. 5 verbunden werden. Unberührt bleibt das Recht, sowohl die vor der Elternzeit bestehende Teilzeitarbeit unverändert während der Elternzeit fortzusetzen, soweit Absatz 4 beachtet ist, als auch nach der Elternzeit zu der Arbeitszeit zurückzukehren, die vor Beginn der Elternzeit vereinbart war.

(6) Der Arbeitnehmer oder die Arbeitnehmerin kann gegenüber dem Arbeitgeber, soweit eine Einigung nach Absatz 5 nicht möglich ist, unter den Voraussetzungen des Absatzes 7 während der Gesamtdauer der Elternzeit zweimal eine Verringerung seiner oder ihrer Arbeitszeit beanspruchen.

(7) Für den Anspruch auf Verringerung der Arbeitszeit gelten folgende Voraussetzungen:

1. Der Arbeitgeber beschäftigt, unabhängig von der Anzahl der Personen in Berufsbildung, in der Regel mehr als 15 Arbeitnehmer und Arbeitnehmerinnen,

2. das Arbeitsverhältnis in demselben Betrieb oder Unternehmen besteht ohne Unterbrechung länger als sechs Monate,

3. die vertraglich vereinbarte regelmäßige Arbeitszeit soll für mindestens zwei Monate auf einen Umfang zwischen 15 und 30 Wochenstunden verringert werden,

4. dem Anspruch stehen keine dringenden betrieblichen Gründe entgegen und

5. der Anspruch wurde dem Arbeitgeber sieben Wochen vor Beginn der Tätigkeit schriftlich mitgeteilt.

Der Antrag muss den Beginn und den Umfang der verringerten Arbeitszeit enthalten. Die gewünschte Verteilung der verringerten Arbeitszeit soll im Antrag angegeben werden. Falls der Arbeitgeber die beanspruchte Verringerung der Arbeitszeit ablehnen will, muss er dies innerhalb von vier Wochen mit schriftlicher Begründung tun. Soweit der Arbeitgeber der Verringerung der Arbeitszeit nicht oder nicht rechtzeitig zustimmt, kann der Arbeitnehmer oder die Arbeitnehmerin Klage vor den Gerichten für Arbeitssachen erheben.

I. Anspruchsberechtigter Personenkreis. Neben der in Abs. 1 beschriebenen Beziehung zum Kind setzt der Anspruch auf Elternzeit das Bestehen eines Arbeitsverhältnisses voraus. Dauer und Umfang der Vertragsbeziehung und die Art der Tätigkeit spielen keine Rolle. Dabei sind die zur Berufsbildung 1

Beschäftigten sowie die in Heimarbeit Beschäftigten in den anspruchsberechtigten Personenkreis einbezogen (§ 20). Nicht anspruchsberechtigt sind mangels ArbN-Eigenschaft Selbständige, selbständige Handelsvertreter (§ 84 HGB) und GmbH-Geschäftsführer. Nicht anspruchsberechtigt sind außerdem Beamte und Soldaten. Für diese gelten besondere gesetzl. Regelungen.

2 Die Beendigung des Arbeitsverhältnisses vor Beginn der Elternzeit schließt einen Anspruch aus § 15 aus. Die Form der Beendigung ist unerheblich. Wird das Arbeitsverhältnis während der Elternzeit beendet, entfällt der Anspruch auf Elternzeit. Der verbleibende Teil kann beim Folgearbeitgeber genommen werden[1]. Wegen des Sonderkündigungsschutzes nach § 18 trifft dies aber idR nur befristete Arbeitsverhältnisse. Hier führt die Inanspruchnahme von Elternzeit nicht zu einer Vertragsverlängerung; Abweichendes kann vereinbart werden.

3 **II. Dauer, Übertragbarkeit und Unabdingbarkeit der Elternzeit. 1. Dauer und Übertragbarkeit. Grundsatz:** Anspruch auf Elternzeit besteht bis zur Vollendung des dritten Lebensjahres, bei angenommenen Kindern und bei einem Kind in Vollzeit- oder Adoptionspflege bis zu drei Jahre ab der Aufnahme bei der berechtigten Person. Wird das Arbeitsverhältnis in dieser Zeit beendet, kann der noch verbleibende Teil der Elternzeit beim Folgearbeitgeber genommen werden[2]. Dabei ist die Elternzeit teilbar und kann innerhalb des Drei-Jahres-Zeitraums verlängert werden (§ 16 Rz. 4). Ein Anteil von bis zu 12 Monaten kann über den Drei-Jahres-Zeitraum hinaus bis zur Vollendung des 8. Lebensjahres des Kindes übertragen werden. Die Übertragung muss indes bis zum Ablauf des Drei-Jahres-Zeitraums vereinbart werden und bezieht dann die noch nicht verbrauchte Elternzeit ein (vgl. § 16 Rz. 4). Damit soll die Chance eröffnet werden, sich zB gerade in der Phase der Einschulung verstärkt um das Kind zu kümmern[3]. Insbesondere bei einer kurzen Geburtenfolge oder bei Mehrlingsgeburten muss jedes Kind gesondert betrachtet werden. Hier wird durch Abs. 2 S. 3 sichergestellt, dass von der Zeit, in der sich die ersten drei Lebensjahre der Kinder überschneiden, ein Anteil gem. Abs. 2 S. 4 übertragen werden kann[4].

4 **Beispiele:** Das erste Kind wird am 1.1.2004 geboren, das Zweite am 1.1.2006. Die Mutter hatte für das erste Kind drei Jahre Elternzeit bis zum 31.12.2006 angemeldet. Sie nimmt für das zweite Kind Elternzeit bis zum 31.12.2008. Das erste Lebensjahr des zweiten Kindes hat sich mit der Elternzeit für das erste Kind überschnitten. Aus diesem Zeitraum kann die Mutter nun mit dem Einverständnis des ArbGeb einen Anteil der Elternzeit für das zweite Kind auf einen späteren Zeitraum übertragen.

5 **Übertragung der Elternzeit** bedarf einer Zustimmung des ArbGeb. Die Verweigerung kann mit sachlichen Gründen aus der Sphäre des Betriebs begründet werden, muss aber billigem Ermessen genügen[5]. Ggf. muss Klage auf Zustimmung erhoben werden. Eine Festlegung, in welcher Zeit die spätere Inanspruchnahme erfolgen soll, ist dabei nicht erforderlich, muss aber im Rahmen der Interessenabwägung berücksichtigt werden. Denn die Zustimmung nach § 15 II bezieht sich nur auf die Übertragung, nicht auch auf die zeitliche Lage im Anschluss daran. Dass der ArbN nach Zustimmung des ArbGeb in arbeitsplatzbedrohenden Zeiten durch den Antrag auf Elternzeit Sonderkündigungsschutz nach § 18 auslösen kann, ist hinzunehmen[6]. Ein Widerrufsvorbehalt bei der Erteilung der Zustimmung ist unwirksam. Andernfalls liefe der ArbN Gefahr, bis zu 12 Monate seines Anspruchs auf Elternzeit zu verlieren[7]. Die Zustimmung kann nur einvernehmlich oder durch Änderungskündigung beseitigt werden. Diese Bindung besteht wechselseitig auch dann, wenn die Zeit, in der der übertragene Teil der Elternzeit genommen werden soll, einvernehmlich festgelegt wird[8]. Abweichendes gilt für Änderungen nach § 16 (vgl. § 16 Rz. 11 f.). Wegen der Inanspruchnahme nach Ablauf der letzten 12 Monate vgl. § 16 Rz. 4.

6 **ArbGebWechsel:** Der neue ArbGeb ist an eine zuvor erteilte Zustimmung des bisherigen ArbGeb nicht gebunden[9]. Dies schließt einen erneuten Antrag auf spätere Inanspruchnahme des zweiten Teils der Elternzeit nicht aus[10]. Während die Elternzeit, die vollständig bis zur Vollendung des 3. Lebensjahres genommen werden soll, bei ArbGebWechsel schon in der Probezeit ohne die Notwendigkeit einer Zustimmung des neuen ArbGeb geltend gemacht werden kann[11], ist die Inanspruchnahme des übertragenen Teils an eine Zustimmung des neuen ArbGeb entsprechend Abs. 2 geknüpft[12]. Bei Betriebsübergang/Umwandlung ist der neue ArbGeb gem. § 613a BGB, § 324 UmwG an die Zustimmung des Rechtsvorgängers gebunden[13].

7 **2. Unabdingbarkeit des Anspruchs.** Auf das Recht auf Elternzeit oder Übertragbarkeit eines Teils der Elternzeit kann nicht verzichtet werden (Abs. 2 S. 6); abweichende Vereinbarungen sind nur zu Gunsten des ArbN erlaubt[14]. Sonderurlaubsvereinbarungen, die vor der Schwangerschaft getroffen wurden, wer-

---

1 Vgl. BAG v. 11.3.1999 – 2 AZR 19/98, BB 1999, 1711. | 2 Vgl. BAG v. 11.3.1999 – 2 AZR 19/98, BB 1999, 1711. | 3 BT-Drs. 14/3553 S. 21. | 4 Vgl. BT-Drs. 15/1502 S. 36 f. | 5 Vgl. *B. Gaul/Wisskirchen*, BB 2000, 2466; *Reinecke*, FA 2001, 10 (11); *Buschmann/Dieball/Stevens-Bartol*, §§ 15, 16 BErzGG Rz. 8. | 6 LAG Nds. v. 2.7.2004 – 16 Sa 440/04, NZA 2005, 250 f. | 7 AA *Lindemann/Simon*, NJW 2001, 258 (259). | 8 AA *Sowka*, NZA 2000, 1185 (1186). | 9 BT-Drs. 14/3553 S. 21. | 10 AA *Leßmann*, DB 2001, 94 (95). | 11 Vgl. BAG v. 11.3.1999 – 2 AZR 19/98, BB 1999, 1711. | 12 *B. Gaul/Wisskirchen*, BB 2000, 2466 f.; *Buschmann/Dieball/Stevens-Bartol*, §§ 15, 16 BErzGG Rz. 8, die ein Erlöschen des Anspruchs annehmen. | 13 *Lindemann/Simon*, NJW 2001, 258 (259); *Buschmann/Dieball/Stevens-Bartol*, §§ 15, 16 BErzGG Rz. 8. | 14 *Hönsch*, Elternzeit und Erziehungsgeld, Rz. 215.

den durch § 15 nicht berührt. Da eine Freistellung hier bereits erfolgt ist, kann keine Elternzeit mehr verlangt werden. Wenn dem ArbN eine Fortsetzung des Sonderurlaubs nicht zuzumuten ist, kann der ArbGeb aber aus §§ 241 II, 242 BGB verpflichtet sein, der vorzeitigen Beendigung des Sonderurlaubs zuzustimmen, wenn stattdessen Elternzeit begehrt wird[1]. Die Geburt eines zweiten Kindes in dieser Zeit ist kein wichtiger Grund.

III. Möglichkeiten der Inanspruchnahme. Die Elternzeit kann von jedem Elternteil allein oder von beiden gemeins. genommen werden. Entsprechendes gilt für Ehegatten, Lebenspartner und die Berechtigten gem. Abs. 1 S. 1 Nr. 1c (Abs. 3). Auch kann sie ganz oder teilweise gleichzeitig in Anspruch genommen werden. Wenn der Anspruch auf Elterngeld für 14 Monate in Anspruch genommen werden soll („Partnermonate"), muss einer der Eltern ohnehin das Einkommen aus Erwerbstätigkeit für die Dauer von zwei Monaten mindern (§ 4 II 3). Das dürfte in der Regel mit einer Unterbrechung oder Minderung seiner Erwerbstätigkeit iSd. § 1 VI verbunden sein[2]. Weitere Einzelheiten regelt § 16 I 4. Da das Gesetz die Dauer der Elternzeit dabei weiterhin auf drei Jahre pro Kind begrenzt, kann jeder Anspruchsberechtigte die Gesamtdauer geltend machen. Eine Anrechnung und daraus folgend eine Verkürzung ist nur insoweit vorgesehen, als die Zeit der Mutterschutzfrist nach § 6 I MuSchG (8 bzw. 12 Wochen nach der Entbindung) zur Anrechnung kommt. Ob darin ein Härtefall iSd. § 1 V liegt, spielt seit dem 1.1.2004 keine Rolle mehr. Unerheblich ist auch, wenn sich die Dauer der Elternzeit bei mehreren Kindern überschneidet. Die daraus folgende Mehrbelastung auf ArbGebSeite nimmt der Gesetzgeber – dies zeigen seine Klarstellungen zum 1.1.2004 – mit Blick auf das Ziel einer Erleichterung der Kindesbetreuung hin[3]. 8

IV. Erwerbstätigkeit während der Elternzeit. 1. Grundsatz. Während der Elternzeit kann jede Form der Erwerbstätigkeit von bis zu 30 Wochenstunden vereinbart werden (Abs. 4). Auf diese Weise soll auch der Wiedereinstieg in den Beruf erleichtert werden. Die Höchstdauer gilt für jeden Elternteil. Eine andere Aufteilung (etwa 35/25 Stunden) zwischen den Eltern ist unzulässig[4]. Wird die Grenze überschritten, entfällt der Anspruch auf Elterngeld. Zivilrechtl. hat die Vereinbarung aber Bestand. Eine Ausnahme gilt nur für eine geeignete Tagespflegeperson iSd. § 23 SGB VIII. Sie kann bis zu fünf Kinder betreuen, auch wenn die wöchentliche Betreuungszeit 30 Stunden übersteigt (§§ 1 I Nr. 4, VI, 15 IV 2). 9

2. Teilzeitarbeit bei fremdem Arbeitgeber oder selbständige Tätigkeit. Die Teilzeitbeschäftigung bei einem fremden ArbGeb oder eine selbständige Tätigkeit bedürfen der Zustimmung des ArbGeb. Eine Verweigerung muss schriftl. innerhalb von 4 Wochen erfolgen; die Begründung selbst kann mündlich erfolgen. Sie setzt aber „dringende betriebliche Gründe" voraus[5]. Beispiele: Arbeitsbedarf und (nachweisbar) fehlende Möglichkeit einer Ersatzeinstellung, geplante Konkurrenztätigkeit[6]. Wird keine Zustimmung erteilt, muss Klage auf Abgabe einer solchen Erklärung erhoben werden[7]. Betriebliche Gründe können hier aber nur geltend gemacht werden, wenn die Zustimmung form- und fristgerecht verweigert wurde[8]. 10

3. Teilzeitarbeit beim gleichen Arbeitgeber. Die Teilzeittätigkeit kann auch beim gleichen ArbGeb erfolgen. Falls eine entsprechende Tätigkeit bereits vor der Elternzeit verrichtet wurde, ist keine besondere Vereinbarung erforderlich, soweit die vereinbarte Arbeitszeit 30 Wochenstunden nicht übersteigt (Abs. 5 S. 4). Dies gilt selbst dann, wenn das Arbeitsverhältnis vorübergehend zum Ruhen gebracht und die Teilzeitbeschäftigung erst danach während der fortbestehenden Elternzeit wieder aufgenommen wird, falls die Fortsetzung der Teilzeittätigkeit bereits in der Frist des § 16 I 1 vor der Elternzeit geltend gemacht wurde[9]. Wenn allerdings bis zum Beginn der Elternzeit eine Vollzeittätigkeit bzw. eine Tätigkeit oberhalb dieser Zeitgrenze vereinbart war, muss eine Vereinbarung getroffen werden. Grundlage kann ein Antrag auf Arbeitszeitverringerung nach Abs. 6, 7 sein. 11

a) Inhalt und Form der Geltendmachung. Der Wunsch nach Teilzeitarbeit kann an sich formlos kundgetan werden. Dies kann bereits mit dem Verlangen der Elternzeit nach § 16, aber auch nach Antritt der Elternzeit geschehen, selbst wenn die Arbeitszeit zu diesem Zeitpunkt bereits auf „Null" reduziert wurde[10]. Vor der Erklärung, Elternzeit in Anspruch zu nehmen, kann Antrag auf Verringerung nicht auf Abs. 6, 7 gestützt werden[11]. Wenn Inanspruchnahme der Elternzeit nur bei gleichzeitiger Teilzeitbe- 12

---

1 BAG v. 16.7.1997 – 5 AZR 309/96, NZA 1998, 104 (105); abl. *Sowka*, NZA 1998, 347 (348 f.). | 2 HK-MuSchG/BEEG/*Lenz* § 4 Rz. 5. | 3 Ebenso schon ArbG Bremen v. 21.2.2002 – 8 Ca 8262/01, nv.; ArbG Hamburg v. 28.2.2002 – 14 Ca 257/01, nv.; *Sowka*, NZA 2000, 1185 (1186); *Leßmann*, DB 2001, 94; *Lindemann/Simon*, NJW 2001, 258 (259); *Reinecke*, FA 2001, 10 (11); aA *Peters-Lange/Rolfs*, NZA 2000, 682 (685), nach deren Ansicht die insgesamt in Anspruch genommene Elternzeit aller Berechtigten die 3-Jahres-Grenze nicht überschreiten darf. | 4 BT-Drs. 14/3553 S. 21. | 5 Eingehend *Joussen*, NZA 2003, 644 (645 ff.). | 6 LAG Düsseldorf v. 2.7.1999 – 14 Sa 487/99, NZA-RR 2000, 232. | 7 LAG Düsseldorf v. 2.7.1999 – 14 Sa 487/99, NZA-RR 2000, 232 (233); *Joussen*, NZA 2003, 644 (648); aA *Buschmann/Dieball/Stevens-Bartol*, §§ 15, 16 BErzGG Rz. 12: nach Fristablauf „automatische" Berechtigung zur Aufnahme der Beschäftigung. | 8 BAG v. 26.6.1997 – 8 AZR 506/95, EzA § 15 BErzGG Nr. 9 S. 3. | 9 BAG v. 17.4.2004 – 9 AZR 21/04, NZA 2004, 1039 (1040 f.). | 10 BAG v. 9.5.2006 – 9 AZR 278/05, NZA 2006, 1413 (1415); v. 19.4.2005 – 9 AZR 233/04, BB 2006, 553 (555); abw. *Peters-Lange/Rolfs*, NZA 2000, 682 (686), die nach der Inanspruchnahme von Elternzeit einen Anspruch auf Teilzeit ausschließen wollen. | 11 BAG v. 5.6.2007 – 9 AZR 82/07, NZA 2007, 1352 (1355).

schäftigung erfolgen soll, muss dies als Bedingung mit dem Verlangen nach § 16 verknüpft werden[1]. Die Bedingungsfeindlichkeit gestaltender Willenserklärungen steht dem nicht entgegen, da die Entscheidung des ArbN, Elternzeit zu nehmen, von der Entscheidung des ArbGeb über die Teilzeitbeschäftigung abhängt[2]. Wird keine Einigung erzielt, kann ein Anspruch auf Verringerung der Arbeitszeit nach Abs. 7 aber nur geltend gemacht werden, wenn er dem ArbGeb spätestens sieben Wochen vor Beginn der Tätigkeit schriftl. mitgeteilt wurde. Während der Elternzeit gelten insoweit strengere Formerfordernisse als bei § 8 TzBfG. Im Hinblick darauf kann der Antrag mit der schriftl. Mitteilung nach Abs. 7 S. 1 Nr. 5 verbunden werden. Entsprechend § 145 BGB muss der Antrag konkrete Angaben über den Beginn, den Umfang und die Dauer der angestrebten Verringerung der Arbeitszeit enthalten. Dabei kann auch eine nur vorübergehende Verringerung verlangt werden[3]. Es genügt nicht, lediglich „Teilzeitarbeit" zu verlangen[4]. Eine bestimmte Ausgestaltung (Verteilung der Arbeitszeit) muss nicht verlangt werden. Dass der Gesetzgeber in Abs. 7 Nr. 5 missverständlicherweise nur von einer „Mitteilung" des Anspruchs spricht, ist unerheblich. An seinen Antrag ist der ArbN gebunden[5].

13 **b) Vorrang einer einvernehmlichen Regelung.** ArbGeb und Elternteil sollen sich innerhalb von vier Wochen über den Antrag auf Verringerung der Arbeitszeit und ihre Ausgestaltung verständigen und eine Teilzeittätigkeit vereinbaren (Abs. 5). Einigungszwang besteht nicht. Bei einer Einigung ist dies für beide Seiten verbindlich. Das gebietet das wechselseitige Dispositionsinteresse. Änderungen sind in der Elternzeit nur durch Änderungsvereinbarung, Änderungskündigung oder die Durchsetzung eines erneuten Anspruchs auf Arbeitszeitverringerung möglich[6]. Lässt sich ArbGeb auf Erörterung des Teilzeitwunsches nicht ein und missachtet damit die Verhandlungsobliegenheit, hat dies keinen Anspruch auf Arbeitszeitverringerung zur Folge. Hierfür bleibt allein Abs. 7 maßgeblich[7].

14 **c) Anspruch auf Verringerung der Arbeitszeit.** Soweit keine Einigung erfolgt, kann ArbN nach Abs. 6, 7 während der Gesamtdauer der Elternzeit zweimal einen Anspruch auf Arbeitszeitverringerung geltend machen, wenn

- der ArbGeb idR mehr als 15 ArbN ohne die zu ihrer Berufsausbildung Beschäftigten beschäftigt; ihre Arbeitszeit ist unerheblich, so dass auch Kleinstbetriebe erfasst werden,
- das Arbeitsverhältnis des Elternteils zum Zeitpunkt der Antragstellung[8] in dem selben Betrieb oder Unternehmen länger als sechs Monate ohne Unterbrechung bestanden hat,
- die vertragl. vereinbarte regelmäßige Arbeitszeit für die Dauer von mindestens drei Monaten festgelegt wird und sich zwischen 15 und 30 Wochenstunden bewegt; damit kann auch eine nur vorübergehende Absenkung der Arbeitszeit geltend gemacht werden,
- dem Anspruch keine dringenden betrieblichen Gründe entgegenstehen, und
- der Anspruch dem ArbGeb sieben Wochen vor Beginn der Tätigkeit schriftl. mitgeteilt wurde.

15 Die Sieben-Wochen-Frist kann bereits mit dem Verlangen nach Abs. 5 in Gang gesetzt werden. Abs. 7 verlangt nicht, dass die Einigung gescheitert oder die Vier-Wochen-Frist für den Einigungsversuch abgelaufen ist (Abs. 5 S. 2). Andernfalls bestünde die Gefahr, Kündigungsschutz nach § 18 erst nach dem Scheitern einer Einigung über das Teilzeitverlangen auszulösen[9]. Nach BAG führt fehlende Einhaltung der Ankündigungsfrist im Wege der Auslegung im Zweifel zu einer automatischen Verlängerung zum nächstzulässigen Termin[10].

16 Auf den Anspruch auf Verringerung der Arbeitszeit nach § 8 TzBfG kann für die Dauer der Elternzeit nicht zurückgegriffen werden. Die dort getroffenen Regelungen, auf Grund derer ohnehin nur eine unbefristete Verringerung der Arbeitszeit mit der Folge einer Fortgeltung auch über den Ablauf der Elternzeit hinaus durchgesetzt werden könnte, werden durch § 15 als lex specialis verdrängt[11]. Gegen die parallele Anwendbarkeit beider Vorschriften spricht nicht nur das Gebot der Rechtssicherheit, das angesichts der unterschiedlichen Verfahren sowie der verschiedenen Form- und Fristerfordernisse zu Lasten der ArbGebSeite nicht mehr gewahrt wäre. Hinzu kommt, dass mit § 15 eine abschließende Sonderregelung geschaffen wurde, die zwar Einschränkungen hinsichtlich des Gestaltungsspielraums enthält (zB Zeitrahmen zwischen 15 und 30 Wochenstunden). Diese Einschränkungen werden aber durch erleichterte Anspruchsvoraussetzungen (zB Ablehnung nur aus dringenden betrieblichen Gründen), die Berechtigung zur mehrfachen Geltendmachung und den Sonderkündigungsschutz ausgeglichen. Etwas

1 BAG v. 19.4.2005 – 9 AZR 233/04, BB 2006, 553 (555). |2 BAG v. 5.6.2007 – 9 AZR 82/07, NZA 2007, 1352 (1355). |3 BAG v. 19.4.2005 – 9 AZR 233/04, BB 2006, 553 (554); *Sowka*, NZA 2000, 1185 (1189). |4 Vgl. BAG v. 16.10.2007 – 9 AZR 239/07, nv.; *Sowka*, NZA 2000, 1185 (1189). |5 BAG v. 9.5.2006 – 9 AZR 278/05, NZA 2006, 1413. |6 Vgl. *Lindemann/Simon*, NJW 2001, 258 (261). |7 Vgl. BAG v. 18.2.2003 – 9 AZR 356/02, NZA 2003, 911 ff. zu § 8 TzBfG. |8 *Buschmann/Dieball/Stevens-Bartol*, §§ 15, 16 BErzGG Rz. 14. |9 Vgl. BT-Drs. 15/1502 S. 37. |10 BAG v. 20.7.2004 – 9 AZR 626/03, DB 2004, 2323 ff.; abw. noch *B. Gaul/Wisskirchen*, BB 2004, 2466 (2468). |11 Ebenso *Sowka*, BB 2001, 935 (936); *Kliemt*, NZA 2001, 63 (70 f.); aA *Rudolf/Rudolf*, NZA 2002, 602 (605); *Däubler*, ZIP 2001, 217 (219); *Hanau*, NZA 2001, 1168 (1173); *Leuchten* in Tschöpe, Arbeitsrecht, Teil 3 A Rz. 194; auch BAG v. 19.4.2005 – 9 AZR 233/04, BB 2006, 553 (557) geht offenbar von Anwendbarkeit des § 8 TzBfG aus.

anderes gilt nur dann, wenn nach der Geburt eines Kindes bzw. der Inobhutnahme keine Elternzeit beantragt wird. In diesem Fall kann (weiterhin) auf § 8 TzBfG zurückgegriffen werden.

d) Ablehnung einer Verringerung der Arbeitszeit aus dringenden betrieblichen Gründen. Der Anspruch auf Arbeitszeitverringerung kann nur aus dringenden betrieblichen Gründen abgelehnt werden. Da ein solches Verlangen außerhalb der Elternzeit nach § 8 TzBfG bereits aus betrieblichen Gründen zurückgewiesen werden kann, sind strenge Voraussetzungen an das Vorliegen dieser Gründe zu stellen[1]. Vergleichbar mit den zur Erteilung des Erholungsurlaubs nach § 7 I BUrlG entwickelten Grundsätzen oder den Anforderungen an eine Kündigung tarifvertragl. ordentlich unkündbarer ArbN wird man deshalb im Rahmen einer am Einzelfall ausgerichteten Interessenabwägung ein deutliches Überwiegen („besonderes Gewicht"[2]) der betrieblichen Interessen an der Vermeidung einer Teilzeitbeschäftigung verlangen müssen. Die Gründe müssen zwingend oder unabweisbar sein[3]. Dabei können auch die in § 8 TzBfG genannten Gründe berücksichtigt werden, zumal der Gesetzgeber diese ursprünglich als Beispiele eines dringenden betrieblichen Grundes konzipiert hatte[4]. Allerdings verlangt § 15, dass arbeitgeberseits mehr Aufwand zur Durchsetzung des Teilzeitwunsches betrieben wird. Es müssen also alle denkbaren organisatorischen und personellen Maßnahmen geprüft werden. Dass die Prüfung und Umsetzung solcher Maßnahmen den ArbGeb belastet, wird hingenommen, sofern darin keine Änderung des Betriebszwecks oder der -organisation liegt. Unzureichend: Beeinträchtigung der Organisation oder des Arbeitsablaufes, wenn es dem ArbGeb möglich ist, diese Störungen durch eine auf sein Direktionsrecht gestützte Umorganisation oder andere Verteilung der Arbeitszeit aufzuheben oder auf ein vertretbares Maß zu reduzieren[5]; Mehraufwand durch höheren Personalaufwand, Kosten der Einarbeitung einer Ersatzkraft[6] oder durch Übergabegespräche als Folge des verstärkten Einsatzes von Teilzeitkräften[7]; unbefristete Einstellung einer Ersatzkraft[8], Störung des Arbeitsablaufs durch gleichzeitigen Urlaub anderer ArbN[9]; Notwendigkeit einer Versetzung. Ausreichend: Fehlen der nach Arbeits- oder Organisationskonzept des ArbGeb tatsächlich erforderlichen Ersatzkraft für die ausfallende Arbeitszeit trotz Nachfrage bei der AA[10]; befristete Einstellung einer Vertretungskraft, die – wie andere ArbN auch – nicht bereit ist, Arbeitszeit zu verringern[11]; Veränderung der Organisationsstruktur des Betriebs auf Grund bestehender Teilzeit- und Vollzeitschichtmodelle[12]; Gefährdung des Betriebszwecks durch Teilzeitbeschäftigung (hier: heilpädagogischer Kindergarten[13]); Notwendigkeit zur Einstellung einer Vollzeitersatzkraft und Abbau von Überstunden[14]. Überwiegt keines der beiden Interessen, ist Begehren des ArbN stattzugeben. Da in der Elternzeit auf der Grundlage von Abs. 6, 7 nur eine Verringerung, nicht eine bestimmte Verteilung verlangt werden kann, ist eine BV nach § 87 I Nr. 2, 3 BetrVG, die nicht die Dauer betrifft, ohne Bedeutung. 17

ArbG muss bei Entscheidung über Teilzeitbeschäftigung anderweitige Einsatzmöglichkeiten im Rahmen des Direktionsrechts beachten. Ggf. sind andere ArbN zu versetzen. Eine Pflicht des ArbGeb zur Änderung des Arbeitsvertrags (zB Zuweisung einer anderen Tätigkeit) besteht grds. nicht, selbst wenn dadurch eine Teilzeitbeschäftigung möglich würde. Der ArbN kann sich indes auf andere Stellen bewerben. Bei gleicher Eignung wie andere Bewerber kann dann die Rücksichtnahmepflicht aus § 241 II BGB den ArbGeb ausnahmsw. zur Vertragsänderung verpflichten. Das gilt für vergleichbare und geringwertigere Arbeitsplätze, nicht aber für höherwertige. Eine Pflicht, die Vergütung einer geringwertigeren Tätigkeit anzuheben, besteht nicht[15]. 18

Ändern sich die tatsächlichen Gegebenheiten nach einer (berechtigten) Ablehnung eines Anspruchs auf Verringerung der Arbeitszeit, muss der ArbN darüber gem. § 7 II TzBfG in Kenntnis gesetzt werden[16]. Eine allgemeine Bekanntgabe gem. § 18 S. 2 TzBfG genügt nicht. Der ArbN kann daraufhin den Anspruch erneut geltend machen. Da Abs. 6 dem Verlangen erst nach zweimaliger Herabsetzung der Arbeitszeit entgegensteht, kann der Anspruch zunächst unbegrenzt oft geltend gemacht werden. Konsequenz dieser Rechtsfolge ist, dass im Prozess – abweichend von § 8 TzBfG[17] – auf den Tag der mündlichen Verhandlung abgestellt wird (vgl. Rz. 28); § 8 VI TzBfG greift nicht. 19

Ändern sich die Verhältnisse nach Einigung über die Arbeitszeitverringerung so, dass einem erneuten Verlangen jetzt dringende betriebliche Gründe entgegengestellt werden könnten, kann die Einigung 20

---

1 Vgl. BAG v. 13.11.2007 – 9 AZR 36/07, nv. | 2 BAG v. 19.4.2005 – 9 AZR 233/04, BB 2006, 553 (557); LAG Schl.-Holst. v. 12.6.2007 – 5 Sa 83/07, NZA-RR 2007, 511 (512). | 3 BAG v. 5.6.2007 – 9 AZR 82/07, NZA 2007, 1352 (1355); BAG v. 13.11.2007 – 9 AZR 36/07, nv. | 4 Vgl. Referentenentwurf, NZA 2000, 1045 (1046). | 5 Vgl. ArbG Stuttgart v. 5.7.2001 – 21 Ca 2762/01, NZA 2001, 968. | 6 Vgl. BAG v. 21.6.2005 – 9 AZR 409/04, DB 2006, 105 (107). | 7 *Schiefer*, NZA-RR 2002, 393 (396). | 8 LAG Schl.-Holst. v. 12.6.2007 – 5 Sa 83/07, NZA-RR 2007, 511 (512). | 9 LAG Rh.-Pf. v. 11.2.2004 – 10 Sa 1307/03, NZA-RR 2004, 341 (342). | 10 Vgl. BAG v. 14.10.2003 – 9 AZR 636/02, NZA 2004, 975 (977), das indes verhältnismäßige Schulungsmaßnahmen gegenüber Ersatzkraft für zumutbar hält; v. 21.6.2005 – 9 AZR 409/04, DB 2006, 105 (107); aA *Reiserer/Lemke*, MDR 2001, 242 (244). | 11 BAG v. 19.4.2005 – 9 AZR 233/04, BB 2006, 553 (557). | 12 Vgl. LAG BW v. 4.11.2002 – 15 Sa 53/02, LAGE § 8 TzBfG Nr. 10 S. 7 ff.; ArbG Freiburg v. 4.9.2001 – 3 Ca 143/01, NZA 2002, 216 (218); ArbG Frankfurt/M v. 19.12.2001 – 6 Ca 2951/01, NZA-RR 2002, 402. | 13 Vgl. BAG v. 19.8.2003 – 9 AZR 542/02, EzA § 8 TzBfG Nr. 4 S. 1 ff. | 14 Vgl. BAG v. 9.12.2003 – 9 AZR 16/03, NZA 2004, 921 ff. zu § 8 TzBfG. | 15 *B. Gaul/Wisskirchen*, BB 2000, 2466 (2468); *Lindemann/Simon*, NJW 2001, 258 (262). | 16 Abl. *Leßmann*, DB 2001, 94 (98). | 17 Vgl. hierzu BAG v. 18.2.2003 – 9 AZR 356/02, NZA 2003, 911 (912); *Boewer*, § 8 TzBfG Rz. 228.

gleichwohl nur einvernehmlich oder im Wege der Änderungskündigung beseitigt werden. Abweichend von § 8 V 4 TzBfG gilt dies auch bei einer Einigung über eine bestimmte Verteilung der Arbeitszeit (§ 23 TzBfG). Die Änderungskündigung bedarf aber einer Zustimmung nach § 18[1]. Die Annahme, jede Einigung über eine Teilzeittätigkeit in der Elternzeit stünde unter der auflösenden Bedingung des dauernden Fortbestands der in Abs. 7 genannten Voraussetzungen[2], überzeugt nicht. Denn das Gesetz stellt schon durch die Fristsetzung für den Fall einer Ablehnung erkennbar auf die Verhältnisse zum Zeitpunkt des Zugangs der Entscheidung des ArbGeb ab. Abweichende Vereinbarungen sind allerdings zulässig. Eine etwaige Befristung muss indes der AGB-Kontrolle Rechnung tragen (vgl. § 307 BGB Rz. 21), wenn sie formularmäßig erfolgt oder einseitig vorbereitet wurde (§§ 305 I, 310 III Nr. 2 BGB).

21 **e) Form- und Fristerfordernisse einer Ablehnung.** Sind die Voraussetzungen eines Anspruchs auf Arbeitszeitverringerung nicht gegeben, muss der ArbGeb dies dem Elternteil binnen 4 Wochen nach Geltendmachung mit schriftl. Begründung mitteilen. Zuvor müssen mögliche Maßnahmen zur Umsetzung des Teilzeitverlangens eingeleitet worden und gescheitert sein (Beispiel: Nachfrage bei der AA wegen Ersatzarbeitskraft zur Abdeckung der Restarbeitszeit). Eine „Vorratsablehnung" ist unzulässig[3]. Wird die Arbeitszeitverringerung trotz bestehender Anspruchsvoraussetzungen abgelehnt, muss ArbN Klage gegen ArbGeb auf Abgabe der Zustimmung erheben. Ob der ArbGeb im Rahmen dieses Verfahrens an die Gründe gebunden ist, die er schriftl. zur Begründung seiner Ablehnung genannt hat, ist umstritten. Da Schriftform der Begründung ArbN die Möglichkeit einer Einschätzung des Erfolgs seines Begehrens geben soll, ist aber von Bindungswirkung auszugehen[4]. Insoweit kann Parallele zu § 9 III 2 MuSchG[5], § 15 III BBiG oder tarifl. Regelungen über die Notwendigkeit einer schriftl. Begründung von Kündigungen[6] gezogen werden[7].

22 Werden die Form- oder Fristerfordernisse einer Ablehnung nicht beachtet, gilt die Zustimmung indes (noch) nicht als erteilt. Vielmehr muss auch hier Klage erhoben werden (vgl. Rz. 26). Eine Fiktion, wie sie in § 8 V TzBfG vorgesehen ist, kennt § 15 nicht[8].

23 **f) Anspruch auf Verteilung der Arbeitszeit.** Anspruch auf eine bestimmte Verteilung der Arbeitszeit bei Teilzeittätigkeit in der Elternzeit besteht nicht. Nach Abs. 5 soll nur der Versuch einer Einigung über die Ausgestaltung gemacht werden[9]. Ohne Einigung obliegt es ArbGeb, Beginn und Ende der Arbeitszeit sowie ihre Verteilung auf die Wochentage festzulegen. Eine Analogie zu § 8 IV TzBfG, der auch die Verteilung der Arbeitszeit einbezieht, ist nicht gerechtfertigt[10]. Denn der größere Gestaltungsspielraum des ArbGeb in der Elternzeit ist Ausgleich für die strengeren Voraussetzungen, die für eine Ablehnung der Arbeitszeitverringerung erfüllt sein müssen. Allerdings muss ArbGeb bei der Entscheidung über bestimmte Verteilung der Arbeitszeit die Grundsätze billigen Ermessens beachten (§§ 106 GewO, 315 III BGB)[11]. Regelmäßig dürften dabei die Interessen des ArbN wegen der familiären Einbindung und der Betreuungsaufgabe überwiegen, so dass die gewünschte Verteilung durchsetzbar ist. Ist kein Überwiegen der ArbN-Interessen erkennbar, kann der ArbG eine abweichende Entscheidung treffen. Dringende betriebliche Erfordernisse, wie sie Rechtsprechung auch für Ablehnung der gewünschten Verteilung verlangt[12], sind nicht erforderlich. Eine solche Sichtweise missachtet die unterschiedliche Ausgestaltung von § 8 TzBfG und § 15 BEEG und verengt das durch § 106 GewO gewährleistete Direktionsrecht. „Billig" handelt der Arbeitgeber auch dann, wenn er keine dringenden betrieblichen Gründe hat[13]. Falls für ArbN eine bestimmte Verteilung erforderlich ist, um zB der Kindesbetreuung gerecht zu werden, und soll sonst auf Teilzeitbeschäftigung verzichtet werden, muss das Verlangen nach Verringerung der Arbeitszeit an die aufschiebende Bedingung einer Einigung über diese Verteilung geknüpft werden. In diesem Fall kann der ArbGeb nur einheitlich annehmen oder ablehnen[14].

24 **g) Mitbestimmung des Betriebsrats/Personalrats.** In der Vereinbarung einer Verringerung der Arbeitszeit während der Elternzeit liegt eine Einstellung iSd. § 99 BetrVG[15] bzw. § 75 BPersVG[16], die der Zustimmung des BR oder PersR bedarf, wenn die Arbeitszeit zuvor wegen der Elternzeit vorübergehend auf Null reduziert war. Unerheblich ist, ob die Einigung vor oder während der Elternzeit erfolgt. Ein solches MitbestR besteht indes nicht, wenn die Arbeitszeitverringerung unmittelbar mit der Elternzeit beginnt[17] oder unter Einbeziehung der ArbN-Vertretung bereits bei der erstmaligen Einstellung vereinbart wurde[18]. Losgelöst davon besteht ein MitbestR bei der Verteilung der Arbeitszeit (§ 87 I Nr. 2 BetrVG, § 75 III Nr. 1 BPersVG). Weitere MitbestR aus § 87 I Nr. 3 BetrVG bestehen, wenn die Arbeits-

1 *B. Gaul/Wisskirchen*, BB 2000, 2466 (2468). |2 So *Leßmann*, DB 2001, 94 (98). |3 Vgl. LAG Düsseldorf v. 1.3.2002 – 18 (4) Sa 1269/01, DB 2002, 1222. |4 AA *Barth*, BB 2007, 2567 (2568). |5 Vgl. *Buchner/Becker*, § 9 MuSchG Rz. 253. |6 Vgl. BAG v. 10.2.1999 – 2 AZR 176/98, NZA 1999, 602 ff. |7 *B. Gaul/Wisskirchen* BB 2000, 2466 (2468); *Leßmann*, DB 2001, 94 (99). |8 *B. Gaul/Wisskirchen*, BB 2000, 2466 (2468). |9 *B. Gaul/Wisskirchen*, BB 2000, 2466 (2468). |10 AA *Leßmann*, DB 2001, 94 (97). |11 BAG v. 23.9.2004 – 6 AZR 567/03, DB 2005, 559; LAG Schl.-Holst. v. 12.6.2007 – 5 Sa 83/07, NZA-RR 2007, 511 (513). |12 BAG v. 9.5.2006 – 9 AZR 278/05, NZA 2006, 1413 (1416 f.). |13 AA BAG v. 9.5.2006 – 9 AZR 278/05, NZA 2006, 1413 (1416 f.). |14 Vgl. BAG v. 23.11.2004 – 9 AZR 644/03, DB 2005, 1279 (1281); LAG München v. 24.4.2007 – 6 Sa 1180/06, nv. |15 BAG v. 28.4.1998 – 1 ABR 63/97, DB 1998, 2278 f.; *Löwisch/Kaiser*, § 99 Rz. 6 BetrVG. |16 BVerwG v. 2.6.1993 – 6 P 3.92, PersR 1993, 450; *Buschmann/Dieball/Stevens-Bartol*, § 75 BPersVG Rz. 1. |17 BAG v. 25.1.2005 – 1 ABR 59/03, DB 2005, 1630 (1633). |18 Vgl. BAG v. 28.4.1998 – 1 ABR 63/97, DB 1998, 2278 (2279).

zeitverringerung nur vorübergehend erfolgt und – wegen des Gesetzesvorbehalts in § 87 I Einleitungssatz BetrVG – damit nicht nur einem Anspruch aus Abs. 7 Rechnung getragen wird. Schließlich setzt ein MitbestR des BR voraus, dass auch ein Bestimmungsrecht des ArbGeb gegeben ist.

4. Anspruch auf Verringerung der Arbeitszeit im Anschluss an die Elternzeit. § 15 ist auf die Teilzeitbeschäftigung während der Elternzeit begrenzt. Abs. 5 S. 2 stellt lediglich sicher, dass der ArbN mit Ende der Elternzeit wieder zu der Arbeitszeit zurückkehren kann, die er vor der Elternzeit hatte. Soll die Teilzeit im Anschluss an die Elternzeit fortgesetzt oder erstmalig vereinbart werden, kann sich ein entsprechender Anspruch auf Arbeitszeitverringerung aber aus § 8 TzBfG ergeben. Dieser Anspruch muss wegen der Drei-Monats-Frist bereits während der Elternzeit geltend gemacht werden. 25

5. Prozessuales. a) Hauptsacheverfahren. Ausgehend davon, dass die Verringerung der Arbeitszeit an Zustimmung des ArbGeb geknüpft ist, muss bei fehlender Zustimmung bzw. Verweigerung Leistungsklage erhoben werden[1]. Der Antrag, der gem. § 253 II Nr. 2 ZPO die Dauer der gewünschten Arbeitszeit sowie Beginn und Ende der Arbeitszeitänderung nennen muss, richtet sich auf Abgabe der Zustimmung[2]. Da eine § 8 VI TzBfG entsprechende Regelung fehlt, ist es statthaft, das außergerichtlich geltend gemachte Teilzeitverlangen bei Klageerhebung bis zur mündlichen Verhandlung abzuändern. Die Zustimmung des ArbGeb gilt mit Rechtskraft des Urteils als erteilt (§ 894 ZPO). Dabei kann auch eine rückwirkende Vertragsänderung verlangt werden (§§ 311a I, 275 I BGB)[3]. Gleichzeitig kann wegen der Verteilung der Arbeitszeit im Wege der Leistungsklage ein Antrag auf Ersetzung der unbilligen oder fehlenden Leistungsbestimmung des ArbGeb nach § 315 Abs. 3 BGB gestellt werden[4]. Wenn der gewünschte Zeitraum bereits verstrichen ist, kann dieses Klagebegehren aber nur noch mit der Feststellungsklage verfolgt werden[5]. 26

Für eine schlüssige Begründung der Klage genügt es aber, wenn das Vorliegen der in Abs. 7 Nr. 1–3 genannten Voraussetzungen (Betriebsgröße, Dauer der Betriebszugehörigkeit, Einhaltung des Arbeitszeitrahmens), der rechtzeitige Zeitpunkt der Geltendmachung des Anspruchs auf Arbeitszeitverringerung und – wenn keine oder keine form- und fristgerechte Ablehnung des ArbGeb erfolgt ist – die Form- oder Fristversäumnis des ArbGeb dargelegt und ggf. bewiesen wird. Dringende betriebliche Gründe können durch den ArbGeb in diesem Fall nicht mehr geltend gemacht werden[6]. Darüber hinaus kann wegen der Verletzung der vertraglichen Nebenpflicht des ArbGeb, ohne dringendende betriebliche Gründe dem Antrag auf Arbeitszeitverringerung zuzustimmen[7], Schadensersatz (zB Verdienstausfall) geltend gemacht werden. Wenn der ArbGeb form- und fristgerecht eine Ablehnung erklärt hat und dies seinerseits im Prozess dargelegt wird, muss von Seiten des ArbN eine Auseinandersetzung mit diesen Gründen erfolgen. Ein non liquet hinsichtlich der dringenden betrieblichen Gründe geht zu Lasten des ArbGeb. 27

Für das Vorliegen entgegenstehender betrieblicher Gründe ist – wie ausgeführt (vgl. Rz. 19) – bei § 15 auf den Schluss der mündlichen Verhandlung abzustellen[8]. Soweit die Ablehnung der Arbeitszeitverringerung durch den ArbGeb mit einem organisatorischen Konzept begründet wird, kann es nicht auf seine Zweckmäßigkeit überprüft werden[9]. Da es sich bei § 15 nicht nur um eine reine Missbrauchskontrolle handelt[10], genügt es aber nicht, die Gründe nur schlagwortartig darzulegen. Es muss das Vorliegen eines (Organisations-)Konzepts, die Beeinträchtigung dieses Konzepts für den Fall einer Umsetzung des Teilzeitverlangens und das besondere Gewicht der entgegenstehenden betrieblichen Gründe dargelegt und ggf. bewiesen werden (vgl. § 8 TzBfG Rz. 22 ff.). 28

b) Einstweilige Verfügung. Entsprechend der Sichtweise zu § 8 TzBfG kann das Begehren auch mit dem Ziel einer einstw. Verfügung verfolgt werden. Schließlich begründet die Dauer des Hauptsacheverfahrens die Gefahr, dass die Teilzeitbeschäftigung durch Zeitablauf nur noch begrenzt, ggf. sogar überhaupt nicht mehr, geltend gemacht werden kann[11]. 29

16 *Inanspruchnahme der Elternzeit*

(1) Wer Elternzeit beanspruchen will, muss sie spätestens sieben Wochen vor Beginn schriftlich vom Arbeitgeber verlangen und gleichzeitig erklären, für welche Zeiten innerhalb von zwei Jahren Elternzeit genommen werden soll. Bei dringenden Gründen ist ausnahmsweise eine angemessene kürzere Frist möglich. Nimmt die Mutter die Elternzeit im Anschluss an die Mutterschutzfrist, wird die Zeit

1 *Leßmann*, DB 2001, 94 (98 f.). | 2 Küttner/*Reinecke*, Elternzeit/Erziehungsurlaub, Rz. 27. | 3 BAG v. 9.5.2006 – 9 AZR 278/05, NZA 2006, 1413. | 4 BAG v. 9.5.2006 – 9 AZR 278/05, NZA 2006, 1413; LAG Schl.-Holst. v. 12.6.2007 – 5 Sa 83/07, NZA-RR 2007, 511 (513). | 5 BAG v. 9.5.2006 – 9 AZR 278/05, NZA 2006, 1413. | 6 Vgl. *Sowka*, NZA 2000, 1185 (1189), nach dessen Ansicht die Zustimmung dann auch als erteilt gilt. | 7 BAG v. 9.5.2006 – 9 AZR 278/05, NZA 2006, 1413 (1416 f.). | 8 ArbG Mönchengladbach v. 30.5.2001 – 5 Ca 1157/01, NZA 2001, 970 (973). | 9 *Preis/Gotthardt*, DB 2001, 145 (148). | 10 Vgl. *Schiefer*, NZA-RR 2002, 393 (395). | 11 *B. Gaul/Wisskirchen*, BB 2000, 2466 (2468); *Lindemann/Simon* NJW 2001, 258 (261); *Buschmann/Dieball/Stevens-Bartol*, §§ 15, 16 BErzGG Rz. 15; abl. *Leßmann*, DB 2001, 94 (99); *Peters-Lange/Rolfs*, NZA 2000, 682 (686).

der Mutterschutzfrist nach § 6 Abs. 1 des Mutterschutzgesetzes auf den Zeitraum nach Satz 1 angerechnet. Nimmt die Mutter die Elternzeit im Anschluss an einen auf die Mutterschutzfrist folgenden Erholungsurlaub, werden die Zeit der Mutterschutzfrist nach § 6 Abs. 1 des Mutterschutzgesetzes und die Zeit des Erholungsurlaubs auf den Zweijahreszeitraum nach Satz 1 angerechnet. Die Elternzeit kann auf zwei Zeitabschnitte verteilt werden; eine Verteilung auf weitere Zeitabschnitte ist nur mit der Zustimmung des Arbeitgebers möglich. Der Arbeitgeber hat dem Arbeitnehmer oder der Arbeitnehmerin die Elternzeit zu bescheinigen.

(2) Können Arbeitnehmerinnen und Arbeitnehmer aus einem von ihnen nicht zu vertretenden Grund eine sich unmittelbar an die Mutterschutzfrist des § 6 Abs. 1 des Mutterschutzgesetzes anschließende Elternzeit nicht rechtzeitig verlangen, können sie dies innerhalb einer Woche nach Wegfall des Grundes nachholen.

(3) Die Elternzeit kann vorzeitig beendet oder im Rahmen des § 15 Abs. 2 verlängert werden, wenn der Arbeitgeber zustimmt. Die vorzeitige Beendigung wegen der Geburt eines weiteren Kindes oder wegen eines besonderen Härtefalles im Sinne des § 5 Abs. 1 Satz 3 kann der Arbeitgeber nur innerhalb von vier Wochen aus dringenden betrieblichen Gründen schriftlich ablehnen. Die Arbeitnehmerin kann ihre Elternzeit nicht wegen der Mutterschutzfristen des § 3 Abs. 2 und § 6 Abs. 1 des Mutterschutzgesetzes vorzeitig beenden; dies gilt nicht während ihrer zulässigen Teilzeitarbeit. Eine Verlängerung kann verlangt werden, wenn ein vorgesehener Wechsel in der Anspruchsberechtigung aus einem wichtigen Grund nicht erfolgen kann.

(4) Stirbt das Kind während der Elternzeit, endet diese spätestens drei Wochen nach dem Tod des Kindes.

(5) Eine Änderung in der Anspruchsberechtigung hat der Arbeitnehmer oder die Arbeitnehmerin dem Arbeitgeber unverzüglich mitzuteilen.

1 **I. Inanspruchnahme der Elternzeit. 1. Erklärung und Erklärungsfrist.** Der ArbN muss die Elternzeit vom ArbGeb verlangen. Dabei muss er zugleich erklären, welchen Zeitraum der ersten zwei Jahre er Elternzeit in Anspruch nehmen will. Ebenso kann von vornherein der gesamte Zeitraum bis zur Vollendung des dritten Lebensjahres geltend gemacht werden[1]. Bleibt die mitgeteilte Elternzeit hinter dem Zweijahreszeitraum zurück, besteht nur unter den in Abs. 3 S. 1, 4 genannten Voraussetzungen die Möglichkeit einer Verlängerung im Rahmen von § 15 II. In der Regel bedarf es also einer Zustimmung des ArbGeb[2].

Da die Schriftform nur der Klarstellung dient, bleibt das Verlangen nach Elternzeit trotz Nichtbeachtung des Formerfordernisses wirksam[3]. Damit wird auch der Kündigungsschutz (§ 18) ausgelöst. Der ArbGeb soll die Elternzeit bescheinigen; sein Einverständnis ist nicht erforderlich[4].

2 Die Mitteilung über die beabsichtigte Elternzeit muss dem ArbGeb spätestens 7 Wochen vor Beginn schriftlich zugehen (Abs. 1 S. 1). Mit der einheitlichen Frist sollen die Probleme der Personalplanung, insb. der Organisation einer Vertretung, berücksichtigt werden. Nur in dringenden Fällen ist eine angemessene kürzere Frist möglich (Abs. 1 S. 2). Im Übrigen kann, wenn die Berechtigten an dem Verlangen aus einem von ihnen nicht zu vertretenden Grund im Hinblick auf eine sich unmittelbar an die Mutterschutzfrist nach § 6 I MuSchG anschließende Elternzeit gehindert waren, dieses binnen einer Woche nach Wegfall des Grundes nachgeholt werden (§ 16 II). Die Vorschrift soll Härtefällen (Beispiel: Krankenhausaufenthalt der Mutter) Rechnung tragen[5]. Allerdings muss sich das Versäumnis auf die fristgerechte Erklärung, nicht etwa auf die Inanspruchnahme beziehen. LAG Berlin will Abs. 2 analog auf unerwartet schnelle Entscheidung über Adoptionsantrag übertragen[6].

3 Eine Verpflichtung, die Elternzeit zum frühestmöglichen Zeitpunkt zu beginnen, besteht nicht. Wird die 7-Wochen-Frist nicht beachtet, verschiebt sich der gewünschte Zeitpunkt des Beginns entsprechend[7]. Vertragl. Ausschlussfristen finden keine Anwendung[8].

4 Spätestens 7 Wochen vor Ablauf des Zwei-Jahres-Zeitraums müssen sich die Eltern entscheiden, ob sie von dem Recht auf unmittelbare Verlängerung bis zur Dauer von drei Jahren Gebrauch machen wollen. Insoweit findet § 16 I 1, der an sich nur von einer Inanspruchnahme innerhalb von zwei Jahren spricht, entsprechende Anwendung. Allerdings setzt Verlängerung die Zustimmung des ArbGeb voraus (Abs. 3 S. 1)[9], falls sie nicht verlangt wird, weil ein vorgesehener Wechsel in der Anspruchsberechtigung aus wichtigem Grund nicht erfolgen kann (Abs. 3 S. 4). Dies gilt auch dann, wenn der ArbN nach Beginn der Elternzeit verlangt, das dritte Jahr unmittelbar im Anschluss an die ersten beiden Jahre in Anspruch zu

---

1 BAG v. 19.4.2005 – 9 AZR 233/04, BB 2006, 553 (555); v. 9.5.2006 – 9 AZR 278/05, NZA 2006, 1413. | 2 BAG v. 19.4.2005 – 9 AZR 233/04, BB 2006, 553 (555); LAG Nds. v. 13.11.2006 – 5 Sa 402/06 nv. | 3 BT-Drs. 14/3553 S. 22. | 4 BAG v. 17.2.1994 – 2 AZR 616/93, DB 1994, 1477 (1478); v. 19.4.2005 – 9 AZR 233/04, BB 2006, 553 (555). | 5 BT-Drs. 10/3792 S. 20. | 6 LAG Berlin v. 22.4.1993, 4 Sa 7/93, nv.; zweifelnd BAG v. 17.2.1994 – 2 AZR 616/93, DB 1994, 1477 (1478). | 7 BAG v. 17.10.1990 – 5 AZR 10/90, NZA 1991, 320 (322). | 8 BAG v. 17.4.2004 – 9 AZR 21/04, NZA 2004, 1039 (1042). | 9 BAG v. 19.4.2005 – 9 AZR 233/04, BB 2006, 553 (555); aA LAG Rh.-Pf. v. 4.11.2004 – 4 Sa 606/04, nv. LAG Nds. v. 13.11.2006 – 5 Sa 402/06, nv.

nehmen[1]. Alternativ kann der ArbGeb um Zustimmung zur Übertragung von bis zu 12 Monaten auf die Zeit bis zur Vollendung des achten Lebensjahres gebeten werden (§ 15 II). Wird die Zustimmung erteilt, kann die Elternzeit bis zum Ablauf des Acht-Jahres-Zeitraums wiederum nur mit einer Ankündigungsfrist von mindestens 7 Wochen verlangt werden. Entsprechend Abs. 1 S. 2 ist nur bei dringenden Gründen ausnahmsw. eine angemessene kürzere Frist möglich. Wird Verlängerung nicht rechtzeitig geltend gemacht, kann es zu einer Unterbrechung der Elternzeit durch Aktivierung des Arbeitsverhältnisses kommen.

§ 16 I 1 gilt auch dann, wenn eine bis zur Elternzeit bestehende Teilzeitbeschäftigung gem. § 15 V 3 – ggf. mit vorübergehender Unterbrechung – in der Elternzeit fortgesetzt wird, sofern das Verlangen mit der Inanspruchnahme der Elternzeit selbst geltend gemacht wird[2]. Losgelöst von § 16 gilt für das Geltendmachen des Anspruchs auf eine Teilzeitbeschäftigung während der Elternzeit beim eigenen ArbGeb, die nicht von § 15 V 3 erfasst wird, nach § 15 VII eine Frist von 7 Wochen (§ 15 Rz. 15). Eine Verringerung der Arbeitszeit im Anschluss an die Elternzeit muss spätestens drei Monate im Voraus verlangt werden (§ 8 II TzBfG). 5

2. Zeitabschnitte. Die Elternzeit darf von jedem Berechtigten ohne die Notwendigkeit einer Zustimmung des ArbGeb auf zwei Zeitabschnitte verteilt werden. Dies schließt die letzten zwölf Monate ein, die mit Zustimmung des ArbGeb auf die Zeit bis zur Vollendung des 8. Lebensjahres des Kindes übertragen werden können (vgl. § 15 Rz. 5). Eine Verteilung auf weitere Zeitabschnitte ist nur mit Zustimmung des ArbGeb möglich (Abs. 1 S. 5). Die Gesamtdauer von drei Jahren pro Kind wird hiervon nicht berührt (vgl. § 15 Rz. 3, 8). Allerdings muss die Verteilung unmittelbar bei der erstmaligen Geltendmachung der Elternzeit mitgeteilt werden, wenn die Notwendigkeit einer Zustimmung des Arbeitgebers vermieden werden soll. § 16 I 1 spricht deshalb von der Erklärung, für welche „Zeiten" innerhalb von zwei Jahren Elternzeit genommen werden soll. Verlangt der ArbN, ein drittes Elternzeitjahr an die zunächst nur geforderten zwei Elternzeitjahre anzuschließen, handelt es sich indes um das Begehren nach Verlängerung, nicht um die Mitteilung der Verteilung nach Abs. 1 S. 5. Damit ist eine Zustimmung des Arbeitgebers notwendig (vgl. Rz. 4). 6

3. Bescheinigung der Elternzeit. Der ArbGeb soll die Elternzeit bescheinigen. Eine Ablehnung dieser Vorgabe setzt voraus, dass – was kaum denkbar ist – überwiegende Interessen des ArbGeb durch die Erteilung einer solchen Bescheinigung beeinträchtigt würden. Die Bescheinigung kann in Textform erfolgen. Sie behandelt jedes Arbeitsverhältnis im Rahmen von § 15 separat. 7

II. Nachträgliche Veränderung der Elternzeit. 1. Bindungswirkung des Elternzeitverlangens. Die Erklärung des ArbN nach Abs. 1 S. 1 über den Zeitraum der Elternzeit ist bindend[3]. Entsprechendes gilt dann, wenn der ArbN eine Verlängerung verlangt und zeitlich festgelegt hat. Unerheblich ist dabei, ob dies die Zeit bis zur Vollendung des dritten Lebensjahres oder im Anschluss an eine Übertragung die Zeit bis zur Vollendung des achten Lebensjahres betrifft. 8

2. Änderung, Beendigung oder Verlängerung der Elternzeit. Trotz der Bindungswirkung des Elternzeitverlangens kann mit Zustimmung des ArbGeb jederzeit eine Veränderung der Zeiträume, eine Verlängerung, eine vorzeitige Beendigung oder ein Wechsel zwischen den Elternteilen vorgenommen werden. 9

Der ArbGeb ist grds. berechtigt, die Zustimmung aus sachlichen Gründen zu verweigern. Hiervon ist insb. dann auszugehen, wenn die vorzeitige Beendigung wegen der Mutterschutzfristen der §§ 3 II, 6 I MuSchG erfolgt und in der Elternzeit keine Teilzeittätigkeit ausgeübt wird (Abs. 3 S. 3). Abweichend hiervon kann die vorzeitige Beendigung wegen der Geburt eines Kindes oder eines besonderen Härtefalls (§ 1 V) allerdings nur innerhalb von vier Wochen aus dringenden betrieblichen Gründen abgelehnt werden. Auch in diesem Fall endet die Elternzeit aber nicht vor Ablauf von 4 Wochen nach dem Verlangen der vorzeitigen Beendigung[4]. Die Ablehnung muss schriftl. erfolgen. Verweigert der ArbGeb die Zustimmung ohne das Vorliegen solcher Gründe oder erfolgt Ablehnung unter Missachtung der Form- und Fristerfordernisse, muss Klage auf Abgabe einer solchen Zustimmung erhoben werden[5]. Bis zur gerichtlichen Entscheidung besteht Elternzeit wie bisher fort. 10

Losgelöst davon kann der ArbN eine Verlängerung seiner Elternzeit verlangen, wenn ein vorgesehener Wechsel in der Anspruchsberechtigung aus wichtigem Grund (zB Erkrankung des anderen Elternteils) nicht erfolgen kann (Abs. 3 S. 4). Dabei muss der Grund nicht in der Person eines der Berechtigten liegen. Sind die Voraussetzungen erfüllt, führt das Verlangen – vergleichbar mit Abs. 1 S. 1 – automatisch zu einer Verlängerung. Entgegen dem „normalen" Verlangen nach Verlängerung (Abs. 1 S. 1) ist eine Zustimmung des ArbGeb hier nicht erforderlich. Auch muss die Sieben-Wochen-Frist des Abs. 1 S. 1 nicht berücksichtigt werden. Im Streitfall kann Feststellungsklage erhoben werden[6]. 11

---

1 ErfK/*Dörner*, § 16 BErzGG Rz. 9; aA LAG Rh.-Pf. v. 4.11.2004 – 4 Sa 606/04, nv.; LAG Nds. v. 13.11.2006 – 5 Sa 402/06, nv.; HK-MuSchG/BEEG/*Rancke*, § 16 BEEG Rz. 3. | 2 BAG v. 17.4.2004 – 9 AZR 21/04, NZA 2004, 1039 (1040 f.). | 3 BAG v. 19.4.2005 – 9 AZR 233/04, BB 2006, 553 (555). | 4 LAG Köln v. 22.12.2004 – 7 Sa 879/04, nv. | 5 ErfK/*Dörner*, § 15 BErzGG Rz. 27. | 6 LAG Berlin v. 7.6.2001 – 10 Sa 2770/00, BB 2001, 2169.

12 **III. Tod des Kindes.** Für den Fall, dass das Kind während der Elternzeit stirbt, endet diese spätestens drei Wochen nach dem Tod des Kindes (Abs. 4). Stirbt das Kind vor Beginn der bereits beantragten Elternzeit, ist ein Antritt ausgeschlossen[1].

13 **IV. Änderung der Anspruchsberechtigung.** Der ArbN muss den ArbGeb unverzüglich von Änderungen in der Anspruchsberechtigung in Kenntnis setzen. Mitteilungspflichtig sind Änderungen der Tatbestandsmerkmale des § 15 I und der Wechsel des Berechtigten.

17 *Urlaub*

(1) Der Arbeitgeber kann den Erholungsurlaub, der dem Arbeitnehmer oder der Arbeitnehmerin für das Urlaubsjahr zusteht, für jeden vollen Kalendermonat der Elternzeit um ein Zwölftel kürzen. Dies gilt nicht, wenn der Arbeitnehmer oder die Arbeitnehmerin während der Elternzeit bei seinem oder ihrem Arbeitgeber Teilzeitarbeit leistet.

(2) Hat der Arbeitnehmer oder die Arbeitnehmerin den ihm oder ihr zustehenden Urlaub vor dem Beginn der Elternzeit nicht oder nicht vollständig erhalten, hat der Arbeitgeber den Resturlaub nach der Elternzeit im laufenden oder im nächsten Urlaubsjahr zu gewähren.

(3) Endet das Arbeitsverhältnis während der Elternzeit oder wird es im Anschluss an die Elternzeit nicht fortgesetzt, so hat der Arbeitgeber den noch nicht gewährten Urlaub abzugelten.

(4) Hat der Arbeitnehmer oder die Arbeitnehmerin vor Beginn der Elternzeit mehr Urlaub erhalten, als ihm oder ihr nach Absatz 1 zusteht, so kann der Arbeitgeber den Urlaub, der dem Arbeitnehmer oder der Arbeitnehmerin nach dem Ende der Elternzeit zusteht, um die zu viel gewährten Urlaubstage kürzen.

1 **I. Kürzung des Erholungsurlaubs.** Da der Anspruch auf den gesetzl. Urlaub keine tatsächliche Arbeitsleistung während des Kalenderjahres verlangt, hat die Elternzeit an sich keine Auswirkung auf den Urlaubsanspruch. Durch § 17 werden die Vorgaben des BUrlG indes den Besonderheiten des ruhenden Arbeitsverhältnisses angepasst.

2 Danach ist der ArbGeb berechtigt, den Erholungsurlaub für jeden vollen Kalendermonat, der durch den ArbN in dem betreffenden Kalenderjahr als Elternzeit genommen wird, ohne Ankündigung um ein Zwölftel zu kürzen (Abs. 1 S. 1). Unerheblich ist, ob es sich um den gesetzl. oder einen zusätzlichen (idR tarifl.) vereinbarten Urlaub handelt. Monate, in deren Verlauf die Elternzeit beginnt oder endet, erlauben keine Kürzung.

3 Eine Einschränkung in Bezug auf die Kürzungsbefugnis kann sich für den ArbGeb nur aus dem Grundsatz der Gleichbehandlung ergeben. Dieser verlangt, innerhalb eines Kalenderjahres nur aus sachlichem Grund unterschiedlich zu verfahren[2]. Im Übrigen kann eine Kürzung durch Vereinbarung ausgeschlossen werden. Andere Formen der Freistellung (zB Freistellung eines BR-Mitglieds) werden von § 17 nicht erfasst[3].

4 Ausgeschlossen ist eine Kürzung bei ArbN, die in Teilzeit bei dem die Elternzeit gewährenden ArbGeb beschäftigt sind (Abs. 1 S. 2). Sie können Urlaub auch während der Elternzeit in Anspruch nehmen; der Umfang ist aber entsprechend der tatsächlichen Verteilung der Arbeitsleistung auf die einzelnen Wochentage anzupassen. Wenn in Teilzeit an weniger Wochentagen als vor Beginn der Elternzeit gearbeitet wird, reduziert sich die Zahl der Urlaubstage entsprechend. Eine besondere Kürzung durch den ArbGeb ist nicht erforderlich[4].

5 Die Kürzungserklärung ist eine empfangsbedürftige Willenserklärung. Sie kann vor, während oder nach Ende der Elternzeit ausgesprochen werden[5]. Formerfordernisse bestehen nicht; sie kann auch konkludent – durch Gewährung eines gekürzten Urlaubs – zum Ausdruck kommen. Mit Zugang erlischt der Urlaubsanspruch. Dies gilt auch, wenn während der Elternzeit eine erneute Schwangerschaft eingetreten oder die Geburt eines anderen Kindes erfolgt ist; die Elternzeit wird dadurch nicht unterbrochen[6].

6 **II. Folgen von zu wenig gewährtem Urlaub.** Wurde der Urlaub vor der Elternzeit nicht oder nicht vollständig genommen, muss der Resturlaub nach der Elternzeit im laufenden oder im nächsten Urlaubsjahr gewährt werden (Abs. 2). Insoweit wird zu Gunsten der ArbN eine von § 7 III BUrlG abweichende Regelung getroffen. Urlaubsansprüche, die ohne Elternzeit verfallen wären, werden nicht erfasst. Resturlaub aus dem Vorjahr, der kurz nach Beginn der Elternzeit abgewickelt sein muss und ansonsten verfällt, bleibt daher nur in Höhe der Tage von Beginn der Elternzeit bis Ende der Übertragungsfrist erhalten[7]. Urlaubsansprüche, die erst im Anschluss an die Elternzeit entstehen, werden nicht erfasst. Ihre Abwicklung bestimmt sich allein nach § 7 BUrlG[8].

---

1 ErfK/*Dörner*, § 16 BErzGG Rz. 19. | 2 Küttner/*Reinecke*, Elternzeit/Erziehungsurlaub, Rz. 32. | 3 *Sowka/Meisel*, § 17 BErzGG Rz. 2. | 4 Vgl. BAG v. 28.4.1998 – 9 AZR 314/97, NZA 1999, 156 ff. | 5 BAG v. 28.7.1992 – 9 AZR 340/91, DB 1993, 642. | 6 Küttner/*Reinecke*, Elternzeit/Erziehungsurlaub, Rz. 32. | 7 BAG v. 1.10.1991 – 9 AZR 365/90, DB 1992, 584. | 8 ErfK/*Dörner*, § 16 BErzGG Rz. 22 ff., § 17 BErzGG Rz. 13.

Die in Abs. 1 S. 1 vorgesehene Übertragung stellt eine abschließende Regelung dar. Der Urlaubsanspruch erlischt damit zum Ende des Folgejahres, das auf das Ende der Elternzeit folgt, wegen derer er nicht genommen wurde. Daraus folgt ein Übertragungszeitraum zwischen einem Jahr und einem Tag (Ende der Elternzeit mit Ablauf des 31.12.) und einem Jahr und 364 Tagen (Ende der Elternzeit mit Ablauf des 1.1.). Diese Grenze gilt auch dann, wenn der ArbN in dieser Zeit nach Ablauf der Elternzeit wegen eines anderen Kindes erneut Elternzeit genommen hat[1] oder wenn der Urlaub durch den ArbN wegen Mutterschutzfristen oder krankheitsbedingter Arbeitsunfähigkeit nicht genommen werden kann[2]. Daran ändert sich auch durch § 17 S. 2 MuSchG, der eine entsprechende Übertragung des wegen eines mutterschaftsrechtl. Beschäftigungsverbots nicht erhaltenen Urlaubs bestimmt, nichts. Denn wenn der wegen eines solchen Beschäftigungsverbots nicht genommene Urlaub während des laufenden oder des folgenden Urlaubsjahres – gleich aus welchem Grunde – nicht genommen wird, verfällt er. Urlaub, der bereits nach § 17 S. 2 MuSchG übertragen, aber wegen der Elternzeit nicht im Übertragungszeitraum genommen wurde, kann also nicht noch einmal nach Abs. 2 übertragen werden[3]. 7

Arbeitet der ArbN während der Elternzeit im Rahmen einer Teilzeitbeschäftigung, findet Abs. 2 grds. keine Anwendung. Hier gilt § 7 III BUrlG. Seine Anwendung ist nur dann und insoweit möglich, als die Teilzeitbeschäftigung an weniger Wochentagen als die vorherige Vollzeitbeschäftigung ausgeübt wird, so dass wegen der daraus folgenden Kürzung des Urlaubs in der Elternzeit nur ein Teil des bis dahin erworbenen Urlaubsanspruchs genommen werden kann. 8

III. Abgeltungsanspruch. Endet das Arbeitsverhältnis während der Elternzeit oder im unmittelbaren Anschluss an diese, kann der ArbN eine Abgeltung des noch nicht gewährten Urlaubs verlangen. Unerheblich ist dabei, ob der Urlaubsanspruch schon während einer Elternzeit bestand, die wegen eines weiteren Kindes verlängert wurde[4]. Da es sich bei der Abgeltung um ein Surrogat des Urlaubs handelt, kann der Anspruch aber nur im laufenden oder im nächsten Jahr nach Beendigung der Elternzeit erfüllt werden. Voraussetzung ist, dass der ArbN bei einer Fortsetzung des Arbeitsverhältnisses in dieser Zeit jedenfalls für die Dauer des Urlaubs seinen Arbeitspflichten hätte nachkommen können[5]. Insoweit gilt nach Abs. 3 nichts anderes als für § 7 IV BUrlG. Endet das Arbeitsverhältnis erst im Anschluss an seine vorübergehende Fortsetzung nach der Elternzeit, wird man insoweit einen Abgeltungsanspruch anerkennen müssen, als der Urlaub zwischen Ende der Elternzeit und Ende des Arbeitsverhältnisses nicht hätte verbraucht werden können. Im Übrigen kann der ArbGeb den Abgeltungsanspruch entsprechend Abs. 1 um jeweils ein Zwölftel kürzen für jeden vollen Kalendermonat, in dem sich der ArbN insgesamt in Elternzeit befand. 9

Tarifl. Ausschlussfristen gelten nur für den Teil des Abgeltungsanspruchs, der den über den gesetzl. Mindesturlaub hinausgehenden Urlaubsanspruch betrifft. Der gesetzl. Mindesturlaub ist wie sein Surrogat vor verschlechternden Vereinbarungen über § 13 I BUrlG geschützt[6]. 10

IV. Folgen zu viel gewährten Urlaubs. Hat der ArbN vor dem Beginn seiner Elternzeit mehr Urlaub erhalten als nach Abs. 1 durchsetzbar wäre, ist eine Kürzung des bereits gewährten Urlaubs nicht mehr möglich. Der ArbGeb ist aber berechtigt, die für die Zeit nach Ende der Elternzeit zustehenden Urlaubstage um die zu viel gewährten Tage zu kürzen (Abs. 4). Entsprechend Abs. 2 kann die Kürzung dabei in dem laufenden oder im nächsten Urlaubsjahr nach Ende der Elternzeit erfolgen[7]. Andernfalls besteht die Gefahr, dass der Urlaub des Jahres, in dem die Elternzeit beendet wird, für die Kürzung nicht genügt[8]. Ein bereicherungsrechtl. Rückforderungsanspruch neben dem Ausgleich gem. Abs. 4 steht dem ArbGeb nicht zu[9]. 11

Endet das Arbeitsverhältnis nach der Elternzeit, ohne dass noch die in Abs. 4 vorgesehene Kürzung des Urlaubs möglich ist, kann indes aus §§ 812 ff. BGB eine Rückzahlung des Urlaubsentgelts verlangt werden[10]. 12

18 *Kündigungsschutz*

(1) Der Arbeitgeber darf das Arbeitsverhältnis ab dem Zeitpunkt, von dem an Elternzeit verlangt worden ist, höchstens jedoch acht Wochen vor Beginn der Elternzeit, und während der Elternzeit nicht kündigen. In besonderen Fällen kann ausnahmsweise eine Kündigung für zulässig erklärt werden. Die Zulässigkeitserklärung erfolgt durch die für den Arbeitsschutz zuständige oberste Landesbehörde

1 BAG v. 23.4.1996 – 9 AZR 165/95, DB 1996, 2132 (2133); v. 21.10.1997 – 9 AZR 267/96, NZA 1998, 648; aA LAG Düsseldorf v. 5.3.1996 – 16 Sa 1588/95, NZA-RR 1996, 326. | 2 *Sowka*, NZA 1998, 347 (348); *Gross* in Tschöpe, Arbeitsrecht, Teil 2 C Rz. 164. | 3 ErfK/*Dörner*, § 17 BErzGG Rz. 13. | 4 LAG Hamm v. 20.2.2001 – 11 Sa 1061/00, NZA-RR 2002, 460 (461). | 5 ErfK/*Dörner*, § 17 BErzGG Rz. 16. | 6 Vgl. BAG v. 23.4.1996 – 9 AZR 165/95, BB 1996, 2046 (2047); *Gross* in Tschöpe, Arbeitsrecht, Teil 2 C Rz. 164. | 7 *Buchner/Becker*, § 17 BErzGG Rz. 27; aA ErfK/*Dörner*, § 17 BErzGG Rz. 10, der dies wegen der gesetzlichen Formulierung „nach dem Ende der Elternzeit" für ausgeschlossen hält. | 8 *Meisel/Sowka*, § 17 BErzGG Rz. 32. | 9 Ebenso *Gröninger/Thomas*, § 17 BErzGG Rz. 14; *Bruns*, BB 2008, 386 (387). | 10 *Meisel/Sowka*, § 17 BErzGG Rz. 34; *Gross* in Tschöpe, Arbeitsrecht, Teil 2 C Rz. 166; aA ErfK/*Dörner*, § 17 BErzGG Rz. 10.

oder die von ihr bestimmte Stelle. Die Bundesregierung kann mit Zustimmung des Bundesrates allgemeine Verwaltungsvorschriften zur Durchführung des Satzes 2 erlassen.

(2) Absatz 1 gilt entsprechend, wenn Arbeitnehmer oder Arbeitnehmerinnen

1. während der Elternzeit bei demselben Arbeitgeber Teilzeitarbeit leisten oder

2. ohne Elternzeit in Anspruch zu nehmen, Teilzeitarbeit leisten und Anspruch auf Elterngeld nach § 1 während des Bezugszeitraums nach § 4 Abs. 1 haben.

1 **I. Einleitung.** Die Vorschrift schützt den Bestand des Arbeitsverhältnisses. Damit eine tatsächliche Inanspruchnahme des Anspruchs auf Elternzeit sichergestellt ist, wird der ArbN unmittelbar vor und während der Elternzeit vor arbeitgeberseitigen Kündigungen geschützt. Die Bestimmung gilt auch in der Insolvenz[1] und im Rahmen von Arbeitskämpfen[2]; suspendierende Aussperrung wird dabei indes nicht erfasst[3].

2 Das Kündigungsverbot erfasst Kündigungen aller Art (außerordentlich oder ordentlich, Änderungs- oder Beendigungskündigung). Andere Formen der Beendigung, insb. Befristung, Aufhebungsvertrag oder Kündigung durch ArbN, werden nicht erfasst. Überschneidung mit Kündigungsverbot nach § 9 MuSchG ist möglich; in diesem Fall bedarf der ArbGeb für eine Kündigung einer Genehmigung der Behörde nach beiden Vorschriften[4]. Sonstige Regelungen zum Kündigungsschutz (zB §§ 1 KSchG, 102 BetrVG) werden durch § 18 nicht berührt, müssen also ggf. parallel beachtet werden.

3 **II. Persönlicher Geltungsbereich nach Abs. 1.** Abs. 1 erfasst alle ArbN und die zur Berufsbildung und Heimarbeit Beschäftigten sowie die ihnen Gleichgestellten nach § 20, soweit sie als Anspruchsberechtigte gem. § 15 I wirksam Elternzeit gem. §§ 15, 16 verlangt oder angetreten haben. Wenn ein Teil der Elternzeit auf einen Zeitraum bis zur Vollendung des 8. Lebensjahres übertragen wurde, gilt dies für die Inanspruchnahme des übertragenen Zeitraums entsprechend[5]. Abs. 1 gilt auch dann, wenn der Elternzeitberechtigte in einem zweiten Arbeitsverhältnis den Rest der beim früheren ArbGeb noch nicht vollständig in Anspruch genommenen Elternzeit geltend macht[6]. Der Schutz erfasst damit auch die Erziehung von Kindern, die vor Beginn des Arbeitsverhältnisses geboren wurden.

4 Kündigungsschutz nach Abs. 1 endet mit Ende der Elternzeit. § 18 steht Veränderungen des Arbeitsplatzes während der Elternzeit nicht entgegen. Ebenso wenig schützt § 18 vor Änderungen im Rahmen des Direktionsrechts, die durch den ArbGeb nach Elternzeit vorgenommen werden. Der ArbN hat also keinen Anspruch auf den gleichen Arbeitsplatz nach Rückkehr aus der Elternzeit, wenn das Direktionsrecht des ArbG andere Einsatzmöglichkeiten zulässt. Gibt es nach der Elternzeit keine Beschäftigungsmöglichkeit mehr, kommt betriebsbedingte Kündigung in Betracht.

5 § 18 gilt auch dann, wenn Antrag auf Durchführung von Elternzeit in engem Zusammenhang zu betrieblicher Umstrukturierungsmaßnahme steht, der den Wegfall des konkreten Arbeitsplatzes zur Folge hat. Ein Rechtsmissbrauch liegt nicht bereits dann vor, wenn zu vermuten ist, dass der ArbN sich nur in Genuss des Sonderkündigungsschutzes bringen will[7].

6 Eine Tätigkeit in einem Betrieb wird nicht verlangt; erfasst sind auch im Haushalt beschäftigte Personen[8]. Eine Einschränkung für Heimarbeitnehmerinnen, wie sie in § 9 MuSchG vorgesehen ist, existiert nicht. Unerheblich ist auch, ob der ArbN Kündigungsschutz nach dem KSchG hat.

7 Das Verlangen nach Verlängerung der Elternzeit gem. § 16 III 1, 4 löst keinen Kündigungsschutz aus, da in dieser Zeit noch Elternzeit besteht[9]. Wird Verlängerung erst nach Ablauf der bis dahin laufenden Elternzeit abgelehnt, besteht bis dahin Kündigungsschutz. Kündigt der ArbGeb auf Grund Verlängerungsbegehrens, steht dem ArbN nur § 612a BGB zur Seite.

8 **III. Schutz Teilzeitbeschäftigter nach Abs. 2.** Vom besonderen Kündigungsschutz des Abs. 1 werden auch Teilzeitbeschäftigte erfasst. Unerheblich ist, ob das Arbeitsverhältnis und/oder die Teilzeitbeschäftigung erst nach der Geburt des Kindes begonnen wurde[10].

9 **Teilzeitbeschäftigte mit Elternzeit.** Nach Abs. 2 Nr. 1 werden Personen geschützt, die während der Elternzeit beim gleichen ArbGeb Teilzeitarbeit leisten[11]. Wird die gem. § 15 IV zulässige Höchstgrenze überschritten, greift der Sonderkündigungsschutz gem. § 18 nicht[12]. Allerdings kann ein entsprechender Schutz vereinbart werden[13].

---

1 ErfK/*Ascheid*, § 18 BErzGG Rz. 3. | 2 BAG v. 21.4.1971 – GS 1/68, DB 1971, 1061. | 3 Dazu *Buchner/Becker*, § 18 BErzGG Rz. 7. | 4 Vgl. EuGH v. 14.4.2005 – C-519/03, NZA 2005, 587; BAG v. 31.3.1993 – 2 AZR 595/92, DB 1993, 1783 f. | 5 *Buchner/Becker* § 18 BErzGG Rz. 12. | 6 BAG v. 11.3.1999 – 2 AZR 19/98, NZA 1999, 1047 (1048). | 7 LAG Nds. v. 2.7.2004 – 16 Sa 440/04, NZA-RR 2005, 250 f. | 8 APS/*Rolfs* § 18 BErzGG Rz. 4. | 9 LAG Berlin v. 15.12.2004 – 17 Sa 1729/04, NZA-RR 2005, 474 (475). | 10 BAG v. 27.3.2003 – 2 AZR 627/01, NZA 2004, 155; abw. *Buchner/Becker*, § 18 BErzGG Rz. 37, die Abs. 2 Nr. 2 nur auf Fälle beziehen wollen, in denen Teilzeitbeschäftigung schon vor Geburt des Kindes wahrgenommen wurde. | 11 BAG v. 2.2.2006 – 2 AZR 596/04, NZA 2006, 678. | 12 APS/*Rolfs* § 18 BErzGG Rz. 5. | 13 ErfK/*Ascheid* § 18 BErzGG Rz. 6.

Teilzeitbeschäftigte ohne Elternzeit. Daneben schützt Abs. 2 Nr. 2 auch Personen, die – ohne Elternzeit in Anspruch zu nehmen – Teilzeitarbeit leisten und Anspruch auf Elterngeld haben für die Dauer des in § 4 I bestimmten Bezugszeitraum von längstens 14 Monaten. 10

Abs. 2 S. 1 Nr. 2 ist nicht an die tatsächliche Inanspruchnahme von Elternzeit geknüpft[1]. Es genügt, wenn ein Anspruch auf Elterngeld besteht. Damit werden nicht nur ArbN erfasst, die nach der Geburt des Kindes bei ihrem bisherigen ArbGeb eine Teilzeitbeschäftigung wahrnehmen, ohne Elternzeit in Anspruch zu nehmen[2]. Im Gegensatz zu der bis zum 31.12.2006 geltenden Fassung, bei der Sonderkündigungsschutz nur bei einer Teilzeitbeschäftigung bei dem ArbGeb, bei dem die Elternzeit hätte in Anspruch genommen werden können, erfasst wurde[3], werden durch Abs. 2 Nr. 2 auch ArbN geschützt, die gem. § 15 IV 3 einer Teilzeitbeschäftigung nachgehen, während sie bei einem anderen ArbGeb Elternzeit nehmen. Voraussetzung ist nur, dass die Arbeitszeit 30 Wochenstunden nicht übersteigt, eine Beschäftigung zur Berufsausbildung ausgeübt wird oder die berechtigte Person als iSd. § 23 SGB VIII geeignete Tagespflegeperson nicht mehr als fünf Kinder betreut. Andernfalls entfällt der erforderliche Anspruch auf Elterngeld. 11

Ob der Gesetzgeber diese Ausweitung des Kündigungsschutzes in Abs. 2 Nr. 2 gewollt hat, ist unklar. Einerseits hat er in der Begründung des Gesetzentwurfs die Feststellung getroffen, dass mit den Veränderungen in § 18 die bis dahin geltenden Regelungen inhaltlich unverändert übernommen werde[4]. Andererseits hat er aber in Abs. 2 Nr. 2 die Worte „bei seinem Arbeitgeber" gestrichen und verlangt nur in Abs. 2 Nr. 1, dass die Teilzeitarbeit „bei demselben Arbeitgeber" geleistet wird. Nimmt man diese Differenzierung ernst, erfasst der Sonderkündigungsschutz auch Teilzeitbeschäftigte bei ArbGeb, bei denen sie keine Elternzeit in Anspruch genommen haben. Dafür spricht auch der Umstand, dass nicht (mehr) die Elternzeit, sondern - arbeitgeberunabhängig – der Anspruch auf Elterngeld als Anspruchsvoraussetzung genannt wird. Die besseren Gründe sprechen deshalb für die Annahme einer Ausweitung des Kündigungsschutzes[5].

Da der ArbGeb nicht notwendig Kenntnis von den Umständen hat, die nach Abs. 2 Nr. 2 Sonderkündigungsschutz begründen, ist der ArbN nach Zugang der Kündigung zur Unterrichtung des ArbGeb verpflichtet. Andernfalls entfällt der Sonderkündigungsschutz. Lehnt man eine unverzügliche Unterrichtungspflicht ab[6], liegt es nahe, von einer analogen Anwendbarkeit der Zwei-Wochen-Frist des § 9 I 1 MuSchG auszugehen[7]. 12

IV. Rechtswirkungen des Sonderkündigungsschutzes. Fällt der ArbN in den Geltungsbereich von § 18, darf das Arbeitsverhältnis durch den ArbGeb nicht gekündigt werden. Entscheidend sind objektive Umstände zum Zeitpunkt des Zugangs der Kündigungserklärung. Eine verbotswidrig ausgesprochene Kündigung kann nicht in eine Kündigung nach Ablauf der Elternzeit umgedeutet werden. Sie ist gem. § 134 BGB nichtig[8]. 13

Der Kündigungsschutz beginnt mit dem Tag, an dem dem ArbGeb das wirksame Verlangen nach Elternzeit zugeht. Macht der ArbN Elternzeit – ggf. sogar aus Rücksichtnahme auf den ArbGeb – mehr als 7 Wochen vor Beginn der Elterzeit (Abs. 1 S. 1) bzw. vor dem Zeitpunkt geltend, an dem er frühestens hätte angetreten werden können (Abs. 2 Nr. 2), besteht bis zum Beginn der Sieben-Wochen-Frist kein Kündigungsschutz nach § 18[9]. Dies gilt auch für das Elternzeitverlangen durch Adoptiveltern, obwohl diese dadurch vor Kündigungen schlechter geschützt sind als leibliche Eltern, da Adoptiveltern auf den Zeitpunkt der Kindesannahme wegen der Abhängigkeit von der Gesetzeslage und der Behördentätigkeit wenig Einfluss haben[10]. 14

Der Schutz durch § 18 endet, sobald die Elternzeit abläuft. Dies gilt auch dann, wenn sie nur verkürzt in Anspruch genommen wurde oder vorzeitig beendet wird. 15

V. Ausnahmsweise Zulässigkeitserklärung. In besonderen Fällen kann eine Kündigung durch die für Arbeitsschutz zuständige oberste Landesbehörde ausnahmsw. für zulässig erklärt werden. Dabei handelt es sich um eingeschränkte Ermessensentscheidung, die sich nach Allgemeinen Verwaltungsvorschriften zum Kündigungsschutz bei Elternzeit vom 3.1.2007[11] richtet. Ein **besonderer Fall**, der regelmäßig zur Zulässigkeit der Kündigung führt, ist nach 2.1 der Verwaltungsvorschriften insb. dann gegeben, wenn 16

---

1 Vgl. BAG v. 27.3.2003 – 2 AZR 627/01, NZA 2004, 155. | 2 Vgl. BAG v. 27.3.2003 – 2 AZR 627/01, NZA 2004, 155; BT-Drs. 10/4212 S. 6. | 3 Vgl. BAG v. 2.2.2006 – 2 AZR 596/04, NZA 2006, 678; APS/*Rolfs*, § 18 BerzGG Rz. 8; KR/*Pfeiffer*, § 18 BErzGG Rz. 19. | 4 BT-Drs. 16/1889 S. 27. | 5 Abl. HK-MuSchG/BEEG/*Rancke*, § 18 BEEG Rz. 17. | 6 Vgl. LAG Berlin v. 15.12.2004 – 17 Sa 1463/04, LAGReport 2005, 147 f.; für unverzügliche Unterrichtungspflicht vgl. *Schaub/Linck* § 102 V 1b. | 7 Vgl. LAG Berlin v. 15.12.2004 – 17 Sa 1463/04, BB 2006, 672; APS/*Rolfs* § 18 BErzGG Rz. 7; *Buchner/Becker*, § 18 BErzGG Rz. 38; HK-MuSchG/BEEG/*Rancke*, § 18 BEEG Rz. 19. | 8 Ebenso *Buchner/Becker*, § 18 BErzGG Rz. 17; ErfK/*Ascheid* § 18 BErzGG Rz. 9. | 9 Vgl. ErfK/*Ascheid*, § 18 BErzGG Rz. 9; APS/*Rolfs* § 18 BErzGG Rz. 12. | 10 LAG Nds. v. 12.9.2005 – 5 Sa 396/05, NZA-RR 2006, 346 (347 f.). | 11 Vgl. BR-Drs. 832/06.

- Betrieb oder Betriebsabteilung dauerhaft stillgelegt oder verlagert wird und der ArbN nicht auf einem anderen Arbeitsplatz im Betrieb oder in anderen Betrieben des Unternehmen weiterbeschäftigt werden kann[1],
- der ArbN in den vorgenannten Fällen eine angebotene, zumutbare Weiterbeschäftigung auf einem anderen Arbeitsplatz ablehnt,
- durch die Aufrechterhaltung des Arbeitsverhältnisses nach Beendigung der Elternzeit eine Existenzgefährdung für Betrieb oder ArbGeb droht oder
- besonders schwere Vertragspflichtverletzungen oder vorsätzliche strafbare Handlungen des ArbN die Aufrechterhaltung des Arbeitsverhältnisses dem ArbGeb unzumutbar machen.

17 Zu weiteren Einzelfällen vgl. § 2.2 der Verwaltungsvorschriften. Diese Beispiele sind allerdings nicht abschließend. Bindungswirkung für die Arbeitsgerichte lösen die Verwaltungsvorschriften nicht aus.

18 **Zuständige Behörden** sind Baden-Württemberg: Regierungspräsidien, Bayern: Gewerbeaufsichtsämter, Berlin: Landesamt für Arbeitsschutz, Gesundheitsschutz und technische Sicherheit, Brandenburg: Landesamt für Arbeitsschutz, Bremen: Gewerbeaufsichtsämter, Hamburg: Behörde für Soziales, Familie, Gesundheit und Verbraucherschutz, Hessen: Regierungspräsidenten, Mecklenburg-Vorpommern: Landesamt für Gesundheit und Soziales, Niedersachsen: Gewerbeaufsichtsämter, Nordrhein-Westfalen: staatliche Ämter für Arbeitsschutz, Rheinland-Pfalz: Struktur- und Genehmigungsdirektionen, Saarland: Landesamt für Umwelt und Arbeitsschutz, Sachsen: Regierungspräsidien, Sachsen-Anhalt: Landesämter für Verbraucherschutz, Schleswig-Holstein: Landesamt für Gesundheit und Arbeitssicherheit, Thüringen: Landesbetriebe für Arbeitsschutz und technischen Verbraucherschutz.

19 **Wichtiger Grund. Frist.** Der besondere Fall muss nicht das Gewicht eines wichtigen Grundes nach § 626 BGB haben[2]. Wenn die Kündigung allerdings außerordentlich fristlos erklärt werden soll, muss der Antrag innerhalb der Zwei-Wochen-Frist des § 626 II BGB gestellt und die Kündigung analog § 91 SGB IX unverzüglich nach Zustimmung erklärt werden[3]. Dies entspricht § 9 MuSchG.

20 **Zeitpunkt der Zustimmung.** Die Zulässigerklärung muss dem ArbGeb bei Ausspruch der Kündigung vorliegen. Bestandskraft ist nicht notwendig[4].

21 **Bedingung. Auslauffrist.** Die Zustimmung kann bedingt erteilt werden[5]. Soweit streitig ist, ob ein Betrieb stillgelegt oder auf einen anderen Inhaber übergegangen ist, darf die Behörde die Zulässigerklärung nicht mit Begründung verweigern, es liege ein Betriebsübergang vor, da diese Frage allein durch die ArbG verbindlich beantwortet werden kann[6]. Eine Verpflichtung des ArbGeb, bei Ausspruch der Kündigung wegen Betriebsstilllegung eine soziale Auslauffrist bis zum Ende der Elternzeit einzuräumen, besteht nicht[7].

22 **Widerspruch und Klage.** Bedenken gegen eine bestandskräftige Zulässigkeitserklärung nach Abs. 1 S. 2 und 3 können – soweit Nichtigkeit des Bescheids nicht in Betracht kommt – nur in Widerspruchsverfahren und ggf. vor Verwaltungsgericht nachgeprüft werden. An bestandskräftigen Verwaltungsakt sind ArbG gebunden[8].

23 **Verwirkung.** Der ArbN kann Fehlen der erforderlichen Zulässigkeitserklärung bis zur Grenze der Verwirkung jederzeit geltend machen[9]. Eine Verwirkung liegt etwa vor, wenn sich der ArbN erst nach mehrjähriger Prozessdauer in der letzten mündlichen Verhandlung auf das Fehlen der Zustimmung beruft[10]. Voraussetzung ist aber, dass der ArbN den ArbGeb über das Vorliegen der Voraussetzungen für den Kündigungsschutz, soweit Abs. 2 Nr. 2 in Rede steht, rechtzeitig in Kenntnis gesetzt hat (vgl. Rz. 12).

24 **Verzicht.** § 18 ist zwingende Vorschrift. Verzicht durch den ArbN kommt lediglich nachträglich in Betracht, von vornherein sind Beschränkungen nicht zulässig.

19 *Kündigung zum Ende der Elternzeit*

Der Arbeitnehmer oder die Arbeitnehmerin kann das Arbeitsverhältnis zum Ende der Elternzeit nur unter Einhaltung einer Kündigungsfrist von drei Monaten kündigen.

1 **I. Bedeutung der Vorschrift.** § 19 begründet und begrenzt das arbeitnehmerseitige Recht zur Kündigung, wenn diese zum Ende der Elternzeit wirksam werden soll. Dies soll gewährleisten, dass der Elternzeitberechtigte durch einseitige Erklärung mit vorgegebener Fristsetzung verhindern kann, nach Ablauf

1 BAG v. 20.1.2005 – 2 AZR 500/03, NZA 2005, 687 (688); VGH Mannheim v. 20.2.2007 – 4 S 2436/05, NZA-RR 2007, 290 (291). | 2 VGH Mannheim v. 20.2.2007 – 4 S 2436/05, NZA-RR 2007, 290 (291); *Buchner/Becker* § 18 BErzGG Rz. 24. | 3 So LAG Köln v. 21.1.2000 – 11 Sa 1195/99, NZA-RR 2001, 303; KR/*Etzel* § 9 MuSchG Rz. 112; *Buchner/Becker*, § 9 MuSchG Rz. 257. | 4 BAG v. 3.7.2003 – 2 AZR 487/02, NZA 2003, 1335. | 5 BAG v. 20.1.2005 – 2 AZR 500/03, NZA 2005, 687 (688). | 6 OVG NW v. 21.3.2000 – 22 A 5137/99, NZA-RR 2000, 406 (407). | 7 BAG v. 20.1.2005 – 2 AZR 500/03, NZA 2005, 687 (688). | 8 BAG v. 20.1.2005 – 2 AZR 500/03, NZA 2005, 687 (688). | 9 BAG v. 3.7.2003 – 2 AZR 487/02, NZA 2003, 1335. | 10 BAG v. 25.3.2004 – 2 AZR 295/03, NZA 2004, 1064.

der Elternzeit nicht mehr an seinen Arbeitsplatz zurückzukehren. Zwar soll dies primär eine Fortsetzung der Betreuung und Erziehung des Kindes ermöglichen. Der Grund für die Beendigung spielt indes keine Rolle.

Dabei verdrängt die dreimonatige Kündigungsfrist alle anderen Fristen, die – länger oder kürzer – kraft Gesetzes, TV oder arbeitsvertragl. Regelung Geltung beanspruchen würden. Sie gilt auch dann, wenn – zB wegen eines befristeten Arbeitsvertrags – an sich keine ordentl. Kündigung möglich wäre. Dies folgt aus dem Umstand, dass „nur" die dreimonatige Kündigungsfrist gilt. Auf diese Weise soll der ArbGeb in die Lage versetzt werden, den Veränderungen bei seiner Personalplanung Rechnung zu tragen. 2

II. Anwendungsbereich. Das Sonderkündigungsrecht gilt nur für ArbN in Elternzeit bzw. solche, die Elternzeit geltend gemacht haben. Es findet keine Anwendung auf sonstige Formen der Freistellung oder auf die in § 18 II Nr. 2 genannten Teilzeitbeschäftigten ohne Elternzeit. Nehmen beide Berechtigten Elternzeit in Anspruch, kann das Sonderkündigungsrecht von jedem Elternzeitberechtigten für die individuell gewählte Elternzeit selbständig wahrgenommen werden. 3

Die Kündigung muss schriftl. erfolgen (§ 623 BGB) und mindestens drei Monate vor Beendigung der Elternzeit zugegangen sein (§ 187 I BGB). Fällt der Beginn dieser Frist auf einen Samstag, Sonntag oder gesetzl. Feiertag, muss die Kündigung bereits am letzten vorhergehenden Werktag zugegangen sein. 4

Das gesetzl. Sonderkündigungsrecht hat zwingenden Charakter. Längere Kündigungsfristen zum Nachteil des Elternzeitberechtigten können weder individual- noch kollektivvertragl. vereinbart werden. Entsprechende Regelungen sind unwirksam[1]. 5

Kündigt der ArbN ohne Wahrung der dreimonatigen Frist, kommt eine Beendigung zum vorgesehenen Zeitpunkt nicht in Betracht. Die Kündigung bleibt indes wirksam und beendet das Arbeitsverhältnis zum nächst möglichen Termin[2]. 6

III. Verhältnis zu sonstigen Kündigungsmöglichkeiten. Die dreimonatige Frist des § 19 gilt nur für die ordentl. Kündigung zum Ende der Elternzeit. Wenn die ordentl. Kündigung nicht aus allgemeinen Gründen ausgeschlossen ist, kann sie mit den hierfür geltenden Fristen während der Elternzeit erklärt werden, wenn sie nicht erst zum Ende der Elternzeit wirksam werden soll. Im Übrigen bleibt das Recht des Elternzeitberechtigten zur außerordentl. Kündigung aus wichtigem Grund (§ 626 BGB) hiervon unberührt. 7

Losgelöst davon kann der ArbN eine Kündigung nach Beendigung der Elternzeit aussprechen. In diesem Fall gelten wieder die allgemeinen Regelungen. Liegen die Voraussetzungen für eine vorzeitige Kündigung zum Ende der Schutzfrist nach § 10 MuSchG neben denen des § 19 vor, hat die ArbN die Wahl, von welchem Recht sie Gebrauch macht. 8

IV. Rechtsfolgen der Sonderkündigung. Die Kündigung nach § 19 führt zur Beendigung des Arbeitsverhältnisses. Eine besondere Rechtsposition für den Fall der Wiedereinstellung, wie sie durch § 10 MuSchG bei einer Kündigung während der Schwangerschaft und während der Schutzfrist nach der Entbindung gewährleistet wird, räumt § 19 nicht ein. Ob und inwieweit die Eigenkündigung während der Elternzeit Rückzahlungsansprüche des ArbGeb (zB Gratifikationen, Fort- und Weiterbildungskosten) auslöst, bestimmt sich nach den hierzu getroffenen Vereinbarungen. § 19 steht einer Rückzahlungspflicht nicht entgegen. 9

20 *Zur Berufsbildung Beschäftigte, in Heimarbeit Beschäftigte*

(1) Die zu ihrer Berufsbildung Beschäftigten gelten als Arbeitnehmer oder Arbeitnehmerinnen im Sinne dieses Gesetzes. Die Elternzeit wird auf Berufsbildungszeiten nicht angerechnet.

(2) Anspruch auf Elternzeit haben auch die in Heimarbeit Beschäftigten und die ihnen Gleichgestellten (§ 1 Abs. 1 und 2 des Heimarbeitsgesetzes), soweit sie am Stück mitarbeiten. Für sie tritt an die Stelle des Arbeitgebers der Auftraggeber oder Zwischenmeister und an die Stelle des Arbeitsverhältnisses das Beschäftigungsverhältnis.

I. Zur Berufsbildung Beschäftigte. Voraussetzung für den Anspruch auf Elternzeit nach §§ 15 ff. ist die Beschäftigung als ArbN. Durch Abs. 1 gelten im Rahmen dieser Regelungen zur Elternzeit auch die zur Berufsbildung Beschäftigten als ArbN. Dabei kann offen bleiben, ob es sich hierbei um eine Erweiterung oder eine Klarstellung in Bezug auf den Kreis der Anspruchsberechtigten handelt[3]. Vergleichbar mit der Begriffsbestimmung in § 5 I BetrVG (vgl. § 5 BetrVG Rz. 2 ff.) wird jeder einbezogen, der sich in Berufsbildung, Fortbildung und Umschulung befindet[4], ebenso Volontäre, Anlernlinge und Praktikanten, soweit ihr Praktikum nicht zum obligatorischen Fach- oder Hochschulstudium gehört[5]. Zur Berufsbildung 1

1 Ebenso APS/*Rolfs*, § 19 BErzGG Rz. 4; *Vossen* in Stahlhacke/Preis/Vossen, Rz. 1452. | 2 KR/*Etzel*, § 19 BErzGG Rz. 13. | 3 *Buchner/Becker*, § 20 BErzGG Rz. 1. | 4 BAG v. 24.2.1999 – 5 AZR 10/98, DB 1999, 1019. | 5 BAG v. 30.10.1991 – 7 ABR 11/91, NZA 1992, 808 (809).

Beschäftigte sind auch Jugendliche, die im Rahmen einer überbetrieblichen Ausbildung tätig sind[1]. Das Ausbildungsverhältnis muss privatrechtl. Natur sein[2]. Daher werden Personen ausgeschlossen, die in einer Ausbildung im Rahmen eines öffentl.-rechtl. Dienstverhältnisses stehen (§ 3 BBiG).

2 Eine Anrechnung der Elternzeit auf die Berufsbildungszeit erfolgt nicht. Diese verlängert sich entsprechend. Dies gilt selbst dann, wenn während der Elternzeit Teilzeitarbeit geleistet wird. Damit soll eine Beendigung der Berufsbildung während der Elternzeit vermieden werden. Kann das Ausbildungsziel ohne Verlängerung erreicht werden und kann auch die Zulassung zur Abschlussprüfung (§ 45 BBiG) vorzeitig erfolgen, steht § 20 einer Kürzung der Berufsbildung nicht im Wege. Dies gilt auch für einen teilzeitbeschäftigten Auszubildenden. Hier muss aber anhand von Ausbildungsplänen die Qualität einer Bildung im Teilzeitverhältnis nachgewiesen werden können[3].

3 Die im Gesetz vorgesehene Verlängerung der Ausbildungszeit auf Grund der Elternzeit ist nicht dispositiv. Einschränkende Vereinbarungen sind unzulässig[4]. Leistungen, die dem Berechtigten auf Grund seines Berufsbildungsverhältnisses bis zu einem bestimmten Lebensalter geleistet werden (wie zB Halbwaisenrente), können auf Grund Inanspruchnahme von Elternzeit nicht gekürzt werden, da es hierbei nicht auf eine tatsächliche Unterbrechung der Ausbildung ankommt[5].

4 **II. In Heimarbeit Beschäftigte und Gleichgestellte.** Heimarbeiter und ihnen Gleichgestellte gelten mangels persönlicher Abhängigkeit nicht als ArbN. Sie sind jedoch wegen der wirtschaftl. Abhängigkeit im gleichen Maße schutzbedürftig. Nach Abs. 2 haben sie daher einen Anspruch auf Elternzeit, soweit sie am Stück mitarbeiten. Der in Heimarbeit Beschäftigte muss also in Elternzeit von seinem Auftraggeber oder Zwischenmeister keine Aufträge entgegennehmen. Aus der Ablehnung von Aufträgen darf ihm kein Nachteil erwachsen. §§ 15 ff. gelten also entsprechend, wobei an die Stelle des ArbGeb der Auftraggeber oder Zwischenmeister und an die Stelle des Arbeitsverhältnisses das Beschäftigungsverhältnis tritt. Da in Heimarbeit Beschäftigte aber idR ohnehin die Erziehung der Kinder wahrnehmen, ist die Bedeutung der Vorschrift in der Praxis eher gering.

21 *Befristete Arbeitsverträge*

(1) Ein sachlicher Grund, der die Befristung eines Arbeitsverhältnisses rechtfertigt, liegt vor, wenn ein Arbeitnehmer oder eine Arbeitnehmerin zur Vertretung eines anderen Arbeitnehmers oder einer anderen Arbeitnehmerin für die Dauer eines Beschäftigungsverbotes nach dem Mutterschutzgesetz, einer Elternzeit, einer auf Tarifvertrag, Betriebsvereinbarung oder einzelvertraglicher Vereinbarung beruhenden Arbeitsfreistellung zur Betreuung eines Kindes oder für diese Zeiten zusammen oder für Teile davon eingestellt wird.

(2) Über die Dauer der Vertretung nach Absatz 1 hinaus ist die Befristung für notwendige Zeiten einer Einarbeitung zulässig.

(3) Die Dauer der Befristung des Arbeitsvertrags muss kalendermäßig bestimmt oder bestimmbar oder den in den Absätzen 1 und 2 genannten Zwecken zu entnehmen sein.

(4) Der Arbeitgeber kann den befristeten Arbeitsvertrag unter Einhaltung einer Frist von mindestens drei Wochen, jedoch frühestens zum Ende der Elternzeit, kündigen, wenn die Elternzeit ohne Zustimmung des Arbeitgebers vorzeitig endet und der Arbeitnehmer oder die Arbeitnehmerin die vorzeitige Beendigung der Elternzeit mitgeteilt hat. Satz 1 gilt entsprechend, wenn der Arbeitgeber die vorzeitige Beendigung der Elternzeit in den Fällen des § 16 Abs. 3 Satz 2 nicht ablehnen darf.

(5) Das Kündigungsschutzgesetz ist im Falle des Absatzes 4 nicht anzuwenden.

(6) Absatz 4 gilt nicht, soweit seine Anwendung vertraglich ausgeschlossen ist.

(7) Wird im Rahmen arbeitsrechtlicher Gesetze oder Verordnungen auf die Zahl der beschäftigten Arbeitnehmer und Arbeitnehmerinnen abgestellt, so sind bei der Ermittlung dieser Zahl Arbeitnehmer und Arbeitnehmerinnen, die sich in der Elternzeit befinden oder zur Betreuung eines Kindes freigestellt sind, nicht mitzuzählen, solange für sie aufgrund von Absatz 1 ein Vertreter oder eine Vertreterin eingestellt ist. Dies gilt nicht, wenn der Vertreter oder die Vertreterin nicht mitzuzählen ist. Die Sätze 1 und 2 gelten entsprechend, wenn im Rahmen arbeitsrechtlicher Gesetze oder Verordnungen auf die Zahl der Arbeitsplätze abgestellt wird.

1 **I. Sachlicher Grund für die Befristung.** Soweit Abs. 1 sachliche Gründe benennt, bei deren Vorliegen ArbN befristet zur Vertretung eingestellt werden können, ist dies mit Blick auf § 14 I Nr. 3 TzBfG überflüssig. Die Regelung hätte mit Inkrafttreten des TzBfG gestrichen werden können. Da nach der Prognose des ArbGeb an der Arbeitskraft des Vertreters von vornherein nur ein vorübergehender, zeitlich durch die Rückkehr des Vertretenen begrenzter Bedarf besteht, ist die Befristung des Arbeitsvertrags

---

1 BAG v. 26.1.1994 – 7 ABR 13/92, DB 1994, 1371 (1372); v. 24.2.1999 – 5 AZB 10/98, DB 1999, 1019 (1020). | 2 *Meisel/Sowka*, § 20 BErzGG Rz. 3. | 3 *Buchner/Becker*, § 20 BErzGG Rz. 5; aA *Meisel/Sowka*, § 20 BErzGG Rz. 6. | 4 *Meisel/Sowka*, § 20 BErzGG Rz. 6. | 5 Vgl. BSG v. 29.4.1997 – 5 RJ 84/95, BSGE 80, 205.

zur Vertretung eines anderen ArbN ohne Rücksicht auf den Grund für den Ausfall des vertretenen ArbN stets ein sachlicher Grund[1]. Eine Prognose darüber, dass der vertretene ArbN seine Tätigkeit zum Zeitpunkt der Beendigung des befristeten Arbeitsvertrags wieder aufnehmen wird, ist nicht erforderlich. Die Prognose muss sich auch nicht darauf erstrecken, ob der zu vertretende ArbN seine Tätigkeit in vollem Umfang wieder aufnehmen wird (vgl. Rz. 9). Losgelöst davon ist es trotz § 21 statthaft, ArbN unter den in § 14 II TzBfG genannten Voraussetzungen auch ohne sachlichen Grund als Vertreter befristet zu beschäftigen. Genügt der 24-Monats-Zeitraum nicht, weil die Elternzeit für 3 Jahre oder für ein weiteres Kind in Anspruch genommen wird, kann nach Ablauf der 24-Monats-Frist eine Befristung aus sachlichem Grund (§§ 14 I TzBfG, 21 BEEG) vereinbart werden.

Von Abs. 1 kann auch zur wiederholten Befristung eines Arbeitsvertrags Gebrauch gemacht werden. 2
Es genügt, wenn ArbGeb zum Zeitpunkt der Befristung annehmen durfte, der zu vertretende ArbN werde seine Arbeit wieder aufnehmen[2]. Unzureichend wäre, wenn der ArbN dauerhaft zur generellen Vertretung bei solchen Fehlzeiten beschäftigt wird[3].

Wichtig ist, dass die allgemeinen Regelungen des TzBfG neben § 21 anwendbar sind. Damit bedarf 3
zwar die Befristung der Schriftform (§ 14 IV TzBfG). Der sachliche Grund muss aber – wenn nicht durch TV ein Zitiergebot geschaffen wird – in der Vereinbarung selbst nicht genannt werden. Es genügt, dass er bei Vertragsschluss tatsächlich gegeben war[4]. Wenn die Vertragsdauer als Zweckbefristung festgelegt wird, muss der Vertragszweck indes schriftlich vereinbart werden[5].

Liegt der in Abs. 1 genannte Grund für die Befristung des Arbeitsverhältnisses zum Zeitpunkt der 4
Vereinbarung nicht vor, ist die Befristung unwirksam. Da der sachliche Grund der Vertretung an die Prognose der Rückkehr des Vertretenen und den damit verbundenen Wegfall des Bedarfs für die Beschäftigung des Vertreters geknüpft ist[6], fehlt idR ein sachlicher Grund für die Befristung des Arbeitsverhältnisses, wenn nicht zu erwarten ist, dass das Arbeitsverhältnis nach Ablauf der Ausfallzeit fortgesetzt wird. In diesem Fall könnte die Befristung nur mit anderen Gründen gerechtfertigt werden. Beispiel: Vorübergehende Mehrarbeit, fehlende Qualifizierung des Vertreters für Dauerbesetzung[7], fehlende Haushaltsmittel für eine längere Beschäftigung[8]. Andernfalls gilt der Arbeitsvertrag mit dem Vertreter als auf unbestimmte Zeit geschlossen und kann vom ArbGeb frühestens zum vereinbarten Ende ordentlich gekündigt werden, sofern keine frühere Kündbarkeit vereinbart wurde (§ 16 TzBfG).

Fällt der Grund für die Befristung des Arbeitsverhältnisses nach Vertragsabschluss weg (zB überra- 5
schende Eigenkündigung des ArbN in Elternzeit), bleibt die Befristung wirksam. Entsprechendes gilt, wenn der ArbN in Elternzeit eine Verlängerung verlangt oder sein Ausfall durch eine weitere Elternzeit oder andere Fehlzeiten (zB Mutterschutzfristen, krankheitsbedingte Arbeitsunfähigkeit) im Anschluss an die erste Elternzeit verlängert wird. Kehrt der Vertretene wegen einer Eigenkündigung zum Ende der Elternzeit nicht zurück, bleibt es bei der Beendigung des Arbeitsvertrags des Vertreters durch die Befristung[9]. Ein Anspruch des Vertreters auf Fortsetzung des Arbeitsverhältnisses besteht nicht[10].

II. Unmittelbare bzw. mittelbare Vertretung. Der Vertreter kann mit der Tätigkeit des durch eine Fehl- 6
zeit iSd. Abs. 1 ausgefallenen ArbN (unmittelbare Vertretung) oder mit der Tätigkeit eines anderen ArbN, der seinerseits zur Vertretung des ausgefallenen ArbN eingesetzt wird (mittelbare Vertretung), beschäftigt werden. Die Befristung ist in beiden Fällen wirksam[11]. Wenn die Befristung bei der mittelbaren Vertretung mit dem Ausfall des ArbN in Elternzeit begründet wird, muss der ArbGeb indes darlegen, dass die Vertretungskraft gerade wegen des durch den zeitweiligen Ausfall des zu vertretenden Mitarbeiters entstandenen vorübergehenden Beschäftigungsbedarfs eingestellt wurde[12]. Sollen etwaige Schwierigkeiten der Darlegung einer solchen Kausalkette vermieden werden, muss die befristete Einstellung unmittelbar durch den zeitweiligen Ausfall des ArbN begründet werden, der zur Vertretung des durch eine Fehlzeit iSd. Abs. 1 ausgefallenen ArbN eingesetzt wird.

III. Bestimmtheitserfordernis. Bei einer Befristung nach § 21 muss die Dauer des Arbeitsverhältnisses 7
kalendermäßig bestimmt oder bestimmbar oder den in den Abs. 1 und 2 genannten Zwecken zu entnehmen sein (§ 21 III). Einerseits soll den Parteien dadurch frühzeitig Klarheit über das Vertragsende verschafft werden. Andererseits wird der Tatsache Rechnung getragen, dass zB bei Beginn der Mutterschutzfristen noch unklar ist, ob und wie lange (ggf. unter Einbindung der Elternzeit) Vertretungsbedarf

1 BAG v. 23.1.2002 – 7 AZR 440/00, DB 2002, 1274; v. 5.6.2002 – 7 AZR 201/01, DB 2002, 2272; v. 4.6.2003 – 7 AZR 406/02, BB 2003, 1683 (1684). | 2 BAG v. 13.10.2004 – 7 AZR 654/03, NZA 2005, 469 (471). | 3 BAG v. 3.10.1984 – 7 AZR 192/83, DB 1985, 2152 (2153); LAG Hessen v. 16.9.1999 – 12 Sa 2034/98, NZA-RR 2000, 293 (294). | 4 BAG v. 5.6.2002 – 7 AZR 241/01, DB 2002, 2166 (2167); v. 1.12.2004 – 7 AZR 198/04, NJW 2005, 2333 (2335). | 5 BAG v. 21.12.2005 – 7 AZR 541/04, nv. | 6 BAG v. 6.12.2000 – 7 AZR 262/99, DB 2001, 870; v. 21.2.2001 – 7 AZR 107/00, DB 2001, 2099. | 7 BAG v. 5.6.2002 – 7 AZR 201/01, DB 2002, 2272. | 8 BAG v. 15.8.2001 – 7 AZR 263/00, NZA 2002, 85 (86); v. 23.1.2002 – 7 AZR 461/00, NZA 2002, 871. | 9 LAG Nürnberg v. 2.8.2007 – 5 Sa 564/06, BB 2007, 2076. | 10 Vgl. BAG v. 20.2.2002 – 7 AZR 600/00, NZA 2002, 896 (897); *Elz*, Der Wiedereinstellungsanspruch, 2002, S. 96 ff. | 11 BAG v. 21.2.2001 – 7 AZR 107/00, DB 2001, 2099; v. 13.10.2004 – 7 AZR 654/03, NZA 2005, 469 (471). | 12 BAG v. 21.2.2001 – 7 AZR 107/00, DB 2001, 2099; v. 10.3.2004 – 7 AZR 402/03, DB 2004, 1434 (1436); v. 25.8.2004 – 7 AZR 32/04, NZA 2005, 472, 473.

gegeben ist. Werden diese Formerfordernisse nicht beachtet, ist die Befristung zwar unwirksam. Analog § 16 II TzBfG wird man allerdings von einer ordentl. Kündbarkeit des Vertrags ausgehen können[1].

8 Wird an Stelle der Zweckbefristung, was statthaft ist, eine auflösende Bedingung vereinbart, muss der Eintritt der Bedingung Auswirkungen auf den Beschäftigungsbedarf haben. Dies ist nicht der Fall, wenn der befristete Arbeitsvertrag mit Ausscheiden des Vertreters enden soll[2]. Darüber hinaus muss die Möglichkeit des Bedingungseintritts sichergestellt werden. Unklar ist, auf einen „Wegfall des Bedarfs" abzustellen[3]. Wird zB „die Rückkehr" des vertretenen ArbN als Bedingung gewählt, besteht der Vertrag unbefristet fort, wenn eine Rückkehr zB wegen Beendigung des Arbeitsverhältnisses nicht mehr zu erwarten ist[4]. Vorsorglich können Zeit- und Zweckbefristung verbunden werden. In diesem Fall endet der Vertrag idR mit Zweckerfüllung, spätestens mit Ablauf des vereinbarten Datums.

9 **IV. Befristungsdauer.** Die Befristung zur Vertretung kann höchstens für die Dauer der Fehlzeit des vertretenen ArbN zuzüglich einer erforderlichen Einarbeitungszeit gewählt werden (Abs. 2). Dabei kann die Befristung auch für einen Teil der Fehlzeit nach Abs. 1 vereinbart werden. Da ArbGeb frei darüber entscheiden kann, ob und ggf. für welche Zeit er eine Vertretungskraft beschäftigt, kann auch eine kürzere Befristung erfolgen. Ein sachlicher Grund zur Begründung der Befristungsdauer ist nicht erforderlich[5].

10 Soweit eine Zweckbefristung erfolgt ist oder eine auflösende Bedingung vereinbart wurde, endet der Vertrag erst zwei Wochen nach Zugang einer schriftl. Mitteilung des ArbGeb über die Zweckerfüllung bzw. den Bedingungseintritt (§ 15 II TzBfG). Gegenteilige Vereinbarungen sind unwirksam[6].

11 Arbeitet der ArbN nach Fristende mit Wissen des ArbGeb bzw. eines zum Abschluss von Arbeitsverträgen berechtigten Vertreters weiter, ohne dass ein unverzüglicher Widerspruch erfolgt, wandelt sich das befristete Arbeitsverhältnis nach § 625 BGB in ein unbefristetes um[7]. Ein Widerspruch ist konkludent im Angebot auf einen neuen befristeten Arbeitsvertrag enthalten[8].

12 **V. Mitbestimmung des Betriebs- und Personalrats.** Die Einstellung eines Vertreters bedarf der Zustimmung des BR (§ 99 BetrVG) bzw. des PersR (§ 75 BPersVG). Diese Zustimmung ist auch für den Fall einer Verlängerung der Befristung notwendig[9]. Fehlt eine solche Zustimmung, ist der Arbeitsvertrag wirksam, aber eine tatsächliche Beschäftigung ausgeschlossen[10]. Die Befristung selbst wird von § 99 BetrVG nicht erfasst. Allerdings ist eine Zustimmung des PersR notwendig (vgl. § 75 BPersVG). Ohne Zustimmung ist die Befristung unwirksam mit der Folge, dass ein unbefristeter Arbeitsvertrag besteht[11].

13 **VI. Sonderkündigungsrecht des Arbeitgebers.** Haben ArbGeb und Vertreter keine Möglichkeit einer ordentl. Kündigung des Arbeitsverhältnisses vereinbart, ist eine Kündigung beiderseits grds. nur aus wichtigem Grund (§ 626 BGB) zulässig (§ 15 III TzBfG). Abweichend hiervon ist eine Kündigung des ArbGeb indes mit einer Frist von drei Wochen, frühestens jedoch zum Ende der Elternzeit des vertretenen ArbN zulässig, wenn die Elternzeit ohne Zustimmung des ArbGeb vorzeitig endet und der ArbN die vorzeitige Beendigung seiner Elternzeit mitgeteilt hat (Abs. 4 S. 1). Dies gilt entsprechend, wenn der ArbGeb die vorzeitige Beendigung der Elternzeit wegen der Geburt eines weiteren Kindes oder wegen eines besonderen Härtefalls (§ 1 V) nicht ablehnen darf (Abs. 4 S. 2). Bei einer solchen Kündigung findet das KSchG keine Anwendung, es sei denn, seine Anwendbarkeit ist auch für diesen Fall vereinbart worden (Abs. 5, 6). Anderweitiger Kündigungsschutz (zB § 15 KSchG, § 9 MuSchG, §§ 85 ff. SGB IX) findet dagegen weiterhin Anwendung[12]. Eine besondere Kündigungsmöglichkeit für den Fall der beabsichtigten Rückkehr des ArbN in Elternzeit zur Aufnahme einer Teilzeitbeschäftigung sieht § 21 nicht vor. In diesem Fall stellt die befristete Einstellung der Vertretungskraft indes einen dringenden betrieblichen Grund zur Ablehnung des Teilzeitverlangens dar[13].

14 Das Sonderkündigungsrecht des ArbGeb aus Abs. 4 kann vertragl., auch durch TV, ausgeschlossen werden[14]. Allerdings muss die Vereinbarung erkennen lassen, dass der Verzicht nicht nur die ordentliche Kündigung, sondern auch das Sonderkündigungsrecht nach Abs. 4 erfasst[15].

15 **VII. Auswirkungen auf die Berechnung der Betriebsgröße.** Kommt es für die Anwendbarkeit einer Vorschrift auf die Betriebsgröße an, sind ArbN, die sich in Mutterschutz bzw. Elternzeit befinden oder

1 Ebenso *Boewer*, § 16 TzBfG Rz. 10; abw. noch BAG v. 26.3.1986 – 7 AZR 599/84, DB 1987, 1257 (1258), das vor dem Inkrafttreten des TzBfG eine Beendigung mit Auslauffrist entsprechend der Mindestkündigungsfrist angenommen hatte. | 2 BAG v. 5.6.2002 – 7 AZR 201/01, DB 2002, 2272. | 3 LAG Nürnberg v. 2.8.2007 – 5 Sa 564/06, BB 2007, 2076. | 4 BAG v. 26.6.1996 – 7 AZR 674/95, DB 1996, 2289 (2290). | 5 BAG v. 6.12.2000 – 7 AZR 262/99, DB 2001, 870; v. 13.10.2004 – 7 AZR 654/03, NZA 2005, 469 (471); aA LAG Hamburg v. 4.9.2000 – 5 Sa 17/00, AuR 2001, 111. | 6 *Bauer*, NZA 2000, 1039 (1042); *Meinel/Heyn/Herms*, § 15 TzBfG Rz. 16. | 7 BAG v. 20.2.2002 – 7 AZR 662/00, EzA § 625 BGB Nr. 5. | 8 *Hönsch*, Elternzeit und Erziehungsgeld, Rz. 454. | 9 BAG v. 8.7.1998 – 7 AZR 308/97, NZA 1998, 1296. | 10 BAG v. 2.7.1980 – 5 AZR 1241/79, EzA § 99 BetrVG 1972 Nr. 28. | 11 BAG v. 20.2.2002 – 7 AZR 707/00, ArbRB 2002, 229 (*B. Gaul/Kühnreich*); LAG BW v. 5.7.2000 – 12 Sa 89/99, nv. | 12 *Glatzel*, AR-Blattei SD 656 Rz. 212. | 13 BAG v. 19.4.2005 – 9 AZR 233/04, BB 2006, 553 (557). | 14 ErfK/*Müller-Glöge*, § 21 BErzGG Rz. 12. | 15 *Bruns*, BB 2008, 386 (387).

zur Betreuung eines Kindes freigestellt wurden, nicht mitzuzählen, wenn für sie ein Vertreter eingestellt ist. Dies gilt auch bei unbefristeter Vertretung, solange der Vertretungsbedarf besteht. Der ausgefallene ArbN wird nur dann einbezogen, wenn bereits der Vertreter nicht mitzuzählen ist. Entsprechendes gilt für Vorschriften, in denen auf die Zahl von Arbeitsplätzen hingewiesen wird (§ 21 VII). Beispiel: §§ 1, 9, 95, 99, 106, 110, 111 BetrVG; §§ 17, 23 KSchG. Dadurch soll verhindert werden, dass der vorübergehend mit einem Vertreter besetzte Arbeitsplatz doppelt gezählt wird und Vorschriften anwendbar werden, die ohne die Einstellung einer Vertretung nicht einschlägig wären.

VIII. Prozessuales. Will der Vertreter geltend machen, dass die Befristung unwirksam ist, muss er gem. 16
§ 17 TzBfG grds. binnen drei Wochen nach dem vereinbarten Ende des befristeten Arbeitsvertrags beim ArbG Klage erheben. Bei mehrfacher Befristung gilt dies für jede einzelne Frist. Wird sie für vorangehende Befristungen nicht gewahrt, kann nur noch die Befristung des letzten Vertrags auf ihre Wirksamkeit geprüft werden[1]. Darlegungs- und beweispflichtig für das Vorliegen des vorübergehenden Bedarfs für die Beschäftigung eines Vertreters ist der ArbGeb[2]. Dagegen spricht, wenn der zu vertretende Mitarbeiter in Teilzeit tätig war, der Vertreter selbst aber als Vollzeitkraft eingestellt wird[3].

1 BAG v. 5.6.2002 – 7 AZR 205/01, DB 2002, 2385; v. 25.8.2004 – 7 AZR 7/04, DB 2005, 502. | 2 Vgl. BAG v. 5.6.2002 – 7 AZR 205/01, DB 2002, 2385; LAG Thür. v. 8.12.1999 – 6 Sa 609/98, nv. | 3 BAG v. 13.10.2004 – 7 AZR 654/03, NZA 2005, 469 (471).

Gesetz zur Verbesserung der betrieblichen Altersversorgung (Betriebsrentengesetz – BetrAVG)

vom 19.12.1974 (BGBl. I S. 3610), zuletzt geändert durch Gesetz vom 10.12.2007 (BGBl. I S. 2838)

Vorbemerkungen

I. Motive des Gesetzgebers. Die Altersversorgung beruht in Deutschland auf drei „Säulen“: Die erste Säule umfasst die Regelsicherung des Lebensstandards durch die Pflichtgemeinschaft der gesetzl. Versicherten. Zweite Säule ist die betrAV zur Aufstockung dieser Grundsicherung. Als dritte Säule dient die eigenverantwortl. Ergänzung der Grundsicherung und der betrAV durch die private Eigenvorsorge. 1

Die Sicherung des beruflichen Ruhestands ist von so gravierender Bedeutung, dass deren Übertragung auf einen einzelnen Versorgungsträger als nicht sachgerecht erscheint. Es ist daher Sache des Sozialstaates, dort Ordnungspolitik zu betreiben, wo der Einzelne überfordert wäre. Demgegenüber verbieten es Grundsätze der freien Marktwirtschaft, dass der Staat Regelungen trifft, die keinen Raum mehr für privatwirtschaftl. und einzelverantwortliche Vorsorge lassen. Als zweite Säule nimmt die betrAV damit in unserem Alterssicherungssystem einen angemessenen Platz ein[1].

II. Historische Entwicklung. Die Eckpunkte der historischen Entwicklung in der Gesetzgebung zur betrAV stellen insb. das „Gesetz zur Verbesserung der betrieblichen Altersversorgung“ (BetrAVG)[2], das Altersvermögensgesetz (AVmG) und das Alterseinkünftegesetz[3] dar. Hinsichtlich der Umsetzung europarechtl. Vorgaben kommt aber auch dem Rentenreformgesetz 1999 (RRG) besondere Bedeutung zu. 2

1. Inkrafttreten des „Gesetzes zur Verbesserung der betrieblichen Altersversorgung“. Am 22.12.1974 trat das Gesetz zur Verbesserung der betrieblichen Altersversorgung (BetrAVG) mit seinen wesentlichen Teilen auf dem Gebiet der alten Bundesrepublik in Kraft. Der Gesetzgeber sah die Notwendigkeit, die betrAV als wichtige Ergänzung der sozialen Sicherung für die begünstigten ArbN sicherer und wirkungsvoller zu gestalten[4]. Die betrAV war bis dahin – abgesehen vom Steuer- und vom Betriebsverfassungsrecht – nicht gesetzl. geregelt, sondern hatte sich auf der Basis der Privatautonomie entwickelt. 3

Für die neuen Bundesländer gelten die Regelungen des BetrAVG seit dem 1.1.1992. 4

2. Verabschiedung des Rentenreformgesetzes 1999 (RRG). Das BetrAVG blieb lange Zeit fast unverändert. Eine wesentliche Novellierung erfolgte dann aber im Dezember 1997 mit der Verabschiedung des Rentenreformgesetzes 1999 (RRG), welches das BetrAVG erheblich modifizierte und ergänzte[5]. Mit der Novellierung erfüllte der Gesetzgeber ua. die Vorgaben aus der Barber-Rspr. des EuGH und der diese umsetzenden RL 96/97/EG durch Einfügen des neuen § 30a. In der Barber-Entscheidung[6] erklärte der EuGH unterschiedliche Altersgrenzen und unterschiedliche Versorgungsleistungen in Abhängigkeit vom Geschlecht für mit dem Europarecht nicht vereinbar. Hieraus wird die zunehmende Bedeutung der Rspr. des EuGH zu Art. 119 EGV für die betrAV – insb. zu § 6 – in Deutschland deutlich[7]. 5

3. Auswirkungen des Altersvermögensgesetzes (AVmG) auf das BetrAVG. Wegen der rückläufigen Geburtenzahlen und der steigenden Lebenserwartung kam es schon zwei Jahre später zu einer weiteren Reform. Um einer drohenden Steigerung des Beitragssatzes zur gesetzl. RV bis zu 26 % entgegenzuwirken, hielt der Gesetzgeber den eigenverantwortlichen Aufbau einer kapitalgedeckten Altersvorsorge zur gesetzl. Sicherung des Lebensstandards im Alter für unerlässlich[8]. 6

Das AVmG ist am 26.6.2001 in Kraft getreten. Es bietet den in der gesetzl. RV pflichtversicherten Mitgliedern einen Anreiz zur Kompensation der Leistungskürzungen bei der staatlichen Rente. Das AVmG sieht deshalb ua. eine Förderung der privaten und der betrAV vor. Es soll dafür sorgen, dass das Versorgungsniveau bei einem Beitragssatz von 22 % im Jahr 2030 langfristig gesichert ist. 7

Mit dem AVmG ist der bis dahin geltende Grundsatz, dass es jedem ArbGeb freisteht, eine betrAV einzuführen, eingeschränkt worden. Der ArbN hat nunmehr einen Anspruch auf betrAV. Dieser Anspruch ist allerdings nur im Wege der Entgeltumwandlung durchsetzbar[9]. 8

1 *Ahrend*, BB 1994, 1225 ff.; zust. *Andresen/Förster/Rößler/Rühmann*, Teil 4 B Rz. 1 ff. | 2 Gesetz v. 19.12.1974 (BGBl. I, S. 3610), nach Reformierung durch das Alterseinkünftegesetz (BGBl. I 2004, S. 1427) trägt das Gesetz nun die offizielle Bezeichnung Betriebsrentengesetz. | 3 Gesetz v. 5.7.2004, BGBl. I S. 1427. | 4 BT-Drs. v. 26.11.1973, 7/1281, S. 1 ff. | 5 Gesetz zur Reform der gesetzlichen Rentenversicherung (Rentenreformgesetz 1999 – RRG 1999) v. 11.12.1997, Art. 8, BGBl. I 1997, S. 2998 (3025). | 6 EuGH v. 17.5.1990 – Rs. C-262/88 (Barber), DB 1990, 1824. | 7 *Blomeyer*, NZA 1995, 49 ff.; *Kollatz*, NJW 1996, 1658 f.; *Andresen/Förster/Rößler/Rühmann*, Teil 4 C Rz. 10 mzwN. | 8 Gesetz zur Reform der gesetzlichen Rentenversicherung und zur Förderung eines kapitalgedeckten Altersvermögens (Altersvermögensgesetz – AVmG) v. 26.6.2001, BGBl. I 2001, S. 1310. | 9 *Ahrend/Förster/Rühmann*, Einf. Rz. 2 ff.

9 Ergänzt wurden die neuen Regelungen durch das Gesetz zur Einführung einer Kapitalgedeckten Hüttenknappschaftlichen Zusatzversicherung und zur Änderung anderer Gesetze (HZvNG)[1]. Das BetrAVG schützt damit auch die mittels Eigenbeiträgen finanzierte kapitalgedeckte Alterversorgung, soweit der ArbGeb dies in seinem Versorgungsversprechen vorsieht (vgl. § 1 Rz. 9 f.).

10 **4. Alterseinkünftegesetz.** Mit Gesetz vom 5.7.2004 wurden die Rahmenbedingungen für die betrAV abermals erheblich verändert. Kernpunkt ist die in § 4 geschaffene Möglichkeit, alle im Verlauf eines Berufslebens erworbenen Anwartschaften bei einem ArbGeb zu konzentrieren (sog. Portabilität). Verbunden damit ist eine erhebliche Einschränkung der Möglichkeiten, Versorgungsrechte abzufinden (vgl. Komm. zu §§ 3 und 4). Weitere kleinere Änderungen wurden durch nachfolgende Gesetze vorgenommen, so mit Gesetzen vom 2.12.2006, 20.4.2007 und 10.12.2007[2].

11 **III. Anwendungsbereich des BetrAVG. 1. Sachlicher Anwendungsbereich.** Das BetrAVG gilt nur dann, wenn Leistungen der betrAV zugesagt werden. Dies sind nach der gesetzl. Formulierung Leistungen der Alters-, Invaliditäts- oder Hinterbliebenenversorgung, die einem ArbN oder einer arbeitnehmerähnl. Person aus Anlass ihres Arbeits- oder Dienstverhältnisses zugesagt worden sind. Der Begriff der betrAV ist geprägt durch den in Rspr. und Schrifttum gebräuchlichen Bedeutungsinhalt[3]. Zweck der betrAV ist die Ergänzung der gesetzl. und privaten Vorsorge durch Leistungen des ArbGeb. Von der Abgeltung unmittelbarer Arbeit unterscheidet sich die betrAV dadurch, dass sie als auf den Eintritt eines Versorgungsfalles bezogene zukünftige Sozialleistung ausgestaltet ist[4]. Wesentliches Kriterium ist, dass die Versorgungsleistungen jeweils an ein biologisches Ereignis anknüpfen, etwa Tod, Invalidität oder Erreichen einer festen Altersgrenze. Auf das Motiv für die Zusage kommt es dabei nicht an[5].

12 IdR werden Geldleistungen in Form laufender Renten oder Kapitalzahlungen geschuldet. Auch Nutzungsrechte oder Sachleistungen können den Charakter einer betrAV haben[6]. Das soll auch für einen verbilligten Strombezug gelten, der sowohl aktiven ArbN als auch Betriebsrentnern gewährt wird, nicht aber für Beihilfen im Krankheitsfall, weil sie nicht von einem biometrischen Risiko abhängen würden[7]. Die Differenzierung erscheint willkürlich, weil darauf abzustellen ist, weshalb auch nach Eintritt des Versorgungsfalls die Beihilfe, die sonst nur Aktive erhalten, weiter gewährt wird. Grund hierfür kann nur sein, dass sie Teil der durch den altersbedingten Austritt aus dem Erwerbsleben zugesagten Versorgung ist. Anderenfalls könnte auch der Strombezug nicht Versorgungscharakter haben, weil der entsprechende Bedarf nach verbilligter Energie vom Eintritt biometrischer Risiken ebenfalls unabhängig ist.

13 Zu den Leistungen der betrAV gehören nicht sog. Übergangsgelder. Sie dienen der Überbrückung der Zeitspanne zwischen dem Ausscheiden aus einem Betrieb und dem Einsetzen von Altersversorgungsleistungen[8]. Das gilt auch dann, wenn sie als Ruhegeld bezeichnet und erst ab Vollendung des 60. Lebensjahres (LJ) gezahlt werden[9]. Das Gesetz selbst kennt keine Altersgrenze, von deren Erreichen an frühestens von Altersleistungen gesprochen werden kann. Altersgrenzen von 60 Jahren sind grds. zulässig[10]. Leistungen, die vor Vollendung des 60. LJ einsetzen, wird man regelmäßig nicht als solche der betrAV verstehen können. Allenfalls für besondere Berufsgruppen könnten Ausnahmen erwogen werden[11].

14 Leistungen, die nicht durch den Eintritt eines biologischen Ereignisses ausgelöst werden, unterfallen nicht dem BetrAVG. Dazu gehören Jubiläumszahlungen, Tantiemen, Kündigungsabfindungen, Karenzentschädigungen bei Wettbewerbsverboten etc.[12]

15 Gegen eine betrAV soll ferner sprechen, wenn das Unternehmen lediglich den tätigen Gesellschaftern Zusagen gemacht hat[13]. Dies gilt auch dann, wenn die den Gesellschafter-Geschäftsführern erteilte Zusage auf Altersversorgung im Verhältnis zu der ihnen gewährten Tätigkeitsvergütung sowie in der rechtl. und tatsächl. Ausgestaltung wesentlich von Zusagen abweicht, wie sie Dritten – insb. sonstigen Geschäftsführern und leitenden Angestellten – erteilt worden sind[14]. In gleicher Weise ist auch zu prüfen, inwieweit familiäre Beziehungen Anlass für das Versorgungsversprechen waren; verfügen familienfremde Mitarbeiter in vergleichbarer Position nicht über eine Versorgungszusage, so ist dies ein Indiz dafür, dass es sich nicht um betriebl. Ruhegeldleistungen handelt[15].

16 **2. Persönlicher Anwendungsbereich.** Das BetrAVG dient dem ArbN-Schutz. Nach § 17 I 2 gilt es aber auch für sog. arbeitnehmerähnliche Personen, soweit ihnen Leistungen der betrAV aus Anlass ihrer Tätigkeit für ein Unternehmen zugesagt worden sind (vgl. Komm. zu § 17).

17 **3. BetrAVG und Auslandsbezug.** Arbeitsverhältnisse weisen häufig einen mehr oder weniger starken Auslandsbezug auf, sei es, dass ein ArbN bei einem ausländischen Unternehmen angestellt ist, aber im Inland arbeitet, sei es, dass ein ArbN, der im Inland angestellt ist, vorübergehend oder dauerhaft in das Ausland entsandt wird.

---

1 BGBl. 2002 I S. 2167. | 2 BGBl. 2006 I, S. 2742, BGBl. I 2007, S. 554 und BGBl. I 2007, S. 2838. | 3 BT-Drs. 7/1281, S. 22. | 4 BAG v. 26.6.1990 – 3 AZR 641/88, ZIP 1991, 49. | 5 BAG v. 8.5.1990 – 3 AZR 121/89, AP Nr. 58 zu § 7 BetrAVG. | 6 *Höfer*, ART Rz. 45. | 7 BAG v. 12.12.2006 – 3 AZR 476/05, DB 2007, 2043. | 8 BGH v. 3.7.2000 – II ZR 381/98, MDR 2000, 1197. | 9 BAG v. 3.11.1998 – 3 AZR 454/97, NZA 1999, 594; vgl. Rz. 36. | 10 *Höfer*, ART Rz. 30. | 11 *Höfer*, ART Rz. 31. | 12 *Höfer*, ART Rz. 65 ff. | 13 BAG v. 25.1.2000 – 3 AZR 769/98, DB 2001, 2102. | 14 BAG v. 25.1.2000 – 3 AZR 769/98, DB 2001, 2102. | 15 *Höfer*, § 17 Rz. 5540 ff., 5543.

a) Eingeschränkte freie Rechtswahl. Art. 27 EGBGB gewährt den Vertragsparteien die Möglichkeit, das auf sie anwendbare Recht frei zu wählen. Die Rechtswahl kann auch nur für Teile des Vertrages, etwa für die betriebl. Versorgungszusage, getroffen werden. Sie ist jederzeit revidierbar. Art. 30 EGBGB schränkt die Rechtswahl ein. Zwingende ArbN-Schutzbestimmungen, die mangels einer Rechtswahl nach Art. 30 II EGBGB anzuwenden wären, dürfen nicht umgangen werden. Dies führt zu einem **Günstigkeitsvergleich**, bei dem die Vorschriften des gewählten Rechts nicht anzuwenden sind, die für den Versorgungsberechtigten gegenüber den ohne Rechtswahl gültigen zwingenden Regelungen anwendbar wären[1]. Für betriebl. Versorgungszusagen folgt daraus, dass bei der Wahl deutschen Rechts dennoch ausländisches Recht anzuwenden ist, wenn der Günstigkeitsvergleich dazu führt, dass das bei fehlender Rechtswahl anzuwendende ausländische Recht günstiger ist. Umgekehrt ist bei der Wahl ausländischen Rechts das BetrAVG maßgeblich, wenn es ohne Rechtswahl anzuwenden wäre und Vorschriften enthält, die zwingendes günstigeres Recht vorsehen[2]. 18

b) Anwendbares Recht bei unterbliebener Rechtswahl. Art. 30 Abs. 2 EGBGB legt fest, welches Recht anzuwenden ist, wenn keine Rechtswahl getroffen wurde. Das anzuwendende Recht kann sich nach dem **Arbeitsort** bestimmen, in dem gewöhnlich die Arbeit verrichtet wird. Das gilt auch dann, wenn der ArbN vorübergehend in einen anderen Staat entsandt wird. Befindet sich der gewöhnliche Arbeitsort in Deutschland, wird der ArbN aber vorübergehend, dh. nicht dauerhaft und auch nicht für längere Zeit[3] ins Ausland entsandt, bleibt das BetrAVG anwendbar. Dem § 4 SGB IV entsprechend wird dies als **Ausstrahlung** verstanden, bei dem das inländische Recht weiterhin anwendbar bleibt. Arbeitet der ArbN im Normalfall im Ausland und wird er nur vorübergehend in Deutschland eingesetzt, ist weiter ausländisches Recht anwendbar. Entsprechend § 5 SGB IV wird dies als **Einstrahlung** bezeichnet[4]. Ob ein ArbN nur vorübergehend oder dauerhaft im Ausland beschäftigt ist, ist anhand des Arbeitsvertrages zu entscheiden. Wird jemand ausschließlich für eine Tätigkeit im Ausland eingestellt und besteht keine Möglichkeit, ihn kraft des Direktionsrechts in ein anderes Land oder ins Inland zu versetzen, liegt keine vorübergehende Entsendung iSd. Art. 30 II EGBGB vor[5]. Entscheidend sind die Umstände des Einzelfalles. Abgrenzungsprobleme können sich ergeben, wenn ein ArbN innerhalb eines Konzerns zu einem rechtl. selbstständigen ausländischen Tochterunternehmen entsandt wird. Hier kann entscheidend sein, ob das bisherige Arbeitsverhältnis im Inland bestehen bleibt oder aber gelöst und ausschließlich ein Arbeitsverhältnis mit einem ausländischen Unternehmen begründet wird. Bei einer Versorgungszusage über eine konzernübergreifende U-Kasse sah es das BAG als ausreichend an, wenn arbeitsvertragl. „Restbeziehungen" zu der inländischen Muttergesellschaft bestanden, kraft derer der Auslandeinsatz gesteuert werden konnte[6]. Ausschlaggebend für die Anwendung deutschen Rechts war für das BAG, dass die Muttergesellschaft die Versorgungszusage während des Auslandeinsatzes fortgeführt hatte und deshalb als **Versorgungsschuldnerin** angesehen wurde. 19

Für ArbN, deren Arbeitsort sich nicht gewöhnlich in ein und demselben Staat befindet, ist das Recht des Staates anwendbar, in dem sich die Niederlassung befindet, die den ArbN eingestellt hat (Art. 30 II Nr. 2 EGBGB). Das gilt dann nicht, wenn sich aus der Gesamtheit der Umstände ergibt, dass das Arbeitsverhältnis eine engere Verbindung zu einem bestimmten Staat aufweist, dessen Recht dann anwendbar ist. Die Bestimmung erfasst insb. Flugpersonal und Besatzungen von Seeschiffen[7]. 20

4. Freizügigkeits-Richtlinie 98/49. Die sog. **FreizügigkeitsRL** v. 29.6.1998[8] bezweckt die Erhaltung von Versorgungsanwartschaften, die ihren Arbeitsplatz in einen anderen EG-Mitgliedstaat verlegen. Es soll sichergestellt werden, dass der in das Ausland entsandte ArbN in dem bisherigen inländischen Versorgungssystem verbleiben kann. Er kann dann weiterhin Beiträge in das dortige Versorgungssystem entrichten, ohne zusätzlich Beiträge in ein ausländisches (betriebliches) Versorgungssystem einzahlen zu müssen (Art. 6 II der RL). Der betroffene ArbN hat gegenüber seinem ArbGeb **Auskunftsrechte** über die erreichten Versorgungsansprüche und etwaige Wahlmöglichkeiten. Für nach deutschem Recht erworbene Anwartschaften ergeben sich diese Auskunftsrechte bereits aus § 2 VI. 21

IV. Inhalte der betrieblichen Altersversorgung. 1. Definition und Kennzeichen. a) Legaldefinition. Nach der gesetzl. Regelung in § 1 I 1 wird betrAV als Leistungen der Alters-, Invaliditäts- oder Hinterbliebenenversorgung definiert, die einem ArbN aus Anlass seines Arbeitsverhältnisses zugesagt worden sind[9]. 22

b) Kennzeichen der betrieblichen Altersversorgung. aa) Freiwilligkeit. Die Zusage von betrAV beruht grds. auf einem freien und rechtl. nicht erzwingbaren Entschluss des ArbGeb. Dieser kann insb. frei darüber entscheiden, ob er überhaupt betriebl. Versorgungsleistungen gewähren will und wenn ja, wel- 23

1 BT-Drs. 10/504, S. 81. | 2 Vgl. *Höfer*, ART Rz. 1377 ff. | 3 Vgl. *Gamillscheg*, ZfA 1983, 307, 333. | 4 *Höfer*, ART Rz. 1393. | 5 BAG v. 30.4.1987 – 2 AZR 192/86, AP Nr. 15 zu § 12 SchwbG. | 6 BAG v. 6.8.1985 – 3 AZR 185/83, AP Nr. 24 zu § 7 BetrAVG, allerdings entschieden vor Inkrafttreten von § 30 II EGBGB. | 7 Vgl. Palandt/*Heldrich*, Art. 30 EGBGB Anm. 4. | 8 RL 98/49/EG des Rates vom 29.6.1998 zur Wahrung ergänzender Rentenansprüche von Arbeitnehmern und Selbständigen, die innerhalb der europäischen Gemeinschaft zu- und abwandern, ABl. L 209/6, in Kraft getreten am 25.7.1998. | 9 Diese arbeitsrechtl. Definition des Begriffs der betrAV ist mangels anderweitiger Definitionen auch für das Steuerrecht maßgeblich.

cher Durchführungswege er sich bedienen, welche objektiv abgrenzbaren Personenkreise er einbeziehen und wie viel er aufwenden will[1]. Hierbei muss der ArbGeb sowohl Grundrechte und allgemeine Rechtsgrundsätze, als auch die Mindestanforderungen des BetrAVG berücksichtigen. Hat der ArbGeb aber einen bestimmten Durchführungsweg zugesagt, ist er daran auch gebunden. Kann er ihn nicht einhalten, muss er ggf. auf andere Weise einen wertgleichen Anspruch verschaffen[2].

24 **bb) Funktion. (1) Versorgungszweck.** Wesentliche Aufgabe und gleichzeitig Tatbestandsmerkmal der betrAV ist die **Versorgung** der aus Alters- oder Invaliditätsgründen in den Ruhestand getretenen ArbN sowie deren Hinterbliebene.

25 **(2) Ergänzungsfunktion.** Als zweite Säule der Altersversorgung ergänzt die betrAV die Grundsicherung aus der gesetzl. RV und schließt – ganz oder teilweise – die Versorgungslücke zum insgesamt angestrebten Versorgungsvolumen. Ihre besondere soziale Bedeutung sieht der Gesetzgeber darin, dass zahlreichen ArbN während ihrer aktiven Zeit nur ungenügende Mittel zur Verfügung stehen, um eine ausreichende private Eigenvorsorge für den Ruhestand aufzubauen[3]. Diese sog. Ergänzungsfunktion ist – kommt sie auch in der überwiegenden Zahl der Fälle zum Tragen – nicht konstitutiver Inhalt der betrAV. Der Versorgungszweck ist – dem Grunde nach – immer auch bereits dann erfüllt, wenn die zugesagten Leistungen keinen Bezug zur Versorgungslücke aufweisen oder nur als eine geringfügige Aufbesserung des durch die gesetzl. RV gewährleisteten Versorgungsniveaus angesehen werden können. Daher gelten auch geringfügige Zahlungen als Leistungen der betrAV[4].

26 **(3) Fürsorge- und Entgeltcharakter.** Ursprünglich wurde die betrAV lediglich als Fürsorgeleistung des ArbGeb für seine ArbN verstanden. Diese Auffassung wandelte sich mit Entwicklung einer Unverfallbarkeit und Anpassungsprüfungspflicht, die später im BetrAVG normiert wurde dahingehend, dass die betrAV nunmehr als Gegenleistung aus dem arbeitsvertragl. Austauschverhältnis angesehen wird; ihr wird Entgeltcharakter zugesprochen[5].

27 Das BAG sieht Leistungen der betrAV nicht als vorenthaltenen Arbeitslohn, welcher in unmittelbarer Beziehung zur Arbeitsleistung steht; vielmehr handelt es sich regelmäßig um eine Gegenleistung des ArbGeb für die insgesamt erbrachte bzw. zu erwartende Betriebstreue des ArbN[6]. Unter Zugrundelegung dieser Wertung hat das BAG den Entgeltcharakter stärker betont und das Fürsorgeelement in den Hintergrund treten lassen[7].

28 **cc) Rechtliche Ausgestaltung. (1) Vertragsfreiheit.** Für die Gewährung von betrAV gilt der Grundsatz der Privatautonomie. Das BetrAVG enthält als ArbN-Schutzgesetz zwar einige einschränkende Regelungen, wie zB die Unverfallbarkeit, das Auszehrungs-, Anrechnungs- und Abfindungsverbot oder die Anpassungsprüfungspflicht, die vom ArbGeb zu beachten sind, wenn er sich einmal zur Zusage entsprechender Leistungen entschlossen hat. Von diesen einschränkenden Regelungen darf gem. § 17 III 3 nicht zuungunsten des ArbN abgewichen werden, selbst wenn dessen Zustimmung vorliegen sollte. Ausnahmen zuungunsten des ArbN lässt das Gesetz nur für tarifvertragl. Regelungen zu. Ansonsten sind nur solche Vereinbarungen unzulässig, die entweder gegen ein gesetzl. Verbot oder gegen die guten Sitten verstoßen[8].

29 **(2) Gleichbehandlung.** § 1b S. 1 und S. 4 sehen explizit vor, dass sich eine Versorgungszusage unter bestimmten Voraussetzungen auch aus dem Grundsatz der Gleichbehandlung ergeben kann. Dieser beinhaltet das Prinzip, dass Gleiches nicht ungleich und Ungleiches entsprechend nicht gleich behandelt werden darf. Er verbietet mithin die sachfremde Schlechterstellung einzelner ArbN gegenüber anderen ArbN in vergleichbarer Lage. Die Vergleichsgruppenbildung muss – gemessen am Leistungszweck – sachlichen Kriterien entsprechen. Gibt es für die unterschiedliche Behandlung keine billigenswerten Gründe, so ist die Regelung willkürlich und damit unwirksam. Der ArbN hat dann einen Anspruch entsprechend der begünstigten Gruppe[9]. Die Vertragsfreiheit ist demnach eingegrenzt, wenn eine Gruppe nach generalisierenden Merkmalen, nach einem erkennbar gleichen Prinzip oder nach einer allg. Ordnung aufgestellt wird. Dabei ist irrelevant, ob die jeweils begünstigten oder benachteiligten ArbN eine Mehrheit oder nur eine Minderheit der insgesamt gleich zu behandelnden ArbN darstellen[10].

30 Eine Differenzierung kann sich dabei etwa ergeben aus besonderen Qualifikationen oder Arbeitsleistungen, auf Grund unterschiedlicher Anforderungen an den Arbeitsplatz oder einer herausragenden Berufserfahrung[11]. Als zulässig angesehen werden auch Regelungen, die Versorgungsberechtigte ab einem bestimmten Stichtag von Verbesserungen einer Versorgungsordnung ausnehmen[12]. Nicht zu be-

---

1 BAG v. 12.6.1975 – 3 ABR 13/74, DB 1975, 1559; *Höfer*, ART Rz. 50 mwN. | **2** BAG v. 12.12.2006 – 3 AZR 388/05, EzA-SD 2007, Nr. 18, 15. | **3** BT-Drs. 7/1281, S. 19. | **4** LAG München v. 30.10.1985 – 5 Sa 630/85, BB 1986, 880; *Höfer*, ART Rz. 56 mwN. | **5** BAG v. 10.3.1972 – 3 AZR 278/71, DB 1972, 1486; v. 16.12.1976 – 3 AZR 761/75, BB 1977, 146; *Blomeyer/Rolfs/Otto*, Einl. Rz. 25 ff. mzwN. | **6** BAG v. 10.3.1972 – 3 AZR 278/71, DB 1972, 1486. | **7** BAG v. 5.9.1989 – 3 AZR 575/88, DB 1989, 2615; *Höfer*, ART Rz. 58 mwN. | **8** *Langohr-Plato*, Rz. 19. | **9** BAG v. 9.12.1997 – 3 AZR 661/96, DB 1998, 1823. | **10** BAG v. 25.1.1984 – 5 AZR 89/82, NZA 1984, 326; v. 25.1.1984 – 5 AZR 251/82, NZA 1984, 323; *Schumann* in Tschöpe, ArbR, Teil 2 E Rz. 166. | **11** BAG v. 28.7.1992 – 3 AZR 173/92, AP Nr. 18 zu § 1 BetrAVG – Gleichbehandlung. | **12** BAG v. 6.6.1974 – 3 AZR 44/74, NJW 1975, 78; v. 8.12.1977 – 3 AZR 530/76, BB 1978, 858; v. 11.9.1980 – 3 AZR 606/79, DB 1981, 943.

anstanden ist auch, wenn nur diejenigen ArbN eine Invaliden- oder Hinterbliebenenversorgung erhalten, die besonders gefährliche Arbeiten verrichten[1]. Ebenfalls zulässig ist es, wenn lediglich leitenden Angestellten – etwa in Form von Einzelzusagen – Versorgungsleistungen zugesagt werden, die die übrigen Mitarbeiter, die keine herausragende Position bekleiden, nicht erhalten[2].

Auch in kollektivrechtl. begründeten Versorgungszusagen ist der Gleichbehandlungsgrundsatz zu beachten[3]. Er gibt jedoch ArbN, die nicht von der kollektiven Regelung erfasst werden, keinen Anspruch. So kann etwa ein leitender Angestellter (iSv. § 5 III BetrVG) Versorgungsleistungen aus einer BV nicht mit Hilfe des Gleichbehandlungsgrundsatzes auch für sich fordern. Einer Gleichbehandlung können auch Vorteile in der Entlohnung entgegenstehen, die einzelnen tarifvertragl. eingeräumt worden sind; es gilt dann das Günstigkeitsprinzip[4]. 31

Aus dem Grundsatz der Gleichbehandlung ergibt sich auch das Verbot, Mitarbeiter oder Mitarbeiterinnen wegen bestimmter Kriterien, etwa wegen des Geschlechts nachteilig oder bevorzugt zu behandeln. Dies gilt für die unmittelbare Diskriminierung genauso wie für die mittelbare geschlechtsbezogene Diskriminierung etwa bei Teilzeitkräften (vgl. auch Rz. 94 u. § 2 Rz. 27)[5]. Nach § 2 II 2 AGG gilt das AGG für die betrAV nicht. Ob das mit der RL 2000/78/EG des Rates v. 27.11.2000 zur Festlegung eines allgemeinen Rahmens für die Verwirklichung der gleichbehandlung in Beschäftigung und Beruf[6] vereinbar ist, wird bezweifelt[7]. Dem hat sich das BAG nun offenbar zur Frage der Zulässigkeit einer sog. Altersabstandklausel angeschlossen. Dabei geht es darum, ob es zulässig ist, dass ein Hinterbliebener, der mehr als 15 Jahre jünger als Betriebsrentenberechtigte ist, keine Hinterbliebenenversorgung erhält. Das BAG schließt nicht aus, dass es sich hierbei um eine europarechtlich nicht zulässige Altersdiskriminierung handelt und hat deshalb die Frage dem EuGH vorgelegt[8]. Der Vorlagebeschluss überrascht, hatte das BAG derartige Klauseln bislang stets als zulässige Begrenzungen des Risikos des ArbGeb, wegen des Altersunterschieds verhältnismäßig lange Hinterbleibenenleistungen gewähren zu müssen, angesehen[9]. 32

(3) Auslegung. Für Inhalt und Umfang der betriebl. Versorgungsleistungen gilt die sog. „Unklarheitenregel". Danach muss der ArbGeb bei mehrdeutigen Verträgen die für ihn ungünstigere Auslegungsmöglichkeit gegen sich gelten lassen, wenn er ein schutzwürdiges Vertrauen auf bestimmte Leistungen bei seinen ArbN erweckt[10]. 33

2. Leistungsarten. a) Begriff der „Leistung". Der Begriff der „Leistung" iSv. § 1 I 1 meint nur tatsächliche Zuwendungen (Sach-, Nutzungs- und zweck- oder nicht zweckgebundene Geldleistungen), die dem Versorgungsberechtigten unmittelbar zum Zwecke der Alters-, Invaliditäts- oder Hinterbliebenenversorgung gewährt werden[11]. Finanzierungsaufwendungen stellen hingegen noch keine „Leistungen" idS dar, unabhängig davon, ob sie nur buchmäßig vorgenommen werden (Pensionsrückstellungen) oder ob sie auch in Geld erbracht werden, wie Beiträge zu Direktversicherungen oder Zuwendungen an Pensions- oder U-Kassen[12]. Häufigste Form von Versorgungsleistungen sind laufende Renten oder einmalige Kapitalzahlungen[13]. Sach- (zB Deputate) und Nutzungsrechte (zB Werkswohnungen) können aber ebenfalls unter den Begriff der betrAV subsumiert werden[14]. Voraussetzung ist, dass sie dem ehemaligen Mitarbeiter unter Versorgungsaspekten auch nach seiner aktiven Dienstzeit weiter gewährt werden[15]. 34

Nicht erforderlich ist, dass der ArbGeb die zugesagten Versorgungsleistungen persönlich erbringt. Er kann die eingegangenen Leistungsverpflichtungen auch auf einen Dritten – nämlich eine Lebensversicherung, einen Pensionsfonds oder eine Pensions- oder U-Kasse – übertragen. Wird ein entsprechender externer, mittelbarer Durchführungsweg gewählt, so muss der ArbGeb die Finanzierung sicherstellen. Tritt der abgesicherte Versorgungsfall ein, muss der mittelbare Versorgungsträger über die zur Erfüllung der Leistungsverpflichtung erforderlichen Mittel verfügen können[16]. 35

b) Leistungsvarianten. aa) Altersrente. Für die Inanspruchnahme von Altersrente ist ua. regelmäßig das Erreichen einer bestimmten Altersgrenze Voraussetzung. Bei der Festlegung einer vorgezogenen Altersgrenze steht ein gewisser Handlungsspielraum zur Verfügung, der allerdings durch den Grundsatz der Gleichbehandlung – gleiche Altersgrenze für beide Geschlechter – eingeschränkt wird. Als niedrigste 36

---

1 *Ahrend/Förster/Rühmann*, § 1 BetrAVG Rz. 74. | 2 BAG v. 11.11.1986 – 3 ABR 74/85, NZA 1987, 449; *Ahrend/Förster/Rühmann*, § 1 BetrAVG Rz. 74. | 3 BAG v. 28.7.1992 – 3 AZR 173/92, DB 1993, 169; v. 7.3.1995 – 3 AZR 282/94, DB 1995, 2000. | 4 BAG v. 25.4.1995 – 3 AZR 446/94, DB 1995, 2009; v. 17.10.1995 – 3 AZR 882/94, BB 1996, 380; v. 25.2.1999 – 3 AZR 113/97, DB 1999, 1912; *Schumann* in Tschöpe, ArbR, Teil 2 E Rz. 167. | 5 *Langohr-Plato*, Rz. 1282 ff.; hierzu ausf. *Schumann* in Tschöpe, Arbeitsrecht, Teil 2 E, Rz. 176 ff. mzwN. | 6 ABl. EG Nr. L 303, S. 16. | 7 *Rengier*, NZA 2006, 1521. | 8 BAG v. 27.6.2006 – 3 AZR 352/05 (A), DB 2006, 2524. | 9 BAG v. 28.7.2005 – 3 AZR 457/04, NZA-RR 2006, 591; v. 9.11.1978 – 3 AZR 784/77, AP Nr. 179 zu § 242 BGB – Ruhegehalt. | 10 BAG v. 25.5.1973 – 3 AZR 405/72, BB 1973, 1171; v. 25.9.1979 – 3 AZR 1096/77, BB 1979, 784; v. 16.3.1982 – 3 AZR 843/79, BB 1982, 1940; *Langohr-Plato*, Rz. 20 mwN. | 11 *Höfer*, ART Rz. 25. | 12 *Höfer*, ART Rz. 15. | 13 BAG v. 30.9.1986 – 3 AZR 22/85, DB 1987, 1304. | 14 BAG v. 12.12.2006 – 3 AZR 476/05, DB 2007, 2043. | 15 BAG v. 11.8.1981 – 3 AZR 395/80, BB 1981, 1835; v. 2.12.1986 – 3 AZR 123/86, DB 1987, 1442; LAG Düsseldorf v. 5.5.1977 – 14 Sa 1374/76, DB 1977, 2054. | 16 *Langohr-Plato*, Rz. 56.

Altersgrenze wird idR die Vollendung des 60. LJ anzunehmen sein. Für die Vereinbarung einer noch niedrigeren Altersgrenze müssten besondere sachliche Gründe vorliegen[1]. Dem tragen auch steuerrechtl. Bestimmungen Rechnung. Bei der U-Kasse ist zwar gem. § 4d I Nr. 1c S. 2 EStG eine Altersgrenze von 55 LJ zulässig. Gleichwohl wird in der Finanzverwaltung als generelle Altersgrenze die Vollendung des 60. LJ angenommen. Ob daran noch festgehalten werden kann, erscheint angesichts der durch das RV-Altersgrenzenanpassungsgesetz[2] vorgenommenen steuerrechtl. Änderungen zweifelhaft[3]. Gem. Art. 10 dieses Gesetzes wird § 52 EStG in seinen Absätzen 24 u. 36 modifiziert. Bei Lebensversicherungen wird das frühestmögliche Auszahlungsalter vom 60. auf das vollendete 62. LJ angehoben, wenn die Beiträge zur LV als Sonderausgaben abzugsfähig sein oder nur die Hälfte der Erträge bei Kapitalzahlungen als Einkünfte aus Kapitalvermögen gelten sollen. Ein früherer Rentenbezug zwischen dem 55. und 60. LJ kann nur für berufsspezifische Ausnahmefälle anerkannt werden[4]. Eine schon vor Vollendung des 60. LJ gewährte Leistung würde nicht wegen des Alters als solchem, sondern allein durch altersbedingte Arbeitsmarktrisiken ausgelöst.

37 Nach st. Rspr. des BAG[5] kommt es für die Zuordnung zur betrAV darauf an, dass die zugesagten Leistungen für die „Alterssicherung" bestimmt sind. Daraus folgt, dass die Leistung also gerade dazu dienen muss, die Versorgung des ArbN nach seinem Ausscheiden aus dem Erwerbs- oder Berufsleben sicherzustellen. Hieraus lässt sich kein fester Zeitpunkt bestimmen, etwa der der Vollendung des 65. LJ, vor dem eine Qualität als betrAV überhaupt nur in Betracht kommen kann. Die Wahl einer früheren Altersgrenze muss jedoch auf sachlichen, nicht außerhalb des Arbeitsverhältnisses liegenden Gründen beruhen. Es muss der Zweck gewährt bleiben, dass die Versorgungsleistung dazu dienen soll, dem aus dem aktiven Arbeitsleben ausscheidenden ArbN bei der Sicherung des Lebensstandards im Alter zu helfen. Dies ist regelmäßig nur bei der Festlegung einer Altersgrenze der Fall, die auch nach der allgemeinen Verkehrsanschauung als Beginn des Ruhestandes gilt. Ausgehend von diesen Grundüberlegungen hat das BAG Überbrückungsleistungen oder Überbrückungshilfen stets aus dem Schutzbereich des BetrAVG ausgenommen[6]. Solche Leistungen dienen lediglich dazu, den Übergang in einen anderen Beruf oder in den Ruhestand zu erleichtern und sind selbst dann nicht als betrAV zu qualifizieren, wenn sie sich der Höhe nach an einer in Aussicht gestellten Betriebsrente orientieren[7].

38 **bb) Invaliditätsrente.** Eine eigenständige Definition des Begriffs „Invalidität" ist dem Arbeitsrecht nicht bekannt. Soweit die Versorgungszusage keine eigenständige Begriffsbestimmung enthält, dürfte es auf den allgemeinen Sprachgebrauch ankommen. Danach besteht Invalidität dann, wenn der ArbN wegen körperlicher oder geistiger Behinderung außer Stande ist, seine Arbeitsverpflichtung voll oder wenigstens in ausreichendem Umfang zu erfüllen[8]. Rechtlich wird regelmäßig auf das sozialversicherungsrechtl. Begriffsverständnis abgestellt[9].

39 Anknüpfungspunkt sind daher die sozialrechtl. Begrifflichkeiten der Erwerbs- bzw. Berufsunfähigkeit. Nach § 44 SGB VI ist von Erwerbsunfähigkeit auszugehen, wenn ein ArbN nicht mehr in der Lage ist, eine Erwerbstätigkeit auszuüben oder er durch seine Erwerbstätigkeit nur noch geringe Einkünfte erzielen kann. Gem. § 43 SGB VI besteht eine Berufsunfähigkeit, wenn der ArbN nicht mehr in der Lage ist, zu 50 % eine Tätigkeit in seiner Berufsgruppe, in der er bislang tätig war, auszuüben. Stellt eine Versorgungsordnung ohne weitere Differenzierung nur auf den „Invaliditätsfall" ab, werden hiervon sowohl Erwerbs- als auch Berufsunfähigkeit erfasst[10].

40 Mit dem Gesetz zur Reform der Renten wegen verminderter Erwerbsfähigkeit v. 20.12.2000[11] wurde das System der Invalidenrente mit Wirkung ab 1.1.2001 neu strukturiert. Die bisherigen Renten wegen Berufs- oder Erwerbsunfähigkeit sind durch eine zweistufige Erwerbsminderungsrente ersetzt worden, die nur noch befristet gewährt wird.

41 Es kommt darauf an, inwieweit der Versicherte beruflich überhaupt noch erwerbstätig sein kann. Sind dies drei bis sechs Stunden täglich, so kann er eine halbe Erwerbsminderungsrente beanspruchen. Eine volle Erwerbsminderungsrente wird dagegen erst zugebilligt, wenn das Restleistungsvermögen weniger als drei Stunden täglich beträgt. Aus arbeitsmarktpolitischen Gründen kann eine volle Erwerbsminderungsrente auch dann verlangt werden, wenn eigentlich nur die Voraussetzungen für eine halbe Erwerbsminderungsrente erfüllt sind, der Arbeitsmarkt jedoch keine Beschäftigungsmöglichkeiten hergibt. Im Vergleich zur bisherigen Berufsunfähigkeitsrente führt die halbe Erwerbsminderungsrente zu einem durchschnittlichen Versorgungsdefizit von 26 %. Die volle Erwerbsminderungsrente liegt durchschnittlich 2 % unter der früheren Erwerbsunfähigkeitsrente[12].

---

1 BGH v. 16.3.1981 – II ZR 222/79, BB 1981, 1524; BAG v. 2.8.1983 – 3 AZR 370/81, DB 1984, 1201; v. 28.1.1986 – 3 AZR 312/84, BB 1987, 690; v. 26.4.1986 – 3 AZR 411/86, DB 1988, 2007; *Langohr-Plato*, Rz. 23 mwN. | 2 BGBl. I S. 554. | 3 *Cisch/Kruip*, BB 2007, 1162. | 4 So zB *Langohr-Plato*, Rz. 23. | 5 BAG v. 26.4.1988 – 3 AZR 411/86, DB 1988, 1019. | 6 BAG v. 28.1.1986 – 3 AZR 312/84, NZA 1987, 126; v. 3.11.1998 – 3 AZR 454/97, BB 1999, 905. | 7 *Langohr-Plato*, Rz. 24 ff. | 8 *Griebeling/Griebeling*, Rz. 447. | 9 BAG v. 19.4.1983 – 3 AZR 4/81, BB 1984, 279; v. 24.6.1998 – 3 AZR 288/97, DB 1998, 1969. | 10 *Langohr-Plato*, Rz. 28 mwN. | 11 BGBl. I 2000, S. 1827. | 12 *Langohr-Plato*, Rz. 30.

Soweit die Versorgungszusage auf die einschlägigen Begriffe des SozV-Rechts Bezug nehmen, ist davon auszugehen[1], dass es sich um eine „dynamische Verweisung“ handelt. Demnach ist auf den jeweiligen sozialversicherungsrechtl. Invaliditätsbegriff bei Eintritt des Versorgungsfalles abzustellen. 42

Im Rahmen einer Invaliditätsversorgung kann der ArbGeb zusätzlich Leistungsvoraussetzungen festlegen oder auf gesetzl. Erfordernisse für eine Erwerbsminderungsrente verzichten. Er kann die Invaliditätsleistung zB von der Vollendung eines bestimmten Mindestalters[2] oder dem Auslaufen des Anspruchs auf Lohnfortzahlung[3] abhängig machen. 43

cc) Hinterbliebenenversorgung. Die Zusage auf Hinterbliebenenversorgung durch den ArbGeb ist rechtl. als Vertrag zu Gunsten Dritter zu qualifizieren. Versprechensempfänger ist dabei der ArbN. Seine Hinterbliebenen sind die Begünstigten, die erst mit seinem Tod ein Recht auf die versprochene Leistung erwerben[4]. Bis dahin ist weder für die Einschränkung oder Änderung des begünstigten Personenkreises noch für die Aufstockung der eigenen Versorgung des ArbN gegen einen teilweisen oder vollständigen Verzicht auf Hinterbliebenenversorgung eine Zustimmung der Hinterbliebenen erforderlich[5]. 44

(1) Witwenrente/Witwerversorgung. Hinterbliebenenleistungen an Witwen/Witwer kommen regelmäßig iHv. 60 % der erdienten oder erdienbaren Anwartschaft auf Altersversorgung zur Auszahlung. Nicht zu beanstanden ist, wenn die Ehe des versorgungsberechtigten ArbN im Todeszeitpunkt bereits eine gewisse Zeit bestanden haben[6] oder vor der Pensionierung bzw. vor Vollendung eines bestimmten Alters geschlossen worden sein muss, sog. Spätehenklausel[7]. Die Rspr. lässt damit einen Leistungsausschluss bei „Versorgungsehen“ bzw. „bei Verdacht einer Versorgungsehe“ zu[8]. Ein Ausschluss wird auch bei einer erheblichen Altersdifferenz zwischen den Eheleuten für zulässig erachtet[9]. Für den Fall des Getrenntlebens im Zeitpunkt des Todesfalls des Versorgungsberechtigten kann ebenfalls der Ausschluss der Leistung vereinbart werden[10]. 45

Angehörige, die erst nach Beendigung des Arbeitsverhältnisses den Angehörigenstatus erlangt haben, erwerben keinen Anspruch auf Hinterbliebenenleistungen[11]. 46

„Wiederverheiratungsklauseln“, die einen Wegfall der Hinterbliebenenrente bei Wiederverheiratung des überlebenden Ehegatten zulassen, werden gemeinhin ebenfalls als zulässig anerkannt[12]. 47

(2) Waisenrente. Hat der ArbGeb Waisenrenten zugesagt, orientiert sich deren Dauer regelmäßig am Bezug des gesetzl. Kindergeldes nach dem BKGG bis zum 18., bei einer Berufsausbildung bis max. zum 27. LJ[13]. Die Höhe von betriebl. Waisenrenten beträgt im Normalfall 10 % (Halbwaisen) bzw. 20 % (Vollwaisen) der erdienten bzw. erdienbaren Altersrente. Witwen-/Witwerrenten und Waisenrenten werden zudem regelmäßig dadurch begrenzt, dass sie zusammen nicht mehr als 100 % der zugesagten Altersrente ausmachen dürfen[14]. 48

Anders als eine sog. „Wiederverheiratungsklausel“ bei Witwen-/Witwerrente verstößt eine Regelung, die eine Waisenrente bei Heirat des Waisen entfallen lässt, gegen Art. 6 GG[15]. 49

c) Möglichkeiten der Leistung. aa) Leibrenten. Betriebl. Versorgungsleistungen werden meist in Form lebenslänglich zu gewährender Renten, sog. Leibrenten im versicherungstechnischen Sinne, erbracht. Damit ist nicht die Leibrente iSv. §§ 759 ff. BGB gemeint[16]. 50

Ist die Beendigung der Rentenzahlung schon zu einem früheren Zeitpunkt, spätestens aber mit dem Tod des Berechtigten vorgesehen, so handelt es sich um eine „temporäre Leibrente“. Eine solche ist etwa die Waisenrente, die idR mit dem Abschluss einer Berufsausbildung oder mit Vollendung eines bestimmten Lebensalters endet, wenn nicht der Berechtigte vorher stirbt[17]. Soll die Rentenleistung nicht mit dem Eintritt des Versorgungsfalles einsetzen, sondern erst mit einer bestimmten zeitlichen Verzögerung, so spricht man von einer sog. „aufgeschobenen Leibrente“[18]. 51

bb) Zeitrenten. Leistungen der betrAV, die als Renten nur für eine bestimmte Dauer (Laufzeit), aber unabhängig vom Leben des Berechtigten, gewährt werden, bezeichnet man als Zeitrente. Beim vorzeiti- 52

1 *Langohr-Plato*, Rz. 34; *Höfer*, ART Rz. 865; *Kemper*, BetrAV 1998, 289 ff. | 2 BAG v. 20.10.1987 – 3 AZR 208/86, BB 1988, 836. | 3 BAG v. 6.6.1989 – 3 AZR 401/87, NZA 1990, 147. | 4 BAG v. 26.8.1997 – 3 AZR 235/96, BAGE 86, 216, 219; v. 21.11.2000 – 3 AZR 91/00, DB 2001, 2455. | 5 BAG v. 21.11.2000 – 3 AZR 91/00, DB 2001, 2455; *Langohr-Plato*, Rz. 42; *Blomeyer/Rolfs/Otto*, Anh. § 1 BetrAVG Rz. 298. | 6 BAG v. 11.8.1987 – 3 AZR 6/86, DB 1988, 347. | 7 BVerfG v. 11.9.1979 – 1 BvR 92/79, AP Nr. 182 zu § 242 BGB – Ruhegehalt; BAG v. 18.7.1972 – 3 AZR 472/71, BB 1972, 1372; v. 28.3.1995 – 3 AZR 343/94, BB 1995, 1593; v. 9.11.1978 – 3 AZR 784/77, DB 1979, 410; v. 26.8.1997 – 3 AZR 235/96, DB 1998, 1190; v. 28.7.2005 – 3 AZR 457/04. | 8 BAG v. 4.7.1989 – 3 AZR 772/87, NZA 1990, 273. | 9 BAG v. 9.11.1978 – 3 AZR 784/77, DB 1979, 410; v. 18.7.1972 – 3 AZR 472/71, DB 1972, 2067 (bei Differenz von 25 Jahren). | 10 BVerfG v. 29.2.1980 – 1 BvR 1231/79, AP Nr. 183a zu § 242 BGB – Ruhegehalt; BAG v. 6.9.1979 – 3 AZR 358/78, DB 1980, 112; v. 28.3.1995 – 3 AZR 343/94, BB 1995, 1593; *Langohr-Plato*, Rz. 43 mwN. | 11 BAG v. 19.12.2000 – 3 AZR 186/00, DB 2001, 2303. | 12 *Ahrend/Förster/Rühmann*, § 1 BetrAVG Rz. 32. | 13 *Ahrend/Förster/Rühmann*, § 1 BetrAVG Rz. 35. | 14 *Langohr-Plato*, Rz. 41. | 15 LAG Hamm v. 20.5.1980 – 6 Sa 177/80, DB 1980, 1550. | 16 *Höfer*, ART Rz. 218. | 17 *Höfer*, ART Rz. 42. | 18 *Höfer*, ART Rz. 44.

gen Ableben – also vor Ablauf der vereinbarten Laufzeit – des Berechtigten geht der Anspruch auf Weitergewährung der Rentenzahlung auf dessen Erben über[1]. Auch die Zeitrente kann in Form einer aufgeschobenen Zeitrente gewährt werden.

53 **cc) Kapitalleistungen.** Bei Kapitalleistungen ist die Verwendung zu Versorgungszwecken im Gegensatz zu Rentenleistungen nicht immer gewährleistet, da die Begünstigten zu vorzeitigem Verzehr verleiten werden können[2].

54 Für eine Zuordnung von Kapitalzahlungen zur betrAV müssen deren allgemeine Merkmale erfüllt sein[3]. Auch Kapitalleistungen können direkt oder indirekt Versorgungszwecken dienen, etwa durch den Einkauf in einen Rentenwert (RV, fest verzinsliches Wertpapier ua.), oder durch Tilgung von laufenden Belastungen (zB Hypothekenverpflichtung)[4]. Das BAG hat entschieden, dass selbst eine Abfindungsregelung dem Versorgungscharakter einer Kapitalzusage nicht entgegensteht[5].

55 **dd) Sonstige Leistungen.** Als Leistungen der betrAV sind auch Sachleistungen und Nutzungen sowie zweckgebundene Geldleistungen anerkannt[6]. Hier sind insb. Bier- und Kohledeputate zu nennen[7]. Nutzungsleistungen kommen insb. in Form von Wohnrechten in einer Werkswohnung vor. Geldleistungen stehen Sach- oder Nutzungsleistungen insoweit nahe, als sie zweckgebunden gewährt werden, wie etwa für Wohnungsmiete, Strom und Heizung. Grundvoraussetzung für eine Qualifikation als betrAV ist, dass die Leistung Versorgungscharakter hat[8].

56 **3. Abgrenzung zu den anderen Leistungen. a) Sonstige Zuwendungen des Arbeitgebers.** Leistungen der betrAV sind kein vorenthaltener Arbeitslohn, da sie in keinem unmittelbaren Bezug zur Arbeitsleistung stehen[9]; sie werden daher nicht dem unmittelbaren Arbeitsentgelt zugerechnet. Unter Arbeitsentgelt im engeren Sinne wird nur die in einem synallagmatischen Austauschverhältnis für die laufende Tätigkeit des ArbN unmittelbar gewährte Gegenleistung des ArbGeb verstanden. Leistungen der betrAV sind in Abgrenzung zum Arbeitsentgelt den betriebl. Sozialleistungen zuzuordnen[10].

57 Dagegen gehören **Tantiemen** und **Gewinnbeteiligungen** regelmäßig zum Arbeitsentgelt; sie sind nicht der betrAV zuzuordnen. Dies ergibt sich schon daraus, dass diese Art von Leistung in aller Regel keinen Versorgungszweck erfüllt. Zu Abgrenzungsproblemen kann es jedoch bei Tantiemen bzw. Gewinnbeteiligungen mit aufgeschobener Fälligkeit – etwa bis zum altersbedingten Ausscheiden des ArbN – kommen. Hier kann im Einzelfall der Versorgungscharakter derart im Vordergrund stehen, dass Leistungen der betrAV anzunehmen sind[11]. Ein solcher Fall liegt regelmäßig dann vor, wenn die Auszahlung auch bei vorzeitiger Invalidität und/oder vorzeitigem Tod vorgesehen ist. Denn dann besteht eine eindeutige Bindung an ein biologisches Ereignis[12].

58 **Sonderzahlungen** wie Weihnachtsgeld, Urlaubsgeld und 13. Monatsgehalt gehören zum Arbeitsentgelt und stellen somit keine Leistungen der betrAV dar, soweit sie nur aktiven ArbN gewährt werden. Werden diese Sonderzahlungen jedoch vorbehaltlos und in regelmäßiger Wiederkehr an Versorgungsempfänger gewährt, stellen sie eine Leistung der betrAV dar[13]. Dies soll selbst dann gelten, wenn sonstige Versorgungsleistungen nicht gewährt werden[14].

59 **Treueprämien** und **Jubiläumsgelder** gehören für gewöhnlich nicht zur betrAV, obwohl sie – ebenso wie die betrAV – Betriebstreue honorieren sollen. Eine Zurechnung zur betrAV scheitert aber bereits an dem regelmäßig fehlenden Versorgungszweck. Auch die Voraussetzung des Eintritts in den Ruhestand oder eines sonstigen biologischen Ereignisses liegt idR nicht vor. Ist deren Gewährung dagegen ausnahmsw. an den Eintritt eines solchen biologischen Ereignisses geknüpft, so wird der Versorgungszweck im Vordergrund stehen. In diesen Fällen ist ihre Zuordnung zu der betrAV denkbar[15].

60 Schließlich sind auch **Abfindungen** regelmäßig keine Leistungen der betrAV, da sie als Ausgleich für den Verlust des Arbeitsplatzes und eines sozialen Besitzstandes fungieren. Denkbar ist aber eine Abfindung, die als an Leib und Leben gebundene Rentenzahlung vereinbart wird. Hier muss zur Abgrenzung festgestellt werden, ob der Versorgungszweck im Vordergrund steht. Dies ist nicht der Fall, wenn sie unabhängig vom Eintritt eines Versorgungsfalles gewährt wird[16].

61 **b) Sonstige Rentenansprüche.** Keine Leistungen der betrAV sind Veräußerungs- bzw. Kaufpreisrenten sowie betriebl. Versorgungsrenten. Letztere werden etwa an Veräußerer von Wirtschaftsgütern oder an einen ehemaligen (Mit-)Inhaber des Unternehmens oder an dessen Hinterbliebene ausgezahlt. Für die Veräußerungs- bzw. Kaufpreisrente ergibt sich der fehlende Versorgungscharakter schon daraus, dass es sich um eine Gegenleistung aus einem Kaufvertrag handelt, während die betrAV stets eine

---

1 *Höfer*, ART Rz. 42. | 2 LAG Hamm v. 13.8.1996 – 6 Sa 1638/95, DB 1996, 1986. | 3 *Blomeyer/Rolfs/Otto*, § 1 Rz. 18. | 4 *Höfer*, ART Rz. 40 mwN. | 5 BAG v. 30.9.1986 – 3 AZR 22/85, NZA 1987, 456. | 6 *Blomeyer/Rolfs/Otto*, § 1 Rz. 9. | 7 BAG v. 24.10.1979 – 5 AZR 1088/77, DB 1980, 1126; v. 11.8.1981 – 3 AZR 395/80, BB 1981, 1835. | 8 *Blomeyer/Rolfs/Otto*, § 1 BetrAVG Rz. 9. | 9 BAG v. 10.3.1972 – 3 AZR 278/71, DB 1972, 1486. | 10 *Höfer*, ART Rz. 64 f. | 11 Vgl. hierzu BAG v. 30.10.1980 – 3 AZR 805/79, DB 1981, 644. | 12 *Höfer*, ART Rz. 66. | 13 BAG v. 19.5.1981 – 3 AZR 308/80, BB 1981, 1900. | 14 LAG München v. 30.10.1985 – 5 Sa 630/85, BB 1986, 880. | 15 *Höfer*, ART Rz. 69. | 16 Vgl. BAG v. 28.1.1986 – 3 AZR 312/84, NZA 1987, 126.

Tätigkeit für das Unternehmen honoriert. Dies gilt sinngemäß auch für die betriebl. Versorgungsrente, welche der neue Inhaber oder der verbleibende Gesellschafter eines Unternehmens an den ehemaligen (Mit-)Inhaber zahlt. Auch in diesem Fall wird die Versorgung nicht wegen der Tätigkeit für das Unternehmen und als Gegenleistung für die erwiesene Betriebstreue gewährt[1]. Keine betriebl. Versorgungsleistungen liegen vor, wenn sie uneingeschränkt **vererblich** gestellt werden. Schon nach Auffassung des BMF liegt eine betrAV nicht vor, wenn zwischen ArbN und ArbGeb die **Vererblichkeit** von Anwartschaften vereinbart ist[2]. Bislang hatte das BAG betriebl. Versorgungsleistungen angenommen, wenn die zugesagte Leistung im Falle des Todes des ArbN an die Erben auszuzahlen war[3]. Davon ist das BAG nunmehr abgerückt[4]. Es folgt damit der Überlegung, dass bei einer solchen Vertragsgestaltung biometrische Risiken nicht übernommen werden und es sich in Wahrheit nicht um eine Versorgungsvereinbarung, sondern eine besondere Form der Vermögensbildung in ArbN-Hand handelt[5].

c) Sonstige Versicherungsleistungen. Versicherungsleistungen können im Grundsatz nur dann Leistungen der betrAV sein, wenn die Versicherung vom ArbGeb „freiwillig" auf Grund des Arbeitsverhältnisses zu Gunsten des ArbN abgeschlossen wird. Hierbei muss es sich dann um eine sog. Personenversicherung handeln; der Versicherungsfall muss durch ein biologisches Ereignis bei der versicherten Person eintreten[6]. Beihilfen im Krankheitsfall sind ebenfalls keine betrAV[7]. 62

Zur Personenversicherung gehören nur die Lebens- (Kapital-, Renten- bzw. Pensions-, Invaliditäts-) und die Berufsunfähigkeitsversicherung (Unfall- und Krankenversicherung)[8]. 63

V. Durchführungswege. Für die Gewährung betriebl. Versorgungsleistungen stehen dem ArbGeb verschiedene Durchführungswege zur Verfügung, § 1b II–IV. Dabei kann er die Leistungen entweder **unmittelbar** aus seinem Vermögen erbringen (unmittelbare Versorgungszusage) oder aber sich zur Erfüllung der Versorgungsleistungen auch anderer Versorgungsträger bedienen (**mittelbare** Versorgungszusage). 64

1. Unmittelbare Versorgungszusage. Bei der unmittelbaren Versorgungszusage erhält der ArbN vom ArbGeb das Versprechen, von diesem nach Eintritt des Versorgungsfalls die Versorgungsleistung unmittelbar aus dessen Vermögen zu erhalten. Die Haftung für die Erfüllung dieser Zusage erfolgt mit dem Betriebsvermögen und – soweit es sich um einen Einzelkaufmann oder einen persönlich haftenden Gesellschafter handelt – auch mit dem Privatvermögen[9]. 65

In der Praxis hat sich der Zusammenschluss zu sog. Konditionenkartellen bewährt. Hierbei handelt es sich meist um branchenbezogene Verbände, die die Verwaltung und Angleichung von unmittelbaren Versorgungszusagen übernehmen. Dabei verbleiben die Deckungsmittel allerdings bei den einzelnen Unternehmen. Solche Konditionenkartelle sind der Bochumer Verband (Bergbau), der Essener Verband (Eisen- und Stahlindustrie) sowie der Duisburger Verband (Speditionsgewerbe)[10]. 66

Auf Grund der Finanzierungsmöglichkeit durch Pensionsrückstellungen hat die unmittelbare Versorgungszusage von allen Durchführungsformen den höchsten Verbreitungsgrad[11]. Der Vorteil bei den ArbGeb liegt in der Finanzierung durch Pensionsrückstellungen zu günstigem Rechnungszinsfuß. Dies führt zu einer Verminderung der Einkommens-, Körperschafts- und Ertragssteuer[12]. Dem Unternehmen bleibt in der Anwartschaftsphase die Liquidität erhalten. 67

2. Mittelbare Versorgungszusage. Eine mittelbare Versorgungszusage liegt vor, wenn die betrAV über einen externen Versorgungsträger abgewickelt wird. Der ArbGeb muss allerdings für die Erfüllung der von ihm zugesagten Leistungen einstehen, § 1 I 3. Die mittelbare Versorgungszusage basiert auf einer Dreiecksbeziehung zwischen ArbGeb, ArbN und Versorgungsträger. Letzterer erhält vom ArbGeb die Mittel, aus denen im Versorgungsfall die Leistungen an die Begünstigten zu erbringen sind. Als zwischen ArbGeb und ArbN geschalteter Versorgungsträger kommt die Direktversicherung, die Pensionskasse, die U-Kasse sowie nun auch der Pensionsfonds in Betracht[13]. 68

a) Direktversicherung. Versorgungsträger der Direktversicherung ist eine Lebensversicherungsgesellschaft, § 1b II. Es kommt zu einer Überlagerung von versicherungs- und arbeitsrechtl. Beziehungen. Der ArbGeb ist Versicherungsnehmer; der ArbN ist die versicherte Person. Dieser und/oder seine Hinterbliebenen sind bei Eintritt des Versorgungsfalles die Bezugsberechtigten[14]. Es obliegt dem ArbGeb, durch Beitragszahlung sicherzustellen, dass der Versicherer im Versorgungsfall die Leistungen an den oder die Begünstigten erbringen kann. Kommt der ArbGeb dieser Obliegenheit nicht nach, so haftet er unmittelbar gegenüber den Versorgungsberechtigten[15]. 69

---

1 *Höfer*, ART Rz. 108 ff. mwN. | 2 BMF-Schreiben v. 5.8.2002 – IV C4-S 2222–295/02 – Rz. 148, BetrAV 2002, S. 539 (554). | 3 BAG v. 30.10.1980 – 3 AZR 805/79, BAGE 34, 242; v. 30.9.1986 – 3 AZR 22/85, BAGE 53, 131. | 4 BAG v. 18.3.2002 – 3 AZR 313/02. | 5 BAG v. 18.3.2002 – 3 AZR 313/02. | 6 *Blomeyer/Rolfs/Otto*, § 1 BetrAVG Rz. 72 mwN. | 7 BAG v. 12.12.2006 – 3 AZR 476/05, DB 2007, 2043. | 8 *Höfer*, ART Rz. 96 mwN. | 9 *Schumann* in Tschöpe, Arbeitsrecht, Teil 2 E Rz. 84. | 10 *Griebeling/Griebeling*, Rz. 119 ff.; *Ahrend/Förster/Rühmann*, § 1b BetrAVG Rz. 19. | 11 *Ahrend/Förster/Rühmann*, § 1b BetrAVG Rz. 19. | 12 *Schumann* in Tschöpe, Arbeitsrecht, Teil 2 E Rz. 86 mwN. | 13 *Kemper/Kisters-Kölkes*, Rz. 23. | 14 *Griebeling/Griebeling*, Rz. 257. | 15 *Schumann* in Tschöpe, Arbeitsrecht, Teil 2 E Rz. 97.

70 **b) Pensionskassen.** Bei Pensionskassen handelt es sich um eine Sonderform einer Lebensversicherungsgesellschaft, § 1b III. Besonderes Merkmal der Pensionskassen ist, dass sie regelmäßig nur bestimmte Gruppen von ArbN versichern. Hierbei handelt es sich um Angehörige eines oder mehrerer Trägerunternehmen. Wie bei der Direktversicherung erwerben die ArbN einen Rechtsanspruch auf die zugesagte Leistung. Auch bei der Pensionskasse obliegt es dem ArbGeb sicherzustellen, dass die Versorgungsleistungen erbracht werden können. Kommt er dieser Obliegenheit nicht nach, kann es zu unmittelbaren Ansprüchen des Versorgungsberechtigten gegen den ArbGeb selbst kommen[1].

71 **c) Unterstützungskassen** sind rechtsfähige Versorgungseinrichtungen, die auf ihre Leistungen keinen Rechtsanspruch gewähren, § 1b IV. U-Kassen werden zumeist in Form einer GmbH oder eines eingetragenen Vereins geführt; wegen der bestehenden Staatsaufsicht dagegen seltener als Stiftung[2]. Der arbeitsrechtl. Verpflichtungsumfang des ArbGeb ist in vergleichbarer Weise verfestigt wie bei rechtsverbindl. unmittelbaren Versorgungszusagen oder bei mittelbaren Versorgungszusagen über Direktversicherungen und Pensionskassen. Im Gegensatz zu „rechtsverbindlichen" Versorgungszusagen besteht jedoch bei U-Kassen ein einseitiges Widerrufsrecht des ArbGeb, wenn dafür hinreichende, von der Rspr. näher definierte Gründe vorliegen[3].

72 **d) Pensionsfonds.** Seit dem 1.1.2002 hat der Gesetzgeber Pensionsfonds in § 1b III als neuen Durchführungsweg der betrAV vorgesehen. Dabei handelt es sich um rechtsfähige Versorgungseinrichtungen[4], die ArbN einen eigenen Anspruch zubilligen. Im Versorgungsfall „Alter" kann im Pensionsfall nur eine lebenslange Rente zugesagt werden (§ 112 I 2 Nr. 4 VAG). Invaliditäts- und Hinterbliebenenleistungen können als Kapital oder Rente gezahlt werden[5]. Bei Inanspruchnahme der steuerlichen Förderung gem. § 1a III sind auch Invaliditäts- und Hinterbliebenenleistungen nur in Form einer Rente möglich, § 1a III iVm. § 82 II iVm. III EStG[6]. Der Pensionsfonds unterscheidet sich von der Pensionskasse dadurch, dass die Höhe der Altersversorgungsleistungen oder die Höhe der für diese Leistungen zu entrichtenden künftigen Beiträge nicht für alle im Pensionsplan vorgesehenen Leistungsfälle zugesagt werden kann[7], also der ArbN ein gewisses Anlagerisiko trägt.

73 Pensionsfonds können nur in der Rechtsform der Aktiengesellschaft oder des Pensionsfondsvereins auf Gegenseitigkeit betrieben werden[8]. Sie unterliegen der Versicherungsaufsicht[9].

74 Die Finanzierung des Pensionsfonds erfolgt über Beiträge der ArbGeb. Diese haften für die Erfüllung der zugesagten Leistungen, § 2 IIIa sowie § 1 I 3.

75 **3. Kombinationsmöglichkeiten.** Denkbar ist auch die Kombination verschiedener Durchführungswege. Dabei können verschiedene Durchführungswege gleichzeitig nebeneinander stehen; es kann aber auch zu einem ablösenden Wechsel kommen[10].

76 **VI. Rechtsbegründungsakte.** Eine Versorgungsverpflichtung bedarf immer eines Rechtsbegründungsakts als Grundlage. Dieser ist der konkrete Verpflichtungstatbestand für die Begründung des Versorgungsverhältnisses. Für ihn stehen die fünf in § 1b geregelten Durchführungswege zur Verfügung. Der Rechtsbegründungsakt kann sowohl auf einer individualrechtl. als auch auf einer kollektivrechtl. Grundlage beruhen.

77 **1. Individualrechtliche Zusagen.** Bei individualrechtl. Zusagen ist zwischen Einzelzusagen, Einheitsregelungen, Gesamtzusagen und betriebl. Übung zu differenzieren[11].

78 **a) Einzelzusage.** Die Einzelzusage grenzt sich zu anderen individualrechtl. Versorgungszusagen dadurch ab, dass sie keinen kollektiven Bezug aufweist, also nicht an eine Gruppe von ArbN gerichtet ist. Auf sie finden die allgemeinen Regeln des Vertragsrechts Anwendung. Die Einzelzusage, die im Übrigen nicht formbedürftig ist[12], kommt durch ein entsprechendes Angebot des ArbGeb und die Annahme durch den ArbN zu Stande, die auch stillschweigend oder ohne ausdrückliche Annahmeerklärung (§ 151 S. 1 BGB) erfolgen kann, da betriebl. Versorgungszusagen begünstigender Natur sind[13]. Mit Abschluss wird die Einzelzusage Bestandteil des Arbeitsvertrages. Hiervon kann nur durch eine anderweitige Vereinbarung oder durch Kündigung bzw. Änderungskündigung abgewichen werden[14].

79 **b) Einheitsregelung.** Vertragl. Einheitsregelungen werden einheitlich für eine Mehrzahl von ArbN gefasst. Sie enthalten für alle begünstigten ArbN eine identische Regelung hinsichtlich der betrAV. Einheitsregelungen werden – wie bei der Einzelzusage – mit jedem einzelnen ArbN vereinbart. Der Unterschied zur Einzelzusage besteht also darin, dass ihr Inhalt nicht individuell ausgehandelt wird.

---

1 *Kemper/Kisters-Kölkes*, Rz. 28. |2 *Ahrend/Förster/Rühmann*, § 1b BetrAVG Rz. 48. |3 BAG v. 17.4.1985 – 3 AZR 72/83, EzA § 1 BetrAVG – Unterstützungskasse Nr. 2. |4 *Ahrend/Förster/Rühmann*, § 1b BetrAVG Rz. 26. |5 *Langohr-Plato*, Rz. 141. |6 *Kemper/Kisters-Kölkes*, Rz. 30. |7 *Kemper/Kisters-Kölkes*, Rz. 30. |8 *Ahrend/Förster/Rühmann*, § 1b BetrAVG Rz. 26. |9 *Kemper/Kisters-Kölkes*, Rz. 31. |10 Vgl. hierzu die Beispiele bei *Kemper/Kisters-Kölkes*, Rz. 35 f. |11 *Ahrend/Förster/Rühmann*, § 1 BetrAVG Rz. 57. |12 BAG v. 23.11.1973 – 3 AZR 33/73, BB 1974, 278; v. 20.7.1982 – 3 AZR 261/80, DB 1983, 50. |13 BAG v. 13.3.1975 – 3 AZR 446/74, BB 1975, 1114; v. 17.5.1966 – 3 AZR 477/65, DB 1966, 1277. |14 *Schumann* in Tschöpe, Arbeitsrecht, Teil 2 E Rz. 149 ff.; *Ahrend/Förster/Rühmann*, § 1 BetrAVG Rz. 58.

c) Gesamtzusage. Soll die Gesamtbelegschaft oder eine objektiv abgrenzbare ArbN-Gruppe betriebl. Versorgungsleistungen erhalten, so bietet sich als Rechtsbegründungsakt eine Gesamtzusage an. Hierbei handelt es sich um eine Summe gleichstrukturierter Versorgungszusagen. Diese führen zu vertragl. Ansprüchen und unterscheiden sich insoweit nicht von individualvertragl. begründeten Ansprüchen bei Einzelzusagen[1]. 80

Das Versorgungsversprechen erfolgt regelmäßig nicht durch Übergabe einer förmlichen Zusage. Oftmals wird sie durch im Betrieb verteilte Broschüren oder mittels Aushang am schwarzen Brett publiziert. Eine ausdrückliche Annahmeerklärung der begünstigten ArbN ist nicht erforderlich[2]. Sie wird über § 151 BGB Inhalt des Arbeitsvertrages[3]. 81

d) Betriebliche Übung. Eine individualrechtl. Versorgungszusage kann auch aus einer betriebl. Übung entstehen, vgl. § 1b I 4. Für den Bereich der betrAV hat das BAG zwecks dogmatischer Einordnung der betriebl. Übung das Vorliegen eines Vertrauenstatbestandes angenommen[4]. Der ArbN darf auf einen konkreten Verpflichtungswillen des ArbGeb vertrauen. Verbindlich wird der Verpflichtungswille durch ein gleichförmiges, wiederholtes Verhalten des ArbGeb. Dabei ist darauf abzustellen, ob das Verhalten des ArbGeb ein schutzwidriges Vertrauen auf Zahlung einer Betriebsrente begründet[5]. Es kommt letztlich auf die Verhältnisse des Einzelfalls an, aus denen Art und Umfang der Leistungen herzuleiten sind[6]. Sieht die Versorgungsregelung nur die Berücksichtigung bestimmter Entgeltbestandteile für die Berechnung der Betriebsrente vor, kann eine davon abweichende betriebl. Übung nicht entstehen, wenn der ArbGeb regelmäßig weitere Vergütungsanteile einbezieht[7]. Die Bezeichnung einer Leistung als freiwillig schließt das Entstehen einer betriebl. Übung nicht aus[8]. Eine betriebl. Übung kann auch nach Eintritt des Versorgungsfalles Art und Umfang der Leistungen modifizieren[9]. 82

2. Kollektivrechtliche Zusagen. Kollektiv können betriebl. Versorgungsansprüche durch TV oder durch BV bzw. durch entsprechende Vereinbarungen nach dem SprAuG begründet werden. 83

a) Tarifvertrag. Im Bereich der Entgeltumwandlung sind gem. § 1 II Nr. 3 vermehrt tarifvertragl. Versorgungsstrukturen vorzufinden. Sollen beim Anspruch auf Entgeltumwandlung iSv. § 1a Bezüge umgewandelt werden, die auf einem TV beruhen, muss der TV dies für die tarifgebundenen ArbN ausdrücklich vorsehen oder zumindest zulassen, § 17 V. Dies gilt allerdings nur für Entgeltumwandlungen, die auf Versorgungszusagen beruhen, die nach dem 29.6.2001 erteilt worden sind, § 30h. Entgeltumwandlungen, die vor diesem Termin vereinbart worden sind und die eine tarifl. Vergütung betreffen, sind arbeitsrechtl. dagegen nicht zu beanstanden; dies gilt selbst dann, wenn eine tarifl. Öffnungsklausel nicht existiert[10]. 84

TV, die eine echte arbeitgeberfinanzierte betrAV begründen, kommen eher selten vor. Als Beispiel sei die betrAV des öffentl. Dienstes genannt, die überwiegend auf TV beruht. Auch in der Bauindustrie existiert eine betrAV im Rahmen von TV[11]. 85

TV über betrAV haben eigenen Rechtsnormcharakter und bedürfen regelmäßig keiner Übernahme in den Arbeitsvertrag. Demzufolge wird die tarifvertragl. Versorgungszusage auch nicht Bestandteil des einzelnen Arbeitsvertrages[12]. 86

Wird die betrAV durch TV geregelt, so kann hierzu keine BV geschlossen werden; § 77 III u. § 87 I BetrVG. Eine Ausnahme besteht dann, wenn der TV den Abschluss von BV ausdrücklich zulässt[13]. 87

b) Betriebsvereinbarung. Anspruchsgrundlage für eine betrAV kann auch eine BV sein. Für Pensions- und U-Kassen ergibt sich dies ausdrücklich aus § 88 Nr. 2 BetrVG: Hiernach kann die Errichtung von Sozialeinrichtungen Gegenstand freiwilliger BV sein[14]. Für alle anderen Formen der betrAV resultiert die Zulässigkeit aus der umfassenden funktionellen Zuständigkeit des BR in sozialen Angelegenheiten[15]. 88

Die Ansprüche der Versorgungsberechtigten ergeben sich gem. § 77 IV BetrVG unmittelbar und zwingend aus der BV, die zu ihrer Wirksamkeit nach § 77 II 1 BetrVG der Schriftform bedarf[16]. 89

c) Vereinbarungen nach dem Sprecherausschussgesetz. Das SprAuG eröffnet für den ArbGeb und den SprAu der leitenden Angestellten die Möglichkeit, freiwillige Richtlinien ua. über den Inhalt von Arbeitsverhältnissen der leitenden Angestellten (§ 28 I SprAuG) zu vereinbaren. Hier kommen auch Richtlinien für die betrAV in Betracht[17]. Diese gelten allerdings nicht automatisch für die leitenden 90

1 BAG v. 16.9.1986 – GS 1/82, NZA 1987, 168. | 2 *Kemper/Kisters-Kölkes*, Rz. 42 ff. | 3 BAG v. 18.3.2003 – 3 AZR 101/02. | 4 BAG v. 5.2.1971 – 3 AZR 28/70, NJW 1971, 1422; v. 16.9.1986 – GS 1/82, NZA 1987, 168. | 5 *Ahrend/Förster/Rühmann*, § 1 BetrAVG Rz. 65. | 6 Vgl. BAG v. 30.10.1984 – 3 AZR 236/82, NZA 1985, 531; v. 3.12.1985 – 3 AZR 577/83, NZA 1986, 787; v. 3.2.1987 – 3 AZR 330/85, NZA 1987, 666; *Schumann* in Tschöpe, Arbeitsrecht, Teil 2 E Rz. 157 ff. | 7 BAG v. 23.4.2002 – 3 AZR 224/01, AP Nr. 1 zu § 1 BetrAVG – Betriebliche Übung. | 8 BAG v. 19.5.2005 – 3 AZR 660/03, NZA 2005, 889. | 9 BAG v. 19.5.2005 – 3 AZR 660/03, NZA 2005, 889. | 10 *Blomeyer*, DB 2001, 1413, 1416. | 11 *Kemper/Kisters-Kölkes*, Rz. 59. | 12 *Kemper/Kisters-Kölkes*, Rz. 60. | 13 *Blomeyer/Rolfs/Otto*, Anh. § 1 BetrAVG Rz. 95 ff. | 14 *Ahrend/Förster/Rühmann*, § 1 BetrAVG Rz. 55. | 15 BAG v. 16.3.1956 – GS 1/55, BAGE 3, 1. | 16 *Ahrend/Förster/Rühmann*, § 1 BetrAVG Rz. 55. | 17 *Schumann* in Tschöpe, Arbeitsrecht, Teil 2 E Rz. 147 mwN.

Angestellten; ihre normative Wirkung muss vielmehr gem. § 28 II SprAuG ausdrücklich vereinbart werden[1].

91 **3. Grundsatz der Gleichbehandlung.** Ein Rechtsbegründungsakt eigener Art ist der Versorgungsanspruch auf der Grundlage des Gleichbehandlungsgrundsatzes. Dieser ist in § 1b I 4 ausdrücklich einer Versorgungsverpflichtung, die auf einer sonstigen Zusage beruht, gleichgestellt.

92 Der Gleichbehandlungsgrundsatz verbietet die willkürliche Schlechterstellung einzelner ArbN gegenüber anderen in vergleichbarer Lage. Eine Gruppenbildung muss – gemessen am Leistungszweck – sachlichen Kriterien entsprechen. Hieraus folgt eine Eingrenzung der Vertragsfreiheit, sobald eine Gruppe nach generalisierenden Merkmalen, nach einem erkennbar gleichen Prinzip oder nach einer allgemeinen Ordnung aufgestellt ist[2]. Irrelevant ist insoweit, ob die betroffenen ArbN eine Mehrheit oder eine Minderheit der insgesamt gleichzubehandelnden Mitarbeiter darstellen[3].

93 Es obliegt dem ArbGeb darzulegen und zu beweisen, nach welchen sachlichen Kriterien er den begünstigten Personenkreis abgegrenzt hat und warum der eine Gleichbehandlung geltend machende Mitarbeiter nicht dazu gehört[4].

94 Eine Ungleichbehandlung kann sich auch aus einer **geschlechtsbezogenen Differenzierung** ergeben. Nach der st. Rspr. des EuGH verstoßen unterschiedliche Rentenzugangsalter bei Männern und Frauen gegen das Gebot der Lohngleichheit aus Art. 141 EGV, früher Art. 119 des EWG-Vertrages. Diese Differenzierungen sind jedoch für Betriebszugehörigkeitszeiten bis zum 17.5.1990 (Datum der sog. Berber-Entscheidung[5]) nach wie vor zulässig. Einen Anspruch auf Gleichbehandlung kann ein ArbN deshalb nur erheben, wenn sich sein Ruhegeld auch aus ruhegeldfähigen Dienstzeiten nach dem 17.5.1990 errechnet. Versorgungsordnungen, die unterschiedliche feste Altersgrenzen für Männer und Frauen vorsehen, verstoßen damit auch gegen den Gleichbehandlungsgrundsatz[6]. Versorgungsregelungen müssen deshalb für Männer und Frauen identische Altersgrenzen enthalten, soweit es um die Berücksichtigung von Dienstzeiten ab dem 17.5.1990 geht. Der ArbG ist berechtigt, unterschiedliche Altersgrenzen aneinander anzugleichen und zwar auch so, dass die höhere Altersgrenze für beide Geschlechter gilt. Bis zu einer solchen Neuregelung muss er die Versorgungsleistungen für das benachteiligte Geschlecht nach den Regelungen des begünstigten Geschlechts bemessen. Dabei können sich bis zu drei Teilanwartschaften ergeben (Teil aus Betriebszugehörigkeit bis 17.5.1990, Teil aus Betriebszugehörigkeit ab 18.5.1990 bis zur Neuregelung und Teil aus Neuregelung), die nach der ratierlichen Berechnungsmethode des § 2 zu ermitteln sind. Aus der Addition dieser Teilanwartschaften ergibt sich der Gesamtanspruch[7]. Dasselbe gilt, wenn zwar gleiche Altersgrenzen vorgesehen sind, aber für die vorgezogene Inanspruchnahme unterschiedliche versicherungsmathematische Abschläge gelten sollen[8]. Erfolgt die Diskriminierung durch die Leistungsordnung einer Pensionskasse, kann uU der ArbGeb unmittelbar zur Beseitigung der Ungleichbehandlung verpflichtet sein[9].

95 **4. Zusammentreffen mehrerer Begründungsakte.** Gibt es mehrere unterschiedliche Anspruchsgrundlagen, so bestimmt sich deren Rangverhältnis nach allgemeinen arbeitsrechtl. Grundsätzen. Gesetze (Europäisches Recht, Grundgesetz, einfache Gesetze) gehen TV und diese wiederum BV und arbeitsvertragl. Regelungen vor[10]. Nach dem Günstigkeitsprinzip bleiben dem ArbN günstigere Ansprüche niedrigerer Rechtsquellen erhalten.

96 Für gleichartige Rechtsbegründungsakte, die Bestandteil der einzelnen Arbeitsverträge werden, gilt das Ablösungsprinzip (Zeitkollisionsregel, zB für aufeinander folgende Einzelzusagen). Entsprechendes gilt für zeitlich hintereinander abgeschlossene TV und BV[11].

97 **VII. Leistungsvoraussetzungen.** Für den Eintritt des Versorgungsfalls müssen die in der Zusage niedergelegten Voraussetzungen erfüllt sein, von denen die Zahlung der Versorgungsleistung abhängt.

98 **1. Allgemeine Voraussetzungen.** Allgemeine Leistungsvoraussetzungen sind solche, die unabhängig von der einzelnen Leistungsart festgesetzt werden.

99 **a) Wartezeit.** Die Vereinbarung einer bestimmten Mindestwartezeit oder **Vorschaltzeit** ist häufig Inhalt von Versorgungszusagen. Danach kann eine Versorgungsleistung nur dann gefordert werden, wenn der Versorgungsfall nach einer ununterbrochenen Mindestbetriebszugehörigkeit (Wartezeit) eintritt. Bei einer **Vorschaltzeit** soll die Versorgungszusage erst nach Ablauf einer festgesetzten Zeitspanne formal wirksam werden und damit den Beginn der Unverfallbarkeitsfristen (vgl. Komm. zu § 2) hemmen.

---

1 *Ahrend/Förster/Rühmann*, § 1 BetrAVG Rz. 56. | 2 *Ahrend/Förster/Rühmann*, § 1 BetrAVG Rz. 70. | 3 BAG v. 25.1.1984 – 5 AZR 251/82, NZA 1984, 323. | 4 BAG v. 12.6.1990 – 3 AZR 166/89, DB 1991, 389; v. 12.11.1991 – 3 AZR 489/90, BB 1992, 1358. | 5 EuGH v. 17.5.1990 – C-262/88 (Barber), NZA 1990, 775; weiterentwickelt in EuGH v. 14.12.1993 – Rs. C-110/91 (Moroni), DB 1994, 228. | 6 BAG v. 18.3.1997 – 3 AZR 759/95, DB 1997, 1475; v. 3.6.1997 – 3 AZR 910/95, BB 1997, 1694. | 7 *Langohr-Plato*, Rz. 1294 f. | 8 BAG v. 23.9.2003 – 3 AZR 304/02, DB 2004, 2645. | 9 BAG v. 7.9.2004 – 3 AZR 550/03, DB 2005, 507. | 10 *Blomeyer/Rolfs/Otto*, Anh. § 1 Rz. 133. | 11 BAG v. 16.9.1986 – GS 1/82, NZA 1987, 168; v. 17.3.1987 – 3 AZR 64/84, NZA 1987, 855; v. 22.5.1990 – 3 AZR 128/89, NZA 1990, 813; *Kemper/Kisters-Kölkes*, Rz. 64.

Nach Auffassung des BAG ist eine derartige Ankündigung einer Zusage bereits als Versorgungszusage selbst zu verstehen, nämlich wenn dem ArbGeb nach Ablauf der Zeitspanne kein Spielraum mehr verbleibt, über die förmliche Erteilung des Versprechens zu entscheiden[1]. Die Dauer einer Wartezeit ist frei wählbar. Die Rspr. hat Wartezeiten bis zu 35 Jahren akzeptiert[2]. Diese als Anspruchsvoraussetzung ausgestalteten Wartezeiten sind streng von den Unverfallbarkeitsfristen nach § 1b I zu unterscheiden[3]. Sind die Unverfallbarkeitsvoraussetzungen erfüllt, kann eine vorgesehene Wartezeit auch noch nach Beendigung des Arbeitsverhältnisses erfüllt werden (§ 1b I 5).

Wartezeiten, die eine lange ununterbrochene Betriebszugehörigkeit voraussetzen und auch etwaige Vordienstzeiten im gleichen Unternehmen nicht zu ihrer Erfüllung heranziehen, sind nicht unbillig[4] und stellen für sich allein auch keine „verdeckte Diskriminierung" von Frauen dar[5]. Erst die Forderung, dass etwa eine 20-jährige Wartezeit nur in einer Vollzeitbeschäftigung abgeleistet werden kann, hat zu höchstgerichtl. Entscheidungen geführt, wonach eine solche Vereinbarung diskriminierend und unwirksam ist[6]. **100**

b) Altersgrenzen. Die Versorgungszusage kann vorsehen, dass die Leistungspflicht vor einem bestimmten Alter des ArbN nicht eintritt[7] (vgl. aber § 6). **101**

Entsprechend darf der ArbGeb festlegen, dass Leistungen beim Eintritt eines Versorgungsfalls nach Überschreiten eines Höchstalters nicht mehr zu erbringen sind oder dass beim Diensteintritt ab diesem Alter keine Altersversorgung gewährt wird[8]. **102**

c) Beendigung des Arbeitsverhältnisses. Leistungen der betrAV verfolgen den Zweck, zur Deckung des nach dem Ausscheiden aus dem Erwerbsleben entstehenden Versorgungsbedarfs beizutragen. Die Zahlung der Versorgungsleistung wird daher regelmäßig an die Bedingung der Aufgabe des konkreten Arbeitsverhältnisses oder die Einstellung der berufl. Tätigkeit geknüpft[9]. Für die Beendigung des Arbeitsverhältnisses gelten die allgemeinen arbeitsrechtl. Regeln. **103**

2) Besondere Voraussetzungen. Die verschiedenen Leistungsarten können besondere, ihren jeweils spezifischen Gegebenheiten folgende Leistungsvoraussetzungen vorsehen. **104**

a) Für Altersrente. Für die Gewährung der Altersleistung ist das Erreichen einer in der Versorgungszusage vorgesehenen festen Altersgrenze erforderlich. Dies ist der Zeitpunkt, ab dem der ArbN die ihm zugesagte Altersleistung ungekürzt beanspruchen kann. Die Versorgungszusage muss dann nicht unverfallbar sein. Auch andere Voraussetzungen, etwa eine Erwerbsminderung oder der Nachweis der Inanspruchnahme des Altersruhegelds aus der gesetzl. RV, werden vom ArbN nicht gefordert[10]. **105**

Der Gesetzgeber hat im Zuge der schrittweisen Heraufsetzung der **Regelaltersgrenze** in der gesetzl. RV (§§ 35, 235 SGB VI[11]) auch das BetrAVG entsprechend angepasst. Als späteste Altersgrenze wird nicht mehr die Vollendung des 65. LJ definiert. Entscheidend ist vielmehr, wann der Ruhegeldberechtigte die für ihn geltende Regelaltersgrenze erreicht. Ab dem Geburtsjahrgang 1947 wird mit Wirkung ab 2012 die Regelaltersgrenze um 1 Monat, ab dem Jahrgang 1959 sogar um 2 Monate angehoben. Bei langjährig Beschäftigten greift die stufenweise Anhebung ab dem Geburtsjahrgang 1949 in für die Bezieher von Regelaltersrenten vergleichbaren Schritten. Für den Geburtsjahrgang 1964 gilt dann eine Regelaltersgrenze von vollendeten 67 LJ. Von der Anhebung der Altersgrenzen ausgenommen sind Personen, die vor dem 1.1.1955 geboren sind und vor dem 1.1.2007 eine Altersteilzeitvereinbarung geschlossen haben. Gleiches gilt für ArbN, die mit Anpassungsgeld aus dem Bergbau ausgeschieden sind sowie für schwerbehinderte Menschen, wenn sie als solche am 1.1.2007 anerkannt waren (§§ 37, 236a SGB VI). Für schwerbehinderte Menschen wird ab dem Geburtsjahrgang 1952 die Altersgrenze für eine abschlagsfreie Altersgrenze stufenweise von 63 LJ auf 65 LJ angehoben (§§ 37, 236a SGB VI). Für knappschaftlich versicherte langjährig unter Tage Beschäftigte wird sie ebenfalls in Schritten um 2 Jahre angehoben (§§ 40, 238 SGB VI). Die Regelaltersgrenze gilt dann, wenn die Versorgungszusage keine andere feste Altersgrenze enthält. Die Vereinbarung einer früheren festen Altersgrenze ist weiterhin zulässig[12]. Unterschiedliche feste Altersgrenzen für Männer und Frauen verletzen dagegen den Gleichbehandlungsgrundsatz (vgl. Rz. 94 f.)[13]. **106**

Problematisch ist allerdings, wie sich die Anhebung der Regelaltersgrenze auf bereits **bestehende Versorgungszusagen** auswirkt. Legt die Versorgungszusage kein bestimmtes Alter fest, dürfte sich die **106a**

1 BAG v. 24.2.2004 – 3 AZR 5/03, DB 2004, 1158; v. 13.7.1978 – 3 AZR 278/78, BB 1979, 477; v. 15.12.1981 – 3 AZR 1100/78, BB 1982, 1488; BGH v. 4.5.1981 – II ZR 100/80, AP Nr. 9 zu § 1 BetrAVG – Wartezeit. | 2 BAG v. 9.3.1982 – 3 AZR 389/79, BB 1982, 1733; LAG Köln v. 10.11.1992 – 4 Sa 238/92, LAGE Nr. 14 zu § 1 BetrAVG. | 3 BGH v. 25.1.1993 – II ZR 45/92, NJW-RR 1993, 608; *Langohr-Plato*, Rz. 349. | 4 BAG v. 9.3.1982 – 3 AZR 389/79, DB 1982, 2089; LAG Köln v. 10.11.1992 – 4 Sa 238/92, EWiR 1993, 331. | 5 Str., vgl. hierzu *Höfer*, ART Rz. 833 mwN. | 6 EuGH v. 13.5.1986 – Rs 170/84, AP Nr. 10 zu Art. 119 EWG-Vertrag; BAG v. 14.10.1986 – 3 AZR 66/83, NZA 1987, 445. | 7 BAG v. 20.10.1987 – 3 AZR 208/86, BB 1988, 836. | 8 BAG v. 14.1.1986 – 3 AZR 456/84, NZA 1987, 23 (die hiergegen eingelegte Verfassungsbeschwerde wurde zurückgewiesen). | 9 *Höfer*, ART Rz. 842. | 10 *Höfer*, ART Rz. 852. | 11 RV-Altersgrenzenanpassungsgesetz, BGBl. I 2007, 554. | 12 *Höfer*, ART Rz. 852. | 13 *Langohr-Plato*, Rz. 1282; *Blomeyer/Rolfs/Otto*, § 2 BetrAVG Rz. 90.

Altersgrenze automatisch an die sozialrechtl. Regelaltersgrenze anpassen. Nennt die Zusage ausdrücklich die Vollendung des 65. LJ, muss durch Auslegung ermittelt werden, was damit gemeint ist. Dabei dürfte eine Rolle spielen, dass in der gesetzl. RV schon seit 1916 nur bis zum vollendeten 65. LJ Rentensteigerungen durch Beitragszahlungen möglich waren. Bei der Formulierung des Versorgungsversprechens gab es deshalb keinen Grund, ein anderes Alter festzulegen, wenn an die in der Sozialversicherung geltende Altersgrenze angeknüpft werden sollte[1]. Gelangt man allerdings bei der Auslegung dazu, dass die Vollendung des 65. LJ doch als feste Altersgrenze zu verstehen ist, erfolgt keine Korrektur über § 41 S. 2 SGB VI. Diese Bestimmung besagt, dass Vereinbarungen, die eine Beendigung des Arbeitsverhältnisses zur Vollendung des 65. LJ vorsehen, als auf die Regelaltersgrenze abgeschlossen gelten. Die Bestimmung befasst sich aber nur mit der Beendigung des Arbeitsverhältnisses, nicht mit dem Inhalt desselben. Es bleibt deshalb bei der Altersgrenze in der Zusage[2]. Ob dann eine Anpassung gem. § 313 I BGB in Betracht kommt, erscheint fraglich. Auch bei einer Gesamtversorgung wird man im Wege der Auslegung im Zweifel nicht zu dem Ergebnis gelangen können, der ArbGeb wolle die Betriebsrente zunächst ohne Anrechenbarkeit der Sozialversicherungsrente alleine zahlen, bis der Berechtigte nach Erreichen der Regelaltersgrenze auch die gesetzliche Rente bezieht[3]. Hier wird man davon ausgehen müssen, dass die gesetzl. Rente anzurechnen ist, auf die bei Erreichen der Regelaltersgrenze Anspruch besteht. Bei einer unterhalb der Vollendung des 65. LJ liegenden Altersgrenze spricht hingegen viel dafür, dass auch dieses Lebensalter gemeint ist. Gründe, diese ihrerseits durch Auslegung der Zusage schrittweise anzuheben, dürften schwerlich auszumachen sein, zumal wegen der vielfältigen Gestaltungsmöglichkeiten dafür hinreichend deutliche Anknüpfungspunkte vorhanden sein müssten. Indes dürfte bei einer unter der Regelaltersgrenze liegenden festen Altersgrenze kein Risiko bestehen, dass der ArbGeb sowohl Betriebsrente als auch Entgelt bezahlen muss, wenn sich der ArbN entschließt, über die feste Altersgrenze hinaus bis zum Erreichen der Regelaltersgrenze weiter zu arbeiten. Die Versorgungszusage dürfte idR so auszulegen sein, dass das Ruhegeld an die Stelle eines Arbeitseinkommens treten soll und damit eine Ausscheiden aus dem Erwerbsleben voraussetzt[4].

107 **b) Für Invaliditätsleistungen.** Voraussetzung für die Gewährung einer Invaliditätsleistung ist, dass der Versorgungsberechtigte vor Erreichen der festen Altersgrenze auf Grund körperlicher, geistiger oder seelischer Gebrechen voraussichtlich vorübergehend, aber für längere Zeit nicht mehr in der Lage ist, seine Arbeitsleistung in der vertragl. geschuldeten Weise[5] zu erbringen. In der Versorgungszusage kann der Begriff der Invalidität aber auch eigenständig definiert werden.

108 **c) Für Hinterbliebenenleistungen.** Hinterbliebenenleistungen werden durch den Tod des begünstigten ArbN ausgelöst. Kommt es zu einem Ableben während des Bestehens des Beschäftigungsverhältnisses spricht man von „Aktiventod"; verstirbt er erst als Empfänger einer Alters- oder Invalidenleistung oder als Inhaber einer aufrechterhaltenen Versorgungsanwartschaft, so ist die Begrifflichkeit „Rentnertod" gebräuchlich[6]. Eine Beschränkung des Versorgungsfalls nur auf den „Aktiventod" oder nur auf den „Rentnertod" ist grds. zulässig[7].

109 Begünstigte für die Hinterbliebenenleistung sind die in der Versorgungszusage benannten Personen, also regelmäßig – aber nicht zwingend – der hinterbliebene Ehepartner und/oder die Kinder des Verstorbenen[8].

110 **VIII. Berechnung der Versorgungsleistung. 1. Grundlagen.** Die Höhe der Versorgungsleistung richtet sich häufig, wenn keine Festbeträge zugesagt werden, nach der bis zum Versorgungsfall zurückgelegten „versorgungsfähigen Dienstzeit". Eine Ausnahme hiervon bilden Direktversicherungen, bei denen die Dienstzeit von untergeordneter Bedeutung ist. Ein weiterer Faktor für die Leistungshöhe ist häufig auch ein „versorgungsfähiges Einkommen".

111 **a) Versorgungsfähige Dienstzeit.** Der ArbGeb kann frei festlegen, in welchem Umfang eine zurückzulegende Dienstzeit für die Leistungshöhe maßgeblich sein soll. Insb. kann er bestimmen, dass nicht die gesamte abgeleistete Dienstzeit leistungssteigernd wirkt. So können etwa Ausbildungs-, Einarbeitungs-, Ruhens- oder Probezeiten oder ein anderer bestimmter Zeitraum als nicht leistungssteigernd erklärt werden. Es ist auch zulässig, die Anzahl der rentenfähigen Dienstjahre zu beschränken[9].

112 Der ArbGeb kann dem ArbN grds. aber auch fiktive Dienstzeiten zubilligen, um einen versorgungsfähigen Anspruch einzuräumen oder zu erhöhen[10].

113 **b) Versorgungsfähiges Einkommen.** Unterschiedliche Verdienst- und Leistungsstrukturen innerhalb einer Belegschaft können auch in einem Versorgungswerk berücksichtigt werden. Versorgungssysteme, bei denen die Höhe der zugesagten Leistungen in direktem Bezug zu dem Einkommen stehen, sind daher weit verbreitet. Dabei wird regelmäßig auf das Einkommen abgestellt, das der Begünstigte entweder unmittelbar vor Eintritt des Versorgungsfalles oder im Durchschnitt während seiner Betriebs-

1 So auch *Höfer/Witt/Kuchem*, BB 2007, 1445. | 2 *Baumeister/Merten*, DB 2007, 1306. | 3 So auch *Baumeister/Merten*, DB 2007, 1306. | 4 So auch *Cisch/Kruip*, BB 2007, 1162. | 5 *Höfer*, ART Rz. 857. | 6 *Höfer*, ART Rz. 875. | 7 LAG Hamm v. 12.11.1985 – 6 Sa 1123/85, nv. | 8 *Griebeling/Griebeling*, Rz. 450 ff. | 9 *Höfer*, ART Rz. 925. | 10 *Höfer*, ART Rz. 926.

zugehörigkeit erhalten hat; man spricht insoweit auch von „endgehaltsbezogener Versorgungszusage" und „durchschnittsgehaltsbezogener Versorgungszusage"[1].

Bei der Einkommensermittlung ist im Zweifel davon auszugehen, dass alle regelmäßig gewährten Einkommensteile, die nicht ausdrückl. ausgenommen sind, zum versorgungsfähigen Einkommen zählen[2]. 114

Die Leistungshöhe wird regelmäßig durch einen frei vom ArbGeb wählbaren Prozentsatz des versorgungsfähigen Entgelts festgelegt. Zulässig ist auch eine Differenzierung nach Einkommensanteilen unterhalb und oberhalb der BBG in der gesetzl. RV[3]. Es ist auch zulässig, bestimmte Vergütungsanteile nicht in die Ruhegeldberechnung mit einzubeziehen[4]. 115

2. Versorgungssysteme. Für den ArbGeb besteht weder eine Verpflichtung zur Gewährung betrAV, noch eine Notwendigkeit, betriebl. Versorgungssysteme in besonderer Hinsicht materiell auszugestalten. Hiervon macht lediglich § 1a I 3 für die Entgeltumwandlung eine Ausnahme. Das BetrAVG garantiert nur einen gewissen Mindeststandard, der nach § 17 III unabdingbar ist. Im Übrigen gilt aber – unter Beachtung des Gleichbehandlungsgrundsatzes und der MitbestR des BR – der allgemeine Grundsatz der Vertragsfreiheit. Art und Umfang der betrAV hängen daher maßgeblich von den arbeitgeberseitig verfolgten individuellen Zielsetzungen ab. Dies erklärt die Vielzahl der in der Praxis anzutreffenden unterschiedlichen Versorgungssysteme[5]. 116

a) Statische Versorgungssysteme. Ein statisches Versorgungssystem ist dadurch gekennzeichnet, dass den ArbN ein Festbetrag als Altersruhegeld zugesagt wird oder sie einen bestimmten Betrag für jedes zurückgelegte Dienstjahr erhalten. Die Versorgung ist dann weder leistungs- noch bedarfsorientiert. Sie unterliegt dem Risiko einer erheblichen Wertminderung, da die zugesagte Leistung im Anwartschaftszeitraum nicht anzuheben ist[6]. 117

b) Dynamische Versorgungssysteme. Dagegen sind vergütungsabhängige Versorgungssysteme stärker am Entgeltcharakter orientiert. Die betriebl. Versorgungsleistung erhöht sich hier durch Steigerungsbeträge pro Dienstjahr, deren Höhe vom letzten Entgelt vor dem Ausscheiden abhängig sind. Gebräuchl. sind auch Modelle mit einem Sockelbetrag und geringeren Steigerungsbeträgen. Oftmals werden auch nur bestimmte Beschäftigungsjahre berücksichtigt[7]. Von einem **halbdynamischen** Ruhegeld spricht man, wenn ein festes Ruhegeld versprochen wird, welches sich in bestimmten Rhythmen nach Maßgabe bestimmter Faktoren (zB die Geldentwertungsrate, tarifl. Vergleichseinkommen, oÄ) verändert. Eine **Volldynamik** besteht dann, wenn sich der Ruhegeldanspruch während der Anwartschafts- und der Leistungsphase bspw. am Einkommen eines noch aktiven vergleichbaren ArbN orientiert[8]. 118

c) Bausteinzusagen stellen eine Mischung aus einem Festbetragssystem und einer bezügeabhängigen teildynamischen Versorgungszusage dar. Dabei wird für jedes Dienstjahr ein bestimmter Prozentsatz des jew. in dem betreffenden Dienstjahr bezogenen Einkommens ermittelt. Dieser Betrag wird als Nominalbetrag für jedes Dienstjahr festgeschrieben. Die zu zahlende Rente ergibt sich aus der aufaddierten Summe der für die einzelnen Dienstjahre ermittelten Steigerungsbeträge[9]. 119

d) Hierarchische Versorgungszusagen. Versorgungssysteme können auch die Einstufung der ArbN nach Zugehörigkeit zu einer bestimmten – idR hierarchisch gegliederten – Personengruppe („Versorgungsgruppe") vorsehen. Die Einteilung erfolgt dann häufig nach ausgeübten Funktionen, zB Arbeiter, Vorarbeiter, Meister, Abteilungsleiter, leitende Angestellte ua. Mit einem solchen System wird der im Betrieb geltenden Verdienststruktur des maßgeblichen TV oder sonstiger Vergütungsregelungen Rechnung getragen[10]. 120

Das BAG billigt solche hierarchisch strukturierten Versorgungsregelungen ausdrücklich. Es liegt selbst dann kein Verstoß gegen das Gebot der Gleichbehandlung vor, wenn dadurch nur männlichen ArbN in einer höheren betriebl. Funktionsstufe eine Versorgungszusage erteilt wurde[11]. 121

e) Gesamtversorgungszusagen. Bei Gesamtversorgungssystemen wird eine verhältnismäßig hohe Betriebsrente vom ArbGeb versprochen, auf die von anderer Seite gewährte Versorgungsleistungen, wie etwa die gesetzl. Rente oder Ansprüche aus einer Lebensversicherung, die mindestens zur Hälfte mit Beiträgen des ArbGeb finanziert worden sind, angerechnet werden. Häufig wird dabei ein bestimmter Versorgungsgrad festgelegt, den die Leistungen aus der betrAV zusammen mit den anzurechnenden Leistungen nicht überschreiten dürfen[12]. 122

1 *Höfer*, ART Rz. 933. | 2 BAG v. 5.8.1986 – 3 AZR 515/85, NZA 1987, 312. | 3 *Höfer*, ART Rz. 943. | 4 BAG v. 15.2.2005 – 3 AZR 237/04, AP Nr. 134 zu § 1 TVG – Tarifverträge. | 5 *Langohr-Plato*, Rz. 202, 205. | 6 *Schumann* in Tschöpe, Arbeitsrecht, Teil 2 E Rz. 67 f. | 7 *Andresen/Förster/Rößler/Rühmann*, Teil 6 Rz. 45 ff.; *Schumann* in Tschöpe, Arbeitsrecht, Teil 2 E Rz. 69. | 8 *Blomeyer/Rolfs/Otto*, Anh. § 1 BetrAVG Rz. 217. | 9 *Ahrend/Förster/Rühmann*, § 1 BetrAVG Rz. 41; *Schumann* in Tschöpe, Arbeitsrecht, Teil 2 E Rz. 72 mwN. | 10 *Höfer*, ART Rz. 947. | 11 BAG v. 11.11.1986 – 3 ABR 74/85, NZA 1987, 449. | 12 *Schumann* in Tschöpe, Arbeitsrecht, Teil 2 E Rz. 81; *Ahrend/Förster/Rühmann*, § 5 BetrAVG Rz. 2.

123 Gesamtversorgungssysteme bergen für den ArbGeb wegen der ungewissen Entwicklung der gesetzl. RV hohe Risiken. Denn die Betriebsrente schließt hier die Lücke zwischen einer im Voraus kalkulierten gesetzl. Rente und dem zugesagten Versorgungsniveau. Bleibt die gesetzl. Rente hinter den Annahmen zurück, erhöhen sich im gleichen Maß die betriebl. Leistungen. Durch die Zusage einer Gesamtversorgung übernimmt der ArbGeb praktisch die Position eines Ausfallbürgen für die gesetzl. Grundsicherung[1].

124 **IX. Abänderung von Versorgungszusagen.** Bei bestehenden Versorgungswerken ergibt sich oftmals für den ArbGeb ein Änderungsbedarf. Die Gründe hierfür können unterschiedlich sein. Bedeutendste Fallgruppe ist der **Widerruf** oder die **Kürzung von Leistungen** der betrAV aus wirtschaftl. Gründen. Ein Abänderungsbedürfnis kann aber auch bestehen, wenn der ArbGeb betrAV-Leistungen **neu strukturieren** möchte, etwa um bestehende Ungerechtigkeiten zu beseitigen oder das Versorgungssystem zu vereinfachen. Ein Änderungsbedarf kann auch entstehen, wenn das ursprüngliche Versorgungsziel überschritten wird und eine Überversorgung entsteht. Schließlich können **Fälle grob vertragswidrigen Verhaltens** des ArbN den ArbGeb dazu bewegen, über einen Widerruf der versprochenen Altersversorgung nachzudenken.

125 **1. Abänderung aus wirtschaftlichen Gründen.** Art, Inhalt und Umfang von Veränderungsmöglichkeiten hängen maßgeblich von der **Anspruchsgrundlage** ab. Es ist von erheblicher Bedeutung, ob Basis für das Versorgungswerk kollektivrechtl. oder aber vertragl. Grundlagen sind. Die Palette der Änderungsmöglichkeiten wird zudem maßgeblich von dem Durchführungsweg geprägt. Es kommt also darauf an, ob eine Direktzusage oder Direktversicherung besteht, Ansprüche über eine Pensionskasse oder einen Pensionsfonds begründet werden oder aber Leistungen einer U-Kasse zugesagt worden sind. Die ersten vier Fallgestaltungen unterscheiden sich von der letztgenannten dadurch, dass auf ihre Leistungen ein Rechtsanspruch besteht, während eine U-Kasse von Gesetzes wegen eine Einrichtung ist, auf deren Leistungen ein solcher Anspruch gerade nicht eingeräumt wird, § 16 S. 1.

126 **a) Arbeitsvertragliche Ruhegeldzusagen.** Vertragl. Ansprüche können auf verschiedene Weise begründet werden. Sowohl klassische Einzelzusagen als auch Gesamtzusagen, vertragl. Einheitsregelungen oder betriebl. Übungen begründen arbeitsvertragl. Rechte, die auch nur mit dem für das Vertragsrecht vorgesehenen rechtl. Instrumentarium abgeändert oder beseitigt werden können.

127 **aa) Änderungsvereinbarung.** Eine Änderungsvereinbarung setzt das **Einverständnis des ArbN** voraus. Dabei ist § 17 zu beachten. Nach dessen Abs. 3 kann von bestimmten gesetzl. Bestimmungen nur durch TV abgewichen werden. Im Übrigen ist ein **Abweichen zuungunsten des ArbN verboten**. So können bspw. keine längeren Unverfallbarkeitsfristen vereinbart werden. Zu den Bestimmungen, von denen nicht abgewichen werden darf, gehört auch das Abfindungs- und Verzichtsverbot des § 3 I. Nach dieser Regelung kann eine Versorgungsanwartschaft, die der ArbN nach § 1b I–III und V bei Beendigung des Arbeitsverhältnisses behält, nur unter den Voraussetzungen des § 3 Ib S. 2–6 abgefunden werden. Das BAG hat zu § 3 BetrAVG aF entschieden, dass eine Versorgungsanwartschaft, die nicht wirksam abgefunden werden darf, auch nicht wirksam erlassen werden kann[2]. Das Abfindungs- und Verzichtsverbot gilt aber nur bei Beendigung des Vertragsverhältnisses, nicht wenn der Verzicht oder die Abfindung während des laufenden Arbeitsverhältnisses vereinbart werden[3]. Gelingt es dem ArbGeb, seinem ArbN im gesetzl. Rahmen des § 17 eine Verschlechterung seiner arbeitsvertragl. Position abzuhandeln, so begegnet dies keinen rechtl. Bedenken.

128 **bb) Änderungskündigung.** Kann der ArbGeb keine Änderungsvereinbarung durchsetzen, so bleibt die Möglichkeit einer Änderungskündigung. Mit ihr wird das bisherige Arbeitsverhältnis beendet, aber zugleich dessen Fortsetzung unter geänderten Arbeitsbedingungen angeboten. Der ArbN hat unterschiedliche Möglichkeiten, auf die Änderungskündigung zu reagieren. Er kann das Änderungsangebot vorbehaltlos **annehmen**. Geschieht dies, ändert sich mit Ablauf der Kündigungsfrist der Inhalt des Arbeitsverhältnisses und damit auch der Versorgungszusage. Er kann das Änderungsangebot **ablehnen**; die Änderungskündigung wandelt sich dann praktisch in eine Beendigungskündigung. Unternimmt der ArbN nichts weiter, so endet das Arbeitsverhältnis mit Ablauf der Kündigungsfrist. Erhebt er **Kündigungsschutzklage**, so hängt der Fortbestand der Altersversorgungslasten von dem Ausgang des gerichtl. Verfahrens ab. Der ArbN kann schließlich das Änderungsangebot unter dem **Vorbehalt des § 2 I KSchG** annehmen. Er kann also erklären, dass er das Angebot, das Arbeitsverhältnis unter geänderten Bedingungen fortzusetzen, nur unter dem Vorbehalt annehme, dass die inhaltliche Veränderung der Altersversorgungsbedingungen nicht sozial ungerechtfertigt ist. Gewinnt der ArbN den Prozess, so verbleibt es bei den ursprünglichen Regelungen. Verliert er ihn, so wird das Arbeitsverhältnis mit den geänderten Altersversorgungsbedingungen fortgesetzt. Aber auch bei einer erfolgreichen Änderungskündigung werden Versorgungsansprüche keineswegs in jedem Fall vollständig beseitigt. Verbleibt der ArbN bis zum Eintritt des Versorgungsfalles in den Diensten des ArbGeb oder erreicht er die Unverfall-

1 *Schumann* in Tschöpe, Arbeitsrecht, Teil 2 E Rz. 82; *Steinmeyer*, RdA 2005, 345. | 2 BAG v. 22.9.1987 – 3 AZR 194/86, DB 1988, 656. | 3 BAG v. 14.8.1990 – 3 AZR 301/89, MDR 1991, 181.

barkeitsfristen des § 1b, so kann nur unter bestimmten Voraussetzungen in bereits erdiente Versorgungsrechte eingegriffen werden (vgl. Rz. 150 ff.).

Zu beachten ist, dass eine Änderungskündigung im Anwendungsbereich des KSchG (§ 23 KSchG) der **sozialen Rechtfertigung** bedarf. Es gelten die Maßstäbe des KSchG. Der ArbGeb wird also betriebsbedingte Gründe nachweisen müssen. Eine Änderungskündigung mit dem Ziel, Einsparungen zu ermöglichen, lässt das BAG idR aber nur dann zu, wenn auf andere Weise eine akute Gefahr für die Arbeitsplätze oder eine Existenzgefährdung des Unternehmens nicht vermieden werden können[1]. Änderungskündigungen zum Zweck der Reduzierung von Versorgungsverbindlichkeiten spielen deshalb eine untergeordnete Rolle. IdR sind sie auch ein ungeeignetes Mittel, wenn es darum geht, ein Versorgungswerk als Ganzes an geänderte Verhältnisse anzupassen. Hier hilft dem ArbGeb die soziale Rechtfertigung einer einzelnen Kündigung meist nicht weiter[2]. 129

cc) Anfechtung, Rücktritt, Unmöglichkeit, Verzug. Weitere zivilrechtl. Instrumentarien zur Veränderung von Leistungsverpflichtungen sind auch nach der Schuldrechtsnovelle[3] die Anfechtung, der Rücktritt und die Gestaltungsmöglichkeiten bei Verzug oder Unmöglichkeit. Auch sie sind allenfalls in **besonders gestalteten Einzelfällen** zur Veränderung von Altersversorgungsverpflichtungen geeignet. Sie spielen deshalb ebenfalls nahezu keine Rolle. 130

dd) Widerruf. Erhebl. Bedeutung für die Änderung auf vertragl. Grundlage bestehender Altersversorgungsansprüche hat der (Teil-)Widerruf von Versorgungszusagen. Da das Vertragsrecht von dem Grundsatz „pacta sunt servanda" geprägt wird, kommt ein Widerruf nur dann in Betracht, wenn er vorbehalten war oder aber der Schuldner eine Störung der Geschäftsgrundlage nach § 313 BGB einwenden kann. 131

(1) Vorbehaltener Widerruf. Dem ArbGeb steht es natürlich frei, sich den Widerruf der Versorgungsleistungen vertragl. vorzubehalten. Ein Vorbehalt, die zugesagten Leistungen der betrAV **jederzeit frei zu widerrufen**, ist für den ArbGeb jedoch aus steuerrechtl. Gründen nicht attraktiv, unabhängig von der Frage, ob ein Widerruf nicht am gesetzlichen Kündigungsschutz scheitert. In aller Regel sind Versorgungszusagen nur dann für ein Unternehmen interessant, wenn es auch entsprechende steuermindernde Rückstellungen bilden kann. Steuerlich begünstigte Pensionsrückstellungen nach § 6a EStG kann aber nur der bilden, der sich verbindlich verpflichtet. Versorgungszusagen enthalten deshalb nur die in Abschnitt 41 Abs. 4 EStR aufgeführten sog. steuerunschädlichen Vorbehalte. Diese lassen den **Widerruf nur unter eng begrenzten Voraussetzungen** zu; regelmäßig nur dann, wenn sich die rechtl. oder wirtschaftl. Bedingungen für den ArbGeb so nachhaltig geändert haben, dass dem Unternehmen die volle oder teilweise Aufrechterhaltung der zugesagten Leistungen nicht mehr zugemutet werden kann[4]. Solche steuerunschädlichen Vorbehalte dienen lediglich als Hinweis auf eine Störung der Geschäftsgrundlage. Der Vorbehalt ist insoweit entbehrlich, weil auch ohne ihn bei einer schwerwiegenden Störung der Geschäftsgrundlage eine Anpassung bis hin zum Widerruf der Versorgungsleistungen möglich wäre[5]. 132

(2) Wegfall/Störung der Geschäftsgrundlage. Das Argument des Wegfalls der Geschäftsgrundlage, nun in § 313 BGB als Störung der Geschäftsgrundlage kodifiziert, lässt das BAG nur in sehr eingeschränktem Maße zu. Positiv entschieden hat es **nur in zwei Fallgruppen**, nämlich im Falle des Widerrufs von Versorgungsleistungen wegen einer wirtschaftl. Notlage des ArbGeb und bei der Beseitigung unerwünschter Überversorgungen. 133

(3) Wirtschaftliche Notlage. Die Rspr. begriff den Sicherungsfall des § 7 I 3 Nr. 5 BetrAVG aF als gesetzl. normierten Tatbestand des Wegfalls der Geschäftsgrundlage[6], nunmehr als „Störung der Geschäftsgrundlage" in § 313 BGB kodifiziert. Als wirtschaftl. Notlage verstand der Ruhegeldsenat eine **extreme konkursnahe Situation des ArbGeb.** Es waren also strenge Maßstäbe zu erfüllen. Weil der Widerruf wegen wirtschaftl. Notlage ein Sicherungsfall für den Pensions-Sicherungs-Verein (PSVaG) als Träger der gesetzl. Insolvenzsicherung für Ansprüche aus betrAV war, waren auch nicht nur die rechtl. Interessen des ArbGeb und der ArbN berührt, sondern auch die des PSVaG. § 7 I 3 Nr. 5 BetrAVG aF sah die Einstandspflicht des Insolvenzsicherers deshalb auch nur dann vor, wenn die Kürzung oder Einstellung von Versorgungsleistungen wegen wirtschaftl. Notlage durch rechtskräftiges Urteil eines Gerichts für zulässig erklärt worden war (vgl. § 7 Rz. 48) bzw. der PSVaG dem Widerruf zuvor zugestimmt hatte[7]. Nachdem nun der Gesetzgeber den Sicherungsfall der wirtschaftl. Notlage aufgehoben hat, kommt ein Widerruf wegen Wegfalls oder Störung der Geschäftsgrundlage nicht mehr in Betracht[8]. Zum Teil wird vertreten, dass nach wie vor ein Widerruf zulässig sein müsse, das gelte jedenfalls dann, wenn ein Widerrufsrecht vorbehalten sei[9]. Andere Stimmen nehmen an, dass ein Widerruf ausgeschlossen ist 134

---

1 BAG v. 20.3.1986 – 2 AZR 294/85, NZA 1986, 824; v. 11.10.1989 – 2 AZR 61/89, NZA 1990, 607. | 2 Vgl. *Griebling*, NZA 1989, Beil. 3, 26 (29). | 3 BGBl. 2001 I S. 3138. | 4 *Blomeyer/Rolfs/Otto*, Anh. § 1 BetrAVG Rz. 486. | 5 *Griebeling*, NZA 1989, Beil. 3, 26 (30). | 6 BAG v. 26.4.1988 – 3 AZR 277/87, AP Nr. 3 zu § 1 BetrAVG – Geschäftsgrundlage. | 7 BAG v. 24.4.2001 – 3 AZR 402/00, DB 2001, 1787. | 8 BAG v. 17.6.2003 – 3 AZR 396/02, DB 2004, 324; v. 31.7.2007 – 3 AZR 373/06. | 9 *Höfer*, § 7 Rz. 4385; *Diller*, ZIP 2000, 772; *Schwerdtner*, FS Uhlenbruck, 2000, S. 799.

(vgl. auch § 7 Rz. 48)[1]. Sachgerecht dürfte sein, dass der ArbGeb sich um einen außergerichtl. Vergleich mit dem PSVaG ernsthaft bemühen muss, will er die Versorgungsleistungen einstellen. Ist der PSVaG dazu nicht bereit, hat der ArbGeb aus dem Rechtsgrund des § 242 BGB die Pflicht, die Eröffnung des Insolvenzverfahrens zu beantragen[2].

135 **(4) Überversorgung.** Ein Widerruf von Versorgungsleistungen ohne ausdrücklichen Vorbehalt lässt das BAG auch bei planwidrigen Überversorgungen zu. Eine Überversorgung liegt zumindest dann vor, wenn die Ruhestandsbezüge (gesetzl. Altersruhegeld zzgl. Betriebsrente) **die Aktiven-Bezüge übersteigen**. Allerdings weist das BAG darauf hin, dass Betriebsrentner nicht mehr mit den für die Erzielung des Arbeitseinkommens typischerweise verbundenen Aufwendungen belastet sind, so dass auch schon ein unter dem bisherigen Nettoaktiveinkommen liegendes Versorgungsniveau eine Vollversorgung beinhalten kann[3]. Eine Überversorgung liegt aber auch dann vor, wenn ein vom Versorgungsgeber vorgegebener Versorgungsgrad überschritten wird[4]. Ist die Überversorgung nicht gewollt, so kann der ArbGeb eine Reduzierung seiner Versorgungsleistungen vornehmen. Dabei kann nach Auffassung des BAG ausnahmsw. auch in bereits erdiente Besitzstände eingegriffen werden, für die der Versorgungsberechtigte die Gegenleistung in Form der geleisteten Betriebstreue endgültig erbracht hat. Insoweit ergibt sich nach Ansicht des BAG die Notwendigkeit, Verträge an die geänderten Verhältnisse anzupassen, um die Vertragsgerechtigkeit wieder herzustellen[5]. Über diesen Weg wird nur in Ausnahmefällen, nämlich dann, wenn die bisherige Versorgungsregelung bei dem überwiegenden Teil der Berechtigten zu einer Überversorgung führt, eine Begrenzung des Gesamtvolumens eines Versorgungswerkes herbeizuführen sein. Wesentliches Kriterium ist dann, ob es sich wirklich um eine **planwidrige** Überversorgung handelt. War die Gefahr einer solchen Überversorgung dem ArbGeb bekannt und handelt er dennoch über Jahre hinweg nicht, so spricht einiges gegen eine Planwidrigkeit und für einen Schutz der betroffenen ArbN[6]. Eine Überversorgung, die einen Eingriff in erdiente Besitzstände ermöglicht, liegt aber auch dann vor, wenn bei einer Versorgungszusage mit einer Begrenzungsklausel der angestrebte Nettoversorgungsgrad spürbar überschritten wird[7]. Befindet sich der Versorgungsberechtigte bereits im Ruhestand, kommt regelmäßig eine Kürzung nicht mehr in Betracht [8]. Da dieser auf eine Reduzierung seines Ruhestandseinkommens nicht mehr durch Eigenvorsorge reagieren kann, kommt allenfalls eine Begrenzung künftiger Rentensteigerungen in Betracht[9].

136 Im **öffentl. Dienst** lässt das BAG sogar den Abbau einer planmäßigen Überversorgung zu. Entscheidend ist dabei, dass auch in der Rechtsform des öffentl. Rechts gehandelt wird, denn anderenfalls kommt es auf die für die Privilegierung notwendige Anwendung haushaltsrechtl. Grundsätze nicht an[10]. Im Falle eines SozV-Trägers entschied das BAG, dass dieser Aufgaben der Solidargemeinschaft zu erfüllen habe und nicht der Überversorgung seiner Bediensteten diene. Insoweit entstehe kein schutzwürdiges Vertrauen[11].

137 **ee) Nachfolgende Betriebsvereinbarung.** Mittels BV kann grds. nicht in Versorgungsrechte eingegriffen werden, deren rechtl. Grundlage ein **arbeitsvertragl. Anspruch** ist. Bis zum Vorlagebeschluss des 5. Senats v. 8.12.1982[12] nahm der Ruhegeldsenat an, wegen ihres kollektiven Bezuges dürfe in **Gesamtzusagen** und **betriebliche Einheitsregelungen** durch nachfolgende BV zu Lasten der ArbN eingegriffen werden. Diese Möglichkeit hat der Große Senat mit Beschl. v. 16.9.1986 eingeschränkt[13].

138 Vertragl. begründete Ansprüche der ArbN auf betriebl. Ruhegelder, die auf eine vom ArbGeb gesetzte Einheitsregelung oder Gesamtzusage zurückgehen, können durch eine nachfolgende BV in den Grenzen von Recht und Billigkeit beschränkt werden, soweit die neue Regelung insgesamt bei kollektiver Betrachtung **nicht ungünstiger** ist. Es ist ein sog. **kollektiver Günstigkeitsvergleich** vorzunehmen. Der ArbGeb darf sein Versorgungswerk danach umstrukturieren, wenn damit der Dotierungsrahmen insgesamt nicht eingeschränkt wird. Das bedeutet zugleich, dass durch BV eine Reduzierung von auf arbeitsvertragl. Grundlagen beruhenden Versorgungslasten nicht herbeigeführt werden kann.

139 Soweit lediglich **umstrukturiert** wird, unterliegt die neue Regelung ebenfalls einer gerichtl. Billigkeitskontrolle[14]. Auch bei Beibehaltung des **Dotierungsrahmens**[15] kann folglich nicht einschränkungslos in die Rechte Einzelner eingegriffen werden[16].

140 Von dem Grundsatz, dass durch nachfolgende BV nicht in Versorgungsrechte aus betriebl. Einheitsregelungen oder Gesamtzusagen eingegriffen werden kann, macht das BAG unter dem Gesichtspunkt

1 *Bepler*, BetrAV 2000, 19; so nun auch BAG v. 17.6.2003 – 3 AZR 396/02, DB 2004, 324. | 2 So auch *Höfer*, § 7 BetrAVG Rz. 4385, 4388 ff. | 3 BAG v. 27.6.2006 – 3 AZR 212/05; v. 25.4.2004 – 3 AZR 123/03, AP BetrAVG Überversorgung Nr. 11. | 4 BAG v. 28.7.1998 – 3 AZR 357/97, AP Nr. 9 zu § 79 LPVG Baden-Württemberg. | 5 BAG v. 9.7.1985 – 3 AZR 546/82, AP Nr. 6 zu § 1 BetrAVG – Ablösung; v. 23.9.1997 – 3 ABR 85/96, NZA 1998, 719; v. 28.7.1998 – 3 AZR 100/98, NZA 1999, 444; v. 9.11.1999 – 3 AZR 502/98, NZA 2001, 98. | 6 BAG v. 23.10.1990 – 3 AZR 260/89, DB 1991, 449. | 7 BAG v. 23.9.1997 – 3 ABR 85/96, NZA 1998, 719. | 8 Hierzu tendierend BAG v. 27.6.2006 – 3 AZR 212/05. | 9 *Schipp*, RdA 2007, 340. | 10 BAG v. 13.11.2007 – 3 AZR 460/06. | 11 BAG v. 19.11.1990 – 3 AZR 167/02; v. 25.5.2004 – 3 AZR 123/03, DB 2005, 1802. | 12 BAG v. 8.12.1982 – 5 AZR 316/81, BAGE 41, 118. | 13 BAG v. 16.9.1986 – GS 1/82, BAGE 53, 42. | 14 BAG v. 16.9.1986 – GS 1/82, BAGE 53, 42. | 15 Zum Begriff des Dotierungsrahmens instruktiv BAG v. 17.6.2003 – 3 ABR 39/03, DB 2004, 714. | 16 Vgl. auch BAG v. 28.7.1998 – 3 AZR 357/97, DB 1999, 750.

des **Vertrauensschutzes** Ausnahmen. Der 3. Senat vertrat ursprünglich die Auffassung, durch nachfolgende BV könne auch in Versorgungsansprüche eingegriffen werden, die durch Gesamtzusage oder eine betriebliche Einheitsregelung begründet wurden[1]. Mit Urt. v. 12.8.1982 nahm der 6. Senat des BAG einen davon abweichenden Rechtsstandpunkt ein[2]. Mit Entscheidung v. 20.11.1990 hat der 3. Senat des BAG klargestellt, dass sich ArbGeb jedenfalls bis zum Bekanntwerden des Urt. des 6. Senats v. 12.8.1982 auf die damalige Rspr. des Senats verlassen durften. Soweit BV, die auf vertragl. Einheitsregelungen oder Gesamtzusagen beruhende Versorgungswerke zum Nachteil der ArbN abgeändert haben, aus der Zeit **vor dem 12.8.1982** stammen, werden sie von der Rspr. grds. als wirksam anerkannt. Spätere BV sind nur dann nicht unwirksam, wenn sie dem kollektiven Günstigkeitsvergleich standhalten[3].

Davon unabhängig ist es zulässig, Versorgungszusagen „**betriebsvereinbarungsoffen**" auszugestalten. 141
Sieht eine individuelle Versorgungszusage, eine Gesamtzusage oder eine betriebl. Einheitsregelung vor, dass Änderungen auch zum Nachteil der ArbN durch BV zulässig sind, so stellt eine entsprechende BV das zulässige Gestaltungsmittel dar. Ggf. muss durch Auslegung ermittelt werden, ob die betreffende Zusage betriebsvereinbarungsoffen ausgestaltet ist oder nicht[4].

Eine Betriebsvereinbarungsoffenheit besteht auch dann, wenn die Versorgungszusage zunächst auf einer BV beruhte, aber nach einem Betriebsübergang gem § 613a I 3 BGB in den Arbeitsvertrag transformiert wurde. Ziel des § 613a BGB ist nicht, die von einem Betriebsübergang betroffenen ArbN zu begünstigen. Die in den Arbeitsvertrag überführten Versorgungsregelungen können deshalb durch nachfolgende BV verändert werden[5]. Dabei ist auch nicht erforderlich, dass die Neuregelung bereits beim Betriebsübergang schon vorhanden ist, sie kann auch später abgeschlossen werden[6].

b) Versorgung durch Unterstützungskasse. Leistungen der betrAV können auch über den Durchfüh- 142
rungsweg einer U-Kasse zugesagt werden. Grundlage hierfür kann eine entsprechende arbeitsvertragl. Regelung, aber auch eine BV sein. Ein ArbGeb, der seine ArbN mit Hilfe einer U-Kasse versorgen will, kündigt ihnen an, die Unterstützungskasse werde als eine **selbständige Versorgungseinrichtung** betriebliche Versorgungsleistungen erbringen. Grundlage für die Rechtsbeziehungen zwischen dem Versorgungsempfänger und der U-Kasse bildet deshalb das Arbeitsverhältnis als Valutaverhältnis. IdR geht eine solche Zusage dahin, die Versorgungseinrichtung werde Leistungen gewähren, soweit deren Satzung und Richtlinien dies vorsehen[7]. Besonderes Kennzeichen einer U-Kasse ist – so § 1 IV 1 –, dass es sich um eine rechtsfähige Versorgungseinrichtung handelt, die auf ihre Leistungen keinen Rechtsanspruch gewährt. Das BAG hat aus diesem Vorbehalt der Freiwilligkeit und dem Ausschluss des Rechtsanspruchs hergeleitet, dass der U-Kasse ein Widerrufsrecht zusteht, das allerdings an sachliche Gründe gebunden ist[8].

Aus dem Entgelt- und Versorgungscharakter von Betriebsrenten folgt, dass nach Annahme der Be- 143
triebstreue des ArbN als Vorleistung der ArbGeb die Versorgung nicht mehr ohne weiteres versagen darf[9]. Anknüpfend daran, dass auch eine U-Kasse insolvenzgeschützt ist, hat das BAG entschieden, dass ein Widerruf nur auf solche wirtschaftl. Gründe gestützt werden dürfe, die zugleich einen Sicherungsfall iSd. § 7 darstellen. Ein sachlicher Grund zum Widerruf von U-Kassenleistungen sei deshalb der Wegfall der Geschäftsgrundlage (nun in § 313 BGB kodifiziert), regelmäßig also das **Vorliegen einer wirtschaftl. Notlage** iSd. § 7 I 3 Nr. 5 BetrAVG aF. Das BAG sah hier einen Wertungswiderspruch. Denn könne bei der U-Kasse der ArbGeb schon aus weniger gewichtigen Gründen als einer wirtschaftl. Notlage widerrufen, werde der gesetzl. Insolvenzschutz für U-Kassenleistungen praktisch wertlos. Dies hielt das BAG mit dem gesetzl. Ziel eines lückenlosen Insolvenzschutzes für unvereinbar[10].

Das **BVerfG** hielt die Auffassung des BAG für zu weitgehend. In zwei Entscheidungen aus den Jahren 144
1983 und 1987 entschied es, dass es darauf ankommt, wann die rechtl. Grundlagen für die U-Kassenversorgung geschaffen worden sind[11]. Danach ist nun zu differenzieren zwischen sog. „Alt-", „Übergangs-" und „Neu-"Fällen. Sog. „**Neu-Fälle**" sind U-Kassen, deren rechtl. Grundlagen erst nach Inkrafttreten des BetrAVG gelegt wurden. Hier verbleibt es bei der strengen Rspr. des BAG, dass nur unter den Voraussetzungen einer wirtschaftl. Notlage Versorgungsleistungen widerrufen oder gekürzt werden dürfen[12]. Davon zu unterscheiden sind die sog. „**Alt-Fälle**". Bei ihnen wurden die rechtl. Regelungen für die U-Kasse vor Inkrafttreten des BetrAVG geschaffen. Die Altersversorgungsberechtigten schieden auch vor diesem Zeitpunkt aus dem Arbeitsverhältnis aus. Hier genügen „triftige Gründe", um sogar den bereits erdienten Teilbetrag einer Versorgungsanwartschaft kürzen zu können. Schließlich gibt es

---

1 BAG v. 30.1.1970 – 3 AZR 44/68, BAGE 22, 252; v. 17.1.1980 – 3 AZR 456/78, BAGE 32, 293; v. 8.12.1981 – 3 ABR 53/80, BAGE 36, 327. |2 BAG v. 12.8.1982 – 6 AZR 1117/79, BAGE 39, 295. |3 BAG v. 18.3.2003 – 3 AZR 101/02. |4 BAG v. 25.7.2000 – 3 AZR 292/98, nv. |5 BAG v. 29.7.2003 – 3 AZR 630/02, EzA § 1 BetrAVG – Ablösung Nr. 42. |6 BAG v. 14.8.2001 – 1 AZR 619/00, BB 2002, 413. |7 BAG v. 10.11.1977 – 3 AZR 705/76, AP Nr. 8 zu § 242 BGB – Ruhegehalt – Unterstützungskassen. |8 BAG v. 10.11.1977 – 3 AZR 705/76, AP Nr. 8 zu § 242 BGB – Ruhegehalt – Unterstützungskassen; BVerfG v. 19.10.1983 – 2 BvR 298/81, BVerfGE 65, 196. |9 BAG v. 12.2.1971 – 3 AZR 83/70, AP Nr. 3 zu § 242 BGB – Ruhegehalt – Unterstützungskassen. |10 BAG v. 5.6.1984 – 3 AZR 33/84, BAGE 46, 80. |11 BVerfG v. 19.10.1983 – 2 BvR 298/81, BVerfGE 65, 196 u. v. 14.1.1987 – 1 BvR 1052/79, BVerfGE 74, 129. |12 BAG v. 23.4.1985 – 3 AZR 194/83, BAGE 48, 258.

„Übergangsfälle". Sie dürften die große Masse aller U-Kassenversorgungen bilden[1]. Bei diesen Fallgestaltungen stammen die rechtl. Grundlagen für die Ansprüche gegen die U-Kasse zwar ebenfalls aus der Zeit vor Inkrafttreten des BetrAVG, die ArbN schieden aber nach diesem Zeitpunkt aus. Auch hier ließ das BVerfG[2] triftige Gründe ausreichen, um Leistungen zu widerrufen oder zu kürzen. Sowohl in den „Alt-" als auch in den „Übergangsfällen" ist nach Auffassung des BVerfG[3] ein Insolvenzschutz zu gewähren. Die vom BAG befürchtete Lücke wurde durch Richterrecht somit geschlossen.

145 Ein „**triftiger" Grund** ist nach Ansicht des **BVerfG** dann anzuerkennen, wenn eine ungekürzte Versorgungslast langfristig die Substanz des Trägerunternehmens gefährden könnte und mildere Mittel nicht ausreichen. Triftige Gründe sind damit solche, die es dem ArbGeb gestatten, im Rahmen der Anpassungsprüfung nach § 16 eine Angleichung der Leistungen an die Steigerung der Lebenshaltungskosten abzulehnen[4]. Das **BAG** verwendet eine andere Terminologie. Triftige Gründe bezeichnet es als „sachliche Gründe"; soweit es triftige Gründe nennt, meint es solche, die sogar einen Eingriff in zeitanteilig erdiente Dynamik (sog. zweite Besitzstandsstufe) gestatten[5].

146 **c) Betriebsvereinbarung.** Betriebliche Versorgungswerke basieren meist auf „allgemeinen" Regeln. Sie werden eingeführt durch arbeitsvertragl. Rechtsgeschäfte (betriebl. Einheitsregelungen, betriebl. Übungen oder Gesamtzusagen) oder durch kollektivrechtl. Regelungen, im Wesentlichen BV. BV schaffen für die ArbN **unmittelbar geltendes Recht** (§ 77 IV BetrVG). § 77 IV 2 BetrVG bestimmt sogar, dass ein Verzicht auf durch BV eingeräumte Rechte nur mit Zustimmung des BR zulässig ist[6].

147 Einigkeit besteht darüber, dass die **Einführung eines betrieblichen Versorgungswerks** keinen mitbestimmungspflichtigen Tatbestand iSd. § 87 I BetrVG bildet, sondern der Bereich freiwilliger Mitbest. nach § 88 Nr. 2 BetrVG betroffen ist[7]. Eine BV über die Einführung einer betrAV unterliegt deshalb auch nicht der Nachwirkung des § 77 V BetrVG, wenn sie gekündigt wird. Die Kündigung bedarf auch keiner Rechtfertigung[8]. Etwas anderes gilt für dessen inhaltliche Ausgestaltung. Dies hat zur Konsequenz, dass eine BV über die Einführung einer betrAV nicht nachwirkt (§ 77 VI BetrVG), wenn sie befristet ist oder gekündigt wird und die Kündigungsfrist abgelaufen ist. Hiervon zu unterscheiden ist der Fall, bei dem der ArbGeb eine BV deshalb kündigt, um anschließend eine Neuverteilung – eines ggf. geänderten Dotierungsrahmens – vorzunehmen. Hier kommt dann bis zur Neuregelung eine Nachwirkung in Betracht[9]. Wird eine BV geschlossen, die eine ältere BV ablösen soll, gilt auch nicht das Günstigkeitsprinzip, sondern nur die Zeitkollisionsregel. Die jüngere BV ersetzt das ältere Regelwerk[10]. Das BAG weist in st. Rspr. darauf hin, dass eine ablösende BV, die zu einer Kürzung von Versorgungsanwartschaften führt, einer **Billigkeitskontrolle** unterliegt. Durch eine ablösende BV kann deshalb nicht schrankenlos in Versorgungsrechte eingegriffen werden. Auch hier verlangt der Entgeltcharakter der betrAV, dass die Gegenleistung für die vom ArbN schon erbrachte Betriebstreue nicht ohne weiteres verweigert werden darf[11].

147a **d) Tarifvertrag.** Als Anspruchsgrundlage kommen zunehmend auch TV in Betracht. Nach Auffassung des BAG kann bei Eingriffen in Versorgungsanwartschaften das sog. dreistufige Prüfungsschema (vgl. Rz. 150 ff.) wegen der verfassungsrechtl. geschützten Tarifautonomie nicht auf TV angewandt werden[12]. Nach dem Rechtsstaatsprinzip sind die TV-Parteien aber an die Grundsätze des Vertrauensschutzes und der Verhältnismäßigkeit gebunden. Wird nicht in den erdienten Versorgungsbesitzstand eingegriffen und sind die Eingriffe nicht schwer wiegend, reicht jeder sachliche Grund aus[13]. Die Regelungsbefugnis erstreckt sich dabei auch auf Betriebsrentner[14], wobei idR die Ausgangsrente nicht verringert werden darf[15]. Es findet keine AGB- oder Billigkeitskontrolle statt[16].

148 **e) Betriebliche Mitbestimmung.** Bei allen **Änderungen betriebl. Altersversorgungswerke** ist darauf zu achten, dass dem BR dabei nach § 87 I Nr. 8 oder Nr. 10 BetrVG ein MitbestR zustehen kann (vgl. Rz. 171). Werden Leistungen eines Versorgungswerkes generell gekürzt, so kann der ArbGeb dies uU nicht ohne Beteiligung des BR tun. Mitbestimmungsfrei ist die Verringerung des Dotierungsrahmens. Das BAG hat ein abgestuftes Besitzstandsmodell entwickelt; für jeden Eingriff in eine dieser Stufen benötigt der ArbGeb einen Eingriffsgrund anderer Intensität. Schöpft der ArbGeb seine Eingriffsmöglichkeiten aus, kann er dies mitbestimmungsfrei durchführen. Geschieht dies nicht und nimmt er eine anderweitige Verteilung der verbleibenden Mittel vor, besteht ein MitbestR nach § 87 BetrVG[17]. Solche Regelungen unterliegen nach Auffassung des BAG der gerichtl. Billigkeitskontrolle[18]. Das MitbestR des

1 Vgl. *Griebeling*, NZA 1989, Beil. 3, 26 (30). | 2 BVerfG v. 14.1.1987 – 1 BvR 1052/79, BVerfGE 74, 129. | 3 BVerfG v. 14.1.1987 – 1 BvR 1052/79, BVerfGE 74, 129. | 4 Vgl. dazu *Höfer*, ART Rz. 478 ff.; BAG v. 5.6.1984 – 3 AZR 33/84, BAGE 46, 80. | 5 *Höfer*, ART Rz. 479, 570 ff. | 6 Vgl. auch BAG v. 3.6.1997 – 3 AZR 25/96, DB 1998, 267. | 7 BAG v. 29.7.2003 – 3 ABR 34/02, BB 2004, 943. | 8 BAG v. 18.9.2001 – 3 AZR 728/00, NZA 2002, 1164. | 9 BAG v. 17.8.1999 – 3 ABR 55/98, AP Nr. 29 zu § 1 BetrAVG – Ablösung; v. 26.10.1993 – 1 ABR 46/93, AP Nr. 6 zu § 77 BetrAVG 1972 – Nachwirkung. | 10 BAG v. 17.3.1987 – 3 AZR 64/84, BAGE 54, 261; v. 18.9.2001 – 3 AZR 728/00, NZA 2002, 1164. | 11 BAG v. 17.3.1987 – 3 AZR 64/84, BAGE 54, 261. | 12 BAG v. 28.7.2005 – 3 AZR 14/05, DB 2006, 166. | 13 BAG v. 28.7.2005 – 3 AZR 14/05, DB 2006, 166. | 14 BAG v. 27.2.2007 – 3 AZR 734/05, DB 2007, 1763. | 15 BAG v. 21.8.2007 – 3 AZR 102/06, DB 2007, 2850. | 16 BAG v. 21.8.2007 – 3 AZR 102/06, DB 2007, 2850. | 17 BAG v. 11.5.1999 – 3 AZR 21/98, BAGE 91, 310. | 18 BAG v. 5.6.1984 – 3 AZR 33/84, BAGE 46, 80.

BR ist nicht vom Rechtsbegründungsakt abhängig. Beruht das Versorgungswerk nicht auf einer BV, sondern auf einer betriebl. Übung, Gesamtzusage oder betriebl. Einheitsregelung, so bestehen hinsichtlich der Ausgestaltung der Altersversorgungsansprüche dennoch MitbestR[1]. Einseitig vom ArbGeb durchgeführte Regelungen sind deshalb unwirksam.

BV über betrAV sind nach § 77 V BetrVG kündbar. Eines Kündigungsgrundes bedarf es dazu nicht[2]. 149
Von dieser Kündigung werden auch die noch aktiven Anwärter erfasst. Soweit nach der Rspr. des BAG die Wirkungen einer solchen Kündigung wegen der unterschiedlich geschützten Besitzstände[3] der Berechtigten beschränkt sind, bleibt die BV als Rechtgrundlage trotz ihres nicht erzwingbaren Charakters erhalten[4]. Der BR kann in einem Beschlussverfahren klären lassen, welche Rechtswirkungen die Kündigung hat[5].

f) Maßstab für zulässige Änderungen von Versorgungsanwartschaften. Wenn geklärt ist, ob eine Ver- 150
sorgungsregelung überhaupt geändert werden kann und mit welchem rechtl. Instrumentarium das möglich ist, bedeutet dies nicht, dass jedweder Eingriff zulässig ist. Das BAG betont in st. Rspr., dass zulässige Eingriffe sich am **Grundsatz der Verhältnismäßigkeit** messen lassen müssen[6]. Der 3. Senat des BAG hat eine Rangfolge unterschiedlich stark geschützter Besitzstände entwickelt. Ausgehend davon, dass eine betrAV auch Entgeltcharakter hat, also Gegenleistung für bereits in der Vergangenheit geleistete Dienste des ArbN ist, hat es Versorgungsanwartschaften umso schutzwürdiger erachtet, je mehr der ArbN dafür bereits vorgeleistet hat[7].

aa) Erdienter Teilwert. Den erdienten Teilwert einer Versorgungsanwartschaft hält das BAG für **be- 151
sonders schützenswert**. Der ArbN habe hier seine Vorleistung bereits erbracht und müsse deshalb ähnlich wie ein Eigentümer vor einem entschädigungslosen Entzug der Anwartschaft geschützt werden. Ein Eingriff in den erdienten Teil der Versorgungsanwartschaft hält das BAG deshalb in der Regel für **unverhältnismäßig und unbillig**; dennoch vorgenommene Eingriffe sind dem ArbN gegenüber unwirksam[8]. Erdient ist der Teil der Versorgungsanwartschaft, den der ArbN als Versorgungsanwartschaft behalten würde, schiede er im Zeitpunkt der Abänderung der Versorgungsregelung bei seinem ArbGeb aus[9]. Dabei kommt es allerdings hinsichtlich der Frage, welcher Teil der Versorgungsanwartschaft bereits erdient ist, nicht darauf an, ob die Unverfallbarkeitsfristen des § 1 erreicht sind. Auch eine zum Zeitpunkt der Abänderung der Versorgungszusage noch verfallbare Anwartschaft ist in Höhe ihres Teilwertes bereits erdient und gegen Eingriffe des ArbGeb in besonderer Weise geschützt. Erreicht der ArbN später die Unverfallbarkeit, so behält er diesen erdienten Teil endgültig. Die Verfallbarkeit von Ansprüchen bedeutet nicht, dass der ArbGeb unter erleichterten Voraussetzungen Änderungen vornehmen kann[10]. Oftmals sehen verschlechternde Versorgungsregelungen vor, dass der bis zur Abänderung erdiente Besitzstand als Mindestrente garantiert wird, gleichzeitig aber mit zusätzlicher Betriebstreue nach ungünstigeren Maßstäben weitere Steigerungsbeträge verdient werden können. In solchen Fällen ist ein Günstigkeitsvergleich vorzunehmen. Der nach der neuen Versorgungsregelung über die gesamte Betriebszugehörigkeit erworbene Versorgungsanspruch ist mit dem zum Abänderungsstichtag nach der bisherigen Zusage erreichten Besitzstand zu vergleichen. Der höhere Betrag ist zu bezahlen, der zum Abänderungsstichtag erdiente Wert darf nicht unterschritten werden[11]. Durch Auslegung ist zu ermitteln, ob der ArbGeb hinsichtlich des bis zum Abänderungsstichtag erdienten Betrags eine echte Garantie geben will. Dann ist dieser Betrag zu zahlen; die in der Betriebszugehörigkeit nach der Abänderung erreichten Zuwächse nach der neuen Versorgungsregelung sind hinzu zu addieren[12].

Einen Eingriff in den erdienten Besitzstand ließ die Rspr. deshalb nur aus **zwingenden Gründen** zu, 152
und zwar nur dann, wenn der ArbGeb sich zu Recht auf einen **Wegfall** oder die **Störung der Geschäftsgrundlage** (§ 313 BGB) berufen konnte. Es musste also eine wirtschaftl. Notlage des Unternehmens vorliegen, die ihrerseits den Insolvenzschutz durch den PSVaG nach § 7 I 3 Nr. 5 BetrAVG aF ausgelöst hätte[13]. Nach Aufgabe des Sicherungsfalls der wirtschaftl. Notlage per 1.1.1999 kommt ein Eingriff in erdiente Besitzstände aus wirtschaftl. Gründen nicht mehr in Betracht[14] (vgl. auch § 7 Rz. 48).

Auf einen Wegfall der Geschäftsgrundlage kann sich allerdings berufen, wer eine **nicht planmäßige 153
Überversorgung** abbauen will. Auch bereits erdiente Teile einer Überversorgung können so beseitigt werden[15]. Im öffentlichen Dienst kann sogar eine planmäßige Überversorgung abgebaut werden, weil

1 BAG v. 23.9.1997 – 3 ABR 85/96, NZA 1998, 719. | 2 BAG v. 11.5.1999 – 3 AZR 21/98, BAGE 91, 310; v. 17.8.2004 – 3 AZR 189/03, EzA § 1 BetrAVG – Betriebsvereinbarung Nr. 5. | 3 BAG v. 26.8.1997 – 3 AZR 235/96, BAGE 86, 216; v. 25.5.2004 – 3 AZR 145/03, EzA § 2 BetrAVG Nr. 21. | 4 BAG v. 11.5.1999 – 3 AZR 21/98, BAGE 91, 310. | 5 BAG v. 17.8.1999 – 3 ABR 55/98, NZA 2000, 498. | 6 BAG v. 16.9.1986 – GS 1/82, BAGE 53, 42. | 7 BAG v. 17.3.1987 – 3 AZR 64/84, BAGE 54, 261; v. 11.5.1999 – 3 AZR 21/98, NZA 2000, 322; v. 10.9.2002 – 3 AZR 635/01 BB 2003, 2749. | 8 BAG v. 16.9.1986 – GS 1/82, BAGE 53, 42. | 9 BAG v. 22.9.1987 – 3 AZR 662/85, NZA 1988, 732; v. 26.8.1997 – 3 AZR 235/96, BAGE 86, 221. | 10 BAG v. 26.4.1988 – 3 AZR 168/86, BAGE 58, 156. | 11 BAG v. 16.12.2003 – 3 AZR 39/03, DB 2004, 1051; v. 18.2.2003 – 3 AZR 81/02, BB 2003, 1841. | 12 BAG v. 18.3.2003 – 3 AZR 221/02, BB 2003, 2625. | 13 Vgl. auch *Griebeling*, NZA 1989, Beil. 3, 26 (32). | 14 BAG v. 31.7.2007 – 3 AZR 373/06. | 15 So schon BAG v. 9.7.1985 – 3 AZR 546/82, AP Nr. 6 zu § 1 BetrAVG – Ablösung.

wegen der dort herrschenden haushaltsrechtlichen Grundsätze kein schutzwürdiges Vertrauen auf Beibehaltung des Versorgungsbesitzstandes entstehen kann[1].

154 **bb) Erdiente Dynamik. Für weniger schutzwürdig** erachtet das BAG die sog. „erdiente Dynamik". Das BAG differenziert zwischen Steigerungen, die sich aus der Dauer der Betriebszugehörigkeit ergeben, sog. dienstzeitabhängigen Steigerungsraten, und solchen, bei denen der Wertzuwachs der Anwartschaft ohne Bindung an die Dienstzeit der Entwicklung eines Berechnungsfaktors folgen soll, der seinerseits variabel ist[2]. Gemeint sind damit Versorgungszusagen, bei denen die Betriebsrente bspw. abhängig ist von der Höhe des zuletzt gezahlten Gehalts. Dienstzeitabhängige Steigerungsraten müsse der ArbN erst in der Zukunft erdienen; für sie habe er die erforderliche Betriebstreue noch nicht erbracht.

155 Etwas anderes gilt nach Auffassung des BAG für **dienstzeitunabhängige Steigerungen**. Ihr Zweck besteht nicht darin, die fortdauernde Betriebstreue zu vergüten oder zum Maßstab der Rentenberechnung zu machen. Hier geht es vielmehr darum, den Versorgungsbedarf des ArbN flexibel zu erfassen. Die Versorgungshöhe soll sich an der den Lebensstandard prägenden Höhe des Arbeitsentgelts bei Eintritt des Versorgungsfalles orientieren. Soweit für eine solche vergütungsabhängige Dynamik die Betriebstreue in der Vergangenheit bereits abgeleistet worden ist, verdient sie besonderen Schutz. Im Gegensatz zu den erst künftig zu verdienenden Steigerungsraten sind sie im Zeitpunkt der Ablösung schon erdient. Dieser besondere Schutz gilt aber nur für den Teil der Anwartschaft, der zurzeit der Ablösung bereits erdient ist; die auf den noch nicht erdienten Teil der Anwartschaft entfallende Dynamik wird davon nicht erfasst[3].

156 Unterschieden werden muss ggf. zwischen einer schon **erdienten** und einer **noch nicht erdienten** Dynamik. Der bereits zeitanteilig erdiente und nach § 2 I zu berechnende Teil der Anwartschaft nimmt auch weiterhin an der Dynamik der Bemessungsgrundlage teil. Insoweit ist die Dynamik „erdient". Können auch nach Abänderung der Versorgungszusagen durch weitere Betriebstreue noch Zuwächse erreicht werden, so kann für sie die Dynamik entfallen, soweit sachliche Kürzungsgründe vorliegen[4]. Das BAG definiert den Besitzstand der erdienten Dynamik als Produkt aus dem bis zum Ablösungsstichtag erdienten Prozentsatz und dem tatsächlichen Endgehalt oder Durchschnittsgehalt beim Ausscheiden. Ob tatsächlich in die erdiente Dynamik eingegriffen werde, könne abschließend zum Ablösungsstichtag nur dann festgestellt werden, wenn eine endgehaltsbezogene Versorgungszusage durch Widerruf oder Richtlinienänderung für die Zukunft gänzlich aufgehoben worden sei und nur der sich aus § 2 I iVm. § 2 V errechnete Versorgungsbesitzstand aufrecht erhalten werde. Werde dem Versorgungsberechtigten aber die Möglichkeit eröffnet, nach anderen Berechnungsmaßstäben, etwa über eine festbetrags- oder beitragsorientierte Zusage, Zuwächse zu erwerben, könne erst beim Ausscheiden aus dem Arbeitsverhältnis genau festgestellt werden, ob mit der ablösenden Neuregelung in den Besitzstand der erdienten Dynamik eingegriffen worden sei. Besitzstandswahrung bedeute nicht, dass Anspruch auf beides bestehe, den dyn., bis zum Ausscheiden fortgeschriebenen Besitzstand im Ablösungszeitpunkt und die Zuwächse nach der neuen Versorgungsregelung[5].

157 In eine erdiente Dynamik kann aus sog. **triftigen Gründen** eingegriffen werden. Unter triftigen Gründen versteht das BAG solche, die es dem ArbGeb gestatten, von einer Anpassung nach § 16 abzusehen[6]. Hierzu ist der ArbGeb dann berechtigt, wenn er die Erhöhung der Rente nicht mehr aus den Erträgen und Wertzuwächsen des Unternehmens erwirtschaften kann und deshalb die Gefahr besteht, dass die Entwicklung des Unternehmens beeinträchtigt und seine Substanz aufgezehrt wird[7]. Der ArbGeb muss ggf. beweisen, dass triftige Gründe für einen Eingriff in die zeitanteilig erdiente Dynamik vorlagen.

158 **cc) Nicht erdiente Versorgungsbestandteile.** Die dritte vom BAG entwickelte Besitzstandsstufe umfasst den gesamten Inhalt der Versorgungszusage, also die Teile, die nicht unter die erste oder zweite Stufe des Besitzstands fallen. Geschützt sind danach auch künftige Zuwächse, etwa der noch nicht erdiente Teil einer Dynamik oder noch nicht erdiente Steigerungsbeträge[8]. Das BAG lässt in diese Besitzstandsstufe Eingriffe zu, wenn „**sachlich proportionale Gründe**" vorliegen[9]. Sachliche Gründe liegen nicht etwa schon dann vor, wenn der ArbGeb einen berechtigten Anlass zur Reduzierung von Versorgungsverpflichtungen zu haben glaubt. Eingriffsgrund und Eingriffsumfang müssen sich vielmehr entsprechen[10]. Auch hier gilt folglich der Verhältnismäßigkeitsgrundsatz. So hat das BAG einen Eingriff in noch nicht erdiente Steigerungsbeträge akzeptiert, wenn bei einer Neuverteilung gleich bleibender Versorgungsmittel bisher unversorgte ArbN in den Kreis der Begünstigten aufgenommen werden sollten[11]. Anerkannt hat das BAG auch veränderte Vorstellungen der Begünstigten über die Leistungsge-

---

1 BAG v. 19.11.2002 – 3 AZR 167/02, BAGE 104, 1. | 2 BAG v. 26.8.1997 – 3 AZR 235/96, BAGE 86, 216. | 3 BAG v. 17.4.1985 – 3 AZR 72/83, BAGE 49, 57; v. 11.12.2001 – 3 AZR 128/01, BB 2003, 56. | 4 Vgl. *Höfer*, ART Rz. 590. | 5 BAG v. 10.9.2002 – 3 AZR 635/01, BB 2003, 2749. | 6 BAG v. 17.4.1985 – 3 AZR 72/83, BAGE 49, 57; v. 4.4.1989 – 5 AZB 9/88, BAGE 61, 273. | 7 BAG v. 4.4.1989 – 5 AZB 9/88, BAGE 61, 273; v. 27.11.1992 – 3 AZR 76/92, AP Nr. 13 zu § 1 BetrAVG – Besitzstand. | 8 Vgl. *Heither*, RdA 1993, 72. | 9 BAG v. 17.3.1987 – 3 AZR 64/84, AP Nr. 9 zu § 1 BetrAVG – Ablösung. | 10 Vgl. *Griebeling*, NZA 1989, Beil. 3, 26 (33). | 11 BAG v. 8.12.1981 – 3 ABR 53/80, AP Nr. 1 zu § 1 BetrAVG – Ablösung.

rechtigkeit[1]. Ein Eingriff kann auch mit der Notwendigkeit von Einsparungen begründet werden. Diese müssen in einer ablösenden BV nicht erwähnt werden. Es ist auch nicht erforderlich, dass der ArbGeb einen Sanierungsplan vorlegt, wenn er in künftige dienstzeitabhängige Zuwächse eingreifen will[2]. Das Ausmaß des Eingriffs darf dabei aber nicht größer sein als es das angestrebte Ziel erfordert. Der ArbGeb muss, beruft er sich auf sachlich proportionale Gründe, die Erwägungen für den Eingriff darlegen und deutlich machen, dass sie **nicht willkürlich**[3] sind; er muss **nachvollziehbar** erkennen lassen, welche Umstände und Erwägungen die Änderung der Versorgungszusage veranlasst haben[4]. Hierzu genügt es zB nicht, wenn der ArbGeb sich allgemein auf wirtschaftl. Schwierigkeiten beruft[5]. Einen Sanierungsplan muss der ArbGeb hingegen nicht vorlegen[6].

dd) Gerichtliche Billigkeitskontrolle. In der Regel ist dem ArbGeb nicht gedient, wenn er nur mit einzelnen ArbN Änderungen der Versorgungszusagen vereinbaren kann. Betriebsvereinbarungsoffene Einheitsregelungen oder Gesamtzusagen und auf BV basierende Versorgungswerke werden deshalb regelmäßig durch **verschlechternde BV** abgeändert. Das BAG unterzieht solche BV einer gerichtl. Billigkeitskontrolle. Zunächst ist eine **abstrakte Billigkeitskontrolle** vorzunehmen. Dabei ist zu prüfen, ob die Betriebspartner ersichtlich in erdiente Besitzstände nicht eingreifen wollten und dafür geeignete Regelungen geschaffen haben. Fehlen solche Besitzstandsregelungen, so ist die abändernde BV nicht insgesamt unwirksam. Nur soweit sie in unzulässiger Weise in geschützte Besitzstände eingreift, vermag sie keine Wirkungen zu entfalten[7]. Dieser abstrakten Billigkeitskontrolle ist eine **konkrete Überprüfung** anzuschließen, wenn die neue Regelung zwar insgesamt nicht zu beanstanden ist, jedoch im Einzelfall Wirkungen entfaltet, die nach dem Regelungsplan nicht beabsichtigt sein können und unbillig erscheinen. Eine solche konkrete Billigkeitskontrolle ändert jedoch nichts am Inhalt und der Wirksamkeit der BV. Sie fügt ihr – soweit nicht ohnehin schon vorhanden – nur gleichsam eine Härteklausel hinzu[8]. Zu denken ist hier an Sonderregelungen bspw. für rentennahe Jahrgänge, die durch Eigenvorsorgemaßnahmen das reduzierte Niveau der betrAV nicht mehr auffangen können oder sonstige Regelungen für nicht erwünschte Härten im Einzelfall. 159

g) Maßstab für zulässige Änderungen bei laufenden Leistungen. Der ArbGeb kann daran interessiert sein, auch laufende Leistungen im Hinblick auf Höhe und Umfang zu verändern. Das ist nur möglich, wenn die Versorgungsregelung derartige Veränderungen zulässt. In Betracht kommen Veränderungen des Zusageinhalts bspw. dann, wenn der ArbGeb betriebl. Ruhegeldleistungen nach einer allgemeinen Versorgungsordnung zugesagt und in der Zusage darauf hingewiesen hat, dass die jeweils aktuelle Leistungsordnung Geltung haben soll. Bei derartigen **Jeweiligkeitsklauseln** muss der Versorgungsberechtigte sich späteren Veränderungen unterwerfen, und zwar nicht nur in der Anwartschaftsphase bis zum Eintritt des Versorgungsfalles, sondern auch nach Aufnahme der Rentenleistungen[9]. 160

Das BAG hat entschieden, dass bei Veränderungen **während** der **Leistungsphase** die strengen, von ihm aufgestellten Besitzstandsregelungen zur Beschränkung von Versorgungsanwartschaften (sog. Drei-Stufen-Modell) nicht gelten. Zulässig seien jedenfalls Regelungen, die **nicht zur Schmälerung der Ausgangsleistung führen**, in sich **ausgewogen und sachlich begründet** seien. Anzuwenden sind die Grundsätze der Verhältnismäßigkeit und des Vertrauensschutzes[10]. Es seien deshalb weder zwingende noch triftige Gründe erforderlich, um Veränderungen herbeizuführen. Ausreichend seien vielmehr sachliche Erwägungen des ArbGeb[11]. In den entschiedenen Fällen waren Eingriffe in die sog. Rentendynamik vorgenommen worden. Die zugesagte Ausgangsleistung blieb dabei unverändert. Verändert wurde die Entwicklung der laufenden Leistungen. In einem Fall war zunächst vereinbart, dass sie der Entwicklung der tarifl. Entgelte folgen sollte. Ersetzt wurde sie durch eine Regelung, nach der die Betriebsrente nur noch entsprechend der Entwicklung der Lebenshaltungskosten stieg[12]. In einem weiteren Fall war die Hinterbliebenenrente um die Hälfte ihres Ausgangsbetrages gekürzt worden. Nach Ansicht des BAG waren aber allenfalls geringfügige Verschlechterungen möglich[13]. Tarifliche Eingriffe in laufende Leistungen dürfen idR nicht zur Schmälerung der zum Zeitpunkt des Eintritts des Versorgungsfalls geschuldeten Ausgangsleistung führen[14]. Etwas anderes kann dann gelten, wenn im Arbeitsvertrag oder kollektivrechtlichen Regelungen dynamisch auf tarifl. Bestimmungen verwiesen wird. Es gelten dann die allgemeinen Grundsätze des Vertrauensschutzes und der Verhältnismäßigkeit[15]. 161

Die Rspr. des BAG steht hier sicherlich noch am Beginn ihrer Entwicklung; eine Strukturierung der Eingriffsmöglichkeiten steht noch aus. 162

---

1 BAG v. 17.3.1987 – 3 AZR 64/84, AP Nr. 9 zu § 1 BetrAVG – Ablösung. | 2 BAG v. 19.4.2005 – 3 AZR 486/04, nv. | 3 BAG v. 18.9.2001 – 3 AZR 728/00, NZA 2002, 1164. | 4 BAG v. 18.4.1989 – 3 AZR 688/87, BAGE 61, 323. | 5 BAG v. 18.9.2001 – 3 AZR 728/00, NZA 2002, 1164. | 6 BAG v. 10.9.2003 – 3 AZR 635/01, BB 2003, 2749. | 7 BAG v. 23.4.1985 – 3 AZR 194/83, BAGE 48, 258. | 8 BAG v. 8.12.1981 – 3 ABR 53/80, BAGE 36, 327. | 9 BAG v. 27.8.1996 – 3 AZR 466/95, DB 1996, 1827. | 10 BAG v. 12.10.2004 – 3 AZR 557/03, DB 2005, 783; v. 9.11.1999 – 3 AZR 432/98, BAGE 92, 358, 365; v. 28.7.1998 – 3 AZR 357/97, BAGE 89, 279, 293. | 11 BAG v. 16.7.1996 – 3 AZR 398/95, DB 1997, 631; v. 27.8.1996 – 3 AZR 466/95, DB 1996, 182; v. 9.11.1999 – 3 AZR 432/98, NZA 2001, 221. | 12 BAG v. 16.7.1996 – 3 AZR 398/95, DB 1997, 631. | 13 BAG v. 12.10.2004 – 3 AZR 557/03, DB 2005, 783. | 14 BAG v. 27.2.2007 – 3 AZR 734/05, DB 2007, 1763. | 15 BAG v. 27.6.2006 – 3 AZR 255/05, DB 2007, 118; v. 13.11.2007 – 3 AZR 457/06.

163 **2. Abänderung aus nicht wirtschaftlichen Gründen.** Nicht immer sind die Überlegungen, ein Versorgungswerk inhaltlich zu verändern, wirtschaftl. Art. Auch nicht wirtschaftl. Erwägungen können Beweggrund dafür sein, von den bisherigen Versorgungsregelungen abzurücken und sie ggf. durch neue zu ersetzen. Dies gilt bspw. für die **Ablösung sog. Gesamtversorgungssysteme**[1]. Bei ihnen hängt die Höhe der betrieblichen Rente nicht nur von dyn. Bemessungsfaktoren wie dem letzten Gehalt ab, sondern auch von einer anzurechnenden SozV-Rente, deren Höhe idR nicht von vornherein feststeht. Sie wird bestimmt von den individuellen Beitrags- und Versicherungszeiten sowie den allgemeinen Bemessungsgrundlagen[2]. Das BAG hält es für zulässig, ein Gesamtversorgungssystem durch eine andere Versorgungsregelung zu ersetzen, bei der die Höhe der betriebl. Ruhegeldleistungen nicht mehr von der jeweiligen SozV-Rente der Begünstigten abhängt. Auch bei einer solchen Abkoppelung sind **Besitzstände zu beachten.** In sie kann nur unter den gleichen Voraussetzungen eingegriffen werden, wie sie von der Rspr. für die Abänderung von Versorgungsregelungen aus wirtschaftl. Gründen entwickelt worden sind[3]. Daraus folgt, dass in den erdienten Teilwert einer Versorgungsanwartschaft grds. nicht eingegriffen werden kann. Gründe nicht wirtschaftl. Art, die ausnahmsw. einen Eingriff dennoch zulässig erscheinen lassen, können allenfalls dann vorliegen, wenn eine planwidrige Überversorgung abgebaut werden soll. Bei Gesamtversorgungssystemen besteht aber die Gefahr einer Überversorgung idR nicht. In der zweiten Besitzstandsstufe(Eingriffe in die erdiente Dynamik) kommt es auf **triftige Gründe** an.

164 Das BAG erkennt auch **triftige Gründe** nicht wirtschaftl. Art an. Die Rspr. lässt hier Schmälerungen zu, wenn **dringende betriebliche Bedürfnisse für eine Umstrukturierung** bestehen. Solche Bedürfnisse erkennt das BAG dann als triftige Gründe an, wenn ohne Schmälerung des Gesamtaufwandes für die Versorgung Leistungskürzungen durch Verbesserungen des Versorgungsschutzes aufgewogen werden[4]. Eingriffe in die zweite Besitzstandsstufe sind deshalb nur dann zulässig, wenn der Dotierungsrahmen für die Versorgungsleistungen insgesamt nicht geschmälert wird. Entsprechendes gilt auch für die Ablösung eines Gesamtversorgungssystems. Es bedarf triftiger Gründe, wenn in Gesamtversorgungssystemen der Maßstab der von den Leistungen der gesetzl. RV abhängigen „Versorgungslücke" abgelöst und durch ein dienstzeit- und endgehaltsabhängiges Versorgungssystem ersetzt werden soll[5]. Ausdrücklich weist das BAG darauf hin, dass die durch das 20. und 21. Rentenanpassungsgesetz verursachte Leistungsminderung in der gesetzl. RV, die in einem Gesamtversorgungssystem dazu führt, dass der ArbGeb die entstehende Lücke ausgleichen muss, kein triftiger Grund ist, um in erdiente Besitzstände einzugreifen[6]. Auf der **dritten Besitzstandsstufe** genügen ebenfalls **sachlich proportionale Gründe**. Hier können auch Änderungen in der Gesetzgebung zur Kürzung von noch nicht erdienten Zuwächsen herangezogen werden[7]. Der Eingriff muss dann nur insgesamt ausgewogen und angemessen sein. Sachliche Gründe können bspw. Verbesserungen der Versorgungsgerechtigkeit, Verwaltungsvereinfachungen oder eine größere Transparenz bei der Rentenberechnung sein[8].

164a **3. Neue Altersgrenzen in der gesetzlichen Rentenversicherung.** Auch die schrittweise Erhöhung der Regelaltersgrenze in der gesetzl. RV kann einen Grund zur Änderung von Versorgungsregelungen darstellen, wobei zunächst durch Auslegung zu ermitteln ist, ob die bisherige Regelung nicht schon als auf die Regelaltersgrenze bezogen zu verstehen ist. Allerdings sollte für neue Arbeitsverhältnisse zunindest klargestellt werden, wie die Zusage zu verstehen ist. Für neu eintretende Mitarbeiter ergeben sich auch bei einer Umstellung keine Probleme. Für den Altbestand kommt es auf die Art der Anspruchsgrundlage an. Bei arbeitsvertragl. Grundlagen wird eine Zustimmung des ArbN erforderlich sein, soweit keine Öffnung für kollektivrechtl. Veränderungen besteht oder keine Jeweiligkeitsklausel einseitige Veränderungen des ArbGeb zulässt. Bei kollektivrechtlichen Regelungen ersetzt die neue Regelung die ältere. Allerdings sind in jedem Fall Besitzstände zu beachten, die auch hier nach der Drei-Stufen-Theorie des BAG gegen Eingriffe geschützt sind. In bereits erdiente Anwartschaftsteile dürfte ein Eingriff unzulässig sein[9]. Ob triftige Gründe für einen Eingriff in die 2. Besitzstandstufe vorliegen, wird von den Auswirkungen einer Beibehaltung der bisherigen Altersgrenze abhängen. Hier dürfte nichts anderes gelten, wie bei der Anhebung einer Altersgrenze unterhalb des 65. LJ vor Einführung der neuen Regelaltersgrenze. Regelmäßig werden triftige Gründe schon deshalb fehlen, weil die höheren Altersgrenzen zu einer Entlastung des ArbGeb führen[10]. Für künftige Steigerungsbeträge und sonstige noch nicht erdiente Rechte liegen aber sachlich proportionale Gründe zur Umstellung des Versorgungswerks auf die neue Regelaltersgrenze vor[11].

165 **4. Widerruf wegen Treuebruch.** Es ist allgemein anerkannt, dass der ArbGeb eine Versorgungszusage widerrufen kann, wenn der Pensionsberechtigte Handlungen begeht, die in grober Weise gegen Treu und Glauben verstoßen oder zu einer fristlosen Entlassung berechtigen würden. Dabei wird juristisch un-

1 *Steinmeyer*, RdA 2005, 345. |2 Vgl. *Höfer*, ART Rz. 607 ff. |3 BAG v. 17.3.1987 – 3 AZR 64/84, AP Nr. 9 zu § 1 BetrAVG – Ablösung. |4 BAG v. 11.9.1990 – 3 AZR 380/89, BAGE 66, 39; v. 26.8.1997 – 3 AZR 235/96, BAGE 86, 216. |5 BAG v. 23.10.1990 – 3 AZR 492/89, nv. |6 BAG v. 17.3.1987 – 3 AZR 64/84, AP Nr. 9 zu § 1 BetrAVG – Ablösung. |7 Vgl. *Höfer*, ART Rz. 612. |8 BAG v. 27.8.1996 – 3 AZR 466/95, DB 1996, 1827. |9 So auch *Zisch/Kruip*, BB 2007, 1162; *Baumeister/Merten*, DB 2007, 1306; aA *Reichenbach/Grüneklee*, DB 2006, 2236. |10 So auch *Zisch/Kruip*, BB 2007, 1162; *Baumeister/Merten*, DB 2007, 1306. |11 So *Baumeister/Merten*, DB 2007, 1306; *Reichenbach/Grüneklee*, DB 2006, 2236.

scharf von einem „Widerruf" der Versorgungszusage gesprochen. Es handelt sich insoweit jedoch nicht um eine rechtsgestaltende Erklärung des ArbGeb, sondern um die Ausübung eines Leistungsverweigerungsrechts wegen Rechtsmissbrauchs[1]. Da betrAV-Leistungen Entgeltcharakter haben, vermag nicht jedes Fehlverhalten des ArbN dazu zu berechtigen, später die Gewährung der Betriebsrente zu verweigern. IdR wird es sich um **schwerwiegende Verfehlungen**[2] handeln müssen; der Versorgungswiderruf wegen Treuebruchs ist kein Mittel der Maßregelung[3]. Im öffentlichen Dienst ergeben sich auf Grund § 18 Besonderheiten[4].

Zu unterscheiden ist zunächst zwischen Verfehlungen während des Arbeitsverhältnisses und solchen durch Ausgeschiedene. 166

a) Verfehlungen während des Arbeitsverhältnisses. Wird der Widerruf auf Verfehlungen während des Arbeitsverhältnisses gestützt, ist zu differenzieren zwischen solchen, die in die Zeit vor Eintritt der Unverfallbarkeit fallen und solchen, bei denen bereits eine unverfallbare Versorgungsanwartschaft besteht. 167

aa) Treuebruch vor Unverfallbarkeit. War bei Beginn des Treuebruchs die Versorgungsanwartschaft noch verfallbar, so kann sich der Berechtigte auf die Versorgungszusage nicht berufen, wenn ihm ein Verhalten zur Last gelegt werden kann, das den ArbGeb zum Ausspruch einer **verhaltensbedingten fristlosen Kündigung aus wichtigem Grund** berechtigt hätte[5]. Verschleiert der ArbN sein Fehlverhalten, so dass der ArbGeb mangels Kenntnis von dem Kündigungsgrund nicht außerordentl. kündigen kann, so kann die Versorgungszusage insgesamt später widerrufen werden. Denn der ArbGeb hätte bei rechtzeitiger Kenntnis des wichtigen Grundes den Eintritt der Unverfallbarkeit durch sofortige Beendigung des Arbeitsverhältnisses vereiteln können. Erlangt der ArbGeb erst später nach Eintritt der Unverfallbarkeit Kenntnis von dem Kündigungsgrund, so kommt ein vollständiges Leistungsverweigerungsrecht in Betracht[6]. 168

bb) Treuebruch nach Unverfallbarkeit. Wurde die Treuwidrigkeit erst nach Erfüllung der Unverfallbarkeitsfristen begangen, so kann die Anwartschaft zeitanteilig bis **zum Zeitpunkt der Treuwidrigkeit** aufrechtzuerhalten sein. Bei der Feststellung des aufrechtzuerhaltenden Teils der Anwartschaft bleibt also der Zeitraum, ab dem der ArbN sich grob treuwidrig verhalten hat, außer Ansatz[7]. Nur die bis zum Treuebruch geleistete Betriebstreue hat dann Bedeutung für das betriebl. Ruhegeld[8]. Da ein Eingriff in den erdienten Teil einer Versorgungsanwartschaft regelmäßig nur unter ganz besonderen Voraussetzungen zulässig ist, muss auch hier beachtet werden, dass nicht jeder Grund, der zu einer außerordentl. Kündigung berechtigt, einen Eingriff in erdiente Anwartschaftsteile ermöglicht. Es muss sich vielmehr um **besonders schwerwiegende Treuwidrigkeiten** handeln. Der ArbN war im vom BAG am 19.6.1980 entschiedenen Fall wegen fortgesetzten Betruges zu Lasten seines ArbGeb mit einem Schaden von mindestens 11 000 DM zu einer Freiheitsstrafe verurteilt worden. Nur die Zeit, innerhalb der die Betrugshandlungen begangen wurden, war bei der Berechnung der Höhe der Versorgungsanwartschaft unberücksichtigt zu lassen; im Übrigen wurde der Widerruf der Versorgungszusage für unwirksam gehalten. Nur ausnahmsw. kommt der vollständige Entzug der Versorgungsrechte in Betracht, wenn wegen der Schwere der Verstöße die Berufung auf die Versorgungszusage arglistig ist. So greift der Einwand des Rechtsmissbrauchs nach Auffassung des BAG durch, wenn der Versorgungsberechtigte durch ruinösen Wettbewerb die wirtschaftl. Grundlage des Schuldners gefährdet. Gleiches gelte, wenn ein ArbN seine Stelle jahrelang dazu missbraucht hat, seinen ArbGeb erheblich zu schädigen[9]. 169

b) Verfehlungen durch Ausgeschiedene. Allerdings kann sogar bei zeitweilig einwandfreiem Verhalten des Berechtigten der Versorgungsanspruch trotz Erfüllung der Unverfallbarkeitsfristen insgesamt entfallen, wenn sich letztlich die beanstandungsfreie Betriebszugehörigkeit rückblickend als **wertlos** erweist. Das BAG hebt hervor, dass die Altersversorgung eine Gegenleistung für die erbrachte Betriebstreue ist. Betriebstreue bedeute freiwilliges Festhalten an der vertragl. Bindung zu einem bestimmten ArbGeb. Für diesen stelle die Betriebstreue des ArbN regelmäßig einen wirtschaftl. Wert dar. Verursache der ArbN bspw. ganz erhebliche Schäden oder sei sein Verhalten besonders schwerwiegend, so könne sich die Betriebstreue insgesamt rückblickend als wertlos herausstellen[10]. Fügt ein bereits ausgeschiedener ArbN später seinem ArbGeb durch treuwidriges Verhalten so schwere Schäden zu, dass die zuvor geleistete beanstandungsfreie Betriebstreue sich insgesamt als wertlos erweist, kann sich für den ArbGeb ein Leistungsverweigerungsrecht ergeben. Gleiches gilt, wenn ein noch nicht ausgeschiedener 170

1 BGH v. 13.12.1999 – II ZR 152/98, MDR 2000, 466; BAG v. 10.2.1968 – 3 AZR 4/67, BAGE 20, 298. | 2 BGH v. 13.12.1999 – II ZR 152/98, MDR 2000, 466; v. 25.11.1996 – II ZR 118/95, BetrAV 1998, 24. | 3 *Griebeling*, NZA 1989, Beil. 3, 26 (28). | 4 BAG v. 21.11.2006 – 3 AZR 672/05, AP Nr. 31 zu § 18 BetrAVG. | 5 BAG v. 8.2.1983 – 3 AZR 10/81, BAGE 41, 338; v. 24.4.1990 – 3 AZR 497/88, ZIP 1990, 1615; v. 29.1.1991 – 3 AZR 85/90, AP Nr. 13 zu § 1 BetrAVG – Hinterbliebenenversorgung; vgl. auch BGH v. 15.1.1992 – XII ZR 247/90, BGHZ 117, 70. | 6 BAG v. 18.10.1979 – 3 AZR 550/78, BAGE 32, 139. | 7 BAG v. 19.6.1980 – 3 AZR 137/79, AP Nr. 2 zu § 1 BetrAVG – Treuebruch. | 8 BAG v. 24.4.1990 – 3 AZR 497/88, ZIP 1990, 1615. | 9 BAG v. 19.6.1980 – 3 AZR 137/79, AP Nr. 2 zu § 1 BetrAVG – Treuebruch; v. 18.10.1979 – 3 AZR 550/78, BAGE 32, 139. | 10 BAG v. 8.2.1983 – 3 AZR 10/81, BAGE 41, 338; v. 29.1.1991 – 3 AZR 85/90, AP Nr. 13 zu § 1 BetrAVG – Hinterbliebenenversorgung.

ArbN sich nach Erreichen der Unverfallbarkeit treuwidrig verhält, danach aber noch beanstandungsfrei weiterarbeitet. So hielt das BAG eine nach den Verfehlungen noch erbrachte ca. sechsjährige beanstandungsfreie Betriebszugehörigkeit für wertlos und sah den ArbGeb nicht für verpflichtet an, für diese Dienstzeit eine betrAV als Gegenleistung zu gewähren[1].

171 **X. Mitbestimmungsrecht des Betriebsrats. 1. Gesetzliche Grundlagen.** Die betrAV gehört zu den sozialen Angelegenheiten eines Betriebes[2]. Normative Grundlage für die Mitbest. des BR sind die §§ 87–89 BetrVG. Relevante erzwingbare MitbestTatbestände befinden sich in § 87 I Ziff. 8 und 10 BetrVG. § 88 Nr. 2 BetrVG eröffnet zusätzlich die Möglichkeit freiwilliger BV zwecks Errichtung von Unterstützungs- und Pensionskassen, deren Wirkungsbereich auf den Betrieb, das Unternehmen oder den Konzern beschränkt ist[3]. Das MitbestR kann ggf. auch dem Gesamt- oder dem Konzernbetriebsrat zustehen[4]. Eine Verletzung des MitbestR begründet keinen über die vertragl. Grundlage hinausgehenden Anspruch des ArbN[5].

172 Gem. § 87 I Nr. 8 BetrVG steht dem BR ein MitbestR über Form, Ausgestaltung und Verwaltung von Sozialeinrichtungen, deren Wirkungsbereich auf den Betrieb, das Unternehmen oder den Konzern beschränkt ist, zu. Diese Vorschrift ist in erster Linie maßgebend für die Mitbest. bei Pensions- und U-Kassen[6].

173 Bei Gruppenpensions- und Gruppenunterstützungskassen kann dagegen auch ein MitbestR nach § 87 I Nr. 10 BetrVG hergeleitet werden[7].

174 **2. Mitbestimmung bei unmittelbaren Versorgungszusagen.** Das BAG hat in seinen grundlegenden Beschlüssen v. 12.6.1975[8] für unmittelbare Versorgungszusagen und Direktversicherungen eine Mitbest. des BR nach § 87 I Nr. 10 BetrVG festgestellt. Es bewertet die betrAV als eine gem. § 87 I Nr. 10 BetrVG mitbestimmungspflichtige Frage der betriebl. Normgestaltung.

175 In derselben Entscheidung hat das BAG dargelegt, dass bei diesen Durchführungswegen keine Sozialeinrichtung vorliegt und damit eine Mitbest. nach § 87 I Nr. 8 BetrVG nicht in Betracht kommt.

176 **3. Mitbestimmung bei mittelbaren Versorgungszusagen.** Pensions- und U-Kassen sind Sozialeinrichtungen iSv. § 87 I Nr. 8 BetrVG[9]. Nach gefestigter Rspr. des BAG setzt der Begriff „Einrichtung" voraus, dass etwas vorhanden ist, was zu verwalten ist[10]. Es muss ein abgesonderter Teil konkreter Mittel mit einer gewissen eigenen Organisation, ein zweckgebundenes Sondervermögen, vorhanden sein[11].

177 Ein erzwingbares MitbestR des BR liegt nur dann vor, wenn sich die Pensions- oder U-Kasse in ihrem Wirkungsbereich auf den Betrieb, das Unternehmen oder den Konzern beschränkt. Bei sog. Gruppenkassen ist § 87 I Nr. 8 BetrVG nicht anwendbar, da deren Wirkungsbereich sich auf mehrere, voneinander unabhängige Unternehmen erstreckt. Ein erzwingbares MitbestR ergibt sich bei Gruppenkassen aber aus § 87 I Nr. 10 BetrVG[12]. Mitbestimmungspflichtiger Tatbestand bildet dann das Abstimmungsverhältnis des ArbGeb[13].

178 Der BR hat nicht mitzubestimmen, wenn sich der Begünstigtenkreis ausschließlich aus Personen zusammensetzt, die nach dem BetrVG nicht vom BR vertreten werden können (zB leitende Angestellte, bereits aus dem Unternehmen ausgeschiedene ArbN)[14].

179 Auch bei Direktversicherungen ergibt sich die Mitbest. aus § 87 I Nr. 10 BetrVG und nicht etwa aus § 87 I Nr. 8 BetrVG[15].

180 Schließlich ist auch der Pensionsfonds als Sozialeinrichtung iSd. § 87 I Nr. 8 BetrVG zu qualifizieren. Erbringt ein Pensionsfonds Altersversorgungsleistungen für mehrere ArbGeb, die nicht einen Konzern bilden, gelten für die MitbestR der BR der einzelnen ArbGeb dieselben Grundsätze wie bei überbetriebl. Pensions- und U-Kassen[16].

181 Die Mitbest. für U-Kassen, Pensionskassen und Pensionsfonds kann **zweistufig** oder **organschaftlich** wahrgenommen werden. Die Entscheidung darüber, welcher Weg hier beschritten wird, ist ebenfalls mitbestimmungspflichtig[17]. Bei der zweistufigen Lösung müssen ArbGeb und BR sich zunächst auf betriebl. Ebene über mitbestimmungspflichtige Fragen verständigen. Im zweiten Schritt muss dann der ArbGeb auf der Ebene der Versorgungseinrichtung dafür sorgen, dass die mit dem BR vereinbarten

---

1 BAG v. 29.1.1991 – 3 AZR 85/90, AP Nr. 13 zu § 1 BetrAVG – Hinterbliebenenversorgung. | **2** BAG v. 16.9.1986 – GS 1/82, NZA 1987, 168. | **3** *Höfer*, ART Rz. 1011. | **4** BAG v. 24.1.2006 – 3 AZR 483/04, AP Nr. 50 zu § 1 BetrAVG- Ablösung. | **5** BAG v. 11.6.2002 1 AZR 390/01, BAGE 101, 288; v. 19.7.2005 – 3 AZR 472/04 – NZA 2005, 1431. | **6** BAG v. 12.6.1975 – 3 ABR 13/74, NZA 1989, 219. | **7** BAG v. 22.4.1986 – 3 AZR 100/83, NZA 1986, 574; v. 9.5.1989 – 3 AZR 439/88, NZA 1989, 889. | **8** BAG v. 12.6.1975 – 3 ABR 13/74, DB 1975, 1559. | **9** BAG v. 13.7.1978 – 3 ABR 108/77, BB 1978, 1617. | **10** BAG v. 15.5.1957 – 1 ABR 8/55, AP Nr. 5 zu § 56 BetrVG. | **11** *Höfer*, ART Rz. 1102. | **12** *Ahrend/Förster/Rühmann*, § 1 BetrAVG Rz. 117. | **13** BAG v. 9.5.1989 – 3 AZR 439/88, NZA 1989, 889; v. 14.12.1993 – 3 AZR 618/93, NZA 1994, 554. | **14** *Höfer*, ART Rz. 1105. | **15** BAG v. 18.3.1976 – 3 ABR 32/75, BB 1976, 1175. | **16** Vgl. hierzu *Kemper/Kisters-Kölkes*, Rz. 340 iVm. Rz. 339. | **17** BAG v. 13.7.1978 – 3 AZR 221/91, BB 1992, 1431.

Regelungen beachtet werden[1]. Bei der organschaftlichen Lösung werden die MitbestR durch ausreichende Repräsentanz des BR in den Organen der Versorgungseinrichtung wahrgenommen. Das erfordert eine paritätische Besetzung durch BR und ArbGebVertreter[2]. Die in den Organen getroffenen Entscheidungen sind dann für den ArbGeb und den BR bindend[3].

4. Mitbestimmungsfreie Entscheidungen. Das Wesen der betrAV setzt der erzwingbaren Mitbest. Grenzen. Bei der betrAV handelt es sich um eine freiwillige Leistung. Der ArbGeb ist nicht verpflichtet, seinen ArbN eine Altersversorgung zu gewähren. Das BetrAVG stellt nur Mindestregelungen für die Ausgestaltung einer betriebl. Versorgungsmaßnahme in bestimmten Teilbereichen auf. Auch die Rspr. zwingt den ArbGeb nicht, betriebl. Versorgungsleistungen zuzusagen[4]. Verpflichtungen können sich allenfalls aus tarifl. bindenden Regelungen ergeben. 182

Das BetrVG lässt dort Raum für mitbestimmungsfreie unternehmerische Grundentscheidungen, wo die Betriebspartner nicht durch eine freiwillige BV Abreden getroffen haben[5]. Auf den Durchführungsweg kommt es dabei nicht an. In jedem Falle verbleiben dem ArbGeb **mitbestimmungsfreie Räume**. So entscheidet der ArbGeb frei darüber, ob überhaupt eine betrAV einführt wird. Der BR kann keinen Einfluss auf diese Grundsatzentscheidung des ArbGeb nehmen[6]. Neben der freien Entscheidung, ob eine Altersversorgung gewährt werden soll, kann der ArbGeb ebenfalls frei über den Umfang der zur Verfügung gestellten Mittel – also über den Dotierungsrahmen – entscheiden[7]. Auch in der Wahl der Personengruppen, die er durch die betrAV begünstigen will, ist der ArbGeb – unter Beachtung des Gleichbehandlungsgrundsatzes – frei[8]. Dies gilt ebenfalls für die Wahl des Durchführungsweges[9]. Der ArbGeb kann also frei entscheiden, ob er die betrAV mittels einer unmittelbaren Versorgungszusage (Direktzusage) oder einer Direktversicherungs-, Pensionskassen- oder U-Kassenzusage oder durch einen Pensionsfonds durchführen möchte. Der Wechsel des Durchführungsweges ist in der Konsequenz genauso wenig mitbestimmungspflichtig[10]. 183

XI. Prozessrecht. § 2 I Nr. 3a und c ArbGG bestimmt, dass Streitigkeiten aus dem Arbeitsverhältnis und aus dessen Nachwirkungen den ArbG zugewiesen sind. Hieraus ergibt sich die Zuständigkeit der ArbG auch für den Bereich der betrAV. 184

Die Zuständigkeit der Zivilgerichtsbarkeit kann abweichend hiervon begründet sein, wenn der ArbN gleichzeitig gesetzl. Vertretungsorgan des ArbGeb ist. Für den Rechtsweg kommt es dann entscheidend darauf an, auf welchen Rechtsbeziehungen die Ruhegeldzusage beruht[11]. Dieser Rechtsweg gilt auch, wenn der ArbN vor Eintritt des Versorgungsfalles bei seinem ArbGeb ausgeschieden ist oder wenn er bereits Betriebsrente bezieht[12]. 185

Bei Streitigkeiten mit dem PSVaG regelt § 2 I Nr. 5 und 6 ArbGG iVm. § 2 I Nr. 3c ArbGG, dass die ArbG für Streitigkeiten zwischen Versorgungsberechtigten und dem PSVaG zuständig sind. Die Zuweisung zur Arbeitsgerichtsbarkeit erfolgt unabhängig von der Parteirolle, dh. auch Aktivprozesse des PSVaG gegen Versorgungsberechtigten fallen in die Zuständigkeit der ArbG. Wird der Rechtsstreit jedoch nicht mit einem ArbN iSd. § 17 I 2 geführt, so verbleibt es wegen der nach § 5 ArbGG allgemeinen Nichteinbeziehung dieser Personengruppe in die Arbeitsgerichtsbarkeit bei der Zuständigkeit der ordentl. Gerichte[13]. 186

Erster Teil. Arbeitsrechtliche Vorschriften

Erster Abschnitt. Durchführung der betrieblichen Altersversorgung

1 *Zusage des Arbeitgebers auf betriebliche Altersversorgung*

(1) Werden einem Arbeitnehmer Leistungen der Alters-, Invaliditäts- oder Hinterbliebenenversorgung aus Anlass seines Arbeitsverhältnisses vom Arbeitgeber zugesagt (betriebliche Altersversorgung), gelten die Vorschriften dieses Gesetzes. Die Durchführung der betrieblichen Altersversorgung kann unmittelbar über den Arbeitgeber oder über einen der in § 1b Abs. 2 bis 4 genannten Versorgungsträger erfolgen. Der Arbeitgeber steht für die Erfüllung der von ihm zugesagten Leistungen auch dann ein, wenn die Durchführung nicht unmittelbar über ihn erfolgt.

---

1 BAG v. 13.7.1978 – 3 AZR 221/91, BB 1992, 1431. |2 BAG v. 10.3.1992 – 3 AZR 108/77, BB 1978, 1617. |3 BAG v. 13.7.1978 – 3 AZR 221/91, BB 1992, 1431. |4 BAG v. 12.6.1975 – 3 ABR 13/74, DB 1975, 1559. |5 *Ahrend/Förster/Rühmann*, § 1 BetrAVG Rz. 110 f. |6 BAG v. 12.6.1975 – 3 ABR 13/74, DB 1975, 1559. |7 BAG v. 12.6.1975 – 3 ABR 13/74, DB 1975, 1559. |8 BAG v. 12.6.1975 – 3 ABR 13/74, DB 1975, 1559. |9 BAG v. 12.6.1975 – 3 ABR 13/74, DB 1975, 1559. |10 *Höfer*, ART Rz. 1058. |11 BAG v. 27.10.1960 – 5 AZR 578/59, DB 1961, 71; *Ahrend/Förster/Rühmann*, § 1 BetrAVG Rz. 199. |12 *Blomeyer/Rolfs/Otto*, Anh. § 1 BetrAVG Rz. 299. |13 LAG Düsseldorf v. 28.2.1977 – 16 Sa 1040/76, DB 1977, 779; OLG Frankfurt v. 20.4.1994 – 5 W 6/94, OLGReport Frankfurt 1994, 119.

(2) Betriebliche Altersversorgung liegt auch vor, wenn

1. der Arbeitgeber sich verpflichtet, bestimmte Beiträge in eine Anwartschaft auf Alters-, Invaliditäts- oder Hinterbliebenenversorgung umzuwandeln (beitragsorientierte Leistungszusage),

2. der Arbeitgeber sich verpflichtet, Beiträge zur Finanzierung von Leistungen der betrieblichen Altersversorgung an einen Pensionsfonds, eine Pensionskasse oder eine Direktversicherung zu zahlen und für Leistungen zur Altersversorgung das planmäßig zuzurechnende Versorgungskapital auf der Grundlage der gezahlten Beiträge (Beiträge und die daraus erzielten Erträge), mindestens die Summe der zugesagten Beiträge, soweit sie nicht rechnungsmäßig für einen biometrischen Risikoausgleich verbraucht wurden, hierfür zur Verfügung zu stellen (Beitragszusage mit Mindestleistung),

3. künftige Entgeltansprüche in eine wertgleiche Anwartschaft auf Versorgungsleistungen umgewandelt werden (Entgeltumwandlung) oder

4. der Arbeitnehmer Beiträge aus seinem Arbeitsentgelt zur Finanzierung von Leistungen der betrieblichen Altersversorgung an einen Pensionsfond, eine Pensionskasse oder eine Direktversicherung leistet und die Zusage des Arbeitgebers auch die Leistungen aus diesen Beiträgen umfasst; die Regelungen für Entgeltumwandlung sind hierbei entsprechend anzuwenden, soweit die zugesagten Leistungen aus diesen Beiträgen im Wege der Kapitaldeckung finanziert werden.

1 **I. Sachlicher Anwendungsbereich nach Abs. 1 S. 1.** § 1 I 1 bestimmt den sachlichen Geltungsbereich des Gesetzes (vgl. Vorb. Rz. 11). Die Vorschrift definiert betriebl. Versorgungsansprüche als Leistungen der Alters- (Vorb. Rz. 36 f.), Invaliditäts- (Vorb. Rz. 38 ff.) oder Hinterbliebenenversorgung (Vorb. Rz. 44 ff.). Anlass für die Versorgungszusage muss ein Arbeitsverhältnis sein. § 17 I 2 stellt klar, dass es bei arbeitnehmerähnlichen Personen genügt (Vorb. Rz. 16), wenn die Zusage durch die Tätigkeit für ein Unternehmen veranlasst ist. Wesentliches Kennzeichen ist deshalb, dass der Leistungsfall durch ein biologisches Ereignis ausgelöst wird, also durch das alters- (Vorb. Rz. 36) oder invaliditätsbedingte (Vorb. Rz. 38) Ausscheiden aus dem Erwerbsleben oder den Tod (Vorb. Rz. 44) des Begünstigten[1].

2 **II. Durchführungswege nach Abs. 1 S. 2.** § 1 I 2 unterscheidet zwischen unmittelbaren und mittelbaren Durchführungswegen der betrAV. Neben dem vom ArbGeb selbst zu erbringenden Versorgungsleistungen (Vorb. Rz. 65 ff.) kann die Altersversorgung auch mittelbar über andere Träger erbracht werden; nämlich über ein Lebensversicherungsunternehmen (Direktversicherung) (Vorb. Rz. 69), über eine U-Kasse (Vorb. Rz. 71), über eine Pensionskasse (Vorb. Rz. 70) und über ein Pensionsfonds (Vorb. Rz. 72). Maßgeblich ist aber immer die Versorgungszusage des ArbGeb.

3 **III. Einstandspflicht des Arbeitgebers nach Abs. 1 S. 3.** Da die Versorgungszusage stets vom ArbGeb ausgeht, bestimmt § 1 I 3, dass der ArbGeb in jedem Fall selbst einstandspflichtig ist, auch wenn er sich eines Versorgungsträgers bedient. Diese gesetzl. Regelung entspricht der höchstrichterlichen Rspr., die einen ArbGeb auch bei mittelbaren Versorgungszusagen für unmittelbar verpflichtet hält[2].

4 **IV. Beitragsorientierte Altersversorgung nach Abs. 2 Ziff. 1.** § 1 II Ziff. 1 lässt auch eine beitragsorientierte Versorgung – sog. beitragsorientierte Leistungszusagen – zu. Bei dieser Form des betriebl. Ruhegeldes sagt der ArbGeb zu, einen bestimmten Beitrag für den ArbN zu investieren, der dann über eine Umrechnungstabelle in eine konkrete Versorgungsleistung umgerechnet wird. Das Beitragsvolumen kann sich etwa an einem fixen Betrag oder an einem konstanten Verhältnis zum jeweiligen rentenfähigen Arbeitsentgelt orientieren[3]. Für die so ermittelte Leistung hat der ArbGeb einzustehen. Besondere Regelungen etwa über die Höhe einer unverfallbaren Anwartschaft bedarf es daher nicht. Beitragsorientierte Versorgungszusagen sind nur in den Durchführungswegen Direktversicherung, Pensionskasse und Pensionsfonds möglich. Die Einführung dieser Versorgungsform wird als Vorstufe zu einer reinen Beitragszusage angesehen, die nach der derzeitigen Gesetzeslage noch nicht zulässig ist. Bei einer Beitragszusage würde der ArbGeb von vornherein nur die Aufbringung eines bestimmten Beitrags zusagen, ohne damit schon die Höhe der Versorgungsleistungen zu definieren. Es bestand die Absicht, die (reine) Beitragszusage in der 14. Legislaturperiode in das BetrAVG aufzunehmen[4].

5 **V. Beitragszusage mit Mindestleistung nach Abs. 2 Ziff. 2.** Statt der reinen Beitragszusage hat der Gesetzgeber mit dem AVmG eine Beitragszusage mit Mindestleistung als neue Leistungsform in § 1 II Ziff. 2 aufgenommen. Dabei werden – wie bei der beitragsorientierten Altersversorgung – nur Beitragszahlungen versprochen. Der ArbGeb übernimmt aber zusätzlich die Verpflichtung, dafür einzustehen, dass das planmäßig zuzurechnende Kapital auf der Grundlage der gezahlten Beiträge einschließlich der daraus erzielten Erträge zur Verfügung gestellt wird. Dabei ist mindestens die Summe der zugesagten Beiträge zu erreichen, soweit sie nicht rechnungsmäßig für einen biometrischen Risikoausgleich (Absicherung eines Invaliditäts- und Todesrisikos) verbraucht wurden. Bei wirtschaftl. Betrachtungsweise kommt die Beitragszusage mit Mindestleistung unter den gegebenen rechtl. Rahmenbedingungen der arbeitgeberseitig gewünschten rein beitragsorientierten Versorgung am nächsten.

---

1 BAG v. 8.5.1990 – 3 AZR 121/98, AP Nr. 58 zu § 7 BetrAVG. | 2 BAG v. 14.9.1999 – 3 AZR 273/98, nv. | 3 *Ahrend/Förster/Rühmann*, § 1 BetrAVG Rz. 45. | 4 *Niemeyer*, BetrAV 1997, 296.

Reine Beitragszusagen, mit denen sich der ArbGeb verpflichtet, nur einen Beitrag für die externe Versorgung seines ArbN zu tragen, ohne weitere Rechtspflichten zu übernehmen, sind ebenfalls zulässig, sie unterfallen aber nicht dem Schutz des BetrAVG[1]. 5a

Die Beitragszusage mit Mindestleistung ist nur bei den Durchführungswegen umsetzbar, bei denen eine tatsächliche Beitragszahlung erfolgt. Es werden mithin die Direktversicherungen, Pensionskasse sowie der Pensionsfonds erfasst[2]. 6

VI. Entgeltumwandlung nach Abs. 2 Ziff. 3. § 1 II Ziff. 3 stellt klar, dass die Umwandlung künftiger, nicht erdienter Entgeltansprüche in eine wertgleiche Anwartschaft auf Versorgungsleistungen vom Schutzzweck des BetrAVG erfasst wird. Damit werden auch arbeitnehmerfinanzierte Versorgungsformen geschützt. Das BAG hatte zuvor schon entschieden, dass Entgeltumwandlungsversicherungen betrieblichen Versorgungscharakter haben[3]. 7

Bei der Entgeltumwandlung vereinbaren die Arbeitsvertragsparteien, ob und wenn ja, auf welche Art und Weise, zukünftige Arbeitsleistungen der ArbN nicht per Gehaltsauszahlung, sondern mit einer Anwartschaft auf betrAV vergütet werden soll. Gegenstand der Entgeltumwandlung können künftige, laufende Lohn- und Gehaltsansprüche jeder Art, aber auch Ansprüche auf einmalige Entgeltzahlungen sein. Dies gilt auch für künftige vermögenswirksame Leistungen[4]. 8

VII. Eigenvorsorge nach Abs. 2 Ziff. 4. Das Gesetz zur Einführung einer Kapitalgedeckten Hüttenknappschaftlichen Zusatzversicherung und zur Änderung anderer Gesetze (HZvNG[5]) enthält nun auch Regelungen für die Eigenvorsorge des ArbN. Der Gesetzgeber erachtet die Verwendung von Entgeltbestandteilen zum Aufbau einer kapitalgedeckten Eigenvorsorge für genauso schutzwürdig wie die Umwandlung von Entgeltanteilen nach Gehaltsverzicht, wenn die Zusage des ArbGeb auch Leistungen aus Beiträgen umfasst, die der ArbN selbst investiert[6]. Das ändert jedoch nichts daran, dass das BetrAVG nur dann anwendbar ist, wenn sich die Rechte des ArbN auf Versorgung aus der Zusage des ArbGeb anlässlich des Arbeitsverhältnisses ergeben. Schließt der ArbN mit einem Dritten einen Versorgungsvertrag ab und wendet diesem dann Beiträge zu, ohne dass dies über den ArbGeb abgewickelt wird, handelt es sich nicht um betrAV[7]. Nach dem Willen des Gesetzgebers sollen von der Regelung insb. die Versorgungssysteme des öffentl. Dienstes erfasst werden. In Abkehr vom bisherigen Umlageverfahren soll schrittweise eine Kapitaldeckung aufgebaut werden, die auch Eigenbeiträge der ArbN vorsieht. Würde diese durch Eigenbeiträge finanzierte Versorgung nicht unter den Schutzbereich des BetrAVG fallen, müssten sie normal versteuert und verbeitragt werden. Diese zusätzlichen Belastungen sollen vermieden werden[8]. 9

Die steuerl. und beitragsrechtl. Behandlung einer solchen Eigenvorsorge weicht von der einer Entgeltumwandlung ab. Eine Pauschalversteuerung scheidet aus, die aufgewendeten Beiträge unterliegen der SozV-Pflicht[9]. Wirtschaftl. gibt es keinen nachvollziehbaren Unterschied, ob der ArbGeb nach Entgeltverzicht einen bestimmten Teil der Vergütung zur Finanzierung einer Versorgung einbehält oder der ArbN aus eigenen Mitteln Beiträge entrichtet. Entscheidend ist deshalb, dass die Arbeitsvertragsparteien eine klare Abrede zur Entgeltumwandlung treffen, sollen die hierfür vorgesehenen Privilegien gesichert werden. 10

1a *Anspruch auf betriebliche Altersversorgung durch Entgeltumwandlung*

(1) Der Arbeitnehmer kann vom Arbeitgeber verlangen, dass von seinen künftigen Entgeltansprüchen bis zu 4 vom Hundert der jeweiligen Beitragsbemessungsgrenze in der allgemeinen Rentenversicherung durch Entgeltumwandlung für seine betriebliche Altersversorgung verwendet werden. Die Durchführung des Anspruchs des Arbeitnehmers wird durch Vereinbarung geregelt. Ist der Arbeitgeber zu einer Durchführung über einen Pensionsfonds oder eine Pensionskasse (§ 1b Abs. 3) bereit, ist die betriebliche Altersversorgung dort durchzuführen; andernfalls kann der Arbeitnehmer verlangen, dass der Arbeitgeber für ihn eine Direktversicherung (§ 1b Abs. 2) abschließt. Soweit der Anspruch geltend gemacht wird, muss der Arbeitnehmer jährlich einen Betrag in Höhe von mindestens einem Hundertsechzigstel der Bezugsgröße nach § 18 Abs. 1 des Vierten Buches Sozialgesetzbuch für seine betriebliche Altersversorgung verwenden. Soweit der Arbeitnehmer Teile seines regelmäßigen Entgelts für betriebliche Altersversorgung verwendet, kann der Arbeitgeber verlangen, dass während eines laufenden Kalenderjahres gleich bleibende monatliche Beträge verwendet werden.

(2) Soweit eine durch Entgeltumwandlung finanzierte betriebliche Altersversorgung besteht, ist der Anspruch des Arbeitnehmers auf Entgeltumwandlung ausgeschlossen.

---

1 BAG v. 7.9.2004 – 3 AZR 550/03, DB 2005, 507. | 2 *Ahrend/Förster/Rühmann*, § 1 BetrAVG Rz. 46; KKBBP, § 1 BetrAVG Rz. 387, aA *Höfer*, 2538 ff. | 3 BAG v. 26.6.1990 – 3 AZR 641/88, DB 1990, 2475. | 4 *Bode/Grabner*, Pensionsfonds und Entgeltumwandlung, S. 75 ff. | 5 BGBl. 2002 I S. 2167. | 6 Vgl. amtl. Begründung, abgedr. in BetrAV 2002, 493. | 7 Vgl. *Hopfner*, DB 2002, 1050. | 8 Vgl. amtl. Begründung, abgedr. in BetrAV 2002, 493. | 9 Vgl. *Hopfner*, DB 2002, 1050.

(3) Soweit der Arbeitnehmer einen Anspruch auf Entgeltumwandlung für betriebliche Altersversorgung nach Absatz 1 hat, kann er verlangen, dass die Voraussetzungen für eine Förderung nach den §§ 10a, 82 Abs. 2 des Einkommensteuergesetzes erfüllt werden, wenn die betriebliche Altersversorgung über einen Pensionsfonds, eine Pensionskasse oder eine Direktversicherung durchgeführt wird.

(4) Falls der Arbeitnehmer bei fortbestehendem Arbeitsverhältnis kein Entgelt erhält, hat er das Recht, die Versicherung oder Versorgung mit eigenen Beiträgen fortzusetzen. Der Arbeitgeber steht auch für die Leistungen aus diesen Beiträgen ein. Die Regelungen über Entgeltumwandlung gelten entsprechend.

1 **I. Historische Entwicklung des Anspruchs auf Entgeltumwandlung.** Bis 1999 gab es im BetrAVG keine Regelung der Entgeltumwandlung. Dennoch sah die Rspr. Entgeltumwandlungen als betrAV an und erklärte die Bestimmungen des BetrAVG hierauf für anwendbar[1]. Dies hatte ua. auch deren Insolvenzsicherung zur Folge[2].

2 Der Gesetzgeber trug dieser Rspr. mit dem Reformgesetz 1999 Rechnung und nahm die Entgeltumwandlung in § 1 V auf. Mit dem AVmG erfolgte zum 1.1.2002 die inhaltsgleiche Übernahme in § 1 II Ziff. 3 (vgl. § 1 Rz. 7). Zugleich ist ein neuer § 1a eingeführt worden, der einen gesetzl. Anspruch auf eine betrAV durch Entgeltumwandlung und Eigenbeiträge als Alternative zur staatlich geförderten privaten kapitalgedeckten Eigenvorsorge einräumt[3].

3 Abs. 1 gibt dem ArbN einen Anspruch darauf, dass bestimmte Anteile seines **künftigen** Entgelts für eine betrAV verwendet werden. Die Verpflichtung des ArbGeb zur Entgeltumwandlung ist verfassungsgemäß[4].

4 **II. Durchführung der Entgeltumwandlung.** Für die Entgeltumwandlung stehen alle 5 Durchführungswege (vgl. § 1 Rz. 2) zur Verfügung. Der Anspruch ist aber begrenzt auf einen Betrag von 4 % der jeweiligen BBG in der gesetzl. RV. Für 2008 entspricht dies einem Umwandlungsjahresbetrag von 2544 Euro, in den neuen Bundesländern 2160 Euro.

5 Der ArbGeb kann sich bereit erklären, die Entgeltumwandlung über einen **Pensionsfonds** oder eine **Pensionskasse** durchzuführen. Geschieht dies, ist der Anspruch des ArbN erfüllt. Macht der ArbGeb keinen Gebrauch von der ihm eingeräumten Option, ist auf Verlangen des ArbN eine **Direktversicherung** abzuschließen. Der ArbN kann also **erzwingen**, dass ihm eine steuerlich geförderte Versorgung gewährt wird.

6 Gegenstand der Entgeltumwandlung können insb. künftige, laufende Lohn- und Gehaltsansprüche sein. In Betracht kommen aber auch künftige Ansprüche auf Einmalzahlungen, vermögenswirksame Leistungen sowie unter bestimmten Voraussetzungen auch zukünftige Urlaubsansprüche[5].

7 Anspruchsberechtigt sind nur die in der gesetzl. RV Pflichtversicherten, § 17 I 3. Ausgeschlossen sind daher Berufsgruppen mit berufsständischen Versicherungen, also etwa Ärzte, Rechtsanwälte und Architekten.

8 Das Gesetz regelt nicht, wer berechtigt ist, das Versicherungsunternehmen auszuwählen. Da der ArbGeb Versicherungsnehmer und damit Vertragsschließender wird, dürfte ihm das Auswahlrecht zustehen[6]. Allerdings wird er das Einvernehmen mit dem ArbN suchen müssen, weil über die Durchführung der Entgeltumwandlung nach Satz 2 eine Vereinbarung zu schließen ist. Kollektivrechtl. kommt für die zu treffende Vereinbarung sowohl eine Regelung durch TV als auch durch BV in Frage. Ansonsten erfolgt die Regelung durch individualrechtl. Vereinbarung, welche gem. § 2 I 2 Ziff. 6 NachwG schriftl. niederzulegen ist[7].

9 Macht der ArbN einen Anspruch auf Entgeltumwandlung geltend, muss er mindestens 1/160 der jährlichen Bezugsgröße gem. § 18 I SGB IV dafür verwenden; das sind 2008 186,38 Euro in den alten Bundesländern und 157,50 Euro in den neuen Bundesländern. Der ArbGeb kann verlangen, dass dabei während eines Kalenderjahres monatlich gleich hohe Beiträge entrichtet werden. Nach dessen Ablauf kann der ArbN neu disponieren.

10 **III. Ausschluss des Anspruchs auf Entgeltumwandlung nach Abs. 2.** Der ArbN kann nach Abs. 2 keine Entgeltumwandlung beanspruchen, soweit schon eine durch Entgeltumwandlung finanzierte betrAV besteht.

11 Andere Versorgungszusagen haben dagegen keine Auswirkung auf den Anspruch auf Entgeltumwandlung. Allerdings hat der ArbN dann Anspruch darauf, bis zur Gesamthöhe von 4 % der BBG zusätzlich Entgelt umzuwandeln; er kann mit dem ArbGeb eine entsprechende ergänzende Vereinbarung treffen.

1 BAG v. 26.6.1990 – 3 AZR 641/88, NZA 1991, 144. |2 BAG v. 26.6.1990 – 3 AZR 641/88, NZA 1991, 144. |3 *Bode/Grabner*, Pensionsfonds und Entgeltumwandlung, S. 74 f. |4 BAG v. 12.6.2007 – 3 AZR 14/07, FA 2007, 248. |5 *Bode/Grabner*, Pensionsfonds und Entgeltumwandlung, S. 76 f. |6 So auch *Höfer*, DB 2001, 1145. |7 *Ahrend/Förster/Rühmann*, § 1a BetrAVG Rz. 16.

IV. Anspruch auf steuerliche Förderung nach Abs. 3. Soweit der ArbGeb eine Entgeltumwandlung für Altersversorgungszwecke beanspruchen kann, sind auf sein Verlangen die Voraussetzungen für eine steuerl. Förderung nach §§ 10a, 82 II EStG zu erfüllen, wenn die Altersversorgung über eine **Direktversicherung**, eine **Pensionskasse** oder einen **Pensionsfonds** durchgeführt wird. Bei einer unmittelbaren Versorgungszusage und einer Zusage von U-Kassenleistungen scheidet somit eine steuerl. Förderung aus. Da den ArbGeb hier eine gesetzl. Erfüllungsverpflichtung trifft, muss er für Versäumnisse oder Fehler, die die steuerl. Förderung ausschließen oder einschränken, nach den Regeln des bürgerlichen Rechts **haften**. 12

Die steuerl. Förderung setzt nach § 82 II EStG voraus, dass der ArbN den umzuwandelnden Betrag aus seinem versteuerten Entgelt aufbringt. Daraus folgt, dass darauf auch gesetzl. SozV-Beiträge zu entrichten sind. Der ArbGeb muss deshalb auch entsprechende ArbGebAnteile aufbringen. Das gilt nicht für umgewandelte Entgelte bis zu 4% der BBG in der gesetzl. RV (West). Sie sind in der gesetzlichen Renten-, Arbeitslosen-, Kranken-, und Pflegeversicherung beitragsfrei (§ 14 SBG IV, § 1 I Sozialversicherungsentgeltverordnung). Durch das Gesetz zur Förderung der betrieblichen Altersversorgung vom 10.12.2007 wurde die zunächst nur bis zum 31.12.2008 geltende Befristung der Abgabenfreiheit aufgehoben[1]. Als steuerl. Förderung wird der **Abzug von Sonderausgaben** vom zu versteuernden Einkommen bis zu festen Höchstgrenzen gewährt. Diese betragen jährlich von 2002 bis 2003 525 Euro, 2004 und 2005 1050 Euro, von 2006 bis 2007 1575 Euro und ab 2008 2100 Euro (§ 10a I 1 EStG). Zusätzlich kann der ArbN auf Antrag eine vom Familienstand abhängige **Zulage** beziehen. Die Grundzulage bei einem kinderlosen Berechtigten beträgt jährlich in 2002 und 2003 46 Euro, in 2004 und 2005 76 Euro, von 2006 bis 2007 114 Euro und ab 2008 154 Euro. Für jedes beim Zulageberechtigten zu berücksichtigende Kind können in 2002 bis 2004 46 Euro, von 2004 bis 2005 92 Euro, von 2006 bis 2007 138 Euro und ab 2008 185 Euro zusätzlich beansprucht werden. Gefördert werden nur laufende Rentenzahlungen, nicht Kapitalleistungen[2]. Die für die geförderte private rückgedeckte Altersversorgung erforderliche **Zertifizierung** ist für die betriebl. Versorgung durch Entgeltumwandlung nicht notwendig. Die späteren Rentenleistungen unterliegen gem. § 22 Nr. 5 EStG der somit nachgelagerten Besteuerung, weil die Beiträge wegen des Sonderausgabenabzugs praktisch nicht zu versteuern sind. 13

V. Beitragszahlung bei ruhendem Arbeitsverhältnis. Die zum 1.1.2005 in Kraft getretene Norm gibt dem ArbN einen Anspruch, die Versicherung oder Versorgung mit eigenen Beiträgen fortzusetzen, wenn das Arbeitsverhältnis zwar noch besteht, der ArbN aber keinen Entgeltanspruch hat. Angesprochen sind damit zB Zeiten des Wehrdienstes, die Elternzeit, lang anhaltende krankheitsbedingte Ausfallzeiten nach Ablauf der Entgeltfortzahlungsperiode aber auch vertragl. entgeltlose Freistellungen. Aus der systematischen Stellung der Vorschrift – sie ist Teil der speziellen Regelungen zum Anspruch auf Entgeltumwandlung – folgt, dass dieser Anspruch nur bei arbeitnehmerfinanzierten Versorgungsrechten gilt[3]. Erfasst sind deshalb auch nur die Durchführungswege Pensionskasse, Lebensversicherung und Pensionsfonds[4]. Dabei sind die bisherigen Beiträge weiterzuzahlen, dies ergibt sich aus der Formulierung „fortzusetzen"[5]. Eine Beitragserhöhung durch den ArbN wäre auch mir der Einstandspflicht des ArbG nach Abs. 2 nicht zu vereinbaren. Der ArbN muss zur Durchsetzung seines Anspruchs initiativ werden. Eine Pflicht zur Belehrung ist dem Gesetz nicht zu entnehmen. 14

1b *Unverfallbarkeit und Durchführung der betrieblichen Altersversorgung*

(1) Einem Arbeitnehmer, dem Leistungen aus der betrieblichen Altersversorgung zugesagt worden sind, bleibt die Anwartschaft erhalten, wenn das Arbeitsverhältnis vor Eintritt des Versorgungsfalls, jedoch nach Vollendung des 30. Lebensjahres *[Fassung ab 1.1.2009: 25. Lebensjahres]* endet und die Versorgungszusage zu diesem Zeitpunkt mindestens fünf Jahre bestanden hat (unverfallbare Anwartschaft). Ein Arbeitnehmer behält seine Anwartschaft auch dann, wenn er auf Grund einer Vorruhestandsregelung ausscheidet und ohne das vorherige Ausscheiden die Wartezeit und die sonstigen Voraussetzungen für den Bezug von Leistungen der betrieblichen Altersversorgung hätte erfüllen können. Eine Änderung der Versorgungszusage oder ihre Übernahme durch eine andere Person unterbricht nicht den Ablauf der Fristen nach Satz 1. Der Verpflichtung aus einer Versorgungszusage stehen Versorgungsverpflichtungen gleich, die auf betrieblicher Übung oder dem Grundsatz der Gleichbehandlung beruhen. Der Ablauf einer vorgesehenen Wartezeit wird durch die Beendigung des Arbeitsverhältnisses nach Erfüllung der Voraussetzungen der Sätze 1 und 2 nicht berührt. Wechselt ein Arbeitnehmer vom Geltungsbereich dieses Gesetzes in einen anderen Mitgliedstaat der Europäischen Union, bleibt die Anwartschaft in gleichem Umfange wie für Personen erhalten, die auch nach Beendigung eines Arbeitsverhältnisses innerhalb des Geltungsbereichs dieses Gesetzes verbleiben.

(2) Wird für die betriebliche Altersversorgung eine Lebensversicherung auf das Leben des Arbeitnehmers durch den Arbeitgeber abgeschlossen und sind der Arbeitnehmer oder seine Hinterbliebenen hinsichtlich der Leistungen des Versicherers ganz oder teilweise bezugsberechtigt (Direktversicherung),

1 G v. 10.12.2007, BGBl. I 2007 S. 2838. | 2 *Höfer*, DB 2001, 1145. | 3 Vgl. auch Begründung in BT-Drs. 15/2150, S. 52 zu Nr. 2. | 4 *Förster/Cisch*, BB 2004, 2126 (2133). | 5 *Förster/Cisch*, BB 2004, 2126 (2133).

so ist der Arbeitgeber verpflichtet, wegen Beendigung des Arbeitsverhältnisses nach Erfüllung der in Absatz 1 Satz 1 und 2 genannten Voraussetzungen das Bezugsrecht nicht mehr zu widerrufen. Eine Vereinbarung, nach der das Bezugsrecht durch die Beendigung des Arbeitsverhältnisses nach Erfüllung der in Absatz 1 Satz 1 und 2 genannten Voraussetzungen auflösend bedingt ist, ist unwirksam. Hat der Arbeitgeber die Ansprüche aus dem Versicherungsvertrag abgetreten oder beliehen, so ist er verpflichtet, den Arbeitnehmer, dessen Arbeitsverhältnis nach Erfüllung der in Absatz 1 Satz 1 und 2 genannten Voraussetzungen geendet hat, bei Eintritt des Versicherungsfalles so zu stellen, als ob die Abtretung oder Beleihung nicht erfolgt wäre. Als Zeitpunkt der Erteilung der Versorgungszusage im Sinne des Absatzes 1 gilt der Versicherungsbeginn, frühestens jedoch der Beginn der Betriebszugehörigkeit.

(3) Wird die betriebliche Altersversorgung von einer rechtsfähigen Versorgungseinrichtung durchgeführt, die dem Arbeitnehmer oder seinen Hinterbliebenen auf ihre Leistungen einen Rechtsanspruch gewährt (Pensionskasse und Pensionsfonds), so gilt Absatz 1 entsprechend. Als Zeitpunkt der Erteilung der Versorgungszusage im Sinne des Absatzes 1 gilt der Versicherungsbeginn, frühestens jedoch der Beginn der Betriebszugehörigkeit.

(4) Wird die betriebliche Altersversorgung von einer rechtsfähigen Versorgungseinrichtung durchgeführt, die auf ihre Leistungen keinen Rechtsanspruch gewährt (Unterstützungskasse), so sind die nach Erfüllung der in Absatz 1 Satz 1 und 2 genannten Voraussetzungen und vor Eintritt des Versorgungsfalles aus dem Unternehmen ausgeschiedenen Arbeitnehmer und ihre Hinterbliebenen den bis zum Eintritt des Versorgungsfalles dem Unternehmen angehörenden Arbeitnehmern und deren Hinterbliebenen gleichgestellt. Die Versorgungszusage gilt in dem Zeitpunkt als erteilt im Sinne des Absatzes 1, von dem an der Arbeitnehmer zum Kreis der Begünstigten der Unterstützungskasse gehört.

(5) Soweit betriebliche Altersversorgung durch Entgeltumwandlung erfolgt, behält der Arbeitnehmer seine Anwartschaft, wenn sein Arbeitsverhältnis vor Eintritt des Versorgungsfalles endet; in den Fällen der Absätze 2 und 3

1. dürfen die Überschussanteile nur zur Verbesserung der Leistung verwendet,

2. muss dem ausgeschiedenen Arbeitnehmer das Recht zur Fortsetzung der Versicherung oder Versorgung mit eigenen Beiträgen eingeräumt und

3. muss das Recht zur Verpfändung, Abtretung oder Beleihung durch den Arbeitgeber ausgeschlossen werden.

Im Fall einer Direktversicherung ist dem Arbeitnehmer darüber hinaus mit Beginn der Entgeltumwandlung ein unwiderrufliches Bezugsrecht einzuräumen.

1 **I. Historische Entwicklung.** Betriebl. Versorgungswerke waren vor Inkrafttreten des BetrAVG dadurch geprägt, dass Leistungsansprüche entfielen, wenn der Versorgungsberechtigte nicht bis zum Erreichen der Altersgrenze oder bis zum Eintritt eines früheren Versorgungsfalles in den Diensten seines ArbGeb verblieb[1]. Unter Betonung des Entgeltcharakters der betrAV entschied das BAG, dass eine Versorgungsanwartschaft nicht mehr verfallen könne, wenn das Arbeitsverhältnis des Versorgungsberechtigten mehr als 20 Jahre bestanden habe und vom ArbGeb einseitig beendet werde[2]. Mit Inkrafttreten des BetrAVG vom 19.12.1974 wurde die Unverfallbarkeit von betriebl. Ruhegeldanwartschaften auf eine gesetzl. Grundlage gestellt. Der aus dem Unternehmen ausscheidende ArbN behält danach seine Versorgungsanwartschaft, wenn er nach Erfüllung der sog. **Unverfallbarkeitsvoraussetzungen** aus den Diensten seines ArbGeb ausscheidet. Bei Eintritt des Versorgungsfalles kann er dann Ruhegeldleistungen abfordern.

2 Durch das AVmG ist der Schutz für die ArbN in Hinblick auf die Unverfallbarkeit ihrer Ansprüche nochmals erheblich verbessert worden. Das Gesetz vom 10.12.2007[3] führt zu einer weiteren Absenkung des Mindestlebensalters auf volle 25 LJ ab dem 1.1.2009.

---

1 Vgl. BAG v. 14.12.1956 – 1 AZR 29/55, BAGE 3, 332. | 2 BAG v. 10.3.1972 – 3 AZR 278/71, DB 1972, 1486. | 3 G v. 10.12.2007, BGBl. I 2007 S. 2838.

II. Unverfallbarkeit nach Abs. 1. 1. Gesetzliche Unverfallbarkeitsvoraussetzungen. Der Gesetzgeber hat in § 1b die Unverfallbarkeit von Versorgungsanwartschaften von der Erfüllung personengebundener und vertragsbezogener Bedingungen abhängig gemacht. Auf die **Person** des ArbN zugeschnitten ist das gesetzl. **Mindestalter** von 30 Jahren, ab 2009 von 25 Jahren. Nur wer bei Ausscheiden aus den Diensten seines ArbGeb dieses Lebensalter erreicht hat, kann seine Versorgungsanwartschaft behalten. Fraglich ist, ob die Festlegung eines Alters von 25 vollendeten LJ keine Diskriminierung wegen Alters iSd. RL 2000/78/EG vom 27.11.2000 ist[1]. Für Zusagen, die bis zum 31.12.2000 erteilt wurden bzw. bis zum 31.12.2008 erteilt werden, gilt das Übergangsrecht des § 30f (vgl. Rz. 23). 3

Zusätzlich muss er eine **vertragsbezogene Bedingung** erfüllen[2]: Die Versorgungszusage muss 5 Jahre bestanden haben. Ist diese Voraussetzung beim Ausscheiden erfüllt, behält der ArbN die Versorgungsanwartschaft. Bei Eintritt des Versorgungsfalles kann er dann Leistungen zumindest in Höhe des gesetzl. durch § 2 garantierten Umfangs beanspruchen. 4

a) Zusagedauer. Die Versorgungsanwartschaft bleibt bestehen, wenn die Versorgungszusage **fünf Jahre** bestanden hat. 5

aa) Erteilung der Versorgungszusage. Maßgeblich für den Lauf der Unverfallbarkeitsfristen ist der **Zeitpunkt**, in dem die Versorgungszusage erteilt worden ist. Als frühester Termin kommt der Beginn der Betriebszugehörigkeit in Betracht. Dies folgt auch nach Novellierung des BetrAVG aus § 1 I 1, wonach das Versorgungsversprechen „aus Anlass seines Arbeitsverhältnisses ..." gegeben worden sein muss[3]. Für Direktversicherungen, Pensionsfonds und Pensionskassen ist dies sogar ausdrücklich gesetzl. geregelt (§ 1b II 3 u. III 2), weil dort der Versicherungsbeginn schon zu einem früheren Zeitpunkt erfolgt sein könnte. 6

Die Rspr. lässt aber eine **Anrechnung von Vordienstzeiten** zu. Sagt der ArbGeb zu, die in einem früheren, beendeten Arbeitsverhältnis abgeleistete Betriebszugehörigkeit anzurechnen, kann der Zusagezeitpunkt vorverlagert werden. IdR wird erforderlich sein, dass die Vordienstzeit von einer Versorgungsanwartschaft begleitet war[4] und nahtlos an das neue Arbeitsverhältnis heranreicht[5]. Ob der ArbGeb die Vordienstzeit nur für die Höhe der Versorgung oder aber auch für die Unverfallbarkeitsfristen anrechnen will, ist durch Auslegung zu ermitteln[6]. Eine Anrechnung wird regelmäßig nur dann gewollt sein, wenn aus dem früheren, beendeten Arbeitsverhältnis nicht schon unverfallbare Versorgungsrechte erwachsen sind[7]. Die Grundsätze der Vertragsfreiheit lassen es aber auch zu, dass Betriebszugehörigkeitszeiten vor einer Unterbrechung des Arbeitsverhältnisses oder gar fiktive Zeiten angerechnet werden. 7

Auch eine sog. „**Blankettzusage**" ist eine rechtsverbindl. Versorgungszusage. Der ArbGeb sagt mit ihr nämlich eine betrAV zu und will sich nur deren inhaltliche Bestimmung vorbehalten. Er hat sie gem. § 315 BGB nach billigem Ermessen festzusetzen; notfalls bestimmt das Gericht die Höhe[8]. Erhält der ArbN bei Beginn des Arbeitsverhältnisses die Zusage, nach einer bestimmten Zeit in ein Versorgungswerk aufgenommen zu werden, hat er bereits mit seinem Eintritt in das Arbeitsverhältnis eine Zusage erhalten. Die Unverfallbarkeitsfrist beginnt nicht erst mit Aufnahme in das Versorgungswerk; die Zusage, ein Versorgungsversprechen zu erhalten, beinhaltet rechtl. bereits die Versorgungszusage selbst[9]. Etwas anderes gilt, wenn eine Versorgung erst dann zugesagt sein soll, wenn der ArbN eine bestimmte, vorab nicht gesicherte Position erlangt hat. Hier beginnt die Zusage erst mit Erreichen der Stellung[10]. Entscheidend ist, ob dem ArbGeb noch ein Entscheidungsspielraum verbleibt. Stellt er nur Ruhegeldleistungen in Aussicht und behält er sich vor, darüber zu entscheiden, ob und wann der ArbN in das Versorgungswerk aufgenommen wird, ist die Versorgungszusage noch nicht erteilt[11]. 8

Der **Lauf der Unverfallbarkeitsfristen** ist nicht vom Inhalt der Versorgungszusage abhängig. Eine **spätere Verbesserung oder Veränderung** der Zusage gilt nicht als neue Zusage. Wird zB der ArbN mit Beginn des Arbeitsverhältnisses in das generelle Versorgungswerk aufgenommen und erhält er später bei Ernennung zum Prokuristen eine großzügig dotierte Einzelzusage, so setzt dies keine erneuten Unverfallbarkeitsfristen in Gang[12]. Das gilt auch, wenn neben die ursprüngliche Versorgungszusage eine weitere tritt, selbst wenn sie über einen anderen Durchführungsweg abgewickelt wird; zB zu einer U-Kassenversorgung eine Direktversicherung tritt[13]. 9

bb) Beendigung der Versorgungszusage. Die Versorgungszusage endet mit **Beendigung des Arbeitsverhältnisses**, wenn der Berechtigte vor Eintritt des Versorgungsfalles ausscheidet. Sind bis dahin die 10

---

1 Art. 1 RL 2000/78/EG; *Thüsing*, ZfA 2001, 397, 408. | 2 Vgl. *Höfer*, § 1b BetrAVG Rz. 2707 ff. | 3 *Höfer*, § 1b BetrAVG Rz. 2718. | 4 BAG v. 3.8.1978 – 3 AZR 19/77, AP Nr. 1 zu § 7 BetrAVG. | 5 BAG v. 11.1.1983 – 3 AZR 212/80, DB 1984, 195. | 6 BAG v. 29.6.1982 – 3 AZR 1188/79, DB 1982, 2090; v. 24.6.1998 – 3 AZR 97/97, nv. | 7 BAG v. 3.8.1978 – 3 AZR 19/77, AP Nr. 1 zu § 7 BetrAVG. | 8 BAG v. 23.11.1978 – 3 AZR 708/77, DB 1979, 364; v. 19.7.2005 – 3 AZR 472/04, NZA 2005, 1431. | 9 BAG v. 15.12.1981 – 3 AZR 1100/78, DB 1982, 855; v. 19.4.1983 – 3 AZR 24/81, DB 1983, 2474. | 10 BAG v. 12.2.1985 – 3 AZR 183/83, AP Nr. 12 zu § 1 BetrAVG. | 11 LAG Hamm v. 29.1.1980 – 6 Sa 1340/79, EzA § 1 BetrAVG Nr. 6. | 12 BAG v. 20.4.1982 – 3 AZR 1118/79, DB 1982, 1879. | 13 BAG v. 28.4.1981 – 3 AZR 184/80, DB 1982, 856.

Unverfallbarkeitsfristen nicht erfüllt, so erlischt die Versorgungsanwartschaft. Das gilt auch dann, wenn die Fristen nur um wenige Tage unterschritten werden[1]. Der ArbGeb ist nicht daran gehindert, eine über die gesetzl. Mindeststandards hinausgehende Zusage zu geben. Wird in kurzem zeitlichen Abstand mit demselben ArbGeb ein erneutes Arbeitsverhältnis begründet und wiederum eine Versorgungszusage erteilt, beginnen die Unverfallbarkeitsfristen von vorn[2]. Dies soll nach in der Lit. vertretener Auffassung nicht ausnahmslos gelten. Bestehe zwischen zwei aufeinander folgenden Arbeitsverhältnissen ein innerer Zusammenhang oder ein sie übergreifendes rechtl. Band, so müsse trotz einer formalen rechtl. Trennung von einem zusammenhängenden Zeitablauf ausgegangen werden[3]. Dem ist entgegenzuhalten, dass das BetrAVG auf einem strengen Stichtagssystem beruht. Es werden nur Mindestbedingungen garantiert. Geht der ArbGeb mit seiner Zusage nicht darüber hinaus, verfällt eine Anwartschaft mit dem Ausscheiden und kann bei späterer Begründung eines neuen Arbeitsverhältnisses nicht wiederbelebt werden.

11 cc) **Arbeitgeberwechsel.** Die Unverfallbarkeitsfristen werden **nicht** dadurch **unterbrochen**, dass ein anderer ArbGeb die Versorgungszusage übernimmt. Eine Übernahme der Versorgungszusage kann durch Gesamtrechtsnachfolge, Betriebsübergang oder Schuldübernahme erfolgen. Fälle der Gesamtrechtsnachfolge sind im Wesentlichen die Umwandlung und die Erbfolge. Bei einem Betriebsübergang ergibt sich der Wechsel des Versorgungsschuldners aus § 613a I 1 BGB. Die schuldbefreiende vertragl. vereinbarte Übernahme einer Versorgungszusage bedarf gem. § 415 I 2 BGB der Genehmigung des Gläubigers, mithin des Versorgungsberechtigten. Darüber hinaus sind die Voraussetzungen des § 4 zu erfüllen. Die Dienstzeit bei dem früheren ArbGeb braucht ausnahmsw. durch den Betriebsübernehmer nicht berücksichtigt werden, wenn sie nur als Bemessungsgrundlage für die Höhe der Versorgungsleistung maßgeblich sein soll oder eine leistungsausschließende Wartezeit abgeleistet werden muss[4].

12 **b) Beginn und Ende der Betriebszugehörigkeit. aa) Allgemeines.** Die Betriebszugehörigkeit iSd. § 1b I 1 setzt grds. die **tatsächliche Verbundenheit** eines ArbN mit dem Betrieb seines ArbGeb voraus. Sie wird durch den **Bestand eines Arbeitsverhältnisses** bzw. eines Dienstverhältnisses gem. § 17 I 1 oder 2 vermittelt. Die Betriebszugehörigkeit beginnt deshalb nicht mit dem Abschluss des Arbeitsvertrages, sondern erst mit dem Zeitpunkt, zu dem das Arbeitsverhältnis beginnen soll.

13 Zu einer **Verkürzung oder Unterbrechung** der Betriebszugehörigkeit führen tatsächliche Unterbrechungen der Tätigkeit bei rechtl. Fortbestand des Arbeitsverhältnisses nicht. So besteht auch bei Feiertagen, Urlaub, Krankheit, Streik, Elternzeit etc. eine Betriebszugehörigkeit[5]. Entsprechendes gilt für Zeiten, in denen der ArbGeb sich im Annahmeverzug befindet. Hingegen soll die Arbeitsverweigerung des ArbN den Lauf der Betriebszugehörigkeit hemmen[6]. Dagegen spricht jedoch, dass das Gesetz allein an den Bestand des Arbeitsverhältnisses anknüpft, welches erst dann endet, wenn der ArbGeb etwa wegen einer Vertragsverletzung kündigt. Die Betriebszugehörigkeit besteht auch dann fort, wenn das Arbeitsverhältnis kraft vertragl. Vereinbarung ruht[7]. Auch einige Gesetze sehen vor, dass Zeiten, in denen der ArbN nicht arbeiten konnte, als Betriebszugehörigkeit zu werten sind. Derartige Verpflichtungen sehen ua. das Arbeitsplatzschutzgesetz[8], das Soldatenversorgungsgesetz, die Gesetze über den Bergmann-Versorgungsschein in Nordrhein-Westfalen und im Saarland, das Eignungsübungsgesetz, das Mutterschutzgesetz und das Abgeordnetengesetz vor.

14 **bb) Konzern-Betriebszugehörigkeitszeiten.** Betriebszugehörigkeitszeiten, die – in ununterbrochener Folge – innerhalb eines Konzerns zurückgelegt werden, können uU als **eine Betriebszugehörigkeit** iSd. § 1 I gewertet werden. Bestehen bspw. innerhalb eines Konzerns einheitliche Versorgungsregelungen, die eventuell sogar einen Wechsel zwischen den konzernangehörigen Unternehmen vorsehen, kann von einer einheitlichen Betriebszugehörigkeit ausgegangen werden[9]. Erfolgt der Wechsel des ArbGeb innerhalb eines Konzerns in Form einer „Versetzung", geht das BAG davon aus, dass die Betriebszugehörigkeit innerhalb des Konzernverbundes honoriert werden soll. Das BAG erkennt insoweit einen gemeins. wirtschaftl. ArbGeb an. Es sei nicht erforderlich, dass der Versorgungsschuldner zugleich unmittelbarer Vertragspartner und Gläubiger des Anspruchs auf Arbeitsleistung sei. Es genüge deshalb, wenn eine Konzerngesellschaft ArbN einer anderen Gesellschaft desselben Konzerns Altersversorgungsleistungen zusage[10]. In diesem Zusammenhang hat das BAG sogar die bei einer ausländischen Konzerntochter verbrachte Betriebszugehörigkeit angerechnet[11]. Aus der Rspr. des BAG darf aber nicht gefolgert werden, dass jedes innerhalb eines Konzernverbundes erteilte Versorgungsversprechen unternehmensübergreifende Geltung entfaltet, es kommt vielmehr auf den jeweiligen Zusageinhalt an.

15 **cc) Arbeitgeberwechsel.** Ebenso wie bei der Zusagedauer beeinflusst eine **Betriebsübernahme** oder ein ArbGebWechsel durch **Gesamtrechtsnachfolge** nicht den Lauf der Betriebszugehörigkeit. Die hier-

1 BAG v. 3.7.1990 – 3 AZR 382/89, DB 1990, 2431. | 2 BAG v. 26.9.1989 – 3 AZR 815/87, DB 1990, 284. | 3 *Höfer*, § 1b BetrAVG Rz. 2912 ff. | 4 BAG v. 30.8.1979 – 3 AZR 58/78, NJW 1980, 416; vgl. auch BAG v. 17.10.1989 – 3 AZR 50/88, nv. | 5 *Höfer*, § 1b BetrAVG Rz. 2854 ff.; BAG v. 15.2.1994 – 3 AZR 708/93, NZA 1994, 794. | 6 *Höfer*, § 1b BetrAVG Rz. 2856; aA *Blomeyer/Otto*, 3. Aufl., § 30 f. BetrAVG Rz. 37. | 7 *Höfer*, § 1b BetrAVG Rz. 2859 ff. | 8 BAG v. 25.7.2006 – 3 AZR 307/05, NZA 2007, 512. | 9 BAG v. 6.8.1985 – 3 AZR 185/83, BB 1986, 1506. | 10 BAG v. 6.8.1985 – 3 AZR 185/83, BB 1986, 1506. | 11 BAG v. 6.8.1985 – 3 AZR 185/83, BB 1986, 1506.

durch übergegangenen Versorgungszusagen gelten fort. Die Betriebszugehörigkeit läuft ununterbrochen weiter.

16 Erhält der ArbN erst **nach dem Betriebsübergang** eine Versorgungszusage, so ist für den Beginn der Betriebszugehörigkeit zur Ermittlung der Unverfallbarkeit von dem Zeitpunkt des Eintritts bei dem Vorarbeitgeber auszugehen[1]. Der Betriebsübernehmer kann die Dienstzeit bei dem früheren ArbGeb nur ausschließen, soweit sie als Bemessungsgrundlage für die **Höhe** der Versorgungsleistung maßgeblich ist oder eine leistungsausschließende Wartezeit abgeleistet werden muss[2].

17 **dd) Anrechnung von Vordienstzeiten.** Auch im Hinblick auf das zu erfüllende Tatbestandsmerkmal der Betriebszugehörigkeit kann der Folgearbeitgeber Vordienstzeiten anrechnen. Das **BAG** geht davon aus, dass im Zweifel Vordienstzeiten auch im Hinblick auf eine Verkürzung der Unverfallbarkeitsfristen angerechnet werden sollen. Ist dies nicht beabsichtigt, muss die Versorgungszusage dies klar ausdrücken[3]. Fehlen in der Zusage nähere Anhaltspunkte, gilt eine Anrechnung von Vordienstzeiten deshalb sowohl für die Höhe der Versorgung als auch für deren Unverfallbarkeit[4].

Hinweis: Eine Formulierung dahingehend, dass die Verdienstzeiten sowohl im Hinblick auf die Unverfallbarkeit als auch für die Höhe des Versorgungsanspruches angerechnet werden, würde die gebotene Klarheit gewährleisten.

18 Das BAG lässt die Anrechnung von Vordienstzeiten **nicht schrankenlos** zu. Zwar sei der ArbGeb frei, über das gesetzl. geschützte Maß der betrAV hinaus günstigere Versorgungszusagen zu erteilen. Eine gesetzl. Unverfallbarkeit wird damit aber nicht erreicht[5]. Das BAG sieht das **gesetzliche** Tatbestandsmerkmal einer hinreichenden Betriebszugehörigkeit durch Anrechnung von Vordienstzeiten dann als erfüllt an, wenn die Dienstzeiten unmittelbar aneinander heranreichen, jeweils von einer Versorgungszusage begleitet sind und die Versorgungserwartung bei dem Vorarbeitgeber noch nicht unverfallbar war (vgl. § 7 Rz. 19). Durch eine bloße Anrechnung von Vordienstjahren bei einem früheren ArbGeb kann zwar eine sog. **vertragliche** Unverfallbarkeit erreicht werden. Werden damit aber nicht zugleich die gesetzl. Unverfallbarkeitsanforderungen erfüllt, kann bspw. ein gesetzl. Insolvenzschutz nicht erlangt werden (vgl. § 7 Rz. 19).

19 **2. Wartezeit.** Versorgungsregelungen können sog. Wartezeiten vorsehen. So sehen viele Versorgungswerke vor, dass Anspruch auf die Versorgungsleistung nur dann besteht, wenn bis zum Eintritt des Versorgungsfalles eine **ununterbrochene Mindestbetriebszugehörigkeit** zurückgelegt worden ist. Der ArbGeb ist grds. frei, über die Länge einer Wartezeit zu bestimmen[6]. Es ist deshalb unbedenklich, eine Wartezeit von 20 oder 25 Jahren festzulegen[7]. Wartezeiten können die Bedeutung einer Aufnahmevoraussetzung erlangen, etwa dann, wenn vom Diensteintritt bis zum Erreichen der festen Altersgrenze die Wartezeit nicht mehr abgeleistet werden kann. Der ArbN verfügt dann letztlich über keine Versorgungszusage[8]. Sieht das Versorgungsversprechen keine feste Altersgrenze vor, kann die Wartezeit ausnahmsw. auch nach Erreichen der Regelaltersgrenze noch erfüllt werden[9]. § 1b I 5 bestimmt, dass eine **Unverfallbarkeit** auch dann eintreten kann, wenn der ArbN bei dem vorzeitigen Ausscheiden aus den Diensten seines ArbGeb die nach der Versorgungszusage verlangte Wartezeit noch nicht erfüllt hat. Wartezeiten können deshalb länger sein als die gesetzl. Unverfallbarkeitsfristen. Eine lange Wartezeit kann den Eintritt der Unverfallbarkeit nicht hinausschieben. Der ArbN kann vielmehr **auch nach dem Ausscheiden**, spätestens aber bis zum Eintritt des Versorgungsfalles, die Wartezeit erfüllen[10]. Umgekehrt führt eine Wartezeit, die kürzer ist als die gesetzl. Unverfallbarkeitsfristen, nicht zu einer vorzeitigen Unverfallbarkeit. Vielmehr bleibt die Versorgungszusage so lange verfallbar, bis die gesetzl. Voraussetzungen für eine Unverfallbarkeit erfüllt sind[11].

20 **3. Wechsel in andere Mitgliedstaaten der EU.** Nach § 1b I 6 führt der Wechsel in einen anderen Mitgliedstaat der EU nicht dazu, dass der ArbN seine Anwartschaft verliert. Er ist vielmehr so zu behandeln, als wäre er im Geltungsbereich des BetrAVG verblieben. Allerdings behält der Versorgungsberechtigte nur solche Rechte, die er auch bei einem Ausscheiden nicht verloren hätte, dh. die Unverfallbarkeitsvoraussetzungen müssen bei einem Wechsel in einen anderen EU-Staat erfüllt sein[12]. Die Vorschrift enthält allerdings nur Selbstverständliches. Sind die Unverfallbarkeitsvoraussetzungen erfüllt, kann dem ArbN die Anwartschaft auf betriebl. Ruhegeld nicht mehr genommen werden, gleichgültig, in welches Land er sich begibt[13]. Die Vorschrift hat nur deklaratorische Bedeutung und wurde zur Umsetzung der

1 BAG v. 8.2.1983 – 3 AZR 229/81, DB 1984, 301; v. 28.4.1993 – 10 AZR 38/92, DB 1994, 151; v. 19.12.2000 – 3 AZR 551/99, ZIP 2001, 1690. | 2 BAG v. 30.8.1979 – 3 AZR 58/78, BB 1979, 1719. | 3 BAG v. 25.1.1979 – 3 AZR 1096/77, DB 1979, 1183. | 4 BAG v. 16.3.1982 – 3 AZR 843/79, DB 1982, 1728; BGH v. 8.6.1983 – IVb ZB 588/81, NJW 1984, 234. | 5 *Höfer*, § 1b BetrAVG Rz. 2845 ff. | 6 BAG v. 9.3.1982 – 3 AZR 389/79, DB 1982, 2089. | 7 LAG Köln v. 10.11.1992 – 4 Sa 238/92, EWiR 1993, 331 (Wartezeit von 35 Jahren). | 8 BAG v. 7.7.1977 – 3 AZR 570/76, AP Nr. 2 zu § 1 BetrAVG – Wartezeit. | 9 BAG v. 7.7.1977 – 3 AZR 570/76, BB 1977, 1251; v. 9.3.1982 – 3 AZR 389/79, DB 1982, 2089; v. 14.1.1986 – 3 AZR 473/84, DB 1986, 2551. | 10 BAG v. 7.7.1977 – 3 AZR 570/76, BB 1977, 1251; v. 9.3.1982 – 3 AZR 389/79, DB 1982, 2089; v. 14.1.1986 – 3 AZR 473/84, DB 1986, 2551. | 11 BGH v. 25.1.1993 – II ZR 45/92, BB 1993, 679. | 12 BAG v. 6.8.1985 – 3 AZR 185/83, DB 1986, 131; v. 25.10.1988 – 3 AZR 64/87, DB 1989, 278. | 13 So auch *Höfer*, § 1b BetrAVG Rz. 2979.

RL 98/49/EG zur Wahrung ergänzender Rechtsansprüche in das Gesetz aufgenommen. Die RL soll sicherstellen, dass Personen, für die wegen des Wechsels in einen anderen EU-Staat keine Beiträge mehr in ein ergänzendes Sicherungssystem eingezahlt werden, genauso behandelt werden wie solche, für die ebenfalls keine Beiträge mehr entrichtet werden, aber in dem betreffenden Mitgliedstaat verbleiben[1].

21 **4. Sonderregelung für Vorruhestand.** Mit § 1b I 2 hat der Gesetzgeber einen Anreiz zum Abschluss von Vorruhestandsvereinbarungen geschaffen. Ein auf Grund einer Vorruhestandsregelung ausscheidender ArbN kann unter **erleichterten Voraussetzungen** eine unverfallbare Versorgungsanwartschaft erlangen. Notwendig hierfür ist eine von einer Versorgungszusage begleitete Beschäftigungszeit von beliebiger Dauer sowie das Ausscheiden aus dem Arbeitsverhältnis auf Grund einer Vorruhestandsregelung. Es sind weder eine bestimmte Zusagedauer noch eine Mindestbetriebszugehörigkeit notwendig. Allerdings muss für den ArbN die Möglichkeit bestanden haben, bei einem Verbleib im Arbeitsverhältnis bis zum Eintritt des Versorgungsfalles überhaupt einen Anspruch auf betriebliches Ruhegeld zu erwerben[2]. Es genügt also, wenn der ArbN bis zum Eintritt des Versorgungsfalles eine etwaige Wartezeit und etwaige weitere Leistungsvoraussetzungen erfüllen kann. Allerdings zählen Zeiten des Vorruhestands nicht zur Betriebszugehörigkeit, sie hindern nur den Eintritt der Unverfallbarkeit nicht[3].

22 **5. Vertragliche Unverfallbarkeit.** Das BetrAVG hindert den ArbGeb nicht, über § 1b hinausgehende, **bessere Regelungen** zu treffen. Das BetrAVG trifft insoweit nur Mindestregelungen. Nicht zulässig ist hingegen, durch Vertrag die Unverfallbarkeitsvoraussetzungen zu verschärfen.

23 **6. Übergangsbestimmungen.** § 30f I BetrAVG enthält Übergangsbestimmungen für die am 1.1.2001 in Kraft getretenen Unverfallbarkeitsfristen des § 1b für bis zum 31.12.2000 erteilte Versorgungszusagen. Für sie gelten weiterhin die ursprünglichen gesetzl. Unverfallbarkeitsvoraussetzungen. Danach blieb die Versorgungsanwartschaft nur erhalten, wenn der Versorgungsberechtigte beim vorzeitigen Ausscheiden das 35. LJ vollendet und die Versorgungszusage mindestens 10 Jahre oder bei mindestens 12-jähriger Betriebszugehörigkeit mindestens 3 Jahre bestanden hatte. Die Anwartschaft aus solchen Altzusagen bleibt auch dann erhalten, wenn die Zusage ab dem 1.1.2001 5 Jahre erteilt worden ist und der ArbN bei Beendigung des Arbeitsverhältnisses das 30. LJ vollendet hat. Eine Altzusage wird damit spätestens dann unverfallbar, wenn sie – wäre sie am 1.1.2001 oder später erteilt worden – gem. der bis zum 31.12.2008 geltenden Regelung unverfallbar würde. § 30f II beinhaltet Übergangsregelungen für die abermalige Herabsetzung des Mindestalters auf 25 Jahre. Sie gilt nur für ab dem 1.1.2009 erteilte neue Zusagen. Für Zusagen, die nach dem 31.12.2000 und vor dem 1.1.2009 erteilt wurden bzw. werden, bleibt es bei dem Mindestalter von 30 Jahren. Ausnahmsweise reicht für Altzusagen auch die Vollendung des 25. LJ, wenn die Zusage ab dem 1.1.2009 mindestens 5 Jahre und damit dann auch das Arbeitsverhältnis ununterbrochen bis zum 31.12.2013 besteht[4].

24 **III. Durchführungswege.** Nach den Vorstellungen des Gesetzgebers ist die unmittelbare Versorgungszusage der Grundfall eines Versorgungsversprechens. In den Abs. 2–4 des § 1b hat der Gesetzgeber deshalb für die vier mittelbaren Durchführungswege Sonderbestimmungen zur Unverfallbarkeit erlassen (ausf. § 1 Rz. 2).

25 **1. Direktversicherung nach Abs. 2.** Eine Direktversicherung liegt vor, wenn der ArbGeb als Versicherungsnehmer bei einer Lebensversicherungsgesellschaft, die der Versicherungsaufsicht unterliegen muss, eine Versicherung auf das Leben des ArbN abschließt. Dem begünstigten ArbN bzw. seinen Hinterbliebenen steht auf Grund eines vom ArbGeb ganz oder teilweise eingeräumten Bezugsrechts aus dem Versicherungsvertrag ein unmittelbarer Leistungsanspruch gegenüber dem Versicherer zu. Der betriebl. Versorgung durch eine Direktversicherung liegt damit ein Dreiecksverhältnis zugrunde: Der ArbGeb erteilt dem ArbN eine Versorgungszusage, die darin besteht, auf sein Leben eine Versicherung abzuschließen. Weiterhin schließt der ArbGeb mit einem Versicherungsunternehmen einen Versicherungsvertrag ab. Dieser Versicherungsvertrag ist wiederum so ausgestaltet, dass der ArbN daraus ein unmittelbares Bezugsrecht erwirbt (Vertrag zu Gunsten Dritter, § 323 BGB). Nach Abs. 2 S. 4 gilt die Versorgungszusage mit dem Versicherungsbeginn – frühestens jedoch mit Beginn der Betriebszugehörigkeit – als erteilt. Problematisch ist der Fristbeginn dann, wenn der ArbGeb den Abschluss der Versicherung für den Zeitpunkt des Erreichens einer bestimmten Mindestbetriebszugehörigkeit verspricht. Bei einer unmittelbaren Versorgungszusage würde dies schon die Unverfallbarkeitsfristen in Gang setzen[5]. Der klare Gesetzeswortlaut legt hier jedoch anderes fest. Das Versicherungsverhältnis soll entscheidend sein. Dies entspricht bei diesem Durchführungsweg auch den Bedürfnissen der Praxis[6]. Es kommt deshalb darauf an, was der ArbGeb versprochen hat. Hat er zugesagt, den ArbN von einem bestimmten Zeitpunkt an zu versichern, ist dies zu behandeln wie eine unmittelbare Versorgungszusage mit der Folge, dass ein Schadenersatzanspruch entsteht, wenn die Zusage nicht eingehalten wird. Hat

---

1 Vgl. Vorschlag für eine erweiternde EG-Richtlinie BR-Drs. 784/05 v. 1.11.2005. | 2 BAG v. 28.3.1995 – 3 AZR 496/94, AP Nr. 84 zu § 7 BetrAVG. | 3 BAG v. 12.12.2006 – 3 AZR 716/05, NZA-RR 2007, 434. | 4 BR-Drs. 540/07 v. 10.8.2007, S. 10. | 5 BAG v. 15.12.1981 – 3 AZR 1100/78, DB 1982, 855; v. 19.4.1983 – 3 AZR 24/81, DB 1983, 2474. | 6 *Blomeyer*, DB 1992, 2499; aA *Blomeyer/Rolfs/Otto*, § 1b BetrAVG Rz. 257 f.; *Förster*, BetrAV 1982, 110; aA *Höfer*, § 1b BetrAVG Rz. 3013.

der ArbGeb hingegen den Abschluss eines Lebensversicherungsvertrages nach Ablauf einer gewissen Betriebszugehörigkeit zugesagt und kommt er dem auch nach, besteht kein Anlass, den Beginn der Unverfallbarkeitsfrist vorzuverlagern[1].

Hinsichtlich der Unverfallbarkeit nimmt Abs. 2 S. 1 Bezug auf die in Abs. 1 S. 1 und 2 niedergelegten Voraussetzungen. Nach deren Erfüllung darf der ArbGeb das Bezugsrecht nicht mehr widerrufen. Handelt er dem zuwider, so entfaltet der Widerruf im Verhältnis zum Versicherer zwar Wirkung – gegenüber dem betroffenen ArbN macht sich der ArbGeb aber schadensersatzpflichtig[2]. 26

Der ArbGeb hat versicherungsrechtl. die Möglichkeit, Ansprüche aus der Lebensversicherung abzutreten oder zu beleihen. Dadurch kann der Wert des Bezugsrechts der Versicherung beschädigt werden. Tritt der Versicherungsfall dann nach Vorliegen der Unverfallbarkeitsvoraussetzungen ein, muss der ArbGeb gem. Abs. 2 und 3 etwaige Abtretungen und Beleihungen rückgängig machen. Anderenfalls ist er gegenüber dem ArbN schadensersatzpflichtig. 27

2. Pensionskasse und Pensionsfonds nach Abs. 3. Der Gesetzgeber hat die Pensionskasse und den Pensionsfonds in Abs. 3 S. 1 legaldefiniert: Er beschreibt sie als rechtsfähige Versorgungseinrichtungen, die betrAV durchführen und dem ArbN oder seinen Hinterbliebenen Rechtsansprüche auf Leistungen gewähren. Sagt der ArbGeb Leistungen einer Pensionskasse oder eines Pensionsfonds zu, ist er dem ArbN gegenüber verpflichtet, die Versorgung über den betreffenden Durchführungsweg sicherzustellen; hierfür haftet er unmittelbar. Anders als bei der Direktversicherung scheidet bei der Pensionskasse eine Abtretung oder Beleihung aus, weil auch der ArbN Versicherungsnehmer und nicht nur bezugsberechtigte Person ist. Sie kann also nicht als Finanzierungsinstrument genutzt werden. Ebenso kann der ArbGeb deshalb auch nicht einseitig das Bezugsrecht ändern. 28

Gem. Abs. 3 S. 2 beginnt die Frist zur Erfüllung der Unverfallbarkeitsvoraussetzungen mit Versicherungsbeginn – jedoch nicht vor Beginn der Betriebszugehörigkeit. Für diese Voraussetzungen findet Abs. 1 entsprechende Anwendung. Hier gilt Entsprechendes wie für die Direktzusage: Das Versprechen, nach Ablauf eines bestimmten Zeitraums ein Versicherungs- oder Versorgungsverhältnis abzuschließen, setzt nach dem klaren Wortlaut der gesetzl. Regelung (Abs. 3 S. 2) die Unverfallbarkeitsfristen noch nicht in Gang. 29

Wechselt ein über seinen ArbGeb bei einer Gruppenpensionskasse versicherter ArbN den ArbGeb, so findet ohne besondere Vereinbarung keine automatische Zusammenrechnung der bei dem früheren und bei dem neuen ArbGeb zurückgelegten Versicherungszeiten statt, selbst wenn der neue ArbGeb ebenfalls derselben Gruppenpensionskasse angeschlossen und der ArbN dort versichert geblieben ist[3]. 30

3. Unterstützungskasse nach Abs. 4. Die U-Kasse wird nach Abs. 4 S. 1 als rechtl. selbständige Versorgungseinrichtung definiert, die betriebl. Altersversorgungsleistungen **ohne Rechtsanspruch** gewährt. Auch der Versorgung über diesen Weg liegt eine arbeitsrechtl. Vereinbarung zwischen den Arbeitsvertragsparteien zugrunde, kraft derer der ArbN betriebl. Versorgungsleistungen beanspruchen kann. Dem ArbGeb steht aber ein Widerrufsrecht zu, welches an Treu und Glauben gebunden ist. Er kann dies nur aus sachlichen Gründen im Rahmen billigen Ermessens ausüben[4] (zu Änderungsmöglichkeiten vgl. Vorb. Rz. 124 ff.). Widerruft der ArbGeb die Zusage, sind erreichte Besitzstände zu wahren. Denn der ArbN hat mit seiner Betriebstreue die für die Versorgung vorausgesetzte Leistung bereits erbracht (vgl. Vorb. Rz. 150 ff.). Leistet die U-Kasse im Versorgungsfall nicht (etwa weil sie insolvent ist), kann sich der ArbN an seinen ArbGeb halten, denn er haftet dem ArbN unmittelbar aus dem Versorgungsversprechen. 31

Wegen des Ausschlusses eines Rechtsanspruches wird der Begriff der Unverfallbarkeit in Abs. 4 vermieden und stattdessen eine Gleichstellung mit Inhabern einer unmittelbaren Versorgungszusage angeordnet. Der Gesetzgeber knüpft für die Unverfallbarkeit an die Zugehörigkeit zum Kreis der Begünstigten der U-Kassen an, Abs. 4 S. 2. Es kommt also auf die Zusage des ArbGeb an, denn er entscheidet über die Aufnahmevoraussetzungen. Satzungsrechtl. Bestimmungen, die eine Aufnahme in den Kreis der Begünstigten erst nach einer Mindestbetriebszugehörigkeit vorsehen, haben deshalb für den Fristablauf keine rechtl. Bedeutung[5]. 32

Die Gleichstellung mit der hier aus Rechtsgründen nicht vorgesehenen Unverfallbarkeit erfolgt durch einen Verweis auf Abs. 1 S. 1 und 2. Die Anwartschaft auf Leistungen einer U-Kasse kann deshalb nicht mehr entzogen werden, wenn der Versorgungsberechtigte vor dem Eintritt des Versorgungsfalles ausscheidet, er zu diesem Zeitpunkt das 30. LJ vollendet hat und die Versorgungszusage mindestens fünf Jahre besteht (vgl. aber Übergangsvorschriften § 30f). Wechselt ein ArbN zu einem ArbGeb, der derselben Gruppen-Unterstützungskasse oder überbetriebl. U-Kasse angehört wie der frühere ArbGeb, so 33

1 *Blomeyer*, DB 1992, 2499; aA *Blomeyer/Rolfs/Otto*, § 1b BetrAVG Rz. 258. | 2 BAG v. 28.7.1987 – 3 AZR 694/85, NZA 1988, 159. | 3 OLG Köln v. 11.4.1994 – 5 U 172/93, BB 1995, 436. | 4 BAG v. 17.5.1973 – 3 AZR 381/72, NJW 1973, 1996; v. 17.11.1992 – 3 AZR 76/92, NZA 1993, 938; ausf. *Ahrend/Förster/Rühmann*, § 1b BetrAVG Rz. 51 mwN. | 5 BAG v. 13.7.1978 – 3 AZR 278/77, DB 1979, 38.

kommt es ohne entsprechende Abrede zu keiner automatischen Zusammenrechnung der Betriebszugehörigkeitszeiten[1].

34 **4. Entgeltumwandlung.** Soweit die Altersversorgung durch Entgeltumwandlung erfolgt, besteht von Anbeginn der Zusage eine Unverfallbarkeit (§ 1b V). Dadurch soll sichergestellt werden, dass der ArbN den finanziellen Einsatz, den er durch Gehaltsverzicht während seines Arbeitsverhältnisses geleistet hat, nicht verliert[2].

35 Ferner dürfen bei den versicherungsförmig angelegten Durchführungswegen Direktversicherung, Pensionskasse und Pensionsfonds die Überschussanteile nur zur Verbesserung der Leistungen verwendet werden, muss dem ArbN das Recht zur Fortsetzung der Versicherung oder Versorgung mit eigenen Beiträgen eröffnet werden und muss das Recht zur Verpfändung, Abtretung oder Beleihung durch den ArbGeb ausgeschlossen sein. Für den Fall der Direktversicherung muss dem ArbN vom Beginn der Umwandlung an ein unwiderrufliches Bezugsrecht eingeräumt werden. Durch diese Gebote soll gewährleistet werden, dass die vom ArbN im Wege der Entgeltumwandlung aufgewendeten Mittel auch nur diesem und zwar ungeschmälert zu Gute kommen. Verstößt der ArbGeb gegen diese Verpflichtungen, macht er sich schadenersatzpflichtig.

2 *Höhe der unverfallbaren Anwartschaft*

(1) [Unmittelbare Versorgung] Bei Eintritt des Versorgungsfalles wegen Erreichens der Altersgrenze, wegen Invalidität oder Tod haben ein vorher ausgeschiedener Arbeitnehmer, dessen Anwartschaft nach § 1b fortbesteht, und seine Hinterbliebenen einen Anspruch mindestens in Höhe des Teiles der ohne das vorherige Ausscheiden zustehenden Leistung, der dem Verhältnis der Dauer der Betriebszugehörigkeit zu der Zeit vom Beginn der Betriebszugehörigkeit bis zum Erreichen der Regelaltersgrenze in der gesetzlichen Rentenversicherung entspricht; an die Stelle des Erreichens der Regelaltersgrenze tritt ein früherer Zeitpunkt, wenn dieser in der Versorgungsregelung als feste Altersgrenze vorgesehen ist, spätestens der Zeitpunkt, in dem der Arbeitnehmer ausscheidet und gleichzeitig eine Altersrente aus der gesetzlichen Rentenversicherung für besonders langjährig Versicherte in Anspruch nimmt. Der Mindestanspruch auf Leistungen wegen Invalidität oder Tod vor Erreichen der Altersgrenze ist jedoch nicht höher als der Betrag, den der Arbeitnehmer oder seine Hinterbliebenen erhalten hätten, wenn im Zeitpunkt des Ausscheidens der Versorgungsfall eingetreten wäre und die sonstigen Leistungsvoraussetzungen erfüllt gewesen wären.

(2) [Direktversicherung] Ist bei einer Direktversicherung der Arbeitnehmer nach Erfüllung der Voraussetzungen des § 1b Abs. 1 und 5 vor Eintritt des Versorgungsfalles ausgeschieden, so gilt Absatz 1 mit der Maßgabe, dass sich der vom Arbeitgeber zu finanzierende Teilanspruch nach Absatz 1, soweit er über die von dem Versicherer nach dem Versicherungsvertrag auf Grund der Beiträge des Arbeitgebers zu erbringende Versicherungsleistung hinausgeht, gegen den Arbeitgeber richtet. An die Stelle der Ansprüche nach Satz 1 tritt auf Verlangen des Arbeitgebers die von dem Versicherer auf Grund des Versicherungsvertrages zu erbringende Versicherungsleistung, wenn

1. spätestens nach 3 Monaten seit dem Ausscheiden des Arbeitnehmers das Bezugsrecht unwiderruflich ist und eine Abtretung oder Beleihung des Rechts aus dem Versicherungsvertrag durch den Arbeitgeber und Beitragsrückstände nicht vorhanden sind,

2. vom Beginn der Versicherung, frühestens jedoch vom Beginn der Betriebszugehörigkeit an, nach dem Versicherungsvertrag die Überschussanteile nur zur Verbesserung der Versicherungsleistung zu verwenden sind und

3. der ausgeschiedene Arbeitnehmer nach dem Versicherungsvertrag das Recht zur Fortsetzung der Versicherung mit eigenen Beiträgen hat.

Der Arbeitgeber kann sein Verlangen nach Satz 2 nur innerhalb von 3 Monaten seit dem Ausscheiden des Arbeitnehmers diesem und dem Versicherer mitteilen. Der ausgeschiedene Arbeitnehmer darf die Ansprüche aus dem Versicherungsvertrag in Höhe des durch Beitragszahlungen des Arbeitgebers gebildeten geschäftsplanmäßigen Deckungskapitals oder, soweit die Berechnung des Deckungskapitals nicht zum Geschäftsplan gehört, das nach § 169 Abs. 3 und 4 des Versicherungsvertragsgesetzes berechneten Wertes weder abtreten noch beleihen. In dieser Höhe darf der Rückkaufswert auf Grund einer Kündigung des Versicherungsvertrages nicht in Anspruch genommen werden; im Falle einer Kündigung wird die Versicherung in eine prämienfreie Versicherung umgewandelt. § 169 Abs. 1 des Versicherungsvertragsgesetzes findet insoweit keine Anwendung.

(3) [Pensionskassen] Für Pensionskassen gilt Absatz 1 mit der Maßgabe, dass sich der vom Arbeitgeber zu finanzierende Teilanspruch nach Absatz 1, soweit er über die von der Pensionskasse nach dem aufsichtsbehördlich genehmigten Geschäftsplan oder, soweit eine aufsichtsbehördliche Genehmigung

1 *Ahrend/Förster/Rühmann*, § 1b BetrAVG Rz. 50; vgl. auch OLG Köln v. 11.4.1994 – 5 U 172/93, DB 1995, 436. | 2 BAG v. 8.6.1993 – 3 AZR 670/92, NZA 1994, 507; *Bode/Grabner*, Pensionsfonds und Entgeltumwandlung, S. 87.

nicht vorgeschrieben ist, nach den allgemeinen Versicherungsbedingungen und den fachlichen Geschäftsunterlagen im Sinne des § 5 Abs. 3 Nr. 2 Halbsatz 2 des Versicherungsaufsichtsgesetzes (Geschäftsunterlagen) auf Grund der Beiträge des Arbeitgebers zu erbringende Leistung hinausgeht, gegen den Arbeitgeber richtet. An die Stelle der Ansprüche nach Satz 1 tritt auf Verlangen des Arbeitgebers die von der Pensionskasse auf Grund des Geschäftsplanes oder der Geschäftsunterlagen zu erbringende Leistung, wenn nach dem aufsichtsbehördlich genehmigten Geschäftsplan oder den Geschäftsunterlagen

1. vom Beginn der Versicherung, frühestens jedoch vom Beginn der Betriebszugehörigkeit an, Überschussanteile, die auf Grund des Finanzierungsverfahrens regelmäßig entstehen, nur zur Verbesserung der Versicherungsleistung zu verwenden sind oder die Steigerung der Versorgungsanwartschaften des Arbeitnehmers der Entwicklung seines Arbeitsentgeltes, soweit es unter den jeweiligen Beitragsbemessungsgrenzen der gesetzlichen Rentenversicherungen liegt, entspricht und

2. der ausgeschiedene Arbeitnehmer das Recht zur Fortsetzung der Versicherung mit eigenen Beiträgen hat.

Der Absatz 2 Satz 3 bis 6 gilt entsprechend.

(3a) [Pensionsfonds] Für Pensionsfonds gilt Absatz 1 mit der Maßgabe, dass sich der vom Arbeitgeber zu finanzierende Teilanspruch, soweit er über die vom Pensionsfonds auf der Grundlage der nach dem geltenden Pensionsplan im Sinne des § 112 Abs. 1 Satz 2 in Verbindung mit § 113 Abs. 2 Nr. 5 des Versicherungsaufsichtsgesetzes berechnete Deckungsrückstellung hinausgeht, gegen den Arbeitgeber richtet.

(4) [Unterstützungskassen] Eine Unterstützungskasse hat bei Eintritt des Versorgungsfalles einem vorzeitig ausgeschiedenen Arbeitnehmer, der nach § 1b Abs. 4 gleichgestellt ist, und seinen Hinterbliebenen mindestens den nach Absatz 1 berechneten Teil der Versorgung zu gewähren.

(5) [Berücksichtigung künftiger Entwicklung] Bei der Berechnung des Teilanspruchs nach Absatz 1 bleiben Veränderungen der Versorgungsregelung und der Bemessungsgrundlagen für die Leistung der betrieblichen Altersversorgung, soweit sie nach dem Ausscheiden des Arbeitnehmers eintreten, außer Betracht; dies gilt auch für die Bemessungsgrundlagen anderer Versorgungsbezüge, die bei der Berechnung der Leistung der betrieblichen Altersversorgung zu berücksichtigen sind. Ist eine Rente der gesetzlichen Rentenversicherung zu berücksichtigen, so kann das bei der Berechnung von Pensionsrückstellungen allgemein zulässige Verfahren zugrunde gelegt werden, wenn nicht der ausgeschiedene Arbeitnehmer die Anzahl der im Zeitpunkt des Ausscheidens erreichten Entgeltpunkte nachweist; bei Pensionskassen sind der aufsichtsbehördlich genehmigte Geschäftsplan oder die Geschäftsunterlagen maßgebend. Bei Pensionsfonds sind der Pensionsplan und die sonstigen Geschäftsunterlagen maßgebend. Versorgungsanwartschaften, die der Arbeitnehmer nach seinem Ausscheiden erwirbt, dürfen zu keiner Kürzung des Teilanspruchs nach Absatz 1 führen.

(5a) Bei einer unverfallbaren Anwartschaft aus Entgeltumwandlung tritt an die Stelle der Ansprüche nach Absatz 1, 3a oder 4 die vom Zeitpunkt der Zusage auf betriebliche Altersversorgung bis zum Ausscheiden des Arbeitnehmers erreichte Anwartschaft auf Leistungen aus den bis dahin umgewandelten Entgeltbestandteilen; dies gilt entsprechend für eine unverfallbare Anwartschaft aus Beiträgen im Rahmen einer beitragsorientierten Leistungszusage.

(5b) An die Stelle der Ansprüche nach den Absätzen 2, 3, 3a und 5a tritt bei einer Beitragszusage mit Mindestleistung das dem Arbeitnehmer planmäßig zuzurechnende Versorgungskapital auf der Grundlage der bis zu seinem Ausscheiden geleisteten Beiträge (Beiträge und die bis zum Eintritt des Versorgungsfalls erzielten Erträge), mindestens die Summe der bis dahin zugesagten Beiträge, soweit sie nicht rechnungsmäßig für einen biometrischen Risikoausgleich verbraucht wurden.

(6) (aufgehoben)

1 **I. Einführung.** Wer mit einer unverfallbaren Versorgungsanwartschaft vor Eintritt des Versorgungsfalles (Erreichen der Altersgrenze, Inanspruchnahme des vorgezogenen Altersruhegeldes, Invalidität, Tod bei Hinterbliebenenversorgung) ausscheidet, kann später, nachdem der Versorgungsfall eingetreten ist, Versorgungsleistungen in Höhe einer durch § 2 I gesetzl. garantierten **Mindesthöhe** beanspruchen. § 2 I schreibt dabei nur einen Mindestbestand fest. Der ArbGeb ist nicht gehindert, dem ArbN darüber hinausgehende Rechte einzuräumen. Dies muss aber in der Versorgungszusage deutlich zum Ausdruck kommen; im Zweifel ist anzunehmen, dass der ArbGeb keine über § 2 I hinausgehenden Rechte einräumen will. Für eine günstigere, davon abweichende Zusage ist der ArbN darlegungs- und beweispflichtig[1]. Für Versorgungsansprüche aus Entgeltumwandlungen und leistungsorientierten Beitragszusagen sowie Beitragzusagen mit Mindestleistungen, sieht das Gesetz in § 2 Va u. Vb Besonderheiten vor. Die bisher in Abs. 6 normierten Auskunftspflichten wurden in eine eigene Vorschrift (§ 4a) übernommen und ausgeweitet (vgl. Komm. zu § 4a).

2 **II. Zugesagter Leistungsumfang.** Bei der Bestimmung der Höhe der unverfallbaren Anwartschaft geht der Gesetzgeber von der Prämisse aus, dass der ArbN den Teil der ursprünglich zugesagten Altersversorgung erhalten soll, den er während seiner Betriebszugehörigkeit verdient hat. Wem bspw. ein Ruhegeld von 100 Euro monatlich zugesagt worden ist und wer die Hälfte der vorgesehenen Betriebszugehörigkeit abgeleistet hat, erhält auch die Hälfte der versprochenen Betriebsrente. Nach § 2 I ist in zwei Schritten vorzugehen: Zunächst ist die Versorgungsleistung zu ermitteln, die der Versorgungsberechtigte erhalten hätte, wäre er nicht vorzeitig ausgeschieden. Der sich aus dieser Betrachtung ergebende **mögliche Versorgungsanspruch** ist zeitlich im Verhältnis der **tatsächlichen** Betriebszugehörigkeit bis zum vorzeitigen Ausscheiden zu der **möglichen** Betriebszugehörigkeit bis zum Erreichen der Regelaltersgrenze gem. §§ 35, 235 SGB VI oder einer früheren festen Altersgrenze zu quotieren.

3 Eine zeitanteilige Berechnung ist auch vorzunehmen, wenn der ArbN eine **dienstzeitabhängige Versorgungszusage** erhalten hat. So kann der ArbGeb dem ArbN für jedes abgeleistete Dienstjahr einen bestimmten Geldbetrag als Ruhegeld zusagen. Hier sind nicht die bis zum vorzeitigen Ausscheiden erreichten Steigerungsbeträge maßgeblich. Zu ermitteln ist vielmehr im ersten Rechenschritt die bis zur festen Altersgrenze erreichbare Versorgungshöhe. Eine ratierliche Kürzung unterbleibt schließlich auch dann nicht, wenn der ArbN bis zu seinem Ausscheiden bereits die nach der Versorgungszusage mögliche **Höchstrente** erreicht hat[2]. Auch hier ist gedanklich die zugesagte Leistung auf alle Zugehörigkeitsjahre bis zur festen Altersgrenze zu verteilen und mit der Anzahl der tatsächlichen Beschäftigungsjahre zu multiplizieren.

4 **1. Möglicher Versorgungsanspruch.** Als möglicher Versorgungsanspruch ist immer die Leistung zugrunde zu legen, die der ArbN „ohne das vorherige Ausscheiden" hätte verlangen können. Die so ermittelten Leistungen werden auch als **„hypothetische Rente"**[3] oder **„Als-ob-Leistung"**[4] bezeichnet.

5 Anhand der Versorgungszusage ist die Leistung zu errechnen, die der Berechtigte bei Eintritt des betreffenden Versorgungsfalles verlangen kann. Dabei ist zunächst auszublenden, dass der Berechtigte schon vor diesem Versorgungsfall aus seinem Arbeitsverhältnis ausgeschieden ist.

6 **2. Eintritt in den Altersruhestand.** Wird eine betriebl. Altersrente zugesagt, ist somit stets zu prüfen, wann der Versorgungsberechtigte die Regelaltersgrenze oder eine frühere feste Altersgrenze erreicht hat[5]. Die dafür vorgesehene Leistung ist bei den weiteren Rechenschritten zugrunde zu legen.

7 **3. Invaliditäts- und Hinterbliebenenleistungen.** Bei einer Invaliditäts- oder Hinterbliebenenversorgung ist ebenfalls zunächst der **mögliche Versorgungsanspruch** zu ermitteln[6]. Hier ist der Zeitpunkt des Eintritts des Versorgungsfalles maßgeblich. Als möglicher Versorgungsanspruch ist dann nicht die Leistung zugrunde zu legen, die nach der Versorgungsordnung maximal möglich gewesen wäre, sondern nur die, die der ArbN ohne vorheriges Ausscheiden bis zum Eintritt des Versorgungsfalles hätte erreichen können[7]. Auf die Höhe des möglichen Versorgungsanspruches kann es sich deshalb zum Beispiel auswirken, wenn der ArbN schon mit 59 LJ invalide wird. Auf den Zeitwertfaktor (Verhältnis tatsächlicher zu möglicher Betriebszugehörigkeit) hat dabei die vorzeitige Inanspruchnahme der Rente **keinen** Einfluss. Sagt der ArbGeb etwa für jedes Jahr der Betriebszugehörigkeit ein Ruhegeld von 10 Euro zu und tritt der ArbN mit 45 vollendeten LJ ein, mit 55 vollendeten LJ vorzeitig wieder aus und wird mit 59 vollendeten LJ invalide, ergibt sich folgende Berechnung: Bis zum Eintritt der Invalidität hätte der ArbN ohne vorzeitiges Ausscheiden ein Ruhegeld von 140 Euro für eine vierzehnjährige Betriebszugehörigkeit erreichen können. Dieser Anspruch wäre dann im Verhältnis der tatsächlichen Betriebszugehörigkeit von 10 Jahren zur möglichen Betriebszugehörigkeit bis zum Erreichen einer festen Altersgrenze mit Vollendung des 65. LJ von 20 Jahren ratierlich gekürzt worden. Er hätte folglich eine Anwartschaft auf Invaliditätsleistungen von 70 Euro erreicht.

---

1 BAG v. 12.3.1985 – 3 AZR 450/82, AP Nr. 9 zu § 2 BetrAVG; v. 8.6.1999 – 3 AZR 39/98, NZA 1999, 1215. | 2 BAG v. 12.3.1985 – 3 AZR 450/82, AP Nr. 9 zu § 2 BetrAVG. | 3 BAG v. 8.5.1990 – 3 AZR 341/88, AP Nr. 18 zu § 6 BetrAVG. | 4 *Höfer*, § 2 BetrAVG Rz. 3074. | 5 BAG v. 23.1.2001 – 3 AZR 164/00, BB 2001, 1854. | 6 BAG v. 15.12.1998 – 3 AZN 816/98, DB 1999, 916. | 7 BAG v. 21.8.2001 – 3 AZR 649/00, BB 2002, 518.

Die zum Zeitpunkt des Ausscheidens festgestellte Anwartschaftshöhe für eine betriebl. **Altersrente** sagt deshalb idR nichts über die Höhe einer Anwartschaft auf Invaliditäts- und Hinterbliebenenleistungen aus. Denn bei Ausscheiden aus dem Arbeitsverhältnis steht noch nicht fest, wann der Versorgungsfall der Invalidität oder der Tod eintritt. Wird dagegen ein Festbetrag als Invaliditätsleistung zugesagt, etwa monatlich 500 Euro, so ändert eine frühe Inanspruchnahme an der Höhe der Anwartschaft zunächst nichts. Sieht die Versorgungsregelung aber wegen eines früheren Bezugs Kürzungsregelungen vor oder weist sie ergänzungsbedürftige Lücken auf, kann es zu einer zusätzlichen Minderung der Anwartschaft kommen. Dies gilt auch für eine dienstzeitabhängige Versorgungszusage. 8

§ 2 II macht von dem Quotierungsprinzip eine **Ausnahme**. Bei Invalidität oder Tod vor Erreichen der Altersgrenze ist die Versorgungsanwartschaft auf den Betrag begrenzt, den der ArbN oder seine Hinterbliebenen erhalten hätten, wenn im Zeitpunkt des Ausscheidens der Versorgungsfall schon eingetreten wäre. Der Versorgungsanwärter soll also gegenüber demjenigen, der in den Diensten seines ArbGeb invalide wird, nicht bevorzugt werden. 9

4. Beibehaltung der bei Ausscheiden gültigen Versorgungsregelungen und Bemessungsgrundlagen. § 2 V 1 bestimmt, dass bei der Berechnung der Anwartschaftshöhe **Veränderungen** der Versorgungsregelung und der Bemessungsgrundlagen **unberücksichtigt** bleiben, soweit sie nach dem Ausscheiden des ArbN eingetreten sind. Dies gilt nur für die Berechnung der Anwartschaft nach arbeitsrechtl. Grundsätzen, also in erster Linie für die unmittelbare Versorgungszusage. Soweit sich die Versorgungshöhe nach versicherungsförmigen Maßstäben richtet, etwa weil der ArbGeb bei einer Direktversicherung oder Pensionskasse für eine versicherungsrechtl. Lösung optiert (vgl. Rz. 35), findet Abs. 5 keine Anwendung. Für U-Kassen wird auf Abs. 1 verwiesen, so dass dort die für unmittelbare Versorgungszusagen geltenden Grundsätze anzuwenden sind. Die Veränderungssperre gilt sowohl zu Gunsten als auch zu Lasten des Versorgungsberechtigten. Die Regelung schreibt aber nur Mindestbedingungen fest, über die zum Vorteil des ArbN hinausgegangen werden kann. Dies muss aber hinreichend deutlich zum Ausdruck kommen[1]. 10

Festgeschrieben wird nicht nur das eigentliche Ruhegeld, sondern auch darauf anzurechnende anderweitige Leistungen. Die Versorgungsanwartschaft wird damit faktisch auf die zum Zeitpunkt des Ausscheidens des ArbN geltenden Verhältnisse eingefroren. Der mögliche Versorgungsanspruch ist also so zu berechnen, als würden die zum Zeitpunkt des Ausscheidens gültigen Verhältnisse bis zum Eintritt des Versorgungsfalles unverändert fortbestehen. Bei einer endgehaltsabhängigen Versorgungszusage würde folglich das beim Ausscheiden gezahlte Entgelt maßgeblich sein, auch wenn bis zum Eintritt des Versorgungsfalles noch erhebliche tarifl. Steigerungen zu erwarten wären. Während an anderen Stellen im BetrAVG von der Versorgungszusage gesprochen wird, verwendet § 2 V 1[2] den Begriff „Versorgungsregelung". Nach allgemeiner Auffassung gibt es zwischen beiden Begriffen einen inhaltlichen Unterschied aber nicht. Wenn in den Begrifflichkeiten überhaupt Unterschiede ausgemacht werden, werden sie dahingehend verstanden, dass als „Versorgungszusage" der rechtl.-tatbestandl. Teil des Versorgungsvertrages wie sein Zustandekommen und sein Fortbestand gemeint sind, während unter „Versorgungsregelung" der materiell-inhaltl. Teil dieses Vertrages zu verstehen ist[3]. Auch über die Frage, was alles zur Versorgungsregelung iSd. § 2 V 1 gehört, herrscht Einigkeit. Hierzu zählen alle Bestimmungen sowohl bezüglich der Voraussetzungen als auch der Leistungsarten, der anrechnungsfähigen Dienstzeit, der pensionsfähigen Bezüge, der Höhe der Leistungen, der Fälligkeit, der Anrechnung anderweitiger Bezüge, evtl. Anpassungs- und Spannungsklauseln, Verpfändungsverbote, Vorbehalte und alle sonstige Regelungen, welche das Maß der Versorgung bestimmen[4]. Ebenso gehört dazu die Höhe eines später bei Eintritt des Versorgungsfalls vorzunehmenden versicherungsmathematischen Abschlags. Wird dieser nach dem Ausscheiden des ArbN verringert, muss der Versorgungsberechtigte dennoch den höheren Abschlag hinnehmen. Das gilt selbst dann, wenn die Versorgungszusage eine sog. Jeweiligkeitsklausel vorsieht, wonach für den Versorgungsanspruch die jeweils geltende Versorgungsregelung anzuwenden ist[5]. 11

Bemessungsgrundlagen sind alle Werte, von denen die Höhe der Versorgungsleistungen abhängig ist[6], etwa ein in Bezug genommenes Entgelt oder bestimmte anzurechnende Größen. 12

§ 2 V 1 schreibt die Bemessungsgrundlagen aber nicht nur für den sog. Anwartschaftszeitraum fest. Dies kann allenfalls nach einer Insolvenz für die vom PSVaG später gezahlte Rente bedeuten, dass sie nicht den in der Zusage vorgesehenen Steigerungen folgt[7]. Ist eine Versorgungszusage **dynamisch** ausgestaltet, indem etwa festgelegt ist, dass die Rente entsprechend einer tarifl. Entwicklung anzuheben ist, kann der ArbN uU nach seinem Ausscheiden **keine Erhöhung** seiner Versorgungsanwartschaft erwarten, wenn es danach Tariferhöhungen gibt. Etwas anderes gilt nur, wenn der ArbGeb eine über den 13

1 BAG v. 17.8.2004 – 3 AZR 318/03, BB 2005, 720. | 2 Vgl. *Blomeyer/Rolfs/Otto*, § 2 BetrAVG Rz. 399; *Höfer*, § 2 BetrAVG Rz. 3331; HHPRW, § 2 BetrAVG Rz. 379. | 3 Vgl. *Höfer*, § 2 BetrAVG Rz. 3331; HHPRW, § 2 BetrAVG Rz. 54. | 4 Vgl. HHPRW, § 2 BetrAVG Rz. 379. | 5 BAG v. 17.8.2004 – 3 AZR 318/03, BB 2005, 720. | 6 *Höfer*, § 2 BetrAVG Rz. 3340. | 7 BAG v. 22.11.1994 – 3 AZR 767/93, AP Nr. 83 zu § 7 BetrAVG; *Höfer*, § 2 BetrAVG Rz. 3343.

gesetzl. Mindeststandard hinausgehende Zusage erteilt hat, was ggf. durch Auslegung zu ermitteln ist[1]. Das gilt aber nur für die Höhe der auf den Zeitpunkt des Eintritts des Versorgungsfalls berechneten Anwartschaft. Während der Leistungsphase eintretende Veränderungen bleiben davon unberührt[2]. Auch auf Grundlage einer Jeweiligkeitsklausel vorgenommene Änderungen der Versorgungszusage können deshalb nach Eintritt des Versorgungsfalles die Höhe der laufenden Leistungen beeinflussen.

14 Soweit auf den möglichen Versorgungsanspruch **anderweitige Leistungen anzurechnen** sind, müssen sie auf den Zeitpunkt, zu dem der Versorgungsfall eingetreten ist, hochgerechnet werden. Allerdings sind auch hier die Bemessungsgrundlagen festgeschrieben. Ist bspw. eine Rente aus der gesetzl. RV anzurechnen, so müssen alle Daten, die für die Ermittlung der Rente aus der gesetzl. RV im Zeitpunkt des Ausscheidens vorliegen, fortgeschrieben werden. Auf dieser Grundlage ist dann eine fiktive Rente aus der gesetzl. RV zu ermitteln[3] und auf die nach der Versorgungszusage geltende Altersgrenze hochzurechnen[4].

15 Im Einzelfall kann die Ermittlung der anzurechnenden SozV-Rente schwierig sein. § 2 V 2 lässt deshalb ein **vereinfachtes** Vorgehen, nämlich das sog. **Näherungsverfahren**[5], zu. Es handelt sich dabei um eine Berechnungsweise, die die Finanzverwaltung für die Berechnung von Pensionsrückstellungen zugelassen hat. Allerdings hat der ArbN ein Wahlrecht. Er kann auch verlangen, dass eine präzise Berechnung erfolgt. Dazu muss er aber die im Zeitpunkt des Ausscheidens erreichten Entgeltpunkte nachweisen.

16 **III. Zeitanteilige Quotierung.** Der nach der Versorgungszusage mögliche Anspruch ist im Verhältnis der Dauer der Betriebszugehörigkeit zu der Zeit vom Beginn der Betriebszugehörigkeit bis zum Erreichen der Regelaltersgrenze gem. §§ 35, 235 SGB VI zu kürzen (Kürzung um den sog. **Zeitwertfaktor**). An die Stelle der Regelaltersgrenze tritt ein früherer Zeitpunkt, wenn dieser in der Versorgungsregelung als feste Altersgrenze vorgesehen ist. Sieht eine Gesamtversorgungszusage eine Obergrenze vor, ist diese bereits bei der Errechnung der hypothetischen Rente und nicht erst bei der um den Zeitwertfaktor reduzierten Leistung zu berücksichtigen[6].

17 **1. Tatsächliche Betriebszugehörigkeit.** Die tatsächliche Betriebszugehörigkeit setzt ein mit dem Beginn des Arbeitsverhältnisses und schließt mit dessen Beendigung[7]. Krankheitszeiten, Urlaub, Ausfallzeiten wegen Streiks etc. sind deshalb ebenso einzubeziehen wie Phasen, in denen das Arbeitsverhältnis etwa wegen Inanspruchnahme von Elternzeit ruht. Es gibt jedoch auch Gesetze, die differenzieren. So enthalten das Soldatenversorgungsgesetz[8] – dort § 8 III 2 – und das Abgeordnetengesetz[9] – dort § 4 II – Regelungen, wonach die Ausfallzeit für die Berechnung der Anwartschaftshöhe nicht zu berücksichtigen ist. Zeiten eines Vorruhestandes zählen nicht zur Betriebszugehörigkeit, sein hindern nur gem. § 1b I 2 nicht den Eintritt der Unverfallbarkeit[10].

18 ArbGeb können auch für die Höhe der aufrechtzuerhaltenden Anwartschaft **Vordienstzeiten** anrechnen[11]. Bei der Anrechnung von Vordienstzeiten verpflichtet sich der ArbGeb, den ArbN so zu stellen, als sei er tatsächlich schon längere Zeit bei ihm beschäftigt. Der ArbGeb kann dabei frei darüber entscheiden, ob die Vordienstzeiten für die Unverfallbarkeitsfristen und die Höhe einer unverfallbaren Anwartschaft von Bedeutung seien oder sich nur auf die Leistungshöhe auswirken sollen[12]. Insolvenzschutz für eine angerechnete Vordienstzeit besteht aber nur dann, wenn die angerechnete Vordienstzeit ihrerseits von einer Versorgungszusage begleitet und bei Begründung des neuen Arbeitsverhältnisses die frühere Anwartschaft auf betrAV noch nicht erloschen war[13]. Das gilt auch für Betriebszugehörigkeitszeiten bei verschiedenen Unternehmen innerhalb eines Konzerns, wenn das einzelne Unternehmen die Zusage erteilt hat. Bei einem Wechsel zwischen Unternehmen des Konzerns bleibt der Vertragspartner nicht derselbe. Auch hier bedarf es entsprechender Anrechnungsvereinbarungen, ohne die die Betriebszugehörigkeitszeiten nicht zusammengerechnet werden können[14].

19 **2. Anrechnung von Nachdienstzeiten.** Nach Auffassung des BAG kann auch eine sog. Nachdienstzeit, also ein Zeitraum nach dem tatsächlichen Ausscheiden des ArbN, bei der Ermittlung des Unverfallbarkeitsquotienten berücksichtigt werden[15]. Das BAG begründet seine Sichtweise mit einer Ausnahmesituation, weil die Arbeitsvertragsparteien nur wegen der besonderen Gesetzeslage in der gesetzl. RV gezwungen waren, das Arbeitsverhältnis vorzeitig zu beenden und nicht lediglich ruhen zu lassen[16]. Ob

1 BAG v. 6.8.1999 – 3 AZR 39/98, NZA 1999, 1215. | 2 BAG v. 4.4.2000 – 3 AZR 458/98, AP Nr. 32 zu § 2 BetrAVG; v. 27.2.2007 – 3 AZR 734/05, NZA 2007, 137. | 3 BAG v. 12.11.1991 – 3 AZR 520/90, BAGE 69, 19. | 4 BAG v. 24.10.2006 – 3 AZR 362/06, BB 2007, 672. | 5 BAG v. 9.12.1997 – 3 AZR 695/96, NZA 1998, 1171. | 6 BAG v. 21.3.2006 – 3 AZR 374/05, DB 2006, 2354 unter Aufgabe von BAG v. 24.6.1986 – 3AZR 630/84 u. v. 8.5.1990 – 3 AZR 341/99. | 7 *Höfer*, § 1 BetrAVG Rz. 3089; KKBBP, § 2 BetrAVG Rz. 59 ff. | 8 Gesetz über die Versorgung für die ehemaligen Soldaten der Bundeswehr und ihre Hinterbliebenen, idF der Bek. v. 9.4.2002, BGBl. I, S. 1258, 1909. | 9 Gesetz über die Rechtsverhältnisse der Mitglieder des Deutschen Bundestages, idF der Bek. v. 21.2.1996, BGBl. I, S. 326. | 10 BAG v. 12.12.2006 – 3 AZR 716/05, NZA-RR 2007, 434. | 11 BAG v. 29.9.1987 – 3 AZR 99/86, NZA 1988, 311. | 12 BAG v. 16.3.1982 – 3 AZR 843/79, DB 1982, 1728. | 13 Vgl. BAG v. 8.5.1984 – 3 AZR 68/82, NZA 1985, 155; v. 25.4.2006 – 3 AZR 78/05, FA 2006, 183. | 14 BAG v. 20.4.2004 – 3 AZR 297/03, DB 2004, 2432. | 15 BAG v. 10.3.1992 – 3 AZR 140/91, DB 1992, 2251; vgl. aber auch BAG v. 14.12.1999 – 3 AZR 684/98, FA 2000, 390. | 16 Kritisch dazu *Höfer*, § 2 BetrAVG Rz. 3092 f.

an dieser Rspr. fest zu halten ist, hat das BAG offen gelassen. Eine Anrechnung nur fiktiver Dienstzeiten hält es jedenfalls dann, wenn es um den Umfang des gesetzl. Insolvenzschutzes nach § 7 geht, für unzulässig[1].

3. Mögliche Betriebszugehörigkeit. § 2 I beschränkt die mögliche Betriebszugehörigkeit auf die Zeitspanne bis zum **Ereichen der Regelaltersgrenze**. Das Gesetz geht also davon aus, dass ein ArbN spätestens zu diesem Zeitpunkt in den Ruhestand tritt. Das BetrAVG korrespondiert somit mit dem SozV-Recht, in dem Altersrenten ebenfalls spätestens mit Erreichen der Regelaltersgrenze beansprucht werden können (§ 35 S. 2 SGB VI). Damit hat der Gesetzgeber für das BetrAVG die stufenweise Anhebung des Rentenalters von der Vollendung des 65. auf das 67. LJ[2] für das BetrAVG übernommen (vgl. auch Vorb. Rz. 106). Ein früherer Zeitpunkt ist für die Betriebsrente nur dann maßgebend, wenn es sich um eine feste Altersgrenze handelt. 20

a) Erreichen der Regelaltersgrenze. Kraft Gesetzes gilt als feste Altersgrenze das Erreichen der Regelaltersgrenze. Das ist bis zum 31.12.2011 weiterhin das vollendete 65. LJ in allen Fällen, in denen die Versorgungsregelung keinen davon abweichenden Zeitpunkt bestimmt. **Spätere Altersgrenzen** beinhalten einen Verstoß gegen § 17 III. Werden sie dennoch vereinbart, ist gleichwohl die Regelaltersgrenze maßgeblich. Nach dem Wortlaut des § 17 III wäre eine höhere Altersgrenze allenfalls auf Grund eines TV zulässig[3]. Die Regelaltersgrenze bleibt auch maßgeblich, wenn der vorzeitig ausgeschiedene ArbN bereits im Zeitpunkt einer Inanspruchnahme des vorgezogenen Altersruhegeldes die betriebl. Höchstgrenze erreicht hätte[4]. Bis zum 31.12.2011 gilt die Vollendung des 65. LJ als Regelaltersgrenze. Ab dem 1.1.2012 wird sie für die Geburtsjahrgänge 1947 bis 1958 in Ein- und für die Jahrgänge ab 1959 in Zwei-Monatsschritten angehoben. Erstmals für den Geburtsjahrgang 1964 gilt dann eine Regelaltersgrenze von vollendeten 67 LJ. Für Anwartschaften eines vor dem 1.1.2008 Ausgeschiedenen bleibt es wegen der Veränderungssperre des § 2 V bei der Vollendung des 65. LJ, selbst wenn für die gesetzl. Rente eine höhere Altersgrenze gilt[5]. 21

Die schrittweise Anhebung der Altersgrenze hat Auswirkungen auf die Anwartschaftshöhe. Eine Verlängerung der möglichen Betriebszugehörigkeit bis zum vollendeten 67. LJ führt zu einer Absenkung des **Zeitwertfaktors** und damit zu einer Reduzierung der Anwartschaft. Andererseits kann sich die Anwartschaft auch erhöhen, wenn bis zu der neuen Altersgrenze eine Steigerung des Versorgungsgrads oder zusätzliche Rentenbausteine verdient werden können. Beide Effekte beruhen auf Entscheidungen des Gesetzgebers und sind deshalb hinzunehmen.

b) Frühere feste Altersgrenze. Schwierigkeiten bereitet häufig die Frage, ob eine in einer Versorgungsregelung genannte Altersgrenze als frühere feste Altersgrenze zu verstehen ist. Eine Legaldefinition enthält das BetrAVG nicht. 22

aa) Feste Altersgrenze. Nennt die Versorgungsordnung einen vor Erreichen der Regelaltersgrenze liegenden Zeitpunkt als feste Altersgrenze, bspw. die Vollendung des 63. LJ, so bedeutet dies, dass der ArbN schon zu diesem Zeitpunkt die zugesagte Vollrente beanspruchen kann. Dies hat unmittelbare Auswirkung auf den **Zeitwertfaktor**. Je niedriger die feste Altersgrenze festgelegt wird, desto günstiger ist der für die ratierliche Berechnung zugrunde zu legende Quotient. 23

Ob eine feste Altersgrenze vorliegt, hängt **nicht** davon ab, ob sie als solche **bezeichnet** wird. Das BAG weist darauf hin, dass sie kein festes Datum beschreibt, sondern lediglich als Grundlage für die vom ArbN verlangte Betriebsrente den Zeitpunkt bezeichnet, zu dem der ArbN die Vollrente in Anspruch nehmen kann. Eine feste Altersgrenze liegt deshalb auch dann vor, wenn nach der Versorgungszusage die Betriebsrente ungekürzt „nach Erreichen der gesetzl. Voraussetzungen für das Altersruhegeld“ verlangt werden kann[6]. 24

bb) Flexible Altersgrenze. Wenn auch eine feste Altersgrenze nicht notwendigerweise ein bestimmtes zu erreichendes Lebensalter bezeichnet, ist sie von der flexiblen Altersgrenze zu unterscheiden. Eine flexible Altersgrenze nennt nur einen Zeitpunkt, ab dem der ArbN unter Erfüllung der besonderen Voraussetzungen des § 6 zu einem früheren Zeitpunkt **vorzeitige Altersleistungen** (zur Berechnung einer Anwartschaft bei vorzeitiger Inanspruchnahme des Ruhegeldes gem. § 8 vgl. § 6 Rz. 21 ff.) verlangen kann[7]. Nach § 6 kann vorgezogenes betriebl. Ruhegeld verlangen, wer Altersrente aus der gesetzl. RV vor Erreichen der Regelaltersgrenze als Vollrente in Anspruch nimmt. Verwiesen wird damit auf die vorzeitigen Renten wegen Alters nach den §§ 36 ff. SGB VI. Steht dem ArbN bei Inanspruchnahme der gesetzl. Rente aber noch nicht die nach der betriebl. Versorgungsregelung vorgesehene Vollrente zu, so handelt es sich nicht um eine feste Altersgrenze, die Einfluss auf die Höhe des Unverfallbarkeitsfaktors hat. 25

Ob eine Versorgungszusage eine frühere feste oder nur eine flexible Altersgrenze benennt, ist durch **Auslegung** zu ermitteln. Findet sich keine Differenzierung zwischen vorgezogenen und regelmäßigen 26

1 BAG v. 30.5.2006 – 3 AZR 205/05, DB 2007, 1987. | 2 Gesetz v. 20.4.2007, BGBl. I 2007, 554. | 3 AA *Höfer*, § 2 BetrAVG Rz. 3112 ff. | 4 BAG v. 23.1.2001 – 3 AZR 562/99, DB 2002, 1168. | 5 *Baumeister/Merten*, DB 2007, 1306. | 6 BAG v. 25.10.1988 – 3 AZR 598/86, EzA § 2 BetrAVG Nr. 10. | 7 BAG v. 22.2.1983 – 3 AZR 546/80, AP Nr. 15 zu § 7 BetrAVG.

Renten und hat der Zeitpunkt des Ausscheidens auf die Höhe der Leistungen keinen Einfluss, so ist von einer früheren festen Altersgrenze auszugehen, wenn die Versorgungsregelung einen Bezug vor Erreichen der Regelaltersgrenze zulässt[1]. Eine Vorverlegung der festen Altersgrenze auf einen Zeitpunkt vor Vollendung des 60. LJ ist nicht möglich. Denn bei einem Ausscheiden vor Vollendung des 60. LJ kann nicht mehr davon ausgegangen werden, dass Leistungen wegen des Eintritts in den Altersruhestand gewährt werden sollen. Solche Leistungen erfüllen nicht das Begriffsmerkmal einer betrAV iSd. BetrAVG. Sie werden oftmals als Übergangsgelder bezeichnet. Im Übrigen ist in Zweifelsfällen die Verkehrsanschauung maßgeblich[2]. Zum Teil wird bei Männern sogar auf das 63. LJ abgestellt[3].

27 **cc) Geschlechtsbezogene unterschiedliche Altersgrenzen.** In Anlehnung an Regelungen in der gesetzl. RV finden sich in vielen Versorgungsordnungen unterschiedliche feste Altersgrenzen für Männer und Frauen. Derartige unterschiedliche feste Altersgrenzen verstoßen nach Auffassung des EuGH gegen das in **Art. 141** (früher: Art. 119) **EG-Vertrag** verankerte **Gebot der Lohngleichheit** für Männer und Frauen[4]. Eine derartige Differenzierung bei den festen Altersgrenzen führt dazu, dass eine „Anpassung nach oben" erfolgen muss, dh. die benachteiligte ArbN-Gruppe kann unter den gleichen Voraussetzungen betriebl. Altersruhegeld verlangen wie die bevorzugte[5]. Mit Urt. v. 14.12.1993[6] ergänzte der EuGH seine Rspr. dahingehend, dass unterschiedliche feste Altersgrenzen für Frauen und Männer nicht mehr für den Teil der Versorgungszusage zulässig sind, der nach dem 17.5.1990 erdient worden ist, im Übrigen aber zu akzeptieren seien. Eine Vereinheitlichung der Leistungsvoraussetzungen für Männer und Frauen ist möglich (vgl. Vorb. Rz. 94 f.).

28 Das BAG erkennt an, dass **Änderungen der Rechtslage** einen sachlichen Grund darstellen können, um eine Angleichung der zugesagten Altersleistungen an die neue Rechtslage kostenneutral durchführen zu können[7].

29 Der EuGH hat allerdings darauf hingewiesen, dass das ursprüngliche Versorgungsversprechen für das begünstigte Geschlecht erst für den **ab der Neuregelung erdienten Teil** verschlechtert werden dürfe[8]. Danach könne man dann das Versorgungsniveau auf das des bisher benachteiligten Geschlechts herabsenken. Dem bisher benachteiligten Geschlecht stehe für ab dem 17.5.1990 erdiente Versorgungsanwartschaftsteile bis zum späteren Neuregelungsstichtag ein Anspruch auf das bessere Leistungsniveau des begünstigten Geschlechts zu[9]. Hieraus folgt, dass es für den ArbGeb bedeutsam sein kann, zu einem möglichst frühen Zeitpunkt bestehende unterschiedliche Altersgrenzen anzugleichen[10]. Die aufrechtzuerhaltende Versorgungsanwartschaft kann sich deshalb bei einer späteren Angleichung von geschlechtsspezifisch unterschiedlichen Altersgrenzen aus mehreren Teilen errechnen, nämlich einem Teil aus der Zeit vor der sog. Barber-Entscheidung (17.5.1990), einem Teil nach der Barber-Entscheidung bis zur Neuregelung und schließlich dem ab der Neuregelung erdienten Anteil[11].

30 § 30a bestimmt im Hinblick auf das Barber-Urteil vom 17.5.1990 nun positivrechtl., dass Männer für nach dem Tag der Entscheidung zurückgelegte Beschäftigungszeiten eine vorzeitige Altersrente beanspruchen können, wenn sie die für Frauen geltenden Voraussetzungen für eine vorzeitige gesetzl. Altersrente sowie die Leistungsvoraussetzungen der Versorgungsregelung erfüllen.

30a **c) Sonderfall für langjährig Versicherte.** § 2 I 1 letzter Hs. Für ArbN, die 45 Versicherungsjahre in der gesetzl. RV erreicht haben, wird die bei der Ermittlung des sog. Zeitwertfaktors zu berücksichtigende mögliche Betriebszugehörigkeit auf den Zeitpunkt begrenzt, zu dem sie ausscheiden und gleichzeitig eine Altersrente für besonders langjährig Versicherte (§ 38 SGB VI) in Anspruch nehmen. Die Regelung ist unklar. Mit „Ausscheiden" kann nur die Beendigung des Arbeitsverhältnisses bei dem verpflichteten ArbGeb gemeint sein, weil nicht anzunehmen ist, dass das Gesetz in ein und derselben Vorschrift unterschiedliche Bezugspunkte anspricht,wenn es die Folgen des „Ausscheidens" benennt. Im ersten Hs. von § 2 I 1 geht es aber um den Austritt bei dem verpflichteten ArbGeb[12]. Andererseits regelt § 2 die Höhe der unverfallbaren Anwartschaft. Wer aber sofort nach dem Ausscheiden in den Ruhestand tritt, wird nicht „Anwärter", sondern sogleich Rentner. § 2 I 1 letzter Hs. erfasst deshalb nur die seltene Konstellation, dass jemand zwar ausscheidet und die gesetzl. Rente bezieht, aber auf das betriebl. Ruhegeld bis zum Erreichen der Regelaltersgrenze – etwa zur Vermeidung von Abschlägen – wegen des vorzeitigen Bezugs verzichtet[13].

31 **IV. Besonderheiten bei bestimmten Durchführungswegen.** § 2 enthält für einige Durchführungswege besondere Regelungen zur Ermittlung des unverfallbaren Versorgungsrechts.

---

1 BAG v. 25.10.1988 – 3 AZR 598/86, NZA 1989, 299. | 2 *Blomeyer/Rolfs/Otto*, § 1 BetrAVG Rz. 67 ff.; BAG v. 28.1.1986 – 3 AZR 312/84, DB 1987, 52. | 3 BGH v. 28.9.1981 – II ZR 181/80, DB 1982, 126. | 4 EuGH v. 17.5.1990 – C-262/88, NZA 1990, 775. | 5 EuGH v. 27.6.1990 – C-33/89, NZA 1990, 771; BAG v. 7.11.1995 – 3 AZR 1064/94, DB 1996, 941. | 6 EuGH v. 14.12.1993 – Rs. C-110/91, DB 1994, 228. | 7 BAG v. 22.4.1986 – 3 AZR 496/83, NZA 1986, 746. | 8 EuGH v. 28.9.1994 – Rs. C-408/92, NZA 1994, 1126. | 9 EuGH v. 28.9.1994 – Rs. C-408/92, NZA 1994, 1126. | 10 Vgl. hierzu auch *Höfer*, ART Rz. 755 ff. u. § 2 BetrAVG Rz. 3116. | 11 BAG v. 3.6.1997 – 3 AZR 25/96, DB 1998, 267; v. 23.9.2003 – 3 AZR 304/02. | 12 *Baumeister/Merten*, DB 2007, 1306. | 13 *Cisch/Kruip*, BB 2007, 1162; aA *Höfer/Witt/Kuchem*, BB 2007, 1445.

1. Direktversicherung. Ist für die betrAV eine Versicherung auf das Leben des ArbN abgeschlossen worden, so gelten einige Besonderheiten: 32

a) Auffüllpflicht. Auch bei einer Direktversicherung ist der Anspruch, den der ArbN im Falle seines Ausscheidens als unverfallbare Anwartschaft behält, grds. durch eine **ratierliche Berechnung** zu ermitteln. Allerdings ist es möglich, dass das in der Direktversicherung bis zum vorzeitigen Ausscheiden angesammelte Kapital hinter der Höhe der ratierlich zu berechnenden Versorgungsanwartschaft zurückbleibt. Das kann bspw. dann eintreten, wenn der Versicherungsvertrag erst einige Zeit nach der Zusage abgeschlossen worden ist. Durch zu Anfang eines Versicherungsverhältnisses regelmäßig anfallende Provisionen und Gebühren kommt es in den ersten Jahren des Versicherungsverhältnisses meist nur zu einer geringen Kapitalbildung. § 2 II 1 will den Begünstigten einer Direktversicherung aber nicht schlechter stellen als den ArbN, dem eine unmittelbare Versorgungszusage erteilt worden ist. Der ArbGeb ist deshalb verpflichtet, bis zur Höhe des ratierlich zu berechnenden Anspruchs selbst einzustehen und bei Eintritt des Versorgungsfalles die **Differenz** zur bis zum Ausscheiden angesparten Versicherungssumme auszugleichen. Dieses Verfahren wird auch als arbeitsrechtl. Lösung bezeichnet. Soweit nach der Zusage Überschussanteile dem ArbN zustehen sollen, können diese bei der ratierlichen Berechnung nicht einbezogen werden, da ihre Höhe vom Versicherer nicht garantiert werden kann. Dem ArbN stehen die Überschussanteile dann in der bis zur Beendigung des Arbeitsverhältnisses erwirtschafteten Höhe zusätzlich zu[1]. 33

Oftmals beteiligt sich der ArbN mit eigenen Beiträgen am Aufbau der Versicherungsleistung. Hierdurch finanzierte Versicherungsleistungen unterfallen nicht den gesetzl. Rechtsfolgen des Abs. 2, weil das Gesetz insoweit auf den „vom Arbeitgeber zu finanzierenden Teilanspruch" abstellt. Der durch Entgeltumwandlung aufgebrachte Versorgungsteil ist arbeitgeberfinanziert, weil durch den Entgeltverzicht der Anspruch auf Barlohn untergeht und durch Versorgungslohn ersetzt wird. Allerdings definiert § 1 II Nr. 4 unter der Voraussetzung, dass dies von der Zusage des ArbGeb umfasst wird, nun auch auf Eigenbeiträgen beruhende Leistungen als betrAV. Die Vorschriften über die Entgeltumwandlung sind darauf entsprechend anzuwenden, wenn die zugesagten Leistungen dabei im Wege der Kapitaldeckung finanziert werden, was bei den angesprochenen Durchführungswegen (Direktversicherung, Pensionskasse und Pensionsfonds) regelmäßig der Fall ist. Deshalb unterfallen (ab 1.1.2003, vgl. § 30e) auch auf Eigenbeiträgen beruhende Anwartschaften § 2. 34

b) Ersatzverfahren. Der ArbGeb kann die persönliche Haftung vermeiden, wenn er das sog. „Ersatzverfahren", auch versicherungsrechtl. Lösung genannt, nach § 2 II 2 wählt. Dabei werden dem ArbN die **Rechte aus dem Versicherungsvertrag übertragen**, so dass an die Stelle des ratierlich zu berechnenden Anspruchs die auf Grund des Versicherungsvertrages zu erbringende Versicherungsleistung tritt. Der ArbGeb kann sein Wahlrecht nur innerhalb von drei Monaten seit dem Ausscheiden des ArbN ausüben. Er muss dies dem ArbN und dem Versicherer mitteilen. 35

Das Ersatzverfahren kann aber nur dann gewählt werden, wenn der ArbGeb **drei sog. soziale Auflagen** erfüllt[2]: 36

Spätestens drei Monate seit dem Ausscheiden des ArbN muss das Bezugsrecht aus dem Versicherungsvertrag **unwiderruflich** sein (im Falle der Entgeltumwandlung ist dem ArbN schon von Gesetzes wegen ein unwiderrufliches Bezugsrecht einzuräumen, § 1b V 2). Eine Abtretung oder Beleihung[3] des Rechts aus dem Versicherungsvertrag durch den ArbGeb darf nicht vorhanden sein. Das Gleiche gilt für Beitragsrückstände. 37

Vom Beginn der Versicherung, frühestens jedoch vom Beginn der Betriebszugehörigkeit an, dürfen nach dem Versicherungsvertrag die **Überschussanteile** nur zur Verbesserung der Versicherungsleistung verwendet werden. Gemeint sind damit nur die bis zum vorzeitigen Ausscheiden erdienten Überschussanteile[4]. Damit der ArbGeb für die versicherungsrechtl. Lösung optieren kann, muss er schon zu Versicherungsbeginn festlegen, was mit den Überschussanteilen geschehen soll[5]. 38

Dem ausgeschiedenen ArbN muss nach dem Versicherungsvertrag das **Recht zur Fortsetzung** der Versicherung mit eigenen Beiträgen eingeräumt sein. 39

Wählt der ArbGeb diese versicherungsförmige Lösung, wird der **ArbN Versicherungsnehmer**. Er kann die Versicherung mit eigenen Beiträgen fortsetzen, sie aber auch beitragslos stellen. In keinem Fall kann er jedoch die arbeitgeberseitig finanzierten Versicherungsansprüche sofort verwerten. § 2 II 4 und 5 bestimmen, dass der ausgeschiedene ArbN die Ansprüche aus dem Versicherungsvertrag, soweit der ArbGeb sie finanziert hat, weder beleihen noch abtreten darf. In dieser Höhe darf er den Rückkaufswert im Falle einer Kündigung auch nicht in Anspruch nehmen. Insofern enthält das Gesetz ein Verbot iSd. § 134 BGB. Will der ArbN keine eigenen Beiträge leisten, ist die Versicherung in eine **prämienfreie Ver-** 40

1 BAG v. 29.7.1986 – 3 AZR 15/85, DB 1987, 743. | 2 *Höfer*, § 2 BetrAVG Rz. 3198; *Ahrend/Förster/Rühmann*, § 2 BetrAVG Rz. 18 ff. | 3 *Blomeyer/Rolfs/Otto*, § 2 BetrAVG Rz. 193. | 4 BAG v. 29.7.1986 – 3 AZR 15/85, DB 1987, 743. | 5 *Höfer*, § 2 BetrAVG Rz. 3233.

sicherung umzuwandeln. Durch diese Verfügungsbeschränkungen wird sichergestellt, dass der ursprüngliche Versorgungszweck auch nach Beendigung des Arbeitsverhältnisses erreicht werden kann[1].

41 **2. Pensionskassen.** Für Pensionskassen gelten vergleichbare Regularien wie bei Direktversicherungen. Auch hier muss der ArbGeb auffüllen, wenn der Leistungsumfang hinter dem ratierlich nach § 2 I berechneten Anspruch zurückbleibt. Der ArbN kann aber auf den in der Pensionskasse aufgebauten Anspruch verwiesen werden, wenn entweder die Überschussanteile nur zur Verbesserung der Versicherungsleistungen verwendet werden oder die Versorgungsanwartschaft an der Entwicklung des Arbeitsentgelts (begrenzt auf die Beitragsbemessungsgrundlage in der gesetzl. RV) teilnimmt. Eine Übertragung der Versicherungsnehmereigenschaft ist hier nicht erforderlich, weil der ArbN bei der Pensionskasse selbst Mitglied ist.

42 **3. Pensionsfonds.** Auch bei einem Pensionsfonds kann der Anwartschaftsumfang hinter dem ratierlich berechneten Anspruch zurückbleiben. Der ArbGeb muss dann bis zur nach § 2 I berechneten Anwartschaftshöhe selbst eintreten. Der ArbN kann hier nicht auf die Anwartschaft gegenüber dem Pensionsfonds verwiesen werden.

43 **4. Unterstützungskasse.** Für die U-Kasse verweist das Gesetz auf Abs. 1. Es kommt also ausschließlich eine ratierliche Berechnung der Anwartschaft in Betracht. Ein Ersatzverfahren gibt es hier nicht. Soweit die U-Kasse nicht leistungsfähig ist, kann sich der ArbN an den ArbGeb halten; er ist aus dem Versorgungsversprechen unmittelbar verpflichtet.

44 **5. Entgeltumwandlung und beitragsorientierte Leistungszusage.** Anstelle des ratierlich zu berechnenden Anspruchs tritt bei der Entgeltumwandlung in den Durchführungswegen der unmittelbaren Versorgungszusage, der U-Kasse, und des Pensionsfonds sowie bei der beitragsorientierten Leistungszusage nach § 2 Va die vom Zeitpunkt der Zusageerteilung bis zum Ausscheiden des ArbN aus dem Arbeitsverhältnis erreichte Anwartschaft aus den umgewandelten Entgeltbestandteilen oder aufgewendeten Beiträgen. Die bei vorzeitigem Ausscheiden über Entgeltumwandlung erworbene Anwartschaft entspricht mithin dem Kapitalbetrag, der durch die tatsächlich geleisteten Beiträge einschließlich Zinsen und Zinseszinsen entstanden ist[2]. Die Sonderregelung gilt gem. § 30g erst für Zusagen, die ab dem 1.1.2001 erteilt wurden.

45 **6. Beitragszusage mit Mindestleistung.** Bei einer Beitragszusage mit Mindestleistungen wird die Anwartschaft ebenfalls nicht zeitanteilig quotiert. Stattdessen steht dem ArbN das planmäßig zuzurechnende Versorgungskapital auf Grundlage der bis zum Ausscheiden geleisteten Beiträge (einschließlich der bis zum Versorgungsfall erzielten Erträge) zu, Abs. 5b. Mindestens ist die Summe der bis zum Ausscheiden zugesagten Beiträge als Anwartschaft aufrechtzuerhalten, soweit sie nicht rechnungsmäßig für einen biometrischen Risikoausgleich verbraucht wurden.

3 *Abfindung*

(1) Unverfallbare Anwartschaften im Falle der Beendigung des Arbeitsverhältnisses und laufende Leistungen dürfen nur unter den Voraussetzungen der folgenden Absätze abgefunden werden.

(2) Der Arbeitgeber kann eine Anwartschaft ohne Zustimmung des Arbeitnehmers abfinden, wenn der Monatsbetrag der aus der Anwartschaft resultierenden laufenden Leistung bei Erreichen der vorgesehenen Altersgrenze 1 vom Hundert, bei Kapitalleistungen zwölf Zehntel der monatlichen Bezugsgröße nach § 18 des Vierten Buches Sozialgesetzbuch nicht übersteigen würde. Dies gilt entsprechend für die Abfindung einer laufenden Leistung. Die Abfindung ist unzulässig, wenn der Arbeitnehmer von seinem Recht auf Übertragung der Anwartschaft Gebrauch macht.

(3) Die Anwartschaft ist auf Verlangen des Arbeitnehmers abzufinden, wenn die Beiträge zur gesetzlichen Rentenversicherung erstattet worden sind.

(4) Der Teil der Anwartschaft, der während eines Insolvenzverfahrens erdient worden ist, kann ohne Zustimmung des Arbeitnehmers abgefunden werden, wenn die Betriebstätigkeit vollständig eingestellt und das Unternehmen liquidiert wird.

(5) Für die Berechnung des Abfindungsbetrages gilt § 4 Abs. 5 entsprechend.

(6) Die Abfindung ist gesondert auszuweisen und einmalig zu zahlen.

1 **I. Einführung.** Der Gesetzgeber hat die Möglichkeit, Versorgungsanwartschaften abzufinden, mit Gesetz vom 5.7.2004[3] zum 1.1.2005 völlig neu geordnet und bis dahin vorhandene Abfindungsmöglichkeiten weiter eingeschränkt. Die Vorschrift bezweckt sicherzustellen, dass im späteren Versorgungsfall der Anspruch auf betriebl. Ruhegeld noch nicht verbraucht ist[4]. Nur kleinere Versorgungsanwartschaften ohne hinreichenden Versorgungswert können abgefunden werden, um unverhältnismäßigen Verwaltungsauf-

1 BT-Drs. 7/1281, Teil B, zu § 2 II, S. 26. | 2 *Ahrend/Förster/Rühmann*, § 2 BetrAVG Rz. 36. | 3 BGBl. I S. 1427. | 4 BT-Drs. 15/2150, S. 52 zu Nr. 4.

wand beim ArbGeb zu vermeiden[1]. Die Vorschrift steht im Kontext zu § 4. Die Übertragung von Versorgungsrechten soll Vorrang vor einer Abfindung haben[2]. Abs. 1 beinhaltet ein gesetzl. generelles Verbot iSd. § 134 BGB, von dem nur nach den Abs. 2–4 abgewichen werden darf.

II. Abfindung von Anwartschaften bei Beendigung des Arbeitsverhältnisses. § 3 II schränkt die Abfindung von Versorgungsanwartschaften **bei Beendigung** des Arbeitsverhältnisses ein. Die Vorschrift befasst sich nur mit der **gesetzlich** nach § 1b I 1 **gesicherten Versorgungsanwartschaft**, auch wenn das der neuen Gesetzesformulierung nicht ausdrücklich zu entnehmen ist[3]. Geht die Zusage des ArbGeb über den gesetzl. garantierten Mindestbestand hinaus, so sind Abfindungen möglich, soweit dabei der gesetzl. garantierte Teil der Versorgungsanwartschaft nicht berührt wird. Nicht betroffen von § 3 II sind deshalb auch Versorgungsanwartschaften, welche auf Grund des Unverfallbarkeitsurteils des BAG[4] unverfallbar geworden sind[5]. Sagt der ArbGeb zu, die Versorgungsanwartschaft solle schon vor Ablauf der gesetzl. Unverfallbarkeitsfristen des § 1b unverfallbar sein, hindert § 3 I eine Abfindung nicht[6]. 2

1. Abfindung bei Ausscheiden. Das Abfindungsverbot gilt nur bei Abfindungsregelungen, die aus Anlass der **Beendigung** des Arbeitsverhältnisses getroffen werden. Dem ArbN soll anlässlich seines Ausscheidens der erdiente Versorgungsanspruch nicht genommen werden können. Auch mit Zustimmung des ArbN können geschützte Anwartschaften deshalb nicht abgefunden werden. 3

§ 3 II erfasst nicht nur die Abfindung von Versorgungsanwartschaften, sondern auch den **entschädigungslosen Verzicht**. Nach Auffassung des BAG bedeutet es einen Widerspruch, wenn das Gesetz zwar eine Abfindung verbiete, den entschädigungslosen Verzicht hingegen zulasse. § 3 II gilt deshalb auch für die Aufhebung einer Versorgungsanwartschaft bei Beendigung des Arbeitsverhältnisses[7]. 4

Abs. 2 verbietet nur Abfindungen. Darunter fallen nicht Regelungen, die bei Eintritt des Versorgungsfalles statt einer laufenden Leistung eine Kapitalzahlung vorsehen[8]. Eine Abfindungsregelung liegt ebenfalls nicht vor, wenn die Versorgungszusage eine **Wahlschuld** vorsieht, nach der zwischen einer laufenden oder einer Kapitalzahlung gewählt werden kann, § 262 BGB. Die Ausübung des Wahlrechts erfolgt mit der Wirkung des § 263 II BGB. Danach gilt die gewählte Leistung als von Anfang an geschuldet[9]. Entsprechendes gilt für vereinbarte einseitige Leistungsbestimmungsrechte[10].

2. Abfindung bei fortbestehendem Arbeitsverhältnis. § 3 I trifft keine Regelung über die Abfindung oder die Aufhebung bestehender Versorgungsanwartschaften während des **laufenden Arbeitsverhältnisses**. Die Vertragsparteien sind deshalb nicht gehindert, die einmal begründeten Versorgungsrechte während des laufenden Arbeitsverhältnisses abzufinden, aufzuheben oder abzuändern[11]. Es soll deshalb auch nicht gegen § 3 verstoßen, wenn der ArbN im Zusammenhang mit einem geplanten Betriebsinhaberwechsel (§ 613a BGB) auf seine Versorgungsanwartschaft verzichtet oder sich eine Abfindung ausbezahlen lässt (str.)[12]. 5

3. Abfindung laufender Leistungen. Die Abfindung schon laufender Leistungen ist von der seit dem 1.1.2005 geltenden Gesetzesneufassung ebenfalls **erfasst**. Auch hier sind die Vertragspartner nicht mehr frei, sich über eine Abfindung, einen Verzicht oder eine Änderung bestehender Versorgungsansprüche zu verständigen. Es ist dabei ohne Bedeutung, ob der Leistungsanspruch auf einer Versorgungszusage beruht, die bis zum Ausscheiden des Versorgungsberechtigten noch verfallbar war. 6

Es ist auch nicht zulässig, wenn die Vertragsparteien erst nach Eintritt des Versorgungsfalles an Stelle der ursprünglich vorgesehenen laufenden Leistungen eine **Kapitalzahlung** vereinbaren[13]. Das Abfindungsverbot für laufende Leistungen gilt aber nur für solche Versorgungsverpflichtungen, auf die erstmals ab dem 1.1.2005 Zahlungen geleistet wurden (§ 30g II). Für vor diesem Datum aufgenommene Leistungen besteht nach wie vor eine Abfindungsmöglichkeit. 7

III. Abfindungsmöglichkeiten. Die Zulässigkeit der Abfindung von Versorgungsanwartschaften ist abschließend in den Abs. 2–4 geregelt: 8

1. Bagatellversorgungsrechte. Abs. 2 macht eine Abfindung von der **Höhe der Versorgungsanwartschaft** abhängig. Allein der ArbGeb kann eine Abfindung verlangen, wenn der Monatsbetrag der Rente 1% oder bei einer einmaligen Kapitalleistung 120% der monatlichen Bezugsgröße nach § 18 SGB IV nicht übersteigt. 2008 sind dies in den alten Bundesländern 24,85 Euro im Monat bzw. 2982 Euro bei einer Kapitalleistung. Für die neuen Bundesländer sind dies 21,00 Euro für die monatliche und 2520 Euro für die Kapitalleistung. Das Abfindungsrecht besteht entsprechend bei einer laufenden Leistung (Abs. 2 9

1 BT-Drs. 7/1281, S. 27. | 2 BT-Drs. 15/2150 S. 52; *Langohr-Plato*, Rz. 435. | 3 BT-Drs. 15/2150 S. 52; *Förster/Cisch*, BB 2004, 2126 (2132). | 4 BAG v. 10.3.1972 – 3 AZR 278/71, DB 1972, 1486. | 5 BAG v. 30.7.1985 – 3 AZR 401/83, NZA 1986, 519. | 6 BT-Drs. 15/2150, S. 52; so auch *Förster/Cisch*, BB 2004, 2126 (2132). | 7 BAG v. 22.9.1987 – 3 AZR 194/86, NZA 1988, 470. | 8 *Förster/Cisch*, BB 2004, 2126 (2132); *Höfer*, § 3 BetrAVG Rz. 3551.9. | 9 *Förster/Cisch*, BB 2004, 2126 (2132). | 10 *Förster/Cisch*, BB 2004, 2126 (2132). | 11 BAG v. 14.8.1990 – 3 AZR 301/89, NZA 1991, 174. | 12 *Höfer*, § 3 BetrAVG Rz. 1289; aA LAG Hamm v. 2.4.1991 – 6 Sa 1184/90, LAGE § 613a BGB Nr. 22, bestätigt durch BAG v. 12.5.1992 – 3 AZR 247/91, BAGE 70, 209, welches allerdings einen Verstoß gegen § 613a BGB annahm. | 13 *Höfer*, § 3 BetrAVG Rz. 3551.9.

S. 2). Der ArbN kann hingegen eine Abfindung nicht beanspruchen. Er kann aber die einseitige Abfindung verhindern, wenn er von seinem Recht auf Übertragung der Anwartschaft Gebrauch macht. Abs. 2 S. 3 verweist auf § 4 III; ein Verweis auf § 4 II Nr. 1 wäre überflüssig, weil bei der dort geregelten einvernehmlichen Übertragung des Anwartschaftswertes eine Abfindung des beim alten ArbGeb erdienten Anwartschaftswertes ohnehin ausscheidet.

10 Unter das Abfindungsverbot fallen auch Ansprüche aus einer **Entgeltumwandlung.** Schon § 3 I aF erfasste unverfallbare Anwartschaften aus Entgeltumwandlungen. Es ist nicht erkennbar, dass der Gesetzgeber hieran etwas ändern wollte. Die Abfindungsmöglichkeit des § 3 I 3 Nr. 4 aF hat er ebenfalls ersatzlos gestrichen.

11 **2. Erstattung der Beiträge zur gesetzlichen Rentenversicherung.** Eine weitere **Ausnahme** vom Abfindungsverbot sieht das Gesetz in Abs. 3 vor, wenn dem Anwartschaftsberechtigten die geleisteten Beiträge zur gesetzl. RV erstattet worden sind. Die Regelung bezieht sich auf ausländische ArbN, die in ihr Herkunftsland zurückkehren wollen und deshalb von der im Gesetz zu Förderung der Rückkehrbereitschaft von Ausländern[1] vorgesehenen Möglichkeit der Erstattung der gezahlten RV-Beiträge Gebrauch machen. Der ArbN hat hier einen Abfindungsanspruch, der auch von der Höhe der versprochenen Leistungen unabhängig ist.

12 **3. Während eines Insolvenzverfahrens erdiente Anwartschaft.** Nach Abs. 4 kann auch der während eines Insolvenzverfahrens erdiente Teil einer Versorgungsanwartschaft abgefunden werden. Die Bagatellgrenze des Abs. 2 gilt hierfür nicht. Notwendig ist aber eine vollständige Einstellung der Betriebstätigkeit und eine Liquidierung des Unternehmens.

13 **IV. Rechtsfolgen einer nichtigen Abfindungsregelung.** Wird eine an und für sich nach § 3 I nicht abfindbare Versorgungsanwartschaft dennoch abgefunden, so ist dies **nichtig**[2]. Es ist deshalb auch nicht zulässig, künftige Rentenansprüche aus einer unverfallbaren Anwartschaft mit Abfindungsansprüchen gem. §§ 9, 10 KSchG zu verrechnen[3]. Eine Erfüllungswirkung tritt nicht ein[4]. Im Versorgungsfall kann der ArbN seine Betriebsrente ungekürzt verlangen[5]. Ebenso ist es unzulässig, in Sozialplänen mit Kündigungsabfindungen unverfallbare Versorgungsanwartschaften abzugelten[6]. Dem Bereicherungsanspruch des ArbGeb auf Rückzahlung der Abfindung nach § 812 I 2 BGB steht regelmäßig § 817 S. 2 BGB entgegen. Das gilt dann nicht, wenn der Abfindungsanspruch selbst teilweise unter der aufschiebenden Bedingung steht, dass die Abfindung dann nicht beansprucht werden kann, wenn der ArbN vorzeitig eine Betriebsrente bezieht[7]. Im Streitfall hatten die Parteien vereinbart, dass der ArbN die für den Verlust des Arbeitsplatzes gezahlte Abfindung insoweit nicht behalten durfte, als er vorzeitig eine Betriebsrente vor Eintritt des Versorgungsfalles „Alter" erhielt. § 817 S. 2 BGB steht im Übrigen dem Bereichungsanspruch auf Rückzahlung der Abfindung nur dann entgegen, wenn der ArbN im Zeitpunkt seines Austritts überhaupt über eine unverfallbare Versorgungsanwartschaft verfügt. Ohne Erfüllung der Unverfallbarkeitsfristen verfallen bis dahin erdiente Versorgungsrechte. Das Abfindungsverbot greift nicht ein, wenn die betrAV lediglich umgestaltet wird und die neuen Versorgungsleistungen wirtschaftl. gleichwertig sind[8].

14 **V. Abfindungshöhe.** Die Höhe der zu gewährenden Abfindung bemisst sich gem. Abs. 5 nach § 4 V und damit nach dem **Barwert** der nach § 2 bemessenen **künftigen Versorgungsleistungen** im Zeitpunkt der Beendigung des Arbeitsverhältnisses. Das Gesetz schreibt vor, dass bei der Barwertberechnung der bei der jeweiligen Form der betrAV vorgeschriebene Rechnungszinsfuß und die Rechnungsgrundlagen sowie die anerkannten Regeln der Versicherungsmathematik zu berücksichtigen sind. Dies kann zur Folge haben, dass der Abfindungsbetrag trotz inhaltlich gleicher Zusage unterschiedlich hoch ist. Denn für die verschiedenen Durchführungswege der betrAV gelten unterschiedliche Rechnungszinssätze, so für unmittelbare Zusagen ein Zinssatz von 6 %, für U-Kassen ein Satz von 5,5 %[9]. Der Abfindungsbetrag ist also nach versicherungsmathematischen Grundsätzen zu ermitteln. Bei Direktversicherungen ist das geschäftsplanmäßige Deckungskapital als maßgeblicher Abfindungsbetrag zugrunde zu legen. Das Gesetz schreibt nur Mindestbeträge zwingend fest; die Arbeitsvertragsparteien sind nicht gehindert, darüber hinaus gehende Leistungen zu vereinbaren.

15 Ist die Höhe des Anspruchs oder die Erfüllung der Voraussetzungen für den Eintritt der Unverfallbarkeit strittig, so kann die Höhe des Anspruchs selbst mittels eines gerichtlichen Vergleichs bestimmt werden[10].

16 **VI. Ausweisungspflicht und Zahlweise.** Der Abfindungsbetrag ist gesondert auszuweisen, darf also nicht mit anderen ArbGeb-Leistungen, etwa einer Kündigungs- oder Sozialplanabfindung zusammen-

---

1 G. v. 28.11.1983, BGBl. I S. 1377. | **2** *Ahrend/Förster/Rühmann*, § 3 BetrAVG Rz. 18. | **3** BAG v. 24.3.1998 – 3 AZR 800/96, NZA 1998, 1280. | **4** *Blomeyer/Rolfs/Otto*, § 3 BetrAVG Rz. 42. | **5** BAG v. 24.3.1998 – 3 AZR 800/96, NZ 1998, 1280. | **6** BAG v. 7.8.1975 – 3 AZR 505/74, BB 1975, 1390; v. 30.10.1980 – 3 AZR 364/79, NJW 1981, 1632. | **7** BAG v. 20.11.2001 – 3 AZR 28/01, EzA-SD 2002, Nr. 18, 21. | **8** BAG v. 20.11.2001 – 3 AZR 28/01, EzA-SD 2002, Nr. 18, 21. | **9** *Langohr-Plato*, Rz. 449. | **10** BAG v. 18.12.1984 – 3 AZR 125/84, NZA 1986, 95; v. 30.7.1985 – 3 AZR 401/83, DB 1986, 548; v. 23.8.1994 – 3 AZR 825/93, DB 1995, 52.

gefasst werden. Hierdurch wird für die Vertragsparteien eine Rechtsklarheit vermittelt[1]. Weiterhin ist die Abfindung in einem Betrag auszuzahlen. Eine ratenweise Zahlung kommt nicht in Betracht. Eine dennoch in Raten gezahlte Abfindung lässt gleichwohl die Anwartschaft erlöschen.

4 *Übertragung*

(1) Unverfallbare Anwartschaften und laufende Leistungen dürfen nur unter den Voraussetzungen der folgenden Absätze übertragen werden.

(2) Nach Beendigung des Arbeitsverhältnisses kann im Einvernehmen des ehemaligen mit dem neuen Arbeitgeber sowie dem Arbeitnehmer

1. die Zusage vom neuen Arbeitgeber übernommen werden oder

2. der Wert der vom Arbeitnehmer erworbenen unverfallbaren Anwartschaft auf betriebliche Altersversorgung (Übertragungswert) auf den neuen Arbeitgeber übertragen werden, wenn dieser eine wertgleiche Zusage erteilt; für die neue Anwartschaft gelten die Regelungen über Entgeltumwandlung entsprechend.

(3) Der Arbeitnehmer kann innerhalb eines Jahres nach Beendigung des Arbeitsverhältnisses von seinem ehemaligen Arbeitgeber verlangen, dass der Übertragungswert auf den neuen Arbeitgeber übertragen wird, wenn

1. die betriebliche Altersversorgung über einen Pensionsfonds, eine Pensionskasse oder eine Direktversicherung durchgeführt worden ist und

2. der Übertragungswert die Beitragsbemessungsgrenze in der allgemeinen Rentenversicherung nicht übersteigt.

Der Anspruch richtet sich gegen den Versorgungsträger, wenn der ehemalige Arbeitgeber die versicherungsförmige Lösung nach § 2 Abs. 2 oder 3 gewählt hat oder soweit der Arbeitnehmer die Versicherung oder Versorgung mit eigenen Beiträgen fortgeführt hat. Der neue Arbeitgeber ist verpflichtet, eine dem Übertragungswert wertgleiche Zusage zu erteilen und über einen Pensionsfonds, eine Pensionskasse oder eine Direktversicherung durchzuführen. Für die neue Anwartschaft gelten die Regelungen über Entgeltumwandlung entsprechend.

(4) Wird die Betriebstätigkeit eingestellt und das Unternehmen liquidiert, kann eine Zusage von einer Pensionskasse oder einem Unternehmen der Lebensversicherung ohne Zustimmung des Arbeitnehmers oder Versorgungsempfängers übernommen werden, wenn sichergestellt ist, dass die Überschussanteile ab Rentenbeginn entsprechend § 16 Abs. 3 Nr. 2 verwendet werden. § 2 Abs. 2 Satz 4 bis 6 gilt entsprechend.

(5) Der Übertragungswert entspricht bei einer unmittelbar über den Arbeitgeber oder über eine Unterstützungskasse durchgeführten betrieblichen Altersversorgung dem Barwert der nach § 2 bemessenen künftigen Versorgungsleistung im Zeitpunkt der Übertragung; bei der Berechnung des Barwerts sind die Rechnungsgrundlagen sowie die anerkannten Regeln der Versicherungsmathematik maßgebend. Soweit die betriebliche Altersversorgung über einen Pensionsfonds, eine Pensionskasse oder eine Direktversicherung durchgeführt wird, entspricht der Übertragungswert dem gebildeten Kapital im Zeitpunkt der Übertragung.

(6) Mit der vollständigen Übertragung des Übertragungswerts erlischt die Zusage des ehemaligen Arbeitgebers.

§ 4 regelt die Übertragung von Versorgungsrechten (sog. **Portabilität**). Die Vorschrift wurde durch Gesetz vom 28.5.2004 neu gefasst[2]. Das Gesetz erfasst nun neben der Übernahme von Versorgungszusagen bei einem ArbGebWechsel auch die Übertragung des Wertes einer beim alten ArbGeb erworbenen unverfallbaren Anwartschaft auf den neuen ArbGeb. Eine nach § 4 wirksame Übertragung oder Übernahme führt nach der ausdrücklichen gesetzl. Anordnung zum Erlöschen der Verpflichtung des alten ArbGeb. Versorgungsverbindlichkeiten können an und für sich wie jede andere Schuld von Dritten übernommen werden. § 4 ist insoweit lex specialis zu § 415 BGB und schränkt durch die Neufassung die Übernahme von Versorgungsverbindlichkeiten noch weiter als bisher ein. Demnach kann **nicht jeder Dritte** eine Versorgungsverbindlichkeit mit schuldbefreiender Wirkung übernehmen, sondern nur **der neue ArbGeb.** Übernahmeberechtigt waren nach § 4 aF auch Pensionskassen, Lebensversicherer und öffentl.-rechtl. Versorgungsträger. Sie können nur noch nach Abs. 4 bei einer Betriebseinstellung mit dem Ziel der Liquidation des Unternehmens Versorgungsverpflichtungen übernehmen. Eine vertragl. Schuldübernahme durch andere Versorgungsträger bezeichnet § 4 I ausdrücklich als **unwirksam.** § 4 beinhaltet eine **Verbotsnorm** iSd. § 134 BGB. Eine Übernahme durch eine U-Kasse war bereits bisher unzulässig, es sei denn, es waren schon ursprünglich U-Kassenleistungen geschuldet. 1

1 *Höfer*, § 3 BetrAVG Rz. 3626, 3551.21. | 2 BGBl. I 2004, 1427 ff.

2 § 4 bezweckt den **Schutz des ArbN**. Es soll sichergestellt werden, dass der ArbN durch die Übernahme der Versorgungsverpflichtungen nicht den ArbGeb als in der Regel zahlungskräftigen Schuldner verliert. Damit wird zugleich auch der PSVaG als Träger der gesetzl. Insolvenzsicherung geschützt. Denn er ist es, der im Insolvenzfall aus Solidarmitteln die Versorgungsschuld erfüllen muss[1]. Dabei geht der Gesetzgeber offenbar davon aus, das ein neuer ArbGeb keine signifikanten zusätzlichen Risiken für die Insolvenzsicherung nach § 7 generiert. Die Neufassung der Vorschrift fördert die **Mobilität** des ArbN, indem sie die Möglichkeiten zur Übertragung von Versorgungsrechten ausweitet. Ein Richtlinienentwurf des Europäischen Parlaments und des Rates zielt auf die Verbesserung der Portabilität ab[2].

3 Der Anwendungsbereich der Vorschrift wurde der Rspr. des BAG folgend[3] auch auf **laufende Versorgungsleistungen** ausgedehnt; erfasst waren vom Wortlaut bislang nur unverfallbare Versorgungsanwartschaften. § 4 schränkt die Übernahme von Versorgungsverbindlichkeiten nur bei **gesetzl. unverfallbaren Anwartschaften** und laufenden Leistungen ein. Bei nur vertragl. Unverfallbarkeit von Versorgungsanwartschaften fehlt ein Schutzbedürfnis. Denn mit dem Ausscheiden des ArbN würde die Anwartschaft ohnehin verfallen. Eine Inanspruchnahme des PSVaG droht nicht[4]. Beruht die Unverfallbarkeit der Anwartschaft auf Anwendung der vorgesetzl. Rspr. zur Unverfallbarkeit[5], ist § 4 allerdings zu beachten. Denn kraft Richterrechts unverfallbare Anwartschaften sind insolvenzgeschützt[6].

4 Der Schuldner einer **nicht insolvenzgeschützten Versorgungsanwartschaft** (zB sog. Unternehmerrenten, vgl. auch § 17 Rz. 8 ff.) kann nach dem Belieben der Vertragsparteien ohne Einschränkungen durch Abs. 1 ausgetauscht werden[7].

5 Unproblematisch ist die **Erfüllungsübernahme** durch einen Dritten. Sie benachteiligt weder den PSVaG noch den Versorgungsberechtigten. Denn der ursprünglich verpflichtete Versorgungsschuldner wird dadurch nicht frei. Gleiches gilt für einen **Schuldbeitritt**, auch er führt nicht zu einer Verschiebung des Haftungsrisikos.

6 Die Übernahme von Versorgungsverbindlichkeiten bedarf der **Zustimmung** des versorgungsberechtigten ArbN. Sie kann sowohl gegenüber dem bisherigen als auch gegenüber dem neuen Schuldner erklärt werden. Wird sie nicht erteilt, können die schuldbefreienden Wirkungen für den bisherigen Versorgungsverpflichteten nicht eintreten. Die Zustimmungserklärung ist an keine Form gebunden. Sie kann deshalb auch **konkludent** erklärt werden. Die bloße Entgegennahme von Versorgungsleistungen eines Dritten beinhaltet aber nicht die Zustimmung zur Haftungsbefreiung. Nach richtiger Auffassung des BAG ist die befreiende Schuldübernahme ein ungewöhnliches und bedeutsames Rechtsgeschäft. Eine Entlassung des bisherigen Schuldners könne nur dann angenommen werden, wenn der Gläubiger dies deutlich zum Ausdruck bringe. Im Zweifel werde der Gläubiger nur annehmen, dass er einen Schuldbeitritt genehmigen solle, der ihn begünstige, weil er einen zusätzlichen Schuldner erhalte[8]. § 4 lässt an und für sich die Übernahme von Versorgungsverbindlichkeiten durch andere als die im Gesetz genannten Versorgungsträger nicht zu. Nach dem Gesetzeswortlaut ist es also nicht möglich, dass ein ArbGeb, bei dem der ArbN überhaupt nicht beschäftigt war, die Versorgungsverbindlichkeit mit schuldbefreiender Wirkung übernimmt.

7 Nach Auffassung des BAG zu § 4 in der bis zum 31.12.2004 gültigen Fassung war der **völlige Ausschluss der Übertragbarkeit** von Versorgungsverbindlichkeiten auf andere als die in § 4 I aF genannten Rechtsträger mit dem Sinn und Zweck des Gesetzes nicht zu rechtfertigen. Das Ziel, die ursprüngliche Haftungsmasse zu erhalten, begünstige im Wesentlichen den PSVaG, der das Insolvenzrisiko trage[9]. Dieser könne aber selbst beurteilen, ob er das Risiko eingehen kann. Eine Übertragung von Versorgungsverbindlichkeiten auf andere als die in § 4 genannten Versorgungsträger ist deshalb zulässig, wenn neben dem Versorgungsberechtigten auch der PSVaG zustimmt[10]. Der Gesetzgeber hat diese Rspr. bei der Neufassung der Vorschrift nicht aufgenommen, so dass davon auszugehen ist, dass Übertragungen auf andere Rechtsträger überhaupt nicht mehr zulässig sind. Dafür spricht auch, dass mit der Neufassung ein weiterer Schutzzweck hinzugekommen ist, nämlich die Übertragungsmöglichkeit von Versorgungsrechten auf spätere ArbGeb. Diese würden eingeschränkt, wenn ein Dritter die Versorgungspflichten schuldbefreiend übernehmen könnte. Der alte ArbGeb stünde dann zB für Vereinbarungen nach Abs. 2 nicht mehr zur Verfügung.

8 Unabhängig davon erteilt der **PSVaG** die zur Übernahme von Versorgungsverbindlichkeiten notwendigen Zustimmungen **nicht**[11]. Er hat sich allerdings auf die Entscheidung des BAG vom 26.6.1980 hin durch eine **geschäftsplanmäßige Erklärung** vom 12.11.1981[12] verpflichtet, die Insolvenzsicherung bei schuld-

1 BAG v. 17.3.1987 – 3 AZR 605/85, NZA 1988, 21 zu § 4 aF. | 2 BR-Drs. 784/05 v. 1.11.2005. | 3 BAG v. 17.3.1987 – 3 AZR 605/85, NZA 1988, 21. | 4 *Höfer*, § 4 BetrAVG Rz. 2180. | 5 BAG v. 10.3.1972 – 3 AZR 278/71, DB 1972, 1486. | 6 BVerfG v. 10.3.1988 – 1 BvR 894/87, BB 1988, 2469; BAG v. 16.10.1980 – 3 AZR 1/80, BB 1981, 850; v. 20.1.1987 – 3 AZR 503/85, BB 1987, 1465. | 7 BAG v. 4.8.1981 – 3 AZR 441/80, DB 1981, 2544. | 8 BAG v. 11.11.1986 – 3 AZR 194/85, NZA 1987, 559. | 9 BAG v. 17.3.1987 – 3 AZR 605/85, NZA 1988, 21. | 10 BAG v. 26.6.1980 – 3 AZR 156/79, NJW 1981, 189; demgegenüber für eine Ersetzung der Zustimmung: BAG v. 17.3.1987 – 3 AZR 605/85, NZA 1988, 21. | 11 PSVaG-Merkblatt 300/M10/12.04 u M15/01.05; hierzu BVerfG v. 18.12.1987 – 1 BvR 1242/87, DB 1988, 1905. | 12 Abgedr. in BB 1982, 120.

befreienden Übertragungen laufender Versorgungsleistungen auf Versorgungsträger, die nicht in § 4 I genannt sind, zu übernehmen, wenn die Übertragungen vor dem 1.1.1981 vorgenommen worden sind. Dabei kommt es darauf an, dass bis zu dem genannten Zeitraum alle Wirksamkeitsvoraussetzungen vorliegen, also die Übertragung der Versorgungsverbindlichkeiten vereinbart war, der versorgungsberechtigte ArbN davon in Kenntnis gesetzt wurde und der Enthaftung eines bisherigen Schuldners zustimmte. Wurden diese Voraussetzungen ganz oder teilweise erst später erfüllt, verbleibt es bei der fehlenden Zustimmung des PSVaG mit der Folge, dass eine Übertragung der Versorgungsverbindlichkeiten nicht wirksam möglich ist, also eine Enthaftung des bisherigen Schuldners nicht eintritt. Dagegen wurde eingewandt, dass der PSVaG nach der Rspr. berechtigt sei, Übertragungen zu gestatten. Er könne deshalb als mit öffentl. Befugnissen Beliehener das ihm eingeräumte Ermessen nutzen und auch andere, vom Gesetz nicht angesprochene Übernahmen gestatten[1]. Dabei wird aber übersehen, dass der PSVaG zur Wahrung der Interessen der Solidargemeinschaft, die Zwangsbeiträge zur Insolvenzsicherung aufbringen muss, verpflichtet ist, jegliche Verringerung oder auch nur Gefährdung der Haftungsmasse zu verhindern. Deshalb dürfte im Regelfall das Ermessen „auf null“ reduziert sein, zumal die wirtschaftl. Entwicklung insolvenzfähiger Versorgungsträger nur begrenzt prognostizierbar ist. Allenfalls dann, wenn die Übertragung ausschließlich vorteilhaft für die Insolvenzsicherung ist, dürfte eine Genehmigung vorzunehmen sein.

Für die Übertragung von Versorgungsverbindlichkeiten gelten die **§§ 414 ff. BGB**. § 4 enthält in Abs. 2 Nr. 2 darüber hinaus spezialgesetzl. Regelungen für die Transferierung des sog. Übertragungswertes. § 4 lässt den Lauf der Unverfallbarkeitsfristen unberührt. Mit der Übernahme der Versorgungsverpflichtung kann eine Beitragspflicht zur Insolvenzsicherung entstehen, nämlich dann, wenn der Übernehmer die Versorgungsverpflichtung selbst übernimmt oder er Träger einer übernehmenden U-Kasse ist. Allerdings soll bei der Übernahme einer Zusage der Durchführungsweg nicht gewechselt werden können. Möglich sei das aber bei der Übertragung nur des Übertragungswertes[2]. 9

Abs. 2 Nr. 1 regelt die **Übernahme** einer Versorgungszusage **durch den neuen ArbGeb**. Das war auch schon nach dem bis zum 31.12.2004 geltenden Recht zulässig. Notwendig dazu ist eine Vereinbarung zwischen dem ArbN, dem alten und dem neuen ArbGeb. Der neue ArbGeb muss dann die bisherige Zusage ihrem Inhalt nach unverändert fortführen, ist aber nicht gehindert, den Durchführungsweg zu wechseln[3]. Allerdings sind der neue ArbGeb und der ArbN nicht daran gehindert, den Inhalt der übernommenen Zusage einvernehmlich abzuändern. 10

Abs. 3 normiert sogar einen **Anspruch** des ArbN auf Übertragung des Anwartschaftswertes auf den neuen ArbGeb. Ziel der Vorschrift ist, die Mobilität des ArbN zu fördern und die Versorgungsansprüche möglichst bei einem ArbGeb zusammenzufassen[4]. Der Wert der beim alten ArbGeb erdienten Versorgungsanwartschaft ist in einen bezifferten Kapitalbetrag, den sog. Übertragungswert umzurechnen. Dieser wird dann auf den neuen ArbGeb überführt. Letzterer muss dann dem ArbN eine wertgleiche Versorgungszusage erteilen. Der überführte Übertragungswert bildet dann gleichsam den Grundstock für die neue Versorgungszusage. Diese kann dann inhaltlich völlig anders ausgestaltet werden, darf aber nicht hinter dem übertragenen Wert zurückbleiben. Der neue ArbGeb ist damit in die Lage versetzt, die Versorgungsansprüche in das bei ihm etwa schon vorhandene Versorgungssystem einzugliedern[5]. Nach erfolgter Übertragung sind die Ansprüche gegenüber dem alten ArbGeb erloschen (Abs. 6). Für die neue Zusage gelten die Regeln für die Entgeltumwandlung, dh. sie ist sofort unverfallbar (vgl. § 1b V). Unter den Voraussetzungen des § 7 V 3 kann aber der Insolvenzschutz eingeschränkt sein. Der Übertragungswert bemisst sich nach Abs. 5. Maßgebend ist der Barwert der nach § 2 ermittelten Anwartschaft. Dabei ist der bei der Barwertberechnung der bei dem jeweiligen Durchführungsweg der betrAV vorgeschriebene Rechnungszinssatz und die Rechnungsgrundlagen sowie die anerkannten Regeln der Versicherungsmathematik zu berücksichtigen. Der Übertragungswert ist durch versicherungsmathematische Berechnung zu ermitteln. Bei Direktversicherungen ist das geschäftsplanmäßige Deckungskapital als maßgeblicher Wert zugrunde zu legen[6]. 11

Bei der sog. **freiwilligen Portabilität** nach Abs. 2 Nr. 2 ist eine Vereinbarung zwischen ArbN, neuem und altem ArbGeb notwendig. Der neue ArbGeb kann nicht gezwungen werden, den Übertagungswert zu übernehmen und eine eigene Zusage zu erteilen. 12

Soweit Abs. 3 dem ArbN einen **Portabilitätsanspruch** einräumt, gelten zu Gunsten des ArbGeb Beschränkungen: Der Anspruch ist auf Anwartschaften begrenzt, deren Wert im Jahr der Übertragung die BBG in der allgemeinen RV nicht übersteigt. Ein Recht auf teilweise Mitnahme von Versorgungsrechten gibt es nicht[7]. Der Übertragungsanspruch besteht nur, wenn die bisherige Versorgung über einen Pensionsfonds, eine Pensionskasse oder eine Direktversicherung durchgeführt wird. Der neue ArbGeb muss sich seinerseits eines der genannten 3 Versorgungswege bedienen. Dazu reicht aus, wenn er etwa die 13

1 *Blomeyer/Otto*, 3. Aufl., § 4 BetrAVG Rz. 86. | 2 *Blomeyer/Rolfs/Otto*, § 4 BetrAVG Rz. 73 ff. | 3 BT-Drs. 15/2150, S. 53 zu Nr. 5, wo ausdrücklich klargestellt wird, dass § 4 nicht den Wechsel des Durchführungsweges verbietet. | 4 *Blumenstein*, BetrAV 2004, 236; *Förster/Cisch*, BB 2004, 2126. | 5 *Höfer*, DB 2004, 1426 (1427). | 6 Nähere Einzelheiten bei *Langohr-Plato*, Rz. 535 ff. | 7 BT-Drs. 15/2150, S. 53 zu Nr. 6.

Versicherungsnehmereigenschaft bei der Direktversicherung, der Pensionskasse oder dem Pensionsfonds übernimmt. Der neue ArbGeb ist aber nicht verpflichtet, die bisherigen Versorgungsträger zu frequentieren. Er kann auch den Inhalt der Zusage neu bestimmen, solange der Übertragungswert nicht unterschritten wird[1]. Ein späterer Wechsel des Durchführungsweges ist nicht ausgeschlossen. Die Übertragung setzt ein Verlangen des ArbN voraus, dass nur innerhalb eines Jahres nach der Beendigung des bisherigen Arbeitsverhältnisses geäußert werden kann; danach kann die Übertragung nicht mehr verlangt werden. Eine besondere Form ist für das Verlangen nicht vorgeschrieben. Hat der ArbN von seinem Recht auf Übertragung der Anwartschaft Gebrauch gemacht, ist eine Abfindung der Versorgungsrechte gem § 3 II 3 unzulässig.

14 § 4 IV 1 erleichtert die **Liquidation** von Unternehmen, die Versorgungsleistungen zugesagt haben und dafür auch nach Einstellung der Betriebstätigkeit weiter haften müssten. Bei Unternehmen, die ihre betrAV über eine Direktversicherung oder eine Pensionskasse abwickeln, gibt es ohnehin keine Probleme bei einer Liquidation, weil hier die Verpflichtungen praktisch ausgelagert sind. Um eine Liquidation zu ermöglichen, können ausnahmsw. Versorgungsverpflichtungen auch **ohne Zustimmung** des Versorgungsberechtigten von einer Pensionskasse oder einem Unternehmen der Lebensversicherung übernommen werden. Allerdings muss sichergestellt sein, dass die Überschussanteile ab Rentenbeginn ausschließlich zur Erhöhung der laufenden Leistungen verwendet werden[2]. Die Übertragung auf eine Lebensversicherung muss dabei insolvenzfest sein. Das kann dadurch erreicht werden, dass dem ArbN die Versicherungsnehmereigenschaft übertragen oder aber das Bezugsrecht unwiderruflich gestellt wird[3]. § 4 IV 2 stellt mit dem Verweis auf § 2 II 4–6 sicher, dass der Versorgungsberechtigte seine Versorgungsansprüche nicht vor Eintritt des Versorgungsfalles beschädigen oder verbrauchen kann.

15 Mittels **Treuhandlösungen** (**Contractual Trust Arrangements-CTA**[4]) können betriebl. Versorgungsverpflichtungen nicht **schuldbefreiend** ausgegliedert werden. Ziel eines solchen Vorgehens ist meist eine Stärkung des Bilanzbildes für Unternehmen, die einen internationalen Jahresabschluss erstellen. Internationale Jahresabschlüsse werden überwiegend nach den Grundsätzen des IAS (International Accounting Standards) und den FAS (Statement of Financial Accounting Standards) aufgestellt. Diese lassen es zu, dass Versorgungsverpflichtungen nicht in die Geschäftsabschlüsse aufgenommen werden, wenn und soweit sie durch das einem Treuhänder übereignete Vermögen abgesichert sind. Das geschieht so, dass das zur Ausfinanzierung der Versorgungsverpflichtungen notwendige Deckungsvermögen einem rechtlich unabhängigen Treuhänder, meist einem eingetragenen Verein übertragen wird. In Betracht kommen alle Vermögengegenstände, zB Grundbesitz, Wertpapiere, Bankguthaben oder auch Forderungen[5]. Das Vermögen unterliegt einer im Treuhandvertrag zu regelnden Zweckbindung (zB Erfüllung und Sicherung der Verpflichtungen gegenüber den Betriebsrentnern)[6] und muss dem Zugriff anderer Unternehmensgläubiger entzogen sein[7]. Der Treuhänder hat das Vermögen nach den Weisungen des Unternehmens zu verwenden[8]. Notwendig ist aber, dass der Treuhänder von dem aus der Zusagesage verpflichteten Unternehmen unabhängig ist und das Vermögen nur zweckgebunden verwendet werden darf (vgl. hierzu § 7 Rz. 62)[9]. Er überträgt das Vermögen im Einvernehmen mit dem Treugeber einem aufsichtsrechtlich zugelassenen Vermögensverwalter, der das Vermögen in Investmentfonds anlegt[10]. Die Bildung eines Treuhandvermögens unterliegt nicht der Mitbest. des **Betriebsrats**[11]. Der ArbGeb bleibt weiterhin gegenüber den Versorgungsberechtigten verpflichtet. Der Trust zahlt die Betriebsrente entweder unmittelbar an die Pensionäre aus oder erstattet dem ArbGeb dessen Leistungen. Der ArbGeb haftet weiterhin in vollem Umfang für seine Versorgungszusagen. Wird er insolvent (s. auch § 7 Rz. 62 f.), wird das treuhändisch verwaltete Vermögen zur Befriedigung der Pensionsansprüche herangezogen[12]. Gesichert werden die Zahlungsansprüche über eine Verpfändung an die Versorgungsberechtigten oder das in Praxis gebräuchlichere Modell einer doppelseitigen Treuhand[13]. Bei diesem müssen – anders als beim Verpfändungsmodell – die Versorgungsberechtigten nicht mitwirken. Das erleichtert die Umstellung auf ein CTA-Modell. CTA-Lösungen sind keine Übernahmen iSd. § 4 BetrAVG, also nicht von der Zustimmung der Versorgungsberechtigten abhängig.

Der auf der internationalen Bilanz aufbauende deutsche Konzernabschluss muss bei einer CTA-Lösung ebenfalls keine Pensionsrückstellungen ausweisen[14]. Hierdurch verringert sich dann die Bilanzsumme. Gemessen daran ist dann die Eigenkapitalquote höher, was zB die Kreditfähigkeit verbessern kann. Die bilanzielle Auslagerung von Versorgungsverpflichtungen beendet aber die arbeitsrechtl. Verpflichtung des ArbGeb aus der Versorgungszusage nicht.

---

1 *Höfer*, DB 2004, 1426, 1428. | **2** *Ahrend/Förster/Rühmann*, § 4 BetrAVG Rz. 13. | **3** *Höfer*, § 4 BetrAVG Rz. 4599 ff. | **4** Nähere Einzelheiten zur Struktur von CTA-Modellen: *Höfer/Meißner*, DB 2004, 2057; *Küppers/Louven*, BB 2004, 337; *Knortz*, DB 2003, 2399. | **5** *Blomeyer*, BetrAV 1999, 293. | **6** *Höfer/Oppermann*, DB 2000, 1039 (1040). | **7** Das geschieht durch Einräumung eines Pfandrechts, *Rößler/Doetsch/Heger*, BB 1999, 2498 (2503). *Höfer*, § 7 BetrAVG Rz. 4600. | **8** *Höfer*, § 7 BetrAVG Rz. 4599. | **9** *Höfer*, § 7 BetrAVG Rz. 4599.1; *Passarge*, DB 2005, 2746. | **10** *Fischer/Meyer*, DB 2000, 1861 (1863); *Förster*, BetrAV 2001, 133 (135). | **11** *Rößler/Doetsch/Heger*, BB 1999, 2498 (2503); *Küppers/Louven*, BB 2004, 337 (344 f.). | **12** *Höfer*, § 7 BetrAVG Rz. 4599; *Baetge/Dörner/Kleekämper/Wollmert/Kirsch*, IAS, Rz. 137; *Berenz*, DB 2006, 2125. | **13** Ausführlich: *Küppers/Louven*, BB 2004, 337 (340 ff.). | **14** *Höfer*, § 7 BetrAVG Rz. 4599.2; *Meier/Bätzel*, DB 2004, 1439.

Die Übertragung von Versorgungsverpflichtungen **aus anderen rechtl. Gründen** wird durch § 4 nicht berührt. Versorgungsverbindlichkeiten können unabhängig von § 4 auch durch eine Gesamtrechtsnachfolge oder einen Betriebsübergang übertragen werden. Nach § 613a I 1 BGB gehen Rechte und Pflichten aus einem Arbeitsverhältnis über, wenn ein Betrieb oder Betriebsteil auf einen anderen Inhaber übertragen wird. Zu den Rechten und Pflichten aus einem Arbeitsverhältnis gehören auch Ansprüche aus einer betrieblichen Ruhegeldzusage. § 613a BGB erfasst aber nur aktive Arbeitsverhältnisse. Versorgungsverpflichtungen gegenüber Ruheständlern und ArbN, die mit unverfallbarer Versorgungsanwartschaft ausgeschieden sind, verbleiben beim Betriebsveräußerer[1]. In Fällen der Gesamtrechtsnachfolge werden hingegen auch die Verpflichtungen aus bereits beendeten Arbeitsverhältnissen erfasst, dh. auch die Verpflichtungen gegenüber Ruheständlern und mit unverfallbarer Versorgungsanwartschaft ausgeschiedener ArbN gehen über. Fälle der Gesamtrechtsnachfolge sind im Wesentlichen die Erbfolge (§§ 1922 ff. BGB) und Umwandlungen nach dem UmwG, das sind Abspaltungen, Vermögensübertragungen und Verschmelzungen. 16

Anders als die vertragl. vereinbarte Schuldübernahme vollzieht sich die **umwandlungsrechtl. Spaltung** im Wege der partiellen Gesamtrechtsnachfolge[2]. Der neue Gläubiger tritt mit allen Rechten und Pflichten in die Stellung des bisherigen ein und übernimmt nicht nur eine Verbindlichkeit. Mithin ist eine Zustimmung zur Zuordnung von Verbindlichkeiten betroffener Versorgungsberechtigter nicht erforderlich, muss der neue Schuldner nicht ArbGeb des Versorgungsberechtigten werden und bedarf es auch einer Zustimmung des PSVaG nicht[3]. Zudem verdrängt das spezifische umwandlungsrechtl. Haftungssystem der §§ 133, 134 UmwG die betriebsrentenrechtl. Vorschrift des § 4[4]. Nach §§ 133, 134 UmwG haften die an der Spaltung beteiligten Rechtsträger nämlich gesamtschuldnerisch für einen begrenzten Zeitraum von fünf bzw. bei der Betriebsaufspaltung von zehn Jahren. Die weit reichende Rechtsfolge des § 4 (Schuldbefreiung) kann also bei der Spaltung gerade nicht erreicht werden. Die Verbindlichkeiten gegenüber **ausgeschiedenen** ArbN lassen sich deshalb frei zuordnen; § 613a BGB findet hier keine Anwendung (vgl. auch § 324 UmwG Rz. 5)[5]. Damit ist die Abspaltung von Versorgungsverpflichtungen gegenüber ausgeschiedenen Anwärtern und Betriebsrentnern auf eine im Übrigen inaktive Gesellschaft (**Rentnergesellschaft**) möglich[6]. Bei **aktiven** ArbN gilt allerdings – soweit dessen Voraussetzungen erfüllt sind – § 613a BGB. Dh., die Versorgungsverpflichtung kann nicht vom Arbeitsverhältnis getrennt werden. Außerhalb des Anwendungsbereichs des § 613a BGB können aber auch im bestehenden Arbeitsverhältnis Ruhegeldverbindlichkeiten frei zugeordnet werden. 17

§ 4 kann durch **tarifvertragl. Regelung abbedungen** werden (§ 17 III). Geschieht dies, kann eine Übertragung auch auf andere Rechtsträger erfolgen. Da der gesetzl. Insolvenzschutz nach § 7 aber nicht tarifdisponibel ist, kommt eine Übertragung nur auf einen insolvenzfesten Träger oder mit Zustimmung des PSVaG in Betracht. 18

4a *Auskunftsanspruch*

(1) Der Arbeitgeber oder der Versorgungsträger hat dem Arbeitnehmer bei einem berechtigten Interesse auf dessen Verlangen schriftlich mitzuteilen,

1. in welcher Höhe aus der bisher erworbenen unverfallbaren Anwartschaft bei Erreichen der in der Versorgungsregelung vorgesehenen Altersgrenze ein Anspruch auf Altersversorgung besteht und

2. wie hoch bei einer Übertragung der Anwartschaft nach § 4 Abs. 3 der Übertragungswert ist.

(2) Der neue Arbeitgeber oder der Versorgungsträger hat dem Arbeitnehmer auf dessen Verlangen schriftlich mitzuteilen, in welcher Höhe aus dem Übertragungswert ein Anspruch auf Altersversorgung und ob eine Invaliditäts- oder Hinterbliebenenversorgung bestehen würde.

§ 4a wurde durch Gesetz v. 5.7.2004[7] eingefügt und normiert an Stelle des § 2 VI aF Auskunftsansprüche des ArbN über die Höhe der Versorgungsanwartschaft. Für die Auskunftserteilung ist **Schriftform** vorgeschrieben. 1

Abs. 1 betrifft den Auskunftswunsch gegenüber dem aktuellen und dem **früheren Arbeitgeber**. Der ArbGeb oder sonstige Versorgungsträger hat dem ArbN mitzuteilen, in welcher Höhe Versorgungsleistungen bei Erreichen der in der Versorgungsregelung vorgesehenen Altersgrenze aus einer unverfallbaren Versorgungsanwartschaft beansprucht werden können. Dabei müssen die Informationen so genau sein, dass der Versorgungsberechtigte die Berechnung der Anwartschaftshöhe nachvollziehen kann[8]. Die im Allgemeinen Sprachgebrauch als Anwartschaftsausweis bezeichnete Auskunft ist nur **auf** 2

1 BAG v. 23.3.1999 – 3 AZR 685/97, nv.; v. 17.3.1987 – 3 AZR 605/85, BB 1987, 2233. | 2 *Langohr-Plato*, Rz. 1022; *Hill*, BetrAV 1995, 114 (117). | 3 BAG v. 22.2.2005 – 3 AZR 499/03. | 4 *Willemsen*, NZA 1996, 791 (801); *Hill*, BetrAV 1995, 114 (117); *Blomeyer/Rolfs/Otto*, § 4 BetrAVG Rz. 34 ff.; *Boecken*, Unternehmensumwandlungen und Arbeitsrecht, Rz. 136 ff.; BAG v. 22.2.2005 – 3 AZR 499/03, DB 2005, 954. | 5 BAG v. 22.2.2005 – 3 AZR 499/03, DB 2005, 954; BVerwG v. 13.7.1999 – 1 C 13/98, DVBl 1999, 1727. | 6 *Langohr-Plato*, NZA 2005, 966; *Louis/Nowak*, DB 2005, 2354. | 7 G v. 5.7.2004, BGBl. I S. 1427. | 8 BAG v. 9.12.1997 – 3 AZR 695/96, NZA 1998, 1171.

Verlangen zu erteilen. Das Gesetz verlangt darüber hinaus ein **berechtigtes Interesse** des ArbN. Ein solches Interesse besteht stets anlässlich des Ausscheidens des ArbN, darüber hinaus aber auch während des Arbeitsverhältnisses, etwa, wenn der Mitarbeiter eine ergänzende Eigenvorsorge vornehmen möchte[1]. Kein Auskunftanspruch soll anlässlich eines Betriebsübergangs bestehen, und zwar auch nicht aus § 242 BGB[2].

3 Der **Inhalt der Auskunft** kann stets nur vorläufiger Natur sein. Denn nach dem Gesetz ist der ArbN darüber zu informieren, in welcher Höhe er Versorgungsleistungen bei Erreichen der in der Versorgungsregelung vorgesehenen Altersgrenze beanspruchen kann. Die bei Eintritt des Versorgungsfalles zu zahlende Betriebsrente kann niedriger sein, nämlich dann, wenn bei dem Versorgungsberechtigten vor Erreichen der Altersgrenze ein Versorgungsfall eintritt. Die zu erteilende Auskunft beinhaltet kein Schuldanerkenntnis[3]; sie ist reine Wissenserklärung. Der ArbGeb erkennt damit weder dem Grunde noch der Höhe nach eine bestimmte Versorgungsanwartschaft an. Sie beinhaltet ausschließlich eine Information[4].

4 **Schadenersatzansprüche** kommen allerdings dann in Betracht, wenn der ArbN im Vertrauen auf eine falsche Auskunft nachteilige Dispositionen getroffen hat, die im Hinblick auf seine Versorgungssituation nicht mehr revidiert werden können[5]. Erteilt der ArbGeb auf Anfrage keine Auskunft, kann diese im Klageweg erzwungen werden. Eine streitige Auseinandersetzung über Vollständigkeit und Richtigkeit einer Auskunft ist mittels einer **Feststellungsklage** zu führen[6]. Das Feststellungsinteresse ergibt sich unmittelbar aus Abs. 6[7].

5 Abs. 2 gewährt im Falle einer Übertragung von Anwartschaftswerten gem. § 4 III Auskunftsrechte gegenüber dem **neuen Arbeitgeber** oder dem Träger der Versorgung. Wegen des klaren Verweises nur auf § 4 III besteht dem Wortlaut nach kein Anspruch auf Auskunft, wenn nach § 4 II Nr. 2 einvernehmlich der Anwartschaftswert übertragen wird[8]. Hier dürfte es sich um ein Redaktionsversehen handeln. Es ist kein Grund ersichtlich, weshalb dem ArbN bei einer freiwilligen Übertragung die betreffenden Auskünfte nicht zustehen sollten. Dem ArbN ist mitzuteilen, in welcher Höhe aus dem Übertragungswert ein Anspruch auf Altersversorgung besteht. Diese Information ist insb. deshalb von Interesse, weil der Inhalt der neuen Versorgungszusage von dem beim alten ArbGeb abweichen kann. Darüber hinaus ist Auskunft zu ereilen, ob ein Anspruch auf Invaliditäts- oder Hinterbliebenenversorgung besteht. Hier sieht der Gesetzgeber keinen Informationsanspruch über die Höhe der voraussichtlichen Leistungen vor. Tatsächlich werden sie idR auch nicht im Voraus berechenbar sein[9], weil sie auch vom Zeitpunkt des Eintritts des Versorgungsfalles abhängig sind.

6 Art. 11 der **RL 2003/41/EG** enthält über § 4a hinausgehende Informationsrechte. Danach haben Versorgungsberechtigte Anspruch auf Überlassung des Jahresabschlusses und weiterer „ausführlicher und sachdienlicher" Informationen über den Versorgungsanspruch[10]. Die RL bedarf der Umsetzung in deutsches Recht[11]. Des Weiteren können auch TV und BV zusätzliche Auskunftsrechte begründen[12].

Zweiter Abschnitt. Auszehrungsverbot

5 *Auszehrung und Anrechnung*

(1) Die bei Eintritt des Versorgungsfalles festgesetzten Leistungen der betrieblichen Altersversorgung dürfen nicht mehr dadurch gemindert oder entzogen werden, dass Beträge, um die sich andere Versorgungsbezüge nach diesem Zeitpunkt durch Anpassung an die wirtschaftliche Entwicklung erhöhen, angerechnet oder bei der Begrenzung der Gesamtversorgung auf einen Höchstbetrag berücksichtigt werden.

(2) Leistungen der betrieblichen Altersversorgung dürfen durch Anrechnung oder Berücksichtigung anderer Versorgungsbezüge, soweit sie auf eigenen Beiträgen des Versorgungsempfängers beruhen, nicht gekürzt werden. Dies gilt nicht für Renten aus den gesetzlichen Rentenversicherungen, soweit sie auf Pflichtbeiträgen beruhen, sowie für sonstige Versorgungsbezüge, die mindestens zur Hälfte auf Beiträgen oder Zuschüssen des Arbeitgebers beruhen.

1 **I. Einführung.** Für die **inhaltliche Ausgestaltung** einer Versorgungszusage gilt grds. das Prinzip der **Vertragsfreiheit**. Der ArbGeb bestimmt weitgehend darüber, ob und ggf. welche Versorgung dem ArbN zuteil werden soll. Die Versorgungszusage kann eine Gesamtversorgung vorsehen oder Anrechnungs-

---

1 BT-Drs. 15/2150, S. 54 zu Nr. 6. | 2 BAG v. 22.5.2007 – 3 AZR 834/05, ArbRB 2007, 161. | 3 *Höfer*, § 2 BetrAVG Rz. 3865.31 ff.; LAG Hamm v. 14.3.1995 – 6 Sa 1038/94, BetrAV 1995, 226. | 4 BAG v. 8.11.1983 – 3 AZR 511/81, BB 1984, 601. | 5 BAG v. 8.11.1983 – 3 AZR 511/81, BB 1984, 601; v. 17.6.2003 – 3 AZR 462/02. | 6 LAG Hamm v. 8.2.1994 – 6 (10) Sa 895/92, DB 1994, 892. | 7 LAG Hamm v. 7.3.1989 – 6 Sa 270/88, DB 1989, 1141. | 8 So auch *Langohr-Plato*, Rz. 637. | 9 *Höfer*, DB 2004, 1426 (1429). | 10 Pensionsfonds-RL ABl. 203 L 235/10 v. 23.9.2003. | 11 *Reinecke*, RdA 2005, 129 (131). | 12 *Reinecke*, RdA 2005, 129 (132).

und Begrenzungsklauseln enthalten. Soll bei einer Gesamtversorgungsobergrenze statt einer Brutto- eine bestimmte Nettoversorgung maßgebend sein, muss dies in der Versorgungsordnung deutlich gemacht werden[1]. Das betriebl. Ruhegeld dient bei Anrechnungs- und Begrenzungsklauseln dazu, einen unter Berücksichtigung sonstiger Versorgungsbezüge in der Versorgungszusage definierten Versorgungsbedarf abzudecken.

Das BetrAVG geht davon aus, dass anderweitige Versorgungsbezüge auf den betriebl. Ruhegeld- 2
anspruch **angerechnet** werden dürfen, soweit dies in der Versorgungszusage vorgesehen ist. § 5 schränkt die Anwendung anderweitiger Versorgungsbezüge jedoch ein:

II. Auszehrungs- und Anrechnungsverbot. 1. Auszehrungsverbot. Abs. 1 beinhaltet das sog. Auszeh- 3
rungsverbot. Betriebl. Ruhegeldleistungen sollen durch spätere Veränderungen anzurechnender anderer Versorgungsleistungen nicht mehr vermindert werden können. Der bei Eintritt des Versorgungsfalles bestehende Versorgungsanspruch wird festgeschrieben; er soll dem Versorgungsberechtigten auch dann verbleiben, wenn sich eine anzurechnende Versorgungsleistung, etwa eine anzurechnenden Rente aus der gesetzl. RV, später erhöht.

Das Auszehrungsverbot stellt immer nur auf die **erstmalige Leistung** bei Eintritt des Versorgungsfalls 4
ab. Es ist deshalb zulässig, die bei einem Gesamtversorgungssystem vor dem Anpassungstermin gewährte betriebl. Leistungshöhe wegen einer höheren Dynamisierung anzurechnender Versorgungsleistungen zu unterschreiten, wenn nur der bei Eintritt des Versorgungsfalls erstmalig festgesetzte Betrag nicht unterschritten wird[2].

Das Auszehrungsverbot des Abs. 1 gilt jedoch nur dann, wenn die anzurechnende Leistung an die 5
wirtschaftl. Entwicklung angepasst wird. Darunter fallen ua. die jährlichen Erhöhungen der Leistungen der gesetzl. RV gem. § 65 iVm. § 68 SGB VI[3]. Das Auszehrungsverbot greift dagegen nicht, wenn die anzurechnende Leistung aus **anderen Gründen** erhöht wird. Tritt bspw. eine höhere volle Rente wegen Erwerbsminderung oder eine höhere vorgezogene Altersrente an die Stelle einer niedrigeren Rente wegen teilweiser Erwerbsminderung, so kann der höhere Rentenbetrag angerechnet werden. In diesem Fall können sich die vom ArbGeb aufzubringenden Leistungen verringern.

Das Auszehrungsverbot gilt nur für **laufende Leistungen**, nicht jedoch für Anwartschaften[4]. Das Aus- 6
zehrungsverbot ist ausnahmsw. auch während der Anwartschaftsphase zu beachten, wenn die Versorgungsanwartschaft bei Ausscheiden aus betriebsbedingten Gründen aufrechterhalten bleibt und bei der Ermittlung der Versorgungsobergrenze unterschiedliche Zeitpunkte für die Wertberechnung von Anwartschaft und SozV-Rente zugrunde gelegt werden[5]. Durch die Anrechnung anderweitiger Versorgungsleistungen können sich aber auch sog. Null-Leistungen ergeben[6], wenn durch die Entwicklung anzurechnender Versorgungsleistungen der definierte Versorgungsbedarf bereits abgedeckt wird. Nach Auffassung des BAG darf der ArbGeb aber Versorgungsleistungen nicht von vornherein so konzipieren, dass die Versorgungsanwartschaft bis zum Eintritt des Versorgungsfalles in der Regel durch den steigenden anderweitigen Versorgungsbezug aufgezehrt wird[7].

Für Angestellte des **öffentl. Dienstes**, die Anspruch auf eine dyn. Gesamtversorgung haben, gilt gem. 7
§ 18 I das Auszehrungsverbot des § 5 nicht[8]. Nach § 17 I 1 kann in TV vom Auszehrungsverbot abgewichen werden. Dabei reicht es aus, wenn sich eine solche Abweichung zweifelsfrei aus der tarifl. Regelung ergibt[9].

2. Anrechnung anderweitiger Versorgungsbezüge. Eine Anrechnung anderweitiger Versorgungsbezü- 8
ge ist möglich, wenn sie in der Versorgungsregelung vorgesehen ist. Die Anrechnung bedarf einer **besonderen und eindeutigen Rechtsgrundlage**, anderenfalls ist sie nicht zulässig[10].

Abs. 2 beschränkt die Anrechenbarkeit anderweitiger Versorgungsbezüge. Versorgungsbezüge, die auf 9
eigenen Beiträgen des Versorgungsempfängers beruhen, dürfen nicht angerechnet werden. Hierzu gehören etwa private Lebensversicherungen und Versorgungsleistungen von Berufsverbänden[11]. Von diesem Grundsatz macht das Gesetz eine Ausnahme. **Renten aus der gesetzl. RV**, soweit sie auf Pflichtbeiträgen beruhen, dürfen **voll** angerechnet werden, denn Pflichtbeiträge zur gesetzl. RV haben ArbGeb und ArbN regelmäßig zu gleichen Teilen aufzubringen. Gleiches gilt für sonstige Bezüge, die mindestens zur Hälfte auf Beiträgen oder Zuschüssen des ArbGeb beruhen. Dies betrifft idR Leistungen aus einer Pensionskasse oder einer Direktversicherung.

1 BAG v. 5.10.1999 – 3 AZR 230/98, NZA 2000, 839. | 2 BAG v. 13.7.1978 – 3 AZR 873/77, NJW 1979, 831. | 3 *Höfer*, § 5 BetrAVG Rz. 4404. | 4 *Ahrend/Förster/Rühmann*, § 5 BetrAVG Rz. 2; KKBBP/*Kisters-Kölkes*, § 5 BetrAVG Rz. 3. | 5 BAG v. 20.3.1984 – 3 AZR 22/82, AP Nr. 15 zu § 5 BetrAVG; vgl. aber auch BAG v. 20.11.1975 – 3 AZR 566/74, BB 1976, 364. | 6 LAG Hamm v. 23.11.1977 – 11 Sa 953/77, DB 1978, 304; LAG Düsseldorf v. 7.5.1980 – 16 Sa 29/80, BetrAV 1980, 267. | 7 BAG v. 18.12.1975 – 3 AZR 58/75, AP Nr. 170 zu § 242 BGB – Ruhegehalt. | 8 BAG v. 28.6.1983 – 3 AZR 94/81, DB 1983, 2786; BVerfG v. 22.3.2000 – 1 BvR 1136/96, NJW 2000, 3341. | 9 BAG v. 10.3.1992 – 3 AZR 352/91, NZA 1992, 935; v. 5.10.1999 – 3 AZR 230/98, NZA 2000, 839. | 10 BAG v. 5.9.1989 – 3 AZR 654/87, NZA 1990, 269. | 11 BAG v. 22.2.2000 – 3 AZR 39/99, NZA 2001, 541.

10 Eine auf Pflichtbeiträgen beruhende SozV-Rente kann selbst dann angerechnet werden, wenn der Versorgungsberechtigte die Wartezeit für die SozV-Rente mit **freiwilligen Beiträgen** erfüllt hat. Allerdings darf dann der Teil der SozV-Rente, der auf den freiwilligen Beiträgen beruht, nicht angerechnet werden[1]. Auch **ausländische Pflichtversicherungsrenten** sind anrechenbar[2]. Anrechenbar sind ferner Renten aus der **gesetzl. Unfallversicherung**. Nicht anrechenbar ist dabei jedoch derjenige Teil der Rente, der die Funktion eines Schmerzensgeldes hat. Dazu gehört mindestens die Grundrente nach dem Bundesversorgungsgesetz[3]. Anrechenbar sind schließlich auch anderweitige **Erwerbseinkünfte** und **Karenzentschädigungen** aus nachvertragl. Wettbewerbsverboten. Auch in diesen Fällen muss aber die anzurechnende Leistung in der Versorgungsregelung eindeutig bezeichnet sein[4]. Zulässig ist es deshalb, ein Arbeitseinkommen anzurechnen, welches der Berechtigte bei seinem ArbGeb oder einem anderen ArbGeb nach Eintritt des Versorgungsfalles bezieht[5]. Ebenso können Karenzentschädigungen für die Einhaltung eines nachvertragl. Wettbewerbsverbotes angerechnet werden. Nach Auffassung des BAG endet ein Wettbewerbsverbot und damit die Pflicht zur Zahlung einer Karenzentschädigung nicht mit Eintritt in den Ruhestand, und zwar auch dann nicht, wenn eine Betriebsrente gezahlt wird[6]. Zulässig ist es aber zu vereinbaren, dass die Karenzentschädigung dann auf die Betriebsrente anzurechnen ist[7]. Für die Anrechnung anderweitiger Leistungen, die keinen Versorgungscharakter haben, gelten im Übrigen die allgemeinen Grundsätze. Es ist also das Willkürverbot zu beachten und der Gleichbehandlungsgrundsatz anzuwenden[8]. Nicht unbedenklich ist deshalb die Anrechnung von Privatvermögen oder Versicherungsleistungen.

11 Gesetzlich nicht geregelt ist, ob Leistungen aus einer **Entgeltumwandlung** oder aus **Eigenbeiträgen** angerechnet werden dürfen. Die ist zu verneinen, weil hier der Versorgungsberechtigte zumindest wirtschaftl. eigene Aufwendungen leistet, sei es durch Gehaltsverzicht oder Einbringung eigener Beiträge in das Versorgungswerk des ArbGeb. Würde man diese Leistungen dennoch anrechnen, dürfte der Gleichbehandlungsgrundsatz verletzt sein, weil ArbN, die ihr Entgelt außerhalb des Arbeitsverhältnisses zu Zwecken der Eigenvorsorge anlegen, keiner Anrechnung ausgesetzt wären. Dagegen können andere betriebl. arbeitgeberfinanzierte Leistungen angerechnet werden. Sie rühren aus demselben Versorgungsverhältnis her und müssen deshalb als Einheit verstanden werden. Der ArbGeb darf deshalb zB Leistungen aus einer Direktversicherung auf Ansprüche aus einem unmittelbaren Versorgungsversprechen anrechnen.

12 **III. Rechtsfolge eines Verstoßes gegen das Auszehrungs- und Anrechnungsverbot.** Der Verstoß gegen die Regelungen in den Abs. 1 und 2 in einer vertragl. Vereinbarung führt zu deren Unwirksamkeit nach § 134 BGB. Der Versorgungsberechtigte kann die entsprechenden Differenzbeträge nachfordern. Hat der ArbGeb widerrechtl. Unfallrenten auf die betrAV angerechnet, so führt dies ebenfalls zu einer Nachzahlungspflicht[9].

Dritter Abschnitt. Altersgrenze

6 *Vorzeitige Altersleistung*

Einem Arbeitnehmer, der die Altersrente aus der gesetzlichen Rentenversicherung als Vollrente in Anspruch nimmt, sind auf sein Verlangen nach Erfüllung der Wartezeit und sonstiger Leistungsvoraussetzungen Leistungen der betrieblichen Altersversorgung zu gewähren. Fällt die Altersrente aus der gesetzlichen Rentenversicherung wieder weg oder wird sie auf einen Teilbetrag beschränkt, so können auch die Leistungen der betrieblichen Altersversorgung eingestellt werden. Der ausgeschiedene Arbeitnehmer ist verpflichtet, die Aufnahme oder Ausübung einer Beschäftigung oder Erwerbstätigkeit, die zu einem Wegfall oder zu einer Beschränkung der Altersrente aus der gesetzlichen Rentenversicherung führt, dem Arbeitgeber oder sonstigen Versorgungsträgern unverzüglich anzuzeigen.

1 BAG v. 19.2.1976 – 3 AZR 212/75, DB 1976, 1237. | 2 BAG v. 24.4.1990 – 3 AZR 309/88, NZA 1990, 936. | 3 BAG v. 2.2.1988 – 3 AZR 115/86, DB 1988, 1273. | 4 BAG v. 5.9.1989 – 3 AZR 654/87, NZA 1990, 269. | 5 *Höfer*, § 5 BetrAVG Rz. 3977. | 6 BAG v. 30.10.1984 – 3 AZR 213/82, AP Nr. 46 zu § 74 BGB. | 7 BAG v. 26.2.1985 – 3 AZR 182/84, AP Nr. 30 zu § 611 BGB – Konkurrenzklausel. | 8 *Höfer*, § 5 Rz. 3979. | 9 *Ahrend/Förster/Rühmann*, § 5 BetrAVG Rz. 20.

I. Einführung. § 6 ermöglicht dem Versorgungsberechtigten, schon vor Erreichen der Regelaltersgrenze in der gesetzl. RV betriebl. Ruhegeld in Anspruch zu nehmen, wenn gleichzeitig die Voraussetzungen für den Bezug einer Vollrente aus der gesetzl. RV erfüllt sind. Nicht jeder Bezug von betriebl. Ruhegeld vor Erreichen der Regelaltersgrenze beinhaltet eine vorzeitige Leistung iSd. § 6. Legt die Versorgungszusage eine frühere, vor Erreichen der Regelaltersgrenze liegende **feste** Altersgrenze fest, so können schon ab dem Erreichen dieser Altersgrenze betriebl. **Ruhegelder ungekürzt** in Anspruch genommen werden. Es handelt sich dann nicht um vorgezogene betriebl. Leistungen, selbst wenn die gesetzl. Rente nur als vorgezogenes Ruhegeld bezogen werden kann. Durch Gesetz v. 20.4.2007[1] wurden mit langen Übergangsfristen die Altersgrenzen in der gesetzl. RV neu festgelegt. Bis zum 31.12.2011 gilt als Regelaltersgrenze die Vollendung des 65. LJ. Von da an wird sie schrittweise erhöht. Ab dem Geburtsjahrgang 1967 liegt die Regelaltersgrenze bei vollendeten 67 LJ. Für besondere Beschäftigtengruppen, wie zB schwerbehinderte Menschen gelten Besonderheiten (Einzelheiten s. Vorb. Rz. 106). 1

§ 30a greift die Rspr. des EuGH zur Gleichbehandlung von Männern und Frauen bei Entgeltleistungen[2] auf. Darin ist bestimmt, dass Männern für nach dem 17.5.1990 abgeleistete Dienstzeiten eine vorzeitige Altersrente zu gewähren ist, wenn sie die für Frauen geltenden Anspruchsvoraussetzungen für eine vorzeitige gesetzl. Altersrente sowie die Leistungsvoraussetzungen der Versorgungszusage erfüllen. 2

§ 6 verlangt, dass der ArbN eine Altersrente aus der gesetzl. RV als **Vollrente** bezieht; eine Teilrente genügt nicht. Eine Vollrente wird aber auch dann bezogen, wenn die SozV-Rente wegen vorzeitiger Inanspruchnahme nur mit Abschlägen (0,3 % für jeden Monat des vorzeitigen Bezugs) gezahlt wird. 3

II. Bezug des betrieblichen Ruhegeldes vor Erreichen der Regelaltersgrenze. § 6 bezieht sich nur auf betriebl. Altersruhegeld, nicht auch auf Invaliditäts- und Hinterbliebenenleistungen[3]. Die Möglichkeit, auch betriebl. Ruhegeldleistungen vorzeitig in Anspruch zu nehmen, besteht selbst dann, wenn dies in der Versorgungsregelung **nicht vorgesehen** ist. Allerdings muss der Versorgungsberechtigte die übrigen Anspruchsvoraussetzungen für das betriebl. Ruhegeld erfüllen, insb. eine etwaige Wartezeit abgeleistet haben[4]. 4

1. Inanspruchnahme der gesetzlichen Altersrente. Gesetzl. Anspruch auf vorzeitige Ruhegeldleistungen hat nur, wer die gesetzl. Altersrente **tatsächlich in Anspruch nimmt**. Der ArbN muss dem ArbGeb die Inanspruchnahme der gesetzl. Altersrente nachweisen. Dies geschieht idR durch Vorlage eines Rentenbescheides. Oftmals verzögern sich allerdings die Rentenzahlungen des SozV-Trägers aus beim Versorgungsträger liegenden Gründen, die der Anspruchsberechtigte nicht beeinflussen kann. Der Rentenbescheid des RV-Trägers weist dann aber als Zeitpunkt des Eintritts des Versorgungsfalles das Datum aus, zu dem alle für den vorzeitigen Rentenbezug notwendigen Voraussetzungen erfüllt waren. Der ArbN hat dann ggf. einen Anspruch auf Rentennachzahlung gegenüber seinem ArbGeb. 5

Bei den im Gesetz genannten **gesetzl. Altersrenten**, die einen vorzeitigen Anspruch auf betriebl. Ruhegeld auslösen können, handelt es sich um Altersrenten für langjährig Versicherte (§ 36 SGB VI), die nach 63 LJ, und Altersrenten für schwerbehinderte Menschen (§ 37 SGB VI), die nach 62 LJ bezogen werden können. Neu eingeführt wurde mit § 38 SGB VI die nach 65 LJ abschlagsfrei beziehbare Rente für besonders langjährig Beschäftigte, die unter den Voraussetzungen des § 36 SGB VI ebenfalls vorzeitig nach 63 LJ beansprucht werden kann. Noch zeitlich befristete Sonderregelungen gibt es für langjährig Versicherte (§ 236 SGB VI), schwerbehinderte Menschen (§ 236a SGB VI), Arbl. sowie ATZ-ArbN (§ 237 SGB VI) und für Frauen (§ 237a SGB VI). Erfasst sind jeweils bestimmte Geburtsjahrgänge mit bestimmter Anzahl von Versicherungsjahren. § 45 I SGB VI sieht daneben noch eine besondere Rente für Bergleute vor; sie ist aber keine Altersrente iSd. § 6. 6

Leistungen aus einer **befreienden Lebensversicherung** stehen der Inanspruchnahme der gesetzl. Rente nicht gleich[5]. Anders verhält sich dies bei **berufsständischen Pflichtversorgungswerken**, zu denen auf Grund öffentl.-rechtl. Bestimmungen Pflichtbeiträge zu entrichten sind. Sie treten an die Stelle der gesetzl. RV iSd. §§ 36–40 SGB VI. Die Inanspruchnahme vorzeitiger Renten aus diesen Versorgungswerken berechtigt deshalb auch zum Leistungsbezug eines betriebl. Ruhegeldes[6]. Denn es handelt sich auch hier um öffentlich-rechtlich strukturierte Versorgungssysteme. 7

1 BGBl. I S. 554. | 2 EuGH v. 17.5.1990 – Rs. C-262/88 (Barber), NZA 1990, 775. | 3 *Blomeyer/Rolfs/Otto*, § 6 BetrAVG Rz. 10; *Höfer*, § 6 BetrAVG Rz. 2493. | 4 Vgl. *Höfer*, § 6 BetrAVG Rz. 4136 ff. | 5 *Blomeyer/Rolfs/Otto*, § 6 BetrAVG Rz. 22; LAG Rh.-Pf. v. 24.7.1990 – 3 Sa 254/90, NZA 1991, 939. | 6 AA *Höfer*, § 6 BetrAVG Rz. 4135; KKBBP, § 6 BetrAVG Rz. 7.

8 **2. Erfüllung der Wartezeit.** Vorzeitige betriebl. Ruhegeldleistungen kann nicht beanspruchen, wer nach der Versorgungszusage eine abzuleistende Wartezeit noch nicht erfüllt hat. Der ArbGeb kann die Wartezeit frei bestimmen. Sie darf ohne weiteres **länger** bemessen sein als die gesetzl. Unverfallbarkeitsfristen[1]. Hat der ArbN bis zum Bezug der vorgezogenen gesetzl. Rente die Wartezeit noch nicht erfüllt, so führt dies aber keineswegs zu einem Leistungsausschluss. Vielmehr kann er, wenn das nach der Versorgungszusage nicht ausgeschlossen ist, auch nach seinem Austritt die Wartezeit **noch erfüllen**[2]. Betriebl. Ruhegeldleistungen sind ihm dann ab dem Zeitpunkt zu gewähren, ab dem die Wartezeit erfüllt ist[3]. Nach Auffassung des BAG kommt es nicht darauf an, ob der ArbN bei Ausscheiden aus den Diensten des ArbGeb und anschließendem Eintritt in den Ruhestand die Unverfallbarkeitsfrist des § 1b bereits erfüllt hatte. Auch wenn er die Wartezeit noch nicht erfüllt hat, ist er nicht als Versorgungsanwärter zu betrachten[4]. Keine Betriebsrentenleistungen kann er allerdings dann beanspruchen, wenn die Wartezeit auch nicht bis zum Erreichen der für ihn geltenden Regelaltersgrenze oder einer früheren festen Altersgrenze erfüllt werden kann. In diesem Falle wirkt die Wartezeit anwartschaftsausschließend.

9 **3. Sonstige Leistungsvoraussetzungen.** Sonstige in der Versorgungszusage genannte Leistungsvoraussetzungen müssen ebenfalls erfüllt sein. Dazu zählt regelmäßig, dass der ArbN tatsächlich aus den Diensten seines ArbGeb **ausgeschieden** ist oder sogar jedwede **Erwerbstätigkeit aufgegeben** hat. Nicht erforderlich ist, dass die Unverfallbarkeitsfristen des § 1 erfüllt werden. Darauf kommt es ohnehin nicht an, wenn der ArbN aus Anlass des Versorgungsfalles aus den Diensten des ArbGeb ausgeschieden ist[5].

10 **4. Zahlungsverlangen des Arbeitnehmers.** Der **Versorgungsberechtigte** muss von seinem ArbGeb Versorgungsleistungen verlangen. Er muss also initiativ werden. Der ArbGeb ist nicht von sich aus verpflichtet, vorzeitige Leistungen zu gewähren. Form und Frist des Leistungsverlangen richten sich nach der Versorgungszusage. Soweit unmittelbare Rechtsbeziehungen zwischen dem ArbN und einem die Altersversorgung durchführenden selbständigen Versorgungsträger bestehen – in Betracht kommen insoweit die Pensionskasse, der Pensionsfonds, die U-Kasse sowie die Direktversicherung mit unwiderruflichem Bezugsrecht des ArbN – kann sich das Verlangen auch gegen den Versorgungsträger selbst richten[6]. Zuständiger Adressat bei der Insolvenz des ArbGeb ist der PSVaG[7].

11 Der Anspruch unterliegt der **Verjährung** und **Verwirkung**[8].

12 **III. Wegfall der Leistungen.** Fallen die Voraussetzungen für den Bezug der gesetzl. Altersrente weg, endet auch die Verpflichtung zur Zahlung vorzeitiger betriebl. Ruhegelder. Dies kommt insb. dann in Betracht, wenn der ArbN durch eine entgeltliche Tätigkeit die gesetzl. **Hinzuverdienstgrenzen überschreitet** (§ 34 II iVm. III Nr. 1 SGB VI) und deshalb keine (Voll-)Rente aus der SozV beziehen kann. Der Wegfall der gesetzl. Altersrente führt nicht zu einem endgültigen Leistungsausschluss in der betrAV. Bezieht der ArbN erneut eine Rente aus der gesetzl. RV, kann er ebenfalls die **Wiederaufnahme** der betriebl. Ruhegeldzahlungen verlangen. Die betriebl. Ruhegeldleistungen können auch dann eingestellt werden, wenn die gesetzl. Altersrente auf einen Teilbetrag beschränkt wird. Der Wegfall der gesetzl. Vollrente verpflichtet den ArbGeb nicht zur Leistungseinstellung. § 6 S. 2 räumt ihm hierzu lediglich die Möglichkeit ein. Dies ist letztlich nur eine rechtl. Selbstverständlichkeit. Denn das BetrAVG hindert den ArbGeb nicht, über das gesetzl. festgeschriebene Mindestmaß hinaus günstigere Regelungen zu treffen.

13 Wird nach der Versorgungsregelung ein **Kapitalbetrag** geschuldet, so gewährt der Wegfall der gesetzl. Altersrente kein teilweises Rückforderungsrecht. Der ArbN kann vielmehr die Kapitalleistung vollumfänglich behalten[9]. Der ausgeschiedene ArbN hat nach § 6 S. 3 **Informationsverpflichtungen**. Er muss den ArbGeb darüber unaufgefordert unterrichten, wenn die Voraussetzungen für den vorzeitigen Bezug des betriebl. Altersruhegeldes entfallen sind. Unterbleibt eine Information, kommen Rückzahlungsverpflichtungen und Schadenersatzleistungen in Betracht.

14 **IV. Höhe vorzeitiger Leistungen.** Gesetzlich ist nicht geregelt, in welcher Höhe der ArbN vorzeitige Leistungen verlangen kann[10]. Versorgungsregelungen können vorsehen, dass für den vorzeitigen Bezug von der Vollrente **Abschläge** vorzunehmen sind. Derartige Abschläge sind insb. deshalb gerechtfertigt, weil durch den vorzeitigen Bezug des Ruhegeldes die Gesamtaufwendungen nicht ausgeweitet werden sollen. Durch den voraussichtlich längeren Bezug des Ruhegeldes sollen insb. keine finanziellen Vorteile erwachsen[11]. Es gilt deshalb, der kürzeren Dienstzeit des Versorgungsberechtigten, der voraussichtlich längeren Bezugsdauer, der höheren Erlebenswahrscheinlichkeit und der Zinslast aus der vorzeitigen Zahlung Rechnung zu tragen[12].

---

1 BAG v. 9.3.1982 – 3 AZR 389/79, DB 1982, 2089. | 2 BAG v. 21.6.1979 – 3 AZR 232/78, BB 1980, 210. | 3 BAG v. 28.2.1989 – 3 AZR 470/87, NZA 1989, 935. | 4 BAG v. 28.2.1989 – 3 AZR 470/87, NZA 1989, 935. | 5 BT-Drs. 7/1281, 30. | 6 *Ahrend/Förster/Rühmann*, § 6 BetrAVG Rz. 14. | 7 BGH v. 9.6.1980 – II ZR 255/78, NJW 1980, 2257. | 8 *Ahrend/Förster/Rühmann*, § 6 BetrAVG Rz. 14. | 9 *Höfer*, § 6 BetrAVG Rz. 4174. | 10 BAG v. 29.7.1997 – 3 AZR 134/96, NZA 1998, 544; v. 23.1.2001 – 3 AZR 164/00, BB 2001, 1854; v. 24.7.2001 – 3 AZR 684/00, BB 2001, 1688. | 11 BAG v. 22.4.1986 – 3 AZR 496/83, NZA 1986, 746; v. 23.1.2001 – 3 AZR 164/00, BB 2001, 1854. | 12 *Höfer*, § 6 BetrAVG Rz. 4209.

1. Berechnung bei vorgezogener Inanspruchnahme. Tritt der Versorgungsberechtigte **unmittelbar** aus dem Arbeitsverhältnis heraus in den Ruhestand, sind verschiedene Rechenschritte vorzunehmen, um zu angemessenen vorzeitigen betriebl. Ruhestandsleistungen zu gelangen. 15

a) Verringerte Anzahl von Steigerungsbeträgen. Sieht eine Versorgungszusage jährl. Steigerungsbeträge oder zu erdienende jährl. Rentenbausteine vor, kann die Höhe des Ruhegeldes so bestimmt werden, dass aufsteigend die bis zur vorzeitigen Verrentung erreichten Steigerungsbeträge oder Bausteine angesetzt werden[1]. Damit wird der verringerten Betriebszugehörigkeit Rechnung getragen. 16

b) Quasiratierlicher Abschlag bei fehlender Regelung. Oftmals fehlen in Versorgungszusagen Regelungen über die Bemessung der vorzeitigen Ruhegeldleistungen. Dies kann darauf beruhen, dass bei Schaffung der Versorgungsregelung noch keine rechtl. Möglichkeit der vorzeitigen Inanspruchnahme bestand oder aber die Inanspruchnahme vorzeitiger Leistungen einfach nicht bedacht wurde. Ist die Versorgungsregelung insoweit lückenhaft, lässt das BAG eine **dienstzeitabhängige Quotierung** der zugesagten Vollrente entsprechend § 2 I zu[2]. Dabei lässt das BAG die längere Rentenbezugsdauer und die Zinsbelastung unberücksichtigt und gesteht dem ArbGeb eine Kürzungsmöglichkeit nur für die fehlende Dienstzeit zu. 17

Die Kürzung wegen der vorzeitigen Inanspruchnahme erfolgt daher im Verhältnis der **tatsächlichen Betriebszugehörigkeit** bis zum Eintritt des Versorgungsfalles zur **möglichen Betriebszugehörigkeit** bis zum Erreichen der Regelaltersgrenze oder einer früheren festen Altersgrenze. 18

Eine solche dienstzeitabhängige Quotierung kann natürlich auch Inhalt der Versorgungszusage sein. Sie gilt im Übrigen auch dann, wenn eine anderweitige Regelung wegen Missachtung der Mitbest. des BR unwirksam ist[3]. 19

c) Versicherungsmathematischer Abschlag. Um eine Wertgleichheit zwischen vorzeitigen und Regelaltersleistungen zu erreichen, lässt die Rspr.[4] zu, dass die Versorgungszusage versicherungsmathematische Abschläge vorsieht. Nachträglich kann ein solcher Abschlag nicht eingeführt werden[5]. Bei laufenden Renten werden gewöhnlich **Kürzungsfaktoren von 0,3–0,5 % für jeden Monat der vorzeitigen Inanspruchnahme**[6] vereinbart. Eine derartige Kürzung gestattet das BAG auch ausnahmsw. dem PSVaG bei der Bemessung vorzeitiger Rentenleistungen[7], selbst wenn die Versorgungszusage einen versicherungsmathematischen Abschlag nicht enthält. Es sind auch andere Kürzungsmöglichkeiten denkbar. Dabei muss jedoch der arbeitsrechtl. Gleichbehandlungsgrundsatz berücksichtigt werden. Bezieher vorzeitiger betriebl. Ruhegelder dürfen nicht sachwidrig bevorzugt oder benachteiligt werden[8]. 20

d) Anhebung der gesetzlichen Altersgrenzen. Die Anhebung der gesetzl. Altersgrenzen kann Auswirkungen auf die Höhe vorgezogener Leistungen haben. Wird eine Betriebsrente mit Vollendung des 65. LJ bezogen, obwohl die Regelaltersgrenze für den Berechtigten erst später erreicht wird, handelt es sich um vorgezogene Leistungen, soweit die Zusage keine vor der Regelaltersgrenze liegende feste Altersgrenze definiert. Der Berechtigte muss dann mit Abschlägen wegen des vorzeitigen Bezugs rechnen. Das gilt auch für die ohne Abschläge nach 65 LJ vorgesehen Rente für besonders langjährig Versicherte (§ 38 SBG VI). Hier handelt es sich zwar nicht um eine vorgezogene gesetzl. Rente. Nimmt aber die betr. Versorgungszusage auf das Erreichen der Regelaltersgrenze Bezug, liegt im betriebsrentrechtl. Sinn eine vorgezogene Leistung vor, die Abschläge ermöglicht[9]. Fraglich ist allerdings, ob nicht Grundsätze des Vertrauensschutzes es gebieten, es bei den bisherigen Altersgrenzen für den abschlagsfreien Bezug für vor dem 1.1.2008 eingetretene ArbN zu belassen[10]. Dafür könnte sprechen, dass der ArbGeb Einsparungen einseitig zu Lasten des ArbN realisieren könnte. Allerdings beruht die Anhebung der Altersgrenze auf einem gesetzgeberischen Akt, dessen Sinn darin lag, die aus dem demographischen Wandel folgenden Belastungen der gesetzl. RV abzumildern[11]. Diese Belastungen wirken sich gleichermaßen auf betriebl. Versorgungssysteme aus. Es gibt deshalb keinen Anlass, dem ArbGeb die Mehrbelastungen aus einer verlängerten Lebenserwartung aufzubürden., Ein Vertrauen des ArbN, auf Grund einer höheren Lebenserwartung eine auch höhere Gesamtleistung zu erhalten, ist dem gegenüber nicht schutzwürdig. 20a

2. Höhe bei Ausscheiden mit unverfallbarer Anwartschaft. Vorzeitige betriebl. Ruhegeldleistungen kann der ArbN auch dann verlangen, wenn er vor Eintritt des Versorgungsfalles mit einer unverfallbaren Versorgungsanwartschaft ausgeschieden ist. Die Voraussetzungen für einen vorzeitigen Bezug nach § 6 müssen natürlich auch hier erfüllt sein. Allerdings besteht auch hier das Bedürfnis, die zugesagte Vollrente zu mindern, um die durch die vorgezogene Inanspruchnahme gestörte Wertgleichheit wieder herzustellen. 21

---

1 BAG v. 23.1.2001 – 3 AZR 164/00, BB 2001, 1854; v. 1.6.1978 – 3 AZR 216/77, BAGE 33, 333. | 2 BAG v. 20.4.1982 – 3 AZR 1137/79 und v. 24.6.1986 – 3 AZR 630/84, AP Nr. 4 und 12 zu § 6 BetrAVG. | 3 BAG v. 24.6.1986 – 3 AZR 630/84, AP Nr. 12 zu § 6 BetrAVG. | 4 BAG v. 13.3.1990 – 3 AZR 338/89, NZA 1990, 692; v. 12.3.1991 – 3 AZR 102/90, NZA 1991, 771; v. 23.1.2001 – 3 AZR 164/00, BB 2001, 1854. | 5 BAG v. 24.6.1986 – 3 AZR 630/84, AP Nr. 12 zu § 6 BetrAVG. | 6 BAG v. 23.1.2001 – 3 AZR 164/00, BB 2001, 1854; v. 18.11.2003 – 3 AZR 517/02, BB 2004, 1455. | 7 BAG v. 20.4.1982 – 3 AZR 1137/79, AP Nr. 4 zu § 6 BetrAVG; v. 13.3.1990 – 3 AZR 338/89, AP Nr. 17 zu § 6 BetrAVG. | 8 *Höfer*, § 6 BetrAVG Rz. 4204; BAG v. 29.7.1997 – 3 AZR 114/96, NZA 1998, 543. | 9 *Baumeister/Merten*, DB 2007, 1306. | 10 So etwa *Höfer/Witt/Kuchem*, BB 2007, 1445. | 11 Vgl. BR-Drs. 2/07, S. 1 ff.

22 a) **Kürzere Betriebszugehörigkeit.** Zunächst hielt das BAG **bis zu 3 Kürzungen** des Ruhegeldes bei vorzeitiger Inanspruchnahme für zulässig. Eine erste Kürzung konnte eintreten, weil der Versorgungsberechtigte in der Versorgungszusage vorgesehene Steigerungsbeträge für die Zeit zwischen dem vorzeitigen Versorgungsfall und der Altersgrenze nicht mehr erreichen konnte. Eine abschließende Kürzung war über einen versicherungsmathematischen Abschlag wegen der früheren Inanspruchnahme möglich. Eine abschließende Kürzung ergab sich schließlich aus § 2 I, weil der Berechtigte schon vor der Pensionierung mit unverfallbarer Versorgungsanwartschaft ausgeschieden war[1]. Davon ist das BAG mit Urt. v. 23.1.2001 **abgerückt.** Das betriebl. Ruhegeld dürfe wegen der kürzeren Betriebszugehörigkeit nicht zweimal gekürzt werden. Eine dienstzeitbezogene Kürzung ergebe sich schon aus der geringeren Anzahl von Steigerungsbeträgen oder der quasiratierlichen Berechnung des Anspruchs entsprechend § 2 I. Sei der Berechtigte mit unverfallbarer Anwartschaft vor dem Versorgungsfall ausgeschieden, werde mit der ratierlichen Berechnung nach § 2 I der kürzeren Dienstzeit noch einmal Rechnung getragen. Denn als mögliche Betriebszugehörigkeit iSd. § 2 I werde nicht nur die Zeit bis zur vorzeitigen Inanspruchnahme, sondern vielmehr die gesamte Phase bis zur Altersgrenze veranschlagt. Da die ratierliche Berechnung nach § 2 I gesetzl. vorgeschrieben ist, müsste von der bis zum Erreichen der Altersgrenze (vollendetes 65. LJ oder frühere feste Altersgrenze) vorgesehenen Leistungshöhe[2] ausgegangen werden[3]. Die Rechtsprechungsänderung des BAG ist auf vielfältige Kritik gestoßen[4]. Der Ruhegeldsenat unterstellt, mit der Formulierung „wegen Erreichens der Altersgrenze" in § 2 I Hs. 1 sei stets die erst bei Erreichen des Endalters (im Regelfall Erreichen der Regelaltersgrenze) vorgesehene Leistung gemeint. Von einer „festen" Altersgrenze ist dort aber nicht die Rede. Das BAG geht damit davon aus, der Gesetzgeber habe nicht zwischen einer „flexiblen" und einer „festen" Altersgrenze unterscheiden können. Im weiteren Text des § 2 I ist aber von der „festen" Altersgrenze die Rede; die Begrifflichkeiten waren dem Gesetzgeber also wohl bekannt. Auch aus den Gesetzesmaterialien kann nicht entnommen werden, dass vorgezogene Altersruhegeldleistungen nicht als „ohne das vorherige Ausscheiden zustehende Leistung" zu verstehen sind[5]. Gerade weil der Gesetzgeber den Begriff der festen Altersgrenze kennt, kann mit der nicht näher spezifizierten Altersgrenze in § 2 I 1 Hs. 1 nur gemeint sein, dass sowohl eine Rente wegen Erreichens einer vorzeitigen als auch einer festen Altersgrenze erfasst sein soll[6]. Ist auch das vorgezogene Altersruhegeld als „ohne das vorherige Ausscheiden zustehende Leistung" zu verstehen, kann man der Anwartschaftsberechnung nicht das volle, erst bei Erreichen der Altersgrenze vorgesehene Ruhegeld zugrunde legen.

23 Das Argument der zweifachen Kürzung wegen der kürzeren Betriebszugehörigkeit trifft zu. Bei der Berechnung der „Als-ob"-Leistung wird die kürzere Betriebszugehörigkeit bereits berücksichtigt, wenn nur der bis zum Eintritt in den vorgezogenen Ruhestand mögliche Versorgungsanspruch zugrunde gelegt wird. Beim nach § 2 I zu berücksichtigenden Zeitwertfaktor wird aber ebenfalls die kürzere tatsächliche Betriebszugehörigkeit mindernd zur Berechnung der Anwartschaft einbezogen. Allerdings kann dies auch als gesetzgeberischer Wille verstanden werden. Das BAG selbst hat verschiedentlich betont, dass das Gesetz eine Gleichstellung von Betriebsrentner und Anwärter nicht vorsehe[7]. Vielfach würden Versorgungsanwärter, die vor Erreichen des Versorgungsfalles bei ihrem ArbGeb ausscheiden, nichts erhalten, wäre anderes nicht durch § 1b ausdrücklich angeordnet. Die relativ höhere Einbuße bei dem Versorgungsanwärter erscheint auch gerecht, weil er die in das Versorgungsversprechen gesetzte Erwartung, bis zum Eintritt eines bestimmten Versorgungsfalles betriebstreu zu bleiben, nicht erfüllt. Es ist etwas substanziell anderes, wenn jemand bis zum Eintritt in den Ruhestand bei seinem ArbGeb verbleibt oder aber schon vorher, auf Grund welcher Umstände auch immer, ausscheidet.

24 Bei der Berechnung der Invalidenrente lässt das BAG die zweifache Kürzung wegen einer geringen Betriebszugehörigkeit zu[8]. Angesichts des eindeutigen Wortlauts des § 2 I stellt das BAG dies auch nicht in Frage[9]. Es erklärt aber nicht überzeugend, weshalb der Gesetzgeber bei der Inanspruchnahme einer Invalidenrente eine zweifache Kürzung vor der Berechnung nach § 2 I vorgesehen hat, bei der vorgezogenen Altersrente eine solche Kürzung aber nicht gewollt haben soll. Nicht tragfähig ist die Begründung, bei der Invaliditätsversorgung handele es sich um eine andere Versorgungsform, die zudem nur in Betracht komme, wenn der ArbGeb sie versprochen habe. Das ist auch bei dem Altersruhegeld als solchem der Fall. Angeführt wird, dass wegen des zeitlich unbestimmten Eintritts einer späteren Invalidität die Notwendigkeit bestanden habe, nach Einführung der gesetzl. Unverfallbarkeit auch einen Unverfallbarkeitswert für die Anwartschaft auf Invalidenrente festzulegen[10]. Aber auch bei der vorgezogenen Altersrente ist der Zeitpunkt des Eintritts des Versorgungsfalles unbestimmt. Wesentliche Unterschiede bestehen insoweit nicht. In der Praxis wird vielfach die Invalidenrente nach der gleichen Formel

1 BAG v. 13.3.1990 – 3 AZR 338/89, NZA 1990, 692; v. 12.3.1991 – 3 AZR 102/90, NZA 1991, 771. | 2 BAG v. 23.1.2001 – 3 AZR 164/00, BB 2001, 1854; v. 24.7.2001 – 3 AZR 684/00, BB 2001, 1688. | 3 Kritisch zur neuen Rspr. des BAG: *Höfer*, RdA 2001, 121; *Grabner/Bode*, BB 2001, 2425. | 4 Vgl. *Höfer*, BetrAV 2001, 454 und DB 2001, 2045; *Schumann*, EWiR 2001, 8; *Berenz*, DB 2001, 2346; *Blomeyer*, ZIP 2001, 225; *Grabner/Mey*, DB 2002, 591; *Grabner/Bode*, BB 2001, 2425; *Schipp*, NZA 2002, 1113; *Heubeck/Oster*, BetrAV 2001, 230; aA *Neumann*, BB 2001, 838. | 5 BT-Drs. 7/1281, S. 29. | 6 So auch *Berenz*, DB 2001, 2346; *Grabner/Bode*, BB 2001, 2425; *Höfer*, DB 2001, 2045; *Höfer*, BetrAV 2001, 454. | 7 BAG v. 20.6.2000 – 3 AZR 491/98, KTS 2002, 156. | 8 BAG v. 21.8.2001 – 3 AZR 649/00. | 9 So auch BAG v. 21.8.2001 – 3 AZR 649/00. | 10 *Neumann*, FS Förster, 2001, S. 219 (234).

ermittelt wie das Altersruhegeld. Damit wird das ArbGebAnliegen verdeutlicht, für eine gleiche Betriebstreue auch gleich hohe Versorgungsleistungen zu gewähren[1]. Es dürfte auch schwer zu vermitteln sein, weshalb etwa ein 60-jähriger, der nach vorherigem Ausscheiden Invalidenrente in Anspruch nimmt, eine geringere Leistung erhält, als würde er stattdessen vorgezogenes Altersruhegeld beziehen.

Nicht geklärt ist, ob bei vorzeitigem Austritt mit unverfallbarer Anwartschaft wirklich eine Wertgleichheit der vorgezogenen Ruhegeldleistungen zu den Regelaltersleistungen gewährleistet ist. Ohne nähere Untersuchung geht das BAG davon aus, dass nicht nur die längere Rentenlaufzeit sondern auch entstehende Zinsverluste und die höhere Erlebenswahrscheinlichkeit abgedeckt würden[2]. Es verweist auf *Höfer*[3], der allerdings betont, dass Reduktionsfaktoren von 0,4 bis 0,5 % pro Monat der vorzeitigen Inanspruchnahme dann einen hinreichenden Ausgleich bieten, wenn „die bereits dienstzeitanteilig herabgesetzte Altersleistung" zugrundelegt wird[4]. *Höfer* spricht also die schon ratierlich entsprechend § 2 I gekürzte Rente an. Zum Teil wird darauf hingewiesen, dass in den gängigen versicherungsmathematischen Abschlägen Zinsverluste und größere Erlebenswahrscheinlichkeiten des Versorgungsfalles gerade nicht berücksichtigt seien[5]. Andere halten einen über 0,5 % liegenden Abschlag für erwägenswert[6]. *Heubeck* legt höhere versicherungsmathematische Abschläge zugrunde, wobei darauf hingewiesen wird, dass entscheidend sein könne, welche Leistungen neben einem Altersruhegeld zugesagt würden (zB Hinterbliebenenversorgung, Invaliditätsrente)[7]. Die Höhe eines angemessenen Abschlages ist vom Inhalt der Zusage abhängig. Werden keine Hinterbliebenenleistungen versprochen, muss ein höherer Kürzungsfaktor angesetzt werden, weil dann im Falle des Todes des Versorgungsberechtigten nicht einmal die niedrigere Hinterbliebenenversorgung anfällt. Kürzungsfaktoren um 0,7 % könnten dann angebracht sein[8]. Mit dem Hinweis auf gängige versicherungsmathematische Abschläge kommt man nicht weiter; dabei wird nämlich übersehen, dass ArbGeb von einem höheren versicherungsmathematischen Abschlag im Vertrauen auf den Fortbestand der bisherigen Rspr. abgesehen haben könnten[9]. 25

Allerdings stellt sich die Frage nach der angemessenen Höhe versicherungsmathematischer Abschläge unabhängig davon, ob der Versorgungsberechtigte bis zum Rentenfall gearbeitet hat oder vorher ausgeschieden ist. Zu erwägen wäre, ob nicht besser vom Barwert der Verpflichtung auszugehen ist, die der ArbGeb bei Erreichen der Altersgrenze zu erfüllen hätte. Nimmt der Berechtigte vorzeitige Altersleistungen in Anspruch, müsste dies nach versicherungsmathematischen Grundsätzen umgerechnet werden. Damit wäre sichergestellt, dass die Verpflichtung des ArbGeb nicht ausgeweitet würde, umgekehrt der Berechtigte bekommt, was ihm zugesagt wurde. Eine solche Berechnung nach versicherungsmathematischen Grundsätzen wäre auch zumutbar. Wer vorzeitig ausscheidet und vor der Altersgrenze Ruhegeld in Anspruch nimmt, hat keinen Anlass davon auszugehen, mehr zu erhalten, als ginge er erst mit Erreichen der festen Altersgrenze in Pension. Er wird deshalb von vornherein mit solchen Berechnungen rechnen müssen, die das Ruhegeld wertmäßig auf das begrenzen, was zugesagt war. 26

Das BAG kann die neue Rspr. zur Berechnung von unverfallbaren Anwartschaften auf vorgezogenes Altersruhegeld nicht konsequent anwenden. Schon bei disproportionalen Versorgungszusagen führt die Rspr. zu Widersprüchen. Sagt der ArbGeb nicht einheitliche gleich bleibende, sondern allmählich anwachsende Steigerungsbeträge oder etwa einen verhältnismäßig niedrigen Sockelbetrag für die ersten Jahre der Betriebszugehörigkeit und dann verhältnismäßig hohe Steigerungsbeträge für die darauf folgenden Jahre zu, kann es dazu kommen, dass derjenige, der vor der vorzeitigen Pensionierung mit unverfallbarer Anwartschaft ausscheidet, ein höheres Ruhegeld erhält, als der bis zum Versorgungsfall durcharbeitende ArbN[10]. Ähnliche Verwerfungen können sich bei Gesamtversorgungssystemen ergeben, wenn auf Grund der persönlichen Verhältnisse die anzurechnende SozV-Rente in den letzten Jahren überproportional steigt. Die dann letztlich zu zahlende Betriebsrente kann dann, wenn man auf die Vollrente bei Erreichen der Altersgrenze abstellt, durchaus beträchtlich niedriger sein. Das BAG lässt deshalb in dem Grundsatzurteil vom 23.1.2001 ausdrücklich offen, ob die aufgestellten Berechnungsgrundsätze auch für Gesamtversorgungssysteme und ähnlich ausgestaltete Versorgungszusagen oder für Zusagen gelten, die einmalige Kapitalleistungen in Aussicht stellen[11]. Wie dann in solchen Fällen – vom BAG als untypische Fälle bezeichnet – gerechnet werden soll, ist nicht allgemein gültig entschieden und wird einer Klärung in jedem Streitfall überlassen[12]. So hat das BAG eine Berechnungsalternative für sog. **aufsteigende Berechnungsregelungen** entwickelt. Unter einer aufsteigenden Berechnung eines vorgezogenen Ruhegeldes versteht das BAG Zusagen, die vorsehen, dass dem Berechtigten die Steigerungsanteile oder -beträge zustehen, die bis zur vorzeitigen Verrentung angewachsen sind[13]. Hier könne die bis zum vorzeitigen Ruhestand erreichbare Leistung im Verhältnis der tatsächlichen Betriebszugehörigkeit zur bis zum vorzeitigen Eintritt in den Ruhestand möglichen Zugehörigkeit gekürzt werden[14]. 27

1 Vgl. auch *Höfer*, BetrAV 2001, 454. | 2 BAG v. 24.7.2001 – 3 AZR 587/00, NZA 2002, 672. | 3 *Höfer*, § 6 BetrAVG Rz. 4238. | 4 *Höfer*, § 6 BetrAVG Rz. 4233. | 5 *Blomeyer*, ZIP 2001, 225 (227). | 6 *Berenz*, DB 2001, 2346. | 7 HHPRW, § 6 BetrAVG Rz. 121. | 8 *Andresen/Förster/Rößler/Rühmann*, Teil 9 A Rz. 1744; HHPRW, § 6 BetrAVG Rz. 126. | 9 So auch die Überlegung des BAG im Urt. v. 23.1.2002 – 3 AZR 164/00, DB 2001, 1887. | 10 Vgl. zB *Grabner/Bode*, BB 2001, 2425 (2426). | 11 BAG v. 23.1.2001 – 3 AZR 164/00, DB 2001, 1887. | 12 BAG v. 24.7.2001 – 3 AZR 567/00, NZA 2002, 672. | 13 *Förster*/Cisch, BB 2005, 773 (777). | 14 BAG v. 18.11.2003 – 3 AZR 517/02, BB 2004, 1455.

In einer neueren Entscheidung hat das BAG zugelassen, dass im Hinblick auf die bei vorzeitiger Inanspruchnahme kürzere Betriebstreue und längere Bezugsdauer zwei ausgleichende Korrekturen vorgenommen werden dürfen. Dabei liege es nahe, neben einem versicherungsmathematischen Abschlag eine Kürzung entsprechend § 2 I vorzunehmen. Letztere hat mit der ratierlichen Berechnung gem. Abs. 1 nicht zu tun, würde also zusätzlich vorgenommen[1]. Im Ergebnis stünden dann doch wieder 3 Berechnungsschritte an; dies belegt die Unzulänglichkeit der Rspr.-Änderung des BAG.

Die neuen Berechnungsgrundsätze für vorgezogene Ruhegeldleistungen gelten auch, wenn die Versorgung über einen mittelbaren Versorgungsweg, etwa eine Pensionskasse durchgeführt wird. Sieht deren Satzung noch eine Berechnung entsprechend der früheren Rspr. des BAG (s. Rz. 21) vor, kann uU der zusagende ArbGeb unmittelbar verpflichtet sein, für den Unterschiedsbetrag zu einer sich aus der Rechtsprechungsänderung ergebenden höheren Leistung einzustehen[2].

28 **b) Ratierliche Kürzung.** Der so errechnete Betrag ist im Verhältnis der Dauer der tatsächlichen Betriebszugehörigkeit bis zum vorzeitigen Ausscheiden zur Dauer der möglichen Betriebszugehörigkeit bis zum Erreichen der Regelaltersgrenze oder einer früheren festen Altersgrenze ratierlich zu kürzen[3]. Bei der Berechnung ist im Übrigen zu berücksichtigen, dass die Bemessungsgrundlagen auf den Zeitpunkt des Ausscheidens bei dem ArbGeb festgeschrieben werden (§ 2 V).

29 **c) Längere Laufzeit, höhere Erlebenswahrscheinlichkeit, Zinslast.** Sieht die Versorgungszusage einen versicherungsmathematischen Abschlag vor, darf dieser zum Ausgleich der verlängerten Rentenlaufzeit, der erhöhten Erlebenswahrscheinlichkeit und des Zinsverlustes für die frühere Bereitstellung der Versorgungsleistung angewendet werden. Der bei Vollendung des 65. Lebensjahres oder Erreichen der in der Versorgungsregelung festgelegten früheren festen Altersgrenze mögliche Anspruch ist dann um den vereinbarten versicherungsmathematischen Abschlag zu reduzieren. Anschließend erfolgt die ratierliche Kürzung gem. § 2.

30 Fehlt eine Kürzungsregelung in der Versorgungszusage, lässt das BAG einen sog. **„unechten“** oder **„untechnischen versicherungsmathematischen Abschlag“**[4] zu. Dabei wird die bis zur festen Altersgrenze erreichbare Vollrente im Verhältnis der möglichen Dienstjahre bis zum Versorgungsfall zu der möglichen Dienstzeit bis zur festen Altersgrenze quotiert. Auch unter dem Gesichtspunkt des Vertrauensschutzes kommt eine solche Kürzung in Betracht: Hat nämlich der ArbGeb im Vertrauen auf die ältere Rspr. des BAG einen versicherungsmathematischen Abschlag nicht vorgenommen, weil seiner Auffassung nach die übrigen Kürzungsmöglichkeiten ausreichten, kann er als Ersatz dafür einen sog. unechten versicherungsmathematischen Abschlag vornehmen[5].

31 **3. Hinterbliebenenrente und Invaliditätsleistungen.** Bei einem vorzeitigen Ausscheiden mit unverfallbarer Anwartschaft auf eine Invaliditätsrente oder eine Hinterbliebenenversorgung sind die vom BAG für den vorzeitigen Altersruhegeldbezug entwickelten Berechnungsgrundsätze nicht anzuwenden. Es handelt sich um andere Versorgungsformen, die der ArbGeb, der Altersversorgungsleistungen verspricht, nicht zusätzlich zusagen muss. Nach Auffassung des BAG gab es für den Gesetzgeber besondere Gründe, zwischen tatsächlich bis zum Versorgungsfall erreichbarer Betriebszugehörigkeit und bei Ermittlung des Unverfallbarkeitsfaktors zu berücksichtigender möglicher Betriebszugehörigkeit zu unterscheiden[6]. Es hat deshalb die zur Berechnung vorgezogener Altersruhegelder entwickelte Rspr. nicht auf Invaliditäts- und Hinterbliebenenversorgungsansprüche[7] übertragen[8]. Hier ist deshalb anders zu rechnen: Zu ermitteln ist die bis zum Eintritt der Invalidität erreichbare Leistung. Davon sind, soweit in der Versorgungszusage vorgesehen, versicherungsmathematische Abschläge vorzunehmen. Sodann ist der sich ergebende Betrag gem. § 2 zu quotieren.

Vierter Abschnitt. Insolvenzsicherung

7 *Umfang des Versicherungsschutzes*

(1) [Versorgungsansprüche] Versorgungsempfänger, deren Ansprüche aus einer unmittelbaren Versorgungszusage des Arbeitgebers nicht erfüllt werden, weil über das Vermögen des Arbeitgebers oder über seinen Nachlass das Insolvenzverfahren eröffnet worden ist, und ihre Hinterbliebenen haben gegen den Träger der Insolvenzsicherung einen Anspruch in Höhe der Leistung, die der Arbeitgeber auf Grund der Versorgungszusage zu erbringen hätte, wenn das Insolvenzverfahren nicht eröffnet worden wäre. Satz 1 gilt entsprechend,

---

1 BAG v. 7.9.2004 – 3 AZR 524/03, DB 2005, 839. | 2 BAG v. 23.3.2004 – 3 AZR 279/03, BAGReport 2004, 351. | 3 BAG v. 22.2.1983 – 3 AZR 546/80, NJW 1984, 996; v. 29.7.1997 – 3 AZR 134/96, NZA 1998, 544; demgegenüber krit. das BAG in jüngster Rspr.: v. 21.3.2000 – 3 AZR 93/99, DB 2001, 206 und v. 23.1.2001 – 3 AZR 164/00, BB 2001, 1854. | 4 BAG v. 23.1.2001 – 3 AZR 164/00, BB 2001, 1854; zuletzt v. 12.12.2006 – 3 AZR 716/05, NZA-RR 2007, 434. | 5 BAG v. 23.1.2001 – 3 AZR 164/00, BB 2001, 1854. | 6 Vgl. näher *Neumann*, FS Förster, S. 219. | 7 BAG v. 15.2.2005 – 3 AZR 298/04, ArbuR 2005, 108. | 8 BAG v. 21.8.2001 – 3 AZR 649/00, EzA § 2 BetrAVG Nr. 17.

1. wenn Leistungen aus einer Direktversicherung auf Grund der in § 1b Abs. 2 Satz 3 genannten Tatbestände nicht gezahlt werden und der Arbeitgeber seiner Verpflichtung nach § 1b Abs. 2 Satz 3 wegen der Eröffnung des Insolvenzverfahrens nicht nachkommt,

2. wenn eine Unterstützungskasse oder ein Pensionsfonds die nach ihrer Versorgungsregelung vorgesehene Versorgung nicht erbringt, weil über das Vermögen oder den Nachlass eines Arbeitgebers, der der Unterstützungskasse oder dem Pensionsfonds Zuwendungen leistet (Trägerunternehmen), das Insolvenzverfahren eröffnet worden ist,

§ 14 des Versicherungsvertragsgesetzes findet entsprechende Anwendung. Der Eröffnung des Insolvenzverfahrens stehen bei der Anwendung der Sätze 1 bis 3 gleich

1. die Abweisung des Antrags auf Eröffnung des Insolvenzverfahrens mangels Masse,

2. der außergerichtliche Vergleich (Stundungs-, Quoten- oder Liquidationsvergleich) des Arbeitgebers mit seinen Gläubigern zur Abwendung eines Insolvenzverfahrens, wenn ihm der Träger der Insolvenzsicherung zustimmt,

3. die vollständige Beendigung der Betriebstätigkeit im Geltungsbereich dieses Gesetzes, wenn ein Antrag auf Eröffnung des Insolvenzverfahrens nicht gestellt worden ist und ein Insolvenzverfahren offensichtlich mangels Masse nicht in Betracht kommt.

(1a) [Anspruchszeitraum] Der Anspruch gegen den Träger der Insolvenzsicherung entsteht mit dem Beginn des Kalendermonats, der auf den Eintritt des Sicherungsfalles folgt. Der Anspruch endet mit Ablauf des Sterbemonats des Begünstigten, soweit in der Versorgungszusage des Arbeitgebers nicht etwas anderes bestimmt ist. In den Fällen des Absatzes 1 Satz 1 und 4 Nr. 1 und 3 umfasst der Anspruch auch rückständige Versorgungsleistungen, soweit diese bis zu sechs Monaten vor Entstehen der Leistungspflicht des Trägers der Insolvenzsicherung entstanden sind.

(2) [Versorgungsanwartschaften] Personen, die bei Eröffnung des Insolvenzverfahrens oder bei Eintritt der nach Absatz 1 Satz 4 gleichstehenden Voraussetzungen (Sicherungsfall) eine nach § 1b unverfallbare Versorgungsanwartschaft haben, und ihre Hinterbliebenen haben bei Eintritt des Versorgungsfalls einen Anspruch gegen den Träger der Insolvenzsicherung, wenn die Anwartschaft beruht

1. auf einer unmittelbaren Versorgungszusage des Arbeitgebers oder

2. auf einer Direktversicherung und der Arbeitnehmer hinsichtlich der Leistungen des Versicherers widerruflich bezugsberechtigt ist oder die Leistungen auf Grund der in § 1b Abs. 2 Satz 3 genannten Tatbestände nicht gezahlt werden und der Arbeitgeber seiner Verpflichtung aus § 1b Abs. 2 Satz 3 wegen der Eröffnung des Insolvenzverfahrens nicht nachkommt.

Satz 1 gilt entsprechend für Personen, die zum Kreis der Begünstigten einer Unterstützungskasse oder eines Pensionsfonds gehören, wenn der Sicherungsfall bei einem Trägerunternehmen eingetreten ist. Die Höhe des Anspruchs richtet sich nach der Höhe der Leistungen gemäß § 2 Abs. 1, 2 Satz 2 und Abs. 5, bei Unterstützungskassen nach dem Teil der nach der Versorgungsregelung vorgesehenen Versorgung, der dem Verhältnis der Dauer der Betriebszugehörigkeit zu der Zeit vom Beginn der Betriebszugehörigkeit bis zum Erreichen der in der Versorgungsregelung vorgesehenen festen Altersgrenze entspricht, es sei denn, § 2 Abs. 5a ist anwendbar. Für die Berechnung der Höhe des Anspruchs nach Satz 3 wird die Betriebszugehörigkeit bis zum Eintritt des Sicherungsfalles berücksichtigt. Bei Pensionsfonds mit Leistungszusagen gelten für die Höhe des Anspruchs die Bestimmungen für unmittelbare Versorgungszusagen entsprechend, bei Beitragszusagen mit Mindestleistung gilt für die Höhe des Anspruchs § 2 Abs. 5 b.

(3) [Höchstgrenze] Ein Anspruch auf laufende Leistungen gegen den Träger der Insolvenzsicherung beträgt im Monat höchstens das Dreifache der im Zeitpunkt der ersten Fälligkeit maßgebenden monatlichen Bezugsgröße gemäß § 18 des Vierten Buches Sozialgesetzbuch. Satz 1 gilt entsprechend bei einem Anspruch auf Kapitalleistungen mit der Maßgabe, dass zehn vom Hundert der Leistung als Jahresbetrag einer laufenden Leistung anzusetzen sind.

(4) [Anzurechnende Leistungen] Ein Anspruch auf Leistungen gegen den Träger der Insolvenzsicherung vermindert sich in dem Umfang, in dem der Arbeitgeber oder sonstige Träger der Versorgung die Leistungen der betrieblichen Altersversorgung erbringt. Wird im Insolvenzverfahren ein Insolvenzplan bestätigt, vermindert sich der Anspruch auf Leistungen gegen den Träger der Insolvenzsicherung insoweit, als nach dem Insolvenzplan der Arbeitgeber oder sonstige Träger der Versorgung einen Teil der Leistungen selbst zu erbringen hat. Sieht der Insolvenzplan vor, dass der Arbeitgeber oder sonstige Träger der Versorgung die Leistungen der betrieblichen Altersversorgung von einem bestimmten Zeitpunkt an selbst zu erbringen hat, entfällt der Anspruch auf Leistungen gegen den Träger der Insolvenzsicherung von diesem Zeitpunkt an. Die Sätze 2 und 3 sind für den außergerichtlichen Vergleich nach Absatz 1 Satz 4 Nr. 2 entsprechend anzuwenden. Im Insolvenzplan soll vorgesehen werden, dass bei einer nachhaltigen Besserung der wirtschaftlichen Lage des Arbeitgebers die vom Träger der Insolvenzsicherung zu erbringenden Leistungen ganz oder zum Teil vom Arbeitgeber oder sonstigen Träger der Versorgung wieder übernommen werden.

(5) [Versicherungsmissbrauch] Ein Anspruch gegen den Träger der Insolvenzsicherung besteht nicht, soweit nach den Umständen des Falles die Annahme gerechtfertigt ist, dass es der alleinige oder überwiegende Zweck der Versorgungszusage oder ihre Verbesserung oder der für die Direktversicherung in § 1b Abs. 2 Satz 3 genannten Tatbestände gewesen ist, den Träger der Insolvenzsicherung in Anspruch zu nehmen. Diese Annahme ist insbesondere dann gerechtfertigt, wenn bei Erteilung oder Verbesserung der Versorgungszusage wegen der wirtschaftlichen Lage des Arbeitgebers zu erwarten war, dass die Zusage nicht erfüllt werde. Ein Anspruch auf Leistungen gegen den Träger der Insolvenzsicherung besteht bei Zusagen und Verbesserungen von Zusagen, die in den beiden letzten Jahren vor dem Eintritt des Sicherungsfalls erfolgt sind, nur

1. für ab dem 1. Januar 2002 gegebene Zusagen, soweit bei Entgeltumwandlung Beträge von bis zu 4 vom Hundert der Beitragsbemessungsgrenze in der allgemeinen Rentenversicherung für eine betriebliche Altersversorgung verwendet werden oder

2. für im Rahmen von Übertragungen gegebene Zusagen, soweit der Übertragungswert die Beitragsbemessungsgrenze in der allgemeinen Rentenversicherung nicht übersteigt.

(6) [Katastrophenfall] Ist der Sicherungsfall durch kriegerische Ereignisse, innere Unruhen, Naturkatastrophen oder Kernenergie verursacht worden, kann der Träger der Insolvenzsicherung mit Zustimmung der Bundesanstalt für Finanzdienstleistungsaufsicht die Leistungen nach billigem Ermessen abweichend von den Absätzen 1 bis 5 festsetzen.

1 **I. Einführung.** Mit Gesetz vom 19.12.1974 wurde ein **Insolvenzschutz** für betriebliche Ruhegelder eingeführt. Kann der ArbGeb Versorgungsansprüche nicht mehr erfüllen, weil er insolvent geworden ist, erhält der Versorgungsberechtigte einen gesetzl. Anspruch gegen den **Pensions-Sicherungs-Verein auf Gegenseitigkeit (PSVaG)**. Bis dahin gab es keine Absicherung für Versorgungsberechtigte, wenn der ArbGeb nicht mehr leistungsfähig war. Schon seit 1968 gab es deshalb Bestrebungen zur Absicherung von betrieblichen Versorgungsansprüchen im Insolvenzfall[1]. Für Sicherungsfälle, die nach dem 1.1.1975 eingetreten sind (§ 30 S. 1 iVm. § 32 S. 2) beseht eine Insolvenzsicherung nach versicherungsförmigen Grundsätzen. Mit dem Rentenreformgesetz 1999 wurde die Insolvenzsicherung novelliert[2]. Ua. trat an die Stelle unterschiedlicher gerichtl. Verfahren ein einheitliches Insolvenzverfahren. Die Höchstgrenze für die Sicherung von Ansprüchen wurde herabgesetzt. Arbeitnehmerfinanzierte Ansprüche wurden in die Insolvenzsicherung einbezogen. Mit dem AVmG[3] wurden weitere Änderungen vorgenommen, die mit Gesetz zur Einführung einer Kapitalgedeckten Hüttenknappschaftlichen Zusatzversicherung und zur Änderung anderer Gesetze (HZvNG) ergänzt wurden[4].

2 **II. Geschützte Durchführungswege.** Nicht alle Durchführungswege bedürfen des Insolvenzschutzes. Wo kein Ausfallrisiko besteht, sind Leistungen des PSVaG überflüssig. Die **Pensionskasse** unterliegt der strengen Aufsicht durch die Bundesanstalt für Finanzdienstleistungsaufsicht. Ein Insolvenzschutz ist deshalb nicht erforderlich. Zwar unterliegt auch der Pensionsfonds der Versicherungsaufsicht. Diese ist aber weniger streng und ermöglicht höhere Anlagenrisiken, so dass ein Insolvenzschutzbedürfnis besteht[5]. **Öffentl.-rechtl. Versorgungsträger**, soweit sie nicht insolvenzfähig sind, benötigen ebenfalls keinen Schutz. Bei **Direktversicherungen** mit **unwiderruflichem** Bezugsrecht ist ein Insolvenzschutz nur insoweit erforderlich, wie die Versicherung vom ArbGeb (ggf. mit Zustimmung des ArbN) abgetreten,

1 25 Jahre Pensions-Sicherungs-Verein, Köln 2000, 214 ff. | 2 Gesetz zur Reform der gesetzlichen Rentenversicherung (Rentenreformgesetz 1999 – RRG 1999) v. 11.12.1997, Art. 8, BGBl. I 1997, S. 2998 (3025). | 3 Gesetz zur Reform der gesetzlichen Rentenversicherung und zur Förderung eines kapitalgedeckten Altersvermögens (Altersvermögensgesetz – AVmG) v. 26.6.2001, BGBl. I 2001, 1310. | 4 BGBl. I 2002, S. 2167. | 5 Vgl. auch *Gerke/Heubeck*, BetrAV 2002, 433.

verpfändet oder beliehen ist[1]. Offen ist die Frage derzeit bei sog. eingeschränkt widerruflichen Bezugsrechten, die das BAG nicht für insolvenzfest hält, wenn die Unwiderruflichkeit erst nach der Insolvenz eintritt . Die Einschränkung des Bezugsrechts ergibt sich dabei aus dem Versicherungsvertrag, der einen Widerrufsvorbehalt nur bis zum Erreichen der gesetzlichen Unverfallbarkeit vorsieht. Das BAG[2] hat diese Frage dem Gemeinsamen Senat der obersten Gerichtshöfe des Bundes vorgelegt, nachdem der BGH[3] einen anderen Rechtsstandpunkt eingenommen hatte. Dagegen sind Einbußen bei einer Direktversicherung, die trotz unwiderruflichen Bezugsrechts entstanden sind, weil der ArbGeb die Beiträge an den Versicherer nicht vertragsmäßig entrichtet hat, nicht insolvenzgesichert[4]. Denn Ursache ist hier nicht die Insolvenz des ArbGeb sondern dessen vertragswidriges Verhalten. Für Schadenersatzansprüche besteht ein gesetzl. Insolvenzschutz generell nicht.

Bei allen anderen Durchführungswegen besteht ein uneingeschränkter Insolvenzschutz (unmittelbare Versorgungszusage, Direktversicherung mit widerruflichem Bezugsrecht, U-Kasse, Pensionsfonds). Im Hinblick auf die U-Kasse ist zu berücksichtigen, dass nicht bei dieser, sondern bei dem Trägerunternehmen der Sicherungsfall eingetreten sein muss[5]. 3

Der Insolvenzsicherungsanspruch deckt bei laufenden Versorgungszahlungen auch die vom **Pensionsfonds** geschuldete Versorgungsleistung ab. Bei Versorgungsanwartschaften richtet sich die Höhe des Insolvenzsicherungsanspruchs nach der gem. § 2 I iVm. IIIa quotierten Versorgungsleistung, wenn eine **Leistungszusage** vorliegt. Bei **Beitragszusagen mit Mindestleistung** gilt für die Höhe des Anspruches § 2 Vb. Versichert ist also nur das bis zur Insolvenz auf Grund der geleisteten Beiträge dem ArbN planmäßig zuzurechnende Versorgungskapital, mindestens die Summe der bis dahin zugesagten Beiträge, soweit sie nicht rechnungsmäßig für einen biometrischen Risikoausgleich verbraucht wurden. 4

Ein **gut dotierter** Pensionsfonds ist trotz Insolvenz des Trägerunternehmens unter Umständen in der Lage, die versprochenen Leistungen zu gewähren. Deswegen gestattet das Gesetz dem Pensionsfonds, innerhalb eines Monats nach Eintritt der Insolvenz bei der Bundesanstalt für Finanzdienstleistungsaufsicht die Genehmigung zu beantragen, selbst die Ansprüche der ArbN des insolventen Unternehmens zu erfüllen (§ 8 Ia 3). Die Genehmigung kann die Bundesanstalt nur dann erteilen, wenn durch dessen Auflagen die dauernde Erfüllbarkeit der Versorgungsleistungen aus dem Pensionsplan sichergestellt werden kann (§ 8 Ia 2). Wird die Genehmigung erteilt, überträgt der PSVaG die Leistungspflicht auf den Pensionsfonds, der PSVaG ist damit aus seiner Verpflichtung endgültig entlassen. Verweigert die Bundesanstalt die Genehmigung zur Leistungserfüllung durch den Pensionsfonds, so muss der PSVaG an Stelle des Pensionsfonds die versprochenen Versorgungsleistungen erbringen. In diesem Fall geht das Vermögen des Pensionsfonds auf den PSVaG über (§ 9 IIIa iVm. III). 5

III. Geschützte Versorgungsrechte. § 7 schützt laufende Versorgungsleistungen und unverfallbare Anwartschaften: 6

1. Laufende Leistungen. In erster Linie ist der PSVaG eintrittspflichtig für laufende Leistungen, die der ArbGeb insolvenzbedingt nicht mehr erbringen kann. Der PSVaG wird dabei nicht Rechtsnachfolger des insolventen ArbGeb. Vielmehr begründet der Eintritt des Sicherungsfalles ein **gesetzl. Schuldverhältnis**[6]. Steht aber rechtskräftig fest, dass der insolvente ArbGeb (aus Gründen, die nichts mit der Eintrittspflicht des PSVaG zu tun haben) nicht leistungspflichtig ist, kommt auch ein Anspruch gegen den PSVaG nicht in Betracht[7]. 7

Der Anspruch gegen den PSVaG ist ein Versicherungsanspruch, allerdings keiner aus einem Versicherungsvertrag[8]. Die Zahlungsverpflichtung des PSVaG besteht deshalb unabhängig davon, ob Versicherungsbeiträge entrichtet wurden, umgekehrt entsteht durch Zahlung von Beiträgen kein Anspruch auf Insolvenzleistungen[9], zB weil der geltend gemachte Anspruch nicht sicherungsfähig ist[10]. 8

Maßgeblich für die Aufnahme von Leistungen ist der **Insolvenzstichtag**. In den Sicherungsfällen des § 7 I 1 und 2 sowie S. 4 Nr. 1 ist dies der Tag, der sich aus dem jeweiligen Gerichtsbeschluss ergibt, etwa dem Insolvenzverfahrenseröffnungsbeschluss. Im Fall der Nr. 2 ist es der Tag, an dem der ArbGeb sich unter Mitteilung seiner Zahlungsunfähigkeit an seine Gläubiger gewandt hat[11]. Der Zeitpunkt des Eintritts des Sicherungsfalles ist insoweit Absprachen zwischen dem ArbGeb und dem PSVaG zugänglich[12]. Bei dem Sicherungsfall der Nr. 4 kommt es darauf an, wann der ArbGeb den Pensionären die Versorgungsleistungen mit der Begründung verweigert, er habe kein für die Eröffnung des Insolvenzverfahrens ausreichendes Vermögen und der PSVaG vom ArbGeb oder den Pensionären unter Hinweis hierauf in Anspruch genommen wird[13]. Im Falle der wirtschaftl. Notlage war Insolvenzstichtag der Zeitpunkt, der sich aus dem Gerichtsurteil oder der Zustimmung des PSVaG gem. § 7 I 4 BetrAVG ergab. 9

---

1 BAG v. 17.10.1995 – 3 AZR 420/94, NZA 1996, 880. |2 BAG v. 25.5.2007 – 3 AZR 334/06 (A). |3 BGH v. 8.6.2005 – IV ZR 30/05 u. v. 3.5.2006 – IV ZR 134/05. |4 BAG v. 17.11.1992 – 3 AZR 51/92, NZA 1993, 843. |5 BAG v. 14.12.1993 – 3 AZR 618/93, NZA 1994, 554. |6 BAG v. 30.8.1979 – 3 AZR 381/78, DB 1979, 2330. |7 BAG v. 23.3.1999 – 3 AZR 625/97, NZA 1999, 652. |8 Vgl. *Paulsdorff*, § 7 BetrAVG Rz. 13. |9 Vgl. *Paulsdorff*, § 7 BetrAVG Rz. 14; KKBBP, § 7 BetrAVG Rz. 3. |10 BAG v. 23.3.1999 – 3 AZR 625/97, NZA 1999, 652. |11 *Paulsdorff*, § 7 BetrAVG Rz. 17. |12 BAG v. 14.12.1993 – 3 AZR 618/93, NZA 1994, 554. |13 BAG v. 11.9.1980 – 3 AZR 544/79, DB 1981, 645.

10 Der Anspruch gegen den PSVaG entsteht mit dem Beginn des auf den Sicherungsfall folgenden Monats (§ 7 Ia). Der PSVaG haftet in den Fällen des § 7 I 1 und 4 Nr. 1 und Nr. 3 nicht nur für ab diesem Zeitpunkt fällige Leistungen, sondern auch – allerdings zeitlich beschränkt – für **rückständige Leistungen**, die bereits vor dem Insolvenzstichtag fällig geworden sind und zwar für rückständige Leistungen der letzten sechs Monate vor dem Entstehen des Anspruchs. Dabei kommt es darauf an, für welchen Zeitraum die rückständige Betriebsrente geschuldet ist[1].

11 Gesichert sind Rentner, dh. Personen, die bereits Leistungen der betrAV beziehen. Hierzu gehören auch Personen, die zum Zeitpunkt des Sicherungsfalles die Voraussetzungen für einen Ruhegeldanspruch voll erfüllen, aber noch keine Leistungen bezogen haben (sog. **technischer Rentner**)[2].

12 Eine **Anpassung laufender Leistungen** der Insolvenzsicherung sieht das Gesetz **nicht** vor. § 16 ist auf den Anspruch gegen den PSVaG nicht anwendbar[3]. Das BAG begründet seine Auffassung damit, dass der gesetzl. Insolvenzschutz den ArbN nicht besser stellen wolle als einen ArbN eines zwar Not leidenden, aber noch nicht insolventen ArbGeb. Dieser müsse letztlich auf Anpassungen verzichten, solange es seinem ArbGeb schlecht gehe. Ein Anspruch auf Anpassung laufender Leistungen besteht aber dann, wenn er sich aus der Versorgungszusage selbst ergibt[4].

13 Eine Verpflichtung, Renten in einer bestimmten Weise anzuheben, kann sich auch aus einer **betrieblichen Übung** ergeben. Der Inhalt der betrieblichen Übung ist im Einzelnen zu ermitteln. Die daraus folgende Bindung geht jedoch im Zweifel nicht weiter als die Anpassungspflicht nach § 16, die für den PSVaG gerade nicht besteht[5]. Dagegen bewirkt die Veränderungssperre des § 2 V, dass versprochene Anpassungen nach variablen Bezugsgrößen wie Zusagen durch ein Konditionskartell – etwa dem Bochumer, Duisburger oder Essener Verband – vom PSVaG nicht zu übernehmen sind, wenn der ArbN vor der Insolvenz bei seinem ArbGeb mit unverfallbarer Anwartschaft ausgeschieden war (vgl. auch Rz. 27)[6].

14 **2. Anwartschaften.** Insolvenzschutz besteht nach Abs. 2 auch für Versorgungsanwartschaften.

15 **a) Voraussetzungen des Insolvenzschutzes.** Voraussetzung ist, dass bei Eintritt der Insolvenz oder bei einem früheren Ausscheiden vor der Insolvenz eine **unverfallbare Versorgungsanwartschaft** besteht. Für den Insolvenzschutz verlangt Abs. 2 eine nach § 1b unverfallbare Versorgungsanwartschaft. Die **gesetzl. Unverfallbarkeitsfristen** müssen folglich erfüllt sein[7]. Anwartschaften, die nur auf Grund vertragl. Abrede unverfallbar sind, genießen deshalb keinen Insolvenzschutz.

16 Der gesetzl. Insolvenzschutz gilt aber auch für solche Anwartschaften, die **kraft Richterrechts unverfallbar** geworden sind[8]. Vor Inkrafttreten des BetrAVG am 19.12.1974 war nach dem sog. Unverfallbarkeitsurteil des BAG[9] eine Altersversorgungsanwartschaft dann unverfallbar, wenn der Versorgungsberechtigte über eine Versorgungszusage verfügte und mehr als 20 Jahre betriebstreu war. Ist der ArbN vor Inkrafttreten des BetrAVG ausgeschieden und erfüllt er die vom BAG entwickelten Unverfallbarkeitsvoraussetzungen, so ist seine Anwartschaft ebenfalls insolvenzgeschützt[10]. Auf das sog. „Unverfallbarkeitsurteil" können sich nur ArbN berufen, die nach dem 1.1.1969 ausgeschieden sind und die bis dahin den Erhalt ihrer erdienten Versorgungsanwartschaft vom ArbGeb klar und eindeutig verlangt haben. Für Fälle, in denen das Arbeitsverhältnis vor dem 1.1.1969 geendet hat, verbleibt es bei dem Verfall von Versorgungsansprüchen. Versorgungsanwartschaften, die nach Maßgabe der Rspr. des BAG vor Inkrafttreten des BetrAVG unverfallbar geworden sind, genießen den gesetzl. Insolvenzschutz[11].

17 Die Unverfallbarkeitsvoraussetzungen müssen **spätestens bei Eintritt des Sicherungsfalles** erfüllt sein. Für Vorruheständler gelten hier besondere Vergünstigungen. Sie genießen auch dann Insolvenzschutz, wenn sie nach ihrem Ausscheiden die allgemeinen Unverfallbarkeitsvoraussetzungen des § 1b I 1 bei Eintritt der Insolvenz noch nicht erfüllt haben. Denn nach § 1b I 2 behält ein ArbN seine Anwartschaft auch dann, wenn er auf Grund einer Vorruhestandsregelung ausscheidet und ohne das vorherige Ausscheiden die Wartezeit und die sonstigen Voraussetzungen für den Bezug von Leistungen der betrAV hätte erfüllen können. Nach Auffassung des BAG wollte der Gesetzgeber den Vorruhestand bewusst fördern. Dazu gehöre auch eine Verbesserung der Unverfallbarkeitsbedingungen[12].

18 Nicht insolvenzgeschützt sind dagegen **vertragl. Abreden**, es sei denn, sie erfüllen zugleich die vom BAG im Urteil vom 10.3.1972 aufgestellten Kriterien oder aber die gesetzl. Unverfallbarkeitsfristen des § 1b. Der gesetzl. Insolvenzschutz steht nicht zur Disposition der Arbeitsvertragsparteien[13]. Jede über

---

1 BAG v. 26.8.1986 – 3 AZR 98/85, NZA 1987, 450. | 2 Zum Begriff vgl. *Höfer*, ART Rz. 569; *Paulsdorff*, § 7 BetrAVG Rz. 46; KKBBP/*Berenz*, § 7 BetrAVG Rz. 7; vgl. auch BAG v. 26.1.1999 – 3 AZR 464/97, NZA 1999, 711. | 3 BAG v. 3.2.1987 – 3 AZR 330/85, NZA 1987, 666; v. 5.10.1993 – 3 AZR 698/92, NZA 1994, 459. | 4 BAG v. 22.11.1994 – 3 AZR 767/93, NZA 1995, 887; v. 8.6.1999 – 3 AZR 39/98, DB 1999, 2071. | 5 BAG v. 3.12.1985 – 3 AZR 577/83, NZA 1986, 787; v. 3.2.1987 – 3 AZR 330/85, NZA 1987, 666. | 6 BAG v. 4.4.2000 – 3 AZR 458/98, BB 2000, 883. | 7 BAG v. 22.2.2000 – 3 AZR 4/99, DB 2000, 482. | 8 BVerfG v. 10.3.1988 – 1 BvR 894/87, BB 1988, 2469; BAG v. 20.1.1987 – 3 AZR 503/85, NJW 1988, 1044. | 9 BAG v. 10.3.1972 – 3 AZR 278/71, DB 1972, 1486. | 10 BAG v. 16.10.1980 – 3 AZR 1/80, BAGE 34, 227; v. 20.1.1987 – 3 AZR 503/85, NJW 1988, 1044. | 11 BAG v. 20.1.1987 – 3 AZR 503/85, NJW 1988, 1044. | 12 BAG v. 28.3.1995 – 3 AZR 496/94, NZA 1996, 258. | 13 BAG v. 28.3.1995 – 3 AZR 496/94, NZA 1996, 258; v. 9.11.1999 – 3 AZR 361/98, NZA 2000, 1290; v. 22.2.2000 – 3 AZR 4/99, FA 2000, 129.

das Gesetz hinausgehende Regelung mag deshalb zwar zwischen den Arbeitsvertragsparteien Rechtswirkungen entfalten, ist aber gegenüber dem Träger der gesetzl. Insolvenzsicherung unwirksam[1].

b) Anrechenbare Zeit. Nach der Rspr. des BAG kann eine vertragl. **Anrechnung von Vordienstzeiten** im Ausnahmefall auch zum Erwerb einer unverfallbaren und insolvenzgeschützten Versorgungsanwartschaft führen[2]. Es begründet die Anrechenbarkeit von Vordienstzeiten damit, dass die Betriebsrente in erster Linie Vergütung für eine langjährige Betriebstreue sei, welche nicht ersatzlos wegfallen dürfe, wenn der ArbN bestimmte Fristen im Dienste seines ArbGeb zurückgelegt habe[3]. Soweit das BAG die Anrechnung von Vordienstzeiten mit Wirkung auf den Insolvenzschutz für zulässig erachtet, unterstellt es nicht eine vertragl. Anrechnungsvereinbarung dem Insolvenzschutz. Vielmehr erfüllt in bestimmen Fällen auch eine angerechnete Betriebszugehörigkeit das gesetzl. Tatbestandsmerkmal der Betriebszugehörigkeit, wie es von § 1 aF verlangt wurde[4]. In § 1b ist zwar nur noch vom Bestehen der Versorgungszusage die Rede. Vom BetrAVG erfasst wird aber nur die Zusage, die von einem Arbeits- oder ähnlichem Verhältnis unterlegt ist[5]. Voraussetzung für eine Berücksichtigung der Betriebszugehörigkeit aus einem beendeten Arbeitsverhältnis ist, dass ein noch nicht erloschener Besitzstand vorhanden ist und der ArbGeb in dem neuen Arbeitsverhältnis sich verpflichtet, diesen Besitzstand zu übernehmen. Das BAG begreift die angerechnete Dienstzeit als eine einzige einheitliche Betriebszugehörigkeit. Folgerichtig verlangt es, dass die anzurechnende Betriebszugehörigkeit bis an das Arbeitsverhältnis heranreicht, welches die neue Versorgungsanwartschaft begründet[6]. Eine Anrechnung von Vordienstzeiten, die auch Wirkung für den Insolvenzschutz haben soll, kommt deshalb dann **nicht in Betracht**, wenn das erste Arbeitsverhältnis gar nicht von einer Versorgungszusage begleitet war, zwischen den Arbeitsverhältnissen eine zeitliche, wenn auch nur geringfügige Unterbrechung liegt oder aber der ArbGeb in dem letzten Arbeitsverhältnis sich nicht zur Übernahme des Besitzstandes aus dem Vorarbeitsverhältnis verpflichtet hat[7]. 19

In einer Einzelfallentscheidung hat das BAG auch die **Anrechnung sog. „Nachdienstzeiten"** mit Wirkung für den Insolvenzschutz zugelassen. Der gesetzl. Insolvenzschutz greift danach auch dann ein, wenn der ArbGeb eine Nachdienstzeit anerkennt, obwohl tatsächlich ein Arbeitsverhältnis nicht bestanden hat, um beim ArbN ohne weitere Versorgungseinbußen den Versorgungsfall der vorgezogenen Altersrente in der gesetzl. RV herbeizuführen[8]. Das BAG begründet seine Sichtweise mit einer Ausnahmesituation. Die Arbeitsvertragsparteien seien nur wegen der besonderen Gesetzeslage in der gesetzl. RV gezwungen gewesen, das Arbeitsverhältnis vorzeitig zu beenden und hätten es nicht lediglich ruhen lassen können[9]. Das BAG hat offen gelassen, ob an dieser Rspr. fest zu halten ist. Eine Anrechnung nur fiktiver Dienstzeiten hält es jedenfalls im Hinblick auf den gesetzl. Insolvenzschutzes für unzulässig[10]. 20

c) Neue Unverfallbarkeitsfristen. Am 1.1.2001 sind mit dem AVmG neue Unverfallbarkeitsfristen eingeführt worden. Unverfallbar sind Versorgungszusagen nur, wenn der Versorgungsberechtigte zum Zeitpunkt der Beendigung des Arbeitsverhältnisses 21

- mindestens das 30. Lebensjahr vollendet und
- die Versorgungszusage mindestens fünf Jahre bestanden hat (§ 1b I 1).

Mit Wirkung vom 1.1.2009 wird das Mindestalter weiter auf die Vollendung des 25. LJ herabgesenkt[11]. § 30f enthält Übergangsregelungen für die ab dem 1.1.2001 bzw. 1.1.2009 geltenden neuen Unverfallbarkeitsvoraussetzungen (vgl. Komm. zu § 30f).

Einstweilen frei. 22, 23

d) Entgeltumwandlung. Bei Entgeltumwandlungen gelten Besonderheiten. Nach § 1b V sind solche Anwartschaften **sofort** unverfallbar, und zwar unabhängig vom Alter des Berechtigten. Weil der Insolvenzschutz an die gesetzl. Unverfallbarkeit anknüpft, sind auch die Ansprüche aus einer Entgeltumwandlung insolvenzgeschützt. Allerdings ist die 2-jährige Ausschlussfrist des § 7 V zu beachten. Danach besteht in den ersten 2 Jahren nach Beginn der Zusage kein Insolvenzschutz. Der ArbN geht also ein gewisses Risiko ein. Dies hat der Gesetzgeber mit dem Gesetz zur Einführung einer Kapitalgedeckten Hüttenknappschaftlichen Zusatzversicherung und zur Änderung anderer Gesetze (HZvNG) relativiert[12]. Ein sofortiger Insolvenzschutz besteht nämlich mit sofortiger Wirkung, soweit es sich um eine vom AVmG erfasste, ab dem 1.1.2002 erteilte Versorgungszusage handelt. Werden bis zu 4 % der gesetzl. BBG in der gesetzl. RV der ArbN für betriebl. Versorgungszwecke verwendet (§ 1a I) besteht trotz der Ausschlussfrist des § 7 V sofortiger Insolvenzschutz (§ 7 V 3 Hs. 2). Ist die betrAV **sowohl** vom ArbGeb 24

1 BAG v. 22.9.1987 – 3 AZR 662/85, NZA 1988, 732. | 2 BAG v. 3.8.1978 – 3 AZR 19/77, NJW 1979, 446; v. 26.9.1989 – 3 AZR 814/87, NZA 1990, 348; v. 25.4.2006 – 3 AZR 78/05, FA 2006, 183. | 3 BAG v. 11.1.1983 – 3 AZR 212/80, NJW 1984, 1199. | 4 BAG v. 11.1.1983 – 3 AZR 212/80, NJW 1984, 1199. | 5 *Höfer*, § 1b BetrAVG Rz. 2823. | 6 BAG v. 11.1.1983 – 3 AZR 212/80, NJW 1984, 1199; v. 26.9.1989 – 3 AZR 814/87, NZA 1990, 348; v. 24.6.1998 – 3 AZR 97/97, nv.; v. 22.2.2000 – 3 AZR 4/99, BetrAV 2001, 576. | 7 BAG v. 13.3.1990 – 3 AZR 509/88, nv.; v. 22.2.2000 – 3 AZR 4/99, DB 2000, 482. | 8 BAG v. 10.3.1992 – 3 AZR 140/91, NZA 1992, 932. | 9 Kritisch dazu *Höfer*, § 2 BetrAVG Rz. 3092 f. | 10 BAG v. 30.5.2006 – 3 AZR 205/05, DB 2007, 1987. | 11 G v. 10.12.2007, BGBl. I 2007 S. 2838. | 12 BGBl. I 2002, S. 2167.

als auch auf Grund Entgeltumwandlung durch den ArbN finanziert, muss differenziert werden. Für den vom ArbGeb finanzierten Teil greift ein Insolvenzschutz nach Erreichen der „normalen" Unverfallbarkeitsvoraussetzungen ein. Der vom ArbN finanzierte Teil ist ggf. sofort insolvenzgeschützt, soweit nicht die 2-jährige Ausschlussfrist des § 7 V eingreift. Die **sofortige Unverfallbarkeit** gilt auch bei Entgeltumwandlungen nur für Zusagen, die ab **2001 erteilt** wurden[1]. Vorstehende Grundsätze dürften auch für die von § 1 II Nr. 4 erfasste **Eigenvorsorge** des ArbN gelten. Denn auch hier ist die Zusage des ArbGeb erforderlich. Der einzige Unterschied zur Entgeltumwandlung liegt darin, dass der ArbN Mittel aus versteuertem und verbeitragtem Geld aufwendet. Es ist kein Grund ersichtlich, diesen Typus aus dem gesetzl. Insolvenzschutz auszugrenzen.

25 **e) Neue Bundesländer.** Für die neuen Bundesländer gelten Besonderheiten. Nach dem Wortlaut des Einigungsvertrages gilt der gesetzl. Insolvenzschutz nur für Zusagen, die **nach dem 31.12.1991 erteilt** wurden. Die bloße Fortführung einer bestehenden Zusage oder einer bereits laufenden Rentenzahlung genügt nicht[2]. **Ältere** Versorgungszusagen sind dann insolvenzgeschützt wenn der verpflichtete ArbGeb sie **nach dem 31.12.1991** ausdrücklich neu zusagt. Zusagezeitpunkt iSd. Unverfallbarkeitsregelungen ist dann der Zeitpunkt der Neuzusage[3].

26 **f) Berechnung der Leistungen.** Die Berechnung der Höhe der unverfallbaren Versorgungsanwartschaft richtet sich auch im Insolvenzfall nach § 2. Auch hier ist eine **ratierliche Berechnung** vorzunehmen. Es ist die Dauer der Betriebszugehörigkeit bis zum Erreichen der in der Versorgungsregelung vorgesehenen Altersgrenze zur tatsächlichen Betriebszugehörigkeit ins Verhältnis zu setzen. Die tatsächliche Betriebszugehörigkeit wird dabei allerdings nur bis zum Eintritt des Sicherungsfalles berücksichtigt. § 7 II 3 verweist ferner auf § 2 V. Die Bemessungsgrundlagen werden danach auf die Verhältnisse zum Zeitpunkt des Insolvenzeintritts bzw. eines noch davor liegenden Ausscheidens festgeschrieben. Spätere Erhöhungen dieser Grundlagen bleiben deshalb für den Insolvenzschutz außer Betracht[4]. Auf die Betriebsrente anzurechnende anderweitige Leistungen werden ebenfalls mit den per Insolvenzstichtag gültigen Werten festgeschrieben.

27 **3. Keine Anpassung von Anwartschaften.** Ebenso wie der PSVaG nicht verpflichtet ist, laufende Leistungen anzupassen, können Versorgungsanwärter keine Erhöhung der Versorgungsanwartschaft verlangen. Die von dem PSVaG bei Eintritt des Versorgungsfalles zu zahlende **Rente bleibt** aber auch dann **statisch**, wenn der ArbGeb sich dem ArbN gegenüber verpflichtet hatte, die Rente nach bestimmten Maßstäben zu erhöhen. Das BAG leitet dies aus § 7 II 3 her, der auf § 2 V 1 verweise. Danach würden die Bemessungsgrundlagen für die Berechnung einer Anwartschaft auf den Zeitpunkt des Ausscheidens festgeschrieben. Der PSVaG kann deshalb aus einer dem ArbN zugesagten Dynamik seiner Versorgungsbezüge nicht mehr in Anspruch genommen werden, wenn der ArbN bei Eintritt der Insolvenz noch Versorgungsanwärter war[5]. Etwas anderes kann gelten, wenn die Versorgungsanwärter im Zeitpunkt der Insolvenz bereits Versorgungsleistungen beziehen, aber bei dem dann insolvent gewordenen ArbGeb vorher mit unverfallbarer Anwartschaft ausgeschieden sind. Hier kann eine Dynamisierung auch vom PSVaG vorzunehmen sein, wenn sich aus der Versorgungszusage ergibt, dass der ArbGeb auch dem Versorgungsanwärter nach Eintritt des Versorgungsfalles Ruhegelderhöhungen nach bestimmten Maßstäben zukommen lassen wollte[6].

28 **IV. Sicherungsfälle.** In § 7 I 1 und 4 Nr. 1–3 sind die Sicherungsfälle, in denen der PSVaG für die eigentlich vom ArbGeb zu erbringenden Versorgungsleistungen einstehen muss, abschließend aufgezählt[7]. Es gibt zwei Gruppen von Sicherungsfällen, nämlich solche, bei denen das **Unternehmen liquidiert** wird und andere, die eine Unternehmensfortführung ermöglichen sollen. Auf Sicherungsfälle, die vor dem 1.1.1999 eingetreten sind, ist das BetrAVG in der bis zum 31.12.1998 gültigen Fassung anzuwenden (§ 31)[8].

29 Voraussetzung für die Einstandspflicht des PSVaG ist stets ein **Sicherungsfall bei dem ArbGeb** des Versorgungsberechtigten. Dabei genügt es, wenn der ursprünglich Versorgungsverpflichtete einmal gegenüber dem Versorgungsberechtigten die ArbGebStellung innehat. Hat er zwischenzeitlich jede werbende Tätigkeit eingestellt, so bleibt er dennoch ArbGeb im insolvenzschutzrechtl. Sinne[9]. Der **ArbGeb-Begriff** des BetrAVG ist nicht mit dem allgemeinen Begriff im Arbeitsrecht identisch. So sind auch die gegenüber arbeitnehmerähnl. Personen iSd. § 17 I 2 verpflichteten Unternehmen ArbGeb iSd. gesetzl. Insolvenzsicherung[10]. Das BAG formuliert noch weiter. Danach ist ArbGeb iSd. § 7 ganz allgemein derjenige, „der selbst oder über Versorgungseinrichtungen Leistungen der betrieblichen Altersversorgung zusagt oder erbringt"[11]. Das BAG billigte einem ArbN Insolvenzschutz zu, der von einer deutschen

---

1 *Bode/Grabner*, Pensionsfonds und Entgeltumwandlung, S. 89. | 2 Vgl. BAG v. 24.4.1998 – 3 AZR 778/96, DB 1998, 1621. | 3 BAG v. 29.1.2008 – 3 AZR 522/06. | 4 BAG v. 12.3.1991 – 3 AZR 63/90, NZA 1992, 132. | 5 BAG v. 22.11.1994 – 3 AZR 767/93, NZA 1995, 887; v. 4.4.2000 – 3 AZR 458/98, FA 2000, 225. | 6 BAG v. 8.6.1999 – 3 AZR 39/98, NZA 1999, 1215. | 7 *Langohr-Plato*, Rz. 721; Rz. 2733; KKBBP, § 7 BetrAVG Rz. 21. | 8 Zur früheren Rechtslage vgl. einschlägige Kommentarliteratur, zB *Höfer*, § 7 BetrAVG Rz. 4381 ff. | 9 BAG v. 11.11.1986 – 3 AZR 194/85, NZA 1987, 559. | 10 *Höfer*, § 7 BetrAVG Rz. 2738. | 11 BAG v. 6.8.1985 – 3 AZR 185/83, DB 1986, 131.

Konzernmutter eine Altersversorgungszusage erhalten hatte, aber bei einer ausländischen selbstständigen Tochterunternehmung tätig war. Versorgungsverpflichtungen können von einem anderen ArbGeb übernommen werden. So ist eine Übernahme nach § 4 I zulässig, soweit ihr der PSVaG zugestimmt hat. Ebenso können gem. § 613a BGB und durch das UmwG in der seit dem 1.1.1995 gültigen Fassung Versorgungsverbindlichkeiten auf einen neuen ArbGeb übergehen. Verpflichtet ist dann nur noch der übernehmende ArbGeb mit der Konsequenz, dass bei ihm ein Sicherungsfall eingetreten sein muss, soll der PSVaG in Anspruch genommen werden.

1. Unternehmensliquidation. Eine Liquidierung des Unternehmens erfolgt bei der Insolvenz des ArbGeb mit Liquidationsfolge, der Abweisung des Insolvenzantrages mangels Masse, dem außergerichtl. Liquidationsvergleich und bei der Beendigung der Betriebstätigkeit bei offensichtlicher Masselosigkeit. 30

a) Eröffnung des Insolvenzverfahrens mit Liquidationsfolge. Grundtatbestand des § 7 I ist die Eröffnung des Insolvenzverfahrens über das Vermögen des ArbGeb. Das Insolvenzverfahren ersetzt das nach früherem Recht vorgesehene Konkurs- oder Vergleichsverfahren. Voraussetzung hierfür ist die **Insolvenzfähigkeit**. Daran fehlt es bspw. bei einer stillen Gesellschaft oder einer GbR (§ 705 BGB). Ein Sicherungsfall tritt nur dann ein, wenn über das Vermögen aller BGB-Gesellschafter das Insolvenzverfahren eröffnet worden ist; solange noch bei einem Gesellschafter Zahlungsfähigkeit besteht, muss dessen wirtschaftl. Leistungsfähigkeit ausgeschöpft werden. Um den Sicherungsfall der Insolvenzverfahrenseröffnung herbeizuführen, bedarf es eines **Eröffnungsantrags**, den ggf. auch die Versorgungsberechtigten selbst stellen können. Auch Versorgungsanwärter, die noch tätig sind, können einen Antrag stellen. Die Eröffnung des Insolvenzverfahrens hängt davon ab, ob ein **Eröffnungsgrund** besteht. Dies wiederum richtet sich nach den insolvenzrechtl. Bestimmungen. Zunächst ist dies die Zahlungsunfähigkeit (§ 17 II InsO). Weiterer Eröffnungsgrund ist die drohende Zahlungsunfähigkeit nach § 18 II InsO. Bei juristischen Personen ist auch die Überschuldung Eröffnungsgrund (§ 19 InsO). Dabei ist das Vermögen des ArbGeb zu Fortführungswerten anzusetzen, wenn eine Fortführung des Unternehmens überwiegend wahrscheinlich ist[1]. Entscheidend ist der Zeitpunkt der Verfahrenseröffnung dafür, ab wann Ansprüche gegenüber dem gesetzl. Insolvenzsicherer bestehen. Gem. § 27 II Nr. 3 InsO müssen im Eröffnungsbeschluss nicht nur der Tag der Verfahrenseröffnung, sondern auch die Stunde und die Minute festgehalten werden; geschieht das nicht, gilt als Zeitpunkt der Eröffnung die Mittagsstunde des Tages, an dem das Verfahren eröffnet wurde. Wird später das Insolvenzverfahren mangels Masse wieder eingestellt, so berührt dies die Zahlungsverpflichtung des PSVaG nicht. Selbst wenn im Insolvenzverfahren eine 100 %ige Befriedigung aller Gläubiger, auch der Versorgungsberechtigten, erreicht werden kann, ist der PSVaG einstandspflichtig. 31

b) Abweisung des Antrags auf Eröffnung des Insolvenzverfahrens mangels Masse. Nach § 7 I 4 werden der Eröffnung des Insolvenzverfahrens andere Sicherungsfälle gleichgestellt, darunter nach S. 4 Nr. 1 die Abweisung des Antrags auf Eröffnung des Insolvenzverfahrens mangels Masse. Nach § 26 I InsO ist der Antrag auf Eröffnung des Insolvenzverfahrens abzuweisen, wenn das Insolvenzgericht in einer Ermessensentscheidung dazu gelangt, dass die Vermögensmasse des Schuldners nicht einmal zur Deckung der Verfahrenskosten ausreicht. Regelmäßig führt eine solche Insolvenz dazu, dass das Unternehmen nicht mehr fortgeführt werden kann. Bei Kapitalgesellschaften sehen die gesetzl. Bestimmungen nach rechtskräftiger Abweisung eines Antrags auf Eröffnung des Insolvenzverfahrens zwingend die Auflösung der Gesellschaft vor. 32

Die Abweisung des Antrags auf Eröffnung des Insolvenzverfahrens mangels Masse erfolgt durch **gerichtlichen Beschluss**. Auch hier kann der genaue Zeitpunkt des Sicherungsfalles dem Abweisungsbeschluss entnommen werden; er ist maßgeblich für die Einstandspflicht des PSVaG[2]. 33

c) Außergerichtlicher Liquidationsvergleich. Weiterer Sicherungsfall ist der außergerichtl. Liquidationsvergleich, wenn ihm der PSVaG zustimmt. Der außergerichtl. Liquidationsvergleich als Sicherungsfall hat praktisch keine Bedeutung; er kommt nur in Betracht, wenn mit einer besonders hohen Quote zu rechnen ist, die in einem Insolvenzverfahren nicht erreicht werden kann[3]. 34

Ein außergerichtl. Vergleich besteht ggf. aus einer Vielzahl von Einzelverträgen des Schuldners mit seinen Gläubigern. Der PSVaG hat dabei weder eine gesetzl. Vertretungsmacht noch eine Verfügungsbefugnis für den Abschluss außergerichtl. Vergleiche über Versorgungsrechte der Berechtigten. Zu den Gläubigern gehören auch die Versorgungsberechtigten. Es steht ihnen frei, dem Vergleichsvorschlag zuzustimmen. Sie können die Zustimmung auch unter der Bedingung erteilen, dass der PSVaG dem außergerichtl. Vergleich zustimmt[4]. § 7 II begrenzt dabei lediglich die Einstandspflicht des PSVaG. Nur soweit, wie der PSVaG einzustehen hat, gehen Versorgungsansprüche der Berechtigten auf ihn über. Den nicht insolvenzgesicherten Teil der Altersversorgung können die Betriebsrentner von ihrem früheren ArbGeb weiterhin verlangen[5]. 35

---

1 *Blomeyer/Rolfs/Otto*, Vor § 7 BetrAVG Rz. 15. |2 KKBBP/*Berenz*, § 7 BetrAVG Rz. 31. |3 *Everhardt*, BetrAV 1995, 184. |4 *Blomeyer/Rolfs/Otto*, § 7 BetrAVG Rz. 107. |5 BAG v. 9.11.1999 – 3 AZR 361/98, NZA 2000, 1290.

36 Ein Sicherungsfall tritt aber nur dann ein, wenn der **PSVaG zustimmt**. Sinn ist es, den PSVaG vor unberechtigten Inanspruchnahmen zu schützen. Wäre die Zustimmung nicht erforderlich, so könnte der Versorgungsberechtigte dem Vergleich zustimmen, ohne wirtschaftl. Nachteile befürchten zu müssen, denn er wäre ja insolvenzgeschützt. Das Zustimmungserfordernis seitens des PSVaG verhindert damit Verträge zu Lasten eines Dritten, nämlich des PSVaG. Sinnvoll ist das Zustimmungserfordernis insb. im Hinblick darauf, dass die Last der Insolvenzsicherung von der Solidargemeinschaft der beitragspflichtigen Unternehmen aufgebracht werden muss. Der PSVaG muss seine Entscheidung, einem außergerichtl. Vergleich zuzustimmen, nach **pflichtgemäßem Ermessen** treffen, er kann eine Zustimmung also nicht willkürlich versagen[1]. Dabei muss er prüfen, ob mittels des außergerichtl. Vergleichs eine Sanierung des Unternehmens und damit auch eine Sicherstellung der Versorgungsansprüche herbeigeführt werden kann.

37 Allerdings ist es **nicht Zweck** der gesetzl. Insolvenzsicherung, Sanierungen zu ermöglichen oder Krisenhilfen zu stellen[2]. So hat das BAG ausdrücklich darauf hingewiesen, dass der PSVaG nicht einem außergerichtl. Vergleich zustimmen müsse, bei dem der ArbGeb seine Vermögenswerte einsetze, um seine sonstigen Gläubiger zu befriedigen, während die Versorgungslasten dem PSVaG aufgebürdet werden[3].

38 Der ArbGeb hat **keinen Rechtsanspruch** gegenüber dem PSVaG auf Zustimmung zu dem außergerichtl. Vergleich[4]. Stimmt der PSVaG dem außergerichtl. Vergleichsvorschlag des ArbGeb nicht zu, so kann das Unternehmen seit dem 1.1.1999 nicht mehr versuchen, einen Sicherungsfall nach § 7 I 3 Nr. 5 aF herbeizuführen. In der Lit. wird dafür plädiert, dem ArbGeb einen Anspruch auf Zustimmung zuzubilligen. Der ArbGeb habe nun ja keine rechtl. Handhabe mehr, den PSVaG zu einer Übernahme der Versorgungsverpflichtungen zu veranlassen[5]. Dem ist entgegenzuhalten, dass auch nach früherem Recht keine Möglichkeit bestand, den PSVaG zur Übernahme der Versorgungslasten zu zwingen. Er hatte lediglich das Recht, die betriebl. Versorgungszusage wegen wirtschaftl. Notlage zu widerrufen. Die Pflicht, den PSVaG zu verklagen, hatte nichts mit einem Anspruch gegen den PSVaG zu tun[6]. Ein Widerruf der Versorgungszusage wegen wirtschaftl. Notlage kommt deshalb nach nunmehr geltendem Recht nicht mehr in Betracht[7].

39 Maßgeblich für die Eintrittspflicht des PSVaG ist der Zeitpunkt, in dem der ArbGeb seine Zahlungsunfähigkeit allen Versorgungsberechtigten mitteilt. Eine Zahlungseinstellung allein reicht nicht aus. Das BAG lässt allerdings Absprachen zwischen dem ArbGeb und dem PSVaG über den Zeitpunkt für die Übernahme von betriebl. Versorgungsleistungen zu[8]. Der Sicherungsfall tritt damit regelmäßig schon zu einem früheren Zeitpunkt ein als an dem Tag, an dem der außergerichtliche Vergleich durch Annahme der Gläubiger zu Stande kommt. Dies ist aber auch sachgerecht, weil sich die frühere Übernahme der Zahlungsverpflichtungen durch den PSVaG für die Versorgungsempfänger regelmäßig günstig auswirkt.

40 Einstweilen frei.

41 **d) Vollständige Betriebseinstellung bei offensichtlicher Masselosigkeit.** Der Sicherungsfall des § 7 I 4 Nr. 3 beinhaltet einen **Auffangtatbestand** für alle Fälle, in denen der ArbGeb infolge Zahlungsunfähigkeit seine Zahlungen einstellt und ein förmliches Insolvenzverfahren nicht betreibt[9]. Der Versorgungsberechtigte soll auch dann geschützt sein, wenn der ArbGeb die Zahlungen einstellt und den Betrieb nicht mehr fortführt. Der Versorgungsberechtigte soll von der Formalität entbunden werden, einen Antrag auf Eröffnung des Insolvenzverfahrens stellen zu müssen, um die Insolvenzsicherung herbeizuführen. Allerdings muss ein Antrag auf Eröffnung des Insolvenzverfahrens zulässig sein. Notwendig ist deshalb die **Insolvenzverfahrensfähigkeit** des Unternehmens wie auch das **Vorhandensein eines Eröffnungsgrundes**[10]. Negativ formuliertes Tatbestandsmerkmal ist, dass **kein Eröffnungsantrag** gestellt worden ist, andernfalls kommen nur die Sicherungsfälle der Eröffnung des Insolvenzverfahrens und der Abweisung des Antrags auf Eröffnung des Insolvenzverfahrens mangels Masse in Betracht. Positives Tatbestandsmerkmal ist die vollständige **Beendigung der Betriebstätigkeit**. Hierzu muss die gesamte unternehmerische Tätigkeit eingestellt werden. Es genügt danach nicht, wenn nur die werbende Tätigkeit beendet worden ist. Auch eine **noch fortdauernde Liquidation** beinhaltet eine Betriebstätigkeit, die den Eintritt des Sicherungsfalls nach § 7 I 4 Nr. 3 ausschließt[11].

42 Nach dem Gesetzeswortlaut darf ein Insolvenzverfahren wegen **offensichtlicher Masselosigkeit** nicht in Betracht kommen. Dieses Tatbestandsmerkmal ist erfüllt, wenn **objektiv** eine Masselosigkeit vorliegt und diese für den mit den betriebl. Verhältnissen vertrauten Betrachter **ohne weiteres erkennbar** ist. Der Versorgungsberechtigte und der PSVaG müssen sie nicht kennen[12]. Der PSVaG muss dann die

---

1 *Blomeyer/Rolfs/Otto*, § 7 BetrAVG Rz. 103. | 2 *Höfer*, § 7 BetrAVG Rz. 4359. | 3 BAG v. 11.9.1980 – 3 AZR 544/79, DB 1981, 645. | 4 *Blomeyer/Rolfs/Otto*, § 7 BetrAVG Rz. 103; *Höfer*, § 7 BetrAVG Rz. 2812.21; KKBBP/*Berenz*, § 7 BetrAVG Rz. 37; aA *Diller*, ZIP 1997, 765. | 5 *Diller*, ZIP 1997, 765. | 6 *Höfer*, § 7 BetrAVG Rz. 4360 f. | 7 *Wohlleben*, DB 1998, 1230; *Höfer*, § 7 BetrAVG Rz. 4389.1; BAG v. 17.6.2003 – 3 AZR 396/02, DB 2004, 324. | 8 BAG v. 14.12.1993 – 3 AZR 618/93, NZA 1994, 554. | 9 *Blomeyer/Rolfs/Otto*, § 7 BetrAVG Rz. 104; KKBBP/*Berenz*, § 7 BetrAVG Rz. 39. | 10 *Blomeyer/Rolfs/Otto*, § 7 BetrAVG Rz. 111. | 11 *Paulsdorff*, § 7 BetrAVG Rz. 135. | 12 BAG v. 9.12.1997 – 3 AZR 429/96, DB 1998, 1570.

Leistungen übernehmen, kann aber die Ansprüche auf sich überleiten und alle Schritte unternehmen, um noch verwertbares Vermögen des ArbGeb an sich zu ziehen, notfalls dadurch, dass er ein Insolvenzverfahren einleitet.

Für die Feststellung des **Zeitpunkts**, zu dem der Sicherungsfall eingetreten ist, kommt es darauf an, wann das Letzte anspruchsbegründende Tatbestandsmerkmal erstmalig vorliegt. Dabei kann die Masselosigkeit auch erst nach der Beendigung der Betriebstätigkeit eintreten[1]. Auf den Eintritt des Sicherungsfalles wirkt sich nicht aus, wenn der ArbGeb später seine **Betriebstätigkeit wieder aufnimmt**. Es verbleibt dann bei der Einstandspflicht der PSVaG; dieser kann allenfalls bei dem eigentlichen Versorgungsschuldner Rückgriff nehmen. Ein später eröffnetes Insolvenzverfahren nach späterem Antrag beseitigt den erst einmal eingetretenen Sicherungsfall des § 7 I 4 Nr. 3 nicht nachträglich. Die Sicherungsfälle sind gleichrangig[2]. 43

2. Unternehmensfortführung. Die andere Gruppe von Sicherungsfällen umschreibt Tatbestände, bei denen regelmäßig das Unternehmen fortgeführt wird, nämlich den außergerichtl. Stundungs- oder Quotenvergleich und das Insolvenzverfahren mit Sanierungserfolg. 44

a) Außergerichtlicher Stundungs- oder Quotenvergleich. Häufigster Anwendungsfall ist der außergerichtl. Stundungs- oder Quotenvergleich, dem der PSVaG zustimmt. Es gelten hier die gleichen rechtl. Rahmenbedingungen wie für den außergerichtl. Liquidationsvergleich. In einem außergerichtl. Vergleich mit der Zielsetzung der Unternehmensfortführung kann der PSVaG seine Zustimmung auch davon abhängig machen, dass die Leistungspflicht des ArbGeb gemindert fortbesteht oder zeitlich begrenzt wird. Der PSVaG kann auch eine Gegenleistung für die Übernahme von Versorgungsverpflichtungen übernehmen. 45

Der PSVaG wird im Übrigen einem außergerichtl. Vergleich nur dann zustimmen, wenn das Unternehmen noch sanierungsfähig ist und eine gleichmäßige Beteiligung aller Gläubiger gewährleistet ist. Dazu kann ggf. auch ein Beitrag der Anteilseigner des ArbGeb gehören. Im Regelfall verlangt der PSVaG einen nachvollziehbaren abgesicherten Sanierungsplan, aus dem die Sanierungsfähigkeit und die Verteilung der Sanierungsbeiträge ersichtlich ist. 46

b) Insolvenzverfahren mit Sanierungserfolg. Kein echter eigenständiger Sicherungsfall ist das Insolvenzverfahren mit Sanierungserfolg. Sicherungsfall ist auch hier zunächst die **Eröffnung** des Insolvenzverfahrens. Kommt im Insolvenzverfahren ein sog. **Insolvenzplan** zu Stande, hat das aber Auswirkungen auf den **Umfang** des Insolvenzschutzes. Wird im Insolvenzverfahren nämlich ein Insolvenzplan bestätigt, vermindert sich der Anspruch gegen den PSVaG insoweit, als nach dem Insolvenzplan der ArbGeb oder sonstige Träger der Versorgung einen Teil der Leistungen selbst zu erbringen hat. Im Insolvenzplan kann auch vorgesehen werden, dass der PSVaG nur bis zu einem bestimmten Zeitpunkt die Ruhegeldleistungen übernehmen soll. Im Insolvenzplan soll sogar vorgesehen werden, dass bei einer nachhaltigen Besserung der wirtschaftl. Lage des ArbGeb die zu überbringende Leistung wieder ganz oder zum Teil vom ArbGeb oder sonstigen Trägern der Versorgung übernommen wird. 47

c) Wirtschaftliche Notlage. Seit dem 1.1.1999 gibt es nicht mehr den Sicherungsfall der wirtschaftl. Notlage (§ 7 I 3 Nr. 5 aF). Eine wirtschaftl. Notlage iSv. § 7 I 3 Nr. 5 aF lag vor, wenn sich das Unternehmen in einer wirtschaftl. Lage befand, in der es seine Gläubiger nicht mehr befriedigen konnte, aber noch die **begründete Aussicht zur Rettung oder Sanierung** des Unternehmens bestand und hierfür ua. die Einstellung oder Kürzung von betrieblichen Versorgungsleistungen unerlässlich war[3]. Der Sicherungsfall der wirtschaftl. Notlage galt als kodifizierter Fall des **Wegfalls der Geschäftsgrundlage**, die nach der Schuldrechtsreform[4] nun als Störung der Geschäftsgrundlage in § 313 BGB gesetzl. geregelt ist. Dieses Rechtsinstitut besteht natürlich nach wie vor. Es stellt sich damit die Frage, ob der ArbGeb trotz Beseitigung des entsprechenden Sicherungsfalles in § 7 I dennoch wegen Wegfalls der Geschäftsgrundlage Ruhegeldleistungen widerrufen kann und ob der PSVaG eintreten muss. Nach Auffassung des BAG wird § 313 BGB hier von den spezialgesetzl. Vorschriften des BetrAVG verdrängt. Für Sicherungsfälle, die seit dem 1.1.1999 eingetreten sind, kommt ein Widerruf wegen wirtschaftl. Notlage nicht mehr in Betracht. Auf eine Störung der Geschäftsgrundlage kann sich der ArbGeb nicht berufen. Die fehlende wirtschaftl. Leistungsfähigkeit ist kein Grund dafür, sich von einer übernommenen Zahlungspflicht zu lösen[5]. Dem ArbGeb bleibt deshalb nur die Möglichkeit, sich um einen **außergerichtlichen Vergleich** mit seinen Gläubigern und einer Regelung der Versorgungsfragen mit dem PSVaG zu bemühen, wenn er sich auf ein Leistungsverweigerungsrecht wegen wirtschaftl. Notlage berufen will. Lehnt der PSVaG den außergerichtl. Vergleich ab, muss der ArbGeb den Insolvenzschutz durch den Gang ins Insolvenzverfahren herbeiführen[6]. Denn durch sein Berufen auf die wirtschaftl. Notlage gibt er zu erkennen, dass ein Eröffnungsgrund für das Insolvenzverfahren vorliegt[7]. 48

1 BAG v. 20.11.1984 – 3 AZR 444/82, NZA 1986, 156; v. 9.12.1997 – 3 AZR 429/96, DB 1998, 1570. | 2 BAG v. 9.12.1997 – 3 AZR 429/96, DB 1998, 1570. | 3 BAG v. 10.12.1971 – 3 AZR 190/71, DB 1972, 491; v. 24.4.2001 – 3 AZR 402/00, BB 2001, 1687. | 4 BGBl. I 2001, S. 3138. | 5 BAG v. 17.6.2003 – 3 AZR 396/02, DB 2004, 324; BAG v. 31.7.2007 – 3 AZR 373/06. | 6 BAG v. 17.6.2003 – 3 AZR 396/02, DB 2004, 324. | 7 *Wohlleben*, DB 1998, 1230; *Höfer*, § 7 BetrAVG Rz. 2812.39.

49 Besonderheiten können auch nach neuer Gesetzeslage gelten, wenn der ArbGeb Versorgungsleistungen über eine **Unterstützungskasse** zugesagt hat. Ausgehend von dem Freiwilligkeitsvorbehalt erleichtert die Rspr. den Widerruf von Versorgungsleistungen einer U-Kasse in sog. „Alt-“ und „Übergangsfällen“. Unter „**Altfällen**“ versteht die Rspr. Fallgestaltungen, in denen die rechtl. Regelungen für die U-Kasse vor Inkrafttreten des BetrAVG geschaffen wurden und die Versorgungsberechtigten auch vor diesem Zeitpunkt aus dem Arbeitsverhältnis ausschieden. Unter „**Übergangsfällen**“ versteht es Situationen, bei denen die rechtl. Grundlagen ebenfalls aus der Zeit vor dem BetrAVG stammen, die ArbN aber nach diesem Zeitpunkt ausgeschieden sind. Widerruft der ArbGeb hier Leistungen, so sollen dafür bereits triftige Gründe ausreichen, ohne dass die Voraussetzungen einer wirtschaftl. Notlage vorliegen müssen. Über den Gesetzeswortlaut des § 7 I 3 Nr. 5 aF und die derzeitige Gesetzeslage hinaus bestand und besteht in diesen Fällen ebenfalls gesetzl. Insolvenzschutz[1].

50 **V. Leistungseinschränkungen.** Unter gewissen Voraussetzungen sieht das BetrAVG Leistungseinschränkungen vor.

51 **1. Außergerichtlicher Vergleich und bestätigter Insolvenzplan.** Die Leistungspflicht des PSVaG ist bei einem bestätigten Insolvenzplan nach § 7 IV 2 und 3 beschränkt auf den Ausfall, der dem Versorgungsberechtigtem noch verbleibt. Entsprechendes gilt nach § 7 IV 4, wenn der PSVaG seine Zustimmung zu einem außergerichtl. Vergleich davon abhängig macht, dass der ArbGeb bestimmte Teile der Versorgung selbst sicher stellen muss.

52 **2. Trotz Insolvenz erbrachte Leistungen.** Der Anspruch auf Insolvenzsicherungsleistungen verringert sich in dem Umfang, in dem der ArbGeb oder sonstige Träger der Versorgung die Leistungen der betrAV erbringt, § 7 IV. Der Versicherer erbringt etwa einen Teil einer Altersversorgungsleistung aus einer Direktversicherung nach wie vor. Nur die Differenz zu den zugesagten Leistungen wird dann vom PSVaG übernommen. Oder der ArbGeb hat eine Rückdeckungsversicherung abgeschlossen, die dem Versorgungsberechtigten auf Grund einer Verpfändung nun zusteht. Auch hier besteht keine Eintrittspflicht in Höhe der abgesicherten Leistungen.

53 **3. Höchstgrenze.** Der Anspruch gegen den PSVaG ist betragsmäßig begrenzt, § 7 III. Die Höchstgrenze beträgt **monatlich** höchstens das Dreifache der im Zeitpunkt der ersten Fälligkeit maßgebenden monatl. Bezugsgröße gem. § 18 SGB IV. Die monatl. Bezugsgröße für die SozV beträgt in den alten Bundesländern im Jahre 2008 2485 Euro, in den neuen Ländern 2100 Euro. Die Höchstgrenze für den Insolvenzschutz beträgt monatl. folglich 7455 Euro (West) bzw. 6300 Euro (Ost).

54 Bei **Kapitalleistungen** wird eine fiktive Berechnung vorgenommen. 10 % der Kapitalleistung gelten als Jahresbetrag einer laufenden Leistung. Eine laufende jährliche Leistung ist in Höhe des 12fachen Monatshöchstbetrages insolvenzgeschützt. Das sind 2008 89 460 Euro (2485 Euro x 3 x 12 Monate) bzw. 75 680 Euro in den neuen Ländern. Da das nur 10 % der insolvenzgeschützten Kapitalleistung sind, muss der Betrag auf 100 % hochgerechnet, also mit 10 multipliziert werden. Das ergibt einen maximal insolvenzgeschützten Kapitalbetrag von 894 600 Euro (= 360fache monatliche Bezugsgröße). Für die neuen Bundesländer gilt eine Höchstgrenze von monatlich 6300 Euro und für Kapitalleistungen von 756 000 Euro.

55 Andere Höchstgrenzen gelten für Zusagen, die auf Sicherungsfällen beruhen, die vor dem 1.1.1999 eingetreten sind (§ 31). Hier wird der Insolvenzschutz auf das 3fache der im Zeitpunkt der ersten Fälligkeit des Ruhegelds geltenden BBG für Monatsbezüge in der gesetzl. RV der ArbN begrenzt. Bei Kapitalleistungen sind 10 % als Jahresbetrag einer laufenden Leistung anzusetzen. Eine Kapitalleistung wird gedanklich also für einen Zeitraum von 10 Jahren angesetzt. Höchstgrenze ist folglich das 10fache der 3fachen jährlichen BBG. In 2008 beträgt die monatliche BBG in der gesetzl. RV 5300 Euro (West) bzw. 4500 Euro (Ost).

56 **4. Rückständige Leistungen.** Eine Leistungspflicht des PSVaG entsteht grds. erst mit dem Beginn des Kalendermonats, der auf den Eintritt des Sicherungsfalls folgt. In den Fällen des § 7 I 1 (Eröffnung des Insolvenzverfahrens) und des S. 4 Nr. 1 (Abweisung des Insolvenzantrages) und Nr. 3 (vollständige Betriebseinstellung bei offensichtlicher Masseunzulänglichkeit) werden auch Ansprüche auf rückständige Versorgungsleistungen erfasst, soweit diese **bis zu sechs Monate** vor Entstehen der Leistungspflicht des PSVaG entstanden sind.

57 **VI. Versicherungsmissbrauch.** Nach Abs. 5 **besteht ein Anspruch gegen den PSVaG nicht**, soweit die Annahme gerechtfertigt ist, dass es der alleinige oder überwiegende Zweck der Versorgungszusage oder ihrer Verbesserung ist, den PSVaG in Anspruch zu nehmen[2]. Bei dieser Generalklausel liegt die Darlegungs- und Beweislast bei dem PSVaG. Allerdings verlangt das Gesetz seinem Wortlaut nach nicht den Nachweis einer Missbrauchsabsicht. Es reicht aus, soweit nach den Umständen des Falles lediglich die Annahme gerechtfertigt ist, dass der Träger der Insolvenzsicherung belastet werden soll. Es kommt also

1 BVerfG v. 19.10.1983 – 2 BvR 298/81, BVerfGE 65, 196; v. 14.1.1987 – 1 BvR 1052/79, BVerfGE 74, 129. | 2 BAG v. 8.5.1990 – 3 AZR 121/89, NZA 1990, 931.

allein auf objektive Kriterien an, die für einen verständigen Beobachter die Missbrauchsannahme rechtfertigen. Abs. 5 S. 2 stellt eine gesetzl. Vermutung auf. Die **Annahme des Missbrauchs** soll insb. dann gerechtfertigt sein, wenn bei Erteilung oder Verbesserung der Versorgungszusage wegen der wirtschaftl. Lage des ArbGeb zu erwarten war, dass die Zusage nicht erfüllt werde. Nach Auffassung des BAG handelt es sich um eine widerlegbare Vermutung. Statt des Missbrauchszwecks muss der PSVaG nach Abs. 5 S. 2 lediglich nachweisen, dass die Erfüllung der Zusage bzw. der Verbesserung in Anbetracht der wirtschaftl. Lage des ArbGeb nicht zu erwarten war. Es wird dann vermutet, dass mit den Vereinbarungen ein missbräuchlicher Zweck verfolgt wurde. Der ArbN hat dann die Möglichkeit, diese Vermutung zu widerlegen[1]. Dazu kann genügen, dass die subjektiven Voraussetzungen des § 7 V 1 widerlegt werden[2].

Verbesserungen der Versorgungszusage, die **innerhalb der letzten beiden Jahre** vor Eintritt des Sicherungsfalles **vereinbart**[3] worden sind, werden bei der Bemessung der Leistungen des Trägers der Insolvenzsicherung nach Abs. 5 S. 3 nicht berücksichtigt, soweit nicht einer der Ausnahmetatbestände des S. 3 Nr. 1 oder 2 vorliegt[4]. Hier handelt es sich um eine **unwiderlegbare** gesetzl. Vermutung[5]. Es kommt seit der Neufassung des Gesetzes per 1.1.1999 auf den Zeitpunkt der Vereinbarung an[6]. Das gilt auch für Versorgungsanwartschaften, die auf Entgeltumwandlungen beruhen, also arbeitnehmerfinanziert sind. Sie sind nach § 1b V zwar sofort unverfallbar, unterliegen jedoch wegen der Ausschlussfrist des Abs. 5 S. 3 erst nach 2 Jahren dem gesetzl. Insolvenzschutz[7]. Ein sofortiger Insolvenzschutz besteht aber dann, wenn bei einer ab dem 1.1.2002 erteilten Zusage auf Entgeltumwandlung nur bis zu 4 % der BBG in der allgemeinen RV für die Versorgung verwendet werden. Das gilt unabhängig davon, ob der Versorgungsberechtigte überhaupt pflichtversichert ist, also auch zB für insolvenzgeschützte (vgl. § 17 I) Vorstände von Aktiengesellschaften[8]. 58

Neu ist die Ausnahme der Missbrauchsvermutung für den Insolvenzschutz von Übertragungswerten, die gem. § 4 auf einen neuen ArbGeb übertragen wurden. Dies ist konsequent, weil nach § 4 nur Werte aus unverfallbaren Anwartschaften übertragen werden können, die deshalb beim alten ArbGeb bereits Insolvenzschutz genossen. Da bei dem neuen ArbGeb aber höhere Insolvenzrisiken bestehen können, gilt die Ausnahme nur für Übertragungswerte, die die BBG in der allgemeinen RV nicht übersteigen[9]. Abs. 5 S. 3 Nr. 2 bezieht sich seinem Wortlaut nach durch Verwendung des Begriffes „Übertragung" nicht auf § 4 II Nr. 1. Dort ist die Übernahme einer Zusage durch einen neuen ArbGeb geregelt, bei der der Inhalt der Versorgungszusage unverändert erhalten bleibt. Hierbei dürfte es sich um einen redaktionellen Fehler handeln. Denn es ist kein Grund ersichtlich, weshalb bei der unveränderten Fortführung der Versorgungszusage beim neuen ArbGeb die Missbrauchsvermutung voll durchgreifen soll[10].

Nach seinem Wortlaut galt § 7 V 3 nur bei Verbesserungen von Versorgungszusagen, nicht aber für ihre erstmalige Erteilung. Was aber für die Verbesserung einer Versorgungszusage gilt, muss erst recht für ihre erstmalige Erteilung gelten. Es besteht deshalb kein Insolvenzschutz, wenn die Versorgungszusage erst innerhalb der letzten beiden Jahre vor Eintritt des Sicherungsfalles erteilt wurde[11]. Der Gesetzgeber hat dies nun durch Änderung der Formulierung klargestellt[12]. Für den Beginn der Jahresfrist kommt es darauf an, an welchem Tag die Verbesserung zugesagt worden ist, nicht wann der damit bezweckte Erfolg eintritt[13]. Planmäßige und automatische Verbesserungen, die in der Versorgungszusage bereits angelegt sind, genießen Insolvenzschutz[14]. Sofortiger Insolvenzschutz besteht aber auch bei Entgeltumwandlungen, die auf ab dem 1.1.2002 gegebenen Zusagen beruhen, wenn bis zu 4 % der BBG in der gesetzl. RV der Arbeiter und Angestellten für Zwecke der betrAV verwendet werden. 59

VII. Vertragliche Sicherung in der Insolvenz. Nicht alle Versorgungsverpflichtungen sind insolvenzgeschützt. Ein Kompensationsbedarf kann zB in folgenden Situationen entstehen: 60

- Die gesetzl. Unverfallbarkeitsfristen sind noch nicht erreicht.
- Der Versorgungsberechtigte ist als Unternehmer anzusehen und unterfällt deshalb nicht dem gesetzl. Insolvenzschutz.
- Die Versorgungszusage überschreitet die Höchstgrenze nach § 7 III.

Der ArbGeb kann hier zur Absicherung der betriebl. Versorgungszusage eine Lebensversicherung als Rückdeckungsversicherung abschließen und diese für den Fall der Insolvenz des Unternehmens an den Versorgungsberechtigten **verpfänden**. Mit der **Verpfändung der Rückdeckungsversicherung** erwirbt der Versorgungsberechtigte das Recht, bei Pfandreife die Versorgungsleistung insoweit für sich in Anspruch zu nehmen, wie dies zur vollen Erfüllung seiner Pensionszusage erforderlich ist. Er genießt dadurch 61

1 BAG v. 29.11.1988 – 3 AZR 184/87, DB 1989, 786. | 2 BAG v. 19.2.2002 – 3 AZR 137/01. | 3 BAG v. 18.3.2003 – 3 AZR 120/02; eine Verbesserung durch Urteil steht dem nicht gleich. | 4 Eingeführt durch G v. 5.7.2004, BGBl. I S. 1427. | 5 BAG v. 2.6.1987 – 3 AZR 764/85, NZA 1988, 19; v. 24.11.1998 – 3 AZR 423/97, NZA 1999, 650. | 6 BAG v. 18.3.2003 – 3 AZR 120/02, DB 2004, 84. | 7 *Bode/Grabner*, Pensionsfonds und Entgeltumwandlung, S. 89. | 8 *Höfer*, § 7 BetrAVG Rz. 4573.2. | 9 BT-Drs. 15/2150, S. 54 zu Nr. 7a. | 10 So auch *Höfer*, § 7 BetrAVG Rz. 4573.4. | 11 BAG v. 24.11.1998 – 3 AZR 423/97, NZA 1999, 650; *Höfer*, § 7 BetrAVG Rz. 4566 ff.; KKBBP/*Berenz*, § 7 BetrAVG Rz. 142; *Blomeyer/Rolfs/Otto*, § 7 BetrAVG Rz. 300. | 12 G v. 5.7.2004, BGBl. I S. 1427. | 13 BAG v. 2.6.1987 – 3 AZR 764/85, NZA 1988, 19. | 14 BAG v. 2.6.1987 – 3 AZR 764/85, NZA 1988, 19.

einen vertragl. Insolvenzschutz, der mit dem gesetzl. Insolvenzschutz durchaus vergleichbar ist. Im Fall der Insolvenz steht dem Berechtigten ein **Absonderungsrecht** iSv. § 50 InsO zu, so dass die Rückdeckungsversicherung jedenfalls in Höhe des Versorgungsanspruchs nicht in die Insolvenzmasse fällt. Bei Eintritt der Insolvenz darf der Insolvenzverwalter somit erst dann auf die Rückdeckungsversicherung Zugriff nehmen, wenn der Gläubiger innerhalb einer ihm gesetzten Frist die Verwertung der Rückdeckungsversicherung unterlassen hat. Der Berechtigte kann insoweit beanspruchen, dass der Insolvenzverwalter die Rechte am Versicherungsvertrag in Höhe der Versorgungsansprüche abtritt. Er kann aber auch die Rückdeckungsversicherung durch Kündigung fällig stellen und dann aus dem Rückkaufswert Befriedigung suchen.

62 In Betracht kommen ferner **Treuhandlösungen** (Contractual Trust Arrangements – CTA); Einzelheiten bei § 4 Rz. 15. Dabei überträgt der aus der Altersversorgung Verpflichtete Vermögen an einen Treuhänder. Dieser wiederum wird verpflichtet, bei Eintritt der Insolvenz aus dem Treuhandvermögen das Versorgungsversprechen zu erfüllen. In Betracht kommt jedes Wirtschaftsgut, zB Immobilienbesitz, Wertpapiere, Bankguthaben, Forderungen[1]. Die Insolvenz des ArbGeb führt gem. § 116 S. 1 iVm. § 115 InsO dazu, dass der Treuhandvertrag beendet wird. Der Insolvenzverwalter ist dann verpflichtet, den Rückgewähranspruch des Unternehmens geltend zu machen. Dies kann dadurch ausgeschlossen werden, dass der Rückgewähranspruch an die versorgungsberechtigten ArbN verpfändet wird. Durch das Aussonderungsrecht gem. §§ 50 ff. InsO wird gewährleistet, dass der Treuhänder dann die Möglichkeit behält, die Versorgungsleistungen zu erbringen.

63 Das Pfandrecht der ArbN geht allerdings gem. **§ 9 II** auf den **PSVaG** über, wenn dieser eintrittspflichtig ist. Allerdings darf der PSVaG den Forderungsübergang nicht zum Nachteil des Berechtigten geltend machen (§ 9 II 2). Ist der PSVaG nicht einstandspflichtig (etwa weil es sich um eine nicht sicherungsfähige Unternehmerrente handelt), findet kein Forderungsübergang statt. Bei einer nur teilweisen Eintrittspflicht (etwa wenn die Höchstgrenzen des § 7 III überschritten werden), muss der PSVaG das Pfandrecht zu Gunsten des Versorgungsberechtigten freigeben und ggf. auf ihn rückübertragen, soweit das Vermögen nicht zur Erfüllung der gesetzl. Leistungspflicht des PSVaG benötigt wird. Soweit der PSVaG das Sicherungsrecht verwertet hat, ist dem Versorgungsberechtigten Zugriff auf den Erlös zu ermöglichen[2].

8 *Übertragung der Leistungspflicht und Abfindung*

(1) Ein Anspruch gegen den Träger der Insolvenzsicherung auf Leistungen nach § 7 besteht nicht, wenn eine Pensionskasse oder ein Unternehmen der Lebensversicherung sich dem Träger der Insolvenzsicherung gegenüber verpflichtet, diese Leistungen zu erbringen, und die nach § 7 Berechtigten ein unmittelbares Recht erwerben, die Leistungen zu fordern.

(1a) Der Träger der Insolvenzsicherung hat die gegen ihn gerichteten Ansprüche auf den Pensionsfonds, dessen Trägerunternehmen die Eintrittspflicht nach § 7 ausgelöst hat, im Sinne von Absatz 1 zu übertragen, wenn die Bundesanstalt für Finanzdienstleistungsaufsicht hierzu die Genehmigung erteilt. Die Genehmigung kann nur erteilt werden, wenn durch Auflagen der Bundesanstalt für Finanzdienstleistungsaufsicht die dauernde Erfüllbarkeit der Leistungen aus dem Pensionsplan sichergestellt werden kann. Die Genehmigung der Bundesanstalt für Finanzdienstleistungsaufsicht kann der Pensionsfonds nur innerhalb von drei Monaten nach Eintritt des Sicherungsfalles beantragen.

(2) Der Träger der Insolvenzsicherung kann eine Anwartschaft ohne Zustimmung des Arbeitnehmers abfinden, wenn der Monatsbetrag der aus der Anwartschaft resultierenden laufenden Leistung bei Erreichen der vorgesehenen Altersgrenze 1 vom Hundert, bei Kapitalleistungen zwölf Zehntel der monatlichen Bezugsgröße nach § 18 des Vierten Buches Sozialgesetzbuch nicht übersteigen würde oder wenn dem Arbeitnehmer die Beiträge zur gesetzlichen Rentenversicherung erstattet worden sind. Dies gilt entsprechend für die Abfindung einer laufenden Leistung. Die Abfindung ist darüber hinaus möglich, wenn sie an ein Unternehmen der Lebensversicherung gezahlt wird, bei dem der Versorgungsberechtigte im Rahmen einer Direktversicherung versichert ist. § 2 Abs. 2 Satz 4 bis 6 und § 3 Abs. 5 gelten entsprechend.

1 **I. Übertragung der Leistungspflicht.** Der PSVaG kann seine Verpflichtung nach Abs. 1 auf ein Unternehmen der Lebensversicherung oder eine Pensionskasse **übertragen**. Dies soll der Verwaltungsentlastung des PSVaG dienen[3]. Von dieser Möglichkeit macht der PSVaG dergestalt Gebrauch (vgl. § 2 II der Satzung des PSVaG), dass er mit einem Konsortium aus 56 Lebensversicherungsunternehmen unter der Führung der Allianz Lebensversicherung AG vereinbart hat, die laufenden Leistungen zu erbringen. Durch diese Vereinbarung wird der PSVaG von seiner eigenen Verpflichtung befreit. Es handelt sich um eine vom Gesetz zugelassene befreiende Schuldübernahme, der der Versorgungsberechtigte nicht einmal zuzustimmen braucht. Ansprüche richten sich dann nur noch gegen das Versicherungskonsortium.

1 *Blomeyer*, BetrAVG 1999, 293. | 2 KKBBP/*Berenz*, § 9 BetrAVG Rz. 18 f. | 3 BT-Drs. 7/2843, S. 9.

Eine Zwangsvollstreckung gegen den PSVaG ist nicht mehr zulässig. Ist der Versorgungsberechtigte der Auffassung, ihm stünden höhere Leistungen zu, muss der PSVaG verklagt werden. Denn die Schuldbefreiung des PSVaG ist auf die bei dem Konsortium versicherten Betrag beschränkt. Zahlt das Konsortium nicht die bei ihm versicherten Leistungen, kann der Berechtigte gegen das Konsortium selbst klagen.

Das die Leistungspflicht übernehmende Versicherungskonsortium erteilt dem Versorgungsberechtigtem einen **Versicherungsausweis.** Aus diesem ergibt sich, dass der Berechtigte ein unmittelbares Recht hat, die Leistungen in der im Ausweis bezifferten Höhe von dem Versicherungskonsortium zu fordern. 2

II. Besonderheiten beim Pensionsfonds. Bei einer Versorgung über einen Pensionsfonds besteht die Möglichkeit, dass dieser die Ansprüche weiterhin selbst erfüllt. Der PSVaG hat unter den Voraussetzungen des Abs. 1a die gegen ihn gerichteten Ansprüche auf den Pensionsfonds zu übertragen. Der Pensionsfonds muss die Genehmigung, selbst die Ansprüche der ArbN des insolventen Unternehmens erfüllen zu dürfen, innerhalb von 3 Monaten nach Eintritt des Sicherungsfalls bei der BaFin beantragen. Bedingung für die Genehmigungserteilung ist, dass die dauernde Erfüllbarkeit der Versorgungsleistungen aus dem Pensionsfonds sichergestellt ist. Dies hat die BaFin ggf. durch Auflagen sicherzustellen. 3

III. Abfindung von Anwartschaften. Mit Gesetz vom 5.7.2004[1] wurden die Möglichkeiten zur Abfindung von Versorgungsrechten modifiziert (vgl. Komm. zu § 3). Damit korrespondierend wurden auch die Abfindungsrechte des PSVaG aus Abs. 2 angeglichen. Liegen die Voraussetzungen des § 3 II u. III vor, kann der PSVaG ohne Zustimmung des ArbN dessen unverfallbare Anwartschaften abfinden. Das Gesetz verweist ausdrücklich auf § 2 II 4–6. Daraus folgt, dass die besonderen Unverfallbarkeitsvoraussetzungen erfüllt sein müssen. Entsprechende Abfindungsrechte bestehen für bereits laufende Leistungen. Eine Besonderheit besteht, wenn die Abfindung an ein Unternehmen der Lebensversicherung gezahlt wird, bei dem der Versorgungsberechtigte im Rahmen einer Direktversicherung versichert ist. Hier gelten die Beschränkungen des Abs. 2 S. 1 nicht. Rechtstechnisch wird hier die Anwartschaft aber auch nicht abgefunden, sondern übertragen. Denn Abs. 2 S. 4 verweist auf § 3 V, der wiederum auf § 4 V verweist. Die bisherige Versicherung wird damit fortgeführt. Der PSVaG wird mit der Zahlung von einer Verpflichtung frei[2]. 4

9 *Mitteilungspflicht; Forderungs- und Vermögensübergang*

(1) [Mitteilungspflichten] Der Träger der Insolvenzsicherung teilt dem Berechtigten die ihm nach § 7 oder § 8 zustehenden Ansprüche oder Anwartschaften schriftlich mit. Unterbleibt die Mitteilung, so ist der Anspruch oder die Anwartschaft spätestens ein Jahr nach dem Sicherungsfall bei dem Träger der Insolvenzsicherung anzumelden; erfolgt die Anmeldung später, so beginnen die Leistungen frühestens mit dem Ersten des Monats der Anmeldung, es sei denn, dass der Berechtigte an der rechtzeitigen Anmeldung ohne sein Verschulden verhindert war.

(2) [Forderungsübergang] Ansprüche oder Anwartschaften des Berechtigten gegen den Arbeitgeber auf Leistungen der betrieblichen Altersversorgung, die den Anspruch gegen den Träger der Insolvenzsicherung begründen, gehen im Falle eines Insolvenzverfahrens mit dessen Eröffnung, in den übrigen Sicherungsfällen dann auf den Träger der Insolvenzsicherung über, wenn dieser nach Absatz 1 Satz 1 dem Berechtigten die ihm zustehenden Ansprüche oder Anwartschaften mitteilt. Der Übergang kann nicht zum Nachteil des Berechtigten geltend gemacht werden. Die mit der Eröffnung des Insolvenzverfahrens übergegangenen Anwartschaften werden im Insolvenzverfahren als unbedingte Forderungen nach § 45 der Insolvenzordnung geltend gemacht.

(3) [Vermögensübergang] Ist der Träger der Insolvenzsicherung zu Leistungen verpflichtet, die ohne den Eintritt des Sicherungsfalles eine Unterstützungskasse erbringen würde, geht deren Vermögen einschließlich der Verbindlichkeiten auf ihn über; die Haftung für die Verbindlichkeiten beschränkt sich auf das übergegangene Vermögen. Wenn die übergegangenen Vermögenswerte den Barwert der Ansprüche und Anwartschaften gegen den Träger der Insolvenzsicherung übersteigen, hat dieser den übersteigenden Teil entsprechend der Satzung der Unterstützungskasse zu verwenden. Bei einer Unterstützungskasse mit mehreren Trägerunternehmen hat der Träger der Insolvenzsicherung einen Anspruch gegen die Unterstützungskasse auf einen Betrag, der dem Teil des Vermögens der Kasse entspricht, der auf das Unternehmen entfällt, bei dem der Sicherungsfall eingetreten ist. Die Sätze 1 bis 3 gelten nicht, wenn der Sicherungsfall auf den in § 7 Abs. 1 Satz 4 Nr. 2 genannten Gründen beruht, es sei denn, dass das Trägerunternehmen seine Betriebstätigkeit nach Eintritt des Sicherungsfalls nicht fortsetzt und aufgelöst wird (Liquidationsvergleich).

(3a) Absatz 3 findet entsprechende Anwendung auf einen Pensionsfonds, wenn die Bundesanstalt für Finanzdienstleistungsaufsicht die Genehmigung für die Übertragung der Leistungspflicht durch den Träger der Insolvenzsicherung nach § 8 Abs. 1a nicht erteilt.

---

1 BGBl. I 2004 S. 1427. | 2 *Höfer*, DB 2004, 1426 (1429 f.).

(4) [Insolvenzplan] In einem Insolvenzplan, der die Fortführung des Unternehmens oder eines Betriebes vorsieht, kann für den Träger der Insolvenzsicherung eine besondere Gruppe gebildet werden. Sofern im Insolvenzplan nichts anderes vorgesehen ist, kann der Träger der Insolvenzsicherung, wenn innerhalb von drei Jahren nach der Aufhebung des Insolvenzverfahrens ein Antrag auf Eröffnung eines neuen Insolvenzverfahrens über das Vermögen des Arbeitgebers gestellt wird, in diesem Verfahren als Insolvenzgläubiger Erstattung der von ihm erbrachten Leistungen verlangen.

(5) [Beschwerderecht] Dem Träger der Insolvenzsicherung steht gegen den Beschluss, durch den das Insolvenzverfahren eröffnet wird, die sofortige Beschwerde zu.

1 **I. Mitteilungspflichten.** Nach Abs. 1 muss der PSVaG die dem Versorgungsberechtigten zustehenden Ansprüche oder Anwartschaften schriftl. mitteilen. Dies geschieht in Form eines „**Leistungsbescheides**", wenn der PSVaG laufende Leistungen zu übernehmen hat und durch einen sog. „**Anwartschaftsausweis**", soweit für eine unverfallbare Versorgungsanwartschaft Insolvenzschutz besteht. Die Mitteilung des PSVaG muss Angaben zu Anwartschaften und Ansprüchen dem Grunde und der Höhe nach enthalten. Dem Versorgungsberechtigten soll ein verlässliches Bild über das Bestehen und den Umfang von Versorgungsrechten gegeben werden. Der PSVaG hat von sich aus zu informieren. Anders als bei der Auskunft nach § 4a II ist ein Verlangen des Versorgungsberechtigten nicht erforderlich[1]. Damit soll der Gefahr vorgebeugt werden, dass dem Berechtigten der Eintritt des Sicherungsfalles verborgen bleibt[2].

2 Weder der Leistungsbescheid noch der Anwartschaftsausweis haben konstitutive Bedeutung. Der PSVaG haftet allein nach Maßgabe von § 7. Inhaltlich unrichtige Anwartschaftsausweise oder Leistungsbescheide vermögen deshalb idR keinen Zahlungsanspruch zu begründen[3]. Die Mitteilung der Anwartschaftshöhe im Anwartschaftsausweis ist schon deshalb **nicht bindend**, weil nur eine vorläufige Feststellung möglich ist. Denn während der Anwartschaftsphase stehen oftmals für die endgültige Leistungsbemessung maßgebliche Faktoren noch nicht fest. So ist schon nicht vorhersehbar, wann etwa der Versorgungsfall eintritt. Der PSVaG kann deshalb immer nur die voraussichtlichen Leistungen bescheinigen, die der ArbN bei Erreichen des 65. LJ oder einer früheren festen Altersgrenze beanspruchen kann.

3 Aus einem Leistungsbescheid kann ausnahmsw. dann ein über die Rechte des § 7 hinausgehender Anspruch hergeleitet werden, wenn der Rentner in seinem **Vertrauen auf die Richtigkeit** des Bescheides Vermögensdispositionen getroffen oder zu treffen unterlassen hat, die er nicht mehr oder nur noch unter unzumutbaren Nachteilen rückgängig machen kann. Diese Haftung ist jedoch auf die Höhe dessen begrenzt, was der PSVaG in seinem Leistungsbescheid ursprünglich anerkannt hatte[4].

4 **II. Anmeldung von Ansprüchen.** Versäumt der PSVaG seine Mitteilungspflichten, so sind nach Abs. 1 S. 1 Hs. 1 vom Versorgungsberechtigten nicht nur Ansprüche auf laufende Leistungen, sondern auch Anwartschaften anzumelden. Dies muss spätestens 1 Jahr nach dem Sicherungsfall erfolgen. Geschieht dies nicht, beginnen die Leistungen frühestens mit dem Ersten des Monats der Anmeldung. Auf den Eintritt des Versorgungsfalles kommt es nicht an. Wurde bereits ein Anwartschaftsausweis erteilt, bedarf es bei Eintritt des Versorgungsfalles keiner erneuten Anmeldung. Allerdings können fällige Ansprüche auch gegenüber dem PSVaG verjähren[5]. Die Verjährungsfrist entspricht der, die auch gegenüber dem insolventen ArbGeb einzuhalten gewesen wäre.

5 **III. Forderungsübergang.** Abs. 2 regelt, dass mit **Eintritt des Sicherungsfalles** die Ansprüche der ArbN auf Leistungen der betrAV auf den PSVaG übergehen. Besteht die Sicherung in Form einer Bürgschaft, kann sich der Bürge nicht auf Grund der unvorhersehbaren Insolvenz auf einen Wegfall der Geschäftsgrundlage berufen[6]. Insoweit wird durch Abs. 2 eine endgültige Rechtszuweisung geschaffen[7].

6 Für die Sicherungsfälle der Eröffnung des Insolvenzverfahrens und der Abweisung des Antrages auf Eröffnung des Insolvenzverfahrens mangels Masse tritt der Forderungsübergang sofort ein, bei allen übrigen Sicherungsfällen erst dann, wenn der PSVaG den Berechtigten die ihnen zustehenden Ansprüche oder Anwartschaften mitteilt. Der PSVaG tritt damit in der Insolvenz an die Stelle des ArbGeb. Die Versorgungsberechtigten sind gegenüber dem insolventen ArbGeb dann nicht mehr aktivlegitimiert. Ihnen stehen nur noch Ansprüche gegenüber dem PSVaG zu. Auf diese Weise erhält der PSVaG die Möglichkeit, einen Teil seiner Aufwendungen anders als durch Beiträge zu finanzieren.

7 Sicherungsrechte[8], die auf den PSVaG übergehen, sind etwa

- Bürgschaften[9],
- durch Schuldbeitritt entstandene Forderungen gegen einen Dritten[10],
- akzessorische Sicherungsrechte[11],

---

1 *Höfer*, § 9 BetrAVG Rz. 4661. | 2 *Höfer*, § 9 BetrAVG Rz. 4661. | 3 LAG Köln v. 28.11.1985 – 8 Sa 927/85, DB 1986, 805; *Blomeyer/Rolfs/Otto*, § 9 BetrAVG Rz. 14; BGH v. 3.2.1986 – II ZR 54/85, DB 1986, 1118. | 4 BGH v. 3.2.1986 – II ZR 54/85, DB 1986, 1118. | 5 BAG v. 21.3.2000 – 3 AZR 72/99, NZA 2000, 835. | 6 BGH v. 13.5.1993 – IX ZR 166/92, NZA 1994, 365. | 7 BAG v. 12.4.1983 – 3 AZR 607/80, DB 1983, 1826. | 8 Vgl. Aufzählung bei *Ahrend/Förster/Rühmann*, § 9 BetrAVG Rz. 5. | 9 BGH v. 13.5.1993 – IX ZR 166/92, NZA 1994, 365. | 10 BAG v. 12.12.1989 – 3 AZR 540/88, NZA 1990, 475. | 11 BAG v. 12.12.1989 – 3 AZR 540/88, NZA 1990, 475.

- Rechte aus verpfändeten Rückdeckungsversicherungen[1],
- Ansprüche gegen ehemalige Einzelunternehmer iSv. § 28 HGB, die ihr Unternehmen in eine KG eingebracht haben[2],
- Ansprüche gegen ausgeschiedene persönlich haftende Gesellschafter einer Personengesellschaft nach §§ 128, 161 II HGB, wobei die Haftung für alle während der Mitgliedschaft des Gesellschafters erteilten Versorgungszusagen auf die Ansprüche begrenzt ist, die bis zu fünf Jahre nach seinem Ausscheiden fällig werden[3].

Vertragl. Haftungsausschlussklauseln sind gegenüber dem PSVaG unwirksam[4]. Der PSVaG darf allerdings den Forderungsübergang **nicht zum Nachteil der Versorgungsberechtigten** geltend machen. Ihnen verbleibt das Zugriffsrecht auf das Vermögen des ArbGeb, wenn der PSVaG die Ansprüche nicht voll befriedigt[5]. 8

IV. Vermögensübergang. Abs. 3 sieht vor, dass das Vermögen einer U-Kasse einschließlich deren Verbindlichkeiten auf den PSVaG übergeht. Grund für diese Sonderregelung ist, dass nach der gesetzl. Definition in § 1b IV beim Durchführungsweg der U-Kasse kein Rechtsanspruch auf die zugesagten Leistungen besteht, so dass eine Anspruchsübertragung nach Abs. 2 nicht in Frage kommt. Entgegen dem Wortlaut der Vorschrift findet ein Vermögensübergang nicht nur dann statt, wenn die Kasse bereits laufende Leistungen gewährt; es genügt, wenn insolvenzgeschützte Versorgungsanwartschaften bestehen. Gibt es jedoch weder insolvenzgeschützte Anwärter noch Leistungsbezieher, findet ein Vermögensübergang nicht statt[6]. Für den Vermögensübergang ist es nicht erforderlich, dass die Kasse bei Eintritt des Sicherungsfalls vermögenslos oder zahlungsunfähig ist. Der Übergang findet sogar dann statt, wenn die Kasse in der Lage wäre, alle Versorgungsverbindlichkeiten zu erfüllen[7]. Zum Vermögen einer U-Kasse kann auch eine Darlehensforderung gegen das Trägerunternehmen gehören[8]. Übersteigt das Vermögen den Barwert der Ansprüche und Anwartschaften gegen den Träger der Insolvenzsicherung, muss dieser den übersteigenden Teil nach Maßgabe der Satzung der Kasse verwenden (Abs. 3 S. 2). 9

Eine U-Kasse mit mehreren Trägerunternehmen wird durch die Insolvenz eines Trägerunternehmens in ihrem Fortbestand nicht berührt. Statt des vollständigen Vermögensübergangs steht dem PSVaG ein Anspruch in Höhe des anteiligen Kassenvermögens gegen die U-Kasse zu, welches dem den Sicherungsfall auslösenden Trägerunternehmen zuzurechnen ist[9]. 10

Beim Sicherungsfall des außergerichtl. Vergleichs (§ 7 I 4 Nr. 2) findet gem. Abs. 3 S. 4 nur dann ein Vermögensübergang statt, wenn das Trägerunternehmen seine Betriebstätigkeit nicht fortsetzt und aufgelöst wird, also ein Liquidationsvergleich geschlossen wird. Wird das Unternehmen fortgeführt, haftet der ArbGeb weiter für Leistungsverpflichtungen der Kasse. Dafür wird der U-Kasse ihr Vermögen belassen. 11

Besonderheiten gelten beim **Pensionsfonds**. Hier kommt es nur dann zu einem Forderungsübergang, wenn die BaFin die Genehmigung zu einer beantragten Übertragung der Leistungspflicht auf den Pensionsfonds verweigert (§ 9 IIIa). 12

Die Abs. 4 und 5 verbessern die Stellung des PSVaG im Insolvenzverfahren. Kommt es zu einem Insolvenzplan, der eine Fortführung des Unternehmens vorsieht, kann für den PSVaG eine besondere Gruppe der am Insolvenzplan Beteiligten gebildet werden. Da über den Insolvenzplan nach Gruppen abgestimmt wird, hat der PSVaG in diesem Fall quasi ein Vetorecht. Ferner hat der PSVaG ein eigenes Beschwerderecht, kraft dessen er gegen den Beschluss zur Eröffnung des Insolvenzverfahrens sofortige Beschwerde einlegen kann. Damit soll der Möglichkeit entgegengewirkt werden, dass sich der Schuldner zu Lasten der Solidargemeinschaft auf leichtem Wege saniert[10]. 13

10 *Beitragspflicht und Beitragsbemessung*

(1) [Beitragspflicht] Die Mittel für die Durchführung der Insolvenzsicherung werden auf Grund öffentlich-rechtlicher Verpflichtungen durch Beiträge aller Arbeitgeber aufgebracht, die Leistungen der betrieblichen Altersversorgung unmittelbar zugesagt haben oder eine betriebliche Altersversorgung über eine Unterstützungskasse, eine Direktversicherung der in § 7 Abs. 1 Satz 2 und Absatz 2 Satz 1 Nr. 2 bezeichneten Art oder einen Pensionsfonds durchführen.

(2) [Gesamtbeitragsaufkommen] Die Beiträge müssen den Barwert der im laufenden Kalenderjahr entstehenden Ansprüche auf Leistungen der Insolvenzsicherung decken zuzüglich eines Betrages für

---

1 Vgl. Aufzählungen bei *Ahrend/Förster/Rühmann*, § 9 BetrAVG Rz. 5. |2 BAG v. 23.1.1990 – 3 AZR 171/88, NZA 1990, 685. |3 BGH v. 19.5.1983 – II ZR 50/82, NJW 1984, 833; BAG v. 28.11.1989 – 3 AZR 818/87, NZA 1990, 557. |4 LG Köln v. 21.8.1991 – 24 O 125/90, DB 1992, 640. |5 BAG v. 12.12.1989 – 3 AZR 540/88, NZA 1990, 475. |6 *Höfer*, § 9 BetrAVG Rz. 4692. |7 BAG v. 12.12.1991 – 3 AZR 30/90, NZA 1991, 723. |8 BAG v. 6.10.1992 – 3 AZR 41/92, NZA 1993, 455. |9 BAG v. 22.10.1991 – 3 AZR 1/91, DB 1992, 996. |10 Vgl. BT-Drs. 12/3803, S. 112.

die auf Grund eingetretener Insolvenzen zu sichernden Anwartschaften, der sich aus dem Unterschied der Barwerte dieser Anwartschaften am Ende des Kalenderjahres und am Ende des Vorjahres bemisst. Der Rechnungszinsfuß bei der Berechnung des Barwerts der Ansprüche auf Leistungen der Insolvenzsicherung bestimmt sich nach § 65 des Versicherungsaufsichtsgesetzes; soweit keine Übertragung nach § 8 Abs. 1 stattfindet, ist der Rechnungszinsfuß bei der Berechnung des Barwerts der Anwartschaften um ein Drittel höher. Darüber hinaus müssen die Beiträge die im gleichen Zeitraum entstehenden Verwaltungskosten und sonstigen Kosten, die mit der Gewährund der Leistungen zusammenhängen, und die Zuführung zu einem von der Bundesanstalt für Finanzdienstleistungsaufsicht festgesetzten Ausgleichsfonds decken; § 37 des Versicherungsaufsichtsgesetzes bleibt unberührt. Auf die am Ende des Kalenderjahres fälligen Beiträge können Vorschüsse erhoben werden. Sind die nach den Sätzen 1 bis 3 erforderlichen Beiträge höher als im vorangegangenen Kalenderjahr, so kann der Unterschiedsbetrag auf das laufende und die folgenden vier Kalenderjahre verteilt werden. In Jahren, in denen sich außergewöhnlich hohe Beiträge ergeben würden, kann zu deren Ermäßigung der Ausgleichsfonds in einem von der Bundesanstalt für Finanzdienstleistungsaufsicht zu genehmigenden Umfang herangezogen werden.

(3) [Beitragsbemessungsgrundlage] Die nach Absatz 2 erforderlichen Beiträge werden auf die Arbeitgeber nach Maßgabe der nachfolgenden Beträge umgelegt, soweit sie sich auf die laufenden Versorgungsleistungen und die nach § 1b unverfallbaren Versorgungsanwartschaften beziehen (Beitragsbemessungsgrundlage); diese Beträge sind festzustellen auf den Schluss des Wirtschaftsjahres des Arbeitgebers, das im abgelaufenen Kalenderjahr geendet hat:

1. Bei Arbeitgebern, die Leistungen der betrieblichen Altersversorgung unmittelbar zugesagt haben, ist Beitragsbemessungsgrundlage der Teilwert der Pensionsverpflichtung (§ 6a Abs. 3 des Einkommensteuergesetzes).

2. Bei Arbeitgebern, die eine betriebliche Altersversorgung über eine Direktversicherung mit widerruflichem Bezugsrecht durchführen, ist Beitragsbemessungsgrundlage das geschäftsplanmäßige Deckungskapital oder, soweit die Berechnung des Deckungskapitals nicht zum Geschäftsplan gehört, die Deckungsrückstellung. Für Versicherungen, bei denen der Versicherungsfall bereits eingetreten ist, und für Versicherungsanwartschaften, für die ein unwiderrufliches Bezugsrecht eingeräumt ist, ist das Deckungskapital oder die Deckungsrückstellung nur insoweit zu berücksichtigen, als die Versicherungen abgetreten oder beliehen sind.

3. Bei Arbeitgebern, die eine betriebliche Altersversorgung über eine Unterstützungskasse durchführen, ist Beitragsbemessungsgrundlage das Deckungskapital für die laufenden Leistungen (§ 4d Abs. 1 Nr. 1 Buchstabe a des Einkommensteuergesetzes) zuzüglich des Zwanzigfachen der nach § 4d Abs. 1 Nr. 1 Buchstabe b Satz 1 des Einkommensteuergesetzes errechneten jährlichen Zuwendungen für Leistungsanwärter im Sinne von § 4d Abs. 1 Nr. 1 Buchstabe b Satz 2 des Einkommensteuergesetzes.

4. Bei Arbeitgebern, soweit sie betriebliche Altersversorgungen über einen Pensionsfonds durchführen, ist Beitragsbemessungsgrundlage 20 vom Hundert des entsprechend Nummer 1 ermittelten Betrages.

(4) [Zwangsvollstreckung] Aus den Beitragsbescheiden des Trägers der Insolvenzsicherung findet die Zwangsvollstreckung in entsprechender Anwendung der Vorschriften der Zivilprozessordnung statt. Die vollstreckbare Ausfertigung erteilt der Träger der Insolvenzsicherung.

1 **I. Beiträge.** Der PSVaG erhebt zur Finanzierung des Insolvenzschutzes Zwangsbeiträge. Die Beitragshöhe wird in einem Promille-Satz der Beitragsbemessungsgrundlage nach Abs. 3 ausgedrückt. Auf die am Ende des Kalenderjahres fälligen Beiträge können Vorschüsse erhoben werden. Die Höhe des vom PSVaG festzusetzenden Beitragssatzes ist vom Schadensvolumen in dem jeweiligem Jahr abhängig.

2 **1. Beitragspflicht.** Beitragspflichtig sind nach Abs. 1 nur die ArbGeb, deren Versorgungszusagen einem Insolvenzrisiko unterliegen. Damit sind Pensionskassen und „unbeschädigte" Direktversicherungen mit unwiderruflichem Bezugsrecht von der Mittelaufbringung nicht erfasst. Ausgeschlossen sind ferner ArbGeb, bei denen kraft Gesetzes die Zahlungsfähigkeit gesichert ist, also eine Insolvenz ausgeschlossen ist (§ 17 II). Auf die Wahrscheinlichkeit eines Insolvenzeintritts kommt es nicht an. Deshalb sind auch ArbGeb beitragspflichtig, bei denen eine Insolvenz nicht zu erwarten ist, etwa bei öffentl.-rechtl. Ersatzschulen oder Rundfunkanstalten etc. Dort ist nämlich die Zahlungsfähigkeit kraft Gesetzes nicht gesichert.

3 **2. Beitragsaufkommen.** Beiträge zur Insolvenzsicherung werden auf Grund **öffentlich-rechtlicher** Verpflichtung durch Beiträge aller ArbGeb aufgebracht, die Leistungen der betrAV unmittelbar zugesagt haben oder eine betrAV über eine U-Kasse, einen Pensionsfonds oder eine Direktversicherung durchführen. Mit Wirkung ab dem Beitragsjahr 2006[1] hat der Gesetzgeber das Finanzierungsverfahren der

1 Art. 1 Gesetz zur Änderung des Betriebsrentengesetzes v. 2.12.2006, BGBl. 2006, S. 2742; Details bei KKBBP/*Berenz*, § 10 BetrAVG Rz. 35 ff.

Insolvenzsicherung auf eine vollständige Kapitaldeckung umgestellt. Mit den Beiträgen wird der gesamte im Beitragsjahr durch Insolvenzen entstandene Schaden abgedeckt. Bislang erfolgte eine Vorausfinanzierung von Versorgungsanwartschaften aus Insolvenzfällen nicht, Anwartschaften wurden erst bei Eintritt des Versorgungsfalls ausfinanziert. Die Nachfinanzierung bereits bis zum Jahresende 2005 aufgelaufener Anwartschaften kann gem. § 30i auf 15 Jahre verteilt werden. Weiterhin legt Abs. 2 nun ausdrücklich fest, dass die Beiträge auch die sonstigen mit der Gewährung der Sicherungsleistungen zusammenhängenden Kosten und die nach versicherungsaufsichtsrechtlichen Vorgaben notwendigen Zuführungen zu einer Verlustrücklage sowie einem Ausgleichsfonds abdecken müssen. Die vom PSVaG zu übernehmenden Verpflichtungen werden durch Einmalbeträge bei einem **Konsortium** von 56 Lebensversicherungsunternehmen unter Führung der Allianz Lebensversicherungs AG versichert. Der von Jahr zu Jahr unterschiedliche Schadensverlauf bewirkt deshalb unmittelbar eine Erhöhung oder Ermäßigung des Beitragsatzes.

Der PSVaG erlässt **Beitragsbescheide** als Verwaltungsakt[1]. Für sie gilt das Verwaltungsvollstreckungsrecht, aus ihnen ist also die Zwangsvollstreckung zulässig. Beitragsbescheide werden im **verwaltungsrechtl. Verfahren** überprüft. Damit ist für alle Rechtsstreitigkeiten über Grund und Höhe des Beitrages zur Insolvenzsicherung nach § 40 I 1 VwGO der Verwaltungsrechtsweg eröffnet[2]. Gegen einen Beitragsbescheid kommt nur die Anfechtungsklage gem. § 42 I VwGO vor dem VerwG in Betracht. Vor Erhebung der Anfechtungsklage ist nach § 68 I 1 VwGO ein Widerspruchsverfahren durchzuführen. Widerspruch und Klage gegen einen Beitragsbescheid haben keine aufschiebende Wirkung[3]. 4

3. Bemessungsgrundlagen. Beiträge werden im sog. **Selbstveranlagungsverfahren** erhoben. Dazu hat der ArbGeb dem ArbN die für die Bemessung des Beitrages maßgebenden Grundlagen gem. § 11 I von sich aus mitzuteilen. Jährlich hat er bis zum 30.9. die Beitragsbemessungsgrundlagen nach § 10 III zu übermitteln. Bei **unmittelbaren Versorgungszusagen** und **Pensionsfonds** ist Beitragsbemessungsgrundlage der Teilwert der Pensionsverpflichtung (§ 6a III EStG). Ursprünglich galt dies auch für **Pensionsfonds**. Mit Gesetz v. 24.3.2003[4] wurde die Beitragsbemessungsgrundlage auf 20 % des entsprechend Nr. 1 zu ermittelnden Betrages reduziert. Grund hierfür war das geringere Insolvenzrisiko bei Pensionsfonds. Mit der Gesetzesänderung wurde dem Gesichtspunkt Rechnung getragen, dass Pensionsfonds kapitalgedeckt sind und der ArbGeb auf dieses Kapital wegen der externen Anlage nicht zugreifen kann[5]. Hinzu kommt, dass auch der Pensionsfonds der Versicherungsaufsicht unterliegt. Bei **Direktversicherungen** mit widerruflichem Bezugsrecht ist die Beitragsbemessungsgrundlage das geschäftsplanmäßige Deckungskapital, das sind die Versicherungsprämien zzgl. einer Verzinsung von 3,5 %, oder, soweit die Berechnung des Deckungskapitals nicht zum Geschäftsplan gehört, die Deckungsrückstellung. Für Versicherungen, bei denen der **Versicherungsfall bereits eingetreten** ist und für Versicherungsanwartschaften, für die ein **unwiderrufliches Bezugsrecht** eingeräumt ist, ist das Deckungskapital oder die Deckungsrückstellung nur insoweit zu berücksichtigen, als die Versicherungen abgetreten, beliehen oder verpfändet sind. Führt der ArbGeb die Altersversorgung über eine **Unterstützungskasse** durch, ist Beitragsbemessungsgrundlage das Deckungskapital für die laufenden Leistungen zuzüglich des 20-fachen der nach § 4d I Nr. 1b 1 EStG errechneten jährlichen Zuwendungen für Leistungsanwärter iSv. § 4d I Nr. 1b 2 EStG. 5

Beträgt die Beitragsbemessungsgrundlage nicht mehr als 51 129 Euro, verwendet der PSVaG zur Vereinfachung die gemeldete Beitragsbemessungsgrundlage für das lfd. Jahr und unverändert für die vier folgenden Jahre[6]. 6

Mit dem Rentenreformgesetz 1999 wurden die Höchstgrenzen für die gesetzl. Insolvenzsicherung erheblich gesenkt (vgl. § 7 Rz. 53). Damit wurde für den ArbGeb das Risiko erhöht, Beiträge für Versorgungsanteile aufzuwenden, die wegen Überschreitens der Höchstgrenzen nicht sicherungsfähig sind. Dies ist vor dem Hintergrund einer Beitragsgerechtigkeit und einer Gleichbehandlung der Versicherten bedenklich[7]. Der PSVaG begnügt sich damit, dass bei der Meldung der Beitragsbemessungsgrundlagen nur Daten für die sicherungsfähigen Versorgungsanteile gemeldet werden. Den Beitragszahlern ist aber auch gestattet, aus Gründen der Verwaltungsvereinfachung die volle Bemessungsgrundlage zu melden[8]. 7

Der PSVaG kann nicht prüfen, ob Versorgungszusagen, für die Beiträge entrichtet werden, auch **insolvenzsicherungsfähig** sind. Ob der PSVaG im Insolvenzfall eintreten muss, wird deshalb erst geklärt, wenn ein Sicherungsfall eingetreten ist. Es erscheint fraglich, ob schon vor Eintritt des Sicherungsfalles durch Feststellungsklage die Insolvenzsicherungsfähigkeit festgestellt werden kann[9]. Einer Feststellungsklage dürfte letztlich das Rechtsschutzbedürfnis fehlen; sie liefe auf das unzulässige Ersuchen auf Erstattung eines gerichtlichen Rechtsgutachtens hinaus. Durch die Entrichtung von Beiträgen können für nicht versicherungsfähige Versorgungen keine Ansprüche gegen den PSVaG ausgelöst werden[10]. 8

1 OVG NW v. 22.3.1994 – 13 A 195/93, DB 1994, 1936. | 2 Vgl. *Paulsdorff*, § 10 BetrAVG Rz. 9. | 3 OVG Rh.-Pf. v. 15.7.1983 – 8 B 21.83, nv.; OVG Lüneburg v. 6.5.1988 – 4 OVG B 399/87, nv. | 4 BGBl. 2003 I, S. 1526. | 5 *Sasdrich*, BetrAV 2003, S. 496. | 6 Vgl. PSVaG-Merkblatt 210/M 21b, Stand: 12.00. | 7 *Wohlleben*, DB 1998, 1230. | 8 PSVaG-Merkblatt 300/M 13, Stand 1.02. | 9 Abl. ArbG Köln v. 24.6.1994 – 5 Ca 943/94, nv. | 10 Vgl. *Paulsdorff*, § 7 BetrAVG Rz. 14.

9 **II. Zwangsvollstreckung.** Aus den Beitragsbescheiden des PSVaG findet gem. Abs. 2 die Zwangsvollstreckung statt. Fällig ist ein Beitrag frühestens nach Erlass eines Bescheides[1], spätestens jedoch am Ende des Kalenderjahres[2]. Die Vorschriften der ZPO zur Zwangsvollstreckung finden entsprechende Anwendung. Wegen der Beleihung mit öffentl.-rechtl. Befugnissen kann der PSVaG selbst vollstreckbare Ausfertigungen erteilen. Der Beitragsschuldner kann die in der ZPO vorgesehenen Rechtsbehelfe einlegen. Zuständig ist das VerwG[3].

10a *Säumniszuschläge; Zinsen; Verjährung*

(1) Für Beiträge, die wegen Verstoßes des Arbeitgebers gegen die Meldepflicht erst nach Fälligkeit erhoben werden, kann der Träger der Insolvenzsicherung für jeden angefangenen Monat vom Zeitpunkt der Fälligkeit an einen Säumniszuschlag in Höhe von bis zu eins vom Hundert der nacherhobenen Beiträge erheben.

(2) Für festgesetzte Beiträge und Vorschüsse, die der Arbeitgeber nach Fälligkeit zahlt, erhebt der Träger der Insolvenzsicherung für jeden Monat Verzugszinsen in Höhe von 0,5 vom Hundert der rückständigen Beiträge. Angefangene Monate bleiben außer Ansatz.

(3) Vom Träger der Insolvenzsicherung zu erstattende Beiträge werden vom Tage der Fälligkeit oder bei Feststellung des Erstattungsanspruchs durch gerichtliche Entscheidung vom Tage der Rechtshängigkeit an für jeden Monat mit 0,5 vom Hundert verzinst. Angefangene Monate bleiben außer Ansatz.

(4) Ansprüche auf Zahlung der Beiträge zur Insolvenzsicherung gemäß § 10 sowie Erstattungsansprüche nach Zahlung nicht geschuldeter Beiträge zur Insolvenzsicherung verjähren in sechs Jahren. Die Verjährungsfrist beginnt mit Ablauf des Kalenderjahres, in dem die Beitragspflicht entstanden oder der Erstattungsanspruch fällig geworden ist. Auf die Verjährung sind die Vorschriften des Bürgerlichen Gesetzbuches anzuwenden.

1 **I. Säumniszuschläge und Zinsen.** Die mit dem Rentenreformgesetz 1999 eingeführte Regelung gibt in den Abs. 1–3 dem PSVaG die Möglichkeit, gegenüber säumigen Schuldnern Säumniszuschläge und Zinsen zu erheben. Bis dahin hatte die Rspr. solche Ansprüche zT abgelehnt[4]. Das Gesetz legt den Anspruch dem Grunde und der Höhe nach fest.

2 Die Erhebung von Beiträgen nach Fälligkeit wegen Verletzung der Meldepflicht kann der PSVaG nach pflichtgemäßem Ermessen Säumniszuschläge erheben (Abs. 1). Der ArbGeb muss dazu in vorwerfbarer Weise, also vorsätzlich oder fahrlässig, gegen seine Mitteilungspflichten aus § 11 I 1 oder II 1 verstoßen haben. Das trifft dann zu, wenn die gesetzl. gebotenen Angaben unterbleiben, unvollständig oder falsch sind, oder verspätet erfolgen, so dass der Beitrag nicht bei Fälligkeit erhoben werden kann. Die Geltendmachung durch den PSVaG erfolgt durch Verwaltungsakt per Beitragsbescheid. Der Säumniszuschlag beträgt bis zu 1 % der nacherhobenen Beiträge. Dem PSVaG steht insoweit ebenfalls ein Ermessen zu.

3 Demgegenüber sieht Abs. 2 bei der Erhebung von Verzugszinsen für bereits festgesetzte Beiträge und Vorschüsse eine gebundene Entscheidung vor. Der Zinssatz beträgt für jeden vollen Monat 0,5 % der rückständigen Beiträge und Vorschüsse. Angefangene Monate werden nicht berücksichtigt.

4 Der PSVaG muss seinerseits nach Abs. 3 zu erstattende Beiträge mit 0,5 % für jeden Monat vom Tage der Fälligkeit des Anspruchs an verzinsen. Bei gerichtl. Feststellung des Erstattungsanspruchs beginnt die Verzinsung mit Rechtshängigkeit. Auch hier bleiben angefangene Monate außer Ansatz.

5 **II. Verjährung.** Sowohl die Beitragsforderungen des PSVaG als auch gegen ihn gerichtete Erstattungsansprüche, etwa in Folge von Überzahlungen, unterliegen der Verjährung nach der spezialgesetzl. Regelung des Abs. 4. Die Frist beträgt danach sechs Jahre. Sie beginnt mit Ablauf des Jahres, in dem die Beitragspflicht entstanden bzw. der Erstattungsanspruch fällig geworden ist. Die Vorschriften des BGB finden Anwendung. Bei der Verjährung handelt es sich um eine von der jeweiligen Partei geltend zu machende Einrede, die von Amts wegen nicht zu berücksichtigen ist.

11 *Melde-, Auskunfts- und Mitteilungspflichten*

(1) [Erstmalige Mitteilung über Zusagen] Der Arbeitgeber hat dem Träger der Insolvenzsicherung eine betriebliche Altersversorgung nach § 1b Abs. 1 bis 4 für seine Arbeitnehmer innerhalb von 3 Monaten nach Erteilung der unmittelbaren Versorgungszusage, dem Abschluss einer Direktversicherung oder der Errichtung einer Unterstützungskasse oder eines Pensionsfonds mitzuteilen. Der Arbeitgeber, der sonstige Träger der Versorgung, der Insolvenzverwalter und die nach § 7 Berechtigten sind verpflichtet, dem Träger der Insolvenzsicherung alle Auskünfte zu erteilen, die zur Durchführung der Vorschriften dieses Abschnittes erforderlich sind, sowie Unterlagen vorzulegen, aus denen die erforderlichen Angaben ersichtlich sind.

1 *Ahrend/Förster/Rühmann*, § 10 BetrAVG Rz. 11. | 2 OVG NW v. 25.9.1992 – 13 A 1394/91, DB 1993, 46. | 3 Bayr. VGH v. 5.2.1982 – 5 B 81 A. 691, BB 1983, 199. | 4 BVerwG v. 27.9.1990 – 3 C 56/88, ZIP 1991, 179.

(2) [Periodische Mitteilung] Ein beitragspflichtiger Arbeitgeber hat dem Träger der Insolvenzsicherung spätestens bis zum 30. September eines jeden Kalenderjahres die Höhe des nach § 10 Abs. 3 für die Bemessung des Beitrages maßgebenden Betrages bei unmittelbaren Versorgungszusagen und Pensionsfonds auf Grund eines versicherungsmathematischen Gutachtens, bei Direktversicherungen auf Grund einer Bescheinigung des Versicherers und bei Unterstützungskassen auf Grund einer nachprüfbaren Berechnung mitzuteilen. Der Arbeitgeber hat die in Satz 1 bezeichneten Unterlagen mindestens 6 Jahre aufzubewahren.

(3) [Mitteilungen im Insolvenzfall] Der Insolvenzverwalter hat dem Träger der Insolvenzsicherung die Eröffnung des Insolvenzverfahrens, Namen und Anschriften der Versorgungsempfänger und die Höhe ihrer Versorgung nach § 7 unverzüglich mitzuteilen. Er hat zugleich Namen und Anschriften der Personen, die bei Eröffnung des Insolvenzverfahrens eine nach § 1 unverfallbare Versorgungsanwartschaft haben, sowie die Höhe ihrer Anwartschaft nach § 7 mitzuteilen.

(4) Der Arbeitgeber, der sonstige Träger der Versorgung und die nach § 7 Berechtigten sind verpflichtet, dem Insolvenzverwalter Auskünfte über alle Tatsachen zu erteilen, auf die sich die Mitteilungspflicht nach Absatz 3 bezieht.

(5) In den Fällen, in denen ein Insolvenzverfahren nicht eröffnet wird (§ 7 Abs. 1 Satz 4) oder nach § 207 der Insolvenzordnung eingestellt worden ist, sind die Pflichten des Insolvenzverwalters nach Absatz 3 vom Arbeitgeber oder dem sonstigen Träger der Versorgung zu erfüllen.

(6) [Amtshilfe] Kammern und andere Zusammenschlüsse von Unternehmern oder anderen selbstständigen Berufstätigen, die als Körperschaften des öffentlichen Rechts errichtet sind, ferner Verbände und andere Zusammenschlüsse, denen Unternehmer oder andere selbständige Berufstätige kraft Gesetzes angehören oder anzugehören haben, haben den Träger der Insolvenzsicherung bei der Ermittlung der nach § 10 beitragspflichtigen Arbeitgeber zu unterstützen.

(7) [Vordrucke] Die nach den Absätzen 1 bis 3 und 5 zu Mitteilungen und Auskünften und die nach Absatz 6 zur Unterstützung Verpflichteten haben die vom Träger der Insolvenzsicherung vorgesehenen Vordrucke zu verwenden.

(8) [Angaben der Finanzämter] Zur Sicherung der vollständigen Erfassung der nach § 10 beitragspflichtigen Arbeitgeber können die Finanzämter dem Träger der Insolvenzsicherung mitteilen, welche Arbeitgeber für die Beitragspflicht in Betracht kommen. Die Bundesregierung wird ermächtigt, durch Rechtsverordnung mit Zustimmung des Bundesrates das Nähere zu bestimmen und Einzelheiten des Verfahrens zu regeln.

I. Normzweck. Die Vorschrift erleichtert die Durchführung der Insolvenzsicherung der betrAV, in dem sie dem ArbGeb, dem Insolvenzverwalter und Behörden Informationspflichten auferlegt. 1

II. Erstmeldung. ArbGeb, die betriebl. Versorgungsleistungen über einen insolvenzgeschützten Durchführungsweg anbieten, unterliegen einer **Meldepflicht**. Die erstmalige Meldung an den PSVaG über das Bestehen an einer insolvenzsicherungspflichtigen betrAV ist nach Abs. 1 innerhalb von drei Monaten nach Erteilung einer unmittelbaren Versorgungszusage, nach Abschluss einer Direktversicherung oder nach Errichtung einer U-Kasse oder eines Pensionsfonds abzugeben. In der Praxis verlangt der PSVaG in Abweichung von dieser Regelung jedoch erst dann eine Meldung, wenn erstmals eine Unverfallbarkeit eintritt[1]. Unabhängig davon, ob der pflichtige ArbGeb die Versorgungsverpflichtung meldet und dafür auch Beiträge zahlt, besteht aber der gesetzl. Insolvenzschutz. Unterbleibt die Meldung innerhalb des 3-Monats-Zeitraums, so kann der PSVaG eine Leistungsklage gegen den ArbGeb erheben. Zuständig sind die ordentl. Gerichte[2]. 2

Abs. 1 S. 2 enthält darüber hinaus eine Generalklausel, nach der alle im Falle der Insolvenz an dem Versorgungsrecht Beteiligten (ArbGeb, sonstiger Träger der Versorgung wie U-Kasse oder Lebensversicherung, Insolvenzverwalter, ArbN und Pensionär) zur umfassenden Informationserteilung und ggf. Vorlage von Unterlagen verpflichtet sind. 3

III. Folgemeldungen. Nach der Erstmeldung erhält der ArbGeb in den Folgejahren automatisch einen Erhebungsbogen. Der ArbGeb ist verpflichtet, mit diesem die jeweils aktuellen Beitragsbemessungsgrundlagen bis spätestens zum 30.9. des Jahres mitzuteilen (§ 11 II und VII, § 10 III). Formlose Meldungen werden vom PSVaG aus verwaltungstechnischen Gründen nicht bearbeitet und werden von ihm als nicht abgegeben behandelt. 4

Die zur Berechnung der Beitragsbemessungsgrundlage notwendigen Unterlagen iSv. Abs. 2 S. 1 sind mindestens sechs Jahre aufzubewahren. Diese Regelung in Abs. 2 S. 2 korrespondiert mit der Verjährungsfrist in § 10a IV 1. 5

IV. Mitteilungen im Insolvenzfall. Tritt der Insolvenzfall ein, so hat der Insolvenzverwalter gem. Abs. 3 die Eröffnung des Insolvenzverfahrens gegenüber dem PSVaG anzuzeigen, die entsprechenden Angaben 6

1 PSVaG-Merkblatt 210/M 21a/Stand 01.05. | 2 *Blomeyer/Rolfs/Otto*, § 11 BetrAVG Rz. 96.

– Name und Anschrift der Versorgungsempfänger und der Inhaber von unverfallbaren Anwartschaften sowie die Höhe der Versorgungs- bzw. Anwartschaftsansprüche – vorzunehmen und auf Vorlage des PSVaG bestimmte Unterlagen vorzulegen. Kommt es ohne Eröffnung eines Insolvenzverfahrens zum Sicherungsfall, hat der ArbGeb oder sonstige Versorgungsträger als Auskunftsperson für den PSVaG zur Verfügung zu stehen. Auch den Versorgungsberechtigten trifft eine grds. Mitwirkungspflicht nach Abs. 4, und zwar gegenüber dem Insolvenzverwalter, damit dieser den PSVaG umfassend unterrichten kann. Die Verletzung dieser Pflicht kann den PSVaG zu einer Leistungsverweigerung berechtigten[1].

7 **V. Amtshilfe.** Abs. 6 verpflichtet berufsständige Einrichtungen (IHK, Handwerkskammern, Berufsgenossenschaften etc.) zur Amtshilfe. Sie haben den PSVaG bei der Ermittlung der nach § 10 beitragspflichtigen ArbGeb zu unterstützen. Damit soll eine möglichst vollständige Erfassung der Beitragspflichtigen ermöglicht werden. Finanzämter können nach Abs. 8 ebenfalls durch Auskünfte bei der Ermittlung der Beitragspflichtigen mitwirken. Es handelt sich um eine Kann-Bestimmung, über die Auskunftserteilung ist deshalb nach pflichtgemäßem Ermessen zu entscheiden. Das Steuergeheimnis ist insoweit gelockert.

12 *Ordnungswidrigkeiten*

(1) Ordnungswidrig handelt, wer vorsätzlich oder fahrlässig

1. entgegen § 11 Abs. 1 Satz 1, Abs. 2 Satz 1, Abs. 3 oder Abs. 5 eine Mitteilung nicht, nicht richtig, nicht vollständig oder nicht rechtzeitig vornimmt,

2. entgegen § 11 Abs. 1 Satz 2 oder Abs. 4 eine Auskunft nicht, nicht richtig, nicht vollständig oder nicht rechtzeitig erteilt oder

3. entgegen § 11 Abs. 1 Satz 2 Unterlagen nicht, nicht richtig, nicht vollständig oder nicht rechtzeitig vorlegt oder entgegen § 11 Abs. 2 Satz 2 Unterlagen nicht aufbewahrt.

(2) Die Ordnungswidrigkeit kann mit einer Geldbuße bis zu zweitausendfünfhundert Euro geahndet werden.

(3) Verwaltungsbehörde im Sinne des § 36 Abs. 1 Nr. 1 des Gesetzes über Ordnungswidrigkeiten ist die Bundesanstalt für Finanzdienstleistungsaufsicht.

1 § 12 erfasst in Abs. 1 die sich aus § 11 I–V ergebenden Mitteilungs-, Auskunfts-, Vorlage- sowie Aufbewahrungspflichten. Sowohl bei einem vorsätzl. als auch bei einem fahrl. Verstoß gegen diese Pflichten liegt eine Ordnungswidrigkeit vor, die mit einer Geldbuße, deren Höhe in das Ermessen der BaFin gestellt ist, geahndet werden kann. Die BaFin ist gem. § 14 Aufsichtsbehörde des PSVaG. Die Geldbuße darf gem. Abs. 2 2500 Euro nicht überschreiten. Dies korrespondiert mit § 17 I OWiG, der einen Rahmen von 5 Euro bis 2500 Euro vorgibt; bei Fahrlässigkeit ist eine Begrenzung auf 1250 Euro vorgesehen, § 17 II OWiG.

2 Der Bußgeldbescheid kann sich gegen den ArbGeb, den Insolvenzverwalter, den Versorgungsträger sowie den nach § 7 Berechtigten richten. Gem. § 9 OWiG können auch Organmitglieder juristischer Personen sowie Personen, die vom Inhaber mit der Leitung des Betriebs oder eines Betriebsteils beauftragt worden sind oder zumindest Aufgaben in eigener Verantwortung wahrnehmen, die dem Inhaber des Betriebs obliegen, belangt werden[2].

3 Der Betroffene kann gegen einen Bußgeldbescheid innerhalb von zwei Wochen nach Zustellung schriftl. oder zur Niederschrift bei der BaFin Einspruch einlegen, § 67 S. 1 OWiG.

13 (aufgehoben)

14 *Träger der Insolvenzsicherung*

(1) [Pensions-Sicherungs-Verein] Träger der Insolvenzsicherung ist der Pensions-Sicherungs-Verein Versicherungsverein auf Gegenseitigkeit. Er ist zugleich Träger der Insolvenzsicherung von Versorgungszusagen Luxemburger Unternehmen nach Maßgabe des Abkommens vom 22. September 2000 zwischen der Bundesrepublik Deutschland und dem Großherzogtum Luxemburg über Zusammenarbeit im Bereich der Insolvenzsicherung betrieblicher Altersversorgung. Er unterliegt der Aufsicht durch die Bundesanstalt für Finanzdienstleistungsaufsicht. Die Vorschriften des Versicherungsaufsichtsgesetzes gelten, soweit dieses Gesetz nichts anderes bestimmt.

(2) [Kreditanstalt für Wiederaufbau] Der Bundesminister für Arbeit und Sozialordnung weist durch Rechtsverordnung mit Zustimmung des Bundesrates die Stellung des Trägers der Insolvenzsicherung

1 LG Köln v. 28.12.1988 – 24 O 82/87, DB 1989, 1780. | 2 *Ahrend/Förster/Rühmann*, § 12 BetrAVG Rz. 3.

der Kreditanstalt für Wiederaufbau zu, bei der ein Fonds zur Insolvenzsicherung der betrieblichen Altersversorgung gebildet wird, wenn

1. bis zum 31. Dezember 1974 nicht nachgewiesen worden ist, dass der in Absatz 1 genannte Träger die Erlaubnis der Aufsichtsbehörde zum Geschäftsbetrieb erhalten hat,

2. der in Absatz 1 genannte Träger aufgelöst worden ist oder

3. die Aufsichtsbehörde den Geschäftsbetrieb des in Absatz 1 genannten Trägers untersagt oder die Erlaubnis zum Geschäftsbetrieb widerruft.

In den Fällen der Nummern 2 und 3 geht das Vermögen des in Absatz 1 genannten Trägers einschließlich der Verbindlichkeiten auf die Kreditanstalt für Wiederaufbau über, die es dem Fonds zur Insolvenzsicherung der betrieblichen Altersversorgung zuweist.

(3) Wird die Insolvenzsicherung von der Kreditanstalt für Wiederaufbau durchgeführt, gelten die Vorschriften dieses Abschnittes mit folgenden Abweichungen:

1. In § 7 Abs. 6 entfällt die Zustimmung der Bundesanstalt für Finanzdienstleistungsaufsicht.

2. § 10 Abs. 2 findet keine Anwendung. Die von der Kreditanstalt für Wiederaufbau zu erhebenden Beiträge müssen den Bedarf für die laufenden Leistungen der Insolvenzsicherung im laufenden Kalenderjahr und die im gleichen Zeitraum entstehenden Verwaltungskosten und sonstigen Kosten, die mit der Gewährung der Leistungen zusammenhängen, decken. Bei einer Zuweisung nach Absatz 2 Nr. 1 beträgt der Beitrag für die ersten 3 Jahre mindestens 0,1 vom Hundert der Beitragsbemessungsgrundlage gemäß § 10 Abs. 3; der nicht benötigte Teil dieses Beitragsaufkommens wird einer Betriebsmittelreserve zugeführt. Bei einer Zuweisung nach Absatz 2 Nr. 2 oder 3 wird in den ersten 3 Jahren zu dem Beitrag nach Nummer 2 Satz 2 ein Zuschlag von 0,08 vom Hundert der Beitragsbemessungsgrundlage gemäß § 10 Abs. 3 zur Bildung einer Betriebsmittelreserve erhoben. Auf die Beiträge können Vorschüsse erhoben werden.

3. In § 12 Abs. 3 tritt an die Stelle der Bundesanstalt für Finanzdienstleistungsaufsicht die Kreditanstalt für Wiederaufbau.

Die Kreditanstalt für Wiederaufbau verwaltet den Fonds im eigenen Namen. Für Verbindlichkeiten des Fonds haftet sie nur mit dem Vermögen des Fonds. Dieser haftet nicht für die sonstigen Verbindlichkeiten der Bank. § 11 Abs. 1 Satz 1 des Gesetzes über die Kreditanstalt für Wiederaufbau in der Fassung der Bekanntmachung vom 23. Juni 1969 (BGBl. I S. 573), das zuletzt durch Artikel 14 des Gesetzes vom 21. Juni 2002 (BGBl. I S. 2010) geändert worden ist, ist in der jeweils geltenden Fassung auch für den Fonds anzuwenden.

I. Träger der Insolvenzsicherung. Träger der Insolvenzsicherung für Ansprüche aus betrAV ist gem. § 14 I der Pensions-Sicherungs-Verein auf Gegenseitigkeit (PSVaG) mit Sitz in Köln. Die Adresse lautet: Pensions-Sicherungs-Verein auf Gegenseitigkeit, Berlin-Kölnische-Allee 2–4, 50969 Köln; Tel.: 0221/936590, Fax: 0221/90659196; Internet: www.psvag.de; E-Mail: info@psvag.de. Der PSVaG hat im Insolvenzverfahren eine besondere Stellung, die es ihm erleichtern soll, seine besondere Aufgabe zu erfüllen[1]. 1

II. Selbsthilfeeinrichtung. Der PSVaG wurde am 7.10.1974 als **Selbsthilfeeinrichtung** der deutschen Wirtschaft durch 2

- die Bundesvereinigung der deutschen Arbeitgeberverbände e.V.,
- den Bundesverband der deutschen Industrie e.V.,
- den Verband der Lebensversicherungs-Unternehmen e.V.,

entsprechend der traditionellen privatrechtl. und privatwirtschaftl. Gestaltung der betrAV in Form einer privatrechtl. Organisation unter Aufbringung von 10 Mio. DM als Gründungsstock gegründet. **Ausschließlicher Zweck** des PSVaG ist die Insolvenzsicherung der betrAV.

Der PSVaG bezweckt nicht die Erzielung von Gewinnen, er ist daher von der Körperschafts-, Vermögens- und Gewerbesteuer befreit. Prämienleistungen, die er an Lebensversicherungsunternehmen und ggf. Pensionskassen erbringt, unterliegen nicht der ESt; entsprechend gelten die Beiträge der beitragspflichtigen ArbGeb nicht als steuerpflichtiger Arbeitslohn und sind daher von der Steuer befreit. 3

1. Rechtliche Doppelstellung. Auf Grund der öffentl.-rechtl. ausgestalteten Beitragspflicht hat der PSVaG eine rechtl. Doppelstellung. Leistungen erbringt er nach zivilrechtl. Grundsätzen, Beiträge zieht er nach verwaltungsrechtl. Prinzipien ein. Er ist insoweit ein mit Befugnissen und Aufgaben der öffentl. Verwaltung **beliehenes Unternehmen**[2]. 4

2. Mitgliedschaft. Mitglieder können alle ArbGeb, die Leistungen der betrAV unmittelbar zugesagt haben oder eine betrAV über eine U-Kasse, einen Pensionsfonds oder über eine widerrufliche bzw. verpfändete Direktversicherung durchführen, sein. Das Mitgliedschaftsverhältnis ist rein privatrechtl. Natur. Es beginnt mit der Begründung des Versicherungsverhältnisses und erlischt mit dessen Beendi- 5

1 Näheres dazu bei *Gareis*, ZInsO-Praxis 2007, 23. | 2 Vgl. schriftl. Bericht BT-Drs. 7/2843, 10.

gung. Eine Pflichtmitgliedschaft besteht nicht. Für Ansprüche gegenüber dem PSVaG kommt es nur darauf an, ob die gesetzl. Voraussetzungen für eine Einstandspflicht erfüllt sind. Dies bedeutet, dass der PSVaG auch leisten muss, wenn der ArbGeb es pflichtwidrig unterlassen hat, Beiträge an den PSVaG abzuführen[1] oder nicht Mitglied des PSVaG ist. Umgekehrt besteht eine Zahlungsverpflichtung des PSVaG nicht, wenn zwar Beiträge abgeführt, der geltend gemachte Anspruch aber nach Maßgabe der gesetzl. Bestimmungen nicht sicherungsfähig ist.

6 **3. Organisation.** Der PSVaG ist als Versicherungsverein auf Gegenseitigkeit organisiert und damit eine juristische Person des Privatrechts. Oberstes Organ ist die Mitgliederversammlung. Diese wählt den Aufsichtsrat. Der Aufsichtsrat wiederum bestellt und beruft die Vorstandsmitglieder ab. Der Vorstand besteht aus zwei Mitgliedern; er vertritt den PSVaG gerichtlich und außergerichtlich. Ihm obliegt die Geschäftsführung. Dem PSVaG ist ein Beirat zugeordnet. Er berät den Aufsichtsrat und den Vorstand. Er besteht zu je 1/3 aus Vertretern der Vereinsmitglieder, der Lebensversicherungsunternehmen, die dem Versicherungskonsortium des PSVaG angehören, und Vertretern der ArbN der Mitglieder.

7 **4. Klagen gegen PSVaG.** Für Klagen gegen den PSVaG aus dem Leistungsverhältnis sind gem. § 2 I Nr. 5 ArbGG die Gerichte für Arbeitssachen zuständig. Waren die Versorgungsberechtigten nicht ArbN, sondern arbeitnehmerähnl. Personen iSd. § 17 I 2, so ist der Rechtsweg zu den ordentl. Gerichten eröffnet. Für Rechtsstreitigkeiten aus der Beitragspflicht sind die VerwG zuständig. Ansprüche, die gegen den PSVaG gerichtet sind, haben gesetzl. Charakter. Der allgemeine Gerichtsstand des PSVaG ist daher **Köln**, erstinstanzlich sind Klagen also bei dem ArbG Köln oder bei dem LG Köln anhängig zu machen[2]. Für Verwaltungsrechtsstreite ist das VerwG Köln zuständig. Der PSVaG kann also nicht an dem Ort verklagt werden, an dem das der Altersversorgungszusage zugrunde liegende Vertragsverhältnis zu erfüllen war. Wurde die Klage vor einem anderen Gericht erhoben, ist der Rechtsstreit an das betreffende Gericht in Köln zu verweisen.

8 **III. Auffanglösung.** Der Gesetzgeber sah das Risiko, dass der PSVaG daran gehindert seien könnte, den gesetzl. Insolvenzschutz zu übernehmen. Für diesen Fall wurde die Kreditanstalt für Wiederaufbau als Auffanglösung ausgewählt. Bei ihr sollte ein besonderer Fonds gebildet werden, um die Insolvenzabsicherung zu gewährleisten. Die Vorschrift hat wenig Relevanz. Nur bei Auflösung des PSVaG oder bei Untersagung dessen Geschäftsbetriebes bestünde Bedarf für einen Ersatz.

15 *Verschwiegenheitspflicht*

Personen, die bei dem Träger der Insolvenzsicherung beschäftigt oder für ihn tätig sind, dürfen fremde Geheimnisse, insbesondere Betriebs- oder Geschäftsgeheimnisse, nicht unbefugt offenbaren oder verwerten. Sie sind nach dem Gesetz über die förmliche Verpflichtung nichtbeamteter Personen vom 2. März 1974 (Bundesgesetzbl. I S. 469, 547) von der Bundesanstalt für Finanzdienstleistungsaufsicht auf die gewissenhafte Erfüllung ihrer Obliegenheiten zu verpflichten.

1 Die Pflicht zur Verschwiegenheit trifft neben dem angestellten Mitarbeitern des PSVaG auch freiberufliche Mitarbeiter sowie Gutachter und Berater. Sie bezieht sich auf fremde Geheimnisse, also solche Gegebenheiten, die nicht allgemein bekannt sind und an deren Geheimhaltung der Geheimnisträger ein Interesse hat – namentlich Geschäftsgeheimnisse. Eine Pflichtverletzung kann neben einer strafrechtl. Verfolgung nach §§ 203 f. StGB insb. auch zu einem zivilrechtl. Schadensersatzanspruch führen, da § 15 S. 1 als Schutzgesetz iSv. § 823 II BGB zu qualifizieren ist[3]. Wird die Pflichtverletzung von einem angestellten Mitarbeiter des PSVaG begangen, so ergeben sich hieraus – je nach Schwere des Verstoßes – arbeitsrechtl. Konsequenzen von der Abmahnung bis hin zur außerordentl. und fristl. Kündigung.

Fünfter Abschnitt. Anpassung

16 *Anpassungsprüfungspflicht*

(1) [Grundsatz] Der Arbeitgeber hat alle drei Jahre eine Anpassung der laufenden Leistungen der betrieblichen Altersversorgung zu prüfen und hierüber nach billigem Ermessen zu entscheiden; dabei sind insbesondere die Belange des Versorgungsempfängers und die wirtschaftliche Lage des Arbeitgebers zu berücksichtigen.

(2) [Obergrenzen] Die Verpflichtung nach Absatz 1 gilt als erfüllt, wenn die Anpassung nicht geringer ist als der Anstieg

1. des Verbraucherpreisindexes für Deutschland oder

2. der Nettolöhne vergleichbarer Arbeitnehmergruppen des Unternehmens

im Prüfungszeitraum.

---

1 Vgl. *Paulsdorff*, § 7 BetrAVG Rz. 14. | 2 BAG v. 4.5.1992 – 5 AS 2/92, nv. | 3 *Blomeyer/Rolfs/Otto*, § 15 BetrAVG Rz. 10.

(3) [Ausnahmen] Die Verpflichtung nach Absatz 1 einfällt, wenn

1. der Arbeitgeber sich verpflichtet, die laufenden Leistungen jährlich um wenigstens eins vom Hundert anzupassen,

2. die betriebliche Altersversorgung über eine Direktversicherung im Sinne des § 1b Abs. 2 oder über eine Pensionskasse im Sinne des § 1b Abs. 3 durchgeführt wird, ab Rentenbeginn sämtliche auf den Rentenbestand entfallende Überschussanteile zur Erhöhung der laufenden Leistungen verwendet werden und zur Berechnung der garantierten Leistung der nach § 65 Abs. 1 Nr. 1 Buchstabe a des Versicherungsaufsichtsgesetzes festgesetzte Höchstzinssatz zur Berechnung der Deckungsrückstellung nicht überschritten wird oder

3. eine Beitragszusage mit Mindestleistung erteilt wurde; Absatz 5 findet insoweit keine Anwendung.

(4) [Nachholen der Anpassung] Sind laufende Leistungen nach Absatz 1 nicht oder nicht in vollem Umfang anzupassen (zu Recht unterbliebene Anpassung), ist der Arbeitgeber nicht verpflichtet, die Anpassung zu einem späteren Zeitpunkt nachzuholen. Eine Anpassung gilt als zu Recht unterblieben, wenn der Arbeitgeber dem Versorgungsempfänger die wirtschaftliche Lage des Unternehmens schriftlich darlegt, der Versorgungsempfänger nicht binnen drei Kalendermonaten nach Zugang der Mitteilung schriftlich widersprochen hat und er auf die Rechtsfolgen eines nicht fristgemäßen Widerspruchs hingewiesen wurde.

(5) Soweit betriebliche Altersversorgung durch Entgeltumwandlung finanziert wird, ist der Arbeitgeber verpflichtet, die Leistungen mindestens entsprechend Absatz 3 Nr. 1 anzupassen oder im Falle der Durchführung über eine Direktversicherung oder eine Pensionskasse sämtliche Überschussanteile entsprechend Absatz 3 Nr. 2 zu verwenden.

(6) Eine Verpflichtung zur Anpassung besteht nicht für monatliche Raten im Rahmen eines Auszahlungsplans sowie für Renten ab Vollendung des 85. Lebensjahres im Anschluss an einen Auszahlungsplan.

I. Einführung. Die Qualität einer Versorgungszusage hängt entscheidend auch davon ab, wie sich die Versorgungsleistungen nach Eintritt des Versorgungsfalles entwickeln. Art und Umfang einer Werterhaltung des zugesagten Ruhegeldes bestimmt der ArbGeb grds. selbst. Eine Verpflichtung zur Wertsicherung besteht nach dem Gesetz nicht. Dennoch finden sich oftmals **Wertsicherungssysteme**. Fehlen sie, sieht § 16 I eine Anpassungsprüfung nach billigem Ermessen vor. Die Vorschrift dient dem Werterhalt des Ruhegeldes. Im Rahmen der wirtschaftl. Leistungsfähigkeit des ArbGeb soll dem ArbN die verdiente Gegenleistung für die aufgewendete Betriebstreue erhalten bleiben. Nach einem Betriebsübergang und damit verbundenen ArbGebWechsel richtet sich der Prüfungsanspruch gegen den Betriebserwerber, aus dessen Leistungsfähigkeit es dann ankommt[1]. § 16 ist durch das Rentenreformgesetz 1999 reformiert worden. Der Gesetzgeber hat sich bemüht, dabei verschiedene, in der Vergangenheit aufgetretene Zweifelsfragen zu lösen. Ferner sieht das Gesetz unter bestimmten Voraussetzungen nun Begrenzungen der Anpassungsprüfungspflicht vor. 1

II. Anpassungssysteme. Während **statische Versorgungssysteme** auf einen Festbetrag lauten, gibt es unterschiedliche Möglichkeiten, dem Bedürfnis des Versorgungsberechtigten nach wertgesicherten Altersversorgungsleistungen Rechnung zu tragen (vgl. Vorb. Rz. 118). Verbreitet sind **halb- und volldynamische Versorgungszusagen**, **Bausteinmodelle**, beitragsabhängige und ergebnisorientierte **Versorgungssysteme**, **Gesamtversorgungszusagen**, die sich im Wesentlichen im öffentl. Dienst finden und sog. **Spannungsklauseln**. **Wertsicherungsklauseln** ieS liegen dann vor, wenn die Höhe des Ruhegeldes vom Preis oder Wert andersartiger Güter oder Leistungen abhängig sein soll. Am geläufigsten sind solche Formeln, bei denen das Altersruhegeld an die Entwicklung des Lebenshaltungskostenindex angebunden ist. Derartige Klauseln waren gem. § 3 WährG ohne Genehmigung der zuständigen Stelle unwirksam. § 3 WährG ist durch § 2 des Preisangaben- und Preisklauselgesetztes – PaPkG – ersetzt worden. Nach § 2 PaPkG iVm. § 1 Preisklauselvereinbarung waren Wertsicherungsklauseln dieser Art unzulässig, 2

1 BAG v. 21.2.2006 – 3 AZR 216/05, BB 2006, 2694.

soweit nicht eine Genehmigung nach § 2 PreisangabenG des Bundeswirtschaftsministeriums oder der von diesem bestimmten zuständigen Stelle vorlag[1]. Das PaPKG wurde mit dem 14.9.2007 geändert[2]. Preisklauseln, die eine Betriebsrente an die Steigerung der Lebenshaltungskosten koppeln, sind nach § 3 PaPKG genehmigungsfrei. Für bis zum 13.9.2007 vereinbarte Klauseln gilt das alte Recht fort, erteilte Genehmigungen bleiben dabei gültig, § 9 PaPKG.

3 Dynamische Versorgungssysteme verschaffen aber uU nur dem Versorgungsberechtigten Vorteile, der mit Eintritt des Versorgungsfalles aus den Diensten seines ArbGeb ausscheidet. Für Anwärter, also solche, die **vor Eintritt des Versorgungsfalles** mit einer unverfallbaren Anwartschaft ihren ArbGeb verlassen, gilt § 2 V 1. Danach werden die Bemessungsgrundlagen auf den Zeitpunkt des Ausscheidens festgeschrieben. Dies kann auch eine zugesagte Dynamik erfassen[3]. Das soll dazu führen können, dass ein ArbGeb von dem mit einer unverfallbaren Versorgungsanwartschaft ausgeschiedenen ArbN nach Eintritt des Versorgungsfalles aus dem Versprechen, die laufenden Leistungen in einem bestimmten Maßstab zu erhöhen, nicht mehr in Anspruch genommen werden kann[4]. Allerdings will das BAG nach jüngerer Ansicht seine Rspr. nur auf den Insolvenzschutz nach § 7 verstanden wissen. § 2 V gelte nur für die Berechnung der Anwartschaft bei Eintritt des Versorgungsfalls. Während der Leistungsphase eintretende Veränderungen bleiben davon unberührt[5].

4 **III. Gesetzliche Anpassungsprüfungspflicht.** Soweit die Versorgungszusage keine oder nur eine unzureichende Wertsicherung enthält, kann ein **Werterhalt** nur über **§ 16** erreicht werden. Die gesetzl. Bestimmung verpflichtet den ArbGeb, im Abstand von drei Jahren eine Anpassung der laufenden Leistungen der betrAV zu prüfen und hierüber nach billigem Ermessen zu entscheiden. § 16 verschafft damit dem Versorgungsberechtigten keinen festen, von der wirtschaftl. Lage des ArbGeb unabhängigen Anpassungsanspruch. Es ist vielmehr unter Berücksichtigung der Belange des Versorgungsempfängers und der wirtschaftl. Lage des ArbGeb eine Ermessensentscheidung zu treffen. Das Wort „insbesondere" verdeutlicht, dass die Aufzählung nicht abschließend ist. Weitere Billigkeitsgesichtspunkte sind denkbar, etwa die Berücksichtigung eines biometrischen Faktors, wenn die Betriebsrentner im Durchschnitt wesentlich älter werden, als dies der übrigen Bevölkerung entspricht. Es dürfte billigem Ermessen entsprechen, wenn bei der Anpassung eine signifikant höhere Lebenserwartung mit der daraus resultierenden zusätzlichen wirtschaftl. Belastung des ArbGeb berücksichtigt wird. Die Ausgangsleistung und die bisherigen Anpassungen würden dabei nicht tangiert.

5 **1. Anpassung laufender Leistungen.** Die Anpassungsprüfungspflicht bezieht sich ausschließlich auf laufende Leistungen. Damit sind **Versorgungsanwartschaften ausgegrenzt**. Der während des Anwartschaftszeitraums eintretende Wertverlust kann deshalb nicht über § 16 I ausgeglichen werden[6]. Sagt der ArbGeb bspw. eine feste Rente von 50 Euro zu und tritt der ArbN 40 Jahre später in den Ruhestand, so realisiert sich der vollständige zwischenzeitlich eingetretene Kaufkraftverlust. Erst drei Jahre nach Eintritt des Versorgungsfalles kann der ArbN erstmals eine Überprüfung verlangen und auf einen Ausgleich des seit Eintritt des Versorgungsfalles eingetretenen Kaufkraftverlustes hoffen[7]. Da sich die Anpassungsprüfungspflicht nur auf laufende Leistungen erstreckt, muss es sich um **regelmäßig wiederkehrende Zahlungen** handeln. **Einmalige Kapitalauszahlungen** gehören nicht dazu[8]. Es kann aber auch vereinbart werden, Kapitalleistungen in **Raten** auszuzahlen. Hier kann die Abgrenzung zu laufenden Leistungen problematisch sein. In jedem Einzelfall ist dann zu prüfen, ob die Ratenzahlungen den Charakter einer laufenden Leistung annehmen. Bei einer Verteilung auf 3 Jahre entsteht in keinem Fall eine Anpassungsprüfungspflicht. Erstreckt sich die Zahlung über darüber hinaus gehende Zeiträume, wird man eine Prüfungspflicht annehmen müssen. Denn Zweck des § 16 ist der Werterhalt, der sonst trotz wirtschaftl. Leistungsfähigkeit des ArbGeb nicht gewährleistet wäre[9].

6 Die Anpassungsprüfungspflicht erstreckt sich auf **alle Formen der betrAV**, soweit das Gesetz in § 16 III keine Ausnahme bestimmt. Anpassungsverpflichtet ist der ArbGeb. Dabei ist auf den arbeitsvertragl. maßgeblichen ArbGeb abzustellen. Er bleibt auch verpflichtet, wenn er seine unternehmerischen Verpflichtungen einstellt. Gleiches gilt für den Erben eines ehemals einzelkaufmännisch tätigen früheren ArbGeb[10]. Bei U-Kassen richtet sich deshalb das Anpassungsbegehren gegen den ArbGeb unmittelbar, wenn die U-Kasseneinrichtung selbst keine entsprechenden Mittel besitzt oder eine Anpassung ablehnt. Entsprechendes gilt für Direktversicherungen. Auch hier bleibt anpassungsprüfungsverpflichtet der ArbGeb, der ggf. für eine höhere Dotierung des Lebensversicherungsvertrages sorgen kann. Selbst ein liquidiertes Unternehmen, welches keinen unternehmerischen Wertzuwachs und keine Erträge mehr erzielt und dessen Aufgabe lediglich darin besteht, die Zusagen aus der betrAV abzuwickeln **(sog. Rent-**

1 BGBl. I 1998, S. 1242 (1253). |2 G v. 7.9.2007, BGBl. I 2007, 2246. |3 BAG v. 22.11.1994 – 3 AZR 767/93, AP Nr. 83 zu § 7 BetrAVG. |4 *Höfer*, § 2 BetrAVG Rz. 3351. |5 BAG v. 27.2.2007 – 3 AZR 734/05, NZA 2007, 1371. |6 BAG v. 15.9.1977 – 3 AZR 654/76, NJW, 1977, 2370. |7 BAG v. 15.9.1977 – 3 AZR 654/76, NJW 1977, 2370. |8 BAG v. 30.3.1973 – 3 AZR 26/72, DB 1973, 773. |9 *Chmurzinski*, RdA 1981, 21 und *Höfer*, § 16 BetrAVG Rz. 5121, die erst ab 10-jähriger Ratenverteilung § 16 anwenden wollen. |10 BAG v. 9.11.1999 – 3 AZR 420/98, BetrAV 2000, 605.

nergesellschaft), ist zur Anpassung der Betriebsrenten verpflichtet, kann dann allerdings keinen Risikoaufschlag mehr für das eingesetzte Kapital verlangen[1].

Eine modifizierte gesetzl. Anpassungsprüfungspflicht besteht im **öffentl. Dienst**. Nach § 18 I gilt § 16 nicht für Personen, die in einer Zusatzversorgungseinrichtung des öffentl. Dienstes pflichtversichert sind. ArbN, die bis zum Eintritt des Versorgungsfalles im öffentl. Dienst verbleiben, erhalten nach dem Satzungsrecht der Zusatzversorgungseinrichtungen eine dyn. Versorgung, für die satzungsmäßig auch eine Anpassung vorgesehen ist. Wer hingegen vorher mit einer unverfallbaren Versorgungsanwartschaft ausscheidet, erhält später bei Eintritt in den Ruhestand lediglich eine statische Versicherungsrente, für die nach § 16 keine Anpassungsprüfungspflicht besteht. Das BVerfG hat den Ausschluss jeglicher Anpassungen statischer Versicherungsrenten für verfassungsrechtl. fragwürdig erachtet und den Satzungsgebern aufgegeben, ihr satzungsmäßiges Leistungsrecht zu überprüfen[2]. Der Gesetzgeber hat inzwischen reagiert[3] und in § 18 IV eine Anpassungspflicht verankert. Die Versicherungsrenten sind – mit Ausnahme der Mindestleistung nach § 18 II Nr. 4 – jährlich zum 1. Juli um 1 % zu erhöhen, soweit in dem betreffenden Jahr eine allgemeine Erhöhung der Versorgungsrenten erfolgt. 7

2. Prüfungsrhythmus. § 16 I verpflichtet den ArbGeb **alle drei Jahre** zu einer Anpassungsprüfung und -entscheidung. Die erste Prüfung muss drei Jahre nach Aufnahme der Leistungen vorgenommen werden. Es ist nicht zulässig, auf die Durchschnittswerte der einzelnen Jahre des dreijährigen Prüfungszeitraums abzustellen. Maßgebend ist ein Vergleich der Indexwerte der Monate, die dem erstmaligen Rentenbezug und den jeweiligen Anpassungsstichtagen unmittelbar vorausgehen[4]. Alle im Betrieb vorzunehmenden Prüfungen können aber auf einen Stichtag innerhalb oder am Ende des Jahres gebündelt werden[5]. Nimmt der ArbGeb keine Bündelung der Anpassungsprüfung vor, so ist auf die exakte Inflationsrate drei Jahre nach Rentenbeginn abzustellen[6]. Möglich ist auch, alle Prüfungen auf jeweils ein Jahr zu konzentrieren, wenn dadurch für einzelne Versorgungsberechtigte der Drei-Jahres-Rhythmus nicht mehr als ein halbes Jahr überschritten wird[7]. Der ArbGeb kann also alle drei Jahre für alle Betriebsrentner zu nur einem Zeitpunkt alle Anpassungsprüfungen vornehmen, muss dann aber alle Berechtigten mit dem vollen Anpassungssatz einbeziehen, die dann schon Ruheständler sind. Die Pflichtprüfung lässt sich im Übrigen nicht ohne weiteres vorziehen, denn dadurch würde möglicherweise der Anpassungsbedarf negativ beeinflusst. Der Prüfungszeitraum würde verschoben. Maßgeblich für die Anpassungsprüfung ist jedoch der konkret seit der Pensionierung[8] entstandene Anpassungsbedarf. Dem ArbGeb unbenommen ist natürlich eine **vorzeitige freiwillige Anpassung**. Diese darf er bei späteren Pflichtprüfungen gegenrechnen. 8

3. Belange des Versorgungsempfängers. Die Prüfung und Entscheidung über eine Anhebung der Versorgungsleistungen hat unter Berücksichtigung der Belange des Versorgungsempfängers zu erfolgen. 9

a) Teuerungsausgleich. Die berechtigten Belange des Versorgungsempfängers beschränken sich in einer **Werterhaltung**. Der Versorgungsempfänger nimmt nicht an einer besonders positiven Entwicklung seines früheren ArbGeb teil. Anpassungsziel kann deshalb nur ein Teuerungsausgleich sein. Hierfür kommt es gem. § 16 II Nr. 1 auf die Entwicklung des Verbraucherpreisindexes für Deutschland an. Nach § 30c I 4 ist aber unter Umständen zu differenzieren. Der Verbraucherindex für Deutschland ist nur maßgeblich für die Zeit ab dem 1.1.2003. Für davor liegende Zeiträume ist der Preisindex für die Lebenshaltung von Vier-Personen-Haushalten von Arbeitern und Angestellten mit mittleren Einkommen heranzuziehen[9], was ggf. eine Verknüpfung der Indizes erfordert. 10

Der Versorgungsberechtigte ist nicht gehalten, **einen Abschlag für eine „normale Geldentwertung"** hinzunehmen[10]. Ebenso gibt es keine „Opfergrenze" oder „absolute Obergrenze", bei deren Überschreitung der ArbGeb einen Ausgleich der Teuerungsrate verweigern kann[11]. Auch „relative Obergrenzen" braucht sich der Versorgungsberechtigte nicht entgegenhalten zu lassen. Hierbei wird die Summe aus gesetzl. und betriebl. Altersversorgung zu dem letzten Einkommen ins Verhältnis gesetzt[12]. Die Höhe der laufenden Leistungen ist auch unabhängig vom Niveau der SozV-Rente. Wird diese erhöht, ist dies für das betriebl. Versorgungsniveau ohne Belang[13]. Auf das Versorgungsniveau insgesamt kommt es nicht an (sog. Abkoppelungstheorie). 11

Lässt es die wirtschaftl. Lage des ArbGeb (vorbehaltlich einer reallohnbezogenen Obergrenze, vgl. dazu ausf. Rz. 17) zu, hat der ArbN Anspruch auf **Ausgleich der Teuerungsrate**[14]. Von Bedeutung dabei ist das Basisjahr des Preisindexes, weil die Preisentwicklung aus verschiedenen Faktoren, dem sog. „Warenkorb", abgeleitet wird. Da sich Lebenshaltungsgewohnheiten ändern, bedarf auch der „Warenkorb" einer gewissen Aktualisierung. Für einen Anpassungsstichtag bis einschließlich 1.1.2003 wird auf 12

---

1 BAG v. 25.6.2002 – 3 AZR 226/01, AP Nr. 51 zu § 16 BetrAVG; v. 23.10.1996 – 3 AZR 514/95, NZA 1997, 1111; vgl. auch *Ahrend/Förster/Rühmann*, § 16 BetrAVG Rz. 3 mwN. | 2 BVerfG v. 22.3.2000 – 1 BvR 1136/99, NJW 2000, 3341. | 3 BGBl. I S. 1983. | 4 BAG v. 30.8.2005 – 3 AZR 395/04, DB 2006, 732. | 5 BAG v. 28.4.1992 – 3 AZR 142/91, NZA 1993, 69. | 6 AA *Ahrend/Förser/Rühmann*, § 16 BetrAVG Rz. 9. | 7 BAG v. 30.8.2005 – 3 AZR 395/04, DB 2006, 732. | 8 BAG v. 30.8.2005 – 3 AZR 395/04, DB 2006, 732. | 9 BAG v. 26.4.2006 - 3 AZR 159/05. | 10 BAG v. 16.12.1976 – 3 AZR 795/75, NJW 1977, 828. | 11 BAG v. 16.12.1976 – 3 AZR 795/75, NJW 1977, 828. | 12 *K. Heubeck*, DB 1978, 345. | 13 BAG v. 15.9.1977 – 3 AZR 654/76, BB 1977, 1550. | 14 BT-Drs. 7/2843, S. 12.

das Basisjahr 1991 abgestellt. Bei Anpassungsprüfungen nach dem 1.1.2003 ist der für Deutschland einheitliche Preisindex anzuwenden. Entfallen Teile des 3-jährigen Prüfungszeitraums auf Zeiten bis zum 1.1.2003, ist nach der sog. Splittingmethode zu verfahren, bei der die Geldentwertungsrate für die Zeit bis zum 1.1.2003 nach dem früheren und für die Zeit danach nach dem aktuellen Verfahren errechnet wird[1]. Die Lebenshaltungskosten werden im Basisjahr gleich 100 gesetzt[2]. Eine negative Anpassung ist demgegenüber auch bei einer Deflation ausgeschlossen[3].

13 **b) Nachholende Anpassung.** § 16 I legt zwar einen dreijährigen Prüfungsrhythmus fest, dagegen fehlt aber eine eindeutige Aussage zum maßgeblichen Prüfungszeitraum. Aus dem Zweck des § 16, der auch nach seiner Neufassung unverändert geblieben sei, leitet das BAG ab, dass nicht der Anpassungsbedarf aus den letzten drei Jahren zu überprüfen sei. Da es um den Werterhalt des Ruhegeldes gehe, müsse der gesamte seit Rentenbeginn eingetretene Kaufkraftverlust, soweit er durch Anpassungen nicht gedeckt worden sei, betrachtet werden[4]. Hat der ArbGeb jedoch anlässlich eines früheren Prüfungstermins eine Anpassung ganz oder teilweise ablehnen können, so verbleibt ein Nachholbedarf. Dieser ist bei der nächsten Prüfung auszugleichen, soweit der ArbGeb hierzu wirtschaftl. in der Lage ist[5]. § 16 IV legt fest, dass eine in der Vergangenheit zu Recht unterbliebene (teilweise) Anpassung zu einem späteren Zeitpunkt nicht nachgeholt werden muss. Die Vorschrift gilt nicht für vor dem 1.1.1999 zu Recht unterlassene Anpassungen, § 30c II. Rechtmäßig unterblieben ist die Anpassung aber nur dann, wenn der ArbGeb dem Leistungsempfänger die wirtschaftl. Lage des Unternehmens schriftl. dargelegt und dieser nicht binnen drei Kalendermonaten schriftl. widersprochen hat. Der Versorgungsberechtigte ist über die Rechtsfolgen eines nicht fristgemäßen Widerspruchs zu belehren. Wie die schriftl. Darlegung der wirtschaftl. Lage des Unternehmens beschaffen sein muss, ist dem Gesetz nicht zu entnehmen. Sie wird sich nicht in plakativen Erklärungen erschöpfen können. Der ArbGeb muss vielmehr dem Berechtigten ermöglichen, die Anpassungsentscheidung nachzuvollziehen. Dazu werden zumindest die maßgeblichen Daten aus den Geschäftsabschlüssen dargelegt werden müssen, die bei einem Rechtstreit ohnehin vorzutragen wären. Widerspricht der ArbN oder erfolgt keine schriftl. Darlegung der Gründe, muss das Gericht entscheiden, ob der ArbGeb zu einer Anpassung verpflichtet ist. Gelangt das Gericht dazu, dass eine Anpassung nicht vorzunehmen war, ist auch zu späteren Prüfungsstichtagen keine nachholende Anpassung notwendig. Das BAG meint, § 16 IV gelte nur dann, wenn wegen der wirtschaftl. Lage eines Unternehmens ein (voller) Teuerungsausgleich nicht geschuldet war[6]. Sei die Anpassung aber wegen einer niedrigeren reallohnbezogenen Obergrenze unterblieben, greife § 16 IV nicht ein, mit der Folge, dass der Teuerungsausgleich nachzuholen ist. Das BAG ignoriert damit die mit der Einführung des § 16 IV vom Gesetzgeber verfolgte Absicht, die Bereitschaft von Unternehmen zu fördern, neue Zusagen zu erteilen und die Verbreitung der betrAV zu fördern. Deshalb sollten künftig zu Recht nicht erfolgte Anpassungen nicht mehr nachgeholt werden müssen[7]. § 16 IV verweist auf Abs. 1, der durch Abs. 2 ergänzt wird, indem dort geregelt ist, wann die Anpassungsprüfungspflicht erfüllt ist. Hat der ArbGeb die Anpassungsprüfung unter Beachtung des Abs. 2 durchgeführt, ist zwar ggf. kein voller Teuerungsausgleich erreicht worden, aber der Anspruch auf Anpassungsprüfung erfüllt. Abs. 4 spricht aber gar nicht von der Prüfungspflicht des ArbGeb, sondern von der Anpassung, also der tatsächlichen Erhöhung des Ruhegeldes, die unterblieben ist. Kommt die reallohnbezogene Obergrenze zum Zuge, ist entgegen der Sichtweise des BAG die Anpassung, also die tatsächliche Erhöhung der Betriebsrente, ganz oder teilweise zu Recht unterblieben. Das BAG verkennt letztlich den Ausnahmecharakter des § 16 IV. Unterblieb die Erhöhung des Ruhegeldes aber zu Unrecht, bleibt es bei dem Anpruch des ArbN darauf, dass bei der aktuellen Leistungsüberprüfung der gesamte seit Rentenbeginn eingetretene Kaufkraftverlust zu berücksichtigen ist. Etwas anderes lässt sich auch nicht aus § 16 IV 2 BetrAVG entnehmen. Diese Bestimmung schafft zu Gunsten des ArbGeb lediglich eine unwiderlegliche Vermutung[8].

14 Hat der ArbGeb anlässlich eines früheren Anpassungstermins eine Anpassung nicht oder nicht vollständig durchgeführt, verbleibt ein Nachholbedarf. Dieser kann bei einer späteren Anpassungsprüfung aber nur dann ausgeglichen werden, soweit der ArbGeb hierzu dann auch zum Zeitpunkt der späteren Anpassungsprüfung wirtschaftl. in der Lage ist[9].

15 Die Pflicht zur nachholenden Anpassung führt allerdings **nicht zu Nachzahlungsansprüchen** für frühere Prüfungszeiträume. Der Anspruch auf eine höhere Betriebsrente entsteht erst mit der nächsten Anpassungsprüfung, die zu dem Ergebnis führt, dass der ArbGeb auch zur Nachholung früher ganz oder teilweise unterbliebener Anpassungen in der Lage ist[10].

16 **c) Nachträgliche Anpassung.** Von einer nachholenden Anpassung zu unterscheiden ist die sog. nachträgliche Anpassung. Nach Auffassung des BAG hat die Anpassungsentscheidung des ArbGeb streitbeendende Funktion. Der Versorgungsberechtigte kann nur bis zum nächsten Anpassungsstichtag gel-

1 KKBBP/*Bode* § 16 BetrAVG Rz. 39. | 2 *Blomeyer/Rolfs/Otto*, § 16 BetrAVG Rz. 136. | 3 BAG v. 23.1.2001 – 3 AZR 287/00, AP Nr. 46 zu § 16 BetrAVG. | 4 BAG v. 28.4.1992 - 3 AZR 142/91, BAGE 70, 137. | 5 BAG v. 28.4.1992 – 3 AZR 244/91, AP Nr. 25 zu § 16 BetrAVG. | 6 BAG v. 30.8.2005 – 3 AZR 395/04, DB 2006, 732. | 7 BT-Drucks. 13/8011, S. 209. | 8 Vgl. *Höfer*, BetrAVG, § 16 Rz. 5481 ff. | 9 BAG v. 28.4.1992 – 3 AZR 244/91, AP Nr. 25 zu § 16 BetrAVG. | 10 BAG v. 28.4.1992 – 3 AZR 142/91; v. 28.4.1992 – 3 AZR 244/91 und v. 28.4.1992 – 3 AZR 356/91, AP Nr. 24, 25 und 26 zu § 16 BetrAVG; LAG Hamm v. 6.12.1994 – 6 Sa 156/94, DB 1995, 330.

tend machen, die Entscheidung des ArbGeb sei fehlerhaft, und eine nachträgliche Anpassung verlangen. Mit dem nächsten Anpassungsstichtag entsteht ein neuer Anspruch auf Anpassungsprüfung und -entscheidung. Der Anspruch auf Korrektur einer früheren Anpassungsentscheidung erlischt. Trifft der ArbGeb keine Entscheidung oder teilt er eine getroffene Entscheidung dem Versorgungsberechtigten nicht mit, so kann der Betriebsrentner bis zu dem auf den nächsten Anpassungsstichtag folgenden Anpassungstermin geltend machen, der ArbGeb sei doch zu einer Erhöhung der Versorgungsleistungen verpflichtet gewesen[1]. Hat der Betriebsrentner rechtzeitig vor dem nächsten bzw. bei unterbliebener oder nicht mitgeteilter Anpassungsentscheidung vor dem übernächsten Anpassungsstichtag die nicht hinreichende Anpassung gerügt, muss er binnen drei weiterer Jahre Klage erheben. Anderenfalls erlischt sein Recht, eine nachträgliche Anpassung einzuklagen[2].

d) Reallohnbezogene Obergrenze. Versorgungsempfänger können keinen vollen Teuerungsausgleich 17
verlangen, wenn die noch aktiven ArbN keinen vollen Teuerungsausgleich erhalten, also eine Stagnation ihrer Einkünfte oder gar einen Realeinkommensverlust hinnehmen müssen; das schreibt § 16 II Nr. 2 seit dem 1.1.1999 ausdrücklich fest. Das BAG hatte schon vor der Gesetzesnovelle betont, dass es nicht der Billigkeit widerspreche, wenn der ArbGeb die Rente nur bis zur **durchschnittlichen Steigerungsrate der Reallöhne** der aktiven ArbN anpasse[3]. Nach wie vor überlässt das BAG es der Praxis, handhabbare und sachgerechte Modelle zu entwickeln, nach denen die reallohnbezogene Obergrenze ermittelt wird[4]. Es müssen dabei aber gesetzl. Vorgaben und die Grenzen billigen Ermessens beachtet werden. Das gilt insbesondere für den Prüfungszeitraum. Sowohl für die reallohnbezogene Obergrenze als auch für den Anpassungsbedarf gilt derselbe Prüfungszeitraum. Soweit aktive ArbN keinen vollen Teuerungsausgleich erhalten hätten, müssen sich auch die Betriebsrentner mit einer entsprechenden Rentenerhöhung begnügen. Folgerichtig ist für die künftigen Anpassungsentscheidungen von Bedeutung, ob die aktiven ArbN einen Abbau der Reallohneinbußen durch spätere Verdiensterhöhungen erreichen[5]. Der ArbGeb ist aber nicht verpflichtet, auf die individuelle Belastung des betreffenden Rentners mit überdurchschnittlich hohen Steuern und Krankenversicherungsbeiträgen Rücksicht zu nehmen. Bei der Vergleichsbetrachtung ist vielmehr auf die Nettodurchschnittsverdienste der aktiven ArbN oder eines typischen Teils der aktiven Belegschaft abzustellen[6]. Bei der Gruppenbildung zur Anwendung der reallohnbezogenen Obergrenze hat der ArbGeb einen weit gehenden Entscheidungsspielraum. Es genügen klare verdienstbezogene Abgrenzungskriterien[7]. Er kann deshalb auch unterschiedliche Anpassungssätze festlegen, soweit das mit dem arbeitsrechtl. Gleichbehandlungsgrundsatz zu vereinbaren ist. Ein in Folge der Anwendung einer reallohnbezogenen Obergrenze nicht ausgeglichener Kaufkraftverlust ist bei einer späteren Anpassungsprüfung allerdings nachzuholen, wenn die vergleichbaren aktiven ArbN inzwischen den ihrerseits erlittenen Wertverlust ihrer Bezüge aufgeholt haben[8]. Das BAG lässt bei unternehmensübergreifenden Versorgungswerken auch eine konzernweite Ermittlung einer einheitlichen reallohnbezogenen Obergrenze zu. § 16 II 2 stellt zwar auf die Entwicklung der Nettolöhne vergleichbarer ArbN-Gruppen im Unternehmen des ArbGeb ab. Aus der Formulierung „gilt als erfüllt“ folge jedoch nur, dass es keiner weiteren Prüfung mehr bedarf, wenn diese Voraussetzung eingehalten sei. Das bedeutet jedoch nicht, dass andere Berechnungsmethoden ermessensfehlerhaft sind. Der ArbGeb kann sich so auch für eine konzernweite Betrachtung entscheiden, müsse sich aber eine Billigkeitskontrolle gefallen lassen[9].

Die vergleichbaren Nettoeinkommen noch aktiver ArbN sind ggf. um nicht aussagefähige Entgeltbe- 18
standteile zu bereinigen. Herauszurechnen sind zB Verdienststeigerungen, die auf Grund von Karrieresprüngen erfolgen[10]. Gleiches dürfte für außergewöhnliche Sonderzahlungen gelten, auf die kein vertragl. Anspruch bestand (zB Vergütung für Erfindung oder Verbesserungsvorschlag, Prämie für besonderen, außerplanmäßigen Erfolg etc.). Alle übrigen Entgeltbestandteile sind einzubeziehen; eine Berücksichtigung nur der Grundvergütung ist unzulässig[11].

4. Gesetzlicher Ausschluss der Anpassung. In besonderen, durch Gesetz geregelten Fällen besteht 19
eine Anpassungsprüfungspflicht nicht:

a) Keine Prüfung bei jährlich 1%iger Anhebung. Nach dem Abs. 3 entfällt die Anpassungsprüfungs- 20
pflicht, wenn sich der ArbGeb verpflichtet, die laufenden Leistungen um mindestens 1 % zu erhöhen. Die dem ArbGeb eingeräumte Möglichkeit besteht allerdings nur für nach dem 31.12.1998 erteilte Zusagen, § 30c.

§ 16 V sieht für die Finanzierung durch Entgeltumwandlung vor, dass die Versorgungsleistungen in 21
entsprechender Anwendung des Abs. 3 Nr. 1 anzupassen sind – also mit mindestens 1 % jährlich. Diese

---

1 BAG v. 17.4.1996 – 3 AZR 56/95, NZA 1997, 155. | 2 BAG v. 25.4.2006 – 3 AZR 372/05, DB 2006, 2527; v. 21.8.2007 – 3 AZR 330/06, DB 2007, 2720. | 3 BAG v. 14.2.1989 – 3 AZR 313/87, NZA 1989, 675; v. 23.5.2000 – 3 AZR 103/99, NZA 2001, 1076, v. BAG v. 30.8.2005 – 3 AZR 395/04, DB 2006, 732. | 4 BAG v. 10.9.2002 - 3 AZR 593/01, AP Nr. 52 zu BetrAVG. | 5 BAG v. 21.8.2001 – 3 AZR 5 89/00, BAGE 98, 349. | 6 BAG v. 14.2.1989 – 3 AZR 313/87, NZA 1989, 675; v. 23.5.2000 – 3 AZR 103/99, NZA 2001, 1076, v. 30.8.2005 – 3 AZR 395/04. | 7 BAG v. 23.5.2000 – 3 AZR 103/99, NZA 2001, 1076. | 8 BAG v. 30.8.2005 – 3 AZR 395/04, DB 2006, 732. | 9 BAG v. 30.8.2005 – 3 AZR 395/04, DB 2006, 732. | 10 BAG v. 23.5.2000 – 3 AZR 103/99, NZA 2001, 1076. | 11 BAG v. 9.11.1999 – 3 AZR 432/98, BB 2000, 2264.

Regelung gilt gem. § 30c III nur für laufende Leistungen, die auf Zusagen beruhen, die seit dem 1.1.2001 erteilt worden sind.

22 **b) Versorgungssteigernde Verwendung von Überschussanteilen.** Bei einer betrAV über Direktversicherungen oder Pensionskassen kann die Anpassungsprüfung unterbleiben, wenn ab Rentenbeginn alle auf den Rentenbestand entfallenden Überschussanteile zur Erhöhung der laufenden Leistungen verwendet werden und zur Berechnung der garantierten Leistungen der von der Versicherungsaufsicht festgesetzte Höchstzinssatz für die Ermittlung der Deckungsrückstellung nicht überschritten wird, § 16 III Nr. 2. Der Gesetzgeber versteht dies als gleichwertige Alternative zur Anpassungsprüfung[1]. Erfasst werden entsprechend § 30c V nur laufende Leistungen, die auf Zusagen beruhen, die seit dem 1.1.2001 erteilt worden sind[2].

23 **c) Beitragszusage mit Mindestleistung.** Bei einer Beitragszusage mit Mindestleistung entfällt nach Abs. 3 Nr. 3 jegliche Anpassungsprüfung. Hierdurch wird diese Form der Zusage für den ArbGeb besonders attraktiv[3].

24 **d) Auszahlungspläne.** Abs. 6 nimmt sog. Auszahlungspläne und sich daran anschließende Rentenzahlungen aus der Anpassungsprüfungspflicht aus. Die Vorschrift wurde durch das AVmG eingeführt und durch das Hüttenknappschaftliche Zusatzversicherungs-Neuregelungs-Gesetz modifiziert. Die Regelung betrifft die Altersvorsorgezulage nach §§ 79 ff. EStG. § 82 EStG verweist dabei auf § 1 I Nr. 4 und 5 AltZertG[4]. Dieses Gesetz regelt die **Zertifizierung** förderungsfähiger Anlageformen. Dazu kann ein Auszahlungsplan vereinbart werden, über den in Raten bis zur Vollendung des 85. LJ die in der Ansparphase aufgebauten Leistungen auszuzahlen sind. Ein Teil des zu Beginn der Auszahlungsphase zur Verfügung stehenden Kapitals ist zu Beginn der Auszahlungsphase in eine RV einzubringen, die ab Vollendung des 85. LJ eine gleich bleibende oder steigende lebenslange Leibrente gewährt, deren erste monatliche Rate mindestens so hoch ist wie die letzte monatl. Auszahlung aus dem Auszahlungsplan ohne Berücksichtigung variabler Teilraten. Damit diese Leistungen kalkuliert werden können, unterliegen weder die einzelnen Teilraten des Auszahlungsplans noch die späteren Leistungen der RV der Anpassungsprüfung[5].

25 **5. Keine Anpassung bei Insolvenz.** Ist der ArbGeb insolvent, kann der ArbN keine Anpassung laufender Leistungen verlangen. Der PSVaG als Träger der gesetzl. Insolvenzsicherung ist zu einem Teuerungsausgleich nicht verpflichtet[6]. Anderenfalls würde der Rentner, dessen ArbGeb bereits insolvent ist, besser behandelt, als derjenige, dessen ArbGeb wirtschaftl. nicht hinreichend leistungsfähig ist.

26 **6. Wirtschaftliche Lage des Arbeitgebers.** Ein Teuerungsausgleich steht dem Versorgungsempfänger nur insoweit zu, als die wirtschaftl. Lage des ArbGeb dies erlaubt.

27 **a) Teuerungsausgleich aus Wertzuwachs.** Das BAG weist in st. Rspr. darauf hin, dass der ArbGeb einen Kaufkraftausgleich nach § 16 ganz oder teilweise ablehnen kann, wenn und soweit dadurch das **Unternehmen übermäßig belastet** würde. Übermäßig ist die Belastung dann, wenn es dem Unternehmen prognostizierbar nicht möglich sein wird, den Teuerungsausgleich aus dem Wertzuwachs des Unternehmens und dessen Erträgen in der Zeit nach dem Anpassungsstichtag aufzubringen[7]. Die Rspr. betont, dass die Substanz des Unternehmens erhalten bleiben muss. Die gesunde wirtschaftl. Entwicklung darf nicht verhindert und die Arbeitsplätze dürfen nicht durch eine langfristige Auszehrung in Gefahr gebracht werden[8]. Der Begriff der „wirtschaftlichen Lage" in § 16 darf nicht mit einer „wirtschaftlichen Notlage" nach § 7 I 3 Nr. 5 aF gleichgesetzt werden[9]. Das BAG hebt hervor, dass die Anpassung aus Erträgen und Wertzuwächsen des Unternehmens finanzierbar sein muss[10]. Die künftige Wettbewerbsfähigkeit eines Unternehmens darf nicht gefährdet werden. Hieraus folgt, dass nicht sämtliche Gewinne durch die Anpassung aufgezehrt werden dürfen; vielmehr muss dem Unternehmen noch eine angemessene **Eigenkapitalverzinsung**[11] verbleiben. Um zu einer verlässlichen **Prognose** zu gelangen, muss die Vergangenheit betrachtet werden[12]. Bei der Berechnung der Eigenkapitalrendite ist einerseits auf die Höhe des Eigenkapitals, andererseits auf das erzielte Betriebsergebnis abzustellen. Für die angemessene Eigenkapitalverzinsung kommt es auf das tatsächlich vorhandene Eigenkapital iSd. § 266 III A HGB an. Dazu zählen nicht nur das gezeichnete Kapital (Stammkapital) und die Kapitalrücklage, sondern auch Gewinnrücklagen, Gewinn- und Verlustvorträge sowie der Jahresüberschuss bzw. der Jahresfehlbetrag. Die Eigenkapitalrendite ist dadurch zu ermitteln, dass der Jahresüberschuss oder Jahresfehlbetrag dem Eigenkapital, so wie es sich aus § 266 III A HGB ergibt, gegenüber gestellt wird[13].

---

1 Vgl. *Höfer*, § 16 BetrAVG Rz. 5449 ff. | 2 *Ahrend/Förster/Rühmann*, § 16 BetrAVG Rz. 23. | 3 *Ahrend/Förster/Rühmann*, § 16 BetrAVG Rz. 24. | 4 G v. 26.2.2001, BGBl. I S. 1322, geändert durch G v. 20.12.2001, BGBl. I S. 3926. | 5 *Höfer*, DB 2001, 1149. | 6 BAG v. 5.10.1993 – 3 AZR 698/92, NZA 1994, 459; LAG Köln v. 8.12.2000 – 11 Sa 1073/00, EzA-SD 2001, Nr. 9, 15. | 7 BAG v. 14.12.1993 – 3 AZR 519/93, AP Nr. 29 zu § 16 BetrAVG. | 8 BAG v. 14.2.1989 – 3 AZR 191/87, AP Nr. 22 zu § 16 BetrAVG. | 9 BAG v. 15.9.1977 – 3 AZR 654/76, AP Nr. 5 zu § 16 BetrAVG; v. 23.4.1985 – 3 AZR 156/83, AP Nr. 17 zu § 16 BetrAVG. | 10 BAG v. 23.4.1985 – 3 AZR 156/83, AP Nr. 17 zu § 16 BetrAVG; v. 14.2.1989 – 3 AZR 191/87, AP Nr. 22 zu § 16 BetrAVG. | 11 Zur Berechnung einer angemessenen Eigenkapitalverzinsung BAG v. 23.5.2000 – 3 AZR 146/99, NZA 2001, 1251. | 12 BAG v. 23.1.2001 – 3 AZR 287/00, AP Nr. 46 zu § 16 BetrAVG. | 13 BAG v. 23.1.2001 – 3 AZR 287/00, AP Nr. 46 zu § 16 BetrAVG.

Dabei sind **Scheingewinne**, die sich etwa aus betriebswirtschaftl. überhöhten Abschreibungen ergeben, auszunehmen[1]. Entsprechendes gilt auch für außerordentl. Erträge. Zwar sind sie keine Scheingewinne. Ihr Ausnahmecharakter darf aber bei der Beurteilung der künftigen Ertragsentwicklung nicht außer Acht gelassen werden. Sie gehören nämlich nicht zu Erträgen, mit denen das Unternehmen regelmäßig rechnen kann. Sie sind deshalb aus den der Prognose zugrunde zu legenden früheren Jahresabschlüssen herauszurechnen[2]. 28

Die angemessene Eigenkapitalverzinsung besteht aus dem Basiszins und einem Zuschlag für das Risiko, dem das im Unternehmen investierte Kapital ausgesetzt ist[3]. Als Basiszins ist die Umlaufrendite öffentl. Anleihen heranzuziehen, der den Veröffentlichungen des statistisches Bundesamtes entnommen werden kann und deshalb leicht nachprüfbar ist[4]. 29

Zum maßgeblichen Eigenkapital zählt nicht das zur Begleichung der Versorgungsverbindlichkeiten notwendige Kapital. Erträge daraus sind aber zu berücksichtigen[5]. Das gilt im Übrigen auch für den Versorgungsschuldner, der seine unternehmerischen Aktivitäten aufgegeben hat und für den Erben, selbst wenn er das ehemals einzelkaufmännisch betriebene Geschäft nicht fortführt. Für einen Risikozuschlag besteht dann aber kein Anlass[6]. **Außerordentl. Erträge** aus der Auflösung stiller Reserven erhöhen das Eigenkapital und sind deshalb bei der Berechnung einer angemessenen Eigenkapitalverzinsung einzubeziehen[7]. Weiterhin sind Faktoren wie ein besonderer, absehbarer Investitionsbedarf, Betriebssteuern oder außerordentl. Erträge zu berücksichtigen[8]. Steuern vom Einkommen werden allerdings durch die Anpassung gemindert, weil die Rentenerhöhung den Gewinn verringert. Es kommt auf die Gesamtsituation des Unternehmens an. Eine Anpassung kann nicht schon dann verlangt werden, wenn einzelne Bilanzpositionen eine Anpassung zulassen würden[9]. 30

Selbst bei positiven Betriebsergebnissen und einer hinreichenden Eigenkapitalverzinsung kann die **Eigenkapitalausstattung** wegen früher eingetretener Substanzeinbußen unzureichend sein und deshalb die erforderliche Belastbarkeit des Unternehmens vorerst fehlen. Der ArbGeb kann die Anpassung der Betriebsrenten ablehnen, wenn er davon ausgehen darf, dass der Eigenkapitalmangel jedenfalls bis zum nächsten Anpassungsstichtag fortbesteht[10]. 31

Die in dem **Verlustvorträgen** festgehaltenen früheren Fehlbeträge mindern das Eigenkapital. Da der Wettbewerbsfähigkeit des Unternehmens entscheidende Bedeutung zukommt, darf der ArbGeb nach einer Eigenkapitalauszerrung einer raschen Wiederherstellung einer ausreichenden Eigenkapitalausstattung den Vorzug geben und bis dahin von Betriebsrentenerhöhungen absehen[11]. Sowohl die Erhaltung als auch die Wiedererlangung der Unternehmenssubstanz sind berechtigte unternehmerische Anliegen im Interesse der Wettbewerbsfähigkeit und zum Schutz von Arbeitsplätzen. Die Erhöhung von Betriebsrenten würde deshalb vor der Konsolidierung des Unternehmens eine dauerhafte Belastung schaffen, wobei zu berücksichtigen ist, dass § 16 Betriebsrentenkürzungen, selbst wenn die wirtschaftl. Lage entgegen früheren Prognosen schlechter ist, nicht zulässt[12]. 32

Die Gesundung eines Unternehmens ist deshalb erst dann abgeschlossen, wenn der Verzehr des Stammkapitals ausgeglichen ist. Dies ist der Fall, sobald das Eigenkapital des Unternehmens mindestens ebenso hoch ist wie die Summe aus dem Stammkapital und der aus den zusätzlichen Einlagen gebildeten Kapitalrücklage[13]. 33

b) **Konzerndurchgriff.** Regelmäßig kommt es auf die wirtschaftl. Lage des ArbGeb an. Ist dieser wirtschaftl. nicht in der Lage, einen Teuerungsausgleich vorzunehmen, besteht kein Anspruch auf eine höhere Rente[14]. Etwas anderes kann aber dann gelten, wenn der Versorgungsschuldner in einen Konzern eingebunden ist. In diesem Fall lässt es das BAG in Ausnahmefällen zu, dass auch die **wirtschaftl. Lage des herrschenden Unternehmens** berücksichtigt wird **(sog. Berechnungsdurchgriff)**[15]. Der Begriff des **Konzerns** ergibt sich aus § 18 AktG. Die Rspr. versteht darunter jedoch nicht nur aktienrechtl. Strukturen. Ein Konzern liegt vielmehr bereits dann vor, wenn eine Konzernobergesellschaft auf abhängige Unternehmen einen beherrschenden Einfluss ausüben kann. Herrschendes Unternehmen kann deshalb bspw. auch der Einzelkaufmann sein, der eine GmbH beherrscht[16]. Dieser Rspr. ist das BAG gefolgt[17]. Für einen Berechnungsdurchgriff müssen zwischen dem Versorgungsschuldner und dem herrschenden 34

---

1 BAG v. 23.4.1985 – 3 AZR 548/82, AP Nr. 17 zu § 16 BetrAVG. | 2 BAG v. 23.1.2001 – 3 AZR 287/00, AP Nr. 46 zu § 16 BetrAVG. | 3 BAG v. 17.4.1996 – 3 AZR 56/95, AP Nr. 35 zu § 16 BetrAVG; v. 23.1.2001 – 3 AZR 287/00, AP Nr. 46 zu § 16 BetrAVG. | 4 BAG v. 23.5.2000 – 3 AZR 146/99, AP Nr. 45 zu § 16 BetrAVG. | 5 BAG v. 9.11.1999 – 3 AZR 420/98, BetrAV 2000, 605. | 6 BAG v. 9.11.1999 – 3 AZR 420/98, BetrAV 2000, 605. | 7 BAG v. 23.1.2001 – 3 AZR 287/00, AP Nr. 46 zu § 16 BetrAVG. | 8 BAG v. 17.4.1996 – 3 AZR 56/95, DB 1996, 2496. | 9 BAG v. 14.2.1989 – 3 AZR 191/87, NZA 1989, 844; v. 17.4.1996 – 3 AZR 56/95, NZA 1997, 155. | 10 BAG v. 23.1.2001 – 3 AZR 287/00, AP Nr. 46 zu § 16 BetrAVG. | 11 BAG v. 23.1.2001 – 3 AZR 287/00, AP Nr. 46 zu § 16 BetrAVG. | 12 BAG v. 23.1.2001 – 3 AZR 287/00, AP Nr. 46 zu § 16 BetrAVG. | 13 BAG v. 23.1.2001 – 3 AZR 287/00, AP Nr. 46 zu § 16 BetrAVG. | 14 *Steinmeyer*, FS Stahlhacke. S. 553, 556; *Junker*, FS Kissel, S. 451. | 15 *Forsbach*, Betriebliche Altersversorgung im Umbruch, S. 188; *Weigl*, ZIP 1997, 354. | 16 BGH v. 29.3.1993 – II ZR 265/91, BB 1993, 814. | 17 BAG v. 14.12.1993 – 3 AZR 519/93, DB 1994, 1147; v. 8.3.1994 – 9 AZR 197/92, DB 1994, 1708.

Unternehmen **verdichtete Konzernverbindungen** bestehen. Dies ist etwa dann der Fall, wenn ein **Beherrschungs- oder Ergebnisabführungsvertrag** besteht. Ausreichend ist aber auch, wenn ein Unternehmen die Geschäfte des eigentlichen ArbGeb tatsächlich umfassend und nachhaltig führt (sog. qualifiziert faktischer Konzern). Als zusätzliches Erfordernis verlangt das BAG, dass die Konzernleitung in einer Weise ausgeübt wird, die auf die Belange des abhängigen Tochterunternehmens keine angemessene Rücksicht nimmt und so letztlich die mangelnde Leistungsfähigkeit des Versorgungsschuldners verursacht[1]. Das kann bspw. dann der Fall sein, wenn das beherrschende Unternehmen dem Abhängigen verbindliche Preise vorschreibt und so seine Wettbewerbsfähigkeit beschränkt[2]. Darlegungs- und beweispflichtig für die missbräuchliche Ausübung der Gesellschafterrechte durch das herrschende Unternehmen ist der Pensionär. Dieser muss zumindest Indizien vortragen, mit denen eine missbräuchliche Ausübung der Leitungsmacht verdeutlicht wird[3]. Dem Versorgungsberechtigten, der regelmäßig keinen Einblick in die gesellschaftlichen und finanziellen Verhältnisse hat, wird eine entsprechende Darlegung sehr schwer fallen. Das BAG gewährt allerdings Erleichterungen der Beweislast. Es lässt genügen, wenn der Versorgungsempfänger beispielhaft Eingriffe nennt, die im Konzerninteresse vorgenommen wurden. Es liegt dann beim prüfungspflichtigen Unternehmen, diese Hinweise zu entkräften[4]. Auch beim **Berechnungsdurchgriff** ist der ehemalige ArbGeb zur Anpassungsprüfung verpflichtet. Berücksichtigt wird dabei jedoch die wirtschaftl. Lage des anderen Konzernunternehmens[5]. Es wird also nicht das wirtschaftl. potentere andere Konzernunternehmen zur Anpassungsprüfung herangezogen. Etwas anderes gilt aber dann, wenn das andere Konzernunternehmen den **Vertrauenstatbestand** geschaffen hat, die Anpassung der laufenden Leistungen gewährleisten zu wollen[6]. In diesem Fall haftet das andere Konzernunternehmen ebenfalls unmittelbar[7].

35 **7. Darlegungs- und Beweislastverteilung.** Wird die Anpassung von Betriebsrenten nach § 16 mit einer mangelnden wirtschaftl. Leistungsfähigkeit abgelehnt, so trägt der **ArbGeb** dafür die Darlegungs- und Beweislast. Als Vortrag hierzu reicht nicht die Mitteilung von Verlusten, mit denen einzelne Handelsbilanzen oder Betriebsergebnisberechnungen abgeschlossen haben, aus. Rückschlüsse auf die wirtschaftl. Lage des Unternehmens sind idR nur in Verbindung mit den übrigen Bilanzdaten, also ihren Berechnungsgrundlagen, möglich[8]. Der ArbN kann sich deshalb zunächst darauf beschränken, zu bestreiten, dass der ArbGeb nicht in der Lage ist, aus den Erträgen und einem Wertzuwachs einen Teuerungsausgleich zu finanzieren. Es ist dann Sache des ArbGeb, im Einzelnen darzulegen, weshalb er zu einer Anpassung nicht in der Lage ist. Dazu muss er sämtliche bestimmende Faktoren vortragen. Dazu wird er im Regelfall Geschäftsabschlüsse offen legen müssen. Geschieht dies, so ist im Sinne einer abgestuften Darlegungslast der ArbN gehalten, Einwendungen zu erheben, aus denen sich ergibt, dass ein Teuerungsausgleich doch möglich ist.

36 Der ArbGeb kann sich nicht darauf berufen, im Falle einer vollständigen Darlegung müsse er notwendigerweise **Betriebs- oder Geschäftsgeheimnisse** preisgeben. Das BAG verweist den ArbGeb auf vorhandene Schutzmechanismen des Prozessrechts. In Betracht kommen der zeitweise Ausschluss der Öffentlichkeit (§ 52 ArbGG, § 142 GVG) und strafbewehrte Schweigegebote (§ 174 II GVG)[9].

Sechster Abschnitt. Geltungsbereich

17 *Persönlicher Geltungsbereich und Tariföffnungsklausel*

(1) [Arbeitnehmer] Arbeitnehmer im Sinne der §§ 1 bis 16 sind Arbeiter und Angestellte einschließlich der zu ihrer Berufsausbildung Beschäftigten; ein Berufsausbildungsverhältnis steht einem Arbeitsverhältnis gleich. Die §§ 1 bis 16 gelten entsprechend für Personen, die nicht Arbeitnehmer sind, wenn ihnen Leistungen der Alters-, Invaliditäts- oder Hinterbliebenenversorgung aus Anlass ihrer Tätigkeit für ein Unternehmen zugesagt worden sind. Arbeitnehmer im Sinne von § 1a Abs. 1 sind nur Personen nach den Sätzen 1 und 2, soweit sie auf Grund der Beschäftigung oder Tätigkeit bei dem Arbeitgeber, gegen den sich der Anspruch nach § 1a richten würde, in der gesetzlichen Rentenversicherung pflichtversichert sind.

(2) [Öffentlicher Dienst] Die §§ 7 bis 15 gelten nicht für den Bund, die Länder, die Gemeinden sowie die Körperschaften, Stiftungen und Anstalten des öffentlichen Rechts, bei denen das Insolvenzverfahren nicht zulässig ist, und solche juristische Personen des öffentlichen Rechts, bei denen der Bund, ein Land oder eine Gemeinde kraft Gesetzes die Zahlungsfähigkeit sichert.

(3) [Unabdingbarkeit] Von den §§ 1a, 2 bis 5, 16, 18a Satz 1, §§ 27 und 28 kann in Tarifverträgen abgewichen werden. Die abweichenden Bestimmungen haben zwischen nichttarifgebundenen Arbeitgebern

1 BAG v. 4.10.1994 – 3 AZR 910/93, DB 1995, 528; v. 23.10.1996 – 3 AZR 514/95, DB 1997, 1287. |2 BAG v. 28.4.1992 – 3 AZR 244/91, NZA 1993, 72. |3 BAG v. 14.12.1993 – 3 AZR 519/93, DB 1994, 1147. |4 BAG v. 4.10.1994 – 3 AZR 910/93, DB 1995, 528. |5 BAG v. 4.10.1994 – 3 AZR 910/93, DB 1995, 528. |6 *Höfer*, § 16 BetrAVG Rz. 5311 ff. |7 BAG v. 17.4.1996 – 3 AZR 56/95, ZIP 1996, 2085. |8 BAG v. 23.4.1985 – 3 AZR 548/82, NZA 1985, 499. |9 BAG v. 23.4.1985 – 3 AZR 548/82, NZA 1985, 499.

und Arbeitnehmern Geltung, wenn zwischen diesen die Anwendung der einschlägigen tariflichen Regelung vereinbart ist. Im Übrigen kann von den Bestimmungen dieses Gesetzes nicht zuungunsten des Arbeitnehmers abgewichen werden.

(4) [Gesetzesvorrang] Gesetzliche Regelungen über Leistungen der betrieblichen Altersversorgung werden unbeschadet des § 18 durch die §§ 1 bis 16 und 26 bis 30 nicht berührt.

(5) [Entgeltumwandlung nach Tarifvertrag] Soweit Entgeltansprüche auf einem Tarifvertrag beruhen, kann für diese eine Entgeltumwandlung nur vorgenommen werden, soweit dies durch Tarifvertrag vorgesehen oder durch Tarifvertrag zugelassen ist.

I. Einführung. Die Vorschriften des BetrAVG finden nur auf Leistungen der **betrAV** Anwendung. Dabei wird ausschließlich der in § 17 I genannte **Personenkreis** erfasst. Handelt es sich bei zugesagten Leistungen nicht um solche der betrAV oder gehören die Adressaten einer Zusage nicht zum geschützten Personenkreis, so berührt dies die Wirksamkeit der eingegangenen Verpflichtung grds. nicht. Der Schutz aus dem BetrAVG kann aber nicht in Anspruch genommen werden. 1

In § 17 III ist die Unabdingbarkeit der Normen des BetrAVG geregelt, wobei der Gesetzgeber für einzelne Regelungen eine Tariföffnungsklausel vorgesehen hat. 2

II. Persönlicher Geltungsbereich. Das BetrAVG ist ein ArbN-Schutzgesetz. Nach § 17 I 1 gilt es in erster Linie für **ArbN**. Sog. **arbeitnehmerähnliche Personen** werden aber nach § 17 I 2 ebenfalls erfasst, soweit ihnen Leistungen der betrAV aus Anlass ihrer Tätigkeit für ein Unternehmen zugesagt worden sind. 3

1. Arbeitnehmer. Unter den gesetzl. Schutz fallen Arbeiter, Angestellte und die zu ihrer Berufsausbildung Beschäftigten. Es muss ein **privatrechtl. Arbeitsvertrag** bestehen: Beamte, Richter und Soldaten werden deshalb nicht erfasst[1]. ArbN ist nicht, wer auf Grund eines Werkvertrages für ein Unternehmen tätig wird[2]. Es genügt aber uU ein faktisches Arbeitsverhältnis[3]. 4

§ 17 I 3 schränkt den ArbN-Begriff insoweit ein, als eine betrAV durch Entgeltumwandlung iSv. § 1a erfolgt. Denn danach kann nur der ArbN eine Entgeltumwandlung von dem ArbGeb verlangen, bei dem er in der gesetzl. RV pflichtversichert ist[4]. 5

Das BetrAVG gilt im Übrigen auch dann, wenn der ArbN **an dem Unternehmen beteiligt** ist[5]. Es ist dann aber genau zu prüfen, ob die Versorgung aus Anlass des Arbeitsverhältnisses zugesagt wurde oder seine Wurzel im gesellschaftsrechtl. Bereich hat. Maßgeblich ist, ob der ArbN persönlich abhängig ist. Fehlt es daran, kann sich die betreffende Person auf den Schutz des BetrAVG nicht berufen. 6

2. Arbeitnehmerähnliche Personen. Nach § 17 I 2 gelten die §§ 1–16 entsprechend für Personen, die nicht ArbN sind, wenn ihnen Versorgungsleistungen aus Anlass ihrer Tätigkeit für ein Unternehmen zugesagt worden sind. Der BGH hat das Gesetz einschränkend ausgelegt. Er hat es als ArbN-Schutzgesetz begriffen und daraus gefolgert, dass dessen Geltung auf die Personen begrenzt werden müsse, deren Lage im Hinblick auf die Ruhegeldzusage mit der eines ArbN annähernd vergleichbar ist[6]. Unternehmer werden deshalb vom BetrAVG nicht erfasst. Auf Grund mehrerer Grundsatzentscheidungen des BGH sind Einzelkaufleute, persönlich haftende Gesellschafter einer OHG oder KG, selbständige und Alleingesellschafter von Kapitalgesellschaften als Unternehmer anzusehen[7]. 7

Als Anknüpfungspunkt für die **Unterscheidung zwischen ArbN- und Unternehmerstellung** hat die Rspr. auf den Einzelkaufmann abgestellt. Dieser müsse sich aus seinem eigenen Unternehmen versorgen und könne daher bereits formalrechtl. nicht als Empfänger einer Versorgungszusage bezeichnet werden. Mit einem Einzelkaufmann gleichzusetzen sei derjenige, welcher für ein Unternehmen tätig sei, das mit Rücksicht auf die vermögens- und einflussmäßige Verbindung mit ihm nach natürlicher Anschauung als sein eigenes zu betrachten sei[8]. 8

a) Am Unternehmen nicht beteiligte Personen. Echte Fremdgeschäftsführer oder **Vorstände von Aktiengesellschaften**, die nicht an dem Unternehmen, für welches sie tätig sind, beteiligt sind, genießen ohne jeden Zweifel den Schutz des BetrAVG. Gleiches kann auch für **Komplementäre** einer Kommanditgesellschaft oder Kommanditgesellschaft auf Aktien gelten, wenn sie bei wirtschaftl. Betrachtungsweise nur sog. **angestellte persönlich haftende Gesellschafter** sind. Dies ist etwa dann der Fall, wenn sie lediglich im Außenverhältnis als Gesellschafter auftreten, im Innenverhältnis aber wie Angestellte gegenüber den die Gesellschaft beherrschenden Kommanditisten weisungsgebunden sind. Ein Indiz kann hierfür sein, dass sie durch interne Regelungen von der Haftung freigestellt wurden[9]. Eine solche Ab- 9

---

1 *Blomeyer/Rolfs/Otto*, § 17 BetrAVG Rz. 9. | 2 *Höfer*, § 17 BetrAVG Rz. 5525. | 3 Vgl. *Höfer*, § 17 BetrAVG Rz. 5527. | 4 Vgl. hierzu im Einzelnen *Ahrend/Förster/Rühmann*, § 1a BetrAVG Rz. 5. | 5 Zur Abgrenzung vgl. *Ahrend/Förster/Rühmann*, § 17 BetrAVG Rz. 3 mwN. | 6 BGH v. 28.4.1980 – II ZR 254/78, DB 1980, 1434. | 7 BGH v. 28.4.1980 – II ZR 254/78, DB 1980, 1434; v. 9.6.1980 – II ZR 255/78, DB 1980, 1588; v. 14.7.1980 – II ZR 106/79, DB 1980, 1992. | 8 BGH v. 9.6.1980 – II ZR 255/78, DB 1980, 1588. | 9 BGH v. 9.6.1980 – II ZR 255/78, DB 1980, 1588.

hängigkeit besteht etwa dann, wenn ein ArbN im Rahmen seines Arbeitsverhältnisses bei einem verbundenen Unternehmen die Position des persönlich haftenden Gesellschafters einnehmen muss.

10 **b) Am Unternehmen beteiligte Personen.** Das BetrAVG erfasst am Unternehmen beteiligte Personen nur dann, wenn sie allein oder mit anderen gemeins. nicht letztl. eine Unternehmerstellung innehaben[1].

11 **aa) Organmitglieder juristischer Personen.** Bei juristischen Personen ist nach st. Rspr. des BGH auf die **Kapitalbeteiligung** oder die **Anzahl der Stimmrechte** abzustellen. Die Kapitalanteile oder Stimmrechte mehrerer geschäftsführender Gesellschafter sind **zusammenzuzählen**. Eine den Schutz des BetrAVG ausschließende Mitunternehmerstellung liegt dann vor, wenn die leitend tätigen Gesellschafter zusammen über die Mehrheit der Kapitalanteile oder Stimmrechte verfügen[2]. Umgekehrt wird nicht jeder Minderheitsgesellschafter in leitender Position von der Geltung des BetrAVG ausgenommen. Voraussetzung ist vielmehr, dass die Beteiligung des Versorgungsberechtigten nicht völlig unbedeutend ist. In Anlehnung an das Aktien- und Umwandlungsrecht dürfte eine **Minderheitsbeteiligung von 10 %**, ab der bereits gewisse Minderheitsrechte bestehen, nicht mehr als unerheblich bezeichnet werden können[3]. Haben bspw. zwei geschäftsführende Gesellschafter jeder für sich nur eine Minderheitsbeteiligung von einmal 15 % und einmal 40 %, so verfügen sie gemeins. über die Kapitalmehrheit. Sie sind dann beide als Unternehmer zu qualifizieren.

12 Die **Zusammenrechnung** von Anteilen oder Stimmrechten eines Minderheitsgesellschafters mit denen eines anderen Gesellschafters unterbleibt, wenn der andere schon allein über die Anteils- oder Stimmrechtsmehrheit verfügt[4]. Die §§ 1–16 BetrAVG gelten aber auch dann nicht, wenn die geschäftsleitende Person eine Altersversorgungszusage von einer Gesellschaft erhalten hat, deren Kapital ganz oder teilweise einer weiteren Gesellschaft gehört, an der sie wiederum beteiligt ist. Auch eine solche indirekte Beteiligung schließt die Anwendung des BetrAVG aus.

13 **bb) Gesellschafter von juristischen Personen** können zugleich auch in einem Arbeitsverhältnis zu dem Unternehmen stehen. Die Frage, ob sie Unternehmer sind, hängt dann von dem Maß der bestehenden **Leitungsmacht** und der **stimmrechts- oder kapitalmäßigen Beteiligung** ab. Wer auf Grund einer mehrheitlichen Kapital- oder Stimmrechtsbeteiligung ohne Organ zu sein ein Unternehmen letztverantwortlich leitet, ist Unternehmer[5]. Die fehlende formale Stellung als Organmitglied ist nicht entscheidend. Besteht nur eine Minderheitsbeteiligung, so kommt auch hier eine Zusammenrechnung von Anteilen mit anderen geschäftsleitend tätigen Gesellschaftern in Betracht. Verfügt ein Prokurist über etwa 45 % der Geschäftsanteile, ein Geschäftsführer hingegen nur über 10 %, so sind beide als Unternehmer anzusehen und deshalb vom BetrAVG nicht geschützt.

14 **cc) Persönlich haftende Gesellschafter** von Personengesellschaften **fallen** grds. unabhängig von der Höhe ihrer Beteiligung **aus dem Schutzbereich des BetrAVG heraus**[6]. Hier besteht eine besondere Nähe zum Einzelkaufmann. Die Haftung besteht unabhängig von der Höhe der Kapitaleinlage. Gesellschafter von BGB-Gesellschaften und offenen Handelsgesellschaften sowie Komplementäre von Kommanditgesellschaften und Kommanditgesellschaften auf Aktien fallen deshalb grds. nicht unter den Anwendungsbereich des BetrAVG.

15 **dd) Kommanditisten** einer KG sind nach den §§ 164, 170 HGB von der Geschäftsführung ausgeschlossen und zur Vertretung der Gesellschaft nicht ermächtigt. Sind sie für ein Unternehmen tätig, so schließt dies die Anwendung der §§ 1–16 nicht grds. aus. Es kommt dann auf die **Qualität der Leitungsmacht** an. Werden geschäftsleitende Aufgaben wahrgenommen, etwa kraft einer Prokura, so ist die betreffende Person als Unternehmer zu qualifizieren[7]. Auch hier kommt eine Zusammenrechnung von Beteiligungen geschäftsleitend tätiger Personen in Betracht[8].

16 **ee) GmbH & Co. KG.** Besonderheiten gelten bei einer GmbH & Co. KG. Unterhält die Komplementär-GmbH einen von der Förderung der Geschäfte der KG **unterscheidbaren, wirtschaftl. eigenständigen Betrieb**, der die Grundlage dafür bildet, dass für die GmbH wirklich Dienste geleistet werden und dafür eine Altersversorgungszusage erteilt wird, so kommt es im Hinblick auf den Gesellschafter-Geschäftsführer nur auf die Verhältnisse bei der GmbH an. Hat er dort oder gemeins. mit anderen eine Mehrheitsbeteiligung, so ist er Unternehmer.

17 Unterhält die Komplementär-GmbH hingegen **keinen eigenen Geschäftsbetrieb**, so ist es gleichgültig, ob die Zusage von der GmbH oder der KG erteilt wurde. Bei der Prüfung der Unternehmerstellung müssen die Geschäftsanteile des GmbH-Geschäftsführers bei der GmbH und bei der KG zusammenge-

---

1 Vgl. hierzu *Ahrend/Förster/Rühmann*, § 17 BetrAVG Rz. 3. | 2 BGH v. 9.6.1980 – II ZR 255/78, DB 1980, 1588; v. 14.7.1980 – II ZR 106/79, DB 1980, 1992. | 3 *Blomeyer/Rolfs/Otto*, § 17 BetrAVG Rz. 109; *Höfer*, § 17 BetrAVG Rz. 5595 ff.; *Everhardt*, BB 1981, 681; zweifelnd, ob an dieser Grenze festgehalten werden kann: BGH v. 2.6.1997 – II ZR 181/96, DB 1997, 1611. | 4 BGH v. 25.9.1989 – II ZR 259/88, DB 1989, 2425. | 5 Vgl. OLG Köln v. 21.2.1986 – 6 U 141/85, DB 1986, 1063. | 6 BGH v. 9.6.1980 – II ZR 255/78, DB 1980, 1588. | 7 BGH v. 28.4.1980 – II ZR 254/78, DB 1980, 1434; v. 1.2.1999 – II ZR 276/97, NJW 1999, 1263. | 8 OLG Köln v. 21.2.1986 – 6 U 141/85, DB 1986, 1063; aA *Höfer*, § 17 BetrAVG Rz. 5604 f.; *Blomeyer/Rolfs/Otto*, § 17 BetrAVG Rz. 115 ff.

rechnet werden. Dabei können die GmbH-Anteile des Geschäftsführers nur in Höhe der Quote berücksichtigt werden, mit der die GmbH ihrerseits an der KG beteiligt ist[1]. In der Lit. werden differenziertere Betrachtungsweisen verlangt. Zunächst sei die Unternehmerstellung des Geschäftsführers in der GmbH zu prüfen. Fehle sie dort, so sei die mittelbare Beteiligung über die GmbH an der KG unberücksichtigt zu lassen. Bestehe hingegen eine unternehmerische Beteiligung an der GmbH, so sei die Beteiligung der GmbH an der KG dem Geschäftsführer vollständig zuzurechnen. Denn wenn er die GmbH majorisiere, so könne er deren Gesellschafterrechte in der KG vollständig wahrnehmen[2]. Letztere Auffassung ist zutreffend. Der BGH übersieht, dass der an der GmbH mehrheitlich beteiligte Gesellschafter-Geschäftsführer das gesamte Stimmrecht für die GmbH in der KG ausüben kann.

Entsprechend ist auch bei **anderen Beteiligungsformen** zu verfahren, zB bei einer AG & Co. GmbH[3]. 18

3. Auswirkungen der Nichtanwendbarkeit des BetrAVG. Die Nichtanwendbarkeit des BetrAVG berührt grds. die **Gültigkeit einer Versorgungszusage** nicht. Ohne entsprechende Regelung kann sich der Versorgungsberechtigte weder auf eine Unverfallbarkeit berufen noch eine Anpassung laufender Leistungen verlangen. Insb. kann er den gesetzl. Insolvenzschutz nach § 7 nicht in Anspruch nehmen, wenn die zugesagten Leistungen insolvenzbedingt nicht mehr zur Verfügung stehen. 19

Gelegentlich kommt es vor, dass Zeiten, die vom BetrAVG erfasst werden, von solchen abgelöst werden, für die das BetrAVG nicht gilt. Im Hinblick auf den **persönlichen Geltungsbereich** des Gesetzes kann dies geschehen, wenn der Versorgungsberechtigte zeitweilig als Unternehmer, im Übrigen aber als ArbN oder arbeitnehmerähnl. Person für ein Unternehmen tätig war. Verliert bspw. ein Unternehmer seine mehrheitliche Beteiligung an dem Unternehmen, so kann es geschehen, dass er zu einem späteren Zeitpunkt in den Schutzbereich des BetrAVG fällt. Es ist dann festzustellen, inwieweit die Rechte aus einer Versorgungszusage dem Geltungsbereich des BetrAVG unterfallen. Es ist eine **zeitanteilige Aufteilung** vorzunehmen, die sich im Wesentlichen an § 2 orientiert[4]. Die zugesagte Leistung ist dann zu quotieren. Dabei ist unerheblich, ob der Wechsel vom Unternehmerstatus zum Nichtunternehmerstatus oder umgekehrt erfolgt[5]. 20

Bei **Versorgungsanwärtern** besteht eine Unverfallbarkeit nach § 1 nur dann, wenn die vom Schutz des BetrAVG erfassten Dienstzeiten insgesamt die gesetzl. Unverfallbarkeitsvoraussetzungen erfüllen. Durch einen **Statuswechsel** tritt keine Unterbrechung der Fristen ein, sondern lediglich eine Hemmung[6]. Einzelne, vom Gesetz erfasste Zeiten müssen also nicht jede für sich zu einer unverfallbaren Anwartschaft geführt haben, sondern können **zusammengerechnet** werden[7]. Das ist insb. dann von Bedeutung, wenn das Unternehmen insolvent geworden ist. Denn der PSVaG ist nur dann zur Zahlung verpflichtet, wenn die Unverfallbarkeit kraft Gesetzes eingetreten ist. 21

III. Öffentlicher Dienst. Öffentl.-rechtl. ArbGeb, die keinem Insolvenzrisiko unterliegen, sind von der Beitragspflicht zum PSVaG befreit. Abs. 2 zählt die ArbGeb abschließend auf, die nicht den Vorschriften über den Insolvenzschutz unterfallen. Alle übrigen ArbGeb sind unabhängig von ihrem rechtl. Status den §§ 7–15 unterworfen. 22

IV. Tariföffnungsklausel und Unabdingbarkeit. Die Regelungen des BetrAVG sind grds. **nicht** zu Gunsten der ArbN **abdingbar**, § 17 III 3. Eine Ausnahme hiervon sieht die sog. „Tariföffnungsklausel" in Abs. 3 S. 1 vor, nach der von den §§ 1a, 2 bis 5, 16, 18a S. 1, 27 und 28 in TV auch zu Gunsten der ArbN abgewichen werden darf. Die übrigen Normen stehen dagegen nicht zur Disposition. 23

Die Tariföffnungsklausel ist Ausdruck der Tarifautonomie[8]; sie schafft die Möglichkeit von betriebseinheitlichen Versorgungsbedingungen, da die abweichenden Bestimmungen auch gegenüber nichttarifgebundenen Arbeitsvertragsparteien Wirkung entfalten, soweit die Anwendung der einschlägigen tarifl. Regelungen vereinbart ist, § 17 III 2. Hintergrund ist die Vermeidung der Anwendbarkeit von ungünstigen tarifl. Regelungen nur für tarifgebundene Versorgungsberechtigte, während alle anderen Versorgungsberechtigten von den günstigeren gesetzl. Bestimmungen profitieren. 24

Eine für die Versorgungsberechtigten günstigere abweichende Regelung ist im Übrigen immer möglich. 25

V. Gesetzesvorrang. Abs. 4 stellt klar, dass gesetzl. Regelungen über betriebl. Versorgungsleistungen durch dieses Gesetz nicht aufgehoben oder verschlechtert werden. Solche Regelungen sind zB das Gesetz zur Hüttenknappschaftlichen Pensionsversicherung im Saarl. vom 22.11.1971[9] und das Gesetz zur Errichtung einer Zusatzversicherung für ArbN in der Land- und Forstwirtschaft vom 31.7.1994[10]. Für den öffentl. Dienst gilt dies nicht. Denn § 18 berührt ältere Versorgungsregelungen des öffentl. Dienstes[11], so zB Hamburgisches Ruhegeldgesetz in der Fassung vom 21.1.1991[12]. 26

1 BGH v. 28.4.1980 – II ZR 254/78, DB 1980, 1434. | 2 Vgl. *Höfer*, § 17 BetrAVG Rz. 5611 ff. | 3 *Höfer*, § 17 BetrAVG Rz. 5616. | 4 BGH v. 9.6.1980 – II ZR 255/78, DB 1980, 1588. | 5 BGH v. 9.6.1980 – II ZR 255/78, DB 1980, 1588. | 6 BGH v. 4.5.1981 – II ZR 100/80, NJW 1981, 2409. | 7 *Höfer*, § 17 BetrAVG Rz. 5622. | 8 *Ahrend/Förster/Rühmann*, § 17 BetrAVG Rz. 6. | 9 BGBl. 1971 I S. 2104. | 10 BGBl. 1984 I S. 1660. | 11 Vgl. *Höfer*, § 17 BetrAVG Rz. 5669 ff. | 12 Hamburgisches Gesetz- und Verordnungsblatt 1991 Teil 1 Nr. 3.

27 **VI. Entgeltumwandlung nach Tarifvertrag.** In Abs. 5, eingeführt durch das AVmG, ist die ausschließliche Kompetenz der Tarifparteien geregelt, darüber zu befinden, ob tarifgebundene Bestandteile von Lohn und Gehalt Gegenstand einer Entgeltumwandlung sein können. Die Entgeltumwandlung muss daher im TV ausdrücklich zugelassen werden. Dabei ist es ausreichend, wenn der TV eine Öffnungsklausel vorsieht, die durch BV oder Einzelvereinbarung ausgefüllt ist[1].

28 Neben Öffnungsklauseln können zB auch die Rahmenbedingungen – etwa die Dauer der Entgeltumwandlung –, die Festlegung des Versorgungsträgers mit dessen Einwilligung, das Leistungsspektrum und die Leistungsvoraussetzungen Gegenstand einer tarifl. Regelung sein[2].

18 *Sonderregelungen für den öffentlichen Dienst*

(1) Für Personen, die

1. bei der Versorgungsanstalt des Bundes und der Länder (VBL) oder einer kommunalen oder kirchlichen Zusatzversorgungseinrichtung pflichtversichert sind, oder

2. bei einer anderen Zusatzversorgungseinrichtung pflichtversichert sind, die mit einer der Zusatzversorgungseinrichtungen nach Nummer 1 ein Überleitungsabkommen abgeschlossen hat oder auf Grund satzungsrechtlicher Vorschriften der Zusatzversorgungseinrichtungen nach Nummer 1 ein solches Abkommen abschließen kann, oder

3. unter das Gesetz über die zusätzliche Alters- und Hinterbliebenenversorgung für Angestellte und Arbeiter der Freien und Hansestadt Hamburg (Erstes Ruhegeldgesetz – 1. RGG), das Gesetz zur Neuregelung der zusätzlichen Alters- und Hinterbliebenenversorgung für Angestellte und Arbeiter der Freien und Hansestadt Hamburg (Zweites Ruhegeldgesetz – 2. RGG) oder unter das Bremische Ruhelohngesetz in ihren jeweiligen Fassungen fallen oder auf die diese Gesetze sonst Anwendung finden,

gelten die §§ 2, 5, 16, 27 und 28 nicht, soweit sich aus den nachfolgenden Regelungen nichts Abweichendes ergibt; § 4 gilt nicht, wenn die Anwartschaft oder die laufende Leistung ganz oder teilweise umlage- oder haushaltsfinanziert ist.

(2) Bei Eintritt des Versorgungsfalles erhalten die in Absatz 1 Nr. 1 und 2 bezeichneten Personen, deren Anwartschaft nach § 1b fortbesteht und deren Arbeitsverhältnis vor Eintritt des Versorgungsfalles geendet hat, von der Zusatzversorgungseinrichtung eine Zusatzrente nach folgenden Maßgaben:

1. Der monatliche Betrag der Zusatzrente beträgt für jedes Jahr der auf Grund des Arbeitsverhältnisses bestehenden Pflichtversicherung bei einer Zusatzversorgungseinrichtung 2,25 vom Hundert, höchstens jedoch 100 vom Hundert der Leistung, die bei dem höchstmöglichen Versorgungssatz zugestanden hätte (Voll-Leistung). Für die Berechnung der Voll-Leistung

a) ist der Versicherungsfall der Regelaltersrente maßgebend,

b) ist das Arbeitsentgelt maßgebend, das nach der Versorgungsregelung für die Leistungsbemessung maßgebend wäre, wenn im Zeitpunkt des Ausscheidens der Versicherungsfall im Sinne der Versorgungsregelung eingetreten wäre,

c) finden § 2 Abs. 5 Satz 1 und § 2 Abs. 6 entsprechend Anwendung,

d) ist im Rahmen einer Gesamtversorgung der im Falle einer Teilzeitbeschäftigung oder Beurlaubung nach der Versorgungsregelung für die gesamte Dauer des Arbeitsverhältnisses maßgebliche Beschäftigungsquotient nach der Versorgungsregelung als Beschäftigungsquotient auch für die übrige Zeit maßgebend,

e) finden die Vorschriften der Versorgungsregelung über eine Mindestleistung keine Anwendung und

f) ist eine anzurechnende Grundversorgung nach dem bei der Berechnung von Pensionsrückstellungen für die Berücksichtigung von Renten aus der gesetzlichen Rentenversicherung allgemein zulässigen Verfahren zu ermitteln. Hierbei ist das Arbeitsentgelt nach Buchstabe b zugrunde zu legen und – soweit während der Pflichtversicherung Teilzeitbeschäftigung bestand – diese nach Maßgabe der Versorgungsregelung zu berücksichtigen.

2. Die Zusatzrente vermindert sich um 0,3 vom Hundert für jeden vollen Kalendermonat, den der Versorgungsfall vor Vollendung des 65. Lebensjahres eintritt, höchstens jedoch um den in der Versorgungsregelung für die Voll-Leistung vorgesehenen Vomhundertsatz.

3. Übersteigt die Summe der Vomhundertsätze nach Nummer 1 aus unterschiedlichen Arbeitsverhältnissen 100, sind die einzelnen Leistungen im gleichen Verhältnis zu kürzen.

---

1 *Bode/Grabner*, Pensionsfonds und Entgeltumwandlung, S. 83 f. | 2 *Ahrend/Förster/Rühmann*, § 17 BetrAVG Rz. 9.

4. Die Zusatzrente muss monatlich mindestens den Betrag erreichen, der sich auf Grund des Arbeitsverhältnisses nach der Versorgungsregelung als Versicherungsrente aus den jeweils maßgeblichen Vomhundertsätzen der zusatzversorgungspflichtigen Entgelte oder der gezahlten Beiträge und Erhöhungsbeträge ergibt.

5. Die Vorschriften der Versorgungsregelung über das Erlöschen, das Ruhen und die Nichtleistung der Versorgungsrente gelten entsprechend. Soweit die Versorgungsregelung eine Mindestleistung in Ruhensfällen vorsieht, gilt dies nur, wenn die Mindestleistung der Leistung im Sinne der Nummer 4 entspricht.

6. Verstirbt die in Absatz 1 genannte Person, erhält eine Witwe oder ein Witwer 60 vom Hundert, eine Witwe oder ein Witwer im Sinne des § 46 Abs. 1 des Sechsten Buches Sozialgesetzbuch 42 vom Hundert, eine Halbwaise 12 vom Hundert und eine Vollwaise 20 vom Hundert der unter Berücksichtigung der in diesem Absatz genannten Maßgaben zu berechnenden Zusatzrente; die §§ 46, 48, 103 bis 105 des Sechsten Buches Sozialgesetzbuch sind entsprechend anzuwenden. Die Leistungen an mehrere Hinterbliebene dürfen den Betrag der Zusatzrente nicht übersteigen; gegebenenfalls sind die Leistungen im gleichen Verhältnis zu kürzen.

7. Versorgungsfall ist der Versicherungsfall im Sinne der Versorgungsregelung.

(3) Personen, auf die bis zur Beendigung ihres Arbeitsverhältnisses die Regelungen der Ersten Ruhegeldgesetzes, des Zweiten Ruhegeldgesetzes oder des Bremischen Ruhelohngesetzes in ihren jeweiligen Fassungen Anwendung gefunden haben, haben Anspruch gegenüber ihrem ehemaligen Arbeitgeber auf Leistungen in sinngemäßer Anwendung des Absatzes 2 mit Ausnahme von Absatz 2 Nr. 3 und 4 sowie Nr. 5 Satz 2; bei Anwendung des Zweiten Ruhegeldgesetzes bestimmt sich der monatliche Betrag der Zusatzrente abweichend von Absatz 2 nach der nach dem Zweiten Ruhegeldgesetz maßgebenden Berechnungsweise.

(4) Die Leistungen nach den Absätzen 2 und 3 werden, mit Ausnahme der Leistungen nach Absatz 2 Nr. 4, jährlich zum 1. Juli um 1 vom Hundert erhöht, soweit in diesem Jahr eine allgemeine Erhöhung der Versorgungsrenten erfolgt.

(5) Besteht bei Eintritt des Versorgungsfalles neben dem Anspruch auf Zusatzrente oder auf die in Absatz 3 oder Absatz 7 bezeichneten Leistungen auch Anspruch auf eine Versorgungsrente oder Versicherungsrente der in Absatz 1 Satz 1 Nr. 1 und 2 bezeichneten Zusatzversorgungseinrichtungen oder Anspruch auf entsprechende Versorgungsleistungen der Versorgungsanstalt der deutschen Kulturorchester oder der Versorgungsanstalt der deutschen Bühnen oder nach den Regelungen des Ersten Ruhegeldgesetzes, des Zweiten Ruhegeldgesetzes oder des Bremischen Ruhelohngesetzes, in deren Berechnung auch die der Zusatzrente zugrunde liegenden Zeiten berücksichtigt sind, ist nur die im Zahlbetrag höhere Rente zu leisten.

(6) Eine Anwartschaft auf Zusatzrente nach Absatz 2 oder auf Leistungen nach Absatz 3 kann bei Übertritt der anwartschaftsberechtigten Person in ein Versorgungssystem einer überstaatlichen Einrichtung in das Versorgungssystem dieser Einrichtung übertragen werden, wenn ein entsprechendes Abkommen zwischen der Zusatzversorgungseinrichtung oder der Freien und Hansestadt Hamburg oder der Freien Hansestadt Bremen und der überstaatlichen Einrichtung besteht.

(7) Für Personen, die bei der Versorgungsanstalt der deutschen Kulturorchester oder der Versorgungsanstalt der deutschen Bühnen pflichtversichert sind, gelten die §§ 2 bis 5, 16, 27 und 28 nicht. Bei Eintritt des Versorgungsfalles treten an die Stelle der Zusatzrente und der Leistungen an Hinterbliebene nach Absatz 2 und an die Stelle der Regelung in Absatz 4 die satzungsgemäß vorgesehenen Leistungen; Absatz 2 Nr. 5 findet entsprechend Anwendung. Die Höhe der Leistungen kann nach dem Ausscheiden aus dem Beschäftigungsverhältnis nicht mehr geändert werden. Als pflichtversichert gelten auch die freiwillig Versicherten der Versorgungsanstalt der deutschen Kulturorchester und der Versorgungsanstalt der deutschen Bühnen.

(8) Gegen Entscheidungen der Zusatzversorgungseinrichtungen über Ansprüche nach diesem Gesetz ist der Rechtsweg gegeben, der für Versicherte der Einrichtung gilt.

(9) Bei Personen, die aus einem Arbeitsverhältnis ausscheiden, in dem sie nach § 5 Abs. 1 Satz 1 Nr. 2 des Sechsten Buches Sozialgesetzbuch versicherungsfrei waren, dürfen die Ansprüche nach § 2 Abs. 1 Satz 1 und 2 nicht hinter dem Rentenanspruch zurückbleiben, der sich ergeben hätte, wenn der Arbeitnehmer für die Zeit der versicherungsfreien Beschäftigung in der gesetzlichen Rentenversicherung nachversichert worden wäre; die Vergleichsberechnung ist im Versorgungsfall auf Grund einer Auskunft der Deutschen Rentenversicherung Bund vorzunehmen.

I. Einführung. Seit jeher unterliegen die im öffentl. Dienst beschäftigten ArbN auf Grund ihrer Nähe 1
zur Beamtenschaft im Hinblick auf ihre betrAV im Vergleich zu den ArbN außerhalb des öffentl. Dienstes diversen Sonderregelungen[1]. Innerhalb des Gesetzes zur Verbesserung der betrieblichen Altersversor-

1 Zur hist. Entwicklung vgl. ausf.: *Blomeyer/Rolfs/Otto*, § 18 BetrAVG Rz. 1.

gung sind diese Sonderregelungen im Wesentlichen in § 18 zusammengefasst. Ziel der Sonderregelungen war die Angleichung der Versorgung im öffentl. Dienst beschäftigter ArbN an das Versorgungsniveau von Beamten. Die Versorgung wird mittels Versorgungskassen durchgeführt, die regelmäßig als Pensionskassen in der Rechtsform öffentl.-rechtl. Einrichtungen organisiert sind[1]. Versicherungsnehmer ist der öffentl. ArbGeb. Zwischen diesem und den versorgungsberechtigen ArbN bestehen Versorgungsverhältnisse, die Grundlage für weitere Ansprüche (zB Aufklärungspflichten) seien können[2]. Versicherte Personen sind die ArbN. Die Versorgung erfolgt nach Maßgabe von TV. Nicht tarifgebundene ArbN können vertragl. die Anwendung des Tarifrechts vereinbaren. Beteiligte oder Mitglieder von Zusatzversorgungskassen können nach Maßgabe des jeweiligen Satzungsrechts auch privatrechtl. organisierte ArbGeb sein, etwa, wenn die öffentl. Hand in privatrechtl. Rechtsform handelt. Andere privatrechtl. organisierte ArbGeb kommen nur in Betracht, wenn sie öffentl. Aufgaben übernehmen und eine Absicherung der nicht abgesicherten Versorgungsrecht gegen eine Insolvenz besteht[3].

2 § 18 hat mit dem AVmG vom 26.6.2001[4] weit reichende Änderungen erfahren. Die Bestimmung schreibt jetzt in weiten Bereichen eine Gleichbehandlung von ArbN des öffentl. Dienstes mit denen der Privatwirtschaft vor. Anlass hierfür waren Verfassungsbeschwerden von Versorgungsberechtigten des öffentl. Dienstes, die sich benachteiligt sahen und deshalb ua. die Verletzung von Art. 3 I GG rügten. Das BVerfG erklärte § 18 aF insgesamt für verfassungswidrig, wenn auch nicht für nichtig. Es begründete dies damit, dass die in § 18 aF zum Fortbestand und zur Höhe von Anwartschaften aus der Zusatzversorgung des öffentl. Dienstes bei vorzeitigem Ausscheiden enthaltenen Regelungen von den für die Privatwirtschaft geltenden Normen ungerechtfertigter Weise abweichen. Dies führe zur Verletzung von Grundrechten aus Art. 3 I und Art. 12 I GG[5]. Der Gesetzgeber wurde zu einer verfassungskonformen Neuregelung bis zum 31.12.2000 verpflichtet und hat dies mit einer Neufassung des § 18 umgesetzt.

3 **II. Persönlicher Anwendungsbereich.** § 18 I definiert in seinen Ziffern 1–3 im Einzelnen den Adressatenkreis der Sonderregelungen. Dies sind in erster Linie die bei der VBL oder einer kommunalen oder kirchlichen Zusatzversorgungseinrichtung Pflichtversicherten. Für die in den Ziffern 1–3 genannten Versorgungsberechtigten gelten die gesetzl. Regelungen zur Höhe der unverfallbaren Anwartschaft, zum Auszehrungsverbot und zur Anpassungsprüfungspflicht – bis auf Ausnahmen im Einzelfall – generell nicht. Da auch die insolvenzschutzrechtl. Bestimmungen der §§ 7–15 durch § 17 II aus dem persönlichen Anwendungsbereich herausgenommen werden, hat das BetrAVG für die Mitarbeiter im öffentl. Dienst nur einen sehr eingeschränkten Anwendungsbereich. Abgesehen von den verbliebenen für den öffentl. Dienst relevanten Bestimmungen im BetrAVG, regelt sich die betrAV für diesen Personenkreis deshalb nach dem Satzungsrecht der verschiedenen Zusatzversorgungseinrichtungen[6].

4 **III. Berechnung der Zusatzrente.** Wie ArbN in der Privatwirtschaft sind auch die Beschäftigten im öffentl. Dienst regelmäßig in der gesetzl. RV versichert. Auf Grund ihrer Nähe zur Beamtenschaft erhalten sie zusätzlich zu ihrer gesetzl. Rente einen Ausgleich der Differenz zur Beamtenversorgung. Dies geschieht in Form einer von einer Zusatzversorgungseinrichtung zu zahlenden Zusatzrente[7].

5 § 18 II enthält für die Zahlung dieser Zusatzrente eine eigene Anspruchsgrundlage, in der auch Mindeststandards für die Höhe der Leistungen und aufrecht zu erhaltenden Versorgungsanwartschaften sowie der vorzeitigen Inanspruchnahme geregelt sind. Die Modalitäten der Berechnung der Zusatzrente ergeben sich im Einzelnen aus den Ziffern 1–7 des § 18 II[8]. Anspruchsgegner ist dabei nicht etwa – wie sonst üblich – der ehemalige ArbGeb, sondern die jeweilige Zusatzversorgungseinrichtung, bei der die Versicherung zum Ausscheidenszeitpunkt bestanden hat[9]. Abs. 3 enthält Sonderbestimmungen für das Bundesland Bremen, in dem die Zusatzversorgung durch besondere Gesetze normiert ist.

5a **IV. Portabilität.** § 4 gilt auch für die Zusatzversorgungseinrichtungen im öffentl. Dienst. Allerdings sind diese regelmäßig nicht voll kapitalgedeckt, sondern umlagefinanziert. Bei einer Umlagefinanzierung ist kein Kapital vorhanden, welches übertragen werden könnte. Gleiches gilt für eine haushaltsfinanzierte Zusatzversorgung. Eine Übertragung nach § 4 scheidet deshalb (Abs. 1 S. 1 aE) aus. Aber auch eine partielle Übertragung kommt nicht in Betracht, wenn die Zusage teilweise kapitalgedeckt ist. Dies widerspräche dem Ziel des Gesetzgebers, Anwartschaften möglichst bei einem ArbGeb zu bündeln[10].

6 **V. Anpassung.** § 18 IV sieht vor, dass die Zusatzrente jährlich zum 1. Juli um 1 % angepasst wird. Dabei ist diese Anpassung davon abhängig, dass auch die Versorgungsrente in dem jeweiligen Jahr erhöht wird.

---

1 *Langohr-Plato*, Rz. 676. |2 BAG v. 17.10.2000 – 3 AZR 605/99, DB 2001, 286. |3 Vgl. *Schipp*, RdA 2001, 150. |4 Gesetz zur Reform der gesetzlichen Rentenversicherung und zur Förderung eines kapitalgedeckten Altersvermögens (Altersvermögensgesetz – AVmG) v. 26.6.2001, BGBl. I 2001, 1310. |5 BVerfG v. 15.7.1998 – 1 BvR 1554/89 ua., NZA 1999, 194. |6 Vgl. hierzu *Langohr-Plato*, Rz. 659 und 676 ff. |7 *Ahrend/Förster/Rühmann*, § 18 BetrAVG Rz. 7. |8 Hierzu ausf. *Ahrend/Förster/Rühmann*, § 18 BetrAVG Rz. 14 ff. |9 *Ahrend/Förster/Rühmann*, § 18 BetrAVG Rz. 12. |10 BT-Drs. 15/2150, S. 54, dort zu Nr. 13.

Diese mit dem AVmG neu eingeführte Dynamisierung der Zusatzrente folgt aus der Umsetzung einer Entscheidung der BVerfG, welches von einer Vereinbarkeit des Dynamisierungsausschlusses mit Art. 3 Abs. 1 GG nur bis zum 31.12.2000 ausgegangen ist[1]. 7

VI. Ausschluss von Doppelleistungen. § 18 V regelt den Fall, in dem der Versorgungsbegünstigte für denselben Zeitraum sowohl einen Anspruch auf eine Zusatzrente als auch einen solchen auf eine Versorgungs- oder Versicherungsrente einer Zusatzversorgungseinrichtung geltend machen kann. Zur Vermeidung einer nicht beabsichtigten Überversorgung bestimmt der Gesetzgeber insoweit, dass nur derjenige dieser Ansprüche zu erfüllen ist, aus dem die betragsmäßig höhere Rente resultiert. Durch unterschiedliche Leistungsanpassungen kann es dabei dazu kommen, dass sich die Ansprüche während der Leistungsphase so unterschiedlich entwickeln, dass zu Beginn des Versorgungsfalls der eine und im späteren Verlauf der andere Rentenanspruch zu erfüllen ist[2]. Ein Bezug beider Leistungen zur gleichen Zeit kommt nicht in Betracht. 8

VII. Einzelfallregelungen. Die Absätze 6, 7 und 9 des § 18 beinhalten Einzelfallregelungen (Übertragung von Anwartschaften auf Versorgungssysteme von überstaatl. Einrichtungen; Einschränkung der Anwendungsbereiche des BetrAVG für Personen, die bei der Versorgungsanstalt der deutschen Kulturorchester oder aber bei der deutschen Bühnen pflichtversichert sind; Ausscheiden aus einem versicherungsfreien Arbeitsverhältnis), die aus sich heraus verständlich sind. 9

VIII. Rechtswegzuweisung. In § 18 VIII legt fest, dass für vorzeitig Ausgeschiedene gegen Entscheidungen der Zusatzversorgungseinrichtungen über Ansprüche aus dem BetrAVG der Rechtsweg gegeben ist, der auch für die Versicherten dieser Einrichtung gilt. Der Rechtsweg wird regelmäßig in den betreffenden Satzungen geregelt sein. Bei der VBL ist bspw. ein Schiedsgericht vorgesehen. Ohne eine derartige Rechtswegzuweisung sind die ordentl. Gerichte zuständig. Dies gilt nicht für Rechtsstreite zwischen dem Versorgungsberechtigten und dem ArbGeb aus dem Versorgungsverhältnis; hier ist für ArbN der Rechtsweg zu den ArbG eröffnet, für Organvertreter der Rechtsweg zu den ordentl. Gerichten. 10

18a *Verjährung*

Der Anspruch auf Leistungen aus der betrieblichen Altersversorgung verjährt in 30 Jahren. Ansprüche auf regelmäßig wiederkehrende Leistungen unterliegen der regelmäßigen Verjährungsfrist nach den Vorschriften des Bürgerlichen Gesetzbuchs.

§ 18a – eingeführt durch das Schuldrechtsmodernisierungsgesetz v. 26.11.2001[3] – regelt nun ausdrücklich die **Verjährung** von Versorgungsansprüchen. Zu unterscheiden ist zwischen dem sog. Rentenstammrecht und den einzelnen zu zahlenden Versorgungsbeträgen. Das **Rentenstammrecht**, das ist der Versorgungsanspruch als Ganzes, verjährt in 30 Jahren. Nach Ablauf dieser Frist kann der Versorgungsberechtigte keine Leistungen mehr verlangen, wenn die Verjährungseinrede erhoben wird. Gleiches gilt für einen etwaigen Anspruch auf Erteilung einer Versorgungszusage selbst, etwa aus dem Grundsatz der Gleichbehandlung oder aus einer betriebl. Übung[4]. Für die einzelnen **wiederkehrenden Raten** einer laufenden Verpflichtung gelten die Bestimmungen des BGB. Es gilt also die regelmäßige Verjährungsfrist des § 195 BGB von 3 Jahren. Nicht explizit angesprochen werden einmalige Kapitalzahlungen. Da Abs. 1 nur allgemein von dem Anspruch auf Leistungen spricht und in Satz 2 nur für wiederkehrende Leistungen auf das BGB verweist, muss für die einmalige Kapitalzahlung von einer 30-jährigen Verjährung ausgegangen werden. Eine Unterscheidung zwischen ArbN-Ansprüchen und solchen von Geschäftsführern oder Vorständen juristischer Personen findet nicht mehr statt. 1

Auch Ansprüche aus einer nicht ausreichenden Anpassung der betrAV unterliegen der kurzen Verjährungsfrist, nicht jedoch der Anpassungsprüfungsanspruch als solcher; er verjährt in 30 Jahren[5]. 2

Zweiter Teil. Steuerrechtliche Vorschriften

19–25 (nicht abgedruckt)

Auf eine Kommentierung der steuerrechtl. Vorschriften wird hier verzichtet und stattdessen auf die weiterführende Fachliteratur[6] verwiesen. 1

---

1 BVerfG v. 22.3.2000 – 1 BvR 1136/96, NJW 2000, 3341. | 2 *Ahrend/Förster/Rühmann*, § 18 BetrAVG Rz. 10. | 3 BGBl. I S. 3138, 3187. | 4 BAG v. 5.2.1971 – 3 AZR 28/70, MDR 1971, 695. | 5 BAG v. 29.7.1966 – 3 AZR 20/66, NJW 1967, 174; LAG Hamm v. 19.3.1991 – 6 Sa 697/90, NZA 1991, 938; *Griebeling*, Rz. 564. | 6 Vgl. zB *Höfer*, BetrAVG, Bd. 2 (Steuerrecht); *Furtmayr*, Das neue Altersvermögensgesetz, S. 33 ff.; *Albert/Schumann/Sieben/Menzel*, Betriebliche und private Altersvorsorge nach der Rentenreform 2001, S. 1 ff.

Dritter Teil. Übergangs- und Schlussvorschriften

26 *Ausschluss der Rückwirkung*

Die §§ 1 bis 4 und 18 gelten nicht, wenn das Arbeitsverhältnis oder Dienstverhältnis vor dem Inkrafttreten des Gesetzes beendet worden ist.

1 § 26 bestimmt, dass die Vorschriften zur Unverfallbarkeit nicht die Arbeits- und Dienstverhältnisse erfassen, die vor dem Inkrafttreten des BetrAVG am 22.12.1974 beendet worden sind[1]. Danach finden die gesetzl. Unverfallbarkeitsbestimmungen nur auf solche Arbeits- und Dienstverhältnisse Anwendung, die ab dem 22.12.1974 ihr Ende gefunden haben bzw. noch finden werden[2].

2 Für die Fälle, in denen das Arbeits- und Dienstverhältnis bereits vor dem 22.12.1974 beendet worden ist, gelten die Regelungen des BetrAVG nicht; hier muss vielmehr auf die Unverfallbarkeitsrechtsprechung des BAG zurückgegriffen werden[3].

27 *Direktversicherung und Pensionskasse*

§ 2 Abs. 2 Satz 2 Nr. 2 und 3 und Abs. 3 Satz 2 Nr. 1 und 2 gelten in Fällen, in denen vor dem Inkrafttreten des Gesetzes die Direktversicherung abgeschlossen worden ist oder die Versicherung des Arbeitnehmers bei einer Pensionskasse begonnen hat, mit der Maßgabe, dass die in diesen Vorschriften genannten Voraussetzungen spätestens für die Zeit nach Ablauf eines Jahres seit dem Inkrafttreten des Gesetzes erfüllt sein müssen.

1 Die Regelung in § 27 bezieht sich auf die dem ArbGeb in § 2 II 2 bzw. III 2 eingeräumte Möglichkeit, bei der Bemessung der aufrecht zu erhaltenden Anwartschaften nicht den quotierten Betrag, sondern den Wert aus dem Ersatzverfahren zugrunde zu legen[4]. Das Ergreifen dieser Möglichkeit setzt die Erfüllung bestimmter sozialer Auflagen durch den ArbGeb voraus[5].

2 Stand dem ArbN bei einer bereits vor dem Inkrafttreten des BetrAVG abgeschlossenen Direkt- oder Pensionskassenversicherung nicht schon ab dem Versicherungsbeginn das Recht auf Leistungsverbesserungen aus der Überschussbeteiligung zu, so wäre die Wahl des Ersatzverfahrens bei fehlender Übergangsvorschrift nicht zulässig. Durch § 27 war dem ArbGeb die Möglichkeit eröffnet worden, die sozialen Auflagen im Hinblick auf die Überschussverwendung noch bis zum 22.12.1975 erfüllen zu können[6].

3 Zudem muss für die Anwendbarkeit des Ersatzverfahrens dem ausgeschiedenen ArbN das Recht eingeräumt werden, die Versicherung mit eigenen Beiträgen fortsetzen zu können. Auch diese soziale Auflage konnte nach § 27 noch bis zum 22.12.1975 erfüllt werden. Danach scheidet das Ersatzverfahren aus.

28 *Auszehrungs- und Anrechnungsverbot*

§ 5 gilt für Fälle, in denen der Versorgungsfall vor dem Inkrafttreten des Gesetzes eingetreten ist, mit der Maßgabe, dass diese Vorschrift bei der Berechnung der nach dem Inkrafttreten des Gesetzes fällig werdenden Versorgungsleistungen anzuwenden ist.

1 Das Auszehrungs- und Anrechnungsverbot des § 5 gilt nach § 28 für Versorgungsverhältnisse, welche zum Zeitpunkt des Inkrafttretens des BetrAVG am 22.12.1974 bestanden haben. In der Folge sind Nachforderungen für die Zeit vom 22.12.1974 ausgeschlossen. Verfassungsrechtl. Bedenken gegen diese Regelung infolge des Rückwirkungsausschlusses bestehen nicht[7].

2 Besonders zu beachten ist, dass § 5 nur bei der Berechnung der nach dem 22.12.1974 fällig werdenden Versorgungsleistungen anzuwenden ist. Da der Gesetzgeber ausdrücklich auf die Fälligkeit abgestellt hat, können im Dezember 1974 angefallene Renten nur dann von § 5 erfasst worden sein, wenn sie nach dem 22.12.1974 fällig geworden waren[8].

29 *Vorzeitige Altersleistungen*

§ 6 gilt für die Fälle, in denen das Altersruhegeld der gesetzlichen Rentenversicherung bereits vor dem Inkrafttreten des Gesetzes in Anspruch genommen worden ist, mit der Maßgabe, dass die Leistungen der betrieblichen Altersversorgung vom Inkrafttreten des Gesetzes an zu gewähren sind.

1 § 29 erstreckt die Regelungen über die vorzeitige Altersleistung nach § 6 über den zeitlichen Anwendungsrahmen des BetrAVG hinaus auch auf die Zeit vor dem Inkrafttreten des BetrAVG am 22.12.1974.

---

1 *Höfer*, § 26 BetrAVG Rz. 5701. | 2 BVerwG v. 13.7.1999 – 1 C 13/98, NZA 1999, 1217. | 3 BAG v. 13.2.1975 – 3 AZR 24/4, BB 1975, 789. | 4 *Höfer*, § 27 BetrAVG Rz. 5703 iVm. § 2 Rz. 3198 ff. (Direktversicherung) und Rz. 3289 ff. (Pensionskasse). | 5 Vgl. hierzu *Blomeyer/Rolfs/Otto*, § 27 BetrAVG Rz. 1 ff. | 6 *Höfer*, § 27 BetrAVG Rz. 5704 mwN. | 7 BVerfG v. 11.12.1984 – 1 BvL 12/78, NJW 1985, 1691; vgl. auch *Blomeyer/Rolfs/Otto*, § 28 BetrAVG Rz. 1 und 6. | 8 *Höfer*, § 28 BetrAVG Rz. 5707.

Soweit vor diesem Datum ArbN aus einem Arbeitsverhältnis unter Inanspruchnahme von vorgezogenem Altersruhegeld der gesetzl. RV ausgeschieden sind, hatten diese allenfalls auf Grund vertragl. Abrede oder auf Grund vorgesetzlicher Rspr. des BAG eine aufrecht zu erhaltene Anwartschaft.

Für den Fall, dass ein ArbN im Zeitpunkt seines Ausscheidens unter hypothetischer Anwendbarkeit des später in Kraft getretenen BetrAVG eine betrAV hätte fordern können, begründet § 29 ab dem Inkrafttreten des BetrAVG einen Versorgungsanspruch dieses ArbN[1]. 2

30 *Insolvenzsicherung*

Ein Anspruch gegen den Träger der Insolvenzsicherung nach § 7 besteht nur, wenn der Sicherungsfall nach dem Inkrafttreten der §§ 7 bis 15 eingetreten ist; er kann erstmals nach dem Ablauf von sechs Monaten nach diesem Zeitpunkt geltend gemacht werden. Die Beitragspflicht des Arbeitgebers beginnt mit dem Inkrafttreten der §§ 7 bis 15.

§ 30 regelt die Insolvenzsicherung für Insolvenzen ab dem 1.1.1975 – also ab dem Inkrafttreten der §§ 7–15, vgl. § 32 S. 2. Der Sicherungsschutz beim Träger der Insolvenzsicherung begann danach nicht mit dem Inkrafttreten der sonstigen Vorschriften des BetrAVG am 22.12.1974, sondern mit Beginn des darauf folgenden Kalenderjahres, welches mit dem Wirtschaftsjahr des PSVaG identisch ist. 1

Insolvenzen in dem davor liegenden Zeitraum stellen „Altschäden" dar, die nach dem Versicherungsrecht nicht nachträglich versichert werden können[2]. 2

Nach § 30 S. 1 Hs. 2 kann ein Anspruch gegen den PSVaG erstmals ab dem 1.7.1975 geltend gemacht werden. Hintergrund dieser Regelung war, dass der PSVaG zunächst die erforderlichen organisatorischen und technischen Voraussetzungen für das Funktionieren der Insolvenzsicherung schaffen musste[3]. 3

Mit dem Beginn des Sicherungsschutzes begann nach § 30 S. 2 auch die Pflicht der ArbGeb zur Zahlung der Beiträge. 4

30a *Anspruchsvoraussetzungen*

(1) Männlichen Arbeitnehmern,

1. die vor dem 1. Januar 1952 geboren sind,

2. die das 60. Lebensjahr vollendet haben,

3. die nach Vollendung des 40. Lebensjahres mehr als 10 Jahre Pflichtbeiträge für eine in der gesetzlichen Rentenversicherung versicherte Beschäftigung oder Tätigkeit nach den Vorschriften des Sechsten Buches Sozialgesetzbuch haben,

4. die die Wartezeit von 15 Jahren in der gesetzlichen Rentenversicherung erfüllt haben und

5. deren Arbeitsentgelt oder Arbeitseinkommen die Hinzuverdienstgrenze nach § 34 Abs. 3 Nr. 1 des Sechsten Buches Sozialgesetzbuch nicht überschreitet,

sind auf deren Verlangen nach Erfüllung der Wartezeit und sonstiger Leistungsvoraussetzungen der Versorgungsregelung für nach dem 17. Mai 1990 zurückgelegte Beschäftigungszeiten Leistungen der betrieblichen Altersversorgung zu gewähren. § 6 Satz 3 gilt entsprechend.

(2) [Beschäftigungszeiten vor dem 17.5.1990] Haben der Arbeitnehmer oder seine anspruchsberechtigten Angehörigen vor dem 17. Mai 1990 gegen die Versagung der Leistungen der betrieblichen Altersversorgung Rechtsmittel eingelegt, ist Absatz 1 für Beschäftigungszeiten nach dem 8. April 1976 anzuwenden.

(3) [Verjährung] Die Vorschriften des Bürgerlichen Gesetzbuchs über die Verjährung von Ansprüchen aus dem Arbeitsverhältnis bleiben unberührt.

Mit dem Rentenreformgesetz 1999 ist zur Umsetzung der Rspr. des EuGH zur Gleichbehandlung von Männern und Frauen hinsichtlich von in Versorgungszusagen enthaltenen Altersgrenzen ein neuer § 30a in das BetrAVG eingefügt worden. Dieser sieht vor, dass Männer für nach dem 17.5.1990[4] zurückgelegte Beschäftigungszeiten die vorzeitige Altersrente verlangen können, soweit sie die für Frauen geltenden Voraussetzungen für eine vorzeitige Altersrente aus der gesetzl. RV erfüllen und zudem die besonderen Leistungsvoraussetzungen der Versorgungszusage vorliegen. 1

1 So auch *Höfer*, § 29 BetrAVG Rz. 5712; diff.: *Blomeyer/Rolfs/Otto*, § 29 BetrAVG Rz. 5. | 2 Vgl. HHPRW/*Höhne*, § 30 BetrAVG Rz. 3. | 3 Vgl. HHPRW/*Höhne*, § 30 BetrAVG Rz. 3. | 4 EuGH v. 17.5.1990 – Rs. C-262/88, NZA 1990, 775.

30b *Übergangsregelung für Übertragung unverfallbarer Anwartschaften*

§ 4 Abs. 3 gilt nur für Zusagen, die nach dem 31. Dezember 2004 erteilt wurden.

1 § 30b bestimmt, dass ein Anspruch auf Übertragung von Anwartschaftswerten (vgl. Komm. zu § 4) nur für solche Zusagen erhoben werden kann, die nach dem 31.12.2004 erteilt wurden. Der neue und der alte ArbGeb sollen sich auf dieses Recht des ArbN einstellen können[1], ggf. die Möglichkeit haben, ihre Zusagepraxis darauf einzurichten. Einvernehmliche Übertragungen nach § 4 II Nr. 2 sind hingegen unbeschränkt möglich.

30c *Übergangsregelung für Ausnahmen von der Anpassungsprüfungspflicht*

(1) § 16 Abs. 3 Nr. 1 gilt nur für laufende Leistungen, die auf Zusagen beruhen, die nach dem 31. Dezember 1998 erteilt werden.

(2) § 16 Abs. 4 gilt nicht für vor dem 1. Januar 1999 zu Recht unterbliebene Anpassungen.

(3) § 16 Abs. 5 gilt nur für laufende Leistungen, die auf Zusagen beruhen, die nach dem 31. Dezember 2000 erteilt werden.

(4) Für die Erfüllung der Anpassungsprüfungspflicht für Zeiträume vor dem 1. Januar 2003 gilt § 16 Abs. 2 Nr. 1 mit der Maßgabe, dass an die Stelle des Verbraucherpreisindexes für Deutschland der Preisindex für die Lebenshaltung von 4-Personen-Haushalten von Arbeitern und Angestellten mit mittlerem Einkommen tritt.

1 § 30c enthält mehrere Übergangsregelungen für Ausnahmen von der Anpassungsprüfungspflicht. So legt Abs. 1 fest, dass die Abwahlmöglichkeit des § 16 III Nr. 1 zu Gunsten einer jährlichen Anpassung um mindestens 1 % der laufenden Leistungen nur für solche Leistungen gilt, die auf nach dem 31.12.1998 erteilten Zusage beruhen[2]. Das bedeutet, dass die Regelung erstmals für Anpassungsprüfungen ab dem 1.1.2001 relevant geworden ist[3].

2 Abs. 2 des § 30c regelt im Zusammenhang mit der in § 16 IV enthaltenen Bestimmung, wonach eine zu Recht unterbliebene Anpassung grds. nicht nachgeholt werden muss, dass diese Befreiung nur für ab dem 1.1.1999 zu Recht unterbliebene Anpassungsprüfungen gilt. Für vor diesem Stichtag unterbliebene Anpassungsprüfungen oder pflichtwidrig zu niedrige Erhöhungen laufender Leistungen bleibt die Pflicht zur Nachholung auch ab 1999 bestehen. Aus der Vorschrift folgt weiter, dass ein am 31.12.1998 unbefriedigt gebliebener Anpassungsbedarf noch beim darauf folgenden Anpassungsstichtag berücksichtigt werden kann. Lassen dann zu diesem Zeitpunkt die wirtschaftl. Verhältnisse des ArbGeb eine Erhöhung nicht zu, ist die Anpassung zu Recht unterblieben mit der Folge, dass eine nachholende Anpassung dann endgültig nicht mehr verlangt werden kann[4].

3 § 16 V gilt nach Abs. 3 des § 30c nur für ab dem 1.1.2001 vereinbarte Entgeltumwandlungen und nicht für zuvor gewährte Zusagen.

4 Für die Nichtanpassung bei Auszahlungsplänen gem. § 16 VI wurde keine eigene Übergangsvorschrift geschaffen; diese Regelung gilt ab dem 1.1.2001[5].

30d *Übergangsregelung zu § 18*

(1) Ist der Versorgungsfall vor dem 1. Januar 2001 eingetreten oder ist der Arbeitnehmer vor dem 1. Januar 2001 aus dem Beschäftigungsverhältnis bei einem öffentlichen Arbeitgeber ausgeschieden und der Versorgungsfall nach dem 31. Dezember 2000 eingetreten, sind für die Berechnung der Voll-Leistung die Regelungen der Zusatzversorgungseinrichtungen nach § 18 Abs. 1 Satz 1 Nr. 1 und 2 oder die Gesetze im Sinne des § 18 Abs. 1 Satz 1 Nr. 3 sowie die weiteren Berechnungsfaktoren jeweils in der am 31. Dezember 2000 geltenden Fassung maßgebend; § 18 Abs. 2 Nr. 1 Buchstabe b bleibt unberührt. Die Steuerklasse III/O ist zugrunde zu legen. Ist der Versorgungsfall vor dem 1. Januar 2001 eingetreten, besteht der Anspruch auf Zusatzrente mindestens in der Höhe, wie er sich aus § 18 in der Fassung vom 16. Dezember 1997 (BGBl. I S. 2998) ergibt.

(2) Die Anwendung des § 18 ist in den Fällen des Absatzes 1 ausgeschlossen, soweit eine Versorgungsrente der in § 18 Abs. 1 Satz 1 Nr. 1 und 2 bezeichneten Zusatzversorgungseinrichtungen oder eine entsprechende Leistung auf Grund der Regelungen des Ersten Ruhegeldgesetzes, des Zweiten Ruhegeldgesetzes oder des Bremischen Ruhelohngesetzes bezogen wird, oder eine Versicherungsrente abgefunden wurde.

(3) Für Arbeitnehmer im Sinne des § 18 Abs. 1 Satz 1 Nr. 4, 5 und 6 in der bis zum 31. Dezember 1998 geltenden Fassung, für die bis zum 31. Dezember 1998 ein Anspruch auf Nachversicherung nach § 18 Abs. 6 entstanden ist, gilt Absatz 1 Satz 1 für die auf Grund der Nachversicherung zu ermittelnde Voll-

---

1 BT-Drs. 15/2150, S. 55 zu Nr. 14. | 2 Hierzu ausf. *Höfer*, § 30c BetrAVG Rz. 5739 ff. | 3 *Blomeyer*, RdA 2000, 287. | 4 *Bepler*, BetrAV 2000, 287. | 5 *Höfer*, § 30c BetrAVG Rz. 5745.

Leistung entsprechend mit der Maßgabe, dass sich der nach § 2 zu ermittelnde Anspruch gegen den ehemaligen Arbeitgeber richtet. Für den nach § 2 zu ermittelnden Anspruch gilt § 18 Abs. 2 Nr. 1 Buchstabe b entsprechend; für die übrigen Bemessungsfaktoren ist auf die Rechtslage am 31. Dezember 2000 abzustellen. Leistungen der gesetzlichen Rentenversicherung, die auf einer Nachversicherung wegen Ausscheidens aus einem Dienstordnungsverhältnis beruhen, und Leistungen, die die zuständige Versorgungseinrichtung auf Grund von Nachversicherungen im Sinne des § 18 Abs. 6 in der am 31. Dezember 1998 geltenden Fassung gewährt, werden auf den Anspruch nach § 2 angerechnet. Hat das Arbeitsverhältnis im Sinne des § 18 Abs. 9 bereits am 31. Dezember 1998 bestanden, ist in die Vergleichsberechnung nach § 18 Abs. 9 auch die Zusatzrente nach § 18 in der bis zum 31. Dezember 1998 geltenden Fassung einzubeziehen.

Nachdem das BVerfG § 18 in weiten Teilen für verfassungswidrig erklärt hatte[1], musste der Gesetzgeber die entsprechende Regelung bis zum 31.12.2000 reformieren (Einzelheiten s. dort). In § 30d hat er eine Übergangsregelung für die in § 18 enthaltenen Sonderregelungen des öffentl. Dienstes getroffen, bei der von der Möglichkeit Gebrauch gemacht wurde, die Folgen der Verfassungswidrigkeit für die Vergangenheit einzuschränken. Er hat sich dafür entschieden, dass Versorgungsfälle, die bis zum 31.12.2000 eingetreten sind und bei denen der Berechtigte vor diesem Zeitpunkt ausgeschieden ist, im Grundsatz nach dem alten Recht abzuwickeln sind. 1

Abs. 1 vereinfacht wegen der Komplexität der sonst vorzunehmenden Rechenschritte die Berechnung von Ansprüchen, soweit altes Recht noch anzuwenden ist. Dabei ist das nach den Versorgungsregelungen maßgebliche Entgelt zum Zeitpunkt des Ausscheidens anzusetzen. Ist der Versorgungsfall vor dem 1.1.2001 eingetreten, besteht der Anspruch auf Zusatzrente mindestens aber in der Höhe, wie er sich aus § 18 in der Fassung vom 18.12.1997 ergibt[2]. 2

Abs. 2 sieht in den dort aufgezählten Fällen ausnahmsw. auch für „Altfälle" die Anwendung ausschließlich des neuen Rechts vor, was sich regelmäßig aber nicht nachteilig für den ArbN auswirkt. Die nach bisherigem Recht bemessene Versorgungsrente oder entsprechende Leistung ist im Normalfall höher als die Zusatzrente, so dass die Nichtanwendbarkeit des § 18 I für den Berechtigten vorteilhaft ist. 3

Nach Abs. 3 findet eine Nachberechnung statt, wenn ArbN betroffen sind, für die § 18 VI in der bis zum 31.12.1998 geltenden Fassung einen Anspruch auf Nachversicherung vorsieht. Durch das Rentenreformgesetz 1999 war die Möglichkeit einer Nachversicherung (§ 18 VI aF) bereits aufgehoben worden. Eine Nachversicherung kommt für solche unter Abs. 3 fallende ArbN in Betracht, die auf Grund einer Zusage von Versorgungsleistungen nach beamtenrechtl. Grundsätzen in der gesetzl. RV nicht pflichtversichert waren. Für ehemalige Beamte kommt ein solcher Anspruch nicht in Betracht. Wegen der Besonderheiten des Beamtenverhältnisses sieht das BVerfG hier keinen Verstoß gegen Art. 3 GG[3]. Zudem wird in Abs. 3 auf die besondere Berechnung einer Zusatzrente und die Anrechnung der Versorgungsrente oder vergleichbaren Leistung nach § 18 V verzichtet, falls eine Versorgungsrente oder eine entsprechende Leistung bezogen wird[4]. Auch hier sind Nachteile für die Berechtigten nicht zu erwarten. Die Versorgungsrente dürfte idR höher sein, weil alle Pflichtversicherungszeiten einbezogen werden. 4

30e *Übergangsregelung zu § 1 Abs. 2 Nr. 4*

(1) § 1 Abs. 2 Nr. 4 zweiter Halbsatz gilt für Zusagen, die nach dem 31. Dezember 2002 erteilt werden.

(2) § 1 Abs. 2 Nr. 4 zweiter Halbsatz findet auf Pensionskassen, deren Leistungen der betrieblichen Altersversorgung durch Beiträge der Arbeitnehmer und Arbeitgeber gemeinsam finanziert und die als beitragsorientierte Leistungszusage oder als Leistungszusage durchgeführt werden, mit der Maßgabe Anwendung, dass dem ausgeschiedenen Arbeitnehmer das Recht zur Fortführung mit eigenen Beiträgen nicht eingeräumt werden und eine Überschussverwendung gemäß § 1b Abs. 5 Nr. 1 nicht erfolgen muss. Wird dem ausgeschieden Arbeitnehmer ein Recht zur Fortführung nicht eingeräumt, gilt für die Höhe der unverfallbaren Anwartschaft § 2 Abs. 5a entsprechend. Für die Anpassung laufender Leistungen gelten die Regelungen nach § 16 Abs. 1 bis 4. Die Regelung in Absatz 1 bleibt unberührt.

Die Übergangsregelung enthält Bestimmungen zur betrAV, die der ArbN mit eigenen Beiträgen aus seinem Arbeitseinkommen finanziert. § 1 Abs. 2 Nr. 4 wurde durch durch das Gesetz zur Einführung einer Kapitalgedeckten Hüttenknappschaftlichen Zusatzversicherung und zur Änderung anderer Gesetze (HZvNG) eingeführt[5]. Sie gilt auch für die Zusatzversorgungseinrichtungen des öffentl. Dienstes. 1

Abs. 1 legt fest, dass die für die Entgeltumwandlung geltenden Bestimmungen nur für solche Eigenbeiträge des ArbN einschließende Zusagen Anwendung finden, die nach dem 31.12.2002 erteilt wurden. Dies schließt nach der Begründung des Gesetzgebers[6] nicht aus, auf Grund besonderer Vereinbarung 2

1 BVerfG v. 15.7.1998 – 1 BvR 1554/89, BVerfGE 98, 365. | 2 *Ahrend/Förster/Schmidt*, § 30d BetrAVG Rz. 1. | 3 BVerfG v. 2.3.2000 – 2 BvR 951/98, NVwZ 2000, 1036. | 4 *Ahrend/Förster/Schmidt*, § 30d BetrAVG Rz. 2. | 5 BGBl. I 2002 S. 2167. | 6 Abgedr. in BetrAV 2002, 491 (494).

die Bestimmungen für die Entgeltumwandlung auch auf frühere vom ArbN mit Eigenbeiträgen mitfinanzierte Zusagen entsprechend anzuwenden. Dies kann auch in den Statuten der öffentl. Zusatzversorgungseinrichtungen so festgelegt werden.

3 Abs. 2 stellt sicher, dass Pensionskassen, bei denen die genannten Voraussetzungen erfüllt sind, bestehende Leistungszusagen auch in Zukunft einschränkungslos für ArbN fortführen können. Ein zusätzliches Bedürfnis, dem ArbN nach seinem Ausscheiden ein Recht zur Fortführung des Versorgungsverhältnisses mit eigenen Beiträgen zu ermöglichen und Überschüsse nur zur Verbesserung der Zusage verwendet werden dürfen, besteht nicht. Auch die Sonderregelung für die Anpassung von laufenden Leistungen (§ 16 V) ist nicht erforderlich. Dem Grundsatz der Werterhaltung betriebl. Versorgungsrechte, die aus eigenen Beiträgen resultieren, wird dadurch gewährleistet, dass zumindest der geschäftsplanmäßige Rechnungszinsfuß berücksichtigt werden muss und die Absätze 1–4 des § 16 Anwendung finden. Abs. 2 S. 3 enthält eine Klarstellung, nämlich dass auf Abs. 2 auch Abs. 1 anzuwenden ist. Damit wird eine rückwirkende Belastung bestehender Zusagen ausgeschlossen, die dadurch eintreten könnten, dass die Regelungen zur Entgeltumwandlung auch auf Zusagen, die der ArbN mit eigenen Beiträgen aus seinem Arbeitseinkommen finanziert, ausgeweitet werden. Die freiwillige Anwendung dieser Regelungen auf frühere Zusagen ist natürlich zulässig[1].

4 Neu eingefügt wurde Abs. 2 S. 2[2]. Die Vorschrift trägt der Besonderheit sog. **kofinanzierter Pensionskassenzusagen** Rechnung. Bei diesen muss dem ausgeschiedenen ArbN nicht das Recht zur Fortführung der Versicherung mit eigenen Beiträgen ermöglicht werden. Dem ArbGeb ist dadurch die Wahl der sog. versicherungsförmigen Lösung nach § 2 Abs. 3 S. 2 verwehrt. S. 2 stellt deshalb sicher, dass auch bei solchen Zusagen die Versorgungsanwartschaft eines vor Eintritt des Versorgungsfalles ausgeschiedenen ArbN nach § 2 Abs. 5a zu berechnen ist[3].

30f *Übergangsregelung zu § 1b*

(1) Wenn Leistungen der betrieblichen Altersversorgung vor dem 1. Januar 2001 zugesagt worden sind, ist § 1b Abs. 1 mit der Maßgabe anzuwenden, dass die Anwartschaft erhalten bleibt, wenn das Arbeitsverhältnis vor Eintritt des Versorgungsfalles, jedoch nach Vollendung des 35. Lebensjahres endet und die Versorgungszusage zu diesem Zeitpunkt

1. mindestens zehn Jahre oder

2. bei mindestens zwölfjähriger Betriebszugehörigkeit mindestens drei Jahre

bestanden hat; in diesen Fällen bleibt die Anwartschaft auch erhalten, wenn die Zusage ab dem 1. Januar 2001 fünf Jahre bestanden hat und bei Beendigung des Arbeitsverhältnisses das 30. Lebensjahr vollendet ist. § 1b Abs. 5 findet für Anwartschaften aus diesen Zusagen keine Anwendung.

(2) Wenn Leistungen der betrieblichen Altersversorgung vor dem 1. Januar 2009 und nach dem 31. Dezember 2000 zugesagt worden sind, ist § 1b Abs. 1 Satz 1 mit der Maßgabe anzuwenden, dass die Anwartschaft erhalten bleibt, wenn das Arbeitsverhältnis vor Eintritt des Versorgungsfalls, jedoch nach Vollendung des 30. Lebensjahres endet und die Versorgungszusage zu diesem Zeitpunkt fünf Jahre bestanden hat; in diesen Fällen bleibt die Anwartschaft auch erhalten, wenn die Zusage ab dem 1. Januar 2009 fünf Jahre bestanden hat und bei Beendigung des Arbeitsverhältnisses das 25. Lebensjahr vollendet ist.

1 Seit dem 1.1.2001 gelten infolge des AVmG in § 1b neue Unverfallbarkeitsfristen. Neben einer Reduzierung der Zusagedauer auf fünf Jahre ist auch das Mindestalter als weitere Voraussetzung auf 30 Jahre herabgesetzt worden. Ab dem 1.1.2009 wird das Mindestalter noch einmal herabgesetzt, und zwar auf 25 Jahre.

2 § 30f I 1 Hs. 1 regelt im Grundsatz, dass die vor dem 1.1.2001 geltenden Unverfallbarkeitsvoraussetzungen alternativ zur ab dem 1.1.2001 geltenden Regelung weiterhin Anwendung finden. Zudem gilt diese Vorschrift auch für Versorgungszusagen, die vor dem 1.1.2001 erteilt worden sind. § 30f I 1 Hs. 2 fingiert insoweit eine erneute Zusage am 1.1.2001[4]. Ab dem 1.1.2006 sind somit alle vor dem 1.1.2001 erteilten Zusagen unverfallbar, wenn das Arbeitsverhältnis bis dahin 5 Jahre ununterbrochen bestanden hat und der Berechtigte das 30. Lebensjahr vollendet hat. Für den ArbN gilt letztlich die günstigere Unverfallbarkeitsfrist – also die, die zuerst „greift".

3 § 30f I 2 bestimmt, dass die sofortige gesetzl. Unverfallbarkeit nach § 1b V nur für ab dem 1.1.2001 erteilte Entgeltumwandlungszusage gilt. Die besondere Relevanz dieser Vorschrift liegt im Insolvenzschutz, der nur für gesetzl. unverfallbare Anwartschaften gilt[5].

4 § 30f II enthält eine Übergangsvorschrift für die Absenkung des Lebensalters in § 1b I auf 25 LJ. Danach gilt die Absenkung nur für neue Zusagen, die ab dem 1.1.2009 erteilt werden. Damit soll eine übermäßige

1 Vgl. gesetzl. Begründung, abgedr. in BetrAV 2002, 491 (494). | 2 G v. 5.7.2004, BGBl. I S. 1427. | 3 BT-Drs. 15/2150, S. 55, dort zu Nr. 15. | 4 *Höfer*, § 30f BetrAVG Rz. 5748. | 5 *Höfer*, § 30f BetrAVG Rz. 5751.

Belastung der ArbGeb vermieden werden[1]. Eine Ausnahme davon ist im letzten Hs. des Abs. vorgesehen. Damit Versorgungsberechtigte mit Altzusagen nicht gegenüber denen mit neuen Zusagen benachteiligt werden, wird die Anwartschaft auch bei Altzusagen unverfallbar, wenn die Zusage vor dem 1.1.2009 und nach dem 31.12.2000 erteilt wurde und das Arbeitsverhältnis ununterbrochen bis zum 31.12.2013 fortbesteht.

30g *Übergangsregelung zu § 2 Abs. 5a*

(1) § 2 Abs. 5a gilt nur für Anwartschaften, die auf Zusagen beruhen, die nach dem 31. Dezember 2000 erteilt worden sind. Im Einvernehmen zwischen Arbeitgeber und Arbeitnehmer kann § 2 Abs. 5a auch auf Anwartschaften angewendet werden, die auf Zusagen beruhen, die vor dem 1. Januar 2001 erteilt worden sind.

(2) § 3 findet keine Anwendung auf laufende Leistungen, die vor dem 1. Januar 2005 erstmals gezahlt worden sind.

§ 2 Va gilt nach § 30g I 1 nur für solche Anwartschaften, die auf nach dem 31.12.2000 erteilte Entgeltumwandlungszusagen oder beitragsorientierten Leistungszusagen beruhen. Eine zeitliche darüber hinausgehende Erstreckung ist nur bei entsprechender Vereinbarung zwischen ArbGeb und ArbN möglich, Abs. 1 S. 2. Durch eine solche Vereinbarung kommt es bereits ab dem 1.1.2001 zum sofortigen Insolvenzschutz, soweit die Versorgungszusage zu diesem Zeitpunkt mindestens zwei Jahre bestand (§ 7 V 3). 1

Abs. 2[2] nimmt Versorgungsleistungen, die vor dem 1.1.2005 erstmals aufgenommen wurden, aus dem Abfindungsverbot des § 3 heraus. § 3 I erlaubt die Abfindung einer laufenden Versorgungsleistung nur aus den Gründen des § 3 II–IV. Für bereits laufende Versorgungsleistungen galt bis zum 31.12.2004 keine Abfindungsbeschränkung, sie konnten ohne weiteres durch Vereinbarung in der Zusage oder spätere Regelung abgefunden werden (vgl. § 3 Rz. 6 f.). 2

30h *Übergangsregelung zu § 17 Abs. 5*

§ 17 Abs. 5 gilt für Entgeltumwandlungen, die auf Zusagen beruhen, die nach dem 29. Juni 2001 erteilt werden.

Nach § 30h gilt der Tarifvorbehalt des § 17 V, der eine Entgeltumwandlung im Bereich des Tarifeinkommens nur zulässt, wenn eine entsprechende Ermächtigung der TV-Parteien vorliegt, erst nach dem 29.6.2001. Zuvor vorgenommene Entgeltumwandlungen unterliegen keinem Tarifvorbehalt[3]. 1

30i *Insolvenzsicherung*

(1) Der Barwert der bis zum 31. Dezember 2005 auf Grund eingetretener Insolvenzen zu sichernden Anwartschaften wird einmalig auf die beitragspflichtigen Arbeitgeber entsprechend § 10 Abs. 3 umgelegt und vom Träger der Insolvenzsicherung nach Maßgabe der Beträge zum Schluss des Wirtschaftsjahres, das im Jahr 2004 geendet hat, erhoben. Der Rechnungszinsfuß bei der Berechnung des Barwerts beträgt 3,67 vom Hundert.

(2) Der Betrag ist in 15 gleichen Raten fällig. Die erste Rate wird am 31. März 2007 fällig, die weiteren zum 31. März der folgenden Kalenderjahre. Bei vorfälliger Zahlung erfolgt eine Diskontierung der einzelnen Jahresraten mit dem zum Zeitpunkt der Zahlung um ein Drittel erhöhten Rechnungszinsfuß nach § 65 des Versicherungsaufsichtsgesetzes, wobei nur volle Monate berücksichtigt werden.

(3) Der abgezinste Gesamtbetrag ist gemäß Absatz 2 am 31. März 2007 fällig, wenn die sich ergebende Jahresrate nicht höher als 50 Euro ist.

(4) Insolvenzbedingte Zahlungsausfälle von ausstehenden Raten werden im Jahr der Insolvenz in die erforderlichen jährlichen Beiträge gemäß § 10 Abs. 2 eingerechnet.

Die Vorschrift ergänzt § 10 Abs. 2 und regelt die Ausfinanzierung zu sichernder Versorgungsanwartschaften, die bis zum 31.12.2005 aufgelaufen sind. Bis zum Inkrafttreten des neuen Finanzierungsverfahrens[4] mussten Beiträge für Versorgungsanwartschaften erst bei Eintritt des Versorgungsfalles entrichtet werden. Da nun eine Beitragserhebung bereits im Jahr des Eintritts des Sicherungsfalles erfolgt, müssen zur Erreichung einer vollständigen Kapitaldeckung bis zum 31.12.2005 nicht ausfinanzierter Anwartschaften Beiträge nacherhoben werden. Um eine Überforderung der ArbGeb zu vermeiden, sieht Abs. 2 eine Verteilung der Zahllast auf 15 Jahre vor. Allerdings ist auch eine vorfällige Zahlung möglich. Die hierfür vorgesehene Diskontierung dürfte für Unternehmen durchaus attraktiv sein. Abs. 4 sichert ab, dass insolvenzbedingt ausfallende Beiträge zur Nachversicherung durch die laufenden Beiträge für das betreffende Beitragsjahr abzudecken sind. 1

1 BR-Drs. 540/07 v. 10.8.2007, S. 10. | 2 Eingeführt durch G v. 5.7.2004 zum 1.1.2005, BGBl. I 2005 S. 1427. | 3 *Höfer*, § 30h BetrAVG Rz. 5756. | 4 Art. 1 Gesetz zur Änderung des Betriebsrentengesetzes v. 2.12.2006, BGBl. I 2006 S. 2742.

31 *Übergangsregelung für den Insolvenzschutz*

Auf Sicherungsfälle, die vor dem 1. Januar 1999 eingetreten sind, ist dieses Gesetz in der bis zu diesem Zeitpunkt geltenden Fassung anzuwenden.

1 Hintergrund der Regelung in § 31 ist das Inkrafttreten der InsO zum 1.1.1999. Für die vor diesem Zeitpunkt eingetretenen Sicherungsfälle ist auch ab 1999 noch das vorher geltende Recht anwendbar.

2 Dies hat etwa zur Folge, dass für Sicherungsfälle, die bis zum 31.12.1998 eingetreten sind, die Grenze, bis zu der der PSVaG Insolvenzschutz gewähren muss, auch ab dem 1.1.1999 erst bei Erreichen des Dreifachen der monatlichen BBG der gesetzl. RV der ArbN überschritten, und nicht auf das Dreifache der monatlichen Bezugsgröße iSv. § 18 SGB IV abgesenkt wird[1].

3 § 31 führt aber auch dazu, dass der nur bis Ende 1998 im Gesetz enthaltene Sicherungsfall der „wirtschaftlichen Notlage" fortbesteht, wenn dessen tatbestandlichen Voraussetzungen bis zu 31.12.1998 eingetreten waren. Der PSVaG muss dann beim Andauern der wirtschaftl. Notlage über 1998 hinaus Insolvenzschutz gewähren[2].

32 *Inkrafttreten*

Dieses Gesetz tritt vorbehaltlich des Satzes 2 am Tage nach seiner Verkündung in Kraft. Die §§ 7 bis 15 treten am 1. Januar 1975 in Kraft.

1 Da das Gesetz am 21.12.1974 im BGBl.[3] verkündet worden ist, ist es auch nach § 32 S. 1 am 22.12.1974 in Kraft getreten. Hiervon wurden nach S. 2 die Regelungen zur Insolvenzsicherung in den §§ 7–15 ausdrücklich ausgenommen (vgl. hierzu die Komm. zu § 30). Diese sind seit dem 1.1.1975 in Kraft. Aus der Vorschrift folgt weiter, dass die späteren Gesetzesänderungen ebenfalls am Tage nach ihrer Verkündung in Kraft traten, soweit die Übergangsregelungen des §§ 30b–31 nichts anderes bestimmen. Die §§ 26–29 regeln demgegenüber Art und Umfang der Rückwirkung einzelner Bestimmungen.

1 *Höfer*, § 31 BetrAVG Rz. 5757. | 2 *Höfer*, § 31 BetrAVG Rz. 3864. | 3 BGBl. I 1974 S. 3610.

Betriebsverfassungsgesetz

in der Fassung der Bekanntmachung vom 25.9.2001 (BGBl. I S. 2518), zuletzt geändert durch Verordnung vom 31.10.2006 (BGBl. I S. 2407)

Vorbemerkungen

I. Bedeutung der Mitbestimmung: Vor dem Hintergrund einer auch dem Sozialstaatsprinzip verpflichteten Wirtschaftsordnung soll das BetrVG durch die Beteiligung der ArbN und ArbN-Vertreter die Grundlage für einen Ausgleich zwischen der unternehmerischen Entscheidungsfreiheit auf der einen Seite und dem Recht auf Selbstbestimmung der in einer fremdbestimmten Arbeitsorganisation tätigen ArbN auf der anderen Seite setzen. Zu diesem Zweck werden Beteiligungsrechte des BR begründet, die in unterschiedlicher Intensität die Mitgestaltung materieller sowie technisch-organisatorischer Arbeitsbedingungen zulassen. Neben Informations- und Beratungsrechten gibt es Angelegenheiten, in denen der BR zuvor um Zustimmung gebeten werden muss. Wird diese Zustimmung verweigert, sind die Konsequenzen unterschiedlich. Ein Teil der Maßnahmen kann gleichwohl umgesetzt werden (zB Kündigung), bei einem Teil muss grundsätzlich Antrag auf gerichtl. Zustimmungersetzung gestellt werden (zB Versetzung, Einstellung). Soweit die stärkste Form der Beteiligung der ArbN-Vertreter in Rede steht, kann die Maßnahme ohne Zustimmung des BR oder einen die Einigung zwischen ArbGeb und BR ersetzenden Spruch der Einigungsstelle nicht umgesetzt werden (zB Änderung der Gleitzeit, Überstunden, Beurteilungssysteme, Gewährung oder Kürzung übertariflicher Zulagen). 1

In welchem Umfang durch betriebsverfassungsrechtl. Beteiligungsrechte tatsächlich Mitbest. erfolgt und auf welche Weise damit ein echter Ausgleich der wechselseitigen Interessen erfolgt, hängt allerdings nicht nur von den rechtl. Gegebenheiten, sondern vor allem auch von der Art und Weise ab, wie die gesetzl. Gegebenheiten im Betrieb, Unternehmen oder Konzern „gelebt" werden. Das gilt für ArbGeb und BR gleichermaßen. Insofern hat für beide Sozialpartner der Grundsatz der vertrauensvollen Zusammenarbeit, der wechselseitige Respekt und das beiderseitige Wirken zum Wohle der ArbN und des Betriebs eine mindestens gleiche Bedeutung wie die juristische Bewertung eines Sachverhalts. 2

Eine Mitbest. bei der eigentlichen Steuerung des Unternehmens ist der Mitwirkung innerhalb der Europäischen Gesellschaft (SE) und der Unternehmensmitbestimmung durch die ArbN-Beteiligung im Aufsichtsrat vorbehalten, die im Zusammenhang mit dem MitbestG, dem MontanMitbestG und dem DrittelbG behandelt wird[1]. 3

II. Geltungsbereich. Das BetrVG gilt für alle Arbeiter und Angestellten einschließlich der zu ihrer Berufsausbildung Beschäftigten (vgl. § 5 Rz. 2 ff.). Dabei gilt das Gesetz grds. für alle Betriebe des Privatrechts. Ist der Inhaber eine juristische Person des öffentl. Rechts, sind die Personalvertretungsgesetze anzuwenden (§ 130). Für Religionsgemeinschaften und ihre karikativen und erzieherischen Einrichtungen gelten statt dieses Gesetzes eigene Vertretungsordnungen und -gesetze. In sog. Tendenzbetrieben findet das Gesetz nach § 118 I nur eingeschränkt Anwendung. Für die bei Luftfahrtunternehmen im Flugbetrieb Beschäftigten können nach § 117 II durch TV besondere Vertretungen gebildet werden. Für die Seeschifffahrt bestehen Sonderregelungen in den §§ 114–116. 4

III. Ausland. Der Geltungsbereich des BetrVG ist auf Deutschland begrenzt (Territorialitätsprinzip). Auch wenn dieser Begriff umstritten ist[2], wird damit der Versuch umschrieben, eine sinnvolle Kollisionsregel für das Recht der Betriebsverfassung bei grenzüberschreitenden Sachverhalten zu finden[3]. Richtiger ist allerdings, nicht (allein) auf räumliche Aspekte abzustellen. Vergleichbar mit den im Bereich des Außendienstes getroffenen Überlegungen werden deshalb ArbN im Ausland vom BetrVG erfasst, wenn trotz der räumlichen Trennung die Zugehörigkeit zu einem in Deutschland gelegenen Betrieb gegeben ist[4]. Voraussetzung für eine solche Ausstrahlung[5] ist, dass neben der vertragl. Bindung durch Fortbestand des Arbeitsverhältnisses auch eine fortbestehende Eingliederung in die inländische Betriebsorganisation gegeben ist. Indizien hierfür sind vor allem Weisungsrechte aus dem Inland, ein ständiges Rückrufrecht, Berichtspflichten gegenüber dem ArbGeb in Deutschland[6], die Fortschreibung des Laufbahn- 5

1 Eingehend zur Entstehungsgeschichte sowie zu Zweck und Struktur des BetrVG vgl. *Gamillscheg*, Kollektives Arbeitsrecht I, S. 79 ff.; GK-BetrVG/*Wiese*, Einl. Rz. 1 ff.; MünchArbR/*Richardi*, §§ 1 ff. | 2 Richardi/*Richardi*, Einl. BetrVG Rz. 73; DKK/*Trümner* § 1 Rz. 23 ff. | 3 GK-BetrVG/*Kraft*/*Franzen* § 1 Rz. 4. | 4 Vgl. BAG v. 22.3.2000 – 7 ABR 34/98, NZA 2000, 1119 (1120 f.). | 5 Krit. Richardi/*Richardi*, Einl. BetrVG Rz. 75. | 6 Vgl. *Boemke*, NZA 1992, 112 (114).

profils, die Teilnahme an inländischen Beurteilungssystemen oder inländischen Informations- oder Fortbildungsmaßnahmen oder eine Einbeziehung in ein betriebsbezogenes Organigramm[1].

6 Letztlich sind aber zwei Punkte von entscheidender Bedeutung: Zunächst einmal ist festzustellen, ob und inwieweit der ArbN durch seine Tätigkeit während der Entsendung den inländischen Betriebszweck fördert (zB Erfüllung bestimmter Aufgaben des im Inland gelegenen Unternehmens, Erwerb von Know-how für spätere Tätigkeit im Inland, Übernahme von Beratungsaufgaben, Abwicklung eines Auftrags oder Reparatur einer Anlage). Darüber hinaus ist festzustellen, ob die Leitungsmacht in Bezug auf die wesentlichen personellen und sozialen Angelegenheiten für diesen ArbN weiterhin vom Inland aus ausgeübt wird. Die bloße Personalverwaltung (zB Abrechnung, Abwicklung Altersversorgung) genügt nicht[2]. Bei Auszubildenden oder Trainees ist die Steuerung der Berufsbildung von besonderer Bedeutung[3]. Besteht auf diese Weise trotz des Auslandseinsatzes eine hinreichend konkrete Beziehung zum Inlandsbetrieb, gilt das BetrVG auch für diesen ArbN[4]. Dies kann auch dann der Fall sein, wenn der ArbN nur für eine Tätigkeit im Ausland eingestellt wird oder nach seiner früheren Tätigkeit im Inland jetzt dauerhaft nur noch im Ausland eingesetzt werden soll. Vergleichbar mit der Situation eines im Inland tätigen Außendienstmitarbeiters kann auch bei dauerhafter Tätigkeit im Ausland eine Förderung des inländischen Betriebszwecks und die Weisungsgebundenheit an die Leitung des im Inland gelegenen Betriebs gegeben sein. Konsequenz ist, dass eine (weitere) Zugehörigkeit zum inländischen Betrieb gegeben ist, die auch Beteiligungsrechte des BR zur Folge hat[5]. Analog § 4 I 1 Nr. 1 BetrVG ist eine Zugehörigkeit nur dann ausgeschlossen, wenn die Einheit, innerhalb derer der ArbN im Ausland eingesetzt wird, räumlich weit entfernt liegt, und dort mindestens 5 ArbN beschäftigt werden, von denen 3 wählbar sind.

7 Auch ein ArbN, der vom inländischen Betriebsinhaber an den Inhaber eines im Ausland liegenden Betriebs verliehen wird, gehört dem inländischen Betrieb an (§ 14 I AÜG)[6]. Dies gilt ohne Rücksicht auf eine etwaige Konzernbindung der beteiligten Unternehmen. Umgekehrt gehört ein ArbN, der von einem im Ausland gelegenen Betrieb heraus in einen inländischen Betrieb entsandt wird, nicht zum inländischen Betrieb.

8 Bei ArbN, deren Arbeitsverhältnis im Inland für die Dauer des Auslandseinsatzes zum Ruhen gebracht wird, ist eine Zuständigkeit des BR anzunehmen, wenn der Auslandseinsatz nur vorübergehender Natur und eine Rückkehr in ein aktives Arbeitsverhältnis im inländischen Betrieb geplant ist. Insofern besteht eine Parallele zur Behandlung von ArbN in Elternzeit (vgl. Vor §§ 15 ff. BEEG Rz. 11). Unerheblich ist, ob der Einsatz im Ausland auf der Grundlage eines Ortsvertrags mit einem im Ausland gelegenen Unternehmen oder auf der Grundlage eines zweiten Arbeitsvertrags mit dem bisherigen ArbGeb erfolgt. Die Zugehörigkeit besteht auch fort, wenn der Auslandseinsatz auf der Grundlage des bisherigen Arbeitsvertrags erfolgt, aber Ort, Tätigkeit und Vergütung angepasst werden.

9 Findet das BetrVG nach den vorgenannten Kriterien auf einen ins Ausland entsandten ArbN Anwendung, steht ihm entsprechend §§ 7, 8 BetrVG das aktive und passive Wahlrecht zu. Das Gleiche gilt für ArbN, die im Wege der Arbeitnehmerüberlassung nach Deutschland kommen; sie können auch an Betriebsversammlungen teilnehmen. BR-Tätigkeit im Ausland ist nur eingeschränkt möglich. So kann ein im Ausland tätiger ArbN von einem BR-Mitglied im Rahmen der Wahrnehmung betriebsverfassungsrechtl. Aufgaben aufgesucht werden, wenn dies sachlich erforderlich ist[7]. Betriebs- oder Abteilungsbetriebsversammlungen können im Ausland aber ebenso wenig durchgeführt werden wie Sprechstunden[8]. Ein ausdrückliches Verbot durch den anderen Staat ist nicht erforderlich[9]. Die deutsche Betriebsverfassung kann nicht im Ausland eingerichtet werden. Der BR des des inländischen Betriebs kann aber für die sich im Ausland befindenden ArbN Mitbestimmungsrechte vor allem in personellen und sozialen Angelegenheiten wahrnehmen. Beispiel: § 87 Vergütung/Altersversorgung, §§ 99, 102 bei Versetzung oder Kündigung; § 111 bei Entlassung im Rahmen Betriebsänderung[10].

1 Vgl. BAG v. 25.4.1978 – 6 ABR 2/77, AP Nr. 16 zu IPR Arbeitsrecht Bl. 2 f. mit zust. Anm. *Simitis* Bl. 3 ff.; LAG Düsseldorf v. 14.2.1979 – 16 Ta BV 52/78, DB 1979, 2233 (2234); *Fitting*, § 1 BetrVG Rz. 24. | 2 LAG Köln v. 14.4.1998 – 13 TaBV 37/97, NZA-RR 1998, 357 (358). | 3 BAG v. 13.3.1991 – 7 ABR 89/90, BB 1992, 66 (67). | 4 Vgl. BAG v. 7.12.1989 – 2 AZR 228/89, NZA 1990, 658 (659 f.); s. auch BAG v. 20.2.2001 – 1 ABR 30/00, NZA 2001, 1033 (1035). | 5 Vgl. BAG v. 7.12.1989 – 2 AZR 228/89, NZA 1990, 658 (659); vgl. *Fitting*, § 1 BetrVG Rz. 25 f; aA. Richardi/*Richardi*, Einl. BetrVG § 1 Rz. 76; ErfK/*Eisemann*, § 1 BetrVG Rz. 4. | 6 BAG v. 22.3.2000 – 7 ABR 34/98, NZA 2000, 1119 (1120 f.). | 7 Vgl. *B. Gaul*, BB 1990, 697 ff. | 8 BAG v. 27.5.1982 – 6 ABR 28/80, DB 1982, 2519; aA GK-BetrVG/*Kraft/Franzen*, § 1 Rz. 12; DKK/*Trümner*, § 1 BetrVG Rz. 26. | 9 Abw. GK-BetrVG/*Kraft/Franzen*, § 1 Rz. 12; DKK/*Trümner*, § 1 BetrVG Rz. 26. | 10 Vgl. *Fitting*, § 1 BetrVG Rz. 28.

Erster Teil. Allgemeine Vorschriften

1 *Einrichtung von Betriebsräten*

(1) In Betrieben mit in der Regel mindestens fünf ständigen wahlberechtigten Arbeitnehmern, von denen drei wählbar sind, werden Betriebsräte gewählt. Dies gilt auch für gemeinsame Betriebe mehrerer Unternehmen.

(2) Ein gemeinsamer Betrieb mehrerer Unternehmen wird vermutet, wenn

1. zur Verfolgung arbeitstechnischer Zwecke die Betriebsmittel sowie die Arbeitnehmer von den Unternehmen gemeinsam eingesetzt werden oder

2. die Spaltung eines Unternehmens zur Folge hat, dass von einem Betrieb ein oder mehrere Betriebsteile einem an der Spaltung beteiligten anderen Unternehmen zugeordnet werden, ohne dass sich dabei die Organisation des betroffenen Betriebs wesentlich ändert.

I. Betriebsratsfähigkeit. In einem Betrieb mit idR mindestens fünf ständigen wahlberechtigten ArbN, von denen drei wählbar sind, kann ein BR gewählt werden. Lässt man die Frage der aktiven oder passiven Wahlberechtigung einmal unberücksichtigt (vgl. §§ 7 Rz. 1 ff., 8 Rz. 4 ff.), muss damit in dem in Rede stehenden Betrieb der Schwellenwert von mindestens fünf ArbN erreicht werden. Insoweit sei auf die Kommentierung zu § 5 I hingewiesen, die hier maßgeblich ist. Dabei werden Vollzeit- und Teilzeitbeschäftigte gleichermaßen erfasst[1]. Unerheblich ist auch, ob es sich um ein aktives oder ruhendes Arbeitsverhältnis handelt[2]. Entscheidend ist allein, ob die Zahl der Arbeitsverhältnisse idR erreicht wird[3]. Sollte der Betrieb im Zeitpunkt der Einl. der Wahl möglicherweise nur vier ständige ArbN haben, steht dies der BR-Fähigkeit nicht entgegen, wenn ihre Zahl „in der Regel" bei fünf oder mehr ArbN liegt und drei von ihnen wählbar sind[4]. Hierbei ist die Vergangenheit zu betrachten und eine Prognose hinsichtlich der künftigen Entwicklung anzustellen[5], Letzteres aber nur, wenn konkrete Entscheidungen des ArbGeb vorliegen, die eine Änderung der Beschäftigtenzahl erwarten lassen[6]. Wird durch Rationalisierung die Belegschaftsstärke reduziert, um den Betrieb in vermindertem Umfang fortzuführen, und stabilisiert sich der Personalbestand auf niedrigerem Niveau, folgt daraus die neue, den Betrieb kennzeichnende regelmäßige Personalstärke. Höhere Belegschaftszahlen der Vergangenheit sind irrelevant[7]. Zeiten außergewöhnlichen Arbeitsanfalls oder zeitweiligen Beschäftigungsrückgangs sind unerheblich[8]. Zu den regelmäßig Beschäftigten gehört, wer wegen der ihm übertragenen Arbeitsaufgabe nicht nur vorübergehend dem Betrieb angehört[9]. 1

II. Beteiligungsrechte und Rechtsstellung des Betriebsrats. Als Formen der Beteiligung des BR nennt das Gesetz Unterrichtungs-, Anhörungs- und Vorschlagsrechte, Beratungsrechte sowie MitbestR in der Form von Zustimmungsverweigerungsrechten oder Zustimmungserfordernissen bzw. Initiativrechten. Die Absicherung der Beteiligungsrechte erfolgt über individualrechtl., kollektivrechtl. und strafrechtl. Sanktionen sowie ergänzende Handlungsmöglichkeiten, die die Rspr. entwickelt hat (Beispiel: allgemeiner Unterlassungsanspruch[10]). 2

Auf die gesetzl. Beteiligungsrechte kann nicht wirksam verzichtet werden. Auch eine Einschränkung ist unwirksam, wenn sie nicht in Bezug auf einen konkreten Sachverhalt erfolgt und insoweit Ergebnis der Ausübung der Beteiligung ist. Beteiligungsrechte können allerdings – jedenfalls in den Grenzen der funktionalen Zuständigkeit des BR – weitgehend durch freiwillige BV erweitert werden. Die Ausweitung der Mitbest. durch TV hat keine größere praktische Bedeutung. 3

Der BR als wichtigster Träger der Beteiligungsrechte besitzt keine eigene Rechtspersönlichkeit. Er ist weder rechts- noch vermögensfähig[11]. Er besitzt nur eine betriebsverfassungsrechtl. Teilrechtsfähigkeit. Dies gilt unter anderem für den Informationsanspruch nach § 80 II und die Beteiligungsfähigkeit des BR nach § 10 ArbGG. Im Rahmen der Betriebsverfassung kann er, wie § 40 zeigt, auch Träger vermögensrechtl. Ansprüche und Rechtspositionen sein, so dass er im Rahmen seiner betriebsverfassungsrechtl. Befugnisse mit Dritten (Rechtsanwälte; Sachverst. ua.) Verträge schließen kann[12]. Die Kostentragungspflicht des ArbGeb in § 40 I begründet zwischen diesem und dem BR ein gesetzl. Schuldverhältnis[13]. Der BR haftet als Organ nicht aus unerlaubter Handlung. Die einzelnen BR-Mitglieder haften nach den allgemeinen Regeln. Sie haften daher grds. wie andere ArbN aus unerlaubter Handlung und sittenwid- 4

---

1 Vgl. LAG Hamm v. 11.5.1979 – 3 Ta BV 9/79, DB 1979, 2380; GK-BetrVG/*Kraft*, § 7 Rz. 25; *Fitting*, § 1 BetrVG Rz. 272; HSWGN/*Rose*, § 1 BetrVG Rz. 64. | **2** GK-BetrVG/*Kraft*, § 7 Rz. 22; DKK/*Trümner*, § 1 BetrVG Rz. 182. | **3** Richardi/*Richardi*, § 1 BetrVG Rz. 116; DKK/*Trümner*, § 1 BetrVG Rz. 183. | **4** Vgl. *Fitting*, § 1 BetrVG Rz. 273. | **5** BAG v. 22.2.1983 – 1 AZR 260/81, AP Nr. 7 zu § 113 BetrVG 1972 Bl. 3. | **6** GK-BetrVG/*Kraft*, § 1 Rz. 66; *Etzel*, Betriebsverfassungsrecht, Rz. 85. | **7** BAG v. 9.5.1995 – 1 ABR 51/94, NZA 1996, 166 (167). | **8** Vgl. BAG v. 22.2.1983 – 1 AZR 260/81, AP Nr. 7 zu § 113 BetrVG 1972 Bl. 4; v. 9.5.1995 – 1 ABR 51/94, DB 1995, 2075 f. | **9** Richardi/*Richardi*, § 1 BetrVG Rz. 112; *Fitting*, § 1 BetrVG Rz. 272. | **10** Vgl. BAG v. 3.5.1994 – 1 ABR 24/93, NZA 1995, 484 ff. | **11** BAG v. 24.4.1986 – 6 AZR 607/83, NZA 1987, 100 (101); *Fitting*, § 1 BetrVG Rz. 199. | **12** Vgl. GK-BetrVG/*Kraft*, § 1 Rz. 756; Richardi/*Richardi*, Einl. Rz. 111; aA *Jahnke*, RdA 1975, 343 (345 f.). | **13** GK-BetrVG/*Kraft*, § 1 Rz. 76; DKK/*Wedde*, Einl. Rz. 123; Richardi/*Richardi*, Einl. Rz. 112.

riger Schädigung. Eine „amtsbedingte" Ausweitung der Haftung findet nicht statt. In der Inanspruchnahme von MitbestR liegt keine Pflichtverletzung. In der Betriebsverfassung wird der BR im eigenen Namen kraft Amtes tätig. Seine Rechte kann er gerichtlich durchsetzen. Im arbeitsgerichtl. Beschlussverfahren ist er nach § 10 ArbGG beteiligungsfähig (parteifähig). Er darf grds. nicht die Interessen eines einzelnen ArbN verfolgen; seine Aufgabe ist der Schutz der Belegschaft[1]. Die BR-Mitglieder dürfen nach § 78 S. 1 in der Ausübung ihrer Tätigkeit weder gestört noch behindert werden. Dieses Verbot richtet sich nicht nur gegen den ArbGeb, sondern gegen Jedermann. BR-Mitglieder dürfen darüber hinaus nach § 78 S. 2 wegen ihrer BR-Tätigkeit weder benachteiligt noch begünstigt werden. Sie üben ihr Amt unentgeltlich aus; für die Dauer der erforderlichen BR-Tätigkeit und des Besuchs von Schulungsveranstaltungen besteht allerdings ein Anspruch auf Entgeltfortzahlung (§ 37). § 103 BetrVG und § 15 KSchG schützen BR-Mitglieder in besonderer Weise gegen Kündigungen. Dieser Sonderkündigungsschutz wirkt noch ein Jahr nach Beendigung des Mandats.

5 **III. Betriebsbegriff. 1. Vorbemerkung.** Ausgehend davon, dass § 1 die BR-Fähigkeit eines Betriebs regelt, ist für die Kennzeichnung des Betriebs iSd. § 1 am Zweck der betrieblichen Mitbest. anzuknüpfen. Für die Betriebsverfassung ist der Betrieb kein Funktions-, sondern ein Repräsentationsbereich. Das Unternehmen hingegen knüpft hier an den Rechtsträger an[2]. Die Betriebsverfassung gibt den gewählten ArbN-Vertretungen Beteiligungsrechte an Entscheidungen des ArbGeb. Sie ist damit zunächst einmal auf einen bestimmten ArbGeb bezogen. Der BR ist keine Vertretung bestimmter ArbN-Gruppen, sondern repräsentiert die gesamte Belegschaft eines Betriebs (einheitliche ArbN-Repräsentation).

6 **2. Allgemeiner Betriebsbegriff.** Das Gesetz enthält keine Definition. Der Begriff des Betriebs wird vielmehr vorausgesetzt. Unter Berücksichtigung des Zwecks der Betriebsverfassung muss deshalb eine Auslegung vorgenommen werden, die als Ausgangspunkt die Definition *Jacobis*[3] zugrunde legen kann[4]. Danach ist der Betrieb die Vereinigung von persönlichen, sächlichen und materiellen Mitteln zur fortgesetzten Verfolgung des von einem oder mehreren Rechtsträgern gemeins. gesetzten technischen Zwecks. Da mit den Beteiligungsrechten des BR eine effektive Vertretung der ArbN-Interessen gegenüber dem ArbGeb sichergestellt werden soll, muss als dann entscheidendes Merkmal der organisatorischen Einheit der einheitliche Leitungsapparat in den wesentlichen mitbestimmungs- und mitwirkungspflichtigen Angelegenheiten herangezogen werden. Diese gesetzgeberische Entscheidung bringt auch Abs. 2 zum Ausdruck, wenn dort auf den „Einsatz" der ArbN und Betriebsmittel (Nr. 1) und die „Organisation des betroffenen Betriebs" (Nr. 2) abgestellt wird. Daran anschließend wird der Betrieb deshalb zu Recht als organisatorische Einheit definiert, innerhalb deren ein Unternehmer allein oder in Gemeinschaft mit seinen Mitarbeitern mit Hilfe von sächlichen und immateriellen Mitteln bestimmte arbeitstechnische Zwecke fortgesetzt verfolgt[5]. Entscheidend ist also die Einheit der Organisation, weniger die Einheit der arbeitstechnischen Zweckbestimmung[6]. Ob diese Voraussetzungen erfüllt sind, ist im Wege einer typologischen Betrachtung festzustellen[7]. Dabei wird der Betrieb durch eine Vielzahl von Merkmalen beschrieben, die in sehr unterschiedlichen Ausführungen iSv. „mehr oder weniger" vorliegen, im Einzelfall aber auch fehlen können.

7 **3. Kriterien einer Kennzeichnung des Betriebs. Übergreifende Leitungsstruktur in personellen und sozialen Angelegenheiten:** Die für einen Betrieb notwendige Organisationsstruktur setzt eine übergreifende Leitungsstruktur zur Entscheidung und Umsetzung der wesentlichen personellen und sozialen Angelegenheiten voraus. Maßgebend ist, dass die vorhandenen materiellen und immateriellen Arbeitsmittel unter Berücksichtigung der daran anknüpfenden Beteiligungsrechte des BR zusammengefasst, geordnet und gezielt eingesetzt werden und der Einsatz der menschlichen Arbeitskraft von einem einheitlichen Leitungsapparat gesteuert wird[8]. Wenn diese Beteiligungsrechte Wirkung zeigen sollen, müssen sie an einer Stelle ansetzen, die die hierfür maßgeblichen Entscheidungen trifft bzw. ihre Umsetzung zu verantworten hat. Dabei ist keine Konzentration dieser arbeitgeberseitigen Befugnis in einer einzigen Person erforderlich. Anders wäre ein wirkungsvolles Personal-Management in größeren Betrieben schon wegen der Notwendigkeit, in Fachfragen jeweils eine kompetenzbezogene Zuständigkeit auch für solche Angelegenheiten aufzubauen, die mit Beteiligungsrechten des BR verbunden sind, nicht zu realisieren. Vielmehr genügt es, wenn die Entscheidungsbefugnis von einem einheitlichen Leitungsapparat abgeleitet und die Gesamtheit der insoweit zum Teil auch dezentral wahrgenommenen Kompetenzen in den wesentlichen personellen und sozialen Fragen von diesem einheitlichen Leitungsapparat aus gesteuert werden[9]. Dezentral tätige Personalreferenten stehen also einer zentralen Steuerung durch zentrale(n) Personalleiter(in) nicht entgegen. Auch dem BR können unterschiedliche Verhandlungspartner gegenüberstehen, ohne dass damit ein einheitlicher Leitungsapparat ausgeschlossen wäre[10].

---

1 Vgl. BAG v. 17.10.1989 – 1 ABR 75/88, NZA 1990, 441 (442). |**2** *Richardi*, FS Wiedemann, S. 493 (501, 503). |**3** In FS Ehrenberg, S. 1 (9). |**4** Krit. *Joost*, Betrieb und Unternehmen, S. 83 (84 ff.); *Preis*, RdA 1999, 311 (313 ff.); *Preis*, RdA 2000, 257 (268 ff.). |**5** Vgl. BAG v. 31.5.2007 – 2 AZR 254/06, NZA 2007, 1307 (1308). |**6** Vgl. nur BAG v. 23.3.1984 – 7 AZR 515/82, NZA 1984, 88; v. 14.9.1988 – 7 ABR 10/87, NZA 1989, 190 f. |**7** Zutr. *Fromen*, FS D. Gaul, S. 151 (174). |**8** BAG v. 29.5.1991 – 7 ABR 54/90, NZA 1992, 74 (75); v. 31.5.2007 – 2 AZR 254/06, NZA 2007, 1307 (1308). |**9** *Gaul, B.*, Betriebs- und Unternehmensspaltung, § 25 Rz. 36. |**10** DKK/*Trümner*, § 1 BetrVG Rz. 69.

Entscheidungen in wirtschaftlichen Angelegenheiten können zentral oder dezentral getroffen und in ihrer Umsetzung gesteuert werden. Für den Betriebsbegriff spielt dies keine Rolle[1]. 8

Räumliche Nähe verschiedener Einheiten ist allenfalls ein Indiz für das Vorliegen eines Betriebs[2], das allerdings durch die Ergebnisse einer Bewertung der Organisationsstruktur verdrängt wird. Die räumliche Einheit ist für die Annahme eines Betriebs aber weder erforderlich noch ausreichend; insofern kann der Betrieb auch nicht als der auf eine gewisse Dauer angelegte Tätigkeitsbereich eines ArbGeb, in dem er ArbN in räumlicher Verbundenheit beschäftigt, verstanden werden[3]. Dies belegt § 4 I Nr. 1, wonach Betriebsteile als selbständige Betriebe gelten, wenn sie räumlich weit vom Hauptbetrieb entfernt sind. Wären räumlich nicht verbundene Organisationseinheiten stets selbständige Betriebe, wäre diese Regelung überflüssig. Die räumlich weit entfernten Betriebsteile bleiben Betriebsteile, werden aber kraft Fiktion als Betriebe behandelt (§ 4 I: „gelten als selbständige Betriebe"). In diesen Betriebsteilen kann zwar ein BR errichtet werden, dies macht die Einheiten indes nicht zu selbständigen Betrieben[4]. 9

Unterschiedliche arbeitstechnische Betriebszwecke stehen der Annahme eines Betriebs nicht entgegen. In einem Betrieb können verschiedene solcher Zwecke verfolgt werden[5]. Ein wechselseitiger Bezugspunkt der Arbeiten ist nicht erforderlich[6]. 10

Eine einheitliche Betriebsgemeinschaft ist schon wegen ihrer subjektiven Determination kein geeignetes Kriterium zur Feststellung eines Betriebs[7]. Schon der Indizcharakter erscheint zweifelhaft, selbst wenn man hierfür zusätzlich eine räumliche Nähe der betroffenen Einheiten verlangt[8]. 11

Der Betriebsinhaber ist zwar Anknüpfungspunkt für die Wahrnehmung der Beteiligungsrechte des BR, für die Kennzeichnung einer Einheit als Betrieb indes ohne besondere Bedeutung. Dies macht bereits die Figur des gemeins. Betriebs deutlich, bei der mehrere Rechtsträger gemeins. Betriebsinhaber sind (vgl. Rz. 16 ff.). Im Übrigen lässt der Wechsel des Betriebsinhabers (zB Übergang nach § 613a BGB) den Betrieb in seiner Identität zunächst einmal unberührt. Wegen weiterer Einzelheiten von Veränderungen auf der Betriebs- oder Unternehmensebene in Bezug auf den Betrieb und die dort bestehenden BV vgl. §§ 21a, 21b, 77 BetrVG, 613a BGB. Die dortigen Feststellungen gelten entsprechend, wenn ein gemeins. Betrieb mehrerer Unternehmen Gegenstand entsprechender Maßnahmen ist. 12

IV. Gemeinsamer Betrieb mehrerer Unternehmen. Gesetzliche Kennzeichnung: Mit der Reform des BetrVG zum 28.7.2001 ist der gemeins. Betrieb mehrerer Unternehmen als Organisationsform des Betriebsverfassungsrechts im Gesetz anerkannt worden. Da Abs. 1 S. 2 und Abs. 2 indes nach wie vor keine gesetzl. Definition enthalten, muss weiterhin an die von Rspr. und Lit. entwickelten Kriterien angeknüpft werden. Danach müssen für das Vorliegen eines gemeins. Betriebs mehrerer Unternehmen im Wesentlichen zwei Voraussetzungen erfüllt sein: 13

Übergreifender Leitungsapparat: Zunächst einmal müssen die Betriebsmittel, die von Seiten der beteiligten Rechtsträger in die in Rede stehende Einheit eingebracht wurden, in einer übergreifenden Organisationsstruktur für einen oder mehrere arbeitstechnische Zwecke zusammengefasst, geordnet und gezielt eingesetzt werden und der Einsatz der menschlichen Arbeitskraft dabei von einem einheitlichen Leitungsapparat gesteuert werden. Eine bloße Zusammenarbeit ist nicht genügend[9]. Vielmehr muss diese Zusammenarbeit auf der Basis eines gemeins. Einsatzes – also einer übergreifenden Steuerung – erfolgen. Hierfür wiederum ist erforderlich, dass die ArbGebFunktionen in den wesentlichen personellen und sozialen Fragen von derselben institutionalisierten Leitung ausgeübt werden. Entsprechend den Feststellungen zum Betrieb eines Unternehmens (Rz. 10) müssen die Arbeitsabläufe in personeller, technischer und organisatorischer Hinsicht unterhalb einer unternehmensübergreifenden Leitungsstruktur zur Erfüllung der arbeitstechnischen Zweckbestimmung verknüpft sein[10]. Es genügt nicht, dass zB Servicefunktionen (Beispiel: Lohn- und Gehaltsabrechnung, Ausarbeitung von Formularvereinbarungen) von einem Rechtsträger für den anderen erledigt werden[11]. Auch eine zentrale Beratung in arbeitsrechtlichen Angelegenheiten bzw. die Unterstützung bei Verhandlungen mit örtlichen BR genügt nicht, um von einer übergreifenden Steuerung auszugehen. Erforderlich ist insb., dass über Einstellungen, Entlassungen, etwaige Überstunden, Versetzungen, Arbeitsentgelt und sonstige Arbeitszeitfragen übergreifend von einer Stelle/Abteilung aus entschieden wird[12]. Dies bewirkt eine Einheit der Organisation. Ein einheitlicher arbeitstechnischer Betriebszweck ist nicht erforderlich (vgl. Rz. 13). In 14

---

1 BAG v. 18.1.1990 – 2 AZR 355/89, NZA 1990, 977 (978). | **2** BAG v. 23.9.1982 – 6 ABR 42/81, DB 1983, 1498 (1499). | **3** AA *Gamillscheg*, ZfA 1975, 357 (399); *Gamillscheg*, AuR 1989, 33; *Joost*, Betrieb und Unternehmen, S. 232 ff. | **4** Vgl. *Hanau*, ZfA 1990, 115 (118); GK-BetrVG/*Kraft*, § 4 Rz. 17; Richardi/*Richardi*, § 1 BetrVG Rz. 35 ff. | **5** Vgl. BAG v. 23.3.1984 – 7 AZR 515/82, NZA 1984, 88 (89). | **6** BAG v. 23.9.1982 – 6 ABR 42/81, DB 1983, 1498 (1500). | **7** Zurückhaltend nur BAG v. 23.9.1982 – 6 ABR 42/81, DB 1983, 1498 (1500). | **8** So BAG v. 25.9.1986 – 6 ABR 68/84, DB 1987, 1202 ff. | **9** BAG v. 24.1.1996 – 7 ABR 10/95, DB 1996, 2131 f.; v. 31.5.2000 – 7 ABR 78/98, NZA 2000, 1350 (1352); *Zöllner*, FS Semler, S. 995 (1005); *Wiese/Starcke*, Anm. zu BAG v. 17.1.1978 – 1 ABR 71/76, AP § 1 BetrVG 1972 Nr. 1 Bl. 5, 8. | **10** BAG v. 18.1.1990 – 2 AZR 355/89, NZA 1990, 977 (978). | **11** BAG v. 22.6.2005 – 7 ABR 47/05, NZA 2005, 1248 (1249). | **12** Vgl. BAG v. 21.2.2001 – 7 ABR 9/00, EzA § 1 BetrVG Nr. 11 S. 5.

dieser Einheit können die beteiligten Unternehmen unterschiedliche Zwecke verfolgen, die in keinem unmittelbaren funktionellen Zusammenhang stehen müssen[1].

15 **Eine Vereinbarung über die gemeinsame Ausübung der Leitungsmacht** (Führungsvereinbarung) ist zwar – entgegen anderer Bewertungen[2] – erforderlich[3], hat aber kaum eine praktische Relevanz. Denn eine solche Vereinbarung kann auch konkludent geschlossen werden[4]. Insofern können auch die tatsächlichen Umstände das Vorliegen einer solchen Vereinbarung nahe legen[5]. Anhaltspunkt hierfür ist, dass wesentliche Fragen in personellen und sozialen Angelegenheiten im wechselseitigen Einvernehmen durch einen gemeins. Leitungsapparat gesteuert werden, ohne dabei auf die unterschiedlichen arbeitsvertragl. Bindungen Rücksicht zu nehmen[6]. Dass einzelne Maßnahmen separat von den beteiligten Unternehmen veranlasst werden, ist unschädlich. Auch im Betrieb eines einzigen Unternehmens müssen nicht alle Entscheidungen zentral getroffen werden[7]. Wichtig ist nur, dass durch die Vereinbarung gewährleistet ist, dass der BR in Fragen der sozialen und personellen Mitbest. jeweils einen zu einer einheitlichen Willensbildung für alle Unternehmen fähigen Ansprechpartner hat[8]. Dabei können auch juristische Personen des öffentl. Rechts einbezogen werden[9].

16 **Indizien für das Vorliegen eines gemeinsamen Betriebs**[10] sind einheitliche Ausübung der Leitungsmacht in den wesentlichen personellen und sozialen Angelegenheiten[11], Austausch von ArbN[12] und gemeins. Nutzung von Betriebsmitteln[13], Personenidentität in den Unternehmensorganen (Geschäftsführer/Vorstand)[14] und/oder der diesen Organen nachgeordneten Ebene, soweit diese für die Ausübung der Leitungsmacht in den wesentlichen personellen und sozialen Angelegenheiten zuständig ist[15], räumliche Nähe zwischen Betriebsstätten[16], übergreifende Urlaubsplanung und Krankheitsvertretung[17]. Derselbe Geschäftsführer kann die Unternehmen auch organisatorisch voneinander getrennt leiten, insbesondere dann, wenn auf den nachgeordneten Ebene keine personenidentische Besetzung der für die wesentlichen personellen und sozialen Angelegenheiten maßgeblichen Funktionen erfolgt. Dass einzelne Entscheidungen übergeordnet getroffen werden, spielt keine Rolle[18]. Nur untergeordnete Bedeutung haben die zentrale Steuerung isolierter Personalfragen (zB Altersversorgung, Ausbildung[19], Auslandsentsendung, Fort- und Weiterbildung). Die Bildung einer steuerlichen Organschaft zwischen den beteiligten Rechtsträgern kann allenfalls ein Indiz für das Vorliegen eines Gemeinschaftsbetriebs darstellen. Zwingend ist dies jedoch nicht, da die hierfür erforderliche Eingliederung in finanziellen, wirtschaftl. und organisatorischen Angelegenheiten die Unternehmensebene betrifft; Betriebe können losgelöst davon (weiterhin) selbständig geführt werden[20]. Ohne Bedeutung für das Vorliegen eines gemeins. Betriebs sind eine gesellschaftsrechtl. Verbindung der beteiligten Rechtsträger[21], eine Identität der Gesellschafter[22] oder der Abschluss eines Beherrschungs- oder Ergebnisabführungsvertrags bzw. die Bildung eines (qualifiziert) faktischen Konzerns zwischen den beteiligten Rechtsträgern[23], eine übergreifende Steuerung in wirtschaftl.-kaufmännischen Angelegenheiten[24], die Nutzung gemeins. Sozialeinrichtungen (zB Kantine, Betriebskrankenkasse, Pensionskasse, Betriebsarzt)[25], oder die übergreifende Ab-

1 BAG v. 11.11.1997 – 1 ABR 6/97, NZA 1998, 723 (724). | 2 LAG Nds. v. 23.4.1990 – 3 Ta BV 27/90, LAGE § 1 BetrVG 1972 Nr. 3 S. 3 f.; LAG Hamburg v. 22.10.1997 – 4 Ta BV 9/95, LAGE § 1 BetrVG 1972 Nr. 4 S. 8. | 3 BAG v. 14.9.1988 – 7 ABR 10/87, NZA 1989, 190 (191); v. 24.1.1996 – 7 ABR 10/95, DB 1996, 2131 f.; v. 21.2.2001 – 7 ABR 9/00, EzA § 1 BetrVG 1972 Nr. 11 S. 4; *Gaul, B.*, Betriebs- und Unternehmensspaltung, § 25 Rz. 66. | 4 BAG v. 7.8.1986 – 6 ABR 57/85, NZA 1987, 131 (132); v. 14.9.1988 – 7 ABR 10/87, NZA 1989, 190 (191). | 5 BAG v. 25.5.2005 – 7 ABR 38/04, DB 2005, 1914 ff. | 6 BAG v. 24.1.1996 – 7 ABR 10/95, DB 1996, 2131 f.; v. 11.11.1997 – 1 ABR 6/97, NZA 1998, 723 (724); v. 21.2.2001 – 7 ABR 9/00, EzA § 1 BetrVG Nr. 11 S. 3. | 7 BAG v. 24.1.1996 – 7 ABR 10/95, DB 1996, 2131 f. | 8 BAG v. 14.9.1988 – 7 ABR 10/87, NZA 1989, 190 (191); v. 23.11.1988 – 7 AZR 121/88, NZA 1989, 433 (434). | 9 Vgl. BAG v. 24.1.1996 – 7 ABR 10/95, DB 1996, 2131 f.; BVerwG v. 13.6.2001 – 6 P 8.00, AP Nr. 14 zu § 1 BetrVG 1972 – Gemeinsamer Betrieb Bl. 5 f. | 10 Ausf. *Sick*, BB 1992, 1129 ff.; DKK/*Trümner*, § 1 BetrVG Rz. 74c; *Gaul, B.*, Betriebs- und Unternehmensspaltung, § 25 Rz. 69 ff. | 11 BAG v. 7.8.1988 – 7 ABR 10/87, AP Nr. 9 zu § 1 BetrVG 1972 Bl. 4; v. 29.12.1987 – 6 ABR 23/85, NZA 1987, 707 (708). | 12 BAG v. 19.2.2002 – 1 ABR 26/01, AP Nr. 13 zu § 4 BetrVG 1972 Bl. 2. | 13 BAG v. 24.1.1996 – 7 ABR 10/95, NZA 1996, 1110 (1112); v. 18.1.1990 – 2 AZR 355/89, NZA 1990, 977 (978). | 14 BAG v. 25.5.2005 – 7 ABR 38/04, DB 2005, 1914 ff. | 15 Vgl. BAG v. 14.12.1994 – 7 ABR 26/94, EzA § 1 BetrVG 1972 Nr. 9 S. 2 f.; LAG Schl.-Holst. v. 22.4.1997 – 1 Sa 384/96, DB 1997, 1980 ff. | 16 Vgl. BAG v. 24.1.1996 – 7 ABR 10/95, NZA 1995, 1110 (1111); BAG v. 25.5.2005 – 7 ABR 38/04, DB 2005, 1914 ff.; allerdings ist dieses Kriterium für das Bestehen eines gemeinsamen Betriebs weder notwendige Voraussetzung, noch schließt ihr Nicht-Vorhanden-Sein ein solches aus: vgl. BAG v. 22.3.2000 – 7 ABR 34/98, NZA 2000, 1119 (1120); v. 19.6.2001 – 1 ABR 42/00, NZA 2001, 1263 (1264); aA *Joost*, Betrieb und Unternehmen S. 241 ff., 265; *Gamillscheg*, ZfA 1975, 357 (399). | 17 BAG v. 18.10.2006 – 2 AZR 434/05, DB 2007, 810 (812). | 18 BAG v. 25.5.2005 – 7 ABR 38/04, DB 2005, 1914 ff. | 19 Abw. DKK/*Trümner*, § 1 BetrVG Rz. 74c. | 20 BAG v. 25.5.2005 – 7 ABR 38/04, DB 2005, 1914 ff.; aA *Growe/Grüninger*, AiB 2001, 580 (583); für indiziellen Charakter auch DKK/*Trümner*, § 1 BetrVG Rz. 75b. | 21 BAG v. 22.3.2001 – 8 AZR 565/00, NZA 2002, 1349 (1356); v. 31.5.2007 – 2 AZR 254/06, nv. | 22 WHSS/*Hohenstatt*, Umstrukturierung, D Rz. 43; abw. noch BAG v. 29.1.1987 – 6 ABR 23/85, NZA 1987, 707 (708), das darin einen zu berücksichtigenden Umstand gesehen hatte. | 23 BAG v. 29.4.1999 – 2 AZR 352/98, EzA § 23 KSchG Nr. 21 S. 6; v. 22.3.2001 – 8 AZR 565/00, NZA 2002, 1349 (1356); abw. LAG BW v. 13.4.1994 – 9 TaBV 4/94, DB 1994, 1091; *Wiese*, FS D. Gaul, S. 553 (563); DKK/*Trümner*, § 1 BetrVG Rz. 75c, 75d. | 24 BAG v. 23.9.1982 – 6 ABR 42/81, DB 1983, 1498 (1499); *Gaul, B.*, Betriebs- und Unternehmensspaltung, § 25 Rz. 39; *Hermann*, Gemeinsamer Betrieb, S. 31 f. | 25 AA DKK/*Trümner*, § 1 BetrVG Rz. 74c (indizieller Charakter).

wicklung von Servicefunktionen in personellen, technischen oder kaufmännischen Angelegenheiten (zB Buchhaltung, Controlling, Lohn- und Gehaltsabrechnung[1], Rechnungswesen[2], Druckerei, Hausmeister, Haustechnik[3], technischer Notdienst), eine interne Kostenverrechnung der beteiligten Rechtsträger, die auch bei dienst- oder werkvertragl. Zusammenarbeit oder AÜ erfolgen kann[4], die gemeins. Nutzung von Werkswohnungen oder einer bestimmten Infrastruktur (zB Werkschutz, Telefonanlage, Abfallentsorgung, Postverteilung, Warenannahme, Stromversorgung)[5] oder das subjektive Verbundenheitsgefühl der ArbN[6].

V. Vermutung eines gemeinsamen Betriebs (Abs. 2). 1. Zusammenarbeit der beteiligten Rechtsträger (Nr. 1). Nach Abs. 2 Nr. 1 wird das Vorliegen eines gemeins. Betriebs iSd. BetrVG vermutet, wenn zur Verfolgung arbeitstechnischer Zwecke die Betriebsmittel sowie die ArbN von den Unternehmen gemeins. eingesetzt werden. Dabei genügt es, wenn die wesentlichen Ressourcen der beteiligten Rechtsträger einbezogen werden. Alle ArbN oder alle Betriebsmittel müssen nicht erfasst werden[7]. Für einen Rückgriff auf die gesetzl. Vermutung ist eine „gemeinsame Nutzung" der Betriebsmittel und ArbN indes nicht ausreichend. Vielmehr muss dargelegt und ggf. bewiesen werden, dass ein „gemeinsamer Einsatz" erfolgt, also eine übergreifende Steuerung der ArbN in den wesentlichen personellen und sozialen Angelegenheiten durch einen einheitlichen Leitungsapparat gegeben ist[8]. An dieser Tatsache erst knüpft die gesetzliche Vermutung an[9]. Soweit diese organisatorischen Voraussetzungen für einen Gemeinschaftsbetrieb nicht vorliegen, sind die Vermutungstatbestände in Abs. 2 ohne Bedeutung. Schließlich baut das Gesetz auf der bisherigen Rspr. zum gemeins. Betrieb auf[10]. Ersetzt wird durch die Vermutung in Abs. 2 Nr. 1 nur der Nachweis, dass der gemeins. Steuerung auch eine entsprechende Führungsvereinbarung zugrunde liegt[11]. Eine bestimmte Dauer des gemeins. Einsatzes ist nicht erforderlich. Ein Betrieb kann auch für eine vorübergehende Zusammenarbeit gebildet werden. 17

2. Fehlende Organisationsänderung nach Betriebsteilübertragung (Nr. 2). Entsprechend § 322 I UmwG aF wird nach Abs. 2 Nr. 2 ein gemeins. Betrieb mehrerer Unternehmen vermutet, wenn die Spaltung eines Unternehmens zur Folge hat, dass ein oder mehrere Betriebsteile einem anderen Rechtsträger zugeordnet werden, ohne dass sich dabei die Organisation des betroffenen Betriebs wesentlich ändert. Obwohl dabei der Begriff der Spaltung eines Unternehmens nahe legen könnte, dass nur Übertragungsvorgänge nach § 123 UmwG gemeint sind, erfasst die Vermutung jede Form der Übertragung eines Betriebsteils auf einen anderen Rechtsträger. Auf die Art des Rechtsgeschäfts (Einzel- oder Gesamtrechtsnachfolge) kommt es nicht an. Trotz seiner Ungenauigkeit liegt der Vorteil des Begriffs der Zuordnung darin, dass auch solche Fallgestaltungen erfasst werden, die – zB bei der Übernahme eines Betriebsteils durch Einstellung des nach Zahl und Sachkunde wesentlichen Personals[12] – nicht mit einer Übertragung von Vermögen auf andere Rechtsträger verbunden sind. 18

Anknüpfungspunkt für den Fortbestand des bis zum Übertragungszeitpunkt bestehenden Betriebs ist der Umstand, dass seine Organisation nach der Übernahme einzelner Betriebsteile durch einen oder mehrere andere Rechtsträger im Wesentlichen unverändert bleibt. Charakterisiert man die Organisation eines Betriebs im betriebsverfassungsrechtl. Sinne vor allem durch die einheitliche Leitungsmacht in den wesentlichen personellen und sozialen Fragen (vgl. Rz. 10, 17), kommt die gesetzl. Vermutung zum Tragen, wenn hinsichtlich dieser Aufgabenzuordnung keine tatsächlichen Veränderungen vorgenommen wurden. Erforderlich ist also nicht nur, dass ArbN sowie etwaige Betriebsmittel weiterhin übergreifend eingesetzt werden. Fehlt es daran, kommt es auf die Leitungsstruktur der Organisationseinheit nicht an[13]. Wenn eine solche Zusammenfassung von ArbN und Betriebsmitteln gegeben ist, müssen auch die für die Kennzeichnung des Betriebs wesentlichen Maßnahmen, also vor allem Einstellungen, Entlassungen und Versetzungen sowie Veränderungen in Bezug auf die betriebliche Ordnung, Arbeitszeit, Urlaub, technische Einrichtungen und Entgelt, weiter zentral gesteuert werden. Anknüpfungspunkte hierfür sind zB eine Beibehaltung der bisherigen Hierarchieebenen, der Abteilungen, der fachlichen und personellen Zuständigkeiten sowie der Berichtspflichten. Maßstab kann dabei ein im Wesentlichen unverändertes Organigramm sein, das vor allem in Bezug auf die personelle und soziale Verantwortlichkeit in der Person der Personal- oder Betriebsleiter keine Veränderungen vornimmt. Denn wenn hier die bisherige Zuständigkeit unverändert bleibt, steht zu vermuten, dass auch das Direktionsrecht und die Steuerung der wesentlichen personellen und sozialen Angelegenheiten weiterhin einheitlich wahrgenommen werden. Eine personelle Identität der jeweiligen Vorgesetzten ist nicht erforder- 19

---

1 BAG v. 18.10.2006 – 2 AZR 434/05, DB 2007, 810 (811 f.). | 2 BAG v. 1.4.1987 – 4 AZR 77/86, DB 1987, 1643 f.; v. 18.1.1990 – 2 AZR 355/89, NZA 1990, 977 (978). | 3 BAG v. 25.5.2005 – 7 ABR 38/04, DB 2005, 1914 ff. | 4 Vgl. BAG v. 24.1.1996 – 7 ABR 10/95, NZA 1996, 1110 (1111); LAG Hessen v. 16.4.1997 – 8 Sa 1202/95, NZA-RR 1998, 242, 244. | 5 Vgl. BAG v. 25.5.2005 – 7 ABR 38/04, DB 2005, 1914 ff.; *Kamphausen*, NZA 1988, Beil. 4, S. 10 (14). | 6 BAG v. 23.9.1982 – 6 ABR 42/81, DB 1983, 1498 (1499); *Gaul, B.*, Betriebs- und Unternehmensspaltung, § 25 Rz. 22 ff. | 7 Vgl. *Hanau*, RdA 2001, 76 (81). | 8 Vgl. BAG v. 22.6.2005 – 7 ABR 57/04, NZA 2005, 1248 (1250); *Gaul, B.*, Betriebs- und Unternehmensspaltung, § 25 Rz. 99. | 9 BAG v. 12.12.2006 – 1 ABR 38/05, AP Nr. 27 zu § 1 BetrVG Gemeinsamer Betrieb. | 10 BT-Drs. 14/5741, S. 33. | 11 BAG v. 12.12.2006 – 1 ABR 38/05, AP Nr. 27 zu § 1 BetrVG Gemeinsamer Betrieb. | 12 Vgl. *Gaul, B.*, Betriebs- und Unternehmensspaltung, § 6 Rz. 150 ff., 230 ff.; ErfK/*Preis*, § 613a BGB Rz. 24 ff. | 13 BAG v. 22.6.2005 – 7 ABR 57/04, NZA 2005, 1248.

lich; ihr Austausch würde auch ohne die Übertragung eines Betriebsteils auf einen anderen Rechtsträger keine Veränderung der Betriebsorganisation bewirken.

20 Nicht ausreichend für einen Fortbestand der Betriebsorganisation ist, wenn nur ein untergeordneter Teil der personellen und sozialen Angelegenheiten weiterhin einheitlich ausgeübt wird. Beispiel: Personalserviceleistungen wie Lohn- und Gehaltsabrechnungen, zentrale Vorgabe von Vertragsmustern[1]. Es muss der wesentliche Teil in der übergreifenden Steuerung fortgeführt werden.

21 Kleinere Änderungen stehen der Vermutungswirkung nicht entgegen. Erforderlich ist aber, dass diese Änderungen in ihrer Intensität unterhalb der Schwelle einer Betriebsänderung iSd. § 111 S. 3 Nr. 4 liegen. Dafür spricht, dass in § 1 nicht das Wort „grundlegend", sondern – entsprechend der mehrheitlichen Interpretation von § 322 I UmwG aF – das Wort „wesentlich" verwendet worden ist. Vergleichbar mit den Überlegungen zu § 111 sind allerdings auch bei der Kennzeichnung der Wesentlichkeit quantitative Gesichtspunkte maßgeblich. Wenn die personelle und soziale Leitungsmacht für den Teil des Betriebs, der auf einen anderen Rechtsträger übertragen wurde und von der Zahl der ArbN – bezogen auf den Gesamtbetrieb – die Schwellenwerte in § 17 KSchG überschreitet, nach der veränderten Zuordnung durch den übernehmenden Rechtsträger selbst ausgeübt wird, kommt die Vermutung nicht mehr zur Anwendung.

22 Die räumliche Nähe der betroffenen Einheiten spielt keine Rolle (vgl. Rz. 12). Mit der Anknüpfung an die Organisation des Betriebs wird ein klares Kriterium genannt, das – wie §§ 4 I 1, 111 S. 3 Nr. 2 zeigen – ohnehin unabhängig von der räumlichen Entfernung maßgeblich für die betriebsverfassungsrechtl. Eigenständigkeit eines Betriebs oder Betriebsteils ist.

23 Ob zwischen den beteiligten Rechtsträgern eine Führungsvereinbarung abgeschlossen worden ist, muss nicht dargelegt und ggf. bewiesen werden. Denn die gesetzl. Vermutung bezieht sich gerade auf die Existenz einer solchen Vereinbarung über den einheitlichen Leitungsappara[2].

24 **3. Widerlegung der gesetzlichen Vermutung.** Die gesetzl. Vermutungen des Abs. 2 sind widerlegbar[3]. In der Praxis dürfte dies aber selten gelingen. Voraussetzung hierfür ist nämlich, dass dargelegt und ggf. bewiesen wird, dass die beteiligten Rechtsträger keine Vereinbarung über die gemeins. Führung des Betriebs getroffen haben[4]. Eine solche Vereinbarung ist notwendig, um einen gemeins. Betrieb annehmen zu können (vgl. Rz. 18). Problematisch daran ist aber, dass sich dies (konkludent) bereits aus der praktischen Handhabe der beteiligten Rechtsträger ergeben kann. Angesichts dessen müsste also für die Widerlegung der gesetzl. Vermutung aus Abs. 2 dargelegt und ggf. bewiesen werden, dass die Steuerung der ArbN und Betriebsmittel der gemeins. tätigen Rechtsträger (Nr. 1) bzw. der ArbN in den verschiedenen Teilen des bisherigen Betriebs (Nr. 2) von den beteiligten Rechtsträgern jeweils selbständig erfolgt, obgleich auf Grund der tatsächlichen Gegebenheiten – insb. als Folge der einheitlichen Personalsteuerung mit ihrer Vorgabe von Art, Ort und Zeit der Arbeit einschließlich des Arbeitsentgelts – an sich von dem (Fort-)Bestand einer einheitlichen Organisation auszugehen ist[5]. Dass eine solche Steuerung der ArbN ohne Wissen und Wollen der beteiligten Rechtsträger erfolgt, was für das Fehlen einer (konkludenten) Vereinbarung über die gemeins. Führung erforderlich wäre, ist kaum denkbar. Eine Widerlegung der gesetzl. Vermutung erscheint deshalb nur für den Fall denkbar, dass einer der von der Umwandlung betroffenen Betriebsteile mit der Folge verlegt wird, dass wegen der räumlichen Entfernung trotz Beibehaltung der bisherigen Organisation eine betriebsverfassungsrechtl. Verselbständigung gegeben ist (§ 4 I 1 Nr. 1). In den übrigen Fällen dürfte sich die Wirkung von Abs. 2 Nr. 2 auf die Wiedergabe des rechtl. Status quo beschränken.

25 **Rechtsfolge des gemeinsamen Betriebs:** Der gemeins. Betrieb mehrerer Unternehmen wird grds. wie ein Betrieb eines Unternehmens behandelt[6]. Insofern finden die allgemeinen Regelungen zur Wahl, zur Zusammensetzung und zu den Beteiligungsrechten des BR Anwendung[7]. Die Wahrung dieser Rechte obliegt den beteiligten Unternehmen, wobei dem BR unter Berücksichtigung der jeweiligen Angelegenheit unterschiedliche Verhandlungspartner gegenüberstehen können[8]. BV begründen indes im Zweifel nur Ansprüche der ArbN gegenüber dem jeweiligen VertragsArbGeb (vgl. § 77 Rz. 27). Insofern können im gemeins. Betrieb für die an ihm beteiligten ArbGeb jeweils im Verhältnis zu ihren ArbN auch verschiedene Vergütungsordnungen zur Anwendung kommen[9]. Das Gleiche gilt für Ansprüche der BR-Mitglieder auf Entgeltfortzahlung; hier ist der VertragsArbGeb zuständig. Für Ansprüche des BR auf Kostenerstattung nach §§ 40, 80 III, 111 S. 2 BetrVG haften die beteiligten Unternehmen indes als Gesamtschuldner; im Innenverhältnis können die Unternehmen hiervon abweichende Vereinbarungen treffen. Werden einzelne Betriebsteile von mehreren Erwerbern als Gemeinschaftsbetrieb fortgeführt,

---

1 Vgl. *Gaul, B.*, Betriebs- und Unternehmensspaltung, § 25 Rz. 87 mwN. | 2 BAG v. 22.6.2005 – 7 ABR 57/04, NZA 2005, 1248; BAG v. 12.12.2006 – 1 ABR 38/05, AP Nr. 27 zu § 1 BetrVG – Gemeinsamer Betrieb. | 3 BAG v. 22.6.2005 – 7 ABR 57/04, NZA 2005, 1248. | 4 *Gaul, B.*, Betriebs- und Unternehmensspaltung, § 25 Rz. 89. | 5 Vgl. *Trümner*, AiB 2001, 507 (511); *Gaul, B.*, Betriebs- und Unternehmensspaltung, § 25 Rz. 102. | 6 Eingehend *Bonanni*, Der gemeinsame Betrieb, S. 91 ff. | 7 Vgl. BAG v. 27.6.1995 – 1 ABR 62/94, EzA § 111 BetrVG 1972 Nr. 31 S. 3. | 8 Vgl. BAG v. 12.11.2002 – 1 AZR 632/01, NZA 2003, 676 (678); *Bonanni*, Der gemeinsame Betrieb, S. 166 ff. | 9 BAG v. 12.12.2006 – 1 ABR 38/05, AP Nr. 27 zu § 1 BetrVG – Gemeinsamer Betrieb.

wird deshalb auch nicht der Betrieb gem. § 613a BGB neuer ArbGeb[1]. Vielmehr bleiben die Unternehmen, die den gemeins. Betrieb errichten, ArbGeb der bei ihnen beschäftigten ArbN. Auf die Betriebsführungsgesellschaft wird nichts, was die Identität einer wirtschaftl. Einheit ausmacht, übertragen. Eine Anwendbarkeit von § 613a BGB ist daher ausgeschlossen, sofern nicht die von den einzelnen Rechtsträgern übernommenen Betriebsteile ihrerseits einen Übergang nach § 613a BGB – bezogen auf den einzelnen Rechtsträger – nahe legen. Sofern Rechte des BR und seiner Mitglieder an eine bestimmte ArbN-Zahl im Betrieb geknüpft sind (zB §§ 9, 99, 106), ist auf die Gesamtzahl der im gemeins. Betrieb durch die beteiligten Unternehmen beschäftigten ArbN abzustellen[2].

Auflösung des gemeinsamen Betriebs: Der gemeins. Betrieb wird beendet, wenn – bei zwei beteiligten Unternehmen – eines der Unternehmen seine betriebliche Tätigkeit einstellt oder die Vereinbarung über die gemeins. Steuerung aufgelöst wird. In gleicher Weise können einzelne Unternehmen aus dem gemeins. Betrieb ausscheiden; der gemeins. Betrieb besteht sodann mit den übrigen Unternehmen fort. Voraussetzung ist aber, dass die Beendigung der Vereinbarung auch tatsächlich in die Praxis umgesetzt wird; die bloße Kündigung (zB durch Insolvenzverwalter) genügt nicht[3]. Im Zweifel stellt die Auflösung eines gemeins. Betriebs eine Betriebsänderung dar[4]. Ggf. besteht ein Übergangs- oder Restmandat nach §§ 21a, 21b (vgl. §§ 21a Rz. 4 ff., 21b Rz. 3 ff.). Wenn das in einem gemeins. Betrieb beteiligte Unternehmen seine Tätigkeit einstellt, das andere Unternehmen aber seine betriebl. Tätigkeit fortsetzt und die Identität des Betriebs gewahrt bleibt, besteht auch der BR fort. Ein Übergangs- oder Restmandat kommt nicht in Betracht. Ob Neuwahlen erforderlich sind, richtet sich nach § 13[5]. 26

Passivlegitimation: Für Ansprüche des BR, die sich auf die Vornahme oder Unterlassung einer der gemeins. betriebl. Leitungsmacht unterfallenden Maßnahme richten (zB Verlängerung der betriebsüblichen Arbeitszeit), ist nicht das einzelne Unternehmen passiv legitimiert. Im gemeins. Betrieb sind Inhaber der betriebl. Leitungsmacht alle Unternehmen, die sich zur einheitlichen Leitung des Betriebs verbunden haben. Anträge des des BR sind deshalb gegen alle Unternehmen zu richten, die am gemeinsamen Betrieb beteiligt sind. Falls sich der Antrag zunächst nur gegen ein Unternehmen richtet, kann dies vom Rechtsbeschwerdegericht nachgeholt werden[6] 27

2 *Stellung der Gewerkschaften und Vereinigungen der Arbeitgeber*

(1) Arbeitgeber und Betriebsrat arbeiten unter Beachtung der geltenden Tarifverträge vertrauensvoll und im Zusammenwirken mit den im Betrieb vertretenen Gewerkschaften und Arbeitgebervereinigungen zum Wohl der Arbeitnehmer und des Betriebs zusammen.

(2) Zur Wahrnehmung der in diesem Gesetz genannten Aufgaben und Befugnisse der im Betrieb vertretenen Gewerkschaften ist deren Beauftragten nach Unterrichtung des Arbeitgebers oder seines Vertreters Zugang zum Betrieb zu gewähren, soweit dem nicht unumgängliche Notwendigkeiten des Betriebsablaufs, zwingende Sicherheitsvorschriften oder der Schutz von Betriebsgeheimnissen entgegensteht.

(3) Die Aufgaben der Gewerkschaften und der Vereinigungen der Arbeitgeber, insbesondere die Wahrnehmung der Interessen ihrer Mitglieder, werden durch dieses Gesetz nicht berührt.

I. Vorbemerkung. § 2 enthält Grundregeln der Betriebsverfassung zur Rechtsstellung von ArbGeb, BR und Gewerkschaften und dient insoweit auch der Auslegung und Anwendung des Gesetzes. Die darin getroffenen Vorgaben wurden durch die BetrVG-Reform nicht verändert. 1

II. Gebot der vertrauensvollen Zusammenarbeit. Das Gebot der vertrauensvollen Zusammenarbeit bezieht sich auf das betriebsverfassungsrechtl. Verhältnis zwischen ArbGeb und BR. Es ist der Schlüssel für eine beiderseits erfolgreiches Wirken. Auf ArbGebSeite sind neben dem Organ alle ArbN verpflichtet, die in betriebsverfassungsrechtl. relevanten Angelegenheiten gegenüber dem BR als Vertreter des ArbGeb tätig werden. Adressat des Gebots auf ArbN-Seite sind nicht nur der BR als Kollegialorgan, sondern auch der Betriebsausschuss und sonstige BR-Ausschüsse nach §§ 27, 28, soweit ihnen betriebsverfassungsrechtl. Aufgaben zur selbständigen Erledigung übertragen sind. In gleicher Weise werden deshalb auch die Arbeitsgruppe nach § 28a oder die ArbN-Vertretungen nach § 3 erfasst. Da in allen Fällen betriebsverfassungsrechtl. Aufgaben wahrgenommen werden, spielt es keine Rolle, ob sie neben oder an Stelle der gesetzl. ArbN-Vertretung gebildet wurden. Entsprechend werden auch die sonstigen betriebsverfassungsrechtl. Gremien, wie GBR und KBR oder JAV erfasst[7]. Darüber hinaus sind die einzelnen Mitglieder dieser Vertretungsorgane zur vertrauensvollen Zusammenarbeit verpflichtet, soweit sie betriebsverfassungsrechtl. Aufgaben wahrnehmen[8]. Bis zum Ablauf ihrer Amtszeit werden auch 2

1 BAG v. 16.2.2006 – 8 AZR 211/05, NZA 2006, 592 (595). | 2 Vgl. BAG v. 12.11.2002 – 1 AZR 632/01, NZA 2003, 676 (678). | 3 Vgl. BAG v. 12.11.1998 – 8 AZR 301/97, DB 1999, 1067. | 4 Vgl. *Gaul, B.*, Das Arbeitsrecht der Betriebs- und Unternehmensspaltung, § 28 Rz. 45 (49). | 5 BAG v. 19.11.2003 – 7 AZR 11/03, nv. | 6 BAG v. 15.5.2007 – 1 ABR 32/06, nv. | 7 Vgl. auch Richardi/*Richardi*, § 2 BetrVG Rz. 11; GK-BetrVG/*Kraft*, § 2 Rz. 7; *Fitting*, § 2 BetrVG Rz. 13. | 8 BAG v. 21.2.1978 – 1 ABR 54/76, EzA § 74 BetrVG 1972 Nr. 4 S. 27 (39); GK-BetrVG/*Kraft*, § 2 Rz. 10.

bereits gekündigte BR-Mitglieder erfasst, da sie weiterhin ein Mandat innehaben, soweit fristgemäß Kündigungsschutzklage erhoben wurde und der Rechtsstreit noch nicht abgeschlossen ist[1].

3 Wegen der in Abs. 1 normierten Verpflichtung zum Zusammenwirken gilt das Gebot der vertrauensvollen Zusammenarbeit auch für die im Betrieb vertretenen **Gewerkschaften und ArbGebVereinigungen**, soweit sie betriebsverfassungsrechtl. Aufgaben und Befugnisse wahrnehmen[2]. Das Gebot gilt dagegen weder für das Verhältnis der BR-Mitglieder untereinander noch zwischen den verschiedenen ArbN-Vertretungen. Das Verhältnis des BR zum **SprAu** wird in § 2 II SprAuG geregelt (Vgl. § 2 SprAuG Rz. 3 ff.).

4 Das Gebot vertrauensvoller Zusammenarbeit verpflichtet zu gegenseitiger **„Ehrlichkeit und Offenheit"**[3]. Die Zusammenarbeit soll dem „Wohl der Arbeitnehmer und des Betriebes" dienen. Dabei betrifft das Gebot neben Form und Verfahren der Zusammenarbeit auch den Inhalt der Handlungen und Erklärungen im Verhältnis zwischen ArbGeb und ArbN-Vertretern. Außerdem verpflichtet es zur **Zuverlässigkeit**. Vertrauensvoll ist die Zusammenarbeit, wenn jeder dem anderen trauen und dessen Worten Glauben schenken kann. Darüber hinaus müssen die gegenseitige Funktion und die daraus folgenden Unterschiede in Art und Inhalt der Interessenvertretung anerkannt werden. Vertrauensvolle Zusammenarbeit verlangt, dass der ArbGeb die gesetzl. geschaffene Einwirkungsmöglichkeit des BR auf seinen Rechtskreis anerkennt und umgekehrt der BR bei der Verfolgung der ArbN-Interessen auf die Rechte und Belange des ArbGeb Rücksicht nimmt. Abs. 1 verbietet deshalb auch, die Funktion der anderen Seite im Rahmen der Betriebsverfassung zu stören. Für den ArbGeb ist dies durch § 78 konkretisiert, für den BR bestimmt § 77 I 2, dass er nicht durch einseitige Handlungen in die Leitung des Betriebs eingreifen darf. Im Rahmen eines Meinungsaustauschs können dabei durchaus völlig unterschiedliche Sichtweisen zu bestimmten Angelegenheiten einschließlich einer entsprechenden Einschätzung der Arbeits- und Vorgehensweise der jeweils anderen Seite zum Ausdruck kommen. Dass etwaige Meinungsverschiedenheiten öffentl. und mit „harten Bandagen" ausgetragen werden, ist unschädlich, soweit die Auseinandersetzung nicht verletzend und in der Form unangemessen ist[4]. Das Gleiche gilt auch für Kritik des ArbGeb an der Zusammensetzung des BR oder den BR-Kosten. Dagegen dürfen solche Meinungsäußerungen nicht verkürzt und plakativ vor der Belegschaft im Wesentlichen mit dem Ziel erfolgen, das Ansehen des BR vor den ArbN herabzusetzen und seine Arbeit zu erschweren[5]. Umgekehrt kann deshalb die öffentl. Diffamierung des ArbGeb einen Verstoß gegen Abs. 1 darstellen, nicht jedoch, wenn der ArbGeb durch ständige Provokationen die Entgleisungen herausgefordert und damit selbst die vertrauensvolle Zusammenarbeit aufgekündigt hat[6]. Aus dem Grundsatz der vertrauensvollen Zusammenarbeit folgt auch, dass der BR nicht auf die Einrede der Verjährung von Rechtsanwaltsansprüchen verzichten kann mit der Folge, dass der ArbGeb zur Kostenerstattung verpflichtet ist[7]. Der Grundsatz der vertrauensvollen Zusammenarbeit erfordert auch die angemessene Berücksichtigung der finanziellen Belange des ArbGeb[8], ohne dass allerdings stets die für den ArbGeb kostengünstigste Gestaltungsmöglichkeit gewählt werden muss.

5 Soweit die Zusammenarbeit zwischen ArbGeb und BR **„unter Beachtung der geltenden Tarifverträge"** erfolgen muss, setzt dies voraus, dass der jeweils in Rede stehende TV im Betrieb überhaupt Geltung beansprucht. Der TV muss für den Betrieb gelten, dh. der Betrieb muss in den räumlichen, fachlichen und zeitlichen Geltungsbereich des TV fallen. Wird diese Voraussetzung durch mehrere TV erfüllt, richtet sich deren Geltung nach den zur Tarifkonkurrenz und Tarifpluralität entwickelten Grundsätzen. Damit kann ein TV seine Bindungswirkung für den Bereich der Betriebsverfassung selbst dann verlieren, wenn die meisten ArbN Mitglied der tarifvertragsschließenden Gewerkschaft sind, falls auch ein anderer TV den Betrieb erfasst und seinem Geltungsbereich nach spezieller ist. Konkretisiert wird diese Vorgabe allerdings durch die Regelungen zum Tarifvorrang in §§ 77 III, 87 I Einleitungssatz und § 80 I Nr. 1, nach dem der Betriebrat über die Durchführung der geltenden TV im Betrieb zu wachen hat. BR sollen den Gewerkschaften keine Konkurrenz machen[9]. Soweit das Gesetz in Heimarbeit Beschäftigte erfasst (vgl. § 5 Rz. 29), gilt eine entsprechende Verpflichtung bei einer bindenden Festsetzung der Entgelte und sonstigen Vertragsbedingungen nach § 19 HAG.

6 Obwohl Abs. 1 mit den vorstehenden Vorgaben unmittelbar verpflichtet, also keinen bloßen Programmsatz enthält[10], lassen sich daraus **keine zusätzliche Kompetenzen** der betriebl. Sozialpartner

---

1 ArbG Elmshorn v. 16.6.2003 – 2 BVGa 35d/03, AiB 2004, 40. | 2 Vgl. BAG v. 14.2.1977 – 1 ABR 7/66, EzA § 45 BetrVG 1952 Nr. 1 S. 2; Richardi/*Richardi*, § 2 BetrVG Rz. 11; GK-BetrVG/*Kraft*, § 2 Rz. 22. | 3 BAG v. 2.11.1983 – 7 AZR 65/82, EzA § 102 BetrVG 1972 Nr. 53 S. 435 (439 f.); v. 22.9.1994 – 2 AZR 31/94, NZA 1995, 363 (365); GK-BetrVG/*Kraft*, § 2 Rz. 13; Richardi/*Richardi*, § 2 BetrVG Rz. 14. | 4 LAG Nds. v. 6.4.2004 – 1 TaBV 64/03, LAGReport 2004, 276: Aufforderung des ArbGeb an BR, sich nicht „mimosenhaft" zu verhalten und zum Wohl der Mitarbeiter zu handeln. | 5 Vgl. BAG v. 19.7.1995 – 7 ABR 60/94, NZA 1996, 332 (334); BAG v. 12.11.1997 – 7 ABR 14/97, NZA 1998, 559 (560); LAG Düsseldorf v. 26.11.1993 – 17 TaBV 71/93, LAGE § 23 BetrVG 1972 Nr. 34 S. 3 ff.; LAG Köln v. 21.3.1995 – 9 TaBV 68/94, LAGE § 23 BetrVG 1972 Nr. 37 S. 1 f. | 6 Vgl. ArbG Marburg v. 28.5.1999 – 2 BV 3/99, NZA-RR 2001, 91 (92 f.). | 7 Vgl. LAG Schl.-Holst. v. 4.7.2000 – 3 Ta BV 15/00, NZA-RR 2000, 590 (591). | 8 BAG v. 16.4.2003 – 7 ABR 29/02, EzA § 20 BetrVG 2001 Nr. 1 S. 6. | 9 HSWGN/*Rose*, § 2 BetrVG Rz. 79. | 10 GK-BetrVG/*Kraft*, § 2 Rz. 4; *Fitting*, § 2 BetrVG Rz. 19.

begründen. Insbesondere können mit dem Gebot der vertrauensvollen Zusammenarbeit keine weiteren Mitbestimmungs- oder Mitwirkungsrechte begründet werden[1]. Abs. 1 enthält nur eine Vorgabe, die bei der Auslegung und Anwendung der durch das BetrVG anderweitig begründeten Rechte und Pflichten zur Geltung kommt (zB Rechtzeitigkeit einer Unterrichtung, Umfang einer Informationspflicht). Damit ist zwar alles zu unterlassen, was der Wahrnehmung eines konkreten MitbestR entgegensteht[2]. Gleichwohl kann aber mit Abs. 1 kein allgemeiner Unterlassungsanspruch bei betriebsverfassungswidrigem Verhalten begründet werden[3]. Für einen solchen Anspruch kommt es stattdessen auf den Inhalt des jeweiligen Rechts, dessen konkrete Ausgestaltung und die Art der Rechtsverletzung an[4].

III. Gewerkschaft und Arbeitgebervereinigung. Die in Abs. 1 bestimmte Pflicht zum „Zusammenwirken mit den im Betrieb vertretenen Gewerkschaften und Arbeitgebervereinigungen" begründet keinen Rechtsanspruch entsprechender Koalitionen zur Einbindung in die betriebsverfassungsrechtl. Interessenvertretung[5]. Das Gesetz verpflichtet ArbGeb und BR nur, den Koalitionen die Möglichkeit einer Mitwirkung auf Betriebsebene einzuräumen[6]. Eine Begriffsbestimmung wird dabei nicht vorgenommen. Insofern ist von den Grundsätzen auszugehen, die zur Kennzeichnung von Gewerkschaft und ArbGeb-Vereinigung im Tarifrecht entwickelt worden sind[7]. 7

Tariffähige Gewerkschaften müssen danach frei gebildet, gegnerfrei, auf übertarifl. Grundlage organisiert und unabhängig sein, sowie das geltende Tarifrecht für sich verbindlich anerkennen. Ferner müssen sie in der Lage sein, durch Ausüben von Druck auf den Tarifpartner zu einem Tarifabschluss zu kommen (vgl. § 2 TVG Rz. 5, 18)[8]. Erfasst werden dabei auch Zusammenschlüsse von Gewerkschaften (Spitzenverbände) iSd. § 2 II TVG, ferner Orts- und Bezirksverwaltungen einer Gewerkschaft, soweit sie korporativ verfasst sind, eigenes Vermögen und die Befugnis zum Abschluss von TV haben (vgl. TVG § 1 Rz. 5, § 2 Rz. 1 ff.). Für **ArbGebVereinigungen** gelten im Wesentlichen gleiche Voraussetzungen. Es muss sich um einen Zusammenschluss von ArbGeb auf freiwilliger Grundlage mit korporativer Verfassung handeln, die unabhängig von Gegner, Staat, Parteien und Kirche ist und zu deren satzungsmäßigen Aufgaben die Regelung von Arbeitsbedingungen gehört (vgl. § 2 TVG Rz. 4). Da nach § 2 I TVG jeder ArbGeb tariffähig ist, ist für die Tariffähigkeit aber keine bestimmte Durchsetzungskraft (Mächtigkeit) notwendig (vgl. § 2 TVG Rz. 18)[9]. 8

Betriebsverfassungsrechtl. relevant sind indes nur die **im Betrieb vertretenen Koalitionen**. Dabei genügt es nicht, dass ein einzelner ArbN zu ihren Mitgliedern zählt, also personelle Präsenz gegeben ist[10]. Erforderlich ist, dass die Koalition nach ihrer Satzung auch zur allgemeinen Interessenvertretung des Mitglieds innerhalb des Betriebs berechtigt ist. Da die den Gewerkschaften durch das BetrVG zugewiesenen Rechte nicht dem Abschluss von TV dienen, ist eine Tarifzuständigkeit indes nicht erforderlich[11]. 9

Soweit damit Beteiligungsrechte begründet werden sollen, obliegt es der jeweiligen Koalition, ihre Vertretung im Betrieb **darzulegen und zu beweisen**. Die Gewerkschaft kann den Beweis nach hM indes dadurch führen, dass sie, ohne den Namen ihres betriebsangehörigen Mitglieds zu nennen, eine entsprechende notarielle Erklärung vorlegt[12]. 10

IV. Zugang von Gewerkschaftsbeauftragten zum Betrieb. Abs. 2 begründet für die im Betrieb vertretenen Gewerkschaften bzw. ihren Beauftragten ein Recht zum Zugang zum Betrieb. Es besteht indes nur insoweit, als es für die im Betrieb vertretenen Gewerkschaften zur Wahrnehmung ihrer Aufgaben und Befugnisse nach diesem Gesetz erforderlich ist. Hierzu gehören zB das Wahlvorschlagsrecht (§ 14 V und VIII), das Einladungsrecht zu einer Betriebsversammlung für die Wahl eines Wahlvorstands in betriebsratslosen Betrieben (§ 17 II), das Antragsrecht auf Ersetzung eines säumigen Wahlvorstands (§ 18 I), das Wahlanfechtungsrecht (§ 19 II) oder das Antragsrecht auf Ausschluss eines BR-Mitglieds oder Auflösung des BR (§ 23 I). Zusätzliche Befugnisse kann Abs. 2 nicht begründen. Das Zugangsrecht setzt (akzessorisch) das Bestehen einer gesetzl. Befugnis der Gewerkschaft nach diesem Gesetz voraus[13]. 11

Da die koalitionsspezifische Betätigung der Gewerkschaften durch das BetrVG nicht berührt wird (Abs. 3), kann ungeachtet von Abs. 2 ein **weiter gehendes Zugangsrecht** der Gewerkschaft bestehen, 12

---

1 GK-BetrVG/*Kraft*, § 2 Rz. 5, 15; *Fitting*, § 2 BetrVG Rz. 23. | 2 BAG v. 28.5.2002 – 1 ABR 32/01, NZA 2003, 166 (169). | 3 BAG v. 28.5.2002 – 1 ABR 32/01, NZA 2003, 166 (169); aA *Fitting*, § 2 BetrVG Rz. 23; ausf. GK-BetrVG/*Oetker*, § 23 Rz. 130 ff. | 4 BAG v. 28.5.2002 – 1 ABR 32/01, NZA 2003, 166 (169); v. 3.5.1994 – 1 ABR 24/93, AP Nr. 23 zu § 23 BetrVG 1972 Bl. 4. | 5 Vgl. BAG v. 14.1.1983 – 6 AZR 67/79, EzA § 76 BetrVG 1972 Nr. 34 S. 187 (190); Richardi/*Richardi*, § 2 BetrVG Rz. 35, 75; DKK/*Berg*, § 2 BetrVG Rz. 24; GK-BetrVG/*Kraft*, § 2 Rz. 23. | 6 Vgl. GK-BetrVG/*Kraft*, § 2 Rz. 22. | 7 BAG v. 19.9.2006 – 1 ABR 53/05, NZA 2007, 518 (520). | 8 Vgl. BAG v. 28.3.2006 – 1 ABR 58/04, NZA 2006, 1112 (1114); Leitsatzprotokoll A.III.2. zum Vertrag über die Schaffung einer Währungs-, Wirtschafts- und Sozialunion vom 18.5.1990 – BGBl. II S. 537. | 9 BAG v. 6.6.2000 – 1 ABR 10/99, NZA 2001, 160 (162); v. 20.11.1990 – 1 ABR 62/89, EzA § 2 TVG Nr. 20 S. 3 ff. | 10 Vgl. BAG v. 25.3.1992 – 7 ABR 65/90, AP Nr. 4 zu § 2 BetrVG 1972 Bl. 2; v. 10.11.2004 – 7 ABR 19/04, nv. | 11 BAG v. 10.11.2004 – 7 ABR 19/04, nv. | 12 BAG v. 25.3.1992 – 7 ABR 65/90, AP Nr. 4 zu § 2 BetrVG 1972 Bl. 3 f.; DKK/*Berg*, § 2 BetrVG Rz. 30; *Fitting*, § 2 BetrVG Rz. 43; Richardi/*Richardi*, § 2 BetrVG Rz. 71; aA GK-BetrVG/*Kraft*, § 2 Rz. 39 ff., der unter Hinweis auf den prozessualen Grundsatz des substantiierten Vortrags die namentliche Nennung des ArbN fordert. | 13 BAG v. 28.2.2006 – 1 AZR 460/04, NZA 2006, 798.

wenn sie außerhalb ihrer betriebsverfassungsrechtlichen Beteiligung im Rahmen der Koalitionsfreiheit tätig wird[1]. In diesem Fall, der durch Art. 9 III 1 GG gedeckt wird, besteht das Zugangsrecht unabhängig davon, ob die Gewerkschaft im Betrieb bereits Mitglieder hat (vgl. Rz. 20 f.)[2].

13 Das Zugangsrecht besteht zum **Betrieb**, dort indes nur zu den Teilen, deren Betreten zur Wahrnehmung der gesetzl. bzw. verfassungsrechtl. Aufgaben und Befugnisse erforderlich ist. Dabei ist der Beauftragte nicht darauf beschränkt, den BR oder andere Organe des Betriebsverfassungsrechts aufzusuchen oder an der Betriebsversammlung teilzunehmen. Es können auch ArbN am Arbeitsplatz aufgesucht[3] oder das Recht auf Teilnahme an einer öffentl. Stimmauszählung wahrgenommen werden[4]. Dieses Recht besteht auch während der Arbeitszeit.

14 Der Zugang erfolgt grds. durch **Betreten des Betriebs**. Man wird mit Abs. 2 aber auch einen Anspruch auf Nutzung **anderweitiger Kommunikationsstrukturen** begründen können, sofern dies zur Wahrnehmung der gesetzl. Aufgaben und Befugnisse geeignet, erforderlich und angemessen ist. Unter Berücksichtigung der Besonderheiten des Einzelfalls und der allgemeinen Schranken, wie sie nachstehend dargestellt werden, kann hierzu neben dem Telefon auch die Nutzung des Intranets oder der dienstlichen E-Mail-Accounts der ArbN des Betriebs gehören[5].

15 Die Gewerkschaft bestimmt die Person, die als **Beauftragte** das Zugangsrecht wahrnimmt[6]. Sie kann, soweit sie dies mit Blick auf die betriebsverfassungsrechtl. Aufgabe für erforderlich hält, auch mehrere Personen bestimmen. Nicht notwendig ist, dass es sich um einen hauptberuflichen Angestellten der Gewerkschaft[7] oder einen ArbN des in Rede stehenden Betriebs[8] handelt. Die Auswahlfreiheit kann allerdings durch den Gesichtspunkt des Rechtsmissbrauchs beschränkt sein. Soweit das Zugangsrecht nicht von einem Ersuchen des BR abhängig ist, bestimmt die Gewerkschaft Zeitpunkt und Dauer des Besuchs ihres Beauftragten.

16 Sind die Voraussetzungen des Zugangsrechts nicht gegeben oder droht eine Überschreitung der gesetzl. Befugnisse, kann der ArbGeb dem Gewerkschaftsbeauftragten den **Zutritt zum Betrieb verwehren**. Erforderlich sind aber konkrete Anhaltspunkte, die regelmäßig gegeben sind, wenn das Handeln des betreffenden Beauftragten schon zuvor Anlass für entsprechende Beanstandungen gegeben hat[9].

17 Darüber hinaus kann der ArbGeb den Zugang zu den Betrieben oder einzelnen Teilen verweigern, soweit dem unumgängliche **Notwendigkeiten des Betriebsablaufs, zwingende Sicherheitsvorschriften oder der Schutz von Betriebsgeheimnissen** entgegenstehen. Das Verbot muss nach Zeitpunkt und Umfang geeignet, erforderlich und angemessen sein, um unter Berücksichtigung der durch Art. 9 III GG und § 2 III geschützten Koalitionsfreiheit diesen betrieblichen Interessen Rechnung zu tragen. Unumgängliche Notwendigkeiten des Betriebsablaufs sind deshalb nur anzuerkennen, wenn der Zugang zu einer schwerwiegenden und unzumutbaren Beeinträchtigung des Arbeitsablaufs führt. Eine bloße Störung des Betriebsablaufs, die sich aus dem Zugang einer betriebsfremden Person ergibt, genügt nicht[10]. Sie ist der gesetzl. Regelung immanent. Weiter gehend kann der Zutritt nicht bereits verweigert werden, wenn ein berechtigtes Interesse des ArbGeb an der Geheimhaltung des durch Zutritt erkennbaren Betriebsgeheimnisses gegenüber Betriebsfremden besteht. Vielmehr muss der durch tatsächliche Anhaltspunkte begründete Verdacht bestehen, dass der Beauftragte der Gewerkschaft seine Geheimhaltungspflicht (§§ 79, 120) verletzen wird[11]. Gewerkschaftsvertreter dürfen grds. in ihrem Zugangsrecht nicht stärker eingeschränkt werden als ArbN des Betriebs[12]. Zu den zwingenden Sicherheitsvorschriften gehören öffentl.-rechtl. Sicherheitsvorschriften und BV nach § 87 I Nr. 7.

18 Das durch Abs. 2 gewährleistete Zugangsrecht stellt **kein Schutzgesetz iSd. § 823 II BGB** dar, dessen Missachtung Schadensersatzansprüche begründen kann; daneben besteht über Abs. 2 auch kein gesetzl. Schuldverhältnis zwischen den Gewerkschaften und dem ArbGeb[13].

19 Umstritten ist, ob die Gewerkschaft den Zugang auch unmittelbar vor oder **während eines Arbeitskampfes** verlangen kann. Während das Zutrittsrecht in der Lit. zum Teil insgesamt[14], jedenfalls aber während der Einbindung des Betriebs in den Arbeitskampf[15] abgelehnt wird, lehnt ein anderer Teil der

---

1 Vgl. BAG v. 17.1.1989 – 1 AZR 805/87, EzA § 2 BetrVG 1972 Nr. 12 S. 3; v. 28.2.2006 – 1 AZR 460/04, NZA 2006, 798; DKK/*Berg*, § 2 BetrVG Rz. 33; aA GK-BetrVG/*Kraft*, § 2 Rz. 55. | 2 BAG v. 28.2.2006 – 1 AZR 460/04, NZA 2006, 798 (800). | 3 BAG v. 17.1.1989 – 1 AZR 805/87, EzA § 2 BetrVG 1972 Nr. 12 S. 3; DKK/*Berg*, § 2 BetrVG Rz. 31; *Fitting*, § 2 BetrVG Rz. 67, 69; Richardi/*Richardi*, § 2 BetrVG Rz. 123; aA *Hanau*, BB 1971 S. 485 (486). | 4 Vgl. BAG v. 16.4.2003 – 7 ABR 29/02, EzA § 20 BetrVG 2001 Nr. 1 S. 4 f. | 5 Vgl. zum Meinungsstand *Däubler*, Internet und Arbeitsrecht S. 213; *Klebe/Wedde*, AuR 2000, 401 ff.; *Beckschulze/Henkel*, DB 2001, 1491 ff.; *Lelley*, BB 2002, 252 ff. | 6 BAG v. 16.4.2003 – 7 ABR 29/02, EzA § 20 BetrVG 2001 Nr. 1 S. 5. | 7 ErfK/*Eisemann*, § 2 BetrVG Rz. 6. | 8 Vgl. BAG v. 14.2.1978 – 1 AZR 280/77, AP Nr. 26 zu Art. 9 GG Bl. 2, 3. | 9 Vgl. BAG v. 18.3.1964 – 1 ABR 12/63, AP Nr. 1 zu § 45 BetrVG Bl. 3 f.; v. 14.2.1967 – 1 ABR 7/66, AP Nr. 2 zu § 45 BetrVG Bl. 2 ff. | 10 GK-BetrVG/*Kraft*, § 2 Rz. 72; Richardi/*Richardi*, § 2 BetrVG Rz. 128. | 11 Vgl. GK-BetrVG/*Kraft*, § 2 Rz. 75. | 12 DKK/*Berg*, § 2 BetrVG Rz. 40 ff.; Richardi/*Richardi*, § 2 BetrVG Rz. 130.; ErfK/*Eisemann*, § 2 BetrVG Rz. 7. | 13 Vgl. LAG München v. 28.3.2001 – 9 Ta BV 14/01, NZA-RR 2001, 662 (663): Geltendmachung von im arbeitsgerichtlichen Beschlussverfahren entstandenen Rechtsanwaltskosten durch die Gewerkschaft. | 14 HSWGN/*Rose*, § 2 BetrVG Rz. 221. | 15 Richardi/*Richardi*, § 2 BetrVG Rz. 121.

Lit. jede generelle Einschränkung des Zugangsrechts ab[1]. Für die letztgenannte Auffassung spricht, dass betriebsverfassungsrechtl. Befugnisse der Gewerkschaft (zB Beteiligung an BR-Wahl) auch während des Arbeitskampfes wahrgenommen werden müssen. Es genügt, dass die innerbetriebl. Beteiligung an Arbeitskampfmaßnahmen zu keiner Zeit auf Abs. 2 gestützt werden kann. Das bestätigt schlussendlich Abs. 3.

V. Koalitionen. Abs. 3 gewährleistet, dass die koalitionsspezifische Betätigung der Gewerkschaft und der ArbGebVereinigungen durch das BetrVG nicht beeinträchtigt wird[2]. Die Koalitionsfreiheit, insb. also das Recht zur Wahrnehmung der Interessen ihrer Mitglieder, besteht losgelöst von den betriebsverfassungsrechtl. Aufgaben[3]. Das bestätigt letztendlich auch das eigenständige Zugangsrecht aus Art. 9 III GG (vgl. Rz. 12). 20

Zu den **typischen – betriebsbezogenen – Aufgaben** der Koalitionen gehören der Abschluss von TV und die Überwachung ihrer Einhaltung, die Durchführung von Arbeitskämpfen, die Mitgliederwerbung und -beratung sowie die Prozessvertretung. Die Gewerkschaften dürfen deshalb ihre Interessen im Betrieb vertreten. Hierzu gehört zB Plakatwerbung[4] oder das Verteilen von Werbematerial durch betriebsangehörige Gewerkschaftsmitglieder außerhalb und ggf. sogar innerhalb der Arbeitszeit[5]. Die Gewerkschaft kann verlangen, hierfür Zutritt zum Betrieb zu erhalten[6]. Das Recht zur Werbung von Mitgliedern gilt unabhängig davon, ob die Gewerkschaft bereits Mitglieder im Betrieb hat. Grundsätzlich entscheidet die Gewerkschaft selbst, an welchem Ort, durch welche Personen und auf welche Art und Weise sie Mitglieder werben will. Sie kann auch durch betriebsfremde Beauftragte wahrgenommen werden[7]. In allen Fällen hat indes eine Interessenabwägung zu erfolgen, die berücksichtigen muss, ob und inwieweit die durch Art. 9 III GG geschützte Koalitionsfreiheit die jeweils in Rede stehende Beeinträchtigung der ebenfalls grundrechtl. geschützten Interessen des ArbGeb rechtfertigt[8]. Beispielhaft sei hier nur auf die Berufsfreiheit und die wirtschaftl. Betätigungsfreiheit (Art. 2 I, 12 I GG), das Recht am eingerichteten und ausgeübten Gewerbebetrieb (Art. 14 GG) oder den verfassungsrechtl. Tendenzschutz (Art. 4, 5 GG) hingewiesen. Dies gilt insb., nachdem das BAG zu Recht die sog. Kernbereichslehre aufgegeben hat[9]. Der Gewerkschaft ist es indes verwehrt, Mitarbeiter oder Einrichtungen des ArbGeb zu nutzen, um Information oder Werbung in eigenen Interessen gegenüber Dritten (zB Kunden) zu verteilen[10]. 21

VI. Prozessuales. Über den Inhalt von Abs. 1 und die Zugangsrechte nach Abs. 2 wird im arbeitsgerichtl. Beschlussverfahren nach §§ 2a, 80 ArbGG entschieden. Dabei kann das Zugangsrecht in dringenden Fällen auch im Wege der einstw. Verfügung durchgesetzt werden (§ 85 II ArbGG). Über Rechte und Pflichten, die sich aus der Koalitionsfreiheit ergeben, wird – abhängig vom Regelungsgegenstand – im Urteilsverfahren nach § 2 I Nr. 2 ArbGG oder im Beschlussverfahren entschieden. Rechtsanwaltskosten, die der Gewerkschaft bei der Wahrnehmung des aus §§ 2, 18 I folgenden Rechts auf Zugang zum Betrieb wegen einer Wahlauszählung in einem arbeitsgerichtl. Beschlussverfahren entstehen, gehören zu den vom ArbGeb nach § 20 III 1 zu tragenden Kosten der BR-Wahl[11]. 22

3 *Abweichende Regelungen*

(1) Durch Tarifvertrag können bestimmt werden:

1. für Unternehmen mit mehreren Betrieben

a) die Bildung eines unternehmenseinheitlichen Betriebsrats oder

b) die Zusammenfassung von Betrieben,

wenn dies die Bildung von Betriebsräten erleichtert oder einer sachgerechten Wahrnehmung der Interessen der Arbeitnehmer dient;

2. für Unternehmen und Konzerne, soweit sie nach produkt- oder projektbezogenen Geschäftsbereichen (Sparten) organisiert sind und die Leitung der Sparte auch Entscheidungen in beteiligungspflichtigen Angelegenheiten trifft, die Bildung von Betriebsräten in den Sparten (Spartenbetriebsräte), wenn dies der sachgerechten Wahrnehmung der Aufgaben des Betriebsrats dient;

3. andere Arbeitnehmervertretungsstrukturen, soweit dies insbesondere auf Grund der Betriebs-, Unternehmens- oder Konzernorganisation oder auf Grund anderer Formen der Zusammenarbeit von Unternehmen einer wirksamen und zweckmäßigen Interessenvertretung der Arbeitnehmer dient;

---

1 *Fitting*, § 2 BetrVG Rz. 76; DKK/*Berg*, § 2 BetrVG Rz. 38a. | 2 BAG v. 14.2.1978 – 1 AZR 280/77, AP Nr. 26 zu Art. 9 GG Bl. 4. | 3 Vgl. BAG v. 14.2.1978 – 1 AZR 280/77, AP Nr. 26 zu Art. 9 GG Bl. 4. | 4 Vgl. BVerfG v. 17.2.1981 – 2 BvR 384/78, AP Nr. 9 zu Art. 140 GG Bl. 3 f. | 5 Vgl. BAG v. 14.2.1967 – 1 AZR 494/65, AP Nr. 10 zu Art. 9 GG Bl. 2 ff.; BVerfG v. 17.2.1981 – 2 BvR 384/78, AP Nr. 9 zu Art. 140 GG Bl. 3 f. | 6 BAG v. 28.2.2006 – 1 AZR 460/04, NZA 2006, 798. | 7 BAG v. 28.2.2006 – 1 AZR 460/04, NZA 2006, 798. | 8 BAG v. 28.2.2006 – 1 AZR 460/04, NZA 2006, 798. | 9 Vgl. BVerfG v. 14.11.1995 – 1 BvR 601/92, AP Nr. 80 zu Art. 9 GG Bl. 2 f. | 10 Vgl. ArbG Düsseldorf v. 23.7.2003 – 10 Ca 4080/03, NZA-RR 2003, 644 (645); MünchArbR/*Löwisch*/*Rieble*, § 246 Rz. 195; abw. LAG Köln v. 3.2.1995 – 12 Sa 1073/94, NZA-RR 1996, 100 (101 f.). | 11 BAG v. 16.4.2003 – 7 ABR 29/02, EzA § 20 BetrVG 2001 Nr. 1 S. 3 f.

4. zusätzliche betriebsverfassungsrechtliche Gremien (Arbeitsgemeinschaften), die der unternehmensübergreifenden Zusammenarbeit von Arbeitnehmervertretungen dienen;

5. zusätzliche betriebsverfassungsrechtliche Vertretungen der Arbeitnehmer, die die Zusammenarbeit zwischen Betriebsrat und Arbeitnehmern erleichtern.

(2) Besteht in den Fällen des Absatzes 1 Nr. 1, 2, 4 oder 5 keine tarifliche Regelung und gilt auch kein anderer Tarifvertrag, kann die Regelung durch Betriebsvereinbarung getroffen werden.

(3) Besteht im Fall des Absatzes 1 Nr. 1 Buchstabe a keine tarifliche Regelung und besteht in dem Unternehmen kein Betriebsrat, können die Arbeitnehmer mit Stimmenmehrheit die Wahl eines unternehmenseinheitlichen Betriebsrats beschließen. Die Abstimmung kann von mindestens drei wahlberechtigten Arbeitnehmern des Unternehmens oder einer im Unternehmen vertretenen Gewerkschaft veranlasst werden.

(4) Sofern der Tarifvertrag oder die Betriebsvereinbarung nichts anderes bestimmt, sind Regelungen nach Absatz 1 Nr. 1 bis 3 erstmals bei der nächsten regelmäßigen Betriebsratswahl anzuwenden, es sei denn, es besteht kein Betriebsrat oder es ist aus anderen Gründen eine Neuwahl des Betriebsrats erforderlich. Sieht der Tarifvertrag oder die Betriebsvereinbarung einen anderen Wahlzeitpunkt vor, endet die Amtszeit bestehender Betriebsräte, die durch die Regelungen nach Absatz 1 Nr. 1 bis 3 entfallen, mit Bekanntgabe des Wahlergebnisses.

(5) Die auf Grund eines Tarifvertrages oder einer Betriebsvereinbarung nach Absatz 1 Nr. 1 bis 3 gebildeten betriebsverfassungsrechtlichen Organisationseinheiten gelten als Betriebe im Sinne dieses Gesetzes. Auf die in ihnen gebildeten Arbeitnehmervertretungen finden die Vorschriften über die Rechte und Pflichten des Betriebsrats und die Rechtsstellung seiner Mitglieder Anwendung.

1 **I. Vorbemerkung.** Die Organisationsstruktur der Betriebsverfassung ist zwingend, soweit das Gesetz nicht – wie zB in §§ 3, 47 IX, 55 IV – ausdrücklich Abweichendes zulässt[1]. Wird außerhalb solcher Öffnungsklauseln eine vom Gesetz abweichende Regelung getroffen, sind diese Regelungen unwirksam[2]. Vereinbarungen, die von derart geschaffenen ArbN-Vertretretern abgeschlossen werden, sind im Zweifel nichtig[3]. Da der in der Vergangenheit fehlende Gestaltungsspielraum den Bedürfnissen der Praxis nicht gerecht wurde, erlaubt § 3 abweichende Regelungen zur Struktur der betriebs-, unternehmens- oder konzernbezogenen ArbN-Vertreter durch TV, BV oder Abstimmung der ArbN herbeizuführen. Auf diese Weise können vom BetrVG abweichende betriebsverfassungsrechtl. Organisationseinheiten geschaffen werden, die im Interesse der ArbN, ArbN-Vertreter und Unternehmen sachnah und kompetent eine – auch mit Blick auf ihre Größe – möglichst effiziente und interessengerechte Vertretung der ArbN-Seite erlauben. Die gesetzl. Neuregelung ist verfassungsgemäß[4]. Die vereinbarten Strukturen können die gesetzl. Organisationsstruktur durch BR, GBR oder KBR ersetzen oder neben sie treten[5]. Im Mittelpunkt dürfte dabei die Möglichkeit zur Bildung von regionalen BR und Spartenbetriebsräten stehen. Eine behördliche Genehmigung für Regelungen nach § 3 ist im Gegensatz zur früheren Rechtslage nicht erforderlich.

2 Auch wenn der Gestaltungsspielraum nunmehr größer ist, führt eine **Überschreitung der gesetzl. Rahmenbedingungen** auch in der Neufassung von § 3 zur Unwirksamkeit entsprechender Vereinbarungen[6]. ArbN-Vertreter, die ihre Existenz aus solchen Vereinbarungen ableiten, sind betriebsverfassungsrechtl. nicht existent[7]. Grundsätzlich sind damit auch Vereinbarungen, die von solchen ArbN-Vertretern abgeschlossen werden, unwirksam. Dies gilt auch dann, wenn die Bildung oder der Fortbestand einer ArbN-Vertretung durch Interessenausgleich vereinbart wird; der Interessenausgleich ist keine Vereinbarung iSd. § 3. Der Sozialplan ist, auch wenn er wie eine BV behandelt wird, untauglich, wenn ein TV besteht (Abs. 2). Eine Ausnahme wird man nur für solche Fälle annehmen können, in denen die Nichtbeachtung des gesetzl. Gestaltungsspielraums nicht hinreichend grob und offensichtlich ist, weil Beurteilungsspielraum gegeben ist (Beispiel: keine erkennbare Erleichterung der BR-Bildung iSd. Abs. 1). Hier wird man zwar von einer Anfechtbarkeit der Bildung entsprechender ArbN-Vertreter analog § 19 ausgehen können[8]. Bis zu einer rechtskräftigen Entscheidung des ArbG entfalten die Vereinbarungen indes Bindungswirkung. Die Bindungswirkung entfällt – wie das Organ selbst – ohne Nachwirkung mit Wirkung ex nunc erst dann, wenn rechtskräftig das Nichtbestehen des Organs festgestellt wird[9]. Wenn Vereinbarungen fortgelten sollen, durch die – beispielsweise im Zusammenhang mit der Restrukturierung eines Konzerns – von § 3 abweichende Organisationsstrukturen bzw. abweichende Rechte der

1 Vgl. BAG v. 17.1.1978 – 1 ABR 71/76, EzA § 1 BetrVG S. 6; GK-BetrVG/*Kraft*, § 3 Rz. 3; krit. *Gamillscheg*, FS Molitor, S. 133 (134). | 2 BAG v. 10.11.2004 – 7 ABR 17/04, AiB 2005, 619 (620); LAG Köln v. 10.3.2000 – 13 TaBV 9/00, LAGE § 3 BetrVG 1972 Nr. 6 S. 4 f.; ErfK/*Eisemann*, § 3 BetrVG Rz. 1; MünchArbR/*v. Hoyningen-Huene*, § 297 Rz. 93. | 3 BAG v. 13.2.2007 – 1 AZR 184/06, NZA 2007, 825 (827). | 4 Ebenso *Friese*, ZfA 2003, 237 (239 ff.); *Thüsing*, Tarifautonomie im Wandel, S. 285 (287 ff.); aA *Giesen*, BB 2002, 1480 ff. | 5 Vgl. BT-Drs. 14/5741 S. 33 f. | 6 Vgl. *Spinner/Wiesenecker*, FS Löwisch S. 375 ff.; zur Teilnichtigkeit bzgl. Regelungen zu anderen Fragen vgl. BAG v. 5.10.2000 – 1 ABR 14/00, NZA 2001, 1325 (1327); *Hohenstatt/Dzida*, DB 2001, 2498 (2503). | 7 Vgl. BAG v. 13.2.2007 – 1 AZR 184/06, NZA 2007, 825 (827). | 8 Abl. *Spinner/Wiesenecker*, FS Löwisch S. 375 (385 ff.). | 9 Eingehend *Gaul, B.*, Betriebs- und Unternehmensspaltung, § 27 Rz. 102 ff.

ArbN-Vertreter vereinbart werden, müssen sie parallel oder im Anschluss an die Wiederherstellung der gesetzl. Organisationsstruktur von den gesetzl. zuständigen ArbN-Vertretern bestätigt werden.

§ 3 findet zwar unmittelbar keine Anwendung auf die **Bildung der JAV, des Wirtschaftsausschusses** (vgl. Rz. 17), **eines SprAu, der Schwerbehindertenvertretung oder die Wahl von ArbN-Vertretern zum Aufsichtsrat**. Soweit bei der Bildung dieser Organe indes auf den betriebsverfassungsrechtl. Betrieb, den BR oder den GBR abgestellt wird, werden die gesetzl. Vorgaben aber durch eine Bezugnahme auf die neu gebildeten Organisationsstrukturen bzw. die daran anknüpfenden Organe ersetzt, wenn die Vereinbarung im Rahmen von § 3 I Nr. 1–3 abgeschlossen wird[1]. Die gebildeten Organisationseinheiten gelten insoweit als Betrieb iSd. BetrVG (Abs. 5). Insofern ist auch auf diesen Betrieb abzustellen, wenn die ArbN-Vertreter im Aufsichtsrat nach MitbestG oder DrittelbG gewählt werden. 3

Wenn durch Vereinbarung nach Abs. 1 Nr. 2, 3 GBR oder KBR geschaffen wurden, treten diese mit den gesetzl. Befugnissen an die Stelle der kraft Gesetzes betriebs- oder unternehmensübergreifend an sich zu bildenden Vertretungsstrukturen. Bei Vereinbarungen nach Abs. 1 Nr. 4, 5 bleiben die gesetzl. Regelungen maßgeblich. 4

Da der kündigungsschutzrechtl. Betrieb losgelöst von den betriebsverfassungsrechtl. Vorgaben bestimmt wird[2], hat eine Vereinbarung nach § 3 für den **Betriebsbegriff** nach §§ 1, 23 KSchG keine Bedeutung[3]. Entscheidend für die Zusammenfassung mehrerer Einheiten zu einem kündigungsschutzrechtl. Betrieb, wie er vor allem für die Sozialauswahl maßgeblich wird, ist, dass die wesentlichen personellen und sozialen Angelegenheiten von einer Stelle aus übergreifend gesteuert werden. Die räumliche Entfernung spielt dabei – abweichend von §§ 3, 4 I 1 Nr. 1 – keine Rolle (vgl. § 1 KSchG Rz. 259). Bei der Kennzeichnung des zuständigen BR für die Beteiligung bei Massenentlassungen (§ 17 II, III KSchG) kommt es dann aber wiederum auf den Betrieb iSd § 3 an. Denn für die Zuständigkeit nach § 17 KSchG ist der betriebsverfassungsrechtl. Betriebsbegriff maßgeblich. 5

II. Abweichende Regelungen durch Tarifvertrag. Alle abweichenden Regelungen, die Abs. 1 nennt, können durch TV vereinbart werden. Durch BV (Abs. 2) oder Beschluss der ArbN (Abs. 3) kann von dieser Regelungsmöglichkeit nur eingeschränkt Gebrauch gemacht werden (vgl. Rz. 23, 25). 6

1. Tarifvertrag. Regelungen nach Abs. 1 können durch Firmen- oder VerbandsTV (allgemein oder firmenbezogen) getroffen werden. Soll eine unternehmensübergreifende Regelung getroffen werden, müssen alle Unternehmen beteiligt oder wirksam durch die auf ArbGebSeite vertragsschließende Partei (ArbGebVerband/-Vereinigung, Konzernmutter) vertreten werden. Dass das herrschende Unternehmen im Konzern den TV abschließt, genügt nicht. Wenn der ArbGeb an den TV gebunden ist, ist dieser ohne Rücksicht auf die Gewerkschaftsmitgliedschaft auf ArbN-Seite verbindlich (§ 3 II TVG). Zuständigkeit der Gewerkschaft bestimmt sich nach ihrer Satzung. Sind mehrere Gewerkschaften zuständig, ist jede einzelne Gewerkschaft einzeln oder gemeins. mit der anderen Gewerkschaft zum Abschluss berechtigt. Deckt die Zuständigkeit der Gewerkschaften jeweils nur Teile des Geltungsbereichs, muss ein gemeinsamer Abschluss erfolgen. 7

Da der Abschluss betriebsverfassungsrechtl. Regelungen zur gesetzl. Regelungskompetenz gehört und Grundlage des durch Art. 9 III GG abgesicherten Anspruchs auf die Gestaltung von Arbeitsbedingungen sein kann, sind entsprechende TV **erstreikbar**[4]. Einen Vorrang gesetzl. Regelungen, der einer Erstreikbarkeit entgegenstünde, gibt es nicht[5]. Die Frage in der Praxis ist aber, ob arbeitnehmerseits überhaupt die wirtschaftl. Nachteile eines Streiks zu Gunsten einer anderen betriebsverfassungsrechtl. Organisationsstruktur in Kauf genommen werden. Dass eine tarifvertragl. Regelung gegen den erklärten Willen des BR und/oder der Belegschaft abgeschlossen werden kann, nimmt der Gesetzgeber hin, was gerade durch Abs. 2 noch einmal deutlich wird (s. Rz. 23 f.). 8

Ein TV nach § 3 kann mit Wirkung für **künftige Gesellschaften** abgeschlossen werden. Insbesondere im Zusammenhang mit Betriebsübergang/Umwandlung kann der übernehmende Rechtsträger dabei bereits als Vorgesellschaft beteiligt werden[6]. Vorsorglich kann sein Inkrafttreten an bestimmte Bedingungen (zB Eintragung der Gesellschaft im Handelsregister) geknüpft werden[7]. Dadurch wird vermieden, dass für eine Übergangszeit erst die im Gesetz vorgesehenen Strukturen gebildet werden. Denkbar ist auch, dass im TV ein Beitritt weiterer Unternehmen vorgesehen ist, für die dann bereits Rechtsfolgen (zB Einbindung in eine übergreifende GBR-Struktur statt des gesetzl. GBR und KBR) vorgesehen werden (vgl. Rz. 17). 9

---

1 BAG v. 10.11.2004 – 7 ABR 17/04, AiB 2005, 619. | 2 Vgl. BAG v. 15.3.2001 – 2 AZR 151/00, NZA 2001, 831 (832); v. 13.2.2007 – 1 AZR 184/06, NZA 2007, 825 (827); *Gaul, B.*, Betriebs- und Unternehmensspaltung, § 18 Rz. 11. | 3 *Kania/Gilberg*, NZA 2000, 678 (680); *Preis*, RdA 2000, 257 (264); *Stege/Weinspach/Schiefer*, § 3 BetrVG Rz. 17 f.; DKK/*Trümner*, § 3 BetrVG Rz. 152; *Gaul, B.*, Betriebs- und Unternehmensspaltung, § 18 Rz. 12 f. | 4 *Trümner*, ArbRGgw 36 (1999), 59 (72); Richardi/*Richardi*, § 3 BetrVG Rz. 59; aA *Hohenstatt/Dzida*, DB 2001, 2498 (2501). | 5 *Fitting*, § 3 BetrVG Rz. 17; *Friese*, ZfA 2003, 237 (239 ff.); abl. *Reichold*, NZA 2001, 857 (859); *Franzen*, ZfA 2000, 285 (297). | 6 Vgl. BAG v. 24.6.1998 – 4 AZR 208/97, EzA § 20 UmwG Nr. 1 S. 6 m. Anm. *Rieble*; *Gaul, B.*, Betriebs- und Unternehmensspaltung, § 24 Rz. 39. | 7 Vgl. BAG v. 24.1.2001 – 4 ABR 4/00, NZA 2001, 1149 (1150 f.).

10 Werden **mehrere TV** mit Wirkung für ein Unternehmen oder einen Betrieb abgeschlossen und überschneidet sich ihr jeweiliger Geltungsbereich oder entsteht eine solche **Konkurrenz** als Folge gesellschaftsrechtl. Veränderungen, führt dies nicht zur Unwirksamkeit widersprechender Regelungen. Vielmehr dürfte die Regelung vorrangig sein, deren Gewerkschaft in den betroffenen Einheiten mitgliedschaftlich am stärksten vertreten ist. Der Grundsatz der Spezialität zur Auflösung von Tarifkonkurrenz oder -pluralität kann den notwendigen Vorrang einer Regelung im Rahmen von § 3 im Zweifel nicht begründen (str.)[1]. Bestehende TV können durch neue Regelungen derselben Parteien ersetzt werden (Zeitkollisionsregel). Abweichend von § 4 V TVG gelten die Regelungen des TV nach seinem Ablauf nicht fort. Sie werden durch die zwingenden Vorgaben des BetrVG ersetzt, falls keine neue Vereinbarung nach § 3 abgeschlossen wird[2]. Durch TV kann indes eine Übergangsregelung oder eine vorübergehende Nachwirkung (zB für einen bestimmten Zeitraum der Neuverhandlungen) vereinbart werden. Wegen Übergangs- oder Restmandats vgl. Rz. 40 ff.

11 **2. Unternehmensbezogene Zusammenfassung von Betrieben.** Nach Abs. 1 Nr. 1a kann ein unternehmenseinheitlicher BR gebildet werden. Ohne Rücksicht auf die durch § 4 I 1 bestimmten Kriterien für die gesetzl. Fiktion eines Betriebs gelten alle Einheiten in diesem Fall als ein Betrieb; die Bildung eines GBR entfällt[3]. Alternativ dazu können im Unternehmen einzelne Betriebe zusammengefasst werden (Abs. 1 Nr. 1b). Denkbar ist dies insb. bei einer Filial- oder Regionalstruktur. Wenn ein BR gewählt wird, muss dieser sodann für die neue Einheit gebildet werden. Sie gilt als Betrieb iSd. BetrVG (Abs. 5 S. 1). Nicht erforderlich ist, dass dabei Regelungen für alle Betriebe des Unternehmens getroffen werden. Für Einheiten, die vom TV nicht erfasst werden, gilt weiter das BetrVG. Bestehen mehrere BR, die auf der Grundlage der gesetzl. oder der tarifl. Betriebsstruktur gebildet wurden, muss von diesen ein GBR gebildet werden (§ 47 I).

12 Voraussetzung für solche Vereinbarungen ist, dass dies die Bildung von BR erleichtert oder einer sachgerechten Wahrnehmung der Interessen der ArbN dient. Die Anforderungen an die Wirksamkeit entsprechender Vereinbarungen sind damit gering[4]. So dürfte die erste Voraussetzung erfüllt sein, wenn BR-Wahlen in den nach Gesetz gebildeten Betrieben bereits wegen der geringen Größe einen unverhältnismäßigen Aufwand bedeuten. Die zweite Voraussetzung dürfte immer dann erfüllt sein, wenn durch die Zusammenfassung mehrerer Betriebe eine übergreifende Interessenvertretung auf ArbN-Seite geschaffen wird, die der entsprechenden Zentralisierung auf ArbGebSeite Rechnung trägt. Dies gilt insbesondere dann, wenn damit nicht betriebsratsfähige Einheiten einen BR wählen oder durch durch die Zusammenfassung kleinerer Einheiten die Zahl der repräsentierten ArbN erhöht und damit auch die Stärke des ArbN-Vertreters gestärkt wird. Denn der Wahrnehmung der ArbN-Interessen dient die neue Struktur insb. dann, wenn der BR dort errichtet wird, wo ihm ein kompetenter Ansprechpartner und Entscheidungsträger gegenüber steht[5]. Ein tatsächliche Verbesserung der sachgerechten Interessenvertretung der ArbN ist nicht erforderlich. Da es genügt, wenn die Vereinbarung diesem Ziel „dient", reicht es, wenn eine entsprechende Wirkung von den TV-Parteien angestrebt wird und ein Erfolg nicht objektiv ausgeschlossen ist. Ist keine der (alternativen) Voraussetzungen erfüllt, ist die Regelung allerdings unwirksam (vgl. Rz. 2).

13 **3. Spartenbezogene Arbeitnehmervertreter.** Nach Abs. 1 Nr. 2 kann durch TV unternehmens- oder konzernbezogen eine spartenbezogene Bildung von BR vereinbart werden. Die Sparte wird dabei als produkt- oder projektbezogener Geschäftsbereich definiert[6]. Nicht erforderlich ist, dass in den Einheiten einer Sparte jeweils der gleiche Betriebszweck verfolgt wird. Diesen Bereichen können dann nicht nur verschiedene Betriebe mit der Folge zugeordnet werden, dass betriebsübergreifend eine einzige ArbN-Vertretung gewählt wird. Wenn in einem Betrieb iSd. BetrVG verschiedene Sparten vertreten sind, können diese Bereiche auch betriebsintern entsprechend ihrer produkt- oder projektbezogenen Ausrichtung jeweils getrennten SpartenBR zugeordnet werden. Die ursprüngliche Kennzeichnung nach den allgemeinen Vorgaben des BetrVG ist damit nicht mehr maßgeblich. Eine konzernübergreifende Bildung von SpartenBR – zB im Zusammenhang mit einem Joint Venture ohne Mehrheitsbeteiligung oder Arbeitsgemeinschaften – wird durch Abs. 1 Nr. 2 nicht gestattet, wäre aber nach Abs. 1 Nr. 3 erlaubt.

14 Abs. 1 Nr. 2 erlaubt auch die Bildung von SpartenGBR innerhalb eines Unternehmens mit verschiedenen Sparten. Wenn die Sparten unternehmensübergreifend im Konzern bestehen, können GBR auch für mehrere Betriebe unterschiedlicher Unternehmen gebildet werden[7]. Der Begriff des „Betriebsrats" in Abs. 1 Nr. 2 bezieht alle Ebenen der betriebsverfassungsrechtl. Organstruktur ein, ohne dass insoweit ein Rückgriff auf Abs. 1 Nr. 3 erforderlich ist. Grundlage der Bildung von SpartenGBR kann eine gesetzl. BR-Struktur sein. Wenn die gesetzl. Strukturen auf der betriebl. Ebene eine ordnungsgemäße Interessenvertretung erlauben, ist es nicht erforderlich, neben den SpartenGBR auch SpartenBR zu bilden[8].

---

1 Vgl. DKK/*Trümner*, § 3 BetrVG Rz. 157. | 2 *Trümner*, ArbRGgw 36 (1999), 59 (77); abl. *Teusch*, NZA 2007, 124 (129): Nachwirkung. | 3 *Hohenstatt/Dzida*, DB 2001, 2498. | 4 Vgl. *Giesen*, BB 2002, 1480 (1481); *Hohenstatt/Dzida*, DB 2001, 2498 (2499). | 5 BT-Drs. 14/5741 S. 34. | 6 Eingehend *Friese*, RdA 2003, 92 (93 f.). | 7 Vgl. BAG v. 10.11.2004 – 7 ABR 17/04, AiB 2005, 619 (620); abl. *Teusch*, NZA 2007, 124 (126 f.). | 8 AA LAG Hessen v. 21.4.2005 – 9/5 TaBV 115/04, nv.

Allerdings ist es ausgeschlossen, Teile eines nach dem Gesetz gebildeten Betriebs gleichzeitig auch in einen SpartenBR einzubinden[1]. ArbN dürfen nur nicht gleichzeitig durch verschiedene BR vertreten werden. Vereinbarungen nach Abs. 1 Nr. 2 treten stets an die Stelle der gesetzl. Struktur, soweit sie für die betroffene Ebene vereinbart werden. Die Vereinbarung nach Abs. 1 Nr. 2 kann sich indes auf die zweite Ebene beschränken. Der SpartenGBR hat dann – bezogen auf die ihm durch Vereinbarung zugeordneten Betriebe – die Zuständigkeit gem. § 50 BetrVG[2].

Voraussetzung für die Bildung von SpartenBR ist zunächst einmal, dass die Leitung der Sparte auch Entscheidungen in **beteiligungspflichtigen Angelegenheiten** trifft. Nicht erforderlich ist, dass sie wesentliche oder gar alle Fragen in personellen, sozialen oder wirtschaftl. Angelegenheiten trifft. Unter diesen Voraussetzungen wäre eine gesonderte Vereinbarung ohnehin nur dann erforderlich, wenn die einer Sparte zuzuordnenden Einheiten wegen ihrer räumlichen Entfernung keinen Betrieb bilden könnten. Andernfalls wären sie schon wegen der übergreifenden Steuerung als ein Betrieb anzusehen (§ 4 I 1 Nr. 2). Vergleichbar mit der durch § 4 I 1 Nr. 1 für den Fall der räumlichen Entfernung vorausgesetzten Mindestkompetenzzuweisung (vgl. § 4 Rz. 9 ff.) genügt es, dass einzelne Fragen, die Beteiligungsrechte des BR auslösen, in der Spartenleitung entschieden werden[3]. Unerheblich ist, ob das Beteiligungsrecht mit Unterrichtungs- oder weiter gehenden MitbestR verbunden ist. Da die Zuordnung dieser Entscheidungskompetenz zur Spartenleitung der unternehmerischen Entscheidungsfreiheit unterliegt, sind die Voraussetzungen von der ArbN-Seite/Gewerkschaft indes nicht erzwingbar. Denkbar ist auch, dass diese Organisation nur für einzelne Sparten im Unternehmen/Konzern gegeben sind, so dass auch nur dort Vereinbarungen nach § 3 in Betracht kommen. 15

Weitere Wirksamkeitsvoraussetzung ist, dass der TV der **sachgerechten Wahrnehmung der Aufgaben** des BR dient[4]. Trotz des abweichenden Wortlauts wird man hiervon indes entsprechend Abs. 1 Nr. 1 ausgehen können, wenn der SpartenBR dort errichtet wird, wo ihm ein kompetenter Ansprechpartner und Entscheidungsträger gegenüber steht. Das Gleiche gilt dann, wenn mit dieser Form der sachbezogen spezialisierten ArbN-Vertretung einer regionalen oder standortinternen Aufteilung eines Betriebs iSd. BetrVG, spartenbezogenen Organisationsänderungen oder unterschiedlichen Tätigkeiten in den einzelnen Geschäftsbereichen und den daraus folgenden Beteiligungsrechten des BR zB in Bezug auf Personalplanung oder Arbeitsschutz Rechnung getragen werden soll. Da nur die sachgerechte Wahrnehmung der betriebsverfassungsrechtl. Aufgaben unterstützt wird, ist der Nachweis einer unmittelbaren Verbesserung nicht notwendig (vgl. Rz. 2). 16

4. Sonstige Arbeitnehmervertretungsstrukturen. Abs. 1 Nr. 3 ermöglicht durch TV die Bildung anderer ArbN-Vertretungsstrukturen, die an die Stelle der im Gesetz an sich vorgegebenen Strukturen treten. Damit ist eine umfassende Neuorganisation der betriebsverfassungsrechtl. Strukturen möglich. Neben der Aufteilung eines Betriebs in mehrere betriebsverfassungsrechtl. Organisationseinheiten, der betriebsübergreifenden Zusammenfassung von Betriebsteilen oder der Bildung von unternehmensübergreifenden GBR ist zB im mittelständischen Konzern mit wenigen kleinen Konzernunternehmen eine zwei- oder gar einstufige Interessenvertretung an Stelle der dreistufigen Struktur des BetrVG möglich. Auf diese Weise kann ein GBR für mehrere Betriebe mehrere Unternehmen errichtet werden, der dann – was indes klarzustellen ist – an die Stelle des im Gesetz vorgesehenen GBR und KBR tritt[5]. Ohne Vereinbarung nach § 3 kann unternehmensübergreifend kein GesamtBR gebildet werden[6]. Im Gleichordnungskonzern kann durch TV nach Abs. 1 Nr. 3 ein KBR errichtet werden[7]. Aus Abs. 5 S. 1 folgt, dass Abs. 3 Nr. 3 nicht zur Bildung eines KonzernWA genutzt werden kann. 17

Wirksamkeitsvoraussetzung ist, dass die Bildung anderer ArbN-Vertretungsstrukturen insb. auf Grund der Betriebs-, Unternehmens- oder Konzernorganisation oder auf Grund anderer Formen der Zusammenarbeit von Unternehmen einer **wirksamen und zweckmäßigen Interessenvertretung** der ArbN dient. Da dieses Ziel keinen abschließenden Charakter hat („insbesondere"), kann die wirksame und zweckmäßige Interessenvertretung der ArbN auch aus anderen Gründen verfolgt werden. Beispiel: Spartenorganisation, Zusammenarbeit im Joint Venture oder in Arbeitsgemeinschaften. Damit dürfte zwar jede sachlich begründete Form der unternehmensinternen oder -übergreifenden Zusammenarbeit eine vom Gesetz abweichende ArbN-Vertretungsstruktur rechtfertigen. Dass die gesetzl. Organisation der Betriebsverfassung damit zur Disposition der TV-Parteien gestellt wird und dies durch nicht organisierte ArbN hingenommen werden muss, ist mit Blick auf die Grundsatzentscheidung des Gesetzgebers in Abs. 2 hinzunehmen, zumal die Interessenvertretung auch in der neuen Struktur ohne Rücksicht auf die Gewerkschaftsmitgliedschaft im Rahmen von Wahlen demokratisch legitimiert werden muss und Arbeitsbedingungen selbst durch den TV nur bei beiderseitiger Tarifbindung gestaltet werden können[8]. 18

---

1 Insoweit ebenso LAG Hessen v. 21.4.2005 – 9/5 TaBV 115/04, nv. |2 Eingehend – wenn auch mit einer zT abweichenden Zuordnung der Regelungsmöglichkeiten zu § 3 I Nr. 2, 3 – vgl. *Friese*, RdA 2003, 92 (94 ff.). |3 Ebenso DKK/*Trümner* § 3 Rz. 45; *Friese*, RdA 2003, 92 (93 f.); aA ErfK/*Eisemann*, § 3 BetrVG Rz. 5, der offenbar eine weiter gehende Kompetenzzuweisung für erforderlich hält. |4 Eingehend *Friese*, RdA 2003, 92 (100). |5 Abw. *Teusch*, NZA 2007, 124 (127), der nur unternehmensbezogene Vertretungsstrukturen für zulässig hält. |6 BAG v. 3.2.2007 – 1 AZR 184/06, NZA 2007, 825 (827). |7 Vgl. BT-Drs. 14/5741 S. 34. |8 Abw. Richardi/*Richardi*, § 3 BetrVG Rz. 37.

Unstatthaft ist aber, wenn der TV den ArbN überlässt, vor jeder BR-Wahl abzustimmen, ob der TV zur Anwendung kommt oder ob in den einzelnen Betrieben eigenständige BR gewählt werden sollen[1].

19 **5. Arbeitsgemeinschaften und zusätzliche sonstige Vertretungen.** Nach Abs. 1 Nr. 4 können durch TV zusätzliche betriebsverfassungsrechtl. Gremien (Arbeitsgemeinschaften) gebildet werden, die der unternehmensübergreifenden Zusammenarbeit von ArbN-Vertretungen dienen. Ein Konzernbezug oder eine besondere Form der Zusammenarbeit der beteiligten Unternehmen ist nicht erforderlich. Arbeitsgemeinschaften können auch regional oder branchenbezogen gebildet werden. Darüber hinaus soll es möglich werden, dass ArbN-Vertretungsstrukturen entlang einer Produktionskette (just in time) oder für andere moderne Erscheinungsformen von Produktion, Dienstleistung und Zusammenarbeit von Unternehmen geschaffen werden[2]. Unter dem Begriff der ArbN-Vertretung iSd. Abs. 1 Nr. 4 sind neben BR, GBR oder KBR auch SpartenBR oder andere ArbN-Vertretungsstrukturen iSd. Abs. 1 Nr. 3 zu verstehen.

20 Darüber hinaus können nach Abs. 1 Nr. 5 durch TV zusätzliche betriebsverfassungsrechtl. Vertretungen der ArbN gebildet werden, sofern diese die Zusammenarbeit zwischen BR und ArbN erleichtern. Beispiel: Regionale Vertreter des BR, Vertreter des BR für einzelne Betriebsteile.

21 Im Unterschied zu Abs. 1 Nr. 1–3 treten die Arbeitsgemeinschaften und sonstigen zusätzlichen ArbN-Vertretungen nach Nrn. 4, 5 nicht an die Stelle der gesetzl. vorgesehenen ArbN-Vertretungen. Es sind zusätzliche Strukturen, die die Rechtsposition der nach dem Gesetz bestehenden Organe unberührt lassen. Sie übernehmen keine betriebsverfassungsrechtl. Aufgaben und besitzen keine Mitwirkungs- und MitbestR[3]. Soweit zusätzliche ArbN-Vertretungen im Gesetz nicht vorgesehene Rechte erhalten sollen, bleibt dies indes weiterhin statthaft[4].

22 **Bestimmung der Zahl der Mitglieder, Zusammensetzung und Wahl.** Durch TV kann an sich nur eine vom Gesetz abweichende Organisationseinheit definiert werden, die als Betrieb iSd. BetrVG gilt (Abs. 5 S. 1). Soweit keine dahin gehende Regelung getroffen wird, finden deshalb grds. die Regelungen über die Zahl der BR-Mitglieder, ihre Zusammensetzung und die daran anknüpfenden Organisationsvorgaben (zB §§ 9, 14a, 17a, 27, 38, 47) für ArbN-Vertretungen nach Abs. 1 Nr. 1–3 entsprechende Anwendung. Abs. 1 Nr. 3 macht indes durch die Berechtigung zur Wahl anderer „ArbN-Strukturen“ deutlich, dass auch eine vom Gesetz abweichende Regelung über die Zahl der Mitglieder des vereinbarten Repräsentationsorgans, seine Zusammensetzung und das Wahlverfahren vereinbart werden kann, sofern dabei die allgemeinen Grundsätze des Betriebsverfassungsrechts (zB Repräsentation durch ArbN des Betriebs) beachtet werden[5]. Denn in diesen Fällen kann nicht ohne weiteres auf eine analoge Anwendung der gesetzl. Regelungen zur Wahl bzw. Zusammensetzung von Betriebs- oder GesamtBR zurückgegriffen werden[6]. Deshalb ist es auch möglich, entgegen § 14 BetrVG die Bildung von Wahlkreisen in einem Betrieb zu vereinbaren[7]. Diese Regelungsbefugnis gilt ebenso für Abs. 1 Nr. 1, 2[8].

23 **III. Regelungen durch Betriebsvereinbarung.** Abs. 2 erlaubt nur sehr eingeschränkt vom Gesetz abweichende Regelungen durch BV. Zum einen können nur Regelungen entsprechend Abs. 1 Nr. 1, 2, 4 oder 5 getroffen werden. Zum anderen ist eine Regelung ausgeschlossen, wenn irgendeine tarifl. Regelung mit Wirkung für den Betrieb oder das Unternehmen, das in den Geltungsbereich der BV fallen soll, abgeschlossen wurde. Im Kern geht es also um einen „Supertarifvorbehalt“, der §§ 77 III 1, 87 I Einleitungssatz deutlich übertrifft. Jede Regelung durch Verbands- oder FirmenTV, gleich welchen Geltungsbereich sie betrifft (zB vermögenswirksame Leistungen), schließt eine BV nach Abs. 2 aus. Dies gilt auch dann, wenn der TV keine Regelungen über betriebverfassungsrechtl. Organisationsstrukturen enthält[9]. Dabei werden auch allgemeinverbindliche Regelungen einbezogen[10]. Eine einzelvertragl. Bezugnahme auf einen TV genügt indes nicht, um die Sperrwirkung für eine BV auszulösen; Abs. 2 verlangt eine gesetzliche Tarifbindung. Warum der Gesetzgeber den betrieblichen Sozialpartnern bedauerlicherweise so wenig Kompetenz zugesteht, ist nicht erkennbar. Der damit bewirkte Vorrang der Gewerkschaften ist unverhältnismäßig und sachlich unbegründet. Umso wichtiger ist es, den betrieblichen Sozialpartnern durch entsprechende Öffnungsklauseln im TV diesen Gestaltungsspielraum zuzuerkennen, wenn die Tarifpartner selbst solche Regelungen nicht treffen. Solche Öffnungsklauseln sind wirksam[11]. Dass Abs. 2 eine solche Möglichkeit – anders als § 77 III 2 – nicht nennt, steht dem nicht entgegen. Andernfalls wäre mit Abs. 2 ein unverhältnismäßiger Eingriff in die negative Koalitionsfreiheit des ArbGeb verbun-

1 BAG v. 10.11.2004 – 7 ABR 17/04, AiB 2005, 619. | 2 BT-Drs. 14/5741 S. 34. | 3 *Löwisch*, BB 2001, 1734 (1735). | 4 Vgl. BAG v. 19.6.2001 – 1 AZR 463/00, NZA 2002, 397 (400) – Bildung eines Redaktionsrats zur Mitwirkung bei tendenzbezogenen Maßnahmen in Zeitungsredaktion. | 5 Vgl. LAG Hamm v. 27.6.2003 – 10 TaBV 22/03, nv.; siehe auch BAG v. 5.10.2000 – 1 ABR 14/00, NZA 2001, 1325 (1327) (zu § 3 BetrVG aF); ebenso *Fitting*, § 3 BetrVG Rz. 47 ff., 54; ErfK/*Eisemann*, § 3 BetrVG Rz. 6; *Hohenstatt/Dzida*, DB 2001, 2498 (2500); *Annuß*, NZA 2002, 290 (292); abl. *Teusch*, NZA 2007, 124 (127). | 6 BT-Drs. 14/5741 S. 26 f.; LAG Hamm v. 27.6.2003 – 10 TaBV 22/03, nv. | 7 LAG Hamm v. 27.6.2003 – 10 TaBV 22/03, nv. | 8 AA *Friese*, RdA 2003, 92 (101), die allerdings Ausnahmen zulässt. | 9 BT-Drs. 14/5741 S. 34. | 10 Richardi/*Richardi*, § 3 BetrVG Rz. 75. | 11 AA *Annuß*, NZA 2002, 290 (293); *Thüsing*, Tarifautonomie im Wandel, S. 285 (303 f.); *Spinner/Wiesenecker*, FS Löwisch S. 375 (382).

den, der – entgegen dem eigentlichen Regelungswillen der TV-Parteien – bereits durch Abschluss eines TV zu völlig anderen Fragen jedwede Gestaltungsmöglichkeit auf der betriebsverfassungsrechtl. Ebene verlöre. Eine solche Öffnungsklausel berechtigt BR, GBR oder KBR indes nicht, ihren originären Zuständigkeitsbereich (Betrieb, Unternehmen oder Konzern), wie er durch §§ 50 I, 58 I gekennzeichnet wird, zu überschreiten[1]. Eine Verkennung der Zuständigkeit von BR, Gesamt- oder KonzernBR führt zur Unwirksamkeit der Vereinbarung[2]. Dabei kann Nichtigkeit der BV wegen fehlender Beachtung der gesetzlichen Schranken (zB TV-Vorbehalt) grundsätzlich jederzeit geltend gemacht werden. Ausnahme erscheint nur dort geboten, wo es um die Fragen mit Beurteilungsspielraum geht (zB Erleichterung der BR-Bildung)[3].

Die Geltungsdauer der BV bestimmt sich grds. nach § 77. Beansprucht ein TV erst nach Abschluss einer BV gem. Abs. 2 Wirkung, endet die Wirkung der BV ohne Übergang an diesem Tag. Unerheblich ist, auf welche Weise die Geltung herbeigeführt wird (zB Neuabschluss eines FirmenTV, Beitritt zu ArbGeb-Verband). Auch der Regelungsgegenstand des TV spielt keine Rolle. Nachwirkung der BV gem. § 77 VI ist nicht gegeben. Endet der TV, ist damit auch ein Wiederaufleben der BV ausgeschlossen. Allerdings kann vereinbart werden, dass die BV in diesem Fall wieder in Kraft tritt. Die Ablösung der bestehenden Organisationsstrukturen bestimmt sich sodann (wieder) nach Abs. 4. Wegen eines Rest- oder Übergangsmandats vgl. Rz. 39 ff. 24

IV. Beschluss der Arbeitnehmer zu unternehmenseinheitlichem Betriebsrat. Abs. 3 eröffnet – theoretisch – die Möglichkeit, die Wahl eines unternehmenseinheitlichen BR entsprechend Abs. 1 Nr. 1a durch mehrheitlichen Beschluss der ArbN herbeizuführen. Voraussetzung ist allerdings, dass keine tarifl. Regelung besteht (vgl. Rz. 23) und in dem Unternehmen überhaupt kein BR existiert. Besteht in einem der Betriebe des Unternehmens ein BR, ist ein Beschluss nach Abs. 3 ausgeschlossen. Die Abstimmung kann von mindestens drei wahlberechtigten ArbN oder von einer im Unternehmen vertretenen Gewerkschaft veranlasst werden. Spricht sich die Mehrheit der ArbN für die unternehmenseinheitliche Bildung eines BR aus, müssen entsprechende BR-Wahlen eingeleitet werden (vgl. Rz. 29). Unternehmensübergreifende Regelungen können durch Abs. 3 nicht geschaffen werden. Sie sind unwirksam[4]. 25

Obwohl dahingehende Regelungen fehlen, wird man dem Beschluss analog § 4 I 2–5 Bindungswirkung für die Dauer der Amtszeit des BR zumessen müssen. Er kann indes mit Mehrheitsbeschluss widerrufen werden. Erfolgt kein Widerruf, der dem BR spätestens zehn Wochen vor Ablauf der Amtszeit mitgeteilt werden muss, wird nach Ablauf der Amtszeit ein neuer unternehmenseinheitlicher BR gewählt. 26

V. Geltungsdauer abweichender Vereinbarungen. Abweichende Regelungen eines TV oder einer BV iSd. § 3 I Nr. 1–3 kommen, wenn in der Vereinbarung selbst nichts Abweichendes bestimmt wird, erstmals bei der nächsten regelmäßigen BR-Wahl zur Anwendung. Sofort zur Anwendung kommen diese Regelungen nur dann, wenn kein BR besteht oder aus anderen Gründen eine Neuwahl des BR erforderlich ist. Sehen die Vereinbarungen einen anderen Wahlzeitpunkt vor, was statthaft ist, endet die Amtszeit bestehender BR, die durch die Regelungen nach Abs. 1 Nr. 1–3 entfallen, mit Bekanntgabe der Wahlergebnisse[5]. Vereinbarungen über Arbeitsgemeinschaften oder zusätzliche Vertretungen nach Abs. 1 Nr. 4, 5 können, wenn nichts anderes vereinbart wird, sofort in Kraft treten. Bestehende ArbN-Vertretungen bleiben hiervon unberührt. 27

Endet der TV oder die BV, werden (wieder) die im BetrVG vorgesehenen ArbN-Vertretungen gebildet. Nachwirkung entfalten die Regelungen nicht, falls keine abweichende Vereinbarung getroffen wird[6]. Fehlt eine ausdrückliche Regelung, enden die abweichenden Vereinbarungen und das Mandat der auf dieser Grundlage gebildeten Organe indes erst mit Ablauf der gesetzl. Wahlperiode. Der BR hat dann nach § 21a die Aufgabe, die BR-Wahl(en) in den dann nach dem Gesetz bestimmten Einheiten vorzubereiten. Die Auflösung des nach § 3 gebildeten Betriebs ist insoweit als Spaltung eines Betriebs iSd. § 21a zu behandeln. 28

VI. Durchführung von Betriebsratswahlen. Wie die Mitglieder einer ArbN-Vertretung nach Abs. 1 Nr. 1–3 gewählt werden, bestimmt § 3 nicht. Auch die Wahlordnung zum BetrVG schweigt. Abs. 5 S. 2 stellt lediglich klar, dass auf die „gebildeten" ArbN-Vertretungen die Vorschriften über die Rechte und Pflichten des BR und die Rechtsstellung seiner Mitglieder Anwendung finden. 29

Gab es bislang keinen BR, wird man deshalb von einer entsprechenden Anwendbarkeit der Regelungen zu BR-Wahlen in betriebsratslosen Betrieben ausgehen können, soweit die ArbN-Vertretung – wie in Abs. 1 Nr. 1, 2 vorgesehen – an die Stelle eines BR treten soll. Insofern kommen insb. §§ 14 ff., 17 ff., 21 ff. zur Anwendung. Darüber hinaus sind die Vorgaben zur Wahlberechtigung und Wählbarkeit sowie der Zahl der Mitglieder (§§ 9 ff.) entsprechend anwendbar[7]. Bei Abs. 1 Nr. 3 muss differenziert werden. Wer- 30

---

1 *Gaul, B.*, Betriebs- und Unternehmensspaltung, § 27 Rz. 98. | 2 *Spinner/Wiesenecker*, FS Löwisch S. 375 (382). | 3 Abw. *Spinner/Wiesenecker*, FS Löwisch S. 375, 380 ff., die generelle Nichtigkeit annehmen. | 4 ArbG Hamburg v. 13.6.2006 – 19 BV 16/06, NZA-RR 2006, 645. | 5 So schon zur früheren Rechtslage BAG v. 24.1.2001 – 4 ABR 11/00, nv.; v. 19.6.2001 – 1 ABR 43/00, NZA 2001, 1263 (1264). | 6 Vgl. *Thüsing*, Tarifautonomie im Wandel, S. 285 (309 ff.). | 7 Vgl. *Hohenstatt/Dzida*, DB 2001, 2498 (2500).

den durch TV oder BV neue Organisationseinheiten definiert, die einen oder mehrere bislang nach Maßgabe des BetrVG bestehende Betriebe verändern bzw. auflösen, gilt für den Fall erstmaliger BR-Wahlen Entsprechendes.

Treten die neuen ArbN-Strukturen an die Stelle von GBR oder KBR, wird man die für deren Bildung im Gesetz vorgesehenen Vorschriften analog heranziehen können. Besondere Voraussetzungen (zB § 54 I 2) finden dann allerdings keine Anwendung.

31 Wenn die abweichende Struktur durch TV eingeführt wird, obwohl in den hiervon betroffenen Einheiten **bereits BR bestehen**, finden ebenfalls die allgemeinen Grundsätze Anwendung. Erfolgt der Zusammenschluss während der Amtszeit der BR im Wege der Eingliederung in einen Betrieb, der im Anschluss daran fortbesteht (vgl. § 77 Rz. 77), gilt das Mandat des im aufnehmenden Betrieb bereits bestehenden BR innerhalb der gemäß § 3 gebildeten Einheit fort, sofern nicht die Voraussetzungen einer Neuwahl nach § 13 II Nr. 1 gegeben sind. Besteht in der aufnehmenden Einheit kein BR, hat der BR das Übergangsmandat, in dessen bis zum Zusammenschluss bestehenden Betrieb oder Betriebsteil die größte Zahl wahlberechtigter ArbN beschäftigt ist (§ 21a I, II 2). Erfolgt der Zusammenschluss durch Neugründung, ist § 21a II 1 maßgeblich. Damit hat der BR das Übergangsmandat, in dessen Betrieb oder Betriebsteil bis zum Wirksamwerden des TV die größte Zahl wahlberechtigter ArbN beschäftigt war (§ 21a II).

32 Wenn die ArbN-Vertretungen zusätzlich gebildet werden (Abs. 1 Nr. 4, 5), kann in der Vereinbarung selbst die Bildung und Zusammensetzung geregelt werden.

33 Die Wahlen im Anschluss an eine Vereinbarung nach § 3 sind ggf. anfechtbar analog § 19. Wegen der weiteren Einzelheiten der Abgrenzung zwischen Nichtigkeit und Anfechtbarkeit vgl. Rz. 2. Daneben kann das Vorliegen einer betriebsverfassungsrechtl. Organisationseinheit zum Gegenstand eines Feststellungsantrags nach § 18 II gemacht werden.

34 **VII. Rechtsstellung der Arbeitnehmervertretung und ihrer Mitglieder.** Nach Abs. 5 S. 1 gelten die auf Grund eines TV oder einer BV nach Abs. 1 Nr. 1–3 gebildeten betriebsverfassungsrechtl. Organisationseinheiten als Betriebe iSd. BetrVG. Auch ohne das Vorliegen der in §§ 1, 4 BetrVG genannten Voraussetzungen wird der Betrieb also fingiert[1]. Entsprechendes ist auch ohne gesetzl. Regelung für Unternehmen anzunehmen, in dem die Belegschaft gem. Abs. 3 die Bildung eines unternehmenseinheitlichen BR gem. Abs. 1 Nr. 1 beschlossen hat. Auf die in ihnen gebildeten ArbN-Vertretungen finden die Rechte und Pflichten des BR und die Rechtsstellung seiner Mitglieder Anwendung (Abs. 5 S. 2). Unter entsprechender Berücksichtigung der vertikalen Zuständigkeitsverteilung durch §§ 50, 58 kann die ArbN-Vertretung damit alle Mitbestimmungs- und Mitwirkungsrechte des BR wahrnehmen. Neben der personellen und sozialen Mitbest. gehört hierzu auch die Beteiligung bei einer Betriebsänderung nach §§ 111, 112[2]. Im Zweifel ist das Wort „Betriebsrat" durch die Worte „ArbN-Vertretung nach § 3 BetrVG" zu ersetzen, so dass von Abs. 5 zB auch unternehmensübergreifende (Sparten-)GBR erfasst werden. Die Erstattung der Kosten und etwaiger Sachaufwand richten sich dabei nach § 40. Für die Mitglieder dieser ArbN-Vertretungen folgt aus dieser Gleichstellung vor allem der Anspruch auf Entgeltfortzahlung und Freistellung (§§ 37, 38), der Kündigungsschutz durch §§ 15 KSchG, 103 BetrVG, die Anwendbarkeit des Begünstigungs- und Benachteiligungsverbots (§ 78) sowie die Pflicht zur Verschwiegenheit (§ 79). Dabei werden Wahlbewerber und Mitglieder des Wahlvorstands analog § 15 III KSchG einbezogen.

35 Soweit ArbN verschiedener Unternehmen in den entsprechenden ArbN-Vertretungen tätig sind, werden die betriebsverfassungsrechtl. Pflichten in beteiligungspflichtigen Angelegenheiten gegenüber der Vertretung in ihrer Gesamtheit durch die Unternehmen als **Gesamtschuldner** wahrgenommen. Dies gilt auch für die Kostenerstattung und die Übernahme des Sachaufwands entsprechend § 40[3]; im Innenverhältnis kann zwischen den Unternehmen Abweichendes vereinbart werden. Insoweit besteht also eine Parallele zum gemeins. Betrieb (vgl. § 1 Rz. 26). Individuelle Ansprüche der einzelnen Mitglieder richten sich allerdings ebenso wie Rechte und Pflichten von ArbN aus BV, die mit Wirkung für ArbN mehrerer Unternehmen von der Vertretung abgeschlossen worden sind (zB SpartenBV), gegen den jeweiligen ArbGeb (vgl. § 77 Rz. 27).

36 **Arbeitsgemeinschaften und zusätzliche Vertreter** nach Abs. 1 Nr. 4, 5 werden in die Gleichstellung durch Abs. 5 nicht einbezogen. Ihnen steht insb. kein besonderer Kündigungsschutz zu. Folgerichtig erstreckt sich der gesetzl. Schutz auch nicht auf Wahlbewerber für Arbeitsgemeinschaften und zusätzliche Vertretungen. IdR dürften die Mitglieder dieser zusätzlichen Strukturen aber als Mitglied der gesetzl. ArbN-Vertretungen geschützt sein. Unabhängig davon gilt § 612a BGB.

37 **Weitergehende Rechte und Pflichten** der Mitglieder der ArbN-Vertretungen nach Abs. 1 können vereinbart werden. Unzulässig ist es aber, durch solche Vereinbarungen der Vertretung selbst besondere Mitbestimmungs- und Mitwirkungsrechte zuzugestehen, wenn dadurch zugleich das gesetzl. Mitbe-

1 BAG v. 31.5.2007 – 2 AZR 254/06, nv. | 2 *Gaul, B.*, Betriebs- und Unternehmensspaltung, § 28 Rz. 93 ff. | 3 Vgl. *Löwisch*, BB 2001, 1734 (1735).

stimmungs- oder Mitwirkungsrecht einer anderen ArbN-Vertretung eingeschränkt wird. Insbesondere kann durch Vereinbarung nach § 3 die Verteilung der Zuständigkeit zwischen BR, GBR oder KBR (vgl. §§ 50, 58) nicht verändert werden.

Gemäß Abs. 5 S. 1 besitzen die Mitglieder der nach Abs. 1 Nr. 1–3 gebildeten betriebsverfassungsrechtl. Organisationseinheiten die **Rechte und Pflichten des BR** und seiner Mitglieder. Da Abs. 1 Nr. 4 und 5 dort nicht aufgeführt ist, ergibt sich im Umkehrschluss, dass die Mitglieder in zusätzlichen betriebsverfassungsrechtl. Vertretungen nicht die Rechte und Pflichten des BR und die Rechtsstellung seiner Mitglieder besitzen. Ihnen bleibt aber der Schutz als Mitglieder der ArbN-Vertretung, aus der heraus sie in die besonderen Vertretungsstrukturen nach Abs. 1 Nr. 4, 5 entsandt werden. 38

VIII. Folgen von Umstrukturierungen. Vergleichbar mit freiwilligen Vereinbarungen zur grenzüberschreitenden Unterrichtung und Anhörung bzw. zur Bildung EBR nach §§ 17 ff., 41 EBRG sollte in einer Vereinbarung nach § 3 sichergestellt sein, wie bei künftigen Änderungen der Betriebs-, Unternehmens- oder Konzernstruktur, einer Veränderung der im Unternehmen oder Konzern bestehenden Sparten bzw. sonstigen Veränderungen im Kreis der beteiligten Rechtsträger in Bezug auf die bereits bestehenden Vereinbarungen verfahren werden soll (vgl. zur Umstrukturierung durch Abschluss entsprechender Vereinbarungen Rz. 30 f.). Fehlen solche Absprachen, die bei einem TV auch in Form einer Öffnung für Regelungen durch BV liegen können (vgl. Rz. 23), wird man differenzieren müssen: 39

Wird die der Bildung von SpartenBR zugrunde liegende Struktur der Geschäftsbereiche mit der Folge geändert, dass einzelne **Sparten entfallen**, endet das Amt der ArbN-Vertretung nach Abs. 1 Nr. 2. Der BR hat indes – je nach den tatsächlichen Gegebenheiten – ein Übergangs- und/oder Restmandat analog §§ 21a, 21b[1]. 40

Werden Einheiten, die durch eine Vereinbarung nach Abs. 1 Nr. 1–3 als selbständige betriebsverfassungsrechtl. Organisationseinheiten definiert wurden, Gegenstand eines **Betriebsübergangs** bzw. einer **Umwandlung**, hängen die Rechtsfolgen davon ab, ob ihre Identität durch den Übertragungsvorgang berührt wird, ob mit entsprechenden Vereinbarungen betriebsinterne, unternehmensinterne oder unternehmensübergreifende ArbN-Vertretungen geschaffen wurden und ob und inwieweit diese Vereinbarung ihrer Rechtsnatur nach auch den übernehmenden Rechtsträger binden. § 613a I 2 BGB kommt, da es sich insoweit um Betriebsnormen handelt, nicht zur Anwendung. Voraussetzung ist also eine kollektivrechtliche Fortgeltung des TV oder der BV. Das Gleiche gilt grds. auch für die Vereinbarung nach Abs. 1 Nr. 4, 5. Hier treten die ArbN-Vertretungen indes neben die Organe, die nach den Vorgaben des BetrVG gebildet wurden. Die Rechtsfolgen für die ArbN-Vertreter nach Abs. 1 Nr. 4, 5 müssen also getrennt von den Rechtsfolgen für den BR, den GBR oder KBR bzw. die JAV beurteilt werden. Wenn die Bildung der ArbN-Vertretung durch Beschluss der ArbN gem. Abs. 3 erfolgt ist, besteht keine Bindung des übernehmenden Rechtsträgers[2]. Das Ergebnis lässt sich wie folgt zusammenfassen: 41

Wenn gem. Abs. 1 Nr. 2, 3 für einen einzelnen Betrieb iSd. §§ 1, 4 I 1 durch BV die **Bildung mehrerer (Sparten-)BR** vereinbart wird, gilt diese Vereinbarung auch beim übernehmenden Rechtsträger fort, wenn dieser die Betriebe unter Wahrung der in der Vereinbarung gekennzeichneten Identität aufrecht erhält. Entsprechendes gilt bei einer solchen Übertragung, wenn innerbetrieblich zusätzliche ArbN-Vertretungen gem. Abs. 1 Nr. 5 vereinbart wurden. 42

Wenn eine Vereinbarung gem. Abs. 1 Nr. 2, 3, 5 durch **FirmenTV** getroffen wurde, gilt sie – vorausgesetzt die betroffenen Einheiten werden übernommen – auch beim übernehmenden Rechtsträger fort, wenn die Übertragung im Wege der Gesamtrechtsnachfolge vorgenommen wurde und die sonstigen Voraussetzungen eines Eintritts in den FirmenTV erfüllt sind. Bei einer Übertragung im Wege der Einzelrechtsnachfolge kommt ein Eintritt in den FirmenTV nur auf Grund gesonderter Vereinbarung zwischen der Gewerkschaft und dem übernehmenden Rechtsträger in Betracht[3]. Im Zweifel muss ein Beitritt zum TV erfolgen oder durch TV eine inhaltsgleiche Regelung getroffen werden. Andernfalls entfällt die entsprechende Regelung. Allerdings kommt bei den nach Abs. 1 Nr. 2, 3 gebildeten ArbN-Vertretungen auf betrieblicher Ebene ein Übergangsmandat gem. §§ 3 V, 21a zur Anwendung. 43

Wenn die durch Vereinbarung gebildeten Betriebe in Zusammenhang mit dem Übertragungsvorgang in ihrer **Identität verändert**, insb. aufgelöst werden, ist ein Fortbestand des BR ausgeschlossen. Auch hierbei ist allerdings das Übergangsmandat gem. §§ 3 V, 21a zu berücksichtigen, soweit ArbN-Vertretungen nach Abs. 1 Nr. 2, 3 betroffen sind[4]. Diese Überlegungen lassen sich bei unternehmensbezogenen ArbN-Vertretungen auf den Fall übertragen, dass Betriebe oder selbständige Betriebsteile durch Vereinbarung mit dem GesamtBR bzw. mit der Gewerkschaft zu einem einzigen Betrieb gem. Abs. 1 Nr. 1, 2 zusammengefasst worden sind. Werden diese Einheiten unter Wahrung ihrer Identität auf einen anderen Rechtsträger übertragen, gilt die auf Grund der GesamtBV getroffene Regelung kollektivrechtl. fort. Ist die Regelung durch TV getroffen worden, kommt eine Fortgeltung der Vereinbarungen nach Abs. 1 44

1 Vgl. *Giesen*, BB 2002, 1480 (1482). | 2 *Gaul, B.*, Betriebs- und Unternehmensspaltung, § 27 Rz. 225 ff. | 3 Eingehend *Gaul, B.*, Betriebs- und Unternehmensspaltung, § 24 Rz. 135 ff. | 4 *Gaul, B.*, Betriebs- und Unternehmensspaltung, § 27 Rz. 230.

Nr. 1–3 nur bei einer Gesamtrechtsnachfolge in Betracht. Liegen die hierfür erforderlichen Voraussetzungen nicht vor, endet die Vereinbarung für die vom Übergang betroffene Einheit mit dem Wirksamwerden des Übertragungsvorgangs. Soweit deshalb bis zur Neuwahl eines BR keine ArbN-Vertretung besteht, wird man indes wegen Abs. 5 ein Übergangsmandat gem. § 21a annehmen müssen.

45 Ob beim übertragenden Rechtsträger eine **betriebsübergreifende ArbN-Vertretung** fortbesteht, hängt vom Inhalt der Vereinbarung und den tatsächlichen Gegebeneinheiten ab[1].

46 Wenn durch Vereinbarung mit dem KBR gem. Abs. 1 Nr. 2, 4 Regeln zur Bildung unternehmensübergreifender ArbN-Vertretungen abgeschlossen wurden, bestehen diese Vereinbarung und die daran anknüpfend gebildeten Organe fort, wenn die Übertragung im Konzern erfolgt und die Einheiten in ihrer Identität, wie sie durch die Vereinbarung definiert wird, nicht berührt werden. Werden Betriebe und Betriebsteile auf Rechtsträger außerhalb des Konzerns übertragen, findet die konzernbezogene BV keine Anwendung mehr. Dies gilt auch beim FirmenTV, sofern nicht ausnahmsw. eine Übertragung im Wege der Gesamtsrechtsnachfolge veranlasst worden ist. Wenn die bisherige ArbN-Vertretung fortbestehen soll, muss eine entsprechende Vereinbarung unter Einbeziehung des übernehmenden Rechtsträgers neu abgeschlossen werden. Ist diese Rechtsfolge bei ArbN-Vertretungen iSd. Abs. 1 Nr. 1–3 mit einem Wegfall der betriebsbezogenen Interessenvertretung verbunden, kommt das Übergangsmandat gem. § 21a zur Anwendung. Es greift lediglich dann nicht, wenn die Übertragung mit dem Wegfall von ArbN-Vertretern verbunden ist, die gem. Abs. 1 Nr. 2, 3 auf überbetrieblicher Ebene neben den BR gebildet worden sind. Es kommt auch dann nicht zur Anwendung, wenn die Vereinbarung auf die Bildung zusätzlicher ArbN-Vertretungen iSd. Abs. 1 Nr. 4 gerichtet war[2].

47 Die Rechtsfolgen einer **unternehmensinternen Betriebsspaltung** werden im Wesentlichen durch den Inhalt der Vereinbarung nach § 3 bestimmt. Nur wenn nach der Vereinbarung angenommen werden muss, dass die neue Betriebsstruktur nicht mehr vom Geltungsbereich erfasst wird, oder die in der Vereinbarung getroffene Vereinbarung auf die neue Organisationsstruktur nicht angewendet werden kann, kommt die Bildung eines BR auf der Grundlage der betriebsverfassungsrechtl. Regelorganisation in Betracht. Ggf. muss wegen Abs. 5 ein Übergangsmandat iSd. § 21a anerkannt werden[3].

48 Auch bei einem **Zusammenschluss von Betrieben oder Betriebsteilen**, für die eine Vereinbarung nach § 3 abgeschlossen worden ist, muss geprüft werden, ob die Vereinbarung selbst die Rechtsfolgen regelt. Ist dieses nicht der Fall, kann auf die allgemeinen Grundsätze zu den Folgen eines solchen Zusammenschlusses zurückgegriffen werden (vgl. auch Rz. 30 f.)[4].

4 *Betriebsteile, Kleinstbetriebe*

(1) Betriebsteile gelten als selbständige Betriebe, wenn sie die Voraussetzungen des § 1 Abs. 1 Satz 1 erfüllen und

1. räumlich weit vom Hauptbetrieb entfernt oder

2. durch Aufgabenbereich und Organisation eigenständig sind.

Die Arbeitnehmer eines Betriebsteils, in dem kein eigener Betriebsrat besteht, können mit Stimmenmehrheit formlos beschließen, an der Wahl des Betriebsrats im Hauptbetrieb teilzunehmen; § 3 Abs. 3 Satz 2 gilt entsprechend. Die Abstimmung kann auch vom Betriebsrat des Hauptbetriebs veranlasst werden. Der Beschluss ist dem Betriebsrat des Hauptbetriebs spätestens zehn Wochen vor Ablauf seiner Amtszeit mitzuteilen. Für den Widerruf des Beschlusses gelten die Sätze 2 bis 4 entsprechend.

(2) Betriebe, die die Voraussetzungen des § 1 Abs. 1 Satz 1 nicht erfüllen, sind dem Hauptbetrieb zuzuordnen.

1 **I. Vorbemerkung.** § 4 enthält weitere Vorgaben zur Kennzeichnung des betriebsverfassungsrechtl. Betriebs. Er bestimmt, wann Betriebsteile als selbständige Betriebe zu behandeln (Fiktion) und wann Kleinstbetriebe dem Hauptbetrieb zuzuordnen sind. Ergänzend werden die Voraussetzungen genannt, unter denen trotz der Selbständigkeit eines Betriebsteils eine Beteiligung an der BR-Wahl im Hauptbetrieb erfolgen kann.

2 **II. Verselbständigung eines Betriebsteils (Abs. 1 S. 1).** Nach Abs. 1 S. 1 gilt ein Betriebsteil als selbständig, wenn er entweder räumlich weit vom Hauptbetrieb entfernt ist (Alt. 1) oder durch Aufgabenbereich und Organisation eigenständig ist (Alt. 2), sofern dort idR mindestens fünf ständige wahlberechtigte ArbN beschäftigt werden, von denen drei wählbar sind. Auch wenn die Tatbestandsvoraussetzungen nur alternativ vorliegen müssen, werden sie häufig gemeins. gegeben sein[5]. Da die selbständige Behandlung eines Betriebsteils indes als Ausnahme anzusehen ist, ist § 4 eng auszulegen[6].

---

1 *Gaul, B.*, Betriebs- und Unternehmensspaltung, § 27 Rz. 233. | 2 *Gaul, B.*, Betriebs- und Unternehmensspaltung, § 27 Rz. 235. | 3 *Gaul, B.*, Betriebs- und Unternehmensspaltung, § 27 Rz. 234 ff. | 4 *Gaul, B.*, Betriebs- und Unternehmensspaltung, § 27 Rz. 239. | 5 Eingehend *Rieble/Klebeck*, FS Richardi S. 693 ff. | 6 BAG v. 24.2.1976 – 1 ABR 62/75, DB 1976, 1579 f.; Richardi/*Richardi*, § 4 BetrVG Rz. 15; aA GK-BetrVG/*Kraft*, § 4 Rz. 9; DKK/*Trümner*, § 4 BetrVG Rz. 3, 28.

1. Kennzeichnung des Betriebsteils. Durch die gesetzl. Fiktion soll einerseits sichergestellt werden, dass für jede Organisationseinheit ein BR gewählt werden kann. Anderseits soll ein unfruchtbares Nebeneinander verschiedener BR für einzelne Betriebsteile vermieden werden, wenn diese an sich organisatorisch und wirtschaftl. als ein Betrieb angesehen werden müssen. 3

Aus diesem Grunde ist zwischen „einfachen" und betriebsratsfähigen Betriebsteilen zu unterscheiden. Die **Abgrenzung** erfolgt nach den in Abs. 1 S. 1 genannten Kriterien. Der „einfache", unselbständige Betriebsteil ist einem Betrieb zugeordnet; die ArbN wählen den für diesen Betrieb zu bildenden BR mit und werden von diesem vertreten. Der unselbständige Betriebsteil ist also dem Betrieb zuzuordnen, in dem die Leitungsaufgaben auch für diese Einheit wahrgenommen werden, dh. in dem die wesentlichen Entscheidungen in den personellen und sozialen Angelegenheiten getroffen werden[1]. Dies gilt auch, wenn ein anderer Betrieb des Unternehmens dem Betriebsteil räumlich näher ist. Die Zuordnung zu einem Betrieb ohne Zuständigkeit in den wesentlichen betriebsverfassungsrechtl. Entscheidungen würde den ArbN des Betriebsteils den Ansprechpartner nehmen[2]. Im Gegensatz dazu ist der selbständige Betriebsteil wie ein Betrieb zu behandeln; hier wird ein eigener BR gewählt. 4

Betriebsteile sind organisatorisch abgrenzbare relativ verselbständigte Betriebsbereiche mit eigenem ArbN-Stamm, die wegen ihrer Eingliederung in die Organisation des Betriebs nicht allein bestehen können[3]. Der arbeitsrechtl. Zweck, der in einem Betriebsteil verfolgt wird, kann mit dem Zweck des Gesamtbetriebs identisch sein. Ist er verschieden, wird er dem Zweck des Gesamtbetriebs ein- oder untergeordnet. In jedem Fall übt Betriebsteil eine Teilfunktion für das Erreichen des arbeitstechnischen Zwecks des Betriebs aus und erfüllt Aufgaben, die sich von denen der anderen Abteilungen idR erkennbar unterscheiden, aber in ihrer Zielsetzung dem arbeitstechnischen Zweck des Betriebs dienen. Für Abgrenzung von Betrieb und Betriebsteil ist Grad der Verselbständigung entscheidend. Erstreckt sich die in der organisatorischen Einheit ausgeübte Leitungsmacht auf alle wesentlichen Funktionen des ArbGeb in personellen und sozialen Angelegenheiten, handelt es sich um einen selbständigen Betrieb iSd § 1. Für einen Betriebsteil iSd § 4 I 1 reicht, dass die organisatorische Einheit räumlich oder funktional vom Betrieb abgegrenzt ist und in ihr eine den Einsatz der ArbN bestimmende Leitung institutionalisiert ist, die Weisungsrechte des ArbGeb ausübt[4]. Im Unterschied zu einer als Betrieb zu qualifizierenden Einheit fehlt dem Betriebsteil indes ein eigener Leitungsapparat, der die wesentlichen Entscheidungen in den personellen und sozialen Angelegenheiten eigenständig trifft[5]. 5

2. Räumliche Entfernung (Alt. 1). Ein Betriebsteil gilt zunächst einmal dann als selbständiger Betrieb, wenn er räumlich weit vom Hauptbetrieb entfernt ist. Der Begriff der räumlich weiten Entfernung ist dabei nicht allein unter dem Gesichtspunkt der streckenmäßigen Entfernung zu prüfen. Da das Gesetz die Bildung eines eigenständigen BR sicherstellen soll, wenn wegen der Entfernung eine sachgerechte Vertretung der ArbN des Betriebsteils durch den BR des Hauptbetriebes nicht gewährleistet ist[6], muss auch die Dauer berücksichtigt werden, die der BR und seine Mitglieder benötigen, um ArbGeb oder ArbN als Ansprechpartner in bestimmten Angelegenheiten persönlich zu erreichen[7]. Schließlich soll der BR in der Lage sein, für alle ArbN des Betriebs eine wirksame Interessenvertretung wahrzunehmen[8]. Insofern sind vor allem die Verkehrsanbindungen und die für den BR verfügbaren Verkehrsmitteln von Bedeutung[9]. BR-Mitglieder müssen kurzfristig zu einer Sitzung zusammenkommen können und für ArbN leicht erreichbar sein[10]. Außerdem müssen ihnen die Verhältnisse vor Ort aus unmittelbarer und ständiger eigener Anschauung bekannt sein[11]. Erforderlich ist damit eine Einzelfallbetrachtung, die wegen der konkreten Verkehrsverhältnisse in unterschiedlichen Fällen trotz gleicher Entfernung zu anderen Ergebnissen in Bezug auf Abs. 1 S. 1 Nr. 1 führen kann. Dabei steht den Tatsachengerichten ein Beurteilungsspielraum zu, der nur beschränkt nachprüfbar ist[12]. So wurden die Entfernungen zwischen Kassel und Göttingen (ca. 45 km[13]) und zwischen Köln und Essen[14] auf Grund guter Verkehrsanbindungen und intakter Kontakte zwischen BR und Belegschaft noch nicht als weit iSd. Gesetzes angesehen, ebenso eine Entfernung von 22 km, die in 25 Minuten überbrückt werden konnte[15]. Die Rspr. tendiert 6

1 BAG v. 25.9.1986 – 6 ABR 68/84, NZA 1987, 708 ff.; v. 31.5.2007 – 2 AZR 254/06, nv.; ErfK/*Eisemann*, § 4 BetrVG Rz. 2. | 2 ErfK/*Eisemann*, § 4 BetrVG Rz. 2. | 3 Vgl. BAG v. 25.9.1986 – 6 ABR 68/84, NZA 1987, 708 ff.; v. 29.5.1991 – 7 ABR 54/90, NZA 1992, 74 ff.; v. 14.5.1997 – 7 ABR 26/96, NZA 1997, 1245 f. | 4 Vgl. BAG v. 14.5.1997 – 7 ABR 26/96, NZA 1997, 1245 f.; v. 31.5.2007 – 2 AZR 254/06, nv. | 5 Vgl. BAG v. 17.2.1983 – 6 ABR 64/81, DB 1983, 2039 f.; v. 28.6.1995 – 7 ABR 59/94, NZA 1996, 276 ff.; v. 15.3.2001 – 2 AZR 151/00, NZA 2001, 831 ff.; Richardi/*Richardi*, § 4 BetrVG Rz. 15. | 6 Vgl. BAG v. 24.2.1976 – 1 ABR 62/75, DB 1976, 1579 f. | 7 Vgl. BAG v. 17.2.1983 – 6 ABR 64/81, DB 1983, 2039 (2040); v. 21.6.1995 – 2 AZR 783/94, nv.; LAG Köln v. 20.11.1998 – 11 Ta BV 6/98, nv.; vgl. auch BVerwG v. 29.5.1991 – 6 P 12/89, DÖV 1991, 974 (976). | 8 Vgl. BAG v. 24.2.1976 – 1 ABR 62/75, DB 1976, 1579 (1580). | 9 Vgl. BAG v. 17.2.1983 – 6 ABR 64/81, DB 1983, 2039 (2040); v. 21.6.1995 – 2 AZR 783/94, nv.; LAG Köln v. 20.11.1998 – 11 Ta BV 6/98, nv.; *Löwisch/Kaiser*, § 4 BetrVG Rz. 4. | 10 BAG v. 23.9.1982 – 6 ABR 42/81, DB 1983, 1498 ff. | 11 Vgl. BAG v. 24.2.1976 – 1 ABR 62/75, DB 1976, 1579 (1580). | 12 BAG v. 17.2.1983 – 6 ABR 64/81, DB 1983, 2039 (2040); v. 21.6.1995 – 2 AZR 783/94, nv.; LAG Köln v. 20.11.1998 – 11 Ta BV 6/98, nv. | 13 BAG v. 24.2.1976 – 1 ABR 62/75, DB 1976, 1579 (1580); ebenso BAG v. 25.5.1988 – 7 ABR 51/87, nv., für eine Entfernung von 40 km. | 14 BAG v. 24.9.1968 – 1 ABR 4/68, DB 1969, 89. | 15 BAG v. 17.2.1983 – 6 ABR 64/81, DB 1983, 2039 (2040); ähnlich auch LAG Hamburg v. 1.11.1982 – 2 Ta BV 8/82, BB 1983, 1095 (1096), das die leichte Erreichbarkeit der Betriebsstätten auch nach Dienstende hervorhebt.

aber inzwischen zu einer strengeren Linie[1]. So soll eine Entfernung von 15 bis 30 km wegen ständiger Verkehrstaus bzw. mehrfachem Umsteigens räumlich weit entfernt sein[2]. Das BVerwG vermutet dies bei einer Entfernung von mehr als 20 km[3]. Eine Entfernung von 70 bis 90 km[4] bzw. 260 km[5] ist bereits objektiv weit entfernt. Köln und Düsseldorf sind bereits mental so weit von einander entfernt, dass von einer Selbständigkeit der Einheiten auszugehen ist.

7 Sind **mehrere Betriebsteile** räumlich weit vom Hauptbetrieb entfernt, bilden sie – wenn jeweils die Voraussetzungen des § 1 I erfüllt werden – je für sich einen betriebsverfassungsrechtl. verselbständigten Betriebsteil. Das gilt auch, wenn sie im Verhältnis zueinander räumlich nahe liegen. Etwas anderes gilt nur, wenn ein Betriebsteil einem anderen organisatorisch untergeordnet ist, so dass er von ihm geleitet wird. Hauptbetrieb ist derjenige Betrieb, in dem Leitungsaufgaben auch für den Betriebsteil wahrgenommen werden[6].

8 Da der gemeins. Betrieb iSd. § 1 KSchG ohne Rücksicht auf die räumliche Entfernung bestimmt wird (vgl. § 1 Rz. 22)[7], kann das Ergebnis einer Anerkennung der betriebsverfassungsrechtl. Selbständigkeit nicht auf die **kündigungsrechtl. Bewertung** übertragen werden. Daraus folgt: Wenn die beiden Einheiten, die wegen der räumlichen Entfernung betriebsverfassungsrechtl. als selbständige Betriebe gelten, in den wesentlichen personellen und sozialen Fragen übergreifend gesteuert werden, bilden sie trotz betriebsverfassungsrechtl. Eigenständigkeit einen einzigen kündigungsrechtl. Betrieb.

9 **3. Eigenständigkeit nach Aufgabenbereich und Organisation (Alt. 2).** Auch bei räumlicher Nähe[8] gilt ein Betriebsteil als selbständig, wenn er durch Aufgabenbereich und Organisation eigenständig ist. Unerheblich ist, ob die Abgrenzung gegenüber dem Hauptbetrieb oder anderen Betriebsteilen erfolgt[9]. Nach dem Gesetz müssen zwar beide Voraussetzungen erfüllt sein; entscheidend ist aber letztlich die organisatorische Eigenständigkeit des Betriebsteils[10]. Fehlt ein eigener Leitungsapparat, so kann der Betriebsteil stets nur als Gesamtbetrieb erscheinen. Eine Verselbständigung kommt in diesem Fall nur bei räumlich weiter Entfernung in Betracht.

10 Die **Eigenständigkeit eines Aufgabenbereichs** ist bereits dann gegeben, wenn der arbeitstechnische Zweck des Betriebsteils von den sonst im Betrieb verfolgten Aufgaben deutlich abgegrenzt ist. Dies ist jedenfalls dann der Fall, wenn fachliche Unterschiede der verschiedenen Aufgaben gegeben sind (Beispiel: Hilfsfunktion des Betriebsteils für den arbeitstechnischen Zweck des Gesamtbetriebs)[11]. Die notwendige Eigenständigkeit kann indes auch bei gleicher Aufgabenstellung gegeben sein (Betreiben mehrerer Restaurants mit gleicher Speisekarte oder Herstellung des selben Autotyps in verschiedenen Betrieben)[12].

11 Für die **organisatorische Eigenständigkeit** muss eine eigene institutionell verankerte Leitungsstruktur vorhanden sein, mit der eine von der Betriebsleitung abgehobene Leitung auf der Ebene des Betriebsteils geschaffen wird[13]. Diese muss – abgrenzbar zum Hauptbetrieb oder anderen Betriebsteilen – eine relative Eigenständigkeit besitzen. Die im Betriebsteil vorhandenen Vertreter des ArbGeb müssen in der Lage sein, die Arbeitgeberfunktionen in den wesentlichen Bereichen der betrieblichen Mitbestimmung wahrzunehmen[14]. Nicht erforderlich ist, dass sich die Leitungsmacht auf alle wesentlichen Angelegenheiten im sozialen oder personellen Bereich bezieht; andernfalls würde es sich bereits um einen Betrieb iSd. § 1 handeln, was § 4 I 1 Nr. 2 entbehrlich machte[15]. Auch ist eine Freiheit von Weisungen der Unternehmensleitung nicht erforderlich, sofern der Leitung des Betriebsteils Raum für eigene Entscheidungen bleibt[16]. Wenn allerdings – was wegen der schwierigen Abgrenzung der Regelfall sein dürfte[17] – (auch) die Voraussetzungen eines selbständigen Betriebs erfüllt werden, steht dies einem (vorsorglichen) Rückgriff auf die Fiktion in § 4 I nicht entgegen.

12 **III. Beteiligung an der Betriebsratswahl im Hauptbetrieb (Abs. 1 S. 2–5).** Nach Abs. 1 S. 2 können die ArbN eines nach Abs. 1 S. 1 betriebsverfassungsrechtl. selbständigen Betriebsteils beschließen, an der Wahl des BR im Hauptbetrieb teilzunehmen, statt einen eigenen BR zu wählen. Entscheiden sie sich für

---

1 Vgl. BAG v. 21.6.1995 – 2 AZR 693/94, EzA § 23 KSchG Nr. 14 (dort gekürzt): Trotz einer Entfernung von 22 km und einer Pkw-Erreichbarkeit von 20 Minuten keine räumliche Nähe, wenn die Verkehrsanbindung mit öffentlichen Verkehrmitteln beschwerlich ist und auf Grund geringer Löhne nicht vom Vorhandensein von Pkw bei allen ArbN ausgegangen werden kann; ähnlich auch LAG Köln v. 28.6.1988 – 2 TaBV 42/88, LAGE § 4 BetrVG 1972 Nr. 4 S. 3 (etwa 40 km). |2 LAG Köln v. 13.4.1989 – 1 TaBV 72/88, AiB 1990, 359. |3 BVerwG v. 29.5.1991 – 6 P 12/89, DÖV 1991, 974 (976). |4 LAG Köln v. 13.4.1989 – 1 TaBV 72/88, AiB 1990, 359, mit. Anm. *Grimberg*. |5 BAG v. 19.2.2002 – 1 ABR 26/01, AP Nr. 13 zu § 4 BetrVG 1972 Bl. 3. |6 BAG v. 29.1.1992 – 7 ABR 27/91, NZA 1992, 894 ff. |7 BAG v. 21.6.1995 – 2 AZR 693/94, AP Nr. 16 zu § 1 BetrVG 1972; v. 15.3.2001 – 2 AZR 151/00, NZA 2001, 831 ff. |8 Vgl. BAG v. 29.5.1991 – 7 ABR 54/90, NZA 1992, 74 ff. |9 BAG v. 29.5.1991 – 7 ABR 54/90, NZA 1992, 74 ff.; v. 29.1.1992 – 7 ABR 27/91, NZA 1992, 894 (898). |10 Vgl. BAG v. 23.9.1982 – 6 ABR 42/81, DB 1983, 1498 (1499); v. 29.1.1992 – 7 ABR 27/91, NZA 1992, 894 (898); v. 9.12.1992 – 7 ABR 15/92, nv. |11 *Fitting*, § 4 BetrVG Rz. 15. |12 Vgl. BAG v. 25.11.1993 – 2 AZR 517/93, NZA 1994, 836 (839); DKK/*Trümner*, § 4 BetrVG Rz. 42; MünchArbR/*Richardi*, § 31 Rz. 13. |13 BAG v. 29.1.1992 – 7 ABR 27/91, NZA 1992, 894 ff.; v. 31.5.2007 – 2 AZR 254/06, nv. |14 Vgl. BAG v. 29.1.1992 – 7 ABR 27/91, NZA 1992, 894 ff.; *Fitting*, § 4 BetrVG Rz. 14; Richardi/*Richardi*, § 4 BetrVG Rz. 27. |15 BAG v. 29.5.1991 – 7 ABR 54/90, NZA 1992, 74 ff. |16 Vgl. Richardi/*Richardi*, § 1 BetrVG Rz. 27. |17 Vgl. BAG v. 3.12.1985 – 1 ABR 29/84, NZA 1986, 334 (335).

die Beteiligung an der Wahl im Hauptbetrieb, ist der Betriebsteil nur noch Teil des Hauptbetriebs[1], was nicht nur die Größe und Zusammensetzung des BR sowie die Zahl der Freistellungen, sondern auch seinen Zuständigkeitsbereich erweitert. Ist der Betriebsteil nach Abs. 1 S. 1 nicht betriebsratsfähig, sind die ArbN ohnehin Teil der Belegschaft des Hauptbetriebs und werden vom BR des Hauptbetriebs in allen Angelegenheiten vertreten. Sie wählen im Hauptbetrieb und sind zu dem dort gebildeten BR wählbar.

Der **Beschluss** über die Teilnahme an BR-Wahlen im Hauptbetrieb kann formlos getroffen werden, setzt aber eine Mehrheit der ArbN des Betriebsteils voraus (absolute Mehrheit). Die Mehrheit der Stimmen der anwesenden oder an der Abstimmung teilnehmenden ArbN (relative Mehrheit) ist nicht ausreichend[2]. Abstimmungsberechtigt sind alle ArbN des Betriebsteils. Wahlberechtigung nach § 7 ist insoweit keine Voraussetzung[3]. ArbN und BR im Hauptbetrieb sind an das Ergebnis des Abstimmung gebunden. Der Beschluss, an der Wahl eines anderen selbständigen Betriebsteils teilzunehmen, ist nicht möglich. 13

Die **Abstimmung** kann durch den BR des Hauptbetriebs (Abs. 2 S. 3) oder von mindestens drei wahlberechtigten ArbN des Betriebsteils oder einer im Betriebsteil vertretenen Gewerkschaft veranlasst werden (§§ 3 III 2, 4 II 1). 14

Der Beschluss ist dem BR des Hauptbetriebs spätestens **10 Wochen vor Ablauf** von dessen Amtszeit mitzuteilen (Abs. 1 S. 4). Gibt es noch keinen BR, muss die Mitteilung spätestens 10 Wochen vor der Wahl dem Wahlvorstand gegenüber erfolgen. Das Verfahren zur Wahl des BR im Hauptbetrieb muss zu diesem Zeitpunkt also bereits eingeleitet worden sein; die ArbN im selbständigen Betriebsteil können eine solche Wahl nicht veranlassen. Erfolgen Beschluss und Mitteilung nach Ablauf der vorgenannten Frist, haben sie erst für die folgende Wahl Bedeutung[4]. 15

Aus den Vorgaben zum **Widerruf** in S. 5 folgt, dass der Beschluss zur Teilnahme an den Wahlen im Hauptbetrieb zunächst auch für weitere Wahlen gilt. Es ist ein Beschluss mit Dauerwirkung. Die Entscheidung kann indes durch Mehrheitsbeschluss (Rz. 13) entsprechend Abs. 1 S. 2–4 widerrufen werden. Der Widerruf zeigt aber erst bei den nachfolgenden Wahlen Wirkung. Er führt nicht zu einer Beendigung des Mandats des BR für den Betriebsteil während der Dauer der Amtsperiode[5]. Erst nach Ablauf dieser Amtszeit kann im Betriebsteil wieder ein eigener BR gewählt werden. Ein Übergangs- oder Restmandat analog §§ 21a, 21b gibt es nicht. 16

IV. Behandlung von Kleinstbetrieben (Abs. 2). Nach Abs. 2 ist ein Betrieb, der die Voraussetzungen des § 1 I 1 nicht erfüllt, also nicht betriebsratsfähig ist, dem Hauptbetrieb zuzuordnen. Dabei werden nicht nur Nebenbetriebe erfasst. Wie die gesetzl. Überschrift deutlich macht, werden alle Kleinstbetriebe erfasst, damit die dort beschäftigten ArbN nicht aus der betrieblichen Mitbest. fallen. Hauptbetrieb ist dabei die Einheit, in der die wesentlichen personellen und organisatorischen Angelegenheiten auch mit Wirkung für die ArbN im Kleinstbetrieb entschieden und in ihrer Umsetzung gesteuert werden[6]. Unterhält der ArbGeb neben dem nicht betriebsratsfähigen Betrieb mehrere weitere Betriebe, ist Hauptbetrieb iSv Abs. 2 der Betrieb, der gegenüber dem nicht betriebsratsfähigen Betrieb eine hervorgehobene Bedeutung hat. Diese Bedeutung kann sich daraus ergeben, dass die Leitung dieses Betriebs die Leitung des nicht betriebsratsfähigen Betriebs in personellen und sozialen Angelegenheiten beratend unterstützt. Dem steht nicht entgegen, dass in den Betieben unterschiedliche arbeitstechnische Zwecke verfolgt werden oder andere Betriebe des ArbGeb räumlich näher liegen[7]. 17

V. Vom Gesetz abweichende Regelungen. Von den Regelungen in § 4 kann durch TV, BV oder Beschluss der ArbN iSd. § 3 abgewichen werden (s. § 3). 18

VI. Prozessuale Aspekte. Über die Frage, ob ein Betrieb als Nebenbetrieb oder Betriebsteil selbständig oder einem anderen Betrieb oder Betriebsteil zuzuordnen ist, wird im arbeitsgerichtl. Beschlussverfahren nach §§ 2a, 80 ff. ArbGG entschieden. Die Antragsberechtigung richtet sich nach § 18 II. Über diese Fragen kann auch als Vorfrage in anderen Verfahren entschieden werden. 19

5 *Arbeitnehmer*

(1) Arbeitnehmer (Arbeitnehmerinnen und Arbeitnehmer) im Sinne dieses Gesetzes sind Arbeiter und Angestellte einschließlich der zu ihrer Berufsbildung Beschäftigten, unabhängig davon, ob sie im Betrieb, im Außendienst oder mit Telearbeit beschäftigt werden. Als Arbeitnehmer gelten auch die in Heimarbeit Beschäftigten, die in der Hauptsache für den Betrieb arbeiten.

---

1 *Gaul, B.*, Betriebs- und Unternehmensspaltung, § 27 Rz. 5. | 2 *Fitting*, § 4 BetrVG Rz. 25; Richardi/*Richardi*, § 4 BetrVG Rz. 38; aA *Löwisch/Kaiser*, § 4 BetrVG Rz. 9; *Löwisch*, BB 2001, 1734. | 3 *Fitting*, § 4 BetrVG Rz. 26; abw. Richardi/*Richardi*, § 4 BetrVG Rz. 38; *Konzen*, RdA 2001, 76 (81); *Reichold*, NZA 2001, 857 (858). | 4 *Löwisch/Kaiser*, § 4 BetrVG Rz. 9; *Fitting*, § 4 BetrVG Rz. 30; *Löwisch*, BB 2001, 1734. | 5 *Fitting*, § 4 BetrVG Rz. 32; ErfK/*Eisemann*, § 4 BetrVG Rz. 5. | 6 ErfK/*Eisemann*, § 4 BetrVG Rz. 6; *Fitting*, § 4 BetrVG Rz. 14; aA Richardi/*Richardi*, § 4 BetrVG Rz. 47; DKK/*Trümner*, § 4 BetrVG Rz. 27, die allein auf die räumliche Nähe abstellen. | 7 BAG 17.1.2007 – 7 ABR 63/05, nv.

(2) Als Arbeitnehmer im Sinne dieses Gesetzes gelten nicht

1. in Betrieben mit einer juristischen Person die Mitglieder des Organs, das zur gesetzlichen Vertretung der juristischen Person berufen ist;

2. die Gesellschafter einer offenen Handelsgesellschaft oder die Mitglieder einer anderen Personengesamtheit, soweit sie durch Gesetz, Satzung oder Gesellschaftsvertrag zur Vertretung der Personengesamtheit oder zur Geschäftsführung berufen sind, in deren Betrieben;

3. Personen, deren Beschäftigung nicht in erster Linie ihrem Erwerb dient, sondern vorwiegend durch Beweggründe karitativer oder religiöser Art bestimmt ist,

4. Personen, deren Beschäftigung nicht in erster Linie ihrem Erwerb dient und die vorwiegend zu ihrer Heilung, Wiedergewöhnung, sittlichen Besserung oder Erziehung beschäftigt werden;

5. der Ehegatte, der Lebenspartner, Verwandte und Verschwägerte ersten Grades, die in häuslicher Gemeinschaft mit dem Arbeitgeber leben.

(3) Dieses Gesetz findet, soweit in ihm nicht ausdrücklich etwas anderes bestimmt ist, keine Anwendung auf leitende Angestellte. Leitender Angestellter ist, wer nach Arbeitsvertrag und Stellung im Unternehmen oder im Betrieb

1. zur selbständigen Einstellung und Entlassung von im Betrieb oder in der Betriebsabteilung beschäftigten Arbeitnehmern berechtigt ist oder

2. Generalvollmacht oder Prokura hat und die Prokura auch im Verhältnis zum Arbeitgeber nicht unbedeutend ist, oder

3. regelmäßig sonstige Aufgaben wahrnimmt, die für den Bestand und die Entwicklung des Unternehmens oder eines Betriebs von Bedeutung sind und deren Erfüllung besondere Erfahrungen und Kenntnisse voraussetzt, wenn er dabei entweder die Entscheidungen im Wesentlichen frei von Weisungen trifft oder sie maßgeblich beeinflusst; dies kann auch bei Vorgaben insbesondere auf Grund von Rechtsvorschriften, Plänen oder Richtlinien sowie bei Zusammenarbeit mit anderen leitenden Angestellten gegeben sein.

(4) Leitender Angestellter nach Absatz 3 Nr. 3 ist im Zweifel, wer

1. aus Anlass der letzten Wahl des Betriebsrats, des Sprecherausschusses oder von Aufsichtsratsmitgliedern der Arbeitnehmer oder durch rechtskräftige gerichtliche Entscheidung den leitenden Angestellten zugeordnet worden ist oder

2. einer Leitungsebene angehört, auf der in dem Unternehmen überwiegend leitende Angestellte vertreten sind, oder

3. ein regelmäßiges Jahresarbeitsentgelt erhält, das für leitende Angestellte in dem Unternehmen üblich ist, oder,

4. falls auch bei der Anwendung der Nummer 3 noch Zweifel bleiben, ein regelmäßiges Jahresarbeitsentgelt erhält, das das Dreifache der Bezugsgröße nach § 18 des Vierten Buches Sozialgesetzbuch überschreitet.

1 **I. Vorbemerkung.** § 5 regelt in Abs. 1 und 2, wer als ArbN iSd. BetrVG anzusehen ist. Auf diese Weise werden der persönliche Geltungsbereich des BetrVG und der durch den BR repräsentierte Personenkreis festgelegt. Mit der Neufassung von Abs. 1 im Rahmen des Betriebsverfassungs-Reformgesetzes[1] ist keine Änderung, sondern allenfalls eine Klarstellung vorgenommen worden[2]. Abs. 3 S. 1 bestimmt, dass dieses Gesetz keine Anwendung auf leitende Angestellte findet, soweit in ihm nicht ausdrücklich etwas anderes bestimmt ist (zB §§ 99, 106, 110, 111, 112a). S. 2 enthält eine Legaldefinition des leitenden Ange-

1 BT-Drs. 14/5741. | 2 Vgl. nur *Engels/Trebinger/Löhr-Steinhaus*, DB 2001, 532 ff.; *Konzen*, RdA 2001, 76 ff.; *Richardi/Annuß*, DB 2001, 41 ff.

stellten, die durch Abs. 4 ergänzt wird für den Fall, dass die Zuordnung eines Angestellten nach Abs. 3 Nr. 3 zweifelhaft bleibt. Die Begriffe des ArbN und des leitenden Angestellten nach dem BetrVG sind zwingend. Sie können durch Vereinbarung nicht geändert werden[1].

II. Arbeitnehmerbegriff nach Abs. 1. Ausgangspunkt des BetrVG ist der allgemeine arbeitsrechtl. ArbN-Begriff (vgl. Vor § 611 BGB Rz. 19 ff.)[2]. ArbN ist damit, wer auf Grund eines privatrechtl. Vertrages im Dienste eines anderen in persönlicher Abhängigkeit zur Leistung fremdbestimmter Arbeit verpflichtet ist[3]. 2

1. Privatrechtlicher Vertrag. Das Arbeitsverhältnis wird durch Arbeitsvertrag zwischen ArbGeb und ArbN begründet (vgl. § 611 Rz. 30 ff.). Dem steht das kraft Gesetz begründete Arbeitsverhältnis (zB § 625 BGB, 10 Abs. 1 AÜG) gleich. Unerheblich ist, ob der Arbeitsvertrag fehlerhaft zu Stande gekommen und deshalb nichtig ist oder angefochten wurde. Auch wer auf Grund anfechtbaren oder nichtigen Arbeitsvertrags tätig wird, bleibt für die Dauer seiner tatsächlichen Beschäftigung ArbN; insofern genügt ein faktisches Arbeitsverhältnis[4]. 3

Der das Arbeitsverhältnis kennzeichnende Vertrag muss im Rahmen der Privatautonomie begründet werden[5]. Nicht erfasst wird eine Beschäftigung auf Grund öffentl.-rechtl. Dienstverhältnisse (Beispiel: Beamte, Beamtenanwärter und Soldaten), Personen im freiwilligen sozialen Jahr[6], Strafgefangene, soweit sie nach § 11 I Nr. 1 StVollzG beschäftigt werden[7] und kein freies Arbeitsverhältnis nach § 39 StVollzG eingehen[8], Zivildienstleistende, die nicht in freiem Beschäftigungsverhältnis iSd. § 15a ZDG stehen[9], zu gemeinnütziger und zusätzlicher Arbeit herangezogene Sozialhilfeempfänger, soweit sie nicht das übliche Arbeitsentgelt erhalten[10] und Entwicklungshelfer[11]. Ausnahmen können durch Gesetz festgelegt werden (zB Beamte bei der Privatisierung von Bahn und Post, § 19 I DBGrG, § 24 II PostPerG). 4

2. Leistung fremdbestimmter Arbeit in persönlicher Abhängigkeit. Persönliche Abhängigkeit. Weitere Voraussetzung der ArbN-Eigenschaft ist die Unselbständigkeit der zu erbringenden Leistung und die damit verbundene Eingliederung in die Betriebsorganisation des ArbGeb[12]. Dabei ist nicht auf die wirtschaftl., sondern die persönliche Abhängigkeit abzustellen[13]. Diese ergibt sich im Wege einer typologischen Betrachtungsweise aus einer Vielzahl von Kriterien (vgl. § 611 BGB Rz. 40 ff.), deren Bedeutung auch von der Eigenart der Tätigkeit abhängen kann[14]. In der Abgrenzung zur selbständigen Tätigkeit ist die Bezeichnung eines Vertrags unerheblich; entscheidend sind tatsächliche Umstände, unter denen die Dienstleistung erbracht wird[15]. Auch sozialversicherungsrechtl. Bewertungen (zB § 7 IV SGB IV) sind unerheblich[16]. 5

Ausgangspunkt für die Prüfung persönlicher Abhängigkeit vom Selbständigen enthält § 84 I 2 HGB[17]. Danach ist selbständig, wer im Wesentlichen seine Tätigkeit frei gestalten und seine Arbeitszeit bestimmen kann. Wichtiges Indiz ist damit der Grade der Weisungsgebundenheit des Dienstleistenden bezüglich der Art, der Zeit und Dauer sowie des Orts der Dienstleistung (vgl. § 106 S. 1 GewO)[18]. 6

Im Vordergrund steht örtliche und zeitliche Weisungsgebundenheit. Für ArbN-Eigenschaft sprechen zB Einbindung in Arbeitszeitsysteme, Schichtmodelle und unternehmensseitige Vorgaben für Beginn und Ende der Arbeitszeit[19] oder die Befugnis des potenziellen ArbGeb, über die Arbeitsleistung innerhalb eines bestimmten Zeitrahmens zu verfügen[20], dagegen die Berechtigung zur freien Arbeitszeitein- 7

---

1 ErfK/*Eisemann*, § 5 BetrVG Rz. 1; *Fitting*, § 5 BetrVG Rz. 13; GK-BetrVG/*Raab*, § 5 Rz. 6. | 2 BAG v. 12.2.1992 – 7 ABR 42/91, NZA 1993, 334; *Däubler*, AuR 2001, 1 (3 f.); *Engels/Trebinger/Löhr-Steinhaus*, DB 2001, 532 (536); *Konzen*, RdA 2001, 76 (82); *Richardi/Annuß*, DB 2001, 41 (43). | 3 Vgl. nur BAG v. 16.2.2000 – 5 ABR 71/99, NZA 2000, 385 (387); v. 12.12.2001 – 5 AZR 253/00, NZA 2002, 787 (788); *Fitting*, § 5 BetrVG Rz. 16; GK-BetrVG/*Raab*, § 5 Rz. 12; krit. DKK/*Trümner*, § 5 BetrVG Rz. 9, 12 ff.: Anknüpfung an die Betriebszugehörigkeit; *Wank*, DB 1992, 90 ff.: Einbindung der wirtschaftlichen Abhängigkeit. | 4 BAG v. 5.12.1957 – 1 AZR 594/56, EzA § 123 BGB Nr. 1 Satz 2 f.; DKK/*Trümner*, § 5 BetrVG Rz. 9; *Fitting*, § 5 BetrVG Rz. 20. | 5 Richardi/*Richardi*, § 5 BetrVG Rz. 14. | 6 BAG v. 12.2.1992 – 7 ABR 42/91, NZA 1993, 334. | 7 AA DKK/*Trümner*, § 5 BetrVG Rz. 113, 162. | 8 Vgl. BAG v. 3.10.1978 – 6 ABR 46/76, DB 1979, 1186 (1187); LAG BW v. 15.9.1988 – 4 b Sa 41/88, NZA 1989, 886; *Fitting*, § 5 BetrVG Rz. 276. | 9 DKK/*Trümner*, § 5 BetrVG Rz. 112; Richardi/*Richardi*, § 5 BetrVG Rz. 135. | 10 BAG v. 7.7.1999 – 7 ABR 661/97, NZA 2000, 542; Richardi/*Richardi*, § 5 BetrVG Rz. 132. | 11 Vgl. BAG v. 27.4.1977 – 5 AZR 129/76, BB 1977, 1304. | 12 BAG v. 21.7.2004 – 7 ABR 38/03, nv. | 13 BAG v. 30.11.1994 – 5 AZR 704/93, NZA 1995, 622; v. 16.2.2000 – 5 AZB 71/99, NZA 2000, 385 (387); v. 12.12.2001 – 5 AZR 253/00, NZA 2002, 787 (788); aA LAG Köln v. 30.6.1995 – 4 Sa 63/95, AP Nr. 80 zu § 611 BGB – Abhängigkeit Bl. 6 f.; *Wank*, NZA 1999, 225 (226). | 14 Vgl. BAG v. 19.1.2000 – 5 AZR 644/98, NZA 2000, 1102 (1104); v. 20.9.2000 – 5 AZR 61/99, NZA 2001, 551 f.; *Reiserer*, BB 1998, 1258 (1260); *Hromadka*, DB 1998, 195 ff.; krit. gegen typologische Abgrenzungsmethode ErfK/*Preis*, § 611 BGB Rz. 73 ff.; *Richardi*, DB 1999, 958 (960). | 15 Vgl. BGH v. 21.10.1998 – VIII ZB 54/97, NZA 1999, 110 f.; BAG v. 29.5.1991 – 7 ABR 67/90, NZA 1992, 36 (37); v. 19.1.2000 – 5 AZR 644/98, NZA 2000, 1102 (1103); *Schaub*, § 8 Rz. 17 ff.; *Hromadka*, NZA 1997, 569 ff. | 16 Vgl. *Heinze*, NZA 2000, 5 (6). | 17 BAG v. 19.1.2000 – 5 AZR 644/98, NZA 2000, 1102 (1104). | 18 BAG v. 6.5.1998 – 5 AZR 247/97, NZA 1999, 205 (206); v. 19.1.2000 – 5 AZR 644/98, NZA 2000, 1102 (1103). | 19 Vgl. BAG v. 30.11.1994 – 5 AZR 704/93, NZA 1995, 622 (624); v. 19.1.2000 – 5 AZR 644/98, NZA 2000, 1102 (1104). | 20 BAG v. 19.1.2000 – 5 AZR 644/98, NZA 2000, 1102 (1104).

teilung[1]. Wegen des Tendenzschutzes, der auch in der geistigen oder künstlerischen Tätigkeit selbst zum Ausdruck kommt, ist die persönliche Abhängigkeit von Mitarbeitern in Rundfunk/Fernsehen allerdings nicht schon ausgeschlossen, weil sie sachlich wie örtlich in ihrer Arbeitsleistung frei sind. Die Fremdbestimmtheit der Arbeit kann anderweitig begründet werden[2].

8 Auch fachliche Weisungsgebundenheit ist ein wichtiges Indiz für persönliche Abhängigkeit; ihr Fehlen schließt die ArbN-Stellung indes nicht aus[3]. Denn Aufgabenstellung, Art oder Qualität einer Tätigkeit können es mit sich bringen, dass trotz Einbindung in betriebliche Organisation ein hohes Maß an Gestaltungsfreiheit/fachlicher Selbständigkeit beim Dienstverpflichteten verbleibt[4]. Umgekehrt ist fachliche Weisungsgebundenheit allein nicht ausreichend, um ArbN-Eigenschaft zu begründen. Auch ein Selbständiger kann (vgl. § 645 I BGB) Weisungen seines Vertragspartners unterworfen sein[5].

9 Weiteres Indiz für das Vorliegen der ArbN-Eigenschaft ist der Umstand, dass eine Tätigkeit regelmäßig nur im Rahmen eines Arbeitsverhältnisses ausgeübt wird. Beispiel: Copilot[6], Tankwartaushilfe[7], Lehrer an allgemeinbildenden Schulen[8]. Wegen der geringeren Einbindung in ein Schul- oder Ausbildungssystem sind Volkshochschuldozenten und Lehrkräfte an Musikschulen regelmäßig außerhalb eines Arbeitsverhältnisses tätig[9]. Dass auf die personellen und sachlichen Ressourcen des potenziellen ArbGeb zurückgegriffen werden muss, genügt nicht, da eine vergleichbare Notwendigkeit beim Werkvertrag bestehen kann[10]. Für ArbN-Eigenschaft spricht, wenn für den potenziellen ArbN keine Möglichkeit besteht, die eigene Arbeitsorganisation frei festzulegen[11].

10 Dass der ArbN seine Arbeitsleistung dem ArbGeb fremdnützig zur Verwertung nach den von diesem vorgegebenen Zielen überlässt, ist kein geeignetes Abgrenzungskriterium[12]. Wer eine Dienstleistung und keinen durch Arbeit herbeizuführenden Erfolg verspricht, überlässt die Disposition über Verwertung stets dem Leistungsempfänger.

11 **3. Praxisbeispiele von A–Z**

● **Arbeitnehmerähnliche Personen** sind keine ArbN; sie leisten keine Dienste in persönlicher Abhängigkeit (vgl. auch § 5 I 2 ArbGG). Wegen der ausschließlichen oder überwiegenden Beschäftigung für eine Person oder ein Unternehmen besteht indes idR wirtschaftl. Abhängigkeit, die zum Teil einen vergleichbaren Schutz zur Folge hat[13]. Beispiele: Künstler, Reporter, Kameraleiter, nebenamtliche Dozenten an Volkshochschulen[14], Erfinder, Wirtschaftsberater, selbständige Heimbetriebsmeister[15]. Bei Lehrkräften scheint Tendenz zur Annahme der ArbN-Eigenschaft zu bestehen[16]. Für arbeitnehmerähnl. Personen können TV abgeschlossen werden (§ 12a TVG). Sie sind ArbN iSd. ArbGG (vgl. § 5 ArbGG) und ArbN urlaubsrechtl. gleichgestellt (§ 2 BUrlG). Die sozialversicherungsrechtl. Kennzeichnung (zB § 7 IV SGB IV) spielt keine Rolle. Obwohl die Ich-AG (§ 421l SGB III) auf Selbständigkeit gerichtet ist, schließt sie deshalb aus arbeitsrechtl. Sicht eine abhängige Tätigkeit nicht aus[17].

12 ● **Arbeitnehmerüberlassung** (Leiharbeit) ist eine Form des drittbezogenen Personaleinsatzes (mittelbares Arbeitsverhältnis). Sie liegt vor, wenn ein ArbGeb (Verleiher) einem anderen Unternehmen (Entleiher) Arbeitskräfte zur Verfügung stellt, die in den Betrieb des Entleihers eingegliedert werden und ihre Arbeiten nach dessen Weisungen ausführen[18]. Die ArbGebFunktion ist dahin aufgespalten, dass der Entleiher die weiter gehende Organisationshoheit und Dispositionsbefugnis sowie für den überwiegenden Teil der Tätigkeit das Weisungsrecht nach § 106 GewO hat, während der Verleiher für arbeitsvertragl. Fragen zuständig ist[19]. Insbesondere in Bezug auf Dauer der Arbeitszeit und Vergütung muss indes die Neufassung von §§ 3 I Nr. 3, 9 Nr. 2, 10 IV, 12 I 3 AÜG (Anspruch auf Gleichbehandlung in Bezug auf wesentliche Arbeitsbedingungen) berücksichtigt werden[20]. Unterscheidung zwischen echter und unechter Leiharbeit ist heute ohne Bedeutung. Wichtiger ist die Unterscheidung zwischen gewerbsmäßiger, nicht gewerbsmäßiger und vorübergehender konzerninterner AÜ. Nur die gewerbsmäßige AÜ bedarf einer Erlaubnis nach § 1 AÜG. LeihArbN sind grds. ArbN des Betriebs des Verleihers (§ 14 I AÜG).

---

1 Vgl. BAG v. 29.5.1991 – 7 ABR 67/90, NZA 1992, 36 (37); v. 15.12.1999 – 5 AZR 566/98, NZA 2000, 447. | 2 BAG v. 15.3.1978 – 5 AZR 819/76, BB 1978, 760 f. | 3 Vgl. BAG v. 20.7.1994 – 5 AZR 627/93, NZA 1995, 161 (162). | 4 Vgl. BAG v. 20.7.1994 – 5 AZR 627/93, NZA 1995, 161 (162); v. 6.5.1998 – 5 AZR 347/97, NZA 1998, 873 (875 f.). | 5 Vgl. BGH v. 22.10.1981 – VII ZR 310/79, BGHZ 82, 100 (106). | 6 BAG v. 16.3.1994 – 5 AZR 447/92, DB 1994, 2504. | 7 BAG v. 12.6.1996 – 5 AZR 960/94, NZA 1997, 191. | 8 BAG v. 12.9.1996 – 5 AZR 104/95, NZA 1997, 604. | 9 BAG v. 24.6.1992 – 5 AZR 384/91, NZA 1993, 174. | 10 BAG v. 30.11.1994 – 5 AZR 704/93, NZA 1995, 622 (624); aA BAG v. 15.3.1978 – 5 AZR 819/76, BB 1978, 760 f. | 11 Vgl. BAG v. 29.1.1992 – 5 AZR 653/96, NZA 1998, 364 (366 f.). | 12 BAG v. 30.11.1994 – 5 AZR 704/93, AP § 611 BGB – Abhängigkeit Nr. 74 Bl. 3 ff.; aA noch BAG v. 15.3.1978 – 5 AZR 819/76, BB 1978, 760 (761). | 13 *Boemke*, ZfA 1998, 285, 317. | 14 BAG v. 25.8.1982 – 5 AZR 7/81, AP § 611 BGB – Lehrer, Dozenten Nr. 32 Bl. 2. | 15 Vgl. BAG v. 13.8.1980 – 4 AZR 592/78, AP § 611 BGB – Abhängigkeit Nr. 37 Bl. 4 f. | 16 Vgl. BAG v. 26.7.1995 – 5 AZR 22/94, AP § 611 BGB – Abhängigkeit Nr. 79 Bl. 3 ff.; v. 12.9.1996 – 5 AZR 1066/94, NZA 1997, 194 (195); LAG Düsseldorf v. 13.11.1996 – 12 Sa 1178/96, BB 1997, 791 f. | 17 *B. Gaul/Otto*, DB 2002, 2486 (2491), DB 2003, 94 (96). | 18 BAG v. 1.6.1994 – 7 AZR 7/93, NZA 1995, 465 (466); v. 3.12.1997 – 7 AZR 764/96, NZA 1998, 876 (877) mwN. | 19 Vgl. BAG v. 28.7.1992 – 1 ABR 22/92, NZA 1993, 272 (276 f.); *Schüren*, § 1 AÜG Rz. 69 ff. | 20 Vgl. *B. Gaul/Otto*, DB 2002, 2486 (2487 f.); *B. Gaul/Otto*, DB 2003, 94 (96); *Ulber*, AuR 2003, 7 (10 ff.); *Lembke*, BB 2003, 98 (100 ff.); *Rieble/Klebeck*, NZA 2003, 23 ff.; *Wank*, NZA 2003, 14 (19).

Sie werden nur dann ArbN des Entleihers, wenn der Arbeitsvertrag zwischen Verleiher und ArbN wegen fehlender Erlaubnis nach § 1 AÜG unwirksam ist (§§ 9 Nr. 1, 10 I AÜG). Nach § 10 I 4 AÜG bestimmen sich Inhalt und Dauer dieses Arbeitsverhältnisses nach den für den Betrieb des Entleihers geltenden Vorschriften und sonstigen Regelungen[1]. Ist eine Überlassung erlaubt, bleibt das Arbeitsverhältnis zwischen Verleiher und ArbN ohne Rücksicht auf die Dauer der Überlassung bestehen[2]. Obwohl damit grds. kein Arbeitsverhältnis zwischen Entleiher und LeihArbN besteht, sind LeihArbN beim Entleiher wahlberechtigt, wenn sie länger als drei Monate im Betrieb eingesetzt werden (§ 7 S. 2)[3]. Die Art der Überlassung (zB gewerbsmäßig, konzernintern) spielt keine Rolle[4]. Sie sind aber nicht wählbar (§ 14 II 1 AÜG). Grund für die Wahlberechtigung ist der Umstand, dass der BR des Entleihers nicht nur bei der Übernahme des LeihArbN gem. § 99 zu beteiligen ist (§ 14 III AÜG). Vielmehr ist der BR über die in § 14 II AÜG genannten Beteiligungsrechte hinaus bei allen Angelegenheiten zuständig, die das Weisungsrecht des Entleihers und damit die konkreten Arbeitsbedingungen der ArbN betreffen (zB Beginn und Ende der Arbeitszeit, Arbeitschutzmaßnahmen)[5]. Richtigerweise wird man diese Beteiligungsrechte des BR des Entleihers auch bei nichtgewerbsmäßiger oder konzerninterner AÜ annehmen müssen[6]. Für Entscheidungen des VertragsArbGeb in dem die LeihArbN betreffenden sozialen, personellen und wirtschaftl. Angelegenheiten, ist weiter der BR des Verleihers zuständig (zB Vergütung, Wechsel des Entleihers)[7].

Von der AÜ ist die Tätigkeit von Fremdpersonal auf Grund Dienst- oder Werkvertrags zwischen Betriebsinhaber und anderem Unternehmer zu unterscheiden. In diesem Fall unterliegen die zur Ausführung des Dienst- oder Werkvertrags eingesetzten ArbN den Weisungen der Fremdfirma; sie sind deren Erfüllungsgehilfen und keine ArbN des Auftraggebers (vgl. Rz. 26). Zur Abgrenzung der AÜ vom Werk- oder Dienstvertrag vgl. § 1 AÜG. AÜ liegt auch dann nicht vor, wenn der ArbN in einem gemeins. Betrieb mehrerer Unternehmen (§ 1 I 2) tätig wird. Denn im gemeins. Betrieb erfolgt keine Übertragung, sondern nur eine gemeins. Ausübung der Leitungsmacht in den wesentlichen personellen und sozialen Fragen (vgl. § 1 Rz. 14)[8]. Keine Anwendung findet das AÜG auch bei der Gebrauchsüberlassung von Maschinen mit Bedienungspersonal, wenn die Geräteüberlassung im Vordergrund steht und die Überlassung des Personals nur den Geräteeinsatz ermöglichen soll[9]. 13

● **Außendienst:** Die Aufnahme der Außendienstmitarbeiter in Abs. 1 stellt nur klar, dass es für den betriebsverfassungsrechtl. ArbN-Status auf die funktionale Eingliederung in die betriebliche Arbeitsorganisation ankommt[10]. Eine örtliche Eingliederung in den Betrieb muss – was auch in Fällen der Auslandsentsendung deutlich wird[11] – nicht zwingend erfolgen[12]. Insofern ist auch die Unterscheidung zwischen ortsgebundenen (zB Arbeit im eigenen Haus) und orts-unabhängigen Tätigkeiten (zB Auslieferungs- und Verkaufsfahrer, Bauarbeiter, Kundenberater, Monteure, Reiseleiter, Service- und Wartungspersonal sowie Zeitungsausträger) unerheblich. Daneben müssen die allgemeinen Abgrenzungskriterien zur Kennzeichnung der Vertragsbeziehung als Arbeitsverhältnis geprüft werden. Kennzeichen einer Eingliederung sind hier zB Abhängigkeit des Außendienstlers von der Organisation des ArbGeb[13] oder Einbindung in Kundenbetreuungskonzept durch Dienstpläne des ArbGeb[14]. 14

● **Auslandsentsendung:** ArbN können auch bei einer Tätigkeit im Ausland von Abs. 1 erfasst sein. Es genügt, dass ein Arbeitsvertrag besteht. Die Annahme einer Zuständigkeit des BR während des Auslandseinsatzes hängt dann davon ab, dass die Zugehörigkeit zum inländischen Betrieb auch in dieser Zeit gegeben ist. Dabei kommt es nicht darauf an, ob der Einsatz vorübergehend oder dauerhaft erfolgt. Voraussetzung ist, dass – vergleichbar mit den für Außendienstmitarbeiter entwickelten Kriterien – eine Eingliederung in die betriebl. Organisation in Deutschland gegeben ist, selbst wenn ein Teil der Arbeitsbedingungen für die Entsendung modifiziert wird (vgl. § 1 Rz. 3)[15]. Wenn der Auslandseinsatz nur vorübergehender Natur ist und eine Rückkehr in ein aktives Arbeitsverhältnis im inländischen Betrieb geplant ist, ist eine Zuständigkeit des BR auch dann anzunehmen, wenn das Arbeitsverhältnis 15

---

1 BAG v. 30.1.1991 – 7 AZR 497/89, AP Nr. 8 zu § 10 AÜG Bl. 4 ff. | 2 BAG v. 28.6.2000 – 7 AZR 100/99, NZA 2000, 1160 ff.; *Schüren*, § 10 AÜG Rz. 56, wobei hier noch die 12- bzw. 24-Monatsgrenze in § 1 II AÜG aF zur Anwendung kam. | 3 Vgl. BAG v. 16.4.2003 – 7 ABR 53/02, DB 2003, 2128 ff. („Leiharbeitnehmer wählen, aber zählen nicht."). Folgerichtig wurde auch der Antrag der PDS-Fraktion auf Erweiterung von § 5 I auf LeihArbN im Betrieb des Entleihers im Zusammenhang mit der BetrVG-Reform im Bundestag abgelehnt (vgl. BT-Drs. 14/1608; BT-Drs. 14/6352 S. 42; *Boewer*, in Gaul, AktuellAR 2003, 203 ff.). | 4 Vgl. Richardi/*Thüsing*, § 7 BetrVG Rz. 11; DKK/*Trümner*, § 5 BetrVG Rz. 84, 88. | 5 BAG v. 19.6.2001 – 1 ABR 43/00, NZA 2001, 1263 (1265). | 6 So BAG v. 18.1.1989 – 7 ABR 62/87, NZA 1993, 272 (276); v. 22.3.2000 – 7 ABR 34/98, NZA 2000, 1119 (1120 f.); *Fitting*, § 5 BetrVG Rz. 238 f.; abl. *Boemke*, § 14 AÜG Rz. 4 mwN, wonach § 14 II AÜG nur auf die gewerbsmäßige Überlassung anwendbar ist. | 7 BAG v. 28.7.1992 – 1 ABR 22/92, NZA 1993, 272 (276); v. 19.6.2001 – 1 ABR 43/00, NZA 2001, 1263 (1265); *Fitting*, § 5 BetrVG Rz. 220 mwN. | 8 Vgl. BAG v. 3.12.1997 – 7 AZR 764/96, NZA 1998, 876 (878); v. 25.10.2000 – 7 AZR 487/99, NZA 2001, 259 (260 f.). | 9 BAG v. 17.2.1993 – 7 AZR 167/92, NZA 1993, 1125 (1126 f.). | 10 Vgl. BT-Drs. 14/5741 S. 35. | 11 Vgl. BAG v. 23.3.2000 – 7 ABR 34/98, NZA 2000, 1119 (1120); v. 7.12.1989 – 2 AZR 222/89, NZA 1990, 658 (659 f.). | 12 Vgl. BAG v. 23.3.2000 – 7 ABR 34/98, NZA 2000, 1119 (1120); v. 19.6.2001 – 1 ABR 43/00, NZA 2001, 1263 (1264). | 13 BAG 15.3.1978 – 5 AZR 819/76, AP Nr. 26 zu § 611 BGB – Abhängigkeit Bl. 3. | 14 BAG 6.5.1998 – 5 AZR 247/97, NZA 1999, 205 (207). | 15 Vgl. BAG v. 7.12.1989 – 2 AZR 228/89, NZA 1990, 658 (659).

während des Auslandseinsatzes zum Ruhen gebracht und durch einen aktiven Vertrag für die Auslandsentsendung mit dem gleichen ArbGeb oder mit einer anderen Gesellschaft vor Ort ersetzt wird[1]. Insofern besteht eine Parallele zur Behandlung von ArbN in Elternzeit (vgl. Rz. 34, vor §§ 15 ff. BEEG Rz. 11).

16 ● **Beamte:** Personen in einem Beamtenverhältnis sind keine ArbN (vgl. Rz. 4). Sie werden an sich auch dann nicht von Abs. 1 erfasst, wenn sie als Beamte in einem Betrieb iSd. BetrVG eingesetzt werden. Zum Teil ist allerdings kraft Gesetzes festgelegt worden, dass sie als ArbN des Einsatzbetriebes gelten (vgl. §§ 19 I DBGrG, 24 II PostPersG). Wird der Beamte von seinen Pflichten aus dem Beamtenverhältnisnis beurlaubt, kann daneben ein Arbeitsvertrag mit der gleichen Körperschaft oder einem anderen Rechtsträger, für den der Beamte während des ruhenden Dienstverhältnisses tätig ist, begründet werden. Für diese Vertragsbeziehung ist dann ohne weiter gehende gesetzl. Fiktion die Zuständigkeit des BR nach Abs. 1 gegeben.

17 ● **Befristete Arbeitsverhältnisse:** ArbN mit befristetem Arbeitsvertrag werden ohne Rücksicht auf Grund, Dauer und Art der Befristung als ArbN iSd. Abs. 1 erfasst; dies gilt auch für Aushilfskräfte. Die Wirksamkeit der Befristung spielt keine Rolle.

18 ● **Berufsausbildungsverhältnis:** Kraft Gesetzes sind alle zu ihrer Berufsausbildung Beschäftigten ArbN iSd. BetrVG, was zur Folge hat, dass sie auch im MitbestG oder DrittelbG zu berücksichtigen sind. Dabei ist der Begriff der Berufsausbildung weiter als im BBiG zu fassen. Unerheblich ist, ob das Ausbildungsverhältnis als Arbeitsverhältnis zu qualifizieren ist[2]. Anders als bei § 4 I BPersVG[3] kommt es nicht auf Zweck der Ausbildung an. Es spielt keine Rolle, ob Ausbildung für den Eigenbedarf erfolgt, eigen- oder fremdnützig ist, den Betriebszweck fördert oder für den Betrieb nützlich ist. Erfasst werden alle Verträge, durch die berufliche Kenntnisse, Fähigkeiten und Erfahrungen vermittelt werden sollen[4]. Voraussetzung ist, dass die Auszubildenden in Betrieb des Ausbildenden eingegliedert sind. Die Auszubildenden müssen mit solchen Tätigkeiten beschäftigt werden bzw. diese erlernen, die auch zu den beruflichen Aufgaben von Arbeitern und Angestellten des Betriebs gehören[5]. Eine schulische Ausbildung genügt nicht. Der ArbGeb muss ihnen gegenständliche, praktische Aufgaben zum Zwecke der Ausbildung zuweisen. Dazu zählen ua. Umschüler und Teilnehmer an berufsvorbereitenden Ausbildungsmaßnahmen[6] Volontäre, Praktikanten, Anlernlinge[7], Teilnehmer einer Ausbildung in unternehmenseigener Schule bei praktischer Unterweisung im Betrieb[8], wobei eine rein schulische Ausbildung nicht genügt[9]. Unerheblich ist, ob die betriebliche Ausbildung nur Teil eines aus betrieblich-praktischen und schultheoretischen Teilen bestehenden Ausbildungsganges ist[10]. Auszubildende in einer von mehreren Unternehmen bzw. Betrieben errichteten überbetrieblichen Ausbildungsstätte[11] sind ArbN iSd. BetrVG. Auszubildende in reinen Ausbildungsbetrieben oder Einrichtungen, die zu Ausbildungszwecken einen Produktionsbetrieb nachahmen (zB Berufsbildungswerk), sind keine ArbN des Ausbildungsbetriebs[12]. Hier ist der ArbN selbst Gegenstand des Betriebszwecks; es bleibt die Möglichkeit einer Interessenvertretung nach § 51 BBiG. Ausn. gilt nur dort, wo Ausbildung zum Einsatz im Rahmen des arbeitstechnischen Zwecks der Einrichtung, etwa zum Betreuer oder Ausbilder, erfolgt[13]. Entgeltlichkeit ist Indiz für Ausbildungsverhältnis[14].

19 ● **Beschäftigungsgesellschaft (Transfergesellschaft):** Mitarbeiter in Beschäftigungsgesellschaften zur Abwicklung von Transferkurzarbeit nach § 216b SGB III oder einer Personalserviceagentur iSd. §§ 37, 37c SGB III sind ArbN[15], die mit einem idR befristeten Vertrag beschäftigt sind[16]. Im Rahmen einer Beschäftigungsgesellschaft nach dem SGB II angestellte Personen sind ArbN, wenn ihre Tätigkeit dem arbeitstechnischen Zweck des Betriebs dient und nicht selbst Gegenstand des Betriebszwecks ist[17].

20 ● **Doppelarbeitsverhältnis:** Hiervon spricht man, wenn ein ArbN neben einem bereits bestehenden Arbeitsverhältnis, das vorübergehend zum Ruhen gebracht wird (Stammarbeitsverhältnis), ein weiteres Arbeitsverhältnis mit einem anderen (abhängigen) Unternehmen begründet. Betriebsverfassungsrechtl. gehört der ArbN in dieser Zeit beiden Unternehmen an[18]. Erfolgt die Abordnung nicht nur zum vorübergehenden, flexiblen Einsatz, sondern als organisatorische Dauerlösung in der Form, dass die Arbeitsverträge mit dem herrschenden Unternehmen geschlossen werden, die Beschäftigung tatsäch-

---

1 Vgl. BAG v. 14.7.2005 – 8 AZR 392/04, NZA 2005, 1411. | 2 BAG v. 21.7.1993 – 7 ABR 35/92, NZA 1994, 713 (715). | 3 BVerwG v. 19.6.1980 – 6 P 1/80, PersV 1981, 368; dazu *Edenfeld*, PersV 2005, 290 ff. | 4 BAG v. 24.9.1981 – 6 ABR 7/81, DB 1982, 606. | 5 BAG v. 13.6.2007 – 7 ABR 44/06, nv. | 6 BAG v. 26.11.1987 – 6 ABR 6/83, NZA 1988, 505 (506). | 7 BAG v. 28.7.1992 – 1 ABR 22/92, NZA 1993, 272 (275). | 8 BAG v. 10.2.1981 – 6 ABR 86/78, DB 1981, 1935 (1936). | 9 BAG v. 28.7.1992 – 1 ABR 22/92, NZA 1993, 272 (275). | 10 BAG v. 8.5.1990 – 1 ABR 7/89, NZA 1990, 896 (897). | 11 BAG v. 26.1.1994 – 7 ABR 13/92, NZA 1995, 120 (122). | 12 BAG v. 13.6.2007 – 7 ABR 44/06, nv. | 13 BAG v. 26.1.1994 – 7 ABR 13/92, NZA 1995, 120 (122); v. 13.6.2007 – 7 ABR 44/06, nv. | 14 BAG v. 25.10.1989 – 7 ABR 1/88, DB 1990, 1192 (1193). | 15 Vgl. DKK/*Trümner*, § 5 BetrVG Rz. 109a; *Fitting*, § 5 BetrVG Rz. 139; LAG Bbg. v. 24.2.1994 – 3 SA 869/93, DB 1994, 1245. | 16 Vgl. *B. Gaul/Kliemt*, NZA 2000, 674 (675); *Niesel* SGB III § 175 Rz. 1 ff.; *Filzek*, AiB 1998, 661 ff.; *Thannheiser*, AiB 1999, 89 (96), 153 (154 ff.). | 17 BAG v. 5.4.2000 – 7 ABR 20/99, NZA 2001, 629 (630); v. 5.10.2000 – 1 ABR 14/00, NZA 2001, 1325 (1328). | 18 Vgl. BAG v. 29.3.1974 – 1 ABR 27/73, DB 1974, 1680.

lich jedoch im Betrieb eines abhängigen Unternehmens stattfindet, gehört der ArbN betriebsverfassungsrechtl. zu dem Betrieb, in dem er arbeitet[1].

21 • **Ein-Euro-Jobber:** Erwerbsfähige Hilfsbedürftige, die nach § 16 III 2 SGB II beschäftigt werden, sind keine ArbN iSv. Abs. 1. Ihre Beschäftigung löst aber eine mitbestimmungspflichtige Einstellung nach § 99 aus[2].

22 • **Einfirmenvertreter** (§ 92a HGB) dürfen auf Grund vertragl. Regelung oder können wegen Art und Umfang der mit ihnen vereinbarten Tätigkeit nicht für weitere Unternehmer tätig werden. Sie sind Handelsvertreter gem. § 84 HGB und somit selbständig, wenn sie im Wesentlichen ihre Tätigkeit frei gestalten und ihre Arbeitszeit bestimmen können. Anderenfalls handelt es sich um kaufmännische Angestellte, ggf. im Außendienst[3]. Indizien für Eingliederung sind zB Zuteilung eines Kundenstamms durch Dienstgeber, Vorgabe eines Tourenplans oder einer Mindestanzahl zu besuchender Kunden[4].

23 • **Familienangehörige:** Erfolgt Mitarbeit von Familienangehörigen im Betrieb nur auf Grund familienrechtl. Verpflichtung (Kinder: § 1619 BGB, Ehegatten: Pflicht zur ehelichen Lebensgemeinschaft), liegt nach allgemeinen Grundsätzen kein Arbeitsverhältnis vor[5]. Besteht ein Arbeitsverhältnis, sind sie ArbN iSd. Betriebsverfassung, es sei denn, es erfolgt eine Ausgrenzung gem. Abs. 2 Nr. 5 (vgl. Rz. 46).

24 • **Franchising** schließt die ArbN-Eigenschaft des Franchisenehmers nicht aus; hier ist eine einzelfallbezogene Prüfung erforderlich[6]. IdR ist der Franchisenehmer aber selbständiger Unternehmer, der sich zur Errichtung und Führung eines Betriebes nach den Vorgaben des Franchisegebers verpflichtet hat[7]. Der Franchisenehmer ist als ArbN zu qualifizieren, wenn zB durch die Bestimmung von Arbeitsort und Arbeitszeit sowie das Erteilen arbeitsleistungsbezogener Weisungen eine persönliche Abhängigkeit hergestellt wird[8].

25 • **Freie Mitarbeiter** sind keine ArbN. Es fehlt die für Arbeitsverhältnis typische persönliche Abhängigkeit in Form einer Weisungsgebundenheit bzgl. Zeit, Ort und Inhalt der Tätigkeit[9]. Grundlage ihrer Tätigkeit ist ein Werk- oder Dienstvertrag. Freie Mitarbeit setzt deshalb voraus, dass trotz Zusage einer zeitbestimmten Dienstleistung die Tätigkeit und Arbeitszeit im Wesentlichen selbst bestimmt werden kann. Falls zwischen den Parteien ein Dauerschuldverhältnis besteht, spricht für das Vorliegen eines Arbeitsverhältnisses, wenn der Dienstgeber innerhalb eines zeitlichen Rahmens über die Arbeitsleistung verfügen kann. Beispiel: Buchlektor eines Verlags[10], Aushilfs-Taxifahrer[11].

26 • **Fremdpersonal:** Werden ArbN auf Grund Dienst- oder Werkvertrages mit einem Dritten (Auftraggeber) als dessen Erfüllungsgehilfen im Betrieb eingesetzt, sind sie nicht ArbN des ArbGeb (Auftraggebers), dem dieser Betrieb zugeordnet ist[12]. Beispiel: Reinigung, Catering, Bewachung. Entscheidend für die Zuordnung zum Betrieb des Auftragnehmers ist, dass das Personal der Fremdfirma zur Erfüllung des Betriebszwecks dieser Firma tätig wird[13] und insoweit von diesem die Weisungen in Bezug auf Art, Ort und Zeit der Tätigkeit erhält[14]. Unerheblich ist, ob der Fremdfirmeneinsatz der Erfüllung des Betriebszwecks des Inhabers des Einsatzbetriebs dient[15] oder ob eine bisher selbst wahrgenommene Betriebsaufgabe auf eine Fremdfirma übertragen wurde[16]. Liegt in Wirklichkeit AÜ vor und hat der Verleiher keine Erlaubnis iSd. § 1 I AÜG, wird allerdings gem. § 10 AÜG ein Arbeitsverhältnis mit dem Entleiher begründet (vgl. Rz. 12).

27 • **Geringfügig Beschäftigte und Personen mit Gleitzonenjob** (§§ 8, 20 II SGB IV) sind ohne Rücksicht auf die sozialversicherungsrechtl. Handhabe mit Blick auf die Fragen einer persönlichen Abhängigkeit zu bewerten[17]. Liegt nach allgemeinen Grundsätzen ein Arbeitsverhältnis vor, ist auch der nach §§ 8, 8a SGB IV nicht sozialversicherungspflichtige ArbN[18].

28 • **Gesellschafter:** Die aus dem Gesellschaftsvertrag resultierende Tätigkeit begründet grds. keine ArbN-Eigenschaft. Nur ausnahmsw. kann auch ein Arbeitsverhältnis vorliegen. An der hierfür erforderlichen

---

1 *Fitting*, § 5 BetrVG Rz. 206. | 2 BAG v. 2.10.2007 – 1 ABR 60/06, nv.; *Engels*, NZA 2007, 8 ff. | 3 Vgl. BAG v. 21.1.1966 – 3 AZR 183/65, DB 1966, 546; LAG Nds. v. 7.9.1990 – 3 (2) Sa 1791/89, LAGE § 611 BGB Arbeitnehmerbegriff Nr. 24 S. 2; LAG Nürnberg v. 30.10.1992 – 7 TA 59/92, NZA 1993, 652. | 4 ArbG Lübeck v. 26.10.1995 – 2 CA 2046/95, BB 1996, 177 (178). | 5 Vgl. *Fitting*, § 5 BetrVG Rz. 304 ff.; Richardi/*Richardi*, § 5 BetrVG Rz. 181. | 6 BAG v. 16.7.1997 – 5 AZB 29/96, NZA 1997, 1126 (1127); BGH v. 27.1.2000 – III ZB 67/99, NZA 2000, 390; *Hänlein*, DB 2000, 374 ff. | 7 Vgl. BAG v. 24.4.1980 – 3 AZR 911/77, BB 1980, 1471; v. 21.2.1990 – 5 AZR 162/89, BB 1990, 1064. | 8 Vgl. BAG v. 16.7.1997 – 5 AZB 29/96, NZA 1997, 1126 (1127); LAG Düsseldorf v. 20.10.1987 – 16 Ta BV 83/87, NJW 1988, 725; DKK/*Trümner*, § 5 BetrVG Rz. 66, 69; aA Richardi/*Richardi*, § 5 BetrVG Rz. 151 zum sog. Subordinations-Franchising. | 9 DKK/*Trümner*, § 5 BetrVG Rz. 57; *Fitting*, § 5 BetrVG Rz. 36; Richardi/*Richardi*, § 5 BetrVG Rz. 146. | 10 BAG v. 27.3.1991 – 5 AZR 194/90, NZA 1991, 933 (934). | 11 BAG v. 29.5.1991 – 7 ABR 67/90, NZA 1992, 36 (37). | 12 BAG 21.7.2004 – 7 ABR 38/03, nv.; DKK/*Trümner*, § 5 BetrVG Rz. 90; *Fitting*, § 5 BetrVG Rz. 241; GK-BetrVG/*Kreutz*, § 7 Rz. 58 f. | 13 BAG v. 25.10.2000 – 7 AZR 487/99, NZA 2001, 259 (260); v. 11.9.2001 – 1 ABR 14/01, EzA § 99 BetrVG 1972 – Einstellung Nr. 10 S. 6. | 14 BAG v. 26.4.1995 – 7 AZR 850/92, NZA 1996, 92 (93). | 15 Vgl. BAG v. 30.1.1991 – 7 AZR 497/89, NZA 1992, 19 (21); v. 5.3.1991 – 1 ABR 39/90, NZA 1991, 686 (688). | 16 Vgl. BAG v. 9.7.1991 – 1 ABR 45/0, NZA 1992, 275 (277). | 17 BAG v. 30.9.1998 – 5 AZR 563/97, NZA 1999, 374 (375). | 18 Vgl. DKK/*Trümner*, § 5 BetrVG Rz. 31; *Fitting*, § 5 BetrVG Rz. 95; GK-BetrVG/*Raab*, § 5 Rz. 30; Richardi/*Richardi*, § 5 BetrVG Rz. 55 ff.

persönlichen Abhängigkeit fehlt es aber, wenn der Gesellschafter maßgeblichen Einfluss auf die Geschäftsführung hat. Beispiel: Sperrminorität oder Einstimmigkeitsprinzip nach Gesellschaftsvertrag[1].

29 ● **Handelsvertreter** sind selbständig tätig (vgl. § 84 I 2 HGB). Damit sind Versicherungsvertreter im Außendienst keine Handelsvertreter sondern ArbN, wenn sie in einer für ArbN typischen Weise in die Betriebsabläufe eingegliedert sind[2]. Indizien für selbständige Tätigkeit sind: Berechtigung zum Einsatz von Untervertretern[3], Möglichkeit der freien Arbeitszeiteinteilung, Vorgaben zum Arbeitssoll mit Gestaltungsspielraum bei Umsetzung. Indizien für abhängige Tätigkeit sind: Pflicht zu Tätigkeitsberichten, Kontrolle termingebundener Geschäfte, Anwesenheitspflicht[4], Arbeitszeitvorgaben[5], konkrete Vorgaben für Kundenbesuche[6] oder Pflicht zur Teilnahme an Schulungen[7] Ohne Bedeutung sind: Anzeigepflicht bei Urlaub oder Arbeitsunfähigkeit[8], Bindung an preisliche Vorgaben des Auftraggebers[9], Vereinbarung eines vertragl. oder nachvertragl. Wettbewerbsverbots[10] oder Unterstützung bei Werbemaßnahmen[11] Bei Berichtspflichten und fachlichen Weisungen muss wegen § 86 II HGB bzw. §§ 675, 665 BGB differenziert werden[12].

30 ● **Haushaltshilfen:** ArbN, die ausschließlich im Haushalt des Betriebsinhabers beschäftigt sind, sind keine ArbN des Betriebs. Erfolgt ihre Beschäftigung sowohl im Haushalt als auch im Betrieb, zählen sie auch dann zur Belegschaft des Betriebes, wenn sie mit dem Betriebsinhaber in häuslicher Gemeinschaft leben[13].

31 ● **Heimarbeiter und Hausgewerbetreibende** (§ 2 I, 2 HAG) sind von ihrem Auftraggeber zwar wirtschaftl., nicht aber persönlich abhängig. Sie gelten aber als ArbN iSd. Abs. 1[14]. Voraussetzung ist, dass sie „in der Hauptsache" für den Betrieb arbeiten[15]; die Beschäftigung für den Betrieb muss gegenüber der Leistung von Heimarbeit für andere Auftraggeber überwiegen. Heimarbeiter sollen betriebsverfassungsrechtl. nur einem Betrieb zugeordnet werden[16], während andere ArbN mit mehreren Arbeitsverhältnissen in mehreren Betrieben wahlberechtigt und wählbar sind[17]. Die Verdiensthöhe spielt keine Rolle[18]. Familienangehörige, Hilfskräfte oder den Heimarbeitern gleichgestellte Personen werden von der gesetzl. Fiktion als ArbN nicht erfasst[19].

32 ● **Konzern:** Ist ein ArbN in mehreren Betrieben eines Unternehmens oder mehrerer Unternehmen eines Konzerns tätig, ist die Zugehörigkeit zu jedem Betrieb eigenständig zu behandeln. Eine Zugehörigkeit zu mehreren Betrieben ist möglich, wenn jeweils ein Arbeitsverhältnis zum Betriebsinhaber besteht. Ruht das Arbeitsverhältnis zu einem Unternehmen für die Dauer der vorübergehenden Tätigkeit in einem anderen Unternehmen, mit dem ein gesonderter Arbeitsvertrag abgeschlossen wird, bleibt die Rechtsstellung als ArbN des bisherigen Einsatzbetriebs neben der neugegründeten Rechtsstellung als ArbN des neuen Einsatzbetriebs bestehen[20]. Vergleichbar mit der Bewertung von Elternzeit setzt das freilich voraus, dass Rückkehr und Einsatz im bisherigen Einsatzbetrieb geplant ist. Wird eine vorübergehende AÜ im Konzern (Konzernleihe) vorgenommen, bleibt der Betroffene ArbN des verleihenden Konzernunternehmens[21]. Auch wenn das AÜG keine Anwendung findet (§ 1 III Nr. 2 AÜG), kann insoweit auf die Grundsätze in § 14 II AÜG zurückgegriffen werden (vgl. Rz. 12).

33 ● **Medienbereich:** Hier ist zwischen programmgestaltender und nicht programmgestaltender Tätigkeit zu unterscheiden. Zu den programmgestaltenden Mitarbeitern gehören diejenigen, die typischerweise ihre eigenen Ansichten über Politik, Wirtschaft, Kunst oder andere Sachfragen in das Programm einbringen[22]. Diese programmgestaltende Tätigkeit kann auch in einem Arbeitsverhältnis ausgeübt werden[23]. Ein Arbeitsverhältnis liegt vor, wenn der Mitarbeiter zwar inhaltlich am Programm mitwirkt, hierbei jedoch weit gehenden Weisungen unterliegt, so dass ihm jedenfalls in Bezug auf die Arbeitszeit, die inhaltliche Festlegung des übergeordneten Themas und des Zwecks der der Publikation/Sendung und die organisatorische Anbindung des Arbeitsablaufs kaum Gestaltungsfreiheit verbleibt[24]. Indizien für

---

1 BAG v. 28.11.1990 – 4 AZR 198/90, NZA 1991, 392 (393); v. 10.4.1991 – 4 AZR 467/90, AP § 611 BGB – Abhängigkeit Nr. 54 Bl. 3. | 2 BAG v. 15.12.1999 – 5 AZR 169/99, NZA 2000, 1162 (1163); v. 20.9.2000 – 5 AZR 271/99, NZA 2001, 210 (211); LAG Nürnberg v. 26.1.1999 – 7 Sa 658/98, ZIP 1999, 769. | 3 BAG v. 15.12.1999 – 5 AZR 3/99, NZA 2000, 534 (537 f.). | 4 BAG v. 15.12.1999 – 5 AZR 566/98, NZA 2000, 447. | 5 BAG v. 15.12.1999 – 5 AZR 770/98, NZA 2000, 481 (483). | 6 BAG v. 15.12.1999 – 5 AZR 770/98, NZA 2000, 481 (483). | 7 BAG v. 15.12.1999 – 5 AZR 770/98, NZA 2000, 481 (483): 12 Gesprächsrunden à 2,5 Stunden im Halbjahr sind indes nicht genügend. | 8 Vgl. BAG v. 15.12.1999 – 5 AZR 3/99, NZA 2000, 534 (538); aA DKK/*Trümner*, § 5 BetrVG Rz. 63. | 9 BAG v. 15.12.1999 – 5 AZR 3/99, NZA 2000, 534 (538). | 10 BAG v. 15.12.1999 – 5 AZR 3/99, NZA 2000, 534 (538 f.); v. 15.12.1999 – 5 AZR 770/98, NZA 2000, 481 (484). | 11 BAG v. 15.12.1999 – 5 AZR 770/98, NZA 2000, 481 (483). | 12 Vgl. BAG v. 15.12.1999 – 5 AZR 770/98, NZA 2000, 481 (483); v. 15.12.1999 – 5 AZR 3/99, NZA 2000, 534 (537); v. 15.12.1999 – 5 AZR 566/98, NZA 2000, 447 (448). | 13 ErfK/*Eisemann*, § 5 BetrVG Rz. 18. | 14 Vgl. BAG v. 25.3.1992 – 7 ABR 52/91, NZA 1992, 899 ff. | 15 BAG v. 7.11.1995 – 9 AZR 268/94, NZA 1996, 380. | 16 Vgl. BAG v. 25.3.1992 – 7 ABR 52/91, NZA 1992, 899 (901 f.). | 17 BAG v. 27.9.1974 – 1 ABR 90/73, DB 1975, 936 (937). | 18 BAG v. 27.9.1974 – 1 ABR 90/73, DB 1975, 936 (937). | 19 *Rost*, NZA 1999, 113 (115). | 20 Vgl. ErfK/*Eisemann*, § 5 BetrVG Rz. 20. | 21 Vgl. dazu *Rüthers/Bakker*, ZfA 1990, 245 ff.; *Fitting*, § 5 BetrVG Rz. 205. | 22 BVerfG v. 28.6.1983 – 1 BvR 525/82, DB 1983, 2314 (2315); BAG v. 19.1.2000 – 5 AZR 644/98, NZA 2000, 1102 (1104). | 23 BAG v. 19.1.2000 – 5 AZR 644/98, NZA 2000, 1102 (1104); v. 20.9.2000 – 5 AZR 61/99, NZA 2001, 551 (552). | 24 BAG v. 19.1.2000 – 5 AZR 644/98, NZA 2000, 1102 (1104).

ArbN-Eigenschaft sind ständige Dienstbereitschaft und Einbeziehung in festen Dienstplan[1], Dienstanweisungen und Rundschreiben, die Einzelheiten des Vertragsverhältnisses einseitig regeln[2]. Einzelabstimmungen über jeweiligen Einsatz programmgestaltender Mitarbeiter sprechen gegen den ArbN-Status[3]. Die Aufnahme in Organisations- und Raumbelegungspläne begründet allein noch keine ArbN-Eigenschaft[4]. Zu den nicht programmgestaltenden Mitarbeitern gehören das betriebstechnische und verwaltende Personal sowie diejenigen, die zwar bei der Realisierung des Programms mitwirken, aber keinen Einfluss auf dessen Inhalt nehmen[5]. Sie sind idR ArbN[6]. Indizien für ArbN-Status: Terminlisten für längeren Zeitraum[7], zeitlich festgelegte Berichtspflichten, Pflicht zur Schulungsteilnahme[8].

• **Ruhende Arbeitsverhältnisse:** Wenn eine Rückkehr der ArbN in den Betrieb geplant ist, werden auch Personen mit einem ruhenden Arbeitsverhältnis von Abs. 1 erfasst (zB Elternzeit, Wehr- oder Zivildienst)[9]. 34

• **Studenten**, die im Rahmen ihres Studiums ein Praktikum absolvieren, zählen dann als ArbN, wenn sie einen Ausbildungsvertrag mit dem Betriebsinhaber geschlossen haben[10]. Das gilt nicht im Rahmen eines Hochschulpraktikums[11]. 35

• **Schüler:** Wer als Schüler ein Praktikum absolviert, ist nicht ArbN[12]. Schüler werden im Rahmen ihres Praktikums weder ausgebildet noch sind sie zur Arbeitsleistung verpflichtet[13]. 36

• **Teilzeitarbeit:** ArbN mit Teilzeitbeschäftigung (§ 2 I TzBfG) sind ohne Rücksicht auf die Dauer der Arbeitszeit in Abs. 1 einzubeziehen[14]. Eine Mindestarbeitszeit ist nicht erforderlich[15]. Auch die sozialversicherungsrechtl. Handhabe ist unerheblich[16]; es werden auch geringfügig Beschäftigte (§§ 8, 8a SGB IV) oder ArbN mit „Gleitzonenjob" (§ 20 II SGB IV) erfasst. Grundsätzlich gilt dies auch bei ATZ. ArbN, die sich in der Freistellungsphase des sog. Blockmodells befinden, sind jedoch nicht mehr in die Betriebsorganisation eingebunden, so dass dieser Personenkreis von Abs. 1 nicht mehr erfasst wird[17]. 37

• **Telearbeit:** Obwohl der Begriff auch betriebsinterne Tätigkeiten erfasst, soll mit der Benennung der Telearbeit deutlich gemacht werden, dass auch die außerhalb des Betriebs unter Verwendung von EDV verrichtete Arbeit Grundlage einer Kennzeichnung als ArbN iSd. Abs. 1 sein kann. Da solche Tätigkeiten auf der Grundlage von Dienst-, Werk- oder Werklieferungsverträgen, in freier Mitarbeit oder Selbständigkeit, in Heimarbeit, ArbN-Ähnlichkeit oder im Arbeitsverhältnis durchgeführt werden können[18], ist für die Feststellung des ArbN-Status auf allgemeine Abgrenzungsregeln zurückzugreifen[19]. Indizien für eine weisungsgebundene Tätigkeit: Online-Betrieb mit jederzeitiger Erreichbarkeit und Responserwartung durch den ArbGeb/andere ArbN[20], Einbindung an betriebliche Arbeitszeit, Verwendung der arbeitgeberseitigen Software[21]. 38

III. Einschränkung des Arbeitnehmerbegriffs nach Abs. 2. Abs. 2 grenzt im Wege einer gesetzl. Fiktion bestimmte Personen aus dem betriebsverfassungsrechtl. ArbN-Begriff aus. Ein Teil davon zählt schon nach allgemeinen Kriterien nicht zur Gruppe der ArbN (Nr. 1, 2), ein Teil davon kann durchaus in einem Arbeitsverhältnis zum Betriebsinhaber stehen und als ArbN qualifiziert werden (Nr. 3–5). Die hier genannten Personen sollen nicht zu der durch den BR repräsentierten Belegschaft gehören, weil sie wegen der Eigenart des Beschäftigungsverhältnisses nicht dem Normalbild eines ArbN entsprechen (Nr. 3 und 4) oder weil die Lebensumstände vermuten lassen, dass eine sehr enge persönliche Beziehung zum ArbGeb gegeben ist (Nr. 5). Zur letztgenannten Gruppe gehört auch der Partner der eingetragenen (gleichgeschlechtlichen) Lebenspartnerschaft[22]. 39

1. Vertreter juristischer Personen (Nr. 1). Nach Nr. 1 werden aus der Gruppe der ArbN in Betrieben einer juristischen Person die Mitglieder des Organs ausgegrenzt, das zur gesetzl. Vertretung dieser Person berufen ist. Dies gilt selbst dann, wenn sie zu dieser Gesellschaft[23] oder zu einer anderen Gesellschaft in einem Arbeitsverhältnis stehen[24]. Wenn das Arbeitsverhältnis zu einer anderen Gesellschaft 40

---

1 BAG v. 9.6.1993 – 5 AZR 123/92, NZA 1994, 169 (170); v. 19.1.2000 – 5 AZR 644/98, NZA 2000, 1102 (1104); *Reiserer*, BB 1998, 1258 (1259); v. 20.9.2000 – 5 AZR 61/99, NZA 2001, 551 (552) mit Ausnahme bei Aufnahme in Dienstplan wegen Bestandsschutz-TV. | 2 BAG v. 12.9.1996 – 5 AZR 104/95, NZA 1997, 600 (603). | 3 Vgl. BAG v. 22.4.1998 – 5 AZR 191/97, NZA 1998, 1275 (1276). | 4 BAG v. 19.1.2000 – 5 AZR 644/98, NZA 2000, 1102 (1105). | 5 BVerfG v. 28.6.1983 – 1 BvR 525/82, BVerfGE 64, 256 (260); BAG v. 19.1.2000 – 5 AZR 644/98, NZA 2000, 1102 (1104). | 6 BAG v. 22.4.1998 – 5 AZR 92/97, NZA 1999, 82 (83). | 7 LAG Düsseldorf v. 9.9.1997 – 8 Sa 756/97, NZA-RR 1998, 195. | 8 BAG v. 6.5.1998 – 5 AZR 347/97, NZA 1998, 873 (875); *Hopt*, DB 1998, 863 (865, 867). | 9 BAG v. 16.4.2003 – 7 ABR 53/02, DB 2003, 2128 (2129). | 10 BAG v. 30.10.1991 – 7 ABR 11/91, NZA 1992, 808 (809). | 11 BAG v. 24.9.1981 – 6 ABR 7/81, DB 1982, 606. | 12 BAG v. 8.5.1990 – 1 ABR 7/89, NZA 1990, 896 (897). | 13 *Fitting*, § 5 BetrVG Rz. 269 mwN. | 14 BAG v. 29.1.1992 – 7 ABR 27/91, NZA 1992, 894 (896 f.). | 15 AA *Wank*, RdA 1985, 1 (11); *Löwisch*, RdA 1984, 197 (206). | 16 *Fitting*, § 5 BetrVG Rz. 149; *Lipke*, NZA 1990, 758 (759). | 17 BAG v. 16.4.2003 – 7 ABR 53/02, DB 2003, 2128 (2129); LAG Nürnberg v. 16.2.2006 – 2 TaBV 9/06, NZA-RR 2006, 358 ff. | 18 Vgl. *Wank*, Telearbeit, Rz. 283 ff.; *Boemke/Kaufmann*, Telearbeitsvertrag, S. 6 ff.; *Kramer*, DB 2000, 1329 ff.; *Schaub*, NZA 2001, 364 ff. | 19 *Fitting*, § 5 BetrVG Rz. 182; *Boemke*, BB 2000, 147 (148 f.). | 20 Vgl. MünchArbR/*Heenen*, § 239 Rz. 10; *Boemke/Ankersen*, BB 2000, 2254. | 21 *Wank*, NZA 1999, 225 (231). | 22 Hierzu vgl. *Powietzka*, BB 2002, 146 (149, 150); *Fitting*, § 5 BetrVG Rz. 286. | 23 Denkbar nach BAG v. 10.4.1991 – 4 AZR 467/90, NZA 1991, 856 (857); v. 13.5.1996 – 5 AZB 27/95, NZA 1996, 952. | 24 *Fitting*, § 5 BetrVG Rz. 287; Richardi/*Richardi*, § 5 BetrVG Rz. 155.

bestehen, kann der Geschäftsführer dort indes dem Kreis der ArbN iSd. Abs. 1 zuzuordnen sein[1]. Zu den gem. Nr. 1 auszugrenzenden Personen gehören bei Aktiengesellschaften alle Vorstandsmitglieder (§ 78 I AktG), während der Abwicklung der Abwickler (§ 269 I AktG), bei der Kommanditgesellschaft auf Aktien die persönlich haftenden Gesellschafter nach Maßgabe des Gesellschaftsvertrages (§ 278 II AktG iVm. §§ 161 II, 125 HGB), also nur soweit sie nicht von der Vertretung ausgeschlossen sind[2], während der Abwicklung die persönlich haftenden Gesellschafter und die von der Hauptversammlung der Kommanditaktionäre bestellten Personen (§ 290 I AktG), bei der GmbH die Geschäftsführer (§ 35 I GmbHG), während der Liquidation die Liquidatoren (§ 70 S. 1 GmbHG), bei Genossenschaften alle Vorstandsmitglieder (§ 24 I GenG), während der Liquidation die Liquidatoren (§ 88 S. 1 GenG), bei rechtsfähigen Vereinen die Vorstandsmitglieder (§ 26 BGB) und der Sondervertreter iSd. § 30 BGB, bei Stiftungen der Vorstand (§ 86 S. 1 iVm. § 26 BGB) und das im Stiftungsgeschäft bestimmte Organ (§ 85 BGB), bei Versicherungsvereinen auf Gegenseitigkeit die Vorstandsmitglieder (§ 34 I 2 VAG iVm. § 78 AktG), während der Liquidation die Liquidatoren (§ 47 III 1 VAG iVm. § 269 I AktG). Bei den ausländischen juristischen Personen richtet sich ihre Vertretung nach dem Recht des Staates, in dem die juristische Person ihren Verwaltungssitz hat[3].

41 Die Einschränkung in Nr. 1 betrifft nur die Mitglieder des Vertretungsorgans. Gesellschafter, Aktionäre, Aufsichtsrats- und Genossenschaftsmitglieder können ArbN sein[4].

42 **2. Mitglieder von Personengesamtheiten (Nr. 2).** Soweit mit Abs. 2 Nr. 2 die Gesellschafter einer OHG oder die Mitglieder einer anderen Personengesamtheit, soweit sie durch Gesetz, Satzung oder Gesellschaftsvertrag zur Vertretung der Personengesamtheit oder zur Geschäftsführung berufen sind, in deren Betrieben aus der Gruppe der ArbN ausgegrenzt werden, dient dies nur der Klarstellung. In der GbR werden hiervon alle Gesellschafter mit Ausnahme derer erfasst, die nach dem Gesellschaftsvertrag weder an der Geschäftsführung noch an der Vertretung der Gesellschaft beteiligt sind (§§ 709, 714 BGB), bei nicht rechtsfähigen Vereinen werden die nach der Satzung vertretungsberechtigten Personen erfasst – nach § 54 iVm. § 26 BGB also regelmäßig nur der Vorstand und nicht alle Vereinsmitglieder[5], bei der OHG alle Gesellschafter, es sei denn, dass ihnen ausnahmsw. durch Gesellschaftsvertrag die Geschäftsführungsbefugnis oder die Vertretungsmacht entzogen ist (§§ 114, 115, 125 HGB), in der Kommanditgesellschaft die persönlich haftenden Gesellschafter (§§ 164, 170 HGB), bei der Partnerschaft nach PartGG alle Partner (§ 6 II und III PartGG iVm. §§ 114, 115 HGB, § 7 III PartGG iVm. § 125 I und II, §§ 126, 127 HGB), bei der Reederei alle Mitreeder, da ihnen die Geschäftsführung zusteht, wenn nicht der Vertrag insoweit etwas anderes bestimmt (§§ 490 ff. HGB), in der ehelichen Gütergemeinschaft bei gemeinschaftlicher Verwaltung beide Ehegatten, ansonsten nur der Ehegatte, der das Gesamtgut allein verwaltet (§ 1421 BGB), bei fortgesetzter Gütergemeinschaft nur der überlebende Ehegatte (§ 1487 I BGB), bei der Erbengemeinschaft alle Miterben (§ 2038 I BGB). Für ausländische nicht rechtsfähige Personengesamtheiten richtet sich die Geschäftsführungs- und Vertretungsbefugnis nach der entsprechenden Satzung[6].

43 **3. Beschäftigung aus karitativen oder religiösen Gründen (Nr. 3).** Durch Abs. 2 Nr. 3 werden alle Personen ausgegrenzt, deren Beschäftigung nicht in erster Linie ihrem Erwerb dient, sondern vorwiegend durch karikative oder religiöse Beweggründe bestimmt wird. Beispiel: Ordensschwestern, Mönche und Diakonissen[7]. Ihre Lebensversorgung ist durch die Gemeinschaft gesichert, der sie angehören[8]. Erfolgt ihre Beschäftigung in einer kirchlichen Einrichtung, können sie von der Geltung des staatlichen Arbeitsrechts ausgenommen, jedenfalls aber nach Vorgaben behandelt werden, in denen die für alle geltenden Gesetze mit Blick auf den kirchlichen Dienst und die spezifischen Obliegenheiten modifiziert werden[9]. Das gilt grds. auch, wenn sie über den Verband auf Grund Gestellungsvertrags in einem Betrieb tätig werden, der nicht unter § 118 II fällt[10]. Ausnahme kann für Schwesternschüler/innen gelten[11].

44 Krankenschwestern, die sich zu einem Verband zusammengeschlossen haben, sind nicht ArbN des Schwesternverbandes. Beispiel: Caritas, Deutsches Rotes Kreuz, Innere Mission. Im Verhältnis zum Verband, dem sie angehören, erbringen sie ihre Leistung auf Grund Mitgliedschaft, nicht auf Grund Arbeitsvertrags[12]. Entsprechendes kann für Mitglieder eines Vereins (hier: Deutsches Rotes Kreuz) gelten, die im Rettungs- und Transportdienst tätig sind[13]. Nach BAG vom 20.2.1986[14] gilt dies sogar dann, wenn die Rote-Kreuz-Schwester auf Grund Gestellungsvertrags in einem Krankenhaus tätig wird, des-

1 BAG v. 20.10.1995 – 5 AZB 5/95, NZA 1996, 200 ff. |2 DKK/*Trümner*, § 5 BetrVG Rz. 126; *Fitting*, § 5 BetrVG Rz. 287; GK-BetrVG/*Raab*, § 5 Rz. 77. |3 Richardi/*Richardi*, § 5 BetrVG Rz. 163. |4 *Fitting*, § 5 BetrVG Rz. 288. |5 DKK/*Trümner*, § 5 BetrVG Rz. 139; *Fitting*, § 5 BetrVG Rz. 291. |6 Richardi/*Richardi*, § 5 BetrVG Rz. 175. |7 SG Koblenz v. 17.5.2001 – S 1 AL 180/00, nv.; ArbG Bremen v. 31.5.1956 – I Ca 578/55, AP § 5 ArbGG 1953 Nr. 4 Bl. 2. |8 DKK/*Trümner*, § 5 BetrVG Rz. 143; *Fitting*, § 5 BetrVG Rz. 292. |9 Vgl. nur BVerfG v. 4.6.1985 – 2 BvR 1703, 1718/83, 2 BvR 856/84, NJW 1986, 367 (368 ff.); BAG v. 21.2.2001 – 2 AZR 139/00, NZA 2001, 1136 (1138). |10 GK-BetrVG/*Raab*, § 5 Rz. 79; Richardi/*Richardi*, § 5 BetrVG Rz. 177; aA DKK/*Trümner*, § 5 BetrVG Rz. 143. |11 ArbG Marburg v. 22.12.2006 – 2 BV 4/04, DB 2007, 295 (296). |12 BAG v. 18.2.1956 – 2 AZR 294/54, AP § 5 ArbGG Nr. 1 Bl. 2 f.; Richardi/*Richardi*, § 5 BetrVG Rz. 178; aA DKK/*Trümner*, § 5 BetrVG Rz. 145 ff.; *Fitting*, § 5 BetrVG Rz. 293. |13 Offen BAG v. 12.11.2002 – 1 ABR 60/01, ArbuR 2003, 309 ff. |14 BAG v. 20.2.1968 – 6 ABR 5/85, NZA 1986, 690.

sen Träger nicht Mitglied des Verbands ist[1]. ArbN sind nur Krankenschwestern ohne mitgliedschaftliche Bindung[2]. Auch bei einer Beschäftigung ohne Arbeitsvertrag kann indes eine Einstellung nach § 99 vorliegen[3].

4. Beschäftigung aus medizinischen oder erzieherischen Gründen (Nr. 4). Abs. 2 Nr. 4 schließt solche Personen aus, bei denen die Beschäftigung vorwiegend als Mittel zur Behebung physischer, psychischer oder sonstiger in der Person des Beschäftigten liegende Mängel erfolgt. Hierzu gehören Kranke, Süchtige[4], nach § 74 SGB V zur Wiedereingliederung Beschäftigte[5], Jugendliche unter der Obhut des Jugendamtes (§ 42 SGB VIII), Sicherungsverwahrte in Unterbringungsanstalt nach § 66 StGB[6]. Vorausgesetzt wird, dass der Beschäftigte keine marktgerechte Vergütung erhält[7]. Nicht von der gesetzl. Fiktion erfasst werden Beschäftigte, die auf Grund einer vom Sozialhilfeträger geschaffenen Arbeitsgelegenheit nach § 16 III SGB II bei einem Dritten in einem befristeten Arbeitsverhältnis beschäftigt werden; sie sind ArbN iSd. Abs. 1[8]. Unter Nr. 4 fällt nur, wer durch die Beschäftigung in die Lage versetzt werden soll, einer geregelten Arbeit nachzugehen, nicht hingegen, wer diese Fähigkeit besitzt, aber Kenntnisse und Fertigkeiten für die Aufnahme einer Tätigkeit auf einem bestimmten Gebiet erwerben soll[9]. Ob Schwerbehinderte, die nach § 136 SGB IX in einer Behindertenwerkstatt beschäftigt werden, ArbN sind, hängt davon ab, ob die Beschäftigung vorwiegend zu therapeutischen Zwecken, auf Grund Berufsausbildungsvertrags oder Arbeitsvertrags erfolgt[10]. 45

5. Familienangehörige des Arbeitgebers (Nr. 5). Ohne Rücksicht auf das denkbare Vorliegen eines Arbeitsverhältnisses werden der Ehegatte, der eingetragene (gleichgeschlechtliche) Lebenspartner nach § 1 LPartG[11], Eltern und Kinder (auch nicht eheliche und adoptierte) sowie Schwiegereltern und -kinder des ArbGeb aus dem Begriff des ArbN iSd. BetrVG ausgegrenzt, wenn sie in häuslicher Gemeinschaft mit dem ArbGeb leben. Häusliche Gemeinschaft erfordert das Bestehen eines gemeins. Lebensmittelpunktes (§ 1619 BGB). Eine gemeins. Wohnung muss nicht die ständige Wohnung sein[12]. ArbN, die mit dem ArbGeb in eheähnlicher bzw. nichtehelicher Lebensgemeinschaft leben, werden nicht erfasst[13]. Verwandtschaftliche Verhältnisse weiteren Grades (zB Enkelkinder, Geschwister etc.) schließen ein Arbeitsverhältnis ebenso wenig aus wie ein Verlöbnis[14]. Mit ArbGeb iSd. Nr. 5 ist stets eine natürliche Person gemeint; nur mit natürlichen Personen ist eine häusliche Gemeinschaft möglich[15]. Bei der Personengesamtheit (OHG, KG) müssen die Voraussetzungen der Vorschrift in Bezug auf ein Geschäftsführungs- oder vertretungsbefugtes Mitglied gegeben sein[16]. Umstritten ist, ob die Vorschrift wegen vergleichbarer Interessenlage analog auf Verwandte oder Verschwägerte des vertretungsberechtigten Organs einer juristischen Person anwendbar ist[17]. 46

IV. Kennzeichnung des leitenden Angestellten durch Abs. 3. 1. Allgemein. Leitende Angestellte sind ArbN iSd. BetrVG. Sie werden auf Grund eines privatrechtl. Vertrags im Dienste des ArbGeb zur Leistung fremdbestimmter Arbeit in persönlicher Abhängigkeit verpflichtet (vgl. Rz. 3 ff.). Gemäß Abs. 3 S. 1 findet das BetrVG auf leitende Angestellte jedoch nur dann Anwendung, wenn das Gesetz dies ausdrücklich bestimmt (§§ 105, 107, 108 BetrVG). Hintergrund – und insoweit auch ein Kriterium bei der Auslegung und Anwendung der gesetzl. Fallgestaltungen – ist der Interessengegensatz aus der besonderen Stellung leitender Angestellte im Betrieb. Einerseits übernehmen sie unternehmerische Aufgaben des ArbGeb mit eigenem Entscheidungsspielraum, andererseits haben sie (eigene) spezifische ArbN-Interessen[18]. Die in § 5 III vorgenommene Kennzeichnung ist durch Bezugnahme auch für das SprAuG (§ 1 I SprAuG), die Unternehmensmitbestimmung (§ 3 I MitbestG, § 3 I DrittelbG), den EBR (§ 23 VI EBRG), das Arbeitszeitrecht (§ 18 I Nr. 1 ArbZG) maßgeblich. Das Kündigungsrecht (§§ 14 II, 17 V KSchG) und § 22 II Nr. 2 ArbGG enthalten abweichende Kriterien für den leitenden Angestellten. 47

Mit den drei Gruppen enthält Abs. 3 eine abschließende Legaldefinition des leitenden Angestellten. Die dort genannten Voraussetzungen müssen tatsächlich erfüllt sein[19]. Die Abgrenzung des leitenden Angestellten vom ArbN ist dabei zwingendes Recht. Sie kann individual- oder kollektivvertragl. nicht 48

---

1 Ebenso GK-BetrVG/*Raab*, § 5 Rz. 82; aA DKK/*Trümner*, § 5 BetrVG Rz. 144 ff.; *Fitting*, § 5 BetrVG Rz. 294; Richardi/*Richardi*, § 5 BetrVG Rz. 178. | 2 Vgl. BAG v. 4.7.1979 – 5 AZR 8/78, DB 1979, 2282 (2283); v. 14.12.1994 – 7 ABR 26/94, NZA 1995, 906 (908). | 3 BAG v. 12.11.2002 – 1 ABR 60/01, EzA § 99 BetrVG 2001 Nr. 2 S. 6 f. | 4 BAG v. 25.10.1989 – 7 ABR 1/88, DB 1990, 1192 (1193); v. 26.1.1994 – 7 ABR 13/92, NZA 1995, 120 (121). | 5 BAG v. 29.1.1992 – 5 AZR 37/91, NZA 1992, 643; v. 19.4.1994 – 9 AZR 462/92, DB 1994, 1880 (1881). | 6 *Fitting*, § 5 BetrVG Rz. 303. | 7 BAG v. 25.10.1989 – 7 ABR 1/88, DB 1990, 1192 f. | 8 BAG v. 5.4.2000 – 7 ABR 20/99, NZA 2001, 629 (630). | 9 BAG v. 25.10.1989 – 7 ABR 1/88, DB 1990, 1192 f. | 10 *Fitting*, § 5 BetrVG Rz. 302; GK-BetrVG/*Raab*, § 5 Rz. 87. | 11 Hierzu vgl. *Powietzka*, BB 2002, 146 (149, 150); *Fitting*, § 5 BetrVG Rz. 286. | 12 DKK/*Trümner*, § 5 BetrVG Rz. 165; GK-BetrVG/*Raab*, § 5 Rz. 88; Richardi/*Richardi*, § 5 BetrVG Rz. 181. | 13 LAG Hamm v. 12.9.2001 – 10 TaBV 52/01, DB 2002, 1332 (LS); DKK/*Trümner*, § 5 BetrVG Rz. 166; *Fitting*, § 5 BetrVG Rz. 306. | 14 *Fitting*, § 5 BetrVG Rz. 306, 307. | 15 DKK/*Trümner*, § 5 BetrVG Rz. 167; GK-BetrVG/*Kraft*, § 5 Rz. 88. | 16 DKK/*Trümner*, § 5 BetrVG Rz. 168; *Fitting*, § 5 BetrVG Rz. 112; GK-BetrVG/*Kraft*, § 5 Rz. 65. | 17 Dafür *Fitting*, § 5 BetrVG Rz. 305; GK-BetrVG/*Raab*, § 5 Rz. 91; Richardi/*Richardi*, § 5 BetrVG Rz. 182; aA DKK/*Trümner*, § 5 BetrVG Rz. 167, nur wenn es sich um eine Ein-Personen-GmbH handelt; offen LAG Hamm v. 21.9.2001 – 10 TaBV 52/01, DB 2002, 1332. | 18 Vgl. BAG v. 29.1.1980 – 1 ABR 45/79, DB 1980, 1545 (1546); v. 23.1.1986 – 6 ABR 51/81, NZA 1986, 484 (485). | 19 BAG v. 11.3.1982 – 6 AZR 136/79, BB 1982, 1729 f.; GK-BetrVG/*Raab*, § 5 Rz. 95.

geändert werden[1]. Insofern kann die Qualifikation auch nicht „verliehen" oder durch Bezeichnung im Arbeitsvertrag („Papierform") begründet werden[2]. Sie muss durch Arbeitsvertrag und Stellung im Unternehmen oder Betrieb tatsächlich „gelebt" werden. Weichen Arbeitsvertrag und tatsächlich zugewiesene Aufgaben ab, ist letzteres maßgeblich für die Kennzeichnung nach Abs. 3. Diese Arbeiten sind an den gesetzl. Kriterien zu messen[3]. Auf andere Merkmale kommt es bei der Entscheidung über die Eigenschaft des leitenden Angestellten nicht an. Durch Abs. 4 soll nur eine Auslegungshilfe für die Anwendung von Nr. 3 gegeben werden (vgl. Rz. 62). Folgerichtig spielt die Tarifbindung eines ArbN keine Rolle. Ob AT-Angestellte leitende Angestellte nach Abs. 3 sind, hängt davon ab, ob die dort genannten Voraussetzungen erfüllt sind[4]. Ein ArbN, der in anderer Gesellschaft zum Geschäftsführer bestellt wurde, ist nicht zwingend leitender Angestellter seines Vertragsarbeitgebers. Wenn die in Nr. 1–3 genannten Merkmale nicht erfüllt sind, ist er als ArbN einzustufen[5].

49 Ausreichend für die Kennzeichnung als leitender Angestellter ist, wenn die Voraussetzungen einer Gruppe erfüllt sind. Alle Fälle sind dadurch gekennzeichnet, dass es sich nicht nur um die Umsetzung der durch Andere getroffenen Entscheidungen handelt. Es muss eine eigene unternehmerische Tätigkeit erkennbar sein[6]. Sie kann das Unternehmen insgesamt oder einen Betrieb betreffen[7]. Ist der Angestellte mehreren Betrieben eines Unternehmens zugeordnet, kann sein Status indes nur einheitlich für alle Betriebe bestimmt werden[8].

50 Eine bestimmte Zeitspanne zur Wahrnehmung der nachfolgend dargestellten Funktionen ist zur Statusbegründung nicht erforderlich. Ein mit diesen Aufgaben betrauter Angestellter ist grds. bereits mit Übertragung der entsprechenden Funktion und Beginn seiner Tätigkeit leitender Angestellter. Der Status als leitender Angestellter kann damit auch schon während der Probezeit oder der Wartezeit nach § 1 I KSchG bestehen[9]. Dies gilt insb. bei einer geplanten Bestellung zum Vorstand oder Geschäftsführer. Ausnahmen hierzu sind allenfalls bei einer von Beginn an vorübergehenden Tätigkeit denkbar (zB als Urlaubs- oder Krankheitsvertreter), die einem prägenden Charakter der leitenden Funktion entgegensteht. Die Grenzen sind dabei einzelfallbezogen festzulegen[10]. Folgerichtig verliert der leitende Angestellte seinen Status unmittelbar, wenn ihm nicht nur vorübergehend eine Tätigkeit übertragen wird, die die nachfolgenden Voraussetzungen nicht (mehr) erfüllt. Die völlige Freistellung des ArbN von den vertragl. Pflichten beseitigt den Status indes nicht, wenn danach keine weitere (geringwertigere) Arbeit verrichtet wird[11].

51 **2. Selbständige Einstellungs- und Entlassungsberechtigung (Nr. 1).** Im Gegensatz zu § 14 II KSchG müssen Einstellungs- und Entlassungsbefugnis kumulativ vorliegen[12]. Hiervon ist auszugehen, wenn der Angestellte im Wesentlichen frei von Weisungen des ArbGeb über diese personelle Einzelmaßnahmen entscheiden kann; die Berechtigung muss vor allem im Innenverhältnis zum ArbGeb bestehen[13], aber auch im Außenverhältnis gelten[14]. Berücksichtigt man die gleichgewichtige Bedeutung von Nr. 1 und Nr. 3, darf die Einstellungs- und Entlassungsbefugnis nicht nur einen untergeordneten Bestandteil der Tätigkeit ausmachen. Insofern genügt es nicht, dass nur vorübergehend Hilfskräfte eingestellt oder entlassen werden können[15]. Vielmehr muss es sich um eine Aufgabe handeln, die wegen der Größe bzw. der Funktion der betroffenen ArbN für den Bestand des Unternehmens, eines Betriebs oder einer Betriebsabteilung von Bedeutung ist[16]. Erforderlich ist also, dass – insoweit entsprechend den Überlegungen zu § 14 II KSchG (vgl. § 14 KSchG Rz. 10[17]) – dem Angestellten eine Personalkompetenz gegenüber einem bedeutsamen Personenkreis zusteht. Die Bedeutung der Personalverantwortung kann einmal aus der Anzahl der ArbN folgen, auf die sich die Einstellungs- und Entlassungsbefugnis bezieht[18]. Handelt es sich um eine vergleichsweise geringe Zahl, ist auf qualitative Gesichtspunkte abzustellen. Die Personalkompetenz nach Nr. 1 muss sich also auf Arbeitnehmer erstrecken, die entweder hoch qualifizierte Tätigkeiten mit entsprechenden Entscheidungsspielräumen ausüben oder einen für das Unternehmen herausgehobenen Geschäftsbereich betreuen[19]. Eine wesentliche Bedeutung ist insb. dann anzunehmen, wenn diese Mitarbeiter ihrerseits die ihnen nachgeordneten ArbN selbständig einstellen und entlassen können. Umgekehrt genügt es nicht, wenn die Befugnis sich auf einen sehr begrenzten Perso-

---

1 BAG v. 19.8.1975 – 1 AZR 565/74, DB 1975, 2231; DKK/*Trümner*, § 5 BetrVG Rz. 187; *Fitting*, § 5 BetrVG Rz. 331. | 2 Vgl. BAG v. 25.10.2001 – 2 AZR 358/00, NZA 2002, 584. | 3 Vgl. GK-BetrVG/*Raab*, § 5 Rz. 101. | 4 BAG v. 6.5.2003 – 1 ABR 13/02, DB 2003, 2445 (2446). | 5 Vgl. LAG München v. 13.4.2000 – 2 Sa 886/99, NZA-RR 2000, 425 ff.; *Falder*, NZA 2000, 868 ff. | 6 Vgl. *Fitting*, § 5 BetrVG Rz. 337; aA *Martens*, RdA 1989, 71 (77). | 7 BAG v. 23.1.1986 – 6 ABR 51/81, NZA 1986, 484 (485); MünchArbR/*Richardi*, § 26 Rz. 27. | 8 BAG v. 25.10.1989 – 7 ABR 60/88, NZA 1990, 820 (821). | 9 Vgl. Richardi/*Richardi*, § 5 BetrVG Rz. 219. | 10 Vgl. *Fitting*, § 5 BetrVG Rz. 365. | 11 Powietzka/*Hager*, DB 2006, 102 ff. | 12 BAG v. 11.11.1983 – 6 AZR 291/83, nv.; DKK/*Trümner*, § 5 BetrVG Rz. 200; *Fitting*, § 5 BetrVG Rz. 340. | 13 BAG v. 11.3.1982 – 6 AZR 136/79, DB 1982, 1990; v. 10.10.2007 – 7 ABR 61/06, nv. | 14 BAG v. 18.11.1999 – 2 AZR 903/98, NZA 2000, 427 (428 f.). | 15 Vgl. BAG v. 11.3.1982 – 6 AZR 136/79, DB 1982, 1990; Richardi/*Richardi*, § 5 BetrVG Rz. 201. | 16 BAG v. 11.3.1982 – 6 AZR 136/79, DB 1982, 1990; v. 16.4.2002 – 1 ABR 23/01, NZA 2003, 56; v. 10.10.2007 – 7 ABR 61/06, nv.; abw. *Löwisch/Kaiser*, § 5 BetrVG Rz. 26 wonach ein kleiner Personenkreis genügt. | 17 Vgl. BAG v. 27.9.2001 – 2 AZR 176/00, DB 2002, 1163 (1165); v. 10.10.2002 – 2 AZR 598/01, DB 2003, 506 (507). | 18 BAG v. 16.4.2002 – 1 ABR 23/01, NZA 2003, 56; v. 10.10.2007 – 7 ABR 61/06, nv. | 19 BAG v. 27.9.2001 – 2 AZR 176/00, DB 2002, 1163; v. 16.4.2002 – 1 ABR 23/01, NZA 2003, 56; v. 10.10.2007 – 7 ABR 61/06, nv.

nenkreis beschränkt, zB nur geringfügig oder nur mit untergeordneten Aufgaben Beschäftigte[1]. Abweichend von § 14 KSchG (vgl. § 14 KSchG Rz. 9 f.) ist für BAG aber der zeitliche Anteil der tatsächlichen Ausübung der Befugnis zur Einstellung und Entlassung ohne Bedeutung[2].

Die Art der Vollmacht (Prokura, Handlungsvollmacht, Vollmacht nach § 167 BGB) spielt keine Rolle. 52
Unerheblich ist auch, dass Erklärungen im Namen des ArbGeb gegenüber Dritten mit Blick auf das im Unternehmen vorgegebene Vier-Augen-Prinzip nur durch zwei Vertreter gleichzeitig abgegeben werden können. Die Einstellungs- und Entlassungsbefugnis iSd. Abs. 3 Nr. 1 ist bereits dann gegeben, wenn diese Erklärung im Innenverhältnis durch einen der beiden Unterzeichnenden bestimmt worden ist, der andere also nur noch eine formale Richtigkeits- oder Budgetkontrolle vorgenommen hat[3]. Wenn die inhaltliche Zustimmung eines weiteren ArbN oder des ArbGeb (zB des Geschäftsführers) für die Personalmaßnahme erforderlich ist, also die Entscheidungsbefugnis eines Dritten gegeben ist, liegt keine selbständige Entscheidungsbefugnis mehr vor[4]. Hier kommt dann nur noch die Qualifikation als leitender Angestellter nach Abs. 3 Nr. 3 in Betracht. Wenn die Einstellung oder Entlassung nur nach außen selbständig vorgenommen wird, nach innen aber Entscheidungen anderer Stellen umgesetzt werden, wird Abs. 3 Nr. 1 nicht erfüllt[5].

Grundsätzlich genügt eine nur nach dem Vertrag bestehende Einstellungs- und Entlassungsbefugnis 53
nicht; sie muss tatsächlich ausgeübt werden. Dass über eine längere Zeit keine Einstellungen und Entlassungen vorgenommen werden, steht der Anwendbarkeit von Nr. 1 nicht entgegen, wenn in dem betreffenden Zeitraum generell keine entsprechenden Personalmaßnahmen im eigenen Zuständigkeitsbereich vorzunehmen waren. Wenn im Aufgabenbereich des Betroffenen vorübergehend keine derartigen Maßnahmen zu erledigen sind, bleibt der Status erhalten. Erforderlich ist aber die entsprechende Einbindung der in Rede stehenden Personen, wenn wieder solche Maßnahmen zu erledigen sind. Schließlich spricht das Gesetz nur von der Berechtigung, nicht von der tatsächlichen Ausübung. Umgekehrt können sich aus einer tatsächlich geübten Vertragspraxis Anhaltspunkte für das Vorliegen einer Befugnis iSd. Nr. 1 auch dann ergeben, wenn hierfür im Arbeitsvertrag kein Anhaltspunkt gegeben ist. Die Personalführungsbefugnis bedarf nicht der schriftl. Vereinbarung[6].

Beispiele für Nr. 1: Leiter der Vorfertigung der Fertigungsdurchführung[7], Vertriebsniederlassungsleiter[8], ablehnend: Vertriebsleiter eines Zeitungsverlags[9], Verwaltungsdirektor eines Krankenhauses[10], Verwaltungsleiter einer Krankenhauses[11], Franchise-Nehmer von Ladenlokalen[12], Geschäftsführer Tochtergesellschaft als leitender Angestellter der Muttergesellschaft[13], Chefarzt der Abteilung eines Krankenhauses (str.)[14], Leiter eines Fast Food-Restaurants[15], Bereichsleiter einer Spielbank[16]. Entscheidend sind jeweils die Umstände des Einzelfalls.

3. Generalvollmacht oder Prokura (Nr. 2). Die Aufnahme von Generalvollmacht und Prokura als ei- 54
genständige Kriterien für die Kennzeichnung als leitender Angestellter ist in der Annahme erfolgt, dass Personen mit einer derart weit reichenden Vertretungsmacht ausschließlich geschäftsleitende Funktionen wahrnehmen und deshalb in einem natürlichen Gegensatz zu den übrigen ArbN des Betriebs stehen[17].

Die Generalvollmacht ist ein Unterfall der Handlungsvollmacht (§ 54 HGB). Sie berechtigt zur Füh- 55
rung des gesamten Geschäftsbetriebs (§ 105 I AktG). Ihr konkreter Umfang hängt von dem der Erteilung zugrunde liegenden Rechtsgeschäft ab. Soweit im Innenverhältnis eine Beschränkung vorgenommen wird, muss sie ein Dritter gegen sich gelten lassen, wenn er sie kennt oder kennen musste (§ 54 III HGB). Allerdings darf die Einschränkung keine wesentliche Einschränkung der Vertretungsbefugnis zur Folge haben. Denn dann handelte es sich nur noch um eine bloße Handlungsvollmacht, die allenfalls im Rahmen von Abs. 2 Nr. 3 Berücksichtigung findet[18].

Die Prokura ist eine besondere handelsrechtl. Vollmacht, deren Reichweite sich nach §§ 48 bis 53 HGB 56
bestimmt. Sie ermächtigt zur Vornahme aller gerichtlichen und außergerichtlichen Rechtshandlungen, die der Betrieb eines Handelsgewerbes mit sich bringt, mit Ausnahme der Veräußerung und Belastung von Grundstücken (§ 49 HGB). Inhalt und Umfang der Prokura sind im Außenverhältnis nicht beschränkbar (§ 50 I HGB). Zulässig ist aber die Erteilung von Gesamtprokura, nach der Prokura nur

---

1 BAG v. 11.3.1982 – 6 AZR 136/79, DB 1982, 1990; LAG Düsseldorf v. 26.7.2000 – 12 TaBV 35/00, NZA-RR 2001, 308 (309). | 2 Vgl. BAG v. 10.10.2007 – 7 ABR 61/06, nv. | 3 BAG v. 16.4.2002 – 1 ABR 23/01, NZA 2003, 56; Richardi/*Richardi*, § 5 BetrVG Rz. 197 f. | 4 BAG v. 16.4.2002 – 1 ABR 23/01, NZA 2003, 56; v. 27.9.2001 – 2 AZR 176/00, DB 2002, 1163; v. 10.10.2007 – 7 ABR 61/06, nv.; *Kronisch*, AuA 2001, 484 (484). | 5 Vgl. LAG Hessen v. 7.9.2000 – 12 TaBV 64/98, NZA-RR 2001, 426 (427); DKK/*Trümner*, § 5 BetrVG Rz. 201. | 6 BAG v. 16.4.2002 – 1 ABR 23/01, NZA 2003, 56. | 7 LAG Hamm v. 16.12.1977 – 3 TaBV 50/77. DB 1978, 400 ff. | 8 LAG Berlin v. 5.3.1990 – 9 TaBV 6/89, LAGE § 5 BetrVG 1972 Nr. 18. | 9 BAG v. 27.10.1978 – 1 ABR 27/77, DB 1979, 700 ff. | 10 BAG v. 11.3.1982 – 6 AZR 136/79, BB 1982, 1729. | 11 BAG v. 17.11.1983 – 6 AZR 291/83, nv. | 12 LAG Düsseldorf v. 20.10.1987 – 16 TaBV 83/87, LAGE § 5 BetrVG 1972 Nr. 16. | 13 LAG München v. 13.4.2000 – 2 Sa 886/99, NZA-RR 2000, 425 ff. | 14 LAG Thür. v. 6.7.2000 – 1 TaBV 16/99, LAGE § 5 BetrVG 1972 Nr. 22; abl. BAG v. 10.10.2007 – 7 ABR 61/06, nv. | 15 Abl. LAG Hessen v. 7.9.2000 – 12 TaBV 64/98, DB 2001, 932. | 16 BAG v. 16.4.2002 – 1 ABR 23/01, NZA 2003, 56 ff. | 17 Vgl. BT-Drs. VI/2729 S. 11. | 18 Vgl. BAG v. 10.4.1991 – 4 AZR 479/90, NZA 1991, 857 (858); *Fitting*, § 5 BetrVG Rz. 355; HSWGN/*Rose*, § 5 BetrVG Rz. 159.

gemeins. mit einem anderen Prokuristen ausgeübt werden darf (§ 48 II HGB), oder einer Niederlassungsprokura, nach der sich die Prokura nur auf den Betrieb einer Niederlassung, die unter einer anderen Firma betrieben wird, bezieht (§ 48 II HGB). Da die Prokura im Verhältnis zum ArbGeb nicht unbedeutend sein darf, setzt die an Abs. 2 Nr. 2 anknüpfende Kennzeichnung als leitender Angestellter voraus, dass der Prokurist die gesetzl. Vertretungsmacht im Innenverhältnis zum ArbGeb auch tatsächlich in einem wesentlichen Umfang wahrnehmen darf. Einer völligen Deckungsgleichheit zwischen der Berechtigung im Innen- und Außenverhältnis bedarf es indes nicht. Wer aber, was in der Praxis häufig geschieht, auf Grund Vereinbarung oder Weisung des ArbGeb gehalten ist, von seinen gesetzl. Befugnissen nicht oder nur in einem unwesentlichen Bereich Gebrauch zu machen, erfüllt als sog. Titularprokurist nicht die Voraussetzungen eines leitenden Angestellten[1]. In Zweifelsfällen sind für die Konkretisierung der Wesentlichkeit des eingeräumten Betätigungsfeldes die Merkmale der Nr. 3 heranzuziehen, da die Prokura nach der Gesetzessystematik nur ein Beispiel für die dort genannten Aufgaben ist[2].

Beispiele für Nr. 2: „Controller" und Abteilungsleiter Materialwirtschaft eines Bremsenherstellers für Kraftfahrzeuge[3]; Prokuristen der Hauptabteilungen „Finanzwesen" sowie „Allgemeines Rechnungswesen"[4]; ablehnend: Leiter der Groß- und Firmenkundenbetreuung der Wertpapierabteilung einer Großbank[5].

57 **4. Der funktionale Grundtatbestand (Nr. 3).** Die Regelung in Abs. 3 Nr. 3 bildet den Grundtatbestand für die Definition des leitenden Angestellten, die frühere Leitsätze der Rspr. aufgegriffen hat[6]. Sie verlangt, dass regelmäßig sonstige Aufgaben wahrgenommen werden, die für den Bestand und die Entwicklung des Unternehmens oder eines Betriebs von Bedeutung sind und deren Erfüllung besondere Erfahrungen und Kenntnisse voraussetzt. Ziel ist Herausnahme von Personengruppen aus Anwendungsbereich des BetrVG, die nach Art ihrer Tätigkeit und Bedeutung ihrer Funktion Unternehmensleitung nahe stehen[7]. Dabei muss es sich um beachtlichen Teilbereich unternehmerischer Gesamtaufgaben handeln; Tätigkeit des ArbN darf sich nicht in Aufsichts- oder Überwachungsarbeiten erschöpfen[8]. Fachlich oder rechtl. begrenzte unternehmerische Teilaufgabe kann genügen, wenn sie Schlüsselposition für Bestand des Unternehmens oder Betriebs und die Verwirklichung unternehmerischer Zielsetzung ist[9].

58 Aufgaben haben für Bestand und Entwicklung eines Unternehmens oder Betriebs nicht bereits dann Bedeutung, wenn sie sich deutlich von den Aufgaben abheben, die anderen Angestellten übertragen werden[10]. Vielmehr müssen die Aufgaben, die wirtschaftl., personeller, organisatorischer, kaufmännischer oder technischer Natur sein können, einen bedeutenden Teil der unternehmerischen Gesamtaufgaben ausmachen[11]. Obwohl unternehmerische Leitungsaufgaben insoweit durch das Treffen von Entscheidungen gekennzeichnet werden, muss berücksichtigt werden, dass nicht alle für den Bestand und die Entwicklung wichtigen Aufgaben in einem Unternehmen solche der Unternehmensleitung sind. Das gilt insb. für Aufsichts- und Überwachungsfunktionen[12]. Die Aufgaben müssen regelmäßig ausgeübt werden und den Schwerpunkt der Tätigkeit bilden; die Leitungsaufgabe muss der Tätigkeit des ArbN das Gepräge geben[13]. Nimmt der Angestellte die Aufgaben bloß gelegentlich oder vorübergehend wahr, ist die Nr. 3 nur dann erfüllt, wenn diese Übertragung als ständiger Vertreter über einen längeren Zeitraum erfolgt[14]. Denkbar ist, dass diese Voraussetzung schon während der Probezeit erfüllt wird[15].

59 Als besondere Kenntnisse und Erfahrungen sind nicht nur Formalqualifikationen anzusehen. Es werden auch Fertigkeiten erfasst, die durch praktische Tätigkeiten oder Selbststudium erreicht wurden[16].

60 Die für Nr. 3 notwendige Eigenverantwortlichkeit ist gegeben, wenn der ArbN bei seiner Tätigkeit Entscheidungen im Wesentlichen frei von Weisungen treffen oder die Entscheidungen maßgeblich beeinflussen kann[17]. Eine maßgebliche Einflussnahme liegt vor, wenn der Angestellte auf Grund seiner Position Fakten schafft, die bei der Findung der unternehmens- oder betriebsleitenden Entscheidung nicht unbeachtet gelassen werden können[18]. Dass er dabei an Rechtsvorschriften, Pläne oder Richtlinien gebunden ist oder aber mit anderen leitenden Angestellten zusammenarbeiten muss, steht der Kenn-

---

1 Vgl. BAG v. 27.4.1988 – 7 ABR 5/87, DB 1988, 2003 (2004); v. 11.1.1995 – 7 ABR 33/94, AP § 5 BetrVG 1972 Nr. 55 Bl. 3; GK-BetrVG/*Raab*, § 5 Rz. 117; Richardi/*Richardi*, § 5 BetrVG Rz. 205; *Hromadka*, BB 1990, 57 (60). | 2 BAG v. 11.1.1995 – 7 ABR 33/94, AP Nr. 55 zu § 5 BetrVG 1972 Bl. 3 f. m. abl. Anm. *Wlotzke* Bl. 5 ff.; Richardi/*Richardi*, § 5 BetrVG Rz. 205. | 3 LAG Rh.-Pf. v. 20.1.1981 – 3 TaBV 15/80, EzA zu § 5 BetrVG 1972 Nr. 36. | 4 BAG v. 11.1.1995 – 7 ABR 33/94, BB 1995, 1645 ff. | 5 BAG v. 27.4.1988 – 7 ABR 5/87, BB 1988, 2030 ff. | 6 Vgl. DKK/*Trümner*, § 5 BetrVG Rz. 214; GK-BetrVG/*Raab*, § 5 Rz. 121. | 7 Vgl. BAG v. 29.1.1980 – 1 ABR 38/78, DB 1980, 1947; v. 25.10.2001 – 2 AZR 358/00, NZA 2002, 584. | 8 BAG v. 23.1.1986 – 6 ABR 51/81, NZA 1986, 484; v. 25.10.2001 – 2 AZR 358/00, NZA 2002, 584. | 9 Vgl. BAG v. 25.10.2001 – 2 AZR 358/00, NZA 2002, 584. | 10 So BAG v. 5.3.1974 – 1 ABR 19/73, DB 1974, 1237; *Wlotzke*, DB 1989, 111 (120). | 11 Vgl. ErfK/*Eisemann*, § 5 BetrVG Rz. 34; *Fitting*, § 5 BetrVG Rz. 358. | 12 Vgl. *Fitting*, § 5 BetrVG Rz. 360; *Wlotzke*, DB 1989, 111 (120), die allerdings zu Recht bei bloßer Überwachung idR nicht von einer Kennzeichnung als leitender Angestellter ausgehen. | 13 BAG v. 23.1.1986 – 6 ABR 22/82, NZA 1986, 487 f.; v. 25.10.1989 – 7 ABR 60/88, BB 1990, 1700 f. | 14 ErfK/*Eisemann*, § 5 BetrVG Rz. 34. | 15 BAG v. 25.3.1976 – 1 AZR 192/75, BB 1976, 743. | 16 BAG v. 9.12.1975 – 1 AZR 192/75, BB 1976, 743; *Fitting*, § 5 BetrVG Rz. 374. | 17 Vgl. schon BAG v. 23.1.1986 – 6 ABR 51/81, NZA 1986, 484 (485). | 18 Vgl. BT-Drs. 11/2503 S. 30.

zeichnung als leitender Angestellter nicht entgegen. Voraussetzung ist aber, dass die Entscheidungen nicht bereits im Wesentlichen vorgegeben sind[1]. Auch bei der Zusammenarbeit einer Gesamtheit von Angestellten, die gemeins. einen maßgeblichen Einfluss auf die wirtschaftl., technische und wissenschaftliche Führung der ArbGeb ausüben, wird nicht ohne weiteres für jeden einzelnen Mitarbeiter eine entsprechende unternehmerische Teilfunktion anzuerkennen sein[2]. Die fachlichen Aufgabengebiete müssen so aufgeteilt sein, dass ihre individuelle Wahrnehmung für die Erreichung des Unternehmensziels von Bedeutung sind[3].

Der dem Angestellten eingeräumte Entscheidungsspielraum lässt sich nicht abstrakt, sondern nur einzelfallbezogen feststellen. Dabei spielen sowohl die Größe und Struktur des Unternehmens als auch die vom ArbGeb frei bestimmte Unternehmensorganisation eine entscheidende Rolle. Es kommt auch darauf an, wie stark die Unternehmensleitung zentralisiert oder dezentralisiert ist[4]. Beispiele: Chefredakteur einer Zeitschrift; Grubenfahrsteiger im Steinkohlebergbau[5]; Wirtschaftsprüfer (als Prüfungsleiter und/oder Berichtskritiker)[6], Chefpilot einer Fluggesellschaft[7]; ablehnend: Abteilungsleiter eines Schleifmaschinenherstellers[8]; Abteilungsleiter eines Herstellers von Muldenkippern und Produkten der Marinetechnik[9]; Leitender Angestellter im Ruhrbergbau[10]. Wegen weiterer Beispiele vgl. *Raab*[11]. 61

V. Handhabe von Zweifelsfällen (Abs. 4). Bedeutung der Zweifelsregelung: Mit Abs. 4 werden Hilfskriterien für den Fall zur Verfügung gestellt, dass nach der Anwendung von Abs. 3 Nr. 3 noch Fragen in Bezug auf die Kennzeichnung eines ArbN als leitender Angestellter bestehen. Abs. 4 wendet sich in erster Linie an die Wahlvorstände sowie andere innerbetriebliche Rechtsanwender[12]. Ein Rückgriff darauf kommt nur in Betracht, wenn das Vorliegen der Voraussetzungen nach Abs. 3 S. 2 Nr. 3 in Rede steht[13]. Abs. 4 enthält deshalb weder Tatbestandsmerkmale noch Regelbeispiele oder beispielhafte Erläuterungen der unbestimmten Rechtsbegriffe des Abs. 3 S. 2 Nr. 3[14], sondern ein Hilfsargument, das ein „schwankendes Auslegungsergebnis" in eine Richtung bringen kann. Eine gesetzl. Vermutung ist damit indes nicht verbunden[15]. Wenn eine Kennzeichnung als leitender Angestellter nach Abs. 3 Nr. 3 erfolgen soll, müssen also die dort genannten Voraussetzungen tatsächlich vorliegen[16]. Bestehen Schwierigkeiten bei der Anwendung von Abs. 3 Nr. 3, ist ein Rückgriff auf Abs. 4 erst möglich, wenn die tatbestandsmäßigen Voraussetzungen nicht ermittelt werden können und nach umfassender Auslegung mindestens zwei Auslegungsergebnisse verbleiben, die vertretbar erscheinen[17]. Schließlich lassen die Kriterien in Abs. 4 selbst noch keinen Rückschluss auf die Qualität der tatsächlich wahrgenommenen Aufgaben zu. So kann die Zuordnung zu der Gruppe der leitenden Angestellten im Zusammenhang mit einer BR-Wahl auch wegen der Einstellungs- und Entlassungsbefugnis nach Abs. 3 Nr. 1 erfolgt sein[18]. Bei den vier Hilfskriterien handelt es sich damit um formale Merkmale, die zwar nicht kumulativ vorliegen müssen[19]. Wenn einzelne Regelungen erfüllt sind, bedeutet dies aber nicht zwangsläufig, dass die statusbegründenden Voraussetzungen des Abs. 3 Nr. 3 erfüllt sind. Ob die betrieblichen Stellen berechtigterweise Zweifel hatten, kann dabei durch die Gerichte auf der Grundlage einer eigenen Bewertung des Sachverhalts entschieden werden. 62

Behandlung bei der letzten Wahl einer Arbeitnehmervertretung (Nr. 1): Wenn ein Angestellter bei der letzten Wahl des BR, des SprAu oder von Aufsichtsratsmitgliedern der ArbN oder durch rechtskräftige gerichtliche Entscheidung den leitenden Angestellten zugeordnet worden ist, legt dies nahe, dass die Kriterien in Abs. 3 Nr. 3 erfüllt sind. Der ArbN muss aber – wenn auch ein SprAu gewählt wird – von beiden Wahlvorständen übereinstimmend als leitender Angestellter angesehen worden und vom BR nicht in die Wählerliste der letzten BR-Wahl aufgenommen worden sein[20]. Dabei wird man auch die Zuordnung durch einen Vermittler einbeziehen können, selbst wenn dessen Entscheidung einer gerichtlichen Überprüfung nach § 18a V nur eingeschränkt zugänglich ist[21]. Schließlich wird auch die Zuordnung in Bezug auf die Wahl der ArbN-Vertreter für den Aufsichtsrat berücksichtigt, obwohl hier sogar eine Selbsteinschätzung des ArbN maßgeblich sein kann (vgl. §§ 10, 11 WahlO MitbestG). Ein solches Selbsteinschätzungsrecht kennt das BetrVG nicht[22]. Umstritten ist, ob der Bedeutungsgehalt der Re- 63

---

1 Vgl. BAG v. 23.3.1976 – 1 AZR 314/75, AP § 5 BetrVG 1972 Nr. 14 Bl. 3; v. 25.10.2001 – 2 AZR 358/00, NZA 2002, 584. | **2** BAG v. 25.10.2001 – 2 AZR 358/00, NZA 2002, 584. | **3** Vgl. BAG v. 9.12.1975 – 1 ABR 80/73, DB 1976, 631; *Fitting*, § 5 BetrVG Rz. 357; GK-BetrVG/*Raab*, § 5 Rz. 125. | **4** BAG v. 23.1.1986 – 6 ABR 51/81, NZA 1986, 484; v. 25.10.2001 – 2 AZR 358/00, NZA 2002, 584. | **5** BAG v. 19.11.1974 – 1 ABR 50/73, AP Nr. 3 zu § 5 BetrVG 1972. | **6** BAG v. 28.1.1975 – 1 ABR 52/73, BB 1975, 743 ff. | **7** BAG v. 25.10.1989 – 7 ABR 60/88, AP Nr. 42 zu § 5 BetrVG 1972. | **8** BAG v. 5.3.1974 – 1 ABR 19/73, AP Nr. 1 zu § 5 BetrVG 1972. | **9** BAG v. 4.12.1974 – 1 ABR 48/73, AP Nr. 4 zu § 5 BetrVG 1972. | **10** BAG v. 23.1.1986 – 6 ABR 51/81, NZA 1986, 484 ff. | **11** GK-BetrVG/*Raab*, § 5 Rz. 149 ff. | **12** *Fitting*, § 5 BetrVG Rz. 381. | **13** *Fitting*, § 5 BetrVG Rz. 394; GK-BetrVG/*Raab*, § 5 Rz. 156; DKK/*Trümner*, § 5 BetrVG Rz. 241. | **14** BAG v. 25.10.2001 – 2 AZR 358/00, NZA 2002, 584; *Fitting*, § 5 BetrVG Rz. 383 ff.; GK-BetrVG/*Raab*, § 5 Rz. 157 ff.; teilw. aA *Martens*, RdA 1989, 73 (83). | **15** Vgl. BAG 25.10.2001 – 2 AZR 358/00, NZA 2002, 584; *Fitting*, § 5 BetrVG Rz. 387; aA GK-BetrVG/*Raab*, § 5 Rz. 156, der von einer unwiderlegbaren Rechtsvermutung ausgeht. | **16** BAG v. 25.10.2001 – 2 AZR 358/00, NZA 2002, 584. | **17** *Fitting*, § 5 BetrVG Rz. 391; ErfK/*Eisemann*, § 5 BetrVG Rz. 36; aA Richardi/*Richardi*, § 5 BetrVG Rz. 232. | **18** Vgl. BAG v. 25.2.1997 – 1 ABR 69/96, NZA 1997, 955 (957 f.). | **19** Richardi/*Richardi*, § 5 BetrVG Rz. 234; *Fitting*, § 5 BetrVG Rz. 395. | **20** ErfK/*Eisemann*, § 5 BetrVG Rz. 37. | **21** *Dänzer-Vanotti*, NZA 1989, Beil. 1, S. 30 (35); abl. *Fitting*, § 5 BetrVG Rz. 397. | **22** DKK/*Trümner*, § 5 BetrVG Rz. 242.

gelung sich ausschließlich auf die positiven Zuordnung zum Kreis der leitenden Angestellten erstreckt[1]. Haben sich die tatsächlichen Verhältnisse nach der letzten Wahl geändert, hat die wahlbedingte Zuordnung eines ArbN keine Bedeutung mehr[2]. Wird die Zuordnung des Wahlvorstands durch das ArbG korrigiert, ist Letztere maßgebend. Mit Blick auf den Untersuchungsgrundsatz (§ 83 ArbGG) sowie den Verfahrensgegenstand und die daraus folgende Rechtskraftwirkung ist indes eine Entscheidung im Beschlussverfahren erforderlich[3].

64 **Angehörigkeit zur Leitungsebene (Nr. 2):** Obwohl die Ebene selbst keinen Rückschluss auf die Art einer Tätigkeit und die damit verbundene Entscheidungsbefugnis und Verantwortlichkeit erlaubt, soll im Zweifel von einer Kennzeichnung als leitender Angestellter iSd. Abs. 3 Nr. 3 auszugehen sein, wenn sich die Leitungsebene, auf der der ArbN hierarchisch beschäftigt wird, überwiegend aus leitenden Angestellten zusammensetzt. Die Zuordnung einzelner ArbN erfolgt auf Grund des Organisationsplans der Unternehmen[4]. Überwiegend bedeutet mehr als 50 %[5]. Dabei können indes nur solche ArbN berücksichtigt werden, deren Status als leitende Angestellte zwischen den Beteiligten unstreitig ist[6].

65 **Regelmäßiges Jahresarbeitsentgelt (Nr. 3, 4):** Die entsprechende Zweifelsregel besteht nach Abs. 4 Nr. 3 dann, wenn der ArbN ein regelmäßiges Jahresarbeitsentgelt erhält, das für leitende Angestellte im konkreten Unternehmen üblich ist. Dabei sind alle laufenden oder einmaligen Vergütungsbestandteile zusammenzurechnen, soweit darauf auch im Folgejahr Anspruch besteht[7]. Dazu gehören auch Tantiemen, Provisionen und der vermögenswerte Vorteil aus Sachbezügen[8]. Üblich bedeutet nicht durchschnittlich. Vielmehr ist das Jahresentgelt leitender Angestellter mit vergleichbarer Tätigkeit heranzuziehen[9]. Sonderfälle auf Grund höheren Alters, Auslandstätigkeit etc. können der Vergleichbarkeit entgegenstehen[10]. Wie bei Nr. 2 ist allerdings auch bei Nr. 3 nur auf solche leitenden Angestellten abzustellen, deren Status feststeht oder unstreitig ist[11]. Kommt es zu einer gerichtlichen Auseinandersetzung, ist der ArbGeb verpflichtet, soweit erforderlich über die Vergütung vergleichbarer ArbN Auskunft zu erteilen. Die Bekanntgabe konkreter Namen kann nicht gefordert werden[12].

66 Falls – was allerdings selten sein dürfte – trotz der vorstehenden Zweifelsregel weiterhin Zweifel bestehen, ist von einer Kennzeichnung als leitender Angestellter nach Abs. 3 Nr. 3 auszugehen, wenn das regelmäßige Jahresarbeitsentgelt des ArbN das Dreifache der monatlichen Bezugsgröße nach § 18 SGB IV überschreitet. Für 2006 sind dies 2 450 Euro (alte Bundesländer einschl. Berlin-West) bzw. 2065 Euro (neue Bundesländer einschl. Berlin-Ost) gem. Sozialversicherungs-RechengrößenVO v. 21.12.2005 (BGBl. I S. 3627 ff.).

67 **VI. Streitigkeiten.** Über den ArbN-Status oder den Status als leitender Angestellter wird im Beschlussverfahren vor den ArbG nach §§ 2a, 80 ff. ArbGG entschieden. Beteiligungsbefugt und antragsberechtigt zur Einl. eines Beschlussverfahrens sind der ArbGeb, der BR, der GBR[13], der SprAu[14], die im Betrieb vertretene Gewerkschaft[15] sowie im Zusammenhang mit einer BR- oder SprAuWahl auch die beiden Wahlvorstände[16]. Der betroffene ArbN ist stets Beteiligter[17]. Das Rechtsschutzinteresse für das Beschlussverfahren ist auch dann gegeben, wenn kein konkreter Streitfall wie BR- oder SprAuWahlen vorliegt[18]. Die Frage, ob jemand leitender Angestellter ist, kann auch als Vorfrage etwa in einem Kündigungsschutzprozess eine Rolle spielen. Wenn die Kennzeichnung als leitender Angestellter inzident im Rahmen eines Urteilsverfahrens erfolgt, zB mit Blick auf BR-Anhörung nach § 102 vor Kündigung, erwächst diese Feststellung indes nicht in Rechtskraft und entfaltet für die betriebsverfassungsrechtl. Behandlung keine Bindungswirkung[19]. Organmitglieder tragen ihre Rechtsstreitigkeiten grds. vor den Zivilgerichten aus (§ 5 I 3 ArbGG)[20].

6 (weggefallen)

1 Dafür ErfK/*Eisemann*, § 5 BetrVG Rz. 37; *Fitting*, § 5 BetrVG Rz. 396; anders DKK/*Trümner*, BetrVG § 5 Rz. 242. |2 GK-BetrVG/*Raab*, § 5 Rz. 169. |3 ErfK/*Eisemann*, § 5 BetrVG Rz. 37; *Fitting*, § 5 BetrVG Rz. 398; Richardi/*Richardi*, § 5 BetrVG Rz. 237; aA GK-BetrVG/*Raab*, § 5 Rz. 168. |4 *Fitting*, § 5 BetrVG Rz. 402. |5 *Fitting*, § 5 BetrVG Rz. 402; Richardi/*Richardi*, § 5 BetrVG Rz. 240; *Hromadka*, BB 1990, 57 (63); *Dänzer-Venotti*, NZA 1989, Beil. 1, S. 30, (36); abw. *G. Müller*, DB 1989, 824 (830): 60–75 %. |6 DKK/*Trümner*, § 5 BetrVG Rz. 243; GK-BetrVG/*Raab*, § 5 Rz. 175; *Fitting*, § 5 BetrVG Rz. 402. |7 Vgl. DKK/*Trümner*, § 5 BetrVG Rz. 244; *Engels/Natter*, BB 1989, Beil. 8, S. 12. |8 *Stege/Weinspach/Schiefer*, § 5 BetrVG Rz. 24c; für Einbeziehung einmaliger Sonderzahlungen DKK/*Trümner*, § 5 BetrVG Rz. 244; ErfK/*Eisemann*, § 5 BetrVG Rz. 39. |9 Vgl. *Richardi*, AuR 1991, 33 (36). |10 *Fitting*, § 5 BetrVG Rz. 405; ErfK/*Eisemann*, § 5 BetrVG Rz. 39; GK-BetrVG/*Raab*, § 5 Rz. 177. |11 GK-BetrVG/*Raab*, § 5 Rz. 177; *Fitting*, § 5 BetrVG Rz. 407; Richardi/*Richardi*, § 5 BetrVG Rz. 243. |12 ErfK/*Eisemann*, § 5 BetrVG Rz. 39; *Fitting*, § 5 BetrVG Rz. 406. |13 Vgl. GK-BetrVG/*Raab*, § 5 Rz. 205. |14 Richardi/*Richardi*, § 5 BetrVG Rz. 302; DKK/*Trümner*, § 5 BetrVG Rz. 251. |15 BAG v. 5.3.1974 – 1 ABR 19/73, BB 1974, 553. |16 BAG v. 5.3.1974 – 1 ABR 19/73, BB 1974, 553. |17 Richardi/*Richardi*, § 5 BetrVG Rz. 302. |18 BAG v. 19.11.1974 – 1 ABR 50/73, DB 1975, 406; v. 9.12.1975 – 1 ABR 80/73, DB 1976, 631 ff.; v. 1.6.1976 – 1 ABR 118/74, DB 1976, 1819 f. |19 *Fitting*, § 5 BetrVG Rz. 435. |20 Vgl. *Kamanabrou*, DB 2002, 146 (148) mwN.

Zweiter Teil. Betriebsrat, Betriebsversammlung, Gesamt- und Konzernbetriebsrat

Erster Abschnitt. Zusammensetzung und Wahl des Betriebsrats

7 *Wahlberechtigung*

Wahlberechtigt sind alle Arbeitnehmer des Betriebs, die das 18. Lebensjahr vollendet haben. Werden Arbeitnehmer eines anderen Arbeitgebers zur Arbeitsleistung überlassen, so sind diese wahlberechtigt, wenn sie länger als drei Monate im Betrieb eingesetzt werden.

§ 7 zuletzt geändert durch das BetrVerf-ReformG v. 23.7.2001 (BGBl. I S. 1852), vgl. Neubekanntmachung v. 25.9.2001 (BGBl. I S. 2518).

I. Inhalt und Zweck. Die Vorschrift regelt das **aktive Wahlrecht** zum BR, während § 8 die Wählbarkeit, dh. das passive Wahlrecht behandelt. Sie ist durch das BetrVerf-ReformG v. 23.7.2001 (BGBl. I S. 1852) nachhaltig modifiziert worden, indem S. 1 um die Worte „des Betriebs" ergänzt wurde; S. 2 sieht erstmals die Wahlberechtigung von LeihArbN im Einsatzbetrieb vor. Entsprechend wurde § 14 II 1 AÜG geändert, der bislang das aktive Wahlrecht von LeihArbN im Entleiherbetrieb ausschloss. 1

Die Wahlberechtigung umfasst das Recht (nicht: Pflicht) zur Stimmabgabe und gibt betriebsverfassungsrechtl. Befugnisse im Zusammenhang mit der Wahl wie zB in §§ 14 III u. IV, 14a, 16, 17 III u. IV, 17a (Wahlvorschläge, vereinfachtes Wahlverfahren, Bestellung des Wahlvorstands) etc. Sie ist von Bedeutung für die **Errichtung und Größe des BR** nach §§ 1, 9 (näher Rz. 21) und die größenabhängigen Beteiligungsrechte (§§ 95 II, 99 I 1, 111 I), die Bildung des Wirtschaftsausschusses (§ 106 I) und die Unterrichtung der ArbN in wirtschaftlichen Angelegenheiten (§ 110 II). 2

Die Wahlberechtigung zur **JAV**, die in § 61 besonders geregelt ist, schließt das Wahlrecht zum BR nach § 7 nicht aus. 3

II. Voraussetzungen der Wahlberechtigung. Materiell wahlberechtigt sind alle Personen, die als ArbN iSv. § 5 I anzusehen sind (Rz. 5) und dem Betrieb entweder kraft Arbeitsverhältnisses (Rz. 9) oder auf Grund einer Überlassung zur Arbeitsleistung für längere Zeit als drei Monate (Rz. 15) angehören und am Wahltag das 18. Lebensjahr vollendet haben (Rz. 20). Die Staatsangehörigkeit spielt keine Rolle. Zur praktischen Durchführung der Wahl ist die Eintragung in die Wählerliste als **formelles** Merkmal erforderlich (§ 2 III WO). 4

1. Arbeitnehmereigenschaft. Nur **ArbN** iSd. BetrVG sollen als „Wahlvolk" den BR wählen. § 7 S. 1 verweist insoweit auf § 5 I (s. dort). Nicht wahlberechtigt sind daher die in § 5 II und III genannten Personen, insb. die leitenden Angestellten. 5

ArbN sind **unabhängig davon** wahlberechtigt, ob sie befristet, in (auch nur geringfügiger) Teilzeit, im Außendienst oder mit Telearbeit beschäftigt sind (§ 5 I 1). Auch die in Heimarbeit Beschäftigten „gelten" ausdrücklich nach § 5 I 2 als ArbN und sind wahlberechtigt, wenn sie hauptsächlich für den Betrieb arbeiten. Die zu ihrer **Berufsausbildung Beschäftigten** dürfen nur dann wählen, wenn sie im Rahmen des arbeitstechnischen Zwecks des Betriebs ausgebildet werden (vgl. *Gaul*, § 5 BetrVG Rz. 17); anders ist es, wenn sie in reinen „Ausbildungsbetrieben" tätig und somit selbst Gegenstand des Betriebszwecks sind[1]. **Praktikanten** sind als wahlberechtigte ArbN dann zu berücksichtigen, wenn ihnen auf Grund eines privatrechtlichen Vertrags berufliche Kenntnisse zur Verwirklichung des Betriebszwecks vermittelt werden, nicht aber, wenn nur ein allgemeiner Einblick in das Arbeitsleben zB im Rahmen eines schulischen Betriebspraktikums erfolgt[2]. Beschäftigte, die auf Grund einer von Sozialhilfeträgern geschaffenen Arbeitsgelegenheit in einem befristeten Arbeitsverhältnis tätig werden, sind idR nicht dem arbeitstechnischen Zweck des Betriebs unterworfen, sondern selbst Gegenstand des Betriebszwecks und können damit anders als etwa ihre sozialpädagogischen Betreuer und die sonstigen ArbN nicht als wahlberechtigt angesehen werden[3]. Doch hat das BAG Beschäftigten in **ABM** das Wahlrecht nach § 7 S. 1 zugesprochen, weil aus § 260 I Nr. 4 SGB III folge, dass diese innerhalb des arbeitstechnischen Betriebszwecks erfolgten und nicht ein Ausbildungs-, sondern ein Arbeitsverhältnis begründeten[4]. Anderes gilt für die „Leistungen zur Eingliederung in Arbeit" (§ 16 III 2 SGB II), weil dadurch für die sog. **„Ein-Euro-Jobber"** ein Arbeitsverhältnis explizit nicht begründet werden soll; vielmehr begründet § 16 III 2 SGB II ein öffentl.-rechtl. Sozialrechtsverhältnis, das kein Wahlrecht zum BR ermöglicht[5]. 6

---

1 BAG v. 20.3.1996 – 7 ABR 34/95, NZA 1997, 107: Majorisierung der Ausbilder durch die Auszubildenden soll vermieden werden. | 2 BAG v. 15.3.2006 – 7 ABR 39/05 (Tz. 22 ff. – nv.); LAG Schl.-Holst. v. 25.3.2003 – 2 TaBV 39/02, NZA-RR 2004, 251; ferner *Maties*, RdA 2007, 135 (138 ff.). | 3 BAG v. 5.4.2000 – 7 ABR 20/99, NZA 2001, 629; LAG Düsseldorf v. 27.1.2000 – 11 TaBV 73/93, BB 2000, 1677 (zu § 19 BSHG, der bis zum 31.12.2004 galt). | 4 BAG v. 13.10.2004 – 7 ABR 6/04, NZA 2005, 480 (zu § 260 SGB III aF). | 5 So auch BAG v. 8.11.2006 – 5 AZB 36/06, NZA 2007, 53; v. 26.9.2007 – 5 AZR 857/06, NZA 2007, 1422; LAG Hess. 23.5.2006 – 9 TaBVGa 81/06; aA *Schulze*, NZA 2005, 1332 (1336), der auf das MitbestR des BR aus § 99 BetrVG verweist (dieses wird bejaht von BAG v. 2.10.2007 – 1 ABR 60/06).

7 **Beamte** sind keine wahlberechtigten ArbN. Das BAG begründet dies mit dem beamtenrechtl. Dienst- und Treueverhältnis, das sich grundlegend vom privaten Arbeitsverhältnis unterscheide. Auch die anlässlich der Privatisierung der Deutschen Bundespost und der Gründung der Deutschen Bahn AG eigens für Beamte erlassenen Regelungen sprächen dafür, dass Beamte in Privatbetrieben nur ganz ausnahmsweise ArbN iSd. BetrVG gleichbehandelt werden dürften (vgl. § 24 II 1 PostPersRG, § 19 I 1 DBGrG)[1]. Dem ist zuzustimmen. Das Wahlrecht und die Wählbarkeit sind auch nach neuer Gesetzeslage auf die Personen zu beschränken, für welche die materiellen Beteiligungsrechte des BR vorrangig gedacht sind. Diese eignen sich für Beamte zB im Bereich der Entgeltbedingungen nicht, auch wenn sie ihnen etwa im Bereich des Arbeitsschutzes zugute kommen[2].

8 2. **Betriebszugehörigkeit.** Zur ArbN-Eigenschaft muss die Betriebszugehörigkeit **als zweite Voraussetzung** der Wahlberechtigung kumulativ hinzutreten. Die neue Fassung von S. 1 stellt das klar („ArbN des Betriebs")[3]. Unverändert setzt sich die Betriebszugehörigkeit aus einer **rechtlichen** Dimension – die arbeitsvertragl. Beziehung zum Betriebsinhaber – und einer **faktischen** Dimension – die „Eingliederung des ArbN in die Betriebsorganisation" – zusammen[4]. An dieser „Kumulationstheorie" hat das BetrVG-ReformG nichts geändert[5]. Der neue S. 2 ist als **Ausnahmeregel** eng auszulegen. Die LeihArbN bleiben „ArbN eines anderen ArbGeb", erwerben aber durch S. 2 ein zusätzliches aktives Wahlrecht im Entleiherbetrieb (vgl. § 14 II 1 AÜG sowie Rz. 15), nicht dagegen eine zusätzliche Betriebszugehörigkeit[6].

9 **a) „Arbeitnehmer des Betriebs" (S. 1).** Betriebszugehörig ist der ArbN dann, wenn er in einem Arbeitsverhältnis gerade zum **Betriebsinhaber** als ArbGeb steht und mit seiner Arbeitsaufgabe zur Erfüllung des Betriebszwecks beiträgt[7]. Auf die Wirksamkeit des Arbeitsvertrags kommt es nicht an, wenn nur tatsächlich und einvernehmlich die Arbeit im Betrieb aufgenommen wurde (sog. „fehlerhaftes Arbeitsverhältnis"). Maßgeblich ist letztlich die Betriebszugehörigkeit **kraft Weisungsrechts** durch den Betriebsinhaber[8]. Fehlt es überhaupt an einer Vertragsbeziehung wie bei Beamten, die nach Umwandlung ihrer Dienststelle in eine Versicherungs-AG ihren Beamtenstatus zum Land behalten, kann es schon deshalb mangels eines Arbeitsverhältnisses zum Betriebsinhaber keine Betriebszugehörigkeit kraft Weisungsrechts geben[9].

10 Der ArbN muss spätestens am **Wahltag** dem Betrieb angehören (bei mehreren Wahltagen spätestens am letzten Tag)[10]. Auf die Dauer der Betriebszugehörigkeit kommt es also anders als bei der Wählbarkeit (§ 8) nicht an; auch der erst kurz vor der Wahl eingetretene ArbN ist wahlberechtigt (vgl. § 4 III 2 WO). Schon wegen § 4 TzBfG müssen auch nur vorübergehend Eingestellte ebenso wie nur geringfügig Beschäftigte bei der BR-Wahl mit Dauer- und Vollzeitkräften gleich behandelt werden[11]. Sind sie in **mehreren Betrieben** desselben ArbGeb in Teilzeit beschäftigt, so sind sie in jedem dieser Betriebe wahlberechtigt, wenn jeweils ein eigener Arbeitsbereich kraft Weisungsabhängigkeit zu den verschiedenen Betriebsinhabern besteht[12]. Hilft die Teilzeitkraft dagegen im anderen Betrieb nur aus, ohne deshalb dort einen neuen Arbeitsbereich (neue Weisungsbeziehung zum dortigen Betriebsinhaber) auszufüllen, bleibt es bei der einzigen Betriebszugehörigkeit. Arbeitet die Teilzeitkraft in **Betrieben verschiedener ArbGeb**, werden idR auch mehrere Arbeitsbereiche (Weisungsbeziehungen) und damit mehrere Wahlrechte vorliegen[13]. Das gilt auch, wenn es sich um ein Konzern-Arbeitsverhältnis handelt, weil der Konzern als solcher nicht ArbGeb ist, sondern nur eines der Konzern-Unternehmen.

11 **Außendienstler** gehören schon nach § 5 I 1 zur Belegschaft, soweit sie zur Erfüllung des Betriebszwecks beitragen. Für die Betriebszugehörigkeit kommt es weniger auf eine räumliche als auf eine **funktionale** Betrachtung an[14]. So hat das BAG betont, dass **Zeitungszusteller** trotz ihrer Tätigkeit außerhalb der Betriebsräume als letztes Glied der Zeitungsproduktion fungierten und damit im Hauptbetrieb wahlberechtigt seien[15]. Ist der VertragsArbGeb Inhaber **mehrerer Betriebe**, kommt es für die betriebsverfassungsrechtl. Zuordnung entscheidend auf die tatsächliche **organisatorische Einbindung** an[16]. Die Außendienstmitarbeiter gehören daher zu dem **Betrieb**, von dem die Entscheidungen über ihren Einsatz ausgehen und in dem somit **Leitungsmacht** ausgeübt wird[17]. Ein ins **Ausland entsandter** Mitarbeiter

---

1 BAG v. 28.3.2001 – 7 ABR 21/00, NZA 2002, 1294. | 2 Zust. *Gräfl*, JbArbR 42 (2005), 133 (135); Richardi/*Thüsing*, § 7 BetrVG Rz. 12; aA DKK/*Schneider*, § 7 BetrVG Rz. 9; *Fitting*, § 5 BetrVG Rz. 280 ff., § 7 BetrVG Rz. 10. | 3 BT-Drs. 14/5741, S. 36; überzeugend *Kreutz*, FS Wißmann, 2005, S. 364 (369). | 4 BAG v. 16.4.2003 – 7 ABR 53/02, BAGE 106, 64 = NZA 2003, 1345; v. 22.3.2000 – 7 ABR 34/98, NZA 2000, 1119; v. 29.1.1992 – 7 ABR 27/91, NZA 1992, 894. | 5 So auch BAG v. 22.10.2003 – 7 ABR 3/03, NZA 2004, 1052 = DB 2004, 939. | 6 Zutr. *Kreutz*, FS Wißmann, 2005, S. 364 (373); *Kreutz*, SAE 2004, 168 (170); *Kraft*, FS Konzen, 2006, S. 439 (443); aA DKK/*Schneider*, § 7 BetrVG Rz. 7; *Fitting*, § 7 BetrVG Rz. 37; Richardi/*Thüsing*, § 7 BetrVG Rz. 5. | 7 GK-BetrVG/*Kreutz*, § 7 Rz. 20; aA *Natzel*, Betriebszugehörigkeit, 2000, S. 162 f. | 8 *Reichold*, NZA 1999, 568; im Ergebnis auch MünchArbR/*Joost*, § 304 Rz. 49, wo aber die Weisungsabhängigkeit als lediglich „tatsächliche Beziehung" bezeichnet wird. | 9 BAG v. 25.2.1998 – 7 ABR 11/97, NZA 1998, 838. | 10 Zutr. Richardi/*Thüsing*, § 7 BetrVG Rz. 20; aA (Tag der Stimmabgabe) zB MünchArbR/*Joost*, § 304 Rz. 66. | 11 *Fitting*, § 7 BetrVG Rz. 24; Richardi/*Thüsing*, § 7 BetrVG Rz. 32; vgl. auch BAG v. 29.1.1992 – 7 ABR 27/91, NZA 1992, 894. | 12 Richardi/*Thüsing*, § 7 BetrVG Rz. 28; ähnlich *Natzel*, Betriebszugehörigkeit, 2000, S. 164. | 13 *Fitting*, § 7 BetrVG Rz. 25, 81; Richardi/*Thüsing*, § 7 BetrVG Rz. 26. | 14 ErfK/*Eisemann*, § 7 BetrVG Rz. 4. | 15 BAG v. 29.1.1992 – 7 ABR 27/91, NZA 1992, 894 | 16 BAG v. 22.3.2000 – 7 ABR 34/98, NZA 2000, 1119. | 17 BAG v. 10.3.2004 – 7 ABR 36/03, AiB 2005, 76.

bleibt nur dann zum BR des entsendenden Betriebs wahlberechtigt, wenn er trotz des Auslandsaufenthalts als von der Heimat gleichsam „gesteuert" betrachtet werden kann (zB regelmäßige Zuteilung von Reisegruppen an im Ausland lebende Reiseleiterin)[1]. Wenn auch bei großzügiger Betrachtung eine Weisungsbeziehung zum InlandsArbGeb nicht erkennbar ist, scheidet eine Betriebszugehörigkeit jedoch aus. Ein ständig zur Auslandsvertretung eines Unternehmens entsandter ArbN ist selbst dann nicht wahlberechtigt, wenn für sein Arbeitsverhältnis weiterhin deutsches Arbeitsrecht maßgebend ist[2].

Auf die tatsächliche Arbeitsleistung im Betrieb kommt es nicht an, so dass es auf das Wahlrecht keinen Einfluss hat, ob der ArbN sich in **Urlaub** befindet oder wegen **Krankheit** arbeitsunfähig ist oder auf „Kurzarbeit null" gesetzt ist[3]; denn die Betriebszugehörigkeit wird dadurch nicht unterbrochen. 12

Auch ein **ruhendes Arbeitsverhältnis** führt idR nicht zum Verlust der Betriebszugehörigkeit selbst bei längerer Befreiung von der Arbeitspflicht wie bei Wehr- und Zivildienst oder **Elternzeit** (§ 15 BEEG)[4]. Die Regel des § 13 I 2 BPersVG, wonach Beschäftigte, die am Wahltage seit mehr als sechs Monaten unter Wegfall der Bezüge beurlaubt sind, nicht wahlberechtigt sind, kann nicht auf das BetrVG übertragen werden. Leitend muss der Gedanke sein, dass der BR auch während der Ruhensphase auf die rechtliche und tatsächliche Stellung des ArbN einzuwirken vermag, soweit dieser nach der Ruhenszeit einen Rückkehranspruch hat und schon deshalb die personelle Kompetenz des BR gefragt ist (§§ 92 ff.). Für die **Altersteilzeit** bedeutet das, dass die Wahlberechtigung nur solange besteht, als nicht völlige Freistellung im Blockmodell erreicht ist; denn damit ist der vorzeitige Ruhestand erreicht und eine Rückkehrmöglichkeit auf den Arbeitsplatz nicht mehr vorgesehen[5] – die Betriebszugehörigkeit ist also beendet, nicht dagegen das Arbeitsverhältnis (Fortdauern der Entgeltzahlung). 13

Bei einem **gekündigten Arbeitsverhältnis** bleibt die Betriebszugehörigkeit bis zum Ablauf der Kündigungsfrist erhalten. Nach Ablauf der Kündigungsfrist oder bei einer fristlosen Kündigung erlischt dagegen mit der Betriebszugehörigkeit auch die Wahlberechtigung, selbst wenn eine Kündigungsschutzklage wirksam erhoben worden ist[6]. Etwas anderes gilt bei einer Weiterbeschäftigung nach § 102 V oder kraft Richterrechts, da in diesem Fall die wirksame Auflösung des Arbeitsverhältnisses bis zum rechtskräftigen Abschluss des Kündigungsprozesses offen bleibt, jedoch nur dann, wenn noch eine *tatsächliche* Betriebszugehörigkeit kraft (erzwungener) Weiterbeschäftigung bejaht werden kann[7]. 14

b) „Arbeitnehmer eines anderen Arbeitgebers" (S. 2). Werden ArbN eines anderen ArbGeb zur Arbeitsleistung überlassen, sollen diese *zusätzlich* zu ihrem originären Wahlrecht im Verleiherbetrieb (§ 14 I AÜG) auch im **Entleiherbetrieb** (nur) das aktive Wahlrecht (§ 14 II 1 AÜG) und damit eine zusätzliche „Betriebszugehörigkeit" erhalten (Rz. 8), wenn sie länger als **drei Monate** im Entleiherbetrieb eingesetzt werden (Rz. 19). Die amtliche Begründung hält für maßgeblich, dass die ArbN „in den Einsatzbetrieb derart eingegliedert sind, dass sie dem Weisungsrecht des Betriebsinhabers unterliegen"[8]. Hauptanwendungsfall ist damit die gewerbsmäßige („unechte") **Arbeitnehmerüberlassung** nach dem AÜG[9]. 15

Konstitutiv für die Wahlberechtigung in S. 2 ist das „partielle" Arbeitsverhältnis **kraft Weisungsrechts** zum Entleiher (nicht: ArbGeb), das aber wegen § 14 I AÜG keine zweite Betriebszugehörigkeit begründet (vgl. Rz. 8). Es handelt sich um eine *rechtlich* relevante Abspaltung des Weisungsrechts kraft § 328 BGB vom Verleiher an den Entleiher bei gespaltener ArbGebStellung[10]; dieses genuin arbeitsvertragl. Weisungsrecht muss ihm allein zustehen. Damit wird eine rechtl. Eingliederung iSv. § 7 begründet, die sich elementar unterscheidet von einer rein faktischen Eingliederung wie bei Mitarbeitern von Fremdfirmen (sog. **Fremdfirmenarbeitnehmer**) oder freien Mitarbeitern, die dienst- oder werkvertragl. Pflichten im für sie fremden Betrieb erledigen[11]. Das werk- oder dienstvertragl. Weisungsrecht eines Dritten muss vom arbeitsvertragl. Weisungsrecht des Entleihers also streng unterschieden werden und begründet keine Wahlberechtigung iSv. § 7[12]. Ausnahmen können allerdings bei **„Schein"-Werkverträgen** greifen (soweit nicht wegen der dann illegalen AÜ ohnehin ein Arbeitsverhältnis nach § 10 I AÜG zwischen Entleiher und LeihArbN fingiert wird)[13]. Maßgeblich ist stets die tatsächliche Handhabung des Vertrags- 16

1 BAG v. 7.12.1989 – 2 AZR 228/89, NZA 1990, 658. | 2 *Lindemann/Simon*, NZA 2002, 371; Richardi/*Richardi*, Einl. Rz. 73; zweifelhaft Richardi/*Richardi*, Einl. Rz. 75, insoweit vertreten wird, jeder ArbN müsse auch im Ausland notwendigerweise einem Betrieb angehören; hiergegen zutr. MünchArbR/*Joost*, § 304 Rz. 54. | 3 *Fitting*, § 7 BetrVG Rz. 29; MünchArbR/*Joost*, § 304 Rz. 67. | 4 HM, vgl. BAG v. 29.3.1974 – 1 ABR 27/73, BAGE 26, 107 = DB 1974, 1680; *Fitting*, § 7 BetrVG Rz. 30; MünchArbR/*Joost*, § 304 Rz. 68; *Lindemann/Simon*, NZA 2002, 369, 370; Richardi/*Thüsing*, § 7 BetrVG Rz. 44; aA GK-BetrVG/*Kreutz*, § 7 Rz. 23. | 5 Ebenso BAG v. 16.4.2003 – 7 ABR 53/02, BAGE 106, 64 = NZA 2003, 1345; *Kreutz*, SAE 2004, 168; GK-BetrVG/*Kreutz*, § 7 Rz. 25; *Fitting*, § 7 BetrVG Rz. 32. | 6 LAG Berlin v. 2.5.1994 – 9 TaBV 1/94, BB 1994, 1857; *Fitting*, § 7 BetrVG Rz. 34; GK-BetrVG/*Kreutz*, § 7 Rz. 29; *Lindemann/Simon*, NZA 2002, 368; Richardi/*Thüsing*, § 7 BetrVG Rz. 38; aA DKK/*Schneider*, § 7 BetrVG Rz. 13. | 7 Vgl. näher GK-BetrVG/*Kreutz*, § 7 Rz. 30 f.; MünchArbR/*Joost*, § 304 Rz. 72. | 8 BT-Drs. 14/5741, S. 36. | 9 BAG v. 10.3.2004 – 7 ABR 49/03, NZA 2004, 1340; v. 20.4.2005 – 7 ABR 20/04, NZA 2005, 1006. | 10 Rechtsdogmatisch handelt es sich um einen „Arbeitsvertrag zu Gunsten Dritter" (§ 328 BGB), vgl. dazu *Walker*, AcP 194 (1994), 295 (308 ff.). | 11 So auch BAG v. 21.7.2004 – 7 ABR 38/03, NZA 2005, 240: keine Betriebszugehörigkeit von auf Grund Dienst- oder Werkverträgen tätigen Fremdfahrern. | 12 BAG v. 15.3.2006 – 7 ABR 39/05 (Tz. 19 – nv.); zur Abgrenzung vgl. *Brors*, NZA 2002, 126. | 13 *Fitting*, § 7 BetrVG Rz. 55; *Lindemann/Simon*, NZA 2002, 367; *Maschmann*, DB 2001, 2446.

verhältnisses und damit die Frage, bei wem nach den Umständen des Einzelfalls das tatsächliche arbeitsvertragl. Weisungsrecht liegt – beim Betriebsinhaber oder beim Vertragspartner.

17 Von S. 2 erfasst werden auch **nicht gewerbsmäßig** überlassene LeihArbN („echte" Leiharbeit), weil der Gesetzgeber nicht zwischen den verschiedenen Formen der Leiharbeit differenziert hat[1]. So gilt umgekehrt auch § 14 I AÜG entsprechend für zB die von einer Personalführungsgesellschaft (PfG) an andere Konzernunternehmen ausgeliehenen ArbN, wenn dies ohne Gewinnerzielungsabsicht geschieht: Sie bleiben in dieser PfG wählbar und wahlberechtigt[2]. Dann tritt ebenfalls eine Spaltung zwischen dem Grundverhältnis zur Personalführungsgesellschaft und dem – betriebsverfassungsrechtlich maßgeblichen – Beschäftigungsverhältnis zum Einsatzunternehmen ein. Auf die **Dauer der Abordnung** kommt es nicht an, sondern allein auf die Übertragung des Weisungsrechts, so dass auch kurzfristigere Arbeitsgemeinschaften im Baugewerbe (sog. **ARGE**) ein gespaltenes Arbeitsverhältnis und damit ein Wahlrecht nach § 7 S. 2 vermitteln können[3].

18 „Überlassen" iSv. § 7 S. 2 können auch auf Grund **Gestellungsvertrag** im Gastbetrieb tätige ArbN sein[4]. Beim Gestellungsvertrag im eigentlichen Sinn verpflichtet sich der Gestellungsträger, dem Betriebsinhaber für den Betriebszweck notwendiges Personal, zB Lehr- oder Pflegekräfte, zur Verfügung zu stellen, ohne dass mit dem Betriebsinhaber ein Arbeitsvertrag geschlossen wird. Vom Leiharbeitsverhältnis unterscheidet sich dieser Fall dadurch, dass der „Verleiher" zum Dienstleistenden nicht in einem Arbeitsverhältnis, sondern in einem **Mitgliedschaftsverhältnis** steht[5]. Dennoch können abgestellte ArbN nach S. 2 „überlassen" sein, wenn sie sich dem Weisungsrecht des Betriebsinhabers so wie entliehene Arbeitskräfte unterwerfen müssen. Ausnahmen sind nur für Personen anzuerkennen, deren Beschäftigung nach § 5 II Nr. 3 nicht in erster Linie ihrem Erwerb dient, sondern vorwiegend durch Beweggründe **karitativer oder religiöser Art** bestimmt ist, wie zB bei Ordensschwestern, nicht aber zB bei weltlichen Krankenschwestern wie im Deutschen Roten Kreuz[6].

19 Das Wahlrecht nach S. 2 setzt eine Einsatzzeit von **mehr als drei Monaten** voraus. Es soll dem überlassenen ArbN laut Gesetzesbegründung mit dem ersten Arbeitstag im Einsatzbetrieb zustehen[7]. Er muss also bis zum Wahltag (Tag der Stimmabgabe) nicht bereits drei Monate im Betrieb zugebracht haben („eingesetzt *werden*", nicht: „wurden"). Vielmehr geht es um die Dauer seines **geplanten Einsatzes**, die sich grds. nach dem Vertrag zwischen Verleiher und Entleiher bestimmt[8]. Ist die Einsatzzeit nicht klar genug festgelegt, so muss eine (vertretbare) Prognoseentscheidung vom Wahlvorstand getroffen werden, die auf einen im Wesentlichen **ununterbrochenen** Einsatz für mehr als drei Monate hinweist. Wird ein für nur zwei Monate geplanter Einsatz aber verlängert und findet die Wahl zB nach vier Monaten statt, so entscheidet die faktische Betriebszugehörigkeit – das Wahlrecht ist also zu bejahen[9].

20 **3. Wahlalter.** Der ArbN muss spätestens am Wahltag 18 Jahre alt sein, dh. am letzten Tag der Stimmabgabe (Rz. 10) seinen Geburtstag haben (§ 187 II 2 BGB)[10]. Noch nicht Volljährige können an der Wahl zur JAV teilnehmen (§§ 60 ff.). Zur Berufsausbildung Beschäftigte zwischen 18 und 25 sind sowohl zum BR als auch zur JAV wahlberechtigt (Rz. 3).

21 **III. Bedeutung der Wahlberechtigung.** Die Bindung der Wahlberechtigung an die (erweiterte) Betriebszugehörigkeit (Rz. 8) hat als Basisnorm des Zweiten Teils ua. für die **Größenzahlen** etwa in §§ 1, 9, 38 etc. (vgl. Rz. 2) große Bedeutung. Fraglich ist nach Einfügung des § 7 S. 2, ob die neue Wahlberechtigung auch der überlassenen ArbN (Rz. 15) für die Betriebsgröße in anderen Normen maßgeblich sein muss – oder ob sie „wählen, ohne zu zählen"[11]. Gegen die Einbeziehung der LeihArbN wird argumentiert, dass der Gesetzgeber die „ArbN *des Betriebs*" (S. 1) von den überlassenen ArbN eines „anderen ArbGeb" (S. 2) bewusst getrennt habe; die Betriebsgrößen seien demnach ohne LeihArbN zu berechnen[12]. Dem hat sich das BAG angeschlossen[13]. Andere halten dem aber Sinn und Zweck der Erweiterung der Betriebszugehörigkeit entgegen. Wenn der Gesetzgeber die Randbelegschaft durch Zuerkennung der Wahlberechtigung an die Stammbelegschaft heranführen will[14], möchte er mit der Erweiterung der (ausschlaggebenden) **Betriebszugehörigkeit** (Rz. 15 f.) auch die betriebsverfassungsrechtlich relevanten Größenzahlen erhöhen[15]. Doch stehen dem erhebliche rechtsdogmatische Einwände entgegen, die auf

---

1 So auch BAG v. 10.3.2004 – 7 ABR 49/03, NZA 2004, 1340; ferner *Brors*, NZA 2002, 125; *Dewender*, RdA 2003, 274 (275); *Fitting*, § 7 BetrVG Rz. 41; Richardi/*Thüsing*, § 7 BetrVG Rz. 11. | 2 BAG v. 20.4.2005 – 7 ABR 20/04, NZA 2005, 1006. | 3 *Fitting*, § 7 BetrVG Rz. 49 (Abordnung zur ARGE). | 4 LAG Schl.-Holst. 24.5.2007 – 1 TaBV 64/06; *Fitting*, § 7 BetrVG Rz. 50; Richardi/*Thüsing*, § 7 BetrVG Rz. 12. | 5 MünchArbR/*Richardi*, § 24 Rz. 123. | 6 AA wohl BAG v. 22.4.1997 – 1 ABR 74/96, NZA 1997, 1297– Einstellung; wie hier *Fitting*, § 7 BetrVG Rz. 50; Richardi/*Thüsing*, § 7 BetrVG Rz. 12. | 7 BT-Drs. 14/5741, S. 36. | 8 *Maschmann*, DB 2001, 2447; Richardi/*Thüsing*, § 7 BetrVG Rz. 10. | 9 So auch *Fitting*, § 7 BetrVG Rz. 63; Richardi/*Thüsing*, § 7 BetrVG Rz. 10; aA *Maschmann*, DB 2001, 2447. | 10 Vgl. nur ErfK/*Eisemann*, § 7 BetrVG Rz. 7; *Fitting*, § 7 BetrVG Rz. 85. | 11 *Hanau*, RdA 2001, 65 (68). | 12 So *Franke*, NJW 2002, 656; *Hanau*, NJW 2001, 2513 (2515); GK-BetrVG/*Kreutz*, § 7 Rz. 74 f.; *Lindemann/Simon*, NZA 2002, 367 f.; *Löwisch*, BB 2001, 1734 (1737); *Maschmann*, DB 2001, 2448. | 13 BAG v. 16.4.2003 – 7 ABR 53/02, BAGE 106, 64 = NZA 2003, 1345; zust. *Kreutz*, SAE 2004, 168; krit. dagegen *Brors*, NZA 2003, 1380; *Schüren*, RdA 2004, 184; ferner BAG v. 22.10.2003 – 7 ABR 3/03, BAGE 108, 185 = NZA 2003, 1345; v. 10.3.2004 – 7 ABR 49/03, NZA 2004, 1340. | 14 BT-Drs. 14/5741, S. 28. | 15 So *Däubler*, AuR 2001, 285 (286); DKK/*Schneider*, § 7 BetrVG Rz. 7 f.; *Fitting*, § 7 BetrVG Rz. 95; *Reichold*, NZA 2001, 861; *Wlotzke*, FS 50 Jahre BAG, 2004, S. 1157.

den Zusammenhang von § 7 S. 2 und § 14 AÜG abstellen und daraus zutreffend folgern, dass der Gesetzgeber keine zweite Betriebszugehörigkeit für LeihArbN begründen wollte, so dass eine Ausdehnung der Betriebsgrößen abzulehnen ist[1].

Zum BR wahlberechtigte ArbN besitzen auch das aktive Wahlrecht zur Wahl der ArbN-Vertreter in den **Aufsichtsrat** nach § 5 II DrittelbG 2004 sowie für die Wahl der Wahlmänner nach dem Mitbestimmungsergänzungsgesetz (§ 8 II Montan-MitbestErgG). Die Betriebszugehörigkeit nach § 7 ist auch für die Wahlberechtigung zur Wahl der Aufsichtsratsmitglieder der ArbN in die mitbestimmten Unternehmen nach dem MitbestG 1976 maßgeblich (vgl. §§ 10 II, 18 MitbestG). 22

IV. Streitigkeiten. Die Entscheidung über die Wahlberechtigung obliegt zunächst dem **Wahlvorstand** (§ 16; ferner §§ 2, 4 II WO). Lässt er Nichtberechtigte zu oder verweigert er eigentlich Wahlberechtigten die Teilnahme, so liegt bei möglicher Kausalität für das Wahlergebnis ein Anfechtungsgrund nach § 19 I vor[2]. In Grenzfällen kommt dem Wahlvorstand ein nach pflichtgemäßem Ermessen auszufüllender **Beurteilungsspielraum** zu, zB bei der Wahlberechtigung von „Aushilfen“[3]. Werden LeihArbN bei der Festlegung der BR-Größe berücksichtigt (Rz. 21), so liegt nach Ansicht des BAG[4] ein erheblicher Verstoß vor, der die Wahlanfechtung rechtfertigt, nicht aber einen Nichtigkeitsgrund darstellt: Eine grobe und offensichtliche Missachtung wesentlicher Wahlvorschriften kann wegen der Strittigkeit dieser Rechtsfrage nicht angenommen werden[5]. Letztlich entscheidet das **ArbG** über die Wahlberechtigung im Beschlussverfahren (§ 2a I Nr. 1 ArbGG). Eine gerichtl. Entscheidung vor der Wahl lässt sich im Regelfall nur im Wege der **einstweiligen Verfügung** erreichen (§ 85 II ArbGG). Antragsberechtigt sind nicht nur die in ihrem Wahlrecht Betroffenen, sondern auch die nach § 19 II Berechtigten, also auch der ArbGeb. Ein vorgezogenes gerichtl. Korrekturverfahren (vgl. § 18 Rz. 16 f.) schafft zwar vollendete Tatsachen (Leistungsverfügung), kann aber durch nachträgliche Wahlanfechtung überprüft werden. 23

8 *Wählbarkeit*

(1) Wählbar sind alle Wahlberechtigten, die sechs Monate dem Betrieb angehören oder als in Heimarbeit Beschäftigte in der Hauptsache für den Betrieb gearbeitet haben. Auf diese sechsmonatige Betriebszugehörigkeit werden Zeiten angerechnet, in denen der Arbeitnehmer unmittelbar vorher einem anderen Betrieb desselben Unternehmens oder Konzerns (§ 18 Abs. 1 des Aktiengesetzes) angehört hat. Nicht wählbar ist, wer infolge strafgerichtlicher Verurteilung die Fähigkeit, Rechte aus öffentlichen Wahlen zu erlangen, nicht besitzt.

(2) Besteht der Betrieb weniger als sechs Monate, so sind abweichend von der Vorschrift in Absatz 1 über die sechsmonatige Betriebszugehörigkeit diejenigen Arbeitnehmer wählbar, die bei der Einleitung der Betriebsratswahl im Betrieb beschäftigt sind und die übrigen Voraussetzungen für die Wählbarkeit erfüllen.

§ 8 idF des BetrVG 1972 (v. 15.1.1972, BGBl. I S. 13), § 8 Abs. 1 S. 3 geändert durch Art. 238 Nr. 1 EGStGB (v. 2.3.1974, BGBl. I S. 469).

I. Inhalt und Zweck. Mit der „Wählbarkeit“ werden die Voraussetzungen für das **passive Wahlrecht** zum BR geregelt. Die Vorschrift bezieht sich mit dem Erfordernis der „Betriebszugehörigkeit“ auf § 7 S. 1, verlangt aber zusätzlich eine Zugehörigkeitsdauer von mindestens sechs Monaten. „Überlassene“ ArbN können nach § 7 S. 2 zwar aktiv wählen, sind aber, wie § 14 II 1 AÜG ausdrücklich anordnet, im Entleiherbetrieb nicht wählbar (vgl. auch § 2 III 2 WO). Daraus wird deutlich, dass das passive Wahlrecht eine **engere Bindung** an den Betrieb erfordert als das aktive Wahlrecht: BR-Mitglied soll nur werden, wer in einer arbeitsvertragl. Beziehung zum Betriebsinhaber steht und damit zur Stammbelegschaft iSv. § 7 S. 1 zählt (vgl. Rz. 4). 1

Wer zum BR gewählt worden ist, kann nicht auch noch zum Jugend- und Auszubildendenvertreter gewählt werden, § 61 II 2. 2

II. Voraussetzungen der Wählbarkeit. Materiell wählbar ist jeder nach § 7 S. 1 Wahlberechtigte (Rz. 4), der nicht durch strafgerichtl. Urteil die Fähigkeit verloren hat, Rechte aus öffentlichen Wahlen zu erlangen (Rz. 7) und (spätestens am letzten Wahltag) dem Betrieb sechs Monate angehört (Rz. 8). Das passive Wahlrecht ist entsprechend dem aktiven Wahlrecht ein **subjektives** (höchstpersönliches) **Recht**[6], dem aber nicht eine Pflicht zur Kandidatur entspricht. **Formelle** Voraussetzung für die Wählbarkeit ist neben der Eintragung in die Wählerliste (§ 2 III WO) noch die Aufnahme des passiv Wahlberechtigten in einen **Wahlvorschlag** (§ 14 III bzw. § 14a II, III 2). Dagegen kommt es – anders als noch nach dem BetrVG 1952 – nicht mehr auf die Staatsangehörigkeit an. 3

---

1 Umfassend *Kreutz*, FS Wißmann, 2005, S. 365 (368 ff.); vgl. auch *Brose*, NZA 2005, 797. | 2 BAG v. 14.5.1997 – 7 ABR 26/96, NZA 1997, 1245. | 3 LAG Hess. v. 10.2.2000 – 12 TaBV 148/98, BB 2001, 1095. | 4 BAG v. 16.4.2003 – 7 ABR 53/02, BAGE 106, 64 = NZA 2003, 1345; v. 22.10.2003 – 7 ABR 3/03, BAGE 108, 185 = NZA 2004, 1052; v. 10.3.2004 – 7 ABR 49/03, NZA 2004, 1340. | 5 Zutr. *Maschmann*, DB 2002, 2449. | 6 So GK-BetrVG/*Kreutz*, § 8 Rz. 12.

4 **1. „Alle Wahlberechtigten" (Abs. 1).** Die Wahlberechtigung bestimmt sich nach § 7 S. 1, so dass nur ArbN (§ 7 Rz. 5), die rechtlich und faktisch dem Betrieb angehören („Betriebszugehörigkeit", vgl. § 7 Rz. 8), wählbar sind. Nach der BetrVG-Novelle 2001 sind entgegen dem Wortlaut nicht mehr „alle" Wahlberechtigten auch wählbar[1]. Die Einfügung des § 7 S. 2 verleiht den LeihArbN nur das aktive Wahlrecht (Rz. 1); dagegen bleiben sie **allein in ihrem Stammbetrieb** wählbar (§ 14 II 1 AÜG). Diese Ausnahme gilt nicht nur für die gewerbsmäßige AÜ nach AÜG, sondern auch für die nicht gewerbsmäßige („echte") Leiharbeit (§ 7 Rz. 17)[2]. Eine Gleichbehandlung beider Sachverhalte rechtfertigt sich durch den Fortbestand der „stärkeren" vertraglichen Beziehung zum Verleiher[3] und ist auch nicht durch die Einfügung des § 7 S. 2 obsolet geworden.

5 Grundsätzlich kann für das passive Wahlrecht auf die Ausführungen zur **Betriebszugehörigkeit** als Voraussetzung der Wahlberechtigung (§ 7 Rz. 8 ff.) verwiesen werden, so auch für den Fall, dass ArbN in mehreren Betrieben zB als Teilzeitkräfte beschäftigt sind (§ 7 Rz. 10): Sie können dann auch in mehreren Betrieben BR-Mandate ausüben[4]. Wählbarkeit ist auch trotz eines **ruhenden Arbeitsverhältnisses** möglich (§ 7 Rz. 13), es sei denn, dass wie bei der ATZ im Blockmodell eine Rückkehrmöglichkeit auf den früheren Arbeitsplatz nicht mehr vorgesehen ist (vgl. Nachw. bei § 7 Rz. 13)[5]. Wer trotz Elternzeit oder Zivildienst gewählt wird, ist zeitweilig (solange das Arbeitsverhältnis ruht) an der Ausübung des BR-Amtes gehindert und muss nach § 25 I 2 durch ein Ersatzmitglied vertreten werden. Wählbar ist auch der **Wahlvorstand**, weil das BetrVG eine Inkompatibilität zwischen Wahlvorstand und (späterem) BR-Amt nicht ausdrücklich anordnet[6].

6 Allerdings möchte das BAG beim Rechtsstreit über die Wirksamkeit einer **Kündigung** für die Wählbarkeit anders entscheiden als für das aktive Wahlrecht (§ 7 Rz. 14): Damit der ArbGeb nicht durch eine Kündigung die Kandidatur eines ihm unliebsamen Bewerbers verhindern kann (§ 15 III KSchG schützt nur Wahlbewerber *nach* Aufstellung des Wahlvorschlags), soll die Wählbarkeit auch **nach Ablauf der Kündigungsfrist** möglich sein, sofern der ArbN eine **Kündigungsschutzklage** erhoben hat[7]. Dem ist zuzustimmen, weil die Frage der Wählbarkeit anders als die Wahlberechtigung im Zeitpunkt der Durchführung der Wahlen keiner abschließenden Klärung bedarf. Obsiegt der ArbN im Prozess, so kann er (ab diesem Zeitpunkt) amtieren. Verliert er, so rückt das ihn vertretende Ersatzmitglied endgültig nach (§ 25 I 1). Dagegen kann die Beteiligung nicht wahlberechtigter ArbN ebenso wenig korrigiert werden wie die Stimmabgabe eines gekündigten ArbN nachgeholt werden kann, wenn rechtskräftig die Unwirksamkeit der Kündigung festgestellt wird[8].

7 **2. Verlust der Wählbarkeit durch Richterspruch (Abs. 1 S. 3).** Nicht wählbar ist, wer infolge **strafgerichtlicher Verurteilung** nach § 45 StGB die Fähigkeit verloren hat, Rechte aus öffentlichen Wahlen zu erlangen. Tatbestandliche Voraussetzung hierfür ist die Verurteilung wegen eines **Verbrechens** zu Freiheitsstrafe von mindestens einem Jahr (§ 45 I StGB). Der Verlust der Wählbarkeit für die Dauer von fünf Jahren ergibt sich dann als automatische Nebenfolge. § 8 I 3 zeigt, welche Bedeutung der Gesetzgeber dem BR-Amt zumisst, handelt es sich doch hier gerade nicht um „öffentliche" Wahlen. Auch im **Ausland** erfolgte Verurteilungen können zum Verlust des passiven Wahlrechts führen, soweit die dortige Strafe funktionsäquivalent den Verlust der Rechte aus öffentlichen Wahlen vorsieht.

8 **3. Sechsmonatige Betriebszugehörigkeit (Abs. 1).** In den BR gewählt werden kann nur, wer am letzten Wahltag[9] dem Betrieb, in dem die Wahl stattfindet, mindestens **sechs Monate** angehört hat. Die erforderliche Betriebszugehörigkeit soll – anders als beim aktiven Wahlrecht – sicherstellen, dass in den BR nur ArbN gewählt werden können, die den für die Ausübung des BR-Amts erforderlichen Überblick über die betriebl. Verhältnisse haben[10]. Deshalb reicht es nicht aus, wenn nur der Arbeitsvertrag seit sechs Monaten besteht. Vielmehr kommt es auf die Dauer der faktischen **Eingliederung in den Betrieb** an[11] (Fristberechnung nach §§ 187 II 1, 188 II BGB: Die sechsmonatige Frist beginnt am ersten Tag der Betriebszugehörigkeit). Weil die tatsächlichen Kenntnisse des Betriebs zählen, schadet es auch nicht, wenn der Wahlbewerber nicht volle sechs Monate volljährig war oder Zeiten als leitender Angestellter oder LeihArbN in die Frist mit eingerechnet werden[12].

9 Die Regelung des § 8 I 2 lässt auch die Anrechnung von Beschäftigungszeiten in einem **anderen Betrieb** desselben Unternehmens oder Konzerns (iSv. § 18 I AktG, dh. Unterordnungskonzern) zu. Es muss ein

1 Vgl. GK-BetrVG/*Kreutz*, § 8 Rz. 16. | 2 So auch BAG v. 10.3.2004 – 7 ABR 49/03, NZA 2004, 1340; v. 20.4.2005 – 7 ABR 20/04, NZA 2005, 1006. | 3 BAG v. 22.3.2000 – 7 ABR 34/98, NZA 2000, 1119 (zwar zur alten Rechtslage ergangen, jedoch gültig in Bezug auf die Aussagen zum AÜG). Wie hier GK-BetrVG/*Kreutz*, § 8 Rz. 16; Richardi/*Thüsing*, § 8 BetrVG Rz. 6; aA *Fitting*, § 8 BetrVG Rz. 27. | 4 HM seit BAG v. 11.4.1958 – 1 ABR 2/57, DB 1958, 658, vgl. *Fitting*, § 8 BetrVG Rz. 30; Richardi/*Thüsing*, § 8 BetrVG Rz. 11. | 5 BAG v. 16.4.2003 – 7 ABR 53/02, BAGE 106, 64 = NZA 2003, 1345. | 6 BAG v. 12.10.1976 – 1 ABR 1/76, DB 1977, 356. | 7 BAG v. 14.5.1997 – 7 ABR 26/96, NZA 1997, 1245 für BR-Wahl nach *fristloser* Kündigung; v. 10.11.2004 – 7 ABR 12/04, NZA 2005, 707 für BR-Wahl nach *ordentlicher* Kündigung. | 8 BAG v. 10.11.2004 – 7 ABR 12/04, NZA 2005, 707; *Gräfl*, JbArbR 42 (2005), 133 (136). | 9 HM, vgl. nur *Fitting*, § 8 BetrVG Rz. 32; MünchArbR/*Joost*, § 304 Rz. 92; Richardi/*Thüsing*, § 8 BetrVG Rz. 17; aA GK-BetrVG/*Kreutz*, § 8 Rz. 25. | 10 BAG v. 26.9.1996 – 2 AZR 528/95, NZA 1997, 666. | 11 BAG v. 28.11.1977 – 1 ABR 40/76, DB 1978, 450. | 12 HM, vgl. nur *Fitting*, § 8 BetrVG Rz. 33–38; MünchArbR/*Joost*, § 304 Rz. 88–90; Richardi/*Thüsing*, § 8 BetrVG Rz. 20–22.

unmittelbarer zeitlicher Zusammenhang bestehen, so dass jede Unterbrechung schadet. Eine restriktive Auslegung ist bei einer **Ausnahmevorschrift** wie dieser deshalb geboten, weil sie vom Erfordernis der tatsächlichen Kenntnis des Wahlbetriebs absieht, um missbräuchlichen Versetzungen im Vorfeld der Wahlen vorzubeugen.

Das Gesetz verlangt **nicht** eine **ununterbrochene Tätigkeit**. Kürzere Unterbrechungen (zB Urlaub, Krankheit, Arbeitskampf) schaden daher nicht. Längere Unterbrechungen, die den Zweck der Betriebszugehörigkeit (Rz. 8) deutlich beeinträchtigen (zB mehr als zweimonatige Krankheit), können dagegen nicht eingerechnet werden; sie hemmen den Ablauf der Frist[1]. Entgegen der hM kommt es dabei nicht auf den *rechtlichen* Bestand des Arbeitsverhältnisses an, weil auch kurzfristige rechtl. Unterbrechungen nichts an der maßgeblichen Übersicht über die betriebl. Verhältnisse ändern müssen. 10

Ähnliches gilt für das **ruhende Arbeitsverhältnis** (zB Elternzeit, Wehr- oder Zivildienst). Auch hier setzt die Wählbarkeit eine mindestens sechsmonatige tatsächliche Betriebszugehörigkeit voraus, die nur unwesentliche (kürzere als zweimonatige) Unterbrechungen verträgt. Wer zB bereits nach vier Monaten zum Wehrdienst eingezogen wird, kann nicht kandidieren, weil ihm die Vertrautheit mit den betrieblichen Verhältnissen fehlt[2]. Die den sozialen Schutz bezweckenden Vorschriften wie zB § 6 II ArbPlSchG wirken sich nicht auf das passive Wahlrecht aus, weil hier die Funktionsfähigkeit der Betriebsverfassung im Vordergrund steht und nicht der Individualschutz des ArbN. 11

4. Neu errichtete Betriebe (Abs. 2). Das Erfordernis der sechsmonatigen Betriebszugehörigkeit (Rz. 8) entfällt kraft Gesetzes, wenn der Betrieb bei Einleitung der Wahl (Wahlausschreiben, vgl. § 3 I 2 WO) **weniger als sechs Monate** besteht (§ 8 II). Dann sind alle Wahlberechtigten auch wählbar, soweit es sich nicht um LeihArbN (Rz. 4) oder um nach § 45 StGB Verurteilte (Rz. 7) handelt. Die Ausnahmeregel gilt jedoch nur für **neu errichtete** Betriebe. Wird ein bestehender Betrieb lediglich **erweitert**, indem unter Aufrechterhaltung der organisatorischen Einheit zB ein Umzug in ein neues Gebäude oder eine Anschaffung von neuem Gerät erfolgt, so greift § 8 II nicht ein[3]. Auch bei Betriebsübergang nach § 613a BGB wird die Regel nicht benötigt, weil die Kontinuität des BR-Amts nicht in Frage steht. **Anders** dagegen, wenn mehrere Betriebe unter Aufgabe ihrer Identität zu einem neuen Betrieb zusammengeschlossen werden oder durch Unternehmensspaltung neue Betriebseinheiten entstehen (vgl. § 21a)[4]. Maßgeblich ist jeweils, ob eine betriebsratsfähige Organisationseinheit (vgl. § 18 II) **neu** entstanden ist (dazu Komm. zu § 1). 12

III. Streitigkeiten. Auch über die Wählbarkeit der ArbN entscheidet zunächst der **Wahlvorstand** nach pflichtgemäßem Ermessen (§ 2 III WO). Werden nicht im Wege der einstweiligen Verfügung (§ 7 Rz. 23) oder des Anfechtungsverfahrens (§ 19) seine Feststellungen zum passiven Wahlrecht gerichtlich überprüft, so kann ausweislich des § 24 Nr. 6 auch **nach Ablauf** der Anfechtungsfrist des § 19 II 2 der Mangel der Wählbarkeit jederzeit noch gerichtlich festgestellt werden. Die Mitgliedschaft im BR erlischt dann erst mit Rechtskraft der nach § 24 Nr. 6 ergehenden gerichtl. Entscheidung. Aus § 24 Nr. 6 ergibt sich auch, dass die Wahl eines nicht wählbaren ArbN idR keinen Nichtigkeitsgrund darstellt[5]. 13

9 *Zahl der Betriebsratsmitglieder*

Der Betriebsrat besteht in Betrieben mit in der Regel

5 bis 20 wahlberechtigten Arbeitnehmern aus	**einer Person,**
21 bis 50 wahlberechtigten Arbeitnehmern aus	**3 Mitgliedern,**
51 wahlberechtigten Arbeitnehmern bis 100 Arbeitnehmern aus	**5 Mitgliedern,**
101 bis 200 Arbeitnehmern aus	**7 Mitgliedern,**
201 bis 400 Arbeitnehmern aus	**9 Mitgliedern,**
401 bis 700 Arbeitnehmern aus	**11 Mitgliedern,**
701 bis 1000 Arbeitnehmern aus	**13 Mitgliedern,**
1001 bis 1500 Arbeitnehmern aus	**15 Mitgliedern,**
1501 bis 2000 Arbeitnehmern aus	**17 Mitgliedern,**
2001 bis 2500 Arbeitnehmern aus	**19 Mitgliedern,**
2501 bis 3000 Arbeitnehmern aus	**21 Mitgliedern,**
3001 bis 3500 Arbeitnehmern aus	**23 Mitgliedern,**
3501 bis 4000 Arbeitnehmern aus	**25 Mitgliedern,**
4001 bis 4500 Arbeitnehmern aus	**27 Mitgliedern,**
4501 bis 5000 Arbeitnehmern aus	**29 Mitgliedern,**
5001 bis 6000 Arbeitnehmern aus	**31 Mitgliedern,**
6001 bis 7000 Arbeitnehmern aus	**33 Mitgliedern,**
7001 bis 9000 Arbeitnehmern aus	**35 Mitgliedern.**

1 Zutr. *Löwisch/Kaiser*, § 8 BetrVG Rz. 5; im Erg. ähnlich *Fitting*, § 8 BetrVG Rz. 45; GK-BetrVG/*Kreutz*, § 8 Rz. 35; MünchArbR/*Joost*, § 304 Rz. 93; Richardi/*Thüsing*, § 8 BetrVG Rz. 23. | 2 Wie hier GK-BetrVG/*Kreutz*, § 8 Rz. 38; *Löwisch/Kaiser*, § 8 BetrVG Rz. 9; MünchArbR/*Joost*, § 304 Rz. 94; aA *Fitting*, § 8 BetrVG Rz. 14 ff.; Richardi/*Thüsing*, § 8 BetrVG Rz. 27 ff. | 3 BAG v. 26.9.1996 – 2 AZR 528/95, NZA 1997, 666. | 4 Vgl. nur *Fitting*, § 8 BetrVG Rz. 61; Richardi/*Thüsing*, § 8 BetrVG Rz. 36. | 5 Vgl. nur *Fitting*, § 8 BetrVG Rz. 66.

In Betrieben mit mehr als 9000 Arbeitnehmern erhöht sich die Zahl der Mitglieder des Betriebsrats für je angefangene weitere 3000 Arbeitnehmer um 2 Mitglieder.

§ 9 zuletzt geändert durch das BetrVerf-ReformG v. 23.7.2001 (BGBl. I S. 1852), vgl. Neubekanntmachung v. 25.9.2001 (BGBl. I S. 2518).

1 **I. Inhalt und Zweck.** Die Vorschrift legt die nach der **Belegschaftsstärke** gestaffelte Zahl der BR-Mitglieder fest. Diese ist stets ungerade und wird vom Gesetz **zwingend** vorgegeben. Die BR-Größe bestimmt sich zunächst nach der Zahl der *wahlberechtigten* ArbN, danach nach der Zahl der ArbN *insgesamt*. Maßgeblich ist dabei jeweils die Betriebszugehörigkeit iSv. § 7 S. 1 (vgl. Rz. 4). Die Staffelung der Zahl der BR-Mitglieder nach der Belegschaftsstärke soll die **Funktionsfähigkeit** des BR sicherstellen[1], wobei unterstellt wird, dass mit der Stärke der Belegschaft der Arbeitsaufwand proportional steigt. Der Reformgesetzgeber 2001 hat die BR-Größe ab 201 ArbN um je weitere zwei Mitglieder mit der Begründung erweitert, der BR könne angesichts der gestiegenen Anforderungen nunmehr seine umfassenderen Aufgaben wieder besser wahrnehmen und auf mehr Schultern verteilen[2]. Dass größere Gremien aber die Kostenbelastung gerade der kleinen und mittleren Unternehmen (KMU) drastisch erhöhen, wurde dabei fahrlässig ignoriert[3].

2 **II. Anzahl der BR-Mitglieder.** Auf der Grundlage der maßgeblichen Belegschaftsstärke wird vom **Wahlvorstand** im Wahlausschreiben die Zahl der zu wählenden BR-Mitglieder festgestellt (§ 3 II Nr. 5 WO). Dabei zählen in den ersten drei Größenstufen nur „wahlberechtigte", dh. volljährige ArbN (§ 7 Rz. 20), ab der vierten Stufe auch solche ArbN, die wegen ihres Alters noch nicht wahlberechtigt sind, dennoch aber dem Betrieb angehören[4]. Sie müssen am Tag des Erlasses des Wahlausschreibens (Rz. 6) „in der Regel" dem Betrieb iSv. § 7 S. 1 angehören (Rz. 3).

3 **1. Regelmäßige Betriebszugehörigkeit.** Wie in anderen Bestimmungen des BetrVG (zB §§ 1 I, 14 IV, 14a I u. III) kommt es auf die Zahl der **„in der Regel"** beschäftigten ArbN an. Dabei handelt es sich um solche, die während des größten Teils eines Jahres in einem Betrieb normalerweise beschäftigt werden (Regelarbeitsplätze). Der Wahlvorstand hat dabei die schwierige Aufgabe, einerseits im Rückblick auf den bisherigen Personalstand, andererseits in Einschätzung der künftigen personellen Entwicklung den Regelpersonalstand nach **pflichtgemäßem Ermessen** mit eigenem Beurteilungsspielraum festzulegen[5]. Bloße Befürchtungen und Erwartungen berechtigen nicht zu einer abweichenden Festsetzung, vielmehr muss der Personalabbau zB auf Grund Sozialplans fest stehen[6]. „In der Regel" beschäftigt heißt auch nicht „durchschnittlich" beschäftigt, sondern **„jetzt und zukünftig"** idR beschäftigt[7].

4 Im Rahmen des § 9 sind nur **betriebsangehörige** ArbN zu berücksichtigen[8]. Die Feststellung der Belegschaftsgröße knüpft insoweit an die Tatbestandsvoraussetzungen des § 7 S. 1 an. Daher sind zB auch **ABM-Beschäftigte** mit zu berücksichtigen[9] (vgl. § 7 Rz. 6). Zur neuen Rechtslage hat das BAG mehrfach betont, dass nur „ArbN des Betriebs" iSv. § 7 S. 1 zählen, so dass „überlassene" ArbN nach § 7 S. 2 als ArbN eines „anderen" ArbGeb **mangels Betriebszugehörigkeit** bei den Größenzahlen des § 9 nicht zu berücksichtigen sind[10]. Dem ist zuzustimmen (vgl. § 7 Rz. 21)[11]. Werden aber Aushilfen **regelmäßig** für einen Zeitraum von mindestens sechs Monaten beschäftigt, so sind diese Arbeitsplätze mitzuzählen[12], auch wenn es sich um jeweils andere Personen handelt[13]. Bei **ruhenden** Arbeitsverhältnissen wie zB in der Elternzeit (§ 7 Rz. 13) darf aus der Norm des § 21 VII BEEG verallgemeinernd gefolgert werden, dass ausdrücklich als Ersatzkraft eingestellte ArbN die Zahl der regelmäßig Beschäftigten **nicht** erhöhen[14].

5 Für die Größenzahlen des § 9 zählen nur **ArbN**, für deren Interessenvertretung der BR zuständig ist. Deshalb scheiden leitende Angestellte (§ 7 Rz. 5) bei der Feststellung der Belegschaftsgröße ebenso aus wie sog. „1-Euro-Jobber" nach § 16 III 2 SGB II (§ 7 Rz. 6) und Beamte (§ 7 Rz. 7). Auch **freie Mitarbeiter** wie zB Aushilfs-Taxifahrer oder auf Grund Dienst- oder Werkvertrags tätige Fremdfirmenarbeitnehmer (§ 7 Rz. 16) zählen mangels Betriebszugehörigkeit (dh. kein *arbeitsvertragliches* Weisungsrecht) **nicht** zur Belegschaft[15].

---

1 BAG v. 18.1.1989 – 7 ABR 21/88, NZA 1989, 724. | 2 BT-Drs. 14/5741, S. 28, 36. | 3 Kritik bei *Buchner*, NZA 2001, 633 (636); *Hanau*, RdA 2001, 65 (71); *Konzen*, RdA 2001, 76 (84); *Reichold*, NZA 2001, 862; *Rieble*, ZIP 2001, 133 (137). | 4 Ausf. zur Entstehungsgeschichte BAG v. 18.1.1989 – 7 ABR 21/88, NZA 1989, 724; ferner GK-BetrVG/*Kreutz*, § 9 BetrVG Rz. 5. | 5 BAG v. 25.11.1992 – 7 ABR 7/92, NZA 1993, 955; *Fitting*, § 9 BetrVG Rz. 11 ff.; Richardi/*Thüsing*, § 9 BetrVG Rz. 10; *Schiefer/Korte*, NZA 2002, 58 f. | 6 LAG Schl.-Holst. v. 27.10.1994 – 4 TaBV 23/94, BB 1995, 620. | 7 LAG Hamm v. 23.2.2007 – 10 TaBV 104/06; Richardi/*Thüsing*, § 9 BetrVG Rz. 10. | 8 BAG v. 18.1.1989 – 7 ABR 21/88, NZA 1989, 724. | 9 BAG v. 13.10.2004 – 7 ABR 6/04, NZA 2005, 480. | 10 BAG v. 16.4.2003 – 7 ABR 53/02, BAGE 106, 64 = NZA 2003, 1345; zust. *Kreutz*, SAE 2004, 168; v. 22.10.2003 – 7 ABR 3/03, BAGE 108, 185 = NZA 2004, 1052; v. 10.3.2004 – 7 ABR 49/03, NZA 2004, 1340; aA *Brors*, NZA 2003, 1380 (1382); *Däubler*, AuR 2004, 81; *Hamann*, NZA 2003, 526 (528); *Schüren*, RdA 2004, 187. | 11 Überzeugend *Dörner* u. *Kreutz*, beide FS Wißmann, 2005, S. 286 (293) bzw. S. 364 (366 f.). | 12 BAG v. 12.10.1976 – 1 ABR 1/76, DB 1977, 356. | 13 LAG Düsseldorf v. 26.9.1990 – 12 TaBV 74/90, DB 1990, 238. | 14 BAG v. 15.3.2006 – 7 ABR 39/05 (nv.); *Lindemann/Simon*, NZA 2002, 369. | 15 BAG v. 21.7.2004 – 7 ABR 38/03, NZA 2005, 240 (auf Grund Dienst- oder Werkvertrags tätige Fremdfahrer); v. 29.5.1991 – 7 ABR 67/90, NZA 1992, 36.

2. Zeitpunkt der Feststellung. Im Gegensatz zu § 7, der auf den (letzten) Wahltag abstellt, ist im Rahmen von § 9 die Zahl der bei **Erlass des Wahlschreibens** in der Regel betriebsangehörigen ArbN maßgeblich (§ 3 II Nr. 5 WO)[1]. Bis zum Wahltag eintretende Veränderungen der ArbN-Zahl bleiben für § 9 unbeachtlich, geht es doch nur um eine „Regelgröße". Ausnahme ist der zwischen Erlass des Wahlausschreibens und Wahl eingetretene Verlust der BR-Fähigkeit nach § 1[2]. 6

3. Einköpfiger/mehrköpfiger BR. Besteht der BR (in Betrieben mit in der Regel 5 bis 20 wahlberechtigten ArbN) nur aus **einer Person** (bis 1988 sog. „Betriebsobmann"), handelt es sich um ein funktionell dem mehrköpfigen BR entsprechendes Organ der Betriebsverfassung. Allerdings gelten für ihn nicht die Bestimmungen, die sich auf den BR als **Kollegialorgan** beziehen (§§ 26 ff.); doch hat auch der einköpfige BR seine Entscheidungen in der Form des § 34 niederzulegen. MitbestR stehen ihm mangels Belegschaftsstärke nicht gem. §§ 99, 111 zu, es sei denn, die Zahl der wahlberechtigten ArbN steigt während seiner Amtsperiode auf Dauer[3]. Beim **mehrköpfigen** BR ist in der dritten Größenstufe zu beachten, dass die Grenze von 51 *wahlberechtigten* ArbN wirklich überschritten sein muss, um 5 BR-Mitglieder wählen zu können. Erst ab 101 ArbN kommt es auf deren Wahlberechtigung nicht mehr an (Rz. 2). 7

4. Veränderungen der Belegschaftsstärke nach der Wahl. Die zutreffend festgestellte Zahl der BR-Mitglieder bleibt für die **Dauer der Amtsperiode** auch dann gültig, wenn die Belegschaftsstärke nach der Wahl auf eine andere Größenstufe steigt oder sinkt. Nur wenn 24 Monate nach der Wahl die Zahl der regelmäßig Beschäftigten um die Hälfte, mindestens aber um 50 gestiegen oder gesunken ist, sieht § 13 II Nr. 1 die Wahl eines **neuen BR** vor. Sinkt im Laufe der Amtszeit die Zahl der Wahlberechtigten allerdings unter die Mindestgröße des § 1, entfällt die BR-Fähigkeit und der BR hat seine Tätigkeit einzustellen[4]. 8

III. Streitigkeiten. Die Festsetzung der Anzahl der zu wählenden BR-Mitglieder ist zunächst Sache des **Wahlvorstands** (Rz. 2). Wird ein BR zB mit zu hoher Mitgliederzahl gewählt, kann das nur im Rahmen einer **Wahlanfechtung** nach § 19 geltend gemacht werden, soweit der BR seinen Beurteilungsspielraum überschritten hat. Erfolgt diese nicht, so bleibt es für die Amtsperiode bei der (falsch) festgelegten Anzahl[5]. Hat die Wahlanfechtung Erfolg, weil die Anzahl der zu Wählenden falsch festgesetzt wurde, so kann das Wahlergebnis nicht berichtigt werden; vielmehr ist die Wahl insgesamt für **unwirksam** zu erklären und zu **wiederholen**, auch wenn bei einer Gruppenwahl der Fehler nur darauf beruht, dass für eine Gruppe eine zu hohe Zahl von ArbN zugrunde gelegt worden ist[6]. 9

10 (weggefallen)

11 *Ermäßigte Zahl der Betriebsratsmitglieder*

Hat ein Betrieb nicht die ausreichende Zahl von wählbaren Arbeitnehmern, so ist die Zahl der Betriebsratsmitglieder der nächstniedrigeren Betriebsgröße zugrunde zu legen.

§ 11 idF des BetrVG 1952.

I. Inhalt und Zweck. Die (ohnehin selten relevante) Vorschrift hat seit 1972 weiter an Bedeutung verloren. Wegen der zunächst (BetrVG 1952) größeren Unterschiede zwischen Wahlberechtigung und Wählbarkeit (Alter, Staatsangehörigkeit) war es möglich, dass eine ausreichende Zahl **wählbarer** ArbN nach den Größenzahlen des § 9 nicht zur Verfügung stand. Heute lässt sich wegen der Annäherung in den Voraussetzungen von § 7 und § 8 eine direkte Anwendung kaum mehr vorstellen[7], weil mehr als sechs Monate im Betrieb beschäftigte ArbN iSv. § 8 ganz eindeutig überwiegen. 1

II. Mangel an wählbaren Arbeitnehmern. Die **direkte Anwendung** des § 11 setzt voraus, dass am Tag des Erlasses des Wahlausschreibens (§ 9 Rz. 6) nicht eine **ausreichende** Zahl wählbarer ArbN zur Verfügung steht, also zB 51 Wahlberechtigten nicht fünf wählbare Beschäftigte gegenüberstehen. § 6 II WO, wonach jeder Wahlvorschlag mindestens doppelt so viele Bewerber wie die zu wählenden BR-Mitglieder aufweisen soll, ist dabei als bloße Ordnungsvorschrift für die Anwendung des § 11 nicht maßgeblich[8]. Als **Rechtsfolge** ist auf die nächstniedrige Betriebsgröße nach der Staffel des § 9 zurückzugreifen, so dass im Bsp. nur drei BR-Mitglieder gewählt werden können (nicht etwa vier – die stets ungerade Zahl der Mandate nach § 9 ist zwingend)[9]. Sind nicht einmal **drei wählbare** ArbN vorhanden, so scheidet eine BR-Wahl überhaupt aus, weil die Anforderungen des § 1 nicht mehr erfüllt sind. 2

1 BAG v. 12.10.1976 – 1 ABR 1/76, DB 1977, 356. | 2 Vgl. nur *Fitting*, § 9 BetrVG Rz. 34 f.; Richardi/*Thüsing*, § 9 BetrVG Rz. 13. | 3 Vgl. ErfK/*Eisemann*, § 9 BetrVG Rz. 3; Richardi/*Thüsing*, § 9 BetrVG Rz. 23. | 4 *Fitting*, § 9 BetrVG Rz. 35; Richardi/*Thüsing*, § 9 BetrVG Rz. 24 ff. | 5 *Fitting*, § 9 BetrVG Rz. 52; Richardi/*Thüsing*, § 9 BetrVG Rz. 19. | 6 BAG v. 29.6.1991 – 7 ABR 67/90, NZA 1992, 36; Richardi/*Thüsing*, § 9 BetrVG Rz. 20 f.; zT aA *Fitting*, § 9 BetrVG Rz. 49 f. | 7 Ähnlich GK-BetrVG/*Kreutz*, § 11 Rz. 2; Richardi/*Thüsing*, § 11 BetrVG Rz. 1. | 8 *Fitting*, § 11 BetrVG Rz. 5. | 9 BAG v. 11.5.1958 – 1 ABR 4/57, DB 1958, 742; *Fitting*, § 11 BetrVG Rz. 6; Richardi/*Thüsing*, § 11 BetrVG Rz. 3.

3 **III. Mangel an Wahlbewerbern.** Eine gewisse Bedeutung kann § 11 bei **entsprechender Anwendung** für den Fall zukommen, dass zwar eine ausreichende Zahl von wählbaren ArbN vorhanden ist, aber zu viele **nicht kandidieren** wollen oder das **Amt ablehnen**[1]. Auch hier ermöglicht § 11 das Zurückgehen auf die entsprechende Größenstufe. Eine entsprechende Anwendung wird von der hM auch für den Fall befürwortet, dass bei einer **Mehrheitswahl** nicht ausreichend viele Bewerber überhaupt eine Stimme erhalten, so dass nur die tatsächlich Gewählten auch ein Mandat der Belegschaft erhalten können[2]. Auch hier treffen Sinn und Zweck des § 11 den nicht ausdrücklich geregelten Sachverhalt[3]. **Anders** verhält es sich dagegen, wenn das in der Minderheit befindliche **Geschlecht** nicht die ihr nach § 15 II zustehende „Quote" ausschöpft. Hier kommt § 11 nicht zum Zug, weil nicht die Größe des BR sich verringert, sondern sich nur die Geschlechterzusammensetzung verändert[4]. § 15 V Nr. 5 WO sieht für diesen Fall eine Auffüllung der BR-Sitze durch das andere Geschlecht vor (vgl. § 15 Rz. 8).

12 (weggefallen)

13 *Zeitpunkt der Betriebsratswahlen*

(1) Die regelmäßigen Betriebsratswahlen finden alle vier Jahre in der Zeit vom 1. März bis 31. Mai statt. Sie sind zeitgleich mit den regelmäßigen Wahlen nach § 5 Abs. 1 des Sprecherausschussgesetzes einzuleiten.

(2) Außerhalb dieser Zeit ist der Betriebsrat zu wählen, wenn

1. mit Ablauf von 24 Monaten, vom Tage der Wahl an gerechnet, die Zahl der regelmäßig beschäftigten Arbeitnehmer um die Hälfte, mindestens aber um fünfzig, gestiegen oder gesunken ist,

2. die Gesamtzahl der Betriebsratsmitglieder nach Eintreten sämtlicher Ersatzmitglieder unter die vorgeschriebene Zahl der Betriebsratsmitglieder gesunken ist,

3. der Betriebsrat mit der Mehrheit seiner Mitglieder seinen Rücktritt beschlossen hat,

4. die Betriebsratswahl mit Erfolg angefochten worden ist,

5. der Betriebsrat durch eine gerichtliche Entscheidung aufgelöst ist oder

6. im Betrieb ein Betriebsrat nicht besteht.

(3) Hat außerhalb des für die regelmäßigen Betriebsratswahlen festgelegten Zeitraums eine Betriebsratswahl stattgefunden, so ist der Betriebsrat in dem auf die Wahl folgenden nächsten Zeitraum der regelmäßigen Betriebsratswahl neu zu wählen. Hat die Amtszeit des Betriebsrats zu Beginn des für die regelmäßigen Betriebsratswahlen festgelegten Zeitraums noch nicht ein Jahr betragen, so ist der Betriebsrat in dem übernächsten Zeitraum der regelmäßigen Betriebsratswahlen neu zu wählen.

§ 13 idF des BetrVG 1972 (v. 15.1.1972, BGBl. I S. 13), § 13 Abs. 1 u. Abs. 2 Nr. 1 zuletzt geändert durch die BetrVG-Novelle vom 20.12.1988 (BGBl. I S. 2312).

1 **I. Inhalt und Zweck.** Die Vorschrift bestimmt in Abs. 1 zwingend den **Wahlrhythmus** und den **Wahlzeitraum** der regelmäßigen BR-Wahlen. Durch die (1989 geänderte) Übergangsvorschrift des § 125 I wurde ergänzend klargestellt, dass der 4-Jahres-Rhythmus ab 1990 angelaufen ist, so dass die Wahlen einheitlich im Frühjahr 1994, 1998, 2002, 2006, 2010 etc. stattfanden bzw. -finden. Abs. 2 regelt die Fälle, in denen **ausnahmsweise** BR-Wahlen außerhalb der 4-Jahres-Regel stattfinden. Durch Abs. 3 wird der Anschluss der unregelmäßigen an die regelmäßige BR-Wahl sichergestellt. Die Festlegung eines regelmäßigen Wahlzeitraums sollte den Gewerkschaften die organisatorische Vorbereitung der Wahl erleichtern[5], aber auch die Gefahr von Wahlanfechtungen auf Grund fehlerhafter Maßnahmen ungeschulter Wahlvorstände minimieren.

2 **II. Regelmäßige Betriebsratswahlen (Abs. 1).** Neben der Verlängerung der Wahlperiode auf vier Jahre wurde durch die Novelle vom 20.12.1988 (BGBl. I S. 2312) die zeitgleiche Wahl von BR und **SprAu** (vgl. § 5 I SprAuG) geregelt. Hintergrund war die notwendig *gemeinsame* Bemühung der Wahlvorstände um die richtige **Zuordnung** von leitenden Angestellten, wie sie von § 18a I vorausgesetzt wird.

3 **1. Wahlzeit vom 1. März bis 31. Mai (S. 1).** BR-Wahlen müssen nach Abs. 1 S. 1 **alle vier Jahre** (seit 1990) in der Zeit vom 1. März bis 31. Mai durchgeführt werden. Diese Rahmenbestimmung wird ergänzt durch § 21, der Beginn und Ende der Amtszeit des BR regelt. Die kalendermäßige Fixierung des Wahlzeitraums

1 HM, vgl. LAG Schl.-Holst. v. 7.9.1988 – 3 TaBV 2/88, DB 1988, 284; *Fitting*, § 11 BetrVG Rz. 8; Richardi/*Thüsing*, § 11 BetrVG Rz. 6; aA GK-BetrVG/*Kreutz*, § 9 Rz. 21, § 11 Rz. 11. | 2 HM, vgl. *Fitting*, § 11 BetrVG Rz. 9; Richardi/*Thüsing*, § 11 BetrVG Rz. 8. | 3 AA jedoch GK-BetrVG/*Kreutz*, § 9 Rz. 21, § 11 Rz. 11 (beachtlicher Unterschied in der Interessenlage). | 4 So auch ErfK/*Eisemann*, § 11 BetrVG Rz. 2; *Fitting*, § 9 BetrVG Rz. 46, § 11 BetrVG Rz. 10; Richardi/*Thüsing*, § 11 BetrVG Rz. 10. | 5 Vgl. *Fitting*, § 13 BetrVG Rz. 5; GK-BetrVG/*Kreutz*, § 13 Rz. 2.

bezieht sich nur auf den **Wahltag**. Bei mehreren Wahltagen darf der erste Tag der Stimmabgabe jedenfalls nicht vor dem 1. März, der letzte nicht nach dem 31. Mai liegen[1]. Hat die Stimmabgabe nicht bis zum 31. Mai stattgefunden, kann die Wahl jedoch wegen Abs. 2 Nr. 6 jederzeit nachgeholt werden – der Betrieb ist dann ja betriebsratslos (Rz. 13).

Von der Festlegung des Wahltags sind die **Wahlvorbereitungen** nicht betroffen. Der Wahlvorstand wird immer bemüht sein, die Regel des § 16 I 1 („spätestens") zu befolgen und die Wahlvorbereitungen weit vor dem 1. März anlaufen zu lassen, um betriebsratslose Zeiten zu verhindern. Wie § 21 S. 2 erkennen lässt, führt die frühere Bekanntgabe des Wahlergebnisses nicht zu einer Amtszeitverkürzung des (noch) amtierenden BR. 4

Die Missachtung des klar geregelten Wahlzeitraums führt, wenn es sich nicht um einen der abschließend geregelten Ausnahmefälle (Abs. 2) handelt, wegen offensichtlichen Gesetzesverstoßes (§ 134 BGB) zur **Nichtigkeit** der Wahl[2]. Insbesondere die „Abwahl" eines amtierenden BR im Stile zB eines aus der Politik bekannten „konstruktiven Misstrauensvotums" lässt sich nicht unter § 13 II subsumieren und ist damit ebenso nichtig wie die zusätzliche Wahl eines zweiten BR für ein und dieselbe Organisationseinheit. 5

2. Zeitgleiche Einleitung der Wahlen (S. 2). Die Verpflichtung des Abs. 1 S. 2 bezieht sich nur auf die **regelmäßigen** Wahlen und soll das Zuordnungsverfahren des § 18a durch einvernehmliches Zusammenwirken der beiden Wahlvorstände ermöglichen. Dazu ist eine Absprache der Wahlvorstände notwendig. Die „zeitgleiche Einleitung" bedeutet deren Rechtspflicht, das jeweilige **Wahlausschreiben** an ein und demselben Tag zu erlassen (§ 3 I WO)[3]. Das weitere Wahlverfahren kann unabhängig voneinander betrieben werden. Die Vorschrift ist allerdings **nicht sanktioniert** und eröffnet keinen klagbaren Anspruch[4]. Zudem kann die Verpflichtung von vorneherein dann ins Leere laufen, wenn durch asynchrone Amtszeiten des SprAu bzw. BR die Bestellung der Wahlvorstände in concreto nicht koordinierbar ist[5]. Somit handelt es sich um eine Ordnungsregel, deren Verletzung eine **Wahlanfechtung nicht** begründen kann[6]. Denn dass im Konfliktfall die Verpflichtung zur zeitigen Wahlvorbereitung mit dem Ziel, eine betriebsratslose Zeit zu vermeiden, Vorrang genießt vor der Verpflichtung nach § 13 I 2, dürfte kaum zu bezweifeln sein[7]. 6

III. Wahlen außerhalb des regelmäßigen Wahlzeitraums (Abs. 2). Abs. 2 zählt die Fälle der „außerordentlichen" Wahlen abschließend auf. Bei wesentlichen Veränderungen der „Geschäftsgrundlage" soll eine **Pflicht zur Neuwahl** begründet werden, indem die Möglichkeit eröffnet wird, ausnahmsweise außerhalb des 4-Jahres-Rhythmus den BR neu zu wählen[8]. Vorzeitige Neuwahlen bedeuten dann auch (in Nr. 1–3) vorzeitige Amtsbeendigungen, vgl. § 21 S. 5. Als Generalklausel stellt **Nr. 6** sicher, dass in allen betriebsratslosen Betrieben ohne Rücksicht auf regelmäßige Wahlzeiträume BR-Wahlen durchgeführt werden können (womit die Grundnorm des § 1 I 1 organisationsrechtlich konkretisiert wird). In den Fällen von Nr. 1–3 kann der bisherige BR, im Falle seiner Untätigkeit auch der GBR[9], den Wahlvorstand bestellen (dazu § 16 Rz. 6), in den Fällen von Nr. 4 und Nr. 6 wird nach §§ 17 f. vorgegangen, und im Fall der Nr. 5 muss nach § 23 II das ArbG tätig werden. 7

1. Wesentliche Veränderung der Belegschaftsstärke (Nr. 1). Die Verlängerung der Amtsdauer auf vier Jahre machte es notwendig, wesentliche Veränderungen in der **Belegschaftsstärke** nicht erst bei der nächsten regelmäßigen Wahl zu berücksichtigen. Vielmehr soll – auch zur besseren Legitimation des BR – wenigstens **einmal während der Wahlperiode**, jedoch nicht vor Ablauf von 24 Monaten, bei einer Belegschaftsveränderung um die Hälfte, **mindestens aber um 50**, neu gewählt werden können (vgl. § 9 Rz. 8). Nr. 1 kann folglich nur in Betrieben ab 100 ArbN aufwärts praktisch werden. Aus Gründen der Rechtssicherheit bleiben frühere oder spätere Belegschaftsschwankungen – auch der hier erheblichen Größenordnung – für die Neuwahl unbeachtlich[10]. Maßgeblicher **Stichtag** („*mit Ablauf* von 24 Monaten") ist nach §§ 187 I, 188 II BGB der auf den Ablauf der 24-Monats-Frist folgende Tag: Fällt also zB die Wahl (genauer: der letzte Tag der Stimmabgabe) des BR auf den 15.4.2002, so liefe die 24-Monats-Frist am 15.4.2004 ab mit der Folge, dass der für die Belegschaftsstärke maßgebliche Stichtag der 16.4.2004 wäre. Abzustellen ist in Übereinstimmung mit § 9 auf die Zahl der „regelmäßig beschäftigten ArbN" des Betriebs, dh. nur auf **betriebsangehörige** ArbN (vgl. § 9 Rz. 3 ff.). Ob sich dagegen aus der veränderten Belegschaftsstärke eine veränderte BR-Größe nach § 9 ergibt, ist für die Neuwahl unerheblich. 8

1 GK-BetrVG/*Kreutz* § 13 Rz. 13; aA *Fitting*, § 13 BetrVG Rz. 6; Richardi/*Thüsing*, § 13 BetrVG Rz. 6. | 2 HM, vgl. BAG v. 11.4.1978 – 6 ABR 22/77, DB 1978, 1452; ArbG Regensburg v. 20.9.1989 – 6 BV 14/89, BB 1990, 852; ErfK/*Eisemann*, § 13 BetrVG Rz. 1; *Fitting*, § 13 BetrVG Rz. 20; GK-BetrVG/*Kreutz*, § 13 Rz. 14; Richardi/*Thüsing*, § 13 BetrVG Rz. 7. | 3 GK-BetrVG/*Kreutz*, § 13 Rz. 21; Richardi/*Thüsing*, § 13 BetrVG Rz. 11. | 4 HM, vgl. nur GK-BetrVG/*Kreutz*, § 13 Rz. 24; *Löwisch/Kaiser*, § 13 BetrVG Rz. 2; Richardi/*Thüsing*, § 13 BetrVG Rz. 12; aA *Fitting*, § 13 BetrVG Rz. 15 (Anspruch auf einstweilige Verfügung). | 5 GK-BetrVG/*Kreutz*, § 13 Rz. 26. | 6 HM, vgl. nur *Fitting*, § 13 BetrVG Rz. 17; GK-BetrVG/*Kreutz*, § 13 Rz. 25; Richardi/*Thüsing*, § 13 BetrVG Rz. 12. | 7 Vgl. ErfK/*Eisemann*, § 13 BetrVG Rz. 2; *Fitting*, § 13 BetrVG Rz. 16. | 8 Vgl. ErfK/*Eisemann*, § 13 BetrVG Rz. 3; GK-BetrVG/*Kreutz*, § 13 Rz. 29. | 9 So LAG Hess. v. 8.12.2005 – 9 TaBV 88/05, AuR 2006, 253. | 10 HM, vgl. *Fitting*, § 13 BetrVG Rz. 25; GK-BetrVG/*Kreutz*, § 13 Rz. 37; Richardi/*Thüsing*, § 13 BetrVG Rz. 18 f.

9 **2. Absinken der Zahl der Betriebsratsmitglieder (Nr. 2).** Neuwahlen können auch stattfinden, wenn der BR trotz des Eintretens sämtlicher Ersatzmitglieder nicht mehr die nach § 9 **„vorgeschriebene" Mitgliederzahl** aufweist. Ausschlaggebend hierfür ist die nach § 3 II Nr. 5 WO im Wahlausschreiben festgestellte Zahl der zu wählenden BR-Mitglieder nach §§ 9, 11 selbst dann, wenn irrtümlich zu hohe oder zu niedrige Staffeln ermittelt wurden und die Wahl nicht angefochten wurde (vgl. § 9 Rz. 9)[1]. Unerheblich ist demgegenüber die (allein für Nr. 1 maßgebliche) Belegschaftsstärke in ihrem (möglicherweise inzwischen zutreffenden) Verhältnis zur BR-Größe. Erst wenn ohne Rücksicht auf Listen- und Geschlechtszugehörigkeit **kein Ersatzmitglied** nach § 25 mehr zur Auffüllung des BR zur Verfügung steht, kommt eine Neuwahl in Betracht[2]. Willkürliche Rücktritte einer Liste oder eines Geschlechts können Neuwahlen also nicht erzwingen, solange Ersatzmitglieder zur Verfügung stehen; außerdem darf Nr. 3 nicht unterlaufen werden, der einen Mehrheits-Beschluss für den Rücktritt verlangt. Scheidet im **einköpfigen** BR der Amtsinhaber aus und steht auch kein Ersatzmitglied zur Verfügung, ergibt sich die Besonderheit, dass der BR als solcher nicht mehr besteht. Der Gesetzgeber geht aber von der Amtsfortführung trotz Ausscheidens aus, § 21 S. 5, so dass an Stelle der Nr. 2 in diesem Fall die Neuwahl nach Nr. 6 greift[3]. Die **isolierte** Wahl eines Ersatzmitglieds wegen des Nachrückens des gewählten Ersatzmitglieds in die einköpfige Vertretung außerhalb des gesetzlichen Turnus ist **nichtig**[4].

10 **3. Rücktritt des Betriebsrats (Nr. 3).** In Nr. 3 wird anerkannt, dass der BR **jederzeit** mit absoluter Stimmenmehrheit seinen Rücktritt beschließen kann (Selbstauflösung). Einstimmigkeit ist also nicht erforderlich, wohl aber ein **formeller Beschluss** (§ 33). Auch genügt nicht das einfache Beschlussverfahren nach § 33, sondern es bedarf der Mehrheit **aller** Mitglieder; die einfache Mehrheit allein der **erschienenen** Mitglieder reicht – anders als nach § 33 I 1 – nicht. Stimmenthaltung ist wie eine Ablehnung zu werten. Aus welchem Grund der Rücktritt erfolgt, ist belanglos und für das Gericht unerheblich[5]. Der Rücktritt beendet das Amt des BR nicht sofort, sondern ermöglicht zunächst nur die Neuwahlen. Die Nichterwähnung von Nr. 3 in § 21 S. 5 dürfte auf ein Redaktionsversehen zurückzuführen sein; jedenfalls gilt § 22, der die vorläufige Weiterführung der Geschäfte anordnet[6]. Beim **einköpfigen** BR ist der Rücktritt ebenfalls möglich; doch muss durch Auslegung entschieden werden, ob Rücktritt oder (persönliche) **Niederlegung** des Amts nach § 24 I Nr. 2 gewollt ist. Gaben persönliche Gründe den Ausschlag, so scheidet ein Rücktritt idR aus und es rückt ein Ersatzmitglied nach (Fall der Niederlegung)[7]. Ein Rücktritt kommt nur in Betracht, wenn der Beschluss eine **Neuwahl** zum Ziel hat. Mit dem Beschluss erlischt zugleich das Amt **aller** BR-Mitglieder (auch der überstimmten Amtsträger).

11 **4. Anfechtung der Wahl (Nr. 4).** Bei erfolgreicher Anfechtung der Wahl nach § 19 endet das Amt erst mit der **Rechtskraft** des arbeitsgerichtl. Beschlusses. Um eine sich anschließende betriebsratslose Zeit zu verhindern, eröffnet die Nr. 4 die Möglichkeit einer Neuwahl. Anders als nach Nr. 1–3 kommt nach erfolgreicher Anfechtung aber eine Fortführung der Geschäfte nach § 22 **nicht** in Betracht – mit der rechtskräftigen Entscheidung muss das Amt sofort enden; eine betriebsratslose Zeit ist dann auch nicht durch Rücktritt des BR mehr zu verhindern[8].

12 **5. Auflösung durch gerichtliche Entscheidung (Nr. 5).** Der BR kann nach § 23 I wegen grober Verletzung seiner gesetzl. Pflichten durch Beschluss des ArbG auch **aufgelöst** werden. Auch dann endet das Amt des BR, vgl. Rz. 11. Beim Ausschluss **einzelner** Mitglieder findet Nr. 5 ebenso wenig wie Nr. 4 Anwendung, weil dadurch die Amtszeit des BR nicht in Frage gestellt wird; vielmehr muss dann ein Ersatzmitglied nachrücken (vgl. § 24 Nr. 5).

13 **6. Nichtbestehen eines Betriebsrats (Nr. 6).** Die Nr. 6 stellt sicher, dass in betriebsratsfähigen Betrieben (§ 1 I 1) **jederzeit** ein BR gewählt werden kann (beschränkte Generalklausel, vgl. Rz. 7). Aus welchem Grund der BR nicht (mehr) existiert, spielt für die Anwendung der Norm keine Rolle[9]. Legen zB alle BR-Mitglieder einschließlich der Ersatzmitglieder ihr Amt nieder, handelt es sich mangels eines Rücktrittsbeschlusses nicht um einen Fall der Nr. 3, sondern um einen Fall der Nr. 6 (Auffangtatbestand, vgl. Rz. 10)[10]. Für **Unternehmensumstrukturierungen** findet sich jetzt eine lex specialis in § 21a.

14 **IV. Anschluss an die regelmäßigen Betriebsratswahlen (Abs. 3).** Abs. 3 regelt den Anschluss des außerordentlich gewählten BR an die regelmäßigen Wahlzeiträume. Die **Regel** stellt S. 1 dar: Der BR ist in dem auf die Wahl folgenden nächsten „ordentlichen" Wahlzeitraum, dh. im Frühjahr 2006 usw. (Rz. 3) **neu** zu wählen. Die Amtszeit des „außerordentlichen" BR wird damit notwendig verkürzt. Erfolgt allerdings keine reguläre Neuwahl, besteht überhaupt kein BR mehr; eine Amtsfortführung des außerordentl. gewählten BR kommt wegen § 21 S. 3 nicht in Betracht[11]. Als **Ausnahme** regelt S. 2, dass im Fall eines noch

1 BAG v. 22.11.1984 – 6 ABR 9/84, DB 1985, 1534; GK-BetrVG/*Kreutz*, § 13 Rz. 51. | 2 *Fitting*, § 13 BetrVG Rz. 37; GK-BetrVG/*Kreutz*, § 13 Rz. 56; *Krause/Niemann*, AuA 1999, 265 (266); Richardi/*Thüsing*, § 13 BetrVG Rz. 31. | 3 Zutr. GK-BetrVG/*Kreutz*, § 13 Rz. 54; Richardi/*Thüsing*, § 13 BetrVG Rz. 36; missverst. ErfK/*Eisemann*, § 13 BetrVG Rz. 5; *Fitting*, § 13 BetrVG Rz. 35. | 4 LAG Hamm v. 22.8.1990 – 3 TaBV 54/90, DB 1990, 2531 (für eine JAV). | 5 BAG v. 3.4.1979 – 6 ABR 64/76, DB 1979, 2091. | 6 Vgl. nur GK-BetrVG/*Kreutz*, § 13 Rz. 65; Richardi/*Thüsing*, § 13 BetrVG Rz. 41. | 7 *Fitting*, § 13 BetrVG Rz. 40. | 8 BAG v. 29.5.1991 – 7 ABR 54/90, NZA 1992, 74; GK-BetrVG/*Kreutz*, § 13 Rz. 74. | 9 *Fitting*, § 13 BetrVG Rz. 47; Richardi/*Thüsing*, § 13 BetrVG Rz. 50. | 10 Vgl. GK-BetrVG/*Kreutz*, § 13 Rz. 69; Richardi/*Thüsing*, § 13 BetrVG Rz. 51. | 11 BAG v. 6.12.2006 – 7 ABR 62/05 (nv.).

nicht einjährigen Amtierens des „außerordentlichen Betriebsrats" erst der **übernächste** Wahlzeitraum für Neuwahlen verbindlich ist – in diesem Fall wird die Amtszeit notwendig verlängert. Der maßgebliche **Stichtag** ist in diesem Fall der 1. März des Jahres, in das die regelmäßigen Wahlen fallen. Liegt die Bekanntgabe des Wahlergebnisses (vgl. §§ 21, 22) der außerordentlichen Wahl also am 1. März in 2005 oder später, wird erst im übernächsten ordentlichen Wahlzeitraum neu gewählt (§§ 187 I, 188 II BGB)[1].

V. Streitigkeiten. Herrscht Streit über die Notwendigkeit bzw. Möglichkeit von Neuwahlen auf Grund § 13, entscheidet das ArbG im Beschlussverfahren (§§ 2a I Nr. 1, II iVm. §§ 80 ff. ArbGG). Dabei ist in den Fällen des § 13 II Nr. 1–3 zu beachten, dass der BR die Geschäfte weiter führt, bis der neue BR gewählt und das Wahlergebnis bekannt gegeben ist (§ 22). Bei gerichtl. Feststellung der Unwirksamkeit der Wahl oder der Auflösung des BR (Nr. 4–5) scheidet diese Möglichkeit aber aus (Rz. 11), so dass hier möglichst schnell nach §§ 17 f. bzw. § 23 II ein Wahlvorstand zur Vorbereitung der Neuwahlen einzusetzen ist (vgl. Rz. 7). 15

14 *Wahlvorschriften*

(1) Der Betriebsrat wird in geheimer und unmittelbarer Wahl gewählt.

(2) Die Wahl erfolgt nach den Grundsätzen der Verhältniswahl. Sie erfolgt nach den Grundsätzen der Mehrheitswahl, wenn nur ein Wahlvorschlag eingereicht wird oder wenn der Betriebsrat im vereinfachten Wahlverfahren nach § 14a zu wählen ist.

(3) Zur Wahl des Betriebsrats können die wahlberechtigten Arbeitnehmer und die im Betrieb vertretenen Gewerkschaften Wahlvorschläge machen.

(4) Jeder Wahlvorschlag der Arbeitnehmer muss von mindestens einem Zwanzigstel der wahlberechtigten Arbeitnehmer, mindestens jedoch von drei Wahlberechtigten unterzeichnet sein; in Betrieben mit in der Regel bis zu zwanzig wahlberechtigten Arbeitnehmern genügt die Unterzeichnung durch zwei Wahlberechtigte. In jedem Fall genügt die Unterzeichnung durch fünfzig wahlberechtigte Arbeitnehmer.

(5) Jeder Wahlvorschlag einer Gewerkschaft muss von zwei Beauftragten unterzeichnet sein.

§ 14 zuletzt geändert durch das BetrVerf-ReformG v. 23.7.2001 (BGBl. I S. 1852), vgl. Neubekanntmachung v. 25.9.2001 (BGBl. I S. 2518).

I. Inhalt und Zweck. Die Norm regelt die Grundsätze für die Durchführung jeder BR-Wahl (Abs. 1–2) und das Wahlvorschlagsrecht (Abs. 3–5), soweit nicht das vereinfachte Wahlverfahren für **Kleinbetriebe** nach § 14a als lex specialis gilt. Sie wird **konkretisiert** durch die Wahlordnung (WO) vom 11.12.2001 (BGBl. I S. 3494). Mit der Neufassung des § 14 durch die BetrVG-Novelle 2001 wurden die Konsequenzen aus dem Wegfall des Gruppenprinzips (§§ 6, 10, 12 aF[2]) für die Wahl gezogen. Getrennte Wahlgänge für die Arbeiter- bzw. Angestelltenvertreter, wie noch in § 14 II aF vorgesehen, sind jetzt nicht mehr notwendig. Der Reformgesetzgeber hat damit, ohne das ausdrücklich im Gesetz zu erwähnen, **gemeinsame Wahlen** zum BR angeordnet und die Wahl damit deutlich **vereinfacht**. Die Verteilung der BR-Sitze erfolgt nicht mehr entsprechend dem zahlenmäßigen Verhältnis der Gruppen der Arbeiter und Angestellten (§ 10 I aF), nun aber entsprechend der Zusammensetzung der Geschlechter (§ 15 II nF)[3]. 1

Dass der BR **gewählt** werden muss, ergibt sich aus der Norm als **zwingendes** Recht. Wahlgrundsätze und Wahlvorschläge können also nicht durch TV oder BV, auch nicht im Rahmen des § 3, anders als in § 14 geregelt werden. Jede andere Form der Errichtung ist daher unzulässig und **nichtig**[4]. Insbesondere darf nicht der **ArbGeb** den BR „einsetzen". Lediglich bei der Bestellung des Wahlvorstands sieht das Gesetz eine Hilfsfunktion des GBR bzw. des ArbG vor (vgl. § 16 II, III; § 17). 2

Die Norm findet **keine Anwendung** auf den GBR (§ 47), den KBR (§ 55), die GesamtJAV (§ 72) und die KonzernJAV (§ 73a), weil diese Gremien nicht gewählt werden, sondern durch Entsendung entstehen. 3

II. Wahlgrundsätze (Abs. 1). Abs. 1 bestimmt ausdrücklich nur das Erfordernis „geheimer" und „unmittelbarer" Wahlen. Nach hM gelten aber auch die anderen elementaren Wahlrechtsgrundsätze der „freien", „allgemeinen" und „gleichen" Wahlen als Ausprägungen des Demokratieprinzips (vgl. Art. 38 I GG) für die BR-Wahlen[5], ohne Rücksicht darauf, ob in Mehrheits- oder in Verhältniswahl gewählt wird. 4

1. Geheime und unmittelbare Wahl. Die Wahl muss **geheim** sein; sie darf also nicht durch Zuruf in einer Versammlung oder durch öffentliche Abstimmung erfolgen. Vielmehr muss gewährleistet sein, dass der Wähler einen besonders vorbereiteten Stimmzettel **unbeobachtet** kennzeichnen und den Stimmzettel in 5

---

1 GK-BetrVG/*Kreutz*, § 13 Rz. 85; Richardi/*Thüsing*, § 13 BetrVG Rz. 58. | 2 Vgl. BT-Drs. 14/5741, S. 27. | 3 Dazu, dass der neue Gruppenschutz für die Geschlechter in § 15 II die Entbürokratisierung durch § 14 nF stark relativiert, vgl. *Reichold*, NZA 2001, 860; *Schiefer/Korte*, NZA 2002, 60; *Thüsing/Lambrich*, NZA-Sonderheft 2001, 80. | 4 HM, vgl. nur *Fitting*, § 14 BetrVG Rz. 4; GK-BetrVG/*Kreutz*, § 14 Rz. 9. | 5 HM, vgl. nur *Fitting*, § 14 BetrVG Rz. 10; GK-BetrVG/*Kreutz*, § 14 Rz. 10; Richardi/*Thüsing*, § 14 BetrVG Rz. 18–20; *Schiefer/Korte*, NZA 2002, 61.

einem verschlossenen Umschlag im Wahllokal abgeben kann (vgl. § 12 I–III WO). Der **Inhalt** der Wahlentscheidung, das „Wie" der Wahl, muss geheim bleiben, nicht aber das „Ob" der Wahl. Deshalb verstößt eine gerichtl. Vernehmung von ArbN über ihre Stimmabgabe gegen den Grundsatz der geheimen Wahl[1]. Eine **Briefwahl** (schriftl. Stimmabgabe) ist damit vereinbar, auch dann, wenn sie über die Fälle des § 24 WO hinaus **generell** angeordnet wird[2]. Allein die Befolgung der Ordnungsregel des § 24 WO kann mit *Kreutz* nämlich nicht ausschlaggebend für die Einhaltung des Merkmals der „geheimen Wahl" in Abs. 1 sein[3]. „Wahlhilfe" in der Kabine beim Ausfüllen der Stimmzettel ist nicht erlaubt, auch nicht bei ausländischen ArbN, es sei denn, die wahlberechtigte Person muss auf Grund einer **Behinderung** (auch: bei Leseunkundigkeit) auf die Hilfe einer Vertrauensperson beim Wahlakt zurückgreifen. Deren Hilfeleistung muss sich dann aber auf die Erfüllung der Wünsche des Wählers bei der Stimmabgabe beschränken, vgl. § 12 IV WO.

6 Die Wahl muss unmittelbar sein, dh. als **Urwahl** durch die Wahlberechtigten selbst erfolgen und nicht vermittelt durch Wahlmänner. Eine Vertretung bei der Stimmabgabe ist nicht zulässig; vielmehr muss die Wahl, wie sich aus § 25 Nr. 1 WO ergibt, auch bei der Briefwahl **persönlich** vorgenommen werden.

7 **2. Freie, allgemeine und gleiche Wahl.** Die Wahl ist **frei**, dh. es besteht keine Wahlpflicht. Auf das Wahlrecht kann aber nicht wirksam verzichtet werden. Ein den Abs. 1 ergänzendes Verbot der **Wahlbehinderung** ergibt sich aus § 20 I u. II, das aber zulässige Wahlwerbung natürlich nicht umfasst. Werden Wahlberechtigte vom Wahlvorstand während der laufenden Wahl durch Einsichtnahme in die mit Stimmabgabevermerken versehene Wählerliste gezielt darauf angesprochen, dass sie noch nicht gewählt hätten, ist die daraus entstehende **Drucksituation** mit dem Grundsatz der freien Wahl nicht vereinbar[4].

8 Die Wahl ist **allgemein**, dh. jeder der Wahlberechtigten soll sein Wahlrecht in möglichst gleicher Weise ausüben können. Damit verbietet sich eine Aufteilung des Betriebs in „Wahlkreise"[5] und der unberechtigte Ausschluss von der Wahl zB wegen Ausländereigenschaft (vgl. § 7 Rz. 4, 6)[6]. Die Allgemeinheit der Wahl ist Unterfall der **Gleichheit** der Wahl, wonach jeder Stimme der gleiche Zählwert und Erfolgswert zukommen muss. Damit verbunden ist der ungeschriebene Grundsatz der Chancengleichheit der Wahlbewerber[7].

9 **III. Wahlverfahren (Abs. 2).** Auch bei der Wahl eines mehrköpfigen BR kommt es nach dem BetrVerf-ReformG 2001 nicht mehr zu einer Trennung der Wahlvorgänge für Arbeiter und Angestellte (Aufgabe des sog. Gruppenprinzips, vgl. Rz. 1). Die Gruppen (und Geschlechter) wählen nunmehr stets **gemeinsam** in einem Wahlgang, ohne dass es vorher noch einer geheimen Abstimmung über die Durchführung einer gemeinsamen Wahl bedarf (so § 14 II aF)[8].

10 **1. Verhältniswahl (S. 1).** Eine Verhältniswahl findet statt, wenn **mehr als drei Sitze** zu vergeben sind (Betriebe ab 51 ArbN, vgl. § 14a) **und** wenn **zwei oder mehr** gültige Vorschlagslisten eingereicht worden sind (Umkehrschluss aus Satz 2). Dann wird der Schutz der „verhältnismäßig" zu berücksichtigenden Minderheitslisten relevant: Es soll möglichst keine Stimme verloren gehen[9]. Die Verhältniswahl ist immer auch **Listenwahl**. Der Wähler kann seine Stimme nur für den gesamten Wahlvorschlag abgeben (vgl. § 11 I, III WO), nicht für einzelne Kandidaten. Die Zuteilung der Sitze erfolgt dann nach dem **d'Hondt'schen System** (sog. „Höchstzahlen-Verfahren"). Dazu werden die auf die einzelnen Listen entfallenden Stimmenzahlen in einer Reihe nebeneinander gestellt und sämtlich durch 1, 2, 3, 4 usw. geteilt. Unter den so gefundenen Teilzahlen werden so viele Höchstzahlen ausgesondert und der Größe nach geordnet, wie Mitglieder des BR zu wählen sind. Jede Vorschlagsliste erhält so viele Sitze zugeteilt, wie auf sie **Höchstzahlen** entfallen (vgl. § 15 I, II WO). Bei der Zuteilung auf die Listen ist aber zusätzlich die **Geschlechterquote** nach **§ 15 II** zu berücksichtigen (dazu näher § 15 V WO). Somit ist eine **zweistufige** Rechnung vorzunehmen[10]:

(1) Ermittlung der auf jede Liste entfallenden Sitze;

(2) Ermittlung der danach sich ergebenden Geschlechtsverteilung und ggf. Korrekturverfahren nach §§ 5, 15 V WO.

Beispiel: Im Betrieb werden 150 ArbN beschäftigt, davon 100 Männer und 50 Frauen. Der BR besteht aus sieben Mitgliedern (§ 9 S. 1), den Frauen stehen mindestens zwei Sitze zu (§ 15 II iVm. § 5 WO). Es werden zwei Listen eingereicht. Auf die Liste 1 entfallen 110 Stimmen, die Liste 2 erhält 40 Stimmen.

---

1 ArbG Düsseldorf v. 30.10.1984 – 1 BV 155/84, DB 1985, 1137; vgl. auch *Fitting*, § 14 BetrVG Rz. 15; Richardi/*Thüsing*, § 14 BetrVG Rz. 15. | 2 BAG v. 14.2.1978 – 1 ABR 46/77, DB 1978, 1451; aA aber BAG v. 27.1.1993 – 7 ABR 37/92, NZA 1993, 949: Briefwahl darf nicht generell, sondern nur unter den in § 26 WahlO 1953 bestimmten Voraussetzungen zugelassen werden; ähnlich LAG Schl.-Holst. v. 18.3.1999 – 4 TaBV 51/98, BB 1999, 1166. | 3 GK-BetrVG/*Kreutz*, § 14 Rz. 22; aA aber ErfK/*Eisemann*, § 14 BetrVG Rz. 3; *Fitting*, § 14 BetrVG Rz. 14; § 24 WO Rz. 2. | 4 BAG v. 6.12.2000 – 7 ABR 34/99, DB 2001, 1422. | 5 *Fitting*, § 14 BetrVG Rz. 17; GK-BetrVG/*Kreutz*, § 14 Rz. 29. | 6 ErfK/*Eisemann*, § 14 BetrVG Rz. 4; HaKo-BetrVG/*Brors*, § 14 BetrVG Rz. 4. | 7 Richardi/*Thüsing*, § 14 BetrVG Rz. 18. | 8 *Engels/Trebinger/Löhr-Steinhaus*, DB 2001, 532 (534); *Fitting*, § 14 BetrVG Rz. 21; *Quecke*, AuR 2002, 1. | 9 *Fitting*, § 14 BetrVG Rz. 22; GK-BetrVG/*Kreutz*, § 14 Rz. 34. | 10 Vgl. *Thüsing/Lambrich*, NZA-Sonderheft 2001, 81 f.

Rechnung 1:	**Liste 1 (110 Stimmen)**		**Liste 2 (40 Stimmen)**	
	110 : 1 = 110	(1)	40 : 1 = 40	(3)
	110 : 2 = 55	(2)	40 : 2 = 20	(7)
	110 : 3 = 36,66	(4)	40 : 3 = 13,33	(9)
	110 : 4 = 27,5	(5)		
	110 : 5 = 22	(6)		
	110 : 6 = 18,33	(8)		

Auf die Liste 1 entfallen somit **fünf** Sitze, auf die Liste 2 entfallen **zwei** Sitze.

Rechnung 2: Im einfachsten Fall soll die Liste 1 nur Männer und die Liste 2 nur Frauen aufweisen – dann wäre ein Korrekturbedarf nach § 15 V WO nicht gegeben, weil im Ergebnis der von § 15 II geforderten Geschlechterquote gerade entsprochen ist (vgl. aber Fallabwandlung in § 15 Rz. 8).

Vorschlagslisten sind auch dann gültig, wenn sie nur Angehörige eines Geschlechts enthalten (vgl. Beispiel Rz. 10)[1]. Die nicht gewählten Mitglieder einer Liste sind Ersatzmitglieder in der Reihenfolge, in der sie auf der Liste stehen. Höchstzahlen spielen keine Rolle mehr, weil für ein ausscheidendes Mitglied der jeweils nächste Kandidat derselben Liste nachrückt (s. § 25). 11

2. Mehrheitswahl (Satz 2). Eine Mehrheitswahl findet nur statt, wenn lediglich ein (gültiger) Wahlvorschlag eingereicht ist oder das vereinfachte Verfahren nach § 14a Anwendung findet. Damit ist **Personenwahl** möglich: Der Wahlberechtigte kann so viele Kandidat/innen ankreuzen, wie BR-Mitglieder insgesamt zu wählen sind, ohne an die Reihenfolge des Vorschlags gebunden zu sein[2]. Kreuzt er weniger Bewerber/innen an, schadet dies nicht, kreuzt er dagegen mehr an, ist seine Stimme unwirksam (vgl. § 20 III WO). 12

Bei der **Ermittlung** der Gewählten entscheidet die (relative) Mehrheit der Stimmen. Zur Wahrung der Geschlechtsquote nach § 15 II müssen dabei jedoch zuerst die dem Geschlecht in der Minderheit zustehenden Sitze mit den Bewerbern dieses Geschlechts in der Reihenfolge der jeweils auf sie entfallenden Stimmenzahlen besetzt werden (vgl. § 22 I WO), ganz ohne Rücksicht darauf, welche Stimmenzahlen auf die Kandidaten des anderen Geschlechts entfallen sind. Erst danach werden die verbleibenden Mitglieder in der Reihenfolge der Stimmenhöchstzahlen ermittelt, jetzt ohne Rücksicht auf das Geschlecht (vgl. § 22 II WO). 13

Abwandlung des Beispiels Rz. 10: Wieder werden von 150 ArbN 100 Männer und 50 Frauen beschäftigt. Der BR besteht aus sieben Mitgliedern (§ 9 S. 1), den Frauen stehen mindestens zwei Sitze zu (§ 15 II iVm. § 5 WO), doch es wird nur ein Wahlvorschlag eingereicht.

Angenommen,

A (Mann)	erhält	110 Stimmen,	E (Mann)	erhält	50 Stimmen,
B (Mann)	erhält	85 Stimmen,	F (Mann)	erhält	45 Stimmen,
C (Frau)	erhält	65 Stimmen,	G (Mann)	erhält	40 Stimmen,
D (Mann)	erhält	52 Stimmen,	*H (Frau)*	erhält	10 Stimmen,

so bedeutet das nach § 22 I, II WO, dass **zunächst** C und H gewählt sind als Vertreterinnen des Minderheitsgeschlechts, und **sodann** A, B, D, E und F auf die restlichen Sitze gelangen. G geht dagegen als „Quotenopfer" leer aus.

Die nicht gewählten Bewerber/innen sind **Ersatzmitglieder** (vgl. § 25 II 3), wobei auch beim Nachrücken beachtet werden muss, dass das Geschlecht in der Minderheit weiterhin entsprechend seinem Anteil an der Gesamtbelegschaft vertreten ist. Im obigen Beispiel kann daher bei Ausscheiden von C oder H nur die drittplatzierte Frau auf der Liste (falls vorhanden), nicht etwa G nachrücken (s. § 25). 14

IV. Wahlvorschläge (Abs. 3–5). Dass die BR-Wahl auf Grund von „Wahlvorschlägen" erfolgen **muss**, setzt die Regelung der Vorschlagsberechtigung in Abs. 3–5 voraus. Regelmäßig ist damit die **schriftliche** Benennung einer oder mehrerer Wahlbewerber/innen gegenüber dem Wahlvorstand gemeint. Die Wahlordnung spricht von **Vorschlagslisten** (§§ 6 I, 20 I WO) wegen des Regelverfahrens der Verhältniswahl (Rz. 10). Ausnahmsweise sind aber auch mündliche Vorschläge im vereinfachten Wahlverfahren möglich, vgl. § 14a II, so dass als Oberbegriff hier wie in § 33 WO von „Wahlvorschlägen" die Rede ist. Erfolgt die Wahl nicht auf der Grundlage von Wahlvorschlägen, so ist sie nicht nur anfechtbar, sondern **nichtig**[3]. Die Bewerber/innen genießen ab der Benennung im Wahlvorschlag **Kündigungsschutz** nach § 15 III KSchG bis sechs Monate nach Bekanntgabe des Wahlergebnisses. 15

Nicht alleine die **wahlberechtigten** ArbN unter Einschluss der wahlberechtigten LeihArbN (§ 7 S. 2), sondern auch **im Betrieb vertretene** Gewerkschaften dürfen nach Abs. 3 Wahlvorschläge einreichen. Vor der BetrVG-Novelle vom 20.12.1988 (BGBl. I S. 2312) konnte dieses Recht von den Gewerkschaften nur 16

---

1 BT-Drs. 14/5741, S. 53; Richardi/*Thüsing*, § 14 BetrVG Rz. 35. | 2 *Fitting*, § 14 BetrVG Rz. 30; GK-BetrVG/*Kreutz*, § 14 Rz. 44. | 3 HM, vgl. *Fitting*, § 14 BetrVG Rz. 43; GK-BetrVG/*Kreutz*, § 14 Rz. 48; Richardi/*Thüsing*, § 14 BetrVG Rz. 41.

bei Nichtbestehen eines BR ausgeübt werden. Die Begrenzung auf diese „Hilfsfunktion" entfiel aber zum 1.1.1989, um die Koalitionsbetätigung im Bereich der Betriebsverfassung zu erleichtern und auch kleineren Gewerkschaften den Zugang zu BR-Wahlen zu eröffnen[1].

17 **1. Wahlvorschläge der Arbeitnehmer des Betriebs (Abs. 4).** Für das Wahlvorschlagsrecht der wahlberechtigten ArbN, zu denen auch die nach § 7 S. 2 wahlberechtigten LeihArbN gehören[2], regelt Abs. 4 die genauen Voraussetzungen der notwendigen **Stützunterschriften** (erforderliches Stimmenquorum). Vorrangig zu beachten ist dabei S. 2, wonach jedenfalls die Unterzeichnung durch **50 Wahlberechtigte** ausreicht (absolutes Quorum). Ansonsten muss jeder Wahlvorschlag der ArbN von mindestens einem Zwanzigstel (also fünf Prozent) der Wahlberechtigten unterzeichnet sein (relatives Quorum), **mindestens** aber von drei ArbN (S. 1). Das erforderliche relative Quorum (5 %) muss nach § 3 II Nr. 6 WO im Wahlausschreiben zahlenmäßig konkretisiert sein. Für Kleinbetriebe gilt die Sonderregelung des S. 1 Hs. 2, wonach bei bis zu 20 wahlberechtigten ArbN auch die Unterzeichnung durch zwei Wahlberechtigte genügt. Das Erfordernis einer bestimmten Anzahl von Stützunterschriften soll völlig aussichtslose Wahlvorschläge und sinnlose Stimmenzersplitterung verhindern[3]. Nach dem BVerfG-Urteil zum Personalvertretungsrecht[4] war auch im BetrVG das bis 1989 geltende (gruppenbezogene) relative Quorum von 10 % als verfassungswidrig angesehen worden[5].

18 Jeder Wahlberechtigte kann rechtsgültig nur einen einzigen Wahlvorschlag unterstützen, nicht aber mehrere Vorschläge. Der schriftl. Wahlvorschlag muss von der gesetzlich geforderten Mindestanzahl wahlberechtigter ArbN **persönlich** unterschrieben sein[6]. Im Wahlvorschlag vertretene Bewerber/innen sind genauso wie Mitglieder des Wahlvorstands ebenfalls zur Unterzeichnung befugt[7]. Befinden sich Bewerberliste und Stützunterschriften auf mehreren Blättern, muss eindeutig erkennbar sein, dass es sich um eine **einheitliche** Urkunde handelt[8].

19 **2. Wahlvorschläge der im Betrieb vertretenen Gewerkschaften (Abs. 5).** Bei den Vorschlagslisten der Gewerkschaften genügt die Unterzeichnung durch zwei (durch Satzung oder Vollmacht) **Beauftragte**. Der Gesetzgeber verzichtete hier vertretbar[9] auf ein Mindestquorum von Stützvorschriften, weil er bei gewerkschaftl. Wahlvorschlägen die notwendige Ernsthaftigkeit der Vorschläge unter Berücksichtigung ihrer Funktion in der Betriebsverfassung (vgl. § 2 II) unterstellen durfte. Die Gewerkschaften müssen aber zur Ausübung ihres originären Wahlvorschlagsrechts aus § 14 III **im Betrieb vertreten** sein, so dass mindestens ein ArbN des Betriebs ihr als Mitglied angehören muss. Soweit diese Voraussetzung zum Zeitpunkt der Einreichung des Wahlvorschlags nicht offenkundig erfüllt ist, ist sie dem Wahlvorstand, ggf. durch notarielle Erklärung ohne Namensnennung einzelner ArbN oder durch entsprechende eidesstattliche Versicherung (sog. „mittelbare" Beweismittel)[10], nachzuweisen. Die Gewerkschaften sind in der Benennung ihrer Kandidaten frei und können sogar den Wahlvorschlag Dritter bei fehlenden Stützunterschriften übernehmen[11].

20 **V. Sonderregeln für Beamte in den Postunternehmen.** Für die übernommenen **Beamten** in den Post-Aktiengesellschaften findet – anders als bei der Deutschen Bahn AG, in der Personalvertretungen gebildet wurden – grundsätzlich das BetrVG Anwendung (§ 24 PostPersRG). Auf Grund eigener Mitwirkungsrechte in beamtenspezifischen Angelegenheiten[12] sollen nach § 26 Nr. 1 PostPersRG die in den Betrieben der Postunternehmen beschäftigten Beamten bei der Wahl zum BR eine **eigene Gruppe** bilden können, es sei denn, dass die Mehrheit dieser Beamten vor der Wahl in geheimer Abstimmung hierauf verzichtet. Damit wird das für die allgemeinen BR-Wahlen abgeschaffte Gruppenprinzip (Rz. 1) für die Postunternehmen in Bezug auf die Gruppen der ArbN einerseits und der Beamten andererseits im Regelfall aufrecht erhalten. Die neu erlassene **Wahlordnung** (VO zur Durchführung der BR-Wahlen bei den Postunternehmen – WahlO Post – vom 22. Februar 2002, BGBl. I S. 946) regelt die Modalitäten je nach Gruppenwahl einerseits, gemeinsamer Wahl andererseits in sinngemäßer Abwandlung der WO 2001.

21 **VI. Streitigkeiten.** Streitigkeiten in Bezug auf das **Wahlverfahren** entscheidet das ArbG im Beschlussverfahren (§ 2a I Nr. 1, II iVm. §§ 80 ff. ArbGG). Über die Gültigkeit der eingereichten Wahlvorschläge muss zunächst aber der **Wahlvorstand** entscheiden, genauso wie über die Frage der Verhältnis- bzw. Mehrheitswahl. Seine Entscheidungen können vor Abschluss der BR-Wahl **selbständig** angefochten

1 BT-Drs. 11/2503, S. 23; GK-BetrVG/*Kreutz*, § 14 Rz. 79; Richardi/*Thüsing*, § 14 BetrVG Rz. 43. | 2 So auch *Löwisch*, BB 2001, 1734 (1737); *Maschmann*, DB 2001, 2446 (2448); Richardi/*Thüsing*, § 14 BetrVG Rz. 44. | 3 *Fitting*, § 14 BetrVG Rz. 46; GK-BetrVG/*Kreutz*, § 14 Rz. 52. | 4 BVerfG v. 16.10.1984 – 2 BvL 20, 21/82, BVerfGE 67, 369 (Unterschriftenquoren bei Personalratswahlen). | 5 Näher *Engels/Natter*, BB 1989, Beil. Nr. 8, S. 1 (16 f.); GK-BetrVG/*Kreutz*, § 14 Rz. 54–57. | 6 BAG v. 12.2.1960 – 1 ABR 13/59, DB 1960, 471; *Fitting*, § 14 BetrVG Rz. 52; GK-BetrVG/*Kreutz*, § 14 Rz. 67. | 7 BAG v. 4.10.1977 – 1 ABR 37/77, DB 1978, 449, hM. | 8 BAG v. 25.5.2005 – 7 ABR 39/04, BAGE 115, 34 = NZA 2006, 116; LAG Hamm v. 3.3.2006 – 13 TaBV 18/06 EzA-SD 2006, Nr. 11, 12. | 9 Ausf. zur Verfassungsmäßigkeit des § 14 V: GK-BetrVG/*Kreutz*, § 14 Rz. 95 ff. | 10 BAG v. 25.3.1992 – 7 ABR 65/90, NZA 1993, 134; ferner *Fitting*, § 14 BetrVG Rz. 63; GK-BetrVG/*Kreutz*, § 14 Rz. 88; aA *Prütting/Weth*, AuR 1990, 269; *Prütting/Weth*, NJW 1993, 576. | 11 ErfK/*Eisemann*, § 14 BetrVG Rz. 11; GK-BetrVG/*Kreutz*, § 14 Rz. 94. | 12 Dazu näher § 28 PostPersRG sowie *Engels/Mauß-Trebinger*, RdA 1997, 217; *Fitting*, § 14 BetrVG Rz. 73 f.; GK-BetrVG/*Kreutz*, Anh. § 10 Rz. 3.

werden (vgl. § 18). Grundsätzlich ist bei Verstoß gegen die Wahlordnung nur eine **Anfechtung nach § 19** möglich; ausnahmsweise kann wie zB beim völligen Fehlen von Wahlvorschlägen (Rz. 15) die BR-Wahl aber auch nichtig sein, wenn wegen erheblicher Verstöße gegen elementare Wahlrechtsgrundsätze (Rz. 4 ff.) nicht einmal der Anschein einer ordentlichen Wahl gewahrt ist[1].

14a *Vereinfachtes Wahlverfahren für Kleinbetriebe*

(1) In Betrieben mit in der Regel fünf bis fünfzig wahlberechtigten Arbeitnehmern wird der Betriebsrat in einem zweistufigen Verfahren gewählt. Auf einer ersten Wahlversammlung wird der Wahlvorstand nach § 17a Nr. 3 gewählt. Auf einer zweiten Wahlversammlung wird der Betriebsrat in geheimer und unmittelbarer Wahl gewählt. Diese Wahlversammlung findet eine Woche nach der Wahlversammlung zur Wahl des Wahlvorstands statt.

(2) Wahlvorschläge können bis zum Ende der Wahlversammlung zur Wahl des Wahlvorstands nach § 17a Nr. 3 gemacht werden; für Wahlvorschläge der Arbeitnehmer gilt § 14 Abs. 4 mit der Maßgabe, dass für Wahlvorschläge, die erst auf dieser Wahlversammlung gemacht werden, keine Schriftform erforderlich ist.

(3) Ist der Wahlvorstand in Betrieben mit in der Regel fünf bis fünfzig wahlberechtigten Arbeitnehmern nach § 17a Nr. 1 in Verbindung mit § 16 vom Betriebsrat, Gesamtbetriebsrat oder Konzernbetriebsrat oder nach § 17a Nr. 4 vom Arbeitsgericht bestellt, wird der Betriebsrat abweichend von Absatz 1 Satz 1 und 2 auf nur einer Wahlversammlung in geheimer und unmittelbarer Wahl gewählt. Wahlvorschläge können bis eine Woche vor der Wahlversammlung zur Wahl des Betriebsrats gemacht werden; § 14 Abs. 4 gilt unverändert.

(4) Wahlberechtigten Arbeitnehmern, die an der Wahlversammlung zur Wahl des Betriebsrats nicht teilnehmen können, ist Gelegenheit zur schriftlichen Stimmabgabe zu geben.

(5) In Betrieben mit in der Regel 51 bis 100 wahlberechtigten Arbeitnehmern können der Wahlvorstand und der Arbeitgeber die Anwendung des vereinfachten Wahlverfahrens vereinbaren.

§ 14a neu eingefügt durch das BetrVerf-ReformG v. 23.7.2001 (BGBl. I S. 1852), vgl. Neubekanntmachung v. 25.9.2001 (BGBl. I S. 2518).

I. Inhalt und Zweck. Mit der Schaffung der §§ 14a, 17a will die BetrVG-Novelle 2001 die Errichtung von BR in **Kleinbetrieben** erleichtern[2]. Das vereinfachte Wahlverfahren ist für Betriebe mit bis zu 50 Wahlberechtigten (vgl. §§ 7, 9) **zwingend**. Ein Wahlrecht zwischen vereinfachten und Regelverfahren (§ 14) besteht nicht; wird das falsche Verfahren gewählt, kann das eine Anfechtung begründen[3]. Nur im Fall des Abs. 5 kann kraft **Vereinbarung** zwischen Wahlvorstand und ArbGeb in Betrieben, die regelmäßig 51 bis 100 ArbN beschäftigen, das vereinfachte Wahlverfahren „gewählt" werden (Rz. 19). Die Vereinbarung setzt voraus, dass zuvor ein Wahlvorstand im normalen Verfahren bestellt ist, betrifft also nur die „zweite Wahlversammlung". Kommt die Vereinbarung nicht zu Stande, bleibt es beim Regelverfahren (§ 14). Zur Ermittlung der Zahl der **wahlberechtigten** ArbN vgl. § 9 Rz. 2 ff. Eine Vereinbarung bleibt auch da möglich, wo bei mehr als 100 ArbN nicht mehr als 100 wahlberechtigt sind, jedoch darf damit nicht statt eines gewollten **fünfköpfigen** ein siebenköpfiger BR (nächste Größenstufe gem. § 9 S. 1) vereinfacht gewählt werden[4]. 1

Das **vereinfachte** Wahlverfahren zeichnet sich durch die Verkürzung von Fristen und die Ersetzung der Urnenwahl durch eine **Wahlversammlung** aus (vgl. §§ 28–37 WO). Dass (nur) **Mehrheitswahl** stattfindet, ergibt sich aus § 14 II 2 (vgl. § 14 Rz. 12) und ist verfassungsrechtlich fragwürdig, weil es den Minderheitenschutz im Kleinbetrieb beseitigt[5]. Die Norm unterscheidet zwischen einstufigen und zweistufigen Wahlverfahren. Das **zweistufige** Verfahren nach Abs. 1 u. 2 kommt nur dann zur Anwendung, wenn kein BR besteht und auch ein Wahlvorstand nicht anderweit (zB durch GBR oder ArbG, vgl. § 16) bestellt worden ist. Es dürfte damit in der Praxis seltener vorkommen als das **einstufige Wahlverfahren** nach Abs. 3[6], bei dem es nur zu einer einzigen Wahlversammlung kommt, weil der Wahlvorstand bereits anderweit bestellt worden ist (Rz. 16). 2

Ob allein die in der Gesetzesbegründung behauptete Aufwändigkeit des Wahlverfahrens[7] zu der statistisch nachweisbar geringen BR-Quote in kleineren Betrieben geführt hat, lässt sich mit guten Gründen bezweifeln[8]. Bei einem guten Betriebsklima wiegen im Kleinunternehmen enger persönlicher Arbeitskontakt und gegenseitiges Vertrauen mehr als formalisierte und zudem kostenverursachende Interes- 3

1 Richardi/*Thüsing*, § 14 BetrVG Rz. 90. | 2 BT-Drs. 14/5741, S. 26, 36 f. | 3 BAG v. 19.11.2003 – 7 ABR 24/03, BAGE 108, 375 = NZA 2004, 395; v. 16.11.2005 – 7 ABR 9/05, NZA 2006, 340 (zur SchwbVertretung). | 4 Zutr. *Quecke*, AuR 2002, 1 f., der das Gesetz im Hinblick auf § 9 S. 1 restriktiv auslegen möchte. | 5 Kritisch etwa *Buchner*, NZA 2001, 633 (636); *Dütz*, DB 2001, 1306 (1308); HaKo-BetrVG/*Brors*, § 14a BetrVG Rz. 3; *Konzen*, RdA 2001, 78 (88); aA aber GK-BetrVG/*Kreutz*, § 14a Rz. 56; Richardi/*Thüsing*, § 14a BetrVG Rz. 2. | 6 Vgl. Richardi/*Thüsing*, § 14a BetrVG Rz. 4 f. | 7 BT-Drs. 14/5741, S. 37. | 8 *Buchner*, NZA 2001, 633 (639); *Reichold*, NZA 2001, 857 (860).

senvertretung. Die Neukonstruktion dürfte daher nur in solchen Kleinbetrieben auf Akzeptanz stoßen, in denen ArbN-Rechte beharrlich missachtet werden.

4 **II. Zweistufiges Wahlverfahren (Abs. 1, 2).** In Betrieben **ohne BR**, in denen der Wahlvorstand nicht schon nach §§ 16, 17 I bzw. IV bestellt ist, kommt das zweistufige Wahlverfahren zum Zug. Auf einer ersten Wahlversammlung wird nach Maßgabe des § 17a Nr. 3 der **Wahlvorstand** gewählt. Die eigentliche Wahl des BR erfolgt in einer zweiten Wahlversammlung **eine Woche später** (Abs. 1 S. 4). Die Funktion dieser zweiten Wahlversammlung beschränkt sich auf den eigentlichen Wahlakt mit geheimer Stimmabgabe (§ 34 I WO)[1]; es gelten die allgemeinen Wahlgrundsätze (vgl. § 14 Rz. 4 ff.).

5 **1. Erste Wahlversammlung zur Wahl des Wahlvorstands.** Der ersten Wahlversammlung muss eine **Einladung** zur Wahlversammlung nach § 28 WO vorausgehen (Rz. 6 f.). Der Wahlvorstand wird sodann in der **Wahlversammlung** von der Mehrheit der Anwesenden gewählt (§ 17a Nr. 3 S. 1, vgl. § 29 WO – Rz. 9 f.), um danach unverzüglich die Wählerliste getrennt nach den Geschlechtern aufzustellen (§ 30 I WO). Im Anschluss daran ist von ihm ein 15 Punkte umfassendes **Wahlausschreiben** zu erstellen und zu erlassen, womit die BR-Wahl eingeleitet wäre (vgl. § 31 I 2 WO – Rz. 11). Ab 21 Wahlberechtigten muss auch der Mindestanteil der BR-Sitze für das in der Minderheit befindliche Geschlecht errechnet werden (§ 32 WO). Daran anschließend sind die schriftlichen oder auch – während der Wahlversammlung möglichen – mündlichen **Wahlvorschläge** einzureichen (§ 14a II BetrVG, § 33 WO). Schließlich muss der Wahlvorstand die eingereichten Wahlvorschläge auch noch prüfen und evtl. Mängel noch während der Wahlversammlung zu beseitigen versuchen. Dass die Bewältigung dieser Aufgaben in einer einzigen Wahlversammlung wegen des Zeitdrucks erhebliche Fehler- und Anfechtungspotenziale eröffnet, hat *Löwisch* zu Recht kritisiert[2]. Eine gute Vorbereitung der Einladenden auf Ablauf und Inhalte der ersten Wahlversammlung ist zur Unterstützung des Wahlvorstands daher dringend geboten (vgl. auch Rz. 8)[3].

6 **a) Einladung zur Wahlversammlung. Einladungsberechtigt** zur ersten Wahlversammlung sind nach § 17a III 2 iVm. § 17 III drei wahlberechtigte ArbN des Betriebs oder eine im Betrieb vertretene Gewerkschaft, **nicht** jedoch der ArbGeb. Die Einladung muss dabei mindestens sieben Tage vor dem Tag der Wahlversammlung durch Aushang an geeigneten Stellen im Betrieb erfolgen (§ 28 I 2, 3 WO). Eine Bekanntmachung **ausschließlich** in elektronischer Form ist nur dann zulässig, wenn alle ArbN von ihr Kenntnis nehmen können und Vorkehrungen getroffen werden, dass Änderungen der Bekanntmachung nur von der einladenden Stelle aus möglich sind (§ 28 I 4 iVm. § 2 IV 4 WO)[4]. Die Wahlberechtigten müssen also sämtlich über einen eigenen E-Mail-Zugang verfügen. Der ArbGeb hat hierfür bereits vorhandene Infrastruktur (zB Intranet) den Einladenden zur Verfügung zu stellen, was aber nicht heißt, dass er auch eigene Personaldateien weitergeben muss[5]; zu seiner **nachfolgenden** Unterstützungspflicht nach § 28 II WO vgl. Rz. 8.

7 Die **Mindestangaben** in der Einladung bestehen nach § 28 I 5 WO aus Ort, Tag und Zeit der Wahlversammlung, aus dem Hinweis, dass bis zum Ende der Wahlversammlung Wahlvorschläge zur Wahl des BR gemacht werden können (14a II), dem Hinweis auf die notwendigen Stützunterschriften der Wahlvorschläge (erforderliches Quorum, vgl. § 14 IV) und auf die Möglichkeit mündlicher Wahlvorschläge während der Wahlversammlung selbst. Auf Grund der sehr knappen Fristen im vereinfachten Wahlverfahren wirkt sich ein Verstoß gegen § 28 I 5 WO idR als Verletzung wesentlicher Verfahrensvorschriften mit der Folge der Anfechtbarkeit aus[6].

8 Auf Grund der Einladung entsteht für den ArbGeb eine wegen des raschen Zeitablaufs besonders belastende **Unterstützungspflicht.** Laut § 28 II WO soll er „unverzüglich nach Aushang der Einladung zur Wahlversammlung" der einladenden Stelle „alle für die Anfertigung der Wählerliste erforderlichen Unterlagen in einem versiegelten Umschlag" aushändigen. Damit soll der (erst noch zu wählende) **Wahlvorstand** in die Lage versetzt werden, schnellstmöglich über die Unterlagen zur Aufstellung der Wählerliste verfügen zu können. Die Einladenden haben aber kein Einsichtsrecht (daher der „versiegelte" Umschlag), sondern nur eine Botenfunktion (Rz. 11). „Unverzüglich", dh. ohne schuldhaftes Zögern handelt der ArbGeb auch dann, wenn er die Frist von **sieben Tagen** ausschöpft (Rz. 6)[7]. Der (erst zu wählende) Wahlvorstand hat einen **Anspruch** auf die Aushändigung wie nach § 2 II WO, kann diesen jedoch auch im einstweiligen Verfahren nur um den Preis der Verzögerung und Unterbrechung des Wahlverfahrens durchsetzen; er ist insoweit unweigerlich auf das Wohlwollen des ArbGeb angewiesen, der schon im Vorfeld der Wahlen aus freien Stücken unterrichtet werden sollte[8].

9 **b) Wahlversammlung zur Wahl des Wahlvorstands.** Auf der ersten Wahlversammlung wählen **alle anwesenden** ArbN (nicht nur die Wahlberechtigten) den (dreiköpfigen) **Wahlvorstand** sowie dessen Vorsitzenden (vgl. § 17a Nr. 3 BetrVG, § 29 S. 1 WO). Jedes einzelne Mitglied bedarf der Mehrheit der

---

1 *Löwisch*, JZ 2002, 187 f.; *Löwisch/Kaiser*, § 14a BetrVG Rz. 5. | 2 *Löwisch*, JZ 2002, 187. | 3 Vgl. *Berg*, AiB 2002, 18; GK-BetrVG/*Kreutz*, § 14a Rz. 25; HaKo-BetrVG/*Brors*, § 14a BetrVG Rz. 5; *Quecke*, AuR 2002, 4. | 4 ErfK/*Eisemann*, § 14a BetrVG Rz. 2; Richardi/*Thüsing*, § 28 WO Rz. 2. | 5 Zutr. Richardi/*Thüsing*, § 14a BetrVG Rz. 6; vgl. auch *Fitting*, § 14a BetrVG Rz. 12. | 6 Richardi/*Thüsing*, § 28 WO Rz. 4. | 7 Richardi/*Thüsing*, § 14a BetrVG Rz. 9. | 8 Ausf. hierzu Richardi/*Thüsing*, § 14a BetrVG Rz. 11–13.

anwesenden ArbN[1]. Ein Quorum (Mindeststimmenzahl) für die Wahl des Wahlvorstands ist **nicht erforderlich**, so dass auch ein großes Desinteresse in der Belegschaft und eine entsprechend kleine Wahlversammlung die Bestellung des Wahlvorstands nicht verhindern kann[2]. Eine geheime Wahl ist nicht vorgeschrieben, so dass offen über die einzelnen Kandidaten abgestimmt werden kann (vgl. auch § 17 II).

Die Versammlung findet, wie § 44 I klar stellt, **während der Arbeitszeit** statt. Ein **Teilnahmerecht** des ArbGeb oder leitender Angestellter ist abzulehnen, weil sonst eine Beeinflussung der Wahlvorbereitungen zu befürchten wäre. Das auf Betriebsversammlungen nach §§ 42 ff. bezogene Teilnahme- und Mitwirkungsrecht des ArbGeb kann nicht auf den speziellen Fall der Einleitung bzw. Durchführung von BR-Wahlen auf Wahlversammlungen übertragen werden[3]. Auch verweist die umständliche Regelung der Aushändigung der Wahlunterlagen durch den ArbGeb an die Einladenden nach § 28 II WO (Rz. 8) auf die Absicht des Gesetzgebers, die Anwesenheit des ArbGeb zu verhindern. 10

c) Einleitung der Wahl des Betriebsrats. Nach der Konstituierung des Wahlvorstands ist von diesem **unverzüglich** eine **Wählerliste** getrennt nach Geschlechtern aufzustellen (§ 30 I 3 WO). Die Wahlberechtigten sind dabei exakt zu erfassen. Zu diesem Zweck ist dem Wahlvorstand von den Einladenden der vom ArbGeb stammende versiegelte Umschlag zu übergeben (§ 30 I 4 WO – Rz. 8). Eine weiter gehende Auskunftspflicht ist dem ArbGeb während der Wahlversammlung mangels Teilnahme (Rz. 10) unmöglich, jedoch ist eine Unterbrechung der Versammlung zwecks Informationsergänzung möglich, um beim ArbGeb weitere Auskünfte einzuholen, was aus § 2 II WO folgt[4]. Die besonders hohe Fehleranfälligkeit dieses **„ad-hoc-Verfahrens"** wird durch die extrem kurze Einspruchsfrist von drei Tagen (§ 30 II WO) nicht ausreichend kompensiert[5]. 11

Durch den Erlass des **Wahlausschreibens** nach Aufstellung der Wählerliste in der Versammlung wird die BR-Wahl **eingeleitet** (§ 31 I 2 WO); es ist in der Versammlung bekannt zu geben und im Betrieb auszuhängen. Auch die Wählerliste ist bis zur Abgabe der Stimmen an geeigneter Stelle im Betrieb auszulegen (vgl. § 2 IV WO). Nicht in Betracht kommt eine Versendung der Wählerliste per E-Mail, da sie an einer **zentralen Stelle** (sei es körperlich oder virtuell) bekannt gemacht werden muss. Möglich ist aber etwa die Veröffentlichung im Intranet[6]. Die Details des **Inhalts** des Wahlausschreibens ergeben sich aus dem Katalog des § 31 I 3 WO und bezwecken eine situationsgerechte Modifikation der allgemeinen Regel des § 3 II WO. 12

Nach § 14a II (iVm. § 33 I WO) sind die **Wahlvorschläge** beim Wahlvorstand bis zum Ende der ersten Wahlversammlung einzureichen; danach ist ein Wahlvorschlag **nicht mehr möglich**. Der Verweis auf § 14 IV (vgl. § 14 Rz. 17) zeigt, dass es beim Grundsatz **schriftlich** einzureichender, durch mindestens drei bzw. zwei Wahlberechtigte unterzeichneter Wahlvorschläge bleiben soll. Jedoch lässt sich der – für Wahlvorschläge der Gewerkschaften (§ 14 Rz. 19) ausschließlich geltende – Grundsatz im zweistufigen Verfahren nur dann beherzigen, wenn vor der ersten Versammlung **vorbereitete** Wahlvorschläge präsentiert werden. Denn der Wahlvorstand, der Vorschläge entgegen nimmt, konstituiert sich erst in der Wahlversammlung (Rz. 9); die **mündliche Abgabe** von Wahlvorschlägen dürfte daher zur **Regel** werden (vgl. § 14a II Hs. 2). Der Wahlvorstand sollte zur Abgabe von Wahlvorschlägen ausdrücklich aufrufen. Macht keiner der Anwesenden trotz Aufforderung einen Wahlvorschlag, ist die Wahlversammlung für **beendet** zu erklären; der Wahlvorstand gibt dann bekannt, dass die Wahl nicht statt findet (§ 33 V WO). Soweit in der Versammlung einzelne Kandidaten **mündlich** benannt werden, was dem Grundsatz der Mehrheitswahl entspricht (§ 14 Rz. 12), muss eine hinreichende Anzahl (vgl. § 14 IV) von unterstützenden Handzeichen erfolgen, um die Wirksamkeit des Wahlvorschlags zu gewährleisten[7]. 13

2. Zweite Wahlversammlung zur Wahl des Betriebsrats. Die tatsächliche Wahl des BR erfolgt auf einer **zweiten** Wahlversammlung eine Woche nach der Wahlversammlung zur Wahl des Wahlvorstandes (Rz. 4). Sie erfolgt nach den Grundsätzen der **Mehrheitswahl** (Rz. 2). Gewählt ist damit, wer die meisten Stimmen erhält. Besteht der BR zB aus drei Mitgliedern, sind die Wahlbewerber gewählt, auf die in dieser Reihenfolge die meisten Stimmen entfallen sind. Die anderen Wahlbewerber sind, entsprechend ihrer Reihenfolge, Ersatzmitglieder (vgl. § 14 Rz. 12 ff.). Sind mindestens drei BR-Mitglieder zu wählen, muss die **Geschlechtsquote** nach § 15 II beachtet werden; der Auszählungsmodus entspricht dem im oben § 14 Rz. 13 erläuterten Beispiel. 14

Erfolgt keine nachträgliche schriftliche Stimmabgabe nach Abs. 4 (Rz. 18), hat der Wahlvorstand **unverzüglich** nach Abschluss der Wahl die öffentliche Auszählung der Stimmen vorzunehmen und das sich daraus ergebende Wahlergebnis bekannt zu machen (§ 34 III WO). Ist dagegen die nachträgliche schriftliche Stimmabgabe angeordnet (§ 35 WO), so kann es nach der zweiten Wahlversammlung noch nicht zur Auszählung kommen. Vielmehr hat der Wahlvorstand am Ende der Wahlversammlung die Wahlurne 15

---

1 *Fitting*, § 14a BetrVG Rz. 15. | 2 Krit. *Konzen*, RdA 2001, 76 (88); *Schiefer/Korte*, NZA 2001, 351 (352); *Thüsing/Lambrich*, NZA-Sonderheft 2001, 90. | 3 Str., wie hier *Däubler*, AuR 2001, 285 (287); Richardi/*Thüsing*, § 29 WO Rz. 2; aA *Fitting*, § 14a BetrVG Rz. 21; unentschieden *Quecke*, AuR 2002, 3. | 4 GK-BetrVG/*Kreutz/Oetker*, § 30 WO Rz. 2. | 5 Vgl. Richardi/*Thüsing*, § 14a BetrVG Rz. 16. | 6 *Thüsing/Lambrich*, NZA Sonderheft 2001, 91. | 7 BT-Drs. 14/5741, S. 37; *Engels/Trebinger/Löhr-Steinhaus*, DB 2001, 532 (535); *Fitting*, § 33 WO Rz. 3; Richardi/*Thüsing*, § 14a BetrVG Rz. 21.

zu versiegeln und sicher aufzubewahren (§ 34 II WO) Die Stimmauszählung ist erst nach Abschluss der schriftlichen Stimmabgabe (wiederum öffentlich) möglich. Eine Maximalfrist zwischen zweiter Wahlversammlung und der endgültigen Stimmauszählung (vgl. § 35 III WO) ist gesetzlich nicht vorgesehen; angemessen erscheint eine Frist von längstens einer Woche nach dem Tag der zweiten Wahlversammlung[1].

16 **III. Einstufiges Wahlverfahren (Abs. 3).** Ist der Wahlvorstand schon durch den bestehenden BR (§ 16 I), den GBR oder KBR (§ 16 III) oder das ArbG bestellt, kommt nicht das zweistufige, sondern das einstufige Wahlverfahren zur Anwendung: Der BR wird „auf **nur einer Wahlversammlung** in geheimer und unmittelbarer Wahl gewählt" (S. 1). Auf Antrag von mindestens 3 ArbN oder einer im Betrieb vertretenen Gewerkschaft kann auch dann, wenn die **erste** Wahlversammlung (Rz. 9) nicht zur Bestellung eines Wahlvorstands geführt hat, laut § 17a Nr. 4 durch das ArbG eine Bestellung erfolgen. Nach seiner Bestellung hat der Wahlvorstand gemäß § 36 I, II WO die Wahl des BR **unverzüglich** durch Aufstellung der Wählerliste (getrennt nach Geschlechtern) und Erlass der Wählerliste einzuleiten; der ArbGeb hat ihn dabei nach § 2 II WO zu unterstützen. Nach § 36 III WO ist abweichend vom zweistufigen Verfahren der Hinweis erforderlich, dass Wahlvorschläge spätestens eine Woche vor dem Tag der Wahlversammlung beim Wahlvorstand einzureichen sind (S. 2); der letzte Tag der Frist ist anzugeben. **Zwingend** ist auch die Schriftform der Wahlvorschläge, wie der Verweis auf § 14 IV zeigt (vgl. § 14 Rz. 17); mündliche Wahlvorschläge sind also ausschließlich in der ersten Wahlversammlung des zweistufigen Verfahrens möglich (Rz. 13).

17 Die **WO 2001** regelt nicht die **Frist** zwischen Erlass des Wahlausschreibens und dem in S. 2 genannten letztmöglichen Zeitpunkt für die Einreichung von Wahlvorschlägen. Im zweistufigen Verfahren sind sieben Tage zwischen Einladung und erster Wahlversammlung vorgesehen (Rz. 6). Ebenso lange Zeit sollte mindestens auch im einstufigen Verfahren gewährt werden: Zwischen dem Erlass des Wahlausschreibens und dem Tag der Wahlversammlung zur Wahl des BR müssen also unter Berücksichtigung von S. 2 mindestens **zwei Wochen** liegen[2]. Im Übrigen hängt aber die **Angemessenheit der Frist** wesentlich von den Modalitäten der Bestellung des Wahlvorstands gemäß § 17a ab[3]. Mangels gesetzlicher Vorgaben lässt sich jedenfalls eine Anfechtung der Wahl nicht auf zu kurze Fristen stützen.

18 **IV. Nachträgliche schriftliche Stimmabgabe (Abs. 4).** Um die ausdrücklich in Abs. 4 vorgesehene Möglichkeit zur schriftl. Stimmabgabe wahrnehmen zu können, müssen die Betroffenen bis spätestens **drei Tage** vor dem Tag der zweiten Wahlversammlung ihren Antrag auf nachträgliche schriftliche Stimmabgabe dem Wahlvorstand gegenüber mitteilen, vgl. § 35 I 2 WO. Gründe für die fehlende Teilnahmemöglichkeit müssen nicht benannt werden[4]. Der Antrag kann mündlich oder schriftlich gestellt werden. Das Antragserfordernis schließt nicht aus, dass der Wahlvorstand von sich aus solchen Wahlberechtigten, die zB als Außendienstler oder Tele-Heimarbeiter grundsätzlich bei der Wahl nicht anwesend sein können, **von Amts wegen** die Unterlagen für die schriftliche Stimmabgabe zukommen lässt. Trotz der Verweisung in § 35 I 3 WO auch auf § 24 II WO wird daraus aber keine **Amtspflicht** abgeleitet werden können, weil das angesichts des Eilverfahrens eine unzumutbare Belastung des Wahlvorstands bedeuten würde[5]. Die Übersendung der Unterlagen für die schriftl. Stimmabgabe ist in der Wählerliste zu vermerken. Die nachträgliche schriftl. Stimmabgabe führt im Ergebnis zu einer **Verzögerung** des Wahlverfahrens, weil die Stimmen nicht direkt auf der zweiten Wahlversammlung ausgezählt werden können, vgl. Rz. 15. Der vom Gesetzgeber verfolgte Zweck der Verfahrensbeschleunigung sollte daher nicht durch übertriebene weitere Anforderungen an den – tendenziell überforderten – Wahlvorstand konterkariert werden[6].

19 **V. Vereinfachtes Wahlverfahren kraft Vereinbarung (Abs. 5).** Die Vereinbarung nach Abs. 5 ist **nicht erzwingbar** und kann nur einvernehmlich zwischen ArbGeb und Wahlvorstand zu Stande kommen (Rz. 1). Sie muss für jede BR-Wahl **neu** getroffen werden und hat nicht Dauerwirkung[7]. Sie setzt die Existenz eines bestellten oder gewählten Wahlvorstands voraus, so dass nur die Durchführung des **einstufigen** vereinfachten Wahlverfahrens nach Abs. 3 in Betracht kommt (Rz. 16, so auch § 37 WO). Bei Existenz eines BR kann allerdings mit dem ArbGeb eine entsprechende Vereinbarung schon vor der Bestellung des Wahlvorstands „abgestimmt", dh. vorbesprochen werden[8]. Die BR-Wahl erfolgt auch im einstufigen Wahlverfahren nach den Grundsätzen der **Mehrheitswahl**. Dazu, dass die mögliche „Abwahl" des Minderheitenschutzes in Betrieben mit 51 bis 100 wahlberechtigten ArbN einen schwer begründbaren **Fremdkörper** in den Wahlvorschriften darstellt[9], vgl. Rz. 2.

20 **VI. Streitigkeiten.** Es gelten sinngemäß die Ausführungen zu § 14 Rz. 21. Eine gerichtliche Klärung schon während des Wahlverfahrens ist wegen der besonders raschen Durchführung des vereinfachten

---

1 *Fitting*, § 14a BetrVG Rz. 41; § 35 WO Rz. 7; Richardi/*Thüsing*, § 14a BetrVG Rz. 31, § 35 WO Rz. 6. | 2 *Hanau*, ZIP 2001, 2163 (2167); Richardi/*Thüsing*, § 36 WO Rz. 5. | 3 Vgl. *Fitting*, § 14a BetrVG Rz. 49; § 36 WO Rz. 11; *Thüsing/Lambrich*, NZA Sonderheft 2001, 93. | 4 *Fitting*, § 14a BetrVG Rz. 38; Richardi/*Thüsing*, § 14a BetrVG Rz. 28. | 5 Zutr. Richardi/*Thüsing*, § 14a BetrVG Rz. 29; aA *Fitting*, § 14a BetrVG Rz. 38. | 6 Ähnlich *Thüsing/Lambrich*, NZA Sonderheft 2001, 91. | 7 DKK/*Schneider*, § 14a BetrVG Rz. 3; ErfK/*Eisemann*, § 14a BetrVG Rz. 6; GK-BetrVG/*Kreutz*, § 14a Rz. 124. | 8 *Berg*, AiB 2002, 17. | 9 Ausf. Kritik bei GK-BetrVG/*Kreutz*, § 14a Rz. 113 f.

Wahlverfahrens allenfalls im Wege der **einstweiligen Verfügung** denkbar[1]. Die BR-Wahl ist nicht bereits **nichtig**, wenn sie im falschen Verfahren durchgeführt wird, weil damit die gesetzgeberische Absicht zur Erleichterung von Wahlen in Kleinbetrieben konterkariert wäre[2]. Die Wahl ist aber nach § 19 anfechtbar (vgl. Rz. 1).

15 *Zusammensetzung nach Beschäftigungsarten und Geschlechter**

(1) Der Betriebsrat soll sich möglichst aus Arbeitnehmern der einzelnen Organisationsbereiche und der verschiedenen Beschäftigungsarten der im Betrieb tätigen Arbeitnehmer zusammensetzen.

(2) Das Geschlecht, das in der Belegschaft in der Minderheit ist, muss mindestens entsprechend seinem zahlenmäßigen Verhältnis im Betriebsrat vertreten sein, wenn dieser aus mindestens drei Mitgliedern besteht.

* **Amtl. Anm.**: Gemäß Artikel 14 Satz 2 des Gesetzes zur Reform des Betriebsverfassungsgesetzes (BetrVerf-Reformgesetz) vom 23. Juli 2001 (BGBl. I S. 1852) gilt § 15 (Artikel 1 Nr. 13 des BetrVerf-Reformgesetzes) für im Zeitpunkt des Inkrafttretens bestehende Betriebsräte erst bei deren Neuwahl.

§ 15 zuletzt geändert durch das BetrVerf-ReformG v. 23.7.2001 (BGBl. I S. 1852), vgl. Neubekanntmachung v. 25.9.2001 (BGBl. I S. 2518).

I. Inhalt und Zweck. Die Norm ist durch die BetrVG-Novelle 2001 vor allem in Abs. 2 stark aufgewertet 1
worden. Durch die **zwingende** Anordnung einer (relativen) Geschlechterquote hat der Gesetzgeber die verfassungsrechtl. Förderungspflicht des bisher benachteiligten weiblichen Geschlechts (Art. 3 II 2 GG) für die Zusammensetzung des BR umgesetzt. Die bisherige Soll-Vorschrift hatte laut Gesetzesbegründung das Ziel der *tatsächlichen* Repräsentanz der Geschlechter im BR **nicht erreicht**[3]. Der BR nimmt eine Schlüsselposition bei der Beseitigung von Nachteilen und der Durchsetzung der Gleichstellung von Frauen und Männern ein. Die Frauen sollen so die Möglichkeit erhalten, ihr Potenzial wirksamer in die BR-Arbeit einbringen und Einfluss insb. auf frauenspezifische Themen nehmen zu können[4]. Die Kritik gegen diese relative zwingende Geschlechterquote hat einerseits zutreffend erkannt, dass frauenspezifische Fragen nicht zwingend die Arbeitsbedingungen prägen[5]; andererseits ist die Einwirkung der Frauenförderungsregeln in EGV und GG auf den quasi-demokratisch legitimierten BR nicht von der Hand zu weisen[6]. Die neue Geschlechterquote verlangt insb. **keine „starre Quote"**, sondern nur eine „relative Parität"[7], die sich nach dem zahlenmäßigen Verhältnis der Geschlechter in der konkreten Belegschaft richtet.

II. Zusammensetzung nach Organisationsbereichen und Beschäftigungsarten (Abs. 1). Der BR soll 2
als Vertretung aller betriebl. ArbN ein Spiegelbild der Belegschaft darstellen. Deshalb ordnet Abs. 1 an, dass er „sich möglichst aus ArbN der einzelnen **Organisationsbereiche** und der verschiedenen **Beschäftigungsarten**" zusammensetzen soll. Er bleibt als Soll-Bestimmung eine Aufforderung des Gesetzgebers an möglichst authentische Repräsentation aller betrieblichen Interessen, aber nicht mehr. Abs. 1 kann sanktionslos missachtet werden (*soft law*), aber nicht durch betriebliche Wahlordnungen zB in eine Muss-Vorschrift verändert oder ins Gegenteil verkehrt werden[8]. Abgesehen von § 3 stehen die Organisationsregeln nicht zur Disposition der Tarif- und Betriebspartner. „Organisationsbereiche" sind organisatorische Untergliederungen innerhalb eines Betriebs oder einer anderen nach § 3 möglichen betriebsverfassungsrechtl. Organisationseinheit (zB Betriebsabteilungen bei unternehmenseinheitlicher Betriebsvertretung)[9]. „Beschäftigungsarten" meint die im Betrieb vertretenen Berufsgruppen, zB Außendienst, Innendienst, Vertrieb etc[10]. Auf die **Gültigkeit der Wahl** hat es aber keinen Einfluss, wenn bei der Aufstellung der Wahlvorschläge einseitig einzelne Belegschaftsgruppen bevorzugt werden[11]; insoweit darf man auf das „freie Spiel" der Kräfte innerhalb der Belegschaft vertrauen (vgl. auch § 3 III WO).

III. Zusammensetzung nach Geschlechtern (Abs. 2). Während Abs. 1 als „*soft law*" keine Auswirkun- 3
gen auf die Wirksamkeit der BR-Wahl äußert, schreibt Abs. 2 nunmehr **zwingend die relative Parität der Geschlechter** vor. Die Formulierung wurde am Ende des Gesetzgebungsverfahrens noch verändert[12], um zu gewährleisten, dass das Geschlecht in der Minderheit auch über den ihm entsprechenden Anteil an der Belegschaft hinaus im BR vertreten sein kann („mindestens", dh. **Mindestquote**). Die neue Geschlechterquote verlangt jedoch nicht, dass bereits bei der Aufstellung der Wahlvorschläge

1 ErfK/*Eisemann*, § 14a BetrVG Rz. 7. | 2 BAG v. 19.11.2003 – 7 ABR 24/03, BAGE 108, 375 = NZA 2004, 395. | 3 Vgl. BT-Drs. 14/5741, S. 37. | 4 So die Begr., BT-Drs. 14/5741, S. 37. Offen bleibt, ob die neue Fassung der Überschrift – statt früher „Geschlechtern" nunmehr „Geschlechter" – ebenfalls der Frauenförderung dienen soll. | 5 Vgl. etwa Kritik von *Hanau*, RdA 2001, 65 (70); *Richardi*, NZA 2001, 346 (347); *Rieble*, ZIP 2001, 133 (141). | 6 Zust. etwa *Fitting*, § 15 BetrVG Rz. 11; HaKo-BetrVG/*Brors*, § 15 BetrVG Rz. 1; *Konzen*, RdA 2001, 76 (88). | 7 *Brors*, HaKo-BetrVG/*Brors*, § 15 Rz. 1. | 8 ErfK/*Eisemann*, § 15 BetrVG Rz. 1; GK-BetrVG/*Kreutz*, § 15 Rz. 6. | 9 Vgl. BT-Drs. 14/5741, S. 37; GK-BetrVG/*Kreutz*, § 15 Rz. 11. | 10 *Fitting*, § 15 BetrVG Rz. 9; GK-BetrVG/*Kreutz*, § 15 Rz. 12. | 11 *Fitting*, § 15 BetrVG Rz. 2; GK-BetrVG/*Kreutz*, § 15 Rz. 14. | 12 Vgl. *Fitting*, § 15 BetrVG Rz. 11; GK-BetrVG/*Kreutz*, § 15 Rz. 5; Richardi/*Thüsing*, § 15 BetrVG Rz. 3.

ausreichend viele Personen des Minderheitengeschlechts benannt werden **müssen**[1]. Für den **GBR** ist keine zwingende Parität vorgesehen: In § 47 II 2 ist es bei der Soll-Vorschrift geblieben. Gleiches gilt für den KonzernBR (§ 55). Für die **JAV** wurde dagegen in § 62 III die zwingende Geschlechterquote vorgesehen.

4 Tatbestandsmäßig setzt Abs. 2 voraus, dass ein Geschlecht in der Belegschaft **in der Minderheit** ist. Sind die Geschlechter daher in gleicher Anzahl (oder ist überhaupt nur eines) vertreten, kommt die Regelung überhaupt nicht zur Anwendung[2]. Weitere Voraussetzung sind mindestens 21 wahlberechtigte ArbN, weil erst ab dieser Größe nach § 9 S. 1 ein BR aus mindestens **drei Mitgliedern** gewählt werden kann. In Kleinbetrieben bis zu 20 wahlberechtigten ArbN existiert demnach keine Quotenregel, auch nicht als Soll-Vorschrift, was angesichts der sonstigen Regeln zur Frauenförderung wohl hingenommen werden kann. Zur wahltechnischen Umsetzung der Geschlechterquote dienen als Grundregeln §§ 5, 15, 22 WO, die ein **zweistufiges** Verfahren vorsehen (Rz. 6 ff.).

5 **1. Gleichstellung von Frau und Mann.** Obwohl es das erklärte Regelungsziel des Abs. 2 ist, den Zugang von **Frauen zum BR** wirksamer als bisher durchzusetzen, gewährt die Vorschrift einen Minderheitenschutz in geschlechtsneutraler Formulierung. Deshalb kann er auch männlichen Belegschaftsangehörigen zu Gute kommen, wenn sich diese in der Minderheit befinden. In dieser textlichen Ausgestaltung ist Abs. 2 **verfassungsgemäß**. Die Norm trägt dem grundgesetzlichen Gleichstellungsgebot des Art. 3 II 2 GG sachangemessen Rechnung[3]. Sie ist geeignet, die bisher typische Unterrepräsentanz von Frauen im BR tatsächlich auszugleichen. Die zwingende Mindestvertretung im BR ist auch keine unverhältnismäßige Einschränkung des Grundsatzes gleicher Wahl, weil hier soziale Förderung in (noch) angemessener Weise formale Gleichbehandlung verdrängt[4]. Es wird nämlich **keine Zwangsrepräsentation** einer Minderheit festgesetzt: Solange sich nicht genügend Minderheitsvertreter zur Wahl stellen, kann eine entsprechende Repräsentation nicht erfolgen[5].

6 **2. Ermittlung der Mindestsitze (§ 5 WO).** Der Wahlvorstand muss vor der Wahl die Anzahl der Sitze für das Geschlecht in der Minderheit nach den Grundsätzen der **Verhältniswahl** ermitteln (§ 5 I 2 WO) und diese Zahl auch im Wahlausschreiben bekannt geben (§ 31 I 3 Nr. 5 WO). Dabei wird auf die **aktuelle Gesamtzahl** der Beschäftigten bei Erlass des Wahlausschreibens abgestellt, nicht nur auf die Anzahl der Wahlberechtigten und auch nicht auf die „regelmäßige" Anzahl der Beschäftigten (vgl. § 9 Rz. 3)[6]. Bei vorübergehend Beschäftigten kommt es nicht darauf an, ob sie „Regelarbeitsplätze" einnehmen, wohl aber darauf, dass sie – anders als nach § 7 S. 2 – zur Belegschaft gehören (Betriebszugehörigkeit) Wird danach festgestellt, (1) dass überhaupt ein Geschlecht und (2) welches Geschlecht in der Minderheit ist, so werden ausgehend von der nach § 9 ermittelten Anzahl der BR-Sitze die Geschlechterzahlen nebeneinander gestellt, jeweils durch 1, 2, 3, 4 usw. geteilt und nach Höchstzahlen geordnet (**d'Hondt'sches Höchstzahlen-Verfahren**). Das Geschlecht in der Minderheit erhält so viele Sitze zugeteilt, wie Höchstzahlen auf es entfallen[7]. Wenn die niedrigste in Betracht kommende Höchstzahl auf beide Geschlechter zugleich entfällt, so entscheidet das Los über die Zuteilung (§ 5 II 3 WO). Die Regelung des § 5 II 2 WO hat aber zur Folge, dass **alle** BR-Sitze dem in der Mehrheit befindlichen Geschlecht zufallen, wenn keine Höchstzahl auf das Minderheitengeschlecht fällt, zB bei 33 ArbN (= 3 BR-Sitze), von denen 7 Frauen sind[8], was angesichts des Wortlauts von § 15 II fragwürdig erscheint.

Beispiel: (vgl. § 14 Rz. 10): Im Betrieb werden 150 ArbN beschäftigt, davon 100 Männer und 50 Frauen. Der BR besteht also aus **sieben** Mitgliedern (§ 9 S. 1).

	Männer	*Frauen*
: 1	**100**	**50**
: 2	**50**	**25**
: 3	**33 1/3**	16 2/3
: 4	**25**	12,5
: 5	**20**	10
: 6	16 2/3	8 1/3

Den Frauen stehen also **mindestens** zwei Sitze zu (§ 5 II 2 WO). Wären acht Sitze zu vergeben, müsste wegen der nächsten Höchstzahl 16 2/3, die auf beide Geschlechter zugleich entfällt, über das Geschlecht des letzten Sitzes das Los entscheiden. Zu beachten ist, dass bei entsprechendem Auszählergebnis auch **mehr als die zwei Mindestsitze** an das Geschlecht in der Minderheit gehen können.

1 *Fitting*, § 15 BetrVG Rz. 3; HaKo-BetrVG/*Brors*, § 15 Rz. 1. | 2 DKK/*Schneider*, § 15 BetrVG Rz. 11; *Fitting*, § 15 BetrVG Rz. 19. | 3 So auch GK-BetrVG/*Kreutz*, § 15 Rz. 16; *Konzen*, RdA 2001, 76 (88). | 4 So auch BAG v. 16.3.2005 – 7 ABR 40/04, NZA 2005, 1252; dazu krit. *Kamanabrou*, RdA 2006, 186; *Ubber*, Anm. zu AP BetrVG 1972 § 15 Nr. 3; zust. *Brors*, NZA 2004, 472. | 5 Vgl. § 15 Abs. 5 Nr. 5 WO sowie HaKo-BetrVG/*Brors*, § 15 Rz. 3; GK-BetrVG/*Kreutz*, § 15 Rz. 21; Richardi/*Thüsing*, § 15 BetrVG Rz. 18; *Reichold*, NZA 2001, 857 (860). | 6 So die wohl hM, vgl. DKK/*Schneider*, § 15 BetrVG Rz. 13; *Fitting*, § 15 BetrVG Rz. 16; Richardi/*Thüsing*, § 15 BetrVG Rz. 13; aA aber *Quecke*, AuR 2002, 1: nur „wahlberechtigte" ArbN. | 7 Diese Berechnung kann weniger Sitze als bei üblicher Prozentualrechnung ergeben, vgl. *Quecke*, AuR 2002, 1. | 8 So auch BAG v. 10.3.2004 – 7 ABR 49/03, NZA 2004, 1340; dazu krit. *Franke*, NZA 2005, 394 mwN.

3. Sitzverteilung. Die **konkrete Verteilung** der Sitze auf die Geschlechter hängt vom Wahlmodus ab, also davon, ob nach § 14 II 1 die Regel der Verhältniswahl oder nach § 14 II 2 die Ausnahme der Mehrheitswahl (bei nur einem Wahlvorschlag oder beim vereinfachten Verfahren nach § 14a) greift. 7

a) Verhältniswahl (§ 15 V WO). Die Verhältniswahl ist **Listenwahl** (vgl. § 14 Rz. 10). Der Wähler kann seine Stimme nur für den gesamten Wahlvorschlag abgeben (vgl. § 11 I, III WO), nicht für einzelne Kandidaten. Die Zuteilung der Sitze erfolgt (wieder) nach dem **d'Hondt'schen System** (sog. „Höchstzahlen-Verfahren"). Dazu werden die auf die einzelnen Listen entfallenden Stimmenzahlen in einer Reihe nebeneinander gestellt und sämtlich durch 1, 2, 3, 4 usw. geteilt. Unter den so gefundenen Teilzahlen werden so viele Höchstzahlen ausgesondert und der Größe nach geordnet, wie Mitglieder des BR zu wählen sind. Jede Vorschlagsliste erhält so viele Sitze zugeteilt, wie auf sie **Höchstzahlen** entfallen (vgl. § 15 I, II WO). Befindet sich unter den auf die Vorschlagslisten entfallenden Höchstzahlen aber nicht die erforderliche **Mindestzahl** für das Geschlecht in der Minderheit nach **§ 15 II** (Rz. 6), wird zunächst auf der Liste mit der niedrigsten Höchstzahl an Stelle der dort benannten Person die nächst platzierte Person aus dem Minderheitsgeschlecht berücksichtigt (§ 15 V Nr. 1 WO). Enthält diese Vorschlagsliste keine Person des Minderheitsgeschlechts mehr, geht dieser Sitz auf die Liste mit der nächst folgenden, noch nicht berücksichtigten Höchstzahl mit Angehörigen des Geschlechts in der Minderheit über (§ 15 V Nr. 2 WO). Dieser „Listensprung" verstößt laut BAG nicht gegen die Verfassung[1]. Im Fall der Verhinderung oder des Ausscheidens eines BR-Mitglieds des Minderheitengeschlechts iSd. § 15 II 1 und 2 ist zur Ermittlung des nachrückenden Ersatzmitglieds der jeweils letzte Bewerbertausch rückgängig zu machen[2]. Erst dann, wenn keine andere Liste mehr über Personen des Minderheitsgeschlechts verfügt, verbleibt der Sitz bei der ursprünglich kraft Höchstzahlverfahrens gewählten Person (§ 15 V Nr. 5 WO). Das zwingt dazu, in Zukunft auf Vorschlagslisten stets eine ausreichende Zahl von Bewerbern aus dem Minderheitsgeschlecht aufzunehmen, um nicht Listenplätze an konkurrierende Listen zu verlieren[3]. 8

Beispiel: (Abwandlung § 14 Rz. 10): Im Betrieb werden 150 ArbN beschäftigt, davon 100 Männer und 50 Frauen. Der BR besteht aus **sieben** Mitgliedern (§ 9 S. 1), den Frauen stehen **mindestens zwei** Sitze zu (oben Rz. 6). Es werden zwei Listen eingereicht. Auf die Liste 1 entfallen 110 Stimmen, die Liste 2 erhält 40 Stimmen.

Liste 1 (110 Stimmen)			Liste 2 (40 Stimmen)		
M	110 : 1 = 110	(1)	**M**	40 : 1 = 40	(3)
F	110 : 2 = 55	(2)	M	40 : 2 = 20	(7)
M	110 : 3 = 36,66	(4)	**F**	40 : 3 = 13,33	(9)
M	110 : 4 = 27,5	(5)			
M	110 : 5 = 22	(6)			
F	110 : 6 = 18,33	(8)			

Auf die Liste 1 entfallen somit **fünf** Sitze, auf die Liste 2 entfallen **zwei** Sitze. Weil danach aber nur eine Frau (Liste 1) in den BR gewählt worden wäre, tritt die Regel des § 15 V Nr. 1 WO in Kraft. Der zweite männliche Bewerber auf Liste 2 mit der niedrigsten Höchstzahl 20 muss den Sitz an die nächst platzierte Frau seiner Liste abtreten.

b) Mehrheitswahl (§ 22 WO). Bei der Mehrheitswahl nach § 14 II 2 (Persönlichkeitswahl) entscheidet die (relative) Mehrheit der Stimmen (vgl. § 14 Rz. 12). Zur Wahrung der **Geschlechterquote** müssen dabei zuerst die dem Geschlecht in der Minderheit zustehenden Sitze mit den Bewerbern dieses Geschlechts in der Reihenfolge der jeweils höchsten auf sie entfallenden Stimmenzahlen besetzt werden (§ 22 I WO), ganz ohne Rücksicht darauf, welche Stimmenzahlen auf die Kandidaten des anderen Geschlechts entfallen sind. Erst danach werden die verbleibenden Mitglieder in der Reihenfolge der Stimmenhöchstzahlen ermittelt, jetzt ohne Rücksicht auf das Geschlecht (§ 22 II WO). Sind nach dem Beispiel oben Rz. 8 von sieben BR-Mitgliedern mindestens **zwei Frauen** zu wählen und erhalten 9

A (Mann)	140 Stimmen	**E (Frau)**	**71 Stimmen**
B (Frau)	**110 Stimmen**	F (Frau)	65 Stimmen
C (Mann)	105 Stimmen	G (Mann)	59 Stimmen
D (Mann)	98 Stimmen	H (Frau)	45 Stimmen,

so sind gewählt B und E einerseits (Frauen-Mindestquote), A, C, D, F und G andererseits (Restsitze ohne Rücksicht auf das Geschlecht, vgl. auch Beispiel § 14 Rz. 13). Haben sich zu wenige Bewerber des Minderheitengeschlechts beworben, fallen diese Sitze nach § 22 IV WO den Bewerbern des anderen Geschlechts in der Reihenfolge der jeweils höchsten Stimmenzahlen zu. Auch bei Mehrheitswahlen sollen die Größenzahlen nach § 9 unabhängig von der Geschlechterquote erreicht werden.

IV. Streitigkeiten. Zunächst ist es Aufgabe des **Wahlvorstands**, das Geschlecht in der Minderheit festzustellen, die Mindestsitze für dieses Geschlecht zu errechnen (§ 5 WO) und dies im Wahlausschreiben 10

1 BAG v. 16.3.2005 – 7 ABR 40/04, NZA 2005, 1252 (1257 ff.); aA *Weller*, NZA 2005, 1228. | 2 LAG Nürnberg v. 13.5.2004 – 5 TaBV 54/03, FA 2004, 280. | 3 ErfK/*Eisemann*, § 15 BetrVG Rz. 5.

auch bekannt zu geben. Im Streitfall können Entscheidungen des Wahlvorstands bereits vor Abschluss der Wahl **selbständig** angefochten werden (vgl. § 18)[1]. Als zwingende Vorschrift stellt § 15 II eine wesentliche Wahlvorschrift dar, deren Verletzung eine **Wahlanfechtung** nach § 19 begründen kann. Entsprechende Streitigkeiten entscheidet auf Antrag das ArbG im **Beschlussverfahren** (§ 2a I Nr. 1 iVm. II, §§ 80 ff. ArbGG).

16 *Bestellung des Wahlvorstands*

(1) Spätestens zehn Wochen vor Ablauf seiner Amtszeit bestellt der Betriebsrat einen aus drei Wahlberechtigten bestehenden Wahlvorstand und einen von ihnen als Vorsitzenden. Der Betriebsrat kann die Zahl der Wahlvorstandsmitglieder erhöhen, wenn dies zur ordnungsgemäßen Durchführung der Wahl erforderlich ist. Der Wahlvorstand muss in jedem Fall aus einer ungeraden Zahl von Mitgliedern bestehen. Für jedes Mitglied des Wahlvorstands kann für den Fall seiner Verhinderung ein Ersatzmitglied bestellt werden. In Betrieben mit weiblichen und männlichen Arbeitnehmern sollen dem Wahlvorstand Frauen und Männer angehören. Jede im Betrieb vertretene Gewerkschaft kann zusätzlich einen dem Betrieb angehörenden Beauftragten als nicht stimmberechtigtes Mitglied in den Wahlvorstand entsenden, sofern ihr nicht ein stimmberechtigtes Wahlvorstandsmitglied angehört.

(2) Besteht acht Wochen vor Ablauf der Amtszeit des Betriebsrats kein Wahlvorstand, so bestellt ihn das Arbeitsgericht auf Antrag von mindestens drei Wahlberechtigten oder einer im Betrieb vertretenen Gewerkschaft; Absatz 1 gilt entsprechend. In dem Antrag können Vorschläge für die Zusammensetzung des Wahlvorstands gemacht werden. Das Arbeitsgericht kann für Betriebe mit in der Regel mehr als zwanzig wahlberechtigten Arbeitnehmern auch Mitglieder einer im Betrieb vertretenen Gewerkschaft, die nicht Arbeitnehmer des Betriebs sind, zu Mitgliedern des Wahlvorstands bestellen, wenn dies zur ordnungsgemäßen Durchführung der Wahl erforderlich ist.

(3) Besteht acht Wochen vor Ablauf der Amtszeit des Betriebsrats kein Wahlvorstand, kann auch der Gesamtbetriebsrat oder, falls ein solcher nicht besteht, der Konzernbetriebsrat den Wahlvorstand bestellen. Absatz 1 gilt entsprechend.

§ 16 Abs. 1 verändert und Abs. 3 neu eingefügt durch das BetrVerf-ReformG v. 23.7.2001 (BGBl. I S. 1852), vgl. Neubekanntmachung v. 25.9.2001 (BGBl. I S. 2518).

1 **I. Inhalt und Zweck.** Die Vorschriften der §§ 16–18 belegen die **zentrale Bedeutung des Wahlvorstands** für die BR-Wahlen. Ohne Bestellung eines Wahlvorstands kann ein BR nicht gewählt werden, gleichgültig, ob es sich um die erste Wahl (auch zB im vereinfachten Wahlverfahren, §§ 14a I, 17a Nr. 3) oder um die Anschlusswahl eines BR handelt[2]. § 16 geht von der Regel aus, dass ein bereits **amtierender BR** spätestens zehn Wochen vor Ablauf seiner Amtszeit den Wahlvorstand für die Anschlusswahlen bestellt (Abs. 1). Sollte der BR untätig bleiben, kann auf Antrag auch das **ArbG** den Wahlvorstand bestellen (Abs. 2). **Neu eingefügt** durch die BetrVG-Novelle 2001 wurde Abs. 3, wonach „auch" der GBR oder KBR ersatzweise den Wahlvorstand bestellen können. Diese **Ersatzlösung** wird für Betriebe ohne BR jetzt nach § 17 I zur Regellösung[3].

2 Die Norm des § 16 möchte die **Kontinuität der BR-Tätigkeit** einerseits durch die vorrangige Bestellungspflicht des amtierenden BR (Abs. 1), andererseits durch die Ersatzbestellung durch ArbG bzw. GBR oder KBR (Abs. 2, 3) sichern. Die BetrVG-Novelle 2001 hat in § 16 I durch Entfernung des alten S. 5 die Konsequenzen aus dem Wegfall des Gruppenprinzips gezogen. Die Soll-Vorschrift in Bezug auf Frauen und Männer im Wahlvorstand wurde sinnvollerweise beibehalten und nicht analog § 15 II zur Muss-Regel verändert. **Neu geschaffen** wurde § 16 III, um die Fortsetzung der BR-Tätigkeit auch durch das sog. „Mentorenprinzip"[4], dh. die Einsetzung des Wahlvorstands durch den ggf. vorhandenen GBR oder KBR, sicherstellen zu lassen (Rz. 12).

3 **II. Bestellung des Wahlvorstands durch den Betriebsrat (Abs. 1).** Die Regel in Abs. 1, dass der Wahlvorstand für die bevorstehende BR-Wahl vom noch **amtierenden** BR zu bestellen ist, begründet eine **Rechtspflicht** des BR. Ihm wird zur Sicherung des **Kontinuitätsinteresses** ein Einfluss auf die Zusammensetzung des Wahlvorstands eingeräumt[5]. Besteht kein BR, richtet sich die Bestellung des Wahlvorstands nach § 17. Die Bestellung des Wahlvorstands ist **unerlässlich** für jede Durchführung einer BR-Wahl: Eine Wahl ohne Wahlvorstand ist **nichtig**[6]. Kommt der BR seiner Rechtspflicht beharrlich nicht nach, kann er nach § 23 I aufgelöst werden. Doch hat der Gesetzgeber aus Effizienzgründen die Ersatzbestellungsmöglichkeiten nach Abs. 2 und 3 eingeräumt. Auch nach Spaltung oder Zusammenlegung von Betrieben wird der Wahlvorstand durch den BR bestellt, der ein Übergangsmandat nach § 21a ausübt, vgl. § 21a I 2. Ein nicht mehr amtierender BR ist nach Ablauf seiner Amtszeit zur Bestellung des Wahlvorstands **nicht mehr befugt**[7]; eine Bestellung ist dann nur nach § 17 möglich.

---

1 GK-BetrVG/*Kreutz*, § 15 Rz. 31. | 2 GK-BetrVG/*Kreutz*, § 16 Rz. 1; Richardi/*Thüsing*, § 16 BetrVG Rz. 1. | 3 Zur Kritik an dieser Veränderung vgl. HaKo-BetrVG/*Brors*, § 16 Rz. 1. | 4 Gesetzesbegr. BT-Drs. 14/5741, S. 27, 38; HaKo-BetrVG/*Brors*, § 16 Rz. 1. | 5 GK-BetrVG/*Kreutz*, § 16 Rz. 8. | 6 HM, vgl. *Fitting*, § 16 BetrVG Rz. 87; GK-BetrVG/*Kreutz*, § 16 Rz. 5; HaKo-BetrVG/*Brors*, § 16 Rz. 2; aA DKK/*Schneider*, § 16 BetrVG Rz. 1. | 7 BAG v. 2.3.1955 – 1 ABR 19/54, BAGE 1, 317 = DB 1955, 338; *Fitting*, § 16 BetrVG Rz. 12.

4 Dem Wahlvorstand obliegt die ordnungsgemäße Durchführung des Wahlverfahrens (§ 18). Seine **Amtszeit beginnt** mit der Zustimmung der bestellten Mitglieder, ihr (unentgeltliches) Ehrenamt (vgl. § 20 III) übernehmen zu wollen[1], und **endet** mit der Leitung der konstituierenden Sitzung des neuen BR bis zur Wahl eines Wahlleiters, vgl. § 29 I 2[2]. Als **Gremium** kann der Wahlvorstand nicht zurücktreten, jedoch können alle Mitglieder ihr Amt niederlegen (vgl. Rz. 8)[3]. Sie genießen nach § 15 III KSchG, § 103 einen besonderen **Kündigungsschutz** (ab dem Zeitpunkt der Bestellung), der erst sechs Monate nach Bekanntgabe des Wahlergebnisses endet. Ist das Gremium einmal wirksam bestellt, kann es der BR nicht mehr abberufen, sondern nur noch das ArbG, vgl. § 18 I 2.

5 **1. Zeitpunkt der Bestellung.** „**Spätestens** zehn Wochen vor Ablauf seiner Amtszeit" hat der BR den Wahlvorstand zu bestellen. Eine **frühere Bestellung** ist demnach zulässig und auch zu empfehlen. Wegen der zeitgleichen Durchführung der Wahlen des SprAu (vgl. § 13 Rz. 6) sollte auf die Amtszeit des Gremiums abgestellt werden, die zuerst abläuft[4]. Eine **spätere Bestellung**, die die Zehn-Wochen-Frist nicht wahrt, ist rechtlich dennoch so lange möglich, als nicht eine Ersatzbestellung nach Abs. 2 bereits wirksam geworden ist[5]. Im **Regelfall** der vierjährigen Amtszeit lässt sich die Zehn-Wochen-Mindestfrist einfach dadurch berechnen, dass vom Tag der Beendigung der Amtszeit zehn Wochen zurück gerechnet werden. Endet die Amtszeit etwa am Sonntag, dem 28.5.2006, so ist der Wahlvorstand spätestens bis zum Freitag, dem 17.3.2006 zu bestellen, weil der jeweils letzte Werktag – in Abweichung von § 193 BGB – für die Fristwahrung maßgeblich ist[6].

6 In den Ausnahmefällen **vorzeitiger Neuwahlen** aus den in § 13 II Nr. 1–3 genannten Gründen (Veränderung der Beschäftigtenzahl, Absinken der Zahl der BR-Mitglieder, Rücktritt, dazu § 13 Rz. 7 ff.) hat der BR **unverzüglich** nach Feststellung dieser besonderen Tatbestände den Wahlvorstand zu bestellen. Hier kann die Regelfrist von zehn Wochen nicht greifen[7] (für die übrigen Fälle vgl. § 13 Rz. 7).

7 **2. Form der Bestellung.** Abs. 1 sieht **keine förmliche** Bestellung der Mitglieder des Wahlvorstands vor[8]. Soweit nicht ausdrücklich in der Geschäftsordnung etwas anderes geregelt ist, bestellt der BR daher die Mitglieder des Wahlvorstands durch allgemeinen Beschluss mit **einfacher Mehrheit** nach § 33. Eine Delegation des Beschlusses auf einen Betriebsausschuss nach § 27 ist zulässig, nicht jedoch auf eine Arbeitsgruppe nach § 28a – diese ist kein Organ des BR. Grundsätzlich kann jeder Wahlberechtigte (§ 7) als Wahlvorstandsmitglied bestellt werden, vgl. Abs. 1 S. 1. Auf seine Wählbarkeit (§ 9) kommt es nicht an. Weitere Beschränkungen sind nicht vorgesehen, so dass selbst amtierende BR-Mitglieder und Wahlkandidaten bestellt werden können[9].

8 **3. Zusammensetzung des Wahlvorstands.** Der Wahlvorstand besteht aus **drei Mitgliedern**, auch dann, wenn nur eine Person ins Amt zu wählen ist (vgl. § 17a Nr. 2, der § 16 I 1 unverändert lässt). Diese Vorschrift ist **zwingend**, so dass zB bei nur zwei Mitgliedern ein Anfechtungsgrund vorliegt. Die Möglichkeit der **Vergrößerung** des Wahlvorstands nach Abs. 1 S. 2 ist an deren „Erforderlichkeit" geknüpft, so dass insb. in Großbetrieben mit mehr als drei Wahllokalen wegen § 12 II WO eine ordnungsgemäße Durchführung der Wahl größere Wahlvorstände nötig macht[10]. Nach Satz 3 muss aber jeweils eine **ungerade Zahl** auch nach Vergrößerung des Wahlvorstands gewährleistet sein. Eine absolute Höchstzahl ist nicht vorgesehen, was wegen der gerichtl. Kontrollmöglichkeit des Bestellungsbeschlusses hinzunehmen ist[11]. Auch die Bestimmung des **Vorsitzenden** obliegt dem BR, vgl. S. 1, nicht dem Wahlvorstand. Das Gesetz sieht sogar die Möglichkeit der Bestellung von **Ersatzmitgliedern** vor, vgl. S. 4, was nicht nur bei Verhinderung gilt, sondern erst recht beim Ausscheiden des Mitglieds.

9 Durch Abs. 1 S. 6 erhält jede im Betrieb vertretene **Gewerkschaft** das Recht (nicht die Pflicht), **zusätzlich** einen betriebsangehörigen Beauftragten als nicht stimmberechtigtes Mitglied in den Wahlvorstand zu entsenden. Dieses Recht wurde zur Sicherung von Minderheitsrechten 1989 eingeführt und kann nur dann ausgeübt werden, wenn nicht bereits die Gewerkschaft durch ein Mitglied im Wahlvorstand vertreten ist. Es kompliziert die Geschäfte des Wahlvorstands unnötig[12]. Das Gesetz verlangt zwar die Betriebsangehörigkeit des Entsandten, nicht aber dessen Gewerkschaftszugehörigkeit[13]. Das Entsendungsrecht prüft der **Wahlvorstand** in eigener Verantwortung; mit Ausnahme des Stimmrechts kommt

1 HaKo-BetrVG/*Brors*, § 16 Rz. 2; Richardi/*Thüsing*, § 16 BetrVG Rz. 49. | 2 HM, vgl. GK-BetrVG/*Kreutz*, § 16 Rz. 78; HaKo-BetrVG/*Brors*, § 16 Rz. 2; MünchArbR/*Joost*, § 304 Rz. 163; aA *Fitting*, § 16 BetrVG Rz. 83; Richardi/*Thüsing*, § 16 BetrVG Rz. 58: Schon mit Einberufung der konstituierenden Sitzung, was aber gegen § 29 I 2 BetrVG verstößt. | 3 HM, vgl. *Fitting*, § 16 BetrVG Rz. 85. | 4 *Fitting*, § 16 BetrVG Rz. 10; MünchArbR/*Joost*, § 304 Rz. 145. | 5 GK-BetrVG/*Kreutz*, § 16 Rz. 17; *Stege/Weinspach/Schiefer*, § 16 BetrVG Rz. 1. | 6 *Fitting*, § 16 BetrVG Rz. 7; GK-BetrVG/*Kreutz*, § 16 Rz. 18. | 7 HM, vgl. *Fitting*, § 16 BetrVG Rz. 13; GK-BetrVG/*Kreutz*, § 16 Rz. 20; MünchArbR/*Joost*, § 304 Rz. 147. | 8 *Fitting*, § 16 BetrVG Rz. 23; DKK/*Schneider*, § 16 BetrVG Rz. 9; GK-BetrVG/*Kreutz*, § 16 Rz. 22; aA Richardi/*Thüsing*, § 16 BetrVG Rz. 23. | 9 HM, vgl. DKK/*Schneider*, § 16 BetrVG Rz. 12; *Fitting*, § 16 BetrVG Rz. 22. | 10 *Löwisch/Kaiser*, § 16 BetrVG Rz. 9. | 11 Zur Unverhältnismäßigkeit der Bestellung eines Wahlvorstands mit 9 Mitgliedern vgl. LAG Nürnberg v. 30.3.2006 – 2 TaBV 29/06, AR-Blattei ES 530.6 Nr. 90. | 12 Vgl. *Richardi*, AuR 1986, 33 (36); Richardi/*Thüsing*, § 16 BetrVG Rz. 25. | 13 HM, vgl. *Fitting*, § 16 BetrVG Rz. 49; MünchArbR/*Joost*, § 304 Rz. 159; GK-BetrVG/*Kreutz*, § 16 Rz. 46; Richardi/*Thüsing*, § 16 BetrVG Rz. 27; aA DKK/*Schneider*, § 16 BetrVG Rz. 21.

dem Beauftragten die ordentliche Mitgliedschaft im Wahlvorstand zu mit dem Recht auf Teilnahme und Mitberatung (hM)[1].

10 **III. Ersatzbestellung durch das Arbeitsgericht (Abs. 2).** Frühestens **acht Wochen** vor Ablauf der Amtszeit des BR kann das **ArbG ersatzweise** angerufen werden, falls bis dahin – aus welchen Gründen auch immer – ein Wahlvorstand noch nicht besteht. Nach Ablauf der Amtszeit kann das ArbG nicht mehr nach Abs. 2 angerufen werden, vielmehr gilt dann § 17. Antragsberechtigt sind mindestens **drei Wahlberechtigte** des Betriebs oder jede im Betrieb vertretene **Gewerkschaft** (vgl. § 14 Rz. 19), nicht aber der ArbGeb. Die Entscheidung des ArbG ergeht im Beschlussverfahren nach §§ 2a, 80 ff. ArbGG. Der Antrag kann zwar „Vorschläge für die Zusammensetzung des Wahlvorstands" machen, vgl. S. 2; doch ist das ArbG, das im Übrigen alle Anforderungen des Abs. 1 zu beachten hat, daran nicht gebunden[2].

11 Einstweilen frei.

12 **IV. Ersatzbestellung durch den Gesamt- bzw. Konzernbetriebsrat (Abs. 3).** Frühestens **acht Wochen** vor Ablauf der Amtszeit des BR kann an Stelle des ArbG auch der **GBR oder KBR** ersatzweise den Wahlvorstand bestellen. Der Reformgesetzgeber 2001 wollte mit dem neuen Abs. 3 „lediglich eine weitere Alternative für den Fall des Untätigbleibens des dafür originär zuständigen BR" schaffen[3]. Daher gibt es zwischen Abs. 2 und Abs. 3 keine andere Kollisionsregel als das **Prioritätsprinzip**: Hat der GBR oder KBR durch Beschluss (§ 33) den Wahlvorstand bestellt, kommt eine gerichtliche Bestellung nach Abs. 2 nicht mehr in Betracht[4]. Im Übrigen scheidet erst **nach Rechtskraft** des gerichtlichen Einsetzungsbeschlusses ein Beschluss nach Abs. 3 aus, so dass die Praxis das einfachere Verfahren nach Abs. 3 vorziehen und das ArbG sinnvollerweise nur als „ultima ratio" bemühen wird. Doch kann weiterhin allein das ArbG betriebsexterne Personen in den Wahlvorstand berufen, vgl. Abs. 2 S. 3.

13 Auch für den GBR bzw. KBR bleibt es bei der **Subsidiarität** gegenüber Abs. 1: Solange ein BR amtiert, kommt diesem die **vorrangige** Bestellungspflicht zu, auch dann, wenn er nicht rechtzeitig tätig geworden ist (Rz. 5). Daher ist nach Errichtung eines Wahlvorstands durch den (noch amtierenden) BR ein evtl. schon durch den GBR errichteter Wahlvorstand nicht wirksam bestellt[5]. Ein „Wettlauf" zwischen BR (Abs. 1) und GBR bzw. KBR (Abs. 3) sollte vermieden werden. Der **KBR** schließlich kann nicht tätig werden, wenn der primär zuständige GBR nicht handelt, sondern nur dann, wenn ein solcher fehlt, weil entgegen § 47 ein GBR nicht gebildet wurde oder der Betrieb der Einzige im Unternehmen ist[6].

14 **V. Streitigkeiten.** Der Streit darüber, ob ein Wahlvorstand wirksam bestellt und zusammengesetzt ist, kann in einem **eigenständigen Beschlussverfahren** ausgetragen werden und muss nicht warten bis zum Abschluss der BR-Wahlen[7]. Antragsberechtigt sind analog § 19 II der ArbGeb, jede im Betrieb vertretene Gewerkschaft und (mindestens) drei Wahlberechtigte, wohl auch der (noch) amtierende BR[8]. Der Wahlvorstand kann nach § 10 ArbGG **beteiligte Stelle** im Beschlussverfahren sein. Sobald das Amt des Wahlvorstands erloschen ist, folgt ihm der aus der Wahl hervorgegangene BR als Antragsgegner. Verstöße gegen Vorschriften zur Bestellung und Zusammensetzung des Wahlvorstands können auch zur **Anfechtbarkeit** der Wahl führen; zwingende Wahlvorschriften sind regelmäßig als wesentlich iSd. § 19 I anzusehen[9]. Eine ohne Wahlvorstand durchgeführte BR-Wahl ist nach hM sogar nichtig (vgl. Rz. 3). Ein Abbruch einer bereits angelaufenen Wahl im Wege der **einstweiligen Verfügung** kann immer erfolgen, wenn die Wahl mit Sicherheit als **nichtig** anzusehen wäre[10], doch auch dann, wenn die Besetzung des Wahlvorstands deutlich fehlerhaft und der Anfechtungserfolg damit hinreichend sicher ist[11].

17 *Bestellung des Wahlvorstands in Betrieben ohne Betriebsrat*

(1) Besteht in einem Betrieb, der die Voraussetzungen des § 1 Abs. 1 Satz 1 erfüllt, kein Betriebsrat, so bestellt der Gesamtbetriebsrat oder, falls ein solcher nicht besteht, der Konzernbetriebsrat einen Wahlvorstand. § 16 Abs. 1 gilt entsprechend.

(2) Besteht weder ein Gesamtbetriebsrat noch ein Konzernbetriebsrat, so wird in einer Betriebsversammlung von der Mehrheit der anwesenden Arbeitnehmer ein Wahlvorstand gewählt; § 16 Abs. 1 gilt

---

1 *Fitting*, § 16 BetrVG Rz. 52 f.; GK-BetrVG/*Kreutz*, § 16 Rz. 49; aA DKK/*Schneider*, § 16 BetrVG Rz. 22. | 2 HM, vgl. MünchArbR/*Joost*, § 304 Rz. 149; *Stege/Weinspach/Schiefer*, § 16 BetrVG Rz. 4. | 3 BT-Drs. 14/5741, S. 38. | 4 *Fitting*, § 16 BetrVG Rz. 76; *Löwisch/Kaiser*, § 16 BetrVG Rz. 17. | 5 Str., wie hier HaKo-BetrVG/*Brors*, § 16 Rz. 14; aA *Stege/Weinspach/Schiefer*, § 16 BetrVG Rz. 7b; *Fitting*, § 16 BetrVG Rz. 76; GK-BetrVG/*Kreutz*, § 16 Rz. 74, die das Prioritätsprinzip zu Gunsten des GBR bzw. KBR auch gegenüber dem BR behaupten wollen. | 6 HM, vgl. ErfK/*Eisemann*, § 16 BetrVG Rz. 10; GK-BetrVG/*Kreutz*, § 16 Rz. 73. | 7 BAG v. 14.12.1965 – 1 ABR 6/65, BAGE 18, 41 = DB 1966, 425; v. 3.6.1975 – 1 ABR 98/74, BAGE 27, 163 = BB 1975, 1388. | 8 So GK-BetrVG/*Kreutz*, § 16 Rz. 85 (Aktivlegitimation); vgl. ferner *Fitting*, § 16 BetrVG Rz. 88; Richardi/*Thüsing*, § 16 BetrVG Rz. 67. | 9 BAG v. 14.9.1988 – 7 ABR 93/87, BAGE 59, 328 = NZA 1989, 360. | 10 Vgl. LAG Köln v. 10.3.2000 – 13 TaBV 9/00, NZA-RR 2001, 423 (Bestellung eines Wahlvorstands durch einen ohne Rechtsgrundlage bestellten „Übergangsbetriebsrat"); LAG Hess. v. 29.4.1997 – 12 TaBV Ga 60/97, BB 1997, 2220; ferner *Zwanziger*, DB 1999, 2264. | 11 So LAG Nürnberg v. 30.3.2006 – 6 TaBV 19/06, AR-Blattei ES 530.6 Nr. 90; *Rieble/Triskatis*, NZA 2006, 233 (234 f.).

entsprechend. Gleiches gilt, wenn der Gesamtbetriebsrat oder Konzernbetriebsrat die Bestellung des Wahlvorstands nach Absatz 1 unterlässt.

(3) Zu dieser Betriebsversammlung können drei wahlberechtigte Arbeitnehmer des Betriebs oder eine im Betrieb vertretene Gewerkschaft einladen und Vorschläge für die Zusammensetzung des Wahlvorstands machen.

(4) Findet trotz Einladung keine Betriebsversammlung statt oder wählt die Betriebsversammlung keinen Wahlvorstand, so bestellt ihn das Arbeitsgericht auf Antrag von mindestens drei wahlberechtigten Arbeitnehmern oder einer im Betrieb vertretenen Gewerkschaft. § 16 Abs. 2 gilt entsprechend.

§ 17 zuletzt geändert durch das BetrVerf-ReformG v. 23.7.2001 (BGBl. I S. 1852), vgl. Neubekanntmachung v. 25.9.2001 (BGBl. I S. 2518).

I. Inhalt und Zweck. Die Vorschrift des § 17 wurde durch das BetrVerf-Reformgesetz entscheidend verändert. Sie soll die Bestellung von Wahlvorständen im **betriebsratslosen Betrieb** erleichtern. Nach dem neu eingefügten Abs. 1 kommt jetzt dem GBR bzw. KBR die **Primärkompetenz** zu, durch Bestellung eines Wahlvorstands Betriebsräte erstmalig einzurichten. Der Betriebsversammlung kommt nur noch eine subsidiäre Zuständigkeit (Sekundärkompetenz) zu, weil ihre Durchführung in jedem einzelnen Fall zu aufwändig und kostenintensiv sei[1]. Ziel des Gesetzgebers war es, durch Einführung des sog. „Mentorenprinzips"[2] die Bestellung von Wahlvorständen und damit letztlich die Schaffung von Betriebsräten zu erleichtern. Diese Neuregelung ist scharf kritisiert worden[3]. Hingewiesen wird vor allem auf den damit eingetretenen demokratischen Legitimationsverlust; Minderheiten werde die Möglichkeit eröffnet, einen BR zu installieren, auch wenn dies nicht dem Willen der Belegschaftsmehrheit entspricht[4]. Die Einsetzung des BR „von oben" lässt sich aber rechtfertigen durch notwendig unternehmenseinheitliche Mitbestimmungsregelungen auf Grund einheitlicher Arbeitsbedingungen, die dem GBR bzw. KBR die Führungsrolle zuweisen, zu einer Stärkung des Vertragsprinzips auf Unternehmensebene führen und deshalb einen betrieblichen „Unterbau" benötigen[5]. 1

Die ursprüngliche Regel – Bestellung des Wahlvorstands über eine **Betriebsversammlung** – findet nach Abs. 2 nur bei Nichtexistenz eines GBR oder KBR (bzw. bei deren Untätigkeit) statt (Rz. 6). Die Einladungsberechtigung zu einer derartigen Betriebsversammlung regelt Abs. 3. In Abs. 4 schließlich wird die Ersatzkompetenz des ArbG „auf Antrag" geregelt, wenn trotz Einladung keine Betriebsversammlung stattfindet oder dort kein Wahlvorstand gewählt wird (Rz. 11). Findet das vereinfachte Wahlverfahren nach § 14a statt, gelten die **Sonderregeln** des § 17a. 2

II. Primärkompetenz des Gesamt- bzw. Konzernbetriebsrats (Abs. 1). Besteht trotz BR-Fähigkeit (§ 1 I 1) kein BR, soll nach Abs. 1 der **GBR** oder, falls ein solcher nicht besteht, der KBR einen Wahlvorstand nach den Grundsätzen des § 16 I bestellen. Dabei wird der Wahlvorstand durch einen **Beschluss** mit einfacher Stimmenmehrheit bestellt, wobei formal § 47 VII, VIII bzw. § 55 III mit ihrer besonderen Gewichtung beachtlich sind (nicht etwa § 33)[6], inhaltlich die Vorgaben des § 16 I. Dem GBR steht zur Wahrnehmung seiner Befugnis ein **Auskunftsrecht** gegenüber dem ArbGeb hinsichtlich der betriebsratslosen Betriebe zu[7]. Nach überwiegender Auffassung begründet § 17 I aber **keine zwingende Verpflichtung** der Gremien zur Bestellung eines Wahlvorstands; eine derartige Fremdbestimmung bedürfte einer ausdrücklichen Regelung und hinreichender Rechtfertigung[8]. Vielmehr handelt es sich nur um eine Kompetenznorm. Dabei spielt es keine Rolle, aus welchem Grund kein BR besteht. Die Norm gilt sowohl für den Fall, dass ein neuer Betrieb entstanden ist, als auch für den Fall, dass das **Amt des BR abgelaufen** ist, ohne dass nach § 16 ein Wahlvorstand eingesetzt wurde (Rz. 5)[9]. 3

Im Falle einer **Betriebsspaltung** besteht ein gesetzliches Übergangsmandat des BR für die ihm zugeordneten Betriebsteile, soweit diese betriebsratsfähig sind und durch die Spaltung nicht in einen anderen Betrieb eingegliedert wurden (vgl. § 21a I 1). Betriebsratslosigkeit ist hier nicht gegeben, so dass § 17 I nicht eingreift. Auch in gesetzlich nicht geregelten Fällen ist nach dem gesetzlichen Muster des § 21a II zu verfahren, so dass etwa bei Umstrukturierungen im Unternehmen der BR des nach der Zahl der Wahlberechtigten bisher größten Betriebs den Wahlvorstand bestellt[10]. § 17 kommt auch hier nicht zum Zug. 4

Die Norm des § 17 greift erst ein, wenn das **Regelverfahren des § 16** wegen Ablaufs der Amtszeit (vgl. § 21) nicht mehr anwendbar ist (vgl. § 16 Rz. 3). GBR bzw. KBR sind aber auch dann zur Bestellung eines Wahlvorstandes zuständig, wenn ein Verfahren nach § 16 II zwar eingeleitet wurde oder das ArbG sogar 5

1 Vgl. Begr. BT-Drs. 14/5741, S. 38. | 2 BT-Drs. 14/5741, S. 27. | 3 Vgl. etwa GK-BetrVG/*Kreutz*, § 17 Rz. 6; *Hanau*, RdA 2001, 65 (69); *Konzen*, RdA 2001, 76 (88); *Rieble*, ZIP 2001, 133 (135). | 4 HaKo-BetrVG/*Brors*, § 14 Rz. 1; GK-BetrVG/*Kreutz*, § 14 Rz. 6 ua. mit dem Hinweis, man hätte als Kompromiss dem GBR bzw. KBR als Minus auch nur ein Einladungsrecht zur Betriebsversammlung einräumen können. | 5 Vgl. *Reichold*, NZA 2001, 857 (861); *Däubler*, AuR 2001, 1 (2). | 6 HaKo-BetrVG/*Brors*, § 17 Rz. 2. | 7 LAG Nürnberg v. 25.1.2007 – 1 TaBV 14/06. | 8 *Fitting*, § 17 BetrVG Rz. 10; zu einigen Praxisbeispielen vgl. *Wassermann/Rudolph*, AiB 2004, 273. | 9 BAG v. 2.3.1955 – 1 ABR 19/54, BAGE 1, 317 = DB 1955, 338; *Fitting*, § 17 BetrVG Rz. 6. | 10 ArbG Düsseldorf v. 17.9.1996 – 1 BVGa 12/96, AiB 1997, 602 (zur alten Rechtslage nach UmwG); GK-BetrVG/*Kreutz*, § 17 Rz. 8; Richardi/*Thüsing*, § 17 BetrVG Rz. 5.

ersatzweise einen Wahlvorstand bestellt hat, diese Entscheidung aber **noch nicht rechtskräftig** geworden ist. Bis zur Rechtskraft der Entscheidung können die nach § 17 I zuständigen Gremien durch eigenständige Bestellung des Wahlvorstands noch die **Erledigung** des Verfahrens herbeiführen[1].

6 **III. Sekundärkompetenz der Betriebsversammlung (Abs. 2, 3).** Der Betriebsversammlung **verbleibt** das Recht zur Bestellung des Wahlvorstands (1) dann, wenn weder ein GBR noch ein KBR existieren, so Abs. 2 S. 1, (2) auch dann, wenn eine Bestellung durch diese Gremien **unterlassen** wurde, so Abs. 2 S. 2. Fraglich ist bei S. 2, wann genau davon auszugehen ist, dass die Primärkompetenz nicht wahr genommen wird und die Sekundärkompetenz der Betriebsversammlung eingreift. Eine gesetzliche **Wartefrist** ist nicht vorgesehen. Solange GBR bzw. KBR erkennbar Anstrengungen zur Bestellung eines Wahlvorstands unternehmen (zB Abklärung der Frage, welche ArbN für die Mitgliedschaft im Wahlvorstand in Betracht kommen), kann eine Zuständigkeit der Betriebsversammlung wegen **Sperrwirkung kraft Wahlvorbereitung** durch die vorrangig zuständigen Gremien nicht bestehen[2]. Jedoch dürfen ansonsten die nach Abs. 3 Berechtigten **jederzeit** zu einer – früher ja originär zuständigen! – Betriebsversammlung einladen und den Wahlvorstand wählen lassen[3]. Die Primärkompetenz endet spätestens dann, wenn der nach Abs. 2, 3 gewählte Wahlvorstand im Amt ist, dh. die gewählten Mitglieder ihr Amt angenommen haben[4]. Ansonsten bleibt es GBR bzw. KBR unbenommen, nach dem **Prioritätsprinzip** die Betriebsversammlung durch eigenen Beschluss überflüssig zu machen[5]. Ein „Wettlauf" um die Bestellung des Wahlvorstands sollte aber sinnvollerweise durch Absprachen im Vorfeld vermieden werden.

7 **1. Einladung zur Betriebsversammlung (Abs. 3).** Der Wortlaut des Abs. 3 erfasst als Einladungsberechtigte drei wahlberechtigte ArbN oder eine im Betrieb vertretene Gewerkschaft (vgl. § 14 Rz. 17 ff.). Das Einladungsrecht der Gewerkschaft bzw. der ArbN entfällt nicht deswegen, weil der andere Einladungsberechtigte bereits eingeladen hat[6]. Streitig ist die Frage, ob dem **ArbGeb** ebenfalls ein Einladungsrecht zusteht[7]. Dagegen spricht der wohl als abschließend zu interpretierende Wortlaut sowie die Gefahr, dass durch die Einladung von ArbGebSeite Druck ausgeübt wird, einen ihm „genehmen" Wahlvorstand zu wählen[8]. Einer Wahlbeeinflussung steht aber § 20 entgegen. Wegen der erschöpfenden Aufzählung der Berechtigten in Abs. 3 können auch weder der noch amtierende BR (soweit nicht nach § 16 kompetent) noch **weniger als drei** ArbN einladungsberechtigt sein.

8 **Form- oder Fristvorschriften** für die Einladung bestehen nicht. Erforderlich ist aber, dass die ArbN rechtzeitig über Zeitpunkt, Ort und Zweck der Betriebsversammlung unterrichtet werden[9], zB durch sichtbaren Aushang oder Versendung oder elektronische Veröffentlichung im Intranet (vgl. § 14a Rz. 6). Kommt es dabei zu Fehlern und erhalten die Betroffenen nicht auf andere Weise Kenntnis von der Betriebsversammlung, ist die Wahl des Wahlvorstandes **nichtig**, soweit durch das Fernbleiben das Wahlergebnis beeinflusst werden konnte[10].

9 **2. Wahl des Wahlvorstands.** Für die als „Betriebsversammlung" bezeichnete Wahl nach Abs. 2, 3 finden die Vorschriften über die **Betriebsversammlung** (§§ 42 ff.) Anwendung, soweit diese nicht das Bestehen eines BR gerade voraussetzen. Danach besteht ein Teilnahmerecht für alle – auch für die nicht wahlberechtigten – ArbN des Betriebs sowie für Beauftragte der im Betrieb vertretenen Gewerkschaften, **nicht** dagegen für die in § 5 II, III genannten Personen und für den ArbGeb[11]. Die Teilnahme des ArbGeb auf der Wahlversammlung kann gerade nicht auf § 43 II – eine Betriebsvertretung existiert ja noch nicht – gestützt werden. Die Versammlung findet grundsätzlich **während der Arbeitszeit** statt, vgl. § 44 I 1. Eine bestimmte Mindestzahl von teilnehmenden ArbN im Sinne einer „Beschlussfähigkeit" ist nicht erforderlich. Das folgt aus Abs. 2 S. 1, der anordnet, dass die Wahl durch die (einfache) „Mehrheit der **anwesenden** ArbN" erfolgt[12]. Abstimmungsberechtigt sind **alle** (anwesenden) **ArbN**, nicht nur die wahlberechtigten, mangels Betriebszugehörigkeit aber nicht die LeihArbN (vgl. § 7 Rz. 8, 21).

10 Der Wahlvorstand ist auch im Anwendungsbereich des § 17 so zusammenzusetzen wie ein vom BR nach § 16 bestellter Wahlvorstand (vgl. § 16 Rz. 8). Gewählt ist, wer die meisten Stimmen erhält. Ausweislich des Wortlauts muss jeder Kandidat die Mehrheit der abgegebenen Stimmen der **anwesenden ArbN** auf sich vereinigen, so dass allein die Mehrheit der *abgegebenen* Stimmen nicht reicht[13]. Mangels besonderer Formvorschriften ist eine geheime Abstimmung durch Stimmzettel nicht erforderlich; es

1 HM, vgl. *Fitting*, § 17 BetrVG Rz. 6, GK-BetrVG/*Kreutz*, § 17 Rz. 9. | 2 *Fitting*, § 17 BetrVG Rz. 13. | 3 GK-BetrVG/*Kreutz*, § 17 Rz. 15; aA ErfK/*Eisemann*, § 17 BetrVG Rz. 3: Untätigkeit muss „feststehen"; Richardi/*Thüsing*, § 17 BetrVG Rz. 6. | 4 GK-BetrVG/*Kreutz*, § 17 Rz. 15; HaKo-BetrVG/*Brors*, § 17 Rz. 5. | 5 Zutr. *Fitting*, § 17 BetrVG Rz. 14. | 6 LAG Köln v. 6.10.1989 – 9 TaBV 49/89, BB 1990, 998; *Fitting*, § 17 BetrVG Rz. 16. | 7 Zum Streitstand ausf. GK-BetrVG/*Kreutz*, § 17 Rz. 23; Richardi/*Thüsing*, § 17 BetrVG Rz. 11. | 8 So auch *Fitting*, § 17 BetrVG Rz. 22; HaKo-BetrVG/*Brors*, § 14 Rz. 7; DKK/*Schneider*, § 17 BetrVG Rz. 3, aA GK-BetrVG/*Kreutz*, § 17 Rz. 22; Richardi/*Thüsing*, § 17 BetrVG Rz. 11, auch BAG v. 19.3.1974 – 1 ABR 87/73, DB 1974, 1775. | 9 BAG v. 26.2.1992 – 7 ABR 37/91, NZA 1992, 942. | 10 BAG v. 7.5.1986 – 2 AZR 349/85, NZA 1986, 753. | 11 Letzteres str., vgl. einerseits (für die ArbGeb-Teilnahme) ErfK/*Eisemann*, § 17 BetrVG Rz. 6; *Fitting*, § 17 BetrVG Rz. 26; GK-BetrVG/*Kreutz*, § 17 Rz. 28; andererseits DKK/*Schneider*, § 17 BetrVG Rz. 6; Richardi/*Thüsing*, § 17 BetrVG Rz. 16. | 12 HM, vgl. DKK/*Schneider*, § 17 BetrVG Rz. 8; *Fitting*, § 17 BetrVG Rz. 25. | 13 *Fitting*, § 17 BetrVG Rz. 28; GK-BetrVG/*Kreutz*, § 17 Rz. 29.

genügt das Abstimmen per Handzeichen[1]. Nach der Wahl erfolgt die **Bestellung** des Wahlvorstands. Ist in der Betriebsversammlung die Vorstandswahl unterlassen worden, so kann der Wahlvorstand ohne weiteres selbst den Vorsitzenden bestellen[2].

IV. Ersatzkompetenz des Arbeitsgerichts (Abs. 4). Erst wenn **trotz Einladung** zu der Betriebsversammlung nach Abs. 3 die Wahl eines Wahlvorstands ausbleibt, kann das ArbG auf Antrag gem. Abs. 4 den Wahlvorstand bestellen. Das ArbG hat deshalb nach bisher hM die Ordnungsmäßigkeit der Einladung nach Abs. 3 zu prüfen, weil sonst der Antrag keinen Erfolg haben kann[3]. Der Wahlvorstand soll erst durch das Gericht installiert werden können, wenn sich die Belegschaft hierzu überhaupt äußern konnte, was die Kenntnisnahme von der Einladung voraussetzt. Die Gründe, warum es zu der Einladung nicht gekommen ist, spielen keine Rolle und sind für die Prüfung des ArbG unerheblich[4]. Antragsberechtigt sind wie bei § 16 II drei **wahlberechtigte** ArbN oder eine im Betrieb vertretene Gewerkschaft. Eine Gewerkschaft ist iSv. § 17 IV auch dann im Betrieb vertreten, wenn ihr – neben der erforderlichen personellen Präsenz durch mindestens ein Mitglied – eine **Tarifzuständigkeit** für den Betrieb **nicht zukommt**[5]. 11

V. Rechtsstellung des Wahlvorstands. § 17 regelt nur die Bestellung des Wahlvorstands in Betrieben ohne BR. Hinsichtlich der Aufgaben, Amtsdauer und Rechtsstellung seiner Mitglieder gilt dasselbe wie bei der Bestellung durch den vorhandenen BR (vgl. § 16 Rz. 4). Die BetrVG-Novelle 2001 hat einen besonderen **Kündigungsschutz** zusätzlich für die **Initiatoren** von BR-Wahlen eingeführt: Nach § 15 IIIa KSchG sollen auch die nach § 17 III bzw. IV einladenden bzw. antragstellenden ArbN vom Zeitpunkt der Einladung bzw. Antragstellung an bis zur Bekanntgabe des Wahlergebnisses, bei Nicht-Zustandekommen der Wahl drei Monate lang gegen **ordentliche** Kündigungen besonders geschützt sein. Ein darüber hinaus nachwirkender Kündigungsschutz ist nicht vorgesehen. Der Schutz ist begrenzt auf die **ersten drei** in der Einladung oder Antragstellung aufgeführten ArbN, § 15 IIIa 1 letzter Hs.; er gilt daher nicht für Initiatoren zur BR-Wahl, die allein oder bloß zu zweit geblieben sind[6]. 12

VI. Streitigkeiten. Streitigkeiten, die sich im Zusammenhang mit der Bestellung des Wahlvorstands ergeben, entscheidet das ArbG im Wege des **Beschlussverfahrens**, vgl. §§ 2a I Nr. 1, II iVm. 80 ff. ArbGG. Ist die Wahl des Wahlvorstands **nichtig**, ist auch die von diesem organisierte BR-Wahl nichtig[7]. Zur Möglichkeit einer einstweiligen Verfügung zum Zwecke des Abbruchs des Wahlverfahrens vgl. § 16 Rz. 14. 13

17a *Bestellung des Wahlvorstands im vereinfachten Wahlverfahren*

Im Fall des § 14a finden die §§ 16 und 17 mit folgender Maßgabe Anwendung:

1. Die Frist des § 16 Abs. 1 Satz 1 wird auf vier Wochen und die des § 16 Abs. 2 Satz 1, Abs. 3 Satz 1 auf drei Wochen verkürzt.

2. § 16 Abs. 1 Satz 2 und 3 findet keine Anwendung.

3. In den Fällen des § 17 Abs. 2 wird der Wahlvorstand in einer Wahlversammlung von der Mehrheit der anwesenden Arbeitnehmer gewählt. Für die Einladung zu der Wahlversammlung gilt § 17 Abs. 3 entsprechend.

4. § 17 Abs. 4 gilt entsprechend, wenn trotz Einladung keine Wahlversammlung stattfindet oder auf der Wahlversammlung kein Wahlvorstand gewählt wird.

§ 17a neu eingeführt durch das BetrVerf-ReformG v. 23.7.2001 (BGBl. I S. 1852), vgl. Neubekanntmachung v. 25.9.2001 (BGBl. I S. 2518).

I. Inhalt und Zweck. Die Vorschrift ergänzt § 14a BetrVG, indem sie dem Beschleunigungs- und Vereinfachungszweck des neuen **vereinfachten Wahlverfahrens** entsprechende Modifikationen der allgemeinen Regeln (§§ 16, 17) für die Bestellung des Wahlvorstands enthält. Sie gilt also nur für Betriebe mit in der Regel fünf bis 50 wahlberechtigten ArbN, vgl. § 14a I 1. Die Fristen für die Bestellung des Wahlvorstands werden verkürzt (Nr. 1), der Wahlvorstand in Kleinbetrieben wird auf die Anzahl von **drei** Mitgliedern **festgelegt** (Nr. 2); eine höhere Mitgliederzahl hielt der Gesetzgeber im Kleinbetrieb nicht für erforderlich[8]. Für den betriebsratslosen Kleinbetrieb, dh. für das sog. zweistufige vereinfachte Wahlverfahren (vgl. § 14a Rz. 2), wird in Nr. 3 bestimmt, dass der Wahlvorstand in einer Wahlversammlung gewählt wird. Wie im Regelverfahren nach § 14 wird der Wahlvorstand dort von der Mehrheit der anwesen- 1

1 HaKo-BetrVG/*Brors*, § 17 Rz. 6. | 2 BAG v. 14.12.1965 – 1 ABR 6/65, BAGE 18, 54 = DB 1966, 425; Richardi/*Thüsing*, § 17 BetrVG Rz. 25. | 3 BAG v. 26.2.1992 – 7 ABR 37/91, NZA 1992, 942; krit. *Fitting*, § 17 BetrVG Rz. 33; *Richter*, NZA 2002, 1069 wegen der neuen Primärkompetenz des GBR/KBR. | 4 BAG v. 26.2.1992 – 7 ABR 37/91, NZA 1992, 942; LAG Düsseldorf v. 19.10.1983 – 12 TaBV 75/83, AiB 1984, 79; GK-BetrVG/*Kreutz*, § 17 Rz. 45; das bleibt auch nach der Neufassung maßgeblich, vgl. *Richter*, NZA 2002, 1069 (1073). | 5 BAG v. 10.11.2004 – 7 ABR 19/04, NZA 2005, 426. Dem Beschluss kommt grundsätzliche Bedeutung für die gewerkschaftliche Einforderung von Rechten aus dem BetrVG zu, dazu teils krit. *Ramrath*, SAE 2006, 114. | 6 *Löwisch*, BB 2002, 1503. | 7 GK-BetrVG/*Kreutz*, § 17 Rz. 53. | 8 Vgl. BT-Drs. 14/5741, S. 38.

den Mitglieder bestellt (vgl. § 14a Rz. 9 f.). Nr. 4 schließlich sieht in entsprechender Anwendung des § 17 IV die Ersatzbestellung durch das ArbG auf Antrag vor (vgl. § 17 Rz. 11).

2 Soweit § 17a keine Modifikation enthält, finden die §§ 16, 17 BetrVG uneingeschränkt Anwendung. Dies ergibt sich aus dem Eingangssatz der Vorschrift[1]. Zu beachten ist, dass § 17a nicht für das vereinfachte Wahlverfahren **kraft Vereinbarung** gilt, § 14a V, weil hier der Wahlvorstand bereits nach den allgemeinen Regeln der §§ 16, 17 bestellt worden sein muss[2].

3 **II. Bestellung in Kleinbetrieben durch den Betriebsrat (Nr. 1 u. 2).** Besteht bereits ein BR (sog. einstufiges vereinfachtes Verfahren, vgl. § 14a III), kann er nach Nr. 1 **sechs Wochen länger** mit der Bestellung des Wahlvorstands zuwarten als nach § 16 I 1. Entsprechend kann eine **Ersatzbestellung** durch das ArbG (§ 16 II) oder den GBR bzw. KBR (§ 16 III) nicht schon acht, sondern frühestens drei Wochen vor Ablauf der Amtszeit erfolgen. Der Sinn dieser Verkürzung von Bestellungsfristen ist auch mit Rücksicht auf Kleinbetriebe nicht erkennbar. Selbst wenn der Vorbereitungsaufwand dort geringer sein sollte, wird dennoch möglicherweise unnötige Hektik erzeugt. Jedenfalls ist dem BR eine frühere Bestellung keineswegs verwehrt (vgl. § 16 I 1: „spätestens")[3].

4 **III. Bestellung in Kleinbetrieben ohne Betriebsrat (Nr. 3 u. 4).** Da § 17 uneingeschränkt Anwendung findet, soweit § 17a keine modifizierenden Regelungen enthält (Rz. 2), gilt auch in Kleinbetrieben ohne BR die **Primärkompetenz** des GBR bzw. KBR zur Bestellung des Wahlvorstands (vgl. § 17 Rz. 3). Der Wahlversammlung kommt auch **im vereinfachten Verfahren** nur eine sekundäre Zuständigkeit zu (vgl. § 17 Rz. 6)[4]. Die teleologisch begründbare Gegenmeinung von *Löwisch* ist systematisch nicht haltbar: Der Verweis der Nr. 3 auf „Fälle des § 17 II" setzt auch hier die Geltung des § 17 I als selbstverständlich voraus[5]. Der gegenüber § 17 II **eigenständige Gehalt** von Nr. 3 S. 1 ist der Begriff „Wahlversammlung" (nicht: „Betriebsversammlung"), so dass eine formlose Versammlung von betrieblichen ArbN ausreicht, die den Wahlvorstand ebenso formlos mit einfacher Mehrheit wählen kann (vgl. § 14a Rz. 9). Für die Einladung gilt § 17 III entsprechend, jedoch muss sie nach § 28 I 2 WO **sieben Tage** vor der Wahlversammlung erfolgen (vgl. § 14a Rz. 6 ff.).

5 Findet „trotz Einladung" **keine Wahlversammlung** statt oder wird trotz Wahlversammlung kein Wahlvorstand gewählt, ordnet Nr. 4 der Vorschrift die entsprechende Anwendung des § 17 IV an, so dass das ArbG auf Antrag von drei wahlberechtigten ArbN oder einer im Betrieb vertretenen Gewerkschaft den Wahlvorstand bestellen kann (vgl. § 17 Rz. 11). Auch dann kann die Zahl der Wahlvorstandsmitglieder nicht über drei hinaus erhöht werden. Nur in Betrieben mit in der Regel mehr als 20 wahlberechtigten ArbN gilt über § 17 IV die Möglichkeit, betriebsexterne Gewerkschaftsmitglieder zu Mitgliedern des Wahlvorstands zu bestellen.

6 **IV. Streitigkeiten.** Streitigkeiten, die sich im Zusammenhang mit der Bestellung des Wahlvorstands ergeben, entscheidet das ArbG im Wege des **Beschlussverfahrens** (§§ 2a I Nr. 1, II iVm. 80 ff. ArbGG). Verstöße gegen § 17a können als Verstöße gegen das Wahlverfahren zur **Anfechtbarkeit** (§ 19) führen, wenn es nicht völlig unwahrscheinlich ist, dass bei ordnungsgemäßer Durchführung der Wahl ein anderes Wahlergebnis erzielt worden wäre. Eine pauschale Argumentation mit dem erhöhten Zeitdruck der Wahl im vereinfachten Verfahren reicht nicht aus[6], jedoch ist die Nicht-Einhaltung der knappen Fristen (zB der 7-Tage-Einladungsfrist im zweistufigen Wahlverfahren, vgl. § 14a Rz. 6) eindeutiger Anfechtungsgrund. Im Übrigen vgl. § 14 Rz. 21, § 14a Rz. 20.

18 *Vorbereitung und Durchführung der Wahl*

(1) Der Wahlvorstand hat die Wahl unverzüglich einzuleiten, sie durchzuführen und das Wahlergebnis festzustellen. Kommt der Wahlvorstand dieser Verpflichtung nicht nach, so ersetzt ihn das Arbeitsgericht auf Antrag des Betriebsrats, von mindestens drei wahlberechtigten Arbeitnehmern oder einer im Betrieb vertretenen Gewerkschaft. § 16 Abs. 2 gilt entsprechend.

(2) Ist zweifelhaft, ob eine betriebsratsfähige Organisationseinheit vorliegt, so können der Arbeitgeber, jeder beteiligte Betriebsrat, jeder beteiligte Wahlvorstand oder eine im Betrieb vertretene Gewerkschaft eine Entscheidung des Arbeitsgerichts beantragen.

(3) Unverzüglich nach Abschluss der Wahl nimmt der Wahlvorstand öffentlich die Auszählung der Stimmen vor, stellt deren Ergebnis in einer Niederschrift fest und gibt es den Arbeitnehmern des Betriebs bekannt. Dem Arbeitgeber und den im Betrieb vertretenen Gewerkschaften ist eine Abschrift der Wahlniederschrift zu übersenden.

§ 18 Abs. 1 u. 2 zuletzt geändert durch das BetrVerf-ReformG v. 23.7.2001 (BGBl. I S. 1852), vgl. Neubekanntmachung v. 25.9.2001 (BGBl. I S. 2518).

---

1 HM, vgl. GK-BetrVG/*Kreutz*, § 17a Rz. 7; *Löwisch/Kaiser*, § 17a BetrVG Rz. 1. | 2 Vgl. *Fitting*, § 17a BetrVG Rz. 2; Richardi/*Thüsing*, § 17a BetrVG Rz. 1. | 3 Vgl. ErfK/*Eisemann*, § 17a BetrVG Rz. 2; GK-BetrVG/*Kreutz*, § 17a Rz. 9. | 4 HM, vgl. *Fitting*, § 17a BetrVG Rz. 8; GK-BetrVG/*Kreutz*, § 17a Rz. 13; *Quecke*, AuR 2002, 3; aA *Löwisch/Kaiser*, § 17a BetrVG Rz. 2. | 5 Vgl. ausf. GK-BetrVG/*Kreutz*, § 17a Rz. 13. | 6 HaKo-BetrVG/*Brors*, § 17a Rz. 6.

I. Inhalt und Zweck. Die Vorschrift regelt in erster Linie die **Aufgaben des Wahlvorstands** (Abs. 1 S. 1, Abs. 3) bei Vorbereitung und Durchführung der Wahl, die in der Wahlordnung (WO 2001) im Einzelnen benannt werden. Der Feststellung des Wahlergebnisses kommt im demokratischen Rechtsstaat eine so hohe Bedeutung zu, dass nach Ansicht des Gesetzgebers der Inhalt des Abs. 3 nicht der WO vorbehalten sein sollte, sondern einer besonderen gesetzlichen Normierung bedurfte[1]. Abs. 2 eröffnet hingegen die Möglichkeit der arbeitsgerichtl. Feststellung, ob eine „**betriebsratsfähige Organisationseinheit**" vorliegt. Diese wichtige Vorfrage für jeden Wahlvorstand darf jetzt laut BetrVG-Novelle 2001 **jederzeit** dem Gericht vorgelegt werden, nicht wie bisher nur „vor der Wahl"[2]. Das entspricht der schon bisher geltenden Rspr.[3]. Die Einführung des Begriffs der „betriebsratsfähigen Organisationseinheit" in Abs. 2 trägt dem durch § 3 I Nr. 1–3 möglichen flexibleren Betriebszuschnitt kraft TV oder BV Rechnung. Streit- und Zweifelsfragen können sich auch aus der Anwendung des § 1 II (gemeinsamer Betrieb) oder des § 4 I 1 bzw. II (Betriebsteil, Kleinstbetrieb) ergeben (näher Rz. 12)[4]. Eine weitere wichtige Änderung durch die BetrVG-Novelle 2001 betrifft den Kreis der Antragsberechtigten nach Abs. 1 S. 2: Ein untätiger Wahlvorstand soll künftig auch auf Antrag des **BR**, der ihn bestellt hat, durch das ArbG ersetzt werden können[5]. 1

II. Aufgaben des Wahlvorstands (Abs. 1, 3). Ist der Wahlvorstand nach §§ 16, 17 oder 17a bestellt, hat er **unverzüglich** die Wahl des BR einzuleiten, durchzuführen und das Wahlergebnis festzustellen. Er trifft seine Entscheidungen in nicht-öffentlichen Sitzungen mit einfacher Stimmenmehrheit seiner stimmberechtigten Mitglieder (§ 1 III WO). Die Feststellung des Ergebnisses muss aber öffentlich erfolgen, Abs. 3 (Rz. 6). Er kann auch **Rechtshilfe bzw. -rat** einer im Betrieb vertretenen Gewerkschaft in Anspruch nehmen und dazu Gewerkschaftsbeauftragte zu Sitzungen einladen[6]. Ein Entsendungsrecht der Gewerkschaften (ohne Einladung) kommt aber nur nach § 16 I 6 in Betracht (vgl. § 16 Rz. 9). Die Mitglieder des Wahlvorstands sind **ehrenamtlich** tätig und haben keinen Anspruch auf besondere Vergütung (vgl. § 16 Rz. 4); sie dürfen deshalb aber auch keine Nachteile erleiden (vgl. § 20 III 2). Werden sie aus betriebl. Gründen außerhalb ihrer Arbeitszeit tätig, haben sie deshalb analog § 37 III Ausgleichsansprüche[7]. 2

1. Einleitung und Durchführung der Wahl (Abs. 1). Der Wahlvorstand hat die Wahl durch den Erlass des Wahlausschreibens spätestens sechs Wochen vor dem ersten Tag der Stimmabgabe **einzuleiten** (vgl. § 3 I 1, 2 WO). Aus dessen zwingendem Inhalt gem. § 3 II WO ergeben sich seine **wesentlichen** Aufgaben im Vorfeld, insb. 3

- Aufstellung der Wählerliste (§ 2 I WO);
- Feststellung des Anteils der Geschlechter und der Mindestsitze gem. § 15 II, § 5 WO (vgl. § 15 Rz. 6);
- Feststellung der Anzahl der zu wählenden BR-Mitglieder nach §§ 9, 11;
- Berechnung der Mindestzahl von Stützunterschriften für Wahlvorschläge nach § 14 IV (vgl. § 14 Rz. 17);
- Festlegung des Ortes, des Tages und der Zeit der Stimmabgabe;
- Festlegung der Betriebsadresse des Wahlvorstands[8].

Die Wahl ist durch den Wahlvorstand „**unverzüglich**" einzuleiten. Der Begriff ist anhand § 121 I 1 BGB auszulegen, dh. Einleitung „ohne schuldhaftes Zögern", und findet eine Konkretisierung durch § 3 I 1 WO („spätestens sechs Wochen vor dem ersten Tag der Stimmabgabe"). Das Gesetz belässt dem Wahlvorstand einen Spielraum **pflichtgemäßen Ermessens** und fordert keineswegs übereiltes Handeln[9]. 4

Die **Durchführung** der Wahl beginnt mit dem Erlass des Wahlausschreibens (§ 3 WO[10]) und endet mit dem Abschluss der Stimmabgabe. Der Wahlvorstand nimmt vor allem **Wahlvorschläge** entgegen, prüft deren ordnungsgemäßes Zustandekommen[11] und fristgerechte Einreichung (§§ 6–8 WO). Weiter geht es um folgende wesentliche Maßnahmen: 5

- Entscheidung über Einsprüche gegen die Richtigkeit der Wählerliste (§ 4 WO);
- Feststellung, ob die Wahl als Verhältniswahl oder als Mehrheitswahl stattfindet (vgl. § 14 Rz. 10 ff.);
- Bekanntgabe der Wahlvorschläge (§ 10 II WO);
- Technische Vorbereitung des Wahlgangs, zB Einsatz von Wahlhelfern (§ 1 II WO), Beschaffung der Stimmzettel, Wahlumschläge und Wahlurnen (§§ 11, 12 WO);

---

1 Ausschuss für Arbeit und Sozialordnung, zu BT-Drs. VI/2729, S. 21. | 2 BT-Drs. 14/5741, S. 38. | 3 Zuletzt BAG v. 9.4.1991 – 1 AZR 488/90, BAGE 68, 1 = NZA 1991, 812. | 4 BT-Drs. 14/5741, S. 38; ferner GK-BetrVG/*Kreutz*, § 18 Rz. 56. | 5 BT-Drs. 14/5741, S. 38. | 6 HM, vgl. GK-BetrVG/*Kreutz*, § 18 Rz. 13; DKK/*Schneider*, § 18 BetrVG Rz. 2. | 7 BAG v. 26.4.1995 – 7 AZR 874/94, BAGE 80, 54 = NZA 1996, 160. | 8 Einzelheiten vgl. § 2 Abs. 2 WO sowie *Fitting*, § 18 BetrVG Rz. 16; GK-BetrVG/*Kreutz*, § 18 Rz. 19 ff. | 9 Vgl. nur HaKo-BetrVG/*Brors*, § 18 Rz. 3; GK-BetrVG/*Kreutz*, § 18 Rz. 18. | 10 Zur Maßgeblichkeit des ordnungsgemäßen Aushangs im Verhältnis zur elektronischen Bekanntmachung gem. § 3 IV WahlO vgl. BAG v. 5.5.2004 – 7 ABR 44/03, NZA 2004, 1285; *Gräfl*, JbArbR 42 (2005), 133 (139 f.). | 11 Vgl. BAG v. 25.5.2005 – 7 ABR 39/04, NZA 2006, 116: am letzten Tag der Frist zur Einreichung von Wahlvorschlägen sind eingehende Wahlvorschläge möglichst sofort zu prüfen und ggf. zurückzuweisen.

- Überwachung der Stimmabgabe (§ 12 WO), Öffnung und Prüfung der schriftlichen Stimmabgaben (§ 26 WO).

6 **2. Feststellung des Wahlergebnisses (Abs. 3).** Ebenso **unverzüglich** wie die Einleitung hat auch die **Feststellung und Bekanntgabe** des Wahlergebnisses durch den Wahlvorstand nach Abs. 3 zu erfolgen (vgl. §§ 13 ff. WO). Das hat in **öffentlicher Sitzung** zu geschehen. Das gesamte Verfahren der Feststellung des Wahlergebnisses ist öffentlich und nicht – wie es der Wortlaut nahe legen könnte – nur der Vorgang der Stimmauszählung[1]. Die vorgeschriebene Öffentlichkeit erfordert, dass Ort und Zeitpunkt der Stimmauszählung **vorher** im Betrieb öffentlich bekannt gemacht werden. Gemeint ist nicht die allgemeine Öffentlichkeit, sondern die **Betriebsöffentlichkeit**[2], dh. alle ArbN und diejenigen, welchen auch ein Anfechtungsrecht nach § 19 zustehen kann. Damit sind auch die Gewerkschaften erfasst, unabhängig davon, ob sie bis jetzt an der Wahl beteiligt waren oder nicht. Die Beauftragten der Gewerkschaft haben daher ein Teilnahmerecht an der Auszählung, das auch ein Zugangsrecht zum Betrieb nach § 2 II begründet[3].

7 Nach der Auszählung der Stimmen (§§ 13, 14 WO) und der Ermittlung der Sitze (§ 15 WO) wird das Ergebnis in einer **Wahlniederschrift** (§ 16 WO) festgestellt und den ArbN des Betriebs genauso wie das Wahlausschreiben bekannt gegeben (§ 18 WO). Voraussetzung ist allerdings die Zustimmung der Gewählten (§ 17 WO), die die Wahl selbstverständlich auch ablehnen können[4]. Erst dann ist eine Abschrift der Wahlniederschrift nach Abs. 3 S. 2 dem ArbGeb und den im Betrieb vertretenen Gewerkschaften durch den Wahlvorstand zu übersenden. Wird gegen diese Übersendungspflicht verstoßen, begründet das **keine Anfechtung**, weil zu diesem Zeitpunkt das Wahlergebnis bereits feststeht – eine mögliche kausale Wahlbeeinflussung scheidet aus[5].

8 Mit der Bekanntmachung des **endgültigen** Wahlergebnisses durch zweiwöchigen Aushang (§ 18 WO) ist das Wahlverfahren **beendet**. Die Aushangfrist stimmt mit der Anfechtungsfrist nach § 19 II 2 überein. Der Wahlvorstand amtiert jedoch solange, bis er die Leitung der **konstituierenden** Sitzung des neu gewählten BR nach § 29 I 2 an den gewählten Wahlleiter abgeben kann (vgl. § 16 Rz. 4). Diese konstituierende Sitzung ist nach § 29 I 1 „vor Ablauf einer Woche nach dem Wahltag" durch den Wahlvorstand einzuberufen.

9 **III. Ersetzung des Wahlvorstands durch das Arbeitsgericht (Abs. 1 S. 2).** Die **tatsächliche** und **rechtzeitige** Durchführung der BR-Wahlen ist dem Gesetzgeber so wichtig, dass er die Pflichten des Wahlvorstands nach Abs. 1 durch eine **Ersetzungsbefugnis** des ArbG sanktioniert. Deshalb genügt schon objektive Untätigkeit des Wahlvorstands bzw. pflichtwidrige Verzögerung des Wahlverfahrens; einer schuldhaften Pflichtverletzung bedarf es – ähnlich wie bei der Auflösung des BR (vgl. § 23 I) – nicht[6]. Nach dem Wortlaut der Vorschrift ist der Ausschluss nur eines **einzigen** Mitglieds als der entscheidenden Störungsquelle nicht möglich – der Wahlvorstand wird als Gremium insgesamt abberufen[7]. Handelt der Wahlvorstand lediglich **unzweckmäßig**, kommt es nicht zum Ersetzungsverfahren, sondern allenfalls zum eigenständigen arbeitsgerichtlichen Kontrollverfahren (Rz. 16).

10 Die Entscheidung des ArbG erfolgt nur auf **Antrag**. Antragsberechtigt sind jetzt auch der BR (Rz. 1), drei wahlberechtigte ArbN oder jede im Betrieb vertretene Gewerkschaft, nicht aber der ArbGeb. Zur Schließung einer Regelungslücke ist mit *Kreutz* aber auch der den Wahlvorstand nach §§ 16 III, 17 I bestellt habende **GBR bzw. KBR** als antragsberechtigt anzusehen[8]. Das ArbG beruft den alten Wahlvorstand ab und bestimmt gleichzeitig die Mitglieder des neuen Vorstands und den Vorsitzenden (vgl. § 16 Rz. 8, 10). Es kann bei deutlichem Fehlverhalten nur einer Person andere Mitglieder des ersetzten Wahlvorstands wieder in den neuen Wahlvorstand berufen[9]. Die Wirkung der Ersetzung des Wahlvorstands erfolgt mit **„ex nunc-Wirkung"**, so dass etwaige vom alten Wahlvorstand veranlasste Maßnahmen ihre Gültigkeit behalten[10].

11 Mit **Rechtskraft** des Ersetzungsbeschlusses durch das ArbG verliert der ArbN den besonderen Kündigungsschutz nach § 15 III KSchG (vgl. ausdrückl. Regelung in § 15 III 2 Hs. 2 KSchG). Nach Antragstellung einer der nach Abs. 1 S. 2 Berechtigten kann der noch amtierende Wahlvorstand die gerichtl. Entscheidung nicht dadurch verhindern, dass er nunmehr endlich die gebotenen Aktivitäten entfaltet[11].

12 **IV. Feststellung betriebsratsfähiger Organisationseinheiten (Abs. 2).** Nach Abs. 2 kann in **jedem Zweifelsfall** und unabhängig von einer BR-Wahl **zu jeder Zeit** (Rz. 1) die arbeitsgerichtl. Entscheidung dar-

---

1 HM, vgl. *Fitting*, § 18 BetrVG Rz. 21; GK-BetrVG/*Kreutz*, § 18 Rz. 32. | **2** BAG v. 15.11.2000 – 7 ABR 53/99, NZA 2001, 853. | **3** HM, vgl. *Fitting*, § 18 BetrVG Rz. 23. | **4** Ausf. GK-BetrVG/*Kreutz*, § 18 Rz. 36 ff., der deshalb zwischen einem vorläufigen und einem endgültigen Wahlergebnis differenziert. | **5** HM, vgl. *Fitting*, § 18 BetrVG Rz. 29; GK-BetrVG/*Kreutz*, § 18 Rz. 40. | **6** HM, vgl. *Fitting*, § 18 BetrVG Rz. 48; GK-BetrVG/*Kreutz*, § 18 Rz. 44 f. | **7** Vgl. DKK/*Schneider*, § 18 BetrVG Rz. 15; Richardi/*Thüsing*, § 18 BetrVG Rz. 11. | **8** GK-BetrVG/*Kreutz*, § 18 Rz. 48: analoge Anwendung geboten; ähnl. ErfK/*Eisemann*, § 18 BetrVG Rz. 8; *Fitting*, § 18 BetrVG Rz. 46. | **9** So etwa *Fitting*, § 18 BetrVG Rz. 52; GK-BetrVG/*Kreutz*, § 18 Rz. 50; Richardi/*Thüsing*, § 18 BetrVG Rz. 15; aA wohl *Löwisch/Kaiser*, § 18 BetrVG Rz. 4. | **10** HM, vgl. *Fitting*, § 18 BetrVG Rz. 51; GK-BetrVG/*Kreutz*, § 18 Rz. 52; Richardi/*Thüsing*, § 18 BetrVG Rz. 16. | **11** ArbG Essen v. 9.7.1982 – 2 BV 32/82, AuR 1983, 188.

über herbeigeführt werden, ob eine bestimmte Organisationseinheit **betriebsratsfähig** ist oder nicht bzw. wo deren Grenzen verlaufen. Daher fällt auch die Feststellung, ob mehrere Unternehmen einen gemeinsamen Betrieb bilden, unter § 18 II[1]. Die Klärung dieser Frage ist nicht nur für die Wahlen, sondern auch für den Umfang der Beteiligungsrechte – je nach Anzahl der Beschäftigten – wesentlich. Der systematische Zusammenhang der Antragsbefugnis mit dem Wahlverfahren in § 18 ist nur noch von historischer Bedeutung[2]. Doch wird durch Abs. 2 noch immer zutreffend betont, dass es gerade Aufgabe des **Wahlvorstands** ist, zur Vermeidung späterer Anfechtungsverfahren eine Klärung besonders schwieriger betrieblicher Abgrenzungsfragen rechtzeitig zu veranlassen[3]. Solange eine **bindende Betriebsabgrenzung** nach dieser Norm nicht ergangen ist, kann diese Rechtsfrage auch als Vorfrage in einem Beschlussverfahren (zB Mitbest. nach § 99 BetrVG) geklärt werden[4]. Umgekehrt kommt der im Beschlussverfahren ergangenen Entscheidung **Bindungswirkung** für nachfolgende Urteilsverfahren (zB Nachteilsausgleich nach § 113 BetrVG) als Feststellung des betriebsverfassungsrechtl. Tatbestands zu, jedoch nur in Bezug auf kollektiv-rechtl. Vorfragen, nicht aber in Bezug auf den Kündigungsschutz[5].

Die **Antragsberechtigung** nach Abs. 2 ist nicht als abschließende Regelung aufzufassen. Vielmehr folgt 13
diese den allgemeinen Grundsätzen des Beschlussverfahrens kraft **materieller Betroffenheit**[6]. Über die in Abs. 2 ausdrücklich Genannten hinaus sind zB auch jeder beteiligte SprAu für leitende Angestellte und jeder dabei beteiligte Wahlvorstand antragsberechtigt[7]. Doch sind die **ArbN selbst** nicht antragsberechtigt, weil ihnen die für dieses Verfahren notwendige betriebsverfassungsrechtl. Betroffenheit fehlt. Eine Analogie zum nachträglichen Rechtsschutz nach § 19 II überzeugt nicht[8]. Den im Betrieb vertretenen **Gewerkschaften** wird durch die Antragsbefugnis nach Abs. 2 eine betriebsverfassungsrechtl. Rechtsposition erst eingeräumt; daraus folgt jedoch keineswegs ein Beteiligungsrecht in Verfahren, die von anderen Antragsberechtigten eingeleitet worden sind[9].

Die rechtskräftige Entscheidung des ArbG führt zu einer weit gehenden **Bindungswirkung** (Rz. 12), 14
und zwar nicht nur für alle Verfahrensbeteiligten, sondern auch für den ArbGeb und die ArbN kraft Rechtskrafterstreckung nach Sinn und Zweck des § 18 II[10]. Dabei gilt es nach dem **Zeitpunkt der rechtskräftigen Feststellung** zu unterscheiden: Wird das ArbG, der ursprünglichen Intention des Abs. 2 folgend, im laufenden Wahlverfahren angerufen und ergeht eine (rechtskräftige) Entscheidung **vor Abschluss der Wahlen**, ist bei fehlerhafter Betriebsabgrenzung die Wahl abzubrechen und ein neues Wahlverfahren mit einem neuen Wahlvorstand einzuleiten[11]. Ein ggf. parallel gestellter Antrag auf Ersetzung des Wahlvorstands gem. § 18 I 2 wird mangels Rechtsschutzinteresses unzulässig, wenn der Wahlvorstand in einer Betriebsstätte bestellt werden sollte, für die gem. § 18 II rechtskräftig festgestellt wurde, dass es sich nicht um eine betriebsratsfähige Organisationseinheit handelt[12].

Wird **während der Amtszeit** eines BR rechtskräftig festgestellt, dass eine fehlerhafte betriebl. Organi- 15
sationsabgrenzung erfolgte, ist diese Entscheidung grundsätzlich erst **für die nächste Wahl** maßgebend, es sei denn, die Verkennung des Betriebsbegriffs ist evident (§ 19 Rz. 25). Der gewählte BR bleibt solange im Amt, bis seine Amtszeit abgelaufen ist, sofern die Wahl nicht wirksam nach § 19 innerhalb der Zwei-Wochen-Frist angefochten wird[13]. Wurde zB ein Teil der betriebsratsfähigen Organisationseinheit zu Unrecht nicht einbezogen, so erweitert zwar die gerichtl. Feststellung den Zuständigkeitsbereich des BR; jedoch kann außerhalb der regelmäßigen BR-Wahlen ein BR nur analog § 13 II Nr. 1 unter Beteiligung der hinzu gekommenen ArbN gewählt werden[14]. Existiert allerdings für den eigentlich unselbständigen Betriebsteil ein BR, bleibt dieser folgerichtig im Amt und fällt nicht in den Zuständigkeitsbereich des Hauptbetriebs[15].

V. Streitigkeiten. Die Norm regelt **ausdrücklich** zwei Verfahren: (1) das Abberufungsverfahren nach 16
Abs. 1 S. 2 (Rz. 9–11), (2) das Zuordnungsverfahren nach Abs. 2 (Rz. 12–15). Darüber hinaus können nach hM **alle Maßnahmen des Wahlvorstands** bereits vor Abschluss des Wahlverfahrens vom ArbG in einem gesonderten Beschlussverfahren (§§ 2a, 80 ff. ArbGG) überprüft werden (vgl. § 14 Rz. 21). Das

---

1 BAG v. 11.2.2004 – 7 ABR 27/03, NZA 2004, 618; v. 9.4.1991 – 1 AZR 488/90, BAGE 68, 1 = NZA 1991, 812; LAG Köln v. 14.7.2004 – 7 TaBV 59/03 (nv.). | 2 GK-BetrVG/*Kreutz*, § 18 Rz. 55: frühere enumerative Aufzählung der Zuständigkeit in betriebsverfassungsrechtlichen Streitigkeiten. | 3 HM, vgl. nur HaKo-BetrVG/*Brors*, § 18 Rz. 1; GK-BetrVG/*Kreutz*, § 18 Rz. 56, sowie BAG v. 9.4.1991 – 1 AZR 488/90, BAGE 68, 1 = NZA 1991, 812. | 4 BAG v. 3.12.1985 – 1 ABR 29/84, BAGE 50, 251 = NZA 1986, 334. | 5 BAG v. 18.10.2006 – 2 AZR 434/05, NZA 2007, 552; v. 9.4.1991 – 1 AZR 488/90, BAGE 68, 1 = NZA 1991, 812. | 6 Str., wie hier ErfK/*Eisemann*, § 18 BetrVG Rz. 8; GK-BetrVG/*Kreutz*, § 18 Rz. 58; Richardi/*Thüsing*, § 18 BetrVG Rz. 26; aA DKK/*Schneider*, § 18 BetrVG Rz. 20; HaKo-BetrVG/*Brors*, § 18 Rz. 6; *Fitting*, § 18 BetrVG Rz. 59. | 7 Nicht aber, wenn der gewählte BR schon im Amt ist, vgl. LAG Nürnberg v. 4.1.2007 – 6 Ta 206/06, NZA-RR 2007, 214. | 8 So auch *Fitting*, § 18 BetrVG Rz. 60; Richardi/*Thüsing*, § 18 BetrVG Rz. 26; aA GK-BetrVG/*Kreutz*, § 18 Rz. 58. | 9 Beteiligung nur bei Betroffenheit gewerkschaftlicher Interessen, vgl. BAG v. 25.9.1986 – 6 ABR 68/84, BAGE 53, 119 = NZA 1987, 708. | 10 BAG v. 9.4.1991 – 1 AZR 488/90, BAGE 68, 1 = NZA 1991, 812; vgl. ferner GK-BetrVG/*Kreutz*, § 18 Rz. 63. | 11 HM, vgl. nur *Fitting*, § 18 BetrVG Rz. 61; GK-BetrVG/*Kreutz*, § 18 Rz. 61. | 12 BAG v. 1.12.2004 – 7 ABR 27/04, DB 2005, 953 (Ls.) = EzA § 18 BetrVG 2001 Nr. 1. | 13 Vgl. *Fitting*, § 18 BetrVG Rz. 61; GK-BetrVG/*Kreutz*, § 18 Rz. 61. | 14 HM, vgl. nur HaKo-BetrVG/*Brors*, § 18 Rz. 7; *Fitting*, § 18 BetrVG Rz. 64. | 15 Zutr. *Fitting*, § 18 BetrVG Rz. 63; GK-BetrVG/*Kreutz*, § 18 Rz. 62; aA Richardi/*Thüsing*, § 18 BetrVG Rz. 33.

BetrVG sieht zwar ein solches allgemeines Kontrollverfahren nicht vor. Doch wäre es prozessökonomisch unsinnig, ein offenkundig fehlerhaftes Wahlverfahren erst nachträglich im Wege der Anfechtung mit den entsprechenden Folgekosten korrigieren zu können[1]. Auch die Möglichkeit des Abberufungsverfahrens ändert nichts an der Rechtsschutzlücke, die ohne ein allgemeines vorgeschaltetes Kontrollverfahren bestehen würde.

17 Weil der Antrag auf Kontrolle des Wahlvorstands keine aufschiebende Wirkung für das Wahlverfahren hat, muss idR die Möglichkeit der **einstweiligen Verfügung** geprüft werden. Sie ist im Beschlussverfahren möglich, § 85 II ArbGG, doch scheiden sog. Sicherungsverfügungen aus, weil sonst betriebsratslose Zeiten eintreten würden, die ja gerade durch §§ 16–18 vermieden werden sollen[2]. Nach hM können sog. **Leistungsverfügungen** schwerwiegende Fehler noch vor der Wahl korrigieren, zB indem eine Liste nachträglich zur Wahl zugelassen wird. Dass sich die Wahl dadurch verzögern kann, muss hingenommen werden, wenn ein **Verfügungsgrund** iSd. § 940 ZPO vorliegt. An sein Vorliegen sind strenge Anforderungen zu stellen, damit nicht im Verfügungsverfahren alle Rechtsfragen des Anfechtungsverfahrens vorweggenommen werden. Es muss sich daher um die Korrektur **wesentlicher Fehler** handeln, die ohne jeden Zweifel zur Nichtigkeit oder Anfechtbarkeit führen würden und durch einstweilige Verfügung auch korrigierbar sind[3].

18 Nur **ausnahmsweise** kann dem Wahlvorstand durch Abbruchverfügung die Durchführung der Wahl **vollständig untersagt werden**, wenn die Pflichtverletzungen so „irreparabel" sind, dass nach Überzeugung des Gerichts die Wahl mit Sicherheit eine erfolgreiche Anfechtung oder die **Nichtigkeit** zur Folge hätte[4], vgl. § 16 Rz. 14 mwN. Belanglose Ordnungsfehler dürfen nicht zum Wahlabbruch führen,

18a *Zuordnung der leitenden Angestellten bei Wahlen*

(1) Sind die Wahlen nach § 13 Abs. 1 und nach § 5 Abs. 1 des Sprecherausschussgesetzes zeitgleich einzuleiten, so haben sich die Wahlvorstände unverzüglich nach Aufstellung der Wählerlisten, spätestens jedoch zwei Wochen vor Einleitung der Wahlen, gegenseitig darüber zu unterrichten, welche Angestellten sie den leitenden Angestellten zugeordnet haben; dies gilt auch, wenn die Wahlen ohne Bestehen einer gesetzlichen Verpflichtung zeitgleich eingeleitet werden. Soweit zwischen den Wahlvorständen kein Einvernehmen über die Zuordnung besteht, haben sie in gemeinsamer Sitzung eine Einigung zu versuchen. Soweit eine Einigung zu Stande kommt, sind die Angestellten entsprechend ihrer Zuordnung in die jeweilige Wählerliste einzutragen.

(2) Soweit eine Einigung nicht zu Stande kommt, hat ein Vermittler spätestens eine Woche vor Einleitung der Wahlen erneut eine Verständigung der Wahlvorstände über die Zuordnung zu versuchen. Der Arbeitgeber hat den Vermittler auf dessen Verlangen zu unterstützen, insbesondere die erforderlichen Auskünfte zu erteilen und die erforderlichen Unterlagen zur Verfügung zu stellen. Bleibt der Verständigungsversuch erfolglos, so entscheidet der Vermittler nach Beratung mit dem Arbeitgeber. Absatz 1 Satz 3 gilt entsprechend.

(3) Auf die Person des Vermittlers müssen sich die Wahlvorstände einigen. Zum Vermittler kann nur ein Beschäftigter des Betriebs oder eines anderen Betriebs des Unternehmens oder Konzerns oder der Arbeitgeber bestellt werden. Kommt eine Einigung nicht zu Stande, so schlagen die Wahlvorstände je eine Person als Vermittler vor; durch Los wird entschieden, wer als Vermittler tätig wird.

(4) Wird mit der Wahl nach § 13 Abs. 1 oder 2 nicht zeitgleich eine Wahl nach dem Sprecherausschussgesetz eingeleitet, so hat der Wahlvorstand den Sprecherausschuss entsprechend Absatz 1 Satz 1 erster Halbsatz zu unterrichten. Soweit kein Einvernehmen über die Zuordnung besteht, hat der Sprecherausschuss Mitglieder zu benennen, die an Stelle des Wahlvorstands an dem Zuordnungsverfahren teilnehmen. Wird mit der Wahl nach § 5 Abs. 1 oder 2 des Sprecherausschussgesetzes nicht zeitgleich eine Wahl nach diesem Gesetz eingeleitet, so gelten die Sätze 1 und 2 für den Betriebsrat entsprechend.

(5) Durch die Zuordnung wird der Rechtsweg nicht ausgeschlossen. Die Anfechtung der Betriebsratswahl oder der Wahl nach dem Sprecherausschussgesetz ist ausgeschlossen, soweit sie darauf gestützt wird, die Zuordnung sei fehlerhaft erfolgt. Satz 2 gilt nicht, soweit die Zuordnung offensichtlich fehlerhaft ist.

§ 18a neu eingeführt durch die BetrVG-Novelle vom 20.12.1988 (BGBl. I S. 2312).

---

1 BAG v. 15.12.1972 – 1 ABR 8/72, BAGE 24, 480 = DB 1973, 2052; v. 25.8.1981 – 1 ABR 61/79, BAGE 37, 31 = DB 1982, 546. | 2 HM, vgl. *Fitting*, § 18 BetrVG Rz. 37 f.; GK-BetrVG/*Kreutz*, § 18 Rz. 75; *H. Hanau*, DB 1986, Beilage Nr. 4, S. 11; *Zwanziger*, DB 1999, 2264 (2265). | 3 So die wohl hM, vgl. *Fitting*, § 18 BetrVG Rz. 39 ff.; GK-BetrVG/*Kreutz*, § 18 Rz. 77; *Rieble/Triskatis*, NZA 2006, 233 (236); *Walker*, ZfA 2005, 45 (53, 71); *Zwanziger*, DB 1999, 2264 (2265), der allerdings Ausnahmen bei Verkennung des Betriebsbegriffs wegen § 18 II und bei Verkennung der Zahl der zu wählenden BR-Mitglieder mangels „wesentlichen" Nachteils anerkennen will; so auch LAG Hess. v. 21.3.1990 – 12 TaBV GA 34/90, DB 1991, 239. | 4 LAG Nds. v. 4.12.2003 – 16 TaBV 91/03, BB 2004, 1114; wohl strenger LAG Köln v. 29.3.2001 – 5 TaBv 22/01, BB 2001, 1356; LAG BW v. 20.5.1998 – 8 Ta 9/98, AiB 1998, 401; ausführlich *Rieble/Triskatis*, NZA 2006, 233.

I. Inhalt und Zweck. Das Zuordnungsverfahren soll eine eindeutige und einheitliche **Abgrenzung der** 1
leitenden Angestellten von den einfachen Angestellten rechtzeitig vor den Wahlen zum BR bzw. zum SprAu ermöglichen. Dazu werden in Abs. 1 bis 3 die Abstimmung der Wahlvorstände bei **zeitgleichen** Wahlen (§ 13 I 2) und in Abs. 4 bei nicht zeitgleichen Wahlen beider Gremien geregelt. Abs. 5 betrifft die wesentliche **Rechtsfolge** der Einschränkung des Anfechtungsrechts (Rz. 13). Die Vorschrift möchte insoweit präventive Streitvermeidung und Rechtssicherheit gewährleisten (vgl. auch § 4 II 2 WO: Einspruch gegen Wählerliste wegen Zuordnung nach § 18a ausgeschlossen). Doch kann das Angebot des Gesetzgebers von den Wahlvorständen **sanktionslos** ausgeschlagen werden. Der Gesetzestext lädt in seiner regelungstechnischen Kompliziertheit nicht dazu ein, das aufwändige Zuordnungsverfahren vorzunehmen[1]. Dennoch ist sein Anliegen sinnvoll, die schwierige materielle Frage nach § 5 III kostengünstig und möglichst einvernehmlich **vor den Wahlen** zu klären[2]. Dadurch können Doppelzuordnungen und darauf gestützte unnötige Anfechtungsverfahren vermieden werden. Die Zuordnungsentscheidung nach § 18a hat aber keine Bedeutung für die **individuelle Rechtsstellung** eines ArbN (zB § 14 II KSchG), sondern beschränkt sich auf die Ordnungsmäßigkeit der Wahlen zu den jeweiligen Gremien[3].

II. Zuordnungsverfahren bei zeitgleichen Wahlen (Abs. 1). Nach Abs. 1 S. 1 ist es unerheblich, ob es 2
sich um **regelmäßige** BR-Wahlen mit der Rechtspflicht zur zeitgleichen Einleitung der Wahlen handelt (vgl. § 13 Rz. 6), oder ob eine solche zeitgleiche Einleitung der Wahlen beider Organe auch ohne Rechtspflicht rein tatsächlich erfolgt. In diesem Fall sind **drei Stufen** des Zuordnungsverfahrens zu unterscheiden: (1) gegenseitige Unterrichtung über die jeweils durchgeführte Zuordnung, (2) einvernehmliche Einigung, soweit zunächst eine unterschiedliche Zuordnung erfolgt ist, (3) Vermittlung, soweit keine Einigung erzielt werden konnte. Führt eine dieser Stufen zum Erfolg, ist der Angestellte nach Abs. 1 S. 3 bzw. Abs. 2 S. 4 in die jeweilige Wählerliste einzutragen. Leiten die Wahlvorstände dagegen (uU pflichtwidrig) die Wahlen **nicht zeitgleich** ein, besteht keine Verpflichtung des ordentlich arbeitenden Wahlvorstands, auf den säumigen Wahlvorstand zu warten[4]; auch das besondere Verfahren nach Abs. 4 ist dann nicht eröffnet (Rz. 9), vielmehr hat man sich dadurch gegen die rechtssichere Zuordnungsmöglichkeit des § 18a insgesamt entschieden.

Das Zuordnungsverfahren beginnt mit der **gegenseitigen Unterrichtung** durch die Wahlvorstände. 3
Diese hat unverzüglich, also ohne schuldhaftes Zögern (§ 121 I 1 BGB), nach Aufstellung der Wählerlisten zu erfolgen, spätestens jedoch **zwei Wochen** vor Einleitung der Wahl. Die Unterrichtung muss nicht zeitgleich erfolgen; sie ist formfrei und bedarf keiner Begründung[5]. Zur Verfahrensbeschleunigung ist eine schriftliche Unterrichtung – bei Zweifelsfällen mit Begründung – ratsam[6]. Soweit die Listen übereinstimmen, ist Einvernehmen hergestellt. Soweit die Listen nicht übereinstimmen, kann noch – nach getrennter Beratung in den Wahlvorständen – eine Korrektur erfolgen, die dann mitzuteilen ist.

Eine **gemeins. Sitzung** der Wahlvorstände nach Abs. 1 S. 2 findet erst dann statt, (1) wenn bezüglich 4
der Zuordnung unterschiedliche Auffassungen bestehen, (2) wenn einer der Wahlvorstände die Zuordnung unterlassen hat und zur Erklärung des anderen Wahlvorstands nicht Stellung bezogen hat[7]. Die Sitzung muss bis spätestens zu dem für den Vermittler in Abs. 2 S. 1 genannten Zeitpunkt, also spätestens **eine Woche vor Einleitung der Wahlen**, durchgeführt werden[8]. Bei der gemeins. Sitzung handelt es sich um einen **Erörterungs- und Beratungstermin**, in der keine Entscheidungen fallen. Eine Einigung kommt deshalb nur zu Stande, wenn die Wahlvorstände – während oder nach der Sitzung – in **getrennten Abstimmungen** zur gleichen Einschätzung gelangen. Angestellte, die hierdurch einvernehmlich zugeordnet wurden, sind nach Abs. 1 S. 3 in die entsprechenden Wählerlisten aufzunehmen. Nur soweit keine Einigung erzielt werden konnte, ist nach Abs. 2 anschließend ein Vermittler einzuschalten.

III. Einschaltung des Vermittlers (Abs. 2, 3). Abs. 3 regelt die **Bestellung des Vermittlers** ausführlich 5
und legt Wert auf einvernehmliches Handeln, vgl. Abs. 3 S. 1. Dazu stimmen die jeweiligen Wahlvorstände **getrennt** voneinander ab, nachdem von jedem der beiden Wahlvorstände (mindestens) je eine Person als Vermittler vorgeschlagen wurde. Wird von zumindest einem der beiden Wahlvorstände gar kein Vorschlag unterbreitet, ist das Zuordnungsverfahren **gescheitert** und darf nicht weiter durchgeführt werden[9].

Um den **internen Charakter** des Bestellungsverfahrens zu wahren und eine kostengünstige Durchfüh- 6
rung zu gewährleisten, schränkt Abs. 3 S. 2 den in Frage kommenden Personenkreis stark ein[10]. Externe

1 Ähnlich HaKo-BetrVG/*Brors*, § 18a Rz. 1; zu den Lücken im Konzept vgl. ausf. GK-BetrVG/*Kreutz*, § 18a Rz. 26, 34. | 2 Vgl. *Fitting*, § 18a BetrVG Rz. 6; *Löwisch/Kaiser*, § 18a BetrVG Rz. 1. | 3 HM, vgl. *Fitting*, § 18a BetrVG Rz. 63; GK-BetrVG/*Kreutz*, § 18a Rz. 4. | 4 HM, vgl. ErfK/*Eisemann*, § 18a BetrVG Rz. 1; *Fitting*, § 18a BetrVG Rz. 27. | 5 HM, vgl. DKK/*Trümner*, § 18a BetrVG Rz. 12; Richardi/*Thüsing*, § 18a BetrVG Rz. 14. | 6 Vgl. nur GK-BetrVG/*Kreutz*, § 18a Rz. 44; *Stege/Weinspach/Schiefer*, § 18a BetrVG Rz. 3. | 7 Vgl. GK-BetrVG/*Kreutz*, § 18a Rz. 48; Richardi/*Thüsing*, § 18a BetrVG Rz. 16; aA *Fitting*, § 18a BetrVG Rz. 16, der eine Sitzung im letzteren Fall nicht für erforderlich hält. | 8 HM, vgl. *Stege/Weinspach/Schiefer*, § 18a BetrVG Rz. 4; *Löwisch/Kaiser*, § 18a BetrVG Rz. 5. | 9 *Fitting*, § 18a BetrVG Rz. 51; GK-BetrVG/*Kreutz*, § 18a Rz. 70 f.; aA *Löwisch/Kaiser*, § 18a BetrVG Rz. 13; *Stege/Weinspach/Schiefer*, § 18a BetrVG Rz. 7. | 10 Vgl. BT-Drs. 11/2503, S. 32.

Personen können nach der abschließenden Aufzählung („nur") nicht bestellt werden. Auch am Verfahren schon beteiligte Mitglieder zB des amtierenden BR oder des beteiligten Wahlvorstands gelten nicht als „befangen" (str.)[1]. Der **ArbGeb** kommt nach dem klaren Gesetzeswortlaut als Vermittler genauso in Frage[2], und zwar nicht nur, wenn andere Personen nicht zur Verfügung stehen oder in Ausnahmefällen. Der Gesetzeswortlaut gibt zu derartigen Einschränkungen eben so wenig Anlass wie der Gesetzeszweck.

7 Dem Vermittler obliegt die **Entscheidung aller** (noch) **strittigen Zuordnungsfragen**. Er ist nicht weisungsgebunden[3], unterliegt jedoch einer Schweigepflicht analog zu § 79 II[4]. Zur Erfüllung seiner Aufgabe sind ihm nämlich nach Abs. 2 S. 2 „die erforderlichen Auskünfte zu erteilen", dh. Informationen über die Tätigkeit des Angestellten, seinen Verdienst und den Inhalt des Arbeitsvertrags, sowie „die erforderlichen Unterlagen zur Verfügung zu stellen", zB Arbeitsverträge, Funktionsbeschreibungen und Organigramme, nicht aber die Einsicht in die **Personalakte** im Ganzen zu gewähren[5]. **Scheitert** der nach Abs. 2 S. 1 spätestens eine Woche vor der Einleitung der Wahl vom Vermittler unternommene **erneute Verständigungsversuch**, muss dieser die Zuordnungsentscheidungen auf der materiell-rechtl. Grundlage von § 5 III und IV nach Beratung mit dem ArbGeb **selbst** treffen, vgl. Abs. 2 S. 3. Dabei handelt es sich um einen Akt der Rechtsanwendung, der Bindungswirkung nur für die anstehenden Wahlen entfaltet (vgl. Rz. 1).

8 Einstweilen frei.

9 **IV. Nicht zeitgleiche Verfahren (Abs. 4).** Besteht trotz zweier Gremien nur **ein Wahlvorstand**, regelt Abs. 4 ein besonderes (außerordentliches) Zuordnungsverfahren. Allerdings ist der engere Tatbestand des Abs. 4 zu beachten: S. 1 nimmt für den BR und S. 3 für den SprAu jeweils auf das **Gebot zeitgleicher Wahlen** Bezug, wie es in § 13 I oder II bzw. in § 5 I oder II SprAuG normiert ist. Daraus lässt sich folgern, dass der Vorschrift **keine Auffangfunktion** für alle nicht zeitgleich eingeleiteten Wahlen zukommt. Sie greift also dann nicht, wenn zB die Wahl des einen Gremiums bereits eingeleitet war, bevor der Wahlvorstand des anderen Gremiums bestellt wurde (vgl. Rz. 2)[6]. Das Anliegen des Abs. 4 besteht nicht darin, unter allen Umständen das Zuordnungsverfahren zur Anwendung zu bringen; vielmehr möchte es die Zuordnung auch dann ermöglichen, wenn die Wahlen zeitlich a priori nicht synchron verlaufen (können) und deshalb nur ein Wahlvorstand existiert. Die wichtige Rechtsfolge des Abs. 5 gilt nur für die Wahl, bei der ein **Wahlvorstand** im Zuordnungsverfahren beteiligt war[7].

10 Einstweilen frei.

11 **V. Streitigkeiten (Abs. 5).** Nach Abs. 5 S. 1 wird durch die Zuordnung „der Rechtsweg nicht ausgeschlossen". **Das bedeutet zweierlei**: (1) Sog. **Statusstreitigkeiten** werden durch die Zuordnung nicht tangiert. Das Verfahren nach § 18a berührt das Feststellungsinteresse (zB von ArbGeb, betroffenen ArbN oder BR) im arbeitsgerichtlichen Beschlussverfahren über den „Status" des Leitenden Angestellten auch dann nicht, wenn gleichzeitig ein Zuordnungsverfahren läuft[8]. Die Wählerliste kann deshalb kraft rechtskräftiger Feststellung im Statusverfahren zu korrigieren sein (vgl. Rz. 13)[9]. Ergeht die Entscheidung erst **nach** den BR-Wahlen konträr zum Zuordnungsverfahren, erlischt in analoger Anwendung des § 24 I Nr. 6 die Mitgliedschaft des angeblichen „ArbN" im BR (bzw. analog § 9 II Nr. 6 SprAuG die Mitgliedschaft des angeblichen „Leitenden" im Sprecherausschuss).

12 (2) Aus Abs. 5 S. 1 ergibt sich auch die gerichtl. Überprüfungsmöglichkeit des **Zuordnungsverfahrens selbst**. Nach hM können alle Maßnahmen des Wahlvorstands bereits vor Abschluss des Wahlverfahrens vom ArbG in einem gesonderten Beschlussverfahren (§§ 2a, 80 ff. ArbGG) überprüft werden (vgl. § 18 Rz. 16), wozu dann auch die ordnungsgemäße Durchführung des Zuordnungsverfahrens und die daraus folgende Zuordnungsentscheidung zählen[10]. Daran ändert nichts, dass nach S. 2 durch das Zuordnungsverfahren eine **nachträgliche Anfechtung** grundsätzlich ausgeschlossen ist, soweit eine fehlerhafte Zuordnung gerügt wird. Denn ein vorgeschaltetes Kontrollverfahren, in dem zB ein Leistungsantrag auf Berichtigung der Wählerlisten (ggf. im Wege der einstweiligen Leistungsverfügung, vgl. § 18 Rz. 17) gestellt wird, hat ein anderes Rechtsschutzziel als die Anfechtungsklage[11].

13 Entscheidende Besonderheit und Rechtsfolge des Zuordnungsverfahrens ist alleine die **Einschränkung der Wahlanfechtung** nach S. 2. Sie bewirkt einen Bestandsschutz der gewählten Vertretungen, soweit die Anfechtung gerade auf die **fehlerhafte Zuordnung** im konkreten Wahlverfahren gestützt wird.

---

1 Str., wie hier GK-BetrVG/*Kreutz*, § 18a Rz. 59; Richardi/*Thüsing*, § 18a BetrVG Rz. 40; aA *Fitting*, § 18a BetrVG Rz. 44; HaKo-BetrVG/*Brors*, § 18a Rz. 9. | 2 GK-BetrVG/*Kreutz*, § 18a Rz. 60; HaKo-BetrVG/*Brors*, § 18a Rz. 9; Richardi/*Thüsing*, § 18a BetrVG Rz. 41; aA DKK/*Trümner*, § 18a BetrVG Rz. 62; *Fitting*, § 18a BetrVG Rz. 47. | 3 HM, vgl. *Fitting*, § 18a BetrVG Rz. 59; GK-BetrVG/*Kreutz*, § 18a Rz. 78. | 4 Str., wie hier GK-BetrVG/*Kreutz*, § 18a Rz. 76; aA *Fitting*, § 18a BetrVG Rz. 59; Richardi/*Thüsing*, § 18a BetrVG Rz. 49: Nebenpflicht aus Arbeitsvertrag. | 5 HM, vgl. *Fitting*, § 18a BetrVG Rz. 53; *Löwisch/Kaiser*, § 18a BetrVG Rz. 9. | 6 So auch HaKo-BetrVG/*Brors*, § 18a Rz. 6; aA *Fitting*, § 18a BetrVG Rz. 37; GK-BetrVG/*Kreutz*, § 18a Rz. 29; *Löwisch/Kaiser*, § 18a BetrVG Rz. 10. | 7 Vgl. GK-BetrVG/*Kreutz*, § 18a Rz. 32; *Fitting*, § 18a BetrVG Rz. 38. | 8 LAG Berlin v. 5.3.1990 – 9 TaBV 6/89, NZA 1990, 577 (578). | 9 HM, vgl. *Fitting*, § 18a BetrVG Rz. 67; *Löwisch/Kaiser*, § 18a BetrVG Rz. 17. | 10 Vgl. BT-Drs. 11/2503, S. 32; ausf. GK-BetrVG/*Kreutz*, § 18a Rz. 108, 111. | 11 Zur Antragsberechtigung analog § 19 II vgl. GK-BetrVG/*Kreutz*, § 18a Rz. 110.

Die Rechtsfolge tritt nur dann ein, wenn das Zuordnungsverfahren **ordnungsgemäß** abgelaufen ist[1]. S. 3 macht außerdem eine Ausnahme für den Fall einer **offensichtlich fehlerhaften** Zuordnungsentscheidung, die zu bejahen ist, wenn sich dem Fachkundigen die Fehlerhaftigkeit geradezu aufdrängt[2], insb. weil die Kriterien des § 5 III und IV grob verkannt worden sind[3]. Wurde die Wählerliste nicht berichtigt, obwohl noch rechtzeitig vor der Wahl ein anderer Status eines Angestellten rechtskräftig festgestellt wurde (Rz. 11), so ist die Zuordnung ebenfalls offensichtlich fehlerhaft[4]. Die Einschränkung nach S. 2 erfasst auch nicht die Anfechtung der Wahl eines **einzelnen Mitglieds** wegen fehlender Wählbarkeit, vgl. § 24 Nr. 6, mit der Folge, dass bei erfolgreicher Anfechtung ein Ersatzmitglied nachrückt[5].

19 *Wahlanfechtung*

(1) Die Wahl kann beim Arbeitsgericht angefochten werden, wenn gegen wesentliche Vorschriften über das Wahlrecht, die Wählbarkeit oder das Wahlverfahren verstoßen worden ist und eine Berichtigung nicht erfolgt ist, es sei denn, dass durch den Verstoß das Wahlergebnis nicht geändert oder beeinflusst werden konnte.

(2) Zur Anfechtung berechtigt sind mindestens drei Wahlberechtigte, eine im Betrieb vertretene Gewerkschaft oder der Arbeitgeber. Die Wahlanfechtung ist nur binnen einer Frist von zwei Wochen, vom Tage der Bekanntgabe des Wahlergebnisses an gerechnet, zulässig.

§ 19 idF des BetrVG 1972 (v. 15.1.1972, BGBl. I S. 13).

I. Inhalt und Zweck. Das Anfechtungsrecht nach Abs. 1 dient der gerichtl. Korrektur von BR-Wahlen, die unter Verstoß gegen **wesentliche Wahlvorschriften** durchgeführt worden sind. Die nach Abs. 2 Anfechtungsberechtigten können nur **binnen zwei Wochen** nach Bekanntgabe des Wahlergebnisses die Wahlen durch gerichtl. Beschluss für unwirksam erklären lassen, vgl. Abs. 2 S. 2. Dadurch soll eine weitere, den gesetzl. Vorschriften entsprechende Wahl ermöglicht werden[6]. Durch die hohen Anforderungen des Abs. 1 gibt der Gesetzgeber der Rechtssicherheit und dem **Bestandsschutz** der gewählten Interessenvertretung erkennbar den Vorrang vor der exakten Einhaltung von Wahlvorschriften. Dieser Vorrang besteht auch in Bezug auf die Rechtsfolgen der Wahlanfechtung: Selbst bei einem Erfolg der Wahlanfechtung bleibt der BR bis zum rechtskräftigen Abschluss des gerichtl. Verfahrens weiter im Amt (Rz. 21)[7]. 1

Die ausdrückliche Regelung der Wahlanfechtung schließt eine **Nichtigkeitserklärung** der Wahl bei **groben Fehlern** nicht aus (ganz hM). Wenn in besonderen Ausnahmefällen gegen allgemeine Grundsätze jeder ordnungsgemäßen Wahl in so hohem Maße verstoßen worden ist, dass nicht einmal der Anschein einer dem Gesetz entsprechenden Wahl mehr vorliegt[8], kann unabhängig von den Anforderungen des § 19 die Nichtigkeit zu jeder Zeit, in jeder Form, in jedem Verfahren und von jedermann geltend gemacht werden (Rz. 23). 2

Die Anfechtungsregelung gilt ebenso für die Wahlen zur JAV, vgl. § 63 II 2, mit Modifikationen auch für die Wahlen zur Bordvertretung und zum SeeBR, vgl. §§ 115 II Nr. 9, 116 II Nr. 8. Auf **betriebsratsinterne Wahlen**, zB die Wahl des BR-Vorsitzenden und seines Stellvertreters (§ 26), die Bestellung der Mitglieder des Betriebsausschusses (§ 27) oder die Wahl der (ersatzweise) freizustellenden BR-Mitglieder (§ 38), findet die Vorschrift **analoge** Anwendung[9]. Dabei ist entgegen § 19 II 1 zur Anfechtung betriebsratsinterner Wahlen **jedes einzelne** BR-Mitglied befugt, das geltend macht, in seiner Rechtsstellung als BR-Mitglied oder einer geschützten Minderheit verletzt zu sein, so zB auch bei einem Entsendungsbeschluss nach § 47 II 1 Hs. 2 oder § 51 I 2 in den GBR oder dessen Ausschuss[10]. 3

II. Anfechtungsvoraussetzungen (Abs. 1). Die Anfechtung einer BR-Wahl erfordert (1) einen Verstoß gegen **wesentliche** Wahlvorschriften (Rz. 5 ff.), (2) keine Berichtigung dieses Verstoßes (Rz. 12) und (3) die mögliche **Kausalität** dieses Verstoßes für das Wahlergebnis (Rz. 13). 4

1. „Wesentliche Vorschriften". Eine Anfechtung ist nur bei einem Verstoß „gegen wesentliche Vorschriften über das Wahlrecht, die Wählbarkeit oder das Wahlverfahren" möglich, dh. nur bei einem Verstoß gegen **tragende Grundsätze** der BR-Wahl; in aller Regel zeichnen diese sich durch ihre **zwingen-** 5

1 Str., wie hier GK-BetrVG/*Kreutz*, § 18a Rz. 101; HaKo-BetrVG/*Brors*, § 18a Rz. 11; wohl auch Richardi/*Thüsing*, § 18a BetrVG Rz. 59; aA *Fitting*, § 18a BetrVG Rz. 71. | 2 BT-Drs. 11/2503, S. 32. | 3 So zB *Löwisch/Kaiser*, § 18a BetrVG Rz. 16; *Stege/Weinspach/Schiefer*, § 18a BetrVG Rz. 16; diff. Richardi/*Thüsing*, § 18a BetrVG Rz. 59; noch einschränkender GK-BetrVG/*Kreutz*, § 18a Rz. 103. | 4 HM, vgl. DKK/*Trümner*, § 18a BetrVG Rz. 75; GK-BetrVG/*Kreutz*, § 18a Rz. 103. | 5 HM, vgl. *Fitting*, § 18a BetrVG Rz. 72; GK-BetrVG/*Kreutz*, § 18a Rz. 104. | 6 BAG v. 31.5.2000 – 7 ABR 78/98, NZA 2000, 1350. | 7 HM, vgl. BAG v. 13.3.1991 – 7 ABR 5/90, BAGE 67, 316 = NZA 1991, 946; GK-BetrVG/*Kreutz*, § 19 Rz. 116. | 8 St. Rspr., vgl. BAG v. 22.3.2000 – 7 ABR 34/98, NZA 2000, 1119; v. 15.11.2000 – 7 ABR 23/99, nv.; v. 13.11.1991 – 7 ABR 18/91, BAGE 69, 49 = NZA 1992, 989. | 9 BAG v. 25.4.2001 – 7 ABR 26/00, BAGE 97, 340 = BB 2001, 1044; LAG Bremen v. 22.2.2000 – 1 TaBV 15/99, DB 2000, 1232; GK-BetrVG/*Kreutz*, § 19 Rz. 6. | 10 BAG v. 21.7.2004 – 7 ABR 58/03, NZA 2005, 170; v. 21.7.2004 – 7 ABR 62/03, NZA 2005, 173; v. 15.8.2001 – 7 ABR 2/99, NZA 2002, 569; v. 13.11.1991 – 7 ABR 18/91, BAGE 69, 49 = NZA 1992, 989.

de Ausgestaltung („Muss"-Regel) aus und unterscheiden sich insoweit von bloßen Ordnungs- oder Sollbestimmungen[1]. Die Einschränkung der Anfechtbarkeit ist wegen der detaillierten Regelung des Wahlverfahrens in der WO 2001 und der Vielzahl möglicher Verstöße gegen bloße Ordnungsregeln unentbehrlich. So ist zB ein Verstoß gegen die Soll-Regel des § 15 I (Zusammensetzung des BR nach Organisationsbereichen etc., vgl. § 3 III WO) kein Anfechtungsgrund, wohl aber der Verstoß gegen § 15 II (Zusammensetzung des BR nach Geschlechtern, vgl. § 3 II Nr. 4 WO), dazu § 15 Rz. 3. Dass aber auch Soll-Vorschriften wesentlich iSd. § 19 I 1 sein können, hat das BAG für die Missachtung von § 2 V WO (geeignete Unterrichtung der nicht der deutschen Sprache mächtigen ausländischen ArbN über BR-Wahl) betont[2].

6 **a) Wahlrecht (§ 7).** Die Vorschriften über das Wahlrecht sind bei **falscher Anwendung des § 7** verletzt, zB wenn ein Wahlberechtigter nicht zur Wahl zugelassen wird oder (umgekehrt) Nicht-Wahlberechtigte sich an der Wahl beteiligen[3], ebenso, wenn LeihArbN entgegen § 7 S. 2 von der Wahl ausgeschlossen werden. Die Anfechtung wegen einer fehlerhaften Zuordnung von **leitenden Angestellten** ist aber bei Anwendung des Zuordnungsverfahrens ausgeschlossen, vgl. § 18a V (dort Rz. 13). Wird der Einspruch nach § 4 WO gegen die Wählerliste versäumt, berührt das nicht die Möglichkeit der Wahlanfechtung[4], weil § 126 (iVm. § 4 WO) nicht § 19 außer Kraft setzen kann.

7 **Beispiele** erfolgreicher Anfechtung aus der Rspr.:

- Wahlausschluss von Teilzeitbeschäftigten, die außerhalb der Betriebsräume tätig sind (Zeitungszusteller, vgl. § 7 Rz. 11)[5]; der Mangel wird auch nicht dadurch geheilt, dass diese ArbN später aus dem Betrieb ausgeschieden sind[6];
- Wahlausschluss von ArbN, deren Arbeitsverhältnis ruht (Wehrdienst, vgl. § 7 Rz. 13)[7];
- falsche Betriebszuordnung von Außendienstmitarbeitern, wenn deren VertragsArbG Inhaber mehrerer Betriebe ist (vgl. § 7 Rz. 11)[8];
- Wahlzulassung von Beschäftigten in einer Arbeitsgelegenheit nach § 19 BSHG, die selbst Gegenstand des Betriebszwecks sind (vgl. § 7 Rz. 6)[9];
- Wahlausschluss von ABM-Kräften (vgl. § 7 Rz. 6)[10].

8 **b) Wählbarkeit (§ 8).** Nach § 8 I 1 BetrVG sind alle dem Betrieb seit sechs Monaten angehörenden Wahlberechtigten **wählbar** (passives Wahlrecht). Ein Verstoß gegen die Wählbarkeit kann in der Wahl eines Nicht-Wählbaren ebenso wie in der Nichtzulassung der Kandidatur eines Wählbaren liegen. Der Mangel ist aber **heilbar**, wie die Vorschrift des § 24 Nr. 6 zeigt: Die Wahl kann nicht mehr angefochten werden, wenn zB ein Minderjähriger, der unzulässigerweise zur Wahl zugelassen wurde, inzwischen volljährig geworden ist[11]. Wird dagegen ein LeihArbN im Entleiherbetrieb gewählt, ist gegen § 8 verstoßen, weil § 7 S. 2 nur das Wahlrecht gewährt und nicht die Wählbarkeit begründet (vgl. § 2 III 2 WO)[12].

9 **Beispiele** erfolgreicher Anfechtung aus der Rspr.:

- Zulassung zur Kandidatur eines ständig zu einer Auslandsvertretung eines deutschen Unternehmens entsandten Angestellten, auch wenn für dessen Arbeitsverhältnis im Übrigen deutsches Arbeitsrecht gilt[13];
- Zulassung zur Kandidatur von Angestellten einer landeseigenen Anstalt öffentlichen Rechts nach Umwandlung in eine Aktiengesellschaft, soweit diese in einem Angestelltenverhältnis zum Land verblieben sind und ihre Arbeitsleistungen dem entstandenen Unternehmen nur überlassen wurden[14];
- Nichtzulassung eines gekündigten ArbN zur Kandidatur, wenn dessen vor der Wahl erhobenen Kündigungsschutzklage nach Durchführung der BR-Wahl stattgegeben wird (vgl. § 8 Rz. 7)[15].

10 **c) Wahlverfahren.** Verstöße gegen Vorschriften über das Wahlverfahren betreffen einerseits alle weiteren Normen, die **Wahlvorbereitung**, **Wahldurchführung** und Ermittlung des **Wahlergebnisses** regeln, dh. die Normen der §§ 9–18 sowie § 20 und die sie ergänzenden bzw. konkretisierenden Bestimmungen der Wahlordnung – soweit es sich um „wesentliche" Vorschriften handelt (Rz. 5) –, andererseits unzutreffen-

---

1 HM, vgl. *Gräfl*, JbArbR 42 (2005), 133 (134); GK-BetrVG/*Kreutz*, § 19 Rz. 18; MünchArbR/*Joost*, § 304 Rz. 260. | 2 BAG v. 13.10.2004 – 7 ABR 5/04, DB 2005, 675. | 3 *Löwisch/Kaiser*, § 19 BetrVG Rz. 2; GK-BetrVG/*Kreutz*, § 19 Rz. 21. | 4 Str., vgl. DKK/*Schneider*, § 19 BetrVG Rz. 6; GK-BetrVG/*Kreutz*, § 19 Rz. 22, 59; aA *Fitting*, § 19 BetrVG Rz. 14; Richardi/*Thüsing*, § 19 BetrVG Rz. 10. | 5 BAG v. 29.1.1992 – 7 ABR 27/91, BAGE 69, 286 = NZA 1992, 894. | 6 BAG v. 25.6.1974 – 1 ABR 68/73, DB 1974, 2115. | 7 BAG v. 29.3.1974 – 1 ABR 27/73, BAGE 26, 107 = DB 1974, 1680. | 8 BAG v. 10.3.2004 – 7 ABR 36/03, AiB 2005, 76. | 9 BAG v. 5.4.2000 – 7 ABR 20/99, NZA 2001, 629. | 10 BAG v. 13.10.2004 – 7 ABR 6/04, NZA 2005, 480; anders dagegen, wenn ABM-Kräfte in einem Betrieb ausgebildet werden, dessen *alleiniger* Betriebszweck die Vermittlung einer berufspraktischen Ausbildung ist, vgl. LAG Düsseldorf v. 27.1.2000 – 11 TaBV 73/99, AiB 2000, 569. | 11 HM, vgl. *Fitting*, § 19 BetrVG Rz. 18; GK-BetrVG/*Kreutz*, § 19 Rz. 24. | 12 St. Rspr., vgl. BAG v. 16.4.2003 – 7 ABR 53/02, NZA 2003, 1345; v. 10.3.2004 – 7 ABR 49/03, NZA 2004, 134. | 13 BAG v. 25.4.1978 – 6 ABR 2/77, BAGE 30, 266 = DB 1978, 1840. | 14 LAG BW v. 10.11.1999 – 17 TaBV 1/99, nv. | 15 BAG v. 10.11.2004 – 7 ABR 12/04, NZA 2005, 707; v. 14.5.1997 – 7 ABR 26/96, BAGE 85, 370 = NZA 1997, 1245.

de Festlegungen des Wahlvorstands in Bezug auf die **betriebsratsfähige Organisationseinheit**, also insb. wenn der Betriebsbegriff verkannt oder die Belegschaftsgröße falsch ermittelt wird[1]. Mit Verstößen gegen das „Wahlverfahren" wurde ein **Auffangtatbestand** für das Anfechtungsverfahren gebildet.

Beispiele erfolgreicher Anfechtung aus der Rspr.: 11

- Ist unter Verkennung des Betriebsbegriffs in einem Gemeinschaftsbetrieb ein weiterer BR für einen unselbständigen Betriebsteil gewählt worden, muss eine nachfolgende BR-Wahl im Gemeinschaftsbetrieb ebenfalls angefochten werden[2]; die unzutreffende Annahme der Selbständigkeit einer Organisationseinheit begründet idR die Anfechtbarkeit, nicht aber die Nichtigkeit einer Wahl[3];
- die fehlerhafte Annahme der **Größe** des zu wählenden BR auf Grund falscher ArbN-Zählung ist ein Verstoß gegen wesentliche Wahlvorschriften (vgl. § 9 Rz. 9)[4], insb. bei Berücksichtigung von LeihArbN trotz § 7 S. 2 oder von FremdArbN, die im Zuge von Dienst- oder Werkverträgen für den Betrieb tätig sind[5];
- ebenso die fehlerhafte Bekanntmachung des Wahlausschreibens durch **Aushang** (in Betrieb mit 84 Betriebsstätten erfolgte Aushang nach § 3 IV WO nur in zwei Betriebsstätten)[6];
- werden Ort und Zeitpunkt der Stimmauszählung nicht im Betrieb **öffentlich** bekannt gemacht, liegt eine Verletzung der Öffentlichkeit der Wahlen nach § 18 III 1 BetrVG, § 13 WO vor (vgl. § 18 Rz. 6), die einen wesentlichen Verstoß darstellt[7];
- unterrichtet der Wahlvorstand die im Betrieb beschäftigten **ausländischen ArbN** nur in deutscher Sprache über das Wahlverfahren, obwohl er davon ausgehen muss, dass eine Vielzahl dieser ArbN der deutschen Sprache nicht mächtig ist, stellt das einen wesentlichen Verstoß gegen § 2 V WO dar[8];
- wird während der laufenden BR-Wahl Dritten Einsichtnahme in die mit den Stimmabgabevermerken versehene Wählerliste gestattet, um eine bessere Wahlbeteiligung zu ermöglichen, stellt das einen Verstoß gegen den allgemeinen Grundsatz der freien Wahl dar (vgl. § 14 Rz. 7)[9].

2. Berichtigung. Die Anfechtung ist unbegründet, wenn der Fehler korrigierbar war und **rechtzeitig korrigiert** wurde. Abs. 1 möchte durch die Möglichkeit der Berichtigung solche wesentlichen Verstöße heilen, die sich noch nicht als Einschränkung des Wahlrechts auf die Stimmabgabe ausgewirkt haben, zB durch Berichtigung einer unklaren Ortsangabe oder eines Rechenfehlers. Das Wahlverfahren muss also nach der Berichtigung noch ordnungsgemäß ablaufen können, zB durch rechtzeitige Klarstellung des richtigen Wahllokals[10]. Mängel bei der Bestellung des Wahlvorstandes können durch den noch amtierenden BR berichtigt werden[11]. Nach Ablauf der Einspruchsfrist (§ 4 I WO) ist die Korrektur der Wählerliste durch den Wahlvorstand nur bei Schreibfehlern, offenbaren Unrichtigkeiten, in Erledigung rechtzeitig eingelegter Einsprüche und dem Ein- oder Austritt von Wahlberechtigten möglich (§ 4 III 2 WO). 12

3. Kausalität. Nach Abs. 1 Hs. 2 berechtigen Verstöße gegen wesentliche Wahlvorschriften ausnahmsweise dann nicht zur Anfechtung der Wahl, wenn das Wahlergebnis dadurch objektiv **weder geändert noch beeinflusst werden** konnte. Entscheidend ist, ob bei einer hypothetischen Betrachtung eine ohne den Verstoß durchgeführte Wahl zwingend zu demselben Ergebnis geführt hätte[12]. Soweit Vorschriften über die Wahlberechtigung (§ 7) verletzt sind, kommt es darauf an, ob sich dadurch die Sitzverteilung hätte ändern können; bei Verstößen gegen die Wählbarkeit (zB Nichtzulassung zur Kandidatur, § 8) dürfte eine Beeinflussung des Wahlergebnisses dagegen kaum je auszuschließen sein[13]. Nehmen zB neun gekündigte und nicht weiterbeschäftigte ArbN an der Wahl teil, ist dieser Verstoß gegen § 7 dann **unbeachtlich**, wenn das Wahlergebnis hinsichtlich der (ordentlichen) BR-Mitglieder dadurch nicht beeinflusst wurde, sondern nur die Reihenfolge, in der Ersatzmitglieder nach § 25 BetrVG nachrücken könnten, betroffen ist. Ersatzmitglieder sind aber nicht „gewählte" BR-Mitglieder, so dass die erforderliche Kausalität nicht gegeben ist[14]. Die vorzeitige Schließung des Wahllokals kann die Wahl nicht beeinflussen, wenn feststeht, dass kein Wahlberechtigter deshalb von der Wahl abgehalten wurde[15]. Streitig ist, ob Verstöße bei der Bildung des **Wahlvorstands** (§ 16 I) das Wahlergebnis beeinflussen können; das BAG 13

1 HM, vgl. nur GK-BetrVG/*Kreutz*, § 19 Rz. 25 f.; HaKo-BetrVG/*Brors*, § 19 Rz. 7. | 2 BAG v. 31.5.2000 – 7 ABR 78/98, NZA 2000, 1350; BAG v. 7.12.1988 – 7 ABR 10/88, BAGE 60, 276 = NZA 1989, 731. | 3 BAG v. 13.9.1984 – 6 ABR 43/83, NZA 1985, 293; LAG Köln v. 4.5.2000 – 10 TaBV 56/99, AiB 2001, 353. | 4 BAG v. 29.6.1991 – 7 ABR 67/90, BAGE 68, 74 = NZA 1992, 36; v. 12.10.1976 – 1 ABR 1/76, BAGE 28, 203 = DB 1977, 356; LAG München v. 1.12.1999 – 7 TaBV 42/99, ZBVR 2002, 11; LAG Hamm v. 19.8.1998 – 3 TaBV 30/98, AiB 1999, 643; LAG Düsseldorf v. 24.11.1998 – 3 TaBV 73/98, AiB 1999, 281. | 5 BAG v. 16.4.2003 – 7 ABR 53/02, BAGE 106, 64 = NZA 2003, 1345; v. 21.7.2004 – 7 ABR 38/03, NZA 2005, 240. | 6 BAG v. 5.5.2004 – 7 ABR 44/03, = NZA 2004, 1285. | 7 BAG v. 15.11.2000 – 7 ABR 53/99, NZA 2001, 853; BAG v. 11.6.1997 – 7 ABR 24/96, DB 1998, 139 (Wahl nach MitbestG). | 8 BAG v. 13.10.2004 – 7 ABR 5/04, DB 2005, 675. | 9 BAG v. 6.12.2000 – 7 ABR 34/99, DB 2001, 1422. | 10 BAG v. 19.9.1985 – 6 ABR 4/85, BAGE 50, 1 = NZA 1986, 368. | 11 Vgl. nur ErfK/*Eisemann*, § 19 BetrVG Rz. 6; GK-BetrVG/*Kreutz*, § 19 Rz. 38. | 12 BAG v. 15.11.2000 – 7 ABR 53/99, NZA 2001, 853. | 13 GK-BetrVG/*Kreutz*, § 19 Rz. 50 f. | 14 BAG v. 21.2.2001 – 7 ABR 41/99, NZA 2002, 282. | 15 BAG v. 19.9.1985 – 6 ABR 4/85, BAGE 50, 1 = NZA 1986, 368.

hat dies bei Nichtbeteiligung einer der Gruppen (§ 16 I 5 aF war zwingend und ist jetzt abgeschafft) bejaht[1].

14 **III. Anfechtungsverfahren (Abs. 2). 1. Beschlussverfahren.** Über die Wahlanfechtung wird im arbeitsgerichtl. Beschlussverfahren entschieden (§ 2a I Nr. 1, II iVm. §§ 80 ff. ArbGG), das einen Antrag nach § 81 ArbGG erfordert, in dem der Antragsgegner zu benennen ist (zB der oder die fehlerhaft gewählten BR, keinesfalls aber der ArbGeb[2]). Es gilt der eingeschränkte Untersuchungsgrundsatz (§ 83 I 1 ArbGG), so dass das ArbG von **Amts wegen** sämtliche Anfechtungsgründe zu berücksichtigen hat, soweit der Vortrag der Beteiligten entsprechende Anhaltspunkte liefert, auch wenn diese sich darauf nicht berufen[3]. Ein Antrag auf „Ungültigkeitserklärung" der BR-Wahl ist regelmäßig dahin auszulegen, dass die Wahl unter jedem rechtl. Gesichtspunkt, also sowohl auf Nichtigkeit (Rz. 23) wie auch auf Anfechtbarkeit überprüft werden soll[4]. Der Antrag kann auf eine Gesamt- oder Teilanfechtung (zB ungültige Wahl einzelner Mitglieder), aber auch lediglich auf eine Korrektur des Wahlergebnisses gerichtet sein: Korrektur geht immer vor Kassation (vgl. Rz. 21)[5].

15 Zu den notwendig **Beteiligten** iSv. § 83 III ArbGG gehört vor allem der gewählte BR, weil es bei der Anfechtung um seinen rechtl. Bestand geht, wie auch der ArbGeb[6]. Beide sind durch die gerichtliche Entscheidung **unmittelbar** in ihren betriebsverfassungsrechtl. Rechten und Pflichten betroffen, nicht dagegen der Wahlvorstand, dessen Amt mit der Durchführung der Wahl erloschen ist. Nach der Konstituierung des BR ist er selbst dann nicht Beteiligter, wenn die Anfechtung mit Mängeln seiner Bestellung oder seines Verfahrens begründet wird[7]. Auch die im Betrieb vertretenen **Gewerkschaften** gehören nicht zu den notwendig Beteiligten, wenn sie von ihrem Anfechtungsrecht keinen Gebrauch gemacht haben[8].

16 Das **Rechtsschutzinteresse** für eine Anfechtung entfällt mit Ablauf der Amtszeit des Gremiums, dessen Wahl angefochten wird[9]. Davon zu unterscheiden ist der **Rücktritt** des BR (vgl. § 13 Rz. 10). Hier entfällt das Rechtsschutzinteresse nicht, weil der BR ausweislich § 22 iVm. § 13 II Nr. 3 die Geschäfte weiterführt, bis ein neues Gremium gewählt und das Wahlergebnis bekannt gegeben ist, er dadurch also seine betriebsverfassungsrechtl. Funktionen nicht verliert[10]. Wird jedoch nur die Wahl eines **einzelnen** Betriebratsmitglieds angefochten, entfällt das Rechtsschutzinteresse, wenn dieses Mitglied sein Amt nach § 24 Nr. 2 niederlegt: Durch die Amtsniederlegung erlischt die Mitgliedschaft im BR mit sofortiger Wirkung[11].

17 **2. Anfechtungsfrist.** Nach § 19 II 2 ist die Anfechtung **„nur"** innerhalb einer Zwei-Wochen-Frist möglich; es handelt sich also um eine materiell-rechtliche **Ausschlussfrist**[12]. Sie wird nach den §§ 187 ff. BGB berechnet und endet nach § 188 II BGB mit Ablauf des Wochentags, der dem Tag der ordnungsgemäßen Bekanntgabe des endgültigen Wahlergebnisses (Aushang nach § 18 WO, vgl. § 18 Rz. 8) entspricht[13]. Ein verspäteter Antrag ist vom ArbG wegen der materiellen Frist als **unbegründet**, nicht als unzulässig abzuweisen. Bei Untätigkeit aller Anfechtungsberechtigten werden daher alle Mängel der BR-Wahl geheilt, sofern nicht ausnahmsweise Nichtigkeit vorliegt[14]. Der BR bleibt mit allen seinen Befugnissen bis zum Ablauf seiner regelmäßigen Amtszeit auch dann im Amt, wenn unter Verkennung des Betriebsbegriffs für zwei Betriebe ein gemeinsamer BR gewählt und diese Wahl nicht angefochten worden ist – jedenfalls solange, als sich die tatsächlichen Verhältnisse nicht wesentlich geändert haben (vgl. § 13 II)[15].

18 **3. Anfechtungsberechtigung.** Die Anfechtungsberechtigung nach Abs. 2 S. 1 ist nach hM nicht nur **materielle**, sondern auch prozessuale Antragsvoraussetzung[16]. Die Aufzählung der Antragsberechtigten ist **abschließend**, so dass ausschließlich „mindestens drei Wahlberechtigte, eine im Betrieb vertretene Gewerkschaft oder der ArbGeb" vom Gestaltungsrecht des Abs. 1 Gebrauch machen können, nicht aber zB der BR oder der Wahlvorstand oder auch der einzelne ArbN – trotz eigener Betroffenheit[17]. Darauf, ob Einspruch nach § 4 WO gegen die Wählerliste eingelegt worden ist[18] oder ob der beanstandete Wahlverstoß den Antragsteller unmittelbar betrifft, kommt es für die Anfechtungsberechtigung nicht an (Rz. 6).

---

1 BAG v. 14.9.1988 – 7 ABR 93/87, BAGE 59, 328 = NZA 1989, 360; aA GK-BetrVG/*Kreutz*, § 19 Rz. 48: Beeinflussung unter keinen Umständen möglich. | 2 ArbG Köln v. 9.6.1976 – 3 BV 3/76, DB 1976, 2068. | 3 HM, vgl. BAG v. 4.12.1986 – 6 ABR 48/85, NZA 1987, 166; GK-BetrVG/*Kreutz*, § 19 Rz. 106; Richardi/*Thüsing*, § 19 BetrVG Rz. 57. | 4 LAG München v. 1.12.1999 – 7 TaBV 42/99, ZBVR 2002, 11. | 5 Vgl. nur *Fitting*, § 19 BetrVG Rz. 39; GK-BetrVG/*Kreutz*, § 19 Rz. 88, 119. | 6 BAG v. 4.12.1986 – 6 ABR 48/85, NZA 1987, 166. | 7 BAG v. 14.1.1983 – 6 ABR 39/82, BAGE 41, 275 = DB 1983, 2142; LAG Berlin v. 28.6.1999 – 9 TaBV 479/99, NZA-RR 2000, 246. | 8 HM, vgl. BAG v. 19.9.1985 – 6 ABR 4/85, BAGE 50,1 = NZA 1986, 368; *Fitting*, § 19 BetrVG Rz. 52; GK-BetrVG/*Kreutz*, § 19 Rz. 98; aA DKK/*Schneider*, § 19 BetrVG Rz. 25. | 9 BAG v. 13.3.1991 – 7 ABR 5/90, BAGE 67, 316 = NZA 1991, 946. | 10 BAG v. 29.5.1991 – 7 ABR 54/90, BAGE 68, 67 = NZA 1992, 74. | 11 HM, vgl. *Fitting*, § 19 BetrVG Rz. 44; GK-BetrVG/*Kreutz*, § 19 Rz. 109. | 12 GK-BetrVG/*Kreutz*, § 19 Rz. 76; HaKo-BetrVG/*Brors*, § 19 Rz. 11. | 13 Vgl. nur *Fitting*, § 19 BetrVG Rz. 34; *Löwisch/Kaiser*, § 19 BetrVG Rz. 11. | 14 BAG v. 19.9.1985 – 6 ABR 4/85, BAGE 50, 1 = NZA 1986, 368. | 15 BAG v. 27.6.1995 – 1 ABR 62/94, NZA 1996, 164; LAG Hamm v. 18.9.1996 – 3 TaBV 108/96, BB 1996, 2622. | 16 BAG v. 14.2.1978 – 1 ABR 46/77, BAGE 30, 114 = DB 1978, 1451; v. 4.12.1986 – 6 ABR 48/85, NZA 1987, 166; *Fitting*, § 19 BetrVG Rz. 29; Richardi/*Thüsing*, § 19 BetrVG Rz. 36; aA GK-BetrVG/*Kreutz*, § 19 Rz. 57: nur Aktivlegitimation, nicht Prozessvoraussetzung. | 17 BAG v. 14.11.1975 – 1 ABR 61/75, DB 1976, 300; DKK/*Schneider*, § 19 BetrVG Rz. 20; Richardi/*Thüsing*, § 19 BetrVG Rz. 42. | 18 LAG Köln v. 4.5.2000 – 10 TaBV 59/99, AiB 2001, 353.

Für die Antragsbefugnis der wahlberechtigten **ArbN**, zu denen auch LeihArbN nach § 7 S. 2 zählen, ist unerheblich, ob sie während des gesamten Verfahrens wahlberechtigt bleiben; ihr nachträgliches Ausscheiden aus dem Betrieb schadet nicht. Allerdings muss der ausgeschiedene ArbN das Verfahren weiter tragen[1]. Scheiden sämtliche anfechtenden ArbN während des Beschlussverfahrens aus ihren Arbeitsverhältnissen endgültig aus, **entfällt** allerdings ihr **Rechtsschutzbedürfnis** (vgl. Rz. 16)[2]. Das „Auswechseln" von Antragsberechtigten nach dem Ablauf der Ausschlussfrist nach S. 2 auch zB durch eine im Betrieb vertretene Gewerkschaft ist nicht mehr möglich, weil die materielle Frist dadurch nicht mehr gewahrt ist[3]. 19

Die Anfechtungsberechtigung einer **Gewerkschaft** ist nur gegeben, wenn sie während des gesamten Verfahrens „im Betrieb vertreten" ist[4]. Nicht antragsberechtigt ist eine nicht tariffähige Koalition – sie ist nicht „Gewerkschaft"[5]. Nur der **ArbGeb**, in dessen Betrieb die BR-Wahl stattgefunden hat, ist nach Abs. 2 antragsbefugt. Nach einem Betriebsübergang (§ 613a BGB) ist nicht mehr der Veräußerer, sondern nur noch der Erwerber antragsberechtigt. Besteht zwischen mehreren ArbGeb eine BGB-Gesellschaft, so ist allein die Gesellschaft als solche, nicht aber sind die einzelnen Gesellschafter anfechtungsberechtigt[6]. Wird die Wahlanfechtung im **gemeinsamen Betrieb** auf das Fehlen einer unternehmensübergreifenden Organisationseinheit gestützt und geltend gemacht, es hätten gesonderte Wahlen für die einzelnen Betriebsstätten durchgeführt werden müssen, ist ArbGeb iSd. § 19 II derjenige, der behauptet, in seinem eigenständigen Betrieb hätte ein eigener BR gewählt werden müssen[7]. 20

4. Wirkung der Anfechtung. Durch die erfolgreiche Anfechtung verliert der fehlerhaft gewählte BR **nicht rückwirkend** sein Amt. Bis dahin vorgenommene Handlungen des BR, zB der Abschluss von BV, bleiben wirksam. Er kann sogar im Amt verbleiben, wenn dem Anfechtungsantrag auch durch eine **Ergebnisberichtigung** abgeholfen werden kann, die vom Gericht zB bei Auszählungs- oder Verteilungsfehlern (Listenwahl, Geschlechtsquote etc.) festzustellen ist, wenn dadurch der Wille der Wähler nicht verfälscht wird (vgl. Rz. 12)[8]. Wird das Wahlergebnis aber insgesamt für **unwirksam** erklärt, verliert der BR sein Amt mit Rechtskraft der Entscheidung[9] – der Betrieb ist dann **betriebsratslos**. Die BR-Mitglieder verlieren ab diesem Zeitpunkt ihren besonderen betriebsverfassungsrechtlichen Kündigungsschutz nach § 15 KSchG, § 103. Eine **Nachwirkung** des Kündigungsschutzes kann nicht auf § 15 I 2 (1. Hs.) KSchG gestützt werden, weil die Beendigung der Mitgliedschaft auf einer gerichtlichen Entscheidung beruht[10], wohl aber auf § 15 III 2 KSchG, soweit seit der Wahl noch nicht sechs Monate verstrichen sind (Kündigungsschutz als Wahlbewerber)[11]. 21

Die BR-Wahl muss nach einer erfolgreichen Anfechtung **wiederholt** werden, so dass ein neuer Wahlvorstand bestellt werden muss. Eine Weiterführung der Amtsgeschäfte nach § 22 scheidet aus, Neuwahlen können (nur) nach § 13 II Nr. 4 durch Initiatoren gemäß §§ 17, 17a eingeleitet werden. Der BR ist zur Bestellung des neuen Wahlvorstands **nicht befugt**. Das gilt sowohl nach Rechtskraft des Urteils, weil damit das Amt des BR endet (Rz. 21), als auch vor Rechtskraft des Urteils, da vor diesem Zeitpunkt keine Vorbereitungen für die Wiederholungswahl getroffen werden dürfen[12]. 22

IV. Nichtigkeit der Wahl. Obwohl im Gesetz nur die **Anfechtung** als Unwirksamkeit „ex nunc" (für die Zukunft) geregelt ist, ist dennoch allgemein anerkannt (Rz. 2), dass in besonderen **Ausnahmefällen** auch die Nichtigkeit einer BR-Wahl rückwirkend („ex tunc") festgestellt werden kann, wenn gegen allgemeine Grundsätze jeder ordnungsgemäßen Wahl in so hohem Maße verstoßen worden ist, dass auch der Anschein einer dem Gesetz entsprechenden Wahl nicht mehr vorliegt. Es muss sowohl ein – aus Sicht von mit den Betriebsverhältnissen Vertrauter – **offensichtlicher** als auch ein **besonders grober** Verstoß gegen Wahlvorschriften vorliegen[13]. Allein eine Häufung von Wahlverstößen, von denen jeder für sich eine Wahlanfechtung begründen würde, kann die Nichtigkeit der Wahl idR nicht zur Folge haben. Entscheidend ist die Gesamtwürdigung der Verstöße[14]. Die Nichtigkeit der Wahl kann jederzeit, von jedermann und in jedem Zusammenhang geltend gemacht werden[15]. Wird die Anfechtungsfrist versäumt, erwächst daraus kein zusätzliches Argument für die Nichtigkeit. Nach dem **Evidenz-Maßstab** 23

1 BAG v. 4.12.1986 – 6 ABR 48/85, NZA 1987, 166; *Fitting*, § 19 BetrVG Rz. 19; Richardi/*Thüsing*, § 19 BetrVG Rz. 38; aA GK-BetrVG/*Kreutz*, § 19 Rz. 68. | 2 BAG v. 15.2.1989 – 7 ABR 9/88, BAGE 61, 125 = NZA 1990, 115; Richardi/*Thüsing*, § 19 BetrVG Rz. 38. | 3 BAG v. 10.6.1983 – 6 ABR 50/82, BAGE 44, 57 = DB 1983, 2142; GK-BetrVG/*Kreutz*, § 19 Rz. 69. | 4 BAG v. 21.11.1975 – 1 ABR 12/75, NJW 1976, 1165 (Marburger Bund); DKK/*Schneider*, § 19 BetrVG Rz. 23; *Fitting*, § 19 BetrVG Rz. 31. | 5 ArbG Düsseldorf v. 5.10.1998 – 7 BV 18/98, AiB 1999, 101. | 6 BAG v. 28.11.1977 – 1 ABR 36/76, BAGE 29, 392 = DB 1978, 643; GK-BetrVG/*Kreutz*, § 19 Rz. 73. | 7 BAG v. 10.11.2004 – 7 ABR 17/04, NZA 2005, 1059. | 8 Ausf. GK-BetrVG/*Kreutz*, § 19 Rz. 118–120. | 9 BAG v. 13.3.1991 – 7 ABR 5/90, BAGE 67, 316 = NZA 1991, 946; *Fitting*, § 19 BetrVG Rz. 36. | 10 HM, vgl. *Fitting*, § 19 BetrVG Rz. 50; KR/*Etzel*, § 15 KSchG Rz. 66. | 11 So auch GK-BetrVG/*Kreutz*, § 19 Rz. 124. | 12 Str., wie hier GK-BetrVG/*Kreutz*, § 19 Rz. 125; ErfK/*Eisemann*, § 19 BetrVG Rz. 9; Richardi/*Thüsing*, § 19 BetrVG Rz. 70; aA *Fitting*, § 19 BetrVG Rz. 45; DKK/*Schneider*, § 19 BetrVG Rz. 35; HaKo-BetrVG/*Brors*, § 19 Rz. 12. | 13 St. Rspr., vgl. BAG v. 22.3.2000 – 7 ABR 34/98, NZA 2000, 1119; v. 13.11.1991 – 7 ABR 18/91, BAGE 69, 49 = NZA 1992, 989. | 14 BAG v. 19.11.2003 – 7 ABR 24/03, BAGE 108, 375 = NZA 2004, 395. | 15 Ganz hM, vgl. nur *Gräfl*, JbArbR 42 (2005), 133 (142 f.); GK-BetrVG/*Kreutz*, § 19 Rz. 131; HaKo-BetrVG/*Brors*, § 19 Rz. 2.

können Anfechtungsgründe nur dann auch zur Nichtigkeit führen, wenn diese nicht erst auf Grund umfangreicher und langwieriger Ermittlungen feststellbar, sondern offensichtlich sind und nicht einmal mehr den Anschein einer ordnungsgemäßen Wahl vermitteln[1].

24 **Beispiele** erfolgreicher Nichtigkeitsklagen aus der Rspr.:

- Wahl eines BR in einer kirchlichen Einrichtung (Jugenddorf mit Mitgliedschaft im Diakonischen Werk der Landeskirche) statt der kirchengesetzlich vorgesehenen MAV (vgl. § 118 II)[2];
- Wahl unter Verstoß gegen § 3 II BetrVG aF (keine behördliche Genehmigung des Organisationstarifs)[3];
- Wiederwahl eines BR nach Ablauf seiner Amtszeit durch Akklamation in einer Betriebsversammlung[4];
- Wahl ohne Wahlvorstand bzw. mit einem Wahlvorstand, dessen Bestellung nichtig ist[5];
- Wahl außerhalb des für die BR-Wahlen festgelegten Zeitraums, obgleich die Voraussetzungen des § 13 II nicht vorliegen und ein BR noch besteht[6];
- Wahlausschluss der Außendienstmitarbeiter von der Briefwahl entgegen etwa zehnjähriger Übung, ohne dass hierfür der geringste einleuchtende Grund besteht[7];
- evidente und willkürliche Abweichung von § 4 BetrVG (dh. besonders grobe Verkennung des Betriebsbegriffs, vgl. auch Rz. 25) auf der Grundlage eines nicht wirksamen TV[8];
- Einsetzung des BR durch die Gewerkschaft oder den ArbGeb[9].

25 Eine „normale" Verkennung der betriebsratsfähigen Organisationseinheit und seiner Ausformungen in §§ 1, 3 und 4 BetrVG führt idR aber nicht zur Nichtigkeit, sondern allenfalls zur **Anfechtbarkeit** der BR-Wahl (Rz. 11)[10]. Ebenso liegt keine Nichtigkeit vor, wenn nur bei Einzelnen der gewählten BR-Mitglieder die Wählbarkeitsvoraussetzungen des § 8 nicht vorgelegen haben (Rz. 9)[11]. Allerdings scheidet bloße Anfechtbarkeit aus, wenn zB in den Fällen des § 3 I Nr. 1–3 auf Grund fehlender tariflicher Grundlagen eine Strukturveränderung ohne jede Rechtsgrundlage erfolgt – die Nichtigkeit ist hier **evident.**

26 Die Feststellung der Nichtigkeit durch das ArbG führt dazu, dass der BR **rechtlich nie existiert** hat. Folglich ist und war der Betrieb betriebsratslos[12]. Anders als nach der erfolgreichen Anfechtung (Rz. 21) sind alle vom „Betriebsrat" getroffenen Maßnahmen, dh. auch von ihm abgeschlossene BV, **rückwirkend** unwirksam[13]. Ebenso bestanden und bestehen keinerlei Mitbestimmungs- und Mitwirkungsrechte und haben die Mitglieder eines solchen BR keinen Kündigungsschutz (allenfalls den nachwirkenden Kündigungsschutz für Wahlbewerber, § 15 III KSchG, vgl. Rz. 21).

27 Zur Möglichkeit einer **einstweiligen Verfügung** zum Abbruch einer grob rechtswidrigen oder nichtigen Wahl vgl. § 18 Rz. 18.

20 *Wahlschutz und Wahlkosten*

(1) Niemand darf die Wahl des Betriebsrats behindern. Insbesondere darf kein Arbeitnehmer in der Ausübung des aktiven und passiven Wahlrechts beschränkt werden.

(2) Niemand darf die Wahl des Betriebsrats durch Zufügung oder Androhung von Nachteilen oder durch Gewährung oder Versprechen von Vorteilen beeinflussen.

(3) Die Kosten der Wahl trägt der Arbeitgeber. Versäumnis von Arbeitszeit, die zur Ausübung des Wahlrechts, zur Betätigung im Wahlvorstand oder zur Tätigkeit als Vermittler (§ 18a) erforderlich ist, berechtigt den Arbeitgeber nicht zur Minderung des Arbeitsentgelts.

§ 20 zuletzt geändert durch die BetrVG-Novelle vom 20.12.1988 (BGBl. I S. 2312).

1 **I. Inhalt und Zweck.** Die Norm schützt einerseits die BR-Wahlen gegen **Behinderung** (Abs. 1) und **Beeinflussung** (Abs. 2); sie regelt andererseits die **Kostentragungspflicht** des ArbGeb (Abs. 3). Sie gilt auch für alle übrigen Wahlen im Bereich der Betriebsverfassung (zB JAV, § 63 II), nicht dagegen für die durch Entsendung entstandenen Gremien wie zB GBR oder KBR und Wirtschaftsausschuss (deren Tätigkeit durch § 78 geschützt wird). Durch Abs. 1, 2 wird die **Freiheit** der Wahlen (vgl. § 14 Rz. 7) in

1 BAG v. 15.11.2000 – 7 ABR 23/99, nv. | 2 BAG v. 30.4.1997 – 7 ABR 60/95, NZA 1997, 1240. | 3 LAG Düsseldorf v. 21.1.2000 – 9 Sa 1754/99, ZInsO 2000, 681; LAG Bbg. v. 9.8.1996 – 2 TaBV 9/96, LAGE § 3 BetrVG 1972 Nr. 2. | 4 BAG v. 12.10.1961 – 5 AZR 423/60, BAGE 11, 318 = DB 1962, 70. | 5 ArbG Bielefeld v. 20.5.1987 – 4 BV 9/87, BB 1987, 1458; vgl. auch GK-BetrVG/*Kreutz*, § 17 Rz. 53, § 19 Rz. 137. | 6 ArbG Regensburg v. 20.9.1989 – 6 BV 14/89 S, BB 1990, 852 (LS 2); vgl. auch Richardi/*Thüsing*, § 19 BetrVG Rz. 74. | 7 BAG v. 24.1.1964 – 1 ABR 14/63, BAGE 15, 235 = DB 1964, 589. | 8 LAG Hamburg v. 6.5.1996 – 4 TaBV 3/96, NZA-RR 1997, 136. | 9 BAG v. 29.9.1988 – 2 AZR 107/88, NZA 1989, 799 (Anerkennung des alten BR trotz neuer Betriebsstruktur). | 10 St. Rspr., vgl. zB BAG v. 9.5.1996 – 2 AZR 438/95, NZA 1996, 1145. | 11 BAG v. 28.11.1977 – 1 ABR 36/76, BAGE 29, 392 = DB 1978, 643. | 12 HM, vgl. *Fitting*, § 19 BetrVG Rz. 6; GK-BetrVG/*Kreutz*, § 19 Rz. 139. | 13 LAG Düsseldorf v. 21.1.2000 – 9 Sa 1754/99, ZInsO 2000, 681 (Abschluss eines Sozialplans).

Bezug auf äußere Willensbetätigung und innere Willensbildung der Wähler und Kandidierenden geschützt[1]; den besonders hohen Stellenwert zeigt auch die **Strafbewehrung** in § 119 I Nr. 1.

II. Wahlschutz. 1. Verbot der Behinderung der Wahl (Abs. 1). „**Niemand**" darf die Wahl des BR behindern oder unzulässig beeinflussen, dh. das Verbot richtet sich gegen **jedermann**, auch gegen ArbN und Gewerkschaften (Rz. 4). Abs. 1 schützt nicht nur den eigentlichen Abstimmungsvorgang, sondern auch alle **vorbereitenden Maßnahmen** (zB des Wahlvorstands, vgl. § 18 I) inkl. der Wahlwerbung (Rz. 3)[2]. „Behinderung" kann jedes rechtswidrige Tun oder Unterlassen sein, das den **äußeren Ablauf** der Wahlen stört[3]. Nach der historischen ratio zielt die Norm besonders auf den ArbGeb als potenziellen „Wahlstörer", entweder dadurch, dass er seine Förderungspflichten aus BetrVG und WahlO (zB nach § 28 II WO, vgl. § 14a Rz. 8) missachtet bzw. vernachlässigt, oder dadurch, dass er die ArbN gegen die Wahl aufzubringen oder ihre Teilnahme zu verhindern sucht, zB wenn diese schriftlich erklären sollen, dass sie keinen BR wünschen[4], oder durch andere wahlstörende **Handlungen** oder **Weisungen** (zB Entfernung von Wahlwerbung, Verhinderung der Wahlhandlung, Versetzung von ArbN zum Zwecke ihrer Nicht-Wählbarkeit, Anordnung einer Dienstreise zum Zeitpunkt der Wahl etc.)[5]. Ruft ein Vorgesetzter zum Wahlboykott auf oder behauptet er wahrheitswidrig die Unwirksamkeit der Wahlen, weshalb eine Teilnahme daran überflüssig sei, so ist das aber **keine Wahlbehinderung**, sondern nur eine nach Abs. 2 (und § 119 I Nr. 1) nicht eigens sanktionierte Wahlbeeinflussung: Es wird nicht in die **Handlungsfreiheit** der Wahlberechtigten eingegriffen, sondern (nur) in die Freiheit ihrer inneren Willensbildung (ohne die Androhung von Nachteilen etc., vgl. Rz. 5)[6]. Das Gesetz bestätigt diese Deutung in Abs. 1 S. 2, wenn es den wichtigsten Behinderungsfall als Beschränkung **in der Ausübung** des aktiven und/oder passiven Wahlrechts kennzeichnet[7]. 2

Die Behinderung muss **rechtswidrig** sein; auf ein Verschulden kommt es nicht an[8]. Bei der Wahlwerbung von im Betrieb vertretenen (vgl. § 2 II) **Gewerkschaften** gilt im Zweifel der Vorrang ihres Betätigungsrechts, solange nicht kraft Abwägung zwischen Art. 9 III GG und Art. 12 GG ausnahmsweise das Recht des ArbGeb auf die Abwehr unverhältnismäßiger Eingriffe in den Betriebsablauf Vorrang genießt[9]. Wildes Plakatieren im Betrieb muss er zB nicht hinnehmen. Das Wahlwerbungsrecht besteht unabhängig davon, ob eigene Gewerkschaftsmitglieder für den BR kandidieren oder nicht, und ist notwendiger Ausdruck eines demokratischen Wahlverfahrens (ganz hM). Verletzen ArbN dagegen ihre arbeitsvertraglichen Pflichten ohne einen inneren (sachlichen) Zusammenhang mit Wahlen, ist der ArbGeb durch das Behinderungsverbot in seinem Kündigungsrecht nicht beschränkt[10]. Auch muss er einen Wahlbewerber nicht zur Sammlung von Stützvorschriften (§ 14 IV) eigens frei stellen, sondern darf ihm dies in den Pausen oder außerhalb der Arbeitszeiten zumuten (Rz. 14)[11]. Genauso wenig muss er einem gekündigten ArbN, der nicht geklagt hat und nicht weiterbeschäftigt wird, den Zugang zum Zwecke der Wahl ermöglichen[12]. Zu den Rechtsfolgen wahlbehindernder Weisungen vgl. Rz. 9. 3

Eine Behinderung der Wahlen durch **Wahlvorstand**, ArbN, Gewerkschaften oder **Dritte** ist ebenfalls verboten (Rz. 2), jedoch idR nicht praxisrelevant. Wer durch Beschimpfungen von Seiten seiner Kollegen oder von außen dazu veranlasst wird, von einer Wahlbewerbung abzusehen, kann sich sowohl zivil- wie strafrechtlich dagegen wehren als auch ggf. die Wahl als solche anfechten (vgl. § 19, näher Rz. 8 f.). Doch möchte die Norm des § 20 gerade solchen Pressionen **vorbeugen**, also die freie Kandidatur trotz solcher Beeinflussungen sicherstellen. Sie dürfte diesen präventiven Zweck inzwischen idR auch erreicht haben. 4

2. Unzulässige Wahlbeeinflussung (Abs. 2). Abs. 2 möchte die **freie Willensbildung** der Wahlberechtigten sicherstellen und verbietet daher **jedermann** die „Zufügung oder Androhung von Nachteilen" oder „die Gewährung oder Versprechung von Vorteilen" zum Zwecke der Beeinflussung der Wahlen. Die Ausübung des passiven und des aktiven Wahlrechts soll allein auf der freien Entscheidung der Wahlberechtigten beruhen und keiner Steuerung von dritter Seite unterliegen[13]. Dabei entspricht es dem **vorbeu-** 5

1 Vgl. ErfK/*Eisemann*, § 20 BetrVG Rz. 1; GK-BetrVG/*Kreutz*, § 20 Rz. 1. | 2 BayObLG v. 9.7.1980 – 4 St 173/80, BB 1980, 1638. | 3 HM, so zB GK-BetrVG/*Kreutz*, § 20 Rz. 11; *Löwisch/Kaiser*, § 20 BetrVG Rz. 1. | 4 ArbG München v. 26.5.1987 – 15 Ca 3024/87, DB 1987, 2662; ferner *Löwisch/Kaiser*, § 20 BetrVG Rz. 2. | 5 Vgl. Beispiele bei *Fitting*, § 20 BetrVG Rz. 10; GK-BetrVG/*Kreutz*, § 20 Rz. 13–20; HaKo-BetrVG/*Brors*, § 20 Rz. 2–4; Richardi/*Thüsing*, § 20 BetrVG Rz. 8–11. | 6 LAG Köln v. 15.10.1993 – 13 TaBV 36/93, NZA 1994, 431. | 7 Ähnlich GK-BetrVG/*Kreutz*, § 20 Rz. 11. | 8 HM, vgl. DKK/*Schneider*, § 20 BetrVG Rz. 1; GK-BetrVG/*Kreutz*, § 20 Rz. 12. | 9 BVerfG v. 14.11.1995 – 1 BvR 601/92, BVerfGE 93, 352 (359 ff.) = NZA 1996, 381 unter Verabschiedung der sog. Kernbereichsformel, vgl. auch ErfK/*Dieterich*, Art. 9 GG Rz. 40; *Höfling* in: Sachs, GG, Art. 9 Rz. 71 ff. Die ältere Rspr., insb. BAG v. 26.1.1982 – 1 AZR 610/80, BAGE 41, 1 = DB 1982, 1327 ist damit in ihrer restriktiven Tendenz überholt. | 10 BAG v. 13.10.1977 – 2 AZR 387/76, DB 1978, 641 – Verhaltensbedingte Kündigung; *Rieble*, ZfA 2003, 283 (288 f.). | 11 LAG Berlin v. 9.1.1979 – 3 TaBV 6/78, BB 1979, 1036; vgl. ferner LAG Hamm v. 6.2.1980 – 3 TaBV 79/79, EzA § 20 BetrVG 1972 Nr. 11. | 12 GK-BetrVG/*Kreutz*, § 20 Rz. 15; vgl. aber ArbG München v. 18.11.1997 – 19 BVGa 61/97, AiB 1998, 161: Gekündigtem Wahlbewerber, der die Kündigung gerichtlich angreift, darf nicht das Betreten des Betriebs verboten werden; vgl. ferner DKK/*Schneider*, § 20 BetrVG Rz. 14; *Fitting*, § 20 BetrVG Rz. 16 jew. mwN. | 13 BVerfG v. 24.2.1999 – 1 BvR 123/93, BVerfGE 100, 214 = NZA 1999, 713 (714).

genden (präventiven) Sanktionszweck der Norm, dass jeder geeignete Versuch einer – so definierten – unzulässigen Beeinflussung ausreicht. Auf eine tatsächliche Verfälschung des Wählerwillens kommt es nicht an[1]. Die Androhung von Kündigung, Versetzung auf einen schlechteren Arbeitsplatz oder sonstigen Nachteilen bzw. die In-Aussicht-Stellung von Beförderung, Gehaltserhöhung oder sonstigen materiellen oder immateriellen Vorteilen ist also verboten und – bei vorsätzlichem Handeln – auch strafbar (§ 119 I Nr. 1). Dafür reicht es aus, wenn der ArbGeb (an Stelle der nach § 14 III berufenen ArbN selbst) Stützunterschriften für eine Vorschlagsliste sammelt[2] oder eine Gruppe von Wahlbewerbern bei der Herstellung einer Wahlzeitung unterstützt[3].

6 Jeder betriebliche **Wahlkampf** darf und muss auf Beeinflussung der Willensbildung zielen und ist idR unbedenklich zulässig, solange er nicht die Entscheidungsfreiheit der Wähler/innen mindestens durch **indirekte** bzw. **mittelbare** Androhung von Nachteilen oder In-Aussicht-Stellung von Vergünstigungen iSv. Abs. 2 zu manipulieren versucht. Das erlegt vor allem dem **ArbGeb** Zurückhaltung bei jeglicher Wahlwerbung (nicht: bei der Information über Gesetzesgrundlagen) auf[4]; er darf zB nicht in einem Schreiben an alle ArbN darauf hinweisen, dass bei Wahl einer Gewerkschaftsliste dem Unternehmen schwerer Schaden zugefügt würde[5]. Immer ist auch dem Bedeutungsgehalt von Art. 5 GG Rechnung zu tragen, so dass auch schrille Propaganda mit unwahren Behauptungen und Irreführungseignung erst dann in unzulässige Wahlbeeinflussung umschlägt, wenn zB Wahlbewerber oder Gewerkschaften in strafrechtlich relevanter Weise diffamiert werden und ihnen bzw. ihren Anhängern von daher „Nachteile" drohen[6].

7 Auch **Gewerkschaften** können die freie Willensbildung bei BR-Wahlen dadurch **mittelbar** beeinflussen, dass sie es ihren Mitgliedern unter Androhung des Verbandsausschlusses untersagen, sich auf anderen als den „eigenen" Gewerkschaftslisten zur Wahl zu stellen, so dass diese nicht nach Gutdünken von ihrem passiven Wahlrecht Gebrauch machen können. Der BGH hatte das mehrmals insoweit für **rechtswidrig** und somit gegen Abs. 2 verstoßend erklärt, als keine über die bloße Fremdkandidatur hinausgehende feindliche Haltung des Mitglieds gegen seine Gewerkschaft erkennbar war[7]. Das BVerfG hat dieser Rspr. jetzt die Grundlage entzogen, indem es dem BGH eine Verkennung des Schutzbereichs von Art. 9 III GG vorgehalten hat, das **geschlossene Auftreten** nach außen als wesentlich für die Selbstbestimmung der Koalitionen erklärt und damit über die individuelle Koalitionsfreiheit ihrer Mitglieder gestellt hat[8]. Eine Maßregelung bei Fremdkandidatur kann also nicht mehr als nach Abs. 2 unzulässige Beeinflussung der Wahlen gelten (hM). Die BVerfG-Rspr. ist im Ergebnis geeignet, den (mögl.) Wettbewerb der Gewerkschaften und ihrer Listen im Betrieb zu stimulieren und passt damit in ein neues wettbewerbliches Zeitalter. Dadurch wird aber nicht jede Maßregelung gedeckt, insb. dann nicht, wenn die Liste der Gewerkschaft nicht nach binnendemokratischen Grundsätzen aufgestellt worden war[9].

8 **3. Sanktionierung unzulässiger Wahlstörungen.** Zu unterscheiden ist zwischen individualrechtlichen (Rz. 9) und **betriebsverfassungsrechtlichen** Sanktionen unzulässiger Wahlstörungen: Einerseits handelt es sich dabei um eine Verletzung **wesentlicher** Vorschriften des Wahlverfahrens (vgl. § 19 Rz. 5), so dass neben der Wahlanfechtung sogar in krassen Fällen[10] eine Nichtigkeitserklärung der Wahl erfolgen kann. Der **wahlsichernde** präventive Zweck der Norm (Rz. 4) fordert vorrangig gerichtliche Maßnahmen *während* des Wahlverfahrens, gerade auch im Wege der einstweiligen Verfügung, vgl. hierzu § 18 Rz. 16 ff.[11]. Nachrangig ist an die Sanktion des § 23 III (grobe Verstöße des ArbGeb) oder gar an die strafrechtl. Sanktion des § 119 I Nr. 1 zu denken, die Vorsatz erfordert[12].

9 Andererseits stellen die Verbote der Abs. 1, 2 **gesetzliche Verbote** iSd. § 134 BGB dar, die im Ergebnis zu einem *relativen* **Vertragsschutz** der betroffenen Wahlteilnehmer führen: Jede im Hinblick auf Abs. 1, 2 rechtswidrige Maßnahme des ArbGeb ist individualrechtlich **unwirksam**, insb. Kündigungen, Versetzungen oder Weisungen zum Zwecke der Beeinträchtigung von BR-Wahlen[13]. Dabei muss im Zweifel

---

1 Vgl. auch BGH v. 19.1.1981 – II ZR 20/80, DB 1982, 130; ErfK/*Eisemann*, § 20 BetrVG Rz. 6; GK-BetrVG/*Kreutz*, § 20 Rz. 25. | 2 LAG Hamburg v. 12.3.1998 – 2 TaBV 2/98, AiB 1998, 701. | 3 BAG v. 4.12.1986 – 6 ABR 48/85, NZA 1987, 166; aA GK-BetrVG/*Kreutz*, § 20 Rz. 30; *Rieble*, ZfA 2003, 283 (290 ff.). | 4 HM, vgl. nur *Fitting*, § 20 BetrVG Rz. 24; Richardi/*Thüsing*, § 20 BetrVG Rz. 18; aA GK-BetrVG/*Kreutz*, § 20 Rz. 30; *Rieble*, ZfA 2003, 283 (290 ff.). | 5 ArbG Heilbronn v. 18.3.1999 – 1 BV 1/99, AiB 1999, 581; zu Recht abl. *Rieble*, ZfA 2003, 283 (294 ff.). | 6 Str., ähnlich wie hier zB DKK/*Schneider*, § 20 BetrVG Rz. 19; ErfK/*Eisemann*, § 20 BetrVG Rz. 7; *Fitting*, § 20 BetrVG Rz. 25; GK-BetrVG/*Kreutz*, § 20 Rz. 32 (Ehrverletzung); Richardi/*Thüsing*, § 20 BetrVG Rz. 15; aA HaKo-BetrVG/*Brors*, § 20 Rz. 5: zivilrechtlicher Ehrenschutz ausreichend. | 7 BGH v. 19.10.1987 – II ZR 43/87, BGHZ 102, 265 = NJW 1988, 552; v. 19.1.1981 – II ZR 20/80, DB 1982, 130; v. 27.2.1978 – II ZR 17/77, BGHZ 71, 126 = DB 1978, 1272; vgl. ferner *Fitting*, § 20 BetrVG Rz. 26 ff.; GK-BetrVG/*Kreutz*, § 20 Rz. 35 ff.; *Popp*, JuS 1980, 798 (800 ff.). | 8 BVerfG v. 24.2.1999 – 1 BvR 123/93, BVerfGE 100, 214 = NZA 1999, 713; zust. ErfK/*Eisemann*, § 20 BetrVG Rz. 7; *Fitting*, § 20 BetrVG Rz. 27 ff.; *Sachse*, AuR 1999, 387; krit. *Gaumann*, NJW 2002, 2155; MünchArbR/*Joost*, § 304 Rz. 241; *Reuter*, RdA 2000, 101. | 9 So *Sachse*, AuR 1999, 387 (389 f.); zust. *Fitting*, § 20 BetrVG Rz. 30; GK-BetrVG/*Kreutz*, § 20 Rz. 40; weiter gehend *Gaumann*, NJW 2002, 2155 (2157): Ausschluss als Ultima Ratio. | 10 Zu eng *Fitting*, § 20 BetrVG Rz. 32, wo nur Fälle „offenen Terrors" als Nichtigkeitsgründe anerkannt werden. | 11 Vgl. auch GK-BetrVG/*Kreutz*, § 20 Rz. 42; *Rieble*, ZfA 2003, 283 (286 f.). | 12 Vgl. nur GK-BetrVG/*Kreutz*, § 20 Rz. 45; Richardi/*Thüsing*, § 20 BetrVG Rz. 28, 31. | 13 Ganz hM, vgl. nur GK-BetrVG/*Kreutz*, § 20 Rz. 41; *Löwisch/Kaiser*, § 20 BetrVG Rz. 10.

eine Umkehr der Beweislast ähnlich wie im Diskriminierungsrecht (zB § 611a I 3 BGB) zu Gunsten der klagenden ArbN gefordert werden. Umstritten ist der Charakter als **Schutzgesetz** iSv. § 823 II BGB, weil jeweils der vermögensschützende Charakter des Wahlschutzes fraglich ist[1]. Doch können im Ergebnis unzweifelhaft zB solche Kosten, die „ausgeschlossenen" Wahlbewerbern zum Zwecke der gerichtl. Zutrittsermöglichung in den Betrieb (wegen Wahlwerbung etc.) entstehen, dem nach Abs. 1 S. 2 die Wahl störenden ArbGeb als **Schadensersatz** aus § 823 II BGB abverlangt werden[2].

Weiterhin ist der **absolute** Kündigungsschutz für Wahlvorstandsmitglieder und Wahlbewerber, aber auch Wahlinitiatoren zu beachten, den der Gesetzgeber ebenfalls vorsorglich in § 15 III bzw. IIIa KSchG angeordnet hat; insoweit werden § 20 I, II individualrechtlich flankiert. Nach der BetrVG-Novelle 2001 genießen nunmehr auch die **Initiatoren** von BR-Wahlen Kündigungsschutz, wenn sich diese nach Maßgabe zB von §§ 16 II, 17 III bzw. IV für die Einleitung von BR-Wahlen stark machen (vgl. § 17 Rz. 12)[3]. 10

III. Wahlkosten (Abs. 3 S. 1). Nach Abs. 3 S. 1 trägt der **ArbGeb** die Kosten der Wahl, dh. aller Vorbereitungs-, Einleitungs- und Durchführungsmaßnahmen des Wahlvorstands, wie sie in §§ 14–18a und der Wahlordnung (WO) vorgesehen sind, **nicht** dagegen die Kosten für Wahlwerbung[4]. Die Kosten müssen zur ordnungsgemäßen Wahlvorbereitung und -durchführung **erforderlich** sein, wie das BAG aus der entsprechenden Einschränkung in S. 2 auch für S. 1 folgert[5]. Zu erstatten sind die **tatsächlich** entstandenen Kosten. Dazu können auch die gerichtl. und außergerichtl. Kosten für das gerichtl. Bestellungsverfahren nach § 16 II bzw. § 17 IV[6] oder für das **Anfechtungsverfahren** nach § 19[7] oder für ein Beschlussverfahren zählen, das zur Klärung der Befugnisse des Wahlvorstands – zB über das Bestehen eines gemeinsamen Betriebs mehrerer Unternehmen (§ 1 II) – schon während des laufenden Wahlverfahrens wegen anders nicht zu behebender Meinungsverschiedenheiten gegenüber dem ArbGeb erforderlich erscheint[8]. Dem Wahlvorstand steht bei seiner Einschätzung der „Erforderlichkeit" der gleiche **Beurteilungsspielraum** zu wie dem BR im Rahmen der §§ 40, 37 II u. VI[9], so dass ein Rechtsanwalt beauftragt werden darf, wenn der Wahlvorstand dies bei (objektiv) vernünftiger Betrachtung seiner Rechtsposition für erforderlich halten durfte[10]. Der ArbGeb kann die Kostenerstattung dagegen **verweigern**, wenn die Rechtsverfolgung (objektiv) aussichtslos oder die Hinzuziehung des Rechtsanwalts missbräuchlich erscheint[11]. 11

Der ArbGeb hat die erforderlichen **Sachkosten** zu tragen, dh. alle Unterlagen, Räume, Sachmittel, Büromaterial, Infrastruktur etc.[12] für die Wahl bereit zu stellen. § 40 II gilt entsprechend[13], doch kann der Wahlvorstand erst dann an Stelle des ArbGeb sich die notwendigen Sachmittel **selbst beschaffen**, wenn der ArbGeb seine Mitwirkung rechtswidrig verweigert[14]. Im unter hohem Zeitdruck stehenden vereinfachten Wahlverfahren für Kleinbetriebe (§ 14a) müssen die Einladenden bzw. der Wahlvorstand aber nicht erst Rechtsschutz abwarten, bevor sie zur Selbstvornahme schreiten. Nicht erforderlich soll es laut BAG zB sein, die Wahlvorschlagslisten um die Lichtbilder der Kandidierenden zu ergänzen; entsprechende Kosten muss der ArbGeb nicht erstatten[15]. 12

Der ArbGeb hat auch erforderliche **persönliche Kosten** für die Mitglieder des Wahlvorstands oder den Vermittler (§ 18a II, III) zu übernehmen, zB Reisekosten, die dem Wahlvorstand entstehen, inklusive dabei entstehender Unfallschäden, wenn die Benutzung des Fahrzeugs notwendig oder vom ArbGeb angeordnet worden war[16]. Auch erforderliche **Schulungskosten** für die Mitglieder des Wahlvorstands sind vom ArbGeb zu tragen, so zB bei einem erstmals bestellten Mitglied, das sich einen halben Tag bei der IG Metall über die Aufgaben des Wahlvorstands informieren lässt[17]. Für die erste Wahl nach den durch die BetrVG-Novelle 2001 geänderten Vorschriften des BetrVG und der WO war eine Schulung der Wahlvorstandsmitglieder in jedem Fall erforderlich[18]. 13

IV. Versäumnis von Arbeitszeit (Abs. 3 S. 2). In Abs. 3 S. 2 wird klar gestellt, dass als „Wahlkosten" auch die **Entgeltfortzahlung** für die Ausübung des Wahlrechts, die Betätigung im Wahlvorstand oder die 14

---

1 Kritik an der hM bei GK-BetrVG/*Kreutz*, § 20 Rz. 44; *Rieble*, ZfA 2003, 283 (287). |2 LAG Berlin v. 11.3.1988, 2 TaBV 1/88, LAGE § 20 BetrVG 1972 Nr. 7; LAG Hamm v. 6.2.1980 – 3 TaBV 79/79, EzA § 20 BetrVG 1972 Nr. 11; Schadensersatz nach § 20 I darf nicht verwechselt werden mit Wahlkostenerstattung nach § 20 III, hierzu zB LAG Hess. v. 4.1.1990 – 12 TaBV 69/89, BB 1990, 1346 (Ls.). |3 Ausf. *Löwisch/Kaiser*, § 20 BetrVG Rz. 11–13. |4 ArbG Düsseldorf v. 21.7.1981 – 1 Ca 2201/81, BB 1981, 1579; ferner GK-BetrVG/*Kreutz*, § 20 Rz. 48; Richardi/*Thüsing*, § 20 BetrVG Rz. 34. |5 BAG v. 31.5.2000 – 7 ABR 8/99, NZA 2001, 114. |6 BAG v. 31.5.2000 – 7 ABR 8/99, NZA 2001, 114 (außergerichtliche Kosten der bestellenden Gewerkschaft). |7 BAG v. 7.7.1999 – 7 ABR 4/98, NZA 1999, 1232 für die parallele Regelung in § 24 II 1 BPersVG. |8 BAG v. 8.4.1992 – 7 ABR 56/91, NZA 1993, 415; v. 26.11.1974 – 1 ABR 16/74, BAGE 26, 376 = DB 1975, 1178. |9 BAG v. 3.12.1987 – 6 ABR 79/85, NZA 1988, 440. |10 St. Rspr., vgl. nur BAG v. 8.4.1992 – 7 ABR 56/91, NZA 1993, 415; v. 16.3.1988 – 7 AZR 557/87, AP BetrVG 1972 § 37 Nr. 63; ArbG Aachen v. 10.6.1999 – 7 BV 1/99, AiB 1999, 644. |11 BAG v. 31.5.2000 – 7 ABR 8/99, NZA 2001, 114; HaKo-BetrVG/*Brors*, § 20 Rz. 9. |12 Ausf. DKK/*Schneider*, § 20 BetrVG Rz. 28; *Fitting*, § 20 BetrVG Rz. 36. |13 Vgl. nur ErfK/*Eisemann*, § 20 BetrVG Rz. 9; GK-BetrVG/*Kreutz*, § 20 Rz. 50. |14 BAG v. 3.12.1987 – 6 ABR 79/85, NZA 1988, 440; GK-BetrVG/*Kreutz*, § 20 Rz. 50; HaKo-BetrVG/*Brors*, § 20 Rz. 7. |15 BAG v. 3.12.1987 – 6 ABR 79/85, NZA 1988, 440. |16 BAG v. 3.3.1983 – 6 ABR 4/80, DB 1983, 1366. |17 BAG v. 7.6.1984 – 6 AZR 3/82, NZA 1985, 66. |18 So zutr. *Löwisch/Kaiser*, § 20 BetrVG Rz. 18; ferner GK-BetrVG/*Kreutz*, § 20 Rz. 60; Richardi/*Thüsing*, § 20 BetrVG Rz. 43 f.

Tätigkeit als Vermittler (§ 18a II, III) anzusehen ist. Das gilt zunächst für alle Teilnehmer an Betriebs- und Wahlversammlungen, zB im vereinfachten Wahlverfahren nach § 14a[1]. Auch der Wahlakt selber findet während der Arbeitszeit statt und darf nicht zu Entgeltkürzungen führen. Ob die Anwesenheit eines Wahlbewerbers bei der öffentlichen Stimmenauszählung nach der Wahl zwischen 12 und 12.30 Uhr noch „zur Ausübung des Wahlrechts" zählt oder nicht, hat immerhin zwei Instanzen beschäftigt und ist dem strengen Gesetzeswortlaut nach wohl zu verneinen[2]. Der (kleinliche) ArbGeb wird auch die Sammlung von Stützunterschriften (Rz. 3) oder die Vorstellung des Wahlbewerbers in anderen Abteilungen nicht als „erforderlich" werten müssen[3]. Die Mitglieder des **Wahlvorstands** und der Vermittler sowie ggf. notwendige **Wahlhelfer** sind **ehrenamtlich** tätig und haben daher keinen Anspruch auf besondere Vergütung (vgl. § 16 Rz. 4; § 18 Rz. 2); sie dürfen deshalb aber auch keine Nachteile erleiden. Ihre Tätigkeit findet grundsätzlich während der Arbeitszeit statt. Ihr Entgeltanspruch aus Arbeitsvertrag bleibt bestehen. Allerdings weist Abs. 3 S. 2 eine **Gesetzeslücke** für den Fall auf, dass das Mitglied des Wahlvorstands außerhalb seiner individuellen Arbeitszeit für die Wahl tätig werden muss. Das BAG hat diese Lücke durch **analoge Anwendung** des § 37 III gefüllt, so dass Anspruch auf Arbeitsbefreiung (Freizeitausgleich) unter Fortzahlung des Arbeitsentgelts auch für das Wahlvorstandsmitglied besteht[4], der insoweit mit dem BR-Mitglied gleich gestellt werden muss (vgl. § 37 Rz. 14 ff.).

15 **V. Streitigkeiten.** Streitigkeiten in Bezug auf **unzulässige Wahlstörungen** (Abs. 1, 2) sind je nachdem, ob betriebsverfassungsrechtl. oder individual-rechtl. Rechtsfolgen angestrebt werden (vgl. Rz. 8 ff.), im arbeitsgerichtl. Beschluss- oder Urteilsverfahren auszutragen. Ähnlich zu differenzieren ist bei Streitigkeiten in Bezug auf die **Wahlkosten** (Abs. 3): Während der Anspruch des Wahlvorstands auf Auslagenersatz (Abs. 3 S. 1) im Beschlussverfahren (§§ 2a, 80 ff. ArbGG) auszutragen ist, sind individuelle Entgeltansprüche von Wahlvorstandsmitgliedern auch dann im **Urteilsverfahren** nach § 2 I Nr. 3a, V iVm. §§ 46 ff. ArbGG auszutragen, wenn das vorenthaltene Arbeitsentgelt auf einer „Betätigung im Wahlvorstand" beruht[5]. Ein im Beschlussverfahren zur Notwendigkeit der Arbeitsversäumnis ergangener Beschluss hat für das folgende Urteilsverfahren **präjudizielle** Wirkung[6].

Zweiter Abschnitt. Amtszeit des Betriebsrats

21 *Amtszeit*

Die regelmäßige Amtszeit des Betriebsrats beträgt vier Jahre. Die Amtszeit beginnt mit der Bekanntgabe des Wahlergebnisses oder, wenn zu diesem Zeitpunkt noch ein Betriebsrat besteht, mit Ablauf von dessen Amtszeit. Die Amtszeit endet spätestens am 31. Mai des Jahres, in dem nach § 13 Abs. 1 die regelmäßigen Betriebsratswahlen stattfinden. In dem Fall des § 13 Abs. 3 Satz 2 endet die Amtszeit spätestens am 31. Mai des Jahres, in dem der Betriebsrat neu zu wählen ist. In den Fällen des § 13 Abs. 2 Nr. 1 und 2 endet die Amtszeit mit der Bekanntgabe des Wahlergebnisses des neu gewählten Betriebsrats.

§ 21 zuletzt geändert durch die BetrVG-Novelle vom 20.12.1988 (BGBl. I S. 2312).

1 **I. Inhalt und Zweck.** Die Norm regelt die Amtszeit des BR als **Kollegialorgan**: Sie beträgt seit der BetrVG-Novelle 1988[7] statt früher drei jetzt idR **vier Jahre** (S. 1). In S. 2 bis 5 werden Beginn und Ende der Amtszeit bei prinzipiell konstanten Betriebsstrukturen in Abhängigkeit von den in § 13 geregelten Wahlzeiträumen (1. März bis 31. Mai) geregelt. Das BetrVerf-Reformgesetz 2001 hat in Umsetzung der RL 2001/23/EG die Vorschrift durch § 21a (Übergangsmandat) und § 21b (Restmandat) für Umstrukturierungen wesentlich ergänzt. Mit dem Erlöschen des BR-Amts erlischt auch die Mitgliedschaft in den Entsendungsorganen GBR und KBR (vgl. §§ 49, 57), die anders als der BR Organe **ohne feste Amtszeit** darstellen[8].

2 **II. Beginn der Amtszeit (S. 2).** S. 2 knüpft in der **ersten Alternative** den Beginn der Amtszeit an die „Bekanntgabe des Wahlergebnisses", soweit nicht zu diesem Zeitpunkt noch ein BR besteht. Diese Alternative gilt also für die Fälle des **Fehlens eines BR**, nicht nur bei erstmaliger Wahl eines BR, sondern auch dann, wenn die Wahl des BR erfolgreich angefochten wurde (§ 13 II Nr. 4), der BR durch Gerichtsbeschluss aufgelöst wurde (§ 13 II Nr. 5), oder die Amtszeit aus anderen Gründen bereits abgelaufen war

1 HM, vgl. nur *Fitting*, § 20 BetrVG Rz. 43; GK-BetrVG/*Kreutz*, § 20 Rz. 64. | 2 LAG Schl.-Holst. v. 26.7.1989 – 3 Sa 228/89, NZA 1990, 118 (Streitwert: DM 6,52 nebst Zinsen!). | 3 Vgl. Beispiel LAG Schl.-Holst. v. 15.12.2004 – 3 Sa 269/04, NZA-RR 2005, 253: ArbGeb darf Wahlvorstand nicht ein Stundenkontingent vorgeben; ferner *Fitting*, § 20 BetrVG Rz. 43; GK-BetrVG/*Kreutz*, § 20 Rz. 65; aA DKK/*Schneider*, § 20 BetrVG Rz. 35. | 4 BAG v. 26.4.1995 – 7 AZR 874/94, NZA 1996, 160; ebenso GK-BetrVG/*Kreutz*, § 20 Rz. 58; Richardi/*Thüsing*, § 20 BetrVG Rz. 42; aA *Löwisch/Kaiser*, § 20 BetrVG Rz. 21. | 5 HM, vgl. BAG v. 5.3.1974 – 1 AZR 50/73, DB 1974, 1534; ferner ArbG Gelsenkirchen v. 22.8.1977 – 2 BV 29/77, BB 1978, 307; GK-BetrVG/*Kreutz*, § 20 Rz. 67; Richardi/*Thüsing*, § 20 BetrVG Rz. 47. | 6 BAG v. 6.5.1975 – 1 ABR 135/73, DB 1975, 1706. | 7 Vgl. BT-Drs. 11/3618, S. 10; ferner Richardi/*Thüsing*, § 21 BetrVG Rz. 2. | 8 Vgl. ErfK/*Eisemann*, § 21 BetrVG Rz. 1; GK-BetrVG/*Kreutz*, § 21 Rz. 3.

(§ 13 II Nr. 6) – in allen diesen Fällen existiert ein BR nicht mehr oder noch nicht (vgl. § 13 Rz. 11–13). Auch eine vorläufige Fortführung der Amtsgeschäfte nach § 22 ist in diesen Fällen nicht vorgesehen. Die Amtszeit beginnt dann am Tag der öffentlichen „Bekanntgabe des Wahlergebnisses" durch zweiwöchigen Aushang (§ 18 S. 1 WO)[1]. Der BR ist damit aber noch nicht handlungsfähig; er bedarf hierzu der konstituierenden Sitzung nach § 29 I (vgl. § 18 Rz. 8)[2]. Der Gesetzgeber nimmt hier das Auseinanderfallen von Amtszeit und Handlungsfähigkeit hin[3]. Zu den Sonderfällen vgl. Rz. 4.

Die **zweite Alternative** beschreibt den Regelfall bei **Bestehen** eines BR. Die Wahlen werden, wie von § 16 gefordert, so rechtzeitig eingeleitet, dass bei Bekanntgabe des Wahlergebnisses die Amtsperiode des amtierenden BR noch nicht abgelaufen ist: Die Amtszeit des neu gewählten BR beginnt „mit Ablauf von dessen Amtszeit", so dass **lückenlose Kontinuität** gewährleistet ist. Amtsbeginn und Handlungsfähigkeit fallen zusammen, soweit die konstituierende Sitzung schon (zulässigerweise) vor dem Amtsbeginn stattgefunden hat (vgl. § 29 Rz. 3). Wird also zB am 28.3.2002 das Ergebnis der BR-Wahlen bekannt gemacht, läuft die vierjährige Amtszeit des amtierenden BR jedoch erst am 16.4.2002 ab, so beginnt die Amtszeit des neuen Gremiums am Tag danach, also am 17.4., kraft Gesetzes (vgl. § 13 Rz. 4). Auch für diesen **Zwischenraum** stehen den gewählten, aber noch nicht amtierenden BR-Mitgliedern nach hM – kraft extensiver Auslegung des § 15 I KSchG – der besondere Kündigungsschutz des Amtsträgers zu[4]. Doch dürfen in dieser Zeit vor Amtsbeginn durch das neue Gremium noch keine betriebsverfassungsrechtlich relevanten Beschlüsse gefasst werden (hM). 3

Eine Ausnahme von der Regel, dass bei **Bestehen** eines BR dessen Amtszeit den Beginn des nächsten Gremiums bestimmt (S. 2 Alt. 2), formulieren die **S. 3–5** für die Ausnahmefälle des § 13 II Nr. 1 und 2 (nach hM auch für Nr. 3) sowie des § 13 III, weil hier entweder besondere Ereignisse die „Geschäftsgrundlage" des amtierenden BR haben entfallen lassen (Rz. 9) oder der Anschluss des „außerordentlich" gewählten BR an die Regelwahlzeiträume hergestellt werden muss (Rz. 8). 4

III. Ende der Amtszeit. Die Kompetenzen des BR enden grundsätzlich mit seiner Amtszeit. Eine „kommissarische" **Fortführung** der Amtsgeschäfte außerhalb der gesetzlichen Fortführungstatbestände nach §§ 21a, 21b und 22 kommt nicht in Betracht[5]. Die Befugnisse des BR können auch nicht durch ein anderes Organ (zB GesamtBR) oder durch die Belegschaft wahrgenommen werden[6]. Nicht zu verwechseln mit dem Ende der Amtszeit ist das Ausscheiden eines **einzelnen** BR-Mitglieds zB durch Niederlegung des Amts nach § 24 Nr. 2. Daraus ergeben sich nämlich keine Auswirkungen auf die Existenz des BR als solchem, wie sich anhand § 25 I zeigt, der das Nachrücken von Ersatzmitgliedern regelt. IdR fallen Ende der Mitgliedschaft und Ende der Amtszeit aber zusammen, vgl. § 24 Nr. 1. Die BR-Mitglieder **verlieren** damit ihre geschützte Rechtsstellung insb. nach § 103, doch tritt der **nachwirkende** Kündigungsschutz nach § 15 I 2 KSchG für ein Jahr in Kraft. 5

1. Regelmäßige Amtszeit (S. 1). Die Amtszeit endet im **Regelfall**, dh. für BR, die innerhalb des regelmäßigen Wahlzeitraums eines Wahljahres (§ 13 I) gewählt worden sind, nach S. 1 mit Ablauf von vier Jahren seit ihrem Beginn (Rz. 3). Die Berechnung der Frist erfolgt nach § 188 II iVm. § 187 I BGB, so dass zB bei Bekanntgabe des Wahlergebnisses am 18.4.2002 um 12 Uhr die Vier-Jahres-Frist am 18.4.2006 um 24 Uhr abläuft. Wird bis zum Ablauf dieser Vier-Jahres-Frist kein neuer BR gewählt, wird der Betrieb **vertretungslos.** Eine Verlängerung der regelmäßigen Amtszeit ist im Gesetz nicht vorgesehen und auch S. 3 nicht zu entnehmen („spätestens am 31. Mai"), der sich auf außerhalb des Regelzeitraums gewählte Organe bezieht und nur *dafür* eine Höchstgrenze darstellt (Rz. 8)[7]. Die Amtszeit eines neuen BR beginnt nach Ablauf der Vier-Jahres-Frist erst mit der Bekanntgabe des Wahlergebnisses (Rz. 2). 6

2. Unregelmäßige Amtszeit (S. 3–5). Die S. 3 und 4 regeln das Ende der Amtszeit des „außerordentlich" gewählten BR in den Sonderfällen **verkürzter bzw. verlängerter Amtszeiten** nach § 13 III „*spätestens* zum 31. Mai" und möchten damit den Anschluss an die regelmäßigen Wahlzeiträume sicher stellen (Rz. 8). S. 5 bezieht sich auf die Fälle des Wegfalls der „Geschäftsgrundlage" des amtierenden BR unter Bezugnahme auf § 13 II Nr. 1 u. 2 (Rz. 9). Weitere Sonderfälle vorzeitiger Beendigung der Amtszeit werden idR analog zu S. 5 behandelt (Rz. 10 ff.). Wird kein ordentlicher BR gewählt, existiert ab 1.6. (überhaupt) kein BR mehr[8]. 7

a) Wahlen außerhalb des regelmäßigen Wahlzeitraums (§ 13 Abs. 3). Die S. 3 und 4 versuchen die Amtszeit an § 13 III, der den Zeitraum der Neuwahl eines außerordentlich gewählten BR festlegt, in nicht recht durchsichtiger Weise anzupassen. Die **Regel** des § 13 III 1, dass der BR in dem auf die Wahl folgenden nächsten „ordentlichen" Wahlzeitraum, dh. im Frühjahr 2006 etc. neu zu wählen ist, bedeutet 8

---

1 Nicht erst am folgenden Tag, vgl. *Fitting*, § 21 BetrVG Rz. 7; GK-BetrVG/*Kreutz*, § 21 Rz. 13. | 2 BAG v. 23.8.1984 – 6 AZR 520/82, NZA 1985, 566. | 3 Vgl. HaKo-BetrVG/*Düwell*, § 21 Rz. 7; Richardi/*Thüsing*, § 21 BetrVG Rz. 7. | 4 *Fitting*, § 21 BetrVG Rz. 12; GK-BetrVG/*Kreutz*, § 21 Rz. 20. | 5 BAG v. 6.12.2006 – 7 ABR 62/05 (nv.); vgl. aber BAG v. 24.10.2001 – 7 ABR 20/00, NZA 2003, 53: Vermögensrechtliche Ansprüche des BR gehen mit dem Ende der Amtszeit auch dann nicht ersatzlos unter, wenn ein betriebsratsloser Zustand eintritt. | 6 GK-BetrVG/*Kreutz*, § 21 Rz. 45. | 7 HM, vgl. DKK/*Buschmann*, § 21 BetrVG Rz. 17; GK-BetrVG/*Kreutz*, § 21 Rz. 24; *Löwisch/Kaiser*, § 21 BetrVG Rz. 1; aA Richardi/*Thüsing*, § 21 BetrVG Rz. 13, die S. 3 erweiternd auslegen. | 8 BAG v. 6.12.2006 – 7 ABR 62/05 (nv.).

eine Verkürzung der Amtszeit des „außerordentlich" gewählten BR. Die **Ausnahme** des § 13 III 2, dass der BR bei noch nicht einjähriger Amtszeit am 1.3. des folgenden Wahljahres (zB 2006) erst im übernächsten Wahlzeitraum, dh. im Frühjahr 2010 neu zu wählen ist, bedeutet eine Verlängerung seiner Amtszeit. Für beide Fälle regeln S. 3 (implizit) und S. 4 (explizit) das Ende der Amtszeit des „außerordentlichen" BR **„spätestens"** am 31.5. des Wahljahres (§ 13 I), nennen aber keinen regelmäßigen Endzeitpunkt. Das BAG hat hierzu klar gestellt, dass dadurch nicht stets der 31.5. als Endpunkt angesehen werden könne („spätestens"!), sondern **analog zu S. 5** schon „mit der Bekanntgabe des Wahlergebnisses" die Amtszeit eines außerhalb des Regelturnus gewählten BR endet[1]. Nur dann, wenn bis zum 31.5. des Wahljahres (2006, 2010 etc.) also noch **kein Wahlergebnis** des Nachfolgegremiums bekannt gemacht ist, endet demnach die Amtszeit des „außerordentlich" gewählten BR nach § 13 III zu diesem Endtermin. Auf den Ablauf der Vier-Jahres-Frist kommt es insoweit nicht mehr an[2].

9 **b) Wahlen bei vorzeitiger Beendigung der Amtszeit (§ 13 Abs. 2). Ausdrücklich** regelt S. 5 das Ende der Amtszeit „mit der Bekanntgabe des Wahlergebnisses des neu gewählten BR" für die Fälle des § 13 II Nr. 1 und 2, dh. bei wesentlicher Veränderung der Belegschaftsstärke (§ 13 Rz. 8) und bei Absinken der Zahl der BR-Mitglieder unter die durch § 9 vorgeschriebene Anzahl (§ 13 Rz. 9). In diesen Fällen des „Wegfalls der Geschäftsgrundlage" ist eine Neuwahl nach § 13 II zulässig. S. 5 sichert insoweit einen nahtlosen Übergang und die Kontinuität des Gremiums. Nicht anders ist die Situation beim (kollektiven) **Rücktritt** des BR nach § 13 II Nr. 3 (Selbstauflösung). Diesen Fall regelt S. 5 aber nicht, wohl weil der Gesetzgeber die Amtszeit mit dem Rücktrittsbeschluss für beendet hält. Andererseits geht er ausweislich § 22 in **allen drei Fällen** von einer Weiterführung der Geschäfte bis zur Bekanntmachung des Wahlergebnisses aus, so dass hier ein konzeptioneller Widerspruch vorliegt, der durch die analoge Anwendung von S. 5 auf die Fälle des Rücktritts aufzulösen ist (hM, vgl. auch § 13 Rz. 10)[3]. Kommt es in diesen Fällen zu keiner Neuwahl, endet die Amtszeit des fortbestehenden BR nach der Regel des S. 1, dh. mit Ablauf der regelmäßigen vierjährigen Amtszeit (Rz. 6) trotz der ggf. geringeren Mitgliederzahl. Die anderen Fälle vorzeitiger Neuwahl nach § 13 II, nämlich Anfechtung (§ 19) und Auflösung wegen grober Amtspflichtverletzung (§ 23, vgl. § 13 Rz. 11, 12), lassen keine Fortführung nach § 22 zu. Hier endet die Amtszeit **mit Rechtskraft** der arbeitsgerichtlichen Entscheidung; eine betriebsratslose Zeit bis zur Neuwahl lässt sich nicht verhindern (vgl. § 13 Rz. 11).

10 **c) Andere Sonderfälle.** Wenn durch TV oder BV vom Gesetz **abweichende Organisationseinheiten** nach § 3 I Nr. 1–3 bzw. II gebildet werden, kann die entsprechende Kollektivvereinbarung nach § 3 IV 2 einen außerordentlichen Wahlzeitpunkt vorsehen mit der Folge, dass die Amtszeit bestehender BR mit Bekanntgabe des Wahlergebnisses der neuen Vertretungen endet[4].

11 Die Amtszeit endet auch mit **Verlust der BR-Fähigkeit**, dh. wenn die Gesamtzahl der in der Regel beschäftigten wahlberechtigten ArbN **unter fünf** sinkt (hM). Diese Mindestzahl ist nicht nur Voraussetzung für die Wahl, sondern auch für den **Bestand** des BR: Ihr Wegfall führt zur sofortigen Beendigung des BR-Amts, eine Fortführung nach § 22 kommt nicht in Betracht. Dass die Zahl der **wählbaren** ArbN unter drei sinkt, beendet das Amt hingegen nicht[5].

12 Anders als beim kollektiven Rücktritt (Rz. 9) endet die Amtszeit mit dem **Ausscheiden des letzten BR-Mitglieds** sofort und endgültig[6]. § 24 Nr. 2 geht davon aus, dass jedes Organmitglied sein Amt jederzeit und ohne Begründung niederlegen kann. Mit dem Amtsverlust des letzten BR-Mitglieds ist die Amtszeit des BR beendet. Auch ein das Restmandat ausübendes BR-Mitglied kann nicht gezwungen werden, dieses gegen seinen Willen fortzuführen[7].

13 **3. Kein vorzeitiges Ende der Amtszeit.** Durch die Auflösung eines **Gemeinschaftsbetriebs** wird das BR-Amt nicht beendet, sofern die Identität des nunmehr von einem ArbGeb weitergeführten Betriebs erhalten bleibt[8]. Ändert sich bei einem **Betriebsübergang** nach § 613a BGB nicht der Zuschnitt des Betriebs, sondern nur – definitionsgemäß – der Betriebsinhaber, bleibt die Rechtsstellung des amtierenden BR davon **unberührt**[9]. Der Betriebserwerber tritt von Gesetzes wegen nicht nur in die Rechte und Pflichten der betriebl. Arbeitsverhältnisse ein, sondern auch in die betriebsverfassungsrechtl. Beziehung zum amtierenden BR. Nichts anderes gilt für den Betriebsübergang bei gesellschaftsrechtl. **Umwandlungsvorgängen**, vgl. § 324 UmwG (Gesamtrechtsnachfolge bei Verschmelzung, Spaltung und Vermögensübertragung). Der Betriebserwerber muss allerdings unter den **Geltungsbereich** des BetrVG fallen, dh. im Bereich der Privatwirtschaft verbleiben, vgl. §§ 118 II, 130. Übernimmt zB eine kirchl. Einrichtung

---

1 BAG v. 28.9.1983 – 7 AZR 266/82, BAGE 44, 164 = NZA 1984, 52, hM, vgl. *Fitting*, § 21 BetrVG Rz. 23; GK-BetrVG/*Kreutz*, § 21 Rz. 29. | 2 Vgl. nur GK-BetrVG/*Kreutz*, § 21 Rz. 30; Richardi/*Thüsing*, § 21 BetrVG Rz. 15. | 3 HM, vgl. nur DKK/*Buschmann*, § 21 BetrVG Rz. 29; *Fitting*, § 21 BetrVG Rz. 27. | 4 Vgl. nur GK-BetrVG/*Kreutz*, § 21 Rz. 35; HaKo-BetrVG/*Düwell*, § 21 Rz. 14. | 5 GK-BetrVG/*Kreutz*, § 21 Rz. 38; *Löwisch/Kaiser*, § 21 BetrVG Rz. 4. | 6 So BAG v. 24.10.2001 – 7 ABR 20/00, NZA 2003, 53; v. 12.1.2000 – 7 ABR 61/98, NZA 2000, 669; vgl. ferner *Fitting*, § 21 BetrVG Rz. 28; GK-BetrVG/*Kreutz*, § 21 Rz. 36. | 7 Vgl. BAG v. 12.1.2000 – 7 ABR 61/98, NZA 2000, 669. | 8 BAG v. 19.11.2003 – 7 AZR 11/03, NZA 2004, 435. | 9 Ganz hM, vgl. nur BAG v. 11.10.1995 – 7 ABR 17/95, NZA 1996, 495; BAG v. 28.9.1988 – 1 ABR 37/87, NZA 1989, 188; ferner DKK/*Buschmann*, § 21 BetrVG Rz. 33; GK-BetrVG/*Kreutz*, § 21 Rz. 39.

iSd. § 118 II ein Krankenhaus von einem nicht-kirchl. Rechtsträger, so wird das Krankenhaus allein durch den Wechsel des Trägers zu einer karitativen Einrichtung der Kirche, auf die das BetrVG keine Anwendung findet; die Amtszeit des BR endet dann mit dem Betriebsübergang[1]. Allerdings muss nach Art. 6 der RL 2001/23/EG vom 12.3.2001 dennoch ein **Übergangsmandat** der übernehmenden kirchl. Mitarbeitervertretung Platz greifen[2], auch wenn hierzu eine nationale Umsetzungsregel fehlt[3] (vgl. § 21a Rz. 21).

Bei einer **Betriebsstilllegung** bleibt der BR solange im Amt, wie das zur Wahrnehmung seiner im Zusammenhang mit der Stilllegung sich ergebenden Beteiligungsrechte, zB Abschluss eines Sozialplans, erforderlich ist: Das Vollmandat wird insoweit vom **Restmandat** abgelöst, das sich als eine Fortsetzung des originären Mandats darstellt und solange besteht, als noch ein mindestens einköpfiger BR existiert[4] (vgl. Komm. zu § 21b). 14

Bei unternehmensinternen, aber auch unternehmensübergreifenden **Umstrukturierungen**, die wesentliche Identitätsmerkmale des jeweiligen Betriebs verändern, greift nunmehr § 21a ein, der ein sog. „Übergangsmandat" des amtierenden BR zur sozialverträglichen Flankierung der Umstrukturierung begründet und damit ebenfalls ein vorzeitiges Ende der Amtszeit verhindert (vgl. Komm. zu § 21a). 15

IV. Streitigkeiten. Streitigkeiten über Beginn und Ende der Amtszeit entscheiden die ArbG im **Beschlussverfahren** (§§ 2a I Nr. 1, II iVm. §§ 80 ff. ArbGG). Ein Restmandat zu dem Zweck, ein bereits anhängiges Beschlussverfahren unabhängig davon zum Abschluss zu bringen, ob es um durch eine Betriebsstilllegung ausgelöste Beteiligungsrechte geht, ist zu verneinen[5]. Fehlt die Beteiligtenfähigkeit mangels Restmandats bzw. mangels amtierenden BR im maßgebenden Zeitpunkt der letzten mündlichen Verhandlung, ist der Antrag als **unzulässig** abzuweisen[6]. Hat der Antragsteller im Rechtsbeschwerdeverfahren das Verfahren deshalb für erledigt erklärt und widerspricht ein Beteiligter, ist vom BAG entsprechend die Erledigung festzustellen. Allerdings kann analog § 239 ZPO ein eingeleitetes Beschlussverfahren durch den neu gewählten BR als Funktionsnachfolger fortgesetzt werden[7]. 16

21a *Übergangsmandat**

(1) Wird ein Betrieb gespalten, so bleibt dessen Betriebsrat im Amt und führt die Geschäfte für die ihm bislang zugeordneten Betriebsteile weiter, soweit sie die Voraussetzungen des § 1 Abs. 1 Satz 1 erfüllen und nicht in einen Betrieb eingegliedert werden, in dem ein Betriebsrat besteht (Übergangsmandat). Der Betriebsrat hat insbesondere unverzüglich Wahlvorstände zu bestellen. Das Übergangsmandat endet, sobald in den Betriebsteilen ein neuer Betriebsrat gewählt und das Wahlergebnis bekannt gegeben ist, spätestens jedoch sechs Monate nach Wirksamwerden der Spaltung. Durch Tarifvertrag oder Betriebsvereinbarung kann das Übergangsmandat um weitere sechs Monate verlängert werden.

(2) Werden Betriebe oder Betriebsteile zu einem Betrieb zusammengefasst, so nimmt der Betriebsrat des nach der Zahl der wahlberechtigten Arbeitnehmer größten Betriebs oder Betriebsteils das Übergangsmandat wahr. Absatz 1 gilt entsprechend.

(3) Die Absätze 1 und 2 gelten auch, wenn die Spaltung oder Zusammenlegung von Betrieben und Betriebsteilen im Zusammenhang mit einer Betriebsveräußerung oder einer Umwandlung nach dem Umwandlungsgesetz erfolgt.

* **Amtl. Anm.**: Diese Vorschrift dient der Umsetzung des Artikels 6 der Richtlinie 2001/23/EG des Rates vom 12. März 2001 zur Angleichung der Rechtsvorschriften der Mitgliedstaaten über die Wahrung von Ansprüchen der Arbeitnehmer beim Übergang von Unternehmen, Betrieben oder Betriebsteilen (ABl. EG Nr. L 82 S. 16).

§ 21a neu eingeführt durch das BetrVerf-ReformG v. 23.7.2001 (BGBl. I S. 1852), vgl. Neubekanntmachung v. 25.9.2001 (BGBl. I S. 2518).

I. Inhalt und Zweck. Die Vorschrift wurde durch das BetrVerf-ReformG 2001 neu eingefügt. Abs. 1 S. 1 enthält die **Legaldefinition** des sog. „Übergangsmandats" des BR, die sich allerdings *pars pro toto* nur auf die Variante der **Betriebsspaltung** bezieht und daher den leitenden Gedanken nicht allgemein gültig formuliert. Dazu ist die BAG-Rspr. heranzuziehen, die die Zuständigkeit eines BR an die **Identität** des Betriebs knüpft, für den er gewählt worden ist[8]. Die durch Wahlen vermittelte Legitimation wird aber beim Wegfall der Betriebsidentität (Rz. 4) in ihrer „Geschäftsgrundlage" erschüttert (vgl. § 21 Rz. 9), sei es durch Spaltung in kleinere Einheiten, sei es durch Zusammenlegung mit anderen Einheiten. Um 1

1 So BAG v. 9.2.1982 – 1 ABR 36/80, BAGE 41, 5 = DB 1982, 1414; dazu näher *Reichold*, FS Richardi, 2007, S. 943; krit. DKK/*Buschmann*, § 21 BetrVG Rz. 34. | 2 Zutr. HaKo-BetrVG/*Düwell*, § 21 Rz. 14 aE. | 3 So *Reichold*, ZTR 2000, 57 (62); aA *Rieble*, NZA 2002, 233 (235). | 4 BAG v. 12.1.2000 – 7 ABR 61/98, NZA 2000, 669. | 5 LAG Köln v. 19.10.2000 – 10 TaBV 27/00, DB 2001, 156. | 6 BAG v. 14.8.2001 – 1 ABR 52/00, NZA 2002, 109; v. 12.1.2000 – 7 ABR 61/98, NZA 2000, 669; v. 27.8.1996 – 3 ABR 21/95, NZA 1997, 623. | 7 ErfK/*Eisemann*, § 21 BetrVG Rz. 7. | 8 Vgl. BAG v. 31.5.2000 – 7 ABR 78/98, NZA 2000, 1350; v. 23.11.1988 – 7 AZR 121/88, BAGE 60, 191 = NZA 1989, 433; anderes Konzept bei *Kreutz*, FS Wiese, 1998, S. 241 ff., der den Vorrang der Amtskontinuität betont.

keine Schutzlücken aufzureißen, soll in solchen Fällen das **Übergangsmandat** als vorübergehende, „vom Staat legitimierte Notlösung"[1] die Amtsführung des bisherigen BR zum Zwecke der Veranlassung von Neuwahlen für die neuen Einheiten verlängern.

2 Vorläufer der neuen Vorschrift waren die in einer Vielzahl von Spezialgesetzen (zB § 13 I 2 des Gesetzes über die Spaltung der von der Treuhand verwalteten Unternehmen, § 6b IX 2 des Gesetzes zur Regelung offener Vermögensfragen, § 20 des Deutsche Bahn Gründungsgesetzes) und schließlich in § 321 UmwG geregelten Übergangsmandate bei **Unternehmensspaltungen und -zusammenschlüssen**[2]. Dadurch wurde das Fehlen einer allgemeinen Regelung im BetrVG als (nachträgliche) Schutzlücke offenkundig. Das BAG erkannte daher noch kurz vor Inkrafttreten der BetrVG-Novelle im Wege der **Gesamtanalogie** ein allgemeines betriebsverfassungsrechtl. Übergangsmandat für solche Fälle an, in denen „eine Änderung der betrieblichen Organisation zum Verlust der bisherigen betriebsverfassungsrechtlichen Repräsentation und zum Entstehen neuer betriebsratsfähiger Einheiten führt, für die noch kein BR gebildet ist"[3].

3 Ähnlich argumentierte auch die **amtliche Begründung**: Sinn und Zweck des Übergangsmandats sei es, „die ArbN in der für sie besonders kritischen Phase im Anschluss an eine betriebliche Umstrukturierung vor dem Verlust der Beteiligungsrechte zu schützen". Das Übergangsmandat solle sicherstellen, „dass bei betrieblichen Organisationsänderungen in der Übergangsphase keine betriebsratslosen Zeiten mehr entstehen"[4]. Die Norm dient der **Umsetzung** des Art. 6 der RL 2001/23/EG des Rates vom 12.3.2001 (ABl. EG Nr. L 82 S. 16). Mit dem Inkrafttreten des BetrVerf-ReformG am 28.7.2001 wurde die Umsetzungsfrist geringfügig überschritten. Umsetzungslücken bleiben aber im nationalen Recht bestehen beim hier nicht vorgesehenen **systemübergreifenden** Übergangsmandat zwischen Privatwirtschaft und öffentl. bzw. kirchl. Dienst (vgl. Rz. 21).

4 **II. Voraussetzungen des „unternehmensinternen" Übergangsmandats (Abs. 1, 2).** Die Norm differenziert zwischen Betriebsumstrukturierungen **im Unternehmen**, Abs. 1 u. 2 (unternehmensinterne Umstrukturierung ohne Wechsel des ArbGeb), und Betriebsumstrukturierungen, die einhergehen mit dem **Wechsel des Unternehmensträgers**, Abs. 3 (unternehmensübergreifende Umstrukturierungen mit dem Wechsel des ArbGeb, vgl. Rz. 19). Anders als beim Übergangsmandat des früheren § 321 UmwG, das sich nur auf Betriebsspaltungen und -verschmelzungen aus Anlass solch unternehmensübergreifender Umstrukturierungen bezog, ist der jetzt entscheidende Anknüpfungspunkt nach Abs. 1 **jede** Betriebsumstrukturierung, die zu einer **Änderung der Betriebsidentität** führt[5]. § 21a greift daher nur ein, soweit wesentliche Veränderungen der betriebl. Organisation – ungeachtet ihres rechtlichen Anlasses – die „Geschäftsgrundlage" des BR-Mandats entfallen lassen, was zB beim Betriebsübergang unter Wahrung der Betriebsidentität nach § 613a BGB oder beim reinen Formwechsel nach § 190 UmwG nicht der Fall ist (vgl. § 21 Rz. 13). Wann und aus welchen Gründen ein Identitätsverlust bzw. eine wesentliche Veränderung der betrieblichen Organisation vorliegt, klärt das Gesetz nicht, wenn es von Spaltung (Abs. 1) oder Zusammenfassung (Abs. 2) spricht.

5 **1. Spaltung von Betrieben (Abs. 1).** Eine Legaldefinition des Begriffs „**Spaltung**" enthält das Gesetz im Gegensatz zu der Verweisung im früheren § 321 UmwG nicht. Dem Normzweck nach muss daraus eine wesentliche Veränderung der betriebl. Organisation folgen (Rz. 4). Wie die Unternehmensspaltung kann sich auch die Betriebsspaltung sowohl als „Aufspaltung" als auch als „Abspaltung" vollziehen[6]. **Aufspaltung** bedeutet, dass aus einer Einheit durch vollständige Aufteilung mehrere eigenständige Organisationseinheiten entstehen und der Ursprungsbetrieb untergeht (vgl. dazu § 21b), während bei der **Abspaltung** nur bestimmte Teilbereiche aus dem fortbestehenden Ursprungsbetrieb ausgegliedert werden. Entscheidend für beide Fälle ist jeweils die Aufhebung bzw. Veränderung der bisher einheitlichen **Leitungsstrukturen**[7].

6 Weitere Voraussetzung für das Übergangsmandat ist, dass die aus der Umstrukturierung hervorgehenden Betriebsteile den Anforderungen des § 1 I entsprechen, also ihrerseits **betriebsratsfähig** sind. Daher kann ein Übergangsmandat nicht entstehen, wenn als Ergebnis der Betriebsspaltung **Kleinstbetriebe** mit weniger als fünf wahlberechtigten ArbN übrig bleiben[8]. Für ein Übergangsmandat reicht es dagegen aus, wenn (nur) die neu entstandene Einheit betriebsratsfähig (geworden) ist[9]. Andernfalls kommt aber noch eine Zuordnung des Kleinstbetriebs zum (bisherigen) Hauptbetrieb nach § 4 II in Frage[10].

7 S. 1 enthält als weiteres „**negatives**" **Tatbestandsmerkmal** die **fehlende Eingliederung** des abgespaltenen Betriebsteils in einen anderen Betrieb, in dem ein BR bereits besteht (Spaltung zur Aufnahme in

1 So *Rieble*, NZA 2002, 233 (234). | 2 Vgl. BT-Drs. 14/5741, S. 38 f.; GK-BetrVG/*Kreutz*, § 21a Rz. 3; HaKo-BetrVG/*Düwell*, § 21a Rz. 4–8. | 3 BAG v. 31.5.2000 – 7 ABR 78/98, NZA 2000, 1350; vgl. ferner GK-BetrVG/*Kreutz*, § 21a Rz. 4; HaKo-BetrVG/*Düwell*, § 21a Rz. 9. | 4 BT-Drs. 14/5741, S. 39. | 5 HM, vgl. *Fitting*, § 21a BetrVG Rz. 9; GK-BetrVG/*Kreutz*, § 21a Rz. 6 (kritisch aber Rz. 24); Richardi/*Thüsing*, § 21a BetrVG Rz. 4 („subsidiäre" Geltung); *Rieble*, NZA 2002, 233. | 6 Vgl. etwa *Fitting*, § 21a BetrVG Rz. 9; *Löwisch/Kaiser*, § 21a BetrVG Rz. 6. | 7 Zutr. ErfK/*Eisemann*, § 21a BetrVG Rz. 2; GK-BetrVG/*Kreutz*, § 21a Rz. 20 ff.; *Rieble*, NZA 2002, 234. | 8 *Fitting*, § 21a BetrVG Rz. 13; *Löwisch/Schmidt-Kessel*, BB 2001, 2163; *Rieble*, NZA 2002, 235. | 9 DKK/*Schneider*, § 21a BetrVG Rz. 19, 34; *Fitting*, § 21a BetrVG Rz. 13. | 10 *Löwisch/Kaiser*, § 21a BetrVG Rz. 7.

einen bestehenden Betrieb). Damit schließt das Gesetz zugleich aus, dass dieser Eingliederungsfall ein Fall der Zusammenfassung von verschiedenen Betrieben oder Betriebsteilen iSd. § 21a II ist, weil es stillschweigend voraussetzt, dass sich die Identität des aufnehmenden Betriebs durch die Eingliederung nicht verändert (Rz. 9). Der BR im **aufnehmenden Betrieb** wird insoweit kraft Gesetzes partieller Funktionsnachfolger des bisher amtierenden BR – ein Übergangsmandat ist daher entbehrlich[1]. Ob im aufnehmenden Betrieb wegen der Eingliederung Neuwahlen stattfinden müssen, richtet sich nach den allgemeinen Vorschriften, bei entsprechender Veränderung der Belegschaftsstärke insb. nach § 13 II Nr. 1. Ein Übergangsmandat entsteht aber dann, wenn die Spaltung zur Aufnahme in einen **betriebsratslosen Betrieb** führt, weil dann der Schutzzweck von S. 1 wieder greift, wonach die Umstrukturierung nicht zum Verlust der Beteiligungsrechte führen soll (Rz. 3). Ob dabei die Betriebsidentität des abgebenden und/oder aufnehmenden Betriebs erhalten bleibt oder nicht, kann entgegen *Thüsing* am Ergebnis nichts ändern[2], weil jedenfalls der abgespaltene unwesentliche Betriebsteil – ob mit oder ohne Aufnahme in einen neuen Betrieb – seine Leitungsstruktur verändert hat (Rz. 5). Dass hierbei das Übergangsmandat aus Sicht des aufnehmenden betriebsratslosen Betriebs diesem eine „aufgedrängte" kollektive Interessenvertretung beschert, hat der Gesetzgeber offenbar im Interesse der Verbreiterung der Betriebsverfassung hingenommen[3].

Hat die Abspaltung des Betriebsteils keinen Identitätsverlust im **Ursprungsbetrieb** zur Folge, bleibt der dort gewählte BR regulär im Amt, da sich nach dem Normzweck des § 21a das Übergangsmandat nur auf den abgespaltenen Betriebsteil beziehen kann[4]. Es gilt der Grundsatz „Regelmandat vor Übergangsmandat"[5]. Auch dort bestimmt sich die Erforderlichkeit von Neuwahlen nach den Regeln des § 13 II. **Fraglich** ist aber, was sich bei **Identitätsverlust** im Ursprungsbetrieb, der durch die Quantität oder die Qualität von Abspaltungen eintreten kann (zB Veränderungen der betriebswirtschaftlichen Funktion oder Reduzierung der Belegschaft)[6], demgegenüber verändert. Entgegen *Düwell* ist wohl auch dieser Fall vom Gesetzgeber berücksichtigt worden[7], der in S. 1 jede Spaltung – soweit sie zum Identitätsverlust führt (Rz. 4) – zum Anlass für ein Übergangsmandat genommen hat. Auch im Ursprungsbetrieb können dann die bisherigen Mitglieder des BR ihr Amt nach den S. 2 u. 3 nur noch als Übergangsmandat wahrnehmen[8]. 8

2. Zusammenfassung von Betrieben (Abs. 2). Eine Zusammenfassung von Betrieben iSd. Abs. 2 liegt vor, wenn zwei oder mehr bisher selbständige organisatorische Einheiten so zusammengefasst werden, dass eine **neue Organisationseinheit mit neuer Leitungsstruktur** entsteht („Betriebsverschmelzung")[9]. Diese einschränkende teleologische Auslegung des Abs. 2 rechtfertigt sich aus dem „negativen" Tatbestandsmerkmal von Abs. 1 S. 1 (Rz. 7), wonach ein Übergangsmandat dann nicht entsteht, wenn es zu einer **Eingliederung** ohne Verlust der Betriebsidentität beim aufnehmenden Betrieb kommt[10]. Abs. 2 soll auch den Fall der Bildung eines **gemeinsamen Betriebs** durch mehrere Unternehmen (vgl. § 1 I 2) erfassen: Durch die Führungsvereinbarung wird eine einheitliche Leitungsstruktur begründet und aus den beteiligten Unternehmen wird ein gemeinsamer Betrieb[11]. Dabei wird nicht vorausgesetzt, dass in allen bislang selbständigen Betrieben bzw. Betriebsteilen (vgl. § 4 I) schon ein BR gewählt war. Ein Legitimationsproblem entsteht für den Gesetzgeber nicht, der ja auch das auftretende Konkurrenzproblem mehrerer „zuständiger" BR durch die **Zuweisung des Übergangsmandats** an den nach Zahl der Wahlberechtigten größten Betrieb löst und damit auch betriebsratslose Betriebe in die Betriebsverfassung einbeziehen möchte. Im Unterschied zur Spaltung kommt diesem BR **ausschließlich** das Übergangsmandat zur Veranlassung der BR-Wahlen zu, während sein reguläres Mandat erlischt[12]. Ist bei der Betriebsverschmelzung der größte Betrieb **betriebsratslos**, kann das Übergangsmandat mit *Rieble* nicht einfach vom BR des nächstgrößten verfassten Betriebs wahrgenommen werden[13]. 9

III. Inhalt und Dauer des Übergangsmandats. Das Übergangsmandat ist – anders als das Restmandat, § 21b – ein **zeitlich befristetes Vollmandat** (hM)[14]. Sein Inhalt ist gegenüber einem regulären Vollmandat 10

1 Vgl. GK-BetrVG/*Kreutz*, § 21a Rz. 30 f.; *Löwisch/Kaiser*, § 21a BetrVG Rz. 7; *Rieble*, NZA 2002, 236 f. | 2 Zutr. *Rieble*, NZA 2002, 234 f., gegen *Thüsing*, DB 2002, 738 f.; Richardi/*Thüsing*, § 21a BetrVG Rz. 6, 10. | 3 Vgl. auch *Fischer*, RdA 2005, 39 (40); HaKo-BetrVG/*Düwell*, § 21a Rz. 33a; *Rieble*, NZA 2002, 237 f.; aA Richardi/*Thüsing*, § 21a BetrVG Rz. 10. | 4 GK-BetrVG/*Kreutz*, § 21a Rz. 19; *Löwisch/Schmidt-Kessel*, BB 2001, 2162. | 5 *Rieble*, NZA 2002, 234; so auch BAG v. 19.11.2003 – 7 AZR 11/03, NZA 2004, 435: durch Auflösung eines Gemeinschaftsbetriebs wird das BR-Amt nicht beendet, sofern die Identität des nunmehr von einem ArbGeb weitergeführten Betriebs erhalten bleibt. | 6 Dazu HaKo-BetrVG/*Düwell*, § 21a Rz. 36 f. | 7 AA HaKo-BetrVG/*Düwell*, § 21a Rz. 37. | 8 So auch HaKo-BetrVG/*Düwell*, § 21a Rz. 37; Richardi/*Thüsing*, § 21a BetrVG Rz. 8; ähnlich iE auch GK-BetrVG/*Kreutz*, § 21a Rz. 25, der analog § 13 II Nr. 1 nur den quantitativen Identitätsverlust für ein Übergangsmandat im Ursprungsbetrieb gelten lassen möchte. | 9 So *Rieble*, NZA 2002, 237. Krit. zur wechselnden Begrifflichkeit des Gesetzgebers auch GK-BetrVG/*Kreutz*, § 21a Rz. 58 („dilettantisch"). | 10 Wohl hM, vgl. LAG Hess. v. 6.5.2005 – 9 TaBV 61/04, LAGReport 2004, 379; GK-BetrVG/*Kreutz*, § 21a Rz. 60; *Löwisch/Kaiser*, § 21a BetrVG Rz. 22. | 11 Vgl. *Rieble*, NZA 2002, 238. | 12 HaKo-BetrVG/*Düwell*, § 21a Rz. 45 f.; *Löwisch/Kaiser*, § 21a BetrVG Rz. 21; *Rieble*, NZA 2002, 237. | 13 Anders hM, vgl. *Fischer*, RdA 2005, 39 (40); *Fitting*, § 21a BetrVG Rz. 19; GK-BetrVG/*Kreutz*, § 21a Rz. 73; HaKo-BetrVG/*Düwell*, § 21a Rz. 33b; *Hanau*, NJW 2001, 2513 (2515); zutr. *Rieble*, NZA 2002, 238: Nur der BR des größten Betriebs kann ein Übergangsmandat wahrnehmen; fehlt es an diesem, gibt es kein Übergangsmandat; so auch *Reichold*, NZA 2001, 857 (859). | 14 HM, vgl. nur *Fitting*, § 21a BetrVG Rz. 20; GK-BetrVG/*Kreutz*, § 21a Rz. 38.

des BR in keiner Weise beschränkt (vgl. § 22 Rz. 3). Eine Einschränkung des Mandats nur auf Beteiligungsrechte im Zusammenhang mit der Umstrukturierung hat im Wortlaut der Norm keinen Niederschlag gefunden und wäre auch mit dem Zweck der Vorschrift (Rz. 3) nicht vereinbar. Der Umfang der MitbestR bestimmt sich anhand der **neuen Betriebsgröße** nach Spaltung bzw. Verschmelzung[1], dh. das Übergangsmandat ist grundsätzlich bezogen auf die neue betriebliche Struktur. BV aus dem abgebenden Betrieb werden mangels Betriebsidentität aber nicht automatisch auf den neuen Betrieb übergeleitet[2], vielmehr gilt § 613a I 2 BGB (individuelle Fortgeltung)[3], solange nicht eine neue BV abgeschlossen wird.

11 Das Gesetz hebt in Abs. 1 S. 2 als **wesentliche**, aber nicht ausschließliche („insbesondere") **Aufgabe** des Übergangsmandats die unverzügliche **Bestellung von Wahlvorständen** hervor. Das ansonsten einschlägige Bestellungsverfahren nach § 16 wird nur insoweit verdrängt, als für den Wahlvorstand die knappe Frist nach § 121 I 1 BGB gilt: **Unverzüglich** meint „ohne schuldhaftes Zögern", nicht „sofort". Fraglich ist, wann die „Ersatzkompetenz" von ArbG nach § 16 II oder, praktischer, von GBR oder KBR nach § 16 III greift. Wegen des weiten Ermessens bei der Einleitung der Neuwahlen sollte die Acht-Wochen-Frist auf den Ablauf des Übergangsmandats bezogen werden[4].

12 Die regelmäßige Höchstdauer des Übergangsmandats beträgt nach Abs. 1 S. 3 **sechs Monate**. Diese Frist **beginnt** nach § 187 I BGB am Tag nach dem „Wirksamwerden" der Betriebsspaltung bzw. -verschmelzung. Das ist der Zeitpunkt, in dem die Leitungsmacht **tatsächlich** auf den oder die neuen Betriebsinhaber übergegangen ist[5], soweit der BR nicht – entgegen § 80 II! – erst später **offiziell** über die betriebl. Umstrukturierungsmaßnahme unterrichtet worden ist. Auf gesellschaftsrechtliche Vereinbarungen kommt es dagegen nicht entscheidend an. Das **Ende** des Übergangsmandats bestimmt sich nach Abs. 1 S. 3 (bzw. Abs. 2 S. 2) mit **Bekanntgabe des Wahlergebnisses** in den neuen Betriebsteilen oder in dem neuen Betrieb, dh. am Tag der öffentl. Bekanntgabe durch zweiwöchigen Aushang (§ 18 S. 1 WO). Dadurch wird ein nahtloser Übergang iSv. § 21 S. 2 verwirklicht (Amtskontinuität). Bei der Spaltung kann das Übergangsmandat für die verschiedenen Betriebe zu unterschiedlichen Zeitpunkten enden[6]. Erst mit Ablauf der Sechs-Monats-Frist nach § 188 II BGB endet auch das Letzte Übergangsmandat, selbst wenn noch keine Neuwahl erfolgt ist („**spätestens**").

13 Eine **Verlängerung** um insgesamt weitere sechs Monate ist durch Kollektivvereinbarung möglich (S. 4)[7]. Damit wird eine **Höchstdauer** des Übergangsmandats **von einem Jahr** erreicht. Das hindert die Kollektivvertragsparteien aber nicht, eine kürzere Verlängerungsfrist zu vereinbaren, wenn dies den Umständen gerecht wird, zB um dadurch wieder in den Rhythmus der regelmäßigen BR-Wahl nach § 13 I zu gelangen[8].

14 **IV. Besonderheiten der Zusammensetzung. 1. Betriebsspaltung (Abs. 1).** Nach Spaltung eines Betriebs „bleibt dessen BR im Amt", so dass dieser für alle aus der Spaltung hervorgehenden Einheiten das Übergangsmandat ausübt – und zwar grundsätzlich in der **überkommenen personellen Besetzung** (Amts- und Besetzungskontinuität, hM). Problematisch ist das wegen der Zuordnung der jeweiligen Arbeitsverhältnisse der BR-Mitglieder kraft Auf- oder Abspaltung auf die neuen Einheiten. Mit dem Verlust der Wählbarkeit endet an sich nach § 24 Nr. 4 iVm. § 8 die Mitgliedschaft, so dass der BR im Übergangsmandat für die neuen Einheiten mit jeweils unterschiedlichen Besetzungen tagen müsste[9]. Das hält die hM zu Recht für unpraktikabel und mit Sinn und Zweck des Abs. 1 S. 1 nicht vereinbar[10]. § 24 Nr. 4 bedarf für diesen Fall der teleologischen Reduktion, was sich entgegen *Düwell* aus der ratio legis des Übergangsmandats zwanglos ableiten lässt. Auch die ausgegliederten Belegschaftsmitglieder sollen **vorübergehend** noch vom BR in der früheren Zusammensetzung betreut werden können.

15 **Anderes** gilt aber für den Fall der „Abspaltung", wenn die **Betriebsidentität unverändert** bleibt und deshalb das Regelmandat neben das Übergangsmandat für den abgespaltenen Betriebsteil tritt (Rz. 8 – soweit nicht eine „Eingliederung" erfolgt). Hier muss der BR im **Regelmandat** nach §§ 24 Nr. 4, 25 diejenigen Mitglieder ergänzen, die „abgespalten" worden sind und nur noch im **Übergangsmandat** Sitz und

1 Vgl. HaKo-BetrVG/*Düwell*, § 21a Rz. 22; *Rieble*, NZA 2002, 235; diff. ErfK/*Eisemann*, § 21a BetrVG Rz. 8: Es kommt auf Zahl der in der neuen Einheit tätigen, bislang vertretenen ArbN an, ohne die bisher betriebsratslosen ArbN zu berücksichtigen. | 2 Zur *normativen* Fortgeltung einer BV bei Übertragung eines Teilbetriebs vgl. BAG v. 18.9.2002 – 1 ABR 54/01, BAGE 102, 356 = NZA 2003, 670; zust. *Kreft*, FS Wißmann, 2005, S. 347; aA *Preis/Richter*, ZIP 2004, 925; *Rieble/Gutzeit*, NZA 2003, 233. | 3 Zutr. ErfK/*Eisemann*, § 21a BetrVG Rz. 5; *Löwisch/Schmidt-Kessel*, BB 2001, 2163; aA GK-BetrVG/*Kreutz*, § 21a Rz. 39 (kollektive Fortgeltung als Grundsatz). | 4 Zutr. GK-BetrVG/*Kreutz*, § 21a Rz. 41; *Löwisch/Kaiser*, § 21a BetrVG Rz. 12; zu eng Richardi/*Thüsing*, § 21a BetrVG Rz. 21, die schon nach 14 Tagen die Ersatzkompetenz greifen lassen wollen. | 5 HM, vgl. BAG v. 31.5.2000 – 7 ABR 78/98, BAGE 95, 15 (28) = NZA 2000, 1350; ferner *Fitting*, § 21a BetrVG Rz. 24; GK-BetrVG/*Kreutz*, § 21a Rz. 47. | 6 *Löwisch/Kaiser*, § 21a BetrVG Rz. 13. | 7 Einzelheiten insb. zur Tarifbindung bei *Löwisch/Kaiser*, § 21a BetrVG Rz. 15 ff. | 8 Vgl. GK-BetrVG/*Kreutz*, § 21a Rz. 51; *Richardi/Annuß*, DB 2001, 45; Richardi/*Thüsing*, § 21a BetrVG Rz. 20. | 9 So in der Tat HaKo-BetrVG/*Düwell*, § 21a Rz. 39. | 10 HM, vgl. GK-BetrVG/*Kreutz*, § 21a Rz. 34; *Löwisch/Kaiser*, § 21a BetrVG Rz. 8; *Rieble*, NZA 2002, 236; aA HaKo-BetrVG/*Düwell*, § 21a Rz. 39 ff.

Stimme nach § 21a I behalten[1]. Im Fall der „Aufspaltung" tritt neben das Übergangsmandat das Restmandat nach § 21b für den untergehenden Ursprungsbetrieb; eine unterschiedliche personelle Zusammensetzung beider Gremien kommt dabei nicht in Betracht.

2. Betriebsverschmelzung (Abs. 2). Die personelle Zusammensetzung in Fällen des Abs. 2 richtet sich nach dem Prinzip der größeren Zahl, dh. der BR desjenigen Betriebs, hinter dem die meisten Wahlberechtigten stehen, erhält **als solcher** und **ausschließlich** das Übergangsmandat (Rz. 9). Für ihn endet das Regelmandat, stattdessen führt er die Geschäfte übergangsweise für den **gesamten neuen Betrieb** (Zuständigkeitsausweitung)[2]. Bei Ermittlung des größten Betriebs bemisst sich die Zählung der Wahlberechtigten nach § 7 S. 1, doch kommt es nicht auf die „in der Regel" bestehende Belegschaftsstärke an (vgl. § 9), sondern auf die **aktuelle** Zahl zum Zeitpunkt der Verschmelzung[3]. 16

Nach dem in Abs. 2 S. 2 für entsprechend anwendbar erklärten Abs. 1 S. 1 bleibt der das Übergangsmandat wahrnehmende BR des **größten** Betriebs im Amt, muss jetzt aber die Geschäfte naturgemäß **auch für die ArbN aus anderen Betrieben** weiter führen, die bislang von ihm nicht vertreten wurden. Eine entsprechend „korrigierte" Anwendung des Abs. 1 S. 1 folgt aus der „Vorgreiflichkeit" des Übergangsmandats, das sich jeweils auf die neue Betriebsstruktur beziehen muss[4]. Die Mitglieder der übrigen **weichenden** BR verlieren ihr Amt mit Wirksamwerden der Verschmelzung (Rz. 12), weil zu diesem Zeitpunkt der Verlust ihrer Wählbarkeit nach § 24 Nr. 4 eintritt. 17

3. Freistellungs- und sonstige Kostentragungspflichten. Weil das Übergangsmandat vom Gesetzgeber als **Vollmandat** behandelt wird (Rz. 10), gelten hierzu in Ermangelung einer Sonderregelung die allgemeinen Freistellungs- und Kostentragungspflichten aus §§ 37, 38, 40[5]. Für die kurze Zeit des Übergangsmandats bleibt es prinzipiell auch für Freistellungen nach § 38 beim Grundsatz der **Amts- und Besetzungskontinuität**, so dass unabhängig von der Verkleinerung der Einheiten bei Spaltung bzw. ihrer Vergrößerung bei Verschmelzung die Freistellungen nach Maßgabe der Ursprungsbetriebsgröße **erhalten** bleiben. Streitigkeiten über die Kostentragung können sich bei der Spaltung und danach verschiedenen ArbGeb ergeben, wenn das Übergangsmandat **Alt- und Neuarbeitgeber** ungleich belastet (zB unternehmensübergreifende Abspaltung, vgl. Rz. 19): Stammen übermäßig viele freigestellte ArbN zB aus dem Ursprungsbetrieb, so muss deren **VertragsArbGeb**[6] unverhältnismäßig hohe Kosten zu Gunsten der abgespaltenen neuen Einheit aufwenden. Hier empfiehlt es sich, dass die Inhaber der betroffenen Betriebe im Rahmen der Spaltung oder Verschmelzung eine **Vereinbarung** über die „Trennungskosten" treffen[7]. Ohne eine solche Vereinbarung, die Bestandteil des Spaltungsvertrags sein müsste, treffen die individuell zurechenbaren Kosten des Übergangsmandats den jeweiligen VertragsArbGeb, die Kosten der Wahlvorbereitung dagegen den Inhaber der neuen Einheit (§ 20 III). 18

V. Übergangsmandat bei unternehmensübergreifender Umwandlung (Abs. 3). Der Gesetzgeber stellt in Abs. 3 klar, dass – wie schon nach der Vorläuferregelung des § 321 UmwG (Rz. 2) – auch und erst recht der Wechsel des Unternehmensträgers beim maßgeblichen **Identitätsverlust der betrieblichen Organisation** zum Übergangsmandat führen kann. Tritt zu der Umstrukturierung iSd. Abs. 1 u. 2 also noch der **Wechsel des ArbGeb** hinzu, wird ein **unternehmensübergreifendes** Übergangsmandat begründet (vgl. Rz. 4), ohne dass besondere Regeln eingreifen müssten. Mit der Bezeichnung „Betriebsveräußerung" ist der Wechsel des Unternehmensträgers kraft **Einzelrechtsnachfolge** bei (strukturveränderndem) Betriebsübergang nach § 613a BGB gemeint, mit der Bezugnahme auf die „Umwandlung nach dem Umwandlungsgesetz" die (partielle) **Gesamtrechtsnachfolge** durch Spaltung oder Verschmelzung[8]. 19

Beim unternehmensübergreifenden Übergangsmandat hat der BR des **gespaltenen Unternehmens** zwei Mandate für zwei Belegschaften gegenüber zwei VertragsArbGeb wahrzunehmen – er agiert also unternehmensübergreifend, **ohne** deshalb jedoch ein **unternehmensübersteigendes Mandat** auszuüben[9]. Er kann aus Kompetenzgründen nicht etwa zB unternehmensübergreifende BV abschließen, sondern muss sich um – ggf. gleich lautende – BV mit den verschiedenen ArbGeb in Bezug auf ihre neu strukturierten Belegschaften bemühen. **Führen** die an der Spaltung beteiligten Rechtsträger jedoch den gespaltenen Betrieb **gemeinsam fort**, liegt ein Fall des § 1 I 2 vor, so dass der ursprünglich gewählte BR nunmehr für den Gemeinschaftsbetrieb regulär im Amt bleibt[10]. 20

Fraglich ist, was bei der **den Geltungsbereich des Gesetzes verlassenden** Umstrukturierung gilt (vgl. § 21 Rz. 13), wenn also bei der Eingliederung in den öffentl. Dienst (§ 130) ein öffentl.-rechtl. Rechts- 21

1 So auch ErfK/*Eisemann*, § 21a BetrVG Rz. 7; GK-BetrVG/*Kreutz*, § 21a Rz. 34; missverständlich HaKo-BetrVG/*Düwell*, § 21a Rz. 42; aA *Fitting*, § 21a BetrVG Rz. 16. | 2 Vgl. GK-BetrVG/*Kreutz*, § 21a Rz. 75. | 3 So *Rieble*, NZA 2002, 237; aA *Fitting*, § 21a BetrVG Rz. 18; GK-BetrVG/*Kreutz*, § 21a Rz. 71: Zeitpunkt der letzten Wahl. | 4 So GK-BetrVG/*Kreutz*, § 21a Rz. 75; *Rieble*, NZA 2002, 235; aA ErfK/Eisemann, § 21a BetrVG Rz. 8: personelle Beschränkung des Mandats nur auf ArbN der bislang verfassten Betriebe. | 5 Vgl. DKK/*Wedde*, § 40 BetrVG Rz. 3; *Fitting*, § 21a BetrVG Rz. 27, § 40 Rz. 7; GK-BetrVG/*Wiese/Weber*, § 40 Rz. 7. | 6 Individuell zurechenbare Kosten müssen vom VertragsArbGeb getragen werden, so zutr. *Fitting*, § 21a BetrVG Rz. 27; *Richardi/Thüsing*, § 21a BetrVG Rz. 24; *Rieble*, NZA 2002, 236; aA ErfK/*Eisemann*, § 21a BetrVG Rz. 9: Alle Kosten treffen Inhaber der neuen Einheit. | 7 So auch *Richardi/Thüsing*, § 21a BetrVG Rz. 24; *Rieble*, NZA 2002, 236. | 8 Einzelheiten bei HaKo-BetrVG/*Düwell*, § 21a Rz. 48 ff. | 9 Zutr. *Rieble*, NZA 2002, 236; ähnlich GK-BetrVG/*Kreutz*, § 21a Rz. 84. | 10 Vgl. GK-BetrVG/*Kreutz*, § 21a Rz. 90.

träger oder in den kirchl. Dienst (§ 118 II) ein dem Staatskirchenrecht zuzuordnender Rechtsträger entsteht. Hier endet die „BR-Fähigkeit“ iSd. Abs. 1 S. 1 (Rz. 6), so dass ein **systemübergreifendes Übergangsmandat** nicht auf § 21a gestützt werden kann[1]. Ein Übergangsmandat des BR bis zur Wahl eines Personalrats oder einer kirchlichen MAV scheidet aus, so wie auch der umgekehrte Vorgang der Privatisierung einer öffentlichen Einrichtung nicht im PersVG geregelt ist, obwohl auch dort kraft Art. 6 I Unterabs. 4 RL 2001/23/EG europarechtlich ein Übergangsmandat vorgesehen sein müsste[2]. Deshalb kommt in diesen Fällen nur ein **Restmandat** in Betracht, vgl. § 21b, weil der Betrieb iSd. BetrVG untergeht. Jedoch empfiehlt sich zur Vermeidung von Schadensersatzklagen die freiwillige Einrichtung von – die neue Vertretungsform antizipierenden – Belegschaftsvertretungen kraft Europarechts (vgl. § 21b Rz. 8).

22 **VI. Analoge Anwendung auf andere Gremien.** Das Übergangsmandat ist auf den Geltungsbereich des BetrVG beschränkt und kann daher auf den **SprAu** nach dem SprAuG keine Anwendung finden, so dass Schutzlücken bei identitätsverändernder Umstrukturierung in Kauf zu nehmen sind (hM)[3]. Das ist auch aus Sicht des Europarechts nicht zu beanstanden, weil die leitenden Angestellten ja gerade nicht ArbN iSd. Richtlinie sind[4]. Eine analoge Anwendung von § 21a kommt mangels planwidriger Regelungslücke nicht in Betracht. Auch für eine analoge Anwendung auf den **GBR oder KBR oder andere Organe** fehlt es an einer vergleichbaren Interessenlage, weil sich Schutzlücken für diese vom BR abgeleiteten Dauerorgane nicht ergeben[5]. Auch bei unternehmensübergreifenden Umwandlungen kommt es lediglich zu deren Neukonstituierung – eines eigenen Übergangsmandats bedarf es hierzu nicht.

23 **VII. Streitigkeiten.** Über Streitigkeiten zwischen ArbGeb und BR oder zwischen verschiedenen BR, die das Bestehen oder die Ausübung eines Übergangsmandats zum Gegenstand haben, entscheidet das ArbG im **Beschlussverfahren** nach §§ 2a I Nr. 1, II iVm. §§ 80 ff. ArbGG. Im Betriebsabgrenzungsverfahren nach § 18 II (vgl. § 18 Rz. 12, 14) kann geklärt werden, ob durch Änderungen der Betriebsorganisation neue betriebsratsfähige Einheiten entstanden sind[6]. Das **Urteilsverfahren** findet dann Anwendung, wenn Entgeltfortzahlungs- und Freizeitausgleichsansprüche von BR-Mitgliedern für die Wahrnehmung des Übergangsmandats geltend gemacht werden[7]. In dieser Verfahrensart kann auch im Rahmen eines Individualstreits zwischen ArbGeb und ArbN als **Vorfrage** das Bestehen, der Inhalt und der persönliche Anwendungsbereich des Übergangsmandats eine Rolle spielen, soweit die Rechtswirksamkeit einer von einem BR kraft Übergangsmandats vorgenommenen Handlung entscheidungserheblich ist. Vgl. im Übrigen § 21 Rz. 16.

21b *Restmandat*

Geht ein Betrieb durch Stilllegung, Spaltung oder Zusammenlegung unter, so bleibt dessen Betriebsrat so lange im Amt, wie dies zur Wahrnehmung der damit im Zusammenhang stehenden Mitwirkungs- und Mitbestimmungsrechte erforderlich ist.

§ 21b neu eingeführt durch das BetrVerf-ReformG v. 23.7.2001 (BGBl. I S. 1852), vgl. Neubekanntmachung v. 25.9.2001 (BGBl. I S. 2518).

1 **I. Inhalt und Zweck.** Das Restmandat soll nach dem Willen des Gesetzgebers das Recht des BR sichern, im Falle der Betriebsstilllegung oder einer anderen Form der Auflösung des Betriebs die damit zusammenhängenden gesetzlichen Aufgaben **zum Schutze der ArbN**, insb. die Mitwirkungs- und MitbestR nach den §§ 111 ff., auch über seine Amtszeit hinaus wahrzunehmen[8], um zu verhindern, dass der ArbGeb durch rasche Vollziehung der Betriebsstilllegung gerade diese Beteiligungsrechte unterläuft.

2 Die Vorschrift wurde durch das BetrVerf-Reformgesetz vom 23.7.2001 eingeführt. Mit der Kodifikation des Restmandats wollte der Gesetzgeber die von der Rspr. entwickelte[9] und allgemein anerkannte Rechtsfigur „Restmandat des BR“ gesetzlich verankern[10]. Die Auslegung dieser Vorschrift hat daher in Ansehung der bisher ergangenen Rspr. des BAG zum Restmandat zu erfolgen[11].

3 **II. Anwendungsbereich.** Der Gesetzgeber hat das von der Rspr. im Zusammenhang mit Betriebsstilllegungen entwickelte Restmandat auch auf die Fälle eines Betriebsuntergangs durch Spaltung und Zusammenlegung ausgeweitet und regelt damit alle Fälle des **Betriebsuntergangs**[12]. **Kein Restmandat**

1 Str., wie hier *Rieble*, NZA 2002, 235, Nachw. zur aA bei HaKo-BetrVG/*Düwell*, § 21a Rz. 14. | 2 Die Rspr. lehnte bisher ein Übergangsmandat des Personalrats bei Privatisierung ab, vgl. LAG Köln v. 11.2.2000 – 4 TaBV 2/00, NZA-RR 2001, 87; v. 10.3.2000 – 13 TaBV 9/00, NZA-RR 2001, 423. Die Rechtslage hat sich aber seit Verstreichen der Umsetzungsfrist am 18.7.2001 geändert – die Arbeitsgerichte können jetzt das europarechtl. Übergangsmandat gegenüber der öffentlichen Hand in direkter Anwendung der RL 2001/23/EG durchsetzen, so auch HaKo-BetrVG/*Düwell*, § 21a Rz. 15; *Löwisch/Schmidt-Kessel*, BB 2001, 2162; *v. Roetteken*, NZA 2001, 414 (419 ff.). | 3 HM, vgl. nur GK-BetrVG/*Kreutz*, § 21a Rz. 2; *Löwisch/Kaiser*, § 21a BetrVG Rz. 4. | 4 Zutr. HaKo-BetrVG/*Düwell*, § 21a Rz. 19. | 5 Zutr. GK-BetrVG/*Kreutz*, § 21a Rz. 11; Richardi/*Thüsing*, § 21a BetrVG Rz. 25. | 6 GK-BetrVG/*Kreutz*, § 21a Rz. 95. | 7 *Fitting*, § 21a BetrVG Rz. 30. | 8 BT-Drs. 14/5741, S. 39. | 9 Zuletzt BAG v. 5.10.2000 – 1 AZR 48/00, NZA 2001, 849 und v. 12.1.2000 – 7 ABR 61/98, NZA 2000, 669. | 10 BT-Drs. 14/5741, S. 39. | 11 *Reichold*, NZA 2001, 857. | 12 ErfK/*Eisemann*, § 21b BetrVG Rz. 2; *Fitting*, § 21b BetrVG Rz. 5.

entsteht, wenn das Amt des BR vorzeitig endet, weil alle BR-Mitglieder einschließlich der Ersatzmitglieder aus dem Betrieb ausscheiden[1] oder wenn der Betrieb nach Ablauf der Amtszeit des BR untergeht und die ArbN keinen neuen BR gewählt haben[2]. Die Vorschrift findet auch keine Anwendung, wenn ein Betrieb lediglich räumlich verlegt wird (soweit nicht am neuen Standort eine völlig neue Belegschaft eingestellt wird[3]), ein Übergang nach § 613a BGB stattfindet oder ein Betrieb wegen seiner Zerstörung[4] oder aus anderen Gründen **nur vorübergehend stillgelegt** wird, denn hier bleibt der BR mit Vollmandat im Amt.

1. Entstehungsvoraussetzungen. Die **Stilllegung** eines Betriebs ist nach der Definition des BAG die Aufhebung der Betriebs- und Produktionsgemeinschaft zwischen ArbGeb und ArbN für einen seiner Dauer nach unbestimmten, wirtschaftlich nicht unerheblichen Zeitraum[5]. Die Betriebsstilllegung ist erst dann vollzogen, wenn die Belegschaft **in rechtlicher Hinsicht aufgelöst** worden ist[6]; allein die Tatsache, dass die Betriebsanlage stillgelegt und die ArbN nicht mehr beschäftigt werden, genügt hierfür nicht. 4

Spaltung und **Zusammenlegung** haben grundsätzlich die gleiche Bedeutung wie in § 21a (vgl. § 21a Rz. 5 ff.)[7], auch wenn der Gesetzgeber durch die Einführung einer dritten Bezeichnung für den gleichen Vorgang („Zusammen**fassung**" in § 21a II, „Zusammen**legung**" in § 21b und „Zusammen**schluss**" in § 111 Nr. 3) zu einer Art babylonischer Sprachverwirrung beigetragen hat, weshalb hier möglichst bald eine Korrektur zur Vereinheitlichung der Terminologie erfolgen sollte. 5

Eine „**Spaltung**" iSd. § 21b wird in aller Regel **nur bei einer Betriebsaufspaltung** vorliegen, da nur in diesem Fall der Ursprungsbetrieb restlos untergeht (vgl. § 21a Rz. 5). Das Restmandat entsteht für die ganze untergegangene Einheit, unabhängig davon, ob die durch die Spaltung entstandenen Betriebe/Betriebsteile als eigenständige Betriebe weitergeführt werden oder in andere Betriebe eingegliedert werden, und – anders als das Übergangsmandat (vgl. § 21a Rz. 6) – auch dann, wenn die entstandenen Teile überhaupt nicht betriebsratsfähig sind[8]. Bei einer **Abspaltung** bleibt das reguläre Vollmandat des BR dagegen bestehen; dieses Vollmandat umfasst auch die Beteilungsrechte nach den §§ 111, 112 für die infolge der Abspaltung ausscheidenden ArbN[9]. 6

Im Fall der **Zusammenlegung von Betrieben** (vgl. § 21a Rz. 9) entsteht sowohl im sog. Eingliederungsfall (Eingliederung eines Betriebes in einen anderen) als auch bei der Zusammenfassung mehrerer Betriebe ein Restmandat. Im ersten Fall geht nur der eingegliederte Betrieb unter, so dass auch nur für dessen BR ein Restmandat entsteht, im letzten Fall gehen alle zusammengelegten Betriebe unter mit der Folge, dass für alle in diesen Betrieben bestehenden BR ein Restmandat entsteht[10]. 7

De lege lata muss ein Restmandat auch dann entstehen, wenn Spaltung oder Zusammenlegung im Rahmen einer **unternehmensübergreifenden Umwandlung** erfolgen und die neu entstehenden Einheiten den Geltungsbereich des Gesetzes verlassen (vgl. § 21a Rz. 21), da der „Betrieb" – auch wenn „nur" ein Betriebsübergang gem. § 613a BGB vollzogen wird – iSd. BetrVG insoweit untergeht, als er nach der erfolgten Umwandlung nicht mehr als „Betrieb" iSd. des BetrVG (vgl. § 1 BetrVG), sondern als „Dienststelle" bzw. „Einrichtung" (vgl. § 1 MAVO, § 3 MVG für den kirchlichen Bereich bzw. § 6 BPersVG für den Bereich des öffentlichen Dienstes) fortbesteht, auch wenn tatsächlich kein Betriebs**untergang** im eigentlichen Wortsinne vorliegt. De lege ferenda wäre diese Problematik – unter Einbeziehung der RL 2001/23/EG – dahin gehend zu lösen, dass § 21a I 3 wie folgt geändert würde: „Das Übergangsmandat endet, sobald in den **neu entstandenen Einheiten neue ArbN-Vertretungen** gewählt und das Wahlergebnis bekannt gegeben ist, ..." (vgl. § 21a Rz. 21). 8

2. Inhalt. Das Restmandat ist – anders als das Übergangsmandat – **kein Vollmandat**, sondern in seinen Kompetenzen inhaltlich wesentlich eingeschränkt. Als nachwirkendes Mandat ist das Restmandat **funktional** auf alle im Zusammenhang mit dem Untergang des Betriebs ergebenden Mitbest- und Mitwirkungsrechte **begrenzt**[11]. Es entsteht daher nicht, wenn nach Untergang des Betriebs kein Regelungsbedarf mehr besteht[12]. In der Praxis werden die Hauptaufgaben eines das Restmandat ausübenden BR in erster Linie die in der Gesetzesbegründung ausdrücklich genannten Beteiligungsrechte aus den §§ 111 ff. sein, dh. insb. die Vereinbarung eines Interessenausgleichs und eines Sozialplans. Hierzu gehört auch die Abänderung eines bereits geltenden Sozialplans, solange dieser noch nicht vollständig abgewickelt ist[13]. 9

Das Restmandat umfasst auch **Beteiligungsrechte bei personellen Einzelmaßnahmen** – Anhörungs- und Widerspruchsrecht bei Kündigungen (§ 102), Informations- und Zustimmungsrecht bei Versetzun- 10

1 BAG v. 27.8.1996 – 3 ABR 21/95, AP Nr. 4 zu § 83a ArbGG 1979. | 2 *Fitting*, § 21b BetrVG Rz. 5; Richardi/*Thüsing*, § 21b Rz. 8. | 3 ArbG Berlin v. 17.3.2004 – 7 BV 3860/04, NZA-RR 2005, 80. | 4 BAG v. 16.6.1987 – 1 AZR 528/85, BAGE 55, 344 f. = NZA 1987, 858. | 5 BAG v. 18.1.2001 – 2 AZR 167/00, ZInsO 2001, 822. | 6 BAG v. 29.3.1977 – 1 AZR 46/75, BAGE 29, 114 = DB 1977, 1320. | 7 Wohl hM, vgl. DKK/*Buschmann*, § 21b BetrVG Rz. 16; GK-BetrVG/*Kreutz*, § 21b Rz. 23; HaKo-BetrVG/*Düwell*, § 21b Rz. 10, 13; *Löwisch*/*Schmidt-Kessel*, DB 2001, 2165. | 8 Vgl. *Fitting*, § 21b BetrVG Rz. 10; GK-BetrVG/*Kreutz*, § 21b Rz. 26. | 9 Vgl. *Fitting*, § 21b BetrVG Rz. 11; GK-BetrVG/*Kreutz*, § 21b Rz. 26. | 10 Vgl. *Fitting*, § § 21b BetrVG Rz. 12; GK-BetrVG/*Kreutz*, § 21b Rz. 27. | 11 BAG v. 12.1.2000 – 7 ABR 61/98, NZA 2000, 669. | 12 BAG v. 14.8.2001 – 1 ABR 52/00, NZA 2002, 109. | 13 BAG v. 5.10.2000 – 1 AZR 48/00, NZA 2001, 849.

gen (§ 99), Vorschlagsrecht zur Beschäftigungssicherung (§ 92a), MitbestR über Qualifizierungsmaßnahmen (§ 92 II) –, sofern **trotz der Stilllegung noch nicht alle Arbeitsverhältnisse beendet** sind, da einzelne ArbN noch mit Abwicklungsaufgaben beschäftigt sind[1].

11 Das Restmandat stellt **kein allgemeines Abwicklungsmandat** für alle zum Zeitpunkt des Betriebsuntergangs noch nicht abgeschlossenen betriebsverfassungsrechtlichen Aufgaben dar, da es seinem Zweck nach einen tatsächlichen Regelungsbedarf voraussetzt. Sog. **„unerledigte BR-Aufgaben"**, die keinen Bezug zu der Auflösung der Betriebsorganisation aufweisen, aber zum Zeitpunkt der Entstehung des Restmandats noch nicht erledigt sind, werden daher vom Restmandat **nicht erfasst**[2]. Wohl hM ist mittlerweile, dass es nicht erforderlich ist, dass der BR seine Rechte **noch in der regulären Amtszeit seines Vollmandats** gegenüber dem ArbGeb **geltend** macht, da der Wortlaut des Gesetzes keinen Hinweis für ein solches Erfordernis gibt, und es auch nicht von der Sache her geboten ist, im Abwarten des BR schon einen Verzicht auf seine Rechte zu sehen[3].

12 **3. Personelle Zusammensetzung.** Das Restmandat wird von dem BR ausgeübt, der bei der Beendigung des Vollmandats im Amt war[4]. Die Ausübung des Restmandats hat durch den **BR als Organ** zu erfolgen, nicht etwa nur durch dessen Vorsitzenden[5]. Entscheidend für die Größe und die personelle Zusammensetzung des das Restmandat ausübenden BR ist der **Zeitpunkt der Stilllegung, Spaltung oder Zusammenlegung**. Führt der BR zu diesem Zeitpunkt die Geschäfte nur noch nach § 22 weiter, weil durch früheres Ausscheiden von Mitgliedern und wegen Fehlens von Ersatzmitgliedern die Mitgliederzahl unter die in § 9 vorgegebene Zahl gesunken ist, gehört zu diesen Geschäften auch die Wahrnehmung des Restmandats[6].

13 Das Restmandat stellt eine **zu § 24 Nr. 3 u. 4 abweichende Sonderregelung** dar: Weder das Ausscheiden der BR-Mitglieder aus dem Betrieb noch der Übergang auf einen anderen ArbGeb führt zum Ausscheiden aus dem BR während der Dauer des Restmandats[7]. Dies wäre mit dem Zweck des Restmandats unvereinbar (vgl. auch § 21a Rz. 14). Ungeachtet dieser Sonderregelung ist eine **Amtsniederlegung** durch die das Restmandat wahrnehmenden BR-Mitglieder **uneingeschränkt möglich**. Die Mitglieder eines das Restmandat ausübenden BR können nicht gezwungen werden, gegen ihren Willen im Amt zu bleiben. Die Wahrnehmung eines Restmandats verpflichtet insoweit nicht stärker als ein Vollmandat[8]. Die Amtsniederlegung durch das Letzte verbliebene BR-Mitglied kann ausnahmsweise auch gegenüber dem ArbGeb erfolgen, sofern eine Belegschaft nicht mehr vorhanden ist[9].

14 **4. Dauer, Kosten.** Das Restmandat ist – anders als das Übergangsmandat, § 21a – grds. **zeitlich unbeschränkt**. Es endet daher entweder auf Grund personeller Ausdünnung (vgl. Rz. 12) oder mit **vollständiger Abwicklung** aller in seinen Zuständigkeitsbereich fallender Beteiligungsangelegenheiten. Ein endgültiges Erlöschen des Restmandats liegt daher erst vor, wenn sowohl Interessenausgleich als auch Sozialplan **tatsächlich umgesetzt** wurden und sämtliche Ansprüche des BR auf Kostenerstattung aus Tätigkeiten im Rahmen des Restmandats erfüllt wurden[10]. Insbesondere der Sozialplan kann Dauerregelungen enthalten (vgl. § 112), die dazu führen, dass das Restmandat noch einen erheblichen Zeitraum nach dem Betriebsuntergang weiter besteht. Das Restmandat kann daher das Ende der regulären Amtszeit (§ 21), für die der BR gewählt wurde, überdauern[11].

15 **Kosten**, die im Zusammenhang mit der Ausübung des Restmandats entstehen, hat nach der allgemeinen Regel des § 40 der ArbGeb des Ursprungsbetriebs zu tragen. Dies gilt auch für die Vergütung ausgefallener Arbeitszeit eines das Restmandat ausübenden BR-Mitglieds, das bereits bei einem anderen ArbGeb beschäftigt ist, da gegen den neuen ArbGeb nur ein Anspruch auf unbezahlte Freistellung entsprechend § 37 II besteht[12].

16 **Aufwendungen** eines BR, die während der Dauer seines Amtes gegenüber dem ArbGeb entstanden sind, aber vor einer vorzeitigen Beendigung der Amtszeit auf Grund der Auflösung der Arbeitsverhältnisse aller BR-Mitglieder nicht rechtzeitig geltend gemacht worden sind, gehören **nicht** zu den **Kosten**

1 BAG v. 23.11.1988, NZA 1989, 433; GK-BetrVG/*Kreutz*, § 21b Rz. 12; *Löwisch/Schmidt-Kessel*, BB 2001, 2165; *Schubert*, AuR 2003, 133. | 2 BAG v. 14.8.2001 – 1 ABR 52/00, NZA 2002, 109; *Fitting*, § 21b BetrVG Rz. 18; GK-BetrVG/*Kreutz*, § 21b Rz. 13; aA DKK/*Buschmann*, § 21b BetrVG Rz. 21; *Konzen*, RdA 2001, 85; *Richardi/Annuß*, DB 2001, 44. | 3 DKK/*Buschmann*, § 21b BetrVG Rz. 15; ErfK/*Eisemann*, § 21b BetrVG Rz. 3; GK-BetrVG/*Kreutz*, § 21b Rz. 15 (aM noch 6. Aufl. § 21 Rz. 53). | 4 BAG v. 12.1.2000 – 7 ABR 61/98, NZA 2000, 669. | 5 BAG v. 14.11.1978 – 6 ABR 85/75, DB 1979, 849. | 6 BAG v. 12.1.2000 – 7 ABR 61/98, NZA 2000, 669. | 7 Vgl. HaKo/*Düwell*, § 21b Rz. 18; Richardi/*Thüsing*, § 21a BetrVG Rz. 13; *Schubert*, AuR 2003, 132. | 8 HM, vgl. BAG v. 12.1.2000 – 7 ABR 61/98, NZA 2000, 669; *Fitting*, § 21b BetrVG Rz. 13; GK-BetrVG/*Kreutz*, § 21b Rz. 18; Richardi/*Thüsing*, § 21b BetrVG Rz. 11; aA *Hanau*, NJW 2001, 2515. | 9 BAG v. 12.1.2000 – 7 ABR 61/98, NZA 2000, 669; v. 5.10.2000 – 1 AZR 48/00, NZA 2001, 849. | 10 BAG v. 5.10.2000 – 1 AZR 48/00, NZA 2001, 849; *Fitting*, § 21b BetrVG Rz. 19; GK-BetrVG/*Kreutz*, § 21b Rz. 19. | 11 HM, vgl. BAG v. 16.6.1987 – 1 AZR 528/85, NZA 1987, 858; v. 27.8.1996 – 3 ABR 21/95, NZA 1997, 623; v. 1.4.1998 – 10 ABR 17/97, NZA 1998, 768; DKK/*Buschmann*, § 21b BetrVG Rz. 24; GK-BetrVG/*Kreutz*, § 21b Rz. 19 *Löwisch/Schmidt-Kessel*, BB 2001, 2165. | 12 *Biebl*, Restmandat, 1991, S. 61; ErfK/*Eisemann*, § 21b BetrVG Rz. 6; *Fitting*, § 21b BetrVG Rz. 20; ausf. zum Kostenersatz nach § 37 II bzw. III analog bei verschiedenen Fallgruppen *Auktor*, NZA 2003, 950.

des Restmandats, sondern zu denen des **Vollmandats**: Der BR bleibt auch nach dem Ende seiner Amtszeit entsprechend §§ 22 BetrVG, 49 II BGB befugt, noch nicht erfüllte Kostenerstattungsansprüche gegen den ArbGeb weiterzuverfolgen und an den Gläubiger abzutreten[1] (vgl. § 24 Rz. 4 ff.).

III. Verhältnis Restmandat – Übergangsmandat. Sowohl bei der Spaltung als auch der Zusammenlegung ist ein **Nebeneinander von Restmandat und Übergangsmandat** möglich: Das Gesetz enthält keinen Hinweis darauf, dass das Restmandat nur dann subsidiär zur Anwendung kommen soll, wenn § 21a keine Anwendung findet[2]. Ein solches – gewolltes – Nebeneinander von Restmandat und Übergangsmandat erklärt sich auch aus den verschiedenen Zuständigkeitsbereichen: Das Restmandat ist **rückwärts gewandt** und richtet sich immer nur an den Inhaber des untergegangenen Betriebs, das Übergangsmandat erfasst den neuen Betrieb „vorgreiflich"[3]. 17

IV. Streitigkeiten. Streitigkeiten über das Bestehen eines Restmandats und die damit verbundenen Befugnisse werden von den Arbeitsgerichten im **Beschlussverfahren** (§§ 2a I Nr. 1, II iVm. 80 ff. ArbGG) entschieden; sie können auch als Vorfrage Gegenstand eines Individualrechtsstreits im **Urteilsverfahren** sein. Beschlussverfahren über sonstige betriebsverfassungsrechtliche Streitigkeiten, die nicht die Regelungsmaterie des Restmandats betreffen, sind **einzustellen** (Rz. 11), da sie sich entweder mit der Betriebsstilllegung erledigt haben oder das Rechtsschutzinteresse fehlt[4]. 18

22 *Weiterführung der Geschäfte des Betriebsrats*

In den Fällen des § 13 Abs. 2 Nr. 1 bis 3 führt der Betriebsrat die Geschäfte weiter, bis der neue Betriebsrat gewählt und das Wahlergebnis bekannt gegeben ist.

§ 22 idF des BetrVG 1972 (v. 15.1.1972, BGBl. I S. 13).

I. Inhalt und Zweck. Die Vorschrift möchte für die Fälle vorzeitiger Beendigung der Amtszeit wegen „Wegfalls der Geschäftsgrundlage" nach § 13 II (vgl. § 21 Rz. 9) die **Kontinuität** des BR sicherstellen, indem sie die Fortführung der Geschäfte bis zur Bekanntgabe des Wahlergebnisses anordnet. Einem ähnlichen Modell bei Umstrukturierung folgt jetzt § 21a. **Eigenständige** Bedeutung kommt der Norm aber nur für § 13 II Nr. 3 zu, weil der Fall des kollektiven Rücktritts des BR in § 21 S. 5 nicht berücksichtigt wurde. Für die Fälle des § 13 II Nr. 1 u. 2, dh. die wesentliche Veränderung der Belegschaftsstärke (§ 13 Rz. 8) und das Absinken der Zahl der BR-Mitglieder (§ 13 Rz. 9), ordnet dagegen bereits § 21 S. 5 an, dass das Ende der Amtszeit erst mit der Bekanntgabe des Wahlergebnisses des neu gewählten BR eintritt. In diesen Fällen hat der alte BR also das **Vollmandat** bis zur Neuwahl inne und führt nicht bloß die Geschäfte iSd. § 22 weiter. Im Hinblick auf diese Fälle (§ 13 II Nr. 1 und 2) ist die Vorschrift daher lediglich „deklaratorischer" Natur[5]. 1

Die Weiterführungsbefugnis nach § 22 ist eine **eng auszulegende** Ausnahmeregel. Grundsätzlich enden die Kompetenzen des BR mit seiner Amtszeit (§ 21 Rz. 5). Der Gesetzgeber nimmt es in zahlreichen Fällen hin, dass ein vorübergehender oder dauerhafter betriebsratsloser Zustand eintritt, zB wenn nach Ablauf der vierjährigen Amtszeit kein neuer BR gewählt wird oder alle BR-Mitglieder durch persönliche Niederlegung des Amts (§ 24 Nr. 2) aus ihrem Amt ausscheiden und Ersatzmitglieder nicht vorhanden sind[6]. Auch im Fall der fristlosen Eigenkündigung aller BR-Mitglieder und Ersatzmitglieder endet die Amtszeit des BR sofort; der Betrieb wird betriebsratslos. Eine Weiterführung des Amtes durch den nicht mehr existierenden BR analog § 22 BetrVG kommt nicht in Betracht[7]. Eine ausnahmsweise **analoge** Anwendung der Norm kommt allenfalls dann in Betracht, wenn der BR vorübergehend wegen zeitweiliger Verhinderung von BR-Mitgliedern beschlussunfähig ist und auch durch Ersatzmitglieder nicht vertreten werden kann. Hier gilt der RestBR (zB im Anhörungsverfahren nach § 102 II) als befugt, während der Zeit der Verhinderung die Geschäfte fortzuführen[8]. Außerdem möchte das BAG hinsichtlich der vermögensrechtlichen Ansprüche des BR, die bereits entstanden sind, dem nicht mehr amtierenden BR in **analoger** Anwendung von §§ 22 BetrVG, 49 II BGB die Aktivlegitimation hinsichtlich seiner noch nicht erfüllten Freistellungsansprüche zuerkennen. Es betont jedoch die sachliche Beschränkung dieser nachwirkenden Amtsbefugnis auf die **Abwicklung** der bei Beendigung der Amtszeit bestehenden vermögensrechtlichen Positionen des BR[9]. Voraussetzung dieser Analogie ist, dass es keinen neu gewählten BR als **Funktionsnachfolger** des vorausgegangenen Organs gibt, der dessen Ansprüche geltend machen könnte. 2

1 BAG v. 24.10.2001 – 7 ABR 20/00, NZA 2003, 53. | 2 Vgl. *Fitting*, § 21b BetrVG Rz. 13; GK-BetrVG/*Kreutz*, § 21b Rz. 24; im Ergebnis auch HaKo-BetrVG/*Düwell*, § 21b Rz. 13 (vgl. aber Widerspruch in Rz. 6); Richardi/*Thüsing*, § 21b BetrVG Rz. 6 (aus Praktikabilitätserwägungen); aA *Löwisch/Schmidt-Kessel*, BB 2001, 2165, die verkennen, dass sich die „Erforderlichkeit" nur auf die Dauer („so lange") des Restmandats, nicht aber auf seinen Geltungsbereich bezieht. | 3 *Fitting*, § 21b BetrVG Rz. 13; GK-BetrVG/*Kreutz*, § 21b Rz. 25; Richardi/*Thüsing*, § 21b BetrVG Rz. 5. | 4 BAG v. 19.6.2001 – 1 ABR 48/00, NZA 2002, 756; v. 14.8.2001 – 1 ABR 52/00, NZA 2002, 109. | 5 Ähnlich HaKo-BetrVG/*Düwell*, § 22 Rz. 2; GK-BetrVG/*Kreutz*, § 22 Rz. 9. | 6 Vgl. BAG v. 24.10.2001 – 7 ABR 20/00, NZA 2003, 53; ferner GK-BetrVG/*Kreutz*, § 22 Rz. 14. | 7 LAG Hamm v. 14.10.2004 – 4 Sa 1102/04, LAGReport 2005, 182. | 8 BAG v. 18.8.1982 – 7 AZR 437/80, BAGE 40, 42 = DB 1983, 288. | 9 BAG v. 24.10.2001 – 7 ABR 20/00, NZA 2003, 53.

3 **II. Inhalt der Geschäftsführungsbefugnis.** Durch § 22 wird dem BR bei seiner Weiterführung der Geschäfte ein umfassendes **Vollmandat** erteilt, das keine Veränderung seiner Rechtsposition mit sich bringt. Ausschüsse bleiben bestehen, Freistellungen bleiben wirksam, sämtliche Mitwirkungs- und MitbestR können ausgeübt werden (einschließlich des Abschlusses von BV)[1]. Der einzige Unterschied gegenüber dem noch im Amt befindlichen BR ist darin zu sehen, dass der geschäftsführende BR unverzüglich den **Wahlvorstand** für die Durchführung der Neuwahl zu bestellen hat (vgl. § 16)[2]. Ansonsten gelten alle Schutzvorschriften für Amtsträger auch in der Fortführungsphase nach § 22 (zB § 103 BetrVG, § 15 KSchG).

4 **III. Beendigung des Amtes.** Die Geschäftsführungsbefugnis endet mit Bekanntgabe des Wahlergebnisses des neu gewählten BR (vgl. § 21 Rz. 2). Kommt eine Neuwahl nach § 13 II nicht zu Stande, führt der BR die Geschäfte weiter, jedoch nicht über den Zeitpunkt der regulären Vier-Jahres-Frist hinaus (vgl. § 21 Rz. 6).

23 *Verletzung gesetzlicher Pflichten*

(1) Mindestens ein Viertel der wahlberechtigten Arbeitnehmer, der Arbeitgeber oder eine im Betrieb vertretene Gewerkschaft können beim Arbeitsgericht den Ausschluss eines Mitglieds aus dem Betriebsrat oder die Auflösung des Betriebsrats wegen grober Verletzung seiner gesetzlichen Pflichten beantragen. Der Ausschluss eines Mitglieds kann auch vom Betriebsrat beantragt werden.

(2) Wird der Betriebsrat aufgelöst, so setzt das Arbeitsgericht unverzüglich einen Wahlvorstand für die Neuwahl ein. § 16 Abs. 2 gilt entsprechend.

(3) Der Betriebsrat oder eine im Betrieb vertretene Gewerkschaft können bei groben Verstößen des Arbeitgebers gegen seine Verpflichtungen aus diesem Gesetz beim Arbeitsgericht beantragen, dem Arbeitgeber aufzugeben, eine Handlung zu unterlassen, die Vornahme einer Handlung zu dulden oder eine Handlung vorzunehmen. Handelt der Arbeitgeber der ihm durch rechtskräftige gerichtliche Entscheidung auferlegten Verpflichtung zuwider, eine Handlung zu unterlassen oder die Vornahme einer Handlung zu dulden, so ist er auf Antrag vom Arbeitsgericht wegen einer jeden Zuwiderhandlung nach vorheriger Androhung zu einem Ordnungsgeld zu verurteilen. Führt der Arbeitgeber die ihm durch eine rechtskräftige gerichtliche Entscheidung auferlegte Handlung nicht durch, so ist auf Antrag vom Arbeitsgericht zu erkennen, dass er zur Vornahme der Handlung durch Zwangsgeld anzuhalten sei. Antragsberechtigt sind der Betriebsrat oder eine im Betrieb vertretene Gewerkschaft. Das Höchstmaß des Ordnungsgeldes und Zwangsgeldes beträgt 10 000 Euro.

§ 23 idF des BetrVG 1972 (v. 15.1.1972, BGBl. I S. 13), Abs. 3 S. 5 mit Wirkung vom 1.1.2002 geändert durch Art. 28 Nr. 1 des 4. Euro-EinführungsG v. 21.12.2000 (BGBl. I S. 1983).

1 **I. Inhalt und Zweck.** Die vom BetrVerf-Reformgesetz nicht veränderte Vorschrift regelt **Sanktionsmöglichkeiten** bei **groben** Verstößen der Betriebspartner gegen die objektive betriebsverfassungsrechtl. Ordnung. Solche Pflichtverletzungen entweder durch den BR bzw. eines seiner Mitglieder oder durch den ArbGeb begründen die Vermutung, dass auch künftig mit weiteren Pflichtverletzungen zu rechnen sein wird, und erfordern **präventiv wirkende** Sanktionen. Abs. 1 ermöglicht deshalb die **Auflösung des BR** bzw. den Ausschluss eines seiner Mitglieder, während Abs. 3 grobe Verstöße des **ArbGeb** sanktioniert. Weil ein Austausch des ArbGeb nicht möglich ist, soll mit den Sanktionen Ordnungs- und Zwangs-

1 BAG v. 19.11.2003 – 7 AZR 11/03, NZA 2004, 435: nach § 22 amtierender BR ist nach § 102 vor Kündigungen auch dann anzuhören, wenn nur noch eines von sieben BR-Mitgliedern im Amt ist. | 2 GK-BetrVG/*Kreutz*, § 22 Rz. 18.

geld ein pflichtgemäßes Verhalten des ArbGeb für die Zukunft erzwungen werden. Abs. 2 ergänzt § 16 II, indem er dem ArbG aufgibt, mit der Auflösungsentscheidung „unverzüglich" den Wahlvorstand für Neuwahlen einzusetzen (vgl. auch § 13 II Nr. 5). Verfahren nach § 23 I beschäftigen die Rspr. heute deutlich seltener als solche nach § 23 III gegen den ArbGeb.

Zweck der Norm ist nach heute hM die Gewährleistung eines **Mindestmaßes** gesetzmäßiger Amtsausübung des BR und gesetzmäßigen Verhaltens des ArbGeb, was im Ergebnis auch die **Funktionsfähigkeit** der Betriebsverfassung sichert[1]. Zwar erinnert der Wortlaut der Vorschrift an disziplinar- und strafrechtl. Vorschriften. Ihre systematische Stellung außerhalb des Abschnitts über Straf- und Bußgeldvorschriften sowie die Art der angeordneten Sanktionen sprechen jedoch gegen repressive Zwecke der Sanktionierung individuell pflichtwidrigen Verhaltens[2]; vielmehr sollen sie für die Zukunft pflichtwidriges Verhalten durch **präventive Maßnahmen** verhindern[3]. Einem Ausschlussverfahren gegen ein BR-Mitglied fehlt deshalb das Rechtsschutzinteresse, wenn dessen Amtszeit abgelaufen ist, selbst dann, wenn es wiedergewählt wurde[4]. Rechtsdogmatisch liegt, wie noch auszuführen ist (Rz. 29), jeweils die Analogie zum **Unterlassungsanspruch** nach § 1004 I 2 BGB nahe. 2

Die Regelung des § 23 I ist **abschließend** und **zwingend**. Der Ausschluss aus dem BR bzw. die Auflösung des BR können nur durch **arbeitsgerichtlichen** Beschluss, nicht etwa durch eine Mehrheitsentscheidung des BR oder durch Mehrheitsbeschluss der Betriebsversammlung erfolgen. Der BR nimmt kein imperatives Mandat, sondern ein Repräsentativmandat wahr[5]. 3

II. Ausschluss eines Betriebsratsmitglieds (Abs. 1 Fall 1). 1. Voraussetzungen. Die Amtsenthebung setzt einen groben Verstoß des BR-Mitglieds gegen seine gesetzl. Pflichten voraus, Abs. 1 S. 1. Dabei muss strikt zwischen seiner Stellung als **Amtsträger** und als **ArbN** unterschieden werden. Die bloße Verletzung einer arbeitsvertragl. Pflicht mag eine individualrechtl. Abmahnung rechtfertigen, ist aber kein Grund für eine Amtsenthebung nach Abs. 1 (Rz. 6)[6]. 4

a) Gesetzliche Pflichten. Gesetzl. Pflichten sind sämtliche **Amtspflichten**, die sich aus der (aktuellen) Stellung als BR-Mitglied ergeben. Hierzu zählen alle sich aus dem BetrVG ergebenden Pflichten, dh. die sich hieraus ausdrücklich ergebenden **Gebote** und **Verbote**, zB die nach § 74 II 3 zu unterlassende parteipolitische Betätigung oder die nach § 79 I 1 bestehende Geheimhaltungspflicht in Bezug auf – ausdrücklich als geheimhaltungsbedürftig bezeichnete – Betriebs- und Geschäftsgeheimnisse[7]. Die verletzte Pflicht kann sich auch als Vernachlässigung gesetzlicher Befugnisse nach BetrVG oder tariflicher Pflichten darstellen oder sich aus anderen Gesetzen, zB im Arbeits- oder Behindertenschutz, ergeben, muss aber immer im Zusammenhang mit dem **Amt** als BR-Mitglied stehen. Maßgeblich hierfür ist der Aufgabenbereich des **konkreten** BR-Mitglieds, der sich zB für den Vorsitzenden (§ 26) anders darstellt als für ein Ausschussmitglied (§§ 27, 28). 5

Umstritten ist die Rechtslage, wenn durch das Verhalten des BR-Mitglieds sowohl Amts- als auch Vertragspflichten verletzt werden, zB wenn seine Teilnahme an der Schulungsmaßnahme nicht erforderlich war und dies bei sorgfältiger objektiver Prüfung für jeden Dritten ohne weiteres erkennbar war[8]. Die hierauf ausgesprochene individual-rechtliche **Abmahnung** wegen Arbeitsverweigerung auf Grund einer nicht nach § 37 VI erforderlichen Schulungsteilnahme wurde vom BAG zwar gebilligt, doch wäre umgekehrt eine Amtsenthebung als insoweit unverhältnismäßige Sanktion (schon tatbestandlich) nicht in Frage gekommen. Wenn und soweit daher Sanktionen auf **beiden Ebenen** in Betracht gezogen werden können, muss nach dem Verhältnismäßigkeitsprinzip die Stufenfolge (1) Abmahnung, (2) betriebsverfassungsrechtliche Abmahnung (str., vgl. Rz. 9)[9], (3) Amtsenthebung nach § 23 I und (4) Kündigung nach § 626 BGB genau beachtet werden, auch deshalb, weil eine Benachteiligung des **BR wegen seiner Amtsausübung** nach § 78 S. 2 **unzulässig** ist. Einer fristlosen Kündigung (auch) wegen Amtspflichtverletzung muss idR die Amtsenthebung vorgezogen werden, womit die BR-Mitglieder insoweit gegenüber anderen ArbN privilegiert werden[10]. Unbenommen bleibt jedoch immer eine Abwägung nach Maßgabe der schwerpunktmäßigen Störungsursache im Vertrags- oder im Amtsverhalten. 6

b) Grobe Pflichtverletzung. Voraussetzung der Amtsenthebung ist eine **grobe** Verletzung der gesetzl. Pflichten. Mit diesem unbestimmten Rechtsbegriff, der den Tatsacheninstanzen einen Beurteilungsspielraum ermöglicht, wird der weite Tatbestand der Pflichtverletzung (Rz. 5) deutlich eingeschränkt. 7

---

1 HM, vgl. nur *Fitting*, § 23 BetrVG Rz. 51; GK-BetrVG/*Oetker*, § 23 Rz. 10, 122; MünchArbR/*Joost*, § 310 Rz. 2. | 2 Zutr. GK-BetrVG/*Oetker*, § 23 Rz. 10; HaKo-BetrVG/*Düwell*, § 23 Rz. 5. | 3 Die grobe Pflichtverletzung ist nicht Grund, sondern *Anlass* der gerichtlichen Maßnahme, vgl. *Lobinger*, ZfA 2004, 101 (132). | 4 BAG v. 29.4.1969 – 1 ABR 19/68, DB 1969, 1560; aA zB GK-BetrVG/*Oetker*, § 23 Rz. 81 wegen der möglichen fortwirkenden Beeinträchtigung. | 5 HM, vgl. nur *Fitting*, § 23 BetrVG Rz. 5; Richardi/*Thüsing*, § 23 BetrVG Rz. 5. | 6 Ganz hM, vgl. *Fitting*, § 23 BetrVG Rz. 21; GK-BetrVG/*Oetker*, § 23 Rz. 20; *Löwisch/Kaiser*, § 23 BetrVG Rz. 3; MünchArbR/*Joost*, § 310 Rz. 4. | 7 Weitere Beispiele bei HaKo-BetrVG/*Düwell*, § 23 Rz. 7–11; MünchArbR/*Joost*, § 310 Rz. 6; Richardi/*Thüsing*, § 23 BetrVG Rz. 14–18. | 8 BAG v. 10.11.1993 – 7 AZR 682/92, NZA 1994, 500. | 9 Zur Problematik vgl. nur GK-BetrVG/*Oetker*, § 23 Rz. 45; HaKo-BetrVG/*Düwell*, § 23 Rz. 15. | 10 Ähnlich MünchArbR/*Joost*, § 310 Rz. 5; GK-BetrVG/*Oetker*, § 23 Rz. 26 ff.; Richardi/*Thüsing*, § 23 BetrVG Rz. 21 ff.

Das BAG hat einen groben Verstoß zunächst schon angenommen, „wenn der Auszuschließende durch ein ihm anrechenbares Verhalten die Funktionsfähigkeit des BR ernstlich bedroht oder lahm gelegt hat“[1]. Hiergegen bestehen **Bedenken**, weil die Bedrohung der Funktionsfähigkeit oder die Lahmlegung des BR auch auf der legitimen Wahrnehmung von Interessen durch einzelne BR-Mitglieder beruhen kann. Ein heftig geführter Streit ist noch kein Grund für den Ausschluss einzelner BR-Mitglieder[2]. Eine grobe Pflichtverletzung liegt vielmehr erst dann vor, wenn sie **objektiv erheblich und offensichtlich schwerwiegend** gegen den Zweck des Gesetzes verstößt[3]. Entscheidend ist die Zukunftsprognose, dass die konkrete Pflichtverletzung unter Berücksichtigung aller Umstände, insb. der betriebl. Gegebenheiten, des Anlasses und der Persönlichkeit des BR-Mitglieds so erheblich ist, das es für die weitere Amtsausübung **untragbar** erscheint[4]. Diese Voraussetzungen können bereits bei einem einmaligen Verstoß gegeben sein, jedoch stellen auch wiederholte, für sich genommen noch nicht grobe Verstöße möglicherweise in der Summe einen groben Verstoß dar, jedenfalls dann, wenn eine betriebsverfassungsrechtl. Abmahnung erfolgt ist (Rz. 9).

8 c) **Kein Verschulden.** Ob die grobe Pflichtverletzung schuldhaft begangen sein muss, ist **sehr umstritten**[5]. Dagegen spricht der Normzweck des § 23 (Rz. 2), dafür, dass die Rechtsfolge das einzelne BR-Mitglied unabhängig vom Zweck der Norm auch persönlich trifft. Das BAG verlangt nur ein dem BR-Mitglied **zurechenbares** Verhalten, geht also davon aus, dass Verschulden keine notwendige Voraussetzung der Amtsenthebung ist[6]. Dem ist schon wegen des Gleichlaufs von Amtsenthebung einzelner BR-Mitglieder und Amtsenthebung des ganzen Gremiums wie auch mit der Sanktion gegen den ArbGeb (Abs. 3) zuzustimmen (Rz. 20). Die Befürchtung, dass einzelne Organmitglieder dadurch zu leicht ihres Amtes enthoben werden könnten, ist bei sachgerechter Auslegung des „groben“ Pflichtenverstoßes kaum berechtigt. Dem Wortlaut ist klar zu entnehmen, dass **grob** die **Pflichtverletzung** selbst sein muss, nicht etwa das auf die Verletzung bezogene Verschulden. Die Norm möchte keine Disziplinierung, sondern eine funktionsfähige Betriebsverfassung sichern (Rz. 2); eine Analogie zu § 1004 BGB liegt hier ebenso wie bei Abs. 3 zur Sicherung der objektiven betriebsverfassungsrechtl. Ordnung nahe[7].

9 d) **Betriebsverfassungsrechtliche Abmahnung.** Auch wenn es nicht um persönlich vorwerfbares Verhalten geht, kann dennoch eine **betriebsverfassungsrechtliche** Abmahnung notwendig sein[8]. Dabei muss der ArbGeb zunächst jede Verwechslung mit einer **Abmahnung kraft Arbeitsvertrags** ausschließen und die drohende Amtsenthebung betonen (vgl. Rz. 6). Eine solche untersteht nach § 23 I jedenfalls insoweit dem Verhältnismäßigkeitsgrundsatz, als auch die „grobe“ Amtspflichtverletzung sich der Natur der Sache nach erst aus einer Kette leichterer Verfehlungen entwickeln kann (Rz. 7). Warum insoweit erst ein **beharrliches** Zuwiderhandeln abgewartet werden muss, um den Antrag nach Abs. 1 zu stellen, und nicht zu Gunsten des amtierenden BR(-Mitglieds) eine Verhaltensänderung kraft Abmahnung versucht werden können sollte, lässt sich allein mit Blick auf den Wortlaut kaum begründen[9]. Im Gegenteil ergibt sich eine solche Befugnis aus § 2 und dem daraus folgenden sog. „Betriebsverhältnis“ der Betriebspartner[10]. Sie entspricht auch der allgemeinen Dogmatik des Unterlassungsanspruchs, wonach die Wiederholungsgefahr schon durch Abmahnung ausgeräumt werden kann[11]. Einzuräumen ist der hM jedoch, dass eine Abmahnung **nicht eine notwendige** Voraussetzung des Antrags nach Abs. 1 sein darf, weil eine solche Einschränkung in der Tat dem Gesetz zu entnehmen sein müsste. Abmahnungsbefugt sind die nach Abs. 1 Antragsberechtigten (Rz. 13).

10 e) **Zeitpunkt der Pflichtverletzung.** Nach einer umstrittenen Entscheidung des BAG[12] soll ein Ausschlussverfahren nur wegen Pflichtverletzungen in der **aktuellen** Amtsperiode des BR eingeleitet werden können (Rz. 2). Zwar ergibt sich aus dem Normzweck, dass grundsätzlich nur „aktuelle“ Pflichtverletzungen die Zugehörigkeit zum amtierenden BR belasten können. Doch kann daraus nicht die starre Ablehnung der Berücksichtigung von **früheren Pflichtverletzungen** folgen, jedenfalls dann nicht, wenn diese ausnahmsweise (bei Wiederwahl) die Zugehörigkeit zum amtierenden BR weiterhin belasten. Wirkt die frühere Pflichtverletzung also fort, etwa weil die Pflichtverletzung ganz gravierend war

1 BAG v. 5.9.1967 – 1 ABR 1/67, BAGE 20, 56 (63) = DB 1967, 1947. | 2 Zutr. Richardi/*Thüsing*, § 23 BetrVG Rz. 10; MünchArbR/*Joost*, § 310 Rz. 7. | 3 HM, vgl. BAG v. 22.6.1993 – 1 ABR 62/92, BAGE 73, 291 = NZA 1994, 184; *Fitting*, § 23 BetrVG Rz. 14; GK-BetrVG/*Oetker*, § 23 Rz. 35. | 4 So zB DKK/*Trittin*, § 23 BetrVG Rz. 12; GK-BetrVG/*Oetker*, § 23 Rz. 35 in Anlehnung an BAG v. 22.6.1993 – 1 ABR 62/92, BAGE 73, 291 = NZA 1994, 184; vgl. auch ArbG München v. 25.9.2006 – 22 BV 219/06, AuA 2007, 58. | 5 Gegen das Verschuldenserfordernis zB GK-BetrVG/*Oetker*, § 23 Rz. 37; HaKo-BetrVG/*Düwell*, § 23 Rz. 13; MünchArbR/*Joost*, § 310 Rz. 12; dafür zB DKK/*Trittin*, § 23 BetrVG Rz. 13; *Fitting*, § 23 BetrVG Rz. 16; *Löwisch/Kaiser*, § 23 BetrVG Rz. 2; Richardi/*Thüsing*, § 23 BetrVG Rz. 28. | 6 BAG v. 5.9.1967 – 1 ABR 1/67, BAGE 20, 56 = DB 1967, 1947; v. 22.6.1993 – 1 ABR 62/92, BAGE 73, 291 = NZA 1994, 184. | 7 Vgl. BAG v. 18.4.1985 – 6 ABR 19/84, BAGE 48, 246 (252) = NZA 1985, 783. | 8 Sehr str., dagegen zB *Fischer*, NZA 1996, 633; *Fitting*, § 23 BetrVG Rz. 17a; GK-BetrVG/*Oetker*, § 23 Rz. 36; MünchArbR/*Joost*, § 310 Rz. 8; ErfK/*Eisemann*, § 23 BetrVG Rz. 4; dafür zB DKK/*Trittin*, § 23 BetrVG Rz. 45; HaKo-BetrVG/*Düwell*, § 23 Rz. 15; *Kania*, NZA 1996, 970. | 9 So etwa ArbG Hildesheim v. 1.3.1996 – 1 BV 10/95, AuR 1997, 336; aA LAG Düsseldorf v. 23.2.1993 – 8 TaBV 245/92, DB 1993, 2604. | 10 So etwa ArbG Berlin v. 10.1.2007 – 76 BV 16593/06; ähnlich wie hier HaKo-BetrVG/*Düwell*, § 23 Rz. 15. | 11 Hierzu ArbG Marburg v. 28.5.1999 – 2 BV 4/99, NZA-RR 2001, 94: keine konkrete Wiederholungsgefahr bei „tätiger Reue“ des fehlerhaft handelnden BR-Mitglieds. | 12 BAG v. 29.4.1969 – 1 ABR 19/68, DB 1969, 1560 (abl. Anm. *Dietz*).

oder erst später entdeckt wurde (zB Verstoß gegen Geheimhaltung, § 79), muss folglich ein Antrag nach Abs. 1 wegen Untragbarkeit der weiteren Amtsführung auch in der Folgeperiode noch möglich bleiben[1]. Ein grober Verstoß wird nicht dadurch geheilt, dass die Mehrheit der Belegschaft ihn kraft Wiederwahl billigt.

f) Ausschluss eines Ersatzmitglieds. Sobald ein Ersatzmitglied in den BR nachgerückt ist, gilt das Rz. 10 Ausgeführte entsprechend. Hat ein Ersatzmitglied ein BR-Mitglied **zeitweilig vertreten** und während dieser Zeit eine grobe Pflichtverletzung begangen, so ist ein Amtsenthebungsverfahren auch nach Ablauf des Vertretungszeitraums noch zulässig. So kann verhindert werden, dass das Ersatzmitglied erneut in den BR nachrückt, § 23 I ist **entsprechend** anwendbar (hM)[2]. 11

g) Einzelfälle. Eine rechtssichere Beurteilung von „an sich" **groben Verstößen** anhand von vorentschiedenen Einzelfällen verbietet sich. Die aktuelle instanzgerichtl. Rspr. berücksichtigt bei ihrer Prognose in Bezug auf die **Untragbarkeit** der weiteren Amtsführung (Rz. 7) zunehmend auch entlastende Momente, zB bei „tätiger Reue"[3]. Auf die Aufzählung von Einzelfallentscheidungen kann vor allem wegen ihres meist älteren Datums hier verzichtet werden. Schwerpunkte sind Verstöße gegen §§ 74, 75, 79[4]. 12

2. Verfahren. Für das Verfahren der Amtsenthebung ist nach § 23 I allein das **ArbG** im Beschlussverfahren (§ 2a I Nr. 1, II iVm. §§ 80 ff. ArbGG) zuständig. Das Verfahren wird nicht von Amts wegen, sondern nur **auf Antrag** der in § 23 I genannten Antragsberechtigten eingeleitet, dh. eines Viertels der wahlberechtigten ArbN, jeder im Betrieb vertretenen Gewerkschaft, des BR oder des ArbGeb. Der Antrag des **BR** nach S. 2 setzt einen Beschluss nach § 33 voraus, bei dem das Mitglied, dessen Ausschluss betrieben werden soll, nicht stimmberechtigt ist und auch nicht teilnehmen kann; an seine Stelle tritt ein Ersatzmitglied[5] (vgl. § 33 Rz. 13). 13

Der Antrag ist schriftlich und von den Antragsberechtigten unterschrieben beim örtlich zuständigen ArbG einzureichen oder bei dessen Geschäftsstelle mündlich zur Niederschrift anzubringen. Antragsgegner ist das BR-Mitglied, dessen Amtsenthebung beantragt wird. **Der Antrag ist zu begründen.** Er muss hinreichend konkret die Tatsachen benennen, die die grobe Pflichtverletzung des BR-Mitglieds begründen sollen, weil dadurch der Streitgegenstand festgelegt wird[6]. Die **Rücknahme** des Antrags ist in 1. Instanz einseitig zulässig, vgl. § 81 II ArbGG[7], in den Rechtsmittelinstanzen nur mit Zustimmung der anderen Beteiligten, vgl. § 87 II 3 ArbGG. Der Antrag auf Ersetzung der Zustimmung zur außerordentlichen Kündigung, der Antrag auf Auflösung des BR und eine Wahlanfechtung können mit dem Antrag auf Amtsenthebung **verbunden** werden[8]. 14

Scheidet das BR-Mitglied, dessen Amtsenthebung beantragt wird, aus dem BR **aus**, so ist der Antrag, falls er überhaupt noch aufrecht erhalten wird, nach hM als unzulässig[9], nach aA als unbegründet[10] abzuweisen, weil eine Amtsenthebung nicht mehr in Betracht kommt. Sinnvollerweise ist das Verfahren in einem solchen Fall aber von den Beteiligten übereinstimmend für **erledigt** zu erklären, vgl. § 83a ArbGG. **Anders** ist zu entscheiden, wenn das auszuschließende BR-Mitglied wieder in den BR gewählt wird, der Antrag bleibt dann zulässig (str., vgl. Nachw. Rz. 10). Das Rechtsschutzinteresse entfällt auch dann nicht, wenn der BR kollektiv nach § 13 I Nr. 3 seinen Rücktritt erklärt, weil er dann nach § 22 noch die Geschäfte fortführt. 15

Ist bei **besonders schweren** Amtspflichtverletzungen die gesetzmäßige Amtsausübung durch das BR-Mitglied nicht mehr gewährleistet, kann das ArbG im Beschlussverfahren durch **einstweilige Verfügung** die weitere Amtsausübung bis zur rechtskräftigen Entscheidung untersagen[11]. 16

3. Wirkungen des Ausschlusses. Erst mit **Rechtskraft** des Beschlusses verliert das ausgeschlossene BR-Mitglied sein Amt, § 24 Nr. 5 (vgl. § 24 Rz. 10). Zugleich rückt ein **Ersatzmitglied** in den BR nach. Hatte das ausgeschlossene Mitglied im BR weitere Funktionen und Ämter inne, werden diese vom Ersatzmitglied nicht „automatisch" übernommen. Der Ausschluss aus dem BR lässt das Arbeitsverhältnis zwar unberührt, jedoch verliert das ausgeschlossene BR-Mitglied den besonderen Kündigungsschutz einschließlich des nachwirkenden besonderen Kündigungsschutzes, vgl. § 15 I 2 KSchG (dazu § 24 Rz. 13). Die **Wiederwahl** auch des ausgeschlossenen BR-Mitglieds ist grundsätzlich zulässig (hM)[12]; 17

---

1 So auch ErfK/*Eisemann*, § 23 BetrVG Rz. 9; GK-BetrVG/*Oetker*, § 23 Rz. 43 f., 80 f.; Richardi/*Thüsing*, § 23 BetrVG Rz. 26; aA *Fitting*, § 23 BetrVG Rz. 25; MünchArbR/*Joost*, § 310 Rz. 10; *Löwisch/Kaiser*, § 23 BetrVG Rz. 4. | 2 HM, vgl. nur *Fitting*, § 23 BetrVG Rz. 34; GK-BetrVG/*Oetker*, § 23 Rz. 59. | 3 Vgl. ArbG Marburg v. 28.5.1999 – 2 BV 4/99, NZA-RR 2001, 94: keine konkrete Wiederholungsgefahr bei „tätiger Reue" des fehlerhaft handelnden BR-Mitglieds. | 4 Vgl. die Auflistung zB bei *Fitting*, § 23 BetrVG Rz. 19 f.; GK-BetrVG/*Oetker*, § 23 Rz. 46 ff. | 5 HM, vgl. BAG v. 3.8.1999 – 1 ABR 30/98, NZA 2000, 440 sowie *Fitting*, § 23 BetrVG Rz. 13; GK-BetrVG/*Oetker*, § 23 Rz. 68; aA Richardi/*Thüsing*, § 23 BetrVG Rz. 36: nur Stimmverbot, aber Teilnahmerecht. | 6 HM, vgl. DKK/*Trittin*, § 23 BetrVG Rz. 21; GK-BetrVG/*Oetker*, § 23 Rz. 70. | 7 BAG v. 12.2.1985 – 1 ABR 11/84, NZA 1985, 786. | 8 Vgl. *Fitting*, § 14 BetrVG Rz. 22; GK-BetrVG/*Oetker*, § 23 Rz. 72 ff. | 9 So zB *Fitting*, § 23 BetrVG Rz. 33; GK-BetrVG/*Oetker*, § 23 Rz. 78; MünchArbR/*Joost*, § 310 Rz. 16. | 10 So zB Richardi/*Thüsing*, § 23 BetrVG Rz. 41, an die hM angepasst aber in Rz. 42. | 11 Vgl. nur GK-BetrVG/*Oetker*, § 23 Rz. 82; MünchArbR/*Joost*, § 310 Rz. 17. | 12 Vgl. nur *Fitting*, § 23 BetrVG Rz. 30; GK-BetrVG/*Oetker*, § 23 Rz. 91 ff.; Richardi/*Thüsing*, § 23 BetrVG Rz. 50.

denn die Vorschrift des § 8 I enthält als „negative" Tatbestandsvoraussetzung nicht etwa eine vorausgegangene Amtsenthebung. Das gilt nach hM selbst dann, wenn durch „solidarischen" Rücktritt des BR nach § 13 II Nr. 3 aus Anlass des Ausschlusses Neuwahlen ermöglicht werden, die zur Wiederwahl des Ausgeschlossenen führen.

18 **III. Auflösung des Betriebsrats (Abs. 1 Fall 2). 1. Besonderheiten der kollektiven Auflösung.** Die Tatbestandsvoraussetzungen der Auflösung des BR sind grundsätzlich mit denen des Ausschlusses eines Mitglieds des BR **identisch**, vgl. Abs. 1 S. 1. Es bedarf einer groben **kollektiven** Pflichtverletzung des BR **als Organ**, was insb. bei Vernachlässigung seiner gesetzlichen Aufgaben und Befugnisse in Betracht kommt, vgl. etwa §§ 16, 26, 27, 43, 47, 74 II[1]. Die Verletzung typischerweise dem einzelnen BR-Mitglied obliegender Amtspflichten wie Verschwiegenheit oder parteipolitische Neutralität (Rz. 5) führen nur dann zum **Auflösungsverfahren**, wenn sie dem BR als Organ kraft Beschlusses nach § 33 **zurechenbar** sind. Nicht erforderlich ist bei einem solchen amtspflichtverletzenden Beschluss, dass alle oder die meisten Mitglieder dem zugestimmt hatten; die einfache Mehrheit genügt, § 33 I 1[2].

19 Bei der Prüfung der **groben** kollektiven Verletzung seiner gesetzl. Pflichten (Rz. 7) muss beachtet werden, dass die Auflösung des BR eine besonders **einschneidende** Sanktion ist: Werden Mitglieder ausgeschlossen, rücken Ersatzmitglieder nach, § 25 I. Wird der BR aufgelöst, ist dagegen die Amtszeit sämtlicher BR-Mitglieder einschließlich aller Ersatzmitglieder beendet, § 13 II Nr. 5, und setzt das Gericht unverzüglich einen Wahlvorstand für die Neuwahl ein, Abs. 2. Es tritt eine betriebsratslose Zeit ein. Das BAG hat deshalb betont, dass zB der Verstoß gegen den Tarifvorrang (§ 77 III) **nicht** ohne weiteres als **grob** bezeichnet werden könne, wenn infolge eines „unübersichtlichen Tarifwerks" nur schwer erkennbar sei, dass die abgeschlossene BV gegen den TV verstoße. Ein **grober Verstoß** komme erst in Betracht, wenn „unter Berücksichtigung aller Umstände die weitere Amtsausübung des BR untragbar erscheint" (Rz. 7)[3].

20 Da nur einzelne Personen, nicht aber Gremien als solche **„schuldhaft"** handeln können, leuchtet es sofort ein, dass ein Verschulden des BR nicht Voraussetzung für dessen Auflösung sein kann. Diese ganz hM für den Fall der Auflösung muss konsequenterweise auch für den Fall der Ausschließung gelten (vgl. Rz. 8 mwN).

21 **2. Verfahren.** Für das Verfahren zur Auflösung des BR nach § 23 I gelten grundsätzlich die oben Rz. 13 ff. gemachten Anmerkungen. Der BR kann aber nicht seine Selbstauflösung beantragen, vgl. Abs. 1 S. 2. Doch können als „wahlberechtigte ArbN" auch BR-Mitglieder den Antrag stellen, soweit sie zusammen mit anderen ArbN „ein Viertel" der Belegschaft stellen. Der Antrag ist auf **„Auflösung"** des BR zu richten, Antragsgegner ist der BR.

22 Der BR kann dem Auflösungsantrag nicht durch einen **Rücktrittsbeschluss** nach § 13 II Nr. 3 den Boden entziehen, weil er ja dennoch nach § 22 die Geschäfte weiterführen muss, bis der neue BR gewählt ist (hM)[4]. Legen dagegen alle BR-Mitglieder einschließlich der Ersatzmitglieder **ihr Amt nieder**, § 24 Nr. 2, oder endet die Amtszeit des BR während des Beschlussverfahrens, § 24 Nr. 1, so ist der Antrag, falls nicht zurückgenommen, nach hM als unzulässig[5] abzuweisen, weil der BR nicht mehr existiert und daher nicht mehr aufgelöst werden kann. Das Verfahren kann für erledigt erklärt werden, § 83a ArbGG. **Unzulässig** ist auch ein Antrag, der die Auflösung mit Verfehlungen des nicht mehr amtierenden BR begründet; denn selbst bei personenidentischer Neubesetzung ist das neue Organ als **Funktionsnachfolger** nicht mit dem alten Organ „als solchem" mehr identisch[6].

23 Eine **einstweilige Verfügung**, mit der der BR einstweilen aufgelöst oder ihm die Amtsführung gänzlich untersagt wird, kommt anders als beim Ausschluss (Rz. 16) **nicht** in Betracht. Denn die andernfalls eintretende betriebsratslose Zeit bis zur endgültigen Entscheidung kann wegen des vorrangigen Belegschaftsinteresses als Vorwegnahme der Hauptsache nicht hingenommen werden. Auch anderweitige „Sicherungsverfügungen" zur Abwendung wesentlicher Nachteile erscheinen als nicht gerechtfertigte Maßnahmen, vgl. § 85 II ArbGG iVm. § 940 ZPO[7].

24 **3. Wirkungen der Auflösung.** Erst mit **Rechtskraft** des Beschlusses, dh. mit Ablauf der Rechtsmittelfrist bzw. – im Fall einer LAG-Entscheidung – mit Ablauf der zweimonatigen Notfrist für die Einlegung der Nichtzulassungsbeschwerde (§§ 92a, 72a III, IV ArbGG) bzw. mit Zurückweisung derselben durch das BAG endet das Amt des BR **unmittelbar** und **sofort**. BR-Mitglieder und Ersatzmitglieder verlieren ihr Amt, weil der BR **als solcher** aufgelöst ist und nicht mehr existiert, vgl. § 24 Nr. 5. Eine Fortführung der Geschäfte nach § 22 kommt in diesem Fall nicht in Betracht; sie wäre geradezu widersinnig (vgl. § 13

---

1 Vgl. Nachweis von Einzelfällen bei ErfK/*Eisemann*, § 23 BetrVG Rz. 19; GK-BetrVG/*Oetker*, § 23 Rz. 101; HaKo-BetrVG/*Düwell*, § 23 Rz. 27. |2 HM, vgl. *Fitting*, § 23 BetrVG Rz. 40; GK-BetrVG/*Oetker*, § 23 Rz. 97; MünchArbR/*Joost*, § 310 Rz. 13. |3 BAG v. 22.6.1993 – 1 ABR 62/92, BAGE 73, 291 (306) = NZA 1994, 184; vgl. auch Richardi/*Thüsing*, § 23 BetrVG Rz. 53. |4 HM, vgl. nur *Fitting*, § 23 BetrVG Rz. 44; GK-BetrVG/*Oetker*, § 23 Rz. 104. |5 Vgl. nur GK-BetrVG/*Oetker*, § 23 Rz. 104, 107; Richardi/*Thüsing*, § 23 BetrVG Rz. 60. |6 HM, vgl. DKK/*Trittin*, § 23 BetrVG Rz. 56; GK-BetrVG/*Oetker*, § 23 Rz. 107. |7 Vgl. nur GK-BetrVG/*Oetker*, § 23 Rz. 109; Richardi/*Thüsing*, § 23 BetrVG Rz. 65.

Rz. 11). Nach § 13 II Nr. 5 sind „außerordentliche" Neuwahlen anzuberaumen (Rz. 25), doch lässt sich eine betriebsratslose Zeit nicht vermeiden. Auch die besonderen Regeln des Kündigungs- und Versetzungsschutzes sind nicht mehr anwendbar, §§ 15 I KSchG, 103 BetrVG. Wegen § 15 I 2 letzter Hs. KSchG wird den Mitgliedern eines aufgelösten BR auch der besondere **nachwirkende** Kündigungsschutz **versagt**, vgl. näher § 24 Rz. 13.

4. Neuwahl des Betriebsrats (Abs. 2). Nach § 13 II Nr. 5 ist nach der Auflösung des BR ein neuer BR zu wählen. Weil der aufgelöste BR **nicht** zur Fortführung der Geschäfte bis zur Neuwahl berechtigt ist (Rz. 24), kann er auch nicht den Wahlvorstand bestellen. Daher hat nach Abs. 2 das ArbG **von Amts wegen** unverzügl. nach der Auflösung im Beschlussverfahren einen Wahlvorstand einzusetzen. Die Entscheidungen über die Auflösung des BR und die Einsetzung des Wahlvorstands können **nicht** miteinander verbunden werden[1], weil die Einsetzung des Wahlvorstands die Rechtskraft des Auflösungsbeschlusses **voraussetzt**. Rechtsmittel gegen den Einsetzungsbeschluss ist die Beschwerde nach § 87 ArbGG. 25

Nach Abs. 2 S. 2 gilt § 16 II **entsprechend**. Da die Einsetzung des Wahlvorstands von Amts wegen erfolgt, bezieht sich die Verweisung nur auf das Vorschlagsrecht für die Zusammensetzung des Wahlvorstands und auf die Aufnahme betriebsfremder Gewerkschaftsmitglieder in ihn (S. 2 u. 3). Dennoch kann dem **ArbGeb** als einem Antragsteller im Auflösungsverfahren das Vorschlagsrecht für die Zusammensetzung des Wahlvorstandes nicht zustehen: Die „entsprechende" Anwendung muss S. 1 des § 16 II mitbedenken[2]. 26

IV. Zwangsverfahren gegen den Arbeitgeber (Abs. 3). Die den §§ 888, 890 ZPO nachgebildete Regelung des Abs. 3 wurde erst 1972 den ersten Absätzen hinzugefügt. Trotz der schon damals gegebenen Möglichkeit, im **Beschlussverfahren** den ArbGeb zur Einhaltung seiner Pflichten notfalls im Wege der Zwangsvollstreckung zu zwingen, wurde die Regelung aus Gründen der **Symmetrie** für notwendig gehalten[3], weil Abs. 1 mit dem Verlust der Amtsstellung eine über die allgemeine Zwangsvollstreckung hinausgehende und die Mitglieder des BR persönlich treffende Sanktion enthielt. Abs. 3 sollte diese hinsichtlich der gesetzl. Sanktionen bestehende Ungleichbehandlung der Betriebspartner ausgleichen[4]. Obwohl diese Norm den ArbGeb seiner betriebsverfassungsrechtl. Stellung nicht entheben kann (Rz. 1), enthält sie zumindest den ArbGeb **persönlich treffende** Sanktionen. Die Gleichgewichtigkeit der Regelungen kann daher im Hinblick auf ihre Zielsetzung (Rz. 2) bejaht werden. Auch das Ordnungsgeld (S. 2) soll **präventive** Wirkungen iS einer „kollektivrechtlichen Abmahnung" zur künftigen Beachtung der betriebsverfassungsrechtl. Ordnung entfalten[5]; es handelt sich auch bei Abs. 3 also nicht um eine Straf- oder Disziplinarvorschrift[6]. 27

1. Stellung im Anspruchs- und Sanktionensystem. Die Norm lässt die Möglichkeit der **allgemeinen Zwangsvollstreckung** nach § 85 I ArbGG aus einem Beschlussverfahren gegen den ArbGeb **unberührt**; aus Beschlüssen und Vergleichen, die Erfüllungs- bzw. Unterlassungsansprüche außerhalb von Abs. 3 titulieren, kann daher nach allgemeinen Vorschriften vollstreckt werden[7]. § 23 III hat nur insoweit **selbständige Bedeutung**, als er es dem BR und vor allem auch einer im Betrieb vertretenen Gewerkschaft ermöglicht, die Verletzung von **fremden** sich aus dem BetrVG ergebenden **Rechten**, zB des im Allgemeininteresse bestehenden Verbots parteipolitischer Betätigung (§ 74 II 3), gerichtlich geltend zu machen. Es geht dabei also nicht um den „regulären Schutz" von eigenen betriebsverfassungsrechtl. Rechten durch die jeweils Berechtigten (zB aus Betriebsvereinbarung), sondern um eine davon unabhängige **zusätzliche** Möglichkeit, auf das Verhalten des ArbGeb im Interesse der Wahrung der betriebsverfassungsrechtl. Ordnung einzuwirken[8]. Hierdurch wird **keine Prozessstandschaft**, dh. das Recht, fremde Rechte im eigenen Namen einzuklagen, begründet[9], sondern es werden genauso wie in Abs. 1 eigenständige betriebsverfassungsrechtl. Kompetenzen eingeräumt[10]. 28

Die Norm lässt auch andere **materielle Unterlassungsansprüche** aus der Verletzung zB von MitbestR **unberührt**[11]. Abs. 3 ist hierfür **keine abschließende** Regelung mit Ausschlusswirkung. Zwar ging das 29

---

1 Str., vgl. wie hier GK-BetrVG/*Oetker*, § 23 Rz. 117; MünchArbR/*Joost*, § 310 Rz. 23; Richardi/*Thüsing*, § 23 BetrVG Rz. 69; aA DKK/*Trittin*, § 23 BetrVG Rz. 63; *Fitting*, § 23 BetrVG Rz. 46; HaKo-BetrVG/*Düwell*, § 23 Rz. 33. | 2 HM, vgl. DKK/*Trittin*, § 23 BetrVG Rz. 64; *Fitting*, § 23 BetrVG Rz. 47; HaKo-BetrVG/*Düwell*, § 23 Rz. 33; MünchArbR/*Joost*, § 310 Rz. 24; aA GK-BetrVG/*Oetker*, § 23 Rz. 119; Richardi/*Thüsing*, § 23 BetrVG Rz. 71a. | 3 Ausschussbericht zu BT-Drs. VI/2729, S. 21. | 4 Vgl. auch GK-BetrVG/*Oetker*, § 23 Rz. 121; *Konzen*, Betriebsverfassungsrechtliche Leistungspflichten des Arbeitgebers, 1984, S. 6, 15, 39 ff.; MünchArbR/*Joost*, § 310 Rz. 26 f. | 5 BAG v. 18.4.1985 – 6 ABR 19/84, NZA 1985, 783. | 6 Zutr. GK-BetrVG/*Oetker*, § 23 Rz. 123; *Konzen*, Betriebsverfassungsrechtliche Leistungspflichten des Arbeitgebers, 1984, S. 42, 47; MünchArbR/*Matthes*, § 329 Rz. 5. | 7 HM, vgl. *Fitting*, § 23 BetrVG Rz. 108; GK-BetrVG/*Oetker*, § 23 Rz. 160. | 8 Vgl. BAG v. 18.4.1985 – 6 ABR 19/84, BAGE 48, 246 (252) = NZA 1985, 783; *Dütz*, AuR 1973, 356; GK-BetrVG/*Oetker*, § 23 Rz. 127; *Lobinger*, ZfA 2004, 101 (131); *Raab*, ZfA 1997, 186; *Richardi*, NZA 1995, 8; *Walker*, Einstweiliger Rechtsschutz, 1993, Rz. 842. | 9 Zutr. Richardi/*Thüsing*, § 23 BetrVG Rz. 75. | 10 Zutr. MünchArbR/*Joost*, § 310 Rz. 30. | 11 HM, vgl. BAG v. 3.5.1994 – 1 ABR 24/93, BAGE 76, 364 (371 f.) = NZA 1995, 40; GK-BetrVG/*Oetker*, § 23 Rz. 128; *Lobinger*, ZfA 2004, 101 (132); MünchArbR/*Matthes*, § 329 Rz. 5; *Raab*, Negatorischer Rechtsschutz, 1993, S. 67 ff.

BAG zunächst davon aus, dass § 23 III eine materiell-rechtl. Anspruchsgrundlage sei und als solche den Unterlassungsanspruch des BR gegen den ArbGeb bei einem mitbestimmungswidrigen Verhalten **abschließend** regle[1]. Demzufolge wurde ein allgemeiner Anspruch des BR gegen den ArbGeb auf Unterlassung von mitbestimmungswidrigen Handlungen abgelehnt. Diese Rspr. wurde aber zu Recht heftig kritisiert und vom BAG auch 1994 aufgegeben[2]. Bei Abs. 3 handelt es sich gerade nicht um den „archimedischen Punkt des betriebsverfassungsrechtlichen Rechtsschutzes"[3]; eine Regelung negatorischer Haftung des ArbGeb gegenüber dem BR wegen der Verletzung von dessen Beteiligungsrechten findet sich hier nicht. Vielmehr enthält die Vorschrift eine Rechtsgrundlage für **quasi betriebs-„polizeiliche" Maßnahmen** bei offenkundigen Verstößen gegen die betriebsverfassungsrechtl. Ordnung[4]. Ob der BR im Einzelfall auf Grund seiner materiellen MitbestR (zB § 87 I) einen negatorischen **Unterlassungsanspruch** geltend machen kann, ist eine ganz andere Frage und muss je nach der Struktur des MBR entschieden werden[5]. Die Norm lässt auch andere mitbestimmungssichernde Regelungen wie zB §§ 98 V, 101 und 104 **unberührt**; gegenüber § 23 III handelt es sich nicht um Spezialvorschriften, da ihr Anwendungsbereich verschieden ist. So gibt zB § 101 dem BR einen negatorischen Anspruch auf Beseitigung eines mitbestimmungswidrigen Zustands, wohingegen § 23 III dem BR einen Anspruch auf **künftige Beachtung** seiner MitbestR verleiht. Die Vorschriften finden daher nebeneinander Anwendung[6].

30 **2. Voraussetzungen der Sanktionen (S. 1). a) Gesetzliche Pflichten.** Voraussetzung der Sanktionen Ordnungs- und Zwangsgeld ist ein grober Verstoß des ArbGeb gegen seine „**Verpflichtungen** aus diesem Gesetz" (S. 1). Trotz des missverständlichen Wortlauts fallen hierunter auch in **anderen Gesetzen** geregelte betriebsverfassungsrechtl. Pflichten (vgl. § 17 II KSchG, §§ 83, 84 SGB IX) und solche Pflichten, die durch **TV** konkretisiert sind[7]. Verpflichtungen aus BV und Betriebsabsprachen sind auch dann Pflichten iSd. S. 1, wenn sie nicht „gesetzliche" Pflichten des BetrVG konkretisieren. Denn sie haben ihre Rechtsgrundlage im BetrVG und gestalten die betriebsverfassungsrechtl. Stellung des ArbGeb[8]. Im Wesentlichen geht es bei der Interpretation der Pflichten iSd. Abs. 3 um einen Gleichlauf mit der Auslegung des Abs. 1 (Rz. 5)[9], so dass Pflichten, die sich nur aus Arbeitsvertrag oder aus anderen Gesetzen ohne Bezug zur Betriebsverfassung ergeben, nicht von Abs. 3 sanktioniert werden. Zu beachten ist aber, dass die Verpflichtungen aus §§ 75, 81 ff. trotz ihres **Individualcharakters** solche aus dem BetrVG sind und ihre grobe Verletzung deshalb auch nach Abs. 3 belangt werden kann[10].

31 **b) Grober Verstoß.** Wie zu Abs. 1 ausgeführt (Rz. 7), ist ein Verstoß als „grob" anzusehen, wenn er **objektiv erheblich** und **offensichtlich schwerwiegend** ist[11]. Es gilt der gleiche Maßstab wie bei § 23 I. Auch hier handelt es sich um einen unbestimmten Rechtsbegriff. Auch ein **einmaliger** Verstoß kann ausreichend sein[12]. Bei Wiederholung können auch leichtere Verstöße ausreichen. Auf ein **Verschulden** des ArbGeb kommt es auch hier nicht an (Rz. 8, 20)[13]. Doch scheidet ein grober Verstoß jedenfalls dann aus, wenn der ArbGeb in einer schwierigen und ungeklärten Rechtsfrage eine zumindest vertretbare, nicht offensichtlich abwegige Rechtsansicht vertritt[14]. Ist jedoch für die Betriebspartner rechtskräftig **entschieden**, dass die Änderung von Dienstplänen mitbestimmungspflichtig ist, verstößt der ArbGeb grob gegen seine Pflichten, wenn er weiterhin Dienstpläne ohne Beteiligung des BR ändert[15].

32 Die Pflichtverletzung muss nach hM bereits **vollendet** sein. Nicht ausreichend ist, wenn sie **unmittelbar bevorsteht**[16], was sich schon aus dem Wortlaut und auch daraus ergibt, dass „grobe" Verstöße in aller Regel nur nach Vollendung als solche erkennbar sind. Die Analogie zum Unterlassungsanspruch führt insoweit in die Irre, zumal vorbeugender Rechtsschutz wegen Missachtung der Mitbestimmungsordnung inzwischen *außerhalb* von § 23 III gewährt wird (Rz. 35). Str. ist ferner, ob eine **Wiederholungsgefahr** bestehen muss. Das BAG hat dem zunächst widersprochen mit dem Argument, dass ihrer Funktion als „kollektivrechtlicher Abmahnung" folgend die Sanktion nach Abs. 3 sogleich mit Feststellung des

---

1 BAG v. 22.2.1983 – 1 ABR 27/81, BAGE 42, 11 = DB 1983, 1926. | 2 BAG v. 3.5.1994 – 1 ABR 24/93, BAGE 76, 364 (371 f.) = NZA 1995, 40; ausf. Nachw. bei GK-BetrVG/*Oetker*, § 23 Rz. 125 f. | 3 Vgl. *Raab*, ZfA 1997, 186. | 4 Zutr. *Lobinger*, ZfA 2004, 101 (133); GK-BetrVG/*Oetker*, § 23 Rz. 127; MünchArbR/*Joost*, § 310 Rz. 30. | 5 Hierzu etwa BAG v. 13.3.2001 – 1 AZB 19/00, NZA 2001, 1037; v. 29.2.2000 – 1 ABR 4/99, NZA 2000, 1066; vgl. ferner *Lobinger*, ZfA 2004, 101, 173; *Raab*, ZfA 1997, 186; GK-BetrVG/*Oetker*, § 23 Rz. 130 ff. | 6 So auch BAG v. 17.3.1987 – 1 ABR 65/85, NZA 1987, 786. | 7 HM, vgl. GK-BetrVG/*Oetker*, § 23 Rz. 165; MünchArbR/*Joost*, § 23 Rz. 32. | 8 BAG v. 23.6.1992 – 1 ABR 11/92, NZA 1992, 1095; GK-BetrVG/*Oetker*, § 23 Rz. 166; *Fitting*, § 23 BetrVG Rz. 61. | 9 Vgl. nur *Fitting*, § 23 BetrVG Rz. 59; GK-BetrVG/*Oetker*, § 23 Rz. 165; MünchArbR/*Joost*, § 23 Rz. 31. | 10 HM, vgl. BAG v. 16.11.2004 – 1 ABR 53/03, NZA 2005, 416: Anspruch des ArbN auf Hinzuziehung des BR nach § 82 II 2 zu einem Personalgespräch; LAG Köln v. 19.2.1988 – 10 TaBV 69/87, DB 1989, 1341: Beanstandung des „Fehlzeitenverhaltens" der ArbN durch den ArbGeb als Verstoß gegen § 75 II 1; ferner *Fitting*, § 23 BetrVG Rz. 60; GK-BetrVG/*Oetker*, § 23 Rz. 167. | 11 BAG v. 23.6.1992 – 1 ABR 11/92, NZA 1992, 1095. | 12 LAG BW v. 14.4.1988 – 6 TaBV 1/88, AiB 1988, 281 (Beobachtung von Arbeitsplätzen durch Videokamera ohne Zustimmung des BR); GK-BetrVG/*Oetker*, § 23 Rz. 170. | 13 BAG v. 18.4.1985 – 6 ABR 19/84, NZA 1985, 783. | 14 BAG v. 27.11.1973 – 1 ABR 11/73, BAGE 25, 415 (419) = DB 1974, 731; v. 22.2.1983 – 1 ABR 27/81, BAGE 42, 11 = DB 1983, 1926, ganz hM. | 15 BAG v. 8.8.1989 – 1 ABR 59/88, NZA 1990, 569. | 16 So zB *Fitting*, § 23 BetrVG Rz. 73; HaKo-BetrVG/*Düwell*, § 23 Rz. 63; MünchArbR/*Joost*, § 310 Rz. 34; aA aber DKK/*Trittin*, § 23 BetrVG Rz. 78; GK-BetrVG/*Oetker*, § 23 Rz. 174, die auch das erstmalige Bevorstehen einer groben Pflichtverletzung ausreichen lassen wollen.

groben Verstoßes dem BR die entsprechenden Zwangsmittel an die Hand geben muss, um gesetzmäßiges Verhalten des ArbGeb für die Zukunft sicherzustellen[1]. Der Meinungsstreit hat in der Praxis keine große Bedeutung, weil wie im Wettbewerbsrecht der „grobe" Verstoß eine Wiederholungsgefahr in aller Regel **indiziert**, so dass sie nur ganz ausnahmsweise entfällt (zB bei einvernehmlicher Einigung im Wege einer BV)[2].

c) Einzelfälle. Vgl. hierzu die Aufzählung der meist hartnäckig mitbestimmungswidriges Verhalten des ArbGeb betreffenden Einzelfälle zu § 23 III bei GK-BetrVG/*Oetker*, § 23 Rz. 178, 179. 33

3. Erkenntnisverfahren (S. 1). Nach Abs. 3 S. 1 ist das ArbG für das Erkenntnisverfahren zuständig. Es entscheidet im **Beschlussverfahren** (§ 2a I Nr. 1, II iVm. §§ 80 ff. ArbGG) über das Vorliegen eines groben Pflichtenverstoßes iSv. Abs. 3. Antragsberechtigt sind nur der BR oder eine im Betrieb vertretene Gewerkschaft, nicht aber andere Organe der Betriebsverfassung oder einzelne BR-Mitglieder. Das Verfahren wird nicht von Amts wegen, sondern **nur auf Antrag** eingeleitet. Der Antrag muss **hinreichend konkret** die dem ArbGeb zur Last gelegten groben Verstöße bezeichnen und die aufzuerlegenden Handlungs- oder Unterlassungspflichten möglichst so genau bestimmen, dass eine spätere Vollstreckung möglich ist. Der Antrag ist mangels Bestimmtheit **unzulässig**, wenn er lediglich zB den Wortlaut des § 101 wiederholt und nicht die umstrittenen personellen Maßnahmen nach § 99 genau bezeichnet[3]. 34

Nach noch hM kann das gerichtliche „Aufgeben" einer Handlung oder Unterlassung des ArbGeb im Verfahren nach § 23 III nicht Gegenstand einer **einstweiligen Verfügung** sein, weil sonst das Erkenntnisverfahren in Bezug auf die Feststellung des „groben Verstoßes" präjudiziert würde[4]. Doch ist zu beachten, dass der inzwischen anerkannte **allgemeine** Unterlassungsanspruch des BR (Rz. 29) seine praktische Bedeutung vor allem in der Möglichkeit des einstweiligen Rechtsschutzes gegen mitbestimmungswidrige Handlungen des ArbGeb äußert, soweit **eigene** Rechtspositionen des BR betroffen sind[5]. 35

Das Erkenntnisverfahren endet durch **Beschluss**. Ist das ArbG der Auffassung, dass kein grober Pflichtenverstoß vorliegt, weist es den Antrag als **unbegründet** zurück. Andernfalls gibt es dem ArbGeb auf, eine bestimmte, konkret bezeichnete Handlung zu unterlassen, die Vornahme einer bestimmten Handlung zu dulden oder selbst eine bestimmte Handlung vorzunehmen. Bei seiner Entscheidung ist das Gericht nicht an den Antrag gebunden, sondern hat nach freiem Ermessen anzuordnen, was ihm zur künftigen Sicherung der betriebsverfassungsrechtl. Ordnung am Besten geeignet erscheint. 36

4. Vollstreckungsverfahren (S. 2–5). Auf das Erkenntnisverfahren folgt als zweite Stufe das Vollstreckungsverfahren (S. 2 bis 5). Nach Abs. 3 S. 2 u. 3 ist das **ArbG** auch dann für das Vollstreckungsverfahren zuständig, wenn der Titel auf einer Entscheidung des BAG oder LAG beruht. Antragsberechtigt sind nach S. 2 u. 3 **nur** der BR oder eine im Betrieb vertretene Gewerkschaft. Jedoch muss der Antragsteller nicht identisch mit dem Antragsteller im Erkenntnisverfahren sein. Auch das Vollstreckungsverfahren wird **nur auf Antrag** eingeleitet. Das Verfahren setzt die Rechtskraft des Beschlusses voraus. Eine Vollstreckungsklausel ist nicht erforderlich. Zur Form des Antrags vgl. Rz. 14. Es muss die Verhängung von Ordnungs- oder Zwangsgeld beantragt werden, wobei keine bestimmte Höhe angegeben werden muss. Der Antrag ist zu begründen. 37

a) Verpflichtung zur Unterlassung oder Duldung einer Handlung (S. 2). Kommt der ArbGeb der Pflicht zur Unterlassung oder Duldung einer Handlung nicht nach, kommt als Zwangsmittel die Verurteilung zu einem **Ordnungsgeld** zur Anwendung. Insoweit entspricht das Zwangsverfahren der Zwangsvollstreckung nach § 890 ZPO. Dem ArbGeb muss die Auferlegung des Ordnungsgeldes **angedroht** werden. Dies kann bereits im Beschluss geschehen, der dem ArbGeb die Pflicht auferlegt hat. Andernfalls hat das ArbG der 1. Instanz die Androhung auf Antrag durch Beschluss zu erlassen. Mit dem Androhungsbeschluss beginnt die Zwangsvollstreckung. Im Androhungsbeschluss muss das Höchstmaß des Ordnungsgeldes angegeben werden, wobei ein Hinweis auf das gesetzl. Höchstmaß genügt. 38

Der ArbGeb muss nach vorheriger Androhung gegen die ihm rechtskräftig auferlegte Verpflichtung verstoßen haben. Die Verurteilung zu einem Ordnungsgeld ist keine reine Zwangsmaßnahme, sondern hat auch den Charakter einer **Strafsanktion**. Daher setzt sie **Verschulden** voraus, wobei aber kein grobes Verschulden erforderlich ist[6]. Liegen die genannten Voraussetzungen vor, verhängt das ArbG durch 39

1 BAG v. 18.4.1985 – 6 ABR 19/84, NZA 1985, 783 zust. DKK/*Trittin*, § 23 BetrVG Rz. 78; *Fitting*, § 23 BetrVG Rz. 65; HaKo-BetrVG/*Düwell*, § 23 Rz. 65; abl. ErfK/*Eisemann*, § 23 BetrVG Rz. 25; GK-BetrVG/*Oetker*, § 23 Rz. 176 f.; MünchArbR/*Joost*, § 310 Rz. 37, die sich auch auf BAG v. 23.6.1992 – 1 ABR 11/92, NZA 1992, 1095berufen können, wo explizit von einer Wiederholungsgefahr ausgegangen wird. | 2 So auch BAG v. 23.6.1992 – 1 ABR 11/92, NZA 1992, 1095, ferner ErfK/*Eisemann*, § 23 BetrVG Rz. 25; HaKo-BetrVG/*Düwell*, § 23 Rz. 65; MünchArbR/*Joost*, § 310 Rz. 37. | 3 BAG v. 17.3.1987 – 1 ABR 65/85, NZA 1987, 786. | 4 Str., vgl. für die hM ErfK/*Eisemann*, § 23 BetrVG Rz. 30; HaKo-BetrVG/*Düwell*, § 23 Rz. 43; MünchArbR/*Joost*, § 310 Rz. 43; Richardi/*Thüsing*, § 23 BetrVG Rz. 103; aA GK-BetrVG/*Oetker*, § 23 Rz. 189, 190; DKK/*Trittin*, § 23 BetrVG Rz. 95; *Fitting*, § 23 BetrVG Rz. 76. | 5 Zutr. MünchArbR/*Matthes*, § 329 Rz. 19; vgl. ferner DKK/*Trittin*, § 23 BetrVG Rz. 122; *Fitting*, § 23 BetrVG Rz. 103. | 6 HM, vgl. nur GK-BetrVG/*Oetker*, § 23 Rz. 208 f.; MünchArbR/*Joost*, § 310 Rz. 47.

Beschluss das angedrohte Ordnungsgeld. Der ArbGeb ist vorher **zu hören**. Da dem Ordnungsgeld auch der Charakter einer Strafsanktion zukommt, kann es auch dann noch verhängt werden, wenn der ArbGeb gegen die ihm auferlegte Pflicht nach Rechtskraft des Beschlusses im Erkenntnisverfahren und nach erfolgter Androhung verstoßen hat, ihr dann aber vor der Festsetzung des Ordnungsgeldes noch nachgekommen ist. Bei wiederholter Pflichtverletzung kann das Ordnungsgeld erneut festgesetzt werden, Abs. 3 S. 2. Die Summe der Ordnungsgelder kann dann auch den Betrag von 10 000 Euro übersteigen.

40 **b) Verpflichtung zur Vornahme einer Handlung (S. 3).** Kommt der ArbGeb der Pflicht zur Vornahme einer Handlung nicht nach, kommt als Zwangsmittel die Verurteilung zu einem **Zwangsgeld** zur Anwendung. Insoweit entspricht das Zwangsverfahren der Zwangsvollstreckung nach § 888 ZPO. Anders als die Verurteilung zu einem Ordnungsgeld ist die Verurteilung zu einem Zwangsgeld eine **reine Zwangsmaßnahme**. Sie hat nicht zugleich den Charakter einer Strafsanktion. Aus diesem Grund muss das Zwangsgeld nicht zunächst angedroht werden. Der ArbGeb muss die ihm auferlegte Handlung trotz der Möglichkeit der Vornahme unterlassen haben. Wegen des fehlenden Strafsanktions-Charakters setzt die Verurteilung zur Zahlung des Zwangsgeldes **kein Verschulden** voraus[1].

41 Nimmt der ArbGeb die ihm aufgegebene Handlung nicht binnen der ihm gesetzten oder einer angemessenen Frist vor, so verhängt das ArbG das angedrohte Zwangsgeld. Wegen des reinen Zwangscharakters des Zwangsgeldes darf es **nicht mehr** verhängt oder vollstreckt werden, wenn der ArbGeb die Handlung vorgenommen hat. Kommt der ArbGeb der Pflicht zur Vornahme der Handlung trotz Beitreibung eines zuvor verhängten Zwangsgeldes nicht nach, so kann das Zwangsgeld wiederholt festgesetzt werden.

42 **c) Rechtsmittel, Vollstreckung.** Gegen die selbständige Androhung von Ordnungs- und Zwangsgeld sowie deren Festsetzung findet das Rechtsmittel der **sofortigen Beschwerde** an das LAG statt. Eine weitere Beschwerde ist nicht vorgesehen. Die Vollstreckung des Beschlusses, durch den das Ordnungs- oder Zwangsgeld verhängt wird (vgl. § 749 I Nr. 3 ZPO), erfolgt nach den Vorschriften der §§ 803 ff. ZPO, § 85 I ArbGG. Die beigetriebenen Gelder verfallen der Staatskasse. Die ersatzweise Verhängung von Ordnungs- oder Zwangshaft ist ausgeschlossen, § 85 I 2 ArbGG.

24 *Erlöschen der Mitgliedschaft*

Die Mitgliedschaft im Betriebsrat erlischt durch

1. Ablauf der Amtszeit,

2. Niederlegung des Betriebsratsamtes,

3. Beendigung des Arbeitsverhältnisses,

4. Verlust der Wählbarkeit,

5. Ausschluss aus dem Betriebsrat oder Auflösung des Betriebsrats auf Grund einer gerichtlichen Entscheidung,

6. gerichtliche Entscheidung über die Feststellung der Nichtwählbarkeit nach Ablauf der in § 19 Abs. 2 bezeichneten Frist, es sei denn, der Mangel liegt nicht mehr vor.

§ 24 zuletzt geändert (Aufhebung des Abs. 2) durch das BetrVerf-ReformG v. 23.7.2001 (BGBl. I S. 1852), vgl. Neubekanntmachung v. 25.9.2001 (BGBl. I S. 2518).

1 **I. Inhalt und Zweck.** Die Vorschrift regelt das Erlöschen der Mitgliedschaft des **einzelnen BR-Mitglieds**. Davon zu unterscheiden ist die Beendigung der Amtszeit des BR als Kollegialorgan, die in § 21 geregelt ist. Das Erlöschen der Mitgliedschaft lässt die Funktionsfähigkeit des BR idR **unberührt**; deshalb sieht § 25 I 1 das Nachrücken eines **Ersatzmitglieds** vor. Die aufgeführten sechs **Erlöschensgründe** sind zum Teil „deklaratorischer“ (Nr. 1, 5), zum Teil „konstitutiver“ (Nr. 2, 3, 4, 6), jedoch nicht abschließender Natur. So fehlt zB der Tod als Erlöschensgrund[2]. Auch die Sonderregeln des Übergangsmandats nach § 21a hätten zu einer Ergänzung bzw. Modifikation der Nr. 4 (Verlust der Wählbarkeit) führen müssen (vgl. § 21a Rz. 14). Auf **Ersatzmitglieder** sind die Erlöschensgründe entsprechend anzuwenden (hM), so dass bei Vorliegen eines Tatbestands der Nr. 2–4 und 6 die Anwartschaft, in den BR nachzurücken, erlischt[3].

2 **II. Ablauf der Amtszeit (Nr. 1).** Dass mit dem Ablauf der Amtszeit des BR als **Kollektivorgan** nach § 21 auch die Mitgliedschaft aller BR-Mitglieder erlischt, ist eine an sich **überflüssige Klarstellung** in Nr. 1, weil es ohne einen im Amt befindlichen BR keine Mitgliedschaft geben kann. Beginn und Ende der Mitgliedschaft folgen grundsätzlich der – auch verkürzten oder verlängerten – **Amtszeit**, wie sie sich aus

1 HM, vgl. GK-BetrVG/*Oetker*, § 23 Rz. 218; MünchArbR/*Joost*, § 310 Rz. 50. | 2 HaKo-BetrVG/*Düwell*, § 24 Rz. 3; Richardi/*Thüsing*, § 24 BetrVG Rz. 7. | 3 HM, vgl. *Fitting*, § 24 BetrVG Rz. 4; GK-BetrVG/*Oetker*, § 24 Rz. 57 ff.

§§ 13, 21, 22 ergibt. Das Gesetz kennt keinen gesonderten Ablauf der Amtszeit für einzelne BR-Mitglieder[1]. Allerdings lässt sich durch Nr. 1 deutlich belegen, dass auch bei **Wiederwahl** die Mitgliedschaft nicht etwa „verlängert", sondern **neu begründet** wird, was für die Auslegung entsprechender Befristungsvereinbarungen („mit Ablauf der Amtszeit") zur Sicherung der Kontinuität des BR eine wesentliche Rolle spielen kann[2]. Mit dem Ende der Amtszeit endet die Mitgliedschaft also auch dann, wenn eine Wiederwahl zu einer neuen (nicht: fortgesetzten) Mitgliedschaft führt.

III. Niederlegung des Betriebsratsamts (Nr. 2). Mit Nr. 2 stellt der Gesetzgeber klar, dass jedes BR-Mitglied sein Amt **jederzeit** und **ohne Begründung** niederlegen darf. Das BAG hat bestätigt, dass auch das Restmandat ausübende BR-Mitglieder nicht an einer Niederlegung gehindert sind[3]. Die Amtsniederlegung erfolgt grundsätzlich durch formlose, einseitige empfangsbedürftige Willenserklärung gegenüber dem **BR** bzw. dessen Vorsitzendem (§ 26 II 2), die mit Zugang wirksam wird[4]. Eine Erklärung gegenüber dem **ArbGeb** ist normalerweise unbeachtlich, doch kann im Restmandat des letzten verbliebenen Mitglieds eine Verlautbarung ihm gegenüber dann ausreichend sein, wenn eine Belegschaft als Adressat der Erklärung nicht mehr vorhanden ist[5]. Die Rücktrittserklärung kann – vergleichbar einer Kündigungserklärung – nach Zugang nicht mehr zurückgenommen oder widerrufen werden; auch eine Anfechtung wird von der hM grundsätzlich ausgeschlossen, weil die Mitgliedschaft im BR nicht im Ungewissen bleiben darf[6]. Die persönliche Niederlegung des Amts darf nicht verwechselt werden mit dem **kollektiven Rücktritt** des BR als Organ nach § 13 II Nr. 3: Hier führt der BR die Geschäfte bis zur Neuwahl fort, § 22, so dass bis dahin auch die Mitgliedschaft bestehen bleibt. 3

IV. Beendigung des Arbeitsverhältnisses (Nr. 3). Bei Nr. 3 handelt es sich um einen Unterfall der Nr. 4, des Verlusts der Wählbarkeit. Ergibt sich nämlich die Betriebszugehörigkeit nach §§ 7, 8 aus einem **Arbeitsverhältnis** zum Betriebsinhaber, bedeutet dessen Beendigung immer auch den Verlust der Wählbarkeit nach § 8 I 1 (vgl. § 8 Rz. 5). Aus welchen Gründen das Arbeitsverhältnis endet (zB Auflösungsvertrag oder Zeitablauf bei Befristung[7]), ist gleichgültig. Eine **Kündigung** darf der ArbGeb gegenüber BR-Mitgliedern nur bei Stilllegung des Betriebs (§ 15 IV, V KSchG) oder mit Zustimmung des BR (§ 103 I) aus wichtigem Grund nach § 626 BGB aussprechen. Soweit allerdings wegen der Stilllegung ein **Restmandat** nach § 21b ausgeübt wird[8], bedürfen Nr. 3 bzw. Nr. 4 der „teleologischen Reduktion"[9] – die Mitgliedschaft endet dann erst mit Beendigung des Restmandats. 4

Erhebt das entlassene BR-Mitglied **Kündigungsschutzklage**, ist es während des Rechtsstreits nach § 25 I 2 zeitweilig an der Ausübung des Amts **verhindert** und wird durch ein Ersatzmitglied vertreten[10]. Hat es erstinstanzlich erfolgreich seine Weiterbeschäftigung erstritten, kann es seine Mitgliedschaftsrechte weiter voll wahrnehmen. Eine einstweilige Verfügung zur weiteren Amtsausübung trotz Kündigung kommt nur in Betracht, wenn diese **offensichtlich** unbegründet ist, insb. wenn die fristlose Kündigung ohne Zustimmung des BR ausgesprochen worden war[11]. Bei Wiedereinstellung des gekündigten BR-Mitglieds lebt sein Amt **nicht** wieder auf, weil die Arbeitsvertragsparteien nicht über das zwingende Organisationsrecht des BetrVG disponieren können[12]. 5

Ein **Betriebsübergang** nach § 613a BGB hat grundsätzlich keine Auswirkungen auf die Mitgliedschaft, weil deshalb das Arbeitsverhältnis nicht beendet werden darf (vgl. § 613a IV BGB). Der BR behält das ihm durch die Wahl vermittelte Mandat zur Vertretung der ArbN-Interessen und zur Wahrnehmung betriebsverfassungsrechtlicher Aufgaben (vgl. § 21 Rz. 13). Ein Übergangsmandat nach § 21a greift nur bei **Umstrukturierungen**, die wesentliche Identitätsmerkmale des jeweiligen Betriebs verändern, ein (vgl. § 21 Rz. 15), so dass nicht Nr. 3, sondern Nr. 4 betroffen ist. Auch die **Eröffnung eines Insolvenzverfahrens** wirkt sich unmittelbar weder auf das Arbeitsverhältnis noch auf das Amt des BR aus (vgl. §§ 113 ff. InsO). Auch das **Ruhen des Arbeitsverhältnisses** beendet nicht das Arbeitsverhältnis, zB während des Wehr- oder Zivildienstes, während eines längeren Sonderurlaubs oder während der Elternzeit nach BErzGG, jedoch liegt bei längerer Unterbrechung ein Verhinderungsgrund iSd. § 25 I 2 vor[13], nicht jedoch bei einer Unterbrechung wegen eines Freizeitausgleichs von wenigen Wochen[14]. Zum Verlust der Wählbarkeit wegen ruhendem Arbeitsverhältnis vgl. Rz. 8. 6

---

1 Zutr. Kritik bei GK-BetrVG/*Oetker*, § 24 Rz. 7, 8; MünchArbR/*Joost*, § 305 Rz. 23. | **2** Hierzu BAG v. 23.1.2002 – 7 AZR 611/00, NZA 2002, 986. | **3** BAG v. 12.1.2000 – 7 ABR 61/98, NZA 2000, 669. | **4** HM, vgl. nur *Fitting*, § 24 BetrVG Rz. 10; GK-BetrVG/*Oetker*, § 24 Rz. 10. | **5** BAG v. 12.1.2000 – 7 ABR 61/98, NZA 2000, 669; so auch GK-BetrVG/*Oetker*, § 24 Rz. 10; Richardi/*Thüsing*, § 24 BetrVG Rz. 8; vgl. auch die Möglichkeit des letzten BR-Mitglieds, die Niederlegung durch Niederschrift zu erklären, § 34 I. | **6** HM, vgl. *Fitting*, § 24 BetrVG Rz. 11; GK-BetrVG/*Oetker*, § 24 Rz. 12; Richardi/*Thüsing*, § 24 BetrVG Rz. 10; aA aber HaKo-BetrVG/*Düwell*, § 24 Rz. 6; *Löwisch/Kaiser*, § 24 BetrVG Rz. 3; MünchArbR/*Joost*, § 305 Rz. 24: Anfechtung nach § 123 BGB zulässig. | **7** Hierzu BAG v. 23.1.2002 – 7 AZR 611/00, NZA 2002, 986. | **8** Dazu vgl. BAG v. 14.8.2001 – 1 ABR 52/00, NZA 2002, 109: Restmandat setzt einen die Stilllegung des Betriebs überdauernden Regelungsbedarf voraus. | **9** So zutr. Richardi/*Thüsing*, § 24 BetrVG Rz. 12. | **10** Vgl. BAG v. 14.5.1997 – 7 ABR 26/96, NZA 1997, 1245; v. 10.11.2004 – 7 ABR 12/04, NZA 2005, 707. | **11** Vgl. nur *Fitting*, § 24 BetrVG Rz. 17; *Löwisch/Kaiser*, § 24 BetrVG Rz. 5; MünchArbR/*Joost*, § 305 Rz. 26, jew. mwN zur instanziellen Rspr. | **12** HM, vgl. GK-BetrVG/*Oetker*, § 24 Rz. 36; MünchArbR/*Joost*, § 305 Rz. 29. | **13** HM, vgl. DKK/*Buschmann*, § 24 BetrVG Rz. 20; *Fitting*, § 24 BetrVG Rz. 13. | **14** LAG Hamm v. 19.7.2000 – 3 Sa 2201/99, BuW 2001, 570; vgl. auch *Löwisch/Kaiser*, § 24 BetrVG Rz. 6.

7 **V. Verlust der Wählbarkeit (Nr. 4).** Der Erlöschenstatbestand der Nr. 4 greift in jenen Fällen, in denen die „Wählbarkeit", dh. das **passive Wahlrecht** nach § 8, nicht bereits durch die Beendigung des Arbeitsverhältnisses (Nr. 3) verloren geht. Es muss sich um den **nachträglichen** Verlust der Wählbarkeit handeln, weil ein anfänglicher Mangel nur durch gerichtliche Entscheidung, sei es im Anfechtungsverfahren nach § 19 I oder – nach Ablauf der Anfechtungsfrist – auf Grund der ausdrücklichen Regelung in Nr. 6 zum Erlöschen der Mitgliedschaft führen kann (Rz. 11).

8 Fälle der Nr. 4 sind zB eine **strafgerichtliche Verurteilung** nach § 45 StGB, die zum Verlust der Fähigkeit führt, Rechte aus öffentlichen Wahlen zu erlangen (§ 8 I 3), der Verlust der **ArbN-Eigenschaft** iSd. § 5 I, zB bei Beförderung zum leitenden Angestellten (§ 5 III, IV) oder zum Geschäftsführer (§ 5 II Nr. 1), oder – wegen der Tragweite des BR-Amts – die Bestellung eines **Betreuers** nach §§ 1896 ff. BGB (hM)[1]. Dagegen führt das **Ruhen des Arbeitsverhältnisses** nicht zum Verlust der Wählbarkeit (vgl. § 8 Rz. 6), es sei denn, dass wie bei der ATZ im Blockmodell eine Rückkehrmöglichkeit auf den früheren Arbeitsplatz nicht mehr vorgesehen ist – dann endet mangels faktischer Beschäftigung die Betriebszugehörigkeit (vgl. § 7 Rz. 13)[2]. Wer trotz **Elternzeit** oder Zivildienst gewählt ist, kann an den BR-Sitzungen teilnehmen und ist nicht allein deshalb nach § 25 I 2 an der Ausübung seines Amtes verhindert[3].

9 Wichtigster Anwendungsfall der Nr. 4 ist der Verlust der **Betriebszugehörigkeit**, sei es durch individuelle **Versetzung**, sei es durch Verlust der Betriebsidentität bei **Umstrukturierung**. Weil im ersten Fall eine individuelle Maßregelung wegen der BR-Tätigkeit zu befürchten ist, hat das BetrVerf-ReformG 2001 die Schutzlücke durch § 103 III geschlossen, so dass der BR dem zustimmen muss, wenn nicht der Betroffene mit der Versetzung einverstanden ist[4]. Dabei ist aber zu beachten, dass eine nur vorübergehende Abordnung in einen anderen Betrieb die Betriebszugehörigkeit zum Stammbetrieb nicht abreißen lässt (vgl. § 7 Rz. 10). Wird der **Betriebsteil**, in dem das BR-Mitglied arbeitet, dagegen abgespalten auf einen anderen Betrieb oder wird er verselbständigt (identitätsverändernde Umstrukturierung, vgl. § 21a Rz. 4), so müsste kraft Veränderung der Betriebsidentität („Wegfall der Geschäftsgrundlage") das Amt nach Nr. 4 erlöschen. Doch ordnet für diesen Fall der Reformgesetzgeber nach § 21a das **Übergangsmandat** mit der Folge an, dass das „abgespaltene" BR-Mitglied weiter amtieren darf, solange die Neuwahlen für die neuen Einheiten noch nicht abgeschlossen sind (§ 21a I 3). Die Meinung von *Düwell* und *Oetker*, wonach in diesem Fall der „abgespaltene" Amtsträger wegen des Vorrangs der Nr. 4 nicht mehr dem ÜbergangsBR angehören könne[5], verkennt den systematischen und inhaltlichen Vorrang von § 21a I kraft Spezialität (Grundsatz der Amts- *und* Besetzungskontinuität, vgl. § 21a Rz. 14). **Anderes** gilt aber im Fall der Eingliederung (vgl. § 21a Rz. 7): Hier entsteht wegen der Aufnahme in einen unverändert gebliebenen Betrieb kein Übergangsmandat, so dass das Amt des Betroffenen nach Nr. 4 erlöscht. Deshalb kann hier der Amtsschutz entsprechend § 15 V KSchG zwar noch diskutiert werden, doch besteht auf Grund der neuen Rechtslage seit Schaffung der §§ 21a, 21b mangels Schutzlücke hierfür kein Bedürfnis mehr.

10 **VI. Amtsenthebung (Nr. 5).** Die Nr. 5 bezieht sich auf die zwei Varianten der Amtsenthebung nach § 23 I, einerseits den **Ausschluss** eines Mitglieds aus dem BR, andererseits die **Auflösung** des gesamten Gremiums, jeweils wegen grober Verletzung ihrer gesetzlichen Pflichten. Nach dem Wortlaut der Norm erlischt das Amt hier jeweils (erst) mit der **rechtskräftigen** gerichtlichen Entscheidung (hM), was sich schon aus § 23 I ergibt, so dass es sich hier um eine „deklaratorische" Ergänzung handelt (vgl. § 23 Rz. 17).

11 **VII. Feststellung der Nichtwählbarkeit (Nr. 6).** Wird ein nicht nach § 8 wählbarer Kandidat gewählt, zB bei der Wahl eines LeihArbN im Entleiherbetrieb (vgl. § 19 Rz. 8), so ist die Wahl **anfechtbar**, vgl. § 19 I. Unterbleibt eine Anfechtung innerhalb der Ausschlussfrist des § 19 II 2 (zwei Wochen), bleibt der Gewählte für die Dauer der Amtsperiode grundsätzlich BR-Mitglied. Doch möchte Nr. 6 der besonderen **Bedeutung** des passiven Wahlrechts und seiner Voraussetzungen dadurch Rechnung tragen, dass es auch bei nicht angefochtener Wahl die Berufung auf die **von Anfang an** fehlende Wählbarkeit zulässt[6]. Der letzte Halbsatz der Norm weist auf die **Heilbarkeit** des Mangels hin: Eine gerichtliche Entscheidung kommt nicht mehr in Betracht, wenn zB ein Minderjähriger, der unzulässigerweise zur Wahl zugelassen wurde, inzwischen volljährig geworden ist (vgl. § 19 Rz. 8).

12 Die gerichtliche Feststellung erfolgt nur auf **Antrag** im Beschlussverfahren (§§ 2a I Nr. 1, II iVm. 80 ff. ArbGG). Antragsberechtigt ist nur, wer auch zur Anfechtung der BR-Wahl befugt wäre, vgl. § 19 II 1[7]. Der Normtext („*nach Ablauf* der in § 19 II bezeichneten Frist") legt es nahe, dass der Antrag erst nach Ablauf der Anfechtungsfrist gestellt werden kann. Dem hat das BAG widersprochen. Danach kann die Feststellung der Nichtwählbarkeit **jederzeit** und **unabhängig** von einer Anfechtung beantragt werden; er

1 HM, vgl. ErfK/*Eisemann*, § 24 BetrVG Rz. 7; *Fitting*, § 24 BetrVG Rz. 32; Richardi/*Thüsing*, § 24 BetrVG Rz. 25; aA aber GK-BetrVG/*Oetker*, § 24 Rz. 42. | 2 BAG v. 16.4.2003 – 7 ABR 53/02, NZA 2003, 1345; wN vgl. § 7 Rz. 13. | 3 BAG v. 25.5.2005 – 7 ABR 45/04, NZA 2005, 1002. | 4 Vgl. auch GK-BetrVG/*Oetker*, § 24 Rz. 39; *Löwisch/Kaiser*, § 24 BetrVG Rz. 7. | 5 So GK-BetrVG/*Oetker*, § 24 Rz. 34; HaKo-BetrVG/*Düwell*, § 21a Rz. 39; § 24 Rz. 15. | 6 GK-BetrVG/*Oetker*, § 24 Rz. 46. | 7 HM, vgl. BAG v. 11.3.1975 – 1 ABR 77/74, DB 1975, 1753; GK-BetrVG/*Oetker*, § 24 Rz. 47; Richardi/*Thüsing*, § 24 BetrVG Rz. 30.

ist gegen das BR-Mitglied zu richten und selbst dann möglich, wenn der Mangel bereits bei Ablauf der Anfechtungsfrist bekannt war[1]. Ist die Wahl fristgerecht **angefochten** worden (vgl. Beispiele § 19 Rz. 9), ist der Antrag nach § 24 Nr. 6 aber unzulässig – das Verfahren nach Nr. 6 ist gegenüber der Wahlanfechtung subsidiär[2].

VIII. Rechtsfolgen des Erlöschens. In den Fällen des § 24 **endet** das BR-Amt **für die Zukunft**; damit werden alle ausgeübten Funktionen auch für Gesamt- und KonzernBR oder Wirtschaftsausschuss (§ 107 I 1) ebenso wie in den daraus abgeleiteten Ausschüssen beendet. Die Mitgliedschaft im **Aufsichtsrat** ist dagegen völlig unabhängig vom Erlöschen der Mitgliedschaft im BR; ähnliches gilt für die Mitwirkung in der Einigungsstelle[3]. Es enden auch die besonderen Regeln des Kündigungs- und Versetzungsschutzes, §§ 15 I KSchG, 103 BetrVG. Jedoch beginnt der **nachwirkende** Kündigungsschutz, § 15 I 2 KSchG, für ein weiteres Jahr, der nicht nur beim Amtszeitende des Kollegialorgans greift (Nr. 1), sondern auch die Fälle des individuellen Amtsverlusts bei fortbestehendem Arbeitsverhältnis (Nr. 2 und 4) meint[4]. Zu beachten ist aber die Einschränkung des § 15 I 2 letzter Hs. KSchG: „Wenn die Beendigung der Mitgliedschaft auf einer *gerichtlichen Entscheidung* beruht", wird der nachwirkende Amtsschutz versagt. Damit sind nach dem klaren Wortlaut nicht nur die Amtsenthebungs-Fälle der Nr. 5 gemeint[5], sondern auch die Anfechtungs-Fälle der Nr. 6 (vgl. § 19 Rz. 21)[6]. Denn ein Schutzbedürfnis wird nach Rechtskraft der gerichtlichen Entscheidung in **beiden** Fällen vom Gesetzgeber wegen der unrechtmäßig erlangten (Nr. 6) bzw. ausgeübten (Nr. 5) Amtsstellung nicht mehr anerkannt. 13

IX. Streitigkeiten. Streitigkeiten darüber, ob die Mitgliedschaft im BR erloschen ist, entscheiden die ArbG im **Beschlussverfahren** (§ 2a I Nr. 1, II iVm. §§ 80 ff. ArbGG). In den Fällen von Nr. 5 und 6 endet die Mitgliedschaft ohnehin nur auf Grund der (konstitutiv wirkenden) Entscheidung, in den übrigen Fällen kann das Erlöschen auch inzidenter im Urteilsverfahren festgestellt werden (zB wenn im Kündigungsschutzprozess der Amtsschutz nach § 15 I KSchG behauptet wird). Das Rechtsschutzinteresse entfällt, wenn das betreffende BR-Mitglied vor der letzten mündlichen Verhandlung bereits aus dem BR ausgeschieden war[7]. 14

25 *Ersatzmitglieder*

(1) Scheidet ein Mitglied des Betriebsrats aus, so rückt ein Ersatzmitglied nach. Dies gilt entsprechend für die Stellvertretung eines zeitweilig verhinderten Mitglieds des Betriebsrats.

(2) Die Ersatzmitglieder werden unter Berücksichtigung des § 15 Abs. 2 der Reihe nach aus den nichtgewählten Arbeitnehmern derjenigen Vorschlagslisten entnommen, denen die zu ersetzenden Mitglieder angehören. Ist eine Vorschlagsliste erschöpft, so ist das Ersatzmitglied derjenigen Vorschlagsliste zu entnehmen, auf die nach den Grundsätzen der Verhältniswahl der nächste Sitz entfallen würde. Ist das ausgeschiedene oder verhinderte Mitglied nach den Grundsätzen der Mehrheitswahl gewählt, so bestimmt sich die Reihenfolge der Ersatzmitglieder unter Berücksichtigung des § 15 Abs. 2 nach der Höhe der erreichten Stimmenzahlen.

§ 25 zuletzt geändert (Aufhebung des Abs. 3, Änderung in Abs. 2) durch das BetrVerf-ReformG v. 23.7.2001 (BGBl. I S. 1852), vgl. Neubekanntmachung v. 25.9.2001 (BGBl. I S. 2518).

I. Inhalt und Zweck. Die Vorschrift regelt das **Nachrücken** von bzw. die **Stellvertretung** durch Ersatzmitglieder für den Fall, dass amtierende BR-Mitglieder ausscheiden oder zeitweise verhindert sind. Ersatzmitglieder sind nach Abs. 2 S. 1 die **nicht gewählten Wahlbewerber**. Ein Wahlverstoß, der sich lediglich auf die Reihenfolge der möglicherweise nachrückenden Ersatzmitglieder auswirkt, berechtigt nicht zur Wahlanfechtung nach § 19, weil dadurch das Wahlergebnis nicht beeinflusst werden kann: Ersatzmitglieder sind eben „nichtgewählte Arbeitnehmer" (vgl. § 19 Rz. 13)[8]. 1

Der bisherige Abs. 3 wurde durch das BetrVerf-Reformgesetz wegen des Wegfalls des § 14 IV aF im Zuge der Abkehr vom Gruppenschutz ebenfalls aufgehoben. Auch Abs. 2 wurde durch die Gesetzesnovelle verändert. Mit dem Verweis auf die Neuregelung in § 15 II wird die Bedeutung der **Geschlechterquote** auch beim Nachrücken von Ersatzmitgliedern klargestellt[9]. Die Bedeutung der Norm für die **Kontinuität** der BR-Arbeit ist nicht zu unterschätzen. Die zwingende und nicht abdingbare Regelung ermöglicht die jederzeit komplette und konstante Besetzung des BR und damit die wirksame Beschlussfassung nach § 33[10]. Für privatisierte Postbetriebe gilt § 26 Nr. 7 PostPersRG als lex spezialis[11]. 2

1 So BAG v. 11.3.1975 – 1 ABR 77/74, DB 1975, 1753. | 2 Vgl. GK-BetrVG/*Oetker*, § 24 Rz. 49; Richardi/*Thüsing*, § 24 BetrVG Rz. 32. | 3 Vgl. GK-BetrVG/*Oetker*, § 24 Rz. 54; Richardi/*Thüsing*, § 24 BetrVG Rz. 34. | 4 Heute hM, vgl. BAG v. 5.7.1979 – 2 AZR 521/77, DB 1979, 2327; GK-BetrVG/*Oetker*, § 24 Rz. 56; MünchArbR/*Joost*, § 305 Rz. 39. | 5 So aber GK-BetrVG/*Oetker*, § 24 Rz. 55; HaKo-BetrVG/*Düwell*, § 24 Rz. 21; wohl auch *Löwisch/Kaiser*, § 24 BetrVG Rz. 13. | 6 Wie hier auch DKK/*Buschmann*, § 24 BetrVG Rz. 38; *Fitting*, § 24 BetrVG Rz. 47; GK-BetrVG/*Kreutz*, § 19 Rz. 124. | 7 ErfK/*Eisemann*, § 24 BetrVG Rz. 12; *Fitting*, § 24 BetrVG Rz. 48, vgl. ferner Nachw. § 21 Rz. 16. | 8 BAG v. 21.2.2001 – 7 ABR 41/99, NZA 2002, 282. | 9 Vgl. nur *Fitting*, § 25 BetrVG Rz. 1; HaKo-BetrVG/*Düwell*, § 25 Rz. 1. | 10 Vgl. nur ErfK/*Eisemann*, § 25 BetrVG Rz. 1; GK-BetrVG/*Oetker*, § 25 Rz. 7. | 11 Näher dazu DKK/*Buschmann*, § 25 BetrVG Rz. 33; *Fitting*, § 25 BetrVG Rz. 36; GK-BetrVG/*Oetker*, § 25 Rz. 1.

3 **II. Nachrücken und Stellvertretung (Abs. 1).** Bei **Ausscheiden** eines BR-Mitglieds, also bei Erlöschen der Mitgliedschaft nach § 24 Nr. 2–6, **rückt** das Ersatzmitglied für den Rest der Amtszeit **endgültig nach**, vgl. Abs. 1 S. 1. Kann zB ein BR-Mitglied mit Beginn der Freistellungsphase einer **Altersteilzeit** im sog. Blockmodell nicht mehr in die betriebliche Organisation zurückkehren, fehlt es ihm mangels Betriebszugehörigkeit (vgl. § 7 Rz. 13) an einer Wählbarkeitsvoraussetzung, so dass seine Mitgliedschaft nach § 24 Nr. 4 erlischt[1]. Ein Ruhen des Arbeitsverhältnisses führt dagegen als solches noch nicht zum Ausscheiden des BR-Mitglieds (vgl. § 24 Rz. 6, 8), allerdings kann eine zeitweilige Verhinderung vorliegen (Rz. 4).

4 Zu unterscheiden vom endgültigen Nachrücken ist die **vorübergehende betriebsverfassungsrechtliche Stellvertretung** durch das Ersatzmitglied nach Abs. 1 S. 2, durch die die Mitgliedschaft des verhinderten BR-Mitglieds nicht endet[2]. Eine **zeitweilige** Verhinderung nach S. 2 liegt vor, wenn es aus tatsächlichen oder rechtlichen Gründen nicht in der Lage ist, seine Amtsgeschäfte zu besorgen[3]. Das gilt auch dann, wenn die Amtsausübung aus persönlichen Gründen, zB wegen urlaubsbedingten Fehlens oder beim Todesfall naher Angehöriger, vorübergehend **unzumutbar** ist. Auch in diesem Fall kann sich das Mitglied nicht nach freiem Ermessen vertreten lassen; vielmehr tritt das Ersatzmitglied **kraft Gesetzes** stellvertretend ein, sobald der Amtsinhaber den Vorsitzenden von seiner Abwesenheit unterrichtet[4]. Die **Dauer** der zeitweiligen Verhinderung ist grundsätzlich **unerheblich**, ebenso deren Vorhersehbarkeit (hM). Ein Verhinderungsfall liegt bereits dann vor, wenn ein BR-Mitglied nur **zeitweise** an einer Sitzung des Gremiums nicht teilnehmen kann (Rz. 7). Auch kann die Verhinderung jede Art von BR-Tätigkeit betreffen, so dass das Nachrücken nicht nur für die Teilnahme an BR-Sitzungen erfolgen muss[5].

5 Eine **tatsächliche** Verhinderung liegt zB vor bei der auswärtigen Wahrnehmung des Erholungs- oder Bildungsurlaubs, bei Kuraufenthalten, Dienstreisen oder der Teilnahme an Schulungs- oder Bildungsveranstaltungen, während die Elternzeit nach dem BEEG genauso wie die **krankheitsbedingte** Arbeitsunfähigkeit nicht zwangsläufig zu seiner zeitweiligen Verhinderung führen muss[6]. Nicht verhindert ist ein BR-Mitglied, das an einem Arbeitskampf teilnimmt[7].

6 **Rechtlich** verhindert ist ein gekündigtes BR-Mitglied während seines **Kündigungsschutzprozesses** bis zur rechtskräftigen Entscheidung[8]. Wird die Kündigungsschutzklage abgewiesen, tritt das Ersatzmitglied **endgültig** an die Stelle des Ausgeschiedenen (Rz. 3). Gleiches gilt, wenn nach einem Teilbetriebsübergang strittig ist, ob das BR-Mitglied nach § 613a BGB vom Erwerber übernommen wurde oder nicht. Denn eine Mandatsausübung ohne Betriebszugehörigkeit ist nach § 24 Nr. 4 nicht möglich (zum Übergangsmandat vgl. § 24 Rz. 9). Um zu verhindern, dass den BR-Beschlüssen und BV im Nachhinein der Boden entzogen werden könnte, ist bis zur endgültigen Klärung der Betriebszugehörigkeit daher von einer zeitweiligen Verhinderung auszugehen[9].

7 **Punktuell** rechtlich verhindert kann ein BR-Mitglied auch bei konkret-individueller Betroffenheit in Bezug auf einen Beschlussgegenstand sein (**Interessenkollision**). Will es zB an einer die eigene **Umgruppierung** betreffenden Beschlussfassung des BR und an der vorangehenden Beratung teilnehmen, so muss dies vom Vorsitzenden unterbunden werden, indem er für das insoweit „verhinderte" Mitglied ein Ersatzmitglied lädt. Die **Nichtbeachtung** dieser Pflicht führt zur Unwirksamkeit des Beschlusses[10]. Dasselbe gilt im Zustimmungsverfahren nach § 103 für das BR-Mitglied, dem gekündigt werden soll[11].

8 **III. Nachrückverfahren (Abs. 2).** Das Ersatzmitglied rückt beim Ausscheiden eines BR-Mitglieds aus dem Amt **automatisch**, dh. kraft Gesetzes nach[12]. Eine ausdrückliche Annahmeerklärung des nachrückenden Ersatzmitglieds oder dessen Benachrichtigung durch den „RestBR" ist nicht erforderlich[13]. Anfangsmoment für das Nachrücken ist der **objektive** Zeitpunkt des Ausscheidens bzw. der Beginn der Verhinderung. Die Vertretung beschränkt sich auf den Zeitraum der Verhinderung. Im Übrigen endet die Ersatzmitgliedschaft im BR mit Ende der Amtszeit, § 24 Nr. 1, bei Weiterführung der Geschäfte nach § 22 mit der Bekanntgabe des Wahlergebnisses.

1 BAG v. 25.10.2000 – 7 ABR 18/00, BAGE 96, 163 = NZA 2001, 461; ferner *Fitting*, § 25 BetrVG Rz. 13; HaKo-BetrVG/*Düwell*, § 25 Rz. 5. | 2 Vgl. Richardi/*Thüsing*, § 25 BetrVG Rz. 5, 15 (keine gewillkürte Stellvertretung). | 3 HM, vgl. *Fitting*, § 25 BetrVG Rz. 17; GK-BetrVG/*Oetker*, § 25 Rz. 16; *Stege/Weinspach/Schiefer*, § 25 BetrVG Rz. 5. | 4 Wie hier für den Fall des Urlaubs auch GK-BetrVG/*Oetker*, § 25 Rz. 22; aA DKK/*Buschmann*, § 25 BetrVG Rz. 17; *Fitting*, § 25 BetrVG Rz. 21. | 5 Vgl. ErfK/*Eisemann*, § 25 BetrVG Rz. 5; *Stege/Weinspach/Schiefer*, § 25 BetrVG Rz. 6; HaKo-BetrVG/*Düwell*, § 25 Rz. 8. | 6 BAG v. 25.5.2005 – 7 ABR 45/04, NZA 2005, 1002; v. 15.11.1984 – 2 AZR 341/83, NZA 1985, 367; *Fitting*, § 25 BetrVG Rz. 17; GK-BetrVG/*Oetker*, § 25 Rz. 18. | 7 Zutr. GK-BetrVG/*Oetker*, § 25 Rz. 17. | 8 HM, vgl. BAG v. 10.11.2004 – 7 ABR 12/04, NZA 2005, 707; LAG Hamm v. 17.1.1996 – 3 TaBV 61/95, LAGE Nr. 4 zu § 25 BetrVG 1972; GK-BetrVG/*Oetker*, § 25 Rz. 27. | 9 LAG Köln v. 27.6.1997 – 11 TaBV 75/96 = NZA-RR 1998, 266; GK-BetrVG/*Oetker*, § 25 Rz. 28; *Löwisch/Kaiser*, § 25 BetrVG Rz. 4. | 10 BAG v. 3.8.1999 – 1 ABR 30/98, NZA 2000, 440; zur den Ehepartner betreffenden personellen Maßnahme vgl. LAG Düsseldorf v. 16.12.2004 – 11 TaBV 79/04, DB 2005, 954. | 11 BAG v. 23.8.1984 – 2 AZR 391/83, NZA 1985, 254; BAG v. 26.8.1981 – 7 AZR 550/79, DB 1981, 2627. | 12 BAG v. 12.1.2000 – 7 ABR 61/98, NZA 2000, 669. | 13 LAG Schl.-Holst. v. 7.4.1994 – 4 Sa 18/94, LAGE Nr. 8 zu § 15 KSchG; ferner DKK/*Buschmann*, § 25 BetrVG Rz. 6; GK-BetrVG/*Oetker*, § 25 Rz. 30; Richardi/*Thüsing*, § 25 BetrVG Rz. 24; aA MünchArbR/*Joost*, § 305 Rz. 55 f.

Die **Reihenfolge** der nachrückenden Ersatzmitglieder regelt Abs. 2, der auf § 15 II verweist, so dass im Nachrückverfahren an erster Stelle der **Geschlechterproporz** zu berücksichtigen ist. Dies gilt allerdings nur für Nachrücker in solche BR, die nach Inkrafttreten des BetrVerf-ReformG am 28.7.2001 gewählt wurden[1]. Außerdem ist danach zu differenzieren, ob das ausgeschiedene oder verhinderte BR-Mitglied durch eine Verhältniswahl, S. 1 u. 2, oder durch eine Mehrheitswahl, S. 3, gewählt worden ist[2]. Wurde der BR nach den Grundsätzen der **Verhältniswahl** gewählt (vgl. § 14 Rz. 10), so rückt das zuerst aufgeführte Ersatzmitglied der Liste nach, der das ausgeschiedene oder verhinderte BR-Mitglied angehörte. Dabei muss jeweils auf den Geschlechterproporz nach § 15 II geachtet werden, so dass beim Ausscheiden einer Frau (nur) die nächste Frau auf der Liste berücksichtigt werden kann, wenn es sich um das Geschlecht in der Minderheit handelt und die geforderte Quote nicht schon erfüllt ist[3]. S. 2 sieht für den Fall der Erschöpfung der Liste ausdrücklich den **Listenwechsel** auch dann vor, wenn es um den geschlechtlich korrekten Nachrücker geht[4]. S. 2 ist auf das Nachrücken von Ersatzmitgliedern in betriebsratsinterne Ausschüsse **nicht** entsprechend anzuwenden[5]. Wurde der BR im Wege der **Mehrheitswahl** gewählt (vgl. § 14 Rz. 12), rückt das Ersatzmitglied des gleichen Geschlechts nach, das als Wahlbewerber die nächsthöchste Stimmzahl erreicht hat. 9

Sind **überhaupt keine** Ersatzmitglieder mehr vorhanden und scheidet ein Mitglied endgültig aus, so muss nach § 13 II Nr. 2 eine Neuwahl erfolgen[6]. Die Amtszeit des nicht mehr vollzähligen BR endet mit der Bekanntgabe des Wahlergebnisses für den neuen BR, vgl. § 21 S. 5. Besteht ein BR aus lediglich **einer Person**, so ist im Verhinderungsfall der ArbGeb in den Grenzen des Zumutbaren verpflichtet, beteiligungspflichtige Angelegenheiten zurückzustellen (str.)[7]. 10

IV. Rechtsstellung der Ersatzmitglieder. Die nichtgewählten Wahlbewerber haben **vor dem Eintritt** eines der Tatbestände in Abs. 1 nur eine „tatsächliche" Anwartschaft auf einen Sitz im BR bzw. auf eine Vertretung. Die besonderen Amtsschutzvorschriften nach § 15 I KSchG bzw. § 103 gelten für sie nicht, wohl aber die Erlöschensgründe des § 24 (vgl. § 24 Rz. 1)[8]. Mit Eintritt des Tatbestands des Abs. 1 (Rz. 8) wird das Ersatzmitglied aber **ordentliches BR-Mitglied**. Auch der zeitweilige Vertreter tritt in **alle Rechte und Pflichten** ein, die sich aus dem BR-Amt ergeben, nicht aber in die weiteren Funktionen oder Ämter des ausgeschiedenen oder vertretenen BR-Mitglieds, zB in dessen Ausschuss-Mandate. Das Ersatzmitglied erlangt auch nicht automatisch die berufliche Freistellung nach § 38 III[9]. 11

Erst mit Eintreten in den BR kann das Ersatzmitglied den **besonderen Kündigungs- und Versetzungsschutz** nach § 103 BetrVG und § 15 I KSchG für sich beanspruchen. Vorher ist es nur als Wahlbewerber durch § 15 III KSchG sechs Monate lang geschützt. Das gilt nicht nur für das endgültig nachrückende, sondern auch für das **zeitweilig** vertretende Ersatzmitglied für die gesamte Dauer der Vertretung (hM). Zu beachten ist aber, dass durch § 15 I 1 nur der Kündigungs*ausspruch*, nicht aber das Wirksamwerden einer bereits ausgesprochenen Kündigung unterbunden wird. Steht am Beginn einer längeren Vertretung eine BR-Sitzung oder ist diese Gegenstand einer kurzen Vertretung, **beginnt** der besondere Kündigungsschutz schon in der **Vorbereitungszeit** auf diese Sitzung, dh. in der Zeit ab der Ladung, wobei in der Regel drei Arbeitstage als Vorbereitungszeit ausreichend sind[10]. Ist das Ersatzmitglied **selbst verhindert**, so bleibt der Kündigungsschutz bestehen, wenn die Dauer der eigenen Verhinderung im Vergleich zur voraussichtlichen Dauer des Vertretungsfalles als unerheblich anzusehen ist[11]. 12

Für die **endgültig** nachgerückten Ersatzmitglieder gilt unstreitig auch der **nachwirkende** Kündigungsschutz nach § 15 I 2 KSchG für ein weiteres Jahr nach Beendigung der Amtszeit (vgl. § 24 Rz. 13). Das BAG und die hL bejahen das auch für die **vorübergehende** Stellvertretung, obwohl hier ja das verhinderte Mitglied im Amt bleibt. Doch dient der nachwirkende Kündigungsschutz nicht allein dem Amtsschutz, sondern auch der Sicherung unabhängiger Interessenvertretung durch eine „Abkühlungsphase" im Verhältnis zum ArbGeb nach Beendigung der BR-Tätigkeit[12]. Der hM ist mit der wichtigen Einschränkung zuzustimmen, dass das Ersatzmitglied **tatsächlich** BR-Aufgaben während seiner Vertretung wahrgenommen haben muss[13]. 13

Zweifelhaft ist, ob Ersatzmitglieder nach § 37 VI und VII einen Anspruch auf Teilnahme an **Schulungs- und Bildungsveranstaltungen** haben. Richtigerweise ist auch hier zwischen lediglich stellvertretenden und endgültig nachrückenden Ersatzmitgliedern zu differenzieren[14]. Nur ganz ausnahmsweise kann ein 14

---

1 Vgl. *Fitting*, § 25 BetrVG Rz. 24. | 2 Vgl. *Fitting*, § 25 BetrVG Rz. 24; ErfK/*Eisemann*, § 25 Rz. 8. | 3 Vgl. Beispiele bei *Fitting*, § 25 BetrVG Rz. 26 ff. | 4 Vgl. GK-BetrVG/*Oetker*, § 25 Rz. 39 mit Verweis auf § 15 V WahlO 2001. | 5 BAG v. 16.3.2005 – 7 ABR 43/04, NZA 2005, 1072. | 6 Vgl. nur *Löwisch/Kaiser*, § 25 BetrVG Rz. 1; *Fitting*, § 25 BetrVG Rz. 33. | 7 So etwa ErfK/*Eisemann*, § 25 Rz. 10; aA aber GK-BetrVG/*Oetker*, § 25 Rz. 47; HaKo-BetrVG/*Düwell*, § 25 Rz. 19. | 8 Vgl. nur GK-BetrVG/*Oetker*, § 25 Rz. 49. | 9 HM, vgl. Richardi/*Thüsing*, § 25 BetrVG Rz. 27; HaKo-BetrVG/*Düwell*, § 25 Rz. 4. | 10 BAG v. 17.1.1979 – 5 AZR 891/77, DB 1979, 1136; dazu krit. GK-BetrVG/*Oetker*, § 25 Rz. 54; *Uhmann*, NZA 2000, 576 (577): Vorwirkung allgemein anzunehmen. | 11 BAG v. 9.11.1977 – 5 AZR 175/76, DB 1978, 495; Richardi/*Thüsing*, § 25 BetrVG Rz. 30; GK-BetrVG/*Oetker*, § 25 Rz. 53. | 12 BAG v. 6.9.1979 – 2 AZR 548/77, DB 1980, 451; ferner *Fitting*, § 25 BetrVG Rz. 10; GK-BetrVG/*Oetker*, § 25 Rz. 57; *Stege/Weinspach/Schiefer*, § 25 BetrVG Rz. 9. | 13 AA DKK/*Buschmann*, § 25 BetrVG Rz. 39, der den nachwirkenden Kündigungsschutz grds. bejaht. | 14 So auch Richardi/*Thüsing*, § 25 BetrVG Rz. 32; *Stege/Weinspach/Schiefer*, § 25 BetrVG Rz. 9.

zur **Vertretung** herangezogenes Ersatzmitglied zu einer Schulungsveranstaltung nach § 37 VI entsandt werden, nämlich dann, wenn die Kenntnisse unter Berücksichtigung der Ersatzmitgliedschaft für die Gewährleistung der Arbeitsfähigkeit des BR notwendig sind[1].

15 **V. Streitigkeiten.** Streitigkeiten über das Nachrücken von Ersatzmitgliedern oder das Vorliegen eines Vertretungsfalls entscheiden die Arbeitsgerichte im **Beschlussverfahren** (§ 2a I Nr. 1, II iVm. §§ 80 ff. ArbGG). Die Frage kann auch im Rahmen eines Urteilsverfahrens als Vorfrage relevant werden, insb. im Kündigungsschutzprozess[2].

Dritter Abschnitt. Geschäftsführung des Betriebsrats

26 *Vorsitzender*

(1) Der Betriebsrat wählt aus seiner Mitte den Vorsitzenden und dessen Stellvertreter.

(2) Der Vorsitzende des Betriebsrats oder im Fall seiner Verhinderung sein Stellvertreter vertritt den Betriebsrat im Rahmen der von ihm gefassten Beschlüsse. Zur Entgegennahme von Erklärungen, die dem Betriebsrat gegenüber abzugeben sind, ist der Vorsitzende des Betriebsrats oder im Fall seiner Verhinderung sein Stellvertreter berechtigt.

§ 26 zuletzt geändert (Wegfall von Abs. 1 S. 2 und von Abs. 2) durch das BetrVerf-ReformG v. 23.7.2001 (BGBl. I S. 1852), vgl. Neubekanntmachung v. 25.9.2001 (BGBl. I S. 2518).

1 **I. Inhalt und Zweck.** Mit der Aufgabe des **Gruppenschutzes** durch das BetrVerf-Reformgesetz 2001 wurde die Norm erheblich vereinfacht[3]. Bei der Wahl des Vorsitzenden bedarf es nicht mehr einer Beachtung verschiedener Wählergruppen, auch nicht der Beachtung der neuen Geschlechterquote (vgl. § 15). Die Wahl nach Abs. 1 erfolgt in der **konstituierenden Sitzung** des BR, die der Wahlvorstand laut § 29 I 1 „vor Ablauf einer Woche nach dem Wahltag" einzuberufen hat. Es handelt sich dabei um einen Organisationsakt, der mit der Bestellung der **Geschäftsführung** die Funktionsfähigkeit des BR erst herstellt[4].

2 Abs. 1 ist **zwingendes** Recht, von Abs. 2 kann insoweit abgewichen werden, als auch andere Vertretungsregeln vom BR festgelegt werden können. Er kann bestimmten Mitgliedern Spezial- oder Generalvollmachten für gewisse Aufgabenbereiche zusprechen[5]. Doch **muss** jeder mehrköpfige BR kraft Gesetzes eine/n Vorsitzende/n und deren/dessen Stellvertreter/in wählen. Denn ohne Vorsitz ist der BR **nicht handlungsfähig** (vgl. § 21 Rz. 2). Nach hM kann der ArbGeb Verhandlungen mit dem BR verweigern, solange ein Vorsitzender nicht gewählt ist[6]. Unterbleibt die Wahl, kommt ein Amtsenthebungsverfahren nach § 23 I in Betracht (vgl. § 23 Rz. 6). Eine Ersatzbestellung durch das ArbG – etwa analog § 16 II – ist aber ausgeschlossen (hM).

3 **II. Wahl des Vorsitzenden (Abs. 1). Wählbar** für den Vorsitz und dessen Stellvertretung sind nur **Mitglieder** des BR („aus seiner Mitte"). Das aktive Wahlrecht steht „dem BR" in seiner Gesamtheit zu, dh. **jedes Mitglied**, auch die Kandidaten, haben eine Stimme, weil es sich um einen Organisationsakt handelt; ein Stimmausschluss wegen konkret-individueller Betroffenheit kommt hier nicht in Betracht. Jedes BR-Mitglied hat **eine** Stimme, es handelt sich insofern um allgemeine und gleiche Wahlen iSd. Art. 38 GG. Das Gesetz enthält keine weiteren Verfahrensvorschriften, jedoch ist **analog** zu § 33 I u. II einfache Mehrheit und die Anwesenheit von mindestens der Hälfte der Mitglieder zu fordern[7].

4 **Mangels besonderer Vorschriften** zum Wahlverfahren ist eine geheime Wahl nicht zwingend, doch muss bei offener Wahl zB durch Handaufheben der Wille jeden Mitglieds eindeutig zum Ausdruck kommen. Die Wahl sollte aber **geheim** sein, soweit ein Mitglied dies verlangt[8], um die Entschlussfreiheit der einzelnen Mitglieder nicht zu beeinträchtigen. Die Wahl des/der **stellvertretenden** Vorsitzenden erfolgt in einem **gesonderten** Wahlgang, jedoch kann der BR auch einen gemeinsamen Wahlgang mit der Folge beschließen, dass der/die Kandidat/in mit der höchsten Stimmenzahl als Vorsitzender und der/die Kandidat/in mit der nächst höheren Stimmenzahl als Stellvertreter gewählt sind[9]. Dabei sollen auch „Koalitionsabsprachen" grundsätzlich zulässig sein[10].

---

1 BAG v. 19.9.2001 – 7 ABR 32/00, DB 2002, 51; v. 15.5.1986 – 6 ABR 64/83, NZA 1986, 803. | **2** Vgl. DKK/*Buschmann*, § 25 BetrVG Rz. 40; Richardi/*Thüsing*, § 25 BetrVG Rz. 34. | **3** Zum Problem des dadurch weggefallenen Minderheitenschutzes vgl. *Dütz*, DB 2001, 1308. | **4** BAG v. 13.11.1991 – 7 ABR 8/91, BAGE 69, 41 = NZA 1992, 944. | **5** Richardi/*Thüsing*, § 26 BetrVG Rz. 44. | **6** St. Rspr., vgl. BAG v. 23.8.1984 – 6 AZR 520/82, BAGE 46, 282 = NZA 1985, 566; v. 28.10.1992 – 10 ABR 75/91, NZA 1993, 420; LAG Hamm v. 20.5.1999 – 4 Sa 1989/98, ZInsO 1999, 362; *Fitting*, § 26 BetrVG Rz. 7; Richardi/*Thüsing*, § 26 BetrVG Rz. 1; aA DKK/*Wedde*, § 26 BetrVG Rz. 4; GK-BetrVG/*Raab*, § 26 Rz. 6. | **7** Vgl. nur GK-BetrVG/*Raab*, § 26 Rz. 9; HaKo-BetrVG/*Blanke*, § 26 Rz. 2. | **8** Zutr. MünchArbR/*Joost*, § 306 Rz. 3; DKK/*Wedde*, § 26 BetrVG Rz. 7; *Fitting*, § 26 BetrVG Rz. 9; aA GK-BetrVG/*Raab*, § 26 Rz. 10. | **9** Vgl. dazu *Fitting*, § 26 BetrVG Rz. 9; GK-BetrVG/*Raab*, § 26 Rz. 13. | **10** BAG v. 1.6.1966 – 1 ABR 18/65, BAGE 18, 319 = DB 1966, 1357.

Der aus der Mitte des BR bestellte **Wahlleiter** (§ 29 I 2) zählt die Stimmen aus und hält das Ergebnis in einer Niederschrift (§ 34) fest. Gewählt ist, wer die **meisten Stimmen** auf sich vereinigt. Der Gewählte unterzeichnet zusammen mit dem Wahlleiter die Niederschrift. Der Zweitplatzierte wird nicht automatisch Stellvertreter, sondern nur dann, wenn die gemeinsame Wahl beschlossen wurde (Rz. 4). Stimmengleichheit führt nach hM zu einem **Losentscheid**[1], aber auch nur dann, wenn im BR zuvor keine andere Regelung vereinbart wurde. 5

Grundsätzlich entspricht die **Amtsdauer** des Vorsitzenden der vierjährigen Amtszeit des BR, vgl. § 21 S. 1. Wegen des Repräsentations- und Demokratieprinzips[2] endet sein Amt zwingend mit Ablauf der Amtszeit des BR, vgl. § 21 Rz. 5 bzw. § 24 Rz. 2. Für den Vorsitz können jedoch kürzere Perioden durch TV oder in der Geschäftsordnung festgesetzt werden, so dass es zu einem **Amtswechsel** während der vierjährigen Amtszeit kommen kann. Dazu führt ferner die (jederzeit mögliche) freiwillige **Niederlegung** des Vorsitzes[3] (was aber nicht Amtsniederlegung nach § 24 Nr. 2 bedeuten muss) oder die **Abberufung** durch einfachen BR-Beschluss iSd. § 33, der jederzeit auch ohne besondere Begründung erfolgen kann[4]. Die freiwillige Niederlegung erfolgt durch einseitige Erklärung gegenüber dem BR, eine Begründung ist ebenfalls nicht erforderlich. Neben Abberufung und Amtsniederlegung ist die **Nichtannahme** des Amtes die dritte Möglichkeit, die zur umgehenden Neuwahl des Vorsitzenden verpflichtet. Bis zur Neuwahl übt der Stellvertreter das Amt des Vorsitzenden aus. 6

III. Aufgaben des Vorsitzenden (Abs. 2). Dem Vorsitzenden des BR kommen kraft Gesetzes wesentliche Befugnisse im Bereich der **Geschäftsführung** (Innenverhältnis) und im Bereich der **Vertretung** (Außenverhältnis) zu, jedoch hat er nicht die umfassenden Vollmachten zB eines GmbH-Geschäftsführers. Abs. 2 befasst sich ausdrücklich nur mit der Rolle als „Erklärungsvertreter" des BR (Rz. 9). 7

1. Geschäftsführung. Der Vorsitzende beruft die Sitzungen des BR ein. Er setzt die Tagesordnung fest und leitet die Verhandlung, vgl. § 29 II. Er ist verantwortlich für die Niederschriften der Sitzung, vgl. § 34 I. In BR mit **weniger als neun Mitgliedern** (bis 200 ArbN) können auf ihn **alleine** die laufenden Geschäfte übertragen werden, vgl. § 27 III. In größeren Betrieben ist diese Aufgabe dem BR-Ausschuss nach § 27 II 1 übertragen, dem der Vorsitzende als geborenes Mitglied angehört, vgl. § 27 I 2. Schließlich leitet er die Betriebsversammlung, § 42 I 1, und kann an den Sitzungen der JAV teilnehmen, §§ 65 II 2, 69 S. 4. 8

2. Vertretung. Der Vorsitzende vertritt den BR nach außen, aber nur „im Rahmen der von ihm gefassten Beschlüsse", S. 1. Damit kommt eine besonders gebundene **gesetzliche** Vertretungsmacht zum Ausdruck, die aber nicht auf eine reine Botenfunktion reduziert werden darf, sondern notwendige Handlungsspielräume zB im ArbG-Beschlussverfahren eröffnet[5]. Diesem quasi „imperativen Mandat" korreliert die Möglichkeit der jederzeitigen Abberufung (Rz. 6). Nach hM ist daher eine Willenserklärung, die einem BR-Beschluss zuwiderläuft, **schwebend unwirksam**[6] (zu den Rechtsfolgen vgl. Rz. 15). Darin unterscheidet sich der BR-Vorsitzende vom GmbH-Geschäftsführer. Er ist nicht mehr als ein „primus inter pares" und kann das Alleinentscheidungsrecht des BR als **Organ** nicht durch eigenmächtiges Handeln unterlaufen. 9

Das Gesetz beschränkt daher die Vertretungskompetenz des Vorsitzenden in Abs. 2 auf **Abgabe** (zB Unterzeichnung einer Betriebsvereinbarung), S. 1, und **Empfang**, S. 2, von Willenserklärungen. Vollmachtloses Handeln kann durch eine förmliche **Genehmigung** des BR nach § 33 geheilt werden, doch wird der gute Glaube des ArbGeb an das Vorliegen eines BR-Beschlusses in Angelegenheiten des § 87 I gesetzlich nicht geschützt[7]. Freilich kann laut BAG[8] in anderen Fällen eine widerlegbare **Vermutung** dafür sprechen, dass der Vorsitzende auf Grund eines BR-Beschlusses und nicht eigenmächtig gehandelt hat, so zB bei Verhandlungen in einer Sitzung der Einigungsstelle, die nicht etwa zum Zwecke der Beschlussfassung unterbrochen werden muss[9]. Eine Erkundigungspflicht trifft den ArbGeb nicht, doch schadet ihm besseres entgegenstehendes Wissen[10]. 10

1 BAG v. 26.2.1987 – 6 ABR 55/85, DB 1987, 1995; ferner GK-BetrVG/*Raab*, § 26 Rz. 12; *Fitting*, § 26 BetrVG Rz. 15. | 2 Zum Demokratieprinzip bei Wahlvorgängen im BR vgl. *Löwisch*, BB 2001, 726; *Dütz*, DB 2001, 1307. | 3 Vgl. nur GK-BetrVG/*Raab*, § 26 Rz. 25. | 4 BAG v. 26.1.1962 – 2 AZR 244/61, BAGE 12, 220 (227 f.) = DB 1962, 744; ferner *Fitting*, § 26 BetrVG Rz. 20; GK-BetrVG/*Raab*, § 26 Rz. 26; DKK/*Wedde*, § 26 BetrVG Rz. 15. | 5 Ausf. *Linsenmaier*, FS Wißmann, 2005, S. 378 (380 f.) sowie BAG v. 19.3.2003 – 7 ABR 15/02, NZA 2003, 870: BR-Vorsitzender ist nicht Bote, sondern gibt eigene Erklärung ab; BAG v. 29.4.2004 – 1 ABR 30/02, NZA 2004, 670: BR-Beschluss muss lediglich Gegenstand des Beschlussverfahrens bezeichnen, um wirksame Vertretung zu ermöglichen. | 6 BAG v. 15.12.1961 – 1 AZR 207/59, BB 1962, 220; v. 24.2.2000 – 8 AZR 180/99, NZA 2000, 785; vgl. ferner *Fitting*, § 26 BetrVG Rz. 28; GK-BetrVG/*Raab*, § 26 Rz. 38; Richardi/*Thüsing*, § 26 BetrVG Rz. 46 f. | 7 BAG v. 8.6.2004 – 1 AZR 308/03, NZA 2005, 66 = NZA 2005, 66; v. 10.11.1992 – 1 AZR 183/92, BAGE 71, 327 = NZA 1993, 570. | 8 BAG v. 17.2.1981 – 1 AZR 290/78, BAGE 35, 80 (88) = DB 1981, 1414; v. 21.2.2002 – 2 AZR 581/00, nv. | 9 Sofern der Vorsitzende sich im Rahmen der vorgegebenen „Linie" hält, vgl. BAG v. 24.2.2000 – 8 AZR 180/99, NZA 2000, 785; krit. aber *Linsenmaier*, FS Wißmann, 2005, S. 378 (385), weil § 26 II 1 eine solche Beweisregel nicht zu entnehmen sei. | 10 BAG v. 23.8.1984 – 2 AZR 391/83, BAGE 46, 258 (265) = NZA 1985, 254.

11 Nach S. 2 gehen Erklärungen jeder Art dem BR erst mit **Zugang beim Vorsitzenden** zu, § 130 BGB; Fristen beginnen erst ab diesem Zeitpunkt zu laufen[1]. Andere BR-Mitglieder sind insofern nur Empfangsboten. Zugang ist aber auch anzunehmen, wenn das Gesamtgremium etwa auf einer BR-Sitzung von der Erklärung erfährt[2]. Sind sowohl der Vorsitzende wie der Stellvertreter abwesend, sind vom BR notwendige Vorkehrungen für den Zugang zu treffen; fehlt es daran, kann sich der ArbGeb auf jeden Zugang im **Machtbereich** des BR (Büro oder anderes Mitglied) berufen[3].

12 **IV. Stellvertreter des Vorsitzenden.** Neben dem Vorsitzenden ist **zwingend** sein Stellvertreter zu wählen (Rz. 2). Es können ein oder auch mehrere Stellvertreter bestellt werden. Zum grundsätzlich gesonderten Wahlverfahren vgl. Rz. 4. Der Stellvertreter ist kein „zweiter Vorsitzender", sondern er nimmt **nur** „im Fall seiner Verhinderung" (Abs. 2) die Aufgaben des Vorsitzenden wahr. Zur zeitweiligen Verhinderung vgl. § 25 Rz. 4 ff. Für diesen Zeitraum rückt auch nach § 25 II ein Ersatzmitglied in den BR nach. Scheidet der Vorsitzende **endgültig** aus seinem Amt aus, wird nicht der Stellvertreter zum Vorsitzenden, sondern sind von ihm unverzüglich **Neuwahlen** anzuberaumen (Rz. 6)[4].

13 **V. Streitigkeiten.** Streitigkeiten betreffend die Wahl, die Abberufung oder Amtsniederlegung, die Amtsausübung und die Zuständigkeiten des Vorsitzenden bzw. seines Stellvertreters entscheiden die ArbG grundsätzlich im **Beschlussverfahren** (§ 2a I Nr. 1, II iVm. §§ 80 ff. ArbGG). Hinsichtlich der **Wahlmängel** geht das BAG in st. Rspr. von der analogen Anwendbarkeit des § 19 (Anfechtung) aus (Rz. 14)[5]. Für Fehler bei der **Amtsausübung** kommen als Sanktion auch das Amtsenthebungsverfahren nach § 23 I oder die Haftungsregeln des allgemeinen Zivilrechts in Betracht (Rz. 15). Im letzteren Fall kann auch in einem Urteilsverfahren die betriebsverfassungsrechtl. Frage der Zulässigkeit seines Handelns als Vorfrage entschieden werden.

14 **1. Mängel bei der Wahl.** Anders als für die Wahl des BR (§ 19) sieht das Gesetz keine Sanktion von Fehlern bei **betriebsratsinternen** Wahlen vor. Laut BAG können Gesetzesverstöße bei solchen Wahlen, sofern nicht ausnahmsweise besonders **krasse Verstöße** gegen grundlegende Prinzipien vorliegen, die zur jederzeit feststellbaren **Nichtigkeit** führen könnten (vgl. § 19 Rz. 23)[6], in entsprechender Anwendung des § 19[7] nur innerhalb einer Frist von zwei Wochen im **Anfechtungsverfahren** dem ArbG zur Überprüfung vorgelegt werden. Erforderlich sind daher auch Verstöße gegen **wesentliche** Wahlvorschriften, zu denen das BAG nach alter Rechtslage auch die Soll-Vorschriften zur Beachtung des Gruppenschutzes von Arbeitern bzw. Angestellten im Vorsitz zählte[8]. **Anfechtungsberechtigt** sind – in Abweichung von § 19 II 1 – **jedes** einzelne BR-Mitglied, **nicht** dagegen die im Betrieb vertretenen Gewerkschaften (str.), weil deren Kontrollbefugnisse mit dem Abschluss der BR-Wahlen enden[9], auch nicht wahlberechtigte ArbN und der ArbGeb (hM), weil auch ihnen eine Einflussnahme auf die Willensbildung des BR versagt sein soll. In „Vergleichsverhandlungen" kann der **BR** nicht über das Wahlergebnis zum Vorsitzenden verfügen[10], er kann auch nicht anfechten, weil er durch Neuwahlen die Mängel selbst korrigieren kann.

15 **2. Mängel bei Handlungen des Vorsitzenden.** Handeln des Vorsitzenden über seine Kompetenzen hinaus führt zur **schwebenden Unwirksamkeit** seiner Erklärungen entsprechend § 177 BGB (Rz. 9). Der BR kann das Vorgehen des Vorsitzenden jedoch durch förmlichen **Beschluss** nachträglich noch genehmigen, § 184 I BGB (Rz. 10), nicht jedoch durch stillschweigende Genehmigung[11], weil es eine „stillschweigende" Beschlussfassung in Organen nicht gibt[12]. Bleibt die Genehmigung aus, ist der Vorsitzende Schadensersatzansprüchen aus § 179 I BGB ausgesetzt. Eine Erfüllung nach § 179 I BGB wird regelmäßig daran scheitern, dass die zu erfüllende Aufgabe nur vom Gesamtgremium BR geleistet werden kann, nicht dagegen vom Vorsitzenden allein. Im Übrigen kann der BR den Vorsitzenden jederzeit **abberufen** (Rz. 6), in schweren Fällen auch das Amtsenthebungsverfahren einleiten (§ 23 I 2).

1 HM, vgl. nur *Fitting*, § 26 BetrVG Rz. 33; GK-BetrVG/*Raab*, § 26 Rz. 54 f. | 2 BAG v. 27.6.1985 – 2 AZR 412/84, BAGE 49, 136 (144) = NZA 1986, 426. | 3 Vgl. LAG Hess. v. 28.11.1988 – 4 TaBV 98/88, BB 1990, 1488; ferner DKK/*Wedde*, § 26 BetrVG Rz. 28; GK-BetrVG/*Raab*, § 26 Rz. 56. | 4 HM, vgl. nur ErfK/*Eisemann*, § 26 BetrVG Rz. 5; GK-BetrVG/*Raab*, § 26 Rz. 65. | 5 Vgl. nur BAG v. 8.4.1992 – 7 ABR 71/91, NZA 1993, 270; v. 13.11.1991 – 7 ABR 8/91, BAGE 69, 41 = NZA 1992, 944. | 6 Nichtigkeitsgrund wäre zB die Wahl eines nicht dem BR angehörenden ArbN oder die fehlende Beschlussfähigkeit nach § 33 II, vgl. GK-BetrVG/*Raab*, § 26 Rz. 15, nicht schon die fehlerhafte Ladung, so aber unzutr. DKK/*Wedde*, § 26 BetrVG Rz. 36. | 7 BAG v. 20.4.2004 – 7 ABR 44/04, NZA 2005, 1426. | 8 BAG v. 8.4.1992 – 7 ABR 71/91, NZA 1993, 270; v. 13.11.1991 – 7 ABR 8/91, BAGE 69, 41 = NZA 1992, 944. | 9 Str., wie hier GK-BetrVG/*Raab*, § 26 Rz. 19; Richardi/*Thüsing*, § 26 BetrVG Rz. 22; aA dagegen BAG v. 12.10.1976 – 1 ABR 17/76, BAGE 28, 219 = DB 1977, 168; *Fitting*, § 26 BetrVG Rz. 48. | 10 Vgl. LAG Saarl. v. 4.7.2001 – 2 TaBV 2/01, AiB 2002, 129. | 11 So aber BAG v. 15.12.1961 – 1 AZR 207/59, BB 1962, 220; aA DKK/*Wedde*, § 26 BetrVG Rz. 22; *Fitting*, § 26 BetrVG Rz. 28. | 12 Zutr. DKK/*Wedde*, § 26 BetrVG Rz. 22; GK-BetrVG/*Raab*, § 26 Rz. 40.

27 *Betriebsausschuss*

(1) Hat ein Betriebsrat neun oder mehr Mitglieder, so bildet er einen Betriebsausschuss. Der Betriebsausschuss besteht aus dem Vorsitzenden des Betriebsrats, dessen Stellvertreter und bei Betriebsräten mit

9 bis 15 Mitgliedern aus 3 weiteren Ausschussmitgliedern,

17 bis 23 Mitgliedern aus 5 weiteren Ausschussmitgliedern,

25 bis 35 Mitgliedern aus 7 weiteren Ausschussmitgliedern,

37 oder mehr Mitgliedern aus 9 weiteren Ausschussmitgliedern.

Die weiteren Ausschussmitglieder werden vom Betriebsrat aus seiner Mitte in geheimer Wahl und nach den Grundsätzen der Verhältniswahl gewählt. Wird nur ein Wahlvorschlag gemacht, so erfolgt die Wahl nach den Grundsätzen der Mehrheitswahl. Sind die weiteren Ausschussmitglieder nach den Grundsätzen der Verhältniswahl gewählt, so erfolgt die Abberufung durch Beschluss des Betriebsrats, der in geheimer Abstimmung gefasst wird und einer Mehrheit von drei Vierteln der Stimmen der Mitglieder des Betriebsrats bedarf.

(2) Der Betriebsausschuss führt die laufenden Geschäfte des Betriebsrats. Der Betriebsrat kann dem Betriebsausschuss mit der Mehrheit der Stimmen seiner Mitglieder Aufgaben zur selbständigen Erledigung übertragen; dies gilt nicht für den Abschluss von Betriebsvereinbarungen. Die Übertragung bedarf der Schriftform. Die S. 2 und 3 gelten entsprechend für den Widerruf der Übertragung von Aufgaben.

(3) Betriebsräte mit weniger als neun Mitgliedern können die laufenden Geschäfte auf den Vorsitzenden des Betriebsrats oder andere Betriebsratsmitglieder übertragen.

§ 27 zuletzt geändert (Änderung in Abs. 1, Aufhebung von Abs. 2) durch das BetrVerf-ReformG v. 23.7.2001 (BGBl. I S. 1852), vgl. Neubekanntmachung v. 25.9.2001 (BGBl. I S. 2518).

I. Inhalt und Zweck. Der Betriebsausschuss soll als **„Handlungsorgan"** in größeren Betrieben die laufende Geschäftsführung des BR übernehmen, dadurch dessen Arbeit **effizienter** machen und seine Handlungsfähigkeit stärken. Daher können ihm nach Abs. 2 S. 2 auch weitere Aufgaben zur **selbständigen Erledigung** übertragen werden (Rz. 11). Vorsitzender und Stellvertreter gehören ihm als geborene Mitglieder an. Daneben sind die in Abs. 1 genannten zusätzlichen Mitglieder zu wählen. Durch das BetrVerf-Reformgesetz 2001 ist der Gruppenschutz von Arbeitern einerseits, Angestellten andererseits bei der Zusammensetzung des Betriebsausschusses entfallen, nicht aber wurde, wie ursprünglich vorgesehen, auch das Verhältniswahlrecht verabschiedet. Minderheitslisten können daher auch im Betriebsausschuss als einem „verkleinerten" BR nicht durch die Mehrheitsliste gegen ihren Willen majorisiert werden[1]. 1

Die Einrichtung des Ausschusses bei einem BR von **neun oder mehr** Mitgliedern, dh. ab einer Betriebsgröße von 201 ArbN (§ 9 S. 1), ist vom Gesetz **zwingend** vorgesehen[2]. Die Vorschrift greift ein, sobald der BR tatsächlich neun oder mehr Mitglieder zählt und fällt auch nicht weg, wenn der BR zB durch Austritte schrumpft[3]. Zu kleineren Betrieben vgl. Rz. 14. Der ArbGeb kann die Verhandlungen mit dem BR, der pflichtwidrig den Betriebsausschuss nicht eingerichtet hat, nicht ablehnen (hM). Durch die Verweisung in § 28 I gilt die Norm auch für die Bildung von weiteren **Fachausschüssen** des BR. Auch für die Geschäftsführung in GBR bzw. KBR gilt die Norm entsprechend, vgl. §§ 51 I, 59 I[4]. 2

II. Wahl der „weiteren Ausschussmitglieder" (Abs. 1). Gewählt werden können **nur** BR-Mitglieder, nicht dagegen der Vorsitzende und sein Stellvertreter, weil diese kraft Gesetzes als „geborene" Mitglieder dem Betriebsausschuss angehören. **Wahlberechtigt** sind alle BR-Mitglieder, ein Ausschluss wegen konkret-individueller Betroffenheit für Kandidat/innen kommt nicht in Betracht, vgl. § 26 Rz. 3. Weil erst die Bildung des Ausschusses dem BR die **volle** Handlungsfähigkeit verleiht, ist seine Wahl schon in der **konstituierenden Sitzung** des BR nach § 29 I erforderlich[5]. Die **Größe** des Betriebsausschusses ist in S. 2 zwingend vorgeschrieben und richtet sich nach der Zahl der tatsächlich **gewählten** BR-Mitglieder (nicht nach der gesetzlich vorgeschriebenen Zahl, weil diese auch unterschritten werden kann)[6]. 3

Anders als in § 26 I (vgl. § 26 Rz. 4) schreibt das Gesetz in S. 3 die **geheime Wahl** und den Grundsatz der Verhältniswahl vor, vgl. Rz. 5. Die geheime Wahl bedingt eine förmliche Stimmabgabe mit **Stimmzetteln** Mindestens die Hälfte der Wahlberechtigten muss an der Wahl teilnehmen (§ 33 II analog). Alle Mit- 4

1 Zur Kritik an der – zunächst vorgesehenen – Aufhebung des Minderheitenschutzes bei § 27 vgl. *Dütz*, DB 2001, 1309; *Hanau*, RdA 2001, 64 (70); *Löwisch*, BB 2001, 726; GK-BetrVG/*Raab*, § 27 Rz. 4. | 2 Vgl. nur DKK/*Wedde*, § 27 BetrVG Rz. 3; GK-BetrVG/*Raab*, § 27 Rz. 7. | 3 LAG Hess. v. 17.8.1993 – 4 TaBV 61/93, BB 1994, 717. | 4 Vgl. BAG v. 21.7.2004 – 7 ABR 62/03, NZA 2005, 173: weitere Mitglieder des GBR-Ausschusses werden vom GBR nach den Grundsätzen der Verhältniswahl gewählt; die Verweisung in § 51 I 2 auf § 27 I 3 beruht nicht auf einem Redaktionsversehen. | 5 So GK-BetrVG/*Raab*, § 27 Rz. 13; weniger streng *Fitting*, § 27 BetrVG Rz. 8: „sollte"; Richardi/*Thüsing*, § 27 BetrVG Rz. 9: „zweckmäßigerweise". | 6 HM, vgl. *Fitting*, § 27 BetrVG Rz. 10; GK-BetrVG/*Raab*, § 27 Rz. 14.

glieder des BR können Wahlvorschläge (auch mündlich) einreichen. Gibt es nur **einen** Wahlvorschlag, kommt es nach S. 4 zu einer **Mehrheitswahl** wie beim Vorsitzenden, dh. es müssen mindestens so viele Namen auf dem Wahlvorschlag enthalten sein, wie weitere Ausschussmitglieder zu wählen sind. Der BR kann für die Wahl getrennte Wahlgänge, aber auch einen gemeinsamen Wahlgang vorsehen[1].

5 Der in S. 3 verankerte Grundsatz der **Verhältniswahl** soll die Interessenpluralität verschiedener Wahllisten im BR auch in den maßgeblichen Betriebsausschuss hinein verlängern und damit **Minderheitenschutz** auch im Ausschuss gewährleisten[2]. Gibt es mehrere Wahlvorschläge und findet deshalb Verhältniswahl statt, werden nur die Listen als solche ohne Änderungsmöglichkeit durch den Wähler zur Wahl gestellt. Die Auszählung erfolgt nach hM entsprechend dem d'Hondt'schen Höchstzahlverfahren (vgl. § 15 WO)[3], vgl. dazu § 14 Rz. 10. Eine Wahl von **Ersatzmitgliedern** ist gesetzlich zwar nicht vorgesehen, jedoch wegen der Möglichkeit zeitweiliger Verhinderung oder des Ausscheidens der Ausschussmitglieder entsprechend §§ 47 III, 55 II zulässig und auch zweckmäßig, um stets eine volle Besetzung zu gewährleisten[4]. Der Betriebsausschuss kann sich nämlich nicht selbst ergänzen, Nachwahlen können zudem bei Verhältniswahl Rechtsprobleme aufwerfen (Rz. 7).

6 Einstweilen frei.

7 Bei Ausscheiden eines Mitglieds kann eine **Nachwahl** stattfinden. Sie muss stattfinden, soweit kein Ersatzmitglied gewählt wurde (Rz. 5). Dass es dadurch bei der Verhältniswahl zu Verschiebungen im Proporz der Listen kommen kann, ist hinzunehmen[5]. Die Gegenansicht, die für eine Neuwahl sämtlicher Ausschussmitglieder nach der Erschöpfung der Vorschlagsliste eintritt[6], kommt zwar zu einem dem Verhältniswahlrecht entsprechenden Ergebnis, fordert aber für nur ein weggefallenes Ausschussmitglied eine völlig unverhältnismäßige Wahlprozedur und ist daher als zu formalistisch abzulehnen. Deshalb hat auch das BAG in Bezug auf § 38 II entschieden, dass der Nachfolger für einen ausgeschiedenen Freigestellten nach Erschöpfung der Liste durch **Mehrheitswahl** ermittelt werden könne[7]. Keinesfalls muss bei Fortfall einzelner Mitglieder der gesamte Betriebsausschuss ab- und neu gewählt werden[8]. Im Übrigen steht es dem BR frei, eigene Regeln für den Fall der Nachwahl zu treffen. Beschließt der BR während seiner Amtszeit, einen nach § 28 gebildeten Ausschuss, dessen Mitglieder nach den Grundsätzen der Verhältniswahl gewählt wurden, um ein zusätzliches Mitglied zu erweitern, sind dagegen sämtliche Ausschussmitglieder **neu** zu wählen[9].

8 **III. Aufgaben des Betriebsausschusses (Abs. 2). 1. Geschäftsführung (S. 1).** Der Betriebsausschuss ist **kein selbständiges** Organ des Betriebs, sondern als „Handlungsorgan" Teil des BR (Rz. 1). Er hat keine von diesem unterscheidbare Aufgabe, sondern führt dessen **laufende Geschäfte** quasi als geschäftsführender Ausschuss (Rz. 10). Deshalb geht die hM davon aus, dass der Vorsitzende des BR gleichzeitig auch den Vorsitz im Ausschuss innehat[10]. Unter seiner Leitung werden die nicht öffentlichen Sitzungen durchgeführt, vgl. § 30 S. 4. Der Ausschuss darf nur im eng gesteckten Rahmen der S. 2–4 an die Stelle des BR treten (Rz. 11). Dabei **bleibt** der BR Träger der MitbestR als solcher, insb. bleibt ihm der Abschluss von BV vorbehalten, vgl. S. 2 Hs. 2.

9 Einstweilen frei.

10 Für die **laufenden Geschäfte des BR** (Abs. 2 S. 1) gibt der Gesetzgeber dem Betriebsausschuss einen **eigenständigen** Zuständigkeitsbereich (ganz hM). Freilich kann der BR jederzeit einzelne solcher Angelegenheiten ohne Begründung wieder an sich ziehen[11]. Deshalb darf der Bereich der „laufenden Geschäfte" **nicht zu eng** gezogen werden[12]. Dass darunter lediglich organisatorische Aufgaben mit verwaltungsinternem Charakter fallen sollen, wie die hM behauptet[13], reduziert den – repräsentativ zusammengesetzten! – Betriebsausschuss auf die Funktion eines Bürovorstehers. Vielmehr geht es dem S. 1 um solche Angelegenheiten, die **nicht** von **grundsätzlicher Bedeutung** sind und daher einer Entscheidung des Plenums nicht bedürfen. Das ist immer dann anzunehmen, wenn es um die Vorbereitung oder um die Umsetzung grds. Entscheidungen des BR geht, auch dann, wenn eine Mitbestimmungsentscheidung bei gleich liegenden Fällen im Einzelfall vollzogen wird[14]. Dass dazu auch der Einblick in die Listen über Bruttolöhne und -gehälter gehört, stellt § 80 II 2 ausdrücklich klar. Allerdings kann der Betriebs-

---

1 Vgl. nur *Fitting*, § 27 BetrVG Rz. 25–27; GK-BetrVG/*Raab*, § 27 Rz. 18–20. | 2 Vgl. GK-BetrVG/*Raab*, § 27 Rz. 16; *Wlotzke*, DB 1989, 111 (114). | 3 HM, vgl. *Fitting*, § 27 BetrVG Rz. 24; GK-BetrVG/*Raab*, § 27 Rz. 21. | 4 HM, vgl. *Fitting*, § 27 BetrVG Rz. 28 ff.; GK-BetrVG/*Raab*, § 27 Rz. 39 ff. | 5 So auch *Dänzer-Vanotti*, AuR 1989, 204 (208); DKK/*Wedde*, § 27 BetrVG Rz. 24; Richardi/*Thüsing*, § 27 BetrVG Rz. 30: Nachwahl mit einfacher Stimmenmehrheit. | 6 So vor allem *Fitting*, § 27 BetrVG Rz. 37; GK-BetrVG/*Raab*, § 27 Rz. 44, 46, 48. | 7 BAG v. 25.4.2001 – 7 ABR 26/00, NZA 2001, 977; v. 28.10.1992 – 7 ABR 2/92, BAGE 71, 286 (289) = NZA 1993, 910; ferner *Löwisch*, BB 2001, 1734 (1740). | 8 LAG Hess. v. 4.3.1993 – 12 TaBV 142/92, AiB 1993, 655 (657). | 9 BAG v. 16.3.2005 – 7 ABR 43/04, NZA 2005, 1072. | 10 HM, vgl. *Fitting*, § 27 BetrVG Rz. 55; GK-BetrVG/*Wiese*/*Raab*, § 27 Rz. 50; MünchArbR/*Joost*, § 306 Rz. 51. | 11 HM, vgl. *Fitting*, § 27 BetrVG Rz. 66; GK-BetrVG/*Raab*, § 27 Rz. 62. | 12 So zutr. MünchArbR/*Joost*, § 306 Rz. 44; Richardi/*Thüsing*, § 27 BetrVG Rz. 51. | 13 So etwa DKK/*Wedde*, § 27 BetrVG Rz. 33; ErfK/*Eisemann*, § 27 BetrVG Rz. 7; *Fitting*, § 27 BetrVG Rz. 68; GK-BetrVG/*Raab*, § 27 Rz. 64. | 14 Zutr. MünchArbR/*Joost*, § 306 Rz. 45; Richardi/*Thüsing*, § 27 BetrVG Rz. 53–55 mit Beispielen.

ausschuss in der Tat **nicht** an Stelle des Vorsitzenden den BR **nach außen** vertreten (§ 26 Rz. 9), was aber wegen der Doppelfunktion des Vorsitzenden (Rz. 8) ohnehin keine praktischen Auswirkungen hat.

2. Übertragene Aufgaben (S. 2–4). Durch Beschluss des BR können weitere Aufgaben auf den Ausschuss „zur **selbständigen Erledigung**" übertragen werden, S. 2. Insoweit tritt der Betriebsausschuss **an die Stelle** des BR und ersetzt sein Beschluss den des BR (hM). Durch den erforderlichen Übertragungsbeschluss verzichtet der BR auf eine eigene selbständige Entscheidung, kann die Entscheidungshoheit aber jederzeit zurückerlangen, vgl. S. 4 (Rz. 13). Die Übertragung erfordert die Mehrheit der Stimmen **aller** BR-Mitglieder, dh. nicht die einfache, sondern die **absolute** Mehrheit (ganz hM). Sie muss **schriftlich**, also auf Papier verkörpert und vom Vorsitzenden unterzeichnet, erfolgen, S. 3 iVm. § 126 I BGB, und die übertragene Angelegenheit genau bezeichnen[1]. Textform nach § 126b BGB ist nicht ausreichend, wohl aber mangels anderer gesetzl. Bestimmung die **elektronische Form** nach §§ 126 III, 126a BGB[2]. Das Formerfordernis wird auch erfüllt durch Niederschrift der BR-Sitzung (§ 34) oder in der Geschäftsordnung des BR[3]. 11

Das Gesetz begrenzt den übertragbaren Aufgabenbereich nicht gegenständlich, sondern nur instrumentell: Der Abschluss von **BV** als Mitwirkung an der Normsetzung ist allein dem BR vorbehalten, S. 2 Hs. 2. Darüber hinaus darf sich der BR – neben den von ihm gesetzlich geforderten (Mehrheits-)Entscheidungen, vgl. zB §§ 26 I, 27 I, 28a I – jedenfalls nicht aller wesentlichen Befugnisse dadurch entäußern, dass er seine Aufgaben weitgehend auf Ausschüsse überträgt: Er muss als **Gesamtorgan** in einem **Kernbereich** der gesetzlichen Befugnisse zuständig bleiben[4]. Nicht übertragbar sind daher **Grundlagenentscheidungen** des BR in Bezug auf seine innere Organisation oder seine Mitbestimmungs- und Teilhaberechte, wohl aber zB einzelne Aufgaben wie die Zustimmung nach § 103[5]. Dabei darf nicht punktuell nur der einzelne – delegierte – Mitwirkungstatbestand betrachtet werden, sondern es muss auf die ganze Breite der Aufgaben des BR abgestellt werden. 12

Einstweilen frei. 13

IV. Kleinere Betriebe (Abs. 3). In Abs. 3 wird die Delegation (nur) der **laufenden Geschäfte** in kleineren Betrieben geregelt, die bei bis zu 200 ArbN **keinen** Betriebsausschuss bilden können (wohl aber bei mehr als 100 ArbN Fachausschüsse, § 28 I 1). Grundsätzlich nimmt hier das Gesamtorgan die laufende Verwaltung und auch die Einsichtsrechte nach § 80 II 2[6] wahr. Dennoch sprechen praktische Bedürfnisse auch hier für eine Erleichterung der laufenden Arbeit. Die Übertragung der laufenden Geschäfte **ist nicht zwingend**, doch kann der BR durch Beschluss diese Angelegenheiten auf den Vorsitzenden oder auch andere BR-Mitglieder („einfacher" geschäftsführender Ausschuss) delegieren[7]. Dazu muss in Analogie zu Abs. 2 und zu § 28a I die **absolute** Mehrheit der Stimmen gefordert werden (vgl. Rz. 11)[8]. Nicht übertragen werden können die MitbestR und sonstige Aufgaben zur selbständigen Erledigung[9]. 14

V. Streitigkeiten. 1. Ausbleiben der Wahl. Findet die vorgeschriebene Bildung eines Betriebsausschusses nach Abs. 1 **nicht statt**, handelt der BR pflichtwidrig und kann zumindest dann nach § 23 I aufgelöst werden, wenn er trotz betriebsverfassungsrechtl. Abmahnung (§ 23 Rz. 10) nicht zur Wahl des Betriebsausschusses schreitet[10]. Der ArbGeb kann aber die Zusammenarbeit mit dem BR nicht verweigern (Rz. 2), weil die Existenz des Vorsitzenden für die Handlungsfähigkeit des BR ausreicht[11]. Auch eine Verweigerung der Entgeltzahlung nach § 37 II kommt nicht in Betracht (hM). 15

2. Mängel bei der Wahl. Ähnlich wie bei der Wahl des **Vorsitzenden** und seines Stellvertreters können Mängel bei der Wahl der „weiteren Ausschussmitglieder" in entsprechender Anwendung des § 19 nur innerhalb einer Frist von zwei Wochen im **Anfechtungsverfahren** dem ArbG zur Überprüfung vorgelegt werden, soweit nicht ausnahmsweise Nichtigkeit zu bejahen ist (vgl. § 26 Rz. 14). Erforderlich sind Verstöße gegen **wesentliche** Wahlvorschriften, zu denen das BAG nach alter Rechtslage auch die Soll-Vorschriften zur Beachtung des Gruppenschutzes von Arbeitern bzw. Angestellten bei der Wahl der weiteren Mitglieder des Betriebsauschusses zählte[12]. Anfechtungsgrund ist auch der Verstoß gegen die Pflicht zur **geheimen** Wahl (Rz. 4). Nichtigkeit liegt etwa vor, wenn eine Neuwahl stattfindet, bevor eine Abberufung der früher und wirksam gewählten Mitglieder erfolgt ist[13]. 16

3. Fehlerhafte Aufgabendelegation. Bei Streitigkeiten, ob eine Aufgabe zur **laufenden Verwaltung** gehört, wird wie oben Rz. 15 f. ebenfalls im Beschlussverfahren (§ 2a I Nr. 1, II iVm. §§ 80 ff. ArbGG) 17

---

1 HM, vgl. *Fitting*, § 27 BetrVG Rz. 82; GK-BetrVG/*Raab*, § 27 Rz. 73. | 2 So auch GK-BetrVG/*Raab*, § 27 Rz. 74. | 3 BAG v. 20.10.1993 – 7 ABR 26/93, BAGE 75, 1 (6) = NZA 1994, 567. | 4 So ausdrücklich BAG v. 20.10.1993 – 7 ABR 26/93, BAGE 75, 1 = NZA 1994, 567; vgl. ferner *Fitting*, § 27 BetrVG Rz. 77; GK-BetrVG/*Raab*, § 27 Rz. 70. | 5 BAG v. 17.3.2005 – 2 AZR 275/04, DB 2005, 1693 mwN, vgl. auch § 28 Rz. 7. | 6 Vgl. nur DKK/*Wedde*, § 27 BetrVG Rz. 45. | 7 Vgl. nur *Fitting*, § 27 BetrVG Rz. 92; GK-BetrVG/*Raab*, § 27 Rz. 83 („pflichtgemäßes Ermessen"). | 8 Wie hier Richardi/*Thüsing*, § 27 BetrVG Rz. 75; aA GK-BetrVG/*Raab*, § 27 Rz. 84; *Fitting*, § 27 BetrVG Rz. 91. | 9 HM, vgl. *Fitting*, § 27 BetrVG Rz. 94; GK-BetrVG/*Raab*, § 27 Rz. 82. | 10 Vgl. auch *Fitting*, § 27 BetrVG Rz. 9: „Umstände des Einzelfalls" entscheiden; GK-BetrVG/*Raab*, § 27 Rz. 11: „unangemessen lange Verzögerung" der Bildung; Richardi/*Thüsing*, § 27 BetrVG Rz. 5. | 11 HM, vgl. GK-BetrVG/*Raab*, § 27 Rz. 12; *Fitting*, § 27 BetrVG Rz. 9. | 12 BAG v. 13.11.1991 – 7 ABR 18/91, BAGE 69, 49 (56 f.) = NZA 1992, 989. | 13 BAG v. 13.11.1991 – 7 ABR 18/91, BAGE 69, 49 (54) = NZA 1992, 989; distanziert aber BAG v. 25.4.2001 – 7 ABR 26/00, BAGE 97, 340 (342) = NZA 2001, 977: jedenfalls anfechtbar.

entschieden[1]. Vollzieht der Betriebsausschuss Aufgaben, die ihm **nicht übertragen** sind, handelt er pflichtwidrig. Erfolgt die Übertragung nicht in der gesetzlich vorgeschriebenen Form, so ist der Beschluss **unwirksam**, jedoch durch Nachholung der Erfordernisse **heilbar** (str.)[2]. Anders als der Vorsitzende ist der Betriebsausschuss echtes „Handlungsorgan" des BR, so dass seine rechtswidrigen Beschlüsse entweder nichtig oder **wirksam**, aber anfechtbar sind.

28 *Übertragung von Aufgaben auf Ausschüsse*

(1) Der Betriebsrat kann in Betrieben mit mehr als 100 Arbeitnehmern Ausschüsse bilden und ihnen bestimmte Aufgaben übertragen. Für die Wahl und Abberufung der Ausschussmitglieder gilt § 27 Abs. 1 Satz 3 bis 5 entsprechend. Ist ein Betriebsausschuss gebildet, kann der Betriebsrat den Ausschüssen Aufgaben zur selbständigen Erledigung übertragen; § 27 Abs. 2 Satz 2 bis 4 gilt entsprechend.

(2) Absatz 1 gilt entsprechend für die Übertragung von Aufgaben zur selbständigen Entscheidung auf Mitglieder des Betriebsrats in Ausschüssen, deren Mitglieder vom Betriebsrat und vom Arbeitgeber benannt werden.

§ 28 zuletzt geändert (Änderung in Abs. 1, Aufhebung von Abs. 2) durch das BetrVerf-ReformG v. 23.7.2001 (BGBl. I S. 1852), vgl. Neubekanntmachung v. 25.9.2001 (BGBl. I S. 2518).

1 **I. Inhalt und Zweck.** Die Möglichkeit des BR, sog. **Fachausschüsse** zu bilden[3], erleichtert dessen interne Arbeitsteilung und ist seit dem BetrVerf-Reformgesetz 2001 durch Abs. 1 S. 1 unabhängig vom Bestehen eines Betriebsausschusses (§ 27) für **Betriebe mit mehr als 100 ArbN** eröffnet worden. Allerdings hängt die Reichweite der übertragbaren Aufgaben noch immer von der Existenz eines Betriebsausschusses ab, vgl. Abs. 1 S. 3 (Rz. 7). Die 1972 geschaffene Vorschrift wurde durch die Aufhebung des Gruppenschutzes deutlich vereinfacht. Mittels der (vorbereitenden) Fachausschüsse sollen fachspezifische Themen wie Frauenförderung oder Ausländerintegration sachgerecht vorberaten und ggf. Beschlüsse des BR vorbereitet werden[4].

2 **II. Errichtung von Fachausschüssen.** Der Betrieb, in dem ein Fachausschuss gebildet werden soll, muss **mindestens 101 ArbN** aufweisen (der BR zählt daher idR sieben Mitglieder). Für die Berechnung der Betriebsgröße kommt es auf die Zahl der **regelmäßig** Beschäftigten an (vgl. § 9 Rz. 3)[5], so dass vorübergehende Schwankungen keine Rolle spielen. Sinkt die Belegschaft endgültig unter 101, endet die Amtszeit des Ausschusses[6]. Seine Aufgaben fallen an den BR zurück, der aber nicht gehindert ist, fachspezifische Aufgaben weiterhin von einzelnen BR-Mitgliedern bearbeiten zu lassen; doch ist dies nun einer *dauerhaften* gesetzlichen Institutionalisierung nicht mehr zugänglich. Eine Analogie zu § 27 III kommt mangels planwidriger Regelungslücke nicht in Betracht.

3 Anders als beim Betriebsausschuss entscheidet der BR dem Wortlaut entsprechend nach **freiem Ermessen** über die Einrichtung von Fachausschüssen[7]. Das BAG lässt diesbezüglich keine Zweckmäßigkeitskontrolle, sondern nur eine Rechtskontrolle zu, die allein Schranken des Rechtsmissbrauchs zu beachten hat[8]. Für den Errichtungsbeschluss ist die **einfache** Mehrheit ausreichend (§ 33). Eine absolute Mehrheit ist ausnahmsweise dann erforderlich, wenn der Ausschuss Aufgaben zur selbständigen Erledigung übertragen bekommt, vgl. Abs. 1 S. 3 Hs. 2 iVm. § 27 II 2 (§ 27 Rz. 11).

4 Wie bei den Wahlen zum Betriebsausschuss wird die Wahl der Ausschussmitglieder **geheim** und grundsätzlich nach dem **Verhältniswahlprinzip** durchgeführt, vgl. Abs. 1 S. 2 (§ 27 Rz. 4), es sei denn, dass nur ein einziger Wahlvorschlag erfolgt (dann Mehrheitswahl). Im Falle der Übertragung von Aufgaben zur selbständigen Erledigung ist das **Schriftformerfordernis** des Abs. 1 S. 3 Hs. 2 iVm. § 27 II 3 zu beachten (§ 27 Rz. 11). Anders als beim Betriebsausschuss gehören den Fachausschüssen der Vorsitzende des BR und sein Stellvertreter nicht kraft Gesetzes an; vielmehr müssen **alle Mitglieder** des Ausschusses aus der Mitte des BR gewählt werden[9].

5 **III. Stellung der Fachausschüsse.** Die Ausschüsse sind **Organe des BR**[10]. Sie treten nicht neben ihn, sondern nehmen nur einzelne Aufgaben des BR wahr. Dabei können sie vom BR durch Beschluss nach § 33 jederzeit wieder aufgelöst werden. Sofern dem Ausschuss Aufgaben zur selbständigen Erledigung übertragen sind, kann der Widerruf nur **schriftlich** und mit qualifizierter Mehrheit erfolgen, vgl. Abs. 1 S. 3 Hs. 2 iVm. § 27 II 4 (§ 27 Rz. 13). Bereits vom Ausschuss getroffene Entscheidungen können allerdings nicht mehr angefochten werden, wenn sie Dritten gegenüber wirksam geworden sind[11]. Kontroll-

1 HM, vgl. GK-BetrVG/*Raab*, § 27 Rz. 85; Richardi/*Thüsing*, § 27 BetrVG Rz. 79. | 2 Str., wie hier ErfK/*Eisemann*, § 27 BetrVG Rz. 7; *Fitting*, § 27 BetrVG Rz. 84; Richardi/*Thüsing*, § 27 BetrVG Rz. 67; aA GK-BetrVG/*Raab*, § 27 Rz. 75: kein genehmigungsfähiger Tatbestand. | 3 Der Begriff findet sich in BT-Drs. 14/5741, S. 40; krit. zur Novellierung GK-BetrVG/*Raab*, § 28 Rz. 4; *Hanau*, RdA 2001, 65 (68). | 4 So BT-Drs. 14/5741, S. 40; ferner GK-BetrVG/*Raab*, § 28 Rz. 11. | 5 HM, vgl. nur *Fitting*, § 28 BetrVG Rz. 14; GK-BetrVG/*Raab*, § 28 Rz. 17. | 6 So auch BAG v. 7.4.2004 – 7 ABR 41/03, NZA 2005, 311 zum Ende der Amtszeit des Wirtschaftsausschusses. | 7 Str., wie hier DKK/*Wedde*, § 28 BetrVG Rz. 7; *Fitting*, § 28 BetrVG Rz. 7; aA GK-BetrVG/*Raab*, § 28 Rz. 19: „pflichtgemäßes Ermessen". | 8 BAG v. 20.10.1993 – 7 ABR 26/93, BAGE 75, 1 = NZA 1994, 567. | 9 BAG v. 16.11.2005 – 7 ABR 11/05, NZA 2006, 445. | 10 Richardi/*Thüsing*, § 28 BetrVG Rz. 20. | 11 GK-BetrVG/*Raab*, § 27 Rz. 76.

möglichkeiten bestehen durch das Einsichtsrecht in die Unterlagen, § 34 III. Findet kein Widerruf statt und ist eine besondere Zweckbefristung zB in der Geschäftsordnung nicht vorgesehen, endet die Amtszeit des Ausschusses grundsätzlich mit der des BR.

IV. Aufgaben der Fachausschüsse. 1. „Bestimmte Aufgaben" (Abs. 1 S. 1). Nach Abs. 1 S. 1 kann der BR den Fachausschüssen nur „bestimmte Aufgaben" übertragen. Damit ist eine Einschränkung in qualitativer und in quantitativer Hinsicht gemeint. Der BR hat die **fachlichen Grenzen** der übertragenen Aufgaben festzulegen und ihren **vorbereitenden** Charakter zu betonen[1]. Der Unterschied zu den Aufgaben „zur selbständigen Erledigung" (Abs. 1 S. 3) muss klar sein. In diesen Grenzen können auch inhaltlich **wichtige Themen** auf Ausschüsse übertragen werden, zB EDV- oder Technologie-Planung. Die Gesamtheit der „laufenden Aufgaben" kann aber nicht übertragen werden, da ansonsten der Betriebsausschuss bzw. die Regelung des § 27 III funktionslos würde (§ 27 Rz. 10, 14). Keine Bedenken bestehen dagegen, bestimmte Aufgaben auch aus der laufenden Verwaltung einem Fachausschuss zu übertragen. 6

2. Aufgaben „zur selbständigen Erledigung" (Abs. 1 S. 3). Werden an einen Fachausschuss Aufgaben zur selbständigen Erledigung delegiert, tritt er insoweit **an die Stelle des BR** (§ 27 Rz. 11). Diese Delegation, die zB auch die Wahrnehmung von MitbestR beinhalten kann, ist aber nur bei Existenz eines **Betriebsausschusses** möglich. Sie muss **schriftlich** erfolgen, vgl. Rz. 4. Die Rspr. billigt etwa „Personalausschüsse", die die Beteiligungsrechte nach §§ 99, 102 und 103 wahrnehmen[2]. Ausgeschlossen ist aber entsprechend § 27 II 2 der Abschluss von BV; außerdem fordert die Rspr. vom BR, dass er als **Gesamtorgan** in einem **Kernbereich** seiner gesetzl. Befugnisse zuständig bleibt und sich nicht aller wesentlicher Kompetenzen durch Delegation entäußert (§ 27 Rz. 12)[3]. 7

V. Gemeinsame Ausschüsse (Abs. 2). Abs. 2 regelt die Wahl und die Befugnisse der ArbN in Ausschüssen, die **gemeinsam von ArbGeb und BR** besetzt werden[4]. Bei diesen sog. „gemeinsamen Ausschüssen" handelt es sich um eine bedeutsame Vereinfachung der betriebl. Mitbest.[5]: Die von beiden Seiten benannten Mitglieder entscheiden **an Stelle der Betriebspartner mit verbindlicher Wirkung**, zB über die Verwaltung einer Sozialeinrichtung oder über personelle Angelegenheiten. Der gemeinsame Ausschuss steht daher selbständig neben dem BR und ist nicht dessen Organ, sondern eine **eigenständige Einrichtung** der Betriebsverfassung[6]. Abs. 2 verweist für die Einzelheiten von Bestellung und Befugnissen pauschal auf Abs. 1, so dass fraglich ist, ob – wie bisher – die Existenz des **Betriebsausschusses** nach Abs. 1 S. 3 Voraussetzung für die Bestellung von gemeinsamen Ausschüssen ist[7], oder ob allein das Größenerfordernis „mehr als 100 Arbeitnehmer" (Abs. 1 S. 1) zählt[8]. Weil Abs. 2 nur die Übertragung von Aufgaben „zur **selbständigen** Entscheidung" regelt (vgl. Rz. 11), ist die Inbezugnahme von Abs. 1 **S. 3** ausschlaggebend (dazu Rz. 7): Die Existenz des Betriebsausschusses ist also Voraussetzung. 8

Entsprechend der großen Tragweite der Delegation ist daher beim Beschluss des BR über die Einrichtung gemeinsamer Ausschüsse über Abs. 1 S. 3 Hs. 2 insb. das Erfordernis **absoluter Mehrheit** nach § 27 II 2 und der **Schriftform** nach § 27 II 3 zu beachten[9]. Eine Verpflichtung zur Einrichtung gemeinsamer Ausschüsse besteht selbstverständlich nicht. Die zu delegierenden BR-Mitglieder sind idR nach Verhältniswahlrecht zu bestimmen, Abs. 1 S. 2 (Rz. 4). Besteht neben dem gemeinsamen Ausschuss für dieselbe Sachfrage noch ein Fachausschuss iSd. Abs. 1, so ist es möglich, aber nicht erforderlich, dass die aus dem BR in den gemeinsamen Ausschuss zu wählenden Vertreter auch dem Fachausschuss des BR angehören[10]. 9

Über Größe, Besetzung und das Verfahren der gemeinsamen Ausschüsse müssen sich ArbGeb und BR – zB auch in Gestalt einer (schuldrechtlichen) BV – **einigen**. Es empfiehlt sich der Erlass einer Geschäftsordnung, zumal der Gesetzgeber keine Vorgaben getroffen hat, so dass nur eine Missbrauchskontrolle bzw. ein Verstoß gegen allgemeine Grundsätze des BetrVG (zB Verzicht auf Mitbestimmung) die Ermessensfreiheit der Betriebspartner einschränken. Sinnvollerweise ist der Ausschuss **paritätisch** zu besetzen[11], wobei das Gleichgewicht nicht zwingend durch eine gleiche Anzahl von Vertretern, sondern auch durch eine entsprechende Gewichtung der Stimmen herbeigeführt werden kann. Ein Vertreter der Schwerbehindertenvertretung ist nach § 95 IV 1 SGB IX zur Teilnahme berechtigt[12]. 10

---

1 Vgl. *Fitting*, § 28 BetrVG Rz. 13 ff., der von „vorbereitenden Ausschüssen" spricht. | 2 St. Rspr., vgl. BAG v. 28.2.1974 – 2 AZR 455/73, BAGE 26, 27 = DB 1974, 1294; v. 4.8.1975 – 2 AZR 266/74, BAGE 27, 209 = DB 1975, 2184; v. 1.6.1976 – 1 ABR 99/74,; zu § 103 vgl. BAG v. 17.3.2005 – 2 AZR 275/04, DB 2005, 1693. | 3 BAG v. 20.10.1993 – 7 ABR 26/93, BAGE 75, 1 (8) = NZA 1994, 567. | 4 Empirische Erkenntnisse bei *Senne*, BB 1995, 305; vgl. ferner *Trümner*, AiB 1991, 522 (527). | 5 Vgl. Richardi/*Thüsing*, § 28 BetrVG Rz. 26: Form der mittelbaren Mitbest-Ausübung. | 6 Ganz hM, vgl. BAG v. 20.10.1993 – 7 ABR 26/93, BAGE 75, 1 (11 f.) = NZA 1994, 567; *Fitting*, § 28 BetrVG Rz. 41; GK-BetrVG/*Raab*, § 28 Rz. 36. | 7 So die wohl hM, vgl. *Fitting*, § 28 BetrVG Rz. 39; GK-BetrVG/*Raab*, § 28 Rz. 39; Richardi/*Thüsing*, § 28 BetrVG Rz. 28. | 8 So etwa HaKo-BetrVG/*Blanke*, § 28 Rz. 3. | 9 Vgl. *Fitting*, § 28 BetrVG Rz. 44; GK-BetrVG/*Raab*, § 28 Rz. 40. | 10 BAG v. 12.7.1984 – 2 AZR 320/83, NZA 1985, 96; v. 20.10.1993 – 7 ABR 26/93, BAGE 75, 1 (11) = NZA 1994, 567. | 11 Das ist aber nicht zwingend, vgl. DKK/*Wedde*, § 28 BetrVG Rz. 15; GK-BetrVG/*Raab*, § 28 Rz. 41 halten eine Unterbeteiligung der ArbN für unzulässig, eine Unterparität der ArbGeb dagegen für möglich. | 12 BAG v. 21.4.1993 – 7 ABR 44/92, BAGE 73, 93 = NZA 1994, 43.

11 In gemeinsamen Ausschüssen sind die ArbN-Vertreter zur **„selbständigen Entscheidung"** befugt. Diese Terminologie ist noch weiter reichend als die der „selbständigen Erledigung" in Abs. 1 S. 3 und räumt den Ausschussmitgliedern eine eigene Entscheidungskompetenz **unabhängig vom Mehrheitswillen im BR** ein[1]. Die Mitglieder des gemeinsamen Ausschusses können allerdings vom BR jederzeit nach § 33 abberufen werden. Auf die Geschäftsführung des gemeinsamen Ausschusses sind, sofern nicht eine eigene Geschäftsordnung vereinbart wird, im Zweifel §§ 29 ff. entsprechend anwendbar[2], so dass zB ein **Vorsitzender** und dessen Stellvertreter zu wählen sind. Das ist weiter bedeutsam für den **Abstimmungsmodus**, weil im Grundsatz nach § 33 I die einfache Mehrheit entscheidet, auch dann, wenn die ArbN-Seite zB durch Uneinigkeit überstimmt wird (str.)[3]. Abzulehnen ist die Ansicht, die eine Abstimmung **nach Bänken** bzw. eine sog. **„doppelte Mehrheit"** fordert (der Beschluss ist nur wirksam, wenn neben der Mehrheit des Ausschusses insgesamt auch die Mehrheit der anwesenden ArbN dafür stimmt)[4]. Hierdurch würde die gesetzlich vorgesehene Aufgabendelegation kraft eigener Entschließung und Einigung mit dem ArbGeb ohne Not verkompliziert. Der BR kann sich jederzeit mit absoluter Mehrheit und in Schriftform (§ 27 Rz. 13) vom gemeinsamen Ausschuss wieder verabschieden, § 27 II 4 analog. Bei **Patt-Situationen** kommen Beschlüsse im gemeinsamen Ausschuss ohnehin nicht zu Stande, § 33 I 2 analog, vielmehr fällt die Angelegenheit dann an den BR zurück[5]. Schließlich haben die Beschlüsse auch keine **normative Kraft**, weil entsprechend § 27 II Hs. 2 BV im gemeinsamen Ausschuss **nicht** abgeschlossen werden können (hM, vgl. § 27 Rz. 12).

12 **VI. Streitigkeiten.** Streitigkeiten betreffend die Einrichtung, die Wahl und die Zuständigkeiten der Fachausschüsse oder der gemeinsamen Ausschüsse entscheiden die ArbG grundsätzlich im **Beschlussverfahren** (§ 2a I Nr. 1, II iVm. §§ 80 ff. ArbGG). Hinsichtlich von **Wahlmängeln** geht das BAG auch in Bezug auf § 28 von der analogen Anwendbarkeit des § 19 aus (vgl. § 26 Rz. 14), so dass auch bei der Wahl der vom BR benannten Mitglieder eines gemeinsamen Ausschusses es die Rechtssicherheit gebietet, dass Mängel nur in der zweiwöchigen Anfechtungsfrist des § 19 II 2 geltend gemacht werden können, wenn nicht in besonderen Ausnahmefällen Nichtigkeit anzunehmen ist[6]. Die Festlegung der **Mindestzahl** von zwei BR-Mitgliedern zur Entsendung in einen gemeinsamen Ausschuss ist nicht rechtsmissbräuchlich, auch dann nicht, wenn die kleinste Liste ein Ausschussmitglied stellt, nicht aber die größte Liste. Das Gericht hat nicht eine Zweckmäßigkeitskontrolle, sondern nur eine Rechtskontrolle in Bezug auf die Einhaltung des Gesetzes und der Grenzen des Rechtsmissbrauchs und allgemeiner Grundsätze bei der Entsendung und Aufgabenbestimmung anzustellen[7] (vgl. Rz. 10).

28a *Übertragung von Aufgaben auf Arbeitsgruppen*

(1) In Betrieben mit mehr als 100 Arbeitnehmern kann der Betriebsrat mit der Mehrheit der Stimmen seiner Mitglieder bestimmte Aufgaben auf Arbeitsgruppen übertragen; dies erfolgt nach Maßgabe einer mit dem Arbeitgeber abzuschließenden Rahmenvereinbarung. Die Aufgaben müssen im Zusammenhang mit den von der Arbeitsgruppe zu erledigenden Tätigkeiten stehen. Die Übertragung bedarf der Schriftform. Für den Widerruf der Übertragung gelten Satz 1 erster Halbsatz und Satz 3 entsprechend.

(2) Die Arbeitsgruppe kann im Rahmen der ihr übertragenen Aufgaben mit dem Arbeitgeber Vereinbarungen schließen; eine Vereinbarung bedarf der Mehrheit der Stimmen der Gruppenmitglieder. § 77 gilt entsprechend. Können sich Arbeitgeber und Arbeitsgruppe in einer Angelegenheit nicht einigen, nimmt der Betriebsrat das Beteiligungsrecht wahr.

§ 28a neu eingeführt durch das BetrVerf-ReformG v. 23.7.2001 (BGBl. I S. 1852), vgl. Neubekanntmachung v. 25.9.2001 (BGBl. I S. 2518).

1 **I. Inhalt und Zweck.** Die durch das BetrVerf-Reformgesetz 2001 neu in das Gesetz aufgenommene Vorschrift ermöglicht es dem BR im Wege einer mit dem ArbGeb getroffenen **Rahmenvereinbarung**, „eng begrenzte"[8] Beteiligungsrechte nach dem Subsidiaritätsprinzip auf sog. **Arbeitsgruppen** zu übertragen. Die Gesetzesbegründung stellt vor allem auf den Wandel der Arbeitsstrukturen sowie die gewachsene Verantwortung des einzelnen ArbN ab und möchte Entlastung des BR vom Alltagsgeschäft mit der stärkeren Einbeziehung des einzelnen ArbN in die Betriebsgestaltung kombinieren, um damit mehr Sach- und Praxisnähe der betrieblichen Mitbest. zu erreichen[9]. Die Aufwertung der „Arbeitsgrup-

1 HM, vgl. BAG v. 12.7.1984 – 2 AZR 320/83, NZA 1985, 96; *Fitting*, § 28 BetrVG Rz. 39; GK-BetrVG/*Raab*, § 28 Rz. 36; diff. DKK/*Wedde*, § 28 BetrVG Rz. 15a. | 2 HM, vgl. *Fitting*, § 28 BetrVG Rz. 45; HaKo-BetrVG/*Blanke*, § 28 Rz. 3. | 3 Str., wie hier *Fitting*, § 28 BetrVG Rz. 45; GK-BetrVG/*Raab*, § 28 Rz. 44; offen gelassen in BAG v. 12.7.1984 – 2 AZR 320/83, NZA 1985, 96; v. 20.10.1993 – 7 ABR 26/93, BAGE 75, 1 (14) = NZA 1994, 567. | 4 So aber MünchArbR/*Joost*, § 306 Rz. 62; Richardi/*Thüsing*, § 28 BetrVG Rz. 36; *Hanau* BB 1973, 1274 (1277). | 5 So zutr. DKK/*Wedde*, § 28 BetrVG Rz. 17; *Fitting*, § 28 BetrVG Rz. 46; aA GK-BetrVG/*Raab*, § 28 Rz. 44: Widerruf der Aufgabenübertragung nötig. | 6 BAG v. 20.10.1993 – 7 ABR 26/93, BAGE 75, 1 = NZA 1994, 567. | 7 BAG v. 20.10.1993 – 7 ABR 26/93, BAGE 75, 1 (8) = NZA 1994, 567; aA ArbG Wuppertal v. 12.10.1992 – 4 BV 15/92, AiB 1993, 456. | 8 BT-Drs. 14/5741, S. 29. | 9 Vgl. BT-Drs. 14/5741, S. 28, 29, 40; vgl. ferner *Fitting*, § 28a BetrVG Rz. 1, 5; GK-BetrVG/*Raab*, § 28a Rz. 2, 4.

pen" (Rz. 3, vgl. auch § 87 I Nr. 13) könnte bei entsprechender Handhabung auch einen Beitrag zur **Flexibilisierung** der Betriebsverfassung leisten, setzt aber sorgfältig gestaltete Rahmenvereinbarungen voraus[1]. In der betriebl. Praxis hat die Arbeitsgruppe aber bislang wohl keinen Anklang gefunden[2].

Ähnlich wie beim gemeinsamen Ausschuss nach § 28 II (§ 28 Rz. 8) wird mit der Arbeitsgruppe eine weitere Möglichkeit[3] zur **Mitbest. an Stelle des BR** eröffnet. Die Arbeitsgruppe ist insoweit ein **eigenständiges Organ** der Betriebsverfassung und nicht Organ des BR[4], weil sie die ihr übertragenen Aufgaben selbständig entscheidet und vor allem im Unterschied zu den Ausschüssen nach § 28 auch eigene **Gruppenvereinbarungen** mit dem ArbGeb abschließen kann, vgl. Abs. 2 S. 1 (Rz. 17). Ein weiterer Unterschied besteht darin, dass die Arbeitsgruppe nicht erst durch Wahlen vom BR „errichtet" wird, sondern ihre Existenz als Ergebnis einer **freien Organisationsentscheidung des ArbGeb** vorgegeben und von den Betriebspartnern nicht beeinflussbar ist. Der Abschluss von Rahmenvereinbarungen muss schon deshalb für beide Seiten **freiwillig** sein (Rz. 10)[5]. Der BR kann nach der Übertragung auf die Arbeitsgruppe diese Entscheidung aber jederzeit widerrufen, vgl. Abs. 1 S. 4, hat also ein einseitiges „Rückholrecht" (Rz. 23). 2

II. „Arbeitsgruppen" (Abs. 1 S. 1). Das Gesetz definiert den Begriff der „Arbeitsgruppe" in Abs. 1 S. 1 **nicht**. Er ist nicht gleichzusetzen mit dem **engeren** Begriff der teilautonomen „Gruppenarbeit" iSd. § 87 I Nr. 13 Hs. 2[6], sondern umfasst laut Gesetzesbegründung auch „sonstige Team- und Projektarbeit" und bestimmte „Beschäftigungsarten und Arbeitsbereiche"[7]. Eine dauerhafte Einrichtung ist wegen der Einbeziehung **projektbezogener Arbeitsgruppen** nicht erforderlich. Nach der amtl. Begründung zu eng ist eine Definition, die die Arbeitsgruppe ausschließlich an gemeinsame Arbeitsaufgaben knüpft[8]. Vielmehr zeichnet sich diese beim notwendig **weiten Verständnis** dadurch aus, dass quantitativ nur eine **gewisse Anzahl** (mindestens drei[9], nicht: „die Mehrheit"[10]) der ArbN betroffen ist, die sich qualitativ durch mindestens **ein gemeinsames Merkmal** von den übrigen ArbN derart unterscheidet, dass ein eigenständiger Regelungsbedarf für mitbestimmungspflichtige Regelungsfragen besteht[11]. Das trifft zB auch auf Mitarbeiter im Außendienst oder in Forschungsabteilungen zu[12], die nicht zwingend eine „gemeinsame Arbeitsaufgabe" zu bewältigen haben. 3

Rechtsdogmatisch ist die Bezeichnung der Arbeitsgruppe als „Element direkter Demokratie"[13], „direkter Partizipation"[14] oder „direkt-demokratischer Interessenvertretung"[15] **irreführend**. Mit ihrer Anerkennung als einem Organ der Betriebsverfassung (Rz. 2) hat der Gesetzgeber vielmehr nur eine weitere (niedrigere) Mitbestimmungsebene eingerichtet, so dass die Arbeitsgruppe als solche ihre (heteronome) Legitimation mit der des weiterhin **generell zuständigen BR** teilt und von diesem ableitet[16]. An den Grenzen, die privatautonom legitimierte Vertragsvereinbarungen der weit beschränkteren Legitimation des BR bzw. der Arbeitsgruppe setzen, ändert sich dadurch nichts (näher Rz. 19). Allerdings unterscheidet die Zugehörigkeit qua **Gruppenmerkmal** die Arbeitsgruppe deutlich vom BR und seinen Ausschüssen, deren Mitglieder durch formelle **Wahlen** bestimmt werden. Dass die quasi-demokratische Legitimation bei den Mitgliedern der Arbeitsgruppe nicht greift, bedeutet aber kein maßgebliches Legitimationsdefizit[17], verbleibt ihr doch die wichtigere **vertragsakzessorische** Legitimation kraft BetrVG[18], die neben dem BR auch die Arbeitsgruppe zu einem geeigneten „Vertragshelfer" für kollektive Gruppenangelegenheiten machen kann. 4

Die Mitglieder der Arbeitsgruppe sind „als solche" gerade **nicht BR-Mitglieder** und können sich daher zB nicht auf deren Kündigungs- und Versetzungsschutz nach § 15 KSchG oder § 103 berufen[19]. § 28a ist 5

---

1 Vgl. hierzu HaKo-BetrVG/*Blanke*, § 28a Rz. 1; *Natzel*, DB 2001, 1362; *Raab*, NZA 2002, 474 f.; *Thüsing*, ZTR 2002, 3; *Wedde*, AiB 2001, 630 ff.; eher kritisch aber *Däubler*, AuR 2001, 289; *Franzen*, ZfA 2001, 437; GK-BetrVG/*Raab*, § 28a Rz. 4; *Malottke*, AiB 2001, 629; *Neef*, NZA 2002, 363; *Richardi*, NZA 2001, 351; *Wendeling-Schröder*, NZA 2001, 359. | 2 Vgl. empirische Bestandsaufnahme von *Linde*, AiB 2004, 334. | 3 Die Ausschussbildung nach § 28 II wird von § 28a nicht tangiert, vgl. *Franzen* ZfA 2001, 437. | 4 HM, vgl. *Engels*, FS Wißmann, 2005, S. 302 (304 f.); *Fitting*, § 28a BetrVG Rz. 7; GK-BetrVG/*Raab*, § 28a Rz. 7; *Löwisch*, BB 2001, 1734 (1741); *Reichold*, NZA 2001, 862; *Richardi*, NZA 2001, 351. | 5 HM, vgl. *Federlin*, NZA-Sonderheft 2001, 28; *Fitting*, § 28a BetrVG Rz. 19; *Franzen*, ZfA 2001, 434; GK-BetrVG/*Raab*, § 28a Rz. 16; *Konzen*, RdA 2001, 76 (85); *Natzel*, DB 2001, 1363; *Reichold*, NZA 2001, 862. | 6 HM, vgl. DKK/*Wedde*, § 28a BetrVG Rz. 16; *Federlin*, NZA-Sonderheft 2001, 28; *Fitting*, § 28a BetrVG Rz. 10; GK-BetrVG/*Raab*, § 28a Rz. 12. | 7 BT-Drs. 14/5741, S. 40. | 8 Wie hier *Engels*, FS Wißmann, 2005, S. 302 (304); *Fitting*, § 28a BetrVG Rz. 12; *Löwisch*, BB 2001, 1734 (1740); *Raab*, NZA 2002, 476; Richardi/*Thüsing*, § 28a BetrVG Rz. 8; zu eng HaKo-BetrVG/*Blanke*, § 28a Rz. 4. | 9 So *Malottke*, AiB 2001, 626. | 10 So aber *Natzel*, DB 2001, 1362; HaKo-BetrVG/*Blanke*, § 28a Rz. 4 fordert forsch „maximal 10 bis 15 Personen"! | 11 Ähnlich DKK/*Wedde*, § 28a BetrVG Rz. 16; GK-BetrVG/*Raab*, § 28a Rz. 12; Richardi/*Thüsing*, § 28a BetrVG Rz. 8; *Löwisch/Kaiser*, § 28a BetrVG Rz. 8. | 12 Beispiele von *Däubler*, AuR 2001, 289. | 13 So *Thüsing*, ZTR 2002, 3. | 14 So *Blanke/Rose*, RdA 2001, 97. | 15 So HaKo-BetrVG/*Blanke*, § 28a Rz. 1, 7. | 16 Vgl. Begr. BT-Drs. 14/5741, S. 30: Funktion des Betriebsrats als „einheitliche Interessenvertretung" muss erhalten bleiben; dazu weiterführend *Picker*, NZA 2002, 761 (769: Betriebsautonomie als Fremdbestimmung kraft staatlicher Delegation). | 17 So aber *Wendeling-Schröder*, NZA 2001, 359. | 18 Dazu *Reichold*, Betriebsverfassung als Sozialprivatrecht, 1995, S. 486 ff., insb. S. 542 ff. | 19 HM, vgl. nur *Fitting*, § 28a BetrVG Rz. 39; GK-BetrVG/*Raab*, § 28a Rz. 8; *Natzel*, DB 2001, 1362; *Stege/Weinspach/Schiefer*, § 28a BetrVG Rz. 5; aA *Malottke*, AiB 2001, 627.

die einzige und abschließende Regelung bezüglich der „Arbeitsgruppe", andere BR-Normen können **nicht analog** angewendet werden. Insbesondere hat die Arbeitsgruppe keinen Kostenerstattungsanspruch nach § 40[1], doch kann dies in der Rahmenvereinbarung mit dem ArbGeb anders geregelt werden. Ein Anspruch auf Teilnahme an Schulungs- und Bildungsveranstaltungen (§ 37 VI, VII) besteht ebenfalls nicht, jedoch kann entsprechend § 37 II eine (vorübergehende) Freistellung zB des Gruppensprechers oder anlässlich einer Gruppenversammlung in Betracht kommen. Ein mittelbarer Kündigungsschutz ergibt sich aber entsprechend § 78[2].

6 Arbeitsgruppen können grundsätzlich **nicht betriebs- oder unternehmensübergreifend** eingesetzt werden, weil der Gesetzgeber in § 51 I bewusst eine Verweisung auf § 28a unterlassen hat[3]. Allein dem **BR** und nicht dem GBR oder KBR kommt daher die ausschließliche Kontrollkompetenz über nach § 28a eingesetzte Arbeitsgruppen zu. Anderes kann aber für die besonderen Betriebsstrukturen des § 3 I Nr. 1–3 gelten.

7 **III. Voraussetzungen für die Übertragung (Abs. 1). 1. Betriebsgröße.** Neben der Existenz einer „Arbeitsgruppe" als der Adressatin der Delegation (Rz. 3) verlangt Abs. 1 für die Anwendung des § 28a eine **Betriebsgröße von mehr als 100 ArbN**, die – der Gesetzgeber ist hier zu ergänzen – wie bei den anderen Schwellenwerten **regelmäßig** beschäftigt sein müssen (vgl. § 9 Rz. 3, § 28 Rz. 2)[4]. Warum erst ab einer BR-Größe von sieben Mitgliedern der Gesetzgeber die Übertragung von Aufgaben des BR auf Arbeitsgruppen für sinnvoll hält, ist allerdings nicht recht einsichtig[5], kann doch auch der kleinere ArbGeb bei unzumutbaren Mehrkosten die Rahmenvereinbarung verweigern. Nur bei einer dauerhaften Unterschreitung der ArbN-Zahl endet die Übertragungsmöglichkeit **kraft Gesetzes**, eine eingerichtete Arbeitsgruppe muss ihre Arbeit einstellen und ihre Aufgaben fallen an den BR zurück[6].

8 **2. Rahmenvereinbarung mit dem ArbGeb.** Weitere **zwingende Voraussetzung** für die Übertragung von Aufgaben des BR auf eine Arbeitsgruppe ist die von ihm „mit dem ArbGeb abzuschließende **Rahmenvereinbarung**", Abs. 1 S. 1 Hs. 2. Diese soll als Ermächtigungsgrundlage[7] für die Übertragungsbeschlüsse des BR regeln, welchen Arbeitsgruppen in welchem Umfang Aufgaben übertragen werden sollen[8]. Es geht dabei (1) um die genaue Abgrenzung der Arbeitsgruppe (zB Mitarbeiter Vertrieb) und (2) um die rahmenmäßige Aufzählung der zu delegierenden Beteiligungsangelegenheiten (zB Arbeitszeit- und Urlaubsregelungen). Zu beachten ist die im Gesetz angelegte Trennung zwischen „Rahmenvereinbarung" und „Übertragungsbeschluss", vgl. Abs. 1 S. 1 Hs. 1 sowie S. 2 bis 4. Damit soll dem BR eine ausreichend flexible und vor allem konkretere Handhabung der Übertragungsakte **im Rahmen** der getroffenen Vereinbarung ermöglicht werden[9]. Über den Mindestinhalt hinaus sind **Verfahrensregelungen** über die Organisation der Arbeitsgruppe (Rz. 16) im Hinblick auf Abs. 2 sinnvoll und dringend zu empfehlen[10]; diese können mit einer BV nach § 87 I Nr. 13 verbunden werden.

9 Zur **Rechtsnatur** der Rahmenvereinbarung ist streitig, ob eine formlose Regelungsabrede ausreicht oder eine **BV** erforderlich ist. Der Wortlaut des Abs. 1 lässt eine mündliche Vereinbarung als ausreichend erscheinen[11]. Doch ist wegen der **einschneidenden Wirkung** der Rahmenvereinbarung als einer Abweichung vom gesetzl. Regelsystem und aus Gründen der Rechtssicherheit über den Gesetzestext hinaus davon auszugehen, dass nur eine normativ wirkende BV in der Form des § 77 II die Übertragung auf Arbeitsgruppen ermöglichen kann[12]. Die Rahmenvereinbarung kann auch für **mehrere Arbeitsgruppen** geschlossen werden, was einer Unübersichtlichkeit und Zersplitterung der innerbetrieblichen Delegation auf Arbeitsgruppen entgegen wirken würde[13].

10 Bei der Rahmenvereinbarung handelt es sich um eine **freiwillige** BV (Rz. 2), die **nicht per Einigungsstelle erzwungen** werden kann[14]. ArbGeb wie auch BR müssen sich auf die Delegation auf Arbeitsgruppen nicht einlassen. Das Einigungsstellenverfahren ist auch über den „Umweg" des § 87 I Nr. 13 nicht eröffnet, weil die Frage der Delegation nach § 28a nicht zu den Grundsätzen über die Durchführung von Gruppenarbeit zählt. Gleichwohl lässt sich aus § 75 II 2 zumindest eine **Förderungspflicht** beider Parteien ableiten, die eine Ablehnung an sachliche Gründe bindet[15]. Unterbleibt die Rahmenvereinbarung,

---

1 Zutr. *Stege/Weinspach/Schiefer*, § 28a BetrVG Rz. 6; aA ErfK/*Eisemann*, § 28a BetrVG Rz. 8; *Wedde*, AuR 2002, 126. | **2** Vgl. *Fitting*, § 28a BetrVG Rz. 39. | **3** Wie hier *Löwisch/Kaiser*, § 28a BetrVG Rz. 1; aA DKK/*Wedde*, § 28a BetrVG Rz. 18; *Thüsing*, ZTR 2002, 4; *Fitting*, § 28a BetrVG Rz. 12a. | **4** HM, vgl. *Fitting*, § 28a BetrVG Rz. 8; GK-BetrVG/*Raab*, § 28a Rz. 9; Richardi/*Thüsing*, § 28a BetrVG Rz. 5. | **5** Ähnlich kritisch GK-BetrVG/*Raab*, § 28a Rz. 10. | **6** Wie hier GK-BetrVG/*Raab*, § 28a Rz. 36; *Löwisch/Kaiser*, § 28a BetrVG Rz. 6; Richardi/*Thüsing*, § 28a BetrVG Rz. 6; aA ErfK/*Eisemann*, § 28a BetrVG Rz. 2, der eine Kündigung der Rahmenvereinbarung für notwendig hält. | **7** GK-BetrVG/*Raab*, § 28a Rz. 15. | **8** BT-Drs. 14/5741, S. 40. | **9** Vgl. hierzu *Fitting*, § 28a BetrVG Rz. 15. | **10** Muster bei *Wedde*, AiB 2001, 630 ff.; vgl. ferner *Fitting*, § 28a BetrVG Rz. 16; GK-BetrVG/*Raab*, § 28a Rz. 21; *Löwisch/Kaiser*, § 28a BetrVG Rz. 12. | **11** So zB GK-BetrVG/*Raab*, § 28a Rz. 22; *Malottke*, AiB 2001, 626; *Natzel*, DB 2001, 1362 f.; *Raab*, NZA 2002, 477. | **12** Wohl hM, vgl. DKK/*Wedde*, § 28a BetrVG Rz. 25; *Engels*, FS Wißmann, 2005, S. 302 (307); *Fitting*, § 28a BetrVG Rz. 18; *Richardi*, NZA 2001, 351; *Thüsing*, ZTR 2002, 5. | **13** *Stege/Weinspach/Schiefer*, § 28a BetrVG Rz. 8. | **14** HM, vgl. *Fitting*, § 28a BetrVG Rz. 19; GK-BetrVG/*Raab*, § 28a Rz. 16; *Löwisch/Kaiser*, § 28a BetrVG Rz. 13; *Reichold*, NZA 2001, 862. | **15** Str., wie hier *Fitting*, § 28a BetrVG Rz. 19; *Franzen*, ZfA 2001, 434; GK-BetrVG/*Raab*, § 28a Rz. 18; *Löwisch/Kaiser*, § 28a BetrVG Rz. 13; *Raab*, NZA 2002, 477.

findet keine Kompetenzübertragung statt und bleibt dem BR auf ArbN-Seite weiterhin die alleinige Regelungskompetenz.

3. Übertragungsbeschluss. Der von der Rahmenvereinbarung streng zu trennende Übertragungsbeschluss bedarf der **„Mehrheit der Stimmen seiner Mitglieder"**, S. 1 Hs. 1, dh. die Mehrheit der Stimmen **aller** BR-Mitglieder, womit nicht die einfache, sondern die **absolute** Mehrheit gemeint ist (vgl. § 27 Rz. 11)[1]. Dabei ist der BR in seiner Entscheidung, **ob und in welchem Umfang** er Beteiligungsrechte an die Arbeitsgruppe überträgt, durch die abgeschlossene Rahmenvereinbarung nicht präjudiziert[2] (bei der Übertragung selbst ist er an die Vorgaben der Rahmenvereinbarung aber natürlich gebunden, vgl. Rz. 13). Eine Bindung an § 75 II 2 oder gar ein einklagbares Recht der Arbeitsgruppe auf ermessensfehlerfreie Entscheidung des BR[3] ist hier – anders als bei der Rahmenvereinbarung (Rz. 10) – deshalb abzulehnen, weil der Gesetzgeber in seiner Begründung den jederzeitigen Widerruf der Übertragung und die absolute Herrschaft des BR über das Übertragungsverfahren deutlich genug betont hat[4]. Ein innerbetriebl. Kompetenzstreit soll nicht entstehen können[5]. 11

In S. 3 ordnet der Gesetzgeber die **Schriftform** an, was sich sowohl auf den **Beschluss selbst** (vgl. § 27 Rz. 11) als auch auf die **Mitteilung der Übertragung** an die Mitglieder der Arbeitsgruppe beziehen kann. Die wohl hM bezieht das im Gleichklang mit § 27 II 3 nur auf den Beschluss[6], während eine Mindermeinung die Schriftform (nur) auf die **Mitteilung** bezieht[7]. Der gleich lautende Wortlaut der Normen § 27 II 3 und § 28a I 3 erfordert eine gleich lautende Auslegung iSd. hM Somit ist der Schriftform als **Wirksamkeitsvoraussetzung** schon zB durch die Sitzungsniederschrift nach § 34 I genügt, doch schließt der Gesetzgeber damit eine Mitteilungsobliegenheit des BR gegenüber der Arbeitsgruppe bzw. deren Mitgliedern keineswegs aus. Weil die Arbeitsgruppe kein Organ des BR ist (Rz. 2), wird man wie bei gemeinsamen Ausschüssen eine erweiternde Auslegung des § 34 II dahin gehend vorzunehmen haben, dass eine **Aushändigung** der Abschrift an beide Betroffenen (Arbeitsgruppe, ArbGeb) zu erfolgen hat, wobei die Arbeitsgruppe durch einen „Gruppensprecher" (Rz. 16) vertreten werden kann. 12

Werden vom BR Aufgaben übertragen, sind diese (1) durch die Ermächtigung in der Rahmenvereinbarung begrenzt, und müssen (2) auch **„im Zusammenhang** mit den von der Arbeitsgruppe zu erledigenden Tätigkeiten stehen", S. 2. Die Gesetzesbegründung nennt exemplarisch Arbeitszeitfragen, Pausenregelungen, Urlaubsplanung und Arbeitsgestaltung, während etwa Rechte aus §§ 111 ff. nicht übertragbar sein sollen[8]. Der zu fordernde **Tätigkeitsbezug**, bei dessen Bestimmung den Betriebspartnern ein Beurteilungsspielraum zustehen muss[9], kann nach Sinn und Zweck der Norm nicht etwa schematisch nur bei den sozialen Angelegenheiten (§ 87) gesehen werden, um die personellen und wirtschaftlichen Angelegenheiten prinzipiell auszuscheiden[10]. Er kann auch nicht nach dem gesetzesfremden Kriterium der – zu vermeidenden – Gefahr von Drucksituationen für die Gruppe[11] hergestellt werden; denn die Gruppe kann Verhandlungen mit dem ArbGeb jederzeit scheitern lassen. Er ist vielmehr (positiv) nach den je **gruppenspezifischen Belangen** im konkreten Einzelfall zu bestimmen, die sich (negativ) danach abgrenzen lassen, ob andere ArbN des Betriebs von den Gruppenregelungen nennenswert betroffen sein würden[12]. 13

Unzulässig nach S. 2 ist demnach nur die Übertragung solcher Regelungsbereiche, die sich nicht auf Belange der Gruppe beschränken, sondern eindeutig den **Betrieb insgesamt** betreffen, so zB die personellen Angelegenheiten der §§ 92 ff., insb. Veränderungen im Mitarbeiterbestand (§§ 99 ff.)[13], idR (aber nicht zwingend[14]) auch die Übertragung von Beteiligungsrechten nach §§ 111 ff. Angesichts des Ermessensspielraums, der den BR auch zu inhaltlich oder verfahrensmäßig beschränkten Übertragungsbeschlüssen berechtigt (Rz. 11), besteht kein Anlass zu weiteren **inhaltlichen Restriktionen** (zB in Fragen der Entgeltregelung[15]), will man nicht das Flexibilisierungspotenzial der Vorschrift von vorneherein missachten und BR bzw. Arbeitsgruppe entmündigen. 14

IV. Wirkungen der Übertragung (Abs. 2). Mit der wirksamen Übertragung betriebsverfassungsrechtl. Aufgaben auf die Arbeitsgruppe tritt diese **an die Stelle des BR** (Rz. 2). Bis zum evtl. Widerruf der 15

---

1 BR-Mitglieder, die der Arbeitsgruppe angehören, sind nicht wegen Befangenheit von der Abstimmung ausgeschlossen, vgl. DKK/*Wedde*, § 28a BetrVG Rz. 41. | 2 Str., wie hier DKK/*Wedde*, § 28a BetrVG Rz. 42; GK-BetrVG/*Kreutz*, § 75 Rz. 135; HaKo-BetrVG/*Blanke*, § 28a Rz. 3; Entscheidung nach pflichtgemäßem Ermessen fordern; *Fitting*, § 28a BetrVG Rz. 25; GK-BetrVG/*Raab*, § 28a Rz. 27; *Löwisch*, BB 2001, 1734 (1740). | 3 So *Löwisch/Kaiser*, § 28a BetrVG Rz. 16, 28. | 4 BT-Drs. 14/5741, S. 30, 40. | 5 Vgl. Kritik von *Neef*, NZA 2001, 363: Befugnisse „von Betriebsrats Gnaden". | 6 Vgl. nur *Fitting*, § 28a BetrVG Rz. 22; GK-BetrVG/*Raab*, § 28a Rz. 26; *Löwisch/Kaiser*, § 28a BetrVG Rz. 15. | 7 So DKK/*Wedde*, § 28a BetrVG Rz. 50; *Wedde*, AuR 2002, 125. | 8 BT-Drs. 14/5741, S. 40. | 9 Zutr. Richardi/*Thüsing*, § 28a BetrVG Rz. 24. | 10 So etwa *Fitting*, § 28a BetrVG Rz. 24; *Franzen*, ZfA 2001, 433; *Löwisch/Kaiser*, § 28a BetrVG Rz. 9 f. | 11 So DKK/*Wedde*, § 28a BetrVG Rz. 31; abl. ErfK/*Eisemann*, § 28a BetrVG Rz. 5. | 12 So auch zutr. GK-BetrVG/*Raab*, § 28a Rz. 28; *Raab*, NZA 2002, 478; untauglich dagegen die Abgrenzung *Thüsings* je nach individual-vertragl. Regelbarkeit, vgl. Richardi/*Thüsing*, § 28a BetrVG Rz. 23; *Thüsing*, ZTR 2002, 6. | 13 HM, vgl. nur *Fitting*, § 28a BetrVG Rz. 24; *Löwisch*, BB 2001, 1734 (1740); *Stege/Weinspach/Schiefer*, § 28a BetrVG Rz. 10; *Raab*, NZA 2002, 478. | 14 Vgl. aber die Kritik bei *Annuß*, NZA 2001, 367 (370 Fn. 25); Richardi/*Thüsing*, § 28a BetrVG Rz. 23. | 15 So etwa DKK/*Wedde*, § 28a BetrVG Rz. 31; HaKo-BetrVG/*Blanke*, § 28a Rz. 5.

Delegation, Abs. 1 S. 4 (Rz. 23), hat dieser nicht die Möglichkeit, Beschlüsse der Gruppe aufzuheben oder zu modifizieren; andernfalls wäre Abs. 2 S. 3 (Rückfall an BR bei Nicht-Einigung, Rz. 22) überflüssig[1]. Auch ein Widerspruchsrecht des BR ist nicht anzuerkennen[2], würde dies doch Sinn und Zweck der Delegation von Aufgaben an die Arbeitsgruppe widersprechen. Er hat die Entscheidung der Arbeitsgruppe zu respektieren, auch wenn sie nicht seinem Willen entspricht. Durch die Möglichkeit des **jederzeitigen Widerrufs** der Übertragung sind die Rechte des BR ausreichend geschützt. Dabei bleiben allgemeine BV auch für die Gruppe verbindlich, solange es nicht zu gruppenspezifischen Modifikationen kraft Gruppenvereinbarung kommt (Rz. 17). Innerhalb des ihr übertragenen Aufgabenbereichs hat die Arbeitsgruppe grundsätzlich die **Befugnisse** des BR (vgl. aber Rz. 20), doch haben ihre Mitglieder **nicht** die Stellung der BR-Mitglieder (Rz. 5).

16 **1. Organisation der Arbeitsgruppe.** Der Gesetzgeber hat **bewusst** von „Vorgaben zur inneren Struktur" der Arbeitsgruppe **abgesehen**[3]. Im Grundsatz gilt daher nichts anderes als für den gemeinsamen Ausschuss (§ 28 Rz. 10): Organisatorische Regeln über Verfahren und Willensbildung sollen der einvernehmlichen Einigung der Betriebspartner, hier in Gestalt der Rahmenvereinbarung (Rz. 8), überlassen bleiben. Ansonsten gelten die Geschäftsordnungsregeln des BetrVG (§§ 29 ff.[4]) nur in vorsichtiger Analogie, weil die eher informell arbeitende Arbeitsgruppe nicht wie ein „kleiner Betriebsrat" behandelt werden kann. Die Rechtskontrolle des BAG wird sich ähnlich wie zu § 28 auf eine **Missbrauchskontrolle** zu beschränken haben[5]. Sollte der BR-Vorsitzende nicht analog § 29 I 2 die Wahl eines **Gruppensprechers** veranlassen, so kann man sich mit einem „Selbstversammlungsrecht" der Arbeitsgruppe behelfen[6]. Bei der Willensbildung ist die Einhaltung **demokratischer Grundprinzipien** unverzichtbar[7]. Abgesehen vom Verfahren beim Abschluss von Gruppenvereinbarungen (Rz. 17) sollten Beschlüsse analog § 33 zu Stande kommen. Auch jugendlichen Mitgliedern der Gruppe ist ein Stimmrecht einzuräumen[8]. Eine Abstimmung auch im Umlaufverfahren entspricht ebenfalls den besonderen Gegebenheiten der Gruppe[9].

17 **2. Abschluss von Gruppenvereinbarungen (S. 1, 2).** Die Arbeitsgruppe kann **eigenständige** Vereinbarungen im Rahmen der ihr delegierten Aufgaben **mit dem ArbGeb** abschließen, die mit der **absoluten** Mehrheit der Gruppenmitglieder beschlossen sein müssen, S. 1. Für die rechtsdogmatische Einordnung dieser „Gruppenvereinbarung" gibt die in S. 2 angeordnete **analoge Anwendung** von § 77 einen wichtigen Hinweis. Die hM entnimmt dem zutreffend eine Gleichstellung mit BV bzw. Regelungsabrede nach § 77[10]. Die Gruppenvereinbarung kann ihrer Rechtsnatur nach als eine **im Geltungsbereich beschränkte BV**[11] bezeichnet werden (oben Rz. 4), die entweder als formelle, normativ wirkende „Gruppenbetriebsvereinbarung" (§ 77 II–VI analog) oder als informelle, rein schuldrechtliche „Gruppenregelungsabrede" (§ 77 I analog) in Erscheinung tritt. ihr dennoch einen „Nachrang" gegenüber der BV beilegen zu wollen[12], verkennt die Absicht des Gesetzgebers. Das Gegenteil ist richtig: Kommt es – ausnahmsweise – zur inhaltlichen Konkurrenz mit einer BV, so hat die Gruppen(betriebs)vereinbarung kraft sachnotwendiger **Spezialität** den **Anwendungsvorrang** für die Gruppenmitglieder[13]. Sie kann demnach auch eine bislang allgemein gültige BV **ablösen**, weil sie individueller auf Bedürfnisse und Problemlagen der Arbeitsgruppe ausgerichtet und daher nach dem Subsidiaritätsprinzip, das der Norm zugrunde liegt, vorrangig gegenüber der allgemeineren BV ist. Doch erfolgt deren Verdrängung nur insoweit, als es die Sonderregelungen für die Arbeitsgruppe erfordern.

18 Nur für die Gruppen(betriebs)vereinbarung, nicht für die Gruppen(regelungs)abrede gilt analog **§ 77 II** die **Schriftform** wegen ihrer normativen Wirkung (§ 77 IV). Der Inhalt der Vereinbarung muss also in einer Urkunde niedergelegt und von beiden Seiten unterzeichnet werden. Existiert kein vertretungsberechtigter Gruppensprecher und ist auch sonst kein Gruppenmitglied ausdrücklich bevollmächtigt, sind die **Unterschriften der Mehrheit** ausreichend[14]. Formlose Gruppenabreden kommen nach den allgemeinen Regeln der Wirksamkeit von Verträgen (§§ 145 ff. BGB) durch übereinstimmende **Willenserklärungen** zu Stande, wobei bei Fehlen einer Vertretungsregelung der **Zugang** (§ 130 BGB) bei **allen** Gruppenmitgliedern entscheidet[15].

19 Auch der **Tarifvorbehalt** nach § 77 III gilt als Grenze der Regelungsbefugnis einer Gruppenvereinbarung[16] (eine Konkurrenz zu tariflichen Regelungen wird meist schon durch den Übertragungsbe-

---

1 Zutr. GK-BetrVG/*Raab*, § 28a Rz. 33. |2 So aber *Malottke*, AiB 2001, 627. |3 BT-Drs. 14/5741, S. 40. |4 So DKK/*Wedde*, § 28a BetrVG Rz. 73; *Fitting*, § 28a BetrVG Rz. 38; HaKo-BetrVG/*Blanke*, § 28a Rz. 7. |5 BAG v. 20.10.1993 – 7 ABR 26/93, BAGE 75, 1 = NZA 1994, 567. |6 So etwa DKK/*Wedde*, § 28a BetrVG Rz. 76; GK-BetrVG/*Raab*, § 28a Rz. 43. |7 So *Thüsing*, ZTR 2002, 4, vgl. auch § 26 Rz. 3 ff. |8 So auch ErfK/*Eisemann*, § 28a BetrVG Rz. 7; *Fitting*, § 28a BetrVG Rz. 35. |9 Vgl. auch *Fitting*, § 28a BetrVG Rz. 36; GK-BetrVG/*Raab*, § 28a Rz. 44; *Raab*, NZA 2002, 480. |10 HM, vgl. *Däubler*, AuR 2001, 289; *Fitting*, § 28a BetrVG Rz. 32; *Franzen*, ZfA 2001, 434; GK-BetrVG/*Raab*, § 28a Rz. 39; *Löwisch*/*Kaiser*, § 28a BetrVG Rz. 22. |11 So *Richardi*, NZA 2001, 351. |12 So DKK/*Wedde*, § 28a BetrVG Rz. 57 ff.; HaKo-BetrVG/*Blanke*, § 28a Rz. 6; *Malottke*, AiB 2001, 627 f. |13 Wohl hM, vgl. ErfK/*Eisemann*, § 28a BetrVG Rz. 7; *Fitting*, § 28a BetrVG Rz. 34; GK-BetrVG/*Raab*, § 28a Rz. 50; *Löwisch*, BB 2001, 1734 (1740); *Natzel*, DB 2001, 1363; aA dagegen DKK/*Wedde*, § 28a BetrVG Rz. 57 ff.; HaKo-BetrVG/*Blanke*, § 28a Rz. 6; Richardi/*Thüsing*, § 28a BetrVG Rz. 28. |14 So auch HaKo-BetrVG/*Blanke*, § 28a Rz. 7; aA GK-BetrVG/*Raab*, § 28a Rz. 46, der alle Unterschriften fordert und damit einer Minderheit das Veto-Recht gibt. |15 Zutr. GK-BetrVG/*Raab*, § 28a Rz. 45. |16 HM, vgl. nur ErfK/*Eisemann*, § 28a BetrVG Rz. 7; GK-BetrVG/*Raab*, § 28a Rz. 47.

schluss ausgeschlossen sein). Dabei gibt es keinen Grund, **Tariföffnungsklauseln** ausschließlich Betriebs- und nicht auch Gruppenvereinbarungen zugute kommen zu lassen[1] – immerhin ordnet ja das Gesetz dem BR auch die Arbeitsgruppe als Delegationsorgan „zu“. Auch ist die **normative Wirkung** nach § 77 IV nicht wegen eines angeblichen Legitimationsdefizits der Arbeitsgruppe eingeschränkt auf nur begünstigende Regelungen[2]. Wie oben Rz. 4 ausgeführt, ist die quasi-demokratische Legitimation durch Wahl **keineswegs notwendige Voraussetzung** der betrieblichen Normsetzung. Vielmehr kann der Staat seine Normsetzungsbefugnis kraft ihrer Sachnähe auch auf Arbeitsgruppen delegieren, solange nur der Grundrechtsschutz der Normunterworfenen durch strikte Beschränkung der Gruppenvereinbarung auf **kollektive Gruppenangelegenheiten** gewahrt bleibt. Allein diese den betrieblichen Beteiligungsrechten immanente Beschränkung sichert die Privatautonomie der ArbN in Betrieb und Gruppe.

Berechtigt und verpflichtet aus der Gruppen(betriebs)vereinbarung sind damit alle **Gruppenangehörigen** auch dann, wenn sie am Beschluss nicht mitgewirkt haben, überstimmt wurden oder erst neu (etwa durch Versetzung) zur Gruppe gestoßen sind. Entscheidend ist ihre **rechtliche**, dh. vertraglich, auch kraft Weisung begründete **und faktische**, dh. kraft „Eingliederung“ (vgl. § 7 Rz. 8 f.) erfolgte **Zugehörigkeit** zur (in der Rahmenvereinbarung bezeichneten) Arbeitsgruppe. Genauso enden Berechtigung und Verpflichtung, wenn das gruppenbestimmende Merkmal auf einen ArbN nicht mehr zutrifft. Eine **Beendigung** der Gruppe als solcher liegt vor, wenn derart in Personenbestand oder Funktion eingegriffen wird, dass die Gruppe ihre bisherige **Identität**[3] verliert, zB wenn die Mitglieder insgesamt ausgewechselt werden. 20

3. Kündigung und Nachwirkung. Entsprechend § 77 V sind Gruppen(betriebs)vereinbarungen mit dreimonatiger Frist von beiden Seiten **kündbar**. Längere Kündigungsfristen wären wegen der Flexibilität, die eine Arbeitsgruppe auszeichnet, wenig sinnvoll, kürzere können jedoch **vereinbart** werden. Die Kündigung bedarf als „actus contrarius“ zum Abschluss wie dieser der **absoluten Mehrheit** der Gruppenmitglieder[4]. Gruppenvereinbarungen enden **kraft Gesetzes**, wenn durch Auflösung der Arbeitsgruppe (Rz. 20) die Geschäftsgrundlage entfällt[5]. Wird die Übertragung widerrufen oder die Rahmenvereinbarung aufgekündigt, ohne dass die Arbeitsgruppe entfällt, bleibt es bei der Gruppenvereinbarung, bis sie der – wieder zuständige – BR kündigt[6]. Der entsprechenden Anwendung von § 77 VI (**Nachwirkung**) steht nicht entgegen, dass die Arbeitsgruppe selbst nicht die Einigungsstelle anrufen kann (Rz. 22). Der Zweck der Fortgeltung, in den mitbestimmungspflichtigen Angelegenheiten ein Regelungsvakuum zu vermeiden, wird dadurch nicht tangiert[7], es sei denn, dass ausnahmsweise zum gleichen Gegenstand eine BV existiert. 21

4. Rückfall der Beteiligungsrechte (S. 3). Einen „Rückfall“ der delegierten Beteiligungsrechte an den BR sieht S. 3 vor, wenn sich „ArbGeb und Arbeitsgruppe in einer Angelegenheit **nicht einigen**“ können. Dieser Rückfall in einer **einzelnen** Angelegenheit berührt aber nicht die Übertragung **als solche**[8]. Das Scheitern der Einigung muss von einer der beiden Seiten **verbindlich** erklärt worden sein, auf Seiten der Arbeitsgruppe ist ein Beschluss notwendig, der aber nicht der absoluten Mehrheit bedarf: Es reicht die **einfache** Mehrheit analog § 33 I[9]. Aus dem Rückfall der Beteiligungsrechte folgt nach der Gesetzesbegründung[10] und nach der hL, dass die Arbeitsgruppe auf eine **einvernehmliche** Einigung mit dem ArbGeb beschränkt und nicht konfliktfähig ist: **Nur dem BR** steht das Recht zu, in einer mitbestimmungspflichtigen Angelegenheit die **Einigungsstelle** anzurufen[11]. 22

V. Widerruf der Übertragung (Abs. 1 S. 4). Nach Abs. 1 S. 4 kann der **BR** die Übertragung **jederzeit** ganz oder teilweise widerrufen. Die Verweisung auf S. 1 Hs. 1 stellt klar, dass für den **Widerruf** dieselben formalen Anforderungen wie für den Übertragungsbeschluss gelten (absolute Mehrheit, Schriftform, Rz. 11 f.). Der Zugang des Widerrufs an die Arbeitsgruppe ist keine Wirksamkeitsvoraussetzung[12], doch besteht eine Mitteilungsobliegenheit des BR (vgl. Rz. 12). **Inhaltlich** ist der Widerruf nicht an das Vorliegen sachlich nachvollziehbarer Gründe gebunden, wie schon die amtliche Begründung betont (Rz. 11)[13]. Ein „konkludenter“ Widerruf zB durch den Abschluss einer der Gruppenvereinbarung widersprechenden BV kommt nicht in Betracht. Das Gesetz möchte durch hinreichend deutliche Delegationsbeschlüsse die Kompetenzverteilung transparent regeln, so dass der Widerruf **ausdrücklich** erfolgen muss (zB auch in einer neuen BV). Mit dem Widerruf der Übertragung fallen die Aufgaben an den BR 23

1 So aber *Malottke*, AiB 2001, 628; zust. HaKo-BetrVG/*Blanke*, § 28a Rz. 6. | 2 So aber *Däubler*, AuR 2001, 289; GK-BetrVG/*Raab*, § 28a Rz. 48; *Malottke*, AiB 2001, 629; *Richardi*, NZA 2001, 351; *Wendeling-Schröder*, NZA 2001, 359. | 3 So die Formulierung von *Thüsing*, ZTR 2002, 4. | 4 GK-BetrVG/*Raab*, § 28a Rz. 51; *Raab*, NZA 2002, 481. | 5 Vgl. *Fitting*, § 28a BetrVG Rz. 27; *Thüsing*, ZTR 2002, 7. | 6 HM, vgl. *Fitting*, § 28a BetrVG Rz. 27; *Franzen*, ZfA 2001, 435; GK-BetrVG/*Raab*, § 28a Rz. 52. | 7 HM, vgl. *Fitting*, § 28a BetrVG Rz. 32; *Franzen*, ZfA 2001, 435; GK-BetrVG/*Raab*, § 28a Rz. 54; *Löwisch/Kaiser*, § 28a BetrVG Rz. 23; *Natzel*, DB 2001, 1363; aA DKK/*Wedde*, § 28a BetrVG Rz. 65; *Wedde*, AuR 2002, 126. | 8 HM, vgl. *Fitting*, § 28a BetrVG Rz. 28; GK-BetrVG/*Raab*, § 28a Rz. 37. | 9 So auch *Fitting*, § 28a BetrVG Rz. 37. | 10 BT-Drs. 14/5741, S. 40. | 11 HM, vgl. *Fitting*, § 28a BetrVG Rz. 37; GK-BetrVG/*Raab*, § 28a Rz. 31; *Löwisch/Kaiser*, § 28a BetrVG Rz. 25. | 12 So aber DKK/*Wedde*, § 28a BetrVG Rz. 54; *Fitting*, § 28a BetrVG Rz. 26; HaKo-BetrVG/*Blanke*, § 28a Rz. 3. | 13 BT-Drs. 14/5741, S. 40.

zurück. Die Gruppenvereinbarungen sind nicht zwingend aufgehoben, daher besteht auch keine Nachwirkungsproblematik. Der BR kann allerdings die Vereinbarungen aufkündigen (Rz. 21).

24 **VI. Streitigkeiten.** Streitigkeiten betreffend Delegation auf und Zuständigkeit der Arbeitsgruppen sowie ihrer Rechte gegenüber dem ArbGeb entscheiden die ArbG grundsätzlich im Beschlussverfahren (§ 2a I Nr. 1, II iVm. §§ 80 ff. ArbGG). Das gilt auch für Fragen der Wirksamkeit von Rahmen- und Gruppenvereinbarungen. Dabei muss der **Arbeitsgruppe** die Beteiligtenfähigkeit nach § 10 ArbGG zuerkannt werden, da ihr eine gegenüber dem BR selbständige Stellung zukommt – sie ist daher **antragsbefugt**[1]. Denn obwohl die Arbeitsgruppe nach Abs. 2 S. 3 in Bezug auf „Vereinbarungen" mit dem ArbGeb nicht konfliktfähig ist, gibt es dennoch einen **eigenständigen** Klärungsbedarf gegenüber BR einerseits und ArbGeb andererseits (zB § 80 II 2, Durchführung von Gruppenvereinbarungen etc.)[2]. In Bezug auf die **Rahmenvereinbarung** steht nach der hier vertretenen Meinung (Rz. 10) den Betriebspartnern ein Recht auf **Rechtskontrolle** (nicht: Zweckmäßigkeitskontrolle) in Bezug auf das „Wie" *und* auf das „Ob" zu. Die Überprüfung des **Übertragungsbeschlusses** ist dagegen nur in Bezug auf das „Wie", nicht in Bezug auf das „Ob" möglich (Rz. 11). Auch die **Gruppenvereinbarung** kann nicht im Wege einer Billigkeits- oder Angemessenheitskontrolle, sondern nur im Wege einer Rechtskontrolle auf Antrag vom Gericht überprüft werden.

29 *Einberufung der Sitzungen*

(1) Vor Ablauf einer Woche nach dem Wahltag hat der Wahlvorstand die Mitglieder des Betriebsrats zu der nach § 26 Abs. 1 vorgeschriebenen Wahl einzuberufen. Der Vorsitzende des Wahlvorstands leitet die Sitzung, bis der Betriebsrat aus seiner Mitte einen Wahlleiter bestellt hat.

(2) Die weiteren Sitzungen beruft der Vorsitzende des Betriebsrats ein. Er setzt die Tagesordnung fest und leitet die Verhandlung. Der Vorsitzende hat die Mitglieder des Betriebsrats zu den Sitzungen rechtzeitig unter Mitteilung der Tagesordnung zu laden. Dies gilt auch für die Schwerbehindertenvertretung sowie für die Jugend- und Auszubildendenvertreter, soweit sie ein Recht auf Teilnahme an der Betriebsratssitzung haben. Kann ein Mitglied des Betriebsrats oder der Jugend- und Auszubildendenvertretung an der Sitzung nicht teilnehmen, so soll es dies unter Angabe der Gründe unverzüglich dem Vorsitzenden mitteilen. Der Vorsitzende hat für ein verhindertes Betriebsratsmitglied oder für einen verhinderten Jugend- und Auszubildendenvertreter das Ersatzmitglied zu laden.

(3) Der Vorsitzende hat eine Sitzung einzuberufen und den Gegenstand, dessen Beratung beantragt ist, auf die Tagesordnung zu setzen, wenn dies ein Viertel der Mitglieder des Betriebsrats oder der Arbeitgeber beantragt.

(4) Der Arbeitgeber nimmt an den Sitzungen, die auf sein Verlangen anberaumt sind, und an den Sitzungen, zu denen er ausdrücklich eingeladen ist, teil. Er kann einen Vertreter der Vereinigung der Arbeitgeber, der er angehört, hinzuziehen.

§ 29 zuletzt geändert (Änderungen in Abs. 1, 3) durch das BetrVerf-ReformG v. 23.7.2001 (BGBl. I S. 1852), vgl. Neubekanntmachung v. 25.9.2001 (BGBl. I S. 2518).

1 **I. Inhalt und Zweck.** Die Vorschrift, die durch den Wegfall des Gruppenschutzes im BetrVerf-Reformgesetz 2001 nur marginal verändert wurde, regelt **Einberufung** und **Ablauf** der BR-Sitzungen. In Abs. 1 möchte sie die möglichst rasche **Handlungsfähigkeit** des neu gewählten BR durch genaue Vorgaben für die konstituierende Sitzung sicherstellen, in Abs. 2 bis 4 Grundregeln für alle folgenden weiteren Zusammenkünfte aufstellen. Die Normen gelten **auch für Ausschüsse** des BR, soweit ihnen Aufgaben zur selbständigen Erledigung übertragen worden sind, weil diese an die Stelle des BR treten (vgl. § 27 Rz. 11)[3]. Kraft Verweisung in §§ 65, 115, 116 gilt die Vorschrift auch für besondere Vertretungen; für GBR und KBR gelten nur Abs. 2–4. Auf die informelle **Arbeitsgruppe** nach § 28a findet § 29 dagegen **keine Anwendung** (vgl. auch wN § 28a Rz. 16)[4]. Der Gesetzgeber hat hier bewusst von Vorgaben zur inneren Struktur abgesehen, so dass die Arbeitsgruppe auch in ihrer Gesamtheit, also ohne die Wahl eines Vorsitzenden, handlungsfähig sein sollte (vgl. § 28a Rz. 16).

2 **II. Konstituierende Sitzung (Abs. 1). 1. Einberufung (S. 1).** Zur ersten (konstituierenden) Sitzung des neuen BR werden sämtliche gewählten Mitglieder vom **Wahlvorstand** geladen, der von seinem Vorsitzenden vertreten wird, vgl. § 16 I 1. Das Gesetz schreibt vor, dass dies „vor Ablauf einer Woche nach dem Wahltag" zu erfolgen hat, dh. nach §§ 187 I, 188 II BGB, dass die **Wochenfrist** mit Ablauf desjenigen Tages endet, welcher durch seine Benennung dem Wahltag entspricht, also zB bei Wahlen am Donnerstag mit Ablauf des Donnerstags der nächsten Woche. Durch Verwendung des Wortes **„einberufen"**

1 Wohl hM, vgl. *Fitting*, § 28a BetrVG Rz. 40; GK-BetrVG/*Raab*, § 28a Rz. 56; *Löwisch/Kaiser*, § 28a BetrVG Rz. 28; Richardi/*Thüsing*, § 28a BetrVG Rz. 33; aA aber DKK/*Wedde*, § 28a BetrVG Rz. 84; *Stege/Weinspach/Schiefer*, § 28a BetrVG Rz. 6. |2 Vgl. GK-BetrVG/*Raab*, § 28a Rz. 57. |3 BAG v. 18.11.1980 – 1 ABR 31/78, BAGE 34, 260 (267) = DB 1981, 1240; ferner GK-BetrVG/*Raab*, § 29 Rz. 2. |4 Str., aA DKK/*Wedde*, § 29 BetrVG Rz. 1; *Fitting*, § 29 BetrVG Rz. 3.

bringt der Gesetzgeber zum Ausdruck, dass innerhalb der Woche nicht nur zu „laden" ist, sondern die Sitzung auch **stattfinden** soll[1]. Die rasche Einberufung soll die **Handlungsfähigkeit** des neuen BR durch die zwingend notwendige Wahl des Vorsitzenden und seines Stellvertreters sichern, § 26 I.

Dass die Amtszeit des Vorgänger-BR noch nicht abgelaufen ist, hindert nicht an Einberufung und Abhaltung der konstituierenden Sitzung. Die **vorzeitige Konstitutierung** des neuen BR ist für den Regelfall einer Nachfolgewahl (§ 16) vom Gesetzgeber im Interesse **lückenloser Kontinuität** gewollt[2]. Der Amtsbeginn erfolgt dann zwar erst mit Ablauf der Amtszeit des Vorgänger-BR, vgl. § 21 S. 2 Alt. 2, doch ist der neue BR dann sogleich handlungsfähig (§ 21 Rz. 3). Bei Neuwahlen nach § 17 muss dagegen das (kurzzeitige) Auseinanderfallen von Amtsbeginn und Handlungsfähigkeit hingenommen werden, vgl. § 21 S. 2 Alt. 1 (§ 21 Rz. 2). Bevor der BR nicht durch Wahl des Vorsitzenden und seines Stellvertreters handlungsfähig ist, §§ 26, 29 I, können weder Sitzungen stattfinden noch betriebsverfassungsrechtliche Handlungen des BR erfolgen; der ArbGeb kann Verhandlungen mit ihm **verweigern** (§ 26 Rz. 2)[3]. 3

Zu laden sind alle neu gewählten **BR-Mitglieder**, bei deren Verhinderung ihre Stellvertreter. Bis zur Wahl eines Wahlleiters übernimmt der Vorsitzende des Wahlvorstands auch den Vorsitz über die konstituierende Sitzung. Er ist aber nicht stimmberechtigt[4], es sei denn, er ist gleichzeitig in den neuen BR gewählt worden. Wegen der beschränkten Funktion der Sitzung ist der Wahlvorstand **nicht berechtigt**, **andere Teilnehmer**, zB ArbGeb-, Schwerbehinderten- oder Gewerkschaftsvertreter, zur konstituierenden Sitzung zu laden[5]. Die Sitzung ist auch bei eingelegtem Rechtsmittel, dh. bei **Wahlanfechtung**[6] einzuberufen, weil die Rechtswidrigkeit in diesem Falle noch nicht feststeht. Die Einberufungspflicht fällt nur fort, wenn die Wahl für den Wahlvorstand erkennbar nichtig gewesen ist. Zu Mängeln im Bereich des Abs. 1 S. 1 vgl. Rz. 17. 4

2. Ablauf und Form (S. 2). Die konstituierende Sitzung beginnt damit, dass das Gremium „aus seiner Mitte" einen **Wahlleiter** für die weiteren Wahlen bestimmt. Die Kompetenzen des Wahlvorstands sind nicht schon mit der Einberufung der Sitzung erschöpft, sondern erst mit dem Übergang der Sitzungshoheit auf den Wahlleiter – danach entfällt für ihn auch das Teilnahmerecht[7]. Als Wahlleiter können auch solche **BR-Mitglieder** fungieren, die sich für den BR-Vorsitz zur Verfügung stellen; doch sollte auch ohne gesetzl. Regelung eine solche Interessenkollision besser vermieden werden. Zur Bestellung ist die einfache Mehrheit ausreichend (§ 33 analog). 5

Nach den Pflichtwahlen des Vorsitzenden und seines Stellvertreters ist die konstituierende Sitzung **beendet**. Dem Wahlvorstand steht nicht die Kompetenz zu, nach eigenem Ermessen weitere Organisationsakte wie zB die Wahl des Schriftführers oder weiterer Ausschüsse oder die Bestimmung der Mitglieder des GBR oder KBR auf die Tagesordnung zu setzen[8]. Das schließt aber nicht aus, dass unter Vorsitz des neu gewählten **BR-Vorsitzenden** die Sitzung mit Beratungen fortgesetzt werden kann. **Beschlüsse** können wirksam aber nur gefasst werden, wenn (1) die Amtszeit schon begonnen hat, § 21 S. 2, (2) **alle Mitglieder einstimmig** der Erweiterung der Tagesordnung während der Sitzung zustimmen[9], (3) die Vertrauensperson der Schwerbehindertenvertretung bzw. ein Vertreter der JAV hinzugezogen werden können, vgl. Abs. 2 S. 4. 6

III. Weitere Sitzungen (Abs. 2–4). Für die „weiteren Sitzungen" des BR, die idR in nach der Geschäftsordnung **regelmäßige** (Abs. 2) und **außerordentliche** (Abs. 3) Sitzungen unterteilt werden, gelten grds. die Vorschriften der §§ 29–36. Sie finden nur auf solche **(förmliche)** Sitzungen Anwendung, auf denen **Beschlüsse** des BR gefasst werden, vgl. § 33. Das Gesetz regelt damit also die Voraussetzungen rechtswirksamen Handelns des BR als **Organ**, ohne damit anderweitige Zusammenkünfte des BR und seiner Mitglieder unterbinden zu wollen. 7

1. Einberufung. Die weiteren Sitzungen werden vom **Vorsitzenden** des BR einberufen, Abs. 2 S. 1 bzw. Abs. 3. Ist der Vorsitzende verhindert, kann der Stellvertreter, im Falle auch dessen Verhinderung ein anderer geschäftsplanmäßiger Vertreter[10] die Einberufung vornehmen. Ein **Selbstversammlungsrecht** des BR kann wirksam nur angenommen werden, wenn alle BR-Mitglieder anwesend sind und einstimmig die Tagesordnung billigen[11]. Andernfalls würde Abs. 3 übergangen, der den Vorsitzenden zur Ein- 8

---

1 So zutr. GK-BetrVG/*Raab*, § 29 Rz. 8; aA aber die hM, vgl. DKK/*Wedde*, § 29 BetrVG Rz. 5; *Fitting*, § 29 BetrVG Rz. 11; MünchArbR/*Joost*, § 307 Rz. 3; Richardi/*Thüsing*, § 29 BetrVG Rz. 4. | **2** HM, vgl. *Fitting*, § 29 BetrVG Rz. 11; GK-BetrVG/*Raab*, § 29 Rz. 11. | **3** BAG v. 23.8.1984 – 6 AZR 520/82, BAGE 46, 282 (288) = NZA 1985, 566. | **4** BAG v. 28.2.1958 – 1 ABR 3/57, DB 1958, 603. | **5** HM, vgl. *Fitting*, § 29 BetrVG Rz. 14; GK-BetrVG/*Raab*, § 29 Rz. 17; aA LAG Düsseldorf v. 14.6.1961 – 3 BVTa 1/61, BB 1961, 900 (für Arbeitgebervertreter); DKK/*Wedde*, § 29 BetrVG Rz. 10; (für Gewerkschaftsvertreter); diff. Richardi/*Thüsing*, § 29 BetrVG Rz. 7. | **6** HM, vgl. DKK/*Wedde*, § 29 BetrVG Rz. 4; GK-BetrVG/*Raab*, § 29 Rz. 7. | **7** BAG v. 28.2.1958 – 1 ABR 3/57, DB 1958, 603. | **8** HM, vgl. GK-BetrVG/*Raab*, § 29 Rz. 22; Richardi/*Thüsing*, § 29 BetrVG Rz. 15; aA aber DKK/*Wedde*, § 29 BetrVG Rz. 3. | **9** So das BAG v. 28.4.1988 – 6 AZR 405/86, BAGE 58, 221 (227) = NZA 1989, 223 (zur gewöhnlichen Sitzung); zur konstituierenden Sitzung von BAG v. 13.11.1991 – 7 ABR 18/91, BAGE 69, 49 (58) = NZA 1992, 989 offen gelassen; aA DKK/*Wedde*, § 29 BetrVG Rz. 14; *Fitting*, § 29 BetrVG Rz. 21; GK-BetrVG/*Raab*, § 29 Rz. 22 (Mehrheitsbeschluss reicht). | **10** ArbG Marburg v. 13.11.1992 – 2 Ca 143/92, ARSt 1993, 155. | **11** LAG Saarl. v. 11.11.1964 – Sa 141/63, DB 1965, 148; *Fitting*, § 29 BetrVG Rz. 24; DKK/*Wedde*, § 29 BetrVG Rz. 15; Richardi/*Thüsing*, § 29 BetrVG Rz. 17; zurückhaltend GK-BetrVG/*Raab*, § 29 Rz. 25.

berufung **verpflichtet**, „wenn dies ein Viertel der Mitglieder des BR oder der Arbeitgeber" beantragen. Andere ArbN können zwar eine Sitzung nicht beantragen, jedoch nach § 86a S. 2 bei Unterstützung durch **mindestens 5%** der betriebl. ArbN die **Beratung** eines von ihnen vorgeschlagenen Themas auf einer Sitzung in den nächsten zwei Monaten durchsetzen (Rz. 15).

9 Die **Ladung**, mit der die Tagesordnung mitzuteilen ist, soll **„rechtzeitig"** erfolgen, S. 3. Die BR-Mitglieder sollen dadurch die Möglichkeit erhalten, sich ein Bild über die in der Sitzung zu treffenden Entscheidungen zu machen, um sich ausreichend darauf vorbereiten zu können[1]. Allerdings ist damit nicht das Recht für einzelne Mitglieder verbunden, sämtliche zT umfangreichen Unterlagen schon *vor* der Sitzung einsehen zu dürfen (vgl. auch § 34 III)[2]. Als ausreichend für die rechtzeitige Ladung wird man einen **Zeitraum von 3 bis 4 Tagen** vor der Sitzung ansehen dürfen. Er kann kürzer bemessen sein, wenn der BR regelmäßig, zB einmal wöchentlich zu einem festgesetzten Termin zusammentritt, oder wenn der Termin durch Geschäftsordnung festgesetzt ist[3].

10 Einstweilen frei.

11 **2. Zeitpunkt der Sitzung.** Den Zeitpunkt der Sitzung bestimmt der Vorsitzende nach **pflichtgemäßem Ermessen**[4] je nach Arbeitsanfall, wobei idR durch die Geschäftsordnung (§ 36) ein regelmäßiger Turnus vorgeschrieben ist (zB einmal im Monat). Das Ermessen ist reduziert, wenn ein Viertel der Mitglieder des BR oder der ArbGeb eine **außerordentliche** Sitzung nach Abs. 3 verlangen (Rz. 8), was nur durch entsprechende Antragstellung gegenüber dem Vorsitzenden möglich ist[5]. Andere Personen, insb. die JAV sowie die Schwerbehindertenvertretung[6], haben dieses Antragsrecht nicht, können jedoch gewisse Themen auf die Tagesordnung der nächsten Sitzung setzen lassen.

12 **3. Teilnehmer.** Zur Sitzung sind nach Abs. 2 S. 3 **alle** BR-Mitglieder zu laden. Bei **Verhinderung**, die nach S. 5 dem Vorsitzenden unverzüglich unter Angabe der Gründe mitzuteilen ist, müssen **Ersatzmitglieder** geladen werden, S. 6 (vgl. § 25 Rz. 4)[7]. Nach S. 4 sind auch die Schwerbehindertenvertretung (vgl. § 32 BetrVG iVm. § 94 SGB IX) und die JAV (vgl. § 67) zu laden, „soweit sie ein Recht auf Teilnahme" haben, was nach den Spezialnormen beider Vertretungen in aller Regel der Fall ist[8]. Sie haben sich grundsätzlich beim Vorsitzenden zu entschuldigen, falls sie nicht teilnehmen können, S. 5. Dann muss der Vorsitzende ihre Vertreter laden[9].

13 Einstweilen frei.

14 Der **ArbGeb** hat nach Abs. 4 nur ein **eingeschränktes** Teilnahmerecht, wenn er einen Antrag nach Abs. 3 gestellt hat oder vom BR „ausdrücklich" eingeladen wurde, vgl. Abs. 4 S. 1. Beim eigenen Antrag (Abs. 3) beschränkt sich sein Teilnahmerecht auf die Behandlung des von ihm vorgeschlagenen Themas, im anderen Fall (Abs. 4) kann der BR seine Einladung auf bestimmte Tagesordnungspunkte begrenzen[10]. Wird der ArbGeb **ausdrücklich** (zielgerichteter Wunsch des BR) eingeladen, kann er auch einen kompetenten Vertreter in die Sitzung entsenden[11]. Es entsteht jedenfalls insoweit nicht nur ein Teilnahmerecht, sondern aus dem Gebot der vertrauensvollen Zusammenarbeit heraus eine **Teilnahmepflicht**[12], die aber a priori **kein Stimmrecht** beinhalten kann[13]. Nach dem klaren Wortlaut des Abs. 4 S. 2 ist der ggf. hinzuzuziehende **Verbandsvertreter** dagegen nicht vom BR-Vorsitzenden einzuladen, sondern als Folge der Teilnahme des ArbGeb von diesem zusätzlich (nicht: als sein Vertreter) **hinzuzuziehen**[14].

15 **4. Ablauf und Form (Abs. 2 S. 2).** Der Vorsitzende legt die **Tagesordnung** nach eigenem pflichtgemäßen Ermessen fest. Dabei sind die einzelnen Beschlussgegenstände in den Tagesordnungspunkten **klar zu fassen**, weil andernfalls (zB Bezeichnung „Verschiedenes") nur Diskussionen, nicht aber verbindliche Beschlüsse möglich sind[15]. Das Ermessen ist reduziert im Fall von Abs. 3, wenn ArbGeb oder 25% des BR die Behandlung eines bestimmten Gegenstandes verlangt haben. Ähnlich verhält es sich mit der Pflicht, von **einzelnen ArbN** gewünschte Tagesordnungspunkte nach § 86a binnen zweier Monate (Rz. 8) oder Angelegenheiten der **Schwerbehindertenvertretung** nach § 95 IV 1 Hs. 2 SGB IX auf die nächste Tagesordnung zu setzen. Eine **Ergänzung** der Tagesordnung ist nur durch **einstimmigen Beschluss** des vollständig versammelten BR bzw. dann möglich, wenn kein BR-Mitglied widerspricht, weil ansonsten

---

1 HM, vgl. BAG v. 28.4.1988 – 6 AZR 405/86, BAGE 58, 221 = NZA 1989, 223 sowie *Fitting*, § 29 BetrVG Rz. 44; GK-BetrVG/*Raab*, § 29 Rz. 35. | 2 BVerwG v. 29.8.1975 – VII P 2.74, BVerwGE 49, 144 (152 f.). | 3 Etwas kompliziert GK-BetrVG/*Raab*, § 29 Rz. 36 f., der eine Ladung dann für entbehrlich hält, dennoch aber natürlich die rechtzeitige Mitteilung der Tagesordnung fordern muss. | 4 HM, vgl. DKK/*Wedde*, § 29 BetrVG Rz. 16; GK-BetrVG/*Raab*, § 29 Rz. 24; MünchArbR/*Joost*, § 307 Rz. 9. | 5 GK-BetrVG/*Raab*, § 29 Rz. 28. | 6 Richardi/*Thüsing*, § 29 BetrVG Rz. 21. | 7 BAG v. 23.8.1984 – 2 AZR 391/83, BAGE 46, 258 (263) = NZA 1985, 254; v. 3.8.1999 – 1 ABR 30/98, BAGE 92, 162 (167) = NZA 2000, 440; ausf. *Mletzko* AiB 1999, 552 f.; GK-BetrVG/*Raab*, § 29 Rz. 42. | 8 Vgl. etwa GK-BetrVG/*Raab*, § 29 Rz. 41 zum Teilnahmerecht der JAV. | 9 Vgl. *Mletzko* AiB 1999, 552. | 10 HM, vgl. DKK/*Wedde*, § 29 BetrVG Rz. 34; GK-BetrVG/*Raab*, § 29 Rz. 64; ferner *Hamm*, AiB 1999, 489 mit Formulierungsvorschlägen. | 11 BAG v. 11.12.1991 – 7 ABR 16/91, NZA 1992, 850. | 12 HM, vgl. *Fitting*, § 29 BetrVG Rz. 56; GK-BetrVG/*Raab*, § 29 Rz. 69. | 13 HM, vgl. nur ErfK/*Eisemann*, § 29 BetrVG Rz. 4; GK-BetrVG/*Raab*, § 29 Rz. 67. | 14 Dazu näher *Fitting*, § 29 BetrVG Rz. 62 ff.; GK-BetrVG/*Raab*, § 29 Rz. 72 ff. | 15 BAG v. 28.10.1992 – 7 ABR 14/92, NZA 1993, 466; LAG Bbg. v. 2.4.1998 – 3 Sa 477/96, ZTR 1998, 526 (zum Tagesordnungspunkt „Verschiedenes").

die Grundsätze einer ordnungsgemäßen Beschlussfassung im Hinblick auf die rechtzeitige Vorbereitung des Themas, aber auch im Hinblick auf die Rechte abwesender BR-Mitglieder nicht mehr gewährleistet sind[1]. Diese strenge Rspr. wird zu Unrecht als formalistisch[2] oder praxisfern kritisiert[3], weil sie in Ausnahme- und Eilsituationen ohnehin außer Betracht bleiben kann. Ansonsten kann sie durch rasche Einberufung einer neuen Sitzung mit ordnungsgemäßen Beschlüssen bzw. durch entsprechend vorsorgende Regelungen in der Geschäftsordnung „entschärft" werden (vgl. auch Rz. 18).

IV. Sitzung mit SprAu. Nach § 2 II 3 SprAuG **„sollen"** BR und SprAu einmal im Kalenderjahr zu einer gemeinsamen Sitzung zusammentreffen. In Bezug auf diese Sitzung nehmen die Vorsitzenden beider Gremien **gemeinsam** die Aufgaben der Einberufung und Leitung der Sitzung wahr[4]. 16

V. Streitigkeiten. Streitigkeiten im Zusammenhang mit Einberufung und Leitung der Sitzungen entscheiden die ArbG im **Beschlussverfahren** (§ 2a I Nr. 1, II iVm. §§ 80 ff. ArbGG). Zu beachten ist aber, dass die Vernachlässigung der kurzen Fristsetzung bei der konstituierenden Sitzung nach **Abs. 1 S. 1** ohne nachteilige Rechtsfolgen bleibt, weil es sich hier um eine reine **Ordnungsvorschrift** handelt[5]. Das Recht zur konstituierenden Sitzung kann auch im Wege der (subsidiären) **Selbstversammlung** wahrgenommen werden, indem sämtliche gewählten Mitglieder zusammentreffen und aus ihrer Mitte den Vorsitzenden und seinen Stellvertreter wählen[6]. 17

Wesentliche Grundsätze formuliert dagegen **Abs. 2.** Erfolgt die Ladung nicht unter korrekter Angabe der Tagesordnung, sind die auf der Versammlung gefassten Beschlüsse **rechtswidrig** und können nur geheilt werden, wenn der vollständig versammelte BR einstimmig die Tagesordnung ergänzt[7]. Ansonsten sind die Beschlüsse nichtig[8], und zwar selbst dann, wenn die vollständig versammelten BR-Mitglieder ordnungsgemäß abstimmen[9]. Dasselbe gilt, wenn im Falle der **Verhinderung** die Vertreter nicht geladen wurden[10]. Der Vorsitzende hat daher die Modalitäten der Einberufung unbedingt einzuhalten, weil ansonsten zB auch kein Vergütungsanspruch nach § 37 BetrVG entsteht[11]. 18

Der Vorsitzende handelt **pflichtwidrig**, wenn er einem Antrag nach **Abs. 3** nicht oder zu zögerlich nachkommt. Die Pflichtwidrigkeit kann auch darin bestehen, den beantragten Beratungsgegenstand nicht auf die Tagesordnung der nächsten Sitzung aufzunehmen[12]. Der BR hat dann die Möglichkeit, den Vorsitzenden abzuberufen (§ 26 Rz. 6), während der ArbGeb nach § 23 I vorgehen kann. 19

30 *Betriebsratssitzungen*

Die Sitzungen des Betriebsrats finden in der Regel während der Arbeitszeit statt. Der Betriebsrat hat bei der Ansetzung von Betriebsratssitzungen auf die betrieblichen Notwendigkeiten Rücksicht zu nehmen. Der Arbeitgeber ist vom Zeitpunkt der Sitzung vorher zu verständigen. Die Sitzungen des Betriebsrats sind nicht öffentlich.

§ 30 idF des BetrVG 1972 (v. 15.1.1972, BGBl. I S. 13).

I. Inhalt und Zweck. Die Vorschrift regelt unter der Überschrift „BR-Sitzungen" zwei unterschiedliche Sachverhalte: die **zeitliche Lage** der Sitzungen (S. 1 bis 3) und deren **Nichtöffentlichkeit** (S. 4). Damit wird die Grundnorm des § 29 II zur Einberufung der BR-Sitzungen **ergänzt** und wie dort davon ausgegangen, dass die Anberaumung in Bezug auf Häufigkeit und zeitliche Lage **allein Sache des BR** bzw. dessen Vorsitzenden ist[13], vgl. S. 2. Nicht geregelt werden dagegen der Ort (vgl. § 40 II), die Teilnahmeberechtigung (vgl. § 29 Rz. 12 ff.) und der Ablauf der Sitzungen (vgl. § 29 Rz. 15). 1

II. Zeitliche Lage der Sitzungen (S. 1, 2). Die Sitzungen, die der Vorsitzende nach § 29 II 1 einberuft, sollen nach S. 1 grundsätzlich nicht in Arbeitspausen oder sonst außerhalb der Arbeitszeit stattfinden, sondern „in der Regel" **während der Arbeitszeit**. Damit verdeutlicht das Gesetz, dass die Ausübung der BR-Tätigkeit zu Lasten des ArbGeb und nicht zu Lasten der Freizeit der BR-Mitglieder gehen soll (näher §§ 37–41). Die Sitzungen sind daher möglichst in die **persönliche** Arbeitszeit aller BR-Mitglieder zu legen[14], was in Betrieben mit starren Regelarbeitszeiten unproblematisch ist, nicht aber in Betrieben mit flexiblen Gleitzeit- oder Schichtsystemen. Der Vorsitzende muss darauf bedacht sein, die Sitzungen 2

---

1 BAG v. 24.5.2006 – 7 AZR 201/05, NZA 2006, 1364 (Tz. 19); v. 28.10.1992 – 7 ABR 14/92, NZA 1993, 466; LAG Köln v. 25.11.1998 – 2 TaBV 38/98, NZA-RR 1999, 245. | 2 So HaKo-BetrVG/*Blanke*, § 29 Rz. 3. | 3 So DKK/*Wedde*, § 29 BetrVG Rz. 20, zust. GK-BetrVG/*Raab*, § 29 Rz. 53. | 4 Vgl. näher GK-BetrVG/*Raab*, § 29 Rz. 78 ff. | 5 HM, vgl. *Fitting*, § 29 BetrVG Rz. 9; MünchArbR/*Joost*, § 307 Rz. 4. | 6 HM, vgl. GK-BetrVG/*Raab*, § 29 Rz. 13; MünchArbR/*Joost*, § 307 Rz. 4. | 7 So die Rspr., vgl. BAG v. 28.4.1988 – 6 AZR 405/86, BAGE 58, 221 (226 ff.) = NZA 1989, 223. | 8 BAG v. 23.8.1984 – 2 AZR 391/83, BAGE 46, 258 (263) = NZA 1985, 254; v. 28.4.1988 – 6 AZR 405/86, BAGE 58, 221 (226) = NZA 1989, 223 (keine Mitteilung der Tagesordnung); v. 28.10.1992 – 7 ABR 14/92, NZA 1993, 466 (zum Tagesordnungspunkt „Verschiedenes"). | 9 So LAG BW v. 22.10.1997 – 2 TaBV 3/97 – nv., bestätigt von BAG v. 8.3.2000 – 7 ABR 11/98, BAGE 94, 42 (45) = NZA 2000, 838. | 10 So LAG Nürnberg v. 23.9.1997 – 6 Sa 242/96, AiB 1998, 162 (Urlaubsabwesenheit und nachträgliche Heilung durch erneuten Beschluss). | 11 Zum Anspruch aus § 76a vgl. BAG v. 19.8.1992 – 7 ABR 58/91, NZA 1993, 710. | 12 GK-BetrVG/*Raab*, § 29 Rz. 32. | 13 HM, vgl. *Fitting*, § 30 BetrVG Rz. 9; GK-BetrVG/*Raab*, § 30 Rz. 5. | 14 HM, vgl. *Fitting*, § 30 BetrVG Rz. 6; GK-BetrVG/*Raab*, § 30 Rz. 5; missverständlich Richardi/*Thüsing*, § 30 BetrVG Rz. 2 bzw. 5.

möglichst in der Kernarbeitszeit oder in jenen Tagschichten anzuberaumen, in denen die **Mehrheit** der BR-Mitglieder arbeitet. Rücksicht zu nehmen ist auch auf die persönlichen Arbeitszeiten der Teilzeitkräfte[1]. Lässt sich **ausnahmsweise** ein Freizeitopfer wegen einer außerdienstl. Sitzungsteilnahme zB von Nachtschicht- oder Teilzeit-Mitarbeitern nicht vermeiden, haben diese Anspruch auf **Freizeitausgleich** nach § 37 III[2] (vgl. § 37 Rz. 20).

3 Die Rücksichtnahme „auf die **betrieblichen Notwendigkeiten**", S. 2, bedeutet nicht etwa, dass die Sitzungen zB regelmäßig auf den Beginn oder das Ende der Arbeitszeit zu legen seien[3]. Vielmehr muss die Terminierung nur solche **dringenden** betriebl. Gründe berücksichtigen, die einen **zwingenden** Vorrang vor dem Interesse des BR an dem von ihm präferierten Termin begründen, so zB bei dem Interesse einer Fluglinie, dass die Gremiumsmitglieder zur Sitzung die Flüge der eigenen Gesellschaft und nicht die eines Konkurrenzunternehmens nutzen[4]. Nur in **Ausnahmefällen** darf die Sitzung wegen zwingender betriebl. Gründe (zB Termindruck bei Erledigung eines Großauftrags im Kleinbetrieb) auch außerhalb der Arbeitszeit stattfinden, soweit dem ArbGeb die entsprechenden organisatorischen Änderungen nicht zumutbar sind[5]. Zu den Folgen eines Verstoßes gegen § 30 S. 2 vgl. Rz. 6.

4 **III. Benachrichtigung des ArbGeb (S. 3).** S. 3 normiert eine **Unterrichtungspflicht** des BR, die er **rechtzeitig** („vorher") gegenüber dem ArbGeb wahrzunehmen hat, um es diesem zu ermöglichen, die Betriebsorganisation auf die Abwesenheit der Sitzungsteilnehmer einzurichten[6] und ggf. seine Rechte aus § 29 IV geltend zu machen. Deshalb gibt ein *nachträglicher* Auskunftsanspruch auch keinen rechten Sinn[7]. Die Informationspflicht des BR nach S. 3 begründet für den ArbGeb keinerlei Zustimmungs- oder Veto-Recht, doch kann er bei krasser Vernachlässigung betrieblicher Notwendigkeiten uU eine einstweilige Verfügung gegen die Abhaltung der Sitzung erwirken (hM). Die Unterrichtung bezieht sich nur auf den Termin, nicht auf die Tagesordnung (hM). Sie kann unterbleiben, wenn der BR in einem **Regelturnus** tagt (etwa auf Grund BV[8] oder Geschäftsordnung[9] des BR, vgl. § 29 Rz. 11) und dies dem ArbGeb – wie in der Regel – auch bekannt ist.

5 **IV. Nichtöffentlichkeit (S. 4).** Die seit den Anfängen der Betriebsverfassung (§ 30 I 2 BRG 1920) existierende Regel in S. 4, die BR-Sitzungen für **nicht öffentlich** erklärt, soll die von äußeren Einflüssen freie Beratung und Entscheidungsfindung im BR sicherstellen. Die gesetzl. Benennung des Teilnehmerkreises, also insb. die Mitglieder des BR selbst, ggf. die Ersatzmitglieder sowie die in §§ 29, 31, 32, 67 genannten Personen (vgl. § 29 Rz. 12 ff.), ist also **abschließend**. Das schließt nicht andere gesetzlich vorgesehene Ausnahmen aus, etwa wenn der BR bewusst **Sachverständige** oder andere **Auskunftspersonen** zB nach § 80 II 3 oder § 80 III einlädt[10]. Auch können ArbN bei individueller Betroffenheit in personellen Angelegenheiten (§§ 99 ff.) hinzugezogen werden[11]. Der Nichtöffentlichkeit korrespondiert die in §§ 79, 80 IV angeordnete **Verschwiegenheitspflicht**. Ein darüber hinausgehendes, dauerhaftes Stillschweigen kann dem S. 4 aber **nicht entnommen** werden, auch wenn sich in einzelnen, als besonders vertraulich gekennzeichneten Beratungsgegenständen für Amtsträger eine noch weiter gehende Loyalitätspflicht gegenüber dem BR bzw. dem ArbGeb ergeben kann[12].

6 **V. Streitigkeiten.** Beschlüsse des BR, die unter Verstoß gegen die Anforderungen des § 30 zu Stande kommen (zB ohne Unterrichtung des ArbGeb), bleiben dennoch **wirksam**[13]. Werden betriebl. Notwendigkeiten nicht beachtet, kann der ArbGeb auf eine Verschiebung der Sitzung drängen[14] oder diese per einstweiliger Verfügung erzwingen (hM, vgl. Rz. 4).

31 *Teilnahme der Gewerkschaften*

Auf Antrag von einem Viertel der Mitglieder des Betriebsrats kann ein Beauftragter einer im Betriebsrat vertretenen Gewerkschaft an den Sitzungen beratend teilnehmen; in diesem Fall sind der Zeitpunkt der Sitzung und die Tagesordnung der Gewerkschaft rechtzeitig mitzuteilen.

§ 31 zuletzt geändert durch das BetrVerf-ReformG v. 23.7.2001 (BGBl. I S. 1852), vgl. Neubekanntmachung v. 25.9.2001 (BGBl. I S. 2518).

---

1 Vgl. BAG v. 27.11.1987 – 7 AZR 29/87, NZA 1988, 661. | 2 Ganz hM, vgl. nur *Fitting*, § 30 BetrVG Rz. 6; GK-BetrVG/*Raab*, § 30 Rz. 14. | 3 So aber *Hess/Schlochauer/Glaubitz*, 5. Aufl., § 30 Rz. 7; anders die hM, vgl. nur DKK/*Wedde*, § 30 BetrVG Rz. 7; GK-BetrVG/*Raab*, § 30 Rz. 8. | 4 So LAG Köln v. 17.4.2002 – 7 TaBV 13/01, BB 2002, 2680. | 5 HM, vgl. *Fitting*, § 30 BetrVG Rz. 6; GK-BetrVG/*Raab*, § 30 Rz. 9; großzügiger Richardi/*Thüsing*, § 30 BetrVG Rz. 4. | 6 Vgl. nur *Fitting*, § 30 BetrVG Rz. 14; GK-BetrVG/*Raab*, § 30 Rz. 16. | 7 Zutr. ArbG Hamburg v. 8.9.1999 – 13 BV 4/99, AiB 2000, 102; zust. *Fitting*, § 30 BetrVG Rz. 14; aA dagegen GK-BetrVG/*Raab*, § 30 Rz. 17; Richardi/*Thüsing*, § 30 BetrVG Rz. 7a. | 8 Hierzu vgl. GK-BetrVG/*Raab*, § 30 Rz. 11; Richardi/*Thüsing*, § 30 BetrVG Rz. 7. | 9 DKK/*Wedde*, § 30 BetrVG Rz. 10. | 10 ArbG Frankfurt/M v. 16.9.1988 – 15 BVGa 20/88, AiB 1989, 14; ferner DKK/*Wedde*, § 30 BetrVG Rz. 12; *Fitting*, § 30 BetrVG Rz. 17; GK-BetrVG/*Raab*, § 30 Rz. 19 f., die zwischen Sachverständigen, die der Beratung beiwohnen dürfen, und sonstigen Auskunftspersonen, denen dieses Recht nicht zusteht, differenzieren. | 11 So auch DKK/*Wedde*, § 30 BetrVG Rz. 12. | 12 BAG v. 5.9.1967 – 1 ABR 1/67, BAGE 20, 56 (69 ff.) = DB 1967, 1947; ferner *Fitting*, § 30 BetrVG Rz. 21; GK-BetrVG/*Raab*, § 30 Rz. 27; Richardi/*Thüsing*, § 30 BetrVG Rz. 14 ff. | 13 Vgl. zB zu S. 2 ArbG Frankfurt/M v. 2.3.1988 – 14 BV 16/87, AiB 1988, 309; zu S. 4 BAG v. 28.2.1958, DB 1958, 603; ganz hM, vgl. nur *Fitting*, § 30 BetrVG Rz. 12; GK-BetrVG/*Raab*, § 30 Rz. 10, 17, 23. | 14 ArbG Frankfurt/M v. 2.3.1988 – 14 BV 16/87, AiB 1988, 309.

I. Inhalt und Zweck. Die Vorschrift wurde durch Aufgabe des Gruppenschutzes im BetrVerf-Reformgesetz 2001 vereinfacht und entspricht nun wieder im Wesentlichen der Urfassung von 1952[1]. Sie konkretisiert für die BR-Sitzungen das **Kooperationsgebot** nach § 2 I, dient dabei auch dem Schutz gewerkschaftlicher Minderheiten im BR, setzt aber eine **Initiative** von Seiten des BR voraus. Ein eigenständiger Teilnahmeanspruch der Gewerkschaften besteht gerade **nicht**. Auch der BR-Vorsitzende ist nicht berechtigt, von den Voraussetzungen des § 31 abzusehen und von sich aus Gewerkschaftsvertreter hinzuzuziehen. Die Norm gilt unmittelbar für die BR-Sitzungen und entsprechend für die Ausschusssitzungen (vgl. § 27 Rz. 9)[2], **nicht aber** auch für Arbeitsgruppen nach § 28a, weil diese nicht Organe des BR sind und bei ihnen die Selbstverwaltung im Vordergrund steht[3]. 1

II. Gewerkschaftsbeauftragter. Als **personelle** Voraussetzung fordert § 31 nur, dass die Gewerkschaft **im BR** (nicht nur im Betrieb) **vertreten** ist, also mindestens ein BR-Mitglied zugleich Mitglied der Gewerkschaft ist. Nach neuer Rspr. muss eine Tarifzuständigkeit der Gewerkschaft für den Betrieb oder das Unternehmen aber nicht bestehen[4]. Der Beauftragte wird dann von der Gewerkschaft selbst ausgewählt[5]. Sind im BR mehrere Gewerkschaften vertreten, so kann je nach Antrag auch nur eine Gewerkschaft – nicht zwingend alle vertretenen Gewerkschaften – zur Sitzung eingeladen werden[6]. Der BR kann den Kreis der teilnahmeberechtigten Gewerkschaften aber nicht eigenmächtig zB durch Geschäftsordnung erweitern[7]. 2

Die Gewerkschaft darf nur **einen** Beauftragten entsenden (str.)[8]. Dies ergibt sich aus dem klaren Wortlaut der Vorschrift und ihrer systematischen Stellung als Ausnahmevorschrift zu § 30. Die Vertraulichkeit der Arbeitsatmosphäre im BR wäre sonst durch zu viele externe Beobachter gefährdet. Dies schließt aber nicht aus, dass an einer BR-Sitzung mehrere Beauftragte **unterschiedlicher** im BR vertretener Gewerkschaften teilnehmen. 3

III. Voraussetzungen des Teilnahmerechts. Das Teilnahmerecht entsteht auf Grund eines **formlosen Antrags** mindestens **eines Viertels** der BR-Mitglieder, der auch keiner Begründung bedarf. Gemeint ist ein Viertel **aller gewählten** Mitglieder, nicht ein Viertel der gerade anwesenden Mitglieder. Der Antrag kann auch außerhalb einer BR-Sitzung zB durch Brief oder E-Mail an den Vorsitzenden gerichtet werden. Der Antrag muss die Gewerkschaft, die einen Beauftragten entsenden soll, und die Sitzung mit Tagesordnungspunkt bezeichnen. Sind diese Voraussetzungen erfüllt, steht dem Vorsitzenden kein Entscheidungsermessen zu und hat er die Gewerkschaft zu informieren[9]. Das Antragsrecht ist ein **Minderheitenrecht**, so dass es nicht durch einen gegenteiligen Mehrheitsbeschluss des BR überstimmt werden kann[10]. 4

Erst recht kann der BR auch durch **Mehrheitsbeschluss** (§ 33) die Hinzuziehung eines Gewerkschaftsbeauftragten verlangen (hM). Doch bleibt auch in diesem Fall die Wertung des § 31 **verbindlich**, dass nur die Hinzuziehung von im **BR** vertretenen, nicht allgemeiner auch die von im *Betrieb* vertretenen Gewerkschaften möglich ist: Bei einer nur im Betrieb vertretenen Gewerkschaft kommt eine Unterstützungsfunktion für die BR nicht in Betracht[11]. Die Einladung anderer Gewerkschaftsmitglieder zB als Sachverständige nach § 80 III ist damit aber nicht ausgeschlossen. Das Teilnahmerecht kann nach Ansicht des BAG sogar **generell** in der Geschäftsordnung verankert werden[12], was sich zwar mit dem Wortlaut vereinbaren lässt, jedoch Sinn und Zweck der Norm verfehlt, weil damit aus einer sach- und gegenstandsbezogenen Unterstützungsfunktion der Gewerkschaftsbeauftragten eine – gesetzlich nicht gewollte! – **ständige Mitwirkungsfunktion** entstünde, die die institutionelle Unabhängigkeit des BR gefährden würde. 5

IV. Mitteilung an die Gewerkschaft. Liegt ein entsprechender Antrag oder Beschluss vor, hat der Vorsitzende dies nach Hs. 2 der **Gewerkschaft rechtzeitig** mitzuteilen. Für die Frage der „Rechtzeitigkeit" gilt § 29 II 3 entsprechend (vgl. § 29 Rz. 9). Im Unterschied zu den BR-Mitgliedern wird der Gewerkschaftsbeauftragte aber nicht „geladen", sondern Termin und Tagesordnung werden **mitgeteilt**. Daraus ergibt sich, dass die Sitzungsteilnahme des Gewerkschaftsbeauftragten in das Ermessen der Gewerkschaft gestellt ist. Es besteht **keine Teilnahmepflicht**[13]. 6

V. Rechte und Pflichten des Gewerkschaftsbeauftragten. Der Gewerkschaftsbeauftragte kann je nach Antrag, Beschluss oder Geschäftsordnung an einer, an mehreren oder an allen Sitzungen (str., vgl. Rz. 5) 7

---

1 Richardi/*Thüsing*, § 31 BetrVG Rz. 2. | 2 HM, zum Wirtschaftsausschuss vgl. BAG v. 18.11.1980 – 1 ABR 31/78, BAGE 34, 260 (267 ff.) = DB 1981, 1240; v. 25.6.1987 – 6 ABR 45/85, BAGE 55, 386 (389 f.) = NZA 1988, 167; ferner GK-BetrVG/*Raab*, § 31 Rz. 3; Richardi/*Thüsing*, § 31 BetrVG Rz. 25 ff. | 3 AA *Fitting*, § 28a BetrVG Rz. 38; § 31 Rz. 3; HaKo-BetrVG/*Blanke*, § 31 Rz. 2. | 4 BAG v. 10.11.2004 – 7 ABR 19/04, NZA 2005, 426. | 5 Vgl. *Fitting*, § 31 BetrVG Rz. 19; GK-BetrVG/*Raab*, § 31 Rz. 16. | 6 Dazu mit Argumenten aus der Entstehungsgeschichte GK-BetrVG/*Raab*, § 31 Rz. 13. | 7 BAG v. 28.2.1990 – 7 ABR 22/89, BAGE 64, 229 = NZA 1990, 660. | 8 Str., wie hier GK-BetrVG/*Raab*, § 31 Rz. 16; Richardi/*Thüsing*, § 31 BetrVG Rz. 18; aA DKK/*Wedde*, § 31 BetrVG Rz. 14; *Fitting*, § 31 BetrVG Rz. 20. | 9 HM, vgl. ErfK/*Eisemann*, § 31 BetrVG Rz. 1; GK-BetrVG/*Raab*, § 31 Rz. 15. | 10 HM, vgl. DKK/*Wedde*, § 31 BetrVG Rz. 8; GK-BetrVG/*Raab*, § 31 Rz. 15. | 11 So BAG v. 28.2.1990 – 7 ABR 22/89, BAGE 64, 229 = NZA 1990, 660. | 12 So BAG v. 28.2.1990 – 7 ABR 22/89, BAGE 64, 229 = NZA 1990, 660; aA aber GK-BetrVG/*Raab*, § 31 Rz. 19, 20; ähnlich krit. MünchArbR/*Joost*, § 307 Rz. 24; Richardi/*Thüsing*, § 31 BetrVG Rz. 14. | 13 HM, vgl. *Fitting*, § 31 BetrVG Rz. 18; GK-BetrVG/*Raab*, § 31 Rz. 16.

des BR teilnehmen. Eine **generelle Beschränkung** dahin, dass das Teilnahmerecht jeweils nur für die nächste Sitzung gelten soll, lässt sich nach Ansicht des BAG der Norm des § 31 nicht entnehmen[1]. Allerdings muss der Umfang des Teilnahmerechts aus dem Antrag bzw. Beschluss **eindeutig** hervorgehen, ansonsten das Teilnahmerecht im Interesse der Nichtöffentlichkeit der BR-Sitzungen auf **eine** Sitzung beschränkt werden muss[2].

8 Der Beauftragte nimmt nach dem Gesetzeswortlaut nur „**beratend**" an der Sitzung teil, dh. er hat kein Stimmrecht, gleichwohl aber Einfluss auf die Willensbildung. Er darf damit auch keine Anträge zur Beschlussfassung stellen, sondern diese nur anregen[3]. Auf seinen Antrag hin ist ihm das Rederecht zu erteilen. Als Teilnehmer an den BR-Sitzungen ist der Gewerkschaftsbeauftragte wie die BR-Mitglieder zur **Verschwiegenheit** nach § 79 II verpflichtet[4]. Die Gewerkschaft kann daher von dem Teilnehmer keinen ausführlichen Bericht über die Beratungsgegenstände verlangen.

9 Zur Ausübung seines Teilnahmerechts steht dem Beauftragten ein **Zutrittsrecht** zumindest zum Versammlungsraum des BR zu[5]. Dies muss auch dann gelten, wenn der BR den ArbGeb nicht über die Teilnahme des Gewerkschaftsbeauftragten informiert hat, um seine ordnungsgemäße Arbeit nicht zu behindern. Denn § 31 ist nach hM **lex specialis** zu § 2 II[6]. Das Zutrittsrecht kann nach der Rspr. selbst dann nicht eingeschränkt werden, wenn der Beauftragte zugleich im Aufsichtsrat eines Konkurrenzunternehmens tätig ist[7]. Dieser Rspr. ist nur mit Zurückhaltung zu folgen, da die Teilnahme eines Gewerkschaftsbeauftragten nicht über den beschränkten Zweck des § 31 hinaus zu einer unangemessenen Gefährdung berechtigter ArbGebInteressen führen darf.

10 **VI. Streitigkeiten.** Die Verweigerung des Zutritts zum Betrieb kann sogar **strafrechtliche** Folgen nach sich ziehen, § 119 I Nr. 2. Auch die Verletzung der Schweigepflicht ist strafbewehrt, § 120 I Nr. 2, § 120 II. Verstöße gegen die Norm können auch Konsequenzen nach § 23 auslösen. Streitigkeiten entscheidet das ArbG im **Beschlussverfahren** nach § 2a I Nr. 1, II iVm. 80 ff. ArbGG.

32 *Teilnahme der Schwerbehindertenvertretung*

Die Schwerbehindertenvertretung (§ 94 des Neunten Buches Sozialgesetzbuch) kann an allen Sitzungen des Betriebsrats beratend teilnehmen.

§ 32 zuletzt geändert (Verweis auf SGB IX) durch Art. 39 Nr. 1 des Sozialgesetzbuchs – Neuntes Buch – (SGB IX) vom 16.6.2001 (BGBl. I S. 1046) und durch das BetrVerf-ReformG v. 23.7.2001 (BGBl. I S. 1852), vgl. Neubekanntmachung v. 25.9.2001 (BGBl. I S. 2518).

1 **I. Inhalt und Zweck.** Die Vorschrift musste 2001 durch Inkrafttreten des SGB IX an die neue Gesetzeslage (im Klammerverweis) angepasst werden. Sie räumt der Schwerbehindertenvertretung das **Recht zur Teilnahme** an allen BR-Sitzungen und, jetzt ausdrücklich durch § 95 IV 1 SGB IX, auch an dessen Ausschusssitzungen[8] ein. Das Teilnahmerecht besteht nach **neuer** Gesetzeslage (§ 95 V SGB IX) ausdrücklich auch für Besprechungen nach § 74, obwohl es sich hierbei nicht um (förmliche) BR-Sitzungen iSd. § 32 handelt[9]. Anders als dem Gewerkschaftsbeauftragten nach § 31 steht der Schwerbehindertenvertretung das Teilnahmerecht **kraft Gesetzes** zu. Es steht für den BR nicht zur Disposition, vgl. auch § 29 II 4 (§ 29 Rz. 12), und verdeutlicht die *prozedurale* Umsetzung des verfassungs-[10] und einfachrechtlichen[11] **Förderungsauftrags** zu Gunsten behinderter Menschen in der betrieblichen Arbeitswelt.

2 **II. Schwerbehindertenvertretung (§§ 93–99 SGB IX).** Die Schwerbehindertenvertretung ist **selbständiges Organ** der Betriebsverfassung und nicht Teil des BR[12]. Vertrauensperson und Stellvertreter sind *als solche* auch nicht Mitglieder des BR, sondern beziehen alle ihre Kompetenzen aus §§ 93 ff. SGB IX. Sie können aber *zugleich* auch Mitglieder des BR sein („Doppelamt" ist zulässig, hM)[13]. Ihre **Aufgaben** nach § 95 I 1 SGB IX, nämlich Interessenvertretung und Integrationsförderung schwerbehinderter Menschen, auch zB für die in Ausbildung befindlichen schwerbehinderten **Rehabilitanden**[14], unterscheiden sich von der Tätigkeit des BR. Eine Schwerbehindertenvertretung ist in Betrieben oder Dienststellen mit mindestens **fünf** nicht nur vorübergehend beschäftigten schwerbehinderten Menschen einzurichten

1 BAG v. 28.2.1990 – 7 ABR 22/89, BAGE 64, 229 = NZA 1990, 660. | 2 Zutr. Richardi/*Thüsing*, § 31 BetrVG Rz. 14. | 3 So DKK/*Wedde*, § 31 BetrVG Rz. 16. | 4 HM, vgl. *Fitting*, § 31 BetrVG Rz. 25; GK-BetrVG/*Raab*, § 31 Rz. 26. | 5 Weiter gehend ArbG Elmshorn v. 28.5.1999 – 3 BV Ga 26b/99, AiB 1999, 521, das den Zugang zum gesamten Betrieb einräumen will. | 6 HM, vgl. *Fitting*, § 31 BetrVG Rz. 24; Richardi/*Thüsing*, § 31 BetrVG Rz. 24; etwas anders GK-BetrVG/*Raab*, § 31 Rz. 23 und *Schwerdtner*, JZ 1974, 455 (459), die keine die Generalnorm des § 2 II verdrängende Wirkung anerkennen. | 7 LAG Hamm v. 28.1.1986 – 8 TaBV 5/86, DB 1987, 1595. | 8 Vgl. (zur alten Rechtslage) zum gemeinsamen Ausschuss nach § 28 III BAG v. 21.4.1993 – 7 ABR 44/92, NZA 1994, 43; zum Wirtschaftsausschuss BAG v. 4.6.1987 – 6 ABR 70/85, NZA 1987, 861. | 9 Daher seinerzeit abl. BAG v. 19.1.1984 – 6 ABR 19/83, BAGE 45, 22 = NZA 1984, 166. | 10 Vgl. Art. 3 III 2 GG. | 11 Vgl. Bundesgleichstellungsgesetz für behinderte Menschen (BGG) vom 27.4.2002, BGBl. I S. 1467; dazu ferner *Feldes*, AiB 2002, 291; *Stähler*, NZA 2002, 777. | 12 BAG v. 21.9.1989 – 1 AZR 465/88, NZA 1990, 362; ferner *Fitting*, § 32 BetrVG Rz. 14; GK-BetrVG/*Raab*, § 32 Rz. 10. | 13 HM, vgl. nur *Fitting*, § 32 BetrVG Rz. 15; GK-BetrVG/*Raab*, § 32 Rz. 10. | 14 BAG v. 16.4.2003 – 7 ABR 27/02, NZA 2003, 1105.

und besteht aus einer **Vertrauensperson** und mindestens einem stellvertretenden Mitglied, vgl. § 94 I 1 SGB IX. Der BR hat die Integration schwerbehinderter Menschen zu **fördern** und auf die Wahl der Schwerbehindertenvertretung **hinzuwirken**, vgl. § 93 SGB IX bzw. § 80 I Nr. 4. Dazu gehört auch, die betroffenen ArbN auf ihr Wahlrecht hinzuweisen und ihnen bei der Organisation der Wahlen beizustehen. Zur Frage der Heranziehung weiterer stellvertretender Mitglieder nach § 95 I 4 SGB IX vgl. BAG v. 7.4.2004 – 7 ABR 35/03, NZA 2004, 1103.

Wählbar nach neuem Recht sind entsprechend § 9 **alle** ArbN des Betriebs (nicht nur schwerbehinderte Menschen), die am Wahltage das 18. Lebensjahr vollendet haben und dem Betrieb seit sechs Monaten angehören, § 94 III 1 SGB IX. Damit kann es nicht mehr zu **Interessenkonflikten** zwischen Schwerbehindertenvertretung und BR kommen, wie sie nach altem Recht auftraten (zB Schwerbeschädigtenvertreter als leitender Angestellter[1]), da nach neuem Recht nur zum Schwerbehindertenvertreter gewählt werden darf, wer auch in den BR gewählt werden kann (§ 94 III 2 SGB IX)[2]. 3

III. Teilnahme mit Beratungsrecht. Die Schwerbehindertenvertretung nimmt wie der Gewerkschaftsbeauftragte nur **beratend** an den Sitzungen teil. MitbestR kann allein der BR wahrnehmen. Rechte und Pflichten entsprechen denen des Gewerkschaftsbeauftragten (vgl. § 31 Rz. 8). Die Schwerbehindertenvertretung kann insb. nicht verlangen, dass eine Sitzung einberufen wird, vgl. § 29 III. Allerdings entspricht es einer **Loyalitätspflicht** des BR aus § 80 I Nr. 4, Themen, die die Schwerbehindertenvertretung besprechen möchte, auf die Tagesordnung der nächsten geeigneten Sitzung zu setzen, § 95 IV 1 Hs. 2 SGB IX. Hinsichtlich der **Vertraulichkeit** ist § 96 VII SGB IX als lex specialis anwendbar, verdrängt aber nicht die Regel des § 30, da beide Vorschriften einen unterschiedlichen Schutzbereich haben. 4

IV. Streitigkeiten. Streitigkeiten über die Teilnahme der Schwerbehindertenvertretung an den Sitzungen des BR sowie über ihre Befugnisse im Bereich der Betriebsverfassung entscheiden die ArbG grundsätzlich im **Beschlussverfahren** (§ 2a I Nr. 1, II iVm. §§ 80 ff. ArbGG)[3]. Die Unterlassung der Ladung bzw. die Nichtteilnahme der Schwerbehindertenvertretung können Sanktionen nach § 23 auslösen, wenn eine bewusste Ausschaltung der Schwerbehindertenvertretung beabsichtigt ist. Jedoch haben solche Pflichtverletzungen idR **keinen Einfluss** auf die Wirksamkeit von Beschlüssen des BR[4]. Der BR ist **antragsbefugt**, wenn die Wahl der Schwerbehindertenvertretung angefochten werden soll[5]. 5

33 *Beschlüsse des Betriebsrats*

(1) Die Beschlüsse des Betriebsrats werden, soweit in diesem Gesetz nichts anderes bestimmt ist, mit der Mehrheit der Stimmen der anwesenden Mitglieder gefasst. Bei Stimmengleichheit ist ein Antrag abgelehnt.

(2) Der Betriebsrat ist nur beschlussfähig, wenn mindestens die Hälfte der Betriebsratsmitglieder an der Beschlussfassung teilnimmt; Stellvertretung durch Ersatzmitglieder ist zulässig.

(3) Nimmt die Jugend- und Auszubildendenvertretung an der Beschlussfassung teil, so werden die Stimmen der Jugend- und Auszubildendenvertreter bei der Feststellung der Stimmenmehrheit mitgezählt.

§ 33 idF des BetrVG 1972 (v. 15.1.1972, BGBl. I S. 13), Abs. 3 zuletzt geändert durch das Gesetz zur Bildung von Jugend- und Auszubildendenvertretungen in den Betrieben (v. 13.7.1988, BGBl. I S. 1034).

I. Inhalt und Zweck. Die Vorschrift regelt die **Willensbildung** des BR. Als Kollegialorgan trifft er seine Entscheidungen durch Beschluss. Abs. 1 u. 3 regeln die **Beschlussfassung**, Abs. 2 die **Beschlussfähigkeit**. Der BR ist beschlussfähig, wenn mindestens die Hälfte der BR-Mitglieder an der Beschlussfassung teilnehmen. Zur Beschlussfassung genügt die **einfache Mehrheit** der Stimmen der anwesenden Mitglieder, soweit das Gesetz nicht ausnahmsweise (zB in § 27 II 2) eine qualifizierte Mehrheit verlangt. Die Stimmen der JAV haben das Gleiche Gewicht wie die Stimmen der BR-Mitglieder. BR-interne **Wahlen** sind zwar keine Beschlüsse iSd. § 33, werden aber nach hM dennoch **entsprechend** Abs. 2 in Bezug auf Beschlussfähigkeit und Stellvertretung durch Ersatzmitglieder behandelt (vgl. § 26 Rz. 3; § 27 Rz. 4)[6]. 1

Die Regelung von Beschlussfähigkeit und Beschlussfassung ist – wie idR alles Organisationsrecht – **zwingend**. Abweichende Regelungen können weder in TV noch in BV noch in einer Geschäftsordnung getroffen werden, doch kann in der Geschäftsordnung das Verfahren der Beschlussfassung näher geregelt werden[7]. Die Norm gilt **entsprechend** für den Betriebsausschuss und die weiteren Ausschüsse[8], für Arbeitsgruppen nach § 28a wohl nur in vorsichtiger Analogie (vgl. § 28a Rz. 16). Bei der Übertragung von 2

1 LAG Hess. v. 22.10.1973 – Ta BV 13/73, BB 1974, 244. |2 Näher zu den zwischen 1.10. und 30.11. alle vier Jahre stattfindenden Wahlen (§ 94 V SGB IX) *Sieg*, NZA 2002, 1064. |3 BAG v. 21.9.1989 – 1 AZR 465/88, BAGE 62, 382 = NZA 1990, 362. |4 HM, vgl. *Fitting*, § 32 BetrVG Rz. 24; GK-BetrVG/*Raab*, § 32 Rz. 13. |5 ArbG Kaiserslautern v. 26.6.1984 – 2 BV 11/84, NZA 1984, 331. |6 HM, vgl. DKK/*Wedde*, § 33 BetrVG Rz. 3; GK-BetrVG/*Raab*, § 33 Rz. 14. |7 HM, vgl. *Fitting*, § 33 BetrVG Rz. 7; GK-BetrVG/*Raab*, § 33 Rz. 5. |8 HM, vgl. *Fitting*, § 33 BetrVG Rz. 2; GK-BetrVG/*Raab*, § 33 Rz. 3.

Aufgaben zur **selbständigen** Erledigung kann der BR sowohl bei Ausschüssen als auch bei Arbeitsgruppen verschärfte Anforderungen an die Wirksamkeit der Beschlüsse festlegen[1].

3 **II. Äußere Voraussetzungen (Abs. 2). 1. Förmliche Sitzung.** Wirksame Beschlüsse des BR können nur in einer „förmlichen" Sitzung gefasst werden (vgl. § 29 Rz. 7). Eine Beschlussfassung im **Umlaufverfahren**, dh. mittels der Versendung eines vorformulierten Beschlussvorschlags mit der Bitte um schriftliche Zustimmung, ist selbst dann **ausgeschlossen**, wenn alle BR-Mitglieder einverstanden sind. Denn damit würde das von Abs. 2 vorausgesetzte Erfordernis der **gleichzeitigen Anwesenheit** von mindestens der Hälfte der Mitglieder und das Teilnahmerecht Dritter unterlaufen. Auch wäre dann die **Willensbildung** im Wege einer mündlichen Beratung durch Argumentation und Diskussion unter den Teilnehmern nicht gesichert[2]. Aus dem gleichen Grund scheidet eine **fernmündliche oder -schriftliche Beschlussfassung** aus. Eine Beschlussfassung via Telefon-, Video- oder Online-Konferenz ist ebenfalls unzulässig, weil hierbei die Nichtöffentlichkeit der Sitzung (§ 30 S. 4) nicht gesichert ist[3]. Den **ArbGeb** kann auch dann, wenn er von unzulässigen Beschlussfassungen jeglicher Art erfährt, keine Hinweis- bzw. Aufklärungspflicht (etwa aus § 2 I) treffen[4], weil es sich um betriebsratsinterne Vorgänge handelt und der BR seine gesetzlichen Aufgaben selbständig und in eigener Verantwortung wahrnimmt[5].

4 Förmliche Sitzungen des BR setzen außerdem eine **ordnungsgemäße Einberufung** voraus. Wirksame Beschlüsse können nicht im Rahmen informeller Besprechungen oder zufälliger Begegnungen gefasst werden[6]. Nach § 29 II 3 ist die **rechtzeitige Ladung** aller Teilnahmeberechtigten (ggf. der Ersatzmitglieder[7]) unter Mitteilung der die Beschlussgegenstände klar benennenden **Tagesordnung**[8] hierfür notwendig, um den allgemeinen Grundsätzen ordnungsgemäßer Beschlussfassung gerecht zu werden, vgl. § 29 Rz. 15.

5 **2. Beschlussfähigkeit.** Nach Abs. 2 kann ein Beschluss nur gefasst werden, wenn **mindestens die Hälfte der BR-Mitglieder** (einschließlich der Ersatzmitglieder, Abs. 2 Hs. 2) „an der Beschlussfassung **teilnimmt**". Anders als noch nach § 32 II BetrVG 1952 genügt nicht deren bloße (körperliche) Anwesenheit, vielmehr wird klargestellt, dass zusätzlich auch die **Beteiligung** an jeder einzelnen **Stimmabgabe** vorliegen muss[9]. Als Stimmabgabe in diesem Sinn zählt auch die bewusste Stimmenthaltung (hM). Schläft dagegen ein Mitglied, nimmt es gerade nicht an der Abstimmung teil[10]. Da der BR stets aus einer **ungeraden Zahl** von Mitgliedern besteht, ist praktisch die Teilnahme von mehr als der Hälfte der BR-Mitglieder erforderlich. Stimmberechtigte JAV-Mitglieder werden für die Beschlussfähigkeit **nicht berücksichtigt**. Abs. 3 möchte lediglich klar stellen, dass ihr Stimmrecht nach § 67 II bei der Feststellung der einfachen Mehrheit nach Abs. 1 zu berücksichtigen ist, bezieht sich aber nicht auf Abs. 2[11].

6 Für die **Zahl der Mitglieder** ist auf den nach §§ 9, 11 ordnungsgemäß besetzten BR abzustellen. Falls ein ausgeschiedenes Mitglied nicht mehr durch ein Ersatzmitglied ersetzt werden kann, ist solange von der Zahl der noch vorhandenen BR-Mitglieder (einschließlich der nachgerückten Ersatzmitglieder), also von der **Ist-Stärke** auszugehen, wie der BR bis zur durchzuführenden Neuwahl (§ 13 II Nr. 2) noch im Amt ist[12]. Entsprechendes gilt, wenn mehr als die Hälfte der BR-Mitglieder wegen eines **Stimmverbots** nicht stimmberechtigt ist und nicht durch Ersatzmitglieder vertreten werden kann[13]. Die Regelung des Abs. 2 Hs. 2 dient nur als Hinweis auf § 25, erweitert diese Norm aber nicht. Ein BR-Mitglied kann sich daher nicht beliebig, sondern **nur** in den in § 25 I 2 genannten Fällen „zeitweiliger Verhinderung" **vertreten** lassen (vgl. § 25 Rz. 4).

7 Da die Beschlussfähigkeit **bei jeder einzelnen Abstimmung** vorliegen muss, ist es weder ausreichend noch erforderlich, dass der BR zu Beginn der Sitzung beschlussfähig ist. Diese kann durch das „Herbei-Zitieren" weiterer Mitglieder noch erreicht werden[14]. Eine eher akademische Frage ist die nach der **Nicht-Beteiligung** anwesender BR-Mitglieder, sei es konkludent (Schläfer[15]) oder durch ausdrückliche Erklärung[16], mit der möglichen Folge der Beschlussunfähigkeit des BR. Das kann im Einzelfall ein legitimes Mittel sein, um Zufallsmehrheiten zu verhindern, muss aber bei häufigerem und unbegründetem Verweigern der Teilnahme als **grobe Pflichtwidrigkeit** iSd. § 23 I mit dem Ausschluss geahndet werden[17].

---

1 Vgl. DKK/*Wedde*, § 33 BetrVG Rz. 1; GK-BetrVG/*Raab*, § 33 Rz. 3. | 2 HM, vgl. nur GK-BetrVG/*Raab*, § 33 Rz. 10 f.; Richardi/*Thüsing*, § 33 BetrVG Rz. 2; *Grosjean*, NZA-RR 2005, 113 (118). | 3 Vgl. nur GK-BetrVG/*Raab*, § 33 Rz. 11; Richardi/*Thüsing*, § 33 BetrVG Rz. 2. | 4 So aber DKK/*Wedde*, § 33 BetrVG Rz. 10 und LAG Hess. v. 21.2.1991 – 12 Sa 598/90, AuR 1992, 222 („Telefonrundspruch-Beschluss"), allerdings für den ArbGeb im öffentlichen Dienst. | 5 BAG v. 16.1.2003 – 2 AZR 707/01, NZA 2003, 927; v. 4.8.1975 – 2 AZR 266/74, BAGE 27, 209 (214 ff.) = DB 1975, 2184. | 6 HM, vgl. *Fitting*, § 33 BetrVG Rz. 20; GK-BetrVG/*Raab*, § 33 Rz. 9. | 7 BAG v. 23.8.1984 – 2 AZR 391/83, NZA 1985, 254. | 8 BAG v. 28.4.1988 – 6 AZR 405/86, NZA 1989, 223; v. 28.10.1992 – 7 ABR 14/92, NZA 1993, 466. | 9 HM, vgl. *Fitting*, § 33 BetrVG Rz. 13; GK-BetrVG/*Raab*, § 33 Rz. 15. | 10 Vgl. *Fitting*, § 33 BetrVG Rz. 13; GK-BetrVG/*Raab*, § 33 Rz. 16. | 11 Vgl. GK-BetrVG/*Raab*, § 33 Rz. 22; Richardi/*Thüsing*, § 33 BetrVG Rz. 9. | 12 HM, vgl. DKK/*Wedde*, § 33 BetrVG Rz. 5; GK-BetrVG/*Raab*, § 33 Rz. 13. | 13 BAG v. 18.8.1982 – 7 AZR 437/80, DB 1983, 288. | 14 HM, vgl. *Fitting*, § 33 BetrVG Rz. 15; GK-BetrVG/*Raab*, § 33 Rz. 18. | 15 Das wird zB von Richardi/*Thüsing*, § 33 BetrVG Rz. 7; GK-BetrVG/*Raab*, § 33 Rz. 16 für ausreichend gehalten. | 16 Das fordern zB DKK/*Wedde*, § 33 BetrVG Rz. 6; *Fitting*, § 33 BetrVG Rz. 13 wegen der Abgrenzung zur Stimmenthaltung. | 17 Vgl. *Fitting*, § 33 BetrVG Rz. 15; GK-BetrVG/*Raab*, § 33 Rz. 19.

Entscheidend für den Nachweis der Beschlussfähigkeit ist die **Sitzungsniederschrift**, § 34. Da die Anwesenheitsliste, die der Sitzungsniederschrift anzufügen ist (§ 34 I S. 3), zum Nachweis der Beschlussfähigkeit nicht genügt, sollten, um Einwendungen zu begegnen, in das Protokoll neben Ja- und Nein-Stimmen auch die Stimmenthaltungen sowie – wenn nötig – die an der Abstimmung **nicht teilnehmenden** BR-Mitglieder aufgenommen werden[1]. 8

III. Beschlussfassung (Abs. 1, 3). Stimmberechtigt sind nach Abs. 1 S. 1 die „anwesenden Mitglieder" des BR. Bei Entscheidungen, die überwiegend jugendliche ArbN oder zur Berufsausbildung Beschäftigte nach § 60 I betreffen, sind deren Vertreter nach § 67 II ebenfalls stimmberechtigt. Abs. 3 bestätigt das, indem er die Anrechnung ihrer Stimmen für die Feststellung der Stimmenmehrheit nach Abs. 1 ausdrücklich anordnet. 9

1. Einfache Mehrheit. Nach Abs. 1 S. 1 fasst der BR seine Beschlüsse grundsätzlich mit **einfacher Mehrheit** der anwesenden Mitglieder. Bei Stimmengleichheit ist der Antrag abgelehnt, S. 2. Eine hiervon abweichende Regelung durch Geschäftsordnung ist nicht möglich (Rz. 2). Da ein Antrag nur angenommen ist, wenn er die Mehrheit der Stimmen der anwesenden Mitglieder erhält, wirkt eine **Stimmenthaltung** wie eine Ablehnung des Antrags, so ausdrücklich auch § 37 I 2 BPersVG[2]. Fraglich ist, ob ein BR-Mitglied diese Wirkung vermeiden kann, indem es erklärt, es nehme an der Abstimmung **nicht teil**[3]. Man wird das, wie oben Rz. 7 ausgeführt, als Nicht-Teilnahme akzeptieren müssen und nicht in das Ergebnis der Beschlussfassung nach Abs. 1 einbeziehen können. Doch bedarf das Verhalten einer schlüssigen Begründung, um es nicht als Pflichtverletzung werten zu müssen. 10

Beispiel: Bei einem aus 13 Mitgliedern bestehenden BR müssen mindestens **7** Mitglieder an der Beschlussfassung teilnehmen, um überhaupt einen wirksamen Beschluss zu Stande zu bringen, Abs. 2. Kommen zur Sitzung **10** Mitglieder, und stimmen von diesen **5** dafür, **3** dagegen bei **einer** Enthaltung sowie **einer** ausdrücklichen Nicht-Teilnahme, so ist die einfache Mehrheit nach Abs. 1 nach hM zu bejahen. Enthalten sich dagegen zwei der Stimme, ist der Antrag wegen Stimmengleichheit abgelehnt, Abs. 1 S. 2.

In folgenden speziellen Fällen fordert das Gesetz abweichend von Abs. 1 die **absolute Mehrheit** der Stimmen der BR-Mitglieder[4]: 11

- Rücktritt des BR, § 13 II Nr. 3,
- Übertragung von Aufgaben zur selbständigen Erledigung an den Betriebsausschuss, § 27 II 2,
- Ausschüsse des BR, § 28 I 3 Hs. 2,
- die Mitglieder des BR in gemeinsamen Ausschüssen, § 28 II,
- Übertragung von Aufgaben auf Arbeitsgruppen nach § 28a I 1,
- beim Erlass einer Geschäftsordnung, § 36,
- bei der Beauftragung des GBR oder des KBR, eine Angelegenheit für den BR mit der Unternehmens- bzw. Konzernleitung zu behandeln, §§ 50 II, 58 II,
- bei der Übertragung der Aufgaben des Wirtschaftsausschusses auf einen Ausschuss des BR, § 107 III 1.

Soweit die **Jugend- und Auszubildendenvertreter** stimmberechtigt sind, werden ihre Stimmen nach Abs. 3 bei der Feststellung der Stimmenmehrheit mitgezählt. Für die Wirksamkeit des Beschlusses ist aber nicht erforderlich, dass die Mehrheit der Mitglieder der JAV anwesend ist[5] oder dem Beschluss zugestimmt hat[6]. Soweit Beschlüsse der **Mehrheit** der Stimmen der BR-Mitglieder bedürfen (nicht nur der anwesenden, vgl. Rz. 10), und an diesen Beschlüssen die Mitglieder der JAV teilnehmen (denkbar im Fall des § 28 I 3), ist der Beschluss nur wirksam, wenn ihm sowohl die absolute Mehrheit des **erweiterten Gremiums** als auch die absolute Mehrheit der BR-Mitglieder zugestimmt hat. Solche organisatorischen Akte des BR können nämlich nicht gegen den Willen der Mehrheit seiner Mitglieder beschlossen werden[7]. 12

Soweit ein BR-Mitglied von einer Entscheidung des BR **persönlich, dh. konkret-individuell betroffen** ist, entfällt sein Stimmrecht wegen Interessenkollision. Niemand kann „Richter in eigener Sache" sein[8]. Persönlich betroffen ist das Mitglied zB, wenn es um seine Versetzung, außerordentliche Kündigung oder Amtsenthebung geht. Anstelle des betroffenen Mitglieds nimmt das nach § 25 I anstehende **Ersatzmitglied** an der Abstimmung teil. Nach Auffassung des BAG[9] ist das betroffene BR-Mitglied auch von 13

1 HM, vgl. *Fitting*, § 33 BetrVG Rz. 14; GK-BetrVG/*Raab*, § 33 Rz. 17. |2 HM, vgl. DKK/*Wedde*, § 33 BetrVG Rz. 16; *Fitting*, § 33 BetrVG Rz. 33; GK-BetrVG/*Raab*, § 33 Rz. 29; aA *Löwisch*, BB 1996, 1006. |3 Str., gegen irgendeine Berücksichtigung *Fitting*, § 33 BetrVG Rz. 34; Richardi/*Thüsing*, § 33 BetrVG Rz. 17; aA GK-BetrVG/*Raab* § 33 Rz. 29: Berücksichtigung als Ablehnung. |4 Vgl. Richardi/*Thüsing*, § 33 BetrVG Rz. 20; *Fitting*, § 33 BetrVG Rz. 36. |5 DKK/*Wedde*, § 33 BetrVG Rz. 18. |6 *Fitting*, § 33 BetrVG Rz. 40; GK-BetrVG/*Raab*, § 33 Rz. 21. |7 HM, vgl. *Fitting*, § 33 BetrVG Rz. 42; GK-BetrVG/*Raab*, § 33 Rz. 32. |8 BAG v. 3.8.1999 – 1 ABR 30/98, NZA 2000, 440; v. 23.8.1984 – 2 AZR 391/83, NZA 1985, 254. Gleiches gilt, wenn personelle Maßnahmen den Ehepartner betreffen, vgl. LAG Düsseldorf v. 16.12.2004 – 11 TaBV 79/04, AuR 2005, 164. |9 BAG v. 3.8.1999 – 1 ABR 30/98, BAGE 92, 162 = NZA 2000, 440.

der vorangehenden Beratung ausgeschlossen, weil das Ersatzmitglied nicht ohne Beratung sinnvoll abstimmen kann. Dagegen scheidet eine Interessenkollision bei **organisatorischen Akten** des BR aus (vgl. § 26 Rz. 3).

14 **2. Abstimmungsverfahren.** Zum Abstimmungsverfahren enthält das Gesetz keine Vorschriften. Die Abstimmung kann daher mündlich oder schriftlich, offen oder geheim erfolgen. Die Modalitäten der Beschlussfassung sollten in einer **Geschäftsordnung** des BR geregelt oder vom BR im Einzelfall beschlossen sein[1]. Über den Beschluss ist eine **Niederschrift** anzufertigen, § 34, was aber keine Wirksamkeitsvoraussetzung für den Beschluss darstellt, vgl. § 34 Rz. 3. Eine **stillschweigende** Beschlussfassung ist ausgeschlossen[2], auch kann nicht ein unterlassener Beschluss zB zur Begründung von Kostenerstattungsansprüchen nachträglich gefasst und ihm damit **rückwirkende** Geltung beigelegt werden (Rz. 21). Jedoch kann ein Beschluss durch **schlüssiges Verhalten** ergehen, wenn sich zB auf die Frage des Sitzungsleiters, ob jemand dem Antrag widersprechen wolle, niemand äußert oder die einmütige Zustimmung aus anderen Gründen evident ist[3].

15 **3. Änderung und Aufhebung.** Da spätere Beschlüsse frühere ablösen, ist eine Änderung, Ergänzung oder Aufhebung eines BR-Beschlusses möglich, solange er noch nicht durchgeführt bzw. noch **keine Rechtswirkungen nach außen** erlangt hat[4]. Hat der Beschluss jedoch durch Mitteilung an den ArbGeb Außenwirkung erlangt, ist der BR an ihn gebunden. Bei einer BV bleibt nur die Möglichkeit der Kündigung.

16 Beschlüsse des BR können **als solche nicht** nach § 19 **angefochten** werden, unterliegen aber dennoch einer gerichtl. Überprüfung (Rz. 18 ff.)[5]. Dagegen sind auf die **Stimmabgabe** die Regelungen über die Nichtigkeit und die Anfechtung von Willenserklärungen entsprechend anwendbar. BR-Mitglieder können daher ihre Stimmabgabe wegen **Irrtums, Täuschung oder Drohung** anfechten, §§ 119, 123 BGB. Hierdurch kann ein positiver Beschluss in einen negativen umgewandelt werden (und umgekehrt)[6]. Hat der positive Beschluss jedoch bereits **Außenwirkung** erlangt, muss dem Bestandsschutz der Vorrang vor dem Schutz fehlerfreier Willensbildung eingeräumt werden (hM).

17 **IV. Streitigkeiten.** Streitigkeiten über die Beschlussfähigkeit des BR und die Rechtswirksamkeit seiner Beschlüsse entscheidet das ArbG im Wege des **Beschlussverfahrens** (§ 2a I Nr. 1, II iVm. 80 ff. ArbGG), ggf. auch als Vorfrage im Urteilsverfahren. Das gilt auch dann, wenn der BR ein betriebsverfassungsrechtl. MitbestR für die im Bereich der privatisierten Postunternehmen beschäftigten Beamten wahrnimmt[7]. Antragsberechtigt ist, wer von dem Beschluss unmittelbar betroffen ist. Bei rein intern wirkenden Geschäftsführungsbeschlüssen des BR haben die Gewerkschaften **kein Antragsrecht**[8].

18 **1. Gerichtliche Rechtskontrolle.** Das Gesetz enthält keine Regelung über die Geltendmachung der Fehlerhaftigkeit von BR-Beschlüssen. Eine „Anfechtung" iSv. § 19 ist daher nicht möglich (Rz. 16). Dennoch muss das ArbG die **inhaltliche und formale Rechtmäßigkeit** der Beschlüsse überprüfen können, wobei insb. bei Verfahrensmängeln nicht jeder Formfehler zur **Unwirksamkeit** führen kann, sondern nur wesentliche Mängel die Beschlussnichtigkeit herbeiführen (Rz. 19). Die gerichtliche Kontrolle beschränkt sich auf eine Rechtskontrolle und darf keinesfalls die **Zweckmäßigkeit** des Beschlusses überprüfen[9]. Handelt der BR aber ermessensfehlerhaft, indem er sein Ermessen überschreitet oder missbraucht, so unterliegt auch dies der gerichtlichen Rechtskontrolle[10].

19 **2. Nichtigkeit von Beschlüssen.** Nichtig und damit unwirksam sind BR-Beschlüsse, wenn sie entweder einen **gesetzwidrigen Inhalt** haben oder in einem **nicht ordnungsgemäßen Verfahren** zu Stande gekommen sind. Kleinere Formfehler begründen jedoch noch nicht die Nichtigkeit, erforderlich ist vielmehr ein **grober Verstoß** gegen Vorschriften bzw. Grundsätze, deren Beachtung unerlässliche Voraussetzung einer ordentlichen Beschlussfassung ist[11].

20 **Nichtig** ist die Beschlussfassung demnach insb. in folgenden Fällen:

- nicht ordnungsgemäße **Ladung** aller BR-Mitglieder (§ 29 II 3),
- fehlende Beschlussfähigkeit (§ 33 II),
- Beschlussfassung außerhalb von förmlichen Sitzungen (Rz. 3),
- fehlende einfache oder (soweit erforderlich) absolute Mehrheit der Stimmen (§ 33 I, vgl. Rz. 12 ff.).

1 Vgl. nur *Fitting*, § 33 BetrVG Rz. 26; Richardi/*Thüsing*, § 33 BetrVG Rz. 23. | 2 HM, vgl. nur BAG v. 19.1.2005 – 7 ABR 24/04, nv.; v. 14.2.1996 – 7 ABR 25/95, NZA 1996, 892. | 3 HM, vgl. *Fitting*, § 33 BetrVG Rz. 32; GK-BetrVG/*Raab*, § 33 Rz. 38. | 4 HM, vgl. DKK/*Wedde*, § 33 BetrVG Rz. 22; *Fitting*, § 33 BetrVG Rz. 45. | 5 Hierzu ausf. *Fitting*, § 33 BetrVG Rz. 47 ff.; GK-BetrVG/*Raab*, § 33 Rz. 46 ff. | 6 Zutr. *Heinze*, DB 1973, 2089 (2093); GK-BetrVG/*Raab*, § 33 Rz. 49; Richardi/*Thüsing*, § 33 BetrVG Rz. 36. | 7 BAG v. 26.6.1996 – 1 AZB 4/96, NZA 1996, 1061; BVerwG v. 22.2.1998 – 6 P 3/97, NZA-RR 1998, 380. | 8 BAG v. 16.2.1973 – 1 ABR 18/72, DB 1973, 1254. | 9 HM, vgl. BAG v. 3.4.1979 – 6 ABR 64/76, DB 1979, 2091; *Fitting*, § 33 BetrVG Rz. 50; Richardi/*Thüsing*, § 33 BetrVG Rz. 40. | 10 Für den Personalrat vgl. BVerwG v. 22.3.1963 – 7 P 8.62, BVerwGE 16, 12; ferner GK-BetrVG/*Raab*, § 33 Rz. 67. | 11 BAG v. 28.10.1992 – 7 ABR 14/92, NZA 1993, 466; v. 28.4.1988 – 6 AZR 405/86, NZA 1989, 223; v. 23.8.1984 – 2 AZR 391/83, NZA 1985, 254; ferner *Fitting*, § 33 BetrVG Rz. 52 ff.; GK-BetrVG/*Raab*, § 33 Rz. 48, 51 ff.

Wirksam ist die Beschlussfassung dagegen trotz folgender Mängel[1]:

- fehlende Wahrung der Nichtöffentlichkeit der Sitzung (§ 30 S. 4),
- fehlende Aufnahme des Beschlusses in die Sitzungsniederschrift (§ 34 I),
- Verstoß gegen Vorschriften der Geschäftsordnung (§ 36),
- fehlende Ladung von Teilnahmeberechtigten *ohne* Stimmrecht.

Die Nichtigkeit des Beschlusses führt zur **Nichtigkeit der** darauf beruhenden **Maßnahme**. Allerdings können zu Gunsten von ArbN und ArbGeb die Grundsätze des **Vertrauensschutzes** eingreifen (vgl. § 26 Rz. 10). Davon zu unterscheiden ist die Frage, ob ein **fehlender** Beschluss zB zur Entsendung eines BR-Mitglieds auf Schulungen nach § 37 VI noch **nachträglich** gefasst werden kann. Das BAG hat eine solche „nachträgliche" Beschlussfassung als Anspruchsgrundlage für eine Kostenerstattung nach § 40 entgegen einer früheren Entscheidung ausdrücklich abgelehnt[2]. Ist das Vorliegen eines wirksamen BR-Beschlusses streitig, muss sich das ArbG im Wege des Freibeweises ohne Bindung an Beweisregeln eine Überzeugung bilden. Legt der BR die Einhaltung der Voraussetzungen für einen wirksamen Beschluss des Gremiums über die Einleitung eines Gerichtsverfahrens im Einzelnen und unter Beifügung von Unterlagen dar, ist ein pauschales Bestreiten mit Nichtwissen durch den ArbGeb unbeachtlich[3]. 21

34 *Sitzungsniederschrift*

(1) Über jede Verhandlung des Betriebsrats ist eine Niederschrift aufzunehmen, die mindestens den Wortlaut der Beschlüsse und die Stimmenmehrheit, mit der sie gefasst sind, enthält. Die Niederschrift ist von dem Vorsitzenden und einem weiteren Mitglied zu unterzeichnen. Der Niederschrift ist eine Anwesenheitsliste beizufügen, in die sich jeder Teilnehmer eigenhändig einzutragen hat.

(2) Hat der Arbeitgeber oder ein Beauftragter einer Gewerkschaft an der Sitzung teilgenommen, so ist ihm der entsprechende Teil der Niederschrift abschriftlich auszuhändigen. Einwendungen gegen die Niederschrift sind unverzüglich schriftlich zu erheben; sie sind der Niederschrift beizufügen.

(3) Die Mitglieder des Betriebsrats haben das Recht, die Unterlagen des Betriebsrats und seiner Ausschüsse jederzeit einzusehen.

§ 34 idF des BetrVG 1972 (v. 15.1.1972, BGBl. I S. 13).

I. Inhalt und Zweck. Die Vorschrift regelt in Abs. 1 u. 2 Anfertigung und Aushändigung der **Sitzungsprotokolle** des BR sowie in Abs. 3 das Recht der BR-Mitglieder, die Unterlagen des BR und seiner Ausschüsse einzusehen. Im Einzelnen regelt Abs. 1 S. 1 den **Mindestinhalt** des Protokolls. Es muss den Wortlaut der Beschlüsse und die Stimmenmehrheit, mit der diese gefasst wurden, enthalten und ist vom Vorsitzenden und einem weiteren BR-Mitglied zu unterzeichnen, Abs. 1 S. 2. Dem Protokoll ist eine Anwesenheitsliste beizufügen, Abs. 1 S. 3. 1

Abs. 1 möchte durch die Protokollierungspflicht den **Nachweis** darüber **sicherstellen**, dass Beschlüsse des BR mit der erforderlichen Mehrheit gefasst worden sind und welchen Inhalt diese Beschlüsse haben. Bedeutung hat dies vor allem bei Streitigkeiten über die **Wirksamkeit** von Beschlüssen (§ 33 Rz. 18 ff.)[4]. Abs. 3 stellt sicher, dass alle BR-Mitglieder den Überblick über die Gesamttätigkeit des BR behalten können[5]. 2

Die Anfertigung der Niederschrift ist grundsätzlich **keine Voraussetzung** für die Wirksamkeit der Beschlüsse des BR (vgl. § 33 Rz. 20), weil es sich um eine bloße **Ordnungsregel** handelt[6]. Ausnahmen von diesem Grundsatz bilden die Fälle, in denen der Beschluss des BR für seine Wirksamkeit der **Schriftform** bedarf, so zB bei Erlass einer Geschäftsordnung, § 36, oder bei der Übertragung von Aufgaben auf Arbeitsgruppen, § 28a I 3 (Rz. 8). Ansonsten kann die Beschlussfassung als solche auch anderweitig, zB durch Zeugeneinvernahme, nachgewiesen werden. Die Niederschrift hat Bedeutung als **Beweismittel** in einer arbeitsgerichtl. Auseinandersetzung. Sie ist **Privaturkunde** iSd. § 416 ZPO und beweist insoweit nur, dass die Unterzeichner die Angaben in der Niederschrift gemacht haben, nicht aber, dass diese Angaben auch **richtig** sind[7]. 3

II. Sitzungsniederschrift (Abs. 1). Nach Abs. 1 S. 1 ist „über jede **Verhandlung**" des BR eine Niederschrift aufzunehmen, doch sind damit nach Überschrift und systematischer Stellung nur die **förmlichen** BR-Sitzungen gemeint (vgl. § 29 Rz. 7), nicht sonstige Verhandlungen oder Besprechungen des BR mit 4

---

1 Dazu vgl. DKK/*Wedde*, § 33 BetrVG Rz. 28; *Fitting*, § 33 BetrVG Rz. 55. | 2 BAG v. 8.3.2000 – 7 ABR 11/98, NZA 2000, 838 unter Aufgabe von BAG v. 28.10.1992 – 7 ABR 14/92, NZA 1993, 466; vgl. ferner GK-BetrVG/*Raab*, § 33 Rz. 64 ff.; *Reitze*, NZA 2002, 492. | 3 BAG v. 9.12.2003 – 1 ABR 44/02, NZA 2004, 746; vgl. ferner *Linsenmaier*, FS Wißmann, 2005, S. 378 (384 ff.). | 4 Vgl. GK-BetrVG/*Raab*, § 34 Rz. 14. | 5 Vgl. DKK/*Wedde*, § 34 BetrVG Rz. 19. | 6 HM, vgl. BAG v. 8.2.1977 – 1 ABR 82/74, DB 1977, 914; *Fitting*, § 33 BetrVG Rz. 44, § 34 Rz. 26; GK-BetrVG/*Raab*, § 34 Rz. 9; aA LAG Köln v. 25.11.1998 – 2 TaBV 38/98, NZA-RR 1999, 245. | 7 Keine *materielle* Beweiskraft, vgl. auch BAG v. 3.11.1977 – 2 AZR 277/76, DB 1978, 1135; GK-BetrVG/*Raab*, § 34 Rz. 12; Richardi/*Thüsing*, § 34 BetrVG Rz. 19.

dem ArbGeb zB nach § 74 I[1]. Ein Protokoll ist auch dann anzufertigen, wenn in der Sitzung keine Beschlüsse gefasst wurden[2]. An welchem Datum die Sitzung erfolgt ist, muss der zeitlichen Zuordnung wegen ebenfalls festgehalten sein (hM).

5 Die Niederschrift ist über die **gesamte Verhandlung** anzufertigen. Notwendiger **Mindestinhalt** sind der Wortlaut der Beschlüsse und die Stimmenmehrheit, mit der sie gefasst worden sind, S. 1. Dafür ist zunächst der **Wortlaut** des Antrags fest zu halten, über den abgestimmt worden ist. Sodann ist das Stimmverhalten sämtlicher Stimmberechtigten zu protokollieren. Neben der Anzahl der Ja-Stimmen sind auch die Anzahl der Gegenstimmen und der Enthaltungen sowie – falls der Fall eintritt – die Zahl derer zu protokollieren, die ihre Nichtteilnahme an der Abstimmung erklären. Ohne diese Angaben kann nämlich nicht überprüft werden, ob der Beschluss die erforderliche **Mehrheit** nach § 33 I gefunden hat, vgl. § 33 Rz. 8. Nicht erforderlich ist es, das Stimmverhalten Einzelner durch Namensnennung fest zu halten, da es hierauf für die Feststellung der Mehrheitsverhältnisse nicht ankommt. Dies gilt auch bei namentlicher Abstimmung[3].

6 Einstweilen frei.

7 Da das Gesetz nicht bestimmt, wer die Niederschrift aufzunehmen hat, empfiehlt sich die Bestellung eines **Schriftführers** durch BR-Beschluss. Soweit der Vorsitzende oder ein anderes BR-Mitglied für die Niederschrift verantwortlich zeichnen, ist die Hinzuziehung einer **Schreibkraft** zulässig[4]. **Tonbandaufnahmen** sind nur zulässig, wenn **alle** Anwesenden zustimmen[5]. Wegen der vorgeschriebenen Schriftform und Unterzeichnung muss die Tonaufnahme aber in Schriftform übertragen werden. Die Niederschrift ist nach der Sitzung möglichst rasch anzufertigen und den BR-Mitgliedern spätestens mit der Einladung zur nächsten Sitzung zuzuleiten.

8 Nach Abs. 1 S. 2 ist die Niederschrift vom Vorsitzenden und einem weiteren BR-Mitglied, idR dem gewählten Schriftführer, zu **unterzeichnen.** Nach dem Zweck der Vorschrift darf die Unterschrift nur von BR-Mitgliedern geleistet werden, die an der Sitzung teilgenommen haben[6]. Bedarf es für die Wirksamkeit eines Beschlusses der **Schriftform** (zB §§ 27 II 3, 36), reicht hierfür aus, wenn der Beschluss in die Niederschrift aufgenommen und diese ordnungsgemäß unterzeichnet wird (hM).

9 Nach Abs. 1 S. 3 ist der Niederschrift die von jedem Teilnehmer **eigenhändig unterschriebene Anwesenheitsliste** beizufügen, so dass sich nicht nur die BR-Mitglieder, sondern auch alle übrigen Teilnehmer der Sitzung inkl. zB des Beauftragten der Gewerkschaft oder des Vertreters des ArbGebVerbands, falls anwesend, sowie die Schreibkraft eintragen müssen. Sind BR-Mitglieder nur **vorübergehend anwesend**, so hat der BR-Vorsitzende bzw. der Schriftführer zum Nachweis der Beschlussfähigkeit des BR Angaben über Beginn und Ende der Anwesenheit zu machen[7]. Bestandteil der Niederschrift sind auch die nach Abs. 2 S. 2 erhobenen **Einwendungen** gegen das Protokoll bzw. die Vollständigkeit der Anwesenheitsliste, vgl. Rz. 12.

10 **III. Aushändigung einer Abschrift, Einwendungen (Abs. 2).** Nach Abs. 2 S. 1 ist dem ArbGeb oder Gewerkschaftsbeauftragten, soweit diese (beim ArbGeb auch dessen Vertreter) jeweils an einer BR-Sitzung **tatsächlich** teilgenommen haben, der ihrer Teilnahme entsprechende Teil der Niederschrift als **Abschrift** auszuhändigen. Die übrigen Teilnehmer haben dagegen keinen Anspruch auf Aushändigung einer Abschrift[8], doch ist die Aushändigung wohl zulässig und grundsätzlich auch zweckmäßig. Die Abschrift muss nur vom BR-Vorsitzenden unterzeichnet sein[9].

11 Über das Recht nach Abs. 2 S. 1 hinaus hat der ArbGeb **kein Recht auf Herausgabe** oder Einsichtnahme in die Niederschrift. Zwar sind Niederschriftsurkunden und Protokollbuch formal **Eigentum** des ArbGeb (vgl. § 40 Rz. 27)[10], doch besteht im Ergebnis Einigkeit, dass deren betriebsverfassungsrechtl. **Zweckbestimmung** im Ergebnis einer Nutzung durch den ArbGeb klar entgegensteht. Niederschriftsurkunden und Protokollbuch sind vom BR (auch über die jeweilige Amtsperiode hinaus) solange aufzubewahren, wie sie von rechtlicher Bedeutung sind. Der in § 257 IV HGB für die Aufbewahrung von Handelsbüchern vorgesehene Zeitraum von zehn Jahren wird in der Regel als ausreichend angesehen werden können[11].

---

1 Vgl. nur GK-BetrVG/*Raab*, § 34 Rz. 6; DKK/*Wedde*, § 34 BetrVG Rz. 2. | 2 HM, vgl. *Fitting*, § 34 BetrVG Rz. 6; GK-BetrVG/*Raab*, § 34 Rz. 6. | 3 Str., wie hier GK-BetrVG/*Raab*, § 34 Rz. 14; aA DKK/*Wedde*, § 34 BetrVG Rz. 3; *Fitting*, § 34 BetrVG Rz. 14. | 4 HM, vgl. DKK/*Wedde*, § 34 BetrVG Rz. 9; *Fitting*, § 34 BetrVG Rz. 11; Richardi/*Thüsing*, § 34 BetrVG Rz. 5; aA GK-BetrVG/*Raab*, § 30 Rz. 22; 34 Rz. 8 wegen Nichtöffentlichkeit der Sitzung, dem aber zutr. § 40 II entgegengehalten wird. | 5 HM, vgl. *Fitting*, § 34 BetrVG Rz. 12; GK-BetrVG/*Raab*, § 34 Rz. 17. | 6 Vgl. GK-BetrVG/*Raab*, § 34 Rz. 18; Richardi/*Thüsing*, § 34 BetrVG Rz. 9. | 7 HM, vgl. *Fitting*, § 34 BetrVG Rz. 21; GK-BetrVG/*Raab*, § 34 Rz. 20. | 8 Vgl. *Fitting*, § 34 BetrVG Rz. 24; Richardi/*Thüsing*, § 34 BetrVG Rz. 11; nach DKK/*Wedde*, § 34 BetrVG Rz. 16 können die BR-Mitglieder aber Aushändigung einer Abschrift oder Fotokopie verlangen, wenn sie diese für ihre Tätigkeit benötigen. | 9 HM, vgl. *Fitting*, § 34 BetrVG Rz. 23; GK-BetrVG/*Raab*, § 34 Rz. 23. | 10 Str., wie hier zB GK-BetrVG/*Raab*, § 40 Rz. 178; Richardi/*Thüsing*, § 34 BetrVG Rz. 22; aA DKK/*Wedde*, § 34 BetrVG Rz. 12; *Fitting*, § 40 BetrVG Rz. 107. | 11 So Richardi/*Thüsing*, § 34 BetrVG Rz. 23.

Nach Abs. 2 S. 2 sind **Einwendungen gegen die Niederschrift** unverzüglich zu erheben. Solche Einwendungen sollen keine „Gegenprotokolle" sein, sondern kurze Entgegnungen zu einzelnen beanstandeten Protokollinhalten oder Formulierungen der Sitzungsniederschrift[1]. Sie können nicht nur vom ArbGeb oder vom Beauftragten der Gewerkschaft, sondern **von allen** Sitzungsteilnehmern erhoben werden. Sie sind **unverzüglich**, dh. ohne schuldhaftes Zögern, und **schriftlich** beim BR zu erheben. Der BR-Vorsitzende hat die Gegendarstellung dem BR zur Kenntnis zu geben und auch dann der Niederschrift beizufügen, wenn er oder der BR sie für unzutreffend halten, Abs. 2 S. 2 Hs. 2[2]. Die Erhebung von Einwendungen hat keine unmittelbare Auswirkung auf die Wirksamkeit von BR-Beschlüssen, kann jedoch für die Würdigung der Beweiskraft der Niederschrift von Bedeutung sein. Es handelt sich um eine **Ordnungsregel**, die Zweifel an der Richtigkeit der Niederschrift möglichst umgehend ausräumen soll (hM). 12

Einstweilen frei. 13

IV. Einsichtsrecht (Abs. 3). Nach Abs. 3 haben die BR-Mitglieder das Recht, die Unterlagen des BR und seiner Ausschüsse jederzeit, dh. **ohne zeitliche Begrenzung** und **ohne sachlichen Grund**[3], einzusehen. Das Einsichtsrecht steht ausschließlich den Mitgliedern des BR zu, **nicht** dagegen zB der JAV, der Vertrauensperson der Schwerbehindertenvertretung usw. Die JAV-Mitglieder können jedoch nach § 70 II 2 verlangen, dass ihnen der BR die zur Durchführung ihrer Aufgaben erforderlichen Unterlagen zur Verfügung stellt. Soweit ein berechtigtes Interesse besteht und die Geheimhaltungspflicht nach § 79 nicht entgegensteht, kann der BR auch Personen, denen kein Einsichtsrecht zusteht, nach pflichtgemäßem Ermessen Auskünfte anhand der Unterlagen geben[4]. 14

Zu den **Unterlagen** iSd. Abs. 3 zählen sämtliche Schriftstücke, Niederschriften, Listen, Berechnungen, Materialien, Sitzungsunterlagen, Stellungnahmen und Akten, kurz: **alle schriftlichen Aufzeichnungen**, die der BR angefertigt hat oder die ihm für seine Geschäftsführung zur Verfügung stehen, auch wenn sie nur elektronisch gespeichert sind[5], darüber hinaus auch das Material, das der ArbGeb nach § 40 II dem BR zur Verfügung stellt, also Gesetzestexte, TV, Zeitschriften und Kommentare zum BetrVG[6]. 15

Da Abs. 3 sicherstellen soll, dass alle BR-Mitglieder den **Überblick über die Gesamttätigkeit** des BR behalten (Rz. 2), erstreckt sich das Einsichtsrecht auch auf die Unterlagen seiner **Ausschüsse**. BR-Mitglieder können also auch Einblick in Unterlagen von Ausschüssen nehmen, denen sie selbst nicht angehören[7], auch zB bei gemeinsamen Ausschüssen nach § 28 II[8], **nicht aber** bei Arbeitsgruppen nach § 28a, weil diese nicht Organe des BR sind[9]. Dagegen ändert auch die besondere Funktion des **Wirtschaftsausschusses** nichts daran, dass er als Ausschuss des BR dessen Mitgliedern Einsicht in seine Unterlagen zu gewähren hat[10], vgl. näher §§ 106, 108. Das Einsichtsrecht ist unabdingbar. Es kann nicht durch die Geschäftsordnung oder einen BR-Beschluss eingeschränkt werden (hM). 16

Abs. 3 gewährt dem BR-Mitglied nur ein Einsichtsrecht. Es kann daher **nicht** verlangen, dass ihm die Unterlagen **zur Verfügung gestellt** werden. Soweit hierfür ein sachliches Bedürfnis besteht, darf das BR-Mitglied aber zumindest **Notizen** bzw. **Abschriften** oder **Kopien** anfertigen (lassen). Das BAG[11] war dagegen der Auffassung, dass die Anfertigung von Kopien die – wenn auch nur kurzzeitige – Überlassung der Unterlagen voraussetze und daher nicht verlangt werden könne. Angesichts der heute üblichen Praxis, dass Betriebsräten ein Kopiergerät bzw. ein EDV-Netzwerk zur Verfügung steht und die Anfertigung von Kopien daher unter Aufsicht möglich ist, erscheint die Auffassung des BAG als zu formal und nicht interessengerecht[12]. 17

V. Streitigkeiten. Streitigkeiten über die Notwendigkeit der Anfertigung und die Richtigkeit der Niederschriften, über die Berechtigung und Behandlung von Einwendungen, über den Anspruch auf Aushändigung einer Abschrift und über das Einsichtsrecht in die Unterlagen des BR und seiner Ausschüsse entscheidet das ArbG im **Beschlussverfahren** (§ 2a I Nr. 1, II iVm. §§ 80 ff. ArbGG). **Antragsbefugt** sind alle Personen, die als Sitzungsteilnehmer Einwendungen gegen die Niederschrift erheben können oder Aushändigung einer Abschrift oder Einsicht in die Unterlagen des BR und seiner Ausschüsse verlangen können[13]. 18

---

1 LAG Hess. v. 19.5.1988 – 12 TaBV 123/87, DB 1989, 486; aA GK-BetrVG/*Raab*, § 34 Rz. 26. | **2** HM, vgl. *Fitting*, § 34 BetrVG Rz. 30; GK-BetrVG/*Raab*, § 34 Rz. 26. | **3** Enger aber LAG Nds. v. 16.2.2001 – 16 TaBV 46/00, NZA-RR 2001, 249: Für Unterlagen des Personalausschusses soll demnach ein sachlicher Grund erforderlich sein. | **4** HM, vgl. *Fitting*, § 34 BetrVG Rz. 35; GK-BetrVG/*Raab*, § 34 Rz. 29. | **5** So ArbG Stade v. 29.5.2007 – 2 BV 2/07. | **6** Vgl. nur DKK/*Wedde*, § 34 BetrVG Rz. 20; *Fitting*, § 34 BetrVG Rz. 36. | **7** HM, vgl. nur GK-BetrVG/*Raab*, § 34 Rz. 33; Richardi/*Thüsing*, § 34 BetrVG Rz. 26. | **8** HM, vgl. *Fitting*, § 34 BetrVG Rz. 39; GK-BetrVG/*Raab*, § 34 Rz. 33; einschr. für Personalausschüsse aber LAG Nds. v. 16.2.2001 – 16 TaBV 46/00, NZA-RR 2001, 249: sachlicher Grund erforderlich. | **9** Das wird zB von *Fitting*, § 34 BetrVG Rz. 38 nicht beachtet. | **10** Str., wie hier GK-BetrVG/*Raab*, § 34 Rz. 34; DKK/*Wedde*, § 34 BetrVG Rz. 19; aA Richardi/*Thüsing*, § 34 BetrVG Rz. 26. | **11** BAG v. 27.5.1982 – 6 ABR 66/79, DB 1982, 2578. | **12** HL, vgl. DKK/*Wedde*, § 34 BetrVG Rz. 23; *Fitting*, § 34 BetrVG Rz. 34; GK-BetrVG/*Raab*, § 34 Rz. 31; Richardi/*Thüsing*, § 34 BetrVG Rz. 28. | **13** HM, vgl. *Fitting*, § 34 BetrVG Rz. 32; GK-BetrVG/*Raab*, § 34 Rz. 27.

35 *Aussetzung von Beschlüssen*

(1) Erachtet die Mehrheit der Jugend- und Auszubildendenvertretung oder die Schwerbehindertenvertretung einen Beschluss des Betriebsrats als eine erhebliche Beeinträchtigung wichtiger Interessen der durch sie vertretenen Arbeitnehmer, so ist auf ihren Antrag der Beschluss auf die Dauer von einer Woche vom Zeitpunkt der Beschlussfassung an auszusetzen, damit in dieser Frist eine Verständigung, gegebenenfalls mit Hilfe der im Betrieb vertretenen Gewerkschaften, versucht werden kann.

(2) Nach Ablauf der Frist ist über die Angelegenheit neu zu beschließen. Wird der erste Beschluss bestätigt, so kann der Antrag auf Aussetzung nicht wiederholt werden; dies gilt auch, wenn der erste Beschluss nur unerheblich geändert wird.

§ 35 zuletzt geändert (Änderung in Abs. 1, Aufhebung von Abs. 3) durch das BetrVerf-ReformG v. 23.7.2001 (BGBl. I S. 1852), vgl. Neubekanntmachung v. 25.9.2001 (BGBl. I S. 2518).

1 **I. Inhalt und Zweck.** Die Norm dient dem Schutz der Interessen der jugendlichen ArbN und Auszubildenden sowie der Schwerbehinderten und wird nahezu wortgleich wiederholt in § 66 einerseits, § 95 IV 2 SGB IX andererseits. Lässt man eine solche legislative Redundanz schon zu, bedarf es jedenfalls einheitlicher Interpretation der „übereinstimmenden" Normierung. Sie gewährt den Vertretern dieser besonderen ArbN-Gruppen ein **suspensives Vetorecht**[1] gegen Beschlüsse des BR. Nach Abs. 1 bewirkt die Ausübung dieses Rechts, dass der Beschluss zunächst eine Woche auszusetzen ist, um ausreichend Zeit für die Herbeiführung einer Verständigung zu schaffen. Nach Abs. 2 ist über die Angelegenheit nach Ablauf der Wochenfrist erneut zu beschließen. Wird der erste Beschluss auf diese Weise bestätigt, so kann der Antrag auf Aussetzung nicht wiederholt werden. Letztlich kann die Wirksamkeit des Beschlusses von den Vertretern der besonderen ArbN-Gruppen also **nicht verhindert** werden.

2 Die Vorschrift ist wegen der Aufgabe des Gruppenschutzes durch das BetrVerf-Reformgesetz 2001 verändert worden. Durch den Wegfall des Gruppenantragsrechts in Abs. 1 geht es jetzt **nicht mehr** um den Schutz von **Minderheiten** (auch nicht von Minderheitslisten) im BR, sondern nur noch um die besondere Berücksichtigung der Belange der nach §§ 60 ff. BetrVG bzw. §§ 94 ff. SGB IX besonders vertretenen ArbN-Gruppen im BR. Die praktische Bedeutung des Aussetzungsanspruchs dürfte dadurch noch geringer sein als bisher[2].

3 **II. Aussetzung (Abs. 1).** Als „Beschlüsse" iSd. Abs. 1 nicht aussetzungsfähig sind die eigens im Gesetz geregelten **organisatorischen Akte** des BR wie zB die Wahlen des BR-Vorsitzenden und seines Stellvertreters (§ 26), der Mitglieder der BR-Ausschüsse (§§ 27, 28), der freizustellenden BR-Mitglieder (§ 38 II) usw.[3]. Solche Organisationsentscheidungen können nicht durch die Aussetzung in Frage gestellt werden, weil damit deren als **abschließend** gemeinte Regelung unterlaufen würde. Im Übrigen sind an den **Aussetzungsgrund**, also die durch einen BR-Beschluss entstandene „erhebliche Beeinträchtigung wichtiger Interessen der durch sie vertretenen ArbN", keine hohen Anforderungen zu stellen. Er muss nicht objektiv, sondern nur **subjektiv** („erachtet") nach Ansicht der jeweiligen Interessenvertretung vorliegen, so dass letztlich nur die **schlüssige** Behauptung des Aussetzungsgrunds vom BR-Vorsitzenden geprüft werden muss (formelles Prüfungsrecht, vgl. Rz. 5)[4].

4 **Antragsberechtigt** ist nur „die Mehrheit" der JAV, womit in Übereinstimmung mit § 66 I nicht die einfache, sondern die **absolute Mehrheit** des Gremiums gemeint ist, ohne dass aber zwingend ein förmlicher Beschluss in einer ordentlichen Sitzung vorliegen muss (sonst wäre ein Aussetzungsantrag schon während der BR-Sitzung nicht möglich)[5]. Für die Schwerbehindertenvertretung antragsberechtigt ist die gewählte **Vertrauensperson**, § 94 I 1 SGB IX. Beim Antragsrecht der Jugend- und Auszubildendenvertreter ist **zusätzlich** zu beachten, dass diese bei der Beschlussfassung ihr Stimmrecht nach § 67 II oder ihr beratendes Teilnahmerecht nach § 67 I 2 nicht **im Widerspruch** zum (späteren) Aussetzungsantrag geltend gemacht haben, indem sie zB nicht mehrheitlich dagegen stimmten oder sich dagegen aussprachen. Das Aussetzungsrecht könnte sonst wegen Rechtsmissbrauchs verweigert werden – es soll nicht als Korrektur von Versäumnissen bei der vorherigen Abstimmung herhalten[6].

5 **Folge** eines ordnungsgemäßen Antrags ist, dass der Beschluss für die Dauer von einer Woche auszusetzen ist, dh. während dieser Zeit **nicht vollzogen** werden kann. Der BR-Vorsitzende hat bei seiner Entscheidung über den Antrag kein materielles, sondern nur ein **formelles** Prüfungsrecht (Rz. 3), doch ist der Antrag auch bei **offensichtlicher** Unbegründetheit bzw. Unschlüssigkeit (zB keine spezifische Belastung ersichtlich), zumal dann, wenn der Beschluss eiliger Umsetzung bedarf, abzuweisen[7]. Die Grenze kann schon wegen des klaren Tatbestands in Abs. 1 nicht erst bei offensichtlicher Rechtsmiss-

1 Vgl. *Fitting*, § 35 BetrVG Rz. 1; GK-BetrVG/*Raab*, § 35 Rz. 9. | 2 So auch *Fitting*, § 35 BetrVG Rz. 1. | 3 HM, vgl. nur *Fitting*, § 35 BetrVG Rz. 5; GK-BetrVG/*Wiese/Raab*, § 35 Rz. 18. | 4 HM, vgl. *Fitting*, § 35 BetrVG Rz. 19; GK-BetrVG/*Wiese/Raab*, § 35 Rz. 19. | 5 Str. in Bezug auf die Förmlichkeit des Beschlusses, wie hier GK-BetrVG/*Wiese/Raab*, § 35 Rz. 10; Richardi/*Thüsing*, § 35 BetrVG Rz. 3; wohl auch HaKo-BetrVG/*Düwell*, § 35 Rz. 6, 9; ErfK/*Eisemann*, § 35 BetrVG Rz. 1; aA *Fitting*, § 35 BetrVG Rz. 7. | 6 HM, so vor allem Richardi/*Thüsing*, § 35 BetrVG Rz. 14 f.; vgl. ferner *Fitting*, § 35 BetrVG Rz. 8 f.; GK-BetrVG/*Wiese/Raab*, § 35 Rz. 12 f. | 7 HM, vgl. *Fitting*, § 35 BetrVG Rz. 19; GK-BetrVG/*Wiese/Raab*, § 35 Rz. 20.

bräuchlichkeit gezogen werden[1]. Fraglich ist aber, ob an der Wochenfrist auch dann festgehalten werden kann, wenn das suspensive Veto im **Außenverhältnis** zum ArbGeb die geforderte BR-Äußerung innerhalb der kurzen Ausschlussfristen zB nach §§ 99 III, 102 II verhindern würde (bzw. als „Zustimmung" gewertet würde). Der Gesetzgeber hat hierzu in § 95 IV 3 SGB IX klargestellt, dass durch die Aussetzung solche Fristen **nicht verlängert** werden. Damit sieht sich die hM bestätigt, wonach der Beschäftigtenschutz des § 35 **nicht** zu einer **Lähmung der BR-Arbeit** führen darf[2]. Die faktische Verkürzung der Aussetzungswirkung muss in diesen Fällen hingenommen werden. Jedoch kann der BR auch dem ArbGeb die getroffene Entscheidung mitteilen und zugleich auf den Aussetzungsantrag hinweisen. Ein verständiger ArbGeb wird die personelle Maßnahme dann erst durchführen, wenn die endg. Entscheidung gefallen ist.

Einstweilen frei. 6

III. Erneute Beschlussfassung (Abs. 2). Nach Abs. 2 S. 1 ist ein **neuer Beschluss** frühestens nach Ablauf der Wochenfrist herbeizuführen, und zwar unabhängig davon, ob es zu einer Verständigung gekommen ist oder nicht[3]. Die Beschlussfassung hat in einer nach § 29 II ordnungsgemäß einberufenen Sitzung unter Beachtung des § 33 zu erfolgen. Sie ist nur dann entbehrlich, wenn die Antragsteller ihren Aussetzungsantrag zurückgezogen haben. Eine Beschlussfassung **ohne Einhaltung der Wochenfrist** ist im Fall vorheriger Einigung oder im Fall des Einverständnisses der Antragsteller (auch bei Fristenkollision, vgl. Rz. 5) möglich[4]. 7

Der BR-Vorsitzende hat **möglichst rasch** zu einer Sitzung nach Ablauf der Frist einzuladen. Gegenstand der Beschlussfassung ist die Aufrechterhaltung des angegriffenen Beschlusses[5]. Zu beachten ist, dass die Aussetzungswirkung auch dann **endet**, wenn ein bestätigender Beschluss noch nicht ergangen ist. Denn ausschlaggebend für die Aussetzungswirkung ist der Ablauf der Wochenfrist nach Abs. 1, nicht der Zeitpunkt des erneuten Beschlusses nach Abs. 2[6]. Im Außenverhältnis ist der angegriffene Beschluss also weiter wirksam. 8

Wird der Beschluss mit der Mehrheit der Stimmen bestätigt, so kann der Antrag auf Aussetzung nach Abs. 2 S. 2 auch dann **nicht wiederholt** werden, wenn er nunmehr von anderen Antragsberechtigten gestellt wird[7]. Dies gilt auch, wenn der erste Beschluss **nur unerheblich** geändert wird, S. 2 Hs. 2. Wird dagegen ein neuer Beschluss gefasst, der erheblich vom ersten Beschluss abweicht, besteht von neuem die Möglichkeit, seine Aussetzung zu beantragen (hM). 9

IV. Streitigkeiten. Streitigkeiten, die sich aus Anträgen auf Aussetzung eines Beschlusses oder aus der Durchführung der Aussetzung ergeben, entscheidet das ArbG im **Beschlussverfahren** (§ 2a I Nr. 1, II iVm. §§ 80 ff. ArbGG). Nach dem BAG[8] gilt dies auch im Fall der Antragstellung bzw. der Beteiligung der Schwerbehindertenvertretung. Soweit es um die Zulässigkeit des Antrags auf Aussetzung geht, kann im Beschlussverfahren nur geprüft werden, ob die förmlichen Voraussetzungen des Antrags vorliegen, nicht, ob eine erhebliche Beeinträchtigung wichtiger Interessen vorliegt (Rz. 3, 5). Der BR-Vorsitzende kann von den Antragstellern auch durch eine **einstweilige Verfügung** zur rechtzeitigen Einberufung der erforderlichen Sitzung gezwungen werden[9]. 10

36 *Geschäftsordnung*

Sonstige Bestimmungen über die Geschäftsführung sollen in einer schriftlichen Geschäftsordnung getroffen werden, die der Betriebsrat mit der Mehrheit der Stimmen seiner Mitglieder beschließt.

§ 36 idF des BetrVG 1972 (v. 15.1.1972, BGBl. I S. 13).

I. Inhalt und Zweck. Die Norm gibt dem BR auf, „sonstige Bestimmungen über die Geschäftsführung" in einer **schriftlichen Geschäftsordnung** zu treffen. Wegen der großen Bedeutung einer Geschäftsordnung für den ordnungsgemäßen Ablauf der BR-Tätigkeit und aus Gründen der Rechtssicherheit bedarf es für den Beschluss über die Geschäftsordnung der **absoluten** Mehrheit der BR-Mitglieder sowie der Schriftform. Es handelt sich um eine **Sollvorschrift**, so dass ihre Nichtbefolgung idR keinen Einfluss auf die **Wirksamkeit** von BR-Beschlüssen hat (Rz. 6) und auch keine grobe Pflichtverletzung iSd. § 23 I darstellt[10]. Im Interesse des ordnungsgemäßen Ablaufs der BR-Tätigkeit und der Festlegung wesentlicher Modalitäten seiner Geschäftsführung im Sinne einer Selbstbindung ist die Verabschiedung einer Geschäftsordnung im (größeren) Kollegialorgan aber **geboten**[11]. 1

1 So aber DKK/*Wedde*, § 35 BetrVG Rz. 10. | 2 HM, vgl. *Fitting*, § 35 BetrVG Rz. 30; GK-BetrVG/*Wiese*/*Raab*, § 35 Rz. 22 f. | 3 HM, vgl. *Fitting*, § 35 BetrVG Rz. 24; GK-BetrVG/*Wiese*/*Raab*, § 35 Rz. 25. | 4 HM, vgl. *Fitting*, § 35 BetrVG Rz. 25; GK-BetrVG/*Wiese*/*Raab*, § 35 Rz. 26. | 5 Vgl. nur *Fitting*, § 35 BetrVG Rz. 24; Richardi/*Thüsing*, § 35 BetrVG Rz. 19. | 6 Vgl. *Fitting*, § 35 BetrVG Rz. 24; GK-BetrVG/*Raab*, § 35 Rz. 27. | 7 Die Frist ist für die neuen Antragsteller ja abgelaufen, vgl. *Fitting*, § 35 BetrVG Rz. 26; GK-BetrVG/*Raab*, § 35 Rz. 28. | 8 BAG v. 21.9.1989 – 1 AZR 465/88, NZA 1990, 362. | 9 HM, vgl. *Fitting*, § 35 BetrVG Rz. 34; GK-BetrVG/*Raab*, § 35 Rz. 32. | 10 HM, vgl. *Fitting*, § 36 BetrVG Rz. 9; GK-BetrVG/*Raab*, § 36 Rz. 6. | 11 Die Kann-Vorschrift des § 36 BetrVG 1952 wurde aus diesem Grund in eine Soll-Vorschrift umgewandelt, vgl. BT-Drs. VI/1786, S. 40; ferner MünchArbR/*Joost*, § 307 Rz. 84.

2 **II. Inhalt der Geschäftsordnung.** In der Geschäftsordnung können nur Einzelheiten der internen **Geschäftsführung**, dh. die Normen der §§ 26 ff. **konkretisierende Modalitäten** der Aufgabenerfüllung des BR geregelt werden. Eine Erweiterung seiner gesetzl. Befugnisse ist durch die Geschäftsordnung dagegen nicht möglich[1], insb. können in ihr nicht Fragen geregelt werden, für die eine **Vereinbarung mit dem ArbGeb** erforderlich ist. Eine über § 38 I hinausgehende Freistellung von BR-Mitgliedern kann daher nicht Gegenstand der BR-Geschäftsordnung sein[2]. Regelungen, die in eine **BV** gehören, gehören auch nicht in die Geschäftsordnung, es sei denn, sie wiederholen deren Text deklaratorisch[3].

3 Die Geschäftsordnung darf Bestimmungen der §§ 26–41 wiederholen, **nicht** aber **von zwingenden Vorschriften abweichen**, sondern diese nur ergänzen[4]. Sie kann daher nicht die einfache Mehrheit der Stimmen ausreichen lassen, wo das Gesetz die absolute Mehrheit fordert oder die absolute Mehrheit der Stimmen verlangen, wo das Gesetz die einfache Mehrheit ausreichen lässt (vgl. § 33 Rz. 2). Strittig ist, ob in der Geschäftsordnung den im Betrieb vertretenen Gewerkschaften ein **generelles Teilnahmerecht** an den BR-Sitzungen eingeräumt werden kann, was nach Sinn und Zweck des § 31 zu verneinen ist, vgl. näher § 31 Rz. 5[5].

4 Zulässig sind dagegen Regelungen, die präzisieren, welche Geschäfte nicht als **laufende Geschäfte** anzusehen und daher nicht vom Betriebsausschuss zu behandeln sind, vgl. § 27 Rz. 9, 10, doch dürfen dabei die **eigenen Kompetenzen** des Betriebsausschusses nach § 27 II 1 nicht unzulässig beschnitten werden. Die Übertragung **weiterer Aufgaben** zur selbständigen Erledigung an den Betriebsausschuss kann auch in der Geschäftsordnung erfolgen, vgl. § 27 Rz. 11[6]. In einem Betrieb mit mehr als 100 ArbN sind außerdem Regelungen in der Geschäftsordnung zulässig, die sog. **Fachausschüsse** zur Vorberatung bestimmter Fragen, zB für Unfallverhütung oder Personalfragen, vorsehen, vgl. § 28 Rz. 3 ff.

5 **III. Erlass und Wirkung der Geschäftsordnung.** Die Geschäftsordnung ist vom BR „mit der Mehrheit der Stimmen seiner Mitglieder", dh. mit der **absoluten** Mehrheit zu beschließen. Die Geschäftsordnung muss **schriftlich** niedergelegt sein und vom Vorsitzenden unterzeichnet werden[7]. Eine besondere Ausfertigung der Geschäftsordnung ist aber nicht erforderlich. Ausreichend ist die Aufnahme in die vom BR-Vorsitzenden unterzeichnete Niederschrift, § 34. Die fehlende Form kann jederzeit nachgeholt werden[8]. Im Hinblick auf ihre nur **interne Wirkung** muss die Geschäftsordnung nicht nach außen, auch nicht gegenüber dem ArbGeb, bekannt gemacht und **veröffentlicht** werden, um Wirksamkeit zu erlangen[9]. Die BR-Mitglieder haben im Gegensatz zum ArbGeb nach § 34 III nicht nur das Recht, **jederzeit** die Geschäftsordnung einzusehen, sondern darüber hinaus auch ohne gesetzl. Normierung Anspruch auf Aushändigung einer Kopie oder Abschrift (vgl. auch § 34 Rz. 17)[10].

6 Die Geschäftsordnung kann unter Beachtung der Schriftform mit den Stimmen der BR-Mehrheit jederzeit **geändert, ergänzt oder aufgehoben** werden. Außerdem kann in Einzelfällen mit dem gleichen Stimmenquorum (absolute Mehrheit) von ihr abgewichen werden[11]. Sie entfaltet **nur für die BR-Mitglieder**, insb. für den BR-Vorsitzenden, verbindliche Wirkung. Auch wenn die Geschäftsordnung somit nur eine **Selbstbindung** für die BR-Mitglieder bewirkt (Rz. 1), handelt es sich bei ihren Bestimmungen um echte Rechtsnormen[12]. Ein Verstoß gegen die Geschäftsordnung kann deshalb dann **zur Unwirksamkeit von BR-Beschlüssen** führen, wenn er für ein ordentliches Verfahren **zentrale Vorschriften** missachtet, vgl. § 33 Rz. 18 ff., nicht jedoch, wenn er äußere (formale) Regeln ohne inneren Bezug zur Willensbildung außer Acht lässt[13]. Abzulehnen ist dagegen die Ansicht, nach der die Geschäftsordnung immer nur Verfahrensrichtlinien enthalte, gegen die sanktionslos verstoßen werden dürfe[14]. Wiederholte grobe Verstöße gegen die Geschäftsordnung können außerdem eine Amtspflichtverletzung iSd. § 23 I darstellen.

7 Strittig ist, ob die Geschäftsordnung nur für die **Dauer der Amtszeit** des BR (hM[15]) oder auch kraft Nachwirkung für den nachfolgenden BR gilt, solange sie dieser nicht aufhebt[16]. Für die hM spricht der allgemein für Geschäftsordnungen geltende Grundsatz der Diskontinuität, so dass der neu amtierende BR trotz der Kontinuität des Amts die Geschäftsordnung seines Vorgängers nur durch **ausdrücklichen Beschluss** übernehmen kann – der BR ist nicht „identisch" mit seinem Vorgänger, sondern nur dessen Funktionsnachfolger, vgl. § 24 Rz. 2. Der Praxis kann also nicht zur stillschweigenden Übernahme der alten Geschäftsordnung geraten werden.

---

1 Ganz hM, vgl. *Fitting*, § 36 BetrVG Rz. 5; GK-BetrVG/*Raab*, § 36 Rz. 12. | 2 BAG v. 16.1.1979 – 6 AZR 683/76, DB 1979, 1516. | 3 Vgl. nur DKK/*Wedde*, § 36 BetrVG Rz. 4; GK-BetrVG/*Raab*, § 36 Rz. 12. | 4 HM, vgl. *Fitting*, § 36 BetrVG Rz. 5; GK-BetrVG/*Raab*, § 36 Rz. 11. | 5 Dafür aber BAG v. 28.2.1990 – 7 ABR 22/89, NZA 1990, 660; *Fitting*, § 36 BetrVG Rz. 6; aA Richardi/*Thüsing*, § 36 BetrVG Rz. 5. | 6 Vgl. Richardi/*Thüsing*, § 36 BetrVG Rz. 6. | 7 HM, vgl. *Fitting*, § 36 BetrVG Rz. 10; GK-BetrVG/*Raab*, § 36 Rz. 8. | 8 GK-BetrVG/*Raab*, § 36 Rz. 8. | 9 HM, vgl. *Fitting*, § 36 BetrVG Rz. 11; GK-BetrVG/*Raab*, § 36 Rz. 9. | 10 So auch ArbG München v. 12.4.1989 – 26b BV 42/89, AuR 1990, 132; DKK/*Wedde*, § 36 BetrVG Rz. 8; *Stege/Weinspach/Schiefer*, § 36 BetrVG Rz. 3; aA GK-BetrVG/*Raab*, § 36 Rz. 9. | 11 HM, vgl. *Fitting*, § 36 BetrVG Rz. 13; GK-BetrVG/*Raab*, § 36 Rz. 10; MünchArbR/*Joost*, § 307 Rz. 90; aA Richardi/*Thüsing*, § 36 BetrVG Rz. 13: Einverständnis *aller* Mitglieder nötig. | 12 Zutr. GK-BetrVG/*Raab*, § 36 Rz. 18. | 13 Wohl hM, wie hier GK-BetrVG/*Raab*, § 36 Rz. 18; MünchArbR/*Joost*, § 307 Rz. 89; Richardi/*Thüsing*, § 36 BetrVG Rz. 12; wohl auch *Fitting*, § 36 BetrVG Rz. 14. | 14 So zB DKK/*Wedde*, § 36 BetrVG Rz. 10; ErfK/*Eisemann*, § 36 BetrVG Rz. 2. | 15 HM, vgl. nur GK-BetrVG/*Raab*, § 36 Rz. 17; MünchArbR/*Joost*, § 307 Rz. 91. | 16 So Richardi/*Thüsing*, § 36 BetrVG Rz. 15; *Stege/Weinspach/Schiefer*, § 36 BetrVG Rz. 3.

IV. Streitigkeiten. Streitigkeiten über Erlass, Inhalt und Auslegung der Geschäftsordnung entscheidet das ArbG im Wege des **Beschlussverfahrens** (§ 2a I Nr. 1, II iVm. §§ 80 ff. ArbGG). Zur arbeitsgerichtl. Rechtskontrolle der inhaltlichen bzw. formalen Wirksamkeit von Beschlüssen vgl. § 33 Rz. 18 ff. 8

37 *Ehrenamtliche Tätigkeit, Arbeitsversäumnis*

(1) Die Mitglieder des Betriebsrats führen ihr Amt unentgeltlich als Ehrenamt.

(2) Mitglieder des Betriebsrats sind von ihrer beruflichen Tätigkeit ohne Minderung des Arbeitsentgelts zu befreien, wenn und soweit es nach Umfang und Art des Betriebs zur ordnungsgemäßen Durchführung ihrer Aufgaben erforderlich ist.

(3) Zum Ausgleich für Betriebsratstätigkeit, die aus betriebsbedingten Gründen außerhalb der Arbeitszeit durchzuführen ist, hat das Betriebsratsmitglied Anspruch auf entsprechende Arbeitsbefreiung unter Fortzahlung des Arbeitsentgelts. Betriebsbedingte Gründe liegen auch vor, wenn die Betriebsratstätigkeit wegen der unterschiedlichen Arbeitszeiten der Betriebsratsmitglieder nicht innerhalb der persönlichen Arbeitszeit erfolgen kann. Die Arbeitsbefreiung ist vor Ablauf eines Monats zu gewähren; ist dies aus betriebsbedingten Gründen nicht möglich, so ist die aufgewendete Zeit wie Mehrarbeit zu vergüten.

(4) Das Arbeitsentgelt von Mitgliedern des Betriebsrats darf einschließlich eines Zeitraums von einem Jahr nach Beendigung der Amtszeit nicht geringer bemessen werden als das Arbeitsentgelt vergleichbarer Arbeitnehmer mit betriebsüblicher beruflicher Entwicklung. Dies gilt auch für allgemeine Zuwendungen des Arbeitgebers.

(5) Soweit nicht zwingende betriebliche Notwendigkeiten entgegenstehen, dürfen Mitglieder des Betriebsrats einschließlich eines Zeitraums von einem Jahr nach Beendigung der Amtszeit nur mit Tätigkeiten beschäftigt werden, die den Tätigkeiten der in Absatz 4 genannten Arbeitnehmer gleichwertig sind.

(6) Die Absätze 2 und 3 gelten entsprechend für die Teilnahme an Schulungs- und Bildungsveranstaltungen, soweit diese Kenntnisse vermitteln, die für die Arbeit des Betriebsrats erforderlich sind. Betriebsbedingte Gründe im Sinne des Absatzes 3 liegen auch vor, wenn wegen Besonderheiten der betrieblichen Arbeitszeitgestaltung die Schulung des Betriebsratsmitglieds außerhalb seiner Arbeitszeit erfolgt; in diesem Fall ist der Umfang des Ausgleichsanspruchs unter Einbeziehung der Arbeitsbefreiung nach Absatz 2 pro Schulungstag begrenzt auf die Arbeitszeit eines vollzeitbeschäftigten Arbeitnehmers. Der Betriebsrat hat bei der Festlegung der zeitlichen Lage der Teilnahme an Schulungs- und Bildungsveranstaltungen die betrieblichen Notwendigkeiten zu berücksichtigen. Er hat dem Arbeitgeber die Teilnahme und die zeitliche Lage der Schulungs- und Bildungsveranstaltungen rechtzeitig bekannt zu geben. Hält der Arbeitgeber die betrieblichen Notwendigkeiten für nicht ausreichend berücksichtigt, so kann er die Einigungsstelle anrufen. Der Spruch der Einigungsstelle ersetzt die Einigung zwischen Arbeitgeber und Betriebsrat.

(7) Unbeschadet der Vorschrift des Absatzes 6 hat jedes Mitglied des Betriebsrats während seiner regelmäßigen Amtszeit Anspruch auf bezahlte Freistellung für insgesamt drei Wochen zur Teilnahme an Schulungs- und Bildungsveranstaltungen, die von der zuständigen obersten Arbeitsbehörde des Landes nach Beratung mit den Spitzenorganisationen der Gewerkschaften und der Arbeitgeberverbände als geeignet anerkannt sind. Der Anspruch nach Satz 1 erhöht sich für Arbeitnehmer, die erstmals das Amt eines Betriebsratsmitglieds übernehmen und auch nicht zuvor Jugend- und Auszubildendenvertreter waren, auf vier Wochen. Absatz 6 Satz 2 bis 6 findet Anwendung.

§ 37 zuletzt geändert (Änderungen in Abs. 3 u. 6) durch das BetrVerf-ReformG v. 23.7.2001 (BGBl. I S. 1852), vgl. Neubekanntmachung v. 25.9.2001 (BGBl. I S. 2518).

1 **I. Inhalt und Zweck.** Die Vorschrift regelt **wesentliche Fragen der Rechtsstellung** der BR-Mitglieder mit zwingender Wirkung und konkretisiert den Grundsatz des § 78 S. 2, wonach diese wegen ihrer Tätigkeit weder benachteiligt noch begünstigt werden dürfen. In Abs. 1 wird der Charakter des BR-Amts als **Ehrenamt** betont, so dass eine gesonderte Vergütung ausgeschlossen ist. In Abs. 2 u. 3 werden die Modalitäten der Arbeitsbefreiung für die BR-Tätigkeit und der Entgeltfortzahlung geregelt; korrespondierend hierzu ist die Regelung des § 38 zu sehen, in der eine **komplette Freistellung** von Amtsträgern von ihrer beruflichen Tätigkeit vorgesehen ist. Abs. 4 u. 5 wollen die Gleichbehandlung von BR-Mitgliedern in Bezug auf Entgelt- und Karriereentwicklung mit anderen ArbN sicherstellen. Abs. 6 u. 7 schließlich verdeutlichen, dass die regelmäßige Teilnahme an Schulungs- und Bildungsveranstaltungen für die BR-Mitglieder Bestandteil ihrer Amtstätigkeit ist.

2 Im Zusammenhang mit dem besonderen Kündigungs- und Versetzungsschutz sollen §§ 37, 38 und 40 dem BR-Mitglied mit der **äußeren** auch die **innere Unabhängigkeit** bei der Amtsführung sichern, um so eine sachgerechte Ausübung der gesetzlich vorgesehenen Interessenvertretung zu gewährleisten[1]. Eine Abkehr vom Ehrenamtsprinzip kann gerade wegen bekannt gewordener Skandale zB bei VW und Siemens rechtspolitisch nicht ernsthaft in Richtung „Anpassung“ an missbräuchliche Vergütungszahlungen an BR-Mitglieder vertreten werden – eine solche „Professionalisierung“ ist vom Gesetz gerade nicht gewollt[2]. Durch das BetrVerf-Reformgesetz vom 23.7.2001 wurden Abs. 3 S. 2 und Abs. 6 S. 2 neu eingefügt. Damit soll nach der amtl. Begründung der zunehmenden **Flexibilisierung** der persönlichen Arbeitszeiten auch von BR-Mitgliedern Rechnung getragen und klar gestellt werden, „dass erforderliche BR-Arbeit, die wegen unterschiedlicher Arbeitszeiten der BR-Mitglieder nicht innerhalb der persönlichen Arbeitszeit des einzelnen BR-Mitglieds durchgeführt werden kann, die Ausgleichsansprüche des Abs. 3 auslöst“ (vgl. Rz. 18)[3].

3 **II. Betriebsratsamt als Ehrenamt (Abs. 1).** Abs. 1 verknüpft den Charakter des BR-Amts als Ehrenamt mit dem streng zu handhabenden **Grundsatz der Unentgeltlichkeit**. Es soll keine auch nur mittelbare Vergütung oder sonstige materielle Besserstellung die finanzielle Unabhängigkeit des BR-Mitglieds und damit seine **innere** Unabhängigkeit in Frage stellen[4]. Unzulässig ist daher zB die Gewährung von Sitzungsgeldern oder Erschwerniszulagen[5] bzw. die Einräumung besonders günstiger Konditionen zB beim Verkauf von Firmenfahrzeugen etc. Entscheidend ist immer, ob dem BR-Mitglied mit Rücksicht auf sein **Amt** Vorteile gewährt werden, die vergleichbaren ArbN nicht eingeräumt werden. Auch ein freigestelltes BR-Mitglied darf nicht wegen seines Amtes für ein höheres als das vereinbarte Arbeitszeitdeputat entgolten werden[6]. Eine pauschale Abgeltung der amtsbedingten Auslagen und Aufwendungen ist nur im Rahmen des § 40 I zulässig, dh. dass eine Abrechnung in regelmäßigen Abständen zu erfolgen hat und keine versteckte Vergütung enthalten sein darf (vgl. § 40 Rz. 9). Betriebsübliche Reisekostenvergütungen nach Maßgabe der LStRichtlinien sind auch auf Reisen der BR-Mitglieder anzuwenden[7].

4 Das BR-Mitglied ist nicht Amtsträger öffentlichen, sondern privaten Rechts (hM). Es übt ein gesetzlich umfassend normiertes **privates Amt** aus, um die Sozialverträglichkeit betrieblicher Arbeitsbedingungen sicherzustellen[8], das jedoch dadurch nicht von seiner arbeitsvertragl. Grundlage abgelöst wird. Die Normen der §§ 37, 38 machen das deutlich, indem sie den Amtsträger (auch bei Freistellung) jeweils nach Maßgabe seiner arbeitsvertragl. Einstufung vergüten und damit Amtstätigkeit mit Vertragstätigkeit gleichstellen. Daher ist auch die Tätigkeit im BR trotz ihres ehrenamtlichen Charakters als Arbeitsleistung im **sozialversicherungsrechtlichen** Sinn einzustufen, so dass Unfälle in Ausübung der BR-Tätigkeit als **Arbeitsunfälle** gelten (hM)[9]. In ein **Arbeitszeugnis** (§ 109 GewO) kann die BR-Tätigkeit dagegen nur auf Wunsch des ArbN Eingang finden (hM)[10], weil „Leistung und Verhalten im Arbeitsverhältnis“ nicht von der Amtstätigkeit geprägt sein können; Ausnahmen können bei langjähriger Freistellung nach § 38 geboten sein.

5 Gegen das Ehrenamt verstoßende **Rechtsgeschäfte** sind auch dann, wenn zB eine BV zugrunde liegt, nach § 78 BetrVG iVm. § 134 BGB **nichtig**, verbotswidrige Zuwendungen können trotz § 817 S. 2 BGB zurückgefordert werden, weil hier der strenge (objektive) Verbotszweck der Vermögensverschiebung entgegensteht[11]. Die Annahme eines unzulässigen Vorteils kann einen Ausschluss nach § 23 I rechtferti-

---

1 HM, vgl. BAG v. 20.10.1993 – 7 AZR 581/92 (A), BAGE 74, 351 = NZA 1994, 278; ferner *Fitting*, § 37 BetrVG Rz. 1; GK-BetrVG/*Weber*, § 37 Rz. 6. | 2 Dazu näher *Fischer*, NZA 2007, 484; *Schweibert/Buse*, NZA 2007, 1080; speziell zum VW-Skandal auch *Rüthers*, NJW 2007, 195. | 3 BT-Drs. 14/5741, S. 40; vgl. auch *Engels/Trebinger/Löhr-Steinhaus*, DB 2001, 532 (537). | 4 Ganz hM, vgl. nur BAG v. 5.3.1997 – 7 AZR 581/92, NZA 1997, 1242; ferner *Fitting*, § 37 BetrVG Rz. 7 f.; GK-BetrVG/*Weber*, § 37 Rz. 9 ff. | 5 LAG Rh.-Pf. v. 8.3.2007 – 2 Sa 10/07: Zahlung monatlicher „Erschwerniszulagen“ an BR-Mitglieder kann nicht kraft „betrieblicher Übung“ Anspruchscharakter erhalten. | 6 BAG v. 16.2.2005 – 7 AZR 95/04, NZA-RR 2005, 556 (PersR-Mitglied erhält 30 statt 19,25 Wochenstd. bezahlt). | 7 BAG v. 29.1.1974 – 1 ABR 34/73, DB 1974, 1535. | 8 Vgl. *Reichold*, Betriebsverfassung als Sozialprivatrecht, 1995, S. 548 f.; *Fitting*, § 37 BetrVG Rz. 6; MünchArbR/*Joost*, § 308 Rz. 1. | 9 BSG v. 20.5.1976 – 8 RU 76/75, BSGE 42, 36 (BR-Mitglied als Mitglied der Tarifkommission einer Gewerkschaft); ferner *Fitting*, § 37 BetrVG Rz. 14; GK-BetrVG/*Weber*, § 37 Rz. 14. | 10 LAG Hamm v. 6.3.1991 – 3 Sa 1279/90, DB 1991, 1527; ferner *Fitting*, § 37 BetrVG Rz. 15; Richardi/*Thüsing*, § 37 BetrVG Rz. 12 mwN. | 11 HM, wie hier GK-BetrVG/*Weber*, § 37 Rz. 15; MünchArbR/*Joost*, § 308 Rz. 154; Richardi/*Thüsing*, § 37 BetrVG Rz. 9; aA DKK/*Wedde*, § 37 BetrVG Rz. 7; *Fitting*, § 37 BetrVG Rz. 11.

gen, außerdem ist der –allerdings wenig taugliche - Straftatbestand des § 119 I Nr. 3 zu beachten. Schließlich hat der VW-Skandal und seine Schmiergeldzahlungen an BR-Funktionäre auch zu Verurteilungen wegen Untreue (§ 266 StGB) geführt[1].

III. Arbeitsbefreiung wegen Betriebsratstätigkeit (Abs. 2). Abs. 2 geht davon aus, dass trotz der BR-Tätigkeit die vertragl. Arbeitspflichten des BR-Mitglieds **vollständig bestehen** bleiben. Weil die Amtstätigkeit aber grundsätzlich während der Arbeitszeit auszuüben ist (vgl. Abs. 3), wird in Abs. 2 eine vorübergehende Befreiung von den Arbeitspflichten aus **konkretem Anlass** angeordnet – nicht zu verwechseln mit der **Sonderregel** des § 38, der als lex specialis eine **generelle** Freistellung ermöglicht. Die vorübergehende Arbeitsbefreiung nach Abs. 2 muss der Erledigung von **BR-Aufgaben** dienen (Rz. 7) und zur ordnungsgemäßen Durchführung auch **erforderlich** sein (Rz. 10). Sind diese Voraussetzungen erfüllt, darf der ArbGeb das Arbeitsentgelt **nicht mindern** (Rz. 14). Zur ordnungsgemäßen Bewältigung der Amtsausübung kann zudem auch eine **Versetzung** von der Wechsel- in die Tagesschicht oder vom Außen- in den Innendienst geboten sein[2]. 6

1. Aufgabenbereich des Betriebsrats. Zu prüfen ist zunächst, ob überhaupt der **Kompetenzbereich** (Aufgabenbereich) des BR eröffnet ist und ein entsprechender Handlungsbedarf für seine Mitglieder besteht. Das ergibt sich vorrangig aus dem BetrVG selbst, daneben aus den ua. auch BR-Aufgaben regelnden anderen Gesetzen wie ArbSchG, ArbZG, ASiG, KSchG oder SGB III, SGB VII, SGB IX, schließlich aus den einschlägigen TV, BV und Regelungsabreden[3]. Unerheblich ist es, ob diese Aufgaben inner- oder **außerhalb des Betriebsgeländes** wahrzunehmen sind, zB bei Sitzungen des GBR oder KBR oder beim Besuch eines Rechtsanwalts, der den BR vertritt, oder beim Auftreten in Gerichtsverhandlungen, wenn der BR selbst unmittelbar beteiligt ist[4]. Die Teilnahme des BR-Vorsitzenden an einem sog. „Arbeitsmarktgespräch", zu dem er vom AA eingeladen wird, kann wegen drohender Kurzarbeit bzw. Massenentlassungen im Unternehmen zu seinem Aufgabenbereich gehören[5]. Auch Besprechungen mit Vertretern der Gewerkschaft oder mit Vertretern anderer BR des gleichen Unternehmens können außerhalb des Betriebs stattfinden, wenn jeweils ein besonderer betrieblicher Anlass besteht[6]. 7

Dagegen gehört es **nicht** zu den Aufgaben von BR-Mitgliedern, an **Veranstaltungen einer Gewerkschaft** ohne konkreten betriebl. Bezug teilzunehmen, soweit es sich nicht um Schulungs- und Bildungsveranstaltungen nach Abs. 6, 7 handelt. Auch die Teilnahme an **Tarifverhandlungen** erfolgt nicht in Ausübung des BR-Amts, sondern einer gewerkschaftl. Funktion (auch bei Firmentarifverhandlungen) und ermöglicht daher keine Arbeitsbefreiung nach Abs. 2[7]. Bei der Ausübung von anderen **Ehrenämtern** zB in der Arbeitsgerichtsbarkeit ist § 37 II ebenfalls nicht einschlägig[8], wohl aber idR § 616 BGB bzw. tarifliche Freistellungsregeln. Auch die **Prozessvertretung einzelner ArbN** des Betriebs bei arbeitsgerichtl. Streitigkeiten ist nicht Aufgabe des BR, weil sich eine solche Kompetenzzuweisung weder aus §§ 82–84 noch aus § 102 ergibt[9]. Die Anwesenheit eines BR-Mitglieds als Zuhörer in einem Rechtsstreit des ArbGeb ist auch dann nicht seine „gesetzliche" Aufgabe, wenn es sich um eine grundsätzliche Rechtsfrage von allgemeiner Bedeutung für den Betrieb handelt[10]. 8

Wird eine Arbeitsbefreiung aus Gründen in Anspruch genommen, die sich mit BR-Aufgaben schon **objektiv-kompetenziell** nicht begründen lassen, verliert der handelnde Amtsträger grundsätzlich seinen Anspruch aus Abs. 2 auf Entgeltfortzahlung, ohne dass es auf sein **Verschulden** noch ankäme. Freilich wird schon hier idR zu Gunsten des Amtsträgers ein Beurteilungsspielraum geltend gemacht[11], der an sich erst beim weiteren Merkmal der „Erforderlichkeit" eine Rolle spielen darf (Rz. 10). **Subjektive** Gesichtspunkte sind aber bei einer möglichen **Abmahnung** schon hier zu beachten. Diese Sanktion kommt nach Ansicht des BAG nur dann gegenüber dem Amtsträger in Betracht, wenn die Rechtslage als geklärt gelten kann und ihm gegenüber auch so klar vor Augen geführt worden war, dass von einem entschuldbaren Irrtum nicht mehr gesprochen werden kann[12]. Anders verhält es sich dagegen bei der Verkennung schwieriger und/oder ungeklärter Rechtsfragen, bei denen dem BR-Mitglied ein **Beurtei-** 9

---

1 Dazu näher *Rieble/Klebeck*, NZA 2006, 758 (763 f.); *Schweibert/Buse*, NZA 2007, 1080 (1085 f.). | 2 LAG Schl.-Holst. v. 30.8.2005 – 5 Sa 161/05, DB 2005, 2415. | 3 HM, vgl. nur *Fitting*, § 37 BetrVG Rz. 23 f.; GK-BetrVG/*Weber*, § 37 Rz. 23; Übersicht bei *Pulte*, NZA 2000, 234. | 4 HM, vgl. BAG v. 19.5.1983 – 6 AZR 290/81, BAGE 42, 405 = DB 1983, 2038; ferner *Fitting*, § 37 BetrVG Rz. 28; GK-BetrVG/*Weber*, § 37 Rz. 25. | 5 BAG v. 23.9.1982 – 6 ABR 86/79, DB 1983, 182. | 6 BAG v. 21.6.2006 – 7 AZR 418/05 (nv.); v. 10.8.1994 – 7 ABR 35/93, BB 1995, 1034 (Treffen mehrerer BRe desselben Unternehmens wegen einer Prämienregelung), hierzu krit. *Behrens*, BB 1995, 1035; ferner DKK/*Wedde*, § 37 BetrVG Rz. 19; *Fitting*, § 37 BetrVG Rz. 27, 30; GK-BetrVG/*Weber*, § 37 Rz. 29, 31. | 7 ArbG Osnabrück v. 17.1.1995 – 3 Ca 720/94, NZA 1995, 1013 (Information über laufende Tarifverhandlungen gehört nicht zum BR-Aufgabenbereich); ferner *Fitting*, § 37 BetrVG Rz. 31; GK-BetrVG/*Weber*, § 37 Rz. 30. | 8 HM, vgl. DKK/*Wedde*, § 37 BetrVG Rz. 23; GK-BetrVG/*Weber*, § 37 Rz. 28. | 9 BAG v. 31.8.1994 – 7 AZR 893/93, NZA 1995, 225; v. 19.5.1983 – 6 AZR 290/81, DB 1983, 2038. | 10 HM, wie hier BAG v. 19.5.1983 – 6 AZR 290/81, BAGE 42, 405 = DB 1983, 2038; GK-BetrVG/*Weber*, § 37 Rz. 27; MünchArbR/*Joost*, § 308 Rz. 7; Richardi/*Thüsing*, § 37 BetrVG Rz. 17; aA DKK/*Wedde*, § 37 BetrVG Rz. 22; *Fitting*, § 37 BetrVG Rz. 28 mwN zur Instanz-Rspr. | 11 So zB GK-BetrVG/*Weber*, § 37 Rz. 21; wie hier Richardi/*Thüsing*, § 37 BetrVG Rz. 15. | 12 BAG v. 31.8.1994 – 7 AZR 893/93, NZA 1995, 225.

lungsspielraum einzuräumen ist und – jedenfalls – dann eine Abmahnung weder wegen Arbeitsvertrags- noch wegen Pflichtverletzung nach § 23 I gerechtfertigt erscheint[1].

10 **2. Erforderlichkeit nach Art und Umfang.** Steht fest, dass der Kompetenzbereich des BR eröffnet ist, muss das Handeln der BR-Mitglieder „nach Umfang und Art des Betriebs zur ordnungsgemäßen Durchführung ihrer Aufgaben erforderlich" sein. Das ist unproblematisch, solange das Gesetz selbst zB die **Sitzungen** des BR und seiner Ausschüsse in die Arbeitszeit legt und damit die Arbeitsbefreiung wegen der Sitzungsteilnahme stets und regelmäßig für erforderlich erklärt, vgl. § 30 Rz. 1. Für Amtshandlungen, die außerhalb der gesetzlich vorgesehenen Sitzungen und Besprechungen wahrgenommen werden, muss aber stets ihre **Notwendigkeit** geprüft werden[2]. Wegen der Unabhängigkeit der BR-Tätigkeit darf darüber **keinesfalls** der ArbGeb entscheiden (Rz. 12). Genauso wenig reicht ein Beschluss des BR als Kollegialorgan aus[3]; auch kann der Amtsträger selbst nicht nach eigenem subjektiven Ermessen entscheiden[4]. Vielmehr kommt es auf die **eigene gewissenhafte Überlegung und vernünftige Würdigung** aller Umstände durch den Amtsträger an, der die Arbeitsversäumnis für notwendig halten musste, um den an ihn gestellten Aufgaben gerecht zu werden[5]. Es handelt sich damit um eine verobjektivierte Beurteilung **ex ante**, wie sie auch die Erforderlichkeitsprüfung nach § 40 kennzeichnet (vgl. § 40 Rz. 6). Dem einzelnen BR-Mitglied muss bei der Entscheidung je nach den Umständen des Einzelfalls aber ein **Beurteilungsspielraum** zugestanden werden[6]; selbst bei dessen Überschreitung wird man eine Entgeltminderung erst dann vornehmen können, wenn die Rechtslage entgegen der Auffassung des BR-Mitglieds als geklärt gelten konnte. Arbeitsvertragliche Sanktionen wie zB eine Abmahnung scheiden idR erst recht aus (vgl. Rz. 9)[7].

11 Das Gesetz lässt erkennen („wenn und soweit"), dass die Frage der Erforderlichkeit („Ob"-Frage) durch die Frage nach der **Angemessenheit** der Arbeitsbefreiung („Wie"-Frage) im Sinne einer Verhältnismäßigkeitsprüfung ergänzt werden muss. Selbst wenn die Erforderlichkeit grundsätzlich bejaht werden kann, muss weiter gefragt werden, ob die Arbeitsbefreiung nach Art (personelle Auswahl) und Umfang (Dauer der Arbeitsbefreiung) noch als angemessen angesehen werden kann. Dafür entscheidend ist jeweils die **konkrete Aufgabe und Funktion** des Amtsträgers im Rahmen der BR-Tätigkeit, die nicht für alle BR-Mitglieder gleich sein kann[8]. Erforderlichkeit und Angemessenheit der Arbeitsbefreiung nach Abs. 2 werden maßgeblich davon bestimmt, inwieweit die BR-Aktivitäten außerhalb regulärer Zusammenkünfte nicht von den generell nach § 38 **freigestellten Mitgliedern** erledigt werden können. Nach der Ausweitung der Freistellungsverpflichtungen durch das BetrVerf-Reformgesetz 2001 ist daher jeweils der konkrete Nachweis erforderlich, warum nicht der oder die Freigestellten herangezogen wurden, sondern ein nicht freigestelltes BR-Mitglied[9]. Eine zeitweise Arbeitsbefreiung wird dann nur in Ausnahmefällen, dh. bei besonderer Sachkunde oder wegen der Besonderheit des Einzelfalls, möglich sein[10], es sei denn, dass (insb. in kleineren Betrieben) eine Überlastung des oder der freigestellten Mitglieder behauptet werden kann[11]. Die Arbeitseinteilung innerhalb des BR ist zwar dessen **originäre Aufgabe**, doch kann er weder über die durch Freistellungen nach § 38 präjudizierte Erforderlichkeit noch über das Gebot der **rationellen BR-Organisation** hinweg entscheiden[12]. Was Verhandlungen mit dem ArbGeb angeht, ist der BR grds. dazu befugt, die Anzahl der teilnehmenden BR-Mitglieder selbst zu bestimmen und auch ein vollzähliges Erscheinen anzuordnen, wenn es bspw. um die Klärung grundsätzlicher Fragen geht[13].

12 Obwohl es die Formulierung des Gesetzes nahe legt, ist die Arbeitsbefreiung nicht von einem **Gestaltungsakt** des ArbGeb abhängig, so dass dessen Zustimmung nicht erforderlich ist[14]. Das betreffende BR-Mitglied schuldet dem ArbGeb als vertragliche Nebenpflicht nur rechtzeitige **Ab- und Rückmeldung** bei seinem Vorgesetzten unter Angabe des Ortes und der voraussichtlichen Dauer seiner BR-Tätigkeit, nicht aber eine **persönliche** Meldung, auch keine Mitteilung über die **Art** der BR-Tätigkeit[15]. Nur die

1 Die Frage der Entgeltminderung und der Abmahnungsberechtigung werden idR nicht voneinander getrennt und wie hier unterschiedlich gewichtet, vgl. nur *Fitting*, § 37 BetrVG Rz. 33, 34. | 2 Vgl. nur *Fitting*, § 37 BetrVG Rz. 38; Richardi/*Thüsing*, § 37 BetrVG Rz. 23. | 3 BAG v. 6.8.1981 – 6 AZR 505/78, AP BetrVG 1972 § 37 Nr. 39. | 4 BAG v. 15.3.1995 – 7 AZR 643/94, NZA 1995, 961. | 5 St. Rspr., vgl. BAG v. 15.3.1995 – 7 AZR 643/94, NZA 1995, 961; v. 6.8.1981 – 6 AZR 1086/79, DB 1982, 758; ferner *Fitting*, § 37 BetrVG Rz. 38; GK-BetrVG/*Wiese*/*Weber*, § 37 Rz. 33; MünchArbR/*Joost*, § 308 Rz. 15; krit. *Kraft*, ZfA 1994, 482. | 6 BAG v. 21.6.2006 – 7 AZR 418/05 (nv.); v. 16.3.1988 – 7 AZR 557/87, AP Nr. 63 zu § 37 BetrVG 1972; v. 16.10.1986 – 6 ABR 14/84, NZA 1987, 643. | 7 Wohl hM, vgl. BAG v. 31.8.1994 – 7 AZR 893/93, NZA 1995, 225; ferner DKK/*Wedde*, § 37 BetrVG Rz. 32; *Fitting*, § 37 BetrVG Rz. 40; GK-BetrVG/*Weber*, § 37 Rz. 35. | 8 Vgl. *Fitting*, § 37 BetrVG Rz. 45; GK-BetrVG/*Weber*, § 37 Rz. 36. | 9 So auch BAG v. 9.7.1997 – 7 ABR 18/96, NZA 1998, 164: Ersatzfreistellung für urlaubs- oder krankheitsbedingte Verhinderung eines freigestellten BR nur bei konkreter Darlegung der Erforderlichkeit nach § 37 II, nicht aber pauschal möglich. | 10 Ähnlich wie hier GK-BetrVG/*Weber*, § 37 Rz. 37; MünchArbR/*Joost*, § 308 Rz. 13; Richardi/*Thüsing*, § 37 BetrVG Rz. 23. | 11 So auch BAG v. 19.9.1985 – 6 AZR 476/83, AP Nr. 1 zu § 42 LPVG Rh.-Pf.; ferner DKK/*Wedde*, § 37 BetrVG Rz. 28; *Fitting*, § 37 BetrVG Rz. 45. | 12 So schon BAG v. 1.3.1963 – 1 ABR 3/62, DB 1963, 869. | 13 Vgl. DKK/*Wedde*, § 37 BetrVG Rz. 29; *Fitting*, § 37 BetrVG Rz. 46; GK-BetrVG/*Weber*, § 37 Rz. 39. | 14 St. Rspr., vgl. BAG v. 15.3.1995 – 7 AZR 643/94, NZA 1995, 961; v. 15.7.1992 – 7 AZR 466/91, NZA 1993, 220. | 15 Dazu ausf. BAG v. 15.3.1995 – 7 AZR 643/94, BAGE 79, 263 = NZA 1995, 961; ferner GK-BetrVG/*Weber*, § 37 Rz. 49; MünchArbR/*Joost*, § 308 Rz. 18 ff.

ordnungsgemäße Unterrichtung ist geschuldet. Wie diese bewirkt wird, steht dem BR-Mitglied frei[1]. Nach Ausübung der BR-Tätigkeit müssen sich die befreiten BR wieder zurückmelden. Wird die Abmeldepflicht verletzt, kann dies zu einer **Abmahnung** führen[2].

Der ArbGeb kann bei der Abmeldung die **Unabkömmlichkeit des ArbN** aus betrieblicher Notwendigkeit heraus zu dem bestimmten Zeitpunkt geltend machen und auf eine zeitliche Verlegung der BR-Arbeit hinwirken. Er kann die Arbeitsbefreiung aber deshalb nicht verhindern. Das BR-Mitglied hat wegen des Grundsatzes der vertrauensvollen Zusammenarbeit zu prüfen, ob dem Verlangen des ArbGeb nachgekommen werden kann. Ist die BR-Tätigkeit so dringlich, dass ihr gegenüber das Verlangen des ArbGeb zurücktreten muss, muss die Erforderlichkeit und Angemessenheit vom betreffenden BR-Mitglied im Einzelnen dargelegt werden[3]. Solange es der Darlegungsverpflichtung nicht nachkommt, kann der ArbGeb den Lohn zurückbehalten. 13

3. „Ohne Minderung des Arbeitsentgelts“. Die Unentgeltlichkeit des BR-Amts als **Ehrenamt** (Rz. 3) ändert nichts daran, dass dem von der Arbeit befreiten BR-Mitglied der Anspruch auf sein arbeitsvertragl. Entgelt *deshalb* nicht geschmälert werden darf. Es gilt das – missverständliche – sog. **Lohnausfallprinzip**, wonach die Bezüge zu zahlen sind, die das Mitglied in seiner Eigenschaft als ArbN erhalten hätte, wenn es während der Ausfallzeit gearbeitet hätte[4]. Das bedeutet, dass die BR-Mitglieder so zu stellen sind, wie wenn sie an der Arbeitsstelle verblieben wären und gearbeitet hätten, nicht jedoch, dass ihre BR-Tätigkeit unmittelbar wie Arbeit zu vergüten ist[5]. Das Gesetz gewährt keinen Ausgleichsanspruch, sondern belässt es beim ursprünglichen Zahlungsanspruch aus dem **Arbeitsvertrag iVm. § 611 I BGB**[6]. Folge davon ist, dass sowohl Entgeltmehrung (zB regelmäßiger Mehreinsatz einer Aushilfsverkäuferin[7]) wie auch Entgeltminderung (zB Schlechtwettergeld im Baugewerbe[8]) oder gar Entgeltausfall (zB Fälle des Arbeitskampfrisikos) auch dann auf die Amtsträger durchschlagen, wenn sie in dieser Zeit BR-Arbeit verrichtet hatten. Auch dann kann § 37 II **keine** eigenständige Anspruchsgrundlage sein[9]. Ebenso haben bei einer rechtmäßigen **Aussperrung** die ausgeschlossenen BR-Mitglieder auch dann keinen Entgeltanspruch, wenn sie während der Aussperrung BR-Aufgaben wahrgenommen hatten[10]. 14

Zum **Arbeitsentgelt** iSd. § 37 II gehören nach st. Rspr. neben der Grundvergütung alle **Zulagen und Zuschläge**, die das BR-Mitglied ohne Arbeitsbefreiung verdient hätte, insb. Zuschläge für Mehr-, Über-, Nacht-, Sonn- und Feiertagsarbeit, Erschwernis- und Sozialzulagen wie zB die in den TV der Druckindustrie enthaltenen Antrittsgebühren oder die von der Bahn gewährte Fahrentschädigung für Lokomotivführer und Zugbegleiter[11]. Dazu zählen auch **Überstundenvergütungen**, die der ArbN ohne seine Freistellung erzielt hätte, wobei es unerheblich ist, ob diese Überstundenvergütungen regelmäßig anfallen[12]. Auch die Überlassung eines **Dienstwagens** ist Bestandteil des Arbeitsentgelts. Es handelt sich um eine zusätzliche Gegenleistung für die geschuldete Arbeit in Form eines Sachbezugs[13]. Daher ist dieser „Vergütungsbestandteil“ dem BR-Mitglied auch während der Befreiung von der berufl. Tätigkeit zu gewähren[14]. **Trinkgelder**, die dem Bedienungspersonal von Dritten freiwillig gewährt werden, gehören dagegen – zumindest bei fehlenden vertraglichen Abreden – nicht zum fortzuzahlenden Arbeitsentgelt, vgl. § 107 III GewO[15]. Bei **Akkord- bzw. Prämienlohn** ist die Vergütung nach der vorangegangenen durchschnittlichen Arbeitsleistung des freigestellten BR-Mitglieds zu berechnen. Kann diese nicht festgestellt werden, erfolgt die Lohnzahlung nach Maßgabe der durchschnittlichen Arbeitsleistung vergleichbarer ArbN[16]. 15

Nicht zum Arbeitsentgelt zählen dagegen **Aufwandsentschädigungen**, weil sie dem Ersatz tatsächlicher Mehraufwendungen dienen und nicht die Arbeitsleistung als solche entgelten. Für die Abgrenzung entscheidend ist der enge sachliche Zusammenhang mit *wirklichen* Mehraufwendungen[17], dh., dass typischerweise besondere Aufwendungen für den ArbN entstehen, die jedenfalls idR den Umfang der gewährten Leistung erreichen. Eine Pauschalierung des typischen Mehraufwands ist zulässig[18]. Im Falle pauschalierter Auslösungen ist dem regelmäßigen Arbeitsentgelt der Teil hinzuzurechnen, der über den reinen Aufwendungsersatz hinausgeht und daher auch steuerpflichtig ist[19]. 16

1 BAG v. 13.5.1997 – 1 ABR 2/97, NZA 1997, 1062. | 2 BAG v. 15.7.1992 – 7 AZR 466/91, BAGE 71, 14 = NZA 1993, 220. | 3 BAG v. 15.3.1995 – 7 AZR 643/94, NZA 1995, 961; GK-BetrVG/*Weber*, § 37 Rz. 49. | 4 HM, vgl. BAG v. 18.9.1991 – 7 AZR 41/90, BAGE 68, 292 = NZA 1992, 936: „Lohnfortzahlungsprinzip“; v. 16.8.1995 – 7 AZR 103/95, NZA 1996, 552 : „Lohnausfallprinzip“; ferner *Fitting*, § 37 BetrVG Rz. 57; GK-BetrVG/*Weber*, § 37 Rz. 53. | 5 BAG v. 23.4.1974 – 1 AZR 139/73, DB 1974, 1725 (Schlechtwettergeld als Arbeitsentgelt). | 6 HM, vgl. zuletzt BAG v. 16.2.2005 – 7 AZR 95/04, NZA-RR 2005, 556; ferner *Fitting*, § 37 BetrVG Rz. 58; MünchArbR/*Joost*, § 308 Rz. 23 ff. | 7 BAG v. 3.12.1997 – 7 AZR 490/93, NZA 1998, 558. | 8 BAG v. 31.7.1986 – 6 AZR 298/84, NZA 1987, 528. | 9 HM, vgl. *Fitting*, § 37 BetrVG Rz. 59 ff.; MünchArbR/*Joost*, § 308 Rz. 25; Richardi/*Thüsing*, § 37 BetrVG Rz. 31 ff.; aA DKK/*Wedde*, § 37 BetrVG Rz. 49. | 10 BAG v. 25.10.1988 – 1 AZR 368/87, NZA 1989, 353. | 11 BAG v. 5.4.2000 – 7 AZR 213/99, NZA 2000, 1174; v. 16.8.1995 – 7 AZR 103/95, NZA 1996, 552; v. 13.7.1994 – 7 AZR 477/93, NZA 1995, 588. | 12 BAG v. 29.6.1988 – 7 AZR 651/87, AP Nr. 1 zu § 24 BPersVG. | 13 St. Rspr., vgl. nur BAG v. 11.10.2000 – 5 AZR 240/99, BAGE 96, 34 = NZA 2001, 445. | 14 BAG v. 23.6.2004 – 7 AZR 514/03, NZA 2004, 1287. | 15 BAG v. 28.6.1995 – 7 AZR 1001/94, NZA 1996, 252; aA DKK/*Wedde*, § 37 BetrVG Rz. 48. | 16 HM, vgl. *Däubler*, Schulung und Fortbildung, 5. Aufl. 2004, Rz. 427; *Fitting*, § 37 BetrVG Rz. 68; GK-BetrVG/*Weber*, § 37 Rz. 59. | 17 BAG v. 5.4.2000 – 7 AZR 213/99, NZA 2000, 1174; v. 15.7.1992 – 7 AZR 491/91, NZA 1993, 661. | 18 BAG v. 5.4.2000 – 7 AZR 213/99, NZA 2000, 1174. | 19 BAG v. 10.2.1988 – 7 AZR 36/87, NZA 1989, 112.

17 **IV. Betriebsratstätigkeit außerhalb der Arbeitszeit (Abs. 3).** Das Gesetz geht davon aus, dass BR-Tätigkeit grundsätzlich während der Arbeitszeit auszuführen sei (Rz. 6)[1]. Jedoch kann es aus **betriebsbedingten** Gründen unvermeidlich sein, auch außerhalb der **persönlichen** Arbeitszeit BR-Tätigkeiten durchzuführen (zB bei hälftiger Teilzeitarbeit). Dazu zählen auch Wege-, Fahrt- und Reisezeiten, soweit sie mit der Durchführung der BR-Tätigkeit in einem unmittelbarem sachlichen Zusammenhang stehen[2]. Zum Ausgleich des erlittenen Freizeitverlusts besteht dann nach Abs. 3 S. 1 ein Anspruch auf „entsprechende Arbeitsbefreiung unter Fortzahlung des Arbeitsentgelts", dh. auf **Freizeitausgleich** (Rz. 20). Nur dann, wenn aus betriebsbedingten Gründen diese Arbeitsbefreiung vor Ablauf eines Monats nicht möglich ist, kann der **subsidiäre Anspruch nach S. 3 Hs. 2**, nämlich Vergütung wie Mehrarbeit, geltend gemacht werden (Rz. 21). Diese Rangordnung ist **zwingend**[3]. Der Anspruch auf Mehrarbeitsvergütung entsteht **nicht automatisch** mit Ablauf der Monatsfrist, sondern erst dann, wenn betriebsbedingte Gründe der Gewährung des Freizeitausgleichs, die auch noch später erfolgen kann, endgültig entgegenstehen[4]. Ein Wahlrecht zwischen beiden Ansprüchen steht weder dem BR-Mitglied noch dem ArbGeb zu[5].

18 **1. „Betriebsbedingte Gründe".** Ausgleichsansprüche nach Abs. 3 sind nur möglich, wenn die (erforderliche, vgl. Rz. 10) BR-Tätigkeit aus betriebsbedingten Gründen außerhalb der persönlichen Arbeitszeit des BR-Mitglieds notwendigerweise zu verrichten war. Dazu stellt jetzt der neue S. 2 klar, dass es sich schon dann, wenn es „wegen der unterschiedlichen Arbeitszeiten" von BR-Mitgliedern, dh. wegen deren verschiedenen Arbeitszeitdeputaten (Umfang der Arbeitszeit) und/oder Arbeitszeitlagen am Tag und in der Woche, also zB bei Schichtarbeit, Gleitzeit, Abrufarbeit, Teilzeitarbeit etc., zu Freizeitopfern bei einzelnen Amtsträgern kommt, um betriebliche Gründe iSd. Abs. 3 handelt (vgl. Rz. 2)[6]. Die Norm erfasst damit die **Auswirkungen aller flexiblen Arbeitszeitsysteme** auf die BR-Arbeit, weil diese seiner „betrieblichen" Sphäre zuzurechnen sind[7]. Arbeiten jedoch alle teilzeitbeschäftigten BR-Mitglieder zB vormittags, sind die Sitzungen idR auf diese Zeit zu legen, weil dann „unterschiedliche Arbeitszeiten" in Bezug auf das Gremium als Ganzes gerade nicht auftreten[8]. Betriebl. Gründe werden sich seltener auf das Gremium als Ganzes (zB Eilsitzung außerhalb der betrieblichen Arbeitszeit) als vor allem auf Tätigkeiten einzelner BR-Mitglieder, auch der freigestellten, beziehen (zB Unfalluntersuchung zur Nachtzeit). Erst recht ist es als „betriebsbedingt" anzusehen, wenn der ArbGeb konkret Einfluss darauf nimmt, dass die spezielle BR-Tätigkeit nicht während der Arbeit verrichtet wird[9].

19 Wird die BR-Tätigkeit aber lediglich aus **betriebsratsbedingten** und nicht aus betriebsbedingten Gründen außerhalb der Arbeitszeit durchgeführt, besteht idR **kein Ausgleichsanspruch**[10]. Die Festsetzung von regulären Sitzungsterminen des GBR oder KBR erlaubt es den anreisenden Mitgliedern daher nicht, Ersatzansprüche aus Abs. 3 wegen der Anreisezeit geltend zu machen[11], weil es sich hier allein um aus der Organisation der BR-Arbeit ergebende Sachzwänge handelt, die vom ArbGeb nicht beeinflusst werden[12]. Auch in Bezug auf die Teilnahme an **Bildungs- und Schulungsveranstaltungen** ist jetzt **Abs. 3** maßgeblich, vgl. Abs. 6 S. 1 (Rz. 42).

20 **2. Primärer Freizeitausgleich.** Soweit ein Anspruch nach Abs. 3 S. 1 entstanden ist, ist er vom BR-Mitglied gegenüber dem ArbGeb **geltend zu machen** und darf nicht einfach im Wege der „Selbstbeurlaubung" vollzogen werden; eigenmächtiges Fernbleiben von der Arbeit ist dem BR-Mitglied selbst dann nicht gestattet, wenn der ArbGeb ohne erkennbaren Grund die Arbeitsbefreiung nicht gewährt[13]. Der Amtsträger hat mitzuteilen, wann und wie lange er außerhalb der Arbeitszeit für den BR tätig geworden ist. Soweit er den Anspruch **unverzüglich** geltend macht, hat der ArbGeb den Freizeitausgleich möglichst **innerhalb eines Monats** – gerechnet ab der außerdienstlichen BR-Tätigkeit – zu gewähren, S. 3. Sinn der relativ kurzen Frist ist ein möglichst zeitnaher Freizeitausgleich für das BR-Mitglied[14]. Doch handelt es sich **nicht** um eine **Ausschlussfrist**. Gewährt der ArbGeb nicht, vergleichbar der Erteilung von Erholungsurlaub, ausdrücklich die Arbeitsbefreiung (wobei die Wünsche des ArbN grundsätzlich zu berücksichtigen sind) oder versäumt das BR-Mitglied die Antragstellung, kann der Freizeitausgleich auch später noch gewährt und genommen werden. Der Anspruch unterliegt der regelmäßigen **Verjährungsfrist** bzw. tariflichen Ausschlussfristen[15]. Mit Ablauf der Monatsfrist wandelt sich der Anspruch auf Freizeitausgleich auch **nicht automatisch** in den sekundären Vergütungsanspruch um (Rz. 17)[16]. Das BR-Mitglied kann primär nur „Arbeitsbefreiung" als Ausgleich beanspruchen und erhält daher sein

---

1 St. Rspr., vgl. BAG v. 3.12.1987 – 6 AZR 569/85, NZA 1988, 437; v. 31.10.1985 – 6 AZR 175/83, DB 1986, 1026. | 2 BAG v. 21.6.2006 – 7 AZR 389/05, NZA 2006, 1417; v. 16.4.2003 – 7 AZR 423/01, NZA 2004, 171. | 3 HM, vgl. GK-BetrVG/*Weber*, § 37 Rz. 88; MünchArbR/*Joost*, § 308 Rz. 46. | 4 BAG v. 25.8.1999 – 7 AZR 713/97, NZA 2000, 554. | 5 BAG v. 11.1.1995 – 7 AZR 543/94, NZA 1996, 105. | 6 Vgl. etwa *Fitting*, § 37 BetrVG Rz. 81 ff.; GK-BetrVG/*Weber*, § 37 Rz. 79 ff. | 7 Vgl. amtl. Begr., BT-Drs. 14/5741, S. 40; *Löwisch*, BB 2001, 1741. | 8 So zutr. GK-BetrVG/*Weber*, § 37 Rz. 83. | 9 BAG v. 26.1.1994 – 7 AZR 593/92, NZA 1994, 765. | 10 BAG v. 21.5.1974 – 1 AZR 477/73, DB 1974, 1823. | 11 BAG v. 11.7.1978 – 6 AZR 387/75, DB 1978, 2177. | 12 HM, vgl. *Fitting*, § 37 BetrVG Rz. 88; GK-BetrVG/*Weber*, § 37 Rz. 85; Richardi/*Thüsing*, § 37 BetrVG Rz. 45; aA DKK/*Wedde*, § 37 BetrVG Rz. 60. | 13 HM, vgl. GK-BetrVG/*Weber*, § 37 Rz. 90; MünchArbR/*Joost*, § 308 Rz. 44; Richardi/*Thüsing*, § 37 BetrVG Rz. 55; aA DKK/*Wedde*, § 37 BetrVG Rz. 66; *Fitting*, § 37 BetrVG Rz. 96. | 14 Vgl. *Fitting*, § 37 BetrVG Rz. 104; GK-BetrVG/*Weber*, § 37 Rz. 96. | 15 BAG v. 16.4.2003 – 7 AZR 423/01, NZA 2004, 171. | 16 HM, vgl. BAG v. 25.8.1999 – 7 AZR 713/97, NZA 2000, 554; ferner GK-BetrVG/*Weber*, § 37 Rz. 91; Richardi/*Thüsing*, § 37 BetrVG Rz. 53; aA MünchArbR/*Joost*, § 308 Rz. 43.

Arbeitsentgelt nach den gleichen Grundsätzen wie nach Abs. 2 fortbezahlt (Rz. 14 f.), dh. ohne irgendwelche Zuschläge wegen „Mehrarbeit"[1]. Diese können ausnahmsweise nur nach S. 3 Hs. 2 beansprucht werden (Rz. 21). Denn es soll im Interesse der persönlichen Unabhängigkeit der BR-Mitglieder soweit wie möglich verhindert werden, dass sie entgegen dem Prinzip des Ehrenamts durch ihre Amtstätigkeit **zusätzliche** Vergütungsansprüche erwerben[2].

3. Sekundäre Mehrarbeitsvergütung. Nur bei einer auf **betriebsbedingten** Gründen beruhenden **Unmöglichkeit** der Gewährung von Freizeitausgleich kommt eine Vergütung der für die BR-Tätigkeit aufgewendeten Zeit **„wie Mehrarbeit"** in Betracht, S. 3 Hs. 2. Die betriebsbedingte Unmöglichkeit der Freizeitgewährung hat eine andere Funktion als der Tatbestand der betriebsbedingten BR-Tätigkeit außerhalb der persönlichen Arbeitszeit (Rz. 18)[3]. Hier geht es um ein zwingendes gesetzl. Rangverhältnis: Das BR-Mitglied hat kein Wahlrecht, sondern muss wenn irgend möglich den Freizeitausgleich nehmen (Rz. 17, 20). Der Primäranspruch auf Freizeitausgleich wandelt sich weder durch Ablauf der Monatsfrist noch dadurch in einen Vergütungsanspruch um, dass der ArbGeb den Freizeitausgleich nicht von sich aus gewährt[4]. Der Sekundäranspruch auf Mehrarbeitsvergütung entsteht erst dann, wenn der ArbN seine während der Freizeit geleistete BR-Tätigkeit nicht nur anzeigt, sondern auch **geltend macht** und der ArbGeb daraufhin die Arbeitsbefreiung aus betriebsbedingten Gründen verweigert. Das gilt auch bei der Ansammlung besonders hoher Freizeitausgleichsansprüche (zB bei einem Zeitungszusteller als BR-Mitglied)[5]. Auf das **tatsächliche** Vorliegen betrieblicher Gründe kommt es dann nicht mehr an, weil die (ihm zum Nachteil gereichende) Organisationsentscheidung des ArbGeb für den Abgeltungsanspruch maßgeblich ist. Den Anspruch auf Mehrvergütung kann er dann nur ablehnen, wenn der anspruchsauslösende Tatbestand des S. 1 in Wirklichkeit nicht besteht[6]. 21

Die Abgeltung durch Mehrarbeitsvergütung setzt grundsätzlich voraus, dass (1) **tatsächlich Überarbeit** geleistet wurde, was sich aus der vertraglich vereinbarten Dauer der Arbeitszeit ergibt (Rz. 18), und (2) diesbezüglich vertragliche oder tarifliche Bestimmungen eine **besondere Mehrarbeitsvergütung** bestimmen, ansonsten es beim regulären Arbeitsentgelt verbleibt. Hat deshalb ein in Teilzeitarbeit tätiges BR-Mitglied Amtstätigkeit außerhalb der Arbeitszeit durchgeführt, bestimmt sich die hierfür zu zahlende Vergütung bis zur Grenze der von einem vollbeschäftigten ArbN zu leistenden Tätigkeit nur nach der für die **regelmäßige** Arbeitszeit zu berechnenden Vergütung[7]. Denn idR ist nur für die darüber hinausgehende Zeitspanne eine Mehrarbeitsvergütung zu entrichten; sonst wäre gegen § 78 S. 2 verstoßen, der ausdrücklich eine Begünstigung von – auch teilzeitbeschäftigten – BR-Mitgliedern auf Grund ihrer Tätigkeit verbietet[8]. Das durch die Mehrarbeitsvergütung erzielte höhere Einkommen ist dann auch bei der Berechnung des Urlaubsgeldes zu Gunsten des BR-Mitglieds zu berücksichtigen[9]. 22

V. Arbeitsentgelt- und Tätigkeitsschutz (Abs. 4, 5). Durch Abs. 4 u. 5 soll sichergestellt werden, dass BR-Mitglieder wegen ihrer Amtstätigkeit sowohl **während** als auch innerhalb eines Jahres **nach Beendigung ihrer Amtszeit** weder bei der Entgeltentwicklung noch bei der Tätigkeitsentwicklung schlechter gestellt werden als vergleichbare ArbN mit betriebsüblicher beruflicher Entwicklung[10]. Dieses **Diskriminierungsverbot** stellt zum einen eine Konkretisierung des Benachteiligungsverbots in § 78 S. 2 BetrVG dar, zum anderen ergänzt es den besonderen Kündigungsschutz des § 15 KSchG, indem es die *äußere* Unabhängigkeit sichert[11]. Doch handelt es sich nicht um eine abschließende Sonderregel; § 78 S. 2 bleibt daneben anwendbar[12]. Vielmehr soll die Durchsetzung des Diskriminierungsverbots durch einfach nachzuweisende Anspruchsvoraussetzungen erleichtert werden. Der Standort dieser Vorschriften ist **gesetzessystematisch** verfehlt, weil er Abs. 1–3 und Abs. 6–7 auseinander reißt, statt richtigerweise in § 78 platziert zu sein[13]. 23

1. Verbot der Entgeltdiskriminierung (Abs. 4). Abs. 4 verbietet es dem ArbGeb, das Arbeitsentgelt eines BR-Mitglieds geringer zu bemessen als das vergleichbarer ArbN mit betriebsüblicher beruflicher Entwicklung. Der Gesetzgeber möchte also weder eine **Minderung** des Entgelts (Rz. 14) noch eine Diskriminierung bei der **Entgeltentwicklung** wegen BR-Tätigkeit dulden. Abs. 4 zielt daher vor allem auf die Gehaltsentwicklung bei **freigestellten** Amtsträgern nach § 38, die so gestellt werden sollen, als ob sie im Betrieb in ihrer arbeitsvertragl. Tätigkeit verblieben wären. Der Gesetzgeber hat versucht, durch einen ausdrücklich benannten Vergleichsmaßstab die notwendig **hypothetische Betrachtungsweise** zu objektivieren. 24

---

1 BAG v. 19.7.1977 – 1 AZR 376/74, DB 1977, 2101. | 2 BAG v. 25.8.1999 – 7 AZR 713/97, NZA 2000, 554; v. 5.3.1997 – 7 AZR 581/92, BAGE 85, 224 = NZA 1997, 1242. | 3 HM, vgl. *Fitting*, § 37 BetrVG Rz. 106, GK-BetrVG/*Weber*, § 37 Rz. 103; DKK/*Wedde*, § 37 BetrVG Rz. 71. | 4 BAG v. 25.8.1999 – 7 AZR 713/97, NZA 2000, 554; aA GK-BetrVG/*Weber*, § 37 Rz. 105: Umwandlung kraft Gesetzes. | 5 BAG v. 25.8.1999 – 7 AZR 713/97, NZA 2000, 554. | 6 So auch *Fitting*, § 37 BetrVG Rz. 108; aA DKK/*Wedde*, § 37 BetrVG Rz. 70; GK-BetrVG/*Weber*, § 37 Rz. 105. | 7 BAG v. 7.2.1985 – 6 AZR 370/82, NZA 1985, 600; vgl. auch BAG v. 19.12.2006 – 9 AZR 356/06, NZA-RR 2007, 477. | 8 HM, vgl. *Fitting*, § 37 BetrVG Rz. 111; GK-BetrVG/*Weber*, § 37 Rz. 107; MünchArbR/*Joost*, § 308 Rz. 48; aA DKK/*Wedde*, § 37 BetrVG Rz. 71. | 9 BAG v. 11.1.1995 – 7 AZR 543/94, NZA 1996, 105. | 10 BAG v. 15.1.1992 – 7 AZR 194/91, DB 1993, 1379. | 11 Vgl. *Fitting*, § 37 BetrVG Rz. 114 f.; GK-BetrVG/*Weber*, § 37 Rz. 109. | 12 BAG v. 15.1.1992 – 7 AZR 194/91, DB 1993, 1379. | 13 Zutr. Richardi/*Thüsing*, § 37 BetrVG Rz. 62.

25 **Vergleichbar** sind solche ArbN, die im Zeitpunkt der Übernahme des BR-Amts eine im Wesentlichen gleich qualifizierte Tätigkeit wie das BR-Mitglied ausgeübt haben[1]. Hierfür ist neben der ausgeübten Tätigkeit auch die persönliche Leistungsfähigkeit zu berücksichtigen. Außergewöhnliche Leistungen müssen dabei ebenso besondere Beachtung finden wie unterdurchschnittliche Leistungen[2]. Deshalb darf es nicht zu einer Nivellierung auf den Durchschnitt einer bestimmten Gruppe von Tätigkeiten kommen, auch dann nicht, wenn der Arbeitsplatz eines freigestellten BR-Mitglieds mittlerweile fortgefallen ist. Das ihm zustehende Arbeitsentgelt bemisst sich dann nach der Tätigkeit, die ihm nach dem Arbeitsvertrag übertragen werden müsste, wenn er nicht freigestellt wäre[3]. Jedoch sind nur solche Qualifikationen maßgebend, die sich auch auf die **Bemessung des Entgelts** auswirken[4]. Ist im Betrieb kein vergleichbarer ArbN vorhanden, ist auf den ArbN abzustellen, der dem BR-Mitglied am ehesten vergleichbar ist[5]. Grundsätzlich ist auf den letzten Zeitpunkt abzustellen, in dem sich das BR-Mitglied ausschließlich seiner beruflichen Tätigkeit widmen konnte. Bei **Ersatzmitgliedern** ist daher der Zeitpunkt des Nachrückens in das BR-Gremium entscheidend[6].

26 Weiter kommt es auf die „betriebsübliche berufliche Entwicklung" der vergleichbaren ArbN als Maßstab für die Zukunft an. **Betriebsüblich** ist die Entwicklung, die ArbN mit vergleichbarer fachlicher und persönlicher Qualifikation bei Berücksichtigung der normalen betrieblichen und personellen Entwicklung in beruflicher Hinsicht genommen haben[7]. Dabei entsteht die Üblichkeit aus einem gleichförmigen Verhalten des ArbGeb, dh. gewissen Regeln, nach denen zB **Beförderungen** so typisch sein müssen, dass auch für das BR-Mitglied eine Beförderung „angestanden" hätte, weil die überwiegende Mehrheit der vergleichbaren ArbN des Betriebs einen derartigen Aufstieg erreichte[8]. Legt ein BR-Mitglied begründet dar, dass es nur infolge seiner BR-Tätigkeit nicht in eine Position mit höherer Vergütung aufgestiegen ist, kann es den ArbGeb unmittelbar auf Zahlung dieser höheren Vergütung in Anspruch nehmen[9]. Dabei sind ihm Beweiserleichterungen analog § 611a I 3 BGB zu gewähren. Weil das BR-Mitglied die Höhe des Arbeitsentgelts vergleichbarer ArbN in der Regel nicht kennt, hat es grundsätzlich einen **Auskunftsanspruch nach § 242 BGB** gegen den ArbGeb hinsichtlich der Gehaltsentwicklung vergleichbarer ArbN mit betriebsüblicher beruflicher Entwicklung[10].

27 Der Schutz des BR-Entgelts ist **dynamischer Natur**, dh. es ist wie das Arbeitsentgelt vergleichbarer ArbN laufend anzupassen[11]. Zum garantierten Arbeitsentgelt zählen auch, wie Abs. 4 S. 2 klarstellt, die **„allgemeinen Zuwendungen"** des ArbGeb, dh. auch freiwillige Leistungen wie zB Gratifikationen, Jubiläumszuwendungen, Gewinnbeteiligungen und vermögenswirksame Leistungen, wie sie der ArbGeb vergleichbaren ArbN gewährt[12]. Außerdem ist Mehrarbeitsvergütung zu gewähren, wenn feststeht, dass auch das freigestellte BR-Mitglied die Mehrarbeit ohne die Freistellung geleistet hätte[13]. Gleiches gilt auch für Perioden von Kurzarbeit, vgl. Rz. 14 f. („Lohnausfallprinzip").

28 Der Entgeltschutz besteht analog § 15 I 2 KSchG auch **nachwirkend** für ein Jahr „nach Beendigung der Amtszeit" im BR. Er greift nicht nur nach dem Ende der Amtszeit des BR als Kollegialorgan, sondern auch bei einer **individuellen Beendigung** der Mitgliedschaft wie zB bei Amtsniederlegung oder Rücktritt (vgl. § 24 Rz. 13)[14]. Der nachwirkende Schutz besteht auch bei erfolgreicher Wahlanfechtung nach § 19, **nicht aber** bei erfolgreicher Durchführung eines Ausschlussverfahrens nach § 23 I, weil dann die Beendigung der Mitgliedschaft auf einer gerichtl. Entscheidung beruht und die Einschränkung in § 15 I 2 KSchG auch hier nach Sinn und Zweck maßgeblich ist[15], ebenso nicht bei nichtiger BR-Wahl, weil es ohne rechtswirksames Entstehen eines BR auch keine nachwirkenden Schutzrechte geben kann[16]. Der Nachwirkungszeitraum **erhöht sich** für BR-Mitglieder, die drei volle aufeinander folgende Amtszeiten freigestellt waren, nach § 38 III auf **zwei** Jahre (vgl. § 38 Rz. 32).

29 **2. Verbot der beruflichen Diskriminierung (Abs. 5).** Die Arbeitsentgeltgarantie wird ergänzt durch einen parallelen **Tätigkeitsschutz**. Das Verbot der beruflichen Diskriminierung soll vor allem ideelle Interessen des BR-Mitglieds in Bezug auf seine berufliche Fortentwicklung während bzw. nach seiner Amtszeit schützen[17]. Beim **freigestellten** BR-Mitglied wirkt es nur **nach Beendigung** seiner Amtstätig-

---

1 BAG v. 15.1.1992 – 7 AZR 194/91, DB 1993, 1379; v. 21.4.1983 – 6 AZR 407/80, DB 1983, 2253. | 2 BAG v. 19.1.2005 – 7 AZR 208/04, AuA 2005, 436; v. 13.11.1987 – 7 AZR 550/86, NZA 1988, 403; v. 17.5.1977 – 1 AZR 458/74, DB 1977, 1562. | 3 BAG v. 17.5.1977 – 1 AZR 458/74, DB 1977, 1562; GK-BetrVG/*Weber*, § 37 Rz. 115. | 4 Zutr. Richardi/*Thüsing*, § 37 BetrVG Rz. 65. | 5 HM, vgl. DKK/*Wedde*, § 37 BetrVG Rz. 74; *Fitting*, § 37 BetrVG Rz. 118; aA GK-BetrVG/*Weber*, § 37 Rz. 112. | 6 BAG v. 15.1.1992 – 7 AZR 194/91, DB 1993, 1379. | 7 BAG v. 19.1.2005 – 7 AZR 208/04, AuA 2005, 436; v. 13.11.1987 – 7 AZR 550/86, NZA 1988, 403. | 8 BAG v. 17.8.2005 – 7 AZR 528/04, NZA 2006, 448; v. 15.1.1992 – 7 AZR 194/91, DB 1993, 1379. | 9 BAG v. 11.12.1991 – 7 AZR 75/91, NZA 1993, 909. | 10 BAG v. 19.1.2005 – 7 AZR 208/04, AuA 2005, 436; so auch DKK/*Wedde*, § 37 BetrVG Rz. 83; *Fitting*, § 37 BetrVG Rz. 128. | 11 HM, vgl. BAG v. 21.4.1983 – 6 AZR 407/80, DB 1983, 2253; ferner DKK/*Wedde*, § 37 BetrVG Rz. 80; GK-BetrVG/*Weber*, § 37 Rz. 119 f.; MünchArbR/*Joost*, § 308 Rz. 161. | 12 Vgl. nur *Fitting*, § 37 BetrVG Rz. 127; GK-BetrVG/*Weber*, § 37 Rz. 122. | 13 BAG v. 7.2.1985 – 6 AZR 72/82, DB 1985, 1699. | 14 HM, vgl. *Fitting*, § 37 BetrVG Rz. 129; GK-BetrVG/*Weber*, § 37 Rz. 124. | 15 Str., wie hier GK-BetrVG/*Weber*, § 37 Rz. 125; Richardi/*Thüsing*, § 37 BetrVG Rz. 71; aA DKK/*Wedde*, § 37 BetrVG Rz. 84; *Fitting*, § 37 BetrVG Rz. 129. | 16 HM, vgl. *Fitting*, § 37 BetrVG Rz. 129; aA DKK/*Wedde*, § 37 BetrVG Rz. 84. | 17 Vgl. nur *Fitting*, § 37 BetrVG Rz. 130; GK-BetrVG/*Weber*, § 37 Rz. 126.

keit, vgl. auch § 38 IV. Die den BR-Mitgliedern während oder nach ihrer Amtszeit zugewiesenen Arbeitsaufgaben müssen nicht gleich, aber **gleichwertig** zur Berufstätigkeit vergleichbarer ArbN mit betriebsüblicher beruflicher Entwicklung sein. Über die Gleichwertigkeit entscheiden alle Umstände des Einzelfalls, insb. aber die speziell **im Betrieb** ausgeprägte Verkehrsauffassung der beteiligten Berufsgruppen[1]. Vom freigestellten BR-Mitglied kann daher auch eine höherrangige Tätigkeit verlangt werden, wenn vergleichbare ArbN inzwischen eine solche ausüben. Fehlt dem vormaligen Amtsträger die hierfür (inzwischen) notwendige Qualifikation, so ist ihm eine entsprechende **Fortbildung** zu gewähren[2], vgl. auch §§ 96 ff. Das höhere Entgelt ist ihm bereits vorher zu zahlen.

Anders als in Abs. 4 lässt Abs. 5 eine Diskriminierung dann zu, wenn **„zwingende betriebliche Notwendigkeiten"** entgegenstehen, also zB ein gleichwertiger Arbeitsplatz nicht (mehr) zur Verfügung steht oder nicht mehr zu kompensierende Qualifikationsdefizite bestehen[3]. Als Ausnahmeregelung muss die Klausel jedoch **eng** ausgelegt werden. Bloße betriebl. Zweckmäßigkeiten genügen dafür nicht, vielmehr muss den betriebl. Notwendigkeiten im Einzelfall eine überragende Bedeutung zukommen[4]. So ist anerkannt, dass das freigestellte BR-Mitglied bei Wegfall seines oder eines entsprechenden Arbeitsplatzes nicht wegen § 78 S. 2 nach dem Ausscheiden dessen Wiedereinrichtung verlangen kann[5]. Das Verbot der beruflichen Diskriminierung wirkt ebenso wie die Entgeltgarantie für einen Zeitraum von **einem Jahr nach Erlöschen** der BR-Tätigkeit nach (vgl. Rz. 28). 30

VI. Schulungs- und Bildungsveranstaltungen (Abs. 6, 7). Mit Rücksicht auf die ständig steigenden Anforderungen an eine sachgerechte BR-Arbeit gewähren Abs. 6 und 7 den BR-Mitgliedern **zwei verschiedene Arten** von Arbeitsbefreiung zur Teilnahme an Schulungs- und Bildungsveranstaltungen. Zweck der Normen ist nicht etwa Herstellung der „intellektuellen Waffengleichheit" (was damit auch immer gemeint sein mag)[6], sondern Erlangung der notwendigen Kenntnisse zur funktionsgerechten Erfüllung der BR-Aufgaben[7]. **Abs. 6** gewährt einen **kollektiven Anspruch** des BR auf bezahlte Arbeitsbefreiung für Veranstaltungen, die für die BR-Arbeit „erforderliche" Kenntnisse vermitteln. Dabei ist nach st. Rspr. davon auszugehen, dass jedes Mitglied **Grundwissen über betriebsverfassungsrechtliche Fragen** braucht[8]. Voraussetzung für den (abgeleiteten) Individualanspruch auf Teilnahme ist ein Beschluss des BR-Gremiums[9]. Demgegenüber statuiert **Abs. 7** einen auf drei Wochen zeitlich begrenzten Anspruch für jedes **einzelne** BR-Mitglied auf bezahlte Arbeitsbefreiung zur Teilnahme an als geeignet anerkannten Schulungs- und Bildungsveranstaltungen – ohne Rücksicht auf den individuellen Kenntnisstand und auf Erforderlichkeit der Kenntnisse. Es handelt sich damit um einen „amtsbezogenen **Bildungsurlaub**"[10]. Für alle Schulungen ist jedoch ein Bezug zur BR-Tätigkeit notwendig[11]. Beide Ansprüche stehen **selbständig** nebeneinander und können unabhängig voneinander – auch kumulativ – geltend gemacht werden (Rz. 37)[12]. Zu beachten ist auch, dass als **Rechtsfolge** von Abs. 6 und 7 der ArbGeb (nur) zur Arbeitsbefreiung mit Entgeltfortzahlung verpflichtet wird, nicht dagegen zur Erstattung der **sonstigen Aufwendungen** (zB Schulungskosten), was bei „Erforderlichkeit" aber nach § 40 I möglich ist (vgl. § 40 Rz. 21). 31

1. Zulässige Inhalte. a) „Erforderliche" Kenntnisse nach Abs. 6. Schulungs- und Bildungsveranstaltungen iSd. Abs. 6 müssen Kenntnisse vermitteln können, die sich (1) auf die gesetzl. Aufgaben des BR und deren Durchführung im Betrieb beziehen[13], und (2) für die BR-Arbeit erforderlich sind, dh. im Hinblick auf die **konkrete betriebliche Situation** benötigt werden, um derzeitige oder künftig anfallende Aufgaben des BR sachgerecht bewältigen zu können[14]. Entscheidend ist auf den **Inhalt** der Veranstaltung abzustellen, nicht auf deren Träger, so dass auch bei Gewerkschaftsschulungen der ArbGeb grundsätzlich zur Übernahme der Schulungskosten nach § 40 I verpflichtet ist (vgl. § 40 Rz. 23). Regelmäßig bedarf es zur Erforderlichkeitsprüfung der **Darlegung** eines aktuellen oder absehbaren auf Betrieb und BR bezogenen Schulungsbedarfs. Doch kann darauf bei **erstmals gewählten** BR-Mitgliedern **verzichtet werden**, wenn es um die Vermittlung von Grundkenntnissen im Betriebsverfassungsrecht[15] oder im Allgemeinen Arbeitsrecht[16] geht. Gleiches gilt auch für den Bereich der Arbeitssicherheit und der 32

---

1 Wie hier GK-BetrVG/*Weber*, § 37 Rz. 128; MünchArbR/*Joost*, § 308 Rz. 167; Richardi/*Thüsing*, § 37 BetrVG Rz. 74; zu generell-abstrakt dagegen DKK/*Wedde*, § 37 BetrVG Rz. 86; *Fitting*, § 37 BetrVG Rz. 132. | 2 HM, vgl. *Fitting*, § 37 BetrVG Rz. 133; GK-BetrVG/*Weber*, § 37 Rz. 129; zu eng Richardi/*Thüsing*, § 37 BetrVG Rz. 75. | 3 Vgl. nur *Fitting*, § 37 BetrVG Rz. 134; GK-BetrVG/*Weber*, § 37 Rz. 131. | 4 So MünchArbR/*Joost*, § 308 Rz. 168. | 5 Vgl. nur GK-BetrVG/*Weber*, § 37 Rz. 130 f.; Richardi/*Thüsing*, § 37 BetrVG Rz. 76. | 6 So aber DKK/*Wedde*, § 37 BetrVG Rz. 91 ff.; *Däubler*, Schulung und Fortbildung, 5. Aufl. 2004, Rz. 85 ff. | 7 HM, vgl. BAG v. 11.8.1993 – 7 ABR 52/92, NZA 1994, 517; GK-BetrVG/*Weber*, § 37 Rz. 136 f.; *Künzl*, ZfA 1993, 341 (342); MünchArbR/*Joost*, § 308 Rz. 100; *Wank/Maties*, NZA 2005, 1033 (1034). | 8 So BAG v. 19.9.2001 – 7 ABR 32/00, DB 2002, 51. | 9 BAG v. 6.11.1973 – 1 ABR 8/73, BAGE 25, 348 = DB 1974, 780. | 10 Zutr. Richardi/*Thüsing*, § 37 BetrVG Rz. 80. | 11 BAG v. 11.8.1993 – 7 ABR 52/92, NZA 1994, 517; v. 18.12.1973 – 1 ABR 35/73, DB 1974, 923. | 12 HM, vgl. BAG v. 5.4.1984 – 6 AZR 495/81, DB 1984, 1785; ferner *Fitting*, § 37 BetrVG Rz. 229; GK-BetrVG/*Weber*, § 37 Rz. 135. | 13 Vgl. BAG v. 15.1.1997 – 7 ABR 14/96, NZA 1997, 781; ferner *Fitting*, § 37 BetrVG Rz. 139; GK-BetrVG/*Weber*, § 37 Rz. 157; *Künzl*, ZfA 1993, 341 (343). | 14 St. Rspr., vgl. zuletzt BAG v. 15.1.1997 – 7 ABR 14/96, NZA 1997, 781; v. 20.12.1995 – 7 ABR 14/95, NZA 1996, 895; v. 19.7.1995 – 7 ABR 49/94, NZA 1996, 442; v. 15.2.1995 – 7 AZR 670/94, NZA 1995, 1036. | 15 St. Rspr., vgl. zuletzt BAG v. 19.9.2001 – 7 ABR 32/00, DB 2002, 51; v. 20.12.1995 – 7 ABR 14/95, NZA 1996, 895; v. 7.6.1989 – 7 ABR 26/88, AP NZA 1990, 149. | 16 BAG v. 19.7.1995 – 7 ABR 49/94, NZA 1996, 442; v. 16.10.1986 – 6 ABR 14/84, NZA 1987, 643.

Unfallverhütung[1]. Die Vermittlung allgemeiner Grundkenntnisse des **Sozial- und SozV-Rechts** ist aber ohne einen konkreten betriebsbezogenen Anlass nicht erforderlich iSv. Abs. 6, da die Beratung von ArbN in sozialversicherungsrechtl. Fragen nicht zu den Aufgaben des BR nach dem BetrVG gehört[2]. Bei Schulungen, die auf **speziellere Themen** ausgerichtet sind, entscheidet die Darlegung nach den Verhältnissen des konkreten einzelnen Betriebs bzw. BR, so dass zB eine Veranstaltung zum Thema „Mobbing" der Darlegung konkreter betriebl. Konfliktlagen bedarf, um als „erforderlich" gelten zu können[3]. Auch eine Schulungsveranstaltung zum Thema „Rechte und Pflichten des BR im **Arbeitskampf**" kann nur dann als erforderlich angesehen werden, wenn zum Zeitpunkt der Beschlussfassung konkret vorhersehbar ist, dass der Betrieb direkt oder indirekt von Arbeitskampfmaßnahmen betroffen sein wird[4].

Ebenso ist die Teilnahme eines **einfachen BR-Mitglieds** an der Schulungsveranstaltung „Diskussionsführung und Verhandlungstechnik" nicht erforderlich, wenn sich dieses Seminar vor allem an BR-Vorsitzende und deren Stellvertreter wendet[5]. Auch ein nur „auf Vorrat" erworbenes EDV-Wissen ohne konkreten Anwendungsbedarf im konkreten Betrieb oder BR ist nicht erforderlich[6]. Je stärker aber ein Schulungsthema der Vermittlung von Kenntnissen **betriebstypischer Mitbestimmungsthemen** wie zB personeller Einzelmaßnahmen nach § 99 dient, desto geringer sind die Anforderungen an den betriebl. Schulungsanlass; deshalb kann idR auch eine Erläuterung aktueller BAG-Rspr. zum Umfang zB der MitbestR nach § 99 erforderlich sein, zumal sich der BR **nicht auf ein Selbststudium** der ihm zur Verfügung stehenden aktuellen Fachzeitschriften verweisen lassen muss[7].

33 Bei seiner Beschlussfassung zur Entsendung einzelner Mitglieder darf der BR die Frage der Erforderlichkeit **nicht** nach seinem **subjektiven Ermessen** beantworten. Vielmehr muss er sich auf den Standpunkt eines „vernünftigen Dritten" stellen, der die Interessen des Betriebs einerseits und des BR und der Belegschaft andererseits gegeneinander abwägt[8]. Trotz des ihm dabei eingeräumten Beurteilungsspielraums muss er neben der Erforderlichkeit auch die **Angemessenheit** hinsichtlich der personellen Auswahl („wen?" bzw. „wie viele?") und der Dauer („wie lange?") der Veranstaltung, also die Verhältnismäßigkeit jeder Entsendung beachten[9]. Das ergibt sich schon aus der Verweisung in Abs. 6 auf Abs. 2 und aus dem Wort „soweit", so dass wie in Abs. 2 neben der „Ob"- auch die „**Wie"-Frage** bei der Arbeitsbefreiung für Schulungen zu stellen ist (näher Rz. 11). Das BAG hat insoweit zutreffend entschieden, dass sich die Erforderlichkeit nach Abs. 6 auf die „Kenntnisse", dh. auf das Thema der Schulung bezieht, dagegen Auswahl für und Umfang der Schulung **zusätzlich** einer Angemessenheitsprüfung unterliegen (vgl. Rz. 39). Das Gesetz geht hier wie in § 40 I wegen der Kostentragungspflicht des ArbGeb von einem „begrenzten Ausbildungsaufwand" aus[10]. Überwiegen zB bei einer Schulung mit übergreifender Thematik die für den BR nicht erforderlichen Themen jene, die für ihn erforderlich sind, so kann nach richtiger Auffassung die Erforderlichkeit insgesamt verneint, andernfalls insgesamt bejaht werden[11]. Die Erforderlichkeit kann ebenso verneint werden, wenn Schulungsbedarf für nur zeitweilig vertretende und nicht endgültig nachrückende **Ersatzmitglieder** geltend gemacht wird, ohne dass die Arbeitsfähigkeit des BR durch andere zumutbare Maßnahmen erwogen wurde und der ständige Vertretungsbedarf im Einzelnen nachgewiesen wurde[12]. Mitglieder des Wirtschaftsausschusses, die nicht zugleich BR-Mitglieder sind, haben wegen § 107 I 3 grundsätzlich keinen Schulungsbedarf[13]. Näherer Darlegung bedarf auch die Entsendung zu Grundschulungen **kurz vor dem Ende** der Amtsperiode eines BR[14]. Dagegen fehlt es an der **Angemessenheit**, wenn unverhältnismäßig viele BR-Mitglieder entsandt werden oder unverhältnismäßig lange Veranstaltungen beschickt werden, zB eine 4-Wochen-Schulung für die Grundlagenschulung zum BetrVG statt des (üblichen) 14-Tages-Seminars[15]. Insoweit kann der ArbGeb aber nur die überschießenden Schulungskosten nach § 40 I, nicht dagegen die Arbeitsbefreiung nach § 37 II verweigern.

---

1 BAG v. 15.5.1986 – 6 ABR 74/83, NZA 1987, 63. |2 BAG v. 4.6.2003 – 7 ABR 42/02, NZA 2003, 1284. |3 Vgl. einerseits (abl.) BAG v. 15.1.1997 – 7 ABR 14/96, NZA 1997, 781; LAG Rh.-Pf. 13.10.2004 – 10 TaBV 19/04, NZA-RR 2005, 376; andererseits (zust.) LAG Hamm v. 7.7.2006 – 10 Sa 1283/05, NZA-RR 2007, 202. |4 LAG Hamm v. 11.8.2003 – 10 Sa 141/03, NZA-RR 2004, 82. |5 So BAG v. 24.5.1995 – 7 ABR 54/94, DB 1996, 145. |6 So BAG v. 19.7.1995 – 7 ABR 49/94, NZA 1996, 442 (BR verfügte noch nicht über einen PC). |7 BAG v. 20.12.1995 – 7 ABR 14/95, NZA 1996, 895; LAG Hamm v. 31.5.2006 – 10 TaBV 202/05. |8 St. Rspr., vgl. BAG v. 15.1.1997 – 7 ABR 14/96, NZA 1997, 781; v. 15.2.1995 – 7 AZR 670/94, NZA 1995, 1036. |9 Ähnlich GK-BetrVG/*Weber*, § 37 Rz. 172; MünchArbR/*Joost*, § 308 Rz. 101; Richardi/*Thüsing*, § 37 BetrVG Rz. 100; aA DKK/*Wedde*, § 37 BetrVG Rz. 118; *Fitting*, § 37 BetrVG Rz. 171. |10 BAG v. 28.5.1976 – 1 AZR 116/74, AP Nr. 24 zu § 37 BetrVG 1972, wo differenziert wird zwischen voller Arbeitsbefreiung (§ 37 II) und nur teilweiser Kostentragung (§ 40 I), vgl. GK-BetrVG/*Weber*, § 37 Rz. 183 f. |11 So BAG v. 28.5.1976 – 1 AZR 116/74, AP Nr. 24 zu § 37 BetrVG 1972 (im Umkehrschluss); vgl. auch *Wank/Maties*, NZA 2005, 1033 (1035); GK-BetrVG/*Weber*, § 37 Rz. 172; Richardi/*Thüsing*, § 37 BetrVG Rz. 96; diff. aber LAG Köln v. 9.11.1999 – 13 Sa 818/99, AiB 2000, 357: bei Möglichkeit der teilweisen Teilnahme Beschränkung der Arbeitsbefreiung auf konkret erforderliche Schulungsteile. |12 BAG v. 19.9.2001 – 7 ABR 32/00, DB 2002, 51. |13 BAG v. 11.11.1998 – 7 AZR 491/97, NZA 1999, 1119. |14 Zu § 37 VI vgl. BAG v. 7.6.1989 – 7 ABR 26/88, NZA 1990, 149; ferner BAG v. 28.8.1996 – 7 AZR 840/95, NZA 1997, 169; v. 9.9.1992 – 7 AZR 492/91, NZA 1993, 468, jeweils zu § 37 VII. |15 Vgl. Nachw. bei *Fitting*, § 37 BetrVG Rz. 173; GK-BetrVG/*Weber*, § 37 Rz. 193.

Anspruchsprüfung nach § 37 VI[1]: 34

- Ist die Schulung erforderlich?
  - objektiv (Grundwissen oder Spezialwissen?)
  - subjektiv (für welche konkrete Person?)
- Für wie viele Mitglieder?
  - Grundwissen
  - Spezialwissen
- Wie lange?
  - Regel: 2 Wochen

b) Bildungsurlaub nach Abs. 7. Dagegen bedarf es für den amtsbezogenen Bildungsurlaub nach Abs. 7 keiner Erforderlichkeitsprüfung wie in Abs. 6. Es reicht, wenn die betreffende Veranstaltung von der zuständigen obersten Arbeitsbehörde des Landes als **geeignet anerkannt** ist. Die behördliche Anerkennung, die auch noch **nachträglich** erfolgen kann (Rz. 36), ersetzt eine eigene Ermessensprüfung des BR-Mitglieds in Bezug auf Thema und Ausgestaltung der Veranstaltung. Auf den Veranstalter kommt es nicht entscheidend an[2]. Das Merkmal der Eignung ist **weiter auszulegen** als das der Erforderlichkeit[3]. Doch kann der Anerkennungsbescheid wegen fehlender Eignung gerichtlich aufgehoben werden, wenn **kein ausreichender Zusammenhang** mit der sachgerechten Erfüllung von BR-Aufgaben besteht. Der für die BR-Tätigkeit zu erwartende Nutzen darf kein bloßer Nebeneffekt von untergeordneter Bedeutung sein. Dagegen kommt es nicht auf die „Erforderlichkeit" der Kenntnisse für die konkrete Arbeit des BR im konkreten Betrieb wie in Abs. 6 an, sondern es genügt, dass die Kenntnisse für die BR-Tätigkeit **dienlich und förderlich** sind[4]. Als geeignet anerkannt sind zB Schulungen über das gesamte Arbeitsrecht, über wirtschaftliche und betriebswirtschaftliche Fragen, Frauen- und Familienförderung, Personalplanung sowie das allgemeine Sozialrecht[5], aber auch über Fragen des betrieblichen Umweltschutzes[6]. **Nicht geeignet** sind dagegen Veranstaltungen, die allgemeinpolitischen, allgemein bildenden oder rein gewerkschaftspolitischen Zwecken dienen, weil dann ein ausreichender Bezug zur BR-Tätigkeit nicht mehr erkennbar ist[7]. So wurde zB das DGB-Seminar „Brüder, zur Sonne, zur Freiheit" vom BAG als sozialgeschichtliche Schulung ohne ausreichenden Bezug zur BR-Tätigkeit[8] für ebenso ungeeignet gehalten wie ein allgemein bildendes Seminar „Rhetorik und Persönlichkeitsbildung"[9]. 35

Die Anerkennung einer Veranstaltung setzt einen **Antrag des Trägers** voraus. Der Antrag ist an **keine Form** gebunden, jedoch wird er in der Praxis schon wegen der vorgesehenen Inhalte schriftlich gestellt. Zuständig für die Anerkennung ist die oberste Arbeitsbehörde eines Landes, somit das jeweilige Staats- bzw. Landesministerium für Arbeit und Soziales[10]. Dessen örtliche Zuständigkeit folgt dem **Trägerprinzip**, nicht dem Ortsprinzip, so dass die oberste Arbeitsbehörde des Bundeslandes für die Anerkennung zuständig ist, in deren Gebiet der für den Lehrinhalt verantwortliche Träger der Veranstaltung seinen Sitz hat[11]. Eine Frist schreibt das Gesetz ebenfalls nicht vor[12]. Weil Abs. 7 S. 1 den jeweiligen Spitzenorganisationen der Sozialpartner ein Beratungsrecht einräumt, sollte der Antrag unter Vorlage entsprechender Unterlagen etwa **8 Wochen** vor Veranstaltungsbeginn eingereicht sein. Jedoch stehen Sinn und Zweck des Anerkennungsverfahrens einer **nachträglichen** Anerkennung nicht entgegen[13]. Befasst sich eine Schulungs- und Bildungsveranstaltung nur **teilweise** mit Themen, die iSv. § 37 VII geeignet sind, muss entweder die Anerkennung verweigert oder durch entsprechende Nebenbestimmungen sichergestellt werden, dass die Veranstaltung in vollem Umfang geeignet ist[14]. 36

c) Verhältnis der Ansprüche aus Abs. 6 und 7. Veranstaltungen nach Abs. 6 und 7 schließen sich nicht gegenseitig aus. Vielmehr kann auch eine als geeignet anerkannte Schulungsveranstaltung iSv. Abs. 7 erforderliche Kenntnisse iSv. Abs. 6 vermitteln, so dass die Anerkennung einer Maßnahme die Teilnahme auf Grund Abs. 6 nicht ausschließt[15]. Beide Ansprüche bestehen **nebeneinander** und können **kumuliert** werden, vgl. Abs. 7 S. 1 aA („Unbeschadet der Vorschrift des Abs. 6 ..."). Über die Teilnahme nach Abs. 6 entscheidet aber allein der BR als Kollektivorgan (Rz. 38), während der Bildungsurlaub nach Abs. 7 einen **individuellen** Anspruch des Amtsträgers begründet, der nach der Amtszeit bei Nicht-Inan- 37

---

1 Einzelheiten bei *Wank/Maties*, NZA 2005, 1033 (1037). |2 BAG v. 11.8.1993 – 7 ABR 52/92, NZA 1994, 517. |3 HM, vgl. *Fitting*, § 37 BetrVG Rz. 197; GK-BetrVG/*Weber*, § 37 Rz. 218. |4 St. Rspr., vgl. BAG v. 11.10.1995 – 7 ABR 42/94, NZA 1996, 934; v. 11.8.1993 – 7 ABR 52/92, NZA 1994, 517; v. 9.9.1992 – 7 AZR 492/91, NZA 1993, 468. |5 Vgl. nur *Fitting*, § 37 BetrVG Rz. 199 f.; GK-BetrVG/*Weber*, § 37 Rz. 221. |6 Schon *vor* dem BetrVerf-ReformG 2001, vgl. BAG v. 11.10.1995 – 7 ABR 42/94, NZA 1996, 934. |7 HM, vgl. *Fitting*, § 37 BetrVG Rz. 202; GK-BetrVG/*Weber*, § 37 Rz. 222; *Künzl*, ZfA 1993, 355; *Kraft*, DB 1973, 2519; *Loritz*, NZA 1993, 2; jetzt auch *Däubler*, Schulung und Fortbildung, 5. Aufl. 2004, Rz. 278; DKK/*Wedde*, § 37 BetrVG Rz. 141. |8 BAG v. 11.8.1993 – 7 ABR 52/92, NZA 1994, 517. |9 BAG v. 15.8.1978 – 6 ABR 65/76, nv. |10 Vgl. nur Richardi/*Thüsing*, § 37 BetrVG Rz. 149. |11 BAG v. 5.11.1974 – 1 ABR 146/73, DB 1975, 699. |12 BAG v. 11.10.1995 – 7 ABR 42/94, BAGE 81, 157 = NZA 1996, 934. |13 BAG v. 11.10.1995 – 7 ABR 42/94, BAGE 81, 157 = NZA 1996, 934. Weitere Details des Verfahrens bei *Fitting*, § 37 BetrVG Rz. 210 ff.; GK-BetrVG/*Weber*, § 37 Rz. 227 ff. |14 Vgl. neben BAG v. 11.8.1993 – 7 ABR 52/92, NZA 1994, 517 noch GK-BetrVG/*Weber*, § 37 Rz. 223. |15 BAG v. 4.5.1984 – 6 AZR 495/81, DB 1984, 1785.

spruchnahme verfällt[1]. Nicht nachgerückte Ersatzmitglieder können ihn nicht erwerben (Rz. 46). Im Zweifel kann der BR wählen, welchen Anspruch und somit auch welches Kontingent an Schulungsveranstaltungen er geltend machen möchte. Vom ArbGeb kann er nicht auf Abs. 7 verwiesen werden, wenn er Arbeitsbefreiung nach Abs. 6 für eine als geeignet anerkannte Schulungsveranstaltung verlangt[2]. Zu beachten ist aber, dass durch einen Bildungsurlaub nach Abs. 7 eine weitere Teilnahme nach Abs. 6 mangels „Erforderlichkeit" entfallen kann.

38 **2. Verfahren bei Arbeitsbefreiung (Abs. 6 S. 3–6).** Das Gesetz enthält in Abs. 6 S. 3–6, die über Abs. 7 S. 3 auch für den amtsbezogenen Bildungsurlaub gelten, **Verfahrensregeln** für die Arbeitsbefreiung von BR-Mitgliedern bei Teilnahme an Schulungs- und Bildungsveranstaltungen. Dabei wird vorausgesetzt, dass ohne einen **vorherigen zustimmenden Beschluss** des Gremiums das BR-Mitglied nicht berechtigt ist, an einer Veranstaltung teilzunehmen[3]. Die Teilnahme ohne einen solchen Beschluss lässt die Entgeltfortzahlungs- und Kostentragungspflicht des ArbGeb entfallen; eine nachträgliche Zustimmung kann das Versäumnis nicht heilen[4]. Während die Festlegung der **zeitlichen Lage** der Veranstaltung stets vom BR in eigener Kompetenz getroffen wird, vgl. Abs. 6 S. 3, steht die **personelle Auswahlentscheidung** dem BR nur für Schulungen nach **Abs. 6** zu. Denn nur dieser Anspruch besteht zunächst als kollektiver Anspruch des Gesamtorgans BR mit dem ermessensgebundenen Recht zur Auswahl unter den BR-Mitgliedern (Rz. 31). Demgegenüber steht der Anspruch auf dreiwöchigen **Bildungsurlaub** jedem einzelnen BR-Mitglied selbst zu, so dass diesem hieraus ein Anspruch gegen den BR auf **Festlegung** des Zeitpunkts der Teilnahme erwächst[5].

39 Bei der Entsendung nicht freigestellter BR-Mitglieder soll der BR nach Abs. 6 S. 3 den **Schulungszeitpunkt** unter Berücksichtigung **betrieblicher Notwendigkeiten** festlegen. Damit können nur solche betriebl. Gründe gemeint sein, die eine Verschiebung **erzwingen**, zB wegen Notfallarbeiten, die nur vom BR-Mitglied geleistet werden können[6]. Doch kann dadurch eine Teilnahme an einer Schulung nicht völlig verhindert, sondern allenfalls verschoben werden. Die Vorschrift belegt, dass neben der Erforderlichkeit die pflichtgemäße Ermessensausübung des BR auch die **Angemessenheit** der Entsendung (Verhältnismäßigkeit, vgl. Rz. 33) bei der personellen Auswahlentscheidung in Bezug auf die betriebl. Notwendigkeiten zu berücksichtigen hat[7]. Außerdem finden die Grundsätze des **§ 75 I** Anwendung, so dass eine unterschiedliche Behandlung der BR-Mitglieder ohne sachlichen Grund nicht stattfinden darf[8].

40 Der BR hat seine Entscheidung über die zeitliche Lage einer Schulung und die dafür vorgesehenen Teilnehmer dem ArbGeb so **rechtzeitig mitzuteilen**, Abs. 6 S. 4, dass der ArbGeb noch vor der Veranstaltung die **Einigungsstelle** anrufen kann, S. 5, wenn er meint, der BR habe die betriebl. Notwendigkeiten nicht ausreichend berücksichtigt[9]. Dabei sind dem ArbGeb auch die für die Anspruchsvoraussetzungen nach Abs. 6 bzw. Abs. 7 maßgeblichen Tatsachen, insb. die Inhalte der Veranstaltung, ggf. deren behördliche Anerkennung sowie Dauer, Ort und Veranstalter mitzuteilen[10]. Strittig sind die Folgen einer **Verletzung der Unterrichtungspflicht** durch den BR. Die wohl überwiegende Meinung[11] möchte daraus keine Folgen für den Entgeltfortzahlungsanspruch des Schulungsteilnehmers ableiten, weil die **Ordnungsregel** des S. 4 nach Sinn und Zweck keine so weit reichenden Konsequenzen äußern könne. Dem ist zuzustimmen. Zwar handelt es sich um eine Pflichtverletzung des BR, die bei ständiger Wiederholung nach § 23 I sanktioniert werden kann. Doch soll die Mitteilungspflicht vor allem die Anrufung der Einigungsstelle (nur) in Bezug auf die ausreichende Berücksichtung *betrieblicher Notwendigkeiten* ermöglichen, außerdem dem ArbGeb betriebliche Umstellungen ermöglichen, nicht aber die Anspruchsvoraussetzungen nach Abs. 6 S. 1 bzw. Abs. 7 S. 1 durch ein zwingendes Verfahren ergänzen[12].

41 Hält der ArbGeb die „betrieblichen Notwendigkeiten" für nicht ausreichend berücksichtigt, so kann er die **Einigungsstelle** anrufen, Abs. 6 S. 5, um einen verbindlichen Spruch **nur in Bezug auf die zeitliche Lage** herbeizuführen[13]. Über die „Erforderlichkeit" iSv. Abs. 6 kann dagegen nur das ArbG entscheiden. Für die Anrufung ist im Gesetz **keine Frist** vorgesehen (anders § 38 II 4), doch wird die „Angemessenheit"[14] einer Anrufung in vorsichtiger Anlehnung an die Zwei-Wochen-Frist des § 38 II 4 bzw. 7 zu bewerten sein, so dass nach Verstreichen dieser Frist der BR-Beschluss in aller Regel als vom ArbGeb **gebilligt** gilt[15]. Hat der ArbGeb der Teilnahme eines BR-Mitglieds an der Schulungsveranstaltung widersprochen, so muss der BR die Entsendung zur Schulung bis zur Klärung der Streitfrage **zurückstellen**[16].

---

1 HM, vgl. LAG Düsseldorf v. 8.10.1991 – 13 Sa 1450/90, DB 1992, 636; *Fitting*, § 37 BetrVG Rz. 218; GK-BetrVG/*Weber*, § 37 Rz. 244; *Kraft*, DB 1973, 2519. | 2 HM, vgl. DKK/*Wedde*, § 37 BetrVG Rz. 139; *Fitting*, § 37 BetrVG Rz. 229; nun auch GK-BetrVG/*Weber*, § 37 Rz. 180; Richardi/*Thüsing*, § 37 BetrVG Rz. 138. | 3 Vgl. nur *Fitting*, § 37 BetrVG Rz. 232; GK-BetrVG/*Weber*, § 37 Rz. 252. | 4 BAG v. 8.3.2000 – 7 ABR 11/98, NZA 2000, 838. | 5 Vgl. nur *Fitting*, § 37 BetrVG Rz. 233; GK-BetrVG/*Weber*, § 37 Rz. 261, 267. | 6 HM, vgl. *Fitting*, § 37 BetrVG Rz. 238; GK-BetrVG/*Weber*, § 37 Rz. 266. | 7 So auch Richardi/*Thüsing*, § 37 BetrVG Rz. 116, 118. | 8 HM, vgl. *Fitting*, § 37 BetrVG Rz. 235; GK-BetrVG/*Weber*, § 37 Rz. 258. | 9 BAG v. 18.3.1977 – 1 ABR 54/74, DB 1977, 1148. | 10 Vgl. nur *Fitting*, § 37 BetrVG Rz. 241; GK-BetrVG/*Weber*, § 37 Rz. 269. | 11 Vgl. *Fitting*, § 37 BetrVG Rz. 242; GK-BetrVG/*Weber*, § 37 Rz. 270 mwN. | 12 So aber MünchArbR/*Joost*, § 308 Rz. 119; Richardi/*Thüsing*, § 37 BetrVG Rz. 124. | 13 HM, vgl. *Fitting*, § 37 BetrVG Rz. 243; GK-BetrVG/*Weber*, § 37 Rz. 271. | 14 So GK-BetrVG/*Weber*, § 37 Rz. 272. | 15 Wie hier DKK/*Wedde*, § 37 BetrVG Rz. 132; *Fitting*, § 37 BetrVG Rz. 244; strenger Richardi/*Thüsing*, § 37 BetrVG Rz. 127: „unverzüglich". | 16 BAG v. 18.3.1977 – 1 ABR 54/74, DB 1977, 1148.

Kann die Einigungsstelle nicht rechtzeitig zusammentreten, besteht die Möglichkeit, am ArbG eine einstweilige Verfügung zu Gunsten der Teilnahme des BR-Mitglieds zu erwirken[1]. Bestätigt die Einigungsstelle den BR-Beschluss, so ersetzt ihr Spruch zugleich die fehlende Einigung zwischen ArbGeb und BR, Abs. 6 S. 6, hält sie dagegen die betriebl. Notwendigkeiten für nicht ausreichend berücksichtigt, trifft sie eine **eigene Entscheidung** in der Sache. Abgesehen von der aufschiebenden Wirkung des Einigungsstellenverfahrens kann der ArbGeb die Schulungsteilnahme nicht verhindern, insb. bedarf das BR-Mitglied **keiner Befreiung** durch den ArbGeb, sondern muss sich wie nach Abs. 2 nur ordentlich abmelden (Rz. 12)[2], soweit ein ordnungsgemäßer BR-Beschluss vorliegt.

3. Rechtsfolgen der Arbeitsbefreiung. a) Nach Abs. 6. Durch die Verweisung auf Abs. 2 *und* 3 stellt das Gesetz für die Rechtsfolgen der Arbeitsbefreiung nach Abs. 6 nunmehr klar, dass nicht nur das Entgelt fortzuzahlen ist, wie wenn das BR-Mitglied im Betrieb gearbeitet hätte (Rz. 14), sondern auch im Fall von Freizeitopfern durch Schulungsteilnahme die **Freizeitausgleichs**- bzw. Abgeltungs-Lösung nach Abs. 3 greifen muss (Rz. 17). Der Ausgleichsanspruch umfasst nicht nur die reinen Schulungszeiten, sondern auch die notwendige **An- und Abreisezeit** zum bzw. vom Schulungsort sowie die während der Schulungsveranstaltung anfallenden **Pausenzeiten** (vgl. auch Rz. 17)[3]. Die amtliche Begründung des BetrVerf-Reformgesetzes 2001 hatte betont, dass Schulungen in einem immer größer werdenden Umfang „insb. für **teilzeitbeschäftigte BR-Mitglieder**" außerhalb ihrer Arbeitszeit erfolgten. Ihnen einen entsprechenden Ausgleichsanspruch zu verwehren, erscheine nicht mehr – wie zT früher vertreten – gerechtfertigt[4]. Damit werden auch die vom EuGH aufgeworfenen[5] Rechtsfragen hinsichtlich einer **mittelbaren Diskriminierung** der weiblichen Teilzeitkräfte bei Vollzeitschulungen gegenstandslos, ohne dass das Ehrenamtsprinzip beschädigt wird (Rz. 2). 42

Erforderlich bleibt aber entsprechend Abs. 3, dass **betriebsbedingte Gründe** vorliegen, die die Durchführung der Schulung außerhalb der persönlichen Arbeitszeit des BR-Mitglieds bedingen, wozu S. 2 Hs. 1 betont, dass darunter vorrangig „**Besonderheiten der betrieblichen Arbeitszeitgestaltung**" zu verstehen sind[6]. Solche Besonderheiten ergeben sich aus flexiblen Arbeitszeitmodellen, die hinsichtlich der Lage und/oder des Umfangs der persönlichen Arbeitszeit schon für Vollzeit-, erst recht aber für Teilzeitkräfte Abweichungen von den üblichen Schulungszeiten ergeben (zB Schichtbetrieb, rollierendes System, Gleitzeit, Anordnung freier Tage durch BV, vgl. Rz. 18)[7]. **Kein Ausgleichsanspruch** besteht jedoch zB dann, wenn die Schulung eines vollzeitbeschäftigten BR-Mitglieds länger dauert als die tägliche Arbeitszeit oder sich auch auf den arbeitsfreien Samstag erstreckt – betriebsbedingte Gründe scheiden hier aus[8]. Das gilt auch für **teilzeitbeschäftigte** BR-Mitglieder, die darlegen müssen, inwieweit ihr Freizeitopfer teilzeitbedingt ist, dh. ob nicht auch bei Vollzeit die Schulung die tägliche Arbeitszeit überschritten hätte[9]. 43

Der Ausgleichsanspruch ist nämlich im Gegensatz zur allgemeinen Regelung des Abs. 3 **umfangmäßig beschränkt** auf die Arbeitszeit eines vollzeitbeschäftigten ArbN, S. 2 Hs. 2, um die an einer Schulungsveranstaltung teilnehmenden teilzeitbeschäftigten BR-Mitglieder nicht besser zu stellen als ihre vollzeitbeschäftigten Kollegen[10]. Der Ausgleichsanspruch kann deshalb pro Schulungstag höchstens der Arbeitszeit eines Vollbeschäftigten entsprechen, wobei diejenigen Schulungszeiten abzuziehen sind („unter Einbeziehung der Arbeitsbefreiung nach Abs. 2"), für die nach Abs. 2 ohnehin Arbeitsbefreiung unter Entgeltfortzahlung zu gewähren ist (persönliche Arbeitszeit)[11]. 44

b) Nach Abs. 7. Abs. 7 verweist nicht auf Abs. 2 und 3, sondern ordnet für den amtsbezogenen Bildungsurlaub die Rechtsfolge „**bezahlte Freistellung** für insgesamt drei Wochen" eigenständig an. Dennoch gelten im Ergebnis die gleichen Grundsätze wie nach Abs. 2 in Bezug auf die Arbeitsbefreiung „ohne Minderung des Arbeitsentgelts" (Rz. 14). Hingegen besteht ein Anspruch auf **Freizeitausgleich** bzw. Abgeltung entsprechend Abs. 3 für den Fall einer Schulungsteilnahme außerhalb der persönlichen Arbeitszeit – anders als in Abs. 6 – **gerade nicht**[12]. Alleine die Verweisung in S. 3 auf „Abs. 6 Satz 2 bis 6" kann nicht dazu führen, dass auch für Abs. 7 die Rechtsfolgenverweisung des Abs. 6 auf Abs. 3 maßgeblich wird. Bezüglich der Bezugnahme auf S. 2 handelt es sich wohl um ein Redaktionsversehen, denn die isolierte Bezugnahme auf „betriebsbedingte Gründe" gibt keinen Sinn[13]. Die unterschiedliche Behandlung der Freistellungsansprüche in Bezug auf den Freizeitausgleich nach Abs. 3 lässt sich **sachlich rechtfertigen** durch die „erforderliche" Teilnahme als BR-Tätigkeit einerseits, den individuellen Anspruch auf „geeigneten" Bildungsurlaub andererseits, für den Freizeitopfer (genauso wie die fehlende Kostenübernahme, vgl. § 40 Rz. 21) zumutbar erscheinen[14]. 45

---

1 HM, vgl. nur *Fitting*, § 37 BetrVG Rz. 249; GK-BetrVG/*Weber*, § 37 Rz. 277. | 2 Str., wie hier DKK/*Wedde*, § 37 BetrVG Rz. 134; *Fitting*, § 37 BetrVG Rz. 250; Richardi/*Thüsing*, § 37 BetrVG Rz. 132, 176; aA GK-BetrVG/*Weber*, § 37 Rz. 278; MünchArbR/*Joost*, § 308 Rz. 132. | 3 BAG v. 16.2.2005 – 7 AZR 330/04, NZA 2005, 936. | 4 BT-Drs. 14/5741, S. 41. | 5 EuGH v. 4.6.1992 – C-360/90 (*Bötel*), EuGHE I 1992, 3589 = NZA 1992, 687; EuGH v. 6.2.1996 – C-457/93 (*Lewark*), EuGHE I 1996, 243 = NZA 1996, 319. | 6 BT-Drs. 14/5741, S. 41; ferner *Fitting*, § 37 BetrVG Rz. 189 ff.; GK-BetrVG/*Weber*, § 37 Rz. 204 ff.; Richardi/*Thüsing*, § 37 BetrVG Rz. 135 f. | 7 *Fitting*, § 37 BetrVG Rz. 189; GK-BetrVG/*Weber*, § 37 Rz. 212. | 8 Vgl. BT-Drs. 14/5741, S. 41. | 9 BAG v. 10.11.2004 – 7 AZR 131/04, NZA 2005, 704. | 10 BT-Drs. 14/5741, S. 41. | 11 Vgl. Rechenbeispiel bei *Fitting*, § 37 BetrVG Rz. 193. | 12 Str., wie hier GK-BetrVG/*Weber*, § 37 Rz. 247 ff.; *Löwisch*, BB 2001, 1742 f.; aA ErfK/*Eisemann*, § 37 BetrVG Rz. 24; *Fitting*, § 37 BetrVG Rz. 226. | 13 So auch *Löwisch/Kaiser*, § 37 BetrVG Rz. 74. | 14 Zutr. GK-BetrVG/*Wiese/Weber*, § 37 Rz. 249.

46 Der **zeitliche Umfang** des Anspruchs nach Abs. 7 hängt davon ab, ob ein BR-Mitglied **erstmals** das BR-Amt übernommen hat und vorher auch nicht JAV-Mitglied war (diesem steht nach § 65 I ebenfalls Bildungsurlaub nach § 37 zu). In diesem besonderen Fall erhöht sich der Anspruch nach S. 2 auf **vier Wochen**, ansonsten gilt die Regeldauer von drei Wochen, die sich bei einer Fünf-Tage-Woche auf 15, bei einer Sechs-Tage-Woche auf 18 Arbeitstage beläuft[1]. Für nachgerückte **Ersatzmitglieder** (§ 25 I 1) entsteht ein entsprechend der verkürzten persönlichen Rest-Amtszeit **anteiliger** Freistellungsanspruch, wobei Erstmitglieder nach S. 2 eine Woche als „Starthilfe" hinzufügen dürfen[2]. Solange die Ersatzmitglieder nicht **endgültig** für ein ausgeschiedenes BR-Mitglied **nachgerückt** sind, besteht überhaupt kein Anspruch auf bezahlten Bildungsurlaub[3].

47 **VII. Streitigkeiten. 1. Urteilsverfahren.** Soweit das BR-Mitglied mit dem ArbGeb über Grund und Höhe der **Entgeltfortzahlung** nach Abs. 2 bzw. Abs. 6 und 7 streitet oder die Gewährung von Freizeitausgleich bzw. Abgeltung nach Abs. 3 vom ArbGeb verlangt, handelt es sich um **individualrechtliche** Streitigkeiten aus dem Arbeitsverhältnis, die im Urteilsverfahren nach § 2 I Nr. 3a, V iVm. §§ 46 ff. ArbGG zu entscheiden sind. Das Gleiche gilt für Ansprüche wegen Entgelt- oder beruflicher Diskriminierung aus Abs. 4 und 5, weil jeweils der einzelne ArbN individuelle, auf sein Arbeitsverhältnis bezogene Ansprüche aus dem BetrVG geltend macht[4]. Die betriebsverfassungsrechtl. Voraussetzungen dieser individualrechtl. Ansprüche sind dabei als wesentliche **Vorfragen** mitzuentscheiden. Soweit bereits ein Beschlussverfahren über diese relevanten Vorfragen rechtskräftig entschieden worden ist, hat dies präjudizielle Wirkung[5]. Die Darlegungs- und Beweislast trifft nach allgemeinen Grundsätzen das BR-Mitglied auch hinsichtlich der den Anspruch auslösenden BR-Tätigkeit.

48 **2. Beschlussverfahren.** Tritt dagegen zB der **BR** als Antragsteller auf, um die Erforderlichkeit einer Schulungsteilnahme nach Abs. 6 gerichtlich klären zu lassen, ist das Beschlussverfahren (§ 2a I Nr. 1, II iVm. §§ 80 ff. ArbGG) einschlägig, weil es sich nach dem Streitgegenstand um eine betriebsverfassungsrechtl. Streitigkeit handelt. Das Rechtsschutzinteresse entfällt nicht schon deshalb, weil die Schulung inzwischen stattgefunden hat[6]. **Antragsberechtigt** sind BR, ArbGeb sowie das einzelne BR-Mitglied, soweit es gegenüber dem BR seine Teilnahmeberechtigung an der Schulung behauptet, nicht aber eine Gewerkschaft[7]. Auch für die Überprüfung der **behördlichen** Entscheidung über die Anerkennung einer Veranstaltung als „geeignet" iSd. Abs. 7 sind die Arbeits- und nicht die Verwaltungsgerichte zuständig, obwohl es sich um einen **Verwaltungsakt** handelt[8]. Antragsberechtigt sind hier die Träger der Veranstaltung sowie die in Abs. 7 genannten Spitzenorganisationen der Gewerkschaften bzw. ArbGebVerbände, **nicht aber der ArbGeb**, obwohl dieser allein auf Grund der Anerkennung einer Schulungs- und Bildungsveranstaltung auf Entgeltzahlung in Anspruch genommen wird[9]. Diese Rspr. wird von der hL zu Recht als nicht vereinbar mit Art. 19 IV GG (Rechtsweggarantie) beanstandet[10]. Auch die Entscheidungen der **Einigungsstelle** hinsichtlich der zeitlichen Lage von Schulungs- und Bildungsveranstaltungen (Rz. 41) unterliegen der arbeitsgerichtlichen **Rechtskontrolle** insoweit, als der unbestimmte Rechtsbegriff der „ausreichenden Berücksichtigung betrieblicher Notwendigkeiten" verkannt worden ist.

38 *Freistellungen*

(1) Von ihrer beruflichen Tätigkeit sind mindestens freizustellen in Betrieben mit in der Regel

200 bis 500 Arbeitnehmern	**ein Betriebsratsmitglied,**
501 bis 900 Arbeitnehmern	**2 Betriebsratsmitglieder,**
901 bis 1 500 Arbeitnehmern	**3 Betriebsratsmitglieder,**
1 501 bis 2 000 Arbeitnehmern	**4 Betriebsratsmitglieder,**
2 001 bis 3 000 Arbeitnehmern	**5 Betriebsratsmitglieder,**
3 001 bis 4 000 Arbeitnehmern	**6 Betriebsratsmitglieder,**
4 001 bis 5 000 Arbeitnehmern	**7 Betriebsratsmitglieder,**
5 001 bis 6 000 Arbeitnehmern	**8 Betriebsratsmitglieder,**
6 001 bis 7 000 Arbeitnehmern	**9 Betriebsratsmitglieder,**
7 001 bis 8 000 Arbeitnehmern	**10 Betriebsratsmitglieder,**
8 001 bis 9 000 Arbeitnehmern	**11 Betriebsratsmitglieder,**
9 001 bis 10 000 Arbeitnehmern	**12 Betriebsratsmitglieder.**

1 HM, vgl. *Fitting*, § 37 BetrVG Rz. 219 f.; GK-BetrVG/*Weber*, § 37 Rz. 237. | 2 BAG v. 19.4.1989 – 7 AZR 128/88, NZA 1990, 317, ferner *Fitting*, § 37 BetrVG Rz. 218; GK-BetrVG/*Weber*, § 37 Rz. 245. | 3 BAG v. 14.12.1994 – 7 ABR 31/94, NZA 1995, 593. | 4 St. Rspr. seit BAG v. 30.1.1973 – 1 ABR 22/72, BAGE 25, 23 = DB 1973, 1025; vgl. ferner *Fitting*, § 37 BetrVG Rz. 253; GK-BetrVG/*Weber*, § 37 Rz. 284 ff. | 5 BAG v. 6.5.1975 – 1 ABR 135/73, DB 1975, 1706. | 6 BAG v. 16.3.1976 – 1 ABR 43/74, BB 1976, 509. | 7 BAG v. 28.1.1975 – 1 ABR 92/73, DB 1975, 1996; ferner *Fitting*, § 37 BetrVG Rz. 258; GK-BetrVG/*Weber*, § 37 Rz. 299 f. | 8 St. Rspr., vgl. zuletzt BAG v. 11.8.1993 – 7 ABR 52/92, NZA 1994, 517; ferner GK-BetrVG/*Weber*, § 37 Rz. 303 ff.; krit. Richardi/*Thüsing*, § 37 BetrVG Rz. 196. | 9 BAG v. 25.6.1981 – 6 ABR 92/79, DB 1981, 2180; offen gelassen in BAG v. 30.8.1989 – 7 ABR 65/87, NZA 1990, 483. | 10 Vgl. GK-BetrVG/*Weber*, § 37 Rz. 306; MünchArbR/*Joost*, § 308 Rz. 142.

In Betrieben mit über 10 000 Arbeitnehmern ist für je angefangene weitere 2000 Arbeitnehmer ein weiteres Betriebsratsmitglied freizustellen. Freistellungen können auch in Form von Teilfreistellungen erfolgen. Diese dürfen zusammengenommen nicht den Umfang der Freistellungen nach den Sätzen 1 und 2 überschreiten. Durch Tarifvertrag oder Betriebsvereinbarung können anderweitige Regelungen über die Freistellung vereinbart werden.

(2) Die freizustellenden Betriebsratsmitglieder werden nach Beratung mit dem Arbeitgeber vom Betriebsrat aus seiner Mitte in geheimer Wahl und nach den Grundsätzen der Verhältniswahl gewählt. Wird nur ein Wahlvorschlag gemacht, so erfolgt die Wahl nach den Grundsätzen der Mehrheitswahl; ist nur ein Betriebsratsmitglied freizustellen, so wird dieses mit einfacher Stimmenmehrheit gewählt. Der Betriebsrat hat die Namen der Freizustellenden dem Arbeitgeber bekannt zu geben. Hält der Arbeitgeber eine Freistellung für sachlich nicht vertretbar, so kann er innerhalb einer Frist von zwei Wochen nach der Bekanntgabe die Einigungsstelle anrufen. Der Spruch der Einigungsstelle ersetzt die Einigung zwischen Arbeitgeber und Betriebsrat. Bestätigt die Einigungsstelle die Bedenken des Arbeitgebers, so hat sie bei der Bestimmung eines anderen freizustellenden Betriebsratsmitglieds auch den Minderheitenschutz im Sinne des Satzes 1 zu beachten. Ruft der Arbeitgeber die Einigungsstelle nicht an, so gilt sein Einverständnis mit den Freistellungen nach Ablauf der zweiwöchigen Frist als erteilt. Für die Abberufung gilt § 27 Abs. 1 Satz 5 entsprechend.

(3) Der Zeitraum für die Weiterzahlung des nach § 37 Abs. 4 zu bemessenden Arbeitsentgelts und für die Beschäftigung nach § 37 Abs. 5 erhöht sich für Mitglieder des Betriebsrats, die drei volle aufeinander folgende Amtszeiten freigestellt waren, auf zwei Jahre nach Ablauf der Amtszeit.

(4) Freigestellte Betriebsratsmitglieder dürfen von inner- und außerbetrieblichen Maßnahmen der Berufsbildung nicht ausgeschlossen werden. Innerhalb eines Jahres nach Beendigung der Freistellung eines Betriebsratsmitglieds ist diesem im Rahmen der Möglichkeiten des Betriebs Gelegenheit zu geben, eine wegen der Freistellung unterbliebene betriebsübliche berufliche Entwicklung nachzuholen. Für Mitglieder des Betriebsrats, die drei volle aufeinander folgende Amtszeiten freigestellt waren, erhöht sich der Zeitraum nach Satz 2 auf zwei Jahre.

§ 38 Abs. 1 u. 2 zuletzt geändert durch das BetrVerf-ReformG vom 23.7.2001 (BGBl. I S. 1852), vgl. Neubekanntmachung v. 25.9.2001 (BGBl. I S. 2518).

I. Inhalt und Zweck. Die Vorschrift ist **lex specialis** zu § 37 II: Die Freistellung von BR-Mitgliedern nach Abs. 1 S. 1 u. 2 baut auf dem Grundtatbestand der anlassbezogenen Arbeitsbefreiung nach § 37 II auf[1]. Im Unterschied dazu (vgl. § 37 Rz. 6) führt die **Freistellung** zu einer **generellen Befreiung** von der beruflichen Tätigkeit des jeweiligen BR-Mitglieds, ohne dass die „Erforderlichkeit“ noch geprüft werden müsste, da diese kraft Gesetzes unwiderleglich vermutet wird. Die in Abs. 1 S. 1 u. 2 nach der Betriebsgröße gestaffelte **Mindestanzahl** von Freistellungen soll dazu beitragen, unnötigen Streit zwischen ArbGeb und BR zu vermeiden[2]. Mit dieser Regelung wird unterstellt, dass ab einer bestimmten Betriebsgröße die BR-Aufgaben so umfangreich sind, dass sie nur bei völliger Freistellung einzelner BR-Mitglieder ordnungsgemäß erfüllt werden können. 1

Durch das BetrVerf-Reformgesetz 2001 wurde der **Schwellenwert**, ab dem eine Freistellung erfolgen kann, von 300 auf 200 Beschäftigte **gesenkt**. Gleichzeitig wurde durch die geänderte Staffelung eine geringfügige Erhöhung der Anzahl der Freistellungen erreicht. Die Kritik an dieser Neuregelung betonte zutreffend, dass kleine und mittlere Unternehmen auf Grund der weiteren Kostenbelastung Anlass genug haben werden, Strategien zur Umgehung der immer kostenintensiveren Betriebsverfassung zu entwickeln[3]. Weiter wurde die vorher umstrittene Möglichkeit von **Teilfreistellungen** gesetzlich normiert und als Konsequenz der Aufhebung des Gruppenschutzes die entsprechende Wahlvorschrift in Abs. 2 ersatzlos gestrichen. 2

II. Anspruchsgründe der Freistellung (Abs. 1). 1. Anzahl der Freistellungen (S. 1, 2). Abs. 1 S. 1 enthält eine sich an der Betriebsgröße orientierende gestaffelte Zahl von **Mindestfreistellungen** – vorbehaltlich einer abweichenden Regelung durch TV oder BV, S. 5 (Rz. 12). Für Betriebe mit bis in der Regel 10 000 ArbN lässt sich die Zahl der freizustellenden BR-Mitglieder direkt aus dem Gesetz ablesen. Bei größeren Betrieben erhöht sich nach S. 2 die Anzahl der freizustellenden Mitglieder je **angefangene weitere 2000** ArbN um **ein** BR-Mitglied, ohne dass das Gesetz eine Begrenzung nach oben vorsieht. Daher sind in Betrieben mit 3

10 001 bis 12 000 ArbN	13 BR-Mitglieder,
12 001 bis 14 000 ArbN	14 BR-Mitglieder,
14 001 bis 16 000 ArbN	15 BR-Mitglieder usw.

1 BAG v. 26.6.1996 – 7 ABR 48/95, NZA 1997, 58; v. 9.10.1973 – 1 ABR 29/73, DB 1974, 339. | 2 Vgl. Amtl. Begr. zum BetrVG 1972, BT-Drs. VI/1786, S. 41. | 3 Vgl. etwa die Kritik von *Buchner*, NZA 2001, 633 (637); *Konzen*, RdA 2001, 76 (84); *Reichold*, NZA 2001, 857 (861 f.); *Rieble*, ZIP 2001, 133 (137); *Schiefer/Korte*, NZA 2001, 354.

freizustellen. Dabei ist zu beachten, dass der Gesetzgeber bei der Aufstellung der Mindeststaffel von der Freistellung von **Vollzeitkräften** ausgegangen war[1], was für die neue Möglichkeit von Teilfreistellungen wegen des hiernach zu berechnenden Gesamtvolumens Bedeutung erlangt, vgl. Rz. 7.

4 **Bemessungsgrundlage** für die Anzahl der Freistellungen ist die Zahl der **regelmäßig** („in der Regel") im Betrieb beschäftigten ArbN, vgl. dazu § 9 Rz. 3. Die räumliche Abgrenzung erfolgt nach § 4, so dass ArbN in selbständigen Betriebsteilen und Nebenbetrieben (§ 4 I) bei der Berechnung keine Berücksichtigung finden dürfen. Es gilt der „betriebsverfassungsrechtliche" ArbN-Begriff, weshalb die in § 5 II genannten Personen und leitende Angestellte iSd. § 5 III nicht mitzuzählen sind (vgl. auch § 7 Rz. 5 ff.). Anders als in § 1 und § 9 I 1 kommt es auf die Wahlberechtigung zum BR nicht an, weshalb auch die im Betrieb beschäftigten jugendlichen ArbN mitzählen. **Teilzeitbeschäftigte** zählen **nach Köpfen** und nicht nur entsprechend dem Umfang ihrer Beschäftigung mit[2]. Bei der Ermittlung des Schwellenwerts berücksichtigt das BAG keine **LeihArbN** mangels Betriebszugehörigkeit nach § 7 S. 1 (vgl. näher § 7 Rz. 21; § 9 Rz. 4)[3].

5 Entscheidend für die **Anzahl** der Freistellungen ist die **aktuelle Belegschaftsgröße** im Zeitpunkt des Freistellungsbeschlusses, da Zweck der Freistellung die ordnungsgemäße Erfüllung der BR-Aufgaben ist, deren Umfang von den tatsächlich zu betreuenden ArbN abhängt[4]. **Verändert** sich die Anzahl der regelmäßig beschäftigten ArbN im Betrieb im Laufe der Wahlperiode nicht nur vorübergehend derart, dass ein Schwellenwert über- oder unterschritten wird, so ist die Zahl der Freistellungen idR **anzupassen.** Dies gilt bei einer Abnahme der Belegschaftsstärke dann nicht, wenn sich die BR-Aufgaben nicht in gleichem Umfang verringern[5].

6 **2. Teilfreistellungen (S. 3, 4).** Durch das BetrVerf-Reformgesetz 2001 wurde die bislang heftig umstrittene Frage der Möglichkeit von Teilfreistellungen zu Gunsten deren Zulässigkeit entschieden, vgl. S. 3. Ziel des Gesetzgebers war es zum einen, der Teilzeitarbeit als „immer häufiger werdende Arbeitsform" auch für die BR-Arbeit Rechnung zu tragen, zum anderen, Freistellungen von beruflich ambitionierten BR-Mitgliedern, „die durch die BR-Arbeit nicht den Anschluss an das Berufsleben verlieren wollen", im Wege der Teilfreistellung zu ermöglichen, schließlich bei räumlich weit auseinander liegenden Betriebsteilen die Basisnähe durch vermehrte Teilfreistellungen zu verbessern[6].

7 Eine **Teilfreistellung** liegt dann vor, wenn ein BR-Mitglied dergestalt von seiner Arbeitspflicht befreit wird, dass es noch **in einem bestimmten Umfang** Arbeitsleistung erbringen kann[7]. Grundsätzlich unterliegt es der freien Organisationsentscheidung des BR, ob und in welchem Umfang er von der Möglichkeit der Teilfreistellung Gebrauch macht[8]. Die Möglichkeiten der Teilfreistellung sind so vielfältig wie die Möglichkeiten der Teilzeitarbeit: Stunden- oder tageweise Freistellung eines vollzeitbeschäftigten BR-Mitglieds, stunden- oder tageweise Freistellung von teilzeitbeschäftigten BR-Mitgliedern etc. S. 4 stellt aber ausdrücklich klar, dass durch Teilfreistellungen das **Gesamtfreistellungsvolumen** nach S. 1 u. 2 **nicht überschritten** werden darf, dh., dass die Addition der konkreten persönlichen Arbeitszeiten, für die teilweise freigestellte BR-Mitglieder jeweils von der Arbeit befreit sind, nicht das Gesamtvolumen der auf betriebl. Vollzeitkräfte bezogenen gesetzlichen Staffel (Rz. 3) überschreiten darf.

8 Bleibt der BR bei der Festlegung von Teilfreistellungen innerhalb des zulässigen Arbeitszeitvolumens vergleichbarer freigestellter Vollzeitbeschäftigter, trifft ihn – anders als nach der BAG-Rspr. zu § 38 aF[9] – **keine besondere Darlegungslast**, warum er sich für Teil- und nicht für Vollfreistellungen entscheidet[10]. Eine Grenze der Gestaltung der Teilfreistellung wird aber – schon wegen des Grundsatzes der vertrauensvollen Zusammenarbeit (§ 2 I) – dann zu ziehen sein, wenn eine „Atomisierung" der Freistellungen zu einer unzumutbaren Mehrbelastung des ArbGeb führt und einer sinnvollen Organisation der BR-Arbeit entgegen steht[11]. Bei Streitigkeiten über Zahl und Lage der Teilfreistellungen entscheidet nach § 38 II 4 die **Einigungsstelle.**

9 **3. Zusätzliche Freistellungen.** Die gesetzl. Staffel des Abs. 1 enthält lediglich **Mindestzahlen**. Der BR kann daher zusätzliche Freistellungen weiterer BR-Mitglieder geltend machen, wenn dies zur ordnungsgemäßen Wahrnehmung seiner ihm obliegenden Aufgaben „erforderlich" (vgl. § 37 Rz. 10) ist[12]. An-

---

1 Amtl. Begr. zum BetrVG 1972, BT-Drs. VI/1786, S. 9, sowie BT-Drs. VI/2729, S. 24; ferner BAG v. 26.6.1996 – 7 ABR 48/95, NZA 1997, 58; DKK/Wedde, § 38 BetrVG Rz. 19; *Fitting*, § 38 BetrVG Rz. 12 f.; Richardi/*Thüsing*, § 38 BetrVG Rz. 14; aA GK-BetrVG/*Weber*, § 38 Rz. 16, 30; *Löwisch*, BB 2001, 1743; MünchArbR/*Joost*, § 308 Rz. 64 (zu § 38 aF). | 2 HM, vgl. *Fitting*, § 38 BetrVG Rz. 9; GK-BetrVG/*Weber*, § 38 Rz. 11. | 3 So BAG v. 22.10.2003 – 7 ABR 3/03, NZA 2004, 1052, EWiR 2004, 529; v. 16.4.2003 – 7 ABR 53/02, NZA 2003, 1345; zust. *Kreutz*, SAE 2004, 168; *Schirmer*, FS 50 Jahre BAG, 2004, 1063 (1078 f.); aA *Fitting*, § 38 BetrVG Rz. 9. | 4 BAG v. 26.7.1989 – 7 ABR 64/88, NZA 1990, 621; *Fitting*, § 38 BetrVG Rz. 8; GK-BetrVG/*Weber*, § 38 Rz. 12. | 5 BAG v. 26.7.1989 – 7 ABR 64/88, NZA 1990, 621; DKK/*Wedde*, § 38 BetrVG Rz. 10; *Fitting*, § 38 BetrVG Rz. 15; aA GK-BetrVG/*Weber*, § 38 Rz. 14; Richardi/*Thüsing*, § 38 BetrVG Rz. 11: Anpassung immer nach unten. | 6 Amtl. Begr. BT-Drs. 14/5741, S. 41. | 7 Vgl. *Hornung*, DB 2002, 94. | 8 HM, vgl. *Fitting*, § 38 BetrVG Rz. 13; GK-BetrVG/*Weber*, § 38 Rz. 29. | 9 BAG v. 26.6.1996 – 7 ABR 48/95, BAGE 83, 234 = NZA 1997, 58. | 10 *Fitting*, § 38 BetrVG Rz. 13; GK-BetrVG/*Weber*, § 38 Rz. 29. | 11 Für diese Einschränkung DKK/*Wedde*, § 38 BetrVG Rz. 22; ErfK/*Eisemann*, § 38 BetrVG Rz. 4; Richardi/*Thüsing*, § 38 BetrVG Rz. 14 f. | 12 HM vgl. BAG v. 22.5.1973 – 1 ABR 2/73, DB 1973, 1900; v. 26.7.1989 – 7 ABR 64/88, DB 1990, 1290; v. 26.6.1996 – 7 ABR 48/95, BAGE 83, 234 = NZA 1997, 58; *Fitting*, § 38 BetrVG Rz. 19; GK-BetrVG/*Weber*, § 38 Rz. 17.

spruchsgrundlage ist dann aber § 37 II, weshalb es immer des konkreten Nachweises der Erforderlichkeit bedarf[1]. Der BR muss insb. detailliert darlegen, dass die zusätzliche Freistellung für die **gesamte** (restliche) **Wahlperiode** erforderlich ist und die Möglichkeit vorübergehender Arbeitsbefreiungen nach § 37 II nicht ausreicht, um die anfallende BR-Arbeit ordnungsgemäß zu erledigen. An die Darlegungslast des BR sind dabei relativ **hohe Anforderungen** zu stellen, da zu berücksichtigen ist, dass der Bedarf an Freistellungen vom Gesetzgeber in § 38 für den Normalfall großzügig bemessen ist[2].

Kriterien, die zusätzliche Freistellungen rechtfertigen, können zB sein 10

- zahlreiche und weit verstreut liegende Betriebsstätten[3],
- Drei- bzw. Mehrschichtbetrieb[4],
- erhöhter Arbeitsanfall wegen Besonderheiten der betrieblichen Organisation[5].

Mit der Absenkung der Schwellenwerte und der Erhöhung der Zahl der Freistellungen hat der Gesetzgeber im BetrVerf-ReformG aber auf den Aufgabenzuwachs der BR reagiert[6], weshalb in Zukunft an die Erforderlichkeit zusätzlicher Freistellungen deutlich höhere Anforderungen zu stellen sein werden als bisher.

Der BR kann nicht einseitig – auch nicht durch eine entsprechende Regelung in der Geschäftsordnung[7] 11
– ohne Zustimmung des ArbGeb zusätzliche Freistellungen beschließen, wie sich aus dem Rechtsgedanken des – nicht als abschließend zu verstehenden – S. 5 ergibt. Vielmehr bedarf es hierzu einer **Vereinbarung** mit dem ArbGeb (hM). Kommt kein Konsens zu Stande, entscheidet nicht die Einigungsstelle, sondern das **ArbG** im Beschlussverfahren[8].

4. Anderweitige Regelungen (S. 5). S. 5 eröffnet die Möglichkeit, durch TV oder BV „anderweitige 12
Regelungen" über **Art und Umfang** der Freistellung zu treffen. Regelungsgegenstand können die Zahlen und Schwellenwerte der S. 1 und 2 sein, die Modalitäten bei Teilfreistellungen, aber auch Freistellungen in kleineren Betrieben (weniger als 200 ArbN)[9]. Die **Mindestanzahl** der Freistellungen kann nicht nur erhöht, sondern auch **abgesenkt** werden, da das Gesetz nur von „anderweitigen" und nicht von „günstigeren" Regelungen spricht. Ein genereller Ausschluss von Freistellungen ist allerdings unzulässig[10]. Eine abweichende Regelung über das Freistellungsverfahren (Abs. 2) kann nicht vereinbart werden, was sich schon aus der systematischen Stellung der „anderweitigen Regelungsbefugnis" in Abs. 1 ergibt[11].

Eine anderweitige Regelung der Freistellungen kann nur **freiwillig** getroffen werden, so dass eine BV 13
iSd. S. 5 nicht durch Spruch der Einigungsstelle erzwungen werden und entsprechend ein TV nicht erkämpft werden kann[12]. Besteht bereits eine tarifvertragl. Regelung, ist eine BV auf Grund des Günstigkeitsprinzips zulässig, wenn sie eine weiter gehende Freistellungsregelung vorsieht als der TV. Ungünstigere Freistellungsregelungen sind dagegen nur bei einer im TV verankerten Öffnungsklausel zulässig (Rangprinzip)[13]. **§ 77 III** ist hier nach hM auf das Verhältnis zwischen BV und TV **nicht anwendbar**, da es sich bei der Freistellung nicht um „sonstige Arbeitsbedingungen", sondern um eine betriebsverfassungsrechtl. Regelung handelt.

Die durch BV oder TV getroffene Regelung tritt als **abschließende Regelung** an die Stelle der gesetzl. 14
Regelung nach Abs. 1 S. 1 u. 2 mit der Folge, dass der BR keine weiteren Freistellungen verlangen kann[14]. Unberührt bleibt hiervon aber ein Anspruch auf Arbeitsbefreiung aus konkretem Anlass nach § 37 II (vgl. § 37 Rz. 6).

5. Zeitweilige Verhinderung freigestellter Betriebsratsmitglieder. Ist ein freigestelltes BR-Mitglied 15
zeitweilig zB durch Krankheit, Urlaub oder Schulung verhindert, kann der BR einen Anspruch auf **Ersatzfreistellung** eines anderen Amtsträgers nur dann geltend machen, wenn er hinreichende Gründe für deren Erforderlichkeit darlegt. Denn die Ersatzfreistellung stützt sich dann auf einen **konkreten Anlass** nach § 37 II und kommt nur in Frage, wenn die BR-Aufgaben trotz einer zumutbaren internen Umverteilung im BR nicht durch die anderen Mitglieder erledigt werden können[15]. Nach st. BAG-Rspr. berührt

---

1 HM, vgl. BAG v. 26.7.1989 – 7 ABR 64/88, DB 1990, 1290; v. 26.6.1996 – 7 ABR 48/95, NZA 1997, 58; *Fitting*, § 38 BetrVG Rz. 19; GK-BetrVG/*Weber*, § 38 Rz. 19. | 2 Vgl. BAG v. 26.7.1989 – 7 ABR 64/88, DB 1990, 1290; v. 13.11.1991 – 7 ABR 5/91, NZA 1992, 414; DKK/*Wedde*, § 38 BetrVG Rz. 14; *Fitting*, § 38 BetrVG Rz. 22. | 3 LAG Düsseldorf v. 29.6.1988 – 12 TaBV 37/88, AiB 1989, 80. | 4 BAG v. 22.5.1973 – 1 ABR 26/72, DB 1973, 1901. | 5 LAG Köln v. 2.8.1988 – 4 TaBV 34/88, AuR 1989, 150. | 6 Amtl. Begr. BT-Drs. 14/5741, S. 41. | 7 BAG v. 16.1.1979 – 6 AZR 683/76, DB 1979, 1516. | 8 HM, vgl. BAG v. 22.5.1973 – 1 ABR 2/73, DB 1973, 1900; v. 9.10.1973 – 1 ABR 29/73, DB 1974, 339; v. 26.7.1989 – 7 ABR 64/88, DB 1990, 1290; *Fitting*, § 38 BetrVG Rz. 20; GK-BetrVG/*Weber*, § 38 Rz. 22; aA DKK/*Wedde*, § 38 BetrVG Rz. 12. | 9 Vgl. ausf. Übersicht bei *Fitting*, § 38 BetrVG Rz. 28. | 10 BAG v. 11.6.1997 – 7 ABR 5/96, NZA 1997, 1301; *Fitting*, § 38 BetrVG Rz. 30; GK-BetrVG/*Weber*, § 38 Rz. 31 ff. | 11 LAG Hess. v. 1.8.1991 – 12 TaBV 40/91, DB 1991, 2494; *Fitting*, § 38 BetrVG Rz. 29; GK-BetrVG/*Weber*, § 38 Rz. 31. | 12 Ebenso GK-BetrVG/*Weber*, § 38 Rz. 31; Richardi/*Thüsing*, § 38 BetrVG Rz. 20; für Freiwilligkeit nur bei BV, nicht aber bei TV DKK/*Wedde*, § 38 BetrVG Rz. 25; *Fitting*, § 38 BetrVG Rz. 31. | 13 Vgl. DKK/*Wedde*, § 38 BetrVG Rz. 28; *Fitting*, § 38 BetrVG Rz. 32; GK-BetrVG/*Weber*, § 38 Rz. 34; aA Richardi/*Thüsing*, § 38 BetrVG Rz. 23, die auch eine günstigere Regelung für unzulässig erachten: Tarifregelung gilt abschließend. | 14 HM, vgl. *Fitting*, § 38 BetrVG Rz. 33; GK-BetrVG/*Weber*, § 38 Rz. 35. | 15 BAG v. 22.5.1973 – 1 ABR 26/72, DB 1974, 339; v. 12.2.1997 – 7 ABR 40/96, NZA 1997, 782; v. 9.7.1997 – 7 ABR 18/96, NZA 1998, 164.

eine vorübergehende Verhinderung die Rechtsstellung der freigestellten BR-Mitglieder nicht[1]. IdR kann **nicht** schon jede **kurzfristige Verhinderung** – zB wegen Krankheit oder Urlaub – eines freigestellten BR-Mitglieds eine Ersatzfreistellung nach § 37 II rechtfertigen, weil in der Berechnung der Mindeststaffel gewisse Fehlzeiten schon mit berücksichtigt sind[2]. Der BR kann nicht erwarten, für die Erledigung seiner Aufgaben an jedem Arbeitstag die der Mindeststaffel entsprechende Anzahl freigestellter BR-Mitglieder zur Verfügung zu haben. Dies hat umso mehr zu gelten, seitdem durch das BetrVerf-Reformgesetz die Schwellenwerte gesenkt und die Zahl der Freistellungen erhöht worden sind.

16 **III. Freistellungsverfahren (Abs. 2). 1. Auswahl und Wahl (S. 1–3).** Der Wahl der freizustellenden BR-Mitglieder hat nach dem eindeutigen Wortlaut des Abs. 2 S. 1 eine **Beratung mit dem ArbGeb** vorauszugehen. Die Beratung muss in einer ordnungsgemäß einberufenen Sitzung (vgl. § 29 Rz. 8 ff.) mit dem **gesamten BR** erfolgen; eine Beratung nur einzelner BR-Mitglieder mit dem ArbGeb genügt nicht[3]. Zweck dieser Regelung ist es, eine gewisse Rationalisierung des Wahlverfahrens zu erreichen, indem der ArbGeb bereits vor der Wahl auf für ihn wesentliche betriebl. Belange hinweisen kann und diese ggf. von den BR-Mitgliedern bei den Wahlvorschlägen berücksichtigt werden können, umso bereits im Vorfeld ein Einigungsstellenverfahren zu vermeiden. **Unterlässt** der BR die Beratung mit dem ArbGeb, ist die Wahl zwar nicht unwirksam[4], jedoch kann die **Anfechtung** der Wahl analog § 19 gerechtfertigt sein[5]. Ein solches BR-Verhalten ist aber in jedem Fall pflichtwidrig und kann zu seiner Auflösung nach § 23 I führen.

17 Die eigentliche Wahl der freizustellenden BR-Mitglieder erfolgt in einer ordnungsgemäß einberufenen Sitzung **geheim** und nach den Grundsätzen der **Verhältniswahl**; wird lediglich **ein Wahlvorschlag** eingereicht, richtet sich die Wahl nach den Grundsätzen der **Mehrheitswahl** (zu den Einzelheiten vgl. § 14 Rz. 9 ff.). Ist nur ein BR-Mitglied freizustellen, wird dieses mit einfacher Stimmenmehrheit gewählt. Die Vorschrift entspricht im Wesentlichen der Wahlvorschrift für den Betriebsausschuss (§ 27 I 2 bis 4), vgl. dazu näher § 27 Rz. 4 f. Auf die Einhaltung der Geschlechterquote des § 15 II ist hier keine Rücksicht mehr zu nehmen (hM).

18 Einstweilen frei.

19 **2. Einigungsstellenverfahren (S. 4–7).** Hält der ArbGeb den Freistellungsbeschluss des BR für **sachlich nicht vertretbar**, kann er innerhalb einer Frist von zwei Wochen die Einigungsstelle anrufen (S. 4). Die Zwei-Wochen-Frist ist eine **Ausschlussfrist**; sie wird nach den §§ 187 ff. BGB berechnet und endet nach § 188 II BGB nach Ablauf von zwei Wochen an dem Wochentag, der dem Tag entspricht, an dem die Namen der Freizustellenden dem ArbGeb ordnungsgemäß bekannt gegeben wurden[6]. Besteht eine **ständige Einigungsstelle** (§ 76 I 2), ist die Frist gewahrt, wenn vor ihrem Ablauf der Antrag des ArbGeb beim Vorsitzenden der Einigungsstelle eingegangen ist; muss diese dagegen erst gebildet werden, hat der ArbGeb vor Ablauf der Frist beim BR einen Antrag auf Bildung einer Einigungsstelle zu stellen[7].

20 Die Entscheidungsbefugnis der Einigungsstelle ist auf die sachliche Vertretbarkeit der **personellen Auswahlentscheidung** beschränkt[8], die vor allem dann fehlt, wenn der BR zwingende betriebl. Notwendigkeiten (zB Unabkömmlichkeit des Freizustellenden) nicht beachtet hat. Bloße Erschwerungen des Betriebsablaufs oder Unannehmlichkeiten wegen der erforderlich werdenden Umorganisation, die mit jeder Freistellung verbunden sind, reichen hierfür nicht aus[9]. Der ArbGeb kann den Freistellungsbeschluss auch nur partiell angreifen, soweit er ihn für sachlich nicht vertretbar hält, so dass er die Anrufung der Einigungsstelle auf die Freistellung eines **einzelnen** BR-Mitglieds beschränken kann[10].

21 Der Spruch der Einigungsstelle **ersetzt** die fehlende Einigung zwischen ArbGeb und BR. Teilt die Einigungsstelle die Bedenken des ArbGeb, hat sie die freizustellenden BR-Mitglieder selbst zu bestimmen[11]. Neben den allgemeinen Entscheidungskriterien des § 76 V 3 hat die Einigungsstelle bei ihrer Entscheidung auch den **Minderheitenschutz** nach S. 1 zu beachten, vgl. S. 6. Nach der Abschaffung des Gruppenschutzes bezieht sich der Minderheitenschutz nur noch auf die Berücksichtigung möglichst **listengleicher** Kandidaten im Falle der Verhältniswahl. Nach dem eindeutigen Wortlaut des S. 6

1 BAG v. 9.7.1997 – 7 ABR 18/96, NZA 1998, 164; v. 12.2.1997 – 7 ABR 40/96, NZA 1997, 782; *Fitting*, § 38 BetrVG Rz. 26; GK-BetrVG/*Weber*, § 38 Rz. 38. | 2 HM, vgl. BAG v. 9.7.1997 – 7 ABR 18/96, NZA 1998, 164; *Fitting*, § 38 BetrVG Rz. 27; GK-BetrVG/*Weber*, § 38 Rz. 38; aA DKK/*Wedde*, § 38 BetrVG Rz. 23; Richardi/*Thüsing*, § 38 BetrVG Rz. 19. | 3 BAG v. 29.4.1992 – 7 ABR 74/91, NZA 1993, 329; DKK/*Wedde*, § 38 BetrVG Rz. 36; Richardi/*Thüsing*, § 38 BetrVG Rz. 27; aA GK-BetrVG/*Weber*, § 38 Rz. 43 (auch im Monatsgespräch nach § 74 I 1 möglich). | 4 LAG Nürnberg v. 19.11.1997 – 4 TaBV 15/96, BB 1998, 427; DKK/*Wedde*, § 38 BetrVG Rz. 38; *Fitting*, § 38 BetrVG Rz. 46; GK-BetrVG/*Weber*, § 38 Rz. 45; aA Richardi/*Thüsing*, § 38 BetrVG Rz. 29; ausdrückl. offen gelassen von BAG v. 29.4.1992 – 7 ABR 74/91, BAGE 70, 178 (184) = NZA 1993, 329. | 5 LAG Berlin v. 19.6.1995 – 9 TaBV, NZA-RR 1996, 51; DKK/*Wedde*, § 38 BetrVG Rz. 38; *Fitting*, § 38 BetrVG Rz. 46. | 6 Vgl. nur Richardi/*Thüsing*, § 38 BetrVG Rz. 33; GK-BetrVG/*Weber*, § 38 Rz. 56. | 7 *Fitting*, § 38 BetrVG Rz. 63; GK-BetrVG/*Weber*, § 38 Rz. 57; Richardi/*Thüsing*, § 38 BetrVG Rz. 33. | 8 BAG v. 9.10.1973 – 1 ABR 29/73, DB 1974, 339; v. 26.6.1996 – 7 ABR 48/95, BAGE 83, 234 = NZA 1997, 58. | 9 Vgl. *Fitting*, § 38 BetrVG Rz. 61; GK-BetrVG/*Weber*, § 38 Rz. 59. | 10 HM, vgl. *Fitting*, § 38 BetrVG Rz. 64; GK-BetrVG/*Weber*, § 38 Rz. 61. | 11 *Fitting*, § 38 BetrVG Rz. 64; GK-BetrVG/*Weber*, § 38 Rz. 62.

(„auch") ist der Minderheitenschutz aber nicht das alleinige Entscheidungskriterium, vielmehr hat die Einigungsstelle vor allem darauf zu achten, dass die Bestimmung eines anderen freizustellenden BR-Mitglieds sachlich vertretbar ist[1].

Einstweilen frei. 22

3. Dauer der Freistellung, Nachwahlen. IdR erfolgt die Freistellung für die gesamte **Amtsperiode** des BR, vgl. § 21[2]. Eine **vorzeitige Beendigung** der Freistellung einzelner BR-Mitglieder kann durch Widerruf des Einverständnisses, Ausscheiden aus dem Betrieb oder dem BR-Gremium oder durch Abberufung erfolgen. Die Abberufung ist jederzeit möglich, da der BR auch während der Amtsperiode die volle personelle Gestaltungs- und Auswahlkompetenz behält, vgl. § 26 Rz. 6. Er ist und bleibt als Kollektivorgan Inhaber des Anspruchs aus § 38 I; erst mit der Wahl nach Abs. 2 erlangt das einzelne BR-Mitglied einen individuellen Anspruch gegen den ArbGeb auf Freistellung[3]. 23

Für die **Abberufung** findet nach Abs. 2 S. 8 die Norm des § 27 I 5 (Betriebsausschuss) entsprechende Anwendung, dh., dass es bei Abberufung eines nach den Grundsätzen der **Verhältniswahl** freigestellten BR-Mitglieds einer Mehrheit von drei Vierteln der Stimmen des BR in geheimer Abstimmung bedarf, um eine Umgehung des Minderheitenschutzes zu verhindern (vgl. § 27 Rz. 6). Werden jedoch die freizustellenden BR-Mitglieder **insgesamt** neu gewählt, so treten die Neugewählten an die Stelle der früher Gewählten, ohne dass diese erst mit qualifizierter Mehrheit abberufen werden müssten[4]. Das gilt auch dann, wenn die **Zahl** der freizustellenden **BR-Mitglieder** während der Amtszeit des BR **erhöht** wird, erfordert dies doch ohnehin eine Neuwahl **aller** freizustellenden BR-Mitglieder, wenn die Freistellungswahl nach den Grundsätzen der Verhältniswahl durchgeführt wird[5]. 24

Einstweilen frei. 25

IV. Rechtsstellung der freigestellten Betriebsratsmitglieder. 1. Betriebsratstätigkeit und arbeitsvertragliche Pflichten. Die freigestellten BR-Mitglieder sind grundsätzlich von ihrer **gesamten** – bzw. bei Teilfreistellungen von ihrer anteilsmäßigen – **beruflichen Tätigkeit** befreit. Neben der konkreten Arbeitspflicht entfallen jedoch nicht die sonstigen Pflichten aus dem Arbeitsverhältnis, so dass zB Verhaltens- und Ordnungsregelungen weiterhin zu beachten sind. Anstelle seiner vertragl. Arbeitsaufgabe muss sich das freigestellte BR-Mitglied während der **betriebsüblichen Arbeitszeit** den BR-Aufgaben widmen; Leistungsort ist der Sitz des BR, so dass eine Erstattung der Fahrtkosten zum BR-Sitz gegen das Begünstigungsverbot des § 78 S. 2 BetrVG verstößt[6]. Von der Anwesenheitspflicht ist es nur befreit, wenn und soweit seine Abwesenheit vom Betrieb zur Erfüllung von BR-Aufgaben erforderlich ist (§ 37 Rz. 10)[7]. Finden im Betrieb Maßnahmen zur Anwesenheitskontrolle statt, müssen sich ihnen auch freigestellte BR-Mitglieder stellen[8]. **Erholungsurlaub** steht ihnen genauso wie vergleichbaren ArbN zu; er suspendiert sie statt von der Arbeitspflicht von der betriebsverfassungsrechtl. Amtstätigkeit[9]. 26

Der ArbGeb hat sachnotwendig **kein Direktionsrecht** hinsichtlich der Gestaltung der BR-Tätigkeit. Dem steht aber nicht entgegen, dass sich auch ein freigestelltes BR-Mitglied **abmelden** muss, wenn es den Betrieb **verlässt** (vgl. § 37 Rz. 12)[10]. Der ArbGeb kann nur Angaben hinsichtlich Ort und Dauer der beabsichtigten BR-Tätigkeit verlangen, nicht dagegen zur Art der BR-Aktivität[11]. Auf Verlangen des ArbGeb muss das BR-Mitglied aber den Nachweis führen, dass es außerhalb des Betriebs tatsächlich BR-Aufgaben wahrgenommen hat[12]. 27

Die Freistellung soll ausschließlich der **sachgerechten** Wahrnehmung der BR-Aufgaben dienen. Es besteht allerdings eine **gesetzliche Vermutung** dafür, dass ein freigestelltes BR-Mitglied ausschließlich BR-Tätigkeit ausübt oder sich dafür bereithält[13]. Nutzt das BR-Mitglied die Freistellungszeit aber nachweislich für andere Zwecke, kann darin eine grobe **Amtspflichtverletzung** iSd. § 23 I gesehen werden, gleichzeitig aber auch eine Verletzung der Pflichten aus dem Arbeitsvertrag (vgl. § 23 Rz. 6)[14]. 28

2. Entgeltfortzahlung und Ausgleichsanspruch. Das **Arbeitsentgelt** ist nach dem sog. „Lohnausfallprinzip" fortzuzahlen, dh. dass dem freigestellten BR-Mitglied Anspruch auf jenes Arbeitsentgelt zusteht, das es bei tatsächlicher Ausübung seiner beruflichen Tätigkeit erhalten hätte (vgl. § 37 Rz. 14). Eine Erhöhung der Arbeitszeit von 19,25 auf 30 Wochenstunden allein wegen der Freistellung verstößt gegen das Begünstigungsverbot aus § 78 S. 2 BetrVG[15]. Bei der Bemessung des Entgelts ist die **betriebs-** 29

---

1 Im Ergebnis ebenso DKK/*Wedde*, § 38 BetrVG Rz. 50 f.; *Fitting*, § 38 BetrVG Rz. 67 f.; GK-BetrVG/*Weber*, § 38 Rz. 64; Richardi/*Thüsing*, § 38 BetrVG Rz. 38. | 2 Vgl. *Fitting*, § 38 BetrVG Rz. 71; GK-BetrVG/*Weber*, § 38 Rz. 66. | 3 HM, vgl. nur *Fitting*, § 38 BetrVG Rz. 7; GK-BetrVG/*Weber*, § 38 Rz. 9. | 4 BAG v. 29.4.1992 – 7 ABR 74/91, BAGE 70, 178 (185 f.) = NZA 1993, 329. | 5 BAG v. 20.4.2005 – 7 ABR 47/04, NZA 2005, 1013. | 6 BAG v. 13.6.2007 – 7 ABR 62/06, NZA 2007, 1301; LAG BW v. 27.7.2006 – 11 TaBV 3/05, AiB 2006, 299. | 7 BAG v. 31.5.1989 – 7 ABR 277/88, NZA 1990, 313. | 8 HM, vgl. *Fitting*, § 38 BetrVG Rz. 77; GK-BetrVG/*Weber*, § 38 Rz. 77. | 9 BAG v. 20.8.2002 – 9 AZR 261/01, NZA 2003, 1046. | 10 BAG v. 31.5.1989 – 7 ABR 277/88, NZA 1990, 313; GK-BetrVG/*Weber*, § 38 Rz. 81; Richardi/*Thüsing*, § 38 BetrVG Rz. 50. | 11 BAG v. 15.3.1995 – 7 AZR 643/94, BAGE 79, 263 = NZA 1995, 961 unter Aufgabe seiner bisherigen Rspr. | 12 HM, vgl. *Fitting*, § 38 BetrVG Rz. 79; GK-BetrVG/*Weber*, § 38 Rz. 81; aA DKK/*Wedde*, § 38 BetrVG Rz. 65. | 13 BAG v. 19.5.1983 – 6 AZR 290/81, BAGE 42, 405 = DB 1983, 2038. | 14 Vgl. *Fitting*, § 38 BetrVG Rz. 84; GK-BetrVG/*Weber*, § 38 Rz. 82. | 15 BAG v. 16.2.2005 – 7 AZR 95/04, NZA-RR 2005, 556 (betr. PersR-Mitglied).

übliche berufliche Fortentwicklung vergleichbarer ArbN als Maßstab heranzuziehen, was hier anders als bei den nur vorübergehend befreiten BR-Mitgliedern erheblich schwieriger festzustellen ist, da keinerlei persönliche Arbeitsleistung mehr erbracht wird, die als Bezugspunkt dienen kann[1]. Dies gilt auch für **Mehrarbeitszuschläge**, wenn vergleichbare ArbN Mehrarbeit leisten und das freigestellte BR-Mitglied diese auch hätte leisten müssen, wäre es nicht freigestellt[2]. Hierfür ist unerheblich, ob infolge der BR-Tätigkeit ebenfalls Mehrarbeit anfällt. Es muss aber darauf geachtet werden, dass für die Zeit, in der **zusätzliche BR-Tätigkeit** als „Mehrarbeit" von ihm geleistet wurde, die Mehrarbeitszuschläge auf seine Ansprüche aus § 37 III angerechnet werden, so dass keine doppelte Vergütung oder Arbeitsbefreiung erfolgt[3].

30 Leistet ein freigestelltes BR-Mitglied **außerhalb seiner Arbeitszeit** BR-Arbeit, besteht ein Anspruch auf entsprechenden Freizeitausgleich innerhalb eines Monats nach § 37 III nur, wenn dies betriebsbedingt und nicht betriebs*rats*bedingt erfolgen musste, vgl. § 37 Rz. 18 f.[4]. Ein freigestelltes BR-Mitglied kann grundsätzlich selbst bestimmen, wann es den ihm zustehenden Freizeitausgleich nimmt, da es nicht in den Betriebsablauf eingegliedert ist[5]. Ein Anspruch auf **Mehrarbeitsvergütung** besteht daher nur, wenn das BR-Mitglied darlegen und beweisen kann, dass die ordnungsgemäße Erledigung der BR-Arbeit es unmöglich gemacht hatte, den Freizeitausgleich innerhalb eines Monats zu nehmen (vgl. § 37 Rz. 21)[6].

31 Soweit es sich um die Teilnahme an **Schulungs- und Bildungsveranstaltungen** handelt, sind die freigestellten BR-Mitglieder nicht gegenüber ihren BR-Kollegen privilegiert. Vielmehr sind für die Prüfung der **Erforderlichkeit** dieselben rechtlichen Kriterien des § 37 VI bzw. § 40 I maßgeblich, weil Sinn und Zweck beider Regelungen die sachgerechte Wahrnehmung der dem BR obliegenden gesetzl. Aufgaben ist[7]. Daher hat auch ein freigestelltes BR-Mitglied weder einen Anspruch auf Kostenerstattung noch auf Entgeltfortzahlung, wenn es an einer Schulung teilnimmt, die weder erforderliche Kenntnisse iSd. § 37 VI vermittelt noch nach § 37 VII als geeignet anerkannt ist (vgl. ausf. § 37 Rz. 32 ff.).

32 **3. Diskriminierungsschutz (Abs. 3, 4).** Sind BR-Mitglieder mindestens **drei aufeinander folgende Amtszeiten** freigestellt, so erweitert sich der Schutz gegen Entgelt- und Berufsdiskriminierung nach § 37 IV und V auf **zwei Jahre** nach Ablauf der Amtszeit, vgl. Abs. 3. Um der Intention der verlängerten Schutzfrist auf Grund zunehmender Entfremdung vom Arbeitsplatz gerecht zu werden, bedarf es hierzu der **völligen Freistellung** – eine teilweise Freistellung genügt also nicht[8]. Eine **volle Amtszeit** ist die regelmäßige Amtszeit des BR iSd. § 21, also von **vier Jahren**. Keine volle Amtszeit ist daher eine verkürzte Amtszeit wegen der Notwendigkeit einer vorzeitigen Neuwahl nach § 13 II Nr. 1–3 oder die vorzeitige Beendigung der Amtszeit auf Grund einer gerichtlichen Entscheidung nach § 19 oder § 23. Die Freistellungszeit muss also immer **mindestens 12 Jahre** betragen haben, doch kann die erforderliche Freistellungszeit unter den Voraussetzungen des § 13 III 2, § 21 S. 4 auch länger sein[9].

33 Das BR-Mitglied muss in der **letzten Amtsperiode** vor seinem Ausscheiden aus dem BR freigestellt gewesen sein, damit die Erhöhung der nachwirkenden Schutzfrist auf zwei Jahre greift, da Zweck dieser Vorschrift ist, den Schwierigkeiten zu begegnen, die bei der Eingliederung eines langzeitig freigestellten BR-Mitglieds in den betrieblichen Arbeitsablauf entstehen können[10].

34 Eine Ausprägung des allgemeinen Benachteiligungsverbots (§ 78 S. 2) enthält Abs. 4: Freigestellte BR-Mitglieder dürfen von inner- und außerbetriebl. **Maßnahmen der Berufsbildung** während der Freistellung **nicht ausgeschlossen** werden. Hierdurch steht ihnen zwar kein Anspruch auf bevorzugte Berücksichtigung bei der Auswahl der Teilnehmer zu. Es wird aber sicher gestellt, dass Freigestellte nicht übergangen werden dürfen[11]. Die Vorschrift soll gewährleisten, dass die freigestellten BR-Mitglieder ihren früheren Arbeitskollegen in der berufl. Entwicklung nicht nachstehen und die angestrebte Wiedereingliederung in das Berufsleben nach Beendigung der Freistellung ermöglicht wird[12].

35 Außerdem ist den freigestellten BR-Mitgliedern **innerhalb eines Jahres** nach Beendigung der Freistellung die Gelegenheit zu geben, eine auf Grund der Freistellung unterbliebene betriebsübliche berufl. Entwicklung nachzuholen, vgl. Abs. 4 S. 2. Dies kann jedoch nur im Rahmen der Möglichkeiten des Betriebs erfolgen, so dass dem ArbGeb hinsichtlich Art, Dauer und finanziellem Aufwand **kein unzumutbarer Aufwand** entstehen darf[13]. Nach der Teilnahme an solchen Maßnahmen der berufl. Fortbildung ist das freigestellte Mitglied nach Beendigung seiner Freistellung konsequenterweise auch entsprechend

---

1 Vgl. DKK/*Wedde*, § 38 BetrVG Rz. 68; *Fitting*, § 38 BetrVG Rz. 86. | **2** BAG v. 12.12.2000 – 9 AZR 508/99, BAGE 96, 344 = NZA 2001, 514. | **3** Vgl. *Fitting*, § 38 BetrVG Rz. 88; GK-BetrVG/*Weber*, § 38 Rz. 85. | **4** HM, vgl. BAG v. 21.5.1974 – 1 AZR 477/73, DB 1974, 1823; *Fitting*, § 38 BetrVG Rz. 81; GK-BetrVG/*Weber*, § 38 Rz. 87; aA Richardi/*Thüsing*, § 38 BetrVG Rz. 51. | **5** Vgl. *Fitting*, § 38 BetrVG Rz. 81; GK-BetrVG/*Weber*, § 38 Rz. 88. | **6** Ebenso Richardi/*Thüsing*, § 38 BetrVG Rz. 52; ähnlich *Fitting*, § 38 BetrVG Rz. 81; aA GK-BetrVG/*Weber*, § 38 Rz. 89: entgegenstehende betriebliche Gründe nicht ersichtlich. | **7** BAG v. 21.7.1978 – 6 AZR 561/75, DB 1978, 2371. | **8** Ebenso GK-BetrVG/*Weber*, § 38 Rz. 91; Richardi/*Thüsing*, § 38 BetrVG Rz. 58. | **9** DKK/*Wedde*, § 38 BetrVG Rz. 73; *Fitting*, § 38 BetrVG Rz. 94; GK-BetrVG/*Weber*, § 38 Rz. 94; aA Richardi/*Thüsing*, § 38 BetrVG Rz. 59. | **10** *Fitting*, § 38 BetrVG Rz. 96; aA DKK/*Wedde*, § 38 BetrVG Rz. 75; GK-BetrVG/*Weber*, § 38 Rz. 95. | **11** *Fitting*, § 38 BetrVG Rz. 98 f.; Richardi/*Thüsing*, § 38 BetrVG Rz. 62. | **12** ErfK/*Eisemann*, § 38 BetrVG Rz. 13; *Fitting*, § 38 BetrVG Rz. 97. | **13** *Fitting*, § 38 BetrVG Rz. 100; GK-BetrVG/*Weber*, § 38 Rz. 100.

seiner berufl. Fortentwicklung weiter zu beschäftigen. Ein Anspruch auf Bevorzugung gegenüber vergleichbaren ArbN besteht allerdings nicht[1]. Auch diese nachwirkende Fortbildungsmöglichkeit verlängert sich, entsprechend Abs. 3, bei drei aufeinander folgenden vollen Freistellungsperioden auf zwei Jahre, vgl. Abs. 4 S. 3 (Rz. 32).

V. Streitigkeiten. Streitigkeiten zwischen ArbGeb und BR über den Umfang der Freistellungen oder die Wahl der freizustellenden BR-Mitglieder entscheiden die ArbG im **Beschlussverfahren** (§ 2a I Nr. 1, II iVm. §§ 80 ff. ArbGG). Bei der Wahl der freizustellenden BR-Mitglieder nach Abs. 2 handelt es sich um eine **betriebsratsinterne Wahl** mit der Folge, dass diese wie zB bei der Wahl des Vorsitzenden, § 26 I, oder bei der Wahl der Mitglieder des Betriebsausschusses, § 27 I, analog § 19 innerhalb einer Frist von zwei Wochen **anfechtbar** ist[2], vgl. näher § 26 Rz. 14. 36

Will der ArbGeb die **sachliche Unvertretbarkeit** der Freistellung geltend machen, muss er zunächst das **Einigungsstellenverfahren** durchführen, Abs. 2 S. 4 (Rz. 19 ff.). Die unmittelbare Anrufung des ArbG ist nicht zulässig, da erst der Spruch der Einigungsstelle eine verbindliche Regelung schafft, die einer arbeitsgerichtl. Überprüfung zugänglich ist[3]. Der Spruch der Einigungsstelle ist im **Beschlussverfahren** aber sowohl dahin gehend überprüfbar, ob er sachlich begründet ist, als auch daraufhin, ob die Einigungsstelle die Grenzen ihres Ermessens eingehalten hat (§ 76 V 4). Aus Gründen der Rechtssicherheit ist in beiden Fällen die **Zwei-Wochen-Frist** des § 76 V 4 einzuhalten[4]. 37

Das **Urteilsverfahren** kommt zur Anwendung, wenn Meinungsverschiedenheiten zwischen ArbGeb und ArbN über Konsequenzen aus der Freistellung für das jeweilige individuelle Arbeitsverhältnis bestehen. Hierzu zählen zB Streitigkeiten über mangelnde betriebl. Anwesenheit, die Fortzahlung des Arbeitsentgelts oder die Teilnahme an Fortbildungsveranstaltungen[5]. 38

39 *Sprechstunden*

(1) Der Betriebsrat kann während der Arbeitszeit Sprechstunden einrichten. Zeit und Ort sind mit dem Arbeitgeber zu vereinbaren. Kommt eine Einigung nicht zu Stande, so entscheidet die Einigungsstelle. Der Spruch der Einigungsstelle ersetzt die Einigung zwischen Arbeitgeber und Betriebsrat.

(2) Führt die Jugend- und Auszubildendenvertretung keine eigenen Sprechstunden durch, so kann an den Sprechstunden des Betriebsrats ein Mitglied der Jugend- und Auszubildendenvertretung zur Beratung der in § 60 Abs. 1 genannten Arbeitnehmer teilnehmen.

(3) Versäumnis von Arbeitszeit, die zum Besuch der Sprechstunden oder durch sonstige Inanspruchnahme des Betriebsrats erforderlich ist, berechtigt den Arbeitgeber nicht zur Minderung des Arbeitsentgelts des Arbeitnehmers.

Abs. 2 zuletzt geändert durch das Gesetz zur Bildung von Jugend- und Auszubildendenvertretungen in den Betrieben (v. 13.7.1988, BGBl. I S. 1034).

I. Inhalt und Zweck. Die Vorschrift will die **Kommunikation** zwischen BR und ArbN fördern[6]. Der BR muss nicht, kann aber unabhängig von der Größe des Betriebs durch die Einrichtung von Sprechstunden zu **festliegenden Zeiten** das Vorbringen von Anregungen und Beschwerden aus der Belegschaft erleichtern, vgl. auch §§ 85, 86a, und damit seine Geschäftsführung vereinfachen, weil nicht ständig BR-Mitglieder für Auskünfte und Beratungen bereit stehen müssen. Die Sprechstunde liegt auch im **Interesse des ArbGeb**, weil damit vermieden wird, dass nicht freigestellte BR-Mitglieder ständig bei der Arbeit gestört werden (Bündelung des Vorbringens der ArbN). Außerdem muss bei ihrer zeitlichen Festlegung auch auf betriebl. Notwendigkeiten Rücksicht genommen werden, weil sie **während der Arbeitszeit** stattfindet[7]. 1

II. Einrichtung von Sprechstunden (Abs. 1). Bei der **„Ob"-Frage** der Einrichtung von Sprechstunden wird dem BR nach dem Gesetzeswortlaut („kann") eine Ermessensentscheidung zugebilligt, vgl. S. 1, die aber nicht willkürlich, sondern nach pflichtgemäßem Ermessen zu treffen ist[8]. In jedem Fall bedarf die Errichtungsentscheidung als solche nicht der Zustimmung des ArbGeb, vielmehr entscheidet der BR alleine durch **Beschluss**, vgl. § 33[9]. Kriterien im Rahmen der Ermessensentscheidung sind vor allem die Größe des Betriebs[10], seine Art und Organisation und auch die Bereitschaft der ArbN, von einer 2

---

1 *Fitting*, § 38 BetrVG Rz. 103; GK-BetrVG/*Weber*, § 38 Rz. 102. | 2 BAG v. 20.4.2004 – 7 ABR 44/04, NZA 2005, 1426; v. 15.1.1992 – 7 ABR 24/91, NZA 1992, 1091; v. 28.10.1992 – 7 ABR 2/92, NZA 1993, 910. | 3 HM, vgl. *Fitting*, § 38 BetrVG Rz. 107; GK-BetrVG/*Weber*, § 38 Rz. 104. | 4 HM, vgl. *Fitting*, § 38 BetrVG Rz. 108; GK-BetrVG/*Weber*, § 38 Rz. 104. | 5 *Fitting*, § 38 BetrVG Rz. 110; GK-BetrVG/*Weber*, § 38 Rz. 105. | 6 Zu den Vor- bzw. Nachteilen von Sprechstunden vgl. *Brill*, BB 1979, 1247; *Ohm*, AiB 1996, 407. | 7 BAG v. 23.6.1983 – 6 ABR 65/80, BAGE 43, 109 (113) = DB 1983, 2419. | 8 Vgl. insb. GK-BetrVG/*Weber*, § 39 Rz. 11, die für den Fall eines „offensichtlichen Bedürfnisses" eine Pflicht mit der Sanktionsmöglichkeit des § 23 I annehmen; weniger streng DKK/*Wedde*, § 39 BetrVG Rz. 4; *Fitting*, § 39 BetrVG Rz. 6; Richardi/*Thüsing*, § 39 BetrVG Rz. 3. | 9 DKK/*Wedde*, § 39 BetrVG Rz. 3; Richardi/*Thüsing*, § 39 BetrVG Rz. 4. | 10 Vgl. etwa DKK/*Wedde*, § 39 BetrVG Rz. 4, der darauf hinweist, dass sich bei kleinen Betrieben auf Grund des engen Kontakts der Beteiligten die Sprechstunde praktisch erübrige.

derartigen Einrichtung überhaupt Gebrauch zu machen. Trotz der Einrichtung von Sprechstunden kann den ArbN aber nicht die Möglichkeit verwehrt werden, **außerhalb der Sprechstunde** ein BR-Mitglied während der Arbeitszeit aufzusuchen[1]. Allerdings ist insoweit eine Begründung zu fordern, insb. muss sich ein Abwarten bis zur nächsten Sprechstunde, zB in Eilfällen oder aus räumlichen Gründen, als untunlich darstellen (vgl. Rz. 8)[2].

3 Ist die „Ob"-Frage autonom vom BR bejaht worden, ist bei der **„Wie"-Frage** nach S. 2 eine Einigung mit dem ArbGeb in Bezug auf **„Zeit und Ort"** der Sprechstunde erforderlich. Damit gemeint sind die zeitliche Lage der Sprechstunde (Tag und Uhrzeit) innerhalb der betriebsüblichen Arbeitszeit, ihre Häufigkeit (bestimmte Tage in der Woche oder nur einmal wöchentlich etc.) und nach überwiegender Auffassung auch ihre **Dauer**[3]. Diesbezüglich möchte die Gegenauffassung für die Frage des Zeitaufwands der Sprechstunde ein Alleinentscheidungsrecht des BR im Rahmen der Verhältnismäßigkeit annehmen[4]. Unter dem **„Ort"** der Sprechstunde ist der betriebl. Raum gemeint, in dem die Sprechstunden abgehalten werden sollen; er ist vom ArbGeb nach § 40 II zu stellen.

4 Kommt es zwischen BR und ArbGeb nicht zu der nach S. 2 erforderlichen Einigung, so entscheidet die **Einigungsstelle**, vgl. S. 3. Deren Spruch ersetzt insoweit – also **nur** hinsichtlich Zeit und Ort der Sprechstunden – dann die erforderliche Einigung, vgl. S. 4. Ausweislich der amtl. Gesetzesbegr. soll dies zu einer schnellen und betriebsnahen Regelung beitragen[5].

5 Die weiteren „Wie"-Fragen der Durchführung der Sprechstunden entscheidet der BR alleine nach pflichtgemäßen Ermessen[6]. Soweit keine bestimmten BR-Mitglieder mit der Durchführung der Sprechstunde beauftragt werden, ist der BR-Vorsitzende bzw. sein Stellvertreter für die Durchführung der Sprechstunden zuständig, vgl. § 26 II 1[7]. Existiert ein **Betriebsausschuss**, gehört die Durchführung von Sprechstunden zu dessen „laufenden Geschäften" iSd. § 27 II 1[8]. Soweit die mit der Sprechstunde betrauten BR-Mitglieder nicht schon nach § 38 freigestellt sind, ist ihnen Arbeitsbefreiung nach § 37 II zu gewähren. Die Einrichtung und Abhaltung von Sprechstunden alleine rechtfertigt aber **keine komplette Freistellung**[9].

6 **III. Teilnahme der JAV (Abs. 2).** Soweit die JAV **keine eigenen** Sprechstunden durchführt, besteht nach Abs. 2 eine Teilnahmemöglichkeit für ein Mitglied an den BR-Sprechstunden zur Beratung der in § 60 I genannten, von ihr zu betreuenden jungen ArbN. Dabei ist völlig unerheblich, aus welchem Grund die JAV auf eine Sprechstunde verzichtet, ob es also an einer Berechtigung fehlte, vgl. § 69 S. 1, oder ob von einem bestehenden Recht kein Gebrauch gemacht wurde[10]. Die JAV bestimmt **eigenständig**, welches Mitglied an den Sprechstunden teilnimmt. Ohne ausdrückliche Beschlussfassung besteht ein Teilnahmerecht des Vorsitzenden bzw. dessen Stellvertreter[11]. Aus dem Gesetzeswortlaut scheint zu folgen, dass ein Teilnahmerecht **ausscheidet**, wenn andere ArbN als jugendliche ArbN oder Auszubildende bis 25 (vgl. § 60 I) die Sprechstunde besuchen. Jedoch steht dem nicht die Einrichtung „gemeinsamer Sprechstunden" entgegen, die den Mitgliedern der JAV ein Teilnahmerecht ermöglichen, das **Beratungsrecht** aber nur dann, wenn Mitglieder ihrer Zielgruppe auftreten[12].

7 **IV. Keine Minderung des Arbeitsentgelts (Abs. 3).** Nach Abs. 3 darf dem **ArbN**, der die Sprechstunde während der Arbeitszeit besucht, deshalb nicht das ihm sonst zustehende Arbeitsentgelt gekürzt werden. Dass der Besuch der Sprechstunde für den ArbN **erforderlich** ist, wird dabei vom Gesetzgeber vorausgesetzt; nur in krassen Fällen, wenn zB ein Querulant den BR durch ständigen willkürlichen Sprechstundenbesuch strapaziert, wird man diese Erforderlichkeit verneinen können[13]. Für den ArbN gilt also das – missverständlich so genannte – **Lohnausfallprinzip**[14], das ggf. auch Entgeltmehrungen oder -minderungen für diese Zeit umfasst (vgl. § 37 Rz. 14 ff.), während das die Sprechstunde abhaltende BR-Mitglied entweder kraft Freistellung (§ 38) oder kraft erforderlicher Arbeitsbefreiung (§ 37 II) die Entgeltfortzahlung beanspruchen kann.

8 Abs. 3 stellt ferner klar, dass das Lohnausfallprinzip auch für **„sonstige Inanspruchnahme"** des BR gilt, was gerade für den Fall Bedeutung gewinnt, dass keine regelmäßigen Sprechstunden stattfinden oder dass zB Beschwerden im Rahmen eines kollektiven Beschwerdeverfahrens nach § 85 entgegen zu nehmen sind[15]. Damit wird zugleich mittelbar der Anspruch auf Arbeitsbefreiung für die „sonstige Inanspruchnahme" des BR anerkannt, der jedoch bei der Einrichtung von regulären Sprechstunden im Zwei-

1 BAG v. 23.6.1983 – 6 ABR 65/80, BAGE 43, 109 (113 f.) = DB 1983, 2419. | 2 Zu eng GK-BetrVG/*Wiese/Weber*, § 39 Rz. 13. | 3 HM, vgl. *Fitting*, § 39 BetrVG Rz. 12; GK-BetrVG/*Weber*, § 39 Rz. 15. | 4 So DKK/*Wedde*, § 39 BetrVG Rz. 12; Richardi/*Thüsing*, § 39 BetrVG Rz. 5. | 5 Vgl. (zum BetrVG 1972) BR-Drs. 715/70, S. 41. | 6 Vgl. *Fitting*, § 39 BetrVG Rz. 8; GK-BetrVG/*Weber*, § 39 Rz. 17. | 7 HM, vgl. *Fitting*, § 39 BetrVG Rz. 8; DKK/*Wedde*, § 39 BetrVG Rz. 6; aA HSG/*Glaubitz*, § 39 BetrVG Rz. 16 unter Hinweis darauf, dass dies nicht – wie etwa die Einberufung der BR-Sitzung – zu seinem gesetzlichen Aufgabenkreis gehöre. | 8 Vgl. nur *Brill*, BB 1979, 1247 (1248); DKK/*Wedde*, § 39 BetrVG Rz. 6. | 9 BAG v. 13.11.1991 – 7 ABR 5/91, NZA 1992, 414. | 10 Vgl. Richardi/*Thüsing*, § 39 BetrVG Rz. 15; *Fitting*, § 39 BetrVG Rz. 17. | 11 HM, vgl. GK-BetrVG/*Weber*, § 39 Rz. 24; DKK/*Wedde*, § 39 BetrVG Rz. 22. | 12 Zutr. GK-BetrVG/*Weber*, § 39 Rz. 26. | 13 Zutr. *Fitting*, § 39 BetrVG Rz. 29; zu eng GK-BetrVG/*Weber*, § 39 Rz. 29. | 14 Vgl. nur ErfK/*Eisemann*, § 39 BetrVG Rz. 5; GK-BetrVG/*Weber*, § 39 Rz. 34. | 15 Vgl. *Fitting*, § 39 BetrVG Rz. 30; GK-BetrVG/*Weber*, § 39 Rz. 35.

fel einer Begründung im Hinblick auf ihre Erforderlichkeit bedarf (Rz. 2). Die Initiative kann auch vom BR-Mitglied ausgehen, wenn es zB den ArbN an seinem Arbeitsplatz wegen eiliger Rückfragen aufsuchen muss (hM).

Vor dem Aufsuchen der Sprechstunde besteht die arbeitsvertragl. **Nebenpflicht** des ArbN, sich beim Vorgesetzten abzumelden (vgl. § 37 Rz. 12). IdR ist darüber hinaus **keine Zustimmung** des ArbGeb zum Besuch der Sprechstunde erforderlich[1], jedoch besteht andererseits ein ungeschriebenes „**Veto**"-Recht aus dringenden betriebl. Gründen, wenn der ArbN zB dringende und eilige Arbeit im Team zu verrichten hat, die keinen Aufschub duldet[2]. Dem ArbN muss dann aber bei nächster Gelegenheit das Aufsuchen der Sprechstunde ermöglicht werden. In jedem Fall hat der ArbN sich nach Rückkehr wieder zurückzumelden[3]. 9

V. Streitigkeiten. Streitigkeiten über die Frage der Errichtung bzw. Abhaltung von Sprechstunden entscheidet das ArbG im **Beschlussverfahren** (§ 2a I Nr. 1, II iVm. §§ 80 ff. ArbGG). ArbGeb oder BR haben auch nach einem Spruch der Einigungsstelle (Rz. 4) noch die Möglichkeit, diesen Spruch wegen Überschreitung des Ermessens der Einigungsstelle vom ArbG überprüfen zu lassen, vgl. § 76 V 4, das ebenfalls im Beschlussverfahren entscheidet. Ansprüche im Hinblick auf **vorenthaltenes Arbeitsentgelt** wegen der Teilnahme an einer Sprechstunde werden hingegen im **Urteilsverfahren** entschieden[4], was auch im Falle des § 37 II für BR-Mitglieder (vgl. § 37 Rz. 47) und über § 65 I für die JAV gilt. 10

40 *Kosten und Sachaufwand des Betriebsrats*

(1) Die durch die Tätigkeit des Betriebsrats entstehenden Kosten trägt der Arbeitgeber.

(2) Für die Sitzungen, die Sprechstunden und die laufende Geschäftsführung hat der Arbeitgeber in erforderlichem Umfang Räume, sachliche Mittel, Informations- und Kommunikationstechnik sowie Büropersonal zur Verfügung zu stellen.

§ 40 zuletzt geändert (Ergänzung des Abs. 2) durch das BetrVerf-ReformG v. 23.7.2001 (BGBl. I S. 1852), vgl. Neubekanntmachung v. 25.9.2001 (BGBl. I S. 2518).

I. Inhalt und Zweck. Die Vorschrift verpflichtet den ArbGeb, **Kosten und Sachaufwand** des BR zu tragen und ergänzt damit §§ 37, 38, die die Entgeltfortzahlung für ggf. auch freigestellte BR-Mitglieder (inkl. Teilnahme an Schulungs- und Bildungsveranstaltungen) anordnen. Abs. 1 ist daher Generalklausel für **alle sonstigen sachlichen und persönlichen Kosten** der BR-Tätigkeit („durch die Tätigkeit des BR entstehenden Kosten"), Abs. 2 sieht eine Naturalleistungspflicht für Sachaufwand und Büropersonal vor. Systematisch ist die Vorschrift im Zusammenhang mit dem Umlageverbot, § 41, und dem Benachteiligungsverbot, § 78 S. 2, sowie der Ausgestaltung des BR-Amts als **Ehrenamt**, § 37 I, zu sehen. Diese Normen sollen sicherstellen, dass weder das einzelne BR-Mitglied noch die Arbeitnehmerschaft als Ganzes durch die vom BetrVG gewährleistete Interessenvertretung der Belegschaft finanziell belastet werden. 1

Durch das BetrVerf-Reformgesetz 2001 erfolgte insoweit eine „Klarstellung", als in Abs. 2 ausdrücklich die Verpflichtung des ArbGeb zur Bereitstellung von „**Informations- und Kommunikationstechnik**" aufgenommen wurde. Nach der Gesetzesbegründung soll es sich dabei vor allem um „Computer mit entsprechender Software" handeln, aber auch um die Nutzung vorhandener moderner Kommunikationsmöglichkeiten[5] (vgl. Rz. 33). Die häufig geforderte **Budgetierung** der Sachmittel[6], die es dem ArbGeb gerade in kleineren und mittleren Unternehmen leichter machen würde, die Kosten der BR-Tätigkeit zu akzeptieren, wurde vom Gesetzgeber dagegen nicht ernsthaft in Erwägung gezogen[7]. 2

Obwohl der BR nicht rechts- und damit auch **nicht vermögensfähig** ist[8], er daher im Außenverhältnis mit Dritten keine Verträge schließen und keine Verbindlichkeiten eingehen kann, wird nach hM durch 3

1 So aber GK-BetrVG/*Weber*, § 39 Rz. 31; unklar Richardi/*Thüsing*, § 39 BetrVG Rz. 23. | 2 Ähnlich MünchArbR/*Joost*, § 307 Rz. 100; DKK/*Wedde*, § 39 BetrVG Rz. 24. | 3 BAG v. 23.6.1983 – 6 ABR 65/80, BAGE 43, 109 = DB 1983, 2419. | 4 Vgl. nur GK-BetrVG/*Weber*, § 39 Rz. 41. | 5 Vgl. Amtl. Begr., BT-Drs. 14/5741, S. 41. | 6 Vgl. zB *Buchner*, NZA 2001, 633 (637); *Hanau*, RdA 2001, 65 (71); *Konzen*, RdA 2001, 76 (84). | 7 Überblick über die Kostenentwicklung bei *Niedenhoff*, AuA 2004, Heft 11, S. 24. | 8 HM, vgl. BAG v. 24.4.1986 – 6 AZR 607/83, BAGE 52, 1 = NZA 1987, 100 – Sozialeinrichtung; ferner MünchArbR/*v. Hoyningen-Huene*, § 299 Rz. 19 ff.; Richardi/*Richardi*, Einl. Rz. 109.

§ 40 doch ein **gesetzliches Schuldverhältnis** (im Innenverhältnis) zum ArbGeb begründet[1]. Der BR ist also insoweit als **partiell** vermögensfähig anzusehen, als ihm aus § 40 vermögensrechtl. Ansprüche gegen den ArbGeb zB auf Erstattung seiner Aufwendungen (vgl. Rz. 10) zustehen können, die er auch noch nach dem Ende seiner Amtszeit geltend machen kann[2]. Eine darüber hinaus gehende generelle Vermögensfähigkeit kann auch nicht durch Vereinbarung zwischen ArbGeb und BR (hier: Vertragsstrafe) erzeugt werden[3].

4 **II. Grundsätze der Kostentragungspflicht.** Der ArbGeb hat alle Kosten des **BR und seiner Ausschüsse** (§§ 27, 28, vgl. § 28a Rz. 5 mwN[4]) sowie der **einzelnen BR-Mitglieder** zu tragen, sofern diese bei pflichtgemäßer Wahrnehmung ihrer Aufgaben nach dem BetrVG **tatsächlich** entstanden sind. Kosten iSd. Abs. 1 sind alle Kosten, die über den vom ArbGeb nach Abs. 2 zur Verfügung gestellten Bedarf an Sach- und Personalmitteln hinaus aus der ordnungsgemäßen **Geschäftsführung** des BR heraus entstehen (Rz. 11), die aus Rechts- und Regelungsstreitigkeiten des BR resultieren (Rz. 12 ff.), sowie die Aufwendungen für **einzelne BR-Mitglieder**, zB Reise- und Schulungskosten, betreffen (Rz. 18 bzw. 21). Die Kostentragungspflicht besteht auch dann, wenn die **Wahl** des BR **angefochten** worden ist[5], da er solange, bis die Ungültigkeit der Wahl rkr. festgestellt ist, im Amt verbleibt (vgl. § 19 Rz. 21). Entsprechendes gilt im Fall der **Nichtigkeit** der Wahl, sofern die Nichtigkeit für die Mitglieder des Schein-BR nicht offenkundig war[6].

5 Nicht von § 40 erfasst werden solche Kosten und Aufwendungen, die BR-Mitgliedern durch eine Mitgliedschaft in einem **EBR** entstehen, da nach § 30 EBRG die durch die Bildung eines EBR entstehenden Kosten die **zentrale Leitung** des gemeinschaftsweit tätigen Unternehmens zu übernehmen hat[7]. Ebenfalls nicht erfasst von § 40 werden die Kosten der **zusätzlichen** betriebsverfassungsrechtl. Gremien nach § 3 I Nr. 4, 5, weil es sich bei diesen freiwilligen Zusatzgremien nicht um Mitbestimmungsorgane handelt[8], so dass hier entsprechende tarifliche Regelungen erfolgen müssen.

6 Erstattungsfähig sind nur die Kosten einer Tätigkeit, die **objektiv** der Durchführung von BR-Aufgaben dient und dafür auch **erforderlich** war[9]. Für die Generalklausel des Abs. 1 gelten ebenso wie für die Sachmittel nach Abs. 2 insoweit die Vorgaben des § 37 II, wonach die Kosten „zur ordnungsgemäßen Durchführung ihrer Aufgaben erforderlich" sein müssen (vgl. § 37 Rz. 10). Deshalb sind nur solche Kosten „erforderlich", die im Zeitpunkt der Verursachung bei gewissenhafter **Abwägung** zwischen der sachgerechten Ausübung des BR-Amtes einerseits und den berechtigten Interessen des ArbGeb andererseits vom **Standpunkt eines vernünftigen Dritten** als notwendig erscheinen durften (objektive Beurteilung **ex ante**)[10]. Andernfalls würde der BR in der Ausübung seines Amtes unnötig behindert[11]. Um seine Entscheidungsfähigkeit nicht zu stark zu beeinträchtigen, wird ihm von der Rspr. auch ein gewisser **Beurteilungsspielraum** zugestanden. Jedoch ist zu beachten, dass zusätzlich zur „Ob"-Frage der BR auch bei der „Wie"-Frage den berechtigten Kosteninteressen des ArbGeb und der Größe der Belegschaft angemessen Rechnung zu tragen hat[12]. Die Kosten müssen nicht nur „erforderlich", sondern auch „**angemessen**" sein, zB muss eine an sich erforderliche PC-Anlage nicht in jeder Höhe, sondern nur im angemessenen Umfang vom ArbGeb erstattet werden. Damit ist der vom BAG zur Kostentragung nach § 37 VI (Schulungskosten, vgl. Rz. 21) als weitere allgemeine Voraussetzung aufgestellte Grundsatz der **Verhältnismäßigkeit**[13] gemeint, der auch im Rahmen von § 40 unverhältnismäßige Belastungen des ArbGeb im Einzelfall ausschließen soll. Ziel darf es aber nicht sein, generell die Kostentragungspflicht auf ein durchschnittliches Niveau festzuschreiben[14].

7 Für Aufwendungen und Kosten, die der BR unter Anlegung dieser Maßstäbe für erforderlich halten kann, **bedarf er nicht der Zustimmung** des ArbGeb[15]. Der Grundsatz der vertrauensvollen Zusammenarbeit (§ 2 I) gebietet es aber, sich bei außergewöhnlichen Aufwendungen vorher mit dem ArbGeb ins

---

1 HM, vgl. BAG v. 24.10.2001 – 7 ABR 20/00, NZA 2003, 53; ferner *Fitting*, § 40 BetrVG Rz. 90; GK-BetrVG/*Weber*, § 40 Rz. 16; Richardi/*Thüsing*, § 40 BetrVG Rz. 42; dazu krit. *v. Hoyningen-Huene*, GedS Blomeyer, S. 141 (148 ff.): allgemeine schuldrechtliche Regeln sind maßgeblich. | 2 BAG v. 29.9.2004 – 1 ABR 30/03, NZA 2005, 123; v. 24.10.2001 – 7 ABR 20/00, NZA 2003, 53. | 3 BAG v. 29.9.2004 – 1 ABR 30/03, AP Nr. 81 zu § 40 BetrVG 1972 (Anm. *Reichold*). | 4 Auch des Wirtschaftsausschusses, vgl. BAG v. 17.10.1990 – 7 ABR 69/89, NZA 1991, 432; *Fitting*, § 40 BetrVG Rz. 2; GK-BetrVG/*Weber*, § 40 Rz. 2, nicht dagegen der Arbeitsgruppe. | 5 HM, vgl. *Fitting*, § 40 BetrVG Rz. 8; GK-BetrVG/*Weber*, § 40 Rz. 7. | 6 BAG v. 29.4.1998 – 7 ABR 42/97, NZA 1998, 1133; ferner *Fitting*, § 40 BetrVG Rz. 8; GK-BetrVG/*Weber*, § 40 Rz. 7; enger Richardi/*Thüsing*, § 40 BetrVG Rz. 4. | 7 Der inländische ArbGeb haftet aber auf Grund der Verweisung in § 30 S. 5 EBRG auf § 16 II EBRG neben der zentralen Leitung für Kostenerstattungsansprüche der aus dem Inland entsandten Mitglieder des EBR als Gesamtschuldner. | 8 So *Reichold*, NZA 2001, 857 (859); aA *Fitting*, § 40 BetrVG Rz. 2; GK-BetrVG/*Weber*, § 40 Rz. 3. | 9 St. Rspr., vgl. zuletzt BAG v. 20.10.1999 – 7 ABR 25/98, NZA 2000, 556; v. 19.3.2003 – 7 ABR 15/02, NZA 2003, 870. | 10 HM, vgl. nur BAG v. 20.10.1999 – 7 ABR 25/98, NZA 2000, 556; ferner *Fitting*, § 40 BetrVG Rz. 9; GK-BetrVG/*Weber*, § 40 Rz. 11. | 11 Vgl. BAG v. 24.6.1969 – 1 ABR 6/69, DB 1969, 1754; *Fitting*, § 40 BetrVG Rz. 9; GK-BetrVG/*Weber*, § 40 Rz. 11. | 12 Vgl. zur Erforderlichkeit einer PC-Anschaffung BAG v. 16.5.2007 – 7 ABR 45/06, NZA 2007, 1117; v. 12.5.1999 – 7 ABR 36/97, NZA 1999, 1290. | 13 BAG v. 31.10.1972 – 1 ABR 7/72, BAGE 24, 459 = DB 1973, 528; v. 30.3.1994 – 7 ABR 45/93, NZA 1995, 283; v. 28.6.1995 – 7 ABR 55/94, BAGE 80, 236 = NZA 1995, 1216. | 14 So *Fitting*, § 40 BetrVG Rz. 10; GK-BetrVG/*Weber*, § 40 Rz. 12. | 15 HM, vgl. *Fitting*, § 40 BetrVG Rz. 11; GK-BetrVG/*Weber*, § 40 Rz. 13.

Benehmen zu setzen, um diesem Gelegenheit zur Stellungnahme zu geben[1]. Weil das Gesetz für BR-Entscheidungen eine ordnungsgemäße **Beschlussfassung** voraussetzt (vgl. § 26 Rz. 9, § 29 Rz. 7), zB bei der Beauftragung eines Rechtsanwalts (Rz. 14) oder bei der Entsendung von BR-Mitgliedern zu Schulungsmaßnahmen (vgl. § 37 Rz. 38), besteht seine Kostentragungspflicht aber nur dann, wenn auch ein entsprechender Beschluss vorliegt[2].

Die betriebsinterne **Bekanntgabe** der BR-Kosten durch den ArbGeb kann im Hinblick auf Art. 5 GG keineswegs von vorneherein unterbunden werden, bedenkt man die europäische Singularität[3] einer Regelung wie § 40. Doch darf dieser dabei nicht durch die Art und Weise der Informationsvermittlung das Gebot der vertrauensvollen Zusammenarbeit (§ 2 I) verletzen und die BR-Tätigkeit beeinträchtigen[4], zB indem er die gesetzl. Grundlagen nicht offen legt und Willkür des BR unterstellt. 8

Der BR kann wegen des **gesetzlichen Schuldverhältnisses** zum ArbGeb (Rz. 3) von diesem für voraussichtliche Aufwendungen (zB erforderliche Reisekosten) auch einen **angemessenen Vorschuss** verlangen (§ 669 BGB analog)[5]. Den einzelnen BR-Mitgliedern sollen aus ihrer Amtstätigkeit keine persönlichen Belastungen erwachsen, § 78 S. 2. Der ArbGeb kann dem BR daher einen **Dispositionsfonds** zur Verfügung stellen, aus dem die ihm oder seinen Mitgliedern entstehenden Kosten bezahlt werden. Der Fonds darf jedoch nur der Geschäftsvereinfachung dienen und keine versteckte Zuwendung an die BR-Mitglieder als Vergütung für ihre Tätigkeit enthalten (vgl. § 37 I), weshalb über die verwendeten Mittel in angemessenen Zeitabständen abgerechnet werden muss[6]. Die entstandenen Kosten sind grundsätzlich im Einzelnen **nachzuweisen und abzurechnen** (§ 666 BGB analog). Unterbleibt ein ausreichender Nachweis, kann der ArbGeb die Leistung verweigern. Eine **Kostenpauschale** ist zulässig, sofern sie sich im Rahmen von üblichen regelmäßig wiederkehrenden Aufwendungen hält und nicht zu einer unzulässigen versteckten Vergütung der BR-Mitglieder führt[7]. 9

Soweit er Geschäfte innerhalb seines Wirkungskreises vornimmt, hat der BR einen **Freistellungsanspruch** aus § 40 gegen den ArbGeb (§§ 670, 257 BGB analog)[8]. Beschließt der BR zulässigerweise, diesen Anspruch an den Gläubiger abzutreten, entsteht ein Zahlungsanspruch des Gläubigers gegen den ArbGeb[9]. Hat ein BR-Mitglied die Verbindlichkeit bereits erfüllt, steht ihm ein entsprechender Erstattungsanspruch gegen den ArbGeb zu[10]. In diesem Fall können **Zinsansprüche** nach §§ 288, 291 BGB in Betracht kommen[11]. Kostenerstattungsansprüche nach § 40 unterliegen aber nicht tariflichen Ausschlussfristen, da sie nicht im Zusammenhang mit dem Arbeitsverhältnis stehen, sondern sich aus dem BR-Amt ergeben[12]. Seit Inkrafttreten der Schuldrechtsreform am 1.1.2002 gilt die regelmäßige **Verjährungsfrist** von drei Jahren (§§ 195, 199 BGB)[13], so dass eine Verwirkung in Zukunft nur noch sehr selten in Betracht kommt[14]. In der **Insolvenz** des ArbGeb sind bei Eröffnung des Insolvenzverfahrens bereits begründete Kostenerstattungsansprüche einfache Insolvenzforderungen gem. § 38 InsO[15]; **nach** Insolvenzeröffnung entstandene Ansprüche auf Kostenerstattung, die durch Handlungen des Insolvenzverwalters veranlasst worden sind (zB Kosten einer Einigungsstelle), sind Masseverbindlichkeiten iSd. § 55 I Nr. 1 InsO[16]. 10

III. Kosten der Geschäftsführung (Abs. 1). Geschäftsführungskosten sind alle Kosten, die aus der ordnungsgemäßen laufenden Geschäftsführung entstehen und zur sachgerechten Durchführung der BR-Arbeit erforderlich sind[17]. Hierzu zählen – über den nach Abs. 2 zur Verfügung zu stellenden Sachaufwand hinaus (Rz. 26 ff.) – zB Kosten für die nach § 34 vorgeschriebene Anfertigung der Sitzungsniederschriften, Kosten für den umfangreichen **Tätigkeitsbericht** nach § 43 I 1, sofern er den ArbN auf der Betriebsversammlung schriftlich vorzulegen ist, ggf. auch die Kosten für einen **Dolmetscher** bei größeren Gruppen ausländischer ArbN (zB in der Betriebsversammlung oder der Sprechstunde), in Einzelfällen auch für schriftliche Übersetzungen[18]. Auch Aufwendungen, die durch eine notwendige Heranzie- 11

---

1 BAG v. 18.4.1967, AP Nr. 7 zu § 39 BetrVG; *Fitting*, § 40 BetrVG Rz. 11; GK-BetrVG/*Weber*, § 40 Rz. 15. | 2 BAG v. 8.3.2000 – 7 ABR 11/98, AP Nr. 68 zu § 40 BetrVG 1972; ferner GK-BetrVG/*Weber*, § 40 Rz. 14; *Reitze*, NZA 2002, 492. | 3 Rechtsvergleichender Überblick bei *Junker*, ZfA 2001, 225 (239 f.). | 4 Vgl. BAG v. 19.7.1995 – 7 ABR 60/94, NZA 1996, 332; v. 12.11.1997 – 7 ABR 14/97, NZA 1998, 559; ferner *Fitting*, § 40 BetrVG Rz. 6; GK-BetrVG/*Weber*, § 40 Rz. 25; krit. *Bengelsdorf*, FS Hanau, 1999, S. 359; *Hunold*, BB 1999, 1492. | 5 HM, vgl. *Fitting*, § 40 BetrVG Rz. 91; GK-BetrVG/*Weber*, § 40 Rz. 23. | 6 Vgl. *Fitting*, § 40 BetrVG Rz. 91; GK-BetrVG/*Weber*, § 40 Rz. 24. | 7 BAG v. 28.6.1995 – 7 ABR 47/94, NZA 1995, 1220; ferner *Fitting*, § 40 BetrVG Rz. 41; GK-BetrVG/*Weber*, § 40 Rz. 20 f.; MünchArbR/*Joost*, § 309 Rz. 28; enger Richardi/*Thüsing*, § 40 Rz. 46. | 8 HM, vgl. *Fitting*, § 40 BetrVG Rz. 92 ff.; GK-BetrVG/*Weber*, § 40 Rz. 17. | 9 BAG v. 24.10.2001 – 7 ABR 20/00, NZA 2003, 53. | 10 BAG v. 18.1.1989 – 7 ABR 89/87, BAGE 60, 385 = NZA 1989, 641. | 11 BAG v. 18.1.1989 – 7 ABR 89/87, BAGE 60, 385 = NZA 1989, 641 unter ausdrücklicher Aufgabe seiner bisherigen Rspr. Solange nur ein Freistellungsanspruch besteht, handelt es sich um keine Geld-, sondern um eine Handlungsschuld, so dass weder Verzugs- noch Prozesszinsen in Betracht kommen. | 12 BAG v. 30.1.1973 – 1 ABR 1/73, BB 1973, 474. | 13 Vgl. *Fitting*, § 40 BetrVG Rz. 98; GK-BetrVG/*Weber*, § 40 Rz. 81. | 14 Vgl. zur alten Rechtslage (Regelverjährung nach 30 Jahren) BAG v. 14.11.1978 – 6 ABR 11/77, DB 1979, 800. | 15 Vgl. zu § 59 KO: BAG v. 16.10.1986 – 6 ABR 12/83, BAGE 53, 104 = NZA 1987, 752. | 16 BAG v. 17.8.2005 – 7 ABR 56/04, NZA 2006, 109 (RA-Kosten). | 17 HM, vgl. *Fitting*, § 40 BetrVG Rz. 12; GK-BetrVG/*Weber*, § 40 Rz. 27. | 18 Vgl. LAG Düsseldorf v. 30.1.1981 – 16 Ta BV 21/80, DB 1981, 1093 (aber nicht für schriftliche Übersetzungen in Kleinbetrieben); dazu näher DKK/*Wedde*, § 40 BetrVG Rz. 28; GK-BetrVG/*Weber*, § 40 Rz. 28 mwN.

hung von **Sachverständigen** nach § 80 III entstehen, gehören zu den Geschäftsführungskosten im Rahmen von § 40 I. Voraussetzung für die Kostenübernahme ist jedoch, dass ArbGeb und BR vorher eine Vereinbarung über dessen Hinzuziehung getroffen haben (oder diese durch eine arbeitsgerichtl. Entscheidung ersetzt worden ist), da § 80 III insoweit eine Sonderregelung gegenüber § 40 darstellt[1]. Bei den Kosten für einen **Rechtsanwalt** ist zu unterscheiden, ob dieser im Rahmen eines konkreten Rechtsstreits tätig wird[2] oder vom BR nur zur gutachtlichen Beratung hinzugezogen wird: Im *ersten* Fall richtet sich die Kostentragungspflicht alleine nach § 40 I (vgl. Rz. 14), weshalb eine vorherige Vereinbarung mit dem ArbGeb *nicht* erforderlich ist, im *zweiten* Fall handelt der Rechtsanwalt als Sachverständiger iSv. § 80 III, so dass die Kostentragungspflicht des ArbGeb nur bei Vorliegen ihrer speziellen Voraussetzungen besteht[3].

12 **1. Rechtsstreitigkeiten.** Zu den nach § 40 I erstattungsfähigen Kosten gehören auch die **Prozess- und Rechtsanwaltskosten**, die der gerichtl. Verteidigung von Rechten des BR als Organ oder seiner einzelnen Mitglieder dienen. Der BR darf betriebsverfassungsrechtliche Streitigkeiten auf Kosten des ArbGeb gerichtlich klären lassen, sofern eine gütliche Einigung nicht möglich ist[4]. Die Kostentragungspflicht des ArbGeb wird dadurch gemildert, dass im Beschlussverfahren nach § 12 V ArbGG keine Gerichtskosten anfallen, so dass im Rahmen von § 40 I nur **außergerichtliche Kosten** in Betracht kommen. Dabei ist es **unerheblich**, wer Partei bzw. Beteiligter des Rechtsstreits mit dem BR ist. Es kommen nicht nur Rechtsstreitigkeiten zwischen ArbGeb und BR in Betracht, sondern auch zwischen BR und einem anderen Organ der Betriebsverfassung (zB dem GesamtBR), zwischen dem BR und einem seiner Mitglieder[5] oder dem BR und einer im Betrieb vertretenen Gewerkschaft. Auch lediglich eine **Beteiligung des BR** iSv. § 83 ArbGG löst die Kostentragungspflicht des ArbGeb aus. Unerheblich ist auch, ob der BR in einem Verfahren **obsiegt oder unterliegt**, weil sonst das Kostenrisiko dem BR die unabhängige Wahrnehmung seiner Aufgaben nicht mehr ermöglichen würde[6].

13 Die Kostentragungspflicht des ArbGeb besteht aber nur, wenn die Führung des Rechtsstreits **erforderlich** ist bzw. der BR diesen für erforderlich halten durfte (Rz. 6)[7]. Dies ist zB **nicht** der Fall, wenn

- die Rechtsverfolgung von vorneherein **offensichtlich aussichtslos** und mutwillig erscheint[8],
- eine Rechtsfrage bereits **höchstrichterlich entschieden** ist und in einem weiteren Rechtsstreit keine neuen Argumente vorgetragen werden[9],
- ein Antrag auf Erlass einer **einstweiligen Verfügung so spät** und zudem noch mit unvollständigen Unterlagen gestellt wird, dass – auch bei Verzicht auf die mündliche Verhandlung – mit einer rechtzeitigen Gerichtsentscheidung nicht gerechnet werden kann[10].

14 Die Kosten für die Hinzuziehung eines **Rechtsanwalts** sind immer erstattungspflichtig, sofern die Prozessvertretung durch einen Rechtsanwalt gesetzlich vorgeschrieben ist wie zB für die Unterzeichnung der Rechtsbeschwerdeschrift und der Rechtsbeschwerdebegründung (§ 94 I ArbGG). Darüber hinaus sind die Kosten einer Prozessvertretung des BR durch einen Rechtsanwalt vom ArbGeb zu tragen, wenn der BR bei verständiger und pflichtgemäßer Abwägung der zu berücksichtigenden Umstände die Zuziehung eines Rechtsanwalts **für erforderlich** erachten durfte[11]. Ihm steht für diese Abwägung ein Beurteilungsspielraum zu[12], innerhalb dessen – wie immer im Rahmen von § 40 I (Rz. 6) – auf das Urteil eines vernünftigen Dritten im Zeitpunkt der Beauftragung des Rechtsanwalts abzustellen ist. Bei der Prüfung der Erforderlichkeit ist vor allem darauf abzustellen, ob der Rechtsstreit nach der Sach- und Rechtslage **Schwierigkeiten aufweist**[13], doch darf hierfür der juristische Verstand des BR nicht überstrapaziert werden, so dass ein relativ großzügiger Maßstab anzulegen ist[14]. Der Hinzuziehung eines Rechtsanwalts steht nicht entgegen, dass die Prozessvertretung durch einen **Gewerkschaftsvertreter** (vgl. § 11 ArbGG) möglich ist, da der BR in der Wahl seines Prozessvertreters grundsätzlich frei ist und die Gewerkschaften nicht – auch nicht wegen § 2 I – verpflichtet sind, dem BR Rechtschutz zu gewäh-

---

1 BAG v. 25.4.1978 – 6 ABR 9/75, DB 1978, 1747; v. 26.2.1992 – 7 ABR 51/90, NZA 1993, 86; *Fitting*, § 40 BetrVG Rz. 13; GK-BetrVG/*Weber*, § 40 Rz. 30 f. | 2 Wozu aber auch die vorbereitende Beratung des Gerichtsverfahrens bzw. der Versuch, vor Einleitung des Verfahrens noch eine gütliche Einigung zu erzielen, gehört, vgl. BAG v. 15.11.2000 – 7 ABR 24/00, EzA § 40 BetrVG 1972 Nr. 92. | 3 BAG v. 25.4.1978 – 6 ABR 9/75, DB 1978, 1747; *Fitting*, § 40 BetrVG Rz. 14; GK-BetrVG/*Weber*, § 40 Rz. 32. | 4 HM, vgl. *Fitting*, § 40 BetrVG Rz. 21; GK-BetrVG/*Weber*, § 40 Rz. 82. | 5 ZB Ausschlussverfahren nach § 23 I, vgl. BAG v. 19.4.1989 – 7 ABR 6/88, NZA 1990, 233. | 6 HM, vgl. *Fitting*, § 40 BetrVG Rz. 21; GK-BetrVG/*Weber*, § 40 Rz. 85; aA *Platz*, ZfA 1993, 373 (380 ff.). | 7 BAG v. 19.4.1989 – 7 ABR 6/88, NZA 1990, 233. | 8 BAG v. 3.10.1978 – 6 ABR 102/76, BAGE 31, 93 = DB 1979, 107; v. 19.4.1989 – 7 ABR 6/88, NZA 1990, 233; ArbG Leipzig v. 5.5.2006 – 10 BV 57/05, NZA-RR 2007, 24. | 9 LAG Hamm v. 4.12.1985 – 3 TaBV 119/85, BB 1986, 323; *Fitting*, § 40 BetrVG Rz. 22; GK-BetrVG/*Weber*, § 40 Rz. 86; aA DKK/*Wedde*, § 40 BetrVG Rz. 25. | 10 BAG v. 28.8.1991 – 7 ABR 72/90, NZA 1992, 41; LAG Hess. v. 15.10.1992 – 12 Ta BV 28/92, DB 1993, 1096. | 11 St. Rspr., zuletzt BAG v. 20.10.1999 – 7 ABR 25/98, NZA 2000, 556; ferner BAG v. 26.11.1974 – 1 ABR 16/74, DB 1975, 1178; v. 4.12.1979 – 6 ABR 37/76, DB 1980, 2091. | 12 BAG v. 3.10.1978 – 6 ABR 102/76, BAGE 31, 93 = DB 1979, 107; v. 16.10.1987 – 6 ABR 2/85, NZA 1987, 753. | 13 BAG v. 26.11.1974 – 1 ABR 16/74, BAGE 26, 376 = DB 1975, 1178; *Fitting*, § 40 BetrVG Rz. 25; Richardi/*Thüsing*, § 40 BetrVG Rz. 25. | 14 Vgl. BAG v. 3.10.1978 – 6 ABR 102/76, BAGE 31, 93 = DB 1979, 107; v. 16.10.1986 – 6 ABR 2/85, NZA 1987, 753.

ren[1]. Die Reisekosten eines **auswärtigen Anwalts** gehören nur dann zu den erstattungsfähigen Kosten, wenn der BR darlegen kann, dass das beauftragte Anwaltsbüro **besondere**, über das normale Maß hinausgehende **Sachkompetenz** in den für den Rechtsstreit maßgeblichen Rechtsfragen hat[2]. Ferner kann die Beauftragung eines Rechtsanwalts grundsätzlich nur **in der Höhe des BRAGO-Satzes** erfolgen, jedoch können stattdessen in der Praxis übliche Zeithonorare zulässig sein. Ausnahmen sind auch gerechtfertigt, wo der Streitwert so gering ist, dass ein Rechtsbeistand auf der Basis der BRAGO nicht zu finden ist[3]. Auch den beauftragten Anwalt treffen nach den Grundsätzen des Vertrags mit Schutzwirkung für Dritte Sorgfaltspflichten gegenüber dem ArbGeb zur Kostenschonung[4].

Die Kostentragungspflicht besteht nur, wenn die Beauftragung des Rechtsanwalts auf Basis eines **ordnungsgemäßen Beschlusses** (vgl. § 29 Rz. 7; § 33 Rz. 3 ff.) erfolgte[5]. Ein solcher Beschluss hat gesondert für jede Instanz zu ergehen. Eine nachträgliche Beschlussfassung nach Abschluss der jeweiligen Instanz kann eine Kostenerstattungspflicht des ArbGeb nicht mehr auslösen[6]. Ausnahmsweise kann die Beauftragung bei Eilbedürftigkeit alleine durch den BR-Vorsitzenden erfolgen, muss dann aber nachträglich vom BR **genehmigt** werden[7]. Eine Prozessvollmacht ermächtigt gem. § 81 ZPO im Außenverhältnis zu allen den Rechtsstreit betreffenden Prozesshandlungen, weshalb eine im Innenverhältnis notwendige Beschlussfassung des BR zur erneuten Beauftragung des Anwalts auch nach Ablauf der Rechtsmittelfrist erfolgen kann[8]. 15

Die dargelegten Grundsätze gelten in gleicher Weise für Gerichts- und Rechtsanwaltskosten, **die einzelnen BR-Mitgliedern aus ihrer Amtstätigkeit** entstehen, da auch dies Kosten der BR-Tätigkeit nach Abs. 1 sind[9]. Dies gilt jedenfalls dann, wenn die Amtsstellung oder -ausübung des einzelnen BR-Mitglieds Streitgegenstand ist oder durch den Rechtsstreit berührt wird, zB bei 16

- Anfechtung der Wahl eines BR-Mitglieds nach § 19,
- Ausschluss eines BR-Mitglieds aus dem BR nach § 23 I[10],
- Feststellung des Verlusts der Wählbarkeit eines BR-Mitglieds oder Wirksamkeit eines Rücktrittsbeschlusses des BR,
- Überprüfung von BR-Beschlüssen, da durch diese in die Rechtstellung eines BR-Mitglieds eingegriffen werden kann[11],
- Beschlussverfahren zur Durchsetzung des Anspruchs eines BR-Mitglieds auf Teilnahme an einer Schulungsmaßnahme.

Nicht erstattungsfähig nach § 40 I sind dagegen Kosten, die einem BR-Mitglied in einem **Verfahren nach § 103 II** entstehen, da die Beteiligung am Zustimmungsersetzungsverfahren nicht in Erfüllung betriebsverfassungsrechtl. Aufgaben erfolgt, sondern wegen des besonders ausgestalteten Kündigungsschutzes[12]. Wird der Zustimmungsersetzungsantrag dagegen rechtskräftig **abgewiesen**, folgt die Kostenerstattungspflicht aus § 78 S. 2 im gleichen Umfang wie in einem anderen Kündigungsschutzprozess. Kosten eines **Urteilsverfahrens** sind nie nach § 40 I zu ersetzen, auch wenn das BR-Mitglied zB wegen amtsbedingter Arbeitsversäumnis eine Leistungsklage auf Zahlung seines Arbeitsentgelts erhebt; § 12a I 1 ArbGG hat insoweit nicht nur prozessuale Bedeutung, sondern schließt jeden materiellrechtl. Kostenerstattungsanspruch, unabhängig von seiner Rechtsgrundlage, aus[13]. Die Vergütung des vom BR als Organ in einem Verfahren nach § 103 II beauftragten **Rechtsanwalts** hat der ArbGeb dagegen nach § 40 I zu ersetzen, auch wenn dieser gleichzeitig das von der Kündigung betroffene BR-Mitglied vertritt[14].

2. Regelungsstreitigkeiten. Kosten, die durch die Tätigkeit des BR entstehen, sind auch die **Kosten der Einigungsstelle**[15], für die jedoch seit der Novelle vom 20.12.1988 (BGBl. I S. 2312) die Sonderregelung des § 76a gilt. Nach hM werden von dieser Norm aber nur die Kosten der Einigungsstelle selbst und die an 17

---

1 HM, vgl. BAG v. 3.10.1978 – 6 ABR 102/76, BAGE 31, 93 = DB 1979, 107; v. 4.12.1979 – 6 ABR 37/76, BAGE 40, 244 = DB 1980, 2091. | 2 BAG v. 16.10.1986 – 6 ABR 2/85, NZA 1987, 753; v. 15.11.2000 – 7 ABR 24/00, FA 2001, 119. | 3 BAG v. 20.10.1999 – 7 ABR 25/98, NZA 2000, 556. | 4 LAG Düsseldorf v. 9.1.1989 – 4 TaBV 127/87, LAGE § 40 BetrVG 1972 Nr 25 (Gruppenverfahren an Stelle von Einzelverfahren); LAG Nürnberg v. 20.6.2006 – 6 Ta 81/06, NZA-RR 2006, 491. | 5 HM, vgl. BAG v. 18.1.2006 – 7 ABR 25/05 (nv.); v. 8.3.2000 – 7 ABR 11/98, NZA 2000, 838; *Fitting*, § 40 BetrVG Rz. 32; GK-BetrVG/*Weber*, § 40 Rz. 94. | 6 BAG v. 5.4.2000 – 7 ABR 6/99, NZA 2000, 1178. | 7 LAG Köln v. 14.7.1995 – 4 TaBV, NZA-RR 1996, 94 (für den Fall einer vom ArbGeb gegen den BR angestrengten einstweiligen Verfügung); *Fitting*, § 40 BetrVG Rz. 32; GK-BetrVG/*Weber*, § 40 Rz. 94. | 8 Vgl. BAG v. 11.3.1992 – 7 ABR 50/91, NZA 1992, 946. | 9 BAG v. 3.4.1979 – 6 ABR 63/76, DB 1979, 1706; v. 5.4.2000 – 7 ABR 6/99, NZA 2000, 1178. | 10 BAG v. 19.4.1989 – 7 ABR 6/88, NZA 1990, 233; LAG Hamm v. 28.11.1978, DB 1979, 2043; jedoch entfällt die Kostenerstattung, wenn eine Verteidigung gegen den Ausschluss offensichtlich aussichtslos ist und das Fehlverhalten nicht ernsthaft bestritten wird und zweifellos eine grobe Pflichtverletzung iSd. § 23 I darstellt. | 11 BAG v. 3.4.1979 – 6 ABR 64/76, DB 1979, 2091; DKK/*Wedde*, § 40 BetrVG Rz. 53; *Fitting*, § 40 BetrVG Rz.Rz. 60; GK-BetrVG/*Weber*, § 40 Rz. 88. | 12 BAG v. 3.4.1979 – 6 ABR 63/76, DB 1979, 1706; v. 31.1.1990 – 1 ABR 39/89, NZA 1991, 152; *Fitting*, § 40 BetrVG Rz. 62; GK-BetrVG/*Weber*, § 40 Rz. 91; aA DKK/*Wedde*, § 40 BetrVG Rz. 54. | 13 BAG v. 14.10.1982 – 6 ABR 37/79, BAGE 40, 244 = DB 1983, 665; v. 30.6.1993 – 7 ABR 45/92, NZA 1994, 284; GK-BetrVG/*Weber*, § 40 Rz. 108; Richardi/*Thüsing*, § 40 BetrVG Rz. 14. | 14 BAG v. 25.8.2004 – 7 ABR 60/03, NZA 2005, 168. | 15 HM, vgl. BAG v. 27.3.1979 – 6 ABR 39/76, DB 1979, 1562; *Fitting*, § 40 BetrVG Rz. 35; GK-BetrVG/*Weber*, § 40 Rz. 109.

ihre Mitglieder zu zahlende Vergütung erfasst, nicht dagegen die Kosten, die durch die Beauftragung eines Rechtsanwalts **zur Vertretung des BR** vor der Einigungsstelle entstehen. Für deren Erforderlichkeit gelten die gleichen Grundsätze wie für die anwaltliche Vertretung bei Rechtsstreitigkeiten, dh. die Entscheidung schwieriger Rechtsfragen (Rz. 14)[1].

18 **3. Aufwendungen der Betriebsratsmitglieder.** Zu den vom ArbGeb zu tragenden Aufwendungen gehören auch die **einzelnen BR-Mitgliedern** aus ihrer amtlichen Tätigkeit erwachsenden Kosten, sofern sie zur ordnungsgemäßen Erfüllung der Aufgaben des BR **erforderlich** sind[2]. Voraussetzung ist auch hier, dass die Tätigkeit **objektiv** der Durchführung von BR-Aufgaben gedient hat und die Kosten von einem vernünftig denkenden Dritten für erforderlich und verhältnismäßig gehalten werden konnten (vgl. Rz. 6). Solche Aufwendungen können Brief- und Portokosten sowie Kosten der Rechtsverfolgung sein (vgl. Rz. 16), vor allem aber **Fahrtkosten**, die dem BR-Mitglied zB dadurch entstehen, dass es sich außerhalb seiner persönlichen Arbeitszeit zu einer BR-Sitzung begibt[3]. Das gilt auch für die Fahrtkosten zwischen Wohnung und Betrieb für ein BR-Mitglied in **Elternzeit** wegen der Teilnahme an Sitzungen, da für dieses wegen des ruhenden Arbeitsverhältnisses keine Arbeitspflicht besteht[4]. Dagegen sind die Kosten eines freigestellten BR-Mitglieds für die regelmäßigen Fahrten zwischen Wohnung und Betrieb nicht nach § 40 I erstattungsfähig, weil diese Aufwendungen ebenso wie die Fahrtkosten der übrigen ArbN zwischen Wohnung und Betrieb zu den persönlichen Lebensführungskosten zählen[5]. Kosten iSd. § 40 I können auch Aufwendungen eines BR-Mitglieds sein, die er zum Ersatz zB von **Unfallschäden am eigenen Pkw** für erforderlich halten durfte, soweit die Schäden in Ausübung der BR-Tätigkeit entstanden sind (§ 670 BGB analog)[6]. Handelt es sich um **Personenschäden**, greift das sozialversicherungsrechtliche Haftungsprivileg nach § 104 I SGB VII zu Gunsten des ArbGeb ein, da ein Unfall bei der Amtsausübung zugleich einen Arbeitsunfall nach § 8 I iVm. § 2 I Nr. 1 SGB VII darstellt[7].

19 a) **Reisekosten.** Zu den erforderlichen Aufwendungen gehören insb. Reisekosten, wenn das BR-Mitglied zur Erledigung seiner Aufgaben auswärtige Betriebe, Betriebsteile, Nebenbetriebe oder Baustellen aufsucht oder an auswärtigen Sitzungen anderer betriebsverfassungsrechtl. Gremien, an Gerichtsterminen oder Behördengesprächen teilnehmen muss[8]. Entsprechendes gilt auch für Reisekosten anlässlich der Teilnahme an einer Schulung nach § 37 II (vgl. Rz. 20). Bedingt durch die zunehmende internationale Verflechtung von Unternehmen können auch **Auslandsreisen** erforderlich sein[9]. Angesichts der Möglichkeiten moderner Kommunikationstechnik sind hier aber Erforderlichkeit und Angemessenheit der Kosten besonders sorgfältig zu prüfen. Nicht erstattungsfähig sind Reisekosten, die zB dadurch entstehen, dass ein BR-Mitglied **vom Urlaubsort** zum Betriebsort reist, um an der (konstituierenden) Sitzung des BR teilzunehmen[10]. Reisekosten für den **Besuch eines erkrankten ArbN** im Klinikum sind nur dann erstattungsfähig, wenn hierfür ein konkreter, im Aufgabenbereich des BR liegender Anlass bestand[11]. Vor Antritt einer Reise muss das BR-Mitglied den ArbGeb grundsätzlich weder über deren Zweck informieren noch dessen Zustimmung einholen[12].

20 Die vom ArbGeb zu tragenden Reisekosten umfassen die notwendigen **Fahrtkosten** sowie die Kosten für **Verpflegung und Unterkunft**, abzüglich ersparter privater Aufwendungen[13]. Nicht zu erstatten sind die Kosten der persönlichen Lebensführung wie Getränke oder Tabakwaren[14]. Besteht im Betrieb eine für die ArbN verbindliche **Reisekostenregelung**, so ist diese im Hinblick auf § 78 S. 2 auch für Reisen der BR-Mitglieder maßgebend, sofern die entstehenden Kosten von ihnen beeinflusst werden können[15]. Erfolgt die Reisekostenerstattung im Betrieb üblicherweise nach den **LStRichtlinien**, so gilt dies auch für die BR-Mitglieder. Sind jedoch zB bei einer Schulungsveranstaltung die Tagessätze des Veranstalters höher als die der Reisekostenregelung oder der LStRichtlinie und vom BR-Mitglied nicht zu beeinflussen, hat der ArbGeb die höheren Kosten zu erstatten[16]. Werden Reisekosten nicht nach Pauschsätzen abgerechnet, muss das BR-Mitglied die Kosten im Einzelnen **nachweisen** (vgl. Rz. 9) Eine Einzelabrechnung kommt auch bei **teilzeitbeschäftigten BR-Mitgliedern** in Betracht, wenn diese im Verhältnis

1 BAG v. 14.2.1996 – 7 ABR 25/95, NZA 1996, 892; vgl. auch Komm. zu § 76a. | 2 HM, vgl. BAG v. 18.1.1989 – 7 ABR 89/87, BAGE 60, 385 = NZA 1989, 641; v. 6.11.1973 – 1 ABR 26/73, BAGE 25, 357 = DB 1974, 633; ferner *Fitting*, § 40 BetrVG Rz. 40; GK-BetrVG/*Weber*, § 40 Rz. 33. | 3 BAG v. 18.1.1989 – 7 ABR 89/87, NZA 1989, 641. | 4 BAG v. 25.5.2005 – 7 ABR 45/04, NZA 2005, 1002. | 5 BAG v. 13.6.2007 – 7 ABR 62/06, NZA 2007, 1301; v. 28.8.1991 – 7 ABR 46/90, NZA 1992, 72. | 6 BAG v. 3.3.1983 – 6 ABR 4/80, BAGE 42, 71 = DB 1983, 1366; ferner *Fitting*, § 40 BetrVG Rz. 46; GK-BetrVG/*Weber*, § 40 Rz. 78 f. | 7 Vgl. *Fitting*, § 40 BetrVG Rz. 47; GK-BetrVG/*Weber*, § 40 Rz. 80. | 8 HM, vgl. *Fitting*, § 40 BetrVG Rz. 48; GK-BetrVG/*Weber*, § 40 Rz. 34. | 9 *Fitting*, § 40 BetrVG Rz. 49; GK-BetrVG/*Weber*, § 40 Rz. 35. | 10 BAG v. 24.6.1969 – 1 ABR 6/69, DB 1969, 1754 (Anm. *Neumann-Duesberg*). | 11 *Fitting*, § 40 BetrVG Rz. 48; GK-BetrVG/*Weber*, § 40 Rz. 37. | 12 BAG v. 10.8.1994 – 7 ABR 35/93, NZA 1995, 796. | 13 BAG v. 29.1.1974 – 1 ABR 39/73, AP Nr. 9 zu § 37 BetrVG 1972; v. 29.4.1975 – 1 ABR 40/74, DB 1975, 1708; *Fitting*, § 40 BetrVG Rz. 53; GK-BetrVG/*Weber*, § 40 Rz. 43 f.; aA DKK/*Wedde*, § 40 BetrVG Rz. 50. Keine Anrechnung allerdings bei Anwendung einer betrieblichen Reisekostenregelung oder der Abrechnung nach den steuerlichen Pauschbeträgen, da bei diesen ersparte Aufwendungen bereits berücksichtigt sind, vgl. BAG v. 30.3.1994 – 7 ABR 45/93, NZA 1995, 283. | 14 BAG v. 29.1.1974 – 1 ABR 41/73 – BAGE 25, 482 = DB 1974, 1292; v. 15.6.1976 – 1 ABR 81/74, AP Nr. 12 zu § 40 BetrVG. | 15 BAG v. 17.9.1974 – 1 ABR 98/73, DB 1975, 452; v. 23.6.1975 – 1 ABR 104/73, DB 1975, 1707. | 16 BAG v. 7.6.1984 – 6 ABR 66/81, NZA 1984, 362; *Fitting*, § 40 BetrVG Rz. 54; GK-BetrVG/*Weber*, § 40 Rz. 43.

zu vollzeitbeschäftigten Amtsträgern wegen ihres niedrigeren Jahreseinkommen bei gleicher oder vergleichbarer Tätigkeit sonst benachteiligt wären[1].

b) Schulungskosten. Von § 40 I werden auch die Kosten erfasst, die durch die Teilnahme von BR-Mitgliedern an **Schulungs- und Bildungsveranstaltungen** entstehen[2], vgl. § 37 VI. Diese Norm stellt klar, dass die Schulung der BR-Mitglieder in Bezug auf ihre gesetzl. Aufgaben eng zu ihrer Amtstätigkeit gehört[3]. Sie ordnet aber ihrer Systematik entsprechend nur die Befreiung der BR-Mitglieder von ihrer beruflichen Tätigkeit ohne Minderung des Arbeitsentgelts an. Die Kostentragung über die Entgeltfortzahlung hinaus ist daher der Grundregel des § 40 I zu entnehmen, auch dann, wenn der ArbGeb damit Gewerkschaften als Schulungsveranstalter unterstützen muss (Rz. 23)[4]. Davon zu trennen ist die Kostenerstattung für den Bildungsurlaub **iSd. § 37 VII**, für den die bloße Anerkennung durch die oberste Arbeitsbehörde als „geeignet" noch nicht ausreicht. Vielmehr müssen – im Einzelnen nachweisbar – auch hierfür die *erforderlichen Kenntnisse* iSd. § 37 VI vermittelt werden[5], um eine zusätzliche Kostentragungspflicht des ArbGeb zu begründen (zum Unterschied zwischen § 37 VI und VII vgl. § 37 Rz. 37). 21

Die Kostentragungspflicht des ArbGeb umfasst grundsätzlich die erforderlichen **Reisekosten** (Rz. 19 ff.) sowie etwaige **Teilnehmergebühren** des Veranstalters, sofern alle darin enthaltenen Positionen erstattungsfähige Einzelposten wie Übernachtungs- und Verpflegungskosten, Referentenhonorare und Kosten für angemessene Tagungsunterlagen enthalten[6]. Der Grundsatz der Erforderlichkeit gebietet es, dass der BR bei gleichartigen und gleichwertigen Schulungsmöglichkeiten grundsätzlich nur die Kosten der **kostengünstigeren Veranstaltung** erstattet verlangen kann[7]. Werden Schulungen von unterschiedlicher Qualität angeboten, hat der BR einen Beurteilungsspielraum, der jedoch, wie oben ausgeführt (§ 37 Rz. 33), durch den Grundsatz der Verhältnismäßigkeit **(Angemessenheit)** begrenzt ist[8]. 22

Der Kostentragungspflicht des ArbGeb steht nicht entgegen, dass die Schulungs- oder Bildungsveranstaltung von einer **Gewerkschaft** durchgeführt wird[9]. Hierin liegt auch kein Verstoß gegen das Grundrecht der Koalitionsfreiheit, Art. 9 III GG[10]. Zwar handelt es sich bei der Schulung von BR-Mitgliedern auch um eine eigene Aufgabe der Gewerkschaften, da ihre Unterstützungsfunktion koalitionsrechtlich gesichert ist. Das schließt aber nicht aus, dass den BR-Mitgliedern insoweit ein Kostenerstattungsanspruch gegen den ArbGeb zusteht, als sich die gewerkschaftliche Schulungsveranstaltung auf die Vermittlung von erforderlichen Kenntnissen für die BR-Tätigkeit iSv. § 37 VI beschränkt. Eine **immanente Schranke** ergibt sich aber aus dem koalitionsrechtlichen Grundsatz, dass kein sozialer Gegenspieler verpflichtet ist, zur Finanzierung des **gegnerischen Verbandes** beizutragen[11]: Die Gewerkschaften dürfen aus den Schulungsveranstaltungen daher **keinen Gewinn** erzielen[12], weshalb sie nur die Erstattung der tatsächlich entstandenen Kosten verlangen können[13]. **Nicht zu ersetzen** sind auch sog. **Vorhaltekosten**, die unabhängig von der konkreten Schulung entstehen, wie zB Grundstücksabgaben, Mietzins und Mietnebenkosten, Heizung, Strom etc.[14]. **Honorarforderungen** für gewerkschaftseigene Referenten können auf die Teilnehmer nur umgelegt werden, wenn die Lehrtätigkeit weder zu den Haupt- noch zu den Nebenpflichten des Referenten aus dessen Arbeitsverhältnis gehört[15]. Der ArbGeb kann die Kostenerstattung davon abhängig machen, dass die erstattungsfähigen Kosten im Einzelnen angegeben werden, und zwar nicht nur dann, wenn die Gewerkschaft den ihr abgetretenen Kostenanspruch geltend macht, sondern auch dann, wenn der BR oder die einzelnen Schulungsteilnehmer die Kostenerstattung verlangen[16]. 23

Die koalitionsrechtlich gebotenen Einschränkungen erfassen unter bestimmten Voraussetzungen auch **gewerkschaftsnahe Veranstalter**, da die Gewerkschaften sonst durch Zwischenschaltung einer 24

---

1 LAG Hess. v. 6.10.1988 – 12 TaBV 12/88, NZA 1989, 943; GK-BetrVG/*Weber*, § 40 Rz. 43. | 2 HM, grundl. BAG v. 31.10.1972 – 1 ABR 7/72, BAGE 24, 459 = DB 1973, 528; zuletzt BAG v. 8.3.2000 – 7 ABR 11/98, NZA 2000, 838; ferner LAG Hamm v. 13.1.2006 – 10 TaBV 65/05, NZA-RR 2006, 249. | 3 So BAG v. 29.1.1974 – 1 ABR 41/73, BAGE 25, 482 (487) = DB 1974, 1292. | 4 HM, vgl. nur GK-BetrVG/*Weber*, § 40 Rz. 45 ff.; MünchArbR/*Joost*, § 309 Rz. 9 ff. | 5 BAG v. 6.11.1973 – 1 ABR 26/73, BAGE 25, 357 = DB 1974, 633; v. 25.4.1978 – 6 ABR 22/75, DB 1978, 1976; *Fitting*, § 40 BetrVG Rz. 70; GK-BetrVG/*Weber*, § 40 Rz. 74; weiter gehend DKK/*Wedde*, § 40 BetrVG Rz. 58; Richardi/*Thüsing*, § 40 BetrVG Rz. 33. | 6 Vgl. aber BAG v. 28.3.2007 – 7 ABR 33/06, FA 2007, 317, wonach allg. betriebl. Reisekostenregelungen auch für BR-Mitglieder verbindlich sind und kein Anspruch auf Übernachtung im teureren Tagungshotel besteht. | 7 Vgl. *Fitting*, § 40 BetrVG Rz. 74; GK-BetrVG/*Weber*, § 40 Rz. 58. | 8 St. Rspr. seit BAG v. 31.10.1972 – 1 ABR 7/72, BAGE 24, 459 = DB 1973, 528, zuletzt BAG v. 28.6.1995 – 7 ABR 55/94, NZA 1995, 1216. | 9 St. Rspr. seit BAG v. 28.5.1976 – 1 ABR 44/74, DB 1976, 1628; zuletzt BAG v. 28.6.1995 – 7 ABR 55/94, NZA 1995, 1216; ferner *Fitting*, § 40 BetrVG Rz. 77; GK-BetrVG/*Weber*, § 40 Rz. 48 ff. | 10 BVerfG v. 14.2.1978 – 1 BvR 466/75, DB 1978, 843. | 11 BAG v. 30.3.1994 – 7 ABR 45/93, NZA 1995, 283; v. 28.6.1995 – 7 ABR 55/94, NZA 1995, 1216. | 12 BAG v. 15.1.1992 – 7 ABR 23/90, NZA 1993, 189; v. 30.3.1994 – 7 ABR 45/93, BAGE 76, 214 = NZA 1995, 283. Das Fehlen eines Gewinns ergibt sich aber nicht schon daraus, dass der für die Unterbringung in Rechnung gestellte Tagessatz den steuerlichen Pauschbeträgen entspricht, da sich diese an den Preisen des Beherbergungsgewerbes orientieren, die einen Gewinnanteil schon einkalkuliert haben. | 13 BAG v. 17.6.1998 – 7 ABR 20/97, NZA 1999, 220. | 14 Vgl. BAG v. 28.5.1976 – 1 ABR 44/74, BAGE 28, 126 = DB 1976, 1628; v. 3.4.1979 – 6 ABR 70/76, DB 1979, 1799. | 15 BAG v. 3.4.1979 – 6 ABR 60/76, DB 1979, 1799 in Fortentwicklung von BAG v. 28.5.1976 – 1 ABR 44/74, DB 1976, 1628; *Fitting*, § 40 BetrVG Rz. 81; GK-BetrVG/*Weber*, § 40 Rz. 56. | 16 Vgl. BAG v. 30.3.1994 – 7 ABR 23/90, NZA 1995, 283; v. 28.6.1995 – 7 ABR 55/94, NZA 1995, 1216.

juristischen Person die gesetzl. Kostentragungspflicht des ArbGeb erweitern könnten. Das Verbot der Gegnerfinanzierung ist daher auch zu beachten, wenn die Gewerkschaft die Durchführung von Schulungsveranstaltungen einer **GmbH**, deren Anteile sie zu 100 % hält, oder einem **gemeinnützigen Verein** überträgt, sofern sie sich einen **maßgebl. Einfluss** auf den Inhalt der Bildungsarbeit vorbehält[1].

25 Die Kostentragungspflicht des ArbGeb für entstandene Schulungskosten setzt in **formeller** Hinsicht voraus, dass der BR die Teilnahme des BR-Mitglieds an der konkret gebuchten Veranstaltung **vorher beschlossen** hat (vgl. Rz. 7). Ein früherer Beschluss über die Teilnahme an einem anderen Seminar genügt ebenso wenig wie ein Beschluss, der erst **nachträglich** nach dem Besuch der Schulung gefasst wird[2].

26 **IV. Sachaufwand und Büropersonal (Abs. 2).** § 40 I enthält die allgemeine Kostentragungspflicht des ArbGeb für BR-Tätigkeit und ordnet an, dass der ArbGeb diese Kosten auch zu tragen hat, wenn sie durch rechtsgeschäftliches Handeln des BR begründet worden sind. Dem gegenüber fordert § 40 II den **ArbGeb** dazu auf, dem BR für Sitzungen, Sprechstunden und die laufende Geschäftsführung „Räume, sachliche Mittel, Informations- und Kommunikationstechnik sowie Büropersonal **zur Verfügung zu stellen**". Die dazu erforderlichen Handlungen sind also vom ArbGeb selbst vorzunehmen. Der Abs. 2 stellt daher keine Konkretisierung der Kostentragungspflicht des Abs. 1 dar, sondern ist eine **Sonderregelung**, die in ihrer Rechtswirkung die Anwendung von Abs. 1 ausschließt. Der BR hat im Rahmen von Abs. 2 einen **Überlassungsanspruch** gegen den ArbGeb; er ist aber nicht berechtigt, sich die erforderlichen Sachmittel selbst zu beschaffen[3]. Kommt der ArbGeb seiner Verpflichtung, sachliche Mittel in erforderlichem Umfang zur Verfügung zu stellen, nicht nach, kann der BR seinen Anspruch im Rahmen einer **einstweiligen Verfügung** (§ 85 II ArbGG) durchsetzen.

27 Der ArbGeb hat Räume, Sach- und Personalmittel **in erforderlichem Umfang** zur Verfügung zu stellen. Er bleibt dabei **Eigentümer** der Einrichtungen bzw. Sachmittel, wird in seiner Nutzungsbefugnis aber durch den Zweck des Abs. 2 beschränkt – dem BR ist insoweit ein **Besitzrecht** zuzuerkennen[4]. Der enge Zusammenhang zwischen § 40 I und II gebietet es, an die Erforderlichkeit in Abs. 2 den gleichen Maßstab anzulegen wie in Abs. 1 (vgl. Rz. 6). Sie bestimmt sich nicht ausschließlich am entsprechenden Ausstattungsniveau des ArbGeb, sondern unter Berücksichtigung aller Umstände des Einzelfalls an den vom BR wahrzunehmenden Aufgaben und den betrieblichen Verhältnissen, was nicht zwingend zB den Anschluss an das Internet verlangt[5]. Bislang von der Rspr. berücksichtigte Kriterien sind Größe, Art und technische Ausstattung des Betriebs sowie die Möglichkeit der Mitbenutzung bereits vorhandener Mittel des ArbGeb. Die Vorschrift des § 40 II gewährt **keine** – wie auch immer definierte – sog. **Normalausstattung**, weshalb der BR sich der Prüfung der Erforderlichkeit nicht mit dem Hinweis entziehen kann, das geforderte Sachmittel gehöre zur Normalausstattung eines Büros und dürfe ihm deswegen nicht vorenthalten werden[6].

28 **1. Räume.** Der ArbGeb hat dem BR Räume zu überlassen, die eine ordnungsgemäße Aufgabenwahrnehmung gewährleisten. Sie müssen den Arbeitsschutzvorschriften entsprechen, funktionsgerecht eingerichtet, beheizt und beleuchtet sein[7]. Abhängig von Art und Größe des Betriebs und dem Umfang der BR-Aufgaben muss der ArbGeb **einen oder mehrere verschließbare Räume** ständig oder zeitweise – zB einen größeren Raum nur für die BR-Sitzungen – zur Verfügung stellen. In kleineren Betrieben kann es genügen, wenn dem BR nur stundenweise ein Raum zur Verfügung gestellt wird, sofern dadurch die BR-Arbeit nicht beeinträchtigt wird und Sitzungen und Sprechstunden ungestört abgehalten werden können.

29 Das **Hausrecht** steht dem BR in den Räumen solange zu, wie sie ihm für seine Sitzungen, Sprechstunden oder sonstige Geschäftstätigkeit überlassen worden sind[8]. Es ist auch vom ArbGeb zu beachten, der nicht gegen den Willen des BR dessen Räumlichkeiten öffnen und betreten darf[9]. Das Hausrecht steht dem BR aber nur im Rahmen seiner gesetzl. Aufgaben zu, so dass der ArbGeb nur in diesem Umfang den Zugang vom BR eingeladener **Medienvertreter** dulden muss[10]. Dagegen ist ein vom BR zulässigerweise mit der Wahrnehmung seiner Interessen beauftragter Rechtsanwalt berechtigt, diesen

---

1 BAG v. 30.3.1994 – 7 ABR 45/93, BAGE 76, 214 = NZA 1995, 1216; v. 17.6.1998 – 7 ABR 20/97, NZA 1999, 220; *Fitting*, § 40 BetrVG Rz. 82; GK-BetrVG/*Weber*, § 40 Rz. 51 f. | **2** BAG v. 8.3.2000 – 7 ABR 11/98, BAGE 94, 42 = NZA 2000, 838, unter ausdrückl. Aufgabe von BAG v. 28.10.1992 – 7 ABR 14/92, NZA 1993, 466. | **3** Vgl. BAG v. 21.4.1983 – 6 ABR 70/82, BAGE 42, 259 = DB 1984, 248; *Fitting*, § 40 BetrVG Rz. 105; GK-BetrVG/*Wiese/Weber*, § 40 Rz. 111 f. | **4** Im Einzelnen str., wie hier GK-BetrVG/*Wiese/Weber*, § 40 Rz. 181 ff.; Richardi/*Thüsing*, § 40 BetrVG Rz. 74 ff.; weiter *Fitting*, § 40 BetrVG Rz. 107 (Eigentum an verbrauchbaren Sachen); enger Münch-ArbR/*Joost*, § 309 Rz. 48 ff. | **5** Vgl. einerseits BAG v. 23.8.2006 – 7 ABR 55/05, NZA 2007, 337 (nein bei Gartenbaumarkt); andererseits BAG v. 3.9.2003 – 7 ABR 8/03, BAGE 107, 231 = NZA 2004, 280 (ja bei Elektrotechnik-Betrieb); krit. zB auch LAG Köln v. 19.1.2006 – 6 TaBV 55/05, NZA-RR 2006, 472 (nur GBR). | **6** BAG v. 12.5.1999 – 7 ABR 36/97, BAGE 91, 325 = NZA 1999, 1290 (Personalcomputer nebst Zubehör). | **7** HM, vgl. *Fitting*, § 40 BetrVG Rz. 108 ff.; GK-BetrVG/*Weber*, § 40 Rz. 120 ff. | **8** Vgl. BAG v. 18.9.1991 – 7 ABR 63/90, NZA 1992, 315; *Fitting*, § 40 BetrVG Rz. 112; GK-BetrVG/*Weber*, § 40 Rz. 123. | **9** LAG Nürnberg v. 1.4.1999 – 6 TaBV 6/99, NZA 2000, 335 (hier hatte sich der ArbGeb geweigert, vor Betreten des BR-Büros auch nur anzuklopfen). | **10** BAG v. 18.9.1991 – 7 ABR 63/90, NZA 1992, 315.

im BR-Büro aufzusuchen[1]. Das Hausrecht geht nicht soweit, dass der BR die ihm einmal zugewiesenen Räume für immer behalten darf. Der ArbGeb kann ihm an deren Stelle auch **andere Räume** zuweisen, soweit sie den dargelegten Anforderungen genügen und der Entzug der ursprünglichen Räume nicht willkürl. geschah. Nicht aber darf er im Wege der Selbsthilfe das bisher vom BR genutzte Büro ausräumen[2].

2. Sachmittel. Erforderliche Sachmittel iSd. Abs. 2 sind die **Büroeinrichtung** und alle sonstigen Utensilien, die zur **büromäßigen Erledigung** der Aufgaben der laufenden Geschäftsführung des BR erforderlich sind, wie zB Schreibmaterialien, Aktenordner, Taschenrechner, Briefpapier, Porto, Stempel etc. sowie die Mitbenutzung von betriebl. Kopiergeräten bzw. – in größeren Betrieben – die Überlassung eines eigenen Kopiergeräts[3]. Die erforderlichen Sachmittel müssen dem betriebsüblichen Standard entsprechen. Zur Überlassung von Informations- und Kommunikationstechnik vgl. Rz. 33. 30

Zu den Aufgaben des BR gehört die umfassende und rechtzeitige **Unterrichtung** der ArbN. Dazu dient herkömmlich die Information über ein „Schwarzes Brett", in größeren Betrieben auch über mehrere Anschlagtafeln, die der ArbGeb dem BR zur Verfügung stellen muss[4]. Heute übernehmen diese Unterrichtungsfunktion zunehmend E-Mail und Intranet, auf die der BR ebenfalls für seine Zwecke zugreifen können muss, soweit im Betrieb vorhanden (vgl. Rz. 36). Über den Inhalt der Bekanntmachung entscheidet **allein** der BR. Er muss sich dabei jedoch im Rahmen seiner Aufgaben und Zuständigkeiten bewegen und hat Anschläge zu unterlassen, die den Betriebsfrieden zB durch parteipolitische Werbung entgegen § 74 II gefährden. Durch diese Einschränkung wird der BR aber nicht daran gehindert, seine Kritik an Maßnahmen des ArbGeb in angemessener Form darzulegen[5]. 31

Zu den Sachmitteln gehören auch die einschlägigen **Gesetzestexte und Fachliteratur**, die der BR zur Erfüllung seiner Aufgaben benötigt. Hierzu zählen insb. Textausgaben der wichtigsten arbeits- und sozialrechtl. Gesetzessammlungen, die Texte der für den Betrieb geltenden TV und Unfallverhütungsvorschriften, Kommentare, Fachzeitschriften und Entscheidungssammlungen[6]. Der BR muss sich nicht vorrangig auf den Besuch von Schulungsveranstaltungen oder die Inanspruchnahme von Sachverständigen verweisen lassen, um sich die für seine Arbeit notwendigen Informationen zu beschaffen. Ob dem BR die Fachliteratur zur ausschließlichen Benutzung überlassen wird oder eine **Mitbenutzung** der im Betrieb vorhandenen Lit. ausreichend ist, richtet sich nach Art und Umfang der zu erledigenden Aufgaben unter Berücksichtigung der betriebl. Gegebenheiten. Vor allem in kleineren Betrieben kann es ausreichen, wenn Gesetzestexte und geeignete Kommentare des ArbGeb zur **jederzeitigen** Mitbenutzung des BR an einer stets zugänglichen Stelle zur Verfügung stehen[7]. Entsprechendes muss in größeren Betrieben für seltener benötigte Lit. oder Entscheidungssammlungen gelten. Die wichtigsten arbeitsrechtl. Gesetzestexte, wie sie in den gängigen Taschenbuchausgaben enthalten sind, sind jedem BR-Mitglied zu überlassen[8]. Jedem BR ist – unabhängig von seiner Größe – ein **Kommentar zum BetrVG** in jeweils neuester Auflage nach seiner eigenen Wahl zur Verfügung zu stellen[9], da das BetrVG das „Grundgesetz" der betrieblichen Partnerschaft darstellt. Die Forderung, auch noch **jedem BR-Mitglied** einen Basiskommentar zum BetrVG zur Verfügung zu stellen, geht als durchsichtige Verkaufsförderung diverser Gewerkschaftskommentare zu weit[10]. Wegen der Bedeutung der aktuellen Rspr. kann der BR grundsätzlich auch den Bezug einer arbeits- und sozialrechtl. **Fachzeitschrift** mit entsprechend aktuellen Urteilsnachweisen fordern[11], in größeren Betrieben kann auch eine arbeitsrechtl. Entscheidungssammlung erforderlich sein. Der BR darf seinen Ermessensspielraum auch dahin nutzen, dass er die vom gewerkschaftseigenen Bund-Verlag herausgegebene Zeitschrift „Arbeitsrecht im Betrieb"[12] auswählt. Im Allgemeinen dürfte der Bezug einer Fachzeitschrift ausreichen. **Nicht** zur erforderlichen Lit. zählt der regelmäßige Bezug einer **Tages- oder Wirtschaftszeitung**[13] sowie die Anschaffung einer **Lohnabzugstabelle** oder eines Kommentars zum LStRecht, da die Kontrolle des LStAbzugs nicht zu den BR-Aufgaben zählt[14]. 32

---

1 BAG v. 20.10.1999 – 7 ABR 37/98, nv.; LAG Schl.-Holst. v. 23.6.1998 – 1 TaBV 15/98, DB 1999, 382; *Fitting*, § 40 BetrVG Rz. 112; GK-BetrVG/*Weber*, § 40 Rz. 123. | **2** Vgl. DKK/*Wedde*, § 40 BetrVG Rz. 92; *Fitting*, § 40 BetrVG Rz. 111. | **3** HM, vgl. *Fitting*, § 40 BetrVG Rz. 114; GK-BetrVG/*Weber*, § 40 Rz. 125 ff. | **4** BAG v. 21.11.1978 – 6 ABR 85/76, DB 1979, 751; *Fitting*, § 40 BetrVG Rz. 115; GK-BetrVG/*Weber*, § 40 Rz. 141. | **5** BAG v. 21.11.1978 – 6 ABR 85/76, DB 1979, 751; LAG Berlin v. 23.6.1980 – 9 TaBV 2/80, DB 1980, 1704; *Fitting*, § 40 BetrVG Rz. 117; GK-BetrVG/*Weber*, § 40 Rz. 143. | **6** HM, vgl. BAG v. 21.4.1983 – 6 ABR 70/82, BAGE 42, 259 = DB 1984, 248; v. 29.11.1989 – 7 ABR 42/89, NZA 1990, 448; v. 26.10.1994 – 7 ABR 15/94, NZA 1995, 386; v. 25.1.1995 – 7 ABR 37/94, NZA 1995, 591. | **7** Vgl. *Fitting*, § 40 BetrVG Rz. 121; GK-BetrVG/*Weber* § 40 Rz. 131; aA DKK/*Wedde*, § 40 BetrVG Rz. 112. | **8** BAG v. 24.1.1996 – 7 ABR 22/95, NZA 1997, 60; *Fitting*, § 40 BetrVG Rz. 119; GK-BetrVG/*Weber*, § 40 Rz. 132; Richardi/*Thüsing*, § 40 BetrVG Rz. 69 (mit Kritik am BAG). | **9** BAG v. 26.10.1994 – 7 ABR 15/94, NZA 1995, 386. | **10** So aber DKK/*Wedde*, § 40 BetrVG Rz. 113. | **11** BAG v. 29.11.1989 – 7 ABR 42/89, NZA 1990, 448. | **12** BAG v. 21.4.1983 – 6 ABR 70/82, DB 1984, 248 (Verfassungsbeschwerde nicht zur Entscheidung angenommen, vgl. BVerfG v. 10.12.1985 – 1 BvR 1724/83, DB 1986, 647); DKK/*Wedde*, § 40 BetrVG Rz. 116; *Fitting*, § 40 BetrVG Rz. 123; GK-BetrVG/*Weber*, § 40 Rz. 135; aA Richardi/*Thüsing*, § 40 BetrVG Rz. 70. | **13** Vgl. BAG v. 29.11.1989 – 7 ABR 42/89, NZA 1990, 448 („Handelsblatt" nicht erforderlich); GK-BetrVG/*Weber*, § 40 Rz. 138; Richardi/*Thüsing*, § 40 BetrVG Rz. 70; aA DKK/*Wedde*, § 40 BetrVG Rz. 117; *Fitting*, § 40 BetrVG Rz. 125 (unter besonderen Umständen). | **14** BAG v. 11.12.1973 – 1 ABR 37/73, BAGE 25, 439 = DB 1974, 880 (Anm. *Thiele*); *Fitting*, § 40 BetrVG Rz. 126; GK-BetrVG/*Weber*, § 40 Rz. 138.

33 **3. Informations- und Kommunikationstechnik.** Mit der durch das BetrVerf-Reformgesetz neu aufgenommenen Verpflichtung des ArbGeb, dem BR in erforderlichem Umfang Informations- und Kommunikationstechnik zur Verfügung zu stellen, beabsichtigte der Gesetzgeber ausweislich der Regierungsbegr. nur eine Klarstellung[1]. Ihr bedurfte es aber nicht, da schon zu § 40 II aF nach hM kein Zweifel mehr darüber bestand, dass auch moderne Informations- und Kommunikationsmittel grundsätzlich zu den Sachmitteln iSd. Abs. 2 zu rechnen sind[2]. Voraussetzung war und ist[3], dass der BR die **Erforderlichkeit der IuK-Technik** konkret darlegen kann (vgl. Rz. 6). Auch hier entscheiden die **konkreten Verhältnisse** des einzelnen Betriebs und die Arbeit des einzelnen BR (hM).

34 Grundsätzlich gehört zu den erforderlichen Kommunikationsmitteln eine dem betriebl. Standard entsprechende **Telefonanlage**. Nur ausnahmsweise reicht in Kleinbetrieben die Mitbenutzung des betrieblichen Telefonnetzes aus, sofern die Vertraulichkeit des Gesprächs sichergestellt ist[4]. Ein Anspruch des BR auf einen eigenen Anschluss soll dann nicht bestehen, wenn er unter Benutzung der betriebl. Telefonanlage die erforderlichen Gespräche ohne Empfänger- und Inhaltskontrolle führen kann[5]. In Betrieben mit weit verstreuten Filialen kann der BR aber verlangen, dass er von seiner Telefonanlage aus sowohl von sich aus die ArbN in den Filialen direkt anwählen kann, als auch, dass die ArbN ihn direkt erreichen können[6]. Ein **Mobiltelefon** wird nur bei Vorliegen besonderer Umstände erforderlich sein; ein ausreichender Grund ist nicht allein darin zu sehen, dass der BR weit auseinanderliegende Betriebsstätten zu betreuen hat[7], da das Gesetz keine ständige Erreichbarkeit des BR verlangt. Ein Anspruch auf ein eigenes **Telefaxgerät** besteht nur dann, wenn dies nach den besonderen betriebl. Verhältnissen (zB in einem Betrieb mit räumlich weit voneinander entfernten Verkaufsstellen) für die BR-Tätigkeit erforderlich ist. In vielen Fällen wird die Mitbenutzung eines betriebl. Telefaxgeräts ausreichend sein.

35 Der BR hat Anspruch auf einen eigenen **Personalcomputer** mit Peripherie (Bildschirm, Drucker) und Software, sofern er diesen unter Berücksichtigung der betriebl. Verhältnisse benötigt, um seine konkreten Aufgaben bewältigen zu können (was in mittleren und größeren Betrieben idR der Fall sein wird). Die Rspr. war hier bislang tendenziell streng: Die **Erforderlichkeit** war konkret darzulegen[8]. Die bloße Erleichterung der BR-Arbeit reichte nicht aus, vielmehr bestand ein Anspruch erst dann, wenn der BR anderenfalls seine gesetzl. Pflichten nicht erfüllen könnte[9]. An diesen Anforderungen hat sich auch nach der Novellierung nichts geändert (vgl. Rz. 33)[10]; dennoch wird es in den meisten Fällen für den ArbGeb sinnvoll sein, dem BR eine angemessene Computerausrüstung zu Verfügung zu stellen, da diese gegenüber herkömmlichen Arbeitsmitteln eine rationelle und damit kostengünstigere Arbeitsweise ermöglicht. Ein tragbarer Computer (**Laptop, Notebook**) wird aber nur in Einzelfällen erforderlich sein und ist zumindest dann ausgeschlossen, wenn der BR seine Aufgaben auch mit den regelmäßig kostengünstigeren stationären Geräten erledigen kann[11].

36 Erfolgt in einem Betrieb die innerbetriebliche Kommunikation im Wesentlichen auf der Basis eines vom ArbGeb eingerichteten **E-Mail-Systems**, hat der BR Anspruch auf **Nutzung** dieses Systems, da in diesem Fall das Ausstattungsniveau des ArbGeb die betriebl. Verhältnisse bestimmt, unter denen die BR-Arbeit erfolgen muss[12]. Der BR kann in diesem Fall für die Kommunikation mit den ArbN nicht mehr nur auf das klassische schwarze Brett (Rz. 31) oder auf herkömmliche Rundschreiben verwiesen werden. Gleiches gilt für eine eigene **Homepage** des BR im betriebseigenen **Intranet**, die ebenfalls die Funktion des schwarzen Bretts übernehmen kann[13]. **Keinen Anspruch** hat der BR auf die Einrichtung einer Homepage im öffentlich zugänglichen **Internet**, da der ArbGeb in seiner Außendarstellung nicht die Mitwirkung des BR und die von ihm für nötig gehaltenen Informationen dulden muss[14]; jedoch darf der BR die ihm zur Verfügung gestellten Personalcomputer – soweit überwiegend betriebsüblich – an das Internet anschließen (Rz. 33)[15].

---

1 Vgl. BT-Drs. 14/5741, S. 41. | 2 Übersicht bei GK-BetrVG/*Weber*, § 40 Rz. 153. | 3 St. Rspr., vgl. BAG v. 16.5.2007 – 7 ABR 45/06, NZA 2007, 1117 (1119 Tz. 21); v. 3.9.2003 – 7 ABR 8/03 bzw. 12/03, NZA 2004, 280 bzw. 278; ähnlich *Beckschulze/Henkel*, DB 2001, 1491; GK-BetrVG/*Weber*, § 40 Rz. 151, 153; *Manske*, AuR 2001, 94; aA *Däubler*, AuR 2001, 285; DKK/*Wedde*, § 40 BetrVG Rz. 97 ff.; *Fitting*, § 40 BetrVG Rz. 131. | 4 LAG Rh.-Pf. v. 9.12.1992 – 7 TaBV 38/91, NZA 1993, 426; *Fitting*, § 40 BetrVG Rz. 128; GK-BetrVG/*Weber*, § 40 Rz. 156. | 5 BAG v. 1.8.1990 – 7 ABR 99/88, DB 1991, 47; LAG Hess. v. 18.3.1986 – 5 TaBV 108/85, NZA 1986, 650; GK-BetrVG/*Weber*, § 40 Rz. 156; Richardi/*Thüsing*, § 40 BetrVG Rz. 67; aA DKK/*Wedde*, § 40 BetrVG Rz. 108; *Fitting*, § 40 BetrVG Rz. 128 (für größere Betriebe). | 6 St. Rspr., vgl. BAG v. 19.1.2005 – 7 ABR 24/04, nv.; v. 27.11.2002 – 7 ABR 36/01, NZA 2003, 803. | 7 So aber bislang einige Instanzgerichte; vgl. Übersicht bei DKK/*Wedde*, § 40 BetrVG Rz. 109. Wie hier *Beckschulze*, DB 1998, 1815; GK-BetrVG/*Weber*, § 40 Rz. 158; Richardi/*Thüsing*, § 40 BetrVG Rz. 68. | 8 BAG v. 11.3.1998 – 7 ABR 59/96, NZA 1998, 953; v. 11.11.1998 – 7 ABR 57/97, NZA 1999, 945. | 9 BAG v. 12.5.1999 – 7 ABR 36/97, NZA 1999, 1290. | 10 Deutlich restriktiv BAG v. 16.5.2007 – 7 ABR 45/06, NZA 2007, 1117 (1119 Tz. 21 ff.). | 11 LAG Köln v. 17.10.1997 – 11 TaBV 15/97, NZA-RR 1998, 163; GK-BetrVG/*Weber*, § 40 Rz. 154; Richardi/*Thüsing*, § 40 BetrVG Rz. 68; weiter gehen DKK/*Wedde*, § 40 BetrVG Rz. 99; *Fitting*, § 40 BetrVG Rz. 132. | 12 Wie hier DKK/*Wedde*, § 40 BetrVG Rz. 101; *Fitting*, § 40 BetrVG Rz. 127; enger *Beckschulte*, SAE 2005, 131; *Hunold*, NZA 2004, 371; Richardi/*Thüsing*, § 40 BetrVG Rz. 82. | 13 BAG v. 1.12.2004 – 7 ABR 18/04, NZA 2005, 1016; v. 3.9.2003 – 7 ABR 12/03, NZA 2004, 278; LAG BW v. 26.9.1997 – 5 TaBV 1/97, DB 1998, 887; vgl. auch *Fitting*, § 40 BetrVG Rz. 133 f.; GK-BetrVG/*Weber*, § 40 Rz. 164 ff. | 14 Vgl. *Beckschulze* DB 1998, 1816; *Däubler*, Internet und Arbeitsrecht, Rz. 510; DKK/*Wedde*, § 40 BetrVG Rz. 102; GK-BetrVG/*Weber*, § 40 Rz. 166. | 15 BAG v. 3.9.2003 – 7 ABR 8/03, NZA 2004, 280.

4. Büropersonal. Sofern es für die ordnungsgemäße Erfüllung der BR-Aufgaben erforderlich ist, hat der ArbGeb dem BR Büropersonal zur Verfügung zu stellen. Damit sind in erster Linie **Schreibkräfte** gemeint, je nach Arbeitsanfall und Größe des Betriebs können aber auch weitere **Hilfskräfte**, zB für Vervielfältigungsarbeiten und Botengänge, in Betracht kommen. Die Ausstattung des BR-Büros mit Personalcomputern steht dem im Grundsatz nicht entgegen, doch bedarf es einer konkreten Darlegung der zu erledigenden Büroarbeiten durch die beanspruchte Vollzeitkraft[1]. Entscheidend sind immer **der konkrete Einzelfall** und die **Organisationsstruktur des jeweiligen Betriebs**. Ist die Bürokraft zugleich BR-Mitglied, kann sie nicht auf die Anzahl der nach § 38 I freizustellenden Amtsträger angerechnet werden: Der ArbGeb erfüllt insoweit einen Anspruch des BR aus § 40 II, der in keinem Zusammenhang mit der Arbeitsbefreiung einzelner BR-Mitglieder zur Durchführung von BR-Arbeit steht[2]. 37

V. Streitigkeiten. Streitigkeiten über die vom ArbGeb zu tragenden Geschäftsführungskosten des BR sowie über die Bereitstellung der erforderlichen Sachmittel entscheiden die ArbG im Beschlussverfahren (§ 2a I Nr. 1, II iVm. §§ 80 ff. ArbGG). Das gilt auch, wenn ein **einzelnes BR-Mitglied** Erstattung ihm entstandener erforderlicher Aufwendungen (Schulungskosten, Reisekosten etc.) verlangt, da dieser Anspruch nicht aus dem Arbeitsverhältnis, sondern aus dem BR-Amt herrührt[3]. Der BR ist in einem solchen Verfahren notwendiger Beteiligter nach § 83 ArbGG[4]. Er ist auch befugt, Freistellungs- und Kostenerstattungsansprüche seiner Mitglieder gegenüber dem ArbGeb im eigenen Namen geltend zu machen, jedoch kann er nur Erstattung an die Mitglieder verlangen[5]. Ist der Anspruch auf Kostenerstattung an eine **Gewerkschaft** oder an einen **Rechtsanwalt** abgetreten, ist er gleichfalls im Beschlussverfahren geltend zu machen[6]. Ist nach der Abtretung an die Gewerkschaft Streitgegenstand nur noch, ob die Kosten einer Schulungsveranstaltung der Höhe nach berechtigt sind, ist weder der BR noch das BR-Mitglied an dem Verfahren zu beteiligen[7]. Ein vom BR in einem Beschlussverfahren hinzugezogener Rechtsanwalt ist in einem Verfahren, das vom BR wegen der Freistellung von Honoraransprüchen des Rechtsanwalts bzw. deren Erstattung eingeleitet wird, kein Beteiligter iSd. § 83 ArbGG, da er nur in einem vertraglich begründeten, nicht aber in einem betriebsverfassungsrechtlichen Rechtsverhältnis zum BR bzw. zum ArbGeb steht[8]. Dasselbe gilt hinsichtlich eines vom BR nach § 80 III hinzugezogenen Sachverständigen[9]. Führen Streitigkeiten über die Tragung der Kosten zu einer wesentlichen Erschwerung der BR-Arbeit, kann der BR im Beschlussverfahren nach § 85 II ArbGG iVm. § 940 ZPO eine **einstweilige Verfügung** beantragen[10]. 38

41 *Umlageverbot*

Die Erhebung und Leistung von Beiträgen der Arbeitnehmer für Zwecke des Betriebsrats ist unzulässig.

§ 41 idF des BetrVG 1972 (v. 15.1.1972, BGBl. I S. 13).

I. Inhalt und Zweck. Die Vorschrift ist als Ergänzung zu § 40 zu verstehen und soll sicherstellen, dass die **Kosten der BR-Tätigkeit** nicht auf die ArbN abgewälzt werden. Das Umlageverbot richtet sich sowohl an den BR als auch an die einzelnen ArbN: Weder der BR noch die Betriebsversammlung können daher eine „Betriebsumlage“ oÄ beschließen – ein solcher Beschluss wäre nach §§ 134 BGB, 41 BetrVG **nichtig**[11]. 1

Die Vorschrift wurde in das BRG 1920 aufgenommen, um der damals drohenden Zersplitterung der Gewerkschaftsbewegung durch die Konkurrenz der BR wirksam zu begegnen[12]. Nach heute hM soll die Bestimmung mit Blick vor allem auf den ArbGeb sicherstellen, dass der Grundsatz des **unentgeltlichen Ehrenamts** der BR-Mitglieder und ihre Unabhängigkeit nicht durch Vermögenszuwendungen gefährdet wird[13], vgl. auch §§ 37 I, 78 S. 2. 2

Ganz anders verhält sich dem gegenüber die Rechtslage in **Österreich**: Dort ist der Betriebsinhaber grundsätzlich nur verpflichtet, dem BR die zur Erfüllung seiner Aufgaben erforderlichen Räumlichkeiten und sonstigen Sacherfordernissen in einem der Größe des Betriebs und den Bedürfnissen des BR angemessenen Ausmaß unentgeltlich zur Verfügung zu stellen (§ 72 ArbVG). Zur Deckung der Kosten der Geschäftsführung des BR kann dagegen die Betriebsversammlung eine **BR-Umlage** der ArbN beschlie- 3

---

1 BAG v. 20.4.2005 – 7 ABR 14/04, NZA 2005, 1010 (BR mit 15 Mitgliedern); vgl. auch LAG BW v. 25.11.1987 – 2 TaBV 3/87, AuR 1989, 93, das bei einem BR mit 15 Mitgliedern eine vollzeitbeschäftigte Schreibkraft für erforderlich hält. | 2 Vgl. *Fitting*, § 40 BetrVG Rz. 135; GK-BetrVG/*Weber*, § 40 Rz. 173. | 3 BAG v. 24.6.1969 – 1 ABR 6/69, DB 1969, 1754; v. 18.1.1989 – 7 ABR 89/87, NZA 1989, 641. | 4 BAG v. 13.7.1977 – 1 ABR 19/75, DB 1978, 168. | 5 BAG v. 10.6.1975 – 1 ABR 140/73, DB 1975, 2092; v. 21.11.1978 – 6 ABR 10/77, DB 1979, 507; v. 15.1.1992 – 7 ABR 23/90, NZA 1993, 189. | 6 BAG v. 29.1.1974 – 1 ABR 41/73, BAGE 25, 482 = DB 1974, 1292; ferner *Fitting*, § 40 BetrVG Rz. 146; GK-BetrVG/*Weber*, § 40 Rz. 189. | 7 BAG v. 15.1.1992 – 7 ABR 23/90, NZA 1993, 189. | 8 BAG v. 3.10.1978 – 6 ABR 102/76, BAGE 31, 93 = DB 1979, 107. | 9 BAG v. 25.4.1978 – 6 ABR 9/75, DB 1978, 1747. | 10 HM, vgl. *Fitting*, § 40 BetrVG Rz. 148; GK-BetrVG/*Weber*, § 40 Rz. 199. | 11 HM, vgl. *Fitting*, § 41 BetrVG Rz. 7; GK-BetrVG/*Weber*, § 41 Rz. 9. | 12 Vgl. *Flatow/Kahn-Freund*, BRG, 13. Aufl. 1931, § 37 Anm. 1; Richardi/*Thüsing*, § 41 BetrVG Rz. 1. | 13 HM, vgl. BAG v. 14.8.2002 – 7 ABR 29/01, NZA 2003, 626; ferner *Fitting*, § 41 BetrVG Rz. 3; GK-BetrVG/*Weber*, § 41 Rz. 1.

ßen (§ 73 ArbVG), die höchstens 0,5 % des Bruttomonatslohns je ArbN betragen darf[1]. Die Beiträge aus der BR-Umlage bilden den mit Rechtspersönlichkeit ausgestatteten BR-Fonds (§ 74 I ArbVG).

4 **II. Verbot der Erhebung von Leistungen und Beiträgen.** Die Norm verbietet die Erhebung und die Leistung von Beiträgen der ArbN unabhängig davon, ob sie freiwillig, regelmäßig oder einmalig gegeben werden[2]. Weder der BR noch die Betriebsversammlung können also eine BR-Umlage wie in Österreich (Rz. 3) beschließen (Rz. 1). Leistungen von Beiträgen in diesem Sinne liegen vor, wenn sie aus dem **Vermögen der ArbN** stammen, sei es, dass sie unmittelbar abgeführt werden oder dass bestehende Ansprüche gekürzt werden[3]. Zulässig ist es daher zwar, aus einem gesetzlich dem „Personalaufwand" gewidmeten Tronc einer Spielbank die **Personalkosten**, die durch die BR-Tätigkeit entstehen, zu bestreiten[4], nicht aber, wenn das Tronc-Aufkommen für die Finanzierung von **Sachmitteln** des BR verwendet wird – damit wird nämlich dem Personal das ihm gesetzlich gewidmete Aufkommen in unrechtmäßiger Weise entzogen[5].

5 Das Verbot des § 41 erfasst auch die Entgegennahme von **Zuwendungen Dritter**, wie zB von Gewerkschaften oder politischen Parteien, aber auch die Zuwendungen des **ArbGeb**, die über seine Pflicht nach § 40 hinausgehen, weil damit die ehrenamtliche Tätigkeit des BR in Frage gestellt wird und seine Unabhängigkeit gefährdet würde[6]. Ob eine Abschaffung des Umlageverbots und eine neue Fonds-Lösung als rechtspolitische „Antwort" auf die Schmiergeld-Skandale wie bei VW oder Siemens tauglich wäre, darf füglich bezweifelt werden (vgl. auch Nachw. bei § 37 Rz. 2)[7].

6 **III. Sammlungen und Spenden für andere Zwecke.** Das Verbot des § 41 gilt nur für Sammlungen bzw. Leistungen für Zwecke, die mit der Tätigkeit des BR zusammenhängen. Sammlungen für andere Zwecke, wie zB für Geburtstags- oder Jubiläumsgeschenke, Trauer- oder Unglücksfälle, sind dann zulässig, wenn es sich um Angelegenheiten rein gesellschaftlicher Art handelt und diese von **einzelnen BR-Mitgliedern** in die Hand genommen werden[8]. Der BR darf aber nicht „als solcher" in Erscheinung treten, weil ihm insoweit keine Kompetenz zusteht[9].

7 **Nicht zulässig** ist die Führung von **Kassen** (wie zB Aufsichtsratsvergütungen der ArbN-Vertreter, Überschüsse aus der Kantinenverwaltung etc.) durch den BR, wenn dieser dadurch auf Dauer beträchtliche Geldmittel verwalten müsste. Eine ständige Verfügungsgewalt des BR über nicht unbeträchtliche Mittel wäre sowohl unter dem Gesichtspunkt seines Ehrenamtes als auch seiner Neutralität bedenklich[10]. Ebenfalls **unzulässig** ist eine **Erhebung von Gewerkschaftsbeiträgen** durch den BR, da dies nicht zu seinen Aufgaben gehört und mit dem Gebot gewerkschaftsneutraler Amtsführung nicht vereinbar ist[11].

8 Zulässig ist jedoch, dass einzelne BR-Mitglieder **außerhalb ihrer Amtseigenschaft** eine Kasse verwalten oder in ihrer Eigenschaft als Gewerkschaftsmitglieder (§ 74 III) die Einziehung von Beiträgen übernehmen.

9 **IV. Streitigkeiten.** Streitigkeiten, die aus der Anwendung dieser Vorschrift resultieren, entscheidet das ArbG im **Beschlussverfahren,** § 2a I Nr. 1, II iVm. §§ 80 ff. ArbGG. § 41 räumt dem BR eine eigenständige, gegenüber dem ArbGeb durchsetzbare betriebsverfassungsrechtl. Rechtsposition ein. Ihm erwächst aus dem gesetzlichen Schuldverhältnis aus §§ 40, 41 eine eigene **Antragsbefugnis**, macht er zB Verstöße des ArbGeb gegen die zweckgerechte Verwendung des Tronc-Aufkommens (Rz. 4) geltend[12]. Stellen Verstöße gegen § 41 eine grobe Pflichtverletzung des **BR** dar, ist uU eine Auflösung des BR nach § 23 I möglich[13].

Vierter Abschnitt. Betriebsversammlung

42 *Zusammensetzung, Teilversammlung, Abteilungsversammlung*

(1) Die Betriebsversammlung besteht aus den Arbeitnehmern des Betriebs; sie wird von dem Vorsitzenden des Betriebsrats geleitet. Sie ist nicht öffentlich. Kann wegen der Eigenart des Betriebs eine Versammlung aller Arbeitnehmer zum gleichen Zeitpunkt nicht stattfinden, so sind Teilversammlungen durchzuführen.

---

1 Vgl. *Junker*, ZfA 2001, 225 (240: „Kostenbremse"); Richardi/*Thüsing*, § 41 BetrVG Rz. 1 mwN. | 2 *Fitting*, § 41 BetrVG Rz. 3; GK-BetrVG/*Weber*, § 41 Rz. 4. | 3 BAG v. 24.7.1991 – 7 ABR 76/89, NZA 1991, 980. | 4 BAG v. 24.7.1991 – 7 ABR 76/89, NZA 1991, 980. | 5 BAG v. 14.8.2002 – 7 ABR 29/01, NZA 2003, 626. | 6 HM, vgl. *Fitting*, § 41 BetrVG Rz. 5; GK-BetrVG/*Weber*, § 41 Rz. 8. | 7 Dazu näher *Fischer*, BB 2007, 997 (1000). | 8 *Fitting*, § 41 BetrVG Rz. 8; GK-BetrVG/*Weber*, § 41 Rz. 5. | 9 Hierauf verweist deutlich MünchArbR/*Joost*, § 309 Rz. 56 f., ähnlich GK-BetrVG/*Weber* § 41 Rz. 5. | 10 BAG v. 22.4.1960 – 1 ABR 14/59, DB 1960, 1188; *Fitting*, § 41 BetrVG Rz. 9; GK-BetrVG/*Weber* § 41 Rz. 6; aA DKK/*Wedde*, § 41 BetrVG Rz. 4, falls Einverständnis des ArbGeb vorliegt. | 11 Vgl. *Fitting*, § 41 BetrVG Rz. 10; GK-BetrVG/*Weber*, § 41 Rz. 7. | 12 BAG v. 14.8.2002 – 7 ABR 29/01, NZA 2003, 626. | 13 *Fitting*, § 41 BetrVG Rz. 11.

(2) Arbeitnehmer organisatorisch oder räumlich abgegrenzter Betriebsteile sind vom Betriebsrat zu Abteilungsversammlungen zusammenzufassen, wenn dies für die Erörterung der besonderen Belange der Arbeitnehmer erforderlich ist. Die Abteilungsversammlung wird von einem Mitglied des Betriebsrats geleitet, das möglichst einem beteiligten Betriebsteil als Arbeitnehmer angehört. Absatz 1 Satz 2 und 3 gilt entsprechend.

1 **I. Allgemeines.** Die Regelung der Betriebs- und Abteilungsversammlungen ist **gesetzestechnisch missglückt**. Die Regelungen der §§ 42–46 sind **unsystematisch** und **unübersichtlich**, woraus in der Praxis viele Streitigkeiten entstehen.

2 Die Betriebsversammlung **dient** der **Aussprache zwischen dem BR und der Belegschaft.** Der BR hat **Rechenschaft** über seine Tätigkeit zu geben (§ 43 I 1), die Betriebsversammlung kann dem BR **Anträge unterbreiten** und zu seiner Arbeit Stellung nehmen. Zugleich dient die Betriebsversammlung aber auch der **Information der Belegschaft durch den ArbGeb** (§ 43 II 3).

3 § 42 I regelt die Betriebsversammlung, die als **Vollversammlung** (S. 1) oder **Teilversammlung** (S. 3) stattfinden kann. Abs. 2 regelt die – von der Betriebsversammlung zu trennende – **Abteilungsversammlung**. Der Unterschied zwischen Teilversammlungen (Abs. 1 S. 3) und Abteilungsversammlungen (Abs. 2) liegt darin, dass es in Abteilungsversammlungen nur um die Angelegenheiten der jeweiligen Abteilung geht. In Teilversammlungen geht es dagegen um die Interessen der Gesamtbelegschaft, lediglich aus organisatorischen oder wirtschaftl. Gründen ist es unmöglich, alle ArbN gleichzeitig zu versammeln.

4 Die §§ 42–46 sind **zwingendes Recht**, Änderungen durch TV oder BV sind nicht zulässig[1]. Im Rahmen des vom Gesetz gesteckten Rahmens sind dagegen Vereinbarungen zwischen ArbGeb und BR über die nähere Ausgestaltung, zeitliche Lage, Räumlichkeit etc. zulässig und dann auch durchsetzbar.

5 Betriebsversammlungen (Abs. 1) und Abteilungsversammlungen (Abs. 2) sieht das Gesetz nur auf **Betriebsebene** vor. Auf Unternehmensebene (**GBR**) bzw. Konzernebene (**KBR**) gibt es keine gesetzl. geregelten ArbN-Versammlungen. Die Betriebsräteversammlung (§ 53) ist nicht eine Versammlung der ArbN, sondern der BR-Mitglieder. Möglich ist allerdings eine Versammlung der **Jugendlichen und Auszubildenden** (§ 71).

6 Die Abhaltung der gesetzl. vorgeschriebenen Betriebsversammlungen ist für den BR **Pflicht**, Verstöße können zum Ausschluss oder zur Auflösung des BR nach § 23 führen[2].

7 Unzulässig ist der Missbrauch der Betriebsversammlung als **illegales Kampfmittel** zur Durchsetzung tarifl. oder betriebsverfassungsrechtl. Ziele. Unzulässig ist insb. die (leider nicht ganz seltene) Unsitte, im Zuge der Auseinandersetzung um Betriebsänderungen (§§ 111 ff.) Dauer-Betriebsversammlungen abzuhalten, um Druck auf den ArbGeb auszuüben. So dauerte bspw. im Herbst 1993 eine Betriebsversammlung bei der JI Case GmbH in Neuss/Rhein sechs Wochen. Zwischenzeitliche Anfragen des ArbGeb, wie lange die Versammlung voraussichtlich noch dauern werde, wurden vom BR-Vorsitzenden damit beantwortet, dies könne man noch nicht sagen, weil man immer noch beim ersten Tagesordnungspunkt sei.

8 Hat der Betrieb **keinen BR**, sind die §§ 42 ff. nicht anwendbar. Die ArbN können also nicht verlangen, sich bei Fortzahlung des Gehalts zur Erörterung betrieblicher Fragen versammeln zu dürfen. Eine Ausnahme machen nur §§ 14a, 17 (Betriebsversammlung zur Bestellung eines Wahlvorstands für eine erstmalige BR-Wahl).

9 Sämtliche **Kosten** der Betriebsversammlung (Raummiete, Lautsprecheranlage, evtl. Dolmetscher, etc.) fallen dem ArbGeb zur Last (§ 40).

10 **II. Rechtsnatur der Betriebsversammlung.** Die Betriebsversammlung wird häufig als **„Organ der Betriebsverfassung“** bezeichnet. Diese Charakterisierung ist für die Beantwortung von Rechtsfragen unerheblich. Die Betriebsversammlung als solche ist **nicht rechtsfähig**, sie kann weder BV abschließen noch dem BR Weisungen erteilen oder ihn absetzen.

11 **III. Mitarbeiterversammlungen des Arbeitgebers.** Selbstverständlich ist es dem ArbGeb erlaubt, unabhängig von den vom BR verantworteten Betriebsversammlungen nach §§ 42 ff. eigene Mitarbeiterversammlungen anzuberaumen und mit den Mitarbeitern betriebsbezogene Fragen zu besprechen[3]. Der ArbGeb kann auch **kraft Direktionsrechts** die Teilnahme der Mitarbeiter an solchen Veranstaltungen anordnen. Allerdings soll nach verbreiteter Auffassung der ArbGeb eigene Mitarbeiterversammlungen nicht als **„Gegenveranstaltung“** zu einer Betriebsversammlung missbrauchen dürfen[4]. Für eine unzulässige Gegenveranstaltung soll eine zeitnahe Terminierung zu einer Betriebsversammlung oder die Weigerung des ArbGeb sprechen, auf Betriebsversammlungen zu erscheinen. Dagegen macht es eine vom

---

1 *Fitting*, § 42 BetrVG Rz. 5. | 2 LAG Hess. v. 12.8.1993 – 12 TaBV 203/92, AiB 1993, 48. | 3 BAG v. 27.6.1989 – 1 ABR 28/88, AP Nr. 5 zu § 40 BetrVG. | 4 BAG v. 27.6.1989 – 1 ABR 28/88, AP Nr. 5 zu § 42 BetrVG; ArbG Osnabrück v. 25.6.1997 – 4 BV Ga 3/97, AiB 1998, 109; ArbG Duisburg v. 15.12.1993 – 1 BV 32/93, AuR 1994, 276.

ArbGeb einberufene Mitarbeiterversammlung noch nicht unzulässig, wenn in dieser die gleichen Themen wie auf einer vorhergegangenen Betriebsversammlung diskutiert werden. Ebenfalls nicht unzulässig ist es, wenn der ArbGeb auf einer eigenen Mitarbeiterversammlung die **Arbeit des BR kommentiert**, solange dabei die allgemeinen Grenzen der vertrauensvollen Zusammenarbeit nicht überschritten werden.

12 Nicht gesetzl. geregelt ist die Einberufung bestimmter **ArbN-Gruppen** zu Versammlungen („Außendiensttagung", Frauenversammlung, Treffen der ausländischen ArbN etc.). Sofern nicht der ArbGeb einlädt, können solche Versammlungen nur außerhalb der Arbeitszeit und außerhalb der Regelungen des BetrVG stattfinden.

13 Zulässig ist auch eine „**Selbstversammlung**" der ArbN auf eigene Initiative, allerdings braucht dann der ArbGeb das Entgelt nicht fortzuzahlen, wenn er die Durchführung einer solchen Versammlung während der Arbeitszeit nicht gestattet, und die ArbN müssen sich dann in der **Freizeit** treffen.

14 **IV. Teilnehmer.** Teilnahmeberechtigt sind alle im Betrieb beschäftigten ArbN, egal ob **Arbeiter, Angestellte, Teilzeitbeschäftigte, befristete Beschäftigte, Auszubildende, TeleArbN**. Auch **gekündigte** ArbN sind teilnahmeberechtigt, und zwar nicht nur während des Laufs der Kündigungsfrist, sondern auch danach, sofern sie gem. § 102 V weiterzubeschäftigen sind oder aus sonstigen Gründen tatsächlich weiterbeschäftigt werden[1]. Teilnahmeberechtigt sind auch **freigestellte** ArbN oder Mitarbeiter, deren Arbeitsverhältnis **ruht** (zB wegen Elternzeit, Urlaub oder Kurzarbeit)[2]. Ebenfalls teilnahmeberechtigt sind **LeihArbN** (§ 14 II 2 AÜG). Nicht teilnahmeberechtigt sind **leitende Angestellte** nach § 5 III BetrVG (s. aber Rz. 15). Auch während einer **Freischicht** oder Freizeitausgleich für Überstunden besteht Teilnahmerecht[3]. Auch **Außendienstler** sind teilnahmeberechtigt, wobei sich bei einer Vielzahl von im Außendienst tätigen Mitarbeitern eine **Teilversammlung** (Abs. 1 S. 3) anbietet, wobei eine Veranstaltung im Ausland regelmäßig ausscheidet[4].

15 Der BR als Herr der Betriebsversammlung kann **Nicht-ArbN einladen**, wenn ihre Teilnahme für eine ordnungsgem. Erfüllung der Aufgaben der Betriebsversammlung sachdienlich ist. Der Grundsatz der Nicht-Öffentlichkeit der Betriebsversammlung (Abs. 1 S. 2) steht dem nicht entgegen. In Betracht kommt insb. die Teilnahme folgender Personen/Personengruppen (denen es selbstverständlich freisteht, ob sie erscheinen wollen):

- Der **ArbGeb** ist nach § 43 II, III stets einzuladen (s. dort);
- **Rechtsanwalt** des ArbGeb (vgl. auch § 46 Rz. 14)[5];
- Beauftragte der im Betrieb vertretenen **Gewerkschaften** (§ 46 I 1);
- Beauftragte der **ArbGebVereinigung** (§ 46 I 2);
- **Leitende Angestellte** nach § 5 III sind, wenn sie den ArbGeb vertreten, nach § 43 (s. dort) teilnahmeberechtigt. Ansonsten können sie den ArbGeb als Sachverst. oder Auskunftsperson begleiten[6] oder auf Bitten des BR zu einzelnen Punkten teilnehmen oder referieren;
- Betriebsfremde Mitglieder des **GBR**, des **KBR**, des **Wirtschaftsausschusses**, des **Eurobetriebsrats** sowie ArbN-Vertreter im **Aufsichtsrat** können ebenfalls vom BR eingeladen werden, wenn ihr Erscheinen sachdienlich ist[7]. Die ArbN müssen die Möglichkeit haben, auch diese Vertreter mit den im Betrieb aktuellen Fragen und Problemen bekannt zu machen[8];
- **Sachverständige** gem. § 80 III, sofern sie kein Honorar erhalten. Honoraransprüche setzen das Einverständnis des ArbGeb voraus;
- vom BR eingeladene **Gäste** im Zusammenhang mit der Erörterung einzelner, insb. tarif- und sozialpolitischer Fragen (vgl. im Einzelnen § 45 Rz. 10);
- der **Rechtsanwalt** des BR[9];
- **Hilfskräfte** wie Dolmetscher bei hohem Ausländeranteil, Bedienung für Saalbeleuchtung und Mikrofonanlage, etc.[10];
- Vertreter **konzernverbundener Betriebe** oder **Unternehmen**, auch ausländischer[11];
- Vertreter des (Mehrheits-)**Gesellschafters.**

1 Richardi/*Annuß*, § 42 Rz. 4; weiter gehend DKK/*Berg*, § 42 BetrVG Rz. 7; GK-BetrVG/*Fabricius*, § 32 Rz. 22, wonach das Teilnahmerecht auch ohne Weiterbeschäftigung besteht, sofern ein Kündigungsschutzverfahren anhängig ist. |2 BAG v. 5.5.1987 – 1 AZR 665/85, AP Nr. 5 zu § 44 BetrVG; v. 31.5.1989 – 7 AZR 574/88, AP Nr. 9 zu § 44 BetrVG. |3 DKK/*Berg*, § 42 BetrVG Rz. 7. |4 BAG v. 27.5.1982 – 6 ABR 28/80, AP Nr. 3 zu § 42 BetrVG; DKK/*Berg*, § 42 BetrVG Rz. 7. |5 *Bauer*, NJW 1988, 1130, das muss jedenfalls für nicht-organisierte ArbGeb gelten. |6 *Fitting*, § 42 BetrVG Rz. 15. |7 BAG v. 19.4.1989 – 7 ABR 87/87, AP Nr. 35 zu § 80 BetrVG. |8 BAG v. 13.9.1977 – 1 ABR 67/75 und v. 28.11.1978 – 6 ABR 101/77, AP Nr. 1, 2 zu § 42 BetrVG. |9 *Fitting*, § 42 BetrVG Rz. 20. |10 LAG Düsseldorf v. 30.1.1981 – 16 TaBV 21/80, DB 1981, 1093. |11 LAG BW v. 16.1.1998 – 5 Ta BV 14/96, AuR 1998, 286.

Die ArbN des Betriebes haben nur ein Teilnahmerecht, **keine Teilnahmepflicht**. Wer **nicht kommt**, **muss** allerdings in der Zeit der Betriebsversammlung **arbeiten**, sofern dies möglich ist. Ist dies nicht möglich, besteht kein Entgeltanspruch[1]. 16

Der ArbGeb darf die ArbN nicht dazu auffordern, an einer rechtmäßigen Betriebsversammlung nicht teilzunehmen. Der BR kann Unterlassung verlangen[2]. Ebenso wenig darf der ArbGeb Anreize (zB Zusatzurlaub) bei Nichtteilnahme ausloben. 17

V. Ort. Sofern dies möglich ist, hat die Betriebsversammlung **im Betrieb** stattzufinden (Halle, Kantine, Schulungsräume, etc.). Ansonsten muss auf Kosten des ArbGeb (§ 40 II) ein Raum außerhalb angemietet werden. Nach richtiger Auffassung darf der BR nicht selbst anmieten, sondern hat nur einen Anspruch gegen den ArbGeb, dass dieser anmietet[3]. 18

VI. Einladung. Die Betriebsversammlung setzt eine Einladung des **BR** (nicht allein des Vorsitzenden!) voraus. Vorschriften über **Form** und **Frist** der Einladung enthält das BetrVG nicht. Eine vernünftige Vorlaufzeit (mindestens eine Woche) ist aber, von Eilfällen abgesehen, erforderlich, damit die ArbN sich vorbereiten können[4]. Maßgeblich sind stets alle Umstände des Einzelfalls. Eingeladen wird üblicherweise durch **Rundschreiben, Handzettel**, **Anschlag am schwarzen Brett**, **Werkszeitung**, **E-Mail**, **Intranet** oÄ. Der ArbGeb hat die Nutzung derjenigen Kommunikationswege zu gestatten, die eine möglichst lückenlose Information der ArbN gewährleisten. Zusammen mit Zeit und Ort ist auch die Tagesordnung bekannt zu geben, bei deren Gestaltung der BR grds. frei ist (vgl. aber der nach § 43 gebotene Bericht des ArbGeb, insoweit ist Absprache mit dem ArbGeb erforderlich). 19

Da **ArbGeb** und **ein Viertel der ArbN** sogar die Abhaltung einer besonderen Betriebsversammlung beantragen können (§ 43 III), muss ihnen als minderes Recht auch die Möglichkeit zustehen, die **Ergänzung der Tagesordnung** zu verlangen[5]. Ebenso kann die **Betriebsversammlung** selbst beschließen, bestimmte zusätzliche Themen auf die Tagesordnung zu nehmen, wobei die Gast-Teilnehmer (s. Rz. 15) nicht mitstimmen dürfen. 20

Nach § 43 II 1 ist der **ArbGeb** unter Mitteilung der Tagesordnung **einzuladen**, die Einladung der **Gewerkschaften** muss schriftl. erfolgen (§ 46 II). 21

VII. Versammlungsleitung. Versammlungsleiter ist der **Vorsitzende des BR** (Abs. 1 S. 2 Hs. 2), bei Verhinderung der Stellvertreter, sonst ein vom BR beauftragtes Mitglied[6]. Der Leiter hat das Wort zu erteilen und zu entziehen, die Rednerliste zu führen, Abstimmungen zu leiten, die einzelnen Tagesordnungspunkte aufzurufen und sonst allgemein für einen störungsfreien, ordnungsgem. Ablauf der Versammlung zu sorgen[7]. Des Weiteren hat er dafür zu sorgen, dass keine Themen erörtert werden, die nach § 45 nicht zu den möglichen Themen einer Betriebsversammlung gehören[8]. 22

Streitig ist die Frage des **Hausrechts.** Nach herrschender Auffassung soll der BR im Versammlungsraum und auf den Zugangswegen auch das zivilrechtl. Hausrecht haben mit der Folge, dass er über den Zugang von Personen zu entscheiden hat[9]. Verliert die Versammlung allerdings wegen nachhaltiger grober Verstöße den Charakter als Betriebsversammlung iSd. § 42, fällt das Hausrecht wieder dem ArbGeb zu[10]. 23

Üblicherweise fertigt der BR eine **Niederschrift** an, zwingend ist das nicht. **Beschlüsse** der Versammlung werden mit einfacher Mehrheit der teilnehmenden ArbN (auf Wahlberechtigung kommt es nicht an) gefasst, wobei vom BR eingeladene Gäste nicht stimmberechtigt sind. Eine Mindestanzahl von Teilnehmern ist zur Beschlussfähigkeit nicht erforderlich. Anträge zur Beschlussfassung kann der BR und jeder ArbN stellen, nicht dagegen der ArbGeb (s. § 45 Rz. 20). 24

Jeder teilnehmende ArbN hat Rederecht, wobei allerdings das Rederecht nach allgemeinen parlamentarischen Gebräuchen entzogen werden kann, zB bei nicht sachdienlichen Redebeiträgen, überlangen Reden oder aus allgemeiner Zeitnot (Anträge auf „Ende der Rednerliste" oder „Ende der Aussprache" sind zulässig). 25

VIII. Nicht-Öffentlichkeit (Abs. 1 S. 2). Mit dem klaren Gesetzeswortlaut nicht vereinbar ist die Auffassung, die Hinzuziehung von **Reportern** (Presse, Rundfunk, Fernsehen) sei zulässig, wenn der BR zustimme. Richtigerweise kommt die Hinzuziehung nur in Betracht, wenn alle ArbN und der ArbGeb zustimmen[11]. 26

Tonbandaufnahmen sind nur zulässig, wenn BR, ArbGeb sowie jeder Einzelne das Wort ergreifende ArbN zustimmen. Ansonsten dürfen weder der ArbGeb noch der BR oder einzelne Mitarbeiter heimlich 27

---

1 DKK/*Berg*, § 44 BetrVG Rz. 21. | 2 ArbG Köln v. 28.4.1982 – 7 BVGa 7/82, AiB 1989, 212; ArbG Detmold v. 12.5.1992 – 3 BVGa 7/92. | 3 Richardi/*Annuß*, § 42 BetrVG Rz. 16; aA DKK/*Berg*, § 42 BetrVG Rz. 8. | 4 LAG Düsseldorf v. 11.4.1989 – 12 Ta BV 9/89, DB 1989, 2284. | 5 *Fitting*, § 42 BetrVG Rz. 30. | 6 BAG v. 19.5.1978 – 6 ABR 41/75, AP Nr. 3 zu § 43 BetrVG. | 7 Ausf. *Mußler*, NZA 1985, 455. | 8 *Fitting*, § 42 BetrVG Rz. 35. | 9 BAG v. 18.3.1964 – 1 ABR 12/63, AP Nr. 1 zu § 45 BetrVG, v. 13.9.1977 – 1 ABR 67/75, AP Nr. 1 zu § 42 BetrVG. | 10 *Fitting*, § 42 BetrVG Rz. 36; Richardi/*Annuß*, § 42 BetrVG Rz. 25. | 11 *Fitting*, § 42 BetrVG Rz. 44; aA DKK/*Berg*, § 42 BetrVG Rz. 15; allgemein dazu auch BAG v. 18.9.1991 – 7 ABR 63/90, NZA 1992, 315.

aufzeichnen[1]. Da auf der Betriebsversammlung die freie Aussprache gewährleistet sein soll, wird allgemein auch das Anfertigen stenographischer **Wortprotokolle** durch den ArbGeb oder den BR für unzulässig gehalten[2]. Stichwortartige Notizen (auch mit den Namen der das Wort ergreifenden ArbN!) sind dagegen zulässig[3].

28 Über die Nicht-Öffentlichkeit **zu wachen** ist Aufgabe des Versammlungsleiters (zur Teilnahme vom BR eingeladener Gäste s. Rz. 15). Notfalls muss der Versammlungsleiter von seinem Hausrecht Gebrauch machen, um nicht-teilnahmeberechtigte Personen zu entfernen. Bekommt die Versammlung durch massenhafte Teilnahme Außenstehender den Charakter einer „öffentlichen Versammlung", kann der Lohnanspruch der ArbN verfallen (§ 44 Rz. 34 ff.).

29 **IX. Teilversammlungen.** Zur Abgrenzung der Teilversammlungen von Abteilungsversammlungen nach Abs. 2 s. Rz. 3. **Vollversammlungen** haben wegen der besseren Kommunikationsmöglichkeiten grds. **Vorrang** vor Teilversammlungen[4]. Auf Teilversammlungen muss vor allem in den folgenden Fällen ausgewichen werden:

- Der Betrieb ist so **groß**, dass bei Vollversammlungen eine vernünftige und sachliche Aussprache nicht mehr gewährleistet ist, oder dass kein geeigneter Raum zu finden ist[5].
- Eine **vollständige Unterbrechung der Betriebsabläufe** kommt wegen der Besonderheiten der Produktion oder der angebotenen Dienstleistung nicht in Betracht (Deutsche Bahn AG, Lufthansa AG, vollkontinuierlich arbeitende Chemiebetriebe, Mikrochip-Herstellung etc.)[6].
- Die Abhaltung einer Vollversammlung würde zu **unzumutbaren wirtschaftl. Nachteilen** führen[7].

30 Bei einem Betrieb mit **vielen** verstreuten **Außendienstmitarbeitern** kommt zur Ersparung von Reisekosten und Reisezeit die Abhaltung von Teilversammlungen für den Außendienst in Betracht[8]. Bei **Drei-Schicht-Betrieben** sind die Vorteile einer Vollversammlung gegen den Umstand abzuwägen, dass bei der Vollversammlung die Betriebsversammlung für zwei von drei ArbN außerhalb der Arbeitszeit liegt. Die Auffassung des BAG, einer Vollversammlung sei grds. der Vorrang einzuräumen[9], stößt in der Lit.[10] und Rspr.[11] auf Widerstand.

31 Werden Teilversammlungen durchgeführt, sollen sie **möglichst zeitnah** aufeinander folgen. Der BR bestimmt durch Beschluss, dass und mit welchen ArbN Teilversammlungen durchzuführen sind. Hinsichtlich Versammlungsleitung, Hausrecht etc. gelten die allgemeinen Grundsätze (s. Rz. 22 f.).

32 **X. Abteilungsversammlungen.** Die Bedeutung des Abs. 2 erschließt sich nur in Verbindung mit § 43 I 2 und 4. Abteilungsversammlungen nach Abs. 2 stehen nicht neben Betriebsversammlungen, sondern **ersetzen** sie. Abteilungsversammlungen sind durchzuführen, wenn die Erörterung der **besonderen Belange der ArbN dieser Abteilung** oder Abteilungen auf einer allgemeinen Betriebsversammlung nicht sinnvoll ist (Abs. 2 S. 1). In diesem Fall sind gem. § 43 I 2 **zwei der vier** pro Jahr stattfindenden regelmäßigen Betriebsversammlungen als Abteilungsversammlungen durchzuführen. Auch zusätzliche Betriebsversammlungen nach § 43 I 3 haben als Abteilungsversammlungen stattzufinden, wenn dies wegen der besonderen Belange der ArbN der Abteilung erforderlich ist.

33 Gem. § 43 I 3 (die Regelung hätte eigentlich in § 42 gehört!) sollen Abteilungsversammlungen **möglichst gleichzeitig** stattfinden. Dies dient dazu, die Störungen des Betriebsablaufs möglichst genauso gering zu halten, als wenn eine Vollversammlung stattfinden würde. Hat dagegen eine Abteilungsversammlung keine Auswirkungen auf den Betriebsablauf in den anderen Abteilungen, kommt auch eine zeitversetzte Durchführung in Betracht[12]. Das Gleiche gilt, wenn zB ein bestimmtes BR-Mitglied wegen besonderer Sachkenntnis bei mehr als einer Abteilungsversammlung anwesend sein muss. Über die Einzelheiten beschließt der BR, bei Vernachlässigung der betriebl. Interessen kann der ArbGeb Unterlassung verlangen[13].

34 Eine Abteilungsversammlung kommt nur in Betracht, wenn es sich um **organisatorisch** oder (nicht: und!) **räumlich abgegrenzte** Betriebsteile handelt, wobei der Begriff „Betriebsteil" weiter als nach § 4 ist[14]. Die räumliche Abgrenzung setzt nicht getrennte Betriebsstätten voraus, auch innerhalb eines einheitlichen Betriebsgeländes können verschiedene abgegrenzte Bereiche bestehen[15]. Hinsichtlich der organisatorischen Abgrenzung kommt es neben Eigenständigkeit in der Aufgabenstellung auch auf eine Eigenständigkeit in der Leitung an[16].

35 Ob anstatt einer Vollversammlung Abteilungsversammlungen stattfinden, steht nicht im freien Ermessen des BR. Vielmehr setzen Abteilungsversammlungen voraus, dass die Aufspaltung in Abteilungs-

---

1 LAG Düsseldorf v. 28.3.1980 – 9 Sa 67/80, DB 1980, 2396. | 2 LAG Hamm v. 9.7.1986 – 3 TaBV 31/86, AiB 1987, 46; Richardi/*Annuß*, § 42 BetrVG Rz. 42, *Fitting*, § 42 BetrVG Rz. 47. | 3 *Fitting*, § 42 BetrVG Rz. 47. | 4 BAG v. 9.3.1976 – 1 ABR 74/74, AP Nr. 3 zu § 44 BetrVG. | 5 ArbG Wuppertal v. 9.7.1996 – 9 BVGa 12/96, AiB 1997, 347. | 6 AA *Fitting*, § 44 BetrVG Rz. 19. | 7 Richardi/*Annuß*, § 42 BetrVG Rz. 50. | 8 *Fitting*, § 42 BetrVG Rz. 55. | 9 BAG v. 9.3.1976 – 1 ABR 74/74, AP Nr. 3 zu § 44 BetrVG. | 10 *Fitting*, § 44 BetrVG Rz. 19; DKK/*Berg*, § 44 BetrVG Rz. 10. | 11 LAG BW v. 10.5.2002 – 14 TaBV 1/02, AiB 2003, 627. | 12 *Fitting*, § 43 BetrVG Rz. 7. | 13 *Fitting*, § 43 BetrVG Rz. 7. | 14 Richardi/*Annuß*, § 42 BetrVG Rz. 58; *Fitting*, § 42 BetrVG Rz. 65. | 15 *Fitting*, § 42 BetrVG Rz. 67; DKK/*Berg*, § 42 BetrVG Rz. 25. | 16 *Fitting*, § 42 BetrVG Rz. 66.

versammlungen für die Erörterung besonderer Belange der ArbN der Abteilungen **erforderlich** ist. Dabei muss es nicht unbedingt um Einzelabteilungen gehen, der BR kann auch mehrere Abteilungen für eine einheitliche Abteilungsversammlung zusammenfassen[1]. Maßgeblich ist jeweils der aktuelle Anlass, so dass je nach den zu behandelnden Themen mal Abteilungsversammlungen, mal Vollversammlungen angezeigt sein können[2]. Da die Abhaltung einer Abteilungsversammlung für einen Teil der Mitarbeiter automatisch bedeutet, dass auch für alle anderen ArbN eine Vollversammlung ausscheidet, muss zumindest für die **überwiegende Zahl der Betriebsteile** die Durchführung von Abteilungsversammlungen erforderlich sein; die Erforderlichkeit muss aber nicht für alle Betriebsteile vorliegen[3]. Wenngleich die Abteilungsversammlung vor allem zur Diskussion abteilungsspezifischer Themen dient, ist selbstverständlich auch die Erörterung allgemeiner betrieblicher Fragen zulässig[4].

In Betracht kommen zB Abteilungsversammlungen für **Produktion** einerseits und **Vertrieb** andererseits. Soweit erforderlich, können auch Abteilungsversammlungen als Teilversammlungen durchgeführt werden[5]. Für Organisation, Versammlung und Hausrecht bei Abteilungsversammlungen gelten die allgemeinen Grundsätze (s. Rz. 22 ff.). 36

XI. Streitigkeiten. Streitigkeiten über das Ob, Wann und Wie der Abhaltung von Betriebsversammlungen, Teilversammlungen und Abteilungsversammlungen sind im arbeitsgerichtl. Beschlussverfahren (§§ 2a, 80 ArbGG) zu klären. Unklar ist, ob der ArbGeb den BR auf Unterlassung der Einberufung/Abhaltung in Anspruch zu nehmen hat oder der BR den ArbGeb auf Duldung der Abhaltung. In der Praxis kreuzen sich mitunter die wechselseitigen Anträge. Richtigerweise wird man die **Angriffslast** dem ArbGeb zuweisen müssen, da der BR Herr der Versammlungen ist. Die Streitigkeiten werden regelmäßig im Wege des einstw. Rechtsschutzes[6] ausgetragen. Zu beachten ist, dass der **Anspruch der teilnehmenden einzelnen ArbN** auf Freistellung/Entgeltfortzahlung oder Fahrkostenersatz individualrechtl. im **Urteilsverfahren** geltend zu machen ist, nicht im Beschlussverfahren[7]. 37

43 *Regelmäßige Betriebs- und Abteilungsversammlungen*

(1) Der Betriebsrat hat einmal in jedem Kalendervierteljahr eine Betriebsversammlung einzuberufen und in ihr einen Tätigkeitsbericht zu erstatten. Liegen die Voraussetzungen des § 42 Abs. 2 Satz 1 vor, so hat der Betriebsrat in jedem Kalenderjahr zwei der in Satz 1 genannten Betriebsversammlungen als Abteilungsversammlungen durchzuführen. Die Abteilungsversammlungen sollen möglichst gleichzeitig stattfinden. Der Betriebsrat kann in jedem Kalenderjahr eine weitere Betriebsversammlung oder, wenn die Voraussetzungen des § 42 Abs. 2 Satz 1 vorliegen, einmal weitere Abteilungsversammlungen durchführen, wenn dies aus besonderen Gründen zweckmäßig erscheint.

(2) Der Arbeitgeber ist zu den Betriebs- und Abteilungsversammlungen unter Mitteilung der Tagesordnung einzuladen. Er ist berechtigt, in den Versammlungen zu sprechen. Der Arbeitgeber oder sein Vertreter hat mindestens einmal in jedem Kalenderjahr in einer Betriebsversammlung über das Personal- und Sozialwesen einschließlich des Stands der Gleichstellung von Frauen und Männern im Betrieb sowie der Integration der im Betrieb beschäftigten ausländischen Arbeitnehmer, über die wirtschaftliche Lage und Entwicklung des Betriebs sowie über den betrieblichen Umweltschutz zu berichten, soweit dadurch nicht Betriebs- oder Geschäftsgeheimnisse gefährdet werden.

(3) Der Betriebsrat ist berechtigt und auf Wunsch des Arbeitgebers oder von mindestens einem Viertel der wahlberechtigten Arbeitnehmer verpflichtet, eine Betriebsversammlung einzuberufen und den beantragten Beratungsgegenstand auf die Tagesordnung zu setzen. Vom Zeitpunkt der Versammlungen, die auf Wunsch des Arbeitgebers stattfinden, ist dieser rechtzeitig zu verständigen.

(4) Auf Antrag einer im Betrieb vertretenen Gewerkschaft muss der Betriebsrat vor Ablauf von zwei Wochen nach Eingang des Antrags eine Betriebsversammlung nach Absatz 1 Satz 1 einberufen, wenn im vorhergegangenen Kalenderhalbjahr keine Betriebsversammlung und keine Abteilungsversammlungen durchgeführt worden sind.

I. Allgemeines. § 43 ist nur verständlich im **Zusammenhang mit § 44**. § 43 regelt die Zahl der Versammlungen, § 44 hingegen die Frage, ob die Versammlungen innerhalb oder außerhalb der Arbeitszeit stattfinden und ob der ArbGeb das Entgelt fortzuzahlen hat. Während sich die Abs. 1, 3 und 4 mit Zahl und Anlass der Betriebsversammlung beschäftigen, regelt Abs. 2 die Rechte und Pflichten des ArbGeb anlässlich der Abhaltung von Betriebsversammlungen. 1

Die in § 43 geregelte Zahl von Versammlungen kann durch **TV** oder **BV** weder erhöht noch reduziert werden, § 43 ist insoweit zwingend[8]. 2

1 DKK/*Berg*, § 42 BetrVG Rz. 27; *Fitting*, § 42 BetrVG Rz. 68. | 2 Richardi/*Annuß*, § 42 BetrVG Rz. 60. | 3 *Fitting*, § 42 BetrVG Rz. 70; DKK/*Berg*, § 42 BetrVG Rz. 20. | 4 *Fitting*, § 42 BetrVG Rz. 64. | 5 *Fitting*, § 42 BetrVG Rz. 71. | 6 ZB ArbG Darmstadt v. 27.11.2003 – 5 BVGa 39/03, AE 2004, 125. | 7 *Fitting*, § 42 BetrVG Rz. 76; DKK/*Berg*, § 42 BetrVG Rz. 33. | 8 *Fitting*, § 43 BetrVG Rz. 3.

3 §§ 43, 44 BetrVG unterscheiden (was aus dem Gesetzestext nicht ohne weiteres hervorgeht) zwischen **drei verschiedenen Formen** von Betriebsversammlungen (bzw. Abteilungsversammlungen), nämlich

- **regelmäßige** Betriebsversammlungen (§ 43 I 1, 2),
- **zusätzliche** (weitere) Betriebsversammlungen (§ 43 I 3) und
- **außerordentliche** Betriebsversammlungen (§ 43 III iVm. § 44 II).

4 Die **(zusätzliche) weitere** Betriebsversammlung nach Abs. 1 S. 3 unterscheidet sich von den regelmäßigen vierteljährlichen Versammlungen nach Abs. 1 S. 1 dadurch, dass sie nur dann stattfinden darf, wenn sie aus besonderen Gründen zweckmäßig erscheint. Hinsichtlich der Lage (während der Arbeitszeit) und des Verdienstausfalls (§ 44) unterscheidet sich dagegen die regelmäßige und die zusätzliche (weitere) Betriebsversammlung nicht. Die außerordentl. Betriebsversammlung (§ 43 III) unterscheidet sich von den regelmäßigen und den zusätzlichen (weiteren) Betriebsversammlungen dadurch, dass sie gem. § 44 S. 2 außerhalb der Arbeitszeit stattfindet und kein Entgelt fortzuzahlen ist.

5 **II. Regelmäßige Betriebs- und Abteilungsversammlungen (Abs. 1).** Der BR muss in jedem Kalenderquartal eine regelmäßige Betriebsversammlung einberufen, pro Kalenderjahr also vier. Dabei ist nicht erforderlich, dass zwischen den einzelnen Betriebsversammlungen genau drei Monate liegen, sofern nur **pro Kalendervierteljahr eine** stattfindet[1]. Den Zeitpunkt der Versammlungen bestimmt der BR nach pflichtgem. Ermessen, sie finden grds. während der Arbeitszeit statt (vgl. § 44 Rz. 3 ff.).

6 Liegen die Voraussetzungen für **Abteilungsversammlungen** nach § 42 II vor (Behandlung besonderer Angelegenheiten bestimmter Abteilungen, s. dazu § 42 Rz. 32 ff.), so sind gem. Abs. 1 S. 2 **zwei der vier** jährlichen Betriebsversammlungen als Abteilungsversammlungen durchzuführen. Dies muss nicht abwechselnd geschehen, der BR bestimmt die Reihenfolge[2]. Nach richtiger Auffassung kann der BR nach pflichtgem. Ermessen auch beschließen, dass **nur eine** der vier jährlichen Betriebsversammlungen als Abteilungsversammlung durchgeführt werden soll, insoweit ist § 43 I 2 nicht zwingend[3]. Sowohl die Betriebsversammlungen als auch die Abteilungsversammlungen sind unter den Voraussetzungen des § 42 I 3 als **Teilversammlungen** (s. § 42 Rz. 29 ff.) durchzuführen.

7 Ob vierteljährlich Betriebsversammlungen/Abteilungsversammlungen abgehalten werden, steht nicht im pflichtgem. Ermessen des BR. Er ist vielmehr **verpflichtet**, sie abzuhalten, sonst verletzt er seine gesetzl. Pflichten und riskiert ein Verfahren nach § 23 I[4]. Eine bestimmte Länge der Versammlungen ist aber nicht vorgeschrieben, so dass der BR mangels erörterungswürdiger Themen Betriebsversammlungen sehr kurz halten kann. Bloße Rundschreiben oder Ansprachen auf dem Betriebshof ersetzen Betriebsversammlungen nicht[5].

8 **III. Ablauf der regelmäßigen Betriebsversammlungen.** Auch hinsichtlich Inhalt und Ablauf der Betriebsversammlungen sind die §§ 42 ff. unübersichtlich strukturiert. Abs. 2 regelt die Teilnahme des ArbGeb sowie den ihm obliegenden jährlichen Lagebericht. Abs. 1 S. 1 regelt, dass der BR in jeder Versammlung (nicht nur einmal jährlich!) einen Tätigkeitsbericht geben muss. Dagegen regelt § 45 die zulässigen sonstigen Themen der Betriebsversammlungen sowie das Verhältnis der versammelten ArbN zum BR (Antragsrecht, Aussprache).

9 Nach Abs. 1 S. 1 hat der BR zu Beginn einer Betriebsversammlung stets einen Tätigkeitsbericht zu erstatten, dessen Inhalt vom gesamten BR festzulegen und zu beschließen ist. Der Bericht soll darlegen, **welche Tätigkeiten** der BR seit der letzten Versammlung **entfaltet** hat, dies gilt auch für Ausschüsse des BR sowie den GBR und den Wirtschaftsausschuss. Typischerweise wird bspw. über den Stand von Verhandlungen über BV, gerichtliche Auseinandersetzungen, Einigungsstellenverfahren etc. berichtet[6]. Der Bericht kann aber auch über die eigentliche Tätigkeit des BR hinaus Ausführungen zur Lage der ArbN und des Unternehmens enthalten. Der Bericht braucht **nicht wertfrei** zu sein, insb. muss der BR nicht mit (sachlicher!) Kritik am ArbGeb sparen. Ob der Bericht vom BR-Vorsitzenden, einem anderen BR-Mitglied oder je nach interner Aufgabenverteilung von mehreren BR-Mitgliedern vorgetragen wird, steht im Ermessen des BR[7]. Der BR muss in jedem Fall auf seine gesetzl. Verschwiegenheitspflichten (§§ 79, 99, 102) achten, diese Pflichten sind auch gegenüber den ArbN zu wahren. Nicht Gegenstand des Tätigkeitsberichts ist die Tätigkeit der **Aufsichtsratsmitglieder** der ArbN-Seite[8], auch wenn ein Aufsichtsratsmitglied der ArbN-Seite zugleich BR ist.

10 Auch in **Abteilungs-** und/oder **Teilversammlungen** ist stets ein vollständiger Bericht zu erstatten, in Abteilungsversammlungen muss sich dieser Bericht zusätzlich auf die besonderen Angelegenheiten der Abteilung erstrecken[9].

---

1 DKK/*Berg*, § 43 BetrVG Rz. 3. | 2 DKK/*Berg*, § 43 BetrVG Rz. 3. | 3 *Fitting*, § 43 BetrVG Rz. 6. | 4 LAG Hamm v. 25.9.1959 – 5 BVTa 48/59, DB 1959, 1227; LAG Rh.-Pf. v. 5.4.1960 – 1 Sa BV 1/60, BB 1960, 982; Hess. LAG v. 12.8.1993 – 12 TaBV 203/92, AiB 1994, 404. | 5 *Fitting*, § 43 BetrVG Rz. 11. | 6 DKK/*Berg*, § 43 BetrVG Rz. 7. | 7 DKK/*Berg*, § 43 BetrVG Rz. 8. | 8 BAG v. 1.3.1966 – 1 ABR 14/64, AP Nr. 1 zu § 69 BetrVG 52. | 9 *Fitting*, § 43 BetrVG Rz. 15.

Der BR **kann**, muss aber nicht, den Bericht auch in (ausführlicher oder gekürzter) **schriftl. Form** vorlegen. Schriftform ersetzt aber den mündlichen Vortrag nicht. Unzutreffend ist die Auffassung des LAG BW[1], wonach der ArbGeb die Kosten der Vervielfältigung und Verteilung eines solchen schriftl. Berichts zu tragen hat, wenn ein erheblicher Teil der Belegschaft auf der Versammlung nicht erscheint. Je nach Größe und Finanzkraft des ArbGeb kann dieser verpflichtet sein, bei einem hohen Anteil sprachunkundiger ausländischer Beschäftigter einen Dolmetscher zu stellen oder die Kosten für die Übersetzung eines schriftl. Berichts zu tragen[2]. 11

Im Anschluss an den Bericht ist den teilnehmenden ArbN Gelegenheit zu geben, Stellung zu nehmen und zu **diskutieren**[3]. 12

IV. Teilnehmerecht des Arbeitgebers/Berichtspflicht. Nach Abs. 2 S. 1 ist der ArbGeb unter Mitteilung der Tagesordnung zu Betriebs- und Abteilungsversammlungen (auch als Teilversammlungen) **einzuladen**, außerdem hat er gem. Abs. 2 S. 2 **Rederecht**. Daraus folgt selbstverständlich, dass er auch **Teilnahmerecht** hat (auch wenn er nicht ausdrücklich eingeladen wird). Nach abzulehnender Auffassung[4] soll dagegen der ArbGeb kein Teilnahmerecht bei den außerordentl. Betriebsversammlungen nach Abs. 3 haben. Richtig ist die Auffassung, dass ein Teilnahmerecht des ArbGeb an Betriebsversammlungen zur Bildung eines Wahlvorstandes nach §§ 14a, 17 nicht besteht[5]. 13

Der eingeladene ArbGeb kann bei Verhinderung einen kompetenten **Vertreter** entsenden, auch einen **leitenden Angestellten**. In der Praxis erscheint meist der Personalchef[6]. Nicht möglich ist dagegen die Vertretung durch betriebsfremde Personen, zB einen Rechtsanwalt. Allerdings muss der ArbGeb nicht erscheinen, er hat **keine Teilnahmepflicht**. Verpflichtet ist er lediglich dazu, einmal jährlich den in Abs. 2 S. 3 vorgeschriebenen Lagebericht zu geben. Ist der Bericht beendet, ist der ArbGeb frei, ob er die Versammlung verlassen will. Das gilt selbst dann, wenn der BR ihn ausdrücklich eingeladen hat, um bestimmte Angelegenheiten zu erörtern[7]. 14

Der ArbGeb kann zu seiner **Unterstützung** einen Beauftragten des ArbGebVerbands hinzuziehen (systemwidrig in § 46 I 2 geregelt). Daneben dürfte selbstverständlich sein, dass der ArbGeb zusätzlich leitende Angestellte zur Unterstützung in die Versammlung mitnehmen kann, wenn diese über besondere Sachkunde verfügen, die zur Diskussion eines auf der Tagesordnung stehenden Themas erforderlich ist und über die der ArbGeb selbst nicht verfügt (zB EDV-Fragen, Paisy)[8]. 15

Nach Abs. 2 S. 2 hat der **ArbGeb** das Recht, in der Versammlung zu einzelnen Tagesordnungspunkten **das Wort** zu **ergreifen**. Da der BR-Vorsitzende Versammlungsleiter ist und auch das Hausrecht ausübt, setzt eine Wortmeldung des ArbGeb voraus, dass der Vorsitzende ihm das Wort erteilt. Dies hat er nach pflichtgem. Ermessen zu tun, was schon aus dem Grundsatz der vertrauensvollen Zusammenarbeit folgt. An der Willensbildung der Versammlung (Beschlüsse etc.) kann der ArbGeb sich selbstverständlich nicht beteiligen, er kann auch keine Anträge stellen[9]. 16

Nach Abs. 2 S. 3 hat der **ArbGeb** (oder sein Vertreter) mindestens einmal pro Kalenderjahr in der Versammlung über das **Personal- und Sozialwesen** des Betriebs, den **betriebl. Umweltschutz** und über die **wirtschaftl. Lage und Entwicklung** des Betriebs (nicht des Unternehmens!) zu **berichten**. Finden Abteilungsversammlungen statt (Abs. 1 S. 2), muss der Lagebericht auf einer (Voll-)Betriebsversammlung erfolgen. Bei einem Gemeinschaftsbetrieb bezieht sich der Lagebericht auf alle Unternehmen[10]. Bei Tendenzbetrieben (§ 118) ist über tendenzbezogene Fragen nicht zu berichten[11]. Der Bericht muss grds. **mündlich** erstattet werden[12]. In welcher der vier jährlichen Betriebsversammlungen der ArbGeb den Bericht erstatten will, ist ihm überlassen, der BR kann dies nicht in der Einladung festlegen[13]. 17

Hinsichtlich des **Personal- und Sozialwesens** muss der Bericht des ArbGeb Informationen über den Personalbestand, die Zusammensetzung der Belegschaft, die Personalplanung (§ 92), die voraussichtliche Entwicklung der Belegschaftsstärke und -struktur, den Bildungsbedarf, die Entwicklung des betriebl. Sozialwesens (Versorgungseinrichtungen etc.), den Stand der Gleichstellung von Frauen und Männern im Betrieb sowie die Integration ausländischer Mitarbeiter enthalten. Hinsichtlich der wirtschaftl. Lage und Entwicklung hat der ArbGeb nur über den **Betrieb** zu berichten, nicht (im Gegensatz zu § 110) über die Lage und Entwicklung des Unternehmens. Darzustellen ist die wirtschaftl. Situation 18

1 LAG BW v. 10.2.1983 – 7 TaBV 5/82, AuR 1984, 54. | 2 Vgl. ArbG München v. 14.3.1974 – 20 BV 57/73, BB 1974, 1022 einerseits; LAG Düsseldorf v. 30.1.1981 – 16 TaBV 21/80, DB 1981, 1093 andererseits, zur Hinzuziehung eines Dolmetschers vgl. LAG BW v. 16.1.1998 – 5 TaBV 14/96, AuR 1998, 286; ArbG Stuttgart v. 27.2.1986 – 17 Ca 317/85, AiB 1986, 168; *Aigner*, BB 1992, 2357; *Helm*, AiB 1993, 70. | 3 DKK/*Berg*, § 43 BetrVG Rz. 9; *Fitting*, § 43 BetrVG Rz. 16. | 4 BAG v. 27.6.1989 – 1 ABR 28/88, DB 1989, 2543; DKK-*Berg*, § 43 BetrVG Rz. 15; *Fitting*, § 43 BetrVG Rz. 50. | 5 ArbG Bielefeld v. 23.6.1982 – 5 BVGa 12/82, AuR 1983, 91. | 6 LAG Düsseldorf v. 11.2.1982 – 21 TaBV 109/81, DB 1982, 1066. | 7 AA DKK/*Berg*, § 43 Rz. 16; ausf. zu Rechten und Pflichten des ArbGeb in der Betriebsversammlung *Brill*, BB 1983, 1860. | 8 Dazu LAG Düsseldorf v. 4.9.1991 – 4 TaBV 60/91, AiB 1992, 154. | 9 Streitig, siehe *Fitting*, § 43 BetrVG Rz. 32 einerseits; Richardi/*Annuß*, § 43 BetrVG Rz. 55 andererseits. | 10 LAG Hamburg v. 15.12.1988 – 2 TABV 13/88, NZA 1989, 733. | 11 BAG v. 8.3.1977, AP Nr. 1 zu § 43 BetrVG. | 12 DKK/*Berg*, § 43 BetrVG Rz. 20. | 13 *Fitting*, § 43 BetrVG Rz. 19.

des Betriebs, die voraussichtliche Entwicklungs- und Marktlage, Produktivität und Investitionsvorhaben, Probleme oder bevorstehende Betriebsänderungen (§ 111). Betriebsgeheimnisse braucht der ArbGeb nicht zu gefährden (s. § 79). Der Bericht kann mit der **Unterrichtung der ArbN** über die wirtschaftl. Lage und Entwicklung des Unternehmens nach **§ 110 verbunden** werden[1].

19 Heftig umstritten ist, wie weit der ArbGeb die Belegschaft über die **Kosten der BR-Arbeit** (Freistellungen, Sachmittel, Reisekosten, Schulungsaufwand, Einigungsstellenverfahren, Gerichtsverfahren etc.) informieren darf. Gegen eine objektive und nicht-tendenziöse Nennung von Fakten kann schlechterdings nichts eingewendet werden[2]. Schlüsselt bspw. der ArbGeb verschiedene Kostenstellen auf, kann er auch zur Kostenstelle des BR Stellung nehmen. Unzulässig ist dagegen eine polemische Stimmungsmache gegen den BR mit finanziellen Argumenten[3].

20 Der Bericht des ArbGeb kann (und sollte!) vom Versammlungsleiter zum **Gegenstand der Diskussion** gemacht werden, der ArbGeb muss in diesem Fall Fragen beantworten und ergänzende Angaben machen, sofern er weiter an der Versammlung teilnimmt (vgl. Rz. 14)[4].

21 **V. Zusätzliche (weitere) Betriebsversammlungen.** Nach Abs. 1 S. 4 kann der BR einmal pro Kalenderhalbjahr eine zusätzliche Betriebsversammlung einberufen, wenn ihm dies **„aus besonderen Gründen zweckmäßig"** erscheint. Der BR hat einen weiten Ermessensspielraum[5]. Die Ermessensentscheidung unterliegt nur einer eingeschränkten gerichtl. Kontrolle. Geht es nur um die Information der Mitarbeiter oder besondere Ereignisse, muss der BR sorgfältig prüfen, ob nicht einfachere Informationsmöglichkeiten (Rundschreiben, Aushang, E-Mail) ausreichen. Ebenso muss der BR sorgfältig prüfen, ob die Behandlung eines bestimmten aktuellen Themas nicht bis zur nächsten regelmäßigen Betriebsversammlung (Abs. 1) Zeit hat[6].

22 Beschränken sich die besonderen Gründe auf eine bestimmte **Betriebsabteilung**, so ist eine zusätzliche Abteilungsversammlung nur in dieser Abteilung durchzuführen, in den anderen Abteilungen ist weiterzuarbeiten (sofern dies betrieblich möglich ist)[7]. Besondere Gründe, die die Einberufung einer zusätzlichen Betriebsversammlung rechtfertigen können, sind zB Betriebsübergang, Insolvenz, drohende Kurzarbeit, Produktionsstörungen, bevorstehende Betriebsänderungen (§ 111), vorsorgliche Massenentlassungsanzeigen, Diskussion über den Abschluss einer wichtigen BV etc. Abzulehnen ist die Auffassung, auch der Wunsch nach Vorstellung der Kandidaten zur nächsten BR-Wahl rechtfertige eine zusätzliche Betriebsversammlung[8]. Steht zwar eine Betriebsänderung (§ 111) im Raum, liegen aber noch keine diskussionsfähigen Konzepte vor, kommt eine zusätzliche Betriebsversammlung nicht in Betracht[9]. Die Diskussion um bevorstehende Gesetzesänderungen rechtfertigt keine zusätzlichen Betriebsversammlungen[10], ebenso wenig wie die Information der Mitarbeiter über aktuelle Tarifauseinandersetzungen[11], zumal nicht selten die Betriebsversammlung als zusätzliche Kampfplattform missbraucht wird (s. § 42 Rz. 7).

23 Die zusätzlichen (weiteren) Betriebsversammlungen nach Abs. 1 S. 4 unterliegen den **allgemeinen Regeln** für regelmäßige (ordentl.) Betriebsversammlungen, so dass Teilnahme- und Rederecht des ArbGeb besteht, die Versammlung grds. während der Arbeitszeit stattfinden muss (§ 44 I 1) und Entgeltfortzahlungspflicht besteht.

24 **VI. Außerordentliche Betriebsversammlungen.** Zusätzlich zu den regelmäßigen (Abs. 1 S. 1) und den zusätzlichen (weiteren) Betriebsversammlungen (Abs. 1 S. 4) können nach Abs. 3 noch außerordentl. Betriebsversammlungen stattfinden, und zwar

- auf Wunsch des **ArbGeb**,
- auf Antrag eines **Viertels** der wahlberechtigten **ArbN** oder
- auf Einladung des **BR** selbst, wenn dies dringend geboten ist.

25 Die Besonderheit der außerordentl. Betriebsversammlung liegt darin, dass diese gem. **§ 44 II außerhalb der Arbeitszeit** stattzufinden hat (es sei denn, der ArbGeb stimmt der Abhaltung innerhalb der Arbeitszeit zu) und infolgedessen auch **kein Entgelt** fortgezahlt wird.

26 Beantragt der **ArbGeb** eine außerordentl. Betriebsversammlung, muss er keine bestimmte Form einhalten[12]. Der ArbGeb muss jedoch den **Beratungsgegenstand angeben**, der erörtert werden soll. Ansonsten ist der BR nicht verpflichtet, die Versammlung einzuberufen[13]. Ggf. kann der ArbGeb auch nachträglich noch Ergänzungen der Tagesordnung verlangen. Der BR ist an den Antrag des ArbGeb gebunden,

---

1 *Fitting*, § 43 BetrVG Rz. 24; Richardi/*Annuß*, § 43 BetrVG Rz. 16. | 2 *Bengelsdorf*, AuA 1998, 145. | 3 Im Einzelnen BAG v. 19.7.1995 – 7 ABR 60/94 und 12.11.1997 – 7 ABR 14/97, AP Nr. 25, 27 zu § 23 BetrVG. | 4 *Fitting*, § 43 BetrVG Rz. 27. | 5 BAG v. 23.10.1991 – 7 AZR 249/90, AP Nr. 5 zu § 43 BetrVG. | 6 Dazu BAG v. 23.10.1991 – 7 AZR 249/90, AP Nr. 5 zu § 43 BetrVG; *Fitting*, § 43 BetrVG Rz. 34; aA DKK/*Berg*, § 43 BetrVG Rz. 11. | 7 *Fitting*, § 43 BetrVG Rz. 36. | 8 So aber LAG Berlin v. 12.12.1978 – 3 Ta BV 5/78, DB 1979, 1850. | 9 BAG v. 23.10.1991 – 7 AZR 249/90, AP Nr. 5 zu § 43 BetrVG. | 10 ArbG München v. 3.2.1986 – 22 BVGA 17/86, NZA 1986, 235. | 11 ArbG Wilhelmshaven v. 27.10.1988 – 1 BvGA 5/88, NZA 1989, 571. | 12 *Fitting*, § 43 BetrVG Rz. 41. | 13 Richardi/*Annuß*, § 43 BetrVG Rz. 31; *Fitting*, § 43 BetrVG Rz. 42.

sofern der vom ArbGeb gewünschte Beratungsgegenstand zu den zulässigen Themen einer Betriebsversammlung gehört (§ 45). Der BR kann die Einberufung der Versammlung nicht mit dem Argument ablehnen, sie sei nicht zweckmäßig[1]. Selbstverständlich hat der ArbGeb **Teilnahme- und Rederecht.** Eine Frist, innerhalb derer der BR die Versammlung einberufen muss, sieht Abs. 3 nicht ausdrücklich vor. Nach Sinn und Zweck der Vorschrift muss jedoch die Einberufung **unverzüglich** erfolgen.

Eine außerordentl. Betriebsversammlung ist auch auf Wunsch von einem **Viertel der wahlberechtigten ArbN** einzuberufen. Die Wahlberechtigung richtet sich nach § 7, für die Quote kommt es auf den Zeitpunkt des Antrags an. Zwar ist eine Form im Gesetz nicht vorgesehen, ohne **Unterschriftenlisten** kann jedoch zumindest in größeren Betrieben das Vorliegen des Quorums kaum geprüft werden. Die Unterschriftensammlung kann während der Arbeitszeit unter Fortzahlung des Arbeitsentgelts durchgeführt werden[2]. Hinsichtlich des Prüfungsrechts des BR und der Einberufungsfrist gilt das Gleiche wie für vom ArbGeb beantragte außerordentl. Betriebsversammlungen (siehe Rz. 26). Bei den auf Wunsch der ArbN anberaumten Betriebsversammlungen soll der ArbGeb nach herrschender (abzulehnender) Auffassung kein Teilnahmerecht haben[3]. Allerdings steht dem BR frei, den ArbGeb einzuladen, wenn dies zweckmäßig ist; außerdem ist der ArbGeb auf jeden Fall über Zeitpunkt, Ort und Tagesordnung zu informieren. 27

Der **BR selbst** kann eine außerordentl. Betriebsversammlung nur dann anberaumen, wenn sie aus sachlichen Gründen **dringend geboten** ist[4]. Darüber hinaus kommt eine außerordentl. Betriebsversammlung nach Abs. 3 nur dann in Betracht, wenn in dem betreffenden Zeitraum bereits die ordentl. und ggf. eine zusätzliche Betriebsversammlung nach Abs. 1 S. 3 stattgefunden haben und die Angelegenheit so dringlich ist, dass bis zur nächsten ordentl. Betriebsversammlung nicht gewartet werden kann[5]. Typischer Anlass für eine außerordentl. Betriebsversammlung sind **anstehende Betriebsänderungen.** Eine außerordentl. Betriebsversammlung kommt auch dann in Betracht, wenn der ArbGeb zuvor eine von ihm anberaumte „Mitarbeiterversammlung" zu unzulässiger Stimmungsmache gegen den BR missbraucht hat[6]. Ein Teilnahmerecht hat der ArbGeb bei vom BR anberaumten außerordentl. Betriebsversammlungen nicht, er ist aber über Zeit und Ort sowie Beratungsgegenstand zu informieren[7]. Selbstverständlich kann der BR den ArbGeb gleichwohl einladen. 28

Nach § 44 II können außerordentl. Betriebsversammlungen auch in Form von **Abteilungsversammlungen** nach § 42 II durchgeführt werden[8], wobei es zur Bemessung des Quorums von einem Viertel der ArbN stets auf den Gesamtbetrieb ankommt, nicht auf die Abteilung[9]. 29

Wie sich aus § 44 I 1 ergibt, finden die außerordentl. Betriebsversammlungen **außerhalb der Arbeitszeit** statt, so dass auch kein Entgelt fortzuzahlen ist. **Während der Arbeitszeit** (mit der Konsequenz der Entgeltfortzahlung) finden außerordentl. Betriebsversammlungen nur in zwei Fällen statt, nämlich 30

- wenn der **ArbGeb** mit der Abhaltung während der Arbeitszeit **einverstanden** ist (Abs. 2 S. 2 Hs. 2) oder
- wenn der **ArbGeb** die Abhaltung der Betriebsversammlung **beantragt** hatte (systemwidrig in § 44 I 1 geregelt).

Will der BR die Abhaltung außerhalb der Arbeitszeit bei einer von ihm selbst oder einem Viertel der ArbN gewünschten außerordentl. Betriebsversammlung vermeiden, so kann er die Betriebsversammlung stattdessen als ordentl. oder zusätzl. (weitere) Betriebsversammlung nach Abs. 1 durchführen, wenn das entsprechende Kontingent an ordentl. und zusätzl. (weiteren) Betriebsversammlungen noch nicht erschöpft ist[10]. 31

Hinsichtlich Ort, Einberufung, Versammlungsleitung etc. gelten für eine außerordentl. Betriebsversammlung die gleichen Grundsätze wie für eine ordentl. (s. § 42 Rz. 18 ff.). 32

Betriebsversammlung auf Antrag einer Gewerkschaft (Abs. 4). Die auf Antrag der Gewerkschaft anberaumte Betriebsversammlung steht nicht neben den ordentl., zusätzl. und außerordentl. Betriebsversammlungen nach Abs. 1–3, sondern ersetzt sie. Verletzt der BR die Pflicht, für regelmäßige Betriebsversammlungen zu sorgen, soll unter bestimmten Voraussetzungen eine Gewerkschaft einberufen können. Dabei haben die Antragsvoraussetzungen des Abs. 4 nichts mit der Frage zu tun, ob der BR durch Abhaltung von zu wenig Betriebsversammlungen gegen seine gesetzl. Pflichten verstößt und ein Verfahren nach § 23 riskiert[11]. 33

Voraussetzung der Einberufung ist, dass in dem der Antragstellung **vorausgegangenen Kalenderhalbjahr** keine Betriebsversammlung stattgefunden hat. Hat eine Betriebsversammlung stattgefunden, so 34

1 *Fitting*, § 43 BetrVG Rz. 42. | 2 ArbG Stuttgart v. 13.5.1977 – 7 Ca 117/77, BB 1977, 1304. | 3 Richardi/*Annuß*, § 43 BetrVG Rz. 47; *Fitting*, § 43 BetrVG Rz. 50. | 4 Richardi/*Annuß*, § 43 BetrVG Rz. 26; DKK/*Berg*, § 43 BetrVG Rz. 26. | 5 DKK/*Berg*, § 43 BetrVG Rz. 26. | 6 BAG v. 27.6.1989 – 1 ABR 28/88, DB 1989, 2543. | 7 DKK/*Berg*, § 43 BetrVG Rz. 28. | 8 ArbG Stuttgart v. 13.5.1977 – 7 Ca 117/77, BB 1977, 1304; *Fitting*, § 43 BetrVG Rz. 45. | 9 Zust. *Fitting*, § 43 BetrVG Rz. 45; aA Richardi/*Annuß*, § 43 BetrVG Rz. 33. | 10 ArbG Heilbronn v. 6.3.1990 – 3 BV Ga 1/90, AiB 1990, 197; *Däubler*, AiB 1982, 54; Richardi/*Annuß*, § 43 BetrVG Rz. 40. | 11 *Fitting*, § 43 BetrVG Rz. 53.

ist es unerheblich, ob dies eine ordentl., eine zusätzl. (weitere) oder eine außerordentl. Versammlung war. Soweit nur Abteilungsversammlungen stattgefunden haben, müssen sie jedenfalls für die ganz überwiegende Zahl der ArbN des Betriebs durchgeführt worden sein[1].

35 Maßgeblicher Zeitraum ist nicht ein Zeitraum von sechs Monaten, sondern das Kalenderhalbjahr (1.1. bis 30.6. bzw. 1.7. bis 31.12.). Hat in der Zeit vom 1.1. bis 30.6. keine Betriebsversammlung stattgefunden, kann die Gewerkschaft also am 1.7. die Einberufung verlangen. Hat dagegen am 2.1. eine Betriebsversammlung stattgefunden, so kann während des gesamten weiteren Laufs des Jahres kein Antrag gestellt werden. Nach Sinn und Zweck der Vorschrift kommt eine Antragstellung allerdings nicht in Betracht, wenn zwar im vorangegangenen Kalenderhalbjahr keine Betriebsversammlung stattgefunden hat, dafür aber **zwischen Ablauf des Kalenderhalbjahrs und der Antragstellung**. Hat bspw. zwischen dem 1.1. und dem 30.6. keine Betriebsversammlung stattgefunden, findet aber eine am 2.7. statt, so kann nicht die Gewerkschaft am 10.7. nach Abs. 4 die Abhaltung einer Versammlung verlangen.

36 Antragsberechtigt ist jede im Betrieb vertretene **Gewerkschaft** (vgl. § 2). Der Antrag ist **formlos** möglich und an den BR zu richten. Die Gewerkschaft kann **nicht selbst** einberufen[2]. Dies gilt selbst dann, wenn der BR trotz Antrags untätig bleibt, die Gewerkschaft kann dann aber eine einstw. Verfügung beantragen. Keinen Einfluss hat die Gewerkschaft auf die **Tagesordnung** der einzuberufenden Versammlung. Die Versammlung ist auf jeden Fall eine ordentl. Betriebsversammlung nach Abs. 1 S. 1, so dass der BR auch einen Tätigkeitsbericht erstatten muss[3]. Nach richtiger Auffassung muss die Versammlung grds. als Vollversammlung durchgeführt werden, Abteilungsversammlungen kommen nicht in Betracht[4]. Zulässig bleiben allerdings Teilversammlungen, wenn dies wegen der Eigenart des Betriebes erforderlich ist.

37 Auf Antrag einer im Betrieb vertretenen Gewerkschaft muss der BR innerhalb von zwei Wochen „einberufen". Für die Fristberechnung gelten §§ 187 ff. BGB, so dass der Tag des Antrags (Zugang beim BR-Vorsitzenden ist maßgeblich) nicht mitzählt. Die Versammlung muss aber nicht auch innerhalb der zwei Wochen stattfinden. Allerdings muss **zeitnah einberufen** werden[5].

44 *Zeitpunkt und Verdienstausfall*

(1) Die in den §§ 14a, 17 und 43 Abs. 1 bezeichneten und die auf Wunsch des Arbeitgebers einberufenen Versammlungen finden während der Arbeitszeit statt, soweit nicht die Eigenart des Betriebs eine andere Regelung zwingend erfordert. Die Zeit der Teilnahme an diesen Versammlungen einschließlich der zusätzlichen Wegezeiten ist den Arbeitnehmern wie Arbeitszeit zu vergüten. Dies gilt auch dann, wenn die Versammlungen wegen der Eigenart des Betriebs außerhalb der Arbeitszeit stattfinden; Fahrkosten, die den Arbeitnehmern durch die Teilnahme an diesen Versammlungen entstehen, sind vom Arbeitgeber zu erstatten.

(2) Sonstige Betriebs- oder Abteilungsversammlungen finden außerhalb der Arbeitszeit statt. Hiervon kann im Einvernehmen mit dem Arbeitgeber abgewichen werden; im Einvernehmen mit dem Arbeitgeber während der Arbeitszeit durchgeführte Versammlungen berechtigen den Arbeitgeber nicht, das Arbeitsentgelt der Arbeitnehmer zu mindern.

1 **I. Allgemeines.** Die Vorschrift regelt, welche Versammlungen **während** und welche **außerhalb der Arbeitszeit** stattfinden. Im Zusammenhang damit regelt die Vorschrift des Weiteren, für welche Veranstaltungen und unter welchen Voraussetzungen der ArbGeb **Verdienstausfall** (Entgeltfortzahlung) sowie **Fahrkosten** erstatten muss.

2 § 44 ist **zwingend**, von den Regelungen kann weder durch TV noch durch BV zu Ungunsten der ArbN abgewichen werden. Streitig ist allerdings, ob eine Vereinbarung über die Dauer der Betriebsversammlung zulässig ist[6]. § 44 gilt entsprechend für die Versammlung der **Jugendlichen und Auszubildenden** (§ 71) sowie für die **Bordversammlung** (vgl. §§ 115, 116).

3 **II. Zeitpunkt der Betriebsversammlung.** Nach der Konzeption der §§ 42–44 finden folgende Versammlungen grds. **während der Arbeitszeit** statt:

- **regelmäßige** (vierteljährliche) Betriebs- bzw. Abteilungsversammlungen (§ 43 I 1 und 2)
- **zusätzliche** (weitere) Betriebs- bzw. Abteilungsversammlungen (§ 43 I 4)
- **außerordentliche** Betriebs- bzw. Abteilungsversammlungen auf **Antrag des ArbGeb** (§ 43 III)
- Betriebsversammlung zur Bestellung des **Wahlvorstands** (§§ 14a, 17 I)

1 DKK/*Berg*, § 43 BetrVG Rz. 32; *Fitting*, § 43 BetrVG Rz. 54. | 2 *Fitting*, § 43 BetrVG Rz. 55; DKK/*Berg*, § 43 BetrVG Rz. 33. | 3 *Fitting*, § 43 BetrVG Rz. 55. | 4 *Fitting*, § 43 BetrVG Rz. 57; Richardi/*Annuß*, § 43 BetrVG Rz. 60. | 5 *Fitting*, § 43 BetrVG Rz. 56. | 6 Vgl. die Nachw. bei *Fitting*, § 44 BetrVG Rz. 14; dazu LAG Saarbrücken v. 21.12.1960, AP Nr. 2 zu § 43 BetrVG 52: Vereinbart war eine Stunde Dauer.

Dagegen finden nach Abs. 2 **außerhalb** der Arbeitszeit statt: 4

- **außerordentliche** Betriebs- bzw. Abteilungsversammlungen, die der **BR** selbst einberuft (§ 43 III)
- **außerordentliche** Betriebs- bzw. Abteilungsversammlungen auf Antrag eines **Viertels der ArbN** (§ 43 III)

In beiden Fällen ermöglicht allerdings § 44 II 2, dass im **Einvernehmen mit dem ArbGeb** diese Versammlungen während der Arbeitszeit abgehalten werden können; dann ist auch das Entgelt fortzuzahlen. 5

III. Versammlung während der Arbeitszeit. 1. Zeitpunkt. Arbeitszeit iSv. Abs. 1 S. 1 ist nicht die persönliche Arbeitszeit des einzelnen ArbN, sondern die **betriebliche Arbeitszeit**. Betriebliche Arbeitszeit ist die Zeit, während der jedenfalls ein erheblicher Teil der Belegschaft arbeitet[1]. Bei Drei-Schicht-Betrieben zB ist es unumgänglich, dass die Versammlung für einen Teil der ArbN außerhalb der persönlichen Arbeitszeiten liegt. Abs. 1 S. 1 ist so zu verstehen, dass der BR die Versammlung so legen soll, dass **möglichst viele** ArbN an ihr während der Arbeitszeit ohne weitere Mühen und Kosten teilnehmen können[2]. Bei **Gleitzeit** darf der BR die Betriebsversammlung in die Kernarbeitszeit legen[3]. Der BR darf die Versammlung nicht ohne Not von vornherein so anberaumen, dass ein Teil von ihr **zwangsläufig in die Freizeit** hineinreicht. Betriebsversammlungen können auch während eines (teilweisen) Arbeitskampfs sowie während einer Kurzarbeitsperiode stattfinden[4], allerdings gilt auch insoweit, dass Betriebsversammlungen nicht als Kampfinstrument missbraucht werden dürfen (s. § 42 Rz. 7). 6

Tag und Stunde der Versammlung regelt der BR durch **Beschluss**, eine Zustimmung des ArbGeb ist nicht erforderlich. Grds. sinnvoll ist, wenn der BR den ArbGeb unabhängig von der gesetzl. vorgeschriebenen Einladung (§ 43 II 1) **möglichst frühzeitig** von der zeitlichen Planung der Versammlung **unterrichtet**, damit dieser bzgl. des Arbeitsausfalls die notwendigen Vorkehrungen treffen kann[5]. Der BR muss die betriebl. Notwendigkeiten berücksichtigen. Sofern keine besonderen Interessen der ArbN oder des BR entgegenstehen, muss der BR deshalb so anberaumen, dass die **Störungen des Betriebsablaufs** möglichst gering sind. Ist bspw. in einem Betrieb mit Fünf-Tage-Woche der Arbeitsanfall an einem bestimmten Tag erfahrungsgem. besonders hoch, darf die Betriebsversammlung nicht auf diesen Tag gelegt werden. Anders ist es hingegen, wenn an diesem Tag besonders viele TeilzeitArbN oder Aushilfen im Betrieb sind, da dann die Abhaltung an diesem Tag besonders vielen ArbN die Möglichkeit gibt, an der Verhandlung während der Arbeitszeit teilzunehmen. 7

In einem **Drei-Schicht-Betrieb** sind verschiedene Möglichkeiten denkbar. Zum einen kann der BR von vornherein auf Teilversammlungen nach § 42 I 3 ausweichen. Nach Auffassung des BAG[6] sollen dagegen Vollversammlungen wegen der besseren Kommunikationsmöglichkeiten grds. Vorrang vor Teilversammlungen haben, auch wenn das bedeutet, dass die Versammlung für die Mehrzahl der ArbN außerhalb der regelmäßigen Arbeitszeit stattfindet. Werden Vollversammlungen abgehalten, so sollen sie entweder mal in der einen, mal in der anderen Schicht liegen[7]. Die andere Möglichkeit ist, die Betriebsversammlung zeitlich so zu legen, dass sie in etwa gleichem Umfang am Ende der einen und am Anfang der nächsten Schicht liegt[8]. 8

Haben alle ArbN des Betriebes **gleichmäßige Arbeitszeit** (Ein-Schicht-Betrieb), muss der BR die Versammlung entweder mit dem Beginn der Arbeitszeit anberaumen oder aber so terminieren, dass die Versammlung voraussichtlich mit dem Ende der Arbeitszeit abgeschlossen sein wird. Unzulässig wäre es dagegen, die Betriebsversammlung genau in die Mitte des Arbeitstages zu legen. 9

Fraglich ist, wer die **Angriffslast** hat, wenn der BR eine Betriebsversammlung unter Missachtung der betriebl. Notwendigkeiten anberaumt. Sicher ist, dass der ArbGeb eine einstw. Verfügung auf Unterlassung der Betriebsversammlung erwirken kann[9]. Geht der ArbGeb nicht den Weg zum Gericht, sondern verlangt er vom BR die Unterlassung der Betriebsversammlung, so ist fraglich, ob der BR sie gegen den Willen des ArbGeb durchführen kann oder ob er eine einstw. Verfügung auf Duldung beantragen muss. Eine solche einstw. Verfügung ist jedenfalls dann sinnvoll, wenn der ArbGeb den ArbN androht, im Falle ihrer Teilnahme das Entgelt zu kürzen[10]. 10

2. Dauer. Die Dauer der Betriebsversammlung ist gesetzl. nicht geregelt. In der Praxis sind meistens **zwei bis drei Stunden** ausreichend. Regelmäßig gibt es kein Bedürfnis, die Versammlung auf **mehr als einen Tag** auszudehnen, wenngleich dies in Ausnahmefällen nicht ausgeschlossen ist. Dauert die Versammlung länger als einen normalen Arbeitstag (acht Stunden), ist stets sorgfältig zu prüfen, ob überhaupt noch sachlich diskutiert wird oder ob die Betriebsversammlung nicht längst ihren Charakter 11

---

1 BAG v. 27.11.1987 – 7 AZR 29/87, AP Nr. 7 zu § 44 BetrVG; v. 9.3.1976 – 1 ABR 74/74, AP Nr. 3 zu § 44 BetrVG. | 2 BAG v. 27.11.1987 – 7 AZR 29/87, AP Nr. 7 zu § 44. | 3 ArbG München v. 27.7.1972 – 17 Ca 56/72; *Fitting*, § 44 BetrVG Rz. 8. | 4 BAG v. 5.5.1987 – 1 AZR 292/85, AP Nr. 4 zu § 44 BetrVG. | 5 Richardi/*Annuß*, § 44 BetrVG Rz. 18. | 6 BAG v. 9.3.1976 – 1 ABR 74/74, AP Nr. 3 zu § 44 BetrVG. | 7 Richardi/*Annuß*, § 44 BetrVG Rz. 19. | 8 LAG Nds. v. 30.8.1982 – 11 TaBV 8/81, DB 1983, 1312; LAG Schl.-Holst. v. 30.5.1991 – 4 TaBV 12/91, DB 1991, 2247. | 9 LAG Düsseldorf v. 24.10.1972 – 11 (6) BV Ta 43/72, DB 1972, 2212. | 10 *Fitting*, § 44 BetrVG Rz. 15.

verloren und sich in eine reine Protest- oder Streikveranstaltung gewandelt hat, die unzulässig wäre (s. auch § 42 Rz. 7)[1]. Stellt sich bei Ablauf der normalen betrieblichen Arbeitszeit heraus, dass noch nicht alle Themen abgearbeitet sind, muss der BR die Versammlung nicht abbrechen, sondern er kann sie in die Freizeit hineinreichen lassen, wodurch dann zusätzliche Lohnansprüche entstehen. **Eine Vertagung auf den nächsten Tag** kommt regelmäßig nicht in Betracht, da der ArbGeb sich darauf nicht einrichten könnte[2], notfalls muss neu für einen anderen Tag eingeladen werden.

12 **IV. Ordentliche Versammlung außerhalb der Arbeitszeit wegen Eigenart des Betriebes.** Eine Versammlung, die nach Abs. 1 S. 1 grds. während der Arbeitszeit abzuhalten wäre, ist nach Hs. 2. des Satzes 1 ausnahmsw. außerhalb der Arbeitszeit durchzuführen, wenn die **Eigenart des Betriebes** eine andere Regelung zwingend erfordert.

13 Die Rspr. stellt an die Gründe für Versammlungen außerhalb der Arbeitszeit hohe Anforderungen[3]. Bloße Unbequemlichkeiten sowie das übliche wirtschaftl. Interesse des ArbGeb an der Vermeidung von Arbeitsausfällen reichen nicht. In Betracht kommt zum einen eine sog. **„technisch-organisatorische Unmöglichkeit"**. Sie ist gegeben, wenn die Versammlung während der Arbeitszeit eine technisch untragbare Störung eines eingespielten Betriebsablaufs bedeuten würde[4]. Eine Abhaltung außerhalb der Arbeitszeit kann aber auch wegen **„wirtschaftlicher Unzumutbarkeit"** geboten sein. Allerdings muss hier der durch eine Versammlung während der Arbeitszeit drohende Schaden **ungewöhnlich hoch** sein und erheblich über die Nachteile hinausgehen, die üblicherweise mit einem Ruhen der Arbeit verbunden sind[5]. Die bloße Tatsache, dass die Arbeitszeit des Betriebes mit den **Öffnungszeiten für den Publikumsverkehr** zusammenfällt (Banken, Warenhäuser, Ladengeschäfte, Restaurantbetriebe etc.) bedeutet nicht, dass Versammlungen stets außerhalb der Arbeitszeit stattzufinden hätten. Vielmehr muss der Betrieb notfalls für die Dauer der Betriebsversammlung für die Öffentlichkeit geschlossen werden. Dies war insb. bei Warenhäusern heftig umstritten[6]. Allerdings muss der BR bei der Anberaumung von Betriebsversammlungen auf die wirtschaftl. Interessen des ArbGeb Rücksicht nehmen. So darf bspw. in einem Warenhaus nach einhelliger Ansicht eine Betriebsversammlung nicht auf klassische „Stoßzeiten" wie Samstage, Weihnachts- oder Ostergeschäft oder Schlussverkäufe gelegt werden[7].

14 Der **öffentl.-rechtl. Auftrag** eines Unternehmens rechtfertigt für sich allein nicht Versammlungen außerhalb der Arbeitszeit[8].

15 Mit zunehmender **Vernetzung der Wirtschaft** (Stichworte: Just-in-Time, Outsourcing etc.) steigen die Probleme. Wenn bspw. ein Autozulieferer sich vertragl. verpflichtet, auf Abruf binnen zwei Stunden bestimmte Mengen von Zulieferteilen in einer bestimmten Qualität herzustellen und beim Automobilhersteller anzuliefern, und jede Terminüberschreitung hohe Konventionalstrafen auslöst, dann kann in einem solchen Zulieferbetrieb keine Betriebsversammlung während der Arbeitszeit stattfinden. Ebenso problematisch ist der Fall einer internationalen Fluggesellschaft, die über ihre deutschen Standorte internationale Zubringerflüge abwickelt. Hier würde durch eine Betriebsversammlung während der Arbeitszeit und die damit verbundenen Flugausfälle das gesamte weltweite Netz von Flugverbindungen durcheinander geraten.

16 Unzutreffend ist die Auffassung, der ArbGeb dürfe während der Dauer der Betriebsversammlung nicht den **Betrieb für Kunden geöffnet** halten in der Erwartung, dass ohnehin nicht alle ArbN an der Betriebsversammlung teilnehmen[9]. Der BR kann also nicht verlangen, dass der ArbGeb den Betrieb komplett schließt[10]. Einen **Notdienst** darf der ArbGeb für die Zeit der Betriebsversammlung nicht einteilen[11], wenn er den für den Notdienst eingeteilten ArbN die Teilnahme an der Betriebsversammlung untersagt. Wenn in der Tat ein Notdienst aufrecht erhalten werden muss, dann muss der ArbGeb notfalls gerichtlich durchsetzen, dass die Versammlung außerhalb der Arbeitszeit stattfindet oder Teilversammlungen abgehalten werden.

17 Nicht gelöst hat der Gesetzgeber das Verhältnis zwischen **Teilversammlungen während der Arbeitszeit** und **Vollversammlungen außerhalb der Arbeitszeit**. Nach §§ 42 I 3 und 44 I 1 setzt sowohl die Abhaltung von Teilversammlungen als auch die Abhaltung einer Vollversammlung außerhalb der Arbeitszeit voraus, dass aus betriebl. Gründen eine Vollversammlung innerhalb der Arbeitszeit nicht möglich ist.

---

1 Abwegig ArbG Hamburg v. 28.6.1977 – 4 GaBV 19/77, AiB 2001, 711, wonach bei drohenden Massenentlassungen eine Dauer von vier Tagen gerechtfertigt sein kann. | 2 *Lunk*, Die Betriebsversammlung (1991), S. 172; aA LAG BW v. 12.12.1985 – 14 Ta BV 22/85, AiB 1986, 67; DKK/*Berg*, § 44 BetrVG Rz. 3. | 3 LAG Schl.-Holst. v. 28.10.1996 – 1 Ta BV 38/96, AiB 1997, 348. | 4 Vgl. BAG v. 26.10.1956, AP Nr. 1 zu § 43 BetrVG betr. die Stilllegung des gesamten Betriebes für einen ganzen Arbeitstag; ähnlich LAG Saarbrücken v. 21.12.1960, AP Nr. 2 zu § 43 BetrVG 52. | 5 BAG v. 9.3.1976 – 1 ABR 74/74, AP Nr. 3 zu § 44 BetrVG. | 6 BAG v. 9.3.1976 – 1 ABR 74/74, AP Nr. 3 zu § 44 BetrVG; v. 31.8.1982 – 1 ABR 27/80, AP Nr. 8 zu § 87 BetrVG; ausf. *Brötzmann*, BB 1990, 1055; *Kappes/Rath*, DB 1987, 2645; *Strümper*, NZA 1984, 315. | 7 BAG v. 9.3.1976, AP Nr. 3 zu § 44 BetrVG; Richardi/*Annuß*, § 44 BetrVG Rz. 12. | 8 LAG Schl.-Holst. v. 28.10.1996 – 1 Ta BV 38/96, AiB 1997, 348; ArbG Wuppertal v. 9.7.1996 – 9 BV Ga 12/96, AiB 1997, 347. | 9 Zutr. LAG Köln v. 19.4.1988 – 11 Ta BV 24/88, DB 1988, 1400; aA DKK/*Berg*, § 44 BetrVG Rz. 9; *Fitting*, § 44 BetrVG Rz. 18. | 10 So LAG Köln v. 19.4.1988 – 11 Ta BV 24/88, DB 1988, 1400; aA DKK/*Berg*, § 44 BetrVG Rz. 9; *Fitting*, § 44 BetrVG Rz. 18. | 11 ArbG Hamburg v. 2.11.1979 – 18 GaBV 1/79.

Das Gesetz regelt aber nicht, welche der beiden Alternativen bei Unmöglichkeit einer Vollversammlung während der Arbeitszeit Vorrang hat. Nach verbreiteter Auffassung soll eine Vollversammlung außerhalb der Arbeitszeit nur in Betracht kommen, wenn Teilversammlungen während der Arbeitszeit nicht möglich sind[1]. Vorzuziehen ist die Auffassung, wonach der **BR** einen **Ermessensspielraum** hat[2]. Erscheinen dem BR beide Alternativen als gleichwertig, kann er sie abwechselnd wählen.

V. Außerordentliche Betriebsversammlung. Die in Abs. 2 genannten Betriebsversammlungen sind grds. außerhalb der Arbeitszeit abzuhalten, und es ist kein Entgelt zu zahlen. Anders ist es, wenn der **ArbGeb** der Durchführung der Versammlung während der Arbeitszeit **zustimmt**. Ob der ArbGeb zustimmt, liegt allein in seinem Ermessen. Er kann die Zustimmung ohne Angabe von Gründen verweigern, und sein Einverständnis kann weder im Beschlussverfahren noch durch die Einigungsstelle ersetzt werden. Das Einverständnis ist formlos möglich (mündliche Ankündigung, Anschlag am schwarzen Brett etc.), es kann aber auch in Form einer BV erfolgen. Die Zustimmung des ArbGeb gilt als erteilt, wenn er davon erfährt, dass der BR eine der in Abs. 2 genannten Versammlungen innerhalb der Arbeitszeit abhalten will, aber nicht innerhalb angemessener Zeit ausdrücklich widerspricht[3]. Nach dem klaren Wortlaut löst die Zustimmung des ArbGeb zur Abhaltung innerhalb der Arbeitszeit automatisch den Entgeltfortzahlungsanspruch aus. Daraus wird gefolgert, dass der ArbGeb die Zustimmung zur Abhaltung während der Arbeitszeit nicht mit der Maßgabe erteilen kann, dass keine Entgeltfortzahlung stattfinden soll[4]. Diese Ansicht ist zutreffend, da sonst ArbGeb und BR die ArbN um Gehaltsansprüche bringen könnten. 18

Der ArbGeb kann sein Einverständnis auf eine bestimmte **Höchstdauer** der Versammlung beschränken[5]. Reicht dem BR die vom ArbGeb zugestandene Zeit nicht aus, muss der Rest der Versammlung dann außerhalb der Arbeitszeit stattfinden. 19

Adressat der Zustimmungserklärung ist der **BR**. Der ArbGeb tut jedoch gut daran, auch die **Belegschaft** zu informieren. Denn sonst läuft er Gefahr, den ArbN doch Vergütung bezahlen zu müssen, wenn diesen die Verweigerung der Zustimmung nicht bekannt war und/oder sie davon ausgingen, die Abhaltung der Betriebsversammlung während der Arbeitszeit bedürfe keiner Zustimmung[6]. 20

Findet eine außerordentl. Betriebsversammlung außerhalb der allgemeinen Arbeitszeit statt, haben ArbN mit abweichender Arbeitszeit, die zu dem betreffenden Zeitpunkt **zum Dienst eingeteilt** sind, kein Teilnahmerecht, sofern der ArbGeb sie nicht freistellt. Ggf. sind Teilversammlungen außerhalb der Arbeitszeit abzuhalten[7]. 21

Hält der BR entgegen Abs. 2 ohne Zustimmung des ArbGeb eine außerordentl. Betriebsversammlung während der Arbeitszeit ab, kann der ArbGeb eine **einstw. Verfügung** beantragen, außerdem verstößt der BR grob gegen seine gesetzl. Pflichten (§ 23). Die ArbN haben kein Teilnahmerecht, bei rechtzeitiger Warnung und klarer Rechtslage kann die Teilnahme an einer rechtswidrigen Betriebsversammlung eine (ordentl. oder fristl.) Kündigung rechtfertigen, jedenfalls im Wiederholungsfall nach vorheriger Abmahnung. 22

VI. Vergütungsanspruch, Entgeltfortzahlung. 1. Ordentliche Versammlungen. Die gem. Abs. 1 während der Arbeitszeit abzuhaltenden Betriebsversammlungen sind den einzelnen ArbN „wie Arbeitszeit" zu vergüten. Es kommt also nicht darauf an, ob der ArbN in dem betreffenden Zeitraum gearbeitet hätte, wenn keine Versammlung stattgefunden hätte. Das gilt gleichermaßen, wenn die Betriebsversammlung über das Ende der persönlichen Arbeitszeit hinausreicht, wenn der ArbN Freischicht hat oder wenn eine an sich gem. Abs. 1 während der Arbeitszeit abzuhaltende Betriebsversammlung wegen der Eigenart des Betriebs ausnahmsw. außerhalb der Arbeitszeit stattfindet. Abs. 1 regelt also nicht einen Lohnersatzanspruch, sondern einen **Vergütungsanspruch eigener Art**[8]. Vergütung erhalten also auch Mitarbeiter, die während des Erholungsurlaubs[9], während der Elternzeit[10], während Kurzarbeitszeiten[11] oder während eines Streiks an einer Versammlung teilnehmen[12]. 23

Weiterzuzahlen ist das **individuelle Arbeitsentgelt** einschließlich Schmutzzulagen, Erschwerniszulagen sowie Sonn- und Feiertagszuschlägen (sofern die Versammlung an Sonn- oder Feiertagen stattfindet)[13]. Bei **variabler Vergütung** (zB Akkordverdienst) ist der Durchschnitt der zuletzt erzielten Entgelte maßgeblich[14]. Die Zeiten der Teilnahme an einer Versammlung bzw. die Wegezeiten sind allerdings nicht 24

---

1 ZB *Rüthers*, ZfA 1974, 211. | 2 Richardi/*Annuß*, § 44 BetrVG Rz. 13; *Fitting*, § 44 BetrVG Rz. 19. | 3 BAG v. 27.11.1987 – 7 AZR 29/87, AP Nr. 7 zu § 44 BetrVG, so auch LAG BW v. 17.2.1987 – 8 [14] Sa 106/86, DB 1987, 1441. | 4 DKK/*Berg*, § 44 BetrVG Rz. 26; *Fitting*, § 44 BetrVG Rz. 43. | 5 Richardi/*Annuß*, § 44 BetrVG Rz. 22, 48; *Fitting*, § 44 BetrVG Rz. 21. | 6 DKK/*Berg*, § 44 BetrVG Rz. 48. | 7 *Fitting*, § 44 BetrVG Rz. 23. | 8 *Fitting*, § 44 BetrVG Rz. 13; BAG v. 5.5.1987 – 1 AZR 292/85, AP Nr. 4 zu § 44 BetrVG. | 9 BAG v. 5.5.1987 – 1 AZR 665/85, AP Nr. 5 zu § 44 BetrVG. | 10 BAG v. 31.5.1989 – 7 AZR 574/88, DB 1990, 793. | 11 BAG v. 5.5.1987 – 1 AZR 666/85, AP Nr. 6 zu § 44 BetrVG. | 12 BAG v. 5.5.1987 – 1 AZR 292/85, AP Nr. 4 zu § 44 BetrVG. | 13 LAG Düsseldorf v. 16.1.1978 – 20 Sa 1562/77, AuR 1979, 27; vgl. aber BAG v. 1.10.1974 – 1 AZR 394/73, AP Nr. 2 zu § 44 BetrVG: Keine Feiertagszuschläge für ArbN, die ansonsten an diesem Tag dienstfrei hätten! | 14 BAG v. 23.9.1960 – 1 AZR 508/59, AP Nr. 11 zu § 1 FeiertagslohnzahlungsG; LAG Düsseldorf v. 11.12.1972 – 10 Sa 810/72, BB 1973, 1305.

den ansonsten erbrachten Arbeitszeiten hinzuzurechnen mit der Folge, dass für die Zeit der Teilnahme an der Versammlung Anspruch auf **Mehrarbeitsvergütung** entstehen würde[1]. Mehrarbeitsvergütung ist nur dann geschuldet, wenn der ArbN während der Zeit der Betriebsversammlung Mehrarbeit geleistet hätte[2].

25 Nimmt der ArbN an der Versammlung **nicht teil**, hat er keinen Vergütungsanspruch nach § 44 I. Arbeitet er stattdessen weiter, hat er den normalen Anspruch auf Arbeitslohn. Hat er dagegen Freizeit, erhält er keine Vergütung, wenn er nicht teilnimmt.

26 Dass die Teilnahme an Versammlungen nach Abs. 1 „wie Arbeitszeit" zu vergüten ist, bedeutet nicht, dass diese Zeit auch **öffentl.-rechtl.** als Arbeitszeit anzusehen wäre[3].

27 Neben der Zeit der Teilnahme an einer Versammlung sind den ArbN auch **Wegezeiten** zu vergüten. Vergütungspflichtig sind aber nur „zusätzliche" Wegezeiten, also nur solche, die über diejenigen Wegezeiten hinaus anfallen, die der ArbN zur Erfüllung seiner ansonsten geschuldeten Arbeitsleistung aufwenden muss[4]. Dabei ist jeweils auf den einzelnen ArbN abzustellen. Die Vergütung von Wegezeiten kommt zB in Betracht, wenn die Versammlung **außerhalb des Betriebsgeländes** stattfindet, der ArbN von einer **entfernten** kleineren **Betriebsstätte anreist** oder die Versammlung in seiner **Freischicht** stattfindet. Verlängert sich die Wegezeit wegen der Teilnahme an der Betriebsversammlung gegenüber der sonst angefallenen Wegezeit, ist nur die Differenz vergütungspflichtig[5]. Die Vergütung für die Wegezeit ist steuer- und sozialversicherungspflichtig[6].

28 **2. Außerordentliche Versammlungen.** Soweit die Versammlungen **außerhalb der Arbeitszeit** stattfinden, muss der ArbGeb weder Entgelt fortzahlen noch Wegezeiten oder zusätzliche Fahrkosten ausgleichen. Die Zustimmung des ArbGeb zur Abhaltung **während der betriebsüblichen Arbeitszeit** bedeutet nicht, dass für die gesamte Dauer der Versammlung Entgelt zu zahlen ist. Vielmehr enthält Abs. 2 – anders als Abs. 1 – nur das **Verbot der Entgeltminderung**. Das bedeutet, dass Entgelt nur insoweit zu zahlen ist, wie die Betriebsversammlung in der individuellen persönlichen Arbeitszeit des einzelnen ArbN liegt. Hat bspw. ein Schichtarbeiter an dem betreffenden Tag arbeitsfrei, erhält er für die Zeit der Teilnahme an der Versammlung kein Entgelt.

29 Stimmt der ArbGeb der Abhaltung einer außerordentl. Versammlung während der Arbeitszeit zu, besteht nur ein Anspruch auf Fortzahlung der ansonsten geschuldeten Vergütung, **nicht** aber auf Vergütung **zusätzlicher Wegezeiten**. Etwas anderes gilt nur, wenn diese Wegezeiten innerhalb der persönlichen Arbeitszeit des ArbN liegen, denn sonst würde doch wieder eine Minderung des Arbeitsentgelts eintreten, was Abs. 2 gerade verhindern will.

30 **VII. Fahrkostenerstattung.** Auseinander zu halten sind drei verschiedene Fragen, nämlich der Anspruch auf Fahrkostenerstattung

- für ordentl. Betriebsversammlungen, die während der Arbeitszeit stattfinden,
- für ordentl. Betriebsversammlungen, die wegen der Eigenart des Betriebes außerhalb der Arbeitszeit stattfinden,
- für außerordentl. Versammlungen, die nach Abs. 2 grds. außerhalb der Arbeitszeit stattfinden müssen.

31 **Gesetzlich geregelt** ist nur der zweite Fall. Hier ordnet Abs. 1 S. 3 an, dass der ArbGeb die Fahrkosten zu erstatten hat. Es kommt insoweit nur darauf an, dass die Versammlung außerhalb der persönlichen Arbeitszeit des einzelnen ArbN stattfindet, die betriebsüblichen Arbeitszeiten sind unerheblich[7]. Der Anspruch ist zwingend und kann durch BV nicht ausgeschlossen werden[8]. Zu erstatten sind nur tatsächlich angefallene Fahrkosten, eine Pauschalierung können die ArbN nicht verlangen. Auch muss es sich um „zusätzliche" Fahrkosten handeln. Die Erstattungszahlung ist lohnsteuerfrei[9].

32 Gesetzl. nicht geregelt ist der Fall, dass auswärtige ArbN zu einer **während der Arbeitszeit** stattfindenden Versammlung anreisen, oder aber die gesamte Versammlung (zB aus Platzgründen) außerhalb des Betriebs stattfindet. Da das Gesetz ersichtlich davon ausgeht, dass die ArbN nicht aus finanziellen Gründen von einer Teilnahme absehen sollen, ist nach herrschender Auffassung der ArbGeb auch in diesen Fällen in entsprechender Anwendung von § 44 I 3 zur Erstattung verpflichtet[10].

33 Kein Fahrkostenersatz ist dagegen für diejenigen außerordentl. Versammlungen zu zahlen, die grds. **außerhalb der Arbeitszeit** stattfinden (Abs. 2). Das gilt selbst dann, wenn der ArbGeb der Abhaltung während der Arbeitszeit ausnahmsw. zustimmt. Abs. 2 S. 2 knüpft an die Zustimmung als Rechtsfolge nur das Verbot der Entgeltminderung, gibt aber keinen Anspruch auf Fahrkostenerstattung.

---

1 BAG v. 18.9.1973 – 1 AZR 116/73, AP Nr. 1 zu § 44 BetrVG; LAG Düsseldorf v. 8.12.1972 – 4 Sa 945/72, DB 1973, 386; aA *Fitting*, § 44 BetrVG Rz. 15. | **2** BAG v. 18.9.1973 – 1 AZR 116/73, AP Nr. 1 zu § 44 BetrVG; LAG Düsseldorf v. 8.12.1972 – 4 Sa 945/72, DB 1973, 386; aA *Fitting*, § 44 BetrVG Rz. 15. | **3** *Fitting*, § 44 BetrVG Rz. 32. | **4** BAG v. 5.5.1987 – 1 AZR 292/85, AP Nr. 4 zu § 44 BetrVG. | **5** *Fitting*, § 44 BetrVG Rz. 38. | **6** *Fitting*, § 44 BetrVG Rz. 38. | **7** DKK/*Berg*, § 44 BetrVG Rz. 19; *Fitting*, § 44 BetrVG Rz. 39. | **8** DKK/*Berg*, § 44 BetrVG Rz. 24; GK-BetrVG/*Fabricius*, § 44 BetrVG Rz. 78. | **9** Schreiben des BMWi v. 16.5.1972, BB 1972, 697. | **10** *Fitting*, § 44 BetrVG Rz. 40; DKK/*Berg*, § 44 BetrVG Rz. 20; aA *Galperin/Löwisch*, § 44 BetrVG Rz. 33.

VIII. Wegfall der Vergütungspflicht bei fehlerhafter Betriebsversammlung, insb. bei Behandlung unzulässiger Themen. § 45 regelt, welche Themen zulässigerweise auf einer Betriebsversammlung behandelt werden können. Missbraucht der BR eine Versammlung zur Behandlung von Themen, die dort offensichtlich nicht hingehören, ist der ArbGeb nach einhelliger Auffassung nicht zur Entgeltzahlung und nicht zur Übernahme der Fahrkosten verpflichtet. Allerdings gelten insoweit erhebliche Einschränkungen. Werden **unzulässige Themen behandelt**, so kann dies nur dann zum (teilweisen) Wegfall des Entgeltanspruchs führen, wenn der ArbGeb auf die Unzulässigkeit der Erörterung und die sich daraus ergebenden Folgen hingewiesen hat[1], oder ein für die ArbN offensichtlicher Missbrauch (vgl. § 42 Rz. 7) vorliegt. Auch kommt ein (teilweiser) Verlust der Entgeltansprüche nur dann in Betracht, wenn die Behandlung unzulässiger Themen mehr als nur kurz gedauert hat, „Abschweifungen" von bis zu einer Viertelstunde sind regelmäßig unbeachtlich[2]. 34

Die Behandlung **zulässiger** Fragen, die **nicht auf der Tagesordnung** standen, lässt den Entgeltanspruch unberührt[3]. Wegen der Teilnahme **nicht-teilnahmeberechtigter Personen** entfällt der Entgeltanspruch regelmäßig nicht, es sei denn, es ist offensichtlich für jedermann erkennbar, dass wegen einer Vielzahl nicht-berechtigter Teilnehmer die Versammlung zu einer „öffentlichen" Versammlung geworden ist. Hat der BR eine ordentl. Versammlung **zu Unrecht außerhalb der Arbeitszeit** einberufen, so wird dadurch der ArbGeb nicht zu (zusätzlichen) Entgeltzahlungen verpflichtet, wenn er der Einberufung vorher widersprochen hat[4]. Bei einer **zu Unrecht** einberufenen **weiteren Betriebsversammlung** entfällt der Entgeltanspruch[5]. 35

IX. Streitigkeiten. Die Duldung der Durchführung der Betriebsversammlung während der Arbeitszeit kann ggf. durch einstw. Verfügung (**Beschlussverfahren**) erzwungen werden (s.a. Rz. 10, 22)[6]. Ebenso kann der ArbGeb versuchen, per einstw. Verfügung die Abhaltung einer Betriebsversammlung untersagen zu lassen, wenn sie unter Verstoß gegen § 44 anberaumt wird. Die **Vergütungs- und Fahrkostenerstattungsansprüche** der ArbN sind zwar im BetrVG geregelt, haben jedoch individualrechtl. Natur, so dass über sie im **Urteilsverfahren** entschieden werden muss[7]. 36

45 *Themen der Betriebs- und Abteilungsversammlungen*

Die Betriebs- und Abteilungsversammlungen können Angelegenheiten einschließlich solcher tarifpolitischer, sozialpolitischer, umweltpolitischer und wirtschaftlicher Art sowie Fragen der Förderung der Gleichstellung von Frauen und Männern und der Vereinbarkeit von Familie und Erwerbstätigkeit sowie der Integration der im Betrieb beschäftigten ausländischen Arbeitnehmer behandeln, die den Betrieb oder seine Arbeitnehmer unmittelbar betreffen; die Grundsätze des § 74 Abs. 2 finden Anwendung. Die Betriebs- und Abteilungsversammlungen können dem Betriebsrat Anträge unterbreiten und zu seinen Beschlüssen Stellung nehmen.

I. Allgemeines. § 45 regelt zwei verschiedene Komplexe. S. 1 regelt – entsprechend der Überschrift – welche **Themen** zulässigerweise auf Betriebsversammlungen behandelt werden können. S. 2 dagegen betrifft das Verhältnis zwischen Betriebsversammlung und BR, regelt also insb. die **Befugnisse der Betriebsversammlung** als eigenständigem Organ der Betriebsverfassung gegenüber dem BR. § 45 ist nach hM **zwingend**, abweichende Regelungen sind weder durch TV noch durch BV möglich[8]. 1

II. Zulässige Themen. 1. Grundsätze. § 45 S. 1 regelt die zulässigen Themen **nicht abschließend**, dies ergibt sich bereits aus dem Wort „einschließlich". Überdies regeln § 43 I 1 (Tätigkeitsbericht des BR) und § 43 II 3 (Bericht des ArbGeb über Personal- und Sozialangelegenheiten) weitere Themen von Betriebsversammlungen. Nach §§ 14a, 17 kann auch die Wahl eines Wahlvorstands Aufgabe der Betriebsversammlung sein. 2

S. 1 verlangt, dass Angelegenheiten behandelt werden, **„die den Betrieb oder seine Arbeitnehmer unmittelbar betreffen"**. Dies ist die direkte Konsequenz davon, dass im Regelfall der ArbGeb die Kosten der Betriebsversammlung trägt. Damit unvereinbar wäre insb. die Diskussion allgemeinpolitischer Fragen (dazu eingehend Rz. 5). Nicht erforderlich ist, dass **ausschließlich** der Betrieb oder das Unternehmen betroffen ist. Deshalb können auch solche Themen diskutiert werden, die für eine Vielzahl von Betrieben/Unternehmen gleichartig sind (zB tarifpolitische Fragen, Änderungen der wirtschaftl. Rahmenbedingungen etc.)[9]. 3

Nicht erforderlich ist weiter, dass die behandelten Themen in der unmittelbaren **Einflusssphäre** von BR und/oder ArbGeb liegen. Zulässig ist deshalb die Behandlung von Themen wie bspw. die Insolvenz 4

---

1 ArbG Hamburg v. 5.11.1997 – 6 BV 6/97, NZA-RR 1998, 214; LAG BW v. 17.2.1987 – 8 [14] Sa 106/86, DB 1987, 1441; LAG Bremen v. 5.3.1982 – 1 Sa 374–378/81, DB 1982, 1573. | 2 LAG BW v. 25.9.1991 – 10 Sa 32/91, AiB 1992, 98; LAG Düsseldorf v. 10.3.1981 – 11 Sa 1453/80, DB 1981, 1729. | 3 *Fitting*, § 44 BetrVG Rz. 34; DKK/*Berg*, § 44 BetrVG Rz. 22. | 4 BAG v. 27.11.1987 – 7 ABR 29/87, DB 1988, 810. | 5 BAG v. 23.10.1991 – 7 AZR 249/90, DB 1992, 689. | 6 ArbG Frankfurt v. 17.5.1976 – 11 BVGa 6/76. | 7 BAG v. 18.9.1973 – 1 AZR 116/73 und 1.10.1974 – 1 AZR 394/73, AP Nr. 1, 2 zu § 44 BetrVG. | 8 *Fitting*, § 45 BetrVG Rz. 3. | 9 Vgl. BAG v. 14.2.1967 – 1 ABR 7/66, AP Nr. 2 zu § 45 BetrVG.

eines wichtigen Kunden, die drohende Stilllegung einer für den Betrieb wichtigen Bahnverbindung[1] oder die Änderung von Gesetzen betr. die Haftung für die vom Betrieb hergestellten Produkte etc.

5 Nicht zulässig ist dagegen die Behandlung **allgemeinpolitischer Themen**, die BR und ArbN ausschließlich in ihrer Funktion als Staatsbürger berühren. Deshalb ist insb. die Diskussion friedens- und abrüstungspolitischer Themen oder von Fragen der Außenpolitik grds. unzulässig[2]. Die Behandlung solcher Themen kommt nur bei unmittelbarer Auswirkung auf Betrieb und Belegschaft in Betracht, was zB bei einem Rüstungsunternehmen der Fall sein kann.

6 Über **Referenten**, die der BR zu verschiedenen Tagesordnungspunkten einlädt, hat er im Rahmen seines Ermessens zu entscheiden[3]. Dabei dürfen die Grenzen der Parteipolitik (s. Rz. 9 f.) nicht überschritten werden, auch darf der BR ohne Zustimmung des ArbGeb kein Sprecherhonorar oder die Übernahme von Reisekosten zusagen (s. § 80 III). Das Einverständnis des ArbGeb zur Einladung externer Sprecher braucht der BR ansonsten aber nicht einzuholen.

7 **2. Tarifpolitische Angelegenheiten.** In Betracht kommt vor allem die Information der ArbN über die für den Betrieb maßgeblichen **TV** einschließlich dazu ergehender Rspr., den Stand von **TV-Verhandlungen**[4], tarifl. (auch bevorstehende) Änderungen etc. Zur Tarifpolitik gehört auch (trotz § 74 II) der **Arbeitskampf**, so dass auch die Erörterung aktueller oder drohender Arbeitskämpfe zulässig ist, das gilt auch für mittelbare Auswirkungen von Arbeitskämpfen in anderen Regionen, Branchen oder Betrieben[5]. Wegen § 74 II unzulässig sind dagegen Streikaufrufe oder die Aufforderung zur Teilnahme an Urabstimmungen.

8 **3. Sozialpolitische Themen.** „Sozialpolitische" Themen betreffen alle Maßnahmen oder Regelungen, die im weitesten Sinne die **Rechtstellung der ArbN** betreffen[6]. Dazu gehören Fragen des Arbeits- und Sozialrechts, des Arbeitsschutzes, der Unfallverhütung, der beruflichen Bildung, der Vermögensbildung, Fragen der Renten-[7] sowie der Krankenversicherung[8], Fragen der Altersgrenze sowie der beruflichen Bildung. Dabei darf nicht nur über veränderte Tatsachen beraten und diskutiert werden, auch der Stand von Gesetzgebungsverfahren kann behandelt werden[9]. Stets erforderlich ist aber ein **konkreter Bezugspunkt zum Betrieb oder seinen ArbN**. So kann bspw. eine Änderung des Ladenschlussgesetzes in Handelsunternehmen Gegenstand der Betriebsversammlung sein, nicht aber in einem produzierenden Unternehmen, welches nur an Großabnehmer verkauft[10]. Dabei reicht es aus, wenn eine ganze Branche oder ein größerer Wirtschaftszweig betroffen ist[11]. Stets zulässiges Thema ist die Veränderung **arbeitsrechtl. Gesetze**[12].

9 Grds. unzulässig ist jegliche **parteipolitische** Betätigung. Dieses Verbot gilt absolut, ohne dass es darauf ankäme, ob durch die Betätigung eine konkrete Gefährdung des Betriebsfriedens droht[13]. Die ArbN sollen in ihrer Meinungs- und Wahlfreiheit als Staatsbürger nicht beeinflusst werden[14]. Werbung oder Propaganda für eine bestimmte Partei sind deshalb in einer Betriebsversammlung unzulässig[15].

10 Schwer abzugrenzen ist die (zulässige) Behandlung sozialpolitischer Themen von (unzulässiger) Parteipolitik. So darf bsw. ein **Politiker** vom BR **eingeladen** werden und eine Rede halten. Die Grenze zur unzulässigen Parteipolitik ist allerdings überschritten, wenn ein solches Referat während des Wahlkampfs von einem Spitzenpolitiker in seinem Wahlkreis im Rahmen seiner Wahlkampfstrategie gehalten wird[16]. Nichts einzuwenden ist gegen eine Behandlung (zulässiger) sozialpolitischer Themen, auch wenn dabei die Auffassung der verschiedenen Parteien deutlich gemacht wird[17].

11 **4. Gewerkschaftliche Angelegenheiten.** Gewerkschaftliche Angelegenheiten gehören häufig bereits zu tarifpolitischen (s. Rz. 7) oder sozialpolitischen (s. Rz. 8 ff.) Angelegenheiten. Unabhängig davon können in Betriebsversammlungen aber auch allgemeine Fragen der **Zusammenarbeit zwischen BR und Gewerkschaft** erörtert werden. Dabei darf auch über Aufgaben und Wahl **gewerkschaftlicher Vertrauensleute** referiert werden[18]. Konkrete Gewerkschaftswerbung ist aber unzulässig.

12 **5. Umweltpolitische Fragen.** Umweltpolitische Fragen müssen ebenfalls einen **konkreten Bezug zum Betrieb** haben. Eine abstrakte Diskussion etwa über die Gefahren der Atomkraft in China wäre unzulässig. In Betracht kommt aber insb. die Diskussion von Themen des **betrieblichen Umweltschutzes**[19], zB

---

1 *Fitting*, § 45 BetrVG Rz. 7. | 2 Abwegig ArbG Mannheim v. 17.1.1991 – 8 BV Ga 4/91, AiB 1991, 55; dagegen zB *Fitting* § 45 BetrVG Rz. 7. | 3 BAG v. 13.9.1977 – 1 ABR 67/75, AP Nr. 1 zu § 42 BetrVG. | 4 LAG BW v. 25.9.1991 – 10 Sa 32/91, AiB 1992, 96. | 5 Ausf. Richardi/*Annuß*, § 45 BetrVG Rz. 11 ff.; DKK/*Berg*, § 45 BetrVG Rz. 4 ff.; *Fitting*, § 45 BetrVG Rz. 9; LAG BW v. 25.9.1991 – 10 Sa 32/91, AiB 1992, 96 u. v. 17.2.1987 – 8 [14] Sa 106/86, DB 1987, 1441. | 6 *Fitting*, § 45 BetrVG Rz. 10; DKK/*Berg*, § 45 BetrVG Rz. 5. | 7 LAG Bremen v. 5.3.1982, DB 1982 – 1 Sa 374–378/81, 1573. | 8 ArbG Paderborn v. 24.10.1996 – 2 BV Ga 4/96, AuR 1997, 168 betr. Wahlrecht zwischen Krankenversicherungen. | 9 DKK/*Berg*, § 45 BetrVG Rz. 6. | 10 *Fitting*, § 45 BetrVG Rz. 11. | 11 BAG v. 14.2.1967 – 1 ABR 7/66, AP Nr. 2 zu § 45 BetrVG. | 12 ArbG Minden v. 2.7.1996 – 2 BV Ga 2/96, AiB 1996, 555; LAG Hamm v. 8.7.1996 – 3 TaBV 71/96. | 13 BAG v. 13.9.1977 – 1 ABR 67/75, AP Nr. 1 zu § 42 BetrVG. | 14 BAG v. 13.9.1977 – 1 ABR 67/75, AP Nr. 1 zu § 42 BetrVG. | 15 *Fitting*, § 45 BetrVG Rz. 25. | 16 BAG v. 13.9.1977 – 1 ABR 67/75, AP Nr. 1 zu § 42 BetrVG. | 17 *Fitting*, § 45 BetrVG Rz. 25. | 18 LAG Düsseldorf v. 10.3.1981 – 11 Sa 1453/80, DB 1981, 1729; LAG Hamm v. 3.12.1986 – 3 Sa 1229/86, DB 1987, 2659. | 19 Dazu BAG v. 11.10.1995 – 7 ABR 42/94, AP Nr. 115 zu § 37 BetrVG.

die Diskussion über das Verhalten der ArbN bei der Abfallvermeidung, die Entwicklung umweltfreundlicher Produkte, die Einführung umweltfreundlicher Verfahren, den Einkauf recycelter Produkte etc.

6. Wirtschaftliche Angelegenheiten. Auch die Erörterung wirtschaftl. Angelegenheiten bedarf eines **konkreten Bezuges zum einzelnen Betrieb**. Fragen der allgemeinen Wirtschaftspolitik, der wirtschaftl. Rahmenbedingungen oder der generellen Wirtschaftsstruktur sowie Subventions- und Steuerpolitik dürfen deshalb nur dann und nur insoweit behandelt werden, wie ein betriebl. Bezug existiert[1]. Ebenfalls behandelt werden kann die konkrete wirtschaftl. Situation des Betriebes/Unternehmens (der ArbGeb muss nach § 43 II 3 ohnehin einmal jährlich darüber einen Bericht erstatten, s. § 43 Rz. 17). Behandelt werden kann auch die Einbindung des Betriebs/Unternehmens in einen Konzern, ein Gesellschafterwechsel, wichtige Verträge mit anderen Unternehmen etc. 13

7. Frauenförderung/Vereinbarkeit von Beruf und Familie. Im Einzelnen kann über Themen wie Frauenförderung, Teilzeitangebote, Betriebskindergärten, Frauenquoten etc. gesprochen werden. 14

8. Integration ausländischer Arbeitnehmer. Mögliche Themen sind hier zB die Chancengleichheit bei Beförderungen, die Repräsentanz ausländischer ArbN im BR, Sprachkurse, ausländerfeindliche Tendenzen in einzelnen Abteilungen etc. 15

III. Friedenspflicht (§ 74 Abs. 2). Der letzte Hs. des S. 1 erstreckt die ansonsten zwischen ArbGeb und BR geltende Friedenspflicht auf die Betriebsversammlung. Unzulässig ist es deshalb insb., auf Betriebsversammlungen Maßnahmen des **Arbeitskampfs** zu beraten oder gar **Urabstimmungen** durchzuführen[2]. Die Diskussion über anderweitig organisierte Arbeitskampfmaßnahmen ist dagegen zulässig (s. Rz. 7). 16

Die Friedenspflicht (§ 74 II) bedeutet nicht, dass die Betriebsversammlung nicht Forum für scharfe Auseinandersetzungen sein kann. Schon aus dem Grundrecht der Meinungsäußerung (Art. 5 GG) folgt, dass ArbN und BR an vorhandenen Missständen im Betrieb **Kritik** äußern und die nach ihrer Ansicht dafür verantwortlichen **Personen kritisieren** dürfen[3]. Die Kritik darf sich auch persönlich an den ArbGeb oder die verantwortlichen leitenden Angestellten richten. Die Grenzen des Zulässigen sind erst dann überschritten, wenn die Kritik unsachlich oder ehrverletzend ist[4]. Dass durch scharfe Äußerungen Unruhe entstehen kann, macht sie nicht unzulässig; ein Verstoß gegen die Friedenspflicht liegt nicht schon bei jeder drohenden Beeinträchtigung des Betriebsfriedens vor[5]. 17

IV. Behandlung unzulässiger Themen. Der BR hat zunächst die Tagesordnung so zu gestalten, dass keine unzulässigen Themen darauf stehen. Darüber hinaus hat der Vorsitzende des BR als Inhaber des Hausrechts darüber zu wachen, dass die Versammlung nicht auf unzulässige Themen abgleitet. Notfalls hat er kraft Hausrechts **unzulässige Redebeiträge** zu **unterbinden**. Unterlässt er dies, kann eine grobe Pflichtverletzung nach § 23 vorliegen[6]. Sind ArbGeb und BR mit der Behandlung unzulässiger Themen **einverstanden**, ist dagegen allerdings nichts einzuwenden[7]. 18

Werden auf einer Betriebsversammlung ausführlich unzulässige Themen erörtert, **verlieren** die ArbN insoweit ihren **Lohnanspruch** (s. § 44 Rz. 34 f.). Allerdings ist der ArbGeb verpflichtet, den BR-Vorsitzenden als Versammlungsleiter auf die Behandlung unzulässiger Themen hinzuweisen und auf Abhilfe zu drängen. Ansonsten kann sein Einverständnis unterstellt werden, jedenfalls solange er anwesend ist[8]. Ergreift ein ArbN zu einem unzulässigen Thema das Wort, verliert er seinen Lohnanspruch für die Zeit seines Redebeitrags nicht. Etwas anderes gilt nur dann, wenn der BR-Vorsitzende den Redner auf die Unzulässigkeit des Themas hinweist, dieser aber trotzdem fortfährt. 19

V. Verhältnis Betriebsversammlung/Betriebsrat. S. 2 stellt klar, dass die Betriebsversammlung dem BR nicht übergeordnet ist. Weder kann die Betriebsversammlung **BV schließen** noch sie **aufheben**. Sie kann auch den BR nicht **abberufen**. Das BetrVG kennt **kein imperatives Mandat**, der BR ist stets eigenverantwortlich[9]. Aus diesem Grund kann die Betriebsversammlung dem BR auch nicht ein bestimmtes Verhalten vorschreiben[10]. Nach S. 2 kann die Betriebsversammlung dem BR nur Anträge unterbreiten. „Antrag" ist jede Aufforderung zu einem bestimmten Verhalten. Auch durch förmliche Anträge entsteht jedoch keine Bindungswirkung. Anträge kann sowohl der BR als auch jeder einzelne ArbN stellen, andere Teilnehmer (§ 42 Rz. 15) sowie der ArbGeb jedoch nicht[11]. Stimmberechtigt sind nur die teilnehmenden ArbN, zur Annahme eines Antrags reicht einfache Mehrheit. Stimmenthaltung ist möglich. Ein Mindestquorum ist nicht erforderlich. 20

Möglich und denkbar ist, dass der BR die **Vertrauensfrage** stellt oder auf Antrag der ArbN ihm das Misstrauen ausgesprochen wird. Beides hat jedoch auf die Rechtsstellung des BR keinen Einfluss. 21

---

1 *Fitting*, § 45 BetrVG Rz. 15. | 2 DKK/*Berg*, § 45 BetrVG Rz. 12; *Fitting*, § 45 BetrVG Rz. 23. | 3 Richardi/*Annuß*, § 45 BetrVG Rz. 23. | 4 BAG v. 22.10.1964 – 2 AZR 479/63, AP Nr. 4 zu § 1 KSchG – Verhaltensbedingte Kündigung; v. 15.1.1986 – 5 AZR 460/84, AiB 1989, 209: Aufforderung zur Ausübung von Leistungsverweigerungsrechten der ArbN. | 5 *Fitting*, § 45 BetrVG Rz. 24. | 6 BAG v. 4.5.1955 – 1 ABR 4/53, AP Nr. 1 zu § 44 BetrVG. | 7 *Fitting*, § 44 BetrVG Rz. 26; DKK/*Berg*, § 45 BetrVG Rz. 19. | 8 LAG Bremen v. 5.3.1982 – 1 Sa 374–378/81, DB 1982, 1573. | 9 *Fitting*, § 45 BetrVG Rz. 29. | 10 DKK/*Berg*, § 45 BetrVG Rz. 23. | 11 *Fitting*, § 45 BetrVG Rz. 33.

22 **VI. Streitigkeiten.** Streitigkeiten über die Befugnisse der Betriebsversammlung, die Zulässigkeit von Themen sowie die Wirksamkeit von Beschlüssen der Versammlung sind im **Beschlussverfahren** auszutragen. Wurden unzulässige Themen behandelt und verweigert der ArbGeb deshalb die **Vergütung**, müssen die ArbN dies im **Urteilsverfahren** geltend machen.

46 *Beauftragte der Verbände*

(1) An den Betriebs- oder Abteilungsversammlungen können Beauftragte der im Betrieb vertretenen Gewerkschaften beratend teilnehmen. Nimmt der Arbeitgeber an Betriebs- oder Abteilungsversammlungen teil, so kann er einen Beauftragten der Vereinigung der Arbeitgeber, der er angehört, hinzuziehen.

(2) Der Zeitpunkt und die Tagesordnung der Betriebs- oder Abteilungsversammlungen sind den im Betriebsrat vertretenen Gewerkschaften rechtzeitig schriftlich mitzuteilen.

1 **I. Allgemeines.** Die Vorschrift regelt das Teilnahmerecht von Gewerkschaften und ArbGebVereinigungen uneinheitlich. Vertreter der Gewerkschaften haben ein **eigenständiges Teilnahmerecht**, auch wenn sie vom BR nicht eingeladen werden oder er sogar ausdrücklich die Teilnahme nicht wünscht. Zur Absicherung des Teilnahmerechts sind die Vertreter der Gewerkschaften rechtzeitig zu unterrichten (Abs. 2). Vertreter des ArbGebVerbands können dagegen **nur auf Wunsch des ArbGeb** teilnehmen (Abs. 1 S. 2).

2 **II. Teilnahme von Gewerkschaftsbeauftragten.** Das Teilnahmerecht der Gewerkschaften an Versammlungen nach Abs. 1 steht **neben dem allgemeinen Zugangsrecht** zum Betrieb nach § 2 II. An anderen Zusammenkünften, Versammlungen etc. als an Betriebs- und Abteilungsversammlungen nach §§ 42 ff. können Gewerkschaftsbeauftragte nur dann teilnehmen, wenn sie ausdrücklich eingeladen werden. Teilnahmerecht besteht hinsichtlich aller Betriebs- und Abteilungsversammlungen, und zwar gleichermaßen für regelmäßige, zusätzliche (weitere) oder außerordentl. Versammlungen, auch für Teilversammlungen und Abteilungsversammlungen[1].

3 Die Gewerkschaft muss **im Betrieb vertreten** sein, es muss also mindestens ein ArbN Mitglied der betreffenden Gewerkschaft sein. Ist das der Fall, darf die Gewerkschaft an sämtlichen Abteilungsversammlungen teilnehmen, auch wenn in der betreffenden Abteilung kein ArbN Gewerkschaftsmitglied ist[2]. Nach herrschender Auffassung (die im Gesetz allerdings keine Stütze findet) soll § 46 auch zu Gunsten des DGB als Spitzenorganisation gelten, so dass bei Mitgliedschaft eines ArbN in einer der DGB-Einzelgewerkschaften sowohl ein Teilnahmerecht des Vertreters der betreffenden Einzelgewerkschaft als auch eines DGB-Delegierten bestehen soll[3].

4 Die Gewerkschaft entscheidet grds. selbst, wen sie als **Beauftragten** entsendet. Weder ArbGeb noch BR können darauf Einfluss nehmen. Als Beauftragter der Gewerkschaft kommt nicht nur einer ihrer ArbN oder ein Funktionär in Betracht, sondern auch zB ehrenamtliche Kräfte, Vertrauensleute anderer Betriebe etc. Beim Betreten des Betriebes müssen sich die Gewerkschaftsbeauftragten ausweisen. In Betracht kommt auch die Entsendung **mehrerer** Beauftragter, allerdings muss sich ihre Zahl im Rahmen halten, so dass bspw. die Entsendung einer ganzen Delegation zu Schulungszwecken nicht in Betracht kommt[4].

5 § 46 schafft ein **eigenständiges Zugangsrecht**. § 46 verpflichtet also den ArbGeb nicht dazu, dem Betreten des Betriebes zuzustimmen, sondern gibt den Gewerkschaftsbeauftragten ein unmittelbares und von einer Genehmigung des ArbGeb unabhängiges eigenständiges Zugangsrecht[5]. Deshalb entfällt auch eine Unterrichtungspflicht gem. § 2 II[6], so dass einem Gewerkschaftsbeauftragten die Teilnahme an der Versammlung auch nicht aus den in § 2 II letzter Satz genannten Gründen verweigert werden darf.

6 Bestehen durchgreifende Bedenken gegen die Teilnahme eines **bestimmten Beauftragten**, kann der ArbGeb im Einzelfall widersprechen. Ein solcher Widerspruch kommt zB in Betracht, wenn auf Grund eines früheren Verhaltens gerade dieses Beauftragten auf einer Betriebsversammlung Störungen des Betriebsfriedens ernsthaft zu befürchten sind[7]. Aber auch Geheimhaltungsinteressen können eine Rolle spielen. So kommt nach richtiger Auffassung als Beauftragter nicht in Betracht, wer zugleich ArbN-Vertreter im Aufsichtsrat eines Konkurrenzunternehmens ist[8]. Kann der ArbGeb im Einzelfall einen bestimmten Beauftragten ablehnen, so verliert dadurch die Gewerkschaft nicht das Recht, einen anderen zu entsenden[9].

---

1 *Fitting*, § 46 BetrVG Rz. 13. | 2 Richardi/*Annuß*, § 46 BetrVG Rz. 4; *Fitting*, § 46 BetrVG Rz. 6. | 3 *Fitting*, § 46 BetrVG Rz. 6; Richardi/*Annuß*, § 46 BetrVG Rz. 5. | 4 GK-BetrVG/*Fabricius*, § 46 Rz. 6; *Fitting*, § 46 BetrVG Rz. 7. | 5 *Fitting*, § 46 BetrVG Rz. 8. | 6 *Fitting*, § 46 BetrVG Rz. 8; DKK/*Berg*, § 46 BetrVG Rz. 4. | 7 BAG v. 14.2.1967 – 1 ABR 7/66, AP Nr. 2 zu § 45 BetrVG. | 8 Anders LAG Hamburg v. 21.11.1986, DB 1987, 1595, wonach der Schutz des § 79 II ausreichen soll; wie hier *Brötzmann*, BB 1990, 1055. | 9 *Fitting*, § 46 BetrVG Rz. 9.

Das Teilnahmerecht eines Gewerkschaftsbeauftragten ist unabhängig davon, ob ein **Arbeitskampf** droht, konkret vorbereitet wird oder bereits läuft[1]. 7

Der Gewerkschaftsbeauftragte hat in der Versammlung das Recht, sich **zu Wort zu melden**, Fragen zu stellen und zur Sache zu sprechen. Der BR-Vorsitzende als Versammlungsleiter verletzt seine gesetzl. Pflichten, wenn er dem Gewerkschaftsbeauftragten nicht das Wort erteilt[2]. Der Gewerkschaftsbeauftragte kann (sachliche) Kritik an betriebl. Zuständen oder dem Verhalten von ArbGeb und/oder BR äußern[3]. Redebeiträge des Gewerkschaftsbeauftragten müssen sich im Rahmen der zulässigen Themen nach § 45 (s. dort) halten, für ihn gilt auch die **Friedenspflicht** nach §§ 45 S. 1, 74 II[4]. Streikaufrufe von Gewerkschaftsbeauftragten sind daher unzulässig[5]. Der Gewerkschaftsbeauftragte hat kein Stimmrecht und kann auch keine Anträge stellen[6]. 8

Sind im Betrieb **mehrere Gewerkschaften** vertreten, hat jede das Recht, einen Beauftragten zu entsenden. 9

III. Einladung der Gewerkschaften. Das Teilnahmerecht der Gewerkschaften nach Abs. 1 S. 1 ist dadurch abgesichert, dass der BR gem. Abs. 2 einzuladen hat. Aus nicht nachvollziehbaren Gründen ist jedoch der Kreis der einzuladenden Gewerkschaften nach Abs. 2 enger als der Kreis der teilnahmeberechtigten Gewerkschaften nach Abs. 1. Während für das Teilnahmerecht nach Abs. 1 ausreicht, dass die Gewerkschaft **im Betrieb vertreten** ist, sind nach Abs. 2 nur diejenigen Gewerkschaften einzuladen, die auch **im BR vertreten** sind. Es muss also mindestens ein Mitglied des BR Mitglied der betreffenden Gewerkschaft sein[7]. 10

Die Unterrichtungspflicht bezieht sich auf alle Arten von Versammlungen nach §§ 42 ff., egal ob Betriebs- oder Abteilungsversammlungen, ob ordentl., zusätzliche oder weitere Versammlungen, ob innerhalb oder außerhalb der Arbeitszeit. Die Gewerkschaft ist nach dem Gesetzestext über **Zeitpunkt** und **Tagesordnung** der Versammlungen zu unterrichten. Nach allgemeiner Auffassung enthält Abs. 2 insoweit ein Redaktionsversehen, als selbstverständlich auch über den **Ort** der Versammlung unterrichtet werden muss[8]. Hinsichtlich der **Rechtzeitigkeit** kommt es auf die Umstände des Einzelfalls an, jedenfalls muss der Gewerkschaft eine **ausreichende Vorbereitungszeit** bleiben[9]. **Änderungen** müssen selbstverständlich ebenfalls mitgeteilt werden. Bei kurzfristig einberufenen Versammlungen muss die Unterrichtung unverzüglich (§ 121 BGB) erfolgen. 11

IV. Teilnahme von Vertretern des Arbeitgeberverbands. Anders als die Gewerkschaften haben ArbGebVerbände **kein eigenes Teilnahmerecht**. Sie können nur teilnehmen, wenn der ArbGeb sie darum bittet. Ob sie auf Bitten des ArbGeb dazu verpflichtet sind, ist eine Frage des Verbandsrechts, nicht des BetrVG. Da Vertreter des ArbGebVerbands kein eigenes Teilnahmerecht haben, gibt es insoweit auch keine Abs. 2 entsprechende **Einladungspflicht** des ArbGeb. 12

Die Teilnahme eines Beauftragten setzt voraus, dass der ArbGeb einem ArbGebVerband („Vereinigung der Arbeitgeber") angehört. Die Auffassung, eine **OT-Mitgliedschaft** genüge dafür nicht[10], findet im Gesetz keine Stütze. Ebenfalls abzulehnen ist die Auffassung, der ArbGeb könne nur einen Verbandsbeauftragten hinzuziehen, auch wenn er **mehreren Vereinigungen** angehört[11]. 13

Der **nicht-organisierte** ArbGeb kann **externe** Dritte nach dem eindeutiges Gesetzeswortlaut nicht hinzuziehen[12]. Vor dem Hintergrund der negativen Koalitionsfreiheit ist dies fraglich, so dass man dem nicht-organisierten ArbGeb jedenfalls die Hinzuziehung eines Anwalts seines Vertrauens zubilligen muss[13]. 14

Voraussetzung der Teilnahme eines Verbandsvertreters ist, dass der **ArbGeb** an der Versammlung **tatsächlich teilnimmt**. Dadurch wird vermieden, dass der ArbGeb sich durch einen Verbandsvertreter vertreten lässt. 15

Die **Einladung** eines Verbandsvertreters ist ausschließlich Sache des ArbGeb. Der BR braucht die ArbGebVereinigung nicht über die stattfindende Versammlung zu informieren[14], ebenso wenig muss der ArbGeb vorab den BR über die Einladung informieren. 16

Einer formalisierten vorherigen Ankündigung gegenüber dem Versammlungsleiter bedarf die Teilnahme des Verbandsvertreters nicht, er muss sich dem Versammlungsleiter gegenüber jedoch **ausweisen**. Liegen die gesetzl. Voraussetzungen vor, kann der Versammlungsleiter die Teilnahme nicht ablehnen. Fehlen die Voraussetzungen, spricht nach richtiger Auffassung nichts dagegen, dass der Versammlungsleiter den Verbandsvertreter aus Zweckmäßigkeitsgründen gleichwohl teilnehmen lässt[15]. 17

---

1 BAG v. 19.4.1964 – 7 ABR 87/87, AP Nr. 1 zu § 45 BetrVG. | 2 Richardi/*Annuß*, § 46 BetrVG Rz. 13. | 3 Vgl. BAG v. 14.2.1967 – 1 ABR 7/66, AP Nr. 2 zu § 45. | 4 Richardi/*Annuß*, § 46 BetrVG Rz. 10; GK-BetrVG/*Fabricius*, § 46 Rz. 20. | 5 LAG Bremen v. 14.1.1983 – 1 Sa 117 und 232/82, DB 1983, 778. | 6 Richardi/*Annuß*, § 46 BetrVG Rz. 11; DKK/*Berg*, § 46 BetrVG Rz. 6; *Fitting*, § 46 BetrVG Rz. 11. | 7 *Fitting*, § 46 BetrVG Rz. 13. | 8 *Fitting*, § 46 BetrVG Rz. 14; DKK/*Berg*, § 46 BetrVG Rz. 8. | 9 Richardi/*Annuß*, § 46 BetrVG Rz. 7; DKK/*Berg*, § 46 BetrVG Rz. 9. | 10 *Fitting*, § 46 BetrVG Rz. 17. | 11 So aber Richardi/*Annuß*, § 46 BetrVG Rz. 20; *Fitting*, § 46 BetrVG Rz. 17. | 12 *Fitting*, § 46 BetrVG Rz. 17. | 13 *Bauer*, NJW 1988, 1130. | 14 DKK/*Berg*, § 46 BetrVG Rz. 10; *Fitting*, § 46 BetrVG Rz. 12. | 15 AA DKK/*Berg*, § 46 BetrVG Rz. 11.

18 Aus dem unterschiedlichen Wortlaut von Abs. 1 S. 1 („beratend teilnehmen") und S. 2 („hinzuziehen") wird gefolgert, dass der Vertreter des ArbGebVerbandes im Gegensatz zum Gewerkschaftsvertreter kein eigenes **Rederecht** haben soll. Ihm ist also nur dann das Wort zu erteilen, wenn dies der ArbGeb wünscht[1] oder der Versammlungsleiter ihm aus Zweckmäßigkeit das Wort erteilt. Anträge stellen oder an Abstimmungen teilnehmen darf der Verbandsvertreter nicht.

19 **V. Streitigkeiten.** Streitigkeiten sind im arbeitsgerichtl. Beschlussverfahren auszutragen. Nach Auffassung des BAG[2] können in einem solchen Verfahren nur BR, ArbGeb sowie Gewerkschaft **Beteiligte** sein, nicht aber der ArbGebVerband. Geht es um das Teilnahmerecht der im Betrieb vertretenen Gewerkschaften, sind sie von Amts wegen zu beteiligen[3]. Streitigkeiten werden üblicherweise wegen der Eilbedürftigkeit im einstw. Verfügungsverfahren ausgetragen[4].

Fünfter Abschnitt. Gesamtbetriebsrat

47 *Voraussetzungen der Errichtung, Mitgliederzahl, Stimmengewicht*

(1) Bestehen in einem Unternehmen mehrere Betriebsräte, so ist ein Gesamtbetriebsrat zu errichten.

(2) In den Gesamtbetriebsrat entsendet jeder Betriebsrat mit bis zu drei Mitgliedern eines seiner Mitglieder; jeder Betriebsrat mit mehr als drei Mitgliedern entsendet zwei seiner Mitglieder. Die Geschlechter sollen angemessen berücksichtigt werden.

(3) Der Betriebsrat hat für jedes Mitglied des Gesamtbetriebsrats mindestens ein Ersatzmitglied zu bestellen und die Reihenfolge des Nachrückens festzulegen.

(4) Durch Tarifvertrag oder Betriebsvereinbarung kann die Mitgliederzahl des Gesamtbetriebsrats abweichend von Absatz 2 Satz 1 geregelt werden.

(5) Gehören nach Absatz 2 Satz 1 dem Gesamtbetriebsrat mehr als vierzig Mitglieder an und besteht keine tarifliche Regelung nach Absatz 4, so ist zwischen Gesamtbetriebsrat und Arbeitgeber eine Betriebsvereinbarung über die Mitgliederzahl des Gesamtbetriebsrats abzuschließen, in der bestimmt wird, dass Betriebsräte mehrerer Betriebe eines Unternehmens, die regional oder durch gleichartige Interessen miteinander verbunden sind, gemeinsam Mitglieder in den Gesamtbetriebsrat entsenden.

(6) Kommt im Fall des Absatzes 5 eine Einigung nicht zu Stande, so entscheidet eine für das Gesamtunternehmen zu bildende Einigungsstelle. Der Spruch der Einigungsstelle ersetzt die Einigung zwischen Arbeitgeber und Gesamtbetriebsrat.

(7) Jedes Mitglied des Gesamtbetriebsrats hat so viele Stimmen, wie in dem Betrieb, in dem es gewählt wurde, wahlberechtigte Arbeitnehmer in der Wählerliste eingetragen sind. Entsendet der Betriebsrat mehrere Mitglieder, so stehen ihnen die Stimmen nach Satz 1 anteilig zu.

(8) Ist ein Mitglied des Gesamtbetriebsrats für mehrere Betriebe entsandt worden, so hat es so viele Stimmen, wie in den Betrieben, für die es entsandt ist, wahlberechtigte Arbeitnehmer in den Wählerlisten eingetragen sind; sind mehrere Mitglieder entsandt worden, gilt Absatz 7 Satz 2 entsprechend.

(9) Für Mitglieder des Gesamtbetriebsrats, die aus einem gemeinsamen Betrieb mehrerer Unternehmen entsandt worden sind, können durch Tarifvertrag oder Betriebsvereinbarung von den Absätzen 7 und 8 abweichende Regelungen getroffen werden.

1 **I. Allgemeines.** Gliedert sich ein Unternehmen in mehrere Betriebe und besteht in mindestens zwei Betrieben ein BR, so sind die BR verpflichtet, einen GBR zu bilden. Die Errichtung eines GBR ist **zwingend**[5], soweit nicht im Rahmen der Bildung anderer ArbN-Vertretungsstrukturen gem. § 3 I Nr. 3 auf die Bildung eines GBR verzichtet wird[6]. Auch im Hinblick auf die Zahl der Mitglieder des GBR sind Abweichungen nach § 47 IV zulässig bzw. nach Abs. 5 obligatorisch. Der GBR ist eine „Dauereinrichtung"; er hat keine feststehende Amtszeit, sondern erlischt, wenn die Voraussetzungen für seine Errichtung entfallen[7].

2 **II. Errichtung eines Gesamtbetriebsrats. 1. Unternehmen.** Die Bildung eines GBR setzt gem. Abs. 1 voraus, dass sich ein Unternehmen in mehrere Betriebe gliedert[8]. Umgekehrt formuliert müssen die Betriebe, deren BR einen GBR bilden wollen, einem einheitlichen Unternehmen angehören[9]. Einen ei-

1 BAG v. 19.5.1978 – 6 ABR 41/75, AP Nr. 3 zu § 43 BetrVG. | 2 BAG v. 19.5.1978 – 6 ABR 41/75, AP Nr. 3 zu § 43 BetrVG. | 3 BAG v. 18.3.1964 – 1 ABR 12/63 u. v. 14.2.1967 – 1 ABR 7/66, AP Nr. 1, 2 zu § 45 BetrVG. | 4 LAG Hamm v. 12.6.1975 – 8 TaBV 37/75, EZA 1 zu § 46 BetrVG. | 5 Richardi/*Annuß*, § 47 BetrVG Rz. 1; Wlotzke/Preis/*Roloff*, § 47 BetrVG Rz. 1. | 6 *Hohenstatt/Dzida*, DB 2001, 2498, 2499. | 7 ArbG Stuttgart v. 13.1.1975 – 4 BV 10/75, DB 1976, 1160; Richardi/*Annuß*, § 47 BetrVG Rz. 26 f. | 8 BAG v. 5.12.1975 – 1 ABR 8/74, AP Nr. 1 zu § 47 BetrVG 1972. | 9 BAG v. 13.2.2007 – 1 ABR 184/06, NZA 2007, 825; v. 29.11.1989 – 7 ABR 64/87, AP Nr. 3 zu § 10 ArbGG 1979.

genständigen **Unternehmensbegriff** regelt das Gesetz in dieser Vorschrift nicht, vielmehr wird an die in anderen Gesetzen für Unternehmen und deren Rechtsträger geregelten Organisationsformen angeknüpft[1], also insb. die Organisationsformen des AktG, des GmbHG, des HGB und des BGB. Voraussetzung ist demnach das Bestehen eines **einheitlichen Rechtsträgers**[2]; die Betriebe müssen demselben Unternehmen angehören (s. aber Rz. 27 ff. zum Sonderproblem des Gemeinschaftsbetriebs). Der Umstand, dass Unternehmen miteinander wirtschaftl. verflochten sind oder Personengleichheit in der Geschäftsführung besteht, berührt die rechtl. Selbständigkeit des Unternehmens nicht und führt somit nicht zur Möglichkeit der Bildung eines GBR[3]; rechtssystematisch ergibt sich dies aus den Vorschriften über den GBR einerseits und den KBR andererseits. Die rechtl. Selbständigkeit wird schließlich auch nicht dadurch berührt, dass zwischen Unternehmen ein Beherrschungsvertrag abgeschlossen oder ein Unternehmen in das andere eingegliedert ist[4]. Da die Vorschriften zur Errichtung des GBR zwingend sind (s. Rz. 1), kann ein abweichender Unternehmensbegriff auch nicht durch tatsächliche Übung oder aus Gründen des Vertrauensschutzes zugrunde gelegt werden[5].

Sowohl juristische Personen[6] als auch die Gesellschaften des Handelsrechts, die Genossenschaften nach dem Genossenschaftsrecht und die Gesellschaften bürgerlichen Rechts[7] können jeweils nur ein Unternehmen betreiben. Demgegenüber wird es für möglich gehalten, dass eine **natürliche Person** mehrere Unternehmen betreiben kann, soweit diese nicht durch eine einheitliche Organisation verbunden sind und keine einheitliche Leitung aufweisen[8]. 3

Unterhält ein **ausländisches Unternehmen** innerhalb Deutschlands mehrere Betriebe, von denen mindestens zwei BR gebildet haben, so müssen diese nach überwiegender Auffassung stets einen GBR errichten, dem allerdings nur Vertreter inländischer Betriebe angehören können[9]. Dem kann nur mit Einschränkung zugestimmt werden. Für die inländischen Betriebe eines ausländischen Unternehmens ist ein GBR nur dann zu bilden, wenn innerhalb Deutschlands eine **überbetriebliche Organisation** besteht, die als Ansprechpartner für eine entsprechende betriebsverfassungsrechtl. Vertretung in Betracht kommt[10]. Dies ist der Fall, wenn innerhalb Deutschlands eine Organisationsebene besteht, die für die inländischen Betriebe zuständig ist. Durch diese Einschränkung werden die Anforderungen an die Bildung eines GBR mit den Anforderungen in Einklang gebracht, die das BAG an die Bildung eines Wirtschaftsausschusses bei inländischen Betrieben ausländischer Unternehmen stellt (s. § 106 Rz. 26)[11]. 4

Haben inländische Unternehmen **Betriebe im Ausland**, nehmen diese an der Errichtung eines GBR nicht teil, da sich der Geltungsbereich des BetrVG gem. dem Territorialitätsprinzip nur auf Betriebe erstreckt, die sich innerhalb Deutschlands befinden[12]. 5

2. Mehrere Betriebsräte. Die Errichtung eines GBR setzt des Weiteren voraus, dass mehrere BR existieren. Unerheblich ist, ob die einzelnen BR aus jeweils einem oder mehreren Mitgliedern bestehen. Der Errichtung eines GBR steht nicht entgegen, dass nicht in allen Betrieben BR existieren, solange mindestens zwei BR gebildet sind[13]. Besonderheiten gelten bei abweichenden Regelungen gem. § 3. Da es bei Bildung eines unternehmenseinheitlichen BR iSd. § 3 I Nr. 1a nur einen BR im Unternehmen gibt, entfällt die Möglichkeit der Bildung eines GBR, während bei der Zusammenfassung von Betrieben gem. § 3 I Nr. 1b die Bildung eines GBR möglich bleibt, soweit weitere BR im Unternehmen errichtet sind (s. § 3 Rz. 8)[14]. 6

3. Auswirkungen von Umstrukturierungen auf den Gesamtbetriebsrat. Während die Auswirkungen von Umstrukturierungen auf den Bestand des EinzelBR weitgehend geklärt sind (s. § 21 Rz. 13), hat die Rspr. des BAG im Hinblick auf den Bestand des GBR noch nicht zu allen für die Praxis relevanten Fragen abschließend Stellung genommen. Weit gehende Einigkeit besteht im Hinblick auf das **Ausscheiden Einzelner von mehreren Betrieben** aus dem Unternehmen: Solange in dem Unternehmen mehrere Betriebe mit BR bestehen bleiben, bleibt der GBR im Amt[15]. Die aus dem BR des ausscheidenden Betrieb entsandten GBR-Mitglieder verlieren ihr Amt, der GBR verliert seine Zuständigkeit für den ausscheidenden Betrieb[16]. 7

Werden *sämtliche* Betriebe eines Unternehmens unverändert auf ein anderes Unternehmen übertragen, das bisher nicht über eigene Betriebe verfügt, tendiert das BAG dazu, dass der GBR bei dem neuen 8

1 BAG v. 9.8.2000 – 7 ABR 56/98, AP Nr. 9 zu § 47 BetrVG 1972. | 2 BAG v. 11.12.1987 – 7 ABR 49/87, AP Nr. 7 zu § 47 BetrVG 1972. | 3 BAG v. 29.11.1989 – 7 ABR 64/87, AP Nr. 3 zu § 10 ArbGG 1979. | 4 ErfK/*Eisemann*, § 47 BetrVG Rz. 4; *Fitting*, § 47 BetrVG Rz. 11. | 5 BAG v. 9.8.2000 – 7 ABR 56/98, AP Nr. 9 zu § 47 BetrVG 1972. | 6 BAG v. 5.12.1975 – 1 ABR 8/74, AP Nr. 1 zu § 47 BetrVG 1972. | 7 BAG v. 29.11.1989 – 7 ABR 64/87, AP Nr. 3 zu § 10 ArbGG 1979. | 8 DKK/*Trittin*, § 47 BetrVG Rz. 17a; aA Richardi/*Annuß*, § 47 BetrVG Rz. 9. | 9 MünchArbR/*Joost*, § 313 Rz. 22; HSWG/*Glock*, § 47 BetrVG Rz. 15. | 10 *Hohenstatt* in Willemsen/Hohenstatt/Schweibert/Seibt, D 148; Richardi/*Annuß*, § 47 BetrVG Rz. 21. | 11 BAG v. 1.10.1974 – 1 ABR 77/73, AP Nr. 1 zu § 106 BetrVG 1972; v. 31.10.1975 – 1 ABR 4/74, AP Nr. 2 zu § 106 BetrVG 1972. | 12 Richardi/*Annuß*, § 47 BetrVG Rz. 19; *Löwisch/Kaiser*, § 47 BetrVG Rz. 5. | 13 *Fitting*, § 47 BetrVG Rz. 20; Wlotzke/Preis/*Roloff*, § 47 BetrVG Rz. 5. | 14 *Hohenstatt/Dzida*, DB 2001, 2498 f. | 15 *Gaul*, Betriebs- und Unternehmensspaltung, § 27 Rz. 125. | 16 *Hohenstatt* in Willemsen/Hohenstatt/Schweibert/Seibt, D 99.

Inhaber im Amt bleibt[1]. Dagegen scheidet ein Fortbestand des GBR bei dem neuen Inhaber nach Ansicht des BAG aus, wenn *nicht* sämtliche Betriebe eines Unternehmens auf den neuen Inhaber übertragen werden oder das übernehmende Unternehmen bereits einen oder mehrere Betriebe hat und sich die betrieblichen Strukturen im übernehmenden Unternehmen durch die Integration der neuen Betriebe in das Unternehmen ändern[2]. Dass „sämtliche Betriebe" eines Unternehmens übertragen werden müssen, ist dabei wörtlich zu nehmen: nach Ansicht des BAG reicht es nicht aus, wenn die ganz überwiegende Mehrheit der Betriebe oder die ganz überwiegende Belegschaft auf den neuen Inhaber übergeht; geht auch nur ein Betrieb oder Betriebsteil nicht über, lehnt das BAG den Fortbestand des GBR ab[3].

9 Entsprechendes gilt bei Umwandlungen. Bei einer **Verschmelzung** zur Neugründung besteht im aufnehmenden Unternehmen zunächst kein GBR, so dass der GBR des übertragenden Rechtsträgers fortbestehen kann. Gleiches gilt bei einer Verschmelzung zur Aufnahme, wenn der übernehmende Rechtsträger arbeitnehmerlos ist oder nicht über Betriebe mit BR verfügt. Hat das übernehmende Unternehmen hingegen schon Betriebe, kommt der Fortbestand des GBR des übertragenden Rechtsträgers beim aufnehmenden Rechtsträger nicht in Betracht. Statt dessen ist der GBR des aufnehmenden Rechtsträgers um Delegierte der durch die Verschmelzung neu hinzukommenden Betriebe zu ergänzen[4].

10 Bei den verschiedenen Formen der Unternehmensspaltung kommen nach der hier vertretenen Ansicht dieselben Regeln zur Anwendung. Werden bei einer **Aufspaltung** alle Betriebe, die bisher von dem GBR repräsentiert waren, auf einen Rechtsträger übertragen, kann der GBR im Amt bleiben, vorausgesetzt, dass im aufnehmenden Unternehmen bislang keine Betriebe bestanden[5]. Bei der **Abspaltung** und **Ausgliederung** verliert der GBR zwar die Zuständigkeit für die auf einen neuen Rechtsträger übertragenen Betriebe, bleibt aber im Amt. Der GBR verliert hingegen sein Amt, wenn im übertragenden Rechtsträger nicht mehr mindestens zwei Betriebe mit BR bestehen[6]. Ein **Formwechsel** berührt den Bestand eines GBR nicht, da der Rechtsträger identisch bleibt und die Bildung eines GBR nicht von einer bestimmten Rechtsform des Rechtsträgers abhängig ist.

11 Die Frage des Bestands des GBR bei Umstrukturierungen, die sich außerhalb des Umwandlungsrechts vollziehen, insb. im Wege der Einzelrechtsübertragung (**asset deal**), ist entsprechend den vorstehend erläuterten Grundsätzen zu lösen[7].

12 **4. Auswirkungen von Umstrukturierungen auf GesamtBV.** Die Auswirkungen von Umstrukturierungen auf die im Unternehmen geltenden GesamtBV sind **umstritten**. Einer ersten Auffassung zufolge gelten GesamtBV im Falle eines Wechsels des Betriebsinhabers stets als Individualrecht gemäß § 613a I 2 BGB fort; eine kollektivrechtl. Fortgeltung scheide demgegenüber aus, weil der GBR für die übertragenen Einheiten seine Zuständigkeit verliere bzw. im Zuge des Betriebsübergangs untergehe[8]. Nach anderer Ansicht gelten GesamtBV in den übertragenen Einheiten als EinzelBV auf Betriebsebene fort, sofern die betriebsverfassungsrechtl. Identität des übertragenen Betriebs erhalten bleibt. Dies wird damit begründet, dass GesamtBV ebenso wie EinzelBV Bestandteil der kollektiven Ordnung des Betriebs seien[9]. Eine vermittelnde Ansicht hält eine kollektivrechtl. Fortgeltung von GesamtBV auf Unternehmensebene für möglich, jedoch besteht Uneinigkeit über die insoweit erforderlichen Voraussetzungen[10]. Nach der **Rspr. des BAG** sollen GesamtBV, die in den Betrieben eines abgebenden Unternehmens gelten, ihren Status als Rechtsnormen auch beim Übergang eines oder mehrerer Betriebe auf ein anderes Unternehmen behalten können[11]. Demnach gelten GesamtBV kollektivrechtlich fort, wenn sämtliche Betriebe eines Unternehmens von einem anderen Unternehmen im Wege der Einzel- oder Gesamtrechtsnachfolge übernommen werden und das übernehmende Unternehmen bisher keinen eigenen Betrieb besaß. Werden nicht alle, aber doch mehrere Betriebe eines Unternehmens auf einen anderen Rechtsträger übertragen, der bis dahin keinen eigenen Betrieb führte, so gilt eine bestehende GesamtBV nach Ansicht des BAG als GesamtBV weiter. Wird nur ein Betrieb von mehreren auf ein Unternehmen übertragen, in dem es einen Betrieb mit BR nicht gibt, und wahrt der übertragene Betrieb seine

---

1 Ausdrücklich offen gelassen in BAG v. 5.6.2002 – 7 ABR 17/01, AP Nr. 11 zu § 47 BetrVG 1972; deutliche Tendenz zu dieser Ansicht aber in BAG v. 18.9.2002 – 1 ABR 54/01, AP Nr. 7 zu § 77 BetrVG 1972 – Betriebsvereinbarung. Für einen Fortbestand des GBR beim neuen Inhaber: DKK/*Trittin*, § 47 BetrVG Rz. 9a; *Hauck*, FS ARGE Arbeitsrecht im DAV, S. 625; *Düwell* in Beseler/Düwell/Göttling, Arbeitsrechtliche Probleme beim Betriebsübergang, 2. Aufl. 2005, S. 334. Für die Möglichkeit der Aufteilung eines GBR in mehrere GBR: *Peix*, Errichtung und Fortbestand des GBR, 2008, S. 294 ff.

2 BAG v. 5.6.2002 – 7 ABR 17/01, AP Nr. 11 zu § 47 BetrVG 1972.

3 In dem Sachverhalt, der BAG v. 5.6.2002 – 7 ABR 17/01, AP Nr. 11 zu § 47 BetrVG 1972 zugrunde lag, waren rund 59 600 ArbN auf einen neuen Inhaber und rund 400 ArbN auf einen anderen neuen Inhaber übertragen worden, was einem Fortbestand des GBR entgegenstehe.

4 *Hohenstatt* in Willemsen/Hohenstatt/Schweibert/Seibt, D 109.

5 *Hohenstatt* in Willemsen/Hohenstatt/Schweibert/Seibt, D 110.

6 *Hohenstatt* in Willemsen/Hohenstatt/Schweibert/Seibt, D 111.

7 *Hohenstatt* in Willemsen/Hohenstatt/Schweibert/Seibt, D 112.

8 *Boecken*, Unternehmensumwandlungen und Arbeitsrecht, Rz. 160; RGRK/*Ascheid*, § 613a BGB Rz. 211; Soergel/*Raab*, § 613a BGB Rz. 119.

9 *Hanau/Vossen* in FS für Hilger/Stumpf, S. 271 (275 f.); MüKo/*Schaub*, 3. Aufl., § 613a BGB Rz. 145; *Kreßel*, BB 1995, 925 (929).

10 Vgl. *Röder/Haußmann*, DB 1999, 1754 (1756); *Boewer* in Brennpunkte des Arbeitsrechts, 1997, S. 91 (147).

11 BAG v. 18.9.2002 – 1 ABR 54/01, AP Nr. 7 zu § 77 BetrVG 1972 – Betriebsvereinbarung; kritisch hierzu *Preis/Richter*, ZIP 2004, 931.

Identität, so gilt eine bisherige GesamtBV als EinzelBV fort. Wird schließlich ein übernommener Betriebs*teil* im Erwerberunternehmen als Betrieb fortgeführt, gilt eine bisherige GesamtBV nach Ansicht des BAG ebenfalls als EinzelBV fort.

Nach hier vertretener Auffassung kommt die kollektivrechtl. Fortgeltung von GesamtBV (iSd. § 50 I) beim übernehmenden Rechtsträger nur in Betracht, wenn auch der GBR fortbesteht, was voraussetzt, dass alle Betriebe übertragen werden (vgl. Rz. 7 ff.). In allen anderen Fällen endet die kollektivrechtl. Geltung der von dem bisherigen Betriebsinhaber stammenden GesamtBV[1]. Die „Umwandlung" in eine EinzelBV ist im Gesetz nicht vorgesehen. Je nach Fallgestaltung kommt eine Fortgeltung als Inhalt der Einzelarbeitsverhältnisse gemäß § 613a I 2 BGB in Betracht oder eine Ablösung gemäß § 613a I 3 BGB. 13

III. Entsendung der Mitglieder. Die Mitglieder des GBR werden gem. Abs. 2 von den einzelnen BR entsandt. Die in den GBR entsandten Mitglieder müssen zugleich Mitglied des entsendenden BR sein, jedoch ist die Entsendung eines nur vorübergehend in den BR nachgerückten Ersatzmitglieds unzulässig[2]. Die **Entsendung** erfolgt durch Beschluss des BR gem. § 33 mit einfacher Mehrheit[3]. Auch wenn der BR die Entsendung in Form einer betriebsratsinternen „Wahl" durchführt, bleibt die Entsendung ihrer Rechtsnatur nach ein Geschäftsführungsbeschluss des BR, auf den Vorschriften über das Wahlverfahren keine Anwendung finden[4]. Das Entsendungsrecht des BR kann nicht auf ein anderes Gremium, zB ein aus Delegierten bestehendes Gremium, übertragen werden[5]. Auch der GBR selbst ist nicht berechtigt, seine Mitglieder zu bestimmen[6]. Besteht ein BR nur aus einer Person, so tritt diese automatisch in den GBR ein, ohne dass es einer förmlichen Entsendung bedarf[7]. Besteht in einem Unternehmen mit mehreren Betrieben noch kein GBR, so ist für seine **Errichtung** erforderlich, dass mindestens zwei BR Mitglieder in den GBR entsenden[8]. Es ist somit nicht erforderlich, dass die BR einen mehrheitlichen oder einstimmigen Beschluss zur Errichtung eines GBR fassen[9]. Die Konstituierung des GBR erfolgt sodann gem. § 51 II (s. dort Rz. 2): Der BR der Hauptverwaltung des Unternehmens oder, soweit ein solcher BR nicht besteht, der BR des nach der Zahl der ArbN größten Betriebs, lädt zur Wahl eines Vorsitzenden und eines stellvertretenden Vorsitzenden ein. 14

Die **Zahl der Mitglieder**, die der BR in den GBR entsendet, hängt von der Größe des BR ab. Ein BR mit bis zu drei Mitgliedern entsendet eines seiner Mitglieder, ein BR mit mehr als drei Mitgliedern entsendet zwei seiner Mitglieder. Wie dem Wortlaut des Abs. 2 zu entnehmen ist, können nur Mitglieder des BR, nicht jedoch dritte Personen, in den GBR entsandt werden. Nach Abs. 2 S. 2 sollen bei der Entsendung der Mitglieder des GBR die **Geschlechter angemessen berücksichtigt** werden. Ist ein Geschlecht in nicht unerheblicher Stärke in der Belegschaft vertreten, soll auch ein Mitglied in den GBR entsandt werden, das diesem Geschlecht angehört[10]. Die Nichtbeachtung dieser Sollvorschrift bleibt jedoch folgenlos, wie sich systematisch aus dem Vergleich mit der Mussvorschrift des § 15 II ergibt[11]. 15

Liegen die Voraussetzungen zur Errichtung eines GBR vor, so sind die im Unternehmen bestehenden **BR verpflichtet, einen GBR zu errichten**. Ist ein GBR errichtet, so sind die BR verpflichtet, Mitglieder in den GBR zu entsenden[12]. Eine Verletzung dieser Rechtspflichten soll in der Regel eine grobe Pflichtverletzung iSd. § 23 I darstellen[13]. Dem ist zuzustimmen, soweit ein BR sich weigert, Mitglieder in einen bestehenden GBR zu entsenden. Im Hinblick auf die Verpflichtung zur Bildung eines GBR dürfte es jedoch richtiger sein, eine grobe Pflichtverletzung erst bei bewusster und beharrlicher Weigerung anzunehmen, einen GBR zu bilden. 16

IV. Bestellung von Ersatzmitgliedern. Gem. Abs. 3 ist für jedes in den GBR entsandte Mitglied mindestens ein **Ersatzmitglied zu bestellen** und die **Reihenfolge des Nachrückens** festzulegen. Erlischt die Mitgliedschaft eines Mitglieds des GBR (§ 49), so rückt das Ersatzmitglied in den GBR nach. Ist das Mitglied des GBR zeitweilig verhindert, vertritt das Ersatzmitglied das Mitglied des GBR während des Zeitraums der Verhinderung. Für die Bestellung des Ersatzmitglieds gilt Abs. 2 entsprechend. Das Ersatzmitglied tritt jedoch nicht in besondere Funktionen (zB Vorsitz, stellvertretender Vorsitz) des GBR-Mitglieds ein, für das es nachrückt[14]. 17

V. Abweichende Regelung der Mitgliederzahl. Die Zahl der Mitglieder des GBR kann gem. Abs. 4 durch TV oder BV abweichend von der gesetzl. Regelung in Abs. 2 **verringert oder erhöht** werden. Zulässig ist sowohl die Verringerung oder Erhöhung der Zahl der Vertreter einzelner Betriebe, als auch die Änderung der Zahl der Vertreter aller Betriebe[15]. Damit wird die Möglichkeit eröffnet, Missverhältnisse in der 18

---

1 *Hohenstatt* in Willemsen/Hohenstatt/Schweibert/Seibt E 60 ff.; *Hohenstatt/Müller-Bonanni*, NZA 2003, 766 (771). | 2 LAG Hess. v. 28.8.2003 – 9 Ta BV 47/03, DB 2004, 2112. | 3 BAG v. 25.5.2005 – 7 ABR 104, NZA 2006, 215; v. 21.7.2004 – 7 ABR 58/03, DB 2005, 730. | 4 BAG v. 15.8.1978 – 6 ABR 56/77, AP Nr. 3 zu § 47 BetrVG 1972. | 5 LAG Hess. v. 21.12.1976 – 5 Ta BV 59/75, DB 1977, 2056. | 6 Vgl. BAG v. 15.8.1978 – 6 ABR 56/77, AP Nr. 3 zu § 47 BetrVG 1972. | 7 GK-BetrVG/*Kreutz*, § 47 Rz. 37; HSWG/*Glock*, § 47 BetrVG Rz. 44. | 8 Richardi/*Annuß*, § 47 BetrVG Rz. 25. | 9 HSWG/*Glock*, § 47 BetrVG Rz. 17; *Fitting*, § 47 BetrVG Rz. 8. | 10 *Löwisch/Kaiser*, § 47 BetrVG Rz. 8. | 11 Richardi/*Annuß*, § 47 BetrVG Rz. 31; aA *Löwisch/Kaiser*, § 47 BetrVG Rz. 8. | 12 ErfK/*Eisemann*, § 47 BetrVG Rz. 2; Richardi/*Annuß*, § 47 BetrVG Rz. 40. | 13 *Fitting*, § 47 BetrVG Rz. 8; GK-BetrVG/*Kreutz*, § 47 Rz. 30; *Löwisch/Kaiser*, § 47 BetrVG Rz. 6. | 14 GK-BetrVG/*Kreutz*, § 47 Rz. 51. | 15 ErfK/*Eisemann*, § 47 BetrVG Rz. 11; siehe auch *Klasen*, DB 1993, 2180 (2182).

Zusammensetzung der Mitgliederzahl eines GBR zu korrigieren. Solche Missverhältnisse können bspw. in Unternehmen entstehen, die neben einem Großbetrieb zahlreiche kleinere Betriebe unterhalten, so dass die beiden aus dem BR des Großbetriebs entsandten Mitglieder einer Vielzahl von Mitgliedern aus den kleineren Betrieben gegenüber stehen. Denkbar ist auch, dass in einem Unternehmen mit verhältnismäßig wenigen ArbN, die jedoch auf zahlreiche Betriebe verteilt sind, ein unverhältnismäßig großer GBR gebildet werden müsste; hier ist eine Verringerung der Mitgliederzahl auf eine angemessene Größe zulässig, nach Abs. 5 sogar obligatorisch (s. Rz. 22).

19 Abs. 4 gestattet lediglich eine abweichende Vereinbarung über die Zahl der Mitglieder, nicht hingegen eine Abweichung von anderen zwingenden gesetzl. Regelungen, bspw. der Zuständigkeit des GBR[1]. Im Hinblick auf die Bestellung der Mitglieder des verkleinerten GBR ist es zulässig, einer nach regionalen Gesichtspunkten gebildeten Versammlung der BR die Entscheidung über die in den GBR zu entsendenden Mitglieder zu übertragen[2].

20 Die abweichende Regelung erfolgt durch TV oder BV. Eine Regelung durch **TV** setzt voraus, dass sämtliche Betriebe des Unternehmens in den Geltungsbereich des TV fallen und Tarifgebundenheit des ArbGeb besteht[3]. Da eine abweichende Regelung der Zahl der Mitglieder des GBR auf die Besonderheiten des jeweiligen Unternehmens abgestimmt sein soll, erfolgt die abweichende Regelung üblicherweise durch FirmenTV. Erfolgt die Regelung hingegen durch VerbandsTV und fällt nur ein Teil der Betriebe in dessen Geltungsbereich, so kommt eine Erstreckung der abweichenden Regelung auf die übrigen Betriebe durch BV in Betracht[4]. Eine tarifvertragl. Regelung kann nicht erstreikt werden, da die durch Abs. 4 eingeräumte Regelungskompetenz nicht Teil der durch Art. 9 III GG verfassungsrechtlich geschützten Tarifautonomie ist[5]. Eine Nachwirkung der tarifl. Regelung kommt nicht in Betracht, da der Zweck der Nachwirkung – die Vermeidung eines regelungslosen Zustands – auf Grund der gesetzl. Regelung in Abs. 2 S. 1 nicht eingreift[6] und sich ansonsten eine einmal getroffene Regelung gegen den Willen des BR realistischerweise nie verändern oder ablösen ließe[7].

21 Soweit keine tarifvertragl. Regelung besteht, kann die Mitgliederzahl des GBR durch **BV** abweichend geregelt werden. Die Zuständigkeit für den Abschluss einer solchen BV ist umstritten. Nach einer Ansicht ist stets der GBR in seiner nach Abs. 2 vorgesehenen Regelzusammensetzung zuständig[8]. Richtiger dürfte es sein, bei der erstmaligen Bildung eines GBR bereits vor dessen Konstituierung den Abschluss einer BV zwischen dem Unternehmen und den einzelnen BR zuzulassen, anstatt zunächst einen GBR nach den gesetzl. Vorschriften zu bilden, welcher nach Abschluss der BV sogleich neu konstituiert werden muss[9]. Wie sich systematisch aus Abs. 6 ergibt, kann der Abschluss einer solchen BV nicht erzwungen werden. Die BV entfaltet keine Nachwirkung und kann durch einen nachfolgenden TV abgelöst werden[10].

22 **VI. Obligatorische Verkleinerung des Gesamtbetriebsrats.** Während Abs. 4 eine freiwillige Änderung der Zahl der Mitglieder des GBR erlaubt, sieht Abs. 5 eine obligatorische Verkleinerung des GBR vor, wenn diesem nach der gesetzl. Regelung gem. Abs. 2 S. 1 **mehr als 40 Mitglieder** angehören. Zunächst ist ein GBR zu bilden, dessen Mitgliederzahl sich nach Abs. 2 richtet; der so gebildete, mehr als 40 Mitglieder umfassende GBR hat dann mit dem ArbGeb die BV über die Verringerung der Zahl der Mitglieder abzuschließen[11]. Ist die Zusammensetzung des GBR tarifl. geregelt, soll jedoch für eine Verkleinerung des GBR durch BV kein Raum sein, selbst wenn der GBR nach der tarifl. Regelung mehr als 40 Mitglieder hat[12].

23 Die BV darf nur die Mitgliederzahl des neu zu bildenden GBR regeln sowie die gemeins. Entsendung von Mitgliedern durch mehrere BR zusammengefasster Betriebe[13]. Die Verringerung der Zahl der Mitglieder erfolgt dergestalt, dass regional oder durch gleichartige Interessen miteinander verbundene Betriebe gemeins. Mitglieder in den GBR entsenden. Sonstige Gesichtspunkte dürfen nicht berücksichtigt werden[14]. Die **regionale Verbundenheit** kann sich entweder aus räumlicher Nähe[15] oder aus der Zugehörigkeit zu derselben Wirtschaftsregion ergeben[16]. **Gleichartige Interessen** können vorliegen, wenn insb. der Betriebszweck, die Zusammensetzung der Belegschaft und die Stellung innerhalb der Unternehmensorganisation einander ähnlich sind[17].

1 Richardi/*Annuß*, § 47 BetrVG Rz. 44 ff.; *Fitting*, § 47 BetrVG Rz. 46 f. | 2 BAG v. 25.5.2005 – 7 ABR 10/04, NZA 2006, 215. | 3 DKK/*Trittin*, § 47 BetrVG Rz. 54; Richardi/*Annuß*, § 47 BetrVG Rz. 48. | 4 HSWG/*Glock*, § 47 BetrVG Rz. 30. | 5 *Richardi*, 7. Aufl. 1998, § 47 BetrVG Rz. 54; ebenso für TV gemäß § 3 BetrVG: *Hohenstatt/Dzida*, DB 2001, 2498 (2501); aA DKK/*Trittin*, § 47 BetrVG Rz. 54; GK-BetrVG/*Kreutz*, § 47 Rz. 78. | 6 GK-BetrVG/*Kreutz*, § 47 Rz. 79; aA DKK/*Trittin*, § 47 BetrVG Rz. 54. | 7 Vgl. *Behrens/Hohenstatt*, DB 1991, 1877 (1878). | 8 *Etzel*, Betriebsverfassungsrecht, Rz. 1349; DKK/*Trittin*, § 47 BetrVG Rz. 52; ErfK/*Eisemann*, § 47 BetrVG Rz. 13. | 9 Wlotzke/Preis/*Roloff*, § 47 BetrVG Rz. 15. | 10 GK-BetrVG/*Kreutz*, § 47 Rz. 82; DKK/*Trittin*, § 47 BetrVG Rz. 53. | 11 BAG v. 15.8.1978 – 6 ABR 56/77, AP Nr. 3 zu § 47 BetrVG 1972. | 12 *Fitting*, § 47 BetrVG Rz. 67; Wlotzke/Preis/*Roloff*, § 47 BetrVG Rz. 17; aA Richardi/*Annuß*, § 47 BetrVG Rz. 61. | 13 BAG v. 15.8.1978 – 6 ABR 56/77, AP Nr. 3 zu § 47 BetrVG 1972. | 14 BAG v. 15.8.1978 – 6 ABR 56/77, AP Nr. 3 zu § 47 BetrVG 1972. | 15 DKK/*Trittin*, § 47 BetrVG Rz. 59; HSWG/*Glock*, § 47 BetrVG Rz. 38. | 16 MünchArbR/*Joost*, § 305 Rz. 37. | 17 GK-BetrVG/*Kreutz*, § 47 Rz. 95; Wlotzke/Preis/*Roloff*, § 47 BetrVG Rz. 18.

Kommt eine Einigung über die Verkleinerung des GBR nicht zu Stande, entscheidet gem. Abs. 6 eine für das Gesamtunternehmen zu bildende **Einigungsstelle**, deren Spruch die Einigung zwischen ArbGeb und GBR ersetzt. Da Zweck der Verkleinerung des GBR die Erhaltung der Arbeitsfähigkeit dieser ArbN-Vertretung ist[1] und der Gesetzgeber die Arbeitsfähigkeit des GBR bei einer 40 Mitglieder übersteigenden Zahl gefährdet sieht, ist die Kompetenz der Einigungsstelle dahin gehend beschränkt, dass eine 40 Mitglieder übersteigende Größe des GBR nicht festgelegt werden darf[2]. 24

VII. Gewichtung der Stimmen. Da die einzelnen Mitglieder des GBR aus Betrieben mit unterschiedlicher Belegschaftsstärke entsandt werden, erfolgt gem. Abs. 7 eine Gewichtung ihrer Stimmen. Die Gewichtung der Stimmen bemisst sich danach, wie viele wahlberechtigte ArbN in dem Betrieb, aus dem das Mitglied des GBR entsandt wurde, am Wahltag der letzten BR-Wahl in der **Wählerliste** eingetragen waren. Nachträgliche Veränderungen der Belegschaftsstärke sind unbeachtlich[3]. Das Stimmgewicht des Mitglieds des GBR richtet sich danach, ob aus seinem EinzelBR ein Mitglied oder mehrere Mitglieder in den GBR entsandt worden sind: Ist lediglich ein Mitglied entsandt, bemisst sich sein Stimmgewicht nach allen in seinem Betrieb in der Wählerliste eingetragenen ArbN, sind mehrere Mitglieder entsandt, so stehen ihnen die Stimmen gem. Abs. 7 S. 2 anteilig zu. Die dem einzelnen Mitglied zustehenden Stimmen können nur einheitlich abgegeben werden und zwar auch dann, wenn ein Mitglied für mehrere Betriebe entsandt worden ist[4]. Es besteht **kein imperatives Mandat**. Die Mitglieder des GBR sind an Aufträge und Weisungen des entsendenden BR nicht gebunden[5]. 25

Ist ein Mitglied des GBR für mehrere Betriebe entsandt worden, richtet sich das Gewicht seiner Stimme gem. Abs. 8 danach, wie viele wahlberechtigte ArbN in den Betrieben, für welche das Mitglied des GBR entsandt wurde, am Wahltag der letzten BR-Wahl in den Wählerlisten dieser Betriebe eingetragen waren. Eine Entsendung für mehrere Betriebe kommt durch die nach Abs. 4 und 5 mögliche bzw. obligatorische Verkleinerung des GBR in Betracht. Sind für mehrere Betriebe mehrere Mitglieder entsandt worden, stehen ihnen die Stimmen entsprechend der Regelung in Abs. 7 S. 2 anteilig zu. 26

VIII. Gemeinschaftsbetrieb und Gesamtbetriebsrat. Der im Zuge der Reform des BetrVG neu geschaffene Abs. 9 erkennt die Entsendungsmöglichkeit des BR eines Gemeinschaftsbetriebs in den GBR zumindest *eines* der Trägerunternehmen an, indem die Vorschrift vorsieht, dass in diesem Fall die Gewichtung der Stimmen im GBR durch TV oder BV abweichend von Abs. 7 und 8 geregelt werden kann. Ungeklärt bleibt jedoch die schon vor der Reform des BetrVG umstrittene Frage, ob ein Entsendungsrecht in die GBR *beider* Trägerunternehmen bestehen soll[6] oder, was zutreffend sein dürfte, lediglich ein **Entsendungsrecht in den GBR eines Trägerunternehmens**, und zwar desjenigen Trägerunternehmens, das im Wesentlichen die Regelung der personellen und sozialen Belange beeinflusst[7]. 27

Durch die Reform des BetrVG ebenfalls unbeantwortet bleibt die Frage, ob auch BR-Mitglieder in den GBR eines Unternehmens delegiert werden können, die diesem Unternehmen gar nicht angehören. Die Entsendung **unternehmensfremder Mitglieder** wäre ein Systembruch und ist abzulehnen. Der BR eines Gemeinschaftsbetriebs ist daher verpflichtet, nur Mitglieder in den GBR eines der Trägerunternehmen zu entsenden, die diesem Unternehmen angehören[8]. Dies kann in Ausnahmefällen dazu führen, dass eine Entsendung in einen GBR zu unterbleiben hat, wenn hierfür keine BR-Mitglieder des betreffenden Trägerunternehmens vorhanden sind[9]. 28

Problematisch ist des Weiteren die **Gewichtung der Stimmen**, wenn eine Sonderregelung zur Stimmgewichtung im Rahmen des Abs. 9 nicht besteht. Nach der Grundregel des Abs. 7 richtet sich dann die Gewichtung der Stimmen nach der Zahl der wahlberechtigten ArbN in dem Betrieb, in dem das Mitglied des GBR gewählt wurde. Diese Regelung könnte zu Ergebnissen führen, die mit den Grundregeln der demokratischen Betriebsverfassung nicht in Einklang zu bringen wären[10]. Es besteht nämlich die Gefahr, dass die aus einem großen Gemeinschaftsbetrieb entsandten Mitglieder den GBR eines verhältnismäßig kleinen Trägerunternehmens dominieren, selbst wenn lediglich eine geringe Zahl von Mitarbeitern des kleinen Trägerunternehmens in dem Gemeinschaftsbetrieb beschäftigt ist. Es ist daher sachgerecht, bei der Gewichtung der Stimmen nur diejenigen wahlberechtigten und in der Wählerliste eingetragenen ArbN zu berücksichtigen, die innerhalb des Gemeinschaftsbetriebs dem Trägerunternehmen angehören, in dessen GBR die Entsendung stattfindet. 29

IX. Streitigkeiten, welche die Errichtung oder Zusammensetzung des GBR, die Stimmgewichtung oder die Entsendung von Mitgliedern durch den BR eines Gemeinschaftsbetriebs betreffen, werden im 30

1 BAG v. 15.8.1978 – 6 ABR 56/77, AP Nr. 3 zu § 47 BetrVG 1972; DKK/*Trittin*, § 47 BetrVG Rz. 57. | 2 Offen gelassen BAG v. 15.8.1978 – 6 ABR 56/77, AP Nr. 3 zu § 47 BetrVG 1972; wie hier: Richardi/*Annuß*, § 47 BetrVG Rz. 66; aA HSWG/*Glock*, § 47 BetrVG Rz. 36; MünchArbR/*Joost*, § 305 Rz. 36. | 3 DKK/*Trittin*, § 47 BetrVG Rz. 67; *Fitting*, § 47 BetrVG Rz. 75. | 4 Richardi/*Annuß*, § 47 BetrVG Rz. 74; HSWG/*Glock*, § 47 BetrVG Rz. 62. | 5 HSWG/*Glock*, § 47 BetrVG Rz. 63; ErfK/*Eisemann*, § 47 BetrVG Rz. 16. | 6 So *Fitting*, § 47 BetrVG Rz. 79; DKK/*Trittin*, § 47 BetrVG Rz. 22. | 7 *Hohenstatt* in Willemsen/Hohenstatt/Schweibert/Seibt, D 117. | 8 Richardi/*Annuß*, § 47 BetrVG Rz. 77. | 9 *Hohenstatt* in Willemsen/Hohenstatt/Schweibert/Seibt, D 117. | 10 Vgl. die Beispiele bei Richardi/*Annuß*, § 47 BetrVG Rz. 78 und *Hohenstatt* in Willemsen/Hohenstatt/Schweibert/Seibt, D 118 ff.

Beschlussverfahren entschieden (§§ 2a, 80 ff. ArbGG). Sind die Voraussetzungen für die Errichtung eines GBR streitig, sind die einzelnen BR und BR-Mitglieder[1] und der ArbGeb antragsberechtigt[2]. Die im Unternehmen vertretenen Gewerkschaften sind nicht antragsberechtigt[3]. Örtlich zuständig ist das ArbG, in dessen Bezirk der Sitz des Unternehmens liegt (§ 82 I 2 ArbGG). Bei Unternehmen mit Sitz im Ausland ist das ArbG örtlich zuständig, in dessen Bezirk die zentrale überbetriebliche Organisation für die in Deutschland belegenen Betriebe erfolgt[4].

48 *Ausschluss von Gesamtbetriebsratsmitgliedern*

Mindestens ein Viertel der wahlberechtigten Arbeitnehmer des Unternehmens, der Arbeitgeber, der Gesamtbetriebsrat oder eine im Unternehmen vertretene Gewerkschaft können beim Arbeitsgericht den Ausschluss eines Mitglieds aus dem Gesamtbetriebsrat wegen grober Verletzung seiner gesetzlichen Pflichten beantragen.

1 Ein Mitglied des GBR kann wegen **grober Verletzung seiner gesetzl. Pflichten** aus dem GBR ausgeschlossen werden. Der Begriff der „groben Verletzung gesetzl. Pflichten" entspricht dem des § 23 I (s. § 23 Rz. 5 ff.), allerdings mit der Maßgabe, dass die Pflichtverletzung als Mitglied des GBR und in Bezug auf Pflichten als Mitglied des GBR erfolgen muss[5]. Die Verletzung von Pflichten als Mitglied des GBR rechtfertigt grds. nicht den Ausschluss aus dem BR, und umgekehrt, wenngleich der Ausschluss aus dem BR automatisch zum Erlöschen der Mitgliedschaft im GBR führt (§ 49). Eine Auflösung des GBR ist anders als in § 23 I hinsichtlich des EinzelBR nicht vorgesehen. Jedoch können mehrere oder alle Mitglieder des GBR ausgeschlossen werden, wenn sie gemeinschaftlich ihre gesetzl. Pflichten grob verletzen[6].

2 Der Ausschluss erfolgt auf **Antrag** des ArbGeb, eines Viertels der wahlberechtigten ArbN des Unternehmens, des GBR oder einer im Unternehmen vertretenen Gewerkschaft durch **Beschluss des ArbG**. Örtlich zuständig ist das ArbG, in dessen Bezirk der Sitz des Unternehmens liegt (§ 82 I 2 ArbGG). Wird der Antrag durch ein Viertel der wahlberechtigten ArbN gestellt, so ist für die erforderliche Zahl der Zeitpunkt der Antragstellung maßgeblich. Die erforderliche Mindestzahl muss während des ganzen Verfahrens aufrechterhalten bleiben, jedoch können bei Ausscheiden einzelner Antragsteller andere Wahlberechtigte jederzeit durch nachträgliche Antragstellung in das Verfahren eintreten[7]. Eine Gewerkschaft ist im Unternehmen vertreten, wenn ihr zumindest ein ArbN, der in einem der Betriebe des Unternehmens beschäftigt ist, angehört[8]. Demgegenüber haben EinzelBR kein Antragsrecht, jedoch können sie die von ihnen entsandten Mitglieder des GBR jederzeit abberufen[9]. Der Ausschluss wird erst mit **Rechtskraft** des arbeitsgerichtl. Beschlusses wirksam. Es besteht jedoch die Möglichkeit, einem Mitglied des GBR bis zur rechtskräftigen Entscheidung die Ausübung seines Amtes durch **einstw. Verfügung** zu untersagen[10].

3 Mit Wirksamkeit des Ausschlusses rückt das für das ausgeschlossene Mitglied des GBR bestellte **Ersatzmitglied** in den GBR nach. Soweit kein Ersatzmitglied vorhanden ist, hat der BR, der das ausgeschlossene Mitglied entsandt hatte, ein neues Mitglied in den GBR zu entsenden. Unzulässig ist jedoch, das ausgeschlossene Mitglied erneut zu entsenden, weil dies eine Umgehung der gerichtlichen Entscheidung darstellen würde[11]; hat jedoch eine Neuwahl des BR stattgefunden, soll die erneute Entsendung des ausgeschlossenen Mitglieds nach überwiegender Ansicht hingegen zulässig sein, da nunmehr eine neue demokratische Legitimation bestehe[12].

49 *Erlöschen der Mitgliedschaft*

Die Mitgliedschaft im Gesamtbetriebsrat endet mit dem Erlöschen der Mitgliedschaft im Betriebsrat, durch Amtsniederlegung, durch Ausschluss aus dem Gesamtbetriebsrat auf Grund einer gerichtlichen Entscheidung oder Abberufung durch den Betriebsrat.

1 Der GBR ist eine „Dauereinrichtung"; er hat keine feststehende Amtszeit, sondern erlischt, wenn die Voraussetzungen für seine Errichtung entfallen[13]. Jedoch ändert sich die Zusammensetzung, wenn Mitglieder des GBR ihr Amt verlieren. Die Beendigung der Mitgliedschaft im GBR wird durch § 49 geregelt.

2 Die Mitgliedschaft im GBR erlischt zunächst durch **Erlöschen der Mitgliedschaft im BR**[14], da die in den GBR entsandten Mitglieder zugleich Mitglied des entsendenden BR sein müssen (s. § 47 Rz. 14).

---

1 BAG v. 15.8.1978 – 6 ABR 56/77, AP Nr. 3 zu § 47 BetrVG 1972. | 2 Richardi/*Annuß*, § 47 BetrVG Rz. 85. | 3 BAG v. 30.10.1986 – 6 ABR 52/83, AP Nr. 6 zu § 47 BetrVG 1972. | 4 BAG v. 31.10.1975 – 1 ABR 4/74, AP Nr. 2 zu § 106 BetrVG 1972. | 5 HSWG/*Glock*, § 48 BetrVG Rz. 4; *Fitting*, § 48 BetrVG Rz. 8. | 6 DKK/*Trittin*, § 48 BetrVG Rz. 2; *Fitting*, § 48 BetrVG Rz. 6. | 7 GK-BetrVG/*Kreutz*, § 48 Rz. 17; ErfK/*Eisemann*, § 48 BetrVG Rz. 4. | 8 DKK/*Trittin*, § 48 BetrVG Rz. 11; Richardi/*Annuß*, § 48 BetrVG Rz. 10. | 9 GK-BetrVG/*Kreutz*, § 48 Rz. 16; Wlotzke/Preis/*Roloff*, § 48 BetrVG Rz. 4. | 10 HSWG/*Glock*, § 48 BetrVG Rz. 10; DKK/*Trittin*, § 48 BetrVG Rz. 14. | 11 *Fitting*, § 48 BetrVG Rz. 23; HSWG/*Glock*, § 48 BetrVG Rz. 12. | 12 Richardi/*Annuß*, § 48 BetrVG Rz. 15; GK-BetrVG/*Kreutz*, § 48 Rz. 24; aA Wlotzke/Preis/*Roloff*, § 48 BetrVG Rz. 7. | 13 ArbG Stuttgart v. 13.1.1975 – 4 BV 10/75, DB 1976, 1160; Richardi/*Annuß*, § 47 BetrVG Rz. 26 f. | 14 ArbG Stuttgart v. 13.1.1975 – 4 BV 10/75, DB 1976, 1160.

Das Erlöschen der Mitgliedschaft im entsendenden BR richtet sich nach § 24. Endet die Amtszeit des entsendenden BR, endet auch die Amtszeit der in den GBR entsandten Mitglieder, ungeachtet einer möglichen Wiederwahl und Wiederentsendung[1]. Die Mitgliedschaft im GBR erlischt des Weiteren durch **Amtsniederlegung**, die jederzeit möglich ist und durch eine Erklärung gegenüber dem Vorsitzenden des GBR erfolgt, die weder zurückgenommen noch widerrufen werden kann[2]. Ferner erlischt die Mitgliedschaft durch den rechtskräftigen arbeitsgerichtl. Beschluss über den **Ausschluss aus dem GBR** gem. § 48. Schließlich kann der entsendende BR ein von ihm entsandtes Mitglied des GBR jederzeit abberufen. Die **Abberufung** wird mit Fassung des entsprechenden Beschlusses des entsendenden BR wirksam. Die Mitteilung über die Abberufung an den Vorsitzenden des GBR ist nicht Wirksamkeitsvoraussetzung[3], da nach dem Wortlaut des Gesetzes bereits die Abberufung – also die Beschlussfassung – und nicht erst die Mitteilung über die Beschlussfassung zum Erlöschen des Amtes führt. Neben den gesetzl. ausdrücklich geregelten Fällen endet die Mitgliedschaft im GBR auch, wenn der entsendende Betrieb auf Grund einer Übertragung aus dem Unternehmen ausscheidet[4].

Mit dem Erlöschen der Mitgliedschaft im GBR endet auch eine etwaige Mitgliedschaft im KBR. Für das ausgeschiedene Mitglied rückt das Ersatzmitglied in den KBR nach. 3

Bei **Streitigkeiten** über die Wirksamkeit der Amtsniederlegung, der Abberufung oder das Nachrücken eines Ersatzmitglieds entscheidet das ArbG im Beschlussverfahren (§§ 2a, 80 ff. ArbGG). Örtlich zuständig ist das ArbG, in dessen Bezirk der Sitz des Unternehmens liegt (§ 82 I 2 ArbGG). 4

50 *Zuständigkeit*

(1) Der Gesamtbetriebsrat ist zuständig für die Behandlung von Angelegenheiten, die das Gesamtunternehmen oder mehrere Betriebe betreffen und nicht durch die einzelnen Betriebsräte innerhalb ihrer Betriebe geregelt werden können; seine Zuständigkeit erstreckt sich insoweit auch auf Betriebe ohne Betriebsrat. Er ist den einzelnen Betriebsräten nicht übergeordnet.

(2) Der Betriebsrat kann mit der Mehrheit der Stimmen seiner Mitglieder den Gesamtbetriebsrat beauftragen, eine Angelegenheit für ihn zu behandeln. Der Betriebsrat kann sich dabei die Entscheidungsbefugnis vorbehalten. § 27 Abs. 2 Satz 3 und 4 gilt entsprechend.

I. Allgemeines. GBR und EinzelBR sind einander weder übergeordnet noch untergeordnet (Abs. 1 S. 2). Der GBR hat grds. die gleichen Rechte wie die EinzelBR (§ 51 V). Dieses gleichberechtigte Nebeneinander erfordert eine Abgrenzung der Zuständigkeiten. § 50 regelt, für welche Angelegenheiten der GBR zuständig ist. Die gesetzl. Abgrenzung der Zuständigkeiten zwischen GBR und EinzelBR ist zwingend und kann weder durch TV noch durch BV geändert werden[5]. 1

II. Zuständigkeit kraft Gesetzes. Gem. Abs. 1 S. 1 ist der GBR zuständig, wenn eine Angelegenheit das Gesamtunternehmen oder mehrere Betriebe betrifft und eine Regelung nicht durch die einzelnen BR innerhalb der Betriebe erfolgen kann. Diese Voraussetzungen – überbetriebl. Bezug und fehlende betriebl. Regelungsmöglichkeit – müssen kumulativ vorliegen[6]. Es besteht somit eine **primäre Zuständigkeit der EinzelBR**[7] und eine **subsidiäre Zuständigkeit des GBR**[8]. Ist der GBR kraft Gesetzes zuständig, ist er nicht auf eine bloße Rahmenkompetenz beschränkt, sondern hat die Angelegenheit insgesamt mit dem ArbGeb zu regeln[9]. 2

1. Überbetrieblicher Bezug und fehlende betriebliche Regelungsmöglichkeit. Die Zuständigkeit des GBR setzt zunächst voraus, dass es sich um eine überbetriebl. Angelegenheit handelt. Die überbetriebl. Angelegenheit kann entweder das **Gesamtunternehmen** betreffen, was der Fall ist, wenn eine Regelung unternehmensweit alle Betriebe berührt[10]. Für das Vorliegen einer überbetriebl. Angelegenheit ist eine unternehmensweite Bedeutung jedoch nicht zwingend erforderlich; es reicht aus, dass die Angelegenheit **mehrere Betriebe**, also mindestens zwei Betriebe, betrifft. Soweit eine Angelegenheit nur einen Betrieb betrifft, ist der GBR nur zuständig, wenn er von dem EinzelBR gem. Abs. 2 beauftragt wird, die Angelegenheit für ihn zu behandeln. 3

Die Zuständigkeit des GBR setzt des Weiteren voraus, dass die Angelegenheit **nicht durch die EinzelBR innerhalb ihrer Betriebe geregelt werden kann**. Dieses Kriterium ist jedenfalls erfüllt, wenn eine Regelung durch die EinzelBR **objektiv unmöglich** ist. Das Vorliegen objektiver Unmöglichkeit ist stets ausreichend, um das Merkmal des „Nichtregelnkönnens" durch die EinzelBR zu bejahen. Nach der Rspr. 4

1 ArbG Stuttgart v. 13.1.1975 – 4 BV 10/75, DB 1976, 1160. | 2 DKK/*Trittin*, § 49 BetrVG Rz. 7; HSWG/*Glock*, § 49 BetrVG Rz. 7 f. | 3 Richardi/*Annuß*, § 49 BetrVG Rz. 9; aA DKK/*Trittin*, § 49 BetrVG Rz. 9. | 4 *Etzel*, Betriebsverfassungsrecht, Rz. 1351. | 5 BAG v. 11.11.1998 – 4 ABR 40/97, AP Nr. 18 zu § 50 BetrVG 1972; v. 28.4.1992 – 1 ABR 68/91, AP Nr. 11 zu § 50 BetrVG 1972; *Etzel*, Betriebsverfassungsrecht, Rz. 1358. | 6 BAG v. 26.1.1993 – 1 AZR 303/92, AP Nr. 102 zu § 99 BetrVG 1972. | 7 BAG v. 6.4.1976 – 1 ABR 27/74, AP Nr. 2 zu § 50 BetrVG 1972. | 8 MünchArbR/*Joost*, § 305 Rz. 52; Richardi/*Annuß*, § 50 BetrVG Rz. 3. | 9 BAG v. 14.11.2006 – 1 ABR 4/06, NZA 2007, 399. | 10 BAG v. 16.6.1998 – 1 ABR 68/97, AP Nr. 7 zu § 87 BetrVG 1972 – Gesundheitsschutz.

des BAG ist das Merkmal des Fehlens einer betriebl. Regelungsmöglichkeit jedoch auch erfüllt, wenn ein **zwingendes Erfordernis** für eine unternehmenseinheitliche oder betriebsübergreifende Regelung besteht[1], also eine Regelung durch die EinzelBR **subjektiv unmöglich** ist[2]. Ob ein zwingendes Erfordernis besteht, richtet sich nach den Verhältnissen des einzelnen Unternehmens und der konkreten Betriebe[3]. **Nicht ausreichend** ist die **bloße Zweckmäßigkeit** einer einheitlichen Regelung oder das **Koordinationsinteresse** des ArbGeb[4] oder des GBR. Auch der wirtschaftl. Zwang zur Sanierung eines Unternehmens soll nach Ansicht des BAG nicht die Zuständigkeit des GBR zur Abschaffung von Kostenfaktoren (zB Erstattung von Kontoführungsgebühren) begründen, die auf BV beruhen und für die die EinzelBR zuständig sind[5]. Demgegenüber kann das **Verlangen des ArbGeb** nach einer unternehmensweit **einheitlichen Regelung** ein zwingendes Erfordernis darstellen, wenn der ArbGeb allein unter dieser Voraussetzung zu einer regelungsbedürftigen Maßnahme bereit ist und insoweit mitbestimmungs*frei* entscheiden kann (bspw. bei der Gewährung einer betrAV oder freiwilliger Zulagen)[6]. Anders als bei freiwilligen Leistungen des ArbGeb gilt dies nicht im Bereich der erzwingbaren Mitbest.: Dort stellt das Verlangen des ArbGeb nach einer einheitlichen Regelung kein zwingendes Erfordernis dar, wenn er bei einer mitbestimmungs*pflichtigen* Maßnahme eine betriebsübergreifende Regelung verlangt[7]. Ebenso soll sich die Zuständigkeit des GBR nach der Rspr. des BAG nicht bereits daraus ergeben, dass der ArbGeb Entscheidungskompetenzen über eine Angelegenheit bei der Unternehmensleitung ansiedelt; eine Konzentration der Entscheidungskompetenzen soll kein zwingendes Erfordernis darstellen, welches eine Zuständigkeit der EinzelBR entfallen lässt[8].

5 Ein zwingendes Erfordernis für eine unternehmenseinheitliche oder betriebsübergreifende Regelung kann somit bspw. vorliegen, wenn **unternehmerische Sachzwänge** eine solche Regelung erfordern[9]. Dies ist etwa der Fall, wenn wegen produktionstechnischer Abhängigkeiten mehrerer Betriebe voneinander eine einheitliche Regelung im Hinblick auf Arbeitszeitfragen zu treffen ist, weil andernfalls eine Störung der betriebl. Abläufe eintreten würde[10]. Auch rechtl. Gründe können ein zwingendes Erfordernis für eine unternehmenseinheitliche oder betriebsübergreifende Regelung darstellen. In diesem Zusammenhang wird als Beispiel eine unternehmenseinheitliche Regelung unter dem Gesichtspunkt der **Gleichbehandlung** genannt[11], was allerdings nur dann ein zwingendes Erfordernis darstellen kann, soweit man den Gleichbehandlungsgrundsatz nicht nur auf ArbN desselben Betriebs beschränkt, sondern mit der Rspr. des BAG unternehmensweit versteht[12].

6 Die vorstehenden Kriterien, die der gefestigten Rspr. des BAG entsprechen, erlauben in der Praxis nicht immer eine präzise Abgrenzung der Zuständigkeit des GBR und der EinzelBR. Da die **Wahl des „falschen" Gremiums** für den ArbGeb erhebliche Folgen haben kann, bspw. bei Verhandlungen über einen Interessenausgleich (s. Rz. 13), empfiehlt es sich, dass der ArbGeb **im Zweifelsfall die in Betracht kommenden Gremien zur Klärung ihrer Zuständigkeit auffordert**. Einigen sich GBR und EinzelBR auf die Zuständigkeit des GBR, so sieht das BAG darin zumindest eine Beauftragung gem. Abs. 2, so dass die Zuständigkeit des GBR in jedem Fall zu bejahen ist[13]. Einigen sich GBR und EinzelBR hingegen auf die Zuständigkeit eines oder mehrerer EinzelBR, ist dies zwar rechtlich nicht bindend, soweit tatsächlich die Zuständigkeit des GBR gegeben ist[14]. Jedoch kann dem ArbGeb in einem solchen Fall zumindest nicht der Vorwurf einer Verletzung von MitbestR gemacht werden[15]. Das Gleiche gilt, wenn sich GBR und EinzelBR nicht über das zuständige Gremium einigen können und der ArbGeb daraufhin eine Entscheidung hinsichtlich des „richtigen" Verhandlungspartners trifft, die unter Berücksichtigung der Entscheidungssituation nachvollziehbar erscheint[16].

7 Eine Abgrenzung der Zuständigkeit zwischen GBR und EinzelBR auf der Grundlage der von der Rspr. entwickelten abstrakten Kriterien ist, wie gesehen, in der Praxis oftmals problematisch. Eine sichere Beurteilung ist vielfach nur unter Berücksichtigung der von der Rspr. entschiedenen **Präzedenzfälle** möglich.

---

1 BAG v. 11.11.1998 – 7 ABR 47/97, AP Nr. 19 zu § 50 BetrVG 1972; v. 26.1.1993 – 1 AZR 303/92, AP Nr. 102 zu § 99 BetrVG 1972; v. 23.9.1975 – 1 ABR 122/73, AP Nr. 1 zu § 50 BetrVG 1972. | 2 BAG v. 11.2.1992 – 1 ABR 51/91, AP Nr. 50 zu § 76 BetrVG 1972; v. 18.10.1994 – 1 ABR 17/94, AP Nr. 70 zu § 87 BetrVG 1972 – Lohngestaltung. | 3 BAG v. 30.8.1995 – 1 ABR 4/95, AP Nr. 29 zu § 87 BetrVG 1972 – Überwachung; v. 14.12.1999 – 1 ABR 27/98, AP Nr. 104 zu § 87 BetrVG 1972 – Lohngestaltung. | 4 BAG v. 26.1.1993 – 1 AZR 303/92, AP Nr. 102 zu § 99 BetrVG 1972; v. 23.9.1975 – 1 ABR 122/73, AP Nr. 1 zu § 50 BetrVG 1972. | 5 BAG v. 15.1.2002 – 1 ABR 10/01, AP Nr. 23 zu § 50 BetrVG 1972, m. Anm. *Weber*; Anm. *Fischer*, RdA 2003, 114 ff. | 6 BAG v. 10.10.2006 – 1 ABR 59/05, NZA 2007, 523; v. 11.11.1998 – 7 ABR 47/97, AP Nr. 19 zu § 50 BetrVG 1972. | 7 BAG v. 9.12.2003 – 1 ABR 49/02, AP Nr. 27 zu § 50 BetrVG 1972; v. 30.8.1995 – 1 ABR 4/95, AP Nr. 29 zu § 87 BetrVG 1972 – Überwachung. | 8 BAG v. 18.10.1994 – 1 ABR 17/94, AP Nr. 70 zu § 87 BetrVG 1972 – Lohngestaltung. | 9 MünchArbR/*Joost*, § 305 Rz. 54. | 10 BAG v. 23.9.1975 – 1 ABR 122/73, AP Nr. 1 zu § 50 BetrVG 1972. | 11 *Döring*, DB 1980, 689 (690); abl. HSWG/*Glock*, § 50 BetrVG Rz. 15. | 12 BAG v. 17.11.1998 – 1 AZR 147/98, AP Nr. 162 zu § 242 BGB – Gleichbehandlung. | 13 BAG v. 24.1.1996 – 1 AZR 542/95, AP Nr. 16 zu § 50 BetrVG 1972; krit. zu der Begründung des BAG Richardi/*Annuß*, § 50 BetrVG Rz. 48, mit Hinweis darauf, dass eine Beauftragung nach Abs. 2 an die dort geregelten formellen Voraussetzungen gebunden ist. | 14 BAG v. 24.1.1996 – 1 AZR 542/95, AP Nr. 16 zu § 50 BetrVG 1972. | 15 Vgl. für das Nichtbestehen von Ansprüchen auf Nachteilsausgleich: BAG v. 24.1.1996 – 1 AZR 542/95, AP Nr. 16 zu § 50 BetrVG 1972. | 16 BAG v. 24.1.1996 – 1 AZR 542/95, AP Nr. 16 zu § 50 BetrVG 1972.

a) Soziale Angelegenheiten. Im Bereich der sozialen Angelegenheiten ist mit der Rspr. davon auszugehen, dass es sich überwiegend um betriebs- und nicht um unternehmensbezogene Tatbestände handelt[1]. Gewichtige Ausnahmen stellen aber bspw. Fragen der Lohngestaltung (§ 87 I Nr. 10) oder die Ausgestaltung von Sozialeinrichtungen (§ 87 I Nr. 8) dar, die typischerweise einheitlich für alle Betriebe des Unternehmens geregelt werden[2]. Im Einzelnen gilt Folgendes: 8

- **Altersversorgung:** Der ArbGeb kann frei entscheiden, ob er ein betrieblich differenziertes oder ein unternehmenseinheitliches System betrieblicher Altersversorgung (§ 87 I Nr. 8, 10) wünscht. Wird die betrAV wegen seiner finanziellen, steuerlichen und sozialen Bedeutung im Unternehmen einheitlich ausgestaltet, ist der GBR zuständig[3], bei betrieblich differenzierter Altersversorgung sind die EinzelBR zuständig. Die Zuständigkeit des GBR ist auch zu bejahen bei einer unternehmensweit geltenden Neuordnung der betrAV, welche unterschiedliche, bisher auf betrieblicher Ebene geltende Versorgungsordnungen ablöst[4]. Auch für die Änderung unternehmenseinheitlicher Ruhegeldrichtlinien ist der GBR zuständig[5].
- **Arbeitszeit:** Das MitbestR bezüglich der Lage der Arbeitszeit (§ 87 I Nr. 2) fällt in die Zuständigkeit des GBR, wenn wegen der produktionstechnischen Abhängigkeit mehrerer Betriebe voneinander eine einheitliche Regelung erforderlich ist und bei fehlender einheitlicher Regelung eine technisch untragbare Störung eintreten würde, die zu unangemessenen betriebl. oder wirtschaftl. Auswirkungen führen würde[6].
- **Auszahlung der Arbeitsentgelte:** Eine Zuständigkeit des GBR besteht, wenn die Entgeltzahlung zentral EDV-gestützt verwaltet wird und unterschiedliche betriebl. Regelungen den wirtschaftl. Nutzen der zentralen EDV-Anlage in Frage stellen würden[7]. Demgegenüber besteht eine Zuständigkeit der EinzelBR, wenn die Verhältnisse in den einzelnen Betrieben nicht vergleichbar sind und eine Regelung auf betriebl. Ebene erfordern. Die Erstattung von Kontoführungsgebühren soll nach Ansicht des BAG wegen der unterschiedlichen Höhe der Gebühren der örtlichen Banken[8] und den angeblich bestehenden betrieblichen und regionalen Besonderheiten in den Zuständigkeitsbereich der EinzelBR fallen; das Bedürfnis nach unternehmensweit einheitlicher Behandlung aller ArbN hält das BAG insoweit für unerheblich[9].
- **Bildschirmarbeitsplätze:** Die EinzelBR sind zuständig, wenn die Bildschirmarbeitsplätze in den einzelnen Niederlassungen unterschiedlich gestaltet sind, so dass kein zwingendes Erfordernis für eine einheitliche Regelung besteht[10]. Im Regelfall ist allerdings eine Zuständigkeit des GBR anzunehmen, da Bildschirmarbeitsplätze, die unternehmensweit vernetzt sind, auch unternehmenseinheitlich gestaltet werden müssen.
- **EDV-System:** Hinsichtlich der Einführung und Nutzung eines unternehmenseinheitlichen EDV-Systems (§ 87 I Nr. 6) besteht eine originäre Zuständigkeit des GBR für die Wahrnehmung des MitbestR, da sich eine unterschiedliche Ausgestaltung eines solchen Systems in den einzelnen Betrieben mit den Zielen und der Funktion eines solchen Systems nicht vereinbaren lässt[11].
- **Ethikrichtlinie:** Die Einführung einer Ethikrichtlinie fällt in die Zuständigkeit des GBR (soweit diese mitbestimmungspflichtige Gegenstände regelt). Es widerspräche dem Sinn einer Ethikrichtlinie, wenn ArbN an unterschiedliche ethische Maßstäbe gebunden wären, je nachdem, in welchem Betrieb sie arbeiten. Deswegen kann eine Ethikrichtlinie nur unternehmenseinheitlich gelten[12].
- **Gesundheitsschutz:** Für die Festlegung und Konkretisierung allgemeiner Vorschriften zum Gesundheitsschutz (§ 87 I Nr. 7) ist der GBR zuständig, wenn die Regelung nicht auf den Einzelbetrieb mit seinen betriebsspezifischen Gefahren, sondern wegen unternehmensweit einheitlicher Tätigkeiten auf die einheitliche Festlegung von Sicherheitsstandards zugeschnitten ist[13].
- **Kontoführungspauschale:** Siehe „Auszahlung der Arbeitsentgelte“.
- **Kurzarbeit:** Für die Einführung von Kurzarbeit sollen grds. die EinzelBR zuständig sein[14]. Eine Zuständigkeit des GBR ist jedoch gegeben, wenn wegen der produktionstechnischen Abhängigkeit mehrerer Betriebe voneinander eine einheitliche Regelung erforderlich ist[15].

---

1 BAG v. 23.9.1975 – 1 ABR 122/73, AP Nr. 1 zu § 50 BetrVG 1972. | 2 BAG v. 6.4.1976 – 1 ABR 27/74, AP Nr. 2 zu § 50 BetrVG 1972. | 3 BAG v. 19.3.1981 – 3 ABR 38/80, AP Nr. 14 zu § 80 BetrVG 1972; v. 5.5.1977 – 3 ABR 24/76, AP Nr. 3 zu § 50 BetrVG 1972. | 4 LAG Düsseldorf v. 6.2.1991 – 4 TaBV 106/90, DB 1991, 1330. | 5 BAG v. 21.1.2003 – 3 ABR 26/02, EzA Nr. 2 zu § 50 BetrVG 2001. | 6 BAG v. 23.9.1975 – 1 ABR 122/73, AP Nr. 1 zu § 50 BetrVG 1972; s.a. LAG Nürnberg v. 29.11.2006 – 7 TaBV 30/05, NZA-RR 2007, 248. | 7 LAG Berlin v. 10.9.1979 – 9 TaBV 3/79, DB 1979, 2091. | 8 BAG v. 20.4.1982 – 1 ABR 22/80, DB 1982, 1674 f. | 9 BAG v. 15.1.2002 – 1 ABR 10/01, AP Nr. 23 zu § 50 BetrVG 1972. | 10 LAG Düsseldorf v. 28.11.1980 – 16 TaBV 13/80, EzA Nr. 9 zu § 87 BetrVG 1972 – Kontrolleinrichtung. | 11 BAG v. 14.11.2006 – 1 ABR 4/06, NZA 2007, 399; LAG Düsseldorf v. 21.8.1987 – 9 TaBV 132/86, NZA 1988, 211; vgl. auch BAG v. 30.8.1995 – 1 ABR 4/95, AP Nr. 29 zu § 87 BetrVG 1972 – Überwachung; LAG Nürnberg v. 3.5.2002 – 8 TaBV 38/01, NZA-RR 2003, 21. | 12 LAG Düsseldorf v. 14.11.2005 – 10 TaBV 46/05, NZA-RR 2006, 81. | 13 BAG v. 16.6.1998 – 1 ABR 68/97, AP Nr. 7 zu § 87 BetrVG 1972 – Gesundheitsschutz. | 14 BAG v. 29.11.1978 – 4 AZR 276/77, AP Nr. 18 zu § 611 BGB – Bergbau. | 15 *Fitting*, § 50 BetrVG Rz. 38.

- **Lohngestaltung:** Für Fragen der betrieblichen Lohngestaltung (§ 87 I Nr. 10) ist die Frage der Zuständigkeit in besonderem Maße vom Einzelfall abhängig. Machen bspw. regionale Unterschiede der Arbeitsmarktlage die Zahlung von Zulagen nur in einigen Betrieben erforderlich, besteht keine zwingende Notwendigkeit einer einheitlichen Regelung, so dass die EinzelBR zuständig sind[1]. Ist hingegen aus Gründen der Lohngerechtigkeit ein einheitliches Entgeltsystem für alle im Unternehmen tätigen ArbN einer bestimmten Gruppe erforderlich, ist die Zuständigkeit des GBR zu bejahen[2]. Dies gilt auch, wenn auf Grund der Struktur eines Unternehmens die Provisionen von Außendienstmitarbeitern zentral für das gesamte Unternehmen geregelt werden[3]. Erklärt der ArbGeb, er wolle eine freiwillige Sondervergütung nur gewähren, wenn eine einheitliche Regelung für das Gesamtunternehmen zu Stande kommt, ist der GBR zuständig[4]. Die Zuständigkeit des GBR ist auch zu bejahen bei der unternehmensweiten Einführung eines Aktienoptionsprogramms[5] oder ähnlicher Formen der Mitarbeiterbeteiligung.
- **Sozialeinrichtungen:** Die Form, Ausgestaltung und Verwaltung von Sozialeinrichtungen (§ 87 I Nr. 8) fällt in die Zuständigkeit des GBR, wenn die Sozialeinrichtung nicht nur für den einzelnen Betrieb errichtet wird[6].
- **Telefonanlage:** Hinsichtlich der Einführung und Nutzung einer unternehmenseinheitlichen Telefonanlage (§ 87 I Nr. 6) steht das MitbestR dem GBR zu, wenn mit der Einführung bspw. ein unternehmensweit vernetztes Telefonsystem mit zentraler Kostenüberwachung, der Möglichkeit der einheitlichen Steuerung, der unternehmensweiten Kostenoptimierung oder der Möglichkeit der filialweiten Rufweiterschaltung geschaffen werden soll[7].
- **Urlaub:** Für die Aufstellung allgemeiner Urlaubsgrundsätze und des Urlaubsplans (§ 87 I Nr. 5) ist der GBR zuständig, wenn die produktionstechnische Abhängigkeit mehrerer Betriebe voneinander eine einheitliche Regelung erfordert. Andernfalls sind die EinzelBR zuständig[8].

9 **b) Gestaltung von Arbeitsplatz, Arbeitsablauf und Arbeitsumgebung.** Bei der Gestaltung von Arbeitsplatz, Arbeitsablauf und Arbeitsumgebung steht die Zuständigkeit gem. §§ 90, 91 in der Regel den EinzelBR zu[9]. Dies gilt jedoch nicht, wenn auf Grund zentraler Planung eine einheitliche Gestaltung für mehrere oder alle Betriebe erfolgt. So ist der GBR bspw. zuständig, wenn für mehrere Filialen eines Einzelhandelsunternehmens, die eine gleichartige Struktur aufweisen, die Kassenarbeitsplätze nach einheitlichen Richtlinien neu gestaltet werden und die Planung und Gestaltung zentral von der Hauptverwaltung aus erfolgt[10].

10 **c) Personelle Angelegenheiten.** Während der GBR in der Regel für allgemeine personelle Angelegenheiten zuständig ist, kommt eine Zuständigkeit für personelle Einzelmaßnahmen nur ausnahmsw. in Betracht. Für die unternehmensweite **Personalplanung** (§ 92) besteht ein zwingendes Erfordernis für eine unternehmenseinheitliche Regelung, so dass der GBR zuständig ist[11]. Auch die **Beschäftigungssicherung** (§ 92a) fällt überwiegend in die Zuständigkeit des GBR, da Vorschläge zum Produktions- und Investitionsprogramm, zur flexiblen Gestaltung der Arbeitszeit, Förderung der Teilzeitarbeit und ATZ einer überbetrieblichen oder unternehmensweiten Behandlung bedürfen. Im Einzelfall kann sich eine Zuständigkeit des BR ergeben, soweit sich bspw. Vorschläge zur Vermeidung von Outsourcingmaßnahmen auf einen Betrieb beschränken. Hinsichtlich der **Ausschreibung von Arbeitsplätzen** (§ 93) ist der GBR zuständig, wenn sie in mehreren oder allen Betrieben erfolgt[12]. **Personalfragebögen, Beurteilungsgrundsätze und Auswahlrichtlinien** (§§ 94, 95) fallen in die Zuständigkeit des GBR, da Anforderungen für einen bestimmten Stellentyp üblicherweise unternehmenseinheitlich gelten müssen[13]. Werden **Berufsbildungsmaßnahmen** (§§ 96 ff.) überbetrieblich durchgeführt oder koordiniert, ist der GBR zuständig[14].

11 Demgegenüber sind für **personelle Einzelmaßnahmen** grds. die EinzelBR zuständig, da Einstellung, Eingruppierung, Umgruppierung, Versetzung und Kündigung in der Regel keinen überbetriebl. Bezug haben[15]. Eine Zuständigkeit des GBR wird von dem BAG auch verneint, wenn ein ArbN von einem Betrieb in einen anderen Betrieb versetzt wird, selbst wenn der ArbGeb mehrere solcher Versetzungen zu einer sog. Personalrunde zusammenfasst[16]. Eine Zuständigkeit des GBR ist auch dann nicht gegeben,

1 BAG v. 18.10.1994 – 1 ABR 17/94, AP Nr. 70 zu § 87 BetrVG 1972 – Lohngestaltung. | 2 BAG v. 6.12.1988 – 1 ABR 44/87, AP Nr. 37 zu § 87 BetrVG 1972 – Lohngestaltung. | 3 BAG v. 29.3.1977 – 1 ABR 123/74, AP Nr. 1 zu § 87 BetrVG 1972 – Provision. | 4 BAG v. 11.2.1992 – 1 ABR 51/91, AP Nr. 50 zu § 76 BetrVG 1972. | 5 *Baeck/Diller*, DB 1998, 1405, 1412. | 6 BAG v. 6.4.1976 – 1 ABR 27/74, AP Nr. 2 zu § 50 BetrVG 1972. | 7 BAG v. 11.11.1998 – 7 ABR 47/97, AP Nr. 19 zu § 50 BetrVG 1972. | 8 Richardi/*Annuß*, § 50 BetrVG Rz. 24; aA DKK/*Trittin*, § 50 BetrVG Rz. 36: stets Zuständigkeit des EinzelBR. | 9 DKK/*Trittin*, § 50 BetrVG Rz. 46; HSWG/*Glock*, § 50 BetrVG Rz. 31. | 10 LAG Düsseldorf v. 29.4.1981 – 6 TaBV 19/81, ARSt 82, 46. | 11 HSWG/*Glock*, § 50 BetrVG Rz. 33; Richardi/*Annuß*, § 50 BetrVG Rz. 32. | 12 Richardi/*Annuß*, § 50 BetrVG Rz. 33; vgl. *Fitting*, § 50 BetrVG Rz. 53. | 13 BAG v. 31.1.1984 – 1 ABR 63/81, AP Nr. 3 zu § 95 BetrVG 1972; v. 31.5.1983 – 1 ABR 6/80, AP Nr. 2 zu § 95 BetrVG 1972. | 14 BAG v. 12.11.1991 – 1 ABR 21/91, AP Nr. 8 zu § 98 BetrVG 1972. | 15 Vgl. BAG v. 3.2.1982 – 7 AZR 791/79, DB 1982, 1624 f. | 16 BAG v. 26.1.1993 – 1 AZR 303/92, AP Nr. 102 zu § 99 BetrVG 1972.

wenn ein ArbN dem Übergang seines Arbeitsverhältnisses auf einen neuen Betriebsinhaber widerspricht und von dem bisherigen Betriebsinhaber – ohne zuvor einem anderen Betrieb des Unternehmens zugeordnet zu werden – betriebsbedingt gekündigt wird[1]; dem steht nicht entgegen, dass in solchen Fällen ggf. kein BR zu beteiligen ist, denn dem GBR steht keine Auffangzuständigkeit zu. Dagegen soll eine Zuständigkeit des GBR für personelle Einzelmaßnahmen gegeben sein, wenn ein ArbN für mehrere Betriebe des Unternehmens gleichzeitig tätig ist[2].

d) Wirtschaftliche Angelegenheiten. In wirtschaftl. Angelegenheiten ist der GBR zunächst für die Bestellung der Mitglieder des **Wirtschaftsausschusses** zuständig (§ 107 II 2). Er nimmt im Hinblick auf den Wirtschaftsausschuss alle Rechte und Pflichten wahr, die in Unternehmen mit nur einem Betrieb dem BR zugewiesen sind[3]. 12

Betrifft eine **Betriebsänderung** mehrere Betriebe oder das gesamte Unternehmen und besteht ein zwingendes Erfordernis für eine überbetriebl. Regelung, ist der GBR zuständig (s. § 111 Rz. 73 ff.). Eine **Zuständigkeit des GBR für den Interessenausgleich** ist insb. gegeben, wenn eine Betriebsänderung unternehmenseinheitlich oder betriebsübergreifend geplant wird[4]. Sie kommt bspw. in Betracht, wenn alle oder mehrere Betriebe eines Unternehmens[5] oder der gesamte Außendienst eines Unternehmens[6] stillgelegt werden. Für die Verhandlungen über den Interessenausgleich ist der GBR ferner zuständig, wenn in einem Unternehmen entweder der eine oder der andere Betrieb stillgelegt werden muss[7]. Plant der ArbGeb die Verlegung eines Betriebs und dessen Zusammenlegung mit einem anderen seiner Betriebe, ist für die Verhandlungen über den Interessenausgleich ebenfalls der GBR zuständig[8]. Gleiches gilt für einen unternehmensweiten Personalabbau ohne Rücksicht auf betriebliche oder sonstige Besonderheiten in den einzelnen Betrieben[9]. Der GBR ist ebenfalls zuständig, falls eine bisher auf betriebl. Ebene bestehende organisatorische Einheit zentral in einem Betrieb zusammengefasst wird (bspw. die Buchhaltung[10]) oder eine vormals arbeitsteilige Produktion im Unternehmen umgestellt werden soll[11]. 13

Zu beachten ist jedoch, dass aus der Zuständigkeit zum Abschluss des Interessenausgleichs nicht notwendigerweise die **Zuständigkeit für den Abschluss des Sozialplans** folgt[12]. Das Vorliegen der Zuständigkeitsvoraussetzungen für den Abschluss des Sozialplans ist **gesondert zu prüfen**. Ob die mit einer Betriebsänderung verbundenen Nachteile unternehmensbezogen oder betriebsbezogen auszugleichen sind, bestimmt sich nach dem Gegenstand der Betriebsänderung und der den ArbN daraus entstehenden Nachteile. Regelt ein mit dem GBR zu vereinbarender Interessenausgleich Betriebsänderungen, die einzelne Betriebe unabhängig voneinander betreffen, kommt für den Abschluss des Sozialplans eine Zuständigkeit der EinzelBR in Betracht[13]. 14

2. Zuständigkeit auf Grund gesetzlicher Zuweisung. Der GBR hat schließlich Aufgaben auf Grund gesetzl. Zuweisung. Gem. § 54 kann durch Beschlüsse der einzelnen GBR ein KBR errichtet werden. Fällt das Unternehmen in den Anwendungsbereich des DrittelbG oder des MitbestG 1976, so wirkt der GBR an der Bestellung des Wahlvorstands zur Wahl der ArbN-Vertreter im Aufsichtsrat mit (§ 4 2. WOMitbestG 2002; § 4 3. WOMitbestG 2002; § 26 WODrittelbG). Des Weiteren ist der GBR zuständig für die Bestellung der inländischen Mitglieder des besonderen Verhandlungsgremiums sowie die Bestellung der inländischen Mitglieder des EBR (§ 11 I, § 23 I EBRG), soweit nicht der KBR zuständig ist (s. § 58 Rz. 10). Gem. § 17 I kann der GBR einen Wahlvorstand in betriebsratslosen Betrieben bestellen. Bei **Umwandlungen** nach dem UmwG ist der GBR empfangszuständig für die Entgegennahme des (Entwurfs des) Verschmelzungsvertrags gem. § 5 III UmwG, wenn der beteiligte Rechtsträger aus mehreren Betrieben besteht und ein GBR gebildet ist[14]. Schließlich kann der GBR empfangszuständig sein für **Unterrichtungen nach WpÜG** (s. WpÜG Rz. 9). 15

III. Zuständigkeit für betriebsratslose Betriebe. Ist der GBR gem. Abs. 1 zuständig, so erstreckt sich diese Zuständigkeit gem. Abs. 1 S. 1 Hs. 2 auch auf betriebsratslose Betriebe. Diese Erstreckung der Zuständigkeit ist im Zuge der Reform des BetrVG neu in das Gesetz eingefügt worden. Die entgegenstehende frühere Rspr. des BAG[15] ist damit hinfällig, obgleich die Einwände gegen eine Erstreckung der Zuständigkeit des GBR auf betriebsratslose Betriebe (fehlende demokratische Legitimation) bestehen bleiben. Die Zuständigkeit des GBR betrifft nicht solche Gegenstände, für die ein EinzelBR zuständig 16

1 BAG v. 21.3.1996 – 2 AZR 559/95, AP Nr. 81 zu § 102 BetrVG 1972. | 2 DKK/*Trittin*, § 50 BetrVG Rz. 56; HSWG/*Glock*, § 50 BetrVG Rz. 35a; vgl. auch BAG v. 3.2.1982 – 7 AZR 791/79, DB 1982, 1624 f. | 3 Richardi/*Annuß*, § 50 BetrVG Rz. 36. | 4 BAG v. 8.6.1999 – 1 AZR 831/98, AP Nr. 47 zu § 111 BetrVG 1972. | 5 BAG v. 17.2.1981 – 1 AZR 290/78, AP Nr. 11 zu § 112 BetrVG 1972. | 6 BAG v. 8.6.1999 – 1 AZR 831/98, AP Nr. 47 zu § 111 BetrVG 1972. | 7 BAG v. 11.12.2001 – 1 AZR 193/01, AP Nr. 22 zu § 50 BetrVG 1972. | 8 BAG v. 24.1.1996 – 1 AZR 542/95, AP Nr. 16 zu § 50 BetrVG 1972. | 9 BAG v. 20.4.1994 – 10 AZR 186/93, AP Nr. 27 zu § 113 BetrVG 1972. | 10 *Schweibert* in Willemsen/Hohenstatt/Schweibert/Seibt, C 316. | 11 *Picot/Schnitker*, Arbeitsrecht bei Unternehmenskauf und Restrukturierung, II Rz. 97. | 12 BAG v. 3.5.2006 – 1 ABR 15/05, BB 2006, 2250; v. 11.12.2001 – 1 AZR 193/01, AP Nr. 22 zu § 50 BetrVG 1972; vgl. aber BAG v. 23.10.2002 – 7 ABR 55/01, AP Nr. 26 zu § 50 BetrVG 1972. | 13 BAG v. 11.12.2001 – 1 AZR 193/01, AP Nr. 22 zu § 50 BetrVG 1972. | 14 Kallmeyer/*Willemsen*, § 5 UmwG Rz. 75; Lutter/*Lutter*, 3. Aufl. 2004, § 5 UmwG Rz. 99. | 15 BAG v. 16.8.1983 – 1 AZR 544/81, AP Nr. 5 zu § 50 BetrVG 1972.

wäre; der GBR ist kein ErsatzBR[1]. „Betriebsratslos" sind betriebsratsfähige Betriebe, die von der Wahl eines BR abgesehen haben, nicht dagegen Kleinstbetriebe, die den Schwellenwert des § 1 nicht erreichen[2]. Durch die Erstreckung der Zuständigkeit des GBR auf betriebsratslose Betriebe wird der Geltungsbereich von in einem Unternehmen bereits bestehenden GesamtBV grds. auf die betriebsratslosen Betriebe ausgedehnt. Wird das Unternehmen dadurch jedoch mit weiteren nicht vorhersehbaren Kosten belastet, kann sich der ArbGeb auf einen Wegfall der Geschäftsgrundlage berufen und zumindest eine Anpassung der GesamtBV verlangen[3].

17 **IV. Zuständigkeit kraft Auftrags.** Abs. 2 eröffnet dem EinzelBR die Möglichkeit, den GBR mit der Wahrnehmung einzelner Angelegenheiten zu beauftragen, für die an sich der EinzelBR zuständig ist. Hierdurch wird es möglich, die Zuständigkeit des GBR in Fällen zu begründen, in denen dies zweckmäßig ist, insb. im Hinblick auf den unmittelbaren Kontakt des GBR zur Unternehmensleitung[4]. Die Beauftragung ist mit der **qualifizierten Mehrheit** der Stimmen der Mitglieder des BR zu beschließen (Abs. 2 S. 1) und bedarf der **Schriftform** (Abs. 2 S. 3 iVm. § 27 II 3). Werden diese formalen Vorschriften nicht eingehalten, ist die Beauftragung unwirksam[5]. Der EinzelBR darf nicht generell im Voraus die Zuständigkeit ganzer Sachbereiche an den GBR übertragen, sondern kann die Beauftragung jeweils nur im Hinblick auf eine ganz bestimmte Angelegenheit vornehmen[6]. Der BR darf die Beauftragung des GBR **widerrufen**; auch dafür ist die Mehrheit der Stimmen der Mitglieder des BR erforderlich[7]. Nach überwiegender Auffassung bedarf der Widerruf keines sachlichen Grundes[8]. Erfolgt der Widerruf jedoch rechtsmissbräuchlich, etwa um Verhandlungen über einen Interessenausgleich durch ein „Ping-Pong-Spiel" zwischen BR und GBR zu verzögern, ist der Widerruf unwirksam[9]. Gleichwohl empfiehlt es sich aus ArbGebSicht, vor der Aufnahme von Verhandlungen auf eine unwiderrufliche Beauftragung des GBR zu drängen[10]. Hat ein EinzelBR den GBR beauftragt, eine bestimmte Angelegenheit für ihn zu behandeln, so ist der GBR auch für die Anrufung der Einigungsstelle zuständig[11]. Der GBR hat das Recht, die Angelegenheit an den BR zurück zu weisen (Rückdelegation)[12].

18 Gem. Abs. 2 S. 2 kann sich der BR bei der Beauftragung des GBR die **Entscheidungsbefugnis vorbehalten**, so dass dem GBR nur das Recht verbleibt, die Verhandlungen zu führen. Aus der Gesetzessystematik folgt, dass der GBR grds. entscheidungsbefugt ist, soweit sich der EinzelBR die Entscheidungsbefugnis nicht ausdrücklich und unmissverständlich vorbehalten hat[13].

19 **V. Streitigkeiten.** Bei Streitigkeiten über die Zuständigkeit des GBR entscheidet das ArbG im Beschlussverfahren (§§ 2a, 80 ff. ArbGG). Örtlich zuständig ist das ArbG, in dessen Bezirk der Sitz des Unternehmens liegt (§ 82 I 2 ArbGG). Für Streitigkeiten über eine Beauftragung des GBR durch einen EinzelBR ist dagegen das ArbG örtlich zuständig, in dessen Bezirk der Betrieb des betreffenden EinzelBR liegt. Kann im Rahmen eines **einstw. Verfügungsverfahrens** die Zuständigkeit des antragstellenden GBR bzw. BR nicht eindeutig geklärt werden, soll nach Ansicht des Hess. LAG ein überwiegendes Interesse am Erlass der einstw. Verfügung zu verneinen sein[14].

51 *Geschäftsführung*

(1) Für den Gesamtbetriebsrat gelten § 25 Abs. 1, die §§ 26, 27 Abs. 2 und 3, § 28 Abs. 1 Satz 1 und 3, Abs. 2, die §§ 30, 31, 34, 35, 36, 37 Abs. 1 bis 3 sowie die §§ 40 und 41 entsprechend. § 27 Abs. 1 gilt entsprechend mit der Maßgabe, dass der Gesamtbetriebsausschuss aus dem Vorsitzenden des Gesamtbetriebsrats, dessen Stellvertreter und bei Gesamtbetriebsräten mit

9 bis 16 Mitgliedern aus 3 weiteren Ausschussmitgliedern,

17 bis 24 Mitgliedern aus 5 weiteren Ausschussmitgliedern,
25 bis 36 Mitgliedern aus 7 weiteren Ausschussmitgliedern,
mehr als 36 Mitgliedern aus 9 weiteren Ausschussmitgliedern

besteht.

(2) Ist ein Gesamtbetriebsrat zu errichten, so hat der Betriebsrat der Hauptverwaltung des Unternehmens oder, soweit ein solcher Betriebsrat nicht besteht, der Betriebsrat des nach der Zahl der wahlberechtigten Arbeitnehmer größten Betriebs zu der Wahl des Vorsitzenden und des stellvertretenden Vorsitzenden des Gesamtbetriebsrats einzuladen. Der Vorsitzende des einladenden Betriebsrats

1 BAG v. 16.8.1983 – 1 AZR 544/81, AP Nr. 5 zu § 50 BetrVG 1972; *Stege/Weinspach/Schiefer*, §§ 47–52 BetrVG Rz. 9d und 10. | 2 *Fitting*, § 50 BetrVG Rz. 29. | 3 Vgl. *Fitting*, § 50 BetrVG Rz. 31 f. | 4 Richardi/*Annuß*, § 50 BetrVG Rz. 53; *Rieble*, RdA 2005, 26. | 5 LAG Mainz v. 19.7.2006 – 10 Sa 50/06, nv. | 6 BAG v. 26.1.1993 – 1 AZR 303/92, AP Nr. 102 zu § 99 BetrVG 1972. | 7 *Etzel*, Betriebsverfassungsrecht, Rz. 1362. | 8 DKK/*Trittin*, § 50 BetrVG Rz. 70; Richardi/*Annuß*, § 50 BetrVG Rz. 62; aA *Behrens/Kramer*, DB 1994, 94 ff. | 9 Vgl. DKK/*Trittin*, § 50 BetrVG Rz. 70. | 10 *Schweibert* in Willemsen/Hohenstatt/Schweibert/Seibt, C 313. | 11 LAG Düsseldorf v. 3.7.2002 – 12 TaBV 22/02, NZA-RR 2003, 83. | 12 *Rieble*, RdA 2005, 30 f. | 13 GK-BetrVG/*Kreutz*, § 50 Rz. 66; ErfK/*Eisemann*, § 50 BetrVG Rz. 9. | 14 LAG Hess. v. 21.6.2001 – 5 TaBV Ga 45/01, AE 2001, 137 (138).

hat die Sitzung zu leiten, bis der Gesamtbetriebsrat aus seiner Mitte einen Wahlleiter bestellt hat. § 29 Abs. 2 bis 4 gilt entsprechend.

(3) Die Beschlüsse des Gesamtbetriebsrats werden, soweit nichts anderes bestimmt ist, mit Mehrheit der Stimmen der anwesenden Mitglieder gefasst. Bei Stimmengleichheit ist ein Antrag abgelehnt. Der Gesamtbetriebsrat ist nur beschlussfähig, wenn mindestens die Hälfte seiner Mitglieder an der Beschlussfassung teilnimmt und die Teilnehmenden mindestens die Hälfte aller Stimmen vertreten; Stellvertretung durch Ersatzmitglieder ist zulässig. § 33 Abs. 3 gilt entsprechend.

(4) Auf die Beschlussfassung des Gesamtbetriebsausschusses und weiterer Ausschüsse des Gesamtbetriebsrats ist § 33 Abs. 1 und 2 anzuwenden.

(5) Die Vorschriften über die Rechte und Pflichten des Betriebsrats gelten entsprechend für den Gesamtbetriebsrat, soweit dieses Gesetz keine besonderen Vorschriften enthält.

I. Allgemeines. Die Vorschrift regelt die innere Organisation und die Geschäftsführung des GBR. Dabei verweisen Abs. 1 und 4 im Wesentlichen auf die Vorschriften, die auch für die innere Organisation und Geschäftsführung des BR maßgeblich sind, während Abs. 2 und 3 Regelungen enthalten, die den Besonderheiten des GBR Rechnung tragen. Abs. 5 regelt schließlich, dass die Vorschriften über Rechte und Pflichten des BR für den GBR entsprechend gelten, soweit das Gesetz keine abweichenden Vorschriften enthält. 1

II. Konstituierung des Gesamtbetriebsrats. Ist ein GBR erstmalig zu bilden, richtet sich die Zuständigkeit für die Einladung zu seiner konstituierenden Sitzung nach Abs. 2. Zweck der konstituierenden Sitzung ist die Wahl des Vorsitzenden des GBR und seines Stellvertreters. Zuständig für die Einladung zu der konstituierenden Sitzung ist der **BR der Hauptverwaltung** des Unternehmens. Hauptverwaltung ist derjenige Teil des Unternehmens, von dem aus die Leitung des Unternehmens erfolgt. Bildet die Hauptverwaltung keinen selbständigen Betrieb, sondern ist sie nur unselbständiger Betriebsteil etwa eines Produktionsbetriebs, so ist der BR dieses Betriebs für die Einladung zur konstituierenden Sitzung zuständig[1]. Ist im Betrieb der Hauptverwaltung des Unternehmens kein BR gebildet, so lädt der BR des nach der Zahl der wahlberechtigten ArbN **größten Betriebs** zur konstituierenden Sitzung ein. Dabei kommt es auf die Zahl der Eintragungen in die Wählerliste bei der letzten BR-Wahl an[2]. Unterlässt der BR der Hauptverwaltung bzw. des größten Betriebs eine Einladung zur konstituierenden Sitzung, so sollen die von den EinzelBR entsandten Mitglieder nach überwiegender Ansicht von sich aus zur konstituierenden Sitzung zusammentreten können[3]. Die Regelungen des Abs. 2 finden schließlich entsprechend Anwendung, wenn die Mitgliedschaft aller Mitglieder des GBR, etwa infolge der regelmäßigen BR-Wahlen, geendet hat[4]. In diesem Fall besteht allerdings der GBR, der eine Dauereinrichtung ist, fort. Es ist lediglich ein neuer Vorsitzender und stellvertretender Vorsitzender zu wählen. 2

Die Einladung ergeht an alle BR im Unternehmen. Sie kann die Aufforderung enthalten, Mitglieder in den GBR zu entsenden, soweit dies noch nicht geschehen ist[5]. 3

Bis der GBR aus seiner Mitte einen Wahlleiter bestellt hat, obliegt die **Sitzungsleitung** dem Vorsitzenden des einladenden BR. Soweit der Vorsitzende des einladenden BR selbst nicht in den GBR entsandt worden ist, endet seine Teilnahme an der konstituierenden Sitzung mit der Bestellung des Wahlleiters[6]. Nach der Wahl des Vorsitzenden obliegt diesem die weitere Leitung der Sitzung. Er beruft auch die weiteren Sitzungen ein. Insoweit gelten für die Einberufung der Sitzungen des BR anwendbaren Vorschriften entsprechend (Abs. 2 S. 3 iVm. § 29 II–IV). 4

III. Geschäftsführung und innere Ordnung. 1. Vorsitz. Der GBR wählt **aus seiner Mitte** einen Vorsitzenden und dessen Stellvertreter (Abs. 1 S. 1 iVm. § 26 I). Die erste Wahl eines Vorsitzenden erfolgt in der konstituierenden Sitzung des GBR (Abs. 2 S. 1). Da die Mitgliedschaft im GBR durch Erlöschen der Mitgliedschaft im entsendenden BR endet, ist eine Neu- oder Wiederwahl des Vorsitzenden und seines Stellvertreters in der den regelmäßigen BR-Wahlen (§ 13) folgenden Sitzung des GBR vorzunehmen[7]. Erlischt die Mitgliedschaft des Vorsitzenden oder seines Stellvertreters vorzeitig (§ 49) oder erfolgt eine Niederlegung des Vorsitzes oder eine Abberufung von dem Amt des Vorsitzenden, ist unverzüglich ein neuer Vorsitzender bzw. stellvertretender Vorsitzender zu wählen. Der Vorsitzende, oder im Fall seiner Verhinderung sein Stellvertreter, vertritt den GBR im Rahmen der von ihm gefassten Beschlüsse und ist zur Entgegennahme und Abgabe von Erklärungen, die dem GBR gegenüber abzugeben sind, berechtigt (Abs. 1 S. 1 iVm. § 26 II) (s. § 26 Rz. 10). 5

2. Gesamtbetriebsausschuss. Hat der GBR neun oder mehr Mitglieder, besteht die Möglichkeit – aber auch die Pflicht – zur Bildung eines Gesamtbetriebsausschusses, der die **laufenden Geschäfte** des GBR 6

---

1 DKK/*Trittin*, § 51 BetrVG Rz. 6; *Löwisch/Kaiser*, § 51 BetrVG Rz. 1; ErfK/*Eisemann*, § 51 BetrVG Rz. 1; *Fitting*, § 51 BetrVG Rz. 8. | 2 GK-BetrVG/*Kreutz*, § 51 Rz. 8; Richardi/*Annuß*, § 51 BetrVG Rz. 24. | 3 Wlotzke/Preis/*Roloff*, § 51 BetrVG Rz. 4; DKK/*Trittin*, § 51 BetrVG Rz. 8; aA HSWG/*Glock*, § 51 BetrVG Rz. 17. | 4 ArbG Stuttgart v. 13.1.1975 – 4 BV 10/75, DB 1976, 1160. | 5 HSWG/*Glock*, § 51 BetrVG Rz. 16; DKK/*Trittin*, § 51 BetrVG Rz. 8. | 6 *Fitting*, § 51 BetrVG Rz. 12; Richardi/*Annuß*, § 51 BetrVG Rz. 26. | 7 ArbG Stuttgart v. 13.1.1975 – 4 BV 10/75, DB 1976, 1160.

führt. Auch können dem Gesamtbetriebsausschuss **Aufgaben zur selbständigen Erledigung** übertragen werden, jedoch nicht der Abschluss von GesamtBV (Abs. 1 S. 1 iVm. § 27 II). Der Vorsitzende des GBR und sein Stellvertreter gehören dem Gesamtbetriebsausschuss kraft Amtes an. Je nach Größe des GBR sind drei bis neun weitere Ausschussmitglieder gem. der in Abs. 1 S. 2 festgelegten Staffel zu wählen. Die Wahl erfolgt nach den Grundsätzen der Verhältniswahl[1]. Vergrößert sich die Zahl der Mitglieder des GBR und dadurch auch die Zahl der Mitglieder des Gesamtbetriebsausschusses, sind alle weiteren Mitglieder des Gesamtbetriebsausschusses nach dem Prinzip der Verhältniswahl neu zu wählen[2]. Die Mitgliedschaft im Gesamtbetriebsausschuss endet durch Niederlegung des Amtes im Gesamtbetriebsausschuss, Erlöschen der Mitgliedschaft im GBR oder Abberufung durch den GBR[3]. Für die Beschlussfassung des Gesamtbetriebsausschusses ordnet Abs. 4 die entsprechende Anwendung des § 33 I und II an. Der Grundsatz der Stimmengewichtung gilt nicht; jedes Ausschussmitglied hat eine Stimme[4].

7 Soweit im Unternehmen mehr als 100 ArbN beschäftigt sind, kann der GBR **weitere Ausschüsse** bilden und ihnen Aufgaben übertragen (Abs. 1 S. 1 iVm. § 28 I). Auch hier gilt jedoch, dass der Abschluss von GesamtBV nicht auf Ausschüsse übertragen werden darf (Abs. 1 S. 1 iVm. § 28 I 3 iVm. § 27 II 2). Für die Beschlussfassung der weiteren Ausschüsse ordnet Abs. 4 die entsprechende Anwendung des § 33 I und II an. Ebenso wie im Gesamtbetriebsausschuss gilt der Grundsatz der Stimmgewichtung nicht; jedes Ausschussmitglied hat eine Stimme.

8 **3. Entsprechende Anwendung der für die Geschäftsführung des Betriebsrats geltenden Vorschriften.** Für die Geschäftsführung und innere Ordnung des GBR sind gem. Abs. 1 S. 1 eine Reihe von weiteren Vorschriften, die für die Geschäftsführung des BR gelten, entsprechend anwendbar. Auf Grund dieser Verweisung gilt im Einzelnen Folgendes:

- **Arbeitsbefreiung:** Die Mitglieder des GBR sind von ihren berufl. Tätigkeiten zu befreien, soweit dies zur ordnungsgem. Durchführung ihrer Aufgaben erforderlich ist (Abs. 1 S. 1 iVm. § 37 II). Muss die Tätigkeit für den GBR aus betriebsbedingten Gründen außerhalb der Arbeitszeit durchgeführt werden, besteht Anspruch auf entsprechende Arbeitsbefreiung unter Fortzahlung des Arbeitsentgelts (Abs. 1 S. 1 iVm. § 37 III).
- **Ersatzmitglieder:** Scheidet ein Mitglied des GBR aus oder ist es zeitweilig verhindert, rückt ein Ersatzmitglied nach (Abs. 1 S. 1 iVm. § 25 I). Die Reihenfolge des Nachrückens ist gem. § 47 III festzulegen (s. § 47 Rz. 17).
- **Geschäftsordnung:** Sonstige Bestimmungen über die Geschäftsführung sollen in einer schriftl. Geschäftsordnung getroffen werden (Abs. 1 S. 1 iVm. § 36).
- **Gewerkschaftsbeauftragte:** Beauftragte von Gewerkschaften sind berechtigt, auf Antrag eines Viertels der Mitglieder des GBR an den Sitzungen beratend teilzunehmen, wobei das Stimmgewicht, nicht die Kopfzahl maßgeblich ist. Eine Teilnahmeberechtigung eines Gewerkschaftsvertreters setzt voraus, dass die Gewerkschaft im GBR vertreten ist[5], ihr also ein Mitglied des GBR angehört.
- **Kosten:** Die Kosten, die durch die Tätigkeit des GBR entstehen, trägt der ArbGeb (Abs. 1 S. 1 iVm. § 40). Auch hier gilt der Grundsatz, dass nur die zur Durchführung der Arbeit des GBR erforderlichen Kosten vom ArbGeb zu tragen sind[6]. Im Einzelfall kann es erforderlich sein, dass der Vorsitzende des GBR auswärtige Betriebe aufsucht[7]. Die Kosten der Herausgabe eines Informationsblatts durch den GBR braucht der ArbGeb nicht zu tragen[8].
- **Sitzungen des GBR:** Die GBR-Sitzungen finden in der Regel während der Arbeitszeit statt (Abs. 1 S. 1 iVm. § 30 S. 1). Der GBR ist grds. nicht verpflichtet, seine Sitzungen am Ort der Hauptverwaltung des Unternehmens abzuhalten[9], jedoch ist es nicht zulässig, die Sitzungen des BR an Orten abzuhalten, an denen das Unternehmen keinen Betrieb hat[10]. Auch ansonsten hat der GBR darauf zu achten, dass im Zusammenhang mit seinen Sitzungen nur die notwendigen und dem Grundsatz der Verhältnismäßigkeit entsprechenden Kosten anfallen. Tritt bspw. der GBR eines in Norddeutschland mit mehreren Betrieben ansässigen Unternehmens ohne zwingenden Grund in dem einzigen Betrieb des Unternehmens in Süddeutschland zu einer Sitzung zusammen, ist der ArbGeb nicht verpflichtet, die Reisekosten der norddeutschen Mitglieder des GBR zu tragen.
- **Sitzungsniederschrift:** Über jede Sitzung des GBR wird eine Niederschrift angefertigt, von der der ArbGeb oder der Beauftragte einer Gewerkschaft, sofern sie teilgenommen haben, eine Abschrift erhält (Abs. 1 S. 1 iVm. § 34). In der Regel besteht kein Anspruch des GBR auf Stellung einer Schreibkraft zur Protokollführung[11].

---

1 BAG v. 21.7.2004 – 7 ABR 62/03, EzA Nr. 1 zu § 51 BetrVG. |2 BAG v. 16.3.2005 – 7 ABR 37/04, AP Nr. 5 zu § 51 BetrVG 1972. |3 Richardi/*Annuß*, § 51 BetrVG Rz. 17 ff. |4 ErfK/*Eisemann*, § 51 BetrVG Rz. 13. |5 HSWG/*Glock*, § 51 BetrVG Rz. 29; *Fitting*, § 51 BetrVG Rz. 37; ErfK/*Eisemann*, § 51 BetrVG Rz. 6; aA DKK/*Trittin*, § 51 BetrVG Rz. 45. |6 BAG v. 21.11.1978 – 6 ABR 55/76, AP Nr. 4 zu § 50 BetrVG 1972. |7 LAG Berlin v. 1.10.1973 – 5 TaBV 5/73, BB 1974, 1439. |8 BAG v. 21.11.1978 – 6 ABR 55/76, AP Nr. 4 zu § 50 BetrVG 1972. |9 BAG v. 24.7.1979 – 6 ABR 96/77, AP Nr. 1 zu § 51 BetrVG 1972. |10 HSWG/*Glock*, § 51 BetrVG Rz. 11; offen gelassen von BAG v. 24.7.1979 – 6 ABR 96/77, AP Nr. 1 zu § 51 BetrVG 1972. |11 Anders DKK/*Trittin*, § 51 BetrVG Rz. 44, für Sitzungen mit besonders umfangreicher Tagesordnung.

- **Sprechstunden:** Da Abs. 1 S. 1 nicht auf § 39 verweist, sind Sprechstunden des GBR nicht vorgesehen, es sei denn, sie werden außerhalb der Arbeitszeit abgehalten oder erfolgen mit Zustimmung des ArbGeb[1].

IV. Beschlussfassung des Gesamtbetriebsrats. Die Beschlussfassung im GBR erfolgt gem. Abs. 3, der den Besonderheiten der im GBR geltenden Regeln der Stimmgewichtung Rechnung trägt. Für die **Beschlussfähigkeit** des GBR ist erforderlich, dass mindestens die Hälfte der Mitglieder des GBR an der Beschlussfassung teilnimmt und die Teilnehmenden mindestens die Hälfte aller Stimmen vertreten. Diese Voraussetzungen müssen kumulativ vorliegen, da bei entsprechender Stimmengewichtung (§ 47 VII–IX) sehr wenige Mitglieder die Mehrheit der Stimmen innehaben können und es sich mit dem Charakter des GBR als Kollegialorgan nicht vertragen würde, wenn bereits deren Anwesenheit für die Beschlussfähigkeit ausreichen würde[2]. 9

Die **Beschlussfassung** erfolgt, soweit nichts anderes bestimmt ist, mit der Mehrheit der Stimmen der anwesenden Mitglieder, wobei jedes Mitglied die ihm nach § 47 VII–IX zustehenden Stimmen inne hat. Die dem einzelnen Mitglied zustehenden Stimmen können nur einheitlich abgegeben werden (s. § 47 Rz. 25). Gem. Abs. 3 S. 2 ist ein Antrag bei Stimmengleichheit abgelehnt. Während grds. die einfache Mehrheit der Stimmen der anwesenden Mitglieder ausreichend ist, erfordert die Übertragung von Aufgaben des GBR auf den Gesamtbetriebsausschuss die Mehrheit der Stimmen aller Mitglieder (§ 51 I iVm. § 27 II 2). Gleiches gilt für die Beauftragung des KBR, eine Angelegenheit für den GBR wahrzunehmen (§ 58 II), für den Erlass einer Geschäftsordnung (Abs. 1 S. 1 iVm. § 36) sowie für die Übertragung von Aufgaben des Wirtschaftsausschusses auf einen Ausschuss des GBR (§ 107 III 1). Betrifft ein von dem GBR zu fassender Beschluss überwiegend die in § 60 I bezeichneten jugendlichen oder auszubildenden ArbN, haben die Mitglieder der GesamtJAV ein Stimmrecht (§ 73 II iVm. § 67 II). Ihre Stimmen sind somit bei der Berechnung der Stimmenmehrheit, nicht jedoch für das Vorliegen der Beschlussfähigkeit mitzuzählen[3]. 10

V. Rechte und Pflichten des Gesamtbetriebsrats. Durch die Generalklausel des Abs. 5 wird klargestellt, dass der GBR über die gleichen Rechte und Pflichten wie der BR verfügt, soweit das Gesetz keine besonderen Vorschriften enthält. Somit gilt etwa das Gebot der vertrauensvollen Zusammenarbeit auch für das Verhältnis zwischen GBR und ArbGeb[4]. Im Rahmen seiner Zuständigkeit hat der GBR auch die gleichen MitbestR wie der BR[5]. 11

VI. Streitigkeiten. Bei Streitigkeiten über die Geschäftsführung und innere Ordnung des GBR entscheidet das ArbG im Beschlussverfahren (§§ 2a, 80 ff. ArbGG). Örtlich zuständig ist das ArbG, in dessen Bezirk der Sitz des Unternehmens liegt (§ 82 I 2 ArbGG). 12

52 *Teilnahme der Gesamtschwerbehindertenvertretung*

Die Gesamtschwerbehindertenvertretung (§ 97 Abs. 1 des Neunten Buches Sozialgesetzbuch) kann an allen Sitzungen des Gesamtbetriebsrats beratend teilnehmen.

Entsprechend dem Teilnahmerecht der Schwerbehindertenvertretung an den Sitzungen des BR (§ 32), regelt § 52 das Recht der **Gesamtschwerbehindertenvertretung**, an allen Sitzungen des GBR beratend teilzunehmen. Gem. § 97 I SGB IX wählen die Schwerbehindertenvertretungen der einzelnen Betriebe eine Gesamtschwerbehindertenvertretung, wenn für mehrere Betriebe eines ArbGeb ein GBR errichtet ist. Ist eine Schwerbehindertenvertretung nur in einem der Betriebe gewählt, nimmt sie die Rechte der Gesamtschwerbehindertenvertretung wahr. In Anlehnung an § 50 I 1 ist es gem. § 97 VI SGB IX Aufgabe der Gesamtschwerbehindertenvertretung, die Interessen der schwerbehinderten Menschen in solchen Angelegenheiten zu vertreten, die das Gesamtunternehmen oder mehrere Betriebe des ArbGeb betreffen und von den Schwerbehindertenvertretungen der einzelnen Betriebe nicht geregelt werden können. Des Weiteren vertritt die Gesamtschwerbehindertenvertretung auch die Interessen der schwerbehinderten Menschen, die in solchen Betrieben tätig sind, für die eine Schwerbehindertenvertretung nicht gewählt ist. 1

Die Gesamtschwerbehindertenvertretung ist **berechtigt, an allen Sitzungen des GBR** beratend **teilzunehmen.** Aus dem Gesetzeswortlaut ergibt sich, dass sich das Teilnahmerecht nicht auf Sitzungen des GBR beschränkt, in denen Gegenstände behandelt werden, die den Zuständigkeitsbereich der Gesamtschwerbehindertenvertretung berühren. Das Recht zur Teilnahme besteht vielmehr bei allen Sitzungen des GBR. Der Vorsitzende des GBR lädt die Gesamtschwerbehindertenvertretung zu allen Sitzungen des GBR ein (§ 51 II 3 iVm. § 29 II 4). Ein Verstoß gegen diese Verpflichtung führt jedoch nicht zu einer 2

1 HSWG/*Glock*, § 51 BetrVG Rz. 59; *Fitting*, § 51 BetrVG Rz. 45. | 2 Richardi/*Annuß*, § 51 BetrVG Rz. 41. | 3 *Fitting*, § 51 BetrVG Rz. 56; Richardi/*Annuß*, § 51 BetrVG Rz. 44. | 4 HSWG/*Glock*, § 51 BetrVG Rz. 63; Wlotzke/Preis/*Roloff*, § 51 BetrVG Rz. 24. | 5 DKK/*Trittin*, § 51 BetrVG Rz. 58; GK-BetrVG/*Kreutz*, § 51 Rz. 80.

Unwirksamkeit der während der Sitzung des GBR gefassten Beschlüsse[1]. Die Gesamtschwerbehindertenvertretung hat nicht das Recht, die Einberufung des GBR zu verlangen[2].

3 Da die Gesamtschwerbehindertenvertretung **beratend** teilnimmt, hat sie kein Stimmrecht im GBR. Sie kann jedoch verlangen, dass Angelegenheiten, die Einzelne oder die schwerbehinderten Menschen als Gruppe besonders betreffen, auf die Tagesordnung der nächsten Sitzung des GBR gesetzt werden (§ 97 VII iVm. § 95 IV 1 SBG IX). Auch kann die Gesamtschwerbehindertenvertretung die Aussetzung von Beschlüssen verlangen, wenn sie einen Beschluss des GBR als erhebliche Beeinträchtigung wichtiger Interessen der durch sie vertretenen schwerbehinderten Menschen erachtet (§ 51 I iVm. § 35 I).

4 Über **Streitigkeiten** über das Teilnahmerecht der Gesamtschwerbehindertenvertretung und über ihre Befugnisse im Rahmen des BetrVG entscheidet das ArbG im Beschlussverfahren (§§ 2a, 80 ff. ArbGG). Örtlich zuständig ist das ArbG, in dessen Bezirk der Sitz des Unternehmens liegt (§ 82 I 2 ArbGG).

53 *Betriebsräteversammlung*

(1) Mindestens einmal in jedem Kalenderjahr hat der Gesamtbetriebsrat die Vorsitzenden und die stellvertretenden Vorsitzenden der Betriebsräte sowie die weiteren Mitglieder der Betriebsausschüsse zu einer Versammlung einzuberufen. Zu dieser Versammlung kann der Betriebsrat abweichend von Satz 1 aus seiner Mitte andere Mitglieder entsenden, soweit dadurch die Gesamtzahl der sich für ihn nach Satz 1 ergebenden Teilnehmer nicht überschritten wird.

(2) In der Betriebsräteversammlung hat

1. der Gesamtbetriebsrat einen Tätigkeitsbericht,

2. der Unternehmer einen Bericht über das Personal- und Sozialwesen einschließlich des Stands der Gleichstellung von Frauen und Männern im Unternehmen, der Integration der im Unternehmen beschäftigten ausländischen Arbeitnehmer, über die wirtschaftliche Lage und Entwicklung des Unternehmens sowie über Fragen des Umweltschutzes im Unternehmen, soweit dadurch nicht Betriebs- und Geschäftsgeheimnisse gefährdet werden,

zu erstatten.

(3) Der Gesamtbetriebsrat kann die Betriebsräteversammlung in Form von Teilversammlungen durchführen. Im Übrigen gelten § 42 Abs. 1 Satz 1 zweiter Halbsatz und Satz 2, § 43 Abs. 2 Satz 1 und 2 sowie die §§ 45 und 46 entsprechend.

1 **I. Allgemeines.** Die Betriebsräteversammlung ist eine betriebsverfassungsrechtl. Einrichtung, welche dazu dient, Vertretern der EinzelBR Informationen über die Tätigkeit des GBR sowie über das Personal- und Sozialwesen und die wirtschaftl. Lage und Entwicklung des Unternehmens, den Umweltschutz sowie die Integration ausländischer ArbN im Unternehmen zu vermitteln. § 53 II legt dem GBR und dem Unternehmer entsprechende Berichtspflichten auf.

2 **II. Teilnahmeberechtigte an der Betriebsräteversammlung.** An der Betriebsräteversammlung sind gem. Abs. 1 S. 1 zunächst der **Vorsitzende und stellvertretende Vorsitzende** der BR sowie die **weiteren Mitglieder der Betriebsausschüsse** (soweit solche gebildet sind) teilnahmeberechtigt. Jedoch kann der BR gem. Abs. 1 S. 2 beschließen, abweichend von der gesetzl. Grundregel andere Mitglieder als den Vorsitzenden, stellvertretenden Vorsitzenden und die weiteren Mitglieder der Betriebsausschüsse zu entsenden. Dabei muss es sich jedoch um Mitglieder aus seiner Mitte handeln, so dass nur BR-Mitglieder zur Betriebsräteversammlung entsandt werden dürfen; Ersatzmitglieder sind nicht teilnahmeberechtigt, solange sie nicht endgültig oder zeitweilig in den BR nachgerückt sind[3]. Bei einem einköpfigen BR ist dieser teilnahmeberechtigt[4].

3 Teilnahmeberechtigt sind des Weiteren die **Mitglieder des GBR**[5], da der GBR zu der Betriebsräteversammlung einlädt und gem. Abs. 2 Nr. 1 über seine Tätigkeit Bericht zu erstatten hat. Sind der Vorsitzende oder stellvertretende Vorsitzende eines BR oder die weiteren Mitglieder der Betriebsausschüsse zugleich Mitglied des GBR, werden diese nicht auf die von dem BR zu entsendende Zahl von Delegierten der Betriebsräteversammlung angerechnet. In diesem Fall soll der BR berechtigt sein, weitere Mitglieder aus seiner Mitte zu entsenden, bis die zulässige Höchstzahl erreicht ist[6].

4 Des Weiteren ist der **Unternehmer** teilnahmeberechtigt. Dies ergibt sich aus seiner Pflicht zur Berichterstattung gem. Abs. 2 Nr. 2 und aus der Verpflichtung des GBR, den Unternehmer zu der Betriebsräteversammlung einzuladen (§ 53 III 2 iVm. § 43 II 1). Der Unternehmer kann sich von einem Vertreter des ArbGebVerbands, dem er angehört, begleiten lassen (§ 53 III 2 iVm. § 46 I 2).

---

1 DKK/*Trittin*, § 52 BetrVG Rz. 10; Wlotzke/Preis/*Roloff*, § 52 BetrVG Rz. 5. | 2 Richardi/*Annuß*, § 52 BetrVG Rz. 9; *Fitting*, § 52 BetrVG Rz. 16. | 3 HSWG/*Glock*, § 53 BetrVG Rz. 5; aA DKK/*Trittin*, § 53 BetrVG Rz. 8. | 4 *Löwisch/Kaiser*, § 53 BetrVG Rz. 2; HSWG/*Glock*, § 53 BetrVG Rz. 4. | 5 GK-BetrVG/*Kreutz*, § 53 Rz. 7; Richardi/*Annuß*, § 53 BetrVG Rz. 8. | 6 DKK/*Trittin*, § 53 BetrVG Rz. 7; ErfK/*Eisemann*, § 53 BetrVG Rz. 2.

in § 106 III genannten Gegenstände handelt. Da für Tendenzunternehmen ein Wirtschaftsausschuss nicht gebildet wird und somit keine Unterrichtung in wirtschaftl. Angelegenheiten erfolgt, kann eine Unterrichtung in wirtschaftl. Angelegenheiten nicht über den Umweg des § 53 II erzwungen werden.

11 Neben dem Tätigkeitsbericht des GBR und dem Lagebericht des Unternehmers können gem. Abs. 3 iVm. § 45 **weitere Themen** zum Gegenstand der Betriebsräteversammlung gemacht werden. Insb. tarifpolitische, sozialpolitische und umweltpolitische Gegenstände können demnach behandelt werden.

12 **V. Streitigkeiten.** Über Streitigkeiten im Zusammenhang mit der Einberufung, Abhaltung und Durchführung der Betriebsräteversammlung, einschließlich der Kostentragungspflicht des Unternehmers, entscheidet das ArbG im Beschlussverfahren (§§ 2a, 80 ff. ArbGG). Örtlich zuständig ist das ArbG, in dessen Bezirk der Sitz des Unternehmens liegt (§ 82 I 2 ArbGG).

Sechster Abschnitt. Konzernbetriebsrat

54 *Errichtung des Konzernbetriebsrats*

(1) Für einen Konzern (§ 18 Abs. 1 des Aktiengesetzes) kann durch Beschlüsse der einzelnen Gesamtbetriebsräte ein Konzernbetriebsrat errichtet werden. Die Errichtung erfordert die Zustimmung der Gesamtbetriebsräte der Konzernunternehmen, in denen insgesamt mehr als 50 vom Hundert der Arbeitnehmer der Konzernunternehmen beschäftigt sind.

(2) Besteht in einem Konzernunternehmen nur ein Betriebsrat, so nimmt dieser die Aufgaben eines Gesamtbetriebsrats nach den Vorschriften dieses Abschnitts wahr.

1 **I. Allgemeines.** Bestehen in einem Konzern iSd. § 18 I AktG in mindestens zwei Konzernunternehmen jeweils (G)BR, kann ein KBR errichtet werden. Im Unterschied zu der Bildung eines GBR (§ 47 I) ist die Errichtung eines KBR **nicht obligatorisch**, sondern hängt von der Willensbildung der beteiligten (G)BR ab (§ 54 I 2). Dies ist darauf zurückzuführen, dass je nach Struktur des Konzerns die Bildung eines KBR zur Wahrnehmung der ArbN-Interessen entbehrlich sein kann[1]. § 54 kann weder durch TV noch durch BV abbedungen werden[2]. Jedoch kommt im Rahmen des § 3 I Nr. 3 die Bildung anderer ArbN-Strukturen in Betracht, welche etwa die Errichtung einer konzerneinheitlichen ArbN-Vertretung unter Verzicht auf BR und GBR vorsehen kann[3]. Durch die Reform des BetrVG ist die Bildung von KBR erleichtert worden: Zur Errichtung eines KBR reicht nunmehr bereits die Zustimmung der (G)BR aus, die mehr als 50 % der ArbN der Konzernunternehmen repräsentieren (früher mindestens 75 %).

2 **II. Voraussetzung für die Errichtung eines Konzernbetriebsrats: Konzern iSd. § 18 AktG.** Die Errichtung eines KBR setzt gem. Abs. 1 S. 1 voraus, dass ein Konzern iSd. § 18 I AktG besteht. Das BetrVG hält somit **keinen eigenen betriebsverfassungsrechtl. Konzernbegriff** bereit, sondern verweist auf die gesellschaftsrechtl. Begriffsbildung[4]. Es ist nicht erforderlich, dass der Konzern in den Anwendungsbereich des Aktiengesetzes fällt[5], selbst bei einer natürlichen Person als Konzernspitze kann bei Vorliegen der Voraussetzungen des § 18 I AktG ein KBR gebildet werden[6]. Ist eine Konzernbildung rechtswidrig, so soll dies der Errichtung eines KBR nicht entgegenstehen[7]. Liegt demgegenüber gar kein Konzernverhältnis vor, kommt die Bildung eines KBR nicht in Betracht: Da die Vorschriften zur Errichtung eines KBR zwingend sind, kann ein von der gesellschaftsrechtl. Begriffsbildung abweichender Konzernbegriff insb. nicht durch tatsächliche Übung oder aus Gründen des Vertrauensschutzes zugrunde gelegt werden[8].

3 **1. Unterordnungskonzern.** Da Abs. 1 S. 1 nur auf § 18 I AktG verweist, kann ein KBR nur in einem Unterordnungskonzern, nicht aber in einem Gleichordnungskonzern gem. § 18 II AktG gebildet werden[9]. Ein Unterordnungskonzern liegt gem. § 18 I 1 AktG vor, wenn ein herrschendes und ein oder mehrere abhängige Unternehmen **unter der einheitlichen Leitung des herrschenden Unternehmens** zusammengefasst sind. Ein Abhängigkeitsverhältnis liegt nach § 17 I AktG vor, wenn ein herrschendes Unternehmen unmittelbar oder mittelbar einen beherrschenden Einfluss auf das abhängige Unternehmen ausüben kann. Für das Vorliegen eines Abhängigkeitsverhältnisses genügt nach der Rspr. des BAG bereits die Möglichkeit der Beherrschung des abhängigen Unternehmens durch das herrschende Unternehmen[10]. Des Weiteren wird eine Abhängigkeit gem. § 17 II AktG widerlegbar[11] vermutet, wenn ein

---

1 Begr. RegE, BT-Drs. VI/1786, S. 43. | 2 HSWG/*Glock*, § 54 BetrVG Rz. 6; GK-BetrVG/*Kreutz*, § 54 Rz. 6. | 3 *Hohenstatt/Dzida*, DB 2001, 2498, 2499. | 4 Wlotzke/Preis/*Roloff*, § 54 BetrVG Rz. 2; HSWG/*Glock*, § 54 BetrVG Rz. 8. | 5 Richardi/*Annuß*, § 54 BetrVG Rz. 5. | 6 BAG v. 22.11.1995 – 7 ABR 9/95, AP Nr. 7 zu § 54 BetrVG 1972. | 7 *Windbichler*, Arbeitsrecht im Konzern, S. 315; missverständlich DKK/*Trittin*, § 54 BetrVG Rz. 9. | 8 Vgl. BAG v. 9.8.2000 – 7 ABR 56/98, AP Nr. 9 zu § 47 BetrVG 1972 (bzgl. Unternehmensbegriff iSd. § 47 Abs. 1). | 9 BAG v. 22.11.1995 – 7 ABR 9/95, AP Nr. 7 zu § 54 BetrVG 1972. | 10 BAG v. 16.8.1995 – 7 ABR 57/94, AP Nr. 30 zu § 76 BetrVG 1952; v. 22.11.1995 – 7 ABR 9/95, AP Nr. 7 zu § 54 BetrVG 1972. | 11 *Windbichler* in GroßKomm AktG, § 17 Rz. 68; *Hüffer*, § 17 AktG Rz. 17.

Teilnahmeberechtigt sind schließlich Beauftragte der **Gewerkschaften** (§ 53 III 2 iVm. § 46 I 1), wobei ausreichend sein soll, dass eine Gewerkschaft in einem der Betriebe des Unternehmens vertreten ist[1]. **Weitere Personen** sind nicht teilnahmeberechtigt, jedoch soll es zulässig sein, dass Mitglieder des KBR, des Wirtschaftsausschusses, der GesamtJAV, Sachverst. sowie ArbN-Vertreter im Aufsichtsrat von dem GBR zu der Betriebsräteversammlung eingeladen werden[2]. Zu einer Übernahme der dadurch entstehenden Kosten sowie einer Befreiung von der beruflichen Tätigkeit ist der Unternehmer nur verpflichtet, wenn die Teilnahme auf Einladung des GBR zu dem vom Gesetz zugewiesen Aufgabenbereich des Mitglieds des KBR, des Wirtschaftsausschusses bzw. der GesamtJAV gehört, was im Regelfall zu verneinen ist. Die Betriebsräteversammlung ist nicht öffentl. (§ 53 III 2 iVm. § 42 I 2). 5

III. Einberufung der Betriebsräteversammlung. Gem. Abs. 1 S. 1 ist die Betriebsräteversammlung mindestens **einmal in jedem Kalenderjahr** von dem GBR einzuberufen. Wie dem Gesetzeswortlaut zu entnehmen ist, sind somit weitere Betriebsräteversammlungen während eines Kalenderjahres zulässig. Es ist jedoch, auch im Hinblick auf die erheblichen Kosten der Durchführung einer Betriebsräteversammlung, davon auszugehen, dass **weitere Betriebsräteversammlungen** im Hinblick auf den Grundsatz der Verhältnismäßigkeit nicht ohne schwerwiegende Gründe durchgeführt werden dürfen[3]. Zulässig sind weitere Betriebsräteversammlungen auch, wenn der Unternehmer zustimmt[4]. 6

Über den **Zeitpunkt** der Betriebsräteversammlung beschließt der GBR nach pflichtgem. Ermessen. Dabei hat er zu berücksichtigen, zu welchem Zeitpunkt der Bericht des Unternehmers am sinnvollsten erfolgen kann (bspw. nach Erstellung des Geschäftsberichts und des Jahresabschlusses). Des Weiteren hat er die zeitliche Verfügbarkeit der Geschäftsführung zu berücksichtigen[5]. Auch wenn der Zeitpunkt der Betriebsräteversammlung nicht der Zustimmung des Unternehmers bedarf[6], so ist der Zeitpunkt doch mit ihm abzustimmen. Legt der GBR einen Zeitpunkt fest, zu dem der Unternehmer verhindert ist, so handelt der GBR pflichtwidrig. Ebenfalls nach pflichtgem. Ermessen hat der GBR über den **Ort** der Betriebsräteversammlung zu entscheiden, wobei er insb. zu berücksichtigen hat, an welchem Ort die Versammlung unter Vermeidung unnötiger Kosten erfolgen kann. Der GBR hat eine angemessene **Ladungsfrist** einzuhalten[7], die idR nicht weniger als zwei Wochen betragen darf. Die Einladung zu der Betriebsräteversammlung erfolgt schließlich unter Mitteilung der **Tagesordnung**[8]. 7

IV. Berichtspflichten des Gesamtbetriebsrats und des Unternehmers. Der **GBR** ist gem. Abs. 2 verpflichtet, der Betriebsräteversammlung einen **Tätigkeitsbericht** zu erstatten. „Erstatten" bedeutet mehr als „verlesen"; der Bericht ist idR von dem Vorsitzenden des GBR mündlich vorzutragen und auf Nachfrage der Versammlungsteilnehmer zu erläutern oder zu vertiefen[9]. Der Bericht erstreckt sich etwa auf den Abschluss von GesamtBV, Entsendung von Mitgliedern in den KBR oder die Tätigkeit von Mitgliedern des GBR im Wirtschaftsausschuss[10]. Erforderlich ist, dass der GBR vor der Erstattung des Tätigkeitsberichts über dessen wesentlichen Inhalt Beschluss gefasst hat[11]. 8

Des Weiteren erstattet der **Unternehmer** einen **Lagebericht**. Der Lagebericht erstreckt sich auf das Personal- und Sozialwesen, also bspw. die Personalplanung und das Ausbildungswesen[12], aber auch auf den in Abs. 2 ausdrücklich genannten Stand der Gleichstellung von Frauen und Männern im Unternehmen sowie die Integration der im Unternehmen beschäftigten ausländischen ArbN. Der Lagebericht erstreckt sich des Weiteren auf die wirtschaftl. Lage und Entwicklung des Unternehmens, also bspw. die finanzielle Situation, die Absatzlage oder Investitionsvorhaben, sowie ferner die in Abs. 2 ausdrücklich genannten Fragen des Umweltschutzes im Unternehmen. Auch für den Lagebericht des Unternehmers gilt, dass dieser mündlich vorzutragen und auf Nachfrage der Versammlungsteilnehmer zu erläutern oder zu vertiefen ist[13]. Nach Ansicht des LAG Frankfurt soll der zu erstattende Bericht grds. durch ein Mitglied des Leitungsorgans des Unternehmens erfolgen, weil in § 53 anders als etwa § 43 II 3 eine Vertretung des Unternehmers gesetzl. nicht vorgesehen sei[14]. Die Berichtspflicht des Unternehmers besteht nur insoweit, als nicht Betriebs- oder Geschäftsgeheimnisse gefährdet werden (s. zum Begriff des Betriebs- und Geschäftsgeheimnisses § 79 Rz. 4 ff.). Ist ein GBR fehlerhaft errichtet worden, entfällt die Pflicht des Unternehmers zur Erstattung eines Lageberichts[15]. 9

Eingeschränkt ist die Berichtspflicht des Unternehmers im **Tendenzbetrieb** (s. § 118 Rz. 31). Weil § 118 I 2 die Anwendung der §§ 106 ff. im Tendenzbetrieb ausschließt, kann der Unternehmer im Tendenzbetrieb auch nicht verpflichtet sein, die Betriebsräteversammlung zu unterrichten, soweit es sich um die 10

1 Richardi/*Annuß*, § 53 BetrVG Rz. 10; HSWG/*Glock*, § 53 BetrVG Rz. 9. | 2 *Fitting*, § 53 BetrVG Rz. 15; Wlotzke/Preis/*Roloff*, § 53 BetrVG Rz. 11. | 3 *Stege/Weinspach/Schiefer*, § 53 BetrVG Rz. 2; aA DKK/*Trittin*, § 53 BetrVG Rz. 11, *Fitting*, § 53 BetrVG Rz. 30 und Richardi/*Annuß*, § 53 BetrVG Rz. 18: (sachliche) Erforderlichkeit soll ausreichen. | 4 GK-BetrVG/*Kreutz*, § 53 Rz. 27. | 5 GK-BetrVG/*Kreutz*, § 53 Rz. 29. | 6 Wlotzke/Preis/*Roloff*, § 53 BetrVG Rz. 3; DKK/*Trittin*, § 53 BetrVG Rz. 13. | 7 Richardi/*Annuß*, § 53 BetrVG Rz. 26; DKK/*Trittin*, § 53 BetrVG Rz. 13. | 8 ErfK/*Eisemann*, § 53 BetrVG Rz. 3; Richardi/*Annuß*, § 53 BetrVG Rz. 27. | 9 Vgl. LAG Hess. v. 26.1.1989 – 12 TaBV 147/88, DB 1989, 1473. | 10 GK-BetrVG/*Kreutz*, § 53 Rz. 18; DKK/*Trittin*, § 53 BetrVG Rz. 17. | 11 HSWG/*Glock*, § 53 BetrVG Rz. 14; *Löwisch/Kaiser*, § 53 BetrVG Rz. 3. | 12 DKK/*Trittin*, § 53 BetrVG Rz. 18. | 13 LAG Hess. v. 26.1.1989 – 12 TaBV 147/88, DB 1989, 1473. | 14 LAG Hess. v. 26.1.1989 – 12 TaBV 147/88, DB 1989, 1473; *Etzel*, Betriebsverfassungsrecht, Rz. 1364; DKK/*Trittin*, § 53 BetrVG Rz. 20. | 15 BAG v. 9.8.2000 – 7 ABR 56/98, AP Nr. 9 zu § 47 BetrVG 1972.

Unternehmen im Mehrheitsbesitz eines anderen Unternehmens steht. Von einem abhängigen Unternehmen wiederum wird gem. § 18 I 3 AktG widerlegbar[1] vermutet, dass es mit dem herrschenden Unternehmen einen Konzern bildet, so dass es dann des Nachweises dahin gehend, dass das herrschende und das oder die abhängigen Unternehmen unter einheitlicher Leitung stehen, nicht bedarf. Anders formuliert kommt die Bildung eines KBR dann *nicht* in Betracht, wenn nachgewiesen werden kann, dass das herrschende Unternehmen und das oder die abhängigen Unternehmen nicht unter einheitlicher Leitung stehen[2].

Als unter einheitlicher Leitung anzusehen sind gem. § 18 I 2 AktG des weiteren Unternehmen, die einen in dieser Vorschrift genannten **Vertrags- oder Eingliederungskonzern** bilden, zwischen denen also ein **Beherrschungsvertrag** gem. § 291 AktG besteht oder bei denen eine **Eingliederung** des einen in das andere Unternehmen gem. § 319 AktG erfolgt ist. In beiden Fällen handelt es sich um eine unwiderlegbare gesetzl. Konzernvermutung[3]. Die Vermutung gilt nicht für Teilgewinnabführungs- und Betriebsverträge nach § 292 AktG[4]. 4

Des Weiteren ist die Möglichkeit des **faktischen Konzerns** anerkannt, in dem ebenfalls ein KBR errichtet werden kann[5]. Darunter versteht man Konzerne, die nicht auf Beherrschungsvertrag oder Eingliederung beruhen[6], bei denen sich aber auf Grund tatsächlicher Verhältnisse die Untergesellschaft der Konzernobergesellschaft unterordnet[7]. Die Abhängigkeit kann insb. auf Mehrheitsbeteiligung beruhen, aber bspw. auch auf der personenidentischen Besetzung von Leitungsorganen der Gesellschaften[8]. Im Falle der Mehrheitsbeteiligung wird die Bildung eines Konzerns, wie bereits erwähnt, gem. § 18 I 3 AktG widerlegbar vermutet. 5

2. (Paritätische) Gemeinschaftsunternehmen. Bei einem (paritätischen) Gemeinschaftsunternehmen sind mehrere Unternehmen im gemeins. Interesse und zum gemeins. Nutzen an einem gemeins. Unternehmen beteiligt. Nach ganz überwiegender Auffassung soll in Fällen der „Mehrmütterherrschaft" eine Abhängigkeit des Gemeinschaftsunternehmens gegenüber jedem der beteiligten Unternehmen vorliegen können[9], also eine **mehrfache Konzernzugehörigkeit** möglich sein. Das BAG hält eine mehrfache Konzernzugehörigkeit iSv. § 54 I iVm. § 18 I AktG für gegeben, wenn die „Mutterunternehmen" die Möglichkeit gemeins. Herrschaftsausübung vereinbart haben; die hierdurch entstehende mehrfache Abhängigkeit löse die Konzernvermutung gem. § 18 I 3 AktG auch für den Regelungsbereich der §§ 54 ff. aus[10]. Erforderlich sei allerdings, dass die Beherrschungsmöglichkeit durch vertragl. oder organisatorische Bindungen verfestigt ist, etwa durch Stimmrechtspoolung, Konsortialverträge, Schaffung besonderer Leitungsorgane oder der vertragl. Koordination der Willensbildung. Ob bei Vorliegen dieser Voraussetzungen tatsächlich die von dem BAG gefolgerte Möglichkeit der Entsendung von Mitgliedern in die KBR aller Mutterunternehmen besteht[11], ist zweifelhaft (ausf. § 55 Rz. 6). 6

3. Konzern im Konzern. Nach Auffassung des BAG kann in einem mehrstufigen, vertikal gegliederten Konzern neben dem KBR bei der Konzernspitze ein **weiterer KBR bei einer Teilkonzernspitze** gebildet werden, wenn der Teilkonzernspitze ein betriebsverfassungsrechtlich relevanter Spielraum für die bei ihr und für die von ihr abhängigen Unternehmen zu treffenden Entscheidungen verbleibt[12]. Das BAG erkennt damit für die §§ 54 ff. die Konstruktion des Konzerns im Konzern an, die für das Gesellschaftsrecht ganz überwiegend abgelehnt[13], für das Recht der Unternehmensmitbestimmung hingegen ganz überwiegend anerkannt wird[14]. Das BAG begründet diese Abweichung von dem gesellschaftsrechtl. Konzernbegriff damit, dass bei der betrieblichen Mitbest. im Konzern eine Beteiligung der Arbeitnehmerschaft an den die Konzernunternehmen bindenden Leitungsentscheidungen im sozialen, personellen und wirtschaftl. Bereich sichergestellt werden soll. Dazu sei aber erforderlich, dass die betriebliche Mitbest. dort ausgeübt wird, wo diese Leitungsmacht entfaltet wird. Werde Leitungsmacht für einen bestimmten Bereich des Konzerns nicht bei der Konzernspitze, sondern bei einer Teilkonzernspitze ausgeübt, sei dort ein (weiterer) KBR zu bilden[15]. 7

Gewichtige Stimmen in der Lit. lehnen die Konstruktion des Konzerns im Konzern hingegen auch für das Betriebsverfassungsrecht zu Recht ab. Diese **Ablehnung der Konstruktion des Konzerns im Konzern** wird mit folgenden zutreffenden Erwägungen begründet: Der Wortlaut des Abs. 1 sieht nur die 8

---

1 *Windbichler* in GroßKomm AktG, § 18 Rz. 36; *Hüffer*, § 18 AktG Rz. 19. | 2 Richardi/*Annuß*, § 54 BetrVG Rz. 4; vgl. zur Widerlegbarkeit der Konzernvermutung bei einer vermögensverwaltenden Holding als Obergesellschaft: BayObLG v. 6.3.2002 – 3 Z BR 343/00, NZA 2002, 691. | 3 *Windbichler* in GroßKomm AktG, § 18 Rz. 29; *Hüffer*, § 18 AktG Rz. 17. | 4 *Fitting*, § 54 BetrVG Rz. 24. | 5 GK-BetrVG/*Kreutz*, § 54 Rz. 30; HSWG/*Glock*, § 54 BetrVG Rz. 13. | 6 *Bayer* in MüKoAktG, § 18 Rz. 9; *Windbichler* in GroßKomm AktG, § 18 Rz. 34. | 7 *Bayer* in MüKoAktG, § 18 Rz. 9; *Fitting*, § 54 BetrVG Rz. 25 ff. | 8 MünchArbR/*Joost*, § 315 Rz. 26. | 9 Vgl. zum Meinungsstand *Hüffer*, § 17 AktG Rz. 13. | 10 BAG v. 13.10.2004 – 7 ABR 56/03, BB 2005, 1456; v. 30.10.1986 – 6 ABR 19/85, AP Nr. 1 zu § 55 BetrVG 1972. | 11 BAG v. 30.10.1986 – 6 ABR 19/85, AP Nr. 1 zu § 55 BetrVG 1972. | 12 BAG v. 14.2.2007 – 7 ABR 26/06, NZA 2007, 999; v. 21.10.1980 – 6 ABR 41/78, AP Nr. 1 zu § 54 BetrVG 1972. | 13 MüKoAktG/*Bayer*, § 18 Rz. 42; *Emmerich/Habersack*, Konzernrecht, 8. Aufl. 2005, § 4 III 2. | 14 OLG Düsseldorf v. 30.1.1079 – 19 W 17/78, AG 1979, 318 ff.; OLG Zweibrücken v. 9.11.1983 – 3 W 25/83, AG 1984, 80 ff.; OLG Frankfurt/M. v. 10.11.1986 – 20 W 27/86, AG 1987, 53 ff. | 15 BAG v. 21.10.1980 – 6 ABR 41/78, AP Nr. 1 zu § 54 BetrVG 1972; dem BAG folgend: *Fitting*, § 54 BetrVG Rz. 33; DKK/*Trittin*, § 54 BetrVG Rz. 14.

Bildung *eines* KBR vor[1]; das BAG verstößt gegen die in Abs. 1 enthaltene gesetzl. Vorgabe, dass die betriebsverfassungsrechtl. Repräsentation den gesellschaftsrechtl. Ordnungsstrukturen folgt[2]; durch die Bildung mehrer KBR entstehen schließlich Unstimmigkeiten in der Kompetenzabgrenzung dieser Gremien[3].

9 **4. Sachverhalte mit Auslandsbezug.** Unterhält eine **ausländische Konzernobergesellschaft** mindestens zwei Unternehmen in Deutschland, so kommt die Bildung eines KBR nach ganz überwiegender Auffassung nur dann in Betracht, wenn sich im Inland eine **Teilkonzernspitze** befindet, also innerhalb des Anwendungsbereichs des BetrVG ein Unterkonzern besteht, dessen Spitze eigenständige Leitungsmacht inne hat[4]. Besteht demgegenüber im Inland keine übergeordnete Leitungsmacht, sondern unterstehen inländische Unternehmen direkt der ausländischen Konzernspitze, ohne dass zwischen den inländischen Unternehmen Berichtslinien bestehen, so kommt die Errichtung eines KBR nicht in Betracht; ein KBR hätte im Inland keine Ansprechpartner, der für beide inländische Unternehmen zuständig ist und könnte Beteiligungsrechte nicht sinnvoll wahrnehmen[5]. Unterstehen in einer internationalen Unternehmensgruppe einzelne inländische Konzernunternehmen einer deutschen Teilkonzernspitze, während andere inländische Unternehmen direkt von der ausländischen Konzernspitze beherrscht werden, so sind letztere an der Bildung eines KBR nicht zu beteiligen[6].

10 Aus **ausländischen Konzernunternehmen** einer inländischen Konzernobergesellschaft können keine Vertreter in den deutschen KBR entsandt werden; die Zuständigkeit des deutschen KBR erstreckt sich nicht auf die Interessen der dort beschäftigten ArbN[7].

11 **III. Errichtung des Konzernbetriebsrats.** Im Unterschied zu der Bildung eines GBR (§ 47 I) ist die Errichtung eines KBR **nicht obligatorisch**, sondern hängt von der Willensbildung der beteiligten GBR ab (§ 54 I 2). Die Errichtung eines KBR setzt voraus, dass in mindestens zwei Konzernunternehmen ein GBR errichtet ist. Ist in einem Konzernunternehmen kein GBR gebildet, weil nur ein BR existiert, so nimmt dieser im Hinblick auf die Mitwirkung an der Errichtung eines KBR die Rechte eines GBR wahr (Abs. 2) (s. Rz. 14). Dies gilt jedoch nicht, wenn in einem Konzernunternehmen mehrere BR bestehen, aber ein GBR entgegen § 47 I nicht gebildet worden ist[8]. Dies gilt nach umstrittener Ansicht ebenfalls nicht, wenn in einem Konzernunternehmen nur ein BR besteht, obwohl mehrere betriebsratsfähige Betriebe bestehen (s. Rz. 14). In beiden Fällen nehmen die BR im Hinblick auf die Mitwirkung an der Errichtung eines KBR nicht die Rechte eines GBR wahr.

12 Der KBR wird durch selbständige **Beschlüsse** der Einzelnen (G)BR errichtet. Gem. Abs. 1 S. 2 muss die Zustimmung der (G)BR vorliegen, in denen insgesamt mehr als 50 % der ArbN der Konzernunternehmen beschäftigt sind. Repräsentiert *ein* (G)BR mehr als 50 % der ArbN der Konzernunternehmen, so genügt sein Beschluss zur Bildung eines KBR[9]. Maßgeblich für die Frage, ob das Quorum erreicht ist, ist die Zahl der ArbN im Zeitpunkt der jew. Beschlussfassung der (G)BR[10]. Dabei ist auf die Zahl der ArbN aller Konzernunternehmen abzustellen, gleichgültig, ob dort ein (G)BR besteht oder nicht[11]. Leitende Angestellte iSd. § 5 III sind bei der Berechung nicht mitzuzählen; auf die Wahlberechtigung der ArbN oder ihren Eintrag in die Wählerliste kommt es nicht an[12]. Liegen entsprechende Beschlüsse der (G)BR, in denen insgesamt mehr als 50 % der ArbN der Konzernunternehmen beschäftigt sind, vor, so ist der KBR errichtet. Seine Konstituierung richtet sich nach § 59, die Entsendung von Mitgliedern in den KBR nach § 55.

13 Der KBR ist eine „Dauereinrichtung"; er hat **keine feststehende Amtszeit**, sondern erlischt, wenn die Voraussetzungen für seine Errichtung entfallen, insb., wenn die Voraussetzungen für das Bestehen eines Konzerns nicht mehr vorliegen – bspw. infolge des Verkaufs von Konzernunternehmen an Dritte[13]. Auch Umstrukturierungen können Auswirkungen auf die Existenz eines KBR haben (s. Rz. 15 ff.). Weil die Bildung eines KBR nicht obligatorisch ist, können die (G)BR der Konzernunternehmen den KBR durch entsprechende übereinstimmende Beschlüsse wieder **auflösen**[14]. Erforderlich dazu ist im Umkehrschluss zu Abs. 1 S. 2, dass die Auflösungsbeschlüsse die Zustimmung der (G)BR der Konzernunternehmen finden, in denen insgesamt mehr als 50 % der ArbN der Konzernunternehmen beschäftigt sind[15]. Für die Frage, ob dieses Quorum erreicht ist, gelten die oben dargestellten Grundsätze (s. Rz. 12) ent-

1 *Windbichler*, Arbeitsrecht im Konzern, S. 318. | 2 MünchArbR/*Joost*, § 315 Rz. 16; s.a. *Meik*, BB 1991, 2441 (2443). | 3 Richardi/*Annuß*, § 54 BetrVG Rz. 15. | 4 BAG v. 14.2.2007 – 7 ABR 26/06, NZA 2007, 999; *Dzida/Hohenstatt*, NZA 2007, 945 (mit Nachw. zur Gegenansicht); HSWG/*Glock*, § 54 BetrVG Rz. 19; GK-BetrVG/*Kreutz*, § 54 Rz. 44; Richardi/*Annuß*, § 54 BetrVG Rz. 35; *Röder/Powietzka*, DB 2004, 545. | 5 *Hohenstatt* in Willemsen/Hohenstatt/Schweibert/Seibt, D 146. | 6 BAG v. 14.2.2007 – 7 ABR 26/06, NZA 2007, 999; *Dzida/Hohenstatt*, NZA 2007, 948 f. | 7 Richardi/*Annuß*, § 54 BetrVG Rz. 34; *Fitting*, § 54 BetrVG Rz. 37; aA DKK/*Trittin*, § 54 BetrVG Rz. 33. | 8 *Fitting*, § 54 BetrVG Rz. 59; Wlotzke/Preis/*Roloff*, § 54 BetrVG Rz. 13. | 9 DKK/*Trittin*, § 54 BetrVG Rz. 36; GK-BetrVG/*Kreutz*, § 54 Rz. 51. | 10 Richardi/*Annuß*, § 54 BetrVG Rz. 39; HSWG/*Glock*, § 54 BetrVG Rz. 23. | 11 BAG v. 11.8.1993 – 7 ABR 34/92, AP Nr. 6 zu § 54 BetrVG 1972; aA *Behrens/Schaude*, DB 1991, 278 ff. | 12 DKK/*Trittin*, § 54 BetrVG Rz. 38; MünchArbR/*Joost*, § 315 Rz. 44. | 13 Richardi/*Annuß*, § 54 BetrVG Rz. 49; MünchArbR/*Joost*, § 315 Rz. 88. | 14 *Fitting*, § 54 BetrVG Rz. 52; ErfK/*Eisemann*, § 54 BetrVG Rz. 9. | 15 *Hohenstatt* in Willemsen/Hohenstatt/Schweibert/Seibt, D 133 mwN.

sprechend. Demgegenüber kann sich der KBR nicht selbst auflösen und auch nicht seinen „Rücktritt" beschließen; die Mitglieder des KBR können jedoch, auch gleichzeitig, ihr Amt gem. § 57 niederlegen[1]. Dies berührt jedoch nicht die Existenz des KBR als betriebsverfassungsrechtl. Organ[2].

IV. Konzernunternehmen mit nur einem Betriebsrat (Abs. 2). Durch Abs. 2 wird festgelegt, dass in Konzernunternehmen, in denen kein GBR, sondern nur ein BR gebildet ist, die gem. §§ 54 ff. bestehenden Aufgaben eines GBR von dem BR wahrgenommen werden. Dies ist unstreitig und ohne Einschränkung der Fall, wenn in einem Konzernunternehmen **nur ein betriebsratsfähiger Betrieb** existiert. Einigkeit besteht ebenfalls, dass Abs. 2 entsprechend seinem Wortlaut („ein Betriebsrat") nicht anzuwenden ist, wenn in einem Konzernunternehmen, in dem **mehrere BR** bestehen, entgegen der zwingenden Vorschrift des § 47 kein GBR gebildet worden ist[3]. In diesem Fall nehmen die BR im Hinblick auf die Mitwirkung an der Errichtung eines KBR nicht die Rechte eines GBR wahr. Unterschiedliche Ansichten werden demgegenüber hinsichtlich der Fallgestaltung vertreten, dass in einem Konzernunternehmen nur **ein BR** gebildet ist, obwohl **mehrere betriebsratsfähige Betriebe** bestehen. Nach zutreffender Ansicht kommt eine Anwendung von Abs. 2 in diesen Fällen nicht in Betracht, da der bestehende BR nicht alle ArbN des Konzernunternehmens repräsentiert, sondern nur die ArbN des Betriebs, für die er gebildet ist; aus diesem Grund kann er auch nicht Aufgaben wahrnehmen, die grds. einem GBR – der alle ArbN des Unternehmens repräsentiert – zugewiesen sind[4]. Nach der Gegenansicht soll der Einzige in einem Konzernunternehmen gewählte BR im Rahmen des Abs. 2 befugt sein, „notgedrungen auch die Interessen derer wahrzunehmen, die keinen BR gewählt haben"[5]. Dies verkennt, dass ihm dazu die demokratische Legitimation fehlt. Nach einer vermittelnden Auffassung soll der einzige im mehrbetrieblichen Konzernunternehmen bestehende BR bei der Bildung und Zusammensetzung des KBR berücksichtigt werden, allerdings nur mit den in seinem Betrieb beschäftigten ArbN, soweit das Gesetz auf die Zahl der in den Konzernunternehmen beschäftigten ArbN abstellt[6]. 14

V. Auswirkungen von Umstrukturierungen auf den Konzernbetriebsrat. Umstrukturierungsmaßnahmen auf der Unternehmensebene können dazu führen, dass ein KBR **erstmals gebildet** werden kann. Führt bspw. ein aus mehreren Betrieben bestehendes Unternehmen eine **Ausgliederung zur Neugründung** gem. § 123 III Nr. 2 UmwG durch, so dass einer der Betriebe auf das neu gegründete Unternehmen übertragen wird, besteht nunmehr ein Konzern, da das bisherige Unternehmen durch die Ausgliederung sämtliche Anteile an dem neuen Unternehmen hält[7]. Bei Vorliegen der sonstigen Voraussetzungen kann infolge dieser Umstrukturierung erstmals ein KBR errichtet werden. Eine Vielzahl anderer Umstrukturierungen kann ebenfalls zur Möglichkeit der erstmaligen Errichtung eines KBR führen. Zu denken ist an **Veränderungen auf der Gesellschafterebene**, indem etwa ein Unternehmen die Mehrheit der Anteile an einem anderen Unternehmen erwirbt, welches seinerseits über einen (G)BR verfügt. Aber auch der Erwerb eines Betriebs im Wege eines **Asset Deal** kann die Möglichkeit der Bildung eines KBR nach sich ziehen[8]. 15

Umstrukturierungsmaßnahmen können jedoch auch dazu führen, dass ein **KBR erlischt**. Bereits erwähnt wurde der Fall, in dem die Voraussetzungen für das Bestehen eines Konzerns entfallen, bspw. infolge des Verkaufs von Konzernunternehmen an Dritte[9]. Die Voraussetzungen für das Bestehen eines KBR können des Weiteren entfallen, wenn Konzernunternehmen verschmolzen werden; soweit eine solche Verschmelzung im Innenverhältnis rückwirkend erfolgt, führt dies jedoch nicht dazu, dass der KBR „rückwirkend erlischt". Der KBR erlischt des Weiteren, wenn infolge eines Verkaufs zwar noch ein Konzern erhalten bleibt, diesem aber nicht mehr mindestens zwei Unternehmen mit (G)BR angehören[10]. In internationalen Unternehmensgruppen entfällt die Möglichkeit, in Deutschland einen KBR zu bilden, wenn die im Inland ansässigen Unternehmen Beherrschungsverträge mit der ausländischen Konzernspitze abschließen[11]. Wird ein Konzern, für den bislang ein KBR gebildet war, in einen anderen Konzern integriert, endet das Amt des KBR[12]. Zu einem anderen Ergebnis käme man nur, wenn die bisherige Konzernobergesellschaft auch nach der Integration als Teilkonzernspitze weiterbesteht und man mit dem BAG die Möglichkeit eines Konzern im Konzern anerkennen wollte (s. Rz. 7 f.). 16

Erwerben Unternehmen eines Konzerns zusätzliche Betriebe oder Unternehmen, in denen (G)BR nicht gebildet sind, so kann dies dazu führen, dass die im Konzern beschäftigten ArbN nicht mehr zu mehr als 50 % durch (G)BR repräsentiert werden. In einem solchen Fall würde das 50 %-Quorum des Abs. 1 S. 2 nicht mehr erreicht, würde über die Errichtung eines KBR erneut Beschluss gefasst. Da das 50 %-Quorum dem Zweck dient, dem KBR eine ausreichend breite Legitimationsbasis zu verschaffen[13], 17

---

1 HSWG/*Glock*, § 54 BetrVG Rz. 29 f.; DKK/*Trittin*, § 54 BetrVG Rz. 53 ff. | 2 Richardi/*Annuß*, § 54 BetrVG Rz. 46. | 3 HSWG/*Glock*, § 54 BetrVG Rz. 36; GK-BetrVG/*Kreutz*, § 54 Rz. 66. | 4 Richardi/*Annuß*, § 54 BetrVG Rz. 55; *Marienhagen* in Galperin/Löwisch, § 54 BetrVG Rz. 26. | 5 DKK/*Trittin*, § 54 BetrVG Rz. 59. | 6 *Fitting*, § 54 BetrVG Rz. 58; GK-BetrVG/*Kreutz*, § 54 Rz. 65; HSWG/*Glock*, § 54 BetrVG Rz. 35. | 7 *Hohenstatt* in Willemsen/Hohenstatt/Schweibert/Seibt, D 124. | 8 Beispiele bei *Hohenstatt* in Willemsen/Hohenstatt/Schweibert/Seibt, D 126. | 9 Richardi/*Annuß*, § 54 BetrVG Rz. 49; MünchArbR/*Joost*, § 315 Rz. 88. | 10 *Hohenstatt* in Willemsen/Hohenstatt/Schweibert/Seibt, D 133. | 11 *Dzida/Hohenstatt*, NZA 2007, 949. | 12 Richardi/*Annuß*, § 54 BetrVG Rz. 52; *Hohenstatt* in Willemsen/Hohenstatt/Schweibert/Seibt, D 133. | 13 DKK/*Trittin*, § 54 BetrVG Rz. 35.

erlischt das Amt des KBR, wenn die im Konzern beschäftigten ArbN **nicht mehr zu mehr als 50 % durch (G)BR repräsentiert werden**[1].

18 Wird ein zum Konzern gehörendes Unternehmen verkauft, ohne dass dadurch die Voraussetzungen des Bestehens eines Konzerns entfallen, besteht der KBR fort[2].Werden allerdings alle Konzernunternehmen an ein Unternehmen veräußert, bei dem keine BR bestehen, kann der bisherige KBR entsprechend der Rechtslage beim GBR im „aufnehmenden Konzern" fortbestehen (s. § 47 Rz. 8).

19 **VI. Auswirkungen von Umstrukturierungen auf Konzernbetriebsvereinbarungen.** Umstrukturierungsmaßnahmen haben des Weiteren oftmals Auswirkungen auf bestehende KonzernBV. Ist mit einer Umstrukturierung ein **Betriebsübergang** verbunden, gelten Regelungen der KonzernBV gem. § 613a I 2 BGB individualrechtlich fort, es sei denn, dass hinsichtlich des gleichen Regelungsgegenstands bei dem Betriebserwerber eine verdrängende BV gem. § 613a I 3 BGB in Kraft ist. Entsprechend der jüngsten Rspr. des BAG zur Fortgeltung von GesamtBV ist allerdings denkbar, dass das Gericht bei der Übernahme mehrerer Konzernunternehmen zu einer kollektivrechtl. Fortgeltung der KonzernBV und bei Übernahme nur eines Konzernunternehmens zu einer kollektivrechtl. Fortgeltung der KonzernBV als GesamtBV oder EinzelBV gelangen könnte (s. § 47 Rz. 12). Gehört der neue Betriebsinhaber zum gleichen Konzern wie der bisherige ArbGeb, ist für eine individualrechtl. Fortgeltung kein Raum, vielmehr bleibt es bei einer kollektivrechtl. Anwendbarkeit der KonzernBV[3].

20 Scheidet ein Konzernunternehmen dagegen im Wege der **Anteilsübertragung** aus dem Konzern aus, können sich die ArbN nicht mehr unmittelbar auf die KonzernBV berufen, da das Unternehmen nicht mehr Teil des Konzerns ist. Eine direkte Anwendung des § 613a I 2 BGB kommt nicht in Betracht, da bei der Anteilsübertragung kein Betriebsübergang erfolgt. Jedoch ist eine analoge Anwendung dieser Vorschrift angezeigt, weil andernfalls eine systematisch nicht zu rechtfertigende Lücke entstünde[4].

21 **VII. Streitigkeiten**, welche die Errichtung des KBR oder seine Auflösung[5] betreffen, werden im Beschlussverfahren entschieden (§§ 2a, 80 ff. ArbGG). Die im Konzern vertretenen Gewerkschaften sind nicht antragsberechtigt[6]. Örtlich zuständig ist das ArbG, in dessen Bezirk der Sitz des herrschenden Unternehmens liegt (§ 82 I 2 ArbGG). Hat die Konzernspitze ihren Sitz im Ausland, ist das ArbG örtlich zuständig, in dessen Bezirk die inländische Teilkonzernspitze ihren Sitz hat.

55 *Zusammensetzung des Konzernbetriebsrats, Stimmengewicht*

(1) In den Konzernbetriebsrat entsendet jeder Gesamtbetriebsrat zwei seiner Mitglieder. Die Geschlechter sollen angemessen berücksichtigt werden.

(2) Der Gesamtbetriebsrat hat für jedes Mitglied des Konzernbetriebsrats mindestens ein Ersatzmitglied zu bestellen und die Reihenfolge des Nachrückens festzulegen.

(3) Jedem Mitglied des Konzernbetriebsrats stehen die Stimmen der Mitglieder des entsendenden Gesamtbetriebsrats je zur Hälfte zu.

(4) Durch Tarifvertrag oder Betriebsvereinbarung kann die Mitgliederzahl des Konzernbetriebsrats abweichend von Absatz 1 Satz 1 geregelt werden. § 47 Abs. 5 bis 9 gilt entsprechend.

1 Die Zusammensetzung des KBR und die Gewichtung der Stimmen der Mitglieder ist entsprechend den Vorschriften für den GBR (§ 47 II–IX) geregelt.

2 Gem. Abs. 1 werden die Mitglieder des KBR von den einzelnen GBR entsandt. Die in den KBR entsandten Mitglieder müssen zugleich Mitglied des entsendenden GBR sein. Die **Entsendung** erfolgt durch Beschluss des GBR (s. § 51 Rz. 9). Jeder GBR entsendet zwei seiner Mitglieder in den KBR. Eine Übertragung des Entsendungsrechts des GBR auf ein anderes Gremium, etwa ein aus Delegierten bestehenden Ausschuss, ist nicht zulässig[7]. Ein GBR ist, wenn ein KBR errichtet ist, zur Entsendung von Mitgliedern verpflichtet[8]. Besteht in einem Konzernunternehmen nur ein BR, so steht diesem nach Maßgabe des § 54 II (s. § 54 Rz. 14) das Entsendungsrecht in den KBR zu. Gem. Abs. 1 S. 2 sollen die Geschlechter bei der Entsendung angemessen berücksichtigt werden. Ebenso wie bei § 47 II 2 handelt es sich um eine Soll-Vorschrift, deren Nichtbeachtung folgenlos bleibt (s. § 47 Rz. 15)[9].

3 Gem. Abs. 2 ist für jedes in den KBR entsandte Mitglied mindestens ein **Ersatzmitglied zu bestellen** und die **Reihenfolge des Nachrückens** festzulegen. Erlischt die Mitgliedschaft des Mitglieds des KBR (§ 57), ohne dass zugleich der KBR als betriebsverfassungsrechtl. Organ erlischt, so rückt das Ersatz-

---

1 *Hohenstatt* in Willemsen/Hohenstatt/Schweibert/Seibt, D 134. | 2 *Fitting*, § 57 BetrVG Rz. 7; Richardi/*Annuß*, § 54 BetrVG Rz. 51. | 3 *Gaul, B.*, NZA 1995, 724; *Boecken*, Unternehmensumwandlung und Arbeitsrecht, Rz. 160; *Hohenstatt* in Willemsen/Hohenstatt/Schweibert/Seibt, E 54. | 4 *Hohenstatt* in Willemsen/Hohenstatt/Schweibert/Seibt, E 55 f. | 5 GK-BetrVG/*Kreutz*, § 54 Rz. 67; Richardi/*Annuß*, § 54 BetrVG Rz. 58. | 6 Vgl. BAG v. 30.10.1986 – 6 ABR 52/83, AP Nr. 6 zu § 47 BetrVG 1972 (für GBR); Richardi/*Annuß*, § 54 BetrVG Rz. 60. | 7 Richardi/*Annuß*, § 55 BetrVG Rz. 5. | 8 Wlotzke/Preis/*Roloff*, § 55 BetrVG Rz. 2; HSWG/*Glock*, § 55 BetrVG Rz. 2. | 9 Vgl. *Stege/Weinspach/Schiefer*, BetrVG §§ 54–59a Rz. 6.

mitglied in den KBR nach. Ist das Mitglied des KBR zeitweise verhindert, vertritt das Ersatzmitglied das Mitglied des KBR während des Zeitraums der Verhinderung. Für die Bestellung eines Ersatzmitglieds gilt Abs. 1 entsprechend.

Hinsichtlich der **Stimmengewichtung** regelt Abs. 3, dass jedem Mitglied des KBR die Stimmen der Mitglieder des entsendenden GBR je zur Hälfte zustehen. Das Stimmengewicht der Mitglieder des GBR richtet sich wiederum gem. § 47 VII danach, wie viele wahlberechtigte ArbN in dem Betrieb, aus dem das Mitglied des GBR entsandt wurde, am Wahltag der letzten BR-Wahl in der Wählerliste eingetragen waren (s. § 47 Rz. 25). Damit hängt das Stimmengewicht des KBR-Mitglieds im Ergebnis von der Zahl der ArbN ab, die durch den entsendenden GBR repräsentiert werden. Auch im KBR gilt, dass **kein imperatives Mandat** besteht und Mitglieder des KBR an Aufträge und Weisungen des entsendenden GBR nicht gebunden sind[1]. 4

Die Zahl der Mitglieder des KBR kann gem. Abs. 4 durch TV oder BV abweichend von der gesetzl. Regelung in Abs. 1 S. 1 **verringert oder erhöht** werden. Das Gesetz verweist auf die Vorschriften in § 47 V–IX, so dass insoweit die für den GBR geltenden Regelungen entsprechend gelten (s. § 47 Rz. 22 ff., 18 ff.). Streitig ist, welche Parteien einen TV über eine abweichende Zahl der Mitglieder im KBR schließen können. Nach überwiegender Auffassung soll ein TV zwischen dem herrschenden Unternehmen und einer Gewerkschaft, die für das herrschende Unternehmen tarifzuständig ist, ausreichen[2]. Für diese Ansicht spricht, dass sie in der Praxis erhebliche Durchführungsschwierigkeiten bei dem Abschluss eines solchen TV vermeidet. Demgegenüber dürfte es dogmatisch richtiger sein zu fordern, dass alle Konzernunternehmen Partei des TV sein müssen (und bei unterschiedlicher Tarifzuständigkeit auch mehrere Gewerkschaften), da die konzernweite Wirkung eines solchen TV andernfalls nicht begründet werden kann[3]. Denn ein allein mit dem herrschenden Unternehmen abgeschlossener TV entfaltet keine Wirkung für die Konzernunternehmen (s. zur parallelen Problematik hinsichtlich KonzernBV § 58 Rz. 11)[4]. 5

Ein (paritätisches) **Gemeinschaftsunternehmen** soll nach Ansicht des BAG zu jedem der herrschenden Unternehmen in einem Konzernverhältnis stehen können (s. § 54 Rz. 6). Der GBR des (paritätischen) Gemeinschaftsunternehmens soll nach überwiegender Auffassung das Recht haben, Vertreter in die KBR der jeweiligen „Mutterunternehmen" zu entsenden[5]. Für das „wirklich" paritätische Gemeinschaftsunternehmen ist dies zweifelhaft, da in einem solchen Unternehmen die unternehmerische Leitungsmacht auf die Partner des Joint Venture aufgeteilt ist und diese bei unternehmerischen Weichenstellungen stets von Neuem einen Kompromiss finden müssen[6]. Da in dem paritätischen Gemeinschaftsunternehmen kein Partner dem anderen seinen Willen oktroyiert, wären Vertreter in den KBR der jeweiligen „Mutterunternehmen" somit nicht dort angesiedelt, wo sich die unternehmerische Leitungsmacht für das Gemeinschaftsunternehmen entfaltet. Hinzu kommt, dass KonzernBV des Konzernverbunds des jeweiligen „Mutterunternehmens" nicht gegen den Willen des anderen Joint Venture-Partners in dem Gemeinschaftsunternehmen angewendet werden können[7]. Deshalb sprechen die überwiegenden Gründe dafür, dem GBR eines paritätischen Gemeinschaftsunternehmens kein Recht zur Entsendung von Mitgliedern in die KBR der „Mutterunternehmen" einzuräumen. 6

Streitigkeiten, welche die Zusammensetzung des KBR, die Stimmengewichtung oder die Entsendung von Mitgliedern durch den GBR eines Gemeinschaftsunternehmens betreffen, werden im Beschlussverfahren entschieden (§§ 2a, 80 ff. ArbGG). Örtlich zuständig ist das ArbG, in dessen Bezirk der Sitz des herrschenden Unternehmens liegt (§ 82 I 2 ArbGG). 7

56 *Ausschluss von Konzernbetriebsratsmitgliedern*

Mindestens ein Viertel der wahlberechtigten Arbeitnehmer der Konzernunternehmen, der Arbeitgeber, der Konzernbetriebsrat oder eine im Konzern vertretene Gewerkschaft können beim Arbeitsgericht den Ausschluss eines Mitglieds aus dem Konzernbetriebsrat wegen grober Verletzung seiner gesetzlichen Pflichten beantragen.

Entsprechend der Regelung für den GBR (§ 48) besteht auch bei dem KBR die Möglichkeit, ein Mitglied wegen **grober Verletzung seiner gesetzl. Pflichten** aus dem KBR auszuschließen. Der Begriff der „groben Verletzung gesetzl. Pflichten" entspricht dem der §§ 23, 48 I, allerdings mit der Maßgabe, dass die Pflichtverletzung als Mitglied des KBR und in Bezug auf Pflichten als Mitglied des KBR erfolgen muss[8]. Die Verletzung von Pflichten als Mitglied des KBR rechtfertigt grds. nicht den Ausschluss aus 1

1 DKK/*Trittin*, § 55 BetrVG Rz. 16; ErfK/*Eisemann*, § 55 BetrVG Rz. 6. | 2 Richardi/*Annuß*, § 55 BetrVG Rz. 16 f.; DKK/*Trittin*, § 55 BetrVG Rz. 20; HSWG/*Glock*, § 55 BetrVG Rz. 7. | 3 GK-BetrVG/*Kreutz*, § 55 Rz. 29 f. | 4 Wiedemann/*Oetker*, TVG, § 2 Rz. 142. | 5 BAG v. 13.10.2004 – 7 ABR 56/03, BB 2005, 1456; v. 30.10.1986 – 6 ABR 19/85, AP Nr. 1 zu § 55 BetrVG 1972; zust. MünchArbR/*Joost*, § 315 Rz. 28; DKK/*Trittin*, § 54 BetrVG Rz. 24; GK-BetrVG/*Kreutz*, § 54 Rz. 41; aA Richardi/*Annuß*, § 54 BetrVG Rz. 18; *Windbichler*, Arbeitsrecht im Konzern, S. 315 ff. | 6 *Hohenstatt* in Willemsen/Hohenstatt/Schweibert/Seibt, D 131; *Dzida/Hohenstatt*, NZA 2007, 949. | 7 *Hohenstatt* in Willemsen/Hohenstatt/Schweibert/Seibt, D 132; *Dzida/Hohenstatt*, NZA 2007, 949; anders DKK/*Trittin*, § 54 BetrVG Rz. 25; GK-BetrVG/*Kreutz*, § 54 Rz. 41. | 8 Wlotzke/Preis/*Roloff*, § 56 BetrVG Rz. 4; HSWG/*Glock*, § 56 BetrVG Rz. 3.

dem GBR oder dem BR, und umgekehrt, wenngleich der Ausschluss aus dem GBR automatisch zum Erlöschen der Mitgliedschaft im KBR führt (§ 57).

2 Der Ausschluss erfolgt auf **Antrag** des ArbGeb, eines Viertels der wahlberechtigten ArbN der Konzernunternehmen, des KBR oder einer im Konzern vertretenen Gewerkschaft durch **Beschluss des ArbG**. „Arbeitgeber" iSd. § 56 ist das herrschende Unternehmen[1]. Für einen Antrag eines Viertels der wahlberechtigten ArbN der Konzernunternehmen gelten die Regelungen des § 48 entsprechend (s. § 48 Rz. 2). Antragsberechtigt ist nur der KBR, nicht hingegen GBR, die jedoch die von ihnen entsandten Mitglieder jederzeit abberufen können (§ 57). Eine Gewerkschaft ist im Konzern vertreten, wenn ihr zumindest ein ArbN, der in einem der Konzernunternehmen beschäftigt ist, angehört[2]. Örtlich zuständig ist das ArbG, in dessen Bezirk der Sitz des herrschenden Unternehmens liegt (§ 82 I 2 ArbGG). Der Ausschluss wird erst mit **Rechtskraft** des arbeitsgerichtl. Beschlusses wirksam, durch einstw. Verfügung kann jedoch die Amtsausübung bis zur rechtskräftigen Entscheidung untersagt werden (s. § 48 Rz. 2).

3 Mit Wirksamkeit des Ausschlusses rückt das für das ausgeschlossene Mitglied des KBR bestellte **Ersatzmitglied** in den KBR nach. Die insoweit für das Nachrücken in den GBR geltenden Grundsätze sind entsprechend anzuwenden (s. § 48 Rz. 3).

57 *Erlöschen der Mitgliedschaft*

Die Mitgliedschaft im Konzernbetriebsrat endet mit dem Erlöschen der Mitgliedschaft im Gesamtbetriebsrat, durch Amtsniederlegung, durch Ausschluss aus dem Konzernbetriebsrat auf Grund einer gerichtlichen Entscheidung oder Abberufung durch den Gesamtbetriebsrat.

1 Der KBR ist eine „Dauereinrichtung"; er hat keine feststehende Amtszeit, sondern erlischt, wenn die Voraussetzungen für seine Errichtung entfallen (s. § 54 Rz. 13, 15 ff.). Jedoch ändert sich die Zusammensetzung, wenn Mitglieder des KBR ihr Amt verlieren. Die Beendigung der Mitgliedschaft im KBR wird durch § 57 geregelt.

2 Die Mitgliedschaft im KBR erlischt zunächst durch **Erlöschen der Mitgliedschaft im entsendenden (G)BR** (s. § 49 Rz. 3)[3], da die in den KBR entsandten Mitglieder zugleich Mitglied des entsendenden (G)BR sein müssen (s. § 55 Rz. 2). Das Erlöschen der Mitgliedschaft im entsendenden (G)BR richtet sich nach § 49 bzw. § 24. Die Mitgliedschaft im KBR erlischt des Weiteren durch **Amtsniederlegung**, die jederzeit möglich ist und durch eine Erklärung gegenüber dem Vorsitzenden des KBR, die weder zurückgenommen noch widerrufen werden kann, erfolgt (s. § 49 Rz. 2). Ferner erlischt die Mitgliedschaft im KBR durch den rechtskräftigen arbeitsgerichtl. Beschluss über den **Ausschluss aus dem KBR** gem. § 56. Schließlich kann der entsendende (G)BR ein von ihm entsandtes Mitglied des KBR jederzeit abberufen. Die **Abberufung** wird mit Fassung des entsprechenden Beschlusses des entsendenden (G)BR wirksam. Für ausscheidende Mitglieder des GBR rücken die gewählten Ersatzmitglieder nach.

3 Neben den ausdrücklich in § 57 genannten Fällen endet die Mitgliedschaft im KBR, wenn der KBR als Gremium erlischt (s. § 54 Rz. 16 f.)[4]. Scheidet ein Konzernunternehmen aus dem Konzern aus, endet die Mitgliedschaft der aus dem (G)BR dieses Unternehmens entsandten Mitglieder des KBR[5].

4 Bei **Streitigkeiten** über die Wirksamkeit der Amtsniederlegung, der Abberufung oder das Nachrücken eines Ersatzmitglieds entscheidet das ArbG im Beschlussverfahren (§§ 2a, 80 ff. ArbGG). Örtlich zuständig ist das ArbG, in dessen Bezirk der Sitz des herrschenden Unternehmens liegt (§ 82 I 2 ArbGG).

58 *Zuständigkeit*

(1) Der Konzernbetriebsrat ist zuständig für die Behandlung von Angelegenheiten, die den Konzern oder mehrere Konzernunternehmen betreffen und nicht durch die einzelnen Gesamtbetriebsräte innerhalb ihrer Unternehmen geregelt werden können; seine Zuständigkeit erstreckt sich insoweit auch auf Unternehmen, die einen Gesamtbetriebsrat nicht gebildet haben, sowie auf Betriebe der Konzernunternehmen ohne Betriebsrat. Er ist den einzelnen Gesamtbetriebsräten nicht übergeordnet.

(2) Der Gesamtbetriebsrat kann mit der Mehrheit der Stimmen seiner Mitglieder den Konzernbetriebsrat beauftragen, eine Angelegenheit für ihn zu behandeln. Der Gesamtbetriebsrat kann sich dabei die Entscheidungsbefugnis vorbehalten. § 27 Abs. 2 Satz 3 und 4 gilt entsprechend.

1 **I. Allgemeines.** So wie GBR und EinzelBR einander weder über- noch untergeordnet sind (§ 50 I 2), besteht auch zwischen dem KBR und den GBR kein Über-/Unterordnungsverhältnis (Abs. 1 S. 2). Der KBR hat grds. die gleichen Rechte wie GBR und EinzelBR (§ 59 I iVm. § 51 V). Dieses gleichberechtigte

1 Richardi/*Annuß*, § 56 BetrVG Rz. 6, mit dem zutreffenden Hinweis, dass die gesetzl. Begrifflichkeit unscharf ist, da das herrschende Unternehmen nur ArbGeb der dem eigenen Unternehmen, nicht dagegen ArbGeb der den übrigen Konzernunternehmen angehörenden ArbN ist. | 2 *Fitting*, § 56 BetrVG Rz. 7; Wlotzke/Preis/*Roloff*, § 56 BetrVG Rz. 3. | 3 Richardi/*Annuß*, § 57 BetrVG Rz. 4; DKK/*Trittin*, § 57 BetrVG Rz. 7. | 4 Richardi/*Annuß*, § 57 BetrVG Rz. 3. | 5 *Fitting*, § 57 BetrVG Rz. 13; GK-BetrVG/*Kreutz*, § 57 Rz. 4.

Nebeneinander erfordert auch hier eine Abgrenzung der Zuständigkeiten. § 58 regelt, für welche Angelegenheiten der KBR zuständig ist. Die Vorschrift ist der Zuständigkeitsabgrenzung zwischen GBR und EinzelBR (§ 50) nachgebildet. Die gesetzl. Abgrenzung der Zuständigkeiten zwischen KBR, GBR und EinzelBR ist zwingend und kann weder durch TV noch durch BV geändert werden.

II. Zuständigkeit kraft Gesetzes. Gem. Abs. 1 S. 1 ist der KBR zuständig, wenn eine Angelegenheit den Konzern oder mehrere Konzernunternehmen betrifft und eine Regelung nicht durch die einzelnen GBR innerhalb der jeweiligen Konzernunternehmen erfolgen kann. Somit besteht eine **subsidiäre Zuständigkeit** des KBR[1]. 2

1. Unternehmensübergreifender Bezug und fehlende Regelungsmöglichkeit im Unternehmen. Für die Auslegung des Abs. 1 S. 1 gelten die von der Rspr. zu § 50 I 1 entwickelten Grundsätze entsprechend (s. § 50 Rz. 2 ff.)[2]. Die Zuständigkeit des KBR setzt zunächst voraus, dass es sich um eine unternehmensübergreifende, also über das einzelne Konzernunternehmen hinausgehende Angelegenheit handelt. Dabei kann es sich entweder um eine Angelegenheit handeln, die den **gesamten Konzern** betrifft, ein Regelungsgegenstand also alle Konzernunternehmen berührt. Dies ist jedoch nicht zwingend erforderlich; es reicht aus, dass die Angelegenheit **mehrere Konzernunternehmen**, also mindestens zwei Konzernunternehmen betrifft. Soweit eine Angelegenheit nur ein Konzernunternehmen betrifft, ist der KBR nur zuständig, wenn er von dem GBR gem. Abs. 2 beauftragt wird, eine Angelegenheit für ihn zu behandeln. 3

Die Zuständigkeit des KBR setzt des Weiteren voraus, dass die **Angelegenheit nicht durch die einzelnen GBR innerhalb ihrer Unternehmen geregelt werden kann.** Auch dieses Kriterium des „Nichtregelnkönnens" ist entsprechend der zu § 50 I 1 entwickelten Grundsätze auszulegen[3]. Auch hier ist dieses Kriterium jedenfalls erfüllt, wenn eine Regelung durch die GBR **objektiv unmöglich** ist[4]. Erfasst werden aber auch Angelegenheiten, bei denen ein **zwingendes Erfordernis** nach einer konzerneinheitlichen oder unternehmensübergreifenden Regelung besteht[5]. Ob ein zwingendes Erfordernis besteht, richtet sich nach dem konkreten Regelungsziel sowie den Verhältnissen des jeweiligen Konzerns und seiner Konzernunternehmen. Reine Zweckmäßigkeitserwägungen oder ein bloßes Koordinierungsinteresse der Konzernleitung oder des KBR reichen nicht aus[6]. Lässt sich hingegen ein Regelungsziel nur durch eine einheitliche Regelung auf der Ebene des Konzerns erreichen, so ist der KBR zuständig[7]. Für eine Kürzung tariflicher Ansprüche durch freiwillige BV besteht keine zwingende Zuständigkeit des KBR[8]. Zur Frage der fehlenden Regelungsmöglichkeit in den einzelnen Konzernunternehmen gelten im Übrigen die Ausführungen zu der fehlenden betriebl. Regelungsmöglichkeit iSd. § 50 I 1 entsprechend (s. § 50 Rz. 4 ff.). 4

2. Einzelfälle. Im Bereich der **sozialen Angelegenheiten** ist der KBR für die Wahrnehmung des MitbestR gem. § 87 I Nr. 8 zuständig, soweit sich der Wirkungsbereich einer Sozialeinrichtung auf den Konzern erstreckt[9]. Unter den gleichen Voraussetzungen besteht eine Zuständigkeit des KBR für Werkswohnungen gem. § 87 I Nr. 9[10]. Bezieht sich der Wirkungskreis eines Systems betrieblicher Altersversorgung, etwa einer Unterstützungskasse, auf den Konzern, ist ebenfalls der KBR zuständig[11]. Das Gleiche gilt, wenn eine Regelung getroffen werden soll, nach der die Daten von Mitarbeitern innerhalb des Konzerns weitergegeben werden dürfen und davon alle Konzernunternehmen betroffen sind[12]. Die Einführung und Nutzung eines konzerneinheitlichen EDV-Systems oder einer konzerneinheitlichen Telefonanlage unterliegt ebenfalls der Mitbest. des KBR, da sich eine unterschiedliche Regelung in den einzelnen Konzernunternehmen mit den Zielen der Einführung eines einheitlichen Systems idR nicht vereinbaren ließe. 5

Hinsichtlich der **Gestaltung von Arbeitsplatz, Arbeitsablauf und Arbeitsumgebung** dürfte eine Zuständigkeit des KBR nur ausnahmsw. in Betracht kommen, etwa wenn Arbeitsplätze auf Grund zentraler Planung für alle Konzernunternehmen einheitlich gestaltet werden. 6

Im Bereich der **allgemeinen personellen Angelegenheiten** kommt eine Zuständigkeit des KBR insb. im Hinblick auf eine konzernweit erfolgende Personalplanung (§ 92) in Betracht[13]. Entsprechendes gilt für die Mitbest. bei Auswahlrichtlinien (§ 95), wenn eine konzernweite Personalpolitik betrieben wird[14] sowie im Hinblick auf die unternehmensübergreifende oder konzernweite Ausschreibung von Arbeitsplätzen (§ 93)[15]. Demgegenüber besteht eine Zuständigkeit des KBR für **personelle Einzelmaßnahmen** grds. nicht, da diese in der Regel keinen unternehmensübergreifenden Bezug haben[16]. Der KBR ist nach über- 7

1 Richardi/*Annuß*, § 58 BetrVG Rz. 8. | 2 BAG v. 20.12.1995 – 7 ABR 8/95, AP Nr. 1 zu § 58 BetrVG 1972. | 3 BAG v. 20.12.1995 – 7 ABR 8/95, AP Nr. 1 zu § 58 BetrVG 1972. | 4 BAG v. 12.11.1997 – 7 ABR 78/96, AP Nr. 2 zu § 58 BetrVG 1972. | 5 BAG v. 20.12.1995 – 7 ABR 8/95, AP Nr. 1 zu § 58 BetrVG 1972; v. 12.11.1997 – 7 ABR 78/96, AP Nr. 2 zu § 58 BetrVG 1972. | 6 BAG v. 12.11.1997 – 7 ABR 78/96, AP Nr. 2 zu § 58 BetrVG 1972. | 7 BAG v. 20.12.1995 – 7 ABR 8/95, AP Nr. 1 zu § 58 BetrVG 1972. | 8 BAG v. 19.6.2007 – 1 AZR 454/06. | 9 BAG v. 21.6.1979 – 3 ABR 3/78, AP Nr. 87 BetrVG 1972 – Sozialeinrichtung. | 10 DKK/*Trittin*, § 58 BetrVG Rz. 29; HSWG/*Glock*, § 58 BetrVG Rz. 10. | 11 BAG v. 14.12.1993 – 3 AZR 618/93, AP Nr. 81 zu § 7 BetrAVG. | 12 BAG v. 20.12.1995 – 7 ABR 8/95, AP Nr. 1 zu § 58 BetrVG 1972. | 13 Richardi/*Annuß*, § 58 BetrVG Rz. 11. | 14 DKK/*Trittin*, § 58 BetrVG Rz. 31. | 15 Richardi/*Annuß*, § 58 BetrVG Rz. 11. | 16 Wlotzke/Preis/*Roloff*, § 58 BetrVG Rz. 7; HSWG/*Glock*, § 58 BetrVG Rz. 14.

wiegender Ansicht auch nicht hinsichtlich der Einstellung solcher ArbN zuständig, deren Arbeitsvertrag einen konzernweiten Einsatz erlaubt[1].

8 Eine Zuständigkeit des KBR im Bereich der **wirtschaftl. Angelegenheiten** kommt bei unternehmensübergreifend geplanten Betriebsänderungen in Betracht (s. § 111 Rz. 76). Soll bspw. ein Konzernunternehmen liquidiert werden, einzelne Betriebe jedoch nicht stillgelegt, sondern mit Betrieben anderer Konzernunternehmen zusammengeschlossen werden, so ist der KBR zuständig[2]. Die Zuständigkeit des KBR kann auch gegeben sein, wenn im Zusammenhang mit der Betriebsänderung in dem Betrieb eines Konzernunternehmens einzelne ArbN in andere Konzernunternehmen übernommen werden und dies nur durch eine unternehmensübergreifende Regelung erreicht werden kann[3]; dies gilt jedoch nicht, soweit es sich lediglich um Einzelfälle handelt (s. § 111 Rz. 76). Demgegenüber kann der KBR **keinen Wirtschaftsausschuss** errichten[4].

9 **3. Zuständigkeit auf Grund gesetzlicher Zuweisung.** Der KBR hat schließlich Aufgaben auf Grund gesetzl. Zuweisung. Ist bei dem herrschenden Unternehmen ein Aufsichtsrat nach dem MitbestG 1976 zu bilden, so bestellt der KBR die Mitglieder des Hauptwahlvorstands (§ 4 IV 3. WOMitbestG 2002). Des Weiteren ist der KBR zuständig für die Bestellung der inländischen Mitglieder des besonderen Verhandlungsgremiums sowie der Bestellung der inländischen Mitglieder des EBR (§ 11 II, § 23 II EBRG). Besteht in einem betriebsratsfähigen Betrieb kein BR, so kann der KBR unter den Voraussetzungen des § 17 I einen Wahlvorstand bestellen. Umstritten ist, ob der KBR bei **konzernweiten Umwandlungen** „zuständiger BR" für die Zuleitung des (Entwurfs des) Umwandlungsvertrags sein kann (§ 5 III, § 126 III UmwG)[5]. Dies ist nach zutreffender Auffassung bereits wegen des Wortlauts der jeweiligen Vorschriften („zuständiger BR dieses Rechtsträgers"), aber auch wegen des Gesetzeszwecks der unternehmensnahen Repräsentation der ArbN im Umwandlungsverfahren zu verneinen[6]. Jedoch kann es sich in der Praxis zur Vermeidung jeglichen Risikos (Eintragungshindernis, vgl. § 17 I UmwG) empfehlen, eine Übersendung an alle (möglicherweise) zuständigen BR, also auch an den KBR, vorzunehmen[7]. Für die Erfüllung von **Unterrichtungspflichten nach WpÜG** ist der KBR nach zutreffender Ansicht in jedem Fall der unzuständige Adressat (s. WpÜG Rz. 9).

10 **III. Zuständigkeit für Unternehmen ohne Gesamtbetriebsrat.** Ist der KBR gem. Abs. 1 zuständig, so erstreckt sich diese Zuständigkeit gem. Abs. 1 S. 1 Hs. 2 auch auf Unternehmen, die einen GBR nicht gebildet haben, sowie auf Betriebe der Konzernunternehmen ohne BR. Diese Erstreckung der Zuständigkeit ist im Zuge der Reform des BetrVG neu in das Gesetz eingefügt worden.

11 **IV. Abschluss von Konzernbetriebsvereinbarungen.** Nicht abschließend geklärt ist die Frage, ob der Abschluss einer KonzernBV zwischen dem KBR und dem herrschenden Unternehmen auch Wirkung für die abhängigen Konzernunternehmen und ihre ArbN entfaltet oder ob eine normative Wirkung nur dadurch begründet werden kann, dass die Konzernunternehmen selbst Partei der KonzernBV werden[8]. Zustimmung verdient die Auffassung, nach der KonzernBV nicht von dem herrschenden Unternehmen für alle Konzernunternehmen abgeschlossen werden können, sondern eine KonzernBV nur auf diejenigen Konzernunternehmen anzuwenden ist, die selbst Partei der Vereinbarung geworden sind[9]. Da die Konzernunternehmen rechtlich selbständig sind, ist das herrschende Unternehmen nicht berechtigt, zu Lasten der Konzernunternehmen KonzernBV abzuschließen[10]. Nach anderer Ansicht soll aus der Institution des KBR und der damit verbundenen konzernweiten Mitbest. folgen, dass trotz rechtl. Selbständigkeit der Konzernunternehmen auch ohne deren Beteiligung konzernweit geltende KonzernBV durch das herrschende Unternehmen abgeschlossen werden können[11].

12 **V. Zuständigkeit kraft Auftrags.** Abs. 2 eröffnet einem GBR die Möglichkeit, den KBR mit der Wahrnehmung einzelner Angelegenheiten zu beauftragen, für die an sich der GBR zuständig ist (bzw. im Rahmen des § 54 II der EinzelBR). Hierdurch wird die Möglichkeit eröffnet, die Zuständigkeit des KBR in Fällen zu begründen, in denen dies zweckmäßig ist, insb. im Hinblick auf das konzernspezifische Wissen, die konzernweiten Informationsmöglichkeiten und den faktischen Einfluss des KBR[12]. Die Beauftragung ist mit der **qualifizierten Mehrheit** der Stimmen der Mitglieder des GBR zu beschließen (Abs. 2 S. 1) und bedarf der **Schriftform** (Abs. 2 S. 3 iVm. § 27 II 3). Abs. 2 ist § 50 II nachgebildet, so dass ergänzend auf die Erläuterungen zu dieser Vorschrift verwiesen werden kann (s. § 50 Rz. 17 f.).

13 Mit der Beauftragung durch den GBR erhält der KBR die Befugnis, an Stelle des an sich zuständigen GBR tätig zu werden. Verhandlungspartner auf Seiten des GBR ist das Konzernunternehmen. Da sich

---

1 MünchArbR/*Joost*, § 315 Rz. 63; HSWG/*Glock*, § 58 BetrVG Rz. 14a; aA *Martens*, FS BAG, S. 369. | 2 Vgl. Richardi/*Annuß*, § 58 BetrVG Rz. 15. | 3 MünchArbR/*Joost*, § 315 Rz. 64; HSWG/*Glock*, § 58 BetrVG Rz. 16. | 4 BAG v. 23.8.1989 – 7 ABR 39/88, AP Nr. 7 zu § 106 BetrVG 1972. | 5 Bejahend *Joost*, ZIP 1995, 985; *Engelmeyer*, DB 1996, 2545. | 6 *Schweibert* in Willemsen/Hohenstatt/Schweibert/Seibt, C 357; im Ergebnis ebenso Kallmeyer/*Willemsen*, § 5 UmwG Rz. 75; Lutter/*Lutter*, 3. Aufl. 2004, § 5 UmwG Rz. 99. | 7 Kallmeyer/*Willemsen*, § 5 UmwG Rz. 75; *Schweibert* in Willemsen/Hohenstatt/Schweibert/Seibt, C 357. | 8 Nicht eindeutig: BAG v. 12.11.1997 – 7 ABR 78/96, AP Nr. 2 zu § 58 BetrVG 1972. | 9 MünchArbR/*Joost*, § 315 Rz. 74 ff.; Richardi/*Annuß*, § 58 BetrVG Rz. 33 ff.; *Windbichler*, RdA 1999, 151. | 10 *Windbichler*, RdA 1999, 151. | 11 Wlotzke/Preis/*Roloff*, § 58 BetrVG Rz. 12; GK-BetrVG/*Kreutz*, § 58 Rz. 12 ff.; *Hanau*, ZGR 1984, 482 ff. | 12 BAG v. 12.11.1997 – 7 ABR 78/96, AP Nr. 2 zu § 58 BetrVG 1972.

durch die Delegation nur die Zuständigkeit des betriebsverfassungsrechtl. Organs, nicht die Zuständigkeit auf ArbGebSeite ändert, ist **Verhandlungspartner des KBR das jeweilige Konzernunternehmen** – und nicht das herrschende Unternehmen. Das herrschende Unternehmen kann im Falle der Delegation nicht zum Abschluss einer KonzernBV verpflichtet werden[1].

Gem. Abs. 2 S. 2 kann sich der GBR bei der Beauftragung des KBR die **Entscheidungsbefugnis vorbehalten**, so dass dem KBR nur das Recht verbleibt, die Verhandlungen zu führen. Wie bei der Beauftragung des GBR durch den EinzelBR gem. § 50 II 2 gilt auch hier, dass der KBR grds. entscheidungsbefugt ist, soweit sich der GBR die Entscheidungsbefugnis nicht ausdrücklich und unmissverständlich vorbehalten hat (s. § 50 Rz. 18). 14

VI. Streitigkeiten. Bei Streitigkeiten über die Zuständigkeit des KBR entscheidet das ArbG im Beschlussverfahren (§§ 2a, 80 ff. ArbGG). Örtlich zuständig ist das ArbG, in dessen Bezirk der Sitz des herrschenden Unternehmens liegt (§ 82 I 2 ArbGG). Für Streitigkeiten über die Beauftragung des KBR durch einen GBR (bzw. im Rahmen des § 54 II einen EinzelBR) ist dagegen das ArbG örtlich zuständig, in dessen Bezirk der Sitz des Konzernunternehmens liegt, dessen (Gesamt-)BR beteiligt ist[2]. Kann im Rahmen eines **einstw. Verfügungsverfahrens** die Zuständigkeit des antragstellenden KBR nicht eindeutig geklärt werden, soll ein überwiegendes Interesse am Erlass der einstw. Verfügung zu verneinen sein (s. § 50 Rz. 19). 15

59 *Geschäftsführung*

(1) Für den Konzernbetriebsrat gelten § 25 Abs. 1, die §§ 26, 27 Abs. 2 und 3, § 28 Abs. 1 Satz 1 und 3, Abs. 2, die §§ 30, 31, 34, 35, 36, 37 Abs. 1 bis 3 sowie die §§ 40, 41 und 51 Abs. 1 Satz 2 und Abs. 3 bis 5 entsprechend.

(2) Ist ein Konzernbetriebsrat zu errichten, so hat der Gesamtbetriebsrat des herrschenden Unternehmens oder, soweit ein solcher Gesamtbetriebsrat nicht besteht, der Gesamtbetriebsrat des nach der Zahl der wahlberechtigten Arbeitnehmer größten Konzernunternehmens zu der Wahl des Vorsitzenden und des stellvertretenden Vorsitzenden des Konzernbetriebsrats einzuladen. Der Vorsitzende des einladenden Gesamtbetriebsrats hat die Sitzung zu leiten, bis der Konzernbetriebsrat aus seiner Mitte einen Wahlleiter bestellt hat. § 29 Abs. 2 bis 4 gilt entsprechend.

I. Allgemeines. Die Vorschrift regelt die innere Organisation und Geschäftsführung des KBR. Abs. 1 verweist dabei im Wesentlichen auf die Vorschriften, die auch für die innere Organisation und Geschäftsführung des GBR und des BR maßgeblich sind. Abs. 2 regelt in Anlehnung an § 51 I die Konstituierung des KBR und seine Sitzungen. 1

II. Konstituierung des Konzernbetriebsrats. Ist ein KBR erstmalig zu bilden, richtet sich die Zuständigkeit für die Einladung zu seiner konstituierenden Sitzung nach Abs. 2. Auf der konstituierenden Sitzung werden der Vorsitzende des KBR und sein Stellvertreter gewählt. Zuständig für die Einladung ist der **GBR des herrschenden Unternehmens**. Besteht im herrschenden Unternehmen nur ein nach § 54 II zuständiger BR, so lädt dieser zu der konstituierenden Sitzung ein[3]. Ist in dem herrschenden Unternehmen weder ein GBR noch ein nach § 54 II zuständiger BR gebildet, so lädt der GBR des nach der Zahl der wahlberechtigten ArbN **größten Konzernunternehmens** zu der konstituierenden Sitzung ein. Dabei kommt es auf die Zahl der Eintragungen in die Wählerliste bei den Wahlen zu den EinzelBR an[4]; besteht in einem Betrieb kein BR, ist auf die aktuell beschäftigten ArbN abzustellen[5]. Die Erläuterungen zu der Konstituierung des GBR gelten entsprechend (s. § 51 Rz. 2 f.). 2

Bis der KBR aus seiner Mitte einen Wahlleiter bestellt hat, obliegt die **Sitzungsleitung** dem Vorsitzenden des einladenden GBR. Soweit der Vorsitzende des einladenden GBR nicht selbst in den KBR entsandt worden ist, endet seine Teilnahme an der konstituierenden Sitzung mit der Bestellung des Wahlleiters[6]. Nach der Wahl des Vorsitzenden obliegt diesem die weitere Leitung der Sitzung. Er beruft auch die weiteren Sitzungen ein. Insoweit gelten die für die Einberufung der Sitzungen des BR anwendbaren Vorschriften entsprechend (Abs. 2 S. 3 iVm. § 29 II–IV). 3

III. Geschäftsführung und innere Ordnung. Der KBR wählt aus seiner Mitte einen **Vorsitzenden** und dessen Stellvertreter (Abs. 1 iVm. § 26 I). Insoweit gelten die Regelungen im Hinblick auf den Vorsitz im GBR entsprechend (s. § 51 Rz. 5). 4

Hat der KBR neun oder mehr Mitglieder, besteht die Möglichkeit – aber auch die Pflicht – zur Bildung eines **Konzernbetriebsausschusses**, der die laufenden Geschäfte des KBR führt. Soweit im Konzern 5

---

1 BAG v. 12.11.1997 – 7 ABR 78/96, AP Nr. 2 zu § 58 BetrVG 1972; *Fitting*, § 58 BetrVG Rz. 42; aA GK-BetrVG/*Kreutz*, § 58 Rz. 47. | 2 Wlotzke/Preis/*Roloff*, § 58 BetrVG Rz. 14; Richardi/*Annuß*, § 58 BetrVG Rz. 47. | 3 HSWG/*Glock*, § 59 BetrVG Rz. 8; GK-BetrVG/*Kreutz*, § 59 Rz. 7. | 4 Richardi/*Annuß*, § 59 BetrVG Rz. 18; *Fitting*, § 59 BetrVG Rz. 14. | 5 DKK/*Trittin*, § 59 BetrVG Rz. 39; Richardi/*Annuß*, § 59 BetrVG Rz. 18; *Fitting*, § 59 BetrVG Rz. 14. | 6 Richardi/*Annuß*, § 59 BetrVG Rz. 19.

mehr als 100 ArbN beschäftigt sind, kann der KBR **weitere Ausschüsse** bilden und ihnen Aufgaben übertragen (Abs. 1 iVm. § 28 I). Bei der Beschlussfassung in den Ausschüssen findet der Grundsatz der Stimmengewichtung keine Anwendung; jedes Ausschussmitglied hat eine Stimme[1]. Auch hier gelten die Regelungen über den Gesamtbetriebsausschuss und die Bildung weiterer Ausschüsse des GBR entsprechend (s. § 51 Rz. 6 f.).

6 Für die Geschäftsführung und innere Ordnung des KBR sind gem. Abs. 1 schließlich eine Reihe von weiteren Vorschriften, die für die Geschäftsführung des BR gelten, entsprechend anwendbar. § 51 I 1 verweist für den GBR im Wesentlichen auf dieselben Vorschriften, so dass auf die dortigen Ausführungen verwiesen werden kann (s. § 51 Rz. 8). Ein Teilnahmerecht von Gewerkschaftsbeauftragten besteht nur, wenn die Gewerkschaft im KBR vertreten ist[2], ihr also ein Mitglied des KBR angehört.

7 **IV. Beschlussfassung des Konzernbetriebsrats.** Für die Beschlussfassung im KBR verweist Abs. 1 auf die entsprechenden Vorschriften für die Beschlussfassung im GBR (§ 51 III). Für die Beschlussfähigkeit des KBR ist erforderlich, dass mindestens die Hälfte der Mitglieder des KBR an der Beschlussfassung teilnimmt und die Teilnehmenden mindestens die Hälfte aller Stimmen vertreten. Ebenso wie bei der Beschlussfassung des GBR müssen auch hier beide Voraussetzungen kumulativ vorliegen; auch auf die übrigen Ausführungen zu der Beschlussfassung im GBR kann entsprechend verwiesen werden (s. § 51 Rz. 9 f.).

8 Durch den Verweis auf die Generalklausel des § 51 V wird klargestellt, dass der KBR über die gleichen Rechte und Pflichten wie der BR verfügt (s. § 51 Rz. 11).

9 **V. Streitigkeiten.** Bei Streitigkeiten über die Geschäftsführung und innere Ordnung des KBR entscheidet das ArbG im Beschlussverfahren (§§ 2a, 80 ff. ArbGG). Örtlich zuständig ist das ArbG, in dessen Bezirk der Sitz des herrschenden Unternehmens liegt (§ 82 I 2 ArbGG).

59a *Teilnahme der Konzernschwerbehindertenvertretung*

Die Konzernschwerbehindertenvertretung (§ 97 Abs. 2 des Neunten Buches Sozialgesetzbuch) kann an allen Sitzungen des Konzernbetriebsrats beratend teilnehmen.

1 Entsprechend dem Teilnahmerecht der Schwerbehindertenvertretung an den Sitzungen des BR (§ 32) und dem Recht der Gesamtschwerbehindertenvertretung an den Sitzungen des GBR (§ 52) regelt § 59a das Recht der Konzernschwerbehindertenvertretung, an den Sitzungen des KBR teilzunehmen. Gem. § 97 II SGB IX wählen die Gesamtschwerbehindertenvertretungen eine Konzernschwerbehindertenvertretung, wenn für mehrere Unternehmen ein KBR errichtet ist.

2 Die Konzernschwerbehindertenvertretung ist **berechtigt, an allen Sitzungen des KBR** beratend **teilzunehmen**. Da die Vorschrift des § 59a dem Teilnahmerecht der Gesamtschwerbehindertenvertretung an den Sitzungen des GBR nachgebildet ist, kann im Hinblick auf das Teilnahmerecht der Konzernschwerbehindertenvertretung auf die entsprechend geltenden Ausführungen zu § 52 verwiesen werden.

Dritter Teil. Jugend- und Auszubildendenvertretung

Erster Abschnitt. Betriebliche Jugend- und Auszubildendenvertretung

60 *Errichtung und Aufgabe*

(1) In Betrieben mit in der Regel mindestens fünf Arbeitnehmern, die das 18. Lebensjahr noch nicht vollendet haben (jugendliche Arbeitnehmer) oder die zu ihrer Berufsausbildung beschäftigt sind und das 25. Lebensjahr noch nicht vollendet haben, werden Jugend- und Auszubildendenvertretungen gewählt.

(2) Die Jugend- und Auszubildendenvertretung nimmt nach Maßgabe der folgenden Vorschriften die besonderen Belange der in Absatz 1 genannten Arbeitnehmer wahr.

1 **I. Vorbemerkung.** Der dritte Teil des BetrVG ist der **JAV** gewidmet. Normzweck ist, dem benannten Personenkreis eine **zusätzliche betriebsverfassungsrechtl. Vertretung** zu geben, die gegenüber dem BR die speziellen Interessen der jugendlichen und zu ihrer Berufsausbildung beschäftigten ArbN artikuliert[3].

---

1 *Fitting*, § 59 BetrVG Rz. 13; ErfK/*Eisemann*, § 59 BetrVG Rz. 5. | 2 ErfK/*Eisemann*, § 59 BetrVG Rz. 4; *Fitting*, § 59 BetrVG Rz. 19; HSWG/*Glock*, § 59 BetrVG Rz. 24; aA MünchArbR/*Joost*, § 315 Rz. 85. | 3 ErfK/*Eisemann*, § 60 BetrVG Rz. 1.

II. Errichtung (Abs. 1). Eine JAV ist zu wählen, wenn in einem Betrieb in der Regel mindestens fünf ArbN beschäftigt werden, die das 18. LJ noch nicht vollendet haben oder die zu ihrer Berufsausbildung beschäftigt werden und das 25. LJ noch nicht vollendet haben. 2

1. Betrieb. Betrieb iSv. § 60 I ist in demselben Sinne zu verstehen, wie er auch für die Bildung des BR zugrunde zu legen ist (zum Begriff Betrieb vgl. § 1 Rz. 8 ff.). **Tarifvertragl. Zuordnungen** von Betriebsteilen und Nebenbetrieben nach § 3 gelten auch für die JAV[1]. Für die Wahlberechtigung kommt es darauf an, ob der in § 60 I genannte ArbN-Kreis in den Betrieb **eingegliedert** ist[2]. 3

Besonderheiten gelten bei der **überbetrieblichen** und **außerbetrieblichen** Ausbildungsstätte: In reinen **Ausbildungsbetrieben** sind die zu ihrer Berufsausbildung dort Beschäftigten keine ArbN iSd. BetrVG, da ihre Ausbildung nicht im Rahmen der jeweiligen arbeitstechnischen Zwecksetzung eines Produktions- oder Dienstleistungsbetriebs erfolgt[3]. Eine Interessenvertretung kann daher dort nur nach § 51 BBiG errichtet werden[4]. Erfolgt die Berufsausbildung in **mehreren Betrieben eines Unternehmens**, so gelten die zu ihrer Berufsausbildung Beschäftigten als ArbN desjenigen Betriebs, in dem die für ihr Ausbildungsverhältnis wesentlichen und der Beteiligung des BR bzw. der JAV unterliegenden personellen und sozialen Entscheidungen zB über Begründung und Beendigung des Ausbildungsverhältnisses, Ausbildungsplan, Lage, Dauer, Folge und Inhalt der Ausbildungsabschnitte sowie Urlaub getroffen werden („**Stammbetrieb**")[5]. Erfolgt die Berufsausbildung durch **mehrere Unternehmen**, ist der Auszubildende grds. dem Betrieb desjenigen Unternehmens zuzurechnen, mit dem er den Ausbildungsvertrag geschlossen hat[6]. Allerdings sind auch hier Fallkonstellationen denkbar, bei denen es weniger auf den Abschluss des Ausbildungsvertrags, sondern vielmehr auf die tatsächliche Eingliederung ankommt: Zu denken ist insb. an den Fall, dass ein Unternehmen mit einem Auszubildenden einen Ausbildungsvertrag abschließt, die Ausbildung jedoch tatsächlich ausschließlich in einem Betrieb eines anderen Unternehmens erfolgt und dort eine vollständige Eingliederung vorliegt. Hier wird es auf den jeweiligen Einzelfall ankommen. In keinem Fall findet § 7 S. 2 Anwendung[7]. Danach sind ArbN eines anderen ArbGeb wahlberechtigt, wenn sie zur Arbeitsleistung überlassen werden und länger als drei Monate im Betrieb eingesetzt sind. Das Wahlrecht besteht in diesem Fall nicht erst nach drei Monaten, sondern vom ersten Tag des Einsatzes an[8]. Erfasst werden alle ArbN, die dem Weisungsrecht des ArbGeb in dem Betrieb unterliegen[9]. Werden Auszubildende zu Ausbildungszwecken einem anderen Betrieb zugewiesen, kann § 7 S. 2 seinem klaren Wortlaut nach nicht angewandt werden, da keine Überlassung zur Arbeitsleistung vorliegt[10]. Überlässt ein Betriebsinhaber Dritten Einrichtungen (zB **Lehrwerkstatt**) zur Berufsausbildung, ohne dass die dortigen Auszubildenden seinem Weisungsrecht unterstellt sind, werden sie nicht zu Angehörigen seines Betriebs und sind damit nicht wahlberechtigt zu dessen JAV[11]. 4

2. Mindestgröße. Dem Betrieb müssen idR mindestens fünf ArbN angehören, die zu dem in § 60 I BetrVG genannten Personenkreis gehören. 5

a) Jugendliche Arbeitnehmer. Nach der Legaldefinition in § 60 I sind jugendliche ArbN solche ArbN, die das 18. LJ noch nicht vollendet und deshalb wegen ihres Alters keine Wahlberechtigung zum BR (§ 7) haben (zum Begriff des ArbN vgl. § 5 Rz. 2 ff.). 6

b) Berufsausbildung. Ferner fallen unter den Geltungsbereich des § 60 I die zu ihrer **Berufsausbildung beschäftigten ArbN**, die das 25. LJ noch nicht vollendet haben (zum Begriff der in der Berufsausbildung Beschäftigten vgl. § 5 Rz. 17). 7

c) In der Regel. Für die Bildung einer JAV kommt es darauf an, dass im Betrieb in der Regel, dh. **im Allgemeinen und üblicherweise**, fünf oder mehr Jugendliche oder auszubildende ArbN beschäftigt werden (zum Begriff „in der Regel" vgl. auch § 1 Rz. 4). 8

3. Betriebsrat. Voraussetzung für die Bildung einer JAV ist, dass in dem Betrieb ein BR besteht[12]. Da die JAV keine selbständige Funktion iSv. eigenständigen Mitbestimmungs- oder Beteiligungsrechten hat, die sie gegenüber dem ArbGeb wahrnehmen kann, sondern letztendlich darauf beschränkt ist, ihre Aufgaben über den BR zu erfüllen, bedarf es zwangsläufig eines solchen. Der Gegenmeinung, die die Existenz eines BR nicht als Voraussetzung für die JAV ansieht[13], dürfte mit dem BetrVerf-Reformgesetz vom 23.7.2001[14] der Boden entzogen sein[15]. Der Gesetzgeber weist ausdrücklich auf die Verbindung von 9

---

1 *Fitting*, § 60 BetrVG Rz. 11; DKK/*Trittin*, § 60 BetrVG Rz. 14. | 2 ErfK/*Eisemann*, § 60 BetrVG Rz. 2. | 3 Vgl. BAG v. 24.8.2004 – 1 ABR 28/03, NZA 2005, 371. | 4 *Fitting*, § 60 BetrVG Rz. 17. Die erforderliche VO nach § 52 BBiG ist – soweit ersichtlich – noch nicht erlassen. | 5 BAG v. 13.3.1991 – 7 ABR 89/89, AP Nr. 2 zu § 60 BetrVG 1972; *Fitting*, § 60 BetrVG Rz. 16; DKK/*Trittin*, § 60 BetrVG Rz. 17. | 6 *Fitting*, § 60 BetrVG Rz. 19 mwN. | 7 Beachte: „Leiharbeitnehmer wählen, aber zählen nicht" (BAG v. 16.4.2003 – 7 ABR 53/02, ZTR 2003, 288). | 8 BT-Drs. 14/5741, 36. | 9 *Schaub*, NZA 2001, 364 (366); *Fitting*, § 60 BetrVG Rz. 18. | 10 *Opolony*, BB 2001, 2055 (2056); aA Richardi/*Richardi/Annuß*, § 60 BetrVG Rz. 9. | 11 BAG v. 4.4.1990 – 7 ABR 91/89, AP Nr. 1 zu § 60 BetrVG 1972. | 12 Richardi/*Richardi/Annuß*, § 60 BetrVG Rz. 11; *Löwisch/Kaiser*, § 60 BetrVG Rz. 5; HSWG/*Hess*, § 60 BetrVG Rz. 6; *Fitting*, § 60 BetrVG Rz. 22; GK-BetrVG/*Oetker*, § 60 Rz. 37 ff.; *Weiss/Weyand*, § 60 BetrVG Rz. 3; aA DKK/*Trittin*, § 60 BetrVG Rz. 26; *Dachrodt/Engelbert*, § 60 BetrVG Rz. 12. | 13 DKK/*Trittin*, § 60 BetrVG Rz. 26. | 14 BGBl. I S. 1852. | 15 *Stege/Weinspach/Schiefer*, §§ 60 bis 70 BetrVG Rz. 1b.

BR und JAV hin. Die Regelungen, die die Bildung von BR erleichtern sollen, dienen dazu, die Wahl neuer JAV zu ermöglichen[1]. Die Wahl einer JAV in einem Betrieb, in dem kein BR besteht, ist nichtig[2].

10 **III. Aufgaben und Rechtsstellung (Abs. 2).** Liegen die Voraussetzungen für die Bildung einer JAV vor, ist diese zu errichten. Eine Dispositionsbefugnis der Betriebsparteien besteht insoweit nicht.

11 **1. Aufgaben.** Nach § 60 II nimmt die JAV nach Maßgabe der weiteren Vorschriften die **besonderen Belange** der Jugendlichen und zu ihrer Berufsausbildung beschäftigten ArbN unter 25 Jahre wahr. Bestimmte allgemeine Aufgaben sind in § 70 I umschrieben. Zweck ist, die Angelegenheiten festzulegen, in denen eine Initiative der JAV erwartet wird, es also zu ihren **Amtspflichten** gehört, sich darum zu kümmern[3].

12 **2. Rechtsstellung.** Die in einem Betrieb bestehende JAV ist **kein gleichberechtigt neben dem BR bestehendes Organ** der Betriebsverfassung[4]. Vielmehr obliegt dem BR die Wahrnehmung der Interessen aller ArbN des Betriebs gegenüber dem ArbGeb, auch solcher, die in § 60 I aufgezählt sind[5]. Dementsprechend ist die JAV kein **eigenständiger Repräsentant** der in Abs. 1 genannten ArbN, sondern lediglich eine zusätzliche betriebsverfassungsrechtl. Einrichtung, deren Aufgabe es ist, die BR-Arbeit in Jugendfragen und vor allem in Fragen der Berufsbildung wirksam zu unterstützen[6]. Allein **Selbstorganisationsrechte** wie zB das Erstellen einer Geschäftsordnung nimmt die JAV eigenständig wahr[7]. Ansonsten vertritt allein der BR die Interessen der ArbN, einschließlich der in § 60 I genannten, gegenüber dem ArbGeb[8].

13 **IV. Wegfall der Voraussetzungen.** Fallen die Voraussetzungen für die Errichtung einer JAV **nachträglich weg**, dh., wird in dem Betrieb nach einem Wegfall des bisherigen BR keine Neuwahl eines neuen BR eingeleitet, so dass in dem Betrieb kein BR mehr besteht, oder sinkt die Zahl der in der Regel beschäftigten ArbN iSv. § 60 I unter fünf, führt dies zur **Beendigung** der JAV[9]. Teilweise wird in der Lit. angenommen, ein nur kurzfristiger Wegfall des BR (etwa bei einer erfolgreichen Wahlanfechtung oder bei einer verzögerten Neuwahl des BR) würde nicht zum Wegfall einer bestehenden JAV führen[10]. Während einer Übergangszeit könne eine JAV **ohne BR** bestehen[11]. Diese Auffassung ist zweifelhaft: Ist die Existenz des BR Voraussetzung für die Bildung einer JAV, entfällt diese mit ihrem Wegfall, so dass das Amt der JAV endet. Ihre gesetzl. übertragene Funktion, als Hilfsorgan für den BR zu agieren, wird mit dem Wegfall des BR unmöglich, da die JAV keine gegenüber dem ArbGeb eigenständige Vertretungsbefugnis hat und die Interessen der Jugendlichen ArbN und Auszubildenden nur über den BR wahrgenommen werden können[12].

14 **V. Streitigkeiten** über die Bildung einer JAV sowie über ihre Zuständigkeit sind gem. §§ 2a I Nr. 1, II iVm. 80 ff. ArbGG von den ArbG im **Beschlussverfahren** zu entscheiden.

61 *Wahlberechtigung und Wählbarkeit*

(1) Wahlberechtigt sind alle in § 60 Abs. 1 genannten Arbeitnehmer des Betriebs.

(2) Wählbar sind alle Arbeitnehmer des Betriebs, die das 25. Lebensjahr noch nicht vollendet haben; § 8 Abs. 1 Satz 3 findet Anwendung. Mitglieder des Betriebsrats können nicht zu Jugend- und Auszubildendenvertretern gewählt werden.

1 **I. Vorbemerkung.** § 61 I regelt das **aktive**, § 61 II das **passive Wahlrecht** zur JAV. Der Betriebsbegriff entspricht dem in § 1 (vgl. zum Begriff **Betrieb** § 1 Rz. 8 sowie § 60 Rz. 5).

2 **II. Aktives Wahlrecht (Abs. 1). 1. Wahlberechtigte Arbeitnehmer.** Nach § 61 I sind wahlberechtigt neben den zu ihrer Berufsausbildung beschäftigten unter 25-Jährigen alle ArbN, die wegen fehlender Volljährigkeit noch nicht zum BR wahlberechtigt sind. Wahlberechtigt sind auch Jugendliche, die altersbedingt unter **Vormundschaft** stehen; sie benötigen keine besondere Erlaubnis des Erziehungsberechtigten zur Ausübung des Wahlrechts[13].

3 **2. Stichtag.** Maßgebend ist das **Alter** am Wahltag. Erstreckt sich die Wahl über mehrere Tage, ist maßgebend das Alter am letzten Wahltag.

4 **3. Doppeltes Wahlrecht.** Dies führt bei den zu ihrer Berufsausbildung beschäftigten ArbN, die das 25. LJ noch nicht vollendet haben, aber älter sind als 18 Jahre, zu einem Doppelwahlrecht: Einerseits

---

1 BT-Drs. 14/5741, 31. | 2 *Fitting*, § 60 BetrVG Rz. 22; Richardi/*Richardi/Annuß*, § 60 BetrVG Rz. 11. | 3 Richardi/*Richardi/Annuß*, § 60 BetrVG Rz. 12. | 4 BAG v. 13.3.1991 – 7 ABR 89/89, AP Nr. 2 zu § 60 BetrVG 1972. | 5 BAG v. 10.5.1974 – 1 ABR 60/73, AP Nr. 4 zu § 65 BetrVG 1972; v. 10.5.1974 – 1 ABR 57/73, AP Nr. 3 zu § 65 BetrVG 1972; v. 20.11.1973 – 1 AZR 331/73, AP Nr. 1 zu § 65 BetrVG 1972. | 6 Richardi/*Richardi/Annuß*, § 60 BetrVG Rz. 13 mwN. | 7 ErfK/*Eisemann*, § 60 BetrVG Rz. 3. | 8 Vgl. BAG v. 21.1.1982 – 6 ABR 17/79, AP Nr. 1 zu § 70 BetrVG 1972. | 9 *Etzel*, Betriebsverfassungsrecht, Rz. 1325; DKK/*Trittin*, § 60 BetrVG Rz. 30. | 10 *Fitting*, § 60 BetrVG Rz. 23; Richardi/*Richardi/Annuß*, § 60 BetrVG Rz. 11. | 11 Vgl. GK-BetrVG/*Oetker*, § 60 Rz. 43, der letztendlich im Wege der Rechtsfortbildung und Analogie zu § 21a zu einem zeitlich beschränkten Übergangsmandat von sechs Monaten kommt. | 12 *Fitting*, § 60 BetrVG Rz. 23; GK-BetrVG/*Oetker*, § 60 Rz. 44; aA DKK/*Trittin*, § 60 BertVG Rz. 30. | 13 DKK/*Trittin*, § 61 BetrVG Rz. 5; *Fitting*, § 61 BetrVG Rz. 5.

haben sie eine Wahlberechtigung zur JAV. Andererseits zählen sie zu den ArbN iSd. BetrVG (§ 5 I) und sind daher auch bei der Wahl zum BR wahlberechtigt (§ 7 S. 1)[1].

4. Betriebszugehörigkeit. Auf die **Dauer der Betriebszugehörigkeit** kommt es nicht an. Auch ArbN, deren Arbeitsverhältnis ruht, wie zB bei Wehrpflichtigen, Zivildienstleistenden oder ArbN in Elternzeit, sind wahlberechtigt[2]. 5

5. Eintrag in Wählerliste. Voraussetzung für die Ausübung des Wahlrechts ist eine Eintragung in die Wählerliste (§ 38 S. 1, § 2 III 1 WO)[3]. 6

III. Passives Wahlrecht (Abs. 2). 1. Wählbare Arbeitnehmer. Passiv wahlberechtigt (wählbar) sind alle ArbN des Betriebs, die das 25. LJ noch nicht vollendet haben, also auch ArbN unter 18 Jahre. Eine Zustimmung des gesetzl. Vertreters ist nicht erforderlich, da die Ermächtigung gem. § 113 BGB auch die Wählbarkeit für die JAV mit umfasst[4]. Die Wählbarkeit ist, wie sich aus § 61 II 1 Hs. 1 ergibt, nicht auf den Kreis der wahlberechtigten ArbN zur JAV beschränkt. Vielmehr sind auch ArbN des Betriebs, die über 18 Jahre alt sind und nicht zu ihrer Berufsausbildung beschäftigt werden, wählbar, sofern sie das 25. LJ noch nicht vollendet haben[5]. 7

2. Stichtag. Maßgebender Stichtag für die festgelegte Höchstaltersgrenze ist nicht der Tag der Wahl der JAV, sondern der Tag des **Beginns der Amtszeit** der JAV. Dies folgt aus § 64 III (zum **Beginn der Amtszeit** vgl. § 64 Rz. 5 ff.)[6]. 8

3. Keine doppelte Wählbarkeit. § 61 II 2 stellt ausdrücklich klar, dass Mitglieder des BR nicht zu Jugend- und Auszubildendenvertretern gewählt werden können. Wählbar sind aber **Ersatzmitglieder** des BR, so lange sie nicht nachgerückt sind[7]. Wenn ein Ersatzmitglied vorübergehend oder dauerhaft in den BR nachrückt, scheidet es nach § 65 iVm. § 24 Nr. 4 **endgültig** aus der JAV aus und tritt nach Beendigung der Vertretung nicht wieder ein[8]. Wegen § 61 II 2 können Mitglieder der JAV für den BR kandidieren. Werden sie gewählt und nehmen sie die Wahl an, scheiden sie aus der JAV aus (§§ 65 I iVm. 24 Nr. 4, 61 II 2)[9]. 9

4. Strafgerichtliche Verurteilung. Die Wählbarkeit ist ebenso wie die zum BR infolge strafgerichtlicher Verurteilung ausgeschlossen (§§ 61 II 1 Hs. 2 iVm. 8 I 3, vgl. im Einzelnen § 8 Rz. 9). 10

5. Betriebszugehörigkeit. Eine bestimmte Dauer der Betriebszugehörigkeit ist nicht erforderlich. Die Betriebszugehörigkeit des Wahlbewerbers am Wahltag ist ausreichend[10]. 11

6. Staatsangehörigkeit. Der Wahlbewerber ist unabhängig von der Staatsangehörigkeit wählbar (vgl. § 8 Rz. 4). 12

7. Eintrag in Wählerliste. Die Wählbarkeit setzt nach §§ 38 S. 1, 2 III 1 WO die Eintragung in die Wählerliste voraus. Dies ist jedoch nicht für die Wahlbewerber erforderlich, die wählbar, aber nicht wahlberechtigt sind (s.o. Rz. 7)[11]. 13

IV. Streitigkeiten. Über die Wahlberechtigung oder Wählbarkeit hat zunächst der Wahlvorstand einen Beschluss zu fassen (vgl. § 4 WO). Streitigkeiten sind ebenso wie bei der BR-Wahl im arbeitsgerichtl. **Beschlussverfahren** zu entscheiden (§§ 2a I Nr. 1, II iVm. 80 ff. ArbGG). 14

62 *Zahl der Jugend- und Auszubildendenvertreter, Zusammensetzung der Jugend- und Auszubildendenvertretung*

(1) Die Jugend- und Auszubildendenvertretung besteht in Betrieben mit in der Regel

5 bis 20 der in § 60 Abs. 1 genannten Arbeitnehmer aus einer Person,

21 bis 50 der in § 60 Abs. 1 genannten Arbeitnehmer aus 3 Mitgliedern,

51 bis 150 der in § 60 Abs. 1 genannten Arbeitnehmer aus 5 Mitgliedern,

151 bis 300 der in § 60 Abs. 1 genannten Arbeitnehmer aus 7 Mitgliedern,

---

1 *Fitting*, § 61 BetrVG Rz. 6; ErfK/*Eisemann*, § 61 BetrVG Rz. 1. | 2 DKK/*Trittin*, § 61 BetrVG Rz. 3. | 3 DKK/*Trittin*, § 61 BetrVG Rz. 4; *Fitting*, § 61 BetrVG Rz. 7. | 4 DKK/*Trittin*, § 61 BetrVG Rz. 8; *Fitting*, § 61 BetrVG Rz. 9. | 5 ErfK/*Eisemann*, § 61 BetrVG Rz. 3; *Fitting*, § 61 BetrVG Rz. 10. | 6 *Fitting*, § 61 BetrVG Rz. 11; DKK/*Trittin*, § 61 BetrVG Rz. 12. | 7 *Fitting*, § 61 BetrVG Rz. 14; GK-BetrVG/*Oetker*, § 61 Rz. 38. | 8 BAG v. 15.1.1980 – 6 AZR 726/79, AP Nr. 8 zu § 78a BetrVG 1972; v. 21.8.1979 – 6 AZR 789/77, AP Nr. 6 zu § 78a BetrVG 1972; Hessisches LAG v. 6.9.2001 – 12 TaBV 47/01, LAGReport 2002, 133; *Fitting*, § 61 BetrVG Rz. 14; ErfK/*Eisemann*, § 61 BetrVG Rz. 3; GK-BetrVG/*Oetker*, § 61 Rz. 39, 41; *Löwisch/Kaiser*, § 61 BetrVG Rz. 4; HSWG/*Hess*, § 61 BetrVG Rz. 7; aA Richardi/*Richardi/Annuß*, § 61 BetrVG Rz. 11; DKK/*Trittin*, § 61 BetrVG Rz. 16 für ein nur vorübergehendes Nachrücken. | 9 DKK/*Trittin*, § 61 BetrVG Rz. 17; *Fitting*, § 61 BetrVG Rz. 15. | 10 DKK/*Trittin*, § 61 BetrVG Rz. 10; *Fitting*, § 61 BetrVG Rz. 12. | 11 DKK/*Trittin*, § 61 BetrVG Rz. 18; ErfK/*Eisemann*, § 61 BetrVG Rz. 3; HSWG/*Hess*, § 61 BetrVG Rz. 5; *Fitting*, § 61 BetrVG Rz. 8; aA GK-BetrVG/*Oetker*, § 61 Rz. 44; Richardi/*Richardi/Annuß*, § 61 BetrVG Rz. 14.

301 bis 500 der in § 60 Abs. 1 genannten Arbeitnehmer aus 9 Mitgliedern,

501 bis 700 der in § 60 Abs. 1 genannten Arbeitnehmer aus 11 Mitgliedern,

701 bis 1000 der in § 60 Abs. 1 genannten Arbeitnehmer aus 13 Mitgliedern,

mehr als 1000 der in § 60 Abs. 1 genannten Arbeitnehmer aus 15 Mitgliedern.

(2) Die Jugend- und Auszubildendenvertretung soll sich möglichst aus Vertretern der verschiedenen Beschäftigungsarten und Ausbildungsberufe der im Betrieb tätigen in § 60 Abs. 1 genannten Arbeitnehmer zusammensetzen.

(3) Das Geschlecht, das unter den in § 60 Abs. 1 genannten Arbeitnehmern in der Minderheit ist, muss mindestens entsprechend seinem zahlenmäßigen Verhältnis in der Jugend- und Auszubildendenvertretung vertreten sein, wenn diese aus mindestens drei Mitgliedern besteht.

1 **I. Vorbemerkung.** § 62 regelt als Normzweck die Größe und die Zusammensetzung der JAV. § 62 II bestimmt allgemein, dass die JAV sich möglichst aus Vertretern der verschiedenen Beschäftigungsarten und Ausbildungsberufe der im Betrieb tätigen, in § 60 I genannten ArbN zusammensetzen soll. Nach § 62 III ist es zwingend erforderlich, dass das **Geschlecht**, das unter den in § 60 I genannten ArbN in der Minderheit ist, entsprechend seines zahlenmäßigen Verhältnisses in der JAV vertreten sein muss, wenn diese aus mindestens drei Mitgliedern besteht. **Ziel** der gesetzl. Regelung ist es, die JAV in den Stand zu setzen, ihre Arbeit **sachkundig** zu verrichten[1].

2 **II. Mitgliederzahl (Abs. 1).** Der Wahlvorstand legt die Zahl der Beschäftigten anhand des § 60 I fest. Zu berücksichtigen sind allein ArbN des Betriebs unter 18 Jahre und zur Berufsausbildung Beschäftigte unter 25 Jahre. Es gilt der **Betriebsbegriff** des § 1 (vgl. zum Begriff Betrieb § 1 Rz. 8). Die Mitgliederzahl der JAV ergibt sich unmittelbar aus der Tabelle des § 62 I. Für die Feststellung der Zahl der **„in der Regel“** Beschäftigten ist auf den Tag des Wahlausschreibens abzustellen[2]. Entscheidend ist die für den Betrieb im Allgemeinen kennzeichnende Anzahl der ArbN nach § 60 I. Vorübergehende Veränderungen sind unerheblich[3] (zum Begriff „in der Regel“ vgl. § 1 Rz. 4). **Ändert** sich in der Zeit zwischen Erlass des Wahlausschreibens und Wahl die Zahl der wahlberechtigten ArbN, so nehmen inzwischen hinzugekommene ArbN an der Wahl teil, ausgeschiedene ArbN wählen jedoch nicht mehr mit[4]. Für die Mitgliederzahl der JAV ist unverändert von der Zahl der im Zeitpunkt des Erlasses des Wahlausschreibens in der Regel beschäftigten ArbN iSv. § 60 I auszugehen[5]. Abweichungen von der Staffel des § 62 I können sich in analoger Anwendung des § 11 ergeben, wenn sich der Wahl weniger Kandidaten stellen, als die JAV nach dem Gesetz Mitglieder hat. In einem solchen Fall ist für die JAV die nächstniedrigere Stufe der Staffel maßgebend[6]. Daraus folgt, dass es immer bei einer **ungeraden Zahl** von Mitgliedern der JAV bleibt[7].

3 **III. Zusammensetzung.** § 62 II u. III gibt eine zwingende Regelung für die Zusammensetzung der JAV vor.

4 **1. Allgemeine Zusammensetzung (Abs. 2).** Wie nach § 15 I für den BR wird für die JAV gefordert, dass sie sich möglichst aus Vertretern der verschiedenen **Beschäftigungsarten** und **Ausbildungsberufe** zusammensetzen soll (§ 62 II). Zweck der **Sollvorschrift** ist es, die JAV zu befähigen, ihre Arbeit möglichst sachkundig unter Berücksichtigung der im Betrieb ausgeübten Beschäftigungsarten und Ausbildungsberufe durchzuführen[8]. Eine Nichtbeachtung von § 62 II hat keinen Einfluss auf die Gültigkeit der Wahl und begründet insb. nicht ihre Anfechtbarkeit[9].

5 **2. Geschlechterschutz (Abs. 3).** Eine zwingende **Geschlechterquote** für die Besetzung der JAV gilt dann, wenn die JAV aus **mindestens drei Mitgliedern** besteht (§ 62 III). Die zwingende Geschlechterquote entspricht der bei der Zusammensetzung des BR in § 15 II (vgl. zur Geschlechterquote § 15 Rz. 3 ff. mit Beispielsberechnungen). Die Umsetzung der Geschlechterquote wird näher in der Wahlordnung geregelt[10]. Die Durchführung der Wahl unter Berücksichtigung der Geschlechterquote folgt den Regelungen der BR-Wahl (vgl. § 15 Rz. 3 ff.)[11]. Verstöße gegen die zwingende unabdingbare gesetzl. Regelung über die Verteilung der Sitze der JAV unter Berücksichtigung der Geschlechterquote können zur **Anfechtung** der Wahl zur JAV führen[12].

6 **IV. Beendigung des Amts.** Eine **erhebliche Veränderung** der Zahl der in § 60 I genannten ArbN nach der Wahl zur JAV führt nicht zur Änderung der Zahl der Jugend- und Auszubildendenvertreter. Im Unterschied zu § 13 II Nr. 1 erfolgt keine Neuwahl, da § 64 I 2 nur auf § 13 II Nr. 2–6, nicht hingegen auf

---

1 ErfK/*Eisemann*, § 62 BetrVG Rz. 2. | 2 Vgl. BAG v. 22.11.1984 – 6 ABR 9/84, AP Nr. 1 zu § 64 BetrVG 1972. | 3 Vgl. BAG v. 22.2.1983 – 1 AZR 260/81, AP Nr. 7 zu § 113 BetrVG 1972 mwN. | 4 *Dachrodt/Engelbert*, § 62 BetrVG Rz. 4. | 5 *Fitting*, § 62 BetrVG Rz. 6; Richardi/*Richardi/Annuß*, § 62 BetrVG Rz. 5. | 6 HSWG/*Hess*, § 62 BetrVG Rz. 2; DKK/*Trittin*, § 62 BetrVG Rz. 4; ErfK/*Eisemann*, § 62 BetrVG Rz. 1. | 7 ErfK/*Eisemann*, § 62 BetrVG Rz. 1. | 8 *Fitting*, § 62 BetrVG Rz. 8; DKK/*Trittin*, § 62 BetrVG Rz. 9. | 9 *Fitting*, § 62 BetrVG Rz. 8; DKK/*Trittin*, § 62 BetrVG Rz. 11. | 10 BT-Drs. 14/5741, 44. | 11 Zur Kritik wegen der praktischen Umsetzung sowie den verfassungsrechtlichen Bedenken vgl. *Reichold*, NZA 2001, 857 (860); *Braun*, DARB 2001, 110 (111); *Schiefer/Korte*, NZA 2002, 57 (60); *Schiefer/Korte*, NZA 2002, 113 (115 f.). | 12 *Fitting*, § 62 BetrVG Rz. 11; LAG Schl.-Holst. v. 17.9.1987 – 4 TaBV 29/87 nv.; GK-BetrVG/*Oetker*, § 62 Rz. 33.

Nr. 1 verweist[1]. Dies hat seinen Grund darin, dass die **Amtszeit** der JAV nur zwei Jahre beträgt (vgl. § 64 II 1)[2]. Sinkt die Zahl der ArbN nach § 60 I **auf Dauer unter fünf**, verlieren die Jugend- und Auszubildendenvertreter ihr Amt[3]. Zu einer **vorzeitigen Neuwahl** der JAV kann es dann kommen, wenn die Gesamtzahl der Jugend- und Auszubildendenvertreter nach Eintreten sämtlicher Ersatzmitglieder unter die vorgeschriebene Zahl der Mitglieder gesunken ist (§§ 64 II 4 iVm. 13 II Nr. 2). In diesem Fall bestimmt sich die Größe der JAV nach der Zahl der bei Erlass des Wahlausschreibens zu dieser Wahl in der Regel beschäftigten ArbN iSv. § 60 I, nicht nach der Zahl der ArbN bei der Wahl der JAV, deren Amtszeit vorzeitig endete[4]. Verstöße gegen § 62 I (bspw. die **irrtümliche** Festlegung der Zahl der zu wählenden Jugend- und Auszubildendenvertreter durch den Wahlvorstand) führen zur **Anfechtbarkeit** der BR-Wahl nach §§ 63 II iVm. 19[5]. Erfolgt jedoch **keine fristgerechte Anfechtung**, so verbleibt es für die Dauer der Wahlperiode bei der fehlerhaften Zusammensetzung der JAV[6].

V. Streitigkeiten. Der Wahlvorstand legt die Zahl der zu wählenden Jugend- und Auszubildendenvertreter fest. Über hierbei auftretende Meinungsverschiedenheiten hat das ArbG im **Beschlussverfahren** zu entscheiden (§§ 2a I Nr. 1, II iVm. 80 ff. ArbGG). Kommt es wegen Verstößen gegen § 62 durch den Wahlvorstand zu einer Anfechtung der Wahl zur JAV (§§ 63 II, 19), ist auch der BR Beteiligter, weil die JAV selbst nicht allein prozessual handlungsfähig ist[7]. 7

63 *Wahlvorschriften*

(1) Die Jugend- und Auszubildendenvertretung wird in geheimer und unmittelbarer Wahl gewählt.

(2) Spätestens acht Wochen vor Ablauf der Amtszeit der Jugend- und Auszubildendenvertretung bestellt der Betriebsrat den Wahlvorstand und seinen Vorsitzenden. Für die Wahl der Jugend- und Auszubildendenvertreter gelten § 14 Abs. 2 bis 5, § 16 Abs. 1 Satz 4 bis 6, § 18 Abs. 1 Satz 1 und Abs. 3 sowie die §§ 19 und 20 entsprechend.

(3) Bestellt der Betriebsrat den Wahlvorstand nicht oder nicht spätestens sechs Wochen vor Ablauf der Amtszeit der Jugend- und Auszubildendenvertretung oder kommt der Wahlvorstand seiner Verpflichtung nach § 18 Abs. 1 Satz 1 nicht nach, so gelten § 16 Abs. 2 Satz 1 und 2, Abs. 3 Satz 1 und § 18 Abs. 1 Satz 2 entsprechend; der Antrag beim Arbeitsgericht kann auch von jugendlichen Arbeitnehmern gestellt werden.

(4) In Betrieben mit in der Regel fünf bis fünfzig der in § 60 Abs. 1 genannten Arbeitnehmer gilt auch § 14a entsprechend. Die Frist zur Bestellung des Wahlvorstands wird im Fall des Absatzes 2 Satz 1 auf vier Wochen und im Fall des Absatzes 3 Satz 1 auf drei Wochen verkürzt.

(5) In Betrieben mit in der Regel 51 bis 100 der in § 60 Abs. 1 genannten Arbeitnehmer gilt § 14a Abs. 5 entsprechend.

I. Vorbemerkung. § 63 regelt die Wahl der JAV. Sie wird ergänzt durch die §§ 38–40 WO[8]. Die Wahlvorschriften wurden im Wesentlichen mit den Änderungen der Wahlvorschriften zum BR harmonisiert. 1

II. Wahlgrundsätze (Abs. 1). Für die Wahl der JAV gelten nach § 63 I die allgemeinen Wahlgrundsätze der Wahl des BR (vgl. § 14 Rz. 1 ff.). Das bedeutet: 2

1. Gemeinsame Wahl. Die Wahl zur JAV findet in gemeins. Wahl statt. 3

2. Geheime Wahl. Die JAV wird in geheimer Wahl gewählt (vgl. § 14 Rz. 5). 4

3. Unmittelbare Wahl. Die JAV wird in unmittelbarer Wahl gewählt (vgl. § 14 Rz. 5). 5

4. Verhältniswahl. Die Wahl zur JAV erfolgt nach §§ 63 II 2 iVm. 14 II 1 nach den Grundsätzen der Verhältniswahl (vgl. § 14 Rz. 10 f.). Eine **Mehrheitswahl** erfolgt, wenn nur ein gültiger Wahlvorschlag eingereicht wird (§§ 63 II 2 iVm. 14 II 2 Hs. 1) oder wenn die JAV im vereinfachten Wahlverfahren nach § 14a gewählt wird (§§ 63 II 2 iVm. 14 II 2 Hs. 2). 6

5. Wahlvorschläge. Gewählt werden kann nur, wer auf einem Wahlvorschlag benannt ist. § 63 II verweist insoweit auf die Bestimmungen wie bei der BR-Wahl (§ 14 II bis V). Es gelten keine Besonderheiten im Verhältnis zur BR-Wahl (vgl. im Einzelnen § 14 Rz. 15 ff.), mit einer Ausnahme: Da Voraussetzung für eine JAV ist, dass ein BR besteht, und der BR den Wahlvorstand bildet, können Gewerkschaften in betriebsratslosen Betrieben keine Wahlvorschläge zur Wahl der JAV machen[9]. 7

1 DKK/*Trittin*, § 62 BetrVG Rz. 8; *Fitting*, § 62 BetrVG Rz. 7. |2 Vgl. BAG v. 22.11.1984 – 6 ABR 9/84, AP Nr. 1 zu § 64 BetrVG 1972. |3 DKK/*Trittin*, § 60 BetrVG Rz. 34; *Fitting*, § 60 BetrVG Rz. 13. |4 Vgl. BAG v. 22.11.1984 – 6 ABR 9/84, AP Nr. 1 zu § 64 BetrVG 1972. |5 Vgl. BAG v. 14.1.1972 – 1 ABR 6/71, AP Nr. 2 zu § 20 BetrVG – Jugendvertreter. |6 Vgl. BAG v. 14.1.1972 – 1 ABR 6/71, AP Nr. 2 zu § 20 BetrVG – Jugendvertreter; GK-BetrVG/*Oetker*, § 62 Rz. 35; DKK/*Trittin*, § 62 BetrVG Rz. 14. |7 Vgl. BAG v. 20.2.1986 – 6 ABR 25/85, AP Nr. 1 zu § 63 BetrVG 1972. |8 Wahlordnung v. 11.12.2001 (BGBl. I S. 3494). |9 *Fitting*, § 63 BetrVG Rz. 11; HSWG/*Hess*, § 63 BetrVG Rz. 4.

8 **6. Wahlanfechtung und Wahlnichtigkeit. a) Wahlanfechtung.** Die Wahl der JAV kann unter den gleichen Voraussetzungen wie die BR-Wahl angefochten werden (§§ 63 II 2 iVm. 19, vgl. zur Wahlanfechtung § 19 Rz. 4 ff.). **Anfechtungsberechtigt** sind neben dem ArbGeb und den im Betrieb vertretenen Gewerkschaften **nur** ArbN nach § 60 I, da aus dem Verweis auf § 19 folgt, dass es sich um **Wahlberechtigte** handeln muss[1].

9 **b) Wahlnichtigkeit.** Ebenso wie die BR-Wahl kann die Wahl der JAV nichtig sein, wenn gegen allgemeine Grundsätze einer jeden Wahl in so hohem Maße verstoßen worden ist, dass auch der Anschein einer dem Gesetz entsprechenden Wahl nicht mehr vorliegt (vgl. zur Nichtigkeit § 19 Rz. 23 ff.).

10 **7. Wahlkosten.** Die Kosten der Wahl inklusive der Pflicht, das Arbeitsentgelt weiterzuzahlen, das auf Grund der Versäumnis von Arbeitszeit entsteht, die zur Ausübung des Wahlrechts erforderlich ist, trägt nach §§ 63 II 2 iVm. 20 III der ArbGeb.

11 **8. Wahlschutz.** Die Wahl der JAV ist in gleicher Weise wie die BR-Wahl durch das Verbot der Behinderung und der unzulässigen Beeinflussung (§§ 63 II 2 iVm. 20 I und II) geschützt (vgl. zum Wahlschutz § 20 Rz. 2 ff.). Wahlbewerber und Wahlvorstände unterfallen dem besonderen **Kündigungsschutz** des § 15 III KSchG. Eine außerordentl. Kündigung von Wahlbewerbern und Wahlvorständen während des Wahlverfahrens bedürfte der Zustimmung des BR nach § 103[2]. **§ 78a** findet keine Anwendung, da **Wahlvorstände** und **(erfolglose) Wahlbewerber** nicht zu dem dort genannten besonders geschützten Personenkreis gehören. Das bedeutet, (erfolglose) Wahlbewerber und Wahlvorstände sind nicht davor geschützt, dass sie nach Beendigung der Ausbildung nicht in ein Arbeitsverhältnis übernommen werden[3]. Die Übernahme eines Auszubildenden in ein unbefristetes Arbeitsverhältnis kann auch nicht über § 20 I oder II durchgesetzt werden, indem ein Wahlvorstand oder (erfolgloser) Wahlbewerber sich darauf beruft, dies sei eine Benachteiligung wegen seiner Tätigkeit als (erfolgloser) Wahlbewerber oder Wahlvorstand. Der erfolgreiche Wahlbewerber kann sich bereits ab der Feststellung des Wahlergebnisses (§ 16 WO) auf die Schutzvorschrift des § 78a BetrVG berufen[4].

12 **III. Bestellung des Wahlvorstands.** Die **Aufgaben** des Wahlvorstands entsprechen denen des Wahlvorstands der BR-Wahl (§ 63 II iVm. § 18 BetrVG; vgl. zu den Aufgaben im Einzelnen § 18 Rz. 2 ff.). Die Bestellung des Wahlvorstands ist auf mehrfache Art und Weise möglich.

13 **1. Bestellung durch den Betriebsrat.** Der Regelfall ist die Bestellung des Wahlvorstands durch den BR. Dieser bestellt den Wahlvorstand und seinen Vorsitzenden spätestens acht Wochen vor Ablauf der Amtszeit der JAV (§ 63 II 1). Das **Ende der ordentl. Amtszeit** der JAV bestimmt sich nach § 64 II 2. Endet das Amt der JAV vorzeitig und muss eine neue JAV gewählt werden, so hat der BR **unverzüglich** einen Wahlvorstand zu bestellen. Kommt der BR dieser Verpflichtung nicht nach, so liegt eine grobe Amtspflichtverletzung vor, die nach § 23 I zur Auflösung des BR berechtigt[5]. Die **Anzahl der Mitglieder** des Wahlvorstands liegt im pflichtgemäßen Ermessen des BR. Jedoch muss es sich um eine ungerade Anzahl und um mindestens drei Mitglieder handeln. Dies ergibt sich nicht aus § 16 I 1 und 3, da § 63 II 2 auf diesen nicht Bezug nimmt. Dafür sprechen aber zwei Argumente: Zum einen verweist § 38 S. 1 WO auf § 1 III WO, der voraussetzt, dass die Beschlüsse des Wahlvorstands mit einfacher Stimmenmehrheit gefasst werden. Dies ist wiederum nur bei einem Kollegialorgan denkbar, das aus einer ungeraden Mitgliederzahl besteht. Ferner wird in § 63 II 1 ausdrücklich ein **Vorsitzender des Wahlvorstands** erwähnt. Dies führt dazu, dass der Wahlvorstand aus mindestens drei Personen und insgesamt aus einer ungeraden Anzahl bestehen muss[6]. Jede im Betrieb vertretene Gewerkschaft kann zusätzlich einen dem Betrieb angehörigen Beauftragten als nicht stimmberechtigtes Mitglied in den Wahlvorstand entsenden, sofern ihr nicht ein stimmberechtigtes Wahlvorstandsmitglied angehört (§§ 63 II 2 iVm. 16 I 6). Ein Mitglied muss nach § 38 S. 2 WO iVm. § 8 das passive Wahlrecht zum BR besitzen. Das bedeutet, dass eine mindestens sechsmonatige Betriebszugehörigkeit Voraussetzung ist[7]. Der BR kann ArbN iSv. § 60 I oder sonstige ArbN zu Mitgliedern des Wahlvorstands bestellen[8]. Der BR kann für jedes Mitglied des Wahlvorstands ein **Ersatzmitglied** bestellen[9], hat aber die Reihenfolge des Nachrückens festzulegen[10]. Dem Wahlvorstand sollen Frauen und Männer angehören (§§ 63 II 2 iVm. 16 I 5). Der BR hat einen **Vorsitzenden** des Wahlvorstands zu bestellen. Wenn er dies nicht tut, wählt ihn der Wahlvorstand mit Stimmenmehrheit aus seiner Mitte[11].

14 **2. Ersatzbestellung durch das Arbeitsgericht.** Bestellt der BR den Wahlvorstand nicht oder nicht spätestens sechs Wochen vor Ablauf der Amtszeit der JAV oder kommt der Wahlvorstand seinen Pflichten nicht nach, so gilt § 16 II 1 und 2 (§ 63 III). Das heißt, dass **gerichtlich** ein Wahlvorstand bestellt

1 DKK/*Trittin*, § 63 BetrVG Rz. 10; *Fitting*, § 63 BetrVG Rz. 15. | 2 DKK/*Trittin*, § 63 BetrVG Rz. 12; *Fitting*, § 63 BetrVG Rz. 17. | 3 DKK/*Trittin*, § 63 BetrVG Rz. 13; *Fitting*, § 63 BetrVG Rz. 17; GK-BetrVG/*Oetker*, § 63 Rz. 72; DKK/*Trittin*, § 63 BetrVG Rz. 12. | 4 Vgl. BAG v. 22.9.1983 – 6 AZR 323/81, AP Nr. 11 zu § 78a BetrVG 1972; *Fitting*, § 63 BetrVG Rz. 17; ErfK/*Eisemann*, § 63 BetrVG Rz. 4. | 5 *Fitting*, § 63 BetrVG Rz. 19; GK-BetrVG/*Oetker*, § 63 Rz. 9. | 6 DKK/*Trittin*, § 63 BetrVG Rz. 18; *Fitting*, § 63 BetrVG Rz. 20. | 7 GK-BetrVG/*Oetker*, § 63 Rz. 22; HSWG/*Hess*, § 63 BetrVG Rz. 15. | 8 *Fitting*, § 63 BetrVG Rz. 20; DKK/*Trittin*, § 63 BetrVG Rz. 19. | 9 Richardi/*Richardi/Annuß*, § 63 BetrVG Rz. 8; *Fitting*, § 63 BetrVG Rz. 20. | 10 ErfK/*Eisemann*, § 63 BetrVG Rz. 6. | 11 DKK/*Trittin*, § 63 BetrVG Rz. 17; *Fitting*, § 63 BetrVG Rz. 22.

werden kann. Es gelten im Wesentlichen die Grundsätze, die auch bei der BR-Wahl gelten (vgl. § 16 Rz. 10 ff.). Das bedeutet:

a) Bestehen eines Betriebsrats. Da Voraussetzung für die Bildung einer JAV das Bestehen eines BR ist (vgl. § 60 Rz. 9), ist Voraussetzung für einen Antrag auf gerichtl. Bestellung eines Wahlvorstands, dass ein solcher BR in dem Betrieb vorhanden ist. 15

b) Antragsberechtigung. Das ArbG wird nicht von Amts wegen tätig, sondern es bedarf eines Antrags. Antragsberechtigt sind neben den im Betrieb vertretenen Gewerkschaften[1] oder mindestens drei zum BR wahlberechtigten ArbN auch jugendliche ArbN (§ 63 III Hs. 2)[2]. Antragsberechtigt ist aber auch die GesamtJAV oder, falls eine solche nicht besteht, die KonzernJAV (§§ 63 III iVm. 16 III). 16

c) Vorschlagsrecht. Die Antragsteller können nach §§ 63 III iVm. 16 II 2 **Vorschläge** für die Zusammensetzung des Wahlvorstands unterbreiten, die allerdings das ArbG nicht binden[3]. Das ArbG ist vielmehr ebenso wie der BR in der Auswahl der zu bestellenden Personen frei und kann jeden wahlberechtigten ArbN des Betriebs bestellen. Die Möglichkeit, auch Mitglieder einer im Betrieb vertretenen Gewerkschaft, die nicht ArbN des Betriebs sind, zu Mitgliedern des Wahlvorstands zu bestellen, scheidet aus, da § 63 III nicht auf § 16 II 3 verweist[4]. 17

d) Maßgebende Pflichtverletzungen. Maßgebende Pflichtverletzungen, die zur Antragsberechtigung führen, sind entweder die Nichtbestellung des Wahlvorstands durch den BR oder die nicht rechtzeitige Bestellung des Wahlvorstands durch den BR bis spätestens sechs Wochen vor Ablauf der Amtszeit der JAV. Bei einer vorzeitigen Neuwahl der JAV ist die Bestellung des Wahlvorstands nicht rechtzeitig, wenn sie nicht innerhalb von 14 Tagen nach dem Ereignis erfolgt, welches die Neuwahl bedingt[5]. Maßgebende Pflichtverletzung ist darüber hinaus, dass der Wahlvorstand durch Untätigkeit gegen seine Pflichten verstößt. Hier können Antragsberechtigte nach § 63 III seine **Ersetzung** durch das ArbG beantragen, allerdings nicht durch gerichtl. Entscheidung die Durchführung der Wahl erzwingen[6]. 18

e) Formulierung. Ein **Antrag** auf gerichtliche Bestellung eines Wahlvorstands könnte wie folgt formuliert werden[7]: 19

Zur Durchführung einer Wahl einer JAV wird im Betrieb ... der Antragsgegnerin ein Wahlvorstand bestellt, der aus 20

1. Herrn ... (Privatadresse) als Vorsitzendem,
2. der Frau ... (Privatadresse) und
3. dem Herrn ... (Privatadresse) als Beisitzer besteht.

3. Ersatzbestellung durch Gesamt- oder Konzernbetriebsrat. Bestellt der BR den Wahlvorstand nicht oder nicht spätestens sechs Wochen vor Ablauf der Amtszeit der JAV, geht die Befugnis zur Bestellung gem. §§ 63 III iVm. 16 III 1 auf den GBR oder, wo ein solcher nicht besteht, auf den KBR über[8]. Die Bestellung des Wahlvorstands durch den GBR oder KBR kann auch noch nach Einl. eines Beschlussverfahrens gem. §§ 63 III iVm. 16 II 1 und 2 erfolgen (vgl. Rz. 14), wodurch dieses seine Erledigung findet[9]. Eine Bestellung durch den GBR oder KBR kommt aber dann nicht in Betracht, wenn in dem Betrieb kein BR besteht[10]. 21

4. Vereinfachte Bestellung. Zur Wahl des BR gibt es in § 14a ein vereinfachtes Wahlverfahren, das über § 63 IV 1 auch für die Wahl zur JAV entsprechend anzuwenden ist (vgl. zum **vereinfachten Wahlverfahren** § 14a Rz. 1 ff.). Für die Bestellung des Wahlvorstands zur Wahl einer JAV ergeben sich daraus folgende Besonderheiten: 22

a) Bestehen eines Betriebsrats. Der Verweis in § 63 IV 1 auf die entsprechende Anwendung des vereinfachten Wahlverfahrens in § 14a bedeutet nicht, dass die Wahl einer JAV ohne bestehenden BR möglich ist[11]. Das Bestehen eines BR ist und bleibt Voraussetzung für eine JAV (vgl. § 60 Rz. 9). Aus dem Zusammenhang von § 63 IV 1 und 2 wird deutlich, dass in Kleinbetrieben, dh. solchen, in denen idR fünf bis fünfzig wahlberechtigte ArbN beschäftigt werden und in denen das vereinfachte Wahlverfahren nach § 14a möglich ist, lediglich die Fristen des § 63 II und III zur Bestellung des Wahlvorstands durch den BR bzw. zur Möglichkeit der gerichtlichen Bestellung eines Wahlvorstands verkürzt werden und dass die **eigentliche BR-Wahl** durch den Wahlvorstand vereinfacht durchgeführt werden kann[12]. Ansonsten hätte dies zur Folge, dass in Kleinbetrieben, in denen kein BR gewählt wurde, auf Grund der Verweisung in 23

1 Vgl. hierzu BAG v. 10.11.2004 – 7 ABR 19/04. | 2 Richardi/*Richardi/Annuß*, § 63 BetrVG Rz. 12; HSWG/*Hess*, § 63 BetrVG Rz. 17; *Fitting*, § 63 BetrVG Rz. 27; DKK/*Trittin*, § 63 BetrVG Rz. 24; MünchArbR/*Joost*, § 316 Rz. 27; aA GK-BetrVG/*Oetker*, § 63 Rz. 31, der bei den ArbN die Antragsberechtigung auf die ArbN beschränkt, die zur JAV wahlberechtigt sind. | 3 *Fitting*, § 63 BetrVG Rz. 27; ErfK/*Eisemann*, § 63 BetrVG Rz. 7. | 4 DKK/*Trittin*, § 63 BetrVG Rz. 27; *Fitting*, § 63 BetrVG Rz. 26. | 5 DKK/*Trittin*, § 63 BetrVG Rz. 22; *Fitting*, § 63 BetrVG Rz. 25. | 6 *Fitting*, § 63 BetrVG Rz. 28; ErfK/*Eisemann*, § 63 BetrVG Rz. 8. | 7 Bauer/Lingemann/Diller/Haußmann/*Diller*, M 26.1. | 8 *Fitting*, § 63 BetrVG Rz. 23; DKK/*Trittin*, § 63 BetrVG Rz. 16. | 9 Richardi/*Richardi/Annuß*, § 63 BetrVG Rz. 17. | 10 *Fitting*, § 63 BetrVG Rz. 24. | 11 *Opolony*, BB 2001, 2055 (2056). | 12 *Fitting*, § 63 BetrVG Rz. 29; DKK/*Trittin*, § 63 BetrVG Rz. 31.

§ 63 IV 1 auf das vereinfachte Wahlverfahren in § 14a in einer Betriebsversammlung ein Wahlvorstand und über diesen eine JAV gewählt werden könnte, in größeren Betrieben diese Möglichkeit aber in jedem Fall ausscheidet (vgl. § 60 Rz. 9). Eine solche **unterschiedliche Behandlung** wäre durch nichts gerechtfertigt. Letztendlich ergibt sich dies aus der Wahlordnung selbst: § 40 WO regelt die Wahl der JAV im vereinfachten Wahlverfahren. Für das Wahlverfahren verweist § 40 I 2 WO auf § 36 WO. § 36 I WO setzt **nach der Bestellung des Wahlvorstands** insb. durch den BR an (Wahl des BR im einstufigen Verfahren nach § 14a III). An einem Verweis auf die §§ 28 ff. WO (Wahl des BR im zweistufigen Verfahren nach § 14a I) fehlt es, so dass es dabei bleibt, dass eine Wahl der JAV ohne BR nicht möglich ist. Daraus folgt: In Kleinbetrieben findet das vereinfachte Wahlverfahren zur Bildung einer JAV nur insoweit Anwendung, als ein BR besteht.

24 **b) Betriebsgröße.** Voraussetzung für die Anwendung des vereinfachten Wahlverfahrens ist, dass in dem Betrieb idR fünf bis fünfzig der in § 60 I genannten ArbN beschäftigt werden (§ 63 IV 1).

25 **c) Verkürzung der Fristen.** Für den Fall der Anwendung des vereinfachten Wahlverfahrens verkürzen sich die Fristen, innerhalb derer der Wahlvorstand durch den BR zu bestellen bzw. der Wahlvorstand gerichtlich einzusetzen oder zu ersetzen ist (§ 63 IV 2): Der BR hat spätestens **vier Wochen** vor Ablauf der Amtszeit der JAV den Wahlvorstand und seinen Vorsitzenden zu bestellen. Bestellt der BR den Wahlvorstand nicht spätestens **drei Wochen** vor Ablauf der Amtszeit der JAV, kann die gerichtliche Bestellung des Wahlvorstands beantragt werden.

26 **d) Vereinbarung vereinfachtes Wahlverfahren.** Nach §§ 63 V iVm. 14a V können **Wahlvorstand** und **ArbGeb** in Betrieben mit idR 51 bis 100 der in § 60 I genannten ArbN (vgl. § 60 Rz. 6 f.) die Anwendung des vereinfachten Wahlverfahrens nach § 14a vereinbaren (vgl. zur Vereinbarung des vereinfachten Wahlverfahrens § 14a Rz. 19). Eine solche Vereinbarung ist nicht erzwingbar[1].

27 **IV. Durchführung der Wahl.** Die durch den Wahlvorstand durchgeführte Wahl der JAV folgt den Regeln bei der BR-Wahl. Das bedeutet:

28 1. In **Betrieben mit in der Regel fünf bis fünfzig der in § 60 I genannten ArbN** findet das vereinfachte Wahlverfahren nach § 14a Anwendung (vgl. zur Durchführung der Wahl durch den Wahlvorstand im Rahmen des **vereinfachten Wahlverfahrens** § 14a Rz. 4 ff.).

29 2. In **Betrieben mit in der Regel mehr als 100 der in § 60 I genannten ArbN** beschäftigt führt der Wahlvorstand die Wahl zur JAV entsprechend den Bestimmungen zur BR-Wahl durch (vgl. zur Durchführung der Wahl durch den Wahlvorstand bei einer **BR-Wahl** § 18 Rz. 2 ff.).

30 3. In **Betrieben mit in der Regel 51 bis 100 der in § 60 I genannten ArbN** kommt es darauf an, ob Wahlvorstand und ArbGeb sich auf die Durchführung des vereinfachten Wahlverfahrens geeinigt haben: Liegt eine solche Vereinbarung vor, führt der Wahlvorstand die Wahl nach dem **vereinfachten Wahlverfahren** durch, liegt eine solche Vereinbarung nicht vor, führt er die Wahl nach den **normalen Regelungen** durch.

31 **V. Streitigkeiten** im Zusammenhang mit der Wahl sowie der Bestellung und der Zuständigkeit des Wahlvorstands sind von den ArbG im **Beschlussverfahren** zu entscheiden (§§ 2a I Nr. 1, II iVm. 80 ff. ArbGG). Kommt der BR seiner Pflicht zur Bestellung des Wahlvorstands nicht nach, kann dies eine **grobe Pflichtverletzung** iSv. § 23 I darstellen. Bei Vorliegen der Voraussetzungen im Übrigen kann der Ausschluss eines Mitglieds aus dem BR oder die Auflösung des BR beantragt werden. Ein solches Verfahren wäre ebenfalls im arbeitsgerichtl. **Beschlussverfahren** durchzuführen (§§ 2a I Nr. 1, II iVm. 80 ff. ArbGG).

64 *Zeitpunkt der Wahlen und Amtszeit*

(1) Die regelmäßigen Wahlen der Jugend- und Auszubildendenvertretung finden alle zwei Jahre in der Zeit vom 1. Oktober bis 30. November statt. Für die Wahl der Jugend- und Auszubildendenvertretung außerhalb dieser Zeit gilt § 13 Abs. 2 Nr. 2 bis 6 und Abs. 3 entsprechend.

(2) Die regelmäßige Amtszeit der Jugend- und Auszubildendenvertretung beträgt zwei Jahre. Die Amtszeit beginnt mit der Bekanntgabe des Wahlergebnisses oder, wenn zu diesem Zeitpunkt noch eine Jugend- und Auszubildendenvertretung besteht, mit Ablauf von deren Amtszeit. Die Amtszeit endet spätestens am 30. November des Jahres, in dem nach Absatz 1 Satz 1 die regelmäßigen Wahlen stattfinden. In dem Fall des § 13 Abs. 3 Satz 2 endet die Amtszeit spätestens am 30. November des Jahres, in dem die Jugend- und Auszubildendenvertretung neu zu wählen ist. In dem Fall des § 13 Abs. 2 Nr. 2 endet die Amtszeit mit der Bekanntgabe des Wahlergebnisses der neu gewählten Jugend- und Auszubildendenvertretung.

(3) Ein Mitglied der Jugend- und Auszubildendenvertretung, das im Laufe der Amtszeit das 25. Lebensjahr vollendet, bleibt bis zum Ende der Amtszeit Mitglied der Jugend- und Auszubildendenvertretung.

1 Richardi/*Richardi/Annuß*, § 63 BetrVG Rz. 33.

I. Vorbemerkung. Die zwingende und nicht abänderbare Vorschrift[1] regelt den Zeitpunkt der Wahlen zur JAV (Abs. 1), ihre Amtszeit (Abs. 2) sowie den Fortbestand der Mitgliedschaft eines ArbN in der JAV, der während der Amtszeit das 25. LJ vollendet (Abs. 3). 1

II. Zeitpunkt der Wahlen (Abs. 1). Hinsichtlich des Zeitpunkts der Wahlen ist zwischen den regelmäßigen und außerordentl. Wahlen zu unterscheiden. 2

1. Regelmäßige Wahlen. Während die regelmäßigen BR-Wahlen alle vier Jahre in der Zeit vom 1. März bis 31. Mai stattfinden (§ 13 I 1), gibt es für die Wahl zur JAV einen festen **regelmäßigen Wahlzeitraum**, der sich auf den Wahltag bezieht, welcher in der Zeit zwischen 1. Oktober bis 30. November liegen muss[2]. Die im Verhältnis zur BR-Wahl um die Hälfte auf zwei Jahre verkürzte Amtszeit (§ 64 I 1) hat den Zweck, den zu einer JAV wahlberechtigten ArbN zumindest einmal die reale Möglichkeit der Wahlrechtsausübung zu geben, bevor die Voraussetzungen für ihr Wahlrecht infolge Erreichens der Altersgrenze entfallen[3]. Der Zeitraum im Herbst hat zum einen den Zweck, dass der neu gewählte BR die Wahl der JAV einleiten kann[4], zum anderen soll neu eintretenden jugendlichen ArbN oder zur Berufsausbildung Beschäftigten eine möglichst frühe Teilnahme an den Wahlen zur JAV ermöglicht werden. Da die Schulentlassungen regelmäßig in den Sommer fallen, ist dies bei einer Wahl zur JAV im Herbst möglich[5]. Die **turnusmäßigen Wahlen** zur JAV fanden erstmals im Jahre 1988 und danach folgend regelmäßig alle zwei Jahre statt (§ 125 II). Der nächste Wahltag liegt daher zwischen dem 1.10. und 30.11.**2008**, dann wieder im Jahre **2010** usw. Die Wahl muss so fristgerecht eingeleitet werden, dass in dem Zeitraum vom 1. Oktober bis 30. November diese auch **tatsächlich** durchgeführt werden kann. Es ist daher möglich und vielfach sogar geboten, den Wahlvorstand vor dem Wahlzeitraum zu bestellen[6]. Im Übrigen gelten die Regelungen zum regelmäßigen Wahlzeitraum für die BR-Wahlen auch für die Wahl der JAV (vgl. § 13 Rz. 2 ff.). 3

2. Außerordentliche Wahlen. Außerhalb des für die JAV maßgebenden **Wahlzeitraums** finden außerordentl. Wahlen unter denselben Voraussetzungen statt, unter denen der BR außerhalb des regelmäßigen Wahlzeitraums gewählt werden kann (§§ 64 I 2 iVm. 13 II, vgl. zu den Fällen der außerordentl. Wahlen im Einzelnen § 13 Rz. 7 ff.). Wegen der im Vergleich zum BR kürzeren Amtszeit der JAV gilt eine Ausnahme nur insofern, als eine wesentliche Veränderung der Zahl der im Betrieb beschäftigten ArbN iSv. § 60 I keine **Neuwahl** auslöst (§ 64 I erklärt insoweit § 13 I Nr. 1 nicht für entsprechend anwendbar). Eine ohne diese Voraussetzungen durchgeführte außerordentl. Wahl der JAV ist **nichtig**[7]. Für den Fall einer außerordentl. Wahl der JAV sichern die §§ 64 I 2 iVm. 13 III die Rückkehr zum regelmäßigen Wahlzeitraum: Sie findet im **nächstfolgenden regelmäßigen Wahlzeitraum** statt, sofern die JAV zu Beginn des Wahlzeitraums, also dem 1. Oktober, ein Jahr oder länger im Amt ist, ansonsten findet die Wahl erst im **übernächsten regelmäßigen Wahlzeitraum** statt. 4

III. Amtszeit (Abs. 2). Bei der Amtszeit der JAV ist zu differenzieren zwischen dem Zeitpunkt der Wahlen. 5

1. Regelmäßige Wahlen. Die zweijährige Amtszeit beginnt nach § 64 II 2 mit der Bekanntgabe des Wahlergebnisses oder, wenn zu diesem Zeitpunkt noch eine JAV besteht, mit Ablauf von deren Amtszeit. Die Amtszeit endet spätestens am 30. November des Jahres, in dem nach § 64 I 1 die regelmäßigen Wahlen stattfinden (in der Zeit vom 1. Oktober bis 30. November). 6

2. Außerordentliche Wahlen. Finden die Wahlen zur JAV außerordentl. statt, erfolgt eine Wiedereinordnung in den einheitlichen Wahlzeitraum durch eine Verlängerung oder Verkürzung der Amtszeit der JAV (§§ 64 I 2 iVm. 13 III): Ist die JAV auf Grund der außerordentl. Wahlen bei Beginn des nächsten regelmäßigen Wahlzeitraums (1. Oktober) ein Jahr oder länger im Amt, finden die Wahlen zur JAV in dem **regelmäßigen Wahlzeitraum** statt; die Amtszeit der JAV verkürzt sich damit entsprechend. War die JAV zu diesem Zeitpunkt (1. Oktober) kürzer als ein Jahr im Amt, finden die Wahlen nicht im auf die außerordentl. Wahl folgenden turnusmäßigen Wahlzeitraum, sondern erst in dem darauf folgenden turnusmäßigen Wahlzeitraum statt; die Amtszeit ist somit insgesamt entsprechend länger. Für Beginn und Ende der Amtszeit der JAV gelten im Übrigen sowohl im **Regelfall** wie auch nach **außerordentl. Wahlen** die für die Amtszeit des BR nach § 21 maßgebenden Grundsätze (vgl. § 21 Rz. 2 ff.)[8]. 7

3. Rücktritt der Jugend- und Auszubildendenvertretung. Ein **Sonderfall** ist der Rücktritt der JAV: Für den BR gilt insoweit, dass er im Falle des Rücktritts die Geschäfte weiterzuführen hat, bis der neue BR gewählt und das Wahlergebnis bekannt gegeben ist (§ 22). Da § 22 in § 64 II nicht erwähnt ist, kommt eine entsprechende Anwendung und damit eine **kommissarische Weiterführung** der Geschäfte durch die zurückgetretene JAV nicht in Betracht[9]. Dafür spricht insbesondere, dass bei Beendigung der Amts- 8

1 GK-BetrVG/*Oetker*, § 64 Rz. 5; *Fitting*, § 64 BetrVG Rz. 3. | 2 *Fitting*, § 64 BetrVG Rz. 6; DKK/*Trittin*, § 64 BetrVG Rz. 4. | 3 MünchArbR/*Joost*, § 316 Rz. 91. | 4 HSWG/*Hess*, § 64 BetrVG Rz. 1. | 5 DKK/*Trittin*, § 64 BetrVG Rz. 3. | 6 *Fitting*, § 64 BetrVG Rz. 6; DKK/*Trittin*, § 64 BetrVG Rz. 4. | 7 ErfK/*Eisemann*, § 64 BetrVG Rz. 2; DKK/*Schneider*, § 64 BetrVG Rz. 5 iVm. § 13 BetrVG Rz. 6. | 8 DKK/*Trittin*, § 64 BetrVG Rz. 9; *Fitting*, § 64 BetrVG Rz. 12. | 9 GK-BetrVG/*Oetker*, § 64 Rz. 21; ErfK/*Eisemann*, § 64 BetrVG Rz. 3; HSWG/*Hess*, § 64 BetrVG Rz. 7; MünchArbR/*Joost*, § 316 Rz. 94; Richardi/*Richardi/Annuß*, § 64 BetrVG Rz. 22; aA DKK/*Trittin*, § 64 BetrVG Rz. 10.

zeit der JAV der BR die Interessen der zur JAV wahlberechtigten ArbN wahrzunehmen hat, so dass ein besonderes Bedürfnis für die Weiterführung der Geschäfte durch die JAV nicht besteht[1]. Sie bleiben daher für die Übergangszeit nicht ohne Vertretung.

9 **IV. Vollendung des 25. Lebensjahrs (Abs. 3).** Zur JAV ist nur wählbar, wer das 25. LJ noch nicht vollendet hat (§ 61 II). Die Wählbarkeit muss **vor Beginn der Amtszeit** des Mitglieds der JAV gegeben sein (vgl. § 61 Rz. 8). Hatte ein Mitglied der JAV zu Beginn der Amtszeit das 25. LJ noch nicht vollendet, war er also wählbar und wurde in die JAV gewählt, würde mit der Vollendung des 25. LJ seine Wählbarkeit verloren gehen. Daraus folgt grds. das Erlöschen der Mitgliedschaft im Vertretungsorgan (§§ 65 I iVm. 24 Nr. 4). Im Interesse der Kontinuität der Arbeit der JAV bestimmt § 64 III daher, dass ein Mitglied der JAV, das im Laufe der Amtszeit das 25. LJ vollendet, bis zum Ende der Amtszeit Mitglied der JAV bleibt. Die vorstehenden Grundsätze gelten entsprechend für das Ersatzmitglied, wenn es das 25. LJ vollendet hat, bevor der gewählte Jugend- und Auszubildendenvertreter, für den das Ersatzmitglied nachrückt, aus dem Amt ausscheidet. Da das Ersatzmitglied bei Beginn der Amtszeit (**Nachrückenszeitpunkt**[2]) das 25. LJ bereits vollendet hat, wäre es nicht wählbar und kann deshalb nicht nachrücken[3]. Die Sonderregelung des § 64 III greift nicht ein, da in diesem Fall das Ersatzmitglied **nicht im Laufe** der Amtszeit, sondern **vor Beginn der Amtszeit** sein 25. LJ vollendet hat. Anders ist es nur, wenn das Ersatzmitglied bei Beginn seiner Amtszeit (Nachrückenszeitpunkt) das 25. LJ noch nicht vollendet hätte.

10 **V. Streitigkeiten** über den Zeitpunkt der Wahlen zur JAV, über die Amtszeit der JAV oder über vorzeitige Neuwahlen entscheidet das ArbG im **Beschlussverfahren** gem. §§ 2a I Nr. 1, II iVm. 80 ff. ArbGG. Die Frage der Amtszeit kann **inzident** auch im Rahmen eines Urteilsverfahrens (§§ 2 I Nr. 3b, V iVm. 46 ff. ArbGG) relevant werden: Beruft sich bspw. ein ArbN auf den Sonderkündigungsschutz für amtierende Mitglieder einer JAV (§ 15 II KSchG, § 103 BetrVG), wäre inzident zu klären, ob der betreffende ArbN überhaupt wirksam Jugend- und Auszubildendenvertreter (geworden) ist bzw. noch ist.

65 *Geschäftsführung*

(1) Für die Jugend- und Auszubildendenvertretung gelten § 23 Abs. 1, die §§ 24, 25, 26, 28 Abs. 1 Satz 1 und 2, die §§ 30, 31, 33 Abs. 1 und 2 sowie die §§ 34, 36, 37, 40 und 41 entsprechend.

(2) Die Jugend- und Auszubildendenvertretung kann nach Verständigung des Betriebsrats Sitzungen abhalten; § 29 gilt entsprechend. An diesen Sitzungen kann der Betriebsratsvorsitzende oder ein beauftragtes Betriebsratsmitglied teilnehmen.

1 **I. Vorbemerkung.** Die **Geschäftsführung** der JAV ist nach § 65 I weitgehend in Anlehnung an die des BR geregelt. Ferner hat die JAV ausdrücklich das Recht, eigene Sitzungen abzuhalten.

2 **II. Entsprechend anwendbare Vorschriften (Abs. 1).** Für die Organisation und Geschäftsführung der JAV verweist § 65 I auf eine Reihe der für den BR geltenden Bestimmungen. Die in Bezug genommenen Vorschriften sind für den BR konzipiert. Die entsprechende Anwendung kann daher nicht schematisch erfolgen, sondern steht unter dem Vorbehalt der durch Sinn und Zweck ermittelten Vergleichbarkeit.

3 **1. Verletzung gesetzlicher Pflichten (§ 23).** Nach § 23 I können mindestens ein Viertel der wahlberechtigten ArbN, der ArbGeb oder eine im Betrieb vertretene Gewerkschaft beim ArbG den **Ausschluss eines Mitglieds** aus dem BR oder die **Auflösung des BR** wegen grober Verletzung seiner gesetzl. Pflichten (vgl. § 23 Rz. 4 ff.) beantragen (§ 23 I 1). Gleiches gilt für die JAV, wobei antragsberechtigt – neben ArbGeb und einer im Betrieb vertretenen Gewerkschaft – die JAV selbst sowie ein Viertel der Wahlberechtigten nach § 60 I sind. Nach § 23 I 2 kann der Ausschluss eines Mitglieds auch vom BR beantragt werden. Gleiches gilt über § 65 I für die JAV, die insoweit antragsberechtigt ist. Obwohl im Gesetz nicht ausdrücklich geregelt, ist auch **der BR** antragsberechtigt, und zwar sowohl für die Auflösung der JAV als auch für den Ausschluss eines ihrer Mitglieder[4]. Dies ergibt sich zum einen aus der allgemeinen **Überwachungspflicht** des BR nach § 80 I 1, zum anderen aber auch aus der Verpflichtung des BR, in Jugend- und Ausbildungsfragen eng mit der JAV zusammenzuarbeiten (§ 67). Löst das ArbG die JAV auf, hat es **nicht** nach § 23 II unverzüglich einen Wahlvorstand für die Neuwahl einzusetzen. Dies ergibt sich daraus, dass § 65 I **nicht** auf § 23 II verweist. Zunächst einmal ist es Sache des BR, nach § 63 II einen Wahlvorstand zu bestellen. Kommt der BR seiner Verpflichtung nicht nach, kann das ArbG auf Antrag einer im Betrieb vertretenen Gewerkschaft oder von drei (auch jugendlichen) ArbN des Betriebs einen Wahlvorstand bestellen (vgl. § 63 Rz. 16).

4 **2. Erlöschen der Mitgliedschaft (§ 24).** § 24 regelt bestimmte Fälle, in denen die Mitgliedschaft im BR erlischt (vgl. § 24 Rz. 2 ff.). Über § 65 I gilt diese Regelung auch für die JAV mit einer **Ausnahme**: Der Verlust der Wählbarkeit durch Vollendung des 25. LJ während der Amtszeit eines Jugend- und Aus-

---

1 MünchArbR/*Joost*, § 316 Rz. 94. | 2 *Fitting*, § 64 BetrVG Rz. 14 mzN. | 3 LAG Düsseldorf v. 13.10.1992 – 8 TaBV 119/92, NZA 1993, 474. | 4 ErfK/*Eisemann*, § 65 BetrVG Rz. 2; GK-BetrVG/*Oetker*, § 65 Rz. 9; HSWG/*Hess*, § 65 BetrVG Rz. 2; Richardi/*Richardi*/*Annuß*, § 65 BetrVG Rz. 5; aA *Weiss*/*Weyand*, § 65 BetrVG Rz. 11; DKK/*Trittin*, § 65 BetrVG Rz. 3.

zubildendenvertreters führt nicht zum Erlöschen der Mitgliedschaft, sondern er bleibt bis zum Ende der Amtszeit Mitglied der JAV, wie § 64 III zeigt (vgl. § 64 Rz. 9). Darüber hinaus führt die nachträgliche Mitgliedschaft eines Jugend- und Auszubildendenvertreters im BR zum Verlust der Wählbarkeit und damit zum Erlöschen des Amts als Jugend- und Auszubildendenvertreter (bspw. nachträgliche Mitgliedschaft im BR als Ersatzmitglied, vgl. § 61 Rz. 9).

3. Ersatzmitglieder (§ 25). § 25 regelt das **Nachrücken** von Ersatzmitgliedern in den BR (vgl. § 25 Rz. 3 ff.). Die Bestimmung gilt über § 65 I auch für die JAV. 5

Hinweis: Während der Zeit der Mitgliedschaft in der JAV genießt das nachgerückte **Ersatzmitglied** den vollen Kündigungsschutz nach § 103 und § 15 KSchG. Scheidet ein Ersatzmitglied, das für ein zeitweilig verhindertes ordentl. Mitglied der JAV angehört hat, nach Beendigung des Vertretungsfalls wieder aus der JAV aus, so genießt es, wenn es während der Vertretung Aufgaben eines Jugend- und Auszubildendenvertreters wahrgenommen hat, nach dem Ausscheiden den nachwirkenden Kündigungsschutz gegen ordentl. Kündigungen gem. § 15 I 2 KSchG (vgl. dazu § 25 Rz. 12 f.). 6

4. Vorsitzender (§ 26). Nach §§ 65 I iVm. 26 wählt die JAV aus ihrer Mitte einen **Vorsitzenden** sowie einen **Stellvertreter**. Für die **Wahl** des Vorsitzenden und des Stellvertreters der JAV gilt Gleiches wie für die Wahl des BR-Vorsitzenden und dessen Stellvertreters (vgl. § 26 Rz. 3 ff.; zu den Aufgaben des Vorsitzenden vgl. § 26 Rz. 7 ff.)[1]. 7

5. Bildung von Ausschüssen (§ 28). Durch den Verweis in § 65 I auf § 28 I 1 und 2 ist der JAV die Befugnis gegeben, Ausschüsse zu bilden. Voraussetzung ist zunächst entsprechend § 28 I 1, dass in dem Betrieb mehr als 100 ArbN iSv. § 60 I beschäftigt werden. Die Bildung von Ausschüssen soll der JAV eine größere Effizienz ihrer Arbeit ermöglichen[2]. Für die Besetzung von Ausschüssen ist keine bestimmte **Größe** vorgeschrieben, ihre Festlegung liegt im Ermessen der JAV. Die Zweckmäßigkeit dieser Entscheidung unterliegt wie beim BR keiner gerichtl. Überprüfung[3]. Der Kreis der Angelegenheiten, die solchen Ausschüssen übertragen werden, ist gesetzl. nicht näher umschrieben. Er ist grds. nicht begrenzt, muss sich jedoch im Rahmen der funktionellen Zuständigkeit der JAV halten (vgl. § 28 Rz. 6 ff.). Im Übrigen gelten (mit Einschränkungen vgl. Rz. 23) bei den weiteren Ausschüssen der JAV grds. die gleichen Regelungen wie bei den weiteren Ausschüssen des BR (vgl. § 28 Rz. 1 ff.). 8

6. Sitzungen (§ 30). Für die Sitzungen der JAV gelten die gleichen Regelungen wie für BR-Sitzungen (vgl. §§ 65 I iVm. 30; vgl. § 30 Rz. 2 ff.). 9

7. Teilnahme der Gewerkschaften (§ 31). Nach § 31 kann auf Antrag von einem Viertel der Mitglieder des BR ein Beauftragter einer **im BR** vertretenen Gewerkschaft an den Sitzungen beratend teilnehmen; in diesem Fall sind der Zeitpunkt der Sitzung und die Tagesordnung der Gewerkschaft rechtzeitig mitzuteilen. Über § 65 I gilt dies **entsprechend** für die JAV. Weil § 31 nur entsprechend anzuwenden ist, muss es sich um eine Gewerkschaft handeln, die in der JAV vertreten ist, also mindestens ein Jugend- und Auszubildendenvertreter muss Mitglied dieser Gewerkschaft sein[4]. Nach überwiegender Ansicht kann der BR eine Hinzuziehung von Beauftragten einer in ihm vertretenen Gewerkschaft in Sitzungen der JAV beschließen. Dies folge aus der generellen Beratungsfunktion des BR gegenüber der JAV, dem Teilnahmerecht des BR-Vorsitzenden an ihren Sitzungen nach § 65 II 2 und dem Umstand, dass bei der Teilnahme des ArbGeb auch dieser einen Vertreter des ArbGebVerbandes hinzuziehen kann[5]. *Oetker*[6] weist demgegenüber zu Recht darauf hin, dass die gesamte JAV gem. § 67 I 2 bei der Behandlung von Angelegenheiten, die besonders die in § 60 I genannten ArbN betreffen, zu diesen Tagesordnungspunkten ein Teilnahmerecht an der BR-Sitzung hat. Zu dieser kann der **BR** einen Beauftragten einer im BR vertretenen Gewerkschaft einladen (§ 31) oder einen Sachverst. hinzuziehen (§ 80 III). Eines besonderen Teilnahmerechts einer **nur** im BR vertretenen Gewerkschaft an Sitzungen der JAV bedarf es daher nicht. Auch durch **Mehrheitsbeschluss** der JAV kann nicht ohne weiteres ein Gewerkschaftsvertreter einer nicht in der JAV vertretenen Gewerkschaft hinzugezogen werden[7]. Die JAV hat nicht, wie der BR, die Möglichkeit, sich über § 80 III externen Sachverstands zu bedienen. Sie ist an die Mindestanforderungen des § 31 gebunden, der entsprechend anzuwenden ist und vorsieht, dass auf Antrag von einem Viertel (oder mehr) der Mitglieder der JAV ein Beauftragter einer dort vertretenen Gewerkschaft beratend teilnehmen kann. 10

Hinweis: Die Fragen im Zusammenhang mit der Teilnahme von Gewerkschaftsbeauftragten an Sitzungen der JAV sind höchst umstritten. Sowohl für den BR über § 67 I 2 wie auch für die JAV über § 67 III bietet sich die Möglichkeit, Angelegenheiten der JAV auf die Tagesordnung einer Sitzung des BR zu 11

---

1 Richardi/*Richardi/Annuß*, § 65 BetrVG Rz. 10. |2 BT-Drs. 14/5741, 44. |3 Vgl. BAG v. 20.10.1993 – 7 ABR 26/93, AP Nr. 5 zu § 28 BetrVG 1972. |4 GK-BetrVG/*Oetker*, § 65 Rz. 79; *Fitting*, § 65 BetrVG Rz. 9; HSWG/*Hess*, § 65 BetrVG Rz. 8; aA MünchArbR/*Joost*, § 316 Rz. 75; Richardi/*Richardi/Annuß*, § 65 BetrVG Rz. 25. |5 *Fitting*, § 65 BetrVG Rz. 9; DKK/*Trittin*, § 65 BetrVG Rz. 10; aA GK-BetrVG/*Oetker*, § 65 Rz. 81. |6 GK-BetrVG/*Oetker*, § 65 Rz. 81. |7 GK-BetrVG/*Oetker*, § 65 Rz. 82; aA ErfK/*Eisemann*, § 65 Rz. 8; Richardi/*Richardi/Annuß*, § 65 BetrVG Rz. 25; DKK/*Trittin*, § 65 BetrVG Rz. 12; *Fitting*, § 65 BetrVG Rz. 9; *Weiss/Weyand*, § 65 BetrVG Rz. 13.

setzen, zu der der BR wiederum einen Beauftragten einer im BR vertretenen Gewerkschaft hinzuziehen kann.

12 **8. Beschlüsse (§ 33).** Für die Beschlussfassung der JAV verweist § 65 I auf § 33 I und II. Danach werden Beschlüsse der JAV mit der **Mehrheit** der Stimmen der anwesenden Mitglieder gefasst, bei Stimmengleichheit ist der Antrag abgelehnt. **Beschlussfähig** ist die JAV nur, wenn mindestens die Hälfte der Jugend- und Auszubildendenvertreter an der Beschlussfassung teilnimmt, wobei die Stellvertretung durch Ersatzmitglieder zulässig ist (vgl. im Übrigen zur Beschlussfassung und Beschlussfähigkeit § 33 Rz. 1 ff.). Wenn auch nach §§ 65 I iVm. 33 I 1 Beschlüsse des BR idR mit der Mehrheit der Stimmen der anwesenden Mitglieder gefasst werden, so gibt es doch einige Fälle, in denen die **absolute Mehrheit** der Stimmen der JAV erforderlich ist. Dies sind Beschlüsse über den Rücktritt (§§ 64 I iVm. 13 II Nr. 3), die Geschäftsordnung (§ 36), die Beauftragung der GesamtJAV, eine Angelegenheit für sie mit dem GBR zu behandeln (§§ 73 II iVm. 50 II), den Antrag auf Aussetzung eines Beschlusses des BR (§ 66).

13 **9. Sitzungsniederschrift (§ 34).** Über die Sitzung der JAV ist eine Niederschrift zu fertigen. Die für den BR geltende Regelung des § 34 ist über § 65 I entsprechend anzuwenden (vgl. § 34 Rz. 4 ff.).

14 **10. Geschäftsordnung (§ 36).** Die JAV kann sich eine Geschäftsordnung geben. Die Regelungen zur Geschäftsordnung folgen den Bestimmungen zur Geschäftsordnung des BR (vgl. § 36 Rz. 2 ff.).

15 **11. Ehrenamt (§ 37 Abs. 1).** Nach §§ 65 I iVm. 37 I üben die Mitglieder der JAV ihr Amt ehrenamtlich aus (vgl. § 37 Rz. 3 ff.).

16 **12. Arbeitsbefreiung (§ 37 Abs. 2 u. 3).** Mitglieder der JAV haben wie BR-Mitglieder Anspruch auf eine entsprechende Arbeitsbefreiung unter Fortzahlung ihrer Vergütung, soweit dies zu ihrer Aufgabenerfüllung erforderlich ist, und können für notwendige Tätigkeiten außerhalb ihrer Arbeitszeit Freizeitausgleich und ggf. Entgeltausgleich verlangen (vgl. § 37 Rz. 6 ff.). Die Schutzbestimmungen des **JArbSchG** finden keine Anwendung, weil es sich nicht um eine vom ArbGeb veranlasste Tätigkeit iSd. JArbSchG handelt[1]. Allerdings sollte bei ArbN unter 18 Jahren zum Schutz der Gesundheit ein Ausgleich primär in **Freizeit** erfolgen[2]. Ist dies nicht möglich, ist die Mehrarbeit in der üblichen Weise zu vergüten[3].

17 **13. Verdienstsicherung (§ 37 Abs. 4 u. 5).** Über § 65 I gelten die Regelungen zur Verdienstsicherung bei BR auch für die Mitglieder der JAV (§ 37 IV u. V). Das bedeutet, dass die Jugend- und Auszubildendenvertreter einschließlich eines Zeitraums von einem Jahr nach Beendigung der Amtszeit nur mit Tätigkeiten beschäftigt werden dürfen, die den Tätigkeiten vergleichbarer ArbN mit betriebsüblicher beruflicher Entwicklung gleichwertig sind. Das Arbeitsentgelt darf einschließlich eines Zeitraums von einem Jahr nach Beendigung der Amtszeit nicht geringer bemessen werden als das Arbeitsentgelt vergleichbarer ArbN mit betriebsüblicher beruflicher Entwicklung (vgl. § 37 Rz. 24 ff.)[4].

18 **14. Schulungs- und Bildungsveranstaltungen (§ 37 Abs. 6 u. 7).** Die Mitglieder der JAV haben einen Anspruch auf Teilnahme an Schulungs- und Bildungsveranstaltungen (§§ 65 I, 37 VI u. VII, vgl. § 37 Rz. 31 ff.). Allerdings stellt die Rspr. an die **Erforderlichkeit** einer Schulungsveranstaltung strenge Maßstäbe[5]: Wegen der „entsprechenden" Anwendung von § 37 V und VI BetrVG bestimmt sich die Erforderlichkeit der Teilnahme an einer Schulungs- und Bildungsveranstaltung für Jugend- und Auszubildendenvertreter danach, inwieweit die dort vermittelten Kenntnisse für ihre Tätigkeit auch im Hinblick auf ihre nur zweijährige Amtszeit unbedingt erforderlich sind[6]. Dabei ist zu berücksichtigen, dass die JAV nicht der eigenständige Repräsentant jugendlicher ArbN und der zu ihrer Berufsausbildung beschäftigten ArbN ist, sondern sich die ihr übertragenen Aufgaben vorwiegend darauf beschränken, den BR in allen Fragen, die die jugendlichen ArbN betreffen, zu beraten und die Einhaltung der zu Gunsten der ArbN geltenden Bestimmungen zu überwachen. Um diese Aufgabe durchführen zu können, ist der JAV vom Gesetzgeber ein weit gehendes **Anhörungs- und Mitspracherecht** eingeräumt worden; sie kann jedoch die von ihr in Jugendfragen für erforderlich gehaltenen Maßnahmen nicht von sich aus durchführen, sondern ist hierbei auf die Mitwirkung des BR angewiesen[7]. Der Aufgaben- und Wirkungskreis der JAV ist demnach gegenüber dem des BR sehr viel begrenzter. Zur **sachgerechten Wahrnehmung** der ihr übertragenen Aufgaben sind daher auch nicht die gleichen umfangreichen und eingehenden Kenntnisse des BetrVG und anderer zu Gunsten jugendlicher ArbN und der zur Berufsausbildung beschäftigten ArbN geltenden gesetzl. Bestimmungen und kollektiv-rechtl. Normen erforderlich, wie sie andererseits der BR zur sachgemäßen Durchführung der ihm obliegenden Aufgaben haben muss. Dieser **begrenzte Aufgaben- und Wirkungskreis** der JAV macht Schulungsveranstaltungen zwar nicht entbehrlich. Die Schulungen haben sich jedoch nach dem der JAV im Verhältnis zu dem dem BR eingeräumten kleineren Aufgaben- und Wirkungskreis auszurichten und sich auf die Vermittlung der Kenntnisse zu beschränken, die für die sachgemäße Durchführung der ihnen nach dem BetrVG obliegenden Aufgaben

1 *Fitting*, § 65 BetrVG Rz. 13; DKK/*Trittin*, § 65 BetrVG Rz. 19. | 2 DKK/*Trittin*, § 65 BetrVG Rz. 19; *Fitting*, § 65 BetrVG Rz. 13. | 3 DKK/*Trittin*, § 65 BetrVG Rz. 19; *Fitting*, § 65 BetrVG Rz. 13. | 4 MünchArbR/*Joost*, § 316 Rz. 86. | 5 Vgl. BAG v. 6.5.1975 – 1 ABR 135/73, AP Nr. 5 zu § 65 BetrVG 1972; v. 10.5.1974 – 1 ABR 60/73, AP Nr. 4 zu § 65 BetrVG 1972. | 6 Vgl. BAG v. 10.5.1974 – 1 ABR 60/73, AP Nr. 4 zu § 65 BetrVG 1972. | 7 Vgl. BAG v. 20.11.1973 – 1 AZR 331/73, AP Nr. 1 zu § 65 BetrVG 1972.

unbedingt erforderlich[1], dh. **notwendig** sind[2]. Für die **Zulässigkeit** von Schulungsveranstaltungen kommt es auf eine Gesamtbetrachtung des angebotenen **Lehrprogramms** an. So können als Thema die Grundsätze der Betriebsverfassung und der Jugendvertretung infrage kommen[3]. Auch eine Schulung zum „Gesundheitsschutz im Betrieb" ist zulässig, wenn hierbei der Jugendschutz im Vordergrund steht[4]. Zum BBiG und zum JArbSchG soll dies nur gelten, wenn Kenntnisse hierüber „am Rande" einer ansonsten erforderlichen Schulung vermittelt werden[5]. Die Teilnahme eines nicht endgültig nachgerückten **Ersatzmitglieds** einer einköpfigen JAV an einer Schulungsveranstaltung ist idR nicht erforderlich[6]. Eine andere Beurteilung kann sich dann ergeben, wenn ein Ersatzmitglied für längere Zeit nachrückt oder häufiger vertreten muss[7]. Letztendlich rechtfertigen sich die strengen Anforderungen[8] nicht nur unter dem Gesichtspunkt des eingeschränkten Aufgaben- und Wirkungskreises der JAV, sondern auch unter dem Gesichtspunkt ihrer nur zweijährigen Amtszeit einerseits, der aber andererseits der **volle Freistellungsanspruch** nach § 37 VI u. VII zur Verfügung steht, was unter Berücksichtigung der verkürzten Amtszeit eine **Verdoppelung** der Freistellungsdauer im Verhältnis zu BR-Mitgliedern bedeutet[9]. Zum **Verfahren** gilt: Über die Teilnahme eines Mitglieds der JAV an einer Schulungsveranstaltung entscheidet nicht die JAV, sondern der **BR** durch **Beschluss**. Zwar lässt sich dies nicht unmittelbar § 65 I entnehmen, folgt jedoch daraus, dass die JAV keine selbständigen Mitwirkungs- und MitbestR hat, sondern nur durch und über den BR tätig werden kann[10]. Bei seiner Entscheidung hat der BR gem. § 67 II die JAV **mit vollem Stimmrecht** zu beteiligen. Geschieht dies nicht, ist der Beschluss nicht deshalb unwirksam[11]. Der BR entscheidet auch dann durch Beschluss über die Teilnahme an einer Schulungs- und Bildungsveranstaltung, wenn der Jugend- und Auszubildendenvertreter zugleich Mitglied der GesamtJAV ist. Es entscheidet nicht die GesamtJAV[12].

15. Kosten (§ 40). Wie für die Tätigkeit des BR trägt der ArbGeb die durch die **Tätigkeit** der JAV entstehenden Kosten. Es gelten die gleichen Regelungen wie beim BR (vgl. § 40 Rz. 4 ff., s.a. § 78a Rz. 53). 19

16. Umlageverbot (§ 41). Hinsichtlich des Umlageverbots gilt für die JAV nichts anderes als für den BR (vgl. § 41 Rz. 4 ff.): Beiträge für die Zwecke der JAV dürfen weder von ArbN noch von Dritten erhoben oder geleistet werden. 20

17. Weitere Bestimmungen. Nachfolgende Vorschriften außerhalb der in den §§ 60 ff. genannten Bestimmungen enthalten weitere Regelungen betreffend die JAV: § 29 II 4 (Ladung der JAV zu BR-Sitzungen); § 35 (Aussetzung von Beschlüssen des BR, vgl. § 66 Rz. 2 ff.); § 39 II (Teilnahmerecht an den Sprechstunden des BR); § 78 (allgemeines Begünstigungs- und Benachteiligungsverbot); § 78a (Anspruch auf Übernahme in ein Arbeitsverhältnis); § 79 II (Geheimhaltungspflicht); § 80 I Nr. 3 und 5 (Zusammenarbeit mit dem BR); §§ 103 BetrVG, 15 KSchG (Kündigungsschutz von Mitgliedern der JAV sowie Wahlbewerbern und Mitgliedern des Wahlvorstands). 21

III. Nicht anwendbare Vorschriften. Soweit § 65 I bestimmte, im Einzelnen benannte Vorschriften für entsprechend anwendbar erklärt, folgt daraus negativ, dass bestimmte andere Vorschriften keine entsprechende Anwendung finden. Diese sind: 22

1. Betriebsausschuss, Übertragung von Aufgaben auf Ausschüsse. § 27 sowie § 28 I 3 und II finden auf die JAV **keine** Anwendung. Zwar kann die JAV Ausschüsse bilden (vgl. Rz. 8), sie kann jedoch die Führung der Geschäfte nicht generell übertragen und keine Ausschüsse mit selbständigen Entscheidungsbefugnissen bilden[13]. 23

2. Schwerbehindertenvertretung, Vertrauensmann der Zivildienstleistenden. Da § 65 I nicht auf § 32 und § 3 I ZDVG verweist, kann an den Sitzungen der JAV weder die Schwerbehindertenvertretung noch der Vertrauensmann der Zivildienstleistenden teilnehmen. 24

3. Aussetzung eigener Beschlüsse. Die Aussetzung von Beschlüssen, soweit es sich um die eigenen Beschlüsse der JAV handelt, ist nicht möglich. Insoweit fehlt es an einer gesetzl. Regelung. 25

4. Freistellungen. § 38 enthält die Möglichkeit von Freistellungen für BR-Mitglieder ab einer bestimmten Betriebsgröße. Da § 65 I nicht auf § 38 verweist, ist eine Freistellung von Mitgliedern der JAV nicht möglich. Dadurch soll verhindert werden, dass das Ausbildungsziel gefährdet wird[14]. In größeren Betrieben kann die Freistellung nach § 37 II wegen der eventuell umfangreichen Tätigkeit des Jugend- und Auszubildendenvertreters de facto zu einer tatsächlichen fast völligen Freistellung führen. Darüber hinaus steht es ArbGeb und BR frei zu vereinbaren, dass eine bestimmte Anzahl von Mitgliedern der JAV 26

1 Vgl. BAG v. 10.5.1974 – 1 ABR 60/73, AP Nr. 4 zu § 65 BetrVG 1972. | 2 Vgl. BAG v. 6.5.1975 – 1 ABR 135/73, AP Nr. 5 zu § 65 BetrVG 1972. | 3 Vgl. BAG v. 6.5.1975 – 1 ABR 135/73, AP Nr. 5 zu § 65 BetrVG 1972. | 4 Vgl. BAG v. 10.6.1975 – 1 ABR 139/73, AP Nr. 6 zu § 65 BetrVG 1972. | 5 Vgl. BAG v. 6.5.1975 – 1 ABR 135/73, AP Nr. 5 zu § 65 BetrVG 1972. | 6 Vgl. BAG v. 10.5.1974 – 1 ABR 60/73, AP Nr. 4 zu § 65 BetrVG 1972. | 7 Vgl. BAG v. 15.5.1986 – 6 ABR 64/83, AP Nr. 53 zu § 37 BetrVG 1972. | 8 *Clemenz* in Tschöpe, Arbeitsrecht, Teil 4 A Rz. 287. | 9 ErfK/*Eisemann*, § 65 BetrVG Rz. 13. | 10 Vgl. BAG v. 15.1.1992 – 7 ABR 23/90, AP Nr. 41 zu § 40 BetrVG 1972; v. 10.5.1974 – 1 ABR 57/73, AP Nr. 3 zu § 65 BetrVG 1972; v. 20.11.1973 – 1 AZR 331/73, AP Nr. 1 zu § 65 BetrVG 1972. | 11 Vgl. BAG v. 6.5.1975 – 1 ABR 135/73, AP Nr. 5 zu § 65 BetrVG 1972. | 12 Vgl. BAG v. 10.6.1975 – 1 ABR 140/73, AP Nr. 1 zu § 73 BetrVG 1972. | 13 ErfK/*Eisemann*, § 65 BetrVG Rz. 17. | 14 ErfK/*Eisemann*, § 65 BetrVG Rz. 17.

ständig von der Arbeit freizustellen ist, wenn dies zur ordnungsgemäßen Erledigung der Aufgaben der JAV erforderlich ist[1]. Dabei würde es sich um eine Vereinbarung zwischen ArbGeb und BR, der insoweit zuständig ist, nach § 37 II über die Erforderlichkeit der Arbeitsbefreiung handeln[2]. Eine derartige Vereinbarung wird aber nur für solche Mitglieder der JAV zulässig sein, die nicht zu ihrer Berufsausbildung beschäftigt werden, um das Ausbildungsziel nicht zu gefährden[3].

27 **IV. Sitzungen (Abs. 2).** Die JAV kann nach Verständigung des BR Sitzungen abhalten, an denen der BR-Vorsitzende oder ein beauftragtes BR-Mitglied teilnehmen kann.

28 **1. Verständigung des Betriebsrats.** Verständigung des BR bedeutet, dass dieser über die Sitzung der JAV zu **informieren** ist. Eine Sitzung der JAV bedarf nicht der Zustimmung des BR, dieser ist lediglich zu informieren, so dass eine Sitzung auch gegen den Willen des BR einberufen werden kann. Die Bestimmung ist daher eine **Ordnungsvorschrift**, die die korrekte Information des BR bezweckt, damit das jeweilige BR-Mitglied an den Sitzungen gem. § 65 II 2 teilnehmen kann[4].

29 **2. Einberufung und Ablauf der Sitzung.** Hinsichtlich der Einberufung der Sitzung, der Tagesordnung, der Sitzungsleitung und ggf. der Ladung von Ersatzmitgliedern gelten dieselben Regelungen wie beim BR (vgl. § 29 Rz. 7 ff.). Folgende **Besonderheit** ist zu beachten: Nach §§ 65 II 1 Hs. 2 iVm. 29 III können der ArbGeb und ein Viertel der Mitglieder der JAV die Einberufung einer Sitzung der JAV beantragen. Der BR kann dies nicht. Er hat selbst die Möglichkeit, Angelegenheiten, die besonders die in § 60 I genannten ArbN betreffen, auf die Tagesordnung einer seiner Sitzungen zu setzen, um die JAV nach § 67 I 2 hinzuzuziehen[5]. Für die Beschlussfassung und die Beschlussfähigkeit gilt dasselbe wie beim BR (vgl. Rz. 12 sowie § 33 Rz. 3 ff.).

30 **3. Teilnahmerecht.** Teilnahmeberechtigt sind – neben den Mitgliedern der JAV – der **BR-Vorsitzende** oder ein beauftragtes BR-Mitglied (§ 65 II 2). Teilnahmeberechtigt ist der **ArbGeb**, wenn die Sitzung auf sein Verlangen anberaumt wird oder wenn er ausdrücklich eingeladen ist (§§ 65 II 1 Hs. 2 iVm. 29 IV 1). In diesem Fall kann der ArbGeb auch einen Vertreter eines ArbGebVerbandes, dem er angehört, hinzuziehen (§§ 65 II 1 Hs. 2 iVm. 29 IV 2). **Gewerkschaftsbeauftragte** haben unter bestimmten Voraussetzungen ein Teilnahmerecht (vgl. Rz. 10). Sonstige Personen haben kein Teilnahmerecht. Es gilt das Gleiche wie für die Teilnahme an einer BR-Sitzung (vgl. Rz. 9 und § 30 Rz. 5).

31 **V. Streitigkeiten.** Wiederholte Pflichtverletzungen der JAV, wie bspw. die Verpflichtung zur Verständigung mit dem BR zur Abhaltung von Sitzungen der JAV, können eine **grobe Pflichtverletzung** iSv. § 23 I mit der Folge eines Auflösungsantrags darstellen[6]. Ein solcher **Auflösungsantrag** kann wie folgt formuliert werden:

Die im Betrieb ... bestehende JAV wird aufgelöst.

32 **Praxistipp:** Der Antrag auf Auflösung der JAV kann hilfsweise verbunden werden mit dem Antrag auf Ausschluss eines einzelnen Mitglieds, wenn die Pflichtverletzung des Gesamtgremiums überwiegend auf die Initiative einzelner Mitglieder zurückgeht[7].

33 Über diese Frage wie über die der Organisation, Zuständigkeit und Geschäftsführung der JAV – auch im Verhältnis zum BR – entscheiden die ArbG im **Beschlussverfahren** (§§ 2a I Nr. 1, II iVm. 80 ff. ArbGG). Gleiches gilt für die Teilnahme an Schulungs- und Bildungsveranstaltungen sowie die Höhe der Schulungskosten. Da über die **Teilnahme** von Jugend- und Auszubildendenvertretern **an Schulungs- und Bildungsveranstaltungen** nach § 37 VI u. VII der BR zu beschließen hat (vgl. Rz. 18), ist bei Streitigkeiten mit dem ArbGeb über die Teilnahme neben der beteiligten JAV und dem betroffenen Jugend- und Auszubildendenvertreter[8] auch der BR antrags- und beteiligtenbefugt[9]. Wird über die **Höhe** der vom ArbGeb zu tragenden **Schulungskosten** gestritten, ist die JAV nicht zu beteiligen[10]. Über Ansprüche auf Freizeitausgleich und Lohnansprüche nach §§ 65 I, 37 III wird im **Urteilsverfahren** nach §§ 2 I Nr. 3a, V iVm. 46 ff. ArbGG entschieden.

66 *Aussetzung von Beschlüssen des Betriebsrats*

(1) Erachtet die Mehrheit der Jugend- und Auszubildendenvertreter einen Beschluss des Betriebsrats als eine erhebliche Beeinträchtigung wichtiger Interessen der in § 60 Abs. 1 genannten Arbeitnehmer, so ist auf ihren Antrag der Beschluss auf die Dauer von einer Woche auszusetzen, damit in dieser Frist eine Verständigung, gegebenenfalls mit Hilfe der im Betrieb vertretenen Gewerkschaften, versucht werden kann.

1 DKK/*Trittin*, § 65 BetrVG Rz. 34; *Fitting*, § 65 BetrVG Rz. 25. |2 GK-BetrVG/*Oetker*, § 65 Rz. 37. |3 DKK/*Trittin*, § 65 BetrVG Rz. 34; *Fitting*, § 65 BetrVG Rz. 25. |4 DKK/*Trittin*, § 65 BetrVG Rz. 36; *Fitting*, § 65 BetrVG Rz. 26. |5 ErfK/*Eisemann*, § 65 BetrVG Rz. 18; DKK/*Trittin*, § 65 BetrVG Rz. 40; *Fitting*, § 65 BetrVG Rz. 29; GK-BetrVG/*Oetker*, § 65 Rz. 71; HSWG/*Hess*, § 65 BetrVG Rz. 22; aA Richardi/*Richardi*/*Annuß*, § 65 BetrVG Rz. 16; MünchArbR/*Joost*, § 316 Rz. 75. |6 ErfK/*Eisemann*, § 65 BetrVG Rz. 18. |7 *Bauer*/*Lingemann*/*Diller*/*Haußmann*/Diller, M 29.1 in Fn. 3 mwN. |8 Vgl. BAG v. 10.5.1974 – 1 ABR 47/73, AP Nr. 2 zu § 65 BetrVG 1972. |9 Vgl. BAG v. 6.5.1975 – 1 ABR 135/73, AP Nr. 5 zu § 65 BetrVG 1972. |10 Vgl. BAG v. 30.3.1994 – 7 ABR 45/93, AP Nr. 42 zu § 40 BetrVG 1972.

(2) Wird der erste Beschluss bestätigt, so kann der Antrag auf Aussetzung nicht wiederholt werden; dies gilt auch, wenn der erste Beschluss nur unerheblich geändert wird.

I. Vorbemerkung. § 66 wiederholt im Interesse einer zusammenfassenden Regelung des Rechts der JAV die Bestimmung des § 35 (vgl. zum **Aussetzungsantrag** § 35 Rz. 3 ff.). Sie räumt der JAV das Recht ein, Beschlüsse des BR aussetzen zu lassen. Die Regelung gilt nach § 73 II entsprechend für die GesamtJAV und nach § 73b II für die KonzernJAV. 1

II. Antragsvoraussetzungen. Der Antrag ist nur unter bestimmten Voraussetzungen zulässig und berechtigt. 2

1. Beschluss. Der Antrag verlangt zunächst einen **ordnungsgemäßen Beschluss** der JAV als Organ, der mit absoluter Mehrheit zu fassen ist[1]. Nach anderer Auffassung, die auf den Gesetzeswortlaut abstellt, bedarf es einer Entscheidung der **Mehrheit der Jugend- und Auszubildendenvertreter** als Personen, so dass danach ausreichend ist, dass die Mehrheit der Jugend- und Auszubildendenvertreter den Antrag beim BR, dh. beim Vorsitzenden des BR (§ 26 III 2), stellt[2]. Die Formulierung des Gesetzes, das auf die **Mehrheit** der Jugend- und Auszubildendenvertreter abstellt, soll aber nur deutlich machen, dass es einer **absoluten Mehrheit** der JAV für einen Aussetzungsbeschluss bedarf[3]. Der Antrag kann daher nur durch die JAV nach entsprechender ordnungsgemäßer Beschlussfassung mit absoluter Mehrheit gestellt werden, nicht aber durch die Mehrheit der Jugend- und Auszubildendenvertreter. 3

2. Erhebliche Beeinträchtigung wichtiger Interessen. Der Antrag der JAV setzt nicht voraus, dass **objektiv** eine erhebliche Beeinträchtigung wichtiger Interessen der in § 60 I genannten ArbN vorliegt. Ausreichend ist es, dass nach der **subjektiven** Ansicht der Mehrheit der JAV eine solche Beeinträchtigung vorliegt[4]. 4

Der **Gegenstand** dessen, was eine erhebliche Beeinträchtigung wichtiger Interessen darstellt, ist aber eingeschränkt: Der JAV steht nur das Recht zu, die besonderen Belange der in § 60 I genannten ArbN zu wahren (§ 60 II). Danach kommt eine Beeinträchtigung wichtiger Interessen der in § 60 I genannten ArbN nur dann in Betracht, wenn der **gesamten** JAV nach § 67 I 2 ein Teilnahmerecht an der BR-Sitzung oder nach § 67 II sämtlichen Jugend- und Auszubildendenvertretern ein Stimmrecht zustand[5]. Hat auf der BR-Sitzung, auf der der Beschluss, dessen Aussetzung nach § 66 begehrt wird, gefasst wurde, die Mehrheit der Jugend- und Auszubildendenvertreter diesem Beschluss des BR zugestimmt, kommt ein Aussetzungsantrag nicht in Betracht („venire contra factum proprium")[6]. 5

Hinweis: Werden entgegen der Regelung des § 67 I 2 und II die Mitglieder der JAV nicht ordnungsgemäß zur Behandlung der die in § 60 I genannten ArbN „besonders" oder „überwiegend" betreffenden Angelegenheiten hinzugezogen, liegt regelmäßig eine erhebliche Beeinträchtigung wichtiger Interessen vor[7]. Dies gilt auch dann, wenn bei Teilnahme des Mitglieds der JAV an der BR-Sitzung sich am Abstimmungsergebnis nichts geändert hätte. 6

3. Begründung. Worin die JAV die erhebliche Beeinträchtigung wichtiger Interessen sieht, hat sie zu erläutern: Der Antrag der JAV **muss** begründet werden. Dies ist erforderlich, damit der BR prüfen kann, ob die Voraussetzungen für eine Aussetzung erfüllt sind[8]. 7

4. Frist und Form. Eine **Frist** für die Antragstellung besteht nicht. Mittelbar ergibt sich eine Frist jedoch daraus, dass der Beschluss nur auf eine Woche von der Sitzung – nicht vom Antrag – an gerechnet ausgesetzt werden kann. Deshalb kann nach Ablauf von einer Woche nach Beschlussfassung der Antrag nicht mehr gestellt werden[9]. Eine bestimmte **Form** für den Antrag ist nicht vorgeschrieben. Aus Beweissicherungs- und Dokumentationszwecken ist die **Schriftform** empfehlenswert. 8

III. Aussetzung des Beschlusses. Ist der Aussetzungsantrag rechtzeitig und ordnungsgemäß gestellt, ist der Beschluss für die Dauer von einer Woche **nach Beschlussfassung**, nicht nach Antragstellung, auszusetzen[10]. Innerhalb dieser Wochenfrist ist eine **Verständigung** ggf. mit Hilfe der im Betrieb vertretenen Gewerkschaft zu versuchen. 9

IV. Erneute Beschlussfassung. Nach Ablauf der Wochenfrist ist über die Angelegenheit neu zu beschließen. Wird der erste Beschluss nach Ablauf der Verständigungsfrist bestätigt, kann **kein erneuter** Aussetzungsantrag mehr gestellt werden. Dies gilt auch für den Fall, dass der ursprüngliche Beschluss unerheblich abgeändert wurde[11]. Der Beschluss ist vielmehr voll wirksam und vom Vorsitzenden des BR durchzuführen[12]. 10

1 DKK/*Trittin*, § 66 BetrVG Rz. 2; *Fitting*, § 66 BetrVG Rz. 3. | 2 Richardi/*Richardi/Annuß*, § 66 BetrVG Rz. 4; HSWG/*Hess*, § 66 BetrVG Rz. 2. | 3 ErfK/*Eisemann*, § 66 BetrVG Rz. 1. | 4 DKK/*Trittin*, § 66 BetrVG Rz. 4; *Fitting*, § 66 BetrVG Rz. 4. | 5 DKK/*Trittin*, § 66 BetrVG Rz. 5; *Fitting*, § 66 BetrVG Rz. 4. | 6 DKK/*Trittin*, § 66 BetrVG Rz. 5; *Fitting*, § 66 BetrVG Rz. 4. | 7 *Fitting*, § 66 BetrVG Rz. 5; HSWG/*Hess*, § 66 BetrVG Rz. 4. | 8 ErfK/*Eisemann*, § 66 BetrVG Rz. 1; GK-BetrVG/*Oetker*, § 66 Rz. 10; aA DKK/*Trittin*, § 66 BetrVG Rz. 7; *Fitting*, § 66 BetrVG Rz. 6. | 9 *Fitting*, § 35 BetrVG Rz. 20; DKK/*Wedde*, § 35 BetrVG Rz. 8. | 10 ErfK/*Eisemann*, § 66 BetrVG Rz. 1. | 11 *Fitting*, § 66 BetrVG Rz. 7; DKK/*Trittin*, § 66 BetrVG Rz. 9. | 12 GK-BetrVG/*Oetker*, § 66 Rz. 24.

11 **Hinweis:** Es ist in der Lit. streitig, ob die **Aussetzung** von Beschlüssen des BR die **Wirksamkeit** von BR-Beschlüssen berührt. Diese Frage ist von erheblicher Bedeutung, wenn der BR für seine Äußerung gegenüber dem ArbGeb Fristen zu wahren hat (vgl. § 35 Rz. 5).

12 **V. Streitigkeiten** über die Voraussetzungen und Wirkungen des Aussetzungsantrags werden im arbeitsgerichtl. **Beschlussverfahren** nach den §§ 2a I Nr. 1, II iVm. 80 ff. ArbGG entschieden. In der arbeitsrechtl. Praxis kann der Aussetzungsantrag vor allem dann bedeutsam werden, wenn der Vorsitzende des BR trotz eines – ordnungsgemäß – gestellten Aussetzungsantrags den angegriffenen Beschluss des BR nicht aussetzt. In diesen Fällen ist ein Antrag der JAV auf Erlass einer einstw. Verfügung möglich (§ 85 II ArbGG iVm. §§ 945 ff. ZPO)[1]. Praktisch dürfte eine solche einstw. Verfügung jedoch nur in den seltensten Fällen zum Erfolg führen, da bis zur Vollstreckung einer solchen einstw. Verfügung der Beschluss längst vollzogen sein dürfte. Allerdings kann die Nichtbeachtung eines – ordnungsgemäßen – Aussetzungsantrags nach § 66 eine grobe Pflichtverletzung iSv. § 23 darstellen.

67 *Teilnahme an Betriebsratssitzungen*

(1) Die Jugend- und Auszubildendenvertretung kann zu allen Betriebsratssitzungen einen Vertreter entsenden. Werden Angelegenheiten behandelt, die besonders die in § 60 Abs. 1 genannten Arbeitnehmer betreffen, so hat zu diesen Tagesordnungspunkten die gesamte Jugend- und Auszubildendenvertretung ein Teilnahmerecht.

(2) Die Jugend- und Auszubildendenvertreter haben Stimmrecht, soweit die zu fassenden Beschlüsse des Betriebsrats überwiegend die in § 60 Abs. 1 genannten Arbeitnehmer betreffen.

(3) Die Jugend- und Auszubildendenvertretung kann beim Betriebsrat beantragen, Angelegenheiten, die besonders die in § 60 Abs. 1 genannten Arbeitnehmer betreffen und über die sie beraten hat, auf die nächste Tagesordnung zu setzen. Der Betriebsrat soll Angelegenheiten, die besonders die in § 60 Abs. 1 genannten Arbeitnehmer betreffen, der Jugend- und Auszubildendenvertretung zur Beratung zuleiten.

1 **I. Vorbemerkung.** Soweit Jugendliche oder zu ihrer Berufsausbildung beschäftigte ArbN betroffen sind, obliegt die Wahrnehmung ihrer Interessen gegenüber dem ArbGeb dem BR (vgl. § 60 Rz. 12). **Sinn** und **Zweck** der Vorschrift des § 67 ist es, durch verschiedenartige und unterschiedlich ausgestaltete Befugnisse sicherzustellen, dass die JAV an den Entscheidungen des BR beteiligt wird.

2 **II. Teilnahmerecht (Abs. 1).** Die JAV hat ein Teilnahmerecht an BR-Sitzungen. Dieses Teilnahmerecht ist gestaffelt in ein allgemeines Teilnahmerecht (§ 67 I 1) und ein besonderes Teilnahmerecht (§ 67 I 2).

3 **1. Allgemeines Teilnahmerecht (Abs. 1 S. 1).** Die **unmittelbare Wahrnehmung** der Interessen der in § 60 I genannten ArbN erfolgt durch den BR, nicht durch die JAV[2]. § 67 I soll sicherstellen, dass die JAV in angemessener Weise an den Entscheidungen des BR beteiligt und über sie informiert wird. Die Entscheidung darüber, welcher Vertreter der JAV an der BR-Sitzung teilnimmt, ist zweckmäßigerweise dann von Fall zu Fall zu treffen, wenn sich einzelne Mitglieder der JAV auf bestimmte Sachgebiete spezialisiert haben und diese schwerpunktmäßig auf der BR-Sitzung behandelt werden[3].

4 **a) Teilnahmerecht an Betriebsratssitzungen.** Das allgemeine Teilnahmerecht besteht grds. allein für **Plenarsitzungen** des BR. Hat der BR allerdings bestimmte Angelegenheiten einem Ausschuss zur **selbständigen Erledigung** übertragen, besteht auch an diesen Ausschusssitzungen ein Teilnahmerecht, da anderenfalls das Teilnahmerecht der JAV und die vom Gesetz gewollte Einflussnahme auf die Willensbildung des BR von diesem durch die Übertragung einer Angelegenheit auf Ausschüsse unterlaufen würde[4]. Zu differenzieren ist, wenn es um das Verhältnis zwischen BR zur JAV oder zu einzelnen Jugend- und Auszubildendenvertretern geht: Hier kann der BR eine **Vorberatung** ohne einen Vertreter der JAV durchführen, hat aber das Ergebnis der JAV mitzuteilen[5]. Die Teilnahme an BR-Sitzungen ist ein **Recht**, keine **Pflicht**[6].

5 **b) Beratende Teilnahme.** Das Recht zur Teilnahme des Mitglieds der JAV nach § 67 I 1 beschränkt sich auf eine beratende Teilnahme. Ein Stimmrecht besteht nicht. Der Vertreter der JAV kann jedoch das Wort ergreifen und Stellung nehmen[7].

6 **2. Besonderes Teilnahmerecht (Abs. 1 S. 2).** Die **gesamte** JAV ist berechtigt, an den Sitzungen des BR teilzunehmen, wenn Angelegenheiten behandelt werden, die besonders jugendliche ArbN oder zu ihrer Berufsausbildung Beschäftigte unter 25 LJ betreffen (besonderes Teilnahmerecht).

---

1 *Fitting*, § 35 BetrVG Rz. 34; DKK/*Wedde*, § 35 BetrVG Rz. 19. | 2 Vgl. BAG v. 21.1.1982 – 6 ABR 17/79, AP Nr. 1 zu § 70 BetrVG 1972. | 3 *Fitting*, § 67 BetrVG Rz. 8. | 4 GK-BetrVG/*Oetker*, § 67 Rz. 7; Richardi/*Richardi/Annuß*, § 67 BetrVG Rz. 10; DKK/*Trittin*, § 67 BetrVG Rz. 7; *Weiss/Weyand*, § 67 BetrVG Rz. 3; ErfK/*Eisemann*, § 67 BetrVG Rz. 1; aA HSWG/*Hess*, § 67 BetrVG Rz. 5. | 5 ErfK/*Eisemann*, § 67 BetrVG Rz. 1; GK-BetrVG/*Oetker*, § 67 Rz. 11; *Fitting*, § 67 BetrVG Rz. 5; HSWG/*Hess*, § 67 BetrVG Rz. 5; aA Richardi/*Richardi/Annuß*, § 67 BetrVG Rz. 26 – Teilnahmerecht besteht auch bei vorbereitenden Ausschüssen. | 6 *Fitting*, § 67 BetrVG Rz. 5; DKK/*Trittin*, § 67 BetrVG Rz. 2. | 7 *Fitting*, § 67 BetrVG Rz. 9; DKK/*Trittin*, § 67 BetrVG Rz. 9.

a) Besondere Betroffenheit. Das allgemeine Teilnahmerecht eines einzelnen Vertreters der JAV erweitert sich auf die ganze JAV, wenn Angelegenheiten behandelt werden, die den in § 60 I genannten ArbN-Kreis besonders betreffen. Der Begriff der „besonderen Betroffenheit" setzt nicht voraus, dass die Angelegenheit **quantitativ** überwiegend jugendliche ArbN bzw. Auszubildende betrifft. Es genügt eine **qualitativ** besondere Betroffenheit in dem Sinne, dass die Angelegenheit jugendliche bzw. auszubildende ArbN unter 25 Jahre in spezifischer Weise angeht[1]. Ein solches Betroffensein ist bei Angelegenheiten der Fall, die sich unmittelbar auf Jugendliche bzw. die zu ihrer Berufsausbildung beschäftigte ArbN beziehen, etwa des BBiG, des JArbSchG oder des besonderen Gesundheitsschutzes für den genannten Personenkreis[2]. Dies kann aber auch Angelegenheiten betreffen, die von besonderer altersspezifischer Bedeutung für jugendliche ArbN und die zu ihrer Berufsausbildung Beschäftigten sind, wie bspw. Berufsschulferien und Urlaubsplan[3] oder Betriebssport[4]. In der Lit. höchst umstritten ist die Frage, inwieweit ein besonderes Teilnahmerecht bei **personellen Einzelmaßnahmen** (zB §§ 99, 102) besteht[5]. Ein besonderes Teilnahmerecht besteht nach der hier vertretenen Ansicht bei personellen Einzelmaßnahmen gegenüber einem einzelnen jugendlichen ArbN oder zur Berufsausbildung Beschäftigten unter 25 LJ. Geht es um personelle Einzelmaßnahmen gegenüber einem jugendlichen oder auszubildenden ArbN, ist eine Differenzierung danach, ob besondere jugend- oder ausbildungsspezifische Gesichtspunkte eine Rolle spielen oder ob sie präjudizielle Bedeutung für diese ArbN haben, nicht nachzuvollziehen: Soweit es um personelle Einzelmaßnahmen gegenüber diesem Personenkreis geht, haben die Jugend- und Auszubildendenvertreter nach § 67 II ein Stimmrecht, da eine Angelegenheit vorliegt, bei der ausschließlich die in § 60 I genannten ArbN betroffen sind und die gesamte JAV hinzuzuziehen ist. Wenn aber bei solchen Angelegenheiten ein **volles Stimmrecht** besteht, muss erst recht ein besonderes Teilnahmerecht an der der Beschlussfassung zugrunde liegenden BR-Sitzung mit der Beratung über die Angelegenheit bestehen[6]. 7

b) Teilnahmerecht bei speziellen Tagesordnungspunkten. Das besondere Teilnahmerecht besteht nicht grds. für die gesamte BR-Sitzung, sondern nur zu den speziellen Tagesordnungspunkten, welche die besonderen Belange der jugendlichen oder auszubildenden ArbN betreffen[7]. Zu BR-Sitzungen mit solchen Tagesordnungspunkten ist durch den BR-Vorsitzenden oder seinen Stellvertreter (§ 26 II 1) ordnungsgemäß zu laden. Zwar ist die ordnungsgemäße **Ladung** nicht Wirksamkeitsvoraussetzung für die vom BR gefassten Beschlüsse[8], jedoch kann die Nichtbeachtung eine grobe Pflichtverletzung iSv. § 23 I darstellen[9]. 8

c) Betriebsratssitzungen. Das besondere Teilnahmerecht bezieht sich nicht nur auf die **Plenarsitzungen** des BR, sondern auch auf **Ausschüsse**, sofern diesen einzelne Angelegenheiten zur selbständigen Erledigung übertragen worden sind (vgl. Rz. 4). Während an der Plenarsitzung **sämtliche** Mitglieder der JAV teilnehmen können, **reduziert** sich das Teilnahmerecht bei der Sitzung von Ausschüssen, denen eine Angelegenheit zur selbständigen Erledigung übertragen worden ist, auf so viele Mitglieder der JAV, das dem zahlenmäßigen Verhältnis einer Teilnahme an einer BR-Sitzung in etwa entspricht[10]. 9

d) Beratende Teilnahme. Das besondere Teilnahmerecht umfasst ebenso wie bei § 67 I 1 nur eine beratende Teilnahme, also ein Recht zur Abgabe von Stellungnahmen zu dem jeweiligen Tagesordnungspunkt. 10

III. Stimmrecht (Abs. 2). Soweit es sich um Angelegenheiten handelt, bei denen **überwiegend** Jugendliche oder zu ihrer Berufsausbildung beschäftigte ArbN betroffen sind, steht der JAV nicht nur ein erweitertes Teilnahmerecht, sondern auch ein Stimmrecht zu. 11

1. Überwiegendes Betroffensein. Von einer Angelegenheit sind die in § 60 I genannten ArbN überwiegend betroffen, wenn die Durchführung des Beschlusses unmittelbar oder mittelbar **zahlenmäßig mehr** die in § 60 I genannten ArbN als andere ArbN betrifft[11]. Bei **personellen Einzelmaßnahmen**, die zur JAV wahlberechtigte ArbN betreffen, ist das Stimmrecht stets gegeben[12]. Beispiele: Kündigung oder Teilnahme von Mitgliedern der JAV an Schulungsveranstaltungen[13]. 12

---

1 MünchArbR/*Joost*, § 316 Rz. 53; HSWG/*Hess*, § 67 BetrVG Rz. 9; Richardi/*Richardi/Annuß*, § 67 BetrVG Rz. 12; *Weiss/Weyand*, § 67 BetrVG Rz. 5; *Fitting*, § 67 BetrVG Rz. 12; DKK/*Trittin*, § 67 BetrVG Rz. 12 f.; GK-BetrVG/*Oetker*, § 67 Rz. 27, der neben der qualitativen auch eine quantitative Betroffenheit in dem Sinne verlangt, dass überwiegend ArbN iSv. § 60 I betroffen sind. | 2 MünchArbR/*Joost*, § 316 Rz. 53. | 3 ErfK/*Eisemann*, § 67 BetrVG Rz. 2. | 4 MünchArbR/*Joost*, § 316 Rz. 53. | 5 Vgl. zum Streitstand GK-BetrVG/Oetker, § 67 Rz. 27; HSWG/Hess, § 67 BetrVG Rz. 10. | 6 Richardi/*Richardi/Annuß*, § 67 BetrVG Rz. 13. | 7 *Fitting*, § 67 BetrVG Rz. 15; DKK/*Trittin*, § 67 BetrVG Rz. 18. | 8 DKK/*Trittin*, § 67 BetrVG Rz. 16; *Fitting*, § 67 BetrVG Rz. 16. | 9 ErfK/*Eisemann*, § 67 BetrVG Rz. 3. | 10 ErfK/*Eisemann*, § 67 BetrVG Rz. 3; *Fitting*, § 67 BetrVG Rz. 18; GK-BetrVG/*Oetker*, § 67 Rz. 31 und 32; Richardi/*Richardi/Annuß*, § 67 BetrVG Rz. 18; aA DKK/*Trittin*, § 67 BetrVG Rz. 20, wonach die Zahl der teilnehmenden Jugend- und Auszubildendenvertreter derjenigen der BR-Mitglieder entsprechen soll. | 11 DKK/*Trittin*, § 67 BetrVG Rz. 21; *Fitting*, § 67 BetrVG Rz. 20. | 12 MünchArbR/*Joost*, § 316 Rz. 60; Richardi/*Richardi/Annuß*, § 67 BetrVG Rz. 20; aA GK-BetrVG/*Oetker*, § 67 Rz. 41; *Fitting*, § 67 BetrVG Rz. 21; HSWG/*Hess*, § 67 BetrVG Rz. 19; ErfK/*Eisemann*, § 67 BetrVG Rz. 4; DKK/*Trittin*, § 67 BetrVG Rz. 21. | 13 Vgl. ErfK/*Eisemann*, § 67 BetrVG Rz. 4.

13 **2. Abstimmung.** Das Stimmrecht steht dem einzelnen Jugend- und Auszubildendenvertreter zu. Er ist nicht an einen etwa vorangegangenen Beschluss der JAV gebunden[1]. Ist die Zahl der Mitglieder in der JAV höher als die Zahl der BR-Mitglieder, können diese bei einem Beschluss in Angelegenheiten des § 67 II **überstimmt** werden, der BR hat insoweit kein **Vetorecht**[2]. Die Stimmen der Mitglieder der JAV zählen nur bei der **Feststellung der Stimmenmehrheit**, nicht dagegen bei der **Feststellung der Beschlussfähigkeit** des BR[3]. Dies folgt bereits aus dem auf einzelne Tagesordnungspunkte beschränkten Teilnahmerecht der JAV.

14 **3. Fehlende Beteiligung.** Werden die Mitglieder der JAV in Angelegenheiten des § 67 II an der Beschlussfassung nicht beteiligt, ist der Beschluss des BR insgesamt unwirksam[4]. Der Beschluss soll nur dann nicht unwirksam sein, wenn die fehlende Beteiligung der JAV auf das Ergebnis rechnerisch keinen Einfluss haben konnte[5]. Diese Auffassung ist nicht zweifelsfrei: Die Beschlussfassung beruht regelmäßig auf einer vorhergehenden Beratung, in der Einfluss auf die Willensbildung genommen werden kann. Man wird daher zu differenzieren haben: Der Beschluss ist nur dann unwirksam, wenn die JAV **weder** an der Beratung über den Tagesordnungspunkt **noch** an der Abstimmung beteiligt wurde[6].

15 **Hinweis:** Die ordnungsgemäße Beschlussfassung des BR kann vielfach aus ArbN-Sicht von erheblicher Bedeutung sein. So führt der Widerspruch gegen eine Kündigung bspw. einen gesetzl. Weiterbeschäftigungsanspruch nach § 102 V herbei (vgl. § 102 Rz. 83 ff.).

16 **IV. Antragsrecht (Abs. 3 S. 1).** § 67 III 1 gibt der JAV das Recht, Angelegenheiten, die besonders die in § 60 I genannten ArbN betreffen und über die sie beraten hat, auf die nächste Tagesordnung zu setzen. Die JAV kann dagegen **keine Sitzung** des BR verlangen[7].

17 **1. Besondere Betroffenheit.** Es muss sich um eine Angelegenheit handeln, die ein **besonderes Teilnahmerecht** auslöst (vgl. Rz. 6 ff.)[8].

18 **2. Vorberatung.** Das Erfordernis der Vorberatung der Angelegenheit durch die JAV soll sicherstellen, dass diese sich damit bereits befasst hat. Die JAV muss sich keine abschließende Meinung gebildet haben, es muss nur eine vorherige eingehende Erörterung erfolgt sein[9]. Nur mit Vorberatung ist eine sachkundige Diskussion in der BR-Sitzung möglich. Die Tatsache der Vorberatung der Angelegenheit ist dem BR-Vorsitzenden mit dem Antrag bekannt zu machen und ggf. nachzuweisen[10]. Der Nachweis lässt sich am Einfachsten führen, indem die Tatsache der Vorberatung in der Niederschrift der Sitzung der JAV, in der über die Angelegenheit beraten worden ist, festgehalten wird. Ohne Vorberatung durch die JAV kann der Antrag seitens des BR abgelehnt werden[11].

19 **3. Behandlung der Angelegenheit.** Der BR ist verpflichtet, den beantragten Beratungsgegenstand auf die Tagesordnung der nächsten BR-Sitzung zu setzen, wenn die Voraussetzungen des § 67 III 1 vorliegen und der Antrag so rechtzeitig gestellt wurde, dass die Aufnahme in die Tagesordnung der nächsten Sitzung möglich und zumutbar ist. Ist das nicht der Fall, muss die Angelegenheit auf die Tagesordnung der nächstfolgenden Sitzung gesetzt werden[12]. Wird die Angelegenheit im BR behandelt, muss dieser darüber nicht abschließend entscheiden. Er kann sie bspw. einem **Ausschuss** zur weiteren Behandlung zuweisen[13]. In dem Ausschuss ist die JAV zu beteiligen[14]. Der Ausschuss ist so zusammengesetzt wie im Falle des besonderen Teilnahmerechts (vgl. Rz. 9). Der Antrag nach § 67 III 1 kann auch direkt bei dem – zuständigen – Ausschuss des BR eingereicht werden, soweit diesem Aufgaben zur selbständigen Entscheidung übertragen worden sind[15]. Ggf. muss der BR-Vorsitzende den Antrag an den Ausschussvorsitzenden weiterleiten[16].

20 **V. Informationspflicht (Abs. 3 S. 2).** § 67 III 2 normiert eine Unterrichtungspflicht des BR, wenn dieser sich mit Angelegenheiten befasst, die besonders die in § 60 I genannten ArbN betreffen. Die JAV soll in die Lage versetzt werden, eine Angelegenheit vor der Erörterung im BR vorberaten zu können, um ihre Ansicht in der BR-Sitzung angemessen vertreten zu können[17]. Es muss sich um eine Angelegenheit handeln, die **besonders** die in § 60 I genannten ArbN betrifft (vgl. Rz. 6 ff.). Die vorherige Zuleitung ist nicht Wirksamkeitsvoraussetzung für einen BR-Beschluss[18]. Für die Zuleitung bedarf es keines vorherigen BR-Beschlusses[19]. Aus Sicht des BR empfiehlt es sich, der JAV für die Beratung eine Frist zu setzen,

---

1 *Fitting*, § 67 BetrVG Rz. 24. | 2 GK-BetrVG/*Oetker*, § 67 Rz. 48; ErfK/*Eisemann*, § 67 BetrVG Rz. 4. | 3 *Fitting*, § 67 BetrVG Rz. 24; DKK/*Trittin*, § 67 BetrVG Rz. 23. | 4 DKK/*Trittin*, § 67 BetrVG Rz. 24; *Fitting*, § 67 BetrVG Rz. 25. | 5 BAG v. 6.5.1975 – 1 ABR 135/73, AP Nr. 5 zu § 65 BetrVG 1972. | 6 AA GK-BetrVG/*Oetker*, § 67 BetrVG Rz. 44 unter Verweis auf die argumentative Beeinflussung bei einem möglichen Antrag nach § 66 BetrVG. | 7 ErfK/*Eisemann*, § 67 BetrVG Rz. 5. | 8 DKK/*Trittin*, § 67 BetrVG Rz. 26; *Fitting*, § 67 BetrVG Rz. 26. | 9 *Fitting*, § 67 BetrVG Rz. 27; GK-BetrVG/*Oetker*, § 67 Rz. 27. | 10 *Fitting*, § 67 BetrVG Rz. 27. | 11 ErfK/*Eisemann*, § 67 BetrVG Rz. 5. | 12 *Fitting*, § 67 Rz. 28; DKK/*Trittin*, § 67 BetrVG Rz. 30. | 13 *Fitting*, § 67 BetrVG Rz. 28. | 14 Richardi/*Richardi/Annuß*, § 67 BetrVG Rz. 26 und 29 f.; *Fitting*, § 67 BetrVG Rz. 29 und 18. | 15 *Fitting*, § 67 BetrVG Rz. 29; GK-BetrVG/*Oetker*, § 67 Rz. 63; weitergehend Richardi/*Richardi/Annuß*, § 67 BetrVG Rz. 26: Antragsrecht auch bei vorbereitenden Ausschüssen. | 16 *Fitting*, § 67 BetrVG Rz. 29; DKK/*Trittin*, § 67 BetrVG Rz. 25. | 17 *Fitting*, § 67 BetrVG Rz. 30. | 18 *Fitting*, § 67 BetrVG Rz. 30; GK-BetrVG/*Oetker*, § 67 Rz. 70. | 19 Richardi/*Richardi/Annuß*, § 67 BetrVG Rz. 32.

was zulässig ist[1]. Im Falle der Zuständigkeit eines Ausschusses trifft dessen Vorsitzenden die Informationspflicht[2].

Wenn die betreffende Angelegenheit im BR behandelt wird, hat die JAV ein besonderes Teilnahmerecht nach § 67 I 2. Ob auch ein Stimmrecht nach § 67 II besteht, hängt davon ab, ob die Angelegenheit überwiegend die in § 60 I genannten ArbN betrifft. 21

VI. Rechtsfolgen bei Nichtbeachtung. Die – wiederholte – Verletzung kann eine grobe Amtspflichtverletzung darstellen (§ 23 I)[3]. Allerdings berührt ein Verstoß nicht **die Wirksamkeit eines BR-Beschlusses**[4]. 22

VII. Streitigkeiten über das Teilnahmerecht der JAV und das Stimmrecht der Jugend- und Auszubildendenvertreter entscheidet das ArbG im **Beschlussverfahren** (§§ 2a I Nr. 1, II iVm. 80 ff. ArbGG). Gleiches gilt hinsichtlich der Informationspflicht und des Antragsrechts. Antragsberechtigt und beteiligungsbefugt ist in diesen Fällen die JAV, es handelt sich um eine betriebsverfassungsrechtl. Streitigkeit zwischen ihr und dem BR. Über die Frage einer ordnungsgemäßen Beschlussfassung und damit inzident die Frage von Teilnahme- und Stimmrechten der JAV kann auch im **Urteilsverfahren** gem. §§ 2 I Nr. 3a, V iVm. 46 ff. ArbGG zu entscheiden sein. Dies wäre bspw. im Falle der Kündigung eines des in § 60 I genannten ArbN gegeben, wenn entweder seitens des ArbN die Weiterbeschäftigung (§ 102 V 1) oder seitens des ArbGeb die Entbindung von der Verpflichtung zur Weiterbeschäftigung (§ 102 V 2) beantragt wird. 23

68 *Teilnahme an gemeinsamen Besprechungen*

Der Betriebsrat hat die Jugend- und Auszubildendenvertretung zu Besprechungen zwischen Arbeitgeber und Betriebsrat beizuziehen, wenn Angelegenheiten behandelt werden, die besonders die in § 60 Abs. 1 genannten Arbeitnehmer betreffen.

I. Vorbemerkung. Die Vorschrift dient der Zusammenarbeit von BR und JAV. Sie soll sicherstellen, dass die JAV in gleichem Ausmaß an Besprechungen des BR mit dem ArbGeb beteiligt wird, wie dies im Verhältnis zum BR in § 67 I 2 vorgesehen ist[5]. 1

II. Teilnahmerecht. Das Teilnahmerecht der JAV an gemeins. Besprechungen zwischen ArbGeb und BR ist an bestimmte Voraussetzungen geknüpft. 2

1. Besprechungsgegenstand. Die JAV ist zu den gemeins. Besprechungen zwischen ArbGeb und BR hinzuzuziehen, wenn Angelegenheiten behandelt werden, die **besonders** (vgl. § 67 Rz. 6 f.) und natürlich auch **überwiegend** (vgl. § 67 Rz. 12) die Jugendlichen oder die zu ihrer Berufsausbildung beschäftigten ArbN unter 25 LJ betreffen[6]. 3

2. Besprechungen. Hinsichtlich dieser Themen besteht ein Teilnahmerecht der JAV an allen Besprechungen zwischen ArbGeb und BR. Das Teilnahmerecht beschränkt sich damit nicht auf die monatlichen Besprechungen gem. § 74 I[7]. Besprechungen sind **gemeins. Sitzungen** des ArbGeb mit dem Organ BR oder einem offiziellen Ausschuss[8]. Das Teilnahmerecht gilt deshalb nicht für **Einzelgespräche**, die der BR-Vorsitzende oder ein anderes BR-Mitglied mit dem ArbGeb von Fall zu Fall führt[9]. Wird die Besprechung von einem **Betriebsausschuss** oder einem sonstigen Ausschuss des BR wahrgenommen, besteht das Teilnahmerecht dort[10]. 4

3. Umfang des Teilnahmerechts. Das Teilnahmerecht besteht nur hinsichtlich der Behandlung von Angelegenheiten, die besonders die in § 60 I genannten ArbN **betreffen**. Hinsichtlich aller anderen Punkte besteht ein Teilnahmerecht weder der JAV noch eines ihrer Mitglieder[11]. Das Recht auf Teilnahme bedeutet nicht nur körperliche Anwesenheit, sondern erlaubt auch, in die Besprechung einzugreifen (zB **Fragen** zu stellen oder **Stellungnahmen** abzugeben)[12]. 5

4. Teilnahmeberechtigung. Teilnahmeberechtigt – nicht verpflichtet – sind **alle Mitglieder** der JAV[13]. Dies gilt auch, wenn es sich bei einem der Besprechungspartner um einen Ausschuss des BR handelt, der im Vergleich zum BR eine geringere Anzahl von Mitgliedern hat[14]. Derjenige Jugend- und Auszubil- 6

---

1 Richardi/*Richardi/Annuß*, § 67 BetrVG Rz. 32. | 2 DKK/*Trittin*, § 67 BetrVG Rz. 32; *Fitting*, § 67 BetrVG Rz. 31. | 3 *Fitting*, § 67 BetrVG Rz. 30; Richardi/*Richardi/Annuß*, § 67 BetrVG Rz. 34. | 4 GK-BetrVG/*Oetker*, § 67 Rz. 70; *Fitting*, § 67 BetrVG Rz. 30. | 5 Richardi/*Richardi/Annuß*, § 68 BetrVG Rz. 1. | 6 *Fitting*, § 68 BetrVG Rz. 4; GK-BetrVG/*Oetker*, § 68 Rz. 4. | 7 *Fitting*, § 68 BetrVG Rz. 5; DKK/*Trittin*, § 68 BetrVG Rz. 2. | 8 *Dachrodt/Engelbert*, § 68 BetrVG Rz. 2. | 9 HSWG/*Hess*, § 68 BetrVG Rz. 4; *Fitting*, § 68 BetrVG Rz. 5; ErfK/*Eisemann*, § 68 BetrVG Rz. 1; aA DKK/*Trittin*, § 68 BetrVG Rz. 2. | 10 *Fitting*, § 68 BetrVG Rz. 9; DKK/*Trittin*, § 68 BetrVG Rz. 3. | 11 ErfK/*Eisemann*, § 68 BetrVG Rz. 1; *Fitting*, § 68 BetrVG Rz. 5. | 12 DKK/*Trittin*, § 68 BetrVG Rz. 8; *Fitting*, § 68 BetrVG Rz. 8. | 13 *Fitting*, § 68 BetrVG Rz. 8; DKK/*Trittin*, § 68 BetrVG Rz. 7; GK-BetrVG/Oetker, § 68 Rz. 12. | 14 *Fitting*, § 68 BetrVG Rz. 9; *Dachrodt/Engelbert*, § 68 BetrVG Rz. 3; GK-BetrVG/*Oetker*, § 68 Rz. 16; DKK/*Trittin*, § 68 BetrVG Rz. 3; einschr. *Weiss/Weyand*, § 68 BetrVG Rz. 2 sowie Richardi/*Richardi/Annuß*, § 68 BetrVG Rz. 8, die eine entsprechend reduzierte Anzahl von Jugend- und Auszubildendenvertretern verlangen.

dendenvertreter, der an der Besprechung freiwillig nicht teilnimmt, ist nicht verhindert. Er wird daher auch nicht durch ein Ersatzmitglied vertreten[1].

7 **5. Ladung.** Einer Beschlussfassung des BR zur Hinzuziehung der JAV bedarf es nicht, da es sich um eine Pflichtaufgabe des BR handelt, deren Erfüllung keinen Beschluss voraussetzt[2]. Eine bestimmte Form für die Ladung ist nicht vorgeschrieben. Eine schriftl. Ladung ist zu Beweis- und Dokumentationsgründen jedoch zweckmäßig. Der BR hat dem **Vorsitzenden** der JAV den **Besprechungstermin** und die **Inhalte** der Besprechung mitzuteilen. Der Vorsitzende der JAV ist dann verpflichtet, alle Mitglieder der JAV über Ort, Zeit und Inhalt der gemeins. Besprechung zu informieren und einzuladen[3].

8 **6. Pflichtverletzung.** Verstößt der BR bzw. der BR-Vorsitzende – wiederholt – gegen die Verpflichtung zur Beiziehung der JAV, kann hierin ggf. ein **Verstoß** gegen § 23 I liegen[4]. Da die Hinzuziehungspflicht den BR, **nicht** den ArbGeb trifft, kann gegen ihn nicht nach § 23 III vorgegangen werden, wenn die Beteiligung der JAV unterbleibt[5].

9 **III. Streitigkeiten.** Die Streitigkeiten über das Teilnahmerecht der JAV an Besprechungen zwischen ArbGeb und BR über Angelegenheiten, die besonders die in § 60 I genannten ArbN betreffen, entscheidet das ArbG im **Beschlussverfahren** nach §§ 2a I Nr. 1, II iVm. 80 ff. ArbGG. Der Antrag auf Erlass einer einstw. Verfügung ist möglich[6], wenn auch in der Praxis wenig Erfolg versprechend, da zur Sicherung des Rechts **vor** der Besprechung zwischen ArbGeb und BR schwerlich eine einstw. Verfügung ergeht, die dann noch rechtzeitig vollstreckt werden muss.

69 *Sprechstunden*

In Betrieben, die in der Regel mehr als fünfzig der in § 60 Abs. 1 genannten Arbeitnehmer beschäftigen, kann die Jugend- und Auszubildendenvertretung Sprechstunden während der Arbeitszeit einrichten. Zeit und Ort sind durch Betriebsrat und Arbeitgeber zu vereinbaren. § 39 Abs. 1 Satz 3 und 4 und Abs. 3 gilt entsprechend. An den Sprechstunden der Jugend- und Auszubildendenvertretung kann der Betriebsratsvorsitzende oder ein beauftragtes Betriebsratsmitglied beratend teilnehmen.

1 **I. Vorbemerkung.** In Betrieben mit einer bestimmten Größe **kann** die JAV für Jugendliche oder zu ihrer Berufsausbildung beschäftigte ArbN unter 25 LJ eigene **Sprechstunden** einrichten. Wird von dieser Möglichkeit **kein** Gebrauch gemacht, so kann an den Sprechstunden des BR ein Mitglied der JAV zur Beratung der in § 60 I genannten ArbN teilnehmen (§ 39 II).

2 **II. Sprechstunden der Jugend- und Auszubildendenvertretung (S. 1–3).** Die Einführung von eigenen Sprechstunden ist für die JAV ab einer bestimmten Betriebsgröße möglich.

3 **1. Betriebsgröße.** Voraussetzung für die Errichtung einer eigenen Sprechstunde ist, dass in dem Betrieb (zum Betriebsbegriff vgl. § 1 Rz. 8 ff.) **in der Regel** (zum Begriff „in der Regel" vgl. § 1 Rz. 4) mehr als fünfzig jugendliche ArbN oder zur Berufsausbildung Beschäftigte, die das 25. LJ noch nicht vollendet haben, tätig sind. Sind **vorübergehend** (zB nach Ende der Ausbildungszeit[7]) weniger ArbN iSv. § 60 I im Betrieb tätig, so hat dies keinen Einfluss auf eine eingerichtete Sprechstunde[8]. Sinkt die Zahl auf Dauer unter 51 oder wird die erforderliche Anzahl von Anfang an nicht erreicht, können eigene Sprechstunden der JAV von Gesetzes wegen nicht abgehalten werden. Allerdings steht es ArbGeb, BR und JAV frei, **freiwillig** eine Vereinbarung abzuschließen, nach der die JAV eigene Sprechstunden abhalten darf[9].

4 **2. Beschlussfassung.** Die Einrichtung einer eigenen Sprechstunde der JAV erfolgt durch einen **Mehrheitsbeschluss** der JAV. Sie entscheidet darüber nach eigenem Ermessen, eine gesetzl. **Pflicht** zur Einrichtung besteht nicht[10]. An diesen Beschluss sind, sofern die gesetzl. Voraussetzungen vorliegen, ArbGeb und BR gebunden[11]. Dieser Beschluss besagt zunächst nur, dass eine eigene Sprechstunde der JAV eingerichtet wird. Diese findet während der Arbeitszeit statt (§ 69 S. 1). Es bedarf jedoch einer Konkretisierung hinsichtlich Zeit, Ort und Häufigkeit.

5 **3. Konkretisierung.** Der BR ist verpflichtet, mit dem ArbGeb eine Vereinbarung über Ort, Zeit sowie Häufigkeit der eigenen Sprechstunde der JAV zu treffen (§ 69 S. 2)[12]. Die Vereinbarung und damit die Festlegung der Sprechstunden durch ArbGeb und BR ist für die JAV bindend[13]. Die JAV nimmt sowohl an der **Besprechung** mit dem ArbGeb (§ 68) als auch an der **Beratung** (§ 67 I 2) sowie der **Beschlussfassung** des BR über die Festlegung (gem. § 67 II mit Stimmrecht) teil[14]. Da § 69 S. 2 ausdrücklich eine

1 DKK/*Trittin*, § 68 BetrVG Rz. 7; *Fitting*, § 68 BetrVG Rz. 8. |2 Richardi/*Richardi/Annuß*, § 68 BetrVG Rz. 6. |3 *Fitting*, § 68 BetrVG Rz. 7; DKK/*Trittin*, § 68 BetrVG Rz. 6. |4 *Dachrodt/Engelbert*, § 68 BetrVG Rz. 6. |5 Richardi/*Richardi/Annuß*, § 68 BetrVG Rz. 9. |6 *Fitting*, § 68 BetrVG Rz. 10; DKK/*Trittin*, § 68 BetrVG Rz. 9. |7 DKK/*Trittin*, § 69 BetrVG Rz. 4. |8 *Dachrodt/Engelbert*, § 69 BetrVG Rz. 2; *Fitting*, § 69 BetrVG Rz. 4. |9 DKK/*Trittin*, § 69 BetrVG Rz. 4; *Fitting*, § 69 BetrVG Rz. 4. |10 MünchArbR/*Joost*, § 316 Rz. 78; *Dachrodt/Engelbert*, § 69 BetrVG Rz. 6. |11 *Fitting*, § 69 BetrVG Rz. 5; DKK/*Trittin*, § 69 BetrVG Rz. 6. |12 DKK/*Trittin*, § 69 BetrVG Rz. 7; *Fitting*, § 69 BetrVG Rz. 7. |13 Richardi/*Richardi/Annuß*, § 69 BetrVG Rz. 7. |14 *Fitting*, § 69 BetrVG Rz. 7; GK-BetrVG/*Oetker*, § 69 Rz. 15.

Vereinbarung zwischen ArbGeb und BR vorschreibt, ist ein eigener Beschluss der JAV über Häufigkeit, Ort und Zeit der Sprechstunden unzulässig und damit nichtig; die JAV muss sich an den BR zur Herbeiführung der Regelung wenden[1]. Können ArbGeb und BR sich nicht einigen, werden Zeit und Ort der Sprechstunden durch die **Einigungsstelle** festgelegt (§§ 69 S. 3 iVm. 39 I 3 und 4). Da die Vereinbarung zwischen ArbGeb und BR geschlossen werden muss, kann für den Fall der Nichteinigung auch nur der ArbGeb oder der BR die Einigungsstelle anrufen, nicht aber die JAV[2]. Die Einigungsstelle ist nicht verpflichtet, die JAV anzuhören. Diese **sollte** jedoch angehört werden, da die Meinung der JAV für eine sachgerechte Entscheidung zu berücksichtigen ist[3]. Die Einigungsstelle hat bei der **Terminierung** der Sprechstunden der JAV darauf zu achten, dass sowohl die betriebl. Notwendigkeiten als auch die Belange der JAV an einer sachgerechten Gestaltung der Sprechstunden angemessen berücksichtigt werden[4]. So muss zB der Ort für alle ArbN gut erreichbar sein, ohne dass sie sich vom ArbGeb kontrolliert fühlen[5]. Die Festlegung von Zeit und Ort der von der JAV beschlossenen Sprechstunden gehört zu den gesetzl. Pflichten von ArbGeb und BR, deren Nichtbeachtung uU als grober Verstoß iSv. § 23 I angesehen werden kann[6].

4. Durchführung der Sprechstunden. Ist eine eigene Sprechstunde der JAV eingerichtet, ist diese 6
durchzuführen[7]. Wer die Sprechstunden abhalten soll, wie sie im Einzelnen ablaufen und wie sie angekündigt werden, entscheidet die JAV ohne Mitwirkung des BR[8]. Werden die Sprechstunden durch die JAV entgegen der Vereinbarung nicht durchgeführt, kann uU eine grobe Pflichtverletzung iSv. § 23 I vorliegen. Die Sprechstunde der JAV ist **ausschließlich** zuständig für die in § 60 I genannten ArbN. Diese sind aber nicht **gezwungen**, die Sprechstunde der JAV zu besuchen. Sie können wahlweise ihre Anliegen und Wünsche auch in der Sprechstunde des BR vorbringen, der BR darf sie insoweit nicht abweisen und auf die Sprechstunde der JAV verweisen (vgl. § 39 Rz. 6).

5. Kosten. Der ArbGeb hat die **notwendigen Kosten** zu tragen, die durch die Abhaltung der Sprech- 7
stunde entstehen, sowie die notwendigen Räume und anderen sachlichen Mittel zur Verfügung zu stellen (§§ 65 I iVm. 40, vgl. § 39 Rz. 3 sowie § 40 Rz. 26 ff.).

6. Arbeitsentgelt. Sind Sprechstunden eingerichtet, gehört die Durchführung zu den Amtspflichten 8
der Mitglieder der JAV. Sie behalten für die Dauer der Sprechstunden ihren Anspruch auf Arbeitsentgelt (§§ 65 I iVm. 37 II)[9]. ArbN iSv. § 60 I dürfen die Sprechstunden der JAV besuchen, ohne dass es zu einer Minderung des Arbeitsentgelts kommt. Es gilt dasselbe wie für den Besuch der Sprechstunden des BR (vgl. § 39 Rz. 7 ff.).

III. Teilnahmerecht (S. 4). Nach § 69 S. 4 **kann** der BR-Vorsitzende oder ein beauftragtes BR-Mitglied 9
beratend an den Sprechstunden der JAV teilnehmen. **Zweck** ist einerseits, die sachkundige Beratung der in § 60 I genannten ArbN zu ermöglichen[10], andererseits aber auch, den BR unmittelbar mit den spezifischen Problemen jugendlicher ArbN vertraut zu machen[11]. Das Teilnahmerecht beschränkt sich nicht auf eine bloße Anwesenheit für die Dauer der Sprechstunden, sondern der BR-Vorsitzende oder das beauftragte BR-Mitglied kann **aktiv beratend** tätig werden[12]. Allerdings besteht keine **Pflicht** des BR-Vorsitzenden oder eines beauftragten BR-Mitglieds, an den Sprechstunden der JAV teilzunehmen[13]. Das Teilnahmerecht steht primär dem BR-Vorsitzenden zu. Jedoch kann ein **anderes Mitglied** des BR mit dieser Aufgabe beauftragt werden. Die Beauftragung erfolgt durch Beschluss des BR[14]. Bei der Beschlussfassung des BR über die Beauftragung eines anderen Mitglieds hat die JAV kein Stimmrecht nach § 67 II, da es sich um eine reine Organisationsregelung des BR handelt[15].

IV. Streitigkeiten betreffend die grds. Berechtigung der JAV, eigene Sprechstunden durchzuführen, 10
sind im arbeitsgerichtl. **Beschlussverfahren** gem. §§ 2a I Nr. 1, II iVm. 80 ff. ArbGG zu entscheiden. Gleiches gilt für die Inanspruchnahme der Sprechstunden durch ArbN iSv. § 60 I und das Teilnahmerecht des BR-Vorsitzenden oder eines anderen beauftragten Mitglieds des BR. Ansprüche von beschäftigten ArbN iSv. § 60 I auf wegen des Besuchs der Sprechstunden vorenthaltenes Arbeitsentgelt sind solche aus dem Arbeitsverhältnis, über die im **Urteilsverfahren** (§§ 2 I Nr. 3a, V iVm. 46 ff. ArbGG) zu entscheiden ist. Gleiches gilt für Jugend- und Auszubildendenvertreter, denen wegen der Durchführung von Sprechstunden Arbeitsentgelt vorenthalten wurde[16]. Kommt zwischen ArbGeb und BR keine Vereinbarung zu Stande (§ 69 S. 2) und kommt es zu einem Spruch der Einigungsstelle (§§ 69 S. 3 iVm. 39 I 3

---

1 HSWG/*Hess*, § 69 BetrVG Rz. 4. | 2 *Fitting*, § 69 BetrVG Rz. 7; DKK/*Trittin*, § 69 BetrVG Rz. 8. | 3 DKK/*Trittin*, § 69 BetrVG Rz. 8; *Dachrodt/Engelbert*, § 69 BetrVG Rz. 3; *Fitting*, § 69 BetrVG Rz. 7; aA GK-BetrVG/*Oetker*, § 69 Rz. 17, der von einer Verpflichtung der Einigungsstelle zur Anhörung der JAV ausgeht. | 4 *Fitting*, § 69 BetrVG Rz. 7; ErfK/*Eisemann*, § 69 BetrVG Rz. 2. | 5 *Dachrodt/Engelbert*, § 69 BetrVG Rz. 6. | 6 *Fitting*, § 69 BetrVG Rz. 8; DKK/*Trittin*, § 69 BetrVG Rz. 7. | 7 ErfK/*Eisemann*, § 69 BetrVG Rz. 2. | 8 HSWG/*Hess*, § 69 BetrVG Rz. 3. | 9 ErfK/*Eisemann*, § 69 BetrVG Rz. 3; DKK/*Trittin*, § 69 BetrVG Rz. 11. | 10 DKK/*Trittin*, § 69 BetrVG Rz. 13; *Fitting*, § 69 BetrVG Rz. 12; HSWG/*Hess*, § 69 BetrVG Rz. 12 und 13. | 11 *Weiss/Weyand*, § 69 BetrVG Rz. 3. | 12 DKK/*Trittin*, § 69 BetrVG Rz. 15; *Fitting*, § 69 BetrVG Rz. 13. | 13 DKK/*Trittin*, § 69 BetrVG Rz. 13; *Fitting*, § 69 BetrVG Rz. 12. | 14 DKK/*Trittin*, § 69 BetrVG Rz. 14; *Fitting*, § 69 BetrVG Rz. 13. | 15 *Fitting*, § 69 BetrVG Rz. 13; ErfK/*Eisemann*, § 69 BetrVG Rz. 4; GK-BetrVG/*Oetker*, § 69 Rz. 23; aA DKK/*Trittin*, § 69 BetrVG Rz. 14. | 16 Richardi/*Richardi/Annuß*, § 69 BetrVG Rz. 13.

und S. 4), kann dieser im **Beschlussverfahren** im Rahmen des § 76 V 4 arbeitsgerichtl. überprüft werden. Das Beschlussverfahren kann jedoch in diesem Fall nur vom BR oder vom ArbGeb, nicht von der JAV eingeleitet werden[1].

70 *Allgemeine Aufgaben*

(1) Die Jugend- und Auszubildendenvertretung hat folgende allgemeine Aufgaben:

1. Maßnahmen, die den in § 60 Abs. 1 genannten Arbeitnehmern dienen, insbesondere in Fragen der Berufsbildung und der Übernahme der zu ihrer Berufsausbildung Beschäftigten in ein Arbeitsverhältnis, beim Betriebsrat zu beantragen;

1a. Maßnahmen zur Durchsetzung der tatsächlichen Gleichstellung der in § 60 Abs. 1 genannten Arbeitnehmer entsprechend § 80 Abs. 1 Nr. 2a und 2b beim Betriebsrat zu beantragen;

2. darüber zu wachen, dass die zu Gunsten der in § 60 Abs. 1 genannten Arbeitnehmer geltenden Gesetze, Verordnungen, Unfallverhütungsvorschriften, Tarifverträge und Betriebsvereinbarungen durchgeführt werden;

3. Anregungen von in § 60 Abs. 1 genannten Arbeitnehmern, insbesondere in Fragen der Berufsbildung, entgegenzunehmen und, falls sie berechtigt erscheinen, beim Betriebsrat auf eine Erledigung hinzuwirken. Die Jugend- und Auszubildendenvertretung hat die betroffenen in § 60 Abs. 1 genannten Arbeitnehmer über den Stand und das Ergebnis der Verhandlungen zu informieren;

4. die Integration ausländischer, in § 60 Abs. 1 genannter Arbeitnehmer im Betrieb zu fördern und entsprechende Maßnahmen beim Betriebsrat zu beantragen.

(2) Zur Durchführung ihrer Aufgaben ist die Jugend- und Auszubildendenvertretung durch den Betriebsrat rechtzeitig und umfassend zu unterrichten. Die Jugend- und Auszubildendenvertretung kann verlangen, dass ihr der Betriebsrat die zur Durchführung ihrer Aufgaben erforderlichen Unterlagen zur Verfügung stellt.

1 **I. Vorbemerkung.** Die Aufgaben und Befugnisse der JAV sind **in Anlehnung an die Aufgaben des BR** (§ 80) in § 70 geregelt. Die JAV überwacht, berät, regt an und stellt Anträge in allen Angelegenheiten, welche die ArbN nach § 60 I betreffen oder ihnen dienen. Im Übrigen bestimmt § 60 II, dass die JAV nach Maßgabe der §§ 61 ff. die besonderen Belange der in § 60 I genannten ArbN wahrnimmt[2].

2 **II. Allgemeine Aufgaben (Abs. 1).** § 70 I umschreibt in allgemeiner Form die Aufgaben, deren Erfüllung der Gesetzgeber von der JAV erwartet. Dabei ist der Aufgabenkatalog, der in § 70 I aufgezählt wird, nicht abschließend[3]. Die Aufgaben der JAV werden vielmehr durch die Gesamtheit der §§ 61 ff. umschrieben[4]. Zur Erfüllung der allgemeinen Aufgaben des § 70 können BR und JAV **gemeinsam** die Durchführung einer **Fragebogenaktion** unter dem in § 60 I genannten ArbN-Kreis beschließen[5].

3 **1. Antragsrecht (Abs. 1 Nr. 1).** Nach § 70 I Nr. 1 hat die JAV Maßnahmen, die den in § 60 I genannten ArbN (vgl. § 60 Rz. 6 f.) dienen, insb. in Fragen der Berufsbildung und der Übernahme der zu ihrer Berufsausbildung Beschäftigten in ein Arbeitsverhältnis, beim BR zu beantragen. Die Vorschrift gewährt der JAV ein **allgemeines Initiativrecht**[6].

4 **a) Relevante Maßnahmen.** Es muss sich um **den Betrieb betreffende Maßnahmen** handeln, die in den **Zuständigkeitsbereich des BR** fallen[7].

5 **Beispiele:** Angelegenheiten iSv. § 70 I Nr. 1 sind bspw. Fragen der Arbeitszeit, besondere Sozialleistungen oder Sozialeinrichtungen (zB die Einrichtung von Aufenthaltsräumen, die Bildung einer betriebl. Sportabteilung oder Musikgruppe, die Einrichtung einer Jugendbibliothek, eines Ferienhauses), Urlaubsregelungen, Ausbildungsmaßnahmen usw.[8]

6 Von besonderer Bedeutung für den in § 60 I genannten ArbN-Kreis sind **Fragen der Berufsbildung**. Besonders genannt ist darüber hinaus die Übernahme der zu ihrer Berufsausbildung Beschäftigten in ein Arbeitsverhältnis. Für Auszubildende ist gerade in Zeiten hoher Arbeitslosigkeit, fortschreitender Rationalisierung der betrieblichen Arbeitsabläufe und zunehmender Umstrukturierung von Unternehmen die Frage der Übernahme in ein Arbeitsverhältnis nach Abschluss ihrer Berufsausbildung von besonderer Bedeutung[9]. Deshalb wurde dieser Punkt in Nr. 1 des Katalogs der allgemeinen Aufgaben der JAV ausdrücklich hervorgehoben.

7 **b) Beschlussfassung und Antrag.** Die JAV muss einen Antrag **an den BR** richten. Dies setzt voraus, dass die JAV die Angelegenheit zuvor beraten und – mit einfacher Mehrheit – einen **Beschluss** gefasst

---

1 DKK/*Trittin*, § 69 BetrVG Rz. 18; *Fitting*, § 69 BetrVG Rz. 14. | 2 *Clemenz* in Tschöpe, Arbeitsrecht, Teil 4 A Rz. 269. | 3 DKK/*Trittin*, § 70 BetrVG Rz. 1; *Fitting*, § 70 BetrVG Rz. 5. | 4 GK-BetrVG/*Oetker*, § 70 Rz. 5. | 5 DKK/*Trittin*, § 70 BetrVG Rz. 9; *Fitting*, § 70 BetrVG Rz. 4; BAG v. 8.2.1977 – 1 ABR 82/74, AP Nr. 10 zu § 80 BetrVG 1972. | 6 *Clemenz* in Tschöpe, Arbeitsrecht, Teil 4 A Rz. 270; *Fitting*, § 70 BetrVG Rz. 5. | 7 *Fitting*, § 70 BetrVG Rz. 5; DKK/*Trittin*, § 70 BetrVG Rz. 10. | 8 *Clemenz* in Tschöpe, Arbeitsrecht, Teil 4 A Rz. 271; *Fitting*, § 70 BetrVG Rz. 6. | 9 BT-Drs. 14/5741, 44.

hat[1]. Der Vorsitzende der JAV hat kein eigenes Antragsrecht, er führt den Beschluss der JAV aus, indem er ihn an den BR weiterleitet[2].

c) Behandlung durch Betriebsrat. Der BR **muss** sich mit dem **Antrag** befassen[3]. Wie er ihn behandelt, unterliegt seinem Ermessen. Unsachliche, unbegründete oder unzweckmäßige Anträge kann er zurückweisen[4]. Erachtet der BR den Antrag der JAV als sachdienlich oder berechtigt, so ist er im Rahmen seines Ermessens verpflichtet, die Angelegenheit mit dem ArbGeb zu erörtern (§ 80 I Nr. 3, vgl. dort Rz. 33 ff.). Bei der Behandlung des Antrags im BR hat die JAV in der Regel ein Teilnahmerecht nach § 67 I 2 und auch ein Stimmrecht nach § 67 II, wenn überwiegend die in § 60 I genannten ArbN betroffen sind[5]. In jedem Fall hat jedoch der BR die JAV über die Behandlung der Angelegenheit zu informieren (vgl. § 80 I Nr. 3), soweit nicht die JAV an der BR-Sitzung bzw. der Beschlussfassung gem. § 67 teilgenommen hat[6]. 8

2. Gleichstellung (Abs. 1 Nr. 1a). Nach § 70 I Nr. 1a hat die JAV Maßnahmen zur **Durchsetzung der tatsächlichen Gleichstellung** der in § 60 I genannten ArbN entsprechend § 80 I Nr. 2a und 2b beim BR zu beantragen (zur Beschlussfassung und Behandlung des Antrages s. oben Rz. 7 f.). Die entsprechende Anwendung von § 80 I Nr. 2a und 2b betrifft die Durchsetzung der tatsächlichen Gleichstellung von Frauen und Männern, insb. bei der Einstellung, Beschäftigung, Aus-, Fort- und Weiterbildung und dem beruflichen Aufstieg, sowie die Vereinbarkeit von Familie und Erwerbstätigkeit. Das Thema Gleichstellung der Geschlechter ist gerade auch für die Jugendlichen in den Betrieben von besonderer Bedeutung. Daher hat die JAV die Aufgabe erhalten, Maßnahmen zur Durchsetzung der tatsächlichen Gleichstellung der in § 60 I genannten ArbN entsprechend § 80 I Nr. 2a und 2b beim BR beantragen zu können[7]. Aus der entsprechenden Anwendung von § 80 I Nr. 2a und 2b folgt, dass auf die dort genannten möglichen Maßnahmen abzustellen ist (vgl. § 80 Rz. 25 ff.). 9

3. Überwachung (Abs. 1 Nr. 2). Nach § 70 I Nr. 2 hat die JAV darüber zu wachen, dass die zu Gunsten der in § 60 I genannten ArbN geltenden Gesetze, VO, Unfallverhütungsvorschriften, TV und BV durchgeführt werden. Die Vorschrift entspricht § 80 I Nr. 1 und normiert nicht nur ein **Überwachungsrecht** der JAV, sondern zugleich auch eine **Überwachungspflicht**[8]. Zu den Überwachungsaufgaben gehört es nicht, Individualansprüche der ArbN durchzusetzen oder sie vor dem ArbG zu vertreten[9]. Nicht erforderlich ist, dass die Rechtsnormen ausschließlich oder überwiegend den in § 60 I genannten ArbN-Kreis betreffen. Das Überwachungsrecht besteht vielmehr hinsichtlich aller Normen, die **auch** für diese ArbN von Bedeutung sind[10]. **Gesetzl. Vorschriften** iSv. § 70 I Nr. 2 sind bspw. das BBiG und die HwO, soweit sie die Berufsausbildung betreffen, sowie ArbN-Schutzgesetze wie das ArbPlSchG, ArbZG etc. und auch das AGG[11]. Bei den **VO** kommen insb. die auf Grund des BBiG, des JArbSchG sowie der GewO erlassenen VO in Betracht[12]. Zahlreiche **Unfallverhütungsvorschriften** der Berufsgenossenschaften enthalten ebenfalls Sonderregelungen über die Beschäftigung des in § 60 I genannten ArbN-Kreises[13]. Auch **TV** und **BV** sehen vielfach entsprechende Sonderregelungen vor[14]. Das Überwachungsrecht macht die JAV aber nicht zu einem **Kontrollorgan** mit der Befugnis zu Nachforschungen und Inspektionsgängen im Betrieb ohne konkreten Anlass[15]. Für die Durchführung von Kontrollmaßnahmen ist die JAV auf die Mitwirkung des BR angewiesen. Stellt sie Verstöße gegen die in § 70 I Nr. 2 genannten Bestimmungen fest, kann **nur** der BR beim ArbGeb **auf Abhilfe** dringen[16]. Dabei kann der BR keine generelle Einwilligung für jede zukünftige Überwachungsmaßnahme der JAV erteilen, da diese ansonsten in der Lage wäre, eigenständig neben dem BR zu handeln[17]. Allerdings kann die JAV auch **ohne konkreten Verdacht** gem. § 70 I Nr. 2 die Arbeitsplätze jugendlicher ArbN aufsuchen, bedarf dafür aber in jedem Fall der **Zustimmung** des BR[18]. 10

Hinweis: Dies ist von praktischer Bedeutung. Jugendliche und Auszubildende haben oft Probleme, Beschwerden über ihre Arbeitsplätze oder Arbeits- und Ausbildungsbedingungen zu artikulieren. In persönlichen, vertraulichen Gesprächen mit der JAV „vor Ort" kann es möglich sein, Verletzungen von Rechten oder Missstände festzustellen[19]. 11

4. Anregungen (Abs. 1 Nr. 3). Nach § 70 I Nr. 3 hat die JAV Anregungen von in § 60 I genannten ArbN, insb. in Fragen der Berufsbildung, entgegenzunehmen und, falls sie berechtigt erscheinen, beim BR auf eine Erledigung hinzuwirken. 12

---

1 DKK/*Trittin*, § 70 BetrVG Rz. 12; *Fitting*, § 70 BetrVG Rz. 8. | 2 *Fitting*, § 70 BetrVG Rz. 8; GK-BetrVG/*Oetker*, § 70 Rz. 19. | 3 DKK/*Trittin*, § 70 BetrVG Rz. 12; GK-BetrVG/*Oetker*, § 70 Rz. 20. | 4 DKK/*Trittin*, § 70 BetrVG Rz. 14; *Fitting*, § 70 BetrVG Rz. 10. | 5 GK-BetrVG/*Oetker*, § 70 Rz. 23; *Fitting*, § 70 BetrVG Rz. 9. | 6 *Fitting*, § 70 BetrVG Rz. 10; DKK/*Trittin*, § 70 BetrVG Rz. 14. | 7 BT-Drs. 14/5741, 44. | 8 *Fitting*, § 70 BetrVG Rz. 12; DKK/*Trittin*, § 70 BetrVG Rz. 15. | 9 DKK/*Trittin*, § 70 BetrVG Rz. 20; *Fitting*, § 70 BetrVG Rz. 14. | 10 DKK/*Trittin*, § 70 BetrVG Rz. 15; *Fitting*, § 70 BetrVG Rz. 12. | 11 *Fitting*, § 70 BetrVG Rz. 13; HSWG/*Hess*, § 70 BetrVG Rz. 9. | 12 ErfK/*Eisemann*, § 70 BetrVG Rz. 3. | 13 *Fitting*, § 70 BetrVG Rz. 13. | 14 *Fitting*, § 70 BetrVG Rz. 13. | 15 *Clemenz* in Tschöpe, Arbeitsrecht, Teil 4 A Rz. 272. | 16 DKK/*Trittin*, § 70 BetrVG Rz. 16; *Fitting*, § 70 BetrVG Rz. 14. | 17 Vgl. BAG v. 21.1.1982 – 6 ABR 17/79, AP Nr. 1 zu § 70 BetrVG 1972. | 18 Vgl. BAG v. 21.1.1982 – 6 ABR 17/79, AP Nr. 1 zu § 70 BetrVG 1972. | 19 *Dachrodt/Engelbert*, § 70 BetrVG Rz. 13.

13 **a) Betriebliche Fragen.** Bei den Anregungen iSv. § 70 I Nr. 3 handelt es sich um alle Formen der Meinungsäußerung. Hierzu gehören bspw. auch Beschwerden[1]. Bei den Anregungen muss es sich aber um betriebl. Fragen handeln[2]. Das Anregungsrecht entspricht § 80 I Nr. 3 (vgl. § 80 Rz. 33 ff.). Durch § 70 I Nr. 3 wird lediglich eine Aufgabe der JAV umschrieben. Die jugendlichen oder auszubildenden ArbN brauchen sich nicht mit Anregungen an sie zu wenden, sondern können die Angelegenheiten gem. § 80 I Nr. 3 **unmittelbar dem BR** vortragen[3].

14 **b) Behandlung durch Jugend- und Auszubildendenvertretung.** Die JAV ist verpflichtet, die **Anregungen** entgegenzunehmen, wobei auch hier das Gesetz Anregungen in Fragen der Berufsbildung besonders betont. Die JAV hat sich in einer Sitzung mit den Anregungen zu befassen und zu entscheiden, ob sie berechtigt sind. Dabei steht ihr ein der gerichtl. Kontrolle entzogener **Beurteilungsspielraum** zu[4]. Hält die JAV die Anregung für unberechtigt, unzweckmäßig oder undurchführbar, hat sie dies in einem Beschluss festzustellen. Kommt sie dagegen zu dem Ergebnis, die Anregung sei berechtigt, **muss** sie diese dem BR – nicht dem ArbGeb – mit ihrer Stellungnahme und der Bitte um Erledigung zuleiten[5].

15 **c) Behandlung durch Betriebsrat.** Der BR ist nach § 80 I Nr. 3 verpflichtet, sich mit der **Anregung** zu befassen. Hinsichtlich der Erledigung ist der BR nicht an die Stellungnahme der JAV gebunden. Ihm steht ein selbständiges **Prüfungs- und Beurteilungsrecht** zu[6]. Hält der BR die Anregung für berechtigt, hat er mit dem ArbGeb Verhandlungen aufzunehmen[7]. Die betreffenden ArbN sind über den Stand und das Ergebnis der Verhandlungen zu unterrichten (§ 80 I Nr. 3 Hs. 2, vgl. § 80 Rz. 39). Die Beteiligung der JAV an der Sitzung des BR über die Anregung richtet sich nach § 67; bespricht der BR die Angelegenheit mit dem ArbGeb, richtet sich ihr Teilnahmerecht nach § 68.

16 **d) Mitteilungspflicht.** Nach § 70 I Nr. 3 S. 2 hat die JAV die betroffenen, in § 60 I genannten ArbN über den Stand und das Ergebnis der Verhandlungen zu informieren. Sie muss mitteilen, wenn sie die Anregung für nicht berechtigt hält, oder darüber berichten, wie die Anregung im BR behandelt wurde und welches Ergebnis in dieser Sache die mit dem ArbGeb geführten Verhandlungen hatten[8].

17 **5. Integration ausländischer Arbeitnehmer (Abs. 1 Nr. 4).** § 70 I Nr. 4 gibt der JAV auf, die Integration ausländischer, in § 60 I genannter ArbN im Betrieb zu fördern und entsprechende Maßnahmen beim BR zu beantragen (vgl. im Einzelnen § 80 Rz. 47 ff.).

18 **a) Entsprechende Maßnahmen.** BR und JAV sollen von sich aus aktiv werden, um im Vorfeld Vorurteile abzubauen und sich für die Belange ausländischer Kollegen verstärkt einzusetzen. Werden dem BR oder der JAV ausländerfeindliche Aktivitäten im Betrieb bekannt, können sie beim ArbGeb Maßnahmen zur Bekämpfung von Rassismus und Fremdenfeindlichkeit beantragen. Auf diese Weise sollen sie zB gegen ausländerfeindliche Hetzflugblätter wie auch gegen die alltäglichen Nadelstiche wie Belästigungen und kleine Benachteiligungen gemeins. mit dem ArbGeb vorgehen[9]. In Betracht kommen als mögliche Maßnahmen freiwillige BV durch den BR zur Integration ausländischer ArbN sowie zur Bekämpfung von Rassismus und Fremdenfeindlichkeit im Betrieb. Dies können BV über Sprachunterricht für ausländische ArbN oder eventuell Aufklärungsaktionen im Betrieb sein, aber keine „Zensurstellen" für Werkszeitungen uÄ[10]. Zu denken ist auch daran, die Integration ausländischer ArbN auf einer Jugend- und Auszubildendenversammlung zu thematisieren[11]. Die Kompetenz der JAV ist auf die Integration ausländischer ArbN beschränkt, während die Kompetenz des BR sich auch auf Maßnahmen zur Bekämpfung von Rassismus und Fremdenfeindlichkeit im Betrieb erstreckt (§ 80 I Nr. 7, vgl. § 80 Rz. 47 ff.).

19 **b) Antrag und Beschlussfassung.** Maßnahmen nach § 70 I Nr. 4 sind durch die JAV zu beschließen und beim BR zu beantragen (vgl. Rz. 7 f.).

20 **III. Unterrichtung (Abs. 2).** Zur Durchführung ihrer Aufgaben ist die JAV durch den BR nach § 70 II 1 rechtzeitig und umfassend zu unterrichten. Sie kann ferner verlangen, dass ihr der BR die zur Durchführung ihrer Aufgaben erforderlichen Unterlagen zur Verfügung stellt (§ 70 II 2). Das **Unterrichtungsrecht** der JAV entspricht dem des BR nach § 80 II (vgl. § 80 Rz. 61 ff.).

21 **1. Auskunftsverpflichteter (Abs. 2 S. 1).** Die Unterrichtungsverpflichtung nach § 70 II 1 richtet sich **allein** gegen den **BR**, nicht gegen den ArbGeb[12]. Der BR muss die Unterrichtung von sich aus vornehmen[13]. Die Unterrichtung hat rechtzeitig zu erfolgen, dh. die JAV muss die Informationen bei der Erledigung ihrer Aufgaben noch berücksichtigen können[14].

22 **2. Umfang der Unterrichtung (Abs. 2 S. 1).** Die Unterrichtungsverpflichtung erstreckt sich auf alle Informationen zu Umständen und Tatsachen, die sich auf die Aufgaben der JAV beziehen und ohne

1 DKK/*Trittin*, § 70 BetrVG Rz. 21; *Fitting*, § 70 BetrVG Rz. 15. | 2 *Fitting*, § 70 BetrVG Rz. 15; DKK/*Trittin*, § 70 BetrVG Rz. 22. | 3 *Fitting*, § 70 BetrVG Rz. 15; DKK/*Trittin*, § 70 BetrVG Rz. 21. | 4 DKK/*Trittin*, § 70 BetrVG Rz. 23. | 5 *Fitting*, § 70 BetrVG Rz. 18; DKK/*Trittin*, § 70 BetrVG Rz. 24. | 6 GK-BetrVG/*Oetker*, § 70 Rz. 51; *Fitting*, § 70 BetrVG Rz. 18. | 7 DKK/*Trittin*, § 70 BetrVG Rz. 25. | 8 DKK/*Trittin*, § 70 BetrVG Rz. 26; *Fitting*, § 70 BetrVG Rz. 19. | 9 BT-Drs. 14/5741, 31. | 10 *Löwisch*, BB 2001, 1790 (1794). | 11 Richardi/*Richardi/Annuß*, § 70 BetrVG Rz. 8. | 12 DKK/*Trittin*, § 70 BetrVG Rz. 27; *Fitting*, § 70 BetrVG Rz. 20. | 13 Vgl. *Fitting*, § 70 BetrVG Rz. 21; DKK/*Trittin*, § 70 BetrVG Rz. 32. | 14 Vgl. *Fitting*, § 70 BetrVG Rz. 21; DKK/*Trittin*, § 70 BetrVG Rz. 32.

Schwierigkeiten vom BR eingeholt werden können. Über **Betriebs- oder Geschäftsgeheimnisse** darf der BR die JAV **nicht** unterrichten. Dies gilt selbst dann, wenn die Informationen für den von § 60 I genannten ArbN-Kreis von besonderer Bedeutung sind. Dies ergibt sich daraus, dass die JAV in die Ausnahmebestimmungen des § 79 I 4 nicht aufgenommen ist[1] und die Mitglieder des BR der JAV gegenüber zur Verschwiegenheit verpflichtet sind. Sollten Mitglieder der JAV dennoch von Betriebs- oder Geschäftsgeheimnissen Kenntnis erlangen, sind sie nach § 79 II zur Verschwiegenheit verpflichtet.

3. Vorlage von Unterlagen (Abs. 2 S. 2). Auf **Verlangen** der JAV hat der BR seine Unterrichtung durch die Vorlage der erforderlichen Unterlagen zu ergänzen. Die erforderlichen Unterlagen hat **nicht** der ArbGeb, sondern allein der BR zur Verfügung zu stellen[2]. Die Unterlagen müssen zur Erfüllung der Aufgaben der JAV notwendig sein[3] und der JAV **auf Zeit** überlassen und nicht nur vorgelegt werden[4]. Enthalten die Unterlagen Betriebs- oder Geschäftsgeheimnisse, besteht keine Vorlagepflicht (vgl. Rz. 22). Zu den Unterlagen, die auf Verlangen zur Verfügung zu stellen sind, können Gesetzestexte, Tarifbestimmungen und uU auch Literatur gehören[5]. Möglich sind aber ebenfalls Ausbildungspläne, Berichte der für die Berufsausbildung zuständigen Behörden und andere Unterlagen, die zur Bearbeitung der jeweils konkreten Aufgabe erforderlich sind[6]. 23

Die **Vorlagepflicht** beschränkt sich auf solche Unterlagen, die dem BR gem. § 80 II 1 zur Verfügung gestellt worden sind bzw. deren Zurverfügungstellung er im Rahmen des § 80 II 2 verlangen kann[7]. 24

IV. Streitigkeiten. Eine Verletzung der in § 70 I genannten Pflichten durch den BR oder die JAV kann ggf. im Wiederholungsfall einen groben Verstoß iSv. § 23 I mit der Folge einer eventuellen Auflösung von BR oder JAV darstellen[8]. Im Übrigen wird über den Umfang, Inhalt und die Grenzen der Aufgaben einer JAV sowie das Unterrichtungsrecht und die Pflicht zum Überlassen von Unterlagen im arbeitsgerichtl. **Beschlussverfahren** nach §§ 2a I Nr. 1, II iVm. 80 ff. ArbGG entschieden. In einem solchen Verfahren ist die JAV Beteiligte[9]. 25

71 *Jugend- und Auszubildendenversammlung*

Die Jugend- und Auszubildendenvertretung kann vor oder nach jeder Betriebsversammlung im Einvernehmen mit dem Betriebsrat eine betriebliche Jugend- und Auszubildendenversammlung einberufen. Im Einvernehmen mit Betriebsrat und Arbeitgeber kann die betriebliche Jugend- und Auszubildendenversammlung auch zu einem anderen Zeitpunkt einberufen werden. § 43 Abs. 2 Satz 1 und 2, die §§ 44 bis 46 und § 65 Abs. 2 Satz 2 gelten entsprechend.

I. Vorbemerkung. Die betriebl. Jugend- und Auszubildendenversammlung ist das **Gesprächsforum** zwischen JAV und jugendlichen ArbN und den zu ihrer Berufsausbildung Beschäftigten unter 25 LJ. Sie soll Gelegenheit geben, die die ArbN iSv. § 60 I betreffenden Angelegenheiten unter sich zu erörtern[10]. 1

II. Einberufung und Durchführung. Einberufung und Durchführung der Jugend- und Auszubildendenversammlung sind an bestimmte Voraussetzungen gebunden. 2

1. Zuständigkeit. Die Jugend- und Auszubildendenversammlung kann sich nur mit den **besonderen Belangen** der im **Betrieb** beschäftigten jugendlichen und auszubildenden ArbN unter 25 Jahre befassen, dh. mit Fragen, die zum Aufgabenbereich der JAV gehören[11]. Hierzu gehören auch Angelegenheiten tarif-, sozial- (zB Fragen des Jugendarbeitsschutzes im Betrieb oder der Bereitstellung von Ausbildungsplätzen im Betrieb[12]) und wirtschaftspolitischer Art, sofern ein Bezug zu Auszubildenden oder jugendlichen ArbN des Betriebs besteht[13]. Es ist nicht erforderlich, dass die Angelegenheiten besonders oder überwiegend die Auszubildenden oder jugendlichen ArbN betreffen, es genügt, wenn sie diesen Personenkreis „auch" betreffen[14]. 3

2. Einberufung. Ob eine Jugend- und Auszubildendenversammlung stattfindet, steht im **pflichtgemäßen Ermessen** der JAV[15]. Die Einberufung hat im Einvernehmen mit dem BR zu erfolgen (§ 71 S. 1). Das bedeutet: Die JAV beschließt das „Ob", „Wann" und „Wie" der Versammlung[16]. Sie hat darüber in einer Sitzung einen **Beschluss** zu fassen, für den die einfache **Stimmenmehrheit** genügt (§§ 65 I iVm. 33 I 1)[17]. Dem muss der BR durch Beschluss zustimmen[18]. An der Beschlussfassung des BR ist die JAV nach § 67 I 4

1 *Fitting*, § 70 BetrVG Rz. 22; DKK/*Trittin*, § 70 BetrVG Rz. 30. | 2 Vgl. BAG v. 20.11.1973 – 1 AZR 331/73, AP Nr. 1 zu § 65 BetrVG 1972. | 3 *Fitting*, § 70 BetrVG Rz. 23; GK-BetrVG/*Oetker*, § 70 Rz. 66. | 4 DKK/*Trittin*, § 70 BetrVG Rz. 36; *Fitting*, § 70 BetrVG Rz. 25. | 5 Richardi/*Richardi/Annuß*, § 70 BetrVG Rz. 25. | 6 ErfK/*Eisemann*, § 70 BetrVG Rz. 6. | 7 *Fitting*, § 70 BetrVG Rz. 22; DKK/*Trittin*, § 70 BetrVG Rz. 33. | 8 *Fitting*, § 70 BetrVG Rz. 26; DKK/*Trittin*, § 70 BetrVG Rz. 37. | 9 BAG v. 8.2.1977 – 1 ABR 82/74, AP Nr. 10 zu § 80 BetrVG 1972. | 10 *Fitting*, § 71 BetrVG Rz. 1. | 11 GK-BetrVG/*Oetker*, § 71 Rz. 46; *Fitting*, § 71 BetrVG Rz. 21. | 12 *Fitting*, § 71 BetrVG Rz. 21. | 13 Richardi/*Richardi/Annuß*, § 71 BetrVG Rz. 21. | 14 *Fitting*, § 71 BetrVG Rz. 21; DKK/*Trittin*, § 71 BetrVG Rz. 28; ErfK/*Eisemann*, § 71 BetrVG Rz. 1; HSWG/*Hess*, § 71 BetrVG Rz. 20; aA GK-BetrVG/*Oetker*, § 71 Rz. 46, der eine unmittelbare Betroffenheit verlangt. | 15 *Fitting*, § 71 BetrVG Rz. 10; DKK/*Trittin*, § 71 BetrVG Rz. 2. | 16 ErfK/*Eisemann*, § 71 BetrVG Rz. 3. | 17 Richardi/*Richardi/Annuß*, § 71 BetrVG Rz. 10. | 18 DKK/*Trittin*, § 71 BetrVG Rz. 3; *Fitting*, § 71 BetrVG Rz. 11.

und II zu beteiligen[1]. Ist das Einvernehmen mit dem BR betreffend die Jugend- und Auszubildendenversammlung hinsichtlich des „Ob“, „Wann“ und „Wie“, dh. inklusive Tagesordnung, hergestellt, ist eine **nachträgliche Änderung** oder Ergänzung der Tagesordnung in wesentlichen Punkten nur mit Zustimmung des BR möglich[2].

5 **3. Versammlungsarten.** Nach §§ 71 S. 2 iVm. 44 finden die Versammlungen grds. **während der Arbeitszeit** in unmittelbarem zeitlichen Zusammenhang[3] vor oder nach den (regelmäßigen, weiteren oder außerordentl.) Betriebs- bzw. Abteilungsversammlungen statt[4]. Ebenso wie die Betriebsversammlung kann die betriebl. Jugend- und Auszubildendenversammlung bei Vorliegen der in § 42 I 3 bezeichneten Voraussetzungen in Form von **Teilversammlungen** durchgeführt werden (vgl. zur Teilversammlung § 42 Rz. 29 ff.). Die betriebl. Jugend- und Auszubildendenversammlung kann auch im Wege einer **Abteilungsversammlung** durchgeführt werden, wenn die Voraussetzungen des § 42 II 1 vorliegen (vgl. zur Abteilungsversammlung § 42 Rz. 32 ff.). Letzteres ist streitig: Nach teilweise vertretener Auffassung soll die Jugend- und Auszubildendenversammlung in Form einer Abteilungsversammlung unzulässig sein, da § 71 nicht auf § 42 II und § 43 I verweist[5]. Dagegen spricht, dass § 71 darauf abstellt, dass die Jugend- und Auszubildendenversammlung im **Anschluss** an eine Betriebsversammlung durchgeführt werden kann, eine Betriebsversammlung wiederum aber auch als Abteilungsversammlung gem. § 42 II möglich ist[6]. Insoweit ist die Auffassung der Gegenmeinung jedenfalls teilweise inkonsequent: Danach sollen Abteilungsversammlungen nicht möglich sein, Teilversammlungen aber dennoch, obwohl für beide gilt, dass in § 71 auf die entsprechende Vorschrift des § 42 nicht verwiesen wird.

6 Der **Regelfall** der Jugend- und Auszubildendenversammlung ist der der Vollversammlung im Anschluss an eine Betriebsversammlung. Nur wenn besondere betriebl. oder persönl. Gründe jugendlicher oder zu ihrer Ausbildung beschäftigter ArbN unter 25 LJ vorliegen, welche dies unmöglich machen oder erheblich erschweren, dürfen die Jugend- und Auszubildendenversammlungen **ausnahmsweise** am vorangehenden oder dem nachfolgenden Tag stattfinden[7]. Beeinträchtigungen des Betriebsablaufs sollen in möglichst engen Grenzen gehalten werden. Im Übrigen können die Jugend- und Auszubildendenversammlungen nach § 71 S. 2 im Einvernehmen von JAV, BR und ArbGeb an jedem anderen Tag abgehalten werden[8].

7 **4. Teilnahmerecht.** Die Jugend- und Auszubildendenversammlung ist grds. **nicht öffentlich**[9]. Die Einberufung erfolgt durch den Vorsitzenden der JAV, indem er die betriebl. Jugend- und Auszubildendenversammlung zu dem festgesetzten Zeitpunkt lädt. Ist er verhindert, so hat sein Stellvertreter die Einberufung durchzuführen[10].

8 **Teilnahmeberechtigt** sind:

- Der **ArbGeb** ist gem. §§ 71 S. 3 iVm. 43 II 1 teilnahmeberechtigt (vgl. § 43 Rz. 13).
- Nach §§ 71 S. 3 iVm. 46 I 2 darf der ArbGeb im Falle der Teilnahme einen Beauftragten der Vereinigung der ArbGeb (**Verbandsvertreter**), der er angehört, hinzuziehen (vgl. § 46 Rz. 12 ff.).
- Nach §§ 71 S. 3 iVm. 46 I 1 können Beauftragte der **im Betrieb vertretenen Gewerkschaft** an der Jugend- und Auszubildendenversammlung beratend teilnehmen (vgl. § 46 Rz. 2 ff.).
- Nach §§ 71 S. 3 iVm. 65 II 2 ist auch der **BR-Vorsitzende** oder ein beauftragtes Mitglied des **BR** teilnahmeberechtigt.
- Teilnahmeberechtigt sind die **ArbN** iSv. § 60 I.
- An der Jugend- und Auszubildendenversammlung können die Mitglieder der JAV teilnehmen. Da die Mitglieder der JAV nicht in ihrer Eigenschaft als ArbN, sondern in ihrer Eigenschaft als Organmitglieder teilnahmeberechtigt sind, steht die Vollendung des 25. LJ oder die Beendigung der Berufsausbildung ihrer Teilnahme nicht entgegen (vgl. § 64 Rz. 9)[11].
- Teilnahmeberechtigt sind auch **ArbN anderer ArbGeb**, die nach § 7 S. 2 wahlberechtigt sind und zu dem in § 60 I genannten ArbN-Kreis gehören[12]. Teilnahmeberechtigt sind ebenfalls **LeihArbN**, sofern sie zu den in § 60 I genannten Personen gehören (§ 14 II 2 AÜG).
- Andere Personen haben wegen des Grundsatzes der Nichtöffentlichkeit (vgl. Rz. 7) kein Teilnahmerecht[13].

---

1 HSWG/*Hess*, § 71 BetrVG Rz. 7; GK-BetrVG/*Oetker*, § 71 Rz. 30. | 2 *Fitting*, § 71 BetrVG Rz. 11; Richardi/*Richardi/Annuß*, § 71 BetrVG Rz. 11. | 3 Vgl. BAG v. 15.8.1978 – 6 ABR 10/76, AP Nr. 1 zu § 23 BetrVG 1972. | 4 DKK/*Trittin*, § 71 BetrVG Rz. 13; *Fitting*, § 71 BetrVG Rz. 15. | 5 *Fitting*, § 71 BetrVG Rz. 8; GK-BetrVG/*Oetker*, § 71 Rz. 17; Richardi/*Richardi/Annuß*, § 71 BetrVG Rz. 9; weiter gehender HSWG/*Hess*, § 71 BetrVG Rz. 15: auch Teilversammlung unzulässig. | 6 Ebenso DKK/*Trittin*, § 71 BetrVG Rz. 7; *Weiss/Weyand*, § 71 BetrVG Rz. 3; ErfK/*Eisemann*, § 71 BetrVG Rz. 1. | 7 Vgl. BAG v. 15.8.1978 – 6 ABR 10/76, AP Nr. 1 zu § 23 BetrVG 1972. | 8 ErfK/*Eisemann*, § 71 BetrVG Rz. 2; *Fitting*, § 71 BetrVG Rz. 16. | 9 *Fitting*, § 71 BetrVG Rz. 20; DKK/*Trittin*, § 71 BetrVG Rz. 19. | 10 Richardi/*Richardi/Annuß*, § 71 BetrVG Rz. 15. | 11 GK-BetrVG/*Oetker*, § 71 Rz. 13; DKK/*Trittin*, § 71 BetrVG Rz. 8. | 12 Richardi/*Richardi/Annuß*, § 71 BetrVG Rz. 6. | 13 HSWG/*Hess*, § 71 BetrVG Rz. 13; Richardi/*Richardi/Annuß*, § 71 BetrVG Rz. 7; aA *Fitting*, § 71 BetrVG Rz. 5, der die Teilnahme von Dritten als Sachverständige oder Gäste für zulässig hält, wenn dies im Einverständnis mit dem Vorsitzenden der JAV und dem BR erfolgt.

5. Durchführung. Alle an der Jugend- und Auszubildendenversammlung Teilnahmeberechtigten haben **Rederecht**[1]. Die Jugend- und Auszubildendenversammlung wird vom Vorsitzenden der JAV **geleitet**[2]. Er hat insoweit die gleichen Rechte und Pflichten wie der Vorsitzende des BR bei der Durchführung von Betriebsversammmlungen[3] und dafür zu sorgen, dass die Jugend- und Auszubildendenversammlung ordnungsgemäß abläuft und auf ihr keine unzulässigen Themen (vgl. Rz. 3) erörtert werden. Während der Versammlung steht ihm das **Hausrecht** zu[4]. Kommt er seinen Pflichten nicht nach, muss der Vertreter des BR für den ordnungsgemäßen Ablauf sorgen[5]; bleibt auch dieser untätig oder sein Eingreifen wirkungslos, wächst das Hausrecht dem ArbGeb zu[6]. 9

III. Kosten. Der ArbGeb hat die für die betriebl. Jugend- und Auszubildendenversammlung erforderlichen Räume und sachlichen Mittel zur Verfügung zu stellen, er trägt die Kosten für die Durchführung der Versammlung. Insoweit gilt nichts anderes wie bei der Betriebsversammlung (vgl. § 42 Rz. 9). Der ArbGeb hat darüber hinaus grds. die Lohnkosten zu tragen. Für den Ausgleich des Verdienstausfalls gelten gem. §§ 71 S. 3 iVm. 44 die dort niedergelegten Grundsätze (vgl. zum **Verdienstausfall** und zur **Kostenerstattung** § 44 Rz. 23 ff.). 10

IV. Muster. Zu der Jugend- und Auszubildendenversammlung hat die JAV einzuladen. Einzuladen ist unter anderem auch der ArbGeb (vgl. Rz. 9). Ein solches **Einladungsschreiben** könnte wie folgt aussehen: 11

Jugend- und Auszubildendenvertretung Ort, Datum

An den (Arbeitgeber)

– Geschäftsführung –

Einladung zur Jugend- und Auszubildendenversammlung

Sehr geehrte Damen und Herren,

die Jugend- und Auszubildendenvertretung hat im Einvernehmen mit dem Betriebsrat beschlossen, eine Jugend- und Auszubildendenversammlung durchzuführen. Die Versammlung findet am ... (genaues Datum) in ... (genauer Ort) statt. Als Tagesordnung ist vorgesehen:

...

Zu dieser Jugend- und Auszubildendenversammlung laden wir hiermit ein.

Mit freundlichen Grüßen

...

(Vorsitzender der JAV)

Das Muster kann entsprechend auf andere Einladungsschreiben übertragen werden.

V. Streitigkeiten. Über Streitigkeiten hinsichtlich der Zulässigkeit einer Jugend- und Auszubildendenversammlung, ihrer Durchführung und der Teilnahmerechte entscheidet das ArbG im **Beschlussverfahren** (§§ 2a I Nr. 1, II iVm. 80 ff. ArbGG). Fahrtkosten und Lohnansprüche sind im **Urteilsverfahren** geltend zu machen (§§ 2 I Nr. 3a, V iVm. 46 ff. ArbGG). 12

Zweiter Abschnitt. Gesamt-Jugend- und Auszubildendenvertretung

72

Voraussetzungen der Errichtung, Mitgliederzahl, Stimmengewicht

(1) Bestehen in einem Unternehmen mehrere Jugend- und Auszubildendenvertretungen, so ist eine Gesamt-Jugend- und Auszubildendenvertretung zu errichten.

(2) In die Gesamt-Jugend- und Auszubildendenvertretung entsendet jede Jugend- und Auszubildendenvertretung ein Mitglied.

(3) Die Jugend- und Auszubildendenvertretung hat für das Mitglied der Gesamt-Jugend- und Auszubildendenvertretung mindestens ein Ersatzmitglied zu bestellen und die Reihenfolge des Nachrückens festzulegen.

(4) Durch Tarifvertrag oder Betriebsvereinbarung kann die Mitgliederzahl der Gesamt-Jugend- und Auszubildendenvertretung abweichend von Absatz 2 geregelt werden.

1 ErfK/*Eisemann*, § 71 BetrVG Rz. 3; GK-BetrVG/*Oetker*, § 71 Rz. 55. | 2 DKK/*Trittin*, § 71 BetrVG Rz. 17; *Fitting*, § 71 BetrVG Rz. 18. | 3 DKK/*Trittin*, § 71 BetrVG Rz. 17; vgl. zu den Rechten und Pflichten des BR-Vorsitzenden bei einer Betriebsversammlung § 42 Rz. 22 ff. | 4 *Fitting*, § 71 BetrVG Rz. 18; DKK/*Trittin*, § 71 BetrVG Rz. 18. | 5 DKK/*Trittin*, § 71 BetrVG Rz. 18; *Fitting*, § 71 BetrVG Rz. 19. | 6 *Fitting*, § 71 BetrVG Rz. 19; ErfK/*Eisemann*, § 71 BetrVG Rz. 3.

(5) Gehören nach Absatz 2 der Gesamt-Jugend- und Auszubildendenvertretung mehr als zwanzig Mitglieder an und besteht keine tarifliche Regelung nach Absatz 4, so ist zwischen Gesamt-Betriebsrat und Arbeitgeber eine Betriebsvereinbarung über die Mitgliederzahl der Gesamt-Jugend- und Auszubildendenvertretung abzuschließen, in der bestimmt wird, dass Jugend- und Auszubildendenvertretungen mehrerer Betriebe eines Unternehmens, die regional oder durch gleichartige Interessen miteinander verbunden sind, gemeinsam Mitglieder in die Gesamt-Jugend- und Auszubildendenvertretung entsenden.

(6) Kommt im Fall des Absatzes 5 eine Einigung nicht zu Stande, so entscheidet eine für das Gesamtunternehmen zu bildende Einigungsstelle. Der Spruch der Einigungsstelle ersetzt die Einigung zwischen Arbeitgeber und Gesamt-Betriebsrat.

(7) Jedes Mitglied der Gesamt-Jugend- und Auszubildendenvertretung hat so viele Stimmen, wie in dem Betrieb, in dem es gewählt wurde, in § 60 Abs. 1 genannte Arbeitnehmer in der Wählerliste eingetragen sind. Ist ein Mitglied der Gesamt-Jugend- und Auszubildendenvertretung für mehrere Betriebe entsandt worden, so hat es so viele Stimmen, wie in den Betrieben, für die es entsandt ist, in § 60 Abs. 1 genannte Arbeitnehmer in den Wählerlisten eingetragen sind. Sind mehrere Mitglieder der Jugend- und Auszubildendenvertretung entsandt worden, so stehen diesen die Stimmen nach Satz 1 anteilig zu.

(8) Für Mitglieder der Gesamt-Jugend- und Auszubildendenvertretung, die aus einem gemeinsamen Betrieb mehrerer Unternehmen entsandt worden sind, können durch Tarifvertrag oder Betriebsvereinbarung von Absatz 7 abweichende Regelungen getroffen werden.

1 **I. Vorbemerkung.** GesamtJAV sind **zwingend** für die Unternehmen vorgeschrieben, in denen mehrere JAV bestehen (§ 72 I). Das Verhältnis von JAV zur GesamtJAV entspricht dem eines BR zum GBR (vgl. § 50 Rz. 4 ff.). Die GesamtJAV ist zuständig für Angelegenheiten, die das Gesamtunternehmen oder mehrere Betriebe betreffen und nicht durch die einzelnen JAV geregelt werden können, sowie für ihr durch die JAV übertragene Aufgaben (§§ 73 II iVm. 50)[1]. Zweck der GesamtJAV ist, dass auch auf **Unternehmensebene** ein Gremium vorhanden ist, das sich speziell den Belangen der jugendlichen ArbN und Auszubildenden unter 25 LJ des Unternehmens annimmt[2]. Wie auch die JAV hat die GesamtJAV **keine eigenen Mitwirkungs- und MitbestR** gegenüber dem ArbGeb[3]. Die Interessen der im Unternehmen beschäftigten ArbN des § 60 I gegenüber dem ArbGeb kann sie nur mit Hilfe des GBR wahrnehmen[4], indem sie auf dessen Willensbildung Einfluss nimmt[5]. Insoweit entspricht das Verhältnis zwischen GesamtJAV zum GBR dem der einzelnen JAV zum BR[6].

2 **II. Errichtung und Ende.** Die Voraussetzungen der Errichtung einer GesamtJAV ergeben sich aus § 72 I.

3 **1. Errichtung (Abs. 1).** Die GesamtJAV ist in einem Unternehmen zu errichten, in dem mehrere JAV bestehen sowie ein GBR vorhanden ist.

4 **a) Mehrere Jugend- und Auszubildendenvertretungen.** Aus § 72 I ergibt sich, dass Voraussetzung für eine GesamtJAV ist, dass es mehrere JAV, also mindestens zwei, gibt[7]. Die Voraussetzungen entsprechen insoweit dem gesetzl. Erfordernis für die Bildung eines GBR im Unternehmen (vgl. § 47 Rz. 6).

5 **b) Bestehender Gesamtbetriebsrat.** JAV können nur in Betrieben, die einen BR haben, errichtet werden (vgl. § 60 Rz. 9). Bestehen in einem Unternehmen mehrere JAV, müssen mehrere BR vorhanden sein. Dann ist nach § 47 I in dem Unternehmen auch ein GBR zu errichten (vgl. § 47 Rz. 6). Daraus ergibt sich, dass die Errichtung einer **GesamtJAV** nur in Unternehmen zulässig ist, die auch einen **GBR** zu bilden haben[8]. Eine ohne GBR gebildete GesamtJAV wäre in ihrer Tätigkeit beschränkt, weil sie nicht direkt gegenüber dem ArbGeb agieren kann[9]. Wird entgegen der gesetzl. Verpflichtung in § 47 I kein GBR gebildet, wird dadurch die Bildung einer GesamtJAV nach teilweise in der Lit. vertretener Ansicht zwar nicht ausgeschlossen. Weil die GesamtJAV aber nur über den GBR tätig werden kann, bleibt sie bedeutungslos[10]. Da die Errichtung eines praktisch funktionsunfähigen Organs widersinnig ist, ist daher der Auffassung zu folgen, nach der Voraussetzung für die Bildung einer GesamtJAV das Bestehen eines GBR ist.

6 **2. Bildung.** Die Bildung einer GesamtJAV ist bei Vorliegen der gesetzl. Voraussetzungen **zwingend** vorgeschrieben. Es besteht eine **Rechtspflicht** der JAV, die GesamtJAV zu bilden[11]. Eines besonderen

1 *Jaeger/Röder/Heckelmann/Kappenhagen*, Kap. 5 Rz. 125 mwN. | 2 *Weber/Ehrich/Hörchens/Oberthür*, BetrVG, Teil B Rz. 592; *Fitting*, § 72 BetrVG Rz. 1. | 3 *Fitting*, § 72 BetrVG Rz. 9; DKK/*Trittin*, § 72 BetrVG Rz. 3. | 4 *Weber/Ehrich/Hörchens/Oberthür*, BetrVG, Teil B Rz. 593; *Fitting*, § 72 BetrVG Rz. 9. | 5 *Weber/Ehrich/Hörchens/Oberthür*, BetrVG, Teil B Rz. 593. | 6 *Fitting*, § 72 BetrVG Rz. 9. | 7 MünchArbR/*Joost*, § 318 Rz. 2. | 8 GK-BetrVG/*Oetker*, § 72 Rz. 10; *Fitting*, § 72 BetrVG Rz. 11; Richardi/*Richardi/Annuß*, § 72 BetrVG Rz. 5; *Weiss/Weyand*, § 72 BetrVG Rz. 1; HSWG/*Hess*, § 72 BetrVG Rz. 4; *Weber/Ehrich/Hörchens/Oberthür*, BetrVG, Teil B Rz. 594; ErfK/*Eisemann*, § 72 BetrVG Rz. 2; aA MünchArbR/*Joost*, § 318 Rz. 4; DKK/*Trittin*, § 72 BetrVG Rz. 6. | 9 *Fitting*, § 72 BetrVG Rz. 11; GK-BetrVG/*Oetker*, § 72 Rz. 11. | 10 *Weiss/Weyand*, § 72 BetrVG Rz. 1; Richardi/*Richardi/Annuß*, § 72 BetrVG Rz. 5; *Fitting*, § 72 BetrVG Rz. 11; GK-BetrVG/*Oetker*, § 72 Rz. 11; HSWG/*Hess*, § 72 BetrVG Rz. 5; ErfK/*Eisemann*, § 72 BetrVG Rz. 2; aA *Dachrodt/Engelbert*, § 72 BetrVG Rz. 4; MünchArbR/*Joost*, § 318 Rz. 4. | 11 *Fitting*, § 72 BetrVG Rz. 12; DKK/*Trittin*, § 72 BetrVG Rz. 7.

Errichtungsbeschlusses bedarf es nicht[1]. Die Bildung erfolgt kraft Gesetzes dadurch, dass die JAV ihre Mitglieder entsenden und diese zur konstituierenden Sitzung zusammentreten (vgl. § 47 Rz. 14 ff.). Einer besonderen Berücksichtigung des Geschlechts bedarf es, anders als beim GBR (§ 47 II 2), nicht.

3. Ende. Wie auch der GBR hat die GesamtJAV **keine feste Amtszeit**, da sie eine **Dauereinrichtung** ist (vgl. § 49 Rz. 1). Auflösungsbeschlüsse einzelner JAV sowie ein Selbstauflösungsbeschluss der GesamtJAV sind rechtl. bedeutungslos[2]. Die GesamtJAV endet daher nur, wenn die gesetzl. Voraussetzungen für ihre Errichtung entfallen. 7

4. Rechtsstellung der Mitglieder. Die Tätigkeit in der GesamtJAV ist **Ausfluss** der Tätigkeit in der JAV des einzelnen Betriebs. Da ein Mitglied der GesamtJAV stets Mitglied einer JAV ist, hat es auch den besonderen Kündigungsschutz des § 15 KSchG. Zulässig ist grds. nur die außerordentl. Kündigung, die der Zustimmung des BR, nicht des GBR, bedarf[3]. Daneben ist der besondere Versetzungsschutz nach § 103 III zu beachten. 8

III. Mitgliederzahl. Bei der Mitgliederzahl der GesamtJAV sind abweichende Regelungen durch TV und BV möglich. 9

1. Regelfall (Abs. 2). Nach § 72 II entsendet jede JAV **ein Mitglied**[4] in die GesamtJAV. Für die Entsendung des Vertreters bedarf es eines einfachen **Mehrheitsbeschlusses** der JAV (§§ 65 I iVm. 33)[5]. Dies gilt auch bei der Entsendungsentscheidung in eine verkleinerte (vgl. Rz. 21) GesamtJAV, eine Verhältniswahl ist nicht zwingend[6]. Auch die Abberufung des Vertreters bedarf (nur) eines einfachen Mehrheitsbeschlusses der JAV, der nicht zu begründen ist[7]. Wird nach einer Abberufung kein neuer Vertreter gewählt, rückt das **Ersatzmitglied** nach[8]. Unterlässt es die JAV, einen Vertreter zu entsenden, kann dies eine **grobe Pflichtverletzung** darstellen, die die Auflösung der JAV rechtfertigen kann[9]. Kommt ein Mitglied seinen Pflichten in der GesamtJAV nicht nach, kann dies nicht nur zu seinem Ausschluss aus der GesamtJAV (§§ 73 II iVm. 48), sondern auch zur Amtsenthebung als betriebl. Jugend- und Auszubildendenvertreter (§§ 65 I iVm. 23 I) führen[10]. 10

2. Ersatzmitglied (Abs. 3). Nach § 72 III ist die JAV verpflichtet, für das Mitglied der GesamtJAV **mindestens** ein Ersatzmitglied zu bestellen und – für den Fall der Bestellung mehrerer Ersatzmitglieder – die Reihenfolge des Nachrückens festzulegen. Auch die Bestellung des Ersatzmitglieds bzw. der Ersatzmitglieder erfolgt durch einfachen Mehrheitsbeschluss. Besteht die JAV nur aus einem Mitglied, richtet sich die Bestimmung der Ersatzmitglieder nach § 25 (vgl. § 25 Rz. 3 ff.). 11

3. Abweichende Vereinbarungen zur Mitgliederzahl der GesamtJAV können zwischen ArbGeb und GesamtBR freiwillig getroffen werden, sind aber in bestimmten Fällen auch erzwingbar. 12

a) Freiwillige Vereinbarungen. Wie bei einem GBR kann die Mitgliederzahl der GesamtJAV durch **TV** oder freiwillige **GesamtBV** abweichend von dem gesetzl. Grundsatz der Entsendung eines Mitglieds für jede JAV geregelt werden (§ 72 IV, vgl. § 47 Rz. 18 ff.). Dies mag sinnvoll sein, wenn ein Unternehmen bspw. nur einige wenige, aber große Betriebe mit vielen ArbN iSv. § 60 I hat und eine im Verhältnis zur Gesamtzahl der betreffenden ArbN unverhältnismäßig kleine GesamtJAV entsteht[11]. Gleiches kann im umgekehrten Fall eintreten, wenn ein Unternehmen viele kleine Betriebe hat und eine im Verhältnis zur Gesamtzahl der betreffenden ArbN unverhältnismäßig große GesamtJAV entsteht[12]. Eine tarifl. Regelung hat Vorrang vor der GesamtBV[13]. Die GesamtJAV kann – wie die JAV (vgl. § 60 Rz. 12) – keine BV mit dem ArbGeb abschließen, eine solche muss durch den GBR mit dem ArbGeb vereinbart werden[14]. Da es sich allerdings um eine primär jugendliche und zu ihrer Berufsausbildung beschäftigte ArbN betreffende Angelegenheit handelt, ist die GesamtJAV bei den Verhandlungen zwischen ArbGeb und BR zu beteiligen und hat im GBR Stimmrecht (§§ 73 II iVm. 67 I und II sowie § 68)[15]. 13

b) Erzwingbare Regelung. Gehören der GesamtJAV in der gesetzl. Größe (vgl. Rz. 10) **mehr als 20 Mitglieder** an und besteht **keine tarifl. Regelung** über eine abweichende Größe, so ist zwischen GBR und ArbGeb eine BV über die Mitgliederzahl der GesamtJAV abzuschließen, in der bestimmt wird, dass JAV mehrerer Betriebe eines Unternehmens, die regional oder durch gleichartige Interessen miteinander verbunden sind, gemeins. Mitglieder in die GesamtJAV entsenden (§ 72 V, vgl. § 47 Rz. 22 ff.). Zu einer Verringerung der Mitgliederzahl kommt es nicht **automatisch**. Es bedarf eines Tätigwerdens entweder des GBR oder des ArbGeb[16]. Die GesamtBV ist **erzwingbar**. Kommt eine Einigung zwischen dem Arb- 14

1 *Fitting*, § 72 BetrVG Rz. 12; DKK/*Trittin*, § 72 BetrVG Rz. 7. | 2 *Fitting*, § 72 BetrVG Rz. 13; DKK/*Trittin*, § 72 BetrVG Rz. 10. | 3 Richardi/*Richardi/Annuß*, § 73 BetrVG Rz. 17. | 4 ErfK/*Eisemann*, § 72 BetrVG Rz. 2. | 5 *Fitting*, § 72 BetrVG Rz. 16; GK-BetrVG/*Oetker*, § 72 Rz. 21. | 6 Vgl. BAG v. 25.5.2005 – 7 ABR 10/04. | 7 *Fitting*, § 72 BetrVG Rz. 22; DKK/*Trittin*, § 72 BetrVG Rz. 13. | 8 *Fitting*, § 72 BetrVG Rz. 23. | 9 *Fitting*, § 72 BetrVG Rz. 18. | 10 GK-BetrVG/*Oetker*, § 72 Rz. 24; Richardi/*Richardi/Annuß*, § 72 BetrVG Rz. 14. | 11 *Fitting*, § 72 BetrVG Rz. 31. | 12 MünchArbR/*Joost*, § 318 Rz. 8. | 13 *Fitting*, § 72 BetrVG Rz. 34; Richardi/*Richardi/Annuß*, § 72 BetrVG Rz. 16; DKK/*Trittin*, § 72 BetrVG Rz. 15; ErfK/*Eisemann*, § 72 BetrVG Rz. 3; aA GK-BetrVG/*Oetker*, § 72 Rz. 36 (Prioritätsprinzip). | 14 *Fitting*, § 72 BetrVG Rz. 35; DKK/*Trittin*, § 72 BetrVG Rz. 17. | 15 DKK/*Trittin*, § 72 BetrVG Rz. 17; *Fitting*, § 72 BetrVG Rz. 35. | 16 Vgl. im Einzelnen *Fitting*, § 72 BetrVG Rz. 40.

Geb und dem GBR nicht zu Stande, so entscheidet eine für das Unternehmen zu bildende Einigungsstelle, deren Spruch die Einigung zwischen ArbGeb und GBR ersetzt (§ 72 VI, vgl. § 47 Rz. 24). Da es um eine Vereinbarung zwischen ArbGeb und GBR geht, kann die GesamtJAV die Einigungsstelle nicht anrufen, sie sollte im Einigungsstellenverfahren jedoch gehört werden[1].

15 **IV. Abstimmung.** Bei der Stimmabgabe sind die Gesamt-Jugend- und Auszubildendenvertreter frei und nicht an Aufträge oder Weisungen der entsendenden JAV gebunden; sie können ihre Stimme nur **einheitlich** abgeben, eine Aufgliederung ist ausgeschlossen[2].

16 **1. Regelfall.** Im Regelfall hat nach § 72 VII jedes Mitglied der GesamtJAV so viele Stimmen, wie in dem Betrieb, in dem es gewählt wurde, zur JAV wahlberechtigte ArbN in der Wählerliste eingetragen sind (§ 72 VII 1). Maßgebend ist somit die letzte Wahl, nicht die Zahl der gegenwärtig beschäftigten ArbN iSv. § 60 I[3].

17 **Beispiel:** Bei der letzten Wahl zur JAV eines Betriebs waren 100 wahlberechtigte ArbN iSv. § 60 I in der Wählerliste eingetragen. Der Gesamt-Jugend- und Auszubildendenvertreter dieses Betriebs hat in der GesamtJAV 100 Stimmen, auch wenn die Anzahl der ArbN iSv. § 60 I zwischenzeitlich, dh. nach der letzten Wahl, auf 110 gestiegen ist.

18 **2. Abweichende Vereinbarungen.** Hat die GesamtJAV wegen einer tarifvertragl. Regelung oder einer GesamtBV eine von der gesetzl. Regelung abweichende Mitgliederzahl, ist, je nachdem, ob die GesamtJAV vergrößert oder verkleinert wurde, zu unterscheiden:

19 **a) Vergrößerung der Anzahl der Gesamt-Jugend- und Auszubildendenvertreter.** Wurde die Mitgliederzahl durch abweichende Vereinbarung vergrößert, teilen sich die entsandten Mitglieder zu gleichen Teilen die Stimmen, welche dem einzelnen Mitglied zugekommen wären (§ 72 VII 3)[4].

20 **Beispiel:** Auf Grund einer abweichenden Vereinbarung hat ein Betrieb, bei dem bei der letzten Wahl der JAV 300 ArbN iSv. § 60 I in der Wählerliste eingetragen waren, vier (statt gesetzl. einen) Vertreter in die GesamtJAV entsandt. Jeder der Vertreter hat 75 Stimmen.

21 **b) Verringerung der Anzahl der Gesamt-Jugend- und Auszubildendenvertreter.** Im Falle der Verringerung der Mitgliederzahl stehen dem einzelnen Mitglied alle sich aus den zusammengefassten Betrieben ergebenden Stimmen zu (§ 72 VII 2)[5].

22 **Beispiel:** Auf Grund einer abweichenden Vereinbarung entsenden vier Betriebe, in denen jeweils 75 ArbN iSv. § 60 I bei der letzten Wahl der JAV in den Wählerlisten eingetragen waren, einen gemeins. Vertreter in die GesamtJAV. Dieser hat in der GesamtJAV 300 Stimmen.

23 **3. Gemeinsamer Betrieb.** § 72 VIII ermöglicht es, dass durch **TV** oder **BV** von den obigen Grundsätzen abweichende Regelungen getroffen werden. Die Voraussetzungen sind identisch wie im gleich lautenden § 47 IX (vgl. § 47 Rz. 27 ff.), so dass auf die dortigen Ausführungen verwiesen werden kann. Eine abweichende Regelung zur **Stimmengewichtung** ist sinnvoll und zweckmäßig, um zu vermeiden, dass bei bestimmten, nur das Unternehmen betreffenden Angelegenheiten der Gesamt-Jugend- und Auszubildendenvertreter durch Ausübung seines vollen Stimmrechts (also auch unter Einschluss der durch ihn vertretenen nicht unternehmensangehörigen Mitarbeiter des gemeins. Betriebs) mehr Einfluss auf Regelungsgegenstände nimmt, die vom Ergebnis her nur die ArbN des einen Unternehmens betreffen. Gerade die Unternehmen, deren größerer Betrieb Teil des gemeins. Betriebs ist, geraten durch das Nichttreffen einer solchen Vereinbarung in die Gefahr, dass die GesamtJAV in originär den ArbGeb betreffenden Punkten durch das Stimmengewicht einer Mehrheit von nicht unternehmensangehörigen ArbN iSv. § 60 I majorisiert wird. Umso mehr gilt es für den ArbGeb wegen der weitaus höheren Kompetenzen und Befugnisse des GesamtBR, mit diesem selbst eine abweichende Regelung nach § 47 IX für die **Stimmengewichtung im GBR** herbeizuführen (vgl. ausf. zum Problem § 47 Rz. 29).

24 **V. Streitigkeiten.** Über Streitigkeiten, die sich aus der Anwendung des § 72 ergeben (zB Errichtung, Mitgliedschaft, Stimmengewicht), entscheiden die ArbG im **Beschlussverfahren** (§§ 2a I Nr. 1, II iVm. 80 ff. ArbGG). Örtlich zuständig ist das ArbG, in dessen Bezirk das Unternehmen seinen Sitz hat (§ 82 S. 2 ArbGG). Für die Überprüfung des Spruchs der Einigungsstelle gilt § 76 V 4.

73 *Geschäftsführung und Geltung sonstiger Vorschriften*

(1) Die Gesamt-Jugend- und Auszubildendenvertretung kann nach Verständigung des Gesamt-Betriebsrats Sitzungen abhalten. An den Sitzungen kann der Vorsitzende des Gesamt-Betriebsrats oder ein beauftragtes Mitglied des Gesamt-Betriebsrats teilnehmen.

1 ErfK/*Eisemann*, § 72 BetrVG Rz. 3; *Fitting*, § 72 BetrVG Rz. 41; DKK/*Trittin*, § 72 BetrVG Rz. 21. |2 GK-BetrVG/*Oetker*, § 72 Rz. 48; *Fitting*, § 72 BetrVG Rz. 30. |3 *Fitting*, § 72 BetrVG Rz. 27; DKK/*Trittin*, § 72 BetrVG Rz. 22. |4 *Fitting*, § 72 BetrVG Rz. 37; DKK/*Trittin*, § 72 BetrVG Rz. 25. |5 *Fitting*, § 72 BetrVG Rz. 38; DKK/*Trittin*, § 72 BetrVG Rz. 24.

(2) Für die Gesamt-Jugend- und Auszubildendenvertretung gelten § 25 Abs. 1, die §§ 26, 28 Abs. 1 Satz 1, die §§ 30, 31, 34, 36, 37 Abs. 1 bis 3, die §§ 40, 41, 48, 49, 50, 51 Abs. 2 bis 5 sowie die §§ 66 bis 68 entsprechend.

I. Vorbemerkung. § 73 regelt die Geschäftsführung der GesamtJAV. Auf Grund der gesetzl. Verweisung in § 73 II gelten weitestgehend die Grundsätze zur Geschäftsführung der JAV. Allerdings besteht – mangels entsprechender Verweisung – nicht die Möglichkeit der Einrichtung von Sprechstunden[1]. Die Verweisung in § 73 II auf entsprechend anwendbare Vorschriften bedeutet nicht, dass diese **schematisch** angewandt werden können. Die Vorschriften wurden für andere Gremien konzipiert. Die entsprechende Anwendung kann daher nur unter dem Vorbehalt der durch Sinn und Zweck vermittelten Vergleichbarkeit erfolgen[2]. Die Vorschrift ist **zwingend**, sie kann weder durch TV noch durch BV abbedungen werden[3]. 1

II. Sitzungen (Abs. 1). Die GesamtJAV kann **nach Verständigung** des GBR Sitzungen abhalten. Insoweit gilt nichts anderes als bei den Sitzungen der JAV (vgl. § 65 Rz. 27 ff.): Der GBR muss nicht zustimmen, die Ladung erfolgt durch den Vorsitzenden der GesamtJAV, der die Tagesordnung festsetzt und die Sitzung leitet (§§ 73 II iVm. 51 II 2 u. 3). Der Vorsitzende der GesamtJAV **muss** nach §§ 73 II iVm. 51 II 3 iVm. 29 III eine Sitzung einberufen und den beantragten Gegenstand auf die Tagesordnung setzen, wenn dies ein Viertel der Mitglieder der GesamtJAV oder der ArbGeb verlangt. 2

Ist eine GesamtJAV zu errichten, so hat die JAV der Hauptverwaltung zur **konstituierenden Sitzung** einzuladen, um den Vorsitzenden und den stellvertretenden Vorsitzenden der GesamtJAV zu wählen (§§ 73 II iVm. 51 II 1). Besteht dort keine JAV, so muss der nach der Zahl der Wahlberechtigten größte Betrieb des Unternehmens zu der Sitzung einladen. Dabei sind nicht die zum jeweiligen Zeitpunkt tatsächlich beschäftigten ArbN iSv. § 60 I maßgebend, sondern die bei der letzten Wahl der JAV in der Wählerliste eingetragenen ArbN[4]. Die zur konstituierenden Sitzung einladungsberechtigte JAV hat den GBR **vorher** von dieser Sitzung **zu unterrichten** (§§ 73 II iVm. 51 II 1). Das Teilnahmerecht des Vorsitzenden des GBR bzw. eines beauftragten Mitglieds des GBR besteht auch für die konstituierende Sitzung[5]. 3

III. Entsprechende Anwendung (Abs. 2). Das Geschäftsführungsrecht, die innere Organisation sowie die Rechtsstellung der GesamtJAV sind durch eine **gesetzl. Verweisung** auf die für den BR und den GBR sowie die JAV geltenden Bestimmungen geregelt, die teilweise anzuwenden sind (§ 73 II). Damit gelten für die GesamtJAV weitgehend dieselben Regelungen wie für die JAV auf betriebl. Ebene. 4

1. Ersatzmitglied (§ 25 Abs. 1). Scheidet ein Mitglied aus der GesamtJAV aus, so rückt das nach § 72 III bestellte Ersatzmitglied nach (zur Bestellung und Wahl der Ersatzmitglieder vgl. § 72 Rz. 11 ff.). 5

2. Vorsitzender und Stellvertreter (§ 26). Wie auch die JAV wählt die GesamtJAV aus ihrer Mitte einen Vorsitzenden und einen Stellvertreter (§ 26 I). Der Vorsitzende bzw. im Verhinderungsfall sein Stellvertreter vertritt die GesamtJAV im Rahmen der von dieser gefassten Beschlüsse und ist zur Entgegennahme von Erklärungen, die der GesamtJAV gegenüber abzugeben sind, berechtigt (§ 26 II). Insoweit gilt nichts anderes als für die JAV (vgl. § 65 Rz. 7). 6

3. Ausschüsse (§ 28 Abs. 1 S. 1). Ebenso wie die JAV kann die GesamtJAV Aufgaben auf Ausschüsse übertragen, wenn im Unternehmen insgesamt mehr als 100 wahlberechtigte ArbN iSv. § 60 I bei den letzten Wahlen zur jeweiligen JAV beschäftigt waren. Soweit die Befugnis zur Bildung von Ausschüssen der JAV nur in Betrieben mit mehr als 100 wahlberechtigten ArbN zusteht (vgl. ausf. § 65 Rz. 8), kann dies die GesamtJAV dann, wenn in den einzelnen Betrieben der JAV insgesamt mehr als 100 wahlberechtigte ArbN iSv. § 60 I beschäftigt werden. Damit kann die Situation eintreten, dass die einzelnen JAV keine Ausschüsse bilden können, da in den Betrieben nicht mehr als 100 wahlberechtigte ArbN iSv. § 60 I beschäftigt werden, dies aber die GesamtJAV kann, da die Gesamtheit der wahlberechtigten ArbN iSv. § 60 I in den Betrieben mehr als 100 ausmacht. Dies ergibt sich aus dem Zweck der Regelung: Wenn die JAV einen größeren Kreis von wahlberechtigten ArbN iSv. § 60 I vertritt, soll durch die Bildung von Ausschüssen eine größere Effizienz ihrer Arbeit ermöglicht werden[6]. Gleiches gilt für die GesamtJAV, wenn in ihr insgesamt mehr als 100 wahlberechtigte ArbN iSv. § 60 I repräsentiert sind[7]. In der Lit. wird teilweise vertreten, dass weitere Voraussetzung für die Bildung von Ausschüssen ist, dass die GesamtJAV **mindestens sieben Mitglieder** hat[8]. Das ist zweifelhaft, da sich aus den Gesetzesmaterialien keine Hinweise entnehmen lassen, dass die Bildung von Ausschüssen an viele Anforderungen wie eine gewisse Größe der GesamtJAV gekoppelt werden sollte. 7

4. Sitzungen (§ 30). Hinsichtlich der Sitzungen der GesamtJAV gilt nichts anderes als bei der betriebl. JAV (vgl. Rz. 2 f. sowie § 65 Rz. 27 ff.). 8

---

1 *Weber/Ehrich/Hörchens/Oberthür*, BetrVG, Teil B Rz. 600. | 2 ErfK/*Eisemann*, § 73 BetrVG Rz. 2. | 3 *Fitting*, § 73 BetrVG Rz. 2; GK-BetrVG/*Oetker*, § 73 Rz. 2; HSWG/*Hess*, § 73 BetrVG Rz. 1. | 4 DKK/*Trittin*, § 73 BetrVG Rz. 21; *Fitting*, § 73 BetrVG Rz. 8. | 5 *Fitting*, § 73 BetrVG Rz. 9. | 6 BT-Drs. 14/5741, 44. | 7 BT-Drs. 14/5741, 45. | 8 Richardi/*Richardi/Annuß*, § 73 BetrVG Rz. 18 sowie § 51 Rz. 22.

9 **5. Teilnahme der Gewerkschaften (§ 31).** Vertreter der Gewerkschaften können an den Sitzungen der GesamtJAV teilnehmen, wobei streitig ist, ob die Gewerkschaft in der GesamtJAV vertreten sein muss oder es ausreicht, dass sie in einer JAV des Unternehmens vertreten ist (vgl. zum **Streitstand** § 65 Rz. 10 f. mzN)[1]. Allerdings kann die GesamtJAV auch selbst beschließen, einen Beauftragten der Gewerkschaft hinzuzuziehen, wenn sie dies für sachdienlich hält. Die Gewerkschaft muss dann nur im Unternehmen vertreten sein[2]. Bei der Ermittlung des Quorums von einem Viertel der Mitglieder der GesamtJAV, das für einen Antrag auf beratende Teilnahme eines Gewerkschaftsmitglieds erforderlich ist (§ 31), kommt es nicht auf die **Personenzahl**, sondern auf das **Stimmengewicht** an (vgl. § 72 Rz. 15 ff.)[3].

10 **6. Sitzungsprotokoll (§ 34).** Für die über die Sitzung der GesamtJAV anzufertigende Niederschrift gelten dieselben Bestimmungen wie für die Niederschrift der JAV (vgl. § 65 Rz. 13).

11 **7. Geschäftsordnung (§ 36).** Wie auch die betriebl. JAV kann die GesamtJAV sich mit der absoluten Mehrheit ihrer Stimmen eine schriftl. Geschäftsordnung geben (vgl. § 65 Rz. 14).

12 **8. Ehrenamt und Arbeitsbefreiung (§ 37 Abs. 1–3).** § 37 I–III bestimmt, dass die Mitglieder der GesamtJAV – wie die Mitglieder der JAV – ihr Amt unentgeltlich als **Ehrenamt** führen. Sie sind von der berufl. Tätigkeit ohne Minderung des Arbeitsentgelts zu befreien und haben Anspruch auf Arbeitsbefreiung unter Fortzahlung des Arbeitsentgelts, soweit sie ihre Amtstätigkeit außerhalb der Arbeitszeit durchführen (vgl. § 65 Rz. 15 ff.). Während § 65 I für die Geschäftsführung der JAV insgesamt auf § 37 verweist, beschränkt sich dies bei der GesamtJAV auf § 37 I–III. Die Vorschriften des § 37 IV–VII finden auf die Mitglieder der GesamtJAV bereits in ihrer Eigenschaft als Mitglied der JAV Anwendung (vgl. § 65 Rz. 17 f.), so dass sich eine besondere Bezugnahme erübrigt. Über die Teilnahme eines Mitgliedes der GesamtJAV an Schulungsveranstaltungen entscheidet nicht die GesamtJAV, sondern der BR unter Hinzuziehung der JAV des Betriebes, dem der Vertreter angehört[4]. Der BR kann ein in die GesamtJAV entsandtes Mitglied jedoch auch für solche Schulungsveranstaltungen freistellen, bei denen Kenntnisse vermittelt werden, die für die Tätigkeit in der GesamtJAV erforderlich sind[5].

13 **9. Kosten (§ 40).** Wie für die JAV hat der ArbGeb auch die durch die Tätigkeit der GesamtJAV und ihrer Mitglieder entstehenden Kosten sowie den erforderlichen Sachaufwand zu tragen (vgl. § 65 Rz. 19).

14 **10. Umlageverbot (§ 41).** Die Erhebung und Leistung von Beiträgen von ArbN für die GesamtJAV ist unzulässig.

15 **11. Ausschluss (§ 48).** Mindestens ein Viertel der wahlberechtigten ArbN iSv. § 60 I des Unternehmens, der ArbGeb, der GBR, die GesamtJAV oder eine im Unternehmen vertretene Gewerkschaft können beim ArbG den Ausschluss eines Mitglieds aus der GesamtJAV wegen grober Verletzung seiner gesetzl. Pflichten beantragen (zur Verletzung der gesetzl. Pflichten vgl. § 23 Rz. 4 ff.)[6]. Hinsichtlich des Quorums von einem Viertel der wahlberechtigten ArbN iSv. § 60 I ist nicht auf die Personenzahl, sondern auf das Stimmengewicht abzustellen[7].

16 **12. Erlöschen der Mitgliedschaft (§ 49).** Nach der entsprechend anwendbaren Vorschrift des § 49 endet die Mitgliedschaft in der GesamtJAV mit dem Erlöschen der Mitgliedschaft in der JAV (vgl. § 62 Rz. 6), der Abberufung des Gesamt-Jugend- und Auszubildendenvertreters durch die betriebliche JAV (vgl. § 72 Rz. 10), durch Ausschluss aus der GesamtJAV (vgl. Rz. 15) sowie durch Amtsniederlegung.

17 **13. Zuständigkeit (§ 50).** Die GesamtJAV ist der örtlichen JAV nicht übergeordnet (§ 50 I 2). Die Zuständigkeit folgt der des GBR. Die GesamtJAV ist damit von Gesetzes wegen für die Wahrnehmung der besonderen Belange der in § 60 I genannten ArbN immer zuständig, wenn die Angelegenheit das Gesamtunternehmen oder mehrere Betriebe betrifft und eine Interessenwahrung nicht durch die einzelnen JAV innerhalb ihrer Betriebe erfolgen kann. Da sie wie auch die JAV **nicht** Träger von Mitwirkungs- und MitbestR ist, sondern darauf angewiesen ist, ihre Aufgaben gegenüber dem GBR bzw. über den GBR zu erfüllen, ist ihre Zuständigkeit stets dann gegeben, wenn der GBR sich mit der Angelegenheit befassen kann[8]. Die Zuständigkeit der GesamtJAV erstreckt sich wegen der Verweisung auf § 50 I 1 Hs. 2 auch auf Betriebe, die selbst keine JAV haben. Dies erscheint problematisch, da die Wahlfreiheit des Einzelnen, die auch in der Freiheit besteht, nicht zu wählen, beeinträchtigt wird (vgl. zur Zuständigkeit für **betriebsratslose Betriebe** § 50 Rz. 16). Durch Mehrheitsbeschluss können JAV die GesamtJAV beauftragen, eine Angelegenheit für sie zu behandeln (§ 50 II). Dies ist jedoch nur dann sinnvoll, wenn auch der GBR von dem betreffenden BR entsprechend beauftragt wird, da die GesamtJAV nicht unmittelbar mit dem ArbGeb verhandeln kann[9].

18 **14. Konstituierende Sitzung (§ 51 Abs. 2).** Zur konstituierenden Sitzung der GesamtJAV vgl. bereits Rz. 3. Die Leitung der konstituierenden Sitzung der GesamtJAV obliegt dem Vorsitzenden der JAV, der

1 Auch *Fitting*, § 73 BetrVG Rz. 11; DKK/*Trittin*, § 73 BetrVG Rz. 10; HSWG/*Hess*, § 73 BetrVG Rz. 11; ErfK/*Eisemann*, § 73 BetrVG Rz. 1; GK-BetrVG/*Oetker*, § 73 Rz. 28; aA MünchArbR/*Joost*, § 318 Rz. 30; Richardi/*Richardi/Annuß*, § 73 BetrVG Rz. 7. | 2 *Fitting*, § 73 BetrVG Rz. 11; DKK/*Trittin*, § 73 BetrVG Rz. 11. | 3 DKK/*Trittin*, § 73 BetrVG Rz. 11; *Fitting*, § 73 BetrVG Rz. 11. | 4 BAG v. 10.6.1975 – 1 ABR 140/73, AP Nr. 1 zu § 73 BetrVG 1972. | 5 Vgl. BAG v. 10.6.1975 – 1 ABR 140/73, AP Nr. 1 zu § 73 BetrVG 1972. | 6 Richardi/*Richardi/Annuß*, § 73 BetrVG Rz. 13. | 7 DKK/*Trittin*, § 73 BetrVG Rz. 18. | 8 *Fitting*, § 73 BetrVG Rz. 13; DKK/*Trittin*, § 73 BetrVG Rz. 20. | 9 *Fitting*, § 73 BetrVG Rz. 13; DKK/*Trittin*, § 73 BetrVG Rz. 20.

zu der konstituierenden Sitzung einzuladen hat, bis die GesamtJAV aus ihrer Mitte einen Wahlleiter bestellt hat (§ 51 II 2). § 51 II 3 verweist auf § 29 II–IV. Daraus folgt insb. die Verpflichtung des Vorsitzenden der GesamtJAV, auf Antrag eines Viertels der Mitglieder der GesamtJAV (auch insoweit kommt es nicht auf die Personenzahl, sondern auf die Stimmengewichtung an) oder des ArbGeb eine Sitzung der GesamtJAV einzuberufen und den Gegenstand, dessen Beratung beantragt ist, auf die **Tagesordnung** zu setzen (§ 29 III). Ferner ergibt sich durch den Verweis auf § 29 IV die Verpflichtung zur Einladung des ArbGeb zur Sitzung der GesamtJAV sowie sein **Teilnahmerecht** und die Hinzuziehung eines Vertreters der Vereinigung der ArbGeb, der er angehört. Diese Regelungen sind insoweit identisch wie bei der JAV (vgl. § 65 Rz. 27 ff.).

15. Beschlussfassung (§ 51 Abs. 3). Die GesamtJAV ist nur dann **beschlussfähig**, wenn mindestens die Hälfte ihrer Mitglieder an der Beschlussfassung teilnimmt und die Teilnehmenden mindestens die Hälfte aller Stimmen vertreten (§ 51 III 3). Soweit nicht gesetzl. anderes bestimmt ist, ist zur Beschlussfassung die Mehrheit der Stimmen der anwesenden Mitglieder erforderlich (§ 51 III 1), bei Stimmengleichheit ist ein Antrag abgelehnt (§ 51 III 2). 19

16. Beschlüsse und Ausschüsse (§ 51 Abs. 4). Die GesamtJAV hat die Möglichkeit, Ausschüsse zu bilden (vgl. Rz. 7). Für die Bildung eines Ausschusses bedarf es der Mehrheit der anwesenden Mitglieder, bei Stimmengleichheit ist der Antrag abgelehnt. Der Ausschuss ist nur beschlussfähig, wenn mindestens die Hälfte der Mitglieder an der Beschlussfassung teilnimmt, wobei Stellvertretung durch ein Ersatzmitglied zulässig ist (§§ 51 IV iVm. 33 I u. II). Jedes Ausschussmitglied hat nur eine Stimme. Das unterschiedliche Stimmengewicht der Gesamt-Jugend- und Auszubildendenvertreter spielt hier keine Rolle, weil der Ausschuss als Organ der GesamtJAV tätig wird[1]. 20

17. Rechte und Pflichten (§ 51 Abs. 5). Im Übrigen gelten hinsichtlich der Rechte und Pflichten der GesamtJAV die Vorschriften für die betriebl. JAV. Da sich § 51 V nicht auf die Organisations- und Geschäftsführungsbestimmungen erstreckt[2], kann die GesamtJAV weder eigene Sprechstunden (§ 69) abhalten noch eine Jugend- und Auszubildendenversammlung (§ 71) einberufen[3]. Letztendlich bedeutet die entsprechende Anwendung von § 51 V, dass über diese **Generalklausel** § 70 Anwendung findet[4]. Dies gilt insb. für den Unterrichtungsanspruch gem. § 70 II, wonach die GesamtJAV zur Durchführung ihrer Aufgaben rechtzeitig und umfassend zu informieren ist, sowie das Recht, zur Durchführung ihrer Aufgaben die erforderlichen Unterlagen zur Verfügung gestellt zu bekommen[5]. 21

18. Aussetzung von Beschlüssen (§ 66). Wie die JAV gegenüber dem BR kann auch die GesamtJAV gegenüber dem GBR die Aussetzung von Beschlüssen in entsprechender Anwendung von § 66 verlangen. Das Verfahren folgt insoweit der Regelung in § 66 (vgl. § 66 Rz. 2 ff.). 22

19. Teilnahme- und Stimmrecht (§ 67). Wie die JAV gegenüber dem BR hat auch die GesamtJAV gegenüber dem GBR das Recht auf **Teilnahme** an GBR-Sitzungen, sofern Angelegenheiten behandelt werden, die besonders die in § 60 I genannten ArbN betreffen (§ 67 I). Soweit die in § 60 I genannten ArbN überwiegend betroffen sind, hat die GesamtJAV zu diesen Tagesordnungspunkten **Stimmrecht** (§ 67 II). Darüber hinaus besteht ein **Initiativrecht**, besonders die in § 60 I genannten ArbN betreffende Angelegenheiten auf die Tagesordnung der nächsten GBR-Sitzung zu setzen, und die Verpflichtung des GBR, Angelegenheiten, die besonders die in § 60 I genannten ArbN betreffen, der GesamtJAV im Vorfeld zur Beratung zuzuleiten (§ 67 III). Die Voraussetzungen und Rechtsfolgen entsprechen dem Teilnahmerecht der JAV nach § 67 (vgl. § 67 Rz. 2 ff.). Für den Fall der Delegation von Aufgaben durch den GBR auf **Ausschüsse** gelten für das Teilnahmerecht der GesamtJAV dieselben Grundsätze wie für das Teilnahmerecht der JAV an den Sitzungen von Ausschüssen des BR (vgl. § 67 Rz. 4 und 9)[6]. 23

20. Besprechungen (§ 68). Der GBR hat die GesamtJAV zu allen Besprechungen zwischen ArbGeb und GBR beizuziehen, wenn hierbei Angelegenheiten erörtert werden, die besonders den in § 60 I genannten ArbN-Kreis betreffen. Insoweit gilt die gleiche Regelung wie bei Besprechungen zwischen ArbGeb und BR betreffend die JAV in § 68 (vgl. § 68 Rz. 2 ff.). 24

IV. Streitigkeiten. Über die Anwendung von § 73 und der in Bezug genommenen Bestimmungen wird im arbeitsgerichtl. **Beschlussverfahren** entschieden (§§ 2a I Nr. 1, II iVm. 80 ff. ArbGG). Zuständig ist das ArbG, in dessen Bezirk das Unternehmen seinen Sitz hat (§ 82 S. 2 ArbGG). Streitigkeiten, die sich aus der Vorenthaltung oder Minderung von Arbeitsentgelt oder der Verweigerung des ArbGeb zur Gewährung von Freizeitausgleich ergeben, sind im arbeitsgerichtl. **Urteilsverfahren** zu entscheiden (§§ 2 I Nr. 3a, V iVm. 46 ff. ArbGG). Hier bestimmt sich die örtliche Zuständigkeit nach den allgemeinen Grundsätzen des ArbGG. Örtlich zuständig dürfte in der Regel gem. § 46 II ArbGG iVm. § 29 ZPO das ArbG sein, in dessen Bezirk der Beschäftigungsbetrieb liegt (Gerichtsstand des Erfüllungsorts). 25

---

1 Richardi/*Richardi/Annuß*, § 51 BetrVG Rz. 47; *Fitting*, § 51 BetrVG Rz. 59. |2 GK-BetrVG/*Oetker*, § 73 Rz. 47. |3 *Fitting*, § 73 BetrVG Rz. 15; GK-BetrVG/*Oetker*, § 73 Rz. 47. |4 GK-BetrVG/*Oetker*, § 73 Rz. 48. |5 DKK/*Trittin*, § 73 BetrVG Rz. 23. |6 *Fitting*, § 73 BetrVG Rz. 14; ErfK/*Eisemann*, § 67 BetrVG Rz. 2; Richardi/*Richardi/Annuß*, § 73 BetrVG Rz. 26; MünchArbR/*Joost*, § 318 Rz. 21 iVm. § 316 Rz. 57; aA HSWG/*Hess*, § 73 BetrVG Rz. 23.

Dritter Abschnitt. Konzern-Jugend- und Auszubildendenvertretung

73a *Voraussetzung der Errichtung, Mitgliederzahl, Stimmengewicht*

(1) Bestehen in einem Konzern (§ 18 Abs. 1 des Aktiengesetzes) mehrere Gesamt-Jugend- und Auszubildendenvertretungen, kann durch Beschlüsse der einzelnen Gesamt-Jugend- und Auszubildendenvertretungen eine Konzern-Jugend- und Auszubildendenvertretung errichtet werden. Die Errichtung erfordert die Zustimmung der Gesamt-Jugend- und Auszubildendenvertretungen der Konzernunternehmen, in denen insgesamt mindestens 75 vom Hundert der in § 60 Abs. 1 genannten Arbeitnehmer beschäftigt sind. Besteht in einem Konzernunternehmen nur eine Jugend- und Auszubildendenvertretung, so nimmt diese die Aufgaben einer Gesamt-Jugend- und Auszubildendenvertretung nach den Vorschriften dieses Abschnitts wahr.

(2) In die Konzern-Jugend- und Auszubildendenvertretung entsendet jede Gesamt-Jugend- und Auszubildendenvertretung eines ihrer Mitglieder. Sie hat für jedes Mitglied mindestens ein Ersatzmitglied zu bestellen und die Reihenfolge des Nachrückens festzulegen.

(3) Jedes Mitglied der Konzern-Jugend- und Auszubildendenvertretung hat so viele Stimmen, wie die Mitglieder der entsendenden Gesamt-Jugend- und Auszubildendenvertretung insgesamt Stimmen haben.

(4) § 72 Abs. 4 bis 8 gilt entsprechend.

1 **I. Vorbemerkung.** § 73a gibt den GesamtJAV die Möglichkeit, eine KonzernJAV zu bilden. Der Gesetzgeber geht davon aus, dass grds. Entscheidungen über die Berufsbildung je nach Organisationsstruktur nicht mehr im Einzelnen Betrieb oder Unternehmen getroffen, sondern für den gesamten Konzern von der Konzernspitze vorgegeben werden[1]. Aus diesem Grunde wurde durch die Einfügung der §§ 73a und 73b die **Möglichkeit** eingeräumt, eine KonzernJAV zu bilden[2]. Bei der KonzernJAV handelt es sich um **keine zwingend** einzurichtende Institution[3]: Für den in § 60 I genannten ArbN-Kreis wird die Errichtung einer Vertretung auf Konzernebene ermöglicht, wenn sich eine **qualifizierte Mehrheit** der GesamtJAV der Konzernunternehmen hierfür ausspricht[4].

2 **II. Errichtung (Abs. 1).** Bestehen für einen Konzern mehrere GesamtJAV, kann durch Beschlüsse der einzelnen GesamtJAV eine KonzernJAV gebildet werden (§ 73a I)[5].

3 **1. Konzern.** Eine KonzernJAV kann dann eingerichtet werden, wenn ein Konzern iSv. § 18 I AktG vorliegt[6]. Insoweit ist diese Voraussetzung mit der bei der Errichtung eines KBR identisch (vgl. zum **Konzernbegriff** § 54 Rz. 2 ff.).

4 **2. Mehrere Gesamt-Jugend- und Auszubildendenvertretungen.** Bereits aus dem Konzernbegriff folgt, dass mehrere Unternehmen vorliegen müssen, so dass es mehrere GesamtJAV gibt (zur Errichtung der GesamtJAV vgl. § 72 Rz. 2 ff.). Voraussetzung ist daher, dass **mindestens zwei** GesamtJAV existieren[7]. Eine **Ausnahme** davon macht § 73a I 3: Besteht in einem der Konzernunternehmen keine GesamtJAV, sondern nur eine JAV (bspw. weil das betreffende Konzernunternehmen nur einen Betrieb unterhält), so nimmt diese einzelne JAV die Aufgaben einer GesamtJAV zur Bildung der KonzernJAV wahr. Die Ausnahmeregelung greift aber nur für Unternehmen, die nicht in zwei oder mehrere betriebsratsfähige Betriebe gegliedert sind und deshalb keinen GBR haben können[8].

5 **3. Quorum.** Die Bildung einer KonzernJAV ist **freiwillig**[9]. § 73a I 2 verlangt zur Errichtung der KonzernJAV jedoch ein Zustimmungserfordernis: Erforderlich ist die **Zustimmung** der GesamtJAV der Konzernunternehmen, in denen insgesamt mindestens 75 % der in § 60 I genannten ArbN beschäftigt sind. Dies entspricht dem Quorum, das nach früherem Recht für die Bildung eines KBR erforderlich war (vgl. § 54 I 2 aF). Nach nunmehr geltendem Recht klaffen die Zustimmungserfordernisse auseinander: Während § 54 I für die Errichtung eines KBR die Zustimmung der GBR der Konzernunternehmen, in denen insgesamt **mehr als 50 %** der ArbN der Konzernunternehmen beschäftigt sind, verlangt, erfordert die Bildung einer KonzernJAV eine Zustimmung der GesamtJAV der Konzernunternehmen, in denen insgesamt **mindestens 75 %** der in § 60 I genannten ArbN beschäftigt sind[10]. Das bedeutet: Es ist nicht erforderlich, dass alle GesamtJAV der Konzernunternehmen zustimmen. Es genügen **Mehrheitsbeschlüsse** derjenigen GesamtJAV, die 75 % der ArbN iSv. § 60 I repräsentieren[11]. Aus der Mehrzahl „GesamtJAV der Konzernunternehmen" (§ 73a I 2) könnte man schließen, dass mindestens zwei GesamtJAV zustimmen und diese mindestens 75 % der ArbN iSv. § 60 I vertreten müssen. Bereits für

---

1 BT-Drs. 14/5741, 31. | 2 *Engels/Trebinger/Löhr-Steinhaus*, DB 2001, 532 (542); *Richardi*, Die neue Betriebsverfassung, § 13 Rz. 19. | 3 *Fitting*, § 73a BetrVG Rz. 8; DKK/*Trittin*, § 73a BetrVG Rz. 7. | 4 BT-Drs. 14/5741, 45; vgl. auch *Richardi/Annuß*, DB 2001, 41 (45); DKK/*Trittin*, § 73a BetrVG Rz. 21. | 5 *Schaub*, ZTR 2001, 437 (440); *Schiefer/Korte*, NZA 2001, 71 (81). | 6 DKK/*Trittin*, § 73a BetrVG Rz. 10. | 7 Richardi/*Annuß*, § 73a BetrVG Rz. 5; DKK/*Trittin*, § 73a BetrVG Rz. 14. | 8 Richardi/*Annuß*, § 73a BetrVG Rz. 5. | 9 DKK/*Trittin*, § 73a BetrVG Rz. 7; *Fitting*, § 73a BetrVG Rz. 8. | 10 *Dachrodt/Engelbert*, § 73a BetrVG Rz. 1; *Löwisch/Kaiser*, § 73a BetrVG Rz. 1. | 11 Richardi/*Annuß*, § 73a BetrVG Rz. 9.

die gleich lautende Regelung des KBR in § 54 I ist anerkannt, dass eine solche Formulierung zu formalistisch ist und dem Sinn der Norm nicht gerecht wird. Es reicht deshalb für die Bildung einer KonzernJAV aus, wenn es nur **zwei** GesamtJAV gibt und **nur eine** der Bildung einer KonzernJAV zustimmt, wenn die zustimmende GesamtJAV mehr als 75 % der ArbN iSv. § 60 I vertritt (vgl. § 54 Rz. 12)[1]. Bei der Ermittlung der maßgebenden Beschäftigtenzahl zählen alle ArbN iSv. § 60 I (vgl. § 60 Rz. 6 f.) mit. Maßgebend ist die Zahl der zurzeit der Beschlussfassung[2] beschäftigten ArbN iSv. § 60 I, was sich letztendlich aus der Formulierung des § 73a I 2 ergibt, der auf die Zustimmung der **beschäftigten** ArbN abstellt.

4. Konzern-Betriebsrat. Wie für die Errichtung einer JAV das Bestehen eines BR und für die Errichtung einer GesamtJAV das Bestehen eines GBR ist für die **wirksame Errichtung** einer KonzernJAV das Bestehen eines KBR Voraussetzung (vgl. zur Begründung die Ausführungen zur JAV in § 60 Rz. 9 mzN und zur GesamtJAV in § 72 Rz. 5 mzN)[3]. 6

5. Amtszeit. Die KonzernJAV ist **kraft Gesetzes errichtet**, sobald die GesamtJAV der Konzernunternehmen, die insgesamt 75 % der ArbN iSv. § 60 I beschäftigen, dahin gehende übereinstimmende Beschlüsse gefasst haben. Damit steht die Bildung der KonzernJAV fest. Die Anzahl der Mitglieder der KonzernJAV ergibt sich entweder aus § 73a II, kann aber auch abweichend geregelt werden (§§ 73a IV iVm. 72 IV–VIII)[4]. Die ordnungsgemäß gebildete KonzernJAV ist – ebenso wie die GesamtJAV (vgl. § 72 Rz. 7) – eine **Dauereinrichtung**, dh. sie hat **keine feste Amtszeit**, sondern besteht fort, solange die Voraussetzungen für ihre Errichtung vorliegen[5]. Insoweit gilt für die Amtszeit nichts anderes als beim KBR, insoweit kann auf die dortigen Ausführungen, auch zur **Auflösung**, verwiesen werden (vgl. § 54 Rz. 13 mwN). 7

III. Mitgliederzahl. Bei der Mitgliederzahl ist zwischen dem gesetzl. vorgesehenen Regelfall und möglichen Ausnahmen zu unterscheiden. 8

1. Regelfall (Abs. 2). Nach dem gesetzl. Regelfall in § 73a II 1 entsendet jede GesamtJAV durch **Mehrheitsbeschluss** eines ihrer Mitglieder in die KonzernJAV. Ferner ist ebenfalls durch Mehrheitsbeschluss mindestens ein Ersatzmitglied zu bestellen und für den Fall der Bestellung mehrerer Ersatzmitglieder die Reihenfolge des Nachrückens festzulegen (§ 73a II 2). Voraussetzung und Verfahren sind insoweit mit der Entsendung von Mitgliedern in die GesamtJAV identisch (§ 72 II und III, vgl. § 72 Rz. 9 ff.). 9

2. Abweichende Regelungen (Abs. 4). Nach §§ 73a IV iVm. 72 IV–VI sind abweichende Regelungen möglich[6]. Das bedeutet: 10

a) Freiwillige Vereinbarung. Nach §§ 73a IV iVm. 72 IV kann durch TV oder eine zwischen dem KBR und dem **herrschenden Unternehmen** abzuschließende KonzernBV eine abweichende Regelung über die Mitgliederzahl der KonzernJAV getroffen werden. Insoweit gelten die gleichen Überlegungen und Voraussetzungen wie bei einer abweichenden Regelung der Mitgliederzahl bei der GesamtJAV (vgl. § 72 Rz. 12 f.). 11

b) Erzwungene Regelung. In einem sehr großen Konzern kann es passieren, dass die KonzernJAV mehr als 20 Mitglieder nach der gesetzl. Entsendungsregelung in § 73a II hat. Ist dies der Fall und besteht keine **tarifl. abweichende Regelung** iSv. §§ 73a IV iVm. 72 IV, ist **zwingend** zwischen KBR und ArbGeb eine KonzernBV über die Mitgliederzahl der KonzernJAV abzuschließen, in der bestimmt wird, dass die GesamtJAV mehrerer Unternehmen eines Konzerns, die regional oder durch gleichartige Interessen miteinander verbunden sind, gemeins. Mitglieder in die KonzernJAV entsenden (§§ 73a IV iVm. 72 V)[7]. Kommt eine Einigung nicht zu Stande, entscheidet **verbindlich** eine **Einigungsstelle**, die beim herrschenden Konzernunternehmen zu bilden ist (§§ 73a IV iVm. 72 VI)[8]. Die Voraussetzungen im Einzelnen sowie die Anrufung der Einigungsstelle sind identisch mit den Regelungen bei der GesamtJAV, so dass die dortigen Ausführungen auch hier gelten (vgl. § 72 Rz. 14). 12

IV. Stimmengewichtung. Auch bei der Stimmengewichtung ist zwischen dem gesetzl. Regelfall und möglichen abweichenden Regelungen zu unterscheiden. Das Stimmengewicht ist in jedem Fall abhängig von der Zahl der in § 60 I genannten und in der Wählerliste eingetragenen wahlberechtigten ArbN. 13

1. Gesetzlicher Regelfall (Abs. 3). Nach § 73a III hat jedes Mitglied der KonzernJAV so viele Stimmen, wie die Mitglieder der entsendenden GesamtJAV insgesamt Stimmen haben[9]. Die Regelung ist identisch mit § 72 VII, so dass auf die dortigen Ausführungen und Beispiele verwiesen werden kann (vgl. § 72 Rz. 15 ff.)[10]. 14

---

1 DKK/*Trittin*, § 73a BetrVG Rz. 23; *Fitting*, § 73a BetrVG Rz. 13. | 2 DKK/*Trittin*, § 73a BetrVG Rz. 24. | 3 *Löwisch*, BB 2001, 1734 (1746); *Löwisch/Kaiser*, § 73a BetrVG Rz. 2; aA Richardi/*Annuß*, § 73a BetrVG Rz. 7; DKK/*Trittin*, § 73a BetrVG Rz. 9; *Fitting*, § 73a BetrVG Rz. 7; Oetker, DB 2005, 1165 ff. (1165). | 4 *Fitting*, § 73a BetrVG Rz. 31; DKK/*Trittin*, § 73a BetrVG Rz. 49. | 5 DKK/*Trittin*, § 73a BetrVG Rz. 4. | 6 DKK/*Trittin*, § 73a BetrVG Rz. 49; *Fitting*, § 73a BetrVG Rz. 31. | 7 DKK/*Trittin*, § 73a BetrVG Rz. 55; *Fitting*, § 73a BetrVG Rz. 36; *Oetker*, DB 2005, 1165 ff. (1168). | 8 *Fitting*, § 73a BetrVG Rz. 37; DKK/*Trittin*, § 73a BetrVG Rz. 58. | 9 Richardi/*Annuß*, § 73a BetrVG Rz. 25. | 10 *Dachrodt/Engelbert*, § 73a BetrVG Rz. 1.

15 **2. Abweichende Regelungen (Abs. 4).** Nach §§ 73a IV iVm. 72 VII 2 und S. 3 ergibt sich für den Fall, dass eine von der gesetzl. Entsendungsregelung abweichende Regelung getroffen wurde, eine andere Stimmengewichtung:

16 **a) Vergrößerung.** Wird die Anzahl der Konzern-Jugend- und Auszubildendenvertreter **vergrößert**, so teilen sich die von der einzelnen GesamtJAV entsandten Mitglieder das Stimmengewicht, das bei einer regelmäßigen Zusammensetzung der KonzernJAV dem Einzigen zu entsendenden Mitglied der GesamtJAV zugekommen wäre, **zu gleichen Teilen**[1].

17 **b) Verkleinerung.** Gleiches gilt für den Fall, dass die Mitgliederzahl der KonzernJAV durch eine Zusammenfassung mehrerer GesamtJAV zur gemeins. Entsendung eines Vertreters in die KonzernJAV verkleinert wird: Jedem der Vertreter stehen so viele Stimmen zu, wie in den zusammengefassten Betrieben ArbN iSv. § 60 I in den Wählerlisten eingetragen sind[2]. Zur abweichenden Regelung und der Stimmengewichtung gelten auf Grund der entsprechenden Anwendung des § 72 VII über § 73a IV die dortigen Ausführungen, auf die im Übrigen wegen der Einzelheiten verwiesen werden darf (vgl. § 72 Rz. 18 ff.).

18 **3. Fortführung abweichender Regelung bei gemeinsamem Betrieb.** Wenn mehrere Unternehmen einen gemeins. Betrieb bilden, besteht die Möglichkeit, durch TV oder BV abweichende Regelungen zur Stimmengewichtung in der GesamtJAV zu treffen (§ 72 VIII, vgl. § 72 Rz. 23). Hintergrund ist, dass Angelegenheiten im GBR, die ausschließlich eines der am gemeins. Betrieb beteiligten Unternehmen betreffen, nur mit den Stimmen der in diesem Unternehmen beschäftigten ArbN iSv. § 60 I beschlossen werden können sollen. Die beteiligten Unternehmen können insoweit eine entsprechende Regelung treffen. Entsendet nunmehr dieser GBR einen oder ggf. auch mehrere Vertreter in den KBR, lassen die §§ 73a IV iVm. 72 VIII die Möglichkeit, durch eine KonzernBV die Stimmengewichtung so zu regeln, dass bei bestimmten, allein den Konzern betreffenden Angelegenheiten die Stimmen der nicht konzernangehörigen ArbN iSv. § 60 I unberücksichtigt bleiben. Die KonzernBV kann sich insoweit aber nur auf die Veränderung der Stimmenzahl beschränken. Unzulässig wäre bspw. eine Regelung, wonach die ArbN des gemeins. Betriebs zweier Unternehmen, sofern sie in der GesamtJAV repräsentiert sind, überhaupt nicht berücksichtigt werden oder die aus einem gemeins. Betrieb entsandten Mitglieder der JAV weniger Stimmen haben als ArbN iSv. § 60 I des jeweiligen Unternehmens in der Wählerliste des Betriebs eingetragen sind[3]. Möglich bleibt – und dies ist auch das Ziel der Regelung – eine Vereinbarung dahin gehend, dass die Stimmen nicht konzernangehöriger ArbN iSv. § 60 I bei Angelegenheiten, die allein den Konzern betreffen, nicht berücksichtigt werden.

19 **4. Ausübung des Stimmrechts.** Das Mitglied der KonzernJAV hat seine Stimme nach eigener Verantwortung abzugeben. Es gilt insoweit das Gleiche wie für die Mitglieder der GesamtJAV (vgl. § 72 Rz. 15). Auch bei der Ausübung des Stimmrechts des Mitglieds der KonzernJAV ist zu beachten, dass das Mitglied seine Stimme nur **einheitlich** abgeben kann, eine **Aufgliederung** ist ausgeschlossen.

20 **V. Streitigkeiten.** Über Streitigkeiten, die sich aus der Anwendung des § 73a ergeben (zB Errichtung, Mitgliedschaft, Stimmengewicht), entscheidet das ArbG im **Beschlussverfahren** (§§ 2a I Nr. 1, II iVm. 80 ff. ArbGG). Zuständig ist in entsprechender Anwendung des § 82 S. 2 ArbGG das ArbG, in dessen Bezirk das herrschende Unternehmen seinen Sitz hat[4]. Zwar wurde mit der Einführung der KonzernJAV § 82 ArbGG nicht dahin gehend ergänzt. Da die **örtliche Zuständigkeit** des KBR nach § 82 S. 2 ArbGG sich aber ebenfalls nach dem Bezirk bestimmt, in dem das Unternehmen seinen Sitz hat, dürfte Gleiches für die KonzernJAV gelten.

73b *Geschäftsführung und Geltung sonstiger Vorschriften*

(1) Die Konzern-Jugend- und Auszubildendenvertretung kann nach Verständigung des Konzern-Betriebsrats Sitzungen abhalten. An den Sitzungen kann der Vorsitzende oder ein beauftragtes Mitglied des Konzern-Betriebsrats teilnehmen.

(2) Für die Konzern-Jugend- und Auszubildendenvertretung gelten § 25 Abs. 1, die §§ 26, 28 Abs. 1 Satz 1, die §§ 30, 31, 34, 36, 37 Abs. 1 bis 3, die §§ 40, 41, 51 Abs. 3 bis 5, die §§ 56, 57, 58, 59 Abs. 2 und die §§ 66 bis 68 entsprechend.

1 **I. Vorbemerkung.** § 73b regelt die **Geschäftsführung**, Zuständigkeit, Stellung und innere Organisation der KonzernJAV[5]. § 73b II regelt durch **Verweisung** auf entsprechende Vorschriften des BR, des GBR und KBR sowie der JAV Fragen der Geschäftsführung und der Zuständigkeit der KonzernJAV sowie die Beendigung der Mitgliedschaft in diesem Gremium[6].

2 **II. Sitzungen (Abs. 1).** Aus § 73b I ergibt sich, dass die KonzernJAV nach Verständigung des KBR Sitzungen abhalten kann, an denen der Vorsitzende des KBR oder ein beauftragtes KBR-Mitglied

1 *Fitting*, § 73a BetrVG Rz. 35. | 2 *Fitting*, § 73a BetrVG Rz. 35. | 3 Richardi/*Annuß*, § 73a BetrVG Rz. 29. | 4 Richardi/*Annuß*, § 73a BetrVG Rz. 33. | 5 DKK/*Trittin*, § 73b BetrVG Rz. 1. | 6 BT-Drs. 14/5741, 45.

teilnehmen kann[1]. Der KBR muss den Sitzungen der KonzernJAV nicht zustimmen, er ist nur zu verständigen (vgl. § 73 Rz. 2 und § 65 Rz. 28)[2]. Im Übrigen gelten sinngemäß die Regelungen zur Sitzung der JAV (vgl. § 65 Rz. 27 ff. sowie § 73 Rz. 2 f. sowie 8): Die Sitzungen werden vom Vorsitzenden rechtzeitig und unter Mitteilung der Tagesordnung einberufen, der Vorsitzende der KonzernJAV leitet die Sitzung. Zur konstituierenden Sitzung lädt die GesamtJAV des herrschenden Unternehmens oder, soweit eine solche GesamtJAV nicht besteht, die GesamtJAV des nach der Zahl der wahlberechtigten ArbN iSv. § 60 I größten Konzernunternehmens ein, um den Vorsitzenden und stellvertretenden Vorsitzenden der KonzernJAV zu wählen (§ 73b II iVm. § 59 II 1; die Regeln zur konstituierenden Sitzung entsprechen der der konstituierenden Sitzung der GesamtJAV über den Verweis auf § 51 II; vgl. § 73 Rz. 3 sowie § 51 Rz. 2 ff.).

III. Entsprechende Anwendung (Abs. 2). § 73b II erklärt eine Reihe von gesetzl. Regelungen für ent- 3
sprechend anwendbar, die die Rechtsstellung, die innere Organisation und die Geschäftsführung des BR, des KBR sowie der JAV betreffen[3]. Im Wesentlichen gelten damit für die KonzernJAV **identische Regelungen** wie für die JAV auf betriebl. Ebene (vgl. § 65 Rz. 2 ff.) und die GesamtJAV auf Unternehmensebene (vgl. § 73 Rz. 4 ff.). Bei der entsprechenden Anwendung ist zu beachten, dass die Vorschriften für andere Gremien konzipiert sind und die Übertragung nicht schematisch, sondern nur unter dem Vorbehalt der durch Sinn und Zweck vermittelten Vergleichbarkeit erfolgen kann.

1. Ersatzmitglied (§ 25 Abs. 1). Scheidet ein Mitglied aus der KonzernJAV aus, so rückt ein Ersatzmit- 4
glied nach. Dies gilt entsprechend für die Stellvertretung eines zeitweilig verhinderten Mitglieds des BR. Ersatzmitglieder sind diejenigen, die die GesamtJAV nach § 73a II bestellt hat (vgl. § 73a Rz. 9 sowie § 72 Rz. 11).

2. Vorsitzender und Stellvertreter (§ 26). Nach §§ 73b II iVm. 26 I wählt die KonzernJAV aus ihrer Mitte 5
den Vorsitzenden und dessen Stellvertreter. Vertreten wird die KonzernJAV im Rahmen der von ihr gefassten Beschlüsse (§ 26 II 1) durch den Vorsitzenden der KonzernJAV und im Falle seiner Verhinderung durch seinen Stellvertreter. Er bzw. im Verhinderungsfall sein Stellvertreter ist zur Entgegennahme von Erklärungen, die der KonzernJAV gegenüber abzugeben sind, berechtigt (§ 26 II 2). So haben bspw. die Ladungen für Sitzungen des KBR an den Vorsitzenden der KonzernJAV bzw. im Falle der Verhinderung an dessen Stellvertreter zu gehen. Allerdings sind zu den Tagesordnungspunkten, die besonders die in § 60 I genannten ArbN betreffen, **alle** Mitglieder der KonzernJAV zu laden (§§ 73b iVm. 59 II 3 iVm. 29 II 4).

3. Ausschüsse (§ 28). Wie die betriebl. JAV und die GesamtJAV hat auch die KonzernJAV die Möglich- 6
keit, Ausschüsse nach § 28 I 1 zu bilden (vgl. § 65 Rz. 8 und § 73 Rz. 7). Voraussetzung ist, wie sich aus der entsprechenden Anwendung ergibt, dass **im Konzern** mindestens 100 wahlberechtigte ArbN iSv. § 60 I beschäftigt werden[4].

4. Sitzungen (§ 30). Die KonzernJAV hat das Recht, Sitzungen abzuhalten (vgl. Rz. 2). Für die Sitzun- 7
gen gilt § 30 (vgl. § 65 Rz. 27 ff., § 73 Rz. 8 sowie § 30 Rz. 2 ff.).

5. Teilnahme der Gewerkschaften (§ 31). Gewerkschaftsvertreter können auf Antrag von einem Viertel 8
der Mitglieder der KonzernJAV an der Sitzung beratend teilnehmen, wobei der Gewerkschaft für diesen Fall der Zeitpunkt der Sitzung und die Tagesordnung rechtzeitig mitzuteilen sind. Streitig ist, ob es ausreicht, dass die Gewerkschaft im Konzern vertreten ist, oder ob sie in der KonzernJAV vertreten sein muss (vgl. § 65 Rz. 10 f. und § 73 Rz. 9). Bei der Ermittlung der notwendigen Anzahl von „einem Viertel der Mitglieder" ist abzustellen auf das Stimmengewicht (vgl. § 73 Rz. 9).

Unabhängig von § 31 kann die KonzernJAV mit Stimmenmehrheit einen Beschluss fassen, einen Ver- 9
treter der Gewerkschaft beratend zur Sitzung hinzuzuziehen, wenn sie dies zur Erfüllung ihrer Aufgaben für notwendig hält. Für diesen Fall ist es ausreichend, wenn die Gewerkschaft im Konzern vertreten ist (vgl. § 65 Rz. 10 und § 73 Rz. 9).

6. Sitzungsniederschrift (§ 34). Wie die betriebl. JAV und die GesamtJAV hat auch die KonzernJAV 10
eine Niederschrift über die Sitzung nebst Beschlussfassung und Stimmenmehrheit zu fertigen (vgl. § 65 Rz. 13 und § 73 Rz. 10).

7. Geschäftsordnung (§ 36). Mit absoluter Stimmenmehrheit kann sich die KonzernJAV eine schriftl. 11
Geschäftsordnung geben.

8. Ehrenamt und Arbeitsbefreiung (§ 37 Abs. 1–3). Die Mitglieder der KonzernJAV führen ihr Amt 12
unentgeltlich als **Ehrenamt** (§ 37 I). Sie sind von ihrer beruflichen Tätigkeit ohne Minderung des Arbeitsentgelts zu befreien, soweit dies zur ordnungsgemäßen Durchführung ihrer Aufgaben erforderlich ist (§ 37 II und III). Darüber hinaus besteht ein Anspruch auf Freistellung für Schulungs- und Bildungs-

1 *Löwisch*, BB 2001, 1734 (1746); *Löwisch/Kaiser*, § 73b BetrVG Rz. 1. | 2 DKK/*Trittin*, § 73b BetrVG Rz. 2. | 3 *Fitting*, § 73b BetrVG Rz. 11 ff. | 4 Vgl. *Fitting*, § 73b BetrVG Rz. 11; aA *Oetker*, DB 2005, 1665 ff. (1669), der eine mindestens siebenköpfige KonzernJAV verlangt.

veranstaltungen nach § 37 IV–VII BetrVG (vgl. § 73 Rz. 12). Bei der Beschlussfassung des BR über die Schulung eines Jugend- und Auszubildendenvertreters hat die JAV ein Teilnahme- und Stimmrecht (vgl. § 65 Rz. 18).

13 **9. Kosten (§ 40).** Der ArbGeb hat die für Sitzungen und laufende Geschäftsführung erforderlichen Räume und sachlichen Mittel zur Verfügung zu stellen (§ 40 II), er trägt die durch die Tätigkeit der KonzernJAV entstehenden **Kosten** (§ 40 I; zum **erforderlichen Sachaufwand** vgl. § 40 Rz. 4 ff.).

14 **10. Umlageverbot (§ 41).** Die Erhebung und Leistung von Beiträgen der ArbN für Zwecke der KonzernJAV ist unzulässig.

15 **11. Beschlussfassung (§ 51 Abs. 3).** Die **Beschlüsse** der KonzernJAV werden mit Mehrheit der Stimmen der anwesenden Mitglieder gefasst, soweit nichts anderes bestimmt ist (§ 51 III 1). Bei Stimmengleichheit ist ein Antrag abgelehnt (§ 51 III 2). Zur Beschlussfähigkeit der KonzernJAV ist es erforderlich, dass mindestens die Hälfte seiner Mitglieder an der Beschlussfassung teilnimmt **und** die Teilnehmenden mindestens die Hälfte aller Stimmen vertreten, Stellvertretung durch Ersatzmitglieder ist zulässig (§ 51 III 3). Für die Zahl der Stimmen, die ein Mitglied hat, sind die §§ 73a, 72 VII und VIII maßgebend. Gleiches gilt für einen eventuell durch die KonzernJAV gebildeten Ausschuss iSv. § 28 I 1 (§ 51 IV).

16 **12. Rechte und Pflichten (§ 51 Abs. 5).** Hinsichtlich der Rechte und Pflichten der KonzernJAV verweist § 73b II auf § 51 V, der letztendlich wiederum – wegen der **entsprechenden** Anwendung – auf die **materiellen Rechte und Pflichten** der JAV verweist. Die **konkreten** Rechte und Pflichten der KonzernJAV ergeben sich daher – wie auch für die GesamtJAV – aus § 70, insb. der **Anspruch auf Unterrichtung** gem. § 70 II, wonach die KonzernJAV zur Durchführung ihrer Aufgaben rechtzeitig und umfassend zu informieren ist. Ferner kann die KonzernJAV verlangen, dass ihr zur Durchführung ihrer Aufgaben auch die dazu erforderlichen Unterlagen zur Verfügung gestellt werden (§ 70 II 2, vgl. § 70 Rz. 20 ff.).

17 **13. Ausschluss von Mitgliedern (§ 56).** Mindestens ein Viertel der wahlberechtigten ArbN iSv. § 60 I der Konzernunternehmen, der ArbGeb, der KBR oder eine im Konzern vertretene Gewerkschaft können beim ArbG den Ausschluss eines Mitglieds aus der KonzernJAV wegen grober Verletzung seiner gesetzl. Pflichten beantragen (zur groben Verletzung der gesetzl. Pflichten vgl. § 56 Rz. 1). Bei der Ermittlung des Quorums ist wiederum nicht auf die Personenzahl, sondern auf die Stimmengewichtung abzustellen (vgl. § 73 Rz. 15).

18 **14. Erlöschen der Mitgliedschaft (§ 57).** Die Mitgliedschaft in der KonzernJAV endet mit dem Erlöschen der Mitgliedschaft in der GesamtJAV (vgl. § 73 Rz. 16), durch Amtsniederlegung, durch Ausschluss aus der KonzernJAV auf Grund einer gerichtl. Entscheidung oder durch Abberufung durch die GesamtJAV (vgl. § 73 Rz. 16 sowie § 65 Rz. 4).

19 **15. Zuständigkeit (§ 58).** Die KonzernJAV ist den einzelnen GesamtJAV nicht übergeordnet (§ 58 I 2). Sie ist zuständig für die Behandlung von Angelegenheiten, die den Konzern oder mehrere Konzernunternehmen betreffen und nicht durch die einzelnen GesamtJAV innerhalb ihrer Unternehmen geregelt werden können. Die KonzernJAV ist auch zuständig für Konzernunternehmen, in denen eine GesamtJAV **nicht gebildet** wurde, sowie für Betriebe der Konzernunternehmen ohne betriebliche JAV (vgl. § 58 Rz. 2 ff.). Die bloße **Zweckmäßigkeit** einer konzerneinheitlichen Regelung genügt für die Zuständigkeit der KonzernJAV nicht. Zwingend erforderlich ist eine unternehmensübergreifende Regelung[1]. Da die KonzernJAV nicht **Träger** von Mitwirkungs- und MitbestR ist, sondern darauf beschränkt ist, ihre Aufgaben gegenüber dem KBR bzw. über den KBR zu erfüllen, ist ihre Zuständigkeit stets dann gegeben, wenn der KBR sich mit der Angelegenheit befassen kann[2]. Darüber hinaus kann die GesamtJAV mit der Mehrheit der Stimmen ihrer Mitglieder die KonzernJAV **beauftragen**, eine Angelegenheit für sie zu behandeln. Dies ist aber idR nur dann sinnvoll, wenn gleichzeitig der GBR den KBR beauftragt hat, da die KonzernJAV ebenso wie die GesamtJAV und die betriebl. JAV nicht direkt mit dem ArbGeb verhandeln kann (vgl. § 60 Rz. 12 und § 73 Rz. 17)[3]. Allerdings ist dies keine Wirksamkeitsvoraussetzung für den Beauftragungsbeschluss[4]. Fallkonstellationen, bei denen eine unternehmensübergreifende Regelung **zwingend erforderlich** ist, sind nur schwer vorstellbar: Die Frage von Kontoführungspauschalen oder die Notwendigkeit von Einsparungen zum Zwecke der Sanierung und ein damit verbundener Zeitdruck führen jedenfalls nicht zu einer solchen zwingenden Erforderlichkeit[5]. Zu denken wäre uU an Fragen im Zusammenhang mit der betrAV oder eventuell eine einheitliche Ausbildungsregelung.

20 **16. Aussetzung von Beschlüssen des Konzern-Betriebsrats (§ 66).** Wie auch die betriebliche JAV und die GesamtJAV kann die KonzernJAV einen Beschluss des KBR für die Dauer von einer Woche aussetzen lassen, wenn durch **Mehrheitsbeschluss** die KonzernJAV zu dem Ergebnis kommt, dass durch den Beschluss eine erhebliche Beeinträchtigung wichtiger Interessen der in § 60 I genannten ArbN vor-

1 BAG v. 15.1.2002 – 1 ABR 10/01, NZA 2002, 988. | 2 Richardi/*Annuß*, § 73b BetrVG Rz. 20; ErfK/*Eisemann*, § 73b BetrVG Rz. 1. | 3 Zur gleichen Rechtslage bei der GesamtJAV ErfK/*Eisemann*, § 73 BetrVG Rz. 2; DKK/*Trittin*, § 73 BetrVG Rz. 20. | 4 Richardi/*Annuß*, § 73b BetrVG Rz. 21; ebenso zur Rechtslage bei der GesamtJAV ErfK/*Eisemann*, § 73 BetrVG Rz. 2; DKK/*Trittin*, § 73 BetrVG Rz. 20; GK-BetrVG/*Oetker*, § 73 Rz. 43 f.; *Fitting*, § 73 BetrVG Rz. 13; aA HSWG/*Hess*, § 73 BetrVG Rz. 7. | 5 BAG v. 15.1.2002 – 1 ABR 10/01, NZA 2002, 988.

liegt. Innerhalb der Wochenfrist ist eine Verständigung zwischen KonzernJAV und KBR ggf. mit Hilfe der im Konzern vertretenen Gewerkschaften zu versuchen. Bestätigt der KBR den ersten Beschluss, kann der Antrag auf Aussetzung nicht wiederholt werden (vgl. § 66 Rz. 2 ff.).

17. Teilnahme an Konzern-Betriebsratssitzungen (§ 67). Die KonzernJAV kann zu allen KBR-Sitzungen einen Vertreter entsenden. Werden Angelegenheiten behandelt, die besonders die in § 60 I genannten ArbN betreffen (vgl. § 67 Rz. 7), so hat zu diesen Tagesordnungspunkten nicht nur ein Vertreter, sondern die gesamte KonzernJAV ein Teilnahmerecht. Die KonzernJAV hat **Stimmrecht**, soweit die zu fassenden Beschlüsse des KBR **überwiegend** die in § 60 I genannten ArbN betreffen (vgl. § 67 Rz. 11 ff.). Auch hier ist maßgebend das Stimmengewicht, wie es sich aus den §§ 73a, 72 VII und VIII ergibt. Ferner hat die KonzernJAV das Recht, beim BR zu **beantragen**, Angelegenheiten, die besonders die in § 60 I genannten ArbN betreffen und über die die KonzernJAV beraten hat, auf die **nächste Tagesordnung** zu setzen. Der KBR soll Angelegenheiten, die besonders die in § 60 I genannten ArbN betreffen, der KonzernJAV zur Beratung zuleiten (vgl. § 67 Rz. 16 ff.). 21

18. Teilnahme an gemeinsamen Besprechungen (§ 68). Der KBR hat die KonzernJAV zu Besprechungen mit dem ArbGeb beizuziehen, wenn Angelegenheiten behandelt werden, die besonders die in § 60 I genannten ArbN betreffen (vgl. § 68 Rz. 2 ff.). 22

19. Kündigungsschutz. Da ein Mitglied der KonzernJAV stets zugleich Mitglied einer JAV ist, hat es auch den **besonderen Kündigungsschutz** des § 15 KSchG. Zulässig ist grds. nur die außerordentl. Kündigung, die der Zustimmung des BR – nicht des GBR oder KBR – bedarf[1]. Daneben ist der besondere Versetzungsschutz nach § 103 III zu beachten. 23

20. Abschließende Regelung. Bei dem Verweis in § 73b II auf die für entsprechend anwendbar erklärten Organisationsvorschriften handelt es sich um eine abschließende Regelung[2]. Insb. finden auf die KonzernJAV die Vorschriften über die Freistellung (§ 38), die Teilnahme der Konzernschwerbehindertenvertretungen an den Sitzungen des KBR (§ 59a), das Abhalten von Sprechstunden (§ 39) sowie über die Betriebsräteversammlung (§ 53) keine Anwendung. 24

IV. Streitigkeiten. Über Streitigkeiten, die sich aus der Anwendung des § 73b ergeben (zB Errichtung, Mitgliedschaft, Stimmengewicht), entscheidet das ArbG im **Beschlussverfahren** (§§ 2a I Nr. 1, II iVm. 80 ff. ArbGG). Zuständig ist in entsprechender Anwendung des § 82 I 2 ArbGG das ArbG, in dessen Bezirk das herrschende Unternehmen seinen Sitz hat[3]. Zwar wurde mit der Einführung der KonzernJAV § 82 ArbGG nicht dahin gehend ergänzt. Da die **örtliche Zuständigkeit** des KBR nach § 82 I 2 ArbGG sich aber ebenfalls nach dem Bezirk bestimmt, in dem das Unternehmen seinen Sitz hat, dürfte Gleiches für die KonzernJAV gelten. Über den Freizeitausgleich und die Minderung des Arbeitsentgelts nach § 37 II und III wird im **Urteilsverfahren** entschieden (§§ 2 I Nr. 3a, V iVm. 46 ff. ArbGG)[4]. Örtlich zuständig ist nach § 46 II ArbGG iVm. § 29 ZPO das ArbG, in dessen Bezirk der Betrieb, in dem der Konzern-Jugend- und Auszubildendenvertreter tätig ist, liegt. 25

Vierter Teil. Mitwirkung und Mitbestimmung der Arbeitnehmer

Erster Abschnitt. Allgemeines

74 *Grundsätze für die Zusammenarbeit*

(1) Arbeitgeber und Betriebsrat sollen mindestens einmal im Monat zu einer Besprechung zusammentreten. Sie haben über strittige Fragen mit dem ernsten Willen zur Einigung zu verhandeln und Vorschläge für die Beilegung von Meinungsverschiedenheiten zu machen.

(2) Maßnahmen des Arbeitskampfes zwischen Arbeitgeber und Betriebsrat sind unzulässig; Arbeitskämpfe tariffähiger Parteien werden hierdurch nicht berührt. Arbeitgeber und Betriebsrat haben Betätigungen zu unterlassen, durch die der Arbeitsablauf oder der Frieden des Betriebs beeinträchtigt werden. Sie haben jede parteipolitische Betätigung im Betrieb zu unterlassen; die Behandlung von Angelegenheiten tarifpolitischer, sozialpolitischer, umweltpolitischer und wirtschaftlicher Art, die den Betrieb oder seine Arbeitnehmer unmittelbar betreffen, wird hierdurch nicht berührt.

(3) Arbeitnehmer, die im Rahmen dieses Gesetzes Aufgaben übernehmen, werden hierdurch in der Betätigung für ihre Gewerkschaft auch im Betrieb nicht beschränkt.

§ 74 II 3 Hs. 2 zuletzt geändert (Ergänzung um das Wort „umweltpolitischer") durch das BetrVerf-ReformG v. 23.7.2001 (BGBl. I S. 1852), vgl. Neubekanntmachung v. 25.9.2001 (BGBl. I S. 2518).

---

1 Richardi/*Annuß*, § 73b BetrVG Rz. 17. | 2 *Fitting*, § 73b BetrVG Rz. 15. | 3 *Fitting*, § 73b BetrVG Rz. 16; DKK/*Trittin*, § 73b BetrVG Rz. 6. | 4 *Fitting*, § 73b BetrVG Rz. 17.

1 **I. Inhalt und Zweck.** Die Norm leitet den **materiellen** vierten Teil der betriebsverfassungsrechtl. Mitbestimmungsordnung ein, indem das Kooperationsgebot für ArbGeb und BR nach § 2 I anhand des Leitbilds einer **friedlichen und vertrauensvollen Zusammenarbeit** konkretisiert und ergänzt wird. Gemeinsam stellen §§ 74, 75 die „Magna Charta" der Betriebsverfassung dar[1], weil nicht nur das Verhältnis zwischen den Betriebspartnern, sondern auch das Verhältnis zu den Gewerkschaften und der Belegschaft durch verfassungskonkretisierendes **objektives Recht** zur Ermöglichung einer Mitwirkungs- und Mitbestimmungsordnung im Betrieb geregelt werden. Dass damit noch nicht ein umfassender „Allgemeiner Teil" für Rechtsfragen der Mitwirkung bzw. Mitbest. des BR formuliert werden konnte, zeigt sich an den vielen ungelösten Fragen, die im Folgenden vor allem zu § 77 (zB Verhältnis der BV zu TV und Arbeitsvertrag) und zu § 87 (zB Rechtsfolgen mitbestimmungswidrigen Verhaltens) im Einzelnen zu kommentieren sind[2].

2 Abs. 1 kann als gesetzlicher Vorschlag zum Umgang mit betriebl. Konflikten verstanden werden. Daher bezieht sich das Gebot des Abs. 1 S. 2 nicht ausschließl. auf das in Abs. 1 geregelte Monatsgespräch, sondern stellt **generelle Verhaltensregeln** für alle Verhandlungen zwischen ArbGeb und BR auf[3]. Wenn die Betriebspartner auf eine Verhandlungskultur „mit dem ernsten Willen zur Einigung", dh. auf eine gegenseitige **Einlassungs- und Erörterungspflicht**[4] in allen streitigen Angelegenheiten verpflichtet werden, ist damit aber keineswegs eine „Rechtspflicht" zum **Kompromiss** gemeint (hM). Eine europarechtskonforme Auslegung der Norm im Hinblick auf Art. 2 lit. g RL 2002/14/EG, der die vergleichbare „**Anhörung**" als „Durchführung eines Meinungsaustauschs und eines Dialogs" iS eines echten Austauschs von Argumenten definiert, überwindet insoweit keine Widerstände – sie stimmt überein mit Sinn und Zweck der deutschen Norm[5]. Abs. 2 verbietet ArbGeb und BR, im Bereich der Betriebsverfassung zu Arbeitskampfmaßnahmen zu greifen und die betriebl. Zusammenarbeit insb. durch parteipolitische Betätigung zu belasten. Die Vorschrift kann daher auch als Konkretisierung von „**Treu und Glauben**" im Betriebsverhältnis zwischen ArbGeb und BR, ähnlich wie § 242 I BGB, dogmatisch verstanden werden[6]. Schließlich bestätigt Abs. 3 die Koalitionsfreiheit der BR-Mitglieder, wenn diese ausdrückl. in ihrer Betätigung für Gewerkschaften (zB als Vertrauensleute) bestärkt werden (näher Rz. 12).

3 **II. Monatsgespräch (Abs. 1 S. 1).** ArbGeb und BR **sollen** (nicht: müssen) sich „mindestens einmal im Monat zu einer Besprechung" treffen. Sinn dieses Monatsgesprächs ist es, auf Grund des persönlichen Kontakts auch ohne akuten Anlass eine **vertrauensvolle** Atmosphäre zwischen den Betriebspartnern zu erzeugen und einen ständigen Gesprächskontakt zu gewährleisten[7]. Aus dieser gesetzgeberischen Absicht aber eine **Rechtspflicht** zum Monatsgespräch ableiten zu wollen[8], geht nicht nur über den Wortlaut der Vorschrift hinaus, sondern kann auch dazu führen, dass die Kontakte zu einem leeren Ritual verkommen. Im Zuge der notwendigen Flexibilisierung der Betriebsverfassung ist den Betriebspartnern sinnvollerweise die Entscheidung über den Zeittakt ihrer regelmäßigen Zusammenkünfte selbst zu überlassen, zumal auch **unabhängig vom Monatsrhythmus** die Einberufung einer Besprechung verlangt werden kann[9].

4 Der BR nimmt in **voller Besetzung** an der Besprechung teil. Es handelt sich grundsätzlich nicht um eine nach §§ 26 ff. delegierbare Aufgabe, es sei denn, es sollen ausschließlich Angelegenheiten erörtert werden, die einem Ausschuss zur selbständigen Erledigung übertragen sind[10]. Auf **ArbGebSeite** muss eine natürliche Person teilnehmen, die zur Vertretung des ArbGeb berechtigt ist (Geschäftsführer, Gesellschafter, Prokurist etc.)[11]. Eine einfache Vollmacht (§ 167 I BGB) ist grundsätzlich ausreichend, allerdings muss der ArbGebVertreter über die nötige Sachkunde und Entscheidungskompetenz verfügen[12].

5 Zum Monatsgespräch hinzuzuziehen ist nach § 68 auch die **JAV**, wenn und soweit dort Angelegenheiten behandelt werden, die besonders jugendliche ArbN betreffen. Nach der Regelung des § 95 V SGB IX gilt das auch für die **Schwerbehindertenvertretung**, jedoch unabhängig davon, ob diese Gruppe betreffende Themen besprochen werden. Der Gesetzgeber hat damit die entgegenstehende BAG-Rspr.[13] für gegenstandslos erklärt.

---

1 So Richardi/*Richardi*, § 75 BetrVG Rz. 1. | **2** Vgl. hierzu auch ErfK/*Kania*, Einl. vor § 74 BetrVG. | **3** So etwa *Fitting*, § 74 BetrVG Rz. 9; GK-BetrVG/*Kreutz*, § 74 Rz. 24; Richardi/*Richardi*, § 74 BetrVG Rz. 12. | **4** HM, vgl. *Fitting*, § 74 BetrVG Rz. 9; GK-BetrVG/*Kreutz*, § 74 Rz. 26; Richardi/*Richardi*, § 74 BetrVG Rz. 12. | **5** Ausf. *Reichold*, NZA 2003, 289 (296). | **6** Vgl. MünchArbR/*v. Hoyningen-Huene*, § 300 Rz. 28 f.; § 301 Rz. 4; *Reichold*, Betriebsverfassung als Sozialprivatrecht, 1995, S. 498. | **7** Vgl. GK-BetrVG/*Kreutz*, § 74 Rz. 9. | **8** So zB DKK/*Berg*, § 74 BetrVG Rz. 3; *Fitting*, § 74 BetrVG Rz. 4; GK-BetrVG/*Kreutz*, § 74 Rz. 10. | **9** Wie hier MünchArbR/*v. Hoyningen-Huene*, § 301 Rz. 14; Richardi/*Richardi*, § 74 BetrVG Rz. 8; *Stege/Weinspach/Schiefer*, § 74 BetrVG Rz. 1; aA GK-BetrVG/*Kreutz*, § 74 Rz. 12, der ein solches Recht nur dem BR aus § 23 III zuspricht. | **10** Str., wie hier Richardi/*Richardi*, § 74 BetrVG Rz. 7; für Delegation auf Ausschüsse DKK/*Berg*, § 74 BetrVG Rz. 5; *Fitting*, § 74 BetrVG Rz. 5; HaKo-BetrVG/*Lorenz*, § 74 Rz. 2; dagegen GK-BetrVG/*Kreutz*, § 74 Rz. 14; das BAG hält es in seinem Beschluss v. 19.1.1984 – 6 ABR 75/81, BAGE 45, 22 = NZA 1984, 166 für möglich, dass auch nur der Betriebsausschuss (§ 27) an Sitzungen nach § 74 I teilnimmt. | **11** Vgl. nur *Fitting*, § 74 BetrVG Rz. 7; GK-BetrVG/*Kreutz*, § 74 Rz. 15. | **12** BAG v. 11.12.1991 – 7 ABR 16/91, NZA 1992, 850. | **13** Vgl. noch BAG v. 19.1.1984 – 6 ABR 19/83, BAGE 45, 22 (25) = NZA 1984, 166.

Kein Teilnahmerecht hat dagegen der **Gewerkschaftsbeauftragte**. Sein Recht aus § 31 bzw. § 46 bezieht sich ausdrücklich nur auf BR-Sitzungen bzw. die Betriebs- oder Abteilungsversammlung. Durch eine Teilnahme auch am Monatsgespräch würde die Unterstützungsfunktion der Gewerkschaften aus § 2 deutlich überspannt[1]. **Einvernehmlich** können sich aber ArbGeb und BR auf die Teilnahme von Gewerkschaftsbeauftragten verständigen (hM), dagegen besteht ein einseitiges Hinzuziehungsrecht nur bei eindeutig tarifbezogenen Angelegenheiten[2]. 6

Die Besprechungen sind an **keine Form** gebunden. Es bedarf weder einer schriftl. Einladung noch einer Niederschrift. Sie können auch im Anschluss an eine BR-Sitzung, nicht aber mit ihr zusammen stattfinden[3]. Ob die Besprechung im Sitzen[4] oder als Stehkonvent stattfindet, kann getrost offen bleiben. 7

III. Verhandlungskultur (Abs. 1 S. 2). Die Verhandlungen zwischen ArbGeb und BR sollen ernsthaft und konstruktiv verlaufen. Das erfordert insb. ein **gegenseitiges Eingehen** auf die Positionen und Lösungsvorschläge von Problemen (Rz. 2)[5]. Die vertrauensvolle Zusammenarbeit erfordert in jedem Fall, vor Anrufung der **Einigungsstelle** ein direktes Gespräch zu führen und die wesentlichen Argumente auszutauschen. Doch scheitert die Anrufung der Einigungsstelle nicht an der Verletzung solcher von § 74 I 2 geforderter Verhandlungskultur[6] – der Geist konstruktiver Zusammenarbeit lässt sich nicht erzwingen (Rz. 20). **Nicht erforderlich** ist eine Einigung um jeden Preis; die Parteien können auf ihren Standpunkten verharren und sich einem Kompromiss auch verschließen (Rz. 2). Sachliche Kritik ist durchaus angebracht, dagegen sind persönliche Angriffe und ähnliche Ausfälle zu vermeiden. Eine **grobe Missachtung** der gesetzlich vorgezeichneten Verhandlungskultur, zB durch ständige Verweigerung von Verhandlungen, kann zu Ansprüchen aus § 23 I bzw. III führen[7]. Eine durch die Umstände ihrer Mitteilung den BR als reinen „Kostenfaktor" herabwürdigende **Bekanntgabe der BR-Kosten** durch den ArbGeb stellt zwar keine grobe Pflichtverletzung dar, kann aber wegen Behinderung der BR-Arbeit auf Grund § 78 S. 1, die gleichzeitig einen Verstoß gegen die vertrauensvolle Zusammenarbeit darstellt, untersagt werden[8]. 8

IV. Friedenspflicht (Abs. 2, 3). Abs. 2 ergänzt die kooperationssichernden Verhaltensgebote des Abs. 1 S. 2 („Verhandlungskultur") um **friedenssichernde Handlungseinschränkungen**, die gleichermaßen beide Betriebspartner betreffen. Der gebräuchliche Begriff „Friedenspflicht" ist dabei als Oberbegriff nicht ganz zutreffend[9], weil über das Arbeitskampfverbot (S. 1) und das Verbot von Beeinträchtigungen des Betriebsfriedens und des Arbeitsablaufs (S. 2) hinaus **jedwede parteipolitische Betätigung** im Betrieb (S. 3) **generell** untersagt wird (Rz. 16). Die allgemeine Friedenspflicht in S. 2 wird daher von den spezielleren Verboten in S. 1 u. 3 in deren Anwendungsbereich **verdrängt**[10], bleibt aber als allgemeiner Auffangtatbestand für die Norm prägend (Rz. 14). Der Gesetzgeber bemüht sich hier um einen **innerbetrieblichen Verhaltenskodex**, der Interessengegensätze nicht leugnen, diese dennoch in eine verbindliche Friedensordnung einbinden will. Er überträgt damit vor allem dem BR große Verantwortung im Hinblick auf eine sachgerechte **Abwägung** zwischen der grundrechtlich geschützten Handlungs- und Meinungs-, aber auch Koalitionsfreiheit (Art. 2, 5, 9 III GG) einerseits und der Sicherung einer betrieblichen Friedensordnung nach § 74 II (Art. 12 GG) andererseits. Abs. 3 macht auf diese Spannungslage aufmerksam. Das BVerfG hat zur verfassungsrechtl. Dimension der Norm ausdrücklich darauf verwiesen, dass parteipolitische Betätigung zwar generell, jede andere Betätigung aber nur dann verboten sei, wenn der Betriebsfrieden **konkret** beeinträchtigt werde[11]. 9

1. Verbot von Arbeitskampfmaßnahmen (S. 1). S. 1 Hs. 1 ordnet pauschal die Unzulässigkeit von Arbeitskampfmaßnahmen zwischen den Betriebspartnern, dh. eine **absolute Friedenspflicht** an, so dass es auf eine konkrete Beeinträchtigung des Betriebsfriedens überhaupt nicht ankommt[12]. S. 1 Hs. 2 stellt 10

---

1 HM, vgl. nur ErfK/*Kania*, § 74 BetrVG Rz. 7; *Fitting*, § 74 BetrVG Rz. 8; GK-BetrVG/*Kreutz*, § 74 Rz. 18. | 2 Str., wie hier GK-BetrVG/*Kreutz*, § 74 Rz. 18; MünchArbR/*v. Hoyningen-Huene*, § 301 Rz. 13; Richardi/*Richardi*, § 74 BetrVG Rz. 11; weniger streng ErfK/*Kania*, § 74 BetrVG Rz. 7; *Fitting*, § 74 BetrVG Rz. 8; zu weitgehend DKK/*Berg*, § 74 BetrVG Rz. 6; HaKo-BetrVG/*Lorenz*, § 74 Rz. 2, weil ein Teilnahmerecht auf Wunsch nur einer Partei dem gegenseitigen Vertrauens- und Gesprächskontakt nicht dienlich sein kann. | 3 Zutr. GK-BetrVG/*Kreutz*, § 74 Rz. 23, der auf die Unterschiede zwischen förmlicher BR-Sitzung nach § 29 und der Besprechung nach § 74 I verweist. | 4 So aber GK-BetrVG/*Kreutz*, § 74 Rz. 21. | 5 Vgl. BAG v. 13.10.1987 – 1 ABR 53/86, NZA 1987, 805: Eine gerichtliche Vorabbeurteilung von Regelungsvorschlägen des BR verstieße gegen § 74 I. | 6 HM, vgl. LAG Rh.-Pf. v. 5.1.2006 – 6 TaBV 60/05, AuR 2006, 333; LAG Hamm v. 9.8.2004 – 10 TaBV 81/04, AP Nr. 14 zu § 98 ArbGG 1979; LAG Nds. v. 7.12.1998 – 1 TaBV 74/98, AiB 1999, 648; ferner *Fitting*, § 74 BetrVG Rz. 9; GK-BetrVG/*Kreutz*, § 74 Rz. 28 mwN. | 7 HM, vgl. *Fitting*, § 74 BetrVG Rz. 9; GK-BetrVG/*Kreutz*, § 74 Rz. 27; MünchArbR/*v. Hoyningen-Huene*, § 301 Rz. 14; Richardi/*Richardi*, § 74 BetrVG Rz. 13. | 8 BAG v. 12.11.1997 – 7 ABR 14/97, NZA 1998, 559; v. 19.7.1995 – 7 ABR 60/94, NZA 1996, 332. | 9 So GK-BetrVG/*Kreutz*, § 74 Rz. 31; HaKo-BetrVG/*Lorenz*, § 74 Rz. 4; vgl. auch BVerfG v. 28.4.1976 – 1 BvR 71/73, BVerfGE 42, 133 (140 f.) = DB 1976, 1485; BAG v. 12.6.1986 – 6 ABR 67/84, DB 1987, 1898; diff. BAG v. 21.2.1978 – 1 ABR 54/76, DB 1978, 1547. | 10 Zutr. GK-BetrVG/*Kreutz*, § 74 Rz. 32. | 11 BVerfG v. 28.4.1976 – 1 BvR 71/73, BVerfGE 42, 133 (141) = DB 1976, 1485. | 12 HM, vgl. GK-BetrVG/*Kreutz*, § 74 Rz. 32; *Kissel*, Arbeitskampfrecht, 2002, § 36 Rz. 4; *Rolfs/Bütefisch*, NZA 1996, 17 (18).

aber klar, dass damit Arbeitskämpfe **tariffähiger** Parteien nicht berührt würden. Daraus folgt nach ganz hM zweierlei:

Zum einen, dass die Lösung **betriebsverfassungsrechtlicher Konflikte** nicht nach dem sog. Konfrontationsmodell im Wege des Arbeitskampfs erfolgen darf, sondern ausschließlich im Wege des vom BetrVG nach dem Kooperationsmodell vorgesehenen Schlichtungsmechanismus der „Einigungsstelle" (§ 76) bzw. in einem arbeitsgerichtl. Beschlussverfahren[1];

zum anderen, dass Arbeitskampfmaßnahmen **tariffähiger Parteien**, zu denen der BR nach § 2 I TVG nicht gehört, sich weder **positiv** noch **negativ** auf die betriebsverfassungsrechtl. Ordnung auswirken (sollen). Vielmehr soll der Arbeitskampf nichts an der Existenz des BR-Amts und dessen grundsätzlich fortbestehenden Aufgaben ändern – der BR hat sich **neutral** zu verhalten, bleibt aber **funktionstüchtig**[2]. Einwirkungspflichten auf zB (wild) Streikende in der Belegschaft bestehen nicht (hM). Dieses Postulat lässt sich allerdings mit einer Rechtswirklichkeit schwer vereinbaren, die von einer – regelmäßig und ständig auftretenden – **Doppelfunktion** von ArbGeb und BR-Mitgliedern als Betriebspartner einerseits und Arbeitskampfgegner andererseits gekennzeichnet ist[3] – genau deshalb erfolgte die Klarstellung in Abs. 3. Daraus folgende Interessenkonflikte der BR-Mitglieder können nicht ohne Rückwirkung auf ihre Beteiligungsrechte bleiben (vgl. Rz. 13).

11 Verboten sind alle Kampfmaßnahmen, die geeignet sind, auf den anderen Betriebspartner **Druck auszuüben**. Auf das „Kampfziel" kommt es nicht an, weil ArbGeb und BR durch S. 1 grundsätzlich auf friedliches Verhalten verpflichtet sind[4]. Notwendig ist aber jeweils ein dem **BR** oder dem ArbGeb **als Organ der Betriebsverfassung** zuzurechnendes Kampfverhalten[5]. Unabhängig davon sind schon nach allgemeinem Arbeitskampfrecht solche Streikmaßnahmen **rechtswidrig**, die zB auf die Rücknahme eines Antrags des ArbGeb auf Zustimmungsersetzung zur außerordentlichen Kündigung eines BR-Mitglieds zielen, weil hier ein Rechtsstreit nach § 103 und nicht ein tariflicher Regelungsstreit Gegenstand der Forderung ist – die Streikenden sind deshalb zum Ersatz des daraus entstehenden Schadens verpflichtet[6]. Werden BR-Mitglieder dagegen **ausgesperrt** und damit von ihren arbeitsvertragl. Rechten und Pflichten suspendiert, ändert sich nichts an ihrer **Amtsfunktion** auch während des Arbeitskampfes, doch erhalten sie wie die anderen Ausgesperrten kein Arbeitsentgelt[7]. Das BAG hat auch klar gestellt, dass **firmentarifliche Sozialpläne** zum Ausgleich von Nachteilen aus konkreten Betriebsänderungen trotz der §§ 111, 112 BetrVG durch die Gewerkschaft erstreikbar sind – einer Arbeitsteilung zwischen BR (Sozialplan) und Gewerkschaft (Firmentarif) zu Lasten des ArbGeb und einer Überlagerung von Sozialplanverhandlungen durch Streiks, die das Friedensgebot aushöhlen, wird damit kein Riegel vorgeschoben[8]. Das erscheint sehr bedenklich.

12 Das Arbeitskampfverbot gilt auch für das **einzelne BR-Mitglied**. Es darf sich nicht der Infrastruktur des BR nach § 40 II zu Streikzwecken bedienen oder Streikaufrufe als BR-Mitglied unterzeichnen[9]. Fraglich ist aber meistens, **wann** ein BR-Mitglied **als solches** handelt und wann es als streikender ArbN von seiner **Koalitionsfreiheit iSd. Abs. 3** Gebrauch macht. Danach kann es ihm nicht untersagt werden, sich an Ausständen seiner Gewerkschaft wie ein normaler ArbN zu beteiligen („in der Betätigung für ihre Gewerkschaft **auch im Betrieb** nicht beschränkt"). Ihm ist die Kampfbeteiligung nur in seiner Funktion als **Amtsträger** verboten[10]. Eine Vermutung für sein Auftreten gerade als BR-Mitglied wäre unzulässig – selbst der **freigestellte** Amtsträger ist nicht immer im Amt. So bleibt vom Neutralitätsgebot bei Arbeitskämpfen übrig, dass der BR als Gremium alle **Unterstützungsmaßnahmen** zu Gunsten der Streikenden zu unterlassen hat und seine Mitglieder nicht **erkennbar ihre Amtsautorität** zur Streikunterstützung

---

1 BAG v. 17.12.1976 – 1 AZR 772/75, DB 1977, 728; ferner *Fitting*, § 74 BetrVG Rz. 12; GK-BetrVG/*Kreutz*, § 74 Rz. 37; MünchArbR/*Matthes*, § 331 Rz. 1; Richardi/*Richardi*, § 74 BetrVG Rz. 17. | **2** HM, vgl. zuletzt BAG v. 10.12.2002 – 1 ABR 7/02, NZA 2004, 223; v. 25.10.1988 – 1 AZR 368/87, BAGE 60, 71 (75) = NZA 1989, 353; ferner *Fitting*, § 74 BetrVG Rz. 18; GK-BetrVG/*Kreutz*, § 74 Rz. 59; *Kissel*, Arbeitskampfrecht, 2002, § 36 Rz. 5, 7; MünchArbR/*v. Hoyningen-Huene*, § 301 Rz. 29; Richardi/*Richardi*, § 74 BetrVG Rz. 23 f., 33. | **3** BR-Mitglieder sind sehr häufig auch Gewerkschaftsmitglieder, vgl. nur *Kissel*, Arbeitskampfrecht, 2002, § 36 Rz. 4, 22; nach einer Umfrage im Anschluss an die BR-Wahlen 2002 sollen über alle Branchen hinweg ca. 84 % der BR-Mitglieder gewerkschaftlich organisiert gewesen sein, vgl. *Kempen*, NZA 2005, 185; *Rolfs/Bütefisch*, NZA 1996, 17 (18). | **4** Zutr. GK-BetrVG/*Kreutz*, § 74 Rz. 51. | **5** Beispiele bei GK-BetrVG/*Kreutz*, § 74 Rz. 68; MünchArbR/*v. Hoyningen-Huene*, § 301 Rz. 27; *Kissel*, Arbeitskampfrecht, 2002, § 36 Rz. 26 ff. | **6** BAG v. 7.6.1988 – 1 AZR 372/86, NZA 1988, 883. | **7** Das ergibt sich aus dem „Lohnausfallprinzip" nach § 37 II, vgl. BAG v. 25.10.1988 – 1 AZR 368/87, BAGE 60, 71 (76) = NZA 1989, 353. | **8** BAG v. 24.4.2007 – 1 AZR 252/06, NZA 2007, 987; dazu krit. wegen fehlender Erforderlichkeit zB *Franzen*, ZfA 2005, 315 (338); *Henssler*, FS Richardi, 2007, S. 553 (557 f.); *Reichold*, BB 2004, 2814 (2817 f.); insoweit abl. *Fischinger*, NZA 2007, 310 (313 f.); zu den Folgen für die Arbeitskampfparität vgl. *Hohenstatt/Schramm*, DB 2004, 2214; *Willemsen/Stamer*, NZA 2007, 413. | **9** HM, vgl. nur *Fitting*, § 74 BetrVG Rz. 15; GK-BetrVG/*Kreutz*, § 74 Rz. 34, 38; *Kissel*, Arbeitskampfrecht, 2002, § 36 Rz. 19; Richardi/*Richardi*, § 74 BetrVG Rz. 26; aA DKK/*Berg*, § 74 BetrVG Rz. 18. | **10** Eingehend zur Abgrenzung GK-BetrVG/*Kreutz*, § 74 Rz. 66; *Kissel*, Arbeitskampfrecht, 2002, § 36 Rz. 21 ff.; MünchArbR/*Matthes*, § 331 Rz. 4; Richardi/*Richardi*, § 74 BetrVG Rz. 26; *Rolfs/Bütefisch*, NZA 1996, 17 (19 ff.); vgl. auch BAG v. 17.12.1976 – 1 AZR 772/75, BAGE 28, 302 (307) = DB 1977, 728.

missbrauchen dürfen[1]. Ihnen auf Grund ihrer Amtsstellung eine leitende Funktion im betriebl. Arbeitskampfgeschehen untersagen zu wollen[2], wird von der hM abgelehnt[3].

Die Tarifautonomie und der aus ihr abzuleitende Grundsatz der **Kampfmittelparität** verlangen aber eine arbeitskampfkonforme Auslegung und damit eine **Einschränkung** der Beteiligungsrechte des BR bei arbeitskampfbezogenen Maßnahmen (hM)[4]. In Arbeitskämpfen können für den BR Interessenkollisionen entstehen (Rz. 10), die es ihm unmöglich machen, die abstrakte Trennung zwischen Friedens- und Kampfordnung, dh. zwischen BetrVG-Rechten und Streikbeteiligung durchzuhalten. Will der ArbGeb zB während eines Streiks für arbeitswillige ArbN vorübergehend die betriebsübliche **Arbeitszeit** verlängern, so bedarf er insoweit nicht der Zustimmung des BR[5]. Dass er bei Aussperrungs- bzw. Stilllegungsmaßnahmen nicht den BR zu beteiligen braucht, liegt auf der Hand. Das BVerfG hat die Einschränkung der BR-Rechte zu § 99 I als während des Arbeitskampfs zulässige **verfassungskonforme teleologische Restriktion** gebilligt und damit entgegenstehende Lehren verworfen[6]. Entgegen *Kreutz*[7] möchte das BAG die Einschränkung der Mitbest. nicht aus § 74 II 1 (Neutralitätsgebot) ableiten, sondern aus den übergeordneten Grundsätzen des Arbeitskampfrechts[8]. Im Ergebnis ist sich die hM einig darin, dass die Arbeitskampffreiheit des ArbGeb **tatsächlich und konkret** durch die Ausübung der MitbestR beeinträchtigt sein muss – diese muss geeignet sein, auf ihn **zusätzlichen Druck** auszuüben[9]. Unberührt bleiben daher zB die MitbestR in Bezug auf Sozialeinrichtungen oder Werkswohnungen, gleichermaßen solche Beteiligungsrechte, die „zufälligerweise" in die Arbeitskampfphase fallen, ohne aber einen inneren Bezug dazu aufzuweisen[10]. Dagegen ist **streitig**, ob zB Notdienst- und Erhaltungsarbeiten der BR-Mitbest. unterliegen oder der **Unterrichtungsanspruch** nach § 80 II zB in Bezug auf arbeitskampfbezogene Überstunden erhalten bleibt. Im ersten Fall spricht der unmittelbare Bezug zum Kampfgeschehen gegen eine BR-Kompetenz[11], im zweiten Fall der Bezug des Unterrichtungsanspruchs zum arbeitskampfbezogenen Beteiligungsrecht („*Zur Durchführung seiner Aufgaben ...*"). Dem anders urteilenden BAG kann insoweit nicht gefolgt werden, erscheint es doch als merkwürdige Förmelei, eine rechtzeitige Information zu einem Sachverhalt zu verlangen, der arbeitskampfbedingt überhaupt nicht zu einem MitbestR führen kann[12]. 13

2. Verbot der Störung des Betriebsfriedens (S. 2). Während den Betriebspartnern Arbeitskampfmaßnahmen **generell** untersagt sind (Rz. 10), ist in S. 2 das allgemeine Verbot der Störung des **Betriebsfriedens** als „relativer" Auffangtatbestand gegenüber den spezielleren „absoluten" Verboten in S. 1 u. S. 3 verankert. Zu seiner Anwendung bedarf es einer verfassungskonformen Auslegung im Hinblick auf die Grundrechte der jeweils Beteiligten (zB bei kritischen Veröffentlichungen über den BR in Werkszeitungen[13], vgl. Rz. 9). Verboten sind (nur) **konkrete** Störungen von Arbeitsablauf und Betriebsfrieden, eine bloß abstrakte Gefährdung reicht nicht aus[14]. Mit „Arbeitsablauf" ist die eigentliche Durchführung der betriebl. **Arbeitsaufgaben** gemeint, mit „Frieden des Betriebs" dagegen das störungsfreie betriebl. **Zusammenwirken**, das sich exakter durch das Gebot zur vertrauensvollen Zusammenarbeit zwischen ArbGeb und BR gem. §§ 2 I, 74 I eingrenzen lässt. 14

S. 2 verleiht dem BR Handhabe gegen zB wiederholte Missachtung von Beteiligungsrechten durch den ArbGeb, diesem dagegen Handhabe zB gegen die Anberaumung spontaner Betriebsversammlungen entgegen §§ 42, 43. Insbesondere der **Übergriff in fremde Kompetenzen** zB durch eigenmächtige Entfernung von Aushängen am schwarzen Brett des BR oder durch einen Eingriff in das Leitungsrecht des ArbGeb stört idR den betriebl. Frieden[15]. Eine aufwändige Fragebogenaktion des BR stellt nur dann eine Störung des Arbeitsablaufs dar, wenn die ArbN die Fragen während der Arbeitszeit beantworten sollen[16]. 15

1 Ähnlich GK-BetrVG/*Kreutz*, § 74 Rz. 67; *Kissel*, Arbeitskampfrecht, 2002, § 36 Rz. 24. | 2 So *Rolfs/Bütefisch*, NZA 1996, 17 (20). | 3 Vgl. nur *Fitting*, § 74 BetrVG Rz. 16; GK-BetrVG/*Kreutz*, § 74 Rz. 65; *Kempen*, NZA 2005, 185 (190); MünchArbR/*Matthes*, § 331 Rz. 4; Richardi/*Richardi*, § 74 BetrVG Rz. 26. | 4 St. Rspr., zuletzt BAG v. 10.12.2002 – 1 ABR 7/02, NZA 2004, 223; v. 14.2.1978 – 1 AZR 54/76, BAGE 30, 43 (48) = DB 1978, 1231; krit. aus dogmatischer Sicht aber GK-BetrVG/*Kreutz*, § 74 Rz. 72 ff. | 5 BAG v. 24.4.1979 – 1 ABR 43/77, DB 1979, 1655. | 6 BVerfG v. 7.4.1997 – 1 BvL 11/96, NZA 1997, 773 gegen zB DKK/*Berg*, § 74 BetrVG Rz. 20; HaKo-BetrVG/*Lorenz*, § 74 Rz. 7. | 7 GK-BetrVG/*Kreutz*, § 74 Rz. 72 ff. mwN. | 8 BAG v. 10.12.2002 – 1 ABR 7/02, NZA 2004, 223; zust. *Kissel*, Arbeitskampfrecht, 2002, § 36 Rz. 56; MünchArbR/*Matthes*, § 331 Rz. 18; Richardi/*Richardi*, § 74 BetrVG Rz. 42; *Reichold*, NZA 2004, 247 (250). | 9 BAG v. 10.12.2002 – 1 ABR 7/02, NZA 2004, 223; v. 10.2.1988 – 1 ABR 39/86, NZA 1988, 549; v. 24.4.1979 – 1 ABR 43/77, BAGE 31, 372 (379) = DB 1979, 1655; ähnlich *Fitting*, § 74 BetrVG Rz. 21; *Kissel*, Arbeitskampfrecht, 2002, § 36 Rz. 53 f.; MünchArbR/*v. Hoyningen-Huene*, § 301 Rz. 34 f.; MünchArbR/*Matthes*, § 331 Rz. 15–17; Richardi/*Richardi*, § 74 BetrVG Rz. 33; i. Erg. auch GK-BetrVG/*Kreutz*, § 74 Rz. 76. | 10 Beispiele bei *Kissel*, Arbeitskampfrecht, 2002, § 36 Rz. 45–48, 64–65. | 11 Ähnlich wie hier *Fitting*, § 74 BetrVG Rz. 24; MünchArbR/*Matthes*, § 331 Rz. 25; *Kissel*, Arbeitskampfrecht, 2002, § 36 Rz. 89 f.; aA GK-BetrVG/*Kreutz*, § 74 Rz. 82. | 12 BAG v. 10.12.2002 – 1 ABR 7/02, NZA 2004, 223; abl. *Reichold*, NZA 2004, 247 (250); eher zust. *Krause*, Anm. EzA § 80 BetrVG 2001 Nr. 1. | 13 Vgl. BVerfG v. 8.10.1996 – 1 BvR 1183/90, BVerfGE 95, 28 (37 f.): Auswirkung des Art. 5 I 2 GG auf § 74 II BetrVG. | 14 HM, vgl. BVerfG v. 28.4.1976 – 1 BvR 71/73, BVerfGE 42, 133 (141) = DB 1976, 1485; *Fitting*, § 74 BetrVG Rz. 29; GK-BetrVG/*Kreutz*, § 74 Rz. 130; MünchArbR/*v. Hoyningen-Huene*, § 301 Rz. 45; Richardi/*Richardi*, § 74 BetrVG Rz. 46. | 15 Vgl. BAG v. 22.7.1980 – 6 ABR 5/78, BAGE 34, 75 = DB 1981, 481; weitere Beispiele bei *Fitting*, § 74 BetrVG Rz. 31; GK-BetrVG/*Kreutz*, § 74 Rz. 136; MünchArbR/*v. Hoyningen-Huene*, § 301 Rz. 46 ff. | 16 BAG v. 8.2.1977 – 1 ABR 82/74, DB 1977, 914.

Dagegen kann die konsequent „unflexible" Anwendung des BetrVG keinesfalls den Betriebsfrieden stören. Es gehört jedoch nicht zu den dem BR nach dem BetrVG obliegenden Aufgaben, **von sich aus** und ohne Veranlassung durch den ArbGeb die außerbetriebliche Öffentlichkeit über „allgemein interessierende Vorgänge" des Betriebs zu unterrichten[1]. Je nach den Umständen dieser Medieninformation wird eine Störung des Betriebsfriedens hier sehr nahe liegen. Der BR seinerseits muss sich **betriebsinterne Kritik** an seiner Amtsführung gefallen lassen, soweit diese von der Pressefreiheit einer vom ArbGeb herausgegebenen Werkszeitung gedeckt ist[2]. Auch eine Flugblattaktion zu innerbetrieblichen Angelegenheiten von Seiten eines BR-Mitglieds kann bei Bezugnahme auf anstehende betriebl. Entscheidungen wegen Art. 5 GG noch zulässig sein[3]. Eine Information der Belegschaft über von der IG Metall mit dem ArbGeb abgeschlossene TV durch den BR ist ebenfalls zulässig, soweit nicht von vorneherein eine gemeinsame Aktion mit der Gewerkschaft erfolgt[4].

16 **3. Verbot der parteipolitischen Betätigung (S. 3).** Die Betriebsparteien haben „**jede** parteipolitische Betätigung im Betrieb zu unterlassen", vgl. S. 3 Hs. 1. Damit sollen ähnlich wie im den Arbeitskampf betreffenden S. 1 **parteipolitische** Aktivitäten generell aus dem Betrieb fern gehalten werden – zu einer konkreten Störung des Betriebsfriedens muss es also nicht kommen[5]. Das Verbot wird **relativiert** durch S. 3 Hs. 2, wonach die Behandlung tarifpolitischer, sozialpolitischer, umweltpolitischer und wirtschaftlicher Fragen, „die den Betrieb und seine Mitarbeiter unmittelbar betreffen", von Hs. 1 unberührt bleibt. Damit wird erkennbar, dass – auch wegen der Ausstrahlungswirkung von Art. 5 GG (Rz. 9) – der Betrieb keineswegs als **politikfreie Zone** eingestuft werden kann[6]. Vielmehr wird durch S. 3 Hs. 2 das – nur Amtsträger des BetrVG betreffende[7] – pauschale „Politikverbot" sachlich beschränkt auf solche Themen, die den Betrieb und seine Mitarbeiter **nicht unmittelbar betreffen** (zB die Stationierung von Mittelstreckenraketen in Deutschland)[8]. Damit wird nicht eine „zulässige" Parteipolitik im Betrieb festgeschrieben, sondern nur die „zulässige" Behandlung von betriebsbezogenen **Sachthemen** ohne greifbar parteiliche Färbung[9].

17 Sinn und Zweck von S. 3 sind nur vom übergreifenden Grundsatz des **Betriebsfriedens** her zu erschließen, der die Betriebspartner einem **verbindlichen Verhaltenskodex** unterwirft (Rz. 9) und sie auf eine Verhandlungskultur festlegt (Rz. 2, 8). Entgegen soziologisch verbrämter Fehldeutungen[10] soll damit nicht die Meinungsfreiheit im Betrieb unterbunden werden, sondern lediglich der „offizielle" **Tätigkeitsbereich** der Betriebspartner auf betriebsunmittelbare Politikfelder beschränkt werden[11]. Das BAG hat deshalb auch den Auftritt eines Spitzenpolitikers auf einer Betriebsversammlung verboten: Obwohl dessen Kurzreferat ein (zulässiges) sozialpolitisches Thema betraf, überwogen die Bedenken gegen die Einbindung seines Auftritts in eine **Wahlkampfstrategie**, die geeignet war, den Betriebsfrieden wegen offenkundig parteipolitischer Absichten abstrakt zu gefährden[12]. Unter das Verbot fällt zB auch das Verteilen von Flugblättern durch BR-Mitglieder selbst dann, wenn dies vor dem Werkstor geschieht[13].

18 Das Verbot gilt **nicht** für die **ArbN** des Betriebs und die dort vertretenen Gewerkschaften (hM); es richtet sich nur an die Funktionsträger des BetrVG (Rz. 16). Dabei wird wiederum fraglich, wann ein BR-Mitglied in Amtsfunktion handelt und wann wie ein „normaler" ArbN. Die Maßstäbe bei der Abgrenzung sind hier strenger als beim Arbeitskampfverbot, weil zu Gunsten des BR-Mitglieds nicht die Privilegierung **koalitionsgemäßen** Handelns nach Abs. 3 spricht (Rz. 12), sondern zu seinen Lasten eher die Vermutung für die Ausnutzung seiner **Amtsautorität**, jedenfalls im Fall der Freistellung (§ 38)[14]. Soweit nicht aktive Parteipolitik mit BR-Tätigkeit **erkennbar** zusammentrifft, wird man aber wie zB beim Tragen von politischen Plaketten[15] oder beim Verteilen von Flugblättern in der Mittagspause[16] nur Sanktionen **kraft Arbeitsvertrags** und nicht kraft § 74 II in Erwägung ziehen können, die dann aber eine konkrete Störung des Arbeitsverhältnisses im Leistungsbereich oder im Bereich der betrieblichen Verbundenheit wegen deutlich **provokatorischem** Gehalt erfordern[17].

---

1 BAG v. 18.9.1991 – 7 ABR 63/90, NZA 1992, 315; vgl. auch *Wiese*, FS 50 Jahre BAG, 2004, S. 1125 (1146 f.). |2 BVerfG v. 8.10.1996 – 1 BvR 1183/90, BVerfGE 95, 28 (37 f.). |3 LAG Hess. v. 17.2.1997 – 11 Sa 1776/96, NZA-RR 1998, 17. |4 LAG Hamm v. 31.5.2006 – 10 TaBV 204/05. |5 HM, vgl. nur BAG v. 21.2.1978 – 1 ABR 54/76, DB 1978, 1547; *Fitting*, § 74 BetrVG Rz. 37; GK-BetrVG/*Kreutz*, § 74 Rz. 37; MünchArbR/*v. Hoyningen-Huene*, § 301 Rz. 50; Richardi/*Richardi*, § 74 BetrVG Rz. 57; aA DKK/*Berg*, § 74 BetrVG Rz. 28; HaKo-BetrVG/*Lorenz*, § 74 Rz. 9: konkrete Gefährdung nötig. |6 Ähnlich MünchArbR/*v. Hoyningen-Huene*, § 301 Rz. 54; *Wiese*, FS 50 Jahre BAG, 2004, S. 1125 (1143). |7 HM, vgl. ErfK/*Kania*, § 74 BetrVG Rz. 22; *Fitting*, § 74 BetrVG Rz. 39; GK-BetrVG/*Kreutz*, § 74 Rz. 101 ff. |8 Vgl. BAG v. 12.6.1986 – 6 ABR 67/84, DB 1987, 1898; GK-BetrVG/*Kreutz*, § 74 Rz. 110; MünchArbR/*v. Hoyningen-Huene*, § 301 Rz. 54 f.; Richardi/*Richardi*, § 74 BetrVG Rz. 62; aA DKK/*Berg*, § 74 BetrVG Rz. 31 ff.; *Fitting*, § 74 BetrVG Rz. 48, 50; HaKo-BetrVG/*Lorenz*, § 74 Rz. 9. |9 Zutr. GK-BetrVG/*Kreutz*, § 74 Rz. 122. |10 Vgl. etwa DKK/*Berg*, § 74 BetrVG Rz. 30; *Derleder*, AuR 1988, 21 ff.; dazu auch *Reichold*, NZA 1999, 562. |11 So auch MünchArbR/*v. Hoyningen-Huene*, § 301 Rz. 61. |12 BAG v. 13.9.1977 – 1 ABR 67/75, DB 1977, 2452. |13 BAG v. 21.2.1978 – 1 ABR 54/76, DB 1978, 1547; Beispiele ferner bei GK-BetrVG/*Kreutz*, § 74 Rz. 112 ff.; MünchArbR/*v. Hoyningen-Huene*, § 301 Rz. 55 ff. |14 Vgl. GK-BetrVG/*Kreutz*, § 74 Rz. 102. |15 BAG v. 9.12.1982 – 2 AZR 620/80, DB 1983, 2578 („Anti-Strauß-Plakette"). |16 BAG v. 12.6.1986 – 6 AZR 559/84, NZA 1987, 153 (Abmahnung kraft Arbeitsvertrags wegen „friedlicher" Flugblattverteilung unberechtigt). |17 Im Einzelnen str., vgl. nur ErfK/*Kania*, § 74 BetrVG Rz. 23; MünchArbR/*Blomeyer*, § 53 Rz. 86 ff., insb. 89; GK-BetrVG/*Kreutz*, § 74 Rz. 106; Richardi/*Richardi*, § 74 BetrVG Rz. 69; sehr großzügig zB DKK/*Berg*, § 74 BetrVG Rz. 40 f.; ErfK/*Dieterich*, Art. 5 GG Rz. 34.

V. Streitigkeiten. Neben den Ansprüchen aus § 23 III (grobe Verletzung der Pflichten aus dem BetrVG) gewährt § 74 II dem ArbGeb bzw. dem BR einen **eigenständigen Unterlassungsanspruch** gegen die jeweilige Gegenseite, soweit die betriebsverfassungsrechtl. Friedenspflicht verletzt wird[1]. Die Geltendmachung im Beschlussverfahren erfordert einen Antrag, der auf einzelne, tatbestandlich **konkret** beschriebene Handlungen als Verfahrensgegenstand zielt – andernfalls ist das Rechtsschutzinteresse zu verneinen. Stellt der Verstoß gegen die Friedenspflicht gleichzeitig eine **Vertragsverletzung** dar, kann eine Abmahnung oder gar (außerordentliche) Kündigung ausgesprochen werden, die aber unter dem Vorbehalt einer strengen Verhältnismäßigkeitsprüfung wegen der Amtsstellung des Betroffenen steht (vgl. § 23 Rz. 7). Im Zweifel ist eine „betriebsverfassungsrechtliche" Abmahnung vorzuziehen (str., vgl. § 23 Rz. 10). 19

Dem BR steht aus **§ 74 I 2** zwar ein Recht auf ernsthafte Verhandlungen mit dem ArbGeb zu, doch ist dieses Recht **nicht einklagbar** (Rz. 8). Verhandlung und Einigungsversuch stellen keine Verfahrensvoraussetzung für die Anrufung der Einigungsstelle dar; eine ständige Missachtung der Verhandlungskultur kann aber wegen grobem Pflichtverstoß zu einem Anspruch aus § 23 III führen. 20

75 *Grundsätze für die Behandlung der Betriebsangehörigen*

(1) Arbeitgeber und Betriebsrat haben darüber zu wachen, dass alle im Betrieb tätigen Personen nach den Grundsätzen von Recht und Billigkeit behandelt werden, insbesondere, dass jede Benachteiligung von Personen aus Gründen ihrer Rasse oder wegen ihrer ethnischen Herkunft, ihrer Abstammung oder sonstigen Herkunft, ihrer Nationalität, ihrer Religion oder Weltanschauung, ihrer Behinderung, ihres Alters, ihrer politischen oder gewerkschaftlichen Betätigung oder Einstellung oder wegen ihres Geschlechts oder ihrer sexuellen Identität unterbleibt.

(2) Arbeitgeber und Betriebsrat haben die freie Entfaltung der Persönlichkeit der im Betrieb beschäftigten Arbeitnehmer zu schützen und zu fördern. Sie haben die Selbständigkeit und Eigeninitiative der Arbeitnehmer und Arbeitsgruppen zu fördern.

§ 75 zuletzt geändert (Ergänzung von Abs. 1 um die Merkmale des § 1 AGG) durch das Gesetz zur Umsetzung europäischer Richtlinien zur Verwirklichung des Grundsatzes der Gleichbehandlung (Art. 3 III) v. 14.8.2006 (BGBl. I S. 1897).

I. Inhalt und Zweck. Die Vorschrift erweitert das Kooperationsgebot aus §§ 2, 74 um eine **Drittdimension**, indem sie Pflichten der Betriebsparteien im Verhältnis zu den Beschäftigten im Betrieb festlegt (vgl. § 74 Rz. 1)[2]. Die beiden Absätze sind dabei strikt auseinander zu halten. Während Abs. 1 als einfachrechtl. Umsetzung und Verstärkung von europäischen (Art. 13 EG) und grundgesetzlichen (Art. 3 GG) **Diskriminierungsverboten** gelten kann, betont Abs. 2 die **Freiheitsrechte** des einzelnen ArbN in Umsetzung von Art. 2, 12 GG[3]. Aus diesen **Schutz-, Förderungs- und Kontrollpflichten** ergeben sich einfachrechtl. Schranken vorrangig der betriebl. Regelungsbefugnis, **nicht aber** eigenständige Unterlassungsansprüche des BR gegen den ArbGeb, zB im Hinblick auf persönlichkeitsrechtsverletzende Maßnahmen gegenüber ArbN[4], oder gar Individualansprüche der ArbN (vgl. Rz. 5)[5]. Auch der Schutzgesetzcharakter der Norm iSd. § 823 II BGB ist abzulehnen (str.)[6]. 1

Bei § 75 handelt es sich um kollektives **„Amtsrecht"**, das nur in Betrieben mit BR gilt. Berechtigt und verpflichtet werden ausschließlich die Betriebspartner. Die Rspr. leitete aus dem Verweis auf die Grundsätze von „Recht und Billigkeit" in Abs. 1 zunächst die Befugnis zu einer „Billigkeitskontrolle" (Inhaltskontrolle) von BV ab, die inzwischen aber zutreffend auf eine **„Rechtskontrolle"** auf Grund höherrangigen Rechts eingeschränkt worden ist[7]. Insoweit handelt es sich bei § 75 um ein **Verbotsgesetz iSd. § 134 BGB**, so dass BV **nichtig** sind, soweit sie gegen die „Grundsätze von Recht und Billigkeit" (im Sinne einer Rechtskontrolle) verstoßen[8]. 2

---

1 HM, vgl. BAG v. 22.7.1980 - 6 ABR 5/78, BAGE 34, 75 = DB 1981, 481; ferner *Fitting*, § 74 BetrVG Rz. 74; GK-BetrVG/*Kreutz*, § 74 Rz. 125; MünchArbR/*v. Hoyningen-Huene*, § 301 Rz. 49; Richardi/*Richardi*, § 74 BetrVG Rz. 72. | 2 So Richardi/*Richardi*, § 75 BetrVG Rz. 1; vgl. auch ErfK/*Kania*, § 75 BetrVG Rz. 1. | 3 Monografisch *Hammer*, Betriebsverfassungsrechtliche Schutzpflicht, 1998, S. 107 ff. | 4 So (zu § 75 II 1) BAG v. 28.5.2002 – 1 ABR 32/01, NZA 2003, 166; LAG Nürnberg v. 31.8.2005 – 6 TaBV 41/05, NZA-RR 2006, 137; GK-BetrVG/*Kreutz*, § 75 Rz. 92; Richardi/*Richardi*, § 75 BetrVG Rz. 42; aA (ohne Begründung) DKK/*Berg*, § 75 BetrVG Rz. 42; *Fitting*, § 75 BetrVG Rz. 99. | 5 HM, vgl. *Fitting*, § 75 BetrVG Rz. 20; GK-BetrVG/*Kreutz*, § 75 Rz. 23, 137; MünchArbR/*v. Hoyningen-Huene*, § 301 Rz. 87; Richardi/*Richardi*, § 75 BetrVG Rz. 10. | 6 Str., wie hier GK-BetrVG/*Kreutz*, § 75 Rz. 138; MünchArbR/*v. Hoyningen-Huene*, § 301 Rz. 87; Richardi/*Richardi*, § 75 BetrVG Rz. 42; aA BAG v. 5.4.1984 – 2 AZR 513/82, NZA 1985, 329; ErfK/*Kania*, § 75 BetrVG Rz. 12; *Fitting*, § 75 BetrVG Rz. 98 mwN. | 7 Vgl. BAG v. 22.3.2005 – 1 AZR 49/04, NZA 2005, 773; v. 12.11.2002 – 1 AZR 58/02, NZA 2003, 1287 (Rechtskontrolle eines Sozialplans); v. 19.1.1999 – 1 AZR 499/98, BAGE 90, 316 = NZA 1999, 546 (betriebliches Rauchverbot); vgl. ferner GK-BetrVG/*Kreutz*, § 75 Rz. 35; MünchArbR/*Matthes*, § 328 Rz. 83 ff.; *Reichold*, Anm. zu AP Nr. 84 zu § 77 BetrVG 1972; *Schliemann*, FS Hanau, 1999, S. 577 (602 f.). | 8 HM, vgl. BAG v. 28.5.2002 – 3 AZR 358/01, FA 2002, 388; v. 19.1.1999 – 1 AZR 499/98, BAGE 90, 316 = NZA 1999, 546; ferner ErfK/*Kania*, § 75 BetrVG Rz. 12; *Fitting*, § 75 BetrVG Rz. 98;GK-BetrVG/*Kreutz*, § 75 Rz. 139 mwN.

3 Im Zuge der Umsetzung der europäischen Richtlinien zur Verwirklichung der Gleichbehandlung in Beschäftigung und Beruf wurden die Merkmale „Rasse oder ethnische Herkunft“ (Rz. 11)[1] sowie die Merkmale „Religion oder Weltanschauung“ bzw. Behinderung und Alter als **neue Diskriminierungsmerkmale** in Abs. 1 aufgenommen[2]. Diese Anpassung an die Terminologie des § 1 AGG ermöglichte auch die Streichung des bisherigen Abs. 1 S. 2, wonach darauf zu achten war, dass ArbN nicht wegen Überschreitung bestimmter Altersgrenzen benachteiligt würden. Beabsichtigt war eine Anpassung nicht nur an die Terminologie, sondern auch an die Begriffsdefinitionen des AGG[3]. Mit dem Begriff der „**sonstigen Herkunft**“ soll in Abgrenzung zur „ethnischen Herkunft“ an das bisherige Differenzierungsverbot in Abs. 1 angeknüpft werden, so dass **zusätzlich** zu den Differenzierungsverboten des AGG auch eine Benachteiligung wegen der örtlichen, regionalen oder sozialen Herkunft verboten wird (Rz. 11)[4]. Die Beweislastregelung des § 22 AGG wird allerdings in einem Beschlussverfahren zu Gunsten des BR, soweit er seine Rechte aus § 17 II AGG geltend macht, nicht greifen können[5]; sie ist nur für das Individualverfahren des Benachteiligten geschaffen worden.

3a Der 2001 im Zuge des BetrVerf-ReformG 2001 eingefügte **Satz 2** in Abs. 2 soll laut amtl. Begründung einen „Beitrag zu mehr Demokratie im Betrieb“ leisten, indem die Betriebspartner durch entsprechende Gestaltung der Betriebsorganisation und der Arbeit mehr „Freiräume für Entscheidungen, Eigenverantwortung und Kreativität der ArbN und Arbeitsgruppen“ schaffen sollen[6]. Mit dieser Verstärkung der **Zielnorm**[7] des Abs. 2 wird deutlicher, dass hier nicht nur die Regelungsbefugnis der Betriebspartner im Hinblick auf die Entfaltungsfreiheit der Persönlichkeit der ArbN im Sinne eines **Übermaßverbots** beschränkt wird[8], sondern dass ein allgemeines Wertungsprinzip, die sog. **Ausgleichsfunktion**, normiert wird: Danach zielt die Betriebsverfassung nicht auf ein spezifisches Ordnungs- oder Kollektivinteresse „des Betriebs“, sondern als Ausformung der Privatautonomie auf die bestmögliche Verwirklichung des **Individualinteresses** jeden einzelnen ArbN **im betrieblichen Verbund**[9]. Die Betriebsparteien sind demnach durch § 75 II zu einer die freie Entfaltung der Persönlichkeit möglichst schonenden Auslegung und Handhabung der in den Mitbestimmungstatbeständen enthaltenen Eingriffsmöglichkeiten verpflichtet[10].

4 **II. Diskriminierungsverbot (Abs. 1).** Abs. 1 statuiert ein **Überwachungsgebot** für ArbGeb und BR, die jeder für sich, aber auch im Zusammenwirken darüber „zu wachen haben“, dass alle Beschäftigten „nach den Grundsätzen von **Recht und Billigkeit** behandelt werden“. Als besonders wichtiges Beispiel werden die **Diskriminierungsverbote des AGG** sowie weitere Verbote benannt (Rz. 9). Überwachungspflichten und -rechte treffen ArbGeb und BR unabhängig davon, wer die Kenntnis von Rechtsverstößen erlangt hat. Für den BR ist der Auskunftsanspruch nach § 80 II iVm. I Nr. 1 hierfür ein wesentliches Hilfsinstrument[11].

5 **1. Zur Überwachung Verpflichtete.** In **persönlicher** Hinsicht richten sich die Überwachungspflichten an die Vertreter des ArbGeb und die BR-Mitglieder einschließlich der BR-Ausschüsse sowie des GBR und KBR, wohl auch an die Arbeitsgruppen nach § 28a[12]. **Nicht** verpflichtet sind die einzelnen **ArbN**[13], die weder eine Überwachungs- bzw. Unterrichtungspflicht trifft noch eine entsprechende **Verhaltenspflicht** – alleine ein Verstoß gegen § 75 begründet noch keine Kündigung. Allerdings zeigt die Norm des § 104 („... den Betriebsfrieden *wiederholt ernstlich* gestört“ hat), dass über arbeitsvertragl. Verhaltenspflichten die Vorschrift des § 75 I zumindest **mittelbare** Wirkung auch auf das einzelne Arbeitsverhältnis entfaltet[14]. ArbN können umgekehrt aus § 75 auch keine **Rechte** ableiten (Rz. 1), doch können sie sich im Beschwerdewege (§§ 82–85) über den BR oder direkt beim ArbG gegen Diskriminierungen bzw. ungerechtfertigte Maßregelungen oder wegen Verletzung der arbeitgeberseitigen **Fürsorgepflicht** zur Wehr setzen.

---

1 RL 2000/43/EG v. 29.6.2000 – „Antirassismus-RL“. | 2 RL 2000/78/EG v. 27.11.2000 – „Rahmen-RL Beschäftigung“. | 3 BT-Drs. 16/1780, S. 56: Begriff der Benachteiligung und Zulässigkeit unterschiedlicher Behandlung richten sich nach den Bestimmungen des AGG; vgl. auch *Besgen*, BB 2007, 213 (218). | 4 BT-Drs. 16/1780, S. 56. | 5 Zutr. *Besgen*, BB 2007, 213 (215). | 6 BT-Drs. 14/5741, S. 45; dazu ausf. *Franzen*, ZfA 2001, 424 f., 448 f.; Richardi/*Richardi*, § 75 BetrVG Rz. 34. | 7 So Richardi/*Richardi*, § 75 BetrVG Rz. 33; vgl. auch *Franzen*, ZfA 2001, 424. | 8 Vgl. BAG v. 13.2.2007 – 1 ABR 18/06, NZA 2007, 640; v. 12.12.2006 – 1 AZR 96/06, NZA 2007, 453; v. 29.6.2004 – 1 ABR 21/03, NZA 2004, 1278; ferner *Blomeyer*, Übermaßverbot im Betriebsverfassungsrecht, FS 25 Jahre BAG, 1979, S. 26; *Hammer*, Betriebsverf. Schutzpflicht, 1998, S. 114 ff.; GK-BetrVG/*Kreutz*, § 75 Rz. 95; Richardi/*Richardi*, § 75 BetrVG Rz. 36; *Wiese*, ZfA 1971, 283. | 9 Ähnlich *Hammer*, Betriebsverf. Schutzpflicht, 1998, S. 133 f.; zust. Richardi/*Richardi*, § 75 BetrVG Rz. 38; vgl. ferner *Enderlein*, Rechtspaternalismus und Vertragsrecht, 1996, S. 459. Der Begriff „Ausgleichsfunktion“ wurde bei *H. Hanau*, Individualautonomie und Mitbestimmung, 1994, S. 194 ff. zur privatrechtlichen Legitimation des Vorrangs der zwingenden Mitbest. nach § 87 I vor vertraglichen Absprachen verwendet. | 10 Ausf. *Hammer*, Betriebsverf. Schutzpflicht, 1998, S. 140 f.; ferner GK-BetrVG/*Kreutz*, § 75 Rz. 122; *Löwisch/Kaiser*, § 75 BetrVG Rz. 6; Richardi/*Richardi*, § 75 BetrVG Rz. 35 f. | 11 Vgl. BAG v. 26.1.1988 – 1 ABR 34/86, NZA 1988, 620 (Diskriminierung streikender ArbN). | 12 Vgl. nur DKK/*Berg*, § 75 BetrVG Rz. 2; *Fitting*, § 75 BetrVG Rz. 7 f.; GK-BetrVG/*Kreutz*, § 75 Rz. 10 f. | 13 BAG v. 3.12.1985 – 4 ABR 60/85, BAGE 50, 258 (276). | 14 Weiter gehend DKK/*Berg*, § 75 BetrVG Rz. 4, der aus § 75 I auch die einzelnen ArbN gebunden sieht. AA die hM, vgl. *Fitting*, § 75 BetrVG Rz. 9; GK-BetrVG/*Kreutz*, § 75 Rz. 12; Richardi/*Richardi*, § 75 BetrVG Rz. 10.

2. „Alle im Betrieb tätigen Personen". Die Überwachungspflicht des Abs. 1 S. 1 bezieht sich auf „alle im Betrieb tätigen Personen", so dass **nicht nur betriebszugehörige ArbN** erfasst sind, sondern auch Leih-ArbN und sogar Fremdfirmenpersonal (zB Reinigungskräfte, Wartungspersonal)[1]. **Leitende Angestellte** sind wegen § 5 III nicht von § 75 erfasst[2], doch gilt für sie die gleich lautende Vorschrift des § 27 SprAuG. Das Gebot kann dagegen nicht für leitendes Personal nach § 5 II Nr. 1, 2 sowie für **Selbständige** gelten, soweit diese vorübergehend im Betrieb tätig sind[3]. Es handelt sich zwar um eine Umsetzung der Verfassungsgebote aus Art. 3 GG, Art. 13 EG und fordert daher für den Betrieb, was die Rechtsordnung allgemein in Staat und Gesellschaft verlangt. Doch bleibt zu beachten, dass Abs. 1 „Amtspflichten" statuiert (Rz. 2). Der BR kann deshalb nicht kraft § 75 I andere Personen als die „im Betrieb tätigen" ArbN von Amts wegen überwachen (vgl. auch § 80 II 1 Hs. 2) – seine Kompetenz wäre sonst überschritten. Er ist auch für **außenstehende** Bewerber um einen betrieblichen Arbeitsplatz nicht zum Handeln nach § 75 I legitimiert[4], wohl aber nach § 17 II AGG. 6

3. „Grundsätze von Recht und Billigkeit". Die Aufzählung der Diskriminierungsverbote in Abs. 1 S. 1 soll nur besonders bedeutende **Ausprägungen** der Grundsätze von „Recht und Billigkeit" beispielhaft („insbesondere") herausstellen, ohne dass deshalb andere Rechtsgrundsätze und **personenbezogene** Grundrechte von der Überwachungspflicht ausgenommen sind. So kann auch eine Differenzierung je nach Einstellungszeitpunkt bei betrieblichen Ruhegeldern[5] ebenso wie eine Schmälerung von Sozialplanleistungen wegen der Elternzeit[6] gegen Recht und Billigkeit verstoßen. Auch **spezialgesetzliche** Benachteiligungsverbote wie § 81 II SGB IX stellen ebenso wie die sonstigen arbeitsrechtlichen Normen zB im ArbSchG, ArbZG, BGB, KSchG usw. und die geltenden TV die Grundsätze des **geltenden Rechts** dar, die in S. 1 erwähnt werden, um die bare Selbstverständlichkeit zu betonen, dass die Betriebspartner an Gesetz und Recht gebunden sind[7]. Dagegen verweist die „Billigkeit" auf die **Einzelfallgerechtigkeit**[8] und stellt einen Appell an ArbGeb und BR dar, auf die individuellen Bedürfnisse des einzelnen ArbN einzugehen. Das wird relevant etwa beim Leistungsbestimmungsrecht des ArbGeb nach § 106 GewO und den entsprechenden MitbestR des BR (zB bei Urlaubsplänen), legitimiert aber nach hL nicht eine **allgemeine Inhaltskontrolle** von BV durch den Richter (Rz. 2), wie sich jetzt auch aus § 310 IV 1 BGB ergibt, sondern nur eine einzelfallbezogene Billigkeitskontrolle als „Willkürkontrolle"[9]. 7

a) Relative Differenzierungsverbote („Willkürverbot"). Wichtigster Unterfall von Abs. 1 S. 1 ist das dem allgemeinen arbeitsrechtlichen **Gleichbehandlungsgrundsatz** entsprechende „relative" Differenzierungsverbot, das nicht schematische Gleichbehandlung aller Betriebsangehörigen verlangt, sondern den Betriebspartnern nur **unsachliche** Differenzierungen verbietet und damit ein Willkürverbot ausspricht[10]. Sie müssen sich – wie der ArbGeb selbst auch – eine **Selbstbindung** „an die Regelhaftigkeit des eigenen Verhaltens"[11] gefallen lassen, was insb. für die Rspr. zur Billigkeit von Sozialplänen eine große Rolle spielt. Ob eine Regelung für einen einzelnen ArbN billig oder unbillig ist, zeigt sich in erster Linie daran, wie er im Vergleich zu anderen ArbN behandelt wird: So müssen zB **Sozialplanleistungen** auch solchen ArbN zugute kommen, denen zwar nicht gekündigt wurde, die jedoch auf Veranlassung des ArbGeb auf Grund eines Auflösungsvertrags ausgeschieden sind[12]. Billigenswert sind dagegen Gründe, die auf vernünftigen, einleuchtenden Erwägungen beruhen und gegen keine verfassungsrechtlichen oder sonstigen übergeordneten Wertentscheidungen verstoßen. Ob der ArbGeb die zweckmäßigste und gerechteste Lösung wählte, ist dagegen nicht zu überprüfen, so dass er zusätzliche Leistungen auch nur solchen **älteren** ArbN versprechen darf, die sich nicht schon zuvor mit einem Ausscheiden auf der Basis des bestehenden Sozialplans einverstanden erklärt haben[13]. Neben dem Rückgriff auf die Dauer der **Betriebszugehörigkeit** zur pauschalen Bewertung der mit dem Arbeitsplatzverlust verbundenen Nach- 8

---

1 HM, vgl. *Fitting*, § 75 BetrVG Rz. 10 f.; MünchArbR/*v. Hoyningen-Huene*, § 301 Rz. 69; Richardi/*Richardi*, § 75 BetrVG Rz. 6; aA GK-BetrVG/*Kreutz*, § 75 Rz. 13, 16, der entgegen dem Wortlaut nur auf betriebszugehörige ArbN abstellt. | 2 Vgl. schon BAG v. 19.2.1975 – 1 ABR 55/73, BAGE 27, 33 (42) = DB 1975, 1320. | 3 HM, vgl. nur *Fitting*, § 75 BetrVG Rz. 12; GK-BetrVG/*Kreutz*, § 75 Rz. 15; HaKo-BetrVG/*Lorenz*, § 75 Rz. 1; *Löwisch/Kaiser*, § 75 BetrVG Rz. 4; weiter gehend aber DKK/*Berg*, § 75 BetrVG Rz. 6. | 4 Str., wie hier GK-BetrVG/*Kreutz*, § 75 Rz. 44; MünchArbR/*Buchner*, § 39 Rz. 93; MünchArbR/*v. Hoyningen-Huene*, § 301 Rz. 69; aA *Fitting*, § 75 BetrVG Rz. 13; Richardi/*Richardi*, § 75 BetrVG Rz. 7. | 5 Vgl. BAG v. 28.5.2002 – 3 AZR 358/01, AP Nr. 29 zu § 6 BetrAVG: wesentliche Ungleichbehandlung bei der Berechnung der Abschläge wegen vorzeitigem Ausscheiden je nach Einstellungszeitpunkt. | 6 Verstoß gegen Art. 6 I, II GG, vgl. BAG v. 12.11.2002 – 1 AZR 58/02, AP Nr. 159 zu § 112 BetrVG 1972. | 7 Vgl. nur *Fitting*, § 75 BetrVG Rz. 21; GK-BetrVG/*Kreutz*, § 75 Rz. 29 ff.; MünchArbR/*v. Hoyningen-Huene*, § 301 Rz. 71. | 8 HM, vgl. nur *Fitting*, § 75 BetrVG Rz. 22; GK-BetrVG/*Kreutz*, § 75 Rz. 32; MünchArbR/*v. Hoyningen-Huene*, § 301 Rz. 72. | 9 So zB BAG v. 18.9.2001 – 3 AZR 728/00, NZA 2002, 1164. | 10 Vgl. etwa GK-BetrVG/*Kreutz*, § 75 Rz. 39; MünchArbR/*v. Hoyningen-Huene*, § 301 Rz. 76; *Löwisch/Kaiser*, § 75 BetrVG Rz. 9; Richardi/*Richardi*, § 75 BetrVG Rz. 15. | 11 So *Canaris*, Bedeutung der iustitia distributiva, 1997, S. 38; vgl. ferner *Fastrich*, RdA 2000, 65 (71); *G. Hueck*, Grundsatz der gleichmäßigen Behandlung, 1958, S. 65. | 12 BAG v. 28.4.1993 – 10 AZR 222/92, DB 1993, 2034; v. 20.4.1994 – 10 AZR 323/93, NZA 1995, 489. | 13 BAG v. 18.9.2001 – 3 AZR 656/00, NZA 2002, 148; nach BAG v. 31.5.2005 – 1 AZR 254/04, NZA 2005, 997 dürfen Sozialplanleistungen (auch nach Einführung des § 1a KSchG) nicht vom Verzicht auf die Erhebung einer Kündigungsschutzklage abhängig gemacht werden. Die Betriebsparteien dürften bei einer Betriebsänderung aber zusätzlich zu einem Sozialplan in einer freiwilligen BV Leistungen für den Fall vorsehen, dass der ArbN von der Möglichkeit zur Erhebung einer Kündigungsschutzklage keinen Gebrauch mache.

teile können die Betriebspartner im Sozialplan auch nach Zeiten der Teilzeit- bzw. Vollzeitbeschäftigung trotz § 4 I TzBfG differenzieren[1], nicht jedoch im Hinblick auf Art. 6 GG danach, ob Elternzeit zum Ruhen des Arbeitsverhältnisses geführt hatte[2]. Diese **relativen** Differenzierungsverbote ermöglichen den Gerichten also eine am autonomen Maßstab der Betriebspartner orientierte „**Ausübungskontrolle**" zur Vermeidung von Willkür, nicht dagegen eine Ermessens- oder Inhaltskontrolle der BV bzw. des Sozialplans (Rz. 2). Nach der „Palacios"-Entscheidung des EuGH dürfen sachlich berechtigte Differenzierungen nach Alter bzw. Betriebszugehörigkeit aus Gründen der Arbeitsmarktpolitik gem. § 10 S. 3 Nr. 6 AGG als gerechtfertigt gelten, soweit nicht reine Willkür zur Setzung der Altersgrenzen geführt hat[3].

9 **b) Absolute Differenzierungsverbote („Diskriminierungsverbot").** Demgegenüber handelt es sich bei den **ausdrücklich benannten Diskriminierungstatbeständen** des S. 1 um solche Merkmale, deren Heranziehung als Differenzierungsmerkmal vom Gesetzgeber grundsätzlich nicht geduldet wird, die daher **absolut verboten** sind. Rechtfertigungsgründe sind aber nach Maßgabe der §§ 8–10 AGG anzuerkennen (vgl. Rz. 15 ff.), was zu einer gleitenden Skala unterschiedlich strikter Anforderungen je nach Diskriminierungsmerkmal führt. Hier ergänzen und überlagern sich die europäischen (Art. 13 EG) und die deutschen (Art. 3 GG) Diskriminierungsverbote (Rz. 3). Ein Kontrahierungszwang (Einstellungsanspruch) als Rechtsfolge einer Diskriminierung scheidet aber aus, vgl. § 15 VI AGG. Wer Beschäftigte **allein** und **ausschließlich** „aus Gründen ihrer Rasse oder wegen ihrer ethnischen Herkunft, ihrer Abstammung oder sonstigen Herkunft, ihrer Nationalität, ihrer Religion oder Weltanschauung, ihrer Behinderung, ihrer Behinderung, ihres Alters, ihrer politischen oder gewerkschaftlichen Betätigung oder Einstellung oder wegen ihres Geschlechts oder ihrer sexuellen Identität" benachteiligt, kann grds. nicht mit der Billigung der Rechtsordnung rechnen. Dabei sind offene (unmittelbar kausale) Diskriminierungen seltener als versteckte (**mittelbar kausale**) Diskriminierungen, die ebenfalls unter das Verbot fallen (Rz. 10)[4].

10 Anhand der Geschlechtsbenachteiligung hat die (europäische) Rspr. drei Kriterien erarbeitet, anhand derer eine **mittelbare Diskriminierung** erkennbar sein soll: (1) die Regelung ist neutral formuliert, schließt aber **im Ergebnis** einen gewissen Anteil von ArbN von Vergünstigungen aus; (2) im ausgeschlossenen Anteil dominiert deutlich eine bestimmte Gruppe von ArbN mit übereinstimmenden, nicht zugelassenen Differenzierungsmerkmalen; (3) die nachteilige Wirkung der Regelung kann gerade mit den übereinstimmenden besonderen Merkmalen der Angehörigen der ausgeschlossenen Gruppe in Verbindung gebracht werden[5]. Diese Kriterien liegen auch der Regelung des § 3 II AGG zugrunde, obwohl danach die hypothetische Betrachtungsweise bei anderen Merkmalen weniger streng ausfallen wird und nur bei tatsächlicher Eignung bzw. konkreter Gefahrenlage die mittelbare Diskriminierung greifen lassen wird[6]. Dem Regelaufsteller ist je nach Diskriminierungsmerkmal eine sachliche **Rechtfertigung** seiner Maßnahme möglich, wie die AGG-Norm des § 3 II bestätigt (dazu näher Komm. zu § 3 AGG).

11 Mit **Abstammung** und **Herkunft** traf sich das (ältere) deutsche Gesetz bereits mit dem Ziel der RL 2000/43/EG[7], deren Merkmale und Definitionen jetzt in das deutsche Umsetzungsgesetz (AGG) eingegangen sind (Rz. 3). Diskriminierend ist nicht nur eine benachteiligende Behandlung (§ 3 I, II) bzw. die Anweisung dazu (§ 3 V AGG), sondern auch solche unerwünschten Verhaltensweisen (§ 3 III AGG), die im Zusammenhang mit der Rasse oder ethnischen Herkunft einer Person stehen „und bezwecken oder bewirken, dass die **Würde der betreffenden Person** verletzt und ein von Einschüchterungen, Anfeindungen, Erniedrigungen, Entwürdigungen oder Beleidigungen gekennzeichnetes Umfeld geschaffen wird" (**Belästigung**). Über die europarechtlichen Anforderungen hinaus erstreckt sich das Gleichbehandlungsgebot des Abs. 1 auch auf die **Nationalität**, dh. die Staatsangehörigkeit, womit auch Staatenlose erfasst werden und die entsprechenden Freizügigkeitsregelungen in der EU zu beachten sind[8]. Auch der Begriff „Herkunft" reicht über die ethnisch motivierte Richtlinie hinaus, da er auch Fälle **regionaler** und **sozialer** Herkunft umfasst[9]. Als Beispiel für eine Diskriminierung wegen der Herkunft kann die Entgeltdiskriminierung von solchen ArbN gelten, die zB im Jahr 1996 nur deshalb schlechter entlohnt wurden, weil sie am 2. Oktober 1990 ihren Wohnsitz in der DDR hatten[10]. Das BetrVerf-Reformgesetz 2001 hat dem BR durch **§ 80 I Nr. 7** darüber hinaus „Maßnahmen zur Bekämpfung von Rassismus und Fremdenfeindlichkeit im Betrieb" besonders ans Herz gelegt und insoweit § 75 I deutlich verstärkt.

---

1 BAG v. 14.8.2001 – 1 AZR 760/00, NZA 2002, 451; v. 30.3.1994 – 10 AZR 352/93, NZA 1995, 88; v. 16.3.1994 – 10 AZR 606/93, DB 1994, 2635. | **2** BAG v. 12.11.2002 – 1 AZR 58/02, NZA 2003, 1287. | **3** EuGH v. 16.10.2007 – C-411/05 („Palacios"), NZA 2007, 1219; vgl. *Reichold*, ZESAR 2008, 49; *Temming*, NZA 2007, 1193. | **4** Vgl. auch ErfK/*Kania*, § 75 BetrVG Rz. 6 ff.; *Fitting*, § 75 BetrVG Rz. 62 ff.; GK-BetrVG/*Kreutz*, § 75 Rz. 45, 65. | **5** St. Rspr., vgl. EuGH v. 13.5.1986 – Rs. 170/84, EuGHE 1986, 1607; BAG v. 14.10.1986 – 3 AZR 66/83, BAGE 53, 161 (168) = NZA 1987, 445, bestätigt durch BVerfG v. 28.9.1992 – 1 BvR 496/87, NZA 1993, 213; BAG v. 20.11.1990 – 3 AZR 613/89, BAGE 66, 264 = NZA 1991, 635 – Gleichberechtigung; zuletzt BAG v. 26.6.2001 – 9 AZR 244/00, NZA 2002, 44. | **6** Vgl. nur *Bauer/Göpfert/Krieger*, § 3 AGG Rz. 26; ErfK/*Schlachter* § 3 AGG Rz. 7. | **7** RL 2000/43/EG des Rates vom 29.6.2000 zur Anwendung des Gleichbehandlungsgrundsatzes ohne Unterschied der Rasse oder der ethnischen Herkunft, ABl. EG Nr. L 180, S. 22, vgl. dazu *Baer*, ZRP 2001, 500; *Nickel*, NJW 2001, 2668; *Schiek*, NZA 2004, 873; *Waas*, ZIP 2000, 2151. | **8** Vgl. GK-BetrVG/*Kreutz*, § 75 Rz. 48; Richardi/*Richardi*, § 75 BetrVG Rz. 19. | **9** Vgl. GK-BetrVG/*Kreutz*, § 75 Rz. 49; Richardi/*Richardi*, § 75 BetrVG Rz. 20. | **10** BAG v. 15.5.2001 – 1 AZR 672/00, DB 2002, 273 – Gleichbehandlung.

Die absoluten Differenzierungsverbote nach der **Religion oder Weltanschauung, der Behinderung und des Alters** sowie wegen des **Geschlechts oder der sexuellen Identität** treffen sich mit denen der RL 2000/78/EG[1], die parallel zur RL 2000/43/EG die Diskriminierung wegen der Religion oder der Weltanschauung oder der sexuellen Ausrichtung festlegt, und der GleichbehandlungsRL 2002/73/EG (Rz. 10), die Geschlechtsdiskriminierungen schon seit 1976 untersagte. Zur Auslegung und Konkretisierung dieser Gleichbehandlungsmerkmale kann auf die Kommentierung des AGG verwiesen werden. 12

Nicht von europäischen Richtlinien gestützt ist das Verbot der Ungleichbehandlung wegen **„politischer oder gewerkschaftlicher Betätigung oder Einstellung“**. Dennoch ist es europarechtlich fraglos zulässig, zusätzliche Anforderungen an die Gleichbehandlung im Betrieb kraft der **nationalen Drittwirkung** von Art. 9 III 2 GG zu stellen. Nicht zu verwechseln ist dieses Verbot mit § 74 II iVm. III, wo nur **für BR-Mitglieder** die Abwägung zwischen erlaubter gewerkschaftlicher und nicht erlaubter parteipolitischer Tätigkeit geregelt ist (§ 74 Rz. 16 f.). Diese besonderen Amtspflichten sind auf normale Beschäftigte nicht übertragbar, vgl. § 74 Rz. 18. Geschützt wird sowohl deren positive als auch deren negative Koalitionsfreiheit, dh. dass weder die Zugehörigkeit noch die Nichtzugehörigkeit zu einer Gewerkschaft oder einer Partei zum Kriterium etwa einer Sozialleistung gemacht werden darf, wie auch der ArbGeb zB die Einstellung nicht vom Austritt aus der Gewerkschaft abhängig machen darf[2]. 13

Einstweilen frei. 14

4. Zulässige Ungleichbehandlung. Trotz der **Absolutheit** der Differenzierungsverbote in Abs. 1 (Rz. 9) lassen sich je nach Diskriminierungstatbestand unterschiedlich weit gehende Fallgruppen „zulässiger“ Ungleichbehandlungen bilden, die auch angesichts weitgehender Verbote eine Ausnahme aus zwingenden (so zB im Bereich der geschlechtlichen bzw. ethnischen Benachteiligung) bzw. sachlichen Gründen (so zB im Bereich der Alters- bzw. Behinderten-Benachteiligung) rechtfertigen[3]. So liegt zB nach § 8 I AGG ausnahmsweise dann eine zulässige Geschlechtsdiskriminierung vor, wenn ein bestimmtes Geschlecht **unverzichtbare** Voraussetzung (so früher § 611a I 2 BGB) bzw. eine **wesentliche und entscheidende** berufliche Anforderung für die Arbeitsaufgabe darstellt, zB bei bestimmten Filmrollen oder einer Model-Tätigkeit[4]. Eine zulässige Ungleichbehandlung von sog. **Tendenzträgern** in Bezug auf politische oder koalitionspolitische Zielsetzungen ermöglicht das BetrVG selbst in § 118 I, wenn es diesbezüglich seinen Geltungsbereich einschränkt; in Bezug auf konfessionelle Einrichtungen wird in § 118 II sogar der staatliche Regelungsanspruch zu Gunsten kirchenspezifischer Mitarbeitervertretungsordnungen ganz zurückgenommen[5]. Vorschriften des Ausländerrechts können eine Differenzierung nach der **Nationalität** rechtfertigen, zB beim Abschluss von befristeten Arbeitsverträgen mit Angehörigen solcher Nicht-EU-Staaten, denen zB wegen Bürgerkriegs nur eine **befristete** Aufenthaltsbefugnis nach § 30 AuslG erteilt worden ist[6]. Der BR wird besonders bei differenzierenden Regelungen nach dem Alter bzw. nach der Betriebszugehörigkeit zusammen mit dem ArbGeb eine eher großzügige Rechtfertigung aus Gründen der Arbeitsmarktpolitik von Seiten des EuGH in Rechnung stellen können (vgl. Beispiele in § 10 S. 3 AGG sowie oben Rz. 8). 15

Einstweilen frei. 16, 17

III. Förderung der Persönlichkeit (Abs. 2). Durch Abs. 2 S. 1 wurden 1972 erstmals Schutz und Verwirklichung der **ArbN-Persönlichkeit** als allgemeine Aufgabe des Arbeitsrechts **gesetzlich** fixiert[7]. Seit 2001 haben die Betriebsparteien darüber hinaus deren „Selbständigkeit und Eigeninitiative“ auch in Arbeitsgruppen zu fördern, vgl. S. 2 (Rz. 3a). Der Gesetzgeber selbst hat seine Reformbemühungen faktisch dennoch stärker dem Ausbau **kollektiver** BR-Rechte zugewandt, wie seine sonstigen Änderungen 2001 belegen[8]. Ebenso wie Abs. 1 begründet Abs. 2 **Schutz- und Förderpflichten** der Betriebsparteien als „Amtsrecht“, nicht dagegen individuelle Rechte oder Pflichten der einzelnen ArbN (Rz. 1, 2). Doch bleibt von Abs. 2 selbstredend die Geltendmachung allgemeiner und besonderer **Persönlichkeitsrechte** durch den einzelnen ArbN völlig unberührt[9]. Die Vorschrift macht das Spannungsfeld zwischen der privatautonomen Eigenverantwortung der ArbN einerseits und der kollektiven Wahrnehmung ihrer Rechte durch den BR andererseits augenfällig. Im Zusammenhang mit § 28a wird man den BR für verpflichtet halten müssen, **im Zweifel** einer Rahmenvereinbarung nach § 28a zuzustimmen und damit eigene Kompetenzen auf Arbeitsgruppen zu delegieren. Eine Ablehnung des BR ist deshalb an sachliche Gründe zu binden (vgl. § 28a Rz. 10 mwN). 18

---

1 RL 2000/78/EG des Rates vom 27.11.2000 zur Festlegung eines allgemeinen Rahmens für die Verwirklichung der Gleichbehandlung in Beschäftigung und Beruf, ABl. EG Nr. L 303, S. 16, vgl. dazu *Bauer*, NJW 2001, 2672; *Thüsing*, ZfA 2001, 397; *Wiedemann/Thüsing*, NZA 2002, 1234. | 2 BAG v. 28.3.2000 – 1 ABR 16/99, BAGE 94, 169 (174) = NZA 2000, 1294. | 3 Dazu besteht Anlass nach dem „Palacios“-Urteil des EuGH v. 16.10.2007 – C-411/05, NZA 2007, 1219, wonach Altersgrenzen als Entlassungsbedingung bereits bei (vermutet) arbeitsmarktpolitischer Motivation gerechtfertigt sind, vgl. auch *Temming*, NZA 2007, 1193 (1196 ff.). | 4 Vgl. nur *Bauer/Göpfert/Krieger*, § 8 AGG Rz. 8; ErfK/*Schlachter*, § 8 AGG Rz. 3; GK-BetrVG/*Kreutz*, § 75 Rz. 72; *Thüsing*, RdA 2001, 319 ff. | 5 Vgl. nur *Fitting*, § 75 BetrVG Rz. 67; MünchArbR/*Richardi*, § 196 Rz. 1 ff. | 6 Vgl. MünchArbR/*Buchner*, § 38 Rz. 23. | 7 GK-BetrVG/*Kreutz*, § 75 Rz. 88; *Wiese*, ZfA 1996, 746. | 8 So auch *Franzen*, ZfA 2001, 449 f.; *Neef*, NZA 2001, 361 (364). | 9 Vgl. nur *Fitting*, § 75 BetrVG Rz. 76; GK-BetrVG/*Kreutz*, § 75 Rz. 90 f.; MünchArbR/*Blomeyer*, § 97; *Wiese*, ZfA 1996, 459 ff.

19 Die **freie Entfaltung** der Persönlichkeit soll geschützt und gefördert werden; die neu in das Gesetz aufgenommenen Stichworte „Selbständigkeit und Eigeninitiative" sind lediglich Unterformen. Die Vorschrift knüpft an Art. 2 GG an, möchte aber weiter gehend die Betriebspartner zu einer **aktiven Förderung** verpflichten[1]. Neben der Beachtung des allgemeinen betriebsverfassungsrechtlichen **Übermaßverbots**, das die Regelungsbefugnis der Betriebsparteien zu Gunsten des Persönlichkeitsschutzes beschränkt (Schutzfunktion), will der Gesetzgeber die aktive Mitarbeit, ggf. auch Verbesserungsvorschläge der ArbN iSd. „**Ausgleichsfunktion**", dh. des Interessenausgleichs im betrieblichen Arbeitszusammenhang (Rz. 3) besonders unterstützt wissen (Förderungsfunktion). Doch können sich hieraus keine neuen, über das Gesetz hinausgehenden MitbestR des BR ergeben (hM)[2].

20 Praktische Bedeutung erlangt Abs. 2 S. 1 vor allem bei betriebl. Regelungen, die zB bei der **Videoüberwachung** der Beschäftigten eines Briefzentrums[3] oder bei sonstiger akustischer Überwachung[4] in die Persönlichkeitsrechte des ArbN eingreifen (ständiger „Überwachungsdruck"). Auch psychologische Methoden wie graphologische Gutachten[5] oder Lügendetektoren[6] dürfen nicht ohne besonderen rechtfertigenden Anlass benutzt werden. Der Schutz der Persönlichkeit umfasst ferner zB das Verbot sexueller Belästigung[7], genetischer Analysen[8] und des „Mobbing" am Arbeitsplatz[9]. Die Betriebsparteien müssen dabei einerseits darüber wachen, dass keine Persönlichkeitsverletzungen am Arbeitsplatz auftreten, andererseits aber durch **eigene Regelungen** versuchen, Konfliktpotenzial wie zB bei Raucher-Nichtraucher-Kontroversen möglichst schonend ggf. unter Beachtung der einschlägigen **Gesetzesvorgaben** (zB §§ 27 ff. BDSG, § 85 TKG, §§ 3 ff. ArbSchG, § 3a ArbStättV) und des Übermaßverbots zu einem vernünftigen Interessenausgleich zu bringen[10].

21 Eingriffe in **Persönlichkeitsrechte** können jedoch aus betriebl. Gründen oder auch bei (ohne Druck erfolgter) Einwilligung des Betroffenen **gerechtfertigt** sein. Soweit nicht ohnehin gesetzliche Regelungen zB der informationellen Selbstbestimmung wie in §§ 27 ff. BDSG den Interessenkonflikt bei Speicherung und Weitergabe personenbezogener Daten regeln, bedarf es jeweils der Abwägung zwischen den **berechtigten** betriebl. Interessen und den gegenläufigen Schutzinteressen des ArbN, um einen unzulässigen Eingriff feststellen zu können. Die Erfassung (nur) der „Abrechnungsdaten" von Telefon- oder Internetnutzung erscheint gerechtfertigt, wenn betrieblich geregelt ist, dass der ArbN die Kosten **privater** Kommunikationsleistungen selbst bezahlt[11]. Die durch Spruch der Einigungsstelle ermöglichte Videoüberwachung im Briefzentrum bei der Deutschen Post AG ist entgegen der Auffassung des BAG trotz des Eingriffs in Persönlichkeitsrechte in Anbetracht des Stellenwerts des Postgeheimnisses und der Vielzahl der Beschäftigten geeignet, erforderlich und angemessen iSd. **Verhältnismäßigkeitsgrundsatzes** und bringt berechtigte betriebl. Zwecke mit den Schutzinteressen der ArbN zu einem schonenden Ausgleich[12]. Betriebliche Erfordernisse können weiterhin die Außendarstellung betreffen und zB eine gemeinsame **Arbeitskleidung** vorschreiben[13], wobei fraglich ist, ob nicht dennoch aus religiösen Gründen getragene Kopftücher[14], Bärte oder Turbane[15] grundsätzlich zu tolerieren sind. Einschränkungen betriebl. Regelungen sind auf Grund der Drittwirkung (Art. 4 GG) des GG bei berechtigtem persönlichen Interesse grds. hinzunehmen, vgl. Rz. 22.

22 Eingriffe in den Schutz **individueller Freiheitsbetätigung** können im Gegensatz zum kritischeren Schutz der **Persönlichkeit** (Rz. 20) eher durch betriebliche Erfordernisse gerechtfertigt sein. So ist zB ein Rauchverbot eine Maßnahme zum Gesundheitsschutz am Arbeitsplatz (§ 4 Nr. 1 ArbSchG, § 5 ArbStättVO) und darf auch gegen die dadurch in ihrer Selbstentfaltungsfreiheit eingeschränkten Raucher verhängt werden[16]. Das Übermaßverbot ist jedoch verletzt, wenn eine BV auch solche ArbN zur Beteili-

---

1 Zutr. GK-BetrVG/*Kreutz*, § 75 Rz. 89; *Wiese*, ZfA 1996, 477. | 2 HM, vgl. BAG v. 8.6.1999 – 1 ABR 67/98, NZA 1999, 1288; *Fitting*, § 75 BetrVG Rz. 91; GK-BetrVG/*Kreutz*, § 75 Rz. 120. | 3 BAG v. 29.6.2004 – 1 ABR 21/03, NZA 2004, 1278. | 4 BAG v. 1.3.1973 – 5 AZR 453/72, DB 1973, 972; LAG Berlin v. 19.2.1974 – 4 Sa 94/73, DB 1974, 1243; ferner GK-BetrVG/*Kreutz*, § 75 Rz. 98. Zur Persönlichkeitsrechtsverletzung durch heimliches Mithörenlassen von Telefongesprächen vgl. BAG v. 29.10.1997 – 5 AZR 726/96, NZA 1998, 307. | 5 BAG v. 16.9.1982 – 2 AZR 228/80, BAGE 41, 54 = DB 1983, 2780 (mit Einwilligung des betroffenen ArbN aber grds. möglich); LAG BW v. 26.1.1972 – 8 Sa 109/71, NJW 1976, 310. | 6 LAG Rh.-Pf. v. 18.11.1997 – 4 Sa 639/97, NZA 1998, 670. | 7 Vgl. § 3 IV AGG. | 8 Vgl. *Fitting*, § 75 BetrVG Rz. 81; GK-BetrVG/*Kreutz*, § 75 Rz. 105; MünchArbR/*Blomeyer*, § 97 Rz. 20. | 9 BAG v. 16.5.2007 – 8 AZR 709/06, NZA 2007, 1154 (1160 Tz. 68 ff.); LAG Thür. v. 10.4.2001 – 5 Sa 403/00, DB 2001, 1204; LAG Rh.-Pf. v. 16.8.2001 – 6 Sa 415/01, NZA-RR 2002, 121; LAG Hamm v. 25.6.2002 – 18 (11) Sa 1295/01, NZA-RR 2003, 8; LAG Hamburg v. 15.7.1998 – 5 TaBV 4/98, NZA 1998, 1245: Mobbingschutz als „unveräußerliche Aufgabe des Betriebsrats". | 10 Vgl. dazu BAG v. 19.1.1999 – 1 AZR 499/98, NZA 1999, 546; ferner *Fitting*, § 75 BetrVG Rz. 87 f.; GK-BetrVG/*Kreutz*, § 75 Rz. 114; MünchArbR/*Blomeyer*, § 97 Rz. 33. | 11 Vgl. *Däubler*, Internet und Arbeitsrecht, 2. Aufl. 2002, Rz. 275–277; GK-BetrVG/*Kreutz*, § 75 Rz. 99; MünchArbR/*Blomeyer*, § 97 Rz. 15. | 12 LAG Berlin v. 5.3.2003 – 10 TaBV 2089/02, aufgehoben durch BAG v. 29.6.2004 – 1 ABR 21/03, NZA 2004, 1278; ferner BAG v. 14.12.2004 – 1 ABR 34/03, NZA 2005, 839; v. 27.3.2003 – 2 AZR 51/02, NZA 2003, 1193. | 13 BAG v. 13.2.2007 – 1 ABR 18/06, NZA 2007, 640; v. 1.12.1992 – 1 AZR 260/92, NZA 1993, 711. | 14 Vgl. BAG v. 10.10.2002 – 2 AZR 472/01, NZA 2003, 483 (keine ordentliche Kündigung wegen Tragen eines islamischen Kopftuchs); bestätigt von BVerfG v. 30.7.2003 – 1 BvR 792/03, NJW 2003, 2815. | 15 ArbG Hamburg v. 3.1.1996 – 19 Ca 141/95, AuR 1996, 243; vgl. dazu *Kraushaar*, ZTR 2001, 208 (211). | 16 BAG v. 19.1.1999 – 1 AZR 499/98, NZA 1999, 546; ferner BAG v. 21.8.1990 – 1 AZR 567/89, NZA 1991, 154; vgl. auch *Blomeyer*, Übermaßverbot im Betriebsverfassungsrecht, FS 25 Jahre BAG, 1979, S. 26 ff.; GK-BetrVG/*Kreutz*, § 75 Rz. 114.

gung an den Kosten eines Kantinenessens heranzieht, die die Kantinenverpflegung überhaupt nicht in Anspruch nehmen[1]. Denn pauschalisierende Kostenregelungen dürfen nicht völlig losgelöst vom vertraglichen Äquivalenzprinzip festgesetzt werden[2].

IV. Streitigkeiten. § 75 begründet als Norm kollektiven **„Amtsrechts"** Rechte und Pflichten nur für die Betriebsparteien (Rz. 2), nicht aber für die einzelnen ArbN (Rz. 1). Aus der Verletzung von Amtspflichten ergeben sich auch **keine Schadensersatzansprüche** einzelner ArbN gegen ArbGeb oder BR, weil Individualschutz nicht das Anliegen der kollektiven BetrVG-Norm ist und sein kann (str.)[3]. Ein Verstoß des ArbGeb gegen § 75 kann aber **gleichzeitig** eine vertragliche Nebenpflichtverletzung des Arbeitsvertrags darstellen und als solche nach § 280 I BGB bzw. nach Spezialnormen wie zB § 15 I, II AGG zum Schadensersatz verpflichten. BR bzw. ArbGeb steht bei Verletzung des § 75 jedenfalls der Anspruch aus § 23 I bzw. III zu, der allerdings nur bei **groben Verstößen** einschlägig ist. Dagegen lässt sich **nicht direkt** aus § 75 ein eigenständiger Unterlassungsanspruch ableiten, der es zB dem BR ermöglichte, seiner Ansicht nach persönlichkeitsrechtsverletzende Maßnahmen des ArbGeb zu unterbinden[4]. Die Norm des § 75 II 1 beschränkt zwar die Regelungsbefugnis der Betriebsparteien, regelt aber **keine gegenseitigen Rechte und Pflichten** bei jeweils einseitigen Maßnahmen. 23

§ 75 kann als **Verbotsgesetz iSd. § 134 BGB** (Rz. 2) dazu führen, dass betriebsverfassungsrechtl. Regelungen insoweit (§ 139 BGB) **nichtig** sind, als sie zu einer unzulässigen Diskriminierung oder Persönlichkeitsrechtsverletzung von ArbN führen. Die Vorschrift dient daher vor allem als **Kontrollnorm** für BV, insb. Sozialpläne (Rz. 8), und sonstige betriebl. Regelungen zwischen ArbGeb und BR[5]. Im Übrigen trifft vorrangig den ArbGeb, ggf. im Zusammenwirken mit dem BR, die Pflicht zur **Abhilfe**, soweit ihm Rechtsverstöße im Betrieb zu Ohren kommen[6]. Daneben erlaubt es ein Verstoß gegen § 75 als Rechtsverstoß dem BR, seine Zustimmung in personellen Angelegenheiten zu verweigern, vgl. § 99 II Nr. 1 bzw. Nr. 6[7]. Ein **individuelles** Leistungsverweigerungsrecht eines ArbN gegen eine rechtswidrige BV kommt dagegen nur dann in Betracht, wenn zugleich Pflichten aus dem Arbeitsvertrag verletzt sein können[8]. 24

76 *Einigungsstelle*

(1) Zur Beilegung von Meinungsverschiedenheiten zwischen Arbeitgeber und Betriebsrat, Gesamtbetriebsrat oder Konzernbetriebsrat ist bei Bedarf eine Einigungsstelle zu bilden. Durch Betriebsvereinbarung kann eine ständige Einigungsstelle errichtet werden.

(2) Die Einigungsstelle besteht aus einer gleichen Anzahl von Beisitzern, die vom Arbeitgeber und Betriebsrat bestellt werden, und einem unparteiischen Vorsitzenden, auf dessen Person sich beide Seiten einigen müssen. Kommt eine Einigung über die Person des Vorsitzenden nicht zu Stande, so bestellt ihn das Arbeitsgericht. Dieses entscheidet auch, wenn kein Einverständnis über die Zahl der Beisitzer erzielt wird.

(3) Die Einigungsstelle hat unverzüglich tätig zu werden. Sie fasst ihre Beschlüsse nach mündlicher Beratung mit Stimmenmehrheit. Bei der Beschlussfassung hat sich der Vorsitzende zunächst der Stimme zu enthalten; kommt eine Stimmenmehrheit nicht zu Stande, so nimmt der Vorsitzende nach weiterer Beratung an der erneuten Beschlussfassung teil. Die Beschlüsse der Einigungsstelle sind schriftlich niederzulegen, vom Vorsitzenden zu unterschreiben und Arbeitgeber und Betriebsrat zuzuleiten.

(4) Durch Betriebsvereinbarung können weitere Einzelheiten des Verfahrens vor der Einigungsstelle geregelt werden.

(5) In den Fällen, in denen der Spruch der Einigungsstelle die Einigung zwischen Arbeitgeber und Betriebsrat ersetzt, wird die Einigungsstelle auf Antrag einer Seite tätig. Benennt eine Seite keine Mitglieder oder bleiben die von einer Seite genannten Mitglieder trotz rechtzeitiger Einladung der Sitzung fern, so entscheiden der Vorsitzende und die erschienenen Mitglieder nach Maßgabe des Absatzes 3 allein. Die Einigungsstelle fasst ihre Beschlüsse unter angemessener Berücksichtigung der Belange des Betriebs und der betroffenen Arbeitnehmer nach billigem Ermessen. Die Überschreitung der Grenzen des Ermessens kann durch den Arbeitgeber oder den Betriebsrat nur binnen einer Frist von zwei

---

1 BAG v. 11.7.2000 – 1 AZR 551/99, NZA 2001, 462. | 2 Vgl. dazu näher *Hammer*, Betriebsverf. Schutzpflicht, 1998, S. 125 ff. (Schutz der Selbstbestimmungsfreiheit durch Eingriff in die Vertragsfreiheit). | 3 Str., wie hier GK-BetrVG/*Kreutz*, § 75 Rz. 138; MünchArbR/*v. Hoyningen-Huene*, § 301 Rz. 87; Richardi/*Richardi*, § 75 BetrVG Rz. 42; aA BAG v. 5.4.1984 – 2 AZR 513/82, NZA 1985, 329; ErfK/*Kania*, § 75 BetrVG Rz. 12; *Fitting*, § 75 BetrVG Rz. 98 mwN. Das BAG hatte maßgeblich auf eine Übereinstimmung von § 75 mit den arbeitsvertraglichen Nebenpflichten des ArbGeb abgestellt. | 4 So BAG v. 28.5.2002 – 1 ABR 32/01, NZA 2003, 166; ebenso GK-BetrVG/*Kreutz*, § 75 Rz. 92; MünchArbR/*v. Hoyningen-Huene*, § 301 Rz. 85. | 5 HM, vgl. nur *Fitting*, § 75 BetrVG Rz. 98; GK-BetrVG/*Kreutz*, § 75 Rz. 139; MünchArbR/*v. Hoyningen-Huene*, § 301 Rz. 86. | 6 So DKK/*Berg*, § 75 BetrVG Rz. 9. | 7 Zuletzt BAG v. 16.11.2004 – 1 ABR 48/03, NZA 2005, 775; v. 18.9.2002 – 1 ABR 56/01, NZA 2003, 622. | 8 Str., wie hier Richardi/*Richardi*, § 75 BetrVG Rz. 41; MünchArbR/*v. Hoyningen-Huene*, § 301 Rz. 87.

Wochen, vom Tage der Zuleitung des Beschlusses an gerechnet, beim Arbeitsgericht geltend gemacht werden.

(6) Im Übrigen wird die Einigungsstelle nur tätig, wenn beide Seiten es beantragen oder mit ihrem Tätigwerden einverstanden sind. In diesen Fällen ersetzt ihr Spruch die Einigung zwischen Arbeitgeber und Betriebsrat nur, wenn beide Seiten sich dem Spruch im Voraus unterworfen oder ihn nachträglich angenommen haben.

(7) Soweit nach anderen Vorschriften der Rechtsweg gegeben ist, wird er durch den Spruch der Einigungsstelle nicht ausgeschlossen.

(8) Durch Tarifvertrag kann bestimmt werden, dass an die Stelle der in Absatz 1 bezeichneten Einigungsstelle eine tarifliche Schlichtungsstelle tritt.

1 **I. Allgemeines.** Der Spruch der Einigungsstelle ersetzt die Einigung zwischen ArbGeb und BR. Er hat daher denselben Rechtscharakter wie eine entsprechende **Vereinbarung** der Betriebspartner[1]. Die Tätigkeit der Einigungsstelle ist in erster Linie auf **Kompromisse** angelegt. Dies zeigt Abs. 3 S. 3, wonach zunächst eine Beschlussfassung ohne Beteiligung des Vors. zu versuchen ist[2].

2 Die Einigungsstelle ist ein von ArbGeb und BR gebildetes **betriebsverfassungsrechtl. Hilfsorgan eigener Art**, das kraft Gesetzes dazu bestimmt ist, durch Zwangsschlichtung Pattsituationen im Bereich der paritätischen Mitbest. aufzulösen[3]. Sie ist weder Gericht noch Behörde[4]. Ihre Entscheidungen haben nicht die Qualität von Verwaltungsakten[5]. Ebenso wenig ist die Einigungsstelle ein Schiedsgericht iSv. §§ 1025 ff. ZPO[6], da sie keines Schiedsvertrages bedarf, sondern gesetzl. vorgegeben ist. Dem Einigungsstellenverfahren wohnen mediative Elemente inne. Dennoch handelt es sich nicht um ein Mediationsverfahren, da dem Einigungsstellenvorsitzenden letztlich Entscheidungskompetenz zukommt.

3 Gegen die Institution der Einigungsstelle bestehen **keine verfassungsrechtl. Bedenken**. Sie ist keine mit Art. 9 III GG unvereinbare Einrichtung der Zwangsschlichtung zwischen den TV-Parteien, da sie nur Streitigkeiten zwischen den Betriebspartnern schlichtet und der Tarifvorrang durch § 77 III, § 87 abgesichert ist[7]. Überdies greift sie nicht in unzulässiger Weise in die Unternehmergrundrechte aus Art. 2, 12 oder 14 GG ein. Die Regelung der Mitbest. und der Entscheidungskompetenz der Einigungsstelle im Streitfall ist vielmehr eine zulässige Einschränkung und Sozialbindung dieser Grundrechte, die dem Sozialstaatsprinzip des Art. 20 I GG entspricht[8].

4 **II. Arten der Einigungsstelle. 1. Bedarfs- oder dauernde Einigungsstelle.** Nach Abs. 1 S. 1 ist eine Einigungsstelle **bei Bedarf** zu bilden, also bei Meinungsverschiedenheiten, die zwischen BR und ArbGeb nicht beigelegt werden können. Vor Anrufung der Einigungsstelle haben die Betriebspartner nach § 74 I 1 über strittige Fragen zunächst mit dem ernsten Willen zur Einigung zu verhandeln und Vorschläge für die Beilegung der Meinungsverschiedenheit zu machen.

5 Nach Abs. 1 S. 2 kann durch BV auch eine **ständige Einigungsstelle** errichtet werden. Deren **Bildung** ist jedoch **nicht erzwingbar**. Die Zuständigkeit der ständigen Einigungsstelle kann auf bestimmte Fragen, zu denen häufig Streitfälle auftreten, beschränkt werden. Auch die Besetzung der Einigungsstelle kann geregelt werden. Die Betriebspartner können sich aber vorbehalten, über die Besetzung im jeweiligen Einzelfall zu entscheiden oder die Beisitzer der ständigen Einigungsstelle je nach Regelungsmaterie auszutauschen.

6 **2. Erzwingbare oder freiwillige Einigungsstelle.** In den im BetrVG **abschließend geregelten Fällen**[9] ist die Bildung einer Einigungsstelle erzwingbar. Das Gesetz ordnet in diesen Fällen ausdrücklich an, dass die Einigungsstelle entscheidet, sofern eine Einigung der Betriebsparteien nicht zu Stande kommt, und dass deren Spruch die Einigung zwischen BR und ArbGeb ersetzt (zB Aufstellung eines Sozialplanes bei Betriebsänderungen gem. § 112 IV). Daneben ist eine **Erweiterung** der erzwingbaren **MitbestR** des BR **durch TV** möglich. Dies geschieht, in dem der TV vorsieht, dass über bestimmte, an sich nicht mitbestimmungsbedürftige Fragen (zB Dauer der Wochenarbeitszeit) eine BV geschlossen werden kann (sog. **Öffnungsklausel**) und der Spruch der Einigungsstelle die fehlende Einigung zwischen ArbGeb und BR ersetzt[10].

7 Für die Errichtung und den Beginn der Tätigkeit der erzwingbaren Einigungsstelle genügt der **Antrag nur einer Seite**, Abs. 5 S. 1. Zur Säumnis bzw. Untätigkeit der anderen Seite Abs. 5 S. 2, vgl. Rz. 97 f.

---

1 BVerfG v. 18.10.1986 – 1 BVR 1426/83, BB 1988, 342; Richardi/*Richardi*, § 76 BetrVG Rz. 30. | **2** BAG v. 27.6.1995 – 1 ABR 3/95, NZA 1996, 161. | **3** BVerfG v. 18.10.1986 – 1 BVR 1426/83, BB 1988, 342; BAG v. 18.1.1994 – 1 ABR 43/93, DB 1994, 838. | **4** *Pünnel/Isenhardt*, Rz. 5; Richardi/*Richardi*, § 76 BetrVG Rz. 7. | **5** BAG v. 22.1.1980 – 1 ABR 48/77, DB 1980, 1895. | **6** *Friedemann*, Rz. 79; *Pünnel/Isenhardt*, Rz. 5. | **7** BVerfG v. 18.10.1986 – 1 BVR 1426/83, BB 1988, 342. | **8** BVerfG v. 18.10.1986 – 1 BVR 1426/83, BB 1988, 342; BAG v. 31.8.1982 – 1 ABR 27/80, AP Nr. 8 zu § 87 BetrVG 1972 – Arbeitszeit; v. 16.12.1986 – 1 ABR 26/85, AP Nr. 8 zu § 87 BetrVG 1972 – Prämie. | **9** Vgl. die Aufstellung bei Schwab/Weth/*Kliemt*, ArbGG, Einigungsstellenverfahren Rz. 13 ff. | **10** Vgl. etwa BAG v. 18.8.1987 – 1 ABR 30/86, DB 1987, 2257; v. 9.5.1995 – 1 ABR 56/94, DB 1995, 2610 ff.

Ist gesetzl. für den Streitfall keine verbindliche Entscheidung der Einigungsstelle vorgesehen, wird sie nach Abs. 6 tätig, wenn **beide Seiten** dies beantragen oder mit ihrem Tätigwerden einverstanden sind (sog. **freiwillige Einigungsstelle**). Der Spruch der Einigungsstelle ist in diesen Fällen nur verbindlich, wenn beide Seiten sich ihm im Voraus unterworfen oder ihn nachträglich angenommen haben. Eine solche freiwillige Einigungsstelle kann in allen, in die **Zuständigkeit** des BR fallenden Angelegenheiten tätig werden[1]. Auch Meinungsverschiedenheiten bezüglich **rechtl. Fragen**, wie etwa der Auslegung einer BV, können durch ein freiwilliges Einigungsstellenverfahren geregelt werden[2]. Allerdings bleibt dann die Möglichkeit der Überprüfung des Einigungsstellenspruchs durch das ArbG in vollem Umfang bestehen. Anderenfalls käme die Errichtung der freiwilligen Einigungsstelle letztlich der unzulässigen Vereinbarung eines Schiedsgerichtes gleich, vgl. §§ 4, 101 ff. ArbGG[3]. Ein gesetzl. genannter Fall der freiwilligen Einigungsstelle ist die Regelung, dass die **Wirksamkeit von Kündigungen** von der **Zustimmung** des BR abhängig ist und bei Meinungsverschiedenheiten eine (insoweit dann erzwingbare) Einigungsstelle entscheidet, § 102 VI. 8

3. Tarifliche Schlichtungsstelle (Abs. 8). Nach Abs. 8 können die TV-Parteien durch TV bestimmen, dass an die Stelle der Einigungsstelle eine tarifl. Schlichtungsstelle tritt[4]. Die Schlichtungsstelle kann sowohl betrieblich als auch überbetrieblich gebildet werden. Mit dem Inkrafttreten eines entsprechenden TV entfällt die Zuständigkeit der betriebl. Einigungsstelle. Ausreichend ist, dass der **ArbGeb tarifgebunden** ist und der Betrieb unter den Geltungsbereich des TV fällt; auf die Tarifbindung der ArbN kommt es nicht an[5]. 9

Soweit es sich um eine die Einigungsstelle ersetzende tarifliche Schlichtungsstelle auf Unternehmensebene handelt, müssen alle Betriebe des Unternehmens vom Geltungsbereich des TV erfasst sein. Eine tarifliche Schlichtungsstelle auf Konzernebene erfordert die Tarifbindung aller Konzernunternehmen[6].

Die **Besetzung** der tarifl. Schlichtungsstelle ist ebenso wie ihre Einsetzung idR im TV näher ausgestaltet. Sie muss paritätisch mit Beisitzern besetzt sein und einen unparteiischen Vors. haben. Die Beisitzer werden von den TV-Parteien benannt. Kommt es über die Person des Vors. zu keiner Einigung und enthält der TV keinen Konfliktlösungsmechanismus, erfolgt die Bestimmung entsprechend § 98 ArbGG durch das ArbG[7]. Die Nichtbenennung der Beisitzer durch die eine oder andere Seite oder deren Nichterscheinen kann den Betriebspartnern nicht ohne weiteres zugerechnet werden. Abs. 5 S. 2 findet insoweit keine entsprechende Anwendung. Enthält der TV keine Regelung und fehlt es an der ordnungsgemäßen Besetzung der Schlichtungsstelle, lebt die Zuständigkeit der betrieblichen Einigungsstelle wieder auf[8]. 10

Die **Zuständigkeit** der tarifl. Schlichtungsstelle erstreckt sich auf alle Fragen, für die auch die betriebliche Einigungsstelle zuständig wäre. Ist die Zuständigkeit der Schlichtungsstelle tarifvertragl. beschränkt, bleibt im Übrigen die betriebliche Einigungsstelle zuständig. Der Spruch der Schlichtungsstelle muss unter Einhaltung der wesentlichen **Verfahrensvorschriften** (s. Rz. 35 ff.) gefasst werden[9]. Er darf nicht die Grenzen des zustehenden Ermessens überschreiten. Mangels Beteiligung der Betriebspartner am Verfahren ist er **zwingend zu begründen**, vom Vors. zu unterzeichnen und den Betriebspartnern zuzustellen. Abweichend von der gesetzl. Regelung für die Einigungsstelle kann der TV für die Schlichtungsstelle eine **2. Instanz**[10], die zwingende Durchführung einer **Güteverhandlung** und eine Regelung der Kostentragung (zB durch die TV-Parteien) vorsehen. Letztlich unterliegt auch der Spruch der Schlichtungsstelle der **gerichtlichen Nachprüfung**[11]. 11

4. Einigungsstelle auf Unternehmens- und Konzernebene. Für die Bildung von Einigungsstellen auf Unternehmensebene gelten die §§ 76 ff. entsprechend, sofern ein **GBR** existiert und dieser für die jeweilige Materie zuständig ist, §§ 50, 51 VI. Entsprechendes gilt für Einigungsstellen auf **Konzernebene**, §§ 58, 59 I, 51 VI, und für ArbN-Vertretungen nach § 3 I Nr. 2, 3, etwa **SpartenBR**[12]. Für unternehmenseinheitliche **BR** oder für mehrere zusammengefasste **Betriebe** zuständige BR iSd. § 3 I Nr. 1 gelten die §§ 76 f. unmittelbar. Es handelt sich um „normale" BR. 12

5. Anwendbarkeit der §§ 76 f. im Übrigen. § 76 gilt nicht für die **JAV**, die Gesamt- und die Konzern-JAV. Diese sind nicht Träger von Beteiligungsrechten. Bei fehlender Einigung zwischen ArbGeb und einer **Arbeitsgruppe**, der nach § 28a die Wahrnehmung betriebsverfassungsrechtl. Aufgaben übertragen worden ist, kommt § 76 gleichfalls nicht zur Anwendung. In diesem Fall fällt die Regelung der umstrittenen konkreten Angelegenheit an den BR zurück. Dies ergibt sich aus § 28a II 3. Eine § 76 entsprechende 13

---

1 Beispiele bei Schwab/Weth/*Kliemt*, ArbGG, Einigungsstellenverfahren Rz. 24 ff. | 2 Vgl. BAG v. 20.11.1990 – 1 ABR 45/89, NZA 1991, 473 ff.; LAG Köln v. 22.4.1994 – 13 TaBV 8/94, NZA 1995, 445. | 3 BAG v. 20.11.1990 – 1 ABR 45/89, NZA 1991, 473 ff. | 4 Eingehend *Rieble*, RdA 1993, 140 ff.; Richardi/*Richardi*, § 76 BetrVG Rz. 146 ff. | 5 DKK/*Berg*, § 76 BetrVG Rz. 101; *Fitting*, § 76 BetrVG Rz. 113. AA *Rieble*, RdA 1993, 140 (145). | 6 Vgl. *Fitting*, § 76 BetrVG Rz. 113; *Rieble*, RdA 1993, 140 (145). | 7 LAG Düsseldorf v. 26.10.1976 – 5 TaBV 46/76, EzA § 76 BetrVG 1972 Nr. 14. AA Richardi/*Richardi*, § 76 BetrVG Rz. 149. | 8 *Fitting*, § 76 BetrVG Rz. 117; Richardi/*Richardi*, § 76 BetrVG Rz. 151; HSWGNR/*Worzalla*, § 76 BetrVG Rz. 28a. | 9 AA DKK/*Berg*, § 76 BetrVG Rz. 98. | 10 AA *Müller*, FS Barz, S. 499. | 11 BAG v. 22.10.1981 – 6 ABR 69/79, DB 1982, 811; v. 18.8.1987 – 1 ABR 30/86, AP Nr. 23 zu § 77 BetrVG 1972. | 12 *Fitting*, § 76 BetrVG Rz. 5.

Vorschrift findet sich in **§ 71 BPersVG**. Das **SprAuG** und das **EBRG** hingegen kennen keine der Einigungsstelle vergleichbare Einrichtung.

14 **III. Einleitung des Einigungsstellenverfahrens. 1. Bildung.** Die Einigungsstelle ist – mit Ausnahme der sog. ständigen Einigungsstelle (hierzu Rz. 5) – keine zwingend vorgeschriebene, stets bestehende Institution. Sie wird zur Beilegung von Meinungsverschiedenheiten zwischen ArbGeb und BR **bei Bedarf** gebildet, Abs. 1. Sie wird **nicht von Amts wegen** tätig, sondern nur auf **Antrag**. **Antragsberechtigt** sind nur die Betriebspartner, nicht auch einzelne **ArbN**. Der einzelne ArbN hat auch keinen klagbaren Anspruch auf Einberufung der Einigungsstelle gegen den BR, etwa im Falle des § 85 II[1]. Hat der BR einem seiner Ausschüsse Angelegenheiten zur selbständigen Entscheidung übertragen und hat die zu treffende Regelung nicht die Wirkung einer BV, kann der BR auf diesen Ausschuss auch das Recht zur Anrufung der Einigungsstelle übertragen. Hingegen ist eine Arbeitsgruppe nach § 28a II 3 nicht antragsberechtigt.

15 **Materielle Voraussetzung** für die Anrufung der Einigungsstelle ist, dass die **Verhandlungen** zwischen den Betriebspartnern **gescheitert** sind, § 74 I 2. Haben ernsthafte Verhandlungen stattgefunden und war der Einigungsversuch nicht erfolgreich, steht es jeder Seite frei, das Scheitern der Verhandlungen festzustellen[2]. Gleiches gilt, wenn einer der Betriebspartner trotz Aufforderung jede Verhandlung über den Streitgegenstand ablehnt[3]. Hat der BR, nachdem Verhandlungen stattgefunden haben, weitere Verhandlungs- oder Informationswünsche, steht dies der Bildung einer Einigungsstelle nicht entgegen[4]. Erklärt eine Partei die Verhandlungen jedoch willkürlich für gescheitert oder haben die Betriebspartner nicht einmal Verhandlungen aufgenommen, fehlt es für das Bestellungsverfahren nach § 98 ArbGG am Rechtsschutzinteresse[5].

16 Die Einigungsstelle wird „**angerufen**", indem der jeweils andere Betriebspartner unter Nennung des Streitgegenstandes zur Errichtung der Einigungsstelle aufgefordert, (mindestens) ein **Vorschlag für die Person des Vors.** unterbreitet und die **gewünschte Zahl der Beisitzer** genannt wird. Akzeptiert der andere Betriebspartner den Vorschlag, brauchen beide Seiten nur noch ihre Beisitzer zu benennen. Wird über die Zahl der Beisitzer und/oder die Person des Vors. keine Einigkeit erzielt, erfolgt auf Antrag eine Festsetzung durch das ArbG, vgl. § 98 ArbGG. Die Antragstellung beim ArbG kann bereits erfolgen, bevor sich die Gegenseite zum Vorschlag der Zahl der Beisitzer und/oder der Person des Vorsitzenden geäußert hat, wenn nur (spätestens) im Anhörungstermin Uneinigkeit über die Besetzung der Einigungsstelle besteht[6]. Eine **Frist** ist – abgesehen von der zweiwöchigen Frist in § 38 II 4 beim fehlenden Einverständnis des ArbGeb mit der Zahl der freigestellten BR-Mitglieder – **nicht** zu beachten.

17 **2. Annahme/Ablehnung.** Voraussetzung für die erfolgreiche Bildung der Einigungsstelle ist die **Annahme des Amtes** durch ihre Mitglieder[7]. Eine Rechtspflicht zur Übernahme des Amtes besteht auch dann nicht, wenn der Vors. vom ArbG eingesetzt worden ist.

18 **3. Antragstellung vor der Einigungsstelle.** Ist die Einigungsstelle konstituiert, kann ein **Antrag** an den Vors. gerichtet werden. Schriftform ist empfehlenswert. Zweckmäßigerweise sollten die zur Streitentscheidung notwendigen Unterlagen beigefügt und etwaige Beweismittel benannt werden. Der BR kann vom ArbGeb ggf. nach § 80 II die erforderlichen Auskünfte und Unterlagen verlangen und der Einigungsstelle übermitteln. Bereits in diesem Verfahrensstadium kann das ArbG von der anderen Seite zur Klärung der Frage angerufen werden, ob überhaupt eine **Zuständigkeit** der Einigungsstelle besteht (vgl. Rz. 59 f.)[8].

19 Der Antrag auf Anrufung der Einigungsstelle und der vor der Einigungsstelle gestellte Antrag können jederzeit **zurückgenommen** werden. In den Fällen der erzwingbaren Mitbest. bedarf die Antragsrücknahme der Zustimmung des anderen Betriebspartners[9]. Gleiches gilt bei Streitigkeiten im Bereich der freiwilligen Mitbest., wenn sich die Betriebspartner für den Fall der Nichteinigung verbindlich zur Anrufung der Einigungsstelle verpflichtet und sich deren Spruch im Voraus unterworfen haben.

20 **4. Amtszeit der Einigungsstelle.** Die Amtszeit der **erzwingbaren Einigungsstelle** endet mit dem Erreichen ihres Zwecks, also idR mit der Schlussabstimmung über den Streitgegenstand. Solange der Zweck nicht erreicht ist, kann der Vors. jederzeit einen neuen Termin zur Fortsetzung der Verhandlung bestimmen[10]. Die Amtszeit der Beisitzer kann schon vor dem Ende der Einigungsstelle enden, da sie jederzeit abberufen werden oder ihr Amt niederlegen können. Gleiches gilt für den Vors., wenn er einvernehmlich

---

1 AA *Blomeyer*, GS Dietz, S. 173. | 2 LAG Hess. v. 12.11.1991 – 4 TaBV 148/91, NZA 1995, 1118; v. 22.11.1994 – 4 TaBV 112/94, NZA 1992, 853. | 3 BAG v. 23.9.1997 – 3 ABR 85/96, NZA 1998, 719 ff.; LAG Hessen v. 14.2.2006 – 4 TaBV 1/06, ArbuR 2006, 413. | 4 LAG Hessen v. 17.4.2007 – 4 TaBV 59/07, AuA 2007, 757. | 5 LAG BW v. 4.10.1984 – 11 TaBV 4/84, NZA 1985, 163; v. 16.10.1991 – 12 TaBV 10/91, NZA 1992, 186. Unzutr. den Maßstab der „Offensichtlichkeit" anwendend: LAG Nürnberg v. 5.4.2005 – 7 TaBV 7/05, LAGE § 98 ArbGG 1979 Nr. 44. | 6 LAG Hessen v. 13.6.2003 – 4 TaBV 67/03, LAGE § 98 ArbGG 1979 Nr. 41. | 7 *Fitting*, § 76 BetrVG Rz. 25. | 8 BAG v. 15.10.1979 – 1 ABR 49/77, AP Nr. 5 zu § 111 BetrVG 1972; v. 22.10.1981 – 6 ABR 69/79, DB 1982, 811. | 9 Ebenso *Fitting*, § 76 BetrVG Rz. 39; Richardi/*Richardi*, § 76 BetrVG Rz. 93 ff., 95; *Hennige*, S. 144 ff.; *Friedemann*, Rz. 309. | 10 BAG v. 30.1.1990 – 1 ABR 2/89, DB 1990, 1090.

durch beide Parteien oder wegen Befangenheit (Rz. 64 ff.) abberufen wird. Bei der **dauernden Einigungsstelle** ergibt sich deren Amtszeit aus der dazu abgeschlossenen BV sowie einem etwaigen Bestellungsbeschluss. Im **Insolvenzfall** bleibt die Einigungsstelle unabhängig vom Fortbestand der Arbeitsverhältnisse betriebsangehöriger Beisitzer bestehen[1].

IV. Zusammensetzung der Einigungsstelle. 1. Vorsitzender. Die Einigungsstelle besteht neben den Beisitzern gem. Abs. 2 S. 1 aus einem unparteiischen Vors. Die **Unparteilichkeit** ist die einzige gesetzl. genannte und wichtigste Qualifikation des Vors. Neben der Neutralität sollte der Vors. über ein hohes Maß an **Rechts- und Sachkunde** über den jeweiligen Gegenstand des Einigungsstellenverfahrens verfügen. Auf Grund der Schlüsselposition, die dem Vors. im Einigungsstellenverfahren zukommt, ist dessen **Persönlichkeit** von herausragender Wichtigkeit. Hierbei sind vor allem ein hohes Einfühlungs- und Kommunikationsvermögen, Charisma, Autorität, Verhandlungsgeschick, Kenntnisreichtum sowie die Fähigkeit zur Analyse der streitigen betrieblichen Probleme gefragt. Häufig werden **Arbeitsrichter** zu Einigungsstellenvorsitzenden ernannt. Sie bedürfen nach § 40 II DRiG zur Übernahme des Einigungsstellenvorsitzes einer Nebentätigkeitsgenehmigung. Auch andere Sachkundige, etwa **Rechtsanwälte** und **Hochschullehrer**, kommen als Vors. in Betracht. 21

Können sich die Betriebsparteien auf den Vors. nicht einigen, erfolgt dessen **Bestellung** nach § 76 II 2 BetrVG, § 98 ArbGG auf Antrag **durch das ArbG** (vgl. die Kommentierung zu § 98 ArbGG). Eine Person kann auch entgegen dem Widerspruch einer Partei bestellt werden[2]. Die **Betriebspartner** können sich jederzeit, also während oder nach Abschluss des gerichtlichen Bestellungsverfahrens und sogar noch während des Einigungsstellenverfahrens, **auf** einen **anderen Vors. einigen**. Ebenso kann der Vors. sein Amt niederlegen. 22

2. Beisitzer. Die Einigungsstelle muss nach Abs. 2 S. 1 aus einer gleichen Anzahl von Beisitzern bestehen, die je zur Hälfte vom ArbGeb und vom BR benannt werden (**Paritätsgrundsatz**). Die **Anzahl** der Beisitzer ist abhängig vom Streitgegenstand. Bei wichtigen, schwierigen oder komplexen Streitfällen, die besondere Fachkenntnisse erfordern, kann eine höhere Anzahl von Beisitzern bestimmt werden. Auch die Größe des Betriebes spielt eine Rolle. **Im Regelfall** sind **zwei Beisitzer** pro Seite erforderlich, aber auch ausreichend[3]. Bei einfachen Fällen kann ein Beisitzer pro Seite ausreichend sein. Bei komplexen Fällen, großer Anzahl betroffener ArbN- oder ArbN-Gruppen, schwierigen Rechtsfragen oder zumutbaren Einigungsstellenkosten kann sich die Zahl auf drei erhöhen. Können sich die Parteien nicht auf die Anzahl der Beisitzer einigen, entscheidet das ArbG, Abs. 2 S. 3. Der Betriebspartner, der ein Abweichen von der Regelbesetzung anstrebt, hat hierfür „nachprüfbare" Tatsachen anzuführen[4]. In der Antragsschrift können die Beisitzer bereits namentlich genannt werden; es genügt jedoch der Antrag auf Festsetzung einer bestimmten Zahl von Beisitzern. Trotz der Festlegung durch das ArbG bleibt es den Betriebsparteien unbenommen, sich **im Nachhinein** auf eine andere Zahl von Beisitzern zu einigen[5]. 23

Die Betriebspartner können ihre jeweiligen Beisitzer **frei wählen**. Die Beisitzer der Gegenseite können nicht abgelehnt werden. Sie müssen nicht Angehörige des Betriebes sein. Häufig werden Vertreter einer Gewerkschaft oder eines ArbGebVerbandes oder **Rechtsanwälte** als Beisitzer benannt. Der BR ist nicht gehalten, aus Kostengründen betriebsangehörige Beisitzer zu benennen[6]. **Unparteilichkeit** ist von den Beisitzern – anders als vom Vors. – **nicht** zu verlangen. Da sie jeweils vom ArbGeb bzw. dem BR benannt werden, sollen sie sogar deren jeweilige Interessen vertreten. Daher können auch Mitglieder des BR oder der ArbGeb selbst Beisitzer in der Einigungsstelle sein[7]. Eine Ablehnung wegen **Befangenheit** ist nicht möglich (vgl. Rz. 63). 24

Die Betriebspartner müssen ihre Beisitzer erst mit der Eröffnung der mündlichen Verhandlung **bekannt geben**. Der **BR** muss für die Bestellung der Beisitzer einen **Beschluss** iSv. § 33 fassen, der den allgemeinen Wirksamkeitsvoraussetzungen entsprechen muss[8]. Der BR kann allerdings durch eine nachträgliche Beschlussfassung eine von dem BR-Vorsitzenden zuvor ohne Rechtsgrundlage im Namen des BR getroffene Vereinbarung genehmigen[9]. Wird die Einigungsstelle im Verlaufe eines **Insolvenzverfahrens** gebildet, besteht keine Verpflichtung, Vertreter der Gläubiger zu Mitgliedern zu bestellen[10]. 25

1 BAG v. 27.3.1979 – 6 ABR 39/76, DB 1979, 1562 f. | 2 Unzutr. daher LAG Berlin v. 12.9.2001 – 4 TaBV 1436/01, NZA-RR 2002, 25. Wie hier die ganz hM, zB LAG Hamm v. 24.9.2007 – 10 TaBV 83/07, mwN. | 3 So auch LAG München v. 15.7.1975 – 5 TaBV 27/75, DB 1975, 2452; LAG Bremen v. 2.7.1982 – 1 TaBV 7/82, AuR 1983, 28; LAG Düsseldorf v. 28.11.1980 – 16 TaBV 13/80, DB 1981, 379; LAG Schl.-Holst. v. 4.2.1997 – 1 TaBV 3/97, LAGE § 76 BetrVG 1972 Nr. 44; LAG Hamm v. 8.4.1987 – 12 TaBV 17/87, DB 1987, 1441; LAG München v. 15.7.1991 – 4 TaBV 27/91, NZA 1992, 185; LAG Nds. v. 7.8.2007 – 1 TaBV 63/07. AA (nur ein Beisitzer): LAG Schl.-Holst. v. 15.11.1990 – 4 TaBV 35/90, DB 1991, 287. IdR drei Beisitzer: DKK/*Berg*, § 76 BetrVG Rz. 23; *Weber/Ehrich*, Teil D, Rz. 34. Vier Beisitzer bei komplexem Sachverhalt: LAG Hamburg v. 13.1.1999 – 4 TaBV 9/98, AiB 1999, 221. | 4 LAG Nds. v. 15.8.2006 – 1 TaBV 43/06, NZA-RR 2006, 644; v. 13.12.2005 – 1 TaBV 77/05, NZA-RR 2006, 306; LAG Rh.-Pf. v. 23.6.1983 – 4 TaBV 12/83, DB 1984, 56. | 5 DKK/*Berg*, § 76 BetrVG Rz. 57; *Fitting*, § 76 BetrVG Rz. 14. | 6 Vgl. BAG v. 24.4.1996 – 7 ABR 40/95, AP Nr. 5 zu § 76 BetrVG 1972 – Einigungsstelle. | 7 BAG v. 6.5.1986 – 1 AZR 553/84, AP Nr. 8 zu § 128 HGB. | 8 Vgl. BAG v. 19.8.1992 – 7 ABR 58/91, NZA 1993, 710 ff. | 9 BAG v. 10.10.2007 – 7 ABR 51/06. | 10 BAG v. 6.5.1986 – 1 AZR 553/84, AP Nr. 8 zu § 128 HGB.

26 Jede Seite kann die von ihr benannten Beisitzer jederzeit **abberufen** und durch andere ersetzen (zB bei Verhinderung, Vertrauensentfall), ohne dass es hierzu des Einverständnisses der Gegenseite bedarf. Ebenso kann jeder Beisitzer sein Amt jederzeit **niederlegen**.

27 **3. Ersatzmitglieder.** Die Betriebsparteien, aber auch das ArbG können für den Vors. einen oder mehrere **Ersatzvorsitzende** bestellen, die bei dessen Wegfall den Vorsitz übernehmen. Möglich ist auch die Bestellung von **Ersatzbeisitzern** (sog. stellvertretende Beisitzer), um Unterbrechungen in Krankheitsfällen zu vermeiden. Ersatzbeisitzer und -vorsitzender dürfen in der Einigungsstelle **nicht anwesend** sein, sofern zwischen den Parteien keine abweichende Regelung getroffen ist[1].

28 **4. Rechtsstellung der Einigungsstellenmitglieder.** Es besteht keine Rechtspflicht, das **höchstpersönliche Amt** als Vors. oder Beisitzer zu übernehmen. Es kann jederzeit niedergelegt werden. Sofern es übernommen wird, besteht eine Verpflichtung, an den Sitzungen der Einigungsstelle teilzunehmen und an einer Entscheidung mitzuwirken.

29 Mit der Annahme des Amtes kommt ein besonderes **betriebsverfassungsrechtl. Schuldverhältnis** mit dem ArbGeb zu Stande[2]. Dieses Rechtsverhältnis hat, soweit ein Honoraranspruch besteht (vgl. § 76a Rz. 4, 18, 21), den Charakter eines entgeltlichen Geschäftsbesorgungsvertrags (§§ 611 ff., 675 ff. BGB)[3]. Bei den betriebsangehörigen Einigungsstellenmitgliedern, die keinen Anspruch auf Vergütung besitzen, hat das Schuldverhältnis den Rechtscharakter eines Auftragsverhältnisses (§ 662 BGB). Kein Vertragsverhältnis besteht hingegen zwischen dem BR und den von ihm bestimmten Mitgliedern der Einigungsstelle[4]. Zu den Einzelheiten des **Vergütungsanspruchs** vgl. § 76a.

30 Die Mitglieder der Einigungsstelle sind **nicht an Weisungen** oder Aufträge **gebunden**[5]. Dies gilt trotz ihrer Bestellung durch eine Partei auch für die Beisitzer. Sie sind nicht verlängerter Arm der jeweiligen Betriebspartei, sondern frei in ihrer Entscheidung. Sie sollen mit einer gewissen **inneren Unabhängigkeit** bei der Schlichtung des Regelungsstreits mitwirken[6].

31 Der Einigungsstellenmitglieder sind ebenso wie BR-Mitglieder gem. § 79 II, I zur **Geheimhaltung** aller Betriebs- oder Geschäftsgeheimnisse verpflichtet, die ihnen auf Grund ihrer Zugehörigkeit zur Einigungsstelle bekannt werden, und die der ArbGeb ausdrücklich als geheimhaltungsbedürftig bezeichnet hat. Die Verletzung dieser Pflicht ist nach § 120 I Nr. 1, II und III strafbar.

32 Die Mitglieder der Einigungsstelle dürfen nach § 78 in der Ausübung ihrer Tätigkeit **nicht behindert** werden. Ebenso ist deren Benachteiligung oder Begünstigung wegen ihrer Tätigkeit untersagt. Dies gilt auch für ihre berufliche Entwicklung. Verstöße sind durch § 119 I Nr. 2 und 3 strafbewehrt. Der besondere Kündigungsschutz nach § 15 KSchG, § 103 findet keine direkte Anwendung. Dennoch ist eine Kündigung betriebsangehöriger Mitglieder wegen ihrer Tätigkeit in der Einigungsstelle wegen Gesetzesverstoßes nichtig, § 134 BGB[7].

33 **5. Schadensersatzansprüche.** Bei Pflichtverletzungen können Schadensersatzansprüche insb. des ArbGeb gegen die Einigungsstellenmitglieder entstehen. Für Schadensersatzansprüche des BR, Einzelner betroffener ArbN oder Dritter wird es meist an einer Anspruchsgrundlage fehlen. Als **Pflichtverletzungen** des Vors. kommen nur Handlungen in Betracht, die ihm **selbst zurechenbar** sind (zB Verletzung der Verschwiegenheitspflicht nach § 79, unberechtigte Amtsniederlegung zur Unzeit oder Verweigerung der Schlussabstimmung). Hieraus muss ein Schaden resultieren. Aus allgemeinen Grundsätzen zur Amtshaftung ergibt sich, dass **Handlungen des Kollegialorgans** Einigungsstelle (insb. ein fehlerhafter Spruch) dem Vors. nicht als **Pflichtverletzung** zugerechnet werden können[8]. Danach liegt kein Verschulden vor, wenn das mehrheitlich gefundene Ergebnis nach sorgfältiger Prüfung aller Umstände zu Stande gekommen ist.

34 Auf Grund des Charakters der Einigungsstelle als betriebliches Schlichtungsorgan ist die Haftung analog § 839 II BGB **auf Vorsatz und grobe Fahrlässigkeit** beschränkt[9]. Ein überwiegendes **Mitverschulden** des ArbGeb iSd. § 254 II 1 BGB liegt vor, wenn dieser verabsäumt, einen fehlerhaften Einigungsstellenspruch zur Abwendung von Schäden gerichtlich anzufechten.

35 **V. Allgemeine Verfahrensgrundsätze. 1. Allgemeines; Schaffung einer besonderen Verfahrensordnung.** Das Verfahren vor der Einigungsstelle ist gesetzl. weitgehend ungeregelt. ZPO und ArbGG finden auf das Einigungsstellenverfahren keine direkte Anwendung. Abs. 3 schreibt lediglich einige, allerdings zwingende **Verfahrensregeln** vor: die mündliche Beratung (hierzu Rz. 43), die Abstimmung durch den Spruchkörper, den Abstimmungsmodus (hierzu Rz. 72 ff.), die schriftl. Niederlegung (Rz. 90) sowie die Zuleitung der Beschlüsse der Einigungsstelle an ArbGeb und BR (Rz. 90).

1 *Friedemann*, Rz. 128; *Fitting*, § 76 BetrVG Rz. 15; GK-BetrVG/*Kreutz*, § 76 Rz. 49. AA *Pünnel/Isenhardt*, Rz. 40. | 2 BAG v. 27.7.1994 – 7 ABR 10/93, DB 1995, 499; v. 15.12.1978 – 6 ABR 64/77, DB 1979, 1467. | 3 BAG v. 15.12.1978 – 6 ABR 64/77, DB 1979, 1467. | 4 BAG v. 15.12.1978 – 6 ABR 93/77, AP Nr. 6 zu § 76 BetrVG 1972. | 5 BAG v. 18.1.1994 – 1 ABR 43/93, DB 1994, 838; v. 27.6.1995 – 1 ABR 3/95, NZA 1996, 161. | 6 BAG v. 29.1.2002 – 1 ABR 18/01, DB 2002, 1948; v. 27.6.1995 – 1 ABR 3/95, NZA 1996, 161. | 7 ErfK/*Kania*, § 76 BetrVG Rz. 13; *Fitting*, § 76 BetrVG Rz. 35. | 8 Vgl. *Friedemann*, Rz. 356. | 9 *Fitting*, § 76 BetrVG Rz. 34; *Pünnel/Isenhardt*, Rz. 47. AA *Friedemann*, Rz. 355.

Die Betriebsparteien können nach Abs. 4 weitere Einzelheiten des Verfahrens vor der Einigungsstelle durch eine – freiwillige – **BV** regeln, zB Protokollführung, Einlassungs- und Ladungsfristen. Das durch Abs. 3 vorgeschriebene Abstimmungsverfahren indes ist zwingend und der Disposition der Betriebsparteien entzogen[1]. Dies folgt aus der Formulierung des § 74 IV („weitere Einzelheiten"). Auch durch **TV** können weitere Einzelheiten des Einigungsstellenverfahrens geregelt werden[2]. Solche tarifl. Regelungen gehen denen einer etwa bestehenden BV vor. 36

Soweit keine Regelungen in TV oder BV existieren oder diese Gestaltungsspielräume offen lassen, steht der Einigungsstelle im Interesse einer effektiven und zeitnahen Schlichtung ein **weiter Spielraum** zu, innerhalb dessen sie das Verfahren nach **pflichtgemäßem Ermessen selbst gestalten** kann[3]. Allerdings ist die Einigungsstelle hierbei an die nachfolgenden **allgemein anerkannten Verfahrensgrundsätze** gebunden. Diese Grundsätze folgen zum Teil aus dem Rechtsstaatsprinzip (Art. 20 I und III, Art. 28 I GG), zum Teil aus der Funktion der Einigungsstelle als Organ, das normative Regelungen erzeugt[4]. Deren **Nichteinhaltung** macht den Spruch der Einigungsstelle **unwirksam** und kann zu einer späteren gerichtlichen Aufhebung des Spruchs führen (s. Rz. 114). 37

2. Nichtöffentlichkeit. Die Sitzungen der Einigungsstelle sind – im Gegensatz zu Gerichtsverfahren, vgl. § 169 GVG – **nicht öffentl.**, aber **parteiöffentl.**[5]. Dies bedeutet, dass an den Verhandlungen nicht jeder beliebige Dritte, wohl aber die Betriebsparteien teilnehmen können, also sowohl Angehörige des BR als auch Vertreter der ArbGebSeite, soweit sie nicht Beisitzer der Einigungsstelle sind. Keinen Zutritt haben demgegenüber Pressevertreter oder betroffene ArbN[6], soweit sie nicht Beisitzer oder Vertreter der Betriebsparteien sind. Allerdings kann die Einigungsstelle neben den Beisitzern, dem Vors. und den Verfahrensbevollmächtigten die Anwesenheit Dritter zuzulassen. 38

Zeugen und **Sachverst.** nehmen nur für den Zeitraum ihrer Vernehmung bzw. der Erläuterung ihres Gutachtens an der Sitzung der Einigungsstelle teil[7]. Sie äußern sich nur zum Beweisthema und verlassen danach den Sitzungsraum. Gleiches gilt für sonstige Auskunftspersonen. Durch die Anwesenheit eines **Protokollführers** (vgl. noch Rz. 57) wird der Grundsatz der Nichtöffentlichkeit nicht verletzt[8]. 39

Die auf die Verhandlung vor der Einigungsstelle folgende Phase der abschließenden **Beratung** und **Beschlussfassung** der Einigungsstelle ist **weder öffentl., noch parteiöffentl.** An ihr dürfen nur die Mitglieder der Einigungsstelle teilnehmen (vgl. noch Rz. 72). Ansonsten ist der Spruch unwirksam[9]. 40

3. Grundsatz des rechtlichen Gehörs. Die Einigungsstelle hat den beteiligten Betriebsparteien (nicht nur den Mitgliedern der Einigungsstelle[10]) rechtl. Gehör zu gewähren[11]. Dieser sich für das gerichtliche Verfahren aus Art. 103 I GG ergebende Grundsatz des rechtl. Gehörs gilt für das Einigungsstellenverfahren **analog**. Ein **Verstoß** gegen den Anspruch auf rechtl. Gehör führt zur **Unwirksamkeit** des Spruchs der Einigungsstelle[12]. 41

Der Grundsatz des rechtl. Gehörs verpflichtet die Einigungsstelle, jeder der beteiligten Seiten Gelegenheit zu geben, zum Tatsächlichen vorzutragen, Beweismittel anzubieten[13], die eigene Rechtsauffassung darzustellen und einen eigenen Vorschlag zur Lösung des Konfliktes zu unterbreiten. Hierzu muss nicht nur schriftl., sondern auch im Rahmen einer zwingenden mündlichen Verhandlung Gelegenheit bestehen (vgl. Rz. 43). **Nicht erforderlich** ist, den Betriebsparteien zu jedem **einzelnen Verfahrensschritt** rechtl. Gehör zu gewähren[14]. Bspw. braucht ein nach Erläuterung und Erörterung des Streitfalles vom Vors. unterbreiteter Einigungsvorschlag den Betriebsparteien nicht zur erneuten Stellungnahme zugeleitet werden. Auch kann die Einigungsstelle beschließen, wann den Parteivertretern Rederecht zugebilligt wird; der Anspruch auf rechtl. Gehör beinhaltet nicht die Befugnis der einzelnen Partei, sich immer dann mitzuteilen, wann es ihr beliebt[15]. 42

4. Grundsatz der Mündlichkeit. Zwingend ist eine **mündliche Verhandlung der Betriebsparteien** vor der Einigungsstelle[16]. Zwar ist nach dem Wortlaut des Abs. 3 S. 2 nur die „mündliche Beratung" vorgeschrieben; allerdings hat der Gesetzgeber eine mündliche Verhandlung als selbstverständlich unter- 43

---

1 *Pünnel*, AuR 1973, 257 (260). |2 *Fitting*, § 76 BetrVG Rz. 66; GK-BetrVG/*Kreutz*, § 76 Rz. 120. |3 BAG v. 4.7.1989 – 1 ABR 40/88, NZA 1990, 29; v. 18.1.1994 – 1 ABR 43/93, DB 1994, 838. |4 BAG v. 18.1.1994 – 1 ABR 43/93, DB 1994, 838. Zu Einzelheiten Schwab/Weth/*Kliemt*, ArbGG, Einigungsstellenverfahren, Rz. 105 ff., 109. |5 BAG v. 18.1.1994 – 1 ABR 43/93, DB 1994, 838; *Pünnel/Isenhardt*, Rz. 53; *Fitting*, § 76 BetrVG Rz. 49; Richardi/*Richardi*, § 76 BetrVG Rz. 88. Krit. *Friedemann*, Rz. 208 ff. |6 AA DKK/*Berg*, § 76 BetrVG Rz. 64; *Hennige*, S. 193. |7 *Friedemann*, Rz. 205; *Weber/Ehrich*, Teil E, Rz. 18. |8 *Fitting*, § 76 BetrVG Rz. 49, 50; GK-BetrVG/*Kreutz*, § 76 Rz. 106; *Heinze*, RdA 1990, 273. AA *Friedemann*, Rz. 182, 255; MünchArbR/*Joost*, § 320 Rz. 46. |9 BAG v. 18.1.1994 – 1 ABR 43/93, DB 1994, 838. |10 Früher aA BAG v. 11.2.1992 – 1 ABR 51/91, DB 1992, 1730. |11 BAG v. 18.1.1994 – 1 ABR 43/93, DB 1994, 838 f. |12 BAG v. 11.2.1992 – 1 ABR 51/91, DB 1992, 1730; v. 4.7.1989 – 1 ABR 40/88, NZA 1990, 29. |13 Vgl. BAG v. 11.2.1992 – 1 ABR 51/91, DB 1992, 1730. |14 *Fitting*, § 76 BetrVG Rz. 46; *Weber/Ehrich*, Teil E, Rz. 33. |15 ArbG Hamburg v. 30.3.2007 – 27 BV 8/07. |16 *Pünnel/Isenhardt*, Rz. 53; DKK/*Berg*, § 76 BetrVG Rz. 62; *Schönfeld*, NZA 1988, Beil. 4, S. 9. AA *Friedemann*, Rz. 215; *Hennige*, S. 159 f.; *Heinze*, RdA 1990, 262 (267); ErfK/*Kania*, § 76 BetrVG Rz. 18; *Hanau/Reitze*, FS Kraft, S. 167 (176 f.); GK-BetrVG/*Kreutz*, § 76 Rz. 101; Richardi/*Richardi*, § 76 BetrVG Rz. 86; *Fitting*, § 76 BetrVG Rz. 47.

stellt, ohne noch eine besondere Erwähnung für notwendig zu erachten. Ein schriftl. Verfahren bildet im deutschen Rechtssystem die absolute Ausnahme und würde dem Sinn des Einigungsstellenverfahrens nicht gerecht, nach gemeins. offener Aussprache der Beteiligten unter Leitung und Vermittlung des unparteiischen Vors. eine der beiderseitigen Interessenlage Rechnung tragende, einvernehmliche Lösung zu vermitteln.

44 Die Einigungsstelle hat ihre Beschlüsse „nach mündlicher Beratung" zu fassen, Abs. 3 S. 2. Deren Mitglieder müssen demnach gleichzeitig zur Beratung und Beschlussfassung an einem Ort anwesend sein. Die **Mündlichkeit ist Wirksamkeitserfordernis**. Eine Alleinentscheidung durch den Vors., eine Entscheidung im Umlaufverfahren oder durch schriftl. Votum sowie eine Beratung mittels einer Telefon- oder Videokonferenz sind daher unzulässig.

45 **5. Beschleunigungsgrundsatz.** Nach Abs. 3 S. 1 „hat" die Einigungsstelle **unverzüglich** (§ 121 BGB) tätig zu werden. Dem ist ein allgemeiner Verfahrensgrundsatz der Beschleunigung des Einigungsstellenverfahrens zu entnehmen. Abs. 3 S. 1 zielt nicht nur auf eine rasche Verfahrensaufnahme; er beinhaltet auch die Pflicht zum unverzüglichen Handeln sowie zur zügigen und konzentrierten Abwicklung des Einigungsstellenverfahrens. Eine andere Interpretation stünde im Gegensatz zum erklärten Willen des Gesetzgebers, das Verfahren insgesamt zu beschleunigen, der auch in § 98 ArbGG zu Tage tritt. Hiernach entscheidet der Vors. bei Meinungsverschiedenheiten über die Person des Einigungsstellenvorsitzenden und die Zahl der Beisitzer allein. Darüber hinaus sind die **Einlassungs- und Ladungsfristen auf 48 Stunden abgekürzt**. Schließlich muss der Beschluss des Gerichts spätestens innerhalb von vier Wochen nach Eingang des Antrags den Beteiligten zugestellt werden.

46 Die Pflicht zur Verfahrensbeschleunigung trifft sämtliche Mitglieder der Einigungsstelle. Sie müssen sich so schnell wie möglich mit den tatsächlichen und rechtl. Fragen der Meinungsverschiedenheit vertraut machen. Der Vors. hat auf eine möglichst baldige Sitzungsterminierung hinzuwirken; soweit erforderlich, hat er vorsorglich mehrere Termine vorzusehen und für eine die zügige Arbeit der Einigungsstelle ermöglichende Vorbereitung der Sitzung zu sorgen. Er hat darauf hinzuwirken, dass ihm alle für die Entscheidung und deren Vorbereitung sachdienlichen Unterlagen überlassen werden[1].

47 **6. Dispositionsmaxime.** Die Einigungsstelle ist **nicht an die Anträge gebunden**[2]. Sie kann den Antrag einer Seite zum Inhalt ihres Spruchs machen, jedoch auch eine von den Anträgen beider Seiten abweichende Lösung des Konflikts beschließen. Die Einigungsstelle ist zu diesem Vorgehen sogar verpflichtet, um den **Verfahrensgegenstand auszuschöpfen**. Zwar entscheidet sie nicht von Amts wegen, sondern nur auf begründeten Antrag der Parteien. Auch darf sie die Angelegenheit nur insoweit regeln, als sie unter den Betriebspartnern streitig ist und die Regelungsstreitigkeit in den „Anträgen" Ausdruck findet. Der Antrag dient aber vor allem dazu, das Einigungsstellenverfahren einzuleiten, seinen Gegenstand zu bestimmen und zu umreißen. Soweit das MitbestR reicht, hat die Einigungsstelle den Konflikt vollständig zu lösen. Sie darf aber nicht über den ihr unterbreiteten Regelungsgegenstand hinausgehen und andere Fragen in ihre Entscheidung mit einbeziehen[3].

48 **7. Offizialmaxime/Amtsermittlungsprinzip.** Im Einigungsstellenverfahren gilt ebenso wie im arbeitsgerichtl. Beschlussverfahren die sog. **Offizialmaxime**. Die Einigungsstelle hat im Rahmen des ihr unterbreiteten Streitgegenstandes den für die Entscheidung erheblichen Sachverhalt **von Amts wegen aufzuklären**[4]. Sie ist befugt, nach pflichtgemäßem Ermessen selbst Ermittlungen vorzunehmen, zB durch Vernehmung von Zeugen, Hinzuziehung von Sachverst. oder Inaugenscheinnahme. Letztlich folgt dies aus der Ähnlichkeit und Nähe des Einigungsstellenverfahrens zum arbeitsgerichtl. Beschlussverfahren.

49 **VI. Konstituierung der Einigungsstelle. 1. Allgemeines.** Die Einigungsstelle ist **gebildet**, wenn der Vors. und die von den Parteien jeweils benannten Beisitzer ihr Amt angenommen haben. Nach einer ordnungsgemäßen Ladung (Rz. 52) konstituiert sich die Einigungsstelle, indem sie erstmals zusammentritt. Der Vors. eröffnet die erste mündliche Verhandlung und stellt zunächst die **Beschlussfähigkeit** und die **Anwesenden** fest. Dies sind neben dem Vors. vor allem die Beisitzer. Sie sollten mit Namen und Privat- oder Dienstanschrift im Protokoll (vgl. Rz. 57) vermerkt werden. Für die Verhandlungen, nicht hingegen für die Beschlussfassung sind darüber hinaus **anwesenheitsberechtigt** die **Verfahrensbevollmächtigten** (Rz. 58) sowie die **Parteien** des Einigungsstellenverfahrens selbst (Rz. 38). **Weitere Personen** dürfen nur im allgemeinen Einvernehmen an den Sitzungen teilnehmen (vgl. Rz. 38).

50 Die **Vorbereitung** und die **Leitung der Verhandlung** obliegt ausschließlich dem Vors. Er bestimmt **Zeitpunkt** und **Ort** der Einigungsstellenverhandlung, trifft die erforderlichen **Vorbereitungen**, eröffnet und unterbricht die Verhandlung, führt oder diktiert das Protokoll (Rz. 57), erteilt das Wort und fasst Ergebnisse zusammen.

---

1 *Fitting*, § 76 BetrVG Rz. 42. | 2 BAG v. 30.1.1990 – 1 ABR 2/89, NZA 1990, 571; v. 28.7.1981 – 1 ABR 79/79, AP Nr. 2 zu § 87 BetrVG 1972 – Urlaub. AA *Heinze*, RdA 1990, 262 (264). | 3 *Fitting*, § 76 BetrVG Rz. 60; GK-BetrVG/*Kreutz*, § 76 Rz. 114, 95; Richardi/*Richardi*, § 76 BetrVG Rz. 104. | 4 *Fitting*, § 76 BetrVG Rz. 44; *Friedemann*, Rz. 231; *Pünnel/Isenhardt*, Rz. 49; ErfK/*Kania*, § 76 BetrVG Rz. 17. AA (Parteimaxime): Richardi/*Richardi*, § 76 BetrVG Rz. 92; MünchArbR/*Joost*, § 320 Rz. 40; *Heinze*, RdA 1990, 262 (265); *Hennige*, S. 191.

Grundlegende Entscheidungen, die über die bloße Verhandlungsführung hinausgehen, entscheidet die Einigungsstelle als Kollegialorgan in einfacher Abstimmung mit einfacher Mehrheit[1]. Hierzu gehört etwa die Frage, inwieweit den Parteien rechtl. Gehör gewährt wird oder in welchem Umfang eine Protokollierung der Verhandlung erfolgt. Das in Abs. 3 geregelte zweistufige Verfahren der Beschlussfassung (Rz. 75) ist für verfahrensleitende Beschlüsse nicht anwendbar. Es gilt nur für die abschließende Entscheidung. 51

2. Ordnungsgemäße Ladung und Unterrichtung der Beisitzer. Die Mitglieder der Einigungsstelle sind vom Vors. so **rechtzeitig** und ordnungsgemäß über **Ort und Zeit der Sitzungen** zu unterrichten und mit den **notwendigen Unterlagen** zu versehen, dass sie sich noch auf den Termin vorbereiten können (vgl. Abs. 5 S. 2: „trotz rechtzeitiger Einladung“). Die Nichteinhaltung dieses selbständigen Verfahrensgrundsatzes führt zur Unwirksamkeit des Spruchs der Einigungsstelle[2]. Das Angebot geeigneter Räume im Betrieb hat der Vors. zur Vermeidung unnötiger Kosten idR zu akzeptieren. Es sollte eine **Ladungsfrist** von mindestens einer Woche gewahrt werden. Allen Beisitzern sind die gleichen Unterlagen zur Verfügung zu stellen. 52

Eine **förmliche Ladung** analog §§ 166 ff., 214 f., 497 ZPO ist **nicht erforderlich**. Ausreichend ist eine **mündliche, telefonische** oder **schriftl.** Unterrichtung aller Beisitzer über Ort und Zeit der Verhandlung. Ist ein nachfolgender Termin in der letzten Verhandlung zwischen allen Mitgliedern der Einigungsstelle abgesprochen worden, erübrigt sich eine erneute Unterrichtung[3]. 53

Der Vors. kann sich **zur Übermittlung der Einladung** auch **anderer Personen**, zB einzelner Beisitzer, bedienen. Dennoch bleibt der Vors. verantwortlich: Erreicht die Einladung ihren bestimmungsgemäßen Adressaten nicht, so ist der betreffende Beisitzer nicht ordnungsgemäß zur Sitzung eingeladen[4]. Allerdings können Beisitzer Dritten, etwa anderen Beisitzern oder der Schreibkraft im Büro des BR, **Ladungsvollmacht** erteilen[5]. Die Einladung gilt dann als bewirkt, auch wenn sie den Adressaten nicht persönlich erreicht, § 164 III BGB analog. 54

Die Ladung der Einigungsstellenmitglieder hat **unverzüglich** zu erfolgen (vgl. Rz. 45). Zur Verfahrensbeschleunigung kann der Vors. das Einigungsstellenverfahren durch sofortige Terminierung und Ladung der Parteien einleiten, auch wenn die Beschwerdefrist gegen den Bestellungsbeschluss des ArbG nach § 98 II 2 ArbGG noch nicht abgelaufen ist[6]. 55

Mängel der Einladung können dadurch **geheilt** werden, dass das betreffende Einigungsstellenmitglied rügelos an der Sitzung und Beschlussfassung teilnimmt. Erscheint ein Beisitzer hingegen nur kurz, um die Gründe seiner Abwesenheit (etwa die zu kurzfristige Kenntnis vom Termin und die daraus resultierende fehlende Vorbereitungszeit) zu erläutern, kann hierin noch keine Heilung gesehen werden[7]. Haben nicht alle Beisitzer an der Sitzung der Einigungsstelle teilgenommen, weil sie nicht oder nicht ordnungsgemäß geladen wurden, und ergeht dennoch ein Einigungsstellenspruch, so ist dieser unwirksam[8]. 56

3. Protokollführung. Eine Protokollierung der Verhandlungen der Einigungsstelle ist zur Dokumentation der Ordnungsgemäßheit des Verfahrens **zweckmäßig**, jedoch nicht zwingend. §§ 159 ff. ZPO über die Protokollierung der mündlichen Verhandlung finden keine Anwendung. Abs. 3 S. 4 zwingt lediglich dazu, die Beschlüsse der Einigungsstelle schriftl. niederzulegen, vom Vors. zu unterschreiben und dem ArbGeb und dem BR zuzuleiten. Das Protokoll wird im Normalfall durch den Vors. selbst geführt. Es kann aber auch ein Beisitzer oder eine neutrale Person zum **Protokollführer** ernannt werden. Das Protokoll ist sodann vom Vors. zu **unterzeichnen**. Die Beisitzer können eine Abschrift des Protokolls beanspruchen. 57

4. Vertretung von Parteien durch Verfahrensbevollmächtigte. ArbGeb und BR können sich im Verfahren vor der Einigungsstelle durch Verfahrensbevollmächtigte, etwa durch Rechtsanwälte oder Verbandsvertreter, vertreten lassen[9]. Der Einigungsstelle steht **nicht das Recht** zu, den **Bevollmächtigten zurückzuweisen**. Die **Aufgabe** der Verfahrensbevollmächtigten im Einigungsstellenverfahren besteht darin, die jeweilige Partei in der mündlichen Verhandlung zu vertreten und schriftl. Erklärungen abzugeben. Bei der **Beratung** und **Beschlussfassung** dürfen sie hingegen **nicht anwesend** sein. Zur Erstattung der **Kosten** des Verfahrensbevollmächtigten des BR durch den ArbGeb vgl. § 76a Rz. 31 f. 58

5. Prüfung der eigenen Zuständigkeit. Die Einigungsstelle muss zunächst prüfen, ob sie zuständig ist (sog. „**Vorfragenkompetenz**“)[10]. Dies gilt auch, wenn sie durch das ArbG **bestellt** wurde[11], da das ArbG 59

---

1 LAG Düsseldorf v. 23.10.1986 – 17 Ta BV 98/86, DB 1987, 1255; *Fitting*, § 76 BetrVG Rz. 37. | 2 BAG v. 27.6.1995 – 1 ABR 3/95, NZA 1996, 161. | 3 BAG v. 27.6.1995 – 1 ABR 3/95, NZA 1996, 161. | 4 BAG v. 27.6.1995 – 1 ABR 3/95, NZA 1996, 161. | 5 BAG v. 27.6.1995 – 1 ABR 3/95, NZA 1996, 161. | 6 DKK/*Berg*, § 76 BetrVG Rz. 65. | 7 BAG v. 27.6.1995 – 1 ABR 3/95, NZA 1996, 161. | 8 BAG v. 27.6.1995 – 1 ABR 3/95, NZA 1996, 161. | 9 BAG v. 21.6.1989 – 7 ABR 78/87, DB 1989, 2436; v. 5.11.1981 – 6 ABR 24/78, AP Nr. 9 zu § 76 BetrVG 1972. AA *Friedemann*, Rz. 154 ff.; *Bengelsdorf*, NZA 1989, 489 (497); *Sowka*, NZA 1990, 91 ff. | 10 BAG v. 28.5.2002 – 1 ABR 37/01, NZA 2003, 171; v. 22.1.2002 – 3 ABR 28/01, DB 2002, 1838; v. 3.4.1979 – 6 ABR 29/77, DB 1979, 2186 f.; v. 22.10.1981 – 6 ABR 69/79, DB 1982, 811 f. | 11 Vgl. etwa BAG v. 15.5.2001 – 1 ABR 39/00, NZA 2001, 1154. AA *Hennige*, S. 219.

die Einigungsstelle nach § 98 ArbGG nur dann nicht einsetzt, wenn sie „offensichtlich unzuständig" ist. Bei erzwingbaren Einigungsstellenverfahren läuft die Entscheidung über die Zuständigkeit häufig auf die Frage hinaus, ob hinsichtlich des zu entscheidenden Regelungsgegenstandes ein **MitbestR** besteht und ob dieses durch den Abschluss einer ungekündigten BV noch nicht verbraucht ist[1].

60 Gelangt die Einigungsstelle zu dem Ergebnis, dass sie unzuständig ist, hat sie das Verfahren **einzustellen**[2] (hierzu noch näher Rz. 83). Der Antrag des Betriebspartners, der die Einigungsstelle angerufen hat, wird in diesem Fall zurückgewiesen. Der einstellende Beschluss ist anfechtbar. Kommt das ArbG zu dem Ergebnis, dass die Einigungsstelle zuständig ist, stellt es die Unwirksamkeit des Einigungsstellenspruchs fest. Das Verfahren ist dann vor der Einigungsstelle fortzuführen, ohne dass es einer Neuerrichtung oder einer erneuten Anrufung bedarf[3].

61 **Bejaht** die Einigungsstelle ihre Zuständigkeit, ist das Verfahren fortzusetzen und zum Abschluss zu bringen. Wird die Zuständigkeit dennoch von einer Partei weiter bestritten, kann sie die Zuständigkeit im **arbeitsgerichtl. Beschlussverfahren** überprüfen lassen[4]. Hierdurch wird das Einigungsstellenverfahren nicht unterbrochen. Im Interesse einer effektiven Ausübung der Beteiligungsrechte des BR darf die Einigungsstelle das weitere Verfahren auch **nicht aussetzen**, sondern hat zügig eine Sachregelung herbeizuführen[5].

62 Es steht im **Ermessen** der Einigungsstelle, ob sie über ihre Zuständigkeit vorab durch **Zwischenbeschluss** entscheidet[6]. Selbst bei einem entsprechenden Antrag ist die Einigungsstelle zu einem förmlichen Zwischenbeschluss nicht verpflichtet[7]. Ein die Zuständigkeit bejahender Zwischenbeschluss der Einigungsstelle kann in einem gerichtlichen Verfahren gesondert auf seine materielle Richtigkeit überprüft werden[8]. Vgl. auch Rz. 105.

63 **6. Besorgnis der Befangenheit von Einigungsstellenmitgliedern.** Die **Ablehnung** eines Beisitzers wegen Besorgnis der Befangenheit ist **ausgeschlossen**[9] – auch wenn vom Ergebnis des Einigungsstellenverfahrens persönl. Interessen des Beisitzers berührt werden. Die Beisitzer sind anders als der Vors. kraft Gesetzes nicht zur Unparteilichkeit verpflichtet. Ihre Befangenheit ist vom Gesetzgeber „eingeplant".

64 Den **Vors.** können die Parteien einvernehmlich jederzeit wegen Befangenheit abberufen und sich auf einen neuen Vors. einigen oder ihn durch das ArbG bestellen lassen[10]. Hält **nur eine Seite** den Vors. für befangen, kann sie ihn – anders als Beisitzer – **wegen Besorgnis der Befangenheit ablehnen**[11]. Die Besorgnis der **Befangenheit** ist in entsprechender Anwendung des § 42 II ZPO dann anzunehmen, wenn ein objektiver Grund besteht, der geeignet ist, aus Sicht der ablehnenden Partei an der Unvoreingenommenheit des Vors. zu zweifeln. Nicht erforderlich ist das tatsächliche Bestehen der Befangenheit des Vors. **Antragsberechtigt** für ein Befangenheitsgesuch gegen den Vors. ist nur eine der beiden Betriebsparteien, nicht die zu ihrer Vertretung in die Einigungsstelle entsandten Beisitzer[12]. Beisitzer können allerdings **als Bote** ein **schriftl. Befangenheitsgesuch** einer Betriebspartei überbringen[13].

65 Die Befangenheitsgründe sind spätestens innerhalb von **zwei Wochen** nach bekannt werden **schriftl.** gegenüber der Einigungsstelle **darzulegen**[14]. Ein Nachschieben von Ablehnungsgründen im gerichtlichen Verfahren zur Klärung des Befangenheitsgesuches ist damit ausgeschlossen. Wer sich in Kenntnis der Ablehnungsgründe rügelos auf die Verhandlung der Einigungsstelle einlässt, verliert analog §§ 1036 f. ZPO sein Ablehnungsrecht[15].

66 **Kein Ablehnungsrecht** besteht, wenn der Vors. ausnahmsw. nicht in der Funktion eines Richters tätig wird, weil ihm das Recht zur Letztentscheidung nach Abs. 3 S. 3 fehlt. Ein solcher Ausnahmefall liegt bei der Einigungsstelle bezüglich eines Interessenausgleiches nach §§ 111, 112 II und III vor, da sie über die Ausgestaltung der Betriebsänderung nicht verbindlich entscheiden kann[16].

---

1 Offensichtliche Unzuständigkeit bei Bestehen einer ungekündigten BV: LAG Hamm v. 10.9.2007 – 10 TaBV 85/07; v. 21.12.2005 – 10 TaBV 173/05; v. 17.10.2005 – 10 TaBV 143/05; LAG Hessen v. 14.6.2005 – 4 TaBV 54/05. AA LAG Köln v. 23.1.2007 – 9 TaBV 66/06; LAG Köln v. 6.9.2005 – 4 TaBV 41/05, LAGE § 98 ArbGG 1979 Nr. 44a. | 2 DKK/*Berg*, § 76 BetrVG Rz. 72; *Fitting*, § 76 BetrVG Rz. 83; *Pünnel*, AuR 1973, 257 (262). | 3 BAG v. 30.1.1990 – 1 ABR 2/89, NZA 1990, 571. AA *Pünnel/Isenhardt*, Rz. 49; *Schaub*, § 232 IV Rz. 18. | 4 AA ErfK/*Kania*, § 76 BetrVG Rz. 35. | 5 BAG v. 28.5.2002 – 1 ABR 37/01, NZA 2003, 171; v. 17.9.1991 – 1 ABR 74/90, DB 1992, 435; v. 22.2.1983 – 1 ABR 27/81, BB 1983, 1724. AA (Ermessen zur Aussetzung): BAG v. 3.4.1979 – 6 ABR 29/77, DB 1979, 2186 f. | 6 BAG v. 22.1.2002 – 3 ABR 28/01, DB 2002, 1938; v. 25.5.2002 – 1 ABR 37/01, NZA 2003, 171. | 7 BAG v. 25.5.2002 – 1 ABR 37/01, NZA 2003, 171. | 8 BAG v. 4.7.1989 – 1 ABR 40/88, NZA 1990, 29; LAG Nds. v. 20.3.2003 – 4 TaBV 108/00, LAGE § 5 ArbSchG Nr. 1. Zweif. BAG v. 28.5.2002 – 1 ABR 37/01, NZA 2003, 171. AA GK-BetrVG/*Kreutz*, § 76 Rz. 124; *Fitting*, § 76 BetrVG Rz. 84. | 9 BAG v. 6.4.1973 – 1 ABR 20/72, DB 1973, 2197; LAG Düsseldorf v. 3.4.1981 – 8 TaBV 11/81, BB 1981, 733; LAG BW v. 4.9.2001 – 8 TaBV 2/01, ArbuR 2002, 151. Zu den diskutierten Ausnahme-Fallgruppen: Schwab/Weth/*Kliemt*, ArbGG, Einigungsstellenverfahren, Rz. 202 ff. | 10 *Schaub*, NZA 2000, 1087. | 11 BAG v. 29.1.2002 – 1 ABR 18/01, DB 2002, 1948; v. 11.9.2001 – 1 ABR 5/01, BB 2002, 576; v. 9.5.1995 – 1 ABR 56/94, DB 1995, 2610 ff. AA GK-ArbGG/*Dörner*, § 98 Rz. 30, 32 ff.; GMPM/*Matthes*, § 98 ArbGG Rz. 23; *Pünnel/Isenhardt*, Rz. 101 ff. Diff. *Friedemann*, Rz. 186 ff. | 12 BAG v. 11.9.2001 – 1 ABR 5/01, BB 2002, 576. | 13 BAG v. 11.9.2001 – 1 ABR 5/01, BB 2002, 576. | 14 BAG v. 11.9.2001 – 1 ABR 5/01, BB 2002, 576. | 15 BAG v. 9.5.1995 – 1 ABR 56/94, DB 1995, 2610 ff. | 16 Ebenso *Bauer/Diller*, DB 1996, 137 (139); *Friedemann*, Rz. 186.

Entscheidet die Einigungsstelle ohne Rücksicht auf einen erhobenen Befangenheitsantrag, ist der Spruch unwirksam[1]. Ob die Befangenheitsrüge parteiobjektiv begründet war, ist hiernach unerheblich[2]. **Legt** der Vors. sein **Amt freiwillig nieder**, weil er die Besorgnis der Befangenheit als begründet ansieht, ist der Weg frei für eine einvernehmliche oder gerichtlich herbeizuführende Neubesetzung des Vorsitzes[3]. Hält der Vors. den Befangenheitsantrag für unbegründet, **entscheidet über das Ablehnungsgesuch** zunächst analog § 1037 II 2 ZPO die **Einigungsstelle** selbst, allerdings nach Abs. 3 S. 3 Hs. 1 ohne den abgelehnten Vors.[4]. Eine zweite Abstimmung unter seiner Beteiligung nach Abs. 3 S. 3 Hs. 2 erfolgt nicht[5]. Wird das Ablehnungsgesuch mehrheitlich **abgelehnt**, nimmt das Einigungsstellenverfahren unter Beteiligung des Vors. seinen Fortgang (zur gerichtlichen Überprüfung Rz. 100 ff.). Ergibt sich eine Mehrheit zu Gunsten des Ablehnungsgesuchs, ist der Vors. wegen Besorgnis der Befangenheit von der weiteren Durchführung des Einigungsstellenverfahrens ausgeschlossen. Kommt es bei der Abstimmung in der Einigungsstelle über den Befangenheitsantrag zu einer **Pattsituation**, entscheidet die Einigungsstelle unter Beteiligung des für befangen gehaltenen Vors. darüber, ob sie das Verfahren fortsetzt oder ggf. bis zur gerichtlichen Entscheidung über die geltend gemachten Ablehnungsgründe aussetzt (§ 1037 III 1, 2 ZPO analog). Bei dieser Entscheidung steht ihr ein vom ArbG zu beachtender Ermessensspielraum zu[6]. Im Fall der Aussetzung hat nunmehr das ArbG im Beschlussverfahren über die Abberufung des Vors. zu entscheiden (§ 1037 III 1 ZPO analog, § 98 ArbGG)[7]. 67

Wird der **Ablehnungsantrag** eines Beteiligten von der Einigungsstelle **zurückgewiesen**, kann er innerhalb **eines Monats** die **Entscheidung des ArbG** über die Ablehnung beantragen, § 1037 III 1 ZPO analog[8]. Bis zur Antragserhebung und während eines anhängig gemachten Verfahrens kann das Einigungsstellenverfahren entsprechend § 1037 III 2 ZPO unter Beteiligung des abgelehnten Vors. fortgesetzt und durch Spruch abgeschlossen werden. Gegen die Entscheidung des ArbG über die Ablehnung des Vors. findet nach § 98 II ArbGG die Beschwerde an das LAG statt[9]. 68

7. Erörterung des Sach- und Streitstandes sowie Bemühen um gütliche Regelung. Ziel des Einigungsstellenverfahrens ist die Herbeiführung einer **gütlichen Einigung** zwischen den Betriebspartnern. Dies kommt nicht nur im Namen der Einigungsstelle, sondern auch in der Abstimmungsregelung des Abs. 3 S. 3 zum Ausdruck. Es existieren keine festen Regeln dafür, auf welche Weise sich der Vors. um eine gütliche Einigung zu bemühen hat. Im Normalfall wird er zunächst den **Sachverhalt** erfassen und die Streitpunkte sowie die Interessenlage herausarbeiten. Mitunter ist es sinnvoll, die streitigen Punkte des Sachverhalts im Rahmen einer **Beweisaufnahme** zu klären. Sodann wird der Vors. nach Kompromisslösungen suchen. Zu gegebener Zeit kann er einen eigenen **Lösungsvorschlag** unterbreiten. Je nach Verhandlungsklima und -situation können sich Unterbrechungen der Verhandlung anbieten, um den Parteien Gelegenheit zu getrennten Beratungen über den Vergleichsvorschlag zu geben. Der Vors. hat auch die Möglichkeit, mit den Parteien getrennt zu beraten („Pendeldiplomatie"). Solche **Einzelgespräche** sind idR nützlich, da der Vors. einen besseren Einblick in die Motivationslage der Parteien erhält und wesentliche Hintergründe für Standpunkte erfährt, die auf den ersten Blick unverständlich und unversöhnlich erscheinen mögen. 69

8. Beweismittel und -aufnahme. Streitige entscheidungserhebliche Sachverhaltspunkte können unter Berücksichtigung des Verhältnismäßigkeitsgrundsatzes aufgeklärt werden. Allerdings stehen der Einigungsstelle – anders als dem Gericht – **keine Zwangsmittel** zur Verfügung. Zeugen und Sachverst. können nicht gezwungen werden, vor der Einigungsstelle zu erscheinen und auszusagen[10]. Es besteht kein Recht, Zeugen zu vereidigen. Die Einigungsstelle ist auch nicht befugt, das persönliche Erscheinen der Parteien anzuordnen, so wie es dem ordentl. Gericht nach § 141 ZPO möglich wäre. Ebenso wenig kann die Einigungsstelle eine Zeugenvernehmung durch einen beauftragten oder ersuchten Richter nach § 375 ZPO veranlassen. Sie kann allerdings ohne vorherige Vereinbarung mit dem ArbGeb nach § 80 III **Sachverst.** hinzuziehen, soweit dies erforderlich und angemessen ist[11]. Sofern die Einigungsstelle **Unterlagen** für erforderlich hält, kann sie die Parteien zu deren Herausgabe auffordern. Ein indirekter Zwang zur Vorlage der Unterlagen ergibt aus der Interessenlage der Parteien, die befürchten müssen, dass die Einigungsstelle aus einer Weigerung negative Schlüsse zieht. Der BR kann im Rahmen des § 80 II die Erteilung von Auskünften des ArbGeb an die Einigungsstelle verlangen[12]. 70

Die Fassung und Protokollierung eines formellen **Beweisbeschlusses** ist empfehlenswert, jedoch nicht zwingend. Die Einigungsstelle entscheidet über den Beweisbeschluss mit einfacher Mehrheit. Er kann nicht selbständig angefochten werden[13]. 71

---

1 BAG v. 11.9.2001 – 1 ABR 5/01, BB 2002, 576; v. 29.1.2002 – 1 ABR 18/01, DB 2002, 1948. |2 Anders noch *Fitting*, § 76 BetrVG Rz. 28. |3 *Stege/Weinspach/Schiefer*, § 76 BetrVG Rz. 15b; *Gaul*, S. 284, Rz. 11; *Heinze*, RdA 1990, 262 (272). |4 BAG v. 29.1.2002 – 1 ABR 18/01, DB 2002, 1948; v. 11.9.2001 – 1 ABR 5/01, BB 2002, 576. |5 BAG v. 29.1.2002 – 1 ABR 18/01, DB 2002, 1948; LAG Düsseldorf v. 2.11.2000 – 13 TaBV 23/00, AuR 2001, 157. |6 BAG v. 29.1.2002 – 1 ABR 18/01, DB 2002, 1948. |7 BAG v. 7.5.1995 – 1 ABR 56/94, DB 1995, 2610 ff. |8 BAG v. 11.9.2001 – 1 ABR 5/01, BB 2002, 576. |9 Vor dem 1.1.2002 existierte analog § 49 III ArbGG kein Rechtsmittel, vgl. hierzu *Weber/Ehrich*, Teil E, Rz. 77. |10 *Fitting*, § 76 BetrVG Rz. 45; Richardi/*Richardi*, § 76 BetrVG Rz. 91. |11 BAG v. 13.11.1991 – 7 ABR 70/90, DB 1992, 789. |12 ArbG Berlin v. 2.7.1999 – 24 BV 13410/99, AiB 2000, 436. |13 BAG v. 4.7.1989 – 1 ABR 40/88, AP Nr. 20 zu § 87 BetrVG 1972 – Tarifvorrang.

72 **VII. Abschluss des Einigungsstellenverfahrens. 1. Beratung und Beschlussfassung.** Konnte im Rahmen der mündlichen Verhandlung keine einvernehmliche Lösung des Regelungsstreites gefunden werden, hat sich der Vors. mit den Beisitzern der Einigungsstelle zur Schlussberatung und Abstimmung zurückzuziehen[1]. Nach Abs. 3 S. 2 ist vor der Beschlussfassung eine **mündliche Beratung** zwingend erforderlich (zum Grundsatz der Mündlichkeit bereits Rz. 43 f.). Zur Nichtöffentlichkeit der Beratung und der Beschlussfassung bereits Rz. 40. Mangels gesetzl. Regelung ist die Beratung **nicht geheim**[2]. Eine Verschwiegenheitspflicht kann sich jedoch aus § 79 ergeben.

73 Die Einigungsstelle ist grds. nur bei Anwesenheit aller Mitglieder **beschlussfähig**[3]. Dies folgt aus der Verpflichtung der paritätischen Besetzung und der Beschlussregelung des Abs. 3 S. 2 und 3. Eine Ausnahme hiervon ist der Fall der **Säumnis** einer Seite (hierzu Rz. 97 f.) bei erzwingbaren Einigungsstellenverfahren einschließlich des Interessenausgleichs (§ 113 III), in dem gerade nicht alle Mitglieder anwesend sind.

74 Die Stimmabgabe hat **persönlich** zu erfolgen. Sie kann nicht auf ein anderes Mitglied oder auf Dritte delegiert werden. Jede Stimme, auch die des Vors., hat das gleiche Gewicht. Die Mitglieder der Einigungsstelle können mit Stimmenmehrheit eine geheime Abstimmung beschließen. Bei diesem Beschluss ist der Vors. stimmberechtigt.

75 Abs. 3 S. 3 regelt ein **zweistufiges Verfahren der Beschlussfassung**. Dieses gilt allerdings nur für die abschließende Sachentscheidung der Einigungsstelle. In **Verfahrensfragen** hingegen findet bereits der erste Abstimmungsgang unter Beteiligung des Vors. statt[4].

76 Im zweistufigen Verfahren hat sich der Vors. bei der **ersten Abstimmung** der **Stimme zu enthalten**. Dies gilt auch dann, wenn nicht alle Mitglieder der Einigungsstelle bei der Beschlussfassung anwesend sind[5]. Kommt bei der ersten Abstimmung **keine Mehrheit** zu Stande, so hat die Einigungsstelle **erneut zu beraten** („nach weiterer Beratung", Abs. 3 S. 3). Eine erneute Sitzung ist nicht erforderlich. Das Unterlassen der erneuten Beratung führt als Verfahrensfehler zur Unwirksamkeit des Einigungsstellenspruchs[6]. Von der erneuten Beratung kann nur abgesehen werden, wenn sie von allen Mitgliedern der Einigungsstelle für nicht mehr erforderlich gehalten wird[7]. Sodann erfolgt die **zweite Abstimmung**, an der zwingend auch der Vors. teilnimmt.

77 Kommt es auch bei der zweiten Abstimmung zu einem **Patt** (etwa weil sich ein Beisitzer der Stimme enthalten hat), gibt – anders als nach § 29 II MitbestG – die Stimme des Vors. nicht den Ausschlag[8]. Eine Entscheidung ist dann nicht zu Stande gekommen. Das Verfahren ist fortzusetzen. Der Vors. hat ebenso wie die übrigen Mitglieder der Einigungsstelle nur ein einfaches Stimmrecht.

78 Eine **Stimmenthaltung des Vors.** bei der zweiten Abstimmung ist unzulässig. Seine Stimme soll gerade den Ausschlag geben, falls nicht schon im ersten Abstimmungsgang eine Mehrheit erzielt worden ist[9]. Demgegenüber ist eine **Stimmenthaltung der Beisitzer** sowohl im ersten als auch im zweiten Wahlgang **zulässig**[10]. Eine Stimmenthaltung ist weder als Zustimmung noch als Ablehnung zu werten. Sie ist nicht mit zu berücksichtigen[11]. Von der Stimmenthaltung abzugrenzen ist die – mögliche – **konkludente Ablehnung** des Vorschlags der Gegenseite[12]. Da für eine Beschlussfassung die Mehrheit der abgegebenen Stimmen ausreichend ist, kann bei einer Stimmenthaltung einerseits bereits im ersten Abstimmungsvorgang eine Mehrheit erzielt werden, andererseits auch bei der zweiten Abstimmung eine Pattsituation entstehen.

79 **2. Beendigung des Verfahrens ohne „Spruch".** Im Einigungsstellenverfahren gilt die **Dispositionsmaxime**, allerdings mit der Besonderheit, dass die Einigungsstelle nicht an die Fassung der Anträge gebunden ist (Rz. 47). Bei einer **freiwilligen Einigungsstelle** verliert die Einigungsstelle durch die **Antragsrücknahme** idR ihre Existenzberechtigung; das Verfahren ist einzustellen[13]. Dasselbe gilt bei **erzwingbaren** Einigungsstellen, sofern nur ein **einseitiges Antragsrecht** besteht (§ 37 VI, VII; § 38 II; § 65 I iVm. § 37 VI, VII; § 85 II; § 95 I). Auch hier kann der Antragsteller das Verfahren jederzeit und ohne Einwilligung der anderen Seite beenden[14]. Besteht bei erzwingbaren Einigungsstellenverfahren hingegen ein **beiderseitiges Antragsrecht** ist zur wirksamen Antragsrücknahme nach Verfahrensbeginn die **Zustimmung der anderen Seite** erforderlich. Ansonsten könnte genau in dem Zeitpunkt, in dem die eine Seite ihren

---

1 BAG v. 18.1.1994 – 1 ABR 43/93, DB 1994, 838 f. | 2 *Friedemann*, Rz. 257; *Kaven*, S. 122. AA MünchArbR/*Joost*, § 320 Rz. 46. | 3 ErfK/*Kania*, § 76 BetrVG Rz. 19; HSWGNR/*Worzalla*, § 76 BetrVG Rz. 47. AA *Fiebig*, DB 1995, 1278; *Friedemann*, Rz. 264. | 4 DKK/*Berg*, § 76 BetrVG Rz. 80; *Fitting*, § 76 BetrVG Rz. 59; *Friedemann*, Rz. 259; *Hennige*, S. 212 f.; *Schönfeld*, NZA 1988, Beil. 4, 9. | 5 Richardi/*Richardi*, § 76 BetrVG Rz. 101; *Brill*, BB 1972, 178 (179). | 6 BAG v. 30.1.1990 – 1 ABR 2/89, DB 1990, 1090 f.; LAG Hamburg v. 5.5.2000 – 3 TaBV 6/00, AiB 2001, 50. | 7 BAG v. 30.1.1990 – 1 ABR 2/89, DB 1990, 1090 f. | 8 ErfK/*Kania*, § 76 BetrVG Rz. 20; *Fitting*, § 76 BetrVG Rz. 57. AA MünchArbR/*Joost*, § 320 Rz. 52. | 9 DKK/*Berg*, § 76 BetrVG Rz. 77; *Friedemann*, Rz. 269; *Heinze*, RdA 1990, 275. | 10 BAG v. 17.9.1991 – 1 ABR 23/91, DB 1992, 229 f. | 11 BAG v. 17.9.1991 – 1 ABR 23/91, DB 1992, 229 f. AA Richardi/*Richardi*, § 76 BetrVG Rz. 103; GK-BetrVG/*Kreutz*, § 76 Rz. 111. | 12 Hierzu BAG v. 11.11.1998 – 7 ABR 47/99, NZA 1999, 947. | 13 Einhellige Auff., vgl. *Fitting*, § 76 BetrVG Rz. 39; *Friedemann*, Rz. 310; *Hennige*, S. 142 ff.; *Pünnel/Isenhardt*, Rz. 121. | 14 Ausf. *Hennige*, S. 139 ff.; ebenso *Friedemann*, Rz. 308.

Antrag zurücknimmt, die andere Seite kraft ihres eigenen Antragsrechtes das Verfahren wieder aufleben lassen. Ggf. müsste dann das Verfahren von vorne beginnen[1].

Das Einigungsstellenverfahren endet überdies ohne Spruch, wenn die Parteien eine **Einigung** über den Streitgegenstand erzielen. Eine solche Einigung ist **in jedem Stand des Verfahrens** möglich. Durch eine zeitlich nachfolgende Einigung wird der Spruch der Einigungsstelle gegenstandslos. Für die Einigung ist in formaler Hinsicht aufseiten des BR ein Beschluss iSv. § 33 oder eine entsprechende Bevollmächtigung der entsandten Beisitzer erforderlich. Eine BV muss ferner nach § 77 II 1 schriftl. abgeschlossen und von den Parteien unterzeichnet werden. Kommt eine Einigung über einen **Interessenausgleich** oder **Sozialplan** zu Stande, ist sie schriftl. niederzulegen und von den Parteien und vom Vors. zu unterschreiben, § 112 III 2. Die Einigung kann – anders als der Spruch der Einigungsstelle – **nicht beim ArbG angefochten** werden. Sie kann als BV nur nach § 77 V gekündigt werden. 80

3. Sonstige Entscheidung der Einigungsstelle. Die Einigungsstelle kann durch Mehrheitsbeschluss im einstufigen Verfahren[2] beschließen, die Verhandlung zu einem späteren Zeitpunkt fortzusetzen. Eine solche **Vertagung** ist als verfahrensbegleitender Zwischenbeschluss nicht gesondert gerichtlich anfechtbar[3]. 81

Das Verfahren kann analog § 148 ZPO mit einfacher Mehrheit der Mitglieder im einstufigen Verfahren **ausgesetzt** werden, etwa wenn das ArbG bei einer Pattsituation bei der Abstimmung über den Befangenheitsantrag gegen den Vors. analog § 1037 III ZPO entscheiden soll (Rz. 64 f.). Hingegen ist eine Aussetzung zur Entscheidung der Vorfrage, ob die Einigungsstelle überhaupt zuständig ist, nicht zulässig (Rz. 61). 82

Eine **Einstellung des Verfahrens** kommt in Betracht, wenn sich zB die Einigungsstelle für **unzuständig** hält (zur Vorfragenkompetenz Rz. 59) oder nach übereinstimmender Auffassung der Betriebsparteien die Meinungsverschiedenheit, wegen der sie die Einigungsstelle angerufen haben, nicht mehr besteht. So kann es bspw. liegen, wenn der ArbGeb beim Streit über den Inhalt eines Sozialplanes von der beabsichtigten Betriebsänderung absieht. Die bloße einseitige Erklärung des ArbGeb reicht hierfür allerdings nicht aus, wenn sie von BR-Seite für unglaubwürdig erachtet wird[4]. 83

4. Sachentscheidung („Spruch"). a) Keine Bindung der Einigungsstelle an die Anträge. Die Einigungsstelle ist nicht an die Fassung der Anträge gebunden (vgl. Rz. 47). Die Einigungsstelle hat den ihr unterbreiteten **Konflikt vollständig** zu lösen; sie darf nicht wesentliche Fragen offen lassen[5]. Aus diesem Grunde wäre ein Spruch unwirksam, der lediglich dem ArbGeb aufgibt, dem BR eine BV vorzulegen, die bestimmte von der Mehrheit der Einigungsstelle für richtig gehaltene Grundsätze beachtet, und der bei Nichteinigung über diese BV die Fortsetzung des Einigungsstellenverfahrens anordnet[6]. Dies käme einem „mitbestimmungsfreien Zustand" nahe[7]. Räumt hingegen der Beschluss der Einigungsstelle unter Ausschöpfung des MitbestR dem ArbGeb gewisse Entscheidungsspielräume ein (zB Aufstellung der Schichtpläne auf der Grundlage von der Einigungsstelle festgelegter Grundsätze), ist dieser nicht ermessensfehlerhaft[8]. Andererseits darf die Einigungsstelle nicht über den ihr unterbreiteten Streitgegenstand hinausgehen und andere Fragen in ihre Entscheidung einbeziehen[9]. Der Spruch muss hinreichend **bestimmt** sein[10]. 84

Handelt es sich um einen komplexen Sachverhalt und werden Detailregelungen einer Gesamtregelung einer Angelegenheit in **Einzelabstimmungen** mit unterschiedlichen Mehrheiten beschlossen, so ist in einer **Schlussabstimmung** nochmals über den gesamten Streitstoff zu entscheiden[11]. 85

Einvernehmlich ist jederzeit eine **Einschränkung** oder **Erweiterung** des Verfahrensgegenstandes möglich. Eine nachträgliche Einschränkung des Verfahrensgegenstandes allein durch die Antragstellerseite richtet sich nach denselben Grundsätzen wie die Rücknahme des Antrags[12]. Eine **einseitige Erweiterung** des Verfahrensgegenstandes ist im laufenden Verfahren auch in Angelegenheiten der erzwingbaren Mitbest. nicht möglich[13]. Ansonsten würde das Bestellungsverfahren gem. § 98 ArbGG umgangen[14]. 86

b) Grenzen der Entscheidung. Inhalt des Spruchs der Einigungsstelle kann nur sein, was die Betriebspartner zulässiger Weise hätten regeln können. Die Einigungsstelle kann nur im Rahmen ihrer **Zustän-** 87

1 *Hennige*, S. 144 ff.; *Friedemann*, Rz. 309. Vgl. auch LAG Hess. v. 20.7.1993 – 5 Ta BV 5/93, BB 1994, 430. AA *Pünnel/Isenhardt*, Rz. 121. | 2 LAG Köln v. 26.7.2005 – 9 TaBV 5/05, NZA-RR 2006, 197. | 3 Vgl. BAG v. 22.1.2002 – 3 ABR 28/01, DB 2002, 1839; v. 4.7.1989 – 1 ABR 40/88, NZA 1990, 29. | 4 LAG Köln v. 23.8.2000 – 7 TaBV 35/00, NZA-RR 2001, 428. | 5 Grundl. BAG v. 30.1.1990 – 1 ABR 2/89, DB 1990, 1090 f. | 6 BAG v. 22.1.2002 – 3 ABR 28/01, DB 2002, 183; LAG Bremen v. 26.10.1998 – 4 TaBV 4/98, NZA-RR 1999, 86; LAG Hamburg v. 12.8.2002 – 7 TaBV 14/00, nv. | 7 Vgl. BAG v. 28.10.1986 – 1 ABR 11/85, NZA 1987, 248; v. 17.10.1989 – 1 ABR 31/87, NZA 1990, 399. | 8 BAG v. 28.10.1986 – 1 ABR 11/85, NZA 1987, 248. | 9 BAG v. 27.10.1992 – 1 ABR 4/92, NZA 1993, 608; LAG Schl.-Holst. v. 28.9.1983 – 5 TaBV 30/83, DB 1984, 1530; LAG Hess. v. 13.11.1984 – 4 TaBV 39/84, DB 1985, 1535. | 10 BAG v. 22.11.2005 – 1 ABR 50/04, zu Arbeitnehmerbeschwerden. | 11 BAG v. 18.4.1989 – 1 ABR 2/88, AP § 87 BetrVG 1972 – Arbeitszeit Nr. 34. | 12 Ebenso *Hennige*, S. 151 f. | 13 BAG v. 27.10.1992 – 1 ABR 4/92, NZA 1993, 608; LAG Hess. v. 13.11.1984 – 4 Ta BV 39/84, DB 1985, 1535. AA noch BAG v. 28.7.1981 – 1 ABR 79/79, AP Nr. 2 zu § 87 BetrVG 1972 – Urlaub. | 14 *Friedemann*, Rz. 314.

digkeit (vgl. Rz. 59) tätig werden und ist bei ihrer Entscheidung an **zwingendes vorrangiges Recht** gebunden. Auf Grund von § 77 III sind auch die geltenden TV zu beachten, soweit diese keine Öffnungsklauseln enthalten.

88 Geht es im erzwingbaren Einigungsstellenverfahren um **Regelungsstreitigkeiten**, hat die Einigungsstelle nach Abs. 5 S. 3 ihre Entscheidung unter angemessener Berücksichtigung der Belange des Betriebs und des Unternehmens und der betroffenen ArbN nach **billigem Ermessen** zu treffen. Dieser Grundsatz gilt über den Wortlaut des Abs. 5 hinaus jedenfalls dann gleichfalls in **freiwilligen Einigungsstellenverfahren**, wenn sich die Parteien im Voraus dem Spruch der Einigungsstelle unterworfen haben[1]. Die Einigungsstelle muss stets eine Interessenabwägung vornehmen, wobei die hierbei zu berücksichtigenden Aspekte von unterschiedlichem Gewicht sein können[2]. Für die Aufstellung eines Sozialplanes ergeben sich Ermessensrichtlinien aus § 112 V.

89 Innerhalb des ihr zustehenden Ermessensspielraumes hat die Einigungsstelle nach einer Lösung zu suchen, auf die sich die Betriebsparteien vernünftigerweise auch freiwillig hätten einigen können. Soweit der Spruch von seinem Rechtscharakter her eine **BV** ist, kann er auch die Möglichkeit einer **Kündigung** vorsehen und die **Kündigungsfrist** festlegen[3]. Überdies kann er wie eine BV auch bei Belastung der ArbN **rückwirken**, wenn diese mit einer rückwirkenden Regelung rechnen mussten und sich hierauf einstellen konnten[4].

90 **c) Äußere Form des Spruchs, Begründung und Zustellung.** Die Beschlüsse der Einigungsstelle sind nach Abs. 3 S. 4 **schriftl. niederzulegen**, vom Vors. zu unterschreiben und ArbGeb und BR **zuzuleiten**. Die Unterzeichnung durch die Beisitzer ist möglich, aber nicht erforderlich. Das **Schriftformerfordernis** betrifft nur den regelnden Teil des Spruchs, den sog. Tenor. Eine schriftl. **Begründung** dieser Sachentscheidung ist **nicht zwingend**, aber zweckmäßig[5]. Trägt der den Beteiligten zugeleitete Spruch nicht schon am Ende des Regelungstextes, sondern erst am Ende der Begründung die Unterschrift des Einigungsstellenvorsitzenden, stellt dies keinen Verfahrensfehler dar, wenn es sich nach außen erkennbar um ein einheitliches Dokument handelt[6].

91 Der **Zeitpunkt der Zuleitung** sollte eindeutig feststellbar sein. Er ist maßgeblich für den Beginn der zweiwöchigen Frist nach Abs. 5 S. 4, innerhalb der eine gerichtliche Anfechtung wegen Ermessensüberschreitung möglich ist (Rz. 107). Dies kann etwa durch Übergabe im Anschluss an die Sitzung oder durch Überbringung per Boten gewährleistet werden. Zur **Kostenlast** oder zum **Streitwert** trifft der Spruch keine Aussagen, ebenso wenig zur – nicht gegebenen – Vollstreckbarkeit. Auch eine **Rechtsmittelbelehrung**, die zB auf die Anfechtungsmöglichkeit des Abs. 5 S. 4 und die damit verbundene Frist hinweist, ist nicht erforderlich[7].

92 **d) Rechtswirkungen des Spruchs.** Im **erzwingbaren Verfahren** gem. Abs. 5 ist der Spruch der Einigungsstelle für die Betriebspartner **verbindlich**. Er ersetzt deren Einigung. Nach § 77 I ist es die Aufgabe des ArbGeb, BV durchzuführen. Insoweit stehen Einigungsstellensprüche BV gleich, wie sich aus der Systematik von § 77 II 1 und S. 2 ergibt. Ein Einigungsstellenspruch ist grds. auch während eines laufenden Anfechtungsverfahrens verbindlich und durchzuführen, es sei denn, er weist krasse und offensichtliche Rechtsverstöße auf[8]. Seine Umsetzung kann daher ggf. gerichtlich erzwungen werden.

92a Eine Besonderheit gilt beim **Interessenausgleich** nach § 112 III: Das Einigungsstellenverfahren kann zwar auch in diesem Fall gegen den Willen des jeweils anderen Betriebspartners durchgeführt werden; die Einigungsstelle kann aber nur einen Vorschlag unterbreiten, den die Betriebspartner nicht annehmen müssen. Unzulässig wäre es daher, Regelungsinhalte des letztlich freiwilligen Interessenausgleiches (zB Kündigungsverbote) in den Spruch der Einigungsstelle über die Aufstellung des Sozialplanes nach § 112 IV mit aufzunehmen. Ein entsprechender Spruch wäre unwirksam.

93 Im **freiwilligen Verfahren** hat der Spruch der Einigungsstelle gem. Abs. 6 S. 2 nur dann verbindliche Wirkung, wenn sich die Betriebsparteien ihm im Vorhinein unterworfen haben oder ihn im Nachhinein annehmen. Die Einigungsstelle kann auch eine Frist zur Annahme setzen. **Unterwerfung** bzw. **Annahme** können formfrei erfolgen. Die Unterwerfung kann im Rahmen einer BV für bestimmte, nicht jedoch antizipiert für alle Fälle erfolgen[9].

94 Der Spruch der Einigungsstelle ist **kein vollstreckbarer Titel**[10]. Sofern der ArbGeb sich weigert, den Spruch umzusetzen, muss der BR ihn gerichtlich durchsetzen. Gleiches gilt für den einzelnen ArbN, der

1 *Fitting*, § 76 BetrVG Rz. 90; GK-BetrVG/*Kreutz*, § 76 Rz. 129. | 2 Vgl. hierzu *Fiebig*, Ermessensspielraum der Einigungsstelle, S. 86 ff. | 3 BAG v. 8.3.1977 – 1 ABR 33/75, Nr. 1 zu AP § 87 BetrVG 1972 – Auszahlung; v. 28.7.1981 – 1 ABR 79/79, AP Nr. 2 zu § 87 BetrVG 1972 – Urlaub Nr. 2. | 4 BAG v. 19.9.1995 – 1 AZR 208/95, AP Nr. 61 zu § 77 BetrVG 1972 Nr. 61; v. 8.3.1977 – 1 ABR 33/75, AP Nr. 1 zu § 87 BetrVG 1972 – Auszahlung. | 5 So auch BAG v. 30.1.1990 – 1 ABR 2/89, DB 1990, 1090 f.; v. 31.8.1982 – 1 ABR 27/80, AP Nr. 8 zu § 87 BetrVG 1972 – Arbeitszeit; BVerfG v. 18.10.1986 – 1 BVR 1426/83, BB 1988, 342. AA *Heinze*, RdA 1990, 262 (275). | 6 BAG v. 29.1.2002 – 1 ABR 18/01, DB 2002, 1948. | 7 *Friedemann*, Rz. 332 ff. | 8 LAG Hessen v. 16.12.2004 – 5 TaBVGa 153/04, ArbRB 2005, 241. | 9 BAG v. 18.1.1994 – 1 ABR 44/93, nv. AA *Fitting*, § 76 BetrVG Rz. 91. | 10 LAG Köln v. 20.4.1999 – 13 TaBV 243/98, NZA-RR 2000, 311.

etwa aus dem durch die Einigungsstelle festgesetzten Sozialplan Abfindungsansprüche einklagen müsste. Verstöße gegen die Pflicht zur Umsetzung von BV können ferner zu Sanktionen gem. § 23 führen.

Der Einigungsstellenspruch hat die gleiche **Rechtsnatur**, wie sie eine entsprechende freiwillige Vereinbarung der Betriebsparteien über den Regelungsgegenstand hätte. Meist wird dies der Charakter einer **BV** sein. Im Einzelfall kann es sich aber auch um eine formlose Regelungsabrede oder Rechtsfeststellung handeln. Der Spruch ist daher idR im Betrieb auszulegen, § 77 II 3. 95

Nur ein wirksamer, rechtmäßiger Spruch entfaltet **Bindungswirkung**. Die Unwirksamkeit des Spruchs kann jederzeit ohne Einhaltung einer Frist geltend gemacht werden. Die Zwei-Wochen-Frist des Abs. 5 S. 4 gilt nur für die Überschreitung der Ermessensgrenzen (vgl. Rz. 107). Die **Bindungswirkung** des Spruchs der Einigungsstelle **endet**, wenn dieser **als BV gekündigt** wird. BV können nach § 77 V unter Einhaltung einer Frist von drei Monaten gekündigt werden, sofern nichts anderes vereinbart ist. In Angelegenheiten der erzwingbaren Mitbest. gelten sie jedoch solange fort, bis sie durch eine andere Vereinbarung ersetzt werden, § 77 VI. 96

5. Säumnisentscheidung. Nach Abs. 5 S. 2 entscheidet der Vors. mit den erschienenen Mitgliedern allein, wenn in einem erzwingbaren Einigungsstellenverfahren die andere Seite keine Mitglieder benennt oder die Mitglieder trotz rechtzeitiger Einladung nicht erscheinen (sog. „**Säumnisentscheidung**" oder „**Säumnisspruch**"[1]). In Angelegenheiten der erzwingbaren Mitbest. kann das Einigungsstellenverfahren daher nicht durch bloßes Untätigbleiben einer Seite blockiert werden. Eine Säumnisentscheidung ist nur im Fall der echten Säumnis, **nicht im Fall** der **persönlichen Verhinderung** möglich. Ist bspw. ein Beisitzer wegen Krankheit ausgefallen, ist eine Säumnisentscheidung nicht möglich. Dies gebietet auf Grund der fehlenden Einspruchsmöglichkeit der Grundsatz der vertrauensvollen Zusammenarbeit[2]. Die Parität könnte allerdings durch Stimmverzicht der anderen Seite hergestellt werden. Eine solche sog. **Pairingabrede.** bedarf jedoch der Zustimmung aller Mitglieder der Einigungsstelle[3]. 97

Auch bei Säumnis einer Partei erfolgt die Entscheidung **im zweistufigen Verfahren** des Abs. 3 S. 3, da es sich um eine Sachentscheidung, nicht um eine bloße Verfahrensentscheidung handelt. Ein **Einspruch** gegen die Säumnisentscheidung analog § 338 ZPO ist **nicht** gegeben. Die säumige Partei kann also nicht erreichen, dass das Verfahren vor der Einigungsstelle wieder aufgenommen wird. Die Säumnisentscheidung ist aber ebenso gerichtlich **anfechtbar, wie eine reguläre Entscheidung** der Einigungsstelle. Bei Verfahrens- oder Rechtsmängeln wird sie auf Antrag durch das ArbG aufgehoben. 98

6. Entscheidung in Eilfällen. Ein Verfahren des einstw. Rechtsschutzes ist für die Einigungsstelle im Gesetz nicht vorgesehen. Dennoch kann die Einigungsstelle in eiligen Angelegenheiten eine **vorläufige Regelung** bis zu ihrem endgültigen Spruch treffen[4]. Auch die Eilentscheidung wird durch die gesamte Einigungsstelle gefällt, nicht etwa nur durch den Vors.[5]. Es handelt sich um eine Entscheidung in der Sache, nicht um eine bloße Verfahrensregelung. 99

VIII. Gerichtliche Überprüfung des Spruchs der Einigungsstelle. 1. Zuständigkeit der Gerichte für Arbeitssachen. Der Spruch der Einigungsstelle unterliegt der **rechtl. Kontrolle** durch das ArbG. Die gerichtliche Überprüfung kann durch die Parteien nicht im Vorhinein ausgeschlossen werden. Dies ergibt sich aus dem Umkehrschluss zu § 4 ArbGG. 100

Die Überprüfung des Spruchs erfolgt primär im arbeitsgerichtl. **Beschlussverfahren** nach §§ 80, 2a II ArbGG. Soweit es um die Überprüfung der Einhaltung des Ermessens geht, ist dies die einzige Verfahrensart. Dies ergibt sich aus Abs. 5 S. 4, wonach diese Rüge nur in einer bestimmten Form und Frist geltend gemacht werden kann (vgl. Rz. 107). Andere Rechtsverstöße können **auch inzident überprüft** werden, zB im Rahmen der Zahlungsklage eines ArbN auf Leistungen aus dem Spruch der Einigungsstelle. Hier entscheidet das ArbG im Urteilsverfahren auch über die Wirksamkeit des Einigungsstellenspruchs als Vorfrage für den Zahlungsanspruch. Ein solches Urteilsverfahren, in dem die Rechtmäßigkeit des Spruchs der Einigungsstelle entscheidungserheblich ist, ist bis zum rechtskräftigen Abschluss eines anhängigen Beschlussverfahrens über die Rechtmäßigkeit des Einigungsstellenspruchs **auszusetzen**[6]. 101

2. Antragsinhalt; Antragsberechtigung; Beteiligtenfähigkeit. Der **Antrag** lautet auf **Feststellung der Unwirksamkeit des Spruchs**, nicht auf seine Aufhebung[7]. Hält der jeweilige Beteiligte nur einen Teil des Spruchs für unwirksam, kann er die gerichtliche Überprüfung von vornherein hierauf beschränken[8], sofern die verbleibende Regelung mit dem unwirksamen Teil nicht in unlösbarem Zusammenhang steht. **Antragsberechtigt** sind der ArbGeb und der BR, nicht hingegen einzelne ArbN oder die Einigungsstelle 102

1 BAG v. 27.6.1995 – 1 ABR 3/95, NZA 1996, 161. | 2 *Hennige*, S. 181 f. AA *Galperin/Löwisch*, § 76 BetrVG Rz. 33. | 3 LAG Köln v. 26.7.2005 – 9 TaBV 5/05, NZA-RR 2006, 197. | 4 *Küttner/Schmidt*, DB 1988, 704 (706); *Bengelsdorf*, BB 1991, 618; *Heinze*, RdA 1990, 279. | 5 MünchArbR/*Joost*, § 320 Rz. 72; aA *Küttner/Schmidt*, DB 1988, 704 (706): Entscheidung durch Vorsitzenden möglich. | 6 *Fitting*, § 76 BetrVG Rz. 97; GK-BetrVG/*Kreutz*, § 76 Rz. 144. | 7 BAG v. 15.3.2006 – 7 ABR 24/05, NZA 2006, 1422; v. 14.12.1993 – 1 ABR 31/93, NZA 1994, 809; v. 27.10.1992 – 1 ABR 4/92, NZA 1993, 608. | 8 LAG Hamm v. 27.3.1985 – 12 TaBV 129/84, NZA 1985, 631; LAG Berlin v. 16.6.1986 – 9 TaBV 3/86, LAGE § 76 BetrVG Nr. 24; *Stege/Weinspach/Schiefer*, § 76 BetrVG Rz. 28.

selbst[1]. Die TV-Parteien sind dann antragsberechtigt, wenn die Wirksamkeit des Spruchs im Verhältnis zum TV infrage steht oder in sonstiger Weise in deren Rechte eingegriffen wird[2].

103 **Beteiligte** des Verfahrens können einzelne ArbN des Betriebs sein, wenn sie durch die gerichtliche Entscheidung über die Wirksamkeit des Spruchs unmittelbar betroffen werden (zB in den Fällen des § 37 VI 5, § 38 II 5, § 87 I Nr. 5 oder 9)[3]. Die **Einigungsstelle** selbst kann nicht Beteiligte des Verfahrens sein, da sie lediglich ein Hilfsorgan der Betriebspartner ist[4].

104 **Unzulässig** ist es, die Unwirksamkeit eines Spruchs aus mehreren Gründen (zB wegen eines Ermessensfehlers und wegen fehlender Zuständigkeit der Einigungsstelle) in **unterschiedlichen Beschlussverfahren** geltend zu machen. Der Streitgegenstand beider Verfahren ist derselbe. Selbst wenn die Verfahren gleichzeitig anhängig gemacht würden, stünde der Einwand anderweitiger Rechtshängigkeit entgegen[5].

105 Am **Rechtschutzinteresse** für die gerichtliche Überprüfung des Spruchs fehlt es dann, wenn er eine Regelungsstreitigkeit zum Inhalt hat, die sich lediglich auf einen einmaligen, in der Vergangenheit liegenden Vorfall bezieht und keine Wiederholungsgefahr besteht[6]. Der **Zwischenbeschluss** einer Einigungsstelle, in dem diese ihre Zuständigkeit feststellt, ist mangels Rechtsschutzinteresse dann nicht mehr gesondert anfechtbar, wenn bereits vor der gerichtlichen Anhörung im Verfahren 1. Instanz der abschließend regelnde Spruch der Einigungsstelle vorliegt (vgl. Rz. 62)[7].

106 Die Anrufung des ArbG im Beschlussverfahren hat **keine suspendierende Wirkung** für die Geltendmachung von Rechten aus dem Spruch der Einigungsstelle[8]. Der Spruch bleibt verbindlich. Seine Umsetzung kann daher trotz laufender Anfechtung ggf. auch im Wege einer einstw. Verfügung erzwungen werden[9]. Nur bei offensichtlicher Wirksamkeit bzw. offensichtlicher Unwirksamkeit des Spruchs kann die Vollziehung des Spruchs im Wege einer **einstw. Verfügung** durchgesetzt bzw. ausgesetzt werden[10].

107 **3. Überprüfungsfrist.** Will eine der Parteien den Spruch wegen **Überschreitung der Grenzen des Ermessens** gerichtlich angreifen, ist dies nach Abs. 5 S. 4 in Fragen der **erzwingbaren Mitbest.** nur innerhalb von **zwei Wochen** ab Zustellung des Spruchs möglich. Hierbei handelt es sich um eine **materiellrechtl. Ausschlussfrist**, nicht um eine prozessuale Frist für das Verfahren als solches[11]. Dh., auch nach Überschreitung der Frist findet eine gerichtliche Überprüfung des Spruchs statt; die Frage, ob die Grenzen des Ermessens überschritten sind, ist jedoch nicht mehr zu prüfen. Insoweit ist der Spruch der Einigungsstelle dann endgültig. Eine Verlängerung der Frist oder eine Wiedereinsetzung in den vorigen Stand ist ausgeschlossen[12]. Die Zwei-Wochen-Frist gilt **nicht** bei Entscheidungen im Rahmen der **freiwilligen Mitbest**. Diesbezüglich fehlt es in Abs. 6 an einer entsprechenden Regelung.

108 Der Antragsteller muss **innerhalb der Frist die Gründe vortragen**, aus denen sich eine Überschreitung der Grenzen des Ermessens ergeben soll. Die bloße Antragstellung genügt nicht. Ein Nachschieben der Gründe heilt den Mangel nicht. Allerdings können innerhalb der Zwei-Wochen-Frist vorgetragene Gründe für die Ermessensüberschreitung später konkretisiert oder erweitert werden[13]. Ist ein Ermessensfehler innerhalb der Frist gerügt, hat das ArbG die Rechtswirksamkeit des Spruchs unter allen rechtl. Gesichtspunkten zu überprüfen, auch darauf, ob die Einigungsstelle überhaupt zuständig war[14].

109 **Andere Rügen** als die Überschreitung der Ermessensgrenzen sind zeitlich **unbefristet** möglich[15]. Dies gilt für Verfahrensfehler (vgl. Rz. 35 ff.) ebenso wie für die Auslegung unbestimmter Rechtsbegriffe, die in vollem Umfang der richterlichen Rechtskontrolle unterliegen[16]. Auch die Überprüfung von Regelungsfragen oder Verstößen gegen höherrangiges Recht sind zeitlich nicht befristet[17]. Eine Ausnahme gilt, wenn die Verfahrensverstöße zwischenzeitlich geheilt oder deren Geltendmachung verwirkt worden ist[18].

110 **4. Umfang der gerichtlichen Prüfung.** Die arbeitsgerichtl. Kontrolle des Spruchs der Einigungsstelle beschränkt sich nicht auf dessen **inhaltliche Rechtmäßigkeit**; sie erstreckt sich auch auf Verstöße gegen elementare **Verfahrensgrundsätze**, die bei Bildung, Verhandlung und Beschlussfassung der Einigungsstelle zu berücksichtigen sind. Beispiele hierfür sind die fehlende Zuständigkeit der Einigungsstelle,

---

1 *Fitting*, § 76 BetrVG Rz. 98; MünchArbR/*Joost*, § 320 Rz. 78. | 2 *Fitting*, § 76 BetrVG Rz. 98. | 3 *Fitting*, § 76 BetrVG Rz. 100; GK-BetrVG/*Kreutz*, § 76 Rz. 149. | 4 BAG v. 11.7.2000 – 1 ABR 43/99, NZA 2001, 402; v. 28.4.1981 – 1 ABR 53/79, DB 1981, 1882; v. 28.7.1981 – 1 ABR 65/79, DB 1982, 386 f.; LAG Hamm – 29.9.2006 – 10 TaBV 5/06. AA BVerwG v. 13.2.1976 – VII P.9.74, BVerwGE 50, 176 ff.; LAG Düsseldorf v. 24.1.1978 – 8 TaBV 33/77, EzA Nr. 1 zu § 87 BetrVG 1972 – Vorschlagswesen; LAG Hamm v. 21.10.1977 – 3 Ta BV 57/77, EzA Nr. 19 zu § 76 BetrVG 1972. | 5 BAG v. 16.7.1996 – 3 ABR 13/95, AP Nr. 53 zu § 76 BetrVG 1972. | 6 LAG Düsseldorf v. 23.9.1977 – 17 TaBV 76/77, nv. | 7 BAG v. 22.1.2002 – 3 ABR 28/01, DB 2002, 1839. | 8 LAG Köln v. 20.4.1999 – 13 Ta 243/98, NZA-RR 2000, 311; LAG Berlin v. 6.12.1984 – 4 Ta BV 2/84, BB 1985, 1199 f. | 9 LAG Hessen v. 16.12.2004 – 5 TaBVGa 153/04, ArbRB 2005, 241. | 10 LAG Köln v. 30.7.1999 – 11 TaBV 35/99, BB 2000, 987; LAG Hess. v. 24.9.1987 – 12 TaBVGa 70/87, BB 1988, 347; LAG BW v. 7.11.1989 – 7 TaBV Ha 1/89, NZA 1990, 286; LAG Berlin v. 8.11.1990 – 14 TaBV 5/90, BB 1991, 206. | 11 BAG v. 27.6.1995 – 1 ABR 3/95, NZA 1996, 161. | 12 BAG v. 26.5.1988 – 1 ABR 11/87, DB 1988, 2154 f.; v. 25.7.1989 – 1 ABR 46/88, BB 1989, 2255. | 13 *Fitting*, § 76 BetrVG Rz. 107; GK-BetrVG/*Kreutz*, § 76 BetrVG Rz. 160. | 14 BAG v. 16.7.1996 – 3 ABR 13/95, DB 1996, 2448. | 15 BAG v. 27.6.1995 – 1 ABR 3/95, NZA 1996, 161. | 16 BAG v. 11.7.2000 – 1 ABR 43/99, AP § 109 BetrVG 1972 Nr. 2. | 17 *Fitting*, § 76 BetrVG Rz. 101 mwN. | 18 BAG v. 18.1.1994 – 1 ABR 43/93, DB 1994, 838.

Grundrechtsverstöße[1] (zB Art. 2 I, Art. 12, 14 GG, Verhältnismäßigkeitsprinzip), Gesetzesverstöße (zB § 75 BetrVG), Verstöße gegen TV oder BV, die Verletzung des Anspruchs auf rechtl. Gehör, die nicht ordnungsgemäße Ladung der Beisitzer oder die Nichteinhaltung der Abstimmungsregelung des Abs. 3 S. 3. Dies gilt selbst dann, wenn sie von keinem der Beteiligten gerügt worden sind[2].

Steht der Einigungsstelle bei der **Auslegung** eines **unbestimmten Rechtsbegriffes** ein Beurteilungsspielraum zu, beschränkt sich die gerichtliche Kontrolle auf die Prüfung, ob bei der Auslegung die Grenzen des Beurteilungsspielraums eingehalten wurden[3]. 111

Die Überprüfung der **Ermessensausübung** durch die Einigungsstelle bei Regelungsfragen ist in zweierlei Hinsicht begrenzt: Zum einen können Ermessensfehler nur bei Einhaltung der Zwei-Wochen-Frist des Abs. 5 S. 4 überprüft werden (hierzu bereits Rz. 107); zum anderen ist lediglich die **Überschreitung der Grenzen des Ermessens** zu überprüfen[4]. Dabei darf die Einigungsstelle den ihr eingeräumten Ermessensspielraum ausschöpfen[5]. Nur eine Überschreitung führt zur Unwirksamkeit des Spruchs. Dem ArbG steht **keine Zweckmäßigkeitskontrolle** zu; es hat nicht das Recht, sein Ermessen an die Stelle des Ermessens der Einigungsstelle zu setzen[6]. Die Grenzen des Ermessens werden bestimmt durch die Interessen des ArbGeb einerseits und des BR bzw. der ArbN des Betriebs andererseits. Beide müssen angemessen berücksichtigt werden. Der Zweck des jeweiligen MitbestR ist zu beachten[7]. Der Ermessensspielraum ist nur in Ausnahmefällen auf Null reduziert. 112

Zu überprüfen ist nur der Spruch selbst, nicht eine etwaige Fehlerhaftigkeit der tatsächlichen oder rechtl. Annahmen oder Erwägungen der Einigungsstelle, die zu ihm geführt haben (sog. **Ermessensfehlgebrauch**)[8]. Ebenso wenig sind **verfahrensbegleitende Zwischenbeschlüsse** der Einigungsstelle gesondert gerichtlich anfechtbar, es sei denn, sie hätten deren Zuständigkeit zum Gegenstand (Rz. 60)[9]. Auch die **Nichtbescheidung von Sachaufklärungsanträgen**, die zuvor eine Betriebspartei oder ein Beisitzer gestellt haben, ist kein erheblicher Verfahrensfehler[10]. Allein die von der Einigungsstelle beschlossene inhaltliche Regelung ist nach Abs. 5 auf Rechts- und Ermessensfehler zu überprüfen[11]. Stellt sich dabei heraus, dass mangels hinreichender Sachaufklärung von der Einigungsstelle Rechtsfehler begangen oder die Belange des Betriebs oder der betroffenen ArbN nicht angemessen berücksichtigt worden sind, ist aus diesem Grund der Spruch der Einigungsstelle unwirksam, nicht aber wegen des zugrunde liegenden Verfahrensverstoßes. 113

5. Rechtsfolgen bei Unwirksamkeit. Kommt das ArbG zu dem Ergebnis, dass die Ermessensgrenzen überschritten worden sind oder ein sonstiger zur Unwirksamkeit führender Rechtsverstoß vorliegt, hat es **die Unwirksamkeit des Spruchs festzustellen.** Es kann den Spruch **nicht aufheben** und durch eine **eigene Regelung** ersetzen. Bei Regelungsstreitigkeiten darf es nicht sein Ermessen an die Stelle des Ermessens der Einigungsstelle setzen[12]. Nur wenn die Einigungsstelle ausschließlich über eine Rechtsfrage entschieden hat, kann das ArbG diese sogleich selbst entscheiden. Sofern nur einzelne Bestimmungen des Spruchs unwirksam sind, kann eine **Teilunwirksamkeit** ausgesprochen werden, wenn der verbleibende Teil des Spruchs eine sinnvolle und in sich geschlossene Regelung bildet und nicht in einem unlösbaren Zusammenhang mit dem unwirksamen Teil steht[13]. Wenn jedoch die wirksamen und die unwirksamen Teile der Regelung zwingend zusammengehören, ist der Spruch insgesamt für unwirksam zu erklären. 114

Hat das ArbG die Unwirksamkeit des Spruchs festgestellt, muss die **Einigungsstelle** das Verfahren wieder aufgreifen, **erneut zusammentreten und entscheiden.** Es bedarf weder einer Neuanrufung der Einigungsstelle durch die Beteiligten noch der Bildung einer neuen Einigungsstelle. Sie tritt in derselben Konstellation zusammen wie zuvor. Ihre Aufgabe ist durch den unwirksamen Spruch noch nicht erfüllt[14]. Bei der neuen Entscheidung hat die Einigungsstelle die Feststellungen des ArbG zu berücksich- 115

1 BAG v. 13.2.2007 – 1 ABR 18/06, NZA 2007, 640. |2 BAG v. 18.1.1994 – 1 ABR 43/93, DB 1994, 838 f.; v. 27.6.1995 – 1 ABR 3/95, NZA 1996, 161. |3 BAG v. 8.8.1989 – 1 ABR 61/88, AP Nr. 6 zu § 106 BetrVG 1972 Nr. 6; *Fitting*, § 76 BetrVG Rz. 102; *Henssler*, RdA 1991, 269; *Rieble*, BB 1991, 471. AA GK-BetrVG/*Kreutz*, § 76 Rz. 151. |4 Zu den Grenzen des Ermessens vgl.: LAG Bbg. v. 13.2.2003 – 3 TaBV 15/01, nv.; LAG Rostock v. 28.10.2002 – 2 TaBV 2/02, nv. Zum Ermessensnichtgebrauch vgl. LAG Hamburg v. 12.8.2002 – 7 TaBV 14/00, nv. |5 *Fitting*, § 76 BetrVG Rz. 87 f.; *Pünnel/Isenhardt*, Rz. 142. |6 BAG v. 22.7.2003 – 1 ABR 28/02, NZA 2004, 507; v. 30.10.1979 – 1 ABR 112/77, DB 1980, 548; v. 22.1.1980 – 1 ABR 28/78, DB 1980, 1402; v. 27.5.1986 – 1 ABR 48/84, NZA 1986, 643. AA *Rieble*, Einigungsstelle, S. 163 ff. |7 BAG v. 30.8.1995 – 1 ABR 4/95, DB 1996, 333 f.; LAG Berlin v. 5.3.2003 – 10 TaBV 2089/02, nv. |8 BAG v. 24.8.2004 – 1 ABR 23/03, NZA 2005, 397; v. 29.1.2002 – 1 ABR 18/01, DB 2002, 1948; v. 25.1.2000 – 1 ABR 1/99, DB 2000, 2329 f.; v. 30.8.1995 – 1 ABR 4/95, DB 1996, 333 f. DKK/*Berg*, § 76 BetrVG Rz. 92; *Fitting*, § 76 BetrVG Rz. 105. AA (Überprüfung auch der Beweggründe): ErfK/*Kania*, § 76 BetrVG Rz. 32; *Rieble*, Ermessen der Einigungsstelle, S. 23 ff.; *Fiebig*, DB 1995, 1278 (1280); *Heinze*, RdA 1990, 262 (272); Richardi/*Richardi*, § 76 BetrVG Rz. 137. |9 BAG v. 22.1.2002 – 3 ABR 28/01, DB 2002, 1839; v. 4.7.1989 – 1 ABR 40/88, NZA 1990, 29. |10 BAG v. 29.1.2002 – 1 ABR 18/01, DB 2002, 1948. |11 BAG v. 31.8.1982 – 1 ABR 27/80, BAGE 40, 107 (122). |12 *Herschel*, ArbuR 1974, 265; Richardi/*Richardi*, § 76 BetrVG Rz. 136; *Fitting*, § 76 BetrVG Rz. 108. |13 BAG v. 28.5.2002 – 1 ABR 37/01, NZA 2003, 171; v. 20.7.1999 – 1 ABR 66/98, NZA 2000, 495 ff. |14 BAG v. 30.1.1990 – 1 ABR 2/89, DB 1990, 1090 f.; LAG Düsseldorf v. 24.1.1978 – 8 TaBV 33/77, EzA Nr. 1 zu § 87 BetrVG 1972 – Vorschlagswesen. AA (Bildung einer neuen Einigungsstelle): *Pünnel/Isenhardt*, Rz. 149; ErfK/*Kania*, § 76 BetrVG Rz. 22.

tigen. Beruht die Unwirksamkeit des Spruchs darauf, dass die Einigungsstelle insgesamt unzuständig war, also kein MitbestR besteht, ist das Einigungsstellenverfahren beendet.

116 **6. Gegenstandswert.** Bei der Anfechtung von Einigungsstellenbeschlüssen kommt es entscheidend darauf an, das mit der Anfechtung verfolgte Interesse abzuschätzen. Für die Ausfüllung des bestehenden Ermessensrahmens sind (auch) die wirtschaftl. Bedeutung und die Mindestlaufzeit zu berücksichtigen[1]. Bei der Anfechtung eines Einigungsstellenspruchs über einen **Sozialplan** gem. Abs. 5 S. 4 handelt es sich um eine nicht vermögensrechtl. Streitigkeit, so dass sich die Gegenstandswertfestsetzung nach § 23 III 2 Hs. 2 RVG richtet. Für solche Gegenstände ist der Wert auf 4000 Euro, nach Lage des Falles niedriger oder höher, jedoch nicht über 500 000 Euro festzusetzen[2].

76a *Kosten der Einigungsstelle*

(1) Die Kosten der Einigungsstelle trägt der Arbeitgeber.

(2) Die Beisitzer der Einigungsstelle, die dem Betrieb angehören, erhalten für ihre Tätigkeit keine Vergütung; § 37 Abs. 2 und 3 gilt entsprechend. Ist die Einigungsstelle zur Beilegung von Meinungsverschiedenheiten zwischen Arbeitgeber und Gesamtbetriebsrat oder Konzernbetriebsrat zu bilden, so gilt Satz 1 für die einem Betrieb des Unternehmens oder eines Konzernunternehmens angehörenden Beisitzer entsprechend.

(3) Der Vorsitzende und die Beisitzer der Einigungsstelle, die nicht zu den in Absatz 2 genannten Personen zählen, haben gegenüber dem Arbeitgeber Anspruch auf Vergütung ihrer Tätigkeit. Die Höhe der Vergütung richtet sich nach den Grundsätzen des Absatzes 4 Satz 3 bis 5.

(4) Das Bundesministerium für Arbeit und Soziales kann durch Rechtsverordnung die Vergütung nach Absatz 3 regeln. In der Vergütungsordnung sind Höchstsätze festzusetzen. Dabei sind insbesondere der erforderliche Zeitaufwand, die Schwierigkeit der Streitigkeit sowie ein Verdienstausfall zu berücksichtigen. Die Vergütung der Beisitzer ist niedriger zu bemessen als die des Vorsitzenden. Bei der Festsetzung der Höchstsätze ist den berechtigten Interessen der Mitglieder der Einigungsstelle und des Arbeitgebers Rechnung zu tragen.

(5) Von Absatz 3 und einer Vergütungsordnung nach Absatz 4 kann durch Tarifvertrag oder in einer Betriebsvereinbarung, wenn ein Tarifvertrag dies zulässt oder eine tarifliche Regelung nicht besteht, abgewichen werden.

1 **I. Vorbemerkung.** Das **BetrVG** von 1972 enthielt bis 1989 keine Regelung über die Kosten der Einigungsstelle. Es galt der allgemeine Grundsatz des § 40, wonach der ArbGeb die Kosten der Tätigkeit des BR zu tragen hat. Viele Einzelheiten der Kostentragungslast waren umstritten, insb. die Berechnung der Beisitzerhonorare nach den Grundsätzen der BRAGO[3]. Kritisiert wurde vor allem, dass die Einigungsstelle den Gegenstandswert selbst schätzen musste und damit die Höhe der eigenen Vergütung selbst bestimmte. Beanstandet wurde zudem, dass die zuweilen hohen Gegenstandswerte bei Sozialplanverhandlungen zu unangemessen hohen Honoraren führten[4].

2 Durch das am 1.1.1989 in Kraft getretene **Änderungsgesetz zum BetrVG** erfuhr die Kostenfrage in **§ 76a** eine gesetzl. Regelung[5]. Weder das BPersVG noch das SprAuG oder das EBRG enthalten vergleichbare Vorschriften. Abs. 1 schreibt die Verpflichtung des ArbGeb, die Kosten der Einigungsstelle zu tragen, gesetzl. fest. Die Abs. 2 und 3 regeln die Vergütung der Mitglieder der Einigungsstelle. Die gesetzl. Neuregelung knüpft hinsichtlich der Vergütungshöhe nicht mehr an die BRAGO oder das RVG an, sondern enthält eigene Bemessungskriterien. Unterschieden wird zudem zwischen betriebsangehörigen und betriebsfremden Beisitzern; Erstere haben keinen Anspruch auf eine gesonderte Vergütung. Von der in Abs. 4 enthaltenen Ermächtigung des Bundesministers für Arbeit und Soziales, die Vergütung der Einigungsstellenmitglieder durch RechtsVO näher zu regeln, wurde bisher kein Gebrauch gemacht.

3 Die **Kostentragungspflicht des ArbGeb** umfasst **alle Kosten** der Einigungsstelle. Dies sind neben der Vergütung der Mitglieder auch deren Aufwendungen und Auslagen, aber auch die allgemeinen Kosten der Einigungsstelle (vgl. Rz. 33). Es gilt allerdings der Grundsatz, dass all diese Kosten nur erstattet werden müssen, soweit sie **erforderlich und verhältnismäßig** sind[6].

4 **II. Honorar und sonstige Kosten des Vorsitzenden. 1. Allgemeines.** Der Vorsitzende hat einen **gesetzl. Anspruch** gegen den ArbGeb auf Zahlung einer Vergütung aus Abs. 3 und 4. Dies gilt auch, wenn er dem Betrieb angehört, da Abs. 2 nur für Beisitzer gilt[7]. Bis zum Erlass einer RechtsVO nach Abs. 4 S. 1 ist die Vergütung im Einzelfall festzulegen. Die früher übliche Bemessung des Honorars nach den Grundsätzen der **BRAGO** (jetzt: RVG) kommt seit Inkrafttreten des § 76a **nicht mehr in Betracht**.

---

1 LAG Hamm v. 22.8.2005 – 10 TaBV 5/05. | 2 LAG Hessen v. 11.2.2004 – 5 Ta 510/03, LAGE § 8 BRAGO Nr. 57. | 3 BAG v. 15.12.1978 – 6 ABR 64/77, AP Nr. 5 zu § 76 BetrVG 1972; Richardi/*Richardi*, § 76a BetrVG Rz. 1. | 4 Vgl. Richardi/*Richardi*, § 76a BetrVG Rz. 2; *Bengelsdorf*, NZA 1989, 489 (490); *Wlotzke*, DB 1989, 111 (117); BT-Drs. 11/3618. | 5 G. v. 20.12.1988, BGBl 1988 I S. 2312 ff. | 6 BAG v. 13.11.1991 – 7 ABR 70/90, DB 1992, 789 f. | 7 Unzutr. daher *Ziege*, NZA 1990, 928.

2. Vereinbarung oder einseitige Bestimmung. Zur Vermeidung späterer Streitigkeiten ist es empfehlenswert, bereits vor Beginn der Einigungsstelle eine **Vereinbarung** über die Höhe der Vergütung (zB den Stundensatz) zu schließen. Für eine solche Honorarvereinbarung gilt der Grundsatz der **Vertragsfreiheit**: Der ArbGeb kann mit dem Vorsitzenden eine höhere Vergütung vereinbaren, als sie sich nach den Grundsätzen der Abs. 3, 4 ergäbe; der Vorsitzende kann andererseits auch ganz oder teilweise auf sein Honorar verzichten. Zum Schicksal des Beisitzerhonorars im Falle des Verzichts noch Rz. 24. 5

Kommt eine Vereinbarung zwischen dem Einigungsstellenvorsitzenden und dem ArbGeb über das Vorsitzendenhonorar oder die maßgebenden Aspekte seiner Berechnung nicht zu Stande, hat der Vorsitzende ein **einseitiges Bestimmungsrecht** iSv. §§ 315, 316 BGB. Danach kann er die Vergütung unter Berücksichtigung der Kriterien des Abs. 4 S. 3–5 (hierzu Rz. 7 f.) nach billigem Ermessen einseitig **selbst festsetzen**[1]. Erscheint dem ArbGeb das nach § 316 BGB einseitig festgesetzte Honorar zu hoch, kann er es **gerichtlich überprüfen** lassen. Dies geschieht im Beschlussverfahren[2]. Hat der Vorsitzende bei der einseitigen Bestimmung die Grenzen billigen Ermessens überschritten, setzt das ArbG die Höhe der zu zahlenden Vergütung fest, vgl. § 315 III 2 BGB[3]. Das Gericht hat die Billigkeit der Vergütungsfestsetzung unter Berücksichtigung der Besonderheiten des jeweiligen Einzelfalles zu beurteilen. Der pauschale Vergleich mit der Vergütung in einem anderen Streitfall ist jedenfalls dann nicht zulässig, wenn in diesem die Vergütungshöhe zuvor vereinbart worden ist[4]. Hatten der ArbGeb und der Einigungsstellenvorsitzende eine Vergütungsvereinbarung getroffen oder hat der ArbGeb die vom Vorsitzenden der Einigungsstelle gem. § 316 I BGB bestimmte Vergütungshöhe nicht als unbillig beanstandet, entspricht diese in aller Regel billigem Ermessen[5]. 6

3. Kriterien der Vergütungsbemessung. Für die Bemessung der Höhe der Vergütung sind die **Kriterien des Abs. 4 S. 3–5** maßgeblich. Diese sind bis zum Erlass einer RechtsVO zur Vergütung der Einigungsstellenmitglieder auch unmittelbar bei der privatrechtl. Festsetzung des Honorars zu berücksichtigen[6]. Dies ergibt sich aus der Verweisung des Abs. 3 S. 2. Nach Abs. 4 S. 3 ist bei der Bemessung der Vergütung insb. der erforderliche **Zeitaufwand**, die **Schwierigkeit** der Streitigkeit sowie ein **Verdienstausfall** zu berücksichtigen. Die Aufzählung ist nicht abschließend („insbesondere")[7]. Nach Abs. 4 S. 5 ist auch den berechtigten Interessen der Mitglieder der Einigungsstelle und des ArbGeb Rechnung zu tragen. Zu den Kriterien im Einzelnen: 7

a) Erforderlicher Zeitaufwand. Das **wichtigste Kriterium** bei der Bemessung der Vergütung ist der „erforderliche Zeitaufwand" iSv. Abs. 4 S. 3. Hierzu zählt auch die **erforderliche Vor- und Nachbereitung** der Einigungsstelle (zB Studium von Unterlagen, Abfassen des Protokolls und einer etwaigen Begründung des Einigungsstellenspruchs)[8]. Zur Bemessung des Zeitaufwandes nach **Stunden**- oder **Tagessätzen** näher Rz. 13 f. 8

b) Schwierigkeit der Streitigkeit. Neben dem Zeitaufwand hat die Schwierigkeit der Streitigkeit als Kriterium **eine eigenständige Bedeutung**. Im Einzelfall kann eine besonders schwierige Streitigkeit durchaus in kurzer Zeit abgeschlossen werden. Dann wäre es unangemessen, das gleiche Honorar zuzusprechen wie bei einer Streitigkeit, die ebenso schnell abgeschlossen werden konnte, aber bedeutend einfacher war[9]. Ein erhöhter Tages- oder Stundensatz lässt sich daher durch eine besondere Schwierigkeit des Streitgegenstandes rechtfertigen. Die Schwierigkeit ist an **objektiven Maßstäben** und nicht daran zu messen, welche Schwierigkeit der Verhandlungsgegenstand dem einzelnen Einigungsstellenmitglied bereitet. Die Schwierigkeit kann sich aus der **Materie** des Einigungsstellenverfahrens oder aus **sonstigen Umständen** (zB hoher zeitlicher oder psychischer Druck) ergeben. 9

c) Verdienstausfall. Ein Verdienstausfall (Abs. 4 S. 3) ist bei der Honorarbemessung **zu berücksichtigen**, sofern er tatsächlich eingetreten ist. Eine gesonderte Erstattung des Verdienstausfalls im Wege eines individuellen Auslagenersatzes verstieße gegen den Wortlaut des Gesetzes[10]. Ausgehend von der 70 %-Regel (hierzu Rz. 24) ist hinsichtlich der Honorarhöhe ausnahmsw. eine **Differenzierung** vorzunehmen, wenn bei den einzelnen Mitgliedern der Einigungsstelle ein unterschiedlich hoher Verdienstausfall vorliegt (hierzu Rz. 25)[11]. Das **Fehlen eines Verdienstausfalles** führt nicht zu einer Verringerung der nach den übrigen Kriterien errechneten Vergütung[12]. 10

Wird ein **Rechtsanwalt** als Vorsitzender der Einigungsstelle tätig, ist er idR verpflichtet, seinen Verdienstausfall so konkret wie möglich zu belegen[13]. Hierbei kann nicht davon ausgegangen werden, dass ein Rechtsanwalt wegen seiner Tätigkeit in der Einigungsstelle auch lukrative Mandate aus- 11

---

1 BAG v. 12.2.1992 – 7 ABR 20/91, NZA 1993, 605; v. 28.8.1996 – 7 ABR 42/95, AP Nr. 7 zu § 76a BetrVG 1972. |2 Vgl. BAG v. 21.6.1989 – 7 ABR 78/87, DB 1989, 2436 f. |3 BAG v. 12.2.1992 – 7 ABR 20/91, NZA 1993, 605. |4 BAG v. 28.8.1996 – 7 ABR 42/95, AP Nr. 7 zu § 76a BetrVG 1972. |5 BAG v. 12.2.1992 – 7 ABR 20/91, NZA 1993, 605. |6 BAG v. 12.2.1992 – 7 ABR 20/91, NZA 1993, 605. |7 *Bauer/Röder*, DB 1989, 223; *Fitting*, § 76a BetrVG Rz. 19. AA GK-BetrVG/*Kreutz*, § 76a Rz. 43. |8 *Fitting*, § 76a BetrVG Rz. 20; *Löwisch*, DB 1989, 224; GK-BetrVG/*Kreutz*, § 76a Rz. 45. |9 *Fitting*, § 76a BetrVG Rz. 21; *Weber/Ehrich*, Teil G, Rz. 18. |10 BAG v. 14.2.1996 – 7 ABR 24/95, DB 1996, 2233 f. |11 Ausf. Schwab/Weth/*Kliemt*, ArbGG, Einigungsstellenverfahren, Rz. 374. |12 BAG v. 28.8.1996 – 7 ABR 42/95, DB 1997, 283 f. |13 BAG v. 20.2.1991 – 7 ABR 6/90, DB 1991, 1939 f.; *Fitting*, § 76a BetrVG Rz. 22.

schlägt[1]. Der als Vorsitzende beauftragte Rechtsanwalt sollte daher bereits im Vorfeld mit dem ArbGeb eine Honorarvereinbarung treffen.

12 **d) Berechtigte Interessen des Einigungsstellenmitgliedes sowie des Arbeitgebers.** Bei der Festlegung der Vergütung sind auch die berechtigten Interessen der Mitglieder der Einigungsstelle sowie des ArbGeb zu berücksichtigen, Abs. 4 S. 5. Die zunächst anhand der zuvor genannten Kriterien ermittelte Vergütung kann unter **Abwägung aller Umstände** des Einzelfalles nochmals überprüft und ggf. angepasst werden. Im Rahmen der anzustellenden **Gesamtschau** kann eine Vergütungsanpassung auf Grund der wirtschaftl. Lage des ArbGeb, der wirtschaftl. Bedeutung des Einigungsstellenspruchs oder der besonderen Fachkunde der Einigungsstellenmitglieder gerechtfertigt sein. Befindet sich das Unternehmen in wirtschaftl. schwieriger Lage oder gar im Insolvenzverfahren, sind Vergütungsabschläge vorzunehmen[2].

13 **4. Art der Berechnung.** Meist wird die Tätigkeit auf der Grundlage eines festen **Tages- oder Stundensatzes** abgerechnet. Zulässig ist auch die Vereinbarung eines **Pauschalhonorars** (ggf. zzgl. einer Auslagenpauschale) unabhängig vom tatsächlichen Zeitaufwand[3]. Auch **Kombinationen** sind möglich. Bspw. können die eigentlichen Sitzungen auf der Basis eines Tageshonorars, die Zeiten der Vor- und Nacharbeit hingegen auf Stundenbasis vergütet werden. Um eine zügige Durchführung der Einigungsstelle zu gewährleisten, kann eine vorherige Vereinbarung eines **Höchsthonorars** (sog. **Deckelung**) ratsam sein. Eine Orientierung der Stundensätze an denjenigen, die Sachverständige nach dem Justizvergütungs- und Entschädigungsgesetz (JVEG) erhalten (höchstens 95 Euro)[4], ist im Regelfall unsachgemäß, da die Tätigkeit der Einigungsstellenmitglieder erheblich komplexer und umfassender als die eines Sachverst. iSd. §§ 8 ff. JVEG ist[5]. Aus den gleichen Gründen ist eine Orientierung an der **Entschädigung ehrenamtlicher Richter** nach den §§ 15 ff. JVEG abzulehnen[6]. Ebenso wenig ist der Honoraranspruch durch eine sich am JVEG orientierende Höchstgrenze beschränkt. § 76a sieht eben keine Höchstgrenze vor. Es fehlt daher an einer Gesetzeslücke, die im Wege der analogen Anwendung der Vorschriften des JVEG zu schließen wäre[7].

14 Die **Höhe des Stundensatzes** bestimmt sich nach den oben (vgl. Rz. 7 ff.) dargestellten Kriterien des Abs. 4. Je nach Schwierigkeit der Streitigkeit und den sonstigen Umständen des Einzelfalles betragen die Stundensätze idR **100** bis **300 Euro**, in besonderen Fällen auch darüber[8]. Das **BAG** hat bereits im Jahre 1996 einen Stundensatz von 300 DM (jetzt 153 Euro) bei einer Angelegenheit mittlerer Schwierigkeit, der Aufstellung eines Sozialplanes anlässlich einer Betriebsstilllegung, für angemessen erachtet[9].

15 **5. Fälligkeit der Vergütung.** Der Vergütungsanspruch entsteht mit der Bestellung zum Vorsitzenden der Einigungsstelle und wird – sofern nichts anderes vereinbart wurde – erst **nach Beendigung** des Einigungsstellenverfahrens fällig, § 614 S. 1 BGB. Ist eine Vergütung nach Tages- oder Stundensätzen vereinbart, wäre diese nach § 614 S. 2 BGB jeweils nach Ablauf der einzelnen Zeitabschnitte zu entrichten. Hier ist jedoch in aller Regel konkludent oder ausdrücklich vereinbart, dass die Vergütung erst bei Abschluss des Verfahrens fällig werden soll. Bei langwierigen Einigungsstellenverfahren oder bei zu erwartenden hohen Auslagen (Reisekosten oÄ) haben die Einigungsstellenmitglieder Anspruch auf einen angemessenen **Vorschuss** oder auf Abschlagszahlungen[10].

16 **6. Auslagenersatz.** Neben der Vergütung hat der Vorsitzende (zu den Beisitzern Rz. 28) einen Anspruch auf Ersatz aller ihm im Zusammenhang mit der Einigungsstelle entstehenden **Aufwendungen** und **Auslagen**. Hierzu zählen Fahrtkosten, Telefon- und Telefaxgebühren, Porto- und Fotokopierkosten sowie erforderliche Übernachtungs- und Verpflegungskosten[11]. Eine Pauschalierung dieser Aufwendungen (Spesen) oder die Vereinbarung einer **pauschalen** Abgeltung mit dem Honorar ist zulässig. Sofern dies nicht geschieht, müssen die Aufwendungen im Einzelnen belegt und abgerechnet werden. Bei den Auslagen handelt es sich nicht um Honorar iSd. Abs. 3 und 4, sondern um sonstige Kosten der Einigungsstelle, die der ArbGeb nach Abs. 1 zu tragen hat[12].

---

1 Vgl. BAG v. 20.2.1991 – 7 ABR 6/90, DB 1991, 1939 f.; v. 20.2.1991 – 7 ABR 78/98, nv. | 2 *Fitting*, § 76a BetrVG Rz. 23; DKK/*Berg*, § 76a BetrVG Rz. 24. | 3 BAG v. 21.6.1989 – 7 ABR 78/87, DB 1989, 2436 f. (Pauschalhonorar 5000 DM netto); v. 13.11.1991 – 7 ABR 70/90, DB 1992, 789 f. (drei Tagessätze à 2000 DM); v. 14.2.1996 – 7 ABR 24/95, DB 1996, 2233 f. (Pauschalhonorar 19 000 DM netto zzgl. 2000 DM Spesenpauschale). Krit. MünchArbR/*Joost*, § 320 Rz. 116; GK-BetrVG/*Kreutz*, § 76a Rz. 45. | 4 BAG v. 28.8.1996 – 7 ABR 42/95, DB 1997, 283 f. noch zum ZSEG, ganz hM. AA *Stege/Weinspach/Schiefer*, § 76a BetrVG Rz. 28; HSWGNR/*Worzalla*, § 76a BetrVG Rz. 31a; GK-BetrVG/*Kreutz*, § 76a Rz. 46. | 5 Eingehend Schwab/Weth/*Kliemt*, ArbGG, Einigungsstellenverfahren, Rz. 338 ff., 348 ff. jeweils mwN. | 6 LAG Hess. v. 26.9.1991 – 12 TaBV 73/91, NZA 1992, 469; DKK/*Berg*, § 76a BetrVG Rz. 23; *Kamphausen*, NZA 1992, 55 (59); *Pünnel/Isenhardt*, Rz. 174. AA *Bengelsdorf*, NZA 1999, 489 (495); *Lunk/Nebendahl*, NZA 1990, 921 (925). | 7 BAG v. 28.8.1996 – 7 ABR 42/95, DB 1997, 283 f. zum EhrRiEG. | 8 Vgl. etwa ErfK/*Kania*, § 76a BetrVG Rz. 5; *Fitting*, § 76a BetrVG Rz. 24; *Pünnel/Isenhardt*, Rz. 176; *Weber/Ehrich*, Teil G, Rz. 24. | 9 BAG v. 28.8.1996 – 7 ABR 42/95, DB 1997, 283 f. | 10 BAG v. 14.2.1996 – 7 ABR 24/95, DB 1996, 2233 f.; *Fitting*, § 76a BetrVG Rz. 18. AA GK-BetrVG/*Kreutz*, § 76a Rz. 57. | 11 *Fitting*, § 76a BetrVG Rz. 9; ErfK/*Kania*, § 76a BetrVG Rz. 2. | 12 BAG v. 14.2.1996 – 7 ABR 24/95, DB 1996, 2233 f.

7. Mehrwertsteuer. Ist der Vorsitzende zur Abführung von MwSt verpflichtet, hat er gegen den ArbGeb auch ohne gesonderte Vereinbarung einen gesetzl. Anspruch auf deren Erstattung[1]. Die MwSt ist keine eigenständige Honorarforderung, sondern Teil des vereinbarten Honorars iSv. Abs. 3 und 4. Sie ist gem. § 14 I UStG gesondert auszuweisen. 17

III. Honorar und sonstige Kosten der Beisitzer. 1. Betriebsangehörige Beisitzer. Dem Betrieb angehörende Beisitzer der Einigungsstelle erhalten für ihre Tätigkeit **keine gesonderte Vergütung**, Abs. 2 S. 1 Hs. 1. Dies gilt für Beisitzer der ArbGeb- und ArbN-Seite, auch für leitende Angestellte. Betriebsangehörige Beisitzer üben – wie BR-Mitglieder nach § 37 I – ein unentgeltliches Ehrenamt aus. Erhielten sie für die im Interesse des eigenen Betriebs liegende Tätigkeit in der Einigungsstelle eine Vergütung, wäre dies eine gegenüber den Mitgliedern des BR nicht zu rechtfertigende Besserstellung[2]. Scheidet ein Beisitzer während des Einigungsstellenverfahrens aus dem Betrieb aus, hat er für die danach erbrachte Tätigkeit in der Einigungsstelle Anspruch auf eine **anteilige Vergütung**[3]. Für die Zeit der Einigungsstelle sind betriebsangehörige Beisitzer ebenso wie BR-Mitglieder bezahlt von ihrer Verpflichtung zur Arbeitsleistung **freizustellen**, Abs. 2 S. 1 Hs. 2 iVm. § 37 II, III. Sofern die Einigungsstelle außerhalb der Arbeitszeit tagt, haben sie einen Anspruch auf Freizeitausgleich bzw. – wenn der Freizeitausgleich nicht rechtzeitig gewährt werden kann – auf Abgeltung. Die gesetzl. Regelung ist **zwingend**. Eine davon abweichende Vereinbarung ist nichtig. Dies gilt auch dann, wenn sie Teil einer tarifvertragl. Regelung iSv. Abs. 5 oder einer BV ist[4]. 18

Wird die Einigungsstelle auf **Unternehmens- oder Konzernebene** zur Beilegung einer Meinungsverschiedenheit zwischen ArbGeb und Unternehmens- oder KonzernBR gebildet, gelten die vorstehenden Ausführungen für Beisitzer, die einem Betrieb des Unternehmens bzw. eines Konzernunternehmens angehören, entsprechend (Abs. 2 S. 2). Auch mit ihnen kann eine Vergütung nicht vereinbart werden. Sie können gleichfalls bezahlte Freistellung, Freizeitausgleich und ggf. Abgeltung beanspruchen. 19

Wird die Einigungsstelle nicht auf Unternehmens- oder Konzern-, sondern auf **Betriebsebene** gebildet, ist der **betriebsfremde, aber unternehmensangehörige Beisitzer** hinsichtlich seiner Vergütung wie ein betriebsfremder Beisitzer zu behandeln[5]. Statt der üblichen Honorarregelung kann eine Freistellung und Freizeitausgleich nach Abs. 2 S. 1 iVm. § 37 II, III vereinbart werden[6]. 20

2. Betriebsfremde Beisitzer. a) Gesetzlicher Anspruch. Die betriebsfremden Beisitzer besitzen nach Abs. 3 einen unmittelbaren gesetzl. Anspruch gegen den ArbGeb auf Zahlung einer Vergütung für ihre Tätigkeit in der Einigungsstelle. Sofern keine besonderen Umstände vorliegen, sind alle betriebsfremden Beisitzer gleich zu vergüten[7]. 21

Bei den Beisitzern des BR ist allein die Fassung **eines wirksamen Beschlusses** durch den BR erforderlich[8]. Auf eine Mitteilung an den ArbGeb oder gar dessen Billigung kommt es nicht an[9]. Der ordnungsgemäße BR-Beschluss (vgl. § 29 II, § 33) muss vor Aufnahme der Tätigkeit als Beisitzer gefasst worden sein. Fehlt es zunächst an einem wirksamen Beschluss, soll jedoch eine nachträgliche Genehmigung durch den BR möglich sein[10]. Ein Anspruch des nicht wirksam bestellten Beisitzers aus dem Gesichtspunkt des **Vertrauensschutzes** besteht nicht, da der ArbGeb, gegen den sich der Anspruch richten würde, keinen Vertrauenstatbestand geschaffen hat[11]. 22

Auf die Erforderlichkeit der Beauftragung eines (kostenträchtigen) betriebsfremden Beisitzers kommt es nach dem eindeutigen Wortlaut des Abs. 3 S. 1 nicht (mehr) an[12]. Belastet der BR den ArbGeb jedoch erkennbar und bewusst mit unnötigen Kosten, ist ggf. an einen **Regressanspruch** gegen die einzelnen BR-Mitglieder zu denken[13]. Nach der rechtswirksamen Konstituierung der Einigungsstelle kann der ArbGeb den Einwand, die Hinzuziehung einer bestimmten Anzahl von Beisitzern sei **nicht erforderlich** gewesen, nicht mehr erheben. Dieser Einwand muss bereits im Bestellungsverfahren vorgebracht werden. 23

b) Höhe der Vergütung. Für die **Höhe des Beisitzerhonorars** gilt das **Abstandsgebot** des Abs. 4 S. 4. Danach ist die Vergütung der Beisitzer idR **niedriger** zu bemessen als die des Vorsitzenden. Wenngleich § 76a keinen bestimmten Prozentsatz vorsieht, ist für die Beisitzer idR ein Honorar in Höhe von **70 %** des 24

1 BAG v. 14.2.1996 – 7 ABR 24/95, DB 1996, 2233 f. Ausf. Schwab/Weth/*Kliemt*, ArbGG, Einigungsstelle, Rz. 375 f. mwN. Zur früheren Rechtslage vgl. BAG v. 31.7.1986 – 6 ABR 79/83, DB 1987, 441 f. | 2 *Fitting*, § 76a BetrVG Rz. 11; GK-BetrVG/*Kreutz*, § 76a Rz. 63. | 3 ArbG Düsseldorf v. 24.6.1992 – 4 BV 90/92, EzA Nr. 5 zu § 76a BetrVG; GK-BetrVG/*Kreutz*, § 76a Rz. 24; DKK/*Berg*, § 76a BetrVG Rz. 16; *Fitting*, § 76a BetrVG Rz. 11. AA *Stege/Weinspach/Schiefer*, § 76a BetrVG Rz. 8. | 4 *Fitting*, § 76a BetrVG Rz. 11; DKK/*Berg*, § 76a BetrVG Rz. 14. | 5 LAG Hessen v. 28.8.2003 – 9 TaBV 40/03, AR-Blattei ES 630 Nr. 76; LAG BW v. 30.12.1988 – 7 TaBV 9/88, DB 1989, 736; *Fitting*, § 76a BetrVG Rz. 13; Schwab/Weth/*Kliemt*, ArbGG, Einigungsstellenverfahren, Rz. 381. | 6 *Fitting*, § 76a BetrVG Rz. 13. | 7 *Pünnel/Isenhardt*, Rz. 187. | 8 BAG v. 19.8.1992 – 7 ABR 58/91, DB 1993, 1196; *Hanau/Reitze*, in: FS Kraft, S. 168 ff. | 9 BAG v. 24.4.1996 – 7 ABR 40/95, NZA 1996, 1171. | 10 BAG v. 10.10.2007 – 7 ABR 51/06. Anders noch die Vorinstanz: LAG Hamm v. 1.6.2006 – 9 TaBV 164/05. | 11 BAG v. 19.8.1992 – 7 ABR 18/91, DB 1993, 1196. | 12 BAG v. 24.4.1996 – 7 ABR 40/95, NZA 1996, 1171; DKK/*Berg*, § 76a BetrVG Rz. 17; *Fitting*, § 76a BetrVG Rz. 15. AA *Bauer/Röder*, DB 1989, 225; *Bengelsdorf*, SAE 1995, 192; GK-BetrVG/*Kreutz*, § 76a Rz. 30 ff. | 13 So auch *Fitting*, § 76a BetrVG Rz. 15.

Vorsitzendenhonorars angemessen[1]. Auf Grund **besonderer Umstände des Einzelfalles** kann ein anderer Prozentsatz geboten sein[2]. Wird bspw. ein Teil der an den Vorsitzenden entrichteten Vergütung als „pauschaler Auslagenersatz" deklariert, während die tatsächlich entstandenen Auslagen erheblich geringer sind, ist als Berechnungsgrundlage für die Beisitzervergütung die Gesamthonorierung des Vorsitzenden zugrunde zu legen[3]. Eine Pauschalierung in Höhe von 70 % der Vorsitzendenvergütung kann auch dann unbillig sein, wenn der Vorsitzende auf sein Honorar ganz oder teilweise **verzichtet**. Die Vergütung des Beisitzers ist nicht akzessorisch; sie ist dann auf der Grundlage der fiktiv zu ermittelnden Vergütung des Vorsitzenden zu berechnen[4].

24a § 76a Abs. 4 enthält allerdings **kein gesetzliches Verbot**, wonach die Zahlung eines höheren Honorars an einen außerbetriebl. Beisitzer als an den Vorsitzenden der Einigungsstelle unzulässig wäre. Von der Regelung des § 76a IV 3–5 abweichende Vereinbarungen sind wegen der individuellen Vertragsautonomie zulässig[5].

24b Wenn der ursprüngliche Vorsitzende ein **Pauschalhonorar** vereinbart hatte, nach erfolgreicher **Anfechtung des Einigungsstellenspruchs** der Vorsitzende wechselt und die Einigungsstelle sodann ihre Arbeit fortsetzt, kommt eine Erhöhung des auf der Basis der 70 %-Regel bereits bezogenen Pauschalhonorars nur dann in Betracht, wenn wegen des erheblichen weiteren Zeitaufwandes die Vergütung insgesamt unangemessen wäre[6].

25 Eine **unterschiedlich hohe Vergütung** der Beisitzer des **BR und der ArbGebSeite** ist **unzulässig**. Der **Grundsatz der Parität** und das Benachteiligungsverbot nach § 78 S. 2 gebieten, an die Vergütung der Beisitzer die gleichen Maßstäbe anzulegen[7]. Hieraus folgt jedoch nicht ein Verbot jeglicher Differenzierung und jeglicher Abweichung vom 70 %-Grundsatz. Die Honorarhöhe der Beisitzer kann differieren, wenn dies sachlich gerechtfertigt ist. Beispiele hierfür sind: unterschiedlich hoher Verdienstausfall, Fehlen einzelner Beisitzer bei einigen Sitzungen der Einigungsstelle. Wurde die Höhe des Vorsitzendenhonorars unter Berücksichtigung seines Verdienstausfalls ermittelt, während bei keinem der Beisitzer ein Verdienstausfall eingetreten ist, rechtfertigt dies eine Verringerung ihres Honorars unter die üblichen 70 %. Liegt hingegen bei keinem der Einigungsstellenmitglieder ein Verdienstausfall vor, kann dies kein Anlass sein, von der 70 %-Praxis abzuweichen[8].

26 Will ein Beisitzer eine höhere Vergütung als 70 % des Vorsitzendenhonorars beanspruchen, obliegt ihm die **Darlegungs- und Beweislast** für die besonderen Umstände. Umgekehrt ist der ArbGeb, der auf Grund der Grundsätze des Abs. 4 S. 3 bis 5 eine geringere Beisitzervergütung als 70 % für angemessen hält, für die Gründe darlegungs- und beweisbelastet. Beträgt die Vergütung des anwaltlichen Beisitzers einer Einigungsstelle weniger als 1/3 des Vorsitzendenhonorars, besteht eine Vermutung für einen Verstoß gegen § 78[9]. Da die Gewährung unterschiedlich hoher Vergütungen und die Abweichung vom 70 %-Grundsatz eine nur bei Vorliegen sachlicher Gründe zulässige Ausnahme darstellen, haben die Beisitzer gegen den ArbGeb einen **Auskunftsanspruch** auf Mitteilung der an die Beisitzer und den Vorsitzenden gewährten Vergütungen[10].

27 **c) Gewerkschaftssekretäre und Rechtsanwälte als Beisitzer.** Auch Verbandsvertretern (zB **Gewerkschaftssekretären**) steht ein Honorar zu, wenn sie als Beisitzer in der Einigungsstelle tätig werden[11]. Kann allerdings nicht festgestellt werden, ob ein Gewerkschaftsvertreter als außerbetriebl. Beisitzer oder als Verfahrensbevollmächtigter des BR an der Einigungsstelle teilgenommen hat, kann er kein Honorar nach § 76a III beanspruchen[12]. Wird ein **Rechtsanwalt als Beisitzer** in der Einigungsstelle tätig, ergeben sich keine Besonderheiten. Seine Vergütung bestimmt sich ebenfalls nach den Grundsätzen des Abs. 3, 4, nicht nach der BRAGO oder dem RVG[13]. Die Honorarvereinbarung bedarf nicht nach § 4 I RVG der Schriftform[14]. IdR wird er ein Honorar in Höhe von 70 % des Vorsitzendenhonorars beanspruchen können. Ein höherer Anspruch ergibt sich auch nicht daraus, dass der Rechtsanwalt im Unterschied zu den anderen Beisitzern idR einen erheblichen laufenden Büroaufwand hat[15]. Ein etwaiger Verdienstausfall kann bei der Bemessung des Honorars nur berücksichtigt werden, wenn er konkret dargelegt wird.

---

1 HM, BAG v. 12.2.1996 – 7 ABR 20/91, NZA 1993, 605; v. 14.2.1996 – 7 ABR 24/95, DB 1996, 2233 f.; v. 27.7.1994 – 7 ABR 10/93, DB 1995, 835 f.; Schwab/Weth/*Kliemt*, ArbGG, Einigungsstellenverfahren, Rz. 389 ff. mwN. | 2 *Fitting*, § 76a BetrVG Rz. 25; DKK/*Berg*, § 76a BetrVG Rz. 26. | 3 ArbG Koblenz v. 5.5.1994 – 8 BV 18/93, nv. | 4 *Schäfer*, NZA 1991, 836 (839); *Pünnel/Isenhardt*, Rz. 200. | 5 LAG Hamm v. 20.1.2006 – 10 TaBV 131/05, NZA-RR 2006, 323; ausführlich: Schwab/Weth/*Kliemt*, ArbGG, Einigungsstellenverfahren, Rz. 391a. | 6 LAG Nds. v. 25.1.2005 – 1 TaBV 65,69/04, 1 TaBV 65/04, 1 TaBV 69/04, LAGE § 76a BetrVG 2001 Nr. 1. | 7 BAG v. 20.2.1991 – 7 ABR 6/90, DB 1991, 1939 f.; LAG BW v. 24.5.1991 – 6 TaBV 14/91, DB 1991, 1992; LAG München v. 11.1.1991 – 2 TaBV 57/90, BB 1991, 551. AA Richardi/*Richardi*, § 76a BetrVG Rz. 23; *Bauer/Röder*, DB 1989, 224 (226); GK-BetrVG/*Kreutz*, § 76a Rz. 51, 61. | 8 BAG v. 14.2.1996 – 7 ABR 24/95, DB 1996, 2233 f.; v. 28.8.1996 – 7 ABR 42/95, AP Nr. 7 zu § 76a BetrVG 1972. | 9 LAG München v. 11.1.1991 – 2 TaBV 57/90, LAGE Nr. 1 zu § 76a BetrVG 1972. | 10 DKK/*Berg*, § 76a BetrVG Rz. 26. | 11 BAG v. 14.2.1996 – 7 ABR 24/95, DB 1996, 2233 f.; v. 24.4.1996 – 7 ABR 40/95, NZA 1996, 1171. | 12 LAG Hessen v. 7.7.2005 – 9 TaBV 134/04. | 13 *Fitting*, § 76a BetrVG Rz. 17; Schwab/Weth/*Kliemt*, ArbGG, Einigungsstelle, Rz. 396 f. mwN. | 14 LAG Hamm v. 20.1.2006 – 10 TaBV 131/05, NZA-RR 2006, 323. | 15 BAG v. 20.2.1991 – 7 ABR 6/90, DB 1991, 1939; BAG v. 15.8.1990 – 7 ABR 76/88, nv. AA *Bauer/Röder*, DB 1989, 225.

Hierfür reicht der bloße Hinweis auf seinen durchschnittlichen Verdienst nicht[1]. Die Vergütung nach Abs. 3 S. 2 erfasst jedoch nur die Tätigkeit in der Einigungsstelle, nicht hingegen die vorherige Beratung oder aber das spätere Mandat, die Unwirksamkeit des Einigungsstellenspruchs gerichtlich feststellen zu lassen.

3. Auslagenersatz; Mehrwertsteuer. Die betriebsangehörigen und die betriebsfremden Beisitzer haben ebenso wie der Vorsitzende einen Anspruch auf **Erstattung von Auslagen** (vgl. Rz. 16) und – auch ohne gesonderte Vereinbarung – ggf. auf Erstattung der MwSt.[2]. 28

IV. Abweichende Regelungen durch Tarifvertrag und Betriebsvereinbarung (Abs. 5). Von der gesetzl. Vergütungsregelung des Abs. 3, 4 kann durch **TV** oder, wenn dieser eine entsprechende Öffnungsklausel enthält, durch (freiwillige, nicht erzwingbare) **BV** abgewichen werden. Für die Geltung der abweichenden tarifl. Regelung reicht nach § 3 II TVG die Tarifbindung des ArbGeb, da es sich um eine betriebsverfassungsrechtl. Norm iSd. § 1 I TVG handelt. Geändert werden kann zu deren Gunsten oder Ungunsten die Vorsitzenden- oder die Beisitzervergütung. Denkbar ist auch die Aufstellung gänzlich von Abs. 4 S. 3–5 abweichender eigener Berechnungskriterien[3]. Nicht disponibel sind Abs. 1 und 2. Aus diesem Grund kann weder die Entgeltregelung der betriebsangehörigen Beisitzer noch der Grundsatz der Kostentragungspflicht des ArbGeb modifiziert werden[4]. 29

Obgleich in Abs. 5 nicht ausdrücklich erwähnt, sind auch **individuelle Vereinbarungen** zwischen dem ArbGeb und den vergütungsberechtigten Einigungsstellenmitgliedern zulässig, soweit sie eine für die Einigungsstellenmitglieder günstigere Vergütungsregelung beinhalten[5] und die Gleichbehandlung aller Beisitzer gewährleistet bleibt. Dies gebietet der Grundsatz der **Parität** (vgl. Rz. 25). 30

V. Kosten der Vertretung des Betriebsrats vor der Einigungsstelle. Lässt sich der BR **vor** der Einigungsstelle durch einen **Rechtsanwalt als Verfahrensbevollmächtigten** vertreten, sind die hieraus resultierenden Kosten **keine Kosten der Einigungsstelle** iSv. Abs. 1 selbst, sondern Kosten des BR iSd. § 40[6]. Die durch die Beauftragung entstehenden Kosten sind vom ArbGeb dann zu tragen, wenn der BR dessen Hinzuziehung bei pflichtgemäßer, verständiger Würdigung aller Umstände für erforderlich halten durfte. Dies ist zu bejahen, wenn der Streitgegenstand schwierige Rechtsfragen aufwirft, die zwischen den Betriebspartnern umstritten sind, und kein BR-Mitglied über den notwendigen juristischen Sachverstand verfügt[7]. Die anwaltliche Vertretung des ArbGeb vor der Einigungsstelle kann ein Indiz für die Schwierigkeit des Streitgegenstandes darstellen. Bei der Abwägung der Erforderlichkeit hat der BR auch die Kostenlast für den ArbGeb zu berücksichtigen[8]. Voraussetzung eines Honoraranspruchs ist, dass die Beauftragung auf einem **ordnungsgemäßen BR-Beschluss** beruht (vgl. Rz. 22). Ein tatsächliches Tätigwerden des Rechtsanwalts genügt nicht[9]. 31

Die **Vergütung** des Rechtsanwalts bemisst sich nach Nr. 2403 Nr. 4 VV (früher: § 65 I Nr. 4 BRAGO) und nach Nr. 1000 Abs. 1 S. 2 VV (§ 65 II BRAGO). Hiernach erhält er einen Gebührensatz von 1,5 in Verfahren vor sonstigen gesetzl. eingerichteten Einigungsstellen, die sich im Fall einer Einigung der Parteien um einen Gebührensatz von 1,5 erhöht. Der Gegenstandswert bemisst sich nach § 23 III RVG (§ 8 II BRAGO), ohne dass eine Begrenzung nach § 76a IV stattfände[10]. Bei vorzeitiger Beendigung richtet sich der Vergütungsanspruch nach § 628 BGB. Übernimmt der Rechtsanwalt im Auftrag des BR die gerichtliche Anfechtung des Einigungsstellenspruchs, handelt es sich hierbei um eine neue Angelegenheit iSd. § 15 I RVG (§ 13 I BRAGO)[11]. 32

VI. Kosten durch die Sitzung; Sachverständiger. Zu den nach § 76a durch den ArbGeb zu tragendem Kosten der Einigungsstelle, zählen auch die **allgemeinen Sachkosten** der Einigungsstelle (sog. **Geschäftsaufwand**). Hierzu gehören Kosten für Räume, Schreibmaterial, Schreibpersonal (zB Protokollführer), Telefon oder Porto und die Kosten eines **Sachverständigengutachtens**[12]. Die Einigungsstelle darf nach § 80 III den **Sachverst. ohne vorheriges Einverständnis des ArbGeb** beauftragen, wenn die Hinzuziehung **erforderlich** ist und die damit verbundenen Kosten **verhältnismäßig** sind. Insoweit steht der Einigungsstelle jedoch ein gewisser Beurteilungsspielraum zu. Sie muss dabei wie jeder andere, der auf Kosten eines Dritten handeln darf, die Maßstäbe einhalten, die sie einhielte, wenn sie als Gremium selbst oder wenn ihre Mitglieder die Kosten zu tragen hätten[13]. Wird ohne Beachtung dieser Grundsätze 33

---

1 BAG v. 20.2.1991 – 7 ABR 6/90, DB 1991, 1939. | 2 LAG Hamm v. 20.1.2006 – 10 TaBV 131/05, NZA-RR 2006, 323. | 3 *Fitting*, § 76a BetrVG Rz. 31; DKK/*Berg*, § 76a BetrVG Rz. 30. AA *Stege/Weinspach/Schiefer*, § 76a BetrVG Rz. 23. | 4 *Weiss/Weyand*, § 76a BetrVG Rz. 10; *Fitting*, § 76a BetrVG Rz. 30. | 5 LAG Rh.-Pf. v. 24.5.1991 – 6 TaBV 14/91, DB 1991, 1992. | 6 BAG v. 14.2.1996 – 7 ABR 25/95, DB 1996, 2187 f.; v. 5.11.1981 – 6 ABR 24/78, AP Nr. 9 zu § 76 BetrVG 1972; v. 21.6.1989 – 7 ABR 78/87, DB 1989, 2436 f. | 7 BAG v. 14.2.1996 – 7 ABR 25/95, DB 1996, 2187 f.; v. 21.6.1989 – 7 ABR 78/87, DB 1989, 2436 f. AA *Bengelsdorf*, NZA 1989, 489 (497); *Stege/Weinspach/Schiefer*, § 76a BetrVG Rz. 18. | 8 BAG v. 14.2.1996 – 7 ABR 25/95, DB 1996, 2187 f. | 9 BAG v. 14.2.1996 – 7 ABR 25/95, DB 1996, 2187 f. | 10 BAG v. 14.2.1996 – 7 ABR 25/95, DB 1996, 2187 f. | 11 LAG Rh.-Pf. v. 6.8.1992 – 9 Ta 163/92, NZA 1993, 93. | 12 BAG v. 6.4.1973 – 1 ABR 20/72, AP Nr. 1 zu § 76 BetrVG 1972; v. 11.5.1976 – 1 ABR 37/75, AP Nr. 3 zu § 76 BetrVG 1972; *Fitting*, § 76a Rz. 6, 7; DKK/*Berg*, § 76a BetrVG Rz. 9, 11. | 13 BAG v. 13.11.1991 – 7 ABR 70/90, DB 1992, 789 f.; Schwab/Weth/*Kliemt*, ArbGG, Einigungsstellenverfahren, Rz. 407 mwN.

ein Gutachten eingeholt, besteht kein Honoraranspruch des Sachverst. gegen den ArbGeb. Er kann sich in diesem Fall nur an die handelnden Mitglieder der Einigungsstelle halten.

34 **VII. Gerichtliche Durchsetzung.** Ansprüche der **betriebsangehörigen** Beisitzer auf Fortzahlung des Arbeitsentgelts, auf Freizeitausgleich oder auf Abgeltung sind nach § 2 I Nr. 3a, Abs. 5, §§ 46 ff. ArbGG im **Urteilsverfahren** durchzusetzen, da es sich hierbei um arbeitsvertragl. zugesagtes Gehalt handelt[1]. Die **sonstigen Ansprüche** der Beisitzer und des Vorsitzenden sind im **Beschlussverfahren** geltend zu machen, § 2a I Nr. 1, §§ 80 ff. ArbGG. Dies gilt für die Vergütung, aber auch für Auslagen als sonstige Kosten der Einigungsstelle und für die Gebühren eines Rechtsanwalts, der als **Verfahrensbevollmächtigter** aufgetreten ist. **Antragsberechtigt** ist das einzelne Mitglied der Einigungsstelle bzw. der Verfahrensbevollmächtigte[2]. Das ArbG ist auch für nach erfolgter Anfechtung gegebene Rückzahlungsansprüche des Insolvenzverwalters gegen Einigungsstellenmitglieder zuständig[3]. Der BR ist nicht Beteiligter dieses Verfahrens, weil die Voraussetzungen des § 83 III ArbGG nicht vorliegen[4]: der gesetzl. Vergütungsanspruch des Einigungsstellenbeisitzers richtet sich unmittelbar gegen den ArbGeb, ohne dass es einer Honorarzusage des BR bedürfte.

35 Der ArbGeb hat auch die Kosten zu tragen, die einem betriebsfremden Einigungsstellenmitglied bei der Durchsetzung seines berechtigten Honoraranspruchs entstehen (**Honorardurchsetzungskosten**). Dieser Anspruch ergibt sich unter dem Gesichtspunkt des Verzugsschadens iSv. §§ 280 I und II, 286 BGB mittelbar aus der Einigungsstelle[5]. Dies gilt auch für etwaige Anwaltskosten, da § 12a I 1 ArbGG, wonach in der 1. Instanz keine Kostenerstattung erfolgt, nur im Urteilsverfahren gilt[6]. Die Honorardurchsetzungskosten sind selbst dann zu ersetzen, wenn der Antragsteller selbst Rechtsanwalt ist und seine eigene Vergütung gerichtlich durchsetzen muss[7].

36 War das Einigungsstellenverfahren vor Eröffnung der **Insolvenz** bereits abgeschlossen, sind Honoraransprüche der Einigungsstellenmitglieder nur einfache Insolvenzforderungen iSd. § 38 InsO[8]. Ist das Einigungsstellenverfahren hingegen erst nach Insolvenzeröffnung eingeleitet worden oder zwar vorher begonnen, dann aber vom Insolvenzverwalter fortgeführt worden, sind die Honorar- und sonstigen Ansprüche Masseverbindlichkeiten iSd. § 55 I InsO[9].

77 *Durchführung gemeinsamer Beschlüsse, Betriebsvereinbarungen*

(1) Vereinbarungen zwischen Betriebsrat und Arbeitgeber, auch soweit sie auf einem Spruch der Einigungsstelle beruhen, führt der Arbeitgeber durch, es sei denn, dass im Einzelfall etwas anderes vereinbart ist. Der Betriebsrat darf nicht durch einseitige Handlungen in die Leitung des Betriebs eingreifen.

(2) Betriebsvereinbarungen sind von Betriebsrat und Arbeitgeber gemeinsam zu beschließen und schriftlich niederzulegen. Sie sind von beiden Seiten zu unterzeichnen; dies gilt nicht, soweit Betriebsvereinbarungen auf einem Spruch der Einigungsstelle beruhen. Der Arbeitgeber hat die Betriebsvereinbarungen an geeigneter Stelle im Betrieb auszulegen.

(3) Arbeitsentgelte oder sonstige Arbeitsbedingungen, die durch Tarifvertrag geregelt sind oder üblicherweise geregelt werden, können nicht Gegenstand einer Betriebsvereinbarung sein. Dies gilt nicht, wenn ein Tarifvertrag den Abschluss ergänzender Betriebsvereinbarungen ausdrücklich zulässt.

(4) Betriebsvereinbarungen gelten unmittelbar und zwingend. Werden Arbeitnehmern durch die Betriebsvereinbarung Rechte eingeräumt, so ist ein Verzicht auf sie nur mit Zustimmung des Betriebsrats zulässig. Die Verwirkung dieser Rechte ist ausgeschlossen. Ausschlussfristen für ihre Geltendmachung sind nur insoweit zulässig, als sie in einem Tarifvertrag oder einer Betriebsvereinbarung vereinbart werden; dasselbe gilt für die Abkürzung der Verjährungsfristen.

(5) Betriebsvereinbarungen können, soweit nichts anderes vereinbart ist, mit einer Frist von drei Monaten gekündigt werden.

(6) Nach Ablauf einer Betriebsvereinbarung gelten ihre Regelungen in Angelegenheiten, in denen ein Spruch der Einigungsstelle die Einigung zwischen Arbeitgeber und Betriebsrat ersetzen kann, weiter, bis sie durch eine andere Abmachung ersetzt werden.

---

1 *Fitting*, § 76a BetrVG Rz. 35; GK-BetrVG/*Kreutz*, § 76a Rz. 66. | 2 Schwab/Weth/*Kliemt*, ArbGG, Einigungsstellenverfahren, Rz. 412; *Fitting*, § 76a BetrVG Rz. 33. | 3 LAG Hess. v. 15.9.1992 – 4 TaBV 52/92, NZA 1994, 96. | 4 BAG v. 12.2.1992 – 7 ABR 20/91, NZA 1993, 605. | 5 LAG Bremen v. 5.2.1992 – 2 TaBV 27/91, AiB 1992, 647; *Fitting*, § 76a BetrVG Rz. 34. | 6 BAG v. 27.7.1994 – 7 ABR 10/93, DB 1995, 835 f. | 7 BAG v. 27.7.1994 – 7 ABR 10/93, DB 1995, 835 f. | 8 BAG v. 25.8.1983 – 6 ABR 52/80, DB 1984, 303; LAG Nds. v. 21.10.1981 – 4 TaBV 5/81, ZIP 1982, 488 zur alten KO. | 9 BAG v. 27.3.1979 – 6 ABR 39/76, AP Nr. 7 zu § 76 BetrVG 1972 zum alten Konkursrecht.

I. Die Betriebsvereinbarung. 1. Begriff und Rechtsnatur. Die BV ist ein privatrechtl. Normenvertrag[1] zwischen ArbGeb und BR im Rahmen der gesetzl. Aufgaben des BR für die von ihm repräsentierte Belegschaft (vgl. § 5 Rz. 2 ff., 45 ff.) zur Regelung von Rechten und Pflichten in Bezug auf Inhalt, Abschluss oder Beendigung von Arbeitsverhältnissen oder zur Klärung betrieblicher und betriebsverfassungsrechtl. Fragen[2]. Für den BR ist die BV das wohl wichtigste Mittel zur Wahrnehmung der Mitbest. 1

2. Rechtswirkungen der Betriebsvereinbarung. Normative Wirkung: Die BV hat normative Wirkung für die Arbeitsvertragsparteien (Abs. 4 S. 2); sie ist kein Vertrag zu Gunsten Dritter (§ 328 BGB)[3]. Im Gegensatz zur Regelungsabrede (vgl. Rz. 99 ff.) wirkt sie unmittelbar und zwingend und kann nicht durch Einzelabsprachen zum Nachteil der ArbN abbedungen werden, wenn die betriebl. Sozialpartner die Abweichung nicht ausdrücklich oder in Form einer Öffnungsklausel zugelassen haben[4]. Eingehend zum Verhältnis zwischen BV und Arbeitsvertrag vgl. Rz. 59 ff. Diese Wirkung ist auch dann gegeben, wenn sich die Betriebsparteien in mitbestimmungspflichtigen Angelegenheiten nicht einigen und die Einigung durch Spruch der Einigungsstelle ersetzt wird[5]. 2

Der ArbN kann während und nach Beendigung des Arbeitsverhältnisses nur mit Zustimmung des BR auf Ansprüche aus einer BV verzichten (Abs. 4 S. 2)[6], sofern die Vereinbarung nicht günstiger ist[7]. Dies gilt auch für Vereinbarungen in einem Vergleich[8]. Andernfalls ist der Verzicht nichtig (§ 134 BGB). Zulässig ist nur der Tatsachenvergleich, durch den ein Streit über die tatsächlichen Voraussetzungen eines Anspruchs durch gegenseitiges Nachgeben beseitigt wird[9]. Die Zustimmung des BR zu einem Verzicht kann formlos erfolgen, ist aber an einen ordnungsgemäßen Beschluss geknüpft und muss einzelfallbezogen erklärt werden. Entsprechend §§ 182 ff. BGB kann sie als Einwilligung oder Genehmigung 3

1 BAG v. 13.2.2007 – 1 AZR 184/06, NZA 2007, 825 (829); BVerfG v. 23.4.1986 – 2 BvR 487/80, DB 1987, 279; *Richardi*, Kollektivgewalt und Individualwille, S. 317. | 2 BAG v. 1.8.2001 – 4 AZR 82/00, NZA 2002, 41 (43); GK-BetrVG/*Kreutz*, § 77 Rz. 35 f.; HSWG/*Worzalla*, § 77 BetrVG Rz. 6; Richardi/*Richardi*, § 77 BetrVG Rz. 23 ff.; *Hromadka/Maschmann*, Rz. 354; abw. noch die Vereinbarungstheorie von *Jacobi*, Grundlehren des Arbeitsrechts S. 350 ff.; *Neumann-Duesberg*, RdA 1962, 404 (409 f.), bzw. die Satzungstheorie von *Herschel*, RdA 1948, 47 (49); *Bogs*, RdA 1956, 1 (5). | 3 BAG v. 13.2.2007 – 1 AZR 184/06, NZA 2007, 825 (829). | 4 GK-BetrVG/*Kreutz*, § 77 Rz. 229, 269; DKK/*Berg*, § 77 BetrVG Rz. 42. | 5 Richardi/*Richardi*, § 77 BetrVG Rz. 39. | 6 BAG v. 31.7.1996 – 10 AZR 138/96, BB 1997, 882 (883); DKK/*Berg*, § 77 BetrVG Rz. 43. | 7 BAG v. 30.3.2004 – 1 AZR 85/03, NZA 2004, 1183. | 8 DKK/*Berg*, § 77 BetrVG Rz. 43; Richardi/*Richardi*, § 77 BetrVG Rz. 168. | 9 Vgl. BAG v. 31.7.1996 – 10 AZR 138/96, DB 1997, 882 (883); vgl. auch für entsprechende tarifliche Ansprüche BAG v. 20.8.1980 – 5 AZR 955/78, DB 1981, 222 (223); v. 5.11.1997 – 4 AZR 682/95, DB 1998, 579.

erfolgen. Damit kann sie zwar auch mündlich oder durch konkludentes Verhalten erklärt werden[1]. Kein Verzicht liegt vor, wenn BR (nur) eine neutrale Haltung einnimmt bzw. schweigt[2].

4 Die Verwirkung von Ansprüchen aus einer BV ist ausgeschlossen. Denkbar ist aber, dass Ansprüche aus anderen Gründen nicht (mehr) geltend gemacht werden können[3]. Ausschlussfristen mit Wirkung für Ansprüche aus einer BV können – wie auch eine Verlängerung der Verjährungsfrist – nur durch TV oder BV vorgegeben werden[4]. Dabei müssen allerdings die allgemeinen Nichtigkeitsregelungen des BGB (insb. Sittenwidrigkeit) berücksichtigt werden. Der Umstand, dass unterschiedliche Fristen für die erste Stufe (Geltendmachung im Arbeitsverhältnis) und die zweiten Stufe (gerichtliche Geltendmachung) festgesetzt werden, begründet noch keine Unwirksamkeit. Dies gilt sogar bei Fristen von einem Monat[5]. §§ 305 ff. BGB gelten nicht (vgl. Rz. 21).

5 **Schuldrechtliche Wirkung:** Nach hM enthält die BV regelmäßig auch einen schuldrechtl. Teil, in dem über die bloße Wiedergabe der gesetzl. Verpflichtung zur Umsetzung der BV hinaus Vereinbarungen zwischen ArbGeb und BR über ihr Verhalten gegenüber der jeweils anderen Partei und/oder Dritten getroffen werden[6]. Beispiele: Pflicht zu Neuverhandlungen bei Kündigung, Einbeziehung einer Schlichtungsstelle bei Auslegungsschwierigkeiten, Verzicht auf alternative – in der BV nicht geregelte – Maßnahmen[7], Pflicht des ArbGeb zur Vereinbarung bestimmter Arbeitsbedingungen (hier: feste Arbeitszeiten statt KAPOVAZ) bei Neueinstellungen[8].

6 Auch ohne gesonderte Vereinbarung sind die Parteien der BV zu ihrer Durchführung verpflichtet (§ 77 I 1). In entsprechender Weise kann die Durchführung eines Einigungsstellenspruchs durchgesetzt werden, sobald die Frist zur Anfechtung abgelaufen ist[9]. Beide Seiten können deshalb bei einem Verstoß im Beschlussverfahren, ggf. im Wege der einstw. Verfügung, die Verurteilung zur Vornahme „pflichterfüllender" bzw. zum Unterlassen vereinbarungswidriger Handlungen geltend machen[10]. Der BR kann dies selbst dann, wenn sich der ArbGeb bereits länger vereinbarungswidrig verhält und der BR dies zunächst hingenommen hat[11]. Eine grobe Verletzung der Pflichten aus der BV ist entgegen § 23 III nicht erforderlich; BR tritt als Partei der BV auf[12]. Hinzu kommt, dass die Zusicherung des ArbGeb nach einer groben Pflichtverletzung, sich künftig vereinbarungsgetreu zu verhalten, die Wiederholungsgefahr nicht beseitigt[13]. Grobe Missachtung ist nur erforderlich, wenn im Betrieb vertretene Gewerkschaft den ArbGeb gem. § 23 III auf Erfüllung in Anspruch nimmt[14]. Voraussetzung für den Durchsetzungsanspruch ist indes eine normative Geltung der BV. Wenn sie zB nach Betriebsübergang gem. § 613a BGB nur noch als Bestandteil des Arbeitsvertrags zur Anwendung kommt und – falls Regelungen zum Nachteil des ArbN in Rede stehen – die 1-Jahres-Frist abgelaufen ist (vgl. Rz. 69, 72 ff.), kann sie durch eine andere Abmachung ersetzt werden. Die steht dann dem Durchführungsanspruch entgegen[15].

7 Ein Recht des BR zur eigenhändigen Durchsetzung einer BV besteht nicht (Abs. 1 S. 2); sie kann indes vereinbart werden[16]. Insbesondere kann der BR keine Weisungen gegenüber ArbN aussprechen; ein Widerruf von Anordnungen des ArbGeb ist unzulässig. Zuwiderhandlungen durch den BR oder einzelne Mitglieder können einen wichtigen Grund zur außerordentl. Kündigung der betroffenen Mitglieder darstellen, Schadensersatzansprüche begründen oder zu einer Auflösung des BR oder der Amtsenthebung einzelner Mitglieder führen[17]. Der BR kann aber die allgemeinen Vollzugs-, Informations- und Überwachungsrechte (zB § 80 I Nr. 1, II) geltend machen.

8 **3. Mitbestimmte/teilmitbestimmte und freiwillige Betriebsvereinbarung.** Insbesondere mit Blick auf die Frage ihrer Erzwingbarkeit, der Abgrenzung der Zuständigkeit zwischen BR, GBR und KBR (vgl. § 50 Rz. 2 ff., § 58 Rz. 2 ff.), ihre Kündigung und die Frage der Nachwirkung (vgl. Rz. 44) ist zwischen mitbestimmten, teilmitbestimmten und freiwilligen BV zu unterscheiden. BV, die in einer mitbestimmungspflichtigen Angelegenheit abgeschlossen werden, bei der die fehlende Einigung zwischen ArbGeb und BR durch Beschluss der Einigungsstelle ersetzt werden kann (erzwingbare BV), bezeichnet man als „mitbestimmte" BV[18]. Beispiel: BV nach §§ 87, 94 f., 97 II oder Sozialplan nach § 112. Nicht erzwingbare BV werden entsprechend als „freiwillige BV" bezeichnet. Beispiel: Vereinbarungen nach §§ 88, 92a. Teilmitbestimmte BV sind Vereinbarungen über Angelegenheiten, die zum Teil mitbestimmungspflichtig,

---

1 BAG v. 3.6.1997 – 3 AZR 25/96, NZA 1998, 382 (384). |**2** BAG v. 3.6.1997 – 3 AZR 25/96, NZA 1998, 382 (384). |**3** GK-BetrVG/*Kreutz*, § 77 Rz. 281 ff. |**4** BAG v. 9.4.1991 – 1 AZR 406/90, NZA 1991, 734 (735). |**5** Vgl. BAG v. 27.2.2002 – 9 AZR 543/00, BB 2002, 2285 ff. |**6** BAG v. 10.11.1987 – 1 ABR 55/86, NZA 1988, 255; v. 13.10.1987 – 1 ABR 51/86, NZA 1988, 253 (254); *Fitting*, § 77 BetrVG Rz. 50; Richardi/*Richardi*, § 77 BetrVG Rz. 59 ff.; abl. GK-BetrVG/*Kreutz*, § 77 Rz. 187; *Birk*, ZfA 1986, 73 (79), die in Abs. 4 S. 1 ein „stets und im Ganzen" hineinlesen. |**7** Vgl. BAG v. 10.11.1987 – 1 ABR 55/86, NZA 1988, 255. |**8** BAG v. 13.10.1987 – 1 ABR 51/86, NZA 1988, 253. |**9** Vgl. LAG Frankfurt v. 24.11.1987 – 5 Ta BV Ga 142/87, BB 1988, 1461. |**10** Vgl. BAG v. 18.4.1989 – 1 ABR 3/88, DB 1989, 1978 (1979); v. 29.4.2004 – 1 ABR 30/02, NZA 2004, 670 (674). |**11** LAG Frankfurt v. 12.7.1988 – 5 Ta BV Ga 89/88, AiB 1988, 288; LAG BW v. 11.7.2002 – 2 TaBV 2/01, BB 2002, 1751 ff. m. Anm. *Bayreuther*. |**12** BAG v. 23.6.1992 – 1 ABR 11/92, DB 1992, 2450 (2451). |**13** BAG v. 23.6.1992 – 1 ABR 11/92, DB 1992, 2450. |**14** BAG v. 29.4.2004 – 1 ABR 30/02, NZA 2004, 670 (678). |**15** Vgl. *Gaul, B.*, Betriebs- und Unternehmensspaltung, § 25 Rz. 246 f. |**16** BAG v. 24.4.1986 – 6 AZR 607/83, NZA 1987, 100: Führen einer Betriebskantine oder Organisation eines Betriebsausflugs. |**17** Ausf. Richardi/*Richardi*, § 77 BetrVG Rz. 10 ff. |**18** BAG v. 10.8.1994 – 10 ABR 61/93, DB 1995, 480.

zum Teil aber auch der Mitbest. des BR entzogen sind. Beispiel: BV über Sonderbonus, übertarifliche Zahlungen, Altersversorgung. Hier kann ArbGeb mitbestimmungsfrei über die Dotierung, den Zweck der Zuwendung und den Adressatenkreis entscheiden, während der BR nach § 87 I Nr. 10 im Hinblick auf die Verteilungsgrundsätze ein volles MitbestR hat (vgl. § 87 Rz. 178 ff.).

4. Kennzeichnung der Vereinbarung mit Arbeitsgruppe nach § 28a. Soweit § 77 auf Vereinbarungen entsprechende Anwendung findet, die zwischen ArbGeb und Arbeitsgruppe nach § 28a abgeschlossen werden, ist den Vereinbarungen – vergleichbar mit § 112 I 3, 4 – der Charakter einer BV zuzuerkennen[1]. Das Verhältnis zwischen BV und Vereinbarung nach § 28a entspricht also dem Verhältnis von BV zueinander (vgl. Rz. 54 ff.). Damit verdrängt die speziellere Vereinbarung nach § 28a die BV, soweit die Arbeitsgruppe durch die Rahmenvereinbarung zum Abschluss solcher Vereinbarungen berechtigt wird[2]. Durch BV kann eine vorangehende Vereinbarung nach § 28a geändert werden. Ein vorheriger Widerruf der Delegation[3] gilt mit Abschluss der nachfolgenden BV – auch ohne explizite Erwähnung – als konkludent erklärt[4]. Eine gekündigte Gruppenvereinbarung entfaltet Nachwirkung entsprechend § 77 VI; es kommt also auf die Art der Angelegenheit an[5]. 9

5. Zustandekommen von Betriebsvereinbarungen. Allgemeines: Soweit § 77 II 1 von einem gemeins. Beschluss von ArbGeb und BR spricht, ist das Zustandekommen der BV nicht an eine gemeins. Abstimmung geknüpft. Erforderlich sind aber zwei übereinstimmende Willenserklärungen beider Parteien, gerichtet auf den Abschluss einer BV. Der BR, vertreten nach § 26 II, äußert seinen Willen auf der Grundlage eines ordnungsgem. Beschlusses[6]. Ist der BR-Beschluss unwirksam (z. B. wegen fehlendem Tagesordnungspunkt auf Einladung zur BR-Sitzung)[7] oder überschreitet der Vorsitzende die ihm durch Beschluss eingeräumte Vertretungsmacht[8], ist die BV unwirksam. Sie kann aber nachträgl. genehmigt werden[9]. Dies gilt auch dann, wenn der ArbGeb keine Kenntnis von dem Fehler hatte. Die Bewertung der Rechtsfolgen eines fehlerhaften BR-Beschlusses im Rahmen von § 102 (vgl. § 102 Rz. 82) kann nach Maßgabe des BAG auf das Zustandekommen einer normativen Vereinbarung nicht übertragen werden. Dies erscheint indes zweifelhaft, gerade dann, wenn die Unwirksamkeit des Beschlusses Folge interner Fehler des Betriebsrats ist. So kann die fehlerhafte Einladung der Betriebsratsmitglieder zur Betriebsratssitzung, in der Abschluss der BV beschlossen wurde, die Unwirksamkeit einer BV zur Folge haben. Diese Unwirksamkeit kann – so das BAG – in den Grenzen der Verwirkung auch mehr als 15 Jahre danach geltend gemacht werden[10], was dem ArbGeb insbesondere im Bereich der betrieblichen Altersversorgung ganz erhebliche Risiken auferlegt, ohne dass er selbst die Fehler erkennen oder gar ausschließen kann. 10

Die Befugnis zum Abschluss von BV besteht auch während des Übergangs- und Restmandats nach §§ 21a, 21b. Im Rahmen ihrer Zuständigkeit können auch GBR oder KBR[11] sowie ArbN-Vertretungen nach § 3 I Nr. 1–3 BV abschließen. Zum Verhältnis dieser BV zueinander vgl. Rz. 58. Die ArbN-Vertreter nach § 3 I Nr. 4, 5, die Vertreter der Jugend und Auszubildenden, die Betriebsversammlung oder der SprAu leitender Angestellter können nicht Partei einer BV sein. ArbGeb und SprAu können allerdings die normative Wirkung einer Richtlinie vereinbaren[12]. Dieser Wille muss indes deutlich erkennbar sein; die bloße Beteiligung des SprAu an einer BV genügt nicht. 11

Der SprAu muss vor Abschluss von BV angehört werden (§ 2 I 2 SprAuG). Wirksamkeitsvoraussetzung ist dies nicht[13]. 12

Die Initiative zum Abschluss einer BV können ArbGeb und BR gleichermaßen ergreifen. Bei mitbestimmungspflichtigen Angelegenheiten kann eine Regelung, ggf. durch Spruch der Einigungsstelle, erzwungen werden[14]. Die darin liegende Einschränkung der unternehmerischen Entscheidungsfreiheit ist als verhältnismäßige Konsequenz der gesetzl. Anerkennung der Mitbest. hinzunehmen[15]. 13

Schriftform: Gemäß § 77 II bedarf die BV für ihr Wirksamwerden zwingend der Schriftform[16]. Textform (§ 126b BGB) genügt nicht; die elektronische Form nach § 126a II BGB dürfte wegen der fehlenden 14

1 Krit. *Richardi/Annuß*, DB 2001, 41 (44 Fn. 33; abl. DKK/*Wedde*, § 28a BetrVG Rz. 57; *Mallotke*, AiB 2001, 625 (628), die die Gruppenvereinbarung nachrangig zur BV einordnen. | 2 So auch *Neef*, NZA 2001, 361 (363); *Wendeling-Schröder*, NZA Sonderheft 2001, 29 (33); *Natzel*, DB 2001, 1362 (1363); *Fitting*, § 77 BetrVG § 28a Rz. 34; *Stege/Weinspach/Schiefer*, § 28a BetrVG Rz. 17; aA *Mallotke*, AiB 2001, 625 (627 f.), die das Günstigkeitsprinzip anwendet. | 3 So *Stege/Weinspach/Schiefer*, § 28a BetrVG Rz. 17; *Engels/Trebinger/Löhr-Steinhaus*, DB 2001, 532 (537). | 4 Ebenso Richardi/*Thüsing*, § 28a Rz. 28. | 5 *Neef*, NZA 2001, 361 (363); *Natzel*, DB 2001, 1362 (1363); aA DKK/*Wedde*, § 28a BetrVG Rz. 65. | 6 *Fitting*, § 77 BetrVG Rz. 18; DKK/*Berg*, § 77 BetrVG Rz. 29. | 7 BAG v. 24.5.2006 – 7 AZR 201/05, NZA 2006, 1364 (1365). | 8 BAG v. 15.12.1961 – 1 AZR 207/59, AP Nr. 1 zu § 615 BGB – Kurzarbeit; v. 24.2.2000 – 8 AZR 180/99, DB 2000, 1287. | 9 BAG v. 15.12.1961 – 1 AZR 207/59, AP Nr. 1 zu § 615 BGB – Kurzarbeit; v. 24.2.2000 – 8 AZR 180/99, DB 2000, 1287; LAG Nürnberg v. 23.9.1997 – 6 Sa 242/96, AiB 1998, 162; *Fitting* § 33 BetrVG Rz. 57. | 10 BAG v. 24.5.2006 – 7 AZR 201/05, NZA 2006, 1364 (1366). | 11 DKK/*Berg*, § 77 BetrVG Rz. 28; Richardi/*Richardi*, § 77 BetrVG Rz. 31; *Fitting*, § 77 BetrVG Rz. 18. | 12 GK-BetrVG/*Kreutz*, § 77 Rz. 39; *Fitting*, § 77 BetrVG Rz. 27; *Oetker*, ZfA 1990, 43, (83 ff.); DKK/*Berg*, § 77 BetrVG Rz. 28. | 13 *Fitting*, § 77 BetrVG Rz. 28; DKK/*Berg*, § 77 BetrVG Rz. 28. | 14 Vgl. BAG v. 4.3.1986 – 1 ABR 15/84, DB 1986, 1395. | 15 Vgl. BAG v. 4.3.1986 – 1 ABR 15/84, DB 1986, 1395 (1397). | 16 BAG v. 3.6.1997 – 3 AZR 25/96, NZA 1998, 382 (384); v. 11.11.1986 – 3 ABR 74/85, NZA 1987, 449.

technischen Voraussetzungen (qualifizierte elektronische Signatur von ArbGeb und BR) ohne Bedeutung sein[1]. ArbGeb und BR müssen eigenhändig auf derselben Urkunde unterzeichnen[2]. Der Austausch gleich lautender Urkunden ist abweichend von § 126 II 2 BGB unzureichend[3]. Damit genügt die Unterzeichnung einer Kopie eines BR-Beschlusses durch den ArbGeb selbst dann nicht, wenn alle BR-Mitglieder das Original unterzeichnet haben[4].

15 **Bezugnahme:** Abweichend von §§ 126, 766 BGB[5] brauchen Regelungen, auf die Bezug genommen wird, nicht ihrerseits in der BV wiederholt oder als Anlage beigefügt zu werden, wenn sie selbst schriftl. getroffen wurden. Beispiel: TV[6] oder bereits bekannt gegebene Gesamtzusage[7], Richtlinien und Erlasse[8]. In der BV muss in Bezug genommene Regelung aber so genau bezeichnet werden, dass Irrtümer über Art und Ausmaß der Bezugnahme ausgeschlossen sind. Beispiel: Verweisung auf Gesamtbetriebsvereinbarungen eines anderen Unternehmens, die die „betriebsspezifischen Belange des eigenen Betriebes ausreichend berücksichtigen", missachtet bereits das Schriftformerfordernis des § 77 II[9]. Zur dyn. Bezugnahme auf BV oder TV vgl. Rz. 53. Dies gilt auch für Anlagen, die nicht unterzeichnet werden müssen. Es genügt, wenn darauf in der BV Bezug genommen wird und die Einbeziehung auch äußerlich – etwa durch ein Zusammenheften – erkennbar wird[10]. Ohne feste körperliche Verbindung kann sich ihre Einbeziehung auch aus fortlaufender Paginierung, fortlaufender Nummerierung der einzelnen Vorschriften, einheitlicher grafischer Gestaltung, einheitlichem Textzusammenhang oder aus sonstigen vergleichbaren Merkmalen ergeben[11].

16 Wegen der normativen Wirkung muss der beiderseitige Wille, eine BV abzuschließen, in der Vereinbarung erkennbar werden. Daran fehlt es zB bei einem gemeins. unterzeichneten Rundschreiben[12] oder einer Kurzarbeitsanzeige[13], wobei die Möglichkeit der Umdeutung in eine Regelungsabrede bleibt (vgl. Rz. 90). Ein Sitzungs- bzw. Verhandlungsprotokoll kann BV sein, wenn die darin getroffene Vereinbarung von beiden Parteien beschlossen und schriftl. niedergelegt worden ist[14]. Wenn damit in einzelvertragl. Rechte der ArbN eingegriffen werden soll, muss dies aber deutlich erkennbar sein. Eine Protokollnotiz, die nur „beiläufig" entsprechende Ausführungen enthält, soll im Zweifel keine ablösende BV sein[15]. Ist eine Vereinbarung der betrieblichen Sozialpartner auch durch die Gewerkschaft unterzeichnet, liegt regelmäßig nur ein Firmen- oder HausTV vor, wenn die Vereinbarung andernfalls wegen Verstoßes gegen § 77 III unwirksam wäre[16].

17 Ein Anspruch auf Unterzeichnung einer BV besteht nicht, selbst wenn mündlich dem Verhandlungsergebnis zugestimmt wurde und eine entsprechende Beschlussfassung durch den BR erfolgt ist[17]. Die BV wird erst mit wechselseitiger Unterzeichnung wirksam. Die fehlende Zustimmung kann allenfalls nur durch Einigungsstellenspruch ersetzt werden.

18 **Sprache:** Die Sprache des Betriebsverfassungsrechts ist nicht notwendig Deutsch[18]; BV in anderen Sprachen (zB Englisch) sind wirksam. Allerdings kann aus § 75 ein Übersetzungsanspruch entstehen, wenn ein Teil der Mitarbeiter die Fremdsprache nicht beherrscht[19]. Eine Verpflichtung, eine BV aus der deutschen Sprache zu übersetzen, besteht indes auch nach Inkrafttreten des AGG nicht. Insbesondere fehlt eine § 2 V WO entsprechende Vorgabe in § 77 BetrVG.

19 **Bekanntgabe der BV:** Gemäß Abs. 2 S. 3 muss der ArbGeb die BV an geeigneter Stelle im Betrieb auslegen. Entgegen abweichender Stimmen[20] handelt es sich dabei nur um eine Ordnungsvorschrift. Ihre Beachtung ist keine Wirksamkeitsvoraussetzung[21]. Verstoß gegen die Auslegungspflicht begründet keinen Schadensersatzanspruch[22]. Dies gilt auch für den Bereich der Altersversorgung[23]. Andernfalls wäre es für ArbGeb möglich, einseitig das Wirksamwerden einer BV zu verhindern oder zu verzögern. Die ArbN-Interessen werden idR dadurch gewahrt, dass der ArbN – wenn auch im Arbeitsvertrag entgegen § 2 I 2 Nr. 10 bzw. III NachwG keine Bezugnahme auf die BV erfolgt ist – aus §§ 241 II, 280 I, II, 286, 611

---

1 Vgl. Richardi/*Richardi*, § 77 BetrVG Rz. 33, wonach die elektronische Form die Schriftform nicht ersetzen kann und auch § 126 III BGB keine Anwendung findet. | 2 BAG v. 11.11.1986 – 3 ABR 74/85, NZA 1987, 449. | 3 Richardi/*Richardi*, § 77 BetrVG Rz. 38. | 4 LAG Berlin v. 6.9.1991 – 2 Ta BV 3/91, DB 1991, 2593 (2593); HSWG/*Worzalla*, § 77 BetrVG Rz. 11. | 5 Vgl. nur BGH v. 13.11.1963 – V ZR 8/62, BGHZ 40, 255 (263). | 6 Vgl. BAG v. 27.3.1963 – 4 AZR 72/62, DB 1963, 902; v. 23.6.1992 – 1 ABR 9/92, NZA 1993, 229. | 7 BAG v. 3.6.1997 – 3 AZR 25/96, NZA 1997, 382 (383). | 8 BAG v. 2.2.1959 – 2 AZR 275/58, BAGE 7, 220 (221 f.); v. 23.9.1981 – 4 AZR 569/79, DB 1982, 608. | 9 BAG v. 22.8.2006 – 3 AZR 319/05, NZA 2007, 1187 (1189). | 10 BAG v. 11.11.1986 – 3 ABR 74/85, NZA 1987, 449. | 11 BGH v. 24.9.1997 – XII ZR 234/95, NJW 1998, 58; v. 7.5.1998 – 2 AZR 55/98 DB 1998, 1770; offenbar strenger BAG v. 6.12.2001 – 2 AZR 422/00, NZA 2002, 999. | 12 LAG Düsseldorf v. 3.2.1977 – 7 Sa 327/76, DB 1977, 1954. | 13 BAG v. 12.2.1991 – 2 AZR 415/90, DB 1991, 1990 (1991). | 14 BAG v. 20.12.1961 – 4 AZR 213/60, DB 1962, 409. | 15 BAG v. 9.12.1997 – 1 AZR 330/97, NZA 1998, 609 (611). | 16 BAG v. 7.11.2000 – 1 AZR 175/00, NZA 2001, 727 ff. | 17 LAG Berlin v. 6.9.1991 – 2 Ta BV 3/91, DB 1991, 2593. | 18 Vgl. LG Düsseldorf v. 16.3.1999 – 36 T 3/99, GmbHR 1999, 609. | 19 *Diller*, DB 2000, 718 (722). | 20 So *Zöllner/Loritz*, § 46 II 2; *Heinze*, NZA 1994, 580 (582); *Preis/Lindemann*, Anm. zu EuGH v. 8.2.2001 – Rs. C-350/99, EAS RL 91/533/EWG Art. 2 Nr. 2, 18. | 21 Vgl. für die entsprechende Auslegungspflicht bei Tarifverträgen: BAG v. 23.1.2002 – 4 AZR 56/01, NZA 800 (804); DKK/*Berg*, §§ 77 BetrVG Rz. 33; GK-BetrVG/*Kreutz*, § 77 Rz. 50 ff.; *Fitting*, § 77 BetrVG Rz. 25. | 22 BAG v. 23.1.2002 – 4 AZR 56/01, NZA 2002, 800 (805); aA *Kempen/Zachert*, TVG § 8 Rz. 6 ff.; *Löwisch/Rieble*, TVG § 8 Rz. 12 ff.; *Koch*, FS Schaub, S. 421 (430). | 23 Abw. *Fischer*, BB 2000, 354 (360 ff.).

BGB iVm. diesen Regeln des NachwG einen Anspruch auf Ersatz des ihm aus der Nichtbeachtung entstehenden Schadens hat[1]. Beispiel: Nichtbeachtung der in der BV festgelegten Ausschlussfrist[2]. Andernfalls würde ein Widerspruch zu §§ 305 II, 310 IV 2 BGB geschaffen. Danach ist der ArbGeb nicht verpflichtet, dem ArbN die Möglichkeit einer Kenntnisnahme der im Formulararbeitsvertrag in Bezug genommenen Regelungswerke zu verschaffen. Im Übrigen ist der BR berechtigt, selbst auf die BV hinzuweisen bzw. ihre Bekanntgabe vorzunehmen (vgl. § 80 I 1).

Die Auslegung muss allen ArbN ermöglichen, den Inhalt der BV ohne besondere Mühe zur Kenntnis zu nehmen. Dabei genügt es entsprechend § 8 TVG, wenn dem ArbN die Möglichkeit eines Einblicks verschafft wird. Ein „Aushändigen" ist nicht erforderlich[3]. Wenn alle ArbN über einen Bildschirm die Möglichkeit der Einsichtnahme besitzen, können BV auch in elektronischer Form im Intranet bekannt gegeben werden[4]. Dies kann auch durch allgemein zugängliche Terminals erfolgen. 20

AGB-Kontrolle von BV: BV sind von der AGB-Kontrolle im Arbeitsrecht[5] ausgeschlossen (§ 310 IV 1 BGB). Grundsätzlich erfolgt eine Inhaltskontrolle nach §§ 305 ff. BGB auch dann nicht, wenn die BV ihrem Wortlaut nach zum Inhalt des Arbeitsvertrags gemacht wird (§§ 307 III, 310 IV 3 BGB). Etwas anderes gilt allerdings dann, wenn im Formulararbeitsvertrag von einer BV abweichende Vereinbarungen getroffen werden oder wenn auf BV Bezug genommen wird, die ihrem Geltungsbereich nach das Arbeitsverhältnis eigentlich nicht erfassen. Beispiel: Bezugnahme auf BV einer anderen Konzerngesellschaft. Dies gilt erst recht, wenn nur auf einen Teil einer BV verwiesen wird. Da der in der BV insgesamt gefundene Interessenausgleich nicht übernommen wird, gibt es hier keine Vermutung der materiellen Richtigkeit. Bei einer Bezugnahme auf betriebsfremde Regelungswerke steht außerdem zu besorgen, dass die Interessen der betroffenen ArbN durch den anderen BR schon wegen der anderweitigen Zusammensetzung und der verschiedenen Verhandlungsstärke nicht angemessen berücksichtigt werden. Allerdings rechtfertigt dies nicht, die materielle Angemessenheit der in der BV geregelten Leistungen zu bewerten. Eine solche „Preiskontrolle" sollte durch §§ 310 IV, 307 III BGB nicht eröffnet werden. Andernfalls würde damit eine faktische Pflicht zur Umsetzung von BV auch außerhalb ihres Geltungsbereichs geschaffen; bei TV läge ein Eingriff in die negative Koalitionsfreiheit vor[6]. 21

6. Auslegung einer Betriebsvereinbarung. Die Auslegung der BV folgt den Grundsätzen der Gesetzesauslegung[7]. Das Gleiche gilt für den Spruch der Einigungsstelle[8]. Damit ist zunächst vom Wortlaut auszugehen, wobei der maßgebliche Sinn zu erforschen ist, ohne am Buchstaben zu haften. Der Wille der betriebl. Sozialpartner ist grds. nur insoweit zu berücksichtigen, als er in den Vorschriften seinen Niederschlag gefunden hat. Abzustellen ist stets auf Gesamtzusammenhang und Systematik der Regelung, weil diese dokumentierte Anhaltspunkte für den wirklichen Willen der Vertragsparteien enthalten und so Sinn und Zweck der Normen zutreffend ermittelt werden können. So können etwa Sitzungsniederschriften, Protokollnotizen oder gemeins. – auch nachträgliche – Erklärungen der Betriebsparteien von Bedeutung sein. Wenn der Wille der Parteien in einer Protokollnotiz erkennbar wird, hat er im Zweifel Vorrang vor einem hiervon abweichenden Wortlaut. Dies gilt umso mehr, wenn die BV von beiden Seiten entsprechend diesem Willen umgesetzt wurde. Ungeachtet dessen hat sich die Auslegung auch daran zu orientieren, ob ihr Ergebnis in sich verständlich und umsetzbar ist. Im Zweifel gebührt derjenigen Auslegung der Vorzug, welche zu einer vernünftigen, sachgerechten und praktisch brauchbaren Regelung führt[9]. Zu berücksichtigen ist, dass die Parteien im Zweifel Regelungen treffen wollen, die mit höherrangigem Recht in Einklang stehen. Hierzu gehört auch die aus Art. 189 EG folgende Pflicht, BV – soweit dies nach ihrem Wortlaut möglich ist – gemeinschaftskonform auszulegen, damit – sofern eine entsprechende Verbindlichkeit gegeben ist – die Vorgaben europäischer VO und Richtlinien umgesetzt werden[10]. Bleiben hiernach noch Zweifel, können die Gerichte für Arbeitssachen ohne Bindung an eine Reihenfolge weitere Kriterien (zB Entstehungsgeschichte oder praktische Übung) ergänzend hinzuziehen[11]. Für die Auslegung einer KonzernBV spielt die Vollzugspraxis eines einzelnen beherrschten Unternehmens indes keine Rolle[12]. 22

---

1 Vgl. BAG v. 30.9.1970 – 1 AZR 535/69, DB 1971, 101 (§ 70 II BAT); Richardi/*Richardi*, § 77 BetrVG Rz. 41 f.; ebenso ArbG Frankfurt/M v. 25.8.1999 – 2 Ca 477/99, DB 1999, 2316; *Fitting*, § 77 BetrVG Rz. 26. | 2 Vgl. für die entsprechende Pflicht bei TV BAG v. 17.4.2002 – 5 AZR 89/01, NZA 2002, 1096 (1098); BAG v. 29.5.2002 – 5 AZR 105/01, EzA § 2 NachwG Nr. 4 (5); aA *Weber*, NZA 2002, 641 (643): keine Anwendbarkeit der BV bei fehlendem Nachweis. | 3 Vgl. BAG 5.11.1963 – 5 AZR 136/63, DB 1964, 470; GK-BetrVG/*Kreutz*, § 77 Rz. 51; Richardi/*Richardi*, § 77 BetrVG Rz. 41; zweifelnd BAG v. 11.11.1998 – 5 AZR 63/98, NZA 1999, 605 (606); aA *Fitting*, § 77 BetrVG Rz. 25, die das tatsächliche Auslegen eines oder mehrerer Abschriften für notwendig halten. | 4 *Beckschulze/Henkel*, DB 2001, 1491 (1502). | 5 Hierzu *Henssler*, RdA 2002, 129 ff.; *Lingemann*, NZA 2002, 181 ff.; *Gotthardt*, ZIP 2002, 277 ff.; *Gaul, B.*, AktuellAR 2002, 43 ff., 359 ff. | 6 Ebenso *Hromadka*, NJW 2002, 2523 (2526 f.); aA *Däubler*, NZA 2001, 1329 (1334 f.); *Lakies*, NZA-RR 2002, 337 (343). | 7 BAG v. 13.12.2005 – 1 AZR 551/04, EzA § 112 BetrVG 2001 Nr 16; v. 19.6.2007 – 1 AZR 454/06, NZA 2007, 1184 (1185). | 8 BAG v. 24.1.2006 – 1 ABR 6/05, NZA 2006, 862 (867). | 9 BAG v. 24.1.2006 – 1 ABR 6/05, NZA 2006, 862 (868); BAG v. 13.2.2007 – 1 AZR 184/06, NZA 2007, 825 (828). | 10 Vgl. EuGH v. 14.7.1994 – Rs. C 91/92, NJW 1994, 2473 (2474); BAG v. 23.1.2002 – 4 AZR 56/01, NZA 2002, 800 (803). | 11 BAG v. 29.9.2004 – 1 AZR 634/03, EzA § 42 d EStG Nr. 2; v. 19.10.2005 – 7 AZR 32/05, NZA 2006, 393 (395); v. 13.12.2005 – 1 AZR 551/04, EzA § 112 BetrVG 2001 Nr 16. | 12 BAG v. 22.1.2002 – 3 AZR 554/00, NZA 2002, 1224 ff.

23 **7. Reichweite der Regelungskompetenz. Persönlich:** Die BV gilt grds. für alle ArbN iSd. BetrVG (vgl. § 5 Rz. 2, 45). Unter Beachtung des Gleichbehandlungsgrundsatzes (§ 75) kann der Geltungsbereich aber durch Vereinbarung auf bestimmte Betriebsabteilungen oder ArbN-Gruppen begrenzt werden[1]. Dabei spielt die Gewerkschaftszugehörigkeit der ArbN keine Rolle. Dies gilt auch bei einer BV zur Konkretisierung eines TV[2]. Neueinstellungen nach Abschluss der BV werden erfasst; Abweichendes kann vereinbart werden[3]. LeihArbN bleiben nach § 14 I AÜG auch während der Zeit ihrer Arbeitsleistung bei einem Entleiher Angehörige des entsendenden Betriebs des Verleihers. Soweit allerdings gleichwohl Mitbestimmungs- oder Mitwirkungsrechte des BR im Einsatzbetrieb gegeben sind (vgl. § 5 Rz. 12), ist auch der Abschluss einer BV möglich (zB Flexibilisierung der Arbeitszeit).

24 Ausgenommen sind die in § 5 II genannten Personen und leitende Angestellte iSd. § 5 III[4]; für diesen Personenkreis hat der BR keine Regelungskompetenz. Werden sie gleichwohl in den Geltungsbereich der BV einbezogen, entsteht keine normative Wirkung. Die Regelung kann insoweit aber als Vertrag zu Gunsten Dritter (§ 328 BGB) Ansprüche dieser Personen begründen[5]. Dass der BR nach BAG v. 9.12.1997[6] keine Befugnis hat, außerhalb von § 77 unmittelbar anspruchsbegründende Vereinbarungen abzuschließen, steht § 328 BGB nicht entgegen. Denn die Einschränkung betrifft nur ArbN iSd. § 5 I. Nur hier würde die Anerkennung eines Vertrags zu Gunsten Dritter auch zu einer Wirkungslosigkeit des in § 77 III vorgesehenen Tarifvorrangs führen. Bei den Personen iSd. § 5 II, III kommt dieser Vorbehalt ohnehin nicht zur Anwendung. Ein Anspruch auf Gleichbehandlung besteht indes nicht.

25 Ausgeschiedene ArbN werden vom Geltungsbereich einer BV grds. nicht erfasst. Hierzu gehören auch ArbN, die in einen anderen Betrieb versetzt werden[7]. Diesem Personenkreis fehlt das aktive und passive Wahlrecht, was an sich zur Legitimation des BR notwendig ist[8]. Eine erste Ausnahme betrifft Sozialpläne. Hier folgt bereits aus dem Restmandat (§ 21b), dass der BR Regelungen mit Wirkung für ausgeschiedene ArbN treffen kann[9]. Er ist auch berechtigt, in den Grenzen der Verhältnismäßigkeit und des Vertrauensschutzes Änderungen zu Gunsten oder zum Nachteil bereits ausgeschiedener ArbN in Bezug auf bereits abgeschlossene Regelungen vorzunehmen (vgl. § 112 Rz. 37)[10]. Andernfalls bestünde die Gefahr, dass notwendige Änderungen – ggf. sogar wegen Wegfalls der Geschäftsgrundlage – nur zu Lasten der noch verbliebenen ArbN, häufig also der älteren ArbN mit längerer Kündigungsfrist, vorgenommen würden[11]. Fällige Ansprüche und feste Anwartschaften können hiervon nicht generell ausgenommen werden[12].

26 Eine weitere Ausnahme betrifft Sozialleistungen, die ihrem Zweck nach auch nach Beendigung des Arbeitsverhältnisses gewährt werden[13]. Beispiel: Werkmietwohnungen, Personalrabatt, Deputate, Beihilfen, Übergangsgelder, betrAV (vgl. auch Vorb. BetrAVG Rz. 137 ff.). Entgegen einer häufig vertretenen Auffassung[14] kann der BR insoweit Änderungen mit Wirkung für ausgeschiedene ArbN vornehmen. Sie können auch ArbN betreffen, die mit einer unverfallbaren Anwartschaft ausgeschieden sind und/oder bereits Altersversorgung beziehen[15]. Folgerichtig können Änderungen des Versorgungsniveaus, sofern die allgemeinen Schranken für die Änderung von BV im Bereich der betrAV berücksichtigt werden (vgl. Rz. 55), mit Wirkung für die aktive Belegschaft und die bereits ausgeschiedenen ArbN gleichermaßen vorgenommen werden. Dabei können die Regelungen einer BV über die Anpassung laufender Betriebsrenten bereits aus sachlichen Gründen geändert werden[16]. Eine Störung der Geschäftsgrundlage (§ 313 BGB), wie dies in BAG v. 9.7.1985[17] der Fall war, ist nicht erforderlich.

27 **Räumlicher Geltungsbereich:** Die BV gilt grds. für den gesamten Betrieb oder selbständigen Betriebsteil iSd. §§ 1, 4, die betriebsverfassungsrechtl. Organisationseinheit nach § 3 I Nr. 1–3 und Betriebe, für

1 BAG v. 1.2.1957 – 1 AZR 195/55, BB 1957, 294; *Fitting*, § 77 BetrVG Rz. 35; DKK/*Berg*, § 77 BetrVG Rz. 35. | 2 GK-BetrVG/*Kreutz*, § 77 Rz. 172; *Fitting*, § 77 BetrVG Rz. 35. | 3 BAG v. 5.9.1960 – 1 AZR 509/57, DB 1960, 1309; DKK/*Berg*, § 77 BetrVG Rz. 35; *Fitting*, § 77 BetrVG Rz. 35. | 4 BAG v. 31.1.1979 – 5 AZR 454/77, DB 1979, 1039; DKK/*Berg*, § 77 BetrVG Rz. 35; Richardi/*Richardi*, § 77 BetrVG Rz. 73; *Fitting*, § 77 BetrVG Rz. 36. | 5 Vgl. BAG v. 31.1.1979 – 5 AZR 454/77, DB 1979, 1039; ähnlich *Hanau*, RdA 1979, 324 (329) im Rahmen der Folgen wegen Handelns als Vertreter ohne Vertretungsmacht; abl. Richardi/*Richardi*, § 77 BetrVG Rz. 73; HSWG/*Worzalla*, § 77 BetrVG Rz. 33; *Fitting*, § 77 BetrVG Rz. 36; GK-BetrVG/*Kreutz*, § 77 BetrVG Rz. 175: Angebot zum Abschluss einer einzelvertraglichen Vereinbarung. | 6 BAG v. 9.12.1977 – 1 AZR 319/97, NZA 1998, 661 (663). | 7 BAG v. 28.6.2005 – 1 AZR 213/04, AP § 77 BetrVG 1972 – Betriebliche Altersversorgung Nr. 25; WP/*Preis*, § 77 Rz. 17. | 8 BAG v. 16.3.1956 – GS 1/55, NJW 1956, 1086; v. 13.5.1997 – 1 AZR 75/97, NZA 1998, 160; v. 5.10.2000 – 1 AZR 48/00, NZA 2001, 849 (851). | 9 BAG v. 5.10.2000 – 1 AZR 48/00, NZA 2001, 849 (851); v. 10.8.1994 – 10 ABR 61/93, NZA 1995, 314. | 10 BAG v. 10.8.1994 – 10 ABR 61/93, NZA 1995, 314 (318); v. 5.10.2000 – 1 AZR 48/00, NZA 2001, 849 (852); GK-BetrVG/*Kreutz*, § 77 Rz. 179. | 11 Vgl. BAG v. 10.8.1994 – 10 ABR 61/93, NZA 1995, 314 (319). | 12 Vgl. BAG v. 14.8.2001 – 1 ABR 52/00, BB 2002, 48 (49); anders noch BAG v. 16.3.1956 – GS 1/53, NJW, 1086 für Ruhegeldleistung. Bestätigt durch BAG v. 10.3.1992 – 3 ABR 54/91, NZA 1993, 234; v. 13.5.1997 – 1 AZR 75/97, NZA 1998, 160 (162); *Fitting*, § 77 BetrVG Rz. 59; DKK/*Berg*, § 77 BetrVG Rz. 39; ErfK/*Kania*, § 77 BetrVG Rz. 34. | 13 *Fitting*, § 77 BetrVG Rz. 38 f.; GK-BetrVG/*Kreutz*, § 77 Rz. 184. | 14 So BAG v. 16.3.1956 – GS 1/55, NJW 1956, 1086; v. 10.11.1977 – 3 AZR 705/76, DB 1978, 939; v. 25.10.1988 – 3 AZR 483/86, NZA 1989, 522 (523); v. 13.5.1997 – 1 AZR 75/97, NZA 1998, 160; Richardi/*Richardi*, § 77 BetrVG Rz. 75 ff. | 15 BAG v. 25.7.2000 – 3 AZR 676/99, EZA § 1 BetrAVG – Ablösung Nr. 25 S. 10 ff.; v. 18.2.2003 – 3 AZR 81/02, EzA § 1 BetrAVG Ablösung Nr. 35 S. 8 ff.; vgl. noch HSWG/*Worzalla*, § 77 BetrVG Rz. 28 ff. | 16 BAG v. 16.7.1996 – 3 AZR 398/95, DB 1997, 631. | 17 BAG v. 9.7.1985 – 3 ABR 546/82, NZA 1986, 517.

die unter Verkennung des Betriebsbegriffs eine BR-Wahl durchgeführt worden ist. Die letztgenannte Einheit wird – ggf. bis zum rechtskräftigen Abschluss einer erfolgreichen Anfechtung der BR-Wahl – wie ein Betrieb iSd. § 1 behandelt[1]. Allerdings können in den Grenzen des Gleichbehandlungsgrundsatzes (§ 75) innerhalb des Betriebs einzelne Betriebsteile oder Funktionsgruppen ausgegrenzt werden. Ein räumlich weit entfernter Betriebsteil, der nach § 4 I 1 Nr. 1 als selbständiger Betrieb gilt (vgl. § 4 Rz. 6), wird nicht erfasst[2]. Die im gemeins. Betrieb mehrerer Unternehmen (vgl. § 1 Rz. 16) abgeschlossene BV ist im Zweifel dahin auszulegen, dass die ArbN nur ihren VertragsArbGeb, nicht dagegen alle Unternehmen, die den Gemeinschaftsbetrieb geführt haben, gesamtschuldnerisch in Anspruch nehmen können[3]. Entsprechendes gilt, wenn eine BV für eine betriebsverfassungsrechtl. Organisationseinheit iSd. § 3 abgeschlossen wurde, an der mehrere Unternehmen beteiligt sind.

Der räumliche Geltungsbereich von Gesamt- oder KonzernBV hängt vom Regelungsgegenstand ab. 28
Wird die ArbN-Vertretung im Rahmen der originären Zuständigkeit tätig (§§ 50 I, 58 I), werden idR alle Betriebe bzw. Unternehmen erfasst. Abweichendes kann sich aus dem Zweck ergeben oder vereinbart werden. Wenn GBR oder KBR nach Delegation gem. §§ 50 II, 58 II tätig werden, bestimmt sich räumlicher Geltungsbereich nach Zuständigkeit des vertretenen BR oder GBR.

ArbN, die außerhalb eines Betriebs tätig sind, werden erfasst, wenn Betriebszugehörigkeit gegeben ist. 29
Grundsätzlich gehören hierzu auch ArbN im Außendienst oder in Telearbeit (vgl. § 5 Rz. 13, 36), sofern der Einsatzort kein selbständiger Betriebsteil iSd. § 4 I 1 ist. Dabei werden auch ArbN im Ausland erfasst, sofern eine arbeitsvertragl. Bindung zum Inland besteht und – vor allem bei nur vorübergehender Entsendung – (weiterhin) eine tatsächliche Eingliederung in die inländische Betriebsorganisation gegeben ist. Dies kann auch dann der Fall sein, wenn der Einsatz dauerhaft im Ausland erfolgt (vgl. § 5 Rz. 14). Beispiel: Reiseleiterin im Ausland[4].

Zeitlicher Geltungsbereich: Vorbehaltlich abweichender Vereinbarung tritt die BV mit Abschluss, also 30
mit der letzten notwendigen Unterschrift, in Kraft[5]. Alternativ kann das Wirksamwerden an einen bestimmten Zeitpunkt oder den Eintritt einer vor allem für die ArbN klar erkennbaren Bedingung geknüpft werden[6].

Auch ein rückwirkendes Inkraftsetzen ist möglich[7], soweit dies nicht aus tatsächlichen Gründen – wie 31
zB bei Verhaltens- und Ordnungsregeln sowie Abschlussnormen – ausgeschlossen ist. Im Gegensatz zu Inhaltsnormen, die Rechte und Pflichten für das bestehende Arbeitsverhältnis regeln (Bsp.: Arbeitszeit, Entgelt)[8], und Beendigungsnormen, die das „Ob" und „Wie" der Beendigung des Arbeitsverhältnisses zum Inhalt haben (Bsp.: Sonderkündigungsschutz)[9], regeln Abschlussnormen das Zustandekommen, die Wiederaufnahme oder die Fortsetzung von Arbeitsverhältnissen bzw. einzelner Änderungen des Arbeitsvertrags (Bsp.: Vorgaben zur Befristung, Anspruch auf Teilzeitbeschäftigung)[10]. Keine Einschränkung gilt, wenn für die betroffenen ArbN günstigere Regelungen getroffen werden[11]. Bei einer Verschlechterung müssen die allgemeinen Grundsätze über die Wirksamkeit abändernder BV (vgl. Rz. 54) sowie der Grundsatz des Vertrauensschutzes und der Verhältnismäßigkeit beachtet werden[12]. Eine belastende Rückwirkung setzt deshalb voraus, dass die bisherige Rechtslage unklar war und die Betroffenen damit rechnen und sich darauf einstellen konnten oder aber dass eine Anpassung wegen Störung der Geschäftsgrundlage (§ 313 BGB) erforderlich ist[13]. Diese Voraussetzung ist erfüllt, wenn die Vereinbarung – auch nach längeren Verhandlungen – eine zuvor gekündigte BV (rückwirkend) zum Ablauf der Kündigungsfrist ersetzen soll[14]. Unerheblich ist, ob die Neuregelung einvernehmlich oder durch Spruch der Einigungsstelle zu Stande kommt[15]. Allerdings muss die Rückwirkung in der BV deutlich zum Ausdruck kommen; im Zweifelsfall gilt dies als nicht gewollt[16].

Sachlicher Geltungsbereich: Den betriebl. Sozialpartnern kommt eine umfassende Regelungskompe- 32
tenz zu. In den Grenzen des Tarifvorrangs aus § 77 III bzw. des Tarifvorbehalts aus § 87 I (vgl. Rz. 48 ff.) können alle tarifvertragl. regelbaren Angelegenheiten Gegenstand einer BV sein[17]. Hierzu gehören Abschluss-, Inhalts- und Beendigungsnormen (zur Begrifflichkeit vgl. Rz. 31 sowie § 1 TVG Rz. 45 ff.). Daraus folgt nicht nur die Befugnis zum Abschluss von BV im Rahmen der gesetzl. Zuständigkeit des BR.

---

1 BAG v. 27.6.1995 – 1 ABR 62/94, EzA § 111 BetrVG 1972 Nr. 31 (S. 3); v. 19.1.1999 – 1 AZR 342/98, EzA § 113 BetrVG 1972 Nr. 28 (S. 11). | 2 BAG v. 19.2.2002 – 1 ABR 26/01, AP § 4 BetrVG 1972 Nr. 13. | 3 Vgl. für Sozialplan im Konkurs BAG v. 12.12.2002 – 1 AZR 632/01, NZA 2003, 676 ff.; *Gaul, B.*, NZA 2003, 695 (700 f.). | 4 BAG v. 7.12.1989 – 2 AZR 228/98, NZA 1990, 658; vgl. auch LAG München v. 13.4.2000 – 2 Sa 886/99, NZA-RR 2000, 425 f. | 5 *Fitting*, § 77 BetrVG Rz. 40. | 6 BAG v. 15.1.2002 – 1 AZR 165/01, EzA § 614 BGB Nr. 1 (S. 10); LAG Rh.-Pf. v. 4.10.1999 – 7 Sa 821/99, NZA-RR 2001, 89. | 7 BAG v. 8.3.1977 – 1 ABR 33/75, DB 1977, 1464; v. 19.9.1995 – 1 AZR 208/95, NZA 1996, 386; Richardi/*Richardi*, § 77 BetrVG Rz. 128 ff.; *Fitting*, § 77 BetrVG Rz. 41; abl. GK-BetrVG/*Kreutz*, § 77 Rz. 195. | 8 Vgl. Wiedemann/*Wiedemann*, § 1 TVG Rz. 409 ff. | 9 *Löwisch/Rieble*, § 1 TVG Rz. 73 f. | 10 Wiedemann/*Wiedemann*, § 1 TVG Rz. 601. | 11 BAG v. 6.3.1984 – 3 AZR 82/82, 1984, 356. | 12 BAG v. 19.9.1995 – 1 AZR 208/95, NZA 1996, 386; *Fitting*, § 77 BetrVG Rz. 43, Richardi/*Richardi*, § 77 BetrVG Rz. 130. | 13 BAG v. 19.9.1995 – 1 AZR 208/95, NZA 1996, 386; v. 5.10.2000 – 1 AZR 48/00, NZA 2001, 849 (852) mwN. | 14 BAG v. 8.3.1977 – 1 ABR 33/75, DB 1977, 1464. | 15 BAG v. 19.9.1995 – 1 AZR 208/95, NZA 1996, 386. | 16 BAG v. 19.9.1995 – 1 AZR 208/95, NZA 1996, 386. | 17 BAG v. 7.11.1989 – GS 3/85, NZA 1990, 816 (818).

Durch BV können auch zusätzliche Pflichten des ArbGeb oder Beteiligungsrechte des BR begründet werden. Beispiel: Entscheidungsbefugnis der Einigungsstelle in freiwilligen Angelegenheiten[1]. Insofern besteht eine unbeschränkte Zuständigkeit in Bezug auf alle sozialen, personellen und wirtschaftl. Angelegenheiten, die Arbeitsbedingungen im weitesten Sinne betreffen[2]. Zusätzliche Pflichten der ArbN-Seite ohne Bezug zur Abwicklung des Arbeitsverhältnisses können durch BV indes nicht begründet werden. Der BR ist nur in betriebsverfassungsrechtl. Angelegenheiten zur Vertretung berechtigt. Regelungen in Bezug auf außerdienstl. Verhalten der ArbN sind deshalb im Zweifel unzulässig[3].

33 Durch BV kann dem ArbGeb oder einer – meist paritätisch besetzten – Kommission die Befugnis zur einseitigen Gestaltung mitbestimmungspflichtiger Angelegenheiten in der Zukunft eingeräumt werden. Beispiel: Härtefallregelung im Sozialplan, Festsetzung der Jahresboni für Angestellte. Voraussetzung ist aber, dass darin kein unzulässiger Verzicht, sondern die Wahrnehmung des MitbestR zu sehen ist. Insofern müssen im Rahmen der Übertragung bereits konkrete Handlungsvorgaben und -schranken geschaffen werden. Die Substanz des MitbestR für die Zukunft darf nicht gefährdet sein[4]. Auch in zeitlicher Hinsicht muss flexibel auf Veränderungen und ggf. Missbrauch reagiert werden können; Laufzeiten von mehr als zwei Jahren oder über das Gesetz hinausgehende Kündigungsfristen dürften problematisch sein. Das Gesetz verlangt nicht, dass zu jeder einzelnen mitbestimmungspflichtigen Anordnung jeweils die Zustimmung des BR eingeholt wird, wenn dieser seine Zustimmung – etwa für immer wieder auftretende Überstunden in Eil- oder Notfällen – im Voraus erteilt hat[5]. Insofern kann auf die Schranken einer Bezugnahme auf TV verwiesen werden (vgl. Rz. 53).

34 **8. Kündigung einer Betriebsvereinbarung.** BV sind nach Abs. 5 kündbar. Dies gilt auch, wenn sie auf einen Einigungsstellenspruch zurückgehen[6]. Ohne anderweitige Vereinbarung bedarf die Kündigung keiner Rechtfertigung[7]; Schriftform nach Abs. 2 ist nicht erforderlich[8]. Ein Vorrang der Änderungskündigung zur Vermeidung einer Beendigungskündigung besteht nicht[9]. Mit den Regelungen zur Kündigung und Nachwirkung (Abs. 5, 6) hat das BetrVG eigenständige Regelungen zum Schutz anspruchsberechtigter ArbN getroffen[10]. Dies gilt auch bei betrAV (vgl. Vorb. BetrAVG Rz. 146 ff.)[11]. ArbGeb ist nicht verpflichtet, im Rahmen der Kündigungserklärung die Kündigungsfrist zu berechnen und BR mitzuteilen. Soweit er dies tut, die Frist aber falsch berechnet, bleibt Kündigung wirksam. Bei zu kurz bemessener Frist gilt die Kündigung als zum nächst möglichen Termin erklärt[12].

35 Die Betriebsparteien können eine ordentl. Kündigung ausschließen. Eine solche Vereinbarung muss allerdings hinreichend erkennbar sein[13]. Beim Sozialplan ist ordentl. Kündigung ohne entsprechende Vereinbarung ausgeschlossen. Schließlich wäre der Zweck des Sozialplans[14] gefährdet, weil die Betriebsänderung, nachdem Interessenausgleichsverhandlungen im Zweifel abgeschlossen sind, sonst ohne Vereinbarung über Ausgleich oder Milderung der Nachteile umgesetzt würde[15].

36 Grundsätzlich sind BV aus wichtigem Grund (§§ 314, 626 BGB) außerordentl. kündbar[16]. Man wird aber differenzieren müssen: Regelt die BV ein einmaliges Austauschverhältnis, ist die außerordentl. Kündigung ausgeschlossen[17]. Beispiel: Arbeitszeit an Heiligabend; Abfindung wegen Entlassung im Rahmen einer bestimmten Betriebsänderung. Die Grundsätze zur Störung der Geschäftsgrundlage (vgl. Rz. 43) bleiben hiervon unberührt[18]. Regelt die BV ein Dauerschuldverhältnis, ist die außerordentl. Kündigung denkbar. Beispiel: betrAV, Dienstwagengestellung. Ein wichtiger Grund liegt entsprechend §§ 314, 626 BGB vor, wenn dem Kündigenden unter Berücksichtigung aller Umstände des Einzelfalls und unter Abwägung der beiderseitigen Interessen die Fortsetzung des Vertragsverhältnisses bis zur vereinbarten Beendigung oder bis zum Ablauf einer Frist für die ordentl. Kündigung nicht zuzumuten ist[19]. Bei Pflichtverletzungen liegt ein wichtiger Grund aber grds. erst nach erfolglosem Ablauf einer zur Abhilfe bestimmten Frist oder einer erfolglosen (betriebsverfassungsrechtl.) Abmahnung der anderen Seite vor.

---

1 BAG v. 13.7.1962 – 1 ABR 2/61, DB 1962, 1473. | 2 BAG v. 16.3.1956 – GS 1/55, NJW 1956, 1086; v. 25.3.1971 – 2 AZR 185/70, DB 1971, 1113; v. 7.11.1989 – GS 3/85, NZA 1990, 816; ErfK/*Kania*, § 77 BetrVG Rz. 36; *Fitting*, § 77 BetrVG Rz. 45 ff.; abl. Richardi/*Richardi*, § 77 BetrVG Rz. 66. | 3 BAG v. 1.12.1992 – 1 AZR 260/92, DB 1993, 990; v. 19.1.1999 – 1 AZR 499/98, NZA 1999, 546; *Lansnicker/Schwirtzek*, DB 2001, 865 (868). | 4 BAG v. 28.4.1992 – 1 ABR 68/91, NZA 1993, 31 (35); v. 3.6.2003 – 1 AZR 349/02, NZA 2003, 1155 (1158 f.); *Joussen*, RdA 2005, 31 (38). | 5 BAG v. 3.6.2003 – 1 AZR 349/02, NZA 2003, 1155 (1159). | 6 GK-BetrVG/*Kreutz*, § 77 Rz. 360; HSWG/*Worzalla*, § 77 BetrVG Rz. 206; DKK/*Berg*, § 77 BetrVG Rz. 55. | 7 BAG 19.9.2006 – 1 ABR 58/05, AP Nr 29 zu § 77 BetrVG 1972 – Betriebsvereinbarung; v. 23.5.2007 – 10 AZR 295/06, NZA 2007, 940 (943). | 8 HSWG/*Worzalla*, § 77 BetrVG Rz. 218; *Fitting*, § 77 BetrVG Rz. 157. | 9 BAG v. 10.3.1992 – 3 ABR 54/91, NZA 1993, 234; v. 26.10.1993 – 1 AZR 46/93, NZA 1994, 572 (573). | 10 BAG v. 26.10.1993 – 1 AZR 46/93, NZA 1994, 572 (573); v. 17.8.1999 – 3 ABR 55/98, NZA 2000, 498 (500). | 11 BAG v. 21.8.2001 – 3 ABR 44/00, NZA 2002, 575; BAG v. 19.9.2006 – 1 ABR 58/05; AP Nr 29 zu § 77 BetrVG 1972 Betriebsvereinbarung | 12 LAG Sachsen v. 25.4.2001 – 3 Sa 493/00, nv. | 13 BAG v. 17.1.1995 – 1 ABR 29/94, NZA 1995, 1010 (1011); v. 21.8.2001 – 3 ABR 44/00, NZA 2002, 575 (577). | 14 Vgl. BAG v. 14.8.2001 – 1 AZR 760/00, DB 2002, 153 (154). | 15 BAG v. 10.8.1994 – 10 ABR 61/93, NZA 1995, 314 (316). | 16 Vgl. BAG v. 28.4.1992 – 1 ABR 68/91, NZA 1993, 31 (35); v. 17.1.1995 – 1 ABR 29/24, NZA 1995, 1010 (1011); *Löwisch/Kaiser*, § 77 BetrVG Rz. 38; Richardi/*Richardi*, § 77 BetrVG Rz. 202; GK-BetrVG/*Kreutz*, § 77 Rz. 366; DKK/*Berg*, § 77 BetrVG Rz. 54. | 17 Vgl. BAG v. 10.8.1994 – 10 ABR 61/93, NZA 1995, 314 (317); aA HSWG/*Worzalla*, § 77 BetrVG Rz. 215 ff. | 18 Vgl. BAG v. 28.8.1996 – 10 AZR 886/95, NZA 1997, 109; *Hromadka/Maschmann*, § 16 Rz. 406. | 19 Vgl. BAG v. 28.4.1992 – 1 ABR 68/91, NZA 1993, 31 (35).

Die Abmahnung ist entbehrlich, wenn die Pflichterfüllung ernsthaft und endgültig verweigert wird. Außerdem muss die Kündigung in angemessener Frist (idR 2 Wochen) nach Kenntnis des Berechtigten vom Kündigungsgrund erklärt werden.

Die Kündigung eröffnet keine weiter gehendere Einwirkungsmöglichkeit als der Abschluss einer Aufhebungs- oder Änderungsvereinbarung[1]. Darüber hinaus kann die Wirkung einer Kündigung durch die Grundsätze des Vertrauensschutzes und der Verhältnismäßigkeit begrenzt sein[2]. Je stärker mit der Kündigung in bereits erworbenen Besitzstand oder bestehende Erwerbschancen eingegriffen wird, umso gewichtigere Gründe müssen durch ArbGeb geltend gemacht werden[3]. Dies gilt insb. bei betrAV (vgl. Vorb. BetrAVG Rz. 146 ff.). 37

Die Teilkündigung einer BV kann vereinbart werden. Ohne Vereinbarung ist sie zulässig, wenn sie sich auf einen selbständigen und abgrenzbaren Teil der BV bezieht, dessen Kündigung den verbleibenden Teil als eigenständig handhabbare Regelung bestehen lässt[4]. 38

9. Sonstige Beendigungsgründe. Anstatt durch Kündigung kann eine BV kraft Vereinbarung durch Zeitablauf (Befristung) bzw. Zweckerfüllung oder -verfehlung (auflösende Bedingung) enden[5]. Sie kann auch durch Aufhebungsvertrag beendet werden; Schriftform ist hierfür – wie bei der Kündigung (vgl. Rz. 34) – nicht erforderlich[6]. Demzufolge ist auch Ablösung oder Aufhebung durch (formlose) Regelungsabrede möglich, wenn der Wille einer solchen Aufhebung in der Regelungsabrede zum Ausdruck gebracht wird[7]. Da eine Neuregelung nicht zwingend normativen Charakter haben muss, steht der Grundsatz „lex posterior derogat legi priori" einer solchen Ablösung nicht entgegen[8]. Zur Ablösung einer BV durch BV vgl. Rz. 54. 39

Eine BV endet auch dann, wenn nachträglich der Tarifvorrang bzw. -vorbehalt aus § 77 III (vgl. Rz. 48) oder § 87 I Einleitungssatz (vgl. § 87 Rz. 51) zur Anwendung kommt. Die Unwirksamkeit tritt sofort ein. Die Verlängerung einer BV kann durch TV indes nicht bestimmt werden. 40

Die Insolvenz oder der Tod des Betriebsinhabers haben keinen Einfluss auf die BV[9]. Wegen einer Betriebsspaltung, eines Betriebsübergangs oder einer Umwandlung vgl. Rz. 69 ff., 85. 41

Endet die Amtszeit des BR, hat dies für Wirksamkeit der BV keine Bedeutung. Beispiel: erfolgreiche Anfechtung der BR-Wahl[10], gerichtl. Auflösung oder Rücktritt der BR-Mitglieder, Ablauf, Übergangs- oder Restmandat iSd. §§ 21a, 21b. Sie gilt kollektivrechtl. auch dann fort, wenn kein neuer BR gewählt wird. Der ArbGeb ist in diesem Fall zur Kündigung gem. § 77 V durch Erklärung gegenüber den betroffenen ArbN berechtigt[11]. §§ 1, 2 KSchG finden auf die darin liegende Teilkündigung keine Anwendung. Allerdings kann eine Nachwirkung gem. § 77 VI eintreten. War die BR-Wahl nichtig, folgt daraus indes auch die Nichtigkeit der mit diesem „Betriebsrat" abgeschlossen BV. Wenn der ArbGeb in der Zwischenzeit Leistungen in dem Glauben an die Wirksamkeit der BV erbracht hat, schließt das eine betriebl. Übung aus. 42

10. Wegfall der Geschäftsgrundlage. Entsprechend § 313 BGB kann jede Partei die Anpassung einer BV verlangen, wenn sich die Umstände, die zur Grundlage der BV gemacht wurden, nach Vertragsschluss schwerwiegend verändert haben und die Parteien die Vereinbarung nicht oder mit anderem Inhalt geschlossen hätten, wenn sie diese Veränderung vorausgesehen hätten, soweit einem Teil unter Berücksichtigung aller Umstände des Einzelfalls, insb. der vertragl. oder gesetzl. Risikoverteilung, das Festhalten am unveränderten Vertrag nicht zugemutet werden kann. Einer Veränderung der Umstände steht es gleich, wenn wesentliche Vorstellungen, die zur Grundlage der BV geworden sind, sich als falsch herausstellen. Beispiel: Annahme eines völlig überhöhten Sozialplanvolumens – ca. 66 statt ca. 35 Millionen DM[12]. Die Anpassung kann mit einem Eingriff in bereits entstandene Ansprüche verbunden sein. Da die Betroffenen auf den Bestand dieser Ansprüche ebenso wenig vertrauen können, als wenn der Sozialplan von Anfang an nichtig ist oder wegen Ermessensüberschreitung der Einigungsstelle für unwirksam erklärt wird, steht der Vertrauensgrundsatz der Änderung nicht entgegen[13]. Ist in mitbestimmungsfreien Angelegenheiten eine Anpassung nicht möglich oder nicht zumutbar, kann die BV entsprechend §§ 313 III BGB, 77 V gekündigt werden. Kommt in mitbestimmungspflichtigen Angelegenheiten eine Einigung über die Anpassung nicht zu Stande, entscheidet die Einigungsstelle verbindlich[14]. 43

---

1 BAG v. 21.8.2001 – 3 ABR 44/00, NZA 2002, 575 (578). |2 BAG v. 11.5.1999 – 3 AZR 21/98, NZA 2000, 322. |3 BAG v. 26.10.1993 – 1 AZR 46/93, NZA 1994, 572 (573); v. 11.5.1999 – 3 AZR 21/98, NZA 2000, 322. |4 Vgl. BAG v. 17.4.1959 – 1 AZR 83/58, DB 1959, 768; v. 29.5.1964 – 1 AZR 281/63, DB 1964, 1342; DKK/*Berg*, § 77 BetrVG Rz. 55; HSWG/*Worzalla*, § 77 BetrVG Rz. 220; GK-BetrVG/*Kreutz*, § 77 Rz. 365. |5 Vgl. BAG v. 14.12.1966 – 4 AZR 18/65, DB 1967, 1181. |6 *Schaub*, BB 1995, 1639, aA DKK/*Berg*, § 77 BetrVG Rz. 46; HSWG/*Worzalla*, § 77 BetrVG Rz. 226; *Fitting*, § 77 BetrVG Rz. 143; offen BAG v. 20.11.1990 – 1 AZR 643/89, BB 1991, 835. |7 AA BAG v. 27.6.1985 – 6 AZR 392/81, NZA 1986, 401 (402); v. 20.11.1990 – 1 AZR 643/789, BB 1991, 835. |8 AA BAG v. 20.11.1990 – 1 AZR 643/89, BB 1991, 835 (836). |9 DKK/*Berg*, § 77 BetrVG Rz. 52; GK-BetrVG/*Kreutz*, § 77 Rz. 381. |10 Richardi/*Richardi*, § 77 BetrVG Rz. 209. |11 Ebenso GK-BetrVG/*Kreutz*, § 77 Rz. 383; DKK/*Berg*, § 77 BetrVG Rz. 52; abl. *D. Gaul*, NZA 1986, 628 (631 f.): Wegfall der BV. |12 BAG v. 10.8.1994 – 10 AZR 61/93, NZA 1995, 314 (318). |13 Eingehend BAG v. 10.8.1994 – 10 ABR 61/93, NZA 1995, 314 (318). |14 BAG v. 10.8.1994 – 10 ABR 61/93, NZA 1995, 314 (318).

44 **11. Nachwirkung der Betriebsvereinbarung.** Nach § 77 VI gelten mitbestimmte BV (vgl. Rz. 8) nach ihrem Ablauf weiter, bis sie durch eine andere Abmachung ersetzt werden. Dies gilt für jede Form der Beendigung[1]. Mit der Nachwirkung soll ein Regelungsvakuum bis zu einer Neuregelung vermieden werden[2]. Unter Berücksichtigung der Beteiligungsrechte des BR kann die Neuregelung – wie bei § 4 V TVG – auf individual- oder kollektivrechtl. Ebene, insb. also durch TV, BV, Arbeitsvertrag oder Änderungskündigung, auch zum Nachteil der ArbN, getroffen werden. Auch eine Regelungsabrede genügt[3]. Da § 77 VI dispositiv ist[4], kann eine Nachwirkung ausdrücklich oder konkludent (ggf. kraft Natur der Sache) ausgeschlossen werden[5]. Hiervon ist insb. auszugehen, wenn die BV einen einmaligen, zeitlich begrenzten Gegenstand regelt[6]. Da es sich hierbei um die Vereinbarung einer Geltungsdauer handelt, ist allerdings Schriftform nach § 77 I notwendig. Befristung genügt zum Ausschluss der Nachwirkung nicht[7].

45 Bei freiwilligen BV gibt es keine Nachwirkung gem. § 77 VI[8]. Mit Ablauf verliert die BV grundsätzlich jegliche Geltung und damit die Fähigkeit, weiterhin Grundlage für in ihr geregelte Ansprüche zu sein, soweit diese bei Ablauf nicht schon entstanden waren[9]. Mit Ausnahme der für betrAV entwickelten Ausnahmen ist ein Vertrauen der bislang Begünstigten auf Fortbestand BV in der Regel nicht schutzwürdig[10]. Nachwirkung kann aber vereinbart werden[11]. Wird keine anderweitige Abrede getroffen, liegt in der vereinbarten Nachwirkung zugleich die Vereinbarung, eine Ablösung bei Streit über die Neuregelung durch Einigungsstellenspruch herbeiführen zu können[12]. Vorsorglich sollte diese Möglichkeit, ggf. auch eine zeitliche Begrenzung der Nachwirkung, indes ausdrücklich vereinbart werden.

46 Problematisch sind teilmitbestimmte BV (vgl. Rz. 8). Hier ist zunächst zu prüfen, ob es sich um die letztendlich zufällige Zusammenführung mehrerer BV handelt, die „aus sich heraus handhabbare Regelungen" enthalten. In diesem Fall werden Änderung oder Beendigung jeweils getrennt behandelt[13]. Beispiel: Betriebsordnung (§ 87 I Nr. 1) mit Regelungen zum Umweltschutz (§ 88 Nr. 1a). Anders ist mit zusammenhängenden Regelungen zu verfahren. Beispiel: Gewährung einer übertarifl. Zulage. Mit Beendigung der BV fällt die Zahlungspflicht weg (freiwilliger Teil). Da damit auch die mitbestimmungspflichtigen Regelungen zur Verteilung und der damit verbundenen Wahrung innerbetriebl. Lohngerechtigkeit obsolet sind, entfaltet die gesamte BV keine Nachwirkung mehr[14]. Eine gesonderte Kündigung ist nicht erforderlich[15]. Ausnahmsw. soll nach BAG v. 26.10.1993[16] indes eine vorübergehende Nachwirkung gegeben sein, wenn die BV nur mit dem Ziel einer Verringerung des Volumens und/oder einer geänderten Verteilung gekündigt wird. Hier gehe es letztlich nur um den mitbestimmten Teil der BV. Da die fehlende Einigung hier durch Einigungsstellenspruch ersetzt werden könne, sei bis dahin eine Nachwirkung als „überschießende" Konsequenz aus Abs. 6 hinzunehmen[17]. Führt man sich den klaren Wortlaut von § 77 VI vor Augen, überzeugt diese Ausnahme allerdings nicht[18]. Sie lässt sich im Übrigen schon dadurch vermeiden, dass die Kündigung ohne Hinweis auf die Absicht einer Gewährung unter veränderten Bedingungen erklärt wird[19]. Denn wenn keine Anhaltspunkte bestehen, ob, wann und in welcher Weise zukünftig eine mitbestimmungspflichtige Regelungsfrage (wieder) entstehen kann, der Spruch der Einigungsstelle also in Betracht kommt, hat die gekündigte BV ihre Bedeutung als Verhandlungsgrundlage verloren[20]. Der BR kann durch eigene Initiative keine Nachwirkung auslösen, selbst wenn daraufhin verhandelt wird. Außerdem kann sich der ArbGeb jederzeit von der Absicht einer Neuregelung lösen[21]. Das kann auch noch im Rahmen eines Einigungsstellenverfahrens geschehen. Soll die Einigungsstelle die fehlende Einigung zwischen ArbGeb und BR ersetzen, muss sie die vom ArbGeb frei zu bestimmenden Regelungen (zB Dotierungsrahmen bei übertarifl. Zulagen) zugrunde legen[22].

---

1 BAG v. 10.8.1994 – 10 ABR 61/93, NZA 1995, 314 (316); DKK/*Berg*, § 77 BetrVG Rz. 58; aA GK-BetrVG/*Kreutz*, § 77 Rz. 399; *Fitting*, § 77 BetrVG Rz. 179: keine Nachwirkung bei fristloser Kündigung. |2 BAG v. 28.4.1998 – 1 ABR 43/97, NZA 1998, 1348 (1350). |3 AA *Fitting*, § 77 BetrVG Rz. 184. |4 Vgl. HSWG/*Worzalla*, § 77 BetrVG Rz. 243. |5 BAG v. 17.1.1995 – 1 ABR 29/94, NZA 1995, 1010 (1013); v. 6.5.2003 – 1 AZR 340/02, NZA 2003, 1422 (1423). |6 BAG v. 17.1.1995 – 1 ABR 29/94, NZA 1995, 1010 (1013). |7 BAG v. 19.2.1991 – 1 ABR 31/90, DB 1991, 2043. |8 BAG v. 21.8.1990 – 1 ABR 73/89, NZA 1991, 190 (191); v. 26.10.1993 – 1 AZR 43/93, NZA 1994, 572 (574). |9 BAG v. 19.9.2006 – 1 ABR 58/05, AP Nr 29 zu § 77 BetrVG 1972 – Betriebsvereinbarung. |10 BAG v. 19.9.2006 – 1 ABR 58/05, AP Nr 29 zu § 77 BetrVG 1972 – Betriebsvereinbarung; *Fitting*, § 77 BetrVG Rz. 149. |11 BAG v. 28.4.1998 – 1 ABR 43/97, NZA 1998, 1348; krit. *v. Hoyningen-Huene*, BB 1997, 1998 (2000). |12 BAG v. 18.1.1994 – 1 ABR 44/93 nv.; v. 28.4.1998 – 1 ABR 43/97, NZA 1998, 1348; *Kort*, NZA 2001, 477 (479); abw. *Loritz*, DB 1997, 2074; *Jacobs*, NZA 2000, 69 (74 ff.): Nachwirkung bis zum endgültigen Scheitern der Verhandlungen; *Boemke/Kursawe*, DB 2000, 1405 (1409): Möglichkeit einer außerordentlichen Kündigung der Nachwirkung. |13 BAG v. 23.6.1992 – 1 ABR 9/92, NZA 1993, 229. |14 BAG v. 9.2.1989 – 8 AZR 310/87, NZA 1989, 765 (766); v. 9.12.1997 – 1 AZR 319/97, NZA 1998, 661 (666). |15 BAG v. 21.8.1990 – 1 ABR 73/89, NZA 1991, 190 (192). |16 BAG v. 26.10.1993 – 1 AZR 46/93, NZA 1994, 572 (574); ebenso LAG Hamm v. 31.5.1995 – 2 Sa 1145/94, LAGE § 77 BetrVG 1972 – Nachwirkung Nr. 1. |17 Abw. LAG Köln v. 27.4.1995 – 10 Ta BV 69/94, AiB 1996, 250, DKK/*Berg*, § 77 BetrVG Rz. 59, die ohnehin von einer „untrennbaren Verknüpfung" der erzwingbaren und freiwilligen Elemente mit der Folge einer generellen Nachwirkung ausgehen; krit. *Krebs*, SAE 1995, 280 ff.; *Stege/Weinspach/Schiefer*, § 77 BetrVG Rz. 44b; *Fitting*, § 77 BetrVG Rz. 191. |18 Abl. auch *H. Hanau*, RdA 1998, 345 (350). |19 Vgl. hierzu die Rspr. zu vorangegangenen Fallgestaltungen: BAG v. 9.2.1989 – 8 AZR 310/87, NZA 1989, 765 (766); v. 26.4.1990 – 6 AZR 278/88, NZA 1990, 814 (815); abl. *Blomeyer*, DB 1990, 173 ff.; *Loritz*, RdA 1991, 65 (76 ff.). |20 BAG v. 17.1.1995 – 1 ABR 29/94, NZA 1995, 1010 (1012 f.). |21 Abw. *ArbG Hameln* 13.7.1994 – 2 BV 19/93 nv.; DKK/*Berg*, § 77 BetrVG Rz. 59: „Auslauffrist" von 3 Monaten. |22 Vgl. BAG v. 26.10.1993 – 1 AZR 46/93, NZA 1994, 572 (574).

12. Verhältnis der Betriebsvereinbarung zu höherrangigem Recht. a) Grundgesetz und einfache Gesetze. Die betrieblichen Sozialpartner unterliegen bei Abschluss der BV einer mittelbaren Grundrechtsbindung[1]. Daraus folgt die Pflicht, die grundrechtl. Wertentscheidungen bei der Auslegung und Anwendung der Generalklauseln, insb. also der Wahrung von Recht und Billigkeit, bei den Vorgaben zur Gleichbehandlung, dem AGG und dem darin geregelten Schutz vor Diskrimierung und dem Schutz des allgemeinen Persönlichkeitsrechts nach § 75 zu berücksichtigen[2]. Bzgl. weiterer Einzelheiten vgl. § 75 Rz. 1 ff. Besonderheiten gelten für die Koalitionsfreiheit. Hier kann Art. 9 III GG iVm. §§ 823, 1004 BGB einen Unterlassungsanspruch der Gewerkschaft gegenüber tarifwidrigen Maßnahmen von ArbGeb und/oder BR begründen[3]. Bzgl. weiterer Einzelheiten vgl. § 4 TVG Rz. 49 f. Vom Gesetz abweichende Regelungen sind unwirksam, wenn diese zwingenden Charakter haben und eine Abweichung (durch BV) nicht zugelassen wird[4]. 47

b) Bedeutung des Tarifvorrangs. Allgemein: Gemäß Abs. 3 sind Angelegenheiten einer Regelung durch BV nicht zugänglich, die durch TV geregelt sind oder üblicherweise geregelt werden. Dies gilt ohne Rücksicht auf die Günstigkeit einer betrieblichen Regelung[5]. Im Regelfall steht dieser Vorrang des TV auch einer Ablösung tarifvertragl. Arbeitsbedingungen durch BV („Über-Kreuz-Ablösung" nach Betriebsübergang) entgegen[6]. Der grundsätzliche Vorrang des TV vor der BV soll die Funktionsfähigkeit der verfassungsrechtl. gewährleisteten Tarifautonomie schützen[7]. Er bindet auch die Einigungsstelle[8]. Insbesondere soll die Befugnis der Tarifparteien zur Regelung von Arbeitsentgelten und sonstigen Arbeitsbedingungen nicht durch abweichende Regelung der betrieblichen Sozialpartner ausgehöhlt werden[9]. Vorschläge zu einer Reform des Tarifvorrangs[10], die zu einer Stärkung betrieblicher Regelungsmöglichkeiten führen sollten, werden zurzeit nicht mehr verfolgt[11]. Regelungsabreden (vgl. Rz. 99 ff.) werden durch den Tarifvorrang des Abs. 3 indes nicht gesperrt, was gerade bei betrieblichen Bündnissen für Arbeit genutzt wird[12]. 48

Arbeitsbedingungen sind durch TV geregelt, wenn über sie ein TV abgeschlossen wurde und der Betrieb in den räumlichen, betrieblichen, fachlichen und persönlichen Geltungsbereich des TV fällt[13]. Die Tarifbindung des ArbGeb spielt für die Sperrwirkung des Abs. 3 keine Rolle[14]. Folgerichtig kann dem Tarifvorrang auch nicht durch OT-Mitgliedschaft im ArbGebVerband ausgewichen werden[15]. Der Geltungsbereich etwaiger TV muss zeitlich, räumlich, persönlich und sachlich so begrenzt sein, dass die entsprechende Frage für den in Rede stehenden Personenkreis tatsächlich nicht durch TV geregelt ist oder üblicherweise geregelt wird[16]. Mitgliedschaftsbezogene Festlegung des Geltungsbereichs eines TV schließt Sperrwirkung nicht aus[17]. Zur Festlegung des tarifl. Geltungsbereichs vgl. § 4 TVG Rz. 13 ff. Der Organisationsgrad auf ArbN-Seite ist für § 77 III unerheblich. 49

Tarifüblichkeit kann bereits nach der ersten tarifl. Regelung angenommen werden, sofern sie lange genug gilt[18]. Da die Betriebsautonomie nicht der Disposition durch die TV-Parteien unterliegt[19], können TV-Verhandlungen allein noch keinen Tarifvorrang begründen, wenn schlussendlich wegen fehlender Einigung keine Regelung getroffen wurde. Ein jahrelanger tarifloser Zustand beseitigt die einmal begründete Tarifüblichkeit nicht, solange Verhandlungen laufen und eine Einigung angestrebt wird und möglich ist[20]. Die einzelvertragl. Bezugnahme auf einen TV, der das Arbeitsverhältnis von seinem Geltungsbereich her nicht erfasst, genügt für Tarifüblichkeit nicht. Ein FirmenTV kann genügen, wenn er den ArbGeb selbst oder die überwiegende Zahl vergleichbarer Betriebe erfasst und das Arbeitsverhältnis in den Geltungsbereich fällt[21]. Wenn ein TV von einer kleinen Gewerkschaft abgeschlossen wurde, 50

---

1 BVerfG v. 23.4.1986 – 2 BvR 487/80, DB 1987, 279; abw. DKK/*Berg*, § 77 BetrVG Rz. 9: unmittelbare Bindung. | 2 Vgl. BAG v. 27.5.1986 – 1 ABR 48/84, NZA 1986, 643, 645; v. 11.6.2002 – 1 ABR 46/01, NZA 2002, 1299. | 3 Vgl. BAG v. 20.4.1999 – 1 ABR 72/98, NZA 1999, 887; v. 13.3.2001 – 1 AZB 19/00, NZA 2001, 1037, (1038); abl. *Richardi*, DB 2000, 42, (44 ff.). | 4 Vgl. BAG v. 13.2.2002 – 5 AZR 470/00, NZA 2002, 683 ff.: BV zur Entgeltfortzahlung im Krankheitsfall; GK-BetrVG/*Kreutz*, § 77 Rz. 290 ff.; HSWG/*Worzalla*, § 77 BetrVG Rz. 47 ff.; DKK/*Berg*, § 77 BetrVG Rz. 10. | 5 ErfK/*Kania*, § 77 BetrVG Rz. 40; aA *Schmidt*, Günstigkeitsprinzip S. 96 ff., 106 ff. | 6 Vgl. BAG v. 22.3.2005 – 1 ABR 64/03, AP Nr. 26 zu § 4 TVG – Geltungsbereich; v. 13.11.2007 – 3 AZR 191/06, nv. | 7 BAG v. 20.4.1999 – 1 ABR 72/98, NZA 1999, 887; v. 9.12.2003 – 1 ABR 52/02, EzA § 77 BetrVG 2001 Nr. 6; v. 23.5.2007 – 10 AZR 295/06, NZA 2007, 940 (943) | 8 BAG v. 9.12.2003 – 1 ABR 52/02, EzA § 77 BetrVG 2001 Nr. 6. | 9 BAG v. 3.12.1991 – GS 2/90, NZA 1992, 749; v. 23.5.2007 – 10 AZR 295/06, NZA 2007, 940 (943), eingehender HSWG/*Worzalla*, § 77 BetrVG Rz. 101; DKK/*Berg*, § 77 BetrVG Rz. 62. | 10 Vgl. BT-Drs. 14/2612; 14/6548; 15/1182; 15/1889. | 11 Vgl. BT-Drs. 14/5214; 14/7362; 15/1587; 15/2245; bereits vor Abschluss des Koalitionsvertrags hatten sich CDU/CSU und SPD am 10.10.2005 auf die Erhaltung der Tarifautonomie verständigt und damit auf gesetzliche Regelungen zum Bündnis für Arbeit verzichtet. | 12 BAG v. 20.4.1999 – 1 ABR 72/98, NZA 1999, 887 (890); v. 21.1.2003 – 1 ABR 9/02, NZA 2003, 1097 (1099). | 13 BAG v. 22.3.2005 – 1 ABR 64/03, AP Nr 26 zu § 4 TVG – Geltungsbereich; v. 23.5.2007 – 10 AZR 295/06, NZA 2007, 940 (943) | 14 BAG v. 21.1.2003 – 1 ABR 9/02, NZA 2003, 1097 (1099); DKK/*Berg*, § 77 BetrVG Rz. 69a; HSWG/*Worzalla*, § 77 BetrVG Rz. 118; aA GK-BetrVG/*Kreutz*, § 77 Rz. 99 f. | 15 Vgl. *Kania*, BB 2001, 1091 (1092). | 16 Vgl. BAG v. 27.1.1987 – 1 ABR 66/85, NZA 1987, 489; v. 24.2.1999 – 4 AZR 62/98, NZA 1999, 995; *Fitting*, § 77 BetrVG Rz. 75. | 17 BAG v. 22.3.2005 – 1 ABR 64/03, AP Nr 26 zu § 4 TVG – Geltungsbereich. | 18 BAG v. 6.12.1963 – 1 ABR 7/63, DB 1964, 411. | 19 BAG v. 1.12.1992 – 1 AZR 234/92, NZA 1993, 613 (615). | 20 Vgl. BAG v. 22.3.2005 – 1 ABR 64/03, AP Nr 26 zu § 4 TVG – Geltungsbereich; LAG Berlin v. 5.11.1980 – 5 Ta BV 2/80, DB 1981, 1730. | 21 BAG v. 27.1.1987 – 1 ABR 66/85, NZA 1987, 489; v. 21.1.2003 – 1 ABR 9/02, NZA 2003, 1097 (1099); v. BAG v. 21.6.2005 – 9 AZR 353/04, nv.

löst dies Tarifvorrang aus, wenn die Zahl der regelmäßig Beschäftigten in den tarifgebundenen Betrieben größer ist als die Zahl der in den nichttarifgebundenen Betrieben[1]. Auf die Zahl der Gewerkschaftsmitglieder selbst kommt es nicht an. In Bereichen, in denen (noch) keine TV geschlossen werden (zB Gewerkschaften als ArbGeb), ist Tarifüblichkeit ausgeschlossen[2]. Die Regelungssperre wird allerdings (ex nunc) wirksam, sobald entsprechende TV in Kraft treten[3].

51 **Verhältnis zu § 87 Abs. 1:** Nach der „Vorrangtheorie" kommt Abs. 3 bei Angelegenheiten, die der zwingenden Mitbest. des BR nach § 87 unterliegen, nicht zur Anwendung. Für sie gilt allein § 87 I Einleitungssatz (vgl. § 87 Rz. 14 f.)[4]. Andernfalls wäre dem BR die Möglichkeit, durch den Abschluss von BV mitzubestimmen, in wichtigen sozialen Angelegenheiten versperrt[5]. Es bliebe allein die Regelungsabrede, die keine unmittelbare und zwingende Wirkung für die einzelnen Arbeitsverhältnisse entfalten kann. Damit ist eine uneingeschränkte Ausübung des MitbestR aus § 87 BetrVG möglich, wenn und soweit dem ArbGeb in sozialen Angelegenheiten wegen fehlender eigenen Bindung an einen konkreten TV ein Bestimmungsrecht verbleibt. Hiervon ist auch dann auszugehen, wenn der TV eine Angelegenheit nicht „vollständig und abschließend" regelt oder eine Konkretisierung notwendig ist[6]. Beispiel: übertarifl. Urlaubsgeld[7], über- oder außertarifl. Leistungen[8]. Dies gilt auch nach Beendigung des TV; Nachwirkung begründet keine Tarifsperre[9]. Ob die Frage (in einem anderen Betrieb) üblicherweise durch TV geregelt wird, ist ebenso unerheblich wie die arbeitnehmerseitige Tarifbindung[10]. Mitbestimmungspflicht eines Teils der Regelungen einer BV führt nicht dazu, dass Sperrwirkung eines TV auch für mitbestimmungsfreien Regelungen aufgehoben wäre[11].

52 **Öffnungsklausel:** Die Tarifparteien können im TV abweichende bzw. ergänzende BV zulassen (Abs. 3 S. 2)[12]. Dies gilt auch im Rahmen von § 87 I[13]. Die Öffnungsklausel muss allerdings ausdrücklich erkennbar sein[14]. Fehlt eine Öffnungsklausel, können die Tarifparteien eine BV, die gegen den Tarifvorrang bzw. -vorbehalt aus §§ 77 III, 87 I verstößt, auch nachträglich genehmigen und sie – ggf. auch rückwirkend – wirksam werden lassen. Dabei müssen indes die allgemeinen Grenzen der Verhältnismäßigkeit und des Vertrauensschutzes beachtet werden[15]. Wenn eine Angelegenheit durch TV der einzelvertragl. Regelung zugewiesen wird, steht dies einer BV nicht entgegen, denn der Verzicht auf eine Regelung bestimmter Arbeitsbedingungen stellt eben keine Regelung dar und kann entsprechend keine Sperrwirkung auslösen[16].

53 **Übernahme eines TV durch BV:** Aus Sinn und Zweck des Tarifvorrangs in Abs. 3 folgt, dass der Inhalt eines TV in seiner Gesamtheit nicht durch BV verbindlich gemacht werden kann. Andernfalls würden ArbGeb und BR eine Allgemeinverbindlichkeit des TV herstellen, die im Widerspruch zur negativen Koalitionsfreiheit steht[17]. Dies gilt erst Recht für „dynamische Verweisungen" oder „Blankettverweisungen", durch die ohne zeitliche Begrenzung auf einen TV oder eine betriebsfremde BV in der jeweils gültigen Fassung verwiesen wird. Denn dadurch entäußern sich die Betriebsparteien auch ihrer gesetzl. Normsetzungsbefugnis[18], was als unzulässiger Verzicht auf die inhaltliche Gestaltung durch Wahrnehmung gesetzl. Mitbestimmungsrechte zu qualifizieren ist. Dass die betriebl. Sozialpartner durch eine Bezugnahme nur eine Abschrift ersetzen, ist unerheblich. Abs. 3 steht jeder Regelung durch BV entgegen, mag sie kurz oder lang sein[19]. Zulässig ist, einzelne Regelungen eines TV – ggf. durch Bezugnahme –

---

1 BAG v. 6.12.1963 – 1 ABR 7/63, DB 1964, 411; Richardi/*Richardi*, § 77 BetrVG Rz. 271; abl. ErfK/*Kania*, § 77 BetrVG Rz. 42. | 2 Vgl. BAG v. 15.11.2000 – 5 AZR 310/99, NZA 2001, 900 (901); v. 20.2.2001 – 1 AZR 322/00, NZA 2001, 1204 (1205 f.). | 3 BAG v. 21.1.2003 – 1 ABR 9/02, NZA 2003, 1097 (1099); v. 22.3.2005 – 1 ABR 64/03, AP Nr. 26 zu § 4 TVG – Geltungsbereich; GK-BetrVG/*Kreutz*, § 77 Rz. 132. | 4 BAG v. 3.12.1991 – GS 2/90, NZA 1992, 749; v. 3.6.2003 – 1 AZR 349/02, NZA 2003, 1155 (1157); v. 22.3.2005 – 1 ABR 64/03, AP Nr. 26 zu § 4 TVG – Geltungsbereich; DKK/*Berg*, § 77 BetrVG Rz. 66; *v. Hoyningen-Huene/Meier-Krenz*, NZA 1987, 793 (797 f.); *Heinze*, NZA 1989, 41 (47); abl. die sog. „Zwei-Schranken-Theorie" Richardi/*Richardi*, § 77 BetrVG Rz. 247 ff.; GK-BetrVG/*Kreutz*, § 77 Rz. 139 ff. | 5 Vgl. BAG v. 3.12.1991 – GS 2/90, NZA 1992, 749 (755); v. 20.4.1999 – 1 ABR 72/98, NZA 1989, 887. | 6 BAG v. 4.7.1989 – 1 ABR 40/88, NZA 1990, 29; v. 24.1.1996 – 1 AZR 597/95, NZA 1996, 948 (949); v. 22.6.1993 – 1 ABR 62/92, NZA 1994, 184 (185); v. 9.12.1997 – 1 AZR 319/97, NZA 1998, 661 (665). | 7 BAG v. 9.2.1989 – 8 AZR 310/87, NZA 1989, 765. | 8 BAG v. 3.12.1991 – GS 2/90, NZA 1992, 749. | 9 BAG v. 24.2.1987 – 1 ABR 18/85, NZA 1987, 639; v. 27.11.2002 – 4 AZR 660/01, EzA § 77 BetrVG 2001 Nr. 2 S. 10. | 10 BAG v. 24.2.1987 – 1 ABR 18/85, NZA 1987, 639; aA *Löwisch/Kaiser*, § 87 BetrVG Rz. 39. | 11 BAG v. 22.3.2005 – 1 ABR 64/03, AP Nr 26 zu § 4 TVG – Geltungsbereich. | 12 BAG v. 19.6.2007 – 1 AZR 454/06, NZA 2007, 1184 (1185). | 13 Vgl. BAG v. 20.2.2001 – 1 AZR 23/00, DB 2001, 2100. | 14 Vgl. BAG v. 20.4.1999 – 1 AZR 631/98, NZA 1999, 1059. | 15 BAG v. 20.4.1999 – 1 AZR 631/98, NZA 1999, 1059 (1064); v. 29.1.2002 – 1 AZR 267/01, EzA § 77 BetrVG 1972 Nr. 71 (S. 6 f.). | 16 BAG v. 1.12.1992 – 1 AZR 234/92, NZA 1993, 613 (614 ff.); v. 14.12.1993 – 1 ABR 31/93, NZA 1994, 809 (810). | 17 Vgl. BT-Drs. 6/1786 S. 47 und 6/2729, S. 11; BAG v. 3.12.1991 – GS 2/90, NZA 1992, 749, 753; DKK/*Berg*, § 77 BetrVG Rz. 67; GK-BetrVG/*Kreutz*, § 77 Rz. 131; HSWG/*Worzalla*, § 77 BetrVG Rz. 116; für Zulässigkeit der Inbezugnahme BAG v. 27.3.1963 – 4 AZR 72/62, DB 1963, 902; *Stege/Weinspach/Schiefer*, § 77 BetrVG Rz. 21; *v. Hoyningen-Huene*, DB 1994, 2026. | 18 BAG v. 16.2.1962 – 1 AZR 167/61, DB 1962, 543; v. 23.6.1992 – 1 ABR 9/92, NZA 1993, 229; v. 22.8.2006 – 3 AZR 319/05, NZA 2007, 1187 (1189); DKK/*Berg*, § 77 BetrVG Rz. 32; *Fitting*, § 77 BetrVG Rz. 24; mit anderer Begründung Richardi/*Richardi*, § 77 BetrVG Rz. 35: Verstoß gegen das Schriftformerfordernis; aA HSWG/*Worzalla*, § 77 BetrVG Rz. 14; MünchArbR/*Matthes*, § 328 Rz. 15; BAG v. 9.7.1980 – 4 AZR 564/78, DB 1981, 374; v. 10.11.1982 – 4 AZR 1203/79, DB 1983, 717, wonach solche Verweisungen zulässig sind. | 19 Abw. BAG v. 23.6.1992 – 1 ABR 9/92, NZA 1993, 229 (231).

zum Gegenstand einer BV zu machen[1]. Dies gilt insb. im Anwendungsbereich von § 87, wo eine Bindungswirkung des TV nur bei Tarifgebundenheit des ArbGeb gegeben ist (vgl. Rz. 51). Da die Regelung bekannt ist, liegt darin kein unzulässiger Verzicht auf MitbestR oder eine mittelbare Übertragung von Rechtssetzungsbefugnissen[2]. Im Zweifel kann die dyn. Bezugnahme aber geltungserhaltend auf eine statische Bezugnahme reduziert werden[3].

13. Verhältnis der Betriebsvereinbarung zu anderen Betriebsvereinbarungen. a) Verhältnis zwischen gleichrangigen Betriebsvereinbarungen. Die Betriebsparteien können eine Angelegenheit, die bislang durch BV geregelt war, unter – auch stillschweigender – Aufhebung dieser BV mit Wirkung für die Zukunft in einer neuen BV regeln[4]. Die neue tritt dann an die Stelle der bisherigen BV (Ablösungsprinzip)[5]. Dies gilt grds. auch bei Änderungen zum Nachteil der betroffenen ArbN[6], soweit die Grundsätze der Verhältnismäßigkeit und des Vertrauensschutzes gewahrt sind[7]. 54

Für den Bereich der betrAV haben Rspr.[8] und Lit.[9] ein dreistufiges Prüfungsschema entwickelt: In den zum Zeitpunkt der Neuregelung erdienten und nach § 2 zu errechnenden Teilbetrag darf nur im Ausnahmefall eingegriffen werden. Erforderlich sind zwingende Gründe. Beispiel: Störung der Geschäftsgrundlage wegen wirtschaftl. Notlage des Unternehmens oder wegen einer wesentlichen Störung des Zwecks der Altersversorgung (zB planwidrige Überversorgung durch veränderte Rahmenbedingungen). Soll die Neuregelung zum Nachteil der ArbN die (zeitanteilig) erdiente Dynamik eines variablen, dienstzeitunabhängigen Berechnungsfaktors – im Regelfall geht es um Änderung des für die Höhe der Altersversorgungsbezüge maßgeblichen ruhegehaltsfähigen Entgelts (endgehaltsabhängige Dynamik) – ändern, bedarf es eines triftigen Grundes. Beispiel: langfristige Substanzgefährdung des Unternehmens bei Verzicht auf Änderung[10], fehlende Möglichkeit, die Versorgungszuwächse aus Erträgen und Wertzuwächsen zu erwirtschaften oder eine angemessene Eigenkapitalverzinsung sicherzustellen[11]. IdR liegt ein triftiger Grund vor, wenn der Gesamtaufwand des Unternehmens für die betrAV nicht geschmälert wird[12]. Geht es nur um die Neuregelung der dienstzeitabhängigen künftigen Zuwächse, genügt zur Rechtfertigung bereits ein sachlich-proportionaler, also willkürfreier, nachvollziehbarer und anerkennenswerter Grund. Dabei ist eine Abwägung dieser Gründe mit den schützenswerten ArbN-Interessen notwendig. Beispiel: Anhaltende Verluste des ArbGeb trotz umfangreicher Einsparmaßnahmen[13], Vereinheitlichung der Versorgungsregelungen[14], Reaktion auf ungünstige wirtschaftl. Entwicklung des Unternehmens; Fehlentwicklung im betrieblichen Versorgungswerk[15]. Ausreichend dabei ist, wenn ein unabhängiger Sachverst. den dringenden Sanierungsbedarf bestätigt[16]. Ein Sanierungsplan muss nicht vorgelegt werden[17]. Schließlich kann kein ArbN annehmen, dass eine Versorgungsordnung nicht an veränderte rechtl. und wirtschaftl. Rahmenbedingungen angepasst wird[18]. Bei Änderungen, die ausgeschiedene ArbN betreffen, müssen zum Teil abweichende Vorgaben berücksichtigt werden[19]. Nach Eintritt eines Versorgungsfalls gelten die Grundsätze der Verhältnismäßigkeit und des Vertrauensschutzes, so dass idR nur noch geringfügige Verschlechterungen der zugesagten Versorgung gerechtfertigt sind[20]. 55

Die vorstehend dargelegten Änderungen können im Bereich der betrAV auch durch Kündigung bewirkt werden (vgl. Vorb. BetrAVG Rz. 146 ff.)[21]. Wenngleich die Kündigung selbst keiner Rechtfertigung bedarf, können deshalb nur solche Rechtsfolgen bewirkt werden, die den Grundsatz der Verhältnismäßigkeit und des Vertrauensschutzes sowie die MitbestR des BR aus § 87 berücksichtigen[22]. Beispiel: Liegen sachlich-proportionale Gründe vor, kann die Kündigung neben einer Schließung des Versorgungswerks für Neueinstellungen auch Änderungen zum Nachteil der bereits Beschäftigten bewirken[23]. 56

---

1 BAG v. 23.6.1992 – 1 ABR 9/92, NZA 1993, 229. |2 BAG v. 3.6.1997 – 3 AZR 25/96, NZA 1998, 382. |3 BAG v. 23.6.1992 – 1 ABR 9/92, NZA 1993, 229; DKK/*Berg*, § 77 BetrVG Rz. 32; Richardi/*Richardi*, § 77 BetrVG Rz. 36; *Fitting*, § 77 BetrVG Rz. 24. |4 BAG v. 5.10.2000 – 1 AZR 48/00, NZA 2001, 849; v. 20.2.2001 – 1 AZR 322/00, NZA 2001, 1204 (1206). |5 BAG v. v. 14.8.2001 – 1 AZR 619/00, NZA 2002, 276 (278); v. 28.6.2005 – 1 AZR 213/04, AP Nr. 25 zu § 77 BetrVG 1972 – Betriebliche Altersversorgung. |6 BAG v. 5.10.2000 – 1 AZR 48/00, NZA 2001, 849 (852); v. 20.2.2001 – 1 AZR 322/00, NZA 2001, 1204 (1206); v. 28.6.2005 – 1 AZR 213/04, AP Nr. 25 zu § 77 BetrVG 1972 – Betriebliche Altersversorgung. |7 BAG v. 10.8.1994 – 10 ABR 61/93, NZA 1995, 314; v. 28.6.2005 – 1 AZR 213/04, AP Nr. 25 zu § 77 BetrVG 1972 – Betriebliche Altersversorgung; *Fitting*, § 77 BetrVG Rz. 193; DKK/*Berg*, § 77 BetrVG Rz. 12. |8 Vgl. nur BAG v. 11.9.1990 – 3 AZR 380/89, DB 1991 503 f.; v. 26.8.1997 – 3 AZR 235/96, DB 1998, 1190 (1191); v. 18.9.2001 – 3 AZR 728/00, NZA 2002, 1164 ff.; v. 19.4.2005 – 3 AZR 468/04, NZA-RR 2005, 598. |9 Vgl. nur *Griebeling*, BetrAVG Rz. 840; *Höfer*, BetrAVG ART Rz. 459 ff.; *Blomeyer/Otto*, BetrAVG Anh. § 1 Rz. 304 ff. |10 BAG v. 21.8.2001 – 3 ABR 44/00, DB 2001, 952 ff. |11 Vgl. BAG v. 11.5.1999 – 3 AZR 21/98, DB 2000, 525 (527); v. 23.5.2000 – 3 AZR 146/99, NZA 2001, 1251 (1252). |12 Vgl. BAG v. 27.8.1996 – 3 AZR 466/95, DB 1997, 633 (635). |13 BAG v. 19.4.2005 – 3 AZR 468/04, NZA-RR 2005, 598. |14 BAG v. 8.12.1981 – 3 ABR 53/80, DB 1982, 46 ff.; *Junker*, RdA 1993, 203 (209); krit. *Kemper*, BetrAV 1990, 7, (8 f.). |15 Vgl. allgemein BAG v. 17.8.1999 – 3 ABR 55/98, BB 2000, 777 ff.; v. 21.8.2001 – 3 ABR 44/00, NZA 2002, 575 (579). |16 BAG v. 18.9.2001 – 3 AZR 728/00, DB 2002, 1114 (1115). |17 BAG v. 19.4.2005 – 3 AZR 468/04, NZA-RR 2005, 598. |18 BAG v. 8.12.1981 – 3 ABR 53/80, DB 1982, 46 ff.; weitergehend *v. Hoyningen-Huene*, BB 1992, 1640, 1644, der einen Eingriff in künftige Erwerbsmöglichkeiten auch ohne sachlichen Grund für zulässig hält. |19 Vgl. BAG v. 25.7.2000 – 3 AZR 676/99, EzA § 1 BetrAVG – Ablösung Nr. 25 (S. 10 ff.). |20 BAG v. 12.10.2004 – 3 AZR 557/03, NZA 2005, 580 (581). |21 Vgl. BAG v. 11.5.1999 – 3 AZR 21/98, DB 2000, 525 ff.; v. 17.8.1999 – 3 AZR 55/98, BB 2000, 777 ff. |22 BAG v. 19.9.2006 – 1 ABR 58/05, AP Nr 29 zu § 77 BetrVG 1972 – Betriebsvereinbarung. |23 BAG v. 18.9.2001 – 3 AZR 728/00, DB 2002, 1114.

Kann das Ziel bereits durch Maßnahmen auf der Grundlage der Versorgungsordnung erreicht werden (zB Verzicht auf Anpassung der Betriebsrente), ist die Kündigung nicht erforderlich und damit unwirksam[1]. Nach einer Kündigung wirkt die BV für die bis dahin geleistete Betriebszugehörigkeit als Anspruchsgrundlage kollektivrechtl. fort. Daraus folgt: Einzelvertragl. kann ohne Zustimmung des BR keine Verschlechterung vereinbart werden. Änderungen der Anspruchsgrundlage sind nur mit den Mitteln des Kollektivarbeitsrechts möglich. Selbst wenn künftige Betriebszugehörigkeit keine anspruchssteigernde Wirkung mehr hat, kann sie auch nach dem Wirksamwerden der Kündigung noch zu einer Unverfallbarkeit der Anwartschaft führen.

57 Auf andere BV über freiwillige Sozialleistungen können die Grundsätze für den Bereich der Altersversorgung nicht übertragen werden. Beispiel: Verschlechternde BV über die Entgeltfortzahlung im Krankheitsfall[2], Änderung eines Sterbegeldverfahrens in Form eines Beitrags zu den Bestattungskosten[3].

58 **b) Verhältnis zwischen Betriebsvereinbarung, Gesamt- und Konzernbetriebsvereinbarung.** Das Verhältnis der unternehmens- oder konzernbezogenen BV zur BV richtet sich nach der Zuständigkeitsverteilung. Werden GBR oder KBR im Rahmen der originären Zuständigkeit nach §§ 50 I, 58 I tätig und regeln sie einen Gegenstand abschließend, ist der einzelne BR bzw. GBR nicht mehr befugt, über denselben Gegenstand eine BV abzuschließen. Eine bereits bestehende BV wird ohne Rücksicht auf Günstigkeit verdrängt[4]. Eine Gesamt- oder KonzernBV kann indes abweichende Vereinbarungen zulassen[5]. Handeln GBR oder KBR im Rahmen der übertragenen Zuständigkeit (§§ 50 II, 58 II), liegt eine Betriebs- oder GesamtBV vor, die wie die mit der eigentlich zuständigen ArbN-Vertretung abgeschlossene Vereinbarung zu behandeln ist.

59 **14. Verhältnis zwischen Betriebsvereinbarung und Arbeitsvertrag. a) Grundsatz.** Wegen der normativen Wirkung der BV (vgl. Rz. 2) muss ihre Wirkung für das Arbeitsverhältnis nicht vereinbart werden. Es bedarf keiner Anerkennung, Unterwerfung oder Übernahme[6]. Wird im Arbeitsvertrag auf die BV Bezug genommen, hat dies deshalb im Zweifel nur deklaratorische Bedeutung. Die Geltung der BV hängt also von der Wirksamkeit der BV ab[7]. Im Zweifel ist jedenfalls eine dynamische Bezugnahme gewollt. Unabhängig davon gelten einzelvertragl. Regelungen fort, wenn nachträglich eine günstigere BV abgeschlossen wird. Sie werden aber für die Zeit der normativen Geltung der BV verdrängt[8]. Nach Ablauf der BV lebt die einzelvertragl. Regelung wieder auf[9]. Im Übrigen gilt im Verhältnis zwischen BV und Arbeitsvertrag das Günstigkeitsprinzip: Individualrechtl. Vereinbarungen haben gegenüber verschlechternden BV Vorrang, wenn und soweit sie eine für den ArbN günstigere Regelung enthalten[10]. Voraussetzung ist freilich, dass der Arbeitsvertrag selbst bewusst die Frage günstiger geregelt hat. Ist die Frage nicht geregelt, sind BV in der Lage, unmittelbar gegenseitige Rechte und Pflichten der Arbeitsvertragsparteien zu begründen. Beispiel: Berechtigung zur Anordnung von Überstunden[11]. Liegt keine BV vor, kann der ArbGeb in mitbestimmungspflichtigen Angelegenheiten (zB Vereinbarung zur Arbeitszeitverteilung) an einer Umsetzung der einzelvertragl. Abrede gehindert sein, wenn die notwendige Zustimmung des BR fehlt. Beispiel: Widerspruch zwischen BV und einzelvertragl. Zusage zur Lage der Arbeitszeit.

60 Der Günstigkeitsvergleich ist als Sachgruppenvergleich vorzunehmen (vgl. § 4 TVG Rz. 30). Dabei sind die in innerem Zusammenhang stehenden Teilkomplexe der Regelung zu vergleichen. Entscheidend ist eine objektive Sichtweise. Beim Vergleich unterschiedlicher Leistungen kommt es darauf an, ob sie funktional äquivalent sind. Ist dies nicht der Fall, ist Günstigkeitsvergleich ausgeschlossen. Ein Vergleich von Regelungen, deren Gegenstände sich thematisch nicht berühren oder mit verschiedenen Gegenleistungen verbunden sind, ist ausgeschlossen[12]. Die Kennzeichnung vergleichbarer Regelungsgegenstände ist allerdings streitig. So wird man zwar Arbeitszeit und -entgelt in einen Vergleich einbeziehen können[13]. Entgegen der Praxis so mancher „Bündnisse für Arbeit" soll der Verzicht auf betriebsbedingte Kündigungen aber nicht zum Ausgleich einer Absenkung der Vergütung bzw. einer Anhebung der Arbeitszeit eingebracht werden können[14]. Ebenso soll Verzicht auf Sozialplanabfindung nicht mit Ansprüchen im Zusammenhang mit Eintritt in eine Transfergesellschaft aufgerechnet wer-

1 BAG v. 21.8.2001 – 3 ABR 44/00, DB 2001, 952 (954). |2 BAG v. 15.11.2000 – 5 AZR 310/99, NZA 2001, 900. |3 BAG v. 19.9.2006 – 1 ABR 58/05, AP Nr 29 zu § 77 BetrVG 1972 Betriebsvereinbarung. |4 Vgl. BAG v. 3.5.1984 – 6 ABR 68/81, DB 1984, 2413. |5 BAG v. 3.5.1984 – 6 ABR 68/81, DB 1984, 2413 (2414). |6 BAG v. 16.9.1986 – GS 1/82, NZA 1987, 168 (171); v. 21.9.1989 – 1 AZR 454/88, NZA 1990, 351 (353). |7 BAG v. 23.8.1989 – 5 AZR 390/88, nv.; v. 18.11.2003 – 1 AZR 604/02, NZA 2004, 803 (805); LAG Berlin v. 23.6.2005 – 16 Sa 557/05, nv. |8 BAG v. 21.9.1989 – 1 AZR 454/88, NZA 1990, 351 (353 ff.); v. 28.3.2000 – 1 AZR 366/99, NZA 2001, 49 ff. |9 DKK/*Berg*, § 77 BetrVG Rz. 19. |10 BAG v. 16.9.1986 – GS 1/82, NZA 1987, 168 (171); v. 21.9.1989 – 1 AZR 454/88, NZA 1990, 351 (353); v. 28.3.2000 – 1 AZR 366/99, NZA 2001, 49 (51); v. 12.12.2000 – 1 AZR 183/00, nv. |11 BAG v. 3.6.2003 – 1 AZR 349/02, NZA 2003, 1155 (1159). |12 Vgl. BAG v. 20.4.1999 – 1 ABR 72/98, NZA 1999, 887 (893): kein Vergleich von Äpfeln mit Birnen; BAG v. 30.3.2004 – 1 AZR 85/03, ArbRB 2004, 337; GK-BetrVG/*Kreutz*, § 77 Rz. 245 ff.; *Belling*, Günstigkeitsprinzip im Arbeitsrecht, S. 169 ff. |13 Ebenso *Buchner*, DB 1996, Beil. 12 S. 1 (10); *Heinze*, NZA 1991, 229 (335 f.); *Joost*, ZfA 1984, 273 (276); aA *Wank*, NJW 1996, 2273 (2276 f.); *Däubler*, DB 1989, 2534 (2536 f.). |14 So BAG v. 20.4.1999 – 1 ABR 72/98, NZA 1999, 887 (893); *Ehmann/Schmidt*, NZA 1995, 193 (202); *P. Hanau*, RdA 1998, 65 (70); *Reichold*, ZfA 1998, 237 (252); aA *Adomeit*, NJW 1984, 26; *Buchner*, DB 1996 Beil. 12 S. 1 (10 ff.).

den[1]. Die Unterscheidung zwischen mitbestimmungspflichtigen oder freiwilligen Angelegenheiten ist ohne Bedeutung[2]. Ist nicht zweifelsfrei feststellbar, dass die Abweichung für den einzelnen ArbN günstiger ist, bleibt es bei der zwingenden Geltung der BV[3].

Eine Verschlechterung einzelvertragl. begründeter Ansprüche kann grds. nur durch Änderungskündigung, Änderungsvereinbarung oder Widerruf vorgenommen werden. Ausnahmsw. mag auch ein Wegfall der Geschäftsgrundlage (§ 313 BGB) gegeben sein, der einen Anspruch auf Anpassung schafft[4]. 61

b) Ablösung betrieblicher Einheitsregelungen durch Betriebsvereinbarung. Grundsätzlich gelten die vorangehenden Ausführungen auch für das Verhältnis zwischen einer BV und betriebl. Einheitsregelungen, die durch Arbeitsvertrag, Gesamtzusage oder betriebl. Übung geschaffen werden und freiwillige Sozialleistungen an mehrere ArbN zum Gegenstand haben. An sich können für die ArbN nachteilige Änderungen also nicht durch BV bewirkt werden (zu betriebsvereinbarungsoffenen Regelungen vgl. Rz. 68)[5]. 62

Abweichend hiervon können betriebl. Einheitsregelungen aber auf der Grundlage der vom Großen Senat des BAG im Beschluss vom 16.9.1986[6] entwickelten Grundsätze geändert werden, wenn hierbei das Prinzip der „kollektiven Günstigkeit" gewahrt bleibt[7] und – insb. im Bereich der betrAV – die Grundsätze der Verhältnismäßigkeit und des Vertrauensschutzes gewahrt sind[8]. Unerheblich ist, ob es sich um eine freiwillige oder eine mitbestimmte Angelegenheit handelt und ob die betriebl. Einheitsregelung unter Verletzung des MitbestR des BR zu Stande gekommen ist[9]. 63

Voraussetzung für eine Anwendung des Prinzips der kollektiven Günstigkeit ist, dass die nach Maßgabe der Einheitsregelung gewährten Leistungen in einem Bezugssystem zueinander gestanden haben. Hiervon ist auszugehen, wenn arbeitgeberseitig eine Entscheidung über die Höhe der einzusetzenden Mittel und die Grundsätze ihrer Verteilung getroffen wurde, ohne dass dabei die individuelle Lage eines einzelnen ArbN, seine persönlichen Umstände oder seine besonderen individuellen Verdienste ein Rolle spielten. Wenn die insoweit durch einen Dotierungsrahmen vorgegebenen Mittel als Folge der „umstrukturierenden Betriebsvereinbarung" zum Nachteil einzelner ArbN verändert werden, soll dies zulässig sein, wenn die Neuregelung generelle Ziele verfolgt und insgesamt bei kollektiver Betrachtung nicht ungünstiger ist[10]. Eine isolierte Betrachtung einzelner Ansprüche wäre verfehlt, da günstigere Einzelansprüche auf Grund der vorgegebenen Finanzierungsmasse nur auf Kosten einer Verkürzung der Ansprüche anderer ArbN erzielt werden könnten[11]. Bleiben die Aufwendungen des ArbGeb konstant oder werden sie erweitert, steht das Günstigkeitsprinzip einer Neuregelung nicht entgegen, selbst wenn einzelne ArbN dadurch schlechter gestellt werden. Umgekehrt gehen die Regelungen einer betriebl. Einheitsregelung einer nachfolgenden BV (weiterhin) vor, wenn durch die BV der Gesamtaufwand des ArbGeb verringert wird[12]. 64

Beispiel für vorhandenes Bezugssystem: Geringere Jubiläumszuwendung gegenüber höherem Weihnachtsgeld[13]; Wegfall der Steigerungsbeträge in betrAV zu Gunsten fester und dynamisierter Zulagen zum Tarifentgelt[14]. Der Vergleich eines durch Gesamtzusage begründeten Versorgungswerks, das durch Widerruf für neu in den Betrieb eintretende Mitarbeiter geschlossen worden war, und einer neuen BV Altersversorgung, die wieder für alle Mitarbeiter geöffnet ist, kann nicht ohne weiteres in der Weise vorgenommen werden, dass dem Aufwand für das geschlossene Versorgungswerk mit der naturgemäß sinkenden Zahl von Versorgungsberechtigten der Aufwand gegenübergestellt wird, der auf unbestimmte Zeit für das wieder geöffnete Versorgungswerk aufzubringen ist[15]. Das für eine Anwendung des Prinzips der „kollektiven Günstigkeit" erforderliche Bezugssystem der Leistungen ist nicht gegeben, wenn nur eine durch TV nach Höhe und/oder Verteilung vorgegebene Leistungspflicht umgesetzt wird. Beispiel für fehlendes Bezugssystem: Regelungen zur Altersgrenze für Vertragsbeendigung[16], Regelungen über das eigentliche Arbeitsentgelt als Gegenleistung für die geschuldete Arbeitsleistung, die Be- 65

---

1 BAG v. 30.3.2004 – 1 AZR 85/03, ArbRB 2004, 337. |2 Vgl. BAG v. 16.9.1986 – GS 1/82, NZA 1987, 168; abw. DKK/*Berg*, § 77 BetrVG Rz. 19a ff. |3 BAG v. 30.3.2004 – 1 AZR 85/03, ArbRB 2004, 337. |4 Vgl. für den Bereich der betrieblichen Altersversorgung BAG v. 16.9.1986 – GS 1/82, NZA 168, (171, 177); v. 23.9.1997 – 3 ABR 85/96, NZA 1998, 719; v. 18.3.2003 – 3 AZR 101/02, nv. |5 Vgl. BAG v. 16.9.1987 – GS 1/82, NZA 1987, 168, (171); v. 28.3.2000 – 1 AZR 366/99, NZA 2001, 49 (50 f.); aA LAG Düsseldorf v. 19.6.2001 – 16 Sa 418/01, LAGE § 242 – Betriebliche Übung Nr. 27 (S. 3); *Merten/Schwartz*, DB 2001, 646 ff., die im Zweifel betriebsvereinbarungsoffene Regelung annehmen. |6 BAG v. 16.9.1986 – GS 1/82, NZA 1987, 168 (171). |7 Ebenso BAG v. 7.11.1989 – GS 3/85, NZA 1990, 816; v. 28.3.2000 – 1 AZR 366/99, NZA 2001, 49 (51); v. 17.6.2003 – 3 ABR 43/02, NZA 2004, 1110 (1115); Richardi/*Richardi*, § 77 BetrVG Rz. 153 f.; diff. GK-BetrVG/*Kreutz*, Rz. 256 ff.; aA *Däubler*, AuR 1987, 349 ff.; *Blomeyer*, DB 1987, 634 ff.; *Joost*, RdA 1989, 7 (18 ff.); *Annuß*, NZA 2001, 756 (761); abl. *Hromadka*, NZA 1987 Beil. 3 S. 2 ff. |8 BAG v. 18.3.2003 – 3 AZR 101/02, nv. |9 BAG v. 16.9.1986 – GS 1/82, NZA 1987, 168 (176). |10 BAG v. 17.6.2003 – 3 ABR 43/02, NZA 2004, 1110 (1115). |11 BAG v. 16.9.1986 – GS 1/82, NZA 1987, 168 (173 ff.); v. 21.9.1989 – 1 AZR 454/88, NZA 1990, 351; v. 28.3.2000 – 1 AZR 366/99, NZA 2001, 49 (51); krit. GK-BetrVG/*Kreutz*, § 77 Rz. 258.; *Belling*, DB 1987, 1888 ff.; *Däubler*, AuR 1987, 349 ff. |12 BAG v. 16.9.1986 – GS 1/82, NZA 1987, 168 (175). |13 BAG v. 3.11.1987 – 8 AZR 316/81, NZA 1988, 509 (510). |14 LAG Hamm v. 17.12.1996 – 6 Sa 643/96, BB 1997, 528 ff. |15 BAG v. 17.6.2003 – 3 ABR 43/02, NZA 2004, 1110. |16 BAG v. 7.11.1989 – GS 3/85, NZA 1990, 816.

zugnahme auf TV, Regelungen über die Bezahlung von Mehrarbeit, Nacht- und Feiertagsarbeit, Urlaub und Urlaubsvergütung, Regelungen zur Lohnfortzahlung bei Fehlzeiten oder andere Regelungen, die – wie die Dauer der Wochenarbeitszeit, Kündigungsfristen – den Inhalt des Arbeitsverhältnisses bestimmen[1]. Einheitsregelungen zu diesen Angelegenheiten können durch BV nicht verändert werden. Soweit die BV für die einzelnen ArbN günstigere Normen enthält, verdrängt sie indes während ihrer Geltungsdauer die arbeitsvertragl. Regelungen[2].

66 Mit Abschluss der ablösenden BV entfällt die betriebliche Einheitsregelung. Sie wird durch die BV ersetzt. Damit kann der Anspruch später auch durch BV geändert (Ablösungsprinzip) oder ohne Wiederaufleben der einzelvertragl. Regelung beendet werden[3].

67 Wenn eine Änderung betrieblicher Einheitsregelungen durch BV bereits vor dem Beschluss des Großen Senats v. 16.9.1986[4] vorgenommen wurde, hat die BV ablösenden Charakter, selbst wenn sie die Rechte der ArbN insgesamt bei kollektiver Betrachtung verschlechtert, falls die Betriebspartner auf die Geeignetheit des Ablösungsmittels „Betriebsvereinbarung" vertrauen durften und die Neuregelung ihrerseits einer inhaltlichen Kontrolle unter den Gesichtspunkten der Verhältnismäßigkeit und des Vertrauensschutzes standhält[5]. Jedenfalls bis zum Bekanntwerden von BAG v. 12.8.1982[6] durften die Betriebsparteien davon ausgehen, dass die BV eine Gesamtzusage oder betriebl. Einheitsregelung ablösen und ungünstiger gestalten kann[7].

68 **c) Betriebsvereinbarungsoffene Arbeitsverträge.** Abweichend hiervon kann durch BV in einzelvertragl. Regelungen auch zuungunsten der ArbN eingegriffen werden, wenn dort der Vorbehalt einer kollektivrechtl. Änderung enthalten war[8] und die allgemeinen Grenzen der Verhältnismäßigkeit und des Vertrauensschutzes beachtet werden[9]. Dieser Vorbehalt kann ausdrücklich oder konkludent erfolgen. Er muss jedenfalls in der Vereinbarung oder Zusage bzw. anlässlich der Verhandlungen über die einzelvertragl. Regelung zum Ausdruck kommen. Ggf. muss eine Auslegung vorgenommen werden[10]. Beispiel: Richtlinie über Jubiläumsgeld mit Bezugnahme auf vorherige Abstimmung mit KBR[11]. Der Arbeitsvertrag ist einer Änderung auch dann zugänglich, wenn auf eine BV in bestimmter Fassung verwiesen worden ist. Ausgehend davon, dass BV auch ohne den Hinweis unmittelbar und zwingend zur Anwendung kommen (§ 77 IV 1), soll eine solche Bezugnahme idR nur den Vorgaben des NachwG entsprechen. Insofern muss man den Verweis im Zweifel als deklaratorisch[12] und „dynamisch" verstehen[13]. Beispiel: Im Arbeitsvertrag wird die zu dieser Zeit im Betrieb geltende Regelung über Beginn und Ende der täglichen Arbeitszeit und die Verteilung der Arbeitszeit auf die einzelnen Wochentage Bezug genommen. Schon wegen der Notwendigkeit kollektiver Veränderbarkeit und der damit verbundenen Mitbestimmungsrechte des Betriebsrats liegt darin im Zweifel keine individuelle Zusage, die gegenüber späterer Veränderung der betrieblichen Arbeitszeit durch BV Bestand haben kann[14]. Das Gleiche gilt, wenn im Einstellungsgespräch mündlich auf bestimmte Betriebsvereinbarungen (hier: 13. Monatsgehalt) Bezug genommen wird[15]. Wenn der ArbN eine bestimmte Regelung (statisch) festgeschrieben wissen will, muss dies im Arbeitsvertrag selbst deutlich zum Ausdruck gebracht werden[16]. Wenn im Arbeitsvertrag indes eine Zahlung nach den Maßgaben einer BV zugesagt wird, kann dies eine konstitutive Bezugnahme sein, die nicht vom Fortbestand der BV abhängig ist. Ob sie auch dyn. ist, hängt von der weiteren Auslegung im Einzelfall ab[17].

69 **15. Besonderheiten bei Betriebsübergang und Umwandlung (vgl. auch § 613a BGB). a) Übertragung eines Betriebs unter Wahrung seiner Identität.** Wird ein Betrieb im Rahmen von § 613a BGB unter Wahrung seiner betriebsverfassungsrechtl. Identität auf einen anderen Rechtsträger übertragen[18], gilt die BV auf kollektivrechtl. Ebene fort, da sie – unabhängig von der Frage des Betriebsinhabers – in ihrem Bestand am Betrieb anknüpft[19]. Dabei kommt es auf die Rechtsform der Übertragung nicht an; auch die Umwandlung oder sonstige Formen der Gesamtrechtsnachfolge werden einbezogen. Auch der Rege-

---

1 BAG v. 28.3.2000 – 1 AZR 366/99, NZA 2001, 49 (51); v. 21.9.1989 – 1 AZR 454/88, NZA 1990, 351. | 2 BAG v. 28.3.2000 – 1 AZR 366/99, NZA 2001, 49 (51). | 3 Vgl. BAG v. 16.9.1986 – GS 1/82, NZA 1987, 168 ff.; v. 21.9.1989 – 1 AZR 454/88, NZA 1990, 351 (352 f.); abw. DKK/*Berg*, § 77 BetrVG Rz. 24: nur einvernehmliche Verschlechterung oder Beendigung der BV; ErfK/*Kania*, § 77 BetrVG Rz. 78: nur (vorübergehend) verdrängende Wirkung. | 4 BAG v. 16.9.1986 – GS 1/82, NZA 1987, 168. | 5 BAG v. 20.11.1990 – 3 AZR 573/89, NZA 1991, 477; v. 18.9.2001 – 3 AZR 679/00, EzA § 1 BetrAVG – Ablösung Nr. 29 (S. 8). | 6 BAG v. 12.8.1982 – 6 AZR 1117/79, BB 1982, 2183. | 7 BAG v. 20.11.1990 – 3 AZR 573/89, NZA 1991, 477; v. 18.9.2001 – 3 AZR 679/00, NZA 2002, 760. | 8 BAG v. 16.9.1986 – GS 1/82, NZA 1987, 168 (171); v. 17.6.2003 – 3 ABR 43/02, NZA 2004, 1110, 1114. | 9 Vgl. BAG v. 10.12.2002 – 3 AZR 92/02, EzA § 1 BetrAVG – Ablösung Nr. 37 S. 9. | 10 BAG v. 3.11.1987 – 8 AZR 316/81, NZA 1988, 509, (510); v. 16.9.1986 – GS 1/82, NZA 1987, 168, (171); ErfK/*Kania*, § 77 BetrVG Rz. 83 ff. | 11 Vgl. BAG v. 3.11.1987 – 8 AZR 316/81, NZA 1988, 509; ähnlich BAG v. 10.12.2002 – 3 AZR 92/02, EzA § 1 BetrAVG – Ablösung Nr. 37 S. 6 ff. („Beschluss im Einvernehmen mit Betriebsrat"). | 12 BAG v. 14.8.2001 – 1 AZR 619/00, NZA 2002, 276 (278). | 13 BAG v. 16.8.1988 – 3 AZR 61/87, NZA 1989, 102; v. 20.11.1987 – 2 AZR 284/86, NZA 1988, 617. | 14 BAG v. 23.6.1993 – 1 AZR 57/92, NZA 1993, 89. | 15 BAG v. 23.5.2007 – 10 AZR 295/06, NZA 2007, 940 (943). | 16 BAG v. 16.8.1988 – 3 AZR 61/87, NZA 1989, 102; v. 23.6.1993 – 1 AZR 57/92, NZA 1993, 89; DKK/*Berg*, § 77 BetrVG Rz. 19a ff. | 17 Vgl. BAG v. 24.9.2003 – 10 AZR 34/03, nv. | 18 Hierzu *Gaul*, B., Betriebs- und Unternehmensspaltung, § 25 Rz. 12 ff. | 19 BAG v. 27.7.1994 – 7 ABR 37/93, NZA 1995, 222 (225); v. 7.11.2000 – 1 ABR 17/00, nv.; v. 28.6.2005 – 1 AZR 213/04, AP Nr. 25 zu § 77 BetrVG 1972 – Betriebliche Altersversorgung.

lungsgegenstand spielt keine Rolle; § 613a I 2–4 BGB kommt nicht zur Anwendung[1]. Einzelvertragl. Vereinbarungen zum Nachteil der ArbN sind bereits nach Abs. 4 unwirksam. Änderungen der BV sind nach den allgemeinen Grundsätzen zulässig (vgl. Rz. 54). Wenn eine BV unternehmensspezifische Regelungen enthält, die beim Erwerber keine Anwendung finden können (Beispiel: Stock-Option-Plan, umsatzabhängige Bonusregelung, Personalrabatt), ist ein Wegfall oder eine Anpassung nach den Grundsätzen zur ergänzenden Vertragsauslegung (§§ 133, 157 BGB[2]) bzw. – nachgeordnet – zur Störung der Geschäftsgrundlage (§ 313 BGB) denkbar[3]. Der enge Bezug zwischen der Absicht einer Förderung der Eigenproduktion kann dabei zur Folge haben, dass gegenüber dem Erwerber kein Anspruch mehr auf dieselben Waren oder Dienstleistungen besteht[4]. Kommt eine Vertragsauslegung nicht zur gewünschten Anpassung, muss geprüft werden, ob bei Vertragsschluss von einem Umstand ausgegangen worden ist, der zwar nicht Vertragsinhalt geworden ist, dennoch erkennbar auf beiden Seiten den Geschäftswillen aufgebaut hat, und dieser auf Grund schwerwiegender Änderungen weggefallen ist. Voraussetzung ist, dass die veränderten Umstände die Grundlage der Vereinbarung betreffen und die Vereinbarung in Kenntnis der Veränderung nicht zu Stande gekommen wäre[5].

b) Fortbestand des Betriebs als Gemeinschaftsbetrieb. Wenn einzelne Teile auf einen anderen Rechtsträger übertragen werden, der Betrieb aber als gemeins. Betrieb der beteiligten Rechtsträger fortbesteht (§ 1 II Nr. 2), gelten diese Grundsätze entsprechend[6]. Die BV gilt also für die im gemeins. Betrieb der beteiligten Rechtsträger beschäftigten ArbN kollektivrechtl. fort[7]. Ein Rückgriff auf § 613a I 2–4 BGB zur Darstellung der Rechtsfolgen für die BV kommt nicht in Betracht. 70

c) Spaltung eines Betriebs und Übertragung eines Betriebsteils. Wird nur ein Betriebsteil ausgegliedert und übertragen, besteht aber der Betrieb in seiner Identität beim übertragenden Rechtsträger fort, gilt die BV dort kollektivrechtl. fort[8]. Entsprechendes gilt dann, wenn der ausgegliederte Betriebsteil beim übertragenden Rechtsträger bleibt, der Betrieb im Übrigen aber unter Wahrung seiner betriebsverfassungsrechtl. Identität auf einen anderen Rechtsträger übertragen wird. In diesem Fall gilt die BV für die ArbN kollektivrechtl. weiter, deren Arbeitsverhältnis auf den anderen Rechtsträger übergegangen ist. Ein Rückgriff auf § 613a I 2–4 BGB ist insoweit nicht erforderlich. 71

Ganz überwiegend ist in der Vergangenheit angenommen worden, dass eine kollektivrechtl. Fortgeltung der BV in dem ausgegliederten Betriebsteil vor allem wegen der fehlenden Identität mit dem bisherigen Betrieb ausgeschlossen sei[9]. Das Gleiche galt dann, wenn der Betrieb aufgelöst und die daraus entstehenden Teile – ganz oder teilweise – auf einen oder mehrere Rechtsträger übertragen werden[10]. Allerdings wurde angenommen, dass die Regelungen der BV gemäß § 613a I 2 BGB als Bestandteil des Arbeitsverhältnisses fortgelten, was zur Folge hatte, dass diese Rechte und Pflichten für die Dauer von einem Jahr nicht zum Nachteil der betroffenen ArbN geändert werden können[11]. Maßgeblich für den Fristbeginn war insoweit die tatsächliche Spaltung bzw. Auflösung des bisherigen Betriebs. Der Zeitpunkt des Übergangs der Arbeitsverhältnisse spielte keine Rolle. ArbN, die nach Übergang des Arbeitsverhältnisses beim übernehmenden Rechtsträger neu eingestellt werden, konnten von der individualrechtlich fortgeltenden BV nicht mehr erfasst werden. Analog § 613a I 2–4 BGB war von der einzelvertragl. Fortgeltung auch dann auszugehen, wenn der ausgegliederte Betriebsteil beim übertragenden Rechtsträger blieb, während der Restbetrieb unter Wahrung seiner Identität übertragen wird[12]. 72

Unter Berücksichtigung der zwischenzeitlichen Überlegungen in Rechtsprechung und Literatur wird man an dieser Bewertung indes nicht mehr festhalten können und grundsätzlich von einer kollektivrechtlichen Fortgeltung der BV ausgehen müssen, wenn ein Betriebsteil ausgegliedert oder ein Betrieb aufgelöst wird und die hiervon betroffenen Betriebsteile im Anschluss daran als eigenständige Betriebe iSd §§ 1, 4 I fortgeführt werden[13]. Insofern wird man die Überlegungen übertragen können, die zu Gesamtbetriebsvereinbarungen entwickelt wurden. Auf diese Weise wird überzeugender dem durch RL 2001/23/EG vorgegebenen Ziel Rechnung getragen, dass den von Betriebsübergang/Umwandlung betrof- 73

1 BAG v. 27.7.1994 – 7 ABR 37/93, NZA 1995, 222 (225); *Henssler*, NZA 1994, 913 (914); *Heinze*, DB 1998, 1861 (1893); *Röder/Haußmann*, DB 1999, 1754; aA *Junker*, RdA 1993, 203 (205). | 2 BAG v. 7.9.2004 – 9 AZR 631/03, DB 2005, 1223 f. | 3 Vgl. *Gaul, B.*, Betriebs- und Unternehmensspaltung, § 13 Rz. 40 ff. | 4 BAG v. 7.9.2004 – 9 AZR 631/03, DB 2005, 1223 (1224); v. 13.12.2006 – 10 AZR 792/05, NZA 2007, 325 ff.; *Fuchs*, Betriebliche Sonderleistungen, S. 131 ff. | 5 *Gaul, B.*, Betriebs- und Unternehmensspaltung, § 13 Rz. 46. | 6 *Gaul, B.*, Betriebs- und Unternehmensspaltung, § 25 Rz. 59 ff., 80 ff.; *Hartmann*, AuA 1997, 16 (17). | 7 BAG v. 5.2.1991 – 1 AZR 32/90, DB 1991, 1937 (1939); HSWG/*Worzalla*, § 77 BetrVG Rz. 231; GK-BetrVG/*Kreutz*, § 77 Rz. 387. | 8 *Gaul, B.*, Betriebs- und Unternehmensspaltung, § 25 Rz. 154; GK-BetrVG/*Kreutz*, § 77 Rz. 386; DKK/*Berg*, § 77 BetrVG Rz. 51; aA *D. Gaul*, NZA 1986, 628 (631); *Sowka*, DB 1988, 1318 (1321). | 9 BAG v. 27.7.1994 – 7 ABR 37/93, NZA 1995, 222; v. 24.7.2001 – 3 AZR 660/00, NZA 2002, 520; v. 14.8.2001 – 1 AZR 619/00, NZA 2002, 276 ff.; Erman/*Hanau*, § 613a BGB Rz. 73; *Heinze*, DB 1998, 1861 (1864); *B. Gaul*, Das Arbeitsrecht der Betriebs- und Unternehmensspaltung § 25 Rz. 116 ff. mwN; ErfK/*Preis*, § 613 a BGB Rz. 110. | 10 *Gaul, B.*, Betriebs- und Unternehmensspaltung, § 25 Rz. 117. | 11 *Gaul, B.*, Betriebs- und Unternehmensspaltung, § 24 Rz. 31 ff., 25 Rz. 125. | 12 *P. Hanau*, RdA 1989, 207 (211); *Gaul, B.*, Betriebs- und Unternehmensspaltung, § 25 Rz. 173 ff., 182 ff.; 194; abl. *Schiefer*, RdA 1994, 83 (85); *D. Gaul*, NZA 1986, 628 (630). | 13 Vgl. BAG v. 18.9.2002 – 1 ABR 54/01, NZA 2003, 670 (673); v. 18.11.2003 – 1 AZR 604/02, NZA 2004, 803 (805); *Kreutz*, FS 50 Jahre BAG S. 993 (997 ff.); *Fitting*, § 77 BetrVG Rz. 174.

fenen ArbN nach Möglichkeit der bisherige Status quo erhalten bleiben soll. Dieser Status quo wird bei kollektivrechtlicher Fortgeltung der BV inhaltlich und formal – was für künftige Veränderungen Bedeutung hat – fortgeschrieben. Denn damit sind ArbGeb und BR (ggf. im Rahmen des Übergangsmandats) in der Lage, eine Änderung oder Beendigung durch neue BV (ggf. Spruch der Einigungsstelle) oder Kündigung der BV (ohne sachlichen Grund) herbeizuführen. Darüber hinaus wird auch beim Erwerber eine betriebseinheitliche Regelung gefördert. Entgegen der zum Teil vertretenen Auffassung[1] kommt es dabei allerdings nicht auf den Regelungsgegenstand an. Insoweit werden freiwillige BV ebenso wie mitbestimmte oder teilmitbestimmte BV erfasst. Auch Regelungen über betriebl. und betriebsverfassungsrechtl. Fragen gelten als BV fort. Damit entfällt ein Rückgriff auf § 613 I 2 BGB für die BV. ArbN, die nach der Reorganisationsmaßnahme neu eingestellt werden, werden von der BV erfasst, falls keine Begrenzung des Geltungsbereichs vereinbart wird.

74 Hiervon ausgehend ist die individualrechtl. Fortgeltung einer BV gemäß § 613a I 2 BGB nach Betriebsübergang/Umwandlung bzw. bei unternehmensinternen Veränderungen im Grunde auf die Fälle begrenzt, in denen Betriebe oder Betriebsteile, in denen die BV bislang gegolten hat, mit einem anderen Betrieb zusammengeschlossen werden und keine Ablösung mit einer dort zum gleichen Regelungsgegenstand bestehenden BV erfolgt. In diesen Fällen ist eine kollektivrechtl. Fortgeltung der BV ausgeschlossen[2].

Voraussetzung einer solchen Ablösung ist, dass der Zusammenschluss durch Eingliederung erfolgt (vgl. Rz. 77). Ob und inwieweit ein Übergangsmandat besteht, spielt keine Rolle. Das Übergangsmandat, das auch bei der Neugründung eines Betriebs greift, hat keine Bedeutung für die Geltung von BV. Insofern hat auch die Frage, ob in der ab- oder aufnehmenden Einheit (bereits) ein BR besteht, für die Entscheidung über die individual- oder kollektivrechtl. Fortgeltung einer BV keine Bedeutung[3].

75 Wird eine BV gem. § 613a I 2 BGB zum Inhalt des Arbeitsverhältnisses, ist sie vor der Ablösung durch BV nicht anders geschützt, als wenn sie kollektivrechtl. weitergelten würde[4]. Auf ihre Ablösung nach § 613a I 3 BGB finden insofern ohne Rücksicht auf die Ein-Jahres-Frist die Regelungen zur ablösenden BV Anwendung[5]. Voraussetzung ist allerdings, dass die ablösende BV ihrerseits wirksam ist. Das setzt insb. auch die Wahrung des Tarifvorrangs (Abs. 3) voraus[6]. Dem Ordnungsinteresse des neuen Betriebsinhabers wird also gegenüber dem Interesse der ArbN an einer individualrechtl. Fortgeltung der bisherigen Kollektivverträge Vorrang eingeräumt, wenn die neuen TV bzw. BV unmittelbar und zwingend für das mit dem Erwerber bestehende Arbeitsverhältnis gelten[7]. Dies gilt auch, wenn die Neuregelung erst nach dem Übergang des Betriebsteils geschaffen wird[8]. Allerdings muss die ablösende BV notwendigerweise der Sache nach den selben Gegenstand regeln[9]. Im Bereich der betrAV gelten darüber hinaus die allgemeinen Besonderheiten (vgl. Rz. 55)[10].

76 Die individualrechtl. Fortgeltung gem. § 613a I 2 BGB ist auf Inhalts- und Beendigungsnormen beschränkt. Abschlussnormen gelten nur dann fort, wenn sie sich nicht auf Neueinstellungen, sondern auf Veränderungen in Arbeitsverhältnissen beziehen, die zum Zeitpunkt des Übertragungsvorgangs bereits bestanden haben (zB Anspruch auf Abschluss eines Altersteilzeitvertrags). Regelungen über betriebliche oder betriebsverfassungsrechtl. Fragen sind von einer Fortgeltung ausgeschlossen[11].

77 **d) Zusammenschluss von Betrieben.** Wenn der auf einen anderen Rechtsträger übertragene oder der beim übertragenden Rechtsträger bleibende Betriebsteil mit einem anderen Betrieb zusammengeschlossen wird, kann dies zu einer Ablösung der bis dahin indiviual- oder kollektivrechtlich fortgeltenden Regelungen (vgl. Rz. 71–74) der (früheren) BV führen[12]. Voraussetzung ist, dass der Zusammenschluss nicht durch Neugründung eines Betriebs, sondern durch Eingliederung des Betriebsteil in den anderen Betrieb vorgenommen wird. Denn nur dann kann die BV im aufnehmenden Betrieb kollektivrechtlich weitergelten und die ArbN, deren Betrieb oder Betriebsteil eingegliedert wird, erfassen. Ob eine Eingliederung oder eine Neugründung vorliegt, muss vor allem durch Vergleich der Organisation der Einheiten vor dem Zusammenschluss und der Organisation der nach dem Zusammenschluss bestehenden Einheit festgestellt werden[13]. Für Eingliederung spricht zB, wenn in der aufnehmenden Einheit deutlich

1 Vgl. *Bauer/von Steinau-Steinrück*, NZA 2000, 505 ff. | 2 Offen BAG v. 21.1.2003 – 1 ABR 9/02, NZA 2003, 1097 (1098), das von der Möglichkeit einer Fortgeltung als „normativer Teilordnung" im aufnehmenden Betrieb spricht (so für Sozialplan BAG v. 24.3.1981 – 1 AZR 805/78, DB 1981, 2178 [2180]). | 3 Abw. *Kreutz*, FS 50 Jahre BAG S. 993 (1010 ff.), dessen stringente Anbindung an das Übergangsmandat in Einzelfällen aber zu widersprüchlichen Ergebnissen führt (Beispiel: Spaltung eines betriebsratslosen Betriebs). | 4 BAG v. 18.11.2003 – 1 AZR 604/02, NZA 2004, 803 (805); v. 28.6.2005 – 1 AZR 213/04, AP Nr. 25 zu § 77 BetrVG 1972 – Betriebliche Altersversorgung. | 5 Vgl. BAG v. 24.7.2001 – 3 AZR 660/00, NZA 2002, 520; v. 14.8.2001 – 1 AZR 619/00, NZA 2002, 276 (279). | 6 BAG v. 22.3.2005 – 1 ABR 64/03, AP Nr 26 zu § 4 TVG – Geltungsbereich. | 7 BAG v. 21.2.2001 – 4 AZR 18/00, NZA 2001, 1318; v. 14.8.2001 – 1 AZR 619/00, NZA 2002, 276 (279). | 8 BAG v. 19.3.1986 – 4 AZR 640/84, NZA 1986, 687; v. 20.4.1994 – 4 AZR 342/93, NZA 1994, 1140; BAG v. 14.8.2002 – 1 AZR 619/00, NZA 2002, 276 (279). | 9 BAG v. 24.7.2001 – 3 AZR 660/00, NZA 2002, 520; v. 1.8.2001 – 4 AZR 82/00, NZA 2002, 41 ff. | 10 BAG v. 24.7.2001 – 3 AZR 660/00, NZA 2002, 520; *Gaul, B./Kühnreich*, NZA 2002, 495 ff. | 11 *Gaul, B.*, Betriebs- und Unternehmensspaltung, § 25 Rz. 120 f. | 12 BAG v. 24.7.2001 – 3 AZR 660/00, NZA 2002, 520 ff.; v. 21.1.2003 – 1 ABR 9/02, NZA 2003, 1097 (1099 f.). | 13 Ausf. *Gaul, B.*, Betriebs- und Unternehmensspaltung, § 25 Rz. 157 ff.

mehr ArbN beschäftigt werden (ungefähr 60 : 40) oder wenn der arbeitstechnische Zweck, der in den beteiligten Einheiten verfolgt wird, keine Integration einzelner Abteilungen/Bereiche erforderlich macht. Wenn auf dieser Grundlage davon auszugehen ist, dass die bisherige Organisation des aufnehmenden Betriebs fortbesteht, lösen die dort geltenden BV die bisherigen Regelungen zum gleichen Regelungsgegenstand ab. Auf die Günstigkeit der Regelungen kommt es nicht an. Nur solche Regelungen, die in der aufnehmenden Einheit nicht als BV geregelt sind, gelten für die Arbeitnehmer der eingegliederten Einheit als Bestandteil des Arbeitsvertrags fort (§ 613a I 2 BGB). Wenn der Zusammenschluss des übertragenen Betriebs oder Betriebsteils mit einer beim übernehmenden Rechtsträger bestehenden Einheit hingegen als Neugründung eines Betriebs anzusehen ist, bleibt es zunächst einmal bei der individualrechtl. Fortgeltung der Rechte und Pflichten aus der BV gem. §§ 613a I 2 BGB, 324 UmwG. Eine Ablösung durch eine andere BV setzt voraus, dass diese Vereinbarung mit dem BR, der für den gegründeten Betrieb neu gewählt werden muss, abgeschlossen wird[1]. Wegen der Ablösung durch neue BV gilt § 613a I 3 BGB (vgl. Rz. 54, 75)[2]. Besteht Streit über die Frage, ob ein Betrieb oder mehrere Betriebe im Anschluss an einen Übertragungsvorgang bestehen, kann ein Beschlussverfahren nach § 18 II eingeleitet werden (vgl. § 18 Rz. 12 ff.).

e) Ablösung durch andere Vereinbarung. Die Regelungen einer BV können nach der Übertragung eines Betriebs oder Betriebsteils auch durch Gesamt- oder KonzernBV des Erwerbers abgelöst werden, sofern der gleiche Regelungsgegenstand betroffen ist und der Betrieb/Betriebsteil in deren Geltungsbereich fällt[3]. Unerheblich ist dabei, ob ein Betrieb oder Betriebsteil übertragen wird. Voraussetzung ist lediglich, dass die Gesamt- oder KonzernBV – ausgehend von einem Sachgruppenvergleich – den gleichen Regelungsgegenstand betrifft. In diesem Fall verdrängt sie nach den allgemeinen Grundsätzen zur Konkurrenz zwischen BV einerseits und Gesamt- oder KonzernBV andererseits bzw. nach Maßgabe von § 613a I 3 BGB die bisherige Regelung. 78

Eine Ablösung der individualrechtl. fortgeltenden BV durch TV ist nach § 613a I 3 BGB ebenfalls möglich, ohne dass ein Günstigkeitsvergleich vorgenommen wird[4]. Eine Ablösung der individualrechtl. fortgeltenden Regelungen einer früheren BV durch eine betriebl. Einheitsregelung, die beim übernehmenden Rechtsträger besteht, setzt Zustimmung des ArbN voraus und darf eine Verschlechterung der Arbeitsbedingungen erst nach Ablauf der Jahresfrist bewirken[5]. Eine Ausnahme ist nur bei betriebsvereinbarungsoffenen Regelungen denkbar (vgl. Rz. 68). 79

f) Beendigung der Betriebsvereinbarung im Zusammenhang mit Übergang. War die BV vor dem Übergang bereits beendet, ist ihre Fortgeltung beim übernehmenden Rechtsträger ausgeschlossen, wenn sie keine Nachwirkung hat[6]. Liegt Nachwirkung vor, gilt sie kollektivrechtl. (Übertragung des Betriebs) oder als Bestandteil des Arbeitsverhältnisses (Übertragung eines Betriebsteils) fort. Sie kann nicht nur durch Kollektivvereinbarung geändert werden. Vielmehr kann sie ohne Rücksicht auf die Ein-Jahres-Frist durch Änderungskündigung oder Änderungsvereinbarung auch zum Nachteil der betroffenen ArbN geändert werden. Entsprechendes gilt, wenn die BV nach der Spaltung bzw. Übertragung des Betriebs oder Betriebsteils beendet wird. 80

g) Besonderheiten für Gesamtbetriebsvereinbarungen. Eine GesamtBV gilt als GesamtBV fort, wenn sämtliche Betriebe unter Wahrung ihrer Identität übertragen werden und der übernehmende Rechtsträger – bspw. bei einer Spaltung zur Neugründung – seinerseits noch keine Betriebe oder Betriebsteile besitzt, die bei ihrer Einbeziehung zu einer Ausweitung des bisherigen Geltungsbereichs führen würden[7]. Bestehen beim übernehmenden Rechtsträger andere Betriebe, setzt eine kollektivrechtl. Fortgeltung voraus, dass die GesamtBV in ihrem Geltungsbereich auf die übertragenen Betriebe begrenzt ist und beim übernehmenden Rechtsträger keine GesamtBV zum gleichen Regelungsgegenstand besteht, die die übertragenen Betriebe erfasst. 81

Eine GesamtBV gilt als BV fort, wenn ein einzelner Betrieb unter Wahrung seiner Identität auf einen anderen Rechtsträger übertragen wird. Unerheblich ist, ob die Vereinbarung im originären oder im übertragenen Zuständigkeitsbereich abgeschlossen wird[8]. Folgt man der Entscheidung des BAG v. 82

---

1 Vgl. *Gaul, B.*, Betriebs- und Unternehmensspaltung, § 25 Rz. 169 ff., 175 ff. | 2 BAG v. 14.8.2001 – 1 AZR 619/00, NZA 2002, 276 (278); v. 28.6.2005 – 1 AZR 213/04, AP Nr. 25 zu § 77 BetrVG 1972 – Betriebliche Altersversorgung. | 3 *Gaul, B.*, Betriebs- und Unternehmensspaltung, § 25 Rz. 139; *Henssler*, NZA 1994, 913 (918); abw. *Sowka/Weiss*, DB 1991, 1518 (1520 f.). | 4 LAG Hamburg v. 7.6.1995 – 4 Sa 115/94, AuR 1996, 75; *Gaul, B.*, Betriebs- und Unternehmensspaltung, § 25 Rz. 146 ff.; *Kania*, DB 1995, 625 (626 f.); Erman/*Hanau*, § 613a BGB Rz. 93. | 5 *Gaul, B.*, Betriebs- und Unternehmensspaltung, § 26 Rz. 142 ff.; aA *Henssler*, NZA 1994, 913 (918). | 6 BAG v. 18.11.2003 – 1 AZR 604/02, NZA 2004, 803 (805); *Gaul, B.*, Betriebs- und Unternehmensspaltung, § 25 Rz. 129 ff. | 7 *Gaul, B.*, Betriebs- und Unternehmensspaltung, § 25 Rz. 210; WHSS/*Hohenstatt*, Umstrukturierung E Rz. 58; *Kittner/Zwanziger/Bachner*, Arbeitsrecht § 116 Rz. 12; abl. *Boecken*, Unternehmensumwandlungen Rz. 160. | 8 Vgl. BAG v. 18.9.2002 – 1 ABR 54/01, NZA 2003, 670 (673); ArbG Frankfurt/M. v. 12.9.1996 – 18 Ca 8666/95, AiB 1997, 481 (482 f.); *Gaul, B.*, Betriebs- und Unternehmensspaltung, § 25 Rz. 216 ff.; aA noch BAG v. 29.10.1985 – 3 AZR 485/83, BB 1986, 1644; LAG Hamburg v. 7.6.1995 – 4 Sa 115/94, AuR 1996, 75 (76 f.); *Hanau*, ZGR 1990, 548 (555); *Berscheid*, FS Stahlhacke S. 15 (31 f.): Fortgeltung gemäß § 613a I 2 BGB.

18.9.2002[1], gilt die GesamtBV auch dann als BV fort, wenn ein Betriebsteil übertragen und durch Erwerber als eigenständiger Betrieb fortgeführt wird[2]. Konsequenz der kollektivrechtl. Fortgeltung ist, dass eine Änderung oder Beendigung nach Maßgabe der allgemeinen Grundsätze zur Änderung oder Beendigung von BV (vgl. Rz. 34 ff., 54 ff.) erfolgen kann. Bei einer einzelvertragl. Fortgeltung müsste die Jahresfrist des § 613a I 2 BGB beachtet werden.

83 Beim übertragenden Rechtsträger wirkt die GesamtBV kollektivrechtl. als GesamtBV oder BV fort, sofern die dort verbleibenden Einheiten als Betrieb oder selbständiger Betriebsteil iSd. § 4 I 1 qualifiziert werden können[3].

84 **h) Besonderheiten für Konzernbetriebsvereinbarungen.** Eine KonzernBV wirkt als KonzernBV fort, wenn der Rechtsträger, auf den Betriebe oder Betriebsteile übertragen wurden, im gleichen Konzern steht[4]. Es genügt, dass die Einheiten auch im Anschluss an den Übertragungsvorgang in den Geltungsbereich fallen (§ 58 I 1). Steht der übernehmende Rechtsträger nicht in einer Konzernbindung, gelten die Ausführungen zur GesamtBV entsprechend[5].

85 **16. Unternehmensinterne Veränderungen/Bildung und Auflösung eines gemeinsamen Betriebs.** Wenn Betriebe oder Betriebsteile unternehmensintern ausgegliedert oder zusammengeschlossen werden, gelten die vorstehenden Ausführungen zu solchen Veränderungen im Anschluss an einen Betriebsübergang oder eine Umwandlung entsprechend (vgl. Rz. 69, 71 ff.). Diese Grundsätze gelten auch dann, wenn die Veränderung mit der Bildung oder Auflösung eines gemeins. Betriebs verbunden ist. Ggf. kommt es also zu einer analogen Anwendung von § 613a BGB[6]. Für Gesamt- oder KonzernBV hat die unternehmensinterne Veränderung keine Bedeutung. Sie gelten kollektivrechtl. fort[7].

86 **17. Rechtsfolgen von Abschlussmängeln bei einer Betriebsvereinbarung.** Da es sich bei der BV um einen Vertrag handelt (vgl. Rz. 1), sind die Vorschriften des BGB über Willenserklärungen und Rechtsgeschäfte grds. anwendbar[8].

87 **a) Nichtigkeit/Unwirksamkeit von Betriebsvereinbarungen.** BV sind nichtig, soweit sie gegen ein zwingendes Gesetz oder die guten Sitten verstoßen (§§ 134, 138 BGB) oder das Schriftformerfordernis nicht beachtet wird (§ 125 I BGB). Eine BV ist auch dann unwirksam, wenn die betriebl. Sozialpartner außerhalb ihrer Regelungszuständigkeit handelten. Beispiel: Abschluss einer BV für anderen Betrieb, Vereinbarung über anderweitige Verteilung der Zuständigkeit zwischen BR, GBR und KBR, fehlerhafte Einladung der Betriebsratsmitglieder zur Betriebsratssitzung mit Beschlussfassung über BV[9] oder Nichtbeachtung des Tarifvorrangs bzw. -vorbehalts aus §§ 77 III, 87 I[10]. Handelte der BR-Vorsitzende ohne bzw. außerhalb seiner Vertretungsbefugnis, kann der Abschluss der BV, die insoweit schwebend unwirksam ist, durch den BR genehmigt werden. War die BR-Wahl nichtig, ist die durch den vermeintlichen BR abgeschlossene Vereinbarung unwirksam. War die BR-Wahl nur anfechtbar, kann der BR allerdings bis zur rechtskräftigen Entscheidung nach § 19 alle Beteiligungsrechte ausüben, wozu auch der Abschluss einer BV gehört[11].

88 IdR handelt es sich um eine anfängliche Unwirksamkeit. Die Nichtigkeit wirkt allerdings ex nunc, wenn die BV bereits ein Dauerschuldverhältnis gestaltet hat (Beispiel: Vereinbarung über die Gewährung übertarifl. Leistungen) oder der Grund für die Unwirksamkeit erst nach Abschluss der BV wirksam wird (Beispiel: nachträglicher Abschluss eines TV zum gleichen Regelungsgegenstand).

89 Aus dem Normencharakter der BV folgt, dass sie trotz Nichtigkeit einzelner Regelungen im Übrigen wirksam ist, wenn die verbleibenden Bestimmungen eine sinnvolle und in sich geschlossene Regelung enthalten und kein solcher Zusammenhang zu dem unwirksamen Teil der BV besteht, der einer isolierten Fortgeltung entgegensteht[12]. Ob dabei § 139 BGB analog zur Anwendung kommt[13], kann offen bleiben.

90 **b) Umdeutung einer Betriebsvereinbarung.** Eine nichtige BV kann nach § 140 BGB in eine Regelungsabrede umgedeutet werden, um in Bezug auf die Handhabe der betriebsverfassungsrechtl. Beteiligungs-

---

1 BAG v. 18.9.2002 – 1 ABR 54/01, nv. | 2 Abw. *Gaul, B.*, Betriebs- und Unternehmensspaltung, § 25 Rz. 223 ff. mwN: Fortgeltung gem. § 613a I 2 BGB. | 3 *Gaul, B.*, Betriebs- und Unternehmensspaltung, § 25 Rz. 229 f. | 4 *Gaul, B.*, Betriebs- und Unternehmensspaltung, § 25 Rz. 239 ff. | 5 *Gaul, B.*, Betriebs- und Unternehmensspaltung, § 25 Rz. 239 ff. | 6 Eingehend *Gaul, B.*, Betriebs- und Unternehmensspaltung, § 25 Rz. 59 ff., 111 ff., 157 ff., 196 ff. | 7 *Gaul, B.*, Betriebs- und Unternehmensspaltung, § 25 Rz. 209, 232 ff., 238, 243 ff. | 8 Richardi/*Richardi*, § 77 BetrVG Rz. 45; *Wurth*, S. 47 ff., 86 ff. | 9 BAG v. 24.5.2006 – 7 AZR 201/05, NZA 2006, 1364 (1365). | 10 BAG v. 21.1.2003 – 1 ABR 9/02, NZA 2003, 1097 (1099 ff.); v. 22.3.2005 – 1 ABR 64/03, AP Nr. 26 zu § 4 TVG – Geltungsbereich. | 11 LAG Frankfurt v. 24.11.2987 – 5 Ta BV Ga 142/87, BB 1980, 140; DKK/*Berg*, § 77 BetrVG Rz. 5; *Fitting* § 19 BetrVG Rz. 49 f.; Richardi/*Richardi*, § 77 BetrVG Rz. 31. | 12 BAG v. 21.1.2003 – 1 ABR 9/02, NZA 2003, 1097 (1101) („Rechtsgedanken" des § 139 BGB); v. 22.3.2005 – 1 ABR 64/03, AP Nr 26 zu § 4 TVG – Geltungsbereich; *Fitting*, § 77 BetrVG Rz. 32; Richardi/*Richardi*, § 77 BetrVG Rz. 48; GK-BetrVG/*Kreutz*, § 77 Rz. 61. | 13 So BAG v. 15.5.1964 – 1 ABR 15/63, BB 1964, 1004 (1005); v. 21.1.2003 – 1 ABR 9/02, NZA 2003, 1097 (1101) („Rechtsgedanken" des § 139 BGB); HSWG/*Hess*, § 77 BetrVG Rz. 232; abl. *Wurth*, S. 94 f.; Richardi/*Richardi*, § 77 BetrVG Rz. 48; diff. GK-BetrVG/*Kreutz*, § 77 Rz. 61.

rechte als schuldrechtl. Vertrag zwischen ArbGeb und BR fortzubestehen[1]. Beispiel: Verletzung des Tarifvorbehalts aus Abs. 3[2].

Weiter gehend kann eine nichtige BV, die gleichwohl zur Umsetzung kommt, ausnahmsw. auch zur Begründung entsprechender Ansprüche im Wege der Gesamtzusage oder betrieblichen Übung führen. Voraussetzung ist allerdings, dass der ArbGeb bei Abschluss der BV in Kenntnis der Unwirksamkeit handelt und gleichzeitig zum Ausdruck bringt, sich ohne Rücksicht auf die Wirksamkeit der BV inhaltsgleich binden zu wollen[3]. Die bloße Gewährung von Leistungen genügt nicht, um auf diesen Bindungswillen schließen zu können[4]. Ausreichend kann aber sein, wenn BV abgeschlossen wird, um Unruhe im Betrieb wegen der Zahlung unterschiedlicher übertarifl. Zulagen zu beseitigen und nichtige BV als „unkündbar" bezeichnet wurde[5]. Folge der Umdeutung ist, dass eine Beendigung oder Änderung der Zusage nur noch mit den Mitteln des Individualarbeitsrechts möglich ist[6]. Der Tarifvorrang steht einer solchen Umdeutung nicht entgegen[7]. Dass der Mangel der BV hätte erkannt werden können oder müssen, genügt nicht. Denn wenn der ArbGeb in der (irrtümlichen) Annahme handelt, eine durch die BV wirksam begründete Verpflichtung zu erfüllen, kann eine betriebliche Übung nicht entstehen[8]. In diesem Fall ist eine Umdeutung in eine Gesamtzusage ausgeschlossen[9]. Vermieden werden kann die Umdeutung bei Kenntnis der Unwirksamkeit nur dann, wenn eine einzelvertragl. Fortgeltung der Regelungen zwischen ArbGeb und BR bewusst ausgeschlossen wird[10]. Ggf. muss eine Befristung der BV vereinbart werden. In diesem Fall kann auch die Umdeutung nur zu einer Gesamtzusage oder betrieblichen Übung führen, die mit Ablauf der Befristung endet. 91

c) Anfechtung einer Betriebsvereinbarung. Die Erklärung zum Abschluss einer BV ist anfechtbar nach Maßgabe der §§ 119 ff. BGB. Die Wirkung tritt indes nicht rückwirkend, sondern nur ex nunc ein[11]. 92

18. Gerichtliche Klärung von Zweifelsfragen. Antragsbefugnis im Beschlussverfahren besitzt, wer nach materiellem Recht durch die begehrte Entscheidung in seiner eigenen betriebsverfassungsrechtl. Rechtsstellung unmittelbar betroffen wird bzw. dies zumindest behauptet[12]. Ein solches Interesse von ArbGeb und BR besteht, wenn der Inhalt einer BV[13], die Mitbestimmungspflichtigkeit einer konkreten Maßnahme[14] oder die Wirksamkeit, Unwirksamkeit oder Nachwirkung einer BV[15] streitig sind oder ein Anspruch auf Anwendung oder Durchführung einer BV, der sich aus Abs. 1 bzw. der BV selbst ergibt, durchgesetzt werden soll[16]. Die Feststellung oder Erfüllung individueller Ansprüche einzelner ArbN kann durch den BR nicht zum Gegenstand eines Beschlussverfahrens gemacht werden[17]. Darüber wird im Urteilsverfahren, ggf. unter inzidenter Prüfung der BV, entschieden[18]. Etwas anderes gilt, wenn der BR über die Feststellung individualrechtl. Positionen eigene betriebsverfassungsrechtl. Rechte und Pflichten klären will[19]. 93

GBR oder KBR sind antragsbefugt, wenn sie Partei einer BV sind oder ihre Beteiligung im Rahmen der Zuständigkeit nach §§ 50, 58 in Rede steht[20]. Bei ArbN-Vertretungen nach § 3 I Nr. 1–3 gilt Entsprechendes. 94

Gerichtliche Entscheidungen über den Inhalt, die Wirksamkeit oder den Fortbestand einer BV im Beschlussverfahren sind für ArbGeb, BR und ArbN im Geltungsbereich der Vereinbarung verbindlich[21]. Ist die beantragte Feststellung nicht offensichtlich unzulässig oder unbegründet, muss der ArbGeb nach § 40 die Kosten des Verfahrens tragen[22]. 95

---

1 BAG v. 20.4.1999 – 1 ABR 72/98, NZA 1999, 887; Richardi/*Richardi*, § 77 BetrVG Rz. 46; abl. *Wurth*, S. 247 f. |2 BAG v. 20.4.1999 – 1 ABR 72/98, NZA 1999, 887 (890). |3 Vgl. BAG v. 23.8.1989 – 5 AZR 391/88, BB 1989, 2330; v. 24.1.1996 – 1 AZR 597/95, NZA 1996, 948 (949); v. 5.3.1997 – 4 AZR 532/95, NZA 1997, 951; *Wurth*, S. 254; DKK/*Berg*, § 77 BetrVG Rz. 65; aA LAG Hamm v. 22.10.1998 – 8 Sa 1353/98, NZA-RR 2000, 27, das aus Gründen des Verkehrsschutzes jede Umdeutung ablehnt. |4 BAG v. 28.6.2005 – 1 AZR 213/04, AP Nr. 25 zu § 77 BetrVG 1972 – Betriebliche Altersversorgung. |5 BAG v. 23.8.1989 – 5 AZR 391/88, BB 1989, 2330. |6 BAG v. 23.8.1989 – 5 AZR 391/88, BB 1989, 2330; v. 20.11.2001 – 1 AZR 12/01, EzA § 77 BetrVG 1972 Nr. 70 (S. 10 ff.). |7 BAG v. 20.4.1999 – 1 ABR 72/98, NZA 1999, 887 (890). |8 BAG v. 26.4.1990 – 6 AZR 278/88, DB 1990, 1871 (1873); v. 14.8.2001 – 1 AZR 619/00, NZA 2002, 276 (278); v. 28.6.2005 – 1 AZR 213/04, AP Nr. 25 zu § 77 BetrVG 1972 – Betriebliche Altersversorgung. |9 *Wurth*, S. 253 f. |10 Vgl. BAG v. 20.11.2001 – 1 AZR 12/01, EzA § 77 BetrVG 1972 Nr. 70 (S. 9). |11 BAG v. 15.12.1961 – 1 AZR 207/59, DB 1962, 306; *Fitting*, § 77 BetrVG Rz. 33; Richardi/*Richardi*, § 77 BetrVG Rz. 49; DKK/*Berg*, § 77 BetrVG Rz. 54. |12 BAG v. 20.12.1995 – 7 ABR 8/95, NZA 1996, 945 (947); LAG Köln v. 20.5.1999 – 13 Ta BV 37/98, NZA-RR 2000, 140 (141). |13 BAG v. 27.5.1986 – 1 ABR 48/84, NZA 1986, 643. |14 BAG v. 15.1.2002 – 1 ABR 13/01, NZA 2002, 995 (996 ff.); v. 28.5.2002 – 1 ABR 40/01, DB 2002, 2385 ff.; v. 11.6.2002 – 1 ABR 44/01, DB 2002, 2727 ff.; v. 11.6.2002 – 1 ABR 46/01, NZA 2002, 1299 f. |15 BAG v. 8.12.1970 – 1 ABR 20/70, DB 1971, 582 f.; v. 21.8.1990 – 1 ABR 73/89, BB 1990, 2406 ff.; LAG Hamburg v. 13.2.2002 – 8 TaBV 10/01, NZA 2002, 507 (508); *Kort*, NZA 2005, 620. |16 Vgl. BAG v. 21.1.2003 – 1 ABR 9/02, NZA 2003, 1097 (1098). |17 BAG v. 17.10.1989 – 1 ABR 75/88, NZA 1990, 441; v. 21.1.2003 – 1 ABR 9/02, NZA 2003, 1097 (1098); v. 18.1.2005 – 3 ABR 21/04, DB 2005, 2417 (2419). |18 Vgl. BAG v. 24.11.1987 – 1 ABR 57/86, NZA 1988, 322; v. 22.1.2002 – 3 AZR 554/00, NZA 2002, 1224 ff. |19 Vgl. BAG v. 17.8.1999 – 3 ABR 55/98, NZA 2000, 498 (501); v. 22.10.1985 – 1 ABR 47/83, DB 1986, 704. |20 BAG v. 31.1.1989 – 1 ABR 60/87, NZA 1989, 606 (608); LAG Köln v. 20.5.1999 – 13 Ta BV 37/98, NZA-RR 2000, 140 f. |21 BAG v. 17.2.1992 – 10 AZR 448/91, NZA 1992, 999; v. 17.8.1999 – 3 ABR 55/98, NZA 2000, 498, 502; LAG Nürnberg v. 23.12.2002 – 6 Sa 66/00, LAGReport 2003, 131 (132 f.). |22 BAG v. 19.4.1989 – 7 ABR 6/88, NZA 1990, 233.

96 **Gewerkschaften** sind grds. nicht antragsbefugt, da die BV das Rechtsverhältnis zwischen ArbGeb und BR bzw. ArbN betrifft[1]. Etwas anderes gilt dann, wenn sie gem. § 1004 I 2 iVm. § 823 BGB eine Unterlassung der Verletzung ihrer durch Art. 9 III GG geschützten Koalitionsfreiheit einwendet[2]. Als TV-Partei kann sie diesen Anspruch auch selbständig mit dem Ziel verfolgen, den Geltungsanspruch des TV gegenüber unzulässigen konkurrierenden oder abweichenden Vereinbarungen zu verteidigen, ohne den Bestand des TV anzutasten, über den die TV-Parteien im Grundsatz nicht allein verfügen können[3]. Unerheblich ist, dass der Eingriff in die Koalitionsfreiheit als Folge einer Umdeutung der nichtigen BV letztendlich auf einzelvertragl. Ebene erfolgt[4]. Unerheblich ist auch, ob es sich um mitbestimmungspflichtige oder freiwillige Angelegenheiten handelt[5]. Voraussetzung für einen Eingriff ist aber, dass eine Tarifnorm als kollektive Ordnung verdrängt und ihrer zentralen Funktion beraubt werden soll. Hierfür ist eine betriebliche Regelung notwendig, die einheitlich wirken und an die Stelle der Tarifnorm treten soll[6]. Außerdem müssen die Gewerkschaftsmitglieder benannt werden, für die die Durchsetzung des TV erfolgen soll.

97 Ob ein Verstoß gegen den Tarifvorrang aus Abs. 3 bzw. Tarifvorbehalt aus § 87 I Einleitungssatz auch Unterlassungsansprüche der Gewerkschaft gem. § 23 III begründen kann, ist zweifelhaft. Nach BAG v. 20.8.1991[7] soll nämlich nur ein Verstoß gegen Abs. 3, nicht aber gegen den Tarifvorbehalt aus § 87 I Einleitungssatz geeignet sein, Ansprüche aus § 23 I zu begründen[8]. Weiter gehend lässt BAG v. 20.4.1999[9] sogar offen, ob § 23 überhaupt zur Abwehr von Verstößen gegen Abs. 3 gedacht war[10].

98 Für die Geltendmachung eines Unterlassungsanspruchs durch Gewerkschaft, der sich gegen die Durchführung oder den Abschluss einer BV richtet, soll das Beschlussverfahren die zutreffende Verfahrensart sein, und zwar auch dann, wenn die Gewerkschaft einen deliktsrechtl. Unterlassungsanspruch geltend macht[11].

99 **II. Die Regelungsabrede. 1. Inhalt und rechtliche Bedeutung.** Die Regelungsabrede ist eine formlose Abrede zwischen ArbGeb und BR; sie kann auch konkludent zu Stande kommen[12]. Bloßes Schweigen oder widerspruchslose Hinnahme arbeitgeberseitiger Maßnahmen genügen nicht[13]. Insofern sind auch Erklärungen des BR-Vorsitzenden unzureichend, solange sie nicht von einem BR-Beschluss gedeckt sind[14].

100 Gegenstand einer Regelungsabrede ist die einvernehmliche Handhabe einer bestimmten – nicht zwingend mitbestimmungspflichtigen – Angelegenheit[15]. Beispiel: Handhabe der Beteiligung bei der Anordnung von Überstunden in Eilfällen. Da die formalen Voraussetzungen einer BV nicht beachtet werden müssen, erleichtert die Regelungsabrede den Umgang mit Beteiligungsrechten des BR. Sie sind mit ihrem Abschluss gewahrt[16]. Durch Regelungsabrede kann auch Erweiterung der MitbestR vereinbart werden[17].

101 Im Gegensatz zur BV entfaltet die Regelungsabrede keine normative Wirkung in Bezug auf einzelne Arbeitsverhältnisse, sondern begründet nur eine schuldrechtl. Beziehung zwischen ArbGeb und BR[18]. Ein Vertrag zu Gunsten Dritter liegt darin nicht[19]. Rechtsansprüche der ArbN auf ein abredegemäßes Verhalten des ArbGeb begründet die Regelungsabrede deshalb nicht[20]. Wenn als Folge einer Regelungsabrede Rechte oder Pflichten im Rahmen des Arbeitsverhältnisses begründet werden sollen, ist individualrechtl. Umsetzung durch den ArbGeb erforderlich[21]. Beispiel: einseitige Leistungszusage, Vereinbarung einer Vertragsänderung, Anordnung von Überstunden im Rahmen des Direktionsrechts, Widerruf einer übertarifl. Zulage, Änderungskündigung. Wirksam sind diese Maßnahmen ohne Rücksicht auf die vorherige Zustimmung des BR indes nur dann, wenn die arbeitsvertragl. und gesetzl. Schranken (zB

---

1 BAG v. 23.2.1988 – 1 ABR 75/86, NZA 1989, 229; v. 20.4.1999 – 1 ABR 72/98, NZA 1999, 887 (889). | 2 BAG v. 20.8.1991 – 1 ABR 85/90, NZA 1992, 317 (318 f.); v. 20.4.1999 – 1 ABR 72/98, NZA 1999, 887 (889); offenbar ohne weitere Prüfung LAG BW v. 11.7.2002 – 2 Ta BV 2/01, BB 2002, 1751 (1758). | 3 BAG v. 20.4.1999 – 1 ABR 72/98, NZA 1999, 887 (889). | 4 BAG v. 20.4.1999 – 1 ABR 72/98, NZA 1999, 887 (890 f.). | 5 Vgl. BAG v. 20.8.1991 – 1 ABR 85/90, NZA 1992, 317; v. 13.3.2001 – 1 AZB 19/00, NZA 2001, 1037. | 6 BAG v. 20.4.1999 – 1 ABR 72/98, NZA 1999, 887 (892). | 7 BAG v. 20.8.1991 – 1 ABR 85/90, NZA 1992, 317. | 8 Krit. DKK/*Berg*, § 77 BetrVG Rz. 85. | 9 BAG v. 20.4.1999 – 1 ABR 72/98, NZA 1999, 887 (890). | 10 Vgl. auch BAG v. 13.3.2001 – 1 AZB 19/00, NZA 2001, 1037 (1038). | 11 BAG v. 20.4.1999 – 1 ABR 72/98, NZA 1999, 887; v. 13.3.2001 – 1 AZB 19/00, NZA 2001, 1037; *Fitting*, § 77 BetrVG Rz. 237; krit. *Annuß*, RdA 2000, 287 (297); *Bauer*, NZA 1999, 957 (958); *Hromadka*, ZTR 2000, 253 (256). | 12 BAG v. 15.12.1961 – 1 AZR 492/59, BB 1962, 371; v. 21.1.2003 – 1 ABR 9/02, NZA 2003, 1097 (1099); Richardi/*Richardi*, § 77 BetrVG Rz. 227; GK-BetrVG/*Kreutz*, § 77 Rz. 11. | 13 BAG v. 10.11.1992 – 1 AZR 183/92, NZA 1993, 570 (572); LAG Frankfurt v. 17.3.1983 – 4 Ta BV 130/82, ZIP 1983, 1114 ff. | 14 BAG v. 10.11.1992 – 1 AZR 183/92, NZA 1993, 570 (572); *Stege/Weinspach/Schiefer*, § 77 BetrVG Rz. 45; Richardi/*Richardi*, § 77 BetrVG Rz. 227. | 15 Vgl. BAG v. 14.8.2001 – 1 AZR 744/00, NZA 2002, 342 (344 f.); *Peterek*, FS D. Gaul S. 471, 472 ff.; DKK/*Berg*, § 77 BetrVG Rz. 79 ff. | 16 BAG v. 14.2.1991 – 2 AZR 415/90, NZA 1991, 607. | 17 BAG v. 14.8.2001 – 1 AZR 744/00, NZA 2002, 342 (344 f.). | 18 BAG v. 24.2.1987 – 1 ABR 18/85, NZA 1987, 639; v. 14.2.1991 – 2 AZR 415/90, NZA 1991, 607; v. 6.5.2003 – 1 AZR 340/02, NZA 2003, 1422 (1423). | 19 BAG v. 9.12.1997 – 1 AZR 319/97, NZA 1998, 661 (663); aA ErfK/*Kania*, § 77 BetrVG Rz. 132. | 20 BAG v. 21.1.2003 – 1 ABR 9/02, NZA 2003, 1097 (1099). | 21 BAG v. 20.4.1999 – 1 AZR 631/98, NZA 1999, 1059 (1061 ff.); *Peterek*, FS D. Gaul S. 471 (475); aA Erman/*Hanau*, § 613a BGB Rz. 82.

§ 315 BGB, §§ 1, 2 KSchG) berücksichtigt werden[1]. Die Sperrwirkung des Abs. 3 steht einer bloßen Regelungsabrede indes nicht entgegen[2].

ArbGeb oder BR können frei darüber entscheiden, ob Regelungen durch BV oder Regelungsabrede getroffen werden[3]. Allerdings kann in mitbestimmungspflichtigen Angelegenheiten wechselseitig der Abschluss einer BV, ggf. ein Spruch der Einigungsstelle, verlangt werden[4]. 102

Der BR kann im Beschlussverfahren – ggf. sogar im Wege einstw. Verfügung – eine Verurteilung des ArbGeb zur Unterlassung abredewidriger Maßnahmen verlangen[5]. 103

2. Beendigung einer Regelungsabrede. Die Regelungsabrede endet nach den für BV geltenden Grundsätzen, nämlich durch Zweckerreichung, Ablauf der vereinbarten Geltungsdauer, Aufhebungsvertrag, Wegfall der Geschäftsgrundlage, Kündigung oder Ablösung durch anderweitige Vereinbarung[6]. Insofern kann die Regelungsabrede zwar durch BV abgelöst werden. Eine BV kann jedoch nur dann durch Regelungsabrede aufgehoben und abgelöst werden, wenn dieser Wille zur Änderung der normativen Vorgabe klar erkennbar ist (vgl. Rz. 39). 104

Die Kündigung einer Regelungsabrede ist mit Drei-Monats-Frist des Abs. 5 möglich, sofern nichts anderes vereinbart wurde oder sich aus dem Zweck der Vereinbarung nichts anderes ergibt[7]. Weiterhin geht BAG v. 23.6.1992[8] von der Nachwirkung einer Regelungsabrede in mitbestimmungspflichtigen Angelegenheiten analog Abs. 6 aus[9]. Schließlich habe die Regelungsabrede in mitbestimmungspflichtigen Angelegenheiten für ArbGeb und BR die gleiche Rechtswirkung wie eine BV. Insofern bestehe das Gleiche Weitergeltungsbedürfnis[10]. 105

3. Rechtsfolgen einer Reorganisation, eines Betriebsübergangs oder einer Umwandlung. Regelungsabreden, die zwischen den betrieblichen Sozialpartnern außerhalb der formalen Erfordernisse für BV abgeschlossen werden, gelten kollektivrechtl. fort, wenn der Betrieb unter Wahrung seiner Identität übertragen wird. Wird ein Teil des Betriebs ausgegliedert und eigenständig fortgeführt, besteht der Restbetrieb aber unter Wahrung der Identität fort, gilt die Regelungsabrede in diesem Restbetrieb entsprechend in kollektivrechtl. Form weiter. Unerheblich ist, ob der Restbetrieb beim bisherigen ArbGeb verblieben oder von anderem Rechtsträger übernommen wurde. In dem Teil, der keine Identität mit dem fortbestehenden Restbetrieb besitzt, gilt die Regelungsabrede nur für die Dauer des Übergangsmandats des BR nach § 21a fort. Mit dem Wegfall des BR entfällt auch der Sozialpartner, mit dem Einvernehmen hinsichtlich der Handhabe einer bestimmten Angelegenheit erzielt wurde. Ein neu gewählter BR ist an diese Vereinbarung nicht gebunden. Auf die Rechtsform der Übertragung (Einzel- oder Gesamtrechtsnachfolge) kommt es nicht an. Hiervon kann auch bei einer unternehmensinternen Betriebsspaltung oder der Auflösung eines gemeins. Betriebs ausgegangen werden[11]. 106

78 *Schutzbestimmungen*

Die Mitglieder des Betriebsrats, des Gesamtbetriebsrats, des Konzernbetriebsrats, der Jugend- und Auszubildendenvertretung, der Gesamt-Jugend- und Auszubildendenvertretung, der Konzern-Jugend- und Auszubildendenvertretung, des Wirtschaftsausschusses, der Bordvertretung, des Seebetriebsrats, der in § 3 Abs. 1 genannten Vertretungen der Arbeitnehmer, der Einigungsstelle, einer tariflichen Schlichtungsstelle (§ 76 Abs. 8) und einer betrieblichen Beschwerdestelle (§ 86) sowie Auskunftspersonen (§ 80 Abs. 2 Satz 3) dürfen in der Ausübung ihrer Tätigkeit nicht gestört oder behindert werden. Sie dürfen wegen ihrer Tätigkeit nicht benachteiligt oder begünstigt werden; dies gilt auch für ihre berufliche Entwicklung.

I. Vorbemerkung. Der BR sowie die sonstigen Organe der Betriebsverfassung haben die Interessen der ArbN gegenüber dem ArbGeb zu vertreten. In der **Betriebswirklichkeit** bleiben Spannungen und Konflikte mit dem ArbGeb nicht aus, sie liegen in der Natur der Sache und können durch keine rechtl. Regelung vermieden werden[12]. Es bedarf daher für den BR sowie die sonstigen Organe der Betriebsverfassung eines besonderen und nachhaltigen Schutzes, damit ihre Unabhängigkeit gesichert wird. § 78 sieht in zweierlei Hinsicht entsprechende Schutzregelungen vor: Nach § 78 S. 1 besteht ein **Verbot der Störung oder Behinderung** der Amtstätigkeit, nach § 78 S. 2 gilt ein **Verbot der Begünstigung oder Benachteiligung**, das sich auch auf die berufl. Entwicklung erstreckt. Die Vorschrift des § 78 ist **zwin-** 1

---

1 BAG v. 14.2.1991 – 2 AZR 415/90, NZA 1991, 607 (609); v. 3.12.1991 – GS 2/90, NZA 1991, 749 (753). | 2 BAG v. 20.4.1999 – 1 ABR 72/98, NZA 1999, 887 (890); v. 21.1.2003 – 1 ABR 9/02, NZA 2003, 1097 (1099). | 3 BAG v. 14.8.2001 – 1 AZR 744/00, NZA 2002, 342 (344 f.). | 4 BAG v. 8.8.1989 – 1 ABR 62/88, NZA 1990, 322 (324). | 5 BAG v. 23.6.1992 – 1 ABR 53/91, NZA 1992, 1098. | 6 Vgl. DKK/*Berg*, § 77 BetrVG Rz. 82; Richardi/*Richardi*, § 77 BetrVG Rz. 231 ff. | 7 BAG v. 23.6.1992 – 1 ABR 53/91, NZA 1992, 1098; v. 10.3.1992 – 1 ABR 31/91, NZA 1992, 952; *Peterek*, FS D. Gaul S. 471 (492). | 8 BAG v. 23.6.1992 – 1 ABR 53/91, NZA 1992, 1098. | 9 Abl. BAG v. 3.12.1991 – GS 2/90, NZA 1992, 749 (753 f.); Richardi/*Richardi*, § 77 BetrVG Rz. 234; GK-BetrVG/*Kreutz*, § 77 Rz. 22. | 10 BAG v. 23.6.1992 – 1 ABR 53/91, NZA 1992, 1098. | 11 Eingehend *Gaul, B.*, Betriebs- und Unternehmensspaltung, § 26 Rz. 8 ff. | 12 MünchArbR/*Joost*, § 308 Rz. 143.

gend. Sie kann weder durch TV noch durch BV noch durch eine einzelvertragl. Absprache abbedungen werden[1].

2 **II. Persönlicher Schutzbereich.** Nach dem ausdrücklichen Wortlaut findet die Vorschrift Anwendung auf Mitglieder des BR, des GBR, des KBR, der JAV, der GesamtJAV, der KonzernJAV, des Wirtschaftsausschusses, der Bordvertretung, des SeeBR, der in § 3 I genannten Vertretungen der ArbN (zB SpartenBR), der Einigungsstelle, einer tarifl. Schlichtungsstelle (§ 76 VIII), einer betriebl. Beschwerdestelle (§ 86) sowie auf Auskunftspersonen (§ 80 II 3). Der Schutz der Vorschrift erstreckt sich auch auf **amtierende Ersatzmitglieder**[2]. **Schutzbestimmungen** enthalten die §§ 78a, 103 sowie § 15 KSchG.

3 **III. Störungs- und Behinderungsverbot (Satz 1).** § 78 S. 1 untersagt zunächst die Störung oder Behinderung in der Ausübung der Tätigkeit.

4 **1. Störungen und Behinderungen.** Der Begriff der Behinderung in § 78 S. 1 ist umfassend zu verstehen. Er erfasst jede unzulässige Erschwerung, Störung oder gar Verhinderung der Tätigkeit der in § 78 S. 1 genannten betriebsverfassungsrechtl. Organe oder Gremien[3]. Die Vorschrift richtet sich gegen **jedermann**, dh. nicht nur gegen den ArbGeb, sondern auch gegen ArbN, Betriebsangehörige, die nicht ArbN sind, sowie leitende Angestellte (§ 5 III und IV) und gegen außerbetriebl. Stellen[4]. Behinderungen können durch **positives Tun** oder durch **Unterlassen** bei entsprechenden Mitwirkungspflichten erfolgen[5]. So kann bspw. eine Behinderung durch Unterlassung vorliegen, wenn sich der ArbGeb weigert, die für Sitzungen, Sprechstunden und die laufende Geschäftsführung erforderlichen Räume und sachlichen Mittel zur Verfügung zu stellen[6] oder widerrechtl. in Intranet-Bekanntmachungen des BR eingegriffen wird[7].

5 **2. Verschulden.** Erfasst wird jede **objektive Behinderung**, und zwar unabhängig davon, ob ein Verschulden vorliegt oder nicht[8]. So kann bspw. der Hinweis des ArbGeb auf die mit der BR-Tätigkeit verbundenen Kosten eine Behinderung sein, wenn nicht erkennbar wird, dass es sich um für die BR-Tätigkeit erforderliche und verhältnismäßige Kosten handelt, für die der ArbGeb von Gesetzes wegen einzustehen hat[9]. Denn stellt der ArbGeb diese Zusammenhänge nicht heraus, wird nicht hinreichend deutlich, dass der BR nicht nach eigenem Gutdünken über die durch seine Amtsführung verursachten Kosten befinden kann und ihre Höhe nur durch den Umfang erforderlicher BR-Tätigkeit bestimmt wird[10]. Eine Behinderung liegt nicht vor bei **zulässigem Handeln**. Insoweit kann die Abgrenzung im Einzelfall problematisch sein.

6 **Beispiel:** Geht es um den **Zutritt Dritter** zum Betriebsgelände, so kann das begründete Interesse an einem Gespräch mit dem gesamten BR-Gremium oder die Möglichkeit einer etwa erforderlichen kurzfristigen Einsichtnahme in die im BR-Büro vorhandenen Unterlagen ebenso eine Rolle spielen wie berechtigte Geheimhaltungs- oder Sicherheitsbelange des ArbGeb oder dessen Interesse daran, dass betriebl. Abläufe nicht beeinträchtigt werden. So kann der BR die Duldung des Zutritts eines betriebsfremden Dritten (wie bspw. des beauftragten Rechtsanwalts) vom ArbGeb nur dann verlangen, wenn der BR zuvor im Einzelfall unter Berücksichtigung der jeweiligen Umstände die Erforderlichkeit des Zutritts zur Erfüllung seiner gesetzl. Aufgaben geprüft und in Anwendung des vorgenannten Maßstabs bejaht hat[11].

7 **3. Rechtsfolgen.** Im Falle eines Verstoßes gegen das Behinderungsverbot können sowohl die betriebsverfassungsrechtl. Organe und Gremien wie auch ihre Mitglieder Unterlassungsansprüche geltend machen[12]. Der Unterlassungsanspruch kann auch im Wege der einstw. Verfügung durchgesetzt werden[13]. Im Falle **grober Verstöße** bleibt die Möglichkeit der Geltendmachung von Unterlassungsansprüchen nach § 23 III. Bei einem **vorsätzlichen Verstoß** gegen das Behinderungsverbot liegt ein **Straftatbestand** nach § 119 I Nr. 2 vor. Anweisungen des ArbGeb an ein BR-Mitglied, die dem Benachteiligungsverbot widersprechen, sind **unwirksam** (§ 134 BGB). Das BR-Mitglied macht sich somit keiner Verletzung

1 *Fitting*, § 78 BetrVG Rz. 4; GK-BetrVG/*Kreutz*, § 78 Rz. 20. | 2 DKK/*Buschmann*, § 78 BetrVG Rz. 6; *Fitting*, § 78 BetrVG Rz. 2. | 3 BAG v. 20.10.1999 – 7 ABR 37/98 nv.; v. 12.11.1997 – 7 ABR 14/97, AP Nr. 27 zu § 23 BetrVG 1972; v. 19.7.1995 – 7 ABR 60/94, AP Nr. 25 zu § 23 BetrVG 1972. | 4 *Fitting*, § 78 BetrVG Rz. 7; DKK/*Buschmann*, § 78 BetrVG Rz. 9. | 5 GK-BetrVG/*Kreutz*, § 78 Rz. 27; DKK/*Buschmann*, § 78 BetrVG Rz. 12. | 6 *Stege/Weinspach/Schiefer*, § 78 BetrVG Rz. 2. | 7 Vgl. LAG Hamm v. 12.3.2004 – 10 TaBV 161/03. | 8 BAG v. 20.10.1999 – 7 ABR 37/98, nv.; v. 12.11.1997 – 7 ABR 14/97, AP Nr. 27 zu § 23 BetrVG 1972; v. 19.7.1995 – 7 ABR 60/94, AP Nr. 25 zu § 23 BetrVG 1972. | 9 Vgl. BAG v. 12.11.1997 – 7 ABR 14/97, AP Nr. 27 zu § 23 BetrVG 1972; v. 19.7.1995 – 7 ABR 60/94, AP Nr. 25 zu § 23 BetrVG 1972; vgl. zu herabsetzenden Äußerungen in Aushängen LAG Nds v. 6.4.2004 – 1 TaBV 64/03, NZA-RR 2005, 78. | 10 Vgl. BAG v. 12.11.1997 – 7 ABR 14/97, AP Nr. 27 zu § 23 BetrVG 1972. | 11 BAG v. 20.10.1999 – 7 ABR 37/98, nv.; vgl. im Übrigen zu weiteren umfangreichen Beispielen *Fitting*, § 78 BetrVG Rz. 9; DKK/*Buschmann*, § 78 BetrVG Rz. 14; Richardi/*Thüsing*, § 78 BetrVG Rz. 17. | 12 Vgl. BAG v. 12.11.1997 – 7 ABR 14/97, AP Nr. 27 zu § 23 BetrVG 1972; v. 19.7.1995 – 7 ABR 60/94, AP Nr. 25 zu § 23 BetrVG 1972. | 13 ArbG Düsseldorf v. 8.9.1999 – 2 GaBV 13/99, AiB 1999, 648; ArbG Hamburg v. 16.6.1997 – 21 GaBV 1/97, AiB 1997, 659; ArbG Hamburg v. 6.5.1997 – 25 GaBV 4/97, NZA-RR 1998, 78; ArbG Elmshorn v. 10.9.1996 – 1d GaBV 36/96, AiB 1997, 173; ArbG Stuttgart v. 22.12.1987 – 4 GaBV 3/87, AiB 1988, 109; LAG Hess. v. 17.8.1976 – 5 TaBV 40/76, ArbuR 1977, 90.

seiner arbeitsvertragl. Pflichten schuldig, wenn entsprechenden Anweisungen keine Folge geleistet wird[1].

4. Darlegungs- und Beweislast. Die Darlegungs- und Beweislast trägt grds. derjenige, der die unzulässige Benachteiligung oder Begünstigung behauptet[2], also idR das jeweilige betriebsverfassungsrechtl. Organ oder Gremium bzw. die einzelnen Mitglieder. 8

IV. Benachteiligungs- und Begünstigungsverbot (Satz 2). Das Benachteiligungs- und Begünstigungsverbot nach § 78 S. 2 BetrVG will **jede Schlechterstellung oder Bevorzugung** tatsächlicher oder rechtl. Art des geschützten Personenkreises (vgl. Rz. 2) gegenüber anderen ArbN verhindern. 9

1. Benachteiligung oder Begünstigung. Mitglieder betriebsverfassungsrechtl. Organe oder Gremien üben ihr Amt als **Ehrenamt** aus, sie erhalten weder eine **Amtsvergütung** noch ist ihre Tätigkeit eine zu vergütende **Arbeitsleistung**. Ihnen steht nur dasjenige Entgelt zu, das sie verdient hätten, wenn sie an Stelle der BR-Tätigkeit während ihrer Arbeitszeit die vertragl. geschuldete Arbeitsleistung erbracht hätten. Das schließt es aus, dass die Mitglieder des BR auch nur einen geringen Teil ihrer Vergütung wegen oder auf Grund ihres Amts erhalten. Das Ehrenamtsprinzip wahrt die innere und äußere **Unabhängigkeit** des BR. Es begründet oder stärkt die Akzeptanz der vom BR mitzutragenden Entscheidungen, die, wie die Mitbestimmungs- und Mitwirkungsrechte des BR im Bereich der sozialen Angelegenheiten, der Kündigungen und der Aufstellung von Sozialplänen zeigen, zwangsläufig auch mit Nachteilen für die Belegschaft oder einzelne ArbN verbunden sind. Die durch das Ehrenamtsprinzip gesicherte Unabhängigkeit des BR gegenüber dem ArbGeb als betrieblichem Gegenspieler der ArbN ist damit wesentliche Voraussetzung für eine sachgerechte Durchführung von Mitwirkung und Mitbest. nach dem BetrVG[3]. 10

Benachteiligung iSv. § 78 S. 2 ist jede Schlechterstellung im Verhältnis zu anderen vergleichbaren ArbN, die nicht aus sachlichen Erwägungen, sondern wegen ihrer Amtstätigkeit erfolgt[4]. Das Verbot der Benachteiligung umfasst jede **Zurücksetzung** und **Schlechterstellung** gegenüber vergleichbaren ArbN in entsprechender Stellung[5]. Infrage käme bspw. die Versetzung auf einen geringer dotierten Arbeitsplatz, nicht dagegen auf einen vergleichbaren Arbeitsplatz, da ein ArbN, unabhängig davon, ob er einem betriebsverfassungsrechtl. Organ oder Gremium angehört, damit rechnen muss, dass er von seinem ArbGeb im Rahmen des Direktionsrechts auf einen anderen gleichwertigen Arbeitsplatz versetzt wird[6]. Bei einer Versetzung mit der Folge des Amtsverlustes gilt der besondere Schutz des § 103 (vgl. § 103 Rz. 3 ff.). Das Benachteiligungsverbot umfasst ebenfalls die **berufliche Entwicklung**. So darf zB bei der Entscheidung zur Besetzung einer Beförderungsposition eine Freistellung nicht nachteilig berücksichtigt werden[7]. Nicht nur jede Benachteiligung, sondern auch jede **Bevorzugung** ist verboten. Der ArbGeb darf einem BR-Mitglied keine **Zuwendungen** machen, die diesem nicht auf Grund seines Arbeitsverhältnisses zustehen. Insb. ist jede unmittelbare Bezahlung der Tätigkeit des BR-Mitglieds und jedes versteckte Entgelt verboten, so etwa das Versprechen eines höheren Lohns als bisher oder als vergleichbare ArbN mit betriebsüblicher berufl. Entwicklung erhalten[8]. Ein solcher Verstoß gegen das Begünstigungsverbot kann bspw. dann vorliegen, wenn einem BR-Mitglied im Zuge eines Aufhebungsvertrags eine höhere **Abfindung** wegen Verlustes seines Arbeitsplatzes als vergleichbaren ArbN zugestanden wird[9]. Das Benachteiligungs- und Begünstigungsverbot richtet sich gegen jedermann und setzt voraus, dass ein **Kausalzusammenhang** zwischen der Amtstätigkeit des betreffenden Mandatsträgers und der Benachteiligung oder Begünstigung besteht[10]. 11

2. Verschulden. Wie bei § 78 S. 1 kommt es allein darauf an, ob **objektiv** eine Begünstigung oder Benachteiligung vorliegt, weder kommt es auf eine entsprechende Absicht des Handelnden noch auf ein Verschulden an[11]. 12

3. Rechtsfolgen. Im Falle von Verstößen gegen das Benachteiligungsverbot hat dies die **Nichtigkeit** des Rechtsgeschäfts nach § 134 BGB zur Folge[12]. Verstößt der ArbGeb **schuldhaft** gegen das Benachteiligungsverbot, können dem betreffenden ArbN Schadensersatzansprüche aus § 823 II BGB zustehen, da § 78 S. 2 Schutzgesetz iSd. Bestimmung ist[13]. Auch Vereinbarungen oder Regelungen betreffend eine 13

---

1 DKK/*Buschmann*, § 78 BetrVG Rz. 17; *Fitting*, § 78 BetrVG Rz. 12. | 2 Vgl. BAG v. 12.2.1975 – 5 AZR 79/74, AP Nr. 1 zu § 78 BetrVG 1972. | 3 Vgl. BAG v. 5.3.1997 – 7 AZR 581/92, AP Nr. 123 zu § 37 BetrVG 1972. | 4 *Fitting*, § 78 BetrVG Rz. 14; DKK/*Buschmann*, § 78 BetrVG Rz. 18. | 5 Vgl. BAG v. 9.6.1982 – 4 AZR 766/79, AP Nr. 1 zu § 107 BPersVG; LAG Sachsen v. 4.7.2001 – 3 Sa 876/00, NZA-RR 2002, 471. | 6 Vgl. BAG v. 9.6.1982 – 4 AZR 766/79, AP Nr. 1 zu § 107 BPersVG. | 7 Vgl. BAG v. 29.10.1998 – 7 AZR 676/96, AP Nr. 22 zu § 46 BPersVG; vgl. im Übrigen zu umfangreichen weiteren Beispielen die Aufstellung bei *Fitting*, § 78 BetrVG Rz. 18; DKK/*Buschmann*, § 78 BetrVG Rz. 19; Richardi/*Thüsing*, § 78 BetrVG Rz. 25. | 8 Richardi/*Thüsing*, § 78 BetrVG Rz. 26; vgl. zur Vergütung von Reisezeiten LAG Sachsen v. 4.7.2001 – 3 Sa 876/00, NZA-RR 2002, 471. | 9 LAG Düsseldorf v. 13.9.2001 – 11 (4) Sa 906/01, BB 2002, 306; vgl. im Übrigen zu umfangreichen weiteren Beispielen Richardi/*Thüsing*, § 78 BetrVG Rz. 33; DKK/*Buschmann*, § 78 BetrVG Rz. 26; *Fitting*, § 78 BetrVG Rz. 22. | 10 HSWG/*Worzalla*, § 78 BetrVG Rz. 11; Richardi/*Thüsing*, § 78 BetrVG Rz. 20. | 11 GK-BetrVG/*Kreutz*, § 78 Rz. 46; DKK/*Buschmann*, § 78 BetrVG Rz. 18. | 12 *Fitting*, § 78 BetrVG Rz. 21. | 13 Vgl. BAG v. 9.6.1982 – 4 AZR 766/79, AP Nr. 1 zu § 107 BPersVG; vgl. LAG Nds v. 21.11.2003 – 16 Sa 147/03, NZA-RR 2004, 414.

Begünstigung von ArbN wegen ihrer BR-Tätigkeit sind nach § 134 BGB nichtig[1]. Daraus folgt einerseits, dass die im Rahmen einer rechtswidrigen Begünstigung versprochene Leistung nicht mit Erfolg eingeklagt werden kann, andererseits aber auch, dass andere ArbN die rechtswidrig gegen das Begünstigungsverbot zugesagte Leistung nicht für sich einfordern können[2]. **Vorsätzliche Verstöße** gegen das Benachteiligungs- und Begünstigungsverbot werden auf Antrag der geschützten betriebsverfassungsrechtl. Organe oder Gremien, des entsprechenden Unternehmers oder einer im Betrieb vertretenen Gewerkschaft nach § 119 I Nr. 3, II strafrechtl. verfolgt. Im Falle von **groben Verstößen** sind Unterlassungsansprüche nach § 23 III möglich.

14 **4. Darlegungs- und Beweislast.** Die Darlegungs- und Beweislast für einen Verstoß gegen das Benachteiligungs- und Begünstigungsverbot iSv. § 78 S. 2 trägt derjenige, der daraus etwas herleiten will[3].

15 **V. Streitigkeiten** über die Unterlassung einer Störung, Behinderung, Benachteiligung oder Begünstigung der Arbeit von betriebsverfassungsrechtl. Organen oder Gremien sind im arbeitsgerichtl. **Beschlussverfahren** durchzuführen (§§ 2a I Nr. 1, II iVm. 80 ff. ArbGG). Der Antrag auf Erlass einer einstw. Verfügung ist zulässig (vgl. Rz. 7). Neben dem betroffenen BR-Mitglied ist auch der BR antragsberechtigt[4]. Soweit einzelne Mitglieder eines betriebsverfassungsrechtl. Organs oder Gremiums iSv. § 78 S. 1 direkt einen Schadensersatzanspruch nach § 823 II BGB iVm. § 78 S. 2 geltend machen, ist darüber im arbeitsgerichtl. **Urteilsverfahren** zu entscheiden (§§ 2 I Nr. 3a und d, V iVm. 46 ff. ArbGG).

78a *Schutz Auszubildender in besonderen Fällen*

(1) Beabsichtigt der Arbeitgeber, einen Auszubildenden, der Mitglied der Jugend- und Auszubildendenvertretung, des Betriebsrats, der Bordvertretung oder des Seebetriebsrats ist, nach Beendigung des Berufsausbildungsverhältnisses nicht in ein Arbeitsverhältnis auf unbestimmte Zeit zu übernehmen, so hat er dies drei Monate vor Beendigung des Berufsausbildungsverhältnisses dem Auszubildenden schriftlich mitzuteilen.

(2) Verlangt ein in Absatz 1 genannter Auszubildender innerhalb der letzten drei Monate vor Beendigung des Berufsausbildungsverhältnisses schriftlich vom Arbeitgeber die Weiterbeschäftigung, so gilt zwischen Auszubildendem und Arbeitgeber im Anschluss an das Berufsausbildungsverhältnis ein Arbeitsverhältnis auf unbestimmte Zeit als begründet. Auf dieses Arbeitsverhältnis ist insbesondere § 37 Abs. 4 und 5 entsprechend anzuwenden.

(3) Die Absätze 1 und 2 gelten auch, wenn das Berufsausbildungsverhältnis vor Ablauf eines Jahres nach Beendigung der Amtszeit der Jugend- und Auszubildendenvertretung, des Betriebsrats, der Bordvertretung oder des Seebetriebsrats endet.

(4) Der Arbeitgeber kann spätestens bis zum Ablauf von zwei Wochen nach Beendigung des Berufsausbildungsverhältnisses beim Arbeitsgericht beantragen,

1. festzustellen, dass ein Arbeitsverhältnis nach Absatz 2 oder 3 nicht begründet wird, oder

2. das bereits nach Absatz 2 oder 3 begründete Arbeitsverhältnis aufzulösen,

wenn Tatsachen vorliegen, auf Grund derer dem Arbeitgeber unter Berücksichtigung aller Umstände die Weiterbeschäftigung nicht zugemutet werden kann. In dem Verfahren vor dem Arbeitsgericht sind der Betriebsrat, die Bordvertretung, der Seebetriebsrat, bei Mitgliedern der Jugend- und Auszubildendenvertretung auch diese Beteiligte.

(5) Die Absätze 2 bis 4 finden unabhängig davon Anwendung, ob der Arbeitgeber seiner Mitteilungspflicht nach Absatz 1 nachgekommen ist.

1 **I. Vorbemerkung.** § 78a enthält eine besondere **Schutzregelung** für Auszubildende, wenn sie Mitglied der JAV, des BR, der Bordvertretung oder des SeeBR sind. Da deren Berufsausbildungsverhältnis nach § 21 BBiG mit dem Ablauf der Ausbildungszeit bzw. mit dem Bestehen der Abschlussprüfung automatisch endet, nützt ihnen der Kündigungsschutz nach § 15 KSchG nichts. Davor schützt die Regelung des § 78a, in dem ein **Recht auf Übernahme** in ein Arbeitsverhältnis auf unbestimmte Zeit eingeräumt wird[5]. Zweck der Vorschrift ist, die zeitliche Kontinuität des Amts sicherzustellen. Der in einem Berufsausbildungsverhältnis Stehende soll ähnlich wie seine in einem Arbeitsverhältnis stehenden Kollegen und BR-Mitglieder weit gehenden Schutz vor einer Beendigung seines Amts während seiner Amtszeit bzw. innerhalb eines Jahres nach Beendigung der Amtszeit (§ 78a III) erhalten. Damit sollen diejenigen Auszubildenden, die Mitglied der JAV, des BR, der Bordvertretung oder des SeeBR sind, eine Rechtsposition erhalten, die der des BR nach § 15 KSchG, § 103 angenähert ist[6]. Der Anspruch richtet sich gegen den ArbGeb, also denjenigen, zu dem vertragl. Beziehungen bestehen[7].

---

1 ErfK/*Kania*, § 78 BetrVG Rz. 9; vgl. auch *Fitting*, § 78 BetrVG Rz. 22 mit weiteren Beispielen. | 2 LAG Düsseldorf v. 13.9.2001 – 11 (4) Sa 906/01, BB 2002, 306. | 3 ErfK/*Kania*, § 78 BetrVG Rz. 7. | 4 *Fitting*, § 78 BetrVG Rz. 25; DKK/*Buschmann*, § 78 BetrVG Rz. 30. | 5 Vgl. BAG v. 24.7.1991 – 7 ABR 68/90, AP Nr. 23 zu § 78a BetrVG 1972. | 6 Vgl. BAG v. 16.1.1979 – 6 AZR 153/77, AP Nr. 5 zu § 78a BetrVG 1972. | 7 Vgl. BAG v. 17.8.2005 – 7 AZR 553/04.

II. Persönlicher Schutzbereich (Abs. 1, 3). Der persönliche Schutzbereich umfasst Auszubildende, die Mitglied der JAV, des BR, der Bordvertretung oder des SeeBR sind[1]. 2

1. Auszubildende. Von § 78a sind nicht nur die nach §§ 4 ff. BBiG staatlich anerkannten Ausbildungsverhältnisse erfasst. Die Vorschrift ist auch auf Ausbildungsverhältnisse, die tarifl. Regelungen entsprechen und eine geordnete Ausbildung von zwei Jahren Dauer (vgl. § 25 II Nr. 2 BBiG) vorsehen, anwendbar[2]. Eine solche tarifl. Regelung enthielt bspw. der TV über die Ausbildungsrichtlinie für **Redaktionsvolontäre** an Tageszeitungen, in dem die Ausbildung und Ausbildungsdauer geregelt war[3]. Nach dieser Rspr. des BAG[4] kommt es auf eine „geordnete Ausbildung" an. Praktikanten und Volontäre[5], bei denen eine solche Voraussetzung nicht gegeben ist, fallen nicht unter den Schutzbereich des § 78a[6]. Bei **Umschülern** ist zu differenzieren: Wer zur Umschulung für einen anerkannten Ausbildungsberuf in ein Berufsausbildungsverhältnis tritt (§§ 1 V, 58 ff. BBiG), gehört zu den Auszubildenden und fällt deshalb unter die Schutzvorschrift des § 78a[7]. Bei einer reinen **Fortbildung** (§§ 1 IV, 53 ff. BBiG) wäre der Schutzbereich des § 78a nicht eröffnet, da eine eingeschlagene Fortbildung beibehalten werden soll (vgl. § 1 BBiG Rz. 5). 3

2. Mitglied eines betriebsverfassungsrechtlichen Organs. Die Auszubildenden müssen **amtierende Mitglieder** der JAV, des BR, der Bordvertretung oder des SeeBR sein. Nach § 78a III gilt der Schutz auch für **ausgeschiedene Mitglieder** der Betriebsverfassungsorgane während des ersten Jahrs nach Ablauf der Amtszeit, sofern das Ausscheiden nicht auf einem gerichtl. Ausschluss oder der Feststellung der Nichtwählbarkeit oder einer gerichtl. Auflösung des betreffenden Betriebsverfassungsorgans beruht[8]. § 78a findet auch auf **Ersatzmitglieder** Anwendung, soweit diese in den letzten drei Monaten vor Beendigung des Berufsausbildungsverhältnisses einem Betriebsverfassungsorgan angehören und in diesem Zeitraum die Weiterbeschäftigung verlangen[9]. Dabei kommt es nicht darauf an, in welchem Umfang während der Vertretungszeit effektiv Aufgaben anfallen[10]. Das nur vorübergehend nachgerückte Ersatzmitglied kann den nachwirkenden Schutz gem. § 78a III in Anspruch nehmen, sofern das Berufsausbildungsverhältnis innerhalb eines Jahres nach dem Vertretungsfall erfolgreich abgeschlossen wird und der Auszubildende innerhalb von drei Monaten vor der Beendigung des Ausbildungsverhältnisses seine Weiterbeschäftigung verlangt[11]. 4

3. Wirksame Wahl. Voraussetzung für die Anwendung des § 78a auf Auszubildende, die Mitglied der JAV, des BR, der Bordvertretung oder des SeeBR sind, ist, dass ihre Wahl wirksam war[12]. In der Praxis wird dieser Gesichtspunkt immer wieder übersehen. Es kann gerade für den ArbGeb sinnvoll sein, die Frage zu überprüfen, ob die Wahl des Auszubildenden überhaupt wirksam war. 5

III. Mitteilungspflichten des Arbeitgebers (Abs. 1). Beabsichtigt der ArbGeb die Nichtübernahme eines Auszubildenden, der unter den persönlichen Schutzbereich des § 78a fällt, muss er dies **spätestens** drei Monate vor Beendigung des Berufsausbildungsverhältnisses dem Auszubildenden schriftl. mitteilen (§ 78a I). 6

1. Übernahme in ein unbefristetes Arbeitsverhältnis. Der ArbGeb muss die **Absicht** haben, einen Auszubildenden, der Mitglied der JAV, des BR, der Bordvertretung oder des SeeBR ist, nach Beendigung des Ausbildungsverhältnisses **nicht** in ein unbefristetes Arbeitsverhältnis zu übernehmen. 7

2. Frist. Die Erklärung der Nichtübernahme in ein unbefristetes Arbeitsverhältnis muss der ArbGeb **spätestens** drei Monate vor Ende des Berufsausbildungsverhältnisses abgeben. Eine frühere Mitteilung des ArbGeb schadet dagegen nicht. Die Beendigung des Ausbildungsverhältnisses ist in § 21 BBiG geregelt (vgl. § 21 BBiG Rz. 1 ff.). Spätestens **drei Monate** vor diesem Zeitpunkt muss der ArbGeb dem Auszubildenden die Ablehnung der Weiterbeschäftigung mitteilen. Ist infolge vorzeitiger Ablegung der Prüfung ein früheres Ende des Berufsausbildungsverhältnisses vorauszusehen, muss die Mitteilung drei Monate vor diesem Zeitpunkt erfolgen. Für die Berechnung der Drei-Monats-Frist des § 78a ist vom Bestehen der Abschlussprüfung zurückzurechnen[13]. Die Fristberechnung erfolgt nach den §§ 187, 188 BGB[14]. 8

---

1 Vgl. zum Schutzbereich *Houben*, NZA 2006, 769 ff. (769/770). | 2 Vgl. BAG v. 23.6.1983 – 6 AZR 595/80, AP Nr. 10 zu § 78a BetrVG 1972; v. 17.8.2005 – 7 AZR 553/04. | 3 Vgl. BAG v. 23.6.1983 – 6 AZR 595/80, AP Nr. 10 zu § 78a BetrVG 1972. | 4 Wegen des entgegenstehenden Wortlauts von § 78a, der auf einen „Auszubildenden" in einem „Berufsausbildungsverhältnis" abstellt, ist diese Rspr. in der Lit. umstritten, vgl. *Fitting*, § 78a BetrVG Rz. 6; GK-BetrVG/*Kreutz*, § 78a Rz. 12; DKK/*Kittner*, § 78a BetrVG Rz. 4; *Stege/Weinspach/Schiefer*, § 78a BetrVG Rz. 1; Richardi/*Thüsing*, § 78a BetrVG Rz. 6. | 5 BAG v. 1.12.2004 – 7 AZR 129/04. | 6 GK-BetrVG/*Kreutz*, § 78a Rz. 14; *Fitting*, § 78a BetrVG Rz. 6; ErfK/*Kania*, § 78a BetrVG Rz. 2; HSWG/*Nicolai*, § 78a BetrVG Rz. 7; Richardi/*Thüsing*, § 78a BetrVG Rz. 5; *Stege/Weinspach/Schiefer*, § 78a BetrVG Rz. 1; aA DKK/*Kittner*, § 78a BetrVG Rz. 4. | 7 Richardi/*Thüsing*, § 78a BetrVG Rz. 5; *Fitting*, § 78a BetrVG Rz. 5; GK-BetrVG/*Kreutz*, § 78a Rz. 17; DKK/*Kittner*, § 78a BetrVG Rz. 4; *Dachrodt/Engelbert*, § 78a BetrVG Rz. 4; aA HSWG/*Nicolai*, § 78a BetrVG Rz. 6, der § 78a grds. nicht auf Umschüler anwendet. | 8 Vgl. BAG v. 21.8.1979 – 6 AZR 789/77, AP Nr. 6 zu § 78a BetrVG 1972. | 9 Vgl. BAG v. 15.1.1980 – 6 AZR 726/79, AP Nr. 8 zu § 78a BetrVG 1972. | 10 Vgl. BAG v. 15.1.1980 – 6 AZR 726/79, AP Nr. 8 zu § 78a BetrVG 1972. | 11 Vgl. BAG v. 13.3.1986 – 6 AZR 207/85, AP Nr. 3 zu § 9 BPersVG. | 12 Vgl. BAG v. 15.1.1980 – 6 AZR 726/79, AP Nr. 8 zu § 78a BetrVG 1972. | 13 Vgl. BAG v. 31.10.1985 – 6 AZR 557/84, AP Nr. 15 zu § 78a BetrVG 1972. | 14 DKK/*Kittner*, § 78a BetrVG Rz. 9.

9 **3. Form.** Die Mitteilung des ArbGeb muss **schriftl.** erfolgen, dh. das Schreiben erfordert gem. § 126 BGB eigenhändige Namensunterschrift des ArbGeb oder seines Vertreters.

10 **4. Zugang.** Die Mitteilung muss dem Auszubildenden spätestens drei Monate vor Beendigung des Berufsausbildungsverhältnisses **zugegangen** sein (§ 130 BGB).

11 **5. Rechtsfolgen bei unterlassener Mitteilung.** Unterbleibt die arbeitgeberseitige Mitteilung, dass der Auszubildende nicht in ein unbefristetes Arbeitsverhältnis übernommen werden soll, ergeben sich drei Fallkonstellationen mit jeweils unterschiedlichen Rechtsfolgen:

12 **a) Kein automatisches Arbeitsverhältnis.** Unterlässt der ArbGeb die rechtzeitige Mitteilung, führt dies nicht zu einer **automatischen Begründung** eines Arbeitsverhältnisses. Voraussetzung für das Entstehen eines unbefristeten Arbeitsverhältnisses ist nach § 78a II ein **Übernahmeverlangen** des Auszubildenden, so dass eine Handlung seinerseits erforderlich ist, um ein Rechtsverhältnis zu begründen, und zwar unabhängig davon, ob der ArbGeb seiner Mitteilungspflicht nachkommt oder nicht (vgl. § 78a V)[1]. Ein Auszubildender kann nicht darauf vertrauen, übernommen zu werden, wenn der ArbGeb die ihm nach § 78a I obliegende Mitteilung versäumt[2].

13 **b) Schadensersatzansprüche.** In der Lit. wird einheitlich die Auffassung vertreten, dass der ArbGeb sich Schadensersatzansprüchen aussetzt, wenn der Auszubildende auf Grund der verspäteten oder unterbliebenen Mitteilung durch den ArbGeb ein anderes Arbeitsverhältnis ausschlägt[3]. Diese Auffassung ist zweifelhaft: Zwar liegt eine Pflichtverletzung des ArbGeb vor, wenn er bei beabsichtigter Nichtübernahme eines Auszubildenden diesem eine entsprechende Mitteilung nicht zukommen lässt. Andererseits hat es aber der Auszubildende in der Hand, sein Weiterbeschäftigungsbegehren an den ArbGeb zu richten, unabhängig davon, ob der ArbGeb seiner Mitteilungspflicht nachkommt oder nicht. Das BAG stellt ausdrücklich darauf ab, dass der Auszubildende nicht darauf vertrauen darf, übernommen zu werden, wenn der ArbGeb die ihm nach § 78a I obliegende Mitteilung versäumt[4]. Wenn es somit der Auszubildende selbst in der Hand hat, durch Abgabe einer entsprechenden Erklärung seine Weiterbeschäftigung herbeizuführen, und nicht auf eine unbefristete Übernahme vertrauen darf, kann die unterbliebene Mitteilung des ArbGeb letztendlich nicht adäquat kausal für den Schadenseintritt in Form der Nichtaufnahme eines anderen Arbeitsverhältnisses sein.

14 **c) Tatsächliche Weiterbeschäftigung.** Hatte der ArbGeb ursprünglich die Absicht, den Auszubildenden nicht in ein unbefristetes Arbeitsverhältnis zu übernehmen, und unterlässt er die Mitteilung nach § 78a I an den Auszubildenden, so wird nach § 24 BBiG ein Arbeitsverhältnis auf unbestimmte Zeit begründet, wenn der ArbGeb den Auszubildenden entgegen seiner ursprünglichen Absicht tatsächlich nach Ablauf des Ausbildungsverhältnisses **weiterbeschäftigt**.

15 **IV. Weiterbeschäftigungsanspruch des Auszubildenden (Abs. 2).** Verlangt ein Auszubildender iSv. § 78a I innerhalb der letzten drei Monate vor Beendigung des Berufsausbildungsverhältnisses schriftl. vom ArbGeb die Weiterbeschäftigung, so gilt zwischen Auszubildendem und ArbGeb im Anschluss an das Berufsausbildungsverhältnis ein Arbeitsverhältnis auf unbestimmte Zeit als begründet (§ 78a II 1). Voraussetzung ist daher zunächst das frist- und formgerechte Geltendmachen der Weiterbeschäftigung.

16 **1. Frist.** Der Auszubildende muss **innerhalb von drei Monaten** vor Ablauf des Berufsausbildungsverhältnisses die Weiterbeschäftigung verlangen (zur Beendigung des Ausbildungsverhältnisses und Fristberechnung vgl. Rz. 8). Macht der Auszubildende seine Weiterbeschäftigung **früher** als drei Monate vor Beendigung des Ausbildungsverhältnisses geltend, ist das Weiterbeschäftigungsverlangen nach § 78a II 1 unwirksam[5]. Die Geltendmachung innerhalb von drei Monaten vor Ablauf des Ausbildungsverhältnisses ist auch dann erforderlich, wenn der ArbGeb seiner Mitteilungspflicht aus § 78a I nicht nachgekommen ist, wie sich aus § 78a V ergibt.

17 **2. Form.** Das Weiterbeschäftigungsverlangen muss durch den Auszubildenden **schriftl.** erfolgen. Dies erfordert nach § 126 I BGB eine Urkunde des Auszubildenden, die von ihm eigenhändig durch Namensunterschrift unterzeichnet ist. Eine **mündliche** Geltendmachung des Weiterbeschäftigungsverlangens kann die Rechtsfolgen des § 78a II 1 nicht herbeiführen[6].

18 **3. Zugang.** Dieses frist- und formgerechte Weiterbeschäftigungsverlangen muss dem ArbGeb zugehen (§ 130 BGB).

19 **4. Rechtsfolgen.** Hinsichtlich der Rechtsfolgen ist danach zu differenzieren, ob ein wirksames Weiterbeschäftigungsverlangen vorliegt oder nicht.

---

1 Vgl. BAG v. 15.1.1980 – 6 AZR 621/78, AP Nr. 7 zu § 78a BetrVG 1972. | 2 Vgl. BAG v. 31.10.1985 – 6 AZR 557/84, AP Nr. 15 zu § 78a BetrVG 1972. | 3 *Fitting*, § 78a BetrVG Rz. 16; DKK/*Kittner*, § 78a BetrVG Rz. 11. | 4 Vgl. BAG v. 31.10.1985 – 6 AZR 557/84, AP Nr. 15 zu § 78a BetrVG 1972. | 5 Vgl. BAG v. 15.1.1980 – 6 AZR 621/78, AP Nr. 7 zu § 78a BetrVG 1972; BAG v. 31.10.1985 – 6 AZR 557/84, AP Nr. 15 zu § 78a BetrVG 1972. | 6 GK-BetrVG/*Kreutz*, § 78a Rz. 51; *Fitting*, § 78a BetrVG Rz. 21; HSWG/*Nicolai*, § 78a BetrVG Rz. 18; DKK/*Kittner*, § 78a BetrVG Rz. 17; aA Richardi/*Thüsing*, § 78a BetrVG Rz. 23 (reine Ordnungsvorschrift).

a) Unwirksames Weiterbeschäftigungsverlangen. Verlangt der Auszubildende entweder seine Weiterbeschäftigung überhaupt nicht oder ist sein Weiterbeschäftigungsverlangen nicht form- und fristgerecht, scheidet er mit Ablauf des Ausbildungsverhältnisses aus dem Unternehmen aus. Etwas anderes gilt nach § 17 BBiG nur dann, wenn der ArbGeb ihn nach Ablauf des Ausbildungsverhältnisses tatsächlich weiterbeschäftigt (vgl. Rz. 14). 20

b) Wirksames Weiterbeschäftigungsverlangen. Macht der Auszubildende das Weiterbeschäftigungsverlangen frist- und formgerecht geltend, kommt nach § 78a II 1 nach Ablauf des Ausbildungsverhältnisses ein unbefristetes Arbeitsverhältnis zu Stande. Ausnahme: Schließt der Auzubildende innerhalb der letzten drei Monate des Ausbildungsverhältnisses einen befristeten Arbeitsvertrag ab, so kann darin uU ein Verzicht auf unbefristete Weiterbeschäftigung liegen, ein entsprechender Antrag liefe leer[1]. Der **Inhalt des Arbeitsverhältnisses** ergibt sich durch den Verweis in § 78a II 2 auf § 37 IV und V: Der ArbN darf während seiner Amtstätigkeit und des darauf folgenden Jahres nur mit Tätigkeiten beschäftigt werden, die den Tätigkeiten vergleichbarer ArbN mit betriebsüblicher beruflicher Entwicklung gleichwertig sind, sein Arbeitsentgelt muss dem vergleichbarer ArbN entsprechen (vgl. § 37 Rz. 23 ff.). Bei dem kraft des Weiterbeschäftigungsverlangens fingierten Arbeitsverhältnis nach Ablauf des Ausbildungsverhältnisses handelt es sich um ein **unbefristetes Vollzeitarbeitsverhältnis**. Für die Begründung eines befristeten Arbeitsverhältnisses bedürfte es stets einer dahin gehenden vertragl. Vereinbarung zwischen ArbGeb und ArbN[2]. 21

Hinweis: Der ArbGeb kann sich von der Weiterbeschäftigungspflicht entbinden lassen, wenn die Weiterbeschäftigung nicht zugemutet werden kann, weil bspw. kein freier Arbeitsplatz oder nur ein solcher zu anderen als den Konditionen, die sich aus den §§ 78a II 2 iVm. 37 IV und V ergeben, besteht (vgl. Rz. 24 ff.). Um seine Weiterbeschäftigung nach Ablauf des Ausbildungsverhältnisses in jedem Fall sicherzustellen, sollte der Auszubildende spätestens mit dem Übernahmeverlangen nach § 78a II mitteilen, ob er bereit ist, zu anderen als den sich aus § 78a ergebenden Arbeitsbedingungen in ein Arbeitsverhältnis übernommen zu werden[3]. Durch diese **hilfsweise** erklärte Bereitschaft erweitert der Auszubildende das Spektrum des Arbeitsverhältnisses, in das er übernommen werden kann: Während der Regelfall die Übernahme in ein Arbeitsverhältnis zu den sich aus § 78a ergebenden Arbeitsbedingungen ist, kann sich dies durch die hilfsweise abgegebene Bereitschaft, auch zu anderen als den sich aus § 78a ergebenden Arbeitsbedingungen in ein Arbeitsverhältnis übernommen zu werden, auf weitere Tätigkeitsbereiche erstrecken. 22

5. Darlegungs- und Beweislast. Darlegungs- und beweispflichtig für Frist und Form sowie Zugang des Weiterbeschäftigungsverlangens nach § 78a II 1 ist der Auszubildende[4]. 23

V. Entbindung von der Weiterbeschäftigungspflicht (Abs. 4). § 78a II gibt dem Auszubildenden ein **Gestaltungsrecht**, um auch gegen den Willen des ArbGeb die Begründung eines neuen (Vollzeit-)Arbeitsverhältnisses herbeizuführen[5]. Der ArbGeb kann jedoch beim ArbG nach § 78a IV feststellen lassen, dass ein Arbeitsverhältnis nicht begründet bzw. aufgelöst wird, wenn ihm die Weiterbeschäftigung **nicht zugemutet** werden kann. Hinsichtlich der gestellten Anträge ist danach zu unterscheiden, ob das Ausbildungsverhältnis bereits abgelaufen ist oder nicht. 24

1. Feststellungsantrag (Abs. 4 S. 1 Nr. 1). Der Antrag auf Feststellung, dass ein Arbeitsverhältnis nicht begründet wird, soll das Zustandekommen eines Arbeitsverhältnisses verhindern. 25

a) Antrag. Der **Feststellungsantrag** kann **nur vor Beendigung** des Berufsausbildungsverhältnisses gestellt werden[6]. 26

b) Geltendmachung. Der Feststellungsantrag kann bereits gestellt werden, **bevor** der Auszubildende die Weiterbeschäftigung nach § 78a II 1 verlangt[7]. Dem ArbGeb muss es aus Dispositionsgründen möglich sein, klare Verhältnisse zu schaffen und die Unzumutbarkeit der Weiterbeschäftigung schon zu einem entsprechend früheren Zeitpunkt zu klären[8]. 27

c) Formulierung. Der Antrag nach § 78a IV 1 Nr. 1 kann wie folgt formuliert werden: 28

Es wird festgestellt, dass zwischen der Antragstellerin und dem Antragsgegner nach Ablauf der Ausbildungszeit am ... ein Arbeitsverhältnis nicht begründet werden wird[9].

d) Zwischenzeitlicher Ablauf des Ausbildungsverhältnisses. Ist der Feststellungsantrag im Zeitpunkt des Ablaufs des Ausbildungsverhältnisses noch nicht **rechtskräftig** entschieden, wandelt sich der Fest- 29

---

1 Vgl. BVerwG v. 31.5.2005 – 6 PB 1/05, NZA-RR 2005, 613 (613 f.). | 2 Vgl. BAG v. 24.7.1991 – 7 ABR 68/90, AP Nr. 23 zu § 78a BetrVG 1972. | 3 Vgl. BAG v. 6.11.1996 – 7 ABR 54/95, AP Nr. 26 zu § 78a BetrVG 1972. | 4 Vgl. BAG v. 31.10.1985 – 6 AZR 557/84, AP Nr. 15 zu § 78a BetrVG 1972. | 5 Vgl. BAG v. 13.11.1987 – 7 AZR 246/87, AP Nr. 18 zu § 78a BetrVG 1972. | 6 Vgl. BAG v. 29.11.1989 – 7 ABR 67/88, AP Nr. 20 zu § 78a BetrVG 1972. | 7 Richardi/*Thüsing*, § 78a BetrVG Rz. 33; GK-BetrVG/*Kreutz*, § 78a Rz. 110 ff.; HSWG/*Nicolai*, § 78a BetrVG Rz. 24; aA DKK/*Kittner*, § 78a BetrVG Rz. 28; *Fitting*, § 78a BetrVG Rz. 35; *Weiss/Weyand*, § 78a BetrVG Rz. 9. | 8 GK-BetrVG/*Kreutz*, § 78a Rz. 115. | 9 Bauer/Lingemann/Diller/Haußmann/*Diller*, M 38.12.

stellungsantrag in einen Auflösungsantrag nach § 78a IV 1 Nr. 2 um, ohne dass es einer Antragsänderung bedarf[1].

30 **e) Rechtsfolgen.** Wird der Feststellungsantrag vor Ablauf des Ausbildungsverhältnisses verbeschieden, ist zu unterscheiden zwischen antragsstattgebender und antragsablehnender Entscheidung:

31 **aa) Antragsstattgebende Entscheidung.** Ergeht vor Beendigung des Ausbildungsverhältnisses eine **rechtskräftige** gerichtl. Entscheidung über den Feststellungsantrag nach § 78a IV 1 Nr. 1 dahin gehend, dass ein Arbeitsverhältnis nicht begründet wird, scheidet der Auszubildende mit Beendigung seines Ausbildungsverhältnisses aus dem Betrieb und damit aus dem Organ, dem er angehört, aus.

32 **bb) Antragsablehnende Entscheidung.** Ergeht vor Ablauf des Ausbildungsverhältnisses eine **rechtskräftige** gerichtl. Entscheidung dahin gehend, dass der Feststellungsantrag des ArbGeb abgelehnt wird, ergibt sich daraus, dass der Auszubildende in ein unbefristetes Arbeitsverhältnis übernommen wird. In diesem Fall kann nach Begründung des Arbeitsverhältnisses kein Antrag auf Auflösung nach § 78a IV 1 Nr. 2 gestellt werden, da für einen solchen Antrag wegen der Rechtskraft des Antrags nach § 78a IV 1 Nr. 1 das Rechtsschutzinteresse fehlen würde. Insoweit betreffen sowohl der Feststellungsantrag nach § 78a IV 1 Nr. 1 als auch der Auflösungsantrag nach § 78a IV 1 Nr. 2 **denselben Streitgegenstand**[2].

33 **2. Auflösungsantrag (Abs. 4 S. 1 Nr. 2).** Sowohl der Feststellungsantrag nach § 78a IV 1 Nr. 1 wie auch der Auflösungsantrag nach § 78a IV 1 Nr. 2 zielen auf eine **rechtsgestaltende gerichtliche Entscheidung**, die ihre Wirkung erst mit ihrer Rechtskraft für die Zukunft entfaltet[3].

34 **a) Keine rechtskräftige Entscheidung bis Ablauf des Ausbildungsverhältnisses.** Liegt bis zum Ablauf des Ausbildungsverhältnisses keine rechtskräftige Entscheidung vor, verhindert ein vom ArbGeb vor Ende des Ausbildungsverhältnisses eingeleitetes Verfahren gem. § 78a IV 1 Nr. 1 nicht die Begründung eines Arbeitsverhältnisses. Zwar wandelt sich der Feststellungsantrag in einen Auflösungsantrag um (vgl. Rz. 29), jedoch ist der geschützte Auszubildende grds. bis zu einer rechtskräftigen Entscheidung entsprechend seiner Ausbildung im Betrieb zu beschäftigen[4].

35 **b) Ausschlussfrist.** Der Auflösungsantrag kann daher nur gestellt werden, wenn das Ausbildungsverhältnis bereits abgelaufen und damit kraft der gesetzl. Fiktion ein Arbeitsverhältnis begründet worden ist. Dieser Antrag ist aber fristgebunden. Er muss **vor Ablauf von zwei Wochen** nach Beendigung des Ausbildungsverhältnisses gestellt werden. Für die Fristberechnung gelten die §§ 187 ff. BGB[5]. Das bedeutet, dass der letzte Tag des Ausbildungsverhältnisses bei der Fristberechnung nicht mitzählt (§ 187 I BGB); fällt der letzte Tag der Frist auf einen Samstag, Sonntag oder staatlich anerkannten Feiertag, läuft die Frist mit dem nächstfolgenden Werktag ab (§ 193 BGB). Spätestens am Tag des Fristablaufs muss ein entsprechender Antrag beim ArbG eingegangen sein. Bei der **Rechtsnatur** der Ausschlussfrist ist streitig, ob es sich um eine **materiellrechtl. Ausschlussfrist**[6] oder um eine **prozessuale Ausschlussfrist**[7] handelt. Wird die Ausschlussfrist versäumt, kann das kraft Fiktion begründete Arbeitsverhältnis nicht mehr wegen Unzumutbarkeit der Weiterbeschäftigung infrage gestellt werden[8]. Es liegt ein unbefristetes Arbeitsverhältnis vor.

36 **c) Formulierung.** Der Auflösungsantrag nach § 78a IV 1 Nr. 2 kann wie folgt formuliert werden[9]:

Das am ... begründete Arbeitsverhältnis wird aufgelöst.

37 **d) Rechtsfolgen.** Hinsichtlich der Rechtsfolgen ist zwischen einer antragsstattgebenden und einer antragsabweisenden Entscheidung zu differenzieren.

38 **aa) Antragsstattgebende Entscheidung.** Wird dem Auflösungsantrag stattgegeben, endet auf Grund der rechtsgestaltenden gerichtl. Entscheidung, die ihre Wirkung erst mit ihrer Rechtskraft für die Zukunft entfaltet[10], das kraft Fiktion begründete unbefristete Arbeitsverhältnis.

39 **bb) Antragsablehnende Entscheidung.** Wird der Auflösungsantrag rechtskräftig abgewiesen, besteht ein unbefristetes Arbeitsverhältnis.

40 **3. Weiterer Feststellungsantrag.** Voraussetzung für ein wirksames Weiterbeschäftigungsverlangen iSv. § 78a II und III ist, dass der Auszubildende dem geschützten Personenkreis (vgl. Rz. 2 ff.) angehört und fristgerecht (vgl. Rz. 16) sowie unter Beachtung der Schriftform (vgl. Rz. 17) sein Weiterbeschäftigungsverlangen geltend gemacht hat. Der ArbGeb kann daher auch daran denken, neben dem auf rechtsgestaltende Veränderung der Rechtslage abzielenden Antrag nach § 78a IV 1 Nr. 2 zugleich feststellen zu

1 Vgl. BAG v. 11.1.1995 – 7 AZR 574/94, AP Nr. 24 zu § 78a BetrVG 1972; v. 24.7.1991 – 7 ABR 68/90, AP Nr. 23 zu § 78a BetrVG 1972; v. 29.11.1989 – 7 ABR 67/88, AP Nr. 20 zu § 78a BetrVG 1972. | 2 Vgl. BAG v. 29.11.1989 – 7 ABR 67/88, AP Nr. 20 zu § 78a BetrVG 1972. | 3 Vgl. BAG v. 29.11.1989 – 7 ABR 67/88, AP Nr. 20 zu § 78a BetrVG 1972. | 4 Vgl. BAG v. 29.11.1989 – 7 ABR 67/88, AP Nr. 20 zu § 78a BetrVG 1972; v. 15.1.1980 – 6 AZR 361/79, AP Nr. 9 zu § 78a BetrVG 1972. | 5 *Fitting*, § 78a BetrVG Rz. 37; Richardi/*Thüsing*, § 78a BetrVG Rz. 35. | 6 *Fitting*, § 78a BetrVG Rz. 38; Richardi/*Thüsing*, § 78a BetrVG Rz. 35. | 7 GK-BetrVG/*Kreutz*, § 78a Rz. 112. | 8 *Fitting*, § 78a BetrVG Rz. 38. | 9 Bauer/Lingemann/Diller/Haußmann/*Diller*, M 38.12. | 10 Vgl. BAG v. 29.11.1989 – 7 ABR 67/88, AP Nr. 20 zu § 78a BetrVG 1972.

lassen, dass die Voraussetzungen des § 78a II oder III nicht erfüllt sind[1]. Das BAG hat diese Frage nicht abschließend entscheiden müssen und offen gelassen[2]. Hält der ArbGeb daher das Verfahren nach § 78a von vornherein nicht für einschlägig, sei es, weil das Amt nicht besteht, sei es, weil der Auszubildende nicht wie in § 78a II vorgeschrieben innerhalb der letzten drei Monate vor Beendigung der Ausbildung schriftl. die Weiterbeschäftigung verlangt hat, kann er daran denken, diese Vorfrage zum Streitgegenstand zu machen, und folgenden Antrag stellen[3]:

1. Es wird festgestellt, dass zwischen der Antragstellerin und dem Antragsgegner nach Ablauf der Ausbildungszeit am ... ein Arbeitsverhältnis nicht begründet worden ist.
2. Hilfsweise: Das am ... begründete Arbeitsverhältnis wird aufgelöst.

Das Formulierungsbeispiel unterstellt, dass der Antrag nach Ablauf des Ausbildungsverhältnisses gestellt worden ist. Vor Ablauf der Ausbildungszeit würde der Feststellungsantrag (vgl. Rz. 26) gestellt, bei dem als Vorfrage zu klären wäre, ob ein wirksames Weiterbeschäftigungsverlangen iSd. § 78a II und III vorliegt. 41

4. Unzumutbarkeit der Weiterbeschäftigung. Dem Feststellungs- und dem Auflösungsantrag ist dann stattzugeben, wenn Tatsachen vorliegen, auf Grund deren dem ArbGeb unter Berücksichtigung aller Umstände die Weiterbeschäftigung nicht zugemutet werden kann. Dabei können sich die Tatsachen sowohl aus der Person des Auszubildenden als auch aus dringenden betriebl. Erfordernissen ergeben. 42

a) Maßstab. Obwohl sich die Formulierung in § 78a IV 1 an die des § 626 BGB, der die außerordentl. Kündigung regelt, anlehnt, sind die Zumutbarkeitsbegriffe nicht inhaltlich identisch[4]. Die zum Begriff der Unzumutbarkeit in § 626 I BGB entwickelten Grundsätze lassen sich nicht auf den Auflösungstatbestand des § 78a IV übertragen. Der Tatbestand des § 626 I BGB ist erst dann gegeben, wenn dem ArbGeb die Fortsetzung des Arbeitsverhältnisses bis zum Ablauf der Kündigungsfrist oder bis zur vereinbarten Beendigung nicht zugemutet werden kann. Bei § 78a IV ist demgegenüber zu entscheiden, ob dem ArbGeb die Beschäftigung des ArbN in einem unbefristeten Arbeitsverhältnis zumutbar ist. Diese Frage ist im Grundsatz zu verneinen, wenn der ArbGeb keinen andauernden Bedarf für die Beschäftigung eines ArbN hat. Der Inhalt der Begriffe ist daher nach den genannten unterschiedlichen Funktionen zu bestimmen[5]. Liegt ein außerordentl. Kündigungsgrund iSv. § 626 I BGB vor, rechtfertigt dies auch die Nichtübernahme eines Auszubildenden in ein Arbeitsverhältnis[6]. Darüber hinaus ist im Einzelfall nach den aufgeführten unterschiedlichen Funktionen zu prüfen, ob eine Unzumutbarkeit iSv. § 78a IV vorliegt oder nicht. Da die Zumutbarkeitsbegriffe in § 626 I BGB und § 78a IV nicht identisch sind, folgt daraus, dass § 626 BGB insgesamt nicht entsprechend auf § 78a IV anzuwenden ist. Daraus folgt weiter, dass die Ausschlussfrist nach § 626 II BGB – wie auch die Ausschlussfrist nach § 22 IV BBiG (außerordentl. Kündigung eines Auszubildenden) – auf das Verfahren nach § 78a IV keine Anwendung findet[7]. 43

b) Personenbedingte Gründe. Grds. können nur **schwerwiegende Gründe persönlicher Art** geeignet sein, die Nichtbegründung eines Arbeitsverhältnisses bzw. die Auflösung eines schon begründeten Arbeitsverhältnisses zu rechtfertigen[8]. So kann das **wiederholte Nichtbestehen** der Abschlussprüfung die Unzumutbarkeit der Beschäftigung begründen[9]. Dagegen reicht das schlechtere Abschneiden bei der Abschlussprüfung im Verhältnis zu anderen Auszubildenden nicht aus[10]. Auch ist ein **Qualifikationsvergleich** zwischen dem geschützten Amtsträger und anderen Bewerbern um den Arbeitsplatz unzulässig[11]. 44

c) Dringende betriebliche Gründe finden im Rahmen der Unzumutbarkeit des § 78a IV Berücksichtigung. 45

aa) Freier Arbeitsplatz. Eine Übernahmeverpflichtung wird in der Rspr. nur für den Fall bejaht, dass zum Zeitpunkt des Ablaufs des Berufsausbildungsverhältnisses ein Arbeitsplatz frei ist[12]. Ist im Zeitpunkt der Beendigung des Ausbildungsverhältnisses ein freier Arbeitsplatz vorhanden, hat bei der Prüfung der Unzumutbarkeit einer Weiterbeschäftigung ein **künftiger Wegfall** von Arbeitsplätzen unberücksichtigt zu bleiben[13]. Innerhalb von drei Monaten vor Ablauf des Ausbildungsverhältnisses frei 46

---

1 DKK/*Kittner*, § 78a BetrVG Rz. 30. | 2 Vgl. BAG v. 16.8.1995 – 7 ABR 52/94, AP Nr. 25 zu § 78a BetrVG 1972; v. 11.1.1995 – 7 AZR 574/94, AP Nr. 24 zu § 78a BetrVG 1972. | 3 Bauer/Lingemann/Diller/Haußmann/*Diller*, M 38.12. | 4 Vgl. BAG v. 6.11.1996 – 7 ABR 54/95, AP Nr. 26 zu § 78a BetrVG 1972; v. 16.1.1979 – 6 AZR 153/77, AP Nr. 5 zu § 78a BetrVG 1972. | 5 Vgl. BAG v. 6.11.1996 – 7 ABR 54/95, AP Nr. 26 zu § 78a BetrVG 1972. | 6 Vgl. BAG v. 6.11.1996 – 7 ABR 54/95, AP Nr. 26 zu § 78a BetrVG 1972; v. 16.1.1979 – 6 AZR 153/77, AP Nr. 5 zu § 78a BetrVG 1972. | 7 Vgl. BAG v. 15.12.1983 – 6 AZR 60/83, AP Nr. 12 zu § 78a BetrVG 1972. | 8 Vgl. BAG v. 16.1.1979 – 6 AZR 153/77, AP Nr. 5 zu § 78a BetrVG 1972. | 9 LAG Nds. v. 8.4.1975 – 2 TaBV 60/74, DB 1975, 1224. | 10 LAG Hamm v. 21.10.1992 – 3 TaBV 106/92, LAGE Nr. 6 zu § 78a BetrVG 1972. | 11 DKK/*Kittner*, § 78a BetrVG Rz. 35; *Fitting*, § 78a BetrVG Rz. 49. | 12 Vgl. BAG v. 12.11.1997 – 7 ABR 73/96, AP Nr. 31 zu § 78a BetrVG 1972; v. 6.11.1996 – 7 ABR 54/95, AP Nr. 26 zu § 78a BetrVG 1972; v. 24.7.1991 – 7 ABR 68/90, AP Nr. 23 zu § 78a BetrVG 1972; v. 29.11.1989 – 7 ABR 67/88, AP Nr. 20 zu § 78a BetrVG 1972; v. 15.1.1980 – 6 AZR 361/79, AP Nr. 9 zu § 78a BetrVG 1972; v. 16.1.1979 – 6 AZR 153/77, AP Nr. 5 zu § 78a BetrVG 1972. | 13 Vgl. BAG v. 16.8.1995 – 7 ABR 52/94, AP Nr. 25 zu § 78a BetrVG 1972.

werdende Stellen stehen freien Stellen im Zeitpunkt der Übernahme gleich, wenn eine sofortige Neubesetzung nicht durch dringende betriebliche Gründe geboten war[1]. Anderes gilt, wenn fünf Monate vor Ablauf des Ausbildungsverhältnisses freie Arbeitsplätze besetzt wurden: Der ArbGeb ist regelmäßig nicht verpflichtet, zu bedenken, dass fünf Monate später nach § 78a geschützte Auszubildende ihre Ausbildung beenden und Übernahmeverlangen stellen könnten[2]. Ist ein freier Arbeitsplatz in diesem Sinne nicht vorhanden, kann vom ArbGeb nicht **die Schaffung zusätzlicher Arbeitsplätze** oder **die Entlassung anderer ArbN** verlangt werden[3].

47 **bb) Entgegenstehende gesetzliche Bestimmungen.** Hat der ArbGeb zwar einen freien Arbeitsplatz zur Verfügung, kann aber der betreffende Auszubildende auf diesem Arbeitsplatz kraft entgegenstehender gesetzl. Verbote nicht eingesetzt werden, besteht eine Beschäftigungsmöglichkeit für den ArbGeb nicht, so dass die Weiterbeschäftigung unzumutbar ist[4].

48 **cc) Geänderte Arbeitsbedingungen.** Das Weiterbeschäftigungsverlangen nach § 78a II ist gerichtet auf eine Tätigkeit vergleichbarer ArbN mit betriebsüblicher beruflicher Entwicklung, die Vergütung muss der vergleichbarer ArbN entsprechen (vgl. Rz. 21). Die Prüfung, ob ein anderer freier Arbeitsplatz zur Verfügung steht, reduziert sich daher auf einen solchen Arbeitsplatz. Durch das Übernahmeverlangen des Auszubildenden entsteht ein unbefristetes Vollzeitarbeitsverhältnis, das einen Anspruch auf **ausbildungsgerechte Beschäftigung** im Ausbildungsbetrieb begründet[5]. Inhaltliche Abänderungen dieses Arbeitsverhältnisses unterliegen dem Konsensprinzip, so dass der Auflösungsantrag nach § 78a IV nicht mit der Begründung abgewiesen werden darf, dem ArbGeb wäre die Beschäftigung im Rahmen eines anderen als des nach § 78a II entstehenden Arbeitsverhältnisses zumutbar gewesen[6]. Sofern allerdings der Auszubildende – wenn auch nur hilfsweise – sein Einverständnis mit einer Weiterbeschäftigung zu geänderten Arbeitsbedingungen erklärt hat (vgl. Rz. 22), gebietet es der Schutzzweck, dass der ArbGeb auf derartige Änderungswünsche eingeht. Tut er dies nicht, ist von einer Zumutbarkeit der Weiterbeschäftigung auszugehen. Das bedeutet: Hat der Auszubildende rechtzeitig erklärt, ggf. auch zu anderen Bedingungen zu arbeiten, muss der ArbGeb prüfen, ob die anderweitige Beschäftigung möglich und zumutbar ist. Unterlässt er die Prüfung oder verneint er zu Unrecht die Möglichkeit und die Zumutbarkeit, so kann das nach § 78a II entstandene Arbeitsverhältnis nicht nach § 78a IV aufgelöst werden[7].

49 **d) Betrieb und Unternehmen.** Bei der Prüfung der Weiterbeschäftigungsmöglichkeit ist auf den **Betrieb** abzustellen und nicht auf das Unternehmen[8]. Eine Beschränkung auf den Betrieb, in dem der Auszubildende Mitglied des betriebsverfassungsrechtl. Gremiums war, widerspricht der Wertung des Gesetzgebers im Verhältnis zu den §§ 1 II Nr. 1b, 15 IV KSchG.

50 **e) Darlegungs- und Beweislast.** Darlegungs- und beweisbelastet für die Frage der Unzumutbarkeit der Weiterbeschäftigung ist der ArbGeb. Der ArbN ist darlegungs- und beweisbelastet dafür, dass er frist- und formgerecht ein Weiterbeschäftigungsverlangen nach § 78a II gestellt hat (vgl. Rz. 23). Der ArbN ist daraus folgend auch dafür darlegungs- und beweisbelastet, dass er bei seinem Weiterbeschäftigungsverlangen ggf. hilfsweise die Erklärung abgegeben hat, auch zu geänderten Arbeitsbedingungen tätig zu werden.

51 **f) Rechtsfolgen.** Liegt die Unzumutbarkeit der Weiterbeschäftigung vor, wird entweder dem Feststellungs- oder Auflösungsantrag entsprochen mit der Folge, dass bei einem bereits entstandenen Weiterbeschäftigungsanspruch nach § 78a II auf Grund der **rechtsgestaltenden Wirkung** der arbeitsgerichtl. Entscheidung **für die Zukunft** (vgl. Rz. 33) die Weiterbeschäftigung mit Rechtskraft der Entscheidung endet. Wird die Unzumutbarkeit der Weiterbeschäftigung verneint, steht mit Rechtskraft der Entscheidung abschließend fest, dass ein unbefristetes Arbeitsverhältnis besteht.

52 **VI. Streitigkeiten.** Bei Streitigkeiten ist zu unterscheiden, ob der ArbGeb oder der Auszubildende/ArbN ein Verfahren einleitet.

53 **1. Arbeitgeber.** Die Entscheidung über einen Feststellungs- oder Auflösungsantrag des ArbGeb über die Frage, ob ihm gem. § 78a IV die Weiterbeschäftigung des Auszubildenden nicht zugemutet werden kann, ist im arbeitsgerichtl. **Beschlussverfahren** zu treffen (§§ 2a I Nr. 1, II iVm. 80 ff. ArbGG)[9]. Gleiches gilt, falls der ArbGeb die **Vorfrage**, dass ein Arbeitsverhältnis deswegen nicht zu Stande gekommen ist, weil die Voraussetzungen nach § 78a II oder III nicht vorliegen, durch Einl. eines **Beschlussverfahrens**

---

1 Vgl. BAG v. 12.11.1997 – 7 ABR 63/96, AP Nr. 30 zu § 78a BetrVG 1972. | 2 Vgl. BAG v. 12.11.1997 – 7 ABR 73/96, AP Nr. 31 zu § 78a BetrVG 1972. | 3 Vgl. BAG v. 6.11.1996 – 7 ABR 54/95, AP Nr. 26 zu § 78a BetrVG 1972; v. 15.1.1980 – 6 AZR 361/79, AP Nr. 9 zu § 78a BetrVG 1972; v. 16.1.1979 – 6 AZR 153/77, AP Nr. 5 zu § 78a BetrVG 1972. | 4 So BAG v. 15.1.1980 – 6 AZR 361/79, AP Nr. 9 zu § 78a BetrVG 1972 zu den einer Weiterbeschäftigung im konkreten Fall entgegenstehenden Bestimmungen der Arbeitszeitordnung. | 5 Vgl. BAG v. 16.8.1995 – 7 ABR 52/94, AP Nr. 25 zu § 78a BetrVG 1972. | 6 Vgl. BAG v. 24.7.1991 – 7 ABR 68/90, AP Nr. 23 zu § 78a BetrVG 1972. | 7 Vgl. BAG v. 6.11.1996 – 7 ABR 54/95, AP Nr. 26 zu § 78a BetrVG 1972. | 8 Vgl. BAG v. 15.11.2006 – 7 ABR 15/06, AP Nr. 38 zu § 78a BetrVG 1972 mit zahlr. Nachw. auf den Streitstand; zust. *Reuter*, BB 2007, 2678 ff.; aA noch die Vorauflage § 78 BetrVG Rz. 49 mzN. | 9 Vgl. BAG v. 29.11.1989 – 7 ABR 67/88, AP Nr. 20 zu § 78a BetrVG 1972; v. 5.4.1984 – 6 AZR 70/83, AP Nr. 13 zu § 78a BetrVG 1972.

gerichtlich klären lassen will[1]. **Beteiligte** an diesem Beschlussverfahren sind neben dem ArbGeb und dem Auszubildenden/ArbN auch das jeweilige betriebsverfassungsrechtl. Organ, also der BR, die Bordvertretung, der SeeBR oder die JAV (§ 78a IV 2) nicht aber die GesamtJAV oder die Konzern JAV[2]. Der ArbGeb hat allerdings nicht die **Kosten** einer anwaltlichen Tätigkeit zu tragen, die einem Mitglied der JAV in einem Verfahren nach § 78a IV entstanden sind[3]. Die Beteiligung des jeweiligen Mitglieds der JAV dient ausschließlich dessen individualrechtl. Interesse an der Fortsetzung seiner Tätigkeit bei dem ArbGeb auf Grund eines Arbeitsverhältnisses, das infolge eines schriftl. Weiterbeschäftigungsverlangens entstanden war. Nach st. Rspr. des BAG besteht kein betriebsverfassungsrechtl. Kostenerstattungsanspruch, wenn ein Mitglied eines betriebsverfassungsrechtl. Gremiums seine individualrechtl. Interessen gegenüber dem ArbGeb wahrnimmt.

2. Auszubildender. Der Auszubildende hat seinen Anspruch auf Feststellung des Bestehens und Inhalts eines Arbeitsverhältnisses im arbeitsgerichtl. **Urteilsverfahren** geltend zu machen (§§ 2 I Nr. 3b, V iVm. 46 ff. ArbGG)[4]. 54

3. Einstweiliger Rechtsschutz. Der **Auszubildende** kann im Wege der einstw. Verfügung seine Weiterbeschäftigung geltend machen[5]. Anders der **ArbGeb**: Er kann im Wege der einstw. Verfügung nicht die Vertragsauflösung geltend machen[6], wohl aber die Entbindung von der tatsächlichen Weiterbeschäftigungspflicht[7]. Eine solche einstw. Verfügung auf Entbindung von der tatsächlichen Weiterbeschäftigung kann allerdings nur unter ganz engen Voraussetzungen in Betracht kommen, weil hierdurch der ArbN sein betriebsverfassungsrechtl. Amt nicht mehr ordnungsgemäß ausüben kann[8]. 55

79 *Geheimhaltungspflicht*

(1) Die Mitglieder und Ersatzmitglieder des Betriebsrats sind verpflichtet, Betriebs- oder Geschäftsgeheimnisse, die ihnen wegen ihrer Zugehörigkeit zum Betriebsrat bekannt geworden und vom Arbeitgeber ausdrücklich als geheimhaltungsbedürftig bezeichnet worden sind, nicht zu offenbaren und nicht zu verwerten. Dies gilt auch nach dem Ausscheiden aus dem Betriebsrat. Die Verpflichtung gilt nicht gegenüber Mitgliedern des Betriebsrats. Sie gilt ferner nicht gegenüber dem Gesamtbetriebsrat, dem Konzernbetriebsrat, der Bordvertretung, dem Seebetriebsrat und den Arbeitnehmervertretern im Aufsichtsrat sowie im Verfahren vor der Einigungsstelle, der tariflichen Schlichtungsstelle (§ 76 Abs. 8) oder einer betrieblichen Beschwerdestelle (§ 86).

(2) Absatz 1 gilt sinngemäß für die Mitglieder und Ersatzmitglieder des Gesamtbetriebsrats, des Konzernbetriebsrats, der Jugend- und Auszubildendenvertretung, der Gesamt-Jugend- und Auszubildendenvertretung, der Konzern-Jugend- und Auszubildendenvertretung, des Wirtschaftsausschusses, der Bordvertretung, des Seebetriebsrats, der gemäß § 3 Abs. 1 gebildeten Vertretungen der Arbeitnehmer, der Einigungsstelle, der tariflichen Schlichtungsstelle (§ 76 Abs. 8) und einer betrieblichen Beschwerdestelle (§ 86) sowie für die Vertreter von Gewerkschaften oder von Arbeitgebervereinigungen.

I. Gegenstand und Umfang der Geheimhaltungspflicht. Das BetrVG gibt dem ArbGeb eine Reihe von Unterrichtungspflichten auf. Dies bringt es mit sich, dass der BR und sonstige Organe und Gremien der Betriebsverfassung eine Vielzahl vertraulicher Informationen erhalten. An der Geheimhaltung dieser Informationen hat der ArbGeb regelmäßig ein erhebliches Interesse. Aus diesem Grunde wird für bestimmte Fälle eine besondere Geheimhaltungspflicht festgelegt. 1

1. Verpflichteter Personenkreis (Abs. 1 S. 1, Abs. 2). Verpflichteter Personenkreis sind nach § 79 I 1 sämtliche Mitglieder des BR sowie die Ersatzmitglieder. Der aus § 79 I 1 folgende Unterlassungsanspruch richtet sich aber nicht nur gegen die BR-Mitglieder sowie die Ersatzmitglieder, sondern auch an **den BR als Organ** der Betriebsverfassung. Insoweit ist § 79 I 1 planwidrig unvollständig und enthält eine offene, durch Analogie zu schließende Regelungslücke[9]. 2

Die Geheimhaltungspflicht gilt nach § 79 II für die Mitglieder und Ersatzmitglieder des GBR, des KBR, der JAV, der GesamtJAV, der KonzernJAV, des Wirtschaftsausschusses, der Bordvertretung, des SeeBR, der gem. § 3 I gebildeten Vertretungen der ArbN, der Einigungsstelle, der tarifl. Schlichtungsstelle (§ 76 VIII) und einer betriebl. Beschwerdestelle (§ 86) sowie für die Vertreter von Gewerkschaften 3

1 Vgl. BAG v. 16.8.1995 – 7 ABR 52/94, AP Nr. 25 zu § 78a BetrVG 1972, anders noch BAG v. 29.11.1989 – 7 ABR 67/88, AP Nr. 20 zu § 78a BetrVG 1972 (Urteilsverfahren). | 2 Vgl. BAG v. 15.11.2006 – 7 ABR 15/06, AP Nr. 38 zu § 78a BetrVG 1972. | 3 Vgl. BAG v. 5.4.2000 – 7 ABR 6/99, AP Nr. 33 zu § 78a BetrVG 1972. | 4 Vgl. BAG v. 13.11.1987 – 7 AZR 246/87, AP Nr. 18 zu § 78a BetrVG 1972; v. 22.9.1983 – 6 AZR 323/81, AP Nr. 11 zu § 78a BetrVG 1972. | 5 *Fitting*, § 78a BetrVG Rz. 64; GK-BetrVG/*Kreutz*, § 78a Rz. 75; ErfK/*Kania*, § 78a BetrVG Rz. 12; DKK/*Kittner*, § 78a BetrVG Rz. 45; HSWG/*Nicolai*, § 78a BetrVG Rz. 37; LAG Berlin v. 22.2.1991 – 2 Sa 35/90, LAGE Nr. 29 zu § 611 BGB – Beschäftigungspflicht; aA *Stege/Weinspach/Schiefer*, § 78a BetrVG Rz. 10d. | 6 GK-BetrVG/*Kreutz*, § 78a Rz. 129; DKK/*Kittner*, § 78a BetrVG Rz. 46. | 7 ErfK/*Kania*, § 78a BetrVG Rz. 12; HSWG/*Nicolai*, § 78a BetrVG Rz. 42. | 8 KR/*Weigand*, § 78a BetrVG Rz. 53; vgl. auch LAG Nds. v. 25.5.1998 – 11 Sa 695/98, AiB 1999, 43. | 9 Vgl. BAG v. 26.2.1987 – 6 ABR 46/84, AP Nr. 2 zu § 79 BetrVG 1972 mwN.

oder von ArbGebVereinigungen. Die Aufzählung in § 79 I 1 u. II ist nicht abschließend: Kraft ausdrücklicher gesetzl. Verweisung gilt die Verschwiegenheitspflicht auch für **Sachverst.** und **ArbN**, die zur Durchführung betriebsverfassungsrechtl. Aufgaben hinzugezogen werden (vgl. § 80 IV, § 107 III 4, § 108 II 3 u. § 109 S. 3). Über die Geheimhaltungspflicht in § 79 hinaus gibt es eine Reihe weiterer Schweigepflichten (vgl. Rz. 14 ff.).

4 **2. Betriebs- oder Geschäftsgeheimnisse.** Die Geheimhaltungspflicht nach § 79 umfasst Betriebs- oder Geschäftsgeheimnisse. Betriebs- oder Geschäftsgeheimnisse sind Tatsachen, Erkenntnisse oder Unterlagen, die im Zusammenhang mit dem technischen Betrieb oder der wirtschaftl. Betätigung des Unternehmens stehen, nur einem eng begrenzten Personenkreis bekannt, also nicht offenkundig sind, nach dem bekundeten Willen des ArbGeb geheim gehalten werden sollen oder deren Geheimhaltung, insb. vor Konkurrenten, für den Betrieb oder das Unternehmen wichtig ist (**materielles Geheimnis**)[1]. Dabei sind **Betriebsgeheimnisse** solche, die sich auf die Erreichung des Betriebszwecks, und **Geschäftsgeheimnisse** solche, die sich auf das Know-how des Unternehmens beziehen[2]. **Beispiele** für Betriebs- und Geschäftsgeheimnisse sind: Patente, Lizenzen, ArbNErf, Fertigungsmethoden, Materialzusammensetzungen, Jahresabschlüsse, Preisberechnungen sowie Lohn- und Gehaltsdaten, da sie Teil der betriebswirtschaftl. Kalkulation über Umsätze und Gewinnmöglichkeiten sind und aus diesen Daten Konkurrenten – unter Berücksichtigung der Besonderheiten des betroffenen Unternehmensbereichs – Informationen über Kalkulation und Unternehmenspolitik gewinnen können[3].

5 Was danach ein Betriebs- oder Geschäftsgeheimnis ist, lässt sich objektiv feststellen. Ein Betriebs- oder Geschäftsgeheimnis liegt dann nicht vor, wenn etwas **offenkundig** ist: Offenkundig ist, was sich jeder Interessierte ohne besondere Mühe zur Kenntnis beschaffen kann. **Beispiel:** Die Rezeptur eines Reagenzes ist nicht offenkundig, wenn die quantitative Analyse für ausgebildete Chemiker einen mittleren Schwierigkeitsgrad bietet und die sinnvolle Verwendung der Bestandteile nicht ohne Detailkenntnisse und erst nach entsprechenden Überlegungen und Untersuchungen möglich ist[4]. An der Geheimhaltung muss der ArbGeb ein berechtigtes wirtschaftl. Interesse haben[5], welches nicht bei unlauteren oder gesetzeswidrigen Vorgängen, wie bspw. Steuerhinterziehungen, besteht[6]. Ferner unterliegen sog. **vertrauliche Angaben** des ArbGeb nicht der betriebsverfassungsrechtl. Schweigepflicht nach § 79, da es hinsichtlich der Geheimhaltungspflicht darauf ankommt, ob **objektiv** ein Betriebs- oder Geschäftsgeheimnis vorliegt. Durch die Kennzeichnung als „vertraulich" können nicht willkürlich Angelegenheiten zu Geschäftsgeheimnissen gemacht werden[7].

6 **3. Ausdrückliche Geheimhaltungserklärung.** Außer dem Vorliegen eines materiellen Geheimnisses erfordert die Geheimhaltungspflicht nach § 79, dass der ArbGeb durch **ausdrückliche Erklärung** darauf hingewiesen hat, eine bestimmte Angelegenheit als Betriebs- oder Geschäftsgeheimnis zu betrachten und darüber Stillschweigen zu bewahren (**formelles Geheimnis**)[8]. Die Erklärung kann auch durch einen **Vertreter** des ArbGeb abgegeben werden[9]. Hinsichtlich Gegenstand und Umfang der Geheimhaltung muss die Erklärung **klar und eindeutig** sein. Eine bestimmte Form ist nicht vorgeschrieben, so dass die Erklärung **mündlich** abgegeben werden kann[10].

7 **Hinweis:** Aus **Beweissicherungsgründen** kann es angezeigt sein, die Erklärung **schriftl.** abzugeben[11]. Dabei sollte darauf geachtet werden, dass der Zugang beweisbar ist (zB Empfangsbestätigung). Erfolgt die Erklärung in einer Sitzung, empfiehlt es sich, einen entsprechenden Hinweis in das Sitzungsprotokoll aufzunehmen[12]. In jedem Fall ist aus Sicht des ArbGeb zu beachten, dass die Erklärung gegenüber einem **empfangszuständigen Mitglied** abgegeben wird (vgl. § 26 Rz. 9 ff.). Haben die in § 79 genannten Stellen und Personen die ausdrückliche Geheimhaltungsmitteilung des ArbGeb erhalten, haben sie ihrerseits dafür Sorge zu tragen, dass **andere Mitglieder**, die von der Erklärung bisher keine Kenntnis hatten (zB Ersatzmitglieder), von der Geheimhaltungspflicht unterrichtet werden[13]. Wird das Betriebs- oder Geschäftsgeheimnis dem betreffenden Organ oder Gremium im Rahmen seiner Amtstätigkeit aus anderer Quelle (zB von **Dritten**) bekannt oder teilt ihm der ArbGeb entsprechende Informationen mit, ohne zunächst ausdrücklich auf die Geheimhaltungsbedürftigkeit hinzuweisen, greift § 79 dennoch ein, wenn der ArbGeb im Nachhinein eine ausdrückliche Geheimhaltungsmitteilung macht[14]. In diesem Fall gilt die Geheimhaltungspflicht erst ab Zugang der Erklärung[15].

---

1 Vgl. BAG v. 26.2.1987 – 6 ABR 46/84, AP Nr. 2 zu § 79 BetrVG 1972; v. 16.3.1982 – 3 AZR 83/79, AP Nr. 1 zu § 611 BGB – Betriebsgeheimnis; DKK/*Buschmann*, § 79 BetrVG Rz. 6; *Fitting*, § 79 BetrVG Rz. 3. | 2 DKK/*Buschmann*, § 79 BetrVG Rz. 8 und 9; GK-BetrVG/*Oetker*, § 79 Rz. 11. | 3 Vgl. BAG v. 26.2.1987 – 6 ABR 46/84, AP Nr. 2 zu § 79 BetrVG 1972. | 4 Vgl. BAG v. 16.3.1982 – 3 AZR 83/79, AP Nr. 1 zu § 611 BGB – Betriebsgeheimnis. | 5 Vgl. BAG v. 26.2.1987 – 6 ABR 46/84, AP Nr. 2 zu § 79 BetrVG 1972. | 6 DKK/*Buschmann*, § 79 BetrVG Rz. 6b; *Fitting*, § 79 BetrVG Rz. 3. | 7 DKK/*Buschmann*, § 79 BetrVG Rz. 13; *Fitting*, § 79 BetrVG Rz. 5. | 8 DKK/*Buschmann*, § 79 BetrVG Rz. 11; *Fitting*, § 79 BetrVG Rz. 5. | 9 *Fitting*, § 79 BetrVG Rz. 5; DKK/*Buschmann*, § 79 BetrVG Rz. 11. | 10 DKK/*Buschmann*, § 79 BetrVG Rz. 11; *Fitting*, § 79 BetrVG Rz. 5. | 11 HSWG/*Nicolai*, § 79 BetrVG Rz. 6; DKK/*Buschmann*, § 79 BetrVG Rz. 11. | 12 HSWG/*Nicolai*, § 79 BetrVG Rz. 6. | 13 *Fitting*, § 79 BetrVG Rz. 6; DKK/*Buschmann*, § 79 BetrVG Rz. 11. | 14 ErfK/*Kania*, § 79 BetrVG Rz. 8; DKK/*Buschmann*, § 79 BetrVG Rz. 12. | 15 *Fitting*, § 79 BetrVG Rz. 5; GK-BetrVG/*Oetker*, § 79 Rz. 17.

4. Kenntniserlangung. § 79 I 1 verlangt darüber hinaus, dass die Betriebs- oder Geschäftsgeheimnisse den zur Geheimhaltung verpflichteten Personen **in ihrer Eigenschaft als Mitglied** der genannten betriebsverfassungsrechtl. Institutionen zur Kenntnis gelangt sind[1]. Von wem die Angaben stammen, ob vom ArbGeb durch mündliche Information oder auf Grund dessen Unterlagen oder von ArbN des Betriebs, ist dabei ohne Bedeutung[2]. Soweit Betriebs- oder Geschäftsgeheimnisse auf anderem Wege ohne Zusammenhang mit einer Amtstätigkeit bekannt werden, sind auch Mitglieder betriebsverfassungsrechtl. Institutionen lediglich in dem für alle ArbN geltenden Rahmen zur Geheimhaltung verpflichtet (§§ 17, 18 UWG, arbeitsvertragl. Treuepflicht)[3]. 8

5. Dauer der Geheimhaltungspflicht. Die Verschwiegenheitspflicht beginnt mit dem Amtsantritt[4]. Sie wird wirksam, wenn dem Verpflichteten das Geheimnis und die Bezeichnung als geheimhaltungsbedürftig bekannt geworden sind. Die Geheimhaltungspflicht besteht während der ganzen Zeit der Amtstätigkeit und **endet** nach der ausdrücklichen Regelung in § 79 I 2 **nicht** mit dem **Ausscheiden** aus dem Amt und nicht mit der Beendigung des Arbeitsverhältnisses[5]. Entsprechendes gilt für die in § 79 II genannten Organisationsvertreter (Gewerkschaften und ArbGebVereinigungen), auch wenn sie es nicht mehr sind, sowie für Sachverst. nach Beendigung ihrer Sachverständigentätigkeit (§ 80 II)[6]. Die Geheimhaltungspflicht besteht so lange, bis das Betriebs- oder Geschäftsgeheimnis allgemein bekannt ist oder es der ArbGeb als nicht mehr geheimhaltungsbedürftig bezeichnet[7]. 9

6. Ausnahmen von der Geheimhaltungspflicht. Nach § 79 I 3 gilt die Geheimhaltungspflicht nicht gegenüber Mitgliedern des BR, sie gilt nach § 79 I 4 ferner nicht gegenüber dem GBR, dem KBR, der Bordvertretung, dem SeeBR und den ArbN-Vertretern im Aufsichtsrat sowie im Verfahren vor der Einigungsstelle, der tarifl. Schlichtungsstelle (§ 76 VIII) oder einer betriebl. Beschwerdestelle (§ 86). Für die in § 79 II aufgeführten Organe und Gremien gilt zunächst das Gleiche: In der jeweiligen internen Kommunikation besteht keine Geheimhaltungspflicht. Ferner dürfen die in § 79 II genannten Organe und Gremien Betriebs- oder Geschäftsgeheimnisse an die in § 79 I aufgeführten Organe weitergeben, weil für diese die Geheimhaltungspflicht nach § 79 I gilt. Das bedeutet: Die Offenbarung von Betriebs- und Geschäftsgeheimnissen an den BR, den GBR, den KBR, die Bordvertretung und den SeeBR, die ArbN-Vertreter im Aufsichtsrat sowie im Verfahren vor der Einigungsstelle, der tarifl. Schlichtungsstelle oder einer betriebl. Beschwerdestelle ist den in § 79 II genannten Personen und Gremien erlaubt[8]. **Unzulässig** ist die Weitergabe von Betriebs- oder Geschäftsgeheimnissen **umgekehrt** von den in § 79 I genannten Organen und Gremien gegenüber den in § 79 II aufgeführten Organen, Gremien und Vertretern, soweit diese nicht bereits in § 79 I aufgeführt sind[9]. Somit ist die Offenbarung von Betriebs- oder Geschäftsgeheimnissen gegenüber der JAV, der GesamtJAV, der KonzernJAV, dem Wirtschaftsausschuss, den zusätzlichen nach § 3 I gebildeten ArbN-Vertretungen und den Vertretern der Gewerkschaften und den ArbGebVerbänden nicht gestattet[10]. 10

Hinsichtlich der nach § 3 I gebildeten Vertretungen der ArbN ist zu unterscheiden: § 3 I Nr. 1–3 regelt die Möglichkeit zur Bildung anderer betriebsverfassungsrechtl. Strukturen mit der Folge, dass für diese **der** BR gewählt wird. § 3 I Nr. 4–5 regelt **zusätzliche** betriebsverfassungsrechtl. Gremien. Insoweit treten die in § 3 I Nr. 1–3 genannten ArbN-Vertretungen **an die Stelle des BR**. Ihre Mitglieder sind daher den BR-Mitgliedern gleichzusetzen, ihnen gegenüber dürfen aus diesem Grunde Geheimnisse offenbart werden[11]. 11

Ferner greift keine Geheimhaltungspflicht, wenn eine **vorrangige Pflicht** zum Reden (zB bei Zeugenaussagen vor Gericht) oder Handeln (zB Anzeige strafbarer Handlungen) besteht[12]. Eine Ausnahme gilt auch für Zeugenaussagen: Ein BR-Mitglied kann sich im Strafprozess nicht unter Hinweis auf seine Geheimhaltungspflicht auf ein **Zeugnisverweigerungsrecht** nach § 53 I StPO berufen[13]. Dagegen ist im **Zivilprozess** die Berufung auf ein Zeugnisverweigerungsrecht nach § 383 I Nr. 6 ZPO möglich[14]. 12

7. Rechtsfolge. Besteht wirksam eine Geheimhaltungspflicht, ergibt sich aus § 79 I 1 die Rechtsfolge, dass das Offenbaren und die Verwertung von Betriebs- und Geschäftsgeheimnissen untersagt ist. **Offenbaren** ist die Weitergabe des Geheimnisses an (unberechtigte) Dritte[15]. **Verwerten** ist das wirtschaftl. Ausnutzen des Geheimnisses zum Zwecke der Gewinnerzielung[16]. 13

1 *Fitting*, § 79 BetrVG Rz. 7; DKK/*Buschmann*, § 79 BetrVG Rz. 12. | 2 *Fitting*, § 79 BetrVG Rz. 7; DKK/*Buschmann*, § 79 BetrVG Rz. 11 und 12. | 3 DKK/*Buschmann*, § 79 BetrVG Rz. 12; *Fitting*, § 79 BetrVG Rz. 7. | 4 DKK/*Buschmann*, § 79 BetrVG Rz. 15; GK-BetrVG/*Oetker*, § 79 Rz. 30. | 5 Vgl. BAG v. 15.12.1987 – 3 AZR 474/86, AP Nr. 5 zu § 611 BGB – Betriebsgeheimnis; v. 16.3.1982 – 3 AZR 83/79, AP Nr. 1 zu § 611 BGB – Betriebsgeheimnis. | 6 DKK/*Buschmann*, § 79 BetrVG Rz. 15; GK-BetrVG/*Oetker*, § 79 Rz. 31. | 7 *Fitting*, § 79 BetrVG Rz. 17; DKK/*Buschmann*, § 79 BetrVG Rz. 15. | 8 *Fitting*, § 79 BetrVG Rz. 22; GK-BetrVG/*Oetker*, § 79 Rz. 35. | 9 GK-BetrVG/*Oetker*, § 79 Rz. 36; DKK/*Buschmann*, § 79 BetrVG Rz. 20. | 10 ErfK/*Kania*, § 79 BetrVG Rz. 13; GK-BetrVG/*Oetker*, § 79 Rz. 36. | 11 ErfK/*Kania*, § 79 BetrVG Rz. 13; GK-BetrVG/*Oetker*, § 79 Rz. 37. | 12 *Fitting*, § 79 BetrVG Rz. 30; DKK/*Buschmann*, § 79 BetrVG Rz. 25. | 13 *Fitting*, § 79 BetrVG Rz. 30; GK-BetrVG/*Oetker*, § 79 Rz. 32. | 14 *Clemenz* in Tschöpe, Arbeitsrecht, Teil 4 A Rz. 459 mwN. | 15 *Fitting*, § 79 BetrVG Rz. 16; DKK/*Buschmann*, § 79 BetrVG Rz. 18. | 16 *Fitting*, § 79 BetrVG Rz. 16; DKK/*Buschmann*, § 79 BetrVG Rz. 18.

14 **II. Sonstige Schweige- und Geheimhaltungspflichten.** Neben der Geheimhaltungspflicht aus § 79 gibt es eine Reihe weiterer Vorschriften, aus denen sich Schweige- und Geheimhaltungspflichten ergeben.

15 **1. BetrVG.** Die Verschwiegenheitspflicht nach § 79 I erstreckt sich nur auf Betriebs- und Geschäftsgeheimnisse und nicht auf die persönlichen Verhältnisse und Angelegenheiten der ArbN. Soweit der BR Kenntnisse über solche persönlichen Verhältnisse und Angelegenheiten der ArbN im Rahmen seiner betriebsverfassungsrechtl. Tätigkeit erlangt, ist darüber Stillschweigen zu bewahren. Gesetzl. geregelt ist dies in § 80 IV (Geheimhaltungspflicht für Auskunftspersonen und Sachverst.), § 82 II 3 (Anhörungs- und Erörterungsrecht des ArbN), § 83 I 3 (Einsicht in die Personalakten), §§ 99 I 3 Hs. 2 iVm. 79 I 2–4 (Mitbest. bei personellen Einzelmaßnahmen) sowie in §§ 102 II 5 iVm. 99 I 3 iVm. 79 I 2–4 (Mitbest. bei Kündigungen). Eine besondere Erklärung des ArbGeb zur Geheimhaltungsbedürftigkeit ist nicht nötig, die Pflicht zur Verschwiegenheit ergibt sich aus den entsprechenden Normen selbst[1]. Aber auch soweit es im Gesetz nicht ausdrücklich angeordnet wird, sind vertrauliche Angaben über die Person eines ArbN geheim zu halten. Dies ergibt sich bereits aus § 75 II, der bestimmt, das ArbGeb und BR die freie Entfaltung der Persönlichkeit der im Betrieb beschäftigten ArbN zu schützen und zu fördern haben. Dem Schutz des allgemeinen Persönlichkeitsrechts unterliegt die unbegrenzte Erhebung, Speicherung, Verwendung und Weitergabe der persönlichen Daten des ArbN[2]. Daraus ergibt sich die Verpflichtung des BR, vertrauliche Angaben, die er von ArbN im Rahmen seiner BR-Tätigkeit erhalten hat, geheim zu halten, solange er nicht im Einzelfall von dieser Pflicht entbunden worden ist[3]. Im Allgemeinen besteht keine Pflicht der BR-Mitglieder, über den Verlauf von **BR-Sitzungen** Stillschweigen zu bewahren. Eine solche Schweigepflicht ist nur bei Vorliegen besonderer Umstände zu bejahen[4]. Eine Schweigepflicht besteht nur, wenn die Funktionsfähigkeit des BR durch Bekanntwerden bestimmter betriebsratsinterner Vorgänge ernsthaft gestört wird[5].

16 **2. Datenschutzgesetz.** Für den BR und seine Mitglieder gilt die Regelung des § 5 BDSG über das **Datengeheimnis**. Die Vorschrift erfasst alle Personen, die im Rahmen ihrer beruflichen Tätigkeit im Unternehmen geschützte personenbezogene Daten zur Kenntnis bekommen. Zu diesem Personenkreis zählt auch der BR[6].

17 **3. Arbeitsvertragliche Verschwiegenheitspflicht.** Den ArbN trifft grds. während des bestehenden Arbeitsverhältnisses, aber auch nach dessen Beendigung eine Verschwiegenheitspflicht (vgl. § 611 BGB Rz. 350 ff.).

18 **4. Geheimnisschutz nach dem UWG.** Betriebs- oder Geschäftsgeheimnisse unterliegen dem besonderen strafrechtl. Schutz nach den §§ 17 ff. UWG, nach § 19 UWG besteht eine Schadensersatzpflicht. Das Verbot des Verrats von Betriebs- oder Geschäftsgeheimnissen zu Wettbewerbszwecken richtet sich an alle ArbN und Auszubildenden eines Geschäftsbetriebs, denen ein Geheimnis auf Grund des Arbeitsverhältnisses anvertraut oder zugänglich gemacht wurde[7].

19 **5. Arbeitnehmervertreter im Aufsichtsrat.** Die ArbN-Vertreter im Aufsichtsrat unterliegen einer Schweigepflicht, die sich allerdings nach dem Gesellschaftsrecht richtet (§§ 116, 93 I 2 AktG, auf die wiederum auch für die mitbestimmte GmbH verwiesen wird, vgl. § 1 I Nr. 3 DrittelbG, § 25 I Nr. 2 MitbestG)[8].

20 **6. Schwerbehindertenvertretungen.** Für die Vertrauensperson der schwerbehinderten Menschen sowie für die Gesamt- und Konzernschwerbehindertenvertretung findet sich in den §§ 96 VII, 97 VII SGB IX eine dem § 79 entsprechende Geheimhaltungspflicht, deren Verletzung nach § 155 SGB IX strafbewehrt ist. Eine Ausnahme von der Verschwiegenheitspflicht besteht nach § 96 VII 3 SGB IX nicht nur hinsichtlich der in § 79 I genannten Organe, Gremien und Personen, sondern auch hinsichtlich der BA, der zuständigen Integrationsämter und der Rehabilitationsträger, soweit dies erforderlich ist.

21 **III. Rechtsfolgen einer Verletzung der Geheimhaltungspflicht.** Die Verletzung der Schweigepflicht kann unterschiedlichste Rechtsfolgen auslösen.

22 **1. Auflösung und Amtsenthebung.** Bei einer groben Verletzung der Schweigepflicht nach § 79 kann der ArbGeb die Amtsenthebung des betreffenden BR-Mitglieds nach § 23 I beantragen. Problematisch ist, ob bei unmittelbaren und groben Verstößen auch die Auflösung des BR als Organ verlangt werden kann. Dies kommt nur dann in Betracht, wenn der BR in seiner Gesamtheit gegen die Geheimhaltungspflicht grob verstößt[9]. Dies wäre bspw. dann der Fall, wenn der Bruch der Geheimhaltung auf einer Entscheidung des BR beruht oder sonst dem BR als Kollegialorgan zuzurechnen ist[10]. Die **Darlegungs- und**

1 *Fitting*, § 79 BetrVG Rz. 32; DKK/*Buschmann*, § 79 BetrVG Rz. 28. | 2 BVerfG v. 15.12.1983 – 1 BvR 209/83 ua., NJW 1984, 419 (422). | 3 DKK/*Buschmann*, § 79 BetrVG Rz. 29; Richardi/*Richardi/Thüsing*, § 79 BetrVG Rz. 32. | 4 BAG v. 21.2.1978 – 1 ABR 54/76, AP Nr. 1 zu § 74 BetrVG 1972; LAG München v. 15.11.1977 – 5 TaBV 34/77, DB 1978, 894; BAG v. 5.9.1967 – 1 ABR 1/67, AP Nr. 8 zu § 23 BetrVG. | 5 *Fitting*, § 79 BetrVG Rz. 40; DKK/*Buschmann*, § 79 BetrVG Rz. 30. | 6 *Fitting*, § 79 BetrVG Rz. 35; DKK/*Buschmann*, § 79 BetrVG Rz. 31. | 7 ErfK/*Kania*, § 79 BetrVG Rz. 17; GK-BetrVG/*Oetker*, § 79 BetrVG Rz. 56. | 8 GK-BetrVG/*Oetker*, § 79 Rz. 28; *Fitting*, § 79 BetrVG Rz. 15. | 9 *Fitting*, § 79 BetrVG Rz. 41; DKK/*Buschmann*, § 79 BetrVG Rz. 34. | 10 Richardi/*Thüsing*, § 79 BetrVG Rz. 36; *Weber/Ehrich/Hörchens/Oberthür*, BetrVG, Teil D Rz. 152.

Beweislast für einen groben Verstoß iSv. § 23 I, insb. für die Verletzung der Geheimhaltungspflicht aus § 79 I, trägt derjenige, der den Amtsenthebungs- oder Auflösungsantrag nach § 23 I stellt, also idR der ArbGeb.

2. Außerordentliche Kündigung. Liegt in der Verletzung der Geheimhaltungspflicht nach § 79 I zugleich eine Verletzung arbeitsvertragl. Pflichten, kommt eine außerordentl. Kündigung des einzelnen BR-Mitglieds in Betracht, wenn eine Fortführung des Arbeitsverhältnisses unzumutbar geworden ist[1]. Die **Darlegungs- und Beweislast** für die Tatsachen, die den wichtigen Grund iSv. § 626 BGB für eine außerordentl. Kündigung bilden, trägt der ArbGeb. 23

3. Unterlassungsansprüche. Dem ArbGeb steht ein Unterlassungsanspruch gegen die zur Geheimhaltung verpflichteten Personen, Organe und Gremien zu, falls diese die Verschwiegenheitspflicht verletzt haben oder wenn eine derartige Verletzung ernsthaft droht[2]. Die **Darlegungs- und Beweislast** für die (drohende) Verletzung der Geheimhaltungspflicht iSv. § 79 I trägt derjenige, der den Unterlassungsanspruch geltend macht, also regelmäßig der ArbGeb. 24

4. Schadensersatzansprüche. Eine Verletzung der Geheimhaltungspflicht kann auch Schadensersatzansprüche zu Gunsten des ArbGeb auslösen, da die Vorschrift des § 79 ein Schutzgesetz iSv. § 823 II BGB ist[3]. Geltend machen können solche Schadensersatzansprüche nicht nur der ArbGeb, sondern auch ArbN, soweit ihnen gegenüber eine Schweige- oder Geheimhaltungspflicht verletzt worden ist[4]. Stellt ein Verstoß gegen die Geheimhaltungspflicht eine arbeitsvertragl. Pflichtverletzung dar, kann auch ein Schadensersatzanspruch aus **positiver Forderungsverletzung** in Betracht kommen[5]. Schadensersatzansprüche können ArbN darüber hinaus geltend machen, wenn ihnen gegenüber eine Schweigepflicht (etwa aus § 82 II 3 oder aus § 83 I 2) verletzt worden ist[6]. Die anspruchsbegründenden Tatsachen sind von demjenigen, der sich eines Schadensersatzanspruchs berühmt, **darzulegen und zu beweisen**. Die Darlegungs- und Beweislast bezieht sich auch auf die Höhe des Schadens. Diesen **konkret** zu beziffern, kann problematisch sein. 25

5. Straftat. Der vorsätzliche Bruch der Geheimhaltungspflicht ist nach § 120 **strafbewehrt**. Die Tat wird nur auf Antrag des Verletzten verfolgt (§ 120 V 1). Daneben kommt eine Bestrafung nach den §§ 17, 18 u. 20 UWG in Betracht. 26

IV. Streitigkeiten. Streitigkeiten über das Bestehen und den Umfang einer Geheimhaltungspflicht nach § 79 entscheidet das ArbG im **Beschlussverfahren** (§§ 2a I Nr. 1, II iVm. 80 ff. ArbGG). Allerdings kann die Frage der Verletzung der Schweigepflicht auch in einem arbeitsgerichtl. **Urteilsverfahren** gem. §§ 2 I Nr. 3a, 3b u. 3c, V iVm. 46 ff. ArbGG als Vorfrage zu klären sein (zB in einem Kündigungs- oder Schadensersatzprozess). Unterlassungsansprüche können im Wege der einstw. Verfügung durchgesetzt werden (§§ 2a I Nr. 1, II, 85 II ArbGG iVm. 935 ff. ZPO)[7]. 27

80 *Allgemeine Aufgaben*

(1) Der Betriebsrat hat folgende allgemeine Aufgaben:

1. **darüber zu wachen, dass die zu Gunsten der Arbeitnehmer geltenden Gesetze, Verordnungen, Unfallverhütungsvorschriften, Tarifverträge und Betriebsvereinbarungen durchgeführt werden;**
2. **Maßnahmen, die dem Betrieb und der Belegschaft dienen, beim Arbeitgeber zu beantragen;**

2a. **die Durchsetzung der tatsächlichen Gleichstellung von Frauen und Männern, insbesondere bei der Einstellung, Beschäftigung, Aus-, Fort- und Weiterbildung und dem beruflichen Aufstieg, zu fördern;**

2b. **die Vereinbarkeit von Familie und Erwerbstätigkeit zu fördern;**

3. **Anregungen von Arbeitnehmern und der Jugend- und Auszubildendenvertretung entgegenzunehmen und, falls sie berechtigt erscheinen, durch Verhandlungen mit dem Arbeitgeber auf eine Erledigung hinzuwirken; er hat die betreffenden Arbeitnehmer über den Stand und das Ergebnis der Verhandlungen zu unterrichten;**
4. **die Eingliederung Schwerbehinderter und sonstiger besonders schutzbedürftiger Personen zu fördern;**
5. **die Wahl einer Jugend- und Auszubildendenvertretung vorzubereiten und durchzuführen und mit dieser zur Förderung der Belange der in § 60 Abs. 1 genannten Arbeitnehmer eng zusammenzuarbeiten; er kann von der Jugend- und Auszubildendenvertretung Vorschläge und Stellungnahmen anfordern;**

---

1 DKK/*Buschmann*, § 79 BetrVG Rz. 35; *Fitting*, § 79 BetrVG Rz. 41. |2 Vgl. BAG v. 26.2.1987 – 6 ABR 46/84, AP Nr. 2 zu § 79 BetrVG 1972; *Fitting*, § 79 BetrVG Rz. 42; DKK/*Buschmann*, § 79 BetrVG Rz. 39. |3 DKK/*Buschmann*, § 79 BetrVG Rz. 36; *Fitting*, § 79 BetrVG Rz. 43. |4 *Fitting*, § 79 BetrVG Rz. 43; DKK/*Buschmann*, § 79 BetrVG Rz. 36. |5 HSWG/*Nicolai*, § 79 BetrVG Rz. 25; Richardi/*Thüsing*, § 79 BetrVG Rz. 38. |6 DKK/*Buschmann*, § 79 BetrVG Rz. 36; Richardi/*Thüsing*, § 79 BetrVG Rz. 39. |7 *Weber*/*Ehrich*/*Hörchens*/*Oberthür*, BetrVG, Teil D Rz. 156; ErfK/*Kania*, § 79 BetrVG Rz. 22.

6. die Beschäftigung älterer Arbeitnehmer im Betrieb zu fördern;

7. die Integration ausländischer Arbeitnehmer im Betrieb und das Verständnis zwischen ihnen und den deutschen Arbeitnehmern zu fördern sowie Maßnahmen zur Bekämpfung von Rassismus und Fremdenfeindlichkeit im Betrieb zu beantragen;

8. die Beschäftigung im Betrieb zu fördern und zu sichern;

9. Maßnahmen des Arbeitsschutzes und des betrieblichen Umweltschutzes zu fördern.

(2) Zur Durchführung seiner Aufgaben nach diesem Gesetz ist der Betriebsrat rechtzeitig und umfassend vom Arbeitgeber zu unterrichten; die Unterrichtung erstreckt sich auch auf die Beschäftigung von Personen, die nicht in einem Arbeitsverhältnis zum Arbeitgeber stehen. Dem Betriebsrat sind auf Verlangen jederzeit die zur Durchführung seiner Aufgaben erforderlichen Unterlagen zur Verfügung zu stellen; in diesem Rahmen ist der Betriebsausschuss oder ein nach § 28 gebildeter Ausschuss berechtigt, in die Listen über die Bruttolöhne und -gehälter Einblick zu nehmen. Soweit es zur ordnungsgemäßen Erfüllung der Aufgaben des Betriebsrats erforderlich ist, hat der Arbeitgeber ihm sachkundige Arbeitnehmer als Auskunftspersonen zur Verfügung zu stellen; er hat hierbei die Vorschläge des Betriebsrats zu berücksichtigen, soweit betriebliche Notwendigkeiten nicht entgegenstehen.

(3) Der Betriebsrat kann bei der Durchführung seiner Aufgaben nach näherer Vereinbarung mit dem Arbeitgeber Sachverständige hinzuziehen, soweit dies zur ordnungsgemäßen Erfüllung seiner Aufgaben erforderlich ist.

(4) Für die Geheimhaltungspflicht der Auskunftspersonen und der Sachverständigen gilt § 79 entsprechend.

I. Vorbemerkung. Die Vorschrift ist eine der wichtigsten im BetrVG. Sie beschreibt zunächst die allgemeinen **Aufgaben** (Abs. 1), gewährt dem BR umfangreiche **Informationsrechte** sowie die Inanspruchnahme **sachkundiger Auskunftspersonen** (Abs. 2) und enthält Regelungen zur Hinzuziehung von **Sachverst.** (Abs. 3). 1

Die in § 80 I katalogartig normierten allgemeinen Aufgaben des BR beziehen sich auf **sämtliche Tätigkeitsbereiche**, dh. den sozialen, personellen und wirtschaftl. Bereich[1]. Die allgemeinen Aufgaben bestehen **unabhängig** von den konkreten Mitwirkungs- und MitbestR, die dem BR in sozialen, personellen und wirtschaftl. Angelegenheiten eingeräumt sind[2]. Die in § 80 I aufgeführten Aufgaben berechtigen den BR aber nicht zu einseitigen Eingriffen in die Betriebsführung[3]. Auch im Hinblick auf § 80 I bleibt es daher bei dem Grundsatz des § 77 I 2, wonach der BR gehalten ist, nicht durch **einseitige Handlungen** in die Leitung des Betriebs einzugreifen[4]. Basis für die Durchführung der Aufgaben nach § 80 I ist das Gebot der vertrauensvollen Zusammenarbeit nach § 2 I. Das bedeutet, dass der ArbGeb entsprechend § 2 I verpflichtet ist, sich ernsthaft mit dem Problem, das der BR im Rahmen von § 80 I an ihn heranträgt, auseinander zu setzen und über diese Frage mit dem ernsten Willen zur Einigung zu verhandeln sowie Vorschläge für die Beilegung von Meinungsverschiedenheiten zu machen[5]. Der BR ist **verpflichtet**, die in § 80 I genannten Aufgaben wahrzunehmen[6]. Seine Grenze findet die BR-Tätigkeit in dem Verbot von Arbeitskampfmaßnahmen (§ 74 II), dem Verbot, durch einseitige Handlungen in die Leitung des Betriebs einzugreifen (§ 77 I 2), sowie Rechtsmissbrauch[7]. Die Vorschrift gilt für den GBR und den KBR im Rahmen ihrer Zuständigkeit entsprechend[8]. Parallele Vorschriften finden sich für die JAV in § 70, für die Schwerbehindertenvertretung in § 95 I SGB IX und in § 37 II und III ZDG für den Vertrauensmann der Zivildienstleistenden. Deren Aufgaben und Zuständigkeiten schließen die des BR nicht aus[9]. Die in § 80 genannten Aufgaben hat der BR für die ArbN iSv. § 5 I wahrzunehmen. Ausgenommen sind leitende Angestellte iSv. § 5 III[10]. Für die leitenden Angestellten ist der SprAu zuständig, dessen (allgemeine) Aufgaben in § 25 SprAuG geregelt sind. 2

II. Allgemeine Aufgaben des Betriebsrats (Abs. 1). Die allgemeinen Aufgaben des BR ergeben sich aus dem Katalog des § 80 I. 3

1. Überwachungsrechte (Abs. 1 Nr. 1). § 80 I Nr. 1 macht es dem BR ausdrücklich zur Pflicht, darüber zu wachen, dass die zu Gunsten der ArbN geltenden Gesetze, VO, Unfallverhütungsvorschriften, TV und BV durchgeführt werden. Dieses Überwachungsrecht bezieht sich nicht nur auf die eigentlichen ArbN-Schutzvorschriften, sondern auf alle Normen, die die ArbN in irgendeiner Form begünstigen[11]. Voraussetzung ist allerdings, dass die Normen das Rechtsverhältnis zwischen ArbGeb und ArbN unmittelbar gestalten oder auf dieses einwirken[12]. 4

a) Gegenstand der Überwachung sind Gesetze und Vorschriften, Unfallverhütungsvorschriften, TV und BV. 5

aa) Gesetze und Vorschriften. Unter den Begriff der Gesetze und Vorschriften, die sich zu Gunsten der ArbN des Betriebs auswirken können, fallen zunächst die Grundrechte, soweit sie im Arbeitsrecht Geltung erlangen[13]. Darüber hinaus sind insb. zu berücksichtigen: 6

(1) Arbeitsrechtliche Gesetze und Verordnungen[14]. BUrlG, EFZG, KSchG, TzBfG, ArbZG, JArbSchG, BetrVG, AÜG, MuSchG, BErzGG, NachwG[15], AGG[16]. 7

---

1 *Fitting*, § 80 BetrVG Rz. 4. | 2 *Fitting*, § 80 BetrVG Rz. 4; DKK/*Buschmann*, § 80 BetrVG Rz. 1. | 3 GK-BetrVG/*Kraft*, § 80 Rz. 8. | 4 HSWG/*Nicolai*, § 80 BetrVG Rz. 10; GK-BetrVG/*Kraft*, § 80 Rz. 8. | 5 HSWG/*Nicolai*, § 80 BetrVG Rz. 10; GK-BetrVG/*Kraft*, § 80 Rz. 8. | 6 *Fitting*, § 80 BetrVG Rz. 4; ErfK/*Kania*, § 80 BetrVG Rz. 1. | 7 Vgl. BAG v. 11.7.1972 – 1 ABR 2/72, AP Nr. 1 zu § 80 BetrVG 1972. | 8 *Fitting*, § 80 BetrVG Rz. 2; ErfK/*Kania*, § 80 BetrVG Rz. 2. | 9 *Fitting*, § 80 BetrVG Rz. 2. | 10 ErfK/*Kania*, § 80 BetrVG Rz. 2; *Weiss/Weyand*, § 80 BetrVG Rz. 1; GK-BetrVG/*Kraft*, § 80 Rz. 4. | 11 *Fitting*, § 80 BetrVG Rz. 6; DKK/*Buschmann*, § 80 BetrVG Rz. 6. | 12 *Clemenz* in Tschöpe, Arbeitsrecht, Teil 4 A Rz. 416. | 13 DKK/*Buschmann*, § 80 BetrVG Rz. 6; *Fitting*, § 80 BetrVG Rz. 6. | 14 DKK/*Buschmann*, § 80 BetrVG Rz. 6 ff.; *Fitting*, § 80 BetrVG Rz. 6 bis 8. | 15 Vgl. BAG v. 19.10.1999 – 1 ABR 75/98, AP Nr. 58 zu § 80 BetrVG 1972. | 16 Vgl. *Besgen*, BB 2007, 213 ff. (216).

8 **(2) Zivilrechtliche Gesetze mit arbeitsrechtlichem Bezug**[1]. BGB, HGB, GewO.

9 **(3) Arbeitnehmerschützende Umweltvorschriften**[2]. BImSchG, ChemikalienG, AtomG, StrahlenschutzVO, GefStoffVO, UmweltauditG, StörfallVO.

10 **(4) Gesetze, die dem Betriebsrat weitere Zuständigkeiten zuweisen**[3]. ArbNErfG, ArbPlSchG, ASiG, MitbestG, SchiedsstellenG, SGB IX, UmwG, BDSG, soweit seine Bestimmungen auf die ArbN des Betriebs Anwendung finden[4].

11 **(5) Europarechtliche Vorschriften**[5]. Art. 39, 136 ff., 141 EG sowie die dazu ergangenen Richtlinien, die bei der Auslegung nationalen Rechts (richtlinienkonform) sowie bei der Ermessensausübung nach § 76 V (Einigungsstellenspruch) zu berücksichtigen sind[6].

12 **(6) Sozialversicherungsvorschriften.** Nach Ansicht des BAG trifft den ArbGeb aus dem Arbeitsverhältnis die **Nebenpflicht**, die Steuern der ArbN richtig zu berechnen und abzurechnen[7], es gehört aber nicht zu den Aufgaben des BR, darüber zu wachen, dass der ArbGeb bei der Berechnung des Lohns die Vorschriften des **LStRechts** und die hierzu ergangenen Richtlinien beachtet[8].

13 **(7) Allgemeine arbeitsrechtliche Grundsätze**[9]. Gleichbehandlungsgrundsatz[10], betriebliche Übung, Fürsorgepflicht, Grundsatz von Recht und Billigkeit[11].

14 **bb) Unfallverhütungsvorschriften.** Als Gegenstand der Überwachungspflicht ausdrücklich erwähnt werden die Unfallverhütungsvorschriften, die die Berufsgenossenschaften als Träger der gesetzl. Unfallversicherung nach § 15 SGB VII erlassen[12].

15 **cc) Tarifverträge.** Die Überwachung der Durchführung von TV bezieht sich auf die jeweils für den Betrieb geltenden TV. Hierbei erstreckt sich die Überwachungspflicht nicht nur auf **Inhaltsnormen** iSv. § 4 I 1 TVG, sondern auch auf **betriebliche und betriebsverfassungsrechtl. Normen** iSv. § 4 I 2 TVG[13]. Das gilt auch für obligatorische Bestimmungen eines TV, die sich zu Gunsten der ArbN auswirken[14]. Allerdings kann ein TV die gesetzl. Aufgabe des BR aus § 80 I Nr. 1 BetrVG, die Durchführung seiner Bestimmungen zu überwachen, nicht aufheben oder einschränken[15]. Voraussetzung für die Überwachung der Einhaltung von TV ist eine Tarifgebundenheit des ArbGeb[16]. Bei Inhaltsnormen muss auch der ArbN tarifgebunden oder die Anwendung des TV einzelvertragl. vereinbart sein[17]. Der TV muss kraft seines persönlichen und fachlichen Geltungsbereichs für den ArbN gelten[18].

16 **dd) Betriebsvereinbarungen.** Dem BR obliegt nach § 80 I Nr. 1 die Überwachung und Einhaltung von **BV** und **Regelungsabreden**. Die Durchführung der BV selbst bleibt aber nach § 77 I 1 Aufgabe des ArbGeb[19]. Die Überwachungspflicht nach § 80 I Nr. 1 fällt auch dann in die Zuständigkeit des EinzelBR, wenn es um die Einhaltung einer Gesamt- oder KonzernBV geht[20]. Entsprechendes gilt für die sich aus betriebl. Einheitsregelungen ergebenden **allgemeinen Arbeitsbedingungen**; dies folgt aus dem Gleichbehandlungsgrundsatz nach § 75[21]. Das Überwachungsrecht bezieht sich allerdings nicht auf den **Inhalt** und die **Ausgestaltung** einzelner, **individueller Arbeitsverträge**[22]. Individuell ausgehandelte Verträge muss der ArbN selbst überwachen. Dies gilt jedoch nur, soweit es sich wirklich um individualrechtl. Abreden handelt[23]. Liegen arbeitsvertragl. Einheitsregelungen, Gesamtzusagen oder eine betriebl. Übung vor, hat der BR zwar kein Mitgestaltungsrecht bei den allgemeinen Vertragsbedingungen, hat aber darüber zu wachen, dass der ArbGeb den Gleichbehandlungsgrundsatz einhält, wenn er nach einer bestimmten Regel ein Vertragsangebot an die ArbN macht[24]. Ferner hat der BR bei der Verwendung von Formularverträgen ein Überwachungsrecht auf die Vereinbarkeit mit den Normen des NachwG und der §§ 305 ff. BGB[25].

17 **b) Ausübung des Überwachungsrechts.** Bei der Ausübung des Überwachungsrechts ist zu unterscheiden zwischen der Kontrolle und möglichen Maßnahmen.

1 GK-BetrVG/*Kraft*, § 80 Rz. 10. |2 ErfK/*Kania*, § 80 BetrVG Rz. 3. |3 ErfK/*Kania*, § 80 BetrVG Rz. 3. |4 Vgl. BAG v. 17.3.1987 – 1 ABR 59/85, AP Nr. 29 zu § 80 BetrVG 1972. |5 DKK/*Buschmann*, § 80 BetrVG Rz. 6. |6 Vgl. BAG v. 2.12.1992 – 4 AZR 152/92, AP Nr. 28 zu § 23a BAT. |7 Vgl. BAG v. 17.3.1960 – 5 AZR 395/58, AP Nr. 8 zu § 670 BGB. |8 Vgl. BAG v. 11.12.1973 – 1 ABR 37/73, AP Nr. 5 zu § 80 BetrVG 1972; diff. DKK/*Buschmann*, § 80 BetrVG Rz. 9; GK-BetrVG/*Kraft*, § 80 Rz. 16; Richardi/*Thüsing*, § 80 BetrVG Rz. 9; HSWG/*Nicolai*, § 80 BetrVG Rz. 14. |9 GK-BetrVG/*Kraft*, § 80 Rz. 17. |10 Vgl. BAG v. 11.7.1972 – 1 ABR 2/72, AP Nr. 1 zu § 80 BetrVG 1972. |11 Vgl. BAG v. 18.9.1973 – 1 ABR 7/73, AP Nr. 3 zu § 80 BetrVG 1972. |12 Richardi/*Thüsing*, § 80 BetrVG Rz. 10. |13 DKK/*Buschmann*, § 80 BetrVG Rz. 11; *Fitting*, § 80 BetrVG Rz. 11. |14 BAG v. 11.7.1972 – 1 ABR 2/72, AP Nr. 1 zu § 80 BetrVG 1972; *Fitting*, § 80 BetrVG Rz. 11; DKK/*Buschmann*, § 80 BetrVG Rz. 11. |15 Vgl. BAG v. 21.10.2003 – 1 ABR 39/02, AP Nr. 62 zu § 80 BetrVG 1972. |16 *Fitting*, § 80 BetrVG Rz. 11. |17 Vgl. BAG v. 18.9.1973 – 1 ABR 7/73, AP Nr. 3 zu § 80 BetrVG 1972. |18 ErfK/*Kania*, § 80 BetrVG Rz. 4. |19 *Clemenz* in Tschöpe, Arbeitsrecht, Teil 4 A Rz. 421. |20 Vgl. BAG v. 20.12.1988 – 1 ABR 63/87, AP Nr. 5 zu § 92 ArbGG 1979. |21 DKK/*Buschmann*, § 80 BetrVG Rz. 12; *Fitting*, § 80 BetrVG Rz. 12. |22 DKK/*Buschmann*, § 80 BetrVG Rz. 13; *Fitting*, § 80 BetrVG Rz. 12. |23 MünchArbR/*Matthes*, § 325 Rz. 13. |24 MünchArbR/*Matthes*, § 325 Rz. 13; *Fitting*, § 80 BetrVG Rz. 12; HSWG/*Nicolai*, § 80 BetrVG Rz. 20. |25 Vgl. BAG v. 16.11.2005 – 7/ABR 12/05, AP Nr. 64 zu § 80 BetrVG 1972.

aa) Kontrolle. Das Überwachungsrecht macht den BR nicht zu einem dem ArbGeb übergeordneten **Kontrollorgan**[1]. Es dient nur der **Rechtskontrolle**[2]. Die Befugnisse des BR finden insb. ihre Schranken in § 77 I 2, also in dem Verbot, in die Leitung des Betriebs einzugreifen, und in dem Gebot der vertrauensvollen Zusammenarbeit nach § 2 I. Der BR kann jedoch, ohne einen konkreten Verdacht der Nichtbeachtung einer der in § 80 I Nr. 1 genannten Vorschriften darzulegen, die Arbeitsplätze der ArbN aufsuchen[3]. Er darf auch ArbN aufsuchen, die außerhalb des Betriebs tätig sind[4]. Allerdings ist der BR auf Verlangen des ArbGeb verpflichtet, sich vor Ausübung seines Zugangsrechts anzumelden und grob den Grund anzugeben[5]. 18

bb) Keine Durchsetzungsmöglichkeit. Der BR kann die Erfüllung von Ansprüchen der ArbN, die sich aus einzelnen Rechtsnormen zu ihren Gunsten ergeben, nicht kraft eigenen Rechts im arbeitsgerichtl. **Beschlussverfahren** durchsetzen[6]. Aus der Überwachungsaufgabe folgt kein eigener Anspruch des BR gegen den ArbGeb auf Einhaltung und Durchführung einer Rechtsvorschrift[7]. Letztendlich ist der BR darauf beschränkt, dem ArbGeb Verstöße gegen gesetzl. Bestimmungen und VO anzuzeigen und auf Beseitigung hinzuwirken[8]. **Bevor** der BR den ArbGeb bei Behörden **anzeigt** oder sich an die **Öffentlichkeit** wendet, ist die **interne Bereinigung** innerbetrieblicher Missstände zu **versuchen**[9]. Ferner kann der BR die AA unterrichten, falls der ArbGeb der Anzeigepflicht bei Massenentlassungen nicht nachkommt (§ 17 KSchG)[10]. Was die Erteilung von Rechtsauskünften angeht, sollte der BR sich zurückhalten und die ArbN auf die allgemeine Möglichkeit der Inanspruchnahme Dritter (zB Rechtsanwälte oder Gewerkschaftssekretäre) verweisen[11]. Allerdings ist der BR nicht gehindert, den einzelnen ArbN auf eine eventuell gegebene unzutreffende rechtl. Behandlung durch den ArbGeb und seine Rechte hinzuweisen[12]. Die Übernahme der Prozessvertretung des ArbN gehört nicht zu den Aufgaben des BR[13]. 19

2. Antragsrecht (Abs. 1 Nr. 2). Nach § 80 I Nr. 2 hat der BR Maßnahmen, die dem Betrieb und der Belegschaft dienen, beim ArbGeb zu beantragen. 20

a) Initiativrecht. § 80 I Nr. 2 räumt dem BR ein Initiativrecht ein. Er kann auf Grund der ihm bekannten Verhältnisse im Betrieb auch solche Maßnahmen anregen, für die er keine weiteren ausgestaltenden Beteiligungsrechte hat[14]. Erforderlich ist dabei, dass die Maßnahmen überhaupt in die **Zuständigkeit** des BR fallen, sie müssen noch einen Sachzusammenhang zur Betriebsverfassung haben[15]. 21

b) Gegenstand des Initiativrechts. Gegenstand des Initiativrechts können Maßnahmen auf sozialem, personellem oder wirtschaftl. Gebiet sein[16]. Nach der Gesetzessystematik bezieht sich das Initiativrecht nicht auf rein individuelle Belange, insoweit sind § 80 I Nr. 3 wie auch die §§ 81–86a einschlägig[17]. 22

Beispiele: Der BR hat auf **sozialem Gebiet** die Möglichkeit, eine Initiative zur Zahlung einer Weihnachtsgratifikation oder allgemein zur betrieblichen Lohnpolitik (unter der Voraussetzung, dass kein TV einschlägig ist) zu ergreifen[18]. Auf **personellem Gebiet** kann der BR von sich aus Anträge für Einstellungen, Versetzungen und Umgruppierungen an den ArbGeb richten[19]. Auf **wirtschaftl. Gebiet** können die Anregungen die humanere Gestaltung der Arbeit, die Änderung der Arbeitsmethoden oder Rationalisierungsmaßnahmen betreffen[20]. 23

c) Durchsetzung der Initiative. Der ArbGeb ist nach §§ 2 I, 74 I nur verpflichtet, sich mit den Anregungen des BR ernsthaft zu beschäftigen[21]. Durchsetzen kann der BR seine Anregungen nicht. Auch wenn die Anregungen sachlich berechtigt sein mögen, ist die Befolgung nur in den im BetrVG ausdrücklich genannten Fällen erzwingbar (vgl. bspw. §§ 85 II, 87, 91, 93, 95 II, 98 V, 103 I, 104, 109, 112 IV iVm. 112a)[22]. 24

---

1 Vgl. BAG v. 11.7.1972 – 1 ABR 2/72, AP Nr. 1 zu § 80 BetrVG 1972. | 2 *Fitting*, § 80 BetrVG Rz. 13; DKK/*Buschmann*, § 80 BetrVG Rz. 17. | 3 So für die inhaltsgleiche Regelung in § 70 I Nr. 2 BetrVG BAG v. 21.1.1982 – 6 ABR 17/79, AP Nr. 1 zu § 70 BetrVG 1972. | 4 Vgl. BAG v. 13.6.1989 – 1 ABR 4/88, AP Nr. 36 zu § 80 BetrVG 1972. | 5 Vgl. LAG Nürnberg v. 18.10.1993 – 7 TaBV 13/93, LAGE Nr. 11 zu § 80 BetrVG 1972. | 6 Vgl. BAG v. 24.2.1987 – 1 ABR 73/84, AP Nr. 28 zu § 80 BetrVG 1972; v. 10.6.1986 – 1 ABR 59/84, AP Nr. 26 zu § 80 BetrVG 1972; *Fitting*, § 80 BetrVG Rz. 14; GK-BetrVG/*Kraft*, § 80 Rz. 28. | 7 Vgl. BAG v. 10.6.1986 – 1 ABR 59/84, AP Nr. 26 zu § 80 BetrVG 1972; Richardi/*Thüsing*, § 80 BetrVG Rz. 18; GK-BetrVG/*Kraft*, § 80 Rz. 28; vgl. zu den Kompetenzen des BR im Zusammenhang mit dem Betriebl. Eingliederungsmanagement *Leuchten*, DB 2007, 2482 ff. | 8 Vgl. BAG v. 24.2.1987 – 1 ABR 73/84, AP Nr. 28 zu § 80 BetrVG 1972; v. 10.6.1986 – 1 ABR 59/84, AP Nr. 26 zu § 80 BetrVG 1972. | 9 So zutr. *Fitting*, § 80 BetrVG Rz. 16. | 10 ErfK/*Kania*, § 80 BetrVG Rz. 7; DKK/*Buschmann*, § 80 BetrVG Rz. 21. | 11 ErfK/*Kania*, § 80 BetrVG Rz. 7; DKK/*Buschmann*, § 80 BetrVG Rz. 22. | 12 MünchArbR/*Matthes*, § 325 Rz. 22. | 13 Vgl. zur Teilnahme eines BR-Mitglieds als Zuhörer an einer Gerichtsverhandlung BAG v. 31.5.1989 – 7 AZR 277/88, AP Nr. 9 zu § 38 BetrVG 1972; v. 19.5.1983 – 6 AZR 290/81, AP Nr. 44 zu § 37 BetrVG 1972; vgl. auch *Fitting*, § 80 BetrVG Rz. 14; ErfK/*Kania*, § 80 BetrVG Rz. 7; DKK/*Buschmann*, § 80 BetrVG Rz. 22; MünchArbR/*Matthes*, § 325 Rz. 22. | 14 Vgl. BAG v. 27.6.1989 – 1 ABR 19/88, AP Nr. 37 zu § 80 BetrVG 1972. | 15 *Fitting*, § 80 BetrVG Rz. 18; DKK/*Buschmann*, § 80 BetrVG Rz. 23. | 16 DKK/*Buschmann*, § 80 BetrVG Rz. 23. | 17 Richardi/*Thüsing*, § 80 BetrVG Rz. 23; GK-BetrVG/*Kraft*, § 80 Rz. 32; aA MünchArbR/*Matthes*, § 325 Rz. 25; DKK/*Buschmann*, § 80 BetrVG Rz. 23. | 18 Vgl. BAG v. 26.1.1962 – 2 AZR 244/61, AP Nr. 8 zu § 626 BGB – Druckkündigung. | 19 *Fitting*, § 80 BetrVG Rz. 20; DKK/*Buschmann*, § 80 BetrVG Rz. 24. | 20 *Fitting*, § 80 BetrVG Rz. 20; DKK/*Buschmann*, § 80 BetrVG Rz. 24. | 21 *Fitting*, § 80 BetrVG Rz. 18; DKK/*Buschmann*, § 80 BetrVG Rz. 25. | 22 *Fitting*, § 80 BetrVG Rz. 18; DKK/*Buschmann*, § 80 BetrVG Rz. 25.

25 **3. Förderung der Durchsetzung der tatsächlichen Gleichstellung von Frauen und Männern (Abs. 1 Nr. 2a).** § 80 I Nr. 2a weist dem BR die Aufgabe zu, die Durchsetzung der tatsächlichen Gleichstellung von Frauen und Männern, insb. bei der Einstellung, Beschäftigung, Aus-, Fort- und Weiterbildung und dem beruflichen Aufstieg, zu fördern.

26 **a) Zweck der Vorschrift.** Der gesetzgeberische Auftrag in Art. 3 S. 2 GG, nach dem der Staat die tatsächliche Durchsetzung der Gleichberechtigung von Männern und Frauen fördert und auf die Beseitigung bestehender Nachteile hinwirkt, wird durch die Verpflichtung des BR zu **aktiver Förderung** der Gleichstellungsmaßnahmen untermauert[1]. Zweck ist, die vielfachen Benachteiligungen der Frauen im Berufsleben abzubauen[2].

27 **b) Inhalt der Förderungspflicht.** Bei § 80 I Nr. 2a handelt es sich um eine **Zielvorgabe** an den BR, seine Möglichkeiten bei der Wahrnehmung der MitbestR auszuschöpfen, damit die tatsächliche Durchsetzung der Gleichstellung von Männern und Frauen gefördert wird[3]. Zu denken ist bspw. an Maßnahmen im Bereich der Teilzeitbeschäftigung (Ausschreibung neuer Stellen als Teilzeitarbeitsplätze[4]) sowie daran, bei (Neu-)Einstellungen verstärkt Frauen zu berücksichtigen usw.

28 **c) Durchsetzung der Förderungsmaßnahmen.** Zwar muss sich der ArbGeb gem. §§ 2 I, 74 I mit den angeregten Förderungsmaßnahmen des BR befassen[5], jedoch kann der BR ein Tätigwerden des ArbGeb nur im Rahmen einzelner MitbestR, insb. der §§ 92 ff., erzwingen[6]. Eine rechtl. Handhabe, den ArbGeb zu bestimmten Verhaltensweisen zu zwingen, besitzt der BR grds. nicht, so dass in den meisten Fällen nur der ArbGeb in der Lage ist, die Gleichstellung tatsächlich herzustellen[7].

29 **4. Förderung der Vereinbarkeit von Familie und Erwerbstätigkeit (Abs. 1 Nr. 2b).** § 80 I Nr. 2b gibt dem BR auf, die Vereinbarkeit von Familie und Erwerbstätigkeit zu fördern.

30 **a) Zweck der Regelung.** Zweck der Regelung ist die Förderung der Chancengleichheit von Frauen und Männern im Betrieb[8]. Dadurch soll es ArbN mit Familienpflichten erleichtert werden, eine Berufstätigkeit auszuüben[9].

31 **b) Inhalt der Regelung.** Bei § 80 I Nr. 2b handelt es sich um eine **Zielvorgabe** an den BR, Maßnahmen zur Förderung der Vereinbarkeit von Familie und Erwerbstätigkeit anzuregen[10]. Hier ist insb. an eine familienfreundliche Gestaltung der betrieblichen Arbeitszeit zu denken, die es ArbN erlaubt, ihre familiären Pflichten, wie zB Betreuung kleiner Kinder oder pflegebedürftiger Angehöriger, mit ihren Pflichten aus dem Arbeitsverhältnis in Übereinstimmung zu bringen[11], oder an die Anregung zur Errichtung von betriebl. Kindergärten und Horten, aber auch an die (verstärkte) Einrichtung von Teilzeitarbeitsplätzen[12].

32 **c) Durchsetzung der Maßnahmen.** Der ArbGeb ist nach §§ 2 I, 74 I verpflichtet, sich mit den Anträgen des BR ernsthaft zu befassen. Eine Pflicht zur Umsetzung besteht nicht. Damit § 80 I Nr. 2b nicht nur symbolische Gesetzgebung bleibt, besteht eine Folgewirkung auf weitere MitbestR des BR[13]: Die Vorschrift ist Richtschnur für die Ausübung der MitbestR durch den BR. So muss er bei der Regelung der Arbeitszeit nach § 87 I Nr. 2 auf eine familienfreundliche Gestaltung achten[14]. Die Vernachlässigung dieses Punktes kann wegen Verstoßes gegen die §§ 80 I Nr. 2b iVm. 75 II 1 zur Nichtigkeit der Regelung führen[15].

33 **5. Behandlung von Anregungen der Arbeitnehmer und der Jugend- und Auszubildendenvertretung (Abs. 1 Nr. 3).** § 80 I Nr. 3 macht es dem BR zur Pflicht, Anregungen von ArbN und der JAV entgegenzunehmen und, falls sie berechtigt erscheinen, durch Verhandlungen mit dem ArbGeb auf eine Erledigung hinzuwirken.

34 **a) Zweck der Regelung.** § 80 I Nr. 3 **ergänzt** § 80 I Nr. 2[16]. Der BR soll nicht nur aus eigenem Antrieb auf den ArbGeb einwirken, sondern auch Anregungen der ArbN und der JAV entgegennehmen und sich sachlich mit ihnen befassen[17].

35 **b) Inhalt der Regelung.** Der BR ist **Anlaufstelle** für Anregungen der ArbN und der JAV. Während ArbN die Möglichkeit haben, sich mit ihren Anregungen direkt an den ArbGeb oder den unmittelbaren Vorgesetzten zu wenden[18], kann die JAV nicht selbst direkt gegenüber dem ArbGeb tätig werden, sie ist insoweit auf ein Tätigwerden des BR angewiesen (vgl. § 60 Rz. 9 u. 12). Unter Anregungen iSv. § 80 I Nr. 3 sind **Vorschläge und Beschwerden** zu verstehen[19]. Der BR hat diese nicht nur entgegenzunehmen, sondern

---

1 Richardi/*Thüsing*, § 80 BetrVG Rz. 28. | 2 *Fitting*, § 80 BetrVG Rz. 34. | 3 Richardi/*Thüsing*, § 80 BetrVG Rz. 29. | 4 Richardi/*Thüsing*, § 80 BetrVG Rz. 29. | 5 GK-BetrVG/*Kraft*, § 80 Rz. 33. | 6 ErfK/*Kania*, § 80 BetrVG Rz. 11; GK-BetrVG/*Kraft*, § 80 Rz. 33. | 7 GK-BetrVG/*Kraft*, § 80 Rz. 33. | 8 BT-Drs. 14/5741, 30. | 9 BT-Drs. 14/5741, 46. | 10 Richardi/*Thüsing*, § 80 BetrVG Rz. 30; *Fitting*, § 80 BetrVG Rz. 40. | 11 BT-Drs. 14/5741, 46. | 12 *Löwisch*, BB 2001, 1790; DKK/*Buschmann*, § 80 BetrVG Rz. 34. | 13 *Reichold*, NZA 2001, 857 (863). | 14 *Dachrodt/Engelbert*, § 80 BetrVG Rz. 15; *Fitting*, § 80 BetrVG Rz. 40. | 15 *Löwisch*, BB 2001, 1790. | 16 *Fitting*, § 80 BetrVG Rz. 24; DKK/*Buschmann*, § 80 BetrVG Rz. 37. | 17 *Fitting*, § 80 BetrVG Rz. 25; GK-BetrVG/*Kraft*, § 80 Rz. 34. | 18 DKK/*Buschmann*, § 80 BetrVG Rz. 37; GK-BetrVG/*Kraft*, § 80 Rz. 34. | 19 *Fitting*, § 80 BetrVG Rz. 24; DKK/*Buschmann*, § 80 BetrVG Rz. 37.

ist verpflichtet, sich mit ihnen zu befassen. Er hat sie, sofern sie nicht offensichtlich abwegig oder undurchführbar sind, in einer der nächsten Sitzungen zu beraten und darüber zu beschließen, keine Anregung darf unerledigt bleiben[1]. Hält der BR die Anregung für berechtigt, so hat er mit dem ArbGeb über die Möglichkeit einer sachgerechten Erledigung zu verhandeln[2]. Diese Verpflichtung zur Hinwirkung auf eine Erledigung durch Verhandlungen mit dem ArbGeb besteht bereits dann, wenn die Mehrheit des BR die Berechtigung der Anregung für gegeben hält[3]. Gleiches gilt, wenn die Behandlung von Anregungen gem. §§ 27 oder 28 auf Ausschüsse übertragen wurde[4].

c) Durchsetzung der Anregung. Bei der Durchsetzung von Anregungen ist nicht nur nach dem Inhalt, sondern auch danach zu unterscheiden, ob diese von ArbN oder der JAV eingehen. Zunächst gilt, dass der ArbGeb nach §§ 2 I, 74 I gezwungen ist, sich ernsthaft mit den Anregungen zu befassen. 36

aa) Anregungen von Arbeitnehmern. Anregungen von ArbN kann der BR nicht gegen den Willen des ArbGeb durchsetzen. Nur in zwei Fällen ist eine Regelung erzwingbar: Liegt der Anregung ein mitbestimmungspflichtiger Tatbestand zugrunde, bei der der Spruch der Einigungsstelle die Einigung zwischen ArbGeb und BR ersetzt, kann der BR über die Einigungsstelle eine Regelung erzwingen (§ 76 V, vgl. § 76 Rz. 6). Handelt es sich um eine Beschwerde des ArbN, ist der BR nicht gehindert, den ArbN auf die Erhebung einer förmlichen Beschwerde nach § 84 hinzuweisen. Erachtet der BR eine solche Beschwerde für berechtigt und bestehen über die Berechtigung der Beschwerde Meinungsverschiedenheiten mit dem ArbGeb, kann der BR die Einigungsstelle anrufen, deren Spruch die Einigung zwischen ArbGeb und BR ersetzt (§ 85 I und II). 37

bb) Anregungen der Jugend- und Auszubildendenvertretung. Bei Anregungen der JAV ist der BR gezwungen, sich mit diesen zu befassen. Wie er diese behandelt, unterliegt seinem Ermessen. Die JAV hat keinen Anspruch, dass der BR das Anliegen für berechtigt hält und gegenüber dem ArbGeb weiterverfolgt (vgl. § 70 Rz. 7 f.). Hält der BR das Anliegen der JAV für berechtigt, hat er darüber mit dem ArbGeb zu verhandeln, der sich wiederum mit der Anregung zu befassen hat. Eine Regelung gegen den Willen des ArbGeb kann jedoch nur dann erzwungen werden, wenn die Anregung einen mitbestimmungspflichtigen Tatbestand erfasst, bei dem der BR die Möglichkeit hat, über den Spruch der Einigungsstelle eine Einigung mit dem ArbGeb zu erzwingen (§ 76 V, vgl. § 76 Rz. 6). 38

d) Informationspflicht. Der BR hat über das Ergebnis der Verhandlungen mit dem ArbGeb den ArbN bzw. die JAV zu informieren. UU ist ein Zwischenbescheid zu erteilen, wenn sich die Verhandlungen mit dem ArbGeb hinziehen oder die Angelegenheit längere Zeit benötigt[5]. Diese Unterrichtungspflicht besteht auch dann, wenn der BR die Anregungen für nicht berechtigt erachtet[6]. 39

6. Förderung der Eingliederung besonders schutzwürdiger Personen (Abs. 1 Nr. 4). Als besondere Pflicht wird dem BR in § 80 I Nr. 4 aufgegeben, die Eingliederung schwerbehinderter Menschen und sonstiger besonders schutzbedürftiger Personen zu fördern. 40

a) Betroffener Personenkreis. § 80 I Nr. 4 erfasst zunächst schwerbehinderte Menschen iSv. § 2 SGB IX. Die **Förderungspflicht** erstreckt sich darüber hinaus auf sonstige ArbN, die besonders schutzbedürftig sind. Hierunter fallen körperlich, geistig oder seelisch beeinträchtigte Personen und LangzeitArbl. (§ 18 SGB III). Zu diesem besonders schutzbedürftigen Personenkreis werden gerade wegen der Problematik der Jugendarbeitslosigkeit Jugendliche gehören[7]. Bei der besonderen Schutzbedürftigkeit handelt es sich um einen unbestimmten Rechtsbegriff. Er unterliegt gesellschaftlichen Veränderungen, so dass zu der Gruppe der besonders Schutzbedürftigen bspw. auch Aussiedler und allein erziehende Eltern zählen[8]. 41

b) Förderung des Personenkreises. Den BR treffen **Überwachungspflichten**: Er hat zunächst darüber zu wachen, dass die Pflicht zur Beschäftigung schwerbehinderter Menschen (§ 71 SGB IX), die Pflichten des ArbGeb bei der Beschäftigung schwerbehinderter Menschen (§ 81 SGB IX) sowie die Bestimmungen des AGG beachtet werden. Zur **Förderungspflicht** gehört es, Anregungen dahin zu geben, dass eine den Kräften und Fähigkeiten entspr. Beschäftigung zugewiesen wird. Der BR soll auf die besonders schutzwürdigen Personen dahin gehend einwirken, die richtige Einstellung zum Betrieb, zum Arbeitsplatz und zu anderen ArbN zu finden, sowie bei der Belegschaft Verständnis für die besondere Lage dieser Personen wecken[9]. 42

c) Durchsetzung der Förderung. Der ArbGeb ist wiederum nach §§ 2 I, 74 I verpflichtet, sich mit den Anliegen des BR ernsthaft zu befassen. Eine **Pflicht zur Umsetzung** besteht nur in den im Gesetz ausdrücklich genannten Fällen (vgl. Rz. 24). 43

1 *Fitting*, § 80 BetrVG Rz. 25; DKK/*Buschmann*, § 80 BetrVG Rz. 38. | 2 *Fitting*, § 80 BetrVG Rz. 25; GK-BetrVG/*Kraft*, § 80 Rz. 36. | 3 GK-BetrVG/*Kraft*, § 80 Rz. 37. | 4 DKK/*Buschmann*, § 80 BetrVG Rz. 38; GK-BetrVG/*Kraft*, § 80 Rz. 37. | 5 GK-BetrVG/*Kraft*, § 80 Rz. 37; DKK/*Buschmann*, § 80 BetrVG Rz. 39. | 6 DKK/*Buschmann*, § 80 BetrVG Rz. 39; *Fitting*, § 80 BetrVG Rz. 25. | 7 DKK/*Buschmann*, § 80 BetrVG Rz. 44. | 8 DKK/*Buschmann*, § 80 BetrVG Rz. 45; Richardi/*Thüsing*, § 80 BetrVG Rz. 38. | 9 *Fitting*, § 80 BetrVG Rz. 28; ErfK/*Kania*, § 80 BetrVG Rz. 13.

44 **7. Wahl und Zusammenarbeit mit Jugend- und Auszubildendenvertretung (Abs. 1 Nr. 5).** § 80 I Nr. 5 wiederholt zunächst, dass es zu den Aufgaben des BR gehört, die Wahl einer JAV vorzubereiten und durchzuführen (§ 63 II, vgl. dort Rz. 13). Außerdem hat der BR mit der JAV zur Förderung der Belange der in § 60 I genannten ArbN eng zusammenzuarbeiten. Die Einzelheiten, die das Verhältnis zwischen BR und JAV bestimmen, sind in den §§ 65 bis 70 geregelt. Der BR kann Vorschläge und Stellungnahmen von der JAV anfordern. Das Recht der JAV, Anregungen zu geben, ergibt sich bereits aus § 80 I Nr. 3. Die Regelung der Zusammenarbeit zwischen BR und JAV ist deshalb notwendig, weil gegenüber dem ArbGeb allein der BR verantwortlicher Interessenvertreter bleibt (vgl. § 60 Rz. 9 u. 12).

45 **8. Förderung der Beschäftigung älterer Arbeitnehmer (Abs. 1 Nr. 6).** § 80 I Nr. 6 gibt dem BR auf, die Beschäftigung älterer ArbN im Betrieb zu fördern. Insoweit ergänzt § 80 I Nr. 6 die §§ 75 I 2, 96 II[1] sowie die Benachteiligungsverbote des AGG. Förderungsmöglichkeiten bestehen insb. hinsichtlich der berufl. Weiterentwicklung, der Anpassung an veränderte wirtschaftl. und technische Gegebenheiten sowie der Neueinstellung älterer ArbN[2]. Der ArbGeb ist wiederum verpflichtet, sich mit den Anliegen des BR gem. §§ 2 I, 74 I ernsthaft zu befassen, zur Umsetzung der Anregungen kann der ArbGeb jedoch nur dann gezwungen werden, wenn ergänzend ein erzwingbares MitbestR besteht (vgl. Rz. 24).

46 **Hinweis:** Sofern die BR den Schutzauftrag überhaupt wahrgenommen haben[3], hat er tatsächlich in der arbeitsrechtl. Praxis kaum etwas bewirkt.

47 **9. Integration ausländischer Arbeitnehmer und Bekämpfung von Rassismus und Fremdenfeindlichkeit (Abs. 1 Nr. 7).** § 80 I Nr. 7 gibt dem BR zwei Aufgaben: Zum einen soll die Integration ausländischer ArbN im Betrieb und das Verständnis zwischen ihnen und den deutschen ArbN gefördert werden. Zum anderen soll der BR Maßnahmen zur Bekämpfung von Rassismus und Fremdenfeindlichkeit im Betrieb beantragen.

48 **a) Integration ausländischer Arbeitnehmer.** Aufgabe ist die Integration ausländischer ArbN in den Betrieb nach erfolgter Einstellung[4]. Der BR soll das Verständnis zwischen ihnen und den deutschen ArbN fördern. Angesichts der großen Zahl ausländischer ArbN und deren besonderer Probleme (Sprache, Religion, Wohnraumbeschaffung, Einarbeitung, Lebensgewohnheiten) besteht hier eine besonders wichtige Aufgabe des BR[5]. Insoweit geht es um den Abbau von Vorurteilen und die Schaffung gegenseitigen Verständnisses, wozu auch Sprachkurse für ausländische ArbN gehören[6].

49 **b) Schutz vor Rassismus und Fremdenfeindlichkeit.** Der BR soll von sich aus aktiv werden, um im Vorfeld Vorurteile abzubauen und sich für die Belange ausländischer ArbN verstärkt einzusetzen. Wenn dem BR ausländerfeindliche Aktivitäten im Betrieb bekannt werden, kann er beim ArbGeb Maßnahmen zur Bekämpfung von Rassismus und Fremdenfeindlichkeit beantragen. Auf diese Weise soll er bspw. gegen ausländerfeindliche Hetzflugblätter, aber auch gegen die alltäglichen Nadelstiche wie Belästigungen und kleine Benachteiligungen gemeins. mit dem ArbGeb vorgehen[7]. Ergänzt wird die Bestimmung durch die Pflicht des ArbGeb, auf der Betriebsversammlung und der Betriebsräteversammlung (§§ 43 II 3, 53 II Nr. 2) zur Frage der Integration ausländischer ArbN vorzutragen. Darüber hinaus haben ArbN und BR die Möglichkeit, das Thema in einer Betriebs- oder Abteilungsversammlung zu erörtern (§ 45). Ferner können die Integration ausländischer ArbN sowie Maßnahmen zur Bekämpfung von Rassismus und Fremdenfeindlichkeit im Betrieb zum Gegenstand einer freiwilligen BV gemacht werden (§ 88 Nr. 4). Eine konkretisierende Klarstellung erfährt § 80 I Nr. 7 dadurch, dass dem BR im Falle begründeter Besorgnis der Störung des Betriebsfriedens durch rassistische oder fremdenfeindliche Betätigung ein Zustimmungsverweigerungsrecht nach § 99 II Nr. 6 eingeräumt wurde und § 104 S. 1 dem BR das Recht gibt, vom ArbGeb die Entlassung oder Versetzung eines Mitarbeiters zu verlangen, der durch rassistische oder fremdenfeindliche Betätigungen wiederholt ernstlich den Betriebsfrieden stört[8].

50 Erforderlich ist ein **konkreter Vorfall** im Betrieb, der Anlass gibt, Maßnahmen zur Bekämpfung zu ergreifen, diese wiederum müssen Bezug zum Betrieb haben[9]. Zu denken wäre bspw. an die Verteilung eines ausländerfeindlichen Flugblatts mit dem Titel „Der Asylbetrüger in Deutschland“[10]. Die Regelung erfährt Kritik, weil die bislang harte Grenze zur verbotenen partei- und allgemeinpolitischen Betätigung des BR (§ 74 II 3) aufgeweicht werde[11]. Der ArbGeb ist verpflichtet, sich mit entsprechenden Anregungen des BR ernsthaft zu befassen (§§ 2 I, 74 I). Der BR kann eine Beteiligung des ArbGeb an allgemeinen Aufklärungskampagnen oder die Unterstützung sonstiger außerbetrieblicher integrationsfördernder Einrichtungen nicht verlangen[12]. Er kann ein Handeln des ArbGeb letztendlich nur im Rahmen anderer betriebsverfassungsrechtl. Möglichkeiten (zB erzwingbare Mitbest., vgl. Rz. 24, Zustimmungsverweigerungen nach § 99 II Nr. 6, Entfernungsverlangen nach § 104) erzwingen.

1 DKK/*Buschmann*, § 80 BetrVG Rz. 49; *Fitting*, § 80 BetrVG Rz. 31. | 2 ErfK/*Kania*, § 80 BetrVG Rz. 15. | 3 Zu Recht zweifelnd Richardi/*Thüsing*, § 80 BetrVG Rz. 42. | 4 *Clemenz* in Tschöpe, Arbeitsrecht, Teil 4 A Rz. 429. | 5 *Fitting*, § 80 BetrVG Rz. 32. | 6 Richardi/*Thüsing*, § 80 BetrVG Rz. 43. | 7 BT-Drs. 14/5741, 31. | 8 *Engels/Trebinger/Löhr-Steinhaus*, DB 2001, 532 (542); *Schaub*, ZTR 2001, 437 (443). | 9 *Löwisch*, BB 2001, 1790. | 10 Vgl. BAG v. 9.3.1995 – 2 AZR 644/94, NZA 1996, 875. | 11 *Rieble*, ZIP 2001, 133 (141); Richardi/*Thüsing*, § 80 BetrVG Rz. 24. | 12 *Löwisch*, BB 2001, 1790.

10. Beschäftigungssicherung (Abs. 1 Nr. 8). Dem BR wird in § 80 I Nr. 8 aufgegeben, die Beschäftigung im Betrieb zu fördern und zu sichern. Die Vorschrift wird konkretisiert durch den ebenfalls neu eingeführten § 92a BetrVG. Dieser verpflichtet den ArbGeb, sich mit den Vorschlägen des BR auseinander zu setzen und mit ihm zu beraten, für den Fall der Ablehnung bedarf es einer schriftl. Begründung (vgl. § 92a Rz. 6 ff.)[1]. 51

a) Zweck der Regelung. Zweck der Regelung ist einerseits die **Beschäftigungssicherung**, also Regelungen zur Erhaltung des Arbeitsplatzes, und andererseits die **Beschäftigungsförderung**, also Maßnahmen zur Ausweitung der vorhandenen Arbeitsplätze[2]. 52

Auch diese Vorschrift ist nicht unproblematisch, weil die Beschäftigungsförderung im Interesse der Allgemeinheit steht und der BR für Arbl. außerhalb des Betriebes nicht legitimiert ist[3]. Das ihm insoweit übertragene beschäftigungspolitische Mandat kann der BR kaum ausfüllen[4]. 53

b) Inhalt der Regelung. Der BR kann dem ArbGeb **Vorschläge** zur Sicherung und Förderung der Beschäftigung machen. Diese können bspw. in einer flexiblen Gestaltung der Arbeitszeit, der Förderung von Teilzeitarbeit und ATZ, einer Änderung der Arbeitsorganisation, der Arbeitsmethoden und -abläufe, der Qualifizierung der ArbN, „Insourcing" sowie Investitionsprogrammen bestehen[5]. 54

c) Durchsetzung der Maßnahmen. Der ArbGeb ist verpflichtet, die vorgeschlagenen Maßnahmen mit dem BR ernsthaft zu erörtern (§§ 2 I, 74 I). **Erzwingen** kann der BR Maßnahmen zur Beschäftigungssicherung und Beschäftigungsförderung im Rahmen von § 80 I Nr. 8 nicht. Er ist hierzu auf andere Mitbestimmungs- und Beteiligungsrechte, die insb. die Beschäftigungssicherung und -förderung ansprechen, angewiesen (vgl. bspw. §§ 92a, 95 II, 96 I 2, 97 II, 99 II Nr. 3, 112 V Nr. 2a)[6]. 55

11. Arbeitsschutz und betrieblicher Umweltschutz (Abs. 1 Nr. 9). § 80 I Nr. 9 gibt dem BR auf, Maßnahmen des Arbeitsschutzes und des betriebl. Umweltschutzes zu fördern. 56

a) Zweck der Regelung. Die Vorschrift korrespondiert mit § 89, nach dem der BR sich dafür einzusetzen hat, dass die Vorschriften über den Arbeitsschutz und betriebl. Umweltschutz durchgeführt werden (vgl. daher zu den Begriffsbestimmungen und der gesetzgeberischen Intention die Komm. bei § 89 Rz. 1 ff.). 57

b) Inhalt der Regelung ist, dass der BR das Recht hat, Maßnahmen zum betriebl. Umweltschutz und daraus folgend zum Arbeitsschutz vorzuschlagen. Dies bezieht sich nicht auf Investitionsentscheidungen des ArbGeb[7]. Ein allgemeines umweltpolitisches Mandat zu Gunsten Dritter oder der Allgemeinheit steht dem BR nicht zu[8]. Unter Berücksichtigung der betriebl. Umstände wären daher Vorschläge bspw. zur Verringerung der Emissionen (Lärm und Schadstoffe), zur Abfallvermeidung (zB Einführung von Mehrwegflaschen uÄ), zum Recycling etc. zu erwägen. 58

c) Durchsetzung der Maßnahmen. Zwar ist der ArbGeb verpflichtet, mit dem BR die vorgeschlagenen Maßnahmen ernsthaft zu erörtern (§§ 2 I, 74 I), jedoch kann er im Rahmen des § 80 I Nr. 9 zu konkreten Maßnahmen **nicht gezwungen** werden. Eine Regelung gegen den Willen des ArbGeb kann nur dann herbeigeführt werden, wenn ein erzwingbarer MitbestTatbestand vorliegt (vgl. Rz. 24). Aus der Aufnahme des betriebl. Umweltschutzes in § 88 (freiwillige BV) und § 89 (arbeits- und betriebl. Umweltschutz) ergibt sich keine erzwingbare Mitbest[9]. 59

III. Auskunfts- und Unterrichtungsanspruch (Abs. 2). § 80 II gibt dem BR ein Unterrichtungsrecht (Abs. 2 S. 1), die zur Durchführung seiner Aufgaben erforderlichen Unterlagen sind herauszugeben (Abs. 2 S. 2) und ggf. ist ihm eine Auskunftsperson zur Verfügung zu stellen (Abs. 2 S. 3). 60

1. Unterrichtung (Abs. 2 S. 1). § 80 II 1 stellt einerseits eine **Generalklausel des Informationsrechts** dar, ist aber zugleich andererseits **Auffangtatbestand** neben speziellen Informationspflichten (§§ 43, 53, 89, 90, 92, 96, 97, 99, 100, 102, 106, 111, 115). Der Unterrichtungsanspruch des BR aus § 80 II 1 BetrVG besteht auch während der Dauer von Arbeitskampfmaßnahmen im Betrieb. Die Arbeitskampffreiheit des ArbGeb wird dadurch nicht eingeschränkt[10]. 61

a) Aufgabenbezug. Die Unterrichtungspflicht bezieht sich auf Informationen, die der BR zur Durchführung seiner Aufgaben nach dem BetrVG benötigt. 62

aa) Aufgaben. Zu den Aufgaben iSv. § 80 II 1 gehören **alle Mitwirkungsrechte** nach dem BetrVG und nicht nur die in § 80 I aufgeführten Aufgaben. Insb. zählen auch die Wahrnehmung der MitbestR nach 63

---

1 *Schaub*, ZTR 2001, 437 (443). | 2 *Schaub*, ZTR 2001, 437 (443). | 3 *Rieble*, ZIP 2001, 133 (140); Richardi/*Richardi/Thüsing*, § 80 BetrVG Rz. 44. | 4 *Reichold*, NZA 2001, 857 (863); aA Richardi/*Richardi/Thüsing*, § 80 BetrVG Rz. 44 und ErfK/*Kania*, § 80 BetrVG Rz. 16a, wonach die Vorschrift kein allgemeines beschäftigungspolitisches Mandat für den BR bedeute. | 5 *Schaub*, ZTR 2001, 437 (443). | 6 *Reichold*, NZA 2001, 857 (863), vertritt deshalb auch die Auffassung, es handele sich um „symbolische Gesetzgebung"; *Bauer*, NZA 2001, 375 (378), weist darauf hin, dass die Regelung angesichts des schon nach § 80 I Nr. 2 bestehenden Antragsrechts überflüssig sei. | 7 *Engels/Trebinger/Löhr-Steinhaus*, DB 2001, 532 (541); *Reichold*, NZA 2001, 857 (863). | 8 BT-Drs. 14/5741, 30. | 9 *Wiese*, BB 2002, 674 (678). | 10 Vgl. BAG v. 10.12.2002 – 1 ABR 7/02, AP Nr. 59 zu § 80 BetrVG 1972.

§ 87 I[1] und die Überwachung der Einhaltung der in § 75 festgelegten Grundsätze für die Behandlung von Betriebsangehörigen dazu[2]. Dabei muss nicht feststehen, dass ein solches Recht besteht: Für den Auskunftsanspruch des BR nach § 80 II genügt es, dass der BR die Auskunft benötigt, um feststellen zu können, ob ihm ein MitbestR zusteht und ob er davon Gebrauch machen soll. Das Auskunftsrecht besteht nur dann nicht, wenn ein MitbestR offensichtlich nicht in Betracht kommt[3].

64 **Beispiel:** Der BR kann vom ArbGeb nach § 80 II Auskunft über die Auswertung einer im Betrieb durchgeführten Umfrage verlangen, wenn die **hinreichende Wahrscheinlichkeit** besteht, dass die dabei gewonnenen Erkenntnisse Aufgaben des BR betreffen. Für den notwendigen **Grad der Wahrscheinlichkeit** ist der jeweilige Kenntnisstand des BR maßgeblich. Die Anforderungen sind umso niedriger, je weniger der BR auf Grund der ihm bereits zugänglichen Informationen beurteilen kann, ob die begehrten Auskünfte tatsächlich zur Durchsetzung seiner Aufgaben nötig sind[4].

65 **bb) Grad der Wahrscheinlichkeit.** Der BR kann nicht jede Auskunft verlangen, nur weil die dadurch vermittelten Kenntnisse ihn insgesamt sachkundiger machen[5]. Der allgemeine Auskunftsanspruch des BR nach § 80 II 1 setzt voraus, dass zumindest eine gewisse Wahrscheinlichkeit für eine betriebsverfassungsrechtl. Aufgabe des BR besteht und die begehrte Auskunft zur Aufgabenwahrnehmung erforderlich ist[6]. Zu differenzieren ist zwischen den Aufgaben, die der BR aus eigener Initiative angehen kann, und solchen, die sich für ihn erst stellen, wenn der ArbGeb tätig wird:

66 **(1) Eigene Initiative.** Handelt es sich um Aufgaben, die der BR aus eigener Initiative (zB den Katalog des § 80 I) angehen kann, darf der BR von sich aus an den ArbGeb herantreten und die Gegenstände der Unterrichtung bestimmen, ohne dass es eines konkreten Anlasses bedarf[7].

67 **(2) Tätigwerden des Arbeitgebers.** Handelt es sich dagegen um eine Maßnahme, die der **ArbGeb** ergreift oder plant, kann der BR Auskünfte und Unterlagen, die zur Erfüllung seiner Aufgaben erforderlich sind, erst dann verlangen, wenn der ArbGeb tatsächlich tätig wird. Revisionsberichte, die Maßnahmen des ArbGeb lediglich anregen, also ein Beteiligungsrecht erst dann auslösen, wenn der ArbGeb sie plant oder ergreift, sind daher dem BR nicht zur Verfügung zu stellen[8]. Der Grad der Wahrscheinlichkeit ist anhand des Einzelfalls zu bestimmen. Beantragt der BR bspw. Informationen über „freie Mitarbeiter", ist von einem in diesem Sinne hinreichenden Grad der Wahrscheinlichkeit auszugehen und sind dem BR die begehrten Informationen zur Verfügung zu stellen, damit er prüfen kann, ob eine mitbestimmungspflichtige Einstellung iSv. § 99 vorliegt[9].

68 **b) Umfang.** Die Unterrichtung muss **umfassend** sein, dh. alle Angaben enthalten, die der BR zur ordnungsgemäßen Erfüllung seiner Aufgaben benötigt[10]. Die Information ist **unaufgefordert** zu erteilen, wenn es um eine solche geht, die für den BR zur Erfüllung seiner gesetzl. Aufgaben erforderlich ist[11]. Der ArbGeb muss und kann nur die Informationen weitergeben, die er selbst besitzt. Er ist nicht verpflichtet, sich weiter gehende Informationen zu beschaffen, auch wenn der BR sie für erforderlich hält[12]. Der BR kann sich aber auch selbst Informationen beschaffen, etwa durch Betriebsbegehungen oder Besuche der ArbN am Arbeitsplatz[13]. Der Umfang der **Unterrichtungspflicht** ist in § 80 II 1 Hs. 2 hinsichtlich eines Punkts konkreter: Es wird ausdrücklich klargestellt, dass Gegenstand der vom ArbGeb geschuldeten Unterrichtung des BR auch die Beschäftigung von Personen ist, die in keinem Arbeitsverhältnis zum ArbGeb stehen[14]. Damit wird die Rspr. des BAG, nach der eine entsprechende Unterrichtungspflicht des ArbGeb beim Einsatz von ArbN von Fremdfirmen besteht[15], aufgenommen. Werden bspw. LeihArbN oder ArbN, die auf Grund von Dienst- oder Werkverträgen des ArbGeb mit Dritten als deren Erfüllungsgehilfen im Einsatzbetrieb tätig werden, oder werden freie Mitarbeiter im Rahmen eines Dienstvertrags beschäftigt, ist der BR zu informieren. Dies gilt nicht für Personen, die nur kurzfristig im Betrieb eingesetzt werden, wie zB der Elektriker, der eine defekte Stromleitung zu reparieren hat[16]. Die Klarstellung soll dazu beitragen, dass Streitigkeiten über eine entsprechende Unterrichtungspflicht des ArbGeb und daraus folgende eventuelle Verfahren vermieden werden[17]. Der ArbGeb kann die Erteilung von Informationen nicht mit der Begründung verweigern, Betriebs- oder Geschäftsgeheimnisse könnten gefährdet werden[18]. Zur Wahrung von Betriebs- und Geschäftsgeheimnissen gibt es die Geheimhaltungspflicht

---

1 Vgl. BAG v. 10.2.1987 – 1 ABR 43/84, AP Nr. 27 zu § 80 BetrVG 1972. | **2** Vgl. BAG v. 26.1.1988 – 1 ABR 34/86, AP Nr. 31 zu § 80 BetrVG 1972. | **3** Vgl. BAG v. 26.1.1988 – 1 ABR 34/86, AP Nr. 31 zu § 80 BetrVG 1972; v. 10.2.1987 – 1 ABR 43/84, AP Nr. 27 zu § 80 BetrVG 1972. | **4** Vgl. BAG v. 8.6.1999 – 1 ABR 28/97, AP Nr. 57 zu § 80 BetrVG 1972. | **5** Vgl. BAG v. 5.2.1991 – 1 ABR 32/90, AP Nr. 89 zu § 613a BGB. | **6** Vgl. BAG v. 10.10.2006 – 1 ABR 68/05, AP Nr. 68 zu § 80 BetrVG 1972. | **7** Vgl. BAG v. 18.9.1973 – 1 ABR 7/73, AP Nr. 3 zu § 80 BetrVG 1972; v. 11.7.1972 – 1 ABR 2/72, AP Nr. 1 zu § 80 BetrVG 1972. | **8** Vgl. BAG v. 27.6.1989 – 1 ABR 19/88, AP Nr. 37 zu § 80 BetrVG 1972. | **9** Vgl. BAG v. 15.12.1998 – 1 ABR 9/98, AP Nr. 56 zu § 80 BetrVG 1972. | **10** DKK/*Buschmann*, § 80 BetrVG Rz. 66; GK-BetrVG/*Kraft*, § 80 Rz. 69. | **11** GK-BetrVG/*Kraft*, § 80 Rz. 67; *Fitting*, § 80 BetrVG Rz. 56. | **12** GK-BetrVG/*Kraft*, § 80 Rz. 70. | **13** Vgl. BAG v. 13.6.1989 – 1 ABR 4/88, AP Nr. 36 zu § 80 BetrVG 1972; v. 17.1.1989 – 1 AZR 805/87, AP Nr. 1 zu § 2 LPVG NW. | **14** Vgl. LAG Hamburg v. 21.11.2002 – 1 TaBV 3/02, nv. | **15** Vgl. BAG v. 15.12.1998 – 1 ABR 9/98, AP Nr. 56 zu § 80 BetrVG 1972; v. 31.1.1989 – 1 ABR 72/87, AP Nr. 33 zu § 80 BetrVG 1972. | **16** BT-Drs. 14/5741, 46. | **17** Richardi/*Thüsing*, § 80 BetrVG Rz. 51a. | **18** Vgl. BAG v. 5.2.1991 – 1 ABR 24/90, AP Nr. 10 zu § 106 BetrVG 1972.

in § 79. Die Erteilung von Informationen des ArbGeb an den BR wird nicht durch das **BDSG** eingeschränkt, weil § 80 II insoweit dem BDSG vorgeht[1].

c) **Rechtzeitigkeit.** Die Unterrichtung muss so **rechtzeitig** erfolgen, dass der BR noch seine Überlegungen anstellen und seine Meinung gegenüber dem ArbGeb äußern kann[2]. Nach verbreiteter Ansicht wird wegen des Zeitpunkts der Unterrichtung auf die Sechs-Stufen-Methode der Systemgestaltung (REFA-Standardprogramm Arbeitsgestaltung) verwiesen[3]. **Beispiele** für die **Unterrichtungspflicht** des BR sind: Einführung und Änderung von EDV-Systemen[4]; Merkmale, nach denen Zulagen gezahlt werden, da eventuell ein MitbestR nach § 87 I Nr. 10 besteht[5]; Einsicht in die Verträge mit Fremdfirmen, die Mitarbeiter im Betrieb einsetzen, um beurteilen zu können, ob eine zustimmungspflichtige Einstellung iSv. § 99 vorliegt[6]. 69

d) **Form.** Die Unterrichtung des BR unterliegt keiner gesetzl. Formvorschrift. Die Erteilung von Auskünften ist daher mündlich möglich, allerdings kann Schriftlichkeit bei kompexen und umfangreichen Sachverhalten geboten sein[7]. Zu **Beweissicherungszwecken** ist die Schriftform empfehlenswert. Die Unterrichtung muss verständlich sein (kein „Fachchinesisch"[8]). Sie hat grds. in deutscher Sprache zu erfolgen, es sei denn, die Beteiligten sind mit einer Unterrichtung in einer fremden Sprache einverstanden[9]. 70

e) **Anspruchsberechtigung und Anspruchsverpflichtung. Anspruchsberechtigt** ist der BR als Gesamtgremium bzw. im Falle einer gesetzl. Verweisung der GBR oder KBR im Rahmen seiner Zuständigkeit[10]. **Anspruchsverpflichtet** ist der ArbGeb, der auch dann verpflichtet bleibt, wenn er die Informationen durch einen entsprechend bevollmächtigten Vertreter erteilt[11]. 71

2. Vorlage von Unterlagen (Abs. 2 S. 2 Hs. 1). Über die Unterrichtungspflicht hinaus sind dem BR die erforderlichen Unterlagen zur Verfügung zu stellen, dh. auch ggf. auszuhändigen (§ 80 II 2 Hs. 1). 72

a) **Unterlagen.** Die Unterlagen sind dem BR im Original, in Durchschrift oder in Fotokopie zur Verfügung zu stellen[12]. Unterlagen iSv. § 80 II 2 Hs. 1 sind alle **Aufzeichnungen**[13]. Die **Art** der Unterlagen ist unerheblich, es kommt auch die Vorlage von Tonträgern, Fotos oder Werkstücken in Betracht[14]. Zu überlassen sind nur Unterlagen, die **bereits vorhanden** sind[15]. Der ArbGeb ist zur Herstellung von Unterlagen verpflichtet, wenn die erforderlichen Daten zwar nicht in schriftl. Form vorliegen, aber bspw. in einem Datenspeicher vorhanden sind und mit einem vorhandenen Programm jederzeit abgerufen werden können[16]. Allerdings kann der BR nicht verlangen, dass der ArbGeb zunächst Anlagen installiert (zB Lärmmessgeräte), die die geforderten Unterlagen erstellen sollen. Die Zurverfügungstellung ist beschränkt auf die vorhandenen oder jederzeit erstellbaren Unterlagen[17]. 73

Wie beim allgemeinen Auskunfts- und Unterrichtungsanspruch ist das Herausgabeverlangen nicht durch die Vorschriften des BDSG eingeschränkt (vgl. Rz. 68). Der ArbGeb kann die Herausgabe von Unterlagen nicht unter Verweis auf Betriebs- oder Geschäftsgeheimnisse verweigern (vgl. Rz. 68). Der BR kann allerdings **nicht** die Herausgabe von **Personalakten** verlangen, wie sich mittelbar aus § 83 ergibt[18]. Es ist aber allgemein anerkannt, dass im Einzelfall der ArbGeb konkrete Informationen auch aus der Personalakte erteilen muss, wenn diese Angaben für die Aufgabenerfüllung des BR erforderlich sind[19]. Das Persönlichkeitsrecht des einzelnen ArbN ist dadurch hinreichend geschützt, dass die Mitglieder des BR gem. § 79 zur Verschwiegenheit verpflichtet sind[20]. 74

b) **Jederzeit.** § 80 II 2 Hs. 1 gibt dem BR das Recht, jederzeit die zur Durchführung seiner Aufgaben erforderlichen Unterlagen herauszuverlangen. Daraus folgt, dass die Vorlagepflicht des ArbGeb **nicht** von einem **konkreten Streitfall** abhängig ist. Der BR kann vielmehr die Einsicht in die Unterlagen schon dann verlangen, wenn er im Rahmen seiner gesetzl. Aufgaben, insb. nach § 80 I, tätig werden will. Bestimmte Verdachtsmomente wegen eines Verstoßes des ArbGeb gegen zu Gunsten der ArbN geltende Vorschriften brauchen nicht vorzuliegen[21]. Allerdings besteht der Anspruch auf Vorlage von Unterlagen 75

1 Vgl. BAG v. 17.3.1983 – 6 ABR 33/80, AP Nr. 18 zu § 80 BetrVG 1972. | 2 Vgl. BAG v. 27.6.1989 – 1 ABR 19/88, AP Nr. 37 zu § 80 BetrVG 1972. | 3 Vgl. hierzu *Fitting*, § 80 BetrVG Rz. 55 ff.; *Clemenz* in Tschöpe, Arbeitsrecht, Teil 4 A Rz. 432. | 4 Vgl. BAG v. 17.3.1987 – 1 ABR 59/85, AP Nr. 29 zu § 80 BetrVG 1972. | 5 Vgl. BAG v. 26.1.1988 – 1 ABR 34/86, AP Nr. 31 zu § 80 BetrVG 1972. | 6 Vgl. BAG v. 31.1.1989 – 1 ABR 72/87, AP Nr. 33 zu § 80 BetrVG 1972. | 7 Vgl. BAG v. 10.10.2006 – 1 ABR 68/05, AP Nr. 68 zu § 80 BetrVG 1972. | 8 *Fitting*, § 80 BetrVG Rz. 56. | 9 LAG Hess. v. 19.8.1993 – 12 TaBV 9/93, NZA 1995, 285; aA *Diller/Powietzka*, DB 2000, 718 (722), für den Fall, dass im BR ausreichende Kenntnisse der betreffenden Fremdsprache vorhanden sind. | 10 GK-BetrVG/*Kraft*, § 80 Rz. 56. | 11 GK-BetrVG/*Kraft*, § 80 Rz. 55. | 12 DKK/*Buschmann*, § 80 BetrVG Rz. 88; *Fitting*, § 80 BetrVG Rz. 62 ff. | 13 Richardi/*Thüsing*, § 80 BetrVG Rz. 63. | 14 Vgl. BAG v. 7.8.1986 – 6 ABR 77/83, AP Nr. 25 zu § 80 BetrVG 1972. | 15 ErfK/*Kania*, § 80 BetrVG Rz. 24. | 16 Vgl. BAG v. 17.3.1983 – 6 ABR 33/80, AP Nr. 18 zu § 80 BetrVG 1972 für den Ausdruck von Gehaltslisten. | 17 Vgl. BAG v. 7.8.1986 – 6 ABR 77/83, AP Nr. 25 zu § 80 BetrVG 1972. | 18 Vgl. BAG v. 20.12.1988 – 1 ABR 63/87, AP Nr. 5 zu § 92 ArbGG 1979. | 19 Vgl. BAG v. 20.12.1988 – 1 ABR 63/87, AP Nr. 5 zu § 92 ArbGG 1979. | 20 Vgl. BAG v. 23.2.1973 – 1 ABR 17/72, AP Nr. 2 zu § 80 BetrVG 1972. | 21 Vgl. BAG v. 10.2.1987 – 1 ABR 43/84, AP Nr. 27 zu § 80 BetrVG 1972; v. 18.9.1973 – 1 ABR 7/73, AP Nr. 3 zu § 80 BetrVG 1972; v. 11.7.1972 – 1 ABR 2/72, AP Nr. 1 zu § 80 BetrVG 1972.

nicht uneingeschränkt. Die Prüfung ist insoweit **zweistufig**: Zunächst geht es darum, ob überhaupt eine Aufgabe des BR gegeben ist, und anschließend darum, ob im Einzelfall die begehrte Information bzw. Zurverfügungstellung von Unterlagen **erforderlich** ist. Verwendet bspw. der ArbGeb mit dem BR abgestimmte **Formulararbeitsverträge**, hat der BR nur dann einen Anspruch auf Vorlage der **ausgefüllten** Arbeitsverträge, um die Einhaltung des NachwG zu überwachen, wenn er **konkrete Anhaltspunkte** für die Erforderlichkeit weiterer Informationen darlegt[1]. Weitere Grenze der Verpflichtung zur Vorlage von Unterlagen ist die **Rechtsmissbräuchlichkeit**, die bspw. dann gegeben sein kann, wenn der BR lediglich Einsichtnahme in die Gehaltslisten nehmen will, um zu entscheiden, ob Mitarbeiter leitende Angestellte iSv. § 5 III sind oder nicht[2]. Solche Streitigkeiten wären in einem gesonderten Beschlussverfahren auszutragen[3]. Der BR kann auch die **regelmäßige Vorlage** bestimmter Unterlagen verlangen, die er zur Durchführung seiner Aufgaben benötigt. Dies können bspw. Statistiken über Arbeitsunfälle oder solche über Mehr- und Nachtarbeit sein[4].

76 **c) Dauer der Überlassung.** Die Zeitdauer, während der der ArbGeb dem BR die entsprechenden Unterlagen zur Verfügung zu stellen hat, richtet sich nach der Art der Unterlagen, ihrer Bedeutung für den Betrieb und den Gesamtumständen des Einzelfalls. Sind Unterlagen für den Betrieb unentbehrlich oder sehr umfangreich, so muss sich der BR mit der Einsichtnahme begnügen; er kann aber Aufzeichnungen und auch Fotokopien anfertigen[5]. Im Regelfall sind die Unterlagen dem BR eine angemessene Zeit zu überlassen.

77 **d) Verlangen.** Der ArbGeb ist nicht verpflichtet, dem BR die zur Durchführung seiner Aufgaben erforderlichen Unterlagen von sich aus zur Verfügung zu stellen, sondern diese Pflicht besteht nur auf Verlangen des BR[6].

78 **3. Einblick in Bruttolohn- und -gehaltslisten (Abs. 2 S. 2 Hs. 2).** § 80 II 2 Hs. 2 räumt dem BR zur Durchführung seiner Aufgaben das **Recht zur Einsicht** in die Listen über Bruttolöhne und -gehälter ein.

79 **a) Zweck.** Durch das Einsichtsrecht in die Bruttolohn- und -gehaltslisten soll der BR die Möglichkeit erhalten, überprüfen zu können, ob anwendbare TV oder die Grundsätze des § 75 I BetrVG eingehalten werden.

80 **b) Bruttolohn- und -gehaltslisten.** Das Einblicksrecht erstreckt sich auf die gesamten effektiven Bruttobezüge einschließlich übertarifl. Zulagen. Das Einblicksrecht bezieht sich auch auf Poolzahlungen an Krankenhausärzte und nachgeordnete Mitarbeiter, die von liquidationsberechtigten Chefärzten herrühren[7]. Das Einblicksrecht erstreckt sich auch auf die Frage, welchen Mitarbeitern Aktienoptionen in welchem Umfang eingeräumt wurden[8]. Von dem Einblicksrecht kann der BR auch ohne Darlegung eines besonderen Anlasses jederzeit Gebrauch machen[9]. Das Einsichtsrecht umfasst **alle Lohnbestandteile** einschließlich übertarifl. Zulagen und solcher Zahlungen, die individuell unter Berücksichtigung verschiedener Umstände ausgehandelt und geleistet werden[10]. Der Begriff „Liste" in § 80 II 2 Hs. 2 bezieht sich auch auf in EDV-Anlagen gespeicherte Gehaltsdaten, die Bestimmungen des BDSG stehen dem Einblicksrecht des BR in die Bruttolohn- und -gehaltslisten nicht entgegen[11]. Der Begriff der „Liste" ist unabhängig von der Datenführung zu verstehen, so dass es nicht erforderlich ist, dass die Listen tatsächlich schon ausgedruckt sind. Es reicht, wenn hierfür die Möglichkeit besteht[12]. Das Einblicksrecht ist auf die **Bruttolisten** beschränkt, da die besonderen persönlichen Verhältnisse der ArbN, bspw. die Besteuerung, eventuelle Lohnpfändungen uÄ, der Einsicht Dritter verschlossen sind[13].

81 **c) Einsicht.** Der BR hat nur das Recht, Einblick in die Bruttolohn- und -gehaltslisten zu nehmen. Er hat weder einen Anspruch auf Aushändigung der Liste[14], noch umfasst das Einblicksrecht des BR in die Bruttolohn- und -gehaltslisten die Befugnis, diese Listen abzuschreiben oder sich Kopien zu fertigen[15]. Der BR hat aber die Möglichkeit, sich **Notizen** zu machen[16]. Bei der Einsichtnahme in die Bruttolohn- und -gehaltslisten dürfen keine Personen anwesend sein, die den BR überwachen oder mit seiner Überwachung beauftragt sind[17].

82 **d) Ausnahmen.** Ausgenommen vom Einsichtsrecht in die Bruttolohn- und -gehaltslisten sind die Gehälter der leitenden Angestellten iSv. § 5 III und IV, da diese nicht dem BetrVG unterfallen[18]. Nach der

---

1 Vgl. BAG v. 19.10.1999 – 1 ABR 75/98, AP Nr. 58 zu § 80 BetrVG 1972. | 2 Vgl. BAG v. 10.6.1974 – 1 ABR 23/73, AP Nr. 8 zu § 80 BetrVG 1972. | 3 Vgl. BAG v. 10.6.1974 – 1 ABR 23/73, AP Nr. 8 zu § 80 BetrVG 1972. | 4 *Fitting*, § 80 BetrVG Rz. 63; DKK/*Buschmann*, § 80 BetrVG Rz. 90. | 5 GK-BetrVG/*Kraft*, § 80 Rz. 86; DKK/*Buschmann*, § 80 BetrVG Rz. 96. | 6 Richardi/*Thüsing*, § 80 BetrVG Rz. 65. | 7 Vgl. LAG Hamm v. 26.10.2001 – 10 TaBV 44/01, NZA-RR 2002, 302. | 8 Vgl. LAG Nürnberg v. 22.1.2002 – 6 TaBV 19/01, NZA-RR 2002, 247. | 9 Vgl. BAG v. 17.3.1983 – 6 ABR 33/80, AP Nr. 18 zu § 80 BetrVG 1972; v. 3.12.1981 – 6 ABR 60/79, AP Nr. 16 zu § 80 BetrVG 1972; v. 12.2.1980 – 6 ABR 2/78, AP Nr. 12 zu § 80 BetrVG 1972. | 10 Vgl. BAG v. 10.2.1987 – 1 ABR 43/84, AP Nr. 27 zu § 80 BetrVG 1972. | 11 Vgl. BAG v. 17.3.1983 – 6 ABR 33/80, AP Nr. 18 zu § 80 BetrVG 1972. | 12 Vgl. BAG v. 17.3.1983 – 6 ABR 33/80, AP Nr. 18 zu § 80 BetrVG 1972. | 13 *Fitting*, § 80 BetrVG Rz. 72. | 14 Vgl. BAG v. 15.6.1976 – 1 ABR 116/74, AP Nr. 9 zu § 80 BetrVG 1972. | 15 Vgl. BAG v. 3.12.1981 – 6 ABR 8/80, AP Nr. 17 zu § 80 BetrVG 1972. | 16 Vgl. BAG v. 15.6.1976 – 1 ABR 116/74, AP Nr. 9 zu § 80 BetrVG 1972; vgl. auch DKK/*Buschmann*, § 80 BetrVG Rz. 110; *Fitting*, § 80 BetrVG Rz. 76. | 17 Vgl. BAG v. 16.8.1995 – 7 ABR 63/94, AP Nr. 53 zu § 80 BetrVG 1972. | 18 Vgl. BAG v. 10.6.1974 – 1 ABR 23/73, AP Nr. 8 zu § 80 BetrVG 1972; vgl. auch GK-BetrVG/*Kraft*, § 80 Rz. 89; *Fitting*, § 80 BetrVG Rz. 74.

Rspr. des BAG kann der BR auch in **Tendenzbetrieben** das Recht auf Einblick in die vollständige Liste aller Bruttolöhne und -gehälter geltend machen[1]. Einer Einverständniserklärung der ArbN zur Einsicht des BR in die Bruttolohn- und -gehaltslisten bedarf es nicht, da gegenüber dem kollektivrechtl. begründeten Einsichtsrecht die Individualinteressen der ArbN zurückzutreten haben[2]. Die gewonnenen Erkenntnisse darf der BR nicht an Dritte, zB ArbN, die einen Rechtsstreit mit dem ArbGeb führen, weitergeben[3].

e) Berechtigter. Einsichtsberechtigt sind nach § 80 II 2 Hs. 1 der BR bzw. nach § 80 II 2 Hs. 2 der Be- 83
triebsausschuss oder ein nach § 28 gebildeter Ausschuss. Das bedeutet, dass in größeren Betrieben das Einsichtsrecht in die Bruttolohn- und -gehaltslisten wegen der Vertraulichkeit der Informationen nicht dem gesamten BR, sondern nur dem Betriebsausschuss (§ 27) oder einem nach § 28 besonders gebildeten Ausschuss des BR zusteht. Aus dem Wortlaut des § 80 II 2 Hs. 2 den Schluss zu ziehen, das Einblicksrecht sei auf Betriebe mit mehr als 300 ArbN beschränkt, ist nach Auffassung des BAG unvereinbar mit dem Gesamtsinn der Regelung. In kleineren Betrieben steht vielmehr das Einblicksrecht den Personen zu, die in § 27 III erwähnt sind, das ist der Vorsitzende des BR oder ein anderes Mitglied des BR, dem die laufenden Geschäfte übertragen wurden. Die Beschränkung des Einblicksrechts auf Mitglieder des Betriebsausschusses hat nur einen praktischen Grund: Sie soll den reibungslosen Betriebsablauf sichern. Kleinere Betriebe sollen von der Information **nicht** ausgeschlossen werden[4].

4. Auskunftsperson (Abs. 2 S. 3). § 80 II 3 verpflichtet den ArbGeb, dem BR sachkundige ArbN als 84
Auskunftspersonen zur Verfügung zu stellen, soweit dies zur ordnungsgemäßen Erfüllung von BR-Aufgaben erforderlich ist. Diese Bestimmung wird ergänzt durch § 111 S. 2, wonach der BR bei Betriebsänderungen auch ohne vorherige Einigung mit dem ArbGeb einen Berater hinzuziehen kann (vgl. § 111 Rz. 66 ff.)[5].

a) Zweck. Der technische und wirtschaftl. Wandel stellt auch die BR vor vielfältige neue, schwierige 85
und komplexe Aufgaben. Der BR soll aus diesem Grund die Möglichkeit erhalten, den **internen Sachverstand** der ArbN zu nutzen, um diesen bei der Suche nach Problemlösungen einzubeziehen[6]. Durch die Möglichkeit der Inanspruchnahme einer Auskunftsperson wird der Rspr. des BAG Rechnung getragen, nach der die Hinzuziehung eines externen Sachverst. nach § 80 III dann nicht in Betracht kommt, wenn sich der BR die erforderlichen Kenntnisse durch die Inanspruchnahme sachkundiger ArbN verschaffen kann[7]. Die Regelung dient somit der Klarstellung[8].

b) Aufgaben. Als Aufgaben, für die sachkundige ArbN angefordert werden können, kommen alle ge- 86
setzl. Aufgaben des BR in Betracht, also sowohl seine allgemeinen Überwachungsrechte nach § 80 I wie auch Mitwirkungs- und MitbestR in sozialen, personellen und wirtschaftl. Angelegenheiten[9].

c) Erforderlichkeit. Die Zurverfügungstellung einer Auskunftsperson muss zur ordnungsgemäßen Er- 87
füllung der Aufgaben des BR erforderlich sein. Die Regelung darf nicht dazu benutzt werden, etwa durch Bildung von Arbeitskreisen faktisch den BR dauerhaft zu vergrößern[10]. Der unbestimmte Rechtsbegriff der „Erforderlichkeit" kann Probleme aufwerfen, wie sich bspw. im Rahmen des § 37 VI 1 (Erforderlichkeit von Schulungen) zeigt (vgl. § 37 Rz. 10 ff.)[11]. Durch das Abstellen auf die „Erforderlichkeit" soll offensichtlich ein **Missbrauch** der Inanspruchnahme von Auskunftspersonen verhindert werden[12]. Wegen der gleichen Begrifflichkeit kann im Einzelfall, wenn streitig ist, ob das Tatbestandsmerkmal der Erforderlichkeit zur ordnungsgemäßen Erfüllung der Aufgaben des BR vorliegt, auf die zu der Hinzuziehung von Sachverst. entwickelten Grundsätze zurückgegriffen werden (vgl. Rz. 98)[13].

d) Sachkundige Arbeitnehmer. Die sachkundigen ArbN sind dem BR als **Auskunftspersonen** zur Ver- 88
fügung zu stellen.

aa) Keine jederzeitige Anforderung. Die Formulierung in § 80 II 3 stellt darauf ab, dass sachkundige 89
ArbN als Auskunftspersonen zur ordnungsgemäßen Erfüllung der Aufgaben des BR erforderl. sind. Der Anspruch des BR ist daher auf die Fälle beschränkt, in denen er selbst über die erforderl. Sachkunde nicht verfügt, wie das insb. bei technischen und organisatorischen Fragen gegeben sein kann. Auskunftspersonen dürfen deshalb **nicht jederzeit**, sondern nur dann angefordert werden, wenn eine **konkrete Aufgabe** zu erfüllen ist[14]. Um eine übermäßige Belastung des ArbGeb zu vermeiden, ist ein strenger Erforderlichkeitsmaßstab geboten. Der BR muss darlegen, dass er ohne die Hinzuziehung die von ihm

1 Vgl. BAG v. 30.6.1981 – 1 ABR 26/79, AP Nr. 15 zu § 80 BetrVG 1972; v. 22.5.1979 – 1 ABR 45/77, AP Nr. 12 zu § 118 BetrVG 1972. | 2 Vgl. BAG v. 20.12.1988 – 1 ABR 63/87, AP Nr. 5 zu § 92 ArbGG 1979; v. 30.6.1981 – 1 ABR 26/79, AP Nr. 15 zu § 80 BetrVG 1972; v. 30.4.1974 – 1 ABR 33/73, AP Nr. 1 zu § 118 BetrVG 1972; v. 18.9.1973 – 1 ABR 7/73, AP Nr. 3 zu § 80 BetrVG 1972. | 3 Vgl. *Kleinebrink*, FA 2006, 295 ff. (298). | 4 Vgl. BAG v. 10.2.1987 – 1 ABR 43/84, AP Nr. 27 zu § 80 BetrVG 1972; v. 18.9.1973 – 1 ABR 17/73, AP Nr. 4 zu § 80 BetrVG 1972; v. 18.9.1973 – 1 ABR 7/73, AP Nr. 3 zu § 80 BetrVG 1972; v. 23.2.1973 – 1 ABR 17/72, AP Nr. 2 zu § 80 BetrVG 1972. | 5 *Richardi/Annuß*, DB 2001, 41 (45). | 6 BT-Drs. 14/5741, 46 f. | 7 Vgl. BAG v. 26.2.1992 – 7 ABR 51/90, AP Nr. 48 zu § 80 BetrVG 1972. | 8 *Neef*, NZA 2001, 361 (363). | 9 *Löwisch*, BB 2001, 1790 (1791). | 10 Richardi/*Thüsing*, § 80 BetrVG Rz. 90. | 11 *Schiefer/Korte*, NZA 2001, 71 (82). | 12 *Schiefer/Korte*, NZA 2001, 351 (355). | 13 *Engels/Trebinger/Löhr-Steinhaus*, DB 2001, 532 (538). | 14 *Löwisch*, BB 2001, 1790 (1791).

anlässlich eines konkreten Sachverhalts zu bewältigenden Aufgaben wegen fehlender Fachkenntnis oder mangelnder Kenntnis tatsächlicher Umstände nicht erfüllen kann und ihm auch sonst kein anderes, kostengünstigeres Mittel zur Erlangung der erforderlichen Information zur Verfügung steht[1].

90 **bb) Leitende Angestellte.** Da leitende Angestellte nicht dem BetrVG unterliegen, hat der BR keinen Anspruch darauf, dass leitende Angestellte iSv. § 5 III und IV als Auskunftspersonen zur Verfügung gestellt werden[2]. Soweit die Hinzuziehung leitender Angestellter möglich ist, wird dies ausdrücklich genannt (zB in § 108 II).

91 **cc) Sachkunde.** Der Begriff des **sachkundigen ArbN** ist im Gesetz nicht definiert. Seine Hinzuziehung muss zur Entscheidungsfindung dienlich sein, was erfordert, dass die hinzugezogene Person über Kenntnisse aus dem Bereich des ArbGeb verfügen muss[3].

92 **e) Vorschlagsrecht.** Nach § 80 II 3 Hs. 2 kann der BR Vorschläge unterbreiten, die der ArbGeb zu berücksichtigen hat, soweit betriebliche Notwendigkeiten nicht entgegenstehen. Der BR hat kein **Bestimmungsrecht**[4]. Es bedarf daher der Herstellung des Einvernehmens zwischen ArbGeb und BR und damit letztendlich einer Freigabeentscheidung des ArbGeb[5]. Allerdings muss der ArbGeb einen Vorschlag berücksichtigen, soweit nicht **betriebliche Notwendigkeiten** entgegenstehen. Als solche kommen in Betracht die Unentbehrlichkeit des vom BR angeforderten sachkundigen ArbN (zB Anforderung eines Technikers mit der Folge des Eintritts einer Produktionsunterbrechung[6]) oder sonstige betriebl. Ablaufstörungen[7] (zB Nichteinhaltung eines Liefertermins wegen Abwesenheit des ArbN auf Grund einer Anforderung des BR[8]). Hat der ArbGeb einen sachkundigen ArbN als Auskunftsperson ausgewählt oder sich mit dem BR auf einen solchen verständigt, ist der ArbN verpflichtet, die Auskunftstätigkeit wahrzunehmen. Es obliegt dem arbeitgeberseitigen Direktionsrecht, zu bestimmen, wo der ArbN eingesetzt wird. Dabei hat der ArbGeb allerdings, weil es sich um eine einseitige Leistungsbestimmung handelt, die Grundsätze billigen Ermessens zu wahren (§ 106 GewO)[9]. Die Ausübung des Direktionsrechts durch den ArbGeb wird insoweit regelmäßig billigem Ermessen entsprechen, da die ArbN den BR **nicht beraten**, sondern lediglich **Auskunft erteilen** sollen[10]. Die Auskunftserteilung des ArbN dient nicht ausschließlich der Unterstützung der BR-Arbeit, sondern genauso dem Interesse des ArbGeb, weil es zum einen um die Lösung konkreter Probleme geht und zum anderen sich ggf. die Hinzuziehung eines externen Sachverst. nach § 80 III mit den dadurch verbundenen Kosten vermeiden lässt[11]: Der ArbGeb darf den ArbN anweisen, nur bestimmtes und kein darüber hinausgehendes Wissen zu vermitteln. Darüber hinaus hat der vom ArbGeb ausgewählte ArbN die Möglichkeit, durch Auskunftserteilung die Beschlussfassung des BR zu beeinflussen, indem auf Grund der erforderlichen Sachkunde und der übermittelten Informationen dem BR deutlich gemacht wird, dass bestimmte **Problemlösungen**, die der BR sich uU vorstellt, nicht praxisgerecht sind.

93 **f) Tätigkeit.** Die Tätigkeit der Auskunftsperson besteht darin, entweder bei Einzelfalllösungen entsprechende Auskünfte zu erteilen oder aber zusammen mit anderen BR-Mitgliedern Arbeitskreise zu bilden, um zu wichtigen, komplexen Themen (zB Qualifizierung, Beschäftigungssicherung oder Gesundheitsschutz im Betrieb) fundierte Vorschläge zu erarbeiten[12]. Der sachkundige ArbN ist **Auskunftsperson**, nicht **Berater**[13]. Er nimmt keine BR-Arbeit wahr, sondern seine Tätigkeit beschränkt sich in sachlicher Hinsicht auf die Erteilung von Informationen, die auch der ArbGeb dem BR zur Verfügung stellen müsste[14]. Die erteilten Auskünfte müssen wahr sein.

94 **g) Vergütung.** Eine gesonderte Vergütung erhält die Auskunftsperson nicht. Die Auskunftstätigkeit gegenüber dem BR ist Teil der Arbeitsleistung, so dass sie vom ArbGeb einschließlich etwaiger Mehrarbeit zu vergüten ist[15].

95 **h) Schutzbestimmung.** Für den sachkundigen ArbN gilt § 78. Weitere betriebsverfassungsrechtl. Schutzbestimmungen bestehen zu seinen Gunsten nicht.

96 **IV. Hinzuziehung von Sachverständigen (Abs. 3).** Der BR kann nach § 80 III zur ordnungsgemäßen Durchführung seiner Aufgaben nach näherer Vereinbarung mit dem ArbGeb Sachverst. hinzuziehen, soweit dies erforderlich ist.

97 **1. Sachverständige.** Sachverst. iSv. § 80 III sind Personen, die dem BR fehlende Fachkenntnisse zur Beantwortung konkreter, aktueller Fragen vermitteln sollen, damit der BR die ihm obliegende betriebsverfassungsrechtl. Aufgabe sachgerecht erfüllen kann[16]. Sachverst. kann auch ein **Rechtsanwalt** sein,

---

1 *Natzel*, NZA 2001, 872 (873). |2 *Reichold*, NZA 2001, 857 (862); aA Richardi/*Thüsing*, § 80 BetrVG Rz. 86, der allerdings auch auf den Loyalitätskonflikt des leitenden Angestellten hinweist. |3 *Natzel*, NZA 2001, 872 (873). |4 ErfK/*Kania*, § 80 BetrVG Rz. 30a. |5 *Reichold*, NZA 2001, 857 (862); *Natzel*, NZA 2001, 872 (873); *Stege/Weinspach/Schiefer*, § 80 BetrVG Rz. 12j; aA DKK/*Buschmann*, § 80 BetrVG Rz. 123. |6 *Löwisch*, BB 2001, 1790 (1791). |7 *Natzel*, NZA 2001, 872 (873). |8 *Löwisch*, BB 2001, 1790 (1791). |9 Vgl. BAG v. 16.9.1998 – 5 AZR 183/97, AP Nr. 2 zu § 24 BAT-O; v. 23.11.1988 – 5 AZR 663/87, nv. |10 ErfK/*Kania*, § 80 BetrVG Rz. 30a; *Fitting*, § 80 BetrVG Rz. 85. |11 AA *Löwisch*, BB 2001, 1790 f. (1791); aA auch *Oetker*, NZA 2003, 1233 ff. (1237). |12 *Hanau*, NJW 2001, 2513 (2517). |13 *Natzel*, NZA 2001, 872 (873). |14 *Fitting*, § 80 BetrVG Rz. 81. |15 *Löwisch*, BB 2001, 1790 (1791); *Fitting*, § 80 BetrVG Rz. 85. |16 Vgl. BAG v. 19.4.1989 – 7 ABR 87/87, AP Nr. 35 zu § 80 BetrVG 1972 mwN.

wenn es darum geht, dem BR fehlende Rechtskenntnis zu vermitteln[1]. Gleiches gilt für **Gewerkschaftssekretäre**, soweit ihre Tätigkeit über die ihnen ohnehin obliegende Unterstützungsfunktion bei Sitzungen und Versammlungen hinausgeht[2]. Der Sachverst. braucht seine Tätigkeit nicht „**neutral**" auszuüben. Zieht der BR eine betriebsfremde Person zur Beratung über eine vom ArbGeb vorgeschlagene Maßnahme hinzu, so soll diese Person für den BR in der Funktion eines Sachverst. tätig werden, der seine Kenntnisse nicht an **den Interessen des BR** ausgerichtet zur Verfügung stellt. In der Sache handelt es sich um eine **sachkundige Interessenvertretung**[3].

2. Erforderlichkeit. Die **Hinzuziehung** eines Sachverst. ist erst dann erforderlich, wenn der BR sich das notwendige Wissen nur durch einen Sachverst. zur ordnungsgemäßen Erfüllung seiner Aufgaben verschaffen kann. Vor Hinzuziehung eines Sachverst. sind zunächst die **betriebsinternen Informationsquellen** auszuschöpfen[4]. Eine Einschaltung von Sachverst. kommt nicht in Betracht, wenn es dem BR zunächst um die **allgemeine Vermittlung** von Kenntnissen geht, auf denen dann später Vorschläge aufbauen sollen[5]. Die Hinzuziehung eines Sachverst. ist möglich, sofern eine **bestimmte Aufgabe** des BR ordnungsgemäß nur wahrgenommen werden kann, wenn dafür Kenntnisse und Erfahrungen erforderlich sind, über die der BR nicht verfügt. Die Vermittlung von für die Arbeit des BR erforderlichen und geeigneten Kenntnissen, losgelöst von einer konkreten Aufgabe oder einem bestimmten Problem, ist Schulungsveranstaltungen vorbehalten, die der BR nach § 37 VI und VII besuchen kann[6]. Die Frage der Erforderlichkeit der Hinzuziehung eines Sachverst. lässt sich erst dann beantworten, wenn der ArbGeb den BR **abschließend unterrichtet** hat[7]. Die Erforderlichkeit wird bspw. bei der Hinzuziehung von **Rechtsanwälten** regelmäßig bei schwierigen Rechtsfragen sowie Vorbereitungen für einen Interessenausgleich und Sozialplan bejaht[8]. Für die Überwachung der sich für den ArbGeb aus dem NachwG ergebenden Vorgaben ist die Hinzuziehung eines Sachverst. regelmäßig nicht erforderl., wenn der ArbGeb den Nachweis durch Formulararbeitsverträge erbringt[9]. 98

3. Vereinbarung. Im Falle der Erforderlichkeit hat der BR nach § 80 III das Recht, nach **näherer Vereinbarung** mit dem ArbGeb einen Sachverst. hinzuzuziehen[10]. In der erforderlichen Vereinbarung sind das Thema, zu dessen Klärung der Sachverst. hinzugezogen werden soll, die voraussichtlichen Kosten der Hinzuziehung und insb. die Person des Sachverst. festzulegen[11]. Einer besonderen Form bedarf diese Vereinbarung nicht[12]. Kommt eine Vereinbarung nicht zu Stande, kann das ArbG im Beschlussverfahren die Zustimmung des ArbGeb ersetzen (vgl. näher Rz. 102)[13]. In diesem Fall darf der BR **nach Eintritt der Rechtskraft des Beschlusses** den Sachverst. hinzuziehen[14]. Der ArbGeb soll auch dann kostenerstattungspflichtig sein, wenn der Sachverst. zunächst hinzugezogen, jedoch erst später die Zustimmung arbeitsgerichtl. ersetzt worden ist[15]. Allerdings hat der Ersetzungsbeschluss **keine Rückwirkung**[16]. Entspricht die Hinzuziehung nicht den Erfordernissen des § 80 III, so kann die Kostentragungspflicht des ArbGeb auch nicht auf § 40 I gestützt werden[17]. 99

Hinweis: In der Praxis besteht in der Regel Streit über die Erforderlichkeit. Insoweit hat der BR einen Beurteilungsspielraum[18]. Der BR sollte, um nicht mit dem ArbGeb in einem Folgeverfahren über die Kostenerstattungspflicht streiten zu müssen[19], nach Möglichkeit eine vorherige Vereinbarung abschließen. Der Abschluss einer solchen Vereinbarung wird regelmäßig auch im Interesse des ArbGeb liegen, um Zeitverzögerungen zu vermeiden, die dadurch eintreten, dass in einem Verfahren erst die Frage der Erforderlichkeit der Hinzuziehung eines Sachverst. geklärt werden muss. 100

V. Geheimhaltungspflicht (Abs. 4). Die Mitglieder und Ersatzmitglieder des BR unterliegen der durch § 120 I Nr. 3 strafbewehrten **Verschwiegenheitspflicht** nach § 79 (vgl. § 79 Rz. 2 ff.). Gleiches gilt entsprechend § 80 IV für die Auskunftsperson (§ 80 II 3) und den Sachverst. (§ 80 III). 101

VI. Streitigkeiten zwischen ArbGeb und BR über das Bestehen und den Umfang von Informations- und Vorlagepflichten oder über das Einblicksrecht in die Bruttolohn- und -gehaltslisten werden im arbeitsgerichtl. **Beschlussverfahren** entschieden (§§ 2a I Nr. 1, II iVm. 80 ff. ArbGG). Der BR kann die 102

---

1 Vgl. BAG v. 25.4.1978 – 6 ABR 9/75, AP Nr. 11 zu § 80 BetrVG 1972. | 2 LAG Berlin v. 2.3.1989 – 14 TaBV 5/88, AiB 1994, 751; vgl. auch BAG v. 25.6.1987 – 6 ABR 45/85, AP Nr. 6 zu § 108 BetrVG 1972; vgl. im Übrigen Richardi/*Thüsing*, § 80 BetrVG Rz. 85; *Fitting*, § 80 BetrVG Rz. 87; ErfK/*Kania*, § 80 BetrVG Rz. 32. | 3 Vgl. BAG v. 26.2.1992 – 7 ABR 51/90, AP Nr. 48 zu § 80 BetrVG 1972. | 4 Vgl. BAG v. 4.6.1987 – 6 ABR 63/85, AP Nr. 30 zu § 80 BetrVG 1972. | 5 *Fischer*, DB 2002, 322 (323). | 6 Vgl. BAG v. 17.3.1987 – 1 ABR 59/85, AP Nr. 29 zu § 80 BetrVG 1972. | 7 Vgl. BAG v. 4.6.1987 – 6 ABR 63/85, AP Nr. 30 zu § 80 BetrVG 1972; v. 17.3.1987 – 1 ABR 59/85, AP Nr. 29 zu § 80 BetrVG 1972. | 8 Vgl. BAG v. 5.11.1981 – 6 ABR 24/78, AP Nr. 9 zu § 76 BetrVG 1972. | 9 Vgl. BAG v. 16.11.2005 – 7 ABR 12/05, AP Nr. 64 zu § 80 BetrVG 1972. | 10 So bereits BAG v. 27.9.1974 – 1 ABR 67/73, AP Nr. 8 zu § 40 BetrVG 1972. | 11 Vgl. BAG v. 19.4.1989 – 7 ABR 87/87, AP Nr. 35 zu § 80 BetrVG 1972. | 12 Richardi/*Thüsing*, § 80 BetrVG Rz. 89; ErfK/*Kania*, § 80 BetrVG Rz. 35. | 13 Vgl. BAG v. 19.4.1989 – 7 ABR 87/87, AP Nr. 35 zu § 80 BetrVG 1972; v. 25.4.1978 – 6 ABR 9/75, AP Nr. 11 zu § 80 BetrVG 1972. | 14 Vgl. BAG v. 19.4.1989 – 7 ABR 87/87, AP Nr. 35 zu § 80 BetrVG 1972. | 15 Vgl. BAG v. 13.5.1998 – 7 ABR 65/96, AP Nr. 55 zu § 80 BetrVG 1972. | 16 Vgl. BAG v. 25.4.1978 – 6 ABR 9/75, AP Nr. 11 zu § 80 BetrVG 1972; aA LAG Hess. v. 11.11.1986 – 5 TaBV 121/86, DB 1987, 1440. | 17 Vgl. BAG v. 26.2.1992 – 7 ABR 51/90, AP Nr. 48 zu § 80 BetrVG 1972. | 18 *Fitting*, § 80 BetrVG Rz. 90; Richardi/*Thüsing*, § 80 BetrVG Rz. 87. | 19 Der BR kann seinen Anspruch auf Freistellung von den Kosten auch an den Sachverst. abtreten, so dass dieser ein Verfahren gegen den ArbGeb einleiten kann (vgl. BAG v. 13.5.1998 – 7 ABR 65/96, AP Nr. 55 zu § 80 BetrVG 1972).

Vorlage von Unterlagen im Wege der einstw. Verfügung durchsetzen (§ 85 II ArbGG)[1]. Ist der ArbGeb im arbeitsgerichtl. Beschlussverfahren rechtskräftig verpflichtet worden, Einsicht in die Listen über die Bruttolöhne und -gehälter zu gewähren, richtet sich die Vollstreckung nach § 888 ZPO[2]. Ebenfalls im arbeitsgerichtl. **Beschlussverfahren** ist darüber zu entscheiden, ob die Hinzuziehung eines Sachverst. erforderlich ist[3]. Antragsberechtigt ist der BR[4]. Die Entscheidung des ArbG ersetzt die „nähere Vereinbarung" gem. § 80 III. Der BR kann auch gegen den Widerstand des ArbGeb einen Sachverst. mittels einstw. Verfügung hinzuziehen[5], was nicht unproblematisch ist, da damit idR dem im Hauptverfahren zu verfolgenden Anspruch endgültig vorgegriffen wird[6]. An diesem Beschlussverfahren ist der Sachverst. nicht zu beteiligen[7]. Wenn der ArbGeb grob gegen seine in § 80 geregelten Pflichten verstößt, kommt die Einl. eines Verfahrens nach § 23 III in Betracht[8]. Eine Bestrafung nach § 119 I Nr. 2 und 3 kann dann verwirkt sein, wenn der ArbGeb die Tätigkeit des BR vorsätzlich behindert oder stört oder Mitglieder der in § 119 I Nr. 3 genannten Organe oder Gremien sowie die Auskunftsperson nach § 80 II 3 um ihrer Tätigkeit willen benachteiligt oder begünstigt.

Zweiter Abschnitt. Mitwirkungs- und Beschwerderecht des Arbeitnehmers

81 *Unterrichtungs- und Erörterungspflicht des Arbeitgebers*

(1) Der Arbeitgeber hat den Arbeitnehmer über dessen Aufgabe und Verantwortung sowie über die Art seiner Tätigkeit und ihre Einordnung in den Arbeitsablauf des Betriebs zu unterrichten. Er hat den Arbeitnehmer vor Beginn der Beschäftigung über die Unfall- und Gesundheitsgefahren, denen dieser bei der Beschäftigung ausgesetzt ist, sowie über die Maßnahmen und Einrichtungen zur Abwendung dieser Gefahren und die nach § 10 Abs. 2 des Arbeitsschutzgesetzes getroffenen Maßnahmen zu belehren.

(2) Über Veränderungen in seinem Arbeitsbereich ist der Arbeitnehmer rechtzeitig zu unterrichten. Absatz 1 gilt entsprechend.

(3) In Betrieben, in denen kein Betriebsrat besteht, hat der Arbeitgeber die Arbeitnehmer zu allen Maßnahmen zu hören, die Auswirkungen auf Sicherheit und Gesundheit der Arbeitnehmer haben können.

(4) Der Arbeitgeber hat den Arbeitnehmer über die auf Grund einer Planung von technischen Anlagen, von Arbeitsverfahren und Arbeitsabläufen oder der Arbeitsplätze vorgesehenen Maßnahmen und ihre Auswirkungen auf seinen Arbeitsplatz, die Arbeitsumgebung sowie auf Inhalt und Art seiner Tätigkeit zu unterrichten. Sobald feststeht, dass sich die Tätigkeit des Arbeitnehmers ändern wird und seine beruflichen Kenntnisse und Fähigkeiten zur Erfüllung seiner Aufgaben nicht ausreichen, hat der Arbeitgeber mit dem Arbeitnehmer zu erörtern, wie dessen berufliche Kenntnisse und Fähigkeiten im Rahmen der betrieblichen Möglichkeiten den künftigen Anforderungen angepasst werden können. Der Arbeitnehmer kann bei der Erörterung ein Mitglied des Betriebsrats hinzuziehen.

1 **I. Vorbemerkung.** Das BetrVG gibt dem einzelnen ArbN in den §§ 81–86 unterschiedliche Mitwirkungs- und Beschwerderechte. Sie sollen zusätzlich zu den kollektiven Beteiligungsrechten des BR dem einzelnen ArbN in dem Bereich „rund um seinen Arbeitsplatz"[9] ein eigenständiges, unmittelbares Mitsprache- und Mitwirkungsrecht gewähren. Die Regelungen sind dem **Arbeitsvertragsrecht** zuzuordnen und bestehen daher auch in betriebsratslosen Betrieben[10]. **Zweck** der Regelung ist, dem ArbN die ordnungsgemäße Erbringung der Arbeitsleistung zu ermöglichen sowie ihn gegen Gefahren, die mit der Arbeit für Person und Eignung verbunden sind, zu sichern. Ferner soll die Regelung das Interesse des ArbN an seinem Arbeitsplatz und allen damit zusammenhängenden Fragen wecken, erhalten und fördern. Der ArbN soll die Möglichkeit erhalten, sich über die Gesamtzusammenhänge des Arbeitsablaufs zu informieren[11].

2 **II. Persönlicher Geltungsbereich.** Der Anwendungsbereich der §§ 81–86 richtet sich nach dem allgemeinen räumlichen, sachlichen und persönlichen Geltungsbereich des BetrVG[12]. Die Vorschriften gelten für **sämtliche ArbN iSd. BetrVG**, insb. auch für die Auszubildenden[13]. Die Bestimmungen gelten **nicht**

---

1 Richardi/*Thüsing*, § 80 BetrVG Rz. 94; DKK/*Buschmann*, § 80 BetrVG Rz. 144. | 2 LAG Hamm v. 21.8.1973 – 8 TaBV 57/73, DB 1973, 1951. | 3 Vgl. BAG v. 18.7.1978 – 1 ABR 34/75, AP Nr. 1 zu § 108 BetrVG 1972; v. 25.4.1978 – 6 ABR 9/75, AP Nr. 11 zu § 80 BetrVG 1972. | 4 Vgl. BAG v. 19.4.1989 – 7 ABR 87/87, AP Nr. 35 zu § 80 BetrVG 1972; v. 18.7.1978 – 1 ABR 34/75, AP Nr. 1 zu § 108 BetrVG 1972. | 5 Vgl. LAG Hamm v. 15.3.1994 – 13 TaBV 16/94, LAGE Nr. 12 zu § 80 BetrVG 1972. | 6 Vgl. LAG Köln v. 5.3.1986 – 5 TaBV 4/86, nv. | 7 Vgl. BAG v. 25.4.1978 – 6 ABR 9/75, AP Nr. 11 zu § 80 BetrVG 1972. | 8 GK-BetrVG/*Kraft*, § 80 Rz. 120; DKK/*Buschmann*, § 80 BetrVG Rz. 146. | 9 MünchArbR/*v. Hoyningen-Huene*, § 303 Rz. 1. | 10 *Fitting*, § 81 BetrVG Rz. 2; HSWG/*Hess*, vor §§ 81–86 BetrVG Rz. 3; einschr. GK-BetrVG/*Wiese*, vor § 81 Rz. 21, der die Anwendbarkeit auf betriebsratsfähige Betriebe beschränkt. | 11 MünchArbR/*v. Hoyningen-Huene*, § 303 Rz. 8; *Fitting*, § 81 BetrVG Rz. 5. | 12 MünchArbR/*v. Hoyningen-Huene*, § 303 Rz. 3. | 13 DKK/*Buschmann*, § 81 BetrVG Rz. 4; *Fitting*, § 81 BetrVG Rz. 1.

für ArbN des öffentl. Dienstes sowie die in § 5 II genannten Personen und leitende Angestellte iSv. § 5 III[1]. Nach § 14 II 3 AÜG gelten die §§ 81, 82 II, 84–86 im **Entleiherbetrieb** hinsichtlich der dort tätigen LeihArbN, im **Verleiherbetrieb** finden die §§ 81–86 uneingeschränkt Anwendung[2].

III. Unterrichtung des Arbeitnehmers über Aufgabe, Tätigkeitsbereich und Verantwortung (Abs. 1 S. 1). Nach § 81 I 1 muss der ArbGeb den ArbN über dessen Aufgabe und Verantwortung sowie über die Art seiner Tätigkeit und ihre Einordnung in den Arbeitsablauf des Betriebs unterrichten. 3

1. Abgrenzung zu betrieblichen Bildungsmaßnahmen (§ 98). Nach § 98 I hat der BR bei der Durchführung von Maßnahmen der betriebl. Berufsbildung mitzubestimmen (vgl. § 98 Rz. 4 ff.). Von mitbestimmungspflichtigen Berufsbildungsmaßnahmen iSv. § 98 ist die mitbestimmungsfreie Unterrichtung nach § 81 I abzugrenzen. Die Unterrichtungspflicht des ArbGeb nach § 81 erschöpft sich in der Einweisung an einen konkreten Arbeitsplatz. Dieser Einsatz setzt voraus, dass der ArbN die für die Ausübung seiner Tätigkeit an diesem Arbeitsplatz erforderlichen beruflichen Kenntnisse und Erfahrungen schon besitzt. Nur auf der Grundlage dieser Kenntnisse und Erfahrungen kann dem ArbN eine Tätigkeit im Betrieb zugewiesen werden, über deren konkrete Ausübung unter Einsatz seiner Kenntnisse und Erfahrungen dann nach § 81 zu unterrichten ist[3]. Beispiele für mitbestimmungsfreie Unterrichtungen nach § 81 sind die Anleitung zur Bedienung von Arbeitsgeräten oder Maschinen und Unterweisungen, die sich auf die Arbeitsaufgabe oder das Unternehmen beziehen. 4

2. Inhalt und Umfang der Unterrichtung. Die Unterrichtung des ArbN über Aufgabe, Tätigkeit und Verantwortung dient dem Zweck, ihm ein rechtzeitiges Vertrautmachen und Einstellen auf seine Arbeit zu ermöglichen[4]. Die Unterrichtung hat daher **vor Aufnahme** der tatsächlichen Beschäftigung zu erfolgen, sie muss **konkret** und **individuell** auf den einzelnen ArbN und seinen Arbeitsplatz bezogen sein. Pauschale und allgemeine Informationen, zB im Rahmen eines Vorstellungsgesprächs, reichen nicht[5]. Dabei setzt die Unterrichtungspflicht keine umfassende Betriebsbesichtigung mit einer ausführlichen Beschreibung des Produktionsablaufs und Darstellung sowie Erläuterung aller im Betrieb hergestellten Produkte voraus[6]. Der ArbN ist über den Arbeitsplatz und die zu benutzenden Geräte zu unterrichten, Funktionsweise und Bedienung von Maschinen und Geräten sind ihm ebenso zu erklären wie die be- oder verarbeitenden Materialien, er muss darüber in Kenntnis gesetzt werden, wo er Material bekommt (Materialausgabe), Vorgesetzte und Mitarbeiter sind ihm bekannt zu machen, er ist darüber zu informieren, was er bei Funktionsstörungen zu machen hat[7]. Neben dieser **fachlichen Einweisung** sind dem ArbN seine **Verantwortlichkeiten** mitzuteilen. Hierzu gehört zunächst die Personalverantwortung, aber auch die Verantwortung für das Arbeitsergebnis[8]. 5

Beispiel: Lässt der ArbGeb eine Kundenbefragung vornehmen und ergibt sich, dass die Kunden Verhalten und Leistung der ArbN in den einzelnen Abteilungen als wenig „freundlich", „hilfsbereit" oder „fachkundig" bewerten, kann der ArbGeb organisierte Veranstaltungen abhalten mit dem Ziel, die ArbN zu befähigen, freundlich und hilfsbereit zu sein. Bei solchen Veranstaltungen handelt es sich nicht um Maßnahmen der beruflichen Bildung, sondern um **gezielte Einweisungen** in die auf Grund des Arbeitsvertrags geschuldete Tätigkeit[9]. 6

3. Form der Unterrichtung. Eine besondere Formvorschrift für die Unterrichtung besteht nicht. Verantwortlich für die ordnungsgemäße Unterrichtung ist der ArbGeb[10]. Die Unterrichtung kann daher auch mündlich erfolgen. 7

Hinweis: Unberührt von einer eventuellen mündlichen Unterrichtung nach § 81 I 1 bleibt das Recht des ArbN, nach § 2 I Nr. 5 NachwG eine Niederschrift mit einer kurzen Charakterisierung oder Beschreibung der zu leistenden Tätigkeit zu verlangen. 8

Erforderlich ist nicht die Unterrichtung durch den ArbGeb persönlich, es genügt die Einweisung durch einen **sachkundigen Vorgesetzten**[11]. 9

4. Ausländische Arbeitnehmer. Die Unterrichtung eines ausländischen ArbN muss in seiner Landessprache erfolgen, wenn ansonsten nicht garantiert wird, dass er sie auf Deutsch zweifelsfrei verstehen kann[12]. 10

IV. Unterrichtung über Unfallgefahren (Abs. 1 S. 2). Gem. § 81 I 2 ist der ArbN vor Beginn der Beschäftigung über die Unfall- und Gesundheitsgefahren, denen er bei der Beschäftigung ausgesetzt ist, sowie über die Maßnahmen und Einrichtungen zur Abwendung dieser Gefahren zu belehren. 11

---

1 Vgl. BAG v. 19.2.1975 – 1 ABR 55/73, AP Nr. 9 zu § 5 BetrVG 1972; DKK/*Buschmann*, § 81 BetrVG Rz. 4; *Fitting*, § 81 BetrVG Rz. 2a. |2 DKK/*Buschmann*, § 81 BetrVG Rz. 4; *Fitting*, § 81 BetrVG Rz. 2. |3 Vgl. BAG v. 23.4.1991 – 1 ABR 49/90, AP Nr. 7 zu § 98 BetrVG 1972. |4 ErfK/*Kania*, § 81 BetrVG Rz. 2. |5 DKK/*Buschmann*, § 81 BetrVG Rz. 6 f.; *Fitting*, § 81 BetrVG Rz. 3. |6 *Stege/Weinspach/Schiefer*, § 81 BetrVG Rz. 5. |7 Vgl. die Beispiele bei *Stege/Weinspach/Schiefer*, § 81 BetrVG Rz. 5. |8 *Fitting*, § 81 BetrVG Rz. 5; ErfK/*Kania*, § 81 BetrVG Rz. 4. |9 Vgl. BAG v. 28.1.1992 – 1 ABR 41/91, AP Nr. 1 zu § 96 BetrVG 1972. |10 GK-BetrVG/*Wiese*, § 81 Rz. 11; DKK/*Buschmann*, § 81 BetrVG Rz. 8. |11 DKK/*Buschmann*, § 81 BetrVG Rz. 8; *Fitting*, § 81 BetrVG Rz. 7. |12 LAG BW v. 1.12.1989 – 5 Sa 55/89, AiB 1990, 313; GK-BetrVG/*Wiese*, § 81 Rz. 10; DKK/*Buschmann*, § 81 BetrVG Rz. 7.

12 **1. Inhalt und Umfang.** Dem ArbN ist im Einzelnen darzulegen, welche konkreten **Unfall- und Gesundheitsgefahren** bei der von ihm aufzunehmenden Beschäftigung bestehen. Umfang und Bedeutung von Schutzmaßnahmen sind zu erläutern[1]. Die Erläuterung hat so ausführlich zu geschehen, dass der ArbN weiß, mit welchen Unfall- und Gesundheitsgefahren in seinem Arbeitsbereich typischerweise zu rechnen ist[2]. Zur Unterrichtung über Unfallgefahren gehört die Erklärung der Verwendung von **Schutzausrüstung** (Helme, Brillen, Handschuhe, Masken, Rettungsgeräte, Sicherheitsschuhe), die Demonstration von **Sicherheitseinrichtungen**, die **sicherheitsgerechte Arbeit** an gefährlichen Maschinen, die Erläuterung von **Warnsignalen**, die Benennung der **zuständigen Personen**, die bei Unfällen oder Gefahrenlagen zu unterrichten sind, und die Erteilung von **Informationen** über Sanitätskästen und Unfallhilfestellen uÄ[3]. Allein die Übergabe von Merkblättern an die ArbN reicht nicht aus[4]. Die ArbN sind darüber hinaus über die nach § 10 II ArbSchG getroffenen Maßnahmen zu belehren. Der Verweis ist missverständlich, da § 10 II ArbSchG formal nur die „Benennung" von Beschäftigten, die Aufgaben übernehmen, regelt. Die **Maßnahmen** (solche zur ersten Hilfe, Brandbekämpfung und Evakuierung, Einrichtung der Verbindung zu außerbetrieblichen Stellen) ergeben sich aus § 10 I ArbSchG, auf den sich § 10 II ArbSchG inhaltlich bezieht. Diese Maßnahmen sind den ArbN ebenso mitzuteilen wie die damit beauftragten Personen[5].

13 **2. Konkretisierung der Belehrungspflicht.** Die allgemeine Belehrungspflicht in § 81 I 2 wird konkretisiert durch Vorschriften des gesetzl. Arbeitsschutzes. Solche Bestimmungen sind bspw. § 12 ArbSchG, § 29 JArbSchG, § 7a HAG, §§ 20 II, 21 GefStoffV, § 6 I Nr. 5 StörfallVO.

14 **3. Form der Unterrichtung.** Weder ist eine besondere Form der Unterrichtung vorgeschrieben (vgl. Rz. 7), noch muss der ArbGeb persönlich die Unterrichtung vornehmen (vgl. Rz. 9). Ausländische ArbN sind ggf. in ihrer Heimatsprache zu unterrichten (vgl. Rz. 10).

15 **V. Unterrichtung bei Veränderungen im Arbeitsbereich (Abs. 2).** Über Veränderungen in seinem Arbeitsbereich ist der ArbN **rechtzeitig** zu unterrichten (§ 81 II 1). Der **Inhalt** der Unterrichtungspflicht ergibt sich aus § 81 I, wie aus dem Verweis in § 82 II 2 folgt. **Arbeitsbereich** iSv. § 81 II 1 ist der Arbeitsplatz und seine Beziehung zur betrieblichen Umgebung in räumlicher, technischer und organisatorischer Hinsicht[6]. Unter **Veränderungen** sind im Hinblick auf die Verweisung in § 81 II 2 alle Änderungen zu verstehen, die einen Gegenstand der Unterrichtungspflicht nach § 81 I betreffen und sich auf den ArbN unmittelbar auswirken[7]. Solche Veränderungen können die Einführung neuer Maschinen, Verwendung neuer Materialien, Restrukturierung der Arbeitsorganisation etc. sein[8]. Konkretisierend verlangt § 12 I 3 und 4 ArbSchG, dass die Unterweisung bei Veränderungen im Aufgabenbereich, der Einführung neuer Arbeitsmittel oder einer neuen Technologie vor Aufnahme der Tätigkeit erfolgen muss; die Unterweisung muss an die Gefährdungsentwicklung angepasst sein und erforderlichenfalls regelmäßig wiederholt werden.

16 **VI. Anhörung der Arbeitnehmer in betriebsratslosen Betrieben zu Arbeitsschutzmaßnahmen (Abs. 3).** In Betrieben ohne BR ist der ArbGeb verpflichtet, die ArbN zu allen Maßnahmen zu hören, die Auswirkungen auf **Sicherheit** und **Gesundheit** haben können. Betriebsratslose Betriebe sind zum einen betriebsratsfähige Betriebe, in denen kein BR gewählt wurde, aber auch nicht betriebsratsfähige Betriebe[9]. Das **allgemeine Anhörungsrecht** der ArbN ist als Ausgleich für die in betriebsratslosen Betrieben nicht zum Tragen kommenden kollektiven Beteiligungsrechte des BR zum Arbeitsschutz gedacht[10]. Aus dieser **Anhörungspflicht** ergibt sich jedoch kein Anspruch der ArbN gegen den ArbGeb auf Durchführung bestimmter Maßnahmen[11].

17 **VII. Unterrichtung und Erörterung bei der Planung und Einführung neuer Techniken (Abs. 4).** § 81 IV gibt dem ArbGeb zwei Pflichten auf.

18 **1. Unterrichtungspflicht.** Nach § 81 IV 1 hat der ArbGeb den ArbN über die auf Grund einer Planung von technischen Anlagen, von Arbeitsverfahren und Arbeitsabläufen oder der Arbeitsplätze vorgesehenen **Maßnahmen und ihre Auswirkungen auf seinen Arbeitsplatz**, die Arbeitsumgebung sowie auf Inhalt und Art seiner Tätigkeit zu unterrichten. Diese Unterrichtungspflicht besteht, wenn sich **konkrete Maßnahmen** abzeichnen, die den ArbN in den von § 81 IV 1 genannten Bereichen betreffen[12]. Mit der Unterrichtungspflicht nach § 81 IV wird die nach § 90 gegenüber dem BR obliegende Informationspflicht ergänzt[13]. Technische Veränderungen, die Auswirkungen auf die Gestaltung von Arbeitsplatz, Arbeitsablauf und Arbeitsumgebung haben können, sollen nicht nur mit dem BR erörtert, sondern auch direkt den betroffenen ArbN mitgeteilt werden, damit diese sich darauf einstellen können[14]. Da sich bereits

1 DKK/*Buschmann*, § 81 BetrVG Rz. 12; *Fitting*, § 81 BetrVG Rz. 9. | 2 Richardi/*Thüsing*, § 81 BetrVG Rz. 6. | 3 *Fitting*, § 81 BetrVG Rz. 9; DKK/*Buschmann*, § 81 BetrVG Rz. 12. | 4 HSWG/*Hess*, § 81 BetrVG Rz. 5; ErfK/*Kania*, § 81 BetrVG Rz. 12. Für „einfache Fälle"; aA *Löwisch/Kaiser*, § 81 BetrVG Rz. 2. | 5 DKK/*Buschmann*, § 81 BetrVG Rz. 13. | 6 DKK/*Buschmann*, § 81 BetrVG Rz. 14; *Fitting*, § 81 BetrVG Rz. 17. | 7 GK-BetrVG/*Wiese*, § 81 Rz. 8; *Fitting*, § 81 BetrVG Rz. 18. | 8 Vgl. die Beispiele bei *Stege/Weinspach/Schiefer*, § 81 BetrVG Rz. 9; *Fitting*, § 81 BetrVG Rz. 18; DKK/*Buschmann*, § 81 BetrVG Rz. 14. | 9 *Fitting*, § 81 BetrVG Rz. 20; GK-BetrVG/*Wiese*, § 81 Rz. 18. | 10 *Fitting*, § 81 BetrVG Rz. 21; MünchArbR/*v. Hoyningen-Huene*, § 303 Rz. 12. | 11 GK-BetrVG/*Wiese*, § 81 Rz. 18. | 12 DKK/*Buschmann*, § 81 BetrVG Rz. 16; *Fitting*, § 81 BetrVG Rz. 24. | 13 HSWG/*Hess*, § 81 BetrVG Rz. 7. | 14 *Weiss/Weyand*, § 81 BetrVG Rz. 4.

bestimmte Maßnahmen abzeichnen müssen, erfolgt die Unterrichtung nach § 81 IV 1 im Allgemeinen später als die Unterrichtung des BR nach § 90[1].

19 **2. Erörterung.** Sobald feststeht, dass sich die Tätigkeit des ArbN ändern wird und seine berufl. Kenntnisse und Fähigkeiten zur Erfüllung seiner Aufgaben nicht mehr ausreichen, entsteht nach § 81 IV 2 eine Verpflichtung des ArbGeb, dies mit dem ArbN zu erörtern. Diese Erörterung ist keine **höchstpersönliche Pflicht** des ArbGeb (vgl. Rz. 9). Die Erörterung bezieht sich auf die Anpassung der beruflichen Kenntnisse und Fähigkeiten des ArbN an die veränderten betrieblichen Gegebenheiten. In Betracht kommen bspw. Umschulungen oder Weiterbildungen[2]. Eine darüber hinausgehende Verpflichtung des ArbGeb besteht im Rahmen von § 81 IV nicht, so dass der ArbN aus der Unterrichtung und Erörterung keinen **Rechtsanspruch** auf Umschulungs- oder Weiterbildungsmaßnahmen, sei es innerbetrieblich, sei es außerbetrieblich, herleiten kann[3].

20 **3. Beiziehung Betriebsratsmitglied.** Der ArbN kann bei der **Erörterung** ein BR-Mitglied seiner Wahl hinzuziehen (§ 81 IV 3).

21 **VIII. Rechtsfolgen.** Beachtet der ArbGeb Unterrichtungs- und Erörterungspflichten nach § 81 nicht, können sich daraus folgende Rechtsfolgen ergeben:

22 **1. Leistungsverweigerungsrecht.** Kommt der ArbGeb seinen Verpflichtungen nach § 81 nicht nach, so hat der ArbN zunächst ein Leistungsverweigerungsrecht nach § 273 BGB[4]. Das bedeutet, dass er bis zur ordnungsgemäßen Einweisung bei weiterbestehendem Entgeltanspruch (§§ 298, 615 BGB) seine Arbeitsleistung verweigern kann.

23 **2. Erfüllungsanspruch.** Teilweise wird dem ArbN ein Erfüllungsanspruch zugesprochen: Er soll die Möglichkeit haben, auf Erfüllung, dh. Vornahme einer ordnungsgemäßen Einweisung, zu klagen, weil es sich um einen individualrechtl. Anspruch handelt[5].

24 **3. Schadensersatzanspruch.** In Betracht kommt ein Schadensersatzanspruch des ArbN aus § 280 I BGB und aus § 823 II BGB sowie bei durch Unterlassen der Belehrung eingetretener Verletzung von Körper, Gesundheit oder Eigentum aus § 823 I BGB[6]. Bei der Prüfung eines etwaigen Schadensersatzanspruchs muss stets beachtet werden, ob dieser nicht nach den §§ 104 ff. SGB VII ausgeschlossen ist.

25 **4. Kündigungsrechtliche Auswirkung.** Als Folge einer versäumten Erörterung gem. § 81 IV 2 soll sich ergeben, dass der ArbGeb vor einer personenbedingten Kündigung gem. § 1 II KSchG wegen unzureichender Kenntnisse und Fähigkeiten für die neue Aufgabe dem ArbN einen längeren Anpassungszeitraum an die neuen Anforderungen einzuräumen hat[7]. Hier gilt es zu differenzieren: Es kommt darauf an, ob der ArbN nach erfolgten Umschulungs- oder Weiterbildungsmaßnahmen die geänderten Anforderungen an seinen Arbeitsbereich hätte erfüllen können. Wenn dies nicht der Fall ist, wäre es überflüssiger Formalismus, dem ArbGeb verlängerte Umschulungs- oder Weiterbildungsfristen aufzugeben.

26 **5. Betriebsverfassungsrechtliche Sanktion.** Verstößt der ArbGeb gegen seine Pflichten aus § 81, kann der BR nach § 23 III ein Verfahren einleiten[8].

27 **IX. Streitigkeiten.** Im Falle von Verstößen des ArbGeb gegen § 81 haben die ArbN die Möglichkeit, ihre **individuellen Rechte** in einem arbeitsgerichtl. **Urteilsverfahren** einzufordern (je nach geltend gemachtem Anspruch §§ 2 I Nr. 3a, 3b oder 3d, V iVm. 46 ff. ArbGG). Leitet der BR ein Verfahren nach § 23 III ein, wäre dies im arbeitsgerichtl. **Beschlussverfahren** durchzuführen (§§ 2a I Nr. 1, II iVm. 80 ff. ArbGG). Je nach Einzelfall kommen **einstw. Verfügungen** in Betracht[9].

82 *Anhörungs- und Erörterungsrecht des Arbeitnehmers*

(1) Der Arbeitnehmer hat das Recht, in betrieblichen Angelegenheiten, die seine Person betreffen, von den nach Maßgabe des organisatorischen Aufbaus des Betriebs hierfür zuständigen Personen gehört zu werden. Er ist berechtigt, zu Maßnahmen des Arbeitgebers, die ihn betreffen, Stellung zu nehmen sowie Vorschläge für die Gestaltung des Arbeitsplatzes und des Arbeitsablaufs zu machen.

(2) Der Arbeitnehmer kann verlangen, dass ihm die Berechnung und Zusammensetzung seines Arbeitsentgelts erläutert und dass mit ihm die Beurteilung seiner Leistungen sowie die Möglichkeiten seiner beruflichen Entwicklung im Betrieb erörtert werden. Er kann ein Mitglied des Betriebsrats hinzuziehen. Das Mitglied des Betriebsrats hat über den Inhalt dieser Verhandlungen Stillschweigen zu bewahren, soweit es vom Arbeitnehmer im Einzelfall nicht von dieser Verpflichtung entbunden wird.

---

1 Richardi/*Thüsing*, § 81 BetrVG Rz. 21; *Fitting*, § 81 BetrVG Rz. 24. | 2 ErfK/*Kania*, § 81 BetrVG Rz. 15; DKK/*Buschmann*, § 81 BetrVG Rz. 17. | 3 Richardi/*Thüsing*, § 81 BetrVG Rz. 22; HSWG/*Hess*, § 81 BetrVG Rz. 9. | 4 DKK/*Buschmann*, § 81 BetrVG Rz. 21; *Fitting*, § 81 BetrVG Rz. 28. | 5 *Fitting*, § 81 BetrVG Rz. 28; aA MünchArbR/*v. Hoyningen-Huene*, § 303 Rz. 13. | 6 DKK/*Buschmann*, § 81 BetrVG Rz. 21; ErfK/*Kania*, § 81 BetrVG Rz. 17. | 7 DKK/*Buschmann*, § 81 BetrVG Rz. 21; *Löwisch/Kaiser*, § 81 BetrVG Rz. 6. | 8 DKK/*Buschmann*, § 81 BetrVG Rz. 22. | 9 DKK/*Buschmann*, § 81 BetrVG Rz. 21; *Fitting*, § 81 BetrVG Rz. 28.

1 **I. Vorbemerkung.** § 82 ergänzt § 81 dahin gehend, dass ein einzelner ArbN von sich aus die Initiative ergreifen kann, wenn es um **Informationen** über seine persönl. Stellung im Betrieb und seine berufl. Entwicklung geht. Die Vorschrift findet auch in Betrieben ohne BR Anwendung[1]. Der persönl. Geltungsbereich ist identisch mit dem des § 81 (vgl. § 81 Rz. 2). Die Rechte aus § 82 BetrVG können grds. **während der Arbeitszeit** ausgeübt werden, das Arbeitsentgelt ist weiterzuzahlen[2].

2 **II. Recht des Arbeitnehmers auf Anhörung und Stellungnahme.** Nach § 82 I 1 hat der ArbN das Recht, in betriebl. Angelegenheiten, die seine Person betreffen, von den nach Maßgabe des organisatorischen Aufbaus des Betriebs hierfür zuständigen Personen gehört zu werden. Darüber hinaus ist er nach § 82 I 2 berechtigt, zu Maßnahmen des ArbGeb, die ihn betreffen, Stellung zu nehmen sowie Vorschläge für die Gestaltung des Arbeitsplatzes und des Arbeitsablaufs zu machen.

3 **1. Anhörungsrecht (Abs. 1 S. 1).** Das Anhörungsrecht besteht in **betrieblichen Angelegenheiten**, bei denen sich der ArbN an hierfür **zuständige Personen** wenden kann.

4 **a) Betriebliche Angelegenheiten.** Zu den betriebl. Angelegenheiten, die den ArbN betreffen, gehören insb. Fragen, die mit seiner Arbeitsleistung zusammenhängen, sowie Fragen der betrieblichen Organisation und des Arbeitsablaufs, die Auswirkungen auf den Arbeitsbereich und die auszuübende Tätigkeit haben[3]. Der Begriff der „betrieblichen Angelegenheiten" ist weit zu verstehen. In Betracht kommen alle Angelegenheiten, die mit der Stellung des ArbN im Betrieb und seiner Funktion zusammenhängen[4]. Dazu gehören auch Angelegenheiten, die sich aus einer Tätigkeit des ArbN außerhalb des Betriebs ergeben[5]. Entscheidend ist, dass die Angelegenheiten mit der Stellung und der Arbeitsfunktion des ArbN zusammenhängen[6].

5 **Beispiel:** Nimmt der ArbN in seinem Arbeitsumfeld rechtswidrige Umweltpraktiken wahr, die sich außerhalb des Betriebs auswirken, steht ihm ein Anhörungsrecht nach § 82 I zu, weil der ArbN verpflichtet sein kann, dagegen einzuschreiten oder jedenfalls den ArbGeb zu informieren[7].

6 **b) Zuständigkeit.** Sachlich zuständig für das Anhörungsrecht ist zunächst der **unmittelbare Vorgesetzte** (Meister, Abteilungsleiter etc.)[8]. Soweit diese nicht selbst ermächtigt sind, über die vom ArbN vorgetragenen Anregungen zu befinden, sind sie zur Weiterleitung an die dafür zuständige Stelle verpflichtet[9]. Im Interesse einer klaren und eindeutigen Regelung, wer nach dem organisatorischen Aufbau des Betriebs im Einzelnen für die Anhörung der ArbN zuständig ist, sollte dies festgelegt und im Betrieb bekannt gemacht werden[10].

7 **c) Abhilfe.** Der ArbN hat nur Anspruch darauf, gehört zu werden, er hat keinen Anspruch darauf, dass eine Stellungnahme des ArbGeb erfolgt oder den Anregungen entsprochen wird. Grds. ist für die Anhörung nach § 82 I 1 nicht erforderlich, dass der ArbN sich beeinträchtigt fühlt[11]. Fühlt der ArbN sich durch betriebliche Maßnahmen beeinträchtigt und wünscht er Abhilfe, kann sein Vorbringen gegenüber den nach § 82 I 1 genannten Personen als **Beschwerde** iSv. § 84 I anzusehen sein, so dass der ArbGeb den ArbN über die Behandlung der Beschwerde zu bescheiden hat (§ 84 II, vgl. § 84 Rz. 9 ff.). Ob eine Beschwerde iSv. § 84 I vorliegt, ist durch **Auslegung** zu ermitteln[12]. Im Rahmen des § 82 I 1 hat der ArbGeb nur die vorgetragenen Gründe zu prüfen und zu erwägen, seine **Entscheidungskompetenz** wird durch die Anhörungspflicht nicht berührt[13]. Wird eine Anhörung abgelehnt, hat der ArbN das Recht, sich an den BR zu wenden, der Anregungen gem. § 80 I Nr. 3 weiterverfolgen kann (vgl. § 80 Rz. 33 ff.)[14]. Unberührt von § 80 I bleibt auch das Recht des ArbN, sich beim BR zu beschweren, der wiederum, wenn er die Beschwerde für berechtigt erachtet, beim ArbGeb auf Abhilfe hinzuwirken hat (vgl. zur Behandlung von Beschwerden durch den BR § 85 Rz. 2 ff.).

8 **2. Stellungnahme (Abs. 1 S. 2).** Neben dem Recht auf Anhörung gibt § 82 I 2 dem ArbN das Recht, zu Maßnahmen des ArbGeb Stellung zu nehmen, die Auswirkungen auf seinen betriebl. Arbeitsbereich oder seine persönliche Stellung im Betrieb haben. Das gilt auch, wenn der ArbN sich nicht beeinträchtigt fühlt[15]. Die Vorschläge können sich auf alle Aspekte der Arbeitsplatzgestaltung und des Arbeitsablaufs beziehen, wie bspw. auf Fragen des Arbeits-, Gesundheits- und Umweltschutzes, auf die Herbeiführung einer menschengerechten Arbeitsplatzgestaltung und der Verbesserung des Betriebsablaufs[16]. Dem ArbN wird durch das Recht zur Stellungnahme **kein MitbestR** eingeräumt[17], jedoch können, falls der ArbN Anregungen beim BR vorbringt und dieser die Anregungen aufnimmt, mitbestimmungspflichtige Tatbestände erfüllt sein, bei denen der BR ggf. über den Spruch einer Einigungsstelle eine

---

1 ErfK/*Kania*, § 82 BetrVG Rz. 1; Richardi/*Thüsing*, § 82 BetrVG Rz. 2. | 2 DKK/*Buschmann*, § 82 BetrVG Rz. 2; *Fitting*, § 82 BetrVG Rz. 2. | 3 *Fitting*, § 82 BetrVG Rz. 4; DKK/*Buschmann*, § 82 BetrVG Rz. 4. | 4 DKK/*Buschmann*, § 82 BetrVG Rz. 4; *Fitting*, § 82 BetrVG Rz. 4. | 5 GK-BetrVG/*Wiese*, § 82 Rz. 6. | 6 DKK/*Buschmann*, § 82 BetrVG Rz. 4. | 7 GK-BetrVG/*Wiese*, § 82 Rz. 6. | 8 DKK/*Buschmann*, § 82 BetrVG Rz. 2; *Fitting*, § 82 BetrVG Rz. 4. | 9 *Weiss/Weyand*, § 82 BetrVG Rz. 2; *Löwisch/Kaiser*, § 82 BetrVG Rz. 1. | 10 GK-BetrVG/*Wiese*, § 82 Rz. 7. | 11 ErfK/*Kania*, § 82 BetrVG Rz. 5; GK-BetrVG/*Wiese*, § 82 Rz. 5. | 12 DKK/*Buschmann*, § 82 BetrVG Rz. 4; *Fitting*, § 82 BetrVG Rz. 6. | 13 HSWG/*Hess*, § 82 BetrVG Rz. 2; GK-BetrVG/*Wiese*, § 82 Rz. 8. | 14 *Fitting*, § 82 BetrVG Rz. 6. | 15 *Fitting*, § 82 BetrVG Rz. 7; GK-BetrVG/*Wiese*, § 82 Rz. 10. | 16 DKK/*Buschmann*, § 82 BetrVG Rz. 5. | 17 ErfK/*Kania*, § 82 BetrVG Rz. 4.

Regelung herbeiführen kann. Unberührt von § 82 I 2 bleibt das Beschwerderecht des ArbN gegenüber ArbGeb und BR sowie eventuell ein Tätigwerden des BR.

III. Erläuterungen des Arbeitsentgelts, Erörterung der Leistung und der beruflichen Entwicklung (Abs. 2). Über das Anhörungsrecht nach § 82 I hinaus kann der ArbN nach § 82 II 1 verlangen, dass ihm die Berechnung und Zusammensetzung seines Arbeitsentgelts erläutert und dass mit ihm die Beurteilung seiner Leistungen sowie die Möglichkeiten seiner berufl. Entwicklung im Betrieb erörtert werden. 9

1. Berechnung und Zusammensetzung des Arbeitsentgelts (Abs. 2 S. 1 Alt. 1). Der ArbN hat einen Anspruch darauf, dass ihm die Berechnung und Zusammensetzung seines Arbeitsentgelts erläutert wird. Unberührt von diesem **Individualrecht** kann der BR nach Maßgabe des § 80 II 2 Einblick in die Listen der **Bruttolöhne und -gehälter** nehmen[1]. 10

a) Arbeitsentgelt. Unter dem Begriff des „Arbeitsentgelts" ist die Gesamtheit der dem ArbN zustehenden Bezüge zu verstehen, also Lohn, Gehalt, Sachleistungen, Zulagen, Auslösungen, Prämien, Provisionen, Tantiemen, Gratifikationen, Gewinn- und Ergebnisbeteiligungen sowie vermögenswirksame Leistungen[2]. Der ArbN hat einen Anspruch darauf, dass ihm das Arbeitsentgelt **der Höhe nach** erläutert wird (Bruttolohn und dessen Berechnung, zB unter Berücksichtigung der tarifl. Eingruppierung, der vergüteten Arbeitszeit oder der Elemente des Leistungslohns, Abzüge, Nettolohn)[3]. Wichtig ist die Aufklärung über die verschlüsselten Angaben auf Lohn- und Gehaltsstreifen oder -zetteln bei Verwendung von **Datenverarbeitungsanlagen**. Die ArbN müssen die Möglichkeit haben, diese zu entschlüsseln und zu verstehen[4]. Ggf. müssen dem ArbN auch die **Rechtsgrundlagen** mitgeteilt werden, nach denen sich sein Arbeitsentgelt berechnet (Gesetz, TV, BV, Arbeitsvertrag, Freiwilligkeit)[5]. Dies kann erforderlich sein, wenn nur anhand der Rechtsgrundlage die ordnungsgemäße Berechnung des Arbeitsentgelts sowohl dem Grund wie auch der Höhe nach nachvollziehbar ist[6]. 11

b) Kein konkreter Anlass. Der Erläuterungsanspruch kann grds. jederzeit ohne konkreten Anlass geltend gemacht werden[7]. Jedoch hat der ArbN auf Grund seiner Treuepflicht auf die betrieblichen Bedürfnisse Rücksicht zu nehmen. Der Anspruch darf nicht zur **Unzeit** oder, sofern nicht besondere Gründe vorliegen, in **unangemessenen Zeitabständen** geltend gemacht werden[8]. 12

2. Beurteilung der Leistung (Abs. 2 S. 1 Alt. 2). Der ArbN kann ohne konkreten Anlass (vgl. Rz. 12) vom ArbGeb die Beurteilung seiner Leistung verlangen. Zweck ist, dass er seine Situation realistisch einschätzen können soll[9]. Der ArbGeb darf Eignung, Befähigung und fachliche Leistung der bei ihm beschäftigten ArbN beurteilen und die Beurteilung in den Personalakten festhalten[10]. Findet sich eine **schriftl. Beurteilung** in der Personalakte, kann der ArbN diese nach § 83 einsehen und seine Gegendarstellung zur Personalakte geben (vgl. § 83 Rz. 9). Existiert eine Beurteilung, ist diese dem ArbN zur Kenntnis zu geben und auf Verlangen zu begründen, wozu die Angabe von Tatsachen gehört, die eine ungünstige Beurteilung rechtfertigen[11]. Fragen des ArbN sind zu beantworten. Er hat keinen Anspruch auf Aushändigung einer schriftl. Leistungsbeurteilung[12]. Die Zuständigkeit richtet sich nach der betriebl. Organisation[13]. Im Zweifel sind diejenigen Vorgesetzten zuständig, die den ArbN zu beurteilen haben[14]. 13

3. Möglichkeiten der beruflichen Entwicklung (Abs. 2 S. 1 Alt. 3). Die weitere berufl. Entwicklung im Betrieb ist mit dem ArbN zu erörtern. Auch dies dient der Information des ArbN und der – realistischen – Einschätzung seiner Situation. Die Erörterung hat daher möglichst umfassend unter Berücksichtigung seiner Leistungen, der betriebl. Berufsbildungsmaßnahmen (§§ 96 ff.) und Personalüberlegungen zu erfolgen[15]. Dazu gehören die **Sicherung des Arbeitsplatzes** bei Rationalisierungsmaßnahmen, Aufstiegsmöglichkeiten, Übertragung neuer Verantwortungen, Auswirkungen der Einführung neuer Technologien (zB Bildschirmarbeit, computerunterstütztes Konstruieren)[16]. Dieses **Erörterungsrecht** besteht, ohne dass ein konkreter Anlass gegeben sein muss (vgl. Rz. 12). Die **Zuständigkeit** richtet sich nach der betriebl. Organisation, im Zweifel ist eine für die berufl. Entwicklung kompetente Person zuständig[17]. Auf verbindliche **Zusagen** im Rahmen eines solchen Gesprächs besteht kein Anspruch, wird dagegen vom ArbGeb oder von seinem zuständigen Vertreter eine Zusage erteilt, ist diese verbindlich[18]. 14

4. Beteiligung eines Betriebsratsmitglieds (Abs. 2 S. 2 u. 3). Das in § 82 II 1 geregelte Recht, mit dem ArbGeb die dort genannten Themen zu erörtern, betrifft nur das Verhältnis zwischen ArbGeb und ArbN. Das Recht des ArbN nach § 82 II 2 ist begrenzt auf Gespräche über die in § 82 II 1 genannten Gegen- 15

---

1 Vgl. BAG v. 18.9.1973 – 1 ABR 17/73, AP Nr. 4 zu § 80 BetrVG 1972. | 2 *Clemenz* in Tschöpe, Arbeitsrecht, Teil 4 A Rz. 384. | 3 DKK/*Buschmann*, § 82 BetrVG Rz. 6; *Fitting*, § 82 BetrVG Rz. 9. | 4 DKK/*Buschmann*, § 82 BetrVG Rz. 7; *Fitting*, § 82 BetrVG Rz. 9. | 5 GK-BetrVG/*Wiese*, § 82 Rz. 13; *Clemenz* in Tschöpe, Arbeitsrecht, Teil 4 A Rz. 386. | 6 GK-BetrVG/*Wiese*, § 82 Rz. 13. | 7 GK-BetrVG/*Wiese*, § 82 Rz. 12; DKK/*Buschmann*, § 82 BetrVG Rz. 6. | 8 GK-BetrVG/*Wiese*, § 82 Rz. 17. | 9 GK-BetrVG/*Wiese*, § 82 Rz. 15. | 10 Vgl. BAG v. 28.3.1979 – 5 AZR 80/77, AP Nr. 3 zu § 75 BPersVG. | 11 Vgl. BAG v. 28.3.1979 – 5 AZR 80/77, AP Nr. 3 zu § 75 BPersVG. | 12 DKK/*Buschmann*, § 82 BetrVG Rz. 11; *Fitting*, § 82 BetrVG Rz. 10. | 13 Richardi/*Thüsing*, § 82 BetrVG Rz. 13; *Löwisch/Kaiser*, § 82 BetrVG Rz. 3. | 14 GK-BetrVG/*Wiese*, § 82 Rz. 17; DKK/*Buschmann*, § 82 BetrVG Rz. 9. | 15 GK-BetrVG/*Wiese*, § 82 Rz. 18. | 16 *Fitting*, § 82 BetrVG Rz. 10. | 17 DKK/*Buschmann*, § 82 BetrVG Rz. 9. | 18 *Fitting*, § 82 BetrVG Rz. 11; DKK/*Buschmann*, § 82 BetrVG Rz. 11.

stände, wobei eine Teilidentität der Gesprächsgegenstände ausreicht[1]. Die in § 82 II 2 eröffnete **Unterstützungsmöglichkeit** des ArbN durch ein BR-Mitglied seines Vertrauens dient damit allein einem **Individualrecht des ArbN**. Das BR-Mitglied soll auf **Wunsch** des ArbN teilnehmen, um diesem bei der Vorbereitung und Durchführung des Gesprächs beratend zur Seite zu stehen. Dabei kann es für den ArbN im Einzelfall darauf ankommen, ein intellektuelles Übergewicht des ArbGeb auszugleichen, indem das BR-Mitglied aktiv in das Gespräch durch Vorschläge und Fragestellungen eingreift oder nur als Zeuge des ArbN bei der Unterredung zugegen ist[2]. Es besteht **kein Anspruch des einzelnen BR-Mitglieds** auf Teilnahme an einem Gespräch zwischen ArbGeb und ArbN[3]. Wird auf Wunsch des ArbN ein BR-Mitglied zu dem Gespräch hinzugezogen, darf es sich aktiv an dem Gespräch beteiligen, selbst Fragen stellen und Vorschläge machen[4]. Die Auswahl des BR-Mitglieds bleibt grds. der Entscheidung des ArbN überlassen, so dass der BR nicht durch Beschluss festlegen kann, wer von den BR-Mitgliedern diese Aufgabe wahrnimmt[5]. Allerdings hat der ArbN **keinen Anspruch** auf ein **bestimmtes Verhalten** des BR-Mitglieds im Rahmen des Gesprächs[6]. Das Teilnahmerecht eines BR-Mitglieds besteht auch dann, wenn die **Initiative** zu einem Gespräch nach § 82 II 1 nicht vom ArbN, sondern vom ArbGeb ausgeht[7]. Der ArbGeb muss die Wahl des ArbN hinsichtlich des teilnehmenden BR-Mitglieds akzeptieren. Das BR-Mitglied hat dem Verlangen des ArbN auf Teilnahme zu entsprechen[8]. Nach § 82 II 3 hat das BR-Mitglied über den Inhalt der Verhandlungen **Stillschweigen** zu bewahren, soweit es vom ArbN im Einzelfall nicht von dieser Verpflichtung entbunden wird. Die Verschwiegenheitspflicht gilt auch gegenüber dem BR und den anderen BR-Mitgliedern, weil nicht der BR als solcher, sondern das BR-Mitglied **persönlich** hinzugezogen wird[9]. Ein Teilnahmerecht betriebsfremder Dritter (zB Rechtsanwalt) besteht nicht[10].

16 **IV. Streitigkeiten.** Ansprüche nach § 82 sind im arbeitsgerichtl. **Urteilsverfahren** einklagbar (§§ 2 I Nr. 3a, V iVm. 46 ff. ArbGG). Gleiches gilt für den Anspruch des ArbN auf Teilnahme eines BR-Mitglieds an Gesprächen nach § 82 I 1[11]. Das BR-Mitglied selbst hat keinen einklagbaren Anspruch auf Teilnahme[12]. Kommt ein BR-Mitglied seiner Pflicht zur Teilnahme nicht nach, so liegt eine Amtspflichtverletzung vor, die bei einem groben Verstoß zur Amtsenthebung durch Beschluss des ArbG berechtigt (§ 23 I). Zuständig ist das ArbG, das im **Beschlussverfahren** entscheidet (§§ 2a I Nr. 1, II iVm. 80 ff. ArbGG). Verstößt ein BR-Mitglied gegen die Verschwiegenheitspflicht des § 82 II 3, hat der betroffene ArbN einen Schadensersatzanspruch aus § 823 II BGB, denn § 82 II 3 ist ein Schutzgesetz iSv. § 823 II BGB zu Gunsten des ArbN[13]. Über eine solche Schadensersatzklage entscheidet das ArbG im **Urteilsverfahren**, da es sich um eine Streitigkeit zwischen ArbN aus einer unerlaubten Handlung handelt, die mit dem Arbeitsverhältnis im Zusammenhang steht (§§ 2 I Nr. 9, V iVm. 46 ff. ArbGG). Verletzt das BR-Mitglied, das an einem Gespräch zwischen ArbN und ArbGeb teilgenommen hat, seine Schweigepflicht nach § 82 II 3, kann der Straftatbestand des § 120 II verwirklicht sein. Die Tat wird nur auf Antrag des ArbN verfolgt (§ 120 V 1).

83 *Einsicht in die Personalakten*

(1) Der Arbeitnehmer hat das Recht, in die über ihn geführten Personalakten Einsicht zu nehmen. Er kann hierzu ein Mitglied des Betriebsrats hinzuziehen. Das Mitglied des Betriebsrats hat über den Inhalt der Personalakte Stillschweigen zu bewahren, soweit es vom Arbeitnehmer im Einzelfall nicht von dieser Verpflichtung entbunden wird.

(2) Erklärungen des Arbeitnehmers zum Inhalt der Personalakte sind dieser auf sein Verlangen beizufügen.

1 **I. Vorbemerkung.** § 83 gibt allen ArbN (zum persönlichen Geltungsbereich vgl. § 81 Rz. 2) das Recht, jederzeit Einsicht in die Personalakten zu nehmen und diesen Erklärungen beizufügen. Es handelt sich um ein **Individualrecht**, das aus diesem Grunde auch unabhängig von der Existenz eines BR oder der BR-Fähigkeit des Betriebs besteht[14]. Für leitende Angestellte ergibt sich das Recht zur Einsicht in die Personalakten aus § 26 II SprAuG, für Beamte ist das Akteneinsichtsrecht in § 90 BBG geregelt. **Zweck** der Vorschrift ist es, dass der ArbN seine Position im Betrieb und Unternehmen realistisch einschätzen kann[15].

2 **II. Einsichtsrecht (Abs. 1).** Nach § 83 I 1 hat der ArbN das Recht, in die über ihn geführten Personalakten Einsicht zu nehmen. Er kann hierzu gem. § 83 I 2 ein Mitglied des BR hinzuziehen, das über den Inhalt der Personalakte Stillschweigen zu bewahren hat.

---

1 Vgl. BAG v. 16.11.2004 – 1 ABR 53/03. | 2 Vgl. BAG v. 23.2.1984 – 6 ABR 22/81, AP Nr. 2 zu § 82 BetrVG 1972. | 3 Vgl. BAG v. 23.2.1984 – 6 ABR 22/81, AP Nr. 2 zu § 82 BetrVG 1972. | 4 DKK/*Buschmann*, § 82 BetrVG Rz. 13; *Fitting*, § 82 BetrVG Rz. 12. | 5 *Fitting*, § 82 BetrVG Rz. 12; GK-BetrVG/*Wiese*, § 82 Rz. 20. | 6 *Fitting*, § 82 BetrVG Rz. 12; DKK/*Buschmann*, § 82 BetrVG Rz. 13. | 7 Vgl. BAG v. 24.4.1979 – 6 AZR 69/77, AP Nr. 1 zu § 82 BetrVG 1972. | 8 *Fitting*, § 82 BetrVG Rz. 12; DKK/*Buschmann*, § 82 BetrVG Rz. 13. | 9 DKK/*Buschmann*, § 82 BetrVG Rz. 13. | 10 Vgl. *Stück*, DB 2007, 1137 ff. (1139). | 11 Vgl. BAG v. 24.4.1979 – 6 AZR 69/77, AP Nr. 1 zu § 82 BetrVG 1972. | 12 Vgl. BAG v. 23.2.1984 – 6 ABR 22/81, AP Nr. 2 zu § 82 BetrVG 1972. | 13 Richardi/*Thüsing*, § 82 BetrVG Rz. 17. | 14 *Fitting*, § 83 BetrVG Rz. 1; DKK/*Buschmann*, § 83 BetrVG Rz. 1. | 15 MünchArbR/*v. Hoyningen-Huene*, § 303 Rz. 37.

1. Begriff der Personalakte. Zu unterscheiden ist zwischen **materiellen** und **formellen** Personalakten. Personalakten sind nach der st. Rspr. des BAG eine Sammlung von Urkunden und Vorgängen, die die persönlichen und dienstlichen Verhältnisse des ArbN betreffen und in einem inneren Zusammenhang mit dem Arbeitsverhältnis stehen. Sie sollen ein möglichst vollständiges, wahrheitsgemäßes und sorgfältiges Bild über die persönlichen und dienstlichen Verhältnisse des ArbN geben. Dabei ist es unerheblich, wie der ArbGeb einen Vorgang, der zu den Personalakten gehört, bezeichnet und wo und wie er ihn führt und aufbewahrt. Allein entscheidend ist der Inhalt des Vorgangs. Erfüllt dieser die begrifflichen Merkmale einer Personalakte, ist der Vorgang als Personalakte zu qualifizieren[1]. Von diesem **materiellen Personalaktenbegriff** ist der **formelle Personalaktenbegriff** zu unterscheiden. Unter formellen Personalakten sind diejenigen Schriftstücke und Unterlagen zu verstehen, die der ArbGeb als Personalakten führt oder diesen als Bei-, Neben- oder Sonderakten zuordnet. Auch für die formellen Personalakten gilt der Grundsatz, dass sie ein möglichst vollständiges, wahrheitsgemäßes und sorgfältiges Bild über die persönlichen und dienstlichen Verhältnisse des ArbN geben sollen. Sie sind dazu bestimmt, Grundlage für Beurteilungen und Auskünfte des ArbGeb über den ArbN zu sein. Nach der allgemeinen Fürsorgepflicht hat der ArbGeb sich für die Belange des ArbN einzusetzen, auf dessen Wohl bedacht zu sein und alles zu unterlassen, was den berechtigten Interessen des ArbN schaden könnte[2]. Dieser Pflicht wird der ArbGeb nur gerecht, wenn er für Vollständigkeit und Richtigkeit der Personalakten sorgt. Daraus folgt, dass der ArbGeb **alle Personalakten** im materiellen Sinn zu den formellen Personalakten zu nehmen hat. Hierauf hat der ArbN einen einklagbaren Anspruch. Dieser Anspruch besteht unabhängig davon, dass der ArbN auch dann auf Einsicht in materielle Personalakten klagen kann, wenn sie vom ArbGeb nicht in den formellen Personalakten aufbewahrt werden[3]. Zu den Personalakten zählen neben dem Arbeitsvertrag alle für den Betrieb wissenswerten Angaben zur Person des ArbN (zB Personenstand, Berufsbildung, berufliche Entwicklung, Fähigkeiten, Leistung, Anerkennung, Beurteilungen aller Art, graphologische Gutachten, Testergebnisse, Abmahnungen, Betriebsbußen, Krankheiten, Urlaub, Pfändungen und Abtretungen)[4]. 3

2. Führung der Personalakte. Über die Art und Weise der Anlegung von Personalakten enthält § 83 keine Aussage. Hierüber entscheidet allein der ArbGeb: **Form** und **System** etwaiger Personalakten iSv. § 83 obliegen ihm[5]. Genauso kann der ArbGeb aber die Entscheidung treffen, **keine** Personalakten anzulegen, er ist dazu gesetzl. nicht verpflichtet[6]. 4

Personalakten können in herkömmlicher Form schriftl., aber auch elektronisch geführt werden[7]. Da **keine Pflicht zur Führung** von Personalakten besteht, gilt nicht – anders als im öffentl. Dienst – der Grundsatz der Vollständigkeit der Personalakten[8]. Daher steht es grds. dem ArbGeb frei, welche Unterlagen er in die Personalakten aufnimmt. Voraussetzung ist dabei, dass der ArbGeb die in den Personalakten enthaltenen Angaben **rechtmäßig** erlangt hat, er muss an ihnen ein **sachliches Interesse** haben[9]. Verneint wurde dies bspw. im Hinblick auf die Aufnahme eines Strafurteils in die Personalakte, das gegen einen ArbN im öffentl. Dienst wegen einer außerdienstlichen Verfehlung ergangen war[10]. Nicht zu den Personalakten gehören Prozessakten aus anhängigen Rechtsstreitigkeiten zwischen ArbGeb und ArbN[11]. Darüber hinaus gehören nicht zu den Personalakten Aufzeichnungen des Betriebsarztes („Befundbogen"), die dem ArbGeb auf Grund der in § 8 I 3 ASiG normierten ärztlichen Schweigepflicht nicht zugänglich sind[12]. Den ArbGeb trifft eine **Aufbewahrungspflicht** dahin gehend, dass er die Personalakten vor dem Zugriff und der Einsichtnahme Dritter schützen muss. Wird diese Pflicht verletzt, liegt regelmäßig ein Eingriff in das allgemeine Persönlichkeitsrecht vor. Dies gilt ausnahmsw. dann nicht, wenn die Einsichtnahme Dritter keine Nachteile verursacht hat und aus Sicht des ArbGeb auch den Interessen des ArbN dienen sollte[13]. 5

3. Einsichtsrecht des Arbeitnehmers (Abs. 1 S. 1). Nach § 83 I 1 hat der ArbN das Recht, in die Personalakte Einsicht zu nehmen. Das bedeutet, dass er Einblick nicht nur in die „eigentliche" Personalakte, sondern in alle sonstigen Neben- oder Beiakten, die der ArbGeb über ihn führt, nehmen kann. Das Führen von **Geheimakten** ist unzulässig[14]. Das Einsichtsrecht bezieht sich demnach auch auf Aufzeichnungen, die außerhalb der „eigentlichen" Personalakte geführt und aufbewahrt werden. Sind die Angaben kodiert (zB solche auf elektronischen Datenträgern), sind diese lesbar zu machen und ggf. zu erläutern[15]. Der ArbN kann sich **Notizen** machen, er darf – sofern im Betrieb die Möglichkeit besteht – auf 6

1 BAG v. 7.5.1980 – 4 AZR 214/78, ArbuR 1981, 124. |2 Vgl. BAG v. 9.2.1977 – 5 AZR 2/76, AP Nr. 83 zu § 611 BGB – Fürsorgepflicht. |3 BAG v. 7.5.1980 – 4 AZR 214/78, ArbuR 1981, 124. |4 *Fitting*, § 83 BetrVG Rz. 4; DKK/*Buschmann*, § 83 BetrVG Rz. 3. |5 GK-BetrVG/*Wiese*, § 83 Rz. 17; *Löwisch/Kaiser*, § 83 BetrVG Rz. 2. |6 MünchArbR/*v. Hoyningen-Huene*, § 303 Rz. 39; GK-BetrVG/*Wiese*, § 83 Rz. 16. |7 GK-BetrVG/*Wiese*, § 83 Rz. 17. |8 GK-BetrVG/*Wiese*, § 83 Rz. 17; Richardi/*Thüsing*, § 83 BetrVG Rz. 13. |9 LAG Nds. v. 10.7.1980 – 6 Sa 35/80, AP Nr. 35 zu § 611 BGB – Fürsorgepflicht; ErfK/*Kania*, § 83 BetrVG Rz. 2; DKK/*Buschmann*, § 83 BetrVG Rz. 3. |10 Vgl. BAG v. 9.2.1977 – 5 AZR 2/76, AP Nr. 83 zu § 611 BGB – Fürsorgepflicht. |11 BAG v. 8.4.1992 – 5 AZR 101/91, RDV 1993, 171. |12 *Fitting*, § 83 BetrVG Rz. 6; DKK/*Buschmann*, § 83 BetrVG Rz. 3. |13 Vgl. BAG v. 18.12.1984 – 3 AZR 389/83, AP Nr. 8 zu § 611 BGB – Persönlichkeitsrecht (Arbeitsvertrag und Personalkreditvertrag wurden einem anderen ArbGeb gezeigt, bei dem der ArbN sich bewerben wollte). |14 *Fitting*, § 83 BetrVG Rz. 5; DKK/*Buschmann*, § 83 BetrVG Rz. 2. |15 MünchArbR/*v. Hoyningen-Huene*, § 303 Rz. 41; GK-BetrVG/*Wiese*, § 83 Rz. 34.

seine Kosten **Fotokopien** aus den Akten fertigen[1]. Darüber hinaus ist das Einsichtsrecht **kostenlos**. Es besteht **jederzeit** während der **Arbeitszeit** an dem **Ort**, an dem die Personalakten verwahrt werden[2]. Bei der Einsichtnahme hat der ArbN jedoch auf Grund seiner Treuepflicht (§ 242 BGB) auf die betriebl. Verhältnisse Rücksicht zu nehmen und darf das Recht nicht zur **Unzeit** oder in **unangemessen kurzen Zeitabständen** ausüben[3]. Das Recht zur Einsicht in die Personalakten ist **höchstpersönlich**, so dass eine Bevollmächtigung Dritter zur Einsichtnahme nur dann in Betracht kommt, wenn der ArbN über längere Zeit an einer **persönlichen Einsichtnahme** gehindert ist (zB durch Krankheit)[4]. Das BetrVG sieht lediglich vor, dass der ArbN ein Mitglied des BR hinzuziehen kann. Deshalb kann gegen den Willen des ArbGeb – abgesehen von einer längeren Verhinderung des ArbN als Ausnahmefall – das Einsichtsrecht nicht von einem Bevollmächtigten ausgeübt werden[5]. Die Einzelheiten des Einsichtsrechts können in einer BV geregelt werden, wobei streitig ist, ob der Regelungsgegenstand der erzwingbaren Mitbest. nach § 87 I Nr. 1 unterliegt[6].

7 **4. Hinzuziehung eines Betriebsratsmitglieds (Abs. 1 S. 2 u. 3).** Der ArbN kann nach § 83 I 2 ein Mitglied des BR zur Einsichtnahme hinzuziehen. Nimmt der ArbN dieses Recht wahr, kann das BR-Mitglied Einsicht in demselben Umfang nehmen wie der betreffende ArbN[7]. Das Recht des ArbN auf Hinzuziehung eines BR-Mitglieds begründet **kein Recht des BR** auf Einsicht in die Personalakten als solche[8]. Das vom ArbN gewünschte BR-Mitglied darf sich dieser Unterstützungsfunktion nur entziehen, wenn es wichtige Gründe geltend machen kann[9]. Über den Inhalt der Personalakten hat das BR-Mitglied **Stillschweigen** zu bewahren, soweit es vom ArbN im Einzelfall nicht von dieser Verpflichtung entbunden wird (§ 83 I 3). Die Vorschriften des BetrVG über die Schweigepflicht gehen im Rahmen ihres Geltungsbereichs den Vorschriften des BDSG vor (§ 1 IV 1 BDSG). **Schwerbehinderte Menschen** haben das Recht, bei Einsicht in die über sie geführten Personalakten oder sie betreffenden Daten die Schwerbehindertenvertretung hinzuzuziehen (§ 95 III 1 SGB IX).

8 **5. Beginn und Ende des Einsichtsrechts.** Das Recht auf Einsichtnahme in die Personalakten besteht vom Beginn bis zur Beendigung des Arbeitsverhältnisses. Aus der **nachwirkenden Fürsorgepflicht** kann sich ein Recht des ArbN auf Einsicht in seine Personalakte nach Beendigung des Arbeitsverhältnisses ergeben. Voraussetzung ist, dass der ArbN ein berechtigtes Interesse darlegt (zB Altersversorgung, Zeugnis oÄ)[10]. Allerdings dürfen angesichts der Anerkennung des informationellen Selbstbestimmungsrechts durch das BVerfG an die Darlegung des berechtigten Interesses keine allzu hohen Anforderungen gestellt werden[11].

9 **III. Erklärungen des Arbeitnehmers zur Personalakte (Abs. 2).** Nach § 83 II sind bei Verlangen des ArbN dessen Erklärungen der Personalakte beizufügen. Damit wird dem Umstand Rechnung getragen, dass auch der ArbN ein Interesse an der Dokumentation bestimmter Vorgänge hat. § 83 II enthält aber nur ein **Gegenerklärungsrecht**, durch das unrichtige oder abwertende Angaben über die Person des ArbN nicht neutralisiert werden. Der ArbGeb hat aber das allgemeine Persönlichkeitsrecht in Bezug auf Ansehen, soziale Geltung und berufliches Fortkommen zu beachten. Das Persönlichkeitsrecht des ArbN wird durch unrichtige, das berufliche Fortkommen berührende Tatsachenbehauptungen beeinträchtigt.

10 **IV. Verhältnis zum BDSG.** Der ArbN hat daher ein Gegenerklärungsrecht (zum Rechtsschutz gegen Abmahnungen iÜ vgl. § 1 KSchG Rz. 202 ff.). § 83 II und die Schutzbestimmungen des BDSG stehen nicht in einem Subsidiaritätsverhältnis, sondern die Rechte bestehen nebeneinander[12]. Bei Vorliegen der Voraussetzungen des BDSG haben die ArbN insb. die Rechte aus den §§ 33 ff. BDSG[13].

11 **V. Streitigkeiten** zwischen ArbGeb und ArbN über die in § 83 gewährten Rechte sind im arbeitsgerichtl. **Urteilsverfahren** auszutragen (§§ 2 I Nr. 3a, V iVm. 46 ff. ArbGG). Gleiches gilt für den Rechtsstreit auf Entfernung einer Abmahnung aus der Personalakte sowie für Auseinandersetzungen über Ansprüche des ArbN nach dem BDSG. Schadensersatzansprüche, die der ArbN gegen den ArbGeb wegen ungerechtfertigter Weitergabe personenbezogener Daten geltend macht, wären ebenfalls im Urteilsverfahren zu verfolgen. Der BR kann den Anspruch des ArbN auf Hinzuziehung eines BR-Mitglieds

---

1 LAG Nds. v. 31.3.1981 – 2 Sa 79/80, DB 1981, 1623; *Fitting*, § 83 BetrVG Rz. 11; ErfK/*Kania*, § 83 BetrVG Rz. 4. | 2 Richardi/*Thüsing*, § 83 BetrVG Rz. 19 und 21. | 3 GK-BetrVG/*Wiese*, § 83 Rz. 33; MünchArbR/*v. Hoyningen-Huene*, § 303 Rz. 41. | 4 *Clemenz* in Tschöpe, Arbeitsrecht, Teil 4 A Rz. 395; MünchArbR/*v. Hoyningen-Huene*, § 303 Rz. 42; GK-BetrVG/*Wiese*, § 83 Rz. 37; Richardi/*Thüsing*, § 83 BetrVG Rz. 27; aA *Fitting*, § 83 BetrVG Rz. 12; HSWG/*Hess*, § 83 BetrVG Rz. 18; DKK/*Buschmann*, § 83 BetrVG Rz. 7; ErfK/*Kania*, § 83 BetrVG Rz. 4 (grundsätzliche Möglichkeit einer Bevollmächtigung ohne Einschränkung auf Ausnahmefälle). | 5 Richardi/*Thüsing*, § 83 BetrVG Rz. 27; GK-BetrVG/*Wiese*, § 83 Rz. 37. | 6 Für freiwillige Betriebsvereinbarung ErfK/*Kania*, § 83 BetrVG Rz. 4; für erzwingbare Mitbest. nach § 87 Abs. 1 Nr. 1 GK-BetrVG/*Wiese*, § 83 Rz. 33; Richardi/*Thüsing*, § 83 BetrVG Rz. 24; DKK/*Buschmann*, § 83 BetrVG Rz. 7; *Fitting*, § 83 BetrVG Rz. 13. | 7 DKK/*Buschmann*, § 83 BetrVG Rz. 10; *Fitting*, § 83 BetrVG Rz. 41. | 8 GK-BetrVG/*Wiese*, § 83 Rz. 45 mzN. | 9 DKK/*Buschmann*, § 83 BetrVG Rz. 9; ErfK/*Kania*, § 83 BetrVG Rz. 7. | 10 *Fitting*, § 83 BetrVG Rz. 8. | 11 BAG v. 11.5.1994 – 5 AZR 660/93, EzBAT § 13 BAT Nr. 30. | 12 GK-BetrVG/*Wiese*, § 83 Rz. 55; *Fitting*, § 83 BetrVG Rz. 32. | 13 Vgl. im Übrigen ausf. zum BDSG und § 83 BetrVG ErfK/*Kania*, § 83 BetrVG Rz. 8 ff.; *Fitting*, § 83 BetrVG Rz. 16 ff.; DKK/*Buschmann*, § 83 BetrVG Rz. 18 ff.; GK-BetrVG/*Wiese*, § 83 Rz. 20 ff.

nicht, auch nicht im Wege eines Beschlussverfahrens, durchsetzen (vgl. § 82 Rz. 16). Weigert sich ein BR-Mitglied, dem Wunsch des ArbN auf Hinzuziehung bei der Akteneinsicht nachzukommen, so kann dies uU eine grobe Pflichtverletzung iSv. § 23 I darstellen (vgl. § 82 Rz. 16). Allerdings besteht kein gerichtlich durchsetzbarer Rechtsanspruch des ArbN auf Teilnahme eines BR-Mitglieds an der Einsicht in die Personalakte[1]. Streitigkeiten zwischen BR und ArbGeb über eine BV zum Zwecke der weiteren Ausgestaltung der Einsicht in die Personalakten (vgl. Rz. 6) sind im arbeitsgerichtl. **Beschlussverfahren** auszutragen (§§ 2a I Nr. 1, II iVm. 80 ff. ArbGG).

84 *Beschwerderecht*

(1) Jeder Arbeitnehmer hat das Recht, sich bei den zuständigen Stellen des Betriebs zu beschweren, wenn er sich vom Arbeitgeber oder von Arbeitnehmern des Betriebs benachteiligt oder ungerecht behandelt oder in sonstiger Weise beeinträchtigt fühlt. Er kann ein Mitglied des Betriebsrats zur Unterstützung oder Vermittlung hinzuziehen.

(2) Der Arbeitgeber hat den Arbeitnehmer über die Behandlung der Beschwerde zu bescheiden und, soweit er die Beschwerde für berechtigt erachtet, ihr abzuhelfen.

(3) Wegen der Erhebung einer Beschwerde dürfen dem Arbeitnehmer keine Nachteile entstehen.

I. Vorbemerkung. § 84 regelt das **individuelle Beschwerderecht** des ArbN (zum persönlichen Geltungsbereich vgl. § 81 Rz. 2) gegenüber dem ArbGeb. **Neben** der Beschwerde nach § 84 **direkt gegenüber dem ArbGeb** bzw. den zuständigen Stellen des Betriebes darf der ArbN auch eine Beschwerde **beim BR** einreichen (§ 85). Für leitende Angestellte findet sich ein entsprechendes Beschwerderecht im SprAuG nicht. Zusätzlich zum Beschwerderecht nach den §§ 84 und 85 haben ArbN, die sich vom ArbGeb, von Vorgesetzten, von anderen Beschäftigten oder von Dritten am Arbeitsplatz sexuell belästigt fühlen, das Recht, sich bei den zuständigen Stellen des Betriebs zu beschweren. Der ArbGeb oder Dienstvorgesetzte hat die Beschwerde zu prüfen und geeignete Maßnahmen zu treffen, um die Fortsetzung einer festgestellten Belästigung zu unterbinden (§ 13 AGG). Da die weiteren in den §§ 84 und 85 vorgesehenen Möglichkeiten (Hinzuziehung eines BR-Mitglieds bei § 84, ggf. die Einsetzung einer Einigungsstelle bei § 85) in § 13 AGG aufgeführt sind, kann es aus taktischen Gesichtspunkten angezeigt sein, alle denkbaren Beschwerden einzulegen, um alle Möglichkeiten auszuschöpfen[2]. Da es sich um einen **Individualanspruch** des ArbN als Ausfluss arbeitsvertragl. Beziehungen handelt, findet er auch in nicht betriebsratsfähigen und betriebsratslosen Betrieben Anwendung[3]. Durch die Erhebung der Beschwerde nach § 84 werden gesetzl. Fristen nicht gehemmt[4]. Die Beschwerde kann allerdings tarifl. Ausschlussfristen wahren, wenn lediglich eine schlichte Geltendmachung des Anspruchs verlangt wird[5]. Beschwerden bei **außerbetrieblichen Stellen** sind regelmäßig erst nach Erschöpfung der betriebl. Beschwerdemöglichkeiten zulässig[6]. Für den Bereich des ArbSchG sieht § 17 II ArbSchG ausdrücklich vor, dass die ArbN zuerst beim ArbGeb auf Abhilfe hinwirken müssen, bevor sie sich an die zuständigen Behörden wenden können. 1

II. Beschwerderecht (Abs. 1). Nach § 84 I 1 hat jeder ArbN das Recht, sich bei den zuständigen Stellen des Betriebs zu beschweren, wenn er sich vom ArbGeb oder von ArbN des Betriebs benachteiligt oder ungerecht behandelt oder in sonstiger Weise beeinträchtigt fühlt. 2

1. Gegenstand der Beschwerde. Gegenstand der Beschwerde ist die Behauptung des ArbN, in seiner **individuellen Position** vom ArbGeb oder von einem sonstigen Betriebsangehörigen beeinträchtigt worden zu sein. Unter Beschwerde ist jedes Vorbringen eines ArbN zu verstehen, mit dem er darauf hinweisen will, dass er sich benachteiligt oder in sonstiger Weise beeinträchtigt **fühlt**, und mit dem er die **Abhilfe** des ihn persönlich belastenden Zustands begehrt. Unerheblich ist, ob das Verlangen des ArbN **objektiv** begründet ist. § 84 verlangt lediglich, dass der ArbN sich selbst beeinträchtigt fühlt, stellt also auf seinen **subjektiven Standpunkt** ab[7]. Das bedeutet zugleich, dass es keine **Popularbeschwerde** gibt. Wenn Gegenstand der Beschwerde das subjektive Empfinden des betreffenden ArbN ist, er fühle sich in seiner individuellen Position benachteiligt, ungerecht behandelt oder in sonstiger Weise beeinträchtigt, kann die Beschwerde nicht auf **allgemeine betriebliche Streitpunkte** gestützt werden[8]. 3

Beispiele für Beschwerdegegenstände: Arbeits- und Gesundheitsschutz (Lärm, Vibration, Geruch, Raumklima)[9]; betriebl. Umweltschutz (zB Zuweisung einer umweltrechtswidrigen oder -problematischen Tätigkeit)[10] sowie Arbeitsorganisation (Leistungsverdichtung, etwa durch die Geschwindigkeit 4

---

1 *Fitting*, § 83 BetrVG Rz. 43; DKK/*Buschmann*, § 83 BetrVG Rz. 27. | 2 GK-BetrVG/*Wiese*, § 84 Rz. 6; ErfK/*Kania*, § 84 BetrVG Rz. 3. | 3 *Fitting*, § 84 BetrVG Rz. 1; DKK/*Buschmann*, § 84 BetrVG Rz. 2. | 4 *Löwisch*/*Kaiser*, § 84 BetrVG Rz. 3; Richardi/*Thüsing*, § 84 BetrVG Rz. 17. | 5 DKK/*Buschmann*, § 84 BetrVG Rz. 2; *Fitting*, § 84 BetrVG Rz. 1. | 6 *Fitting*, § 84 BetrVG Rz. 1; ErfK/*Kania*, § 84 BetrVG Rz. 2; vgl. auch *Herbert*/*Oberrath*, NZA 2005, 193 ff. (197). | 7 Vgl. BAG v. 11.3.1982 – 2 AZR 798/79, nv. | 8 LAG Schl.-Holst. v. 21.12.1989 – 4 TaBV 42/89, NZA 1990, 703 (704); *Fitting*, § 84 BetrVG Rz. 4; GK-BetrVG/*Wiese*, § 84 Rz. 11. | 9 Vgl. zum Nichtraucherschutz durch einstweilige Verfügung LAG München v. 27.11.1990 – 2 Sa 542/90, LAGE Nr. 5 zu § 618 BGB. | 10 *Fitting*, § 84 BetrVG Rz. 6; DKK/*Buschmann*, § 84 BetrVG Rz. 8.

des Maschinenlaufs, Vergrößerung des Arbeitspensums, Einführung von Gruppenarbeit insb. im Rahmen von Lean production)[1]; sexuelle Belästigungen; Beleidigungen; schikanierendes und herablassendes Verhalten anderer Arbeitskollegen[2], ausländerfeindliche Äußerungen und Mobbing[3]; vermeintliche Vereitelung von Rechtsansprüchen (Verstoß gegen den Gleichbehandlungsgrundsatz, falsche Eingruppierung, unberechtigte Abmahnung)[4]; empfundene Beeinträchtigung wegen betriebsverfassungsrechtl. Regelungsfragen (Lage der Arbeitszeit, Essensqualität in der Werkskantine)[5].

5 Gegenstand einer Beschwerde kann nicht die Amtstätigkeit des BR oder eines der BR-Mitglieder sein, wohl aber das Verhalten einzelner BR-Mitglieder, sofern dieses auch unabhängig von der Amtstätigkeit den ArbN beeinträchtigt[6]. Dies ergibt sich daraus, dass zum einen § 84 nur von ArbGeb und ArbN spricht, zum anderen der ArbGeb keine Einwirkungs-, also auch keine Abhilfemöglichkeit hätte, sofern es um die Amtstätigkeit des BR und seiner Mitglieder geht[7]. Im Übrigen bleibt im Falle grober Pflichtverstöße des BR oder einzelner BR-Mitglieder ggf. die Möglichkeit, einen Antrag nach § 23 I zu stellen[8].

6 **2. Adressat der Beschwerde.** Die Beschwerde ist bei der organisatorisch für die Abhilfe **zuständigen Stelle des Betriebs** einzulegen. Diese bestimmt der ArbGeb[9]. Beschwerdeadressat wird idR der **unmittelbare Vorgesetzte** sein[10]. Gerade in größeren Betrieben ist es sinnvoll, zur Entgegennahme von Beschwerden zuständige Stellen vorzugeben. Dies kann bspw. die Personalabteilung sein[11]. Der ArbGeb vermeidet damit, dass Beschwerden bei den unterschiedlichsten Vorgesetzten eingelegt werden mit der Gefahr von Reibungsverlusten und einer unterschiedlichen Handhabung der Beschwerden.

7 **3. Form und Frist.** Die Beschwerde nach § 84 ist nicht an eine bestimmte Form oder bestimmte Frist gebunden. Zu Beweis- und Dokumentationszwecken ist die Schriftform für die Beschwerde regelmäßig zu empfehlen.

8 **4. Hinzuziehung Betriebsratsmitglied.** Nach § 84 I 2 kann der betroffene ArbN zur Unterstützung und zur Vermittlung ein Mitglied des BR hinzuziehen. Das entsprechende Recht des ArbN findet sich in § 82 II u. § 83 I (vgl. § 82 Rz. 15 u. § 83 Rz. 7). Im Unterschied zu § 83 I 3 besteht **keine besondere Schweigepflicht** des BR-Mitglieds. Ein Recht auf anonyme Behandlung seiner Beschwerde hat der ArbN nicht, jedoch folgt aus dem **allgemeinen Persönlichkeitsrecht** des ArbN eine Pflicht zur vertraulichen Behandlung der Beschwerde[12].

9 **III. Bescheidung der Beschwerde (Abs. 2).** Nach § 84 II hat der ArbGeb oder ein bevollmächtigter Vertreter über die Behandlung der Beschwerde zu bescheiden und, soweit er die Beschwerde für berechtigt erachtet, ihr abzuhelfen. Der ArbN hat daher nur einen Anspruch auf **Prüfung** der Beschwerde, nicht dagegen auf Abhilfe. Zumindest bei der Ablehnung der Beschwerde sind die wesentlichen Gründe mitzuteilen[13]. Erkennt der ArbGeb die Berechtigung der Beschwerde an, so ist er durch diese **Selbstbindung** zur Abhilfe verpflichtet, soweit eine solche Möglichkeit in seinem Einflussbereich liegt. Der ArbGeb geht durch die Anerkennung eine vertragl. Verpflichtung ein, aus der ein Rechtsanspruch des ArbN erwächst[14]. Eine bestimmte **Form** oder eine bestimmte **Frist** für die Entscheidung über die Beschwerde ist nach § 84 II nicht vorgesehen. Hinsichtlich der Form empfiehlt es sich aus Beweissicherungs- und Dokumentationszwecken, die Beschwerde schriftl. zu verbescheiden. Wenn auch keine bestimmte Frist geregelt ist, hat ein ArbN Anspruch darauf, innerhalb angemessener Frist über die Beschwerde verbeschieden zu werden[15].

10 **Hinweis:** Der ArbN sollte einer Anordnung, über die er sich beschwert, zunächst nachkommen, es sei denn, es besteht im Einzelfall ein **Leistungsverweigerungsrecht** (§ 273 BGB)[16]. Anderenfalls droht uU eine (außerordentl.) Kündigung des Arbeitsverhältnisses wegen **Arbeitsverweigerung**.

11 **Beispiel:** Ein – einschlägig abgemahnter – ArbN hatte einen Anspruch auf eine Pause. Als er in die Pause gehen wollte, trat ein Schaden bei der Maschine, an der er tätig war, auf. Sein Vorgesetzter erteilte ihm die Anweisung, zunächst bei der Reparatur der Maschine mitzuhelfen, anschließend könne der ArbN seine Pause machen. Der ArbN kam der Anweisung nicht nach, sondern begab sich in das Abteilungsbüro und beschwerte sich bei dem weiteren Vorgesetzten. Die Vorgesetzten halfen der Beschwerde nicht ab und forderten den ArbN zur Arbeitsaufnahme auf. Dieser Aufforderung leistete der ArbN keine Folge. Nach dem Bescheid über die Beschwerde „machte er Pause". Indem der ArbN nach Verbescheidung seiner Beschwerde der ihm erteilten Anweisung nicht nachkam, beging er eine beharrliche Arbeitsverweigerung, die zur Berechtigung der ausgesprochenen außerordentl. Kündigung führte[17].

1 *Fitting*, § 84 BetrVG Rz. 6. | 2 ErfK/*Kania*, § 84 BetrVG Rz. 5. | 3 GK-BetrVG/*Wiese*, § 84 Rz. 8; *Löwisch/Kaiser*, § 84 BetrVG Rz. 1. | 4 ErfK/*Kania*, § 84 BetrVG Rz. 5. | 5 ErfK/*Kania*, § 84 BetrVG Rz. 5. | 6 MünchArbR/*v. Hoyningen-Huene*, § 303 Rz. 18. | 7 DKK/*Buschmann*, § 84 BetrVG Rz. 11. | 8 *Fitting*, § 84 BetrVG Rz. 12; GK-BetrVG/*Wiese*, § 84 Rz. 15. | 9 DKK/*Buschmann*, § 84 BetrVG Rz. 12; *Fitting*, § 84 BetrVG Rz. 13. | 10 *Löwisch/Kaiser*, § 84 BetrVG Rz. 2. | 11 MünchArbR/*v. Hoyningen-Huene*, § 303 Rz. 19. | 12 MünchArbR/*v. Hoyningen-Huene*, § 303 Rz. 20; GK-BetrVG/*Wiese*, § 84 Rz. 23. | 13 *Fitting*, § 84 BetrVG Rz. 16; DKK/*Buschmann*, § 84 BetrVG Rz. 16. | 14 *Fitting*, § 84 BetrVG Rz. 18; DKK/*Buschmann*, § 84 BetrVG Rz. 17. | 15 GK-BetrVG/*Wiese*, § 84 Rz. 27. | 16 *Fitting*, § 84 BetrVG Rz. 15. | 17 LAG Hamm v. 29.10.1997 – 14 Sa 762/97, nv.

IV. Benachteiligungsverbot (Abs. 3). Gem. § 84 III dürfen dem ArbN wegen der Erhebung der Beschwerde keine Nachteile entstehen (**Benachteiligungsverbot**). Als Benachteiligungen kommen Entgeltminderungen, eine Abmahnung[1] oder eine Kündigung in Betracht. § 84 III stellt insoweit eine **Spezialregelung** des allgemeinen Maßregelungsverbots gem. § 612a BGB dar[2]. Kommt es zu einer Benachteiligung als Folge einer Beschwerde, so sind die **wegen einer Beschwerde** zugefügten Nachteile unwirksam, eine etwaige Kündigung ist nichtig[3]. Als Rechtsfolge kommen Schadensersatzansprüche nach § 823 II BGB iVm. § 84 III in Betracht[4]. Etwas anderes kann sich aus den Begleitumständen der Beschwerde ergeben: Grds. gilt, dass im Falle der Erhebung einer Beschwerde des ArbN gegen seinen Vorgesetzten ihm gem. § 84 III auch dann keine Nachteile entstehen dürfen, wenn sich die Beschwerde als ungerechtfertigt herausstellt. Allerdings kann eine Kündigung dann gerechtfertigt sein, wenn **völlig haltlose schwere Anschuldigungen** gegen den ArbGeb oder den Vorgesetzten erhoben werden[5]. 12

Beispiel: Ein ArbN behauptete, von seinem Vorgesetzten tätlich angegriffen und am Ohr verletzt worden zu sein. Erweisen sich solche Vorwürfe als unzutreffend, wäre ein wichtiger Grund für eine außerordentl. Kündigung iSv. § 626 I BGB gegeben[6]. 13

Hinweis: Die Einzelheiten des Beschwerdeverfahrens können durch TV oder BV geregelt werden (§ 86). 14

V. Streitigkeiten. Das ArbG entscheidet im Urteilsverfahren (§ 2 I Nr. 3a, V iVm. §§ 46 ff. ArbGG) über Rechtsstreitigkeiten zwischen ArbGeb und ArbN betreffend die Entgegennahme und Bescheidung der Beschwerde, wobei der ArbN keinen Anspruch auf eine konkrete Beschwerdebescheidung hat; Rechtsansprüche, die sich aus einer **Anerkennung** der Berechtigung der Beschwerde durch den ArbGeb ergeben; **Rechtsansprüche**, die der ArbN mit seiner Beschwerde gegenüber dem ArbGeb geltend macht (zB Leistungsansprüche wegen eines behaupteten Verstoßes gegen den Gleichbehandlungsgrundsatz); Rechtsstreitigkeiten zwischen ArbN und ArbGeb über **Schadensersatzansprüche** (zB wegen **Verletzung der Schutzvorschrift** des § 84 III) sowie Rechtsstreitigkeiten zwischen ArbN und ArbGeb über die **Hinzuziehung** eines BR-Mitglieds (vgl. § 82 Rz. 16)[7]. Der ArbN kann ein Tätigwerden des von ihm gewünschten BR-Mitglieds nicht erzwingen. Die Frage ist kaum von praktischer Bedeutung, da dem ArbN mit einem unwilligen BR-Mitglied nicht gedient ist[8]. Allerdings macht sich aber uU das BR-Mitglied einer groben Pflichtverletzung iSv. § 23 I schuldig (vgl. § 82 Rz. 16)[9]. 15

85 *Behandlung von Beschwerden durch den Betriebsrat*

(1) Der Betriebsrat hat Beschwerden von Arbeitnehmern entgegenzunehmen und, falls er sie für berechtigt erachtet, beim Arbeitgeber auf Abhilfe hinzuwirken.

(2) Bestehen zwischen Betriebsrat und Arbeitgeber Meinungsverschiedenheiten über die Berechtigung der Beschwerde, so kann der Betriebsrat die Einigungsstelle anrufen. Der Spruch der Einigungsstelle ersetzt die Einigung zwischen Arbeitgeber und Betriebsrat. Dies gilt nicht, soweit Gegenstand der Beschwerde ein Rechtsanspruch ist.

(3) Der Arbeitgeber hat den Betriebsrat über die Behandlung der Beschwerde zu unterrichten. § 84 Abs. 2 bleibt unberührt.

I. Vorbemerkung. § 85 ergänzt § 84: Während § 84 das **individuelle Beschwerdeverfahren** regelt, ist Gegenstand des § 85 das **Beschwerdeverfahren beim BR**. Zwischen beiden Vorschriften besteht keine **Rangordnung**, so dass der ArbN (zum persönlichen Geltungsbereich vgl. § 81 Rz. 2) selbst darüber entscheiden kann, welchen Weg er wählt: Es liegt bei ihm, ob er seine Beschwerde beim BR sofort oder erst nach einem erfolglosen Beschwerdeverfahren gem. § 84 I einlegt. Er kann aber auch **gleichzeitig** beide Wege beschreiten[10]. 1

II. Einlegung und Behandlung der Beschwerde (Abs. 1). Nach § 85 I hat der BR Beschwerden von ArbN entgegenzunehmen und, falls er sie für berechtigt erachtet, beim ArbGeb auf Abhilfe hinzuwirken. 2

1. Beschwerdegegenstand. Begriff und **Gegenstand** von Beschwerden nach § 85 I bestimmen sich nach § 84 I[11]. Der Beschwerdegegenstand entspricht somit dem des § 84 (vgl. § 84 Rz. 3 ff.)[12]. Daraus folgt unter anderem, dass eine **Popularbeschwerde** nach § 85 I ausgeschlossen ist. Der ArbN kann aber dem BR im Hinblick auf allgemeine Missstände und Benachteiligungen anderer ArbN Anregungen geben, damit dieser nach § 80 I Nr. 3 tätig wird[13]. 3

1 Vgl. LAG Hamm v. 11.2.2004 – 18 Sa 1847/03, FA 2004, 155. |2 ErfK/*Kania*, § 84 BetrVG Rz. 8. |3 BAG v. 11.3.1982 – 2 AZR 798/79, nv. |4 GK-BetrVG/*Wiese*, § 84 Rz. 35; *Fitting*, § 84 BetrVG Rz. 21a. |5 *Fitting*, § 84 BetrVG Rz. 21a; DKK/*Buschmann*, § 84 BetrVG Rz. 20. |6 LAG Köln v. 20.1.1999 – 8 (10) Sa 1215/98, LAGE Nr. 128 zu § 626 BGB. |7 Vgl. BAG v. 24.4.1979 – 6 AZR 69/77, AP Nr. 1 zu § 82 BetrVG 1972. |8 GK-BetrVG/*Wiese*, § 84 Rz. 37. |9 *Fitting*, § 84 BetrVG Rz. 23; Richardi/*Thüsing*, § 84 BetrVG Rz. 32. |10 DKK/*Buschmann*, § 85 BetrVG Rz. 1; *Fitting*, § 85 BetrVG Rz. 1. |11 BAG v. 11.3.1982 – 2 AZR 798/79, nv. |12 LAG Düsseldorf v. 21.12.1993 – 8 (5) TaBV 92/93, NZA 1994, 767; LAG Schl.-Holst. v. 21.12.1989 – 4 TaBV 42/89, NZA 1990, 703; DKK/*Buschmann*, § 85 BetrVG Rz. Rz. 2; *Fitting*, § 85 BetrVG Rz. 3. |13 MünchArbR/*v. Hoyningen-Huene*, § 303 Rz. 26.

4 **2. Form und Frist.** Für die Beschwerde nach § 85 ist weder eine bestimmte Form noch eine bestimmte Frist vorgeschrieben. Zu Beweissicherungs- und Dokumentationszwecken ist die schriftl. Abfassung der Beschwerde empfehlenswert. Der ArbN kann die Beschwerde aber jederzeit **mündlich** einlegen, bspw. im Rahmen einer Sprechstunde nach § 39[1].

5 **3. Einlegung beim Betriebsrat.** Die Beschwerde ist beim BR einzulegen. Zuständig für die Entgegennahme ist nach § 26 II 2 der **BR-Vorsitzende** oder im Falle der Verhinderung sein Stellvertreter (zum Zugang von Erklärungen beim BR vgl. § 26 Rz. 11). Hat der BR einen besonderen (Beschwerde-)Ausschuss gebildet (§ 28), ist die Beschwerde an diesen zu richten.

6 **4. Behandlung durch Betriebsrat.** Der BR **muss** die Beschwerde auf ihre **sachliche Berechtigung** hin prüfen und darüber nach **pflichtgemäßem Ermessen** durch **Beschluss** entscheiden[2]. Allerdings kann der ArbN nicht gerichtlich erzwingen, dass der BR sich mit der Beschwerde befasst. Je nach den Umständen des Einzelfalls kommt aber eine grobe Amtspflichtverletzung nach § 23 I in Betracht[3]. Die Behandlung der Beschwerde durch den BR kann zu zwei Ergebnissen führen:

7 **a) Unberechtigte Beschwerde.** Hält der BR die Beschwerde für **unberechtigt**, hat er den Beschwerdeführer unter Angabe der **Gründe** zu unterrichten[4]. Dem ArbN steht es für diesen Fall frei, eine erneute Beschwerde einzureichen. Beruht die Beschwerde auf demselben, bereits einmal beschiedenen Sachverhalt, bedarf der Beschluss des BR, mit dem er zu dem Ergebnis der Nichtberechtigung der Beschwerde kommt, keiner Begründung. Enthält die erneute Beschwerde **ergänzende Fakten**, muss der BR diese mit Begründung verbescheiden[5]. Ferner steht es dem ArbN frei, nach § 84 die Beschwerde erneut, nunmehr beim ArbGeb, einzulegen[6]. Hält der BR die Beschwerde für unberechtigt und verbescheidet den ArbN mit Begründung entsprechend, kann dieser ein weiteres Tätigwerden des BR nicht erzwingen. Dem ArbN bleibt nur die Möglichkeit, ggf. ein Verfahren nach § 23 I einzuleiten[7]. Eine bestimmte **Form** für die Verbescheidung der Beschwerde des ArbN ist nicht vorgeschrieben. Aus Beweissicherungs- und Dokumentationszwecken ist auch hier die **Schriftform** empfehlenswert.

8 **b) Berechtigte Beschwerde.** Hält der BR die Beschwerde für berechtigt, so ist er nach § 85 I verpflichtet, beim ArbGeb auf **Abhilfe** hinzuwirken. Es ergibt sich bereits aus § 80 I Nr. 3, dass der BR den Beschwerdeführer über den Stand und das Ergebnis der Verhandlungen mit dem ArbGeb zu unterrichten hat (vgl. § 80 Rz. 39)[8].

9 **5. Behandlung durch Arbeitgeber.** ArbGeb und BR haben über die Berechtigung der Beschwerde zu verhandeln[9].

10 **a) Berechtigte Beschwerde.** Hält der ArbGeb die Beschwerde für berechtigt, ist er verpflichtet, ihr **abzuhelfen** (§§ 85 III 2 iVm. 84 II Hs. 2, vgl. § 84 Rz. 9 ff.). In diesem Fall hat der ArbGeb den ArbN über die Berechtigung der Beschwerde zu verbescheiden (§§ 85 III 2 iVm. 84 II Hs. 1). Der BR ist ebenfalls über die Berechtigung der Beschwerde zu unterrichten (§ 85 III 1). Erachtet der ArbGeb die Beschwerde für berechtigt und teilt er dies ArbN und BR mit, entsteht ein ggf. im Klagewege durchsetzbarer **Rechtsanspruch** des einzelnen ArbN[10]. Der Anspruch ist gerichtet auf Abhilfe, nicht jedoch auf eine bestimmte Maßnahme. Die Art und Weise der Abhilfe obliegt dem ArbGeb[11]. Mit der Anerkennung der Berechtigung der Beschwerde durch den ArbGeb ist das Beschwerdeverfahren nach § 85 abgeschlossen[12].

11 **b) Unberechtigte Beschwerde.** Die Verhandlungen zwischen ArbGeb und BR über die Berechtigung der Beschwerde führen nicht zwangsläufig zu einer Abhilfe durch den ArbGeb.

12 **aa) Übereinstimmende Feststellung der Nichtberechtigung.** Ergebnis der Gespräche kann sein, dass ArbGeb und BR übereinstimmend die Berechtigung der Beschwerde verneinen. In diesem Fall ist der ArbN von dem Ergebnis mit Begründung (vgl. Rz. 7) zu verständigen, das Verfahren nach § 85 ist abgeschlossen (§§ 85 III 2 iVm. 84 II Hs. 1)[13].

13 **bb) Keine Einigung.** Führen die Verhandlungen zwischen ArbGeb und BR zu keiner Einigung, weil der ArbGeb die Beschwerde für unberechtigt, der BR sie hingegen für berechtigt hält, kann der BR die Einigungsstelle anrufen. Da es sich um die Beschwerde eines bestimmten ArbN handelt, muss dessen **Name** genannt werden, weil sonst eine Prüfung der Angelegenheit und Entscheidung über die Berechtigung der Beschwerde nicht möglich ist[14].

14 **III. Anrufung und Kompetenz der Einigungsstelle (Abs. 2).** Kommen BR und ArbGeb nicht zu einer Einigung, so kann der BR nach § 85 II 1 die Einigungsstelle anrufen (zur Anrufung der Einigungsstelle

---

1 MünchArbR/*v. Hoyningen-Huene*, § 303 Rz. 26. | 2 DKK/*Buschmann*, § 85 BetrVG Rz. 5; *Fitting*, § 85 BetrVG Rz. 3. | 3 DKK/*Buschmann*, § 85 BetrVG Rz. 4; Richardi/*Thüsing*, § 85 BetrVG Rz. 12. | 4 DKK/*Buschmann*, § 85 BetrVG Rz. 4; *Fitting*, § 85 BetrVG Rz. 3. | 5 GK-BetrVG/*Wiese*, § 85 Rz. 6. | 6 *Clemenz* in Tschöpe, Arbeitsrecht, Teil 4 A Rz. 409. | 7 ErfK/*Kania*, § 85 BetrVG Rz. 2; DKK/*Buschmann*, § 85 BetrVG Rz. 4; aA GK-BetrVG/*Wiese*, § 85 Rz. 31. | 8 Richardi/*Thüsing*, § 85 BetrVG Rz. 10. | 9 ErfK/*Kania*, § 85 BetrVG Rz. 3. | 10 *Fitting*, § 85 BetrVG Rz. 9; DKK/*Buschmann*, § 85 BetrVG Rz. 6. | 11 GK-BetrVG/*Wiese*, § 85 Rz. 23; HSWG/*Hess*, § 85 BetrVG Rz. 8. | 12 MünchArbR/*v. Hoyningen-Huene*, § 303 Rz. 30. | 13 MünchArbR/*v. Hoyningen-Huene*, § 303 Rz. 30; *Clemenz* in Tschöpe, Arbeitsrecht, Teil 4 A Rz. 410. | 14 GK-BetrVG/*Wiese*, § 85 Rz. 7; MünchArbR/*v. Hoyningen-Huene*, § 303 Rz. 29.

vgl. im Einzelnen § 76 Rz. 14 ff.). Die Anrufung der Einigungsstelle steht im **Ermessen** des BR, der ArbN hat insoweit keinen Anspruch[1]. Ferner bedarf es für die Anrufung der Einigungsstelle nicht der **Zustimmung** des ArbN. Dieser kann aber dem Einigungsstellenverfahren jederzeit die Grundlage entziehen, indem er seine Beschwerde zurücknimmt[2].

1. Zuständigkeit der Einigungsstelle (Abs. 2 S. 3). Die Zuständigkeit der Einigungsstelle ist beschränkt auf **Regelungsstreitigkeiten** und erstreckt sich nicht auf **Rechtsansprüche** (§ 85 II 3). 15

a) Keine Zuständigkeit bei Rechtsansprüchen. Die Einigungsstelle ist zuständig, wenn es um Regelungsstreitigkeiten geht und nicht um Rechtsansprüche des ArbN. Etwas anderes könnte dann gelten, wenn man der Auffassung folgt, § 85 II 3 schließe nur die Verbindlichkeit eines Spruchs der Einigungsstelle aus, wenn mit der Beschwerde ein Rechtsanspruch geltend gemacht wird[3]. Dies würde aber dazu führen, dass zunächst ein „Gutachten" der Einigungsstelle über das Bestehen von Rechtsansprüchen eingeholt würde, um nachfolgend im arbeitsgerichtl. Beschlussverfahren im Falle der Anfechtung eines Spruchs der Einigungsstelle klären zu lassen, ob die Rechtsansicht der Einigungsstelle zutrifft oder nicht. Das Beschwerdeverfahren nach § 85 hat nicht den Sinn, einem ArbN die Einholung eines gerichtl. Gutachtens zu ermöglichen. Für die Geltendmachung von Rechtsansprüchen steht dem ArbN das **arbeitsgerichtl. Urteilsverfahren** offen, die Einigungsstelle ist nicht zuständig und kann daher über Rechtsansprüche nicht, auch nicht „unverbindlich", entscheiden[4]. 16

b) Abgrenzung Rechtsansprüche. Rechtsansprüche sind iSv. **Rechtsstreitigkeiten** zu verstehen, weil bei diesen aus rechtsstaatl. Gründen weder dem ArbGeb noch dem ArbN der Rechtsweg abgeschnitten werden kann[5]. Der **Begriff des Rechtsanspruchs** ist im weiten Sinn zu verstehen. Er umfasst neben vermögenswerten Rechten auch alle anderen Rechtsansprüche, die aus der Ordnung des Rechtsverhältnisses zwischen ArbN und ArbGeb oder Dritten hergeleitet werden[6]. **Kein Rechtsanspruch** liegt bspw. vor, wenn der ArbN sich über seine „totale" Arbeitsüberlastung beschwert[7]. Eine Regelungsstreitigkeit liegt vor, wenn es um den Inhalt von Gesprächen zwischen ArbGeb und ArbN geht, die zumindest nicht ausschließlich Rechtsansprüche betreffen[8]. Ferner ist die Einigungsstelle zuständig bei mangelnden oder unzureichenden Informationen und Zielsetzungen, unsachgemäßer Kritik oder Kontrolle, ständigem Einsatz als „Springer" unter Verschonung anderer ArbN[9]. **Rechtsansprüche** sind bspw. dann gegeben, wenn der ArbN sich auf die Verletzung des Benachteiligungsverbots iSd. §§ 75 I 1 und § 78 bei der Auswahl von Bewerbern für die Zulassung zu einem Aufstiegsverfahren beruft[10], wenn er sich wegen einer vermeintlichen Benachteiligung bei Gehaltserhöhungen beschwert[11], bei Eingriffen des ArbGeb in die vertragl. Rechte des ArbN (unzulässige Versetzungen[12]) und bei Beschwerden von ArbN, die darauf gerichtet sind, andere ArbN aus dem Unternehmen zu entfernen (nach einer tätlichen Auseinandersetzung beschwerte sich ein ArbN über seinen Kollegen und verlangte dessen Entfernung aus dem Betrieb)[13]. Ein weiteres Beispiel ist die Entfernung einer Abmahnung aus der Personalakte[14]. Andere Fälle von Rechtsansprüchen sind solche, die sich aus Gesetz, TV, BV oder individualvertragl. Regelungen ergeben (Nichtzahlung der vereinbarten Vergütung, Nichtgewährung des dem ArbN zustehenden Urlaubs uÄ)[15]. **Grenzfälle** sind Beschwerdegegenstände, bei denen sich möglicherweise Rechtsansprüche aus arbeitsvertragl. Nebenpflichten (zB Verletzung der Fürsorge- oder Gleichbehandlungspflicht[16]) herleiten lassen[17]. Das Problem besteht darin, dass das Beschwerderecht nach § 85 weitgehend leer läuft, wenn auch in diesen Fällen von einem Rechtsanspruch ausgegangen würde, bei dem die Zuständigkeit der Einigungsstelle ausscheidet und der ArbN auf die individualrechtl. Durchsetzung verwiesen wäre[18]. Richtig ist, Rechtsansprüche grds. aus dem Zuständigkeitsbereich der Beschwerde nach § 85 zu nehmen. Die mehr oder weniger rechtspolitische Überlegung, dass § 85 weitgehend leer liefe, wenn auch Rechtsansprüche, die aus arbeitsvertragl. Nebenpflichten herrühren, herausfielen, vermag nicht zu überzeugen. § 85 II 3 stellt ausschließlich auf Rechtsansprüche ab, ohne danach zu differenzieren, ob diese auf arbeitsvertragl. Haupt- oder Nebenpflichten beruhen. Im Übrigen ist es nicht recht einzusehen, 17

1 MünchArbR/*v. Hoyningen-Huene*, § 303 Rz. 31. | 2 Vgl. BAG v. 28.6.1984 – 6 ABR 5/83, AP Nr. 1 zu § 85 BetrVG 1972. | 3 DKK/*Buschmann*, § 85 BetrVG Rz. 10. | 4 HM, vgl. BAG v. 28.6.1984 – 6 ABR 5/83, AP Nr. 1 zu § 85 BetrVG 1972; *Fitting*, § 85 BetrVG Rz. 4. | 5 LAG Düsseldorf v. 21.12.1993 – 8 (5) TaBV 92/93, NZA 1994, 767 (768). | 6 LAG Düsseldorf v. 21.12.1993 – 8 (5) TaBV 92/93, NZA 1994, 767 (768); HSWG/*Hess*, § 85 BetrVG Rz. 11. | 7 LAG BW v. 13.3.2000 – 15 TaBV 4/99, AiB 2000, 760; LAG Düsseldorf v. 21.12.1993 – 8 (5) TaBV 92/93, NZA 1994, 767 (768). | 8 ArbG Hannover v. 29.3.1989 – 1 BV 2/89, AiB 1989, 313. | 9 *Fitting*, § 85 BetrVG Rz. 6. | 10 Vgl. LAG München v. 25.3.1987 – 7 (8) TaBV 47/86, LAGE Nr. 1 zu § 85 BetrVG 1972. | 11 Vgl. LAG München v. 6.3.1987 – 4 TaBV 3/97, LAGE Nr. 4 zu § 85 BetrVG 1972. | 12 ArbG Marburg v. 30.10.1998 – 2 BV 9/98, ArbuR 1999, 365. | 13 LAG Köln v. 2.9.1999 – 10 TaBV 44/99, NZA-RR 2000, 26. | 14 Vgl. LAG Berlin v. 19.8.1988 – 2 TaBV 4/88, LAGE Nr. 11 zu § 98 ArbGG; LAG Rh.-Pf. v. 17.1.1985 – 5 TaBV 36/84, NZA 1985, 190; aA LAG Hamburg v. 9.7.1985 – 8 TaBV 11/85, LAGE Nr. 7 zu § 98 ArbGG; LAG Köln v. 16.11.1984 – 7 TaBV 40/84, NZA 1985, 191; LAG Hess. v. 27.3.1980 – 4 TaBV 79/79, nv. | 15 ErfK/*Kania*, § 85 BetrVG Rz. 5. | 16 MünchArbR/*v. Hoyningen-Huene*, § 303 Rz. 33. | 17 LAG Düsseldorf v. 21.12.1993 – 8 (5) TaBV 92/93, NZA 1994, 767 (768); LAG Hess. v. 8.12.1992 – 4 TaBV 103/92, LAGE Nr. 25 zu § 98 ArbGG; v. 15.9.1992 – 4 TaBV 52/92, LAGE Nr. 26 zu § 98 ArbGG. | 18 Für Rechtsanspruch MünchArbR/v. Hoyningen-Huene, § 303 Rz. 33; GK-BetrVG/*Wiese*, § 85 Rz. 10; aA HSWG/*Hess*, § 85 BetrVG Rz. 9a; ErfK/*Kania*, § 85 BetrVG Rz. 5; *Fitting*, § 85 BetrVG Rz. 8; Richardi/*Thüsing*, § 85 BetrVG Rz. 20.

dass der ArbN, der sich eines Rechtsanspruchs aus arbeitsvertragl. Nebenpflichten berühmt, über den BR und die Einigungsstelle auf Kosten des ArbGeb (§ 40 I) seine individualrechtl. Ansprüche durchsetzt.

18 c) **Mitbestimmung.** Eine weitere **Schranke** für die **Anrufung** und **Entscheidungskompetenz** der Einigungsstelle besteht insoweit, als die **Grenzen der Mitbest.** es ausschließen, dass die Einigungsstelle eine für den ArbGeb bindende Entscheidung trifft. Das Recht, über die Berechtigung einer Beschwerde einen verbindlichen Spruch der Einigungsstelle herbeizuführen, erweitert nicht das MitbestR des BR. Der BR hat ein MitbestR im Beschwerdeverfahren, nicht aber über das Beschwerdeverfahren MitbestR, die das Gesetz nicht vorsieht[1].

19 **d) Freiwilliges Einigungsstellenverfahren.** Unbenommen bleibt es dem ArbGeb und dem BR, bei Nichteinigung über die Berechtigung eines durch die Beschwerde geltend gemachten Rechtsanspruchs ein freiwilliges Einigungsstellenverfahren einzuleiten (§ 76 VI). Trotz Unzuständigkeit könnte in diesem Fall die Einigungsstelle bei Vorliegen der Voraussetzungen des § 76 VI verbindlich durch Spruch entscheiden[2].

20 **2. Kompetenz der Einigungsstelle (Abs. 2 S. 2).** Der Spruch der Einigungsstelle ersetzt die Einigung zwischen ArbGeb und BR (§ 85 II). Das bedeutet, dass im Rahmen des Einigungsstellenverfahrens Gegenstand nur die **fehlende Einigung** zwischen ArbGeb und BR über die Berechtigung der durch den Antrag inhaltlich bestimmten Beschwerde ist; die Einigungsstelle entscheidet **nicht** über die zu treffenden Maßnahmen[3]. Durch den Spruch der Einigungsstelle entsteht, wenn die Beschwerde für berechtigt erachtet wird, ein im Klageweg durchsetzbarer Rechtsanspruch des einzelnen ArbN auf Abhilfe. Die konkreten Maßnahmen obliegen dem ArbGeb (vgl. Rz. 10). Damit dieser Abhilfe leisten kann, muss die Einigungsstelle die konkreten beeinträchtigenden Umstände kennen[4]. Der betroffene ArbN ist vor der Einigungsstelle zu hören (vgl. im Übrigen zum Ablauf des Einigungsstellenverfahrens § 76 Rz. 14 ff.)[5].

21 **IV. Unterrichtung (Abs. 3).** Über die Behandlung der Beschwerde, insb. über die Art der Abhilfe, hat der ArbGeb den BR (§ 85 III 1) und den betreffenden ArbN (§§ 85 III 2 iVm. 84 II) zu unterrichten. Dies gilt auch bei einvernehmlicher Ablehnung der Berechtigung der Beschwerde durch ArbGeb und BR oder durch Spruch der Einigungsstelle[6].

22 **V. Benachteiligungsverbot.** Wegen der Erhebung der Beschwerde dürfen dem ArbN keine **Nachteile** entstehen. § 84 III gilt auch, wenn die Beschwerde über den BR erhoben wird[7].

23 **VI. Streitigkeiten.** Die von ihm behaupteten **Rechtsansprüche** kann der ArbN jederzeit im arbeitsgerichtl. **Urteilsverfahren** geltend machen (§§ 2 I Nr. 3a, V iVm. 46 ff. ArbGG). Hat der ArbGeb die Berechtigung der Beschwerde anerkannt oder wurde durch Spruch der Einigungsstelle die Berechtigung der Beschwerde festgestellt, kann der ArbN ebenfalls im arbeitsgerichtl. Urteilsverfahren (§§ 2 I Nr. 3a, V iVm. 46 ff. ArbGG) Abhilfe einfordern, wobei der Anspruch auf Abhilfe nicht auf eine bestimmte Maßnahme gerichtet ist. Bei Streitigkeiten zwischen ArbGeb und BR über die Anrufung der Einigungsstelle und deren Zuständigkeit entscheidet das ArbG im **Beschlussverfahren** (§§ 2a I Nr. 1, II iVm. 80 ff. ArbGG, § 98 ArbGG). Das Gleiche gilt, wenn der Spruch der Einigungsstelle nach § 76 V 4 angefochten werden sollte. Im Verfahren über die Wirksamkeit des Spruchs der Einigungsstelle ist der beschwerdeführende ArbN nicht Beteiligter[8]. Der einzelne ArbN hat keinen gerichtlich durchsetzbaren Anspruch darauf, dass der BR sich mit der Beschwerde befasst. Das beharrliche Nichtbefassen mit den an den BR herangetragenen Beschwerden ist eine Pflichtwidrigkeit, die bei Vorliegen der weiteren Voraussetzungen des § 23 I zur Einl. eines Amtsenthebungsverfahrens berechtigt. Zuständig ist das ArbG, das im Beschlussverfahren entscheidet (§§ 2a I Nr. 1, II iVm. 80 ff. ArbGG).

86 *Ergänzende Vereinbarungen*

Durch Tarifvertrag oder Betriebsvereinbarung können die Einzelheiten des Beschwerdeverfahrens geregelt werden. Hierbei kann bestimmt werden, dass in den Fällen des § 85 Abs. 2 an die Stelle der Einigungsstelle eine betriebliche Beschwerdestelle tritt.

1 **I. Vorbemerkung.** Im Interesse einer möglichst betriebsnahen Regelung des Beschwerdewesens eröffnet § 86 die Möglichkeit, die Einzelheiten des Beschwerdeverfahrens durch TV oder BV zu regeln. Im Rahmen des kollektiven Beschwerdeverfahrens kann an die Stelle der Einigungsstelle eine betriebl. Beschwerdestelle treten.

2 **II. Regelung des Beschwerdeverfahrens durch Tarifvertrag oder Betriebsvereinbarung (S. 1).** Die Einzelheiten des Beschwerdeverfahrens können in einem TV oder in einer BV geregelt werden.

1 DKK/*Buschmann*, § 85 BetrVG Rz. 13; *Fitting*, § 85 BetrVG Rz. 12. | 2 *Fitting*, § 85 BetrVG Rz. 7; GK-BetrVG/*Wiese*, § 85 Rz. 14. | 3 DKK/*Buschmann*, § 85 BetrVG Rz. 17; *Fitting*, § 85 BetrVG Rz. 6. | 4 Vgl. BAG v. 22.11.2005 – 1 ABR 50/04, AP Nr. 2 zu § 85 BetrVG 1972. | 5 Vgl. BAG v. 28.6.1984 – 6 ABR 5/83, AP Nr. 1 zu § 85 BetrVG 1972. | 6 *Fitting*, § 85 BetrVG Rz. 10; GK-BetrVG/*Wiese*, § 85 Rz. 28 f. | 7 Richardi/*Thüsing*, § 85 BetrVG Rz. 37; *Fitting*, § 85 BetrVG Rz. 11. | 8 Vgl. BAG v. 28.6.1984 – 6 ABR 5/83, AP Nr. 1 zu § 85 BetrVG 1972.

1. Regelungsgegenstand. Durch TV oder BV können Einzelheiten sowohl des **individuellen Beschwerdeverfahrens** nach § 84 als auch des **kollektiven Beschwerdeverfahrens** nach § 85 näher geregelt werden: Möglich sind Vereinbarungen über Fragen der Frist und der Form für die Einlegung von Beschwerden, die **Zuständigkeit** für die Entgegennahme von Beschwerden und die Einführung eines Instanzenzugs für die Behandlung von Beschwerden im Betrieb[1]. Durch die Verfahrensregelung dürfen das Beschwerderecht des einzelnen ArbN und die Kompetenz der Einigungsstelle bzw. der betriebl. Beschwerdestelle **nicht eingeschränkt** werden[2]. Nicht ausgeschlossen werden kann, dass ArbN beide Beschwerdeverfahren gleichzeitig einleiten[3]. § 86 S. 1 eröffnet lediglich die Regelungsbefugnis durch TV oder BV für die Einzelheiten des **Beschwerdeverfahrens**, so dass keine Regelungen betreffend das Verfahren vor der **Einigungsstelle** möglich sind. Die für das Einigungsstellenverfahren zwingenden Grundsätze gelten auch für das Verfahren vor der betrieblichen Beschwerdestelle[4]. Die **organisatorische Struktur** der Einigungsstelle wie auch die Verfahrensgrundsätze müssen erhalten bleiben[5]. 3

2. Vorrang Tarifvertrag. Soweit ein TV das Beschwerdeverfahren regelt, ist eine BV ausgeschlossen[6]. Da es sich um eine betriebsverfassungsrechtl. Regelung handelt, ist die Tarifgebundenheit des ArbGeb ausreichend (§ 3 II TVG)[7]. 4

3. Freiwillige Bertriebsvereinbarung. Eine BV iSv. § 86 S. 1 ist eine freiwillige BV, sie kann nicht durch verbindlichen Spruch der Einigungsstelle erzwungen werden[8]. 5

III. Betriebliche Beschwerdestelle (S. 2). Nach § 86 S. 2 kann durch TV oder BV bestimmt werden, dass in den Fällen des § 85 II an die Stelle der Einigungsstelle eine betriebliche Beschwerdestelle tritt. Die betriebl. Beschwerdestelle übernimmt die Aufgaben der Einigungsstelle gem. § 85 II. 6

1. Regelungsgegenstand. Die Beschwerdestelle ist wie die Einigungsstelle im Verfahren nach § 85 II nur zuständig für die **Entscheidung über die Berechtigung** der Beschwerde, nicht aber für die Entscheidung über die Form der Abhilfe[9]. Die Kompetenz und Zuständigkeit der betrieblichen Beschwerdestelle sowie der von ihr zu treffende Regelungsgegenstand ist mit der der Einigungsstelle nach § 85 II identisch (vgl. § 85 Rz. 20). 7

2. Zusammensetzung und Verfahren. Da die betriebl. Beschwerdestelle letztendlich an die Stelle der Einigungsstelle nach § 85 II tritt, muss ihre **Zusammensetzung** § 76 II entsprechen. Das bedeutet, dass die betriebl. Beschwerdestelle einen unparteiischen Vorsitzenden haben muss und ihre Mitglieder paritätisch durch ArbGeb und BR bestellt werden[10]. Hinsichtlich des **Verfahrens** gelten die für das Einigungsstellenverfahren zwingenden Grundsätze auch für die betriebl. Beschwerdestelle[11]. Über die zwingenden Grundsätze des Einigungsstellenverfahrens (vgl. § 76 Rz. 35 ff.) hinaus können allerdings weitere Einzelheiten des Verfahrens durch BV geregelt werden, da § 76 IV, der diese Möglichkeit eröffnet, nicht nur für die Einigungsstelle, sondern auch für die an ihre Stelle tretende betriebl. Beschwerdestelle Anwendung findet. 8

3. Tarifliche Schlichtungsstelle. Die Möglichkeit der Errichtung einer betriebl. Beschwerdestelle nach § 86 S. 2 schließt nicht die Ersetzung der Einigungsstelle durch eine tarifl. Schlichtungsstelle gem. § 76 VIII BetrVG aus. § 86 S. 2 schafft nur eine zusätzliche (dritte) Möglichkeit für die Entscheidung über eine Beschwerde[12]. 9

4. Schutz der Mitglieder der betrieblichen Beschwerdestelle. Die Mitglieder der betriebl. Beschwerdestelle genießen ebenso wie die Mitglieder der Einigungsstelle oder einer tarifl. Schlichtungsstelle nach § 76 VIII hinsichtlich ihrer Tätigkeit den **Schutz** nach § 78. Die Behinderung oder Störung der Tätigkeit ist genauso wie eine Benachteiligung wegen der Tätigkeit bei Vorliegen der Voraussetzungen Straftatbestand nach § 119. Die Mitglieder der betrieblichen Beschwerdestelle unterliegen darüber hinaus der Geheimhaltungspflicht nach § 79. 10

IV. Streitigkeiten. Streitigkeiten aus der Anwendung des § 86, bspw. über die Zulässigkeit und den Inhalt eines TV oder einer BV, entscheiden die ArbG im **Beschlussverfahren** (§§ 2a I Nr. 1, II iVm. 80 ff. ArbGG). 11

---

1 DKK/*Buschmann*, § 86 BetrVG Rz. 1; *Fitting*, § 86 BetrVG Rz. 3. |2 Richardi/*Thüsing*, § 86 BetrVG Rz. 2; DKK/*Buschmann*, § 86 BetrVG Rz. 2. |3 Richardi/*Thüsing*, § 86 BetrVG Rz. 2; aA GK-BetrVG/*Wiese*, § 86 Rz. 6. |4 Richardi/*Thüsing*, § 86 BetrVG Rz. 3 und 11; HSWG/*Hess*, § 86 BetrVG Rz. 3; aA GK-BetrVG/*Wiese*, § 86 Rz. 10. |5 *Weiss/Weyand*, § 86 BetrVG Rz. 3. |6 *Fitting*, § 86 BetrVG Rz. 2; DKK/*Buschmann*, § 86 BetrVG Rz. 3. |7 *Fitting*, § 86 BetrVG Rz. 1; GK-BetrVG/*Wiese*, § 86 Rz. 1. |8 HSWG/*Hess*, § 86 BetrVG Rz. 1; DKK/*Buschmann*, § 86 BetrVG Rz. 3. |9 HSWG/*Hess*, § 86 BetrVG Rz. 5. |10 Richardi/*Thüsing*, § 86 BetrVG Rz. 10; *Weiss/Weyand*, § 86 BetrVG Rz. 3; aA HSWG/*Hess*, § 86 BetrVG Rz. 4; GK-BetrVG/*Wiese*, § 86 Rz. 9; *Fitting*, § 86 BetrVG Rz. 4, die vertreten, dass ArbGeb und BR frei sind, die Zusammensetzung der Beschwerdestelle zu vereinbaren, insbesondere, dass die betriebliche Beschwerdestelle auch ohne unparteiischen Vorsitzenden tätig werden kann. |11 Richardi/*Thüsing*, § 86 BetrVG Rz. 11; HSWG/*Hess*, § 86 BetrVG Rz. 3; *Weiss/Weyand*, § 86 BetrVG Rz. 3; aA GK-BetrVG/*Wiese*, § 86 Rz. 10; *Fitting*, § 86 BetrVG Rz. 4. |12 *Löwisch/Kaiser*, § 86 BetrVG Rz. 1; ErfK/*Kania*, § 86 BetrVG Rz. 1; DKK/*Buschmann*, § 86 BetrVG Rz. 4; *Fitting*, § 86 BetrVG Rz. 5; aA GK-BetrVG/*Wiese*, § 86 Rz. 7; Richardi/*Thüsing*, § 86 BetrVG Rz. 9; HSWG/*Hess*, § 86 BetrVG Rz. 7.

86a *Vorschlagsrecht der Arbeitnehmer*

Jeder Arbeitnehmer hat das Recht, dem Betriebsrat Themen zur Beratung vorzuschlagen. Wird ein Vorschlag von mindestens 5 vom Hundert der Arbeitnehmer des Betriebs unterstützt, hat der Betriebsrat diesen innerhalb von zwei Monaten auf die Tagesordnung einer Betriebsratssitzung zu setzen.

1 **I. Vorbemerkung.** Zweck der Vorschrift ist die Stärkung des **demokratischen Engagements** der ArbN[1], die selbst vermehrt Einfluss auf die **Betriebspolitik** und die **BR-Arbeit** nehmen sollen[2]. Dies soll dadurch erreicht werden, dass der einzelne ArbN auch außerhalb von Betriebsversammlungen und Sprechstunden die Initiative ergreifen kann, um Themen, die er für wichtig hält, an den BR heranzutragen, damit dieser sich mit den aufgeworfenen Fragen auseinander setzen und ggf. entsprechende Regelungen mit dem ArbGeb anstreben kann. Das individuelle Vorschlagsrecht soll Anreiz bieten, dass sich die ArbN in betrieblichen Angelegenheiten verstärkt einschalten und ihre **Ideen** und **Sichtweisen** gegenüber ihrer Interessenvertretung kundtun[3]. Die Vorschrift schafft keine **neuen Rechte** der Belegschaft, sie ähnelt vielmehr dem Einberufungs- und Beratungsrecht bei Betriebsversammlungen nach § 43 III 1 und § 45 S. 3[4]. Vom Vorschlagsrecht nach § 86a unabhängig ist das Recht des ArbN nach § 80 I Nr. 3, dem BR Anregungen für die Verfolgung bestimmter Themen zu unterbreiten. Die Vorschrift des § 86a ist insoweit enger, als eine **Pflicht** des BR besteht, den Vorschlag innerhalb von zwei Monaten auf die Tagesordnung einer BR-Sitzung zu setzen, wenn er von einem bestimmten Quorum unterstützt wird[5].

2 **II. Vorschlagsrecht (S. 1).** § 86a S. 1 gibt jedem ArbN das Recht, dem BR Themen zur Beratung vorzuschlagen.

3 **1. Themen.** Eine Begrenzung des Vorschlagsrechts auf bestimmte Themen sieht § 86a S. 1 nicht vor. Einzige Voraussetzung ist, dass das Thema in die **Zuständigkeit des BR** fällt[6]. Nicht vorausgesetzt ist eine **unmittelbare Betroffenheit** der vorschlagenden ArbN[7]. Deshalb kommen auch **Popularbeschwerden** in Betracht[8].

4 **2. Ausübung.** Die Ausübung des Vorschlagsrechts kann grds. **jederzeit**, dh. auch außerhalb von Betriebsversammlungen und Sprechstunden, erfolgen[9]. Das bedeutet, dass der ArbN während der **Arbeitszeit** den BR aufsuchen kann, um Themen vorzuschlagen[10]. Dies ist allerdings nicht uneingeschränkt möglich: Der ArbN ist nach wie vor an seine Arbeitspflicht gebunden, sofern sie nicht durch das BetrVG suspendiert ist. Einschlägig ist § 39 III, nach dem der ArbGeb nicht berechtigt ist, wegen Versäumnis von Arbeitszeit, die zum Besuch der Sprechstunden oder durch sonstige Inanspruchnahme des BR **erforderlich** ist, das Arbeitsentgelt zu kürzen.

5 **3. Keine Form und Frist.** Eine bestimmte Form oder eine bestimmte Frist für das Vorschlagsrecht ist im Gesetz nicht vorgesehen. Der ArbN kann es daher mündl., schriftl. oder auf elektronischem Weg ausüben[11].

6 **4. Adressat.** Das Vorschlagsrecht besteht gegenüber dem BR. Nach § 26 II 2 ist zur Entgegennahme von Erklärungen der BR-Vorsitzende oder im Falle seiner Verhinderung sein Stellvertreter zuständig (vgl. ausf. § 26 Rz. 9 ff.)[12].

7 **5. Weitere Behandlung durch den Betriebsrat.** Der BR ist im Rahmen **pflichtgemäßen Ermessens**[13] in seiner Entscheidung frei darüber, wie er mit dem Vorschlag verfährt. Er kann ihn beraten, muss es aber nicht. Der BR kann sich auch darauf beschränken, den Vorschlag nur zur Kenntnis zu nehmen[14]. Es besteht keine Verpflichtung des BR, den ArbN über die weitere Behandlung seines Vorschlags zu informieren[15].

8 **III. Unterstützter Vorschlag (S. 2).** Wird der Vorschlag des ArbN iSv. § 86a S. 1 von mindestens 5 vH der ArbN unterstützt, hat der BR diesen innerhalb von zwei Monaten auf die Tagesordnung einer BR-Sitzung zu setzen und zu behandeln[16].

9 **1. Quorum.** Der Vorschlag iSv. § 86a S. 1 muss von mindestens 5 vom Hundert der ArbN des Betriebs unterstützt werden. Beim Quorum ist die Unterstützung **jedes** ArbN zu berücksichtigen. Im Gegensatz zu § 43 III 1 wird das Quorum nicht von einer Unterstützung **wahlberechtigter** ArbN abhängig gemacht,

---

1 *Fitting*, § 86a BetrVG Rz. 2; *Dachrodt/Engelbert*, § 86a BetrVG Rz. 1. | 2 DKK/*Buschmann*, § 86a BetrVG Rz. 2; *Löwisch/Kaiser*, § 86a BetrVG Rz. 1. | 3 BT-Drs. 14/5741, 47. | 4 *Wendeling-Schröder*, NZA Sonderheft 2001, 29 (32). | 5 *Wiese*, BB 2001, 2267 (2268); DKK/*Buschmann*, § 86a BetrVG Rz. 12. | 6 BT-Drs. 14/5741, 47; DKK/*Buschmann*, § 86a BetrVG Rz. 10; *Fitting*, § 86a BetrVG Rz. 6. | 7 *Fitting*, § 86a BetrVG Rz. 6; *Löwisch/Kaiser*, § 86a BetrVG Rz. 1. | 8 *Wiese*, BB 2001, 2267 (2268); Richardi/*Thüsing*, § 86a BetrVG Rz. 2. | 9 BT-Drs. 14/5741, 47. | 10 DKK/*Buschmann*, § 86a BetrVG Rz. 8; *Fitting*, § 86a BetrVG Rz. 5. | 11 *Wiese*, BB 2001, 2267 (2268); DKK/*Buschmann*, § 86a BetrVG Rz. 7; *Fitting*, § 86a BetrVG Rz. 5. | 12 *Fitting*, § 86a BetrVG Rz. 7. | 13 *Wiese*, BB 2001, 2267 (2269); DKK/*Buschmann*, § 86a BetrVG Rz. 12; *Fitting*, § 86a BetrVG Rz. 8. | 14 *Löwisch*, BB 2001, 1734 (1741); *Schaub*, ZTR 2001, 437 (443). | 15 *Neef*, NZA 2001, 361 (363); DKK/*Buschmann*, § 86a BetrVG Rz. 12; aA *Fitting*, § 86a BetrVG Rz. 8. | 16 *Posselt*, ZRP 2001, 176 (179).

so dass einschränkungslos alle ArbN iSv. § 5 I berechtigt sind, einen entsprechenden Vorschlag zu unterstützen[1].

2. Arbeitszeit. Nach § 86a S. 1 kann der ArbN während der Arbeitszeit dem BR Vorschläge unterbreiten. Der ArbGeb hat die Vergütung fortzuzahlen, wenn die Wahrnehmung des Vorschlagsrechts während der Arbeitszeit erforderlich ist (vgl. Rz. 4). Um das nach § 86a S. 2 für die Unterstützung eines Vorschlags durch andere ArbN erforderliche Quorum zu erreichen, wird allerdings ein gewisser Zeitaufwand kaum vermeidbar sein[2]. Der ArbN hat insoweit das Recht, sich während der Arbeitszeit um die Unterstützung anderer ArbN für seinen Vorschlag zu bemühen. Diese Unterschriften dürfen aber nur dann während der Arbeitszeit gesammelt werden, wenn dies auf andere zumutbare Weise nicht möglich ist[3], wobei auf den Erforderlichkeitsmaßstab des § 39 III (versäumte Arbeitszeit wegen des Besuchs von Sprechstunden des BR) zurückzugreifen ist[4]. Der Umfang der Erforderlichkeit iSv. § 39 III wird allerdings in der Praxis für eine hohe Streitanfälligkeit sorgen. Denn konsequent zu Ende gedacht wären ArbN nicht gehindert, **tagtäglich** dem BR Vorschläge zu unterbreiten und sich, damit die Vorschläge auf einer BR-Sitzung innerhalb von zwei Monaten behandelt werden, um ein entsprechendes Quorum zu bemühen. 10

3. Behandlung durch den Betriebsrat. Im Falle der Unterstützung des Vorschlags durch das Quorum von 5 vom Hundert der ArbN besteht ein **Rechtsanspruch**, dass der BR den Vorschlag innerhalb von zwei Monaten auf die Tagesordnung einer BR-Sitzung setzt. Die weitere Behandlung unterliegt wiederum dem **pflichtgemäßen Ermessen** des BR[5]. Er entscheidet darüber, ob er den Vorschlag nur zur Kenntnis nimmt, ihn – uU auch aus taktischen Erwägungen[6] – zunächst zurückstellt oder nach § 80 I Nr. 2 bzw. Nr. 3 zum Gegenstand von Verhandlungen mit dem ArbGeb macht[7]. So kann es sein, dass der Vorschlag im Betrieb nicht verwirklicht wird, weil er bereits mit dem ArbGeb ohne Ergebnis beraten worden ist oder mit den Interessen der vom BR insgesamt vertretenen ArbN nicht vereinbar ist oder sich aus anderen betrieblichen Gründen als nicht umsetzbar erweist[8]. Die Nichtberücksichtigung kann aber auch daran liegen, dass der Vorschlag dem BR unsinnig, eindeutig querulatorisch, aussichtslos oder im Widerspruch zu den Interessen der Belegschaft stehend erscheint[9]. 11

4. Unterrichtungspflicht. § 86a S. 1 u. 2 geben dem ArbN keinen Anspruch darauf, über die Behandlung seines Vorschlags durch den BR unterrichtet zu werden. Zwar hat der BR nach § 86a S. 2 den Vorschlag innerhalb von zwei Monaten auf die Tagesordnung einer BR-Sitzung zu setzen. Vom Ergebnis der BR-Sitzung ist der ArbN aber nicht zu informieren[10]. 12

5. Teilnahmerecht an Betriebsratssitzung. Die Aufnahme in die Tagesordnung bedeutet nicht, dass ein Recht zur Teilnahme an der betreffenden BR-Sitzung durch den vorschlagenden ArbN oder die den Vorschlag unterstützenden ArbN besteht: § 86a ändert nichts an der Vorschrift des § 30 S. 4, wonach BR-Sitzungen nicht öffentl. sind[11]. 13

6. Benachteiligungsverbot. ArbN dürfen wegen der Ausübung des Vorschlagsrechts nach § 86a keine Nachteile entstehen. Dies ist zwar im Gegensatz zu § 84 III bei der Ausübung des Beschwerderechts im BetrVG nicht ausdrücklich geregelt, folgt aber aus der allgemeinen Vorschrift des § 612a BGB[12]. 14

IV. Streitigkeiten zwischen den beteiligten ArbN und dem BR über die Behandlung eines Vorschlags werden im arbeitsgerichtl. **Beschlussverfahren** entschieden (§§ 2a I Nr. 1, II iVm. 80 ff. ArbGG). Streitigkeiten zwischen ArbGeb und ArbN über Vergütungszahlungen, wenn der ArbN sich während der Arbeitszeit an den BR wendet oder sich um Unterschriften für das Quorum nach § 86a S. 2 bemüht und damit keine Arbeitsleistung erbringt, sind im arbeitsgerichtl. **Urteilsverfahren** zu entscheiden (§§ 2 I Nr. 3a, V iVm. 46 ff. ArbGG). Der ArbN ist insoweit darlegungs- und beweispflichtig dafür, dass er dem BR einen Vorschlag iSv. § 86a unterbreitet hat und dies während der Arbeitszeit erforderlich war. Nimmt der BR willkürlich oder generell Vorschläge von ArbN nicht zur Kenntnis, kann hierin eine grobe Amtspflichtverletzung iSv. § 23 I liegen. Gleiches gilt, wenn der BR-Vorsitzende den Vorschlag eines ArbN willkürlich nicht auf die Tagesordnung einer BR-Sitzung setzt. Bei Vorliegen der Voraussetzungen des § 23 I kann daher der Ausschluss eines Mitglieds aus dem BR oder die Auflösung des BR insgesamt beantragt werden. Das ArbG hätte im **Beschlussverfahren** zu entscheiden (§§ 2a I Nr. 1, II iVm. 80 ff. ArbGG). 15

1 *Fitting*, § 86a BetrVG Rz. 5; *Löwisch/Kaiser*, § 86a BetrVG Rz. 3. | **2** *Wiese*, BB 2001, 2267 (2268). | **3** Richardi/*Thüsing*, § 86a BetrVG Rz. 3. | **4** *Fitting*, § 86a BetrVG Rz. 5. | **5** *Fitting*, § 86a BetrVG Rz. 8; DKK/*Buschmann*, § 86a BetrVG Rz. 17. | **6** *Wiese*, BB 2001, 2267 (2269). | **7** *Schaub*, ZTR 2001, 437 (443). | **8** BT-Drs. 14/5741, 47. | **9** *Wiese*, BB 2001, 2267 (2269); Richardi/*Thüsing*, § 86a BetrVG Rz. 8. | **10** *Neef*, NZA 2001, 361 (363); aA *Wiese*, BB 2001, 2267 (2269), der auf § 86a S. 2 § 80 I 3 Hs. 2 analog anwenden will; *Fitting*, § 86a BetrVG Rz. 7; Richardi/*Thüsing*, § 86a BetrVG Rz. 10. | **11** *Löwisch*, BB 2001, 1734 (1741); *Fitting*, § 86a BetrVG Rz. 9; Richardi/*Thüsing*, § 86a BetrVG Rz. 10. | **12** *Fitting*, § 86a BetrVG Rz. 10.

Dritter Abschnitt. Soziale Angelegenheiten

87 *Mitbestimmungsrechte*

(1) Der Betriebsrat hat, soweit eine gesetzliche oder tarifliche Regelung nicht besteht, in folgenden Angelegenheiten mitzubestimmen:

1. Fragen der Ordnung des Betriebs und des Verhaltens der Arbeitnehmer im Betrieb;

2. Beginn und Ende der täglichen Arbeitszeit einschließlich der Pausen sowie Verteilung der Arbeitszeit auf die einzelnen Wochentage;

3. vorübergehende Verkürzung oder Verlängerung der betriebsüblichen Arbeitszeit;

4. Zeit, Ort und Art der Auszahlung der Arbeitsentgelte;

5. Aufstellung allgemeiner Urlaubsgrundsätze und des Urlaubsplans sowie die Festsetzung der zeitlichen Lage des Urlaubs für einzelne Arbeitnehmer, wenn zwischen dem Arbeitgeber und den beteiligten Arbeitnehmern kein Einverständnis erzielt wird;

6. Einführung und Anwendung von technischen Einrichtungen, die dazu bestimmt sind, das Verhalten oder die Leistung der Arbeitnehmer zu überwachen;

7. Regelungen über die Verhütung von Arbeitsunfällen und Berufskrankheiten sowie über den Gesundheitsschutz im Rahmen der gesetzlichen Vorschriften oder der Unfallverhütungsvorschriften;

8. Form, Ausgestaltung und Verwaltung von Sozialeinrichtungen, deren Wirkungsbereich auf den Betrieb, das Unternehmen oder den Konzern beschränkt ist;

9. Zuweisung und Kündigung von Wohnräumen, die den Arbeitnehmern mit Rücksicht auf das Bestehen eines Arbeitsverhältnisses vermietet werden, sowie die allgemeine Festlegung der Nutzungsbedingungen;

10. Fragen der betrieblichen Lohngestaltung, insbesondere die Aufstellung von Entlohnungsgrundsätzen und die Einführung und Anwendung von neuen Entlohnungsmethoden sowie deren Änderung;

11. Festsetzung der Akkord- und Prämiensätze und vergleichbarer leistungsbezogener Entgelte, einschließlich der Geldfaktoren;

12. Grundsätze über das betriebliche Vorschlagswesen;

13. Grundsätze über die Durchführung von Gruppenarbeit; Gruppenarbeit im Sinne dieser Vorschrift liegt vor, wenn im Rahmen des betrieblichen Arbeitsablaufs eine Gruppe von Arbeitnehmern eine ihr übertragene Gesamtaufgabe im Wesentlichen eigenverantwortlich erledigt.

(2) Kommt eine Einigung über eine Angelegenheit nach Absatz 1 nicht zu Stande, so entscheidet die Einigungsstelle. Der Spruch der Einigungsstelle ersetzt die Einigung zwischen Arbeitgeber und Betriebsrat.

1 **I. Vorbemerkung.** In § 87 ist der Kernbereich der betriebl. Mitbest. geregelt[1]. Die Vorschrift dient dem Schutz der ArbN und soll ihnen die Mitgestaltung der wichtigsten Arbeitsbedingungen ermöglichen[2]. Sinn und Zweck der Regelung ist nach Auffassung des BAG die Sicherstellung der gleichberechtigten Teilhabe der ArbN an unternehmerischen Entscheidungen, die sie unmittelbar betreffen[3]. Das MitbestR nach § 87 gilt in jedem Betrieb mit gewähltem BR unabhängig von der Betriebsgröße. Die Rechte stehen also auch dem Betriebsobmann im Kleinstbetrieb uneingeschränkt zu[4]. Die Vorschrift gilt auch für GBR und KBR im Rahmen ihrer Zuständigkeit[5].

2 **II. Voraussetzungen und Schranken des Mitbestimmungsrecht. 1. Persönlicher Geltungsbereich.** Das MitbestR des BR in sozialen Angelegenheiten erstreckt sich auf ArbN iSd. Gesetzes, wie sie in § 5 definiert sind. Erfasst werden also Arbeiter und Angestellte einschließlich der zu ihrer Berufsausbildung Beschäftigten sowie die in Heimarbeit Beschäftigten, die in der Hauptsache für den Betrieb arbeiten[6]. Der BR kann auch im Rahmen des § 87 MitbestR nur für die ArbN geltend machen, die er repräsentiert. Außerhalb seiner gesetzl. MitbestR stehen damit aus dem Arbeitsverhältnis ausgeschiedene ArbN wie insb. auch Betriebsrentner[7]. Auf LeihArbN kann sich das MitbestR dann erstrecken, wenn auf Grund des Normzwecks einerseits und des Direktionsrechts des ArbGeb des Entleiherbetriebs andererseits eine betriebsverfassungsrechtl. Zuordnung der LeihArbN auch zum Entleiherbetrieb erforderlich ist, weil sonst die Schutzfunktion des Betriebsverfassungsrechts außer Kraft gesetzt würde[8]. Eine generelle Einbeziehung von LeihArbN, die länger als drei Monate im Betrieb eingesetzt werden, ist auch vor dem Hintergrund des neugeregelten § 7 S. 2 abzulehnen[9]. In der Begründung zum Regierungsentwurf des BetrVerf-Reformgesetzes wird ausdrücklich darauf hingewiesen, dass die LeihArbN durch Verleihung des aktiven Wahlrechts nicht in „rechtl. unzutreffender Weise als ArbN" des Entleiherbetriebs eingestuft werden sollen[10]. Nachdem der Gesetzgeber also ausdrücklich die LeihArbN auch mit Verleihung des aktiven Wahlrechts nicht in den Kreis der ArbN des Betriebes einbeziehen wollte, bleibt es für diesen Personenkreis bei der „gespaltenen" Zuständigkeit des BR des Entleiher- und des Verleiherbetriebes. Eine Mitbest. des BR des Entleiherbetriebes im Rahmen des § 87 kommt nur in Ausnahmefälle zum Tragen gemäß den vom BAG hierzu entwickelten Grundsätzen.

3 **2. Kollektivmaßnahme.** Der Streit, ob die MitbestR des BR nach § 87 nur für kollektive Tatbestände gelten oder auch einzelne Maßnahmen erfassen, wurde bereits zu § 56 BetrVG 1952 diskutiert[11]. Nach dem Bericht des BT-Ausschusses für Arbeit und Sozialordnung für das BetrVG 1972 hielt der Gesetzgeber an der seinerzeit vorherrschenden Meinung fest, wonach sich die „Mitbestimmung des BR grds. nur auf generelle Tatbestände und nicht auf die Regelungen von Einzelfällen beziehe"[12]. Dementsprechend unterwirft § 87 I nur ausnahmsw., nämlich in den Nr. 5 und 9 auch Individualtatbestände dem MitbestR. Gleichwohl ist bis heute streitig, ob grds. von einer Beschränkung des MitbestR auf kollektive Tatbestände auszugehen ist und nach welchen Kriterien Kollektiv- und Individualtatbestände von einander abzugrenzen sind. Mit der herrschenden Auffassung sind richtigerweise nur kollektive Tatbestände mitbestimmungspflichtig, soweit nicht im Wege der Auslegung dem Katalog des § 87 I eine Mitbest. in Einzelfällen zu entnehmen ist[13].

1 *Fitting*, § 87 BetrVG Rz. 2; *Stege/Weinspach/Schiefer*, § 87 BetrVG Rz. 1; HSWG/*Worzalla*, § 87 BetrVG Rz. 1; GK-BetrVG/*Wiese*, Vor § 87 Rz. 1; Richardi/*Richardi*, § 87 BetrVG Rz. 2, der von der „Urzelle" der Mitbestimmung spricht. | 2 *Fitting*, § 87 BetrVG Rz. 3. | 3 BAG v. 18.4.1989 – 1 ABR 100/87, BAGE 61, 296. | 4 *Fitting*, § 87 BetrVG Rz. 9; *Stege/Weinspach/Schiefer*, § 87 BetrVG Rz. 2; HSWG/*Worzalla*, § 87 BetrVG Rz. 2; DKK/*Klebe*, § 87 BetrVG Rz. 1. | 5 GK-BetrVG/*Wiese*, § 87 Rz. 2. | 6 *Fitting*, § 87 BetrVG Rz. 12; Richardi/*Richardi*, § 87 BetrVG Rz. 14; HSWG/*Worzalla*, § 87 BetrVG Rz. 8 b. | 7 Grundl. BAG v. 16.3.1956 – GS 1/55, BAGE 3,1; ausdrücklich bestätigt durch BAG v. 25.1.1988 – 3 AZR 483/86, BAGE 60, 78 und v. 13.5.1997 – 1 AZR 75/97, NZA 1998, 160. | 8 BAG v. 15.12.1992 – 1 ABR 38/92, BAGE 72, 107; v. 19.6.2001 – 1 ABR 43/00, NZA 2001, 1263. | 9 Vgl. BAG v. 16.4.2003 – 7 ABR 53/02, nv.; LAG Hamm v. 15.11.2002 – 10 TaBV 92/02, DB 2003, 342; LAG Düsseldorf v. 31.10.2002 – 5 TaBV 42/02, AP Nr. 6 zu § 7 BetrVG 1972, DKK/*Klebe*, § 87 BetrVG Rz. 6. | 10 Begr. RegE, BetrVerf.-Reformgesetz, BT-Drs. 14/5741, 28. | 11 Vgl. die Nachw. bei GK-BetrVG/*Wiese*, § 87 Rz. 15 ff. | 12 Vgl. BT-Drs. VI/2729, S. 4. | 13 *Fitting*, § 87 BetrVG Rz. 15; GK-BetrVG/*Wiese*, § 87 Rz. 18 f.; *Stege/Weinspach/Schiefer*, § 87 BetrVG Rz. 16; *Löwisch/Kaiser*, § 87 BetrVG Rz. 2; ErfK/*Kania*, § 87 BetrVG Rz. 6; diff. Richardi/*Richardi*, § 87 BetrVG Rz. 21 f.; DKK/*Klebe*, § 87 BetrVG Rz. 16.

Das BAG stellt zwar vielfach auf den kollektiven Bezug einer Maßnahme ab[1], vermeidet bisher aber eine klare Feststellung zu dieser Grundsatzfrage. Die Abgrenzung zwischen Kollektiv- und Individualmaßnahmen ist daher nach wie vor wenig präzise. So soll es für den kollektiven Bezug ausreichen, wenn auch kollektive Interessen der ArbN eines Betriebes berührt werden, ohne dass es auf die Zahl der konkret betroffenen ArbN ankommt[2]. 4

Maßnahmen, die nur den individuellen Besonderheiten einzelner Arbeitsverhältnisse Rechnung tragen und deren Auswirkungen sich auch darauf beschränken, sind aber nach soweit ersichtlich ganz überwiegender Auffassung mitbestimmungsfrei[3]. 5

3. Gesetzes-/Tarifvorrang. § 87 I Hs. 1 stellt das MitbestR des BR in den nachfolgend katalogartig aufgeführten Angelegenheiten unter den Vorbehalt, dass insoweit eine gesetzl. oder tarifl. Regelung nicht besteht. Wenn der ArbGeb bei einer bestimmten Maßnahme auf Grund vorrangiger gesetzl. oder tarifl. Regelungen keinen Regelungsspielraum mehr hat, bleibt kein Raum für einen Schutz durch das MitbestR. Soweit Gesetz oder TV die mitbestimmungspflichtige Angelegenheit zwingend und abschließend regeln, wird das einseitige Bestimmungsrecht des ArbGeb beseitigt und dadurch bereits den Interessen der ArbN an gleichberechtigter Teilhabe Rechnung getragen[4]. 6

a) Gesetzesvorbehalt. Gesetz iSd. Vorbehaltsregelung ist neben den formellen Gesetzen jedes Gesetz in materiellen Sinne, also auch Satzungsrecht öffentl. Körperschaften und Anstalten[5]. Verwaltungsakte und bindende behördl. Anordnungen, die den ArbGeb verpflichten, eine bestimmte Maßnahme vorzunehmen, stehen dem Gesetzesrecht gleich[6]. Das MitbestR wird nicht ausgeschlossen, wenn in diesen Fällen auf den ArbGeb nur ein faktischer, zB finanzieller Zwang für eine bestimmte Entscheidung ausgeübt wird. In diesen Fällen ist aber das Ermessen der Einigungsstelle insoweit gebunden, als eine entsprechende Zwangslages des ArbGeb Berücksichtigung finden muss[7]. 7

Umstritten ist, ob auch das sog. gesetzesvertretende Richterrecht als zwingende gesetzl. Regelung iSd. § 87 anzusehen ist[8]. Richtigerweise ist auch das gesetzesvertretende Richterrecht, soweit es zwingende Vorgaben enthält, einer gesetzl. Regelung iSd. § 87 I gleichzustellen. Es wäre mit der Rechtsordnung schwer vereinbar, wenn ArbGeb und BR Grundsatzentscheidungen der höchsten Gerichte ignorieren könnten[9]. 8

b) Tarifvorbehalt. Wenn ein TV die mitbestimmungspflichtige Angelegenheit zwingend und abschließend regelt und dadurch das einseitige Bestimmungsrecht des ArbGeb beseitigt, besteht ebenfalls kein MitbestR nach § 87, weil auch hierdurch dem Interesse der ArbN an gleichberechtigter Teilhabe Rechnung getragen ist[10]. Gem. § 19 III HAG stehen bindende Festsetzungen des Heimarbeitsausschusses für die in Heimarbeit Beschäftigten einem allgemein verbindlichen TV gleich. Sie sperren das MitbestR gleichermaßen[11]. 9

Der Tarifvorbehalt des § 87 sperrt nur die erzwingbare Mitbest. des BR. Freiwillige BV gem. § 88 werden nicht ausgeschlossen, insoweit ist aber § 77 III zu beachten[12]. 10

Voraussetzung für die Sperrwirkung ist, dass der TV für den betreffenden Betrieb gilt. Der Betrieb muss also vom sachlich-/fachlichen und räumlichen Geltungsbereich des TV erfasst werden[13]. Zudem muss die tarifl. Regelung „bestehen", das heißt, der TV muss schon bzw. noch in Kraft sein. Ein abgelaufener oder nachwirkender TV schließt die MitbestR des BR nach § 87 I nicht aus[14]. Anders als im 11

1 BAG v. 21.12.1982 – 1 ABR 14/81, BB 1983, 503; v. 27.11.1990 – 1 ABR 777/89, BB 1991, 548; v. 3.12.1991 – GS 2/90, BAGE 69, 134 (161); v. 27.6.1995 – 1 AZR 998/94, BuW 1996, 338. |2 BAG v. 18.4.1985 – 6 ABR 19/84, NZA 1985, 783 (785); v. 10.6.1986 – 1 ABR 61/84, BAGE 52, 160. |3 BAG v. 21.12.1982 – 1 ABR 14/82, BB 1984, 503; v. 10.6.1986 – 1 ABR 61/84, NZA 1986, 840 (841); v. 27.11.1990 – 1 ABR 77/89, NZA 1991, 382 (383); v. 3.12.1991, GS 2/90, BAGE 69, 134 (163); v. 22.9.1992 – 1 AZR 461/90, NZA 1993, 569; *Fitting*, § 87 BetrVG Rz. 16; *Löwisch/Kaiser*, § 87 BetrVG Rz. 3; DKK/*Klebe*, § 87 BetrVG Rz. 16; GK-BetrVG/*Wiese*, § 87 Rz. 33; diff. auch hier Richardi/*Richardi*, § 87 BetrVG Rz. 25. |4 BAG v. 25.1.2000 – 1 ABR 3/99, NZA 2000, 665; v. 18.4.1989 – 1 ABR 100/87, DB 1989, 1676; v. 14.12.1993 – 1 ABR 31/93, NZA 1994, 809; v. 3.12.1991 – GS 2/90, BAGE 69, 134; *Fitting*, § 87 BetrVG Rz. 32. |5 BAG v. 25.5.1982 – 1 AZR 1073/79, DB 1982, 2712; HSWG/*Worzalla*, § 87 BetrVG Rz. 47; *Fitting*, § 87 BetrVG Rz. 29; DKK/*Klebe*, § 87 BetrVG Rz. 27. |6 BAG v. 9.7.1991 – 1 ABR 57/90, NZA 1992, 126 (Verfassungsbeschwerde des BR gegen diese Entscheidung, nicht angenommen: BVerfG v. 22.8.1994 – 1 BVR 176/91, NZA 1995, 129); BAG v. 26.5.1988 – 1 ABR 9/87, DB 1988, 2055; *Fitting*, § 87 BetrVG Rz. 31; HSWG/*Worzalla*, § 87 BetrVG Rz. 49; aA DKK/*Klebe*, § 87 BetrVG Rz. 28. |7 So zu Recht: ErfK/*Kania*, § 87 BetrVG Rz. 12; *Fitting*, § 87 BetrVG Rz. 33 ff. |8 Dafür: GK-BetrVG/*Wiese*, § 87 Rz. 58; Richardi/*Richardi*, § 87 BetrVG Rz. 145; HSWG/*Worzalla*, § 87 BetrVG Rz. 47; MünchArbR/*Matthes*, § 332, Rz. 13; *Ziegler*, NZA 1987, 224 (226); dagegen: *Fitting*, § 87 BetrVG Rz. 30; DKK/*Klebe*, § 87 BetrVG Rz. 26; ErfK/*Kania*, § 87 BetrVG Rz. 11. |9 So zutr. HSWG/*Worzalla*, § 87 BetrVG Rz. 47. |10 BAG v. 18.4.1989 – 1 ABR 100/87, DB 1989, 1676; v. 3.12.1991 – GS 2/90, BAGE 69, 134; v. 14.12.1993 – 1 ABR 31/93, NZA 1994, 809; *Fitting*, § 87 BetrVG Rz. 37 ff. |11 BAG v. 13.9.1983 – 3 AZR 343/81, NZA 1984, 41; *Fitting*, § 87 BetrVG Rz. 36; DKK/*Klebe*, § 87 BetrVG Rz. 29; GK-BetrVG/*Wiese*, § 87 Rz. 60. |12 *Fitting*, § 87 BetrVG Rz. 39; HSWG/*Worzalla*, § 87 BetrVG Rz. 61; GK-BetrVG/*Wiese*, § 87 Rz. 59. |13 HSWG/*Worzalla*, § 87 BetrVG Rz. 57; *Fitting*, § 87 BetrVG Rz. 44; DKK/*Klebe*, § 87 BetrVG Rz. 30. |14 BAG v. 14.2.1989 – 1 AZR 97/88, AP Nr. 8 zu § 87 BetrVG 1972; v. 24.2.1987 – 1 ABR 18/85, BAGE 54, 191; v. 13.7.1977 – 1 AZR 336/75, BB 1977, 1702; HSWG/*Worzalla*, § 87 BetrVG Rz. 53; *Fitting*, § 87 BetrVG Rz. 41; GK-BetrVG/*Wiese*, § 87 Rz. 64.

Geltungsbereich des § 77 III löst die bloße Tarifüblichkeit keine Sperrwirkung im Rahmen des § 87 I aus, weil sie für den konkreten Betrieb keine Bindung erzeugt und damit die durch die Beteiligungsrechte des BR zu gewährleistende Teilhabe der ArbN nicht sicherstellt[1].

12 Der TV muss entweder nach § 5 TVG für allgemeinverbindlich erklärt worden sein oder den Betrieb über die Tarifbindung des ArbGeb erfassen. Eine Tarifbindung der ArbN des Betriebes ist nach hM nicht erforderlich, da die ArbN den Schutz der tarifl. Regelung jederzeit durch Beitritt zur vertragsschließenden Gewerkschaft erlangen können[2]. Soweit ArbN vom persönlichen Geltungsbereich des TV nicht erfasst sind (außertarifl. Angestellte), sperrt der Tarifvorbehalt das MitbestR des BR für diese Personengruppe bei im Übrigen bestehender Tarifbindung nicht[3].

13 Ein für den Betrieb geltender TV kann das MitbestR nur soweit ausschließen, wie die mitbestimmungspflichtige Angelegenheit zwingend und abschließend geregelt und dadurch das einseitige Bestimmungsrecht des ArbGeb beseitigt wird. Insoweit gilt Gleiches, wie für den Gesetzesvorrang. Die Tarifregelung muss also dem Schutzzweck des MitbestG genügen. Der Tarifvorrang greift daher nicht, wenn die TV-Parteien das MitbestR des BR durch ein einseitiges Gestaltungsrecht des ArbGeb ersetzen[4]. Deshalb kann ein TV die Befugnis des ArbGeb, ohne Zustimmung des BR Überstunden anzuordnen, nur als Teil einer für Ausnahmefälle vorgesehenen Verfahrensregelung einräumen. Die TV-Parteien sind nicht befugt, den ArbGeb pauschal zur Anordnung von Überstunden zu ermächtigen[5]. Sie haben aber den gleichen Spielraum, wie die Betriebsparteien selbst, können also ein Alleinentscheidungsrecht des ArbGeb für bestimmte Fälle vorsehen, wenn dadurch das MitbestR nicht in seiner Substanz beeinträchtigt wird[6]. Eine zwingende und abschließende Regelung fehlt auch bei einer vom ArbGeb gezahlten freiwilligen Zulage zum Tariflohn, da der TV nur die Mindestentlohnung, aber nicht die mitbestimmungspflichtige Angelegenheit an sich, abschließend regelt[7]. Das MitbestR bleibt also bestehen, wenn die TV-Parteien von ihrem Vorrangsrecht keinen Gebrauch machen und/oder den Betriebspartner über eine Öffnungsklausel ausdrücklich das Recht zu ergänzenden/ausfüllenden Regelungen einräumen[8]. Wenn die TV-Parteien die Angelegenheit abschließend und vollständig geregelt haben, den Betriebsparteien aber durch eine Öffnungsklausel die Möglichkeit einräumen, im gegenseitigen Einvernehmen abweichende Regelungen zu treffen, sperrt der TV im Fall der Nichteinigung die erzwingbare Mitbest., weil in diesem Fall der Tarifvorrang eingreift[9]. Die Auslegung der jeweiligen tarifvertragl. Vorgaben kann im Einzelfall schwierig sein. Entscheidend ist, ob der TV eine Materie erkennbar vollständig regelt, ohne dass eine weitere Ergänzung zwingend notwendig ist, um die Regelung auch praktisch handhabbar zu machen. In diesem Fall kann auch eine Nichtregelung einzelner Teilkomplexe das MitbestR sperren, wenn die im Übrigen vorhandenen Regelungen nicht ohne weiteres als nur unvollständig gemeint erkennbar sind[10].

14 **c) § 77 Abs. 3.** Nach § 77 III können Arbeitsentgelte und sonstige Arbeitsbedingungen die durch TV geregelt sind oder üblicherweise geregelt werden, nicht Gegenstand einer BV sein. Diese den Tarifpartnern eingeräumte Vorrangkompetenz vor den Betriebsparteien dient der Absicherung der in Art. 9 III GG verfassungsrechtl. gewährleisteten Tarifautonomie und hat damit eine andere Zweckrichtung als der Tarifvorbehalt des § 87 I Eingangssatz.

15 Die Frage, ob das MitbestR nach § 87 außer durch den Gesetzes- und Tarifvorrang des § 87 I Eingangssatz auch bei Vorliegen der Voraussetzungen des § 77 III ausgeschlossen wird (Zwei-Schranken-Theorie), ist nach wie vor umstritten[11]. Der Große Senat des BAG hat sich den Vertretern der sog. Vorrangtheorie angeschlossen[12]. Die Sperre des § 77 III gilt seitdem in nunmehr st. Rspr. nicht in Angelegenheiten, die nach § 87 I der Mitbest. des BR unterliegen[13]. § 87 BetrVG wird als speziellere Vorschrift gegenüber § 77 III angesehen, weil der Schutz der ArbN durch die MitbestR des § 87 I nicht schon dann ausgeschlossen sein könne, wenn die betreffende Angelegenheit nur üblicherweise durch TV geregelt würde, eine die ArbN schützende tarifl. Regelung also tatsächlich für den Betrieb und seine ArbN gar nicht gelte[14]. Der Theorienstreit ist damit für die Praxis entschieden[15].

1 BAG v. 23.6.1992 – 1 ABR 9/92, NZA 1993, 229; DKK/*Klebe*, § 87 Rz. 32. | 2 BAG v. 24.2.1987 – 1 ABR 18/85, BAGE 54, 191; v. 24.11.1987 – 1 ABR 25/86, DB 1988, 813; v. 30.1.1990 – 1 ABR 98/88, BAGE 64, 94; v. 10.8.1993 – 1 ABR 21/93, AP Nr. 12 zu § 87 BetrVG 1972 – Auszahlung; *Fitting*, § 87 BetrVG Rz. 42; HSWG/*Worzalla*, § 87 BetrVG Rz. 55; DKK/*Klebe*, § 87 BetrVG Rz. 30, mit der Einschränkung, dass die tarifvertragschließende Gewerkschaft eine Mindestrepräsentativität für den Betrieb habe; ebenso Richardi/*Richardi*, § 87 BetrVG Rz. 156; für die Notwendigkeit einer Tarifbindung sowohl des ArbGeb als auch der ArbN GK-BetrVG/*Wiese*, § 87 Rz. 67 ff. | 3 BAG v. 22.1.1980 – 1 ABR 48/77, DB 1980, 1895; v. 11.2.1992 – 1 ABR 51/91, NZA 1992, 702; *Fitting*, § 87 BetrVG Rz. 44. | 4 BAG v. 17.11.1998 – 1 ABR 12/98, NZA 1999, 662. | 5 BAG v. 17.11.1998 – 1 ABR 12/98, NZA 1999, 662. | 6 BAG v. 3.5.2006 – 1 ABR 14/05, DB 2007, 60. | 7 BAG v. 17.12.1985 – 1 ABR 6/84, BB 1986, 734; v. 3.12.1991 – GS 2/90, BAGE 69, 134. | 8 *Fitting*, § 87 BetrVG Rz. 53. | 9 So zu Recht BAG v. 28.2.1984 – 1 ABR 37/82, DB 1984, 1682; v. 25.4.1989 – 1 ABR 91/87, NZA 1989, 976; *Fitting*, § 87 BetrVG Rz. 55; HSWG/*Worzalla*, § 87 BetrVG Rz. 59. | 10 HSWG/*Worzalla*, § 87 BetrVG Rz. 58; einschr. GK-BetrVG/*Wiese*, § 87 Rz. 73. | 11 HSWG/*Worzalla*, § 87 BetrVG Rz. 62; *Fitting*, § 87 BetrVG Rz. 58 ff.; GK-BetrVG/*Wiese*, § 87 Rz. 47 ff. mwN. | 12 BAG v. 3.12.1991 – GS 1/90, ArbuR 1993, 28; v. 3.12.1991 – GS 2/90, BAGE 69, 134. | 13 BAG v. 24.1.1996 – 1 AZR 597/95, NZA 1996, 948. | 14 So bereits BAG v. 24.2.1987 – 1 ABR 18/85, NZA 1987, 639. | 15 *Fitting*, § 87 BetrVG Rz. 58.

16 **III. Reichweite und Ausübung des Mitbestimmungsrechts. 1. Erzwingbare und freiwillige Mitbestimmung.** § 87 zählt abschließend die Angelegenheiten auf, in denen der BR ein erzwingbares MitbestR hat. Daneben können die Betriebspartner nach § 88 in allen anderen sozialen Angelegenheiten freiwillig, also im beiderseitigen Einvernehmen, BV abschließen.

17 Eine andere Frage ist, ob die Freiwilligkeit einer Leistung das MitbestR des BR nach § 87 ausschließt. Eine freiwillige Leistung liegt dann vor, wenn der ArbGeb weder gesetzl. noch auf Grund tarifl. Vorschriften zur Leistung verpflichtet ist[1]. Entscheidend für die Freiwilligkeit ist, dass die Leistung auf einer eigenen lohnpolitischen Entscheidung des ArbGeb beruht. Sie wird nicht durch etwaige individualrechtl. Bindungen ausgeschlossen, die der ArbGeb bei Gewährung dieser Leistung eingegangen ist[2]. Für die Gewährung freiwilliger Leistungen hat das BAG in st. Rspr. – teils auch schon zur Vorläufervorschrift des § 56 – einen „Negativkatalog"[3] entwickelt, welche Entscheidungen des ArbGeb in diesem Zusammenhang mitbestimmungsfrei sind. Ein zwingendes MitbestR sei mit dem Charakter der Freiwilligkeit nicht zu vereinbaren[4], sonst könne von Freiwilligkeit nicht mehr die Rede sein[5]. Das BAG unterscheidet dabei zwischen dem mitbestimmungsfreien „Ob" und dem mitbestimmungspflichtigen „Wie". Mitbestimmungsfrei ist die Entscheidung des ArbGeb, ob und in welchem Umfang er finanzielle Mittel für eine freiwillige Leistung zur Verfügung stellen will (sog. Dotierungsrahmen). Bei der Verteilung der Leistung greift dann das MitbestR des BR im Rahmen der Vorgaben des § 87.

18 Der Dotierungsrahmen ist die Summe aller freiwilligen Leistungen die der ArbGeb gewähren will bzw. versprochen hat[6]. Der BR kann den Dotierungsrahmen im Wege der erzwingbaren Mitbest. nicht erhöhen. Gleichwohl kann es infolge mitbestimmungswidrigen Verhaltens des ArbGeb faktisch zu einer Erhöhung des Dotierungsrahmens kommen. Hat nämlich der ArbGeb bereits vor der Beteiligung des BR Zahlungen erbracht, die er nicht mehr zurückfordern kann, können im Fall einer dann abweichenden Verteilungsentscheidung nach Durchführung des Mitbestimmungsverfahrens Kosten entstehen, die den ursprünglich vorgesehenen Dotierungsrahmen übersteigen. Im schlimmsten Fall kann sich der zur Befriedigung aller Ansprüche erforderliche finanzielle Aufwand verdoppeln, nämlich dann, wenn keiner der ursprünglichen Empfänger der freiwilligen Leistung zum Kreise derjenigen gehört, die nach der mitbestimmten Entscheidung begünstigt sein sollen. Nach Auffassung des BAG ist eine solche zusätzliche Belastung des ArbGeb aber als Folge seines rechtswidrigen Verhaltens allein ihm zuzurechnen[7].

19 Mitbestimmungsfrei ist nicht nur die Entscheidung des ArbGeb, ob eine freiwillige Leistung überhaupt gewährt wird, sondern auch die Entscheidung, sie einzustellen oder zu kürzen[8]. Gesetzessystematisch ist dies mit § 88 Nr. 2 zu begründen, wonach die Errichtung einer Sozialeinrichtung nur in einer freiwilligen BV geregelt werden kann[9]. Bei der Kürzung der Leistung ist auch die Entscheidung mitbestimmungsfrei, in welchem Umfang gekürzt werden soll[10].

20 Der ArbGeb ist nicht nur frei in der Entscheidung, ob er überhaupt eine freiwillige Leistung gewähren will, er kann mitbestimmungsfrei auch den mit der Zahlung verfolgten Zweck und den abstrakt begünstigten Personenkreis festlegen[11]. Gleichwohl kann sich auch hier eine Erweiterung des Dotierungsrahmens ergeben, wenn nicht begünstigte ArbN erfolgreich eine Verletzung des Gleichbehandlungsgrundsatzes oder des Maßregelungsverbotes geltend machen können und damit Ansprüche in gleicher Höhe erwerben, wie der ursprünglich begünstigte Personenkreis[12].

21 **2. Eil- und Notfälle.** Der ArbGeb muss vor Durchführung einer nach § 87 mitbestimmungspflichtigen Maßnahme an den BR herantreten und dessen Zustimmung einholen. Wenn der BR zu eigenmächtigen Maßnahmen/Regelungen des ArbGeb schweigt oder diese hinnimmt, liegt darin regelmäßig keine Zustimmung, obwohl das MitbestR auch formlos (etwa durch eine Regelungsabrede) ausgeübt werden kann. Dies bedeutet aber keineswegs, dass ein stillschweigendes Einverständnis im Sinne einer konkludenten Zustimmung in jedem Fall ausgeschlossen ist[13]. Entscheidend ist vielmehr, ob dem Schweigen oder der Hinnahme unter Berücksichtigung der gesamten Umstände des Einzelfalles eine konkludente Zustimmung zu entnehmen ist und diese Zustimmung durch eine auch für die Ausübung des MitbestR nach § 87 notwendige, ordnungsgemäße Beschlussfassung des BR gedeckt ist[14].

---

1 BAG v. 16.9.1986 – GS 1/82, NZA 1987, 168. |2 MünchArbR/*Matthes*, § 341, Rz. 17. |3 BAG v. 12.6.1975 – 3 ABR 13/74, AP Nr. 1 zu § 87 BetrVG 1972 – Altersversorgung. |4 BAG v. 4.10.1956 – 2 AZR 213/54, AP Nr. 4 zu § 611 BGB – Gratifikation. |5 BAG v. 15.5.1957 – 1 ABR 8/55, AP Nr. 5 zu § 56 BetrVG. |6 *Fitting*, § 87 BetrVG Rz. 445. |7 BAG v. 12.6.1975 – 3 ABR 13/74, AP Nr. 1 zu § 87 BetrVG 1972 – Altersversorgung; v. 14.6.1994 – 1 ABR 63/93, BAGE 77, 86. |8 BAG v. 15.8.2000 – 1 AZR 485/99, nv.; v. 3.12.1991 – GS 2/90, BAGE 69, 134. |9 BAG v. 6.12.1963 – 1 ABR 9/63, AP Nr. 6 zu § 56 BetrVG – Wohlfahrtseinrichtungen; v. 13.3.1973 – 1 ABR 16/72, AP Nr. 1 zu § 87 BetrVG 1972 – Werkmietwohnungen. |10 BAG v. 10.2.1988 – 1 ABR 56/86, BAGE 57, 309. |11 BAG v. 14.6.1994 – 1 ABR 63/93, BAGE 77, 86; v. 15.8.2002 – 1 AZR 458/99, nv.; *Fitting*, § 87 BetrVG Rz. 449 ff.; ErfK/*Kania*, § 87 BetrVG Rz. 109. |12 Vgl. BAG v. 13.2.2002 – 5 AZR 713/2000, AP Nr. 184 zu § 242 BGB – Gleichbehandlung. |13 So aber DKK/*Klebe*, § 87 BetrVG Rz. 12. |14 Richardi/*Richardi*, § 87 BetrVG Rz. 80; GK-BetrVG/*Wiese*, § 87 Rz. 91 ff.

22 Auch in Eilfällen entfällt das MitbestR des BR nicht[1]. Sowohl die Rspr. als auch die Lit. verweisen den ArbGeb für Fälle, in denen eine Regelung möglichst umgehend erfolgen muss und der BR im Zweifel nicht rechtzeitig um Zustimmung ersucht werden kann, auf den Abschluss sog. Rahmenregelungen, mit denen dem ArbGeb gestattet wird, unter bestimmten Voraussetzungen im Einzelfall einseitige Anordnungen zu treffen. Ohne diese kann der ArbGeb keine vorläufigen Anordnungen treffen, ohne zumindest eine formlose Regelungsabrede mit dem BR getroffen zu haben.

23 Ob in sog. Notfällen, dh. in Extremsituationen wie beispielsw. Brand, Überschwemmungen oÄ, das MitbestR suspendiert wird, hat die Rspr. zunächst offen gelassen, inzwischen aber bejaht[2]. Das BAG leitet die Suspendierung des MitbestR in diesen Fällen aus dem Grundsatz der vertrauensvollen Zusammenarbeit gem. § 2 I ab[3]. Bei einer Extremsituation, die zum Ausschluss der Mitbest. führen kann, muss es sich um eine unvorhersehbare und schwerwiegende Situation handeln, in welcher der BR entweder nicht erreichbar oder nicht zur rechtzeitigen Beschlussfassung in der Lage ist, der ArbGeb aber sofort handeln muss, um vom Betrieb oder den ArbN nicht wieder gutzumachende Schäden abzuwenden[4]. Die Beteiligung des BR ist in diesen Fällen unverzüglich nachzuholen.

24 In allen Fällen, die keine Notfälle iSd. Rspr. sind, ist die Zustimmung des BR Wirksamkeitsvoraussetzung für mitbestimmungspflichtige Maßnahmen[5]. Führt der ArbGeb gleichwohl eine mitbestimmungspflichtige Maßnahme durch, ohne den BR zuvor beteiligt zu haben, so ist die Maßnahme unwirksam. Auch eine nachträgliche Zustimmung des BR kann diesen Mangel nicht heilen[6].

25 **3. Erweiterung des Mitbestimmungsrechts.** Nach § 87 hat der BR in „folgenden" Angelegenheiten mitzubestimmen. Gleichwohl geht die ganz überwiegende Meinung in Rspr. und Lit. davon aus, dass das MitbestR des BR im Bereich der sozialen Angelegenheiten erweitert werden kann. Dem liegt die Auffassung zugrunde, dass die funktionelle Zuständigkeit des BR in sozialen Angelegenheiten unbeschränkt ist. Dies wird insb. daraus abgeleitet, dass nach § 88 auch über den Katalog des § 87 hinaus freiwillige BV abgeschlossen werden können und die dort aufgeführten Regelungsbereiche nicht abschließend sind („insbesondere")[7].

26 So kann das MitbestR des BR in sozialen Angelegenheiten durch TV-Parteien erweitert werden. Nach § 1 I TVG iVm. § 3 II TVG sind die TV-Parteien berechtigt, betriebl. und betriebsverfassungsrechtl. Fragen mit verbindlicher Wirkung für tarifgebundene Betriebe zu ordnen. Diese Rechtssetzungsbefugnis der TV-Parteien wird durch das BetrVG nicht beschränkt[8]. Demnach soll es zulässig sein, wenn die TV-Parteien dem BR ein MitbestR bei der Festlegung der individuellen regelmäßigen wöchentlichen Arbeitszeit einräumen[9]. Gleiches gilt für ein von den TV-Parteien eingeräumtes MitbestR bei der Festlegung von tarifl. Erschwerniszulagen[10]. Verfassungsrechtl. zweifelhaft dürfte es allerdings sein, wenn eine tarifl. Regelung dem BR ein echtes MitbestR bei der Frage zubilligt, welcher Bewerber einzustellen ist. Dies gilt auch dann, wenn im Streitfall die Einigungsstelle entscheiden soll[11]. Auch die Rechtsetzungsbefugnis der TV-Parteien hat sich im Rahmen der verfassungsrechtl. Grenzen zu bewegen mit einer entsprechenden Begrenzung auch einer etwaigen Delegationsbefugnis. Unabhängig davon, ob durch TV das MitbestR erweitert oder nur die Beteiligung des BR ausgestaltet werden soll, sind daher die verfassungsrechtl. Grenzen der im Kern geschützten unternehmerischen Freiheit zu beachten[12].

27 Die Betriebsparteien können nach § 88 auch soziale Angelegenheiten, die in § 87 I nicht aufgeführt sind, der Mitbest. unterwerfen. Dabei sind die Betriebsparteien nicht auf das Regelungsinstrument der BV beschränkt. Auch eine Erweiterung der Mitbest. durch formlose Regelungsabrede ist zulässig[13].

28 **4. Beschränkung und Verzicht.** Das BetrVG regelt als Schutzgesetz zu Gunsten der ArbN die Mitbestimmungs- und Mitwirkungsrechte des BR in zwingender Weise. Aus diesem Grund ist ein Verzicht des BR auf die Ausübung der ihm eingeräumten MitbestR nach ganz herrschender Meinung und st. Rspr. des BAG unzulässig, eine materiell-rechtl. Verwirkung ist ausgeschlossen[14]. Damit ist eine BV unzulässig, mit der dem ArbGeb in einer mitbestimmungspflichtigen Angelegenheit das Alleinentscheidungs-

---

1 BAG v. 17.11.1998 – 1 ABR 12/98, BAGE 90, 194; v. 19.2.1991 – 1 ABR 31/90, BAGE 38, 96; HSWG/*Worzalla*, § 87 BetrVG Rz. 29; *Fitting*, § 87 BetrVG Rz. 24; DKK/*Klebe*, § 87 BetrVG Rz. 21. |**2** Offen gelassen noch BAG v. 13.7.1977 – 1 AZR 336/75, DB 1977, 2235; für Suspendierung BAG v. 19.2.1991 – 1 ABR 31/90, NZA 1991, 609. |**3** BAG v. 19.2.1991 – 1 ABR 31/90, NZA 1991, 609. |**4** BAG v. 19.2.1991 – 1 ABR 31/90, BAGE 38/96; v. 17.11.1998 – 1 ABR 12/98, NZA 1999, 692. |**5** Vgl. nur BAG v. 3.5.1994 – 1 ABR 24/93, DB 1994, 2450; v. 3.12.1991 – GS 2/90, DB 1992, 1579; DKK/*Klebe*, § 87 BetrVG Rz. 4 mwN; *Fitting*, § 87 BetrVG Rz. 595; aA HSWG/*Worzalla*, § 87 BetrVG Rz. 83 mwN. |**6** *Fitting*, § 87 BetrVG Rz. 602; LAG Hess. v. 27.11.1986 – 9 Sa 828/86, DB 1987, 1844. |**7** *Fitting*, § 87 BetrVG Rz. 7 ff. mwN. |**8** Grundl. BAG v. 18.8.1987 – 1 ABR 30/86, BAGE 56, 18; v. 10.2.1988 – 1 ABR 70/86, NZA 1988, 699; v. 9.5.1995 – 1 ABR 56/94, NZA 1996, 156; GK-BetrVG/*Wiese*, § 87 Rz. 11 mwN; DKK/*Klebe*, § 87 BetrVG Rz. 37; widersprüchlich Richardi/*Richardi*, vor § 87 BetrVG Rz. 12, Einl. Rz. 151; aA ArbG Solingen v. 9.10.1985 – 3 BV 6/85, NZA 1986, 102. |**9** BAG v. 18.8.1987 – 1 ABR 30/86, BAGE 56, 18. |**10** BAG v. 9.5.1995 – 1 ABR 56/94, NZA 1996, 156. |**11** Unbedenklich nach Auffassung des BAG v. 10.2.1988 – 1 ABR 70/86, BAGE 56, 18. |**12** Vgl. *Fitting*, § 87 BetrVG Rz. 8. |**13** BAG v. 14.8.2001 – 1 AZR 744/00, NZA 2002, 342; *Fitting*, § 87 BetrVG Rz. 7; DKK/*Klebe*, § 87 BetrVG Rz. 36. |**14** BAG v. 28.8.2007 – 1 ABR 70/06, DB 2008, 70; v. 3.6.2003 – 1 AZR 349/02, NZA 2003, 1155; v. 14.8.2001 – 1 AZR 619/00, NZA 2002, 276; v. 14.12.1999 – 1 ABR 27/98, NZA 2000, 783; v. 26.5.1998 – 1 AZR 704/97, NZA 1998, 1292; v. 23.6.1992 – 1 ABR 53/91, NZA 1992, 1098.

recht uneingeschränkt eingeräumt wird. Eine BV kann aber für bestimmte Fälle ein Alleinentscheidungsrecht des ArbGeb vorsehen, soweit dadurch das MitbestR nicht in seiner Substanz beeinträchtigt wird[1]. Nach Auffassung des BAG ist der BR verpflichtet, sein Mandat höchstpersönlich auszuüben im Sinn einer Verpflichtung zur Normsetzung[2]. Er darf daher nur, für bestimmte, eng umgrenzte Fallkategorien, etwa für nicht vorhersehbare und planbare Verkaufsvorbereitungs- und Abschlussarbeiten vor oder nach Ladenschluss im Voraus die Zustimmung zu notwendig werdender Mehrarbeit zu erteilen[3]. Dabei muss es sich aber um eine erkennbare Ausübung des MitbestR in konkreten Fallgestaltungen handeln, eine „Generalermächtigung" liefe auf einen unzulässigen Verzicht hinaus.

Aus dem gleichen Grund sind sog. **dyn. Blankettverweisungen** auf TV in BV grds. unzulässig[4]. Nach 29
Auffassung des BAG entäußern sich die Betriebspartner mit einer derartigen Verweisung ihrer gesetzl. Normsetzungsbefugnis. Anders als bei Übernahme bestehender, konkreter Regelungen eines TV sei die vorherige Unterwerfung unter künftige Regelungen, die von dritter Seite getroffen werden, mit den Funktionen des Betriebsverfassungsrechts unvereinbar[5].

Obwohl die Erweiterung von MitbestR durch TV weitestgehend anerkannt ist, wird eine Einschrän- 30
kung der MitbestR durch tarifvertragl. Regelungen außerhalb des Tarifvorrangs in § 87 I Eingangssatz von der herrschenden Auffassung für unzulässig erachtet[6]. Insoweit räumte § 1 I TVG iVm. § 3 II TVG den TV-Parteien keine Vorrangkompetenz gegenüber den Betriebspartnern ein, die über die in § 87 I Eingangssatz und § 77 III geregelten Tarifsperren hinausginge. Allerdings sind die tarifl. Regelungsspielräume auch nicht enger als die der Betriebsparteien. Auch die TV-Parteien können also in gleicher Weise wie die Betriebspartner für Ausnahmefälle Vorsorge treffen. Ein TV kann also im Rahmen eines tarifvertragl. Mitbestimmungsverfahrens die Befugnis des ArbGeb vorsehen, auch ohne Zustimmung des BR Überstunden anzuordnen[7]. Derartige Regelungen sollen aber nach Auffassung des Ersten Senats keine Alleinentscheidungsbefugnis des ArbGeb auch für Fälle eröffnen dürfen, in denen die Notwendigkeit von Überstunden mit einer gewissen Regelmäßigkeit auftritt oder bezogen auf den Einzelfall schon seit längerem erkennbar ist oder in denen der zusätzliche Arbeitsbedarf nicht kurzfristig befriedigt werden muss. Darin soll ein unzulässiger Ausschluss des MitbestR liegen[8].

Einen **Sonderfall** der zulässigen Delegation von MitbestR auf den ArbGeb und ArbN regelt nun **§ 28a**. 31
Da der Gesetzgeber mit dieser Neuregelung bewusst einen Teil der Kompetenzen des BR auf eine Arbeitsgruppe delegieren lässt, ist auf die Übertragung von MitbestR in diesem Zusammenhang ein weiterer Maßstab anzulegen. Der Arbeitsgruppe soll nach der gesetzl. Konzeption gerade ein eigenständiges Ausüben der übertragenen MitbestR zukommen. Die für Betriebe außerhalb des Anwendungsbereiches des § 28a geforderte Beschränkung auf den bloßen „Vollzug" einer vorgegebenen Vereinbarung[9] greift im Anwendungsbereich des § 28a nicht. Ansonsten würde der Sinn und Zweck der gesetzl. Vorgaben konterkariert.

5. Initiativrecht. Aus dem Grundgedanken der gleichberechtigten Teilhabe folgt, dass das MitbestR 32
des BR nach § 87 grds. auch ein Initiativrecht beinhaltet[10]. Der BR kann also an den ArbGeb herantreten und die Regelung einer mitbestimmungspflichtigen Angelegenheit verlangen. Kommt eine Einigung nicht zu Stande, entscheidet die Einigungsstelle verbindlich.

Dieses grds. zu bejahende Initiativrecht besteht nur, soweit die MitbestR des BR reichen. Es ist zudem 33
durch Sinn und Zweck des jeweiligen Mitbestimmungstatbestandes begrenzt[11]. Ein MitbestR, das dem Schutz und der Abwehr belastender Maßnahmen dient, schließt ein Initiativrecht des BR auf Einführung eben solcher Maßnahmen aus[12]. Aus diesem Grund kommt im Rahmen der Mitbestimmungstatbestände des § 87 I Nr. 3 (Anordnung von Überstunden), § 87 I Nr. 11 (Leistungsentgelte) und § 87 I Nr. 6 (technische Überwachungseinrichtungen) ein Initiativrecht des BR nicht in Betracht[13].

Die MitbestR des BR, wie auch das daraus resultierende Initiativrecht stehen nicht unter dem all- 34
gemeinen Vorbehalt, das durch sie nicht in die unternehmerische Entscheidungsfreiheit eingegriffen

---

1 BAG v. 17.11.1998 – 1 ABR 12/98, NZA 1999, 662; v. 26.7.1988 – 1 AZR 54/87, AP Nr. 6 zu § 87 BetrVG 1972 – Provision; v. 12.1.1988 – 1 ABR 54/86, AP Nr. 8 zu § 81 ArbGG 1979. | 2 BAG v. 23.6.1992 – 1 ABR 9/92, NZA 1993, 229. | 3 BAG v. 12.1.1988 – 1 ABR 54/86, AP Nr. 8 zu § 81 ArbGG 1979. | 4 BAG v. 23.6.1992 – 1 ABR 9/92, NZA 1993, 229. | 5 BAG v. 23.6.1992 – 1 ABR 9/92, NZA 1993, 229. | 6 BAG v. 17.11.1998 – 1 ABR 12/98, NZA 1999, 662; v. 23.7.1996 – 1 ABR 13/96, NZA 1997, 274; v. 21.9.1993 – 1 ABR 16/93, BAGE 74, 206; v. 23.3.1993 – 1 AZR 520/92, NZA 1993, 806; *Fitting*, § 87 BetrVG Rz. 6; GK-BetrVG/*Wiese*, § 87 Rz. 5 mwN; DKK/*Klebe*, § 87 BetrVG Rz. 38. | 7 BAG v. 17.11.1998 – 1 ABR 12/98, NZA 1999, 662. | 8 BAG v. 17.11.1998 – 1 ABR 12/98, NZA 1999, 662. | 9 DKK/*Klebe*, § 87 BetrVG Rz. 39. | 10 BAG v. 10.8.1994 – 7 ABR 35/93, NZA 1995, 796; v. 22.9.1992 – 1 AZR 405/90, BAGE 71, 180; v. 28.7.1992 – 1 ABR 22/92, NZA 1993, 272; *Fitting*, § 87 BetrVG Rz. 583; HSWG/*Worzalla*, § 87 BetrVG Rz. 42; DKK/*Klebe*, § 87 BetrVG Rz. 19. | 11 BAG v. 28.11.1989 – 1 ABR 97/88, NZA 1990, 406; v. 4.3.1986 – 1 ABR 15/84, BAGE 51, 187; MünchArbR/*Matthes*, § 327 Rz. 38 ff.; aA *Fitting*, § 87 BetrVG Rz. 589. | 12 So zu Recht BAG v. 28.11.1989 – 1 ABR 97/88, NZA 1990, 406; ebenso MünchArbR/*Matthes*, § 327 Rz. 40. | 13 MünchArbR/*Matthes*, § 327 Rz. 41. Für § 87 Abs. 1 Nr. 6 BetrVG: BAG v. 28.11.1989 – 1 ABR 97/88, NZA 1990, 406; Anordnung von Mehrarbeit und Überstunden: BVerwG v. 6.10.1992 – 6 P 25/90, AP Nr. 1 zu § 79 LPVG Berlin.

werden dürfte. Die Betriebsverfassung ist als Kooperationsmodell angelegt, die MitbestR des BR sollen gerade die unternehmerische Freiheit iS einer gleichberechtigten Teilhabe einschränken[1]. Dabei darf aber nicht übersehen werden, dass es trotz der gesetzl. weitgehend ausgestalteten MitbestR einen dem Zugriff des BR entzogenen Kernbereich der unternehmerischen Entscheidung gibt. Dies ist bereits in der Konzeption des BetrVG angelegt, wie die unterschiedliche Ausgestaltung der verschiedenen mitbestimmungsrechtl. Angelegenheiten zeigt. Sachverhalte, bei denen das vom BR geltend gemachte MitbestR unmittelbar die unternehmerische Entscheidung als solche zum Regelungsgegenstand macht, sind daher sorgfältig darauf zu prüfen, ob die begehrte Regelung vom MitbestR des § 87 abgedeckt wird oder darüber hinaus in den nach der gesetzl. Konzeption mitbestimmungsfreien unternehmerischen Entscheidungsspielraum eingreifen[2].

35 **6. Form der Ausübung.** § 87 sagt nichts darüber aus, in welcher Form das MitbestR des BR auszuüben ist. Möglich ist daher sowohl der Abschluss einer förmlichen BV als auch eine Verständigung im Wege der Regelungsabrede. Die Zustimmung des BR kann sowohl ausdrücklich als auch konkludent erteilt werden. Da die Regelungsabrede aber nicht wie eine BV normativ auf die Arbeitsverhältnisse einwirkt, ist der Abschluss einer BV in der Regel zweckmäßig. Jeder Beteiligung des BR, gleich in welcher Form sie stattfindet, muss ein ordnungsgemäßer Beschluss des Gremiums zugrunde liegen. Wenn allerdings der BR-Vorsitzende in seiner Funktion die Zustimmung zu einer vom ArbGeb begehrten Maßnahme erteilt, spricht eine widerlegbare Vermutung dafür, dass dem ein ordnungsgemäßer Beschluss zugrunde liegt[3].

36 Der BR ist im Rahmen seiner MitbestR nach § 87 grds. nicht verpflichtet, eine etwaige Verweigerung der Zustimmung zu begründen. Dies sieht das Gesetz anders als im Bereich der personellen Maßnahmen nicht vor. Gleichwohl muss auch im Rahmen des § 87 die Ausübung der MitbestR, wie alle Handlungen der Betriebspartner im Rahmen der Betriebsverfassung, dem Grundsatz der vertrauensvollen Zusammenarbeit (§ 2 I) entsprechen. Hieraus ergibt sich im Einzelfall eine Begrenzung des MitbestR mit der Folge, dass eine gegen diesen Grundsatz verstoßende rechtsmissbräuchliche Zustimmungsverweigerung gegenstandslos ist und den ArbGeb berechtigt, die beabsichtigte Maßnahme umzusetzen. Der Gesetzgeber hat dem BR weit gehende MitbestR in sozialen Angelegenheiten eingeräumt, mit denen der ArbGeb erheblich in seiner unternehmerischen Freiheit beschränkt wird. Diese MitbestR dürfen nicht rechtsmissbräuchlich dazu genutzt werden, um über sog. „Koppelungsgeschäfte" Leistungen des ArbGeb zu erzwingen, die außerhalb der Mitbest. des BR stehen. Das BAG hat dies – soweit ersichtlich – bisher noch nicht ausdrücklich anerkannt, weist aber darauf hin, dass ein Widerspruch des BR im Rahmen des. § 87 dann unbeachtlich ist, wenn er etwas durchsetzen will, worauf kein MitbestR besteht[4]:

37 Es ist insb. rechtsmissbräuchlich, wenn der BR die Zustimmung zur beantragten Mehrarbeit von der Zahlung zusätzlicher Leistungen abhängig macht oder für die Einführung von Schichtarbeit weitere Zuschläge oder gar den Ausschluss einer ordentl. Kündigung verlangt[5]. Gleiches gilt für die Koppelung der Zustimmung zur Kurzarbeit an die Vereinbarung einer Garantieklausel, bei Nichteintritt der BA 100 % der Entgeltfortzahlung durch den ArbGeb sicherzustellen[6].

38 **IV. Nichtbeachtung des Mitbestimmungsrechts. 1. Theorie der Wirksamkeitsvoraussetzung**[7]. Das BAG sowie die herrschende Auffassung in der Lit. folgert aus dem Gesetzeszweck des § 87, dass die Mitbest. des BR Wirksamkeitsvoraussetzung für jede der Mitbest. gem. § 87 unterliegende Maßnahme des ArbGeb ist[8]. Um die gesetzl. bezweckte gleichberechtigte Teilhabe der durch den BR repräsentierten ArbN sicherzustellen, soll mit der Theorie der Wirksamkeitsvoraussetzung verhindert werden, dass der ArbGeb dem Einigungszwang mit dem BR durch Rückgriff auf arbeitsvertragl. Gestaltungsmöglich-

1 BVerfG v. 18.12.1985 – 1 BVR 143/83, AP Nr. 15 zu § 87 BetrVG 1972 – Arbeitszeit; BAG v. 31.8.1982 – 1 ABR 27/80, DB 1982, 1884; MünchArbR/*Matthes*, § 327 Rz. 45 ff. mwN. | 2 So zu Recht GK-BetrVG/*Wiese*, § 87 Rz. 146 ff. mit instruktiven Beispielen. | 3 BAG v. 17.2.1981 – 1 AZR 290/78, BAGE 35, 80. | 4 Vgl. BAG v. 26.5.1998 – 1 AZR 704/97, DB 1998, 2119: Wenn der BR der Verteilung eines Kürzungsvolumens allein mit dem Ziel widerspricht, eine Verringerung des Kürzungsvolumens durchzusetzen, darf der ArbGeb in die mitbestimmungsfreie Vollanrechnung ausweichen; vgl. BAG v. 10.2.1988 – 1 ABR 56/86, BAGE 57, 309: Erhebt der BR keine Einwände gegen die Verteilung des Kürzungsvolumens, sondern nur gegen die Kürzung als solche, kann eine Einigung über die Verteilungsgrundsätze vorliegen und die Kürzung vorgenommen werden; vgl. auch LAG Köln v. 14.6.1989 – 2 TaBV 17/89, NZA 1989, 939: Aus dem Gebot der vertrauensvollen Zusammenarbeit folgt vielmehr die Pflicht des BR, bei der Ausübung des MitbestR allein diejenigen Überlegungen anzustellen und zur Grundlage der Entscheidung zu machen, die im Rahmen des konkreten MitbestR geboten sind. | 5 ArbG Bielefeld v. 29.10.1982 – 3 BV 10/82, DB 1983, 1880; GK-BetrVG/*Wiese*, § 87 Rz. 361 mwN; aA LAG Nürnberg v. 6.11.1990 – 4 TaBV 13/90, DB 1991, 707 (Lärmzulage gegen Zustimmung zu Mehrarbeit); ArbG Hamburg v. 6.4.1993 – 5 BV 14/92, AiB 1994, 120 (zusätzliche Leistungen für die Anordnung von Mehrarbeit); DKK/*Klebe*, § 87 BetrVG Rz. 9; MünchArbR/*Matthes*, § 332 Rz. 42. | 6 LAG Köln v. 14.6.1989 – 2 TaBV 17/89, NZA 1989, 939. | 7 Auch als Theorie der notwendigen Mitbestimmung bezeichnet, vgl. GK-BetrVG/*Wiese*, § 87 Rz. 98. | 8 BAG v. 14.11.1974 – 1 ABR 65/73, AP Nr. 1 zu § 87 BetrVG 1972; v. 16.9.1986 – GS 1/82, BAGE 53, 42; v. 8.8.1989 – 1 ABR 62/88, AP Nr. 3 zu § 87 BetrVG 1972 – Initiativrecht; v. 17.6.1998 – 2 AZR 336/97, BAGE 89, 149; *Fitting*, § 87 BetrVG Rz. 599, DKK/*Klebe*, § 87 BetrVG Rz. 4; GK-BetrVG/*Wiese*, § 87 Rz. 99 mwN.

keiten ausweicht. Das gesetzl. MitbestR beschränkt also die Gestaltungsmacht des ArbGeb, wobei die Mitbest. (im Gegensatz zur anderweitig erforderlichen Zustimmung gesetzl. Vertreter) nicht eine außerhalb des Geschäftsakts liegende zusätzliche Wirksamkeitsvoraussetzung, sondern rechtsnotwendiger Bestandteil der Maßnahme selbst ist[1].

Folge dieser Theorie ist, dass eine ohne Mitwirkung des BR durchgeführte arbeitgeberseitige Maßnahme nicht schwebend unwirksam ist und daher nicht im Nachhinein durch Genehmigung Wirksamkeit erlangen kann. Vielmehr muss die Zustimmung des BR stets vorher erteilt werden, eine nachträgliche Zustimmung kann die Unwirksamkeit nicht mehr heilen. Anderenfalls würde das MitbestR ausgehöhlt und zu einem bloßen Kontrollrecht degradiert[2]. 39

Solange noch kein BR gewählt ist, kann der ArbGeb im Rahmen der gesetzl., tarifl. und vertragl. Regelungen einseitig Maßnahmen treffen, die auch bei Neuwahl eines BR wirksam bleiben, bis sie durch eine anderweitige Einigung zwischen BR und ArbGeb oder einen ersetzenden Spruch der Einigungsstelle ersetzt werden[3]. Für die in der Lit. und Rspr. teilweise vertretene Auffassung, vom ArbGeb in betriebsratslosen Zeiten einseitig eingeführte Regelungen würden nach einer Übergangszeit rechtsunwirksam[4], fehlt die gesetzl. Grundlage. Das Zurückführen eines Betriebes mit Ablauf einer solchen Übergangsfrist auf eine Art mitbestimmungsrechtl. „Nulllinie" ist angesichts der Vielzahl der Gestaltungsmöglichkeiten nicht nur praktisch unmöglich (wie wäre eine solche Nulllinie zu definieren), sondern auch unter Berücksichtigung der gesetzl. Vorgaben verfassungswidrig. Damit würde im Ergebnis nämlich dem BR, ohne dass vorher ein entsprechendes Verfahren durchgeführt worden wäre, zumindest für den dann anlaufenden Zeitraum der Entscheidungsfindung die Befugnis übertragen, die unternehmerische Grundentscheidung über die Ausgestaltung einzelner Maßnahmen zu treffen, bis diese Situation dann durch ein entsprechend mitbestimmtes Verfahren abgeändert würde. Es ist daher mit dem BAG und der wohl herrschenden Auffassung in der Lit. davon auszugehen, dass die zunächst wirksam eingeführte Maßnahme wirksam bleibt, bis sie auf Initiative des BR oder des ArbGeb im Rahmen eines mitbestimmten Verfahrens abgelöst wird[5]. Für die von *Klebe* vertretende Auffassung, der ArbGeb sei verpflichtet, in dieser Situation die Initiative zu ergreifen[6], fehlt ebenfalls jegliche gesetzl. Grundlage. 40

2. Individualrechtliche Folgen. Die Theorie der Wirksamkeitsvoraussetzung führt allerdings nicht dazu, dass Maßnahmen, die sich zu Gunsten der ArbN auswirken, auch ihnen gegenüber unwirksam sind. Vielmehr gilt umgekehrt, dass mitbestimmungswidrige Anordnungen des ArbGeb dem ArbN im Individualarbeitsverhältnis nicht zum Nachteil gereichen dürfen. Wirkt die Maßnahme zu seinen Gunsten, darf sich der ArbGeb auf das mitbestimmungswidrige Zustandekommen nicht berufen, wirkt die Maßnahme zu seinen Lasten, gilt Gleiches, aber mit dem Ergebnis, dass die Situation des ArbN durch die mitbestimmungswidrige Maßnahme nicht verschlechtert werden darf[7]. Es gilt das aus § 242 BGB herzuleitende allgemeine Rechtsprinzip, dass sich der ArbGeb gegenüber dem ArbN nicht auf sein eigenes rechtswidriges Verhalten berufen darf[8]. 41

Die mitbestimmungswidrige Maßnahme darf den ArbN nicht belasten. Es besteht aber Einigkeit darüber, dass aus der Verletzung des betriebverfassungsrechtl. MitbestR kein individualrechtl. Anspruch entstehen kann, der zuvor nicht bestanden hat[9]. 42

Mitbestimmungswidriges Verhalten des ArbGeb kann also sowohl zur Unwirksamkeit einzelner Maßnahmen als auch uU zu prozessualen Hindernissen führen: 43

- Die einseitig verhängte Betriebsbuße ist unwirksam[10].
- Bei mitbestimmungswidrig angeordneten Überstunden haben ArbN ein Leistungsverweigerungsrecht, wird die Arbeit geleistet, muss der ArbGeb sie vergüten[11].
- Der bisherige Entgeltzahlungsanspruch bleibt insb. in Bezug auf etwaige Zuschläge bei mitbestimmungswidriger Versetzung von der Wechsel- in die Normalschicht erhalten[12].
- Bei Einsatz von Überwachungseinrichtungen im Sinn der Nr. 6 ohne Beteiligung des BR kann im späteren Kündigungsschutzprozess ein Beweisverwertungsverbot drohen[13].

---

1 GK-BetrVG/*Wiese*, § 87 Rz. 100; *v. Hoyningen-Huene*, Die fehlerhafte Beteiligung des Betriebsrates in sozialen Angelegenheiten – Rechtsfolgen und Handlungsmöglichkeiten des Betriebsrates, DB 1987, 1426. | 2 BAG v. 20.1.1998 – 9 AZR 698/96, AP Nr. 73 zu § 77 BetrVG 1972; LAG Hess. v. 27.11.1986 – 9 Sa 828/86, DB 1987, 1844; *Fitting*, § 87 BetrVG Rz. 602; GK-BetrVG/*Wiese* § 87 Rz. 100, DKK/*Klebe*, § 87 BetrVG Rz. 13; MünchArbR/*Matthes*, § 330 Rz. 17. | 3 BAG v. 25.11.1981 – 4 AZR 274/79, AP Nr. 3 zu § 9 TVAL II; LAG Berlin v. 9.1.1984 – 12 Sa 127/83, DB 1984, 2098; GK-BetrVG/*Wiese*, § 87 Rz. 85. | 4 LAG Frankfurt/M v. 6.3.1990 – 5 Sa 1202/89, DB 1991, 1027; DKK/*Klebe*, § 87 BetrVG Rz. 8. | 5 BAG v. 25.11.1981 – 4 AZR 274/79, AP Nr. 3 zu § 9 TVAL II; LAG Berlin v. 9.1.1984 – 12 Sa 127/83, DB 1984, 2098; GK-BetrVG/*Wiese*, § 87 Rz. 85 mwN. | 6 DKK/*Klebe*, § 87 BetrVG Rz. 8. | 7 *Fitting*, § 87 BetrVG Rz. 599; GK-BetrVG/*Wiese*, § 87 Rz. 119 ff. mwN. | 8 GK-BetrVG/*Wiese*, § 87 Rz. 125 mwN. | 9 BAG v. 20.1.1998 – 9 AZR 698/96, NZA 1998, 1237; v. 15.11.1994 – 5 AZR 682/93, DB 1995, 580; v. 20.8.1991 – 1 AZR 326/90, DB 1992, 687; GK-BetrVG/*Wiese*, § 87 Rz. 128; *Fitting*, § 87 BetrVG Rz. 606. | 10 BAG v. 17.10.1989 – 1 ABR 100/88, BAGE 63, 169. | 11 BAG v. 5.7.1976 – 5 AZR 264/75, BB 1976, 1223. | 12 LAG BW v. 27.10.1994 – 5 Sa 55/94, AiB 1995, 291. | 13 BAG v. 29.10.1997 – 5 AZR 508/96, NZA 1998, 307.

- Mitbestimmungswidrige einzelvertragl. Vereinbarungen mit einzelnen Mitarbeitern zur Umgehung des MitbestR sind unwirksam[1].

Für den Fall der mitbestimmungswidrigen Änderungskündigung differenziert die Rspr. Das BAG trennt zwischen dem individualrechtl. und dem kollektivrechtl. Teil der Änderungskündigung. Will ein ArbGeb durch betriebsbedingte Änderungskündigung Lohnzusatzleistungen reduzieren und umgestalten, so ist die vorherige Beteiligung des BR gem. § 87 I Nr. 10 für die Wirksamkeit der Änderungskündigung nicht erforderlich. Im Fall der rechtzeitigen Vorbehaltsannahme der Änderungskündigung durch den ArbN ist nur die Durchsetzung der beabsichtigten Vertragsänderung davon abhängig, ob die Mitbest. des BR erfolgt ist. Wenn ein ArbN also bei einer Änderungskündigung das Änderungsangebot nicht bzw. nicht rechtzeitig unter Vorbehalt annimmt, geht er das Risiko ein, dass die Änderungskündigung trotz einer eventuell vorliegenden Verletzung des § 87 I Nr. 10 (im Übrigen) wirksam und sozial gerechtfertigt ist[2].

44 **V. Einigungsstelle.** Können ArbGeb und BR über die Regelung eines der zwingenden Mitbestimmungstatbestände des Abs. 1 Nr. 1–13 keine Einigung erzielen, entscheidet gem. § 87 II die Einigungsstelle.

45 Die Einigungsstelle ist in allen Fällen zuständig, in denen der BR ein MitbestR nach Abs. 1 Nr. 1–13 hat. Der Umfang ihrer Zuständigkeit ist deckungsgleich mit der Reichweite des MitbestR. Die Einigungsstelle ist bei ihrer Entscheidung an zwingende gesetzl. Vorschriften gebunden. Sie muss zB bei einem Spruch

- im Rahmen des Abs. 1 Nr. 2 und 3 die Vorschriften des öffentl.-rechtl. Arbeitszeitrechts (ArbZG; JArbSchG; MuSchG) beachten;
- im Rahmen des Abs. 1 Nr. 5 die zeitliche Lage des Urlaubs einzelner ArbN (§ 7 I BUrlG) beachten;
- im Rahmen des Abs. 1 Nr. 6 zwingende datenschutzrechtl. Vorschriften beachten.

46 Europäische Richtlinien, die vom Gesetzgeber noch nicht (ausreichend) umgesetzt worden sind, sind im Verhältnis zwischen privaten Arbeitsvertragsparteien nicht unmittelbar anwendbar[3], binden mithin auch die Einigungsstelle nicht. Erst wenn der Gesetzgeber tätig geworden ist, sind daran auch die Betriebspartner bzw. die Einigungsstelle gebunden.

47 Sie wird auf Antrag des ArbGeb oder des BR tätig (§ 76 V 1). Der BR kann sie nur anrufen, wenn ihm ein Initiativrecht in der konkreten Frage zusteht[4].

48 Das Verfahren vor der Einigungsstelle ist in § 76 geregelt. TV können bestimmen, dass statt der Einigungsstelle eine tarifl. Schlichtungsstelle tätig wird (§ 76 VIII).

Der Spruch der Einigungsstelle ersetzt die Einigung der Betriebspartner (Abs. 2) und hat die Wirkung einer BV[5]. Bei den sog. „gemischten Tatbeständen" – Sachverhalte mit mitbestimmungsfreien und -pflichtigen Elementen – ersetzt der Spruch die Einigung der Betriebspartner verbindlich nur so weit, wie das zwingende MitbestR jeweils reicht. Wenn die mit dem Spruch festgelegte Ausgestaltung den Vorstellungen des ArbGeb nicht entspricht, kann er von der Gewährung der Leistung insgesamt absehen. Nur wenn und solange er die Leistung tatsächlich gewährt, ist er an den Spruch der Einigungsstelle gebunden[6].

49 Der Spruch der Einigungsstelle hat unmittelbare und zwingende Wirkung auf die Arbeitsverhältnisse (§ 77 IV 1) und geht damit arbeitsvertragl. Vereinbarungen vor.

50 Im Streitfall entscheidet das ArbG im Beschlussverfahren (§§ 2a, 80 ff., 98 ArbGG) über die Zuständigkeit der Einigungsstelle, über deren Zusammensetzung, über die Ordnungsmäßigkeit des Verfahrens und über die Rechtswirksamkeit eines Spruchs.

51 **VI. Rechtsstreitigkeiten.** Die Mitbest. des BR in sozialen Angelegenheiten vollzieht sich keinesfalls reibungslos wie die Vielzahl von Beschlussverfahren zur Klärung streitiger Fragen zeigt. Die mitbestimmungswidrigen Maßnahmen des ArbGeb sind zwar nicht wirksam (Rz. 38 ff.), dies hindert den ArbGeb aber nicht, sie betriebsverfassungswidrig aufrecht zu erhalten oder weiterhin gegen § 87 zu verstoßen. Um das für die Zukunft zu verhindern, kann der BR unter bestimmten Voraussetzungen Unterlassungsansprüche gegenüber dem ArbGeb durchsetzen. Wirkt ein betriebsverfassungswidriger Zustand fort, kann er dessen Beseitigung verlangen. Nicht selten ist zwischen den Betriebspartnern schon die Frage streitig, ob überhaupt ein MitbestR eingreift bzw. wie weit es reicht.

---

1 BAG v. 10.11.1992 – 1 AZR 183/92, NZA 1993, 507; v. 13.2.1990 – 1 ABR 35/87, AP Nr. 43 zu § 87 BetrVG 1972 – Lohngestaltung; *Fitting*, § 87 BetrVG Rz. 607; GK-BetrVG/*Wiese*, § 87 Rz. 120 mwN. | 2 So ausdrücklich BAG v. 23.11.2002 – 2 AZR 690/99, FA 2001, 243. | 3 EuGH v. 3.10.2000 – Rs. C-303/98, AP Nr. 2 zu EWG-RL Nr. 93/104 (SIMAP); BAG v. 18.2.2003 – 1 ABR 2/02, FA 2003, 215; gegen Vorinstanz: LAG Hamburg v. 13.2.2002 – 8 TaBV 10/01, AP Nr. 1 zu § 611 BGB – Bereitschaftsdienst. | 4 GK-BetrVG/*Wiese*, § 87 Rz. 1073. | 5 BAG v. 8.3.1977 – 1 ABR 33/75, AP Nr. 1 zu § 87 BetrVG 1972 – Auszahlung. | 6 BAG v. 13.9.1983 – 1 ABR 32/81, AP Nr. 3 zu § 87 BetrVG 1972 – Prämie.

1. Unterlassungsanspruch aus § 23 Abs 3. Bei groben Verstößen des ArbGeb gegen seine Pflichten aus dem BetrVG, also auch aus § 87, können der BR oder eine im Betrieb vertretene Gewerkschaft beim ArbG beantragen, dem ArbGeb aufzugeben, eine Handlung zu unterlassen, vorzunehmen oder zu dulden (§ 23 III). 52

Ein grober Verstoß liegt vor, wenn es sich um eine objektiv erhebliche und offensichtlich schwerwiegende Pflichtverletzung handelt, wobei es auf ein Verschulden nicht ankommt[1]. Das ist im Rahmen der Mitbest. nach § 87 zB in folgenden Konstellationen der Fall: 53

- mehrfache Anordnung bzw. Duldung von Überstunden ohne Beteiligung des BR[2];
- Abwicklung von Überstunden über einen „Strohmann" trotz mehrfacher Verfahren über MitbestR bei Anordnung von Überstunden[3];
- Dienstplanänderung[4] oder Aufstellen einer Kleiderordnung[5] ohne Beteiligung des BR trotz entgegenstehender rechtskräftiger Entscheidung.

Eine Wiederholungsgefahr wird nicht vorausgesetzt[6].

Antragsberechtigt sind der BR und eine im Betrieb vertretene Gewerkschaft (§ 23 III 1). Sie müssen den Anspruch im Beschlussverfahren (§§ 2a, 80 ff. ArbGG) geltend machen. Der Antrag des BR setzt eine ordnungsgemäße Beschlussfassung (§ 33) voraus. Der BR bzw. die Gewerkschaft können mit dem Antrag nach § 23 III 1 bereits einen Antrag auf Ordnungsgeld/Zwangsgeld (§ 23 III 2 und 3) für den Fall der Zuwiderhandlung/Nichtvornahme stellen. Das Höchstmaß des Ordnungsgelds/Zwangsgelds ist auf 10 000 Euro beschränkt (§ 23 III 5). Eine Festsetzung von Ordnungs- oder Zwangshaft ist nicht möglich (§ 85 I 3 ArbGG). Einstw. Rechtsschutz erlangen die Antragsteller im Rahmen des § 23 III nicht[7]. 54

2. Allgemeiner Unterlassungs- und Beseitigungsanspruch, Anspruch auf Durchführung. Nach der Rspr. des BAG steht dem BR auch unabhängig von einer groben Pflichtverletzung iSd. § 23 III ein sog. „allgemeiner Unterlassungsanspruch" als selbständiger, einklagbare Nebenleistungsanspruch zu[8]. Bei der Mitbest. nach § 87 ergebe sich der Anspruch aus der besonderen Rechtsbeziehung, die zwischen ArbGeb und BR bestehe, die insb. in § 2 zum Ausdruck komme[9]. Der allgemeine Unterlassungsanspruch ist nur begründet, wenn Wiederholungsgefahr besteht[10]. Erforderlich ist eine ernstliche, sich auf Tatsachen gründende Besorgnis weiterer Eingriffe zurzeit der letzten mündlichen Verhandlung. Dafür besteht allerdings eine tatsächliche Vermutung, es sei denn, dass zB die tatsächliche Entwicklung einen neuen Eingriff unwahrscheinlich macht[11]. 55

Wenn der ArbGeb das mitbestimmungswidrige Verhalten bereits vollzogen hat, kann der BR Beseitigung des mitbestimmungswidrigen Zustands verlangen. Dieser Beseitigungsanspruch ist das Gegenstück zum Unterlassungsanspruch[12]. Daneben besteht gem. § 77 I 1 ein Anspruch des BR gegen den ArbGeb auf Durchführung der im Rahmen einer BV getroffenen Regelungen[13]. 56

Der BR muss die Unterlassungsansprüche, ebenso wie Ansprüche auf Beseitigung oder Durchführung im Beschlussverfahren (§§ 2a, 80 ff. ArbGG) geltend machen. Der Antrag muss dem Bestimmtheitserfordernis (§ 253 II Nr. 2 ZPO) genügen. Nach st. Rspr. des BAG ist ein Globalantrag zulässig, mit dem für einen bestimmten Vorgang generell ein MitbestR (zB jede Änderung von Zulagen; jede Anordnung von Überstunden) geltend gemacht wird[14]. Dieser ist aber unbegründet, wenn auch nur für eine erfasste Sachverhaltsvariante ein MitbestR ausscheidet[15]. Wiederholt der Antrag nur den Gesetzeswortlaut ist er unzulässig[16]. Die Vollstreckung erfolgt nach § 85 I ArbGG iVm. §§ 888 ff. ZPO. Dabei ist zu beachten, dass die Durchsetzung dieser Ansprüche nur mit der Androhung eines Ordnungsgeldes in Höhe bis zu 10 000 Euro versehen werden kann. § 23 III ist nach Auffassung des BAG lex specialis und geht insoweit § 890 ZPO vor. Zudem ergäben sich Wertungswidersprüche, wenn etwa die Nichtbefolgung eines allge- 57

1 BAG v. 29.2.2000 – 1 ABR 4/99, AP Nr. 105 zu § 87 BetrVG 1972 – Lohngestaltung. | 2 BAG v. 18.4.1985 – 6 ABR 19/84, AP Nr. 5 zu § 23 BetrVG 1972; v. 27.11.1990 – 1 ABR 77/89, AP Nr. 41 zu § 87 BertVG 1972 – Arbeitszeit. | 3 BAG v. 22.10.1991 – 1 ABR 28/91, AP Nr. 48 zu § 87 BetrVG 1972 – Arbeitszeit. | 4 BAG v. 8.8.1989 – 1 ABR 59/88, AP Nr. 11 zu § 23 BetrVG 1972. | 5 BAG v. 8.8.1989 – 1 ABR 65/88, AP Nr. 15 zu § 87 BetrVG 1972 – Ordnung des Betriebes. | 6 BAG v. 18.4.1985 – 6 ABR 19/84, AP Nr. 5 zu § 23 BetrVG 1972. | 7 LAG Hamm, DB 1977, 1514; LAG Nds. v. 5.6.1987 – 12 TaBV 17/87, LAGE § 23 BetrVG 1972 Nr. 11; LAG Köln v. 22.4.1985 – 6 TaBV 5/85, NZA 1985, 634; ArbG Münster v. 8.9.186 – 3 BVGa 7/86, AiB 1986, 236; LAG Schl.-Holst. v. 15.11.1984 – 2 TaBV 26/84, BB 1985, 997; *Fitting*, § 23 BetrVG Rz. 74; GK-BetrVG/*Oetker*, § 23 Rz. 189. | 8 BAG v. 3.5.1994 – 1 ABR 24/93, AP Nr. 23 zu § 23 BetrVG 1972 unter Aufgabe der entgegenstehenden Rspr. (BAG v. 22.2.1983 – 1 ABR 27/81, AP Nr. 2 zu § 23 BetrVG 1972). Bestätigt: BAG v. 23.7.1996 – 1 ABR 13/96, AP Nr. 68 zu § 87 BetrVG 1972 – Arbeitszeit; v. 28.5.2002 – 1 ABR 32/01, AP Nr. 39 zu § 87 BetrVG 1972 – Ordnung des Betriebes. | 9 Kritisch zum dogmatischen Ansatz Richardi/*Richardi*, § 87 BetrVG Rz. 137; im Ergebnis aber zust.: ebd., Rz. 139 ff. (142). | 10 BAG v. 3.5.1994 – 1 ABR 24/93, AP Nr. 23 zu § 23 BetrVG 1972; v. 9.2.2000 – 1 ABR 4/99, AP Nr. 105 zu § 87 BetrVG 1972 – Lohngestaltung. | 11 BAG v. 9.2.2000 – 1 ABR 4/99, AP Nr. 105 zu § 87 BetrVG 1972 – Lohngestaltung. | 12 BAG v. 16.6.1998 – 1 ABR 68/97, AP Nr. 7 zu § 87 BetrVG 1972 – Gesundheitsschutz. | 13 BAG v. 29.4.2004- 1 ABR 30/02, BAGReport 2004, 241. | 14 BAG v. 3.5.1994 – 1 ABR 24/93, AP Nr. 23 zu § 23 BetrVG 1972. | 15 BAG v. 3.5.1994 – 1 ABR 24/96, AP Nr. 23 zu § 23 BetrVG 1972; v. 28.5.2002 – 1 ABR 40/01, AP Nr. 96 zu § 87 BetrVG 1972 – Arbeitszeit. | 16 BAG v. 17.3.1987 – 1 ABR 65/85, AP Nr. 7 zu § 23 BetrVG 1972.

meinen Unterlassungsanspruchs härter sanktioniert würde als ein grober Verstoß gegen die betriebsverfassungsrechtl. Pflichten[1].

58 Der allgemeine Unterlassungsanspruch kann im Wege des einstw. Rechtsschutzes durchgesetzt werden[2] (§ 85 II ArbGG). Voraussetzung ist neben den Verfügungsanspruch ein Verfügungsgrund. Der BR ist auf den Erlass der einstw. Verfügung dringend angewiesen, wenn der ArbGeb immer wieder gegen das MitbestR des BR verstößt und zurzeit eine Regelung der umstrittenen Angelegenheit durch die Einigungsstelle nicht in Sicht ist[3].

59 **3. Sonstige Streitigkeiten.** Streiten die Betriebspartner darüber,

- ob bzw. in welchem Umfang ein MitbestR besteht,
- ob das MitbestR wirksam ausgeübt worden ist,
- ob eine BV/Regelungsabrede besteht, welchen Inhalt sie hat oder wie sie durchzuführen ist,
- ob die Voraussetzungen eines Notfalls gegeben waren,

können sie diese Frage im Beschlussverfahren (§ 2a I Nr. 1, II; §§ 80 ff. ArbGG) vom ArbG klären lassen[4]. Voraussetzung für den Erfolg eines solchen Feststellungsantrags ist gem. § 256 ZPO ein Rechtsschutzinteresse[5]. Daran fehlt es regelmäßig bei einer nur in die Vergangenheit gerichtete Feststellung (abgeschlossener Sachverhalt). Das BAG hält zu Recht daran fest, dass es nicht Aufgabe der Gerichte ist, den Betriebsparteien zu bescheinigen, ob und wer im Recht war und auch nicht, eine die Beteiligten interessierende Rechtsfrage gutachterlich zu klären[6].

60 **VII. Die einzelnen Mitbestimmungstatbestände des Abs. 1.**

1. Fragen der Ordnung des Betriebs und des Verhaltens der Arbeitnehmer im Betrieb (Abs. 1 Nr. 1). **a) Zweck.** Nach Nr. 1 hat der BR mitzubestimmen über Fragen der Ordnung des Betriebes und des Verhaltens der ArbN im Betrieb. Zweck des MitbestR nach Nr. 1 ist es, die Belange der ArbN geltend zu machen und unter Einschränkung der Regelungsbefugnis des ArbGeb beide Interessenlagen in einen gleichberechtigten Ausgleich zu bringen[7]. Zudem bezweckt das MitbestR den Schutz der Persönlichkeit des einzelnen ArbN und die gleichberechtigte Teilhabe der ArbN an der Gestaltung der betrieblichen Ordnung[8].

61 **b) Tendenzbetriebe.** Was die Mitbest. in Tendenzbetrieben betrifft, so wird im Allgemeinen bei Nr. 1 eine Einschränkung nicht in Betracht kommen, da es meist um den wertneutralen Arbeitsablauf des Betriebs geht. Nur ausnahmsw. kann bei Fragen der Ordnung des Betriebs und des Verhaltens der ArbN im Betrieb eine Einschränkung des MitbestR nach § 118 I in Betracht kommen, wenn nämlich eine Beteiligung des BR dazu führte, dass die durch Art. 5 I 2 GG geschützte geistig-ideelle Zielrichtung ernsthaft beeinträchtigt würde. Dies ist der Fall bei der Einführung von Regeln, die für Redakteure einer Wirtschaftszeitung den Besitz von Wertpapieren mit dem Ziel einschränken, die Unabhängigkeit der Berichterstattung zu gewährleisten. Hier schließt der Tendenzschutz eine Mitbest. nach Nr. 1 aus[9].

62 **c) Umfang des Mitbestimmungsrechts.** Das BAG unterscheidet in st. Rspr.[10] zwischen dem mitbestimmungsfreien Arbeitsverhalten und dem mitbestimmungspflichtigen Ordnungsverhalten[11]. Das Arbeitsverhalten ist berührt, wenn der ArbGeb kraft seines Weisungsrechts näher bestimmt, welche Arbeiten wie auszuführen sind, also Anordnungen trifft, mit denen die Arbeitspflicht unmittelbar konkretisiert wird. Trifft er hingegen Anordnungen, um das sonstige Verhalten der ArbN zu koordinieren, ist das Ordnungsverhalten betroffen[12]. Entscheidend für die Abgrenzung ist der jeweilige objektive Regelungszweck[13]. Wirkt sich eine Maßnahme des ArbGeb sowohl auf das Arbeits- wie auch das Ordnungsverhalten aus, kommt es darauf an, welcher Regelungszweck überwiegt[14]. In jedem Fall berechtigt das MitbestR die Betriebspartner nicht, in die private Lebensführung der ArbN einzugreifen[15]. Neuerdings

1 BAG v. 29.4.2004 – 1 ABR 30/02, BAGReport 2004, 241. | 2 BAG v. 3.5.1994 – 1 ABR 24/93, NZA 1995,40; LAG Frankfurt v. 19.4.1988 – 5 TaBVGa 52/88, LAGE § 99 BetrVG 1972 Nr. 17; *Fitting*, § 87 BetrVG Rz. 610; DKK/*Klebe*, § 87 Rz. 316; GK-BetrVG/*Wiese*, § 87 Rz. 1075. | 3 LAG Hamm v. 6.2.2001 – 13 TaBV 132/00, AiB 2001, 488; aA LAG Bremen v. 25.7.1986 – 2 TaBV 50/86, LAGE § 23 BetrVG 1972 Nr. 7: Ein Verstoß des ArbGeb gegen die Bestimmungen der §§ 87 I Nr. 2 und 3 gibt grundsätzlich einen Verfügungsgrund. | 4 BAG v. 16.8.1983 – 1 ABR 11/82 und v. 13.10.1987 – 1 ABR 53/86, AP Nr. 2 und 7 zu § 81 ArbGG 1979. | 5 BAG v. 8.2.1957 – 1 ABR 11/55, AP Nr. 1 zu § 82 BetrVG; v. 29.7.1982 – 6 ABR 51/79, AP Nr. 5 zu § 83 ArbGG 1979. | 6 BAG v. 28.5.2002 – 1 ABR 35/01, AP Nr. 76 zu § 256 ZPO 1977; v. 11.12.2001 – 1 ABR 9/01, EZA ZPO § 256, 61. | 7 BAG v. 24.3.1981 – 1 ABR 32/78, AP Nr. 2 zu § 87 BetrVG 1972 – Arbeitssicherheit. | 8 BAG v. 23.7.1996 – 1 ABR 17/96, AP Nr. 26 zu § 87 BetrVG 1972 – Ordnung des Betriebes; v. 18.4.2000 – 1 ABR 22/99, AP Nr. 33 zu § 87 BetrVG 1972 – Überwachung; BAG v. 13.2.2007 – 1 ABR 18/06, DB 2007, 1592. | 9 BAG v. 28.5.2002 – 1 ABR 32/01, AP Nr. 39 zu § 87 BetrVG 1972 – Ordnung des Betriebes. | 10 Seit BAG v. 24.3.1981 – 1 ABR 32/78, AP Nr. 2 zu § 87 BetrVG 1972 – Arbeitssicherheit. | 11 Kritisch dazu *Fitting*, § 87 BetrVG Rz. 66 ff. mwN. | 12 BAG v. 25.1.2000 – 1 ABR 3/99, AP Nr. 34 zu § 87 BetrVG 1972 – Ordnung des Betriebes. | 13 BAG v. 11.6.2002 – 1 ABR 46/01, BAGReport 2003, 52. | 14 BAG v. 13.2.2007 – 1 ABR 18/06, DB 2007, 1592. | 15 BAG v. 19.1.1999 – 1 AZR 499/98, AP Nr. 28 zu § 87 BetrVG 1972 – Ordnung des Betriebes; v. 11.7.2000 – 1 AZR 551/99, AP Nr. 16 zu § 87 BetrVG 1972 – Sozialeinrichtung; v. 18.7.2006 – 1 AZR 578/05, NZA 2007, 462.

dehnt das BAG das MitbestR auch auf Maßnahmen in Kundenbetrieben aus. Weil der Begriff des Betriebes iSd. § 87 I Nr. 1 nicht räumlich zu verstehen sei, bestehe ein MitbestR auch für Anweisungen, wie sich ArbN in Kundenbetrieben zu verhalten haben (biometrisches Zugangskontrollsystem im Kundenbetrieb)[1].

aa) Mitbestimmungspflichtiges Ordnungsverhalten. Nach den oben dargestellten Grundsätzen unterliegen der Mitbest. beispielsw.[2]: 63

- Alkohol- und Rauchverbote zum Zwecke der betrieblichen Ordnung[3]; generelle Regelung von Alkoholtests[4];
- Anwesenheitskontrollen bei gleitender Arbeitszeit;
- Einführung eines Formulars, in dem die Notwendigkeit eines Arztbesuchs während der Arbeitszeit bescheinigt wird[5];
- Anordnungen über den Zeitpunkt der Vorlage einer Arbeitsunfähigkeitsbescheinigung[6];
- Benutzungsordnungen für Kantinen[7], Gemeinschaftsräume etc.;
- Betriebsausweise[8];
- Betriebsbußordnungen[9], Verhängen der Buße im Einzelfall als Durchsetzung der betriebl. Ordnung[10];
- Ethikrichtlinien, je nach konkretem Inhalt der einzelnen Regelungen[11];
- Namensschilder auf Dienstkleidung[12]; einheitliche Arbeitskleidung[13]; Trageordnung für Dienstkleidung[14]; die Regelungskompetenz der Betriebspartner umfasst nicht (auch nicht als Annexkompetenz) die Regelung der durch eine Kleiderordnung entstehenden Kosten[15];
- formalisierte „Krankengespräche" (zur Aufklärung eines überdurchschnittlichen Krankenstandes), wenn sie mit einer nach abstrakten Kriterien ermittelten Zahl von ArbN erfolgen und Regelungsgegenstand das Verhalten der ArbN bei der Führung der Gespräche selbst ist[16] oder wenn Krankenkontrollbesuche mit dem Ziel unternommen werden, die Gründe für die Fehlzeiten, insbesondere auch mit Blick auf etwaige betriebliche Ursachen zu erforschen[17];
- allgemeine Anordnung, während der Pausen, den Betrieb nicht zu verlassen[18];
- Parkplatzordnung[19];
- allgemeines Verbot, im Betrieb Radio zu hören[20];
- Einführung von Stechuhren und EDV-Anwesenheitslisten, Taschen- und Torkontrollen[21];
- Anordnungen über die Modalitäten der privaten Telefon-, E-Mail-, Internetnutzung im Betrieb, soweit vom ArbGeb gestattet[22];
- Behandlung von Werbegeschenken[23].

bb) Mitbestimmungsfreies Arbeitsverhalten. Mitbestimmungsfrei sind beispielsw. folgende Anordnungen: 64

- Abmahnungen oder sonstige individuelle Gestaltungsmittel wie Versetzung, Kündigung oder Vertragsstrafen[24];
- Arbeitsablaufstudien[25];
- Führen und Abliefern arbeitsbegleitender Papiere[26];

---

1 BAG v. 27.1.2004 – 1 ABR 7/03, NZA 2004, 556. | 2 Umfangreiche Rspr.-Nachw. bei GK-BetrVG/*Wiese*, § 87 Rz. 227 ff. | 3 BAG v. 19.1.1999 – 4 AZR 499/98, AP Nr. 28 zu § 87 BetrVG 1972 – Ordnung des Betriebes. | 4 BAG v. 13.2.1990 – 1 ABR 11/89, AiB 1991, 272. | 5 BAG v. 21.1.1997 – 1 ABR 53/96, AP Nr. 27 zu § 87 BetrVG 1972 – Ordnung des Betriebes. | 6 BAG v. 25.1.2000 – 1 ABR 3/99, AP Nr. 34 zu § 87 BetrVG 1972 – Ordnung des Betriebes. | 7 BAG v. 11.7.2000 – 1 AZR 551/99, AP Nr. 16 zu § 87 BetrVG 1972 – Sozialeinrichtung. | 8 BAG v. 16.12.1986 – 1 ABR 35/85, AP Nr. 13 zu § 87 BetrVG 1972 – Ordnung des Betriebes. | 9 BAG v. 17.10.1989 – 1 ABR 100/88, AP Nr. 12 zu § 87 BetrVG 1972 – Betriebsbuße. | 10 BAG v. 7.4.1992 – 1 AZR 322/91, AP Nr. 4 zu § 75 LPVG Niedersachsen. | 11 LAG Düsseldorf v. 14.11.2005 – 10 TaBV 46/05, DB 2006, 162. | 12 BAG v. 11.6.2002 – 1 ABR 46/01, AP Nr. 38 zu § 87 BetrVG 1972 – Ordnung des Betriebes. | 13 BAG v. 1.12.1992 – 1 AZR 260/92, BAGE 72, 40; v. 8.8.1989 – 1 ABR 65/88, AP Nr. 15 zu § 87 BetrVG 1972 – Ordnung des Betriebes; v. 13.2.2007 – 1 ABR 18/06, DB 2007, 1592. | 14 BAG v. 8.8.1989 – 1 ABR 65/88, AP Nr. 15 zu § 87 BetrVG 1972 – Ordnung des Betriebes. | 15 BAG v. 13.2.2007 – 1 ABR 18/07, DB 2007, 1592. | 16 BAG v. 8.11.1994 – 1 ABR 22/94, AP Nr. 24 zu § 87 BetrVG 1972 – Ordnung des Betriebes. | 17 LAG Rh.-Pf. v. 29.6.2006 – 11 TaBV 43/05, NZA-RR 2007, 417. | 18 BAG v. 21.8.1990 – 1 AZR 567/89, AP Nr. 17 zu § 87 BetrVG 1972 – Ordnung des Betriebes. | 19 GK-BetrVG/*Wiese*, § 87 Rz. 219 ff. | 20 BAG v. 14.1.1986 – 1 ABR 75/83, AP Nr. 10 zu § 87 BetrVG 1972 – Ordnung des Betriebes. | 21 BAG v. 26.5.1988 – 1 ABR 9/87, AP Nr. 14 zu § 87 BetrVG 1972 – Ordnung des Betriebes. | 22 LAG Nürnberg v. 29.1.1987 – 5 TaBV 4/86, LAGE § 87 BetrVG 1972 – Kontrolleinrichtung Nr. 9. | 23 LAG Köln v. 20.6.1984 – 5 TaBV 20/84, DB 1984, 2202. | 24 BAG v. 7.11.1979 – 5 AZR 962/77, AP Nr. 3 zu § 87 BetrVG 1972 – Betriebsbuße. | 25 BAG v. 8.11.1994 – 1 ABR 22/94, AP Nr. 24 zu § 87 BetrVG 1972 – Ordnung des Betriebes. | 26 BAG v. 24.11.1981 – 1 ABR 108/79, AP Nr. 3 zu § 87 BetrVG 1972 – Ordnung des Betriebes.

- Führen von Arbeitsbüchern (Betriebshandwerker)[1];
- Eintragen von Zeiten für die Ausführung bestimmter Arbeitsvorgänge in Lochkarten oder Arbeitsbogen zwecks Auswertung durch EDV für die Kalkulation[2];
- Verfahrensregelung für Vorgesetzte betreffend Abmeldung der BR-Mitglieder im Rahmen ihrer Amtstätigkeit[3];
- Dienstreiseordnung, die Verfahrens- und Abrechnungsvorschriften enthält[4]; die Anordnung einer Dienstreise, die Reisezeiten außerhalb der normalen Arbeitszeit erforderlich macht[5];
- Ehrlichkeitskontrollen (heimliche Erhöhung des Wechselgeldbestandes)[6];
- Führungsrichtlinien[7];
- Angabe von Vor- und Nachnamen in Geschäftsbriefen[8];
- Überwachung des ArbN durch einen vom ArbGeb eingeschalteten Privatdetektiv[9];
- Rauchverbot, wenn die Arbeitsleistung selbst durch das Rauchen beeinträchtigt wird[10];
- Anordnung zum Führen von Tätigkeitsberichten für Außendienstmitarbeiter[11]; Ausfüllen von Tätigkeitslisten[12];
- Anonyme, unangekündigte Tests an Bankschaltern zur Feststellung des tatsächlich vorhandenen Serviceniveaus[13];
- Ausfüllen von Überstundennachweisen[14];
- Zugangssicherungssystem ohne Speicherung der Ein- und Austrittsdaten[15].

65 **d) Grenzen des Mitbestimmungsrechts.** § 5 I 3 EFZG beschränkt das MitbestR des BR nicht[16]. Auch das Weisungsrecht des ArbGeb nach § 106 S. 2 GewO[17] ist keine gesetzl. Bestimmung iSd. Einleitungssatzes[18]. Im Rahmen der Nr. 1 sind die Betriebspartner verpflichtet, Persönlichkeitsrechte der ArbN zu berücksichtigen (§ 75 II). Zwingende Regelungen, die das MitbestR nach Nr. 1 beschränken, können sich auch in VO oder Verwaltungsakten finden, die dem ArbGeb keinen Regelungsspielraum lassen[19].

66 **e) Gesetzessystematik.** Nr. 6 geht als Spezialvorschrift der Nr. 1 vor, soweit eine Verhaltens- oder Leistungskontrolle der ArbN durch technische Einrichtungen erfolgt[20]. Regelungen im Rahmen des gesetzl. Arbeits- und Gesundheitsschutzes können Teil der Ordnung des Betriebes iSd. Nr. 1 sein, soweit sie dem Arbeitsschutz dienende Verhaltenspflichten der ArbN begründen. Soweit es um die Schaffung dieses Teils der Ordnung des Betriebes geht, geht das MitbestR nach Nr. 7 dem MitbestR nach Nr. 1 vor[21].

67 **2. Beginn und Ende der täglichen Arbeitszeit, Verteilung der Arbeitszeit auf die einzelnen Wochentage (Abs. 1 Nr. 2). a) Zweck.** Der BR hat nach Nr. 2 mitzubestimmen über Beginn und Ende der täglichen Arbeitszeit, die Verteilung der Arbeitszeit auf die einzelnen Wochentage und die Pausen. Die Beteiligung des BR nach Nr. 2 soll die Interessen der ArbN an einer sinnvollen Arbeitszeit- und Freizeiteinteilung und -gestaltung schützen[22]. Einschränkungen der Freizeit durch ein Verhalten der ArbN, das keine Arbeitsleistung zum Gegenstand hat (bsw. Reisen) unterliegen nicht dem MitbestR[23]. Anders als Nr. 3 dient dieses MitbestR aber nicht dem Schutz des ArbN vor Überforderung[24].

68 **b) Tendenzbetriebe.** Die Eigenart eines Unternehmens oder eines Betriebes iSv. § 118 I steht einem Beteiligungsrecht des BR nur dann entgegen, wenn durch die Ausübung des Beteiligungsrechts die geistig-ideelle Zielsetzung des Tendenzträgers ernstlich beeinträchtigt werden kann. Das ist zB in kari-

---

1 LAG Hamm v. 12.11.1976 – 3 TaBV 56/76, LAGE § 87 BetrVG 1972 – Betriebliche Ordnung Nr. 1. | 2 BAG v. 23.1.1979 – 1 ABR 101/76, DB 1981, 1144. | 3 BAG v. 23.6.1986 – 6 ABR 65/80, AP Nr. 45 zu § 37 BetrVG 1972; v. 13.5.1997 – 1 ABR 2/97, AP Nr. 119 zu § 37 BetrVG 1972. | 4 BAG v. 8.12.1981 – 1 ABR 91/79, AP Nr. 6 zu § 87 BetrVG 1972 – Lohngestaltung. | 5 BAG v. 8.12.1981 – 1 ABR 91/79, AP Nr. 6 zu § 87 BetrVG 1972 – Ordnung des Betriebes. | 6 BAG v. 26.3.1991 – 1 ABR 26/90, AP Nr. 21 zu § 87 BetrVG 1972 – Ordnung des Betriebes; v. 18.11.1999 – 2 AZR 743/98, AP Nr. 32 zu § 626 BGB – Verdacht strafbarer Handlung. | 7 BAG v. 23.10.1984 – 1 ABR 2/83, AP Nr. 8 zu § 87 BetrVG 1972 – Ordnung des Betriebes. | 8 BAG v. 8.6.1999 – 1 ABR 67/98, AP Nr. 31 zu § 87 BetrVG 1972 – Ordnung des Betriebes. | 9 BAG v. 26.3.1991 – 1 ABR 26/90, AP Nr. 21 zu § 87 BetrVG 1972 – Ordnung des Betriebes. | 10 BAG v. 19.1.1999 – 4 AZR 499/98, AP Nr. 28 zu § 87 BetrVG 1972 – Ordnung des Betriebes. | 11 LAG Düsseldorf v. 17.1.1975 – 9 TaBV 115/74, BB 1975, 328. | 12 LAG Hamburg v. 23.9.1981 – 12 TaBV 90/81, DB 1982, 385. | 13 BAG v. 18.4.2000 – 1 ABR 22/99, AP Nr. 33 zu § 87 BetrVG 1972 – Überwachung. | 14 BAG v. 4.8.1981 – 1 ABR 54/78, AP Nr. 1 zu § 87 BetrVG 1972 – Tarifvorrang. | 15 BAG v. 10.4.1984 – 1 ABR 69/82, AP Nr. 7 zu § 87 BetrVG 1972 – Ordnung des Betriebes. | 16 BAG v. 25.1.2000 – 1 ABR 3/99, AP Nr. 34 zu § 87 BetrVG 1972 – Ordnung des Betriebes. | 17 IdF v. 22.2.1999, BGBl. I S. 202; zuletzt geändert am 11.10.2002, BGBl. I S. 3970. | 18 *Bauer/Opolony*, BB 2002, 1590 (1591). | 19 BAG v. 26.5.1988 – 1 ABR 9/87, AP Nr. 14 zu 87 BetrVG 1972 – Ordnung des Betriebes; v. 9.7.1991 – 1 ABR 57/90, AP Nr. 19 zu § 87 BetrVG 1972 – Ordnung des Betriebes. | 20 BAG v. 9.9.1975 – 1 ABR 20/74, AP Nr. 2 zu § 87 BetrVG 1972 – Überwachung. | 21 BAG v. 24.3.1981 – 1 ABR 32/78, AP Nr. 2 zu § 87 BetrVG 1972 – Arbeitssicherheit. | 22 BAG v. 23.7.1996 – 1 ABR 17/96, AP Nr. 26 zu § 87 BetrVG 1972 – Ordnung des Betriebes mwN. | 23 BAG v. 14.11.2006 – 1 ABR 5/06, NZA 2007, 458. | 24 BAG v. 28.5.2002 – 1 ABR 40/01, AP Nr. 96 zu § 87 BetrVG 1972 – Ordnung des Betriebes mwN.

tativen Einrichtungen aus therapeutischen Gründen, in Presseunternehmen[1] wegen der Aktualität der Berichterstattung oder bei Theatern wegen der künstlerischen Qualität[2] denkbar[3].

c) Begriffsbestimmung. Der Begriff der Arbeitszeit iSd. Nr. 2 ist weiter als der des ArbZG oder der der Arbeitszeit im vergütungsrechtl. Sinn. Arbeitszeit iSd. Nr. 2 ist die Zeit, während deren der ArbN die von ihm geschuldete Leistung tatsächlich erbringen soll[4]. Demgemäß unterfallen dem MitbestR grds. auch Arbeitsbereitschaft (§ 7 Ia ArbZG), Bereitschaftsdienst[5] und Rufbereitschaft[6] sowie Reisezeit, wenn in dieser Zeit Arbeitsleistung erbracht wird[7]. Die für Reisen benötigte Zeit ist dann, wenn Reisen nicht zur vertragl. Hauptleistungspflicht gehört (wie etwa bei Außendiensttätigkeiten), keine Arbeitszeit iSd. Nr. 2[8]. Ob bestimmte Tätigkeiten der Arbeitszeit zuzurechnen sind, unterliegt nicht der Mitbest., sondern muss durch Auslegung des Arbeitsvertrags oder TV ermittelt werden[9]. 69

d) Umfang des Mitbestimmungsrechts. aa) Beginn und Ende der täglichen Arbeitszeit. Der BR hat mitzubestimmen über Beginn und Ende der täglichen Arbeitszeit, nicht aber über die Dauer der wöchentlichen Arbeitszeit. Man unterscheidet zwischen der mitbestimmungspflichtigen Festlegung der Dauer der täglichen Arbeitszeit und der mitbestimmungsfreien Regelung der Dauer der wöchentlichen Arbeitszeit[10]. 70

Das MitbestR bezieht sich – in dem durch Gesetze oder TV vorgegebenen Rahmen – nur auf den Beginn und das Ende, also die Lage, der täglichen Arbeitszeit. Es erfasst auch die nur einmalige Änderung der bisherigen Lage, soweit ein kollektiver Bezug besteht[11]. Der BR kann indes nach der st. Rspr. des BAG[12] keine Beteiligung nach Nr. 2 wegen der Dauer der wöchentlichen Arbeitszeit verlangen[13]. Das ergibt schon der Umkehrschluss aus Nr. 3, der ausnahmsw. ein MitbestR über die Dauer der Arbeitszeit (Verkürzung/Verlängerung) vorsieht[14]. Auch die Dauer der Betriebsnutzungszeit, also der Zeit, in der die betrieblichen Anlagen, Einrichtungen durch arbeitende ArbN tatsächlich genutzt werden, unterliegt nicht der Mitbest.[15]. 71

Bei der Arbeitszeit von TeilzeitArbN gilt es zu differenzieren: Der BR hat in Bezug auf die Teilzeitbeschäftigten dieselben MitbestR wie gegenüber den Vollzeitbeschäftigten[16]. Er hat also – wie bei den VollzeitArbN – kein MitbestR hinsichtlich der Dauer der wöchentlichen Arbeitszeit[17]. Aus diesem Grund ist die Einführung oder Beibehaltung der Teilzeitarbeit nicht nach Nr. 2 mitbestimmungspflichtig[18]. Besteht im Betrieb eine BV über die wöchentliche Arbeitszeit können deren Regelungen dem Teilzeitbegehren des ArbN entgegenstehende „betriebliche Gründe“ iSd. § 8 IV 1 TzBfG sein[19]. 72

Das MitbestR über die Lage der Arbeitszeit greift ua. in folgenden Fällen ein: 73

- Einführung von Bereitschaftsdiensten[20];
- Verlegung der Arbeitszeit wegen einer Betriebsfeier[21];
- Aufstellung und Änderung von Dienstplänen[22], auch wenn das die gesetzl. Ladenöffnungszeiten tangiert[23];
- Einführung und Änderung von Gleitzeit; Modalitäten der Gleitzeit[24]; Überwachung der Gleitzeitkonten[25];
- Regelungen des ArbGeb über die Lage[26] der Arbeitszeit beim Job-Splitting[27] oder Job-Sharing (§ 13 I TzBfG)[28]; nicht aber Abschluss einzelner Verträge;

---

1 BAG v. 30.1.1990 – 1 ABR 101/88, AP Nr. 44 zu § 118 BetrVG 1972; v. 14.1.1992 – 1 ABR 35/91, AP Nr. 49 zu § 118 BetrVG 1972. | 2 BAG v. 4.8.1981 – 1 ABR 106/79, AP Nr. 5 zu § 87 BetrVG 1972 – Arbeitszeit. | 3 Zusammenfassend *Fitting*, § 118 BetrVG Rz. 32. | 4 BAG v. 14.11.2006 – 1 ABR 5/06, NZA 2007, 458. | 5 BAG v. 29.2.2000 – 1 ABR 15/99, AP Nr. 81 zu § 87 BetrVG 1972 – Arbeitszeit. | 6 BAG v. 21.12.1982 – 1 ABR 14/81, AP Nr. 9 zu § 87 BetrVG 1972 – Arbeitszeit; v. 29.2.2000 – 1 ABR 15/99, AP Nr. 81 zu § 87 BetrVG 1972 – Arbeitszeit; v. 23.1.2001 – 1 ABR 36/00, AP Nr. 78 zu § 75 BPersVG. | 7 BAG v. 23.7.1996 – 1 ABR 17/96, AP Nr. 26 zu § 87 BetrVG 1972 – Ordnung des Betriebes. | 8 BAG v. 14.11.2006 – 1 ABR 5/06, NZA 2007, 458. | 9 BAG v. 29.10.2002 – 1 AZR 603/01, ArbRB 2003, 168. | 10 BAG v. 13.10.1987 – 1 ABR 10/86, AP Nr. 24 zu § 87 BetrVG 1972 – Arbeitszeit. | 11 BAG v. 13.7.1977 – 1 AZR 336/75, AP Nr. 2 zu § 87 BetrVG 1972 – Kurzarbeit; v. 25.2.1997 – 1 ABR 69/96, AP Nr. 72 zu § 87 BetrVG 1972 – Arbeitszeit. | 12 St. Rspr., vgl. nur BAG v. 21.11.1978 – 1 ABR 67/76, AP Nr. 2 zu § 87 BetrVG 1972 – Arbeitszeit; v. 27.1.1998 – 1 ABR 35/97, AP Nr. 14 zu § 87 BetrVG 1972 – Sozialeinrichtung; aA DKK/*Klebe*, § 87 BetrVG Rz. 73 mwN. | 13 Vgl. zuletzt BAG v. 22.7.2003 – 1 ABR 28/02, NZA 2004, 507. | 14 BAG v. 27.1.1998 – 1 ABR 35/97, AP Nr. 14 zu § 87 BetrVG 1972 – Sozialeinrichtung. | 15 BAG v. 18.12.1990 – 1 ABR 11/90, BAGE 66,338. | 16 BAG v. 13.10.1987 – 1 ABR 10/86, AP Nr. 24 zu § 87 BetrVG 1972 – Arbeitszeit. | 17 BAG v. 13.10.1987 – 1 ABR 10/86, AP Nr. 24 zu § 87 BetrVG 1972 – Arbeitszeit; v. 14.3.1989 – 1 ABR 77/87, nv. | 18 GK-BetrVG/*Wiese*, § 87 BetrVG Rz. 312 mwN. | 19 LAG Berlin v. 18.1.2002 – 19 Sa 1982/01, NZA-RR 2002, 401. | 20 BAG v. 29.2.2000 – 1 ABR 15/99, AP Nr. 81 zu § 87 BetrVG 1972 – Arbeitszeit; LAG Hamburg, 13.2.2002 – 8 TaBV 10/01, LAGE § 7 ArbZG Nr. 1. | 21 GK-BetrVG/*Wiese*, § 87 Rz. 288. | 22 BAG v. 4.6.1969 – 3 AZR 180/68, AP Nr. 1 zu § 16 BMT-G II; v. 18.4.1989 – 1 ABR 2/88, AP Nr. 34 zu § 87 BetrVG 1972 – Arbeitszeit; v. 18.2.2003 – 1 ABR 2/02, FA 2003, 123 ff. | 23 BAG v. 31.8.1982 – 1 ABR 27/80, AP Nr. 8 zu § 87 BetrVG 1972 – Arbeitszeit; v. 13.10.1987 – 1 ABR 10/86, AP Nr. 24 zu § 87 BetrVG 1972 – Arbeitszeit. | 24 BAG v. 18.4.1989 – 1 ABR 3/88, AP Nr. 33 zu § 87 BetrVG 1972 – Arbeitszeit; v. 21.8.1990, AP Nr. 17 zu § 87 BetrVG 1972 – Ordnung des Betriebes. | 25 LAG BW v. 21.2.1994 – 15 TaBV 11/93, BB 1994, 1352. | 26 Nicht aber Absprachen der am Job-Sharing beteiligten ArbN. | 27 GK-BetrVG/*Wiese*, § 87 Rz. 315. | 28 GK-BetrVG/*Wiese*, § 87 Rz. 316; *Fitting*, § 87 BetrVG Rz. 110.

- Einsatz von ArbN in KAPOVAZ[1] (kapazitätsorientierter variabler Arbeitszeit – Arbeit auf Abruf, § 12 TzBfG); nicht aber Abschluss von KAPOVAZ-Verträgen[2];
- Beginn und Ende der täglichen Arbeitszeit der LeihArbN (zuständig ist der EntleiherBR)[3];
- Festlegung der Probenzeit in einem Theater[4];
- Einrichtung einer Rufbereitschaft[5];
- Schichtarbeit[6]: Einführung; zeitliche Lage der einzelnen Schichten; Abgrenzung des Personenkreises, der Schichtarbeit zu leisten hat; Schichtplan und dessen nähere Ausgestaltung bzw. Grundsätze der Schichtplanerstellung; Zuordnung der ArbN zu den einzelnen Schichten; Abweichung vom Schichtplan; vorzeitige Rückkehr von befristeter Schichtarbeit zur Normalarbeitszeit[7];
- Einsatz von AushilfsArbN im einmaligen Sonntagsverkauf bei sonst nur werktäglicher Arbeitszeit[8];
- die Vorgabe der Betriebszeit (Einschaltzeit) des Computers bei Telearbeit[9].

74 Die Einführung der Vertrauensarbeitszeit, also der Verzicht auf (maschinelle) Zeiterfassung, Arbeitszeitkontrolle und geregelte Arbeitszeiten, unterliegt als Arbeitszeitmodell der Mitbest. des BR. Ist sie jedoch einmal eingeführt, kommt eine Mitbest. nach Nr. 2 nicht mehr in Betracht, weil der ArbGeb die Lage der Arbeitszeit gerade nicht mehr regelt[10]. Nach Auffassung des BAG kann der ArbGeb aber nicht auf die arbeitszeitrechtl. Dokumentationspflicht (§ 16 II ArbZG) verzichten, weshalb er den BR nach § 80 II 1 auch über die Arbeitszeit der ArbN mit Vertrauensarbeitszeit unterrichten muss[11].

75 Ohne die Mitbest. des BR kann der ArbGeb die Lage der Arbeitszeit nicht wirksam neu festsetzen; die ArbN dürfen nach der bisherigen Arbeitsregelung weiter arbeiten und haben ggf. Verzugslohnansprüche (§ 615 BGB).

76 Keiner Beteiligung nach Nr. 2 unterliegt die Lage der Arbeitszeit der ArbN von Fremdfirmen[12]. Auch hier greift aber ggf. der Unterrichtungsanspruch nach § 80 II 1 Hs. 2, zudem ist ggf. das MitbestR aus § 99 zu beachten.

77 **bb) Verteilung der Arbeitszeit auf die einzelnen Wochentage.** Das MitbestR nach Nr. 2 erfasst auch die Verteilung der Arbeitszeit auf die einzelnen Wochentage, also bspw.:

- Einführung der Vier-, Fünf- oder Sechs-Tage-Woche[13];
- Sonntagsarbeit[14];
- Einführung flexibler/rollierender Arbeitszeitmodelle[15];
- Lage des Ersatzruhetags für Feiertagsbeschäftigung[16];
- Einführung und Ausgestaltung eines rollierenden Arbeitszeitsystems, bei dem die arbeitsfreien Tage in verschiedenen Wochen auf verschiedene Wochentage verteilt werden[17];
- Erstellung von Studienplänen für angestellte Lehrer[18];
- Grundsätze über die Ableistung variabler Wochenarbeitszeit[19].

78 Besteht zwischen Betriebsnutzungszeit und regelmäßiger wöchentlicher Arbeitszeit der ArbN eine Differenz, so muss diese Differenz im Rahmen eines Arbeitszeitmodells durch freie Tage ausgeglichen werden. Ist also der Betrieb des ArbGeb an sechs Werktagen in der Woche geöffnet, die ArbN arbeiten aber in einer Fünf-Tage-Woche, so ist die Regelung des Systems, mit dem die Fünf-Tage-Woche für Vollzeitbeschäftigte verwirklicht werden soll, in allen Details mitbestimmungspflichtig nach § 87 I Nr. 2. In diesem Fall unterliegt der Mitbest. nach Auffassung des BAG nicht nur die Frage, nach welchem System (rollierend oder nicht) Freizeit gewährt werden soll. Der BR soll auch darüber mitbestimmen, in wie viel Rolliergruppen ggf. die Belegschaft aufzuteilen ist, welche ArbN den einzelnen Rolliergruppen zuzuordnen sind und ob für die einzelnen Rolliergruppen Freizeitkalender zu führen sind[20]. Dem Mit-

1 BAG v. 28.9.1988 – 1 ABR 41/87, AP Nr. 29 zu § 87 BetrVG 1972 – Arbeitszeit. | **2** Vgl. auch ausf. zum Streitstand GK-BetrVG/*Wiese*, § 87 Rz. 318 ff. | **3** BAG v. 15.12.1992 – 1 ABR 38/92, AP Nr. 7 zu § 14 AÜG; v. 19.6.2001 – 1 ABR 43/00, AP Nr. 1 zu § 87 BetrVG 1972 – Leiharbeitnehmer. | **4** BAG v. 4.8.1981 – 1 ABR 106/79, AP Nr. 5 zu § 87 BetrVG 1972 – Arbeitszeit. | **5** BAG v. 21.12.1982 – 1 ABR 14/81, AP Nr. 9 zu § 87 BetrVG 1972 – Arbeitszeit. | **6** BAG v. 1.7.2003 – 1 ABR 22/02, NZA 2003, 1209; v. 28.5.2002 – 1 ABR 40/01 und v. 27.6.1989 – 1 ABR 33/88, AP Nr. 96 und 35 zu § 87 BetrVG 1972 – Arbeitszeit; v. 3.5.2006 – 1 ABR 14/05, DB 2007, 60. | **7** BAG v. 18.9.2002 – 1 AZR 668/01, AP Nr. 99 zu § 615 BGB. | **8** BAG v. 25.2.1997 – 1 ABR 69/96, AP Nr. 72 zu § 87 BetrVG 1972 – Arbeitszeit. | **9** *Fitting*, § 87 BetrVG Rz. 127. | **10** Zur Wirksamkeit unter dem Gesichtspunkt des Verzichts auf Mitbestimmungsrechte *Hamm*, AiB 2000, 152 (158); DKK/*Klebe*, § 87 BetrVG Rz. 80a. | **11** BAG v. 6.5.2003 – 1 ABR 13/02, PM Nr. 36/03, FA 2003, 215. | **12** ArbG Passau v. 8.5.1990 – 4 BVGa 1/90, BB 1990, 2335. | **13** BAG v. 31.1.1989 – 1 ABR 69/87, DB 1989, 1631; v. 21.7.1997 – 1 AZR 52/96, NZA 1997, 1009 (1011). | **14** BAG v. 25.2.1997 – 1 ABR 69/96, AP Nr. 72 zu § 87 BetrVG 1972 – Arbeitszeit. | **15** BAG v. 18.8.1987 – 1 ABR 30/86, NZA 1987, 779; v. 25.7.1989 – 1 ABR 46/88, DB 1990, 791. | **16** LAG Köln v. 24.9.1998 – 10 TaBV 57/97, AiB 1999, 467. | **17** BAG v. 25.7.1989 – 1 ABR 46/88, AP Nr. 38 zu § 87 BetrVG 1972 – Arbeitszeit. | **18** BAG v. 23.6.1992 – 1 ABR 53/91, AP Nr. 51 zu § 87 BetrVG 1972 – Arbeitszeit. | **19** GK-BetrVG/*Wiese*, § 87 BetrVG Rz. 298. | **20** BAG v. 25.7.1989 – 1 ABR 46/88, DB 1990, 791.

bestR ist aber Genüge getan, wenn die Betriebspartner sich auf die Grundsätze der Regelung eines entsprechenden Systems beschränken und die Aufstellung von Einzelplänen nach diesen Vorgaben dem ArbGeb überlassen. Dies gilt auch dann, wenn in der Rahmenvereinbarung nicht alle im Interesse der ArbN liegenden Fragen abschließend geregelt sind[1].

cc) Pausen iSd. Nr. 2 sind Ruhepausen (§ 4 ArbZG[2]), durch die die Arbeitszeit unterbrochen wird, die selbst nicht zur Arbeitszeit gehören und deshalb auch nicht vergütet werden müssen[3]. Das Fehlen einer Vergütungspflicht ist aber nicht zwingend für den Begriff der Pause. Entscheidend ist die Freistellung von jeder Arbeitsverpflichtung, so dass auch bezahlte (tarifl.) Kurzpausen vom MitbestR erfasst werden[4]. Erholungszeiten beim Akkord gehören zur Arbeitszeit und sind daher keine Pausen[5]. Lärm- und Bildschirmpausen[6] sind nicht mitbestimmungspflichtig nach Nr. 2, ggf. aber nach Nr. 7. Das MitbestR erstreckt sich auf die Dauer und Lage der Pausen[7]. Ob eine Pause als Arbeitszeit anzusehen und daher zu vergüten ist, unterliegt nicht der Mitbest. nach Nr. 2[8]. 79

e) Grenzen des Mitbestimmungsrechts. Das MitbestR des BR wird neben vielfältigen tarifl. Vorgaben insb. durch die zwingenden Vorschriften des öffentl.-rechtl. Arbeitszeitrechts[9] beschränkt. In diesem Kontext ist aber zu beachten, dass der BR gerade nicht mitbestimmen kann, wie Zeiten von Arbeitsbereitschaft oder Bereitschaftsdienst arbeitszeitrechtlich zu qualifizieren sind. Dabei handelt es sich um ein von den Gerichten zu entscheidende Auslegung arbeitszeitrechtl. Vorschriften, nicht um eine der Mitbest. nach § 87 zugängliche Regelungsfrage[10]. 80

3. Vorübergehende Verkürzung oder Verlängerung der betriebsüblichen Arbeitszeit (Abs. 1 Nr. 3). 81
a) Zweck. Nr. 3 regelt die Mitbest. des BR bei der vorübergehenden Verkürzung oder Verlängerung der betriebsüblichen Arbeitszeit und stellt eine Ausnahme von dem Grundsatz dar, dass die Dauer der Arbeitszeit mitbestimmungsfrei ist. Zweck des MitbestR bei der Verlängerung der betriebsüblichen Arbeitszeit ist es, die Interessen der ArbN bei der Änderung zur Arbeitszeit zur Geltung zu bringen. Dazu gehört neben der Frage, ob die Arbeitszeit überhaupt verlängert bzw. verkürzt werden soll, vor allem auch eine gerechte Verteilung der mit Überstunden bzw. Kurzarbeit verbundenen Belastungen und Vorteile[11].

b) Begriffsbestimmung. Betriebsübliche Arbeitszeit iSd. Nr. 3 ist die regelmäßige betriebl. Arbeitszeit, die durch den regelmäßig geschuldeten zeitlichen Umfang der Arbeitsleistung und die für ihn erfolgte Verteilung auf einzelne Zeitabschnitte bestimmt wird[12]. In einem Betrieb kann es mehrere betriebsübliche Arbeitszeiten geben. Sie muss nicht für eine Mehrzahl der im Betrieb beschäftigten ArbN gelten, sondern kann auch für Gruppen von ArbN oder sogar einzelne ArbN unterschiedlich sein[13]. Wenn die Verteilung des für einen bestimmten Zeitraum regelmäßig geschuldeten Arbeitszeitumfangs bis auf einzelne Wochentage vorgenommen worden ist, so ist die betriebsübliche Arbeitszeit mit der Dauer der regelmäßigen täglichen Arbeitszeit gleichzusetzen[14]. Arbeitszeit ist die Zeit, innerhalb derer die ArbN ihrer Leistungspflicht nachkommen müssen[15]. Der Begriff der Arbeitszeit ist derselbe wie in der Nr. 2[16]. 82

Kurzarbeit ist die vorübergehende Herabsetzung der betriebsüblichen Arbeitszeit um Stunden, Tage oder Wochen[17]. Die Verringerung der Arbeitszeit nach § 8 TzBfG unterliegt nicht der Mitbest., weil sie nicht nur vorübergehend ist, keine abstrakt-generelle Regelung erfordert und auf Initiative des ArbN erfolgt. Überstunden nennt man die Arbeitszeit, die vorübergehend über die (tarif-)vertragl. geschuldete Arbeitszeit hinausgeht[18]. Mehrarbeit hingegen ist die Überschreitung der gesetzl. Höchstarbeitszeit, die im ArbZG geregelt ist. Eine vorübergehende Veränderung der Arbeitszeit liegt vor, wenn diese nur einen begrenzten Zeitraum betrifft, nicht auf Dauer gelten und anschließend zur normalen Arbeitszeit zurückgekehrt werden soll[19]. 83

---

1 BAG v. 3.5.2006 – 1 ABR 14/05, DB 2007, 60; v. 28.5.2002 – 1 ABR 40/01, DB 2002, 2385; v. 28.10.1986 – 1 ABR 11/85, AP Nr. 20 zu § 87 BetrVG 1972 – Arbeitszeit. | 2 BAG v. 29.10.2002 – 1 AZR 603/01, ArbRB 2003, 168. | 3 BAG v. 28.7.1981 – 1 ABR 65/79, AP Nr. 3 zu § 87 BetrVG 1972 – Arbeitssicherheit. | 4 BAG v. 1.7.2003 – 1 ABR 20/02, BAGReport 2004, 78. | 5 *Fitting*, § 87 BetrVG Rz. 118 mwN. | 6 BAG v. 28.7.1981 – 1 ABR 65/79, AP Nr. 3 zu § 87 BetrVG 1972 – Arbeitssicherheit; v. 6.12.1983 – 1 ABR 43/81, AP Nr. 7 zu § 87 BetrVG 1972 – Überwachung. | 7 BAG v. 13.10.1987 – 1 ABR 10/86, AP Nr. 24 zu § 87 BetrVG 1972 – Arbeitszeit. | 8 LAG Hamm v. 4.12.1985 – 12 TaBV 110/85, NZA Beil. 2/1986, 29. | 9 Insb. ArbZG, JArbSchG, MuSchG, LadSchlG. | 10 BAG v. 22.7.2003 – 1 ABR 28/02, BAGReport 2004, 75. | 11 BAG v. 13.3.2001 – 1 ABR 33/00, NZA 2001, 976; BAG v. 23.7.1996 – 1 ABR 17/96, AP Nr. 26 zu § 87 BetrVG 1972 – Ordnung des Betriebes; vgl. auch Richardi/*Richardi*, § 87 BetrVG Rz. 335. | 12 BAG v. 3.6.2003 – 1 AZR 349/02, NZA 2003, 1155; v. 11.12.2001 – 1 ABR 3/01, AP Nr. 93 zu § 87 BetrVG 1972 – Arbeitszeit; v. 16.7.1991 – 1 ABR 69/90, AP Nr. 44 zu § 87 BetrVG 1972 – Arbeitszeit. | 13 BAG v. 11.12.2001 – 1 ABR 3/01, AP Nr. 93 zu § 87 BetrVG 1972 – Arbeitszeit; v. 23.7.1996 – 1 ABR 13/96, AP Nr. 68 zu § 87 BetrVG 1972 – Arbeitszeit. | 14 BAG v. 11.12.2001 – 1 ABR 3/01, AP Nr. 93 zu § 87 BetrVG 1972 – Arbeitszeit. | 15 BAG v. 14.11.2006 – 1 ABR 5/06, NZA 2007, 458; v. 13.3.2001 – 1 ABR 33/00, AP Nr. 87 zu § 87 BetrVG 1972 – Arbeitszeit. | 16 BAG v. 14.11.2006 – 1 ABR 5/06, NZA 2007, 458. | 17 BAG v. 25.10.1977 – 1 AZR 452/74, AP Nr. 1 zu § 87 BetrVG 1972 – Arbeitszeit. | 18 *Fitting*, § 87 BetrVG Rz. 140. | 19 BAG v. 3.6.2003 – 1 AZR 349/02, NZA 2003, 1155; v. 29.2.2000 – 1 ABR 15/99, DB 2000, 1971; v. 27.1.1998 – 1 ABR 35/97, AP Nr. 14 zu § 87 BetrVG 1972 – Sozialeinrichtung; v. 21.12.1982 – 1 ABR 14/81, DB 1983, 611.

84 **c) Umfang der Mitbestimmung. aa) Kurzarbeit.** Ob, in welchem Umfang und mit welcher Ankündigungsfrist Kurzarbeit eingeführt wird, unterliegt der betrieblichen Mitbest. ebenso wie die Frage, wie die verbleibende Arbeitszeit auf die Wochentage verteilt werden soll[1]. Die Rückkehr von der Kurzarbeit zur betriebsüblichen Arbeitszeit ist ebenso wenig mitbestimmungspflichtig[2] wie der Abbau von Überstunden[3]. Ob Kug (§§ 169 ff. SGB III) beansprucht werden kann, ist mitbestimmungsrechtlich ohne Bedeutung. Weder schließen die §§ 169 ff. SGB III das MitbestR aus[4], noch sind sie Voraussetzung für dessen Ausübung[5]. Entsprechendes gilt auch für die Entscheidung der BA nach § 19 KSchG[6] (Kurzarbeit bei beabsichtigter Massenentlassung). Umstritten ist aber, ob sich das MitbestR auch auf Fragen der Milderung der Folgen der Kurzarbeit bezieht. Die überwiegende Meinung lehnt insoweit zu Recht ein erzwingbares MitbestR ab[7]. Die Entgeltminderung ist nur Folge der mitbestimmten Entscheidung, nicht Teil derselben[8]. Das BAG hat sich zu dieser Frage noch nicht geäußert, geht aber davon aus, dass das MitbestR nach Nr. 3 den ArbN auch vor Entgelteinbußen schützen soll[9].

85 **bb) Überstunden.** Der Mitbest. unterliegt die Anordnung, ob, von wem und in welchem Umfang und zu welchen Zeiten, Überstunden zu leisten sind. Es kommt nicht darauf an, wie viele ArbN von der Anordnung betroffen sind; auch die Anordnung für einen einzigen ArbN kann das MitbestR auslösen, wenn ein kollektiver Bezug gegeben ist[10]. Duldet der ArbGeb, dass Überstunden abgeleistet werden, in dem er sie entgegennimmt und bezahlt, besteht Mitbestimmungspflicht[11].

86 Mitbestimmungspflichtig sind zB:

- Sonderschichten[12];
- Arbeitsbereitschaft, Bereitschaftsdienst[13] oder Rufbereitschaft[14] außerhalb der regelmäßigen Arbeitszeit;
- Dienstreisen nur, wenn währenddessen Arbeitsleistung erbracht wird[15];
- Betriebsversammlungen außerhalb der betriebsüblichen Arbeitszeit, wenn die ArbN zur Teilnahme verpflichtet sind[16];
- Verlegung von Arbeitstagen auf eine andere Woche bei wöchentlicher Arbeitszeit, auch wenn im Schnitt nicht mehr gearbeitet wurde[17];
- Anordnung von Mehrarbeit, ohne Rücksicht darauf, ob die Arbeit zulässig ist oder Ausnahmen bewilligt wurden[18].

87 Anders als die vorzeitige Rückkehr von Schichtarbeit zur Normalarbeitszeit, bedarf das Nichtabrufen bereits genehmigter Überstunden nicht der Zustimmung des BR[19]. Überstunden mit vollem Freizeitausgleich führen nur zu einer Veränderung der Lage der Arbeitszeit, unterliegen also dem MitbestR nach Nr. 2[20].

88 Hinsichtlich der LeihArbN hat der BR des Verleiherbetriebs nach Nr. 3 mitzubestimmen, wenn auf Grund der Entsendeentscheidung des Verleihers feststeht, dass sich die vertragl. geschuldete Arbeitszeit wegen einer davon abweichenden betriebsüblichen Arbeitszeit im Entleiherbetrieb vorübergehend verlängert[21]. Die Arbeitszeit von Fremdfirmen-ArbN unterliegt nicht der Mitbest. des BR des Einsatzbetriebes[22].

89 **cc) Sonderfall: Arbeitskampf.** Umstritten ist, ob der ArbGeb im Arbeitskampf mitbestimmungsfrei Kurzarbeit oder Überstunden anordnen darf. § 74 II verpflichtet den BR zur Neutralität. Will der ArbGeb während eines Streiks in seinem Betrieb die betriebsübliche Arbeitszeit der arbeitswilligen ArbN aus streikbedingten Gründen vorübergehend verlängern oder verkürzen, muss er nach der zutreffenden Auffassung des BAG den BR nicht beteiligen; dessen Rechte sind eingeschränkt[23]. Nach Auffassung des

---

1 *Fitting*, § 87 BetrVG Rz. 150. |2 BAG v. 11.7.1990 – 5 AZR 557/89, NZA 1991, 67; v. 21.11.1978 – 1 ABR 67/76, AP Nr. 2 zu § 87 BetrVG 1972 – Arbeitszeit; aA *Fitting*, § 87 BetrVG Rz. 151. |3 BAG v. 25.10.1977 – 1 AZR 452/74, AP Nr. 1 zu § 87 BetrVG 1972 – Arbeitszeit. |4 *Fitting*, § 87 BetrVG Rz. 156. |5 LAG Köln v. 14.6.1989 – 2 TaBV 17/89, NZA 1989, 939 mwN; LAG Sachs. v. 31.7.2002 – 2 Sa 910/01, NZA-RR 2003, 366. |6 *Fitting*, § 87 BetrVG Rz. 155. |7 ErfK/*Kania*, § 87 BetrVG Rz. 37; *Fitting*, § 87 BetrVG Rz. 153; aA DKK/*Klebe*, § 87 BetrVG Rz. 102 mwN. |8 LAG Köln v. 14.6.1989 – 2 TaBV 17/89, NZA 1989,939. |9 BAG v. 21.11.1978 – 1 ABR 67/76, AP Nr. 2 zu § 87 BetrVG 1972 – Arbeitszeit. |10 BAG v. 11.11.1986 – 1 ABR 17/85, AP Nr. 21 zu § 87 BetrVG 1972 – Arbeitszeit. |11 BAG v. 27.11.1990 – 1 ABR 77/89, AP Nr. 41 zu § 87 BetrVG 1972 – Arbeitszeit. |12 *Fitting*, § 87 BetrVG Rz. 133. |13 BAG v. 29.2.2000 – 1 ABR 15/99, AP Nr. 81 zu § 87 BetrVG 1972 – Arbeitszeit. |14 BAG v. 21.12.1982 – 1 ABR 14/81, AP Nr. 9 zu § 87 BetrVG 1972 – Arbeitszeit. |15 BAG v. 23.7.1996 – 1 ABR 17/96, AP Nr. 26 zu § 87 BetrVG 1972 – Ordnung des Betriebes. |16 BAG v. 13.3.2001 – 1 ABR 33/00, AP Nr. 87 zu § 87 BetrVG 1972 – Arbeitszeit. |17 LAG Rh.-Pf. v. 24.10.2000 – 2 TaBV 693/00, NZA-RR 2001, 369 (370). |18 *Fitting*, § 87 BetrVG Rz. 146. |19 BAG v. 18.9.2002 – 1 AZR 668/01, ArbRB 2003, 106. |20 Vgl. LAG Rh.-Pf. v. 24.10.2000 – 2 TaBV 693/00, AuR 2001, 197; GK-BetrVG/*Wiese*, § 87 Rz. 398. |21 BAG v. 19.6.2001 – 1 ABR 43/00, AP Nr. 2 zu § 87 BetrVG 1972 – Leiharbeitnehmer. |22 BAG v. 22.10.1991 – 1 ABR 28/91, AP Nr. 48 zu § 87 BetrVG 1972 – Arbeitszeit (Umgehung des MitbestR durch Einsetzung eines Strohmannes). |23 BAG v. 24.4.1979 – 1 ABR 43/77, AP Nr. 63 zu Art. 9 GG – Arbeitskampf; v. 22.12.1980 – 1 ABR 2/79 und 1 ABR 76/79, AP Nr. 70 und 71 zu Art. 9 BetrVG – Arbeitskampf.

BAG soll der ArbGeb aber gleichwohl verpflichtet sein, bei Anordnung von Überstunden den BR im Voraus mitzuteilen, welche namentlich genannten ArbN wann, wie viel Überstunden leisten sollen. Die bloße Möglichkeit der rechtswidrigen Verwendung oder Weitergabe der Informationen schließt den Unterrichtungsanspruch des BR nicht aus[1]. Will er auf Grund arbeitskampfbedingter Fernwirkungen Kurzarbeit anordnen und ist die Kampfparität beeinflusst, ist das MitbestR auf die Regelung der Modalitäten (Verteilung der Restarbeitszeit) beschränkt. Hingegen unterliegen die Voraussetzungen und der Umfang der Arbeitszeitverkürzung nicht der Zustimmung des BR[2].

d) Art und Form der Mitbestimmung. ArbGeb und BR können nach der Rspr. des BAG im Voraus eine Rahmenregelung für diejenigen Fälle treffen, in denen Überstunden erforderlich werden, die zwar als solche vorhersehbar sind, von denen aber nicht bekannt ist, wann sie notwendig werden[3]. Der ArbGeb kann sogar vorläufig und kurzfristig zur einseitigen Anordnung von Überstunden ermächtigt werden, wenn es sich dabei um eine Verfahrensregelung für außergewöhnliche Fälle handelt und das MitbestR nicht in seiner Substanz beeinträchtigt wird[4]. Weder die Betriebspartner noch die TV-Parteien sind aber nach Auffassung des 1. Senats befugt, den ArbGeb pauschal zur Anordnung von Überstunden zu berechtigen[5]. Eine solche „Freigabe" wäre gesetzwidrig. Der BR kann aber sein MitbestR zulässig in der Form ausüben, dass der ArbGeb berechtigt ist, unter bestimmten, im Einzelnen geregelten Voraussetzungen, eine Maßnahme (insbesondere in so genannten Eilfällen) allein zu treffen[6]. 90

Mit wirksamer Beteiligung des BR durch BV[7] kann der ArbGeb auf den Inhalt der Arbeitsverhältnisse einwirken und die Arbeits- und Vergütungspflicht vorübergehend mindern[8] bzw. bei Überstunden die Arbeitszeit erhöhen – soweit sich das nicht bereits aus (tarif-)vertragl. Regelungen ergibt. Zu beachten ist, dass eine formlose Regelungsabrede zwischen BR und ArbGeb über die Einführung von Kurzarbeit zwar das MitbestR des BR wahrt, nicht aber zu einer entsprechenden Änderung der Arbeitsverträge der betroffenen ArbN führt. Hierzu bedarf es dann zusätzlich einer vertragl. Vereinbarung oder einer Änderungskündigung[9]. Soll eine BV über die Einführung von Kurzarbeit normative Wirkung auf die einzelnen Arbeitsverhältnisse entfalten, muss sie Beginn und Dauer der Kurzarbeit, die Lage und Verteilung der Arbeitszeit, die Auswahl der betroffenen ArbN oder Abteilungen und die Zeiträume, in denen die Arbeit ganz ausfallen soll festlegen[10]. 91

e) Initiativrecht. Nach der Rspr. des BAG[11] steht dem BR für die Einführung von Kurzarbeit oder Überstunden ein Initiativrecht zu. Dem wird zu Recht entgegengehalten[12], dass damit die unternehmerische Entscheidung selbst zum Gegenstand der Mitbest. wird[13]. 92

f) Grenzen des Mitbestimmungsrechts. Bei der Ausübung des MitbestR sind die gesetzl. Höchstgrenzen des ArbZG zu beachten. Ihre Grenzen findet die Mitbest. nach Nr. 3 aber auch in § 242 BGB iVm. § 2 I. Koppelungsgeschäfte, bei denen der BR seine Zustimmung nur erteilt, wenn der ArbGeb im Gegenzug etwas anderes verspricht, sind nur wirksam, wenn die Gegenleistung im Zusammenhang mit dem Normzweck steht[14]. Macht er seine Zustimmung für die Anordnung von Überstunden von einem späteren Freizeitausgleich abhängig, ist das vom Normzweck der Nr. 3 gedeckt. Etwas gilt jedoch, wenn er als Gegenleistung materielle Leistungen verlangt[15]. 93

g) Nichtbeachtung des Mitbestimmungsrechts. Beteiligt der ArbGeb den BR bei der Einführung von Kurzarbeit nicht und gerät er in Annahmeverzug, kann der ArbN Verzugslohn nach § 615 BGB beanspruchen. Ordnet er mitbestimmungswidrig Überstunden an, kann der ArbN die Leistung sanktionslos verweigern[16]. 94

4. Zeit, Ort und Art der Auszahlung der Arbeitsentgelte (Abs. 1 Nr. 4). a) Zweck. Der BR hat ein MitbestR über Zeit, Ort und Art der Auszahlung der Arbeitsentgelte. Das MitbestR soll sicherstellen, dass das Interesse des ArbGeb an einer einheitlichen Ordnung der Auszahlung der Arbeitsentgelte mit den Interessen der ArbN in Einklang gebracht wird[17]. 95

b) Begriffsbestimmung. Arbeitsentgelte sind die dem ArbN vom ArbGeb geschuldete Vergütung (§ 611 I BGB) ohne Rücksicht auf ihre Bezeichnung sowie sämtliche Sozial- und Sachleistungen. Dazu gehören zB: 96

---

1 BAG v. 10.12.2002 – 1 ABR 7/02, FA 2003, 57. | 2 BAG v. 22.12.1980 – 1 ABR 2/79 und 1 ABR 76/79, AP Nr. 70 und 71 zu Art. 9 BetrVG – Arbeitskampf; für uneingeschränkte Mitbest.: DKK/*Klebe*, § 87 BetrVG Rz. 94 mwN. | 3 BAG v. 12.1.1988 – 1 ABR 54/86, AP Nr. 8 zu § 81 ArbGG 1979. | 4 BAG v. 3.6.2003 – 1 AZR 349/02, DB 2004, 385; v. 26.7.1988 – 1 AZR 54/87, AP Nr. 6 zu 87 BetrVG 1972 – Provision. | 5 BAG v. 17.11.1998 – 1 ABR 12/98, AP Nr. 79 zu § 87 BetrVG 1972 – Arbeitszeit. | 6 BAG v. 3.6.2003 – 1 AZR 349/02, DB 2004, 385; v. 26.7.1988 – 1 AZR 54/87, AP Nr. 6 zu 87 BetrVG 1972 – Provision. | 7 Zum Inhalt solcher BV vgl. LAG Sachs. v. 31.7.2002 – 2 Sa 910/01, NZA-RR 2003, 366. | 8 BAG v. 14.2.1991 – 2 AZR 415/90, AP Nr. 4 zu § 615 BGB – Kurzarbeit. | 9 BAG v. 14.2.1991 – 2 AZR 415/90, AP Nr. 4 zu § 615 BGB – Kurzarbeit. | 10 LAG Sachs. v. 31.7.2002 – 2 Sa 910/01, NZA-RR 2003, 366; Hess. LAG v. 14.3.1997 – 17/13 Sa 162/96, NZA-RR 1997, 479. | 11 BAG v. 4.3.1986 – 1 ABR 15/84 BAG, AP Nr. 3 zu § 87 BetrVG 1972 – Kurzarbeit. | 12 GK-BetrVG/*Wiese*, § 87 BetrVG Rz. 367 ff. mwN. | 13 GK-BetrVG/*Wiese*, § 87 BetrVG Rz. 146 f. | 14 GK-BetrVG/*Wiese*, § 87 BetrVG Rz. 361. | 15 ArbG Bielefeld v. 29.10.1982 – 3 BV 10/82, DB 1983, 1880. | 16 LAG Berlin v. 30.6.1982 – 5 TaBV 4/82, BetrVG 1982, 418. | 17 Richardi/*Richardi*, § 87 BetrVG Rz. 412.

- Auslösungen;
- Gehalt;
- Gewinnbeteiligung;
- Kindergeld;
- Provisionen;
- Lohn;
- Reisekosten und Familienzulage;
- Sachleistungen (zB Deputate);
- Spesen;
- Teuerungszulage;
- Urlaubsgeld[1] und -entgelt;
- Wegegelder.

97 **c) Umfang der Mitbestimmung.** Vom MitbestR werden nur Zeit, Ort und Art der Entgeltleistung erfasst.

98 **aa) Zeit der Entgeltleistung.** Mitzubestimmen ist über die Frage, wann (an welchem Tag, zu welcher Stunde) und in welchen Zeitabschnitten[2] (wöchentlich, monatlich etc.) die Entgelte zu zahlen sind. Dazu gehören auch Regelungen über Vorschusszahlungen bzw. Abschlagszahlungen[3]; auch eine Regelung, wonach ein über die regelmäßige tarifl. Wochenarbeitszeit hinausgehendes Zeitguthaben erst am Ende eines einjährigen Verteilungszeitraums vergütet wird, ist vom MitbestR erfasst[4]. Ein Initiativrecht steht dem BR diesbezüglich aber ebenso wenig zu wie hinsichtlich der Vorverlagerung der Fälligkeit[5].

99 Zwingende gesetzl. Sonderregelungen (zB §§ 64, 87c I HGB, § 18 BBiG, § 19 HAG), haben Vorrang. Ein sondergesetzl. MitbestR über den Zeitpunkt der Auszahlung von vermögenswirksamen Leistungen enthält § 11 IV 2 des 5. VermBildungsgesetzes[6].

100 **bb) Ort der Entgeltleistung.** Auch die Entscheidung, wo der ArbN die Vergütung erhält, unterliegt der Mitbest. IdR hat die Zahlung im Betrieb zu erfolgen. Bei Sachbezügen ist zu regeln, ob eine Holschuld oder Schickschuld besteht. Eine zwingende Sondervorschrift, von der auch die Betriebspartner nicht abweichen dürfen, findet sich zB in § 35 II SeemG (Verbot der Auszahlung in einer Gast- oder Schankwirtschaft).

101 **cc) Art der Entgeltleistung.** Soll die Vergütung – wie heute typisch – bargeldlos erfolgen, betrifft das die Art der Auszahlung und unterliegt ebenfalls der Mitbest. des BR. Der bargeldlose Zahlungsverkehr erfordert, dass der ArbN ein Konto einrichtet. Dadurch können weitere Aufwendungen (Buchungs-/Kontoführungsgebühren[7]; Wegekosten[8]) und Zeitaufwand für die Abhebung („Kontostunde") entstehen[9]. Ohne besondere kollektivrechtl. Vereinbarung ist der ArbGeb nicht verpflichtet, diese Kosten zu tragen bzw. den Zeitaufwand zu vergüten[10]. Das BAG billigt dem BR über eine Annexkompetenz das Recht zu, mitzubestimmen, wer diese weiteren Aufwendungen in welchem Umfang zu tragen hat. Bietet der ArbGeb die Barauszahlung der Löhne im Betrieb an, kann er nicht durch Einigungsstellenspruch verpflichtet werden, den ArbN die Kontoführungsgebühren mit einer Pauschale zu erstatten[11] oder sie monatlich eine Stunde unter Fortzahlung der Vergütung freizustellen[12]. Umgekehrt darf die Einigungsstelle den ArbGeb zur Zahlung von Kontoführungsgebühren verpflichten, wenn dieser die Barauszahlung der Vergütung nicht anbietet.

102 **dd) Mitbestimmungsfreie Tatbestände.** Nicht der Mitbest. nach Nr. 4 unterliegen folgende Fragen:

- Abtretungsverbote[13];
- die Aufrechnung oder Verrechnung[14];
- der Anspruch auf betrAV durch Entgeltumwandlung (§ 1a BetrAVG)[15];
- die Höhe der Arbeitsentgelte;

---

1 BAG v. 25.4.1989 – 1 ABR 91/87, AP Nr. 3 zu § 98 ArbGG 1979. | 2 BAG v. 26.1.1983 – 4 AZR 206/80, AP Nr. 1 zu § 75 LPVG Rheinland-Pfalz. | 3 *Fitting*, § 87 BetrVG Rz. 181. | 4 BAG v. 15.1.2002 – 1 AZR 165/01, EzA Nr. 1 zu § 614 BGB. | 5 Richardi/*Richardi*, § 87 BetrVG Rz. 415 mwN. | 6 V. 7.9.1998, BGBl. I S. 2647. | 7 BAG v. 8.3.1977 – 1 ABR 33/75, AP Nr. 1 zu § 87 BetrVG – Auszahlung. | 8 LAG Düsseldorf v. 20.8.1973 – 10 TaBV 46/73, BB 1974, 556. | 9 BAG v. 20.12.1988 – 1 ABR 57/87 und v. 10.8.1993 – 1 ABR 21/93, AP Nr. 9 und 12 zu § 87 BetrVG – Auszahlung. | 10 Zur Sperrwirkung einer tariflichen Regelung vgl. BAG v. 31.8.1982 – 1 ABR 8/81, AP Nr. 2 zu § 87 BetrVG 1972 – Auszahlung. | 11 LAG Hamm v. 22.2.2000 – 13 TaBV 80/99, BuW 2001, 167. | 12 BAG v. 10.8.1993 – 1 ABR 21/93, AP Nr. 12 zu § 87 BetrVG – Auszahlung. | 13 Vgl. BAG v. 26.1.1983 – 4 AZR 206/80, AP Nr. 1 zu § 75 LPVG Rheinland-Pfalz. | 14 BAG v. 11.7.2000 – 1 AZR 551/99, AP Nr. 16 zu § 87 BetrVG 1972 – Sozialeinrichtung. | 15 Richardi/*Richardi*, § 87 BetrVG Rz. 424.

- die Lohngestaltungsregelungen[1] in § 107 GewO[2];
- die Währung, in der die Vergütung der ins Ausland entsandten Mitarbeiter zu zahlen ist (aber mitbestimmungspflichtig nach Nr. 10)[3].

d) Grenzen des Mitbestimmungsrechts. Zwingende gesetzl. Vorschriften, von denen nicht zu Lasten der ArbN abgewichen werden darf, sind § 64 HGB (Fälligkeitszeitpunkt der Gehaltszahlung für Handlungsgehilfen), §§ 65 iVm. 87c I 1 HGB (Abrechnung über Provisionszahlung), § 18 BBiG (Fälligkeit der Auszubildendenvergütung), § 19 HAG, §§ 34, 35 SeemG (Fälligkeit und Auszahlungsort der Heuer). 103

5. Aufstellung allgemeiner Urlaubsgrundsätze, des Urlaubsplans und Festsetzung der zeitlichen Lage des Urlaubs für einzelne Arbeitnehmer (Abs. 1 Nr. 5). a) Zweck. Nr. 5 gibt dem BR das Recht, bei der Aufstellung allgemeiner Grundsätze über die Gewährung und Versagung von Urlaub, bei der Aufstellung des konkreten Urlaubsplans sowie bei Individualstreitigkeiten über die zeitliche Lage des Urlaubs mitzubestimmen. Der BR soll mitbestimmen bei der Harmonisierung der Urlaubswünsche der einzelnen ArbN untereinander und beim Ausgleich dieser Wünsche mit dem Interesse des ArbGeb an der Kontinuität des Betriebsablaufs[4]. Das Gestaltungsrecht des ArbGeb bei der Festlegung der Lage der Urlaubstage wird dadurch eingeschränkt. 104

b) Begriffsbestimmung. Urlaub iSd. Nr. 5 ist nach der Rspr. des BAG weit zu verstehen, nämlich die Befreiung eines ArbN von seinen Arbeitspflichten in einem Arbeitsverhältnis während einer bestimmten Anzahl von Arbeitstagen[5]. Dazu gehören 105

- der Bildungsurlaub nach den Weiterbildungsgesetzen der Länder[6];
- der Erholungsurlaub iSd. BUrlG;
- sonstige Formen der (un)bezahlten Freistellung[7];
- der unbezahlte Sonderurlaub in unmittelbarem Zusammenhang mit Erholungsurlaub[8];
- der Zusatzurlaub für schwerbehinderte Menschen (§ 125 SGB IX)[9].

Die Suspendierung aller ArbN von der Arbeitspflicht während der Kündigungsfrist im Rahmen einer Betriebsstilllegung ist kein Urlaub iSd. Nr. 5, weil hier keine unterschiedlichen Interessen gegeneinander abzuwägen sind und kein Regelungsspielraum verbleibt[10]. Die Vorschriften über die Freistellung von Mandatsträgern für Schulungs- und Bildungsveranstaltungen (§§ 37 VI und VII, 65 I) sind Sonderregelungen, die Nr. 5 vorgehen[11].

c) Umfang der Mitbestimmung. aa) Urlaubsgrundsätze. Erste Stufe der Mitbest. ist die Aufstellung der allgemeinen Urlaubsgrundsätze. Darin werden generelle Richtlinien festgelegt, nach denen den ArbN im Einzelfall Urlaub zu gewähren ist. Dazu gehören folgende Regelungen[12]: 106

- Erteilung geteilten oder ungeteilten Urlaubs;
- Verteilung des Urlaubs innerhalb des Kalenderjahres;
- Urlaubssperre;
- Urlaubsvertretung;
- Ausgleich paralleler Urlaubswünsche;
- Kriterien für die Berücksichtigung bestimmter Personengruppen bei der Urlaubsverteilung (zB Eltern schulpflichtiger Kinder; ArbN mit berufstätigen Ehegatten);
- Anberaumung von Betriebsferien; Inanspruchnahme des Urlaubs während der Betriebsferien[13];
- Betriebsschließung an einem Brückentag unter Anrechnung auf den Urlaub[14];
- Verfahrensgrundsätze für Urlaubsantrag und -bewilligung.

bb) Urlaubsplan. Auf der zweiten Stufe wird mit Beteiligung des BR der Urlaubsplan aufgestellt, in dem unter Berücksichtigung der allgemeinen Urlaubsgrundsätze für das Urlaubsjahr der konkrete Urlaub der einzelnen ArbN zu bestimmten Zeiten festgesetzt wird. Der Urlaub ist damit bewilligt, die ArbN dürfen ihn zu der darin festgelegten Zeit antreten[15]. Von dem einmal aufgestellten Urlaubsplan darf der ArbGeb nur mit Beteiligung des BR abweichen[16]. 107

---

1 Richardi/*Richardi*, § 87 BetrVG Rz. 423. |2 IdF v. 22.2.1999, BGBl. I S. 202; zuletzt geändert am 11.10.2002, BGBl. S. 3970. |3 GK-BetrVG/*Wiese*, § 87 Rz. 431; aA ArbG Herne v. 16.6.1977 – 3 BV 23/76, nv. |4 BAG v. 28.5.2002 – 1 ABR 37/01, AP Nr. 10 zu § 87 BetrVG 1972 – Urlaub. |5 BAG v. 28.5.2002 – 1 ABR 37/01, AP Nr. 10 zu § 87 BetrVG 1972 – Urlaub. |6 BAG v. 28.5.2002 – 1 ABR 37/01, AP Nr. 10 zu § 87 BetrVG 1972 – Urlaub. |7 BAG v. 18.6.1974 – 1 ABR 25/73, AP Nr. 1 zu § 87 BetrVG 1972 – Urlaub. |8 BAG v. 18.6.1974 – 1 ABR 25/73, AP Nr. 1 zu § 87 BetrVG 1972 – Urlaub. |9 LAG Hess. v. 16.2.1987 – 11 Sa 609/86, BB 1987, 1461. |10 LAG Köln v. 16.3.2000 – 10 (11) Sa 1280/99, BB 2000, 1627. |11 GK-BetrVG/*Wiese*, § 87 Rz. 445. |12 *Fitting*, § 87 BetrVG Rz. 195, 199; BAG v. 28.5.2002 – 1 ABR 37/01, AP Nr. 10 zu § 87 BetrVG 1972 – Urlaub. |13 BAG v. 28.7.1981 – 1 ABR 79/79, AP Nr. 2 zu § 87 BetrVG 1972 – Urlaub. |14 GK-BetrVG/*Wiese*, § 87 Rz. 452. |15 *Fitting*, § 87 BetrVG Rz. 201. |16 GK-BetrVG/*Wiese*, § 87 Rz. 468.

108 Abzugrenzen davon ist die sog. Urlaubsliste, in der die Urlaubswünsche der ArbN eingetragen werden. Wird eine solche Liste geführt, hat der BR ein MitbestR: Es handelt sich um einen Verfahrensschritt der Urlaubsgewährung[1]. Wenn kein Urlaubsplan aufgestellt wird, soll der Urlaub nach den Grundsätzen von Treu und Glauben als bewilligt gelten, wenn der ArbGeb dem Urlaubsbegehren nicht innerhalb angemessener Frist (binnen eines Monats nach Vorlage des Urlaubswunsches oder der Eintragung in die Urlaubsliste) widerspricht[2].

109 **cc) Streit über einzelne Urlaubswünsche.** Ausnahmsw. unterliegt mit der letzten Alternative der Nr. 5 ein Individualtatbestand der Mitbest. des BR: Können sich die Arbeitsvertragsparteien nicht einigen, wann der ArbN seinen Urlaub nimmt, ist der BR auch im Einzelfall zu beteiligen. Die Betriebspartner haben dann die widerstreitenden Interessen von ArbGeb und ArbN nach den in § 7 I 1 BUrlG aufgestellten Grundsätzen und nach billigem Ermessen abzuwägen[3]. Nach der hM greift der Mitbestimmungstatbestand bei jedem Streit zwischen ArbGeb und ArbN ein[4]; es ist also nicht notwendig, dass mindestens zwei ArbN betroffen sind[5].

110 Streitig ist ob auch der Widerruf eines einmal genehmigten Urlaubs gegen den Willen des ArbN bzw. der Rückruf des ArbN aus dem Urlaub ohne seine Zustimmung mitbestimmungspflichtig sind[6]. Ist der ArbN mit der von den Betriebspartnern festgelegten Urlaubszeit nicht einverstanden, kann er im Urteilsverfahren unter Berufung auf § 7 I BUrlG auf Erteilung des Urlaubs zur gewünschten Zeit klagen. Damit wird er allerdings nur dann Erfolg haben, wenn die Betriebspartner die Grundsätze des § 7 I BUrlG nicht beachtet haben[7].

111 **dd) Mitbestimmungsfreie Tatbestände.** Die Dauer des Urlaubs unterliegt eben sowenig der Mitbest.[8] nach Nr. 5 wie die Höhe und Berechnung des Urlaubsentgelts bzw. des zusätzlichen Urlaubsgelds[9]. Hier gelten die gesetzl.[10] bzw. (tarif-)vertragl. Regelungen. Die Einigungsstelle überschreitet die Grenzen des MitbestR aus Nr. 5, wenn sie Regelungen über die Dauer des Bildungsurlaubs, den Kreis der Anspruchsberechtigten und sonstige Anspruchsvoraussetzungen trifft[11].

112 **d) Initiativrecht.** Der BR hat ein Initiativrecht für die Aufstellung des Urlaubsplans[12]. Für die Einführung von Betriebsferien ist ein Initiativrecht abzulehnen, weil damit unmittelbar in die unternehmerische Entscheidung eingegriffen würde, ob der Betrieb überhaupt und in welcher Zeit stillgelegt wird[13].

113 **e) Grenzen des Mitbestimmungsrechts.** Begrenzt wird das MitbestR durch die zwingenden urlaubsrechtl. Vorschriften, insb. § 7 BUrlG[14]. Dabei steht die Bindung an das Urlaubsjahr einer allgemeinen Regelung über die Einführung von Betriebsferien für mehrere aufeinander folgende Urlaubsjahre im Rahmen einer BV oder durch Spruch einer Einigungsstelle nicht entgegen. Aus § 7 BUrlG folgt auch nicht, dass die Einführung von Betriebsferien nur dann zulässig wäre, wenn dringende betriebl. Belange dafür sprechen. Vielmehr begründet umgekehrt die rechtswirksame Einführung von Betriebsferien solche betriebl. Belange, die dann der Berücksichtigung der individuellen Urlaubswünsche der ArbN entgegenstehen können[15].

114 **f) Nichtbeachtung des Mitbestimmungsrechts.** Bei der Nichtbeachtung des MitbestR gilt es zu differenzieren: Stellt der ArbGeb Urlaubsgrundsätze oder einen Urlaubsplan ohne Zustimmung des BR auf oder ändert sie, gelten die allgemeinen Grundsätze. Die Maßnahme ist unwirksam. Gewährt er einzelnen ArbN in dieser Situation Urlaub, ist das individualarbeitsrechtlich wirksam[16].

115 **6. Einführung und Anwendung von technischen Einrichtungen (Abs. 1 Nr. 6). a) Zweck.** Nach Nr. 6 hat der BR ein MitbestR bei der Einführung und Anwendung von technischen Einrichtungen, die dazu bestimmt sind, das Verhalten oder die Leistung der ArbN zu überwachen. Sinn dieser Vorschrift ist es, (zulässige[17]) Eingriffe in den Persönlichkeitsbereich der ArbN durch Verwendung anonymer technischer Kontrolleinrichtungen nur bei gleichberechtigter Mitbest. des BR zuzulassen[18]. Insoweit besteht ein Zusammenhang mit § 75 II[19].

---

1 Vgl. dazu GK-BetrVG/*Wiese*, § 87 Rz. 465. | 2 Abzulehnen: LAG Düsseldorf v. 8.5.1970 – 3 Sa 89/70, DB 1970, 1136. | 3 BAG v. 4.12.1970 – 5 AZR 242/70, BB 1971, 220. | 4 LAG München v. 23.3.1988 – 8 Sa 1060/88, LAGE § 611 BGB – Abmahnung Nr. 13; ArbG Frankfurt v. 28.4.1988 – 5 BV 7/88, AiB 1988, 288; *Fitting*, § 87 BetrVG Rz. 206 mwN. | 5 GK-BetrVG/*Wiese*, § 87 Rz. 471 f. | 6 Dafür: LAG München v. 23.3.1998 – 8 Sa 1060/88, LAGE § 611 BGB – Abmahnung Nr. 13; dagegen: MünchArbR/*Matthes*, § 337 Rz. 34; HSWG/*Worzalla*, § 87 BetrVG Rz. 279. | 7 *Fitting*, § 87 BetrVG Rz. 211, der dortige Hinweis auf § 76 VII geht aber fehl. | 8 BAG v. 14.1.1992 – 9 AZR 148/91, AP Nr. 5 zu § 3 BUrlG; *Fitting*, § 87 BetrVG Rz. 212. | 9 Vgl. GK-BetrVG/*Wiese*, § 87 Rz. 446, 447. | 10 Urlaubsdauer: § 3 BUrlG, § 19 JArbSchG, § 125 SGB IX; Urlaubsentgelt: § 11 BUrlG. | 11 BAG v. 28.5.2002 – 1 ABR 37/01, AP Nr. 10 zu § 87 BetrVG 1972 – Urlaub. | 12 GK-BetrVG/*Wiese*, § 87 Rz. 463 mwN. | 13 So zu Recht GK-BetrVG/*Wiese*, § 87 Rz. 463; aA *Fitting*, § 87 BetrVG Rz. 198. | 14 Vgl. BAG v. 28.7.1981 – 1 ABR 79/79, AP Nr. 2 zu § 87 BetrVG 1972. | 15 BAG v. 28.7.1981 – 1 ABR 79/79, DB 1981, 2621; LAG Düsseldorf v. 20.6.2002 – 11 Sa 378/02, LAGE § 7 BUrlG Nr. 40. | 16 GK-BetrVG/*Wiese*, § 87 Rz. 479. | 17 Vgl. die Kritik von GK-BetrVG/*Wiese*, § 87 Rz. 488. | 18 BAG v. 9.9.1975 – 1 ABR 20/74, AP Nr. 2 zu § 87 BetrVG 1972 – Überwachung; v. 6.12.1983 – 1 ABR 43/81, AP Nr. 7 zu § 87 BetrVG 1972 – Überwachung. | 19 Vgl. dazu auch *Fitting*, § 87 BetrVG Rz. 216.

b) Begriffsbestimmung. aa) Technische Einrichtungen sind Geräte und Anlagen, die mit den Mitteln der Technik eine eigene Leistung im Zuge der Überwachung erbringen, indem sie selbst Tätigkeiten verrichten, die sonst der überwachende Mensch wahrnehmen müsste[1]. Auf die Art[2], den Ort[3] und die Bezeichnung[4] der technischen Einrichtung kommt es nicht an. Ein datenverarbeitendes System ist eine solche Einrichtung, wenn es individualisierte oder individualisierbare Verhaltens- oder Leistungsdaten selbst erhebt und aufzeichnet[5]. Davon abzugrenzen sind die bloßen technischen Hilfsmittel beim Überwachungsvorgang (zB Stoppuhr, Lupe), die keine eigene Überwachungsleistung erbringen[6]. Außerhalb des MitbestR liegt die Kontrolle durch Personen[7], seien es Vorgesetzte oder Dritte. 116

bb) Zur Überwachung bestimmt. Die technischen Einrichtungen müssen dazu bestimmt sein, das Verhalten oder die Leistung der ArbN zu überwachen. 117

(1) Überwachung erfolgt in drei verschiedenen Phasen[8]: Zunächst werden die Informationen gesammelt, anschließend werden sie verarbeitet und schließlich ausgewertet. Jede einzelne Phase ist bereits Überwachung iSd. Nr. 6[9]. Dafür reicht die reine Datenerfassung (zB durch Multimomentkameras[10]; Produktographen[11]; Fahrtenschreiber[12]), wie auch die bloße Auswertung anderweitig erhobener Daten (zB Techniker-Berichtsystem[13]; „PAISY“[14]) aus. Unerheblich ist die Dauer der Kontrolle[15]. 118

Die erhobenen Daten müssen einem einzelnen ArbN zugeordnet werden können[16]. Wird nur eine Gruppe von ArbN von der Kontrolleinrichtung erfasst, ohne dass die einzelnen ArbN individualisiert werden können, greift der Mitbestimmungstatbestand nicht ein[17]. Das gilt nicht für überschaubare Gruppen[18], wie Akkordgruppen oder Gruppen iSd. Nr. 13, wenn der von der technischen Einrichtung ausgehende Überwachungsdruck auf die Gruppe, aber auch auf den einzelnen ArbN durchschlägt[19].

(2) Verhalten oder Leistung. Die Überwachung muss auf die Leistung oder das Verhalten des ArbN gerichtet sein. Verhalten ist jedes Tun oder Unterlassen im betriebl. und außerbetriebl. Bereich, das für das Arbeitsverhältnis erheblich werden kann; Leistung wird von diesem Oberbegriff umfasst[20]. Statusdaten (Geschlecht, Familienstand, Kinderzahl, Steuerklasse, Anschrift, Tarifgruppe, schulische und sonstige Ausbildung, etwaige Sprachkenntnisse, usw.) dürfen ohne Mitbest. des BR gespeichert werden. Allein die Speicherung verletzt das MitbestR des BR nach Nr. 6 nicht, weil diese Daten nichts über Verhalten und Leistung des ArbN aussagen[21]. Können die Daten aber auf Grund eines Programms mit anderen Daten verknüpft werden und so Aussagen zum Verhalten der ArbN erlauben, greift das MitbestR ein[22]. 119

(3) Bestimmung zur Überwachung. Eine technische Einrichtung ist dann dazu bestimmt, das Verhalten oder die Leistung der ArbN zu überwachen, wenn sie zur Überwachung objektiv geeignet ist[23]. Unerheblich ist, ob der ArbGeb die durch die technische Einrichtung erfassten und festgehaltenen Verhaltens- und Leistungsdaten auch auswerten oder für Reaktionen auf festgestellte Verhaltens- oder Leistungsweisen verwenden will[24], ob die Überwachung nur ein Nebeneffekt ist[25] oder die Bedienung der Einrichtung durch den ArbN selbst erfolgt[26]. Die reine Einführung einer Hardware, mit der allein die ArbN nicht überwacht werden können, reicht also nicht aus. Erforderlich ist, dass zusätzlich entsprechende Software eingesetzt wird, so dass das System objektiv zur Überwachung geeignet ist. Die reine Betriebsdatenerfassung, aus der objektiv keine Rückschlüsse auf Leistung oder Verhalten der ArbN gezogen werden können, ist mithin keine Kontrolle iSd. Nr. 6[27]. Das gilt auch für Anordnungen des ArbGeb, Tätigkeitsberichte zu erstellen, Arbeitsbücher zu führen[28] oder die Erlaubnis des ArbGeb, auf Wunsch des ArbN private Computer im Betrieb zu nutzen[29]. 120

---

1 BVerwG v. 31.8.1988 – 6 P 35/85, AP Nr. 25 zu § 75 BPersVG. | 2 GK-BetrVG/*Wiese*, § 87 Rz. 500. | 3 Vgl. *Fitting*, § 87 BetrVG Rz. 225 mwN. | 4 MünchArbR/*Matthes*, § 338 Rz. 7. | 5 BAG v. 14.11.2006 – 1 ABR 4/06, NZA 2007, 399. | 6 BAG v. 8.11.1994 – 1 ABR 20/94, AP Nr. 27 zu § 87 BetrVG 1972 – Überwachung. | 7 BAG v. 26.3.1991 – 1 ABR 26/90 und v. 18.4.2000 – 1 ABR 22/99, AP Nr. 21 und 33 zu § 87 BetrVG 1972 – Überwachung. | 8 Zur unterschiedlichen Terminologie vgl. einerseits *Fitting*, § 87 BetrVG Rz. 217 und andererseits GK-BetrVG/*Wiese*, § 87 Rz. 520. | 9 BAG v. 14.9.1984 – 1 ABR 23/82, AP Nr. 9 zu § 87 BetrVG 1972 – Überwachung. | 10 BAG v. 14.5.1974 – 1 ABR 45/73, AP Nr. 1 zu § 87 BetrVG 1972 – Überwachung. | 11 BAG v. 9.9.1975 – 1 ABR 20/74, AP Nr. 2 zu § 87 BetrVG 1972 – Überwachung. | 12 BAG v. 10.7.1979 – 1 ABR 50/78, AP Nr. 3 zu § 87 BetrVG 1972 – Überwachung. | 13 BAG v. 14.9.1984 – 1 ABR 23/82, AP Nr. 9 zu § 87 BetrVG 1972 – Überwachung. | 14 BAG v. 11 3.1986 – 1 ABR 12/84, AP Nr. 14 zu § 87 BetrVG 1972 – Überwachung. | 15 BAG v. 10.7.1979 – 1 ABR 97/77, AP Nr. 4 zu § 87 BetrVG 1972 – Überwachung. | 16 BAG v. 6.12.1983 – 1 ABR 43/81, AP Nr. 7 zu § 87 BetrVG 1972 – Überwachung. | 17 BAG v. 6.12.1983 – 1 ABR 43/81 und v. 26.7.1994 – 1 ABR 6/94, AP Nr. 7 und 26 zu § 87 BetrVG 1972 – Überwachung. | 18 BAG v. 18.2.1986 – 1 ABR 21/84 und v. 26.7.1994 – 1 ABR 6/94, AP Nr. 13 und 26 zu § 87 BetrVG 1972 – Überwachung. | 19 BAG v. 18.2.1986 – 1 ABR 21/84, AP Nr. 13 zu § 87 BetrVG 1972 – Überwachung. | 20 Zum Verhältnis vgl. BAG v. 11.3.1986 – 1 ABR 12/84, AP Nr. 14 zu § 87 BetrVG 1972 – Überwachung. | 21 BAG v. 9.9.1975 – 1 ABR 20/74, AP Nr. 2 zu § 23 BDSG; v. 22.10.1986 – 5 AZR 660/85, AP Nr. 2 zu § 23 BDSG. | 22 BAG v. 11.3.1986 – 1 ABR 12/84, AP Nr. 14 zu § 87 BetrVG 1972 – Überwachung. | 23 BAG v. 9.9.1975 – 1 ABR 20/74, AP Nr. 2 zu § 87 BetrVG 1972 – Überwachung. | 24 BAG v. 14.11.2006 – 1 ABR 4/06, NZA 2007, 399; v. 9.9.1975 – 1 ABR 20/74, AP Nr. 2 zu § 87 BetrVG 1972 – Überwachung. | 25 BAG v. 9.9.1975 – 1 ABR 20/74, AP Nr. 2 zu § 87 BetrVG 1972 – Überwachung. | 26 BAG v. 14.5.1974 – 1 ABR 45/73 und v. 9.9.1975 – 1 ABR 20/74, AP Nr. 1 und 3 zu § 87 BetrVG 1972 – Überwachung. | 27 BAG v. 9.9.1975 – 1 ABR 20/74, AP Nr. 2 zu § 87 BetrVG 1972 – Überwachung. | 28 BAG v. 24.11.1981 – 1 ABR 108/79, AP Nr. 3 zu § 87 BetrVG 1972 – Ordnung des Betriebes. | 29 BVerwG v. 12.10.1989 – 6 P 9/88, NZA 1990, 451.

121 **c) Beispiele. aa) Mitbestimmungspflichtige Einrichtungen.** Ausgehend von diesen Grundsätzen sind technische Einrichtungen iSd. Nr. 6[1]:

- Arbeitswirtschaftsinformationssysteme („ARWIS")[2];
- Bildschirmgeräte[3], sofern sie derart mit einem Rechner verbunden sind, dass Verhaltens- und Leistungsdaten aufgezeichnet/ermittelt werden können;
- Überwachungstechnik im Zusammenhang mit dem Versand von E-Mails[4];
- EDV-Anlagen[5], sofern leistungs- und verhaltensbezogene Datenerfassung auf Grund der Software möglich ist;
- Fahrtenschreiber, sofern nicht schon gesetzl. vorgeschrieben[6];
- Fernseh-, Film- und Videoanlagen[7], sofern sie aufzeichnen/übertragen und nicht der reinen Wiedergabe dienen (zB Fernseher für Schulungen);
- Fotokopiergeräte mit PIN-Code für einzelne Benutzer, sofern die Benutzungsdaten aufgezeichnet werden[8];
- Internetanschluss[9], soweit die aufgerufenen Verbindungen, deren Dauer und Inhalte gespeichert werden (Stichwort: Proxy-Server);
- Intranet, sofern die Kommunikationsdaten gespeichert werden;
- Multimoment-Filmkameras, die in regelmäßigen Abständen Aufnahmen von Arbeitsplätzen machen;
- Produktographen[10] (Aufzeichnung der Daten über Lauf, Stillstand und Ausnutzung von Maschinen);
- Personalabrechnungs- und -informationssysteme (zB „PAISY"[11]);
- Tonbandgeräte;
- Zeiterfassungsgeräte[12] (Stech- und Stempeluhren, Zeitstempler).

122 Im Bereich der **Telekommunikationseinrichtungen** gilt Folgendes[13]: Ein Telefon bzw. ein Mobiltelefon ist an sich keine technische Einrichtung, weil es für sich allein – als Hardware – noch keine Überwachung des ArbN ermöglicht. In Verbindung mit entsprechender Software – zB in Telefonanlagen (Telefondatenerfassungsanlage[14]); ISDN-Nebenstellenanlage[15]; ACD (= „Automatic-Call-Distribution")-Telefonanlage[16]; unternehmenseinheitliche Telefonvermittlungsanlage („HICOM"[17]) – ist es aber zur Überwachung geeignet.

123 Auch ohne derartige Anlagen ist eine Überwachung durch Abfrage der bei den Telefongesellschaften aufgezeichneten Einzelverbindungsdaten möglich. Es ist im Rahmen der Nr. 6 unerheblich, ob der ArbGeb den eigenen Gebührenrechner oder den des Telediensteunternehmens einsetzt[18].

Einzelverbindungsnachweise werden von den Telekommunikationsgesellschaften nur erteilt, wenn der ArbGeb schriftl. erklärt hat, dass die Mitarbeiter informiert worden sind und künftige Mitarbeiter unverzüglich informiert werden und dass der BR entsprechend den gesetzl. Vorschriften beteiligt worden oder eine solche Beteiligung nicht erforderlich ist (§ 8 I 3 TDSV)[19].

124 **bb) Mitbestimmungsfreie Einrichtungen.** Keine Einrichtungen iSd. Nr. 6 sind zB[20]:

- Uhren (zB Stoppuhr[21]);
- Brillen, Lupen oder Längenmessgeräte;
- bloße Zugangssicherungssysteme, sofern sie keine Daten speichern, die Rückschlüsse auf das Verhalten/die Leistung zulassen[22];
- konventionelle Schreibgeräte, mit denen der ArbN seine Arbeitsleistung auf Papier aufschreibt[23].

---

1 Vgl. *Fitting*, § 87 BetrVG Rz. 244 ff. und GK-BetrVG/*Wiese*, § 87 BetrVG Rz. 551. | 2 BAG v. 26.7.1994 – 1 ABR 6/94, AP Nr. 26 zu § 87 BetrVG 1972 – Überwachung. | 3 BAG v. 6.12.1983 – 1 ABR 43/81, AP Nr. 7 zu § 87 BetrVG 1972 – Überwachung. | 4 *Fitting*, § 87 BetrVG Rz. 245. | 5 BAG v. 6.12.1983 – 1 ABR 43/81, AP Nr. 7 zu § 87 BetrVG 1972 – Überwachung. | 6 BAG v. 10.7.1979 – 1 ABR 50/78, AP Nr. 3 zu § 87 BetrVG 1972 – Überwachung. | 7 BAG v. 10.7.1979 – 1 ABR 97/77, AP Nr. 4 zu § 87 BetrVG 1972 – Überwachung; v. 7.10.1987 – 5 AZR 116/86, AP Nr. 15 zu § 611 BGB – Persönlichkeitsrecht. | 8 OVG NRW v. 11.3.1992 – CL 38/89, CR 1993, 375. | 9 Vgl. Richardi/*Richardi*, § 87 BetrVG Rz. 487; *Fitting*, § 87 BetrVG Rz. 245 mwN. | 10 BAG v. 9.9.1975 – 1 ABR 20/74, AP Nr. 2 zu § 87 BetrVG 1972 – Überwachung. | 11 BAG v. 11 3.1986 – 1 ABR 12/84, AP Nr. 14 zu § 87 BetrVG 1972 – Überwachung. | 12 LAG Düsseldorf v. 21.11.1978 – 19 TaBV 39/78, DB 1979, 459. | 13 Vgl. ausf. GK-BetrVG/*Wiese*, § 87 Rz. 555. | 14 BAG v. 27.5.1986 – ABR 48/84, AP Nr. 15 zu § 87 BetrVG 1972 – Überwachung. | 15 BVerwG v. 2.2.1990 – 6 PB 11/89, CR 1993, 507. | 16 BAG v. 30.8.1995 – 1 ABR 4/95, AP Nr. 29 zu § 87 BetrVG 1972 – Überwachung. | 17 BAG v. 11.11.1998 – 7 ABR 47/97, AP Nr. 19 zu § 50 BetrVG 1972. | 18 *Fitting*, § 87 BetrVG Rz. 245. | 19 Telekommunikations-Datenschutzverordnung vom 18.12.2000, BGBl. I S. 1740. | 20 Vgl. die Übersicht bei GK-BetrVG/*Wiese*, § 87 Rz. 552. | 21 BAG v. 8.11.1994 – ABR 20/94, AP Nr. 27 zu § 87 BetrVG 1972 – Überwachung. | 22 GK-BetrVG/*Wiese*, § 87 Rz. 523. | 23 BAG v. 24.11.1981 – 1 ABR 108/79, AP Nr. 3 zu § 87 BetrVG 1972 – Ordnung des Betriebes.

d) Umfang des Mitbestimmungsrechts. Mitzubestimmen hat der BR bei der Einführung und Anwendung von technischen Überwachungseinrichtungen. Aber auch deren Änderung unterliegt seiner Mitbest. Die Rspr. des BAG erfasst praktisch jede Form der automatischen Erhebung, Speicherung und sonstigen Verarbeitung von Daten, wenn sie Rückschlüsse auf das Verhalten oder die Leistung zulassen[1]. In den 70er und 80er Jahren des 20. Jahrhunderts[2], in denen peu à peu technische Einrichtungen entwickelt und in den Betrieben eingeführt wurden, mag dies noch eine Berechtigung gehabt haben. Seinerzeit konnte man die Einführung eines bis dato nicht vorhandenen Personalinformationssystems problemlos der Mitbest. nach Nr. 6 unterwerfen und ggf. durch die Einigungsstelle klären lassen. Im Zeitalter der Globalisierung ist die heutige Arbeitswelt aber auch außerhalb der „New Economy"-Unternehmen in einem zu früheren Zeiten schlicht unvorstellbaren Ausmaß technisiert und – vielfach ohne dass der einzelne ArbGeb sich dem entziehen könnte – IT-lastig. In der Folge müssen immer aufwändigere IT-Systeme eingesetzt und vor allen Dingen gepflegt werden. Damit rückt insb. das MitbestR bei Änderung einer technischen Einrichtung in den Vordergrund. Nicht jedes Up-Date und jeder Einsatz neuer Tools im Rahmen bereits eingeführter Systeme kann das MitbestR nach Nr. 6 erneut auslösen. Nur ausnahmsw., wenn durch entsprechende Programmerweiterungen grds. neue „Überwachungsrisiken" eröffnet werden, kommt ein erneutes MitbestR nach Nr. 6 in Betracht. Im Rahmen der Bestellung einer Einigungsstelle ist in diesen Fällen also zunächst davon auszugehen, dass ein MitbestR nicht besteht, die Einigungsstelle also offensichtlich unzuständig ist, wenn das ursprüngliche System/Instrument bereits zulässig mitbestimmt eingeführt wurde. 125

Ob das MitbestR auch für die Abschaffung der technischen Einrichtung(en) iSd. Nr. 6 gilt, ist umstritten[3]. Nach zutreffender Rspr. des BAG unterliegt sie[4] nicht der Mitbest., weil dem MitbestR des BR im Rahmen der Nr. 6 nur eine Abwehrfunktion zukomme und eine Mitbest. bei der Abschaffung der Zweckbestimmung des Mitbestimmungstatbestands widerspreche. Umgekehrt steht dem BR auch kein Initiativrecht für die Einführung einer technischen Einrichtung zu. 126

Die Vertrauensarbeitszeit geht in aller Regel mit der Abschaffung der technischen Zeiterfassung einher. Es wird daher vertreten, der BR habe bei der Abschaffung mitzubestimmen, weil die Zeiterfassung auch Schutz vor der „Selbstausbeutung" des ArbN sei[5]. Dies ist mit der zutreffenden Begründung des BAG abzulehnen. 127

e) Grenzen des Mitbestimmungsrechts. Die Mitbest. findet ihre Grenzen in den Fällen gesetzl. vorgeschriebener Überwachungseinrichtungen (Fahrtenschreiber, § 57a StVZO[6]) bzw. in den zwingenden Vorschriften des BDSG[7]. Art. 10 GG (Fernmeldegeheimnis) steht dem MitbestR nicht entgegen[8]. Zunehmende Bedeutung als Grenze der Regelungsbefugnis der Betriebspartner im Rahmen des § 87 I Nr. 6 gewinnt § 75 II 1 in Verbindung mit dem allgemeinen Persönlichkeitsrecht des ArbN. Nach Auffassung des BAG müssen die Betriebspartner bei Einführung von Überwachungseinrichtungen, mit denen unmittelbar in das Persönlichkeitsrecht eingegriffen wird (klassisch: die Videoüberwachung), den Grundsatz der Verhältnismäßigkeit beachten. Dies kann nicht abstrakt erfolgen, sondern erfordert eine Güterabwägung unter Berücksichtigung der Umstände des Einzelfalls[9]. 128

f) Individualrechtliche Folgen der Nichtbeachtung des Mitbestimmungsrechts. Eine ohne Mitbest. des BR betriebene techn. Einrichtung iSd. Nr. 6 braucht der ArbN nicht zu benutzen; er hat insoweit ein Leistungsverweigerungsrecht. Sein Vergütungsanspruch bleibt bestehen (§§ 324, 615 BGB). Ggf. steht ihm auch ein Unterlassungs- bzw. Beseitigungsanspruch auf Löschung der erhobenen Daten zu[10]. 129

g) Gesetzessystematik. Nr. 6 geht als Spezialvorschrift der Nr. 1 vor, soweit eine Verhaltens- oder Leistungskontrolle der ArbN durch technische Einrichtungen erfolgt[11]. Neben Nr. 6 können ggf. weitere Beteiligungsrechte[12] nach Nr. 2 Nr. 7, Nr. 10 u. Nr. 11 sowie nach §§ 90 u. 91 bzw. 111 S. 3 Nr. 5 relevant werden. 130

7. Regelungen über die Verhütung von Arbeitsunfällen und Berufskrankheiten, Gesundheitsschutz (Abs. 1 Nr. 7). a) Zweck. Nr. 7 gibt dem BR ein MitbestR bei Regelungen über die Verhütung von Arbeitsunfällen und Berufskrankheiten sowie über den Gesundheitsschutz, soweit ausfüllungsbedürftige Rahmenvorschriften umgesetzt werden. Der Zweck dieses MitbestR folgt aus der gesetzl. Ausgestaltung des Tatbestands. Der BR soll an betriebl. Regelungen beteiligt werden, die der ArbGeb zwar auf Grund einer öffentl.-rechtl. Rahmenvorschrift zu treffen hat, bei deren Umsetzung ihm aber Handlungsspielräume verbleiben. Voraussetzung ist, dass der ArbGeb auf Grund einer gesetzl. Vorschrift zum 131

---

1 So zutr. Richardi/*Richardi*, § 87 BetrVG Rz. 476. |2 In § 56 BetrVG 1952 war eine mit Nr. 6 vergleichbare Regelung nicht enthalten. |3 Dafür: DKK/*Klebe*, § 87 BetrVG Rz. 135. |4 BAG v. 28.11.1989 – 1 ABR 97/88, AP Nr. 4 zu § 87 BetrVG 1972 – Initiativrecht. |5 DKK/*Klebe*, § 87 BetrVG Rz. 135 und 80a. |6 BAG v. 10.7.1979 – 1 ABR 50/78, AP Nr. 3 zu § 87 BetrVG 1972 – Überwachung. |7 Vgl. BAG v. 27.5.1986 – 1 ABR 48/84, AP Nr. 15 zu § 87 BetrVG 1972 – Überwachung. |8 BAG v. 27.5.1986 – ABR 48/84, AP Nr. 15 zu § 87 BetrVG 1972 – Überwachung. |9 Grundl. zur Videoüberwachung BAG v. 29.6.2004 – 1 ABR 21/03, NZA 2004, 1278; bestätigt durch BAG v. 14.12.2004 – 1 ABR 34/03, NZA 2005, 839. |10 GK-BetrVG/*Wiese*, § 87 Rz. 580 f. |11 BAG v. 9.9.1975 – 1 ABR 20/74, AP Nr. 2 zu § 87 BetrVG 1972 – Überwachung. |12 Vgl. ausf. *Fitting*, § 87 BetrVG Rz. 214.

Handeln verpflichtet ist, aber mangels zwingender Vorgaben betriebl. Regelungen notwendig sind, um das gesetzl. vorgeschriebene Ziel des Arbeits- und Gesundheitsschutzes zu erreichen[1]. Dabei hat der BR mitzubestimmen. Für das Eingreifen des MitbestR kommt es nicht darauf an, ob die gesetzl. Rahmenvorschrift, die ausgefüllt werden muss, unmittelbar oder mittelbar dem Gesundheitsschutz dient[2]. Dadurch soll im Interesse der betroffenen ArbN eine möglichst effiziente Umsetzung des gesetzl. Arbeitsschutzes im Betrieb erreicht werden[3]. Hinsichtlich des betriebl. Umweltschutzes gelten §§ 80 I Nr. 9, 88 Nr. 1a und 89, nicht aber Nr. 7[4].

132 **b) Begriffsbestimmungen. aa) Arbeitsunfälle und Berufskrankheiten.** Arbeitsunfälle sind Unfälle, die Versicherte infolge einer den Versicherungsschutz nach §§ 2, 3 oder 6 SGB VII begründenden Tätigkeit erleiden, § 8 I 1 SGB VII. Berufskrankheiten sind Krankheiten, die die Bundesregierung durch RechtsVO[5] mit Zustimmung des Bundesrates als solche bezeichnet und die Versicherte infolge einer den Versicherungsschutz nach §§ 2, 3 oder 6 SGB VII begründenden Tätigkeit erleiden, § 9 I 1 SGB VII.

133 **bb) Gesundheitsschutz.** Der Begriff „Gesundheitsschutz" ist umfassend zu verstehen[6] und beinhaltet den gesamten Bereich der menschengerechten Gestaltung der Arbeit. Darunter sind aber nur die Vermeidung und Minimierung von Gesundheitsbeeinträchtigungen zu verstehen. Maßnahmen, die darüber hinausgehend der Vermeidung oder Minderung nicht gesundheitsbeeinträchtigender Belastungen oder Lästigkeiten dienen, fallen nicht unter Nr. 7, sondern allein unter § 91[7].

134 **cc) Ausfüllungsbedürftige Rahmenvorschriften** sind in einer Vielzahl von Gesetzen und VO enthalten, von denen die Folgenden[8] besondere praktische Bedeutung haben:

- Gesetz über Betriebsärzte, Sicherheitsingenieure und andere Fachkräfte der Arbeitssicherheit[9] (Arbeitssicherheitsgesetz, ASiG);
- §§ 62 HGB, 618 BGB (str.[10]);
- Arbeitsschutzgesetz[11], bspw. Gefährdungsbeurteilung gem. § 5 ArbSchG[12];
- LasthandhabungsV[13];
- VO über Sicherheit und Gesundheitsschutz bei der Benutzung persönlicher Schutzausrüstungen bei der Arbeit[14];
- § 3 I und § 3a ArbStättVO[15];
- GefStoffV[16];
- BaustellV[17];
- StörfallV[18];
- BiostoffV[19];
- BildschArbV[20], insbesondere § 3 BildschArbV hinsichtlich der Ausgestaltung der Unterweisung nach § 12 ArbSchG[21];
- Unfallverhütungsvorschriften der Berufsgenossenschaften[22] (UVV).

135 **dd) Regelungen** iSd. Nr. 7 sind nicht nur innerbetriebl. Vorschriften, sondern auch technische und organisatorische Maßnahmen des ArbGeb[23].

136 **c) Umfang des Mitbestimmungsrechts. aa) Mitbestimmungspflichtige Maßnahmen.** Ausgehend von den oben beschriebenen Grundsätzen unterliegen beispielsw. folgende Regelungen der Mitbest.:

- Anzahl der Betriebsbeauftragten[24] und Kriterien für ihre Bestellung;
- Aufstellung eines Flucht- und Rettungsplans[25];
- Einführung von Lärmpausen;

---

1 BAG v. 26.8.1997 – 1 ABR 16/97, AP Nr. 74 zu § 87 BetrVG 1972 – Arbeitszeit; v. 24.3.1981 – 1 ABR 32/78, AP Nr. 2 zu § 87 BetrVG 1972 – Arbeitssicherheit. |2 BAG v. 26.4.2005 – 1 ABR 1/04, NZA 2005, 884; v. 8.6.2004 – 1 ABR 13/03, NZA 2004, 1175. |3 BAG v. 8.6.2004 – 1 ABR 13/03, NZA 2004, 1175; v. 15.1.2002 – 1 ABR 13/01, AP Nr. 12 zu § 87 BetrVG 1972 – Gesundheitsschutz. |4 Richardi/*Richardi*, § 87 BetrVG Rz. 539. |5 Berufskrankheiten-Verordnung vom 31.10.1997, BGBl. I S. 2623, zuletzt geändert am 5.9.2002, BGBl. I S. 3541. |6 Richardi/*Richardi*, § 87 BetrVG Rz. 542. |7 *Fitting*, § 91 BetrVG Rz. 3. |8 Ausf. Katalog bei DKK/*Klebe*, § 87 BetrVG Rz. 204. |9 V. 12.12.1973, BGBl. I S. 1885, zuletzt geändert am 24.8.2002, BGBl. I S. 3412. |10 Dafür: DKK/*Klebe*, § 87 BetrVG Rz. 177 ff.; dagegen: GK-BetrVG/*Wiese*, § 87 Rz. 591 jeweils mwN. |11 V. 7.8.1996, BGBl. I S. 1246, zuletzt geändert am 21.6.2002, BGBl. I S. 2167. |12 BAG v. 8.6.2004 – 1 ABR 13/03, NZA 2004, 1175. |13 4.12.1996, BGBl. I S. 1841 ff., zuletzt geändert am 29.10.2001, BGBl. I S. 2785. |14 4.12.1996, BGBl. I S. 1841. |15 V. 20.3.1975, BGBl. I S. 729, zuletzt geändert am 24.8.2002, BGBl. I S. 3412. |16 V. 15.11.1999, BGBl. I S. 2233, zuletzt geändert am 15.10.2002, BGBl. I S. 4123. |17 V. 10.6.1998, BGBl. I S. 1283. |18 V. 26.4.2000, BGBl. I S. 603. |19 V. 27.1.1999, BGBl. I S. 50 und 2059. |20 V. 4.12.1996, BGBl. I S. 1841. |21 BAG v. 8.6.2004 – 1 ABR 13/03, NZA 2004, 1175. |22 Veröffentlicht in der Anlage zu den Unfallverhütungsberichten der Bundesregierung (§ 25 Abs. 1 SGB VII). |23 *Fitting*, § 87 BetrVG Rz. 279. |24 Ausf. Übersicht bei GK-BetrVG/*Wiese*, § 87 Rz. 619. |25 *Fitting*, § 87 BetrVG Rz. 306.

- Entscheidung über Art und Voraussetzungen der Ausgleichsmaßnahmen für Nachtarbeit (§ 6 V ArbZG); nicht aber der Umfang des Freizeitausgleichs bzw. die Höhe des Zuschlags[1];
- Rauchverbote (beachte auch § 3a ArbStättV[2])[3];
- Verpflichtung, Schutzausrüstungen zu tragen, soweit sich das nicht zwingend aus den UVV ergibt;
- ärztliche Untersuchungen.

137 **bb) Mitbestimmungsfreie Maßnahmen.** Mitbestimmungsfrei sind Maßnahmen, die auf Grund zwingender konkreter Regelungen erfolgen und die aus sich selbst heraus und unmittelbar die Schutzstandards festlegen[4]; also keine Entscheidungsspielräume mehr belassen. Das sind zB Beschäftigungsverbote nach § 4 MuSchG[5] oder das Betreiben einer Mobilfunkantenne auf dem Betriebsgelände[6].

138 **cc) Exkurs: Bildschirmarbeitsplätze.** Für Bildschirmarbeitsplätze gibt es eine Vielzahl von ausfüllungsbedürftigen Regelungen iSd. Nr. 7[7]:

- Gefährdungsbeurteilung[8] (§ 5 ArbSchG iVm. § 3 BildschArbV);
- Ausgestaltung der Dokumentation (§ 6 ArbSchG);
- Unterweisung der ArbN (§ 12 ArbSchG);
- Maßnahmen des Gesundheitsschutzes (§§ 3 I und IV ArbSchG; §§ 4 und 5 BildschArbV) einschließlich einer Pausenregelung und präventiver Maßnahmen des Gesundheitsschutzes;
- Organisation des Gesundheitsschutzes (§ 13 II ArbSchG);
- angemessene[9] Augenuntersuchung (§ 11 ArbSchG; § 6 BildschArbV).

Darunter fällt allerdings nicht die Verpflichtung des ArbGeb ggf. die Kosten für eine Sehhilfe zu übernehmen (jetzt: § 6 II BildschArbV)[10].

139 **d) Initiativrecht.** Macht der BR von seinem Initiativrecht Gebrauch, müssen die von ihm angestrebten Maßnahmen im Rahmen des Schutzbereichs der betreffenden Vorschrift liegen[11], dürfen nicht ihrerseits ausfüllungsbedürftige Regelungen sein[12] und dürfen nicht eigene Sicherheitsstandards schaffen[13].

140 **e) Gesetzessystematik, weitere Beteiligungsrechte.** Regelungen im Rahmen des gesetzl. Arbeits- und Gesundheitsschutzes können Teil der Ordnung des Betriebes iSd. Nr. 1 sein, soweit sie dem Arbeitsschutz dienende Verhaltenspflichten der ArbN begründen. Das MitbestR nach Nr. 7 geht in diesem Fall dem nach Nr. 1 vor[14]. § 91 tritt hinter Nr. 7 zurück, soweit es um gesetzl. Arbeitsschutz geht; § 90 gilt neben Nr. 7[15].

141 Im Rahmen des betriebl. Arbeits- und Gesundheitsschutz hat der BR noch eine Vielzahl weitere Beteiligungsrechte. Das betrifft zB:

- § 80 I Nr. 1 und II (Überwachungspflicht und Informationsrecht);
- § 89 (Zusammenarbeit mit Arbeitsschutzbehörden und Unfallversicherungsträgern);
- § 88 Nr. 1 (freiwillige BV zur Verhütung von Arbeitsunfällen und Gesundheitsschädigungen);
- §§ 90 f. (Gestaltung von Arbeitsplatz, -ablauf und -umgebung);
- § 9 III ASiG[16] (Bestellung und Abberufung von Betriebsärzten[17] und Fachkräften für Arbeitssicherheit; Erweiterung und Einschränkung von Aufgaben);
- § 11 ASiG (Mitgliedschaft von BR-Mitgliedern im Arbeitsschutzausschuss);
- § 22 I SGB VII (Bestellung von Sicherheitsbeauftragten);
- § 21 GefStoffV (Unterrichtung und Anhörung).

142 **8. Form, Ausgestaltung und Verwaltung von Sozialeinrichtungen (Abs. 1 Nr. 8). a) Zweck.** Der BR hat nach Nr. 8 mitzubestimmen bei der Form, der Ausgestaltung und der Verwaltung von Sozialeinrichtungen, deren Wirkungsbereich auf den Betrieb, das Unternehmen oder den Konzern beschränkt ist. Nr. 8

1 BAG v. 26.4.2005 – 1 ABR 1/04, NZA 2005, 884; v. 26.8.1997 – 1 ABR 16/97, AP Nr. 74 zu § 87 BetrVG 1972. | 2 *Wellenhofer-Klein*, RdA 2003, 155 (160). | 3 *Fitting*, § 87 BetrVG Rz. 307. | 4 LAG Hamburg v. 21.9.2000 – 7 TaBV 3/98, NZA-RR 2001, 190; BAG v. 28.7.1981 – 1 ABR 65/79, AP Nr. 3 zu § 87 BetrVG 1972 – Arbeitssicherheit. | 5 BAG v. 6.12.1983 – 1 ABR 43/81, AP Nr. 7 zu § 87 BetrVG 1972 – Überwachung. | 6 LAG Nürnberg v. 8.1.2003 – 6 (2) TaBV 39/01, nv. | 7 LAG Hamburg v. 21.9.2000 – 7 TaBV 3/98, AP Nr. 11 zu § 87 BetrVG 1972 – Gesundheitsschutz. | 8 ArbG Hamburg v. 2.7.1998 – 4 BV 2/98, AuR 99, 115. | 9 Vgl. aber BAG v. 26.8.1997 – 1 ABR 16/97, AP Nr. 74 zu § 87 BetrVG 1972, das eine Mitbest. des BR wegen der Angemessenheit des Nachtarbeitsausgleichs ablehnt. | 10 BAG v. 2.4.1996 – 1 ABR 47/95, AP Nr. 5 zu § 87 BetrVG 1972 – Gesundheitsschutz, zum alten Recht vor Erlass der BildschArbV. | 11 *Fitting*, § 87 BetrVG Rz. 287. | 12 BAG v. 6.12.1983 – 1 ABR 43/81, AP Nr. 7 zu § 87 BetrVG 1972 – Überwachung. | 13 LAG Düsseldorf v. 4.11.1988 – 17 (6) TaBV 114/88, NZA 89, 146. | 14 BAG v. 24.3.1981 – 1 ABR 32/78, AP Nr. 2 zu § 87 BetrVG 1972 – Arbeitssicherheit. | 15 *Fitting*, § 90 BetrVG Rz. 4. | 16 Ausf. Richardi/*Richardi*, § 87 BetrVG Rz. 570 ff. | 17 BAG v. 10.4.1979 – 1 ABR 34/77, AP Nr. 1 zu § 87 BetrVG 1972 – Arbeitssicherheit.

soll die innerbetriebl. Verteilungsgerechtigkeit und die Transparenz aller Maßnahmen im Zusammenhang mit Sozialeinrichtungen sicherstellen.

143 **b) Begriffsbestimmung. aa) Sozialeinrichtung.** Eine Sozialeinrichtung[1] iSd. Nr. 6 ist ein zweckgebundenes Sondervermögen mit abgrenzbarer[2] Organisation, das eine rechtl. und tatsächl. Verwaltung verlangt[3]. Die Einrichtung muss „sozialen" Zwecken dienen, dh. den ArbN über das unmittelbare Arbeitsentgelt für die Arbeitsleistung hinaus weitere Vorteile gewähren, um deren soziale Lage zu verbessern[4]. Wenn diese Vorteile gleichzeitig Entgeltcharakter haben, ist das unschädlich[5].

144 **bb) Beschränkter Wirkungsbereich.** Die Sozialeinrichtung muss den ArbN des Betriebes, des Unternehmens oder des Konzerns[6] zur Verfügung stehen, also unternehmerischen Einheiten, in denen auf unterschiedlichen Organisationsebenen eine einheitliche ArbN-Vertretung bestehen kann[7]. Die Nutzung durch Familienangehörige[8], Pensionäre[9] oder Dritte als Gäste ist unschädlich[10].

145 Mitbestimmungsfrei sind Einrichtungen, die ausschließlich zu Gunsten von leitenden Angestellten (§ 5 III und IV) bestehen, da diese nicht vom BR vertreten werden. Sind Sozialeinrichtungen sowohl für leitende Angestellte und sonstige ArbN bestimmt, greift das MitbestR ein[11].

146 **cc) Beispiele. Mitbestimmungspflichtige Sozialeinrichtungen** sind danach zB[12]:

- Erholungsheime[13];
- Kantinen und Kasinos[14];
- Betriebskindergärten[15];
- Parkräume[16];
- Pensions- und Unterstützungskassen[17];
- Sportanlagen[18];
- Verkaufsstellen und Automaten zum Bezug verbilligter Getränke[19];
- Werksverkehr mit Bussen, soweit eine eigenständige Organisation besteht[20];
- Werkmietwohnungen (hier gilt aber der speziellere Tatbestand der Nr. 9).

Mitbestimmungsfrei nach Nr. 8 sind:

- Betriebsärztlicher und sicherheitstechnischer Dienst[21] (aber Mitbest. nach Nr. 7);
- Betriebsfeste und -ausflüge[22];
- Betriebskrankenkassen als gesetzl. Träger der SozV[23];
- Busverkehr durch Dritte[24];
- Gewährung von ArbGebDarlehen[25] (aber Mitbest. nach Nr. 10);
- einmalige finanzielle Zuwendungen des ArbGeb (Gratifikationen)[26];
- (Gruppen-)Unterstützungskassen, die für einen Gewerbezweig oder für eine Mehrzahl nichtkonzernverbundener ArbGeb errichtet worden sind[27] (aber Mitbest. nach Nr. 10);
- Liquidationspools für Chefärzte[28] (aber Mitbest. nach Nr. 10);
- Werkszeitungen[29].

---

1 Früher: „Wohlfahrtseinrichtungen", § 56 Ie BetrVG 1952. |2 BAG v. 16.6.1998 – 1 ABR 67/97, AP Nr. 92 zu § 87 BetrVG 1972 – Lohngestaltung mwN. |3 BAG v. 18.3.1976 – 3 ABR 32/75, AP Nr. 4 zu § 87 BetrVG 1972 – Altersversorgung; v. 9.7.1985 – 1 AZR 631/80, AP Nr. 16 zu § 75 BPersVG; v. 24.4.1986 – 6 AZR 607/83, AP Nr. 7 zu § 87 BetrVG 1972 – Sozialeinrichtung. |4 *Fitting*, § 87 BetrVG Rz. 335. |5 BAG v. 12.6.1975 – 3 ABR 13/74, AP Nr. 1 zu § 87 BetrVG 1972 – Altersversorgung. |6 Nur Unterordnungskonzern iSd. § 18 Abs. 1 AktG: GK-BetrVG/*Wiese*, § 87 Rz. 698; Richardi/*Richardi*, § 87 BetrVG Rz. 613; abzulehnen: *Fitting*, § 87 BetrVG Rz. 346. |7 BAG v. 22.4.1986 – 3 AZR 100/83, AP Nr. 13 zu § 87 BetrVG 1972 – Altersversorgung. |8 GK-BetrVG/*Wiese*, § 87 Rz. 697. |9 BAG v. 21.6.1979 – 3 ABR 3/78, AP Nr. 1 zu § 87 BetrVG 1972 – Sozialeinrichtung. |10 BAG v. 11.7.2000 – 1 AZR 551/99, AP Nr. 16 zu § 87 BetrVG 1972 – Sozialeinrichtung. |11 BAG v. 30.4.1974 – 1 ABR 36/73, AP Nr. 2 zu § 87 BetrVG 1972 – Werkmietwohnungen. |12 Vgl. die Übersicht bei GK-BetrVG/*Wiese*, § 87 Rz. 692. |13 BAG v. 15.9.1987 – 1 ABR 31/86, AP Nr. 9 zu § 87 BetrVG 1972 – Sozialeinrichtung. |14 BAG v. 15.9.1987 – 1 ABR 31/86, AP Nr. 9 zu § 87 BetrVG 1972 – Sozialeinrichtung. |15 LAG Hamm (Westfalen) v. 27.11.1975 – 8 TaBV 88/75, LAGE § 87 BetrVG 1972 – Sozialeinrichtung Nr. 3. |16 ArbG Wuppertal v. 7.1.1975 – 1 BV 33/73, BB 1975, 56. |17 BAG v. 12.6.1975 – 3 ABR 13/74 und v. 13.7.1978 – 1 ABR 108/77, AP Nr. 1 und 5 zu § 87 BetrVG 1972 – Altersversorgung. |18 *Fitting*, § 87 BetrVG Rz. 347. |19 *Fitting*, § 87 BetrVG Rz. 347. |20 BAG v. 9.7.1985 – 1 AZR 631/80, AP Nr. 16 zu § 75 BPersVG. |21 Richardi/*Richardi*, § 87 BetrVG Rz. 624. |22 BAG v. 27.1.1998 – 1 ABR 35/97, AP Nr. 14 zu § 87 BetrVG 1972 – Sozialeinrichtung. |23 *Fitting*, § 87 BetrVG Rz. 348. |24 LAG Schl.-Holst. v. 17.3.1983 – 2 (3) Sa 548/82, BB 1984, 140. |25 BAG v. 9.12.1980 – 1 ABR 80/77, AP Nr. 5 zu § 87 BetrVG 1972 – Lohngestaltung, das aber Mitbest. nach Nr. 10 annimmt. |26 Hier kommt aber Mitbest. nach Nr. 10 in Betracht. |27 BAG v. 22.4.1986 – 3 AZR 100/83, AP Nr. 13 zu § 87 BetrVG 1972 – Altersversorgung. |28 BAG v. 16.6.1998 – 1 ABR 67/97, AP Nr. 92 zu § 87 BetrVG 1972 – Lohngestaltung. |29 *Fitting*, § 87 BetrVG Rz. 348.

c) Umfang der Mitbestimmung. Der Mitbest. unterliegen die Form, die Ausgestaltung und die Verwaltung der Sozialeinrichtungen, nicht deren Errichtung (arg. e § 88 Nr. 2). 147

aa) Mitbestimmungsfreie Entscheidungen. Mitbestimmungsfrei sind also die Entscheidungen, ob der ArbGeb eine Sozialeinrichtung errichten[1] oder schließen[2] will, die Höhe der Dotierung[3] und die Zweckbestimmung[4]. Sie gehören zur mitbestimmungsfreien „Errichtung" und nicht zur mitbestimmungspflichtigen „Ausgestaltung". Zur mitbestimmungsfreien „Zweckbestimmung" gehören auch die abstrakte[5] Festlegung des zu begünstigenden Personenkreises[6] und der Art der Leistungen[7]. Auch die Änderung der Zweckbestimmung ist mitbestimmungsfrei[8]. Die Durchführungsform (zB Pensions- oder Unterstützungskasse) kann der ArbGeb aber frei wählen[9]. 148

Beispiel betrAV: Da der ArbGeb Leistungen der betrAV freiwillig[10] erbringt, darf er allein entscheiden, ob und inwieweit er Leistungen an die Belegschaft erbringen will. Der 3. Senat des BAG hat in einer Leitentscheidung[11] zu Nr. 10 die vier mitbestimmungsfreien Vorentscheidungen des ArbGeb im Rahmen der betrAV herausgearbeitet: 149

- ob der ArbGeb finanzielle Mittel zur Verfügung stellt (Einführung; Einschränkung; Abschaffung);
- den Umfang des Dotierungsrahmens und dessen spätere Änderung/Einschränkung;
- die Versorgungsform;
- die abstrakte Abgrenzung des Kreises der Begünstigten.

bb) Form. Die Mitbest. bei der Form betrifft zum einen die Rechtsform der Sozialeinrichtung, also ob sie mit oder ohne eigene Rechtsfähigkeit organisiert werden soll oder ob der Betrieb durch Dritte erfolgen soll[12]. Der BR selbst kann nicht Träger einer Sozialeinrichtung sein, da er nicht rechtsfähig ist[13]. Er kann aber mit deren Verwaltung beauftragt werden. Auch die Änderung der bisherigen Form unterliegt der Mitbest.[14] 150

cc) Ausgestaltung. Die Ausgestaltung betrifft die zeitliche Phase zwischen der Festlegung der Form und der laufenden Verwaltung[15]. Mitbestimmungspflichtig sind folgende Maßnahmen: 151

- die Organisation der Sozialeinrichtung;
- die Verabschiedung von Organisationsstatuten;
- die Verabschiedung einer Geschäftsordnung;
- die Verabschiedung von Benutzungsrichtlinien[16];
- das Aufstellen allgemeiner Grundsätze über die Verwendung der vom ArbGeb vorgegebenen finanziellen Mittel[17], über die Ausstattung und die Konkretisierung der vom ArbGeb mitbestimmungsfrei vorgegebenen Zweckbestimmung[18];
- die Gestaltung des Leistungsplans, soweit nicht der Dotierungsrahmen, die Grundform der Altersversorgung, und die Abgrenzung des begünstigten Personenkreises berührt werden. Für eine Änderung des Leistungsplanes im Wege des Initiativrechts, muss der BR konstruktiv darlegen, wie dabei der vom ArbGeb vorgegebene Dotierungsrahmen gewahrt werden kann[19];
- die Anpassung von Betriebsrenten, aber nur soweit sie über eine Sozialeinrichtung gewährt werden[20].

dd) Verwaltung. Unter Verwaltung iSd. Nr. 8 sind alle übrigen Entscheidung und Maßnahmen nach der Errichtung und Ausgestaltung zu verstehen[21]. Dazu gehört nach der Rspr. des BAG auch die Festsetzung von Nutzungsentgelten[22]. ArbN dürfen von den Betriebspartnern nicht zur Teilnahme an einer Sozialeinrichtung (zB Pflichtbeitrag für Kantinenessen) verpflichtet werden[23]. 152

---

1 BAG v. 13.3.1973 – 1 ABR 16/72, AP Nr. 1 zu § 87 BetrVG 1972 – Werkmietwohnungen. | 2 BAG v. 13.3.1973 – 1 ABR 16/72, AP Nr. 1 zu § 87 BetrVG 1972 – Werkmietwohnungen. | 3 BAG v. 13.7.1978 – 3 ABR 108/77, AP Nr. 5 zu § 87 BetrVG 1972 – Altersversorgung. | 4 BAG v. 26.10.1965 – 1 ABR 7/65, AP Nr. 8 zu § 56 BetrVG – Wohlfahrtseinrichtungen. | 5 BAG v. 15.9.1987 – 1 ABR 31/86, AP Nr. 9 zu § 87 BetrVG 1972 – Sozialeinrichtung. | 6 BAG v. 14.2.1967 – 1 ABR 6/66, AP Nr. 9 zu § 56 BetrVG – Wohlfahrtseinrichtungen. | 7 Richardi/*Richardi*, § 87 BetrVG Rz. 629 mwN. | 8 BAG v. 14.2.1967 – 1 ABR 6/66, AP Nr. 9 zu § 56 BetrVG – Wohlfahrtseinrichtungen. | 9 BAG v. 12.6.1975 – 3 ABR 13/74, AP Nr. 1 zu § 87 BetrVG 1972 – Altersversorgung. | 10 Ausnahme: Verpflichtung aus TV. | 11 BAG v. 12.6.1975 – 3 ABR 13/74, AP Nr. 1 zu § 87 BetrVG 1972 – Altersversorgung. | 12 *Fitting*, § 87 BetrVG Rz. 357. | 13 BAG v. 24.4.1986 – 6 AZR 607/83, AP Nr. 7 zu § 87 BetrVG 1972 – Sozialeinrichtung. | 14 GK-BetrVG/*Wiese*, § 87 Rz. 722. | 15 BAG v. 13.3.1973 – 1 ABR 16/72, AP Nr. 1 zu § 87 BetrVG 1972 – Werkmietwohnungen. | 16 BAG v. 15.9.1987 – 1 ABR 31/86, AP Nr. 9 zu § 87 BetrVG 1972 – Sozialeinrichtung. | 17 BAG v. 13.3.1973 – 1 ABR 16/72, AP Nr. 1 zu § 87 BetrVG 1972 – Werkmietwohnungen; v. 26.4.1988 – 3 AZR 168/86, AP Nr. 16 zu § 87 BetrVG 1972 – Altersversorgung. | 18 BAG v. 15.9.1987 – 1 ABR 31/86, AP Nr. 9 zu § 87 BetrVG 1972 – Sozialeinrichtung. | 19 BAG v. 12.6.1975 – 3 ABR 13/74, AP Nr. 1 zu § 87 BetrVG 1972 – Altersversorgung. | 20 GK-BetrVG/*Wiese*, § 87 Rz. 730. | 21 *Fitting*, § 87 BetrVG Rz. 366. | 22 BAG v. 22.1.1965 – 1 ABR 9/64, AP Nr. 7 zu § 56 BetrVG 1952 – Wohlfahrtseinrichtungen. | 23 BAG v. 11.7.2000 – 1 AZR 551/99, AP Nr. 16 zu § 87 BetrVG 1972 – Sozialeinrichtung.

153 **d) Ausübung der Mitbestimmung.** Bei der Ausübung der Mitbest. gelten Besonderheiten:

154 **aa) Sozialeinrichtungen mit eigener Rechtspersönlichkeit.** Hat die Sozialeinrichtung eine eigene Rechtspersönlichkeit, kann die Mitbest. „zweistufig" ausgeübt werden, indem der BR mit dem ArbGeb die mitbestimmungspflichtigen Maßnahmen aushandelt und dieser dafür sorgt, dass die Sozialeinrichtung deren Ausführungen übernimmt. Daneben kommt die „organschaftliche" Mitbest. in Betracht, bei der BR-Mitglieder – nicht jedoch reine ArbN-Vertreter[1] – gleichberechtigt mit ArbGebVertretern in den Organen der juristischen Person vertreten sind[2] oder beide deren Organvertreter gleichberechtigt berufen[3].

155 **bb) Sozialeinrichtungen ohne eigene Rechtspersönlichkeit.** Bei Sozialeinrichtungen ohne eigene Rechtspersönlichkeit vollzieht sich die Mitbest. „klassisch" durch Verhandlungen zwischen ArbGeb und BR. Die Betriebspartner können aber einen gemeins. Ausschuss[4] (§ 28 II) oder ein anderes paritätisch besetztes Verwaltungsgremium mit der Verwaltung der Sozialeinrichtung betrauen. Die Verwaltung darf auch allein dem BR[5], nicht jedoch allein dem ArbGeb übertragen werden (str.[6]).

156 **cc) Sozialeinrichtung mit eigenem Betriebsrat.** Ist die Sozialeinrichtung selbst betriebsratsfähig (§ 1) und ist dort ein BR gewählt, so hat dieser alle betriebsverfassungsrechtl. Rechte und Pflichten in Bezug auf die Belegschaft der Sozialeinrichtung. Auf die Verwaltung der Sozialeinrichtung hat er keinen Einfluss[7].

157 **dd) Zuständigkeit des Gesamt- oder Konzernbetriebsrats.** Besteht die Sozialeinrichtung für das Unternehmen oder den Konzern, sind GBR bzw. KBR (§§ 50 ff. und 58 ff.) zuständig; die EinzelBR haben kein MitbestR[8].

158 **e) Grenzen des Mitbestimmungsrechts.** Zwingende gesellschaftsrechtl. oder versicherungsaufsichtsrechtl. Normen[9] begrenzen die Mitbest. ebenso wie § 3 Nr. 1 KWG[10], der Werkssparkassen verbietet.

159 **f) Nichtbeachtung des Mitbestimmungsrechts.** Unterbleibt eine Mitbest. des BR, kann dies auch individualrechtl. Folgen haben. Maßnahmen zum Nachteil der ArbN, die unter Verstoß gegen das MitbestR zu Stande gekommen sind, sind individualrechtlich unwirksam. Dies soll auch dann gelten, wenn die Sozialeinrichtung rechtlich verselbständigt ist[11].

160 **g) Gesetzessystematik.** Nr. 8 kann neben Nr. 1 zur Anwendung kommen[12]. Nr. 10 regelt die Mitbest. des BR bei Entgeltfragen; dazu gehören auch Sozialleistungen, soweit sie nicht bereits vom spezielleren Tatbestand der Nr. 8 erfasst werden, weil sie durch eine Sozialeinrichtung gewährt werden[13]. Das MitbestR aus Nr. 9 geht dem aus Nr. 8 vor, soweit es um die Zuweisung, Kündigung und die allgemeine Festlegung der Nutzungsbedingungen geht. Sind die Werkmietwohnungen gleichzeitig Sozialeinrichtung iSd. Nr. 8 findet diese Katalognummer Anwendung, soweit nicht Nr. 9 konkretisierende Regelungen enthält[14].

161 **9. Zuweisung und Kündigung von Wohnräumen sowie allgemeine Festlegung der Nutzungsbedingungen (Abs. 1 Nr. 9). a) Zweck.** Der BR hat nach Nr. 9 mitzubestimmen bei der Zuweisung und Kündigung von Wohnräumen, die mit Rücksicht auf das Bestehen eines Arbeitsverhältnisses vermietet werden, sowie der allgemeinen Festlegung der Nutzungsbedingungen. Durch die Mitbest. nach Nr. 9 soll zum einen eine gerechte Verteilung des zur Verfügung gestellten Wohnraums und eine Gleichbehandlung bei den Mietbedingungen sichergestellt werden. Zum anderen soll dem gesteigerten Schutzbedürfnis des Mieters Rechnung getragen werden, dessen gesetzl. Schutzrechte in einem Werkmietverhältnis schwächer als in einem normalen sind und der auch bei der Gestaltung seines außerdienstlichen Lebensbereichs insoweit vom ArbGeb abhängig ist[15].

162 **b) Begriffsbestimmung.** Wohnräume iSd. Nr. 9 sind abgeschlossene Wohnungen und einzelne, zum Wohnen geeignete und bestimmte Räume jeder Art[16]. Dazu gehören auch[17]:

- Transportable Baracken;
- Behelfsheime;

---

1 *Fitting*, § 87 BetrVG Rz. 373. | 2 BAG v. 13.7.1978 – 3 ABR 108/77, AP Nr. 5 zu § 87 BetrVG 1972 – Altersversorgung. | 3 GK-BetrVG/*Wiese*, § 87 Rz. 753. | 4 BAG v. 13.3.1973 – 1 ABR 16/72, AP Nr. 1 zu § 87 BetrVG 1972 – Werkmietwohnungen. | 5 BAG v. 24.4.1986 – 6 AZR 607/83, AP Nr. 7 zu § 87 BetrVG 1972 – Sozialeinrichtung. | 6 GK-BetrVG/*Wiese*, § 87 Rz. 745 mwN. | 7 GK-BetrVG/*Wiese*, § 87 Rz. 757. | 8 BAG v. 6.4.1976 – 1 ABR 27/74, AP Nr. 2 zu § 50 BetrVG 1972. | 9 *Fitting*, § 87 BetrVG Rz. 359. | 10 IdF v. 9.9.1998, BGBl. I S. 2776, zuletzt geändert am 22.8.2002, BGBl. I S. 3387. | 11 BAG v. 26.4.1988 – 3 AZR 168/86, AP Nr. 18 zu § 1 BetrAVG – Unterstützungskassen. | 12 BAG v. 11.7.2000 – 1 AZR 551/99, AP Nr. 16 zu § 87 BetrVG 1972 – Sozialeinrichtung. | 13 BAG v. 12.6.1975 – 3 ABR 137/73, AP Nr. 1 zu § 87 BetrVG 1972 – Altersversorgung. | 14 Richardi/*Richardi*, § 87 BetrVG Rz. 687 ff. mit berechtigter Kritik an der Rspr. des BAG v. 13.3.1973 – 1 ABR 118/73, AP Nr. 4 zu § 87 BetrVG 1972 – Werkmietwohnungen. | 15 GK-BetrVG/*Wiese*, § 87 Rz. 761. | 16 BAG v. 3.6.1975 – 1 ABR 118/73, AP Nr. 3 zu § 87 BetrVG 1972 – Werkmietwohnungen. | 17 Vgl. *Fitting*, § 87 BetrVG Rz. 381 und GK-BetrVG/*Wiese*, § 87 Rz. 772, 773.

- Schiffskajüten;
- Zweibettzimmer mit Nebenräumen in einem Wohnheim[1];
- Wohnwagen.

Weitere Voraussetzung ist, dass die Wohnräume den ArbN mit Rücksicht auf das Bestehen eines Arbeitsverhältnisses vermietet werden (sog. Werkmietwohnungen, §§ 576, 576a BGB). Es existieren zwei Vertragsverhältnisse, nämlich das Arbeitsverhältnis und das Mietverhältnis, die derart miteinander verbunden sind, dass der Arbeitsvertrag Anlass für den Mietvertrag war[2]. Ein zeitlicher Zusammenhang zwischen beiden Vertragsabschlüssen ist nicht notwendig[3]. Unerheblich ist, für wie lange dem ArbN der Wohnraum vermietet wird[4].

Der ArbGeb muss nicht Eigentümer der Werkmietwohnungen sein. Es reicht aus, wenn ihm das Bestimmungsrecht gegenüber dem Eigentümer zusteht. Das MitbestR reicht jedoch nur so weit wie die Rechte des ArbGeb bei der Begründung oder Durchführung der Werkmietverhältnisse gegenüber dem Eigentümer[5]. Die unentgeltliche Gebrauchsüberlassung unterfällt nach hM ebenfalls dem Mitbestimmungstatbestand[6]. Das ist abzulehnen, da ein Mietverhältnis ein Schuldverhältnis bezeichnet, das auf Gebrauchsgewährung gegen Entgelt[7], nämlich die Miete, gerichtet ist. Die unentgeltliche Gebrauchsüberlassung ist Leihe[8]. 163

Wegen der Überlassung an leitende Angestellte kann auf die oben unter Nr. 8 dargestellten Grundsätze verwiesen werden (Rz. 145). Werkdienstwohnungen für Pförtner, Hausmeister, Ärzte etc., die der ArbGeb dem ArbN zu dienstl. Zwecken im Rahmen des Arbeitsverhältnisses überlässt (§ 576b BGB), unterliegen nicht der Mitbest.[9] Rechtsgrundlage dieses Mietverhältnisses ist allein der Arbeitsvertrag. 164

c) Umfang der Mitbestimmung. Ob der ArbGeb Werkmietwohnungen zu Verfügung stellt oder Mittel dafür bereit stellt, unterliegt ebenso wenig der Mitbest. des BR[10] wie die Entwidmung[11] oder Umwidmung vorhandener Werkmietwohnungen[12]. Mitbestimmungspflichtig ist nur das „Wie" der Überlassung. Dazu gehören folgende Tatbestände: 165

aa) Zuweisung von Wohnraum. Mit der Zuweisung von Wohnraum ist die Entscheidung über den Begünstigten, nicht aber Abschluss des Mietvertrags gemeint[13]. 166

bb) Kündigung des Mietverhältnisses. Nr. 9 erfasst nur die Kündigung des Mietverhältnisses (veranlasst) durch den ArbGeb, nicht jedoch die Eigenkündigung und den Aufhebungsvertrag[14]. Auch nach Beendigung des Arbeitsverhältnisses[15] unterliegt die Kündigung der Mitbest. Entschließt sich der ArbGeb – mitbestimmungsfrei – zur Entwidmung seiner Werkmietwohnungen und kündigt daher – soweit mietrechtlich zulässig – sämtliche Mietverhältnisse, unterliegen diese Kündigungen der Mitbest. Bei noch nicht frei gewordenen Wohnungen wirkt die Widmung nämlich bis zur Beendigung des Mietverhältnisses fort[16]. 167

cc) Exkurs: Veräußerung von Werkmietwohnungen. Entwidmet der ArbGeb seine Mietwohnungen und veräußert diese an einen Dritten, tritt der Erwerber an Stelle des ArbGeb in die sich aus dem Mietvertrag ergebenden Rechte und Pflichten ein (§ 566 I BGB). Allerdings besteht die Besonderheit, dass die den Vermieter begünstigenden Sondervorschriften des Werkmietwohnungsrechts (§§ 576 f. BGB) keine Anwendung mehr finden. Zwischen Erwerber und ArbN/Mieter besteht bzw. bestand kein Arbeitsverhältnis, so dass kein Bedürfnis für die Anwendung der §§ 576 f. BGB besteht. Erfüllt der Erwerber seine Pflichten nicht, haftet der ArbGeb für den vom Erwerber zu ersetzenden Schaden wie ein Bürge, der auf die Einrede der Vorausklage verzichtet hat (§ 566 II 1 BGB). Zur Haftungsbefreiung des ArbGeb vgl. § 566 II 2 BGB. 168

dd) Allgemeine Festlegung der Nutzungsbedingungen. Zur allgemeinen Festlegung der Nutzungsbedingungen gehören 169

- der Inhalt der Mietverträge, der Hausordnungen, der Nebenkostenerhebung und ihrer Abrechnung;

---

1 BAG v. 3.6.1975 – 1 ABR 118/73, AP Nr. 3 zu § 87 BetrVG 1972 – Werkmietwohnungen. |2 Vgl. BAG v. 18.7.1978 – 1 ABR 20/75, AP Nr. 4 zu § 87 BetrVG 1972 – Werkmietwohnungen. |3 GK-BetrVG/*Wiese*, § 87 Rz. 765. |4 BAG v. 3.6.1975 – 1 ABR 118/73, AP Nr. 3 zu § 87 BetrVG 1972 – Werkmietwohnungen. |5 BAG v. 18.7.1978 – 1 ABR 20/75, AP Nr. 4 zu § 87 BetrVG 1972 – Werkmietwohnungen. |6 *Fitting*, § 87 BetrVG Rz. 382 mwN. |7 Vgl. auch BAG v. 3.6.1975 – 1 ABR 118/73, AP Nr. 3 zu § 87 BetrVG 1972 – Werkmietwohnungen. |8 Palandt/*Weidenkaff*, Einf. vor § 535 BGB Rz. 1 und 17; vgl. auch GK-BetrVG/*Wiese*, § 87 Rz. 766. |9 BAG v. 28.7.1992 – 1 ABR 22/92, AP Nr. 7 zu § 87 BetrVG 1972 – Werkmietwohnungen. |10 BAG v. 13.3.1973 – 1 ABR 16/72, AP Nr. 1 zu § 87 BetrVG 1972 – Werkmietwohnungen; v. 23.3.1993 – 1 ABR 65/92, AP Nr. 8 zu § 87 BetrVG 1972 – Werkmietwohnungen. |11 BAG v. 23.3.1993 – 1 ABR 65/92, AP Nr. 8 zu § 87 BetrVG 1972 – Werkmietwohnungen. |12 BAG v. 18.7.1978 – 1 ABR 20/75, AP Nr. 4 zu § 87 BetrVG 1972 – Werkmietwohnungen; v. 23.3.1993 – 1 ABR 65/92, AP Nr. 8 zu § 87 BetrVG 1972 – Werkmietwohnungen. |13 GK-BetrVG/*Wiese*, § 87 Rz. 779, 781. |14 GK-BetrVG/*Wiese*, § 87 Rz. 786. |15 BAG v. 28.7.1992 – 1 ABR 22/92, AP Nr. 7 zu § 87 BetrVG 1972 – Werkmietwohnungen. |16 GK-BetrVG/*Wiese*, § 87 Rz. 778.

- die Kriterien für die Grundsätze der Mietzinsbildung im Rahmen der vom ArbGeb vorgegebenen Dotierung[1];
- die Änderung der Nutzungsbedingungen[2].

170 **d) Ausübung des Mitbestimmungsrechts.** Wegen Besonderheiten bei der Ausübung des MitbestR – insb. bei Vermietungseinrichtungen mit eigener Rechtspersönlichkeit – kann auf die Ausführungen unter Nr. 8 verwiesen werden (Rz. 153 ff.).

171 **e) Grenzen des Mitbestimmungsrechts.** Die zwingenden Mietrechtsvorschriften des BGB, insb. das Werkmietwohnungsrecht (§§ 535 ff., 576 f. BGB), sind von den Betriebspartnern zu beachten, sie schließen die Mitbest. des BR aber nicht aus[3].

172 **f) Nichtbeachtung des Mitbestimmungsrechts.** Kündigt der ArbGeb das Werkmietverhältnis ohne Zustimmung des BR, ist die Kündigung nach §§ 182, 111 BGB nichtig. Wird hingegen der Werkmietvertrag ohne Mitbest. des BR abgeschlossen, ist dieser zivilrechtl. wirksam; der BR kann aber dessen Kündigung verlangen[4].

173 **g) Gesetzessystematik.** Das BAG bezeichnet den Mitbestimmungstatbestand der Nr. 9 als einen Unterfall des MitbestR nach Nr. 8[5]. Das ist ungenau[6], weil auch Werkmietverhältnisse von Nr. 9 erfasst werden, die nicht die Voraussetzungen einer Sozialeinrichtung erfüllen. Sind die Werkmietwohnungen gleichzeitig Sozialeinrichtung iSd. Nr. 8, findet Nr. 9 Anwendung, soweit es um die Zuweisung, Kündigung und Nutzungsbedingungen geht; im Übrigen gilt Nr. 8[7].

174 **10. Fragen der betrieblichen Lohngestaltung (Abs. 1 Nr. 10). a) Zweck.** Der BR hat nach Nr. 10 ein umfassendes MitbestR in nahezu allen Fragen der betriebl. Lohngestaltung, insb. bei der Aufstellung von Entlohnungsgrundsätzen und bei der Einführung und Anwendung von neuen Entlohnungsmethoden sowie deren Änderung. Das MitbestR hat den Zweck, eine transparente Lohnordnung für den Betrieb zu schaffen und zur innerbetriebl. Lohngerechtigkeit beizutragen. Die ArbN sollen vor einer einseitigen, ausschließlich an den Interessen des Unternehmens ausgerichteten Lohnpolitik geschützt werden[8]. Es geht um die Angemessenheit und Durchsichtigkeit des innerbetriebl. Lohngefüges, die Festlegung der absoluten Lohnhöhe ist mitbestimmungsfrei[9].

175 **b) Tendenzbetriebe.** Die Mitbest. ist durch § 118 I in Tendenzbetrieben ausgeschlossen, wenn die geistig-ideelle Zielsetzung eines Betriebs durch die Mitbest. ernstlich beeinträchtigt wird. Das ist zB der Fall, wenn die ArbN mit einem System besonderer Leistungszulagen zu besonderen Leistungen für die Tendenzverwirklichung angespornt werden sollen[10].

176 **c) Lohn.** Unter „Lohn" ist das Arbeitsentgelt im weitesten Sinne zu verstehen; also alle Leistungen des ArbGeb, die dieser als Gegenleistung für die von den ArbN erbrachten Leistungen gewährt, ohne Rücksicht auf ihre Bezeichnung[11]. Darunter fallen auch geldwerte Sach- oder Dienstleistungen[12]. Die Leistungen müssen nicht unmittelbar arbeitsleistungsbezogen sein. Es ist ebenfalls unerheblich, ob Leistungen auf Dauer oder nur einmalig erbracht werden (sollen)[13]. Auch freiwillige Leistungen gehören zum „Lohn"[14]; hier ergeben sich aber Beschränkungen des MitbestR (Rz. 188 ff.).

177 Folgende Leistungen sind neben Lohn und Gehalt nach der Rspr. „Lohn" iSd. Nr. 10:

- Aktienoptionen[15] und Belegschaftsaktien[16];
- zinsgünstige ArbGebDarlehen[17];
- Auslandszulagen[18];
- Leistungen der betrAV[19] (soweit sie nicht über Sozialeinrichtungen nach Nr. 8 erbracht werden);
- Boni[20];

1 BAG v. 13.3.1972 – 1 ABR 16/72 und v. 28.7.1992 – 1 ABR 22/92, AP Nr. 1 und 7 zu § 87 BetrVG 1972 – Werkmietwohnungen. | 2 GK-BetrVG/*Wiese*, § 87 Rz. 791. | 3 Vgl. BAG v. 13.3.1972 – 1 ABR 16/72, AP Nr. 1 zu § 87 BetrVG 1972 – Werkmietwohnungen. | 4 GK-BetrVG/*Wiese*, § 87 Rz. 782. | 5 BAG v. 13.3.1973 – 1 ABR 16/72 und v. 3.6.1975 – 1 ABR 118/73, AP Nr. 1 und 3 zu § 87 BetrVG 1972 – Werkmietwohnungen. | 6 Vgl. Richardi/*Richardi*, § 87 BetrVG Rz. 688. | 7 Richardi/*Richardi*, § 87 BetrVG Rz. 689 mwN. | 8 BAG v. 3.12.1991 – GS 2/90, AP Nr. 51 zu § 87 BetrVG 1972 – Lohngestaltung. | 9 BAG v. 28.3.2006 – 1 ABR 59/04, NZA 2006, 1367; BAG v. 22.1.1980 – 1 ABR 48/77, AP Nr. 3 zu § 87 BetrVG 1972 – Lohngestaltung. | 10 BAG v. 31.1.1984 – 1 AZR 174/81, AP Nr. 15 zu § 87 BetrVG 1972 – Lohngestaltung; v. 13.2.1990 – 1 ABR 13/89, AP Nr. 45 zu § 118 BetrVG 1972. | 11 BAG v. 28.3.2006 – 1 ABR 59/04, NZA 2006, 1367; BAG v. 16.9.1986 – GS 1/82, AP Nr. 17 zu § 77 BetrVG 1972. | 12 BAG v. 30.3.1982 – 1 ABR 55/80, AP Nr. 10 zu § 87 BetrVG 1972 – Lohngestaltung. | 13 BAG v. 29.2.2000 – 1 ABR 4/99, AP Nr. 105 zu § 87 BetrVG 1972 – Lohngestaltung. | 14 BAG v. 8.12.1981 – 1 ABR 55/79, AP Nr. 1 zu § 87 BetrVG 1972 – Prämie. | 15 LAG Nürnberg v. 22.1.2002 – 6 TaBV 19/01, LAGE § 87 BetrVG 1972 – Betriebliche Lohngestaltung Nr. 17. | 16 BAG v. 28.11.1989 – 3 AZR 118/88, AP Nr. 6 zu § 88 BetrVG 1972. | 17 BAG v. 9.12.1980 – 1 ABR 80/77, AP Nr. 5 zu § 87 BetrVG 1972 – Lohngestaltung. | 18 BAG v. 30.1.1990 – 1 ABR 2/89, AP Nr. 41 zu § 87 BetrVG 1972 – Lohngestaltung. | 19 BAG v. 12.6.1975 – 3 ABR 13/74, AP Nr. 1 zu § 87 BetrVG 1972 – Altersversorgung. | 20 BAG v. 14.6.1994 – 1 ABR 63/93, AP Nr. 69 zu § 87 BetrVG 1972 – Lohngestaltung.

- Gewinn- und Erfolgsbeteiligungen[1];
- die Ausgabe von Essenszusatzmarken für die Kantine[2];
- Abgabe verbilligter Flugscheine[3]; Kosten für Familienheimflüge[4];
- Gratifikationen[5];
- die Lieferung verbilligten Heizgases aus eigener Produktion[6];
- Jahresabschlussvergütungen[7];
- Jubiläumsgelder[8];
- Beteiligung am Liquidationspool der Chefärzte auf Veranlassung des Krankenhausträgers[9];
- die Übernahme von Mietzuschüssen[10];
- Ausgleichszahlung für Nachtarbeit gem. § 6 V ArbZG[11];
- Personalrabatt[12];
- Treue-, Anwesenheits- oder Wettbewerbsprämien[13];
- Provision[14];
- Spesen, die nicht den Zweck haben, entstandene Unkosten in pauschalierter Form abzugelten[15];
- Sondervergütung[16];
- Tantieme[17];
- Urlaubsgeld[18];
- Werkdienstwohnung[19] (Anrechnung eines Nutzungsbeitrags auf den Lohn);
- unentgeltlicher Werksverkehr[20];
- Zulage[21].

Reiner Auslagenersatz für Kontoführungsgebühren, Reise- und Umzugskosten oder die dienstliche Nutzung eines privaten Pkw sind kein Lohn im vorstehenden Sinne. Auch Abfindungen fallen nicht darunter[22]. Das Verkaufs- oder Bearbeitungsgebiet eines Außendienstmitarbeiters ist kein Lohn iSd. Nr. 10[23].

d) Fragen der betrieblichen Lohngestaltung. Das MitbestR besteht in nahezu allen Bereichen der betriebl. Lohngestaltung. 178

aa) Lohnpolitische Entscheidungen. Die lohnpolitischen Entscheidungen gehören nicht zur Lohngestaltung[24] des ArbGeb; der BR kann also weder eine Lohnerhöhung, eine Lohnherabsetzung noch zusätzliche Leistungen verlangen[25]. Generell erstreckt sich das MitbestR nicht auf die Festlegung der Lohn- und Gehaltshöhe[26]. Auch die Anpassung der Ruhegehälter nach § 16 BetrAVG unterliegt nicht der Mitbest[27]. 179

bb) Betriebliche Lohngestaltung. Der Begriff der betriebl. Lohngestaltung ist der Oberbegriff für Entlohnungsgrundsatz und Entlohnungsmethode. Eine Differenzierung zwischen beiden ist nicht immer möglich, was aber letztlich keine praktische Bedeutung hat, da in jedem Fall ein MitbestR besteht. Unter Lohngestaltung ist die Festlegung abstrakt genereller Grundsätze zur Lohnfindung zu verstehen. Es geht um die Strukturformen des Entgelts einschließlich der näheren Vollzugsformen[28]. Der Begriff „betriebliche" Lohngestaltung bedeutet, dass es sich um die Lohngestaltung durch die Betriebspartner 180

---

1 *Fitting*, § 87 BetrVG Rz. 414. | 2 BAG v. 15.1.1987 – 6 AZR 589/84, AP Nr. 21 zu § 75 BPersVG. | 3 BAG v. 22.10.1985 – 1 ABR 38/83, AP Nr. 18 zu § 87 BetrVG 1972 – Lohngestaltung. | 4 BAG v. 10.6.1986 – 1 ABR 65/84, AP Nr. 22 zu § 87 BetrVG 1972 – Lohngestaltung. | 5 *Fitting*, § 87 BetrVG Rz. 414. | 6 BAG v. 22.10.1985 – 1 ABR 47/83, AP Nr. 5 zu § 87 BetrVG 1972 – Werkmietwohnungen. | 7 BAG v. 14.6.1994 – 1 ABR 63/93, AP Nr. 69 zu § 87 BetrVG 1972 – Lohngestaltung. | 8 *Fitting*, § 87 BetrVG Rz. 414. | 9 BAG v. 16.6.1998 – 1 ABR 67/97, AP Nr. 92 zu § 87 BetrVG 1972 – Lohngestaltung. | 10 BAG v. 10.6.1986 – 1 ABR 65/84, AP Nr. 22 zu § 87 BetrVG 1972 – Lohngestaltung. | 11 BAG v. 26.8.1997 – 1 ABR 16/97, AP Nr. 74 zu § 87 BetrVG 1972 – Arbeitszeit. | 12 BAG v. 26.5.1993 – 5 AZR 219/92, AP Nr. 3 zu § 23 AGB-Gesetz. | 13 BAG v. 10.7.1979 – 1 ABR 88/77, AP Nr. 2 zu § 87 BetrVG 1972 – Lohngestaltung. | 14 BAG v. 26.7.1988 – 1 AZR 54/87, AP Nr. 6 zu § 87 BetrVG 1972 – Provision. | 15 BAG v. 27.10.1998 – 1 ABR 3/98, AP Nr. 99 zu § 87 BetrVG 1972 – Lohngestaltung. | 16 BAG v. 14.6.1994 – 1 ABR 63/93, AP Nr. 69 zu § 87 BetrVG 1972 – Lohngestaltung. | 17 GK-BetrVG/*Wiese*, § 87 Rz. 823. | 18 *Fitting*, § 87 BetrVG Rz. 413. | 19 *Fitting*, § 87 BetrVG Rz. 385. | 20 BAG v. 9.7.1985 – 1 AZR 631/80, AP Nr. 16 zu § 75 BPersVG. | 21 BAG v. 17.12.1980 – 1 ABR 80/77, AP Nr. 5 zu § 87 BetrVG 1972 – Lohngestaltung. | 22 GK-BetrVG/Wiese, § 87 Rz. 827. | 23 BAG v. 16.7.1991 – 1 ABR 66/90, AP Nr. 49 zu § 87 BetrVG 1972 – Lohngestaltung. | 24 St. Rspr.; vgl. nur BAG v. 29.3.1977 – 1 ABR 123/74, AP Nr. 1 zu § 87 BetrVG 1972 – Provision. | 25 Richardi/*Richardi*, § 87 BetrVG Rz. 772. | 26 St. Rspr. BAG v. 22.1.1980 – 1 ABR 48/77, BAGE 32, 350; v. 21.1.2003 – 1 ABR 5/02, NZA 2003, 810; v. 28.3.2006 – 1 ABR 59/04, NZA 2006, 1367. | 27 GK-BetrVG/*Wiese*, § 87 Rz. 858. | 28 BAG v. 10.2.1988 – 1 ABR 56/86, AP Nr. 33 zu § 87 BetrVG 1972 – Lohngestaltung.

handelt, und nicht um die individuelle oder tarifvertragl. Die Lohngestaltung muss nicht räumlich auf den Betrieb iSd. BetrVG beschränkt sein; sie kann auch im Unternehmen oder Konzern stattfinden[1]. Die Frage, nach welchen Kriterien (Beförderungs-)Planstellen für Beamte aus dem dafür zur Verfügung stehenden Stellenpool dem einzelnen Betrieben zugewiesen werden, ist keine Angelegenheit der betriebl. Lohngestaltung[2]. Es ist grds. zulässig, in einem Betrieb mehrere voneinander unabhängige Vergütungssysteme anzuwenden. Die einer solchen Differenzierung zugrundeliegende Bildung verschiedener Beschäftigtengruppen muss aber auf sachlichen Gründen beruhen. Ist dies der Fall, greift das MitbestR für jedes einzelne System, nicht aber für einen Systemvergleich[3].

181 Der Mitbest. unterliegen nur **kollektive Tatbestände**. Die Abgrenzung zu mitbestimmungsfreien Individualmaßnahmen erfolgt nach der ständigen Rspr. des BAG danach, ob es um „Strukturformen des Entgelts einschließlich ihrer näheren Vollzugsformen" geht[4]. Die Anzahl der betroffenen ArbN kann nur ein Indiz dafür sein, ob ein kollektiver Tatbestand vorliegt oder nicht[5]. Nach der Rspr. des BAG ist ein kollektiver Bezug nicht deshalb ausgeschlossen, weil der ArbGeb mit mehreren ArbN eine Vielzahl individueller Vereinbarungen trifft[6]. Entscheidend ist nicht die Form, sondern der Inhalt der maßgeblichen Regelung. Wenn mit Rücksicht auf besondere Umstände des einzelnen ArbN Regelungen getroffen werden, die in keinem inneren Zusammenhang zu ähnlichen Regelungen für andere ArbN stehen, handelt es sich um individelle (nicht kollektive) Lohngestaltung[7]. Es kommt darauf an, ob das vom ArbGeb bei Lohnentscheidungen verwendete Differenzierungskriterium nur den Einzelfall berücksichtigt oder abstrakt-generell bestimmt ist[8]. Von Letzterem geht das BAG bei folgenden Kriterien aus, weil dort jeweils ein innerer Zusammenhang zu ähnlichen Regelungen für andere ArbN bestand oder zumindest nicht auszuschließen war oder weil bestimmte Bewertungskriterien zu einander in ein Verhältnis gesetzt wurden:

- Krankheitsbedingte Leistungsminderung[9];
- Leistung[10], weil diese zu den vorgegebenen Mindestanforderungen und der Leistung der anderen ArbN in Beziehung gesetzt wird; auch wenn bei jedem einzelnen ArbN ein anderer Leistungsaspekt (großer Einsatz; gute Einarbeitung; betriebliche Doppelbelastung; Fehlerquote; Arbeitsqualität, Förderungswürdigkeit) zugrunde gelegt wird[11];
- Verhalten des ArbN[12];
- Dauer der Betriebszugehörigkeit bzw. absehbare Beendigung des Arbeitsverhältnisses[13];
- Tarifgruppenwechsel wegen höherer Zahl von Berufsjahren[14];
- Kurz zuvor erfolgte Gehaltsanhebung[15];
- Inanspruchnahme von tarifl. Alterssicherung[16];
- allgemeine Erwägungen sozialer Art[17];
- Mutterschutz, Erziehungsurlaub (jetzt: Elternzeit)[18];
- Langzeiterkrankung[19];
- Arbeitsmarktlage[20], soweit allgemeine personalwirtschaftl. Erwägungen zugrunde liegen.

182 **Mitbestimmungsfreie Individualtatbestände** wurden vom BAG nur in eng begrenzten Ausnahmefällen angenommen, in denen es unter keinem Gesichtspunkt einen kollektiven Bezug herstellen konnte:

- unveränderte Vergütung trotz Umsetzung auf einen tarifl. niedriger bewerteten Arbeitsplatz[21];
- Wunsch eines ArbN zur Vermeidung steuerlicher Nachteile[22];

---

1 GK-BetrVG/*Wiese*, § 87 Rz. 817. | 2 BAG v. 28.3.2006 – 1 ABR 59/04, NZA 2006, 1367. | 3 BAG v. 18.11.2003 – 1 AZR 604/02, BAGReport 2004, 271. | 4 BAG v. 3.12.1991 – GS 2/90, AP Nr. 51 zu § 87 BetrVG 1972 – Lohngestaltung mwN. | 5 BAG v. 3.12.1991 – GS 2/90, AP Nr. 51 zu § 87 BetrVG 1972 – Lohngestaltung; v. 23.3.1993 – 1 AZR 582/92, AP Nr. 64 zu § 87 BetrVG 1972 – Lohngestaltung. | 6 BAG v. 3.12.1991 – GS 2/90, AP Nr. 51 zu § 87 BetrVG 1972 – Lohngestaltung. | 7 BAG v. 24.1.2006 – 3 AZR 484/04, DB 2007, 471. | 8 BAG v. 22.9.1992 – 1 AZR 461/90, AP Nr. 57 zu § 87 BetrVG 1972 – Lohngestaltung. | 9 BAG v. 22.9.1992 – 1 AZR 460/90, AP Nr. 60 zu § 87 BetrVG 1972 – Lohngestaltung. | 10 BAG v. 22.9.1992 – 1 AZR 459/90 und 1 AZR 461/90, AP Nr. 56 und 57 zu § 87 BetrVG 1972 – Lohngestaltung; v. 27.10.1992 – 1 ABR 17/92, AP Nr. 61 zu § 87 BetrVG 1972 – Lohngestaltung; v. 29.2.2000 – 1 ABR 4/99, AP Nr. 105 zu § 87 BetrVG 1972 – Lohngestaltung. | 11 BAG v. 14.6.1994 – 1 ABR 63/93, AP Nr. 69 zu § 87 BetrVG 1972 – Lohngestaltung. | 12 BAG v. 27.10.1992 – 1 ABR 17/92, AP Nr. 61 zu § 87 BetrVG 1972 – Lohngestaltung. | 13 BAG v. 27.10.1992 – 1 ABR 17/92, AP Nr. 61 zu § 87 BetrVG 1972 – Lohngestaltung. | 14 Offen gelassen von BAG v. 22.9.1992 – 1 AZR 235/90, AP Nr. 54 zu § 87 BetrVG 1972 – Lohngestaltung; bejaht von der Vorinstanz LAG Hamm v. 7.3.1990 – 15 (17) Sa 1421/89, nv. | 15 BAG v. 27.10.1992 – 1 ABR 17/92, AP Nr. 61 zu § 87 BetrVG 1972 – Lohngestaltung. | 16 BAG v. 23.3.1993 – 1 AZR 582/92, AP Nr. 64 zu § 87 BetrVG 1972 – Lohngestaltung. | 17 BAG v. 14.6.1994 – 1 ABR 63/93, AP Nr. 69 zu § 87 BetrVG 1972 – Lohngestaltung. | 18 BAG v. 27.10.1992 – 1 ABR 17/92, AP Nr. 61 zu § 87 BetrVG 1972 – Lohngestaltung. | 19 BAG v. 27.10.1992 – 1 ABR 17/92, AP Nr. 61 zu § 87 BetrVG 1972 – Lohngestaltung. | 20 BAG v. 14.6.1994 – 1 ABR 63/93, AP Nr. 69 zu § 87 BetrVG 1972 – Lohngestaltung. | 21 BAG v. 22.9.1992 – 1 AZR 461/90, AP Nr. 57 zu § 87 BetrVG 1972 – Lohngestaltung. | 22 BAG v. 27.10.1992 – 1 ABR 17/91, AP Nr. 61 zu § 87 BetrVG 1972 – Lohngestaltung.

- Berücksichtigung ausschließlich der Besonderheiten des konkreten Arbeitsverhältnisses, ohne inneren Zusammenhang zu ähnlichen Maßnahmen gegenüber anderen ArbN[1];
- Arbeitsmarktpolitische Gründe[2], wenn ein bestimmter ArbN zum Eintritt in den Betrieb veranlasst werden soll.

Diese Rspr. engt „in geradezu beängstigender Weise die Möglichkeit individueller Lohn- und damit Personalpolitik des ArbGeb ein“[3], weil sich bis auf eng begrenzte Ausnahmefälle bei allen Lohnentscheidungen des ArbGeb irgendein kollektiver Bezug festmachen lässt. Zweck der Nr. 10 ist aber nur die abstrakte Lohngerechtigkeit im Betrieb. Auf individuell ausgehandelte oder gewährte Löhne soll der BR keinen Einfluss nehmen. Dieser Gesichtspunkt muss bei der Abgrenzung wieder in den Vordergrund gerückt werden. Die Katalognummer muss daher teleologisch ausgelegt werden[4]: Erst bei erkennbar abstrakt-generellen Regelungen des ArbGeb greift das MitbestR ein[5].

e) Aufstellen von Entlohnungsgrundsätzen und deren Änderung. Entlohnungsgrundsätze sind die Systeme, nach denen das Arbeitsentgelt bemessen werden soll. Der Mitbest. unterliegen daher 183

- die Entscheidung für Zeitlohn (bspw. Stunden-, Schicht-, Wochen- oder Monatslohn);
- die Entscheidung für Leistungslohn (bspw. Akkord- oder Prämienlohn[6]);
- der Wechsel von Zeit- zu Leistungslohn und umgekehrt[7];
- Festlegung von Bezugsgröße und Bezugsbasis für den Prämienlohn; Verlauf der Prämienkurve (progressiv oder degressiv)[8];
- die Entscheidung für andere Systeme erfolgsabhängiger Vergütungen (Provisionen[9], Gewinn- und Ergebnisbeteiligungen)[10];
- das Aufstellen eines detaillierten Entgeltsystems; die Bildung von Entgeltgruppen nach abstrakten Kriterien; die abstrakte Festsetzung der Wertunterschiede einzelner Entgeltgruppen nach Prozentsätzen oder sonstige Bezugsgrößen[11];
- die Änderung bestehender Entlohnungsgrundsätze[12], zB eines Eingruppierungsschemas[13].

Die Änderung von Entlohnungsgrundsätzen ist mitbestimmungspflichtig. Es kommt nicht darauf an, auf welcher rechtl. Grundlage (TV, BV, Einzelvertrag, vom ArbG einseitig angewandte Vergütungsordnung) die Anwendung der bisherigen Entlohnungsgrundsätze basierte[14]. Die vollständige Streichung bisher gewährter Zulagen für alle ArbN, die den relativen Abstand der jeweiligen Gesamtvergütungen nicht ändert, ist trotzdem mitbestimmungspflichtig, wenn nicht wie bisher Zulagen/Einmalleistungen zusätzlich zur Gesamtvergütung zu bestimmten Terminen gezahlt, sondern die Gesamtvergütung auf monatlich gleich bleibende Beträge verteilt wird[15].

f) Einführung und Anwendung von Entlohnungsmethoden sowie deren Änderung. Die Entlohnungsmethode ist die Art und Weise der Durchführung des gewählten Entlohnungssystems[16]. Der Mitbest. unterliegen die Einführung, die Anwendung und die Änderung der Entlohnungsmethode. Dazu zählt ua.[17], 184

- ob im Gruppen- oder Einzelakkord gearbeitet werden soll[18];
- ob die Akkordvorgabe konkret ausgehandelt oder geschätzt wird;
- ob sie nach arbeitswissenschaftlichen Grundsätzen ermittelt wird und wenn ja nach welcher Methode (zB REFA, Bedaux-System oder eine modifizierte Form[19] usw.);
- ob Wartezeiten in die Vorgabezeiten als Verteilzeit mit einbezogen oder daneben gesondert erfasst werden[20];
- ob die in der Vorgabezeit enthaltene Erholungszeit zu feststehenden Kurzpausen zusammengefasst werden soll[21] (die Dauer der Erholungszeit ist mitbestimmungspflichtig nach Nr. 11, vgl. Rz. 206);

---

1 BAG v. 22.9.1992 – 1 AZR 461/90, AP Nr. 57 zu § 87 BetrVG 1972 – Lohngestaltung. | 2 BAG v. 14.6.1994 – 1 ABR 63/93, AP Nr. 69 zu § 87 BetrVG 1972 – Lohngestaltung. | 3 *Kraft*, FS für Karl Molitor, S. 207 (220). | 4 Vgl. *Reichold*, Entgeltmitbestimmung als Gleichbehandlungsgrundsatz, RdA 1995, 147 (156 f.); HSWG/*Worzalla*, § 87 BetrVG Rz. 470a. | 5 Vgl. *Reichold*, Entgeltmitbestimmung als Gleichbehandlungsgrundsatz, RdA 1995, 147 (157). | 6 Ausf. Richardi/*Richardi*, § 87 BetrVG Rz. 821 ff. | 7 BAG v. 17.12.1968 – 1 AZR 178/68, AP Nr. 27 zu § 56 BetrVG. | 8 BAG v. 16.12.1986 – 1 ABR 26/85, AP Nr. 8 zu § 87 BetrVG 1972 – Prämie. | 9 Ausf. Richardi/*Richardi*, § 87 BetrVG Rz. 827 ff. | 10 BAG v. 29.3.1977 – 1 ABR 123/74, AP Nr. 1 zu § 87 BetrVG 1972 – Provision. | 11 St. Rspr., vgl. BAG v. 14.12.1993 – 1 ABR 31/93, AP Nr. 65 zu § 87 BetrVG 1972 – Lohngestaltung. | 12 BAG v. 3.12.1991 – GS 1/90, AP Nr. 52 zu § 87 BetrVG 1972 – Lohngestaltung; v. 11.6.2002 – 1 AZR 390/01, AP Nr. 113 zu § 87 BetrVG 1972 – Lohngestaltung. | 13 BAG v. 13.3.2001 – 1 ABR 7/00, ArbRB 2001, 42. | 14 BAG v. 28.2.2006 – 1 ABR 4/05, BB 2006, 2419; v. 2.3.2004 – 1 AZR 271/03, BB 2004, 1748. | 15 BAG v. 28.2.2006 – 1 ABR 4/05, BB 2006, 2419. | 16 St. Rspr. BAG v. 29.3.1977 – 1 ABR 123/74, AP Nr. 1 zu § 87 BetrVG 1972 – Provision. | 17 Ausf. Richardi/*Richardi*, § 87 BetrVG Rz. 809 ff. | 18 DKK/*Klebe*, § 87 BetrVG Rz. 250. | 19 BAG v. 24.11.1987 – 1 ABR 12/86, AP Nr. 6 zu § 87 BetrVG 1972 – Akkord. | 20 BAG v. 14.2.1989 – 1 AZR 97/88, AP Nr. 8 zu § 87 BetrVG 1972 – Akkord. | 21 BAG v. 24.11.1987 – 1 ABR 12/86, AP Nr. 6 zu § 87 BetrVG 1972 – Akkord.

- welche von mehreren Möglichkeiten für die Akkordermittlung gewählt wird[1];
- wie der Verlauf der Prämienkurve und die Prämienleistungsnorm ermittelt werden[2];
- wie die für die Provisionsart maßgeblichen Daten erhoben werden[3].

185 **g) Grenzen des Mitbestimmungsrechts.** Neben tarifvertragl. Regelungen findet das MitbestR aus Nr. 10 seine Grenze in § 75 I. Insbesondere im Rahmen der betrAV sind daher der Gleichbehandlungsgrundsatz und das Diskriminierungverbot zu beachten. Eingeschränkt wird das MitbestR auch durch § 23 JArbSchG, § 4 III Nr. 1 MuSchG, Art. 141 EWG-Vertrag und § 107 GewO[4].

186 **h) Nichtbeachtung des Mitbestimmungsrechts.** Hier gelten die allgemeinen Grundsätze. Allerdings können Ansprüche des ArbN auf neue Leistungen durch die Verletzung des MitbestR grds. nicht begründet werden[5]. Wenn der ArbGeb allerdings eine ursprünglich kraft Tarifbindung geltende Vergütungsordnung nach Auslaufen der Tarifbindung ohne Beteiligung des BR ändert, führt die Unwirksamkeit dieser Maßnahme uU dazu, dass für neueingestellte Mitarbeiter ein Anspruch auf höhere (weil nach der alten Vergütungsordnung zu bemessen) Vergütung entsteht als vertragl. vereinbart wurde[6]. Zur besonderen Problematik der Änderungskündigung zur Änderung der Lohngestaltung s. Rz. 43).

187 **i) Gesetzessystematik.** Werden Entgeltleistungen durch eine Sozialeinrichtung erbracht, geht Nr. 8 als lex specialis vor. Die Art und Weise der Auszahlung des Arbeitsentgelts unterliegt nach Nr. 4 der Mitbest. Das Recht des BR, bei der Regelung von Fragen der betrAV mitzubestimmen, ergibt sich aus Nr. 10, wenn die Versorgungsleistungen durch Direktzusagen, über einen Pensionsfonds oder über eine Direktversicherung erbracht werden[7]. Werden die Versorgungsleistungen unter Einschaltung eines Versorgungsträgers, also insb. einer Pensions- oder Unterstützungskasse, erbracht, ist Nr. 8 einschlägig[8]. Betreiben mehrere Trägerunternehmen gemeins. eine Gruppen-Unterstützungskasse, deren satzungsmäßige Organe über Form, Ausgestaltung und Verwaltung mehrheitlich entscheiden, so haben die BR der einzelnen Trägerunternehmen gem. Nr. 10 mitzubestimmen, soweit das Abstimmungsverhalten ihres Unternehmens bei Beschlüssen der satzungsmäßigen Unterstützungskassen-Organe über Fragen der Lohngestaltung (insb. des Leistungsplans) festzulegen ist[9].

188 **j) Besonderheiten.** Besonderheiten, nämlich ein eingeschränktes MitbestR, ergeben sich bei der Mitbest. im Hinblick auf freiwillige Leistungen und die Anrechnung von Tariflohnerhöhungen auf Zulagen.

189 **aa) Besonderheiten bei freiwilligen Leistungen, insbesondere der betrieblichen Altersversorgung.** Dass der ArbGeb freiwillige Leistungen erbringt oder zu erbringen gedenkt, schließt das MitbestR nicht aus, begrenzt es aber in seinem Umfang auf die gerechte Ausgestaltung der zusätzlichen Leistungen[10]. Freiwillige Leistungen sind solche, die der ArbGeb auf Grund eigener lohnpolitischer Entschlüsse von sich aus gewährt, ohne hierzu durch bindende tarifl. oder gesetzl. Vorgaben verpflichtet zu sein[11].

190 Ungeachtet sonstiger Beschränkungen auf Grund individualarbeits- oder tarifvertragl. Bestimmungen unterliegen Entscheidungen des ArbGeb über freiwillige Leistungen, insb. über die betrAV, nur eingeschränkt dem MitbestR des BR aus Nr. 10. Dabei ist zwischen mitbestimmungsfreien unternehmerischen Grundentscheidungen und der mitbestimmungspflichtigen konkreten Ausgestaltung der Leistungsordnung zu unterscheiden[12]. Insoweit kann auf die Darstellung der Leitentscheidung des BAG vom 12.6.1975[13] verwiesen werden.

191 **(1) Mitbestimmungsfreie Entscheidungen.** Mitbestimmungsfrei sind folgende Fragen:
- ob und in welchem Umfang die Leistungen erbracht werden sollen[14];
- welchen abstrakten Zweck der ArbGeb mit der Leistung verfolgen will[15];
- wer generell zum begünstigten Personenkreis[16] gehören soll[17];
- die Art bzw. (Durchführungs-)form/Organisation der Leistungen und deren Änderung[18];

---

1 BAG v. 22.1.1980 – 1 ABR 48/77, AP Nr. 3 zu § 87 BetrVG 1972 – Lohngestaltung; v. 16.4.2002 – 1 ABR 34/01, AP Nr. 9 zu § 87 BetrVG 1972 – Akkord. |2 Richardi/*Richardi*, § 87 BetrVG Rz. 824. |3 Richardi/*Richardi*, § 87 BetrVG Rz. 830. |4 IdF v. 22.2.1999, BGBl. I S. 202; zuletzt geändert am 11.10.2002, BGBl. I S. 3970. |5 BAG v. 20.8.1991 – 1 AZR 326/90, AP Nr. 50 zu § 87 BetrVG 1972 – Lohngestaltung; v. 11.6.2002 – 1 AZR 390/01, AP Nr. 113 zu § 87 BetrVG 1972 – Lohngestaltung. |6 BAG v. 11.6.2002 – 1 AZR 390/01, AP Nr. 113 zu § 87 BetrVG 1972 – Lohngestaltung. |7 BAG v. 12.6.1975 – 3 ABR 13/74 und 3 ABR 137/73 und 3 ABR 66/74, AP Nr. 1, 2 und 3 zu § 87 BetrVG 1972 – Altersversorgung. |8 BAG v. 6.9.2000 – 3 AZR 607/99, nv. mwN. |9 BAG v. 22.4.1986 – 3 AZR 100/83, AP Nr. 13 zu § 87 BetrVG 1972 – Altersversorgung; v. 9.5.1989 – 3 AZR 439/88, AP Nr. 18 zu § 87 BetrVG 1972 – Altersversorgung. |10 BAG v. 12.6.1975 – 3 ABR 13/74, AP Nr. 1 zu § 87 BetrVG 1972 – Altersversorgung; v. 3.12.1991 – 2/90, AP Nr. 51 zu § 87 BetrVG 1972 – Lohngestaltung. |11 BAG v. 16.9.1986 – GS 1/82, AP Nr. 17 zu § 77 BetrVG 1972. |12 BAG v. 26.9.2000 – 3 AZR 570/99, DB 2000, 2075. |13 BAG v. 12.6.1975 – 3 ABR 137/73, AP Nr. 2 zu § 87 BetrVG 1972 – Altersversorgung. |14 BAG v. 13.7.1978 – 3 ABR 108/77 und v. 16.2.1993 – 3 ABR 29/92, AP Nr. 5 und 19 zu § 87 BetrVG 1972 – Altersversorgung. |15 BAG v. 9.12.1980 – 1 ABR 80/77, AP Nr. 5 zu § 87 BetrVG 1972 – Lohngestaltung. |16 In den rechtlich zulässigen Grenzen (Gleichbehandlungsgebot). |17 BAG v. 8.12.1981 – 1 ABR 55/79, AP Nr. 1 zu § 87 BetrVG 1972 – Prämie. |18 BAG v. 16.3.1993 – 3 ABR 29/92, AP Nr. 19 zu § 87 BetrVG 1972 – Altersversorgung.

- die endgültige Abschaffung der Leistungen[1];
- die Kürzung/Erhöhung der Leistungen, wenn diese nicht zu einer Änderung der Verteilungsgrundsätze führt[2];
- Reduzierung des Dotierungsrahmens, wenn aus tatsächlichen oder rechtl. Gründen kein Verteilungsspielraum für die verbliebenen Versorgungsmittel bleibt, ein abweichender Leistungsplan also nicht aufgestellt werden kann[3];
- die Auswahl der „Versorgungseinrichtung"[4].

Im Rahmen der betrAV besteht kein MitbestR bei der Anpassung laufender Renten nach § 16 BetrAVG[5]. Hinsichtlich des Anspruchs auf betrAV durch Entgeltumwandlung (§ 1a BetrAVG[6]) scheitert das MitbestR bereits an der zwingenden gesetzl. Regelung.

(2) Mitbestimmungspflichtige Entscheidungen. Der Mitbest. unterliegen die Entscheidungen, die sich auf die Lohnverteilung auswirken[7] und bei denen dem ArbGeb ein Regelungsspielraum verbleibt, nämlich die Aufstellung und Änderung der betriebl. Regeln darüber, welcher Mitarbeiter unter welchen Voraussetzungen welche Leistungen erhalten oder versagt bekommen soll (Verteilungs-/Leistungsplan)[8]. Das gilt auch für die Neuverteilung der Leistungen nach mitbestimmungsfreier Kürzung des Dotierungsrahmens[9]. 192

bb) Besonderheiten bei der Anrechnung einer Tariflohnerhöhung auf Zulagen. Besonderheiten ergeben sich bei der Anrechnung einer Tariflohnerhöhung auf über-/außertarifl. Zulagen[10]. Damit sind solche Zulagen gemeint, die über den tarifl. Leistungskatalog in Art bzw. Höhe hinausgehen. Unerheblich ist, ob der über-/außertarifl. Bestandteil auch als Zulage neben dem Tariflohn ausgewiesen wird. Entscheidend ist, ob auf das Arbeitsverhältnis ein Lohn- oder GehaltsTV anwendbar und die Gesamtvergütung daher in einen tarifl. und einen übertarifl. Bestandteil aufteilbar ist[11]. Es kommt auch nicht darauf an, wie sich die Anrechnung vollzieht: durch eine konstitutive Entscheidung des ArbGeb – Widerruf oder Anrechnung – oder automatisch[12]. 193

Bei rechtswidrigen Maßnahmen des ArbGeb steht dem BR kein MitbestR zu: Ist eine Zulage „tariffest", also die Anrechnung nach dem jeweiligen Individualarbeitsvertrag oder einer BV unzulässig, rechnet der ArbGeb aber dennoch (rechtsunwirksam) an, besteht nach der zutreffenden[13] Rspr. des BAG kein MitbestR des BR[14]. 194

Ist die Anrechnung einer Tariflohnerhöhung auf bzw. der Widerruf solcher Zulagen aus Anlass und bis zur Höhe einer Tariflohnerhöhung individualrechtlich zulässig, unterliegt sie der Mitbest. nach Nr. 10, wenn folgende Voraussetzungen erfüllt sind: 195

- wenn sich dadurch die Verteilungsgrundsätze ändern und
- wenn für eine anderweitige Regelung innerhalb des vom ArbGeb mitbestimmungsfrei vorgegebenen Dotierungsrahmens ein Regelungsspielraum verbleibt.

Von einer Änderung der Verteilungsgrundsätze ist immer dann auszugehen, wenn sich auf Grund der Anrechnung das Verhältnis der Zulagen verschiedener ArbN zueinander verändert[15]. Dafür gibt es folgende **Beispiele aus der Rspr. des BAG**: 196

- Die Tariflohnerhöhung wird unterschiedlich auf die einzelnen Zulagen angerechnet[16].
- Die Tariflohnerhöhung wird scheinbar vollständig angerechnet, dadurch wird aber erst die Grundlage für die Neugewährung übertarifl. Leistungen geschaffen[17].
- Werden alle übertarifl. Zulagen um den gleichen Prozentsatz gekürzt, ändern sich die Verteilungsgrundsätze, wenn ein vereinbarter Sockelbetrag unterschritten würde oder wenn unterschiedlich hohe Zulagen zum jeweiligen Tariflohn gezahlt werden oder wenn die Tarifentgelte für verschiedene

---

1 BAG v. 13.1.1087 – 1 ABR 51/85, AP Nr. 26 zu § 87 BetrVG 1972 – Lohngestaltung. | 2 BAG v. 26.4.1988 – 3 AZR 277/87, AP Nr. 3 zu § 1 BetrAVG – Geschäftsgrundlage. | 3 BAG v. 26.4.1988 – 3 AZR 168/86, AP Nr. 18 zu § 1 BetrAVG – Unterstützungskassen; v. 11.5.1999 – 3 AZR 21/98, AP Nr. 6 zu § 1 BetrAVG – Betriebsvereinbarung. | 4 BAG v. 29.7.2003 – 3 ABR 34/02, BAGE 107, 112 ff. | 5 GK-BetrVG/*Wiese*, § 87 Rz. 858 mwN. | 6 *Blomeyer*, DB 2001, 1413 (1418); aA DKK/*Klebe*, § 87 BetrVG Rz. 264a. | 7 BAG v. 16.3.1993 – 3 ABR 29/92, AP Nr. 19 zu § 87 BetrVG 1972 – Altersversorgung. | 8 BAG v. 18.3.1976 – 3 ABR 32/75, AP Nr. 4 zu § 87 BetrVG 1972 – Altersversorgung. | 9 BAG v. 9.5.1989 – 3 AZR 439/88, AP Nr. 18 zu § 87 BetrVG 1972 – Altersversorgung. | 10 Ausf. *Schneider*, DB 2000, 922. | 11 BAG v. 22.9.1992 – 1 AZR 405/90, AP Nr. 55 zu § 87 BetrVG 1972 – Lohngestaltung. | 12 BAG v. 3.12.1991 – GS 2/90, AP Nr. 51 zu § 87 BetrVG 1972 – Lohngestaltung, mit Hinweis auf die bis dato divergierenden Auffassungen einzelner Senate. | 13 AA *Fitting*, § 87 BetrVG Rz. 472. | 14 BAG v. 23.3.1993 – 1 AZR 520/92, AP Nr. 26 zu § 87 BetrVG 1972 – Tarifvorrang; v. 7.2.1996 – 1 AZR 657/95, AP Nr. 85 zu § 87 BetrVG 1972 – Lohngestaltung. | 15 BAG v. 3.6.2003 – 1 AZR 314/02, BuW 2004, 260; v. 26.5.1998 – 1 AZR 704/97, AP Nr. 98 zu § 87 BetrVG 1972 – Lohngestaltung. | 16 BAG v. 3.12.1991 – GS 2/90 und GS 1/90, AP Nr. 51 und 52 zu § 87 BetrVG 1972 – Lohngestaltung. | 17 BAG v. 17.1.1995 – 1 ABR 19/94, AP Nr. 71 zu § 87 BetrVG 1972 – Lohngestaltung.

Entgeltgruppen um einen unterschiedlichen Prozentsatz erhöht werden und für alle ArbN die unterschiedliche Tariflohnerhöhung voll oder mit dem gleichen Prozentsatz angerechnet wird[1].

- Sieht ein TV eine zweistufige Tariferhöhung vor und verrechnet der ArbGeb nur die zweite, nicht aber die erste Stufe mit übertarifl. Zulagen, ändern sich die Verteilungsgrundsätze, wenn der ArbGeb damit ein einheitliches Regelungskonzept verfolgt (Sonderfall)[2].
- Die Verteilungsgrundsätze bleiben unberührt, wenn die Zulagen in einem einheitlichen und gleichen Verhältnis zum jeweiligen Tariflohn stehen, die Tariflöhne jeweils um den gleichen Prozentsatz erhöht werden und die Anrechnung im Umfang eines bestimmten Prozentsatzes der Tariflohnerhöhung erfolgt[3].
- Unterbleibt die vollständige Anrechnung versehentlich bei einem Teil der ArbN, greift das MitbestR nicht ein. Der ArbGeb ist dafür aber ggf. darlegungs- und beweispflichtig[4].

197 Weitere Voraussetzung für ein MitbestR ist, dass dem ArbGeb bei Kürzung oder Anrechnung ein Regelungsspielraum für eine anderweitige Anrechnung oder Kürzung der Zulagen verbleibt. Das ist nicht der Fall, wenn einer Änderung der Verteilungsgrundsätze tatsächliche oder rechtl. Hindernisse entgegenstehen. Ein tatsächliches Hindernis besteht, wenn die Anrechnung oder der Widerruf dazu führt, dass alle Zulagen wegfallen. Dann gibt es nämlich kein Zulagenvolumen mehr, das verteilt werden kann[5]. Ein rechtl. Hindernis besteht, wenn die Tariflohnerhöhung vollständig und gleichmäßig auf die Zulagen aller ArbN angerechnet wird oder alle Zulagen in Höhe der Tariflohnerhöhung auf Grund eines Widerrufsvorbehalts widerrufen werden[6].

198 Erfolgt die Anrechnung von Zulagen im ersten und die Neufestsetzung im zweiten Schritt, verbleibt ein Regelungsspielraum, wenn der Entscheidung des ArbGeb ein einheitliches Konzept zugrunde liegt[7]. Werden übertarifl. Zulagen in unterschiedlicher Höhe gewährt und sollen diese voll auf eine neu geschaffene tarifl. Zulage angerechnet werden, bleibt dennoch ein Regelungsspielraum, wenn gleichzeitig mit der Einführung der neuen Tarifzulage auch die Tarifgehälter linear erhöht werden und der ArbGeb nicht nur die Tarifgehälter entsprechend anhebt, sondern auch – ohne Rechtspflicht – seine übertarifl. Zulagen[8].

199 **k) Entgeltfindung für AT-Angestellte.** Die Vergütung außertarifl. (sog. AT-)Angestellter wird nicht durch TV geregelt, so dass §§ 77 III und 87 I Einleitungssatz einer betrieblichen Mitbest. im Hinblick auf die AT-Vergütungsstruktur nicht entgegenstehen[9]. Soweit die AT-Angestellten nicht gleichzeitig leitende Angestellte iSd. § 5 III, IV sind[10], unterliegen folgende abstrakt-generellen Grundsätze der Gehaltsfindung der **Mitbest.** nach Nr. 10:

- Bildung und Umschreibung von Gehaltsgruppen sowie deren Abstufung[11] (zB Tätigkeitsmerkmale);
- isolierte Festsetzung der Wertunterschiede zwischen den einzelnen AT-Gruppen – zB nach abstrakten Kriterien, nach Prozentsätzen oder sonstigen Bezugsgrößen[12];
- Verteilung des vom ArbGeb festgelegten Gesamtvolumens für die Gehaltserhöhung[13];
- Kriterien für Gehaltserhöhung bzw. für die Ausnahme davon[14].

Mitbestimmungsfrei sind

- die Festsetzung der Gehaltshöhe[15];
- die Entscheidung, ob und in welchem Umfang die AT-Gehälter erhöht werden[16];
- die Festlegung der Wertunterschiede zwischen der letzten Tarif- und der ersten AT-Gruppe, weil damit gleichzeitig die Gehaltshöhe festgelegt wäre[17];
- die Festlegung eines Sockelbetrags, aus dem die Höhe der einzelnen AT-Gruppen zu errechnen ist[18].

---

1 BAG v. 3.12.1991 – GS 2/90, AP Nr. 51 zu § 87 BetrVG 1972 – Lohngestaltung. | 2 BAG v. 14.2.1995 – 1 ABR 41/94, AP Nr. 72 zu § 87 BetrVG 1972 – Lohngestaltung. | 3 BAG v. 3.12.1991 – GS 2/90, AP Nr. 51 zu § 87 BetrVG 1972 – Lohngestaltung, mit Rechenbeispiel. | 4 BAG v. 31.10.1995 – 1 AZR 276/95, AP Nr. 80 zu § 87 BetrVG 1972 – Lohngestaltung. | 5 BAG v. 3.12.1991 – GS 2/90, AP Nr. 51 zu § 87 BetrVG 1972 – Lohngestaltung. | 6 BAG v. 3.12.1991 – GS 2/90, AP Nr. 51 zu § 87 BetrVG 1972 – Lohngestaltung. | 7 ZB BAG v. 17.1.1995 – 1 ABR 19/94, AP Nr. 71 zu § 87 BetrVG 1972 – Lohngestaltung. | 8 BAG v. 14.2.1995 – 1 AZR 565/94, AP Nr. 73 zu § 87 BetrVG 1972 – Lohngestaltung. | 9 BAG v. 22.1.1980 – 1 ABR 48/77, AP Nr. 3 zu § 87 BetrVG 1972 – Lohngestaltung; v. 28.9.1994 – 1 AZR 870/93, AP Nr. 68 zu § 87 BetrVG 1972 – Lohngestaltung. | 10 Vgl. BAG v. 27.10.1992 – 1 ABR 17/92, AP Nr. 61 zu § 87 BetrVG 1972 – Lohngestaltung. | 11 BAG v. 27.10.1992 – 1 ABR 17/92, AP Nr. 61 zu § 87 BetrVG 1972 – Lohngestaltung; v. 28.9.1994 – 1 AZR 870/93, AP Nr. 68 zu § 87 BetrVG 1972 – Lohngestaltung. | 12 BAG v. 22.12.1981 – 1 ABR 38/79, AP Nr. 7 zu § 87 BetrVG 1972 – Lohngestaltung; v. 27.10.1992 – 1 ABR 17/92, AP Nr. 61 zu § 87 BetrVG 1972 – Lohngestaltung. | 13 BAG v. 27.10.1992 – 1 ABR 17/92, AP Nr. 61 zu § 87 BetrVG 1972 – Lohngestaltung. | 14 BAG v. 27.10.1992 – 1 ABR 17/92, AP Nr. 61 zu § 87 BetrVG 1972 – Lohngestaltung. | 15 BAG v. 21.1.2003 – 1 ABR 5/02, NZA 2003, 810; v. 22.1.1980 – 1 ABR 48/77, AP Nr. 3 zu § 87 BetrVG 1972 – Lohngestaltung; v. 21.1.2003 – 1 ABR 5/02, NZA 2003, 810. | 16 BAG v. 27.10.1992 – 1 ABR 17/92, AP Nr. 61 zu § 87 BetrVG 1972 – Lohngestaltung; v. 21.1.2003 – 1 ABR 5/02, ArbRB 2003, 138. | 17 BAG v. 22.1.1980 – 1 ABR 48/77, AP Nr. 3 zu § 87 BetrVG 1972 – Lohngestaltung; v. 28.9.1994 – 1 AZR 870/93, AP Nr. 68 zu § 87 BetrVG 1972 – Lohngestaltung. | 18 GK-BetrVG/*Wiese*, § 87 Rz. 941.

11. Festsetzung der Akkord- und Prämiensätze und vergleichbarer leistungsbezogener Entgelte (Abs. 1 Nr. 11). a) Zweck. Das MitbestR nach Nr. 11 bezieht sich auf die Festsetzung der Akkord- und Prämiensätze sowie vergleichbarer leistungsbezogener Entgelte, einschließlich der Geldfaktoren selbst, die als Teil der betrieblichen Lohngestaltung hinsichtlich ihrer Einführung und näheren Ausgestaltung schon dem MitbestR nach Nr. 10 unterliegen. Die Vorschrift räumt dem BR zusätzliche MitbestR ein, die sich noch nicht aus Nr. 10 ergeben. Die Beteiligung des BR soll gewährleisten, dass die von den ArbN erwartete Zusatzleistung sachgerecht bewertet wird und in einem angemessenen Verhältnis zum erzielbaren Mehrverdienst steht. Darüber hinaus soll vermieden werden, dass Leistungsanreize geschaffen werden, die zu einer Überforderung der ArbN führen. Deshalb erstreckt sich das MitbestR auch auf den Geldfaktor[1]. 200

b) Begriffsbestimmung. Akkord- und Prämienlöhne sind nach der Rspr. des BAG dadurch gekennzeichnet, dass ihre Höhe proportional zur Leistung des ArbN ist und sich deshalb jede Änderung der Arbeitsleistung unmittelbar auf die Höhe des gezahlten Entgelts auswirkt. Dazu muss aber die Normalleistung ermittelt werden, die zur tatsächlichen Leistung in Bezug gesetzt wird[2]. 201

aa) Akkord. Man unterscheidet zwischen Geld- und Zeitakkord. Beim Geldakkord wird die vom ArbN erbrachte Arbeitsmenge gemessen und jeder Mengeneinheit ein Geldbetrag (Geldfaktor) zugeordnet. Zur Berechnung des Akkordlohns bedarf es einer Akkordvorgabe. Das ist der pro Leistungseinheit festgesetzte Geldwert[3]. Beim Zeitakkord wird eine feste Vorgabezeit als Verrechnungsfaktor (Zeitfaktor) der zu erbringenden Arbeitsmenge zugeordnet. In Verbindung mit dem ebenfalls vorgegebenen Geldfaktor errechnet sich aus den erbrachten Leistungseinheiten der Verdienst[4]. 202

Die Akkordvorgabe ist die vorgegebene Zeit, die auf Grund arbeitswissenschaftlicher Methoden[5] (Zeitstudien) ermittelt, geschätzt oder frei vereinbart wird. Maßstab dafür ist der Akkordrichtsatz, der festlegt, welcher Verdienst bei normaler Leistung pro Stunde erreicht werden soll. Die Vergütung erhöht oder verringert sich entsprechend der tatsächlich erbrachten Leistung. Der Akkordrichtsatz wird meist durch TV vorgegeben, so dass dann eine betriebl. Mitbest. ausscheidet. Teil der Vorgabezeiten sind auch die Erholungs- und Verteilzeiten. 203

bb) Prämien. Prämien sind eine besondere Form der Leistungsentlohnung. Die Höhe der Prämie ist proportional zur Leistung des ArbN. Das Ergebnis der Leistung muss für den ArbN beeinflussbar sein[6], die Leistung gemessen und mit einer Bezugsleistung verglichen werden. Als **Bezugsgrößen** kommen zB in Betracht[7]: 204

- Arbeitsmenge;
- Arbeitsausführung;
- Wirtschaftlichkeit;
- Reduzierung des Ausschusses.

Nicht der Mitbest. nach Nr. 11 (aber nach Nr. 10) **unterliegen** daher folgende Leistungen[8], weil diese nicht messbar sind:

- Treue-, Jubiläums-, Umsatz-, Jahresabschlussprämien;
- Anwesenheits- und Pünktlichkeitsprämien, weil die Leistung ohnehin geschuldet wird;
- Wettbewerbsprämien[9].

cc) Vergleichbare leistungsbezogene Entgelte sind solche, bei denen die Leistung des ArbN gemessen und mit einer Bezugsleistung verglichen wird. Die Höhe der Vergütung bestimmt sich unmittelbar nach dem Verhältnis beider Leistungen zueinander[10]. Darunter fallen Leistungszulagen (für Arbeitsergebnis, -ausführung, -einsatz, -sorgfalt, -sicherheit usw.), die in Prozenten oder nach Punkten insb. zum Zeitlohn der jeweiligen Lohngruppe als Grundlohn gewährt werden. Auch das Stückentgelt der Heimarbeiter (§ 20 HAG[11]) ist ein solches vergleichbares leistungsbezogenes Entgelt. Nicht dazu gehören Zulagen (zB für Überstunden oder Nachtarbeit), die ohne weitere Anforderungen gleich bleiben. Leistungen, die vom wirtschaftl. Erfolg des Unternehmens abhängen[12] (zB Gewinnbeteiligungen; Gratifikationen) oder die von der in einem vergangenen Beurteilungszeitraum erbrachten Leistung abhängen, fallen ebenfalls 205

---

1 BAG v. 15.5.2001 – 1 ABR 39/00, NZA 2001, 1154; v. 13.9.1983 – 1 ABR 32/81, AP Nr. 3 zu § 87 BetrVG 1972 – Prämie. |2 BAG v. 28.7.1981 – 1 ABR 56/78, AP Nr. 2 zu § 87 BetrVG 1972 – Provision. |3 Berechnungsbeispiel bei Richardi/*Richardi*, § 87 BetrVG Rz. 813 und DKK/*Klebe*, § 87 BetrVG Rz. 276. |4 Berechnungsbeispiel bei Richardi/*Richardi*, § 87 BetrVG Rz. 813 und DKK/*Klebe*, § 87 BetrVG Rz. 277. |5 REFA, Bedaux-System, MTN usw. |6 BAG v. 10.12.1965 – 4 AZR 411/64, AP Nr. 1 zu § 4 TVG – Tariflohn und Leistungsprämie. |7 Vgl. DKK/*Klebe*, § 87 BetrVG Rz. 279. |8 Vgl. GK-BetrVG/*Wiese*, § 87 Rz. 987. |9 BAG v. 10.7.1979 – 1 ABR 88/77, AP Nr. 2 zu § 87 BetrVG 1972 – Lohngestaltung. |10 BAG v. 26.7.1988 – 1 AZR 54/87, AP Nr. 6 zu § 87 BetrVG 1972 – Provision; v. 15.5.2001 – 1 ABR 39/00, AP Nr. 17 zu § 87 BetrVG 1972 – Prämie. |11 BAG v. 13.9.1983 – 3 AZR 343/81, AP Nr. 11 zu § 18 HAG. |12 LAG Bremen v. 27.10.1978 – 1 TaBV 5/78, AP Nr. 1 zu § 87 BetrVG 1972 – Lohngestaltung.

nicht unter Nr. 11[1], aber unter Nr. 10. Nach der Rspr. des BAG[2] sind auch Provisionen keine leistungsbezogenen Entgelte iSd. Nr. 11, weil es an der notwendigen Bezugsleistung fehlt[3]. Mithin fallen Abschluss[4]-, Vermittlungs-, Anteils- und Leitungsprovisionen[5] nicht unter Nr. 11, aber unter Nr. 10.

206 **c) Umfang des Mitbestimmungsrechts.** Soweit nicht durch TV vorgegeben, gehören zur „Festsetzung" gem. Nr. 11 und damit zu den mitbestimmungspflichtigen Maßnahmen:

- Ermittlung des Geldfaktors[6];
- Entscheidung, nach welchen – ggf. abgeänderten – arbeitswissenschaftlichen Systemen die Leistungsansätze erfolgen sollen[7];
- Vornahme von Zeitstudien und -aufnahmen[8];
- Dauer der Vorgabe-[9], Verteil-, Rüst-, Erholungs-[10] und Wartezeiten[11];
- Festsetzung der Prämienart, des Prämienausgangs- bzw. -grundlohns, des Prämienhöchstlohns, der Leistungsstufen, der einzelnen Prämien[12]

Durch das MitbestR für die Geldfaktoren, erhält der BR durch Nr. 11 ausnahmsw. das Recht, auch über die Lohnhöhe mitzubestimmen[13].

207 **d) Gesetzessystematik.** Nr. 11 ist im Verhältnis zu Nr. 10 lex specialis und enthält zusätzliche MitbestR bei der Festsetzung von Akkord- und Prämiensätzen[14].

208 **12. Betriebliches Vorschlagswesen (Abs. 1 Nr. 12). a) Zweck.** Grundsätze über das betriebl. Vorschlagswesen unterliegen nach Nr. 12 der Mitbest. des BR. Zweck des MitbestR ist, dass die Behandlung betriebl. Verbesserungsvorschläge für die ArbN durchschaubar wird. Es dient der Entfaltung der Persönlichkeit des ArbN, indem dieser zum Mitdenken und damit zur Teilnahme an der Gestaltung der Arbeit und der Entwicklung des Betriebes motiviert wird. Es dient seinem Schutz, indem es die Berücksichtigung seiner Initiative und seiner Leistung ordnet und durchschaubar macht und so dazu beiträgt, dass die ArbN des Betriebes insoweit gleichmäßig und nach den Grundsätzen von Recht und Billigkeit behandelt werden[15].

209 **b) Begriffsbestimmung.** Der Begriff des betriebl. Vorschlagswesens umfasst Verbesserungsvorschläge, soweit sie nicht schon arbeitsvertragl. geschuldet sind[16]. Ob der BR im Hinblick auf Vorschläge von „Qualitätszirkeln" mitzubestimmen hat, ist umstritten[17]. Die Vorschläge müssen konstruktiv sein und können den technischen, sozialen, kaufmännischen oder organisatorischen Bereich betreffen; reine Kritik reicht nicht aus[18].

210 Die qualifizierten technischen Verbesserungsvorschläge (§ 3 ArbnErfG) werden zT abschließend durch das ArbnErfG[19] geregelt und unterliegen damit nicht der Mitbest. Soweit sie dem ArbGeb eine ähnliche Vorzugsstellung gewähren wie ein gewerbliches Schutzrecht (§ 20 I ArbnErfG), gelten für die Vergütung §§ 9 und 12 ArbnErfG. Es bleibt damit nur Raum für die Mitbest. in organisatorischen Fragen. Für einfache technische Verbesserungsvorschläge besteht hingegen ein volles MitbestR, soweit keine tarifl. Regelung entgegensteht (vgl. § 20 II ArbnErfG). Patent- und gebrauchsmusterfähige Erfindungen[20] gehören nicht zum betrieblichen Vorschlagswesen; hier gilt das ArbnErfG.

211 **c) Umfang der Mitbestimmung.** Der ArbGeb darf allein entscheiden, ob er Mittel für die Entlohnung betriebl. Verbesserungsvorschläge zur Verfügung stellt und wie hoch ggf. der Prämienetat sein soll[21]. Die Bewertung und Prämierung des einzelnen Verbesserungsvorschlags unterliegt ebenso wenig der Mitbest. des BR wie die Frage, ob ein Verbesserungsvorschlag verwendet werden[22] oder ob eine Anerkennungsprämie für nicht verwertete Vorschläge gezahlt werden soll.

---

1 BAG v. 15.5.2001 – 1 ABR 39/00, AP Nr. 17 zu § 87 BetrVG 1972 – Prämie. | 2 BAG v. 13.3.1984 – 1 ABR 57/82, AP Nr. 4 zu § 87 BetrVG 1972 – Provision (Aufgabe der bisherigen Rspr.); v. 26.7.1988 – 1 AZR 54/87, AP Nr. 6 zu § 87 BetrVG 1972 – Provision. | 3 AA *Fitting*, § 87 BetrVG Rz. 533 mwN. | 4 BAG v. 13.3.1984 – 1 ABR 57/82, AP Nr. 4 zu § 87 BetrVG 1972 – Provision. | 5 BAG v. 28.7.1981 – 1 ABR 56/78, AP Nr. 2 zu § 87 BetrVG 1972 – Provision. | 6 BAG v. 13.9.1983 – 1 ABR 32/81, AP Nr. 3 zu § 87 BetrVG 1972 – Prämie; v. 16.12.1986 – 1 ABR 26/85, AP Nr. 8 zu § 87 BetrVG 1972 – Prämie. | 7 BAG v. 24.2.1987 – 1 ABR 18/85, AP Nr. 21 zu § 77 BetrVG 1972. | 8 BAG v. 24.2.1987 – 1 ABR 18/85, AP Nr. 21 zu § 77 BetrVG 1972; v. 24.11.1987, AP Nr. 6 zu § 87 BetrVG 1972 – Akkord. | 9 BAG v. 16.4.2002 – 1 ABR 34/01, AP Nr. 9 zu § 87 BetrVG 1972 – Akkord. | 10 BAG v. 24.2.1987 AP Nr. 21 zu § 77 BetrVG 1972; v. 24.11.1987 – 1 ABR 12/86, AP Nr. 6 zu § 87 BetrVG 1972 – Akkord. | 11 BAG v. 14.2.1989 – 1 AZR 97/88, AP Nr. 8 zu § 87 BetrVG 1972 – Akkord. | 12 BAG v. 13.9.1983 – 1 ABR 32/81, AP Nr. 3 zu § 87 BetrVG 1972 – Prämie; DKK/*Klebe*, § 87 BetrVG Rz. 286. | 13 BAG v. 29.3.1977 – 1 ABR 123/74, AP Nr. 1 zu § 87 BetrVG 1972 – Provision; aA Richardi/*Richardi*, § 87 BetrVG Rz. 904 ff. | 14 BAG v. 29.3.1977 – 1 ABR 123/74, AP Nr. 1 zu § 87 BetrVG 1972 – Provision. | 15 BAG v. 16.3.1983 – 1 ABR 63/80, AP Nr. 2 zu § 87 BetrVG 1972 – Vorschlagswesen. | 16 ArbG Heilbronn v. 15.5.1986 – 4 Ca 136/85, DB 1987, 541; *Fitting*, § 87 BetrVG Rz. 541 mwN. | 17 Einerseits: GK-BetrVG/*Wiese*, § 87 Rz. 1014; andererseits: *Fitting*, § 87 BetrVG Rz. 547. | 18 GK-BetrVG/*Wiese*, § 87 Rz. 1012. | 19 IdF der Bekanntmachung vom 25.7.1957, BGBl. I S. 756, zuletzt geändert am 18.1.2002, BGBl. I S. 414. | 20 *Fitting*, § 87 BetrVG Rz. 542. | 21 BAG v. 16.3.1982 – 1 ABR 63/80, AP Nr. 2 zu § 87 BetrVG 1972 – Vorschlagswesen. | 22 BAG v. 16.3.1982 – 1 ABR 63/80, AP Nr. 2 zu § 87 BetrVG 1972 – Vorschlagswesen.

212 Mitbestimmungspflichtig ist aber die Einführung und Aufstellung allgemeiner Grundsätze für die Bearbeitung der Vorschläge und die Bemessung der Prämien, auch wenn dadurch Kosten entstehen[1]. Zu den Grundsätzen gehören folgende Regelungskreise[2]:

- Organe (Beauftragter oder Ausschuss) und ggf. ihre Zusammensetzung und Aufgaben;
- Festlegung des teilnahmeberechtigten Personenkreises[3];
- Verfahrensvorschriften (Vorschlagsberechtigung; Prüfungsvoraussetzungen; Bewertungsmethoden; Grundsätze der Prämienberechnung; Verteilung der Prämie bei Gruppenvorschlägen).

Die Bestellung eines Erfinderberaters ist mitbestimmungspflichtig, weil § 21 I ArbnErfG dies ausdrücklich vorsieht. Das gilt aber nicht für die Bestellung eines Beauftragten für das betriebl. Vorschlagswesen[4]. Die Betriebspartner können zur verbindlichen Beurteilung eingereichter Verbesserungsvorschläge paritätische Kommissionen einrichten. Die mit Mehrheit getroffenen tatsächlichen Feststellungen und Bewertungen dieser Kommissionen sind nur beschränkt gerichtlich überprüfbar[5].

213 **d) Initiativrecht.** Der BR hat ein Initiativrecht für die Einführung eines betriebl. Vorschlagswesen, sobald ein allgemeines Bedürfnis für eine Regelung besteht. Davon ist nach der Rspr. des BAG auszugehen, wenn im Betrieb Verbesserungsvorschläge gemacht, vom ArbGeb angenommen und verwertet werden[6]. Im Übrigen setzt das BAG die Schwelle hoch: Nur wenn das Begehren des BR, ein betriebl. Vorschlagswesen einzuführen, rechtsmissbräuchlich wäre, soll ein Initiativrecht ausscheiden[7].

214 **13. Gruppenarbeit (Abs. 1 Nr. 13). a) Zweck.** Die Durchführung von Gruppenarbeit unterliegt erst seit der Reform des BetrVG[8] der Mitbest. des BR nach § 87. Gesetzessystematisch ist Nr. 13 dort fehl am Platz, da nicht wie in den anderen Katalognummern nur einzelne Arbeitsbedingungen, sondern ein unternehmerisches Gesamtkonzept der Mitbest. unterworfen wird[9]. Teilautonome Gruppenarbeit fördert einerseits die Selbständigkeit und Eigeninitiative der Gruppe und der ArbN (vgl. auch § 75 II 2). Andererseits birgt sie – so die Gesetzesbegründung – auch Gefahren, nämlich die „Selbstausbeutung" der Gruppenmitglieder und die Ausgrenzung leistungsschwächerer Mitarbeiter. Diesen soll durch die Mitbest. des BR begegnet werden[10].

215 **b) Begriffsbestimmung.** Der Begriff „Gruppenarbeit" ist im zweiten Hs. der Nr. 13 legal definiert: Danach ist Gruppenarbeit iS dieser Vorschrift, wenn

- im Rahmen des betrieblichen Arbeitsablaufs;
- eine Gruppe von ArbN;
- eine ihr übertragene Gesamtaufgabe;
- im Wesentlichen eigenverantwortlich erledigt.

Die Gruppe muss in den betriebl. Ablauf integriert sein. Reine Arbeitsgruppen parallel zur üblichen Arbeitsorganisation, in der nur mehrere ArbN zusammengefasst sind (zB Projekt- oder Steuerungsgruppen), werden nicht erfasst[11]. Eine Gruppe besteht aus mindestens drei ArbN[12]. Job-Sharing-Arbeitsverhältnisse sind also keine Gruppe[13].

Der Gruppe muss eine Gesamtaufgabe von gewisser Dauer übertragen werden[14]. Die Eigenverantwortlichkeit resultiert daraus, dass der ArbGeb der Gruppe die arbeitgebertypischen Weisungsrechte überträgt. Die Gruppe reguliert und verwaltet sich innerhalb vorgegebener Grenzen selbst[15]. Sie steuert weitgehend die Ausführung der Aufgabe selbständig und kontrolliert – ggf. im Rahmen der Vorgaben – das Ergebnis. Demnach sind Akkordkolonnen, denen keine Entscheidungskompetenz übertragen wird[16], keine Gruppen iSd. Nr. 13.

216 **c) Umfang des Mitbestimmungsrechts. aa) Mitbestimmungsfreie Angelegenheiten.** Mitbestimmungsfrei sind die Einführung[17] und Beendigung[18] der Gruppenarbeit. Der ArbGeb hat es also selbst in der Hand, ob er die Aufgaben weisungsgebundenen Arbeitsgruppen überträgt oder nach Nr. 13 mitbestimmungspflichtige Gruppenarbeit verrichten lässt. Er entscheidet mitbestimmungsfrei[19],

- in welchem Umfang,

---

1 BAG v. 28.4.1981 – 1 ABR 53/79, AP Nr. 1 zu § 87 BetrVG 1972 – Vorschlagswesen. | 2 BAG v. 28.4.1981 – 1 ABR 53/79, AP Nr. 1 zu § 87 BetrVG 1972 – Vorschlagswesen; v. 28.4.1981 – 1 ABR 53/79, AP Nr. 1 zu § 87 BetrVG 1972 – Vorschlagswesen. | 3 *Fitting*, § 87 BetrVG Rz. 553. | 4 BAG v. 16.3.1982 – 1 ABR 63/80, AP Nr. 2 zu § 87 BetrVG 1972 – Vorschlagswesen. Zu beachten ist aber ggf. die Mitbest. nach § 99, falls eine Einstellung oder Versetzung erforderlich ist. | 5 BAG v. 20.1.2004 – 9 AZR 393/03, NZA 2004, 994. | 6 BAG v. 28.4.1981 – 1 ABR 53/79, AP Nr. 1 zu § 87 BetrVG 1972 – Vorschlagswesen. | 7 BAG v. 28.4.1981 – 1 ABR 53/79, AP Nr. 1 zu § 87 BetrVG 1972 – Vorschlagswesen; krit. GK-BetrVG/*Wiese*, § 87 Rz. 1025. | 8 Art. 1 Nr. 56 BetrVerf-Reformgesetz vom 27.7.2001, BGBl. I, 1852. | 9 *Preis/Elert*, NZA 2001, 371 (373); Richardi/*Richardi*, § 87 BetrVG Rz. 949. | 10 BT-Drs. 14/5741, S. 47; krit. *Preis/Elert*, NZA 2001, 371 (373 f.). | 11 Begr. RegE, BT-Drs. 14/5741, S. 48. | 12 *Löwisch*, BB 2001, 1790 (1792). | 13 GK-BetrVG/*Wiese*, § 87 Rz. 1044. | 14 *Preis/Elert*, NZA 2001, 371 (372 f.). | 15 *Preis/Elert*, NZA 2001, 371 (372); *Löwisch*, BB 2001, 1790 (1792). | 16 *Preis/Elert*, NZA 2001, 371 (372 f.). | 17 *Fitting*, § 87 BetrVG Rz. 561, 572. | 18 *Fitting*, § 87 BetrVG Rz. 572; *Annuß*, NZA 2001, 370. | 19 Begr. RegE, BT-Drs. 14/5741, S. 47.

- in welchen Bereichen,
- wie lange,
- mit welcher Größe,
- in welcher personellen Zusammensetzung der Gruppe[1]

er Gruppenarbeit verrichten lässt.

Auch die eigenverantwortlichen Entscheidungen der Gruppe, wie die Arbeit im Rahmen der ihr übertragenen Delegation zu erledigen ist[2], unterliegen nicht der Mitbest.

217 **bb) Mitbestimmungspflichtige Angelegenheiten.** Ein MitbestR nach Nr. 13 steht dem BR erst dann zu, wenn sich der ArbGeb entschlossen hat, Gruppenarbeit verrichten zu lassen. Dann hat der BR das Recht bei den Grundsätzen der Durchführung der Gruppenarbeit mitzubestimmen, also Verfahren und Organisation der Gruppenarbeit mit zu regeln. Dazu gehören zB[3] folgende Themenkomplexe[4]:

- Wahl, Stellung und Aufgaben des Gruppensprechers;
- Abhalten von Gruppengesprächen zwecks Meinungsbildung und -austausch;
- Zusammenarbeit in der Gruppe und mit anderen Gruppen;
- Berücksichtigung leistungsschwächerer ArbN;
- Konfliktlösung in der Gruppe.

218 **d) Delegation der Mitbestimmung.** Der BR kann nach Maßgabe des § 28a (Rz. 31) Aufgaben nach Nr. 13 auf die Gruppe delegieren, so dass die Gruppe mit dem ArbGeb Vereinbarungen treffen kann (§ 28a II)[5]. Erzwingen kann der BR eine solche Delegation nicht, weil sie nicht mehr zu den Grundsätzen über die Durchführung der Gruppenarbeit gehört[6].

219 **e) Sonstige Beteiligungsrechte.** Auch im nach Nr. 13 mitbestimmungsfreien Bereich der Einführung oder Beendigung der Gruppenarbeit sind ggf. sonstige Beteiligungsrechte, zB nach Nr. 6 und 10, §§ 80 II, 90, 91, 92, 95, 99, bzw. §§ 106 III Nr. 5, 111 S. 3 Nr. 5 zu beachten.

220 **f) Übergangszeitraum.** Schon vor Inkrafttreten des BetrVerf-Reformgesetzes wurde Gruppenarbeit praktiziert. Sollen die Grundsätze nunmehr festgeschrieben oder geändert werden, können ArbGeb und BR dieses auf Grund des Initiativrechts von einander verlangen[7].

88 *Freiwillige Betriebsvereinbarungen*

Durch Betriebsvereinbarung können insbesondere geregelt werden

1. zusätzliche Maßnahmen zur Verhütung von Arbeitsunfällen und Gesundheitsschädigungen;

1a. Maßnahmen des betrieblichen Umweltschutzes;

2. die Errichtung von Sozialeinrichtungen, deren Wirkungsbereich auf den Betrieb, das Unternehmen oder den Konzern beschränkt ist;

3. Maßnahmen zur Förderung von Vermögensbildung;

4. Maßnahmen zur Integration ausländischer Arbeitnehmer sowie zur Bekämpfung von Rassismus und Fremdenfeindlichkeit im Betrieb.

1 **I. Allgemeines.** § 88 ergänzt die Vorschrift des § 87. Während § 87 erzwingbare MitbestR regelt, ermöglicht § 88 BV auch über Angelegenheiten, in denen kein erzwingbares MitbestR besteht.

2 Dabei nennt das Gesetz beispielhaft fünf mögliche Regelungsgegenstände. Von diesen sind die Regelungen der Ziffern 1a und 4 durch das BetrVerf-Reformgesetz hinzugefügt wurden.

3 Wie das Wort „insbesondere" im Gesetzeswortlaut zeigt, ist die Aufzählung nicht abschließend[8]. Dies galt auch schon vor der Hinzufügung zusätzlicher Regelungsgegenstände durch das BetrVerf-Reformgesetz. Die nun ausdrücklich erfasste Möglichkeit, in freiwilligen BV Maßnahmen des betriebl. Umweltschutzes (Ziffer 1a) oder zur Integration ausländischer ArbN sowie zur Bekämpfung von Rassismus und Fremdenfeindlichkeit im Betrieb (Ziffer 4) zu regeln, bedeutet also substanziell nicht Neues[9]. Die Novellierung hat letztlich nur klarstellende Funktion[10] und erschöpft sich in ihrer symbolischen Wirkung.

---

1 *Preis/Elert*, NZA 2001, 371 (374); *Löwisch*, GK-BetrVG/*Wiese*, § 87 Rz. 1055; aA *Fitting*, § 87 BetrVG Rz. 575. | 2 *Löwisch*, BB 2001, 1790 (1792). | 3 Ausf. GK-BetrVG/*Wiese*, § 87 Rz. 1065. | 4 Begr. RegE, BT-Drs. 14/5741, S. 47. | 5 Vgl. GK-BetrVG/*Wiese*, § 87 Rz. 1068 mwN; krit. zu den damit verbundenen Gefahren: *Preis/Elert*, NZA 2001, 371 (374); ausf. *Blanke*, RdA 2003, 140. | 6 *Annuß*, NZA 2001, 367 (370); aA DKK/*Klebe*, § 87 BetrVG Rz. 302. | 7 GK-BetrVG/*Wiese*, § 87 Rz. 1070; *Löwisch*, BB 2001, 1790 (1791); abl. *Däubler*, Probleme beim Übergang zum neuen Betriebsverfassungsrecht, DB 2001, 1669 (1671): Der BR könne die Fortführung der Gruppenarbeit untersagen. | 8 Einhellige Ansicht: BAG v. 7.11.1989 – GS 3/85, DB 1990, 1724; Richardi/*Richardi*, § 88 BetrVG Rz. 6; GK-BetrVG/*Wiese*, § 88 Rz. 7; ErfK/*Kania*, § 88 BetrVG Rz. 1; *Fitting*, § 88 BetrVG Rz. 1 mwN. | 9 DKK/*Däubler*, § 88 BetrVG Rz. 1. | 10 BT-Drs. 14/57/41, S. 48 zu Nr. 57; DKK/*Däubler*, § 88 BetrVG Rz. 1; Richardi/*Richardi*, § 88 BetrVG Rz. 1.

II. Umfang der Regelungsbefugnis. 1. Mögliche Regelungsgegenstände. Zu den sozialen Angelegenheiten, die durch freiwillige BV geregelt werden können, gehören alle Fragen, die auch Regelungsgegenstand des normativen Teils eines TV sein können[1]. 4

Die Betriebspartner sind beim Abschluss freiwilliger BV nicht auf soziale Angelegenheiten beschränkt. 5 Die Rspr. und ein Teil der Lit. leiten diese umfassende Regelungskompetenz der Betriebspartner unmittelbar aus § 88 ab[2]. Begründet wird dies mit der Entstehungsgeschichte der Vorschrift und damit, dass die der alten Fassung des BetrVG zeitlich nachfolgende Regelung des § 28 SprAuG umfassende Kompetenzen über die Vereinbarung von Richtlinien zwischen SprAu und ArbGeb beinhalte. Es sei davon auszugehen, dass die Regelungskompetenz des SprAu nicht weitergehen sollte als die Regelungskompetenz des BR[3]. Nach Auffassung des BAG kommt den Betriebspartnern daher eine umfassende Regelungskompetenz für alle Frage zu, die den Inhalt, den Abschluss und die Beendigung von Arbeitsverhältnissen betreffen, auch für die ArbN belastende Regelungen[4]. Sie erstreckt sich nicht auf den außerbetriebl., privaten Lebensbereich der ArbN[5].

Zutreffend verweist aber die in der Lit. wohl herrschende Gegenansicht auf die thematische Stellung 6 der Vorschrift im Bereich der sozialen Angelegenheiten und nimmt an, eine über die sozialen Angelegenheiten hinausgehende Regelungskompetenz der Betriebspartner könne nicht aus § 88, sondern nur konkret aus ausdrücklichen gesetzl. Regelungen (zB aus §§ 102 VI und 112 I 3) und aus allgemeinen Grundsätzen folgen[6].

2. Grenzen der Mitbestimmung. Das Recht freiwillige BV abzuschließen, besteht nicht schrankenlos. 7 Anders als im Falle der mitbestimmungspflichtigen Angelegenheiten gem. § 87 fehlt eine dem Eingangssatz des § 87 entsprechende Spezialregelung. Damit ist der allgemeine Tarifvorrang des § 77 III zu beachten, dh. eine freiwillige BV ist schon bei bloßer Tarifüblichkeit der Regelung ausgeschlossen[7].

Im Gegensatz zu § 87 gilt der Gesetzesvorrang nur allgemein. Ein Gesetz zum selben Regelungsgegen- 8 stand schließt eine freiwillige BV nicht automatisch aus. Da eine freiwillige BV aber nur im Rahmen der geltenden Gesetze zulässig ist, darf sie den gesetzl. Regelungen nicht widersprechen[8]. Die Vereinbarkeit mit höherrangigem Recht ist gerichtlich voll überprüfbar, insbesondere sind die Betriebspartner gem. § 75 Abs.1, 2 zur Wahrung der grundrechtlich geschützten Freiheitsrechte verpflichtet[9]. Das zulässige Maß einer Beschränkung der allgemeinen Handlungsfreiheit bemisst sich nach dem Grundsatz der Verhältnismäßigkeit (mittelbare Grundrechtsbindung der Betriebspartner)[10].

BV, die ausschließlich zu Lasten der ArbN wirken, sind unzulässig. Zum einen sind die Binnenschran- 9 ken mit Blick auf die Verhältnismäßigkeit zu beachten, zum anderen dient die Einschaltung des BR als Sachwalter der Interessen der ArbN dazu, die Vertragsimparität zwischen ArbGeb und ArbN auszugleichen[11]. Dieser Zweck wird verfehlt, wenn BV sich ausschließlich zuungunsten der ArbN auswirken. Entsprechende BV sind (soweit sie nicht ohnehin unverhältnismäßig sind) auch wegen des Missbrauchs der Regelungsbefugnis der Betriebspartner unwirksam[12]. Im Verhältnis von vertragl. Vereinbarungen zur BV gilt das Günstigkeitsprinzip als Regelungsschranke[13]. Ob eine Regelung belastend ist, ergibt sich aus dem Vergleich mit der Rechtslage, wie sie ohne BV bestünde[14]. Eine Ausnahme besteht dann, wenn eine günstigere ältere durch eine für ArbN ungünstige neue BV abgelöst wird. Grds. ist nämlich jede Regelung durch einen actus contrarius aufhebbar[15].

BV, die für die ArbN Vertragsstrafen begründen, sind jedenfalls dann unwirksam, wenn sie einzelver- 10 tragl. Vertragsstrafenregelungen auch dann Vorrang einräumen, wenn sie für den ArbN ungünstiger sind[16]. Ebenso unzulässig sind Lohnverwendungsabreden, die den ArbN verpflichten, einheitliche Dienstkleidung zu tragen und sich an den Anschaffungskosten zu beteiligen[17] oder dazu verpflichten, für Kantinenessen unabhängig von der tatsächlichen Inanspruchnahme anteilig die Kosten zu tragen[18]. Unzulässig ist auch eine BV, die die Stundung fälliger Lohnansprüche vorsieht[19]. Ein Anspruch auf Erstattung der mit der Bearbeitung von Lohn- oder Gehaltspfändungen verbundenen Kosten des ArbGeb kann nicht durch eine freiwillige BV begründet werden[20]. Eine Regelung, die von den ArbN verlangt,

---

1 Ganz hM, vgl. nur ErfK/*Kania*, § 88 BetrVG Rz. 1; DKK/*Däubler*, § 88 BetrVG Rz. 1; vgl. *auch Fitting*, § 88 BetrVG Rz. 3. | 2 BAG v. 7.11.1989 – GS 3/85, DB 1990, 1724; *Fitting*, § 88 BetrVG Rz. 2. | 3 BAG v. 7.11.1989 – GS 3/85, DB 1990, 1724; *Fitting*, § 88 BetrVG Rz. 3. | 4 BAG v. 12.12.2006 – 1 AZR 96/06, NZA 2007, 453 mit ausdrücklichem Hinweis auf ein Festhalten an dieser bisherigen Rspr. | 5 BAG v. 12.12.2006 – 1 AZR 96/06, NZA 2007, 453. | 6 GK-BetrVG/*Wiese*, § 88 Rz. 10; GK-BetrVG/*Kreutz*, § 77 Rz. 68; HSWG/*Worzalla*, § 88 BetrVG Rz. 3; Richardi/*Richardi*, § 88 BetrVG Rz. 3 ff. | 7 LAG BW v. 13.11.1999 – 17 TaBV 3/98, AuR 1999, 156; DKK/*Däubler*, § 88 BetrVG Rz. 2. | 8 BAG v. 7.11.1989 – GS 3/85, NZA 1990, 816 (821). | 9 BAG v. 12.12.2006 – 1 AZR 96/06, NZA 2007, 453; v. 18.7.2006 – 1 AZR 578/05, NZA 2007, 462. | 10 BAG v. 12.12.2006 – 1 AZR 96/06, NZA 2007, 453; v. 18.7.2006 – 1 AZR 578/05, NZA 2007, 462. | 11 GK-BetrVG/*Kreutz*, § 77 Rz. 236, 356 f. | 12 BAG v. 12.8.1982 – 6 AZR 1117/79, BAGE 39, 295; v. 6.8.1991 – 1 AZR 3/90, BB 1992, 427; v. 1.12.1992 – 1 AZR 260/92, BB 1993, 939; Richardi/*Richardi*, § 88 BetrVG Rz. 7; *Stege/Weinspach/Schiefer*, § 88 BetrVG Rz. 3a. | 13 BAG v. 1.12.1992 – 1 AZR 260/92, BB 1993, 939. | 14 *Fitting*, § 88 BetrVG Rz. 10. | 15 GK-BetrVG/*Kreutz*, § 77 Rz. 273. | 16 BAG v. 6.8.1991 – 1 AZR 3/90, BB 1992, 427. | 17 BAG v. 1.12.1992 – 1 AZR 260/92, BB 1993, 939. | 18 BAG v. 11.7.2000 – 1 AZR 551/99, BB 2001, 471. | 19 LAG BW v. 27.4.1977 – 8 Sa 203/76, DB 1977, 1706. | 20 BAG v. 18.7.2006 – 1 AZR 578/05, NZA 2007, 462.

dass sie bereits während des Kündigungsschutzprozesses Annahmeverzugsansprüche einklagen müssen, ist unverhältnismäßig belastend und damit unwirksam[1].

11 **III. Zustandekommen/Wirkung/Kündbarkeit.** Für das Zustandekommen, die Wirkung und die Kündbarkeit freiwilliger BV gelten die allgemeinen Vorschriften des § 77. Den ArbGeb trifft die allgemeine Durchführungspflicht gem. § 77 I[2]. Dies bedeutet insb., dass er auch freiwillige BV während ihrer Laufzeit nicht einseitig außer Kraft setzen, sondern nur kündigen kann. Das Recht zur Kündigung kann in der BV ausgeschlossen oder in seiner Wirkung beschränkt werden[3].

12 Freiwillige BV wirken nicht nach. Dies folgt aus § 77 VI, der eine Nachwirkung nur für solche BV, in denen der Spruch der Einigungsstelle die Einigung zwischen den Betriebspartnern ersetzen kann, also gerade nicht für freiwillige BV, vorsieht. Allerdings kann die Nachwirkung vereinbart werden[4]. Solche Vereinbarungen sind in der Regel so auszulegen, dass die Nachwirkung auch einseitig gegen den Willen der anderen Seite beendet werden kann. Im Zweifel geht das BAG davon aus, dass die Betriebspartner eine Konfliktlösung entsprechend der erzwingbaren Mitbest. wollen. Scheitern Verhandlungen über eine einvernehmliche Neuregelung kann die Einigungsstelle angerufen werden, die verbindlich entscheidet[5].

13 **IV. Ausdrücklich erwähnte Angelegenheiten. 1. Verhütung von Arbeitsunfällen und Gesundheitsschädigungen.** Die Regelung des § 88 Nr. 1 ergänzt die Vorschrift des § 87 I Nr. 7[6]. Während danach Maßnahmen innerhalb des Rahmens gesetzl. Vorschriften der erzwingbaren Mitbest. unterworfen sind, ermöglicht § 88 Nr. 1 zusätzliche Regelungen, die über diesen Rahmen hinausgehen, also Maßnahmen, zu denen der ArbGeb nicht ohnehin auf Grund gesetzl. oder tarifl. Vorschriften verpflichtet ist.

14 Möglich sind Regelungen im Bereich der Sicherheitstechnik wie beispielsw. die Festlegung von Höchstgeschwindigkeiten auf dem Werksgelände oder von Höchstdrehzahlen für Maschinen[7] oder organisatorische Maßnahmen, wie die Einführung von Reihenuntersuchungen[8], die Einführung gesetzl. nicht vorgeschriebener Feuerschutzeinrichtungen, Alarmvorrichtungen oder Einrichtung einer Unfallstation, die Verbesserung der Arbeitsumgebung (zB durch Verbesserung der Licht- und Luftverhältnisse oder durch Lärmreduktion) oder auch die Durchführung von Sicherheitswettbewerben[9].

15 **2. Maßnahmen des betrieblichen Umweltschutzes.** Die ausdrückl. Nennung von Maßnahmen des betriebl. Umweltschutzes als Gegenstand einer freiwilligen BV erfolgte durch das BetrVerf-Reformgesetz von 2001. Sie steht im Kontext mit der Änderung zahlreicher weiterer Vorschriften, die durch das Thema betriebl. Umweltschutz erweitert worden sind (vgl. zB §§ 43 II 2, 80 I Nr. 9, 89 Nr. 1).

16 Eine Legaldefinition des Begriffes „betrieblicher Umweltschutz" findet sich in § 89 III (zum Inhalt der Definition und zu deren Kritik s. § 89 Rz. 23 ff.). Weit gehende Einigkeit besteht darüber, dass unter betriebl. Umweltschutz nur solche Fragen zu fassen sind, die den Betrieb unmittelbar berühren; ein allgemeines umweltpolitisches Mandat der Betriebspartner besteht nicht. Die Abgrenzung gestaltet sich schwierig. Was bleibt, ist eine an Beispielen orientierte Näherung. So kann der ArbGeb nicht per BV zur Gewinnung von Solarstrom auf dem Dach des Firmengebäudes verpflichtet werden[10]. Wie fließend die Grenzen sind, zeigt sich aber daran, dass auf der anderen Seite die Vereinbarung von umweltfreundlichen Produktionstechniken für zulässig gehalten wird[11]. Es bleibt daher abzuwarten, welche Grenzen die Rspr. ziehen wird.

17 Weitere Beispiele für Maßnahmen des betriebl. Umweltschutzes sind die Reduzierung von Lärm- und Schadstoffemissionen, Vereinbarungen über ein Öko-Controlling oder über die Fortbildung von ArbN in Umweltfragen[12]. Gerade zu Letzterem wird aber nach dem Inhalt der Fortbildung zu fragen sein. So dürften Vereinbarungen über Fortbildungen in allgemeinen umweltpolitischen Fragen ohne jeglichen Betriebsbezug (zB über den Schutz der Meere in nicht küstennahen Betrieben) nicht von § 88 BetrVG gedeckt sein. Der notwendige Betriebsbezug kann nämlich nicht allein dadurch vermittelt werden, dass es um die Weiterbildung von Betriebsangehörigen geht. So hat das BAG zumindest unter Geltung des früheren Rechts in einem Urteil, dass sich mit der Geeignetheit einer Schulungsveranstaltung nach § 37 VII beschäftigte, festgestellt, dass der BR kein Mandat habe, sich mit umweltschutzrelevanten Fragestellungen zu befassen, die allein dem Interesse der Allgemeinheit dienen[13].

18 **3. Errichtung von Sozialeinrichtungen.** § 88 Nr. 2 ergänzt für Sozialeinrichtungen die den mitbestimmungspflichtigen Teil regelnde Vorschrift des § 87 I Nr. 7. ArbGeb und BR können in einer freiwilligen BV die Einrichtung, Auflösung und die finanzielle Ausstattung einer Sozialeinrichtung regeln. Die funktionale Zuständigkeit des BR, GBR oder KBR richtet sich dabei nach dem Wirkungskreis der Regelung.

---

1 BAG v. 12.12.2006 – 1 AZR 96/06, NZA 2007, 453. |2 BAG v. 13.10.1987 – 1 ABR 51/86, NZA 1988, 253; DKK/*Däubler*, § 88 BetrVG Rz. 3 mwN. |3 *Fitting*, § 88 BetrVG Rz. 13. |4 BAG v. 28.4.1998 – 1 ABR 43/97, NZA 1998, 1348. |5 BAG v. 28.4.1998 – 1 ABR 43/97, NZA 1998, 1348. |6 Vgl. BAG v. 8.6.2004 – 1 ABR 13/03, NZA 2004, 1175. |7 *Fitting*, § 88 BetrVG Rz. 16. |8 *Löwisch*, DB 1987, 936 (938 f.). |9 BAG v. 24.3.1981 – 1 ABR 32/78, DB 1981, 1674. |10 *Löwisch/Kaiser*, § 88 BetrVG Rz. 3; *Stege/Weinspach/Schiefer*, § 88 BetrVG Rz. 6a; *Reichold*, NZA 2001, 857 (863). |11 *Dachrodt/Engelbert*, § 88 BetrVG Rz. 7. |12 Diese und weitere Beispiele bei *Fitting*, § 88 BetrVG Rz. 18. |13 BAG v. 11.10.1995 – 7 ABR 42/94, BB 1996, 1440.

Grds. ist es allein Sache des ArbGeb, die Entscheidung über das „ob" einer Sozialeinrichtung und ihre finanzielle Ausstattung zu treffen. Gem. § 88 Ziff. 2 kann er sich aber gegenüber dem BR in einer freiwilligen BV zur Einrichtung oder einer bestimmten finanziellen Ausstattung verpflichten. Dabei ist zu beachten, dass dann, wenn durch BV die Verpflichtung zur Einrichtung besteht, der ArbGeb von einem ansonsten bestehenden Recht zur Auflösung nicht mehr ohne weiteres Gebrauch machen kann. Vielmehr ist er gezwungen vor Auflösung der Sozialeinrichtung die die Einrichtung regelnde BV zu kündigen[1]. 19

4. Förderung der Vermögensbildung. Die Vorschrift trägt der Bildung von Vermögen in Arbeitnehmerhand Rechnung. Sie korrespondiert mit den Regelungen des Fünften Vermögensbildungsgesetzes idF vom 7.9.1998[2], das in seinem § 10 I die BV ausdrücklich als Rechtsgrundlage für zusätzlich zum Arbeitsentgelt gewährte vermögenswirksame Leistungen beschreibt. 20

ArbGeb und BR können auch andere Anlagearten vereinbaren, als sie im Vermögensbildungsgesetz geregelt sind[3]. Der mögliche Maßnahmenkatalog wird durch die Erwähnung der BV nicht begrenzt. 21

Umstritten ist, ob § 77 III Anwendung findet, wenn vermögenswirksame Leistungen durch TV geregelt sind oder üblicherweise geregelt werden. Unter Hinweis auf den gesetzgeberischen Zweck und die große Bedeutung von Vermögen in Arbeitnehmerhand wird dies zum Teil verneint[4]. § 77 III sei in Bezug auf vermögenswirksame Leistungen restriktiv auszulegen. Im Übrigen handele es sich bei vermögenswirksamen Leistungen nur um einen Randbereich der Lohnpolitik, in dem der Zweck des Sperrvorrangs im Hinblick auf die erkennbare Absicht des Gesetzes, BV über Fragen der Vermögensbildung zu begünstigen, nicht mehr durchschlage[5]. 22

Diese Auffassung findet in der Gesetzesbegründung keine Stütze. Zutreffend verweist die Gegenansicht darauf, dass das BetrVG in § 112 I 4 eine Einschränkung des § 77 III ausdrücklich kennt. Das Fehlen einer solchen Einschränkung in § 88 lässt nur den Schluss zu, dass § 77 III gerade nicht eingeschränkt wird und BV unzulässig sind, wenn vermögenswirksame Leistungen tarifvertragl. geregelt sind oder üblicherweise geregelt werden[6]. 23

Schnittpunkte ergeben sich mit dem MitbestR aus § 87 I Nr. 10. Da vermögenswirksame Leistungen Bestandteil des Lohns und Gehalts sind, sind sie Teil der betrieblichen Lohngestaltung, bei der dem BR ein MitbestR zusteht. Allerdings bezieht sich dieses Recht nicht auf die Einführung solcher Leistungen, sondern allein auf deren Verteilung. 24

5. Maßnahmen zur Integration ausländischer Arbeitnehmer sowie zur Bekämpfung von Rassismus und Fremdenfeindlichkeit im Betrieb. Die Maßnahmen zur Integration ausländischer ArbN sowie zur Bekämpfung von Rassismus und Fremdenfeindlichkeit im Betrieb sind durch das BetrVerf-Reformgesetz 2001 neu in das Gesetz eingefügt worden. 25

Was Inhalt einer solchen BV sein kann, bleibt den Betriebspartnern überlassen. Möglich sind zB Aufklärungsaktionen, besondere Veranstaltungen oder die Bestellung besonderer Ansprechpartner. Ansonsten sollen „phantasievolle Regelungen" gefragt sein[7]. 26

Mit der Novellierung hat sich die Regelungszuständigkeit des BR nicht erweitert, sondern nur konkretisiert. Insbesondere wird den Betriebsparteien kein von den sozialen Angelegenheiten abweichender neuer Regelungsgegenstand zugewiesen[8]. Die Bekämpfung von Rassismus und Fremdenfeindlichkeit als Handlungsauftrag ist aber eher allgemeinpolitisch angelegt[9]. So besteht durchaus die Gefahr, dass § 88 Ziff. 4 als Einfallstor für gem. § 74 II 2 untersagte parteipolitische Aktivitäten genutzt wird[10]. 27

V. Streitigkeiten. Da die Betriebspartner nicht zum Abschluss freiwilliger BV gezwungen werden können, ist die Anrufung der Einigungsstelle nur im beiderseitigen Einvernehmen möglich. Ihr Spruch ist nur bindend, wenn beide Parteien ihn annehmen oder sich ihm unterworfen haben. 28

Streitigkeiten über das Bestehen, den Inhalt und die Durchführung einer freiwilligen BV entscheidet das ArbG im Beschlussverfahren. Gleiches gilt für Streitigkeiten über die Frage, ob eine Angelegenheit im Wege einer freiwilligen BV geregelt werden kann[11]. 29

Ansprüche einzelner ArbN aus einer BV sind im Urteilsverfahren geltend zu machen. 30

---

1 Einhellige Ansicht, vgl. nur HSWG/*Worzalla*, § 88 Rz. 8; GK-BetrVG/*Wiese*, § 88 BetrVG Rz. 24, jeweils mwN. | 2 BGBl. I S. 2647. | 3 Richardi/*Richardi*, § 88 BetrVG Rz. 28; *Löwisch/Kaiser*, § 88 BetrVG Rz. 6. | 4 *Fitting*, § 88 BetrVG Rz. 25; Richardi/*Richardi*, § 88 BetrVG Rz. 29; DKK/*Däubler*, § 88 BetrVG Rz. 13; *Schimana/Frauenkron*, DB 1985, 531 (538). | 5 *Löwisch*, AuR 178, 97 (107). | 6 So auch GK-BetrVG/*Wiese*, § 88 Rz. 29; HSWG/*Worzalla*, § 88 BetrVG Rz. 11; ErfK/*Kania*, § 88 BetrVG Rz. 6; *Stege/Weinspach/Schiefer*, § 88 BetrVG Rz. 9; *Konzen*, BB 1977, 1307 (1312); im Ergebnis auch *Loritz*, DB 1985, 531 (538), der die Kompetenz der Betriebspartner nur für die Vereinbarung von betrieblichen Beteiligungen bejaht, weil hier den Tarifparteien die Regelungskompetenz fehle, ansonsten aber verneint. | 7 *Fitting*, § 88 BetrVG Rz. 27. | 8 Richardi/*Richardi*, § 88 BetrVG Rz. 33; *Annuß*, NZA 2001, 367 (370). | 9 *Picker*, RdA 2001, 257 (274). | 10 Dies andeutend: *Däubler*, AuR 2001, 1 (7), der die Möglichkeit zu Vereinbarungen sieht, bei denen bisher immer die Gefahr parteipolitischer Betätigung bestanden habe. | 11 HSWG/*Worzalla*, § 88 BetrVG Rz. 13.

89 *Arbeits- und betrieblicher Umweltschutz*

(1) Der Betriebsrat hat sich dafür einzusetzen, dass die Vorschriften über den Arbeitsschutz und die Unfallverhütung im Betrieb sowie über den betrieblichen Umweltschutz durchgeführt werden. Er hat bei der Bekämpfung von Unfall- und Gesundheitsgefahren die für den Arbeitsschutz zuständigen Behörden, die Träger der gesetzlichen Unfallversicherung und die sonstigen in Betracht kommenden Stellen durch Anregung, Beratung und Auskunft zu unterstützen.

(2) Der Arbeitgeber und die in Absatz 1 Satz 2 genannten Stellen sind verpflichtet, den Betriebsrat oder die von ihm bestimmten Mitglieder des Betriebsrats bei allen im Zusammenhang mit dem Arbeitsschutz oder der Unfallverhütung stehenden Besichtigungen und Fragen und bei Unfalluntersuchungen hinzuzuziehen. Der Arbeitgeber hat den Betriebsrat auch bei allen im Zusammenhang mit dem betrieblichen Umweltschutz stehenden Besichtigungen und Fragen hinzuzuziehen und ihm unverzüglich die den Arbeitsschutz, die Unfallverhütung und den betrieblichen Umweltschutz betreffenden Auflagen und Anordnungen der zuständigen Stellen mitzuteilen.

(3) Als betrieblicher Umweltschutz im Sinne dieses Gesetzes sind alle personellen und organisatorischen Maßnahmen sowie alle die betrieblichen Bauten, Räume, technische Anlagen, Arbeitsverfahren, Arbeitsabläufe und Arbeitsplätze betreffenden Maßnahmen zu verstehen, die dem Umweltschutz dienen.

(4) An Besprechungen des Arbeitgebers mit den Sicherheitsbeauftragten im Rahmen des § 22 Abs. 2 des Siebten Buches Sozialgesetzbuch nehmen vom Betriebsrat beauftragte Betriebsratsmitglieder teil.

(5) Der Betriebsrat erhält vom Arbeitgeber die Niederschriften über Untersuchungen, Besichtigungen und Besprechungen, zu denen er nach den Absätzen 2 und 4 hinzuzuziehen ist.

(6) Der Arbeitgeber hat dem Betriebsrat eine Durchschrift der nach § 193 Abs. 5 des Siebten Buches Sozialgesetzbuch vom Betriebsrat zu unterschreibenden Unfallanzeige auszuhändigen.

1 **I. Allgemeines.** § 89 beschreibt die Rechtsstellung des BR im Bereich Arbeitsschutz und Umweltschutz. Die Neuaufnahme des Umweltschutzes durch das BetrVerf-Reformgesetz 2001 trägt der Tatsache Rechnung, dass beide Bereiche schon immer eng verwoben waren[1]. Ihre Wechselwirkung wird in der Gesetzesbegründung ausdrücklich hervorgehoben[2]. Sie ist inzwischen auch in mehreren anderen Gesetzen, zB im Chemikaliengesetz, in der GefStoffVO und in der StörfallVO anerkannt.

2 Die Vorschrift fügt sich ein in den Kontext der Aufnahme von Fragen des betriebl. Umweltschutzes in zahlreichen weiteren Vorschriften des BetrVG, so insb. in § 80 I Nr. 9, § 88 Nr. 1a, §§ 43, 45, 74 sowie in § 106 III Nr. 5a.

3 **II. Aufgaben des Betriebsrats. 1. Einsatz für die Durchführung der Vorschriften über den Arbeitsschutz und die Unfallverhütung im Betrieb (Abs. 1 S. 1).** Der BR hat sich dafür einzusetzen, dass die Vorschriften über den Arbeitsschutz und die Unfallverhütung im Betrieb sowie über den betriebl. Umweltschutz durchgeführt werden.

4 **a) Vorschriften über Arbeitsschutz, Unfallverhütung und betrieblichen Umweltschutz.** Zu den Vorschriften über Arbeitsschutz und Unfallverhütung gehören allgemein die staatlichen Regelungen zu den genannten Materien inklusive konkretisierender Einzelanweisungen[3] sowie TV und BV, die Maßnahmen zur Verhütung von Unfällen, zum Arbeits- oder betrieblichen Umweltschutz regeln[4].

5 **aa) Vorschriften über Arbeitsschutz.** Zu den Vorschriften über den Arbeitsschutz zählen dabei insb. alle bindenden Regeln, die der Verhütung von Arbeitsunfällen oder arbeitsbedingten Erkrankungen dienen (technischer Arbeitsschutz)[5].

6 In manchen Gesetzen wird dabei auf die allgemein anerkannten Regeln der Technik Bezug genommen. Diese haben als solche zwar nicht die Qualität einer Rechtsnorm, verlangen aber nach Maßgabe der auf sie bezugnehmenden Normen Beachtung und sind in diesem Umfang verbindlich. Soweit dies der Fall ist, gehören auch die Regeln der Technik zu den Vorschriften iSd. § 89[6].

7 Der BR hat sich auch für die Durchführung der Bestimmungen des sozialen Arbeitsschutzes einzusetzen, die die Erhaltung der Arbeitskraft und den Schutz vor Überbeanspruchung zum Zweck haben. Dies betrifft arbeitszeitrechtl. Vorschriften ebenso wie die Vorschriften zum Schutz bestimmter ArbN-Gruppen, zB das MuschG, das JArbSchG oder das dem Schutz schwerbehinderter Menschen dienende SGB IX.

8 Zunehmende Bedeutung gewinnen die zahlreichen europarechtl. Arbeitsschutzvorschriften[7].

1 Vgl. *Kloepfer/Veit*, NZA 1990, 121 (123); Richardi/*Annuß*, § 89 BetrVG Rz. 1 mwN. | 2 BT-Drs. 14/5741, S. 48. | 3 MünchArbR/*Matthes*, § 344 Rz. 8; Richardi/*Annuß*, § 89 BetrVG Rz. 4. | 4 Einhellige Ansicht, vgl. nur GK-BetrVG/*Wiese*, § 89 BetrVG Rz. 9 ff.; Richardi/*Annuß*, § 89 BetrVG Rz. 4 mwN. | 5 Beispiele finden sich ua. im ArbSchG, im ASiG, im BBergG, im SeemG, im GenTG sowie in den UVV der gesetzlichen Unfallversicherung. | 6 GK-BetrVG/*Wiese*, § 89 Rz. 16 mwN. | 7 Siehe die zahlreichen Beispiele bei DKK/*Buschmann*, § 89 BetrVG Rz. 14 ff.

bb) Vorschriften über den betrieblichen Umweltschutz. Zu den Vorschriften über den betriebl. Umweltschutz zählen alle verbindlichen Vorgaben, die dem Schutz der im Betrieb vorhandenen Umweltgüter vor außerbetriebl. Einflüssen oder dem Schutz außerbetrieblicher Güter vor Beeinträchtigungen durch den Betrieb dienen. 9

Zu beachten sind insb. das Bundesbodenschutzgesetz, das Bundesimmissionsschutzgesetz, das Kreislaufwirtschafts- und Abfallgesetz, das Pflanzenschutzgesetz und das Tierschutzgesetz. Dazu gehören aber auch alle zur Durchführung der o.a. Gesetze erlassenen VO, Anordnungen und Anweisungen, wie zB die TA Luft und die TA Lärm mit den darin enthaltenen Grenzwerten. 10

b) Durchführung der Vorschriften. Die Durchführung der o.a. Vorschriften ist gemeins. Aufgabe der Betriebspartner. Der BR hat sich auch gegenüber den ArbN für die Beachtung der Vorschriften einzusetzen und diese auf die Einhaltung aufmerksam zu machen[1]. 11

Der BR hat das Recht sich fortlaufend vom Vorhandensein und der Benutzung von Schutzvorrichtungen zu überzeugen. Dabei darf er auch Räume betreten, die mit dem Hinweis „Unbefugten ist der Zutritt verboten" gekennzeichnet sind. Umstritten ist, unter welchen Voraussetzungen das Betreten möglich ist. Ein Teil der Lit. hält ein Betreten auch ohne Voranmeldung beim ArbGeb für zulässig[2]. Richtigerweise ist eine Voranmeldung zu verlangen[3]. Ohne Anmeldung kann nämlich der Besuch des BR oder einzelner Mitglieder selbst zum Sicherheitsrisiko werden. 12

Die Entscheidung über die Einführung konkreter Arbeitsschutz- und Unfallverhütungsmaßnahmen liegt allein beim ArbGeb. Der BR kann Maßnahmen nicht selbständig vornehmen oder veranlassen[4]. 13

2. Unterstützung der für den Arbeitsschutz zuständigen Stellen (Abs. 1 S. 2). Der BR hat die für den Arbeitsschutz zuständigen Behörden, die Träger der gesetzl. Unfallversicherung und die ansonsten in Betracht kommenden Stellen durch Anregung, Beratung und Auskunft zu unterstützen. 14

Diese Mitwirkung ist aber nicht – wie es nach dem Wortlaut zunächst den Anschein hat – nur Pflicht, sondern auch das Recht des BR. Die Unterstützungspflicht nach Abs. 1 S. 2 ist daher im Zusammenhang mit dem Hinzuziehungsrecht nach Abs. 2 S. 1 zu sehen[5]. 15

Im Gegensatz zu Abs. 1 S. 1 nennt S. 2 den Umweltschutz nicht. Aus dem Wortlaut folgt also eindeutig, dass sich S. 2 nicht auf den betriebl. Umweltschutz bezieht[6]. Die Unterstützung von für den Umweltschutz zuständigen Stellen kommt daher nur in Betracht, wenn zugleich der Schutz vor Unfall- oder Gesundheitsgefahren berührt ist. Dies entspricht dem gesetzgeberischen Willen, den BR nicht zum Hilfsorgan staatlicher Umweltbehörden aufzuwerten[7]. Die Rolle als „Umweltpolizei" im Dienste staatlicher Behörden würde auch den BR vor unlösbare Interessenkonflikte stellen[8]. 16

a) Zu unterstützende Stellen. Als für den Arbeitsschutz zuständige Behörden sind in erster Linie die Gewerbeaufsichtsämter, die Bergämter und die Gesundheitsämter zu nennen. Hinzu kommen die in § 114 SGB VII genannten Versicherungsträger. Gemeint sind auch die technischen Überwachungsvereine und insb. die betrieblichen Sicherheitsbeauftragten und die nach anderen Arbeitsschutzgesetzen zu bestellenden Beauftragten (zB Störfallbeauftragte, Strahlenschutzbeauftragte), die Betriebsärzte, Fachkräfte für Arbeitssicherheit und auch der ArbGeb selbst[9]. 17

b) Art der Unterstützung. Als Art der Unterstützung schreibt der Gesetzestext „Anregung, Beratung und Auskunft" vor. Der BR kann daher insb. Betriebskontrollen durch die zuständigen Stellen anregen. Dies gilt nach einhelliger Ansicht jedenfalls dann, wenn der ArbGeb gegen Vorschriften des Arbeitsschutzes verstößt und eine Einigung auf betrieblicher Ebene gescheitert ist[10]. 18

Aus § 2 I und § 74 I 2 folgt aber die Verpflichtung zunächst eine Einigung mit dem ArbGeb zu versuchen, bevor außerbetriebliche Stellen eingeschaltet werden[11]. Noch nicht geklärt ist[12], ob die Arbeitsschutzrichtlinie[13] eine andere Auslegung des Abs. 1 S. 2 gebietet. 19

3. Hinzuziehung des Betriebsrats in Fragen des Arbeits- und Umweltschutzes (Abs. 2). Die Pflicht den BR hinzuzuziehen, trifft in Fragen des Arbeitsschutzes nicht nur den ArbGeb, sondern auch die in Abs. 1 genannten Stellen. Dies gilt insb. für Betriebsbesichtigungen und Begehungen durch betriebsfremde 20

---

1 *Fitting*, § 89 BetrVG Rz. 13; GK-BetrVG/*Wiese*, § 89 Rz. 10; HSWG/*Worzalla*, § 89 BetrVG Rz. 10; Richardi/*Annuß*, § 89 BetrVG Rz. 11. |2 *Fitting*, § 89 BetrVG Rz. 12; DKK/*Buschmann*, § 89 BetrVG Rz. 28. |3 GK-BetrVG/*Wiese*, § 89 Rz. 11; *Stege/Weinspach/Schiefer*, § 89 BetrVG Rz. 4; Richardi/*Annuß* § 89 BetrVG Rz. 12; LAG Frankfurt v. 4.2.1975 – 5 TaBV 3/71, DB 1972, 2214; *Geyer*, FA 2004, 296, 297. |4 *Fitting*, § 88 BetrVG Rz. 15; GK-BetrVG/*Wiese*, § 89 Rz. 59; HSWG/*Worzalla*, § 89 BetrVG Rz. 13; Richardi/*Annuß*, § 89 BetrVG Rz. 14. |5 Richardi/*Annuß*, § 89 BetrVG Rz. 15. |6 Richardi/*Annuß*, § 89 BetrVG Rz. 15. |7 BT-Drs. 14/5741, S. 31. |8 *Kiper*, AiB 2001, 438 (439 f.). |9 Nahezu einhellige Ansicht: vgl. Richardi/*Annuß*, § 89 BetrVG Rz. 16; GK-BetrVG/*Wiese*, § 89 Rz. 61 ff.; *Fitting*, § 89 BetrVG Rz. 16 f.; teilw. aA mit beachtlichen Argumenten HSWG/*Worzalla*, § 89 BetrVG Rz. 6. |10 BAG v. 6.12.1983 – 1 ABR 43/81, BAGE 44, 285; v. 7.8.1986 – 6 ABR 77/83, BAGE 52, 316; DKK/*Buschmann*, § 89 BetrVG Rz. 23; *Fitting*, § 89 BetrVG Rz. 18. |11 GK-BetrVG/*Wiese*, § 89 Rz. 58; Richardi/*Annuß*, § 89 BetrVG Rz. 19; *Denck*, DB 1980, 2132 (2137). |12 Offen gelassen von BAG v. 3.6.2003 – 1 ABR 19/02, BAGE 106, 188. |13 Art. 11 Nr. 6 der RL 89/391/EWG vom 12.6.1989, ABl. Nr. L 183, S. 1.

Stellen und für alle Maßnahmen der Unfallaufklärung[1]. Letzteres unabhängig davon, ob der Unfall Folge des Verstoßes gegen Unfallverhütungsvorschriften war[2], ob bei dem Unfall ArbN zu Schaden gekommen sind[3] und unabhängig davon, ob sich der Unfall innerhalb des Betriebsgeländes ereignet hat[4].

21 Anders verhält es sich in Fragen des Umweltschutzes. Hier nennt das Gesetz allein den ArbGeb als Adressaten der Hinzuziehungspflicht. Dies bedeutet insb., dass andere Stellen nicht zur Hinzuziehung des BR verpflichtet sind[5]. Vielmehr fungiert der ArbGeb als Mittler zwischen staatlichen Umweltbehörden und BR, indem er verpflichtet wird, behördliche Auflagen und Anordnungen mitzuteilen.

22 In beiden Fällen, Arbeits- und Umweltschutz ist es nicht notwendig, den gesamten BR hinzuzuziehen. Vielmehr reicht die Hinzuziehung einzelner Mitglieder aus. Während sich dies für den Arbeitsschutz unmittelbar aus dem Gesetzeswortlaut ergibt, ist in dem den Umweltschutz regelnden Abs. 2 S. 2 einzig vom „BR“, nicht von einzelnen Mitgliedern die Rede. Die Diskrepanz im Gesetzeswortlaut beruht auf einem Versehen des Gesetzgebers[6]. Ein Grund, warum zwischen Arbeitsschutz und Umweltschutz zu differenzieren und in Umweltschutzfragen jeweils der gesamte BR hinzuzuziehen sein sollte, ist nicht ersichtlich.

23 **III. Legaldefinition „Betrieblicher Umweltschutz“ (Abs. 3).** Die in Abs. 3 geregelte Legaldefinition des betriebl. Umweltschutzes ist handwerklich missglückt[7]. Sie definiert den Begriff des Umweltschutzes nämlich nicht, sondern setzt ihn voraus[8] und erklärt ihn mit sich selbst.

24 Problematisch ist insb. die Reichweite der Definition. Absicht des Gesetzgebers war, dem BR kein allgemeines umweltpolitisches Mandat zuzuweisen[9]. Der Gesetzeswortlaut trägt diese Einschränkung nicht. Zwar wird auf den ersten Blick durch die Verwendung des Begriffes „betrieblich“ die vom Gesetzgeber gewünschte Einschränkung vorgenommen. Allerdings wird der Begriff nur im zweiten Hs. der Vorschrift in Bezug auf Bauten, Räume, technische Anlagen, Arbeitsverfahren, Arbeitsabläufe und Arbeitsplätze genannt, nicht jedoch im ersten Hs. Danach sind betrieblicher Umweltschutz alle personellen und organisatorischen Maßnahmen, die der Umwelt dienen. Der Wortlaut des Gesetzes räumt dem BR also ein allgemeines umweltpolitisches Mandat ein[10].

25 Ein Teil der Lit. folgert hieraus, der Begriff „betrieblich“ sei nur für die Kompetenzabgrenzung zwischen örtlichem BR und GBR oder KBR relevant[11]. Vor einer extensiven Auslegung kann nur gewarnt werden[12]. Im Übrigen bleibt abzuwarten, ob sich ein einschränkendes Verständnis des betriebl. Umweltschutzes in der Praxis halten lassen wird[13]. Trotz des missglückten Wortlauts ist der Begriff des betrieblichen Umweltschutzes eng zu verstehen. Dem BR steht kein allgemeines umweltpolitisches Mandat zu[14]. Hierfür sprechen neben dem eindeutigen Willen des Gesetzgebers insb. drei Argumente:

26 Die Beteiligungsrechte des BR dienen dem Schutz der vertretenen ArbN. Die Kompetenz des BR ist auf die Wahrung von deren Interessen beschränkt. Eine darüber hinaus gehende Kompetenz in allgemeinen Umweltfragen würde die Kompetenzordnung des BetrVG sprengen[15].

27 Für eine einschränkende Auslegung sprechen auch verfassungsrechtl. Argumente. Die Kompetenzordnung des Grundgesetzes weist in Art. 74 I Ziff. 12 GG dem Bundesgesetzgeber die konkurrierende Gesetzgebungszuständigkeit auf dem Gebiet des Arbeitsrechts einschließlich der Betriebsverfassung, des Arbeitsschutzes und der Arbeitsvermittlung zu. Der Oberbegriff des „Arbeitsrechts“, der die Betriebsverfassung beinhaltet, kennzeichnet dabei die privatrechtl. und öffentl.-rechtl. Bestimmungen über das abhängige Arbeitsverhältnis[16]. Für weite Bereiche des Umweltschutzes hat der Bund dagegen nur eine Rahmenkompetenz gem. Art. 75 I Ziff. 3 und 4 GG. Zur Verleihung eines vom abhängigen Arbeitsverhältnis losgelösten allgemeinen umweltpolitischen Mandats fehlt dem Bundesgesetzgeber damit die Gesetzgebungskompetenz[17].

28 Der Gesetzgeber wollte für den Umweltschutz Regelungen schaffen, die denen zum Arbeitsschutz vergleichbar sind[18]. Dies zeigt auch die systematische Einordnung der Legaldefinition des betriebl. Umweltschutzes in § 89. Der Arbeitsschutz setzt einen Bezug zum Arbeitsverhältnis aber begriffsnotwendig voraus. Für den betriebl. Umweltschutz kann daher nichts anderes gelten[19].

---

1 Richardi/*Annuß*, § 89 BetrVG Rz. 24. | 2 Richardi/*Annuß*, § 89 BetrVG Rz. 22. | 3 GK-BetrVG/*Wiese*, § 89 Rz. 70; DKK/*Buschmann*, § 89 BetrVG Rz. 36. | 4 DKK/*Buschmann*, § 89 BetrVG Rz. 36. | 5 *Fitting*, § 89 BetrVG Rz. 26; aA aber ohne Begründung wohl Richardi/*Annuß*, § 89 BetrVG Rz. 24. | 6 So auch Richardi/*Annuß*, § 89 BetrVG Rz. 26. | 7 *Konzen*, RdA 2001, 76 (89) („unbeholfene“ Definition); aA *Dachrodt/Engelbert*, § 89 BetrVG Rz. 162 („ausreichend klar“). | 8 *Fitting*, § 89 BetrVG Rz. 9; *Konzen*, RdA 2001, 76 (89). | 9 BT-Drs. 14/5741, S. 48. | 10 DKK/*Buschmann*, § 89 BetrVG Rz. 56; *Fitting*, § 89 BetrVG Rz. 10; *Hanau*, RdA 2001, 76 (89). | 11 DKK/*Buschmann*, § 89 BetrVG Rz. 58; im Ergebnis auch *Picker*, RdA 2001, 259 (271), der allerdings rechtspolitische Bedenken erhebt. | 12 *Schiefer/Korte*, NZA 2001, 71 (84). | 13 *Gaul*, AktuellAR 2001, S. 24. | 14 *Fitting*, § 89 BetrVG Rz. 10; *Löwisch/Kaiser*, § 89 BetrVG Rz. 11; *Stege/Weinspach/Schiefer*, § 89 BetrVG Rz. 12; *Löwisch*, BB 2001, 1790 (1793); *Reichold*, NZA 2001, 857 (863); *Engels/Trebinger/Löhr-Steinhaus*, DB 2001, 532 (541). | 15 *Fitting*, § 89 BetrVG Rz. 10; *Löwisch/Kaiser*, § 89 BetrVG Rz. 11; *Löwisch*, BB 2001, 1790 (1793); *Reichold*, NZA 2001, 857 (863). | 16 BVerfG v. 22.4.1958, BVerfGE 7, 342 (345). | 17 *Löwisch/Kaiser*, § 89 BetrVG Rz. 12. | 18 BT-Drs. 14/5741, S. 48. | 19 *Stege/Weinspach/Schiefer*, § 89 BetrVG Rz. 12.

Folglich schließt der betriebl. Umweltschutz nur die Fragen des Umweltschutzes ein, die die ArbN in ihrer Eigenschaft als Betriebsangehörige (nicht in ihrer Eigenschaft als Staatsangehörige) unmittelbar betreffen. Der Begriff des Umweltschutzes erfasst alle Maßnahmen und Handlungen, die den Bestand der Umwelt sichern oder stärken. Zur Umwelt zählen sämtliche Natur-, Kultur- und Sachgüter, einschließlich ihrer Wechselbeziehungen. Zu den Naturgütern gehören neben Boden, Wasser, Luft und Klima insb. sämtliche lebenden Organismen, einschließlich des Menschen[1]. 29

IV. Teilnahmerecht an Besprechungen mit Sicherheitsbeauftragten (Abs. 4). In Betrieben mit mehr als 20 Beschäftigten hat der ArbGeb unter Beteiligung des BR Sicherheitsbeauftragte zu bestellen (§ 22 I SGB VII). 30

An den Besprechungen mit diesen Beauftragten nehmen vom BR beauftragte Mitglieder teil. Das Teilnahmerecht besteht also nicht für den BR als Ganzes. Der ArbGeb kann verlangen, dass der BR einzelne Mitglieder delegiert, wenn und soweit nach Art und Umfang des Betriebes nicht eine Teilnahme aller Mitglieder erforderlich ist. 31

V. Aushändigung von Niederschriften über Untersuchungen, Besichtigungen und Besprechungen (Abs. 5). Der ArbGeb hat dem BR Niederschriften über die Untersuchungen, Besichtigungen und Besprechungen auszuhändigen, zu denen der BR nach Abs. 2 und 4 hinzuzuziehen ist. Die Aushändigungspflicht knüpft an das bloße Hinzuziehungsrecht an. Sie besteht daher unabhängig davon, ob BR-Mitglieder tatsächlich teilgenommen haben[2]. 32

VI. Mitunterzeichnung und Aushändigung der Unfallanzeige. Gem. § 89 VI ist der ArbGeb verpflichtet, dem BR eine Durchschrift der von ihm unterschriebenen Unfallanzeige nach § 193 SGB VII auszuhändigen. Dies soll die Unterrichtung des BR über Unfälle gewährleisten. 33

Durch seine Unterzeichnung übernimmt der BR keine Richtigkeitsgewähr für die Anzeige[3]. 34

VII. Verstöße. Verstöße des ArbGeb gegen die Pflichten aus § 89 sind gem. § 119 I Nr. 2 strafbar. Die Tat wird nur auf Antrag verfolgt. Bei groben Verstößen kann der BR gem. § 23 III gegen den ArbGeb vorgehen. Bei Verstößen gegen Unfallverhütungsvorschriften kommt eine Geldbuße nach § 209 I Nr. 1, III SGB VII in Betracht. 35

Ein gröblicher Verstoß des BR oder einzelner Mitglieder gegen die Pflichten aus § 89 kann gem. § 23 I zum Ausschluss einzelner Mitglieder oder zur Auflösung des BR führen[4]. 36

VIII. Streitigkeiten über die Mitwirkung nach § 89 werden im Beschlussverfahren entschieden. Dies gilt sowohl für Streitigkeiten zwischen ArbGeb und BR, als auch für Streitigkeiten zwischen BR und den für Arbeitsschutz zuständigen Stellen iSd. § 89 I. 37

Ansprüche einzelner BR-Mitglieder auf Ersatz von Aufwendungen, die im Zuge von Tätigkeiten nach § 89 entstehen, werden ebenfalls im Beschlussverfahren entschieden. Über den Anspruch auf Fortzahlung des Arbeitsentgelts für die Zeit der Zeitversäumnis entscheiden die ArbG im Urteilsverfahren[5]. 38

Vierter Abschnitt. Gestaltung von Arbeitsplatz, Arbeitsablauf und Arbeitsumgebung

90 *Unterrichtungs- und Beratungsrechte*

(1) Der Arbeitgeber hat den Betriebsrat über die Planung

1. von Neu-, Um- und Erweiterungsbauten von Fabrikations-, Verwaltungs- und sonstigen betrieblichen Räumen,

2. von technischen Anlagen,

3. von Arbeitsverfahren und Arbeitsabläufen oder

4. der Arbeitsplätze

rechtzeitig unter Vorlage der erforderlichen Unterlagen zu unterrichten.

(2) Der Arbeitgeber hat mit dem Betriebsrat die vorgesehenen Maßnahmen und ihre Auswirkungen auf die Arbeitnehmer, insbesondere auf die Art ihrer Arbeit sowie die sich daraus ergebenden Anforderungen an die Arbeitnehmer so rechtzeitig zu beraten, dass Vorschläge und Bedenken des Betriebsrats bei der Planung berücksichtigt werden können. Arbeitgeber und Betriebsrat sollen dabei auch die gesicherten arbeitswissenschaftlichen Erkenntnisse über die menschengerechte Gestaltung der Arbeit berücksichtigen.

---

1 Vgl. Definition des Umweltbegriffs bei Richardi/*Annuß*, § 89 BetrVG Rz. 30. | 2 Richardi/*Annuß*, § 89 BetrVG Rz. 27. | 3 *Löwisch/Kaiser*, § 89 Rz. 10; Richardi/*Annuß*, § 89 BetrVG Rz. 28. | 4 GK-BetrVG/*Wiese*, § 89 Rz. 87 mwN. | 5 *Fitting*, § 89 BetrVG Rz. 40 mwN.

1 **I. Vorbemerkung.** § 90 regelt die Beteiligung des BR bei der Planung künftiger Änderungen, gewährt ihm also ein Recht auf Unterrichtung und Beratung im **Planungsstadium**[1]. Mit diesen Beteiligungsrechten soll ein Bereich erfasst werden, der noch nicht durch arbeitsschutzrechtl. Vorschriften geregelt ist, dem aber im Vorfeld des Arbeitsschutzes schon eine erhebliche Bedeutung zukommt[2]. Es geht um die **menschengerechte Gestaltung** der Arbeit, die **Humanisierung** der Arbeit[3]. Die in § 90 genannten Planungsmaßnahmen können zugleich eine Betriebsänderung iSv. § 111 darstellen. Während aber nach § 111 der BR beteiligt wird, um **wirtschaftl. Nachteile** für die ArbN zu verhindern oder auszugleichen, geht es bei § 90 primär um die Einführung und Anwendung **neuer Techniken im Betrieb**, die sowohl positive als auch negative Folgen für die betroffenen ArbN haben (können)[4]. Insoweit hat die Bestimmung den Zweck, dass Vorbehalte gegenüber neuen Techniken abgebaut werden können, wenn die ArbN über die Auswirkungen auf Gesundheit, Arbeitsplatz und berufliche Qualifikation rechtzeitig und möglichst genau unterrichtet werden.

2 **II. Unterrichtungspflicht (Abs. 1).** Die Beteiligung des BR nach § 90 I erfolgt durch **rechtzeitige Unterrichtung** über die Planung von Neu-, Um- und Erweiterungsbauten von Fabrikations-, Verwaltungs- und sonstigen betrieblichen Räumen (Abs. 1 Nr. 1), von technischen Anlagen (Abs. 1 Nr. 2), von Arbeitsverfahren und Arbeitsabläufen (Abs. 1 Nr. 3) oder der Arbeitsplätze (Abs. 1 Nr. 4).

3 **1. Gegenstand der Unterrichtung.** Der Gegenstand der Unterrichtung wird definiert durch die abschließende Aufzählung in § 90 I.

4 **a) Baumaßnahmen (Abs. 1 Nr. 1).** Nach § 90 I Nr. 1 ist der BR über die Planung aller Baumaßnahmen an den in dieser Vorschrift aufgeführten Räumen zu unterrichten. Bauvorhaben in diesem Sinne sind alle Veränderungen der baulichen Substanz an Fabrikations-, Verwaltungs- und sonstigen betriebl. Räumen, in denen sich, wenn auch nur vorübergehend, ArbN aufhalten[5]. Daher unterfallen der Vorschrift nicht nur die eigentlichen Produktions-, Verkaufs-, Lager- und Büroräume, sondern auch sonstige betriebliche Räume, insb. Sozialräume wie Aufenthaltsräume, Kantinen, Dusch- und Baderäume bzw. Waschkauen, Toiletten etc.[6] Nicht in den Anwendungsbereich fallen Park- oder Sportplätze und Grünanlagen[7]. **Reparatur-** oder **Renovierungsarbeiten** können vom Geltungsbereich der Vorschrift erfasst sein: Werden bspw. neue Türen eingebaut oder die Fenster durch andere Rahmen mit Thermopane-Verglasung ersetzt, so wird die Bausubstanz verändert. Es handelt sich um einen beteiligungspflichtigen Umbau, soweit dadurch im arbeitswissenschaftlichen Sinne Änderungen der Licht-, Temperatur- und Lüftungsverhältnisse eintreten können[8]. Auch kann ein neuer Anstrich unter das Beteiligungsrecht fallen, da er der Gestaltung des Arbeitsplatzes dient[9]. Reparatur- und Renovierungsarbeiten sind daher in jedem Einzelfall zu prüfen, um beurteilen zu können, ob ein Beteiligungsrecht besteht oder nicht. In der Regel werden sie nicht unter das Beteiligungsrecht fallen[10]. Nicht zu § 90 I Nr. 1 zählen reine **Abbrucharbeiten**[11].

5 **b) Technische Anlagen (Abs. 1 Nr. 2).** Zu den technischen Anlagen iSv. § 90 I Nr. 2 gehören **sämtliche technischen Einrichtungen im Fabrikations- und Verwaltungsbereich**. Dies sind bspw. Montagebänder, Maschinen, Produktionsanlagen, Kräne, Transportmittel, Silos, Tankanlagen, Geräte zum computergestützten Konstruieren (CAD) oder Fertigen (CAM), numerisch gesteuerte (NC), computergesteuerte (CNC) und zentralcomputergesteuerte Maschinen[12]. Technische Anlagen iSd. Vorschrift sind Computeranlagen und Computersysteme sowie Bildschirm- und Datensichtgeräte[13]. Die beabsichtigte Umstellung der Lohn- und Gehaltsabrechnung von Offline- auf Onlinebetrieb stellt die Planung einer technischen Anlage iSv. § 90 I Nr. 2 dar[14]. Bloßes Handwerkszeug und Büromöbel sind keine technischen Anlagen[15]. Auch die reine Reparatur oder Ersatzbeschaffung von technischen Anlagen fällt nicht in den Anwendungsbereich der Vorschrift, soweit es hierdurch nicht zu andersartigen Auswirkungen auf die Arbeitsbedingungen kommt[16].

6 **c) Arbeitsverfahren und Arbeitsabläufe (Abs. 1 Nr. 3).** Unter **Arbeitsverfahren** ist die Technologie zu verstehen, die zur Veränderung des Arbeitsgegenstands angewandt wird, um die Arbeitsaufgabe zu erfüllen[17]. Die Planung des Arbeitsverfahrens betrifft daher die **Fabrikationsmethode**, also die Frage, mit

---

1 Vgl. GK-BetrVG/*Wiese*, § 90 Rz. 1. |2 Vgl. MünchArbR/*Matthes*, § 345 Rz. 1. |3 Vgl. *Fitting*, § 90 BetrVG Rz. 2; DKK/*Klebe*, § 90 BetrVG Rz. 1. |4 Vgl. Richardi/*Richardi/Annuß*, § 90 BetrVG Rz. 3. |5 Vgl. MünchArbR/*Matthes*, § 345 Rz. 4; *Fitting*, § 90 BetrVG Rz. 18. |6 Vgl. *Fitting*, § 90 BetrVG Rz. 18; DKK/*Klebe*, § 90 BetrVG Rz. 7. |7 Vgl. MünchArbR/*Matthes*, § 345 Rz. 4; GK-BetrVG/*Wiese*, § 90 Rz. 9. |8 Vgl. GK-BetrVG/*Wiese*, § 90 Rz. 10; DKK/*Klebe*, § 90 BetrVG Rz. 7. |9 Vgl. MünchArbR/*Matthes*, § 345 Rz. 5. |10 Vgl. DKK/*Klebe*, § 90 BetrVG Rz. 7; *Fitting*, § 90 BetrVG Rz. 18. |11 Vgl. GK-BetrVG/*Wiese*, § 90 Rz. 10; *Clemenz* in Tschöpe, Arbeitsrecht, Teil 4 A Rz. 462. |12 Vgl. DKK/*Klebe*, § 90 BetrVG Rz. 8; GK-BetrVG/*Wiese*, § 90 Rz. 12 f. |13 Vgl. *Fitting*, § 90 BetrVG Rz. 21; DKK/*Klebe*, § 90 BetrVG Rz. 9; zur Installation von Bildschirmarbeitsplätzen vgl. BAG v. 6.12.1983 – 1 ABR 43/81, AP Nr. 7 zu § 87 BetrVG 1972 – Überwachung. |14 Vgl. LAG Hamburg v. 20.6.1985 – 7 TaBV 10/84, DB 1985, 2308; die gegen dieses Urteil ergangene Rechtsbeschwerdeentscheidung des BAG v. 17.3.1987 – 1 ABR 59/85, AP Nr. 29 zu § 80 BetrVG 1972 stützt den Anspruch des BR allerdings auf § 80 II S. 1 BetrVG. |15 Vgl. GK-BetrVG/*Wiese*, § 90 Rz. 13; MünchArbR/*Matthes*, § 345 Rz. 6; Richardi/*Richardi/Annuß*, § 90 BetrVG Rz. 11; aA HSWG/*Glock*, § 90 BetrVG Rz. 6; *Löwisch/Kaiser*, § 90 BetrVG Rz. 2. |16 Vgl. DKK/*Klebe*, § 90 BetrVG Rz. 10; *Fitting*, § 90 BetrVG Rz. 20. |17 Vgl. DKK/*Klebe*, § 90 BetrVG Rz. 12; *Fitting*, § 90 BetrVG Rz. 23.

welchen Maschinen, Stoffen und Materialien die Arbeit zu bewältigen ist[1]. **Arbeitsablauf** ist die räumliche und zeitliche Folge des Zusammenwirkens von Mensch und Betriebsmitteln, betrifft also die **Gestaltung des Arbeitsprozesses** nach Ort, Zeit und Art[2].

Beispiele[3]: Schichtarbeit, Gruppen- oder Einzelarbeit, Arbeit im Freien oder in geschlossenen Räumen, Einführung oder Abschaffung von Fließbandarbeit, Veränderung der Bandgeschwindigkeit[4]. Hierzu gehört aber auch die Einführung eines Qualitätsmanagements oder des Öko-Audit-Systems[5]. 7

d) Arbeitsplätze (Abs. 1 Nr. 4). Die Planung der Arbeitsplätze betrifft die **Ausgestaltung der einzelnen Arbeitsplätze**, also die räumliche Unterbringung, die Ausstattung mit Geräten und Einrichtungsgegenständen, die Beleuchtung, Belüftung, Beheizung etc.[6] Der Begriff des Arbeitsplatzes ist sowohl räumlich als auch funktional zu verstehen[7]. Die Planung von Baumaßnahmen, technischen Anlagen, Arbeitsverfahren und Arbeitsabläufen hat regelmäßig Einfluss auf die Gestaltung des Arbeitsplatzes, so dass die einzelnen Planungstatbestände vielfach **nebeneinander** vorliegen werden[8]. 8

2. Zeitpunkt der Unterrichtung. Die Unterrichtung hat **rechtzeitig** zu erfolgen. Sie soll den BR in die Lage versetzen, sich über die Auswirkungen der Maßnahmen auf die ArbN ein eigenes Urteil zu bilden, diese mit dem ArbGeb zu beraten und damit auf dessen **Willensbildung** Einfluss zu nehmen[9]. Das BetrVG weist dem BR Aufgaben erst dann zu, wenn der ArbGeb durch sein **Tätigwerden** Beteiligungsrechte des BR auslöst, sei es, dass der ArbGeb eine beteiligungspflichtige Maßnahme vornehmen will, sei es, dass er Maßnahmen in Erwägung zieht, über deren Planung der BR zu unterrichten ist und die schon vorab mit dem BR zu beraten sind. So stellen sich Aufgaben für den BR in Bezug auf personelle Einzelmaßnahmen dann, wenn der ArbGeb solche durchführen will und dazu nach § 99 die Zustimmung des BR benötigt oder vor Ausspruch einer Kündigung den BR nach § 102 anhören muss. **Erst die Planung** von Neubauten, technischen Anlagen, Arbeitsverfahren und ähnl. Maßnahmen iSv. § 90 löst Beratungsaufgaben des BR aus. Frühestens wenn der ArbGeb eine Betriebsänderung iSv. § 111 **plant**, stellen sich für den BR die im Zusammenhang mit der geplanten Betriebsänderung stehenden Aufgaben, die Betriebsänderung mit dem ArbGeb zu beraten, über einen Interessenausgleich und Sozialplan zu verhandeln und ggf. einen Sozialplan zu erzwingen. Daraus folgt, dass in diesen Fällen der BR die Vorlage von Unterlagen, die für die Erfüllung seiner Aufgaben erforderl. sein können, **verlangen kann**, wenn der ArbGeb sich zu solchen, Aufgaben des BR **auslösenden Maßnahmen** entschließt[10]. Berichte über Rationalisierungs- und Personalreduzierungsmöglichkeiten sind nur dann vorzulegen, wenn die Überlegungen des ArbGeb das **Stadium der Planung** erreicht haben. Erst in diesem Moment stellen sich für den BR Aufgaben, zu deren Erfüllung erforderliche Unterlagen vom ArbGeb vorzulegen sind[11]. 9

3. Art der Unterrichtung. Im Rahmen der Unterrichtung sind dem BR die erforderlichen Unterlagen zur Verfügung zu stellen, wozu schriftl. Unterlagen und Zeichnungen gehören, soweit dies zur Darlegung der Planung notwendig ist[12]. „Vorlage" bedeutet nicht nur, dass der BR Einsicht nehmen kann, sondern ihm sind die Unterlagen zu **überlassen**. Dabei mag es Unterlagen geben, an deren Geheimhaltung der ArbGeb ein größeres Interesse hat. In diesem Fall braucht er die Unterlagen nur zeitweise zu überlassen[13]. Daneben hat der ArbGeb den BR über die geplanten Maßnahmen hinsichtlich ihres Gegenstands, ihres Ziels und ihrer Durchführung zu unterrichten, wobei ihre Auswirkungen auf die ArbN, insb. auf die Art der Arbeit sowie die sich ergebenden Anforderungen an die ArbN, im Mittelpunkt zu stehen haben[14]. Eine besondere Form für diese Unterrichtung ist nicht vorgeschrieben, sie kann daher auch mündlich erfolgen. Die erforderlichen Unterlagen iSv. § 90 I hat der ArbGeb nicht erst auf Verlangen des BR, sondern **von sich aus** herauszugeben[15]. Sowohl die Verpflichtung zur Unterrichtung wie zur Vorlage von Unterlagen kann nicht unterlassen oder inhaltlich eingeschränkt werden, indem der ArbGeb sich darauf beruft, dass Betriebs- oder Geschäftsgeheimnisse gefährdet werden könnten. Eine Einschränkung der Unterrichtungspflicht sieht § 90 nicht vor[16]. Der ArbGeb hat aber die Möglichkeit, bei Vorliegen von Betriebs- oder Geschäftsgeheimnissen die Unterlagen unter Verweis auf die Vertraulichkeit zu übergeben mit der Folge, dass eine Geheimhaltungspflicht nach § 79 besteht (vgl. § 79 Rz. 6 f.). 10

4. Unterrichtungsberechtigter und -verpflichteter. Zu unterrichten ist der örtliche BR, der von der Maßnahme iSv. § 90 I betroffen ist[17]. Bei der Unterrichtung nach § 90 I wie auch bei der Beratung nach 11

1 Vgl. *Clemenz*in Tschöpe, Arbeitsrecht, Teil 4 A Rz. 465. | 2 Vgl. DKK/*Klebe*, § 90 BetrVG Rz. 12; *Fitting*, § 90 BetrVG Rz. 24. | 3 Vgl. zu weiteren Beispielen DKK/*Klebe*, § 90 BetrVG Rz. 13; *Fitting*, § 90 BetrVG Rz. 25 ff. | 4 Vgl. *Weiss/Weyand*, § 90 BetrVG Rz. 2; ErfK/*Kania*, § 90 BetrVG Rz. 4. | 5 Vgl. DKK/*Klebe*, § 90 BetrVG Rz. 13. | 6 Vgl. DKK/*Klebe*, § 90 BetrVG Rz. 15; *Fitting*, § 90 BetrVG Rz. 30. | 7 Vgl. DKK/*Klebe*, § 90 BetrVG Rz. 15; *Fitting*, § 90 BetrVG Rz. 31. | 8 Vgl. MünchArbR/*Matthes*, § 345 Rz. 10; DKK/*Klebe*, § 90 BetrVG Rz. 17. | 9 Vgl. BAG v. 11.12.1991 – 7 ABR 16/91, AP Nr. 2 zu § 90 BetrVG 1972. | 10 Vgl. BAG v. 27.6.1989 – 1 ABR 19/88, AP Nr. 37 zu § 80 BetrVG 1972. | 11 Vgl. BAG v. 19.6.1984 – 1 ABR 6/83, AP Nr. 2 zu § 92 BetrVG 1972. | 12 Vgl. DKK/*Klebe*, § 90 BetrVG Rz. 22; *Fitting*, § 90 BetrVG Rz. 12. | 13 Vgl. BAG v. 20.11.1984 – 1 ABR 64/82, AP Nr. 3 zu § 106 BetrVG 1972 zur Vorlage von Unterlagen an den Wirtschaftsausschuss nach § 106 II 1. | 14 Vgl. DKK/*Klebe*, § 90 BetrVG Rz. 22; GK-BetrVG/*Wiese*, § 90 BetrVG Rz. 25. | 15 Vgl. DKK/*Klebe*, § 90 BetrVG Rz. 25; *Fitting*, § 90 BetrVG Rz. 12. | 16 Vgl. MünchArbR/*Matthes*, § 345 Rz. 15; aA *Löwisch/Kaiser*, § 90 BetrVG Rz. 6; HSWG/*Glock*, § 90 BetrVG Rz. 11; vgl. auch BAG v. 5.2.1991 – 1 ABR 24/90, AP Nr. 10 zu § 106 BetrVG 1972. | 17 Vgl. MünchArbR/*Matthes*, § 345 Rz. 17.

§ 90 II kann der ArbGeb sich **vertreten** lassen. Der Vertreter muss aber über die **notwendige Fachkompetenz** verfügen, da nur so gewährleistet ist, dass das mit der Unterrichtung und Beratung verfolgte Ziel erreicht wird[1]. Nicht erforderlich ist, dass der Vertreter des ArbGeb neben der erforderlichen Fachkompetenz stets auch die **organisatorische Kompetenz** hat, die vom BR vorgetragenen Erwägungen unmittelbar in den Entscheidungsprozess einzubringen und umzusetzen[2].

12 **III. Beratung (Abs. 2).** Die Unterrichtung des BR durch den ArbGeb nach § 90 I ist nur die **Vorstufe** der vom Gesetz geforderten Beratung. Deren Gegenstand und Zeitpunkt wird durch § 90 II konkretisiert. Die Unterrichtung schafft daher die Voraussetzung für die Beratung[3].

13 **1. Zeitpunkt der Beratung.** Die Beratung muss ebenso **rechtzeitig** erfolgen wie dies für die Unterrichtung gilt (vgl. Rz. 9), sie ist aber dennoch klar von dieser zu trennen: Gerade bei umfangreicheren Vorhaben liegt idR zwischen Unterrichtung und Beratung ein gewisser Zeitraum, damit der BR Gelegenheit hat, sich selbst eine Meinung zu bilden, um seinerseits Vorschläge auszuarbeiten[4]. § 90 II 1 verlangt, dass die Beratung so rechtzeitig zu erfolgen hat, dass Vorschläge und Bedenken des BR bei der Planung berücksichtigt werden können. Das bedeutet, dass die Beratung zu einem Zeitpunkt zu erfolgen hat, an dem der BR seine Aufgaben am sinnvollsten noch wahrnehmen kann und daran nicht faktisch gehindert wird, indem eine Änderung bestehender und als endgültig betrachteter Zustände nur schwer oder unter zusätzlichen Kosten möglich ist[5]. Die Beratung ist daher nur dann rechtzeitig, wenn Vorschläge und Bedenken des BR bei der Planung noch berücksichtigt werden können und keine „vollendeten Tatsachen" geschaffen worden sind[6].

14 **2. Inhalt der Beratung.** Inhalt der Beratung sind die vorgesehenen Maßnahmen und ihre Auswirkungen auf die ArbN, insb. auf die Art ihrer Arbeit sowie die sich daraus ergebenden Anforderungen an die ArbN (§ 90 II 1 Hs. 2).

15 **a) Auswirkungen auf die Arbeitnehmer (Abs. 2 S. 1).** Unter den Auswirkungen auf die ArbN sind insb. diejenigen auf die **Art der Arbeit** und die sich daraus ergebenden **Anforderungen an die Arbeitnehmer**, auch auf ihre Stellung im Betrieb, ihre Qualifikation und ihre künftigen materiellen Arbeitsbedingungen, gemeint[7].

16 **Beispiele:** Auswirkungen auf ArbN können höhere Anforderungen an Ausbildung, Erfahrung, Geschicklichkeit, Körpergewandtheit, Verantwortung etc. sein. Weitere Auswirkungen können sich aus den Umständen der Arbeitsleistung ergeben, wie bspw. erhöhte Belastungen durch Schmutz, Nässe, Gase, Öl, Blendung oder Lichtmangel, Erkältungsgefahr, Schutzkleidung[8]. Nicht nach § 90 II zu beraten sind Maßnahmen, die sich auf den Inhalt und den Bestand des Arbeitsverhältnisses selbst auswirken (Kündigungen, Umgruppierungen etc.). Darüber ist mit dem BR zum einen unter dem Gesichtspunkt der Personalplanung nach § 92 und zum anderen nach § 111 dann zu beraten, wenn die geplante Maßnahme gleichzeitig eine Betriebsänderung darstellt[9].

17 **b) Menschengerechte Gestaltung der Arbeit (Abs. 2 S. 2).** Bei der Beratung sind nach § 90 II 2 auch die gesicherten arbeitswissenschaftl. Erkenntnisse über die menschengerechte Gestaltung der Arbeit zu berücksichtigen. Damit soll erreicht werden, dass die Arbeit den Bedürfnissen und Möglichkeiten des arbeitenden Menschen entsprechend gestaltet wird[10]. Gemeint sind arbeitswissenschaftl. Erkenntnisse über die zweckmäßige Gestaltung von Arbeitsplatz, Arbeitsablauf, Arbeitsmedizin, Arbeitsphysiologie und -psychologie sowie Arbeitssoziologie und Arbeitspädagogik[11].

18 **3. Entscheidung des Arbeitgebers.** Der ArbGeb hat mit dem BR **nur** die geplante Maßnahme zu beraten. Ist der ArbGeb dieser Verpflichtung nachgekommen, muss er Anregungen und Vorschläge des BR hinsichtlich einer Modifizierung der geplanten Maßnahme nicht befolgen. Er bleibt vielmehr in seiner Entscheidung **frei**, ob und wie er die geplante Maßnahme durchführen will[12]. Damit gibt § 90 dem BR **keine rechtl. Möglichkeit**, eine menschengerechte Gestaltung der Arbeit vom ArbGeb zu erzwingen. Dem BR steht es aber frei, nach § 80 I Nr. 2 Änderungen zu Gunsten der ArbN zu beantragen, er hat jedoch keinen Anspruch darauf, dass der ArbGeb in entsprechende Planungen eintritt[13]. Insoweit steht dem BR ein Initiativrecht nicht zu[14].

19 **IV. Streitigkeiten** zwischen ArbGeb und BR über Voraussetzungen und Umfang der Beratungs- und Informationspflichten entscheidet das ArbG im **Beschlussverfahren** (§§ 2a I Nr. 1, II iVm. 80 ff. ArbGG). Im Wege der einstw. Verfügung kann der BR sein Recht auf Information und Beratung geltend machen. Es ist jedoch nicht möglich, dem ArbGeb im Wege der einstw. Verfügung zu untersagen, eine Maßnahme

1 Vgl. BAG v. 11.12.1991 – 7 ABR 16/91, AP Nr. 2 zu § 90 BetrVG 1972. | 2 Vgl. BAG v. 11.12.1991 – 7 ABR 16/91, AP Nr. 2 zu § 90 BetrVG 1972. | 3 Vgl. Richardi/*Richardi/Annuß*, § 90 BetrVG Rz. 24. | 4 Vgl. HSWG/*Glock*, § 90 BetrVG Rz. 13. | 5 Vgl. LAG Hess. v. 3.11.1992 – 5 TaBV 27/92, LAGE Nr. 32 zu § 23 BetrVG. | 6 Vgl. *Fitting*, § 90 BetrVG Rz. 34; DKK/*Klebe*, § 90 BetrVG Rz. 26. | 7 Vgl. MünchArbR/*Matthes*, § 345 Rz. 18. | 8 Vgl. ErfK/*Kania*, § 90 BetrVG Rz. 9; GK-BetrVG/*Wiese*, § 90 Rz. 30. | 9 Vgl. MünchArbR/*Matthes*, § 345 Rz. 19; Richardi/*Richardi/Annuß*, § 90 BetrVG Rz. 26. | 10 Vgl. *Clemenz* in Tschöpe, Arbeitsrecht, Teil 4 A Rz. 468. | 11 Vgl. die Nachweise bei HSWG/*Glock*, § 90 BetrVG Rz. 18 sowie GK-BetrVG/*Wiese*, § 90 Rz. 36 ff. | 12 Vgl. MünchArbR/*Matthes*, § 345 Rz. 21; GK-BetrVG/*Wiese*, § 90 Rz. 32. | 13 Vgl. MünchArbR/*Matthes*, § 345 Rz. 26. | 14 Vgl. BAG v. 6.12.1983 – 1 ABR 43/81, AP Nr. 7 zu § 87 BetrVG 1972 – Überwachung.

durchzuführen, da § 90 nur ein Unterrichtungs- und Beratungsrecht, aber kein MitbestR, das den ArbGeb an einer einseitigen Durchführung der Maßnahme hindert, gewährt[1]. Soweit teilweise vertreten wird, die vom ArbGeb beabsichtigten Maßnahmen könnten durch einstw. Verfügung gestoppt werden[2], vermag dies nicht zu überzeugen, da eine solche einstw. Verfügung dem BR im vorläufigen Rechtsschutzverfahren mehr Rechte einräumt, als ihm in der Hauptsache (Unterrichtung und Beratung) zustehen[3]. Hat aber der BR nach § 91 ein **korrigierendes MitbestR**, die geplante Änderung also den gesicherten arbeitswissenschaftlichen Erkenntnissen über die menschengerechte Gestaltung der Arbeit **offensichtlich** widerspricht und deshalb die ArbN in besonderer Weise belastet, kann das ArbG durch einstw. Verfügung dem ArbGeb die Durchführung der geplanten Maßnahme untersagen[4]. Kommt der ArbGeb seiner Pflicht aus § 90 zur Unterrichtung und Beratung unvollständig, verspätet, überhaupt nicht oder mit wahrheitswidrigen Informationen nach, handelt es sich um eine Ordnungswidrigkeit iSv. § 121 I, die mit einer Geldbuße bis zu 10 000 Euro geahndet werden kann (§ 121 II). Darüber hinaus stellt ein Verstoß gegen Unterrichtungs- und Beratungspflichten iSv. § 90 uU eine grobe Verletzung der Pflichten des ArbGeb aus dem BetrVG dar[5]. Für diesen Fall kann der BR gegen den ArbGeb mit Anträgen nach § 23 III vorgehen, über die das ArbG ebenfalls im **Beschlussverfahren** zu entscheiden hätte (§§ 2a I Nr. 1, II iVm. 80 ff. ArbGG).

91 *Mitbestimmungsrecht*

Werden die Arbeitnehmer durch Änderungen der Arbeitsplätze, des Arbeitsablaufs oder der Arbeitsumgebung, die den gesicherten arbeitswissenschaftlichen Erkenntnissen über die menschengerechte Gestaltung der Arbeit offensichtlich widersprechen, in besonderer Weise belastet, so kann der Betriebsrat angemessene Maßnahmen zur Abwendung, Milderung oder zum Ausgleich der Belastung verlangen. Kommt eine Einigung nicht zu Stande, so entscheidet die Einigungsstelle. Der Spruch der Einigungsstelle ersetzt die Einigung zwischen Arbeitgeber und Betriebsrat.

I. Vorbemerkung. Nach § 90 haben ArbGeb und BR bei der Einrichtung neuer oder Änderung bestehender Arbeitsplätze und bei der Einführung neuer Arbeitsverfahren und Arbeitsabläufe diese Maßnahmen gemeinsam zu beraten und insb. deren Auswirkungen auf die Art der Arbeit und die Anforderungen an die ArbN zu beachten. Sie sollen dabei gemeinsam die gesicherten arbeitswissenschaftl. Erkenntnisse über die menschengerechte Gestaltung der Arbeit berücksichtigen. Diese Vorschrift begründet für den ArbGeb noch keine Verpflichtung, Arbeitsplätze, Arbeitsverfahren und Arbeitsabläufe jeweils so zu gestalten, dass den genannten gesicherten arbeitswissenschaftl. Erkenntnissen entsprochen wird. Welche Anforderungen Arbeitsplätze, Arbeitsverfahren und Arbeitsabläufe in Bezug auf Sicherheit und menschengerechte Gestaltung zwingend zu erfüllen haben, ist vielmehr in anderen Rechtsvorschriften geregelt. Diese zu beachten ist der ArbGeb ohnehin verpflichtet. Ein Recht, entsprechende Regelungen zu erzwingen, räumt § 90 nicht ein. Der BR wird durch diese Vorschrift nicht in die Lage versetzt, dem ArbGeb die Beachtung von noch nicht zu Rechtsnormen erhobenen gesicherten arbeitswissenschaftl. Erkenntnissen über die menschengerechte Gestaltung der Arbeit allgemein zur Pflicht zu machen. Erst § 91 gibt dem BR die Möglichkeit, tätig zu werden, wenn nämlich Arbeitsplätze, Arbeitsabläufe oder Arbeitsumgebung **gesicherten arbeitswissenschaftl. Erkenntnissen** nicht entsprechen. Davon, dass dies auch erlaubtermaßen der Fall sein kann, geht § 91 aus[6]. Das MitbestR nach § 91 ist ein **korrigierendes MitbestR**. Der BR soll das Recht haben, Arbeitsbedingungen nach Möglichkeit an gesicherte arbeitswissenschaftl. Erkenntnisse heranzuführen, wenn Arbeitsplätze, Arbeitsverfahren oder Arbeitsumgebung diesen **offensichtlich** widersprechen und ArbN **besonders** belasten. Inhalt des MitbestR ist nicht der Ausgleich **wirtschaftl. Nachteile** der ArbN, dies ist Inhalt des MitbestR nach § 112. Im Rahmen des § 91 geht es vielmehr um die arbeitstechnische Gestaltung von Arbeitsplatz, Arbeitsablauf oder Arbeitsumgebung. 1

II. Voraussetzungen des Mitbestimmungsrechts. Werden die ArbN durch in § 91 S. 1 genannte Umstände, die den gesicherten arbeitswissenschaftlichen Erkenntnissen über die menschengerechte Gestaltung der Arbeit offensichtlich widersprechen, in besonderer Weise belastet, kann der BR angemessene Maßnahmen zur Abwendung, Milderung oder zum Ausgleich der Belastung verlangen. 2

1. Änderung der Arbeitsplätze, des Arbeitsablaufs und der Arbeitsumgebung. Voraussetzung ist zunächst, dass eine Änderung der Arbeitsplätze, des Arbeitsablaufs oder der Arbeitsumgebung gegeben ist. Die Begriffe **Arbeitsplatz** und **Arbeitsablauf** sind identisch mit den Begriffen in § 90 I Nr. 3 und 4 (vgl. § 90 Rz. 6 ff.)[7]. Soweit § 91 gegenüber § 90 bauliche Veränderungen und den Begriff „technische Anlagen" 3

---

1 Vgl. *Fitting*, § 90 BetrVG Rz. 48; MünchArbR/*Matthes*, § 345 Rz. 26; vgl. auch LAG Nürnberg v. 4.2.2003 – 6 (2) TaBV 39/01, NZA-RR 2003, 588 (kein allgemeiner Unterlassungs- und Beseitigungsanspruch). | 2 Vgl. DKK/*Klebe*, § 90 BetrVG Rz. 37 mwN. | 3 Vgl. *Fitting*, § 90 BetrVG Rz. 48. | 4 Vgl. Richardi/*Richardi/Annuß*, § 90 BetrVG Rz. 42; DKK/*Klebe*, § 90 BetrVG Rz. 37; *Fitting*, § 90 BetrVG Rz. 49; aA HSWG/*Glock*, § 90 BetrVG Rz. 22. | 5 Vgl. LAG Hess. v. 3.11.1992 – 5 TaBV 27/92, LAGE Nr. 32 zu § 23 BetrVG 1972. | 6 Vgl. BAG v. 6.12.1983 – 1 ABR 43/81, AP Nr. 7 zu § 87 BetrVG 1972 – Überwachung. | 7 Vgl. *Löwisch/Kaiser*, § 91 BetrVG Rz. 1.

nicht anführt, liegt darin keine Einschränkung, da der Begriff **Arbeitsumgebung** umfassend ist. Es fallen darunter **alle Umwelteinflüsse** auf den Arbeitsplatz und seine Gestaltung und damit letztendlich auch solche Einflüsse, die von einer baulichen Maßnahme oder einer technischen Anlage ausgehen[1]. Das MitbestR des BR nach § 91 ist nur gegeben, wenn die besondere Belastung der ArbN auf einer **Änderung** von Arbeitsplätzen, des Arbeitsablaufs oder der Arbeitsumgebung beruht. Es erstreckt sich **nicht** auf Fälle, in denen **schon bestehende Verhältnisse** den gesicherten arbeitswissenschaftlichen Erkenntnissen über die menschengerechte Gestaltung der Arbeit offensichtlich widersprechen[2]. Das bedeutet aber nicht, dass der BR nach § 91 erst einen Verstoß und das Eintreten besonderer Belastungen abwarten muss, bevor er tätig werden kann. Der BR kann vielmehr schon dann, wenn im Planungsstadium erkennbar ist, dass gegen gesicherte arbeitswissenschaftliche Erkenntnisse offensichtlich verstoßen wird und ArbN deswegen besonders belastet werden, Maßnahmen zur Abwendung, zur Milderung und zum Ausgleich dieser Belastungen verlangen[3]. In diesem Fall kann der BR **präventiv** tätig werden, ansonsten beschränkt sich das MitbestR nach § 91 auf die **Änderung** von Arbeitsplatz, Arbeitsablauf oder Arbeitsumgebung, so dass **bestehende Arbeitsplätze** vom MitbestR nicht umfasst werden.

4 **2. Widerspruch zu gesicherten arbeitswissenschaftlichen Erkenntnissen.** Die Änderung von Arbeitsplatz, Arbeitsablauf oder Arbeitsumgebung muss gesicherten arbeitswissenschaftlichen Erkenntnissen widersprechen. Der Begriff der gesicherten arbeitswissenschaftlichen Erkenntnisse iSv. § 91 S. 1 ist identisch mit § 90 II 2 (vgl. § 90 Rz. 17).

5 **3. Offensichtlicher Widerspruch. Offensichtlichkeit** ist anzunehmen, wenn der Widerspruch **eindeutig**, dh. ohne weiteres erkennbar ist[4]. Streitig ist, **für wen** er eindeutig erkennbar sein muss: Teilweise wird abgestellt auf einen **Fachmann**, der mit dem **konkreten Lebenssachverhalt vertraut** ist[5], teilweise auf einen einigermaßen **Fachkundigen**[6] und überwiegend auf einen **sachkundigen Betriebspraktiker**[7]. Zutreffend dürfte es sein, auf den sachkundigen Betriebspraktiker abzustellen, da es in § 91 um die Gestaltung von Arbeitsplatz, Arbeitsablauf und Arbeitsumgebung in dem **konkreten Betrieb** geht. Durch § 91 wird die Entscheidung des ArbGeb und die Stellungnahme des BR beeinflusst. Ein sachkundiger Betriebspraktiker, der Kenntnis über die betreffenden arbeitswissenschaftlichen Anforderungen hat, ist am besten geeignet, beurteilen zu können, ob ein offensichtlicher Widerspruch vorliegt oder nicht[8].

6 **4. Besondere Belastung.** Unter besonderen Belastungen iSv. § 91 S. 1 sind erhebliche typisiert-negative Belastungen zu verstehen, die das Maß zumutbarer Belastungen und Beanspruchungen von arbeitenden Menschen übersteigen[9].

7 **Beispiele:** Lärm, Vibration, Nässe, Öl, Fette, Gase, Dämpfe, Hitze, Kälte, Lichtverhältnisse.

8 Abzustellen ist auf eine **objektive** besondere Belastung, nicht entscheidend ist ein **subjektiver Maßstab**[10]. Die besondere Belastung darf nicht nur vorübergehend sein[11].

9 **5. Darlegungslast.** Der BR muss **substanziiert darlegen**, weshalb seiner Ansicht nach eine Änderung offensichtlich den gesicherten arbeitswissenschaftlichen Erkenntnissen über die menschengerechte Gestaltung der Arbeit widerspricht und besondere Belastungen eingetreten sind. Der BR kann insoweit nicht **generalpräventiv** tätig werden. Durch das MitbestR nach § 91 kann nur die Korrektur von Zuständen an **ganz konkreten Arbeitsplätzen** erreicht werden[12]. Diese Voraussetzungen hat der BR im Einzelnen darzulegen[13].

10 **III. Inhalt des Mitbestimmungsrechts.** Liegen die Voraussetzungen des MitbestR nach § 91 S. 1 vor, kann der BR angemessene Maßnahmen zur Abwendung und Milderung der Belastung oder einen Ausgleich für den belasteten ArbN verlangen. Es muss sich hierbei um Maßnahmen handeln, die einerseits geeignet sind, eine Änderung zu bewirken, andererseits aber auch für den ArbGeb wirtschaftl. vertretbar sind[14].

11 **1. Abwendung.** § 91 S. 1 Hs. 2 sieht eine bestimmte **Rangfolge** vor, mit der die Beseitigung der besonderen Belastung erreicht werden soll. Diese geht von der Abwendung über die Milderung bis hin zum Ausgleich. **Abwendung** ist die Korrektur der Belastung, so dass der ArbN dieser nicht mehr ausgesetzt ist[15]. Dies kann zu einer Rückgängigmachung der Maßnahme führen, wenn es wirtschaftl. vertretbar ist,

---

1 Vgl. DKK/*Klebe*, § 91 BetrVG Rz. 3; *Fitting*, § 91 BetrVG Rz. 10. | 2 Vgl. BAG v. 28.7.1981 – 1 ABR 65/79, AP Nr. 3 zu § 87 BetrVG 1972 – Arbeitssicherheit. | 3 Vgl. BAG v. 6.12.1983 – 1 ABR 43/81, AP Nr. 7 zu § 87 BetrVG 1972 – Überwachung. | 4 Vgl. DKK/*Klebe*, § 91 BetrVG Rz. 14; *Fitting*, § 91 BetrVG Rz. 12. | 5 Vgl. DKK/*Klebe*, § 91 BetrVG Rz. 14. | 6 Vgl. *Stege/Weinspach/Schiefer*, § 91 BetrVG Rz. 4; *Fitting*, § 91 BetrVG Rz. 12. | 7 Vgl. Richardi/*Richardi/Annuß*, § 91 BetrVG Rz. 9 mwN; HSWG/*Glock*, § 91 BetrVG Rz. 7. | 8 Vgl. GK-BetrVG/*Wiese*, § 91 Rz. 13 f. | 9 Vgl. DKK/*Klebe*, § 91 BetrVG Rz. 17. | 10 Vgl. GK-BetrVG/*Wiese*, § 91 Rz. 17; Richardi/*Richardi/Annuß*, § 91 BetrVG Rz. 13. | 11 Vgl. DKK/*Klebe*, § 91 BetrVG Rz. 17; GK-BetrVG/*Wiese*, § 91 Rz. 18; MünchArbR/*Matthes*, § 345 Rz. 31; weitergehend HSWG/*Glock*, § 91 BetrVG Rz. 8; Richardi/*Richardi/Annuß*, § 91 BetrVG Rz. 12; *Löwisch/Kaiser*, § 91 BetrVG Rz. 6, die eine über die Einarbeitungszeit hinausgehende, auf Dauer bestehende Belastung verlangen. | 12 Vgl. *Löwisch/Kaiser*, § 91 BetrVG Rz. 8. | 13 Vgl. BAG v. 6.12.1983 – 1 ABR 43/81, AP Nr. 7 zu § 87 BetrVG 1972 – Überwachung. | 14 Vgl. DKK/*Klebe*, § 91 BetrVG Rz. 19; *Fitting*, § 91 BetrVG Rz. 19. | 15 Vgl. DKK/*Klebe*, § 91 BetrVG Rz. 19.

von einer Änderung der Arbeitsplatzgestaltung abzusehen[1]. Bspw. können neue Leuchtröhren gegen die früheren, alten wieder ausgewechselt werden[2]. Andererseits kann nicht der Abbau einer Maschine mit außergewöhnlicher Lärmentwicklung verlangt werden, sondern allenfalls deren konstruktive Änderung etwa durch den Einbau schalldämpfender Teile[3]. Maßnahmen zur Abwendung können die Verbesserung der ergonomischen Gestaltung des Arbeitsplatzes nach Körpermaßen und -kräften, die Einführung technischer Hilfsmittel (zB bei Hebearbeit), die Einführung von Transportmitteln (zB bei Tragearbeit) und die Beseitigung von Umwelteinflüssen (Staub, Lärm, Gasen etc.) sein[4].

2. Milderung. Als Maßnahmen zur Milderung, also teilweiser Aufhebung der Belastung, kommen in Betracht die Einführung besonderer Schutzbekleidung oder Schutzbrillen, Gehörschutzmittel, schallisolierende Maßnahmen, zusätzliche ärztliche Vorsorge- und Überwachungsuntersuchungen, zusätzliche Pausen oder Erholungszeiten, Ausgleichstätigkeiten zur Verringerung von Unterbelastung oder Monotonie etc.[5] Entscheidend ist, dass die Maßnahme geeignet ist, die Belastung zu mildern, sie muss darüber hinaus erforderlich sein, um dieses Ziel zu erreichen[6]. 12

3. Ausgleich. Erst wenn besondere Belastungen weder abzuwenden noch zu mildern sind, muss der BR sich auf einen Ausgleich der Belastung verweisen lassen[7]. Solche Ausgleichsmaßnahmen können die Herabsetzung der Arbeitszeit, zusätzliche Pausen, die Versorgung mit Getränken bei großer Hitze, Duschen und Bäder bei schmutziger Arbeit, die Einrichtung von Ruheräumen, die Aufstellung von Regenschutz bei Arbeit im Freien uÄ sein[8]. Die Ausgleichsmaßnahmen sollen **Kompensation** für die in Kauf zu nehmende Belastung sein. Sie sollten also primär darauf angelegt sein, dem gesteigerten Erholungsbedarf des ArbN gerecht zu werden. Das bedeutet, dass sie möglichst mit zusätzlicher Freizeit gekoppelt sein sollten (Sonderurlaub, längere Pausen etc.)[9]. Das schließt aber – auch wenn der Anspruch auf eine menschengerechte Gestaltung der Arbeit grds. **nicht abgekauft** werden sollte – zusätzliche **Geldleistungen** des ArbGeb nicht aus[10]. 13

IV. Durchführung der Mitbestimmung. Können ArbGeb und BR sich nicht über angemessene Maßnahmen zur Abwendung, Milderung oder zum Ausgleich der Belastung einigen, so entscheidet auf Antrag des ArbGeb oder des BR nach § 91 S. 2 die **Einigungsstelle**. Gem. § 91 S. 3 ersetzt der Spruch der Einigungsstelle die Einigung zwischen ArbGeb und BR (zum Verfahren vor der Einigungsstelle vgl. § 76 Rz. 14 ff.)[11]. 14

V. Streitigkeiten. Einigen ArbGeb und BR sich nicht über die Besetzung der Einigungsstelle (Einigungsstellenvorsitzender, Anzahl der Beisitzer, Zuständigkeit der Einigungsstelle an sich), kann eine Einigungsstelle gerichtlich eingesetzt werden. Das ArbG entscheidet im **Beschlussverfahren** (§§ 2a I Nr. 1, II iVm. 80 ff., 98 ArbGG)[12]. Die Einigungsstelle entscheidet verbindlich durch Spruch[13]. Der Spruch der Einigungsstelle kann vom ArbGeb oder BR angefochten werden (§ 76 V 4, vgl. zur Anfechtung eines Einigungsstellenspruchs § 76 Rz. 100 ff.). Für die Anfechtung eines Spruchs der Einigungsstelle ist das ArbG zuständig, das im **Beschlussverfahren** entscheidet (§§ 2a I Nr. 1, II iVm. 80 ff. ArbGG). Ist zwischen ArbGeb und BR streitig, ob überhaupt die Voraussetzungen des § 91 erfüllt sind, kann dies unabhängig von einem Einigungsstellenverfahren im arbeitsgerichtl. **Beschlussverfahren** geklärt werden (§§ 2a I Nr. 1, II iVm. 80 ff. ArbGG). Wird durch den Spruch der Einigungsstelle festgelegt, welche Maßnahmen der ArbGeb zu treffen hat und führt dieser sie nicht durch, kann der BR durch das ArbG die Durchsetzung des Spruchs verfolgen. Das ArbG entscheidet einen solchen Rechtsstreit im **Beschlussverfahren** (§§ 2a I Nr. 1, II iVm. 80 ff. ArbGG). Den ArbGeb trifft insoweit nach § 77 I eine **Durchführungspflicht**, die der BR ggf. auch mit einer einstw. Verfügung durchsetzen kann[14]. Werden durch einen Spruch der Einigungsstelle dem ArbN unmittelbar Individualansprüche eingeräumt, können diese im arbeitsgerichtl. **Urteilsverfahren** durchgesetzt werden (§§ 2 I Nr. 3a, V iVm. 46 ff. ArbGG). Für den einzelnen ArbN kann sich uU ein Zurückbehaltungsrecht nach § 273 BGB ergeben, wenn der ArbGeb ihm obliegende Maßnahmen nicht vornimmt und dadurch dem ArbN die Arbeitsleistung unzumutbar wird[15]. 15

---

1 Vgl. DKK/*Klebe*, § 91 BetrVG Rz. 19; *Fitting*, § 91 BetrVG Rz. 17. | 2 Vgl. Richardi/*Richardi/Annuß*, § 91 BetrVG Rz. 19. | 3 Vgl. HSWG/*Glock*, § 91 BetrVG Rz. 10. | 4 Vgl. die Beispiele bei *Fitting*, § 91 BetrVG Rz. 19. | 5 Vgl. die Beispiele bei *Fitting*, § 91 BetrVG Rz. 20. | 6 Vgl. Richardi/*Richardi/Annuß*, § 91 BetrVG Rz. 20. | 7 Vgl. DKK/*Klebe*, § 91 BetrVG Rz. 21; GK-BetrVG/*Wiese*, § 91 Rz. 33. | 8 Vgl. die Beispiele bei *Fitting*, § 91 BetrVG Rz. 21. | 9 Vgl. *Weiss/Weyand*, § 91 BetrVG Rz. 12. | 10 Vgl. *Löwisch/Kaiser*, § 91 BetrVG Rz. 11; MünchArbR/*Matthes*, § 345 Rz. 45; *Weiss/Weyand*, § 91 BetrVG Rz. 12; *Fitting*, § 91 BetrVG Rz. 21; GK-BetrVG/*Wiese*, § 91 Rz. 33 f.; *Etzel*, Betriebsverfassungsrecht, Rz. 667; aA DKK/*Klebe*, § 91 BetrVG Rz. 21; HSWG/*Glock*, § 91 BetrVG Rz. 12; Richardi/*Richardi/Annuß*, § 91 BetrVG Rz. 23; *Stege/Weinspach/Schiefer*, § 91 BetrVG Rz. 13. | 11 Vgl. zur Anrufung der Einigungsstelle, zum Antrag an das ArbG auf Errichtung einer Einigungsstelle nach § 98 ArbGG sowie zu einem Einigungsstellenspruch die Muster bei Bauer/Lingemann/Diller/Haußmann/*Diller*, M 40.1, M 40.2 und M 40.3. | 12 Vgl. zum Antrag nach § 98 ArbGG das Muster bei Bauer/Lingemann/Diller/Haußmann/*Diller*, M 40.2. | 13 Vgl. zum Einigungsstellenspruch das Muster bei Bauer/Lingemann/Diller/Haußmann/*Diller*, M 40.3. | 14 Vgl. DKK/*Klebe*, § 91 BetrVG Rz. 25; ErfK/*Kania*, § 91 BetrVG Rz. 3. | 15 Vgl. zur Arbeit in gefahrstoffbelasteten Räumen BAG v. 8.5.1996 – 5 AZR 315/95, AP Nr. 23 zu § 618 BGB.

Fünfter Abschnitt. Personelle Angelegenheiten

Erster Unterabschnitt. Allgemeine personelle Angelegenheiten

92 *Personalplanung*

(1) Der Arbeitgeber hat den Betriebsrat über die Personalplanung, insbesondere über den gegenwärtigen und künftigen Personalbedarf sowie über die sich daraus ergebenden personellen Maßnahmen und Maßnahmen der Berufsbildung anhand von Unterlagen rechtzeitig und umfassend zu unterrichten. Er hat mit dem Betriebsrat über Art und Umfang der erforderlichen Maßnahmen und über die Vermeidung von Härten zu beraten.

(2) Der Betriebsrat kann dem Arbeitgeber Vorschläge für die Einführung einer Personalplanung und ihre Durchführung machen.

(3) Die Absätze 1 und 2 gelten entsprechend für Maßnahmen im Sinne des § 80 Abs. 1 Nr. 2a und 2b, insbesondere für die Aufstellung und Durchführung von Maßnahmen zur Förderung der Gleichstellung von Frauen und Männern.

1 **I. Regelungszweck.** Mit der Generalklausel des § 92 berücksichtigt der Gesetzgeber, dass immer dort, wo eine Personalplanung besteht, vielfach schon im Planungsstadium Weichenstellungen erfolgen, die die Grundlage für personelle Einzelentscheidungen bilden. Speziell erwartete der Gesetzgeber von einer Beteiligung des BR im Rahmen der Personalplanung eine bessere **Objektivierung** und eine bessere **Durchschaubarkeit** sowohl der allgemeinen Personalwirtschaft als auch der personellen Einzelentscheidung[1]. Mittlerweile hat sich jedoch die betriebl. Wirklichkeit erhebl. weiterentwickelt. So hat sich vielfach im Hinblick auf die Personalarbeit in den Unternehmen ein Ansatz herausgebildet, der auf eine ganzheitliche Sichtweise der Integration von Personal und Arbeit bei allen unternehmerischen Entscheidungen abstellt. Dies ist der sog. Human-Ressource-Management-Ansatz.

2 **II. Begriffsbestimmung.** Eine Begriffsbestimmung für den Begriff „Personalplanung" fehlt im Gesetz. Deshalb haben Rechtswissenschaft und Praxis versucht, teilweise unter Rückgriff auf betriebswirtschaftl. Kenntnisse, einen **Begriff der Personalplanung** zu entwickeln. Der Begriff wird im Wesentlichen durch das Wort **„Planung"** geprägt. Insofern geht es um das gedankliche Erarbeiten verschiedener Wahlmöglichkeiten bei der Festlegung von personalpolitischen Zielen und den zu treffenden Maßnahmen[2]. Personalplanung in diesem Sinne umfasst nicht nur langfristige, mittelfristige und kurzfristige Personalplanung, sondern auch eine **„intuitive Planung"**, bei der uU nur eine kurzfristige Maßnahmeplanung auf Grund schwer nachvollziehbarer Vorstellungen des ArbGeb betrieben wird[3]. Fehlt es dagegen überhaupt an einer Personalplanung, kann dem ArbGeb unter Rückgriff auf § 92 eine solche nicht auferlegt werden. Keine Planung liegt etwa vor bei bloßer Fixierung der **Personaldaten**[4]. Jedoch ist darauf hinzuweisen, dass eine völlig planlose Personalpolitik, die nur auf zufällige Änderungen des Personalbestandes reagiert, in der betrieblichen Praxis nur schwer vorstellbar ist[5].

3 Besondere Bedeutung gewinnt die Personalplanung gerade im Zusammenhang mit der Einführung neuer Produktions- und Fertigungsverfahren. Dies betrifft die im Rahmen eines Lean-Production-Konzeptes eingeführte verstärkte Gruppenarbeit, die Einführung flacher Hierarchien, die organisatorische Begleitung von Total-Quality Management-Ansätzen sowie die Schaffung flexibler Vergütungs- und Arbeitszeitsysteme (etwa Cafeteria-Systeme)[6].

4 Die Rechtswissenschaft hat versucht, auch unter Rückgriff auf betriebswirtschaftl. Schrifttum die **Elemente von Personalplanung** herauszuarbeiten. Ausgangspunkt jeder Personalplanung bildet eine **Personalbedarfsplanung** und damit die Ermittlung des Personalbedarfs nach den Gegebenheiten des Betriebs unter Berücksichtigung der unternehmerischen Planziele. Hierzu zählen auch die **Stellenbeschreibungen**, die den konkreten Arbeitsplatz innerhalb des betriebl. Geschehens festlegen und damit die Anforderungsprofile definieren[7]. Damit untrennbar verknüpft ist die Frage, ob bestimmte Aufgaben durch **LeihArbN** oder ArbN von Fremdfirmen erledigt werden sollen. Auch diese Entscheidung zählt zur Personalplanung[8].

5 Dem Personalbedarf ist für eine zutreffende Planung der **Personalbestand** gegenüberzustellen. Das heißt, zur Personalplanung iSd. § 92 zählt auch die Erfassung des gegenwärtigen Personalpotenzials

1 BT-Drs. VI/1786, S. 50. |2 DKK, § 92 BetrVG Rz. 10; LAG Berlin v. 13.6.1988 – 9 TaBV 1/88, LAGE § 92 BetrVG 1972 Nr. 2. |3 LAG Berlin v. 13.6.1988 – 9 TaBV 1/88, LAGE § 92 BetrVG 1972 Nr. 2. |4 *Heinze*, Personalplanung, Rz. 42. |5 Krit. zu den Defiziten in der Praxis: *Fitting*, § 92 BetrVG Rz. 8. |6 Vgl. hierzu *Fitting*, § 92 BetrVG Rz. 7. |7 BAG v. 6.11.1990 – 1 ABR 60/89, AP Nr. 3 zu § 92 BetrVG 1972; v. 19.6.1984 – 1 ABR 6/83, AP Nr. 2 zu § 92 BetrVG 1972; vgl. zum Beteiligungsrecht des BR bei Stellenbeschreibungen im Zusammenhang mit der Einführung von Qualitätsmanagementsystemen: *Lachenmann*, RdA 1998, 105 (111). |8 *Fitting*, § 92 BetrVG Rz. 14; vgl. auch *Plander*, AiB 1990, 19 ff.

hinsichtlich seiner Zahl, Fähigkeiten und Kenntnisse[1]. Nach Auffassung der Rspr. kann uU auch für den Abschluss eines Werkvertrages der BR nach § 92 zu beteiligen sein[2].

Aus der Gegenüberstellung von Personalbedarfs- und Personalbestandsplanung folgt dann die Entscheidung, ob auf Grund dessen eine **Personalfreisetzungsplanung** und damit die Festlegung wegfallender Stellen einschließlich der Planung von Verwendungsalternativen für das freigesetzte Personal erforderlich wird[3] oder ob eine **Personalbeschaffungsplanung** erfolgen muss. Hierbei stellt sich auch die Frage nach möglichen Beschaffungsalternativen, etwa ob das notwendige Personal auf dem unternehmensinternen Arbeitsmarkt rekrutiert werden kann. Auch diese Entscheidung ist Personalplanung iSd. § 92[4]. 6

Unmittelbar hiermit im Zusammenhang steht die **Personalentwicklungsplanung**. Hier hat der BR durch die Novellierung des BetrVG ganz erhebliche Möglichkeiten gewonnen (vgl. §§ 96 ff.). So liegt die Hauptaufgabe der Personalentwicklung in der Anpassung des qualitativen Arbeitskräftepotenzials an die Bedarfsziele des Unternehmens[5]. Von besonderer Bedeutung ist die Personalentwicklungsplanung nach der Novellierung des BetrVG insb. im Hinblick auf Maßnahmen zur Förderung der Gleichstellung von Frauen und Männern (§ 92 III). Insofern können sog. **Frauenförderpläne**[6] bereits Bestandteil der Personalentwicklungsplanung werden. 7

Diese einzelnen Teilplanungen münden dann in die **Personaleinsatzplanung**, bei der festgelegt wird, wie die durch Planung ermittelten personellen Kapazitäten im Unternehmen zur Verwirklichung der Planziele zeitlich und qualitativ einzuordnen sind[7]. In diesem Rahmen kommt insb. der Frage der Zuordnung von Mensch und Arbeit erhebliche Bedeutung zu. Dies führt zwangsläufig zu Überschneidungen mit dem Beteiligungsrecht des BR nach § 99. Ob auch die **Kontrollplanung** zu den Elementen der Personalplanung gehört, ist bisher nicht abschließend geklärt[8]. 8

Ebenfalls umstritten ist, ob die **Personalkostenplanung**, die betriebswirtschaftl. ebenfalls zur Personalplanung gehört[9], auch iSd. § 92 zur Personalplanung zu zählen ist. Da es sich hierbei um Folgen der Personalplanung selbst handelt, ist nicht einzusehen, dass Personalkostenplanung ein eigenständiges Element der Personalplanung ist. Insofern wird zu Recht darauf hingewiesen, dass Teilbereiche der so definierten Personalkostenplanung bereits bei anderen Elementen der Personalplanung zu berücksichtigen sind[10]. Ebenso wenig Bestandteil der Personalplanung ist die Planung eines **Personalinformationssystems** oder die Planung der Personalorganisation an sich[11]. Bei beiden geht es um die Vorhaltung von Ressourcen zur Durchführung der Personalplanung, nicht aber um die Personalplanung als solche[12]. 9

III. Unterrichtungsrechte. Gem. § 92 I 1 hat der ArbGeb den BR über die Personalplanung, insb. über den gegenwärtigen und künftigen Personalbedarf, sowie über die sich daraus ergebenden personellen Maßnahmen und Maßnahmen der Berufsbildung anhand von Unterlagen rechtzeitig und umfassend zu unterrichten. Hierbei ist jedoch zu betonen, dass für die Personalplanung der **Unternehmer allein verantwortlich** ist. Deshalb hat der BR auch **kein MitbestR** bei der Personalplanung, sondern Unterrichtungs- und Beratungsrechte in dem Umfang, in dem der ArbGeb Personalplanung durchführt[13]. 10

1. Zeitpunkt. Voraussetzung für das Unterrichtungsrecht nach § 92 I 1 ist, dass überhaupt eine Personalplanung erfolgt. Ist dies der Fall, so hat nach ganz überwiegender Meinung die Unterrichtung so **rechtzeitig** zu erfolgen, dass eine Beratung über Art und Umfang der erforderlichen Maßnahmen zur Vermeidung von Härten noch in einem Stadium stattfinden kann, in dem die Planung noch nicht, auch nicht teilweise, verwirklicht ist[14]. In diesem Zusammenhang gilt es allerdings, die Rspr. des BAG zu beachten, wonach der BR gem. § 92 I 1 erst beteiligt zu werden braucht, wenn Überlegungen des ArbGeb das Stadium der Planung erreicht haben[15]. Jedenfalls aber ist der BR so **frühzeitig** vor Vollziehung der Planungsergebnisse zu unterrichten, dass er realistisch noch auf den ArbGeb im Hinblick auf eine Änderung der Planung einwirken kann. 11

2. Umfang der Unterrichtung. Der ArbGeb muss den BR **umfassend** über die Planung unterrichten. Er hat dem BR also alle **Tatsachen** bekannt zu geben, auf die er die jeweilige Personalplanung stützt[16]. Hierbei gilt es zu beachten, dass der ArbGeb über die aus anderen Planungsbereichen stammenden Ergebnisse im Rahmen des § 92 nur dann unterrichten muss, wenn er diese Planungsergebnisse zur Grundlage seiner Personalplanung macht, wobei zu betonen ist, dass das Unterrichtungsrecht sich nur auf die Ergebnisse, etwa der Investitionsplanung, bezieht. Nicht umfasst vom Unterrichtungsrecht ist 12

---

1 *Richardi/Thüsing*, § 92 BetrVG Rz. 10. | 2 LAG Köln v. 9.8.1989 – 5 TaBV 3/89, LAGE Nr. 28 zu § 99 BetrVG 1972. | 3 Hierzu *Kadel*, BB 1993, 797 (798 f.). | 4 HSWG, § 92 BetrVG Rz. 15. | 5 *Richardi/Thüsing*, § 92 BetrVG Rz. 12. | 6 Vgl. *von Friesen*, AuR 1994, 405 ff. | 7 *Richardi/Thüsing*, § 92 BetrVG Rz. 13. | 8 Vgl. *Fitting*, § 92 BetrVG Rz. 10; aA GK-BetrVG/*Kraft/Raab*, § 92 Rz. 17. | 9 *Drumm*, Personalwirtschaft, S. 280 ff. | 10 Vgl. *Richardi/Thüsing*, § 92 BetrVG Rz. 15; GK-BetrVG/*Kraft/Raab*, § 92 Rz. 18; aA *Fitting*, § 92 BetrVG Rz. 20; DKK, § 92 BetrVG Rz. 30. | 11 Vgl. *Richardi/Thüsing*, § 92 BetrVG Rz. 16; GK-BetrVG/*Kraft/Raab*, § 92 Rz. 19. | 12 AA *Fitting*, § 92 BetrVG Rz. 24 f. | 13 *Fitting*, § 92 BetrVG Rz. 21. | 14 *Richardi/Thüsing*, § 92 BetrVG Rz. 26; DKK, § 92 BetrVG Rz. 36 ff.; *Peltzer*, DB 1972, 1164. | 15 BAG v. 19.6.1984 – 1 ABR 6/83, AP Nr. 2 zu § 92 BetrVG 1972. | 16 BAG v. 19.6.1984 – 1 ABR 6/83, AP Nr. 2 zu § 92 BetrVG 1972.

der **Investitionsplanungsvorgang** als solcher. Ebenso wenig kann sich der ArbGeb dadurch seiner Unterrichtungspflicht entziehen, dass er eine **Unternehmensberatungsgesellschaft** mit der Durchführung der Personalplanung beauftragt. Auch kann er die Übermittlung personenbezogener Daten, soweit die Weitergabe für die Erfüllung der Unterrichtungspflicht über die Personalplanung notwendig ist, nicht unter Berufung auf **Datenschutzgründe** verweigern[1]. Die Unterrichtungspflicht des ArbGeb gilt für **alle Bereiche** der Personalplanung. Soweit das Gesetz in § 92 I 1 den „gegenwärtigen und künftigen Personalbedarf" hervorhebt, ist dies nur beispielhaft zu verstehen. Auch ist die Unterrichtung nicht von einem ausdrücklichen Verlangen des BR abhängig, sondern der ArbGeb hat stattdessen von sich aus den BR zu unterrichten, wenn er eine Personalplanung durchführt[2].

13 **3. Vorlage von Unterlagen.** Die Unterrichtung des BR hat anhand von Unterlagen zu erfolgen. Hierunter sind nicht nur **Schriftstücke** zu verstehen, sondern auch **Datenträger** bzw., wenn es nicht anders möglich ist, sind in diesem Zusammenhang dem BR auch die in Rechnern gespeicherten Daten zugänglich zu machen[3]. Die Unterrichtung anhand von Unterlagen bedeutet, dass den BR-Mitgliedern Einblick zu gewähren ist. Bei einem computergestützten Personalinformationssystem reicht auch ein Computerausdruck mit den maßgeblichen Daten, um der Unterrichtungspflicht nachzukommen[4].

14 Dagegen ist höchst umstritten, ob der ArbGeb auch verpflichtet ist, dem BR **Unterlagen zur Verfügung** zu stellen. Dies wird teilweise aus § 80 II 2 hergeleitet[5]. Angesichts der besonderen Regelungen in § 92 I kann eine Verpflichtung zur Aushändigung von Unterlagen nicht aus § 80 II für den Bereich der Personalplanung hergeleitet werden[6]. Etwas anderes lässt sich – abgesehen vom Sonderfall des § 7 III TzBfG – dem Gesetzeswortlaut des § 92 nicht entnehmen. Schließlich sollen durch die Vorlage der Unterlagen lediglich die durch den ArbGeb vorgebrachten Informationen belegt werden[7]. Erst recht darf der BR von den Unterlagen keine **Abschriften** herstellen, sondern muss sich vielmehr mit einzelnen Notizen begnügen[8]. Zu den vorzulegenden Unterlagen können auch Arbeitsblätter zählen, die eine Unternehmensberatung für den ArbGeb als Ergebnis innerbetrieblicher Planungsüberlegungen erstellt hat[9]. Nach der Rspr. können hierzu auch Listen gehören, aus denen sich die Einsatztage und Einsatzzeiten einzelner ArbN von Fremdfirmen ergeben[10]. Selbst Personalstatistiken sowie eine monatliche Vorlage eines **Stellenplans**, der die personellen Zielvorstellungen eines ArbGeb enthält, sowie des aktuellen Stellenbesetzungsplans kann nach Auffassung der Rspr. verlangt werden[11].

15 **IV. Beratungsrechte.** Die Verpflichtung des ArbGeb, sich mit dem BR zu beraten, erstreckt sich gem. § 92 I 2 nicht auf die gesamte Personalplanung, sondern nur auf die **Art und den Umfang** der erforderlichen Maßnahmen und auf die **Vermeidung von Härten**. Auch in diesem Zusammenhang braucht der BR die Beratung nicht einzufordern, sondern der ArbGeb hat von sich aus die Beratung zu veranlassen. Vielfach wird die Einschränkung des **Beratungsrechts** gegenüber einem weiter gehenden Unterrichtungsrecht für sinnwidrig erachtet[12]. Insofern sei das Beratungsrecht des BR weiter zu verstehen, als es in § 92 I 2 seinen Niederschlag gefunden habe[13]. Sicherlich kann der ArbGeb freiwillig über sonstige Teile einer Personalplanung mit dem BR beraten. Eine Verpflichtung hierzu besteht angesichts des klaren Wortlauts des § 92 I 2 indes nicht[14].

16 Gegenstand der Beratung ist die Art und der Umfang der erforderlichen Maßnahmen sowie die Vermeidung von Härten. Bereits aus dem Wortlaut wird deutlich, dass die Frage, ob Maßnahmen getroffen werden, nicht dem Beratungsrecht des BR unterliegt. Dies bedeutet aber auch, dass die aus der Personalplanung entwickelte Zielvorgabe nicht dem Beratungsrecht unterfällt. Über das jeweilige Anforderungsprofil eines Arbeitsplatzes entscheidet aber der ArbGeb allein[15]. Ebenso wenig sind Gegenstand der Beratung iSd. § 92 I 2 **Einzelmaßnahmen**. Diese werden vom Beteiligungsrecht des BR gem. §§ 99 ff. umfasst[16].

17 Beratung heißt nicht, dass der BR lediglich seine Vorstellung zu den Beratungsgegenständen äußern darf. Vielmehr muss die Beratung gem. dem Gedanken des § 2 von dem Grundsatz getragen sein, eine **Einigung** herbeizuführen[17]. Allerdings besteht für den ArbGeb keine Verpflichtung, den Stellungnahmen des BR zu folgen oder nur im gegenseitigen Einvernehmen die mit Hilfe der Personalplanung gefundenen Ergebnisse umzusetzen[18].

18 **V. Vorschlagsrechte.** Gem. § 92 II kann der BR dem ArbGeb **Vorschläge** für die Einführung einer Personalplanung und ihre Durchführung machen. Dieses Vorschlagsrecht ergänzt das Beratungsrecht

---

1 *Richardi/Thüsing*, § 92 BetrVG Rz. 33. | 2 *Fitting*, § 92 BetrVG Rz. 23. | 3 *Rumpff/Boewer*, Mitbestimmung in wirtschaftlichen Angelegenheiten, Rz. E 44. | 4 *Richardi/Thüsing*, § 92 BetrVG Rz. 30; *Heinze*, Personalplanung, Rz. 43. | 5 DKK, § 92 BetrVG Rz. 40; *Hunold*, NZA 1990, 461 (463); vgl. auch LAG München v. 6.8.1986 – 8 TaBV 34/86, LAGE Nr. 1 zu § 92 BetrVG 1972. | 6 GK-BetrVG/*Kraft/Raab*, § 92 Rz. 27; *Richardi/Thüsing*, § 92 BetrVG Rz. 31. | 7 So die hM: GK-BetrVG/*Kraft/Raab*, § 92 Rz. 27. | 8 Vgl. LAG München v. 6.8.1986 – 8 TaBV 34/86, LAGE Nr. 1 zu § 92 BetrVG 1972. | 9 LAG Schl.-Holst. v. 14.12.1993 – 1 TaBV 3/93, AuR 1994, 202. | 10 BAG v. 31.1.1989 – 1 ABR 72/87, AP Nr. 33 zu § 80 BetrVG 1972. | 11 LAG Bremen v. 18.3.1992 – 2 TaBV 25/91, AIB 1993, 185; LAG Nds. v. 4.6.2007 – 12 TaBV 56/06. | 12 *Fitting*, § 92 BetrVG Rz. 35. | 13 *Fitting*, § 92 BetrVG Rz. 35. | 14 *Richardi/Thüsing*, § 92 BetrVG Rz. 34. | 15 ArbG Hannover v. 13.1.2005 – 10 BV 7/04, DB 2005, 896. | 16 GK-BetrVG/*Kraft/Raab*, § 92 Rz. 32. | 17 GK-BetrVG/*Kraft/Raab*, § 92 Rz. 32. | 18 *Heinze*, Personalplanung, Rz. 46.

des BR. Zwar ist der ArbGeb nicht verpflichtet, den Vorschlägen des BR nachzukommen. Aus § 2 I folgt aber, dass er sich zumindest ernsthaft mit den Vorschlägen zu befassen hat[1]. So kann der BR nach Auffassung der Rspr. vorschlagen, dass die gegenwärtig von ArbN von Fremdfirmen geleisteten Arbeiten durch ArbN des Betriebs, die ggf. auch neu einzustellen sind, verrichtet werden[2]. Allerdings darf das Vorschlagsrecht nicht dazu **missbraucht** werden, Beratungsgegenstände zu kreieren, mit deren Hilfe der BR die Offenlegung bestimmter Unterlagen durch den ArbGeb herbeiführen will. Vom Vorschlagsrecht des BR mit umfasst sieht die hM auch die Befugnis, dass, sofern bereits **Personaldaten** in EDV-Anlagen verarbeitet werden, auch ein Programm für ein Personalinformationssystem zu entwickeln sei[3]. Ebenso wenig ist der BR auf **Einzelvorschläge** festgelegt, sondern er kann auch Vorschläge zu einer **Gesamtpersonalplanung** machen[4].

VI. Besondere Fördermaßnahmen. Später in das Gesetz aufgenommen wurde § 92 III. Danach gilt das Recht, umfassend unterrichtet zu werden, zu Beratungen hinzugezogen zu werden und Vorschläge machen zu dürfen, auch für Maßnahmen iSd. § 80 I Nr. 2a und 2b, insb. für die Aufstellung und Durchführung von Maßnahmen zur Förderung der Gleichstellung von Frauen und Männern[5]. Der Gesetzgeber wollte damit den ArbGeb verpflichten, bereits von sich aus bei der Personalplanung die **Frauenförderung**[6] zu berücksichtigen, seine Vorstellungen hierzu, insb. die damit verbundenen personellen Maßnahmen und erforderlichen Bildungsmaßnahmen, dem BR anhand von Unterlagen zu unterbreiten und mit ihm zu beraten[7]. Auf Grund dieser Neuregelung finden die Abs. 1 und 2 auch auf Maßnahmen zur Durchsetzung der tatsächlichen Gleichstellung von Frauen und Männern, insb. bei der Einstellung, Beschäftigung, Aus-, Fort- und Weiterbildung und dem beruflichen Aufstieg, sowie für Maßnahmen zur Förderung der Vereinbarkeit von Familie und Erwerbstätigkeit Anwendung. Angesichts des Wortlautes der Neufassung ist jedoch fraglich, ob der Gesetzgeber seiner Intention gerecht geworden ist. Dem Wortlaut des § 92 III ist nicht zu entnehmen, dass der ArbGeb tatsächlich auf entsprechende Maßnahmen verpflichtet wird. Hierzu ist auf § 12 AGG zu verweisen. Nur wenn der ArbGeb Maßnahmen durchführt oder durchführen will, hat er hiervon den BR zu unterrichten und mit diesem über Art und Umfang der entsprechenden Maßnahmen und über die Vermeidung von Härten zu beraten. Zwar besteht gem. § 92 III iVm. II ein Vorschlagsrecht des BR für entsprechende Maßnahmen, jedoch kann der BR nicht – entgegen der Andeutung in der Gesetzesbegründung – den ArbGeb auf solche Maßnahmen verpflichten. 19

VII. Personenkreis/Tendenzcharakter. Nicht von der Personalplanung iSd. § 92 erfasst ist die Personalplanung für **leitende Angestellte** iSd. § 5 III[8]. Jedoch muss sich die Personalplanung ausschließlich auf leitende Angestellte beziehen. Dagegen ist der BR einzuschalten, wenn es darum geht, ArbN durch Qualifikationsmaßnahmen zu befähigen, zu leitenden Angestellten des Unternehmens aufzusteigen[9]. 20

Seine Unterrichtungsverpflichtung sowie die Beratungsverpflichtung kann der ArbGeb auch nicht unter Hinweis auf den **Tendenzcharakter** des Unternehmens in Abrede stellen. § 118 I 2 schließt die Beteiligungsrechte des BR nach § 92 I nicht generell aus[10]. 21

VIII. Zuständigkeiten. Zuständig für die Ausübung der Beteiligungsrechte nach § 92 ist in erster Linie der BR. Bei Unternehmen mit mehreren Betrieben, kann, falls die Personalplanung auf Unternehmensebene erfolgt, der **GBR** zuständig werden[11]. Ebenfalls denkbar ist eine Zuständigkeit des **KBR**[12]. 22

IX. Streitigkeiten. Verletzt der ArbGeb seine Verpflichtungen aus § 92, hat dies keine rechtl. Auswirkungen auf personelle Einzelmaßnahmen[13]. Jedoch kann die **Verletzung von Informations- und Unterrichtungspflichten** eine Ordnungswidrigkeit begründen (§ 121 II). Dies gilt auch für die Verletzung von Pflichten aus § 92 III. Verstößt der ArbGeb in grober Weise gegen seine Verpflichtungen aus § 92, so kann er gem. § 23 III durch das ArbG angehalten werden, seinen Verpflichtungen nachzukommen. Insofern ist die Regelung des § 23 III abschließend; insb. kann der BR nicht im Wege einer einstw. Verfügung verlangen, dass die Ausführung der Personalplanung, die unter Verletzung der Beteiligungsrechte nach § 92 zu Stande gekommen ist, zeitlich hinauszuschieben ist[14]. Bei Streitigkeiten über das Bestehen und den Umfang der in § 92 vorgesehenen Rechte und Pflichten entscheidet das ArbG im **Beschlussverfahren**. 23

---

1 GK-BetrVG/*Kraft/Raab*, § 92 Rz. 37. | 2 BAG v. 15.12.1998 – 1 ABR 9/98, AP Nr. 56 zu § 80 BetrVG 1972. | 3 *Fitting*, § 92 BetrVG Rz. 36; MünchArbR/*Matthes*, § 338 Rz. 28. | 4 ArbG Koblenz v. 18.2.1983 – 8 (4) BV 13/82, nv. | 5 Vgl. hierzu *Wendeling-Schröder*, NZA Sonderheft 2001, 29 (30). | 6 Vgl. für den öffentlichen Dienst auch: § 11 des Gesetzes zur Gleichstellung von Frauen und Männern in der Bundesverwaltung und in den Gerichten des Bundes (Bundesgleichstellungsgesetz – BGleiG) vom 30.11.2001, BGBl. I S. 3234. | 7 BT-Drs. 14/5741, S. 48; *Worzalla/Will*, Das neue Betriebsverfassungsrecht, Rz. 424. | 8 GK-BetrVG/*Kraft/Raab*, § 92 Rz. 5; *Richardi/Thüsing*, § 92 BetrVG Rz. 20; aA DKK, § 92 BetrVG Rz. 42. | 9 *Richardi/Thüsing*, § 92 BetrVG Rz. 21. | 10 BAG v. 6.11.1990 – 1 ABR 60/89, AP Nr. 3 zu § 92 BetrVG 1972. | 11 *Heinze*, Personalplanung, Rz. 68; *Richardi/Thüsing*, § 92 BetrVG Rz. 44. | 12 *Richardi/Thüsing*, § 92 BetrVG Rz. 45. | 13 *Richardi/Thüsing*, § 92 BetrVG Rz. 50. | 14 Vgl. *Heinze*, Personalplanung, Rz. 49 ff.; aA ArbG Bamberg v. 30.11.1984 – 3 BvGa 3/84, NZA 1985, 259.

92a *Beschäftigungssicherung*

(1) Der Betriebsrat kann dem Arbeitgeber Vorschläge zur Sicherung und Förderung der Beschäftigung machen. Diese können insbesondere eine flexible Gestaltung der Arbeitszeit, die Förderung von Teilzeitarbeit und Altersteilzeit, neue Formen der Arbeitsorganisation, Änderungen der Arbeitsverfahren und Arbeitsabläufe, die Qualifizierung der Arbeitnehmer, Alternativen zur Ausgliederung von Arbeit oder ihrer Vergabe an andere Unternehmen sowie zum Produktions- und Investitionsprogramm zum Gegenstand haben.

(2) Der Arbeitgeber hat die Vorschläge mit dem Betriebsrat zu beraten. Hält der Arbeitgeber die Vorschläge des Betriebsrats für ungeeignet, hat er dies zu begründen; in Betrieben mit mehr als 100 Arbeitnehmern erfolgt die Begründung schriftlich. Zu den Beratungen kann der Arbeitgeber oder der Betriebsrat einen Vertreter der Bundesagentur für Arbeit hinzuziehen.

1 **I. Vorbemerkung.** Diese Vorschrift ist durch das Gesetz zur Reform des BetrVG vom 23.7.2001 in das BetrVG neu eingefügt worden. Nachdem bereits das Thema Beschäftigungssicherung in den **allgemeinen Aufgabenkatalog** für die BR-Arbeit eingefügt wurde, sollte dem BR mit der Vorschrift des § 92a ein Instrumentarium an die Hand gegeben werden, um die Initiative für eine Beschäftigungssicherung ergreifen zu können[1]. Mit dieser Regelung wollte der Gesetzgeber dazu beitragen, dass der Meinungsbildungsprozess im Betrieb zu Fragen der Sicherung und Förderung der Beschäftigung in Gang gehalten wird und der ArbGeb sich den Vorschlägen des BR stellen muss, auch wenn sie den Bereich der Unternehmensführung betreffen[2]. Jedoch räumt bereits § 80 I Nr. 2 dem BR das Recht ein, dem ArbGeb Maßnahmen vorzuschlagen, die dem Betrieb und der Belegschaft dienen. Insofern wird die Vorschrift von großen Teilen der Lit. kritisch betrachtet und als überflüssig bewertet[3].

2 **II. Vorschlagsrecht.** § 92a I 1 enthält ein Vorschlagsrecht des BR zum Zwecke der **Beschäftigungssicherung** und der **Beschäftigungsförderung**. Beschäftigungssicherung meint den Erhalt bestehender Arbeitsplätze, während Beschäftigungsförderung Maßnahmen betrifft, die geeignet sind, die Arbeit im Betrieb attraktiver und arbeitnehmerfreundlicher zu machen[4]. Will der BR Vorschläge machen, so müssen diese Vorschläge auf zumindest eines dieser beiden Ziele ausgerichtet sein. Dabei setzt § 92a voraus, dass die entsprechenden Vorschläge einen **kollektiven Bezug** haben. Beschäftigungsförderung oder Beschäftigungssicherung in Bezug auf einen konkreten Arbeitsplatz oder einen konkreten ArbN sind auf Grund dieser Regelung nicht zulässig[5]. Als mögliche Inhalte für einen Vorschlag des BR zur Beschäftigungssicherung und Beschäftigungsförderung zählt das Gesetz in § 92a I 2 einige Beispiele auf. Diese Aufzählung hat aber **keinen abschließenden Charakter**[6]. Hiermit konkretisiert der Gesetzgeber einmal mehr die Verpflichtung von ArbGeb und BR, zum Wohle der ArbN und des Betriebes zusammenzuarbeiten (§ 2). Insofern erweist sich eine Beschränkung der Regelungen auf **Gegenstände sozialer Angelegenheiten** iSd. § 88 als zu eng[7]. Das Vorschlagsrecht des BR ist vielmehr, wie sich aus der Gesetzesbegründung herauslesen lässt, weit gefasst und erlaubt deshalb auch Vorschläge zur Führung des Betriebes. Allerdings dürfen sich diese Vorschläge auf Grund des beschränkten Mandats des BR nur auf **belegschaftsbezogene Gegenstände** ausrichten[8]. Das bedeutet, dass der BR keine Vorschläge zur Unternehmensführung auf der Grundlage des § 92a machen kann, die weder einen Bezug zur Beschäftigungssicherung noch zur Beschäftigungsförderung der im Betrieb beschäftigten ArbN aufweisen[9].

3 **III. Beratungsrecht.** § 92a II 1 verpflichtet den ArbGeb, die Vorschläge mit dem BR zu beraten. Dh., dass sich der ArbGeb zumindest inhaltlich mit dem entsprechenden Vorschlag auseinander zu setzen hat. Eine **Beratungspflicht** besteht jedoch dann nicht, wenn der BR nach einer erfolgten Ablehnung des Vorschlags durch den ArbGeb denselben Vorschlag noch einmal macht, ohne dass sich an den Umständen etwas geändert hat[10].

4 Der BR hat keinen Anspruch darauf, mit einer bestimmten Person, etwa dem ArbGeb in Person, zu beraten. Dieser kann vielmehr einen sachkundigen Verhandlungspartner beauftragen, der jedoch über das entsprechende Fachwissen verfügen und mit eigener Entscheidungskompetenz ausgestattet sein muss. Sowohl ArbGeb als auch BR können nach § 92a II 3 einen Vertreter der BA zu den Beratungen hinzuziehen. Damit wird sichergestellt, dass die spezifischen Kenntnisse der Arbeitsverwaltung, insb. was Fortbildungs- und Umschulungsmaßnahmen sowie Förderungsmöglichkeiten betrifft, den Betriebspartnern zur Verfügung stehen. Darüber hinaus kann der Vertreter der Arbeitsverwaltung bei Meinungsverschiedenheiten der Betriebsparteien vermittelnd tätig werden. Er hat das Gleiche Rederecht wie die Betriebsparteien, unabhängig, auf wessen Antrag er hinzugezogen wurde[11].

5 Werden sich ArbGeb und BR über Maßnahmen zur Beschäftigungsförderung bzw. Beschäftigungssicherung einig, richtet sich das Weitere nach den entsprechenden Vorschriften des BetrVG. Eine be-

1 Vgl. *Boemke*, JuS 2002, 521 (527); LAG BW v. 27.9.2004 – 4 TaBV 3/04, NZA 2005, 195. | 2 BR-Drs. 140/01, S. 111 f. | 3 Vgl. *Reichold*, NZA 2001, 857 (863); *Annuß*, NZA 2001, 367 (368); *Wolf*, FS Wissmann, S. 489, 496. | 4 *Löwisch/Kaiser*, § 92a BetrVG Rz. 2. | 5 *Löwisch/Kaiser*, § 92a BetrVG Rz. 4. | 6 *Körner*, NZA 2006, 573 (575). | 7 So aber *Löwisch/Kaiser*, § 92a BetrVG Rz. 7. | 8 *Fitting*, § 92a BetrVG Rz. 5; *Konzen*, RdA 2001, 76 (90). | 9 Vgl. auch *Rieble*, ZIP 2001, 133 (140). | 10 DKK, § 92a BetrVG Rz. 13. | 11 *Richardi/Thüsing*, § 92a BetrVG Rz. 14.

stimmte Form der Einigung schreibt § 92a nicht vor. Wollen aber die Parteien ihre Einigung in Form einer **BV** abschließen[1], gelten insofern die Vorgaben des § 77. Betrifft die Einigung über Beschäftigungssicherungs- bzw. Beschäftigungsförderungsmaßnahmen darüber hinaus Regelungsgegenstände des § 87, ist insoweit § 87 I Eingangssatz die rechtl. Grenze für ein Tätigwerden der Betriebspartner. Insofern bringt § 92a keine Ausweitung des Regelungsspielraumes der Betriebspartner.

IV. Begründungspflicht des Arbeitgebers. Hält der ArbGeb die Vorschläge des BR allerdings für ungeeignet, so hat er dies zu begründen. In Betrieben mit mehr als 100 ArbN hat diese Begründung **schriftl.** zu erfolgen. Ausweislich des Wortlautes des § 92a II 2 gilt dieses Begründungserfordernis nur dann, wenn der ArbGeb die vorgeschlagenen Maßnahmen für **„ungeeignet"** hält. Meint dagegen der ArbGeb, dass der Vorschlag des BR im Hinblick auf die Beschäftigungsförderung bzw. Beschäftigungssicherung geeignet sei, will er aber gleichwohl diesen Vorschlag nicht umsetzen, weil er ihn etwa für wirtschaftl. nicht tragbar hält, so braucht er dies angesichts des Wortlauts des § 92a II 2 nicht zu begründen[2]. Aus dem Grundsatz der vertrauensvollen Zusammenarbeit wird man aber den ArbGeb in solchen Fällen als verpflichtet ansehen, zumindest stichwortartig dem BR formlos mitzuteilen, warum der Vorschlag des BR nicht umgesetzt werden soll. 6

Der Zweck der Begründungspflicht ist sicherlich auch in der unterstützenden Funktion im Hinblick auf das Beratungsrecht zu sehen. Wenn die Betriebspartner zuvor über einen Vorschlag ausführlich beraten haben, so zwingt noch einmal die Begründungspflicht den ArbGeb dazu, sich mit den Argumenten des BR auseinander zu setzen. Für den Inhalt der Begründung ist aber nur die **subjektive Einschätzung** des ArbGeb maßgeblich. Ob seine Argumente letztlich zutreffend sind oder nicht, ist insoweit unerheblich. Die Begründung muss jedoch **verständlich** sein, dh., aus ihr müssen die tragenden Gründe für die Zurückweisung des Vorschlages ersichtlich werden[3]. 7

In Betrieben mit mehr als 100 ArbN muss die Begründung schriftl. erfolgen. Ob dieser **Schwellenwert** erfüllt ist, bestimmt sich nach dem **Zeitpunkt**, zu dem die Ablehnung mitgeteilt werden soll[4]. Die schriftl. Begründung setzt grds. voraus, dass die entsprechende Begründung eigenhändig durch Namensunterschrift unterzeichnet sein muss. Insofern erlangt die Vorschrift des § 92a indirekte Bedeutung im Kündigungsschutzprozess. Will etwa der ArbGeb Kündigungen aus personenbedingten oder betriebsbedingten Gründen aussprechen, wird er sich ggf. seine Ablehnung für einen Vorschlag des BR entgegenhalten lassen müssen, mit dem der BR versucht hat, durch beschäftigungssichernde Maßnahmen eben diesen Kündigungen entgegenzuwirken (zB durch Fortbildungsmaßnahmen oder Umstrukturierungen)[5]. 8

V. Streitigkeiten. Weigert sich der ArbGeb, mit dem BR über dessen Vorschläge für beschäftigungssichernde bzw. beschäftigungsfördernde Maßnahmen zu beraten oder lehnt der ArbGeb die ihm unterbreiteten Vorschläge als ungeeignet ab, ohne sie zu begründen, kann er zur Einhaltung seiner betriebsverfassungsrechtl. Verpflichtung aus § 92a im arbeitsgerichtl. **Beschlussverfahren** auf Antrag des BR zur Beratung bzw. zur Begründung gezwungen werden[6]. Dagegen kann der BR nicht die Unterlassung solcher Maßnahmen durch den ArbGeb fordern, die die noch nicht erschöpfend diskutierten Vorschläge des BR gegenstandslos machen würden[7]. Bei groben Verletzungen der Pflichten aus § 92a kann jedoch ein Verfahren nach § 23 III eingeleitet werden. Für das Rechtsverhältnis zwischen ArbN und ArbGeb entfaltet ein Verstoß gegen § 92a dagegen keine unmittelbare Rechtswirkung[8]. 9

93 *Ausschreibung von Arbeitsplätzen*

Der Betriebsrat kann verlangen, dass Arbeitsplätze, die besetzt werden sollen, allgemein oder für bestimmte Arten von Tätigkeiten vor ihrer Besetzung innerhalb des Betriebs ausgeschrieben werden.

I. Vorbemerkung. Mit dieser Vorschrift wollte der Gesetzgeber dem BR die Möglichkeit geben, im Interesse der Belegschaftsangehörigen den **innerbetrieblichen Arbeitsmarkt** zu aktivieren[9]. Auch sollten Irritationen der Belegschaft über die Hereinnahme Externer trotz eines möglicherweise im Betrieb vorhandenen qualifizierten Angebots vermieden werden[10]. 1

II. Ausschreibung von Arbeitsplätzen. Durch die Regelungen des § 93 hat der Gesetzgeber dem BR für einen bestimmten Bereich der Personalplanung ein als MitbestR ausgestaltetes **Initiativrecht** gegeben. Der BR kann verlangen, dass Arbeitsplätze, die besetzt werden sollen, allgemein oder für bestimmte Arten von Tätigkeiten vor ihrer Besetzung innerhalb des Betriebes ausgeschrieben werden. Hierbei 2

1 Hierzu: *Fischer*, DB 2002, 322 (323); *Löwisch*, DB 2005, 554, 556. | 2 *Fischer*, DB 2002, 322; aA *Fitting*, § 92a BetrVG Rz. 11. | 3 Vgl. *Löwisch*, BB 2001, 1790 (1794). | 4 Vgl. *Fitting*, § 92a BetrVG Rz. 12. | 5 *Löwisch*, BB 2001, 1790 (1794); ähnlich auch DKK, § 92a BetrVG Rz. 21 ff., die darauf hinweisen, dass § 92a keine unmittelbare Kündigungsschranke darstelle, jedoch über das dem Kündigungsschutzrecht immanente Ultima-ratio-Prinzip Bedeutung erlange. | 6 *Löwisch/Kaiser*, § 92a BetrVG Rz. 10; *Engels*, NZA 2007, 8 (10). | 7 So auch *Richardi/Thüsing*, § 92a BetrVG Rz. 16; aA DKK, § 92a BetrVG Rz. 25. | 8 BAG v. 18.10.2006 – 2 AZR 434/05, AP Nr. 1 zu § 92a BetrVG 1972. | 9 BR-Drs. 715/70, S. 32, 50. | 10 BAG v. 27.7.1993 – 1 ABR 7/93, AP Nr. 3 zu § 93 BetrVG 1972.

bedeutet „allgemein", dass alle freien Stellen, auch solche, die keine Aufstiegs- und Qualifizierungschancen bieten, auszuschreiben sind. Bezieht sich das Verlangen des BR dagegen „auf bestimmte Arten von Tätigkeiten" heißt das, dass die Ausschreibungspflicht sich auf bestimmte Gruppen von Arbeitsplätzen beschränkt, die durch Aufgaben- oder Stellenbeschreibungen definiert werden. Dies bedeutet im Umkehrschluss, dass sich das Verlangen des BR im Hinblick auf die Ausschreibung von Arbeitsplätzen nicht auf einzelne konkrete Arbeitsplätze beziehen darf[1]. Der BR kann also nicht von Fall zu Fall verlangen, dass ein bestimmter Arbeitsplatz allgemein ausgeschrieben wird[2].

3 Ein Initiativrecht steht dem BR nach ganz hM auch dann zu, wenn der ArbGeb den Arbeitsplatz mit einem **LeihArbN** besetzen will[3]. Umstritten ist dagegen, ob bei einer Fremdvergabe der Arbeit an ein **Drittunternehmen** das Initiativrecht ausgelöst wird. Hier steht die Rspr. auf dem Standpunkt, dass auch dann der BR gem. § 93 die Ausschreibung von solchen Arbeitsplätzen verlangen kann, die der ArbGeb mit **freien Mitarbeitern** besetzen will, wenn es sich hierbei um eine gem. § 99 mitbestimmungspflichtige Einstellung handelt[4]. Wird dagegen die Aufgabe einem Drittunternehmen übertragen, ohne dass eine Einstellung nach § 99 vorliegt, so ist das Initiativrecht des BR nach § 93 nicht einschlägig[5].

4 Der BR kann die betriebsinterne Ausschreibung **zeitlich** nur vor der Besetzung der Arbeitsplätze verlangen. Hat der ArbGeb bereits das Verfahren nach § 99 eingeleitet, kann er sich nicht mehr auf sein Initiativrecht nach § 93 berufen[6]. Es kann zweckmäßig sein, für größere Betriebe über Umfang, Inhalt und Form von Ausschreibungen eine **freiwillige BV** abzuschließen.

5 Ausweislich des Wortlauts des § 93 kann der BR die Ausschreibung nur „innerhalb des Betriebs" verlangen. Eine **unternehmens- oder konzernbezogene Ausschreibung** ist daher durch den BR nicht erzwingbar[7]. Falls jedoch die Voraussetzungen für die Zuständigkeit des **GesamtBR** oder gar des **KonzernBR** vorliegen, so können diese Gremien im Ausnahmefall auch die unternehmensweite bzw. konzernweite Ausschreibung verlangen[8].

6 **III. Tendenzbetriebe/Leitende Angestellte.** Dem Verlangen des BR, Arbeitsplätze innerbetrieblich auszuschreiben, steht in der Regel auch nicht die Eigenart eines **Tendenzunternehmens** entgegen, selbst wenn sich die Ausschreibung auf sog. Tendenzträger erstrecken soll. Hier stellt sich die Frage der Tendenzbeeinträchtigung erst, wenn der BR wegen einer unterbliebenen Ausschreibung seine Zustimmung zur personellen Einzelmaßnahme verweigern will[9]. Dagegen unterliegen die Arbeitsplätze **leitender Angestellter** iSd. § 5 III nicht dem Initiativrecht des BR[10].

7 **IV. Art und Weise der Ausschreibung.** Die gesetzl. Regelung definiert indes nicht, was sie unter einer innerbetrieblichen Ausschreibung verstehen will. Hier dürfte weitgehend Einigkeit bestehen, dass aus einer Ausschreibung zumindest hervorgehen muss, um welchen Arbeitsplatz es sich handelt und welche **Anforderungen der Bewerber** erfüllen muss[11]. In der Regel wird die Ausschreibung schriftl. erfolgen, etwa durch einen Aushang oder durch Rundschreiben. Ausschreibungen in elektronischer **Form** wird man nur insoweit anerkennen können, als dass sichergestellt ist, dass sämtliche Mitarbeiter, die für die ausgeschriebene Stelle in Betracht kommen könnten, von der Ausschreibung Kenntnis erlangen. Des Weiteren muss die Ausschreibung eine bestimmte **Frist** für die Bewerbung vorsehen[12]. Allerdings hat der BR kein MitbestR nach § 93 hinsichtlich des **Inhalts und der Abfassung der internen Ausschreibung**[13]. Da das Ausschreibungsverlangen der Chancengleichheit innerbetrieblicher und betriebsinterner Bewerber dient, genügt der ArbGeb dem vom BR geforderten innerbetriebl. Stellenausschreibungsverfahren nicht, wenn er eine bestimmte Stelle im Betrieb zwar ausschreibt, in einer Stellenanzeige in der Tagespresse etwa dann aber geringere Anforderungen für eine Bewerbung um diese Stelle nennt[14]. Für die Ausschreibung hat der ArbGeb auch **§ 7 I TzBfG** zu beachten. Danach hat er einen Arbeitsplatz, den er öffentl. oder innerhalb des Betriebes ausschreibt, auch als Teilzeitarbeitsplatz auszuschreiben, wenn sich der Arbeitsplatz hierfür eignet[15].

8 Keinesfalls verlangt aber das Initiativrecht nach § 93, dass der ArbGeb zunächst verpflichtet ist, unter allen Umständen den betriebl. Arbeitsmarkt auszuschöpfen. Ebenso wenig ist er verpflichtet, einem innerbetrieblichen Bewerber den Vorrang einzuräumen[16]. Statt dessen obliegt es dem **Ermessen des**

---

1 *Etzel*, Betriebsverfassungsrecht, 8. Aufl., 2002, Rz. 713. | 2 *Fitting*, § 93 BetrVG Rz. 5; LAG Köln v. 1.4.1993 – 10 TaBV 97/92, LAGE § 93 BetrVG 1972 Nr. 2; aA DKK, § 93 BetrVG Rz. 8. | 3 *Richardi/Thüsing*, § 93 BetrVG Rz. 3; *Fitting*, § 93 BetrVG Rz. 5; anders dagegen in Ausnahmefällen: LAG Nds v. 9.8.2006 – 15 TaBV 53/05, EzAÜG BetrVG Nr. 94. | 4 BAG v. 27.7.1993 – 1 ABR 7/93, AP Nr. 3 zu § 93 BetrVG 1972; GK-BetrVG/*Kraft/Raab*, § 93 Rz. 6. | 5 BAG v. 27.7.1993 – 1 ABR 7/93, AP Nr. 3 zu § 93 BetrVG 1972 (unter B. I 2 b); kritisch: *Hromadka*, SAE 1994, 133 (135). | 6 *Richardi/Thüsing*, § 93 BetrVG Rz. 13. | 7 HSWG, § 93 BetrVG Rz. 12; GK-BetrVG/*Kraft/Raab*, § 93 Rz. 22; weiter gehend *Fitting*, § 93 BetrVG Rz. 10. | 8 GK-BetrVG/*Kraft/Raab*, § 93 Rz. 22 mwN. | 9 BAG v. 30.1.1979 – 1 ABR 78/76, AP Nr. 11 zu § 118 BetrVG 1972. | 10 GK-BetrVG/*Kraft/Raab*, § 93 Rz. 8. | 11 BAG v. 23.2.1988 – 1 ABR 82/86, AP Nr. 2 zu § 93 BetrVG 1972; LAG Brandenburg v. 2.11.2006 – 20 TABV 14/05; *Heinze*, Personalplanung, Rz. 85. | 12 *Heinze*, Personalplanung, Rz. 85. | 13 BAG v. 27.5.1982 – 6 ABR 105/79, AP Nr. 3 zu § 80 ArbGG 1979; v. 23.2.1988 – 1 ABR 82/86, AP Nr. 2 zu § 93 BetrVG 1972; *Stege/Weinspach/Schiefer*, § 93 BetrVG Rz. 6; aA DKK, § 93 BetrVG Rz. 10. | 14 BAG v. 23.2.1988 – 1 ABR 82/86, AP Nr. 2 zu § 93 BetrVG 1972. | 15 Vgl. dazu *Schlosser*, BB 2001, 411 f.; *Rolfs*, RdA 2001, 129 ff. | 16 *Kleinebrink*, ArbRB 2006, 217 (218).

ArbGeb, die Stelle mit dem ArbN seiner Wahl zu besetzen, selbst wenn dieser sich nicht rechtzeitig beworben haben sollte[1].

V. Streitigkeiten. Kommt der ArbGeb dem Initiativrecht des BR nicht nach und will er Arbeitsplätze mit ArbN besetzen, ohne zuvor die vom BR verlangte interne Ausschreibung vorzunehmen, kann der BR nach **§ 99 II Nr. 5** seine Zustimmung zu der Einstellung verweigern[2]. Dies gilt jedoch nur bei Unternehmen mit in der Regel mehr als 20 wahlberechtigten ArbN. Verweigert der BR in einem solchen Fall seine Zustimmung zu einer Einstellung unter dem Hinweis, dass eine nach § 93 erforderliche Ausschreibung im Betrieb unterblieben ist, vermag diese fehlende Zustimmung des BR auch nicht durch das ArbG ersetzt zu werden. Dies wäre nur denkbar, wenn der ArbGeb die **interne Ausschreibung nachholt** und sich niemand auf diese betriebsinterne Ausschreibung bewirbt[3]. Bei groben und wiederholten Verstößen des ArbGeb gegen seine Ausschreibungsverpflichtung kommt darüber hinaus ein Antrag gem. § 23 III in Betracht[4]. 9

94 *Personalfragebogen, Beurteilungsgrundsätze*

(1) Personalfragebogen bedürfen der Zustimmung des Betriebsrats. Kommt eine Einigung über ihren Inhalt nicht zu Stande, so entscheidet die Einigungsstelle. Der Spruch der Einigungsstelle ersetzt die Einigung zwischen Arbeitgeber und Betriebsrat.

(2) Absatz 1 gilt entsprechend für persönliche Angaben in schriftlichen Arbeitsverträgen, die allgemein für den Betrieb verwendet werden sollen, sowie für die Aufstellung allgemeiner Beurteilungsgrundsätze.

I. Vorbemerkung. Persönliche Daten in Personalfragebögen und Formulararbeitsverträgen sind zweifellos ein bedeutendes Mittel für den ArbGeb, die fachliche und persönliche **Eignung von ArbN** bzw. von Bewerbern um einen Arbeitsplatz festzustellen. Diesem Interesse der ArbGebSeite steht indes ein Interesse des ArbN an der Wahrung seiner **Intimsphäre** gegenüber. Deshalb wollte der Gesetzgeber sicherstellen, dass die Fragen, denen sich ein ArbN ausgesetzt sieht, auf die Gegenstände und den Umfang beschränkt bleiben, für die ein berechtigtes Auskunftsbedürfnis des ArbGeb besteht[5]. Nicht so sehr um den Schutz informeller Selbstbestimmung der ArbN geht es bei dem Beteiligungsrecht in Bezug auf die Aufstellung allgemeiner Beurteilungsgrundsätze. Vielmehr soll durch die Einschaltung des BR erreicht werden, dass die Bewertung des ArbN und seine Arbeitsleistungen nach **objektiven und arbeitsbezogenen Kriterien** erfolgt[6]. 1

II. Personalfragebogen. Anknüpfungspunkt für den Mitbestimmungstatbestand ist der Begriff des Personalfragebogens[7]. Unter Personalfragebogen versteht man im Allgemeinen die formularmäßige Zusammenfassung von Fragen über die persönlichen Verhältnisse, Kenntnisse und Fähigkeiten einer Person[8]. Für diese **Begriffsbestimmung** spielt es keine Rolle, ob die Daten schriftl. oder in elektronischer Form niedergelegt werden. So ist etwa auch eine Befragungsaktion per E-Mail oder Internet iSd. § 94 I mitbestimmungspflichtig[9]. Auch spielt es keine Rolle, ob die befragte Person selbst den Fragebogen ausfüllt oder ob ein Befrager die Personaldaten erhebt. Demnach ist § 94 I anwendbar, wenn die Fragen an Bewerber oder ArbN anhand eines standardisierten Fragenkataloges vom ArbGeb oder einem von ihm Beauftragten mündlich gestellt werden und die Antworten vom Fragenden oder von sonst einer Person schriftl. festgehalten werden[10]. Dies führt aber weder dazu, dass die Durchführung des Tests als solches dem MitbestR unterliegt oder gar der BR verlangen kann, an dem Vorstellungsgespräch beteiligt zu werden[11]. 2

Der Personalfragebogen in § 94 I zielt auf persönliche Angaben des ArbN, also Angaben über persönliche Verhältnisse ab. Insofern muss bei **Assessmentcentern** differenziert werden. Soweit die dort gestellten Fragen sich auf den konkret zu besetzenden Arbeitsplatz beziehen, werden sie regelmäßig keine formularmäßige Informationserhebung über persönliche Angaben des ArbN darstellen. Erst wenn die Beobachter ihre Eindrücke festhalten und der ArbGeb diese Aufzeichnungen bei seiner Auswahl berücksichtigt, löst dies das MitbestR nach § 94 I aus[12]. Ebenso wenig zählen Fragen im Rahmen eines **Vorstellungsgespräches**, sofern es sich hierbei nicht um standardisierte Fragen handelt, zum Personalfragebogen iSd. § 94 I[13]. Auch **ärztliche Fragebögen** für Einstellungsuntersuchungen obliegen nicht dem Beteiligungsrecht des BR, da die Formulierung solcher Fragebögen vom Weisungsrecht des ArbGeb 3

1 HSWG, § 93 Rz. 14 ff.; BAG v. 7.11.1977 – 1 ABR 55/75, EzA § 100 BetrVG 1972 Nr. 1; LAG Hamm v. 24.11.1978 – 3 TaBV 92/78, DB 1979, 1468. | 2 BAG v. 14.12.2004 – 1 ABR 54/03, AP Nr. 121 zu § 99 BetrVG 1972. | 3 *Richardi/Thüsing*, § 93 BetrVG Rz. 28. | 4 *Heinze*, Personalplanung, Rz. 87; LAG München v. 6.10.2005 – 3 TaBV 24/05. | 5 BT-Drs. VI/1786, S. 50; BAG v. 9.7.1991 – 1 ABR 57/90, AP Nr. 19 zu § 87 BetrVG 1972 – Ordnung des Betriebes; krit. hierzu *Grunewald*, NZA 1996, 15 (16). | 6 BT-Drs. VI/1786, S. 50. | 7 Hierzu ausf. einschl. Formular *Zeller*, BB 1987, 1522. | 8 BAG v. 21.9.1993 – 1 ABR 28/93, AP Nr. 4 zu § 94 BetrVG 1972. | 9 LAG Hess. v. 5.7.2001 – 5 TaBV 153/00, DB 2001, 2254 f. | 10 *Fitting*, § 94 BetrVG Rz. 12; BAG v. 21.9.1993 – 1 ABR 28/93, AP Nr. 4 zu § 94 BetrVG 1972. | 11 BAG v. 18.7.1978 – 1 ABR 8/75, AP Nr. 7 zu § 99 BetrVG 1972. | 12 *Wahlers*, ZTR 2005, 185 (187 f.). | 13 GK-BetrVG/*Kraft/Raab*, § 94 Rz. 17.

unabhängig ist. Schließlich darf der Arzt wegen der ärztlichen Schweigepflicht einen solchen Fragebogen nicht an den ArbGeb weitergeben, so dass ausgeschlossen ist, dass auf diese Weise die Mitbest. des BR beim Personalfragebogen umgangen wird[1].

4 Ebenfalls nicht von § 94 erfasst ist die Einholung von Auskünften über den ArbN bei Dritten[2]. Gleiches gilt erst recht etwa für die Befragung von Kunden über das Verhalten von Mitarbeitern gegenüber den Kunden[3]. Dagegen findet § 94 Anwendung, wenn persönliche Angaben in Interviews, zB in sog. **Krankengesprächen**, erhoben werden und die Antworten des ArbN vom ArbGeb festgehalten werden[4]. Aber auch sog. persönliche Bestätigungsformulare hinsichtlich einzuführender Ethik- und Verhaltensrichtlinien können Personalfragebögen darstellen[5].

5 Das MitbestR hinsichtlich der Befragung in Personalfragebögen erstreckt sich, wie sich aus § 94 II ergibt, auf Angaben über persönliche Verhältnisse des ArbN, also auf seine Familienverhältnisse, Vermögensverhältnisse, Bekanntschaften, Beziehungen zu Personen und Organisationen[6], über persönliche Eigenschaften wie etwa seinen Gesundheitszustand, seine Neigungen und Vorlieben, sowie über seine Kenntnisse und Fähigkeiten, seine Ausbildung, seinen beruflichen Werdegang oder sonstige Kenntnisse und Erfahrungen[7]. Hierbei gilt es zu beachten, dass neben der kollektivrechtl. Zulässigkeit einer Fragestellung auch stets die individualrechtl. Zulässigkeit einer Frage überprüft werden muss. Im Hinblick auf das **Fragerecht** des ArbGeb muss weiter danach differenziert werden, ob es sich um eine Frage vor oder nach der Einstellung handelt. Hierzu gibt es eine umfangreiche Judikatur, auf die hinsichtlich der Einzelheiten verwiesen wird[8].

6 Hinsichtlich der persönlichen Lebensverhältnisse des ArbN besteht nur ein Fragerecht, wenn der ArbGeb ein **betriebsbezogenes berechtigtes Interesse** an der Auskunft hat. Insbesondere die Ausforschung des Intimbereiches ist unzulässig, so dass also Fragen an einen Bewerber nach seinen sexuellen Neigungen oder ob er in einer nichtehelichen Lebensgemeinschaft lebt oder ob er geschieden ist, als unzulässig zu gelten haben[9]. Auch Fragen nach der persönlichen **Vermögenssituation** sind nur eingeschränkt zulässig, nämlich wenn der Bewerber eine besondere Vertrauensstellung einnehmen soll[10]. Umstritten ist jedoch, ob vor Einstellung eines ArbN nach **Lohn- und Gehaltspfändungen** gefragt werden darf[11]. Soweit sich Fragen auf die ethische Herkunft, Rasse, Religion, Weltanschauung, sexuelle Identität, das Geschlecht und Alter sowie auf eine Behinderung beziehen (§ 1 AGG), bilden die Vorschriften des AGG eine Grenze des Fragerechts und sind insoweit zu beachten (vgl. § 7 AGG Rz. 2 f.).

7 **III. Formulararbeitsverträge.** Der Verwendung von Personalfragebögen stehen nach § 94 II persönliche Angaben in Formulararbeitsverträgen gleich. Das MitbestR bezieht sich jedoch nur auf Formulararbeitsverträge, soweit diese persönliche Angaben enthalten. Erfasst wird also nicht der sonstige Inhalt von Formulararbeitsverträgen[12]. Ebenfalls nicht erfasst werden individuelle Arbeitsverträge, auch soweit diese persönliche Angaben enthalten, wie auch Arbeitsverträge für leitende Angestellte[13].

8 **IV. Allgemeine Beurteilungsgrundsätze.** Darüber hinaus bezieht sich das Beteiligungsrecht des BR ferner auf sog. allgemeine Beurteilungsgrundsätze. Dies sind Regelungen, die die Bewertung des Verhaltens oder der Leistung des ArbN verobjektivieren und nach einheitlichen Kriterien ausrichten sollen, damit die Beurteilungserkenntnisse miteinander verglichen werden können[14]. Dabei ist unerheblich, ob diese Grundsätze schriftlich verkörpert sind[15]. Das Beteiligungsrecht im Hinblick auf allgemeine Beurteilungsgrundsätze erhält heute zunehmende Bedeutung infolge der verstärkten Nutzung von **Zielvereinbarungen**[16]. Nicht zu solchen allgemeinen Beurteilungsgrundsätzen zählen hingegen sog. **Führungsrichtlinien**, die Regelungen darüber enthalten, in welcher Weise Mitarbeiter allgemein ihre Arbeitsaufgaben und Führungskräfte ihre Führungsaufgaben zu erledigen haben. Durch derartige Richtlinien wird lediglich das Arbeitsverhalten der Mitarbeiter geregelt[17]. Zu den allgemeinen Beurteilungsgrundsätzen iSd. Vorschrift des § 94 II gehören nicht nur die jeweilige Festlegung der materiellen Beurteilungsmerkmale, sondern vielmehr auch die Verfahren, die für deren Feststellung maßgeblich sein sollen. Jedoch müssen sich die Beurteilungsgrundsätze immer auf die Person des ArbN beziehen. Demzufolge sind weder Testkäufe[18], noch bloße **Stellenbeschreibungen** oder Bewertungen des Arbeitsplatzes, sofern sie

---

1 *Richardi/Thüsing*, § 94 BetrVG Rz. 8; *Diller/Powietzka*, NZA 2001, 1227 (1229). | 2 MünchArbR/*Matthes*, § 347 Rz. 11. | 3 AA *Däubler*, AiB 2001, 208 (219). | 4 MünchArbR/*Matthes*, § 347 Rz. 7. | 5 *Bachner/Lerch*, AiB 2005, 229 (232); *Wisskirchen/Jordan/Bissels*, DB 2005, 2190 (2192). | 6 Zur Frage nach der Gewerkschaftszugehörigkeit: *Rieble*, GS Heinze, 687 (690 ff.). | 7 MünchArbR/*Matthes*, § 347 Rz. 12. | 8 BAG v. 18.10.2000 – 2 AZR 380/99, AP Nr. 59 zu § 123 BGB; vgl. auch die ausf. Darstellung bei: *Schliemann* in Schliemann (Hrsg.), Das Arbeitsrecht im BGB, § 611 BGB Rz. 400 ff. | 9 *Richardi/Thüsing*, § 94 BetrVG Rz. 23; *Fitting*, § 94 BetrVG Rz. 20. | 10 *Fitting*, § 94 BetrVG Rz. 21. Besonderheiten können bei besonderen Berufsgruppen gelten, vgl. *Brogmann*, NZA 2003, 352 ff. | 11 Dies verneinen *Fitting*, § 94 BetrVG Rz. 21; GK-BetrVG/*Kraft/Raab*, § 94 Rz. 32; zulässig halten diese Frage jedoch *Richardi/Thüsing*, § 94 BetrVG Rz. 26; HSWG, § 94 BetrVG Rz. 14. | 12 GK-BetrVG/*Kraft/Raab*, § 94 Rz. 45; *Heinze*, Personalplanung, Rz. 95; *Fitting*, § 94 BetrVG Rz. 27. | 13 GK-BetrVG/*Kraft/Raab*, § 94 Rz. 44. | 14 BAG v. 23.10.1984 – 1 ABR 2/83, AP Nr. 8 zu § 87 BetrVG 1972 – Ordnung des Betriebes. | 15 LAG Nds. v. 6.3.2007 – 11 TaBV 101/06, ArbRB 2007, 353. | 16 *Annuß*, NZA 2007, 290 (296); *Däubler*, NZA 2005, 793 (794 f.); *Rieble/Gistel*, BB 2004, 2462 (2463 f.). | 17 BAG v. 23.10.1984 – 1 ABR 2/83, AP Nr. 8 zu § 87 BetrVG 1972 – Ordnung des Betriebes. | 18 *Deckers/Deckers*, NZA 2004, 139 (142).

nicht personenbezogen sind, als Beurteilungsgrundsätze einzuordnen[1]. Ob dagegen sog. **Assessment-center**[2] als allgemeine Beurteilungsgrundsätze zu werten sind und insoweit unter § 94 II fallen, ist eine Frage ihrer konkreten Ausgestaltung[3].

V. Zustimmungsrecht des Betriebsrats. § 94 gibt dem BR kein Initiativrecht, sondern nur ein Zustimmungsrecht. Der BR kann also nicht erzwingen, dass allgemeine Beurteilungsgrundsätze oder Personalfragebögen verwendet werden[4]. Zwar empfiehlt es sich, die Zustimmung des BR durch den Abschluss einer **BV** abzusichern. Jedoch genügt es, um dem Beteiligungsrecht des BR Genüge zu tun, dass dieser sich formlos etwa mit einem Personalfragebogen einverstanden erklärt. Liegt einmal eine Einverständniserklärung vor, kann er diese nicht einfach widerrufen. 9

Zu beachten ist, dass die **kollektivrechtl. Zulässigkeit** in keinem Fall die **individualrechtl. Zulässigkeit** ersetzt. Vielmehr kann selbst dann, wenn der BR einem Personalfragebogen mit einer unzulässigen Frage zugestimmt hat, der ArbN die Beantwortung der Frage verweigern. Fehlt dagegen die Zustimmung des BR und wird diese auch nicht durch Spruch der Einigungsstelle ersetzt, so ist die Datenerhebung als solches durch den Personalfragebogen unzulässig. In diesem Fall braucht der ArbN auf Grund der betriebsverfassungsrechtl. Unzulässigkeit der Fragestellung die Frage nicht zu beantworten. Beantwortet er hingegen die Frage, so hat dies **wahrheitsgemäß** zu geschehen[5]. 10

Grds. steht das Beteiligungsrecht nach § 94 dem BR zu. Besteht jedoch ein Unternehmen aus mehreren Betrieben und soll etwa ein Personalfragebogen einheitlich für mehrere Betriebe des Unternehmens verwendet werden, so ist gem. § 50 der **GBR** zuständig. Eine Zuständigkeit des **KBR** wird dagegen nur in seltenen Ausnahmefällen begründbar sein[6]. 11

VI. Streitigkeiten und Sanktionen. Wenn sich der ArbGeb und der BR nicht über den Inhalt eines Personalfragebogens oder der persönlichen Angaben in Formulararbeitsverträgen einigen können, so kann jede Seite gem. § 76 V iVm. § 94 I 2 die **Einigungsstelle** anrufen. In diesem Fall ersetzt der Spruch der Einigungsstelle die fehlende Einigung zwischen ArbGeb und BR. Dem MitbestR des BR unterliegt nur die inhaltliche Gestaltung des Personalfragebogens, nicht allerdings die Entscheidung, ob ein solcher tatsächlich eingesetzt wurde. Diese Entscheidung kann auch nicht durch einen Einigungsstellenspruch ersetzt werden. Verwendet der ArbGeb aber Formulare, wie Personalfragebögen oder Formulararbeitsverträge, ohne die Zustimmung des BR, setzt er sich damit der Sanktion des § 23 III 1 aus. Daneben kann der BR auch die Einigungsstelle anrufen[7]. Dagegen ist die Auffassung, dass darüber hinaus dem BR ein allgemeiner **Unterlassungs- und Beseitigungsanspruch** zusteht, abzulehnen. Insofern ist § 23 III die abschließende Regelung[8]. 12

95 *Auswahlrichtlinien*

(1) Richtlinien über die personelle Auswahl bei Einstellungen, Versetzungen, Umgruppierungen und Kündigungen bedürfen der Zustimmung des Betriebsrats. Kommt eine Einigung über die Richtlinien oder ihren Inhalt nicht zu Stande, so entscheidet auf Antrag des Arbeitgebers die Einigungsstelle. Der Spruch der Einigungsstelle ersetzt die Einigung zwischen Arbeitgeber und Betriebsrat.

(2) In Betrieben mit mehr als 500 Arbeitnehmern kann der Betriebsrat die Aufstellung von Richtlinien über die bei Maßnahmen des Absatzes 1 Satz 1 zu beachtenden fachlichen und persönlichen Voraussetzungen und sozialen Gesichtspunkte verlangen. Kommt eine Einigung über die Richtlinien oder ihren Inhalt nicht zu Stande, so entscheidet die Einigungsstelle. Der Spruch der Einigungsstelle ersetzt die Einigung zwischen Arbeitgeber und Betriebsrat.

(3) Versetzung im Sinne dieses Gesetzes ist die Zuweisung eines anderen Arbeitsbereichs, die voraussichtlich die Dauer von einem Monat überschreitet, oder die mit einer erheblichen Änderung der Umstände verbunden ist, unter denen die Arbeit zu leisten ist. Werden Arbeitnehmer nach der Eigenart ihres Arbeitsverhältnisses üblicherweise nicht ständig an einem bestimmten Arbeitsplatz beschäftigt, so gilt die Bestimmung des jeweiligen Arbeitsplatzes nicht als Versetzung.

I. Vorbemerkungen. Die Schaffung von Auswahlrichtlinien liegt vielfach sowohl im Interesse der ArbN als auch der ArbGeb. Sie tragen zum einen dazu bei, dass die Personalführung in den Betrieben allgemein durchschaubarer wird, zum anderen können sie Streitigkeiten über personelle Einzelmaßnahmen zwischen ArbGeb und BR sowie zwischen ArbGeb und ArbN vorbeugen. 1

II. Auswahlrichtlinien. Eine Begriffsbestimmung, was unter einer Auswahlrichtlinie zu verstehen ist, findet sich im Gesetz nicht. Man wird darunter zunächst allgemeine Grundsätze verstehen können, 2

1 *Richardi/Thüsing*, § 94 BetrVG Rz. 55. | 2 Vgl. hierzu *Hunold*, DB 1993, 224 (228); *Schönfeld/Gennen*, NZA 1989, 543 ff.; ausführlich hierzu *Stubbe*, Assessment Center, 2006. | 3 Sehr weit gehend *Breisig*, AiB 2003, 138 (141). | 4 *Fitting*, § 94 BetrVG Rz. 28; *Richardi/Thüsing*, § 94 BetrVG Rz. 63. | 5 Vgl. hierzu *Heinze*, Personalplanung, Rz. 98; *Richardi/Thüsing*, § 94 BetrVG Rz. 50. | 6 *Richardi/Thüsing*, § 94 BetrVG Rz. 44; GK-BetrVG/*Kraft/Raab*, § 94 BetrVG Rz. 7. | 7 *Heinze*, Personalplanung, Rz. 102. | 8 AA DKK, § 94 BetrVG Rz. 44; ErfK/*Kania*, § 94 BetrVG Rz. 5; LAG Nds. v. 6.3.2007 – 11 TaBV 101/06.

welche Gesichtspunkte der ArbGeb bei personellen Maßnahmen zu berücksichtigen hat[1]. Umstritten ist jedoch, mit welcher Verbindlichkeit solche Grundsätze gelten sollen, damit sie als Richtlinien anzusehen sind. Einigkeit herrscht insoweit, dass Richtlinien nur dann vorliegen, wenn dem ArbGeb bei seiner Auswahlentscheidung noch ein **Entscheidungsspielraum** bleibt[2]. Ob aber Auswahlrichtlinien nur dann vorliegen, wenn sie bestimmen, wen unter mehreren ArbN oder Bewerbern bei der personellen Einzelmaßnahme der Vorzug zu geben ist[3], oder ob es ausreicht, wenn die Auswahlrichtlinien lediglich Entscheidungshilfen für den ArbGeb enthalten[4], wird unterschiedlich beurteilt. Man wird aber alle diejenigen allgemeinen Auswahlgrundsätze als Auswahlrichtlinie zu werten haben, die in **generell abstrakter Form** auf den ArbGeb bei der einzelnen Personalentscheidung einwirken sollen. So können Auswahlrichtlinien auch aus bloßen „Negativkatalogen" bestehen, in denen festgelegt wird, welche Kriterien bei Durchführung personeller Einzelmaßnahmen nicht zu berücksichtigen sind[5]. Ebenso können etwa auch Punkteschemata Auswahlrichtlinien iSd. § 95 sein. Ob die Auswahlrichtlinien in **Schriftform** vorliegen oder formlos praktiziert werden, ist für ihre rechtl. Einordnung unerheblich. Dagegen zählen sog. **Stellen- oder Funktionsbeschreibungen** nicht zu den Auswahlrichtlinien[6].

3 **III. Regelungsinhalte der Richtlinien.** Dem MitbestR des BR unterliegen Auswahlrichtlinien über die personelle Auswahl bei Einstellungen, Versetzungen, Umgruppierungen und Kündigungen.

4 **1. Richtlinien für Einstellungen.** Richtlinien über die personelle Auswahl bei Einstellungen legen die Auswahlkriterien fest, die für eine Einstellung maßgebend sein sollen und regeln ggf. auch das Verfahren, wie diese Kriterien ermittelt werden. Der Begriff der Einstellung ist hierbei deckungsgleich mit dem des § 99 (vgl. § 99 Rz. 17). Auswahlkriterien für Einstellungen können sich naturgemäß sowohl aus den fachlichen wie auch persönlichen Voraussetzungen für den zu besetzenden Arbeitsplatz ergeben. Neben den **fachlichen** und **persönlichen Voraussetzungen** können sich Auswahlrichtlinien auch auf **soziale Gesichtspunkte** beziehen. Strittig ist aber, ob es sich bei solchen sozialen Gesichtspunkten, wie etwa Alter, Gesundheitszustand, Familienstand usw. um nachrangig zu berücksichtigende Kriterien handelt, oder ob diese Merkmale gleichberechtigt neben der fachlichen und persönlichen Eignung stehen. Da jedoch das Gesetz keine Beschränkung vorgenommen hat, wird man dazu kommen müssen, dass Auswahlrichtlinien auch einem Bewerber mit geringerer fachlicher oder persönlicher Eignung den Vorzug geben können[7]. Dabei sind allerdings die Vorgaben des AGG zu beachten, was insb. bei der Berücksichtigung des Alters gilt[8]. Darüber hinaus können Einstellungsrichtlinien ferner **Verfahrensregelungen** enthalten, etwa die Vorgabe, die soziale Kompetenz der Bewerber im Rahmen eines Assessmentcenter-Verfahrens zu prüfen. Aber auch sog. Ethik-Richtlinien können Auswahlrichtlinien enthalten[9].

5 **2. Richtlinien für Versetzungen.** Ähnliches wie für die Einstellungsrichtlinien gilt auch für die Versetzungsrichtlinien[10]. Was unter einer Versetzung zu verstehen ist, hat der Gesetzgeber in § 95 III BetrVG definiert. Bei Versetzungen spielen soziale Gesichtspunkte bei der Auswahl des zu versetzenden ArbN eine weit größere Rolle. Dies gilt insb. dann, wenn mit der Versetzung eine tatsächliche oder vom ArbN so empfundene Verschlechterung der Arbeitssituation verknüpft ist. Da bei der Auswahl im Rahmen von Versetzungen nur Betriebsangehörige miteinander konkurrieren, kommt es bei Versetzungsrichtlinien weit mehr auf die objektivierbare Feststellung der Auswahlkriterien an. Hier werden sich die Betriebspartner im Sinne einer Verobjektivierbarkeit der Personalentscheidung auf Verfahren verständigen müssen, wie derartige Auswahlkriterien zu ermitteln sind. Wenn hierfür auf ein **Punktesystem** zurückgegriffen werden soll, ist zu beachten, dass nach der Rspr. des BAG sichergestellt ist, dass dem ArbGeb trotz dieses Punkteschemas noch ein Entscheidungsspielraum verbleiben muss[11]. Dieser muss umso größer sein, desto differenzierter das Punktesystem ausgestaltet ist[12].

6 **3. Richtlinien für Umgruppierungen.** Eine Besonderheit stellen in diesem Zusammenhang die in § 95 genannten Umgruppierungsrichtlinien dar. Unter Umgruppierung ist allgemein die Veränderung der Eingruppierung in ein tarifl. oder betriebliches Gehalts- bzw. Lohngruppenschema zu verstehen[13]. Bei einem solchen Vorgang bleibt jedoch für Ermessensentscheidungen des ArbGeb, die durch Umgruppierungsrichtlinien gesteuert werden sollen, kaum Raum. Wie die Eingruppierung ist auch die Umgruppierung im Regelfall dann bloße **Rechtsanwendung**. Das BAG meint dagegen, dass § 95 I nicht von Richtlinien für die Durchführung von Umgruppierungen spricht, sondern von Richtlinien über die personelle Auswahl bei Umgruppierungen. Diese Richtlinien steuern die personelle Auswahl zum Zwecke einer sich anschließenden Umgruppierung. Mitbestimmungspflichtig nach § 95 I ist also nicht die Frage, wie um-

---

1 BAG v. 27.10.1992 – 1 ABR 4/92, AP Nr. 29 zu § 95 BetrVG 1972; BAG v. 28.3.2006 – 1 ABR 59/04 AP Nr. 128 zu § 87 BetrVG 1972. | 2 BAG v. 27.10.1992 – 1 ABR 4/92, AP Nr. 29 zu § 95 BetrVG 1972; BAG v. 13.3.2007 – 9 AZR 417/06, NZA-RR 2007, 549; *Fitting*, § 95 BetrVG Rz. 7. | 3 MünchArbR/*Matthes*, § 349 Rz. 3; *Zöllner*, FS G. Müller, S. 665 (675). | 4 *Fitting*, § 95 BetrVG Rz. 7. | 5 *Fitting*, § 95 BetrVG Rz. 12. | 6 BAG v. 31.1.1984 – 1 ABR 63/81, AP Nr. 3 zu § 95 BetrVG 1972; v. 14.1.1986 – 1 ABR 82/83, AP Nr. 21 zu § 87 BetrVG 1972 – Lohngestaltung. | 7 Wie hier MünchArbR/*Matthes*, § 349 Rz. 13. | 8 Vgl. *Thüsing*, BB 2007, 1506 ff. | 9 ArbG Wuppertal v. 15.6.2005 – 5 BU 20/05, NZA RR 2005, 476. | 10 Dazu: *Richardi*, FS Stahlhacke, S. 447 (453). | 11 Vgl. aber zu einer Ermessensreduzierung auf null im Ausnahmefall bei Versetzungsrichtlinien: *Henssler/Holletschek*, SAE 1994, 14 (19). | 12 BAG v. 27.10.1992 – 1 ABR 4/92, AP Nr. 29 zu § 95 BetrVG 1972. | 13 GK-BetrVG/*Kraft*/*Raab*, § 95 Rz. 34.

gruppiert wird, sondern wer umgruppiert wird. Dies betrifft etwa die Aufstellung von allgemeinen Kriterien durch den ArbGeb, anhand deren er die Voraussetzungen für Umgruppierungen festlegt. Gegenstand entsprechender Richtlinien können zB Kriterien darüber sein, welchen Beschäftigten unter welchen Bedingungen eine anders bewertete Tätigkeit übertragen wird[1].

4. Richtlinien für Kündigungen. Von wesentlich größerer Bedeutung sind jedoch – neben der Möglichkeit, einen Interessenausgleich mit Namensliste (§ 1 V KSchG) zu vereinbaren – Auswahlrichtlinien für Kündigungen. Hierzu wird ganz überwiegend zu Recht die Auffassung vertreten, dass Auswahlrichtlinien für Kündigungen nur bei **betriebsbedingten Kündigungen** in Betracht kommen können, da es letztlich nur bei betriebsbedingten Kündigungen zu einer Auswahlentscheidung kommen kann, die durch Richtlinien steuerbar wäre[2]. Besondere Bedeutung erlangen die Auswahlrichtlinien für Kündigungen durch § 1 IV KSchG. Danach kann die soziale Auswahl der ArbN kündigungsschutzrechtlich nur auf **grobe Fehlerhaftigkeit** überprüft werden, wenn etwa in einer BV nach § 95 festgelegt ist, wie die sozialen Gesichtspunkte nach § 1 III 1 KSchG im Verhältnis zueinander zu bewerten sind. Ausweislich des Gesetzeswortlauts kommen aber für § 1 IV KSchG nur solche Auswahlrichtlinien in Betracht, die in Form einer BV vereinbart wurden. Damit ist § 1 IV KSchG also nicht anwendbar bei Kündigungsrichtlinien, welche als Regelungsabrede geschlossen wurden[3]. 7

Auswahlrichtlinien, mit denen zunächst lediglich der **Kreis der in die Sozialauswahl einzubeziehenden ArbN** bestimmt wird, haben dagegen nicht die Rechtswirkung des § 1 IV KSchG. Ebenso wenig können Auswahlrichtlinien mit der Wirkung des § 1 IV KSchG festlegen, welche berechtigten **betrieblichen Bedürfnisse** die Weiterbeschäftigung bestimmter ArbN bedingen[4]. Da kollektivarbeitsrechtlich dem ArbGeb nichts individualarbeitsrechtlich Unmögliches vorgeschrieben werden kann, haben die Auswahlrichtlinien zwingend die sozialen Gesichtspunkte nach § 1 III 1 KSchG zu berücksichtigen[5]. Allerdings können die Betriebspartner weitere soziale Kriterien heranziehen, um die sozialen Gesichtspunkte nach § 1 III 1 KSchG im Verhältnis zueinander zu bewerten[6]. 8

Den Betriebspartnern steht es frei, die einzelnen sozialen Gesichtspunkte zueinander in ein **Bewertungsschema** zu bringen. Hierbei können sie sich auch eines **Punktesystems** bedienen[7]. So können etwa die Betriebsparteien auch bestimmen, dass Zeiten nach Vollendung des 55. LJ keine Berücksichtigung finden[8]. Allerdings kann in der Auswahlrichtlinie nicht die Vergleichbarkeit im Rahmen der Sozialauswahl geregelt werden[9]. Für die Einordnung eines Punkteschemas als Auswahlrichtlinie iSd. § 95 kommt es allerdings nicht darauf an, ob der ArbGeb das Schema generell auf alle künftigen Kündigungen oder nur auf die konkret bevorstehenden Kündigungen anwenden will[10]. 9

IV. Mitbestimmungsrecht des Betriebsrats. Abgesehen von den besonderen Rechtswirkungen der Auswahlrichtlinien für Kündigungen gem. § 1 IV KSchG besteht die Rechtswirkung von Auswahlrichtlinien im Allgemeinen darin, die personelle Auswahlentscheidung des ArbGeb zu begrenzen. Jedoch ist zu beachten, dass das MitbestR des BR nur hinsichtlich der Aufstellung von Richtlinien besteht, nicht aber nach § 95 bei der Umsetzung der Richtlinien in Einzelmaßnahmen. Hierbei gilt es zudem zu berücksichtigen, dass ArbGeb und BR bei Ausübung ihrer Richtlinienkompetenz an das **zwingende Gesetzesrecht** gebunden sind, mit der Folge, dass ein gewisser Entscheidungsspielraum des ArbGeb unangetastet bleiben muss. Sein Auswahlermessen darf deshalb nicht beseitigt werden[11]. 10

Hinsichtlich des MitbestR des BR ist zu differenzieren nach der Betriebsgröße. Während bei Betrieben mit 500 oder weniger ArbN der BR lediglich ein Zustimmungsrecht hat, besitzt er seit der Novellierung des BetrVG durch das Gesetz zur Reform des BetrVG vom 23.7.2001 ein Initiativrecht hinsichtlich der Einführung von Auswahlrichtlinien, sofern mehr als 500 ArbN im Betrieb vorhanden sind[12]. Erreicht ein Betrieb diesen **Schwellenwert** nicht, so obliegt es der Entscheidung des ArbGeb, ob er Auswahlrichtlinien überhaupt einführt und wie sie gestaltet sein sollen[13]. 11

Das Zustimmungsrecht steht dem BR zwangsläufig ferner dann zu, wenn der ArbGeb vorhandene Auswahlrichtlinien abändern will. Das heißt aber auch, dass zustimmungspflichtig nicht nur die Einführung von Auswahlrichtlinien überhaupt ist, sondern ebenso die inhaltliche Ausgestaltung dieser Aus- 12

1 BAG v. 10.12.2002 – 1 ABR 27/01, AP Nr. 42 zu § 95 BetrVG 1972. | 2 GK-BetrVG/*Kraft/Raab*, § 95 Rz. 36; HSWG, § 95 BetrVG Rz. 29; *Richardi/Thüsing*, § 95 BetrVG Rz. 37; *Richardi*, FS Stahlhacke, S. 447 (452); aA DKK, § 95 BetrVG Rz. 24. | 3 *Fitting*, § 95 BetrVG Rz. 27; aA GK-BetrVG/*Kraft/Raab*, § 95 Rz. 42. | 4 *Richardi/Thüsing*, § 95 BetrVG Rz. 41; aA *Zwanziger*, AiB 2004, 10 (12). | 5 Zu dem Ganzen: BAG v. 18.10.2006 – 2 AZR 473/05 AP Nr. 86 zu § 1 KSchG 1969 – Soziale Auswahl. | 6 Offen gelassen v. BAG v. 26.7.2005 – 1 ABR 29/04, AP Nr. 43 zu § 95 BetrVG 1972; BAG v. 9.11.2006 – 2 AZR 812/05 AP Nr. 87 zu § 1 KSchG 1969 – Soziale Auswahl. | 7 Vgl. hierzu: BAG v. 7.12.1995 – 2 AZR 1008/94, AP Nr. 29 zu § 1 KSchG 1969 – Soziale Auswahl; v. 18.1.1990 – 2 AZR 357/89, AP Nr. 19 zu § 1 KSchG 1969 – Soziale Auswahl; LAG Hamm v. 3.8.2004 – 19 Sa 728/04, nv. | 8 LAG Nds. v. 28.5.2004 – 10 Sa 2180/03, LAGE § 1 KSchG – Soziale Auswahl Nr. 44a. | 9 AA wohl LAG Berlin v. 7.11.2003 – 6 Sa 1391/03, NZA-RR 2004, 343. | 10 BAG v. 26.7.2005 – 1 ABR 29/04, AP Nr. 43 zu § 95 BetrVG 1972. | 11 BAG v. 27.10.1992 – 1 ABR 4/92, AP Nr. 29 zu § 95 BetrVG 1972; offen gelassen neuerdings: BAG v. 26.7.2005 – 1 ABR 29/04, AP Nr. 43 zu § 95 BetrVG 1972. | 12 Zuvor lag der Schwellenwert bei mehr als 1000 ArbN. | 13 *Gaul/Lunk*, NZA 2004, 184 (190).

wahlrichtlinien[1]. Werden die Auswahlrichtlinien in Form einer BV geschlossen, so kann der BR bestehende Richtlinien aufkündigen; jedoch entfällt hier die Nachwirkung dieser Richtlinien, weil das Initiativrecht einseitig beim ArbGeb liegt[2]. Erteilt der BR seine Zustimmung nicht (das Gesetz spricht hier von Einigung) so kann nur der ArbGeb die **Einigungsstelle** anrufen, deren Spruch die Einigung zwischen ArbGeb und BR ersetzt.

13 Erreicht ein Betrieb einen **Schwellenwert** von mehr als 500 ArbN, so wandelt sich das Zustimmungsrecht des BR in ein **Initiativrecht** um. Obwohl nicht ausdrücklich geregelt, kommt es für den Schwellenwert auf den regelmäßigen Bestand an ArbN an[3]. Hierbei sind die leitenden Angestellten iSd. § 5 III nicht mitzuzählen[4]. Maßgebend ist die Zahl der ArbN, die der Betrieb in dem **Zeitpunkt** regelmäßig hat, in dem der BR von seinem Initiativrecht nach § 95 II Gebrauch macht.

14 **V. Zuständigkeiten.** Der Gesetzgeber hat vom Grundsatz her dem BR die Zuständigkeit sowohl im Hinblick auf das Zustimmungs- als auch auf das Initiativrecht zugewiesen. Jedoch kann unter den allgemeinen Voraussetzungen auch eine Zuständigkeit des **GBR** begründet sein[5]. Dabei kann sich die Zuständigkeit des GBR gem. § 50 I 1 auch auf Betriebe ohne BR erstrecken. Ein unternehmensweites Initiativrecht steht dem GBR jedoch nur dann zu, wenn sämtliche Betriebe des Unternehmens den Schwellenwert überschreiten[6].

15 **VI. Begriff der Versetzung.** Der Begriff der betriebsverfassungsrechtl. Versetzung ist in § 95 III legal definiert. Erläutert wird diese Legaldefinition aus Zweckmäßigkeitsgründen bei der Komm. zu § 99 (s. dort Rz. 36 ff.).

16 **VII. Streitigkeiten und Sanktionen.** Gem. § 95 I 3 und § 95 II 3 ersetzt der Spruch der **Einigungsstelle** die fehlende Einigung zwischen ArbGeb und BR. Hat der BR nur ein Zustimmungsrecht, so kann nur der ArbGeb die Einigungsstelle anrufen. Hat der ArbGeb die Einigungsstelle angerufen und nicht etwa die von ihm vorgeschlagene Auswahlrichtlinie wieder zurückgezogen, so hat er sich dadurch selbst gebunden, mit der Folge, die dann von der Einigungsstelle festgelegte Auswahlrichtlinie akzeptieren zu müssen[7]. Im Fall einer vom ArbGeb als ungünstig empfundenen **Einigungsstellenentscheidung** bleibt ihm nur der Weg, wenn er seinen Antrag auf Entscheidung der Einigungsstelle nicht rechtzeitig zurückgezogen hat, die mit Spruch der Einigungsstelle zu Stande gekommene Einigung zwischen ArbGeb und BR durch **Kündigung** wieder zu beseitigen.

17 Hat dagegen der BR ein Initiativrecht, so hat auch dieser die Möglichkeit, die Einigungsstelle anzurufen. Der Spruch der Einigungsstelle hat sowohl im Falle der Mitbest. nach § 95 I wie auch der Mitbest. nach § 95 II die Rechtswirkungen einer BV[8].

18 Wendet jedoch ein ArbGeb Auswahlrichtlinien bei konkreten personellen Einzelmaßnahmen an, ohne das Verfahren nach § 95 eingehalten zu haben, so berührt das zwar nicht die Wirksamkeit der personellen Einzelmaßnahme[9]. Ebenso wenig ergibt sich aus § 95 eine Sanktionsmöglichkeit des BR[10]. Allenfalls ist der BR darauf beschränkt, seine Rechte im Wege des § 23 III geltend zu machen. Mittelbar gewährleisten indes die Beteiligungsrechte des BR bei **personellen Einzelmaßnahmen** (§§ 99 und 102), dass der ArbGeb das MitbestR nach § 95 anerkennt und die vereinbarten Auswahlrichtlinien durchführt. Dies sieht inzwischen der 1. Senat des BAG anders und gewährt dem BR bei Verletzung des MitbestR aus § 95 im Zusammenhang mit Auswahlrichtlinien für Kündigungen einen allgemeinen Unterlassungsanspruch[11]. Allerdings soll sich in diesem Fall der ArbGeb solange auf ein Punkteschema berufen können, wie der BR den Unterlassungsanspruch nicht geltend macht[12].

Zweiter Unterabschnitt. Berufsbildung

96 *Förderung der Berufsbildung*

(1) Arbeitgeber und Betriebsrat haben im Rahmen der betrieblichen Personalplanung und in Zusammenarbeit mit den für die Berufsbildung und den für die Förderung der Berufsbildung zuständigen Stellen die Berufsbildung der Arbeitnehmer zu fördern. Der Arbeitgeber hat auf Verlangen des Betriebsrats den Berufsbildungsbedarf zu ermitteln und mit ihm Fragen der Berufsbildung der Arbeitnehmer des Betriebs zu beraten. Hierzu kann der Betriebsrat Vorschläge machen.

---

1 MünchArbR/*Matthes*, § 349 Rz. 26. |2 *Fitting*, § 95 BetrVG Rz. 6; *Richardi/Thüsing*, § 95 BetrVG Rz. 55. |3 *Fitting*, § 95 BetrVG Rz. 3. |4 MünchArbR/*Matthes*, § 349 Rz. 30; GK-BetrVG/*Kraft/Raab*, § 95 Rz. 22. |5 BAG v. 31.1.1984 – 1 ABR 63/81, AP Nr. 3 zu § 95 BetrVG 1972; v. 31.5.1983 – 1 ABR 6/80, AP Nr. 2 zu § 95 BetrVG 1972. |6 GK-BetrVG/*Kraft/Raab*, § 95 Rz. 24; *Richardi/Thüsing*, § 95 BetrVG Rz. 58; aA *Fitting*, § 95 BetrVG Rz. 17. |7 *Heinze*, Personalplanung, Rz. 65. |8 BAG v. 11.3.1976 – 2 AZR 43/75, AP Nr. 1 zu § 95 BetrVG 1972. |9 BAG v. 9.11.2006 – 2 AZR 812/05 AP Nr. 87 zu § 1 KSchG 1969 – Soziale Auswahl. |10 *Heinze*, Personalplanung, Rz. 78. |11 BAG v. 26.7.2005 – 1 ABR 29/04, AP Nr. 43 zu § 95 VetrVG 1972; hierzu: *Jakobs/Burger*, SAE 2006, 256 ff. (III.). |12 BAG v. 9.11.2006 – 2 AZR 812/05 AP Nr. 87 zu § 1 KSchG 1969 – Soziale Auswahl.

(2) Arbeitgeber und Betriebsrat haben darauf zu achten, dass unter Berücksichtigung der betrieblichen Notwendigkeiten den Arbeitnehmern die Teilnahme an betrieblichen oder außerbetrieblichen Maßnahmen der Berufsbildung ermöglicht wird. Sie haben dabei auch die Belange älterer Arbeitnehmer, Teilzeitbeschäftigter und von Arbeitnehmern mit Familienpflichten zu berücksichtigen.

I. Vorbemerkung. Der Gesetzgeber des BetrVG hat bereits frühzeitig erkannt, dass der Berufsbildung wegen des technischen und wirtschaftl. Wandels eine überragende Bedeutung zukommt. Deshalb widmete er der Berufsbildung in den §§ 96–98 einen eigenen Unterabschnitt, um die Bedeutung der Berufsbildung hervorzuheben[1]. Erst in den letzten Jahren wuchs die Erkenntnis, dass sichere Arbeitsplätze regelmäßig ohne ein **Konzept des lebenslangen Lernens** nicht zu haben sind. Schließlich ist für die Unternehmen die **Qualifikation der Mitarbeiter** ein wesentliches Kriterium für die Wettbewerbsfähigkeit; für die ArbN ist sie Voraussetzung für den Erhalt des Arbeitsplatzes und den beruflichen Aufstieg[2]. 1

II. Begriffsbildung. Der Gesetzgeber hat es bisher unterlassen, den Begriff der Berufsbildung näher zu umschreiben. Eine **Legaldefinition** der Berufsbildung findet sich zwar in § 1 I des **BBiG**. Danach umfasst Berufsbildung die Berufsausbildungsvorbereitung, die Berufsausbildung, die berufliche Fortbildung und die berufliche Umschulung. Diese Begriffsbestimmung bezieht sich jedoch nur auf die Berufsbildung iSd. BBiG und kann deshalb nicht ohne weiteres auf den betriebsverfassungsrechtl. Berufsbildungsbegriff übertragen werden[3]. Rspr. und herrschende Lehre haben aber seit jeher den Begriff der Berufsbildung iSd. BetrVG weit ausgelegt[4]. Hierbei umfasst der **betriebsverfassungsrechtl. Berufsbildungsbegriff** zumindest alle Maßnahmen der Berufsbildung iSv. § 1 I BBiG[5]. 2

1. Bildungsbezug. Allgemein wird man sagen können, dass solche Maßnahmen zur Berufsbildung zählen, die sowohl einen Bezug zum Beruf haben als auch Bildungscharakter aufweisen. **Bildungscharakter** haben wiederum solche Maßnahmen, wenn sie methodisch Kenntnisse und Fähigkeiten vermitteln sollen[6]. Um aber von Berufsbildung iSd. BetrVG sprechen zu können, müssen die Maßnahmen ein gewisses **Gewicht** bzw. einen gewissen **Umfang** haben; dh., dass die zu vermittelnden Kenntnisse und Fähigkeiten von einem solchen Gewicht sind, dass sie für das berufliche Fortkommen des ArbN von Bedeutung sein können und deshalb den „Wert" des ArbN auf dem Arbeitsmarkt erhöhen[7]. 3

Insofern ist es folgerichtig, wenn die Rspr. Berufsbildung gegenüber der **mitbestimmungsfreien Unterrichtung** des ArbN über seine Aufgaben und Verantwortung sowie über die Art seiner Tätigkeit und ihre Einordnung in den Arbeitsablauf des Betriebes nach § 81 I 1 abgrenzt[8]. Jedoch wird das, was noch als Unterweisung am Arbeitsplatz angesehen werden kann, eng auszulegen sein. Dies können nur solche Maßnahmen sein, die aktuell einen ArbN in die Lage versetzen, die ihm zugewiesene Arbeitsaufgabe zu erledigen. Sobald aber die Maßnahmen der Berufsbildung einen Zukunftsbezug aufweisen, unterfallen sie den §§ 96 ff. und damit dem Beteiligungsrecht des BR. 4

2. Berufsbezug. Aus ihrer Begrifflichkeit folgt, dass Berufsbildung berufsbezogen sein muss[9]. Demnach fallen solche Bildungsmaßnahmen nicht unter den Begriff der Berufsbildung, mit denen lediglich die Persönlichkeit des ArbN weiterentwickelt werden soll oder die Kenntnisse etwa in politischer, sozialer, kultureller oder wirtschaftl. Hinsicht vermitteln sollen, ohne dass hierfür ein Berufsbezug erkennbar wird. 5

3. Betriebsbezug. Jedoch müssen die Bildungsmaßnahmen neben dem Berufsbezug auch einen Betriebsbezug aufweisen. Andernfalls würde es wenig Sinn machen, den Betriebspartnern eine Verpflichtung zur Förderung der Berufsbildung gerade im Rahmen der betriebl. Personalplanung aufzuerlegen. Betriebsbezug bedeutet, dass die Bildungsmaßnahme einen gewissen Anknüpfungspunkt an das betriebl. Geschehen aufweist. Dies kann etwa darin bestehen, dass die mit der Berufsbildungsmaßnahme ins Auge gefasste Qualifikation eines ArbN dringend im Betrieb benötigt wird oder aber auch, dass die Berufsbildungsmaßnahme etwa im Zuge von Personalabbaumaßnahmen den ArbN in die Lage versetzen soll, angesichts seines gefährdeten Arbeitsplatzes eine andere Arbeitsstelle zu finden. 6

4. Einzelfälle. Dagegen unterfallen solche Berufsbildungsmaßnahmen nicht dem MitbestR des BR, welche Bestandteil des **arbeitsvertragl. Synallagmas** sind. Dies sind einmal Bildungsmaßnahmen, die als eine Art Entgelt dem ArbN zugesagt wurden, was mittlerweile etwa in Bereichen der IT-Branchen nicht unüblich ist. Hier geht es nicht mehr um betriebsbezogene Berufsbildung, sondern der ArbN sieht sich bewusst als Qualifikationsträger, der seine Arbeitskraft ua. dafür einsetzt, weitere Qualifikationen zu 7

1 *Richardi/Thüsing*, § 96 BetrVG Rz. 2. | 2 BR-Drs. 140/01, S. 113. | 3 *Richardi/Thüsing*, § 96 BetrVG Rz. 6; aA *Eich*, DB 1974, 2154 (2155). | 4 BAG v. 5.11.1985 – 1 ABR 49/83, AP Nr. 2 zu § 98 BetrVG 1972; v. 23.4.1991 – 1 ABR 49/90, AP Nr. 7 zu § 98 BetrVG 1972; v. 10.2.1988 – 1 ABR 39/86, AP Nr. 5 zu § 98 BetrVG 1972; *Alexander*, NZA 1992, 1057 ff. | 5 BAG v. 23.4.1991 – 1 ABR 49/90, AP Nr. 7 zu § 98 BetrVG 1972. | 6 BAG v. 5.11.1985 – 1 ABR 49/83, AP Nr. 2 zu § 98 BetrVG 1972; v. 23.4.1991 – 1 ABR 49/90, AP Nr. 7 zu § 98 BetrVG 1972; v. 4.12.1990 – 1 ABR 10/90, AP Nr. 1 zu § 97 BetrVG 1972; *Fitting*, § 96 BetrVG Rz. 10. | 7 So zu Recht: MünchArbR/*Matthes*, § 351 Rz. 13; *Kraft*, NZA 1990, 459; aA *Fitting*, § 96 BetrVG Rz. 10. | 8 Vgl. hierzu BAG v. 5.11.1985 – 1 ABR 49/83, AP Nr. 2 zu § 98 BetrVG 1972; v. 10.2.1988 – 1 ABR 39/86, AP Nr. 5 zu § 98 BetrVG 1972; kritisch zu dieser Abgrenzung: *Richardi/Thüsing*, § 96 BetrVG Rz. 14; vgl. auch *Birk*, FS Gnade, S. 311 (315). | 9 *Oetker*, Die Mitbestimmung der Betriebs- und Personalräte bei der Durchführung von Berufsbildungsmaßnahmen, 1986.

erlangen, ohne dass das in irgendeinem Bezug zum jeweiligen ArbGeb bzw. zu dem jeweiligen Betrieb steht[1].

8 Ebenso wenig sind sog. **Qualitätszirkel** als Bildungsmaßnahme anzusehen[2]. Hierbei handelt es sich um Arbeitskreise, bei denen sich ArbN zusammenfinden, um, häufig im Rahmen von Qualitätsmanagementsystemen, zu einer Verbesserung der Produkte bzw. Leistungen zu kommen. Dass durch solche Arbeitskreise auch die berufliche Qualifikation der beteiligten ArbN sich verbessern kann, ist indes nur mittelbare Folge der geschuldeten Arbeitsleistung, die schließlich in der Teilnahme an solchen Arbeitskreisen besteht. Wenn also ein Unternehmen sich für derartige Qualitätsmanagementsysteme (zB **TQM**, **Kaizen**, oder **KVP**) entschieden und hierauf auch seine ArbN – in welcher Form auch immer – verpflichtet hat, so sind dies Systeme, die nicht der Berufsbildung zuzuordnen sind, sondern hierdurch wird der Inhalt der konkreten Arbeitsleistung eines ArbN bestimmt, mit der Folge, dass diese nicht unter den Begriff der Berufsbildung iSd. §§ 96 ff. fallen[3].

9 **III. Pflicht zur Förderung.** Falls im Betrieb Berufsbildungsmaßnahmen durchgeführt werden sollen, so beinhaltet der § 96 I 1 ein **Gebot der Zusammenarbeit** zwischen ArbGeb und BR. Diese Zusammenarbeit hat mit den für die Berufsbildung und den für die Förderung der Berufsbildung zuständigen Stellen zu erfolgen. Dies sind etwa die Handwerkskammern, die Industrie- und Handelskammer aber auch die für die finanzielle Förderung der Berufsbildung zuständigen Stellen der BA.

10 Der Gesetzgeber hat sowohl ArbGeb als auch BR gem. § 96 I 1 verpflichtet, die Berufsbildung zu fördern. Hieraus ergibt sich jedoch keine Verpflichtung des ArbGeb, überhaupt Berufsbildung zu betreiben[4]. Aus der Förderungspflicht nach § 96 I 1 erwachsen keine **individuellen Ansprüche** der ArbN auf berufliche Förderung. Erst recht wird durch die Vorschrift dem ArbGeb nicht die Verpflichtung zur Übernahme von **Fortbildungskosten** auferlegt[5].

11 Auf Verlangen des BR ist der ArbGeb verpflichtet, mit diesem Fragen der Berufsbildung der ArbN des Betriebs zu **beraten**. Dem BR steht darüber hinaus das Recht zu, **Vorschläge** zu dem Thema zu machen. Der BR hat also ein **Initiativ- und Beratungsrecht**. Dabei können Gegenstände der Beratung bzw. der Vorschläge alle Themen sein, sofern sie sich mit der Berufsbildung beschäftigen. Insbesondere zählen dazu auch Fragen der Ausbildungsart, der Ausbildungsdauer sowie die Zahl der Teilnehmer. Strittig ist jedoch, ob die individualrechtl. Gestaltung der Berufsbildung, etwa die Vereinbarung von Rückzahlungsverpflichtungen bei vorzeitigen Kündigungen, unter das Beratungs- und Vorschlagsrecht des BR fallen. Dieses wird man verneinen müssen, da es sich hierbei letztlich um eine Frage des arbeitsrechtl. Austauschverhältnisses handelt, die vom Zweck des Beteiligungsrechtes nicht erfasst wird[6].

12 Aus dem Beratungsanspruch und dem Vorschlagsrecht des BR folgt, dass der ArbGeb verpflichtet ist, mit dem BR über das gewünschte Thema zu beraten und zu versuchen, zu einer **Einigung** zu kommen. Ein zwingendes MitbestR des BR besteht jedoch nicht[7].

13 Mit der Novellierung neu ins Gesetz gekommen ist das Recht des BR im Vorfeld der Beratung von dem ArbGeb die Ermittlung des Berufsbildungsbedarfs zu verlangen. Nach der Gesetzesbegründung ergibt sich der Berufsbildungsbedarf aus der Durchführung einer Ist-Analyse, der Erstellung eines Soll-Konzepts und der Ermittlung des betriebl. Bildungsinteresses der ArbN[8]. Allerdings kann der BR nicht mehr vom ArbGeb verlangen, als dieser imstande ist zu leisten. Speziell bezieht sich das Recht des BR, die Ermittlung des Berufsbildungsbedarfs verlangen zu können, nicht darauf, auf welche Weise dies zu erfolgen hat. Er kann nur verlangen, dass überhaupt der Berufsbildungsbedarf ermittelt wird. Allerdings muss dieses korrekt erfolgen. Solange also der ArbGeb die Ermittlung des Berufsbildungsbedarfs nicht ordnungsgemäß vorgenommen hat, kann der BR auf einer **korrekten Analyse des Berufsbildungsbedarfes** bestehen.

14 **IV. Überwachungspflicht.** § 96 II verpflichtet sowohl ArbGeb als auch BR darauf zu achten, dass unter Berücksichtigung der betriebl. Notwendigkeiten den ArbN die Teilnahme an betriebl. oder außerbetriebl. Maßnahmen der Berufsbildung ermöglicht wird. Eine **betriebliche Berufsbildungsmaßnahme** liegt vor, wenn der ArbGeb der Träger oder Veranstalter der Maßnahme ist und sie für seine ArbN durchführt. Entscheidend ist nach der Rspr., ob der ArbGeb auf Inhalt und Organisation rechtlich einen beherrschenden Einfluss hat[9]. Unerheblich für eine betriebl. Bildungsmaßnahme ist, ob der ArbGeb diese von einem anderen Unternehmen durchführen lässt, solange er auf Inhalt und Gestaltung einen beherrschenden Einfluss hat. Ebenso unerheblich ist der Ort, an dem die Maßnahme durchgeführt wird. Außerbetriebl. Bildungsmaßnahmen sind dann alle solche Bildungsmaßnahmen, die nicht im og. Sinne zu den betrieblichen zu zählen sind.

---

1 Vgl. hierzu: *Heinze*, FS J. F. Kirchhoff, S. 167 ff. | 2 Vgl. bereits *Goos*, ZfA 1991, 61 (62). | 3 Ähnlich auch GK-BetrVG/*Kraft*/*Raab*, § 96 Rz. 18; aA *Fitting*, § 96 BetrVG Rz. 24; DKK, § 96 BetrVG Rz. 9. | 4 MünchArbR/*Matthes*, § 351 Rz. 4; *Richardi*/*Thüsing*, § 96 BetrVG Rz. 16. | 5 *Fitting*, § 96 BetrVG Rz. 27. | 6 AA *Fitting*, § 96 BetrVG Rz. 39. | 7 GK-BetrVG/*Raab*, § 96 Rz. 33. | 8 BR-Drs. 140/01, S. 113; vgl. hierzu *Wiesinger*, BuW 2003, 780. | 9 BAG v. 4.12.1990 – 1 ABR 10/90, AP Nr. 1 zu § 97 BetrVG 1972; v. 12.11.1991 – 1 ABR 21/91, AP Nr. 8 zu § 98 BetrVG 1972; v. 24.8.2004 – 1 ABR 28/03, AP Nr. 12 zu § 98 BetrVG 1972.

Die Teilnahme an Bildungsmaßnahmen ist unter Berücksichtigung der betriebl. Notwendigkeiten zu ermöglichen. Das heißt aber auch, dass nicht jedes betriebl. Interesse einer Förderung von Berufsbildungsmaßnahmen entgegensteht. Nur wenn betriebl. eine Notwendigkeit besteht, dass eine Bildungsmaßnahme zu einem bestimmten Zeitpunkt nicht durchgeführt wird, kann unter Berufung auf derartig schwerwiegende Gründe die Förderung einer solchen Bildungsmaßnahme verweigert werden. 15

In § 96 II 2 werden ArbGeb und BR weiter darauf verpflichtet, auch die Belange **älterer ArbN, Teilzeitbeschäftigter und von ArbN mit Familienpflichten** zu berücksichtigen. Diese Verpflichtung betrifft einmal den Inhalt der Bildungsveranstaltungen, aber auch gerade die zeitliche Ausgestaltung der jeweiligen Bildungsmaßnahme. Wenn der Gesetzeswortlaut von Familienpflichten spricht, so wird man darunter zB den Fall fassen können, bei dem eine beschäftigte Person mindestens ein Kind unter 18 Jahren oder einen nach ärztlichem Gutachten pflegebedürftigen sonstigen Angehörigen tatsächlich betreut oder pflegt[1]. Aus § 96 II 2 folgt aber kein Rechtsanspruch der dort genannten Personenkreise, an Berufsbildungsmaßnahmen teilzunehmen[2]. 16

V. Streitigkeiten und Sanktionen. Bei groben Verstößen gegen die Verpflichtung nach § 96 kann ein Verfahren nach § 23 III eingeleitet werden. Aber auch der BR kann seine Beratungspflichten verletzen, mit der Folge, dass ein Verfahren nach § 23 I eingeleitet werden kann[3]. 17

97 *Einrichtungen und Maßnahmen der Berufsbildung*

(1) Der Arbeitgeber hat mit dem Betriebsrat über die Errichtung und Ausstattung betrieblicher Einrichtungen zur Berufsbildung, die Einführung betrieblicher Berufsbildungsmaßnahmen und die Teilnahme an außerbetrieblichen Berufsbildungsmaßnahmen zu beraten.

(2) Hat der Arbeitgeber Maßnahmen geplant oder durchgeführt, die dazu führen, dass sich die Tätigkeit der betroffenen Arbeitnehmer ändert und ihre beruflichen Kenntnisse und Fähigkeiten zur Erfüllung ihrer Aufgaben nicht mehr ausreichen, so hat der Betriebsrat bei der Einführung von Maßnahmen der betrieblichen Berufsbildung mitzubestimmen. Kommt eine Einigung nicht zu Stande, so entscheidet die Einigungsstelle. Der Spruch der Einigungsstelle ersetzt die Einigung zwischen Arbeitgeber und Betriebsrat.

I. Vorbemerkungen. Im Gegensatz zur Regelung des § 96 schafft § 97 eine vom Verlangen des BR unabhängige **Beratungspflicht**, die dann eintritt, wenn der ArbGeb beabsichtigt, betriebliche Einrichtungen für die Berufsbildung zu schaffen, betriebl. Berufsbildungsmaßnahmen einzuführen oder sich an außerbetriebl. Berufsbildungsmaßnahmen zu beteiligen. Insofern ergänzt § 97 I die Regelungen des § 96. § 97 I betrifft aber nur die Beteiligung des BR bei der **Einführung** von Bildungsmaßnahmen, während für die **Durchführung** ein MitbestR nach § 98 besteht. § 97 I gewährt auch nur ein Beratungsrecht und kein MitbestR; ob ein ArbGeb also eine betriebl. Einrichtung zur Berufsbildung schafft oder berufl. Bildungsmaßnahmen durchführt, obliegt – abgesehen vom Sonderfall des § 97 II – allein seiner freien **unternehmerischen Entscheidung**[4]. 1

II. Beratungsrecht gem. Abs. 1. Gegenstand des Beratungsrechts ist einmal die Errichtung und Ausstattung betriebl. Einrichtungen zur Berufsbildung. Hierbei wird man unter **Einrichtung** die Zusammenfassung sachlicher und/oder persönlicher Mittel zu sehen haben, deren Zweck die Berufsbildung zumindest auch betriebsangehöriger ArbN ist[5]. Der Begriff der Einrichtung setzt weiter voraus, dass die betreffenden Mittel auf **Dauer** angelegt sind. Demzufolge fallen unter betriebl. Einrichtungen zur Berufsbildung etwa Lehrwerkstätten und Schulungsräume. Das Beratungsrecht des BR bezieht sich nicht nur auf die Errichtung und die Ausstattung, sondern auch jede **Änderung** einer Einrichtung zur Berufsbildung löst das Beratungsrecht aus[6]. Der Gesetzeswortlaut spricht aber ausdrücklich nur die Errichtung und Ausstattung **betrieblicher Einrichtungen** an. Folglich fallen sog. **Qualifizierungsgesellschaften** oder **Transfergesellschaften** nicht unter die Regelungen des § 97 I[7]. Erfüllt eine betriebl. Berufsbildungseinrichtung die Voraussetzungen einer betriebl. Sozialeinrichtung, so steht dem BR unter den Voraussetzungen des § 87 I Nr. 8 auch ein MitbestR hinsichtlich ihrer Verwaltung zu[8]. Dagegen hat der BR regelmäßig kein **erzwingbares MitbestR** zur Schaffung derartiger Einrichtungen sowie zur Bereitstellung der erforderlichen Mittel. Die jeweilige **Investitionsentscheidung** bleibt beim ArbGeb[9]. 2

Eine Beratungsverpflichtung des ArbGeb besteht überdies bei der Einführung von **Fortbildungskursen, Trainee-Programmen**, also für sämtliche betriebl. Berufsbildungsmaßnahmen[10]. Hierbei kommt es nicht darauf an, ob die Maßnahmen innerhalb oder außerhalb der Arbeitszeit stattfinden[11]. Auch hier entscheidet der ArbGeb darüber, ob er derartige Maßnahmen einführen will. Wenn er sich dazu ent- 3

1 *Fitting*, § 96 BetrVG Rz. 32. | 2 GK-BetrVG/*Raab*, § 96 Rz. 34. | 3 GK-BetrVG/*Raab*, § 96 Rz. 37; *Fitting*, § 96 BetrVG Rz. 42. | 4 GK-BetrVG/*Raab*, § 97 Rz. 5. | 5 GK-BetrVG/*Raab*, § 97 Rz. 6. | 6 HM *Richardi/Thüsing*, § 97 BetrVG Rz. 4; *Fitting*, § 97 BetrVG Rz. 4; GK-BetrVG/*Raab*, § 97 Rz. 6; aA wohl HSWG, § 97 BetrVG Rz. 3. | 7 GK-BetrVG/*Raab*, § 97 Rz. 7. | 8 GK-BetrVG/*Raab*, § 97 Rz. 8; HSWG, § 97 BetrVG Rz. 4a. | 9 Vgl. *Heinze*, Personalplanung, Rz. 115. | 10 Vgl. die Aufzählung von Beispielen aus der Rspr. bei *Hammer*, ZRP 1998, 23 (25). | 11 HSWG, § 97 BetrVG Rz. 5.

schließt, so ist die gesamte Organisation derartiger Berufsbildungsmaßnahmen Gegenstand seiner Beratungspflicht.

4 Auch die Teilnahme an **außerbetrieblichen Berufsbildungsmaßnahmen** ist mit dem BR zu beraten. Damit sind einmal solche Teile eines Ausbildungsganges gemeint, die in einem anderen Betrieb oder in einer überbetriebl. Einrichtung stattfinden oder solche Bildungsmaßnahmen, die von außerbetriebl. Trägern, etwa den Kammern, veranstaltet werden. Vom Beratungsrecht umfasst ist insb. die **Art** der Maßnahme, die **Auswahl** der ArbN sowie der **Zeitpunkt** und die **Zeitdauer** der Teilnahme[1]. Dabei muss der ArbGeb in jedem Fall die Beratung durchführen, bevor Belegschaftsmitglieder an einer solchen Maßnahme teilnehmen[2].

5 **III. Mitbestimmungsrecht gem. Abs. 2.** Neu eingeführt hat der Gesetzgeber mit der Novellierung des BetrVG in § 97 II ein MitbestR des BR bei der Einführung von Maßnahmen der betriebl. Berufsbildung in besonderen Fällen. Plant der ArbGeb Maßnahmen, die dazu führen, dass sich die Tätigkeit der betroffenen ArbN ändert und ihre berufl. Kenntnisse und Fähigkeiten zur Erfüllung ihrer Aufgaben nicht mehr ausreichen, oder hat er solche bereits durchgeführt, so wird dieses **MitbestR** ausgelöst. Der Gesetzgeber hatte bei der Neuregelung der Vorschrift folgende Situation vor Augen: Ein ArbGeb hat technische Anlagen, Arbeitsverfahren und Arbeitsabläufe oder Arbeitsplätze geplant, die zur Folge haben, dass sich die Tätigkeit der betroffenen ArbN ändern wird. Wenn dann die damit verbundenen Änderungen so nachhaltig sind, dass die berufl. Kenntnisse und Fähigkeiten der betroffenen ArbN nicht mehr ausreichen, um ihre Aufgaben noch erfüllen zu können, soll nunmehr **frühzeitig** und **präventiv** der BR betriebliche Berufsbildungsmaßnahmen zu Gunsten der betroffenen ArbN durchsetzen können, um deren Beschäftigung zu sichern[3]. Der BR erhält also in diesem **eng umschriebenen Ausnahmefall** ein Initiativ- und MitbestR bei der Einführung von Berufsbildungsmaßnahmen.

6 Das MitbestR des BR setzt **nicht** schon während der **Planungsphase** ein[4]. Erst in dem Moment, in dem der ArbGeb entschlossen ist, Maßnahmen durchzuführen, die die Tätigkeit der ArbN ändern und ihre berufl. Kenntnisse und Fähigkeiten zur Erfüllung ihrer Aufgaben nicht mehr ausreichen, liegt der Tatbestand des § 97 II vor. Selbst wenn aber der ArbGeb die Maßnahme durchgeführt hat, kann der BR von seinem **Initiativrecht** Gebrauch machen.

7 Hier gilt es allerdings zu betonen, dass durch § 97 II die freie **Unternehmerentscheidung** nicht eingeschränkt wird. Will also der ArbGeb anstatt technische Anlagen, Arbeitsverfahren und Arbeitsabläufe im konkreten Betrieb zu ändern, lieber die Arbeitsaufgaben an einen anderen Produktionsstandort verlagern oder durch Dritte erbringen lassen, hat der BR keine Möglichkeit, vom ArbGeb gem. § 97 II die Durchführung von Berufsbildungsmaßnahmen zu verlangen. Nur wenn der ArbGeb sich entschließt, die Produktion am jeweiligen Standort zu belassen, aber die Produktionsabläufe so zu verändern, dass die Tätigkeit der ArbN sich ändert und ihre berufl. Kenntnisse und Fähigkeiten zur Erfüllung ihrer Aufgaben nicht mehr ausreichen, liegt ein Fall des § 97 II vor.

8 Ein Tätigwerden des BR setzt **kumulativ** voraus, dass sich die Tätigkeiten der Beschäftigten ändern und deren berufl. Kenntnisse und Fähigkeiten zur Erfüllung dieser Aufgaben nicht mehr ausreichen. Nur wenn beide Voraussetzungen vorliegen, kann sich der BR auf § 97 II berufen[5]. Dagegen ist nicht erforderlich, dass die vom ArbGeb geplanten Maßnahmen die Schwelle einer Betriebsänderung iSd. § 111 erreichen[6]. Das MitbestR des BR bezieht sich nur auf die ArbN, die konkret von den Maßnahmen, insb. von der Änderung der Tätigkeiten, betroffen sind. Hinsichtlich dieses Personenkreises ist dann zu fragen, ob deren berufl. Kenntnisse und Fähigkeiten noch ausreichen, um den neuen Anforderungen gerecht zu werden[7]. Der Wortlaut des § 97 II spricht ausdrücklich von **beruflichen Kenntnissen**. Insofern setzt die Vorschrift ein bestimmtes **Berufsbild** voraus. Gestützt auf § 97 II kann also nicht verlangt werden, dass ArbN, deren Tätigkeit sich ändert, in einen anderen Beruf umgeschult werden, selbst wenn nur durch eine Umschulung die betreffenden ArbN ihre Tätigkeit fortsetzen können[8].

9 Sofern die Voraussetzungen des § 97 II vorliegen, kann der BR vom ArbGeb die Einführung entsprechender betriebl. Berufsbildungsmaßnahmen verlangen. Diese Schulungsmaßnahmen dürfen sich nur auf solche Personen beziehen, bei denen die Voraussetzungen des § 97 II 1 vorliegen. Es besteht demgemäß kein allgemein auf die Weiterbildung ausgerichteter Mitbestimmungsanspruch. Grds. ist der ArbGeb auch bei der **Auswahl der Teilnehmer** an den beruflichen Bildungsmaßnahmen frei[9]. Er hat jedoch gem. § 96 II die dortigen Belange zu berücksichtigen.

10 Nach dem Gesetzeszweck soll das MitbestR nach § 97 II dazu dienen, Kündigungen zu verhindern[10]. Deshalb kann der BR nur solche Bildungsmaßnahmen vom ArbGeb verlangen, die sich in den **Grenzen**

1 *Fitting*, § 97 BetrVG Rz. 6. | 2 HSWG, § 97 BetrVG Rz. 7. | 3 BR-Drs. 140/01, S. 113 f.; *Rieble*, FS 50 Jahre BAG, 831 (836). | 4 *Burkert*, Das neue Mitbestimmungsrecht des Betriebsrats gemäß § 97 Absatz 2 BetrVG, 2005, S. 145 ff. Weiter gehend dagegen *Richardi/Annuß*, DB 2001, 41 (45), die ein Initiativrecht bereits während der Planungsphase anerkennen. | 5 *Wiesinger*, BuW 2003, 780 (781); AA *Thannheiser*, AiB 2002, 25, (27). | 6 So zu Recht *Thannheiser*, AiB 2002, 25, (27). | 7 *Löwisch*, Sonderbeilage zu NZA Heft 24/2001, 40 (45). | 8 *Wlotzke/Preis*, § 97 BetrVG Rz. 12. | 9 AA *Franzen*, NZA 2001, 865 (868 f.). | 10 BT-Drs. 140/01, S. 114; so auch *Hanau*, NJW 2002, 1240 (1242).

der Zumutbarkeit iSd. § 1 II 3 KSchG halten[1]. In keinem Fall kann der BR den ArbGeb aber verpflichten, allgemein durch Qualifizierungsmaßnahmen die Chancen der ArbN auf dem Arbeitsmarkt zu erhöhen. Aus diesem Grunde kommt ein MitbestR nach § 97 II für solche ArbN nicht in Betracht, die bereits wirksam wegen mangelnder Qualifikation gekündigt wurden[2].

IV. Streitigkeiten. Kommt eine Einigung nicht zu Stande, so entscheidet die **Einigungsstelle** in einem verbindlichen Einigungsverfahren. Bei **Streitigkeiten** über den Umfang der Beteiligung des BR entscheiden die Gerichte für Arbeitssachen im Beschlussverfahren. Im Übrigen kommt auch ein Antrag nach § 23 III in Betracht[3]. 11

98 *Durchführung betrieblicher Bildungsmaßnahmen*

(1) Der Betriebsrat hat bei der Durchführung von Maßnahmen der betrieblichen Berufsbildung mitzubestimmen.

(2) Der Betriebsrat kann der Bestellung einer mit der Durchführung der betrieblichen Berufsbildung beauftragten Person widersprechen oder ihre Abberufung verlangen, wenn diese die persönliche oder fachliche, insbesondere die berufs- und arbeitspädagogische Eignung im Sinne des Berufsbildungsgesetzes nicht besitzt oder ihre Aufgaben vernachlässigt.

(3) Führt der Arbeitgeber betriebliche Maßnahmen der Berufsbildung durch oder stellt er für außerbetriebliche Maßnahmen der Berufsbildung Arbeitnehmer frei oder trägt er die durch die Teilnahme von Arbeitnehmern an solchen Maßnahmen entstehenden Kosten ganz oder teilweise, so kann der Betriebsrat Vorschläge für die Teilnahme von Arbeitnehmern oder Gruppen von Arbeitnehmern des Betriebs an diesen Maßnahmen der beruflichen Bildung machen.

(4) Kommt im Fall des Absatzes 1 oder über die nach Absatz 3 vom Betriebsrat vorgeschlagenen Teilnehmer eine Einigung nicht zu Stande, so entscheidet die Einigungsstelle. Der Spruch der Einigungsstelle ersetzt die Einigung zwischen Arbeitgeber und Betriebsrat.

(5) Kommt im Fall des Absatzes 2 eine Einigung nicht zu Stande, so kann der Betriebsrat beim Arbeitsgericht beantragen, dem Arbeitgeber aufzugeben, die Bestellung zu unterlassen oder die Abberufung durchzuführen. Führt der Arbeitgeber die Bestellung einer rechtskräftigen gerichtlichen Entscheidung zuwider durch, so ist er auf Antrag des Betriebsrats vom Arbeitsgericht wegen der Bestellung nach vorheriger Androhung zu einem Ordnungsgeld zu verurteilen; das Höchstmaß des Ordnungsgeldes beträgt 10 000 Euro. Führt der Arbeitgeber die Abberufung einer rechtskräftigen gerichtlichen Entscheidung zuwider nicht durch, so ist auf Antrag des Betriebsrats vom Arbeitsgericht zu erkennen, dass der Arbeitgeber zur Abberufung durch Zwangsgeld anzuhalten sei; das Höchstmaß des Zwangsgeldes beträgt für jeden Tag der Zuwiderhandlung 250 Euro. Die Vorschriften des Berufsbildungsgesetzes über die Ordnung der Berufsbildung bleiben unberührt.

(6) Die Absätze 1 bis 5 gelten entsprechend, wenn der Arbeitgeber sonstige Bildungsmaßnahmen im Betrieb durchführt.

I. Vorbemerkung. Im Gegensatz zur Beteiligung des BR bei der Einführung von Berufsbildungsmaßnahmen gibt § 98 dem BR bei der Durchführung von Berufsbildungsmaßnahmen ein **umfassendes MitbestR.** Hierbei hat der Gesetzgeber ganz bewusst durch § 98 VI sonstige Bildungsmaßnahmen miteinbezogen, um auch eine Beteiligung des BR entsprechend der Regelungen zur Durchführung der Berufsbildung zu ermöglichen[4]. 1

II. Reichweite des Mitbestimmungsrecht. Das MitbestR des BR kann sich aber nur auf solche ArbN beziehen, die vom BR vertreten werden. Demgemäß fallen Bildungsmaßnahmen für **leitende Angestellte** gem. § 5 III nicht unter den Anwendungsbereich[5]. Umstritten ist dagegen, ob und inwieweit Berufsbildungsmaßnahmen, durch die ArbN für die Position eines leitenden Angestellten qualifiziert werden sollen, dem MitbestR unterliegen. Hier kann nur ein eingeschränktes MitbestR bestehen. Die Mitbest. kann sich nicht auf solche Themen erstrecken, die zumindest mittelbar die Qualifikationsanforderungen der leitenden Angestellten umschreiben[6]. 2

Eingeschränkt wird das MitbestR durch den relativen **Tendenzschutz** (§ 118 I 1); es ist ausgeschlossen, soweit es um die Berufsbildung und berufliche Fortbildung von Tendenzträgern geht[7]. Die Ausübung des MitbestR nach § 98 steht jedoch insoweit unter dem Vorbehalt, dass keine anderweitigen verbind- 3

1 Ähnlich *Franzen*, NZA 2001, 865 (867), der § 102 Abs. 3 Nr. 4 BetrVG als Zumutbarkeitsmaßstab anwenden will. | 2 Vgl. zur individualarbeitsrechtlichen Wirkung des § 97 II: *Franzen*, NZA 2001, 865 (871). | 3 *Fitting*, § 97 BetrVG Rz. 42; *Wiesinger*, BuW 2003, 780 (781). | 4 BT-Drs. VI/1786, S. 51. | 5 DKK, § 98 BetrVG Rz. 25; *Fitting*, § 98 BetrVG Rz. 10. | 6 So *Richardi/Thüsing*, § 98 BetrVG Rz. 6; für ein uneingeschränktes MitbestR dagegen *Fitting*, § 98 BetrVG Rz. 10; *Heinze*, Personalplanung, Rz. 145; gegen ein MitbestR: HSWG, § 98 BetrVG Rz. 2a; *Kraft*, NZA 1990, 457 (458). | 7 BAG v. 30.5.2006 – 1 ABR 17/05, AP Nr. 80 zu § 118 BetrVG 1972; *Richardi/Thüsing*, § 98 BetrVG Rz. 7.

lichen Regelungen zur Berufsbildung bestehen, so dass der ArbGeb bereits an derartige Vorgaben gebunden ist[1].

4 **III. Durchführung von Berufsbildungsmaßnahmen.** Gem. § 98 I hat der BR bei der Durchführung von Maßnahmen der betriebl. Berufsbildung mitzubestimmen. Dieser Begriff ist nicht räumlich, sondern funktional zu verstehen[2]. Eine betriebl. Berufsbildungsmaßnahme liegt dann vor, wenn der ArbGeb auf Inhalt und Organisation der Maßnahme einen beherrschenden Einfluss hat. Hierbei müssen dem ArbN über eine bloße arbeitsplatzbezogene Unterrichtung gezielt Kenntnisse und Erfahrungen vermittelt werden, die ihn zu einer bestimmten Tätigkeit befähigen oder es ermöglichen, die beruflichen Kenntnisse und Fähigkeiten zu erhalten[3]. Eine Bildungsmaßnahme ist dabei dann als **Berufsbildungsmaßnahme** zu qualifizieren, wenn durch sie Kenntnisse und Erfahrungen vermittelt werden, die zur Ausfüllung des Arbeitsplatzes und der berufl. Tätigkeit der ArbN dienen[4]. Hinsichtlich der Durchführung aller Maßnahmen der betriebl. Berufsbildung steht dem BR ein echtes MitbestR zu. Dieses existiert allerdings nur in dem Umfang, in dem dem ArbGeb ein **Gestaltungsspielraum** zusteht[5]. Insofern besteht bei der Berufsausbildung, deren Durchführung durch gesetzl. Bestimmungen bzw. Ausbildungsordnungen geregelt ist, kaum ein Gestaltungsspielraum, so dass hier das MitbestR des BR nur eine geringe Bedeutung erlangt. Einen weit größeren Gestaltungsspielraum besitzt der ArbGeb aber bei der berufl. Fortbildung und bei der berufl. Umschulung. Dementsprechend erlangt hier das MitbestR eine weit größere Bedeutung. Der BR kann etwa über den Ausbildungsplan, die Dauer der Maßnahme[6] und die Dauer der Ausbildungsabschnitte sowie über den Ort, an dem die Ausbildung erfolgen soll, mitbestimmen[7]. Ist Bestandteil einer Berufsbildungsmaßnahme auch eine betriebl. Prüfung, so erstreckt sich das MitbestR des BR auch auf die Ausgestaltung dieser Prüfung[8].

5 Über das MitbestR bei der Durchführung von Bildungsmaßnahmen kann der BR nicht zu einem generellen MitbestR über die Einführung solcher Bildungsmaßnahmen kommen. Dies verbietet bereits die unterschiedliche Regelung in den §§ 97, 98. Demnach gehören alle Umstände, die die jeweilige Berufsbildungsmaßnahme in ihrer generellen Gestalt definieren, nicht zum MitbestR des BR nach § 98. Dies bezieht sich einmal nach nahezu einhelliger Auffassung auf die Höhe der vom ArbGeb hierfür bereitgestellten Mittel[9]. Strittig ist aber, ob auch der **Zweck der jeweiligen Maßnahme** sowie die Festlegung und zahlenmäßige **Umschreibung des Teilnehmerkreises** ebenfalls noch eine Frage der Einführung einer Berufsbildungsmaßnahme ist und insoweit dem MitbestR des BR nach § 98 entzogen ist[10].

6 Da das MitbestR nach § 98 I dem BR lediglich Einflussmöglichkeiten auf die Durchführung von Berufsbildungsmaßnahmen geben soll, bedeutet dies nicht, dass der BR auch über die **materiellen Arbeitsbedingungen** mitbestimmen soll. Insofern fallen etwa Vereinbarungen über die **Rückzahlung von Fortbildungskosten** in Arbeitsverträgen nicht unter das MitbestR des BR nach § 98 I[11]. **Einzelunterweisungen** eines ArbN oder Auszubildenden oder konkrete Arbeitsaufträge sind nicht dem MitbestR unterworfen[12].

7 Zur Wahrung des MitbestR genügt regelmäßig eine **formlose Absprache** zwischen ArbGeb und BR. Grds. ist aber im Interesse eines geordneten betriebl. Bildungssystems der Abschluss von BV empfehlenswert. Kommt es über Fragen der Durchführung der betriebl. Berufsbildung zu Meinungsverschiedenheiten zwischen BR und ArbGeb, so kann Letzterer zwar die komplette Maßnahme zurückziehen. Will er diese durchführen, so ist die **Einigungsstelle** anzurufen, die über die Streitigkeiten verbindlich entscheidet (§ 98 IV).

8 **IV. Bestellung und Abberufung von Ausbildern. 1. Umfang des Mitbestimmungsrechts.** Hinsichtlich der mit der Durchführung von betriebl. Bildungsmaßnahmen beauftragten Personen steht dem BR ein **besonderes MitbestR** zu. Gem. § 98 II kann er der **Bestellung widersprechen** oder ihre **Abberufung** verlangen, wenn die beauftragte Person die persönliche oder fachliche Eignung iSd. BBiG nicht besitzt oder ihre Aufgaben vernachlässigt. Hierbei spielt es keine Rolle, ob es sich bei dem Beauftragten um einen ArbN des Betriebes handelt[13]. Ebenso wenig verliert der BR deshalb sein MitbestR nach § 98 II, weil der Beauftragte leitender Angestellter ist[14].

9 Der Gesetzeswortlaut verweist hinsichtlich der **persönlichen und fachlichen Eignung** ausdrücklich auf das BBiG. So gilt als persönlich nicht geeignet, wer Kinder und Jugendliche nicht beschäftigen darf oder

---

1 Vgl. sehr weitgehend *Frauenkron*, Betriebsverfassungsrecht, Rz. 784. | 2 LAG Nds. v. 21.5.2003 – 15 TaBV 2/03. | 3 BAG v. 24.8.2004 – 1 ABR 28/03, AP Nr. 12 zu § 98 BetrVG 1972; v. 28.1.1992 – 1 ABR 41/91, AP Nr. 1 zu § 96 BetrVG 1972; v. 4.12.1990 – 1 ABR 10/90, AP Nr. 1 zu § 97 BetrVG 1972. | 4 BAG v. 4.12.1990 – 1 ABR 10/90, AP Nr. 1 zu § 97 BetrVG 1972. | 5 BAG v. 5.11.1985 – 1 ABR 49/83, AP Nr. 2 zu § 98 BetrVG 1972. | 6 BAG v. 24.8.2004 – 1 ABR 28/03, AP Nr. 12 zu § 98 BetrVG 1972; kritisch: *Natzel*, SAE 2005, 249 ff. | 7 *Stege/Weinspach/Schiefer*, §§ 96–98 BetrVG Rz. 18. | 8 BAG v. 5.11.1985 – 1 ABR 49/83, AP Nr. 2 zu § 98 BetrVG 1972; *Raab*, ZfA 1997, 183 (231); aA wohl *Stege/Weinspach/Schiefer*, §§ 96–98 BetrVG Rz. 19 f. | 9 BAG v. 24.8.2004 – 1 ABR 28/03, AP Nr. 12 zu § 98 BetrVG 1972; *Natzel*, SAE 2005, 249, 251. | 10 So etwa GK-BetrVG/*Raab*, § 98 Rz. 9; *Richardi/Thüsing*, § 98 BetrVG Rz. 8; dagegen etwa *Fitting*, § 98 BetrVG Rz. 2; *Hammer*, Berufsbildung und Betriebsverfassung, S. 136 f. | 11 GK-BetrVG/*Raab*, § 98 Rz. 13. | 12 LAG Hess. v. 8.11.2005 – 4 TaBV 159/05, ArbuR 2006, 173; LAG HH v. 10.1.2007 – 4 TaBV 3/05, nv.; *Fitting*, § 98 BetrVG Rz. 7; *Richardi/Thüsing*, § 98 BetrVG Rz. 14. | 13 *Fitting*, § 98 BetrVG Rz. 13. | 14 *Richardi/Thüsing*, § 98 BetrVG Rz. 24; DKK, § 98 BetrVG Rz. 13.

wiederholt oder schwer gegen das BBiG und die auf Grund dessen erlassenen Vorschriften und Bestimmungen verstoßen hat. Die fachliche Eignung fehlt bei demjenigen, der die erforderlichen berufl. Fertigkeiten und Kenntnisse oder die erforderlichen berufs- und arbeitspädagogischen Kenntnisse nicht besitzt. Aber nicht nur, wenn dem Ausbilder die persönliche oder fachliche Eignung fehlt, sondern auch dann, wenn er seine Aufgaben vernachlässigt, kann der BR seine Abberufung verlangen. Eine **Vernachlässigung der Aufgaben** durch eine mit der Durchführung der betriebl. Berufsbildung beauftragten Person liegt vor, wenn der jeweilige Ausbilder seine Aufgaben verkennt oder so nachlässig wahrnimmt, dass der Erfolg der Berufsausbildung oder der sonstigen Bildungsmaßnahme gefährdet wird[1].

Zuständig für die Ausübung des MitbestR ist grds. der BR. Falls es um Personen geht, die mit der Berufsausbildung betraut sind, so steht den **Jugend- und Auszubildendenvertretern** gem. § 67 II ein Stimmrecht zu. 10

Wenn der ArbGeb eine mit der Durchführung der betriebl. Berufsbildung beauftragte Person bestellen will, so hat er hierüber zunächst den BR rechtzeitig und umfassend zu **informieren.** Will der ArbGeb dagegen einen Ausbilder von sich heraus abberufen, so kann dies der BR nicht verhindern. Ebenfalls steht dem BR kein MitbestR nach § 98 II BetrVG zu, wenn der ArbGeb selbst die Ausbildung vornimmt. 11

2. **Durchsetzung des Mitbestimmungsrechts.** Können sich ArbGeb und BR über die Bestellung bzw. Abberufung eines Ausbilders nicht einigen, kann gem. § 98 V der BR beim **ArbG** beantragen, dem ArbGeb aufzugeben, die **Bestellung zu unterlassen oder die Abberufung durchzuführen**. Eine Bestellung kann also dem Grundsatz nach solange nicht erfolgen, wie der BR seinen Widerspruch gegen diese Bestellung nicht zurückgezogen hat oder das ArbG den Widerspruch des BR zurückweist[2]. Widerspricht der BR aber der Bestellung eines Ausbilders, stellt aber dann nicht unverzüglich einen Antrag nach § 98 V, wird die Bestellung des Ausbilders wirksam und der BR kann dann nur noch die Abberufung verlangen[3]. Zwar sieht der Wortlaut des Gesetzes ausschließlich ein **Antragsrecht** des BR vor. Jedoch ist es sachgerecht, auch dem ArbGeb das Recht zuzugestehen, im Fall eines Widerspruchs gegen die Bestellung eines Ausbilders die Wirksamkeit des Widerspruchs durch das ArbG überprüfen zu lassen. Der ArbGeb muss ebenfalls die Möglichkeit haben, eine Klärung der Rechtslage herbeizuführen[4]. 12

Liegt eine **rechtskräftige Entscheidung** einmal vor und führt der ArbGeb die Bestellung des Ausbilders dieser rechtskräftigen gerichtlichen Entscheidung zuwider durch, so ist gem. § 98 V 2 das ArbG verpflichtet, auf Antrag des BR und nach vorheriger Androhung den ArbGeb zu einem **Ordnungsgeld** zu verurteilen. 13

Führt dagegen der ArbGeb die **Abberufung** einer Ausbildungsperson einer rechtskräftigen gerichtl. Entscheidung zuwider nicht durch, so kann das ArbG auf Antrag des BR erkennen, dass der ArbGeb zur **Abberufung** durch **Zwangsgeld** anzuhalten sei (§ 98 V 3). Voraussetzung ist auch hier, dass eine rechtskräftige gerichtl. Entscheidung vorliegt und der BR einen Antrag auf Festsetzung eines Zwangsgeldes gestellt hat. Eine Androhung eines Zwangsgeldes ist nicht mehr erforderlich[5]. 14

Sowohl gegen die Festsetzung des Ordnungsgeldes als auch des Zwangsgeldes findet die **sofortige Beschwerde** zum LAG statt (vgl. § 85 I ArbGG iVm. §§ 793, 888, 890, 891 ZPO). 15

V. Auswahl von Arbeitnehmern für eine Berufsbildungsmaßnahme. Auch auf die **Auswahl** der an einer Bildungsmaßnahme teilnehmenden ArbN soll gem. § 98 III der BR Einfluss nehmen können. Wenn also der ArbGeb betriebl. Maßnahmen der Berufsbildung durchführt oder er für außerbetriebl. Maßnahmen der Berufsbildung ArbN freistellt oder er die durch die Teilnahme von ArbN an solchen Maßnahmen entstehenden Kosten ganz oder teilweise trägt, so kann der BR **Vorschläge für die Teilnahme von ArbN** oder Gruppen von ArbN des Betriebes an diesen Maßnahmen der berufl. Bildung machen. Hierbei ist es gleichgültig, ob diese Freistellung mit oder ohne Fortzahlung des Entgelts erfolgt[6]. Darüber hinaus ist das MitbestR betroffen, wenn der ArbGeb die durch die Teilnahme an Berufsbildungsmaßnahmen den ArbN entstehenden Kosten zumindest teilweise übernimmt. Teilnahmekosten wären etwa Seminargebühren, Reisekosten, Aufenthaltskosten etc. Hierbei kommt es nicht darauf an, ob es sich um eine außerbetriebliche oder betriebliche Maßnahme handelt oder ob eine solche Maßnahme in der Arbeitszeit oder außerhalb der Arbeitszeit etwa am Wochenende stattfindet. 16

Dagegen ist die Entscheidung, ob der ArbGeb überhaupt ArbN für außerbetriebl. Maßnahmen von der Arbeit freistellt oder sich an Kosten beteiligt oder welche Maßnahmen er fördert, dem MitbestR des BR entzogen[7]. Der ArbGeb legt auch **autonom** die **Teilnehmeranzahl** sowie den **Zweck der Bildungsmaßnahme** fest. Ebenso entscheidet er über die sachl. gebotenen Zulassungsvoraussetzungen[8]. 17

Das MitbestR des BR bezieht sich allein auf die **Auswahl**[9]. Die Ausübung des MitbestR setzt allerdings voraus, dass der BR auch **Vorschläge** macht. Er kann sich nicht darauf zurückziehen, lediglich der vom 18

---

1 *Preis/Wlotzke*, § 98 BetrVG Rz. 18; DKK, § 98 BetrVG Rz. 11. | 2 *Heinze*, Personalplanung, Rz. 124. | 3 *Heinze*, Personalplanung, Rz. 124; *Fitting*, § 98 BetrVG Rz. 21. | 4 *Fitting*, § 98 BetrVG Rz. 21; *Richardi/Thüsing*, § 98 BetrVG Rz. 35; GK-BetrVG/*Raab*, § 98 Rz. 31. | 5 *Ehrich*, RdA 1993, 220 (225). | 6 GK-BetrVG/*Raab*, § 98 Rz. 22; *Fitting*, § 98 BetrVG Rz. 30. | 7 GK-BetrVG/*Raab*, § 98 Rz. 23. | 8 *Fitting*, § 98 BetrVG Rz. 31 f.; *Richardi/Thüsing*, § 98 BetrVG Rz. 57; BAG v. 8.12.1987 – 1 ABR 32/86, AP Nr. 4 zu § 98 BetrVG 1972. | 9 BAG v. 8.12.1987 – 1 ABR 32/86, AP Nr. 4 zu § 98 BetrVG 1972.

ArbGeb getroffenen Auswahl zu widersprechen. Macht der BR Vorschläge, so sind sowohl die von ihm vorgeschlagenen ArbN als auch die vom ArbGeb vorgeschlagenen ArbN in die Auswahl einzubeziehen. Hierbei fallen auf der ersten Ebene alle die ArbN aus der Auswahl heraus, die von ihren fachlichen Voraussetzungen her die sachlich gebotenen Zulassungsvoraussetzungen für die jeweilige Bildungsmaßnahme nicht erfüllen. Sodann hat die Auswahl unter Berücksichtigung der betrieblichen Interessen wie auch unter den Prämissen des Gleichbehandlungsgebots zu erfolgen. Jedoch gilt es zu beachten, dass eine Einigung iS eines Konsenses zwischen ArbGeb und BR nur hinsichtlich der vom BR vorgeschlagenen ArbN, nicht aber hinsichtlich der vom ArbGeb vorgeschlagenen ArbN erfolgen muss[1]. Das heißt, der BR kann also nicht verhindern, dass der ArbGeb bestimmten ArbN Berufsbildungschancen eröffnet. Dies wird in dem Fall problematisch, wenn nur eine begrenzte Anzahl von Plätzen für eine Bildungsmaßnahme zur Verfügung stehen. Schlagen in diesem Fall BR und ArbGeb zusammen mehr ArbN für diese Maßnahme vor, so darf dies nicht zu einer Grenze für das MitbestR des BR werden[2]. Vielmehr ist auch in diesem Fall die Verteilungsgerechtigkeit der Berufsbildungschancen zu wahren. Allerdings ist es dem ArbGeb dann unbenommen, die von ihm vorgeschlagenen ArbN, die aus der Auswahl herausgefallen sind, zusätzlich in die jeweilige Maßnahme oder eine Ersatzmaßnahme einzubeziehen, ohne dass hier ein MitbestR des BR nach § 98 III erneut entsteht.

19 Darüber hinaus hat der BR kein MitbestR hinsichtlich der **Teilnahme von leitenden Angestellten** an Fortbildungskursen. Ebenso wenig wird ein MitbestR dadurch ausgelöst, wenn ein ArbN seine Ansprüche nach den Gesetzen der Länder über Bildungsurlaub gegenüber dem ArbGeb geltend macht und dieser dem gesetzl. **Bildungsurlaubsanspruch**[3] des ArbN nachkommt. Hierbei geht es um die Erfüllung eines individualarbeitsrechtl. Anspruches und nicht um die Auswahlentscheidung des ArbGeb. Das gilt auch in den Fällen, in denen ein ArbN sich Leistungen des ArbGeb zur Berufsbildung arbeitsvertragl. hat zusichern lassen (zB den Fachanwaltskurs für den Angestellten einer Rechtsabteilung). Da in diesen Fällen dem ArbGeb kein Auswahlermessen zusteht, sondern er lediglich den arbeitsvertragl. Anspruch des ArbN zu erfüllen hat, besteht auch kein Bedürfnis nach einem MitbestR nach § 98 III.

20 Kommt über die vom BR vorgeschlagenen Teilnehmer eine Einigung mit dem ArbGeb nicht zu Stande, so ist jede der beiden Seiten gem. § 98 IV berechtigt, die **Einigungsstelle** anzurufen. Diese ersetzt dann gem. § 98 IV 2 die Einigung zwischen ArbGeb und BR. Hierbei ist die Einigungsstelle an die Grundentscheidung des ArbGeb gebunden, welche Berufsbildungsmaßnahmen er fördern will und welche Kosten er hierfür übernehmen will.

21 **VI. Durchführung sonstiger Bildungsmaßnahmen.** Die dargestellten MitbestR sind allerdings nicht beschränkt auf den Bereich der Berufsbildung. Ausdrücklich hat der Gesetzgeber in § 98 VI bestimmt, dass die MitbestR entsprechend gelten, wenn der ArbGeb **sonstige Bildungsmaßnahmen** im Betrieb durchführt. Sonstige Bildungsmaßnahmen sind solche Veranstaltungen, die sich nicht auf ein konkretes Berufsbild beziehen. Speziell sind dies Bildungsveranstaltungen, die zum Ziel haben, die **Allgemeinbildung zu vertiefen** und zu erweitern[4]. Denkbar sind hier etwa Erste-Hilfe-Kurse, Sprachkurse sowie Computerkurse, die nicht ein berufsspezifisches Wissen vermitteln[5]. Das MitbestR bei solchen sonstigen Bildungsmaßnahmen besteht nur insoweit, als es sich um Bildungsmaßnahmen im Betrieb handelt. Dies ist nicht örtlich zu verstehen. Es genügt, dass der ArbGeb die Maßnahme für seine ArbN durchführt[6].

Dritter Unterabschnitt. Personelle Einzelmaßnahmen

99 *Mitbestimmung bei personellen Einzelmaßnahmen*

(1) In Unternehmen mit in der Regel mehr als zwanzig wahlberechtigten Arbeitnehmern hat der Arbeitgeber den Betriebsrat vor jeder Einstellung, Eingruppierung, Umgruppierung und Versetzung zu unterrichten, ihm die erforderlichen Bewerbungsunterlagen vorzulegen und Auskunft über die Person der Beteiligten zu geben; er hat dem Betriebsrat unter Vorlage der erforderlichen Unterlagen Auskunft über die Auswirkungen der geplanten Maßnahme zu geben und die Zustimmung des Betriebsrats zu der geplanten Maßnahme einzuholen. Bei Einstellungen und Versetzungen hat der Arbeitgeber insbesondere den in Aussicht genommenen Arbeitsplatz und die vorgesehene Eingruppierung mitzuteilen. Die Mitglieder des Betriebsrats sind verpflichtet, über die ihnen im Rahmen der personellen Maßnahmen nach den Sätzen 1 und 2 bekannt gewordenen persönlichen Verhältnisse und Angelegenheiten der Arbeitnehmer, die ihrer Bedeutung oder ihrem Inhalt nach einer vertraulichen Behandlung bedürfen, Stillschweigen zu bewahren; § 79 Abs. 1 Satz 2 bis 4 gilt entsprechend.

---

1 BAG v. 8.12.1987 – 1 ABR 32/86, AP Nr. 4 zu § 98 BetrVG 1972; GK-BetrVG/*Raab*, § 98 Rz. 25 f.; *Raab*, ZfA 1997, 183 (233). |2 AA GK-BetrVG/*Raab*, § 98 Rz. 25. |3 Nach Ansicht des BAG erstreckt sich allerdings das MitbestR nach § 87 I Nr. 5 auf die Gewährung von Bildungsurlaub (BAG v. 28.5.2002 – 1 ABR 37/01, NZA 2003, 171). |4 *Richardi/Thüsing*, § 98 BetrVG Rz. 67. |5 *Kraft*, NZA 1990, 457 (460). |6 *Fitting*, § 98 BetrVG Rz. 40.

(2) Der Betriebsrat kann die Zustimmung verweigern, wenn

1. die personelle Maßnahme gegen ein Gesetz, eine Verordnung, eine Unfallverhütungsvorschrift oder gegen eine Bestimmung in einem Tarifvertrag oder in einer Betriebsvereinbarung oder gegen eine gerichtliche Entscheidung oder eine behördliche Anordnung verstoßen würde,

2. die personelle Maßnahme gegen eine Richtlinie nach § 95 verstoßen würde,

3. die durch Tatsachen begründete Besorgnis besteht, dass infolge der personellen Maßnahme im Betrieb beschäftigte Arbeitnehmer gekündigt werden oder sonstige Nachteile erleiden, ohne dass dies aus betrieblichen oder persönlichen Gründen gerechtfertigt ist; als Nachteil gilt bei unbefristeter Einstellung auch die Nichtberücksichtigung eines gleich geeigneten befristet Beschäftigten,

4. der betroffene Arbeitnehmer durch die personelle Maßnahme benachteiligt wird, ohne dass dies aus betrieblichen oder in der Person des Arbeitnehmers liegenden Gründen gerechtfertigt ist,

5. eine nach § 93 erforderliche Ausschreibung im Betrieb unterblieben ist oder

6. die durch Tatsachen begründete Besorgnis besteht, dass der für die personelle Maßnahme in Aussicht genommene Bewerber oder Arbeitnehmer den Betriebsfrieden durch gesetzwidriges Verhalten oder durch grobe Verletzung der in § 75 Abs. 1 enthaltenen Grundsätze, insbesondere durch rassistische oder fremdenfeindliche Betätigung, stören werde.

(3) Verweigert der Betriebsrat seine Zustimmung, so hat er dies unter Angabe von Gründen innerhalb einer Woche nach Unterrichtung durch den Arbeitgeber diesem schriftlich mitzuteilen. Teilt der Betriebsrat dem Arbeitgeber die Verweigerung seiner Zustimmung nicht innerhalb der Frist schriftlich mit, so gilt die Zustimmung als erteilt.

(4) Verweigert der Betriebsrat seine Zustimmung, so kann der Arbeitgeber beim Arbeitsgericht beantragen, die Zustimmung zu ersetzen.

I. Vorbemerkungen. Mit dem BetrVG 1972 hat der Gesetzgeber das MitbestR des BR bei Einstellungen, Eingruppierungen, Umgruppierungen und Versetzungen im Sinne eines **positiven Konsensprinzips** gestaltet. Anders als noch im BetrVG 1952 muss nunmehr der ArbGeb, wenn der BR die Zustimmung zu einer personellen Einzelmaßnahme iSd. § 99 verweigert, das Beschlussverfahren vor dem ArbG einleiten, um auf diesem Wege die Zustimmung ersetzen zu lassen. Damit verbunden ist gegenüber dem BetrVG 1952 eine Veränderung der Darlegungslast, derzufolge nunmehr der ArbGeb die vom BR vorgetragenen Verweigerungsgründe zu widerlegen hat[1]. 1

II. Anwendungsbereich. 1. Schwellenwert. Dieses MitbestR bei Einstellungen, Eingruppierungen, Umgruppierungen und Versetzungen besteht nur in **Unternehmen** mit in der Regel mehr als 20 wahlberechtigten ArbN. Dies ist mit dem Gesetz zur Reform des BetrVG neu geregelt worden. Bisher war maßgeblich für das Erreichen des Schwellenwertes, dass in den **Betrieben** in der Regel mehr als 20 wahlberechtigte ArbN vorhanden waren. Zur Begründung dieser Änderung berief man sich ua. auf die Rspr. des BVerfG[2] zur Kleinbetriebsklausel des Kündigungsschutzgesetzes (§ 23 I KSchG)[3]. Damit hat der Gesetzgeber einer nahezu allgemeinen Kritik Rechnung getragen, die es als unbillig empfunden hat, das MitbestR in personellen Angelegenheiten von einer durch den ArbGeb beeinflussbaren Zahl und Größe unternehmensangehöriger Betriebe abhängig zu machen[4]. 2

1 BT-Drs. VI/1786, S. 51. | 2 BVerfG v. 27.1.1998 – 1 BvL 15/87, BVerfGE 97, 169 ff. | 3 BR-Drs. 140/01, S. 115. | 4 *Konzen*, RdA 2001, 76 (91); *Franzen*, ZfA 2000, 285 (293).

3 Auf Grund der Novellierung ist für die Bestimmung des Schwellenwertes allein das **Unternehmen** maßgeblich. Jedoch findet sich keine gesetzl. Definition des Unternehmensbegriffs im BetrVG. Die Rspr. definiert seit jeher Unternehmen als eine organisatorische Einheit, mit der der Unternehmer seine wirtschaftl. oder ideellen Zwecke verfolgt[1], weist aber stets darauf hin, dass es in der Rechtsordnung keinen allgemein verbindlichen Unternehmensbegriff gibt[2]. Die Unternehmenseigenschaft setzt allerdings die Einheit des Rechtsträgers voraus. Hat ein Unternehmen nur einen Betrieb, so sind Unternehmen und Betrieb identisch. Allerdings können Unternehmen auch aus mehreren Betrieben bestehen.

4 Für die Frage, ob der Schwellenwert des § 99 erreicht wird, sind alle **wahlberechtigten ArbN** eines Unternehmens zu berücksichtigen. Ob das Unternehmen konzerngebunden ist, spielt also keine Rolle. Für die Ermittlung der wahlberechtigten ArbN kommt es darauf an, wie viele Personen regelmäßig beschäftigt werden. Das heißt, maßgeblich ist der Stand der Normalzahl der wahlberechtigten ArbN. Deshalb wird es regelmäßig auf die Zahl der im Betrieb vorhandenen Arbeitsplätze ankommen[3]. Stellt man auf die vorhandenen Arbeitsplätze ab, so zählen vorübergehend Beschäftigte nur mit, wenn diese Personengruppe regelmäßig im Betrieb beschäftigt wird, etwa wenn ein Unternehmen dauerhaft mit befristet eingestellten Kräften arbeitet. Bei der Feststellung der regelmäßigen Beschäftigtenzahl ist auf den Zeitpunkt der Durchführung der jeweiligen personellen Einzelmaßnahme abzustellen[4]. Demnach ist es also nicht erforderlich, dass gerade zum **Zeitpunkt** der personellen Maßnahme in einem Unternehmen mehr als 20 wahlberechtigte ArbN beschäftigt sind, wenn nur die Normalzahl der im Unternehmen Beschäftigten mehr als 20 wahlberechtigte ArbN beträgt[5].

5 Der Gesetzeswortlaut verweist ausdrücklich auf die wahlberechtigten ArbN und damit auf die Regelung des **§ 7**. Maßgeblich sind damit für das Erreichen des Schwellenwerts alle ArbN des Unternehmens, die das **18. LJ** vollendet haben. Nach der Novellierung des BetrVG zählen ausweislich des § 7 S. 2 auch **LeihArbN** hierzu, wenn sie länger als 3 Monate im Betrieb eingesetzt werden. Dies führt dazu, dass auch die Arbeitsplätze von LeihArbN dann zu den regelmäßig Beschäftigten des Unternehmens hinzugerechnet werden, wenn diese Arbeitsplätze regelmäßig von LeihArbN ausgefüllt werden, die länger als 3 Monate im Betrieb eingesetzt werden. Da mit § 7 S. 2 der Gesetzgeber den Begriff des „wahlberechtigten ArbN" ausdrücklich gesetzl. für den Bereich des BetrVG definiert hat, können LeihArbN nicht deshalb bei den Schwellenwerten unberücksichtigt bleiben, weil diese Personengruppe nicht auf Grund eines Arbeitsvertrages mit dem Betriebsinhaber tätig wird[6]. Auf Grund des Wortlauts der Vorschrift des § 7 S. 2 kommt es für die Frage, inwieweit LeihArbN zu berücksichtigen sind, auf eine betriebsbezogene Sichtweise an. Das heißt aber auch, dass LeihArbN dann nicht berücksichtigt werden, wenn diese in einem Betrieb zwar kürzer als 3 Monate eingesetzt werden, im Unternehmen jedoch länger als 3 Monate beschäftigt werden. Der 7. Senat des BAG hat zwar entschieden, dass LeihArbN nicht bei der Berechnung des Schwellenwerts des § 9 berücksichtigt werden[7]. Hierzu verwies der Senat auf seine bisherige Rspr., ohne sich aber mit eindeutigen Äußerungen im Gesetzgebungsverfahren auseinander zu setzen, wonach gerade die Novellierung des § 7 das Ziel verfolgte, auch LeihArbN bei der Bestimmung der BR-Größe zu berücksichtigen[8]. Allerdings beziehen sich diese Äußerungen des BAG nur auf den Schwellenwert des § 9. Im Hinblick auf den Sinn und Zweck des Schwellenwertes des § 99 ist dagegen eine Berücksichtigung der LeihArbN geboten[9]. Schließlich sollte lediglich in Kleinunternehmen bei personellen Maßnahmen eine Beteiligung des BR entfallen. Was ein Kleinunternehmen ist, bestimmt sich indes nach der Anzahl der vorhandenen Arbeitsplätze. Werden diese regelmäßig mit LeihArbN besetzt, könnte dies bei deren Nichtberücksichtigung zu einer Reduzierung des Mitbestimmungsniveaus führen[10]. Bei der Feststellung der wahlberechtigten ArbN eines Unternehmens gilt der **betriebsverfassungsrechtl. ArbN-Begriff** des § 5. Danach sind ArbN **Arbeiter** und **Angestellte** einschließlich der **zu ihrer Berufsausbildung Beschäftigten**. Dies gilt unabhängig davon, ob sie im **Außendienst** oder mit **Telearbeit** beschäftigt werden. Als ArbN gelten auch die in Heimarbeit Beschäftigten, die in der Hauptsache für einen Betrieb des Unternehmens arbeiten. Insgesamt differenziert das Gesetz nicht danach, ob es sich bei dem ArbN um eine Vollzeit- oder um eine **Teilzeitkraft** handelt. Es wird also nicht nach Arbeitsstunden, sondern nach Kopfzahl gezählt[11].

6 Dass die Beschäftigtenzahl im Unternehmen maßgeblich für das Erreichen des Schwellenwerts sein soll, führt dazu, dass auf jeden Fall **Kleinbetriebe** größerer Unternehmen der Mitbest. nach § 99 **unterstellt** werden. Dies ändert aber nichts an dem Umstand, dass kleinere **Unternehmen** selbst dann dem MitbestR nach § 99 **nicht unterfallen**, wenn sie größeren Konzernen angehören. Insofern ist bereits zweifelhaft, ob mit der Änderung des Schwellenwerts der vom Gesetzgeber ins Auge gefasste Zweck der Vorschrift erreicht werden kann. Auf Grund der derzeitigen Rechtslage ist fraglich, ob das MitbestR des § 99 auch bei einem **gemeins. Betrieb** mehrerer Unternehmen einschlägig wird, wenn zwar die Unter-

---

1 *Fitting*, § 1 BetrVG Rz. 145. | 2 BAG v. 5.3.1987 – 2 AZR 623/85, AP Nr. 30 zu § 15 KSchG 1969. | 3 GK-BetrVG/*Kraft*/*Raab*, § 99 Rz. 7; *Fitting*, § 99 BetrVG Rz. 11. | 4 *Richardi*/*Thüsing*, § 99 BetrVG Rz. 14. | 5 *Heinze*, Personalplanung, Rz. 186. | 6 So aber *Maschmann*, DB 2001, 2446 (2448). | 7 BAG v. 16.4.2003 – 7 ABR 53/02, NZA 2003, 1345. | 8 BT-Drs. 14/6352, S. 54. | 9 IE Schüren/*Hamann*, § 14 AÜG Rz. 109; *Reichold*, NZA 2001, 857 (861). | 10 *Brors*, NZA 2003, 1380 (1382). | 11 *Seifert*, RdA 2004, 200 (205); aA *Löwisch*, RdA 1984, 197 (207).

nehmen für sich genommen nicht mehr als 20 wahlberechtigte ArbN beschäftigen, jedoch im gemeins. Betrieb dieser Schwellenwert überschritten wird. Hier wird teilweise vertreten, dass in diesem Fall Bezugspunkt des Schwellenwerts der Gemeinschaftsbetrieb sein soll. Begründet wird dies mit dem Schutzzweck der Norm[1]. Die Rspr. des BAG hat sich mittlerweile entgegen der Regelungsintention des Gesetzgebers dieser Auffassung angeschlossen. Führen etwa mehrere Unternehmen mit jeweils weniger als 20 wahlberechtigten ArbN gemeins. einen Betrieb, in dem insgesamt mehr als 20 wahlberechtigte ArbN beschäftigt sind, so soll die Vorschrift des § 99 auf Versetzungen in diesem Betrieb analog anwendbar sein[2].

Leitende Angestellte iSv. § 5 III u. IV bleiben hingegen für die Berechnung des Schwellenwerts unberücksichtigt. Dies ergibt sich daraus, dass § 99 ausdrücklich von wahlberechtigten ArbN spricht. 7

2. Vorhandensein eines Betriebsrats. Für das MitbestR nach § 99 ist weiterhin Voraussetzung, dass ein **BR** in dem Betrieb **vorhanden** ist. Maßgeblich ist hierfür der **Zeitpunkt** der Durchführung der personellen Einzelmaßnahme[3]. Konstituiert sich erst nach der Durchführung der personellen Einzelmaßnahme ein BR, so ist für die bereits durchgeführte Maßnahme keine nachträgliche Genehmigung durch diesen BR erforderlich[4]. 8

3. Betroffene Arbeitnehmer. Vom MitbestR des § 99 sind nur die vom BR des jeweiligen Betriebes repräsentierten ArbN erfasst. Werden Arbeiten im Betrieb durch **Fremdfirmen** ausgeführt, so hat deshalb der BR nicht mitzubestimmen, wenn ArbN dieser Fremdfirmen im Betrieb tätig werden. Hier fehlt es an der arbeitsrechtl. Weisungsgebundenheit gegenüber dem Betriebsinhaber[5]. Etwas anderes gilt in Fällen, in denen eine Eingliederung in die Arbeitsorganisation des Betriebsinhabers vorliegt, um zusammen mit den im Betrieb schon beschäftigten ArbN den arbeitstechnischen Zweck des Betriebes durch weisungsgebundene Tätigkeit zu verwirklichen[6]. Hierbei gilt es allerdings zu beachten, dass FremdArbN nicht schon deswegen in den Betrieb des Auftraggebers und dessen Organisation iSv. § 99 eingegliedert sind, weil sie im Betrieb des Auftraggebers tätig werden und weil die von ihnen zu erbringenden Dienstleistungen oder das von ihnen zu erstellende Werk hinsichtlich Art, Umfang, Güte, Zeit und Ort in den betrieblichen Arbeitsprozess eingeplant ist. Hinzukommen muss vielmehr, dass der ArbGeb hinsichtlich solcher FremdArbN die für ein Arbeitsverhältnis typischen Entscheidungen über deren Arbeitseinsatz auch nach Zeit und Ort zu treffen hat[7]. Entsprechendes gilt auch für die Beschäftigung von freien Mitarbeitern (zB Taxifahrer, Dozenten etc.). 9

Beim Einsatz von **LeihArbN** gilt **§ 14 III AÜG** als Sondervorschrift[8]. Danach ist der BR des Entleiherbetriebes vor der Übernahme eines LeihArbN zur Arbeitsleistung nach § 99 des BetrVG zu beteiligen[9]. Als **Ausnahmevorschrift** ist diese Regelung des AÜG eng auszulegen. Im Umkehrschluss bedeutet dies aber auch, dass bei einer Versetzung des LeihArbN innerhalb des Entleiherbetriebes eine Beteiligung des BR des Entleiherbetriebes nicht vorgesehen ist. 10

4. Mitbestimmung im Arbeitskampf. Besonderheiten gelten für das MitbestR des § 99 im Fall des Arbeitskampfes. Das BAG vertritt hier in st. Rspr. die Auffassung, dass die Beteiligungsrechte des BR während eines Arbeitskampfes arbeitskampfkonform einzuschränken seien. Dies gelte insb. bei arbeitskampfbedingten Einstellungen und Versetzungen[10]. Es gilt also der **Grundsatz einer arbeitskampfkonformen Interpretation** der Beteiligungsrechte des BR unter besonderer Berücksichtigung des Prinzips der **Kampfparität**[11]. Vor diesem Hintergrund ist danach zu differenzieren, ob es sich um eine personelle Einzelmaßnahme handelt, mit der der ArbGeb arbeitskampfbezogen agieren oder reagieren will, oder ob es sich um eine Maßnahme handelt, die nicht **wegen des Arbeitskampfes**, sondern nur **während des Arbeitskampfes** durchgeführt werden soll. Bei letzteren Maßnahmen kommt eine Einschränkung des MitbestR nicht in Betracht, da bei solchen Maßnahmen eine Beeinträchtigung der Kampfparität nicht zu erwarten steht[12]. Insofern wird das MitbestR des BR bei Eingruppierung und Umgruppierung regelmäßig nicht arbeitskampfbezogen einzuschränken sein. Dagegen erhält bei Einstellungen und Versetzungen die Frage einer **verfassungskonformen Einschränkung des MitbestR** erhebliche praktische Bedeutung. Es gilt jedoch der Grundsatz, dass eine Einschränkung nur insoweit zulässig ist, wie dieses zur Gewährleistung der Kampfparität erforderlich erscheint. Das bedeutet etwa, dass mangels Arbeits- 11

1 Vgl. DGB-Bundesvorstand (Hrsg.), Informationen zum Arbeitsrecht, Gesetz zur Reform des Betriebsverfassungsgesetzes, Berlin 2001, S. 76 f. | 2 BAG v. 29.9.2004 – 1 ABR 39/03, AP Nr. 40 zu § 99 BetrVG 1972 – Versetzung; v. 29.9.2004 – 1 ABR 473/03, AuR 2005, 164; *Feuerborn*, RdA 2005, 377 ff.; kritisch: *Reichold*, NZA 2005, 622 ff. | 3 Vgl. BAG v. 23.8.1984 – 6 AZR 520/82, AP Nr. 36 zu § 102 BetrVG 1972. | 4 *Fitting*, § 99 BetrVG Rz. 15; GK-BetrVG/*Kraft/Raab*, § 99 Rz. 12. | 5 *Richardi/Thüsing*, § 99 BetrVG Rz. 15. | 6 BAG v. 15.4.1986 – 1 ABR 44/84, AP Nr. 35 zu § 99 BetrVG 1972 v. 12.12.2005 – 1 ABR 51/04, AP Nr. 50 zu § 99 BetrVG 1972 Einstellung. | 7 BAG v. 5.3.1991 – 1 ABR 39/90, AP Nr. 90 zu § 99 BetrVG 1972; v. 9.7.1991 – 1 ABR 45/90, AP Nr. 94 zu § 99 BetrVG 1972. | 8 Vgl. BAG v. 19.6.2001 – 1 ABR 43/00, BB 2001, 2582 (2583). | 9 BAG v. 12.11.2002 – 1 ABR 1/02, AP Nr. 41 zu § 99 BetrVG 1972 – Einstellung; *Melms/Lipinksi*, BB 2004, 2409 (2413). | 10 BAG v. 26.10.1971 – 1 AZR 113/68, AP Nr. 44 zu Art. 9 GG – Arbeitskampf; v. 10.2.1988 – 1 ABR 39/96, AP Nr. 5 zu § 98 BetrVG 1972; vgl. auch BVerfG v. 4.7.1997 – 1 BvL 11/96, AP Nr. 11 zu § 100 GG. | 11 *Richardi/Thüsing*, § 99 BetrVG Rz. 20. | 12 Vgl. BAG v. 6.3.1979 – 1 AZR 866/77, AP Nr. 20 zu § 102 BetrVG 1972.

kampfrelevanz eine Einschränkung des Informationsrechts des BR regelmäßig ausgeschlossen ist[1]. Voraussetzung für die Einschränkung des MitbestR im Arbeitskampf ist aber, dass sich der ArbGeb selbst im Arbeitskampf befindet. Nicht notwendig ist dagegen, dass der Betrieb des ArbGeb, in dem die personelle Maßnahme durchgeführt werden soll, am Arbeitskampf beteiligt ist. Es genügt vielmehr, wenn irgendein Betrieb des ArbGeb in Arbeitskampfmaßnahmen verwickelt ist und die ins Auge gefasste personelle Maßnahme mit dem Arbeitskampf zusammenhängt. Voraussetzung ist jedoch, dass beide Betriebe demselben fachlichen Tarifbereich unterliegen[2].

12 **Abzulehnen** ist dagegen die teilweise im Schrifttum vertretene Auffassung, wonach nach Ende des Arbeitskampfes das Beteiligungsrecht des BR, welches während des Arbeitskampfes eingeschränkt war, **wieder auflebt**. Danach soll eine personelle Einzelmaßnahme, die als kampfbedingte Maßnahme mitbestimmungsfrei war, nach Ende des Arbeitskampfes nur dann wirksam bleiben, wenn das MitbestR nachgeholt wird[3]. Wollte man dieser Auffassung folgen, so wäre hierdurch die Kampfparität gefährdet. Ein ArbGeb müsste arbeitskampfbezogene personelle Einzelmaßnahmen genau auf Dauer des Arbeitskampfes terminieren, wenn er nicht später Gefahr laufen will, sich nach dem Arbeitskampf mit dem BR über die Zustimmung zu solchen arbeitskampfbezogenen Personalmaßnahmen streiten zu müssen. Darüber hinaus gibt § 99 dem BR nur ein MitbestR hinsichtlich geplanter Maßnahmen. Hat der ArbGeb aber die Maßnahmen bereits durchgeführt, was er auf Grund des Arbeitskampfbezuges mitbestimmungsfrei konnte, so fehlt es an der Rechtsgrundlage für ein nachträgliches MitbestR. Eine einmal zu Recht mitbestimmungsfrei durchgeführte personelle Einzelmaßnahme bleibt auch nach Beendigung des Arbeitskampfes mitbestimmungsfrei[4].

13 Diese aufgezeigten Grundsätze gelten auch bei einem **rechtswidrigen Streik**[5]. Die Verpflichtung des BR gem. § 2, auf die Beendigung eines rechtswidrigen Streiks hinzuwirken, bleibt hiervon unberührt.

14 **5. Auslandsbeziehungen.** Bei Fällen mit Auslandsberührung ist wie folgt zu differenzieren: Der BR eines in der Bundesrepublik Deutschland gelegenen Betriebs hat etwa bei der Einstellung eines ArbN, der für einen einmaligen befristeten Auslandseinsatz beschäftigt ist, kein MitbestR[6]. Wenn jedoch ein ArbN nur vorübergehend zur Beschäftigung **ins Ausland entsandt** wird und seine Betriebsangehörigkeit bestehen bleibt, so ist hierin eine mitbestimmungspflichtige Versetzung zu sehen. Nach der Rspr. des BAG richtet sich schließlich der räumliche Anwendungsbereich des BetrVG nach dem **Territorialitätsprinzip**. So gilt das BetrVG für alle in der Bundesrepublik Deutschland ansässigen Betriebe unabhängig vom Vertragsstatut. Deshalb werden vom BetrVG alle Mitarbeiter erfasst, bei deren Tätigkeit es sich um eine **„Ausstrahlung" des Inlandsbetriebs** handelt. Hierfür ist nach Auffassung des BAG erforderlich, dass eine solche Beziehung zum Inlandsbetrieb besteht, die es rechtfertigt, die Auslandstätigkeit der im Inland entfalteten Betriebstätigkeit zuzurechnen. Entscheidend ist also die Dauer der Auslandstätigkeit und inwieweit der ArbN im Ausland in eine betriebliche Struktur eingegliedert ist. Deshalb soll ein vom ArbGeb vorbehaltenes **Rückrufrecht** ein starkes Indiz für einen fortbestehenden Inlandsbezug darstellen[7]. Damit entfällt das MitbestR nach § 99 bei personellen Einzelmaßnahmen immer dann, wenn diese im Ausland getroffen werden und sich in ihren Rechtswirkungen auf die Auslandsbeschäftigung beschränken[8].

15 **6. Tendenzunternehmen.** Handelt es sich um ein Tendenzunternehmen, so schränkt der Tendenzcharakter des Unternehmens die Ausübung des Beteiligungsrechts nach § 99 insoweit ein, als es sich um Maßnahmen gegenüber **Tendenzträgern** handelt. Dabei wird die Ausübung von MitbestR dann ausgeschlossen, wenn sie die Tendenzverwirklichung ernstlich beeinträchtigen könnte. Hier reduziert sich das MitbestR des BR lediglich auf ein **Informationsrecht**[9].

16 **7. Erweiterung der Beteiligungsrechte.** Die Aufzählung der beteiligungspflichtigen Maßnahmen in § 99 ist abschließend[10]. Nach verbreiteter Auffassung im Schrifttum sowie nach Ansicht des BAG können die in § 99 vorgesehenen MitbestR durch **TV** oder durch **BV** erweitert werden[11]. Dieser herrschenden Auffassung ist entgegenzuhalten, dass es für eine Erweiterung des MitbestR des BR nach § 99 an einer gesetzl. Regelung fehlt. Die Novellierung des § 3 hat noch einmal deutlich gemacht, dass der Gesetzgeber des BetrVG dessen Dispositivität vom Bestehen einer gesetzl. Öffnungsklausel abhängig machen wollte.

---

1 BAG v. 10.12.2002 – 1 ABR 7/02, AP Nr. 59 zu § 80 BetrVG 1972; *Heinze*, Personalplanung, Rz. 435; GK-BetrVG/*Kraft/Raab*, § 99 Rz. 15. | 2 Vgl. BAG v. 19.2.1991 – 1 ABR 36/90, AP Nr. 26 zu § 95 BetrVG 1972. | 3 *Richardi/Thüsing*, § 99 BetrVG Rz. 22; *Fitting*, § 99 BetrVG Rz. 28. | 4 GK-BetrVG/*Kraft/Raab*, § 99 Rz. 18; *Heinze*, Personalplanung, Rz. 437. | 5 *Richardi/Thüsing*, § 99 BetrVG Rz. 20; GK-BetrVG/*Kraft/Raab*, § 99 Rz. 19; *Fitting*, § 99 BetrVG Rz. 28; aA HSWG, § 99 BetrVG Rz. 13. | 6 Vgl. die Rspr. des BAG zu § 102 BetrVG: BAG v. 21.10.1980 – 6 AZR 640/79, AP Nr. 17 zu Internationales Privatrecht – Arbeitsrecht. | 7 Ausf. BAG v. 20.2.2001 – 1 ABR 30/00, NZA 2001, 1033 ff.; vgl. auch BAG v. 25.4.1978 – 6 ABR 2/77, AP Nr. 16 zu Internationales Privatrecht – Arbeitsrecht. | 8 *Richardi/Thüsing*, § 99 BetrVG Rz. 24. | 9 BAG v. 11.4.2006 – 9 AZR 557/05, AP Nr. 17 zu § 307 BGB; v. 21.9.1993 – 1 ABR 28/93, AP Nr. 4 zu § 94 BetrVG 1972; v. 8.5.1990 – 1 ABR 33/89, AP Nr. 46 zu § 118 BetrVG 1972. | 10 LAG München v. 11.10.2007 – 3 TaBV 47/07. | 11 BAG v. 10.2.1988 – 1 ABR 70/86, AP Nr. 53 zu § 99 BetrVG 1972; v. 18.8.1987 – 1 ABR 30/86, AP Nr. 23 zu § 77 BetrVG 1972; *Fitting*, § 99 BetrVG Rz. 1; aA *Richardi/Thüsing*, § 99 BetrVG Rz. 7; *Heinze*, Personalplanung, Rz. 440 f.

III. Gegenstand des Mitbestimmungsrechts. 1. Einstellung. Anders als bei der Versetzung enthält das Gesetz keine Legaldefinition für den Begriff **Einstellung**. Nicht zuletzt deshalb besteht Uneinigkeit darüber, ob bereits die **Begründung eines Arbeitsverhältnisses** als Einstellung anzusehen ist oder erst die **tatsächliche Arbeitsaufnahme** in einem bestimmten Betrieb[1]. Auch das BAG hat hinsichtlich dieser Frage nicht immer einheitlich entschieden. Während in seinen früheren Entscheidungen das BAG davon ausgegangen ist, dass unter Einstellung sowohl die rechtl. Begründung des Arbeitsverhältnisses als auch die zeitlich damit zusammenfallende, vorhergehende aber auch nachfolgende tatsächliche Arbeitsaufnahme im Betrieb zu verstehen sei (wobei das MitbestR jeweils beim zeitlich ersten Vorgang ansetzt), liegt nach der **neueren Rspr. des BAG** eine mitbestimmungspflichtige Einstellung immer dann vor, wenn Personen in den Betrieb eingegliedert werden, um zusammen mit den im Betrieb schon beschäftigten ArbN den arbeitstechnischen Zweck des Betriebs durch weisungsgebundene Tätigkeit zu verwirklichen[2]. Hierbei kommt es nicht darauf an, dass das Rechtsverhältnis, in dem die einzustellende Person zum Inhaber des Betriebes steht, als Arbeitsverhältnis zu qualifizieren ist[3]. Vielmehr ist allein entscheidend, ob die von dieser Person zu verrichtende Tätigkeit ihrer Art nach eine weisungsgebundene Tätigkeit ist, die der Verwirklichung des arbeitstechnischen Zweckes des Betriebes zu dienen bestimmt ist und daher vom ArbGeb organisiert werden muss, nicht aber, ob diesen Personen tatsächlich Weisungen hinsichtlich dieser Tätigkeit gegeben werden[4]. Diese Definition des BAG lässt jedoch viele Fragen unbeantwortet. Richtungsweisend in diesem Zusammenhang ist aber der Verweis auf die Legaldefinition der Versetzung in § 95 III[5]. Wenn Versetzung nach § 95 III die Zuweisung eines anderen Arbeitsbereiches beinhaltet, ist unter **Einstellung die erstmalige Zuweisung eines Arbeitsbereiches** zu sehen. Diese Zuweisung kann bereits gleichzeitig mit dem Arbeitsvertrag erfolgen, in der Regel aber wird dies mit der Zuweisung eines konkreten Arbeitsplatzes geschehen. Damit ist es unerheblich, um eine Einstellung bejahen zu können, ob ein Beschäftigungsverhältnis **rechtswirksam** vereinbart wurde. Auch wenn kein Arbeitsvertrag abgeschlossen wird, kann eine Einstellung vorliegen. Allein diese Sichtweise entspricht auch der gesetzgeberischen Intention, die auf einen kollektiven, nicht aber auf einen Individualrechtsschutz ausgerichtet ist. Schließlich dient das MitbestR bei der Einstellung in erster Linie dem Schutz der übrigen ArbN im Betrieb. Diesem Schutzinteresse wird man nur dann gerecht, wenn man sich von der rechtswirksamen Vereinbarung eines Arbeitsverhältnisses löst und vielmehr die Frage stellt, ob eine Maßnahme dazu führt, dass ein bestimmter Arbeitsbereich im Betrieb von einer bisher betriebsexternen Person besetzt wird[6]. Damit verliert der bisweilen schillernde Begriff der Eingliederung seine Bedeutung für den Tatbestand der Einstellung und wird vielmehr durch den tatsächlichen Vorgang der **Zuweisung eines Arbeitsbereiches** ersetzt. Hierdurch können insb. die Fälle des Einsatzes von Fremdpersonal befriedigend gelöst werden. 17

Die Rspr. hat sich mittlerweile mit einer Vielzahl von Einzelfällen beschäftigt. Hierbei gilt es darauf hinzuweisen, dass es für das MitbestR des BR unerheblich ist, ob eine Einstellung nur für kurze Zeit erfolgen soll. Auch Einstellungen für nur wenige Tage bedürfen der Zustimmung des BR[7]. Das MitbestR nach § 99 bezieht sich auf alle ArbN iSd. § 5 I, soweit ihnen ein Arbeitsbereich im Betrieb zugewiesen wurde. Damit unterfällt auch die Einstellung von **Auszubildenden** sowie von **Praktikanten** und **Volontären** der Zustimmung des BR. Lediglich sog. **Schülerpraktikanten** fallen nicht unter den Mitbestimmungstatbestand des § 99[8]. Auch die Einstellung von **studentischen Aushilfskräften**, die bei Bedarf auf entsprechende Anfrage des Studenten eingesetzt werden, ist nach § 99 mitbestimmungspflichtig, da es sich bei dieser Tätigkeit um eine weisungsgebundene Tätigkeit handelt[9]. Ebenso liegt eine zustimmungsbedürftige Einstellung iSv. § 99 vor, wenn Personen für eine in Aussicht genommene Beschäftigung eine Ausbildung erhalten, ohne die eine solche Beschäftigung nicht möglich wäre. Dabei macht es nach der Rspr. des BAG keinen Unterschied, ob diese Personen nach der Ausbildung in einem Arbeitsverhältnis oder als freie Mitarbeiter beschäftigt werden[10]. 18

Inwieweit die Ausgabe von Arbeit an in Heimarbeit Beschäftigte eine Einstellung iSd. § 99 darstellt[11], ist eine Frage des Einzelfalls. Zwar erwähnt nun die gesetzl. ArbN-Definition in § 5 ausdrücklich die in Heimarbeit Beschäftigten. Jedoch führt dies nicht unweigerlich dazu, dass es sich bei der Vergabe von Heimarbeit an einen Beschäftigten um eine Einstellung iSd. § 99 handelt. 19

1 Für den Abschluss des Arbeitsvertrages plädieren etwa GK-BetrVG/*Kraft/Raab*, § 99 Rz. 22; HSWG, § 99 BetrVG Rz. 15; für die tatsächliche Beschäftigung als maßgebliches Kriterium spricht sich etwa MünchArbR/*Matthes*, § 352 Rz. 8, aus. | 2 BAG v. 13.12.2005 – 1 ABR 51/04, AP Nr. 50 zu § 99 BetrVG 1972 – Einstellung; v. 5.4.2001 – 2 AZR 580/99, AP Nr. 32 zu § 99 BetrVG 1972; v. 28.4.1998 – 1 ABR 63/97, AP Nr. 22 zu § 99 BetrVG 1972 – Einstellung; v. 22.4.1997 – 1 ABR 74/96, AP Nr. 18 zu § 99 BetrVG 1972 – Einstellung; vgl. etwa für Rahmenverträge *Hanau*, GS Heinze, 321 (331 f.). | 3 BAG v. 19.6.2001 – 1 ABR 25/00, EzA § 99 BetrVG 1972 – Einstellung Nr. 9 (Beschäftigung von Zivildienstleistenden als Einstellung); v. 12.11.2002 – 1 ABR 60/01, AP Nr. 43 zu § 99 BetrVG – Einstellung (Einsatz von Ehrenamtlichen als Einstellung). | 4 BAG v. 5.5.1992 – 1 ABR 78/91, AP Nr. 97 zu § 99 BetrVG 1972; MünchArbR/*Matthes*, § 352 Rz. 9. | 5 *Richardi/Thüsing*, § 99 BetrVG Rz. 26. | 6 *Richardi/Thüsing*, § 99 BetrVG Rz. 29 ff. | 7 BAG v. 16.12.1986 – 1 ABR 52/85, AP Nr. 40 zu § 99 BetrVG 1972. | 8 BAG v. 8.5.1990 – 1 ABR 7/89, AP Nr. 80 zu § 99 BetrVG 1972. | 9 BAG v. 15.12.1992 – 1 ABR 39/92, ZTR 1993, 256. | 10 BAG v. 20.4.1993 – 1 ABR 59/92, AP Nr. 106 zu § 99 BetrVG 1972 (in dieser Entscheidung ging es um ein Assessment-Center, welches sich über mehrere Unterrichtseinheiten erstreckte, um die Qualifikation von Bewerbern festzustellen). | 11 So *Fitting*, § 99 BetrVG Rz. 50.

20 Immer wieder zu Streit führen die Fälle, in denen der Betreffende bereits seit längerem in dem Betrieb tätig ist, sich aber die Arbeitsbedingungen auf Grund interner oder externer Umstände ändern. So wird von der überwiegenden Meinung in der **Übernahme eines Auszubildenden** in ein Beschäftigungsverhältnis nach Beendigung seiner Ausbildung eine mitbestimmungspflichtige Einstellung gesehen[1]. Auch die **Verlängerung eines befristeten Arbeitsverhältnisses** soll nach Auffassung der Rspr. eine Einstellung darstellen[2]. Dies gilt ebenso für den Fall, dass für das Arbeitsverhältnis eine **Altersgrenze** besteht und die Beschäftigung über die Altersgrenze hinaus fortgesetzt werden soll[3]. Letzteres gilt nach der Rspr. sowohl für eine tarifl. als auch für eine einzelvertragl. Altersgrenze. Wenn jedoch ein **befristetes Probearbeitsverhältnis** nach Ablauf der Probezeit in ein unbefristetes Arbeitsverhältnis umgewandelt wird, so meint die Rspr. hierin keine erneute mitbestimmungspflichtige Einstellung sehen zu müssen, wenn dem BR vor der Einstellung zur Probe mitgeteilt worden ist, der ArbN solle bei Bewährung auf unbestimmte Zeit weiterbeschäftigt werden[4]. Bei dieser Rspr. ist das BAG aber nicht stehen geblieben. So soll auch schon die bloße nicht unerhebliche **Aufstockung der Arbeitszeit** eine Einstellung sein. Voraussetzung hierfür ist allerdings, dass diese Aufstockung in Anlehnung an § 95 III länger als einen Monat geplant ist[5]. Unabhängig davon geht das BAG bei einer nach Dauer und Umfang nicht unerheblichen Erhöhung der regelmäßigen Arbeitszeit von einer Einstellung aus[6]. Dagegen ist die **Verminderung der Arbeitszeit** keine Einstellung iSd. § 99[7].

21 Nach mittlerweile st. Rspr. des BAG kommt es für die Bejahung einer Einstellung nicht darauf an, dass ein Arbeitsvertrag mit dem Betriebsinhaber geschlossen wird[8]. Maßgebend sei allein die **Eingliederung** in den Betrieb in der Weise, dass die von einer Person zu verrichtende Tätigkeit ihrer Art nach eine **weisungsgebundene Tätigkeit** ist, die der **Verwirklichung des arbeitstechnischen Zwecks** des Betriebs zu dienen bestimmt ist und daher vom ArbGeb organisiert werden muss[9]. Entscheidend ist hierbei, ob die von diesen Personen zu verrichtende Tätigkeit ihrer Art nach eine weisungsgebundene Tätigkeit ist[10]. Insofern liegt in der Beschäftigung von **ArbN einer Drittfirma** auf Grund eines echten Werkvertrages keine Einstellung iSv. § 99 vor, wenn diese Drittfirma die für ein Arbeitsverhältnis typischen Entscheidungen über den Arbeitseinsatz nach Zeit und Ort ihrer Mitarbeiter zu treffen hat[11]. Von einer Einstellung iSd. § 99 beim Einsatz von Drittfirmen ist jedoch dann zu sprechen, wenn die im Betrieb des ArbGeb tätigen ArbN der Drittfirmen so in die Arbeitsorganisation des ArbGeb eingegliedert sind, dass dieser die für ein Arbeitsverhältnis typischen Entscheidungen über deren Einsatz nach Zeit und Ort zu treffen hat[12]. Dies gilt selbst dann, wenn die Tätigkeit des Fremdpersonals unverzichtbare Hilfsfunktion für den Betriebszweck ist und selbst der Einsatz des Fremdpersonals durch ArbN des Betriebs koordiniert werden muss[13]. Selbst das Einschleusen von Detektiven in den Betrieb wird als „Einstellung" qualifiziert[14]. Dem BR kommt aber auch ein MitbestR im Zusammenhang mit der Besetzung von „Ein-Euro-Jobs" zu, obwohl es sich hierbei nicht um Arbeitsverhältnisse handelt[15].

22 Allerdings ergeben sich beim Einsatz von Fremdpersonal ganz erhebliche Probleme in der Praxis. Regelmäßig besteht zwischen dem Werkunternehmer (Drittfirma) und dem Betriebsinhaber zumindest konkludent die Abrede, dass der Betriebsinhaber notwendige **Einzelanweisungen auch den Fremdfirmenarbeitnehmern** erteilen kann, während die Mehrzahl der Entscheidungen, auf die sich ein Direktionsrecht erstrecken könnte, bereits zwischen Betriebsinhaber und Werkunternehmer vertragl. festgelegt sind. In diesen Fällen fehlt es an einer Einstellung iSd. § 99[16]. Für die Praxis stellt sich dann die Frage, ab welcher Intensität des Direktionsrechts von einer mitbestimmungspflichtigen Einstellung iSd. § 99 gesprochen werden kann. Spätestens aber wenn die Grenze zur **verdeckten AÜ** überschritten ist, muss hinsichtlich der FremdfirmenArbN von einer Einstellung ausgegangen werden. Die st. Rspr. des BAG geht davon aus, dass die Einstellung von LeihArbN entsprechend den Vorgaben des AÜG für den Entleiherbetrieb eine mitbestimmungspflichtige Maßnahme iSd. § 99 ist. Hierbei kommt es auch nicht

---

1 LAG Hamm v. 14.7.1982 – 12 TaBV 27/82, DB 1982, 2303; GK-BetrVG/*Kraft/Raab*, § 99 Rz. 29; *Richardi/Thüsing*, § 99 BetrVG Rz. 41; aA HSWG, § 99 BetrVG Rz. 23. |2 Vgl. hierzu *Preis/Lindemann*, NZA Sonderheft 2001, 33 (46 f.). |3 BAG v. 7.8.1990 – 1 ABR 68/89, AP Nr. 82 zu § 99 BetrVG 1972; v. 12.7.1988 – 1 ABR 85/86, AP Nr. 54 zu § 99 BetrVG 1972. |4 BAG v. 7.8.1990 – 1 ABR 68/89, AP Nr. 82 zu § 99 BetrVG 1972. |5 BAG v. 25.1.2005 – 1 ABR 59/03, AP Nr. 114 zu § 87 BetrVG 1972 – Arbeitszeit; v. 15.5.2007 – 1 ABR 32/06; AP Nr. 30 zu § 1 BetrVG 1972 – Gemeinsamer Betrieb; kritisch: *Thüsing/Fuhlrott*, EzA § 99 BetrVG 2001 – Einstellung Nr. 3. |6 BAG v. 15.5.2007 – 1 ABR 32/06, EzA-SD 2007, Nr. 19, 14; LAG Schl.-Holst. v. 18.7.2007 – 6 TaBV 31/06. |7 BAG v. 25.1.2005 – 1 ABR 59/03, AP Nr. 114 zu § 87 BetrVG 1972 – Arbeitszeit. |8 Krit. hierzu *Walle*, NZA 1999, 518 (522). |9 BAG v. 1.8.1989 – 1 ABR 54/88, AP Nr. 68 zu § 99 BetrVG 1972; v. 27.7.1993 – 1 ABR 7/93, AP Nr. 3 zu § 93 BetrVG 1972; v. 11.9.2001 – 1 ABR 14/01, EzA § 99 BetrVG 1972 – Einstellung Nr. 10; krit. hierzu *Hunold*, NZA 1998, 1025 (1028 f.). |10 BAG v. 9.7.1991 – 1 ABR 45/90, AP Nr. 94 zu § 99 BetrVG 1972. |11 BAG v. 9.7.1991 – 1 ABR 45/90, AP Nr. 94 zu § 99 BetrVG 1972; v. 5.3.1991 – 1 ABR 39/90, AP Nr. 90 zu § 99 BetrVG 1972. |12 BAG v. 1.12.1992 – 1 ABR 30/92, EzA § 99 BetrVG Nr. 110; v. 13.12.2005 – 1 ABR 51/04 AP Nr. 50 zu § 99 BetrVG 1972 – Einstellung; *Walle*, NZA 1999, 518 (521). |13 BAG v. 18.10.1994 – 1 ABR 9/94, AP Nr. 5 zu § 99 BetrVG 1972 – Einstellung. |14 Vgl. die ausf. Darstellung bei *Maschmann*, NZA 2002, 13 (19). |15 BAG v. 2.10.2007 – 1 ABR 60/06, ArbRB 2007, 285; *Engels*, NZA 2007, 8, (11). |16 Vgl. BAG, v. 13.3.2001 – 1 ABR 34/00, BB 2001, 2586; *Dauner-Lieb*, NZA 1992, 817; *Henssler*, NZA 1994, 294 (303).

darauf an, ob es sich um eine gewerbsmäßige oder erlaubte AÜ handelt[1]. Dies hat der Gesetzgeber mittlerweile auch in § 14 III AÜG aufgenommen, wonach vor der Übernahme eines LeihArbN zur Arbeitsleistung der BR des Entleiherbetriebs nach § 99 zu beteiligen ist[2].

Selbst wenn aber im Fall einer **konzerninternen AÜ** die Vorschriften des AÜG weitestgehend keine Anwendung finden, hat dies für die Frage, ob es sich um eine Einstellung handelt, keine Bedeutung. Überlässt nämlich ein konzernangehöriges Unternehmen einem anderen Unternehmen desselben Konzerns ArbN aushilfsweise, so stellt dieser Vorgang eine mitbestimmungspflichtige Einstellung dar[3]. Dementsprechend konsequent beurteilt die Rspr. auch den Personaleinsatz auf Grund von **Gestellungsverträgen**. Setzt also ein ArbGeb Personal ein, das von einem Dritten auf Grund eines mit dem ArbGeb geschlossenen Gestellungsvertrages entsandt wird, so liegt hierin eine mitbestimmungspflichtige Einstellung, wenn dieses Personal in den Betrieb eingegliedert ist. Dies will die Rspr. dann annehmen, wenn der ArbGeb auf Grund des Gestellungsvertrages auch gegenüber dem gestellten Personal die für ein Arbeitsverhältnis typischen Weisungsbefugnisse hinsichtlich des Arbeitseinsatzes hat[4]. 23

2. Eingruppierung. Auch die Eingruppierung als Mitbestimmungstatbestand des § 99 ist gesetzl. nicht definiert. Das BetrVG 1952 kannte den Tatbestand der Eingruppierung nicht. Daher war ein Meinungsstreit über die Frage entstanden, ob der Tatbestand der Einstellung bereits den Tatbestand der Eingruppierung mit umfasse[5]. Diese damaligen Streitigkeiten hat der Gesetzgeber des BetrVG 1972 dahin gehend aufgelöst, dass es sich bei der Eingruppierung um einen eigenständigen Mitbestimmungstatbestand handelt. Demzufolge kann der BR, der Bedenken gegen die Eingruppierung eines ArbN hat, nicht deshalb der Einstellung widersprechen, sondern hat seinen Widerspruch allein auf die Eingruppierung zu beschränken[6]. 24

Unter Eingruppierung ist grds. die **erstmalige Einordnung des ArbN** in ein für den Betrieb geltendes **kollektives Entgeltschema** zu verstehen[7]. Gleichwohl spricht das BAG auch nach einer Versetzung von einer „Eingruppierung"[8]. Ein Entgeltschema ist dadurch charakterisiert, dass es die einzelnen Tätigkeiten in verschiedene Kategorien einteilt und dabei eine Bewertung vornimmt, die sich in der Höhe des Arbeitsentgelts ausdrückt[9]. Insofern kommt es nicht darauf an, auf welcher **Rechtsgrundlage dieses Vergütungsschema** in einem Betrieb gilt. Häufig wird das Vergütungsschema Bestandteil eines TV sein. Dabei ist jedoch unerheblich, ob diese tarifl. Vergütungsordnung kraft Tarifbindung, Allgemeinverbindlicherklärung, einzelvertragl. Vereinbarung im Betrieb, betrieblicher Übung, oder kraft einseitiger Einführung durch den ArbGeb gilt[10]. Entscheidend ist daher, dass für das Arbeitsverhältnis eine Vergütungsordnung maßgebend ist. Das MitbestR kommt also nicht in Betracht, wenn der ArbGeb bei der Einstellung von ArbN die Vergütung frei aushandelt, ohne dass ein Vergütungsschema aus Rechtsgründen angewandt werden müsste[11]. Ein ArbGeb muss daher immer dann, wenn ein ArbN eingestellt oder versetzt wird, der vom Geltungsbereich einer für den Betrieb maßgebenden Vergütungsordnung erfasst wird, diesen ArbN eingruppieren und dabei den BR beteiligen. Das MitbestR entfällt auch nicht immer deshalb, weil der ArbGeb bei seiner Prüfung zu dem Ergebnis gelangt, dass die zu bewertende Tätigkeit Anforderungen stellt, die die Qualifikationsmerkmale der obersten Vergütungsgruppe übersteigen[12]. Der Mitbestimmungstatbestand kann vielmehr auch dann vorliegen, wenn ein ArbN außertarifl. entlohnt werden soll. Besteht nämlich für **außertarifl. Angestellte** eine nach Gruppen geschaffene Vergütungsregelung, so ist die Einstufung in diese Regelung eine mitbestimmungspflichtige Eingruppierung, sofern der betreffende ArbN nicht zum Kreis der leitenden Angestellten zählt[13]. Existiert aber für außertarifl. Angestellte gerade keine solche Vergütungsordnung, kann es allein schon von der Wortbedeutung her kein MitbestR hinsichtlich einer nicht vornehmbaren Eingruppierung geben. Dies sieht die höchstrichterliche Rspr. allerdings anders. Danach beschränkt sich die betriebl. Vergütungsordnung nicht auf eine tarifl. Vergütungsordnung, sondern zu ihr gehört nach Ansicht das BAG auch der außertarifl. Bereich als Teil der betriebl. Vergütungsordnung[14]. 25

Gerade in diesem Zusammenhang ist darauf hinzuweisen, dass das MitbestR nach § 99 insb. **kollektiven Interessen** zu dienen bestimmt ist. Speziell das MitbestR bei der Eingruppierung dient einer **Rich-** 26

1 BAG v. 14.5.1974 – 1 ABR 40/73, AP Nr. 2 zu § 99 BetrVG 1972; v. 6.6.1978 – 1 ABR 66/75, AP Nr. 6 zu § 99 BetrVG 1972; v. 28.9.1988 – 1 ABR 85/87, AP Nr. 60 zu § 99 BetrVG 1972; v. 18.4.1989 – 1 ABR 97/87, AP Nr. 65 zu § 99 BetrVG 1972; v. 10.9.1985 – 1 ABR 28/83, AP Nr. 3 zu § 117 BetrVG 1972. | 2 Hierzu BAG v. 12.11.2002 – 1 ABR 1/02, NZA 2003, 513; *Kraft*, FS Konzen (2006), 439, 445 ff. | 3 BAG v. 9.3.1976 – 1 ABR 53/74, AuR 1976, 152; hierzu umfassend: *Leuchten*, FS zum 25-jährigen Bestehen der Arbeitsgemeinschaft Arbeitsrecht im DAV, S. 927 ff. | 4 BAG v. 22.4.1997 – 1 ABR 74/96, AP Nr. 18 zu § 99 BetrVG 1972 – Einstellung. | 5 Vgl. *Heinze*, Personalplanung, Rz. 218. | 6 BAG v. 10.2.1976 – 1 ABR 49/74, AP Nr. 4 zu § 99 BetrVG 1972; v. 20.12.1988 – 1 ABR 68/87, AP Nr. 62 zu § 99 BetrVG 1972. | 7 BAG v. 27.7.1993 – 1 ABR 11/93, AP Nr. 110 zu § 99 BetrVG 1972; v. 2.4.1996 – 1 ABR 50/95, AP Nr. 7 zu § 99 BetrVG 1972; 26.10.2004 – 1 ABR 37/03, AP Nr 29 zu § 99 BetrVG 1972 – Eingruppierung. | 8 BAG v. 12.12.2006 – 1 ABR 13/06, AP Nr. 32 zu § 99 BetrVG 1972 – Eingruppierung. | 9 BAG v. 2.4.1996 – 1 ABR 50/95, AP Nr. 7 zu § 99 BetrVG 1972 – Eingruppierung. | 10 BAG v. 3.12.1985 – 4 ABR 80/83, AP Nr. 31 zu § 99 BetrVG 1972; v. 23.11.1993 – 1 ABR 34/93, AP Nr. 111 zu § 99 BetrVG 1972. | 11 LAG Köln v. 9.5.2003 – 11 TaBV 84/02, nv. | 12 BAG v. 31.10.1995 – 1 ABR 5/95, AP Nr. 5 zu § 99 BetrVG 1972 – Eingruppierung. | 13 *Richardi/Thüsing*, § 99 BetrVG Rz. 67. | 14 BAG v. 12.12.2006 – 1 ABR 13/06, AP Nr. 32 zu § 99 BetrVG 1972 – Eingruppierung.

tigkeitskontrolle und nicht einer Angemessenheitskontrolle[1]. Das heißt aber auch, nur wenn der ArbGeb von einer kollektiven Vergütungsordnung Gebrauch macht, auch wenn diese auf einzelvertragl. Grundlage beruht, ist das MitbestR des BR betroffen. Greift der ArbGeb aber nicht auf eine kollektive Vergütungsordnung zurück, sondern wurde die Vergütung **einzelvertragl. individuell** vereinbart, ist kein Raum für das MitbestR nach § 99.

27 Das MitbestR nach § 99 ist indes nicht nur auf tarifl. Vergütungsordnungen beschränkt. Vielmehr können sich Vergütungsordnungen auch aus BV ergeben. Besteht also etwa für außertarifl. Angestellte eine Vergütungsordnung in Form einer **BV**, so hat der BR über die Eingruppierung mitzubestimmen[2].

28 Auch ein einseitig vom ArbGeb **aufgestelltes und angewandtes Vergütungssystem**, welches weder auf einem TV noch auf einer BV beruht, führt dazu, dass der BR bei der Einordnung eines ArbN in dieses System mitzubestimmen hat. Hiervon abzugrenzen sind diejenigen Fälle, in denen Lohn oder Gehalt individuell vereinbart werden. Schließlich handelt es sich bei § 99 um einen kollektiven Schutztatbestand, der im Fall der Eingruppierung nicht dazu bestimmt ist, eine individuelle Angemessenheitskontrolle der vertragl. Arbeitsbedingungen durchzuführen[3].

29 Liegt aber eine Eingruppierung iSv. § 99 vor, so ist zu beachten, dass es sich dabei nicht um einen rechtsgestaltenden Vorgang handelt, sondern das MitbestR sich auf ein **Mitbeurteilungsrecht** beschränkt[4]. In diesem Sinne beinhaltet die Beteiligung des BR eine Richtigkeitskontrolle[5]. Sie bezweckt die Sicherstellung der **innerbetrieblichen Lohngerechtigkeit** und die Transparenz der im Betrieb vorgenommenen Eingruppierungen vor dem Hintergrund einer vorhandenen kollektiven Vergütungsordnung. Genauso wenig wie etwa tarifl. Vergütungsordnungen Raum für rechtsgestaltende ArbGebEntscheidungen lassen, ist der BR befugt, unter Ausübung seines Beteiligungsrechts nach § 99 im Rahmen von Eingruppierungen rechtsgestalterisch tätig zu werden[6].

30 Seiner Verpflichtung zur Beteiligung des BR ist der ArbGeb dann nachgekommen, wenn das Mitbestimmungsverfahren positiv abgeschlossen ist, dh. wenn eine Vergütungsgruppe mit Zustimmung des BR oder durch deren gerichtl. Ersetzung gefunden wurde[7]. Ist der ArbN jedoch einmal mit Zustimmung des BR bzw. mit ersetzter Zustimmung eingruppiert worden, besteht seitens des BR **kein Initiativrecht**, um eine von ihm als fehlerhaft eingeschätzte Eingruppierung im Mitbestimmungsverfahren zu korrigieren.

31 Jedoch hat weder die Zustimmung des BR noch die Ersetzung der Zustimmung des BR durch das ArbG **präjudizielle Wirkung** für einen etwaigen **Eingruppierungsrechtsstreit** des ArbN[8]. Die rechtl. Durchsetzung eines individualrechtl. Anspruchs des ArbN ist nämlich nicht das Ziel des Verfahrens nach § 99. Dessen Sinn und Zweck liegt vielmehr auch hier auf kollektivrechtl. Ebene. Deshalb kann der ArbN unabhängig von dem Beteiligungsverfahren nach § 99 seine Eingruppierung überprüfen lassen.

32 **3. Umgruppierung.** Als weiteren Mitbestimmungstatbestand erwähnt § 99 die Umgruppierung. Auch bei der Umgruppierung geht es um die Einordnung des ArbN in ein **kollektives Entgeltschema**. Insofern gelten dieselben Grundsätze wie bei der Eingruppierung. Grundlage der Umgruppierung ist die Feststellung des ArbGeb, dass eine Tätigkeit des ArbN nicht oder nicht mehr den Tätigkeitsmerkmalen derjenigen Vergütungsgruppe entspricht, in die er eingruppiert ist[9]. Anlass für eine solche Feststellung kann eine Änderung der Tätigkeit sein, eine Änderung des Entgeltschemas oder aber eine veränderte Einschätzung der Rechtslage durch den ArbGeb[10].

33 Eine **Änderung der Tätigkeit** des ArbN in diesem Sinne ist häufig gleichzeitig mit einer Versetzung verbunden[11]. Ebenso wie bei Einstellung und Eingruppierung ist auch die Umgruppierung neben der Versetzung ein **selbständiger Mitbestimmungstatbestand**. Das heißt, die Zustimmung zu einer Versetzung des ArbN kann nicht davon abhängig gemacht werden, ob der ArbN bei der neuen Tätigkeit richtig eingruppiert ist. Indes braucht nicht jede andere Tätigkeit des ArbN gleichzeitig mit einer Versetzung verbunden sein. Hier sind die Voraussetzungen für eine Versetzung eigenständig zu prüfen. Aber auch

---

1 BAG v. 30.10.2003 – 8 ABR 47/02, NZA 2005, 184. |2 GK-BetrVG/*Kraft*/*Raab*, § 99 Rz. 41. |3 *Richardi*/*Thüsing*, § 99 BetrVG Rz. 69. |4 BAG v. 22.3.1983 – 1 ABR 49/81, AP Nr. 6 zu § 101 BetrVG 1972; v. 31.5.1983 – 1 ABR 57/80, AP Nr. 27 zu § 118 BetrVG 1972; v. 21.3.1995 – 1 ABR 46/94, AP Nr. 4 zu § 99 BetrVG 1972 – Eingruppierung; v. 12.8.1997 – 1 ABR 13/97, AP Nr. 14 zu § 99 BetrVG 1972 – Eingruppierung; v. 28.4.1998 – 1 ABR 50/97, AP Nr. 18 zu § 99 BetrVG 1972 – Eingruppierung; v. 27.6.2000 – 1 ABR 36/99, AP Nr. 23 zu § 99 BetrVG 1972 – Eingruppierung; v. 6.8.2002 – 1 ABR 49/01, AP Nr. 27 zu § 99 BetrVG 1972 – Eingruppierung. |5 BAG v. 30.10.2001 – 1 ABR 8/01, ZIP 2002, 634 (635). |6 *Rolfs*/*Vorsmann*, SAE 2003, 243 (245 f.). |7 BAG v. 3.5.1994 – 1 ABR 58/93, AP Nr. 2 zu § 99 BetrVG 1972 – Eingruppierung. |8 BAG v. 13.5.1981 – 4 AZR 1076/78, AP Nr. 24 zu § 59 HGB; v. 15.3.1989 – 4 AZR 327/88, AP Nr. 23 zu § 1 TVG – Tarifverträge: Druckindustrie; v. 9.2.1993 – 1 ABR 51/92, AP Nr. 103 zu § 99 BetrVG 1972; *Raab*, ZfA 1995, 479 (493). |9 BAG v. 2.4.1996 – 1 ABR 50/95, AP Nr. 7 zu § 99 BetrVG 1972 – Eingruppierung; v. 11.11.1997 – 1 ABR 29/97, AP Nr. 17 zu § 99 BetrVG 1972 – Eingruppierung; v. 26.10.2004 – 1 ABR 37/03, AP Nr. 29 zu § 99 BetrVG 1972 – Eingruppierung. |10 BAG v. 20.3.1990 – 1 ABR 20/89, AP Nr. 79 zu § 99 BetrVG 1972; v. 2.4.1996 – 1 ABR 50/95, AP Nr. 7 zu § 99 BetrVG 1972 – Eingruppierung. |11 Zu den Besonderheiten bei LeihArbN: *Besgen*, Betriebsverfassungsrecht, 2007, § 21 Rz. 51.

wenn sich die Tätigkeit eines ArbN nicht ändert, kann eine Umgruppierung erforderlich werden, nämlich dann, wenn sich die **kollektive Vergütungsordnung ändert**[1]. So bedarf es einer Umgruppierung der ArbN, wenn eine tarifl. Vergütungsgruppenordnung in der Weise abgeändert wird, dass sich die Zahl der Vergütungsgruppen erhöht, die allgemeinen Tätigkeitsmerkmale neu gefasst und die Tätigkeitsbeispiele vermehrt werden[2]. Auch die Gewährung oder der Wegfall einer Zulage kann eine Ein- oder Umgruppierung nach § 99 darstellen, wenn die Zulage eine Zwischenstufe zwischen Vergütungsgruppen darstellt. Ist die Zulage nur in „angemessener" Höhe für eine unspezifische Kombination von Tätigkeiten geschuldet, deren Wertigkeit in beliebiger Weise die Merkmale einer tarifl. Vergütungsgruppe übersteigt, so ist die Entscheidung über die Gewährung oder den Wegfall einer solchen Zulage nicht mitbestimmungspflichtig. Entscheidend ist also, ob die Zulage eine Art Zwischenstufe zwischen Vergütungsgruppen einer kollektiven Vergütungsordnung darstellt[3], also neben den für die Eingruppierung entscheidenden Merkmalen weitere Merkmale für eine solche Zulage vorliegen müssen[4]. Eine Umgruppierung kann auch auf Grund **fehlerhafter Rechtsanwendung** erforderlich werden. Hat nämlich ein ArbGeb irrtümlich einen ArbN in eine höhere Vergütungsgruppe eingruppiert, als dies den tarifl. Vergütungsmerkmalen entspricht, so unterliegt die Korrektur dieser **Falscheingruppierung** der Mitbest. des BR nach § 99[5].

Existiert aber außerhalb einer zuvor maßgeblichen Vergütungsordnung kein weiter ausdifferenzierter außertarifl. Bereich, erschöpft sich die mitzubeurteilende Maßnahme in der **„Ausgruppierung"**, dh. in der Beurteilung, für den bisher in die Vergütungsordnung eingruppierten ArbN sei nicht mehr die bisherige Vergütungsgruppe einschlägig, sondern er falle nun in den einheitlichen außerhalb der bisherigen Ordnung liegenden außertarifl. Bereich. In diesem Fall handelt es sich um eine vollständige Umgruppierung. Der BR kann die Einholung seiner Zustimmung hierzu verlangen. Besteht hingegen außerhalb der bisherigen tarifl. Vergütungsordnung eine weitere gestufte Vergütungsordnung, muss über die „Ausgruppierung" hinaus eine Eingruppierung in das neue System erfolgen[6]. 34

Auch für die Umgruppierung gilt, dass sich das MitbestR des BR in einer **Richtigkeitskontrolle** erschöpft und dem BR kein Mitgestaltungsrecht zusteht[7]. Ein MitbestR nach § 99 entfällt darüber hinaus gänzlich, wenn kein kollektivrechtl. Tatbestand berührt ist, weil eine einzelvertragl. Abmachung über eine höhere oder übertarifl. Entlohnung zwischen ArbN und ArbGeb geschlossen wurde[8]. 35

4. Versetzung. Nach der **Legaldefinition** des § 95 III ist eine Versetzung iSd. BetrVG die Zuweisung eines anderen Arbeitsbereichs, die voraussichtlich die Dauer von einem Monat überschreitet, oder die mit einer erheblichen Änderung der Umstände verbunden ist, unter denen die Arbeit zu leisten ist. Werden ArbN nach der Eigenart ihres Arbeitsverhältnisses üblicherweise nicht ständig an einem bestimmten Arbeitsplatz beschäftigt, so gilt die Bestimmung des jeweiligen Arbeitsplatzes nicht als Versetzung. Hierbei ist hervorzuheben, dass es sich bei der Regelung des § 95 III um den **betriebsverfassungsrechtl. Versetzungsbegriff** handelt. Hiervon zu unterscheiden ist die individualrechtl. Ebene. Diese umschreibt die Befugnis des ArbGeb, einem ArbN eine andere Tätigkeit zuzuweisen. Diese Befugnis kann sich aus dem allgemeinen Direktionsrecht oder aber aus einer einvernehmlichen bzw. durch Änderungskündigung erzwungenen Vertragsänderung ergeben. 36

a) Änderung des Arbeitsbereiches. aa) Grundsätze. Von der individualarbeitsrechtl. Ebene scharf zu trennen ist der betriebsverfassungsrechtl. Versetzungsbegriff. Dieser setzt zunächst voraus, dass sich der **Arbeitsbereich** des betroffenen ArbN ändert. Erst in einem zweiten Schritt ist dann zu prüfen, ob diese Änderung voraussichtlich die Dauer von einem Monat überschreitet oder mit einer erheblichen Änderung der Umstände verbunden ist, unter denen die Arbeit zu leisten ist[9]. Nach gefestigter Rspr. des BAG liegt die **Zuweisung eines anderen Arbeitsbereiches** dann vor, wenn dem ArbN ein neuer Tätigkeitsbereich übertragen wird, so dass der Gegenstand der nunmehr geforderten Arbeitsleistung ein anderer wird und sich das Gesamtbild der Tätigkeit ändert[10]. Hierbei ist maßgeblich, dass sich die Tätigkeiten des ArbN vor und nach der Maßnahme so voneinander unterscheiden, dass die neue Tätigkeit vom **Standpunkt eines mit den betrieblichen Verhältnissen vertrauten Beobachters** als eine andere angesehen werden muss[11]. Ob ein anderer Tätigkeitsbereich zugewiesen worden ist, bestimmt sich allein anhand der tatsächlichen Verhältnisse im Betrieb. 37

---

1 *Fitting*, § 99 BetrVG Rz. 109 mwN. | **2** BAG v. 12.1.1993 – 1 ABR 42/92, AP Nr. 101 zu § 99 BetrVG 1972. | **3** BAG v. 2.4.1996 – 1 ABR 50/95, AP Nr. 5 zu § 99 BetrVG 1972 – Eingruppierung. | **4** LAG Hamm v. 6.7.2007 – 10 TaBV 55/07. | **5** BAG v. 13.2.2003 – 8 ABR 53/01, EzA § 4 TVG – Einzelhandel Nr. 54; v. 30.5.1990 – 4 AZR 74/90, AP Nr. 31 zu § 75 BPersVG; v. 20.3.1990 – 1 ABR 20/89, AP Nr. 79 zu § 99 BetrVG 1972. | **6** BAG 26.10.2004 – 1 ABR 37/03, AP Nr. 29 zu § 99 BetrVG 1972 – Eingruppierung; sehr weitgehend: BAG v. 12.12.2006 – 1 ABR 13/06, AP Nr. 32 zu § 99 BetrVG 1972; vgl. auch BAG v. 26.11.2003 – 4 ABR 54/02, EzA § 4 TVG: Metallindustrie. | **7** BAG v. 3.5.2006 – 1 ABR 2/05, AP Nr. 31 zu § 99 BetrVG 1972 – Eingruppierung. | **8** *Fitting*, § 99 BetrVG Rz. 96. | **9** BAG v. 19.2.1991 – 1 ABR 21/90, AP Nr. 25 zu § 95 BetrVG 1972; v. 21.9.1999 – 1 ABR 40/98, AP Nr. 21 zu § 99 BetrVG 1972 – Versetzung; v. 13.3.2007 – 1 ABR 22/06, AP Nr. 52 zu § 95 BetrVG 1972. | **10** BAG v. 23.11.1993 – 31 ABR 38/93, AP Nr. 33 zu § 95 BetrVG 1972; v. 28.3.2000 – 1 ABR 17/99, AP Nr. 39 zu § 95 BetrVG 1972; v. 25.1.2005 – 1 ABR 59/03, EzA-SD 2005, Nr. 13, 12. | **11** BAG v. 22.4.1997 – 1 ABR 84/96, AP Nr. 14 zu § 99 BetrVG 1972 – Versetzung; v. 29.2.2000 – 1 ABR 5/99, AP Nr. 36 zu § 95 BetrVG 1972 v. 13.3.2007 – 1 ABR 22/06, AP Nr. 52 zu § 95 BetrVG 1972.

38 Der **Begriff des Arbeitsbereichs** wird in § 81 durch die Aufgabe und die Verantwortung sowie die Art der Tätigkeit und ihrer Einordnung in den Arbeitsablauf des Betriebes umschrieben. Arbeitsbereich ist demnach der konkrete Arbeitsplatz und seine Beziehung zur betriebl. Umgebung in räumlicher, technischer und organisatorischer Hinsicht[1]. Dabei bestimmt die betriebl. Organisation, welche Arbeitsbereiche in einem Betrieb vorhanden sind.

39 Eine Zuweisung eines anderen Arbeitsbereichs liegt immer dann vor, wenn dem ArbN ein neuer Tätigkeitsbereich zugewiesen wird, so dass der Gegenstand der geschuldeten Arbeitsleistung, der **Inhalt der Arbeitsaufgabe**, ein anderer wird und sich das **Gesamtbild der Tätigkeit des ArbN** ändert[2]. Das bedeutet aber, dass die Veränderungen so erheblich sein müssen, dass sich das Gesamtbild der Tätigkeit vom Standpunkt eines mit den betrieblichen Verhältnissen vertrauten Beobachters ändert[3]. Unproblematisch als Änderung des Tätigkeitsbereiches lassen sich die Fälle einordnen, bei denen der Inhalt der Arbeitsaufgaben ein anderer wird, wobei unerheblich ist, ob dies für den Betroffenen vorteilhaft oder nachteilig ist[4]. Aus der Definition des Versetzungsbegriffs folgt aber auch, dass eine Änderung des Arbeitsbereichs vorliegen kann, wenn sich die Umstände, unter denen die Arbeit zu leisten ist, ändern. Trotz gleicher Arbeitsaufgaben liegt ein anderer Arbeitsbereich vor[5]. Problematisch sind jedoch die Fallgestaltungen, bei denen sich nicht der gesamte Tätigkeitsbereich eines ArbN verändert, sondern diese Änderungen nur **wesentliche Teilfunktionen** betreffen. Auch in diesen Fällen kann eine Änderung des Arbeitsbereiches vorliegen, wenn dem ArbN wesentliche Teilfunktionen seiner Tätigkeit neu übertragen oder entzogen werden, die der Gesamttätigkeit ein solches **Gepräge** geben, dass von einer anderen Tätigkeit ausgegangen werden muss[6]. Dabei muss es sich um eine erhebliche Änderung der Teilfunktionen handeln. Dieses ist nicht allein nach **quantitativen Gesichtspunkte**n zu überprüfen, sondern auch qualitative Elemente haben hierbei Berücksichtigung zu finden[7].

40 **bb) Einzelfälle.** So hat es das BAG ausreichen lassen, wenn eine Änderung des Arbeitsbereiches nur 25 % der Gesamtarbeitszeit betrifft. Jedoch kann auch eine noch kleinere Veränderung eine wesentliche Änderung des Arbeitsbereichs bedeuten, wenn diese kleine Änderung sich als Bestandteil einer mehraktigen Maßnahme erweist, die insgesamt zu einer erheblichen Änderung des Arbeitsbereiches führt[8].

41 Dagegen ist die bloße **Suspendierung** eines ArbN von der Arbeit keine Versetzung iSd. § 99. Schließlich wird bei einer Suspendierung dem ArbN gerade kein neuer Arbeitsbereich zugewiesen; ihm wird lediglich der alte Arbeitsbereich entzogen[9]. Der Arbeitsbereich bestimmt sich zwar nach **räumlichen** und **funktionalen Gesichtspunkten**; er hat aber **keine zeitliche Komponente**. Eine zeitliche Komponente in dem Sinne, dass der Arbeitsbereich auch durch die **Lage der Arbeitszeit** bestimmt wird, lässt sich dem Begriff Arbeitsbereich hingegen nicht entnehmen[10]. Daher ist weder die Verlängerung noch die **Verkürzung der Wochenarbeitszeit** eines ArbN eine Versetzung iSd. § 95 III (allerdings kann dann ausnahmsweise eine Einstellung vorliegen)[11]. Dies gilt auch hinsichtlich der Verlängerung oder Verkürzung der Mindestwochenarbeitszeit von Teilzeitkräften mit variabler Arbeitszeit[12]. Ebenso wenig stellt die **Umwandlung eines Vollzeitarbeitsplatzes in einen Teilzeitarbeitsplatz** eine Versetzung dar. Dies gilt auch für die **Umsetzung** eines ArbN von der **Tagschicht** in die **Nachtschicht**[13] **oder für den Wechsel von einer Dauernachtschicht in den Drei-Schicht-Betrieb**[14]. Immer dann, wenn sich nur die Lage der Arbeitszeit verändert, was auch bei der Umsetzung der ArbN von **Normalschicht** in **Wechselschicht** gilt, liegt eine zustimmungspflichtige Versetzung nicht vor[15].

42 Dagegen ist die Zuweisung eines anderen Arbeitsbereiches auch anzunehmen, wenn der **Arbeitsort** sich ändert, der ArbN aus einer betrieblichen Einheit herausgenommen und einer anderen zugewiesen wird oder sich die Umstände ändern, unter denen die Arbeit zu leisten ist[16]. Die ganz herrschende Auffassung in Rspr. und Lit. sieht in der alleinigen Zuweisung eines anderen Arbeitsortes auch bei einer ihrer Art nach gleich bleibenden Tätigkeit eine Zuweisung eines anderen Arbeitsbereichs iSd. § 95 III[17].

---

1 BAG v. 29.2.2000 – 1 ABR 5/99, AP Nr. 36 zu § 95 BetrVG 1972; LAG Hamm v. 23.1.2004 – 10 TaBV 43/03, FA 2004, 151. | **2** BAG v. 10.4.1984 – 1 ABR 67/82, AP Nr. 4 zu § 94 BetrVG 1972; v. 15.5.1984 – 1 AZR 289/83, nv.; BAG v. 26.5.1988 – 1 ABR 18/87, AP Nr. 13 zu § 95 BetrVG 1972. | **3** BAG v. 2.4.1996 – 1 AZR 743/95, AP Nr. 34 zu § 95 BetrVG 1972; v. 22.4.1997 – 1 ABR 84/96, AP Nr. 14 zu § 99 BetrVG 1972 – Versetzung. | **4** *Richardi/Thüsing*, § 99 BetrVG Rz. 100. | **5** Vgl. BAG v. 26.5.1988 – 1 ABR 18/87, AP Nr. 13 zu § 95 BetrVG 1972. | **6** BAG v. 2.4.1996 – 1 AZR 743/95, AP Nr. 34 zu § 95 BetrVG 1972; LAG Hamm v. 14.9.2007 – 13 TaBV 62/07. | **7** BAG v. 2.4.1996 – 1 AZR 743/95, AP Nr. 34 zu § 95 BetrVG 1972. | **8** *Fitting*, § 99 BetrVG Rz. 108. | **9** BAG v. 28.3.2000 – 1 ABR 17/99, AP Nr. 39 zu § 95 BetrVG 1972; GK-BetrVG/*Kraft/Raab*, § 99 Rz. 70; *Sibben*, NZA 1998, 1266 (1267 f.); aA ArbG Wesel v. 7.1.1998 – 3 Ca 3942/97, NZA-RR 1998, 266 f.; *Fischer*, AuR 2004, 253 (256). | **10** BAG v. 23.11.1993 – 1 ABR 38/93, AP Nr. 33 zu § 95 BetrVG 1972; v. 16.7.1991 – 1 ABR 71/90, AP Nr. 28 zu § 95 BetrVG 1972. | **11** BAG v. 25.1.2005 – 1 ABR 59/03, AP Nr. 114 zu § 87 BetrVG 1972 Arbeitszeit mit krit. Anm. v. *Kort*; *Thüsing/Fuhlrott*, EzA § 99 BetrVG 2001 Einstellung Nr. 3. | **12** BAG v. 16.7.1991 – 1 ABR 71/90, AP Nr. 28 zu § 95 BetrVG 1972. | **13** LAG Hess. v. 14.6.1988 – 4 TABV 167/87, DB 1989, 332; BAG v. 23.11.1993 – 1 ABR 38/93, AP Nr. 33 zu § 95 BetrVG 1972. | **14** LAG Hamm v. 26.3.2003 – 16 Sa 1455/02, NZA-RR 2004, 24. | **15** BAG v. 19.2.1991 – 1 ABR 21/90, AP Nr. 25 zu § 95 BetrVG 1972. | **16** BAG v. 29.2.2000 – 1 ABR 5/99, AP Nr. 36 zu § 95 BetrVG 1972. | **17** BAG v. 23.7.1996 – 1 ABR 17/96, AP Nr. 26 zu § 87 BetrVG 1972 – Ordnung des Betriebes; v. 18.10.1988 – 1 ABR 26/87, AP Nr. 56 zu § 99 BetrVG 1972; v. 1.8.1989 – 1 ABR 51/88, AP Nr. 17 zu § 95 BetrVG 1972; v. 21.9.1999 – 1 ABR 40/98, AP Nr. 21 zu § 99 BetrVG 1972; LAG Hamm v. 23.1.2004 – 10 TaBV 43/03, FA 2004, 151; aA GK-BetrVG/*Kraft/Raab*, § 99 Rz. 64 f.

Dies gilt aber nicht bei einer Verlagerung eines Betriebs um wenige Kilometer innerhalb einer politischen Gemeinde[1]. Nach st. Rspr. des BAG erfasst der Versetzungsbegriff der §§ 95, 99 ferner die Zuweisung eines Arbeitsplatzes in einem anderen Betrieb desselben Unternehmens[2]. Inwieweit Auslandsdienstreisen oder vorübergehende Einsätze in einem anderen Unternehmen als Versetzungen zu qualifizieren sind, macht die Rspr. von den Umstände der jeweiligen Einzelfälle abhängig[3].

Eine Zuweisung eines anderen Arbeitsbereichs liegt jedoch nur vor, wenn dies auf **Initiative des ArbGeb** geschieht[4]. Dagegen ist nicht Voraussetzung für die Zuweisung eines anderen Arbeitsbereiches, dass dies allein auf Grund des Direktionsrechts des ArbGeb einseitig dem ArbN gegenüber erfolgt. Stattdessen ist eine Zuweisung auch dann gegeben, wenn diese auf Initiative des ArbGeb aber im **Einverständnis mit dem ArbN** erfolgt[5]. 43

b) Erheblichkeit der Zuweisung. Die Zuweisung eines anderen Arbeitsbereiches muss jedoch, um den Tatbestand der Versetzung zu erfüllen, von einer gewissen **Erheblichkeit** sein. § 95 III 1 verlangt, dass die Zuweisung des anderen Arbeitsbereichs entweder voraussichtlich die Dauer von einem Monat überschreitet oder mit einer erheblichen Änderung der Umstände verbunden ist, unter denen die Arbeit zu leisten ist. Das Gesetz unterscheidet damit **längerfristige** von **kurzfristigen Zuweisungen**. 44

Bei längerfristigen Zuweisungen, also bei solchen Zuweisungen, die voraussichtlich die Dauer von einem Monat überschreiten, kommt es entscheidend auf die **geplante Dauer** der Zuweisung an. Damit verlangt das Gesetz also eine **Prognoseentscheidung**. Abzustellen ist hierbei auf eine objektive, sachliche Beurteilung der wahrscheinlichen Dauer im Zeitpunkt der Zuweisung des anderen Arbeitsbereichs[6]. Verlängert sich etwa eine Krankheitsvertretung unvorhersehbar über einen Monat hinaus, so ist auch für die länger andauernde Vertretung keine Zustimmung des BR erforderlich, es sei denn, dass die Überschreitung der Frist wiederum einen Monat beträgt[7]. Für die Fristberechnung ist der Tag der Versetzung maßgebend. 45

Erreicht die Zuweisung eines anderen Arbeitsbereiches nicht die voraussichtliche Dauer von einem Monat, so kann dies gleichwohl eine Versetzung iSd. BetrVG sein, wenn sie mit einer erheblichen Änderung der Umstände verbunden ist, unter denen die Arbeit zu leisten ist. Die Umstände, unter denen die Arbeit zu leisten ist, meinen die **äußeren Arbeitsbedingungen**, unter denen die Arbeit geleistet wird. Dies können etwa die Gestaltung des Arbeitsplatzes, die Arbeitsumgebung, der Arbeitsablauf aber auch die Lage der Arbeitszeit sein[8]. Ebenso können Belastungen, Umwelteinflüsse sowie Veränderungen der fachlichen Anforderungen eine Änderung der äußeren Umstände, unter denen die Arbeit zu leisten ist, bedeuten[9]. 46

Allerdings muss die Änderung der äußeren Umstände unter denen die Arbeit zu leisten ist, **erheblich** sein. Dies richtet sich nicht nach den Anschauungen des betroffenen ArbN, sondern ist aus der **Sicht eines neutralen Beobachters** aus zu beurteilen[10]. Das BAG geht hierbei regelmäßig davon aus, dass eine erhebliche Änderung immer dann vorliegt, wenn der ArbN seine gleich bleibende Arbeit in einer **anderen organisatorischen Einheit** erbringen soll[11]. Gerade die Entsendung an einen anderen Arbeitsort mit einer erheblich längeren An- und Rückfahrt kann eine erhebliche Änderung der Umstände darstellen, unter denen die Arbeit zu leisten ist. Dies gilt insb. hinsichtlich der stärkeren physischen Belastungen, die aus einer längeren Anfahrt zu einem anderen Arbeitsort herrühren[12]. Bei größeren Betrieben kann auch ein **innerbetrieblicher Wechsel** von einer Abteilung in eine andere Abteilung eine erhebliche Änderung der äußeren Umstände darstellen. Dagegen genügt es nicht, wenn lediglich ein **Wechsel des Vorgesetzten** stattfindet[13]. Problematisch sind in diesem Zusammenhang Tätigkeiten von ArbN im Rahmen von **Gruppenarbeit**. Hier kann je nach Ausgestaltung der Gruppenarbeit der arbeitgeberseitig veranlasste Gruppenwechsel eine Versetzung iSd. § 95 III darstellen[14]. Ähnlich sieht die Rspr. den Wechsel vom Einzel- in den Gruppenakkord. Wenn ein ArbN Tätigkeiten, die er bisher im **Einzelakkord** verrichtete, nunmehr im **Gruppenakkord** erbringt, kann hierin je nach Ausgestaltung der Arbeitsleistung ebenfalls eine mitbestimmungspflichtige Versetzung liegen. Dabei sind insb. die durch die Einbindung in die Gruppe entstehenden Abhängigkeiten und die Notwendigkeit der Zusammenarbeit mit den anderen Gruppenmitgliedern zu berücksichtigen[15]. 47

Unerheblich ist in diesem Zusammenhang, ob durch eine erhebliche Änderung der Umstände, unter denen die Arbeit zu verrichten ist, eine **Verschlechterung** oder **Verbesserung** dieser Umstände eintritt. 48

---

1 BAG v. 27.6.2006 – 1 ABR 35/05, AP Nr. 47 zu § 95 BetrVG 1972. | 2 BAG v. 26.1.1993 – 31 AZR 303/92, AP Nr. 102 zu § 99 BetrVG 1972; v. 21.9.1999 – 1 ABR 40/98, AP Nr. 21 zu § 99 BetrVG 1972 – Versetzung; v. 11.7.2000 – 1 ABR 39/99, NZA 2001, 516 ff.; LAG Hamm v. 27.4.2005 – 10 TaBV 144/04 NZA-RR 2005, 590. | 3 BAG v. 21.9.1999 – 1 ABR 40/98, BB 2000, 1036 f.; LAG SH v. 12.4.2007 – 4 TaBV 66/06, nv.; *Hunold*, BB, 2000, 1038. | 4 BAG v. 19.2.1991 – 1 ABR 36/90, AP Nr. 26 zu § 95 BetrVG 1972. | 5 *Richardi/Thüsing*, § 99 BetrVG Rz. 110. | 6 *Fitting*, § 99 BetrVG Rz. 130. | 7 *Heinze*, Personalplanung, Rz. 210. | 8 BAG v. 8.8.1989 – 1 ABR 63/88, AP Nr. 18 zu § 95 BetrVG 1972. | 9 *Fitting*, § 99 BetrVG Rz. 115. | 10 *Richardi/Thüsing*, § 99 BetrVG Rz. 115; GK-BetrVG/*Kraft/Raab*, § 99 Rz. 78. | 11 BAG v. 10.4.1984 – 1 ABR 67/82, AP Nr. 4 zu § 95 BetrVG 1972; v. 19.2.1991 – 1 ABR 36/90, AP Nr. 26 zu § 95 BetrVG 1972. | 12 BAG v. 1.8.1989 – 1 ABR 51/88, AP Nr. 17 zu § 95 BetrVG 1972. | 13 *Fitting*, § 99 BetrVG Rz. 139. | 14 LAG Köln v. 26.7.1996 – 12 TABV 33/96, NZA 1997, 280. | 15 BAG v. 22.4.1997 – 1 ABR 84/96, AP Nr. 14 zu § 99 BetrVG 1972.

Der Wortlaut des Gesetzes spricht hier nur von einer erheblichen Änderung. Dass der Gesetzgeber nur eine Veränderung zum Negativen gemeint hat, ist nicht ersichtlich[1].

49 Gem. **§ 95 III 2** gilt die Bestimmung eines anderen Arbeitsplatzes nicht als Versetzung, wenn ArbN nach der Eigenart ihres Arbeitsverhältnisses üblicherweise nicht ständig an einem bestimmten Arbeitsplatz beschäftigt werden. Dies kann etwa bei Monteuren, ArbN im Baugewerbe oder auch bei Ausbildungsverhältnissen der Fall sein. Jedoch kommt es darauf an, dass die Beschäftigung nach der **Eigenart des Arbeitsverhältnisses** üblicherweise nicht an einem bestimmten Arbeitsplatz erfolgt. Die Eigenart des Arbeitsverhältnisses muss es also mit sich bringen, dass der ArbN nicht ständig an einem bestimmten Arbeitsplatz beschäftigt wird. Das BAG spricht davon, dass der Wechsel des Arbeitsplatzes für das Arbeitsverhältnis typisch sein müsse[2]. Demnach ist es nicht ausreichend, dass lediglich arbeitsvertragl. vereinbart wurde, dass der ArbN auch an einem anderen Arbeitsplatz beschäftigt werden kann[3]. **Typisch** ist der Wechsel des Arbeitsplatzes etwa bei Vertretern und Propagandisten, ArbN im Baugewerbe, sog. **„Springern“**, aber auch bei **LeihArbN**[4].

50 **IV. Mitbestimmungsrecht des Betriebsrats. 1. Grundsätze.** Das Mitbestimmungsverfahren beginnt, indem der ArbGeb vor der geplanten Einstellung, Eingruppierung, Umgruppierung oder Versetzung den BR unterrichtet (§ 99 I 1 und 2). Allerdings setzt dies voraus, dass im Betrieb ein **funktionsfähiger BR** vorhanden ist. Fehlt dieser, braucht der ArbN nicht eine beteiligungspflichtige Maßnahme herauszuschieben, bis sich ein BR konstituiert hat[5]. Wenn aber ein BR besteht, so hat die **Unterrichtung** durch den ArbGeb **umfassend** und **rechtzeitig** zu erfolgen. Dabei gilt der Grundsatz, dass der ArbGeb nur nach seinem eigenen Informationsstand unterrichten kann. Hat er dieses getan, so läuft für den BR die **Anhörungsfrist**.

51 Der ArbGeb ist gehalten, dem BR gegenüber klarzustellen, um welche konkrete personelle Maßnahme es sich handeln soll. Dies heißt aber auch, dass, wenn zuvor längere Vorgespräche zwischen ArbGeb und BR geführt wurden, der ArbGeb den BR darauf hinzuweisen hat, wenn das formelle Beteiligungsverfahren iSd. § 99 beginnen soll[6]. Die Unterrichtung muss insb. **rechtzeitig** erfolgen. Wie sich aus § 99 III ergibt, wird daher die Unterrichtung regelmäßig mindestens eine Woche vor dem Zeitpunkt erfolgen müssen, an dem die beteiligungspflichtige Maßnahme durchgeführt werden soll[7]. Nur in besonderen Ausnahmefällen, wenn auf Grund einer besonderen Eilbedürftigkeit vom BR eine Stellungnahme zu der personellen Maßnahme vor Ablauf einer Woche erwartet werden darf, kann die Wochenfrist unterschritten werden.

52 **2. Umfang des Unterrichtungsrechts.** Der Umfang des Unterrichtungsrechts richtet sich nach der jeweiligen personellen Maßnahme. Keinesfalls kann allerdings der BR verlangen, dass ihm die **Personalakten** der betroffenen ArbN vorgelegt werden[8]. Hier entfaltet § 83 Sperrwirkung. Das Einsichtsrecht in die Personalakte hat danach ausschließlich der ArbN, der jedoch ein BR-Mitglied bei der Einsichtnahme hinzuziehen kann[9]. **Maßstab** für den Umfang der Unterrichtungspflicht ist, dass der ArbGeb den BR so zu unterrichten hat, dass dieser auf Grund der mitgeteilten Tatsachen in die Lage versetzt wird, zu prüfen, ob einer der in § 99 II genannten Zustimmungsverweigerungsgründe geltend gemacht werden kann[10]. Demzufolge richtet sich der Umfang der Unterrichtungspflicht danach, welche personelle Einzelmaßnahme vorgenommen werden soll.

53 **Bei Neueinstellungen** bedeutet das nach st. Rspr., dass der ArbGeb die **Personalien aller vorgesehenen Bewerber** dem BR mitzuteilen hat. Bewerber ist danach nicht jeder ArbN, der geeignet ist einen bestimmten Arbeitsplatz zu besetzen, vielmehr muss sich zusätzlich dieser ArbN auch für den Einsatz auf diesem bestimmten Arbeitsplatz bereit erklärt haben. Weiter muss zumindest ein **Anbahnungsverhältnis** zum ArbGeb für einen konkreten Arbeitsplatz seitens des ArbN bestehen, um ihn als „Bewerber“ zu qualifizieren[11]. Bewerber in diesem Sinne ist auch ein ArbN eines anderen Betriebs des gleichen Unternehmens, der in den Betrieb „versetzt“ werden soll, da auch in solchen Fällen der BR des neuen Betriebes nach § 99 zu beteiligen ist[12]. Hat der ArbGeb die Einstellung durch eine **Unternehmensberatungsgesellschaft** vorbereiten lassen, so hat er den BR über diejenigen Bewerber zu informieren, die ihm von der Beratungsgesellschaft benannt wurden[13].

54 Mitzuteilen sind jeweils die genauen **Personalien** des Bewerbers, alle Umstände über seine **fachliche** und persönliche **Eignung**, der vorgesehene Arbeitsplatz, der Zeitpunkt der Unterrichtung sowie die dem ArbGeb bekannten betriebl. Auswirkungen der Maßnahme[14]. Dieses Unterrichtungsrecht bezieht sich

1 BAG v. 28.8.2007 – 1 ABR 70/06, DB 2008, 70. | 2 BAG v. 3.12.1985 – 1 ABR 58/83, AP Nr. 8 zu § 95 BetrVG 1972; v. 8.8.1989 – 1 ABR 63/88, AP Nr. 18 zu § 95 BetrVG 1972. | 3 MünchArbR/*Matthes*, § 353 Rz. 26. | 4 Vgl. *Fitting*, § 99 BetrVG Rz. 159. | 5 Vgl. BAG v. 28.10.1992 – 10 ABR 75/91, AP Nr. 63 zu § 112 BetrVG 1972. | 6 DKK, § 99 BetrVG Rz. 126; *Fitting*, § 99 BetrVG Rz. 140. | 7 GK-BetrVG/*Kraft*/*Raab*, § 99 Rz. 108. | 8 *Kossens*, AR-Blattei SD, 1250, Rz. 100. | 9 Vgl. GK-BetrVG/*Kraft*/*Raab*, § 99 Rz. 84. | 10 BAG v. 3.10.1989 – 1 ABR 73/88, AP Nr. 74 zu § 99 BetrVG 1972; v. 10.8.1993 – 1 ABR 22/93, NZA 1994, 187. | 11 BAG v. 10.11.1992 – 1 ABR 21/92, AP Nr. 100 zu § 99 BetrVG 1972. | 12 BAG v. 26.1.1993 – 1 AZR 303/92, AP Nr. 102 zu § 99 BetrVG 1972. | 13 LAG Köln v. 6.10.1987 – 11 TABV 50/87, LAGE § 99 BetrVG 1972 Nr. 20. | 14 BAG v. 10.11.1992 – ABR 21/92, AP Nr. 100 zu § 99 BetrVG 1972.

grds. auf alle vom Bewerber eingereichten als auch vom ArbGeb ermittelten Informationen[1]. Deren Herausgabe darf insb. vom ArbGeb nicht aus **Datenschutzgründen** verweigert werden. Indes steht es dem Bewerber frei, die Weiterleitung seiner Unterlagen an den BR zu untersagen. In diesem Fall ist der ArbGeb gehindert, die Informationen als auch die vom Bewerber erhaltenen Unterlagen an den BR weiterzugeben[2]. Es kann durchaus Konstellationen geben, bei denen Bewerber ein erhebliches Interesse daran haben, dass ihre Angaben nur im Rahmen eines sehr beschränkten Kreises bekannt werden. Wenn also Bewerber ihre Bewerbung mit einem diesbezüglichen Sperrvermerk versehen, soll dieser geäußerte **Individualwille** unbedingten Vorrang haben und ist auch vom ArbGeb zu beachten. Dass in diesem Fall eine Einstellung des Bewerbers nur mit ausdrückl. Zustimmung des BR erfolgen kann, ist vom Bewerber hinzunehmen[3]. Hierauf ist der Bewerber vom ArbGeb rechtzeitig hinzuweisen.

Bestehen derartige **Sperrvermerke** nicht, sind dem BR die erforderlichen **Bewerbungsunterlagen** vorzulegen[4]. Dies bedeutet, dass der ArbGeb die Bewerbungsunterlagen dem BR bis zur Beschlussfassung über die beantragte Zustimmung, längstens für eine Woche, zu überlassen hat[5]. Sind Bewerberdaten elektronisch erfasst, so hat der ArbGeb diese dem BR in Form eines Ausdrucks zur Verfügung zu stellen. Dagegen ist der BR nicht berechtigt, etwa unmittelbar beim Bewerber eigenständige Erkundigungen einzuziehen. Ebenso wenig hat der BR ein Recht, dass sich der Stellenbewerber bei BR-Mitgliedern **persönlich vorstellt**. Genauso wenig besteht für BR-Mitglieder ein Recht darauf, an **Einstellungsgesprächen** des ArbGeb mit den Stellenbewerbern teilzunehmen[6]. Allerdings ist der BR über den Inhalt der Einstellungsgespräche sowie über etwaige Test- oder Übungsergebnisse zu unterrichten[7]. Dazu gehört auch, dass Unterlagen, die der ArbGeb anlässlich der Bewerbung über die Person des Bewerbers erstellt hat, dem BR vorzulegen sind[8]. Der ArbGeb ist auch nicht dazu verpflichtet, dem BR Auskunft über den **Inhalt des Arbeitsvertrages** zu geben, den er mit dem Bewerber abschließen will oder bereits abgeschlossen hat, soweit es sich nicht um Vereinbarungen über Art und Dauer der vorgesehenen Beschäftigung oder die beabsichtigte Eingruppierung handelt[9]. 55

In welcher **Form die Unterrichtung** erfolgt, ist dem ArbGeb nicht vorgegeben. Regelmäßig ist der Vorsitzende des BR oder in seinem Verhinderungsfall sein Stellvertreter der Ansprechpartner für den ArbGeb. Auch für den **Antrag auf Zustimmung** des BR zu der geplanten Einstellung sieht das Gesetz keine besondere Form vor. Es genügt auch eine konkludente Antragstellung, sofern zweifelsfrei ist, dass der Antrag auf Zustimmung des BR zu der geplanten Einstellung Sinn der Information über die geplante Einstellung durch den ArbGeb ist[10]. 56

Diese Grundsätze gelten in gleicher Weise im Wesentlichen für die **Unterrichtung über Versetzungen**. 57
Insbesondere hat der ArbGeb den in Aussicht genommenen Arbeitsplatz mitzuteilen sowie Auskunft darüber zu geben, welche Auswirkungen die geplante Versetzung hat. Bei vorübergehender Versetzung ist zudem die Dauer der Maßnahme anzugeben. Besonderheiten ergeben sich dann, wenn ein ArbN von einem Betrieb in einen anderen Betrieb versetzt werden soll und dieser ArbN mit dieser Versetzung einverstanden ist[11]. Dann entfällt das MitbestR des BR im abgebenden Betrieb, wenn der ArbN die Versetzung selbst gewünscht hat oder diese seinen Wünschen und seiner freien Entscheidung entspricht. Schließlich kann in diesen Fällen der Zweck des MitbestR nach § 99 nicht mehr erreicht werden, weil der BR auch ein freiwilliges Ausscheiden des ArbN aus dem Betrieb letztlich nicht verhindern könnte. Allerdings ist der ArbGeb verpflichtet, den BR zumindest von dieser Versetzung zu unterrichten, wobei an den Umfang der Mitteilungspflicht keine großen Anforderungen gestellt werden können[12]. Anders ist allerdings die Rechtslage, wenn es sich um eine vorübergehende Versetzung handelt. Auch wenn diese im Einverständnis mit dem ArbN erfolgt, ist der BR hier gem. § 99 zu beteiligen.

Hinsichtlich des **Unterrichtungsrechts bei der Eingruppierung** hat der ArbGeb den BR über alle für 58
die Eingruppierung maßgeblichen Umstände zu unterrichten. Dem BR muss mitgeteilt werden, in welche Gruppe des jeweils vorhandenen kollektiven Entgeltschemas der ArbN gehört. Weiter muss der ArbGeb dem BR erläutern, wenn der ArbN unter den Geltungsbereich eines TV fällt, weshalb nach der Beurteilung des ArbGeb der ArbN nicht mehr von einer tarifvertragl. Vergütungsgruppe erfasst wird[13]. Damit sind dem BR also die **Beurteilungskriterien** zu nennen, die der jeweiligen Entscheidung des ArbGeb zugrunde liegen. Dagegen brauchen **sonstige arbeitsvertragl. Abreden** dem BR nicht mitgeteilt werden[14]. Dies gilt auch für die **Höhe des jeweiligen Arbeitsentgelts**. Dementsprechend braucht der

---

1 BAG v. 28.6.2005 – 1 ABR 26/04, AP Nr. 49 zu § 99 BetrVG 1972 – Einstellung. | **2** *Heinze*, Personalplanung, Rz. 239 ff.; *Richardi/Thüsing*, § 99 BetrVG Rz. 146; aA *Stege/Weinspach/Schiefer*, §§ 99–101 BetrVG Rz. 37; *Fitting*, § 99 BetrVG Rz. 175. | **3** *Richardi/Thüsing*, § 99 BetrVG Rz. 146 mwN. | **4** LAG Hamm v. 26.9.2003 – 10 TaBV 63/03, NZA-RR 2004, 305. | **5** BAG v. 3.12.1985 – 1 ABR 72/83, AP Nr. 29 zu § 99 BetrVG 1972. | **6** BAG v. 18.7.1978 – 1 ABR 8/75, AP Nr. 7 zu § 99 BetrVG 1972; zum Unterrichtungsanspruch über den Inhalt des Bewerbungsgesprächs LAG Hamm v. 26.9.2003 – 10 TaBV 63/03, NZA-RR 2004, 305 ff. | **7** BAG v. 28.6.2005 – 1 ABR 26/04, AP Nr. 49 zu § 99 BetrVG 1972 – Einstellung. | **8** BAG v. 14.12.2004 – 1 ABR 55/03, AP Nr 122 zu § 99 BetrVG 1972. | **9** BAG v. 18.10.1988, 1 ABR 33/87, AP Nr. 57 zu § 99 BetrVG 1972. | **10** *Richardi/Thüsing*, § 99 BetrVG Rz. 156; GK-BetrVG/*Kraft/Raab*, § 99 Rz. 112. | **11** BAG v. 26.1.1993 – 1 AZR 303/92, AP Nr. 102 zu § 99 BetrVG 1972; v. 20.9.1990 – 1 ABR 37/90, AP Nr. 84 zu § 99 BetrVG 1972. | **12** GK-BetrVG/*Kraft/Raab*, § 99 Rz. 101. | **13** BAG v. 31.10.1995 – 1 ABR 5/95, AP Nr. 5 zu § 99 BetrVG 1972. | **14** BAG v. 3.10.1989 – 1 ABR 73/88, AP Nr. 74 zu § 99 BetrVG 1972.

ArbGeb dem BR auch nicht die Bruttolohn- und -gehaltslisten vorzulegen. Er kommt seiner Informationspflicht nach, wenn der ArbGeb dem BR Einsicht in die Listen gibt, in denen die Arbeitsplätze und die für sie maßgeblichen Lohngruppen genannt sind[1].

59 Entsprechendes ergibt sich auch für die **Umgruppierung**. Bei einer Massenumgruppierung reicht es auch aus, dass der ArbGeb dem BR die Arbeitsplätze nennt und angibt, in welche Vergütungsgruppe er sie einstufen will[2].

60 **3. Schweigepflicht.** Aus der Sicht der besonderen Regelung in § 99 I 3 unterliegen die Mitglieder des BR über die ihnen im Rahmen der personellen Maßnahmen nach § 99 I 1 und 2 bekannt gewordenen persönlichen Verhältnisse und Angelegenheiten der ArbN, die ihrer Bedeutung oder ihrem Inhalt nach einer vertraulichen Behandlung bedürfen, einer besonderen Schweigepflicht. Dies sollte sicherstellen, dass der Schutz der Intimsphäre der ArbN auch im Rahmen der Beteiligung des BR bei personellen Einzelmaßnahmen gewährleistet bleibt[3]. Die Verpflichtung zur Verschwiegenheit betrifft alle Mitglieder des BR. Dies gilt gem. § 99 I 3 iVm. § 79 I 2 auch nach dem Ausscheiden aus dem BR. Auf Grund der Verweisung in § 99 I 3 auf die Regelungen des § 79 I 2–4 unterliegt die Verschwiegenheitsverpflichtung bestimmten **Einschränkungen**. Diese gilt nicht gegenüber Mitgliedern des BR. Sie gilt ferner nicht gegenüber dem GBR, dem KBR, der Bordvertretung, dem SeeBR und den ArbN-Vertretern im Aufsichtsrat sowie im Verfahren vor der Einigungsstelle, der tarifl. Schlichtungsstelle oder einer betriebl. Beschwerdestelle[4]. Von der Schweigepflicht umfasst sind insb. alle Einzelangaben über persönliche und sachliche Verhältnisse, sofern der ArbN ein schutzwürdiges Interesse an dem Ausschluss der Übermittlung hat. Es kommt nicht darauf an, dass der ArbGeb ausdrücklich auf die Geheimhaltungspflicht hingewiesen hat. Geschützt sind die Daten auch dann, wenn der BR von diesen auch außerhalb der Beteiligung des BR nach § 99 Kenntnis erlangt hat.

61 Von der Verschwiegenheitsverpflichtung kann der ArbN den BR befreien. Verletzt dagegen der BR oder einzelne BR-Mitglieder ihre Schweigeverpflichtung, so kann der betroffene ArbN gegen diese einen **Schadensersatzanspruch** aus unerlaubter Handlung gem. § 823 II BGB geltend machen[5]. Im Übrigen ist die Verletzung der Verschwiegenheitspflicht gem. § 120 II und III strafbewehrt.

62 **4. Zustimmung des Betriebsrats.** Damit eine vom ArbGeb geplante personelle Maßnahme betriebsverfassungsrechtlich wirksam vorgenommen werden kann, bedarf dies der Zustimmung des BR. Seine Zustimmung kann der BR jedoch nach § 99 II nur aus den dort genannten und abschließend aufgezählten Gründen verweigern. Ob ein **Zustimmungsverweigerungsgrund** vorliegt, ist eine Rechtsfrage, die der BR zu überprüfen hat und die ggf. durch das ArbG zu entscheiden ist. Stellt der BR fest, dass die tatbestandlichen Voraussetzungen eines Zustimmungsverweigerungsgrundes vorliegen, so ist er jedoch keinesfalls verpflichtet, von seinem Zustimmungsverweigerungsrecht Gebrauch zu machen. Vielmehr steht es in seinem **Ermessen**, ob er sein Beteiligungsrecht ausüben will. Allerdings kann der BR nur auf Maßnahmen des ArbGeb reagieren. Ihm steht **kein Initiativrecht** auf Durchführung bestimmter personeller Einzelmaßnahmen zu.

63 **5. Zustimmungsverweigerungsgründe.** Bei der Aufzählung der Zustimmungsverweigerungsgründe in § 99 II differenziert der Gesetzgeber nicht nach der Art der geplanten personellen Einzelmaßnahme. Gleichwohl sind die einzelnen Zustimmungsverweigerungsgründe von unterschiedlicher Relevanz bei den möglichen personellen Einzelmaßnahmen.

64 **a) Verstoß gegen Rechtsvorschriften (Nr. 1).** Gem. **§ 99 II Nr. 1** kann der BR die Zustimmung verweigern, wenn die personelle Maßnahme gegen ein Gesetz, eine VO, eine Unfallverhütungsvorschrift oder gegen eine Bestimmung in einem TV oder in einer BV oder gegen eine gerichtl. Entscheidung oder eine behördl. Anordnung verstoßen würde. Bei Einstellungen und Versetzungen bedeutet dies, dass die Übernahme des Arbeitsbereichs nach Inhalt und vertragl. Gestaltungsform gegen zwingendes Recht verstößt. Nicht entscheidend ist dagegen, ob nur einzelne Vertragsbestimmungen gesetzwidrig sind. Das heißt, der BR kann die Zustimmung zu einer Einstellung oder Versetzung nur dann nach § 99 II Nr. 1 verweigern, wenn nach dem Zweck der verletzten Rechtsnorm die geplante Einstellung oder Versetzung ganz zu unterbleiben hat. Keinesfalls dient das MitbestR des BR nach § 99 einer umfassenden **Vertragskontrolle** und hat nicht die Aufgabe, normgemäße Vertragsbedingungen zu erzwingen[6]. Daher kann auch die Verletzung des Equal-pay-Grundsatzes kein Zustimmungsverweigerungsrecht begründen[7]. Eine Gesetzesverletzung, die das Zustimmungsverweigerungsrecht des BR begründen kann, liegt vor, wenn die geplante personelle Maßnahme als solche nach dem Zweck der Norm untersagt ist[8]. Derartige Vorschriften können sich aus verschiedenen **Rechtsquellen**, auch aus der Verfassung ergeben.

1 *Richardi/Thüsing*, § 99 BetrVG Rz. 166 ff. | 2 BAG v. 5.2.1971, 1 ABR 24/70, AP Nr. 6 zu § 61 BetrVG. | 3 BT-Drs. VI/2729, S. 31. | 4 Kritisch hierzu *Richardi/Thüsing*, § 99 BetrVG Rz. 173. | 5 *Richardi/Thüsing*, § 99 BetrVG Rz. 174. | 6 BAG v. 28.6.1994 – 1 ABR 59/93, AP Nr. 4 zu § 99 BetrVG 1972 – Einstellung; v. 9.7.1996 – 1 ABR 55/95, AP Nr. 9 zu § 99 BetrVG 1972 – Einstellung; v. 14.12.2004 – 1 ABR 54/03, AP Nr. 121 zu § 99 BetrVG; BAG v. 25.1.2005 – 1 ABR 61/03, AP Nr. 48 zu § 99 BetrVG 1972 – Einstellung. | 7 BAG v. 25.1.2005 – 1 ABR 61/03, AP Nr 48 zu § 99 BetrVG 1972 – Einstellung; zu Recht: *Besgen*, Betriebsverfassungsrecht, 2007, § 21 Rz. 64. | 8 BAG v. 28.3.2000 – 1 ABR 16/99, NZA 2000, 1294.

So verbietet Art. 9 III 2 GG jede nachteilige Behandlung wegen der Koalitionszugehörigkeit. Insofern sind alle Maßnahmen, die auf eine Behinderung der Koalitionsfreiheit hinauslaufen, rechtswidrig. Diese Regelung schlägt auch auf die Einstellungsentscheidung und ihre Vorbereitung durch. Insofern ist das mögliche Interesse des ArbGeb, der Tarifbindung durch Einstellung nicht organisierter ArbN auszuweichen, nicht geschützt. Er kann daher nicht die Einstellungsbewerber nach Zugehörigkeit oder Nichtzugehörigkeit zur Gewerkschaft trennen[1].

Insbesondere erlangt der Zustimmungsverweigerungsgrund des § 99 II Nr. 1 Bedeutung im Zusammenhang mit **Diskriminierungsverboten** (Art. 141 EG, § 75 I BetrVG, §§ 6 ff. AGG)[2]. So verstößt die Einstellung eines nicht **schwerbehinderten ArbN** gegen eine gesetzl. Vorschrift iSd. § 99 II Nr. 1, wenn der ArbGeb vor der Einstellung nicht gem. § 81 I 1 SGB IX geprüft hat, ob der freie Arbeitsplatz mit einem schwerbehinderten ArbN besetzt werden kann[3]. Dies gilt entsprechend, wenn der ArbGeb den Einsatz von LeihArbN beabsichtigt[4]. Dagegen kann der BR der beabsichtigten Einstellung eines ArbN nicht mit der Begründung widersprechen, im Einstellungsbetrieb sei die **Pflichtzahl** an schwerbehinderten Menschen noch nicht erreicht, weshalb ein schwerbehinderter Bewerber vorzuziehen sei[5]. 65

Ein Zustimmungsverweigerungsrecht nach § 99 II Nr. 1 besteht auch dann, wenn **Ausländer** ohne die dafür erforderliche Arbeitserlaubnis beschäftigt werden oder **LeihArbN** unter Verstoß gegen die Vorschriften des AÜG eingesetzt werden sollen[6]. Im letzteren Fall muss es sich dann aber um ein echtes Beschäftigungsverbot handeln[7]. Darüber hinaus besteht ein Zustimmungsverweigerungsrecht im Falle einer Einstellung, wenn die ins Auge gefasste Einstellung gegen ein **Beschäftigungsverbot** verstößt (zB §§ 22 ff. JArbSchG, §§ 9 ff. GefStoffV, § 42 IfSG). Bei den Beschäftigungsverboten für Frauen nach dem **MuSchG** besteht jedoch die Besonderheit, dass der BR seinerseits nicht der Einstellung widersprechen kann, wenn der ArbGeb nicht berechtigt ist, eine Bewerberin von der Einstellung auszuschließen, etwa eine Schwangere deshalb nicht auf eine unbefristete Stelle einzustellen, weil sie für die Dauer der Schwangerschaft wegen eines aus ihrem Zustand folgenden gesetzl. Beschäftigungsverbots auf dieser Stelle von Anfang an nicht beschäftigt werden darf. Die Vorschriften zur Anwendung des MuSchG dürfen für die werdende Mutter keine Nachteile beim Zugang zur Beschäftigung mit sich bringen[8]. 66

Dagegen liegt kein Gesetzesverstoß iSd. § 99 II Nr. 1 bei einer vertragl. vorgesehenen **Befristung** eines Arbeitsverhältnisses ohne rechtfertigenden Grund vor[9]. Hier ist nochmals darauf hinzuweisen, dass das Beteiligungsrecht des BR nach § 99 nicht einer **Inhaltskontrolle des Arbeitsvertrages** dient und insb. keine „Prozessstandschaft" des BR zur Überprüfung der Wirksamkeit einer Befristung begründet. Ebenfalls kein Zustimmungsverweigerungsrecht kann der BR mit der Behauptung geltend machen, dass der ArbGeb bei einer geplanten Einstellung oder Versetzung ihn nicht **ordnungsgemäß unterrichtet** habe. Mit diesem Einwand übt der BR gerade nicht sein MitbestR aus, sondern macht geltend, dass der ArbGeb ihn nicht ordnungsgemäß beteiligt habe[10]. Dementsprechend ist es mehr als fragwürdig, von einem Zustimmungsverweigerungsgrund schon allein deshalb zu sprechen, wenn der BR bei Aufstellung eines Entgeltschemas entgegen § 87 I Nr. 10 nicht beteiligt wurde[11]. 67

Der Verstoß gegen Rechtsvorschriften braucht sich nicht unbedingt aus Gesetzen und VO ergeben. Vielmehr stellt § 99 II Nr. 1 diesen Rechtsquellen die **Unfallverhütungsvorschriften** der Berufsgenossenschaften gleich (vgl. § 15 SGB VII). So kann der BR der Versetzung eines ArbN in die Position einer Aufsichtsperson iSd. Unfallverhütungsvorschriften die Zustimmung versagen, wenn der zu versetzende ArbN nicht über die in der betreffenden Unfallverhütungsvorschrift vorgesehene Qualifikation verfügt[12]. 68

Auch ein Verstoß gegen eine Bestimmung in einem **TV** oder in einer **BV** kann einen Zustimmungsverweigerungsgrund bedeuten. Voraussetzung hierfür ist, dass die Maßnahme selbst gegen die Tarifnorm bzw. BV verstoßen muss. Es genügt nicht, dass einzelne Vertragsbedingungen dem TV oder der BV zuwiderlaufen. Im Hinblick auf tarifvertragl. Normen ist dafür erforderlich, dass diese für den betroffenen ArbN gelten. Dies kann unproblematisch bei für allgemeinverbindlich erklärten TV angenommen werden. Liegt eine Allgemeinverbindlicherklärung nicht vor, aber ist die betreffende Norm als Betriebsnorm zu qualifizieren, so genügt die Tarifbindung des ArbGeb. Handelt es sich dagegen um eine Inhaltsnorm, dann kommt ein Verstoß iSv. § 99 II Nr. 1 nur in Frage, wenn beiderseitige Tarifbindung besteht. 69

---

1 BAG v. 28.3.2000 – 1 ABR 16/99, NZA 2000, 1284. | 2 So *Fitting*, § 99 BetrVG Rz. 198; *Pallasch*, NZA 2007, 306; kritisch: *Nicolai*, FA 2006, 354 (356); BAG v. 22.1.2003 – 4 ABR 18/02, nv.; zurecht kritisch bzgl. Einstellungen: *Thüsing/Jamann*, AP Nr. 48 zu § 99 BetrVG 1972 – Einstellung. | 3 BAG v. 14.11.1989 – 1 ABR 88/88, AP Nr. 77 zu § 99 BetrVG 1972; vgl. auch BAG v. 10.11.1992 – 1 ABR 21/92, AP 100 zu § 99 BetrVG 1972. | 4 LAG Hess. v. 24.4.2007 – 4 TaBV 24/07. | 5 ArbG Lüneburg v. 27.5.1986 – 2 Bv 3/86, NZA 1987, 67. | 6 BAG v. 28.9.1988 – 1 ABR 85/87, AP Nr. 60 zu § 99 BetrVG 1972; v. 22.1.1991 – 1 ABR 18/90, AP Nr. 86 zu § 99 BetrVG 1972; LAG Hess. v. 19.8.2003 – 4 TaBV 147/02, EzAÜG § 14 AÜG Betriebsverfassung Nr. 57, LAG Nds. v. 20.2.2007 – 9 TaBV 107/05, nv. | 7 BAG v. 25.1.2005 – 1 ABK 61/03, AP Nr. 48 zu § 99 BetrVG 1972 – Einstellung. | 8 EuGH v. 3.2.2000, C-207/98, AP Nr. 18 zu § 611a BGB. | 9 BAG v. 28.6.1994 – 1 ABR 59/93, AP Nr. 4 zu § 99 BetrVG 1972 – Einstellung; v. 16.7.1985 – 1 ABR 35/83, AP Nr. 21 zu § 99 BetrVG 1972; v. 20.6.1978 – 1 ABR 65/75, AP Nr. 8 zu § 99 BetrVG 1972. | 10 *Richardi/Thüsing*, § 99 BetrVG Rz. 196; vgl. auch BAG v. 28.1.1986 – 1 ABR 10/84, AP Nr. 34 zu § 99 BetrVG 1972. | 11 LAG Bln.-Bbg. v. 17.10.2007 – 21 TaBV 1083/07. | 12 Vgl. ArbG Berlin v. 15.3.1988 – 31 BV 4/87, AiB 1988, S. 292.

Im Übrigen ist das Günstigskeitsprinzip zu beachten[1]. Dagegen liegt dem Grunde nach „nur" eine Verletzung des Gleichbehandlungsgrundsatzes vor, wenn bei einer Inhaltsnorm keine beiderseitige Tarifbindung besteht, aber der TV kraft betriebl. Übung für das konkrete Arbeitsverhältnis zur Anwendung kommt. Voraussetzung ist aber, dass die auf Grund betriebl. Übung geltende Inhaltsnorm Vorrang vor der vertragl. Gestaltungsfreiheit im Arbeitsverhältnis hat[2]. Als typische TV-Inhalte, die ein Zustimmungsverweigerungsrecht des BR auslösen können, werden tarifvertragl. Abschlussverbote und Gebote, Regelungen über die vorrangige Besetzung mit Betriebsangehörigen, älteren ArbN, LangzeitArbl., Regelung zum Verbot der Beschäftigung von ArbN unter einer bestimmten Arbeitszeit usw. genannt[3].

70 Ein Verstoß gegen die Bestimmung einer **BV** kann unter ähnlichen Voraussetzungen in Betracht kommen, wie ein Verstoß gegen die Bestimmung aus einem TV[4]. Voraussetzung ist allerdings, dass eine BV nach § 77 III oder § 87 I Eingangssatz zulässig ist. Liegen Auswahlrichtlinien in Form einer BV vor, so ist hierfür in § 99 II Nr. 2 ein selbständiger Zustimmungsverweigerungsgrund vorgesehen.

71 Neben den Verstößen gegen Rechtsvorschriften sieht das BetrVG als Zustimmungsverweigerungsgrund auch den Verstoß gegen eine **gerichtliche Entscheidung** oder eine behördliche Anordnung vor. Hierzu gehört einmal die rechtskräftige Entscheidung eines ArbG, dass bei einer bestimmten personellen Maßnahme die Zustimmungsverweigerung des BR begründet war. Ein Verstoß gegen eine gerichtl. Entscheidung kann ebenfalls vorliegen, wenn es um eine Einstellung eines ArbN geht, für den ein gerichtlich angeordnetes Berufsverbot besteht. Dagegen darf der BR die Zustimmung zu einer personellen Maßnahme nicht deshalb verweigern, weil diese angeblich einer gefestigten höchstrichterlichen Rspr. entgegensteht[5].

72 Unter **behördlichen Anordnungen**, die eine Zustimmungsverweigerung begründen können, kommen etwa folgende Maßnahmen in Betracht: Verbot der Beschäftigung Jugendlicher mit bestimmten Arbeiten gem. § 27 JArbSchG, Verbot des Einstellens und Ausbildens von Jugendlichen gem. § 33 BBiG, §§ 22, 24 HandwO[6].

73 **b) Verstoß gegen Auswahlrichtlinien (Nr. 2).** Der BR kann ebenfalls gem. **§ 99 II Nr. 2** die Zustimmung verweigern, wenn die personelle Maßnahme gegen eine Auswahlrichtlinie iSd. § 95 verstoßen würde. Damit ist das Zustimmungsverweigerungsrecht des BR die Sanktion für den Fall, dass der ArbGeb Maßnahmen in Abweichung von einmal aufgestellten Auswahlrichtlinien vornehmen will. Hierbei kommt es nicht darauf an, ob der BR gem. § 95 II die Aufstellung von Auswahlrichtlinien verlangen konnte oder es sich um freiwillige Auswahlrichtlinien gem. § 95 I handelt. In allen Fällen ist aber Voraussetzung für eine Zustimmungsverweigerung gestützt auf § 99 II Nr. 2, dass die Auswahlrichtlinie wirksam zu Stande gekommen ist. Ein Zustimmungsverweigerungsrecht hat der BR aber nur bei Verstoß gegen die Auswahlrichtlinie. In jedem Fall muss gewährleistet sein, dass auf Grund von Auswahlrichtlinien dem ArbGeb ein Ermessensspielraum verbleibt. Demzufolge liegt ein Verstoß gegen Auswahlrichtlinien erst dann vor, wenn der ArbGeb diesen Ermessensspielraum überschreitet. Ist dies der Fall, ist der BR berechtigt, von seinem Zustimmungsverweigerungsrecht Gebrauch zu machen. Dabei kommt es nicht darauf an, ob die Verweigerung der Zustimmung unangemessen ist[7].

74 **c) Benachteiligung anderer Arbeitnehmer (Nr. 3).** Zum Schutz der im Betrieb beschäftigten ArbN kann der BR gem. **§ 99 II Nr. 3** seine Zustimmung zu einer personellen Einzelmaßnahme auch verweigern, wenn die durch Tatsachen begründete Besorgnis besteht, dass infolge der personellen Maßnahme im Betrieb beschäftigte ArbN gekündigt werden oder sonstige **Nachteile** erleiden, ohne dass dies aus betriebl. oder persönl. Gründen gerechtfertigt ist. Nach der Novellierung des BetrVG gilt bei unbefristeter Einstellung als Nachteil auch die Nichtberücksichtigung eines gleich geeigneten befristeten Beschäftigten. Dieses Zustimmungsverweigerungsrecht wird regelmäßig nur bei Einstellungen und Versetzungen in Betracht kommen. Bei Eingruppierungen und Umgruppierungen lassen sich regelmäßig keine nachteiligen Auswirkungen auf andere ArbN denken[8]. § 99 II Nr. 3 setzt einen **ursächlichen Zusammenhang** zwischen einer mitbestimmungspflichtigen Maßnahme und einer befürchteten Kündigung bzw. dem sonstigen Nachteil voraus. Dies folgt aus dem Tatbestandsmerkmal „infolge". Ein ursächlicher Zusammenhang ist aber schon zu bejahen, wenn Kündigung und personelle Einzelmaßnahme Folge derselben Betriebsänderung sind und wenn diese eine Auswahlentscheidung nach § 1 III KSchG erforderlich macht[9]. Es genügt also, dass die ins Auge gefasste personelle Maßnahme mitursächlich für eine Kündigung oder einen sonstigen Nachteil wird. Das ist nicht mehr der Fall, wenn die ins Auge gefasste personelle Maßnahme selbst noch nicht zu einem Nachteil führt, dieser aber beim Hinzutreten einer weiteren jedoch noch ungewissen Tatsache ausgelöst wird. In diesem Fall ist die Ursächlichkeit zu verneinen[10].

---

1 BAG v. 14.12.2004 – 1 ABR 54/03, AP Nr. 121 zu § 99 BetrVG 1972. | 2 So *Richardi/Thüsing*, § 99 BetrVG Rz. 201; aA DKK, § 99 BetrVG Rz. 177. | 3 Vgl. DKK, § 99 BetrVG Rz. 177 mwN. | 4 BAG v. 10.3.1992 – 1 ABR 67/91, AP Nr. 96 zu § 99 BetrVG 1972. | 5 *Richardi/Thüsing*, § 99 BetrVG Rz. 203. | 6 Vgl. DKK, § 99 BetrVG Rz. 180. | 7 *Fitting*, § 99 BetrVG Rz. 219; GK-BetrVG/*Kraft/Raab*, § 99 Rz. 139; aA *Blomeyer*, GS Dietz, S. 147, 165 f. | 8 LAG Hamm v. 1.8.1979 – 12 TABV 39/79, DB 1979, 2499 (2500). | 9 BAG v. 15.9.1987 – 1 ABR 29/86, AP Nr. 45 zu § 99 BetrVG 1972. | 10 DKK, § 99 BetrVG Rz. 184.

Der BR muss eine **durch Tatsachen begründete Besorgnis** von durch die Maßnahme ausgelösten Nachteilen vortragen. Es ist also nicht erforderlich, dass wegen der personellen Einzelmaßnahme tatsächlich einem im Betrieb beschäftigten ArbN gekündigt wird oder dieser sonstige Nachteile erleidet. Vielmehr lässt das Gesetz die Besorgnis genügen. Auf der anderen Seite reichen reine Vermutungen des BR nicht aus. Grundlage einer begründeten Verweigerung können daher nur greifbare, feststehende Umstände bilden, nicht aber vage Vorstellungen oder theoretisierende Mutmaßungen[1]. Dabei lässt sich als Tatsache alles Vorhandene, Geschehene oder Geschehende, das durch äußere oder innere Wahrnehmung erfasst wird, definieren[2]. 75

Das Gesetz hebt als einen ausdrücklichen **Nachteil** die durch eine personelle Einzelmaßnahme verursachte **Kündigung** anderer im Betrieb beschäftigter ArbN besonders hervor. Damit dient das Zustimmungsverweigerungsrecht in § 99 II Nr. 3 der Ergänzung des Kündigungsschutzes[3]. Mit Kündigung ist hier nicht nur die Beendigungskündigung gemeint. Vielmehr ist das Zustimmungsverweigerungsrecht auch dann einschlägig, wenn infolge der Einstellung oder Versetzung eine **Änderungskündigung** zu besorgen ist[4]. Regelmäßig wird der Zustimmungsverweigerungstatbestand dann einschlägig sein, wenn die Einstellung oder Versetzung auf einen Arbeitsplatz erfolgt, der noch mit einem ArbN besetzt ist[5]. Der BR ist nach Auffassung des BAG indes nicht berechtigt, seine Zustimmung zu der Versetzung zu verweigern, wenn der versetzte oder eingestellte ArbN iSd. § 1 III KSchG sozial stärker schutzbedürftig ist als der Arbeitsplatzinhaber, mit der Folge, dass nach den Grundsätzen für eine **soziale Auswahl** des zu kündigenden ArbN die betriebsbedingte Kündigung gerade gegenüber demjenigen ArbN auszusprechen sei, auf dessen Arbeitsplatz die Versetzung erfolgen soll[6]. Hat der ArbGeb einem Arbeitsplatzinhaber gekündigt, obwohl dieser sozial schutzbedürftiger ist als derjenige, der neu eingestellt oder auf diesen Arbeitsplatz versetzt werden soll, so hindert allein der Ausspruch der Kündigung nicht den BR, sich auf das Zustimmungsverweigerungsrecht gem. § 99 II Nr. 3 zu berufen[7]. Andernfalls könnte der ArbGeb das MitbestR des BR nach § 99 unterlaufen. Das Zustimmungsverweigerungsrecht ist jedoch dann nicht mehr gegeben, wenn die bereits ausgesprochene Kündigung zur endgültigen Beendigung des Arbeitsverhältnisses geführt hat[8]. 76

Das BAG zieht den Anwendungsbereich des § 99 II Nr. 3 sehr weit. Geraten etwa die Arbeitsplätze mehrerer vergleichbarer ArbN in Wegfall und stehen für einen Teil dieser ArbN andere Beschäftigungsmöglichkeiten zur Verfügung, mit der Folge, dass eine Sozialauswahl nach § 1 III KSchG erforderlich wird, so begründet etwa die Versetzung eines ArbN auf einen der freien Arbeitsplätze die Besorgnis, dass einem anderen ArbN infolge dieser Maßnahme gekündigt wird[9]. Hier verliert das Zustimmungsverweigerungsrecht nach § 99 II Nr. 3 jede Kontur. Sinn der Regelung ist schließlich lediglich, den Arbeitsplatzinhaber davor zu schützen, dass durch eine personelle Maßnahme der Kreis der mit ihm vergleichbaren ArbN erweitert wird, mit der Folge, dass sich für ihn die Gefahr einer Kündigung erhöht[10]. Wenn damit das Zustimmungsverweigerungsrecht des BR auf die richtige Durchführung der Sozialauswahl ausgerichtet ist, bedeutet dies zwangsläufig, dass ein Zustimmungsverweigerungsrecht dann nicht besteht, wenn die auf Grund der personellen Einzelmaßnahme zu erwartende Kündigung sozial gerechtfertigt wäre. § 99 II Nr. 3 dient letztlich der Absicherung des individualrechtl. Kündigungsschutzes, nicht aber soll durch diese Vorschrift der BR in die Lage versetzt werden, durch entsprechende Ausübung des Zustimmungsverweigerungsrechts den im Betrieb beschäftigten ArbN einen zusätzlichen Kündigungsschutz zu gewähren. 77

Gem. § 99 II Nr. 3 ist der BR berechtigt, die Zustimmung zu einer personellen Einzelmaßnahme auch dann zu verweigern, wenn diese die durch Tatsachen begründete Besorgnis **sonstiger Nachteile** für die im Betrieb beschäftigten ArbN auslöst. Hierbei definiert das Gesetz nicht, um welche Art von Nachteilen es sich handeln muss. Man wird jedoch verlangen müssen, dass es sich zumindest um erhebliche und ins Gewicht fallende Nachteile zu handeln hat[11]. Ein Nachteil lässt sich als eine **Verschlechterung des bisherigen rechtl. oder tatsächlichen Status** definieren. Nachteile in diesem Sinne sind also nicht nur der Verlust einer Rechtsposition oder einer rechtserheblichen Anwartschaft. Vielmehr können auch die auf der Versetzung eines ArbN beruhenden **erheblichen Erschwerungen** der Arbeit für die in der Abteilung verbleibenden ArbN nachteilig sein[12]. Dabei ist der Umstand, dass andere ArbN infolge einer Einstellung oder Versetzung die Aussicht verlieren, den zu besetzenden, als besser empfundenen Arbeitsplatz zu bekommen, nicht als Nachteil, sondern nur als Verlust einer rechtlich nicht geschützten Chance zu werten[13]. Ebenso wenig als Nachteil anzusehen ist es, wenn auf Grund der personellen Einzelmaß- 78

1 LAG Schl.-Holst. v. 18.1.1993 – 4 TABV 43/92, ARST 1993, 155. | 2 LAG Rh.-Pf. v. 10.12.1981 – 4 TABV 27/81, DB 1982, 652. | 3 BAG v. 30.8.1995 – 1 ABR 11/95, AP Nr. 5 zu § 99 BetrVG 1972 – Versetzung. | 4 BAG v. 30.8.1995 – 1 ABR 11/95, AP Nr. 5 zu § 99 BetrVG 1972 – Versetzung. | 5 BAG v. 15.9.1987 – 1 ABR 29/86, AP Nr. 45 zu § 99 BetrVG 1972. | 6 BAG v. 15.9.1987 – 1 ABR 29/86, AP Nr. 45 zu § 99 BetrVG 1972. | 7 MünchArbR/*Matthes*, § 352 Rz. 76; *Richardi/Thüsing*, § 99 BetrVG Rz. 213; aA *Löwisch/Kaiser*, § 99 BetrVG Rz. 60; GK-BetrVG/*Kraft/Raab*, § 99 Rz. 142. | 8 *Richardi/Thüsing*, § 99 BetrVG Rz. 213. | 9 BAG v. 30.8.1995 – 1 ABR 11/95, AP Nr. 5 zu § 99 BetrVG 1972. | 10 So zu Recht *Löwisch/Kaiser*, § 99 BetrVG Rz. 59. | 11 MünchArbR/*Matthes*, § 352 Rz. 77. | 12 BAG v. 6.10.1978 – 1 ABR 51/77, AP Nr. 10 zu § 99 BetrVG 1972; v. 15.9.1987 – 1 ABR 44/86, AP Nr. 46 zu § 99 BetrVG 1972. | 13 Vgl. BAG v. 26.10.2004 – 1 ABR 45/03, AP Nr. 41 zu § 99 BetrVG 1972 – Versetzung; v. 18.9.2002 – 1 ABR 56/01, AP Nr. 31 zu § 99 BetrVG 1972 – Versetzung.

nahme **Überstunden** abgebaut werden und damit der Verlust eines höheren Einkommens verbunden ist. Schließlich besteht für ArbN kein Anspruch auf Leistung von Überstunden[1]. Anders ist es aber zu sehen, wenn auf Grund der personellen Einzelmaßnahme die Besorgnis besteht, dass zusätzliche Überstunden anfallen. Ebenso ist bei einer durch die personelle Einzelmaßnahme hervorgerufenen deutlichen **Leistungsverdichtung** von einem erheblichen Nachteil iSv. § 99 II Nr. 3 auszugehen[2].

79 Unabhängig davon, ob ein Nachteil iSv. § 99 II Nr. 3 vorliegt, besteht ein Zustimmungsverweigerungsgrund dann nicht, wenn die zu erwartenden Kündigungen oder sonstigen Nachteile aus **betrieblichen oder persönlichen Gründen gerechtfertigt** sind. Dies ist hypothetisch in Anlehnung an § 1 II und III KSchG zu prüfen[3]. Allerdings ist darauf hinzuweisen, dass etwa die auf Grund einer personellen Einzelmaßnahme zu befürchtenden Nachteile nur dann gerechtfertigt sind, wenn eine Kündigung eines ArbN sozial gerechtfertigt iSd. KSchG wäre[4]. Zwar trägt grds. der BR die **Darlegungs- und Beweislast** für das Vorliegen eines Widerspruchsgrundes; dafür, dass die Nachteile durch betriebl. oder persönl. Gründe des betroffenen ArbN gerechtfertigt sind, trägt allerdings der ArbGeb die Darlegungs- und Beweislast[5].

80 Mit dem Gesetz zur Reform des BetrVG hat der Gesetzgeber eine Ergänzung des Zustimmungsverweigerungstatbestandes des § 99 II Nr. 3 vorgenommen. Danach gilt bei einer unbefristeten Einstellung als Nachteil auch die **Nichtberücksichtigung** eines gleich geeigneten **befristet Beschäftigten**. Der Regelungsumfang dieser Ergänzung beschränkt sich jedoch nur auf das Vorliegen eines Nachteils. Weder trifft die Novellierung Aussagen darüber, ob die Nichtberücksichtigung eines gleich geeigneten befristeten Beschäftigten in einem kausalen Verhältnis zur personellen Einzelmaßnahme steht, noch ist durch § 99 II Nr. 3 letzter Hs. bereits bestimmt, dass die Nichtberücksichtigung eines gleich geeigneten befristeten Beschäftigten nicht durch betriebl. oder persönl. Gründe gerechtfertigt ist. Nach der Gesetzesbegründung soll durch die Ergänzung in § 99 II Nr. 3 dem BR ausdrücklich zur Aufgabe gemacht werden, im Rahmen der Personalpolitik des ArbGeb darauf zu achten und hinzuwirken, dass im Betrieb befristet beschäftigte ArbN eine Chance erhalten, in ein Dauerarbeitsverhältnis zu wechseln. Damit soll gleichzeitig ein Beitrag zur Beschäftigungssicherung dieser Personengruppe geleistet werden[6].

81 Die Vorschrift des § 99 II Nr. 3 letzter Hs. hat eine erhebliche Anzahl **offener Fragen** aufgeworfen. So wird vertreten, dass § 99 II Nr. 3 lediglich verhindern wollte, dass ArbN zu Gunsten externer Bewerber benachteiligt werden, hingegen der interne Wettbewerb um Arbeitsplätze nicht beeinflusst werden soll[7]. Hintergrund dieser Auffassung ist, dass das Gesetz nur die Einstellung nennt und die Versetzung ausspart. Daraus wird geschlossen, dass die Vorschrift eben nicht den internen Wettbewerb um Arbeitsplätze betrifft. Insofern dürfe der BR nicht widersprechen, wenn eine unbefristete Stelle an einen bereits im Betrieb befristet beschäftigten ArbN vergeben wird zu Lasten eines anderen ebenfalls befristet im Betrieb beschäftigten ArbN. Einschlägig wird das Zustimmungsverweigerungsrecht jedoch nur bei unbefristeter Einstellung. Insofern besteht kein Zustimmungsverweigerungsrecht auf Grund des § 99 II Nr. 3, wenn der ArbGeb eine weitere befristete Einstellung vornimmt, obwohl er diese auch hätte unbefristet vornehmen können[8]. Der BR kann nämlich nicht verlangen, dass anstatt einer befristeten Einstellung eine **unbefristete Einstellung** vorgenommen wird. Dies bedeutet letztlich eine Gesetzeslücke. Wenn die Befristung des Arbeitsverhältnisses eines einzustellenden externen Bewerbers zeitlich weiterreicht, als die eines Konkurrenten, löst sich die **Konkurrenzsituation** auf Grund Zeitablaufs auf, wenn der interne Konkurrent auf Grund Ablaufs der Befristung den Betrieb verlassen muss und dann der befristet neu eingestellte ArbN eine unbefristete Anstellung erhält[9]. Ebenso wenig kann der BR auf Grund von § 99 II Nr. 3 letzter Hs. verlangen, dass ein bereits ausgeschiedener ehemals befristet Beschäftigter bei einer geplanten unbefristeten Einstellung vorrangig zum Zuge kommt. § 99 II Nr. 3 dient schließlich nur dem Schutz der aktiven Belegschaft, soweit diese befristet beschäftigt ist. Ohnehin kommt ein Zustimmungsverweigerungsrecht auf Grund der Novellierung des § 99 II Nr. 3 nur dann in Betracht, wenn der befristet beschäftigte, betriebsinterne **Konkurrent** gleich **geeignet** ist. Das heißt aber auch, dass der BR befristet beschäftigten ArbN auf der Grundlage von § 99 II Nr. 3 keine Beförderungsstelle verschaffen kann, da andernfalls der befristete ArbN besser stünde als der gekündigte ArbN, bei dem eine Sozialauswahl vorzunehmen ist[10]. Ob ein befristet beschäftigter ArbN iSd. § 99 II Nr. 3 als gleich geeignet anzusehen ist, obliegt dem **Beurteilungsspielraum des ArbGeb**[11]. Liegt im Rahmen dieses Beurteilungsspielraums keine gleiche Eignung vor, so steht dem BR auch kein Zustimmungsrecht zu[12]. Eine besondere Problematik liegt allerdings bei Probearbeitsverhältnissen vor. Hier soll es den Parteien, insb. dem ArbGeb, freistehen, ob er sich nach Ablauf eines befristeten Probearbeitsverhältnisses dauerhaft an den jeweiligen ArbN binden will. In diesen Fällen macht es keinen Sinn, dass der

1 MünchArbR/*Matthes*, § 352 Rz. 78. | 2 DKK, § 99 BetrVG Rz. 189; ArbG Bielefeld v. 15.1.2003 – 3 BV 78/02; kritisch ErfK/*Kania*, § 99 BetrVG Rz. 30. | 3 BAG v. 30.8.1995 – 1 ABR 11/95, AP Nr. 5 zu § 99 BetrVG 1972 – Versetzung; *Richardi/Thüsing*, § 99 BetrVG Rz. 225. | 4 So GK-BetrVG/*Kraft/Raab*, § 99 Rz. 142; *Richardi/Thüsing*, § 99 BetrVG Rz. 225; einschr. offenbar DKK, § 99 BetrVG Rz. 191. | 5 *Fitting*, § 99 BetrVG Rz. 195 mwN. | 6 BR-Drs. 140/01, S. 115. | 7 *Löwisch/Kaiser*, § 99 BetrVG Rz. 63; aA *Oetker*, NZA 2003, 937 (939). | 8 *Hanau*, ZIP 2001, 1981 (1987). | 9 *Rieble*, NZA-Sonderheft 2001, 48 (57). | 10 So zu Recht *Rieble*, NZA-Sonderheft 2001, 48 (57). | 11 *Hanau*, RdA 2001, 65 (73); *Löwisch/Kaiser*, § 99 BetrVG Rz. 63. | 12 *Rieble*, NZA-Sonderheft 2001, 48 (57).

BR die Entscheidung des ArbGeb, sich von einem zur Probe beschäftigten ArbN nach Ablauf dessen Probezeit trennen zu wollen, konterkarieren kann, indem von dem Zustimmungsverweigerungsrecht nach § 99 II Nr. 3 Gebrauch macht. Insofern wird zu Recht gefordert, dass § 99 II Nr. 3 letzter Hs. teleologisch zu reduzieren ist, mit der Folge, dass zu Gunsten von ArbN, die sich in der sechsmonatigen Probezeit befinden, der BR von seinem Zustimmungsverweigerungsrecht nicht Gebrauch machen kann. Anderenfalls würden diese befristet beschäftigten ArbN besser gestellt als unbefristete Beschäftigte[1].

d) Benachteiligung des betroffenen Arbeitnehmers (Nr. 4). Gem. **§ 99 II Nr. 4** kann der BR die Zustimmung zu einer personellen Einzelmaßnahme verweigern, wenn der **betroffene ArbN** durch die **personelle Maßnahme** benachteiligt wird, ohne dass dies aus betrieblichen oder in der Person des ArbN liegenden Gründen gerechtfertigt ist. Nach mittlerweile st. Rspr. dient § 99 II Nr. 4 allein der Wahrung der Interessen des betroffenen ArbN. Dies entspricht dem Willen des Gesetzgebers, dem BR ein Zustimmungsverweigerungsrecht bei Nichtbeachtung berechtigter Belange des unmittelbar von einer personellen Maßnahme betroffenen ArbN einzuräumen[2]. Demzufolge ist betroffener ArbN iSd. § 99 II Nr. 4 nur derjenige, auf den sich die personelle Maßnahme unmittelbar bezieht. Wirkt sich die personelle Maßnahme auf andere im Betrieb beschäftigte ArbN aus, kann insoweit § 99 II Nr. 3 einschlägig sein[3]. Auf der Grundlage der hM kann daher der Zustimmungsverweigerungsgrund des § 99 II Nr. 4 nicht auf den Fall der **Einstellung** Anwendung finden, da der **einzustellende Bewerber** durch seine Einstellung keinen Nachteil erleidet und ein etwa übergangener Bewerber aus Sicht der hM durch § 99 II Nr. 4 nicht geschützt wird[4]. Auch das **Einverständnis** des betroffenen ArbN zur Benachteiligung schließt das Zustimmungsverweigerungsrecht des BR nicht aus[5]. Etwas anderes gilt dann, wenn die Regelung des § 99 durch die Privatautonomie des einzelnen ArbN überlagert wird. Dies wird man in den Fällen annehmen können, in denen der ArbN selbst eine personelle Einzelmaßnahme, wie etwa eine Versetzung, wünscht. Da der BR auch nicht verhindern kann, dass etwa ein ArbN das Arbeitsverhältnis beendet, wird man dem BR ein Zustimmungsverweigerungsrecht in Bezug auf eine solche **gewünschte Versetzung** absprechen müssen[6]. Das BAG weist aber zutreffend darauf hin, dass allein der Verzicht auf die Erhebung einer Klage gegen eine entsprechende Änderungskündigung nicht genügt, um darauf schließen zu können, dass eine Versetzung dem Wunsch eines betroffenen ArbN entspricht[7]. 82

Regelmäßig wird gerade bei **Versetzungen** die Frage auftauchen, ob die personelle Maßnahme für den betroffenen ArbN einen **Nachteil** bedeutet. Derartige Nachteile können vielfältig sein. Einmal können sich die materiellen Arbeitsbedingungen verschlechtern, wenn zB durch den neu zugewiesenen Tätigkeitsbereich der betroffene ArbN in eine geringer entlohnte Gehaltsgruppe eingruppiert werden muss. Aber auch aus den äußeren Umständen, die sich auf Grund der Versetzung ändern, kann ein Nachteil für den betroffenen ArbN erwachsen. Dies kann etwa der Fall sein, dass die neue Tätigkeit unter erschwerten Bedingungen zu erbringen ist oder dass für den ArbN längere **Wegezeiten** anfallen. Das Zustimmungsverweigerungsrecht des BR entfällt jedoch, wenn die jeweilige personelle Maßnahme, insb. eine Versetzung, und die mit ihr verbundenen Nachteile **durch betriebliche oder in der Person des ArbN** liegende Gründe **gerechtfertigt** sind. Ob ein solcher Rechtfertigungsgrund vorliegt, ist in Anlehnung an die Regelungen des § 1 KSchG zu prüfen[8]. Insbesondere darf in diesem Zusammenhang eine unternehmerische Entscheidung, Arbeitsplätze zu verlagern, nicht auf ihre Zweckmäßigkeit überprüft werden[9]. 83

e) Unterlassen einer Ausschreibung (Nr. 5). Der BR kann die Zustimmung zu einer personellen Maßnahme darüber hinaus verweigern, wenn eine nach § 93 erforderliche **Ausschreibung** unterblieben ist. Dies gilt auch dann, wenn zwar ausgeschrieben wurde, die Ausschreibung jedoch unvollständig ist oder eine mit dem BR vereinbarte Form nicht eingehalten wurde[10]. So genügt der ArbGeb nicht der vom BR geforderten innerbetriebl. Stellenausschreibung, wenn er eine bestimmte Stelle im Betrieb zwar ausschreibt, in einer Stellenanzeige in der Tagespresse dann aber geringere Anforderungen für die Bewerbung um diese Stelle nennt[11]. Darüber hinaus soll zwischen der innerbetriebl. Stellenaus- 84

---

1 Vgl. zu diesem Komplex *Hanau*, RdA 2001, 73; *Konzen*, RdA 2001, 76 (92); *Preis/Lindemann*, NZA Sonderheft 2001, 33 (47); *Rieble*, NZA-Sonderheft 2001, 48 (57); kritisch *Richardi/Thüsing*, § 99 BetrVG Rz. 220. | **2** So ausdrücklich BAG v. 6.10.1978 – 1 ABR 51/77, AP Nr. 10 zu § 99 BetrVG 1972; v. 20.9.1990 – 1 ABR 37/90, AP Nr. 84 zu § 99 BetrVG 1972; v. 2.4.1996 – 1 ABR 39/95, AP Nr. 9 zu § 99 BetrVG 1972 – Versetzung; aA *Heinze*, Personalplanung, Rz. 326. | **3** BAG v. 6.10.1978 – 1 ABR 51/77, AP Nr. 10 zu § 99 BetrVG 1972. | **4** BAG v. 6.10.1978 – 1 ABR 51/77, AP Nr. 10 zu § 99 BetrVG 1972; *Richardi/Thüsing*, § 99 BetrVG Rz. 228; aA *Heinze*, Personalplanung, S. 322, der zu Recht auf den Fall hinweist, dass ein ArbN zu schlechteren Arbeitsbedingungen, als sie für vergleichbare ArbN innerhalb der Belegschaft bisher gelten, eingestellt wird und hieraus eine Benachteiligung des einzustellenden ArbN folgt. | **5** *Fitting*, § 99 BetrVG Rz. 202; *Heinze*, Personalplanung, Rz. 324; aA GK-BetrVG/*Kraft*/*Raab*, § 99 Rz. 159 (die letztere Auffassung erklärt sich vor dem Hintergrund, dass nach ihr lediglich Individualinteressen und keine kollektiven Interessen durch § 99 Abs. 2 Nr. 4 geschützt werden). | **6** BAG v. 20.9.1990 – 1 ABR 37/90, AP Nr. 84 zu § 99 BetrVG 1972; v. 2.4.1996 – 1 ABR 39/95, AP Nr. 9 zu § 99 BetrVG 1972 – Versetzung; aA *v. Hoyningen-Huene*, NZA 1993, 145 (148). | **7** BAG v. 2.4.1996 – 1 ABR 39/95, AP Nr. 9 zu § 99 BetrVG 1972 – Versetzung. | **8** *Heinze*, Personalplanung, Rz. 323. | **9** BAG v. 16.1.2007 – 1 ABR 16/06, EzA § 99 BetrVG 2001 – Versetzung Nr. 3. | **10** MünchArbR/*Matthes*, § 352 Rz. 86; DKK, § 99 BetrVG Rz. 198; *Fitting*, § 99 BetrVG Rz. 251; BAG v. 18.12.1990 – 1 ABR 15/90, AP Nr. 85 zu § 99 BetrVG 1972. | **11** BAG v. 23.2.1988 – 1 ABR 82/86, AP Nr. 2 zu § 93 BetrVG 1972.

schreibung und der Einstellung eines externen Bewerbers mindestens eine Woche liegen[1]. Umstritten ist die Frage, ob der BR unter Berufung auf **§ 99 II Nr. 5** die Zustimmung zu einer Einstellung verweigern kann, wenn die freien Arbeitsplätze entgegen § 11 AGG nicht benachteiligungsfrei ausgeschrieben wurden[2]. Der Zustimmungsverweigerungsgrund in § 99 II Nr. 5 hat jedoch nicht zur Aufgabe, die **allgemeine Rechtmäßigkeit von Ausschreibungen** sicherzustellen. Vielmehr soll das Recht des BR, personellen Einzelmaßnahmen seine Zustimmung auf Grund des § 99 II Nr. 5 zu versagen, dazu dienen, das **MitbestR** nach § 93 **abzusichern**. Hierfür ist jedoch nicht erforderlich, dass der BR seine Zustimmung zu personellen Einzelmaßnahmen auch dann verweigern kann, wenn dem ArbGeb unabhängig vom Recht des BR nach § 93 Rechtsfehler unterlaufen oder etwa der BR überhaupt keine Ausschreibung verlangt hat[3].

85 Allerdings darf der BR sein Zustimmungsverweigerungsrecht nach § 99 II Nr. 5 nicht **rechtsmissbräuchlich** ausüben, was zB der Fall wäre, wenn bereits vorher feststand, dass kein ArbN des Betriebs für den zu besetzenden Arbeitsplatz in Betracht kommt[4]. Ebenfalls fehlt es an einem Zustimmungsverweigerungsrecht, wenn der ArbGeb mittlerweile erkannt hat, dass er die Ausschreibung mangelhaft durchgeführt hat und die Ausschreibung dann korrekt nachholt, ohne dass weitere Bewerbungen eingehen. In diesem Fall darf sich der BR nicht im Hinblick auf den Zustimmungsverweigerungsgrund des § 99 II Nr. 5 auf die zuerst fehlerhafte Ausschreibung berufen[5].

86 **f) Störung des Betriebsfriedens (Nr. 6).** Gem. **§ 99 II Nr. 6** kann der BR die Zustimmung auch verweigern, wenn die durch Tatsachen begründete Besorgnis besteht, dass der für die personelle Maßnahme in Aussicht genommene Bewerber oder ArbN den **Betriebsfrieden** durch gesetzwidriges Verhalten oder durch grobe Verletzung der in § 75 I enthaltenen Grundsätze, insb. durch **rassistische** oder **fremdenfeindliche Betätigung**, stören werde. Dieser Zustimmungsverweigerungsgrund kommt nur bei der Einstellung und bei der Versetzung in Betracht. Hierdurch wird das in § 104 enthaltene Recht des BR ergänzt, vom ArbGeb die Entfernung betriebstörender ArbN zu verlangen. Der Tatbestand des § 99 II Nr. 6 setzt insgesamt eine **Prognoseentscheidung** voraus. Dh., es müssen also Tatsachen vorliegen, die darauf schließen lassen, dass der von der personellen Maßnahme Betroffene bei Durchführung dieser Maßnahme den Betriebsfrieden durch gesetzwidriges Verhalten oder durch eine grobe Verletzung der in § 75 I enthaltenen Grundsätze stören werde. Nicht das vergangene tatsächliche, sondern das künftig zu besorgende Verhalten muss gesetzwidrig sein oder gegen § 75 I verstoßen[6]. Anknüpfungspunkt kann also nur das erwartete Verhalten des von der personellen Maßnahme Betroffenen sein. So kann der BR die Zustimmung zu einer Einstellung eines Bewerbers nicht etwa deshalb verweigern, weil die jeweilige **Einstellung** des Bewerbers zu religiösen, politischen oder gewerkschaftlichen Fragen zu einer Störung des Betriebsfriedens führen wird. Erst wenn zu erwarten steht, dass der Bewerber durch sein **Verhalten** die in § 75 I genannten Grundsätze grob verletzen wird und dieses Verhalten zu einer Störung des Betriebsfriedens führen wird, kann der BR von seinem Zustimmungsverweigerungsrecht nach § 99 II Nr. 6 Gebrauch machen[7]. Ein gesetzeswidriges Verhalten, welches zu einer Störung des Betriebsfriedens führen kann, wird bspw. anzunehmen sein bei Diebstählen zu Lasten der Arbeitskollegen, Beleidigungen, Mobbing, Verleumdungen, sexuellen Belästigungen am Arbeitsplatz, Körperverletzungsdelikten am Arbeitsplatz etc. Ein gesetzeswidriges Verhalten ist aber unerheblich, wenn es in keinerlei **Zusammenhang zum betrieblichen Geschehen** steht[8]. Besonders betont hat der Gesetzgeber nunmehr, dass der BR ein Zustimmungsverweigerungsrecht dann hat, wenn die durch Tatsachen begründete Besorgnis besteht, dass der für die personelle Maßnahme in Aussicht genommene Bewerber oder ArbN den Betriebsfrieden durch **rassistische oder fremdenfeindliche Betätigung** stören werde. Hiermit sollte dem BR eine ausdrückliche Handhabe eingeräumt werden, um zu gewährleisten, dass in Betrieben kein Raum für Rassismus und Fremdenfeindlichkeit ist. Dieser Zustimmungsverweigerungsgrund bezieht sich auf alle Nationalitäten. Gerade in Großbetrieben, in denen viele Nationalitäten in der Belegschaft zusammentreffen, hat nunmehr der BR die Aufgabe erhalten, präventiv sich zu bemühen, rassistischer und fremdenfeindlicher Tätigkeit in jedweder Form vorzubeugen.

87 Allerdings muss die Besorgnis der Störung des Betriebsfriedens durch Tatsachen begründet sein. Bloße **Vermutungen** des BR oder „allgemeine Erfahrungen" reichen hierfür nicht aus. Deshalb genügt auch nicht der Hinweis, dass ein Bewerber nicht in die Belegschaft passe[9].

88 **V. Zustimmungsverweigerungsverfahren.** Wenn der BR seine Zustimmung zu einer personellen Einzelmaßnahme verweigern will, so hat er dies dem ArbGeb unter Angabe von Gründen gem. § 99 III 1 **innerhalb einer Woche schriftl.** mitzuteilen. Dagegen kann die Erteilung der Zustimmung ohne die Beachtung besonderer Formvorschriften erfolgen. Dies kann also mündlich und ohne Begründung ge-

1 ArbG Reutlingen v. 9.9.1990 – 1 Bv 20/93, AiB 1994, 122. | 2 Für ein Zustimmungsverweigerungsrecht: LAG Hess. v. 13.7.1999 – 4 TABV 192/97 – LAGE § 99 BetrVG 1972 Nr. 58; *Fitting*, § 99 BetrVG Rz. 205; DKK, § 99 BetrVG Rz. 198; gegen ein Zustimmungsverweigerungsrecht: MünchArbR/*Matthes*, § 352 Rz. 86. | 3 BAG v. 14.12.2004 – 1 ABR 54/03, AP Nr. 121 zu § 99 BetrVG 1972; *Weller*, AuR 2005, 255 (257). | 4 *Richardi/Thüsing*, § 99 BetrVG Rz. 238. | 5 MünchArbR/*Matthes*, § 352 Rz. 85. | 6 BAG v. 16.11.2004 – 1 ABR 48/03, AP Nr. 44 zu § 99 BetrVG – Einstellung. | 7 So zu Recht: *Richardi/Thüsing*, § 99 BetrVG Rz. 243. | 8 *Fitting*, § 99 BetrVG Rz. 259. | 9 *Richardi/Thüsing*, § 99 BetrVG Rz. 244.

schehen. Auch ist der BR bei Erteilung der Zustimmung nicht an die Wochenfrist gebunden. Er kann also, nachdem er zunächst frist- und formgerecht seine Zustimmungsverweigerung erklärt hat, später auch nach Ablauf der Wochenfrist seine Zustimmung erteilen. Wenn der BR einmal seine Zustimmung erteilt hat, so ist dies bindend. Er kann also nicht nachträglich, etwa noch vor Ablauf der Wochenfrist, diese **Zustimmung zurücknehmen** und stattdessen noch ausdrücklich die Zustimmung verweigern[1]. Aber auch wenn der BR meint, die Unterrichtung durch den ArbGeb sei unzureichend gewesen, muss er nach der Rspr. innerhalb der Wochenfrist hierauf hinweisen; andernfalls gilt die Zustimmung als erteilt[2]. Die Zustimmung bedarf dem Grundsatz nach eines wirksamen Beschlusses des BR oder eines Gremiums, dem der BR diese Aufgabe übertragen hat. Der ArbGeb darf zwar grds. auf die Wirksamkeit eines entsprechenden Beschlusses vertrauen, wenn ihm der BR-Vorsitzende oder sein Vertreter mitteilt, der BR habe die beantragte Zustimmung erteilt[3]. Dies gilt aber dann nicht, wenn der ArbGeb die Tatsachen kennt oder kennen muss, aus denen die Unwirksamkeit des Beschlusses folgt[4].

Will der BR die Zustimmung jedoch zu einer bestimmten personellen Maßnahme verweigern, so hat dieses schriftl. zu erfolgen. Hierzu genügt es nicht, dass überhaupt schriftl. der Widerspruch eingelegt wird, vielmehr muss der **Widerspruch** des BR **mit Gründen versehen** sein. Eine Zustimmungsverweigerung ohne Gründe ist von der Rspr. bisher als unwirksam erklärt worden[5]. Für die Beachtung der Schriftform gilt, dass die **Unterschrift** des BR-Vorsitzenden unter der Urkunde diese räumlich abschließen muss[6]. Einerseits aber braucht die Urkunde nach der Rspr. des BAG nicht die **eigenhändige Originalunterschrift** aufzuweisen, so dass die Zustimmungsverweigerung auch mittels **Telefax** erfolgen kann[7]. Andererseits genügt die Zustimmungsverweigerung per E-Mail ohne Identitätsfunktion nicht dem Erfordernis der Schriftlichkeit gem. § 99 III[8]. Befindet sich die Begründung zur Zustimmungsverweigerung auf einer nicht unterschriebenen Anlage, so ist die Form nur eingehalten, wenn die unterzeichnete Erklärung auf die beigefügte Begründung in der Anlage verweist, diese mit der unterzeichneten Erklärung fest verbunden ist und kein Zweifel möglich ist, dass sie die Willensbildung des BR-Gremiums wiedergibt[9]. Auch ein **Vorbehalt, die Begründung nachzureichen**, reicht nicht aus, wenn die schriftl. Begründung nicht fristgemäß erfolgt. 89

Inhaltlich darf sich die **Begründung** nicht auf die Wiederholung des Wortlauts einer der Tatbestände des Abs. 2 beschränken. Ebenso wenig ist eine pauschale Ablehnung der jeweiligen Maßnahme, etwa in einem Massenverfahren, ausreichend[10]. Dagegen ist nicht erforderlich, dass der Zustimmungsverweigerungsgrund ziffernmäßig benannt wird. Es genügt, wenn die vom BR für die Verweigerung seiner Zustimmung vorgetragene Begründung es als möglich erscheinen lässt, dass einer der in § 99 II abschließend genannten Zustimmungsverweigerungsgründe geltend gemacht wird[11]. Damit ist nur eine Begründung, die offensichtlich auf keinen der Verweigerungsgründe Bezug nimmt, unbeachtlich, mit der Konsequenz, dass die Zustimmung des BR nach Fristablauf als erteilt gilt. Dagegen ist auch eine **unzutreffende Begründung** vom ArbGeb zu beachten, mit der Konsequenz, dass dieser das ArbG anrufen muss, um die Stichhaltigkeit der Gründe nachzuprüfen[12]. Dies bedeutet aber auch, dass es nicht zu den Wirksamkeitsvoraussetzungen einer Zustimmungsverweigerung gehört, dass die vom BR angegebenen Gründe tatsächlich existieren[13]. 90

Der BR hat sein Zustimmungsverweigerungsrecht innerhalb der Wochenfrist auszuüben. Die **Wochenfrist** beginnt gem. § 187 I BGB mit dem Tag nach der Unterrichtung und endet gem. § 188 II BGB mit dem Ablauf des Tages der nächsten Woche, der dem Tag der Unterrichtung entspricht. In Lauf gesetzt wird die Wochenfrist durch die **ordnungsgemäße Unterrichtung** des BR durch den ArbGeb[14]. Was für eine ordnungsgemäße Unterrichtung erforderlich ist, hängt im Einzelfall von der geplanten personellen Einzelmaßnahme ab. Hält der BR die Unterrichtung durch den ArbGeb nicht für ordnungsgemäß, so ist er aber aus dem Gebot einer vertrauensvollen Zusammenarbeit verpflichtet, innerhalb der Wochenfrist dies dem ArbGeb mitzuteilen[15]. War die Unterrichtung zunächst nicht vollständig oder wurden die erforderlichen Unterlagen nicht vorgelegt, und holt der ArbGeb dies später nach, so beginnt die Wochenfrist vom Tag des Zugangs der vollständigen Information[16]. Nach der Ansicht des BAG kann die Wochenfrist durch Vereinbarung zwischen dem ArbGeb und BR aber auch durch einen TV **verlängert** 91

---

1 MünchArbR/*Matthes*, § 352 Rz. 105; *Richardi/Thüsing*, § 99 BetrVG Rz. 250; aA bei besonderen Fallgestaltungen: *Hueck/Nipperdey*, Lehrbuch des Arbeitsrechts, 7. Aufl., Bd. II/2, S. 1427, Fn. 54a). | 2 BAG v. 12.6.2003 – 8 ABR 14/02, EzA § 613a BGB 2002 Nr. 10. | 3 Dies gilt auch dann, wenn die personelle Maßnahme den BR-Vorsitzenden betrifft (BAG v. 19.3.2003 – 7 ABR 15/02, NZA 2003, 870). | 4 Vgl. hierzu BAG v. 23.8.1984 – 2 AZR 391/83, AP Nr. 17 zu § 103 BetrVG 1972. | 5 BAG v. 18.7.1978 – 1 ABR 43/75, AP Nr. 1 zu § 101 BetrVG 1972; v. 21.11.1978 – 1 ABR 91/76, AP Nr. 3 zu § 101 BetrVG 1972. | 6 BAG v. 24.7.1979 – 1 ABR 78/77, AP Nr. 11 zu § 99 BetrVG 1972. | 7 BAG v. 11.6.2002 – 1 ABR 43/01, AP Nr. 118 zu § 99 BetrVG 1972; kritisch hierzu: *Raab*, FS Konzen (2006) S. 719 (750). | 8 LAG Thür. v. 5.8.2004 – 2 TaBV 2/04, LAGE § 99 BetrVG 2001 Nr. 2; LAG Rh.-Pf. v. 12.7.2007 – 2 TaBV 74/06. | 9 LAG München v. 16.3.1987 – 2 (3) TaBV 51/86, LAGE § 99 BetrVG 1972 Nr. 12. | 10 LAG Berlin v. 14.7.2005 – 16 TaBV 593/05, nv. | 11 BAG v. 20.11.1990 – 1 ABR 87/89, AP Nr. 47 zu § 118 BetrVG 1972; v. 26.1.1988 – 1 AZR 531/86, AP Nr. 50 zu § 99 BetrVG 1972. | 12 *Fitting*, § 99 BetrVG Rz. 215. | 13 *Richardi/Thüsing*, § 99 BetrVG Rz. 270. | 14 BAG v. 14.3.1989 – 1 ABR 80/87, AP Nr. 64 zu § 99 BetrVG 1972; v. 28.1.1986 – 1 ABR 10/84, AP Nr. 34 zu § 99 BetrVG 1972. | 15 BAG v. 14.3.1989 – 1 ABR 80/87, AP Nr. 64 zu § 99 BetrVG 1972. | 16 *Fitting*, § 99 BetrVG Rz. 218.

werden[1]. Wird die Frist, aus welchem Grund auch immer, vom BR versäumt, so gilt grds. gem. § 99 III 2 seine Zustimmung als erteilt. Allenfalls in den Fällen, in denen der BR durch höhere Gewalt daran gehindert ist, sich rechtzeitig zu äußern, ist dem BR noch das Recht einzuräumen, seine Zustimmung alsbald nach Wegfall des Hindernisses zur Abgabe einer Erklärung noch nachträglich verweigern zu können[2]. Keinesfalls ist aber ein solcher Fall höherer Gewalt gegeben, wenn sich der BR lediglich deshalb an einer Einhaltung der Wochenfrist gehindert sieht, weil eine Vielzahl von personellen Einzelmaßnahmen von ihm zu bearbeiten ist[3].

92 **VI. Zustimmungsersetzungsverfahren.** Hat der BR seine Zustimmung ordnungsgemäß verweigert, so kann der ArbGeb gem. § 99 IV beim ArbG beantragen, die Zustimmung zu ersetzen. Er ist jedoch grds. nicht verpflichtet, diesen Weg zu gehen[4]. Vielmehr steht es ihm frei, ob er auf die Durchführung der personellen Maßnahme ganz verzichten will oder erneut versuchen will, die Zustimmung des BR zu der Maßnahme zu erlangen[5]. **Antragsberechtigt** ist nur der ArbGeb. Der ArbN, auf den sich die personelle Einzelmaßnahme bezieht, kann die Ersetzung des BR beim ArbG nicht beantragen[6]. Schließlich geht von dem Zustimmungsersetzungsverfahren keine präjudizielle Wirkung zu Lasten des betroffenen ArbN aus[7]. Der Antrag des ArbGeb setzt jedoch voraus, dass er den BR gem. § 99 I zuvor ausreichend unterrichtet hat[8]. Der ArbGeb ist berechtigt, im Laufe des Zustimmungsersetzungsverfahrens eine zuvor **unvollständige Unterrichtung des BR** zu **ergänzen** und damit den Antrag zulässig zu machen. Ob der BR aber seinerseits berechtigt ist, weitere Gründe für die Zustimmungsverweigerung nachzuschieben, ist umstritten[9]. Das BAG ist indes der Auffassung, dass der BR alle Gründe, aus denen er seine Zustimmung zu einer personellen Einzelmaßnahme verweigern will, innerhalb der Wochenfrist dem ArbGeb schriftl. mitteilen muss, so dass ein **Nachschieben von Zustimmungsverweigerungsgründen** durch den BR als unzulässig angesehen wird[10]. Dies gilt nach der Rspr. des BAG allerdings nur für Gründe **tatsächlicher Art** sowie für die Einführung anderer Widerspruchsgründe des § 99 II[11]. Daher ist der BR nicht gehindert, auch noch nach Ablauf der Wochenfrist seine Zustimmungsverweigerung ergänzend auf **rechtl.** Argumente zu stützen, wie etwa rechtsfehlerhaftes Verhalten des ArbGeb, sowie auf solche Gründe, die die Wirksamkeit einer Norm betreffen, auf der die vom ArbGeb beabsichtigte Maßnahme beruht[12]. Dafür, dass Tatsachen vorliegen, die einen Zustimmungsverweigerungsgrund begründen, ist der BR **darlegungs- und beweispflichtig**[13]. Dagegen ist der ArbGeb dafür darlegungs- und beweislastpflichtig, dass der BR rechtzeitig und vollständig unterrichtet worden ist[14] sowie dafür, dass im Fall von § 99 II Nr. 3 und 4 betriebl. oder persönl. Gründe die personelle Maßnahme rechtfertigen.

93 Wird durch das **ArbG** dann rechtskräftig festgestellt, dass keine ausreichenden Gründe zur Verweigerung der Zustimmung vorgelegen haben, so hat es dem Antrag des ArbGeb stattzugeben, mit der Folge, dass dieser dann die personelle Maßnahme durchführen kann. Wird der Antrag des ArbGeb dagegen rechtskräftig abgelehnt, so ist er grds. daran gehindert, die personelle Maßnahme durchzuführen, es sei denn, der Antrag wurde mit der Begründung abgewiesen, dass eine Zustimmung des BR nicht erforderlich gewesen sei. In diesem Fall nehmen auch die tragenden Gründe des Beschlusses an der inneren Rechtskraft teil[15].

94 **VII. Rechtsstellung des einzelnen Arbeitnehmers.** Die Mitbest. des BR nach § 99 beeinflusst auch mittelbar das **Rechtsverhältnis zwischen ArbGeb und dem einzelnen ArbN**[16]. Welche Rechtsfolgen aber die Missachtung der Mitbestimmungsregeln des § 99 haben, hängt von den jeweiligen personellen Maßnahmen ab.

95 So bleibt etwa der Arbeitsvertrag wirksam, wenn bei der **Einstellung** das MitbestR des BR verletzt wurde[17]. Trotz wirksamen Arbeitsvertrages darf aber der ArbGeb die personelle Maßnahme der Einstellung nicht durchführen. Insofern besteht ein **betriebsverfassungsrechtl. Beschäftigungsverbot** für den betreffenden ArbN. Da sich regelmäßig der ArbN, der neu eingestellt wird, noch nicht im Geltungsbereich des Kündigungsschutzgesetzes befindet, weil die Wartezeit noch nicht erfüllt ist, steht es dem

1 BAG v. 17.5.1983 – 1 ABR 5/80, AP Nr. 18 zu § 99 BetrVG 1972; v. 22.10.1985 – 1 ABR 42/84, AP Nr. 23 zu § 99 BetrVG 1972; v. 22.4.2004 – 8 ABR 10/03, ZTR 2004, 582; v. 16.11.2004 – 1 ABR 48/03, AP Nr. 44 zu § 99 BetrVG – Einstellung; aA *Richardi/Thüsing*, § 99 BetrVG Rz. 258 f. | 2 *Fitting*, § 99 BetrVG Rz. 272; *Heinze*, Personalplanung, Rz. 291; aA MünchArbR/*Matthes*, § 352 Rz. 94. | 3 MünchArbR/*Matthes*, § 352 Rz. 94. | 4 Zur Ausnahme: BAG v. 22.9.2005 – 2 AZR 519/04, AP Nr. 10 zu § 81 SGB IX. | 5 BAG v. 28.2.2006 – 1 ABR 15, AP Nr. 51 zu § 99 BetrVG 1972. | 6 GK-BetrVG/*Kraft/Raab*, § 99 Rz. 176; BAG v. 3.12.2002 – 9 AZR 481/01, AP Nr. 2 zu § 81 SGB IX. | 7 BAG v. 13.3.1997 – 9 AZR 433/06, DB 2007, 1985. | 8 BAG v. 15.4.1986 – 1 ABR 55/84, AP Nr. 36 zu § 99 BetrVG 1972; v. 28.6.2005 – 1 ABR 26/04, AP Nr. 49 zu § 99 BetrVG 1972 – Einstellung. | 9 Dies bejaht etwa *Fitting*, § 99 BetrVG Rz. 291. | 10 BAG v. 15.4.1986 – 1 ABR 55/84, AP Nr. 36 zu § 99 BetrVG 1972; v. 3.7.1984 – 1 ABR 74/82, AP Nr. 20 zu § 99 BetrVG 1972; v. 10.8.1993 – 1 ABR 22/93, NZA 1994, 187 ff. | 11 BAG v. 28.4.1998 – 1 ABR 50/97, BAGE 88, 309. | 12 BAG v. 6.8.2002 – 1 ABR 49/01, AP Nr. 27 zu § 99 BetrVG 1972 – Eingruppierung. | 13 Strittig GK-BetrVG/*Kraft/Raab*, § 99 Rz. 173 f.; wie hier *Richardi/Thüsing*, § 99 BetrVG Rz. 288; MünchArbR/*Matthes*, § 352 Rz. 119; aA *Fitting*, § 99 BetrVG Rz. 290. | 14 BAG v. 28.1.1986 – 1 ABR 10/84, AP Nr. 34 zu § 99 BetrVG 1972. | 15 BAG v. 21.9.1989 – 1 ABR 32/89, AP Nr. 72 zu § 99 BetrVG 1972. | 16 BAG v. 3.5.1994 – 1 ABR 58/93, AP Nr. 2 zu § 99 BetrVG 1972 – Eingruppierung. | 17 BAG v. 2.7.1980 – 5 AZR 56/79, AP Nr. 5 zu § 101 BetrVG 1972; v. 3.5.1994 – 1 ABR 58/93, AP Nr. 2 zu § 99 BetrVG 1972 – Eingruppierung.

ArbGeb frei, die Kündigung des Arbeitsverhältnisses auszusprechen. Selbst wenn der ArbN unter den Schutz des KSchG fällt, so ist bei fortbestehendem betriebsverfassungsrechtl. Beschäftigungsverbot die Kündigung als sozial gerechtfertigt anzusehen[1].

Soll eine **Versetzung** ohne Zustimmung des BR vorgenommen werden und ist die Zustimmung auch nicht vom ArbG ersetzt worden, so ist die Zuweisung eines anderen Arbeitsbereichs unwirksam[2]. Der ArbN ist nicht verpflichtet, der Versetzungsanordnung nachzukommen[3]. Hiervon ist dann eine Ausnahme zu machen, wenn die auf Dauer angelegte Versetzung des ArbN in einen anderen Betrieb gerade mit dem Einverständnis des ArbN erfolgt[4]. Darüber hinaus ist im Hinblick auf die rechtl. Bedeutung des Einverständnisses eines ArbN zu der ihn betreffenden Versetzungsmaßnahme danach zu differenzieren, welcher Zustimmungsverweigerungsgrund seitens des BR geltend gemacht wird[5]. 96

Dagegen geht es bei der **Ein- und Umgruppierung** lediglich um Fragen der Rechtsanwendung. Nimmt der ArbGeb die Ein- oder Umgruppierung unter Verletzung des Beteiligungsrechts des BR vor, so bleibt es dem ArbN unbenommen, das ArbG anzurufen, um im Urteilsverfahren feststellen zu lassen, in welche Vergütungsgruppe er eingruppiert ist. Der BR kann nicht die Aufhebung einer unzutreffenden Eingruppierung verlangen. Er kann aber beantragen, dass dem im Zustimmungsersetzungsverfahren erfolglos gebliebenen ArbGeb aufgegeben wird, ein erneutes Beteiligungsverfahren einzuleiten, das die Eingruppierung in eine andere Vergütungsgruppe vorsieht[6]. 97

VIII. Streitigkeiten. Bei Streitigkeiten, ob ein MitbestR nach § 99 einschlägig ist, entscheidet das ArbG im **Beschlussverfahren**. Antragsberechtigt sind sowohl der ArbGeb als auch der BR. Geht es lediglich darum, ob eine Zustimmungsverweigerung des BR berechtigt war, ist nur der ArbGeb antragsberechtigt. Im Rahmen dieses Beschlussverfahrens ist der betroffene ArbN bzw. Bewerber nicht beteiligt. Dagegen kann der BR den ArbGeb nicht verpflichten, zu bereits vorgenommenen Einstellungen nachträglich die Zustimmung des BR einzuholen[7]. 98

Ein Antrag auf Erlass einer **einstw. Verfügung**, mit der dem ArbGeb die vorläufige Aufhebung einer personellen Einzelmaßnahme iSd. § 99 aufgegeben werden soll, ist unzulässig, weil dadurch die in § 101 enthaltene gesetzl. Regelung unterlaufen würde[8]. Ebenso wenig kann der BR eine einstw. Verfügung zur Untersagung einer vorläufigen personellen Einzelmaßnahme nach § 100 verlangen[9]. Allenfalls in krassen Fällen der Missachtung des Beteiligungsrechts des BR kann die Aufhebung einer vorläufigen personellen Maßnahme im Wege der einstw. Verfügung in Betracht kommen[10]. Im Falle einer grds. Weigerung des ArbGeb, den BR gem. § 99 zu beteiligen, kann im Wege der einstw. Verfügung gem. § 23 III die Unterlassung bestimmter Personalmaßnahmen verlangt werden[11]. 99

100 *Vorläufige personelle Maßnahmen*

(1) Der Arbeitgeber kann, wenn dies aus sachlichen Gründen dringend erforderlich ist, die personelle Maßnahme im Sinne des § 99 Abs. 1 Satz 1 vorläufig durchführen, bevor der Betriebsrat sich geäußert oder wenn er die Zustimmung verweigert hat. Der Arbeitgeber hat den Arbeitnehmer über die Sach- und Rechtslage aufzuklären.

(2) Der Arbeitgeber hat den Betriebsrat unverzüglich von der vorläufigen personellen Maßnahme zu unterrichten. Bestreitet der Betriebsrat, dass die Maßnahme aus sachlichen Gründen dringend erforderlich ist, so hat er dies dem Arbeitgeber unverzüglich mitzuteilen. In diesem Fall darf der Arbeitgeber die vorläufige personelle Maßnahme nur aufrechterhalten, wenn er innerhalb von drei Tagen beim Arbeitsgericht die Ersetzung der Zustimmung des Betriebsrats und die Feststellung beantragt, dass die Maßnahme aus sachlichen Gründen dringend erforderlich war.

(3) Lehnt das Gericht durch rechtskräftige Entscheidung die Ersetzung der Zustimmung des Betriebsrats ab oder stellt es rechtskräftig fest, dass offensichtlich die Maßnahme aus sachlichen Gründen nicht dringend erforderlich war, so endet die vorläufige personelle Maßnahme mit Ablauf von zwei Wochen nach Rechtskraft der Entscheidung. Von diesem Zeitpunkt an darf die personelle Maßnahme nicht aufrechterhalten werden.

I. Vorbemerkung. Der Gesetzgeber wollte durch die Vorschrift des § 100 die Auswirkungen des Zustimmungserfordernisses des BR bei personellen Einzelmaßnahmen für die betriebliche Praxis mildern. Auf der anderen Seite bedeutet die Existenz der Vorschrift des § 100, dass ein ArbGeb nicht im Wege einer 1

---

1 *Raab*, ZfA 1995, 479 (482); aA *Richardi/Thüsing*, § 99 BetrVG Rz. 296. | 2 LAG Rostock v. 6.5.2004 – 1 Sa 240/03, LAGE § 64 ArbGG 1979 Nr. 37; *Raab*, ZfA 1995, 479 (497 f.). | 3 BAG v. 26.1.1988 – 1 AZR 531/86, AP Nr. 50 zu § 99 BetrVG 1972. | 4 *Richardi/Thüsing*, § 99 BetrVG Rz. 301. | 5 *Poletti*, Auswirkungen fehlender oder fehlerhafter Beteiligung des Betriebsrats bei der Versetzung auf das Einzelarbeitsverhältnis, S. 189 ff. | 6 BAG v. 3.5.1994 – 1 ABR 58/93, AP Nr. 2 zu § 99 BetrVG 1972 – Eingruppierung; v. 12.12.2006 – 1 ABR 38/05, AP Nr. 27 zu § 1 BetrVG 1972 – Gemeinsamer Betrieb. | 7 BAG v. 2.3.2004 – 1 ABR 15/03, AP Nr. 87 zu § 256 ZPO 1977. | 8 LAG Hamm v. 17.2.1998 – 13 TaBV 14/98, NZA-RR 1998, 421 v. 26.2.2007 – 10 TaBVGA 3/07, NZA-RR 2007, 489 ff. | 9 ArbG Münster v. 19.12.1990 – 4 BvGA 5/90, DB 1991, 103. | 10 LAG Hess. v. 15.12.1987 – 4 TaBV GA 160/87, NZA 1989, 232. | 11 LAG Köln v. 19.3.2004 – 8 TaBV 13/04, AR-Blattei ES 530.14.3 Nr. 202.

einstw. Verfügung die Umsetzung einer personellen Maßnahme im Beschlussverfahren durchsetzen kann[1]. Insofern ist durch § 100 ein **besonderes einstw. Rechtschutzverfahren** normiert[2].

2 **II. Anwendungsbereich.** Vom Wortlaut her findet die Regelung des § 100 auf alle in § 99 genannten personellen Maßnahmen Anwendung. Jedoch setzt die Regelung des § 100 voraus, dass es sich um Maßnahmen handelt, die vorläufig durchführbar sind. **Eingruppierungen** und **Umgruppierungen** fallen jedoch nicht hierunter[3]. Nimmt der ArbGeb eine Ein- oder Umgruppierung vor, obwohl der BR dem widersprochen hat, so hat Letzterer einen Anspruch darauf, dass der ArbGeb das Zustimmungsersetzungsverfahren durchführt und damit den betriebsverfassungswidrigen Zustand beseitigt. Insofern erlangt die Regelung des § 100 insb. bei Einstellungen und Versetzungen Relevanz.

3 Einschlägig ist die Regelung des § 100 in **zwei Fällen**. Eine vorläufige Maßnahme ist bereits zulässig, **bevor der BR sich geäußert hat**. Dies ist nicht nur dann der Fall, wenn die Maßnahme noch im Rahmen der Wochenfrist des § 99 durchgeführt werden soll. Vielmehr ist die Regelung des § 100 auch dann anzuwenden, wenn die Wochenfrist mangels Unterrichtung des BR noch nicht in Lauf gesetzt wurde[4]. Unabhängig davon, ob der ArbGeb bereits ein Zustimmungsersetzungsverfahren eingeleitet hat, kann er gem. § 100 eine personelle Maßnahme vorläufig durchführen, wenn der BR ordnungsgemäß seine **Zustimmung bereits verweigert** hat. Diese Möglichkeit steht dem ArbGeb allerdings nur solange offen, wie über einen Zustimmungsersetzungsantrag noch nicht rechtskräftig entschieden wurde.

4 **III. Dringende Erforderlichkeit – sachlicher Grund.** Für die Durchführung einer personellen Maßnahme kommt es entscheidend darauf an, dass diese aus **sachlichen Gründen dringend erforderlich** ist. Davon ist dann auszugehen, wenn ohne die sofortige Durchführung der Maßnahme spürbare Nachteile für den Betrieb eintreten oder ihm spürbare Vorteile entgehen würden, wenn die Maßnahme im Interesse des Betriebes mithin keinen Aufschub duldet[5]. Ob diese Voraussetzungen vorliegen, ist allein nach den Verhältnissen im **Zeitpunkt** der Durchführung der Maßnahme zu entscheiden. Hierbei sind jeweils die Folgen gegeneinander abzuwägen, die eintreten würden, wenn einmal die vorläufige Maßnahme unterlassen würde bzw. einmal die vorläufige Maßnahme durchgeführt würde. Demnach kommt es nicht darauf an, dass die Folgen bei Unterbleiben einer vorläufigen Maßnahme durch ein anderweitiges Vorgehen kompensiert werden könnten. Unerheblich ist mithin, ob etwa andere ArbN den zu besetzenden Arbeitsplatz vorläufig hätten ausfüllen können[6]. Unerheblich sind auch die Gründe, die dazu führen, dass eine vorläufige personelle Maßnahme dringend erforderlich wird. Selbst wenn diese durch den ArbGeb nachlässig herbeigeführt wurden, schließt das eine vorläufige personelle Einzelmaßnahme nach § 100 nicht aus[7]. Eine **Ursachenforschung**, warum eine vorläufige Durchführung einer personellen Einzelmaßnahme notwendig wird, würde geradezu im Widerspruch zur Intention der Regelung des § 100 als besonderes einstw. Rechtsschutzverfahren stehen. Hierbei geht es nicht um die Beurteilung vergangenen ArbGebVerhaltens, sondern vielmehr um die **Sicherstellung betrieblicher Abläufe**.

5 Auch deshalb wird einhellig die Auffassung vertreten, dass im Rahmen des § 100 **soziale Gesichtspunkte in der Person des betroffenen ArbN** nicht zu berücksichtigen sind[8]. Ob dagegen sachliche Gründe für die vorläufige Maßnahme vorliegen, ist aus der **Sicht eines objektiven Betrachters** unter verständiger Würdigung der Belange des Betriebes zu beurteilen. Entfallen diese Voraussetzungen später, so braucht die vorläufige personelle Maßnahme nicht deshalb wieder aufgehoben zu werden[9].

6 Entscheidend ist damit bei Einstellungen und Versetzungen die Frage, ob ohne die ins Auge gefasste Einzelmaßnahme der geregelte Ablauf des Betriebes gestört würde. Hierbei kann sich die betriebl. Notwendigkeit einer Maßnahme auch gerade deshalb ergeben, weil etwa ein **Bewerber** über bestimmte für den Betrieb **notwendige Qualifikationen** verfügt, die seine Einstellung als dringend erforderlich erscheinen lassen.

7 **IV. Rechtsstellung des betroffenen Arbeitnehmers.** Gem. § 100 I 2 ist der ArbGeb verpflichtet, wenn er eine personelle Maßnahme vorläufig durchführt, den ArbN über die Sach- und Rechtslage **aufzuklären**. Dies stellt eine Konkretisierung der arbeitsvertragl. Fürsorgepflicht dar. Der ArbGeb muss also dem ArbN gegenüber sowohl den **Sachverhalt** offen legen, nämlich ob und inwieweit der BR über die personelle Maßnahme bereits unterrichtet wurde, ob und inwieweit sich der BR hierzu geäußert hat, welche Zustimmungsverweigerungsgründe geltend gemacht wurden, und aus welchen Gründen eine vorläufige Einstellung sachlich geboten ist. Des Weiteren obliegt dem ArbGeb die Pflicht, den ArbN über die **Rechtslage** aufzuklären, insb. ihn darauf hinzuweisen, dass etwa die endgültige Einstellung und damit auch der Bestand des Arbeitsverhältnisses von der Zustimmung des BR bzw. vom Ausgang des Zustim-

---

1 *Fitting*, § 100 BetrVG Rz. 1; *Richardi/Thüsing*, § 100 BetrVG Rz. 1; aA in besonderen Fällen: LAG Köln v. 12.8.2002 – 12 TaBV 244/02, NZA-RR 2003, 249. |2 *Heinze*, Personalplanung, Rz. 361. |3 BAG v. 27.1.1987 – 1 ABR 66/85, AP Nr. 42 zu § 99 BetrVG 1972. |4 BAG v. 6.4.1973 – 1 ABR 13/72, AP Nr. 1 § 99 BetrVG 1972; *Stege/Weinspach/Schiefer*, §§ 99–101 BetrVG Rz. 104 f. |5 GK-BetrVG/*Kraft*/*Raab*, § 100 Rz. 9; MünchArbR/*Matthes*, § 352 Rz. 124. |6 BAG v. 7.11.1977 – 1 ABR 55/75, AP Nr. 1 zu § 100 BetrVG 1972. |7 MünchArbR/*Matthes*, § 352 Rz. 124; *Stege/Weinspach/Schiefer*, § 99–101 BetrVG Rz. 107; aA *Fitting*, § 100 BetrVG Rz. 4; LAG Hamm v. 26.3.2003 – 10 TaBV 63/03, NZA-RR 2004, 305 ff. |8 BAG v. 7.11.1977 – 1 ABR 55/75, AP Nr. 1 zu § 100 BetrVG 1972. |9 BAG v. 7.11.1977 – 1 ABR 55/75, AP Nr. 1 zu § 100 BetrVG 1972.

mungsersetzungsverfahrens abhängig ist. Außerdem hat der ArbGeb den ArbN über die Rechtsfolgen einer vorläufigen personellen Einzelmaßnahme aufzuklären. Nach allgemeiner Auffassung stellt aber die Aufklärung des ArbGeb keine **Wirksamkeitsvoraussetzung** für die vorläufige Durchführung der personellen Maßnahme dar[1]. Unterlässt jedoch der ArbGeb die vorgeschriebene Aufklärung des ArbN, so ist er diesem zum **Ersatz des Schadens** verpflichtet, den der ArbN dadurch erleidet, dass er auf die Endgültigkeit der personellen Maßnahme vertraut hat. Insofern sollte in Fällen einer vorläufigen personellen Einstellung ein entsprechender **Vorbehalt im Arbeitsvertrag** aufgenommen werden[2].

V. Ablauf einer vorläufigen personelle Maßnahme. 1. Innerbetriebliches Verfahren. Gem. § 100 II 1 ist der ArbGeb verpflichtet, den BR **unverzüglich** von der vorläufigen personellen Maßnahme zu **unterrichten**. Zwar kann diese Unterrichtung auch noch unverzüglich sein, wenn die vorläufige personelle Maßnahme schon vorgenommen worden ist[3]. Jedoch hat die Unterrichtung ohne schuldhaftes Zögern zu erfolgen. Dh., der ArbGeb hat den BR, sobald sich die Notwendigkeit einer vorläufigen personellen Einzelmaßnahme ergibt, im Rahmen eines ordnungsgemäßen Verfahrensganges zu unterrichten. Zu betonen ist, dass sich die Unterrichtung nach § 100 II von der des § 99 I unterscheidet. Die Unterrichtung nach § 99 I und die Unterrichtung nach § 100 II können aber zusammen vorgenommen werden[4]. 8

Wenn der BR der vorläufigen personellen Einzelmaßnahme zustimmt, kann er dies ausdrücklich tun. 9 Wenn er allerdings bestreiten will, dass die Maßnahme aus sachlichen Gründen dringend erforderlich ist, so hat der BR dies dem ArbGeb unverzüglich mitzuteilen. Daraus folgt, dass, falls eine solche unverzügliche Mitteilung nicht erfolgt, das **Schweigen des BR** vom Gesetz als Zustimmung zur Durchführung der personellen Einzelmaßnahme gewertet wird. Bestreitet der BR das Vorliegen der Voraussetzungen für die Durchführung einer vorläufigen personellen Einzelmaßnahme, so bedarf dies, anders als bei § 99, keiner Form und kann deshalb auch mündlich erfolgen. Auch für den **Widerspruch** des BR gilt, dass dieser **ohne schuldhaftes Zögern** erfolgen muss. Hierbei muss berücksichtigt werden, dass die Stellungnahme des BR zu einer vorläufigen personellen Maßnahme grds. einen Beschluss des BR voraussetzt, was wiederum bedeutet, dass die nächste Sitzung des BR abgewartet werden muss[5]. Will der BR die Erforderlichkeit der vorläufigen personellen Maßnahme bestreiten, so trägt er hierfür das Übermittlungsrisiko. Erfolgt etwa die Erklärung des BR gegenüber einem unzuständigen Mitarbeiter des ArbGeb, der nicht von diesem bevollmächtigt wurde, derartige Erklärungen entgegenzunehmen, und gibt dieser Mitarbeiter die Erklärung des BR nur mit Verzögerungen weiter, so trifft dieses Übermittlungsrisiko den BR. Dies kann dazu führen, dass der Widerspruch des BR als verspätet zu werten ist[6]. Einer besonderen **Begründung** bedarf das Bestreiten der Erforderlichkeit für die vorläufige Durchführung der personellen Maßnahme nicht.

2. Arbeitsgerichtliches Verfahren. Hat der BR die Erforderlichkeit der vorläufigen personellen Einzelmaßnahme bestritten, so hat der ArbGeb, wenn er an der vorläufigen personellen Maßnahme festhalten will, **innerhalb von drei Tagen** beim **ArbG** die Ersetzung der Zustimmung des BR und die Feststellung zu beantragen, dass die Maßnahme aus sachlichen Gründen dringend erforderlich war. Bei dieser Frist handelt es sich um eine Ausschlussfrist. Selbst bei schuldloser Versäumung der Frist ist eine nachträgliche Zulassung der Anträge nicht möglich[7]. Die Berechnung der Fristen folgt aus §§ 186 ff. BGB. Hierbei ist gem. § 187 BGB der Tag des Zugangs der Erklärung des BR nicht mitzurechnen. Fällt der letzte Tag der Drei-Tages-Frist auf einen Samstag, Sonntag oder einen gesetzl. Feiertag, so verlängert sich gem. § 193 BGB die Frist bis zum Ablauf des nächsten Werktages. Diese kurze Frist hat zur Konsequenz, dass wenn die Erklärung des BR über ein Bestreiten der sachlichen Erforderlichkeit der vorläufigen personellen Maßnahme dem ArbGeb an einem Freitag zugeht, die Frist bereits am Montag, sofern es sich hierbei nicht um einen gesetzl. Feiertag handelt, abläuft. Die Drei-Tages-Frist wird also nicht dadurch verlängert, dass zwischen dem Fristbeginn und dem Fristende ein Samstag, Sonntag oder ein gesetzl. Feiertag liegt. 10

§ 100 II zwingt den ArbGeb dazu, wenn er sich gegen den Widerspruch gegen die Dringlichkeit der personellen Maßnahme wehren will, **innerhalb der Drei-Tages-Frist zwei Anträge** zu stellen. Der Antrag des ArbGeb lautet also sowohl auf **Ersetzung der Zustimmung** des BR zur endgültigen personellen Einzelmaßnahme und zudem auf **Feststellung**, dass die vorläufige personelle Einzelmaßnahme aus sachlichen Gründen dringend erforderlich war. Auf den Zustimmungsersetzungsantrag darf der ArbGeb nur dann verzichten, wenn der BR, obwohl er noch könnte, die Zustimmung zur endgültigen personellen Einzelmaßnahme noch nicht verweigert hat. Dies dürften aber vom zeitlichen Ablauf her Ausnahmefälle darstellen, zumal der ArbGeb, wenn dann der BR rechtzeitig die Zustimmung zur endgültigen personellen Einzelmaßnahme verweigert hat, den Feststellungsantrag nach § 100 II um den Zustimmungsersetzungsantrag nach § 99 zu erweitern hat. Beschränkt sich jedoch der ArbGeb darauf, lediglich den Feststellungsantrag nach § 100 II 3 zu stellen, ohne auch den Feststellungsantrag nach § 99 zu erheben, so ist der Feststellungsantrag wegen fehlenden Rechtsschutzbedürfnisses als unzulässig abzuweisen[8]. 11

---

1 *Fitting*, § 100 BetrVG Rz. 7; DKK, § 100 BetrVG Rz. 17. | 2 *Lahusen*, NZA 1989, 869 (870). | 3 BAG v. 7.11.1977 – 1 ABR 55/75, AP Nr. 1 zu § 100 BetrVG. | 4 *Fitting*, § 100 BetrVG Rz. 8. | 5 *Heinze*, Personalplanung, Rz. 375. | 6 *Stege/Weinspach/Schiefer*, §§ 99–101 BetrVG Rz. 111. | 7 MünchArbR/*Matthes*, § 352 Rz. 132. | 8 BAG v. 15.9.1987 – 1 ABR 44/86, AP Nr. 46 zu § 99 BetrVG 1972.

12 Beide **Anträge müssen begründet werden**. Teilweise wird auch vertreten, dass die **Begründungen innerhalb der Drei-Tages-Frist** erfolgen müssen[1]. Dem ist jedoch entgegenzuhalten, dass ein Begründungserfordernis aus der Vorschrift des § 100 II nicht zu ersehen ist. Zwar hat der ArbGeb im Rahmen seiner Unterrichtungspflicht gem. § 100 II 1 dem BR auch die sachlichen Gründe mitzuteilen, welche die vorläufige Einstellung oder Versetzung rechtfertigen[2]. Für die Anträge nach § 100 II 3, die im Rahmen des Beschlussverfahrens zu behandeln sind, gilt schließlich nicht der Beibringungsgrundsatz, so dass es genügt, wenn die Begründung dieser Anträge rechtzeitig zur Vorbereitung einer gerichtl. Entscheidung vorliegen[3]. Hierbei gilt zu beachten, dass gem. § 83 Ia ArbGG eine Frist für das Vorbringen gesetzt werden kann.

13 Hat der ArbGeb die Anträge nach § 100 II 3 gestellt, so kann der BR in diesem Verfahren seinen Abweisungsantrag mit dem Antrag verknüpfen, den ArbGeb zu verpflichten, falls das ArbG dem Antrag des ArbGeb nicht entspricht, die durchgeführte personelle Maßnahme gem. § 101 aufzuheben[4].

14 Über die beiden Anträge des ArbGeb entscheidet das ArbG im Beschlussverfahren. Hierbei können sich **vier Entscheidungskombinationen** ergeben. Ersetzt das ArbG die Zustimmung des BR und stellt fest, dass die vorläufige Maßnahme aus sachlichen Gründen dringend erforderlich war, so wird mit Rechtskraft die vorläufige Maßnahme zur endgültigen Maßnahme. Ersetzt das ArbG die Zustimmung des BR nicht und stellt fest, dass die vorläufige Maßnahme offensichtlich aus sachlichen Gründen nicht erforderlich war, so muss mit Rechtskraft die vorläufige Maßnahme binnen zweier Wochen aufgehoben werden. Dieses Ergebnis tritt auch ein, wenn das ArbG zwar feststellt, dass die vorläufige Maßnahme aus sachlichen Gründen dringend erforderlich war, jedoch die Zustimmung des BR zu der personellen Einzelmaßnahme nicht ersetzt[5]. Ersetzt jedoch das ArbG die Zustimmung des BR, stellt aber fest, dass die vorläufige Maßnahme offensichtlich aus sachlichen Gründen nicht erforderlich war, so wird die erforderliche Maßnahme mit Rechtskraft zur endgültigen Maßnahme[6]. Der ArbGeb kann sich daher auch dann im Eilverfahren durchsetzen, wenn die Dringlichkeit fehlte, der Widerspruch des BR jedoch in der Sache unberechtigt war. Daraus folgt, dass der Streit über die vorläufige personelle Maßnahme sich erledigt, sobald eine rechtskräftige Entscheidung über die Befugnis zur endgültigen Durchführung vorliegt[7].

15 Das Gericht ist dabei grds. frei, welche der beiden vom ArbGeb gestellten Anträge es zuerst behandeln will. Insbesondere kann das ArbG auch durch einen selbständig anfechtbaren **Teilbeschluss** über den Feststellungsantrag entscheiden, wenn in Bezug auf diesen Streitgegenstand die Sache bereits entscheidungsreif ist[8]. Streitgegenstand des Feststellungsantrags ist das Recht des ArbGeb, die personelle Maßnahme vorläufig durchzuführen. Die Formulierung des Antrags ergibt sich aus § 100 II 3. Falls das ArbG diesen Antrag lediglich abweisen würde, hieße das aber nach § 100 III noch nicht, dass der ArbGeb die vorläufige personelle Maßnahme nicht aufrechterhalten dürfte. Vielmehr verlangt § 100 III 1 die Feststellung, dass offensichtlich die Maßnahme aus sachlichen Gründen nicht dringend erforderlich war. Das bedeutet aber auch, dass das ArbG den Feststellungsantrag im Wege einer **Vorabentscheidung** nur zurückweisen kann, wenn **offensichtlich** ist, dass die vorläufige Durchführung der personellen Maßnahme aus sachlichen Gründen nicht dringend erforderlich war. Nur in diesem Fall endet die Berechtigung des ArbGeb zur Durchführung oder Aufrechterhaltung der vorläufigen Maßnahme[9]. Entscheidend ist also, ob die vorläufige Maßnahme offensichtlich nicht dringend erforderlich war. Für die Beurteilung hierfür kommt es allein auf die Verhältnisse zurzeit der Durchführung der Maßnahme an[10]. Was unter Offensichtlichkeit verstanden wird, ist umstritten. In Anlehnung an eine ältere Entscheidung des BAG ist eine vorläufige Maßnahme offensichtlich aus dringenden Gründen nicht erforderlich, wenn der ArbGeb die Situation grob verkannt hat, die vorläufige Durchführung der Maßnahme also leichtfertig war[11]. Richtigerweise verweist das Merkmal der Offensichtlichkeit darauf, dass das Gericht nur eine **summarische Prüfung** vorzunehmen hat. Offensichtlichkeit liegt also vor, wenn es keiner besonderen Aufklärung bedarf, dass eine Dringlichkeit für die Durchführung der personellen Maßnahme nicht vorgelegen hat. Allein diese Sichtweise entspricht dem Zweck des Verfahrens nach § 100 als ein besonderes einstw. Rechtsschutzverfahren[12].

16 Wenn das ArbG feststellen will, dass eine vorläufige personelle Einzelmaßnahme nicht dringend erforderlich war, so muss es ausdrücklich im **Tenor** seiner Entscheidung feststellen, dass offensichtlich die

---

1 LAG Hess. v. 13.9.1988 – 4 TaBV 43/88, DB 1989, 1092. | 2 *Löwisch/Kaiser*, § 100 BetrVG Rz. 4; LAG Hess. v. 7.11.06 – 4 TaBV 108/06, ArbuR 2007, 185. | 3 So HSWG, § 100 BetrVG Rz. 30; *Stege/Weinspach/Schiefer*, §§ 99–101 BetrVG Rz. 118a. | 4 *Stege/Weinspach/Schiefer*, §§ 99–101 BetrVG Rz. 122. | 5 BAG v. 26.10.2004 – 1 ABR 45/03, AP Nr. 41 zu § 99 BetrVG 1972 – Versetzung. | 6 DKK, § 100 BetrVG Rz. 34; HSWG, § 100 BetrVG Rz. 33 ff. | 7 BAG v. 16.11.2004 – 1 ABR 48/03, AP Nr. 44 zu § 99 BetrVG 1972 – Einstellung BAG v. 25.1.2005 – 1 ABR 61/03, AP Nr. 48 zu § 94 BetrVG 1972 – Einstellung; BAG v. 16.1.2007 – 1 ABR 16/06, EzA § 99 BetrVG 2001 – Versetzung Nr. 3. | 8 BAG v. 18.10.1988 – 1 ABR 36/87, AP Nr. 4 zu § 100 BetrVG 1972; MünchArbR/*Matthes*, § 352 Rz. 143; *Matthes*, DB 1989, 1285 (1287 f.). | 9 Vgl. hierzu MünchArbR/*Matthes*, § 352 Rz. 141; BAG v. 18.10.1988 – 1 ABR 36/87, AP Nr. 4 zu § 100 BetrVG 1972. | 10 BAG v. 6.10.1978 – 1 ABR 51/77, AP Nr. 10 zu § 99 BetrVG 1972. | 11 BAG v. 7.11.1977 – 1 ABR 55/75, AP Nr. 1 zu § 100 BetrVG 1972. | 12 *Heinze*, Personalplanung, Rz. 383; MünchArbR/*Matthes*, § 352 Rz. 142.

vorläufige Maßnahme aus sachlichen Gründen nicht dringend erforderlich war. Sobald diese Entscheidung Rechtskraft erhält, beginnt gem. § 100 III 1 eine Zwei-Wochen-Frist zu laufen, mit deren Ablauf die vorläufige personelle Maßnahme endet. Dies bedeutet etwa bei einer vorläufigen Einstellung, dass der ArbGeb den betreffenden ArbN mit Ablauf der genannten zwei Wochen nicht mehr im Betrieb beschäftigen darf.

Nach wohl überwiegender Meinung soll diese Entscheidung **rechtsgestaltend** wirken, was zur Konsequenz hätte, dass mit Ablauf der Zwei-Wochen-Frist unabhängig davon, wie lange die Kündigungsfristen für das betreffende Arbeitsverhältnis laufen, das Arbeitsverhältnis mit dem betroffenen ArbN beendet wird[1]. Gegen diese Ansicht, wonach es sich bei § 100 III 1 um einen Auflösungstatbestand eigener Art handelt, spricht jedoch die Regelung des § 100 III 2. Danach darf mit Ablauf von zwei Wochen nach Rechtskraft der gerichtl. Entscheidung die personelle Maßnahme nicht aufrecht erhalten werden. Eine solche Regelung wäre letztlich überflüssig, wenn die vorläufige personelle Maßnahme auch individualrechtlich von sich aus beendet wird[2]. Gerade die Vorschrift des § 100 III 2 verpflichtet den ArbGeb, dafür zu sorgen, dass die Folgen seiner vorläufigen **personellen Maßnahme rückgängig** gemacht werden. Bezieht sich etwa die vorläufige personelle Maßnahme auf eine Versetzung, hat er dafür zu sorgen, dass der ArbN an seinen alten Arbeitsplatz zurückkehren kann. Ist der ArbGeb aber nicht mehr in der Lage, dem ArbN eine betriebsverfassungsrechtlich erlaubte Tätigkeit zuzuweisen, so behält der ArbN seinen Anspruch auf das Arbeitsentgelt[3]. Daher empfiehlt es sich, bei entsprechenden Vereinbarungen über personelle Einzelmaßnahmen eine **auflösende Bedingung** für den Fall einer für den ArbGeb negativen Gerichtsentscheidung in die Vereinbarung mit aufzunehmen[4]. Wenn der ArbGeb aber die Maßnahme zwei Wochen nach Rechtskraft weiterhin aufrechterhält, kann der BR das Verfahren gem. § 101 betreiben. 17

101 *Zwangsgeld*

Führt der Arbeitgeber eine personelle Maßnahme im Sinne des § 99 Abs. 1 Satz 1 ohne Zustimmung des Betriebsrats durch oder hält er eine vorläufige personelle Maßnahme entgegen § 100 Abs. 2 Satz 3 oder Abs. 3 aufrecht, so kann der Betriebsrat beim Arbeitsgericht beantragen, dem Arbeitgeber aufzugeben, die personelle Maßnahme aufzuheben. Hebt der Arbeitgeber entgegen einer rechtskräftigen gerichtlichen Entscheidung die personelle Maßnahme nicht auf, so ist auf Antrag des Betriebsrats vom Arbeitsgericht zu erkennen, dass der Arbeitgeber zur Aufhebung der Maßnahme durch Zwangsgeld anzuhalten sei. Das Höchstmaß des Zwangsgelds beträgt für jeden Tag der Zuwiderhandlung 250 Euro.

I. Vorbemerkung. Mit dieser Vorschrift wollte der Gesetzgeber die Einhaltung der personellen MitbestR des Personalrats gem. §§ 99, 100 absichern. Von ihrer Struktur her sieht die Vorschrift ein **zweistufiges Verfahren** vor: Zunächst muss der ArbGeb rechtskräftig verurteilt sein, die personelle Maßnahme aufzuheben. Erst dann kann ein Zwangsgeld festgesetzt werden, wenn er der gerichtl. Entscheidung nicht Folge leistet. Gegenüber § 888 ZPO stellt das Verfahren nach § 101 eine abschließende **Sondervorschrift** dar[5]. Dagegen kann § 101 neben § 23 III Anwendung finden[6]. Allerdings hat das BAG zu Recht darauf hingewiesen, dass die Reichweite der Regelungen der §§ 100, 101 begrenzt ist. Schließlich kann der Aufhebungsanspruch nach § 101 nur im Nachhinein wirken und geht deshalb bei vorübergehenden Maßnahmen, die sich vor Rechtskraft erledigen, ins Leere[7]. 1

II. Anwendungsbereich. Nach seinem Wortlaut betrifft auch die Regelung des § 101 alle personellen Einzelmaßnahmen. Jedoch macht die Rechtsfolge der Regelung des § 101, nämlich die Verpflichtung, die personelle Maßnahme aufzuheben, nur Sinn bei **Einstellungen** und **Versetzungen**. Dagegen handelt es sich bei **Ein- oder Umgruppierungen** um Akte der Rechtsanwendung. Insofern kann gestützt auf § 101 S. 1 diesbezüglich der BR allenfalls verlangen, dass der ArbGeb zu einer Ein- oder Umgruppierung die Zustimmung des BR einholt oder, falls die Zustimmung verweigert wird, das Zustimmungsersetzungsverfahren gem. § 99 IV einleiten[8]. Ist der ArbGeb im Zustimmungsersetzungsverfahren mit seinem Antrag gescheitert, kann der BR beantragen, dass dem ArbGeb aufgegeben wird, ein neues Beteiligungsverfahren einzuleiten[9]. 2

---

1 *Fitting*, § 100 BetrVG Rz. 18; *Richardi/Thüsing*, § 100 BetrVG Rz. 50. |2 Vgl. GK-BetrVG/*Kraft/Raab*, § 100 Rz. 46 f.; *Heinze*, Personalplanung, Rz. 391. |3 DKK, § 100 BetrVG Rz. 40. |4 Vgl. BAG v. 17.2.1983 – 2 AZR 208/81, AP Nr. 74 zu § 620 BGB – Befristeter Arbeitsvertrag; HSWG, § 100 BetrVG Rz. 40. |5 DKK, § 101 BetrVG Rz. 1; *Fitting*, § 101 BetrVG Rz. 1. |6 BAG v. 17.3.1987 – 1 ABR 65/85, AP Nr. 7 zu § 23 BetrVG 1972; *Pohl*, FS ARGE Arbeitsrecht im DAV 2006, S. 987 (992). |7 BAG v. 6.12.1994 – 1 ABR 30/94, AP Nr. 24 zu § 23 BetrVG 1972; krit. idS auch *Lipke*, DB 1980, 2239 ff.; demgegenüber verweist *Walker*, ZfA 2005, 45 (72) auf § 121. |8 BAG v. 18.6.1991 – 1 ABR 53/90, AP Nr. 91 zu § 99 BetrVG 1972; v. 9.2.1993 – 1 ABR 51/92, AP Nr. 103 zu § 99 BetrVG 1972; v. 23.9.2003 – 1 ABR 35/02, AP Nr. 28 zu § 99 BetrVG 1972; v. 26.10.2004 – 1 ABR 37/03, AP Nr. 29 zu § 99 BetrVG 1972 – Eingruppierung v. 12.12.2006 – 1 ABR 13/06, AP Nr. 32 zu § 99 BetrVG 1972 – Eingruppierung; LAG München v. 10.5.2007 3 TaBV 93/06; für die Berücksichtigung der Interessen des einzelnen ArbN: *Lobinger*, ZfA 2004, 101 (168 f.). |9 BAG v. 3.5.1994 – 1 ABR 58/93, AP Nr. 2 zu § 99 BetrVG 1972 – Eingruppierung.

3 Das Verfahren nach § 101 findet in **drei Konstellationen** Anwendung:

- Der ArbGeb hat eine endgültige personelle Maßnahme entgegen § 99 durchgeführt. Dies wäre dann der Fall, wenn der BR die Zustimmung weder ausdrücklich erteilt hat, noch die Zustimmung wegen Ablaufs der Wochenfrist als erteilt gilt und die Zustimmung auch nicht durch das ArbG ersetzt wurde.
- Der ArbGeb hält eine vorläufige personelle Maßnahme aufrecht, obwohl der BR die dringende Erforderlichkeit bestritten hat und ohne dass der ArbGeb daraufhin das ArbG angerufen hat.
- Der ArbGeb hält eine vorläufige personelle Maßnahme aufrecht, obwohl das ArbG durch rechtskräftige Entscheidung festgestellt hat, dass die vorläufige Maßnahme offensichtlich aus sachlichen Gründen nicht erforderlich war, oder die Ersetzung der Zustimmung rechtskräftig durch das ArbG abgelehnt wird[1].

4 **III. Verfahrensfragen und Entscheidung des Arbeitgerichts.** Das Verfahren nach § 101 S. 1 setzt einen **Antrag des BR** voraus. Hierfür ist erforderlich, dass über die Einl. des Verfahrens nach § 101 ein **ordnungsgemäßer Beschluss des BR** (§ 33) zu Stande gekommen ist. Beteiligter an diesem Verfahren ist sowohl der **BR als Antragsteller** wie auch der **ArbGeb als Antragsgegner**, jedoch nicht der von der personellen Maßnahme betroffene ArbN[2]. Wurde die personelle Maßnahme zwischenzeitlich beendet, entfällt für den Antrag des BR das Rechtsschutzbedürfnis[3]. Eine **Frist** für den Antrag des BR ist nicht vorgesehen. Jedoch kann sich der ArbGeb auf die Verwirkung berufen, wenn der BR trotz Kenntnis längere Zeit nichts gegen die betriebsverfassungswidrige personelle Einzelmaßnahme unternommen hat[4]. Der BR kann aber den Antrag nach § 101 S. 1 auch im Rahmen eines vom ArbGeb angestrengten Verfahrens auf Ersetzung der Zustimmung und Feststellung der Dringlichkeit nach § 100 II 3 stellen[5]. Da das Verfahren gem. § 101 S. 1 dazu dienen soll, vor Abwicklung des Zustimmungsverfahrens nach § 99 und trotz fehlender Berechtigung zu vorläufigen Maßnahmen nach § 100 vollendete Tatsachen zu schaffen, ist es auf der anderen Seite dem ArbGeb verwehrt, auf den Antrag des BR gem. § 101 S. 1 mittels Hilfsantrages seinerseits die Ersetzung der fehlenden Zustimmung des BR zu verlangen[6]. Allerdings kann der ArbGeb im Verfahren gem. § 101 geltend machen, dass die Zustimmungsverweigerung durch den BR unbeachtlich ist oder dass etwa auf Grund Zeitablaufs die Zustimmung zu der personellen Maßnahme als erteilt gilt.

5 Schließt sich das Gericht dem Antrag des BR an, so gibt es dem ArbGeb auf, die **konkrete personelle Maßnahme aufzuheben**. Damit ist die Beseitigung des tatsächlichen betriebsverfassungswidrigen Zustandes gemeint[7]. Ein **bestimmtes Handeln kann allerdings dem ArbGeb nicht aufgegeben werden**. Die in diesem Verfahren ergehende Entscheidung hat im Übrigen keine rückwirkende Auswirkung auf das **Arbeitsverhältnis** des von der personellen Einzelmaßnahme betroffenen ArbN. Vielmehr gehen von diesem Verfahren nur Wirkungen für die Zukunft aus[8].

6 **IV. Vollstreckungsverfahren.** Hebt der ArbGeb die Maßnahme nicht auf, so kann der BR **nach rechtskräftiger Entscheidung** den Antrag stellen, den ArbGeb durch **Zwangsgeld** zur Befolgung der gerichtl. Anordnung anzuhalten. Insoweit ist in der Vorschrift des § 101 S. 2 eine **Sonderregelung** der Zwangsvollstreckung zu sehen, wobei das Zwangsgeldverfahren dem der Zwangsvollstreckung nach § 888 ZPO entspricht[9]. Auch das Zwangsgeldverfahren setzt einen **Antrag des BR** voraus. Jedoch wird nach nahezu einhelliger Auffassung angenommen, dass vor Verhängung des Zwangsgeldes analog § 100 III dem ArbGeb für die Rückgängigmachung der Maßnahme eine Frist von zwei Wochen einzuräumen ist[10]. Die gerichtl. **Androhung** des Zwangsgeldes ist nicht erforderlich[11]. Der entsprechende Beschluss des ArbG kann ohne mündliche Verhandlung ergehen. Allerdings ist dem ArbGeb zuvor rechtl. Gehör zu gewähren. Das Höchstmaß des Zwangsgeldes beträgt gem. § 101 S. 3 für jeden Tag der Zuwiderhandlung 250 Euro. Den genauen Betrag setzt das Gericht nach freiem Ermessen fest; insofern braucht der Antrag des BR gem. § 101 S. 2 nicht beziffert zu sein. Die **Vollstreckung** des Beschlusses erfolgt nach den Vorschriften der §§ 803 ff. ZPO und setzt **kein Verschulden** des ArbGeb voraus. Das Zwangsgeld kann jedoch nur solange vollstreckt werden, als der ArbGeb die personelle Maßnahme aufrechterhält[12].

---

1 Vgl. zu den Fallgruppen *Fitting*, § 101 BetrVG Rz. 3; *Löwisch/Kaiser*, § 101 BetrVG Rz. 1. | **2** BAG v. 22.3.1983 – 1 ABR 49/81, AP Nr. 6 zu § 101 BetrVG 1972. | **3** LAG Schl.-Holst. v. 9.8.2007 – 4 TaBVGa 2/07, NZA-RR 2007, 639. | **4** MünchArbR/*Matthes*, § 354 Rz. 8. | **5** *Richardi/Thüsing*, § 101 BetrVG Rz. 13; einschr. MünchArbR/*Matthes*, § 354 Rz. 9. | **6** *Heinze*, Personalplanung, Rz. 401; DKK, § 101 BetrVG Rz. 12; BAG v. 18.7.1978 – 1 ABR 43/75, AP Nr. 1 zu § 101 BetrVG 1972; v. 21.11.1978 – 1 ABR 91/76, AP Nr. 3 zu § 101 BetrVG 1972. | **7** MünchArbR/*Matthes*, § 354 Rz. 12. | **8** BAG v. 26.4.1990 – 1 ABR 79/89, AP Nr. 3 zu § 83a ArbGG 1979. | **9** *Richardi/Thüsing*, § 101 BetrVG Rz. 21. | **10** *Fitting*, § 101 BetrVG Rz. 7; *Richardi/Thüsing*, § 101 BetrVG Rz. 23; aA *Matthes*, FS Richardi, 2007, S. 685 ff.; DKK, § 101 BetrVG Rz. 13. | **11** *Fitting*, § 101 BetrVG Rz. 10; *Richardi/Thüsing*, § 101 BetrVG Rz. 25. | **12** *Matthes*, DB 1989, 1285 (1289).

102 *Mitbestimmung bei Kündigungen*

(1) Der Betriebsrat ist vor jeder Kündigung zu hören. Der Arbeitgeber hat ihm die Gründe für die Kündigung mitzuteilen. Eine ohne Anhörung des Betriebsrats ausgesprochene Kündigung ist unwirksam.

(2) Hat der Betriebsrat gegen eine ordentliche Kündigung Bedenken, so hat er diese unter Angabe der Gründe dem Arbeitgeber spätestens innerhalb einer Woche schriftlich mitzuteilen. Äußert er sich innerhalb dieser Frist nicht, gilt seine Zustimmung zur Kündigung als erteilt. Hat der Betriebsrat gegen eine außerordentliche Kündigung Bedenken, so hat er diese unter Angabe der Gründe dem Arbeitgeber unverzüglich, spätestens jedoch innerhalb von drei Tagen, schriftlich mitzuteilen. Der Betriebsrat soll, soweit dies erforderlich erscheint, vor seiner Stellungnahme den betroffenen Arbeitnehmer hören. § 99 Abs. 1 Satz 3 gilt entsprechend.

(3) Der Betriebsrat kann innerhalb der Frist des Absatzes 2 Satz 1 der ordentlichen Kündigung widersprechen, wenn

1. der Arbeitgeber bei der Auswahl des zu kündigenden Arbeitnehmers soziale Gesichtspunkte nicht oder nicht ausreichend berücksichtigt hat,

2. die Kündigung gegen eine Richtlinie nach § 95 verstößt,

3. der zu kündigende Arbeitnehmer an einem anderen Arbeitsplatz im selben Betrieb oder in einem anderen Betrieb des Unternehmens weiterbeschäftigt werden kann,

4. die Weiterbeschäftigung des Arbeitnehmers nach zumutbaren Umschulungs- oder Fortbildungsmaßnahmen möglich ist oder

5. eine Weiterbeschäftigung des Arbeitnehmers unter geänderten Vertragsbedingungen möglich ist und der Arbeitnehmer sein Einverständnis hiermit erklärt hat.

(4) Kündigt der Arbeitgeber, obwohl der Betriebsrat nach Absatz 3 der Kündigung widersprochen hat, so hat er dem Arbeitnehmer mit der Kündigung eine Abschrift der Stellungnahme des Betriebsrats zuzuleiten.

(5) Hat der Betriebsrat einer ordentlichen Kündigung frist- und ordnungsgemäß widersprochen und hat der Arbeitnehmer nach dem Kündigungsschutzgesetz Klage auf Feststellung erhoben, dass das Arbeitsverhältnis durch die Kündigung nicht aufgelöst ist, so muss der Arbeitgeber auf Verlangen des Arbeitnehmers diesen nach Ablauf der Kündigungsfrist bis zum rechtskräftigen Abschluss des Rechtsstreits bei unveränderten Arbeitsbedingungen weiterbeschäftigen. Auf Antrag des Arbeitgebers kann das Gericht ihn durch einstweilige Verfügung von der Verpflichtung zur Weiterbeschäftigung nach Satz 1 entbinden, wenn

1. die Klage des Arbeitnehmers keine hinreichende Aussicht auf Erfolg bietet oder mutwillig erscheint oder

2. die Weiterbeschäftigung des Arbeitnehmers zu einer unzumutbaren wirtschaftlichen Belastung des Arbeitgebers führen würde oder

3. der Widerspruch des Betriebsrats offensichtlich unbegründet war.

(6) Arbeitgeber und Betriebsrat können vereinbaren, dass Kündigungen der Zustimmung des Betriebsrats bedürfen und dass bei Meinungsverschiedenheiten über die Berechtigung der Nichterteilung der Zustimmung die Einigungsstelle entscheidet.

(7) Die Vorschriften über die Beteiligung des Betriebsrats nach dem Kündigungsschutzgesetz bleiben unberührt.

1 **I. Vorbemerkungen.** Mit der Einführung der besonderen Beteiligungsrechte des BR durch das BetrVG 1972 verfolgte der Gesetzgeber das Ziel, wegen der einschneidenden Bedeutung der Kündigung des Arbeitsverhältnisses durch den ArbGeb die Rechtsstellung sowohl des BR als aber auch des einzelnen ArbGeb erheblich zu verbessern[1]. Dieses Ziel wollte der Gesetzgeber so erreichen, dass dem BR die Gelegenheit gegeben wird, aus seiner Sicht zur Kündigung des ArbN Stellung zu nehmen, um so auf den Willensbildungsprozess des ArbGeb vor Ausspruch der Kündigung einzuwirken, damit ggf. es gar nicht zu einer Kündigung kommt[2]. Bereits aus der Gesetzesbegründung zum BetrVG 1972 wird deutlich, dass § 102 nicht allein dem **Individualschutz** dient, sondern auch, wie sich aus § 102 III Nr. 2 ergibt, **kollektive Interessen** zu verwirklichen trachtet[3].

2 **II. Geltungsbereich der Vorschrift. 1. Beendigungstatbestände.** Anknüpfungstatbestand für das Beteiligungsrecht nach § 102 ist die Kündigung. Hierbei differenziert das Gesetz nicht danach, ob es sich um eine **ordentl. oder außerordentl. Kündigung** handelt. Demzufolge findet § 102 auch im Fall der außerordentl. Kündigung Anwendung[4]. Ob das **KSchG** auf das zu kündigende Arbeitsverhältnis Anwendung findet, hat keine Bedeutung für den Beteiligungstatbestand. Selbst eine **Kündigung vor Arbeitsantritt** unterliegt dem Beteiligungsrecht des BR[5]. Hingegen besteht bei einer sog. **Teilkündigung** kein Beteiligungsrecht des BR gem. § 102. Nach der st. Rspr. des BAG ist die Teilkündigung, also das Aufkündigen einzelner Arbeitsvertragsbestimmungen unter Aufrechterhaltung des Arbeitsverhältnisses als solches, als grds. unzulässig anzusehen[6]. Wenn aber ausnahmsw. im Arbeitsvertrag dem ArbGeb das Recht eingeräumt wird, sich einseitig von bestimmten arbeitsvertragl. Nebenabreden lösen zu können[7], so ist hierin keine Kündigung iSd. Beteiligungstatbestandes des § 102 zu sehen. Schließlich wird durch eine solche „Teilkündigung“ die Stellung des ArbN in der Belegschaft nicht berührt[8]. Gleiches gilt auch für den **Widerruf einzelner Leistungen**.

3 Anders stellt sich dagegen die Rechtslage bei der sog. **Änderungskündigung** dar. Hierbei bezweckt der ArbGeb zwar nicht die Auflösung des Arbeitsverhältnisses, sondern will lediglich eine Änderung der Arbeitsbedingungen erreichen. Wenn der ArbN sich aber nicht mit dem Änderungsangebot einverstanden erklärt, folgt auch aus der Änderungskündigung eine Beendigung des Arbeitsverhältnisses. Deshalb ist in jedem Fall der BR gem. § 102 zu beteiligen[9]. Bei der Anhörung nach § 102 im Rahmen einer Änderungskündigung ist dem BR nicht nur das Änderungsangebot in allen Einzelheiten mitzuteilen, sondern der ArbGeb muss auch eindeutig darauf **hinweisen**, dass er bei Ablehnung des Änderungsangebots eine

---

1 RegE eines BetrVG, BT-Drs. VI/1786, S. 32. | 2 Vgl. BAG v. 1.4.1981 – 7 AZR 1003/78, AP Nr. 23 zu § 102 BetrVG 1972. | 3 BAG v. 13.7.1978 – 2 AZR 717/76, AP Nr. 17 zu § 102 BetrVG 1972. | 4 Vgl. bereits RegE eines BetrVG, BT-Drs. VI/1786, S. 52. | 5 LAG Hess. v. 18.4.1979 – 10/7 Sa 788/78, ARST 1980, S. 14. | 6 BAG v. 7.10.1982 – 2 AZR 455/80, BAGE 40, 199; v. 25.2.1988 – 2 AZR 346/87, BAGE 57, 344; v. 14.11.1990 – 5 AZR 509/89, BAGE 66, 214; v. 19.6.2001 – 1 AZR 463/00, BAGE 98, 76. | 7 Vgl. etwa hierzu BAG v. 14.11.1990 – 5 AZR 509/89, AP Nr. 25 zu § 611 BGB – Arzt-Krankenhaus-Vertrag. | 8 *Heinze*, Personalplanung, Rz. 466; *Richardi*, Die neue Betriebsverfassung, S. 171. | 9 BAG v. 3.11.1977 – 2 AZR 277/76, AP Nr. 1 zu § 75 BPersVG; v. 30.9.1993 – 2 AZR 283/93, AP Nr. 33 zu § 2 KSchG 1969; v. 8.6.1995 – 2 AZR 739/94, nv.

Beendigungskündigung beabsichtigt[1]. Die Anhörung nach § 102 ist selbst dann erforderlich, wenn der ArbN das Arbeitsverhältnis in jedem Fall weiterführen möchte und deshalb die geänderten Arbeitsbedingungen unter Vorbehalt annimmt[2]. Falls das Änderungsangebot eine personelle Einzelmaßnahme gem. **§ 99** beinhaltet, ist neben dem Verfahren nach **§ 102** der BR auch gem. § 99 zu beteiligen. Beide Verfahren sind **nebeneinander** durchzuführen[3]. Jedoch verlangt die Wirksamkeit einer Änderungskündigung nur eine ordnungsgemäße Anhörung des BR iSd. § 102, nicht aber die ordnungsgemäße Durchführung des Beteiligungsverfahrens nach § 99. Fehlt etwa die Zustimmung des BR zu einer personellen Einzelmaßnahme nach § 99, so ist nicht etwa die Änderungskündigung unwirksam, vielmehr ist der ArbGeb dann daran gehindert, die personelle Einzelmaßnahme, wie zB eine Versetzung, tatsächlich durchzuführen[4]. Beide Beteiligungsverfahren unterscheiden sich jedoch sowohl von ihren Voraussetzungen als auch von ihren Rechtsfolgen. Selbst die Entscheidung des BR muss nicht notwendigerweise einheitlich sein[5].

Bei einem befristeten Arbeitsverhältnis ist die Erklärung des ArbGeb, dass dieses **befristete Arbeitsverhältnis** mit Ablauf der Frist ende, bzw. dass es nicht verlängert werde, keine Kündigung iSd. § 102[6]. 4
Anders kann sich die Rechtslage dann darstellen, wenn es sich um eine unzulässige Befristung des Arbeitsverhältnisses gehandelt hat, mit der Folge, dass die Befristung unwirksam war. In diesen Fällen kann das Verhalten des ArbGeb, der eine Fortsetzung des Arbeitsverhältnisses ablehnt, als **hilfsweise erklärte Kündigung** für den Fall angesehen werden, dass die Befristung unzulässig gewesen ist. Dann unterliegt die Beurteilung der Wirksamkeit einer solchen Kündigungserklärung den Vorschriften des § 102[7].

Ebenfalls besteht kein Anhörungsrecht des BR gem. § 102 im Fall der **Anfechtung des Arbeitsvertrages**. Hierbei geht es um die Frage der Geltung oder Nicht-Geltung eines Rechtsgeschäfts[8]. 5

Nach ganz überwiegender Auffassung ist auch vor **Abschluss eines Aufhebungsvertrages** die Durchführung des Beteiligungsverfahrens nach § 102 nicht erforderlich[9]. Im Hinblick auf die Beteiligung des BR ist vom Aufhebungsvertrag der sog. **Abwicklungsvertrag** zu unterscheiden. Dieser beinhaltet im Wesentlichen die Modalitäten, wie ein bereits gekündigtes Arbeitsverhältnis abgewickelt werden soll[10]. Für die dem Abwicklungsvertrag zugrunde liegende Kündigung ist die Beteiligung des BR gem. § 102 erforderlich[11]. 6

2. Kreis der geschützten Arbeitnehmer. a) Allgemeines. Das Beteiligungsrecht des BR bezieht sich auf alle ArbN des Betriebes iSv. § 5. Demnach findet § 102 auch auf die Kündigung von **Berufsausbildungsverhältnissen**[12], Beschäftigungsverhältnissen von Außendienstmitarbeitern sowie auf **Telearbeitsverhältnisse** Anwendung. Dagegen sind **Kündigungen leitender Angestellter** gem. § 5 III dem BR gem. § 105 lediglich mitzuteilen[13]. Hierbei gilt es zu beachten, dass die Mitteilung nach § 105 nicht eine **vorsorgliche Anhörung** des BR zu ersetzen vermag. Wenn also ArbGeb und BR einen zu kündigenden ArbN für einen leitenden Angestellten halten, muss sich aus der Mitteilung des ArbGeb an den BR eindeutig ergeben, ob er den BR nach § 105 nur unterrichten oder nach § 102 I zu der beabsichtigten Kündigung vorsorglich auch anhören will[14]. Es genügt aber, wenn der BR der Mitteilung des ArbGeb entnehmen kann, dass damit auch ein vorsorgliches Anhörungsverfahren nach § 102 I eingeleitet werden soll[15]. 7

b) Arbeitsverhältnisse mit Auslandsbezug. Bei Arbeitsverhältnissen mit Auslandsbezug entfällt die Beteiligungspflicht nach § 102 nur dann, wenn der ArbN kein Betriebsangehöriger des im Inland gelegenen Betriebes ist. Stellt sich die Auslandstätigkeit als Ausstrahlung des Inlandbetriebes dar, so findet auch § 102 bei Kündigungen der im Ausland tätigen ArbN Anwendung. So ist der BR eines in der Bundesrepublik Deutschland gelegenen Betriebes auch bei der Kündigung eines nicht nur vorübergehend im Ausland eingesetzten ArbN jedenfalls dann zu beteiligen, wenn der im Ausland tätige ArbN nach wie vor dem Inlandsbetrieb zuzuordnen ist. Dies hängt insb. von den Umständen des Einzelfalls ab und hier insb. von der Dauer des Auslandseinsatzes, der Eingliederung in einen Auslandsbetrieb, dem 8

1 BAG v. 30.11.1989 – 2 AZR 197/89, AP Nr. 53 zu § 102 BetrVG 1972. |2 BAG v. 28.5.1998 – 2 AZR 615/97, AP Nr. 48 zu § 2 KSchG 1969; APS/*Künzl*, § 2 KSchG Rz. 126 f.; KR/*Etzel*, § 102 BetrVG Rz. 30; aA *Fitting*, § 102 BetrVG Rz. 11. |3 HM, BAG v. 3.11.1977 – 2 AZR 277/76, AP Nr. 1 zu § 75 BPersVG; v. 30.9.1993 – 2 AZR 283/93, AP Nr. 33 zu § 2 KSchG 1969. |4 BAG v. 8.6.1995 – 2 AZR 739/94, nv.; v. 30.9.1993 – 2 AZR 283/93, AP Nr. 33 zu § 2 KSchG 1969; *Neef/Neef*, NZA 2006, 1241 (1243). |5 BAG v. 30.9.1993 – 2 AZR 283/93, AP Nr. 33 zu § 2 KSchG 1969; *Fitting*, § 102 BetrVG Rz. 9. |6 HM, *Fitting*, § 102 BetrVG Rz. 15; KR/*Etzel*, § 102 BetrVG Rz. 39. |7 *Heinze*, Personalplanung, Rz. 467; *Fitting*, § 102 BetrVG Rz. 17. |8 BAG v. 11.11.1993 – 2 AZR 467/93, AP Nr. 38 zu § 123 BGB; *Löwisch/Kaiser*, § 102 BetrVG Rz. 4; *Picker*, ZfA 1981, 1 (43 ff.); kritisch hierzu: DKK, § 102 BetrVG Rz. 21. |9 *Dachrodt/Engelbert*, § 102 BetrVG Rz. 69; GK-BetrVG/*Raab*, § 102 Rz. 25; KR/*Etzel*, § 102 BetrVG Rz. 42; aA *Keppeler*, AuR 1996, 263 (265 f.). |10 Zum Abwicklungsvertrag: *Hümmerich*, NZA 1994, 200 ff. |11 BAG v. 28.6.2005 – 1 ABR 25/04, AP Nr. 146 zu § 102 BetrVG 1972; kritisch *Maties*, AP Nr. 146 zu § 102 BetrVG 1972. |12 Zur Frage der Zuständigkeit bei Berufsausbildungsverhältnissen: BAG v. 12.5.2005 – 2 AZR 149/05, AP Nr. 145 zu § 102 BetrVG 1972. |13 BAG v. 25.10.2007 – 6 AZR 1045/06, BB 2008, 228. |14 BAG v. 26.5.1977 – 2 AZR 135/76, AP Nr. 13 zu § 102 BetrVG 1972; v. 7.12.1979 – 7 AZR 1063/77, AP Nr. 21 zu § 102 BetrVG 1972. |15 BAG v. 7.12.1979 – 2 AZR 1063/77, AP Nr. 21 zu § 102 BetrVG 1972.

Bestehen und den Voraussetzungen eines Rückrufrechts zu einem Inlandseinsatz sowie dem sonstigen Inhalt der Weisungsbefugnis des ArbGeb[1].

9 c) **Arbeitsverhältnisse in Tendenzunternehmen.** Einschränkungen beim Beteiligungsrecht nach § 102 ergeben sich auch aus dem Gesichtspunkt des **Tendenzschutzes**[2]. Allerdings steht nach st. Rspr. des BAG auch der Tendenzcharakter eines Unternehmens nicht der Anhörung des BR zur Kündigung eines Tendenzträgers nach § 102 I entgegen[3]. Insoweit sind dem BR bei Kündigung eines Tendenzträgers selbst etwaige tendenzbedingte Kündigungsgründe mitzuteilen. Hinsichtlich seiner Einwendungen gegen die Kündigung muss sich jedoch der BR auf soziale Gesichtspunkte beschränken[4].

10 d) **Arbeitsverhältnisse bei Insolvenz des Arbeitgebers.** Auch bei Insolvenz des ArbGeb bleiben die Beteiligungsrechte des BR gem. § 102 erhalten. Jedoch tritt grds. erst mit Insolvenzeröffnung der Insolvenzverwalter in die Stellung des ArbGeb ein[5].

11 e) **Arbeitsverhältnisse im Arbeitskampf.** Im Arbeitskampf findet eine Einschränkung des Beteiligungsrechts des BR nach § 102 nur in Ausnahmefällen statt. Grds. bleiben die Beteiligungsrechte des BR hier insoweit bestehen, wie die fraglichen **Maßnahmen keinen Arbeitskampfbezug** haben[6]. Daher bedarf auch eine während eines Streiks ausgesprochene arbeitgeberseitige Kündigung der vorherigen Anhörung des BR, wenn die Kündigung aus anderen als arbeitskampfbedingten Gründen erfolgt[7]. Insofern entfällt das Beteiligungsrecht des BR nur, wenn der ArbGeb als Reaktion auf Arbeitskampfmaßnahmen Kündigungen ausspricht[8]. Von einer solchen **Kampfkündigung** ist auch dann auszugehen, wenn der ArbGeb wegen Beteiligung an einem rechtswidrigen Arbeitskampf eine außerordentl. Kündigung ausspricht[9].

12 f) **Kündigungen auf Veranlassung des Betriebsrats oder des Arbeitnehmers.** Besonderheiten ergeben sich dann, wenn eine Kündigung auf Veranlassung des BR ausgesprochen wird. Verlangt etwa der BR vom ArbGeb, einen bestimmten ArbN zu kündigen und entschließt sich der ArbGeb, dem Wunsch des BR aus den von diesem angegebenen Gründen zu entsprechen, so ist – selbst wenn kein Fall einer **Druckkündigung** iSd. § 104 BetrVG vorliegt – eine Beteiligung des BR nach § 102 nicht erforderlich. In dem Kündigungsverlangen des BR liegt bereits dessen Zustimmung zur Kündigung[10].

13 Anders ist die Rechtslage jedoch zu beurteilen, wenn nicht der BR die Kündigung verlangt, sondern der **ArbN** selbst derjenige ist, der auf die Anhörung des BR gem. § 102 I **verzichtet**. Würde die Kündigung ohne Beteiligung des BR ausgesprochen, so wäre sie wegen Verstoßes gegen § 102 I unwirksam, weil das Beteiligungsrecht des BR nicht durch eine Vereinbarung zwischen dem ArbGeb und dem ArbN ausgeschlossen werden kann[11].

14 **III. Unterrichtungspflicht des Arbeitgebers. 1. Partner des Anhörungsverfahrens.** Das Beteiligungsrecht nach § 102 BetrVG setzt einen **handlungsfähigen BR** voraus. Die Anhörungspflicht besteht also erst dann, wenn die Amtszeit des BR begonnen und der BR sich gem. § 29 konstituiert hat[12]. Zur Konstituierung des BR hat der Wahlvorstand, nachdem die Namen der BR-Mitglieder endgültig feststehen, die Mitglieder des BR zu der nach § 26 vorgeschriebenen Wahl des Vorsitzenden und seines Stellvertreters einzuberufen. Die Wahl des BR-Vorsitzenden und seines Stellvertreters ist Voraussetzung für die Handlungsfähigkeit des BR nach Beginn der Amtszeit[13]. Der ArbGeb ist nicht verpflichtet, mit dem Ausspruch einer Kündigung zu warten, bis sich der BR konstituiert hat[14].

15 Sind alle BR- und Ersatzmitglieder gleichzeitig und nicht nur kurzfristig an der **Amtsausübung gehindert**, so entfällt die Beteiligungspflicht des ArbGeb nach § 102[15]. Da das Anhörungsrecht auch dann besteht, wenn der BR lediglich aus einer Person gebildet ist, entfällt eine Anhörungsverpflichtung des ArbGeb nur dann, wenn der Betriebsobmann nicht nur kurzfristig verhindert ist und ein Ersatzmitglied fehlt. Wenn das einzige Mitglied des BR arbeitsunfähig erkrankt und ein Stellvertreter nicht vorhanden ist, besteht für den ArbGeb jedenfalls eine Verpflichtung zur Anhörung des erkrankten BR-Mitglieds, wenn er davon ausgehen kann, dass dieses bereit und in der Lage ist, derartige BR-Tätigkeiten auszuüben[16]. **Funktionsfähig** ist der BR solange, wie auch nur ein einziges BR- bzw. Ersatzmitglied sein Amt

---

1 BAG v. 7.12.1989 – 2 AZR 228/89, AP Nr. 27 zu Internationales Privatrecht – Arbeitsrecht. |2 Vgl. KR/*Etzel*, § 102 BetrVG Rz. 13. |3 BAG v. 7.11.1975 – 1 AZR 282/74, AP Nr. 4 zu § 118 BetrVG 1972; v. 6.12.1988 – 1 ABR 42/87, nv. |4 BVerfG v. 6.11.1979 – 1 BvR 81/76, AP Nr. 14 zu § 118 BetrVG 1972. |5 BAG v. 22.9.2005 – 6 AZR 526/04 AP Nr. 1 zu § 323 UmwG. |6 BAG v. 22.12.1980 – 1 ABR 2/79, AP Nr. 70 zu Art. 9 GG – Arbeitskampf. Auswirkung hat der Arbeitskampf also nur auf die Beteiligungsrechte des BR, wenn durch die Ausübung der Beteiligungsrechte die Kampfparität zwischen den Arbeitskampfparteien beeinträchtigt werden könnte. |7 BAG v. 6.3.1979 – 1 AZR 866/77, AP Nr. 20 zu § 102 BetrVG 1972. |8 Vgl. hierzu APS/*Koch*, § 102 BetrVG Rz. 15. |9 BAG v. 14.2.1978 – 1 AZR 76/76, AP Nr. 58 zu Artikel 9 GG – Arbeitskampf. |10 BAG v. 15.5.1997 – 2 AZR 519/96, AP Nr. 1 zu § 104 BetrVG 1972; LAG BW v. 31.5.1995 – 12 Sa 188/94, nv. |11 *Richardi/Thüsing*, § 102 BetrVG Rz. 39; *Fitting*, § 102 BetrVG Rz. 56. |12 BAG v. 23.8.1984 – 6 AZR 520/82, AP Nr. 36 zu § 102 BetrVG 1972; LAG Hamm v. 20.5.1999 – 4 Sa 1989/98, ZInsO 1999, 362. |13 LAG Hamm v. 20.5.1999 – 4 Sa 1989/98, ZInsO 1999, 362 f. |14 BAG v. 23.8.1984 – 6 AZR 520/82, AP Nr. 36 zu § 102 BetrVG 1972; *Richardi/Thüsing*, § 102 BetrVG Rz. 30; aA APS/*Koch*, § 102 BetrVG Rz. 45; KR/*Etzel*, § 102 BetrVG Rz. 24b. |15 BAG v. 18.8.1982 – 7 AZR 437/80, AP Nr. 24 zu § 102 BetrVG 1972. |16 BAG v. 15.11.1984 – 2 AZR 341/83, AP Nr. 2 zu § 25 BetrVG 1972.

ausüben kann. Hierbei spielt es keine Rolle, ob der BR noch nach § 33 II beschlussfähig ist. Vielmehr nimmt, wenn ein BR für die Dauer der Äußerungsfristen des § 102 II beschlussunfähig ist, weil in dieser Zeit mehr als die Hälfte der BR-Mitglieder an der Amtsausübung verhindert ist und nicht durch Ersatzmitglieder vertreten werden kann, der **RestBR** in entsprechender Anwendung des § 22 die Beteiligungsrechte des § 102 wahr[1]. Umstritten hingegen ist, ob und inwieweit ein Beteiligungsrecht des BR nach § 102 während der **Betriebsferien** besteht[2]. Es ist allerdings nicht einzusehen, warum im Fall der urlaubsbedingten Abwesenheit aller BR-Mitglieder etwas anderes gelten soll, als wenn aus sonstigen Gründen alle BR-Mitglieder an der Amtsausübung vorübergehend verhindert sind. Auch in diesem Fall ist die Anhörung des BR entbehrlich, wenn er wegen urlaubsbedingter Abwesenheit seiner Mitglieder funktionsunfähig ist[3].

Die Anhörungsverpflichtung entfällt zudem, wenn die Amtszeit des BR abgelaufen und noch kein neuer gewählt worden ist, es sei denn, der frühere BR führt die BR-Geschäfte gem. § 22 weiter. Aber auch während des Restmandats gem. § 21b besteht die Anhörungspflicht[4]. 16

2. Adressat der Informationen. Für das Mitwirkungsverfahren bei Kündigungen ist grds. der BR des Betriebes **zuständig**, dem der ArbN angehört[5]. Die Mitteilung der Gründe für die Kündigung hat dabei gegenüber dem BR zu erfolgen. Dh., zur Entgegennahme ist nur der **Vorsitzende des BR** oder im Fall seiner Verhinderung dessen Stellvertreter berechtigt[6]. Hat aber der BR die Ausübung der Mitbest. einem **besonderen Ausschuss**, wie etwa einem Personalausschuss zur selbständigen Erledigung übertragen, so ist in diesem Fall der Vorsitzende dieses Ausschusses neben dem BR-Vorsitzenden ebenfalls berechtigt, die Erklärungen des ArbGeb entgegenzunehmen[7]. Wendet sich der ArbGeb dagegen an ein **BR-Mitglied**, welches nicht zur Entgegennahme von Erklärungen des ArbGeb berechtigt ist, so ist dieses BR-Mitglied lediglich **Erklärungsbote** des ArbGeb. Dies hat zur Konsequenz, dass die Mitteilung erst wirksam wird, wenn sie vom unzuständigen Mitglied als Erklärungsbote des ArbGeb dem Vorsitzenden oder einem zum Empfang ermächtigten Mitglied des BR oder einem zuständigen Ausschuss zugeht[8]. Die Funktion des Erklärungsboten setzt jedoch das Einverständnis des BR-Mitglieds und des ArbGeb voraus, für diesen die Wissensvermittlung an den BR vorzunehmen[9]. Der BR-Vorsitzende, bzw. im Falle seiner Verhinderung der stellvertretende BR-Vorsitzende, ist jedoch nicht verpflichtet, Mitteilungen des ArbGeb betreffend beabsichtigter Kündigungen **außerhalb seiner Arbeitszeit** entgegenzunehmen. In einem solchen Fall muss allerdings der ArbGeb darauf hingewiesen werden, dass der BR-Vorsitzende bzw. dessen Stellvertreter nicht bereit ist, außerhalb seiner Arbeitszeit und außerhalb der Betriebsräume derartige Mitteilungen entgegenzunehmen. Die widerspruchslose Entgegennahme einer Mitteilung des ArbGeb iSd. § 102 I durch den BR-Vorsitzenden, oder bei dessen Verhinderung durch den Stellvertreter, setzt selbst dann die Wochenfrist des § 102 II 1 in Lauf, wenn die Mitteilung außerhalb der Arbeitszeit und außerhalb der Betriebsräume erfolgt[10]. Bereits an dieser Stelle ist darauf hinzuweisen, dass eine Mitteilung der Kündigungsgründe entbehrlich sein kann, wenn der BR bei Einl. des Anhörungsverfahrens bereits über den erforderlichen Kenntnisstand verfügt, um über die konkret beabsichtigte Kündigung eine Stellungnahme abgeben zu können. Jedoch muss sich auch hierbei der BR grds. nur das Wissen eines zur Entgegennahme von Erklärungen gem. § 26 II 2 berechtigten oder hierzu ausdrücklich ermächtigten BR-Mitglieds zurechnen lassen[11]. Nicht ausreichend dagegen ist indes, wenn nur einzelne und nicht empfangsberechtigte BR-Mitglieder über einen ausreichenden Wissensstand verfügen[12]. 17

3. Form und Umfang der Unterrichtung. Für die Mitteilung der Kündigungsgründe an den BR sieht das Gesetz keine besondere **Form** vor. Dies bedeutet, dass die erforderlichen Informationen dem BR-Vorsitzenden auch mündlich übermittelt werden können[13]. In keinem Fall besteht aber für den ArbGeb die Verpflichtung, vorhandene **schriftl. Unterlagen** dem BR vorzulegen oder **Einsicht in die Personalakten** des betroffenen ArbN zu gewähren[14]. Für die Praxis ist indes zu empfehlen, die Unterrichtung zumindest auch in schriftl. Form vorzunehmen. Hierbei empfiehlt es sich, dass der BR-Vorsitzende oder der sonstige Adressat des Anhörungsschreibens auf einer Kopie des Anhörungsschreibens die Entgegennahme des Originals ausdrücklich mit Datumsangabe **quittiert**. 18

Mit der Mitteilung ist der BR aufzufordern, zu der beabsichtigten Kündigung Stellung zu nehmen. Diese **Aufforderung zur Stellungnahme** sollte, aber braucht nicht ausdrücklich zu erfolgen. Es muss sich 19

1 BAG v. 18.8.1992 – 7 AZR 437/80, AP Nr. 24 zu § 102 BetrVG 1972. | 2 Vgl. hierzu APS/*Koch*, § 102 BetrVG Rz. 49. | 3 *Stege/Weinspach/Schiefer*, § 102 BetrVG Rz. 43c; ausdrücklich offen gelassen: BAG v. 22.5.1980 – 2 AZR 619/78, nv.; aA KR/*Etzel*, § 102 BetrVG Rz. 24d. | 4 LAG Nds. v. 23.4.2007 – 9 Sa 815/06, ArbuR 2007, 444. | 5 BAG v. 7.11.1990 – 2 AZR 225/90, nv. | 6 BAG v. 6.2.1997 – 2 AZR 265/96, AP Nr. 85 zu § 102 BetrVG 1972; v. 5.4.1990 – 2 AZR 337/89, nv.; v. 6.10.2005 – 2 AZR 316/04 AP Nr. 150 zu § 102 BetrVG 1972. | 7 BAG v. 4.8.1975 – 2 AZR 266/74, AP Nr. 4 zu § 102 BetrVG 1972. | 8 BAG v. 26.9.1991 – 2 AZR 132/91, AP Nr. 28 zu § 1 KSchG 1969; v. 5.4.1990 – 2 AZR 337/89, nv. | 9 BAG v. 27.6.1985 – 2 AZR 412/84, AP Nr. 37 zu § 102 BetrVG 1972; APS/*Koch*, § 102 BetrVG Rz. 80; aA KR-*Etzel*, § 102 BetrVG Rz. 85. | 10 BAG v. 27.8.1992 – 7 AZR 30/80, AP Nr. 25 zu § 102 BetrVG 1972. | 11 BAG v. 27.6.1985 – 2 AZR 412/84, AP Nr. 37 zu § 102 BetrVG; v. 28.3.1974 – 2 AZR 472/73, AP Nr. 3 zu § 102 BetrVG 1972; LAG Rh. Pf. v. 30.6.2005 – 1 Sa 123/05, NZA-RR 2005, 629. | 12 BAG v. 2.11.1983 – 7 AZR 65/82, AP Nr. 29 zu § 102 BetrVG 1972. | 13 BAG v. 6.2.1997 – 2 AZR 265/96, AP Nr. 85 zu § 102 BetrVG 1972. | 14 BAG v. 26.1.1995 – 2 AZR 386/94, AP Nr. 69 zu § 102 BetrVG 1972; v. 6.2.1997 – 2 AZR 265/96, AP Nr. 85 zu § 102 BetrVG 1972; BAG v. 28.6.2007 – 6 AZR 750/06, NZA 2007, 1049 ff.

jedoch aus den Gesamtumständen ergeben, dass der BR nicht nur nach § 105 unterrichtet werden soll, sondern dass mit der Mitteilung ein Anhörungsverfahren nach § 102 eingeleitet werden soll.

20 **4. Zeitpunkt der Unterrichtung**. Hinsichtlich des Zeitpunktes der Mitteilung regelt § 102 I 1 nur, dass der BR vor jeder Kündigung zu hören ist. Die Dauer der Anhörungsfrist ergibt sich dann aus § 102 II 1 und 3. Für den Fristbeginn ist unerheblich, ob der ArbGeb seinen Kündigungswillen zum Zeitpunkt der Einleitung des Anhörungsverfahrens schon abschließend gebildet hat[1]. Demzufolge spielt es keine Rolle, wenn der ArbGeb, als er das Anhörungsverfahren einleitete, das Original des Kündigungsschreibens bereits unterschrieben hatte. Vielmehr ist entscheidend, dass er seinen Kündigungswillen noch nicht verwirklicht hat, bevor das Anhörungsverfahren abgeschlossen ist. Dies wäre dann der Fall, wenn die schriftl. Kündigungserklärung den Machtbereich des ArbGeb verlassen hat, also etwa wenn das Kündigungsschreiben zur Post aufgegeben wurde[2]. Hier kann dann auch eine **nachträglich erteilte Zustimmung des BR** zur Kündigung keine nachträgliche Heilung des unwirksamen Rechtsgeschäfts herbeiführen. Auf der anderen Seite widerspricht es geradezu dem Sinn und Zweck des Anhörungsverfahrens, wenn es zu einem Zeitpunkt eingeleitet wird, in dem der ArbGeb seine Kündigungsabsicht noch gar nicht verwirklichen will oder kann. Wird etwa der BR zu einer Kündigung nach Abschluss eines Sozialplans angehört, kündigt aber der ArbGeb bereits vor dem Sozialplanabschluss, so ist zu dieser tatsächlich ausgesprochenen Kündigung der BR nicht ordnungsgemäß angehört worden[3].

21 Besonders problematisch sind die Fälle sog. **Wiederholungskündigungen**, in denen bereits eine Kündigung erklärt wurde, zu der der BR ordnungsgemäß angehört wurde, jedoch der ArbGeb eine weitere auf den gleichen Sachverhalt gestützte Kündigung aussprechen will[4]. Hier differenziert die Rspr. nach dem Zugang der Kündigungserklärung. Wurde der BR bereits angehört, ist jedoch dem ArbN die Kündigungserklärung nicht zugegangen, so kann der ArbGeb, ohne noch einmal den BR beteiligen zu müssen, die Kündigung erneut aussprechen und den Zugang bewirken, wenn noch ein zeitlicher Zusammenhang zur Anhörung besteht und der Sachverhalt sich nicht geändert hat[5]. Ist jedoch die erste Kündigung beim ArbN zugegangen, löst dies nach Auffassung des BAG für eine weitere Kündigung eine erneute Beteiligungspflicht nach § 102 aus. Mit dem Zugang der Kündigungserklärung ist die erfolgte BR-Anhörung regelmäßig verbraucht[6]. Von einem solchen **„Verbrauch" des Kündigungsrechts** ist auszugehen, wenn ein Bevollmächtigter für den ArbGeb kündigt und dieser wegen nachträglich eintretender Zweifel an der Zurechenbarkeit dieser ersten Kündigung eine weitere Kündigung ausspricht[7] oder eine erste Kündigung gem. § 174 BGB zurückgewiesen wird[8].

22 Von dieser sog. Wiederholungskündigung ist die sog. **Vorratskündigung** zu unterscheiden. Hierbei erfolgt der Ausspruch der Kündigung nicht unmittelbar nach Kenntniserlangung vom Kündigungsgrund und anschließender Beendigung des Beteiligungsverfahrens nach § 102, sondern erst mit einem zeitlichen Abstand zur Anhörung des BR. In einem solchen Fall ist eine erneute Anhörung erforderlich, jedenfalls dann, wenn sich inzwischen der Kündigungssachverhalt geändert hat[9].

23 Besonderheiten können sich bei der Kündigung von **schwerbehinderten Menschen** ergeben. Gem. §§ 85, 91 SGB IX bedarf die außerordentl. oder ordentl. Kündigung des Arbeitsverhältnisses eines schwerbehinderten Menschen durch den ArbGeb der vorherigen Zustimmung des **Integrationsamtes**. Im Hinblick auf das Anhörungsverfahren nach § 102 steht es dem ArbGeb frei, ob er dieses Verfahren vor dem Antrag auf Erteilung der Zustimmung gem. SGB IX oder noch während des Verwaltungsverfahrens stellt oder aber die Entscheidung des Integrationsamtes abwarten will, um anschließend das Anhörungsverfahren gem. § 102 einzuleiten[10]. Leitet der ArbGeb aber das Anhörungsverfahren vor Beteiligung des Integrationsamtes ein, so ist nach abschließender Entscheidung des Integrationsamtes eine erneute Anhörung des BR dann erforderlich, wenn wegen der Dauer des Zustimmungsverfahrens die ursprüngliche Einschätzung der Tragweite der beabsichtigten Kündigung nicht mehr zutreffend ist, dh. wenn sich inzwischen der Sachverhalt im Übrigen wesentlich geändert hat[11]. Bei einer **außerordentl. Kündigung** eines behinderten Menschen ist jedoch zu beachten, dass gem. § 91 V SGB IX der ArbGeb, sofern die Zustimmung des Integrationsamtes zur außerordentl. Kündigung vorliegt, **unverzüglich** handeln muss. Ist bis dahin eine Anhörung gem. § 102 nicht erfolgt, so muss durch den ArbGeb **unverzüglich das Anhörungsverfahren eingeleitet werden**[12]. In diesem Zusammenhang ist zu beachten, dass der ArbGeb

1 BAG v. 28.9.1978 – 2 AZR 2/77, AP Nr. 19 zu § 102 BetrVG 1972. | 2 Vgl. BAG v. 28.9.1978 – 2 AZR 2/77, AP Nr. 19 zu § 102 BetrVG 1972; v. 13.11.1975 – 2 AZR 610/74, AP Nr. 7 zu § 102 BetrVG 1972. Anders jedoch für einen Sonderfall: BAG v. 8.4.2003 – 2 AZR 515/02, AP Nr. 133 zu § 102 BetrVG 1972. | 3 BAG v. 27.11.2003 – 2 AZR 654/02, AP Nr. 136 zu § 102 BetrVG 1972. | 4 *Lingemann/Beck*, NZA-RR 2007, 225. | 5 BAG v. 6.2.1997 – 2 AZR 192/96, EzA § 102 BetrVG 1972 Nr. 95. | 6 BAG v. 16.9.1993 – 2 AZR 267/93, AP Nr. 62 zu § 102 BetrVG 1972; v. 10.11.2005 – 2 AZR 623/04, AP Nr. 196 zu § 626 BGB; LAG BW v. 6.9.2004 – 15 Sa 39/04, LAGE § 91 SGB IX Nr. 2; LAG Hess. v. 27.7.2007 – 12 Sa 1677/06. | 7 BAG v. 31.1.1996 – 2 AZR 273/95, AP Nr. 80 zu § 102 BetrVG 1972. | 8 LAG Köln v. 30.3.2004 – 5 (13) Sa 1380/03, ZTR 2004, 606. | 9 BAG v. 26.5.1977 – 2 AZR 201/76, AP Nr. 14 zu § 102 BetrVG 1972; *Heinze*, Personalplanung, Rz. 503; APS/*Koch*, § 102 BetrVG Rz. 64. | 10 BAG v. 18.5.1994 – 2 AZR 626/93, AP Nr. 3 zu § 108 BPersVG; v. 11.3.1998 – 2 AZR 401/97, nv. | 11 BAG v. 11.3.1998 – 2 AZR 401/97, nv.; KR/*Etzel*, § 102 BetrVG Rz. 60. | 12 BAG v. 3.7.1980 – 2 AZR 340/78, AP Nr. 2 zu § 18 Schwerbehindertengesetz.

nicht auf die Zustimmung des Integrationsamtes zu warten braucht. Vielmehr bestimmt § 91 III 2 SGB IX, dass die Zustimmung als erteilt gilt, wenn das Integrationsamt nicht innerhalb einer Frist von zwei Wochen vom Tag des Eingangs des Antrages an eine Entscheidung getroffen hat. Spätestens nach Ablauf dieser zwei Wochen ist der ArbGeb gehalten, unverzüglich das Anhörungsverfahren nach § 102 einzuleiten.

Entsprechendes gilt bei behördl. Entscheidungen gem. § 9 III MuSchG. So hat bei einer außerordentl. Kündigung der ArbGeb nach Zugang der Zulässigkeitserklärung iSd. § 9 III MuSchG unverzüglich den BR gem. § 102 anzuhören, sofern dieses noch nicht geschehen ist, und bei Vorliegen der Stellungnahme des BR oder bei Ablauf der Stellungnahmefrist nach § 102 die Kündigung auszusprechen[1]. 24

5. Inhalt der Unterrichtung. a) Sozialdaten. Die Regelung in § 102 I 2 verlangt, dass der ArbGeb dem BR die Gründe für die Kündigung mitzuteilen hat. Hierzu gehört, dass der ArbGeb den zu kündigenden **ArbN hinreichend individualisiert**[2]. Dafür genügt es jedoch nicht, dass der ArbGeb dem BR bei einer Massenentlassung die Anzahl der zu berücksichtigenden ArbN mitteilt, ohne die ArbN durch Benennung ihrer Sozialdaten (**Alter, Unterhaltpflichten, Betriebszugehörigkeit** und eventuell die **Schwerbehinderteneigenschaft**) näher zu bezeichnen[3]. Ausnahmsw. führt die fehlende Mitteilung der genauen Sozialdaten der zu kündigenden ArbN nicht zur Unwirksamkeit der Kündigung gem. § 102 I 3, wenn eine Sozialauswahl nach der für den BR erkennbaren Auffassung des ArbGeb wegen der Stilllegung des gesamten Betriebes nicht vorzunehmen ist. Gleiches gilt dann, wenn es dem ArbGeb wegen der Schwere der Kündigungsvorwürfe auf die genauen Daten ersichtlich nicht ankommt und der BR die ungefähren Daten kennt, so dass er die Kündigungsabsicht des ArbGeb ausreichend beurteilen kann[4]. Hinsichtlich der Einzelheiten zu den Unterhaltspflichten und zum Familienstand kann sich der ArbGeb auf die in den Personalunterlagen und LStKarten enthaltenen Angaben beschränken, er muss aber dies gegenüber dem BR kennzeichnen[5]. Eine Verpflichtung über die dort zu findenden Angaben hinaus weitere Nachforschungen anzustellen besteht also nicht[6]. Zu den mitteilungspflichtigen Tatsachen gehören auch Angaben darüber, ob der ArbN einen besonderen Kündigungsschutz etwa nach dem MuSchG bzw. dem SGB IX oder auf Grund tarifvertragl. Bestimmungen besitzt. Ist jedoch einem ArbGeb nicht bekannt, dass der ArbN einen Antrag auf Anerkennung als Schwerbehinderter gestellt hat, macht dies die Kündigung nicht wegen Verstoßes gegen § 102 I unwirksam (vgl. hierzu auch § 90 SGB IX)[7]. 25

b) Art der Kündigung. Zu den Mitteilungspflichten des ArbGeb zählt auch, dass dieser dem BR die Art der beabsichtigten Kündigung mitzuteilen hat, insb. ob der Ausspruch einer ordentl. oder außerordentl. Kündigung beabsichtigt ist. Im Fall einer außerordentl. Kündigung muss der ArbGeb ggf. deutlich machen, dass er den BR ebenfalls zu einer vorsorglichen ordentl. Kündigung anhören will[8]. Die Anhörung allein zur außerordentl. Kündigung ersetzt nicht die Anhörung zu einer ordentl. Kündigung. Eine Ausnahme von diesem Grundsatz lässt die Rspr. dann zu, wenn der BR, der lediglich zu einer beabsichtigten außerordentl. Kündigung angehört wurde, dieser ausdrücklich und vorbehaltlos zugestimmt hat und auch aus sonstigen Umständen nicht zu ersehen war, dass der BR für den Fall der Unwirksamkeit der außerordentl. Kündigung der dann verbleibenden ordentl. Kündigung entgegengetreten wäre[9]. Im Fall einer beabsichtigten Kündigung eines **unkündbaren ArbN** setzt eine ordnungsgemäße Anhörung des BR nach § 102 I voraus, dass der ArbGeb dem BR die Art der beabsichtigten Kündigung, insb. also mitteilt, ob eine ordentl. oder eine außerordentl. Kündigung ausgesprochen werden soll, selbst wenn der ArbGeb ohne jede Erläuterung eine nach der objektiven Rechtslage nur außerordentlich mögliche Kündigung unter Einhaltung einer Auslauffrist aussprechen will[10]. Will der ArbGeb im Wege der **Änderungskündigung** die Arbeitsbedingungen einseitig ändern, so hat er dem BR das Änderungsangebot und die Gründe für die beabsichtigte Änderung der Arbeitsbedingungen mitzuteilen sowie dann, wenn er sich eine Beendigungskündigung vorbehält und dazu sich eine erneute Anhörung ersparen will, zugleich zu verdeutlichen, dass er im Fall der Ablehnung des Änderungsangebots durch den ArbN die Beendigungskündigung beabsichtigt[11]. Aber auch, wenn der ArbGeb den BR zu einer Beendigungskündigung angehört hat und er dann aber hiervon abweichend lediglich eine Änderungskündigung aussprechen will, hat er erneut das Anhörungsverfahren nach § 102 durchzuführen[12]. 26

c) Kündigungsfrist. Will der ArbGeb eine ordentl. Kündigung aussprechen, so muss er in seiner Mitteilung an den BR ferner dem Grundsatz nach den **Kündigungstermin** und die **Kündigungsfrist** ange- 27

1 LAG Hamm v. 3.10.1986 – 17 Sa 935/86, DB 1987, 282. | 2 LAG Bremen v. 19.10.2006 – 3 Sa 173/06, LAGE § 613a BGB 2002 Nr. 9c. | 3 BAG v. 16.9.1993 – 2 AZR 267/93, AP Nr. 62 zu § 102 BetrVG 1972; umfassend hierzu: *Oppertshäuser*, NZA 1997, 920 ff. | 4 BAG v. 15.11.1995 – 2 AZR 974/94, AP Nr. 73 zu § 102 BetrVG 1972. | 5 BAG v. 6.7.2006 – 2 AZR 520/05 AP Nr. 80 zu § 1KschG 1969. | 6 LAG Schl.-Holst. v. 10.8.2004 – 5 Sa 93/04, NZA-RR 2004, 582 f.; LAG BW v. 9.11.1990 – 15 Sa 86/90, LAGE § 102 BetrVG 1972 Nr. 25; *Kleinebrink*, DB 2005, 2522 (2524 f.); aA: LAG Düsseldorf v. 4.11.2004 – 11 Sa 957/04, LAGE § 1 KSchG – Soziale Auswahl Nr. 47. | 7 LAG Berlin v. 24.6.1991 – 9 Sa 20/81, LAGE § 1 KSchG – Personenbedingte Kündigung Nr. 8. | 8 *Benecke*, AuR 2005, 48 (49). | 9 BAG v. 16.3.1978 – 2 AZR 424/76, AP Nr. 15 zu § 102 BetrVG 1972. | 10 BAG v. 29.8.1991 – 2 AZR 59/91, AP Nr. 58 zu § 102 BetrVG 1972. | 11 BAG v. 30.11.1989 – 2 AZR 197/89, AP Nr. 53 zu § 102 BetrVG 1972; v. 20.3.1986 – 2 AZR 294/85, AP Nr. 14 zu § 2 KSchG 1969. | 12 BAG v. 27.5.1982 – 2 AZR 96/80, DB 1984, 620 f.

ben. Hier sieht die Rspr. die Frist als einen wesentlichen Bestandteil für die Interessenabwägung an. Jedoch ist der ArbGeb nur gehalten, dem BR seine **subjektive Vorstellung** über die anwendbare Kündigungsfrist mitzuteilen. Dies hat zur Konsequenz, dass das Anhörungsverfahren nicht deshalb fehlerhaft ist, weil sich der ArbGeb hinsichtlich der anwendbaren Kündigungsfrist bzw. der Fristberechnung in einem Irrtum befindet[1]. Allerdings braucht der ArbGeb für eine ordnungsgemäße Anhörung nur das ungefähre Vertragsende und die zwischen Ausspruch der Kündigung und Entlassungstermin liegende Zeitdauer in etwa abzuschätzen. Die ganz exakte Kenntnis ist nach Auffassung des BAG schon deshalb nicht erforderlich, weil in der Regel nicht sicher ist, zu welchem Zeitpunkt die Kündigung zugeht[2]. Ausnahmsw. muss der ArbGeb dann keine besonderen Ausführungen über die Dauer der einzuhaltenden Frist machen, wenn der BR über die tatsächlichen Umstände für die Berechnung der maßgeblichen Kündigungsfrist unterrichtet ist[3]. Ein solcher Fall liegt etwa vor, wenn sich aus der Anhörung entnehmen lässt, dass die beabsichtigte ordentl. Kündigung unter Einhaltung der tarifvertragl. vorgeschriebenen Kündigungsfrist zum nächstmöglichen Zeitpunkt ausgesprochen werden soll[4].

28 **d) Kündigungsgründe. aa) Allgemeines.** § 102 I verlangt ausdrücklich, dass der ArbGeb die Gründe für die Kündigung dem BR mitzuteilen hat. Dies hat zur Konsequenz, dass der ArbN in einem etwaigen Kündigungsrechtsstreit die Kündigung nicht auf Gründe stützen kann, die er nicht dem BR im Anhörungsverfahren mitgeteilt hat. Hierbei hat er den für ihn maßgeblichen Kündigungssachverhalt so deutlich darzustellen, dass der BR in der Lage ist, ohne eigene zusätzliche Ermittlungen zu der beabsichtigten Kündigung aus der Sicht der ArbN-Seite Stellung zu nehmen. Zwar reichen pauschale, schlagwortartige Bezeichnungen des Kündigungsgrunds für eine ordnungsgemäße Anhörung des BR nicht aus[5]. Vom ArbGeb können aber im Anhörungsverfahren keine Ausführungen verlangt werden, die seiner Darlegungspflicht im Kündigungsschutzprozess entsprechen[6]. Nur ausnahmsw. können auch schlagwortartige Begründungen des ArbGeb ausreichend sein, wenn der BR den zugrunde liegenden Sachverhalt bereits kennt und einen Bezug zu den Angaben des ArbGeb herstellen kann[7]. Selbst wenn der BR alles weiß, was auch der ArbGeb weiß, muss dem BR mitgeteilt werden, auf welchen kündigungsrechtlich relevanten Tatsachenkomplex die Kündigung gestützt werden soll[8]. Für Inhalt und Umfang der Mitteilungspflicht ist auf die **subjektive Determination** der Kündigungsgründe abzustellen; dh., dass der ArbGeb nicht alle Gründe mitteilen muss, auf die er die Kündigung stützen kann, sondern **er braucht nur die Gründe zu nennen, die nach seiner subjektiven Sicht für seinen Kündigungsentschluss maßgebend sind**[9]. Gegenstand der subjektiven Determination ist also der Lebenssachverhalt, den der ArbGeb zur Grundlage seiner Kündigung machen will. Bezogen auf diesen Lebenssachverhalt hat der ArbGeb dem BR die ihm bekannten und seinen Kündigungsentschluss bestimmenden Tatsachen mitzuteilen, er darf sie nicht bewusst vorenthalten[10].

29 Dies hat zur Konsequenz, dass eine Anhörung des BR nicht deshalb fehlerhaft und insoweit unwirksam ist, weil der ArbGeb seinen Kündigungsentschluss gegenüber dem BR mit Gründen zu belegen versucht, die objektiv gar nicht vorliegen. Es genügt, wenn der ArbGeb der Auffassung ist, die Gründe liegen vor, und er auf diese Gründe die Kündigung stützen will. Ob dies Gründe sind, die – unterstellt sie würden tatsächlich vorliegen – eine Kündigung rechtfertigen würden, ist dagegen unerheblich. In einem Kündigungsrechtsstreit ist der ArbGeb dann aber an die von ihm vorgetragenen Kündigungsgründe gebunden, er kann also keine Kündigungsgründe geltend machen, über die er den BR nicht informiert hat, obwohl sie ihm bei Ausspruch der Kündigung bekannt waren[11]. Allerdings ist es dem ArbGeb erlaubt, eine weitere Erläuterung und Konkretisierung der dem BR rechtzeitig mitgeteilten Kündigungsgründe ohne wesentliche Veränderungen des Kündigungssachverhalts im Rahmen des Kündigungsschutzprozesses vorzunehmen, sofern dadurch nicht überhaupt erst ein kündigungsrechtlich erheblicher Sachverhalt vorgetragen wird[12]. Zum Nachschieben von Kündigungsgründen vgl. Rz. 40 ff.

30 **bb) Unterrichtung bei einer außerordentlichen Kündigung.** Was dem BR mitzuteilen ist, richtet sich zunächst danach, ob eine außerordentl. oder ordentl. Kündigung vom ArbGeb beabsichtigt ist. Gem.

---

1 BAG v. 15.12.1994 – 2 AZR 327/94, AP Nr. 67 zu § 1 KSchG 1969 – Betriebsbedingte Kündigung. | 2 BAG v. 15.12.1994 – 2 AZR 327/94, AP Nr. 67 zu § 1 KSchG 1969 – Betriebsbedingte Kündigung; v. 29.1.1986 – 7 AZR 257/84, AP Nr. 42 zu § 102 BetrVG 1972. | 3 KR/*Etzel*, § 102 BetrVG Rz. 59a. | 4 BAG v. 15.12.1994 – 2 AZR 327/94, AP Nr. 67 zu § 1 KSchG 1969 – Betriebsbedingte Kündigung. | 5 AA *Rinke*, NZA 1998, 77 (88) für solche ArbN, die nicht dem KSchG unterfallen. | 6 BAG v. 6.6.1991 – 2 AZR 540/90, nv. LAG Rh.-Pf. v. 12.7.2005 – 5 Sa 1031/04, nv. | 7 BAG v. 13.7.1978 – 2 AZR 717/76 Nr. 17 zu § 102 BetrVG 1972 (pauschale schlagwortartig bezeichnende Angaben reichen nicht: BAG v. 30.11.1989 – 2 AZR 197/89, AP Nr. 53 zu § 102 BetrVG 1972). | 8 BAG v. 11.12.2003 – 2 AZR 536/02, AP Nr. 65 zu § 1 KSchG 1969 – Soziale Auswahl; LAG Rh.-Pf. v. 30.6.2005 – 1 Sa 123/05, NZA-RR 2005, 629 ff. | 9 BAG v. 6.2.1997 – 2 AZR 265/96, AP Nr. 85 zu § 102 BetrVG 1972; v. 7.11.2002 – 2 AZR 599/01, AP Nr. 40 zu § 1 KSchG 1969 – Krankheit; v. 16.9.2004 – 2 AZR 511/03, AP Nr. 142 zu § 102 BetrVG 1972; v. 26.4.2007 – 8 AZR 695/05, DB 2007, 2379; ausf. *Kraft*, FS Kissel, S. 611 ff. | 10 BAG v. 18.5.1994 – 2 AZR 920/93, AP Nr. 64 zu § 102 BetrVG 1972; LAG Hamm v. 30.9.1999 – 16 Sa 2598/98, LAGE § 102 BetrVG 1972 Nr. 73. | 11 BAG v. 7.11.2002 – 2 AZR 599/01, AP Nr. 40 zu § 1 KSchG 1969 – Krankheit; v. 15.7.2004 – 2 AZR 376/03, AP Nr. 68 zu § 1 KSchG – Soziale Auswahl; LAG Hamm v. 4.11.2004 – 16 Sa 184/04, nv.; *Richardi/Thüsing*, § 102 BetrVG Rz. 57. | 12 BAG v. 7.11.1996 – 2 AZR 720/95 nv.; v. 11.4.1985 – 2 AZR 239/84, AP Nr. 39 zu § 102 BetrVG 1972; v. 27.2.1997 – 2 AZR 302/96, AP Nr. 36 zu § 1 KSchG 1969 – Verhaltensbedingte Kündigung.

§ 102 hat der ArbGeb dem BR die Tatsachen mitzuteilen, die aus seiner Sicht einen **wichtigen Grund für die Beendigung des Arbeitsverhältnisses** bilden. Hierzu zählt auch, zu welchem Zeitpunkt der ArbGeb von den Vorwürfen, die er der außerordentl. Kündigung zugrunde legen will, Kenntnis erlangt hat. Die genauen Sozialdaten des zu kündigenden ArbN brauchen dagegen dann dem BR nicht mitgeteilt zu werden, wenn es dem ArbGeb wegen der Schwere der Kündigungsvorwürfe auf die genauen Daten ersichtlich nicht ankommt, der BR die ungefähren Daten kennt und er daher die Kündigungsabsicht des ArbGeb ausreichend beurteilen kann[1]. Im Gegensatz dazu muss der ArbGeb deutlich darauf hinweisen, wenn er die außerordentl. Kündigung auch darauf stützen will, dass an Stelle einer für nachgewiesen erachteten Straftat er lediglich **wegen Verdachts der strafbaren Handlung** das Arbeitsverhältnis aufkündigen will[2]. Selbst bei unverändertem Kündigungssachverhalt kann der Verdacht der strafbaren Handlung oder Pflichtverletzung an Stelle einer für nachgewiesen erachteten Straftat ohne erneute Anhörung des BR nicht nachgeschoben werden[3]. Kündigt der ArbGeb das Arbeitsverhältnis mit einem ordentlich unkündbaren ArbN außerordentlich unter Einhaltung einer **Auslauffrist**, so hat er auch die vorgesehene Auslauffrist dem BR ausdrücklich anzugeben[4].

cc) Unterrichtung bei einer ordentlichen Kündigung. (1) Allgemeines. Bei einer ordentl. Kündigung kommt es für die Mitteilungsverpflichtung des ArbGeb darauf an, auf welchen Kündigungsgrund er die geplante Kündigung des ArbN stützen will. Hierbei gilt es zu beachten, dass der ArbGeb auch schon während der Wartezeit des § 1 I KSchG verpflichtet ist, den BR gem. § 102 zu beteiligen[5]. Innerhalb der sechsmonatigen Wartezeit des § 1 I KSchG gilt der Grundsatz der Kündigungsfreiheit, dh. Kündigungsgründe müssen weder vorliegen noch angegeben werden. Damit mindern sich nach Auffassung des BAG die Anforderungen an die Substantiierungspflichten des ArbGeb hinsichtlich der Kündigungsgründe[6]. Wird der Kündigungsentschluss des ArbGeb allein von subjektiven, durch Tatsachen nicht belegbaren Vorstellungen des ArbGeb bestimmt, so reicht die Unterrichtung des BR über diese Vorstellungen aus[7]. § 102 verpflichtet den ArbGeb nicht, seine lediglich auf einem Werturteil beruhende Kündigung mit Tatsachen zu begründen, die aus seiner subjektiven Sicht für den Kündigungsentschluss nicht maßgeblich waren. Deshalb kann es ausreichen, dass der ArbGeb den BR lediglich über das Fehlen von Kündigungsgründen unterrichtet. Der ArbGeb handelt dann aus seiner subjektiven Sicht konsequent, wenn er, obwohl für ihn keine Kündigungsgründe vorliegen, an seinem Kündigungsentschluss festhält. Wenn er allerdings aus seiner subjektiven Sicht dem BR bewusst unrichtige oder unvollständige Sachdarstellungen unterbreitet oder wenn er bewusst ihm bekannte, genau konkretisierbare Kündigungsgründe nur pauschal vorträgt, obwohl sein Kündigungsentschluss auf der Würdigung dieser konkreten Kündigungssachverhalte beruht, so führt dies zu einer Verletzung seiner Unterrichtungspflicht[8]. Hieran wird deutlich, dass das Anhörungsverfahren vor einer Kündigung eben **kein vorgezogener Kündigungsschutzprozess** ist[9]. Insofern sind die Auffassungen, die im Hinblick auf den nicht vorhandenen Kündigungsschutz innerhalb der ersten sechs Monate eines Beschäftigungsverhältnisses zu einer einschränkenden Anwendung des § 102 I 3 kommen wollen[10], abzulehnen. Auf der Grundlage der Theorie der subjektiven Determination der Kündigungsgründe besteht **kein Widerspruch** zwischen dem **individualrechtl. Kündigungsschutz** nach § 1 KSchG, der erst nach einer Wartezeit von sechs Monaten eintritt, und dem **kollektivrechtl. „Kündigungsschutz"** durch die Beteiligung des BR nach § 102. 31

Einstweilen frei. 32

(2) Verhaltensbedingte Kündigung. In diesen Fällen muss der ArbGeb das Verhalten, welches ihn zur Kündigung veranlasst, genau bezeichnen und ggf. gegenüber dem BR darlegen, ob und wie oft der ArbN bereits abgemahnt wurde. Zur ordnungsgemäßen Anhörung des BR gehört in der Regel nicht nur die Information über eine erteilte **Abmahnung**, sondern auch über eine bereits vorliegende Gegendarstellung des ArbN[11]. Ebenso ist der ArbGeb gehalten, dem BR entlastende oder in sonstiger Weise gegen die Kündigung sprechende Umstände mitzuteilen, soweit diese nach Auffassung des ArbGeb für den Kündigungssachverhalt erheblich sind[12]. Verschweigt der ArbGeb etwa im Anhörungsverfahren, dass die einzige in Betracht kommende Tatzeugin den von einer Zeugin vom Hörensagen erhobenen Vorwurf einer schweren Pflichtwidrigkeit nicht bestätigt hat, so führt dies nach Auffassung des BAG jedenfalls dann zur Unwirksamkeit der Kündigung, wenn die angeblichen Pflichtwidrigkeiten so erheblich sind, dass sie sich auf das berufl. Fortkommen des ArbN auswirken können[13]. War der BR-Vorsitzende aber 33

1 BAG v. 15.11.1995 – 2 AZR 974/94, AP Nr. 73 zu § 102 BetrVG 1972. | **2** *Becker-Schaffner*, DB 1996, 426 (428). | **3** BAG v. 3.4.1986 – 2 AZR 324/85, AP Nr. 18 zu § 626 BGB – Verdacht strafbare Handlung. | **4** APS/*Koch*, § 102 BetrVG Rz. 129. | **5** KR/*Etzel*, § 102 BetrVG Rz. 62b. | **6** BAG v. 16.9.2004 – 2 AZR 511/03, AP Nr. 142 zu § 102 BetrVG 1972; *Kraft*, FS Kissel, S. 611 (620 f.); *Isenhardt*, FS 50 Jahre BAG S. 943 (960). | **7** BAG v. 22.4.2005 – 6 AZR 607/04, AP Nr. 20 zu § 1 KSchG 1969 – Wartezeit; v. 28.6.2007 – 6 AZR 750/06, NZA 2007 1049 ff.; BAG v. 22.9.2005 – 2 AZR 366/04, AP Nr. 24 zu § 130 BGB. | **8** BAG v. 7.11.2002 – 2 AZR 599/01, AP Nr. 40 zu § 1 KSchG 1969 – Krankheit; v. 3.12.1998 – 2 AZR 234/98, AP Nr. 99 zu § 102 BetrVG 1972; v. 18.5.1994 – 2 AZR 920/93, AP Nr. 64 zu § 102 BetrVG 1972. | **9** APS/*Koch*, § 102 BetrVG Rz. 105. | **10** *Kraft*, Anm. zu BAG v. 18.5.1994 – 2 AZR 920/93, AP Nr. 64 zu § 102 BetrVG 1972; *Raab*, ZfA 1995, 479 (528 ff.). | **11** BAG v. 31.8.1989 – 2 AZR 453/88, AP Nr. 1 zu § 77 LPVG Schl.-Holst. | **12** KR/*Etzel*, § 102 BetrVG Rz. 64a; *Isenhardt*, FS 50 Jahre BAG, 943 (945 f.). | **13** BAG v. 2.11.1993 – 7 AZR 65/82, AP Nr. 29 zu § 102 BetrVG 1972.

bereits bei den Ermittlungen im Zusammenhang mit den der Kündigung zugrunde liegenden Pflichtverstößen beteiligt, und konnte er sich deshalb ein Bild vom Umfang des Pflichtverstoßes des ArbN machen, so genügt es, wenn der ArbGeb im Rahmen des Anhörungsverfahrens die Kündigungsgründe in aller Kürze angibt[1]. Der ArbGeb braucht in aller Regel keine Ausführungen dazu zu machen, ob eine **Weiterbeschäftigung auf einem anderen Arbeitsplatz** möglich ist, da in einer mitgeteilten Kündigungsabsicht bereits die Verneinung einer solchen Weiterbeschäftigungsmöglichkeit liegt[2]. Besonderheiten ergeben sich bei einer **Verdachtskündigung**. Die Verdachtskündigung ist dadurch gekennzeichnet, dass gerade wegen des Verdachts eines vertragswidrigen Verhaltens das für die Fortsetzung des Arbeitsverhältnisses erforderliche Vertrauensverhältnis zerstört ist. Für das Anhörungsverfahren nach § 102 gilt, dass sich aus der Mitteilung des ArbGeb an den BR-Vorsitzenden ergeben muss, dass die Anhörung zumindest auch im Hinblick auf eine auszusprechende Verdachtskündigung erfolgen soll[3]. Damit hat der ArbGeb im Anhörungsverfahren alle Umstände offen zu legen, die nach seiner Auffassung den Verdacht eines vertragswidrigen Verhaltens des ArbN begründet haben. Zudem ist dem BR mitzuteilen, wie sich der ArbN zu dem Verdacht eingelassen hat[4].

34 (3) **Personenbedingte Kündigung.** Will der ArbGeb eine personenbedingte Kündigung aussprechen, so hat er dem BR den Grund in der Person des ArbN konkret zu nennen, der den ArbGeb zur Kündigung veranlasst. Dies hat etwa bei einer Kündigung wegen **häufiger Kurzerkrankung** zur Folge, dass nicht nur die bisherigen **Fehlzeiten** mitzuteilen sind, sondern auch die **wirtschaftl. Belastungen und Betriebsbeeinträchtigungen**, die infolge der Fehlzeiten entstanden sind und mit denen noch gerechnet werden muss[5]. An die Mitteilungspflicht sind allerdings hinsichtlich der wirtschaftl. und betriebl. Belastungen keine so strengen Anforderungen zu stellen wie an eine **Darlegungspflicht im Kündigungsschutzprozess**. Die entsprechende Darlegung kann sogar entbehrlich sein, wenn der BR oder zumindest sein Vorsitzender die Folgen wiederholter Fehlzeiten genau kennt[6]. Als personenbedingte Kündigungsgründe kommen in diesem Zusammenhang auch die **dauernde Unmöglichkeit**, die geschuldete Arbeitsleistung zu erbringen, wie auch eine **Arbeitsunfähigkeit auf unabsehbare Zeit** oder eine **Langzeiterkrankung** in Betracht. Diese Kündigungsgründe sind für das Anhörungsverfahren nach § 102 strikt zu unterscheiden[7]. Hört der ArbGeb etwa den BR nur im Hinblick auf eine Langzeiterkrankung an, so ist er im Kündigungsschutzprozess mit dem Kündigungsgrund der dauernden Leistungsunmöglichkeit des ArbN ausgeschlossen, wenn er diesen Kündigungsgrund im Anhörungsverfahren nicht mitgeteilt hat[8]. Bei einer Kündigung wegen dauernder Unmöglichkeit, die geschuldete Arbeitsleistung zu erbringen, hat der ArbGeb dem BR die Tatsachen mitzuteilen, aus denen sich dieser Umstand ergibt[9]. Darüber hinaus ist dem BR auch die **Quelle** anzugeben, aus der der ArbGeb die Erkenntnis schöpft, dass der ArbN auf Dauer nicht mehr in der Lage ist, die geschuldete Arbeit zu erbringen. Dies können eigene Angaben des ArbN sein aber auch ärztliche Atteste oder ein Bescheid eines RV-Trägers. Dagegen braucht der ArbGeb nicht darzulegen, dass die dauernde Arbeitsunfähigkeit zu **Betriebsablaufstörungen** geführt habe[10]. Dem dauernden Unvermögen zur Erbringung der geschuldeten Arbeitsleistung wird die **Ungewissheit über die Wiederherstellung der Arbeitsfähigkeit** des ArbN gleichgestellt. Auch hier ist keine Darlegung der Betriebsablaufstörungen im Anhörungsverfahren erforderlich[11]. Soll dagegen die Kündigung auf eine Arbeitsunfähigkeit auf längere Zeit gestützt werden, hat der ArbGeb dem BR entweder die bekannte Krankheitsursache oder die der Negativprognose zugrunde liegenden Tatsachen anzugeben und darzustellen, inwieweit eine erhebliche Beeinträchtigung der betrieblichen Interessen zu erwarten ist[12].

35 (4) **Betriebsbedingte Kündigung.** Bei einer betriebsbedingten Kündigung muss der ArbGeb dem BR im Einzelnen mitteilen, aus welchen Gründen der Arbeitsplatz des zu kündigenden ArbN wegfällt. Hier genügen keinesfalls pauschale oder schlagwortartige Ausführungen. Begründet der ArbGeb die Kündigung mit **außerbetrieblichen Umständen**, etwa einem Umsatzrückgang, so hat er dessen Auswirkungen auf den gefährdeten Arbeitsplatz darzulegen. Er muss also erläutern, inwieweit der rückläufige Umsatz sich auf den Arbeitsbereich der von der Kündigung bedrohten ArbN auswirkt.

36 Will der ArbGeb die betriebsbedingte Kündigung auf **innerbetriebliche Gründe** stützen, etwa auf eine **gestaltende Unternehmerentscheidung**, so hat er dem BR die zukünftige Gestaltung der Arbeitsabläufe und die entsprechenden Auswirkungen auf die Arbeitsplätze darzulegen. Dieser muss durch die Unterrichtung des ArbGeb in die Lage versetzt werden, sich ein solches Bild von der geplanten Umorganisation zu machen, dass er hierzu eine qualifizierte Stellungnahme abgeben kann. Je genauer der ArbGeb in einer gestaltenden Unternehmerentscheidung ein Konzept entwickelt hat, desto sorgfältiger muss er

---

1 BAG v. 26.1.1995 – 2 AZR 649/94, AP Nr. 34 zu § 1 KSchG 1969 – Verhaltensbedingte Kündigung. | **2** BAG v. 26.1.1995 – 2 AZR 649/94, AP Nr. 34 zu § 1 KSchG 1969. | **3** *Sasse*, ArbRB 2006, 15. | **4** APS/*Koch*, § 102 BetrVG Rz. 128; GK-BetrVG/*Kraft/Raab*, § 102 Rz. 69. | **5** BAG v. 12.4.1984 – 2 AZR 439/83, nv.; v. 24.11.1983 – 2 AZR 347/82, AP Nr. 30 zu § 102 BetrVG 1972. | **6** BAG v. 12.4.1984 – 2 AZR 439/83, nv. | **7** LAG Hamm v. 21.10.2003 – 19 Sa 1113/03, LAGReport 2004, 255. | **8** BAG v. 21.5.1992 – 2 AZR 399/91, AP Nr. 30 zu § 1 KSchG 1969. | **9** BAG v. 30.1.1986 – 2 AZR 668/84, NZA 1987, 555. | **10** BAG v. 30.1.1986 – 2 AZR 668/84, NZA 1987, 555. | **11** BAG v. 21.5.1992 – 2 AZR 399/91, AP Nr. 30 zu § 1 KSchG 1969 – Krankheit. | **12** APS/*Koch*, § 102 BetrVG Rz. 120; diff. KR/*Etzel*, § 102 BetrVG Rz. 63 f.

den BR über die Umsetzung des Konzepts informieren, damit dieser in die Lage versetzt wird, zu einer beabsichtigten Kündigung eine qualifizierte Stellungnahme abzugeben[1]. Allerdings besteht keine Verpflichtung für den ArbGeb, dem BR ein Gutachten einer Unternehmensberatung vorzulegen, auch wenn dieses Grundlage für die von ihm getroffene freie Unternehmerentscheidung ist[2]. Beabsichtigt der ArbGeb dagegen, den gesamten Betrieb stillzulegen, genügt es regelmäßig, dem BR lediglich das genaue Stilllegungsdatum anzugeben[3]. Begründet der ArbGeb gegenüber dem BR die betriebsbedingte Kündigung zunächst mit wirtschaftl. Erwägungen, etwa Umsatzrückgängen, so ist er für den Kündigungsschutzprozess auf diese Begründung festgelegt. Er kann sich deshalb mangels Beteiligung des BR nicht zur Begründung der Kündigung auf eine gestaltende Unternehmerentscheidung berufen.

37 Gem. § 1 II KSchG liegen dringende betriebl. Erfordernisse für eine Kündigung nur dann vor, wenn der ArbN an einem anderen Arbeitsplatz in demselben Betrieb oder in einem anderen Betrieb des Unternehmens **nicht weiterbeschäftigt werden kann.** Insoweit wird vor Ausspruch einer jeden betriebsbedingten Kündigung der ArbGeb prüfen müssen, ob eine anderweitige Beschäftigungsmöglichkeit für den ArbN besteht. Leitet der ArbGeb dann das Anhörungsverfahren nach § 102 I ein, so liegt hierin regelmäßig die Erklärung, dass eine solche anderweitige Beschäftigungsmöglichkeit für den ArbN nicht besteht. Es genügt also der konkludente Hinweis auf die fehlende Weiterbeschäftigungsmöglichkeit[4]. Auf die konkludente Erklärung, dass Weiterbeschäftigungsmöglichkeiten nicht vorliegen, kann sich der ArbGeb dann nicht beschränken, wenn der BR den ArbGeb schon vor Einleitung des Anhörungsverfahrens darauf aufmerksam gemacht hat, dass ein konkreter Arbeitsplatz frei sei und dort eine **Weiterbeschäftigungsmöglichkeit für den von einer Kündigung bedrohten ArbN** bestehe. Gleiches muss auch dann gelten, wenn der zu kündigende ArbN bereits im Vorfeld des Anhörungsverfahrens auf konkrete Weiterbeschäftigungsmöglichkeiten für ihn hingewiesen hat. In diesen Fällen hat deshalb der ArbGeb dem BR im Einzelnen darzulegen, weshalb eine Weiterbeschäftigung des ArbN auf dem genannten Arbeitsplatz aus seiner Sicht nicht in Betracht kommt[5]. Auf diese erweiterte Darlegungsverpflichtung braucht sich nach Auffassung der Rspr. der ArbGeb nur dann nicht einzulassen, wenn das Verlangen des BR über Weiterbeschäftigungsmöglichkeiten für den ArbN auf einem bestimmten anderen Arbeitsplatz informiert zu werden, von der Sache her nicht gerechtfertigt ist, etwa weil der BR bereits über entsprechende Kenntnisse verfügt[6]. Liegt ein solcher Ausnahmefall aber nicht vor und hat der BR im Vorfeld des Anhörungsverfahrens bereits Weiterbeschäftigungsmöglichkeiten für den ArbN aufgezeigt, ist die Kündigung nach § 102 I unwirksam, wenn der ArbGeb es unterlässt, Näheres zu den aus seiner Sicht fehlenden Weiterbeschäftigungsmöglichkeiten für den ArbN im Anhörungsverfahren vorzutragen[7]. Diese erweiterte Mitteilungspflicht gilt indes dann nicht, wenn der BR den ArbGeb erst während des Anhörungsverfahrens mit Kündigungsalternativen konfrontiert[8]. Von einer erweiterten Mitteilungspflicht zu möglichen Weiterbeschäftigungsmöglichkeiten ist allerdings dann auszugehen, wenn es sich um eine Kündigung gem. § 15 IV und V KSchG handelt[9].

38 Sind mehr vergleichbare ArbN vorhanden als Arbeitsmöglichkeiten weggefallen, so kann erst die **Sozialauswahl** entscheiden, welchen dieser ArbN die Kündigung trifft. Damit ist die Sozialauswahl ein ganz wesentlicher **Bestandteil** des im **Anhörungsverfahren** nach § 102 I mitzuteilenden Kündigungsgrunds. Insoweit ist auch auf das Widerspruchsrecht des BR nach § 102 III Nr. 1 zu verweisen. Die BR-Anhörung setzt deshalb voraus, dass der ArbGeb angibt, ob er eine Sozialauswahl vorgenommen hat, und dass er dem BR die Sozialdaten nicht nur der zur Kündigung anstehenden, sondern auch die der in die Sozialauswahl einbezogenen ArbN, sowie die Gesichtspunkte mitteilt, nach denen er bei der Sozialauswahl vorgegangen ist[10]. In diesem Zusammenhang ist der ArbGeb verpflichtet, dem BR ggf. mitzuteilen, warum er bestimmte ArbN gem. § 1 III 3 KSchG von der Sozialauswahl ausnehmen will[11]. Zu den mitteilungspflichtigen Sozialdaten wird man regelmäßig die Betriebszugehörigkeit, das Lebensalter, die Schwerbehinderteneigenschaft sowie die Unterhaltsverpflichtungen zählen müssen (vgl. § 1 III 1 KSchG)[12]. Weiter hat der ArbGeb nachvollziehbar darzulegen, wieso er gerade den zu kündigenden ArbN als sozial stärker als die im Betrieb verbleibenden ArbN ansieht. Hierzu genügt nicht der pauschale Hinweis auf die vorliegenden Sozialdaten. Auch beim Vorliegen eines **Interessenausgleichs mit Namensliste** (vgl. § 1 V KSchG) unterliegt die BR-Anhörung nicht etwa erleichterten Anforderungen, jedoch kann es zur Darlegung einer ordnungsgemäßen Anhörung des BR ausreichen, wenn der ArbGeb zur BR-Anhörung weitgehend auf den dem BR aus den Verhandlungen über den Interessenausgleich und die Namensliste bekannten Sachverhalt Bezug nimmt, da sich hieraus regelmäßig der Kenntnis-

1 LAG Hamm v. 30.9.1999 – 16 Sa 2598/98, LAGE § 102 BetrVG 1972 Nr. 73. | 2 BAG v. 6.2.1997 – 2 AZR 265/96, EzA § 102 BetrVG 1972 Nr. 96. | 3 Vgl. APS/*Koch*, § 102 BetrVG Rz. 117. | 4 BAG v. 17.2.2000 – 2 AZR 913/98, AP Nr. 113 zu § 102 BetrVG 1972; v. 29.3.1990 – 2 AZR 369/89, AP Nr. 50 zu § 1 KSchG 1969 – Betriebsbedingte Kündigung. | 5 BAG v. 17.2.2000 – 2 AZR 913/98, AP Nr. 113 zu § 102 BetrVG 1972. | 6 BAG v. 17.2.2000 – 2 AZR 913/98, AP Nr. 113 zu § 102 BetrVG 1972. | 7 KR/*Etzel*, § 102 BetrVG Rz. 163. | 8 BAG v. 15.3.2001 – 2 AZR 141/00, NZA 2001, 1267. | 9 LAG Hamm v. 11.5.2007 – 10 Sa 1684/06. | 10 St. Rspr. BAG v. 29.3.1984 – 2 AZR 429/83 (A), AP Nr. 31 zu § 102 BetrVG 1972; v. 16.1.1987 – 7 AZR 495/85, EzA § 1 KSchG – Betriebsbedingte Kündigung Nr. 48; v. 20.5.1999 – 2 AZR 532/98, AP Nr. 5 zu § 1 KSchG 1969 – Namensliste. | 11 *Richardi/Thüsing*, § 102 BetrVG Rz. 69. | 12 Vgl. BAG v. 18.1.1990 – 2 AZR 357/89, AP Nr. 19 zu § 1 KSchG 1969 – Soziale Auswahl.

stand des BR ergibt[1]. Insofern kann das Verfahren nach § 102 in die Verhandlungen über einen Interessenausgleich integriert werden. So kann etwa die abschließende Stellungnahme des BR zu den Kündigungen im Interessenausgleich festgehalten werden[2]. Existiert im Betrieb für die beabsichtigten Kündigungen eine allgemeine **Auswahlrichtlinie** nach § 95, kann es für die Anhörung des BR genügen, wenn der ArbGeb dem BR lediglich die Sozialdaten des kündigungsrelevanten Personenkreises mitteilt, sofern ausnahmsw. im konkreten Fall die Entscheidung, welche ArbN von den Kündigungen betroffen sind, sich bereits aus der Anwendung der Auswahlrichtlinie ergibt. Etwas anderes gilt dann, wenn dem ArbGeb eine Einzelfallbeurteilung vorbehalten ist. In diesem Fall umfasst seine Mitteilungspflicht auch die Gründe, warum einem bestimmten ArbN gekündigt werden soll[3]. Geht der ArbGeb aber davon aus, dass eine soziale Auswahl mangels Vergleichbarkeit des zu kündigenden ArbN mit anderen ArbN nicht vorzunehmen ist, so führt etwa die fehlerhafte Angabe der Zahl der Unterhaltspflichtigen nicht zur Unwirksamkeit der Kündigung[4]. Aber selbst wenn der ArbGeb keine Sozialauswahl vorgenommen hat, hält es die Rspr. im Regelfall für unverzichtbar, das Lebensalter und die Betriebszugehörigkeit des ArbN mitzuteilen[5].

39 **(5) Änderungskündigung.** Beabsichtigt der ArbGeb eine Änderungskündigung auszusprechen, so hat er zuvor den BR über die **verhaltens-, personen- oder betriebsbedingten Gründe** für die Änderung der Arbeitsbedingungen zu informieren sowie auch das **Änderungsangebot** selbst mitzuteilen[6]. Wenn darüber hinaus für eine betriebsbedingte Änderungskündigung eine **Sozialauswahl** erforderlich ist, so richtet sich der Umfang der Mitteilung an den BR nach den für die betriebsbedingte Kündigung geltenden Grundsätzen[7]. Will der ArbGeb mit einer Änderungskündigung eine personelle Einzelmaßnahme iSd. § 99 durchsetzen, so ist die Zustimmung des BR nach § 99 Wirksamkeitsvoraussetzung nur für die tatsächliche Durchführung der personellen Einzelmaßnahme nach Ablauf der Kündigungsfrist. Fehlt die Zustimmung des BR nach § 99, so führt dies nicht etwa zur Unwirksamkeit der Änderungskündigung. Der ArbGeb ist lediglich daran gehindert, die geänderten Vertragsbedingungen durchzusetzen[8].

40 **dd) Nachschieben von Gründen.** Im Rahmen eines Kündigungsschutzprozesses ist der ArbGeb **individualarbeitsrechtlich** grds. nicht daran gehindert, Kündigungsgründe, die im Zeitpunkt der Kündigung bereits bestanden, im Kündigungsschutzprozess nachzuschieben. **Kollektivarbeitsrechtlich** ist der ArbGeb andererseits gehindert, dem BR nicht mitgeteilte Gründe im Kündigungsrechtsstreit nachzuschieben, da insoweit die Regelung des § 102 I entgegensteht[9]. Deshalb **differenziert** die Rspr. und hM wie folgt:

41 **Gründe**, die dem ArbGeb bereits **bei Einleitung des Anhörungsverfahrens bekannt** waren, die er aber dem BR nicht mitgeteilt hatte, können nicht mehr nachgeschoben werden. Dies gilt auch dann, wenn der BR der Kündigung zugestimmt hatte. Der ArbGeb kann den BR wegen dieser nachzuschiebenden Gründe auch nicht nachträglich wirksam beteiligen[10]. Der ArbGeb kann lediglich eine erneute Kündigung nach vorheriger Beteiligung des BR im Hinblick auf die bisher dem BR verschwiegenen Kündigungsgründe aussprechen.

42 Erhält der ArbGeb Kenntnis von weiteren kündigungsrelevanten Tatsachen **bevor die Kündigung ausgesprochen** wurde aber **nach Einl. des Anhörungsverfahrens**, so muss er diese Umstände dem BR **unverzüglich mitteilen**. Nur dann sind diese Umstände in einem Kündigungsschutzprozess verwertbar. Allerdings können diese nachträglichen Informationen dazu führen, dass die Frist für die Stellungnahme des BR gem. § 102 II neu zu laufen beginnt, wenn es sich bei den neuen Kündigungsgründen um einen völlig neuen Sachverhalt handelt[11].

43 Dagegen können Kündigungsgründe, die **bei Ausspruch der Kündigung bereits entstanden** waren, dem ArbGeb aber erst **später bekannt** geworden sind, im Kündigungsschutzprozess **nur nachgeschoben** werden, wenn der ArbGeb **zuvor** den **BR hierzu erneut angehört** hat[12].

44 Von einem **Nachschieben** der dem BR nicht mitgeteilten Kündigungsgründe ist die zulässige **Substantiierung** der dem BR mitgeteilten Gründe im Kündigungsschutzprozess zu unterscheiden[13]. Da die

---

1 BAG v. 28.8.2003 – 2 AZR 377/02, AP Nr. 134 zu § 102 BetrVG 1972; v. 21.2.2002 – 2 AZR 581/00, EzA § 1 KSchG – Interessenausgleich Nr. 10; v. 26.4.2007 – 8 AZR 695/05, DB 2007, 2379; v. 20.5.1999 – 2 AZR 532/98, AP Nr. 5 zu § 1 KSchG 1969 – Namensliste; LAG Rh.-Pf. v. 2.2.2006 – 1 Sa 673/05, NZA-RR 2006, 296 ff. | 2 LAG Hamm v. 1.4.2004 – 4 Sa 1340/03, LAGReport 2005, 21; v. 12.2.2003 – 2 Sa 826/02, ZInsO 2004, 566 ff. | 3 Vgl. APS/*Koch*, § 102 BetrVG Rz. 116. | 4 LAG Hamm v. 14.6.2005 – 19 Sa 297/05, nv. | 5 BAG v. 18.10.2006 – 2 AZR 676/05, EzA § 1 KSchG – Soziale Auswahl Nr. 73; vgl. auch LAG Hamm v. 14.6.2005 – 19 Sa 287/05, NZA-RR 2005, 640 ff. | 6 BAG v. 30.11.1989 – 2 AZR 197/89, AP Nr. 53 zu § 102 BetrVG 1972. | 7 Vgl. BAG v. 13.6.1986 – 7 AZR 623/84, AP Nr. 13 zu § 1 KSchG 1969. | 8 BAG v. 30.9.1993 – 2 AZR 283/93, AP Nr. 33 zu § 2 KSchG 1969. | 9 BAG v. 22.9.2005 – 2 AZR 365/04, nv. | 10 BAG v. 26.9.1991 – 2 AZR 132/91, AP Nr. 28 zu § 1 KSchG 1969 – Krankheit; v. 2.4.1987 – 2 AZR 418/86, AP Nr. 96 zu § 626 BGB; *Lingemann/Beck*, NZA-RR, 2007, 225 (231). | 11 BAG v. 4.3.1987 – 7 AZR 66/86, NZA 1988, 37; v. 6.2.1997 – 2 AZR 665/96, AP Nr. 85 zu § 102 BetrVG 1972. | 12 BAG v. 4.6.1997 – 2 AZR 362/96, AP Nr. 5 zu § 626 BGB – Nachschieben von Kündigungsgründen; v. 11.4.1985 – 2 AZR 239/84, AP Nr. 39 zu § 102 BetrVG 1972; v. 18.1.1980 – 7 AZR 260/78, AP Nr. 1 zu § 626 BGB – Nachschieben von Kündigungsgründen; LAG Hess. v. 20.9.1999 – 16 Sa 2617/98, NZA-RR 2000, 413. | 13 Kritisch hierzu *Höland*, ZIP 1982, 147 ff.

Darlegungslast des ArbGeb im Prozess nach Auffassung der Rspr. in der Regel weiter geht als die Informationspflicht gegenüber dem BR, ist es dem ArbGeb erlaubt, im Prozess seinen Tatsachenvortrag weiter zu substantiieren[1]. Hierdurch darf aber das Beteiligungsrecht des BR nach § 102 BetrVG nicht verkürzt werden. Der Prozessvortrag soll also nicht dazu führen, dass erst hierdurch ein kündigungsrechtlich relevanter Grund geschaffen wird oder dem Kündigungsgrund mehr Gewicht verliehen wird[2]. Auch in Eilfällen gelten diesbezüglich keine Besonderheiten[3]. Hat der **BR** der beabsichtigten Kündigung aber **ausdrücklich zugestimmt**, kann die Ordnungsgemäßheit der Anhörung nicht mit der Begründung in Frage gestellt werden, die Mitteilungen an den BR seien nicht substantiiert genug gewesen, solange durch weggelassene Einzelheiten kein verfälschtes Bild vom Kündigungstatbestand entsteht[4].

e) Verzicht des Betriebsrats auf Beteiligung. Die Verpflichtung zur Mitteilung der Kündigungsgründe 45
ist eingeschränkt bzw. ganz aufgehoben, wenn der BR auf die Durchführung des Anhörungsverfahrens verzichtet. Überwiegend wird ein Verzicht des BR auf Mitwirkungsrechte für zulässig erachtet[5]. Allerdings ist darauf hinzuweisen, dass ein solcher Verzicht nicht von einem einzelnen BR-Mitglied erklärt werden kann, sondern es hierfür eines ordnungsgemäßen Beschlusses des BR bedarf. Teilweise werden jedoch in der Lit. Bedenken gegen die Auffassung geäußert, dass der BR auf das Anhörungsverfahren verzichten könne[6]. Indes macht es keinen Sinn, den BR auf ein Beteiligungsverfahren zu verpflichten, an dem dieser selbst kein Interesse hat. Für die Praxis sollte der ArbGeb gleichwohl eine vorsorgliche Anhörung des BR in Erwägung ziehen.

6. Darlegungs- und Beweislastfragen. Der ArbGeb trägt im Kündigungsschutzprozess die Darlegungs- 46
und Beweislast für eine ordnungsgemäße Anhörung des BR[7]. Er muss daher im Prozess substantiiert darlegen, wann und wer den BR auf welche Weise über welche Kündigungsgründe unterrichtet hat[8]. Er trägt ferner die Darlegungs- und Beweislast für eine nicht bewusste Irreführung des BR[9]. Insofern ist auch ein pauschales Bestreiten des ArbN mit Nichtwissen im Kündigungsschutzprozess bezüglich der Ordnungsgemäßheit der BR-Anhörung grds. zulässig, da die BR-Anhörung keine Handlung des ArbN und gewöhnlich auch nicht Gegenstand seiner Wahrnehmung ist. Daher ist der ArbN nicht gehalten, vor Bestreiten der Ordnungsgemäßheit der BR-Anhörung Erkundigungen über das Anhörungsverfahren beim BR einzuholen[10]. Das BAG erkennt jedoch eine **abgestufte Darlegungslast** bei der BR-Anhörung im Weiteren an[11]. Hat der ArbGeb eine ordnungsgemäße BR-Anhörung im Detail schlüssig dargelegt, so ist es Sache des ArbN im Kündigungsschutzprozess konkret zu beanstanden, in welchen Punkten er die BR-Anhörung für fehlerhaft hält, wobei auch ein völliges oder teilweises **Bestreiten mit Nichtwissen** wegen fehlender eigener Wahrnehmung möglich und zulässig ist. Dagegen ist ein pauschales Bestreiten unzureichend. Bei komplexen Sachverhalten, wie einer BR-Anhörung, genügt deshalb ein undifferenziertes pauschales Bestreiten nicht, vielmehr muss der ArbN sein Bestreiten insoweit substantiieren, dass für das Gericht erkennbar wird, über welche einzelne Behauptung des ArbGeb Beweis erhoben werden soll[12].

7. Rechtsfolgen bei fehlerhafter Einleitung des Anhörungsverfahrens. Verletzt der ArbGeb seine Ver- 47
pflichtungen aus § 102 I, so ist gem. § 102 I 3 die **Kündigung unwirksam**. Dieser Mangel wird auch dadurch nicht geheilt, dass der BR zur beabsichtigten Kündigung „abschließend" Stellung nimmt[13]. Eine wirksame Anhörung kann nicht mehr erfolgen, nachdem die Kündigung erklärt ist. Die gleichwohl nachträglich eingeholte Stellungnahme des BR verhindert die Unwirksamkeit der ohne vorherige Anhörung erklärten Kündigung also nicht. Die Kündigung bleibt infolge fehlender Anhörung unwirksam, selbst wenn der BR zu der ausgesprochenen Kündigung nachträglich seine Zustimmung erklärt[14]. Lässt der ArbGeb nach Abschluss des Anhörungsverfahrens geraume Zeit bis zum Ausspruch der Kündigung verstreichen (häufig bei einer sog. **Vorratskündigung**), dann ist eine erneute Anhörung des BR jedenfalls dann zu verlangen, wenn sich eine wesentliche Änderung des Sachverhalts ergeben hat, insb. beim Hinzutreten neuer Kündigungsgründe[15]. Der Verstoß gegen § 102 ist nach der Neufassung des § 4 S. 1 KSchG ebenfalls innerhalb der 3-Wochen-Frist des § 4 KSchG geltend zu machen.

IV. Beschlussfassung des Betriebsrats. 1. Allgemeines. Hat der ArbGeb unter Beachtung der in § 102 I 48
umschriebenen Erfordernisse das Anhörungsverfahren eingeleitet, so geht die Durchführung des Anhörungsverfahrens in den **Verantwortungsbereich des BR** über, der sich dann mit der beabsichtigten

1 KR/*Etzel*, § 102 BetrVG Rz. 70 f. |2 BAG v. 18.12.1980 – 2 AZR 1006/78, AP Nr. 22 zu § 102 BetrVG 1972. |3 Vgl. BAG v. 29.3.1977 – 1 AZR 46/75, AP Nr. 11 zu § 102 BetrVG 1972. |4 LAG Köln v. 7.8.1998 – 11 Sa 218/98, LAGE § 102 BetrVG 1972 Nr. 72. |5 BAG v. 26.8.1997 – 1 ABR 12/97, AP Nr. 117 zu § 112 BetrVG 1972. |6 GK-BetrVG/*Raab*, § 102 Rz. 85 f. mwN. |7 Ausf. hierzu *Oetker*, BB 1989, 417 (418 f.). |8 BAG v. 29.3.1990 – 2 AZR 420/89, AP Nr. 56 zu § 102 BetrVG 1972; v. 27.6.1985 – 2 AZR 412/84, AP Nr. 37 zu § 102 BetrVG 1972. |9 BAG v. 22.9.1994 – 2 AZR 31/94, AP Nr. 68 zu § 102 BetrVG 1972. |10 BAG v. 16.3.2000 – 2 AZR 75/99, AP Nr. 114 zu § 102 BetrVG 1972; *Griebeling*, NZA 2007, 540 (542); aA *Mühlhausen*, NZA 2006, 967 (969). |11 BAG v. 23.6.2005 – 2 AZR 193/04, AP Nr. 11 zu § 138 ZPO. |12 BAG v. 16.3.2000 – 2 AZR 75/99, AP Nr. 114 zu § 102 BetrVG 1972, v. 23.6.2005 – 2 AZR 193/04, AP Nr. 11 zu § 138 ZPO v. 20.9.2006 – 6 AZR 219/06, AP Nr. 24 zu § 17 KSchG 1969. |13 BAG v. 28.9.1978 – 2 AZR 2/77, AP Nr. 19 zu § 102 BetrVG 1972. |14 So bereits BAG v. 28.2.1974 – 2 AZR 455/73, AP Nr. 2 zu § 102 BetrVG 1972. |15 BAG v. 26.5.1977 – 2 AZR 201/76, AP Nr. 14 zu § 102 BetrVG 1972.

Kündigung zu befassen und darüber zu entscheiden hat, ob und in welchem Sinne er Stellung nehmen will. Diese Trennung der beiden Verantwortungsbereiche ist wesentlich für die Entscheidung der Frage, wann eine Kündigung iSd. § 102 I 3 ohne Anhörung des BR ausgesprochen und deswegen unwirksam ist. Nur wenn der ArbGeb bei der ihm obliegenden Einl. des Anhörungsverfahrens einen Fehler begeht, liegt darin eine Verletzung des § 102 I, die zur Unwirksamkeit der Kündigung führt. **Fehler bei der Willensbildung des BR** berühren deshalb im Grundsatz das Anhörungsverfahren nicht. Das Risiko, dass der BR nicht ordnungsgemäß tätig geworden ist, liegt daher grds. beim ArbN[1]. Dieses gilt selbst dann, wenn der ArbGeb im Zeitpunkt der Kündigung weiß oder nach den Umständen vermuten kann oder gar offensichtlich ist, dass die Behandlung der Angelegenheit durch den BR nicht fehlerfrei erfolgt ist[2]. Etwas anderes mag in den Fällen gelten, in denen erkennbar nur eine persönliche Äußerung des BR-Vorsitzenden vorliegt oder der ArbGeb den Fehler des BR durch unsachgemäßes Verhalten selbst veranlasst hat[3].

49 Eine Kündigung ist schon dann ohne Anhörung des BR iSd. § 102 I 3 ausgesprochen, wenn der ArbGeb seinen Kündigungswillen bereits vor der Stellungnahme des BR oder vor dem Ablauf der in § 102 II festgelegten Fristen verwirklicht[4]. Insofern ist der ArbGeb gehalten, dem BR Gelegenheit zu geben, zu der beabsichtigten Kündigung Stellung zu nehmen.

50 **2. Zuständiges Gremium.** Zuständig für die Stellungnahme ist grds. der BR. Existiert ein **Betriebsausschuss** und ist diesem die Wahrnehmung des Beteiligungsrechts nach § 102 als Aufgabe zur selbständigen Erledigung übertragen, so fällt die Stellungnahme zu einer Kündigung in seinen Zuständigkeitsbereich. Der BR kann aber auch das Beteiligungsrecht einem besonders gebildeten **Personalausschuss** zur selbständigen Erledigung übertragen. In diesem Fall ist der Vorsitzende dieses Ausschusses berechtigt, die Erklärung des ArbGeb im Anhörungsverfahren gem. § 102 I entgegenzunehmen[5]. Eine Vertretung des BR allein durch den Vorsitzenden in der Willensbildung ist ausgeschlossen. Das MitbestR gem. § 102 ist nicht auf den **BR-Vorsitzenden** delegierbar. Insbesondere handelt es sich hierbei nicht um laufende Geschäfte iSd. § 27 III[6]. Ob in einem Einzelfall der BR durch Beschluss ein einzelnes BR-Mitglied, insb. den BR-Vorsitzenden, dazu ermächtigen kann, eine Stellungnahme im Rahmen eines Verfahrens nach § 102 abzugeben, ist umstritten[7]. Aus Gründen der Rechtssicherheit sollte jedoch davon ausgegangen werden, dass ein einzelnes BR-Mitglied auch in einem ganz bestimmten Einzelfall nicht ermächtigt werden kann, eine Stellungnahme abzugeben.

51 Nur ausnahmsw. kann der **GBR** eines Unternehmens zur Wahrnehmung des Beteiligungsrechts nach § 102 zuständig sein[8]. Allenfalls wenn der ArbN kraft seines Arbeitsvertrages mehreren Betrieben des Unternehmens gleichzeitig zugeordnet ist, kann sich gem. § 50 I eine solche Zuständigkeit des GBR ergeben. Insbesondere ist der GBR zur Ausübung der Rechte aus § 102 nicht zuständig für betriebsratslose Betriebe des Unternehmens. Dies hat sich auch durch die Novellierung des § 50 I nicht geändert[9].

52 Auf Grund besonderen Kirchenrechts könnten bei **Religionsgemeinschaften** kirchl. Mitarbeitervertretungen für das Beteiligungsverfahren bei Kündigungen zuständig sein. Soweit die dort bestehenden Vorschriften § 102 entsprechen, können die hierfür maßgeblichen Grundsätze zur Auslegung herangezogen werden[10].

53 **3. Ordnungsgemäße Beschlussfassung.** Der BR hat als Organ darüber zu befinden, ob und ggf. welche Stellungnahme er zu der vom ArbGeb beabsichtigten Kündigung abzugeben gedenkt. Hierzu hat regelmäßig der BR-Vorsitzende den BR zu einer Sitzung einzuberufen und einen Beschluss über die Kündigung herbeizuführen (vgl. § 33)[11]. Wesentliche Voraussetzung für das ordnungsgemäße Zustandekommen eines BR-Beschlusses ist die gem. § 29 erfolgte ordnungsgemäße Ladung aller BR-Mitglieder einschließlich etwaiger Ersatzmitglieder unter Mitteilung der Tagesordnung[12]. Die Tagesordnung muss hierbei erkennen lassen, dass eine Beschlussfassung zu einer bestimmten Kündigungsabsicht des ArbGeb erfolgen soll. Regelmäßig erfolgt eine Beschlussfassung nach einer Aussprache der BR-Mitglieder. Ggf. ist gem. § 102 II 4 der betroffene ArbN zu hören. Jedoch besteht für den ArbN kein Anspruch darauf, vom BR im Rahmen des Verfahrens nach § 102 angehört zu werden. Dem BR allein obliegt es nach **pflichtgemäßem Ermessen** zu entscheiden, ob er den ArbN anhört oder nicht. Ein etwaiger Ermessens-

1 BAG v. 4.8.1975 – 2 AZR 266/74, AP Nr. 4 zu § 102 BetrVG 1972; v. 24.6.2004 – 2 AZR 461/03, AP Nr. 22 zu § 620 BGB – Kündigungserklärung. | **2** BAG v. 24.6.2004 – 2 AZR 461/03, AP Nr. 22 zu § 620 BGB – Kündigungserklärung. | **3** BAG v. 16.1.2003 – 2 AZR 707/01, AP Nr. 129 zu § 102 BetrVG 1972. | **4** BAG v. 13.11.1975 – 2 AZR 610/74, AP Nr. 7 zu § 102 BetrVG 1972; siehe aber auch den Sonderfall bei BAG v. 8.2.2003 – 2 AZR 515/02, AP Nr. 133 zu § 102 BetrVG 1972, wenn der ArbGeb noch in der Lage ist, die Auslieferung eines Kündigungsschreibens durch einen Boten zu stoppen (kritisch hierzu *Reiter*, NZA 2003, 954 ff.). | **5** Vgl. BAG v. 4.8.1975 – 2 AZR 266/74, AP Nr. 4 zu § 102 BetrVG 1972; v. 12.7.1984 – 2 AZR 320/83, AP Nr. 32 zu § 102 BetrVG 1972. | **6** *Richardi/Thüsing*, § 102 BetrVG Rz. 89; ArbG Celle v. 28.6.1974 – 2 Ca 452/74, ARST 1975, 62. | **7** Dafür *Richardi/Thüsing*, § 102 BetrVG Rz. 89; aA DKK, § 102 BetrVG Rz. 125. | **8** Vgl. BAG v. 21.3.1996 – 2 AZR 559/95, AP Nr. 81 zu § 102 BetrVG 1972. | **9** *Fitting*, § 50 BetrVG Rz. 33. | **10** Vgl. BAG v. 16.10.1991 – 2 AZR 156/91, EzA § 102 BetrVG 1972 Nr. 83. | **11** BAG v. 28.3.1974 – 2 AZR 472/73, AP Nr. 3 zu § 102 BetrVG 1972. | **12** BAG v. 23.8.1984 – 2 AZR 391/83, AP Nr. 17 zu § 103 BetrVG 1972; LAG Hamm v. 27.10.1994 – 4 Sa 79/94, nv.

fehlgebrauch und eine dadurch hervorgerufene Verhinderung des dem ArbN nach § 102 II 4 zugedachten Schutzes hat keine Auswirkungen auf die **Ordnungsgemäßheit des Anhörungsverfahrens**[1]. Allenfalls dann, wenn der ArbGeb durch ein unsachgemäßes Verhalten den Mangel bei der Beteiligung des BR veranlasst hat, kann hier etwas anderes gelten. Allein die Mitteilung einer falschen Anschrift des kündigenden ArbN genügt hierfür jedoch nicht, es sei denn, der ArbGeb hat dem BR bewusst eine unrichtige Anschrift mitgeteilt[2]. Grds. setzt eine Stellungnahme des BR die **Beschlussfähigkeit des BR-Gremiums** voraus[3]. Ist jedoch absehbar, dass der BR für die Dauer der Anhörungszeit beschlussunfähig bleibt, nimmt in entsprechender Anwendung des § 22 der RestBR das Beteiligungsrecht wahr[4]. Nach ganz überwiegender Auffassung wird allerdings eine **Beschlussfassung im Umlaufverfahren**, selbst wenn alle BR-Mitglieder mit einer solchen Beschlussfassung einverstanden sind, für unzulässig erachtet[5]. Gleiches gilt auch bei einer „Beschlussfassung" im „Rundrufverfahren", bei dem lediglich telefonisch durch den BR-Vorsitzenden die Stimmen der einzelnen BR-Mitglieder abgefragt werden[6].

Gem. § 102 II 5 iVm. § 99 I 3 sind die Mitglieder des BR verpflichtet, über die ihnen im Rahmen der Anhörung vor einer Kündigung bekannt gewordenen persönlichen Verhältnisse und Angelegenheiten der ArbN, die ihrer Bedeutung oder ihrem Inhalt nach einer vertraulichen Behandlung bedürfen, **Stillschweigen** zu bewahren. Dies gilt insb. dann, wenn die Kündigung aus personenbedingten Gründen ausgesprochen werden soll. In solchen Fällen kann auch die Information als solche, dass eine Kündigung ausgesprochen werden soll, zu den geheimhaltungsbedürftigen Tatsachen zählen[7]. Ein Verstoß gegen die Verschwiegenheitspflicht ist gem. § 120 II strafbar. 54

4. Entscheidung des Betriebsrats. a) Allgemeines. Welche Haltung der BR gegenüber der beabsichtigten Kündigung einnehmen will, steht in seinem **Ermessen**. Insbesondere hat der ArbN keinen Rechtsanspruch auf ein bestimmtes Tätigwerden des BR. Erst recht kann er nicht die Einlegung eines Widerspruchs durch den BR verlangen[8]. Als Reaktionsmöglichkeiten stehen dem BR folgende Optionen offen: 55

- Nachfrage beim ArbGeb nach weiteren Informationen,
- Zustimmung zur Kündigung,
- Schweigen gegenüber der Kündigungsabsicht,
- ausdrückliches Absehen von einer Stellungnahme,
- Äußerung von Bedenken,
- Einlegen eines Widerspruchs.

Welche **Optionsmöglichkeiten** der BR wählen will, ist durch BR-Beschluss zu entscheiden. Unterlässt der BR eine entsprechende Beschlussfassung, so liegt zwar hierin eine Amtspflichtverletzung, auf die Wirksamkeit der Kündigung hat dies jedoch keinen Einfluss. 56

b) Nachfrage beim Arbeitgeber nach weiteren Informationen. Der BR kann beschließen, vom ArbGeb ergänzende Informationen zur Person des ArbN oder zu den Kündigungen und deren Hintergründe einzuholen. Dies führt aber nicht ohne weiteres zu einer automatischen Verlängerung der Äußerungsfrist nach § 102 II[9]. Jedoch ist es ArbGeb und BR unbenommen, eine Fristverlängerung zu vereinbaren. Erfüllt der ArbGeb erst seine Mitteilungspflicht, nachdem er auf Nachfrage des BR weitere Informationen zu den Kündigungsgründen dem BR mitteilt, so dass dieser erst jetzt in der Lage ist, sich qualifiziert mit der Kündigungsabsicht des ArbGeb auseinander zu setzen, so führt das dazu, dass mit der nachträglichen Unterrichtung des BR die Frist für die Stellungnahme gem. § 102 II neu zu laufen beginnt[10]. Indes hat der BR gegenüber dem ArbGeb keine Verpflichtung, die Vollständigkeit der ihm überlassenen Informationen zu prüfen. Deshalb kann sich der ArbGeb auch nicht darauf verlassen, dass er den BR ausreichend informiert hat, wenn dieser nicht die Unvollständigkeit der ihm gegebenen Informationen rügt[11]. 57

c) Zustimmung zur Kündigung. Der BR kann das Anhörungsverfahren auch auf die Weise beenden, dass er vorbehaltlos der Kündigung zustimmt und dies gegenüber dem ArbGeb auch erklärt. Für diese 58

---

1 BAG v. 2.4.1976 – 2 AZR 513/75, AP Nr. 9 zu § 102 BetrVG 1972; LAG Hamm v. 27.2.1992 – 4 (9) Sa 1437/90, LAGE § 1 KSchG – Personenbedingte Kündigung Nr. 10. |2 LAG Hamm v. 27.2.1992 – 4 (9) Sa 1437/90, LAGE § 1 KSchG – Personenbedingte Kündigung Nr. 10. |3 LAG Düsseldorf v. 7.3.1975 – 16 Sa 690/74, LAGE § 102 BetrVG 1972 Nr. 5. |4 BAG v. 18.8.1982 – 7 AZR 437/80, AP Nr. 24 zu § 102 BetrVG 1972; DKK, § 102 BetrVG Rz. 146. |5 BAG v. 4.8.1975 – 2 AZR 266/74, AP Nr. 4 zu § 102 BetrVG 1972; v. 19.5.1983 – 2 AZR 454/81, nv.; LAG Köln, v. 9.2.1994 – 7 Sa 1080/93, ARST 1994, 182; aA APS/*Koch*, § 102 BetrVG Rz. 142. |6 Vgl. BAG v. 19.5.1983 – 2 AZR 454/81, nv. |7 Vgl. *Richardi/Thüsing*, § 102 BetrVG Rz. 109. |8 DKK, § 102 BetrVG Rz. 150. |9 LAG Hess. v. 21.3.1973 – 7 Sa 667/72, DB 1973, 1806. |10 Vgl. BAG v. 6.2.1997 – 2 AZR 265/96, AP Nr. 85 zu § 102 BetrVG 1972. |11 So APS/*Koch*, § 102 BetrVG Rz. 144 mwN; *Felser*, AiB 2005, 409 (411). Zwar hat der 1. Senat des BAG in seiner Entscheidung vom 28.1.1986 (1 ABR 10/84, AP Nr. 34 zu § 99 BetrVG 1972) entschieden, dass im Rahmen des Beteiligungsverfahrens nach § 99 eine Verpflichtung des BR bestehe, den ArbGeb innerhalb der Wochenfrist auf bekannte Mängel bei der Unterrichtung hinzuweisen. Diese Entscheidung dürfte allerdings für das Beteiligungsverfahren nach § 102 nicht übertragbar sein. Andernfalls wäre der BR gehalten, zu Lasten einer möglichen Rechtsposition des ArbN in einem Kündigungsrechtsstreit zu handeln.

Zustimmungserklärung bedarf es keiner besonderen Form. Es handelt sich hierbei um eine unwiderrufliche Erklärung[1]. In dem Moment, in dem dem ArbGeb die einmal beschlossene Zustimmung mitgeteilt wurde, kann der BR diese nicht nachträglich wieder aufheben. Auch durch eine telefonische Mitteilung der Zustimmung an den ArbGeb wird das Anhörungsverfahren abgeschlossen[2]. Ebenso wenig kann der BR seinen BR-Beschluss, der Kündigung des ArbN zuzustimmen, anfechten. Denn der BR-Beschluss als solcher erfüllt schon nicht die Voraussetzungen einer Willenserklärung, so dass die §§ 119, 123 BGB keine Anwendung finden[3]. Nicht ausgeschlossen ist jedoch, dass die Erklärung des BR-Vorsitzenden gegenüber dem ArbGeb angefochten wird, sofern hier ein Anfechtungsgrund vorliegt.

59 **d) Schweigen gegenüber der Kündigungsabsicht.** Dem BR ist es unbenommen, von einer Äußerung zur beabsichtigten Kündigung des ArbN ganz abzusehen. Dann endet das Anhörungsverfahren nach **Ablauf der Äußerungsfristen** der § 102 II. Gem. § 102 II 2 gilt bei einer ordentl. Kündigung die Zustimmung als erteilt. Das **bloße Schweigen** kann aber in keinem Fall als Stellungnahme des BR gewertet werden[4]. Nach dem Gesetzeswortlaut bezieht sich die Fiktion der Zustimmung zur Kündigung durch Schweigen nur auf die ordentl. Kündigung. In Bezug auf eine außerordentl. Kündigung schweigt der Gesetzeswortlaut. Jedoch hat dieser Unterschied keine praktische Bedeutung[5].

60 **e) Ausdrückliches Absehen von einer Stellungnahme.** Vom bloßen Schweigen des BR zu unterscheiden ist der Beschluss des BR, von einer inhaltlichen Stellungnahme zur Kündigungsabsicht des ArbGeb abzusehen[6]. Wird ein solcher Beschluss dem ArbGeb mitgeteilt, so wird dieser sehr sorgfältig zu prüfen haben, ob hierin eine abschließende Stellungnahme des BR, die zur Beendigung des Anhörungsverfahrens führen würde, liegt. Dies ist nur dann der Fall, wenn der Erklärung des BR eindeutig zu entnehmen ist, dass er eine weitere Erörterung nicht mehr wünscht. Das kann auch der Fall sein, wenn der BR dem ArbGeb mitteilt, dass er beschlossen habe, die Anhörungsfrist verstreichen zu lassen[7]. Im Fall also, dass eine abschließende Stellungnahme des BR vorliegt, die dahin geht, von einer ausdrücklichen Stellungnahme abzusehen, steht dies betriebsverfassungsrechtlich einer Zustimmung gleich.

61 **f) Äußerung von Bedenken.** Dem BR steht es aber auch frei, Bedenken gegen die geplante Kündigung aus allen ihm wichtig erscheinenden Gründen zu erheben. Die Äußerung von Bedenken wird dann regelmäßig in Betracht zu ziehen sein, wenn Widerspruchsgründe iSd. § 102 III nicht vorliegen und gleichwohl der BR Vorbehalte gegen die vom ArbGeb beabsichtigte Kündigung hat. Eine rechtl. Besserstellung des ArbN durch Äußerung von Bedenken des BR besteht zwar nicht, jedoch ist nicht zu verkennen, dass Bedenken des BR die prozessuale Situation des ArbN in einem Kündigungsschutzprozess erheblich verstärken können[8]. Zu beachten ist, dass die Erhebung von Bedenken **schriftl.** erfolgen muss. Lediglich mündlich geäußerte Bedenken bedeuten keine formgerechte abschließende Stellungnahme, so dass der ArbGeb in diesem Fall nicht vor Ablauf der Äußerungsfrist kündigen darf[9].

62 Sowohl für die Äußerung von Bedenken als auch für den Widerspruch haben die in § 102 II geregelten **Äußerungsfristen** besondere Bedeutung. Gem. § 102 II 1 hat der BR Bedenken gegen eine ordentl. Kündigung **innerhalb einer Woche** mitzuteilen. Bedenken gegen eine außerordentl. Kündigung hat der BR unverzüglich, spätestens jedoch **innerhalb von drei Tagen** dem ArbGeb mitzuteilen.

63 Die Frist beginnt mit dem Tag, an dem die Mitteilung des ArbGeb dem BR zugeht. Dieser Tag wird nicht mitgerechnet (§ 187 BGB). Auch sonst gelten für die **Fristberechnung** die Vorschriften der §§ 187 ff. BGB. Für die Bestimmung des Endes etwa der einwöchigen Anhörungsfrist gem. § 102 II BetrVG ist § 188 II BGB heranzuziehen. Fristende ist damit der Ablauf des letzten Tages der Woche, welcher durch seine Benennung dem Tage entspricht, in dem das Ereignis fällt, das den Fristbeginn bestimmt. Dieser Tag und damit auch die Frist läuft um 24 Uhr ab[10]. Dementsprechend endet die Frist nicht etwa bei Dienstschluss der Personalverwaltung[11]. (Beispiel für den Fall der ordentl. Kündigung: Wird der BR an einem Freitag unterrichtet, so endet die Frist am Freitag der darauf folgenden Woche um 24 Uhr. Ist dieser Freitag ein gesetzl. Feiertag, so endet die Frist wegen § 193 BGB am darauf folgenden Montag um 24 Uhr.) Jedoch ist bei einer schriftl. Stellungnahme des BR zu beachten, dass sich deren Zugang nach § 130 I BGB regelt. Dh., die schriftl. Stellungnahme ist erst zugegangen, sobald sie in verkehrsüblicher Weise in die tatsächliche Verfügungsgewalt des Empfängers bzw. eines empfangsberechtigten Dritten gelangt ist und für den Empfänger unter gewöhnlichen Verhältnissen die Möglichkeit besteht, von dem Inhalt des Schreibens Kenntnis zu nehmen[12]. Damit geht eine schriftl. Stellungnahme des BR erst am folgenden Tage zu, wenn sie vom BR-Vorsitzenden zu einer Zeit in ein für den ArbGeb bestehendes

1 GK-BetrVG/*Raab*, § 102 Rz. 95. | 2 BAG v. 24.8.1983 – 7 AZR 475/81, nv. | 3 So auch GK-BetrVG/*Raab*, § 102 Rz. 96; APS/*Koch*, § 102 BetrVG Rz. 145; idS auch BAG v. 11.6.2002 – 1 ABR 43/01, AP Nr. 118 zu § 99 BetrVG 1972 („die Zustimmungsverweigerung nach § 99 Abs. 3 S. 1 BetrVG ist keine Willenserklärung"); aA HSWG, § 102 BetrVG Rz. 71. | 4 Vgl. BAG v. 12.3.1987 – 2 AZR 176/86, AP Nr. 47 zu § 102 BetrVG; KR/*Etzel*, § 102 BetrVG Rz. 103b. | 5 DKK, § 102 BetrVG Rz. 164. | 6 Vgl. hierzu BAG v. 12.3.1987 – 2 AZR 176/86, AP Nr. 47 zu § 102 BetrVG 1972. | 7 LAG Hess. v. 18.6.1997 – 8 Sa 977/96, LAGE § 626 BGB Nr. 114. | 8 *Heinze*, Personalplanung, Rz. 531. | 9 DKK, § 102 BetrVG Rz. 160. | 10 LAG Berlin v. 21.6.1999 – 18 Sa 71/99, nv. | 11 BAG v. 12.12.1996 – 2 AZR 803/95, nv.; v. 12.12.1996 – 2 AZR 809/95, AiB 1998, 113; vgl. aber zu einem Sonderfall BAG v. 8.4.2003 – 2 AZR 515/02, AP Nr. 133 zu § 102 BetrVG 1972. | 12 Vgl. BAG v. 2.3.1989 – 2 AZR 275/88, AP Nr. 17 zu § 130 BGB.

Postfach gelegt wird, zu der nicht mehr mit der Leerung dieses Postfachs am selben Tag gerechnet werden kann. In diesen Fällen muss also der BR sicherstellen, dass seine schriftl. Stellungnahme am letzten Tage der Frist so in den Machtbereich des ArbGeb gelangt, dass dieser bzw. ein von ihm Bevollmächtigter die Möglichkeit hat, von dem Inhalt der Stellungnahme Kenntnis zu nehmen. Der BR kann zwar die ihm gesetzte Frist voll ausschöpfen und also mit seiner Stellungnahme bis zum letzten Tag des Fristablaufs abwarten. Versäumt er jedoch die Frist, ist eine Wiedereinsetzung in den vorherigen Stand nicht möglich. Damit sind die Anhörungsfristen **Ausschlussfristen**. Diese verlängern sich auch dann nicht, wenn es sich um Massenentlassungen handelt[1].

Zwar können ArbGeb und BR die Anhörungsfrist durch **Vereinbarung** verlängern oder auch abkürzen[2]. 64
Jedoch hat weder der BR einen Anspruch darauf, dass eine Frist verlängert wird, noch hat der ArbGeb einen Anspruch darauf, dass der BR einer Verkürzung der Frist zustimmt. Lediglich in extremen Ausnahmefällen kann die Berufung des ArbGeb auf die Einhaltung der Anhörungsfrist rechtsmissbräuchlich sein. Hierfür reichen jedoch objektive Umstände wie die Zahl der Kündigungen und die sich hieraus für die Bearbeitung im BR ergebenden Schwierigkeiten nicht aus[3].

Äußert sich der BR nicht innerhalb der Anhörungsfrist, so gilt gem. § 102 II 2 die Zustimmung zur 65
Kündigung als erteilt. Dies bezieht sich ausdrücklich auf die ordentl. Kündigung, ist aber auch entsprechend auf die außerordentl. Kündigung anzuwenden. Jedoch schreibt das Gesetz vor, dass eine **Stellungnahme schriftl.** zu erfolgen hat. Dies gilt auch für die fristlose Kündigung. Eine bloß mündliche Stellungnahme zur außerordentl. Kündigung ist daher nicht geeignet, das Anhörungsverfahren zu beenden. In diesem Fall muss der ArbGeb die Anhörungsfrist abwarten. Wird die **außerordentl.** Kündigung vorsorglich mit einer **ordentl.** Kündigung **verbunden**, so hat der ArbGeb für die ordentl. Kündigung die maßgebliche Anhörungsfrist abzuwarten, bevor er die Kündigung erklären kann. Hier kann es sich deshalb empfehlen, die außerordentl. Kündigung und die vorsorgliche ordentl. Kündigung zu **zwei verschiedenen Zeitpunkten** auszusprechen, um zumindest so sicherzustellen, dass für die außerordentl. Kündigung in jedem Fall die Frist des § 626 II BGB eingehalten wird[4].

g) Einlegen eines Widerspruchs. Die schärfste Reaktion des BR ist die Erhebung eines Widerspruchs 66
gegen die Kündigung. In § 102 III wird ausdrücklich bestimmt, dass der BR innerhalb der Anhörungsfrist des § 102 II 1 aus bestimmten Gründen einer ordentl. Kündigung widersprechen kann. Das bedeutet, dass bei einer außerordentl. Kündigung ein Widerspruch des BR iSd. § 102 III und damit auch der Weiterbeschäftigungsanspruch in § 102 V nicht in Betracht kommt.

Besonderheiten bestehen aber bei einer **außerordentl. Kündigung** gegenüber einem **unkündbaren** 67
ArbN. Hier will die Rspr. vermeiden, dass betriebsverfassungsrechtlich die Kündigung eines unkündbaren ArbN im Wege der außerordentl. Kündigung unter Beachtung einer entsprechenden Auslauffrist erleichterten Voraussetzungen unterliegt, als die Kündigung eines ordentlich kündbaren ArbN. Deshalb gilt für solche Fälle, dass sich derartige außerordentl. Kündigungen im Hinblick auf die BR-Beteiligung an den Voraussetzungen des Beteiligungsverfahrens für ordentl. Kündigungen zu orientieren haben. Der BR ist deshalb bei derartigen außerordentl. Kündigungen mit einer Auslauffrist für seine Stellungnahme nicht an die Frist nach § 102 II 3, sondern vielmehr an die Wochenfrist des § 102 II 1 gebunden[5]. Zudem will die Rspr. auch auf solche außerordentl. Kündigungen das Widerspruchsrecht des BR nach § 102 III bis V entsprechend anwenden[6].

Inhaltlich liegt ein **Widerspruch** nur vor, wenn der BR **eindeutig** und **unmissverständlich** zu erkennen 68
gibt, dass er die Kündigung ablehnt. Zwar ist der BR nicht verpflichtet, ausdrücklich das Wort „Widerspruch" zu benutzen. Um jedoch Unklarheiten zu vermeiden, ist dringend zu empfehlen, von den gesetzl. Begrifflichkeiten Gebrauch zu machen. Der Widerspruch muss **schriftl.** erfolgen. Zur Wahrung der Schriftform reicht ein Telefax aus[7]. Ein nur mündlich erklärter Widerspruch ist unbeachtlich. Dies gilt auch, wenn der schriftl. erklärte Widerspruch nach Fristablauf nachgereicht wird. Für die Wahrung der Schriftform ist erforderlich, dass der Widerspruch die eigenhändige Unterschrift des zur Abgabe zuständigen bzw. ermächtigten BR-Mitglieds aufweist. Ordnungsgemäß erhoben ist der Widerspruch nur dann, wenn in der schriftl. Stellungnahme **Gründe** angegeben sind, die es möglich erscheinen lassen, dass ein Widerspruchsgrund vorliegt. Nicht erforderlich ist, dass der geltend gemachte Widerspruchsgrund tatsächlich vorliegt[8]. Für eine **Begründung des Widerspruchs** genügt allerdings nicht ein bloßes Wiederholen oder Abschreiben der abstrakten gesetzl. Widerspruchsgründe oder etwaige Bezugnahmen auf das Gesetz. Vielmehr müssen die Widerspruchsgründe unter Angabe **konkreter Tatsachen** erläutert werden[9]. Die Rspr. verlangt ausdrücklich dem BR ein Mindestmaß an konkreter

1 BAG v. 14.8.1986 – 2 AZR 561/85, AP Nr. 43 zu § 102 BetrVG 1972. | 2 BAG v. 14.8.1986 – 2 AZR 561/85, AP Nr. 43 zu § 102 BetrVG 1972; dagegen verneint KR/*Etzel*, § 102 BetrVG Rz. 89, die Möglichkeit einer Verkürzung der Frist. | 3 BAG v. 14.8.1986 – 2 AZR 561/85, AP Nr. 43 zu § 102 BetrVG 1972. | 4 *Richardi/Thüsing*, § 102 BetrVG Rz. 104. | 5 BAG v. 12.1.2006 – 2 AZR 242/05, AP Nr. 13 zu § 626 BGB – Krankheit. | 6 BAG v. 5.2.1998 – 2 AZR 227/97, AP Nr. 143 zu § 626 BGB. | 7 KR/*Etzel*, § 102 BetrVG Rz. 142. | 8 Vgl. etwa LAG Düsseldorf v. 21.6.1974 – 15 Sa 633/74, DB 1974, 2112. | 9 LAG Düsseldorf v. 5.11.1976 – 9 Sa 1604/75, DB 1976, 1065; LAG Nds. v. 22.8.1975 – 7 A (3) Sa 80/75, DB 1975, 1898; LAG München v. 2.3.1994 – 5 Sa 908/93, NZA 1994, 1000; LAG Schl.-Holst. v. 22.11.1999 – 4 Sa 514/99, AP Nr. 12 zu § 102 BetrVG 1972 – Weiterbeschäftigung.

Argumentation ab[1]. Das heißt aber auch, dass, wenn der BR eine Weiterbeschäftigung für möglich hält, er den freien Arbeitsplatz in seinem Widerspruch in bestimmbarer Weise anzugeben hat[2]. Nach ganz herrschender Auffassung kann der BR den einmal eingelegten Widerspruch durch einen entsprechenden Beschluss rückgängig machen. Allerdings können dadurch nicht die individualrechtl. Folgen beseitigt werden, die ein einmal ordnungsgemäß erhobener Widerspruch ausgelöst hat. Insofern ist der gekündigte ArbN als schutzwürdig anzusehen[3].

69 **aa) Widerspruchsgründe.** Die Widerspruchsgründe sind in § 102 III **abschließend** aufgeführt:

70 **(1) Fehlerhafte Sozialauswahl.** Gem. **§ 102 III Nr. 1** kann der BR einer ordentl. Kündigung widersprechen, wenn der ArbGeb bei der Auswahl der zu kündigenden ArbN **soziale Gesichtspunkte** nicht oder nicht ausreichend berücksichtigt hat. Dieser Widerspruchsgrund kommt grundsätzlich nur bei betriebsbedingten Kündigungen in Betracht[4]. Soziale Gesichtspunkte sind insb. das Lebensalter, die Dauer der Betriebszugehörigkeit, eine Schwerbehinderung sowie die Unterhaltspflichten des ArbN (vgl. § 1 III 1 KSchG). Ob darüber hinaus weitere soziale Gesichtspunkte berücksichtigt werden können, ist umstritten[5]. Dagegen kann der BR gestützt auf § 102 III Nr. 1 nicht der Betriebsbedingtheit der Kündigung als solcher widersprechen. Allerdings steht es ihm frei, auch wenn er die Betriebsbedingtheit der Kündigung bestreiten will, hilfsweise bereits die soziale Auswahl zu rügen und gestützt auf diese Eventual-Rüge der Kündigung zu widersprechen[6]. Ist nach Auffassung des ArbGeb eine soziale Auswahl entbehrlich, weil auf Grund einer **Betriebsstilllegung** allen ArbN des Betriebes gekündigt werden soll, so scheidet ein Widerspruch nach § 102 III Nr. 1 nur aus, wenn allen ArbN tatsächlich zum Stilllegungstermin gekündigt wird[7]. Nach dem ausdrücklichen Gesetzeswortlaut bezieht sich das Widerspruchsrecht des BR nach § 102 III Nr. 1 nur darauf, ob soziale Gesichtspunkte nicht oder nicht ausreichend berücksichtigt wurden. Das heißt aber auch, dass der BR nicht deshalb der Kündigung widersprechen kann, weil er meint, der ArbGeb habe den **Kreis der vergleichbaren ArbN** zu eng gezogen. Vielmehr ist die Frage der Vergleichbarkeit der Sozialauswahl vorgeschaltet. Dass der BR auch bei dieser Vorfrage einen Widerspruchsgrund haben soll, kann dem Gesetzeswortlaut nicht entnommen werden. Miteinander zu vergleichen sind alle im Betrieb beschäftigten ArbN, die ihrer betriebl. Stellung nach vergleichbar sind und bei denen gem. § 1 III 2 KSchG berechtigte betriebl. Interessen der Kündigung nicht entgegenstehen[8]. Insofern kann der BR seinen Widerspruch nicht darauf stützen, dass der ArbGeb den Kreis der nach § 1 III 2 KSchG aus der Sozialauswahl herausgenommenen ArbN zu weit gezogen hat[9]. Eine ordnungsgemäße **Widerspruchsbegründung** des BR zu § 102 III Nr. 1 setzt voraus, dass dem ArbGeb gegenüber die fehlende oder fehlerhafte Sozialauswahl beanstandet wird. Regelmäßig reicht es hierfür nicht aus, wenn lediglich pauschal auf sozial stärkere ArbN hingewiesen wird[10]. Jedoch kann der Umfang der Begründungspflicht nicht generell bestimmt werden, sondern ist abhängig von der jeweiligen Darstellung des ArbGeb[11]. Hat also der ArbGeb seine Auswahlüberlegungen dezidiert dem BR mitgeteilt, so verlangt § 102 III 1 eine konkrete Stellungnahme, warum die **Auswahlüberlegungen** des ArbGeb nicht ausreichend sein sollen. Dies gilt gerade, wenn der ArbGeb dem BR die Namen und Sozialdaten der seiner Ansicht nach vergleichbaren ArbN mitgeteilt hat. Dann hat der BR, der die vom ArbGeb getroffene Auswahlentscheidung für unrichtig hält, dem ArbGeb den oder die sozialen Gesichtspunkte zur Begründung seines Widerspruchs anzugeben, die er nicht oder nicht ausreichend berücksichtigt sieht. Hier wird regelmäßig die **Benennung** eines anderen zu kündigenden ArbN erforderlich werden[12]. In keinem Fall reicht aber eine pauschale Berufung auf den Wortlaut des Gesetzes für die Begründung des Widerspruchs aus[13].

71 **(2) Verstoß gegen Auswahlrichtlinien.** Der BR kann der ordentl. Kündigung auch widersprechen, wenn die Kündigung gegen eine Auswahlrichtlinie iSd. § 95 verstößt (vgl. § 95 Rz. 7 ff.). Auch dieser Widerspruchsgrund kommt nur bei einer betriebsbedingten Kündigung zum Tragen[14]. Der Widerspruchsgrund nach **§ 102 III Nr. 2** hat auf Grund der Neuregelung in § 1 IV KSchG an Bedeutung gewonnen. Indes setzt die ordnungsgemäße Geltendmachung dieses Widerspruchsgrundes voraus, dass nicht nur die konkrete Auswahlrichtlinie, gegen die die Kündigung nach Meinung des BR verstößt, benannt wird, sondern der BR **Tatsachen** angibt, aus denen sich der Verstoß gegen die Auswahlrichtlinie ergibt[15]. Der BR kann aber nur bezüglich des ArbN einen Verstoß gegen eine Auswahlrichtlinie geltend machen,

---

1 BAG v. 11.5.2000 – 2 AZR 54/99, AP Nr. 13 zu § 102 BetrVG 1972 – Weiterbeschäftigung. |2 BAG v. 17.6.1999 – 2 AZR 608/98, AP Nr. 11 zu § 102 BetrVG 1972 – Weiterbeschäftigung. |3 Vgl. APS/*Koch*, § 102 BetrVG Rz. 150. |4 DKK, § 102 BetrVG Rz. 186; KR/*Etzel*, § 102 BetrVG Rz. 149. |5 *Willemsen*/*Annuß*, NJW 2004, 177 f. |6 LAG Düsseldorf v. 23.5.1975 – 8 Sa 152/75, EzA § 102 BetrVG 1972 – Beschäftigungspflicht Nr. 4. |7 LAG Düsseldorf v. 20.11.1980 – 25 Sa 412/80, EzA § 102 BetrVG 1972 – Beschäftigungspflicht Nr. 8. |8 *Löwisch*/*Kaiser*, § 102 BetrVG Rz. 32. |9 AA *Fitting*, § 102 BetrVG Rz. 78. |10 Vgl. BAG v. 9.7.2003 – 5 AZR 305/02, NZA 2003, 1191. |11 So zu Recht LAG München v. 2.8.1983 – 6 Sa 439/83, AMBlBY 1985, C 9 ff.; LAG Schl.-Holst. v. 22.11.1999 – 4 Sa 514/99; AP Nr. 12 zu § 102 BetrVG 1972 – Weiterbeschäftigung; APS/*Koch*, § 102 BetrVG Rz. 194; aA DKK, § 102 BetrVG Rz. 189. |12 Vgl. BAG v. 9.7.2003 – 5 AZR 305/02, NZA 2003, 1191; LAG Düsseldorf v. 5.1.1976 – 9 Sa 1604/75, DB 1976, 1065; *Stege*/*Weinspach*/*Schiefer*, § 102 BetrVG Rz. 126; aA LAG Rh.-Pf. v. 19.1.1982 – 3 Sa 883/81, AuR 1982, 323; einschr. auch KR/*Etzel*, § 102 BetrVG Rz. 151. |13 LAG Schl.-Holst. v. 22.11.1999 – 4 Sa 514/99, AP Nr. 12 zu § 102 BetrVG 1972 – Weiterbeschäftigung. |14 APS/*Koch*, § 102 BetrVG Rz. 195; KR/*Etzel*, § 102 BetrVG Rz. 158; aA DKK, § 102 BetrVG Rz. 191. |15 *Heinze*, Personalplanung, Rz. 578.

der bei korrekter Anwendung der Auswahlrichtlinie nicht zum Kreis der zu entlassenden ArbN gehören würde[1].

(3) Weiterbeschäftigungsmöglichkeit auf anderem Arbeitsplatz. Gem. **§ 102 III Nr. 3** kann der BR ebenfalls widersprechen, wenn der zu kündigende ArbN an einem anderen Arbeitsplatz im selben Betrieb oder in einem anderen Betrieb des Unternehmens weiterbeschäftigt werden kann. Die Rspr. des BAG verlangt hierfür ein Mindestmaß an konkreter Argumentation[2]. Ein rein spekulativer Widerspruch etwa in dem Sinne, es sei im Betrieb irgendeine anderweitige Beschäftigungsmöglichkeit vorhanden, reicht nicht aus. Der BR muss **konkret darlegen**, auf welchem (freien) Arbeitsplatz eine Weiterbeschäftigung des ArbN in Betracht kommt. Hierbei ist der Arbeitsplatz zumindest in bestimmbarer Weise anzugeben und der Bereich zu bezeichnen, in dem der ArbN anderweitig beschäftigt werden kann[3]. Der Widerspruch hat sich also darauf zu beziehen, dass gerade ein anderer Arbeitsplatz für den zu kündigenden ArbN vorhanden ist. Nicht ausreichend ist deshalb, dass der BR meint, es gebe eine **Weiterbeschäftigungsmöglichkeit auf dem bisherigen Arbeitsplatz**[4]. Die gegenteilige Ansicht[5] hätte letztlich zur Konsequenz, dass, wenn man für den Widerspruch die Weiterbeschäftigungsmöglichkeit auf dem bisherigen Arbeitsplatz als genügend ansehen würde, man das Widerspruchsrecht des BR auf die Frage der Sozialwidrigkeit der Kündigung als solche erstrecken würde[6]. Der Widerspruch des BR nach § 102 III Nr. 3 darf sich deshalb nur auf einen (anderen) freien Arbeitsplatz beziehen. Ein solcher ist dann vorhanden, wenn der Arbeitsplatz zum Zeitpunkt des voraussichtlichen Zugangs der Kündigung unbesetzt ist oder bis zum Ablauf der Kündigungsfrist nach der vom ArbGeb getroffenen Organisationsentscheidung zur Verfügung stehen wird[7]. Keinesfalls besteht aber die Verpflichtung für den ArbGeb, für den zu kündigenden ArbN einen neuen Arbeitsplatz zu schaffen oder besetzte Arbeitsplätze freizumachen[8]. Auch ist der ArbGeb nur zu einer Beschäftigung auf einem vergleichbaren, also gleichwertigen Arbeitsplatz, und nicht zum Angebot einer Beförderungsstelle verpflichtet[9]. In diesem Sinne „frei" ist auch ein solcher Arbeitsplatz, auf dem ein **LeihArbN** beschäftigt wird[10]. Die Arbeitsplätze, auf denen Leiharbeitskräfte beschäftigt sind, können in absehbarer Zeit freigemacht werden und gelten deshalb als freie Arbeitsplätze[11]. Allerdings darf das Widerspruchsrecht des BR nicht dazu führen, dass letztlich in die **unternehmerische Dispositionsfreiheit** des ArbGeb eingegriffen wird. Ein Arbeitsplatz, der erst durch eine neue unternehmerische Disposition geschaffen werden müsste, kann für die Beurteilung der Weiterbeschäftigungsmöglichkeit keine Berücksichtigung finden[12]. Folgerichtig kann der BR nicht unter Berufung auf § 102 III Nr. 3 verlangen, dass zur Vermeidung einer aus dringenden betriebl. Gründen beabsichtigten Kündigung **Kurzarbeit** für die gesamte Belegschaft eingeführt wird, um so einen freien Arbeitsplatz für den zu kündigenden ArbN zu schaffen[13]. Teilweise wird vertreten, dass freie Arbeitsplätze auch dann vorhanden sind, wenn in einer bestimmten Abteilung regelmäßig **Mehrarbeit** geleistet wird. Hier sei dann eine Beschäftigungsmöglichkeit für den zu kündigenden ArbN vorhanden[14]. Wollte man den ArbGeb verpflichten, anstatt der Mehrarbeit einen Arbeitsplatz einzurichten, so wäre dies ein Eingriff in die unternehmerische Dispositionsfreiheit. Insofern ist ein Verweis des BR auf regelmäßig geleistete Mehrarbeit in bestimmten Abteilungen des Betriebes nicht als Begründung für einen Widerspruch iSd. § 102 III Nr. 3 geeignet. Dagegen kann der BR der Kündigung nach § 102 III Nr. 3 mit der Begründung widersprechen, dass ein ArbN zwar räumlich auf demselben Arbeitsplatz, aber in einer anderen **Schicht** beschäftigt werden kann[15]. 72

Der Gesetzeswortlaut beschränkt die Weiterbeschäftigungsmöglichkeit ausdrücklich auf den Betrieb und das Unternehmen. Hieraus folgt, dass der BR nicht auf eine **Weiterbeschäftigungsmöglichkeit im Konzern** verweisen kann[16]. Nur in Ausnahmefällen, etwa wenn arbeitsvertragl. der konzernweite Einsatz des ArbN vorbehalten oder eine entsprechende Zusage des ArbGeb vorliegt, könnte hier etwas anderes gelten[17]. Da also grds. der Bestandschutz nicht konzernbezogen ist, kann der BR einen Widerspruch auch nicht darauf stützen, dass seines Erachtens für den zu kündigenden ArbN eine Weiterbeschäftigungsmöglichkeit etwa in einer **Beschäftigungsgesellschaft** oder **Qualifizierungsgesellschaft** besteht[18]. 73

Die Geltendmachung des Widerspruchsgrundes nach § 102 III Nr. 3 ist nicht vom **Einverständnis des ArbN** abhängig[19]. Falls der ArbN allerdings ausdrücklich erklärt, eine bestimmte, vom BR ins Auge 74

---

1 LAG Berlin v. 9.7.2004 – 6 Sa 591/04, LAGE § 1 KSchG – Soziale Auswahl Nr. 45. | 2 BAG v. 17.6.1999 – 2 AZR 608/98, AP Nr. 11 zu § 102 BetrVG 1972 – Weiterbeschäftigung. | 3 So ausdrücklich BAG v. 11.5.2000 – 2 AZR 54/99, AP Nr. 13 zu § 102 BetrVG 1972 – Weiterbeschäftigung. | 4 BAG v. 12.9.1985 – 2 AZR 324/84, AP Nr. 7 zu § 102 BetrVG 1972 – Weiterbeschäftigung; *Ramrath*, FS Leinemann, S. 347, 351 f. | 5 Vgl. *Fitting*, § 102 BetrVG Rz. 90 mwN. | 6 So zutr. *Richardi/Thüsing*, § 102 BetrVG Rz. 164 mwN. | 7 LAG Hamm v. 14.6.2004 – 8 Sa 956/04, LAGReport 2004, 351. | 8 BAG v. 29.3.1990 – 2 AZR 369/89, AP Nr. 50 zu § 1 KSchG 1969 – Betriebsbedingte Kündigung. | 9 BAG v. 15.12.1994 – 2 AZR 327/94, AP Nr. 67 zu § 1 KSchG 1969 – Betriebsbedingte Kündigung. | 10 KR/*Etzel*, § 102 BetrVG Rz. 163a. | 11 ArbG Stuttgart v. 5.6.1996 – 6 GA 23/96, NZA-RR 1997, 260. | 12 ArbG Berlin v. 20.7.1977 – 7 GA 5/77, DB 1977, 2454. | 13 LAG Düsseldorf v. 21.6.1974 – 15 Sa 633/74, LAGE § 102 BetrVG 1972 – Beschäftigungspflicht Nr. 3. | 14 APS/*Koch*, § 102 BetrVG Rz. 198; DKK, § 102 BetrVG Rz. 199. | 15 *Löwisch/Kaiser*, § 102 BetrVG Rz. 35. | 16 Vgl. BAG v. 14.10.1982 – 2 AZR 568/80, AP Nr. 1 zu § 1 KSchG 1969 – Konzern; v. 27.11.1991 – 2 AZR 255/91, AP Nr. 6 zu § 1 KSchG 1969. | 17 *Richardi/Thüsing*, § 102 BetrVG Rz. 168. | 18 APS/*Koch*, § 102 BetrVG Rz. 197; aA DKK, § 102 BetrVG Rz. 196. | 19 KR/*Etzel*, § 102 BetrVG Rz. 167.

gefasste Weiterbeschäftigungsmöglichkeit komme für ihn nicht in Betracht, so ist ein gleichwohl hierauf gestützter Widerspruch des BR **rechtsmissbräuchlich**. Widerspricht der BR unter Hinweis auf eine Weiterbeschäftigungsmöglichkeit, dann liegt hierin zugleich auch die **Zustimmung zu einer ggf. erforderlichen Versetzung** gem. § 99[1]. Verweigert der BR des aufnehmenden Betriebes bei einer betriebsübergreifenden Versetzung innerhalb eines Unternehmens seine Zustimmung, so hindert das die Weiterbeschäftigung, mit der Folge, dass der **Widerspruch** des BR im abgebenden Betrieb gegen die Kündigung **unbeachtlich** ist[2]. Falls zur Realisierung einer Versetzung eine Änderungskündigung erforderlich ist, so bedarf es eines erneuten Verfahrens nach § 102[3].

75 **(4) Weiterbeschäftigungsmöglichkeit mit Umschulung oder Fortbildung.** Der BR kann einer Kündigung auch deshalb widersprechen, weil die Weiterbeschäftigung des ArbN nach zumutbaren **Umschulungs- und Fortbildungsmaßnahmen** möglich ist. Dieser Widerspruchsgrund bezieht sich sowohl auf betriebs- wie auch auf personenbedingte Kündigungen[4]. Wie beim Widerspruchsgrund des Nr. 3 muss der Widerspruch gem. § 102 III Nr. 4 darauf gerichtet sein, dass der ArbN nach zumutbaren Umschulungs- oder Fortbildungsmaßnahmen auf einem Arbeitsplatz im selben Betrieb oder in einem anderen Betrieb des Unternehmens weiterbeschäftigt werden kann. Auch hier gilt kein konzernübergreifender Kündigungsschutz[5].

76 Notwendige Voraussetzung für einen Widerspruch gem. § 102 III Nr. 4 ist, dass es mit hinreichender Sicherheit voraussehbar sein muss, dass nach Abschluss der Maßnahmen eine Beschäftigungsmöglichkeit auf Grund der durch die Umschulung oder Fortbildung erworbene Qualifikation für den ArbN besteht[6]. Hierbei dürfen die Schulungsmaßnahmen nicht auf irgendeine Beschäftigungsmöglichkeit für den ArbN ausgerichtet sein. Der BR kann allenfalls verlangen, dass der betreffende ArbN auf Grund der Umschulung eine gleichwertige Beschäftigungsmöglichkeit erlangt, nicht aber eine höherwertige. Ferner muss zu erwarten sein, dass nach Absolvierung der Schulungsmaßnahme ein entsprechender **freier Arbeitsplatz** im Unternehmen vorhanden ist[7]. Keinesfalls ist der ArbN verpflichtet, erst durch eine Kündigung einen Arbeitsplatz und damit eine Beschäftigungsmöglichkeit zu schaffen. Insofern ist ein Widerspruch des BR offensichtlich unbegründet, wenn er die Begründung enthält, dass der Arbeitsplatz, auf dem der zu kündigende ArbN nach den Vorstellungen des BR ggf. nach Umschulungsmaßnahmen weiterbeschäftigt werden kann, mit einem anderen ArbN besetzt ist[8]. Die Umschulungs- oder Fortbildungsmaßnahme muss dem ArbGeb allerdings **zumutbar** sein. Dies ist durch eine sorgfältige **Abwägung** der berechtigten Interessen von ArbGeb und ArbN zu ermitteln. Hierbei wird man etwa die Dauer der bisherigen Tätigkeit des ArbN sowie dessen Lebensalter zu berücksichtigen haben, aber auch die Frage, welche Kosten auf den ArbGeb auf Grund der Umschulungsmaßnahme zukommen, ob der Betrieb eigene Einrichtungen für die Umschulung vorhält, und welche Bereitschaft der ArbN in der Vergangenheit gezeigt hat, sich beruflich weiter zu entwickeln. Ist der ArbN selbst angesichts einer drohenden Kündigung nicht bereit, eine Umschulungs- oder Fortbildungsmaßnahme durchzuführen, so ist angesichts dessen dem ArbGeb die Umschulung oder Fortbildung dieses ArbN nicht zumutbar[9]. Auch ein Widerspruch gem. § 102 III Nr. 4 bedarf durch den BR einer **hinreichenden Begründung**. Hierbei ist regelmäßig nicht erforderlich, dass er eine ganz konkrete Bildungsmaßnahme benennt. Stattdessen ist es als ausreichend anzusehen, wenn er die Bildungsmaßnahme so umschreibt, dass für die Beteiligten klar ist, welchen Inhalt die Bildungsmaßnahme hat und auf welchen Abschluss diese gerichtet ist, welchen zeitlichen Umfang diese hat und mit welchen ungefähren Kosten zu rechnen ist. Darüber hinaus ist anzugeben, auf welchem **freien Arbeitsplatz** der ArbN nach Beendigung der Bildungsmaßnahme eingesetzt werden kann und dass der ArbN fortbildungswillig ist. Mit dem Widerspruch erklärt der BR gleichzeitig seine Bereitschaft, einer entsprechenden betriebl. Bildungsmaßnahme nach § 98 zuzustimmen[10]. Insofern flankiert der Widerspruchsgrund des § 102 III Nr. 4 die Beteiligungsrechte des BR nach **§ 97 II**[11].

77 **(5) Weiterbeschäftigungsmöglichkeit unter geänderten Vertragsbedingungen.** Ist eine Weiterbeschäftigung des ArbN nur unter geänderten Vertragsbedingungen möglich und hat der ArbN sein Einverständnis hiermit erklärt, so kann gem. **§ 102 III Nr. 5** der BR auch der deshalb beabsichtigten ordentl. Kündigung widersprechen. Dieser Widerspruchsgrund ergänzt insoweit die in § 102 III Nr. 3 und Nr. 4 enthaltenen Widerspruchsgründe. Deshalb wird insoweit dieser Widerspruch als Auffangtatbestand gesehen[12]. Aber auch auf Grund der Regelungen des § 102 III Nr. 5 kann der BR nicht die Beförderung eines ArbN verlangen[13]. Darüber hinaus bezieht sich die Widerspruchsmöglichkeit nach § 102 III Nr. 5 ausschließlich auf individuelle Maßnahmen. Gestützt auf diesen Widerspruchsgrund kann deshalb der BR

1 *Fitting*, § 102 BetrVG Rz. 84; *Heinze*, Personalplanung, Rz. 556. | 2 *Löwisch/Kaiser*, § 102 BetrVG Rz. 37. | 3 *Heinze*, Personalplanung, Rz. 557; DKK, § 102 BetrVG Rz. 205. | 4 *Löwisch/Kaiser*, § 102 BetrVG Rz. 38. | 5 *Richardi/Thüsing*, § 102 BetrVG Rz. 172. | 6 BAG v. 7.2.1991 – 2 AZR 205/90, AP Nr. 1 zu § 1 KSchG 1969 – Umschulung. | 7 *Gaul*, BB 1995, 2422 (2427 f.). | 8 LAG BW v. 30.8.1993 – 15 Sa 36/93, AuR 1994, 200. | 9 *Richardi/Thüsing*, § 102 BetrVG Rz. 173; *Fitting*, § 102 BetrVG Rz. 91. | 10 APS/*Koch*, § 102 BetrVG Rz. 202. | 11 Vgl. *Schaub*, ZTR 2001, 437 (444). | 12 DKK, § 102 BetrVG Rz. 217. | 13 Vgl. BAG v. 29.3.1990 – 2 AZR 369/89, AP Nr. 50 zu § 1 KSchG 1969 – Betriebsbedingte Kündigung.

keine Einführung von Kurzarbeit verlangen, um für den zur Kündigung anstehenden ArbN eine Beschäftigungsmöglichkeit zu schaffen[1].

Mögliche Vertragsänderungen können die Kürzung eines außertarifl. Gehaltes oder vertragl. zugesagter Zulagen, die Kürzung von Prämien, die Reduzierung der Arbeitszeit des einzelnen ArbN etc. sein[2]. Voraussetzung für den Widerspruchsgrund ist indes, dass der ArbN sein **Einverständnis** zur Änderung des Vertragsinhalts erklärt hat. Das bedeutet, dass ein Widerspruchsgrund ausscheidet, soweit die Arbeitsbedingungen für die Arbeitsvertragsparteien rechtsverbindlich etwa durch **TV** oder **BV** festgelegt sind[3]. Dieses Einverständnis des ArbN zur Vertragsänderung muss bereits bei Einlegung des Widerspruchs vorliegen[4]. Auf das vorliegende Einverständnis hat der Widerspruch des BR ausdrücklich hinzuweisen. Dem ArbN steht es frei, dieses Einverständnis unter dem **Vorbehalt der sozialen Rechtfertigung** der geänderten Arbeitsbedingungen zu erklären[5]. Widerspricht der BR einer Kündigung unter Hinweis auf das unter Vorbehalt der sozialen Rechtfertigung abgegebene Einverständnis des ArbN, zu geänderten Arbeitsbedingungen in Zukunft tätig zu sein, braucht der BR für eine dann folgende **Änderungskündigung** des ArbGeb nicht gesondert gehört werden[6]. 78

bb) Kündigungsrechtliche Bedeutung des Widerspruchs. Trotz Widerspruchs des BR kann der ArbGeb gleichwohl eine ordentl. Kündigung aussprechen. Dies gilt erst recht, wenn der BR lediglich Bedenken gegen die Kündigung geltend gemacht hat, ohne ihr ausdrücklich zu widersprechen. Umstritten ist in diesem Zusammenhang die Frage, ob der ArbGeb sich vor Ausspruch der Kündigung inhaltlich mit den **Bedenken oder Widerspruchsgründen des BR auseinander zu setzen hat**[7]. Insofern wäre eine Kündigung unwirksam, wenn der ArbGeb die vom BR erhobenen Einwendungen überhaupt nicht zur Kenntnis nimmt. Hiergegen spricht aber die Struktur des Beteiligungsverfahrens nach § 102. Dies ist nach st. Rspr. des BAG als zweistufiges Verfahren zu charakterisieren, wobei auf einer ersten Stufe der ArbGeb dem BR die Kündigungsgründe mitzuteilen hat, während auf einer zweiten Stufe eine Beschlussfassung durch den BR erfolgt[8]. Kollektivarbeitsrechtlich ist damit das Beteiligungsverfahren gem. § 102 beendet. Nimmt der ArbGeb die Einwendungen des BR nicht zur Kenntnis, so treffen ihn die Nachteile spätestens dann im Kündigungsschutzprozess, wenn der ArbGeb trotz berechtigten Widerspruchs gleichwohl eine Kündigung ausgesprochen hat. 79

V. Informationsanspruch des Arbeitnehmers. Der Gesetzgeber hat den ArbGeb gem. **§ 102 IV** verpflichtet, der Kündigung eine **Abschrift der Stellungnahme des BR** zuzuleiten, wenn der BR im Rahmen des Beteiligungsverfahrens der Kündigung widersprochen hat. Dadurch sollte der betroffene ArbN durch die Kenntnis der Widerspruchsgründe des BR in die Lage versetzt werden, die Aussichten eines Kündigungsschutzprozesses besser abzuschätzen und sich im Verfahren auf den Widerspruch des BR berufen zu können[9]. Die Verpflichtungen aus § 102 IV gilt auch dann, wenn das Arbeitsverhältnis noch nicht unter den Geltungsbereich des Kündigungsschutzgesetzes fällt[10]. 80

Das Beifügen einer Abschrift der Stellungnahme des BR ist kein **Wirksamkeitserfordernis** für die Kündigung[11]. Jedoch kommen Schadensersatzansprüche des ArbN gegen den ArbGeb in Betracht, wenn Letzterer seine Verpflichtungen aus § 102 IV nicht erfüllt hat[12]. Allerdings setzt die Verpflichtung nach § 102 IV stets voraus, dass ein frist- und ordnungsgemäßer Widerspruch des BR vorliegt[13]. 81

VI. Rechtsfolgen eines fehlerhaften Beteiligungsverfahrens. Hinsichtlich der Fehler im Beteiligungsverfahren nach § 102 differenziert die Rspr. des BAG nach **Verantwortungssphären**. So wird die erste Stufe des Beteiligungsverfahrens, nämlich die Mitteilung des ArbGeb über die Person des zu Kündigenden und die Kündigungsgründe dem Verantwortungsbereich des ArbGeb zugeordnet. Fehler in diesem Bereich treffen den ArbGeb und führen regelmäßig zur Unwirksamkeit der Kündigung. Im Anschluss an die entsprechenden Mitteilungen des ArbGeb an den BR ist es Aufgabe des BR, sich mit der beabsichtigten Kündigung zu befassen und über eine mögliche Stellungnahme zu entscheiden[14]. Mängel, die in dem Bereich vorkommen, für den der BR zuständig und verantwortlich ist, also Fehler bei seiner Willensbildung oder bei der Mitteilung eines BR-Beschlusses an den ArbGeb, berühren die Ordnungsmäßigkeit des Anhörungsverfahrens iSd. § 102 I nicht, dh. die Kündigung ist insoweit nicht wegen fehlerhafter Anhörung des BR unwirksam[15]. Dies gilt grds. auch dann, wenn der ArbGeb weiß oder vermuten kann, dass das Verfahren des BR nicht fehlerfrei gelaufen ist[16]. Nicht zur Sphäre des BR zählt es jedoch, 82

1 Vgl. LAG Hamm v. 8.3.1983 – 7 (10) Sa 1237/82, BB 1983, 1349; LAG Düsseldorf v. 21.6.1974 – 15 Sa 633/74, LAGE § 102 BetrVG 1972 – Beschäftigungspflicht Nr. 3; aA DKK, § 102 BetrVG Rz. 219. | 2 *Löwisch/Kaiser*, § 102 BetrVG Rz. 39. | 3 KR/*Etzel*, § 102 BetrVG Rz. 172a. | 4 *Fitting*, § 102 BetrVG Rz. 95. | 5 HM, DKK, § 102 BetrVG Rz. 221; *Heinze*, Personalplanung, Rz. 564. | 6 *Löwisch/Kaiser*, § 102 BetrVG Rz. 39. | 7 APS/*Koch*, § 102 BetrVG Rz. 158. | 8 Vgl. BAG v. 2.11.1983 – 7 AZR 65/82, AP Nr. 29 zu § 102 BetrVG 1972. | 9 BT-Drs. VI/1786, S. 52. | 10 GK-BetrVG/*Raab*, § 102 Rz. 143; APS/*Koch*, § 102 BetrVG Rz. 159. | 11 HM, vgl. *Fitting*, § 102 BetrVG Rz. 53; aA *Düwell*, NZA 1988, 866. | 12 *Richardi/Thüsing*, § 102 BetrVG Rz. 191 mwN; KR/*Etzel*, § 102 BetrVG Rz. 180. | 13 LAG Köln v. 19.10.2000 – 10 Sa 243/00, MDR 2001, 517. | 14 Vgl. bereits BAG v. 4.8.1975 – 2 AZR 266/74, AP Nr. 4 zu § 102 BetrVG 1972. | 15 BAG v. 6.10.2005 – 2 AZR 316/05, AP Nr. 150 zu § 102 BetrVG 1972. | 16 BAG v. 16.1.2003 – 2 AZR 707/01, AP Nr. 129 zu § 102 BetrVG 1972; v. 2.4.1976 – 2 AZR 513/75, AP Nr. 9 zu § 102 BetrVG 1972; v. 13.6.1996 – 2 AZR 745/95, nv.; v. 15.5.1997 – 2 AZR 519/96, AP Nr. 1 zu § 104 BetrVG 1972.

wenn in Wahrheit keine Stellungnahme des BR als Gremium, sondern erkennbar nur eine persönliche Äußerung des BR-Vorsitzenden vorliegt oder der ArbGeb den Fehler des BR durch unsachgemäßes Verhalten selbst veranlasst hat[1]. In diesen Fällen weiß der ArbGeb positiv, dass der BR sich noch nicht mit dem Kündigungsfall befasst haben kann. Dann ist das Anhörungsverfahren nach § 102 I noch nicht als abgeschlossen anzusehen.

83 **VII. Der betriebsverfassungsrechtliche Weiterbeschäftigungsanspruch.** Der Gesetzgeber hat in § 102 V 1 zum Schutz des ArbN einen besonderen betriebsverfassungsrechtl. Weiterbeschäftigungsanspruch geregelt. Dieser setzt voraus, dass der ArbGeb eine ordentl. Kündigung ausgesprochen hat, der BR der Kündigung frist- und ordnungsgemäß widersprochen hat, der ArbN rechtzeitig nach dem KSchG Klage auf Feststellung erhoben hat, dass das Arbeitsverhältnis durch die Kündigung nicht aufgelöst ist und der ArbN rechtzeitig vom ArbGeb verlangt, nach Ablauf der Kündigungsfrist bis zum rechtskräftigen Abschluss des Rechtsstreits bei unveränderten Arbeitsbedingungen weiterbeschäftigt zu werden.

84 **1. Voraussetzungen des Weiterbeschäftigungsanspruchs. a) Ordentliche Kündigung.** Der Gesetzgeber hat in § 102 V ausdrücklich den Weiterbeschäftigungsanspruch auf ordentl. Kündigungen beschränkt. Bei einer außerordentl. Kündigung findet also der Weiterbeschäftigungsanspruch keine Anwendung. Er entsteht auch dann nicht, wenn der ArbGeb mit einer außerordentl. Kündigung vorsorglich eine ordentl. Kündigung verbindet[2]. Verbindet ein ArbGeb eine außerordentl. Kündigung mit einer vorsorglichen ordentl. Kündigung, ändert sich hierdurch nicht der Charakter der Kündigung. Auch in diesem Fall ist eine außerordentl. Kündigung erklärt. Dass unter einer Rechtsbedingung gleichzeitig der ArbGeb eine ordentl. Kündigung ausgesprochen hat, ändert hieran nichts. Etwas anderes gilt dann, wenn rechtskräftig feststeht, dass die außerordentl. Kündigung unwirksam ist. In diesem Fall ist nur noch die ordentl. Kündigung in der Welt. Demzufolge muss sich dann der ArbN auf einen Weiterbeschäftigungsanspruch des § 102 V berufen können[3]. Auch bei einer **Änderungskündigung** kann ein Weiterbeschäftigungsanspruch in Betracht kommen. Lehnt etwa der ArbN ein Änderungsangebot ab, welches ihm im Rahmen einer Änderungskündigung unterbreitet wurde, wird die ordentl. Änderungskündigung zur ordentl. Beendigungskündigung mit der Folge, dass ein Weiterbeschäftigungsanspruch gem. § 102 V unter den dort genannten Voraussetzungen entstehen kann. Nimmt dagegen der ArbN das Änderungsangebot unter dem Vorbehalt der sozialen Rechtfertigung an, ist nicht mehr das Bestehen oder Nichtbestehen des Arbeitsverhältnisses im Streit, sondern lediglich die Frage, ob die Änderung der Arbeitsbedingungen sozial gerechtfertigt ist. Insofern kann hier kein Weiterbeschäftigungsanspruch des § 102 V entstehen[4].

85 **b) Widerspruch des Betriebsrats.** Die Weiterbeschäftigung nach § 102 V kann der ArbN jedoch nur beanspruchen, wenn der BR der Kündigung frist- und ordnungsgemäß widersprochen hat. Das ist nicht der Fall, wenn die Widerspruchsbegründung jegliche Mindesterfordernisse einer Begründung vermissen lässt[5]. Dagegen ist es unerheblich, ob die vom BR geltend gemachten Widerspruchsgründe tatsächlich begründet sind. Dies kann allenfalls bei der Entbindung des ArbGeb von der einstw. Weiterbeschäftigung gem. § 102 V 2 geprüft werden. Keine Auswirkungen auf die Verpflichtung zur Weiterbeschäftigung hat eine Rücknahme des Widerspruchs durch den BR, nachdem die Kündigung dem ArbN zugegangen ist[6].

86 **c) Klageerhebung des Arbeitnehmers.** Weiter setzt der Weiterbeschäftigungsanspruch nach § 102 V voraus, dass der ArbN nach dem Kündigungsschutzgesetz **Klage auf Feststellung erhoben** hat, dass das Arbeitsverhältnis durch die Kündigung nicht aufgelöst ist. Nach ganz überwiegender Auffassung entfällt der Weiterbeschäftigungsanspruch, wenn der ArbN für seine Klageerhebung die **Drei-Wochen-Frist** des § 4 KSchG versäumt hat[7]. Dementsprechend erlischt der Anspruch auf Weiterbeschäftigung, sobald der ArbN seine Klage zurücknimmt oder einen **Auflösungsantrag** nach § 9 KSchG stellt[8]. Gerade wenn der ArbN einen Auflösungsantrag gestellt hat, hat er damit deutlich gemacht, dass er eine Fortsetzung des Arbeitsverhältnisses nicht wünscht. Das weitere Aufrechterhalten eines Weiterbeschäftigungsanspruches wäre insofern widersprüchlich[9]. Besonders umstritten ist der Fall, dass der ArbN zwar die Kündigungsschutzklage nicht fristgerecht erhoben hat, gleichwohl rechtzeitig nach § 5 KSchG einen **Antrag auf nachträgliche Zulassung der Kündigungsschutzklage** stellt. Teilweise wird hier vertreten, dass allein die Schlüssigkeit des Antrags auf nachträgliche Klagezulassung ausreiche, um den Mangel der Fristversäumnis bei der Erhebung der Kündigungsschutzklage für die Begründung des Weiterbeschäftigungsanspruches zu heilen[10]. Dagegen sieht die hM zu Recht die Voraussetzung für den Weiterbeschäftigungs-

---

1 BAG v. 16.1.2003 – 2 AZR 707/01, AP Nr. 129 zu § 102 BetrVG 1972; v. 18.8.1982 – 7 AZR 437/80, BAGE 40, 42 (48); *Grosjean*, NZA-RR 2005, 113 (122). | 2 HM, LAG Hamm v. 18.5.1982 – 11 Sa 311/82, DB 1982, 1679; LAG Köln v. 6.2.1985 – 5 Sa 1175/84, nv.; APS/*Koch*, § 102 BetrVG Rz. 186; KR/*Etzel*, § 102 BetrVG Rz. 198; diff. GK-BetrVG/*Raab*, § 102 Rz. 168 f.; aA DKK, § 102 BetrVG Rz. 249. | 3 Vgl. *Richardi/Thüsing*, § 102 BetrVG Rz. 210. | 4 Vgl. BAG v. 18.1.1990 – 2 AZR 183/89, AP Nr. 27 zu § 2 KSchG 1969 mwN; aA LAG Düsseldorf v. 25.1.1993 – 19 Sa 1650/92, LAGE § 102 BetrVG 1972 – Beschäftigungspflicht Nr. 12 (entsprechende Anwendung des § 102 Abs. 5 BetrVG). | 5 LAG Köln v. 30.5.2003 – 4 Sa 553/03, nv. | 6 LAG Berlin v. 20.3.1978 – 9 Sa 10/78, ARST 1978, 178. | 7 APS/*Koch*, § 102 BetrVG Rz. 205. | 8 *Richardi/Thüsing*, § 102 BetrVG Rz. 219; *Fitting*, § 102 BetrVG Rz. 110. | 9 AA DKK, § 102 BetrVG Rz. 256. | 10 So etwa DKK, § 102 BetrVG Rz. 258.

anspruch nach § 102 erst dann als erfüllt an, wenn über die nachträgliche Zulassung der Klage rechtskräftig gem. § 5 IV KSchG zu Gunsten des ArbN entschieden worden ist[1].

d) Weiterbeschäftigungsverlangen des Arbeitnehmers. Schließlich hängt die Verpflichtung zur Weiterbeschäftigung gem. § 102 V vom Weiterbeschäftigungsverlangen des ArbN ab. Dh. der Weiterbeschäftigungsanspruch muss vom ArbN bei Vorliegen der übrigen Voraussetzungen ausdrücklich geltend gemacht werden. Einer bestimmten **Form** bedarf es nicht[2]. Zwar ist dem Gesetz keine ausdrückliche **zeitliche Begrenzung** für das Weiterbeschäftigungsverlangen zu entnehmen[3]. Von dieser formalen Sichtweise ist das BAG inzwischen abgerückt[4]. Dies folgert das BAG zu Recht aus dem Inhalt des Weiterbeschäftigungsanspruches, der schließlich auf eine „Weiterbeschäftigung" gerichtet ist. Hiervon kann nicht mehr gesprochen werden, wenn der ArbN erst einige Monate nach Ablauf der Kündigungsfrist sich auf § 102 V beruft[5]. Das **Weiterbeschäftigungsverlangen** des ArbN **am ersten Arbeitstag nach Ablauf der Kündigungsfrist** ist aber noch als rechtzeitig anzusehen[6]. Jedoch muss der ArbN die Art und Weise und den Grund seines Anspruches **deutlich** benennen[7]. Erklärt der ArbN noch vor Ablauf der Kündigungsfrist, dass er in keinem Falle gem. § 102 V weiterbeschäftigt werden wolle, so ist er mit der späteren Geltendmachung des Weiterbeschäftigungsanspruches auf Grund **Verwirkung** ausgeschlossen[8]. Will der ArbN seine Weiterbeschäftigung geltend machen, so kann dies allein vom ArbN eingefordert werden. Es genügt nicht, wenn der BR die Weiterbeschäftigung verlangt. Der ArbN kann indes ausdrücklich den BR bevollmächtigen, das Weiterbeschäftigungsverlangen für ihn geltend zu machen[9]. 87

Der Weiterbeschäftigungsanspruch entfällt spätestens mit dem **rechtskräftigen Abschluss des Kündigungsschutzprozesses** oder wenn der ArbN die Kündigungsschutzklage zurücknimmt. Aber auch wenn der ArbGeb das Arbeitsverhältnis **erneut kündigt**, endet mit Zugang einer außerordentl. Kündigung bzw. Ablauf der Kündigungsfrist bei einer ordentl. Kündigung auch das Weiterbeschäftigungsverhältnis gem. § 102 V[10]. 88

2. Inhalt des Weiterbeschäftigungsanspruchs. Inhaltlich ist der Weiterbeschäftigungsanspruch darauf gerichtet, dass der ArbN auf Grund einer gesetzl. Regelung[11] bis zum rechtskräftigen Abschluss des Kündigungsschutzrechtsstreits bei unveränderten Arbeitsbedingungen weiter zu beschäftigen ist. Bei einer Weiterbeschäftigung nach Ablauf der Kündigungsfrist ist aber zu differenzieren, ob diese Beschäftigung auf Grund eines Weiterbeschäftigungsurteils und insoweit zur Abwendung der Zwangsvollstreckung erfolgt oder ob der ArbGeb sozusagen „freiwillig" den ArbN zur Weiterbeschäftigung auffordert. Im ersten Fall liegt regelmäßig keine vertragl. Vereinbarung über die Weiterbeschäftigung vor, weil der ArbN nicht auf Grund einer Vereinbarung beim ArbGeb tätig wird, sondern dieser gezwungenermaßen den ArbN beschäftigt. Fordert dagegen der ArbGeb den ArbN zur Weiterbeschäftigung auf, ohne dass bereits ein Weiterbeschäftigungstitel vorliegt, wird daraufhin die Beschäftigung durch den ArbN aufgenommen bzw. über den Ablauf der Kündigungsfrist hinaus fortgesetzt, liegt spätestens mit der Aufnahme der Beschäftigung durch den ArbN eine vertragl. Vereinbarung vor[12]. Aber auch mit der Geltendmachung des Weiterbeschäftigungsanspruches ist der ArbN zur Arbeitsleistung verpflichtet und kann dafür vom ArbGeb das entsprechende Arbeitsentgelt verlangen. Dies gilt unabhängig davon, ob die Kündigung wirksam war oder nicht[13]. 89

Der Weiterbeschäftigungsanspruch nach § 102 V ist darauf gerichtet, dass der ArbN auch tatsächlich mit seiner bisherigen Tätigkeit weiter zu beschäftigen ist[14]. Allerdings reicht der Weiterbeschäftigungsanspruch nicht weiter als der **Beschäftigungsanspruch eines ungekündigten ArbN**[15]. Dies hat zur Konsequenz, dass ein nach § 102 V weiterbeschäftigter ArbN Anspruch auf die gleichen Leistungen hat, wie sie einem ungekündigten ArbN zustehen würden. Auf der anderen Seite besteht auch der Beschäftigungsanspruch nur in den Grenzen, wie sie für ein nicht gekündigtes Arbeitsverhältnis bestehen. Dh., dass auch ein vorläufig beschäftigter ArbN **suspendiert** werden kann, wenn der ArbGeb gegenüber einem nicht gekündigten ArbN zur Suspendierung unter Fortzahlung der Bezüge berechtigt sein würde[16]. Auch kollektivarbeitsrechtlich entspricht die Stellung eines vorläufig weiterbeschäftigten ArbN der 90

---

1 GK-BetrVG/*Raab*, § 102 Rz. 174; APS/*Koch*, § 102 BetrVG Rz. 205. | 2 BAG v. 31.8.1978 – 3 AZR 989/77, AP Nr. 1 zu § 102 BetrVG 1972 – Weiterbeschäftigung. | 3 BAG v. 31.8.1978 – 3 AZR 989/77, AP Nr. 1 zu § 102 BetrVG 1972 – Weiterbeschäftigung. | 4 BAG v. 17.6.1999 – 2 AZR 608/98, AP Nr. 11 zu § 102 BetrVG 1972 – Weiterbeschäftigung. | 5 BAG v. 17.6.1999 – 2 AZR 608/98, AP Nr. 11 zu § 102 BetrVG 1972 – Weiterbeschäftigung. | 6 BAG v. 11.5.2000 – 2 AZR 54/99, AP Nr. 13 zu § 102 BetrVG 1972. | 7 BAG v. 17.6.1999 – 2 AZR 608/98, AP Nr. 11 zu § 102 BetrVG 1972 – Weiterbeschäftigung. | 8 DKK, § 102 BetrVG Rz. 263. | 9 DKK, § 102 BetrVG Rz. 260. | 10 LAG Düsseldorf v. 19.8.1977 – 16 Sa 471/77, EzA § 102 BetrVG 1972 – Beschäftigungspflicht Nr. 5; LAG Berlin v. 3.5.1978 – 6 Ta 1/78, ARST 1979, 30; LAG Nürnberg v. 25.6.2004 – 9 Sa 151/04, LAGE § 102 BetrVG 2001 – Beschäftigungspflicht Nr. 1; aA *Brinkmeier*, AuR 2005, 46 (47). | 11 LAG Köln v. 14.5.2004 – 4 Sa 829/03, LAGReport 2005, 30; LAG Nürnberg v. 18.9.2007 – 4 Sa 586/07, BB 2008, 217. | 12 LAG Nds. v. 17.2.2004 – 13 Sa 566/03, NZA-RR 2004, 472; *Ricken*, NZA 2005, 323 (328). | 13 BAG v. 10.3.1987 – 8 AZR 146/84, AP Nr. 1 zu § 611 BGB – Weiterbeschäftigung. | 14 BAG v. 10.3.1987 – 8 AZR 146/84, AP Nr. 1 zu § 611 BGB – Weiterbeschäftigung; v. 12.9.1985 – 2 AZR 324/84, AP Nr. 7 zu § 102 BetrVG 1972 – Weiterbeschäftigung. | 15 LAG Berlin v. 27.6.1986 – 13 Sa 6/86, LAGE § 15 KSchG Nr. 4. | 16 LAG Nürnberg v. 18.9.2007 – 4 Sa 586/07, BB 2008, 217.

eines ungekündigten ArbN. So kann der nach § 102 V weiterbeschäftigte ArbN etwa an Arbeitskämpfen teilnehmen und ist bei BR-Wahlen aktiv und passiv wahlberechtigt[1].

91 **3. Durchsetzung des Weiterbeschäftigungsanspruchs.** Verweigert der ArbGeb eine Weiterbeschäftigung des ArbN, obwohl dieser sie verlangt hat, kann der ArbN **gerichtlichen Rechtsschutz** in Anspruch nehmen. So besteht die Möglichkeit, dass der ArbN im Urteilsverfahren durch Klage versucht, den Weiterbeschäftigungsanspruch geltend zu machen[2]. Regelmäßig ist jedoch die einzig sinnvolle Möglichkeit, den Weiterbeschäftigungsanspruch effektiv durchzusetzen, ein Antrag auf **Erlass einer einstw. Verfügung**[3]. Auch im einstw. Verfügungsverfahren hat der ArbN die anspruchsbegründenden Tatsachen und damit den **Verfügungsanspruch** glaubhaft zu machen. Insbesondere betrifft dies einen frist-, form- und ordnungsgemäßen Widerspruch des BR[4]. Umstritten ist dagegen, ob auch der **Verfügungsgrund** glaubhaft gemacht werden muss. Wegen des drohenden endgültigen Rechtsverlustes bei einer Nicht-Weiterbeschäftigung verzichtet die wohl herrschende Ansicht auf eine besondere Glaubhaftmachung des Verfügungsgrundes[5]. Dagegen wird zu Recht der Einwand erhoben, dass § 102 V 1 im Gegensatz zu § 102 V 2 keine spezielle Regelung enthält, die auf die Darlegung und Glaubhaftmachung eines Verfügungsgrundes verzichtet. Deshalb muss auch bei einer einstw. Verfügung auf Weiterbeschäftigung gem. § 102 V 1 ein Verfügungsgrund gegeben sein[6]. Weitgehend besteht aber dahin gehend Übereinstimmung, dass im Rahmen des einstw. Verfügungsverfahrens nach § 102 V 1 der ArbGeb zur Abwehr eines Weiterbeschäftigungsanspruchs nicht die Entbindungsgründe des § 102 V 2 entgegenhalten kann[7]. Die Vollstreckung des titulierten Weiterbeschäftigungsanspruchs erfolgt dann nach § 888 ZPO[8].

92 **4. Entbindung von der Weiterbeschäftigungspflicht.** Gem. § 102 V 2 kann der ArbGeb durch einstw. Verfügung des ArbG von der Verpflichtung zur Weiterbeschäftigung entbunden werden, wenn

1. die Klage des ArbN keine hinreichende Aussicht auf Erfolg bietet oder mutwillig erscheint oder
2. die Weiterbeschäftigung des ArbN zu einer unzumutbaren wirtschaftl. Belastung des ArbGeb führen würde oder
3. der Widerspruch des BR offensichtlich unbegründet war.

93 Diesen **Antrag auf Entbindung von der Weiterbeschäftigungspflicht** kann der ArbGeb während der Dauer des gesamten Kündigungsrechtsstreits stellen[9]. Das Bestehen des Weiterbeschäftigungsanspruchs nach § 102 V 1 ist indes nicht Voraussetzung der Begründetheit einer Entbindungsverfügung[10]. Voraussetzung für eine entsprechende einstw. Verfügung sind ein Verfügungsanspruch und ein Verfügungsgrund, wobei in aller Regel der Verfügungsgrund gegeben sein wird. Insofern vertritt die ganz überwiegende Meinung zu Recht die Auffassung, dass der Verfügungsgrund, mithin die Eilbedürftigkeit, durch den ArbGeb nicht glaubhaft gemacht werden braucht[11]. Über den Antrag des ArbGeb auf Erlass einer einstw. Verfügung ist im **Urteilsverfahren** zu entscheiden[12]. Zuständig ist das Gericht der Hauptsache, also das ArbG, bei dem der Kündigungsschutzprozess anhängig ist. Das Rechtsschutzinteresse für einen solchen Antrag auf Erlass einer einstw. Verfügung fehlt aber nicht schon dann, wenn der BR einer Kündigung nicht ordnungsgemäß widersprochen hat. Zwar braucht der ArbGeb in diesem Fall sich von einer angeblichen Weiterbeschäftigungspflicht nicht durch eine einstw. Verfügung befreien zu lassen[13]. Wenn jedoch Streit über seine Weiterbeschäftigungsverpflichtung besteht, so sollte es ihm unbenommen sein, gleichwohl das Verfahren nach § 102 V 2 einzuleiten, um auf diese Weise Rechtssicherheit herzustellen[14].

94 Voraussetzung für die Entbindung von der Weiterbeschäftigungspflicht ist, dass ein entsprechender **Entbindungsgrund** vorliegt. Nach § 102 V 2 Nr. 1 ist der ArbGeb von der Weiterbeschäftigung zu entbinden, wenn die Kündigungsschutzklage des ArbN **keine hinreichende Aussicht auf Erfolg** bietet oder mutwillig ist. Ein Fehlen der hinreichenden Erfolgsaussicht der Klage ist nur anzunehmen, wenn eine **summarische Prüfung** ergibt, dass die Klage offensichtlich oder doch mit hinreichender Wahrschein-

---

1 DKK, § 102 BetrVG Rz. 274. | 2 LAG Hess. v. 28.11.1994 – 16 Sa GA 1284/94, nv.; LAG Köln v. 18.1.1984 – 7 Sa 1156/83, NZA 1984, 57. | 3 LAG Berlin v. 16.9.2004 – 10 Sa 1763/04, LAGE § 102 BetrVG 2001 – Beschäftigungspflicht Nr. 3; LAG München v. 16.8.1995 – 9 Sa 543/95, LAGE § 102 BetrVG 1972 – Beschäftigungspflicht Nr. 22; LAG Hamm v. 24.1.1994 – 19 Sa 2029/93, AuR 1994, 310. | 4 LAG Düsseldorf v. 26.6.1980 – 3 Sa 242/80, DB 1980, 2043; für eine abgestufte Darlegungslast LAG Berlin v. 16.9.2004 – 10 Sa 1763/04, LAGE § 102 BetrVG 2001 – Beschäftigungspflicht Nr. 3. | 5 Vgl. etwa LAG Berlin v. 16.9.2004 – 10 Sa 1763/04, LAGE § 102 BetrVG 2001 – Beschäftigungspflicht Nr. 3; LAG Hamburg v. 25.1.1994 – 3 Sa 113/93, § 102 BetrVG 1972 Nr. 21; *Fröhlich*, ArbRB 2007, 89. | 6 LAG Nürnberg v. 17.8.2004 – 6 Sa 439/04, LAGE § 102 BetrVG 2001 – Beschäftigungspflicht Nr. 2; LAG München v. 16.8.1995 – 9 Sa 543/95, LAGE § 102 BetrVG 1972 Nr. 22; LAG BW v. 30.8.1993 – 15 Sa 35/93, LAGE § 102 BetrVG 1972 – Beschäftigungspflicht Nr. 20; LAG Köln v. 18.1.1984 – 7 Sa 1156/83, NZA 1985, 47. | 7 LAG Schl.-Holst. v. 5.3.1996 – 1 TA 16/96, LAGE § 102 BetrVG 1972 – Beschäftigungspflicht Nr. 23; LAG München v. 16.8.1995 – 9 Sa 543/95, LAGE § 102 BetrVG 1972 – Beschäftigungspflicht Nr. 22. | 8 APS/*Koch*, § 102 BetrVG Rz. 215. | 9 *Löwisch/Kaiser*, § 102 BetrVG Rz. 56. | 10 LAG München v. 13.7.1994 – 5 Sa 508/94, LAGE § 102 BetrVG 1972 – Beschäftigungspflicht Nr. 17. | 11 Vgl. LAG München v. 13.7.1994 – 5 Sa 508/94, LAGE § 102 BetrVG 1972 – Beschäftigungspflicht Nr. 17; DKK, § 102 BetrVG Rz. 281. | 12 KR/*Etzel*, § 102 BetrVG Rz. 223. | 13 BAG v. 11.5.2000 – 2 AZR 54/99, AP Nr. 13 zu § 102 BetrVG 1972 – Weiterbeschäftigung. | 14 Vgl. im Ergebnis auch DKK, § 102 BetrVG Rz. 277.

lichkeit keinen Erfolg haben wird[1]. Nicht erforderlich ist also die Prognose, dass die Kündigungsschutzklage absolut aussichtslos ist[2]. Demgegenüber erscheint die Klageerhebung als mutwillig, wenn eine verständige Partei ihr Recht nicht auf diese Weise erfolgen würde[3].

Eine Entbindungsmöglichkeit besteht auch dann, wenn die Weiterbeschäftigung des ArbN zu einer **unzumutbaren wirtschaftl. Belastung** des ArbGeb führen würde[4]. Hierbei wird es im Wesentlichen auf die Umstände des Einzelfalls ankommen. Jedenfalls müssen die wirtschaftl. Belastungen des ArbGeb so gravierend sein, dass Auswirkungen für die Liquidität oder Wettbewerbsfähigkeit des Unternehmens nicht von der Hand zu weisen sind[5]. Zur Darlegung einer unzumutbaren wirtschaftl. Belastung muss der ArbGeb die Tatsachen, die die vorläufige Weiterbeschäftigung des ArbN als wirtschaftl. unzumutbar erscheinen lassen, **glaubhaft** machen. So ist die Angabe konkreter und detaillierter Daten über die wirtschaftl. und finanzielle Lage des Betriebs und Unternehmens und eine Prognose der künftigen Entwicklung erforderlich[6]. 95

Ein weiterer Entbindungsgrund liegt vor, wenn **offenkundig** ist, dass **kein Widerspruchsrecht** besteht. Können allerdings Tatsachen, auf welche sich der Widerspruch des BR gründet, nur im Wege der gerichtl. Beweisaufnahme geklärt werden, so ist der Widerspruch des BR regelmäßig nicht offensichtlich unbegründet[7]. Offensichtliche Unbegründetheit liegt generell vor, wenn sich die Grundlosigkeit des Widerspruchs bei unbefangener Beurteilung geradezu aufdrängt[8]. So ist ein Widerspruch des BR offensichtlich unbegründet, wenn der BR bei einer personenbedingten Kündigung einwendet, dass der ArbGeb bei der Auswahl des zu kündigenden ArbN soziale Gesichtspunkte nicht oder nicht ausreichend berücksichtigt habe[9]. Die Entbindungsmöglichkeit nach § 102 V 2 Nr. 3 ist entsprechend anzuwenden auf **formell nicht ordnungsgemäß erhobene Widersprüche des BR**. Zwar besteht hier schon kein Weiterbeschäftigungsanspruch nach § 102 V 1. Im Interesse einer effektiven Rechtschutzgewährung sollte aber dem ArbGeb die Möglichkeit offen stehen, gem. § 102 V 2 das ArbG anzurufen[10]. 96

VIII. Der allgemeine Weiterbeschäftigungsanspruch. Im Jahre 1985 hat der Große Senat des BAG entschieden, dass auch außerhalb der Regelungen des § 102 V ein gekündigter ArbN einen arbeitsvertragl. Anspruch auf vertragsgemäße Beschäftigung über den Ablauf der Kündigungsfrist oder bei einer fristlosen Kündigung über deren Zugang hinaus bis zum rechtskräftigen Abschluss des Kündigungsschutzprozesses hat, wenn die Kündigung unwirksam ist und überwiegende schutzwerte Interessen des ArbGeb einer solchen Beschäftigung nicht entgegenstehen[11]. Außer im Falle einer offensichtlich unwirksamen Kündigung begründet nach Auffassung des Großen Senats die Ungewissheit über den Ausgang des Kündigungsprozesses ein schutzwertes Interesse des ArbGeb an der Nichtbeschäftigung des nicht gekündigten ArbN für die Dauer des Kündigungsprozesses. Dieses überwiegt in der Regel das Beschäftigungsinteresse des ArbN bis zu dem Zeitpunkt, in dem im Kündigungsprozess ein die Unwirksamkeit der Kündigung feststellendes Urteil ergeht. Solange ein solches Urteil besteht, kann die Ungewissheit des Prozessausgangs für sich allein ein überwiegendes Gegeninteresse des ArbGeb nicht begründen. Hinzukommen müssten dann vielmehr zusätzliche Umstände, aus denen sich im Einzelfall ein überwiegendes Interesse des ArbGeb ergibt, den ArbN nicht zu beschäftigen[12]. Dieser allgemeine Weiterbeschäftigungsanspruch kann im Klagewege geltend gemacht werden. Ist die Wirksamkeit einer Kündigung nach den Vorschriften des Kündigungsschutzgesetzes zu beurteilen, so darf einer Beschäftigungsklage nur stattgegeben werden, wenn ein Gericht für Arbeitssachen auf eine entsprechende Kündigungsschutzklage des ArbN hin festgestellt hat oder gleichzeitig feststellt, dass das Arbeitsverhältnis durch die Kündigung nicht aufgelöst worden ist[13]. Selbstverständlich ist es den Parteien des Arbeitsverhältnisses unbenommen, unabhängig von etwaigen Weiterbeschäftigungsansprüchen die Weiterbeschäftigung des ArbN bis zum Abschluss des Kündigungsschutzprozesses einvernehmlich zu regeln. 97

IX. Erweiterung der Mitbestimmung (Abs. 6). Gem. § 102 VI können ArbGeb und BR vereinbaren, dass **Kündigungen der Zustimmung des BR** bedürfen und bei nicht beizulegenden Meinungsverschiedenheiten eine verbindliche Entscheidung der Einigungsstelle über die Berechtigung der nicht erteilten Zustimmung zu ergehen hat. Damit wollte der Gesetzgeber eine bisher schon in einzelnen Betrieben geübte Praxis, durch **freiwillige BV** dem BR ein volles MitbestR bei Kündigungen einzuräumen, ausdrücklich zulassen[14]. Jedoch ist die Vorschrift in ihrer Funktion rechtspolitisch umstritten[15]. Vereinbarungen nach § 102 VI, dass Kündigungen der Zustimmung des BR bedürfen, können nicht durch form- 98

---

1 Vgl. etwa LAG Berlin v. 28.4.1975 – 5 Sa 30/75, AuR 1975, 347; DKK, § 102 BetrVG Rz. 287. | 2 LAG Hess. v. 21.8.1979 – 4 Sa GA 654/79, nv. | 3 DKK, § 102 BetrVG Rz. 288. | 4 Ausf. dazu *Rieble*, BB 2003, 844 (845 ff.); *Willemsen/Hohenstatt*, DB 1995, 215 (218 ff.). | 5 *Löwisch/Kaiser*, § 102 BetrVG Rz. 59; LAG Hamburg v. 24.2.1993 – 4 Sa 13/93, AuR 1994, 424. | 6 LAG Hamburg v. 16.5.2001 – 4 Sa 33/01, NZA-RR 2002, 25. | 7 *Richardi/Thüsing*, § 102 BetrVG Rz. 247. | 8 LAG München v. 5.10.1994 – 5 Sa 698/94, LAGE § 102 BetrVG 1972 – Beschäftigungspflicht Nr. 19; LAG Hamburg v. 10.5.1993 – 4 Sa 20/93, LAGE § 102 BetrVG 1972 – Beschäftigungspflicht Nr. 16. | 9 LAG Düsseldorf v. 2.9.1975 – 5 Sa 323/75, DB 1975, 1995. | 10 Vgl. nur LAG Bbg. v. 15.12.1992 – 1 Ta 61/92, LAGE § 102 BetrVG 1972 – Beschäftigungspflicht Nr. 13; APS/*Koch*, § 102 BetrVG Rz. 224 mwN. | 11 BAG, GS v. 27.2.1985 – GS 1/84, AP Nr. 14 zu § 611 BGB – Beschäftigungspflicht. | 12 BAG, GS v. 27.2.1985 – GS 1/84, AP Nr. 14 zu § 611 BGB – Beschäftigungspflicht. | 13 BAG, GS v. 27.2.1985 – GS 1/84, AP Nr. 14 zu § 611 BGB – Beschäftigungspflicht. | 14 BT-Drs. VI/1786, S. 52. | 15 Vgl. *Henssler*, RdA 1991, 268 ff.; *Rieble*, AuR 1993, 39 ff.

lose Regelungsabsprache zwischen ArbGeb und BR abgeschlossen werden, sondern nur in der Form einer BV[1]. Aber auch durch **TV** kann die Zulässigkeit von Kündigungen an die Zustimmung des BR geknüpft werden[2]. Hier können die TV-Parteien regeln, dass die Zustimmung des BR als erteilt gilt, wenn er sich nicht innerhalb einer Stellungnahmefrist äußert. Ebenso können die TV-Parteien entgegen § 102 VI nach der Rspr. des BAG vorsehen, dass im Konfliktfall nicht die Einigungsstelle zuständig ist, sondern der direkte Weg zum ArbG gewählt werden muss[3].

99 Umstritten ist indessen, ob eine Vereinbarung, nach der eine Kündigung nur mit Zustimmung des BR zulässig ist, sich sowohl auf eine **ordentl.** als auch auf eine **außerordentl. Kündigung** erstrecken darf. Der Gesetzeswortlaut differenziert nicht zwischen ordentl. und außerordentl. Kündigung. Bedenken bestehen deshalb, weil durch die Festlegung eines Zustimmungserfordernisses bei einer außerordentl. Kündigung gegen die zwingende Natur des § 626 BGB verstoßen werden könnte. Soweit aber sichergestellt ist, dass ein die Zustimmung verweigernder Beschluss des BR oder der Einigungsstelle zu einer beabsichtigten außerordentl. Kündigung vom ArbG in vollem Umfang dahin gehend nachgeprüft werden kann, ob die Voraussetzungen des § 626 BGB verkannt wurden, handelt es sich bei einer (Betriebs-) Vereinbarung gem. § 102 VI nur um eine Verfahrensregelung und nicht um eine Regelung des materiellen Kündigungsrechts[4]. Dementsprechend muss eine Vereinbarung nach § 102 VI auf Verfahrensregelungen beschränkt werden und darf nicht den Kündigungsschutz einzelner ArbN erweitern oder beschränken[5].

100 Sieht die Vereinbarung vor, dass bei Verweigerung der **Zustimmung die Einigungsstelle** anzurufen ist, so kann der ArbGeb seine Informationen zu den Kündigungsgründen auch noch im Verfahren vor der Einigungsstelle vervollständigen[6]. Bei ihrer Entscheidung ist die Einigungsstelle an das materielle Kündigungsrecht, insb. an das KSchG, gebunden. Dh. die Einigungsstelle muss die Zustimmung des BR ersetzen, wenn die Kündigung nach materiellem Kündigungsrecht wirksam ist[7]. Die Zustimmung des BR bzw. der Beschluss der Einigungsstelle, mit der die Zustimmung des BR ersetzt wird, ist Wirksamkeitsvoraussetzung für die Kündigung[8]. Lehnt die Einigungsstelle die Zustimmungsersetzung ab, so unterliegt ihr Spruch in vollem Umfang der **arbeitsgerichtl. Rechtskontrolle**[9]. Dagegen kann der ArbN die Erteilung der Zustimmung des BR zur Kündigung nicht in einem entsprechenden Einigungsstellenverfahren anfechten[10].

101 **X. Beteiligung des Betriebsrats nach anderen Vorschriften.** In § 102 VII wird klargestellt, dass die Vorschriften über die Beteiligung des BR nach dem KSchG unberührt bleiben. Dies bezieht sich in erster Linie auf die Beteiligung des BR bei anzeigepflichtigen Entlassungen nach dem KSchG (vgl. § 17 KSchG).

102 Darüber hinaus ist der BR in den Kündigungsschutz gem. § 3 KSchG insoweit eingeschaltet, als ein ArbN, der eine Kündigung für sozial ungerechtfertigt hält, binnen einer Woche nach der Kündigung **Einspruch beim BR** einlegen kann (§ 3 S. 1 KSchG). Diese Möglichkeit wird dem ArbN selbstverständlich nicht deshalb genommen, weil der BR zuvor im Rahmen des Anhörungsverfahrens nach § 102 I beteiligt war. Unabhängig von der Verweisung in § 102 VII ist der BR etwa bei der Kündigung eines schwerbehinderten Menschen (Verpflichtung des Integrationsamtes gem. § 87 II SGB IX eine Stellungnahme des BR einzuholen) oder etwa bei der Abberufung eines Betriebsarztes bzw. einer Fachkraft für Arbeitssicherheit nach § 9 III ASiG beteiligt.

103 *Außerordentliche Kündigung und Versetzung in besonderen Fällen*

(1) Die außerordentliche Kündigung von Mitgliedern des Betriebsrats, der Jugend- und Auszubildendenvertretung, der Bordvertretung und des Seebetriebsrats, des Wahlvorstands sowie von Wahlbewerbern bedarf der Zustimmung des Betriebsrats.

(2) Verweigert der Betriebsrat seine Zustimmung, so kann das Arbeitsgericht sie auf Antrag des Arbeitgebers ersetzen, wenn die außerordentliche Kündigung unter Berücksichtigung aller Umstände gerechtfertigt ist. In dem Verfahren vor dem Arbeitsgericht ist der betroffene Arbeitnehmer Beteiligter.

(3) Die Versetzung der in Absatz 1 genannten Personen, die zu einem Verlust des Amtes oder der Wählbarkeit führen würde, bedarf der Zustimmung des Betriebsrats; dies gilt nicht, wenn der betroffene Arbeitnehmer mit der Versetzung einverstanden ist. Absatz 2 gilt entsprechend mit der Maßgabe, dass das Arbeitsgericht die Zustimmung zu der Versetzung ersetzen kann, wenn diese auch unter Berücksichtigung der betriebsverfassungsrechtlichen Stellung des betroffenen Arbeitnehmers aus dringenden betrieblichen Gründen notwendig ist.

---

1 BAG v. 14.2.1978 – 1 AZR 154/76, AP Nr. 60 zu Art. 9 GG – Arbeitskampf. |2 BAG v. 21.6.2000 – 4 AZR 379/99, NZA 2001, 271; v. 10.2.1988 – 1 ABR 70/86, BAGE 57, 317; LAG Hess. v. 9.2.2005 – 2 Sa 1668/04, nv.; aA *Heinze*, Personalplanung, Rz. 734. |3 BAG v. 21.6.2000 – 4 AZR 379/99, NZA 2001, 271 ff.; diff. *Richardi/Thüsing*, § 102 BetrVG Rz. 305. |4 HSWG, § 102 BetrVG Rz. 191; ErfK/*Kania*, § 102 BetrVG Rz. 43 ff. |5 *Löwisch/Kaiser*, § 102 BetrVG Rz. 65 mwN; einschr. dagegen *Rieble*, AuR 1993, 39 (47). |6 BAG v. 7.12.2000 – 2 AZR 391/99, NZA 2001, 495 ff. |7 *Löwisch/Kaiser*, § 102 BetrVG Rz. 66. |8 *Richardi/Thüsing*, § 102 BetrVG Rz. 297. |9 Vgl. *Mauer/Schüßler*, BB 2000, 2518 (2519 f.). |10 DKK, § 102 BetrVG Rz. 316; *Rieble*, AuR 1993, 39 (46).

I. Vorbemerkungen. Mit dem BetrVG 1972 hatte der Gesetzgeber zunächst nur die außerordentl. Kündigung von Funktionsträgern von der Zustimmung des BR abhängig gemacht. Im Hinblick auf die besondere Stellung der Mitglieder des BR, der Jugendvertretung und des Wahlvorstands sowie der Wahlbewerber hatte der Gesetzgeber damals die **ordentl. Kündigung** gem. § 15 KSchG für grds. unzulässig erklärt. Um diesen Personenkreis auch gegen eine hiernach noch zulässige **außerordentl. Kündigung** stärker abzusichern, sollten Kündigungen an die Zustimmung des BR gebunden werden. Hierdurch sollte es unmöglich gemacht werden, BR-Mitglieder durch willkürliche außerordentl. Kündigungen aus dem Betrieb zu entfernen und durch Ausnutzung der Rechtsmittel das Verfahren solange zu verschleppen, dass inzwischen das BR-Mitglied dem Betrieb entfremdet wird und keine Aussicht auf eine Wiederwahl hat[1]. Gleichzeitig wollte der Gesetzgeber sicherstellen, dass bei einer groben Pflichtverletzung des BR-Mitglieds in seiner Eigenschaft als BR-Mitglied der ArbGeb sich der hierfür vorgesehenen Möglichkeit des Ausschlusses aus dem BR (§ 23) bedient und nicht etwa auf den Weg der außerordentl. Kündigung des Arbeitsverhältnisses ausweicht[2]. 1

Mit dem Gesetz zur Reform des BetrVG vom 23.7.2001 hat der Gesetzgeber den Schutz der Funktionsträger insoweit ergänzt, als grds. auch eine über die Grenzen des Betriebs hinausgehende **Versetzung** eines Funktionsträgers von der Zustimmung des BR abhängig gemacht wird. Der Gesetzgeber war der Auffassung, dass eine Einflussnahme auf Stellung und Unabhängigkeit der Amtsführung betriebsverfassungsrechtl. Funktionsträger auch dadurch erfolgen könne, dass ein ArbGeb andere arbeitsrechtl. Maßnahmen als Kündigungen ergreift, die ebenfalls dazu führen, dass ein Funktionsträger seine betriebsverfassungsrechtl. Stellung verliert[3]. 2

II. Sonderkündigungsschutz von Funktionsträgern - Grundzüge. Die Regelungen des § 103 sind Teil einer komplexen Gesamtregelung[4], mit der der Gesetzgeber versucht, einen besonderen Kündigungsschutz für Mandatsträger zu realisieren. Mit **§ 15 KSchG** hat der Gesetzgeber für den Regelfall die ordentl. Kündigung gegenüber Funktionsträgern ausgeschlossen (vgl. zu den Einzelheiten die Komm. zu § 15 KSchG). Stattdessen verweist § 15 I 1 KSchG darauf, dass der ArbGeb dem Grundsatz nach nur zur Kündigung aus wichtigem Grund ohne Einhaltung der Kündigungsfrist berechtigt ist, sofern die entsprechenden Tatsachen vorliegen und die nach § 103 erforderliche Zustimmung vorliegt bzw. durch gerichtliche Entscheidung ersetzt ist. Dieser grds. Ausschluss der ordentl. Kündigungsmöglichkeit gilt nicht nur im Hinblick auf BR-Mitglieder etc. Vielmehr ist der durch § 15 KSchG **geschützte Personenkreis** noch einmal durch das Gesetz zur Reform des BetrVG **erweitert** worden. Danach ist die Kündigung eines ArbN, der zu einer Betriebs-, Wahl- oder Bordversammlung nach den Vorschriften des BetrVG einlädt oder die Bestellung eines Wahlvorstandes gem. den dafür vorgesehenen Vorschriften des BetrVG beantragt, vom Zeitpunkt der Einladung oder Antragstellung an bis zur Bekanntgabe des Wahlergebnisses unzulässig, es sei denn, dass Tatsachen vorliegen, die den ArbGeb zur Kündigung aus wichtigem Grund ohne Einhaltung einer Kündigungsfrist berechtigen (vgl. § 15 IIIa KSchG). Diese Ergänzung in § 15 IIIa KSchG hat keine Entsprechung in § 103 gefunden. Insofern ist zu beachten, dass der geschützte Personenkreis in § 15 KSchG sich von dem des § 103 unterscheidet. 3

Unabhängig davon müssen auch für eine außerordentl. Kündigung eines betriebsverfassungsrechtl. Funktionsträgers die Voraussetzungen des § 626 BGB erfüllt sein. Dagegen bedarf die Kündigung eines als Tendenzträger beschäftigten BR-Mitglieds aus tendenzbezogenen Gründen nicht der Zustimmung des BR nach § 103; vielmehr ist in diesen Fällen der BR nach § 102 anzuhören[5].

Nur ausnahmsw. sehen die Regelungen in § 15 IV KSchG sowie § 15 V KSchG die Möglichkeit vor, einen betriebsverfassungsrechtl. Mandatsträger ordentlich zu kündigen. In diesen Fällen ist der BR vor Ausspruch der Kündigung gem. **§ 102** zu hören[6]. Jedoch ist eine Kündigung eines BR-Mitglieds frühestens zum Zeitpunkt der **Betriebsstilllegung** gem. § 15 IV KSchG zulässig, es sei denn, die Kündigung ist zu einem früheren Zeitpunkt durch dringende betriebliche Erfordernisse bedingt[7]. Wird nur eine **Betriebsabteilung stillgelegt**, sind die geschützten Personen in eine andere Betriebsabteilung zu übernehmen. Sofern dies nicht möglich ist, dürfen sie erst als Letzte gekündigt werden. Dies bedeutet nach Auffassung des BAG, dass, wenn ein BR-Mitglied in einer Betriebsabteilung beschäftigt ist, die stillgelegt wird, der ArbGeb verpflichtet sei, die Übernahme des BR-Mitglieds in eine andere Betriebsabteilung notfalls durch **Freikündigen** eines geeigneten Arbeitsplatzes sicherzustellen[8]. 4

III. Geschützter Personenkreis. Der durch § 103 geschützte **Personenkreis** ist abschließend aufgezählt. Hierzu zählen die Mitglieder des BR selbst, der JAV, der Bordvertretung und des SeeBR, des Wahlvorstands sowie die Wahlbewerber. Folglich sind **Ersatzmitglieder** von Betriebsverfassungsorganen nicht geschützt, soweit sie nicht nachgerückt sind oder eine vorübergehende Vertretung übernommen haben[9]. Sind betriebsverfassungsrechtl. Organmitglieder aus einer nichtigen Wahl hervorgegangen, so un- 5

---

1 *Belling*, NZA 1985, 481 (483). | 2 BT-Drs. VI/1786, S. 53. | 3 BAG v. 11.7.2000 – 1 ABR 39/99, NZA 2001, 516; zur Begründung der Gesetzesnovellierung: BR-Drs. 140/01, S. 116. | 4 DKK, § 103 BetrVG Rz. 2. | 5 BAG v. 28.3.2003 – 2 ABR 48/02, AP Nr. 49 zu § 103 BetrVG 1972. | 6 BAG v. 29.3.1977 – 1 AZR 46/75, AP Nr. 11 zu § 102 BetrVG 1972; LAG Düsseldorf v. 20.11.1980 – 25 Sa 412/80, EzA Nr. 8 zu § 102 BetrVG 1972 – Beschäftigungspflicht. | 7 BAG v. 21.11.1985 – 2 AZR 33/85, nv. | 8 BAG v. 18.10.2000 – 2 AZR 494/99, NZA 2001, 321 ff. | 9 LAG Hess. v. 20.10.2004 – 2 TaBV 50/04, nv.

terfallen diese ebenso wenig dem geschützten Personenkreis des § 103[1]. In § 103 werden jedoch nicht erwähnt die Mitglieder der **Gremien, die auf Grund TV oder BV gem. § 3** gegründet werden sollen. Auch wenn diese Gremien zumindest zum Teil (vgl. § 3 I Nr. 3) vorhandene BR-Strukturen ersetzen sollen und somit die Funktionen des BR übernehmen sollen, fallen die Mitglieder derartiger Gremien mangels ausdrücklicher gesetzl. Regelung nicht unter den Schutzbereich des § 103. Diese Regelung ist auch durchaus konsequent. Durch die Neuregelung in § 3 I hat der Gesetzgeber den Tarifparteien bzw. den Betriebspartnern die Verantwortung für die Schaffung besonderer Vertretungsstrukturen übertragen. Damit umfasst ist auch die Kompetenz, für die Mitglieder der im Vereinbarungswege geschaffenen Gremien, sofern dies erforderlich ist, besondere Schutzvorschriften zu vereinbaren[2]. Zwar sind auch Mitglieder des Wahlvorstands und Wahlbewerber in § 103 ausdrücklich erwähnt. Nicht unter den Schutzbereich fallen aber **Bewerber für den Wahlvorstand.** Hierbei handelt es sich eben nicht um Wahlbewerber iSd. § 103 I[3]. Kraft ausdrücklicher gesetzl. Regelung genießen die Vertrauenspersonen der schwerbehinderten Menschen ebenfalls den besonderen Kündigungsschutz wie BR-Mitglieder (§§ 96 III, 94 VI SGB IX)[4].

6 Unter den Schutz des § 103 fallen BR-Mitglieder während ihrer gesamten **Amtszeit.** Dies gilt auch für Mitglieder der JAV und des SeeBR. Maßgeblich ist jeweils die Amtszeit und nicht etwa der Zeitpunkt, zu dem der jeweilige Funktionsträger sein Amt angetreten hat[5]. Entscheidend ist hier nach ganz herrschender Auffassung der Zeitpunkt, zu dem die Kündigung ausgesprochen wurde[6].

7 Der **Kündigungsschutz** von ArbN nach **Ende ihrer betriebsverfassungsrechtl. Funktionen** bestimmt sich nach § 15 I 3 KSchG. Hierbei ist eine Einschaltung des BR gem. § 103 nicht vorgesehen. Auch außerordentl. Kündigungen von ehemaligen Funktionsträgern unterliegen daher dem Beteiligungsrecht des BR nach § 102 I. Hier genügt ein ArbGeb seinen Mitteilungspflichten nach § 102, wenn er zunächst (zutreffend oder irrtümlich) ein Verfahren nach § 103 einleitet und den BR entsprechend unterrichtet und im Kündigungszeitpunkt zweifelsfrei feststeht, dass ein Schutz nach § 103 nicht besteht[7].

8 **Ersatzmitglieder** des BR genießen den besonderen Kündigungsschutz, solange sie stellvertretend für ein verhindertes ordentl. BR-Mitglied dem BR angehören[8]. Hier beginnt die Vertretung mit der Arbeitsaufnahme des Ersatzmitglieds an dem Tag, an dem das ordentl. Mitglied erstmals verhindert ist. Eine förmliche Benachrichtigung des Ersatzmitglieds ist nicht erforderlich[9]. Die Ersatzmitglieder des BR genießen den besonderen Kündigungsschutz nicht nur an den Tagen, an denen sie Geschäfte eines BR wahrnehmen, sondern für die gesamte Dauer der Vertretung eines ordentl. BR-Mitglieds. Nach Beendigung des Vertretungsfalles besteht der nachwirkende Kündigungsschutz des § 15 I KSchG[10].

9 Für die **Mitglieder des Wahlvorstandes** beginnt der Kündigungsschutz nach § 103 vom Zeitpunkt ihrer Bestellung an und endet mit der Bekanntgabe des endgültigen Wahlergebnisses bzw. der gerichtlichen Abberufung oder Niederlegung des Amtes[11]. Der besondere Kündigungsschutz für **Wahlbewerber** beginnt, sobald ein Wahlvorstand für die Wahl bestellt ist und für diesen Wahlbewerber ein Wahlvorschlag vorliegt, der die erforderliche Mindestzahl von Stützunterschriften aufweist. Auf den Zeitpunkt der Einreichung dieses Wahlvorschlags beim Wahlvorstand kommt es dagegen nach Auffassung der Rspr. nicht an[12]. Ebenso wenig soll es auf die Kenntnis des ArbGeb von der Bewerbung ankommen[13]. Der besondere Kündigungsschutz des Wahlbewerbers setzt indes zumindest dessen Wählbarkeit voraus[14]. Der Schutz gem. § 103 endet bereits vor Bekanntgabe des Wahlergebnisses, wenn der Bewerber seine Kandidatur zurücknimmt[15].

10 **IV. Gegenstand des Zustimmungsrechts.** Der besondere Kündigungsschutz gem. § 103 gilt nur, wenn die Beendigung des Arbeitsverhältnisses durch eine **Kündigung** erfolgen soll. Dazu ist auch eine außerordentl. Änderungskündigung zu rechnen[16]. Dies gilt trotz aller Bedenken hinsichtlich des Begünstigungsverbots des § 78 auch für Massenänderungskündigungen[17]. Dagegen ist von § 103 nicht erfasst eine **außerordentl. Kündigung**, die im Falle sog. tarifl. Unkündbarkeit des BR-Mitglieds mit einer **Auslauffrist** ausgesprochen werden soll[18]. Ebenso wenig findet der besondere Kündigungsschutz des § 103 Anwen-

1 BAG v. 7.5.1986 – 2 AZR 349/85, AP Nr. 18 zu § 15 KSchG 1969. | 2 AA *Richardi/Thüsing*, § 103 BetrVG Rz. 5; KR/*Etzel*, § 103 BetrVG Rz. 10. | 3 LAG BW v. 31.5.1974 – 7 Sa 680/74, ARST 1975, 38. | 4 DKK, § 103 BetrVG Rz. 11; *Richardi/Thüsing*, § 103 BetrVG Rz. 11 f.; aA HSWG, § 103 BetrVG Rz. 8. | 5 DKK, § 103 BetrVG Rz. 15. | 6 *Fitting*, § 103 BetrVG Rz. 9 mwN. | 7 BAG v. 17.3.2005 – 2 AZR 275/04, AP Nr. 6 zu § 27 BetrVG 1972. | 8 BAG v. 9.11.1977 – 5 AZR 175/76, AP Nr. 3 zu § 15 KSchG 1969; BAG v. 18.5.2006 – 6 AZR 627/05, AP Nr. 2 zu § 15 KSchG 1969 – Ersatzmitglied. | 9 BAG v. 17.1.1979 – 5 AZR 891/77, AP Nr. 5 zu § 15 KSchG 1969. | 10 BAG v. 9.11.1977 – 5 AZR 175/76, AP Nr. 3 zu § 15 KSchG 1969; v. 6.9.1979 – 2 AZR 548/77, AP Nr. 7 zu § 15 KSchG 1969. | 11 Vgl. LAG Hamm v. 29.11.1973 – 3 Sa 663/73, DB 1974, 389. | 12 BAG v. 4.3.1976 – 2 AZR 620/74, AP Nr. 1 zu § 15 KSchG 1969 – Wahlbewerber; v. 5.12.1980 – 7 AZR 781/78, AP Nr. 9 zu § 15 KSchG 1969; *Fitting*, § 103 BetrVG Rz. 10; aA *Richardi/Thüsing*, § 103 BetrVG Rz. 19; *Weinspach*, SAE 2005, 320 ff.; offen gelassen: BAG v. 17.3.2005 – 2 AZR 275/04, AP Nr. 6 zu § 27 BetrVG 1972 mwN. | 13 LAG Berlin v. 2.3.2007 – 9 Sa 1866/06, LAGE § 15 KSchG Nr. 19. | 14 BAG v. 26.9.1996 – 2 AZR 528/95, AP Nr. 3 zu § 15 KSchG 1969 – Wahlbewerber. | 15 BAG v. 17.3.2005 – 2 AZR 275/04, AP Nr. 6 zu § 27 BetrVG 1972. | 16 Vgl. BAG v. 6.3.1986 – 2 ABR 15/85, AP Nr. 19 zu § 15 KSchG 1969. | 17 LAG Rh.-Pf. v. 12.12.2003 – 8 Sa 930/03, nv. | 18 BAG v. 18.9.1997 – 2 ABR 15/97, AP Nr. 35 zu § 103 BetrVG 1972.

dung, wenn das BR-Mitglied oder ein sonstiger geschützter Funktionsträger seinerseits das Arbeitsverhältnis kündigt, einen **Aufhebungsvertrag** abschließt oder das Arbeitsverhältnis in anderer Weise, etwa durch **Zeitablauf, Zweckerreichung oder Anfechtung** endet. Teilweise wird auch der Auflösungsantrag gem. unter den Zustimmungsvorbehalt des § 103 gestellt[1]. Will der ArbGeb gegenüber BR-Mitgliedern, Mitgliedern des Wahlvorstands oder Wahlbewerbern wegen Teilnahme an rechtswidrigen Arbeitsniederlegungen außerordentl. Kündigungen, sog. **Kampfkündigungen**, aussprechen, so bedürfen diese nicht der Zustimmung des BR nach § 103 I. Der ArbGeb hat jedoch nach überwiegender Ansicht in entsprechender Anwendung des § 103 II alsbald die **Erteilung der Zustimmung** beim **ArbG** zu beantragen[2]. Gleiches gilt für den Fall, dass noch kein BR besteht, aber ein Mitglied des Wahlvorstands oder ein Wahlbewerber gekündigt werden soll, oder wenn nur noch ein BR-Mitglied amtiert, dem gekündigt werden soll und kein Ersatzmitglied mehr vorhanden ist. Auch in diesem Fall hat der ArbGeb in entsprechender Anwendung des § 103 II die Erteilung der Zustimmung zur Kündigung unmittelbar beim ArbG zu beantragen[3].

V. Zustimmungsverfahren. Für das Zustimmungsverfahren gilt, dass dieses vor Ausspruch der außerordentl. Kündigung abgeschlossen sein muss[4]. Kündigt der ArbGeb vorher, so ist die Kündigung von vornherein **unheilbar nichtig** und nicht nur schwebend unwirksam. Insbesondere heilt eine nachträgliche Zustimmung des BR die Unwirksamkeit einer bereits ausgesprochenen Kündigung nicht[5]. Insoweit gelten die für das Verfahren nach § 102 entwickelten Grundsätze[6]. Auf das Zustimmungsersuchen des ArbGeb finden aber die §§ 164 ff. BGB Anwendung. Insofern ist auch eine **Zurückweisung wegen fehlender Vollmacht** gem. § 174 BGB durch den BR möglich[7]. Das Zustimmungsersuchen hat der ArbGeb grds. an den **BR-Vorsitzenden**, bei dessen Verhinderung an den Stellvertreter oder an das vom BR zur Entgegennahme solcher Erklärungen des ArbGeb in Kündigungsangelegenheiten ermächtigte BR-Mitglied zu richten. Zuständig für die **Beschlussfassung** ist grds. der **BR** als solcher. Der BR kann aber die Ausübung seines Zustimmungsrechts dem Betriebsausschuss oder einem sonstigen Ausschuss zur selbständigen Erledigung übertragen[8]. Bei der Beratung und Beschlussfassung nimmt das betroffene Mitglied nicht teil, sondern an seine Stelle tritt ein Ersatzmitglied[9]. Dies betrifft indes ausschließlich nur das Verfahren über die Zustimmungserteilung nach § 103[10]. Ist bei einem einköpfigen BR kein Ersatzmitglied vorhanden, so hat der ArbGeb das Verfahren entsprechend § 103 II einzuleiten. Kann dagegen bei einem mehrköpfigen BR dieser auch mit Ersatzmitgliedern nicht mehr voll besetzt werden, so ist der RestBR zu beteiligen[11]. Beabsichtigt der ArbGeb allen BR-Mitgliedern außerordentlich zu kündigen, so wird deshalb der BR für das Verfahren gem. § 103 nicht etwa unzuständig, selbst wenn keine Ersatzmitglieder vorhanden sind. Von der Abstimmung ist jeweils nur dasjenige Mitglied ausgeschlossen, das durch die ihm gegenüber beabsichtigte Kündigung unmittelbar betroffen wird[12]. 11

Ob der BR seine Zustimmung zu einer außerordentl. Kündigung einer der in § 103 genannten besonders geschützten Personen erteilen will, entscheidet er auf der Grundlage der ihm vom ArbGeb mitgeteilten Kündigungsgründe. Hat der ArbGeb den BR **unzureichend unterrichtet**, so führt dies selbst bei etwaiger Zustimmung des BR zur Unwirksamkeit der Kündigung[13]. Angesichts der Frist in § 626 II BGB ist der ArbGeb gehalten, die Unterrichtung so rechtzeitig vorzunehmen, dass er bei Nichterteilung der Zustimmung noch innerhalb dieser Zwei-Wochen-Frist die Ersetzung der Zustimmung beim ArbG beantragen kann[14]. Der ArbGeb hat jedoch zu beachten, dass das **Schweigen** des BR nicht als Zustimmung gilt. **Zweckmäßigerweise** ist deshalb dem BR eine angemessene **Frist zu setzen**, die in entsprechender Anwendung des § 102 II 3 drei Tage betragen soll. Die Zustimmung gilt dann als verweigert, wenn der BR nicht binnen dieser drei Tage eine Erklärung abgibt[15]. Hat der ArbGeb einen Antrag auf Zustimmung gestellt und auf die spontane Zustimmungserklärung des BR-Vorsitzenden hin vor Ablauf von drei Tagen gekündigt, so muss er erneut die Zustimmung des BR beantragen, wenn er wegen Bedenken gegen die Wirksamkeit der ersten Kündigung eine weitere Kündigung aussprechen will[16]. Insgesamt gilt daher als Leitlinie, dass für einen ArbGeb der fristgerechte Ausspruch einer außerordentl. Kündigung unter Beachtung des § 103 nur dann möglich ist, wenn er spätestens 10 Tage nach Kenntnis 12

1 LAG Berlin v. 27.5.2004 – 13 Sa 313/04, LAGE § 9 KSchG Nr. 36; a.A. *Müller*, LAGE § 9 KSchG Nr. 36; hierzu auch *Nägele*, ArbRB 2005, 143 ff. | 2 BAG v. 14.2.1978 – 1 AZR 54/76, AP Nr. 57 zu Artikel 9 GG – Arbeitskampf. | 3 BAG v. 16.12.1982 – 2 AZR 76/81, AP Nr. 13 zu § 15 KSchG 1969; v. 30.5.1978 – 2 AZR 637/76, AP Nr. 4 zu § 15 KSchG 1969. | 4 Kritisch hierzu *Diller*, NZA 2004, 579 (580). | 5 BAG v. 20.3.1975 – 2 ABR 111/74, AP Nr. 2 zu § 103 BetrVG 1972; v. 9.7.1998 – 2 AZR 142/98, AP Nr. 36 zu § 103 BetrVG 1972. | 6 BAG v. 18.8.1977 – 2 ABR 19/77, AP Nr. 10 zu § 103 BetrVG 1972; LAG Rh.-Pf. v. 12.7.2007 – 11 TaBV 21/07. | 7 LAG Hess. v. 29.1.1998 – 5 TaBV 122/97, NZA 1999, 878. | 8 BAG v. 17.3.2005 – 2 AZR 275/04, AP Nr. 6 zu § 27 BetrVG 1972; *Richardi/Thüsing*, § 103 BetrVG Rz. 43; aA wegen der besonderen Bedeutung der Angelegenheit *Heinze*, Personalplanung, Rz. 667; LAG Köln v. 28.8.2001 – 13 Sa 19/01, ZTR 2002, 46. | 9 BAG v. 26.8.1981 – 7 AZR 550/79, AP Nr. 13 zu § 103 BetrVG 1972; v. 23.8.1984 – 2 AZR 391/83, AP Nr. 17 zu § 103 BetrVG 1972. | 10 LAG Hamm v. 10.3.2006 – 10 TaBV 151/05 NZA-RR 2006, 581. | 11 Vgl. BAG v. 16.10.1986 – 2 ABR 71/85, AP Nr. 95 zu § 626 BGB. | 12 BAG v. 25.3.1976 – 2 AZR 163/75, AP Nr. 6 zu § 103 BetrVG 1972. | 13 BAG v. 5.2.1981 – 2 AZR 1135/78, AP Nr. 1 zu § 72 LPVG NW. | 14 BAG v. 24.10.1996 – 2 AZR 3/96, AP Nr. 32 zu § 103 BetrVG 1972. | 15 BAG v. 18.8.1977 – 2 ABR 19/77, AP Nr. 10 zu § 103 BetrVG 1972. | 16 BAG v. 24.10.1996 – 2 AZR 3/96, AP Nr. 32 zu § 103 BetrVG 1972.

der für die Kündigung maßgebenden Tatsachen beim BR die Zustimmung zur Kündigung beantragt hat[1].

13 Hat der BR einmal seine Zustimmung erklärt, so kann er diese nicht nachträglich wieder zurücknehmen[2]. Dagegen steht es dem BR frei, auch nach Ablauf der ihm durch den ArbGeb gesetzten Frist noch seine **Zustimmung nachträglich zu erteilen**. In diesem Fall wird ein etwaiges durch den ArbGeb eingeleitetes Beschlussverfahren nach § 103 II gegenstandslos[3]. Dann aber ist der ArbGeb gehalten, unverzüglich die Kündigung auszusprechen. Dagegen bleibt eine zuvor bereits ausgesprochene Kündigung unwirksam. Diese wird nicht durch die nachträgliche Zustimmung des BR geheilt.

14 Ob der BR seine Zustimmung zur außerordentl. Kündigung erklären will oder nicht, entscheidet er durch **Beschluss**. Hierbei steht es allerdings nicht im **Ermessen** des BR, welche Entscheidung er treffen will. Vielmehr ist er verpflichtet, die Zustimmung zu erteilen, wenn nach seiner Beurteilung die außerordentl. Kündigung unter Berücksichtigung aller Umstände gerechtfertigt ist[4]. Maßstab für den BR muss also sein, ob die Kündigung aus wichtigem Grund nach § 626 BGB gerechtfertigt ist. Als Gründe für eine außerordentl. Kündigung kommen **Verstöße gegen arbeitsvertragl. Pflichten**, nicht dagegen die Verletzung betriebsverfassungsrechtl. Amtspflichten, für die das Amtsenthebungsverfahren nach dem BetrVG vorgesehen ist, in Betracht[5]. Hierbei ist zu berücksichtigen, dass einem BR-Mitglied gem. den §§ 15 KSchG, 626 BGB nur fristlos gekündigt werden kann, wenn dem ArbGeb bei einem vergleichbaren Nichtbetriebsratsmitglied dessen Weiterbeschäftigung bis zum Ablauf der einschlägigen ordentl. Kündigungsfrist unzumutbar wäre. Abzustellen ist also stets auf die **fiktive Kündigungsfrist eines vergleichbaren Nichtbetriebsratsmitglieds**[6]. Würde man bei der Interessenabwägung demgegenüber auf eine längere Bindungsdauer, wie etwa das Ende der Wahlperiode bzw. des nachwirkenden Kündigungsschutzes, abstellen, würde das BR-Mitglied allein wegen seiner BR-Tätigkeit benachteiligt werden[7]. Einer **Begründung** bedarf der **Beschluss** des BR nicht[8]. Für die Zustimmung besteht kein Schriftformzwang. Die §§ 182 III, 111 S. 2 BGB sind nach Auffassung des BAG nicht anwendbar[9].

15 § 103 I verlangt für eine Kündigung einen wirksamen Beschluss des BR, mit dem dieser seine Zustimmung zur Kündigung erklärt. Fraglich ist jedoch, wie im Falle von **Verfahrensfehlern** vorzugehen ist. Die Rspr. vertritt hierzu die Auffassung, dass die für das Anhörungsverfahren nach § 102 entwickelte **Sphärentheorie** auf das Zustimmungsverfahren nach § 103 nicht übertragbar sei[10]. Diese Auffassung ist abzulehnen. Ebenso wie im Verfahren nach § 102 kann auch im Verfahren nach § 103 I der ArbGeb grds. darauf vertrauen, dass die **Beschlussfassung** innerhalb des BR **ordnungsgemäß** erfolgt ist. Der ArbGeb genießt ebenso wie bei § 102 **Vertrauensschutz**, wenn ihm der BR-Vorsitzende oder sein Vertreter mitteilt, der BR habe die beantragte Zustimmung erteilt[11].

16 Teilt der BR-Vorsitzende oder dessen Stellvertreter dem ArbGeb die Zustimmung des BR innerhalb der dreitägigen Äußerungsfrist mit, so ist die außerordentl. Kündigung bis zum Ablauf der Zwei-Wochen-Frist des § 626 II BGB auszusprechen. Verweigert der BR seine Zustimmung oder gilt sie als verweigert, so hat der ArbGeb unverzüglich das Verfahren nach § 103 II einzuleiten. Wird die Zustimmung durch Beschluss des ArbG ersetzt, so muss der ArbGeb dann die Kündigung **unverzüglich nach Rechtskraft der Zustimmungsersetzung** aussprechen. Für die Kündigung eines schwerbehinderten BR-Mitglieds gelten Besonderheiten. Hier braucht der ArbGeb nicht als ersten Schritt das Verfahren nach § 103 einzuleiten. Vielmehr wird regelmäßig ein ArbGeb zunächst gem. § 91 II SGB IX innerhalb von zwei Wochen, nachdem er von den für die Kündigung maßgebenden Tatsachen Kenntnis erlangt hat, die **Zustimmung des Integrationsamtes** zur Kündigung beantragen. Nach erteilter oder fingierter Zustimmung ist unverzüglich das Verfahren nach § 103 einzuleiten[12].

17 **VI. Zustimmungsersetzungsverfahren.** Verweigert der BR seine Zustimmung zu einer außerordentl. Kündigung, so kann gem. § 103 II das ArbG sie auf Antrag des ArbGeb ersetzen, wenn die außerordentl. Kündigung unter Berücksichtigung aller Umstände gerechtfertigt ist. Hierüber ist im **Beschlussverfahren** zu entscheiden. **Antragsgegner** ist der BR; der **betroffene ArbN** ist gem. § 103 II 2 **Beteiligter**. In dieser Funktion kann er ggf. nach § 87 I ArbGG Beschwerde einlegen, selbst wenn der BR die erstinstanzliche Entscheidung des ArbG hinnehmen sollte[13]. Der Ersetzungsantrag darf solange aber nicht bei Gericht gestellt werden, wie der BR noch nicht endgültig die Zustimmung verweigert hat. Dies folgt

---

1 *Fitting*, § 103 BetrVG Rz. 33. | 2 *Fitting*, § 103 BetrVG Rz. 37. | 3 Vgl. BAG v. 23.6.1993 – 2 ABR 58/92, AP Nr. 2 zu § 83a ArbGG 1979. | 4 BAG v. 25.3.1976 – 2 AZR 163/75, AP Nr. 6 zu § 103 BetrVG 1972. | 5 BAG v. 16.10.1986 – 2 ABR 71/85, AP Nr. 95 zu § 626 BGB. | 6 *Stahlhacke*, FS Hanau, S. 281 (292) – ausnahmsweise anders aber im Sonderfall der außerordentlichen Änderungskündigung. | 7 BAG v. 27.9.2001 – 2 AZR 487/00, nv.; v. 10.2.1999 – 2 ABR 31/98, BAGE 91, 30. | 8 *Richardi/Thüsing*, § 103 BetrVG Rz. 51. | 9 BAG v. 4.3.2004 – 2 AZR 147/03, AP Nr. 50 zu § 103 BetrVG 1972. | 10 LAG Köln v. 28.8.2001 – 13 Sa 19/01, ZTR 2002, 46; BAG v. 23.8.1984 – 2 AZR 391/83, AP Nr. 17 zu § 103 BetrVG 1972; *Fitting*, § 103 BetrVG Rz. 38 mwN; *Zumkeller*, NZA 2001, 823 (825), aA *Stahlhacke/Preis/Vossen*, Kündigung und Kündigungsschutz, Rz. 1663. | 11 So zutr. *Richardi/Thüsing*, § 103 BetrVG Rz. 54; *Grosjean*, NZA-RR 2005, 113 (122); *Lelley*, FS Leinemann, S. 543 (548 f.); wohl auch LAG Hess. v. 19.3.2003 – 2/1 Sa 1199/02, nv. | 12 DKK, § 103 BetrVG Rz. 33a. | 13 BAG v. 10.12.1992 – 2 ABR 32/92, AP Nr. 4 zu § 87 ArbGG 1979; v. 23.6.1993 – 2 ABR 58/92, AP Nr. 2 zu § 83a ArbGG 1979.

aus dem Wortlaut von § 103 II. Ein solcher **verfrühter Zustimmungsersetzungsantrag** wird auch nicht etwa dadurch wieder zulässig, dass der BR später die Zustimmung verweigert. Der Antrag bleibt vielmehr unheilbar unzulässig[1]. Dies kann der ArbGeb nicht dadurch umgehen, dass er den Zustimmungsantrag unter die Bedingung stellt, dass der BR die Zustimmung zu der beabsichtigten außerordentl. Kündigung verweigert. Auch ein solcher vor der Entscheidung des BR gestellter, bedingter Ersetzungsantrag ist unzulässig und wird nicht mit der Zustimmungsverweigerung zulässig[2]. Mit einem **Hauptantrag**, die Zustimmung des BR zur außerordentl. Kündigung des BR-Mitglieds zu ersetzen, kann **hilfsweise** der Antrag verbunden werden, das Mitglied aus dem BR wegen grober Verletzung seiner gesetzl. Pflichten auszuschließen (§ 23)[3]. Für die Zulässigkeit des Antrags nach § 103 II ist es dagegen nicht relevant, ob der ArbGeb innerhalb der Ausschlussfrist des § 626 II BGB den Antrag auf Ersetzung der Zustimmung beim ArbG gestellt hat. Dies ist vielmehr eine Frage der Begründetheit des Antrages[4]. Ist der ArbGeb mit einem Zustimmungsersetzungsantrag einmal rechtskräftig unterlegen, so ist ein neuer Antrag nur statthaft, wenn neue Tatsachen die Ersetzung der Zustimmung zulassen würden. Dies kann etwa dann der Fall sein, wenn das BR-Mitglied wegen der Tatvorwürfe, die bereits einem ersten, erfolglosen Zustimmungsersetzungsantrag zugrunde lagen, mittlerweile rechtskräftig strafrechtlich verurteilt wurde[5]. Unzulässig wird der Zustimmungsersetzungantrag ferner, wenn während des laufenden Verfahrens das Arbeitsverhältnis mit dem BR-Mitglied beendet wird[6].

Begründet ist der Zustimmungsersetzungsantrag dann, wenn die außerordentl. Kündigung unter Berücksichtigung aller Umstände gerechtfertigt ist[7]. Dies bedeutet, dass das ArbG nicht nur zu prüfen hat, ob ein **wichtiger Grund** iSd. § 626 I BGB vorliegt, sondern auch, ob durch die Einl. des Zustimmungsersetzungsverfahrens die **Ausschlussfrist** des § 626 II BGB gewahrt ist. Ggf. hat das ArbG zudem zu überprüfen, ob für den betreffenden ArbN **Sonderkündigungsschutztatbestände**, wie etwa § 9 MuSchG, einschlägig sind[8]. Das ArbG ist **von Amts wegen zur Aufklärung aller maßgebenden Umstände** verpflichtet, soweit der ArbGeb sich auf einen bestimmten Sachverhalt beruft. Insofern hat es im Zustimmungsersetzungsverfahren alle Gründe für die etwaige Unwirksamkeit der beabsichtigten Kündigung zu prüfen[9]. 18

Noch während des Beschlussverfahrens kann der ArbGeb **Kündigungsgründe nachschieben**[10]. Anders als im Kündigungsrechtsstreit geht es in diesem Verfahrensabschnitt um die Zustimmung zu einer erst noch auszusprechenden Kündigung[11]. Voraussetzung für ein Nachschieben von Kündigungsgründen ist indes, dass der ArbGeb wegen dieser neuen Gründe zuvor erneut vergeblich die Zustimmung des BR nach § 103 beantragt hat, was sich daraus ergibt, dass das ArbG lediglich befugt ist, eine vom BR verweigerte Zustimmung zu ersetzen[12]. Inwieweit beim Nachschieben von Kündigungsgründen Fristen zu beachten sind, ist umstritten. Einigkeit dürfte noch insoweit bestehen, als für die Mitteilung der neuen Gründe an den BR die Zwei-Wochen-Frist unbedingt einzuhalten ist[13]. Insbesondere nach der Rspr. ist es nicht erforderlich, dass die nachzuschiebenden Gründe auch innerhalb der Zwei-Wochen-Frist in das Zustimmungsersetzungsverfahren eingeführt werden müssen[14]. Der zu kündigende ArbN kann schließlich bei einem anhängigen Beschlussverfahren auf Zustimmungsersetzung nicht mehr annehmen, der ArbGeb werde seine Kündigung nicht auf einen zunächst nicht genannten oder unbekannten Kündigungsgrund stützen[15]. Demgegenüber wird teilweise in der Lit. darin ein Wertungswiderspruch gesehen[16]. Insofern ist dem ArbGeb **dringend anzuraten**, nachgeschobene Kündigungsgründe **innerhalb der Ausschlussfrist des § 626 II BGB in das Zustimmungsersetzungsverfahren einzubringen.** 19

Ersetzt das ArbG die Zustimmung, so kann der ArbGeb nach **formeller Rechtskraft** der Entscheidung die Kündigung **unverzüglich**, dh. ohne schuldhaftes Zögern, aussprechen[17]. Selbst im Falle einer offensichtlich unstatthaften Divergenzbeschwerde gegen einen die Zustimmung des BR ersetzenden Beschluss der ArbG kann aber der ArbGeb den Eintritt der formellen Rechtskraft dieses Beschlusses abwarten[18]. Spricht der ArbGeb im Laufe eines Zustimmungsersetzungsverfahrens nach § 103 vor Eintritt der formellen Rechtskraft eines Beschlusses über die Ersetzung der Zustimmung zu einer außerordentl. Kündigung gegenüber einem BR-Mitglied eine Kündigung aus, so ist diese Kündigung nicht nur unheilbar nichtig. Durch den Ausspruch der vorzeitigen Kündigung, selbst wenn dieser versehent- 20

---

1 BAG v. 30.5.1978 – 2 AZR 637/76, AP Nr. 4 zu § 15 KSchG 1969. | **2** BAG v. 7.5.1986 – 2 ABR 27/85, AP Nr. 18 zu § 103 BetrVG 1972. | **3** BAG v. 21.2.1978 – 1 ABR 54/76, AP Nr. 1 zu § 74 BetrVG 1972. | **4** BAG v. 7.5.1986 – 2 ABR 27/85, AP Nr. 18 zu § 103 BetrVG 1972. | **5** BAG v. 16.9.1999 – 2 ABR 68/98, AP Nr. 38 zu § 103 BetrVG 1972. | **6** BAG v. 27.6.2002 – 2 ABR 22/01, AP Nr. 47 zu § 103 BetrVG 1972; LAG Hess. v. 20.10.2004 – 2 TaBV 50/04, nv.; LAG Bremen v. 5.10.2004 – 1 TaBV 11/04, nv. | **7** BAG v. 16.12.2004 – 2 ABR 7/04, AP Nr. 191 zu § 626 BGB. | **8** Vgl. *Richardi/Thüsing*, § 103 BetrVG Rz. 70. | **9** BAG v. 11.5.2000 – 2 AZR 276/99, NZA 2000, 1106. | **10** KR/*Etzel*, § 103 BetrVG Rz. 118. | **11** BAG v. 22.8.1974 – 2 ABR 17/74, AP Nr. 1 zu § 103 BetrVG 1972; LAG Nürnberg v. 25.3.1999 – 8 TA BV 21/98, NZA-RR 1999, 413. | **12** BAG v. 27.1.1977 – 2 ABR 77/76, AP Nr. 7 zu § 103 BetrVG 1972; v. 22.8.1974 – 2 ABR 17/74, AP Nr. 1 zu § 103 BetrVG 1972; teilweise soll auch die bloße Mitteilung der Kündigungsgründe zur Stellungnahme ausreichen (vgl. LAG Nürnberg v. 25.3.1999 – 8 TaBV 21/98, NZA-RR 1999, 413). | **13** APS/*Linck*, § 103 BetrVG Rz. 26. | **14** BAG v. 22.8.1974 – 2 ABR 17/74, AP Nr. 1 zu § 103 BetrVG 1972; aA KR/*Etzel*, § 103 BetrVG Rz. 124 f. | **15** Vgl. APS/*Linck*, § 103 BetrVG Rz. 26. | **16** *Richardi/Thüsing*, § 103 BetrVG Rz. 73 mwN. | **17** BAG v. 24.4.1975 – 2 AZR 118/74, AP Nr. 3 zu § 103 BetrVG 1972; *Richardi/Thüsing*, § 103 BetrVG Rz. 86; für die Anwendung von § 626 Abs. 2 BGB: *Fitting*, § 103 BetrVG Rz. 46. | **18** BAG v. 9.7.1998 – 2 AZR 142/98, AP Nr. 36 zu § 103 BetrVG 1972.

lich erfolgte, erledigt sich nämlich das Zustimmungsverfahren nach § 103 einschließlich des Zustimmungsersetzungsverfahrens beim ArbG. Will der ArbGeb in einem derartigen Fall nach rechtskräftigem Abschluss des Zustimmungsersetzungsverfahrens erneut kündigen, bedarf es der Einl. eines neuen Zustimmungsverfahrens beim BR und ggf. eines neuen Zustimmungsersetzungsverfahrens[1].

21 Gegen den Beschluss des ArbG im Verfahren auf Zustimmungsersetzung zu einer außerordentl. Kündigung findet gem. § 87 ArbGG die **Beschwerde** an das LAG statt. Beschwerdeberechtigt ist auch der betroffene ArbN als Beteiligter des Zustimmungsersetzungsverfahrens. Dies gilt selbst dann, wenn sich im BR, der im Zustimmungsersetzungsverfahren unterlegen ist, für die Beschwerdeeinlegung keine Mehrheit findet[2].

22 Die Zustimmung des BR kann nicht im Wege der **einstw. Verfügung** ersetzt werden[3]. Auch eine einstw. Verfügung mit dem Ziel, einem BR-Mitglied die Ausübung des BR-Amtes zu verbieten, ist regelmäßig nicht statthaft[4]. Allenfalls in besonderen Ausnahmefällen will zum Teil die Rspr. die Zulässigkeit einer derartigen Verfügung ausnahmsw. bejahen[5].

23 **VII. Rechtsstellung des betroffenen Funktionsträgers.** Obsiegt der ArbGeb im Zustimmungsersetzungsverfahren, so ist der ArbN, obwohl er an diesem Beschlussverfahren Beteiligter war, nicht daran gehindert, im **Kündigungsschutzprozess** gegen seinen ArbGeb auf Feststellung zu klagen, dass die außerordentl. Kündigung unwirksam ist. Auf Grund der **Präklusionswirkung** der Entscheidung des Zustimmungsersetzungsverfahrens kann er sich aber nach ganz überwiegender Ansicht in dem späteren Kündigungsschutzverfahren, welches die außerordentl. Kündigung zum Gegenstand hat, nur auf solche Tatsachen berufen, die er im Zustimmungsersetzungsverfahren nicht geltend gemacht hat und auch nicht hätte geltend machen können[6]. Dies gilt allerdings nicht für solche Kündigungshindernisse, die – wie die fehlende Zustimmung des Integrationsamtes zur Kündigung eines schwerbehinderten Menschen – noch nach Abschluss des betriebsverfassungsrechtl. Zustimmungsersetzungsverfahrens beseitigt werden können. Spricht der ArbGeb nach Ablauf des besonderen Schutzes gem. § 103 eine ordentl. Kündigung aus, so trifft den ArbN im entsprechenden Kündigungsschutzverfahren indes nicht die Präklusionswirkung, selbst wenn es um denselben Kündigungsgrund geht[7].

24 Solange die Zustimmung des BR nicht erteilt oder rechtskräftig ersetzt ist, behält der ArbN seinen arbeitsvertragl. **Anspruch auf Beschäftigung** zu den bisherigen Bedingungen. Damit steht ihm zugleich die Möglichkeit offen, sein **betriebsverfassungsrechtl. Amt** auszuüben. Jedoch wird man im Allgemeinen den ArbGeb für berechtigt halten dürfen, das BR-Mitglied, welches in seiner Person einen fristlosen Kündigungsgrund verwirkt hat, bis zum Abschluss des Zustimmungsersetzungsverfahrens unter Fortzahlung der Bezüge von der Arbeit zu suspendieren. Dies setzt voraus, dass die vom ArbGeb vorgebrachten Kündigungsgründe einiges Gewicht haben[8]. Für eine **Suspendierung** eines BR-Mitglieds während des Zustimmungsverfahrens wird man aber auch verlangen müssen, dass die Weiterbeschäftigung gerade überwiegende und schutzwürdige Interessen des ArbGeb beeinträchtigt[9]. Jedoch ist ein suspendiertes BR-Mitglied nicht daran gehindert, sein Amt als BR-Mitglied oder seine sonstigen betriebsverfassungsrechtl. Funktionen auszuüben. Das bedeutet, dass der ArbGeb dem betreffenden BR-Mitglied oder sonstigen Funktionsträgern nicht das Betreten des Betriebs zur Amtsausübung verbieten darf[10]. Das **Zutrittsrecht** des Funktionsträgers endet aber dort, wo seine Ausübung als Rechtsmissbrauch zu beurteilen ist[11]. Der Gesichtspunkt des Rechtsmissbrauchs kann sich etwa bei drohender Gefährdung des Betriebsfriedens ergeben, vorausgesetzt, dass es sich um eine unmittelbare und konkrete Gefährdung handelt[12]. Dagegen kann ein mit Zustimmung des BR fristlos entlassenes BR-Mitglied regelmäßig nicht, zB im Wege der einstw. Verfügung, sein Zutrittsrecht zum Betrieb während des laufenden Kündigungsrechtsstreites durchsetzen[13].

25 **VIII. Schutz bei Versetzungen.** Durch das Gesetz zur Reform des BetrVG ist § 103 durch einen Abs. 3 ergänzt worden. Damit hat der Gesetzgeber die Frage entschieden, inwieweit § 103 analog auf **Versetzung von BR-Mitgliedern** und **sonstigen Funktionsträgern** anzuwenden ist[14]. Nach der Neuregelung be-

---

1 Vgl. BAG v. 24.10.1996 – 2 AZR 3/96, AP Nr. 32 zu § 103 BetrVG 1972; LAG Hamm v. 4.8.2000 – 10 TaBV 7/00, ZInsO 2001, 335. | 2 BAG v. 10.12.1992 – 2 ABR 32/92, AP Nr. 4 zu § 87 ArbGG 1979. | 3 *Richardi/Thüsing*, § 103 BetrVG Rz. 82; DKK, § 103 BetrVG Rz. 46. | 4 DKK, § 103 BetrVG Rz. 47 mwN. | 5 Vgl. LAG München v. 26.8.1992 – 5 Ta BV 43/92, LAGE § 23 BetrVG 1972 Nr. 29. | 6 BAG v. 24.4.1975 – 2 AZR 118/74, AP Nr. 3 zu § 103 BetrVG 1972; v. 10.12.1992 – 2 ABR 32/92, AP Nr. 4 zu § 87 ArbGG 1979; v. 11.5.2000 – 2 AZR 276/99, AP Nr. 42 zu § 103 BetrVG 1972; *Fischer*, RdA 2003, 269 (272); aA *Ascheid*, Kündigungsschutzrecht, Rz. 697 ff.; *Ascheid*, FS Hanau, S. 685 ff. | 7 BAG v. 15.8.2002 – 2 AZR 214/01, AP Nr. 48 zu § 103 BetrVG 1972. | 8 LAG Hamm v. 24.10.1974 – 8 TABV 53/74, LAGE § 78 BetrVG 1972 Nr. 1. | 9 Sächs. LAG v. 14.4.2000 – 3 Sa 298/00, LAGE § 103 BetrVG 1972 Nr. 16; LAG Köln v. 2.8.2005 – 1 Sa 952/05, NZA-RR 2006, 28; *Löwisch/Kaiser*, § 103 BetrVG Rz. 34. | 10 Vgl. LAG Hamm v. 27.4.1972 – 8 BV Ta 6/72, LAGE § 103 BetrVG 1972 Nr. 1; LAG München v. 26.8.1992 – 5 TA BV 43/92, LAGE § 23 BetrVG 1972 Nr. 29; *Korinth*, ArbRB 2007, 189 ff. | 11 KR/*Etzel*, § 103 BetrVG Rz. 150. | 12 LAG Hamm v. 27.4.1972 – 8 BV TA 6/72, LAGE § 103 BetrVG 1972 Nr. 1. | 13 LAG Düsseldorf v. 27.2.1975 – 3 TA BV 2/75, LAGE § 25 BetrVG 1972 Nr. 1. | 14 Für eine analoge Anwendung: LAG Hess. v. 8.5.1995 – 11 Sa GA 589/95, LAGE § 103 BetrVG 1972 Nr. 10; gegen eine analoge Anwendung: BAG v. 11.7.2000 – 1 ABR 39/99, NZA 2001, 516; *Oetker*, RdA 1990, 343 (356).

darf nunmehr die Versetzung einer der in § 103 I genannten Personen der Zustimmung des BR, sofern die Versetzung zu einem Verlust des Amtes oder der Wählbarkeit führen würde und der betroffene ArbN sich nicht mit der Versetzung einverstanden erklärt hat. Insofern zielt die Vorschrift in erster Linie auf Versetzungen, zu denen der ArbGeb kraft seines Direktionsrechts berechtigt ist. Können Versetzungen jedoch nur mittels Änderungskündigung durchgesetzt werden, so gilt der besondere Kündigungsschutz für BR-Mitglieder nach § 15 KSchG, § 103 I[1]. Der Gesetzgeber wollte hier schließlich durch die Regelung des § 103 III den Schutz der Mandatsträger ergänzen, nicht aber sollte dies zu einer Kumulation der Schutzmechanismen führen[2]. Auch für § 103 III gilt der **allgemeine Versetzungsbegriff** iSd. § 95 III (vgl. § 99 Rz. 36 ff.). Insofern liegt keine Versetzung in diesem Sinne vor, wenn der Funktionsträger im Rahmen einer Betriebsspaltung oder einer Betriebszusammenlegung seinen konkreten Arbeitsplatz behält, er also gerade nicht versetzt wird[3].

Geschützt werden jeweils die in § 103 I genannten Funktionsträger (vgl. Rz. 5 ff.). Insofern sind alle **BR-Mitglieder** geschützt, sei es, dass sie ein **Vollmandat**, ein **Übergangsmandat** gem. § 21a oder ein **Restmandat** gem. § 21b ausüben. Ebenfalls geschützt sind die Mitglieder der Schwerbehindertenvertretung (§ 96 III SGB IX)[4]. Geschützt werden auch die **Mitglieder der JAV**. Hierbei gilt es allerdings zu beachten, dass es bei diesem Personenkreis gerade vorkommen kann, dass diese vorübergehend zu einer überbetrieblichen Ausbildungsstätte versetzt werden und nach Absolvierung ihrer Ausbildung dort wieder in den ursprünglichen Betrieb zurückkehren. In diesem Fall lebt nach Rückkehr deren Mandat wieder auf, was zur Folge hat, dass § 103 III keine Anwendung findet[5]. 26

Eine Versetzung eines geschützten Mandatsträgers fällt nur dann unter den Anwendungsbereich des § 103 III, wenn diese dazu führen würde, dass der Funktionsträger sein Amt verlieren oder bei einem Wahlbewerber es zu einem Verlust der Wählbarkeit kommen würde. Insofern bleiben unberührt etwa betriebsinterne Versetzungen, aber auch kurzzeitige Abordnungen in andere Betriebe, soweit die **Betriebszugehörigkeit zum abordnenden Betrieb** erhalten bleibt[6]. 27

Aber auch die einen Amtsverlust begründende Versetzung macht nur dann die Zustimmung des BR erforderlich, wenn die **Versetzung gegen den Willen** des betroffenen ArbN erfolgen soll. Der Wille des ArbN, den Arbeitsplatz zu wechseln, soll eindeutig Vorrang haben. Das **Einverständnis** muss sich aber auf die konkrete Versetzungsmaßnahme beziehen. In keinem Fall kann also eine **allgemeine Versetzungsklausel**, etwa im Arbeitsvertrag, das Einverständnis des ArbN ersetzen[7]. Bei diesem Einverständnis handelt es sich um ein spezifisch betriebsverfassungsrechtl. Einverständnis. Dies ist nicht identisch mit einem etwa individualarbeitsrechtlich erzwingbaren Einverständnis des ArbN. Insofern kann der ArbGeb die Vorschrift des § 103 nicht in der Weise umgehen, dass er etwa im Klagewege gestützt auf eine arbeitsvertragl. Versetzungsklausel vom ArbN eine Einverständniserklärung zu einer Versetzung verlangt. Die in § 103 III angesprochene Einverständniserklärung ist **nicht formbedürftig**. Sie kann auch konkludent erfolgen. Dies kann nicht schon bereits dann angenommen werden, wenn der betreffende Funktionsträger widerspruchslos der Versetzungsanordnung Folge leistet[8]. Der ArbGeb wird aber zu beachten haben, dass er bei einem Streit über die Berechtigung der Versetzung für das Vorliegen des Einverständnisses des betroffenen Amtsträgers darlegungs- und beweispflichtig ist. 28

Ist eine Versetzung zustimmungspflichtig, so gelten für das Verfahren bzw. die Erteilung der Zustimmung die auf eine außerordentl. Kündigung anwendbaren Regelungen. 29

Bei seiner Entscheidung, ob er der Versetzung eines Funktionsträgers zustimmen will, trifft der **BR** eine **Rechtsentscheidung** und keine Ermessensentscheidung. Insoweit hat er die beabsichtigte Versetzungsanordnung des ArbGeb zu überprüfen. Der BR kann insb. rügen, dass der ArbGeb mit seiner Versetzungsentscheidung die Grenzen seines Direktionsrechts überschreiten würde, oder dass arbeitsvertragl. die konkrete Versetzungsmaßnahme ausgeschlossen sei, sodass allenfalls im Wege der Änderungskündigung die Versetzung durchgesetzt werden könne[9]. Ist die beabsichtigte Versetzungsmaßnahme vom Direktionsrecht des ArbGeb umfasst, wird der BR prüfen müssen, ob der ArbGeb auch die Grenzen des billigen Ermessens iSv. § 106 GewO beachtet hat. Bei dieser Entscheidung sind die in § 103 III 2 genannten Gesichtspunkte, nämlich die **betriebsverfassungsrechtl. Stellung** des betroffenen ArbN sowie etwaige **dringende betriebl. Gründe**, die die Versetzungsmaßnahme notwendig machen, zu berücksichtigen. Hierbei können dringende betriebl. Gründe nicht mit betriebsbedingten Gründen iSd. Kündigungsschutzrechts gleichgesetzt werden. Vielmehr können auch personen- oder verhaltensbedingte Gründe dazu führen, dass dringende betriebl. Gründe für die Versetzung vorliegen (etwa wenn der betroffene ArbN massiv den Betriebsfrieden stört)[10]. Den dringenden betriebl. Gründen hat der Gesetzgeber die zwingende Berücksichtigung der betriebsverfassungsrechtl. Stellung des betroffenen 30

1 Auf die Ungereimtheiten, insbesondere im Hinblick auf § 15 Abs. 4 u. 5 KSchG weist zu Recht *Franzen*, SAE 2001, 269 (271 f.) hin. | 2 AA DKK, § 103 BetrVG Rz. 65. | 3 *Annuß*, NZA 2001, 367 (369); *Rieble*, NZA-Sonderheft 2001, 48 (58). | 4 KR/*Etzel*, § 103 BetrVG Rz. 156. | 5 *Fitting*, § 103 BetrVG Rz. 68. | 6 *Rieble*, NZA-Sonderheft 2001, 48 (59). | 7 *Fitting*, § 103 BetrVG Rz. 70. | 8 DKK, § 103 BetrVG Rz. 68. | 9 *Löwisch/Kaiser*, § 103 BetrVG Rz. 23. | 10 *Richardi/Thüsing*, § 103 BetrVG Rz. 35; mE zu eng *Franzen*, SAE 2001, 269 (272); aA KR/*Etzel*, § 103 BetrVG Rz. 186.

ArbN gegenübergestellt (§ 103 III 2). Damit ist zu prüfen, ob angesichts einer besonderen betriebsverfassungsrechtl. Stellung eines Funktionsträgers trotz dringender betriebl. Gründe eine Versetzung zu unterbleiben hat. Hier weist der Gesetzgeber auf eine Differenzierung zwischen den einzelnen Funktionsträgern hin[1]. Zu Recht wird deshalb in der Lit. darauf hingewiesen, dass etwa ein BR-Vorsitzender oder ein besonders qualifiziertes BR-Mitglied gegen eine Versetzung eher geschützt wird, als zB ein Wahlbewerber auf aussichtsloser Stelle in der Vorschlagliste[2]. Unter Berücksichtigung dieser genannten Kriterien ist dann zu fragen, ob die Versetzungsmaßnahme notwendig ist. Notwendig ist die Maßnahme nicht, wenn sie lediglich nur sinnvoll oder zweckmäßig erscheint. Insofern verweist das Gesetz auf einen **strengen Prüfungsmaßstab**[3]. Aber auch bei Anlegung eines strengen Maßstabes wird man von einem ArbGeb nicht verlangen können, einen Funktionsträger auf einer Stelle zu beschäftigen, die dieser nicht mindestens kostendeckend ausfüllen kann. Andernfalls würde dies dazu führen, dass im Gegensatz zu den sonstigen Regelungen der Funktionsträger als ArbN anders behandelt werden würde, als sonstige ArbN. Insbesondere ist der ArbGeb nicht verpflichtet, zur Abwendung einer betriebsübergreifenden Versetzung einen Arbeitsplatz im bisherigen Betrieb für den betroffenen Funktionsträger einzurichten.

31 Verweigert der BR die Zustimmung zu der Versetzungsmaßnahme, kann der ArbGeb beim **ArbG** beantragen, dass die Zustimmung ersetzt wird. Auf einen solchen Antrag kann das ArbG dann die Zustimmung ersetzen, wenn die Versetzung auch unter Berücksichtigung der betriebsverfassungsrechtl. Stellung des betroffenen ArbN aus dringenden betrieblichen Gründen notwendig ist. Insofern sind durch das ArbG noch einmal dieselben Gesichtspunkte zu überprüfen, die bereits der Entscheidung des BR zugrunde liegen mussten. Hier gelten die gleichen verfahrensrechtl. Grundsätze wie bei dem Zustimmungsersetzungsverfahren zu einer außerordentl. Kündigung. Auch das ArbG kann nur überprüfen, ob der ArbGeb, sofern die Versetzung vom Direktionsrecht erfasst war, die Grenzen des billigen Ermessens unter Berücksichtigung der in § 103 III 2 genannten Kriterien nicht überschritten hat. Liegt die Versetzungsanordnung innerhalb der Grenzen des billigen Ermessens, so hat das ArbG die Zustimmung zu ersetzen. Erst wenn die zustimmungsersetzende Entscheidung des ArbG rechtskräftig wird, kann der ArbGeb die Versetzung vornehmen. Eine ohne Zustimmung oder ohne eine die Zustimmung ersetzende arbeitsgerichtl. Entscheidung ausgesprochene Versetzung ist unwirksam. Für den Fall, dass kein BR oder ein sonstiges Gremium besteht, das das Zustimmungsrecht ausüben kann, muss der ArbGeb in entsprechender Anwendung des § 103 II das Zustimmungsverfahren vor dem ArbG erfolgreich durchführen, um den ArbN versetzen zu können[4].

32 Besondere Probleme bereitet aber das **Konkurrenzverhältnis zu § 99**. In diesem Zusammenhang wird zum Teil vertreten, dass das Verfahren nach § 103 III an die Stelle des Beteiligungsrechts nach § 99 tritt, wenn der ArbN mit der überbetriebl. Versetzung nicht einverstanden ist[5]. Jedoch haben die Beteiligungsverfahren nach § 99 und § 103 III unterschiedliche Schutzzwecke. Während das Beteiligungsverfahren nach § 99 von seinem Schutzzweck her kollektiv ausgerichtet ist, dient das Verfahren nach § 103 III „nur" der Absicherung der Funktionsfähigkeit betriebsverfassungsrechtl. Organe. Diese unterschiedlichen Schutzrichtungen bedingen, dass beide Verfahren zwar miteinander verknüpft werden können, aber beide Verfahren nebeneinander Anwendung finden[6].

33 Anderes gilt für den **nachwirkenden Versetzungsschutz**. Dieser ist nicht in § 103 III geregelt[7]. Der nachwirkende Versetzungsschutz von ehemaligen Funktionsträgern kann von Seiten des BR nur im Rahmen der Beteiligungsrechte nach §§ 99 ff. gewährleistet werden. Dies gilt auch für Ersatzmitglieder, die ein zeitweilig verhindertes BR-Mitglied vertreten. Ihnen steht der Versetzungsschutz nach § 103 III nur während der jeweiligen Vertretungszeit zu[8].

104 *Entfernung betriebsstörender Arbeitnehmer*

Hat ein Arbeitnehmer durch gesetzwidriges Verhalten oder durch grobe Verletzung der in § 75 Abs. 1 enthaltenen Grundsätze, insbesondere durch rassistische oder fremdenfeindliche Betätigungen, den Betriebsfrieden wiederholt ernstlich gestört, so kann der Betriebsrat vom Arbeitgeber die Entlassung oder Versetzung verlangen. Gibt das Arbeitsgericht einem Antrag des Betriebsrats statt, dem Arbeitgeber aufzugeben, die Entlassung oder Versetzung durchzuführen, und führt der Arbeitgeber die Entlassung oder Versetzung einer rechtskräftigen gerichtlichen Entscheidung zuwider nicht durch, so ist auf Antrag des Betriebsrats vom Arbeitsgericht zu erkennen, dass er zur Vornahme der Entlassung oder Versetzung durch Zwangsgeld anzuhalten sei. Das Höchstmaß des Zwangsgeldes beträgt für jeden Tag der Zuwiderhandlung 250 Euro.

1 **I. Vorbemerkung.** Voraussetzung dafür, dass der BR personelle Maßnahmen in Bezug auf einen ArbN verlangen kann, ist, dass der ArbN den Betriebsfrieden wiederholt ernstlich gestört hat und dass diese

1 Dies soll nach KR/*Etzel*, § 103 BetrVG Rz. 189 nur in Ausnahmefällen möglich sein. | 2 *Fitting*, § 103 BetrVG Rz. 73; *Löwisch*, BB 2001, 1790 (1794); aA *Rieble*, NZA-Sonderheft 2001, 48 (60). | 3 *Fitting*, § 103 BetrVG Rz. 74. | 4 *Richardi/Thüsing*, § 103 BetrVG Rz. 38. | 5 Vgl. etwa *Richardi/Thüsing*, § 103 BetrVG Rz. 37; *Laber*, ArbRB 2005, 314 (316). | 6 DKK, § 103 BetrVG Rz. 74. | 7 *Fitting*, § 103 BetrVG Rz. 76. | 8 *Fitting*, § 103 BetrVG Rz. 76.

Störungen auf einem gesetzwidrigen Verhalten beruhen oder durch grobe Verletzung der in § 75 enthaltenen Grundsätze verursacht sind. Die Regelung bezieht sich dabei auf alle **ArbN iSd. BetrVG** (vgl. § 5 I). Der BR kann also nicht etwa in Betrieben einer juristischen Person die Entlassung einzelner Mitglieder des Vertretungsorgans verlangen[1]. Ebenso wenig findet die Vorschrift Anwendung auf **leitende Angestellte** iSd. § 5 III[2]. Der BR kann also selbst dann nicht die Entfernung eines leitenden Angestellten verlangen, wenn der ArbN erst nach Schluss der mündlichen Verhandlung 1. Instanz zum leitenden Angestellten bestellt wird[3].

II. Störendes Arbeitnehmerverhalten. Sofern die Vorschrift des § 104 von einem **gesetzwidrigen Verhalten** spricht, ist damit ein solches Verhalten gemeint, das gegen eine Rechtsvorschrift verstößt. In Betracht kommen hier insb. Strafvorschriften oder Arbeitsschutzvorschriften. Hierbei ist nicht erforderlich, dass das gesetzwidrige Verhalten sich im Betrieb ereignet. Es reicht aus, wenn es sich auf die Zusammenarbeit im Betrieb auswirkt[4]. 2

Neben einem gesetzwidrigen Verhalten kann auch eine **grobe Verletzung der in § 75 enthaltenen Grundsätze** geeignet sein, ein Entfernungsverlangen des BR zu begründen. Dies kann etwa dann vorliegen, wenn ein ArbN andere ArbN in besonders auffälliger Weise diskriminiert. Hier werden in der Lit. beispielhaft genannt: Schikane gegenüber älteren oder behinderten ArbN, Psychoterror, Tätlichkeiten, sexuelle Belästigungen, Betrügereien[5]. Keinesfalls genügt hierfür aber oppositionelles Verhalten eines ArbN gegenüber BR-Mitgliedern, Eigensinn oder Ungefälligkeiten. Ob in einem Einzelfall die grobe Verletzung der in § 75 I enthaltenen Grundsätze vorliegt, hängt auch davon ab, welche Stellung der betreffende ArbN im Betrieb einnimmt. 3

Besonders betont hat der Gesetzgeber nunmehr, dass er rassistische und fremdenfeindliche Betätigungen in Betrieben nicht dulden will[6]. Hierunter werden regelmäßig Fälle offener **Ausländerfeindlichkeit** unter Belegschaftsangehörigen fallen, wobei der Tatbestand des § 104 keine bestimmte Staatsangehörigkeit des Störers voraussetzt. Jedoch müssen die Betätigungen einen gewissen **Bezug zum Betrieb** haben[7], sei es, dass der Störer auf dem Betriebsgelände rassistische oder fremdenfeindliche Betätigungen vornimmt, oder dass der Störer sich so in der Öffentlichkeit rassistisch und fremdenfeindlich betätigt, dass dies geeignet ist, den Betriebsfrieden zu stören. Es spielt im Übrigen keine Rolle, ob der Belegschaft des Betriebes ausländische ArbN oder Angehörige von Minderheiten angehören. Ebenso wenig ist erforderlich, dass sich die fremdenfeindlichen oder rassistischen Betätigungen des Störers auf Belegschaftsmitglieder beziehen. 4

Das vom BR beanstandete Verhalten eines ArbN muss den Betriebsfrieden wiederholt ernstlich gestört haben. Insofern genügt die begründete Besorgnis, dass es in Zukunft zu erheblichen Betriebsstörungen kommen werde, hier nicht[8]. Es muss vielmehr durch das Verhalten des Störers eine so **erhebliche Beunruhigung** innerhalb der Belegschaft ausgelöst worden sein, dass das friedliche Zusammenarbeiten der ArbN untereinander und mit dem ArbGeb so beeinträchtigt ist, dass dadurch die reibungslose Zusammenarbeit und das notwendige gegenseitige Vertrauen gefährdet werden[9]. Dadurch, dass § 104 eine wiederholte Störung des Betriebsfriedens verlangt, ist zumindest eine **zweimalige Störung** erforderlich[10]. Entgegen der hM kommt es auf ein **Verschulden des ArbN** bei seinem gesetzwidrigen Verhalten oder im Rahmen der groben Verletzung der in § 75 I enthaltenen Grundsätze nicht an[11]. Die Regelung des § 104 dient schließlich dazu, dass auch der BR gehalten ist, für die Sicherstellung des Betriebsfriedens Sorge zu tragen. 5

III. Entfernungsverlangen des Betriebsrats. Liegen die Voraussetzungen des § 104 S. 1 vor, kann der BR oder ein dazu ermächtigter Ausschuss verlangen, dass das Arbeitsverhältnis des ArbN gekündigt wird oder dass dieser auf einen anderen Arbeitsplatz versetzt wird. Bei einer derartigen Entscheidung hat der BR oder ein hierzu ermächtigter Ausschuss den Grundsatz der **Verhältnismäßigkeit** zu beachten. Sofern es also ausreicht, dass zum Schutz des Betriebsfriedens der betroffene ArbN lediglich an einen anderen Arbeitsplatz versetzt wird, kann der BR nicht etwa die Kündigung verlangen, sondern „nur" die Versetzung des betreffenden ArbN[12]. 6

Der BR darf aber vom ArbGeb nichts Unmögliches verlangen, so dass er nur dann die Kündigung oder Versetzung des ArbN fordern kann, wenn die **rechtl. Voraussetzungen einer solchen Kündigung**, speziell ein Kündigungsgrund, vorliegen, bzw. wenn dem ArbGeb überhaupt die Versetzung des ArbN rechtlich möglich ist. Ebenso wenig enthält diese Vorschrift eine **Befugnis zur Versetzung** von ArbN, sondern setzt die Versetzungsmöglichkeit voraus[13]. 7

---

1 Vgl. *Fitting*, § 104 BetrVG Rz. 3. | **2** *Richardi/Thüsing*, § 104 BetrVG Rz. 12. | **3** LAG Nürnberg v. 22.1.2002 – 6 TaBV 13/01, DB 2002, 488. | **4** MünchArbR/*Matthes*, § 359 Rz. 2. | **5** *Löwisch/Kaiser*, § 104 BetrVG Rz. 1. | **6** Kritisch zu dieser Aufgabenzuweisung an den BR *Rieble*, ZIP 2001, 133 (141 f.). | **7** *Zimmer*, AiB 2001, 256 (258). | **8** LAG Köln v. 15.10.1993 – 13 TABV 36/93, NZA 1994, 431. | **9** *Löwisch/Kaiser*, § 104 BetrVG Rz. 2. | **10** BAG v. 16.11.2004 – 1 ABR 48/03, AP Nr. 44 zu § 99 BetrVG 1972 – Einstellung mit Anm. *v. Hoyningen-Huene*; *Wendeling-Schröder*, NZA Sonderheft 2001, 29 (31); *Opolony*, AuA 2001, 456 (458). | **11** So auch *Heinze*, Personalplanung, Rz. 690; aA *Richardi/Thüsing*, § 104 BetrVG Rz. 8 f.; *Fitting*, § 104 BetrVG Rz. 8. | **12** DKK, § 104 BetrVG Rz. 8. | **13** *Löwisch/Kaiser*, § 104 BetrVG Rz. 4.

8 Verlangt der BR die Kündigung eines ArbN oder dessen Versetzung und will der ArbGeb dem nachkommen, bedarf es für die Wirksamkeit einer solchen Maßnahme nicht noch einmal der Beteiligung des BR gem. § 99 bzw. §§ 102, 103[1]. Ausnahmsw. ist aber auch der abgebende BR bei einer Versetzung noch einmal zu beteiligen, wenn der ArbGeb zwar auf Verlangen des BR die Versetzung durchführen will, aber von einem konkreten Versetzungsvorschlag des BR abweichen möchte[2].

9 **IV. Reaktionsmöglichkeiten des Arbeitgebers.** Der ArbGeb hat aber, da § 104 keinen Kündigungs- oder Versetzungsgrund schafft, in eigener Verantwortung den **Sachverhalt zu prüfen** und von sich aus zu entscheiden, ob eine Kündigung bzw. Versetzung rechtlich möglich ist[3]. Stellt der ArbGeb bei der Prüfung des Sachverhaltes fest, dass für die vom BR geforderte personelle Maßnahme keine Grundlage besteht, so hat er sich vor seinen ArbN zu stellen. Nur dann, wenn trotz aller **Versuche zur Schlichtung** bei Weiterbeschäftigung des ArbN dem ArbGeb erhebliche Schäden drohen, wäre eine Kündigung des betroffenen ArbN unter dem Gesichtspunkt der sog. **Druckkündigung** sozial gerechtfertigt[4]. Verlangt der BR aber zu Recht die Kündigung eines ArbN, so muss der ArbGeb dem ArbN kündigen.

10 Spricht der ArbGeb eine Kündigung aus, kann der betroffene ArbN gegen die Kündigung **Kündigungsschutzklage** erheben. Darüber hinaus können dem ArbN, der seinen Arbeitsplatz auf Grund eines Verlangens des BR gem. § 104 verloren hat, obwohl die Voraussetzungen des § 104 nicht vorlagen, Schadensersatzansprüche zustehen. Diese Ansprüche richten sich gegen jedes BR-Mitglied, das sich an der Ausübung des rechtswidrigen Drucks auf den ArbGeb beteiligt hat[5].

11 **V. Durchsetzung des Entfernungsverlangens.** Kommt der ArbGeb dem Verlangen des BR auf Entlassung oder Versetzung nicht nach, kann gem. § 104 S. 2 der BR beim **ArbG** beantragen, dem ArbGeb aufzugeben, die Entlassung oder Versetzung durchzuführen. Das ArbG entscheidet dann im **Beschlussverfahren**, wobei der betroffene ArbN wegen der präjudiziellen Wirkung in Bezug auf den Kündigungsschutzprozess in diesem Verfahren nach hM die Stellung eines Beteiligten hat[6]. Jedoch unterliegt das Recht des BR, eine gerichtl. Entscheidung herbeizuführen, den **Grundsätzen der Verwirkung**. Nach ganz herrschender Auffassung wird als Richtwert angenommen, dass die Anrufung des ArbG verwirkt ist, wenn eine Frist von drei Monaten vergangen ist, in der der ArbGeb nicht auf das Entlassungsverlangen oder das Versetzungsverlangen des BR eingegangen ist[7].

12 Kommt das ArbG zu dem Ergebnis, dass das **Verlangen des BR** auf **Entlassung** des ArbN begründet ist, so ist der ArbGeb verpflichtet, ohne schuldhaftes Zögern nach Eintritt der Rechtskraft des Beschlusses das Arbeitsverhältnis des ArbN durch Kündigung zum nächstzulässigen Termin aufzulösen[8]. Auch hier darf vom ArbGeb nichts Unmögliches verlangt werden. Insoweit sind die Kündigungsfristen wie auch etwaige Sonderkündigungstatbestände zwingend zu beachten. Stellt das ArbG fest, dass das Verlangen des BR auf **Versetzung** begründet ist, so hat der ArbGeb den ArbN nach Eintritt der Rechtskraft des Beschlusses unverzüglich an einen anderen Arbeitsplatz zu versetzen. Besteht eine solche Möglichkeit kraft Direktionsrechts nicht, so ist der ArbGeb gehalten, eine Änderungskündigung auszusprechen.

13 Kommt der ArbGeb dem rechtskräftigen Beschluss des ArbG nicht nach, so kann der BR dann den Antrag an das ArbG stellen, den ArbGeb durch Verhängung von **Zwangsgeld** zur Befolgung der gerichtlichen Anordnung anzuhalten. Jedoch ist seine Beitreibung nur solange zulässig, wie der ArbGeb die Entlassung oder Versetzung nicht vornimmt. Dies bedeutet bei einer Entlassung nur bis zum Ausspruch der Kündigung und nicht etwa bis zum Ablauf der Kündigungsfrist[9].

105 *Leitende Angestellte*

Eine beabsichtigte Einstellung oder personelle Veränderung eines in § 5 Abs. 3 genannten leitenden Angestellten ist dem Betriebsrat rechtzeitig mitzuteilen.

1 Leitende Angestellte werden vom BR nicht mit repräsentiert. Daher finden die allgemeinen Regelungen über die Mitwirkung und Mitbest. des BR in personellen Angelegenheiten auf leitende Angestellte iSd. § 5 III keine Anwendung. Um einem berechtigten **Informationsbedürfnis des BR** Rechnung zu tragen, sieht § 105 die Verpflichtung des ArbGeb vor, den BR über Einstellungen und personelle Veränderungen leitender Angestellter zu informieren. Zum Personenkreis der leitenden Angestellten iSd. § 5 III wird auf die dortigen Ausführungen verwiesen. Der Begriff der Einstellung ist im gleichen Sinn zu verstehen wie in § 99 (vgl. § 99 Rz. 17). Die Mitteilungspflicht des ArbGeb bezieht sich aber nicht nur auf Einstellungen, sondern auf **jede personelle Veränderung**. Hierunter fallen nicht nur die in §§ 99, 102

---

1 BAG v. 15.5.1997 – 2 AZR 519/96, AP Nr. 1 zu § 104 BetrVG 1972. |2 DKK, § 104 BetrVG Rz. 7; *Fitting*, § 104 BetrVG Rz. 13. |3 Vgl. bereits BAG v. 21.2.1957 – 2 AZR 410/54, AP Nr. 22 zu § 1 KSchG; v. 10.10.1957 – 2 AZR 32/56, AP Nr. 1 zu § 626 BGB – Druckkündigung. |4 Vgl. BAG v. 19.6.1986 – 2 AZR 563/85, AP Nr. 33 zu § 1 KSchG 1969 – Betriebsbedingte Kündigung; ausführlich zur Druckkündigung: *Deinert*, RdA 2007, 275. |5 *Fitting*, § 104 BetrVG Rz. 11; DKK, § 104 BetrVG Rz. 10. |6 LAG BW v. 24.1.2002 – 4 TaBV 1/01, AuR 2002, 16; *Fitting*, § 104 BetrVG Rz. 14; *Löwisch/Kaiser*, § 104 BetrVG Rz. 6; aA MünchArbR/*Matthes*, § 359 Rz. 16. |7 DKK, § 104 BetrVG Rz. 12. |8 *Fitting*, § 104 BetrVG Rz. 17; kritisch *Richardi/Thüsing*, § 104 BetrVG Rz. 24. |9 *Richardi/Thüsing*, § 104 BetrVG Rz. 29.

genannten personellen Einzelmaßnahmen. Vielmehr ist unter personellen Veränderungen jede Veränderung der Funktion zu verstehen, die dem betreffenden Angestellten innerhalb der betrieblichen Organisation zukommt[1].

Die Mitteilungspflicht nach § 105 gilt allerdings nur, soweit **kollektive Belange** betroffen sind. Demzufolge bezieht sich die Mitteilungspflicht ausschließlich auf die Stellung des leitenden Angestellten innerhalb der betriebl. Organisation[2]. Keine personellen Veränderungen sind also **Änderungen des Anstellungsvertrages** oder auch **Änderungen im Entgeltbereich**, dagegen sind nach § 105 dem BR auch **einvernehmliche personelle Veränderungen** eines leitenden Angestellten mitzuteilen, die etwa die Stellung des leitenden Angestellten innerhalb der betriebl. Organisation betreffen, zB eine zwischen den Arbeitsvertragsparteien vereinbarte Versetzung oder das einvernehmliche Ausscheiden aus dem Betrieb auf Grund eines **Aufhebungsvertrages**[3]. Ebenso ist der BR darüber zu informieren, wenn der leitende Angestellte sein Anstellungsverhältnis durch **Eigenkündigung** beendet hat[4]. 2

Die Mitteilung des ArbGeb über Einstellungen und personelle Veränderungen bei leitenden Angestellten hat **rechtzeitig** zu erfolgen. Dh., dass die Mitteilung regelmäßig vor der Durchführung der Einstellung oder personellen Veränderung zu erfolgen hat. Ist dieses nicht möglich, etwa bei einer überraschenden Eigenkündigung eines leitenden Angestellten, so ist der BR im **Nachhinein zu unterrichten**. Bei einer Neueinstellung kann es ausreichen, wenn der BR erst nach Abschluss des Anstellungsvertrages informiert wird[5]. 3

Mitzuteilen sind dem BR die **Personalien des leitenden Angestellten** sowie die zukünftige **Position** des Betreffenden. Keinesfalls kann der BR verlangen, dass ihm der **Inhalt des Anstellungsvertrages** offen gelegt wird[6]. **Adressat** der Mitteilung ist grds. der **BR** des Betriebes, in dem der leitende Angestellte eingesetzt wird. Erstreckt sich der Aufgabenbereich des leitenden Angestellten aber auf mehrere Betriebe des Unternehmens und besteht ein **GBR**, so ist auch dieser zu informieren[7]. 4

Dem BR, bzw. auch dem GBR, steht es frei, zu der angekündigten Einstellung bzw. zu den angekündigten personellen Veränderungen **Bedenken** und **Anregungen** vorzutragen. In diesem Fall ist der ArbGeb aus dem Grundsatz der vertrauensvollen Zusammenarbeit verpflichtet, diese Bedenken in seine Überlegungen einzubeziehen[8]. 5

Verletzt der ArbGeb seine Mitteilungspflicht gegenüber dem BR, so hat dies keine Auswirkungen auf die Wirksamkeit der Einstellung oder personellen Einzelmaßnahme. Die **Rechtsfolgen** der §§ 99–101 greifen beim leitenden Angestellten gerade nicht[9]. Die Verletzung der Informationspflicht stellt ebenso wenig eine Ordnungswidrigkeit iSd. § 121 dar. Bei groben Verstößen des ArbGeb gegen seine Mitteilungspflichten kommt ein Verfahren nach § 23 III in Betracht[10]. 6

Sechster Abschnitt. Wirtschaftliche Angelegenheiten

Erster Unterabschnitt. Unterrichtung in wirtschaftlichen Angelegenheiten

106 *Wirtschaftsausschuss*

(1) In allen Unternehmen mit in der Regel mehr als einhundert ständig beschäftigten Arbeitnehmern ist ein Wirtschaftsausschuss zu bilden. Der Wirtschaftsausschuss hat die Aufgabe, wirtschaftliche Angelegenheiten mit dem Unternehmer zu beraten und den Betriebsrat zu unterrichten.

(2) Der Unternehmer hat den Wirtschaftsausschuss rechtzeitig und umfassend über die wirtschaftlichen Angelegenheiten des Unternehmens unter Vorlage der erforderlichen Unterlagen zu unterrichten, soweit dadurch nicht die Betriebs- und Geschäftsgeheimnisse des Unternehmens gefährdet werden, sowie die sich daraus ergebenden Auswirkungen auf die Personalplanung darzustellen.

(3) Zu den wirtschaftlichen Angelegenheiten im Sinne dieser Vorschrift gehören insbesondere

1. die wirtschaftliche und finanzielle Lage des Unternehmens;

2. die Produktions- und Absatzlage;

3. das Produktions- und Investitionsprogramm;

---

1 Vgl. *Richardi/Thüsing*, § 105 BetrVG Rz. 5; HSWG, § 105 BetrVG Rz. 10. | 2 So zutr. *Richardi/Thüsing*, § 105 BetrVG Rz. 8. | 3 *Kaiser*, AR-Blattei SD 70.2, Rz. 120. | 4 *Löwisch/Kaiser*, § 105 BetrVG Rz. 1; DKK, § 105 BetrVG Rz. 5; aA GK-BetrVG/*Raab*, § 105 Rz. 8. | 5 *Richardi/Thüsing*, § 105 BetrVG Rz. 14; GK-BetrVG/*Raab*, § 105 Rz. 11. | 6 *Fitting*, § 105 BetrVG Rz. 5. | 7 *Fitting*, § 105 BetrVG Rz. 8; *Richardi/Thüsing*, § 105 BetrVG Rz. 15; aA HSWG, § 105 BetrVG Rz. 13. | 8 DKK, § 105 BetrVG Rz. 6 mwN. | 9 Vgl. BAG v. 16.4.2002 – 1 ABR 23/01, NZA 2003, 56 f. | 10 Vgl. BAG v. 25.3.1976 – 1 AZR 192/75, AP Nr. 13 zu § 5 BetrVG 1972; LAG Düsseldorf v. 13.5.1976 – 3 TaBV 2/76, DB 1976, 1383 ff.

4. Rationalisierungsvorhaben;
5. Fabrikations- und Arbeitsmethoden, insbesondere die Einführung neuer Arbeitsmethoden;
5a. Fragen des betrieblichen Umweltschutzes;
6. die Einschränkung oder Stilllegung von Betrieben oder von Betriebsteilen;
7. die Verlegung von Betrieben oder Betriebsteilen;
8. der Zusammenschluss oder die Spaltung von Unternehmen oder Betrieben;
9. die Änderung der Betriebsorganisation oder des Betriebszwecks sowie
10. sonstige Vorgänge und Vorhaben, welche die Interessen der Arbeitnehmer des Unternehmens wesentlich berühren können.

1 **I. Vorbemerkungen.** Die Leitung des Unternehmens bzw. Betriebs fällt unter die grundrechtl. geschützte unternehmerische Handlungsfreiheit (Art. 12 I GG) und ist daher grds. Sache des Unternehmers bzw. ArbGeb (vgl. § 77 I 2). Kern der Unternehmensleitung sind die wirtschaftl. Angelegenheiten. Der 6. Abschnitt des BetrVG behandelt die Beteiligungsrechte des BR in diesem Bereich.

2 **1. Mitbestimmung in wirtschaftlichen Angelegenheiten.** Der 1. Unterabschnitt (§§ 106–110) regelt die Unterrichtung der ArbN bzw. ihrer Vertretungen über wirtschaftl. Angelegenheiten. Dies geschieht in Unternehmen mit regelmäßig mehr als 100 ArbN über den Wirtschaftsausschuss (§ 106). Dessen Bestellung und Zusammensetzung sind in § 107, die Sitzungen in § 108 und Streitigkeiten zwischen den Betriebspartnern über den Umfang der Unterrichtung des Wirtschaftsausschusses in § 109 näher geregelt. § 110 sieht die direkte Unterrichtung der ArbN vor und erlegt dem Unternehmer die Pflicht zur Erstattung eines Vierteljahresberichts auf.

3 Auf **Tendenzunternehmen** finden die §§ 106–110 **keine Anwendung** (§ 118 I[1] – s. dort Rz. 25). Allerdings kann der Unternehmer/ArbGeb – etwa im Rahmen eines HausTV – auf den Tendenzschutz jedenfalls dann verzichten, wenn sich der Schutz aus einer karitativen oder erzieherischen Zwecksetzung ergibt[2].

4 Der 2. Unterabschnitt (§§ 111–113) behandelt die MitbestR des BR bei Betriebsänderungen. Sie sind auf Tendenzbetriebe bzw. -unternehmen nur eingeschränkt anzuwenden (vgl. § 118 I).

5 Neben den vorgenannten Regelungen findet die Beteiligung der ArbN in wirtschaftl. Angelegenheiten noch in zahlreichen **anderen gesetzl. Regelungen** ihren Niederschlag, wie etwa in § 32 I SprAuG, in den Gesetzen zur Unternehmensmitbest. (v.a. MitbestG, DrittelbG), in den Unterrichtungspflichten nach §§ 5 III, 126 III, 176, 177, 194 II UmwG[3], bei grenzüberschreitenden Verschmelzungen (vgl. § 122e UmwG,

1 BAG v. 15.3.2006 – 7 ABR 24/05, NZA 2006, 1422. | 2 BAG v. 5.10.2000 – 1 ABR 14/00, AP Nr. 69 zu § 118 BetrVG 1972; DKK/*Däubler*, § 106 BetrVG Rz. 26. | 3 Dazu Kallmeyer/*Willemsen*, § 5 UmwG Rz. 74 ff.

MgVG) sowie nach §§ 10 V 2, 14 IV 2, 27 III 2 WpÜG[1] und für gemeinschaftsweit tätige Unternehmen oder Konzerne einer gewissen Größe im EBRG.

In diesem Zusammenhang zu erwähnen ist schließlich auch die **RL 2002/14/EG vom 11.3.2002 zur Festlegung eines allgemeinen Rahmens für die Unterrichtung und Anhörung der ArbN in der Europäischen Gemeinschaft**[2], welche in Art. 4 Abs. 2 vorsieht, dass die Mitgliedstaaten in Unternehmen mit mindestens 50 ArbN oder Betrieben mit mindestens 20 ArbN (Art. 3 I) die Unterrichtung und Anhörung der ArbN-Vertreter regeln, welche mindestens Folgendes umfassen muss: 6

- die Unterrichtung über die jüngste Entwicklung und die wahrscheinliche Entwicklung der Tätigkeit und der wirtschaftl. Situation des Unternehmens oder Betriebs;
- die Unterrichtung und Anhörung zu Beschäftigungssituation, Beschäftigungsstruktur und wahrscheinlicher Beschäftigungsentwicklung im Unternehmen oder Betrieb sowie zu ggf. geplanten antizipativen Maßnahmen, insb. bei einer Bedrohung für die Beschäftigung;
- die Unterrichtung und Anhörung zu Entscheidungen, die wesentliche Veränderungen der Arbeitsorganisation oder der Arbeitsverträge mit sich bringen können, einschließlich solcher, die Gegenstand der RL 98/59/EG (MassenentlassungsRL[3]) und der RL 2001/23/EG (BetriebsübergangsRL[4]) sind.

Die Richtlinie ist in den Mitgliedstaaten bis spätestens zum 23.3.2005 umzusetzen (Art. 11 Abs. 1). Dieser Pflicht ist Deutschland bislang noch nicht nachgekommen. Es ist jedoch damit zu rechnen, dass die Umsetzung zu Veränderungen im BetrVG und namentlich in den §§ 106 ff. führen wird[5]. 7

Ende 2007 hat die Bundesregierung den **Entwurf eines** Gesetzes zur Begrenzung der mit Finanzinvestitionen verbundenen Risiken (**Risikobegrenzungsgesetz**) in den Bundestag eingebracht. Das Gesetzesvorhaben soll unerwünschten Entwicklungen entgegenwirken, die auf Grund der Tätigkeit von Finanzinvestoren[6] beobachtet werden (zB Personalabbau oder Zerschlagung von Unternehmen im Rahmen der Reorganisation nach Übernahme)[7]. Dazu soll insbesondere die Transparenz verbessert und eine ausreichende Informationsbasis für alle Akteure hergestellt werden. 7a

In arbeitsrechtlicher Hinsicht ist Folgendes **geplant**: 7b

- Einfügung eines **Satzes 2** in **§ 106 II** mit folgendem Inhalt: „Zu den erforderlichen Unterlagen gehört in den Fällen des Absatzes 3 Nr. 9a insbesondere die Angabe über den potentiellen Erwerber und dessen Absichten im Hinblick auf die künftige Geschäftstätigkeit des Unternehmens sowie die sich daraus ergebenden Auswirkungen auf die Arbeitnehmer; Gleiches gilt, wenn im Vorfeld der Übernahme des Unternehmens ein Bieterverfahren durchgeführt wird."
- Einfügung folgender **Nr. 9a** in die Liste der wirtschaftlichen Angelegenheiten nach **§ 106 III**: „9a. die Übernahme des Unternehmens, wenn hiermit der Erwerb der Kontrolle verbunden ist".
- Einfügung eines neuen **§ 109a** mit folgendem Wortlaut: „In Unternehmen, in denen kein Wirtschaftsausschuss besteht, ist im Fall des § 106 Abs. 3 Nr. 9a der Betriebsrat entsprechend § 106 Abs. 1 und 2 zu beteiligen; § 109 gilt entsprechend."

Eine Kontrolle der Unternehmens iSd. geplanten § 106 III Nr. 9a liegt nach der Gesetzesbegründung insbesondere vor, wenn mindestens 30 % der Stimmrechte an der Zielgesellschaft gehalten werden (vgl. § 29 II WpÜG)[8]. **Gegenstand der Regelungen** ist die **Zielgesellschaft**, dh., es geht um die Unterrichtung des Wirtschaftsausschusses bzw. BR der Zielgesellschaft, deren Anteile im Wege eines Anteilkaufs („share deal") übernommen werden sollen. Die Regelungen sollen laut Gesetzesbegründung der „Klarstellung" dienen[9], werfen aber eher Fragen auf[10]. Sie sind teils unsystematisch verortet und allesamt **überflüssig**. Dass die Übernahme eines Unternehmens im Wege des share deal – ggf. im Bieterverfahren – eine wirtschaftl. Angelegenheit der Zielgesellschaft ist, ergibt sich bereits aus den allgemeinen Grundsätzen (Rz. 83). Auch die in § 106 II 2 des Entwurfs vorgesehene Pflicht zur Vorlage der genannten Unterlagen bringt idR kein Mehr an Transparenz, weil sich die Vorlagepflicht nur auf bereits existierende oder leicht erstellbare Unterlagen bezieht (Rz. 43). Die Zielgesellschaft dürfte in der Praxis aber eher selten im Besitz von Unterlagen über die Absichten des potentiellen Erwerbers hinsichtlich der künftigen Geschäftstätigkeit der Zielgesellschaft sein. § 109a gehört systematisch in § 80 BetrVG. Die Regelung dürfte zudem nicht erforderlich sein (vgl. Rz. 13). Nach alledem sollten die arbeitsrechtl. Vorschriften im Gesetzesentwurf gestrichen werden. 7c

---

1 Dazu *Grobys*, NZA 2002, 1 ff.; *Seibt*, DB 2002, 529 ff. | 2 ABl. EG Nr. L 80 v. 23.3.2002, S. 29; dazu *Bonin*, AuR 2004, 321 ff.; *Düwell*, FA 2002, 172 (174 f.); *Reichold*, NZA 2003, 289 ff.; *Weiler*, AiB 2002, 265; *Weiss*, NZA 2003, 177 (182 f.). | 3 ABl. EG Nr. L 225 v. 12.8.1998, S. 16. | 4 ABl. EG Nr. L 82 v. 22.3.2001, S. 16. | 5 Vgl. *Bonin*, AuR 2004, 321 ff.; *Düwell*, FA 2002, 172 (175); vgl. zum gesetzgeberischen Handlungsbedarf hinsichtlich des Richtlinienentwurfs vom 17.11.1998, BR-Drs. 1002/98, *Deinert*, NZA 1999, 800 ff. | 6 ZT auch despektierlich „Heuschrecken" genannt. | 7 Vgl. BR-Drs. 763/07, S. 6. | 8 BR-Drs. 763/07, S. 17; krit. dazu *Thüsing*, ZIP 2008, 106 (108). | 9 BR-Drs. 763/07, S. 17. | 10 Ebenso *Simon*, BB 2008, 105; zu Recht sehr krit. auch *Thüsing*, ZIP 2008, 106 ff.

8 **2. Aufgabe und Funktion des Wirtschaftsausschusses (Abs. 1 S. 2).** Der in §§ 106–109 näher geregelte Wirtschaftsauschuss ist ein besonderes betriebsverfassungsrechtl. Organ[1], das gem. Abs. 1 S. 2 des § 106 die Aufgabe hat, nach Unterrichtung durch den Unternehmer (Abs. 2) **wirtschaftl. Angelegenheiten mit dem Unternehmer zu beraten** (vgl. Rz. 54) **und den BR zu unterrichten** (s. auch § 108 IV). Fällt eine wirtschaftl. Angelegenheit in die Zuständigkeit des **GBR** gem. § 50 I, so hat der Wirtschaftsausschuss den GBR zu unterrichten, andernfalls den BR (vgl. § 108 Rz. 34)[2]. Die Unterrichtung ist mündlich möglich und kann einem Mitglied des Wirtschaftsausschusses übertragen werden (vgl. § 108 Rz. 35)[3].

9 Der Wirtschaftsausschuss erfüllt eine soziale Schutzfunktion. Seine Aufgaben sollen dazu dienen, Entscheidungen auf der Ebene des Unternehmens, die sich auf die Arbeitnehmerschaft nachteilig auswirken können, möglichst frühzeitig zu erkennen[4]. Nach **Sinn und Zweck** des § 106 soll der Wirtschaftsausschuss gleichgewichtig und gleichberechtigt mit dem Unternehmer über die wirtschaftl. Angelegenheiten des Unternehmens beraten[5].

10 Dabei ist der Wirtschaftsausschuss nach der gesetzl. Konzeption ein mit fachkundigen Personen (vgl. § 107 I 3) besetzter **Ausschuss des BR bzw. – bei Vorhandensein mehrerer Betriebe – des GBR**[6]. Er ist weniger ein Repräsentationsorgan der Belegschaft, als vielmehr ein **Hilfsorgan des BR bzw. GBR**, dh. des Organs, das ihn errichtet hat; seine Tätigkeit dient letztlich nur der Erfüllung der BR-Aufgaben[7].

11 **3. Verhältnis zu anderen Unterrichtungsrechten.** Neben dem allgemeinen Unterrichtungsanspruch des BR nach § 80 II enthält das BetrVG im Zusammenhang mit einzelnen Mitbestimmungsgegenständen Unterrichtungsrechte des BR, wie etwa hinsichtlich der Gestaltung von Arbeitsablauf und -umgebung (§ 90 I), Personalplanung (§ 92 I) und Betriebsänderungen (§ 111 S. 1). Die Informationsrechte des Wirtschaftsausschusses nach § 106 II und die Unterrichtungsansprüche des BR nach anderen Vorschriften stehen **nebeneinander**.

12 **Zeitlich** gesehen setzt die **Unterrichtung des Wirtschaftsausschusses** über wirtschaftl. Angelegenheiten allerdings **früher als die Information des BR** an. Denn wirtschaftl. Angelegenheiten iSd. § 106 III sollen in einem frühen Stadium mit einem sachverst. Gremium beraten werden, bevor es in den Betrieben zu konkreten Planungen und Maßnahmen kommt, an denen der BR zu beteiligen ist[8]. Außerdem ergibt sich aus der Berichtspflicht des Wirtschaftsausschusses gegenüber dem BR nach § 108 IV, dass nach der gesetzl. Konzeption die Unterrichtung des Wirtschaftsausschusses der Information des BR zeitlich vorgelagert ist[9] (zur Rechtzeitigkeit der Unterrichtung des Wirtschaftsausschusses vgl. Rz. 33 ff.).

13 Besteht mangels Erreichens des Schwellenwertes nach § 106 I in einem Unternehmen **kein Wirtschaftsauschuss**, kann der **BR** die **Unterrichtung über wirtschaftl. Angelegenheiten** unter Vorlage der erforderlichen Unterlagen zwar nicht nach §§ 106 II, 108 IV verlangen, aber **uU gem. § 80 II**, wenn und soweit dies zur Durchführung konkreter Aufgaben erforderlich ist[10]. Der BR in Unternehmen bis 100 ArbN hat aber kein allgemeines Einblicksrecht in die Jahresbilanz[11] oder den Wirtschaftsprüfungsbericht zum Jahresabschluss[12].

14 Der Unternehmer kann die Unterrichtung des SprAu der leitenden Angestellten nach § 32 I SprAuG mit der des Wirtschaftsausschusses nach § 106 verbinden, wenn beide Organe damit einverstanden sind[13].

15 **II. Bildung des Wirtschaftsausschusses (Abs. 1 S. 1).** Abs. 1 S. 1 schreibt die Errichtung eines Wirtschaftsausschusses durch BR oder GBR (vgl. § 107 II) in **Unternehmen mit in der Regel mehr als 100 ständig beschäftigten ArbN** zwingend vor. Die Nichterrichtung des Wirtschaftsausschusses durch den BR bzw. den GBR stellt eine Pflichtverletzung dar[14]. Es besteht **keine Pflicht auf Seiten des Unternehmens**, auf die gesetzl. vorgeschriebene Bildung eines Wirtschaftsausschusses hinzuwirken.

---

1 BAG v. 16.3.1982 – 1 AZR 406/80, AP Nr. 3 zu § 108 BetrVG 1972; s. auch BAG v. 17.10.1990 – 7 ABR 69/89, AP Nr. 8 zu § 108 BetrVG 1972: „In Sitzungen des Wirtschaftsausschusses sind die Mitglieder des Gesamtbetriebsrats nur in ihrer Funktion als Mitglieder des Wirtschaftsausschusses tätig." | 2 *Fitting*, § 106 BetrVG Rz. 20; MünchArbR/*Joost*, § 319 Rz. 58; aA *Löwisch/Kaiser*, § 106 BetrVG Rz. 16, wonach das jeweilige Bestellungsorgan vom Wirtschaftsausschuss zu unterrichten ist. | 3 *Fitting*, § 106 BetrVG Rz. 18. | 4 BAG v. 1.10.1974 – 1 ABR 77/73, AP Nr. 1 zu § 106 BetrVG 1972. | 5 BAG v. 11.7.2000 – 1 ABR 43/99, AP Nr. 2 zu § 109 BetrVG 1972. | 6 BAG v. 25.6.1987 – 6 ABR 45/85, AP Nr. 6 zu § 108 BetrVG 1972. | 7 BAG v. 23.8.1989 – 7 ABR 39/88, AP Nr. 7 zu § 106 BetrVG 1972; v. 1.8.1990 – 7 ABR 91/88, AP Nr. 8 zu § 106 BetrVG 1972; v. 18.11.1980 – 1 ABR 31/78, AP Nr. 2 zu § 108 BetrVG 1972; DKK/*Däubler*, § 106 BetrVG Rz. 2; MünchArbR/*Joost*, § 319 Rz. 2. | 8 BAG v. 5.2.1991 – 1 ABR 24/90, AP Nr. 10 zu § 106 BetrVG 1972; s. auch *Fitting*, § 106 BetrVG Rz. 22; *Schweibert* in Willemsen/Hohenstatt/Schweibert/Seibt Rz. C 401. | 9 Vgl. GK-BetrVG/*Oetker*, § 106 Rz. 81. | 10 BAG v. 5.2.1991 – 1 ABR 24/90, AP Nr. 10 zu § 106 BetrVG 1972; DKK/*Däubler*, § 106 BetrVG Rz. 21 f.; MünchArbR/*Joost*, § 319 Rz. 8 f.; Richardi/*Annuß*, § 106 BetrVG Rz. 16; *Schweibert* in Willemsen/Hohenstatt/Schweibert/Seibt, Rz. C 399; aA GK-BetrVG/*Fabricius*, 6. Aufl. 1998, § 106 Rz. 11 ff. | 11 LAG Köln v. 8.9.1987 – 11 Ta BV 32/87, NZA 1988, 210 f. | 12 BAG v. 5.2.1991 – 1 ABR 24/90, AP Nr. 10 zu § 106 BetrVG 1972; *Fitting*, § 106 BetrVG Rz. 16; ErfK/*Kania*, § 106 BetrVG Rz. 2. | 13 *Löwisch/Kaiser*, § 106 BetrVG Rz. 10. | 14 DKK/*Däubler*, § 106 BetrVG Rz. 14; Richardi/*Annuß*, § 106 BetrVG Rz. 17.

1. Unternehmen. Der Gesetzeswortlaut knüpft hinsichtlich der Bildung des Wirtschaftsausschusses an das Unternehmen an. Funktional versteht man unter Unternehmen eine organisatorische Einheit, mit welcher der Unternehmer seine wirtschaftl. oder ideellen Zwecke verfolgt, also den geschäftlichen Tätigkeitsbereich des ArbGeb[1]. In rechtl. Hinsicht muss ein Unternehmen iSd. § 106 notwendigerweise einen einheitlichen Rechtsträger haben; mehrere rechtl. selbständige Unternehmen können nicht ihrerseits ein Unternehmen darstellen, sondern nur einen Konzern[2]. Vereinfacht gesagt kann man daher das „**Unternehmen**" mit der **natürlichen oder juristischen Person** des Unternehmers gleichsetzen. Mit dem „**Unternehmer**" iSd. §§ 106 ff. sind der **ArbGeb** bzw. bei einer juristischen Person die diese in ihrer ArbGebStellung vertretenden Personen gemeint[3]. 16

Anknüpfungspunkt für den Wirtschaftsausschuss ist das Unternehmen, nicht der Konzern. Daher kann der KBR **keinen Konzernwirtschaftsausschuss** bilden; eine analoge Anwendung des § 106 I scheidet aus[4]. Der im Rahmen der Reform des BetrVG im Referentenentwurf vorgesehene § 109a über den Konzernwirtschaftsausschuss[5] wurde im BetrVerf-Reformgesetz vom 23.7.2001[6] nicht umgesetzt. 17

Der Wirtschaftsausschuss wird für das ganze Unternehmen gebildet unabhängig von der Anzahl der Betriebe[7] (zum Betriebsbegriff § 1 Rz. 1 ff.). Es gilt daher im Grundsatz, dass **pro Unternehmen nur ein Wirtschaftsausschuss** bestehen und für einzelne Betriebe kein Wirtschaftsausschuss errichtet werden kann (zu Sonderfällen Rz. 24 ff.)[8]. 18

2. Schwellenwert von mehr als 100 Arbeitnehmern. Voraussetzung für die Errichtung des Wirtschaftsausschusses ist, dass in dem Unternehmen in der Regel mehr als 100 ArbN ständig beschäftigt werden. Hat ein Unternehmen mehrere Betriebe, sind im Hinblick auf diesen Schwellenwert die ArbN aller Betriebe zusammenzuzählen, einschließlich der ArbN, die in nicht betriebsratsfähigen oder sonstwie betriebsratslosen Betrieben beschäftigt sind[9]. 19

Es gilt der **betriebsverfassungsrechtl. ArbN-Begriff** (§ 5 I – vgl. § 5 Rz. 2 ff.). Leitende Angestellte (§ 5 III) zählen daher nicht mit[10]. Hingegen zählen Teilzeitbeschäftigte voll mit[11]. Auf die Wahlberechtigung der ArbN kommt es im Rahmen des § 106 I angesichts des eindeutigen Wortlauts nicht an[12]. LeihArbN sind – auch wenn sie nach § 7 S. 2 wahlberechtigt sind – beim Entleiher nicht zu berücksichtigen, da sie insoweit nicht unter den ArbN-Begriff des § 5 fallen[13]. Die in **ausländischen Betrieben beschäftigten ArbN** eines Unternehmens sind hinsichtlich des Schwellenwertes für den Wirtschaftsausschuss auf Grund des Territorialitätsprinzips (vgl. § 1 Rz. 3) **nicht** zu berücksichtigen[14]. 20

Maßgeblich für die Zahl **„ständig" beschäftigter** ArbN ist die Zahl ständig zu besetzender Arbeitsplätze, unabhängig davon, ob die ArbN auf diesen Arbeitsplätzen befristet oder unbefristet beschäftigt werden[15] (s. auch § 1 Rz. 4). Hinsichtlich der **„in der Regel"** beschäftigten ArbN ist nicht auf die Zahl der ArbN an einem bestimmten Stichtag abzustellen, sondern es bedarf einer Einschätzung, wie viele ArbN ein Unternehmen in der Vergangenheit beschäftigt hat und in der Zukunft voraussichtlich beschäftigen wird; es kommt auf das gewöhnliche Erscheinungsbild bei normalem Gang der Geschäftstätigkeit an[16] (s. auch § 1 Rz. 4). 21

Sinkt die Zahl der ständig beschäftigten ArbN auf Grund einer Prognose **auf idR 100 oder weniger ArbN**, fallen die gesetzl. Voraussetzungen für den Wirtschaftsausschuss weg, so dass dessen Amt ohne weiteres endet[17] (vgl. auch § 107 Rz. 24). Beruht das Absinken auf einer Spaltung des Rechtsträgers nach §§ 123 ff. UmwG, kann gem. § 325 II UmwG die Beibehaltung des Wirtschaftsausschusses vereinbart werden[18]. Für grenzüberschreitende Verschmelzungen siehe § 29 iVm. § 2 VI MgVG[19]. 22

---

1 Näher zum Unternehmensbegriff BAG v. 13.2.2007 – 1 AZR 184/06, DB 2007, 1419; *v. Hoyningen-Huene*, BetrVR, 6. Aufl. 2007, § 3 Rz. 15. |2 BAG v. 23.8.1989 – 7 ABR 39/88, AP Nr. 7 zu § 106 BetrVG 1972; v. 1.8.1990 – 7 ABR 91/88, AP Nr. 8 zu § 106 BetrVG 1972. |3 Ebenso MünchArbR/*Joost*, § 319 Rz. 3; Richardi/*Richardi*/*Annuß*, Vor § 106 BetrVG Rz. 12. |4 BAG v. 23.8.1989 – 7 ABR 39/88, AP Nr. 7 zu § 106 BetrVG 1972 unter III 2; Richardi/*Annuß*, § 106 BetrVG Rz. 9. |5 Nachweis bei *Schiefer/Korte*, NZA 2001, 71 (87). |6 BGBl. I S. 1852. |7 *Fitting*, § 106 BetrVG Rz. 12; Richardi/*Annuß*, § 106 BetrVG Rz. 6. |8 MünchArbR/*Joost*, § 319 Rz. 5. |9 *Löwisch/Kaiser*, § 106 BetrVG Rz. 3. |10 DKK/*Däubler*, § 106 BetrVG Rz. 5; ErfK/*Kania*, § 106 BetrVG Rz. 2; aA *Schaub/Koch*, ArbRHb, § 243 Rz. 2. |11 DKK/*Däubler*, § 106 BetrVG Rz. 13; *Löwisch/Kaiser*, § 106 BetrVG Rz. 2. |12 Ebenso DKK/*Däubler*, § 106 BetrVG Rz. 5; *Fitting*, § 106 BetrVG Rz. 11. |13 BAG v. 22.10.2003 – 7 ABR 3/03, NZA 2004, 1052 (1053 f.); v. 16.4.2003 – 7 ABR 53/02, BB 2003, 2178 (2179); *Brose*, NZA 2005, 797 ff.; *Hanau*, RdA 2001, 65 (75); *Maschmann*, DB 2001, 2446 (2448); aA DKK/*Däubler*, § 106 BetrVG Rz. 12; Richardi/*Annuß*, § 106 BetrVG Rz. 11. |14 *Fitting*, § 106 BetrVG Rz. 14; MünchArbR/*Joost*, § 319 Rz. 12; Richardi/*Annuß*, § 106 BetrVG Rz. 13; *Schweibert* in Willemsen/Hohenstatt/Schweibert/Seibt, Rz. C 398; aA DKK/*Däubler*, § 106 BetrVG Rz. 23. |15 BAG v. 5.10.2000 – 1 ABR 14/00, AP Nr. 69 zu § 118 BetrVG 1972. |16 DKK/*Däubler*, § 106 BetrVG Rz. 8 ff.; *Schweibert* in Willemsen/Hohenstatt/Schweibert/Seibt, Rz. C 396. |17 BAG v. 7.4.2004 – 7 ABR 41/03, NZA 2005, 311; MünchArbR/*Joost*, § 319 Rz. 4; *Picot/Schnitker*, Arbeitsrecht bei Unternehmenskauf und Restrukturierung, 2001, Teil III Rz. 81; Richardi/*Annuß*, § 106 BetrVG Rz. 11; aA DKK/*Däubler*, § 106 BetrVG Rz. 13a; vgl. auch LAG Frankfurt v. 17.8.1993 – 4 TaBV 61/93, DB 1994, 1248 = BB 1994, 717 für den Fall des Absinkens des Belegschaftsstärke im Betrieb (§ 13 Abs. 2 Nr. 1), ohne dass erkennbar wäre, ob in dem zugrunde liegenden Fall auch der Schwellenwert nach § 106 Abs. 1 unterschritten wurde. |18 *Gaul*, DB 1995, 2265; MünchArbR/*Joost*, § 319 Rz. 4; Kallmeyer/*Willemsen*, § 325 UmwG Rz. 12. |19 Zum MgVG *Krause/Janko*, BB 2007, 2194; *Lunk/Hinrichs*, NZA 2007, 773; *Nagel*, NZG 2007, 57; *Schubert*, RdA 2007, 9.

23 **3. Bestehen eines Betriebsrats.** Da die Mitglieder des Wirtschaftsausschusses gem. § 107 II vom BR oder vom GBR bestimmt werden, setzt die Errichtung eines Wirtschaftsausschusses die Existenz zumindest eines BR in einem Betrieb des Unternehmens voraus[1].

24 **4. Sonderfälle.** Vom Grundsatz, dass pro Unternehmen mit BR und mehr als 100 ArbN ein Wirtschaftsausschuss zu bilden ist, gibt es Ausnahmen in folgenden Sonderfällen:

25 **a) Tendenzunternehmen (§ 118 Abs. 1).** In Tendenzunternehmen finden die §§ 106–110 gem. § 118 I keine Anwendung (s. Rz. 3), so dass auch bei Erreichen des Schwellenwerts kein Wirtschaftsausschuss zu errichten ist.

26 **b) Ausländisches Unternehmen mit inländischen Betrieben.** Für die inländischen Betriebe oder Unternehmensteile eines ausländischen Unternehmens kann der BR bzw. GBR einen Wirtschaftsausschuss bilden, sofern die sonstigen gesetzl. Voraussetzungen vorliegen[2]. Insoweit erfährt der Grundsatz, dass für einzelne Betriebe eines Unternehmens kein Wirtschaftsausschuss gebildet werden kann, eine Durchbrechung. Erforderlich ist aber – neben dem **Erreichen des Schwellenwertes bei Berücksichtigung der in Deutschland beschäftigten ArbN** (s. Rz. 20) –, dass die inländischen Betriebe oder Unternehmensteile ein Unternehmen iSd. BetrVG bilden, dh. dass ein Zusammenschluss mehrerer Betriebe in einer ihnen übergeordneten Organisation vorliegt, deren Betätigung im wirtschaftl. Bereich liegt[3]. Ausreichend ist es insoweit, wenn das Unternehmen mit Hauptsitz im Ausland eine **zentrale Direktion in Deutschland** hat, die im Rahmen ihrer Befugnisse unternehmerische Aufgaben erfüllt, ArbGebFunktionen wahrnimmt und die bei der ausländischen Zentrale getroffenen Unternehmensentscheidungen in Deutschland durchführt. Unerheblich ist nach Auffassung des BAG, ob der Direktion selbst keine oder nur geringe Entscheidungsbefugnis eingeräumt ist[4].

27 **c) Gemeinschaftsbetrieb mehrerer Unternehmen.** Betreiben mehrere Unternehmen einen gemeins. Betrieb (vgl. § 1 I 2 und II – näher zum Gemeinschaftsbetrieb § 1 Rz. 16 ff.) **mit** in der Regel **mehr als 100** ständig beschäftigten **ArbN**, so ist nach Auffassung des BAG und der hM für den Gemeinschaftsbetrieb ein Wirtschaftsausschuss nach § 106 (analog) auch dann zu bilden, wenn keines der am Gemeinschaftsbetrieb beteiligten Unternehmen für sich alleine diese Beschäftigtenzahl erreicht[5]. Hinsichtlich des Schwellenwertes von 100 ständig beschäftigten ArbN sind die im Gemeinschaftsbetrieb beschäftigten ArbN der beteiligten Unternehmen also zusammenzurechnen. Die Unterrichtungspflicht gegenüber dem Wirtschaftsausschuss nach § 106 II trifft alle am Gemeinschaftsbetrieb beteiligten Unternehmen, wobei **jedes Unternehmen über seine wirtschaftl. Angelegenheiten zu berichten** hat[6]. Das BAG begründet die analoge Anwendung des § 106 mit dem Vorliegen einer planwidrigen Regelungslücke, da dem Gesetzgeber der Fall eines mehreren Unternehmen zuzuordnenden einheitlichen Betriebs bei Gesetzeserlass noch nicht bekannt gewesen sei[7]. Diese Begründung ist durch das BetrVerf-Reformgesetz vom 23.7.2001[8] zweifelhaft geworden, da der Gesetzgeber die Fallkonstellation des gemeins. Betriebs mehrerer Unternehmen nunmehr ausdrücklich in §§ 1 I 2 und II sowie 47 IX regelt und von einer planwidrigen Regelungslücke daher kaum mehr gesprochen werden kann. In dogmatischer Hinsicht wird teilweise vertreten, den Gemeinschaftsbetriebs als eine selbständige Einheit (zB in Form der BGB-Gesellschaft, § 705 BGB[9]) zu erfassen, die einem Unternehmen iSd. § 106 I gleichzustellen ist[10]. Konsequenterweise dürften sich dann aber die Rechte des Wirtschaftsausschusses nur auf die wirtschaftl. Angelegenheiten des „Unternehmens Gemeinschaftsbetrieb“ beziehen und nicht auf die der Unternehmen, welche den Gemeinschaftsbetrieb führen. Daher fiele zB die Erläuterung des Jahresabschlusses nach § 108 V weg, da der Gemeinschaftsbetrieb keinen Jahresabschluss erstellt. Dieser Ansatz überzeugt daher letztlich nicht. Insgesamt steht eine überzeugende dogmatische Lösung der hier aufgeworfenen Frage noch aus. Die Auffassung des BAG und der hM lässt sich heute am ehesten mit dem Charakter der Wirtschaftsausschusses als Hilfsorgan des BR (s. Rz. 10) begründen: Ist die Bildung eines BR im Gemeinschaftsbetrieb anerkannt, so liegt es nahe, auch die Bildung eines Wirtschaftsausschusses im Gemeinschaftsbetrieb bei Überschreiten des Schwellenwerts *in diesem* zuzulassen[11].

1 DKK/*Däubler*, § 106 BetrVG Rz. 16; MünchArbR/*Joost*, § 319 Rz. 4. | 2 BAG v. 31.10.1975 – 1 ABR 4/74, AP Nr. 2 zu § 106 BetrVG 1972; v. 1.10.1974 – 1 ABR 77/73, AP Nr. 1 zu § 106 BetrVG 1972; GK-BetrVG/*Oetker*, § 106 Rz. 14 f.; *Fitting*, § 106 BetrVG Rz. 15. | 3 BAG v. 31.10.1975 – 1 ABR 4/74, AP Nr. 2 zu § 106 BetrVG 1972; v. 1.10.1974 – 1 ABR 77/73, AP Nr. 1 zu § 106 BetrVG 1972; weiter gehend MünchArbR/*Joost*, § 319 Rz. 10 f.; *Schweibert* in Willemsen/Hohenstatt/Schweibert/Seibt, Rz. C 398. | 4 BAG v. 31.10.1975 – 1 ABR 4/74, AP Nr. 2 zu § 106 BetrVG 1972. | 5 BAG v. 1.8.1990, AP Nr. 8 zu § 106 BetrVG 1972; DKK/*Däubler*, § 106 BetrVG Rz. 19 ff.; *Fitting*, § 106 BetrVG Rz. 13; ErfK/*Kania*, § 106 BetrVG Rz. 2; MünchArbR/*Joost*, § 319 Rz. 6 f.; *Schweibert* in Willemsen/Hohenstatt/Schweibert/Seibt, Rz. C 397; aA Richardi/*Annuß*, § 106 BetrVG Rz. 8, 12, wonach es im Hinblick auf §§ 1 Abs. 1 S. 2, 47 Abs. 9 an einer Regelungslücke für die analoge Anwendung des § 106 fehle. | 6 Vgl. BAG v. 1.8.1990 – 7 ABR 91/88, AP Nr. 8 zu § 106 BetrVG 1972; DKK/*Däubler*, § 106 BetrVG Rz. 20. | 7 BAG v. 1.8.1990 – 7 ABR 91/88, AP Nr. 8 zu § 106 BetrVG 1972. | 8 BGBl. I S. 1852. | 9 Vgl. BAG v. 27.3.1981 – 7 AZR 523/78, AP Nr. 1 zu § 611 BGB – Arbeitgebergruppe; Hess. LAG v. 17.7.2001 – 4 Sa 491/00, BB 2002, 1421 (1424). | 10 IdS GK-BetrVG/*Oetker*, § 106 Rz. 12, 26. | 11 IdS bereits BAG v. 1.8.1990, AP Nr. 8 zu § 106 BetrVG 1972.

Haben die am Gemeinschaftsbetrieb beteiligten Unternehmen **weitere Betriebe** und überschreiten sie den Schwellenwert, ist nicht im Gemeinschaftsbetrieb, sondern in den beteiligten Unternehmen selbst jeweils ein Wirtschaftsausschuss zu errichten (und zwar im Regelfall vom GBR, es sei denn, es existiert nur ein BR – vgl. § 107 Rz. 14 f.)[1]. Dabei ist zu beachten, dass alle ArbN des Gemeinschaftsbetriebs bei jedem Unternehmen mitzählen[2]. 28

d) Abweichend vereinbarte Betriebsverfassungsstrukturen (§ 3 Abs. 1 Nr. 1–3). Wenn gem. § 3 I Nr. 1 die Bildung eines unternehmenseinheitlichen BR (lit. a) oder eines einheitlichen BR für mehrere Betriebe (lit. b) vereinbart werden, bleibt die von § 106 I vorgesehene Anknüpfung des Wirtschaftsausschusses an das Unternehmen möglich, so dass hinsichtlich dessen Bildung keine Besonderheiten gelten. 29

Wird hingegen gem. § 3 I Nr. 2 oder 3 die Bildung unternehmensübergreifender BR vereinbart, so gelten die dadurch gebildeten Organisationseinheiten gem. § 3 V 1 als Betriebe iSd. Gesetzes. Die daran beteiligten Unternehmen dürften also so zu behandeln sein, als würden sie einen gemeins. Betrieb unterhalten. Hinsichtlich der Errichtung des Wirtschaftsausschusses finden daher wohl die zum Gemeinschaftsbetrieb mehrerer Unternehmen dargestellten Grundsätze entsprechende Anwendung (s. Rz. 27 f.). Die in der vereinbarten Betriebsverfassungsstruktur beschäftigten ArbN der beteiligten Unternehmen sind zusammenzuzählen. 30

III. Unterrichtungspflicht des Unternehmers (Abs. 2). Nach Abs. 2 hat der Unternehmer (ArbGeb) den Wirtschaftsausschuss über die wirtschaftl. Angelegenheiten des Unternehmens und die sich daraus ergebenden Auswirkungen auf die Personalplanung unter Vorlage der erforderlichen Unterlagen zu unterrichten, es sei denn, Betriebs- oder Geschäftsgeheimnisse werden gefährdet. Träger der Pflicht ist der Unternehmer, also der ArbGeb (s. Rz. 16). Unternehmer ist bei Einzelfirmen der Inhaber, bei juristischen Personen sind dies die Mitglieder des gesetzl. Vertretungsorgans und bei anderen Personengesamtheiten die zur Vertretung oder Geschäftsführung berufenen Personen (vgl. § 108 Rz. 11)[3]. 31

§§ 14, 15 WpHG als solche **vermögen keine Ausnahme von der Unterrichtungspflicht** nach § 106 II **zu begründen**[4]. Das Verbot, einem anderen eine Insiderinformation (§ 13 I WpHG[5]) unbefugt mitzuteilen oder zugänglich zu machen (§ 14 I Nr. 2 WpHG), wird durch die Unterrichtung des Wirtschaftsausschusses über wirtschaftl. Angelegenheiten nicht verletzt, da die Informationsweitergabe gesetzl. vorgeschrieben (§ 106 II) und damit nicht „unbefugt" ist[6]. Ferner liegt in der Unterrichtung des Wirtschaftsausschusses kein Verstoß gegen das Verbot der anderweitigen (Vorab-)Veröffentlichung von Tatsachen, die der Ad-hoc-Publizitätspflicht unterliegen (§ 15 V WpHG)[7]. Für die Mitglieder des Wirtschaftsausschusses gilt es aber zu beachten, dass sie durch die Unterrichtung über Insiderinformationen selbst zu Insidern werden und dem sanktionsbewehrten (§§ 38 I Nr. 2, 39 II Nr. 3 WpHG) Verbot der unbefugten Weitergabe von Insiderinformationen gem. § 14 I Nr. 2 WpHG unterliegen[8]. 32

1. Rechtzeitige und umfassende Unterrichtung des Wirtschaftsausschusses. Die Verpflichtung, den Wirtschaftsauschuss rechtzeitig und umfassend zu unterrichten, soll sicherstellen, dass der Wirtschaftsausschuss und der von ihm unterrichtete BR (GBR) Einfluss auf die Gesamtplanung nehmen kann, weil sich die Gesamtplanung in der Regel auch auf die Personalplanung auswirkt[9]. 33

Rechtzeitig ist die Unterrichtung also, wenn der Unternehmer den Wirtschaftsausschuss vor geplanten unternehmerischen Entscheidungen und sonstigen Vorhaben so frühzeitig informiert, dass dieser und der von ihm unterrichtete BR bzw. GBR durch ihre Stellungnahmen und eigenen Vorschläge noch Einfluss auf die Gesamtplanung und die einzelnen Vorhaben nehmen können[10]. Der **Wirtschaftsausschuss** muss vor dem BR unterrichtet werden (vgl. Rz. 12). Daraus folgt für die Praxis, dass der Wirtschaftsausschuss im Falle von geplanten Betriebsänderungen iSd. § 111 auf keinen Fall erst nach dem BR unterrichtet werden kann. Dies wäre ein klarer Gesetzesverstoß, der ein Ordnungswidrigkeitenverfahren nach § 121 nach sich ziehen kann. Möglich ist es allerdings, die Beteiligung des BR vorzuziehen und ihn zeitgleich mit dem Wirtschaftsausschuss zu unterrichten (vgl. Rz. 84). Verspätet ist die Unterrichtung ferner, wenn das zuständige Unternehmensorgan (Geschäftsführung, Vorstand, Aufsichtsrat) die Entscheidung bereits beschlossen hat und der Wirtschaftsausschuss vor vollendete Tatsachen gestellt wird[11]. Bei der **Formulierung von Aufsichtsratbeschlüssen** sollte hierauf besonders geachtet werden, da dem Vorstand 34

---

1 DKK/*Däubler*, § 106 BetrVG Rz. 19a; *Fitting*, § 106 BetrVG Rz. 13; *Schweibert* in Willemsen/Hohenstatt/Schweibert/Seibt, Rz. C 397; so wohl auch BAG v. 1.8.1990, AP Nr. 8 zu § 106 BetrVG 1972. | 2 *Fitting*, § 106 BetrVG Rz. 13; *Schweibert* in Willemsen/Hohenstatt/Schweibert/Seibt, Rz. C 397. | 3 GK-BetrVG/*Oetker*, § 106 Rz. 103. | 4 DKK/*Däubler*, § 106 BetrVG Rz. 55; *Fitting*, § 106 BetrVG Rz. 29; *Kappes*, NJW 1995, 2832; *Schleifer/Kliemt*, DB 1995, 2214 ff. | 5 Näher zum Begriff der „Insiderinformation" *Röder/Merten*, NZA 2005, 268 (269 ff.). | 6 GK-BetrVG/*Oetker*, § 106 Rz. 84; *Kappes*, NJW 1995, 2832; *Schleifer/Kliemt*, DB 1995, 2214 (2216 f.); aA *Röder/Merten*, NZA 2005, 268 (271 f.). | 7 *Schleifer/Kliemt*, DB 1995, 2214 (2217 f.). | 8 DKK/*Däubler*, § 106 BetrVG Rz. 55; *Fischer*, DB 1998, 2606 (2607); *Kappes*, NJW 1995, 2832; Richardi/*Annuß*, § 106 BetrVG Rz. 32; *Schleifer/Kliemt*, DB 1995, 2214 (2219). | 9 BAG v. 20.11.1984 – 1 ABR 64/82, AP Nr. 3 zu § 106 BetrVG 1972; LAG Köln v. 14.1.2004 – 8 TaBV 72/03, NZA-RR 2005, 32 (33). | 10 BAG v. 22.1.1991 – 1 ABR 38/89, AP Nr. 9 zu § 106 BetrVG 1972; *Fitting*, § 106 BetrVG Rz. 22; Richardi/*Annuß*, § 106 BetrVG Rz. 24. | 11 DKK/*Däubler*, § 106 BetrVG Rz. 41; ErfK/*Kania*, § 106 BetrVG Rz. 4; *Schweibert* in Willemsen/Hohenstatt/Schweibert/Seibt, Rz. C 401.

ansonsten ein Ordnungswidrigkeitenverfahren nach § 121 droht. Die Unterrichtungspflicht besteht jedoch **nicht** im Stadium **bloßer Gedankenspiele und Vorüberlegungen** (zB Erarbeitung von Diskussionsmodellen), in dem sich noch keine gangbaren Handlungsalternativen herausgebildet haben[1]. Bereits aus den Begriffen „unterrichten" und „beraten" folgt, dass dem Wirtschaftsausschuss nur ein Vorgang zur Kenntnis zu geben ist, den der Unternehmer bereits reflektiert hat[2]. Der Übergang zwischen den Phasen ist allerdings fließend, was zu entsprechender **Rechtsunsicherheit** führt. Vor diesem Hintergrund kann es sich aus Unternehmersicht uU empfehlen, zunächst eine (kleine) Kommission einzusetzen, die alle in Betracht kommenden Lösungsmöglichkeiten **unverbindlich sondiert** und anschließend der Geschäftsführung Bericht erstattet. Zusammenfassend setzt die Unterrichtungspflicht des Unternehmers nach Abs. 2 ein, wenn der Unternehmer einen Entschluss über das „Ob" der wirtschaftl. Angelegenheit bzw. Maßnahme im Grundsatz (dh. noch nicht abschließend, sondern vorbehaltlich der Beratungen mit ArbN-Vertretungen und sonstigen zuständigen Organen, Gremien und Stellen) gefasst hat und sich die Willensbildung hinsichtlich des „Wie" zu konkreten Handlungsoptionen und -konzeptionen verdichtet, dh. eine Vorauswahl realistischer Handlungsalternativen getroffen wurde. Die Geschäftsleitung des Unternehmens kann daher zunächst für sich die Durchführbarkeit der ins Auge gefassten Maßnahme prüfen und den Wirtschaftsausschuss erst dann unterrichten, wenn die Vorüberlegungen abgeschlossen sind[3].

35 Die Unterrichtungspflicht nach Abs. 2 kann bereits **vor** der **Ad-hoc-Publizitätsverpflichtung** gem. § 15 WpHG bestehen, welche einsetzt, wenn eine neue nicht öffentl. bekannte Tatsache im Tätigkeitsbereich der Gesellschaft eingetreten ist, die wegen der Auswirkungen auf die Vermögens- oder Finanzlage oder auf den allgemeinen Geschäftsverlauf der Gesellschaft geeignet ist, den Börsenpreis der Insiderpapiere erheblich zu beeinflussen[4].

36 Die Mitglieder des Wirtschaftsausschusses müssen die Möglichkeit haben, sich in gleicher Weise wie der Unternehmer auf die Sitzungen des Wirtschaftsausschusses, in denen die Beratungen mit dem Unternehmer stattfinden (vgl. § 108 II), vorzubereiten. Zu diesem Zweck kommen **vorbereitende „Informationssitzungen"** des Wirtschafsausschusses vor der eigentlichen Beratung der Angelegenheit in Betracht (vgl. § 108 Rz. 15).

37 **Umfassend** ist die Unterrichtung, wenn der Wirtschaftsausschuss alle Informationen über die wirtschaftl. Angelegenheit und die Darstellung der Auswirkungen auf die Personalplanung erhält, die für eine sinnvolle Beratung der wirtschaftl. Angelegenheit und eine Unterbreitung eigener Vorschläge erforderlich sind[5] (zum Begriff der Personalplanung § 92 Rz. 2 ff.). Gegenstand der Unterrichtung sind die Maßnahme, ihre Auswirkungen und ihre Gründe[6]. Abgesehen davon hat der Unternehmer dem Wirtschaftsausschuss gem. **§ 108 V** den **Jahresabschluss** unter Beteiligung des BR zu erläutern. Die Informationen müssen verständlich sein[7].

38 Da die Leitung des Unternehmens und der Betriebe Sache des ArbGeb ist (§ 77 I 2) und in den Bereich der grundrechtl. geschützten Unternehmerfreiheit (Art. 12 I GG) fällt, kann sich der Umfang der Unterrichtungspflicht nicht auf alle **Bagatellangelegenheiten und ständig wiederkehrende Vorgänge** ohne wesentliche Bedeutung beziehen, sonst würde der Unternehmer unverhältnismäßig in der Unternehmensleitung beeinträchtigt. Daher hat der Unternehmer den Wirtschaftsausschuss nur über wirtschaftl. Angelegenheiten iSd. Abs. 3 zu unterrichten, die von einiger Erheblichkeit sind bzw. Vorgänge und Vorhaben darstellen, welche die Interessen der ArbN des Unternehmens wesentlich berühren können[8] (vgl. die Generalklausel des Abs. 3 Nr. 10 – näher zu „wirtschaftl. Angelegenheiten" Rz. 55 ff.). Zur umfassenden Unterrichtung gehört also **nicht** die Information über jede Geschäftsführungstätigkeit und insb. über „Geschäfte der laufenden Verwaltung", dh. regelmäßig wiederkehrende Geschäfte ohne wesentliche Bedeutung[9]. Die Unterrichtungspflicht und ihr Umfang stehen unter dem Vorbehalt des Grundsatzes von Treu und Glauben (§ 242 BGB) sowie dessen betriebsverfassungsrechtl. Ausprägung, dem Grundsatz der vertrauensvollen Zusammenarbeit (§ 2 I). Der Pflicht zur umfassenden Unterrichtung ist also Rechnung getragen, wenn der ArbGeb in zumutbarer Weise Auskunft erteilt hat, so dass sich der Wirtschaftsausschuss ein eigenes Bild über die betreffende wirtschaftl. Angelegenheit machen kann und ggf. gezielt nachfragen kann.

39 Mangels besonderer Formvorschrift ist die Unterrichtung nicht an eine bestimmte Form gebunden und kann daher mündlich, schriftl. oder in sonstiger Weise (zB per E-Mail) erfolgen[10]. Sofern Streit

1 Ebenso GK-BetrVG/*Oetker*, § 106 Rz. 82; *Röder/Göpfert*, BB 1997, 2105 (2107); *Keim*, BB 1980, 1330. | 2 Vgl. GK-BetrVG/*Oetker*, § 106 Rz. 82; *Keim*, BB 1980, 1330. | 3 *Röder/Göpfert*, BB 1997, 2105 (2107); näher dazu auch *Ziegler/Wolff* in Jaeger/Röder/Heckelmann, Kapitel 27 Rz. 37 ff. | 4 *Fitting*, § 106 BetrVG Rz. 22; *Schleifer/Kliemt*, DB 1995, 2214 (2218). | 5 *Fitting*, § 106 BetrVG Rz. 23; ErfK/*Kania*, § 106 BetrVG Rz. 5. | 6 *Fitting*, § 106 BetrVG Rz. 23; Richardi/*Annuß*, § 106 BetrVG Rz. 25. | 7 GK-BetrVG/*Oetker*, § 106 Rz. 86; *Schweibert* in Willemsen/Hohenstatt/Schweibert/Seibt, Rz. C 402; vgl. auch BAG v. 17.3.1987 – 1 ABR 59/85, AP Nr. 29 zu § 80 BetrVG 1972 unter IV. | 8 Vgl. Richardi/*Annuß*, § 106 BetrVG Rz. 21. | 9 Ebenso GK-BetrVG/*Oetker*, § 106 Rz. 40; *Fitting*, § 106 BetrVG Rz. 34; Richardi/*Annuß*, § 106 BetrVG Rz. 38. | 10 LAG BW v. 22.11.1985 – 5 TaBV 6/85, DB 1986, 334; ABG Hamburg v. 19.6.2002 – 23 BV 1/02, ZIP 2003, 132 (134); GK-BetrVG/*Oetker*, § 106 Rz. 85; *Rumpff/Boewer*, Mitbestimmung in wirtschaftlichen Angelegenheiten, G Rz. 25; aA DKK/*Däubler*, § 106 BetrVG Rz. 49: schriftlich.

zwischen den Betriebsparteien über die Ordnungsmäßigkeit der Unterrichtung zu erwarten ist, kann es sich allerdings aus Beweisgründen empfehlen, die Unterrichtung schriftl. vorzunehmen.

Keine Aussage trifft das Gesetz, in welcher **Sprache** der Wirtschaftsausschuss zu unterrichten ist. Die Unterrichtungspflicht kann grds. in deutscher Sprache erfüllt werden (vgl. auch § 110 Rz. 14)[1]; denn Erklärungen im Rahmen von Rechtsverhältnissen, die deutschem Recht unterliegen, können generell in deutscher Sprache wirksam abgegeben werden, sofern nicht Ausnahmevorschriften bestehen (wie zB § 11 II 2 AÜG; § 2 V WO zum BetrVG; § 16 I 3 EBRG). Außerdem folgt dies auch aus § 184 GVG, wonach Gerichtssprache deutsch ist. Sofern alle Mitglieder des Wirtschaftsausschusses eine andere Sprache verstehen, kann die Unterrichtung allerdings auch in der anderen Sprache erfolgen[2]. Ausnahmsw. kann eine Pflicht zur Übersetzung in eine andere Sprache aus dem Grundsatz von Treu und Glauben (§ 242 BGB) bzw. seinem betriebsverfassungsrechtl. Pendant, dem Grundsatz der vertrauensvollen Zusammenarbeit (§ 2 I), folgen, etwa wenn in einem amerikanischen Unternehmen nur Englisch sprechende Wirtschaftsausschussmitglieder vorhanden sind[3]. 40

2. Vorlage der erforderlichen Unterlagen. Der Unternehmer hat dem Wirtschaftsausschuss die erforderlichen Unterlagen **unaufgefordert** vorzulegen; anders als bei § 80 II bedarf es eines ausdrücklichen Verlangens des Wirtschaftsausschusses nicht. Allerdings wird die Vorlagepflicht im Hinblick auf die Primärzuständigkeit der Einigungsstelle hinsichtlich Streitigkeiten über den Umfang der Unterrichtungs- und Vorlagepflicht (s. Rz. 87; § 109 Rz. 1) praktisch erst virulent, wenn der Wirtschaftsausschuss die Vorlage bestimmter Unterlagen verlangt (vgl. § 109 S. 1). 41

Zu welchem **Zeitpunkt** der Unternehmer den Mitgliedern des Wirtschaftsausschusses die erforderlichen Unterlagen vorzulegen hat, hängt von den Angelegenheiten ab, die mit dem Unternehmer beraten werden sollen. Handelt es sich um Entwicklungen und Prognosen, die nur anhand umfangreicher Daten und Zahlen beurteilt werden können, sind die Unterlagen schon vor der Sitzung vorzulegen[4]. 42

Die Vorlagepflicht bezieht sich nur auf **vorhandene oder jederzeit leicht erstellbare Unterlagen**[5] (vgl. § 80 Rz. 98). Der Wirtschaftsausschuss kann also verlangen, dass bereits in einem Datenspeicher vorhandene Daten abgerufen und ausgedruckt werden. Sofern es nicht auf die Authentizität der Unterlagen ankommt, kann der Unternehmer statt des Originals auch Kopien der Unterlagen überreichen bzw. die Unterlagen als Dateien auf einer Diskette oder als Anhang zu einer E-Mail zur Verfügung stellen. 43

Was mit Vorlage der **erforderlichen Unterlagen** gemeint ist, hängt ebenso wie der Zeitpunkt der Vorlage (dazu Rz. 42) von der **jeweiligen Fallgestaltung** und namentlich von der Komplexität des Beratungsthemas ab. Wie bei § 111 besteht keine Pflicht zur Vorlage von Dokumenten, die im Rahmen von Vorüberlegungen des ArbGeb erstellt worden sind, unabhängig davon, ob es sich um interne Überlegungen handelt oder ob ein externes Beratungsunternehmen eingeschaltet wurde (vgl. Rz. 34; § 111 Rz. 60). Um eine gründliche Vorbereitung zu ermöglichen, kann der Unternehmer verpflichtet sein, die Unterlagen den Mitgliedern des Wirtschaftsausschusses **zeitweise**, dh. soweit zur Vorbereitung auf die Sitzung erforderlich, zu überlassen. Geht es zB um schwer zu beurteilende Entwicklungen und Prognosen, um umfangreiches Zahlenmaterial oder um eine Vielzahl von Daten, ist es nach Auffassung des BAG den Wirtschaftsausschussmitgliedern nicht zuzumuten, die Unterlagen nur in Gegenwart des ArbGeb einsehen zu können; vielmehr muss der ArbGeb sie zeitweise aus der Hand geben[6]. 44

Allerdings sind die Unterlagen nur **für die Dauer der Vorbereitung** zu überlassen. Das berechtigt die Mitglieder des Wirtschaftsausschusses nicht, von den überlassenen Unterlagen – über zur Vorbereitung erforderliche Notizen hinausgehende – Abschriften oder **Kopien** anzufertigen[7]. Nach Abschluss der Vorbereitung sind die überlassenen Unterlagen wieder zurückzugeben[8]. Falls sich die Sitzung des Wirtschaftsausschusses unmittelbar an die Vorbereitung anschließt, genügt die Rückgabe der Unterlagen am Ende der Sitzung[9]. 45

Gem. § 106 II vorzulegende Unterlagen müssen einen **Bezug zu den in Abs. 3 genannten wirtschaftl. Angelegenheiten** haben. Unerheblich ist, ob der Unternehmer selbst oder Dritte sie angefertigt haben[10]. Derartige Unterlagen sind zB der Jahresabschluss und der Wirtschaftsprüfungsbericht (s. Rz. 59) oder der vom Unternehmer genutzte Bericht einer Unternehmensberatung[11]. Nicht vorzulegen sind hingegen 46

---

1 Zutr. *Diller/Powietzka*, DB 2000, 718 (719); vgl. auch *Fitting*, § 80 BetrVG Rz. 56; *Grobys* in Geibel/Süßmann, WpÜG, § 10 Rz. 95; aA DKK/*Däubler*, § 106 BetrVG Rz. 44. | 2 Vgl. für § 613a V BGB *Willemsen/Lembke*, NJW 2002, 1159 (1163 Fn. 58); generell zum „Sprachrisiko" Küttner/*Röller*, Personalbuch 2007, Ausländer Rz. 8 ff.; *Rieble*, FS Löwisch, 2007, S. 229 ff. | 3 Vgl. – wenn auch zu weitgehend – ArbG Frankfurt v. 5.3.1997 – 14 BV 170/96, AiB 1998, 524 (525). | 4 BAG v. 20.11.1984 – 1 ABR 64/82, AP Nr. 3 zu § 106 BetrVG 1972. | 5 GK-BetrVG/*Oetker*, § 106 Rz. 89; ErfK/*Kania*, § 106 BetrVG Rz. 6 iVm. § 80 BetrVG Rz. 24; vgl. auch BAG v. 7.8.1986 – 6 ABR 77/83, AP Nr. 25 zu § 80 BetrVG 1972, Ls. 2; v. 6.5.2003 – 1 ABR 13/02, DB 2003, 2445 (2447). | 6 Zum Ganzen BAG v. 20.11.1984 – 1 ABR 64/82, AP Nr. 3 zu § 106 BetrVG 1972; *Fitting*, § 106 BetrVG Rz. 27; Richardi/*Annuß*, § 106 BetrVG Rz. 30. | 7 BAG v. 20.11.1984 – 1 ABR 64/82, AP Nr. 3 zu § 106 BetrVG 1972; DKK/*Däubler*, § 106 BetrVG Rz. 46; Richardi/*Annuß*, § 106 BetrVG Rz. 31. | 8 BAG v. 20.11.1984 – 1 ABR 64/82, AP Nr. 3 zu § 106 BetrVG 1972. | 9 Zutr. DKK/*Däubler*, § 106 BetrVG Rz. 47. | 10 Hess. LAG v. 19.3.1996 – 4 TaBV 12/96, AiB 1996, 668; *Fitting*, § 106 BetrVG Rz. 25. | 11 DKK/*Däubler*, § 106 BetrVG Rz. 48; *Fitting*, § 106 BetrVG Rz. 25.

Dokumente, die einer Unternehmensberatung zur Erstellung eines Berichts zugänglich gemacht wurden, da sich dieser Vorgang noch im Vorfeldstadium zu etwaigen wirtschaftl. Angelegenheiten iSd. Abs. 3 bewegt (vgl. Rz. 34). Angesichts des weit gefassten und nicht abschließenden Katalogs wird es allerdings eher die Ausnahme darstellen, dass in Unternehmen erstellte, vorhandene und benutzte Unterlagen keinen Bezug zu wirtschaftl. Angelegenheiten iSd. Abs. 3 aufweisen[1]. Ob und inwieweit diese Unterlagen jeweils vorzulegen sind, ist eine Frage der Erforderlichkeit oder der Geheimhaltungsbedürftigkeit, über die im Streitfall die Einigungsstelle nach § 109 zu entscheiden hat[2].

47 An der **Erforderlichkeit** der Vorlage von (bestimmten) Unterlagen fehlt es, wenn der Wirtschaftsausschuss ausreichende Kenntnis von den in den Unterlagen enthaltenen Tatsachen hat oder wenn es „mildere Mittel" zur Informationsbeschaffung gibt, dh. wenn sich der Wirtschaftsausschuss die Informationen mit zumutbarem Aufwand auf andere Weise (zB aus allgemein zugänglichen Quellen) beschaffen kann. Maßstab für die Erforderlichkeit ist der Standpunkt eines vernünftigen Dritten, der die Interessen des Betriebs, Unternehmens, des Wirtschaftsausschusses bzw. BR und der ArbN gegeneinander abwägt.

48 **3. Grenze: Gefährdung von Betriebs- oder Geschäftsgeheimnissen.** Die Pflicht des Unternehmers (ArbGeb) zur Unterrichtung und Vorlage von Unterlagen findet dort ihre Grenze, wo durch die Unterrichtung des Wirtschaftsausschusses Betriebs- und Geschäftsgeheimnisse gefährdet werden (Abs. 2). Trotz des Wortlauts („und") dürfte eine Gefährdung von Betriebsgeheimnissen *oder* Geschäftsgeheimnissen ausreichen, denn sonst würde der Schutzzweck der Schrankenregelung vereitelt (vgl. auch § 32 I SprAuG, § 43 II 2). Zur Verweigerung der Unterrichtung ist der Unternehmer auch berechtigt, soweit vertragl. geheim zu haltende Betriebs- oder Geschäftsgeheimnisse von Geschäftspartnern gefährdet sind[3].

49 Die Entscheidung, ob durch die Auskunft trotz der Verschwiegenheitspflicht nach § 79 II ein Betriebs- oder Geschäftsgeheimnis gefährdet wird, trifft der ArbGeb nach **pflichtgem. Ermessen**[4]. In Streitfällen entscheidet zunächst die Einigungsstelle (§ 109) und dann ggf. das ArbG (s. Rz. 87). Gegenüber der Einigungsstelle genügt es, wenn der Unternehmer glaubhaft macht, dass eine Auskunft ein Betriebs- oder Geschäftsgeheimnis gefährden wird[5].

50 **Betriebs- und Geschäftsgeheimnisse** sind Tatsachen, Erkenntnisse und Unterlagen, die im Zusammenhang mit einem Geschäftsbetriebs stehen, nicht offenkundig sind, nur einem eng begrenzten Personenkreis bekannt sind, nach dem bekundeten Willen des Unternehmers (ArbGeb) geheim gehalten werden sollen und an deren Geheimhaltung der Unternehmer ein berechtigtes Interesse hat; Betriebsgeheimnisse beziehen sich auf den technischen Arbeitsablauf und Geschäftsgeheimnisse auf den kaufmännischen Bereich bzw. die wirtschaftl. Betätigung des Unternehmens[6] (vgl. § 79 Rz. 7 ff.). In der Praxis hat das Merkmal der Offenkundigkeit zentrale Bedeutung. Sie wird bereits bejaht, wenn es um Tatsachen geht, die ein Interessierter ohne besondere Schwierigkeiten und Mühen in Erfahrung bringen kann[7]. Betriebsgeheimnisse können beispielsw. sein: Erfindungen, Herstellungsverfahren, Versuchsprotokolle, Rezepturen. Geschäftsgeheimnisse können zB sein: Kalkulationsunterlagen, Kundenlisten, Bezugsquellen, Planungen, beabsichtigte, eingeleitete oder abgeschlossene Verhandlungen, Liquidität des Unternehmens, Auftragslage, Höhe des Umsatzes usw.[8]. Wirtschaftl. Angelegenheiten nach Abs. 3 betreffen daher oftmals Betriebs- oder Geschäftsgeheimnisse.

51 Die Unterrichtungspflicht des Unternehmers nach Abs. 2 ist jedoch nur ausgeschlossen, soweit durch die Unterrichtung bzw. Vorlage von Unterlagen eine **Gefährdung** von Betriebs- oder Geschäftsgeheimnissen eintritt. Eine derartige Gefährdung kommt nur in **Ausnahmefällen** in Betracht, etwa wenn die **konkrete Befürchtung** besteht, dass **Informationen** von Mitgliedern des Wirtschaftsausschusses trotz der auferlegten Verschwiegenheitspflicht (§§ 79, 107 III 4) **weitergegeben werden**[9], oder wenn es sonst an der Zuverlässigkeit eines oder mehrerer Mitglieder des Wirtschaftsausschusses, des von diesem unterrichteten BR oder des gem. § 31 zugezogenen Gewerkschaftsbeauftragten fehlt. Letzteres kann zB der Fall sein, wenn der hinzugezogene Gewerkschaftsbeauftragte zugleich Aufsichtsratsmitglied eines gewerkschaftseigenen oder mit der Gewerkschaft wirtschaftl. eng verflochtenen Wirtschaftsunternehmens ist, das mit dem unterrichtungspflichtigen Unternehmer in Konkurrenz steht[10]. Im Übrigen wird diese Fallgruppe einschlägig sein, wenn eine der vorgenannten Personen bereits in der Vergangenheit einmal ein Betriebs- oder Geschäftsgeheimnis unbefugt weitergegeben hat[11].

---

1 BAG v. 17.9.1991 – 1 ABR 74/90, AP Nr. 13 zu § 106 BetrVG 1972. | 2 BAG v. 17.9.1991 – 1 ABR 74/90, AP Nr. 13 zu § 106 BetrVG 1972. | 3 *Fitting*, § 106 BetrVG Rz. 30. | 4 OLG Karlsruhe v. 7.6.1985 – 1 Ss 68/85, AP Nr. 1 zu § 121 BetrVG 1972; ErfK/*Kania*, § 106 BetrVG Rz. 6; Richardi/*Annuß*, § 106 BetrVG Rz. 35. | 5 MünchArbR/*Joost*, § 319 Rz. 130. | 6 Küttner/*Kreitner*, Personalbuch 2007, Betriebsgeheimnis Rz. 2; GK-BetrVG/*Oetker*, § 79 Rz. 8, je mwN; *Richters/Wodtke*, NZA-RR 2003, 281. | 7 BAG v. 26.2.1987 – DB 1987, 2526 (2527); Küttner/*Kreitner*, Personalbuch 2007, Betriebsgeheimnis Rz. 3 mwN. | 8 GK-BetrVG/*Oetker*, § 79 Rz. 11. | 9 BAG v. 11.7.2000 – 1 ABR 43/99, AP Nr. 2 zu § 109 BetrVG 1972; *Fitting*, § 106 BetrVG Rz. 30; Richardi/*Annuß*, § 106 BetrVG Rz. 34. | 10 OLG Karlsruhe v. 7.6.1985 – 1 Ss 68/85, AP Nr. 1 zu § 121 BetrVG 1972; aA DKK/*Däubler*, § 106 BetrVG Rz. 59. | 11 DKK/*Däubler*, § 106 BetrVG Rz. 60; GK-BetrVG/*Oetker*, § 106 Rz. 100.

Eine Gefährdung liegt unabhängig von konkreten Verdachtsmomenten für einen drohenden Geheimnisbruch ferner vor, wenn **Betriebs- und Geschäftsgeheimnisse von so überragender Bedeutung** betroffen sind, dass auch schon die geringste Gefahr einer unbefugten Weitergabe vermieden werden muss, dh. wenn objektiv ein sachliches Interesse an der völligen Geheimhaltung bestimmter Tatsachen wegen der sonst zu befürchtenden Gefährdung des Bestandes oder der Entwicklung des Unternehmens besteht[1]. Dies kommt bspw. in Betracht im Hinblick auf ein Produktionsprojekt, an dem die Konkurrenz des Unternehmens ebenfalls arbeitet, oder bei Vertragsverhandlungen über einen Großauftrag, welche bei Bekanntwerden ggf. scheitern[2]. 52

Hingegen kann die Unterrichtung nicht mit der Begründung verweigert werden, gewerkschaftliche Mitglieder des Wirtschaftsausschusses könnten die erlangten Kenntnisse im Rahmen von Tarifverhandlungen verwerten[3]. 53

IV. Keine Beratungspflicht des Unternehmers. Obwohl es nach Abs. 1 S. 2 die Aufgabe des Wirtschaftsausschusses ist, wirtschaftl. Angelegenheiten mit dem Unternehmer zu beraten, folgt daraus nicht zwingend eine entsprechende Beratungspflicht des Unternehmers. Vielmehr folgt im Umkehrschluss aus den Normen, die explizit eine Unterrichtungs- und Beratungspflicht des ArbGeb vorsehen (zB §§ 90 II 1, 92 I 2, 111 S. 1), dass den Unternehmer (ArbGeb) im Rahmen des § 106 nur eine Unterrichtungspflicht gegenüber dem Wirtschaftsausschuss trifft, nicht hingegen eine „aktive" Beratungspflicht. Für den Wirtschaftsausschuss bedeutet dies, dass er seiner Beratungsaufgabe nur nachkommen kann und muss, wenn der Unternehmer sich zu Beratungen bereit erklärt. Dennoch kann der Wirtschaftsausschuss freilich eigene Initiativen und Vorschläge gegenüber dem Unternehmer einbringen[4]. Es ist im Übrigen davon auszugehen, dass der Unternehmer im Rahmen des betriebsverfassungsrechtl. Kooperationsgebots (vgl. §§ 74 I 2, 2 I[5]) verpflichtet ist, sich auf Erörterungsverlangen, Vorschläge und Initiativen des Wirtschaftsausschusses einzulassen und darauf zumindest substantiiert Stellung zu nehmen. Für die Praxis gilt ohnehin der Erfahrungssatz, dass ein kooperativer Umgang mit den ArbN-Vertretungen im Regelfall dem Unternehmen zugute kommt. 54

V. Wirtschaftliche Angelegenheiten (Abs. 3). Abs. 3 zählt die für die Unterrichtungs- und Vorlagepflicht des Unternehmers maßgeblichen wirtschaftl. Angelegenheiten auf. Nach dem Wortlaut („insbesondere") ist die Aufzählung nicht abschließend. In der Praxis bleibt angesichts der (beschränkten) Generalklausel der Nr. 10 allerdings kaum Platz für weitere relevante wirtschaftl. Angelegenheiten[6]. Insbesondere fallen Tätigkeiten der laufenden Geschäftsführung nicht unter die wirtschaftl. Angelegenheiten iSd. Abs. 3 (s. Rz. 38). 55

Die Nr. 5 und 6–9 überschneiden sich teilweise mit den in § 111 S. 3 genannten Tatbeständen der Betriebsänderung. Durch das BetrVerf-Reformgesetz vom 23.7.2001[7] hinzugefügt wurden Fragen des betrieblichen Umweltschutzes (Nr. 5a), welche nunmehr insb. auch im Rahmen der allgemeinen Aufgaben des BR (§ 80 I Nr. 9) relevant sind. 56

1. Wirtschaftliche und finanzielle Lage des Unternehmens (Nr. 1). Nr. 1 erfasst vor allem die Vermögens- und Kreditlage des Unternehmens, nicht hingegen die privaten finanziellen Verhältnisse des Unternehmers[8]. Zur wirtschaftl. und finanziellen Lage (Nr. 1) gehören alle auf das Unternehmen einwirkenden Gegebenheiten und Faktoren, die für die unternehmerische Planung und die wirtschaftl. Entwicklung des Unternehmens in Vergangenheit und Zukunft von Bedeutung waren und von Bedeutung sein können, insb. Verluste, Gewinne, Risikolage (dh. die Frage, ob die Geschäftstätigkeit mit besonderen kaufmännischen Risiken belastet ist, wie etwa Kreditschwierigkeiten), Versorgungslage mit Roh- und Betriebsstoffen, Preisgestaltung und deren Kalkulationsgrundlagen (str.)[9], Außenstände, die steuerliche Belastung, soziale Aufwendungen, konjunkturelle Entwicklung, Konkurrenzsituation, wirtschaftl. Entwicklung der Branche, Situation der Exportmärkte und Wechselkurse, Auftragsbestand und Liquidität[10]. Da sich die Unterrichtungspflicht auf die Lage des Unternehmens im Ganzen bezieht, kann der Wirtschaftsausschuss grds. keine Informationen hinsichtlich einzelner Betriebe oder Betriebsabteilungen verlangen[11]. 57

Im Rahmen der Nr. 1 hat der Unternehmer insb. auch über die Absicht des Unternehmers zu unterrichten, die **Eröffnung eines Insolvenzverfahrens** zu beantragen. Zu informieren ist ferner über die Stellung des Insolvenzantrags durch einen Dritten[12]. 58

---

1 BAG v. 11.7.2000 – 1 ABR 43/99, AP Nr. 2 zu § 109 BetrVG 1972; OLG Karlsruhe v. 7.6.1985 – 1 Ss 68/85, AP Nr. 1 zu § 121 BetrVG 1972 unter 2a; *Fitting*, § 106 BetrVG Rz. 30; Richardi/*Annuß*, § 106 BetrVG Rz. 34 – weiter gehend MünchArbR/*Joost*, § 319 Rz. 54. | 2 Vgl. *Löwisch/Kaiser*, § 106 BetrVG Rz. 13. | 3 BAG v. 11.7.2000 – 1 ABR 43/99, AP Nr. 2 zu § 109 BetrVG 1972. | 4 Vgl. ErfK/*Kania*, § 106 BetrVG Rz. 3. | 5 Vgl. *Lembke*, Mediation im Arbeitsrecht, 2001, Rz. 182, 382. | 6 GK-BetrVG/*Oetker*, § 106 Rz. 41; Richardi/*Annuß*, § 106 BetrVG Rz. 37. | 7 BGBl. I S. 1852. | 8 GK-BetrVG/*Oetker*, § 106 Rz. 50 f.; Richardi/*Annuß*, § 106 BetrVG Rz. 40 mwN. | 9 Zu Recht krit. *Picot/Schnitker*, Arbeitsrecht bei Unternehmenskauf und Restrukturierung, 2001, Teil II Rz. 341 mwN; *Stück/Wein*, DB 2005, 334. | 10 BAG v. 8.8.1989 – 1 ABR 61/88, AP Nr. 6 zu § 106 BetrVG; OLG Karlsruhe v. 7.6.1985 – 1 Ss 68/85, AP Nr. 121 BetrVG 1972; *Fitting*, § 106 BetrVG Rz. 37; MünchArbR/*Joost*, § 319 Rz. 29. | 11 *Löwisch/Kaiser*, § 106 BetrVG Rz. 18. | 12 DKK/*Däubler*, § 106 BetrVG Rz. 64; *Fitting*, § 106 BetrVG Rz. 38.

59 Zu den **erforderlichen Unterlagen** iSd. § 106 II, die anlässlich der Unterrichtung über die wirtschaftl. und finanzielle Lage des Unternehmens (§ 106 III Nr. 1) vorzulegen sind, gehören vor allem der – **Bilanz** und **Gewinn- und Verlustrechnung** umfassende (§ 242 III HGB) – **Jahresabschluss** (vgl. § 108 V[1]) sowie der bereits erstellte **Wirtschaftsprüfungsbericht** nach § 321 HGB, da er Umstände und Verhältnisse belegt, welche die wirtschaftl. und finanzielle Lage des Unternehmens beleuchten[2].

60 **2. Produktions- und Absatzlage (Nr. 2).** Die Unterrichtung über die **Produktionslage** umfasst eine Analyse der Kapazität (mögliche Erzeugnismenge) und ihr Verhältnis zur tatsächlichen Auslastung der Betriebe aufgegliedert nach Typen und Warenarten, des Bedarfs an Betriebsmitteln sowie Roh- und Hilfsstoffen, der Hemmnisse, die einer Steigerung der Produktion entgegenstehen, und der Möglichkeiten ihrer Beseitigungen sowie Informationen über Streik, höhere Gewalt, gewerbliche Auflagen uÄ[3]. Für **Dienstleistungsunternehmen** gilt dies mutatis mutandis.

61 Die **Absatzlage** bezieht sich auf die Gegebenheiten und Entwicklungen, die für den Vertrieb, Umsatz und Verkauf der Produkte oder Dienstleistungen des Unternehmens relevant sind[4].

62 Im Zusammenhang mit der Nr. 2 vorzulegende **Unterlagen** können also zB Produktions-, Verkaufs- und Umsatzstatistiken, Marktforschungsanalysen oder wichtige Liefer- und Bezugsverträge sein.

63 **3. Produktions- und Investitionsprogramm (Nr. 3).** Unter Berücksichtigung des Absatzprogramms, der Beschaffungsmärkte und der Kapazität der Produktionsbereiche legt das **Produktionsprogramm** die arbeitstechnische Leistung der Betriebe fest, dh. welche Produkte in einem bestimmten Zeitraum erzeugt bzw. welche Dienstleistungen erbracht werden sollen[5].

64 Das **Investitionsprogramm** bestimmt, welche Finanzmittel für welche Ausgaben und welche Investitionsprojekte eingesetzt werden sollen[6].

65 Im Rahmen der Nr. 3 vorzulegende **Unterlagen** können zB der Business Plan, Haushaltsplan, Finanzierungspläne, Werbeaktionsplan usw. sein.

66 **4. Rationalisierungsvorhaben (Nr. 4).** Unter Rationalisierungsvorhaben fallen alle Maßnahmen, die der Steigerung der Wirtschaftlichkeit des Unternehmens durch Herabsenkung der mit dem Einsatz von ArbN, Zeit, Energie, Material und Kapital dienen[7]. Dies kann durch Personalabbau, Kurzarbeit, Einführung neuer Arbeits- oder Fabrikationsmethoden, stärkere Automatisierung und Mechanisierung (zB Einsatz von Robotern oder EDV-Systemen), Normung der Produkte oder eine Straffung der Betriebsorganisation (zB Outsourcing, Stilllegung von Betriebsteilen) geschehen. Die Unterrichtung nach Nr. 4 ist insb. im Zusammenhang mit den Beteiligungsrechten des BR nach §§ 90, 92 und 111 zu sehen (zum Verhältnis der Bestimmungen zueinander vgl. Rz. 11).

67 Im Zusammenhang mit Rationalisierungsvorhaben nach Nr. 4 können insb. Gutachten und Berichte von Unternehmensberatungen vorzulegen sein.

68 **5. Fabrikations- und Arbeitsmethoden (Nr. 5).** Der Wirtschaftsausschuss ist auch über die Fabrikationsmethoden (Fertigungsverfahren), dh. den Ablauf der Gütererzeugung unter technischen Gesichtspunkten (zB Umfang des Maschineneinsatzes, Einzel- oder Massenfertigung, Sorten- oder Serienfertigung, Reihen-, Fließband- oder Roboterfertigung), und über Arbeitsmethoden, dh. die Gestaltung der menschlichen Arbeit bei der Gütererzeugung bzw. Ausführung von Dienstleistungen unter arbeitswissenschaftlichen Aspekten (zB Einzel- oder Gruppenarbeit, Einsatz von technischen Hilfsmitteln, Schichtarbeit, Gleitzeit, Telearbeit; Kontrolleinrichtungen[8]), zu unterrichten[9]. Die Regelung ist insb. im Zusammenhang mit den Beteiligungsrechten des BR nach §§ 90, 91, 87 I Nr. 2, 6, 13 und 111 Nr. 5 zu sehen.

69 **6. Fragen des betrieblichen Umweltschutzes (Nr. 5a).** Neuerdings (s. Rz. 56) ist der Wirtschaftsausschuss vom Unternehmer auch über Fragen des betriebl. Umweltschutzes zu unterrichten. Nr. 5a erfasst nur Fragen des „betrieblichen" Umweltschutzes. Es geht also nicht um ein allgemeinpolitisches Mandat des Wirtschaftsausschusses bzw. BR[10]. Vielmehr ist ein konkreter Betriebsbezug der Umweltschutzangelegenheit erforderlich. Was darunter zu verstehen ist, soll sich aus der missglückten **Definition des betrieblichen Umweltschutzes in § 89 III** ergeben. Sie beschreibt aber nur den Begriff „betrieblich", nicht hingegen den des Umweltschutzes.

1 BAG v. 8.8.1989 – 1 ABR 61/88, AP Nr. 6 zu § 106 BetrVG 1972. | 2 BAG v. 8.8.1989 – 1 ABR 61/88, AP Nr. 6 zu § 106 BetrVG 1972; MünchArbR/*Joost*, § 319 Rz. 49; Richardi/*Annuß*, § 106 BetrVG Rz. 28; aA *Hommelhoff*, ZIP 1990, 218 ff. | 3 *Fitting*, § 106 BetrVG Rz. 39; ErfK/*Kania*, § 106 BetrVG Rz. 9; Richardi/*Annuß*, § 106 BetrVG Rz. 42. | 4 Vgl. DKK/*Däubler*, § 106 BetrVG Rz. 65; *Fitting*, § 106 BetrVG Rz. 39; Richardi/*Annuß*, § 106 BetrVG Rz. 42. | 5 Vgl. DKK/*Däubler*, § 106 BetrVG Rz. 66; *Fitting*, § 106 BetrVG Rz. 40. | 6 Vgl. DKK/*Däubler*, § 106 BetrVG Rz. 67; ErfK/*Kania*, § 106 BetrVG Rz. 10; Richardi/*Annuß*, § 106 BetrVG Rz. 44. | 7 Vgl. DKK/*Däubler*, § 106 BetrVG Rz. 68; *Fitting*, § 106 BetrVG Rz. 41; MünchArbR/*Joost*, § 319 Rz. 32. | 8 Str., vgl. DKK/*Däubler*, § 106 BetrVG Rz. 73 mwN. | 9 Vgl. DKK/*Däubler*, § 106 BetrVG Rz. 71 f.; *Fitting*, § 106 BetrVG Rz. 42 f. | 10 Vgl. BT-Drs. 14/5741, S. 48; *Engels/Trebinger/Löhr-Steinhaus*, DB 2001, 532 (541); *Reichel/Meyer*, RdA 2003, 101 (102); *Wiese*, BB 2002, 674 (675).

Unter **Umweltschutz** dürfte jede Handlung zu verstehen sein, die den vorhandenen Bestand an Sachgütern, Naturgütern (Boden, Wasser, Luft, Klima, Tiere, Pflanzen, Menschen, sonstige lebende Organismen), Kulturgütern, an Landschaft und Naturhaushalt sowie das zwischen ihnen bestehende Wirkungsgefüge stärkt[1]. 70

Der Begriff „**betrieblich**" wird in § 89 III so weit gefasst wird, dass nicht nur Verhaltensweisen erfasst werden, die dem innerbetriebl. Umweltschutz dienen, sondern auch alle vom Betrieb ausgehenden Einwirkungen auf die Umwelt[2]. Damit können letztlich alle betriebl. Tätigkeiten mit Außenwirkung unter dem Gesichtspunkt des betriebl. Umweltschutzes erörtert werden (wie zB die Umweltverträglichkeit der hergestellten Produkte oder der eingesetzten Transportmittel). Eine einschränkende Funktion kommt dem Begriff „betrieblich" dann nur noch dahin gehend zu, dass die Umwelteinwirkung etwas mit dem Betrieb des ArbGeb zu tun haben muss. Zur Vermeidung eines – vom Gesetzgeber nicht intendierten – allgemeinen umweltpolitischen Mandats des Wirtschaftsausschusses bzw. BR ist aber eine **einschränkende Auslegung** geboten. Zusammenfassend lässt sich der Begriff des betrieblichen Umweltschutzes daher als die **Einflussnahme auf umweltgerechte und umweltschützende Arbeits- und Betriebsbedingungen** verstehen[3]. 71

Fest steht, dass weder der BR noch der Wirtschaftsausschuss umweltrelevante Investitionsentscheidungen des Unternehmens aufhalten können[4]. Die Unterrichtungspflicht in Fragen des betriebl. Umweltschutzes ist auch auf Grund der Bußgeldbewehrung in § 121 I und des verfassungsrechtl. Bestimmtheitsgebots (Art. 103 II GG) restriktiv auszulegen[5]. Die **Unterrichtungspflicht** erstreckt sich nicht auf Geschäfte der laufenden Verwaltung, selbst wenn sie für den betriebl. Umweltschutz relevant sein sollten (vgl. Rz. 38). Vielmehr geht es im Rahmen der Nr. 5a um konkrete Maßnahmen des Umweltschutzes im Betrieb (zB Mülltrennung; Wiederverwertung von Materialresten), deren Kosten und Auswirkungen auf die wirtschaftl. Situation des Unternehmens und die dortigen Arbeitsplätze[6], die Festlegung umweltpolitischer Ziele des Unternehmens, die Einführung eines Umweltmanagementsystems[7], die Umweltvorsorge bei der Einführung neuer Produkte, die Verbesserung der Umweltverträglichkeit von Produktionsverfahren uÄ[8]. In Zweifelsfällen ist dem Unternehmer eine **Einschätzungsprärogative** zuzugestehen, welche Angelegenheiten sich für das Unternehmen als „Fragen" des betrieblichen Umweltschutzes stellen. 72

Im Zusammenhang mit der Nr. 5a vorzulegende **Unterlagen** können zB Gutachten von Umweltfachleuten, Analysen und Berichte im Rahmen eines Umwelt-Audits[9], für das Unternehmen oder die ArbN bedeutende Auflagen und Anordnungen der Umweltschutzbehörden etc. sein. 73

7. Einschränkung oder Stilllegung von Betrieben oder Betriebsteilen (Nr. 6). Der Tatbestand der „Einschränkung oder Stilllegung von Betrieben oder Betriebsteilen" (Nr. 6) entspricht im Wesentlichen dem der Betriebsänderung nach **§ 111 Nr. 1** (s. dort Rz. 22 ff.). Allerdings ist der Wirtschaftsausschuss auch über derartige Veränderungen bei **nicht wesentlichen** Betriebsteilen zu unterrichten[10]. Aus dem systematischen Zusammenspiel mit der beschränkten Generalklausel der Nr. 10 folgt aber, dass eine Beeinträchtigung der Interessen von ArbN des Unternehmens möglich sein muss. Dies dürfte beim Tatbestand der Nr. 6 regelmäßig der Fall sein[11]. 74

Zu den wirtschaftl. Angelegenheiten iSd. Abs. 3 Nr. 6 gehört auch die Stilllegung von Betrieben, in denen kein BR gebildet ist[12]. Dies gilt umso mehr, als mittlerweile der GBR – dessen Hilfsorgan der Wirtschaftsausschuss im Falle eines Unternehmens mit mehreren BR und mehr als 100 ArbN ist (s. Rz. 10) – im Rahmen des § 50 I auch für betriebsratslose Betriebe zuständig ist. 75

8. Verlegung von Betrieben oder Betriebsteilen (Nr. 7). Der Tatbestand der „Verlegung von Betrieben oder Betriebsteilen" (Nr. 7) entspricht **§ 111 Nr. 2** (vgl. dort Rz. 34 ff.), der allerdings eine Beschränkung auf „wesentliche" Betriebsteile enthält. Wie bei Nr. 6 ist der Wirtschaftsausschuss daher auch dann zu unterrichten, wenn sich die geplante Verlegung auf kleine, unwesentliche Betriebsteile bezieht oder wenn der Betrieb(steil) keinen BR besitzt (s. Rz. 74 f.)[13]. 76

9. Zusammenschluss oder Spaltung von Unternehmen oder Betrieben (Nr. 8). Der Tatbestand der Nr. 8 beschränkte sich ursprünglich auf den „Zusammenschluss von Betrieben" und wurde ab 1.1.1995 durch Art. 13 Nr. 1 UmwBerG[14] in die heutige Fassung gebracht. 77

---

1 *Konzen*, RdA 2001, 76 (89); vgl. auch *Wiese*, BB 2002, 674 (677). |2 *Hanau*, RdA 2001, 65 (73); *Konzen*, RdA 2001, 76 (89); vgl. auch DKK/*Däubler*, § 106 BetrVG Rz. 73a; *Reichel/Meyer*, RdA 2003, 101 (103). |3 Näher *Wiese*, BB 2002, 674 (677). |4 Vgl. BT-Drs. 14/5741, S. 26; *Wiese*, BB 2002, 674 (678). |5 IdS auch *Konzen*, RdA 2001, 76 (90). |6 BT-Drs. 14/5741, S. 51; Richardi/*Annuß*, § 106 BetrVG Rz. 49. |7 Vgl. *Wiese*, BB 2002, 674 (681). |8 Vgl. *Fitting*, § 106 BetrVG Rz. 45. |9 Vgl. auch *Wiese*, BB 2002, 674 (680). |10 DKK/*Däubler*, § 106 BetrVG Rz. 74. |11 So auch Richardi/*Annuß*, § 106 BetrVG Rz. 38, 50. |12 BAG v. 9.5.1995 – 1 ABR 61/94, AP Nr. 12 zu § 106 BetrVG 1972; DKK/*Däubler*, § 106 BetrVG Rz. 74; ErfK/*Kania*, § 106 BetrVG Rz. 13; Richardi/*Annuß*, § 106 BetrVG Rz. 50. |13 ErfK/*Kania*, § 106 BetrVG Rz. 14. |14 Gesetz zur Bereinigung des Umwandlungsrechts vom 28.10.1994, BGBl. I S. 3210.

78 Im Hinblick auf den **Zusammenschluss oder die Spaltung von Betrieben** entspricht Nr. 8 der Regelung des **§ 111 Nr. 3** (s. dort Rz. 37 ff.), wobei eine Unterrichtung auch dann erforderlich ist, wenn es sich um unwesentliche oder betriebsratslose Betrieb(steil)e geht (vgl. Rz. 74 f.).

79 Über § 111 Nr. 3 hinaus ist der Wirtschaftsausschuss über den Zusammenschluss oder die Spaltung von Unternehmen zu unterrichten[1]. Mit dem **Zusammenschluss von Unternehmen** ist die Verschmelzung (§§ 2 ff. UmwG), grenzüberschreitende Verschmelzung (§§ 122a ff. UmwG) und die Vermögensübertragung in Form der Vollübertragung (§ 174 I UmwG) nach dem UmwG gemeint. Unter die **Spaltung von Unternehmen** fallen die Aufspaltung, Abspaltung und Ausgliederung (§§ 123 ff. UmwG) sowie die Vermögensübertragung in Form der Teilübertragung (§ 174 II UmwG). Sonstige Änderungen der Unternehmensstruktur (zB Formwechsel nach §§ 190 ff. UmwG; Spaltung des Unternehmens im Wege der Einzelrechtsnachfolge) fallen nicht unter Nr. 8, aber regelmäßig unter die Nr. 10[2].

80 Der Wirtschaftsausschuss ist schon **im Planungsstadium** über die genannten Vorhaben zu unterrichten, wenn sich die Planungen konkretisiert haben und das Stadium bloßer Vorüberlegungen überschritten ist (vgl. Rz. 34). Erforderlich ist also, dass das Unternehmen im Prinzip zur jeweiligen Maßnahme entschlossen ist, auch wenn noch nicht alle Modalitäten feststehen und/oder über **konkrete** Handlungsalternativen noch abschließend zu entscheiden ist. Soweit bei der Unterrichtung bereits erkennbar, ist **inhaltlich** zu unterrichten über die beteiligten Unternehmen, die in Aussicht genommenen Maßnahmen auf betrieblicher und/oder gesellschaftsrechtl. Ebene, die übergehenden Betrieb(steil)e und Arbeitsverhältnisse, die individual-, tarif-, betriebsverfassungs- und mitbestimmungsrechtl. Folgen für die ArbN und deren Vertretungen sowie die insoweit vorgesehenen Maßnahmen (v.a. mögliche personelle Maßnahmen wie Versetzungen, Umschulungen, Entlassungen; Betriebsänderungen)[3]. Insoweit entfalten die umwandlungsrechtl. Vorschriften, wonach der Verschmelzungsbericht (§ 122e UmwG) bzw. der Umwandlungsvertrag Angaben über die Folgen der Umwandlung für die ArbN und ihre Vertretungen sowie die insoweit vorgesehenen Maßnahmen enthalten muss (vgl. §§ 5 I Nr. 9, 126 I Nr. 11, 176 f., 194 I Nr. 7 UmwG) und dem zuständigen BR der beteiligten Rechtsträger spätestens einen Monat vor der Beschlussfassung zuzuleiten ist (vgl. §§ 5 III, 126 III, 194 II UmwG), eine Art „Vorwirkung". Die Unterrichtung hat sich ferner auf das den Maßnahmen zugrunde liegende wirtschaftl. Konzept zu erstrecken.

81 **10. Änderung der Betriebsorganisation oder des Betriebszwecks (Nr. 9).** Nr. 9 erfasst wie **§ 111 Nr. 4** die Änderung der Betriebsorganisation oder des Betriebszwecks (s. § 111 Rz. 44 ff.), nicht hingegen die Änderung der Betriebsanlagen, welche allerdings regelmäßig zumindest unter Nr. 10 fallen wird[4]. Allerdings ist der Wirtschaftsausschuss auch bei nicht „grundlegenden" Änderungen der Betriebsorganisation oder des Betriebszwecks zu unterrichten[5].

82 **11. Sonstige Vorgänge und Vorhaben, welche die Interessen der Arbeitnehmer des Unternehmens wesentlich berühren können (Nr. 10).** Abs. 3 Nr. 10 ist eine **beschränkte Generalklausel**, welche alle nicht bereits in den Nummern 1–9 des Abs. 3 aufgeführten Fragen erfasst, die das wirtschaftl. Leben des Unternehmens in entscheidenden Punkten betreffen, dies jedoch stets unter der Voraussetzung, dass die Interessen der ArbN des Unternehmens wesentlich berührt werden können; es muss also möglich sein, dass die Vorhaben bzw. Vorgänge von erheblicher sozialer Auswirkung sein können[6].

83 Daher sind zB Auskünfte zu erteilen über

- ein **Outsourcing-Pilotprojekt** und die damit verbundenen Kosten, wenn und weil das Pilotprojekt geeignet ist, erhebliche Auswirkungen auch auf die zukünftige Personalplanung des ArbGeb zu entfalten[7];
- die Zusammenarbeit mit anderen Unternehmen[8];
- den Übergang eines Betriebs oder Betriebsteils des Unternehmens auf einen anderen Inhaber nach § 613a BGB kraft **„asset deal"**[9] oder **Anwachsung**[10]. Die Unterrichtungspflicht gegenüber dem jeweiligen Wirtschaftsausschuss trifft neben dem **Veräußerer** regelmäßig auch den **Erwerber**, da der Erwerb des Betriebs- oder Betriebsteils Auswirkungen auf die ArbN des Erwerbers haben kann, wenn – wie häufig in der Praxis – Synergieeffekte genutzt werden sollen.
- bestimmte Einzelheiten einer Veräußerung von Geschäftsanteilen (**„share deal"**), wobei hinsichtlich des Adressaten der Unterrichtungspflicht zwischen dem Zielunternehmen einerseits sowie Anteilsveräußerer- und Anteilserwerberunternehmen andererseits zu **differenzieren** ist: Bei der Veräußerung

---

1 Vgl. *Bauer/Lingemann*, NZA 1994, 1057 (1063); *Kreßel*, BB 1995, 925 (926 f.); *Wlotzke*, DB 1995, 40 (47). | 2 DKK/*Däubler*, § 106 BetrVG Rz. 76; Richardi/*Annuß*, § 106 BetrVG Rz. 53; zum Ganzen s. auch *Gaul*, DB 1995, 2265. | 3 Vgl. *Fitting*, § 106 BetrVG Rz. 50. | 4 Vgl. DKK/*Däubler*, § 106 BetrVG Rz. 77; Richardi/*Annuß*, § 106 BetrVG Rz. 55. | 5 GK-BetrVG/*Oetker*, § 106 Rz. 69. | 6 BAG v. 11.7.2000 – 1 ABR 43/99, AP Nr. 2 zu § 109 BetrVG 1972; v. 22.1.1991 – 1 ABR 38/89, AP Nr. 9 zu § 106 BetrVG 1972. | 7 BAG v. 11.7.2000 – 1 ABR 43/99, AP Nr. 2 zu § 109 BetrVG 1972; LAG Köln v. 13.7.1999 – 13 (10) TaBV 10/99, AP Nr. 1 zu § 109 BetrVG 1972. | 8 BAG v. 22.1.1991 – 1 ABR 38/89, AP Nr. 9 zu § 106 BetrVG 1972; Richardi/*Annuß*, § 106 BetrVG Rz. 56. | 9 BAG v. 22.1.1991 – 1 ABR 38/89, AP Nr. 9 zu § 106 BetrVG 1972; Richardi/*Annuß*, § 106 BetrVG Rz. 56; *Schweibert* in Willemsen/Hohenstatt/Schweibert/Seibt, Rz. C 409. | 10 *Schnitker/Grau*, ZIP 2008, 394 (395).

sämtlicher Geschäftsanteile am Unternehmen an einen neuen Gesellschafter, hat der ArbGeb des **Zielunternehmens** seinen Wirtschaftsausschuss über den **Namen des Erwerbers** und **eventuelle Planungen oder Absprachen über die künftige Geschäftsführung** und Unternehmenspolitik zu informieren[1]. **Keine Vorlagepflicht** trifft die Geschäftsleitung des Zielunternehmens hinsichtlich des **Vertrags über die Veräußerung** der Geschäftsanteile, weil der Vertrag das Innenverhältnis zwischen dem bisherigen und dem neuen Gesellschafter betrifft und nicht eine auf wirtschaftl. Angelegenheiten des Zielunternehmens bezogene Unterlage ist, jedenfalls solange darin nicht eine Absprache über die künftige Geschäftsführung oder -politik getroffen ist[2].

Ob der **Anteilsveräußerer** und der **Anteilserwerber** ihre jeweiligen Wirtschaftsausschüsse über den „share deal" unterrichten müssen, hängt davon ab, ob die Transaktion die Interessen der ArbN des Veräußerers bzw. des Erwerbers wesentlich berühren können. Beschränkt sich beispielsw. die Tätigkeit des veräußernden bzw. erwerbenden Unternehmens alleine auf die Verwaltung von Beteiligungen, kann dies zu verneinen sein. Sind allerdings im Zusammenhang mit der Anteilsveräußerung Umstrukturierungsmaßnahmen beim Veräußerer bzw. Erwerber geplant oder wird der Schwellenwert hinsichtlich der Unternehmensmitbestimmung nun unter- oder überschritten, so besteht die Möglichkeit, dass wesentliche ArbN-Interessen berührt sind, so dass der jeweilige Wirtschaftsausschuss zu unterrichten ist. Dasselbe gilt, wenn zwischen dem Veräußerer und dem Unternehmen, dessen Anteile veräußert werden, eine enge wirtschaftl. und/oder arbeitsorganisatorische Zusammenarbeit (zB Führung eines Gemeinschaftsbetriebs) besteht, die durch die Anteilsveräußerung beendet wird.

- Beabsichtigt ein Unternehmen (**Bieter**), ein **Angebot zum Erwerb von Wertpapieren einer börsennotierten Zielgesellschaft nach § 10 WpÜG** abzugeben, hat es seinen Wirtschaftsausschuss grds. vor der Entscheidung darüber zu unterrichten, wenn der Anteilserwerb die Interessen der ArbN des Bieterunternehmens, zB im Hinblick auf eine neue Geschäftspolitik, wesentlich beeinträchtigen können[3]. Im Einzelfall kann die Vorlage der Angebotsunterlage (§ 11 WpÜG) gegenüber dem Wirtschaftsausschuss des Bieters erforderlich sein. Grds. enthält die Angebotsunterlage aber nur Angaben über die Absichten des Bieters im Hinblick auf die Geschäftstätigkeit der Zielgesellschaft und deren ArbN (vgl. § 11 II 3 Nr. 2 WpÜG), so dass die Vorlage der Angebotsunterlage nicht erforderlich ist[4]. **Im Zielunternehmen** ist der Wirtschaftsausschuss hingegen umfassend über das Angebot, die Angebotsunterlage und die beabsichtigte Reaktion des Vorstandes zu unterrichten. Insoweit ergänzt § 106 III Nr. 10 die allgemeinen Unterrichtungspflichten des Vorstands der Zielgesellschaft gegenüber dem BR nach §§ 10 V 2, 14 IV 2, 27 III 2 WpÜG (vgl. Rz. 5).
- monatliche Erfolgsrechnungen (Betriebsabrechnungsbögen) für einzelne Filialen oder Betriebe im Rahmen der Erforderlichkeit[5];
- Rechtsstreitigkeiten oder behördliche Entscheidungen (zB Erteilung oder Versagung einer Erlaubnis) mit grundlegender Bedeutung für das Unternehmen[6];
- politische Entscheidungen oder sonstige wirtschaftl. oder politische Vorgänge und Entwicklungen, die erhebliche Auswirkungen auf die wirtschaftl. Tätigkeit des Unternehmens haben[7];
- Kürzung von Sozialaufwendungen und freiwilligen Leistungen[8];
- Austritt aus dem ArbGebVerband bzw. Aufnahme einer OT-Mitgliedschaft[9];
- die Begründung einer umsatzsteuerrechtl. Organschaft, da diese nicht nur finanzielle, sondern auch arbeitsrechtl. Folgen nach sich ziehen kann[10];
- einen geplanter Börsengang[11].

VI. Streitigkeiten. In der Praxis geht es bei Streitigkeiten im Zusammenhang mit dem Wirtschaftsausschuss entweder um die Durchsetzung der Rechte des Wirtschaftsauschusse im Einigungsstellenverfahren bzw. im arbeitsgerichtl. Beschlussverfahren oder um die Sanktionierung der nicht ordnungsgemäßen Unterrichtung durch den Unternehmer als Ordnungswidrigkeit. Derartige Streitigkeiten sind oftmals überflüssig und lassen sich iSd. betriebsverfassungsrechtl. Kooperationsmaxime (vgl. §§ 2 I, 74 I 2) dadurch vermeiden, dass Wirtschaftsausschuss und (G)BR während des gesamten Prozesses der betreffenden wirtschaftl. Angelegenheit regelmäßig – eher zu viel als zu wenig – unterrichtet werden. Obwohl die Beteiligungsrechte des BR prinzipiell später ansetzen als die Unterrichtung des Wirtschaftsaus- 84

1 BAG v. 22.1.1991 – 1 ABR 38/89, AP Nr. 9 zu § 106 BetrVG 1972; *Fitting*, § 106 BetrVG Rz. 54; Richardi/*Annuß*, § 106 BetrVG Rz. 57; *Röder/Göpfert*, BB 1997, 2105 f.; *Schweibert* in Willemsen/Hohenstatt/Schweibert/Seibt, Rz. C 409; aA MünchArbR/ Joost, § 319 Rz. 27. | 2 BAG v. 22.1.1991 – 1 ABR 38/89, AP Nr. 9 zu § 106 BetrVG 1972. | 3 Vgl. *Grobys* in Geibel/Süßmann, WpÜG, § 10 Rz. 103. | 4 Vgl. auch *Grobys* in Geibel/Süßmann, WpÜG, § 10 Rz. 103. | 5 BAG v. 17.9.1991 – 1 ABR 74/90, AP Nr. 13 zu § 106 BetrVG 1972. | 6 Vgl. *Fitting*, § 106 BetrVG Rz. 54; ErfK/*Kania*, § 106 BetrVG Rz. 17; Richardi/*Annuß*, § 106 BetrVG Rz. 56. | 7 Vgl. DKK/*Däubler*, § 106 BetrVG Rz. 78; *Fitting*, § 106 BetrVG Rz. 54; ErfK/*Kania*, § 106 BetrVG Rz. 17. | 8 Vgl. *Fitting*, § 106 BetrVG Rz. 54. | 9 Vgl. *Gaumann/Schafft*, NZA 2001, 1125 (1128); zur OT-Mitgliedschaft näher BAG v. 18.7.2006 – 1 ABR 36/05, NZA 2006, 1225; *Lembke*, Die Arbeitskampfbeteiligung von Außenseitern, 2000, S. 11 ff. mwN. | 10 Vgl. *Growe/Grüninger*, AiB 2001, 582 ff. | 11 ErfK/*Kania*, § 107 BetrVG Rz. 17.

schusses (Rz. 12), empfiehlt es sich in der Praxis oftmals, die Einbeziehung des BR vorzuziehen und ihn zeitgleich mit dem Wirtschaftsausschuss zu unterrichten (vgl. Rz. 34).

85 **1. Beschlussverfahren.** Streitigkeiten über die **Zulässigkeit der Bildung eines Wirtschaftsausschuss** werden im arbeitsgerichtl. Beschlussverfahren (§ 2a I Nr. 1 ArbGG) entschieden[1]. Zulässig ist dabei ein Antrag des BR bzw. in einem Unternehmen mit mehreren BR des GBR auf Feststellung, dass die Bildung des Wirtschaftsausschusses bei dem ArbGeb zulässig ist[2]. Antragsberechtigt ist ferner der Unternehmer[3]. Hingegen ist in einem solchen Beschlussverfahren der Wirtschaftsausschuss nicht Beteiligter[4].

86 Auch über Streitigkeiten über die **Zuständigkeit des Wirtschaftsausschusses** (dh. über die Frage, ob es sich um wirtschaftl. Angelegenheiten iSd. Abs. 2 und 3 handelt oder nur um laufende Geschäftsführung oder die persönlichen Verhältnisse des Unternehmers) entscheidet das ArbG im Beschlussverfahren[5]. Insoweit besteht keine Primärzuständigkeit der Einigungsstelle[6]. Im Beschlussverfahren, in dem es in der Sache um Auskunftsansprüche des Wirtschaftsausschusses geht, sind der BR bzw. GBR antragsbefugt[7]. BR bzw. GBR haben nämlich einen eigenen betriebsverfassungsrechtl. Anspruch gegen den Unternehmer auf Erfüllung der dem Wirtschaftsausschuss gegenüber obliegenden Auskunftspflichten. Dies folgt daraus, dass der Wirtschaftsausschuss lediglich Hilfsfunktionen für den (G)BR erfüllt[8] (vgl. Rz. 8 ff.) Der Wirtschaftsausschuss ist in dem Beschlussverfahren nicht Beteiligter[9].

87 Bei Meinungsverschiedenheiten zwischen dem Wirtschaftsausschuss und dem Unternehmer über den **Umfang der Unterrichtungspflicht**, das **Vorliegen einer Gefährdung von Betriebs- und Geschäftsgeheimnissen und den Zeitpunkt der Unterrichtung** setzt das arbeitsgerichtl. Beschlussverfahren eine Entscheidung der Einigungsstelle nach § 109 voraus[10]. Insofern besteht eine **Primärzuständigkeit der Einigungsstelle** (s. § 109 Rz. 1).

88 **2. Ordnungswidrigkeit (§ 121).** Erfüllt der Unternehmer (ArbGeb) die Unterrichtungspflicht gegenüber dem Wirtschaftsausschuss nach Abs. 2 nicht, wahrheitswidrig, unvollständig oder verspätet, begeht er – im Falle **vorsätzlichen** Handelns (§ 10 OWiG[11]) – eine Ordnungswidrigkeit gem. § 121, die mit einer Geldbuße von bis zu 10 000 Euro geahndet werden kann[12].

89 Besteht Streit über den Umfang der Unterrichtungspflicht oder den Zeitpunkt der Unterrichtung, kann ein ordnungswidriges Verhalten des Unternehmers hinsichtlich der Nichtunterrichtung, der unvollständigen oder verspäteten Unterrichtung auf Grund der Primärzuständigkeit der Einigungsstelle (vgl. Rz. 87) allerdings **erst** vorliegen, wenn auf Grund einer **Entscheidung der Einigungsstelle** der zwischen Unternehmer und Wirtschaftsausschuss streitige Umfang der Unterrichtungspflicht konkretisiert worden ist[13]. Etwas anderes gilt für die bewusst wahrheitswidrige Unterrichtung, die unabhängig von der Einigungsstelle eine Ordnungswidrigkeit darstellt.

107 *Bestellung und Zusammensetzung des Wirtschaftsausschusses*

(1) Der Wirtschaftsausschuss besteht aus mindestens drei und höchstens sieben Mitgliedern, die dem Unternehmen angehören müssen, darunter mindestens einem Betriebsratsmitglied. Zu Mitgliedern des Wirtschaftsausschusses können auch die in § 5 Abs. 3 genannten Angestellten bestimmt werden. Die Mitglieder sollen die zur Erfüllung ihrer Aufgaben erforderliche fachliche und persönliche Eignung besitzen.

(2) Die Mitglieder des Wirtschaftsausschusses werden vom Betriebsrat für die Dauer seiner Amtszeit bestimmt. Besteht ein Gesamtbetriebsrat, so bestimmt dieser die Mitglieder des Wirtschaftsausschusses; die Amtszeit der Mitglieder endet in diesem Fall in dem Zeitpunkt, in dem die Amtszeit der Mehrheit der Mitglieder des Gesamtbetriebsrats, die an der Bestimmung mitzuwirken berechtigt waren, abgelaufen ist. Die Mitglieder des Wirtschaftsausschusses können jederzeit abberufen werden; auf die Abberufung sind die Sätze 1 und 2 entsprechend anzuwenden.

---

1 BAG v. 15.3.2006 – 7 ABR 24/05, NZA 2006, 1422 (1423); DKK, § 106 BetrVG Rz. 81, Richardi/*Annuß*, § 106 BetrVG Rz. 58. | 2 Vgl. BAG v. 31.10.1975 – 1 ABR 4/74, AP Nr. 2 zu § 106 BetrVG 1972. | 3 GK-BetrVG/*Oetker*, § 106 Rz. 105. | 4 BAG v. 15.3.2006 – 7 ABR 24/05, NZA 2006, 1422 (1424). | 5 DKK/*Däubler*, § 106 BetrVG Rz. 81; *Fitting*, § 106 BetrVG Rz. 55; Richardi/*Annuß*, § 106 BetrVG Rz. 58. | 6 BAG v. 9.5.1995 – 1 ABR 61/94, AP Nr. 12 zu § 106 BetrVG 1972; v. 22.1.1991 – 1 ABR 38/89, AP Nr. 9 zu § 106 BetrVG 1972. | 7 BAG v. 22.1.1991 – 1 ABR 38/89, AP Nr. 9 zu § 106 BetrVG 1972; v. 8.8.1989 – 1 ABR 61/88, AP Nr. 6 zu § 106 BetrVG 1972. | 8 St. Rspr., BAG v. 9.5.1995 – 1 ABR 61/94, AP Nr. 12 zu § 106 BetrVG 1972. | 9 BAG v. 22.1.1991 – 1 ABR 38/89, AP Nr. 9 zu § 106 BetrVG 1972; v. 8.8.1989 – 1 ABR 61/88, AP Nr. 6 zu § 106 BetrVG 1972; offenbar aA BAG v. 5.2.1991 – 1 ABR 24/90, AP Nr. 10 zu § 106 BetrVG 1972: „Inhaber des Anspruchs auf Information nach § 106 Abs. 2 BetrVG ist der Wirtschaftsausschuss". | 10 OLG Karlsruhe v. 7.6.1985 – 1 Ss 68/85, AP Nr. 1 zu § 121 BetrVG 1972 mwN. | 11 Dazu OLG Hamm v. 7.12.1977 – 4 Ss OWi 1407/77, DB 1978, 748 (749). | 12 Dazu näher *Picot/Schnitker*, Arbeitsrecht bei Unternehmenskauf und Restrukturierung, 2001, Teil II Rz. 382 ff.; *Röder/Göpfert*, BB 1997, 2105. | 13 OLG Karlsruhe v. 7.6.1985 – 1 Ss 68/85, AP Nr. 1 zu § 121 BetrVG 1972; GK-BetrVG/*Oetker*, § 106 Rz. 104, § 109 Rz. 4; aA DKK/*Däubler*, § 106 BetrVG Rz. 52.

(3) Der Betriebsrat kann mit der Mehrheit der Stimmen seiner Mitglieder beschließen, die Aufgaben des Wirtschaftsausschusses einem Ausschuss des Betriebsrats zu übertragen. Die Zahl der Mitglieder des Ausschusses darf die Zahl der Mitglieder des Betriebsausschusses nicht überschreiten. Der Betriebsrat kann jedoch weitere Arbeitnehmer einschließlich der in § 5 Abs. 3 genannten leitenden Angestellten bis zur selben Zahl, wie der Ausschuss Mitglieder hat, in den Ausschuss berufen; für die Beschlussfassung gilt Satz 1. Für die Verschwiegenheitspflicht der in Satz 3 bezeichneten weiteren Arbeitnehmer gilt § 79 entsprechend. Für die Abänderung und den Widerruf der Beschlüsse nach den Satz 1 bis 3 sind die gleichen Stimmenmehrheiten erforderlich wie für die Beschlüsse nach den Satz 1 bis 3. Ist in einem Unternehmen ein Gesamtbetriebsrat errichtet, so beschließt dieser über die anderweitige Wahrnehmung der Aufgaben des Wirtschaftsausschusses; die Satz 1 bis 5 gelten entsprechend.

I. Vorbemerkung. § 107 regelt die Bestellung und Zusammensetzung des Wirtschaftsausschusses durch den BR bzw. GBR (Abs. 1 und 2) sowie die Möglichkeit zur Übertragung der Aufgaben auf einen Ausschuss des (G)BR (Abs. 3). Die Amtszeit des Wirtschaftsausschusses hängt von der Amtszeit des Bestellungsorgans ab. Auch darin zeigt sich der „dienende Charakter" des Wirtschaftsausschusses (vgl. § 106 Rz. 8 ff.). 1

II. Zusammensetzung des Wirtschaftsausschusses (Abs. 1). Abs. 1 von § 107 regelt die Größe des Wirtschaftsausschusses sowie die erforderlichen Eigenschaften dessen Mitglieder. 2

1. Zahl und persönliche Voraussetzungen der Mitglieder (Abs. 1 S. 1 und 2). Der Wirtschaftsausschuss muss aus **mindestens drei und** darf aus **maximal sieben** Mitgliedern bestehen (Abs. 1 S. 1). Eine abweichende Regelung der Mitgliederzahl durch BV oder TV ist nicht möglich (arg. e contr. § 47 IV). Innerhalb des gesetzl. Rahmens bestimmt in Unternehmen mit nur einem BR der BR und in Unternehmen mit mehreren BR der GBR die Größe des Wirtschaftsausschusses[1]. An die Stelle des BR kann freilich eine nach § 3 I Nr. 1–3 gebildete ArbN-Vertretung treten (vgl. § 3 V). 3

Eine bestimmte Zusammensetzung nach Beschäftigungsarten und Geschlechtern (vgl. § 15) ist nicht vorgesehen[2]. 4

Mindestens ein Mitglied des Wirtschaftsausschusses muss dem **BR** eines Betriebs des Unternehmens angehören (Abs. 1 S. 1 aE). Existiert ein GBR, ist die minimale BR-Beteiligung durch das Mitglied eines BR erfüllt; die Beteiligung eines GBR-Mitglieds ist nicht erforderlich[3]. 5

Alle Mitglieder des Wirtschaftsausschusses müssen nach S. 1 dem Unternehmen angehören. Das Gesetz verlangt hingegen nicht, dass sie ArbN (§ 5 I) des Unternehmens sind. Für die **Unternehmenszugehörigkeit** ist kein arbeitsvertragl. Grundverhältnis erforderlich. Allerdings setzt die Zugehörigkeit zum Unternehmen voraus, dass die Person in die personelle Organisation des Unternehmens eingegliedert ist und sich an der wirtschaftl. und betrieblichen Tätigkeit des Unternehmens nicht nur vorübergehend beteiligt[4]. Erfasst werden daher auch Heimarbeitern, arbeitnehmerähnliche Personen oder auf Grund eines Dienst- oder Werkvertrags tätige freie Mitarbeiter[5]. 6

Nicht erfasst werden mangels dauerhafter Eingliederung in das Unternehmen LeihArbN oder vorübergehend von anderen Konzernunternehmen überlassene ArbN, selbst wenn sie nach § 7 S. 2 aktiv wahlberechtigt bei der BR-Wahl sind[6]. Nicht in das Unternehmen eingegliedert sind auch Aktionäre einer AG, Mitglieder des Aufsichtsrats, Gesellschafter einer GmbH und Genossen einer Genossenschaft[7]. 7

ArbN aus ausländischen Betrieben des Unternehmens können nur dann in den Wirtschaftsausschuss bestellt werden, wenn sie dauerhaft in einen inländischen Betrieb entsandt und eingegliedert werden[8]. Dies folgt daraus, dass das BetrVG im Rahmen des Territorialitätsprinzips nur für das Inland gilt. Umgekehrt bleiben ArbN, die von einem inländischen Betrieb des Unternehmens vorübergehend in einen ausländischen Betrieb entsandt werden, im Anwendungsbereich des Gesetzes und können in den Wirtschaftsausschuss bestellt werden[9] (vgl. § 1 Rz. 3). 8

Abs. 1 S. 2 bestimmt ausdrücklich, dass **leitende Angestellte** iSd. § 5 III zu Mitgliedern des Wirtschaftsausschusses bestimmt werden können. Dadurch soll die Nutzbarmachung ihren Sachverstands ermöglicht werden. Allerdings kann ein leitender Angestellter nicht zur Mitgliedschaft gezwungen werden[10]. Nicht in den Wirtschaftsausschuss bestellt werden können hingegen der Unternehmer (ArbGeb) und Personen, die ArbGebFunktionen wahrnehmen (dh. der Personenkreis des § 5 II Nr. 1 und 2)[11]. 9

2. Eignung der Mitglieder (S. 3). Nach Abs. 1 S. 3 sollen die Wirtschaftsausschussmitglieder die zur Erfüllung ihrer Aufgaben erforderliche fachliche und persönliche Eignung besitzen. Die **fachliche Eig-** 10

1 *Fitting*, § 107 BetrVG Rz. 3. | 2 *Fitting*, § 107 BetrVG Rz. 3. | 3 DKK/*Däubler*, § 107 BetrVG Rz. 11; *Fitting*, § 107 BetrVG Rz. 8; ErfK/*Kania*, § 107 BetrVG Rz. 3; Richardi/*Annuß*, § 107 BetrVG Rz. 7; aA GK-BetrVG/*Fabricius*, 6. Aufl. 1998, § 107 Rz. 12. | 4 DKK/*Däubler*, § 107 BetrVG Rz. 7 f.; *Fitting*, § 107 BetrVG Rz. 6. | 5 DKK/*Däubler*, § 107 BetrVG Rz. 7; GK-BetrVG/*Oetker*, § 107 Rz. 5. | 6 DKK/*Däubler*, § 107 BetrVG Rz. 7. | 7 DKK/*Däubler*, § 107 BetrVG Rz. 8; *Fitting*, § 107 BetrVG Rz. 6. | 8 Ähnlich GK-BetrVG/*Oetker*, § 107 Rz. 8; Richardi/*Annuß*, § 107 BetrVG Rz. 6; aA DKK/*Däubler*, § 107 BetrVG Rz. 10; *Fitting*, § 107 BetrVG Rz. 7. | 9 Ebenso Richardi/*Annuß*, § 107 BetrVG Rz. 6. | 10 *Fitting*, § 107 BetrVG Rz. 5. | 11 *Fitting*, § 107 BetrVG Rz. 5; Richardi/*Annuß*, § 107 BetrVG Rz. 5.

nung ist gegeben, wenn die Person in der Lage ist, die Unterrichtung durch den Unternehmer über wirtschaftl. Angelegenheiten im Allgemeinen und die Erläuterung des Jahresabschlusses (§ 108 V) im Besonderen zu verstehen, Nachfragen dazu zu stellen und ggf. mit dem Unternehmer darüber zu beraten. Dazu bedarf es gewisser betriebswirtschaftl. Grundkenntnisse, ohne dass die Fähigkeit verlangt wird, dass die Mitglieder ohne weiteres eine Bilanz richtig lesen können[1].

11 **Persönliche Eignung** setzt Sachlichkeit, Loyalität und Diskretion voraus[2].

12 § 107 I 3 ist eine **Sollvorschrift** ohne zwingenden Charakter, um klarzustellen, dass der Unternehmer die ordnungsgemäße Zusammensetzung des Wirtschaftsausschusses nicht deshalb in Frage stellen kann, weil nach seiner Meinung ein Mitglied nicht die erforderliche fachliche und persönliche Eignung besitzt[3]. Besitzen Wirtschaftsausschussmitglieder die erforderlichen Fachkenntnisse nicht, können sie auf Kosten des Unternehmers (§§ 40 I, 37 VI) die erforderlichen Schulungen besuchen, sofern sie **zugleich BR-Mitglieder** sind (vgl. Rz. 33)[4]. Die Berufung nicht geeigneter Mitglieder kann aber nicht durch Heranziehung von Sachverst. kompensiert werden (vgl. § 108 Rz. 19)[5].

13 **III. Bestellung, Abberufung und Amtszeit der Wirtschaftsausschussmitglieder (Abs. 2).** Der Wirtschaftsausschuss ist ein „Hilfsorgan" der ArbN-Vertretung, die ihn bestellt (§ 106 Rz. 10). Die Einzelheiten der Bestellung, Abberufung und Amtszeit der Wirtschaftsausschussmitglieder werden in Abs. 2 geregelt.

14 **1. Bestellung.** Bestellungsorgan für die Mitglieder des Wirtschaftsausschusses ist in Unternehmen mit nur einem BR der **BR** (**Abs. 2 S. 1**), und zwar unabhängig davon, ob noch weitere betriebsratsfähige Betriebe im Unternehmen existieren[6]. Die Bestellung erfolgt für jedes Mitglied des Wirtschaftsausschusses einzeln durch Beschluss mit einfacher Stimmenmehrheit der anwesenden BR-Mitglieder (§ 33)[7]. Möglich und zweckmäßig ist die Bestellung von Ersatzmitgliedern, die im Falle der Verhinderung von ordentl. Wirtschaftsausschussmitgliedern nachrücken können. Werden mehrere Ersatzmitglieder bestellt, ist die Reihenfolge des Nachrückens festzulegen[8].

15 Bestehen in einem Unternehmen mehrere BR, werden die Mitglieder des Wirtschaftsausschusses hingegen vom **GBR** bestimmt (**Abs. 2 S. 2**), sofern ein GBR besteht. Existiert hingegen kein GBR, obwohl die Voraussetzungen für dessen Bildung gegeben sind, **kann der Wirtschaftsausschuss nicht errichtet werden**[9]. Die Bestellung erfolgt für jedes Mitglied des Wirtschaftsausschusses einzeln durch Beschluss des GBR mit der einfachen Mehrheit der anwesenden, gem. § 47 VII–IX zu gewichtenden Stimmen (§§ 51 IV, 33 I u. II)[10].

16 In den Fällen des **§ 3 I Nr. 1–3** gelten die vereinbarten betriebsverfassungsrechtl. Organisationseinheiten als Betriebe, und die darin gebildeten ArbN-Vertretungen (zB unternehmenseinheitlicher BR, SpartenBR) nehmen die Stellung des BR ein (§ 3 V). Dies gilt auch im Hinblick auf § 107.

17 **2. Dauer der Amtszeit.** Die Amtszeit des Wirtschaftsausschusses ist gem. Abs. 2 S. 1 und 2 mit der des bestellenden Organs verknüpft.

18 Ist der **BR** Bestellungsorgan, beträgt die Amtszeit des Wirtschaftsausschusses so lange, wie der bestellende BR als Organ im Amt ist. Die Einzelheiten zur Amtszeit des BR ergeben sich aus §§ 21 ff.

19 Ist das Mitglied des Wirtschaftsausschusses gleichzeitig BR-Mitglied und erlischt seine BR-Mitgliedschaft (§ 24), so verliert er sein Amt als Wirtschaftsausschussmitglied nur, wenn er bisher das einzige, von Abs. 1 S. 1 als Minimum geforderte BR-Mitglied war[11].

20 Ist der **GBR** Bestellungsorgan, richtet sich die Amtszeit der Wirtschaftsausschussmitglieder nach der Mehrheit der Mitglieder des GBR (ohne Rücksicht auf deren Stimmengewichtung gem. § 47 VII–IX). Der GBR selbst hat als „Dauereinrichtung" keine Amtszeit. Der Wortlaut des Abs. 2 S. 2, wonach es auf den Ablauf der „Amtszeit der Mehrheit der Mitglieder des Gesamtbetriebsrats" ankommen soll, ist missverständlich. Zu beachten ist, dass im Falle des Erlöschens der Mitgliedschaft im GBR aus persönlichen Gründen (zB Amtsniederlegung, Beendigung des Arbeitsverhältnisses, Verlust der Wählbarkeit, Ausschluss durch das ArbG, Tod) gem. § 47 III ein Ersatzmitglied an die Stelle des ausgeschiedenen GBR-Mitglieds tritt[12]. Daher wird es hinsichtlich der Amtszeit des Wirtschaftsausschusses regelmäßig

1 BAG v. 18.7.1978 – 1 ABR 34/75, AP Nr. 1 zu § 108 BetrVG 1972; vgl. auch GK-BetrVG/*Oetker*, § 107 Rz. 17; MünchArbR/*Joost*, § 319 Rz. 21. |2 Vgl. DKK/*Däubler*, § 107 BetrVG Rz. 13; *Fitting*, § 107 BetrVG Rz. 11; Richardi/*Annuß*, § 107 BetrVG Rz. 8. |3 BAG v. 18.7.1978 – 1 ABR 34/75, AP Nr. 1 zu § 108 BetrVG 1972; *Fitting*, § 107 BetrVG Rz. 10, 12; Richardi/*Annuß*, § 107 BetrVG Rz. 9. |4 LAG Hamm v. 13.10.1999 – 3 TaBV 44/99, NZA-RR 2000, 641 f. |5 Zutr. GK-BetrVG/*Oetker*, § 107 Rz. 20. |6 DKK/*Däubler*, § 107 BetrVG Rz. 15, 17; *Fitting*, § 107 BetrVG Rz. 21; MünchArbR/*Joost*, § 319 Rz. 14. |7 *Fitting*, § 107 BetrVG Rz. 13; Richardi/*Annuß*, § 107 BetrVG Rz. 13. |8 DKK/*Däubler*, § 107 BetrVG Rz. 5; *Fitting*, § 107 BetrVG Rz. 16; Richardi/*Annuß*, § 107 BetrVG Rz. 14. |9 DKK/*Däubler*, § 107 BetrVG Rz. 16; *Fitting*, § 107 BetrVG Rz. 20; ErfK/*Kania*, § 107 BetrVG Rz. 5; MünchArbR/*Joost*, § 319 Rz. 14; Richardi/*Annuß*, § 107 BetrVG Rz. 11; aA GK-BetrVG/*Fabricius*, 6. Aufl. 1998, § 107 Rz. 23 ff. |10 *Fitting*, § 107 BetrVG Rz. 18; Richardi/*Annuß*, § 107 BetrVG Rz. 13. |11 DKK/*Däubler*, § 107 BetrVG Rz. 28; Richardi/*Annuß*, § 107 BetrVG Rz. 23; aA *Fitting*, § 107 BetrVG Rz. 9. |12 Vgl. *Fitting*, § 107 BetrVG Rz. 22; Richardi/*Annuß*, § 107 BetrVG Rz. 18.

nicht auf alle in § 49 genannten Gründe für das Erlöschen der GBR-Mitgliedschaft ankommen, sondern auf den Ablauf der Amtszeit des BR (als Organ), dem das GBR-Mitglied angehört. Mit dem Ablauf der Amtszeit des BR erlischt die Mitgliedschaft im BR (§ 24 Nr. 1) und im GBR (§ 49). Besteht also zB der den Wirtschaftsausschuss bestellende GBR aus 6 Mitgliedern (je zwei Vertretern von drei BR) und läuft die Amtszeit von zwei BR, dh. von vier GBR ab, so endet auch die Amtszeit der Wirtschaftsausschussmitglieder. Hinsichtlich der Beendigung der Amtszeit im Wirtschaftsausschuss ist mithin auf das Ende der Amtszeit der Mehrheit der GBR-Mitglieder abzustellen und nicht auf die Mehrheit der gem. § 47 VII–IX zu gewichtenden Stimmen[1].

3. Abberufung und sonstiges Amtsende. Vor Ablauf der Amtszeit des Wirtschaftsausschusses erlischt die Mitgliedschaft des einzelnen Mitglieds im Wirtschaftsausschuss außer im Fall der Abberufung durch **Amtsniederlegung** oder **Ende der Unternehmenszugehörigkeit** (vgl. Rz. 6 f.)[2]. 21

Abs. 2 S. 3 regelt ferner, dass die Mitglieder des Wirtschaftsausschusses jederzeit **abberufen** werden können. Zuständig ist das für die Bestellung zuständige Organ. Insoweit gelten die Ausführungen zur Bestellung entsprechend (Rz. 14 ff.). Ein besonderer Grund für die Abberufung ist nicht erforderlich[3]. 22

4. Auswirkungen von Umstrukturierungen auf den Wirtschaftsausschuss. Umstrukturierungen von Unternehmen auf betrieblicher oder gesellschaftsrechtl. Ebene können Auswirkungen auf den Bestand oder die Bildung des Wirtschaftsausschusses haben. So kommen auf Grund des Übergang eines Betriebs von einem Unternehmen auf das andere etwa folgende Konsequenzen in Betracht: 23

Beim veräußernden Unternehmen kann der **Schwellenwert** des § 106 I von idR mehr als 100 ständig beschäftigten ArbN **dauerhaft unterschritten** werden, was anhand einer Prognose festzustellen ist. Nach verbreiteter Auffassung soll der Wirtschaftsausschuss so lange im Amt bleiben, wie der ihn bestellende BR bzw. die Mehrheit der Mitglieder des ihn bestellenden GBR im Amt sind (vgl. § 107 II 1 und 2)[4]. Diese Ansicht überzeugt jedoch nicht. Vielmehr fehlt es bei einem Unterschreiten des Schwellenwertes auf Dauer an einer gesetzl. Voraussetzung für die Bildung des Wirtschaftsausschusses (§ 106 I), so dass das Amt des Wirtschaftsausschusses ohne weiteres endet[5] (vgl. § 106 Rz. 22). 24

Beim erwerbenden/aufnehmenden Rechtsträger kann es hingegen dazu kommen, dass der **Schwellenwert** durch Hinzukommen der neuen ArbN (§ 613a I 1 BGB) **erstmals dauerhaft überschritten** wird. In diesem Fall ist der Wirtschaftsausschuss neu vom BR oder vom GBR zu bestellen. 25

Denkbar ist ferner, dass bei einem Betriebsübergang im übertragenden Unternehmen nur noch ein Betrieb mit BR verbleibt, so dass der **bisherige Gesamtbetriebrat als Bestellungsorgan für den Wirtschaftsausschuss wegfällt**. In diesem Fall endet die Amtszeit der Mitglieder des Wirtschaftsausschusses mit dem Wegfall des GesamtBR gem. § 107 II 2[6]. Der im übertragenden Unternehmen verbleibende BR bestellt die Mitglieder des Wirtschaftsausschusses neu (§ 107 II 1), wenn der Schwellenwert immer noch überschritten ist. 26

In Betracht kommt außerdem, dass beim aufnehmenden Unternehmen mit dem hinzukommenden Betrieb samt BR **erstmals** mehrere BR bestehen, so dass nach § 47 I ein **GBR zu errichten** ist. Für diesen bislang kaum diskutierten Fall wird vertreten, dass der Wirtschaftsausschuss bis zum Abschluss der Amtszeit des ihn bestellenden BR bestehen bleibe; vorher komme nur die kollektive Amtsniederlegung der Mitglieder des bestellenden BR oder die Abberufung der Wirtschaftsausschussmitglieder in Betracht[7]. Überzeugender erscheint es jedoch, davon auszugehen, dass der Wirtschaftsausschuss mit Hinzutreten des neuen BR im (aufnehmenden) Unternehmen wegfällt. Das folgt aus der Hilfsfunktion des Wirtschaftsausschusses für das Organ, das ihn gem. § 107 II zu bestellen hat (vgl. § 106 Rz. 10). Außerdem kann nach ganz hM der Wirtschaftsausschuss nicht errichtet werden, wenn kein GBR existiert, obwohl die Voraussetzungen für dessen Bildung gegeben sind (Rz. 15). Entsprechendes muss hier gelten. Es ist also zunächst von der erstmals bestehenden Möglichkeit der Errichtung des GBR Gebrauch zu machen. Sodann bestellt der neue GBR die Mitglieder des Wirtschaftsausschusses (§ 107 II 2)[8]. 27

Besteht bei einem Betriebsübergang im aufnehmenden Unternehmen **bereits** ein vom dortigen GBR bestellter **Wirtschaftsausschuss**, bleibt dieser Wirtschaftsausschuss im Amt[9]. Das Hinzukommen neuer 28

---

1 *Fitting*, § 107 BetrVG Rz. 19; MünchArbR/*Joost*, § 319 Rz. 101. | 2 DKK/*Däubler*, § 107 BetrVG Rz. 25 f.; *Fitting*, § 107 BetrVG Rz. 14; ErfK/*Kania*, § 107 BetrVG Rz. 8 ff. | 3 DKK/*Däubler*, § 107 BetrVG Rz. 24; ErfK/*Kania*, § 107 BetrVG Rz. 10; Richardi/*Annuß*, § 107 BetrVG Rz. 21; aA ArbG Hamburg 11.9.1975 – 12 Bv 26/75, DB 1975, 2331: Fehlen oder Wegfall der persönlichen oder fachlichen Eignung erforderlich. | 4 DKK/*Däubler*, § 106 BetrVG Rz. 13a; GK-BetrVG/*Fabricius*, 6. Aufl. 1998, § 106 Rz. 5; vgl. auch LAG Frankfurt v. 17.8.1993 – 4 TaBV 61/93, DB 1994, 1248 = BB 94, 717 für den Fall des Absinkens des Belegschaftsstärke im Betrieb (§ 13 II Nr. 1), ohne dass erkennbar wäre, ob in dem zugrunde liegenden Fall auch der Schwellenwert nach § 106 I unterschritten wurde; aA *Hohenstatt* in Willemsen/Hohenstatt/Schweibert/Seibt, Rz. D 228; MünchArbR/*Joost*, § 319 Rz. 4; Richardi/*Annuß*, § 106 BetrVG Rz. 11. | 5 Ebenso BAG v. 7.4.2004 – 7 ABR 41/03, NZA 2005, 311; MünchArbR/*Joost*, § 319 Rz. 4; Richardi/*Annuß*, § 106 BetrVG Rz. 11. | 6 Ebenso GK-BetrVG/*Oetker*, § 107 Rz. 23. | 7 Vgl. *Hohenstatt* in Willemsen/Hohenstatt/Schweibert/Seibt, Rz. D 216. | 8 Ebenso *Hohenstatt* in Willemsen/Hohenstatt/Schweibert/Seibt, Rz. D 216. | 9 Ebenso *Hohenstatt* in Willemsen/Hohenstatt/Schweibert/Seibt, Rz. D 214.

ArbN im Unternehmen und ggf. die Entsendung neuer BR-Mitglieder in den GBR lässt die Amtszeit des Wirtschaftsausschusses, die sich nach der Amtszeit der Mehrheit der Mitglieder des GBR richtet, unberührt.

29 Die vorherigen Ausführungen gelten entsprechend, wenn im Rahmen einer Umwandlung nach dem UmwG Betriebe übergehen. Zusätzlich ist bei **Umwandlungen** noch fest zu halten, dass der Wirtschaftsausschuss im übertragenden Unternehmen wegfällt, wenn der **übertragende Rechtsträger erlischt**, wie es bei der **Verschmelzung und** bei der **Aufspaltung** der Fall ist (§§ 20 I Nr. 2, 131 I Nr. 2 UmwG)[1]. Denn der Wirtschaftsausschuss ist mit dem Bestand des Unternehmens verknüpft.

30 **IV. Rechtsstellung der Wirtschaftsausschussmitglieder.** Nicht in § 107 geregelt ist die Stellung der Wirtschaftsausschussmitglieder im Hinblick auf Entgeltschutz, Schulungsteilnahme, Kündigungsschutz etc. Insoweit gilt Folgendes:

31 **1. Ehrenamt; Arbeitsversäumnis; Benachteiligungsverbot; Tätigkeitsschutz.** Mangels Anordnung eines besonderen Vergütungsanspruchs ist die Tätigkeit als Mitglied des Wirtschaftsausschusses **unentgeltlich**. Insoweit kann man § 37 I analog heranziehen[2].

32 Einigkeit besteht darin, dass die Mitglieder des Wirtschaftsausschusses von ihrer berufl. Tätigkeit **ohne Minderung des Arbeitsentgelts zu befreien** sind, wenn und soweit es zur ordnungsgemäßen Durchführung ihrer Aufgaben erforderlich ist. Das BAG wendet für Wirtschaftsausschussmitglieder, die zugleich BR-Mitglieder sind, § 37 II u. III direkt an[3] und zieht für die übrigen Ausschussmitglieder das Benachteiligungsverbot des § 78 S. 2 heran[4], während die Lit. überwiegend § 37 II u. III analog anwendet[5].

33 Streitig ist, ob hinsichtlich der **Schulung** von Wirtschaftsausschussmitgliedern **§ 37 VI grundsätzlich nur auf BR-Mitglieder** Anwendung findet (so das BAG[6]) oder analog auch auf die übrigen Ausschussmitglieder[7]. Für die Auffassung des BAG spricht, dass es an einer planwidrigen Regelungslücke fehlt. Gem. § 107 I 3 geht das Gesetz davon aus, dass das Bestellungsorgan auf ausreichende Fachkunde bei den Ausschussmitgliedern achtet. Liegt diese ausnahmsw. nicht vor, kann ein Sachverst. gem. § 108 II 3 iVm. § 80 III hinzugezogen werden (s. § 108 Rz. 18 f.).

34 Ein Anspruch auf Freistellung zur Teilnahme an Schulungs- und Bildungsveranstaltungen nach § 37 VII (analog) scheidet für Mitglieder des Wirtschaftsausschusses aus[8].

35 Ebenso nicht anwendbar sind die Vorschriften über die wirtschaftl. und berufl. Absicherung (§ 37 IV und V)[9]. Allerdings dürfen die Wirtschaftsausschussmitglieder gem. § 78 S. 2 wegen ihrer Tätigkeit nicht benachteiligt oder begünstigt werden, insb. auch nicht hinsichtlich ihrer beruflichen Entwicklung. Die Verletzung des **Benachteiligungsverbots** wird – ebenso wie das Begünstigungsverbot – als Straftat sanktioniert (§ 119 I Nr. 3). Ergänzend zum Benachteiligungsverbot bestimmt § 78 S. 1, dass die Mitglieder des Wirtschaftsausschusses nicht in der Ausübung ihrer Tätigkeit gestört oder behindert werden dürfen. Die Verletzung dieses **Tätigkeitsschutzes** kann ebenfalls als Straftat geahndet werden (§ 119 I Nr. 2).

36 **2. Kündigungsrechtliche Stellung.** Mitglieder des Wirtschaftsausschusses genießen nicht den besonderen Kündigungsschutz nach § 15 III KSchG, soweit sie nicht BR-Mitglieder sind[10]. Allerdings besteht ein relativer Schutz gegen Kündigungen wegen der Tätigkeit im Wirtschaftsausschuss über das **Benachteiligungsverbot** des § 78 S. 2 (vgl. § 78 Rz. 9).

37 **3. Geheimhaltungspflicht (§ 79).** Mitglieder des Wirtschaftsausschusses sind gem. § 79 II verpflichtet, **Betriebs- oder Geschäftsgeheimnisse**, die ihnen wegen ihrer Zugehörigkeit zum Wirtschaftsausschuss bekannt geworden sind und vom Unternehmer (ArbGeb) ausdrücklich als geheimhaltungsbedürftig bezeichnet worden sind, nicht zu offenbaren und nicht zu verwerten, auch nicht nach dem Ausscheiden aus dem Wirtschaftsausschuss (näher § 79 Rz. 4 ff.). Die Verpflichtung gilt nicht gegenüber anderen Wirtschaftsauschussmitgliedern oder gegenüber den ebenfalls der Geheimhaltungspflicht unterliegenden Organen iSd. § 79 I 3 und 4, also insb. BR- und GBR-Mitgliedern. Eine Verletzung der Geheimhaltungspflicht kann nach § 120 I Nr. 1 als Straftat verfolgt werden.

38 Daneben kann ein Wirtschaftsausschussmitglied theoretisch auch nach § 120 II bestraft werden, wenn es unbefugt ein fremdes **Geheimnis eines ArbN**, namentlich ein zu dessen persönlichen Lebensbereich

---

1 Ebenso *Ziegler/Wolff* in Jaeger/Röder/Heckelmann, Kap. 27 Rz. 12. | 2 Vgl. *Fitting*, § 107 BetrVG Rz. 24; Richardi/*Annuß*, § 107 BetrVG Rz. 27. | 3 Vgl. BAG v. 16.3.1982 – 1 AZR 406/80, AP Nr. 3 zu § 108 BetrVG 1972. | 4 BAG v. 11.11.1998 – 7 AZR 491/97, AP Nr. 129 zu § 37 BetrVG 1972. | 5 DKK/*Däubler*, § 107 BetrVG Rz. 30; *Fitting*, § 107 BetrVG Rz. 24. | 6 BAG v. 11.11.1998 – 7 AZR 491/97, AP Nr. 129 zu § 37 BetrVG 1972; v. 28.4.1988 – 6 AZR 39/86, NZA 1989, 221 f.; st. Rspr.; MünchArbR/*Joost*, § 319 Rz. 111. | 7 GK-BetrVG/*Fabricius*, 6. Aufl. 1998, § 107 Rz. 42, 44; *Fitting*, § 107 BetrVG Rz. 25; Richardi/*Annuß*, § 107 BetrVG Rz. 28. | 8 GK-BetrVG/*Oetker*, 7. Aufl. 2002, § 107 Rz. 39; Richardi/*Annuß*, § 107 BetrVG Rz. 28; aA GK-BetrVG/*Fabricius*, 6. Aufl. 1998, § 107 Rz. 42, 49. | 9 *Fitting*, § 107 BetrVG Rz. 26; MünchArbR/*Joost*, § 319 Rz. 112; Richardi/*Annuß*, § 107 BetrVG Rz. 30; aA DKK/*Däubler*, § 107 BetrVG Rz. 30; GK-BetrVG/*Fabricius*, 6. Aufl. 1998, § 107 Rz. 42 f. | 10 ErfK/*Kania*, § 107 BetrVG Rz. 14; MünchArbR/*Joost*, § 319 Rz. 114; Richardi/*Annuß*, § 107 BetrVG Rz. 29; aA GK-BetrVG/*Fabricius*, 6. Aufl. 1998, § 107 Rz. 50 ff.

gehörendes Geheimnis, offenbart, das ihm in seiner Eigenschaft als Ausschussmitglied bekannt geworden ist und über das Stillschweigen nach dem BetrVG zu bewahren ist. Diese Vorschrift dürfte in der Praxis für den Wirtschaftsausschuss kaum eine Rolle spielen.

4. Kosten des Wirtschaftsausschusses. Die durch die Tätigkeit des Wirtschaftsausschusses entstehenden Kosten hat der Unternehmer (ArbGeb) im Rahmen der Erforderlichkeit zu tragen. § 40 gilt insoweit entsprechend (s. auch § 108 Rz. 9)[1]. Der Unternehmer hat daher zB Reisekosten der Mitglieder des Wirtschaftsausschusses zu den Sitzungen oder die Kosten für die Sitzung und dessen Protokollierung zu tragen. 39

V. Ersetzung des Wirtschaftsausschusses (Abs. 3). Zur Anpassung an etwaige besondere Verhältnisse in dem Unternehmen sieht Abs. 3 unter bestimmten Voraussetzungen die Möglichkeit vor, die Aufgaben des Wirtschaftsausschusses auf einen Ausschuss des BR zu übertragen. Dadurch soll der Tatsache Rechnung getragen werden, dass in zahlreichen Unternehmen eine enge unmittelbare Zusammenarbeit zwischen Unternehmensleitung und BR auch in wirtschaftl. Angelegenheiten besteht und sich daher die Bildung eines Wirtschaftsausschusses häufig erübrigt[2]. Während der Wirtschaftsausschuss nach § 107 I überwiegend mit Nicht-BR-Mitgliedern besetzt werden kann (s. Rz. 3 ff.), besteht ein BR-Ausschuss grds. nur aus BR-Mitgliedern (vgl. §§ 28 I 2 iVm. § 27 I 3). Letzteres wird durch § 107 III dahin gehend modifiziert, dass weitere ArbN, die nicht dem BR angehören müssen, in den BR-Ausschuss berufen werden können, der den Wirtschaftsausschuss ersetzt. 40

1. Aufgabenübertragung auf einen Ausschuss des Betriebsrats (Abs. 3 S. 1–5). Besteht in einem Unternehmen nur ein BR, ist der **BR** zuständig für die Aufgabenübertragung – ebenso wie für die Bestimmung der Mitglieder des Wirtschaftsausschusses. Erforderlich ist ein mit der Mehrheit der Stimmen der BR-Mitglieder, dh. **mit absoluter Mehrheit**, gefasster **Beschluss** (**Abs. 3 S. 1**). 41

Eine Aufgabenübertragung nach Abs. 3 kommt allerdings **nur** in Betracht, wenn der **BR mindestens neun Mitglieder** hat und ein Betriebsausschuss gem. § 27 I zu bilden ist. Das folgt daraus, dass **Abs. 3 S. 2** hinsichtlich der Höchstzahl der Ausschussmitglieder auf den Betriebsausschuss abstellt[3]. Abs. 3 spielt also nur in **Betrieben mit** in der Regel **201 und mehr ArbN** eine Rolle (vgl. § 9). Die Zahl der Ausschussmitglieder darf bis zur Zahl des Betriebsausschusses in beliebiger Höhe festgesetzt werden. Der Betriebsausschuss hat gem. § 27 I 2 je nach Größe des BR zwischen 5 u. 11 Mitgliedern. 42

Für die Zusammensetzung und Bestellung des BR-Ausschusses gilt § 28 entsprechend[4]. 43

Der BR kann durch Beschluss **weitere ArbN** bis zur selben Zahl, wie der BR-Ausschuss Mitglieder hat, in den Ausschuss **berufen** (**Abs. 3 S. 3**). Die Höchstzahl der Ausschussmitglieder beträgt theoretisch also 22. Für den Beschluss ist wiederum die absolute Mehrheit erforderlich (Abs. 3 S. 3 Hs. 2 iVm. S. 1). Als solche sog. „kooptierten ArbN“ können leitende Angestellte (§ 5 III) oder andere ArbN des Unternehmens hinzugezogen werden, die nicht dem BR angehören müssen, aber können[5]. Auch die hinzugewählten ArbN unterliegen der **Verschwiegenheitspflicht** des § 79 (**Abs. 3 S. 4**), deren Verletzung gem. § 120 I Nr. 4 als Straftat sanktioniert wird. 44

Durch einen mit absoluter Mehrheit der BR-Mitglieder gefassten Beschluss kann der BR jederzeit frühere Beschlüsse zur Übertragung der Aufgaben des Wirtschaftsausschusses auf den Betriebsausschuss oder einen anderen Ausschuss des BR bzw. zur Berufung weiterer ArbN in den Ausschuss **abändern oder widerrufen (Abs. 3 S. 5)**[6]. 45

2. Aufgabenübertragung auf einen Ausschuss des Gesamtbetriebsrats (Abs. 3 S. 6). Besteht in einem Unternehmen mit mehreren BR ein **GBR**, ist der GBR nicht nur Bestellungsorgan für die Mitglieder des Wirtschaftsausschusses, sondern beschließt auch über die anderweitige Wahrnehmung der Aufgaben des Wirtschaftsausschusses (**Abs. 3 S. 6 Hs. 1**). 46

Die S. 1–5 gelten entsprechend (Abs. 3 S. 6 Hs. 2). Das bedeutet zunächst, dass der GBR durch Beschluss mit der Mehrheit der – nach § 47 VII–IX zu gewichtenden – Stimmen seiner Mitglieder die Aufgaben des Wirtschaftsausschusses einem **Ausschuss des GBR** (§ 51 iVm. § 28 I S. 1 und 3, II) übertragen kann (**Abs. 3 S. 6 iVm. S. 1**). Dies kann auch der Gesamtbetriebsausschuss (§ 51 iVm. § 27) sein[7]. Eine Aufgabenübertragung an einzelne BR oder Ausschüsse des BR ist nicht möglich[8]. 47

Eine Aufgabenübertragung durch den GBR kommt **nur** in Betracht, **wenn der GBR mindestens neun Mitglieder hat** und ein Gesamtbetriebsausschuss gem. § 51 iVm. § 27 zu bilden ist (arg. e. Abs. 3 S. 6 iVm. S. 2)[9]. 48

---

1 So ausdr. für § 40 Abs. 2 BAG v. 17.10.1990 – 7 ABR 69/89, AP Nr. 8 zu § 108 BetrVG 1972; allg. *Fitting*, § 107 BetrVG Rz. 27; ErfK/*Kania*, § 107 BetrVG Rz. 13; Richardi/*Annuß*, § 107 BetrVG Rz. 32. | 2 Richardi/*Annuß*, § 107 BetrVG Rz. 34 mwN. | 3 *Fitting*, § 107 BetrVG Rz. 31; MünchArbR/*Joost*, § 319 Rz. 15; Richardi/*Annuß*, § 107 BetrVG Rz. 36. | 4 *Fitting*, § 107 BetrVG Rz. 30; Richardi/*Annuß*, § 107 BetrVG Rz. 38. | 5 *Fitting*, § 107 BetrVG Rz. 35. | 6 *Fitting*, § 107 BetrVG Rz. 37; Richardi/*Annuß*, § 107 BetrVG Rz. 46. | 7 *Fitting*, § 107 BetrVG Rz. 33. | 8 *Fitting*, § 107 BetrVG Rz. 33; Richardi/*Annuß*, § 107 BetrVG Rz. 43. | 9 Richardi/*Annuß*, § 107 BetrVG Rz. 42.

49 Die **Zahl der Ausschussmitglieder** darf die Zahl der Mitglieder des Gesamtbetriebsausschusses nicht überschreiten, welche sich nach § 51 I 2 bemisst und je nach Größe des GBR bis zu 11 Ausschussmitglieder beträgt (**Abs. 3 S. 6 iVm. S. 2**).

50 Der GBR kann durch mit absoluter Mehrheit gefassten Beschluss **weitere ArbN** – einschließlich leitender Angestellter (§ 5 III) – bis zur selben Zahl, wie der Ausschuss Mitglieder hat, in den Ausschuss **berufen (Abs. 3 S. 6 iVm. S. 3)**, so dass die Höchstzahl danach 22 Ausschussmitglieder nicht übersteigt.

51 Durch mit absoluter Mehrheit gefassten Beschluss kann der GBR den Beschluss über die Aufgabenübertragung jederzeit **abändern oder widerrufen (Abs. 3 S. 6 iVm. S. 5)**.

52 **VI. Streitigkeiten.** Über alle Streitigkeiten bezüglich der **Errichtung, Zusammensetzung und Amtszeit** des Wirtschaftsausschusses sowie die Aufgabenübertragung auf einen Ausschuss (Abs. 3) wird im arbeitsgerichtl. **Beschlussverfahren** (§ 2a I Nr. 1, II iVm. §§ 80 ff. ArbGG) entschieden. Der Wirtschaftsausschuss selbst ist weder antragsbefugt noch Beteiligter, da er nur „Hilfsorgan" des bestellenden BR bzw. GBR ist (s. auch § 106 Rz. 85 f.)[1]. Antragsbefugt ist neben dem Unternehmer (ArbGeb) der BR bzw. GBR.

53 Ebenfalls im Beschlussverfahren zu entscheiden sind Streitigkeiten über die **Kostentragungspflicht** des Unternehmers hinsichtlich der durch die Tätigkeit des Wirtschaftsausschusses entstandenen Kosten. Das gilt auch, wenn ein Wirtschaftsausschussmitglied einen Anspruch auf Erstattungen bzw. Freistellung bezüglich der im Rahmen der Wirtschaftsausschusstätigkeit entstandenen Aufwendungen geltend macht[2].

54 Hingegen ist das **Urteilsverfahren** (§ 2 I Nr. 3a, V iVm. 46 ff. ArbGG) die richtige Verfahrensart für Streitigkeiten über **Lohn- und Gehaltsansprüche** bzw. **Freizeitausgleichsansprüche** der Wirtschaftsausschussmitglieder[3].

108 *Sitzungen*

(1) Der Wirtschaftsausschuss soll monatlich einmal zusammentreten.

(2) An den Sitzungen des Wirtschaftsausschusses hat der Unternehmer oder sein Vertreter teilzunehmen. Er kann sachkundige Arbeitnehmer des Unternehmens einschließlich der in § 5 Abs. 3 genannten Angestellten hinzuziehen. Für die Hinzuziehung und die Verschwiegenheitspflicht von Sachverständigen gilt § 80 Abs. 3 und 4 entsprechend.

(3) Die Mitglieder des Wirtschaftsausschusses sind berechtigt, in die nach § 106 Abs. 2 vorzulegenden Unterlagen Einsicht zu nehmen.

(4) Der Wirtschaftsausschuss hat über jede Sitzung dem Betriebsrat unverzüglich und vollständig zu berichten.

(5) Der Jahresabschluss ist dem Wirtschaftsausschuss unter Beteiligung des Betriebsrats zu erläutern.

(6) Hat der Betriebsrat oder der Gesamtbetriebsrat eine anderweitige Wahrnehmung der Aufgaben des Wirtschaftsausschusses beschlossen, so gelten die Absätze 1 bis 5 entsprechend.

1 **I. Vorbemerkung.** Die Vorschrift enthält neben organisatorischen Bestimmungen zu den Sitzungen des Wirtschaftsausschusses § 106 ergänzende Regelungen über die Berichtspflicht des Wirtschaftsausschusses gegenüber dem (G)BR und über die Pflicht des Unternehmers zur Erläuterung des Jahresabschlusses.

2 **II. Sitzungen.** Die Bedeutung des Wirtschaftsausschusses als Hilfsorgan des (G)BR liegt in der sachlichen, aber zwanglosen Aussprache, im Austausch von Unterrichtungen, Erfahrungen und Ratschlägen[4]. Daher regelt § 108 die Organisation des Wirtschaftsausschusses und den Ablauf seiner Sitzungen nur sehr kursorisch.

3 **1. Häufigkeit (Abs. 1).** Gem. Abs. 1 soll der Wirtschaftsausschuss monatlich einmal zu einer Sitzung zusammentreten. Abs. 1 ist eine bloße **Sollvorschrift**, von der nach unten abgewichen werden kann, wenn es an Unterrichtungs- und Beratungsgegenständen fehlt, und nach oben, wenn dringende wirtschaftl. Angelegenheiten eine weitere Sitzung erforderlich machen[5]. In der Praxis finden regelmäßig ca. vier Sitzungen pro Jahr statt[6].

4 **2. Anwendbare Vorschriften.** Da der Wirtschaftsausschuss nach der gesetzl. Konzeption ein Ausschuss des ihn bestellenden BR bzw. GBR ist und gleichsam an die Stelle des (G)BR tritt (§ 106 Rz. 10), gelten

1 *Fitting*, § 107 BetrVG Rz. 38; Richardi/*Annuß*, § 107 BetrVG Rz. 49. | 2 DKK/*Däubler*, § 107 BetrVG Rz. 44; Richardi/*Annuß*, § 107 BetrVG Rz. 52. | 3 DKK/*Däubler*, § 107 BetrVG Rz. 44; *Fitting*, § 107 BetrVG Rz. 39; Richardi/*Annuß*, § 107 BetrVG Rz. 51. | 4 *Fitting*, § 108 BetrVG Rz. 3. | 5 *Fitting*, § 108 BetrVG Rz. 2. | 6 ErfK/*Kania*, § 108 BetrVG Rz. 1.

die Grundregeln über Organisation, Geschäftsführung und Sitzungen des (G)BR für den Wirtschaftsausschuss – soweit erforderlich – sinngemäß[1].

So findet etwa § 29 II und III hinsichtlich der **Einberufung und Leitung der Sitzungen** entsprechende Anwendung[2]. Zweckmäßigerweise wählt der Wirtschaftsausschuss aus einer Mitte den **Vorsitzenden**, der dann die zwischen den Sitzungen anfallenden Geschäfte erledigt (zB Entgegennahme von Erklärungen des Unternehmers) und die Sitzungen einberuft und leitet. Da der Unternehmer (ArbGeb) zur Teilnahme an den Sitzungen des Wirtschaftsausschusses verpflichtet ist, ist der **Zeitpunkt** der Sitzungen mit dem Unternehmer abzustimmen. Die **Tagesordnung** orientiert sich weitgehend an den wirtschaftl. Angelegenheiten, über die der Unternehmer unterrichten wird. Wirtschaftsausschuss und Unternehmer haben ihrerseits das Erforderliche zu unternehmen, damit sich die andere Seite jeweils angemessen auf die Sitzung vorbereiten kann. Dazu hat der Unternehmer über den Unterrichtungsgegenstand zu informieren und ggf. die erforderlichen Unterlagen vorzulegen (vgl. § 106 Rz. 31 ff.); der Wirtschaftsausschuss hat dem Unternehmer vorher anstehende Fragen mitzuteilen[3]. 5

Die Sitzungen finden in der Regel **während der Arbeitszeit** statt und sind **nicht öffentl.** § 30 gilt entsprechend[4]; ebenso § 31 (s. Rz. 23) Personen, die kein Teilnahmerecht haben, dürfen also grds. nicht anwesend sein. Die Wirtschaftsausschussmitglieder haben für die Zeiten zur Vorbereitung der und Teilnahme an Wirtschaftsausschusssitzungen Anspruch auf Arbeitsbefreiung ohne Minderung des Arbeitsentgelts (§ 107 Rz. 32). 6

Der Wirtschaftsausschuss hat angesichts seines Hilfscharakters (Rz. 4) grds. keine **Beschlüsse** zu fassen, so dass es der entsprechenden Anwendung des § 35 an sich nicht bedarf[5]. In Betracht kommt ein Beschluss des Wirtschaftsausschuss allerdings zB, wenn der Unternehmer eine eigentlich nicht teilnahmeberechtigte Person (zB Rechtsanwalt) zur Sitzung hinzuziehen will und der Wirtschaftsausschuss auf die Einhaltung der Nichtöffentlichkeit der Sitzung insoweit verzichtet[6] (vgl. Rz. 12, 20) oder wenn der Wirtschaftsausschuss ein Verlangen auf konkrete Auskunft oder Vorlage bestimmter Unterlagen an den Unternehmer richtet (vgl. § 109 Rz. 6). 7

Die Anfertigung einer Sitzungsniederschrift ist nicht notwendig[7]; § 34 findet keine entsprechende Anwendung[8]. 8

§ 40 II ist auf den Wirtschaftsausschuss entsprechend anzuwenden, dh. der ArbGeb im erforderlichen Umfang **sachliche und personelle Hilfsmittel** für die Tätigkeit des Wirtschaftsausschusses zur Verfügung zu stellen (vgl. § 107 Rz. 39)[9]. Notwendige Aufwendungen eines Mitglieds (zB Reisekosten) sind vom Unternehmer zu erstatten. 9

III. Sitzungsteilnehmer (Abs. 2). Abs. 2 bestimmt den Kreis der Teilnehmer an den Sitzungen des Wirtschaftsausschusses näher. 10

1. Unternehmer oder dessen Vertreter (Abs. 2 S. 1). Nach Abs. 2 S. 1 besteht für den Unternehmer eine **Teilnahmepflicht**. Er muss entweder selbst an der Sitzung teilnehmen oder nach seiner Wahl[10] einen **Vertreter** entsenden. **Unternehmer** iSd. Norm sind bei Einzelfirmen der Inhaber, bei juristischen Personen und anderen Personengesamtheiten mindestens ein Mitglied des gesetzl. Vertretungsorgans bzw. eine zur Vertretung oder Geschäftsführung berufene Person, auch wenn nur Gesamtvertretungs- bzw. Gesamtgeschäftsführungsbefugnis besteht[11]. 11

Vertreter iSd. Abs. 2 S. 1 ist nach allgemeiner Ansicht nicht jeder vom Unternehmer Bevollmächtigte, der die für die Unterrichtung erforderliche Sachkunde besitzt, da ansonsten Abs. 2 S. 2 weitgehend überflüssig wäre. Vielmehr ist Vertreter nur die sachkundige Person, die den Unternehmer entweder allgemein oder mindestens in dem relevanten Bereich allgemein und verbindlich vertritt, insb. also ein gesetzl. Vertreter oder ein **leitender Angestellter**, der **Generalvollmacht** oder **Prokura** (nicht nur Titularprokura) hat[12]. Allerdings dürfen leitende Angestellte, die Wirtschaftsausschussmitglieder geworden sind (vgl. § 107 I 2), vom Unternehmer nicht als seine Vertreter in Besprechungen mit dem Wirtschafts- 12

1 BAG v. 18.11.1980 – 1 ABR 31/78, AP Nr. 2 zu § 108 BetrVG 1972; *Fitting*, § 108 BetrVG Rz. 3. | 2 BAG v. 18.11.1980 – 1 ABR 31/78, AP Nr. 2 zu § 108 BetrVG 1972; Richardi/*Annuß*, § 108 BetrVG Rz. 5. | 3 Zum Ganzen vgl. *Fitting*, § 108 BetrVG Rz. 4; ErfK/*Kania*, § 108 BetrVG Rz. 4 f. | 4 BAG v. 18.11.1980 – 1 ABR 31/78, AP Nr. 2 zu § 108 BetrVG 1972; DKK/*Däubler*, § 108 BetrVG Rz. 5, 7; *Fitting*, § 108 BetrVG Rz. 7. | 5 Vgl. *Fitting*, § 108 BetrVG Rz. 11; Richardi/*Annuß*, § 108 BetrVG Rz. 10. | 6 GK-BetrVG/*Oetker*, § 108 Rz. 11 hält einen solchen Beschluss wegen der Unabdingbarkeit des Grundsatzes der Nichtöffentlichkeit für unzulässig – wie hier für die Möglichkeit der Hinzuziehung betriebsfremder Auskunftspersonen bzw. Sachverständiger DKK/*Däubler*, § 108 BetrVG Rz. 21; ErfK/*Eisemann*, § 30 BetrVG Rz. 3; *Fitting*, § 30 BetrVG Rz. 17 und § 108 Rz. 18. | 7 *Fitting*, § 108 BetrVG Rz. 8; Richardi/*Annuß*, § 108 BetrVG Rz. 10; aA GK-BetrVG/*Oetker*, § 108 Rz. 13. | 8 Offen gelassen von BAG v. 17.10.1990 – 7 ABR 69/89, AP Nr. 8 zu § 108 BetrVG 1972. | 9 BAG v. 17.10.1990 – 7 ABR 69/89, AP Nr. 8 zu § 108 BetrVG 1972; *Fitting*, § 108 BetrVG Rz. 10; Richardi/*Annuß*, § 108 BetrVG Rz. 11. | 10 *Fitting*, § 108 BetrVG Rz. 15; Richardi/*Annuß*, § 108 BetrVG Rz. 16. | 11 DKK/*Däubler*, § 108 BetrVG Rz. 10; *Fitting*, § 108 BetrVG Rz. 12; Richardi/*Annuß*, § 108 BetrVG Rz. 14. | 12 DKK/*Däubler*, § 108 BetrVG Rz. 11; *Fitting*, § 108 BetrVG Rz. 14; Richardi/*Annuß*, § 108 BetrVG Rz. 15.

ausschuss geschickt werden[1]. Nicht als Vertreter in Betracht kommt etwa auch der Rechtsanwalt, der den Unternehmer im Rahmen einer Verschmelzung oder Spaltung von Unternehmen berät. Er kann wegen der Nichtöffentlichkeit der Sitzung nur mit dem Einverständnis des Wirtschaftsausschusses hinzugezogen werden (vgl. Rz. 7).

13 Der Wirtschaftsausschuss kann weder das persönliche Erscheinen des Unternehmers noch die Entsendung eines bestimmten Mitglieds des Vertretungsorgans, eines bestimmten Gesellschafters oder Vertreters verlangen[2]. Allerdings gebietet es der Grundsatz der vertrauensvollen Zusammenarbeit (§ 2 I), dass der Unternehmer eine Person in die Sitzung entsendet, die innerhalb der Unternehmensleitung die maßgebliche Funktion ausübt oder zumindest die erforderliche Sachkunde besitzt.

14 Im mitbestimmten Unternehmen besteht keine originäre Alleinzuständigkeit des **Arbeitsdirektors** (§ 33 MitbestG, § 13 MontanMitbestG), den Vorstand gegenüber dem Wirtschaftsausschuss zu vertreten[3].

15 Die Teilnahme des Unternehmers (§ 108 II) ist nicht zwingende Voraussetzung für das Vorliegen einer Wirtschaftsausschusssitzung im Rechtssinne. Der Wirtschaftsausschuss kann auch **ohne den Unternehmer** eine **Sitzung** abhalten, etwa um die Unterrichtung und Beratung mit dem Unternehmer vorzubereiten und das Vorgehen abzustimmen[4]. Die Teilnahme des Wirtschaftsausschussmitglieds an einer solchen Sitzung stellt also keine Verletzung der arbeitsvertragl. Pflichten dar.

16 **2. Sachkundige Arbeitnehmer (Abs. 2 S. 2).** Gem. Abs. 2 S. 2 kann der **Unternehmer** sachkundige ArbN des Unternehmens einschließlich der leitenden Angestellten (§ 5 III) hinzuziehen. Die Hinzuziehung hat den **Zweck**, dass der Unternehmer sich bei der Unterrichtung des Wirtschaftsausschusses und anschließender Beratung des Sachverstands seiner Mitarbeiter bedient. Der Unternehmer entscheidet, welche und wie viele ArbN er zu welchen Unterrichtungs- und Beratungsgegenständen hinzuzieht[5]. Externe ArbN, die dem Unternehmen nicht angehören, können nicht nach Abs. 2 S. 2 hinzugezogen werden.

17 Die hinzugezogenen ArbN unterliegen zwar nicht der **Geheimhaltungspflicht** des § 79, sind aber auf Grund ihres Anstellungsverhältnisses zum Unternehmer (ArbGeb) zur Verschwiegenheit der Betriebs- und Geschäftsgeheimnisse verpflichtet, die sie auch im Rahmen der Teilnahme an der Wirtschaftsausschusssitzung erfahren[6]. Außerdem wird gem. **§ 120 I Nr. 4** mit Freiheitsstrafe bis zu einem Jahr oder mit Geldstrafe bestraft, wer unbefugt ein fremdes Betriebs- oder Geschäftsgeheimnis offenbart, das ihm in dieser Eigenschaft als nach § 108 II 2 hinzugezogener ArbN bekannt geworden ist und das vom ArbGeb ausdrücklich als geheimhaltungsbedürftig bezeichnet worden ist.

18 **3. Sachverständiger (Abs. 2 S. 3).** Gem. § 108 II 3 iVm. § 80 III kann der Wirtschaftsausschuss bei der Durchführung seiner Aufgaben nach näherer Vereinbarung mit dem Unternehmer **Sachvers.** hinzuziehen, soweit dies zur ordnungsgemäßen Erfüllung seiner Aufgaben erforderlich ist. Die Tätigkeit des Sachverst. muss sich auf die Aufgaben des Wirtschaftsausschusses beziehen und erforderlich sein. Außerdem ist eine **Vereinbarung zwischen Wirtschaftsausschuss und Unternehmer** über Thema, Person des Sachverst., Kosten und Zeitpunkt erforderlich[7]. Es gelten die Grundsätze zu § 80 III (näher § 80 Rz. 135 ff.). Das Bestellungsorgan (dh. BR bzw. GBR) ist berechtigt, den Anspruch des Wirtschaftsausschuss im arbeitsgerichtl. Beschlussverfahren durchzusetzen (s. Rz. 47).

19 Die Frage der **Erforderlichkeit** ist eine im arbeitsgerichtl. Beschlussverfahren zu klärende Rechtsfrage, bei der vom objektiven Standpunkt eines vernünftigen Dritten auszugehen ist, der die Interessen des Unternehmens einerseits und die des Wirtschaftsausschusses, des BR und der ArbN-Schaft andererseits gegeneinander abwägt[8]. Die Zuziehung eines Sachverst. ist nur dann notwendig, wenn der Wirtschaftsausschuss im Einzelfall bestimmte seiner gesetzl. Aufgaben ohne sachverst. Beratung nicht ordnungsgemäß erfüllen kann[9]. Bei der Beurteilung der Erforderlichkeit ist nach der gesetzl. Konzeption jedoch im Regelfall davon auszugehen, dass die Mitglieder des Wirtschafsausschusses die zur ordnungsgemäßen Erfüllung ihrer normalerweise anfallenden Aufgaben notwendige fachliche Eignung besitzen[10]. Denn der (G)BR soll bei der Bestellung der Wirtschaftsausschussmitglieder gem. § 107 I 3 geeignete Personen auswählen und kann sich dabei speziell geschulter (§ 37 VI) BR-Mitglieder und sogar leitender Angestellter (§ 5 III) bedienen (§ 107 I 2 und III 3). Tut er dies nicht, kann er nicht zu Lasten des Unternehmers für den Wirtschaftsausschuss einen Sachverst. verlangen. Die Hinzuziehung eines Sachverst. für

---

1 DKK/*Däubler*, § 107 BetrVG Rz. 11. | 2 *Fitting*, § 108 BetrVG Rz. 15; Richardi/*Annuß*, § 108 BetrVG Rz. 17. | 3 *Fitting*, § 108 BetrVG Rz. 16; Richardi/*Annuß*, § 108 BetrVG Rz. 16. | 4 BAG v. 16.3.1982 – 1 AZR 406/80, AP Nr. 3 zu § 108 BetrVG 1972; DKK/*Däubler*, § 108 BetrVG Rz. 9; *Fitting*, § 108 BetrVG Rz. 13; Richardi/*Annuß*, § 108 BetrVG Rz. 12 f. | 5 DKK/*Däubler*, § 108 BetrVG Rz. 20; *Fitting*, § 108 BetrVG Rz. 17; Richardi/*Annuß*, § 108 BetrVG Rz. 18. | 6 Vgl. *Fitting*, § 108 BetrVG Rz. 17. | 7 Vgl. DKK/*Däubler*, § 108 BetrVG Rz. 24; *Fitting*, § 108 BetrVG Rz. 19; ErfK/*Kania*, § 108 BetrVG Rz. 8; Richardi/*Annuß*, § 108 BetrVG Rz. 21; aA offenbar GK-BetrVG/*Oetker*, § 108 Rz. 33; *Löwisch/Kaiser*, § 108 BetrVG Rz. 7, wonach eine Vereinbarung mit dem BR bzw. GBR erforderlich sein soll. | 8 BAG v. 18.7.1978 – 1 ABR 34/75, AP Nr. 1 zu § 108 BetrVG 1972. | 9 BAG v. 18.7.1978 – 1 ABR 34/75, AP Nr. 1 zu § 108 BetrVG 1972. | 10 BAG v. 18.7.1978 – 1 ABR 34/75, AP Nr. 1 zu § 108 BetrVG 1972.

den Wirtschaftsausschuss ist daher **nur in Ausnahmefällen** erforderlich, etwa wegen der Schwierigkeit der Materie im konkreten Fall. Mangels besonderer Gründe ist sachverst. Hilfe zB nicht erforderlich zum Verständnis des vom ArbGeb zu erläuternden Jahresabschluss (§ 108 V) oder zur Erarbeitung eines Musterdatenblattes, anhand dessen die regelmäßige Unterrichtung des Wirtschaftsausschusses erfolgen soll[1].

Der Unternehmer kann ebenfalls einen Sachverst. hinzuziehen. Abs. 2 S. 3 regelt jedoch nicht diesen Fall[2]. Allerdings bedarf die Hinzuziehung dennoch der Zustimmung des Wirtschaftsausschusses, da die Sitzungen nichtöffentl. sind und der externe Sachverst. nicht in den Kreis der Teilnahmeberechtigten fällt, so dass der Wirtschaftsausschuss insoweit auf die Einhaltung der Nichtöffentlichkeit verzichten müsste (s. Rz. 12). 20

Für den Sachverst. gilt die **Geheimhaltungspflicht des § 79** entsprechend (Abs. 2 S. 3 iVm. § 80 IV). Allerdings kann die Verletzung der Geheimhaltungspflicht wegen der (unzureichenden) Gesetzesformulierung **nicht** nach **§ 120 I Nr. 3** als Straftat verfolgt werden. Der vom Wirtschaftsausschuss nach § 108 II 3 hinzugezogene Sachverst. ist vom Wortlaut des § 120 I Nr. 3 nicht erfasst. Eine analoge Anwendung der Strafvorschrift scheidet wegen des Bestimmtheitsgrundsatzes (Art. 103 II GG) aus. 21

Da Abs. 2 S. 3 nicht auf den – neu eingefügten – § 80 II 3 verweist, kann der Wirtschaftsausschuss nicht vom Unternehmer verlangen, dass ihm sachkundige ArbN als **Auskunftspersonen** zur Verfügung gestellt werden[3]. Vielmehr hat das Bestellungsorgan (BR oder GBR) bei der Bestimmung der Mitglieder des Wirtschaftsausschusses auf deren fachliche und persönliche Eignung zu achten (§ 107 I 3). 22

4. Gewerkschaftsbeauftragter. Ein Beauftragter einer im BR vertretenen Gewerkschaft kann analog § 31 auf Antrag eines Viertels der Mitglieder des (G)BR oder auf Beschluss des (G)BR an den Sitzungen des Wirtschaftsausschusses beratend teilnehmen[4]. Der Wirtschaftsausschuss kann die Zuziehung jedenfalls dann selbst beschließen, wenn ihm der (G)BR eine entsprechende Ermächtigung erteilt hat[5]. 23

Die Teilnahme eines Gewerkschaftsbeauftragten kann jeweils **nur für** eine konkret **bestimmte Wirtschaftsausschusssitzung** beschlossen werden; eine generelle Einladung zu allen künftigen Sitzungen des Wirtschaftsausschusses ist hingegen unzulässig[6]. Die Gewerkschaft muss in einem BR vertreten sein. Dies gilt auch, wenn Bestellungsorgan für den Wirtschaftsausschuss der GBR ist[7]. 24

Der Gewerkschaftsbeauftragte unterliegt der **Geheimhaltungspflicht** nach § 79 II, deren Verletzung nach § 120 I Nr. 2 als Straftat geahndet werden kann. Die Pflicht gilt auch gegenüber der Gewerkschaft. Dies wird insb. relevant, wenn in der Sitzung vom Unternehmen erteilte Informationen für laufende oder künftige **Tarifauseinandersetzungen** von Bedeutung sind. 25

5. Vertreter der Arbeitgebervereinigung. Der Unternehmer (ArbGeb) kann **analog § 29 IV 2** einen Vertreter der ArbGebVereinigung, der er angehört, hinzuziehen[8]. 26

Der Vertreter des ArbGebVerbands unterliegt der strafbewehrten (§ 120 I Nr. 2) **Geheimhaltungspflicht** des § 79 II. 27

6. Schwerbehindertenvertretung. Die Vertrauensperson der Schwerbehinderten (§ 94 SGB IX) ist berechtigt, an Sitzungen des Wirtschaftsausschusses beratend teilzunehmen[9]. §§ 95 IV, 97 VII SGB IX, § 32 gelten entsprechend. 28

Sie unterliegen der strafbewehrten (§ 155 SGB IX) **Geheimhaltungspflicht** des § 96 VII SGB IX. 29

7. Sonstige Personen. Der Wirtschaftsausschuss oder der (G)BR haben **nicht** das Recht, zu den Sitzungen des Wirtschaftsausschusses zusätzlich zu dessen Mitgliedern ein (freigestelltes) **Mitglied des (G)BR als Protokollführer** hinzuzuziehen[10]. 30

In Sitzungen des Wirtschaftsausschusses, in denen der Unternehmer den **Jahresabschluss** erläutert, sind auch die **Mitglieder des BR bzw. GBR** teilnahmeberechtigt (§ 108 V). 31

---

1 BAG v. 18.7.1978 – 1 ABR 34/75, AP Nr. 1 zu § 108 BetrVG 1972; GK-BetrVG/*Oetker*, § 108 Rz. 32 mwN. | 2 Ebenso DKK/*Däubler*, § 108 BetrVG Rz. 21; Richardi/*Annuß*, § 108 BetrVG Rz. 21; aA *Fitting*, § 108 BetrVG Rz. 18. | 3 MünchArbR/*Joost*, § 319 Rz. 83; aA DKK/*Däubler*, § 108 BetrVG Rz. 22. | 4 BAG v. 18.11.1980 – 1 ABR 31/78, AP Nr. 2 zu § 108 BetrVG 1972; DKK/*Däubler*, § 108 BetrVG Rz. 15 ff.; *Fitting*, § 108 BetrVG Rz. 21 f. | 5 BAG v. 18.11.1980 – 1 ABR 31/78, AP Nr. 2 zu § 108 BetrVG 1972. | 6 BAG v. 25.6.1987 – 6 ABR 45/85, AP Nr. 6 zu § 108 BetrVG 1972; *Fitting*, § 108 BetrVG Rz. 22; ErfK/*Kania*, § 108 BetrVG Rz. 9; MünchArbR/*Joost*, § 319 Rz. 87; Richardi/*Annuß*, § 108 BetrVG Rz. 26; offen gelassen von BAG v. 28.2.1990 – 7 ABR 22/89, AP Nr. 1 zu § 31 BetrVG 1972; abl. DKK/*Däubler*, § 108 BetrVG Rz. 18. | 7 DKK/*Däubler*, § 108 BetrVG Rz. 17, 19; *Fitting*, § 108 BetrVG Rz. 21; Richardi/*Annuß*, § 108 BetrVG Rz. 25. | 8 DKK/*Däubler*, § 108 BetrVG Rz. 10, 19; *Fitting*, § 108 BetrVG Rz. 24; MünchArbR/*Joost*, § 319 Rz. 88; Richardi/*Annuß*, § 108 BetrVG Rz. 30; aA GK-BetrVG/*Fabricius*, 6. Aufl. 1998, § 108 Rz. 37. | 9 BAG v. 4.6.1987 – 6 ABR 70/85, AP Nr. 2 zu § 22 SchwbG; DKK/*Däubler*, § 108 BetrVG Rz. 14; *Fitting*, § 108 BetrVG Rz. 23; Richardi/*Annuß*, § 108 BetrVG Rz. 31; aA GK-BetrVG/*Fabricius*, 6. Aufl. 1998, § 108 Rz. 40 f. | 10 BAG v. 17.10.1990 – 7 ABR 69/89, AP Nr. 8 zu § 108 BetrVG 1972.

32 **IV. Einsichtnahme in die Unterlagen (Abs. 3).** § 108 III ergänzt die Pflicht zur Vorlage der erforderlichen Unterlagen nach § 106 II (dazu § 106 Rz. 41 ff.). Er bezieht sich nach seinem sachlichen Zusammenhang nur auf Sitzungen. Normzweck ist es, sicherzustellen, dass jedenfalls in der Sitzung des Wirtschaftsausschusses die Unterlagen vorhanden sind, damit die Mitglieder des Wirtschaftsausschusses in diesem Zeitpunkt die Möglichkeit haben, in die Unterlagen tatsächlich Einsicht nehmen zu können[1]. Das Einsichtsrecht umfasst die Befugnis, sich schriftl. Notizen zu machen[2].

33 **V. Berichtspflicht des Wirtschaftsausschusses (Abs. 4).** Abs. 4 konkretisiert die in § 106 I 2 angesprochene Aufgabe des Wirtschaftsausschusses, den BR über die Unterrichtung durch und Beratung mit dem Unternehmer zu informieren. Nach Abs. 4 hat der Wirtschaftsausschuss dem BR bzw. GBR über jede Sitzung des Wirtschaftsausschusses **unverzüglich**, dh. ohne schuldhaftes Zögern (§ 121 I BGB), und **vollständig** zu berichten. Dies geschieht zweckmäßigerweise mündlich in einer Sitzung des BR bzw. GBR.

34 Fällt eine wirtschaftl. Angelegenheit in die **Zuständigkeit des GBR** nach § 50 I, ist dem GBR Bericht zu erstatten, ansonsten dem BR bzw. den Betriebsräten (§ 106 Rz. 8)[3].

35 Die Übersendung eines Sitzungsprotokolls reicht nicht aus[4]. Vielmehr ist im Einzelnen mitzuteilen, welche Auskünfte der Unternehmer gegeben hat und worüber mit welchem Ergebnis beraten wurde. Wird über Betriebs- oder Geschäftsgeheimnisse berichtet, ist ggf. auf die Geheimhaltungsbedürftigkeit hinzuweisen, damit sich die Mitglieder des (G)BR entsprechend verhalten können[5]. Die Unterrichtung des (G)BR kann einem Mitglied des Wirtschaftsausschusses übertragen werden. Die Zustimmung des (G)BR ist dazu nicht erforderlich[6].

36 **VI. Pflicht des Unternehmers zur Erläuterung des Jahresabschlusses (Abs. 5).** Abs. 5 ergänzt die allgemeine Unterrichtungs- und Vorlagepflicht des Unternehmers gegenüber dem Wirtschaftsausschuss nach § 106 II. Im Zusammenhang mit der Unterrichtung über die wirtschaftl. und finanzielle Lage des Unternehmens (§ 106 III Nr. 1) hat der Unternehmer den Jahresabschluss sowie – falls vorhanden – den Wirtschaftsprüferbericht vorzulegen (§ 106 Rz. 59). Abs. 5 schränkt die Verpflichtung zur Vorlage des Jahresberichts aus § 106 II nicht ein, sondern erweitert sie zu einer Erläuterungspflicht gegenüber dem Wirtschaftsausschuss unter **Beteiligung des BR bzw. des** – in das Gesamtunternehmen betreffenden Fragen zuständigen (§ 50 I) – **GBR**[7], wenn im Unternehmen ein GBR besteht[8].

37 Bei der **Erläuterung des Jahresabschlusses** hat der Unternehmer bzw. sein Vertreter (zum Begriff Rz. 12) – ggf. unter Zuziehung sachkundiger Mitarbeiter des Unternehmens (Abs. 2 S. 2) – die Bedeutung der einzelnen Bilanzposten zu erklären und ihre Zusammenhänge darzustellen[9]. Dabei muss er auch auf entsprechende Fragen der Wirtschaftsausschussmitglieder und des BR eingehen und sie beantworten[10]. Soweit Betriebs- oder Geschäftsgeheimnisse gefährdet werden, braucht der Unternehmer analog § 106 II über die betreffenden Punkte keine Auskünfte zu geben[11].

38 Die Erläuterungspflicht nach Abs. 5 erstreckt sich nur auf den **Jahresabschluss.** Dieser umfasst nach der Legaldefinition des § 242 III HGB die **Bilanz** sowie die **Gewinn- und Verlustrechnung**. Für Kapitalgesellschaften (AG, KGaA, GmbH) sehen die §§ 264 ff. ergänzende Vorschriften vor, für Genossenschaften gelten die §§ 336 ff. HGB. Nach § 264 I 1 ist der Jahresabschluss um einen **Anhang** (§§ 284 ff. HGB) zu erweitern, der mit der Bilanz und der Gewinn- und Verlustrechnung eine Einheit bildet und daher Teil des gem. Abs. 5 vom Unternehmer zu erläuternden Jahresabschlusses ist[12].

39 **Nicht** zum Jahresabschluss gehört dagegen der gem. § 264 I 1 aufzustellende **Lagebericht** (§ 289 HGB). Daher erstreckt sich die Erläuterungspflicht nicht auf den Lagebericht[13]. Die darin aufzunehmenden Gegenstände werden aber jedenfalls teilweise von der allgemeinen Unterrichtungspflicht hinsichtlich der wirtschaftl. Angelegenheiten (§ 106 II) erfasst. Dasselbe gilt für den **Wirtschaftsprüfungsbericht**

---

1 BAG v. 20.11.1984 – 1 ABR 64/82, AP Nr. 3 zu § 106 BetrVG 1972; *Fitting*, § 108 BetrVG Rz. 25; Richardi/*Annuß*, § 108 BetrVG Rz. 33. | 2 LAG Hamm v. 9.2.1983 – 12 Ta BV 65/82, DB 1983, 1311; DKK/*Däubler*, § 108 BetrVG Rz. 26. | 3 *Fitting*, § 106 BetrVG Rz. 20; MünchArbR/*Joost*, § 319 Rz. 58; aA DKK/*Däubler*, § 108 BetrVG Rz. 29; GK-BetrVG/*Oetker*, § 108 Rz. 54, wonach dem GesamtBR zu berichten sei, falls er besteht. | 4 DKK/*Däubler*, § 108 BetrVG Rz. 29; *Fitting*, § 108 BetrVG Rz. 26. | 5 DKK/*Däubler*, § 108 BetrVG Rz. 30. | 6 GK-BetrVG/*Oetker*, § 108 Rz. 55; MünchArbR/*Joost*, § 319 Rz. 60; Richardi/*Annuß*, § 108 BetrVG Rz. 35; aA DKK/*Däubler*, § 108 BetrVG Rz. 29; *Fitting*, § 108 BetrVG Rz. 27; ErfK/*Kania*, § 108 BetrVG Rz. 11. | 7 BAG v. 8.8.1989 – 1 ABR 61/88, AP Nr. 6 zu § 106 BetrVG. | 8 GK-BetrVG/*Oetker*, § 108 Rz. 66, *Fitting*, § 108 BetrVG Rz. 37; *Oetker*, NZA 2001, 689 (696). | 9 BAG v. 18.7.1978 – 1 ABR 34/75, AP Nr. 1 zu § 108 BetrVG 1972. | 10 BAG v. 18.7.1978 – 1 ABR 34/75, AP Nr. 1 zu § 108 BetrVG 1972; *Oetker*, NZA 2001, 689 (693). | 11 *Oetker*, NZA 2001, 689 (693 f.). | 12 *Fitting*, § 108 BetrVG Rz. 28; *Martens*, DB 1988, 1229 f. *Oetker*, NZA 2001, 689 (691). Zu Jahresabschluss und anderen wirtschaftlichen Grundbegriffen *Eisbach/Rothkegel*, AiB 2003, 17 ff.; *Eisbach/Rothkegel*, AiB 2003, 305 ff., 480 ff., 687 ff.; AiB 2004, 172 ff.; *Disselkamp*, AiB 2003, 303 f. | 13 GK-BetrVG/*Oetker*, § 108 Rz. 59; *Martens*, DB 1988, 1229 (1230); *Oetker*, NZA 2001, 689 (691 f.); aA *Fitting*, § 108 BetrVG Rz. 29; Richardi/*Annuß*, § 108 BetrVG Rz. 37.

(§ 321 HGB)[1], den **Konzernabschluss** (§§ 290 ff. HGB[2]), die **Steuerbilanz**[3] und Abschlüsse nach intern. Rechnungslegungsvorschriften[4].

Die Mitglieder des Wirtschaftsausschusses können in der „Bilanzsitzung" während der Erläuterung des Jahresabschlusses Einsicht in die zum Jahresabschluss gehörenden Unterlagen nehmen (Abs. 3). Da die Erläuterung des Jahresabschlusses nach Abs. 5 aber unter vollständiger „Beteiligung" des BR bzw. GBR vorzunehmen ist, haben die Mitglieder des (G)BR während der Sitzung ebenfalls ein **Einsichtsrecht**[5]. Alle Sitzungsteilnehmer können sich auch **Notizen und Aufzeichnungen** machen sowie **Fragen** an den Unternehmer stellen[6]. **40**

Sofern eine **Pflicht zur Offenlegung** des Jahresabschlusses besteht (§§ 325 ff., 339 HGB), hat der Unternehmer den Teilnehmern der „Jahresabschlusserörterungssitzung" ein Exemplar des Jahresabschlusses auszuhändigen; dies folgt aus dem Kooperationsgebot des § 2 I[7]. **41**

Hinsichtlich des **Zeitpunktes** der geschuldeten Erläuterung enthält Abs. 5 keine nähere Bestimmung. Aus dem Gebot der vertrauensvollen Zusammenarbeit (§ 2 I) folgt aber, dass der Unternehmer den Jahresabschluss erläutern muss, **sobald er fertig gestellt** ist[8]. Bei Kapitalgesellschaften ist der Jahresabschluss von den gesetzl. Vertretern innerhalb der ersten drei Monaten des Geschäftsjahres für das vergangene Geschäftsjahr aufzustellen (§ 264 I 2 HGB). Kleine Kapitalgesellschaften (§ 267 I HGB) haben den Jahresabschluss im Rahmen eines ordnungsgemäßen Geschäftsgangs innerhalb der ersten sechs Monate des Geschäftsjahres aufzustellen (§ 264 I 3 HGB). Soweit bei Kapitalgesellschaften eine Pflicht zur Prüfung besteht (§ 316 HGB), ist der Jahresabschluss erst mit Erteilung des Bestätigungsvermerks des Abschlussprüfers (§ 322 HGB) fertig gestellt[9]. Für den Jahresabschluss von Einzelkaufleuten und Personengesellschaften enthält das HGB keine Fristen[10]. **42**

VII. Aufgabenübertragung auf einen (Gesamt-)Betriebsratsausschuss (Abs. 6). Abs. 6 ordnet die entsprechende Anwendung der Abs. 1–5 an, wenn der BR oder der GBR die Aufgaben des Wirtschaftsausschusses auf einen Ausschuss des BR bzw. GBR gem. § 107 III übertragen hat (dazu § 107 Rz. 40 ff.). Insoweit gelten die obigen Ausführungen entsprechend. **43**

VIII. Streitigkeiten. Erfüllt der Unternehmer (ArbGeb) die Pflicht zur Erläuterung des Jahresabschlusses nach Abs. 5 nicht, wahrheitswidrig, unvollständig oder verspätet, kann dies bei Vorsatz (§ 10 OWiG) als **Ordnungswidrigkeit** mit einer Geldbuße bis zu 10 000 Euro geahndet werden (**§ 121**). Im Übrigen gelten für Streitigkeiten hinsichtlich der Erläuterungspflicht des Unternehmers die Ausführungen zu Streitigkeiten über die Unterrichtungspflicht (§ 106 Rz. 85 ff.) entsprechend. **44**

Streitigkeiten über die Geschäftsführung des Wirtschaftsausschusses (oder eines nach § 107 III gebildeten Ausschusses) und hinsichtlich der Sitzungen (insb. des Teilnahmerechts) werden vor dem ArbG im **Beschlussverfahren** (§ 2a I Nr. 1, II iVm. §§ 80 ff. ArbGG) entschieden. Dasselbe gilt, wenn der ArbGeb seine Teilnahmepflicht nach Abs. 2 S. 1 nicht erfüllt[11]. Antragsberechtigt sind der Unternehmer und der BR bzw. GBR; der Wirtschaftsausschuss ist hingegen nicht Beteiligter[12]. **45**

Hinsichtlich der Streitigkeiten über das Einsichtnahmerecht nach Abs. 3 und den Umfang der Erläuterungspflicht des Unternehmers gem. Abs. 5 besteht die **Primärzuständigkeit** der Einigungsstelle nach § 109 (s. dort Rz. 1). **46**

Das arbeitsgerichtl. Beschlussverfahren ist hingegen die statthafte Verfahrensart für Streitigkeiten über die Hinzuziehung eines **Sachverst.** BR bzw. GBR haben ein unmittelbares Recht gegenüber dem Unternehmer, den Abschluss einer Vereinbarung über die Bestellung eines Sachverst. zu verlangen, soweit dies zur Erfüllung der Aufgaben des Wirtschaftsausschusses erforderlich ist[13]. **47**

---

1 GK-BetrVG/*Oetker*, § 108 Rz. 61; *Martens*, DB 1988, 1229 (1231); *Oetker*, NZA 2001, 689 (692); ebenso, aber eine Erläuterungspflicht annehmend Richardi/*Annuß*, § 108 BetrVG Rz. 39. |2 GK-BetrVG/*Oetker*, § 108 Rz. 60; *Martens*, DB 1988, 1229 (1230 f.); *Oetker*, NZA 2001, 689 (693); aA *Fitting*, § 108 BetrVG Rz. 31; Richardi/*Annuß*, § 108 BetrVG Rz. 38. |3 GK-BetrVG/*Oetker*, § 108 Rz. 62; *Oetker*, NZA 2001, 689 (692); aA *Fitting*, § 108 BetrVG Rz. 30; Richardi/*Annuß*, § 108 BetrVG Rz. 40. |4 *Sigle*, BC 2006, 219. |5 *Fitting*, § 108 BetrVG Rz. 36; Richardi/*Annuß*, § 108 BetrVG Rz. 45. |6 LAG Hamm v. 9.2.1983 – 12 Ta BV 65/82, DB 1983, 1311; DKK/*Däubler*, § 108 BetrVG Rz. 39; *Fitting*, § 108 BetrVG Rz. 36. |7 *Fitting*, § 108 BetrVG Rz. 36; MünchArbR/*Joost*, § 319 Rz. 51; Richardi/*Annuß*, § 108 BetrVG Rz. 42. |8 GK-BetrVG/*Oetker*, § 108 Rz. 65; *Fitting*, § 108 BetrVG Rz. 33; Richardi/*Annuß*, § 108 BetrVG Rz. 43. |9 DKK/*Däubler*, § 108 BetrVG Rz. 38; *Fitting*, § 108 BetrVG Rz. 33; ErfK/*Kania*, § 108 BetrVG Rz. 13; *Oetker*, NZA 2001, 689 (695); Richardi/*Annuß*, § 108 BetrVG Rz. 43; aA MünchArbR/*Joost*, § 319 Rz. 45; *Rumpff/Boewer*, Mitbestimmung in wirtschaftlichen Angelegenheiten, G Rz. 67, wonach die Feststellung des Jahresabschlusses gemäß §§ 172 f. AktG bzw. §§ 46 Nr. 1, 42a II, 52 I GmbHG maßgeblich sein soll. |10 Zum Ganzen *Fitting*, § 108 BetrVG Rz. 33; Richardi/*Annuß*, § 108 BetrVG Rz. 43. |11 LAG Hessen v. 1.8.2006 – 4 TaBV 111/06, NZA-RR 2007, 199 (201). |12 DKK/*Däubler*, § 108 BetrVG Rz. 42; *Fitting*, § 108 BetrVG Rz. 40; Richardi/*Annuß*, § 108 BetrVG Rz. 49. |13 BAG v. 18.7.1978 – 1 ABR 34/75, AP Nr. 1 zu § 108 BetrVG 1972.

48 Dasselbe gilt für den Fall, dass der Unternehmer die Teilnahme eines **Gewerkschaftsbeauftragten** an den Wirtschaftsausschusssitzungen dulden soll[1]. In diesem Fall hat auch die im (G)BR vertretene Gewerkschaft eine eigenständige Antragsbefugnis[2].

49 Befolgen Kapitalgesellschaften die in § 335 HGB aufgelisteten Pflichten über den Jahresabschluss nicht, werden sie vom Bundesamt für Justiz durch ein **Ordnungsgeldverfahren** zur Einhaltung der Vorschriften angehalten. Der Betreiber des elektronischen BAnz. prüft von Amts wegen, ob die einzureichenden Unterlagen fristgemäß und vollständig sind; ist dies nicht der Fall, wird das Bundesamt unterrichtet (§§ 329 I, IV HGB)[3].

109 *Beilegung von Meinungsverschiedenheiten*

Wird eine Auskunft über wirtschaftliche Angelegenheiten des Unternehmens im Sinn des § 106 entgegen dem Verlangen des Wirtschaftsausschusses nicht, nicht rechtzeitig oder nur ungenügend erteilt und kommt hierüber zwischen Unternehmer und Betriebsrat eine Einigung nicht zu Stande, so entscheidet die Einigungsstelle. Der Spruch der Einigungsstelle ersetzt die Einigung zwischen Arbeitgeber und Betriebsrat. Die Einigungsstelle kann, wenn dies für ihre Entscheidung erforderlich ist, Sachverständige anhören; § 80 Abs. 4 gilt entsprechend. Hat der Betriebsrat oder der Gesamtbetriebsrat eine anderweitige Wahrnehmung der Aufgaben des Wirtschaftsausschusses beschlossen, so gilt Satz 1 entsprechend.

1 **I. Vorbemerkungen.** Soweit es um (Rechts-)Streitigkeiten über den Umfang und Zeitpunkt der Unterrichtung in wirtschaftl. Angelegenheiten und die Vorlage der erforderlichen Unterlagen geht, hat die **Einigungsstelle** gem. § 109 eine **Primärzuständigkeit**, dh. die Einl. des Beschlussverfahrens vor dem ArbG ist bis zum Abschluss des Einigungsstellenverfahrens (vorübergehend) unzulässig (s. auch § 106 Rz. 87)[4]. **Sinn** ist es, die internsten Angelegenheiten der Unternehmensleitung zunächst einer betriebs- oder unternehmensinternen Regelung zuzuführen[5]. Das gilt insb. auch hinsichtlich der Frage, ob eine verlangte Auskunft mit Rücksicht auf die Gefährdung von Betriebs- oder Geschäftsgeheimnissen verweigert werden kann[6]. § 109 bezieht sich auch auf Streitigkeiten über das Einsichtsrecht nach § 108 III[7] und den Umfang der Erläuterungspflicht des Unternehmers nach § 108 V[8], nicht hingegen in Bezug auf die individuelle Unterrichtung der ArbN nach § 110[9].

2 Einigungsstellenverfahren nach § 109 kommen in der Praxis selten vor[10].

3 Der Spruch der Einigungsstelle ergeht im Fall des § 109 über eine **Rechtsfrage** und unterliegt daher der vollen Rechtskontrolle der ArbG (s. Rz. 14, 19).

4 **II. Voraussetzungen für das Einigungsstellenverfahren (S. 1).** Wird die Auskunft des Unternehmens über wirtschaftl. Angelegenheiten entgegen einem Verlangen des Wirtschaftsausschusses nicht, nicht rechtzeitig oder nur ungenügend erteilt, so haben nach § 109 S. 1 BR bzw. – in Unternehmen mit mehreren BR – GBR und Unternehmer eine Einigung zu versuchen, und es entscheidet die Einigungsstelle, wenn eine solche Einigung nicht zu Stande kommt[11]. Dies gilt auch, wenn der Unternehmer – nach Auffassung des Wirtschaftsausschusses – erforderliche Unterlagen nicht vorlegt[12]. Hingegen ist die Einigungsstelle offensichtlich unzuständig für die Frage, ob ein Wirtschaftsausschuss – etwa im Hinblick auf § 118 I – überhaupt zu bestellen ist oder ob der ArbGeb zur Teilnahme an Sitzungen des Wirtschaftsausschusses (§ 108 II 1) verletzt hat[13].

5 **1. Zuständigkeit der Einigungsstelle.** Die Zuständigkeit der Einigungsstelle setzt allerdings voraus, dass es sich bei der Streitfrage zwischen Unternehmer und (G)BR um eine wirtschaftl. Angelegenheit iSd. § 106 handelt[14]. Diese Frage hat die Einigungsstelle als Vorfrage zu prüfen[15]. Der Streit, ob eine Frage zu den wirtschaftl. Angelegenheiten iSv. § 106 III gehört und in die Zuständigkeit der Einigungsstelle fällt, ist im arbeitsgerichtl. Beschlussverfahren auszutragen, in dem die Einigungsstelle und der Wirtschaftsausschuss nicht zu beteiligen sind (s. auch § 106 Rz. 86)[16]. Insoweit besteht keine Primärzustän-

---

1 BAG v. 18.11.1980 – 1 ABR 31/78, AP Nr. 2 zu § 108 BetrVG 1972. | 2 BAG v. 18.11.1980 – 1 ABR 31/78, AP Nr. 2 zu § 108 BetrVG 1972. | 3 *Baumbach/Hopt/Merkt*, HGB, § 335 Rz. 3. | 4 DKK/*Däubler*, § 109 BetrVG Rz. 1. | 5 LAG Hessen v. 1.8.2006 – 4 TaBV 111/06, NZA-RR 2007, 199 (201). | 6 Vgl. BAG v. 8.8.1989 – 1 ABR 61/88, AP Nr. 6 zu § 106 BetrVG 1972 mit Bedenken hinsichtlich des Verzögerungspotenzials dieser Auffassung, da es bis zu 4 oder 6 Instanzen bis zu einer vollstreckbaren Entscheidung dauern kann; DKK/*Däubler*, § 109 BetrVG Rz. 4; ErfK/*Kania*, § 109 BetrVG Rz. 1; Richardi/*Annuß*, § 109 BetrVG Rz. 6 f. | 7 DKK/*Däubler*, § 109 BetrVG Rz. 5; ErfK/*Kania*, § 109 BetrVG Rz. 1; MünchArbR/*Joost*, § 319 Rz. 125; aA *Fitting*, § 108 BetrVG Rz. 41. | 8 Ebenso LAG Düsseldorf v. 13.3.1978 – 21 Ta BV 3/78, DB 1978, 1696 ff.; DKK/*Däubler*, § 109 BetrVG Rz. 5; Richardi/*Annuß*, § 109 BetrVG Rz. 3. | 9 AA Richardi/*Annuß*, § 109 BetrVG Rz. 3. | 10 GK-BetrVG/*Fabricius*, 6. Aufl. 1998, § 109 Rz. 4 mwN. | 11 BAG v. 8.8.1989 – 1 ABR 61/88, AP Nr. 6 zu § 106 BetrVG 1972. | 12 BAG v. 8.8.1989 – 1 ABR 61/88, AP Nr. 6 zu § 106 BetrVG 1972. | 13 LAG Hessen v. 1.8.2006 – 4 TaBV 111/06, NZA-RR 2007, 199 (201). | 14 BAG v. 11.7.2000 – 1 ABR 43/99, AP Nr. 2 zu § 109 BetrVG 1972. | 15 DKK/*Däubler*, § 109 BetrVG Rz. 3; *Fitting*, § 109 BetrVG Rz. 1 ErfK/*Kania*, § 109 BetrVG Rz. 4. | 16 BAG v. 11.7.2000 – 1 ABR 43/99, AP Nr. 2 zu § 109 BetrVG 1972; Richardi/*Annuß*, § 109 BetrVG Rz. 5.

digkeit der Einigungsstelle[1]. Vielmehr können Beschlussverfahren und Einigungsstellenverfahren in diesen Fällen gleichzeitig betrieben werden[2].

2. Auskunfts- oder Vorlageverlangen des Wirtschaftsausschusses. Zunächst hat allerdings der Wirtschaftsausschuss als besonderes betriebsverfassungsrechtl. Organ zu entscheiden, ob er vom Unternehmer weitere Auskünfte oder die Vorlage weiterer Unterlagen verlangen will. Verneint er dies, kann der (Gesamt-)BR nicht eine weiter gehende Unterrichtung verlangen[3]. Voraussetzung für das Einigungsstellenverfahren ist also, dass der Wirtschaftsausschuss auf Grund eines Beschlusses an den Unternehmer oder seinen Vertreter ein Verlangen richtet, das auf eine konkrete Auskunft oder Vorlage bestimmter Unterlagen gerichtet ist[4]. Diesem Auskunfts- und/oder Vorlageverlangen muss der Unternehmer sodann nicht, unvollständig oder verspätet nachkommen. Die Zuständigkeit der Einigungsstelle umfasst nur konkret-individuelle Auskunftsverlangen. Die Einigungsstelle ist nicht für dauerhafte generell-abstrakte Regelungen zur Auskunftserteilung gegenüber dem Wirtschaftsausschuss zuständig[5]. 6

Tritt ein nach § 107 III gebildeter Ausschuss des (G)BR an die Stelle des Wirtschaftsausschusses, gilt Entsprechendes (S. 4). 7

3. Einigungsversuch zwischen Unternehmer und (Gesamt-)Betriebsrat. Kommt der Unternehmer dem Verlangen des Wirtschaftsausschusses nicht nach, „beschwert sich" der Wirtschaftsausschuss beim BR bzw. GBR (je nach dem, wer nach § 107 II den Wirtschaftsausschuss gebildet hat), der dann beim Unternehmer (ArbGeb) auf Abhilfe hinwirkt, falls er das Verlangen für berechtigt hält[6]. Kommt es trotz Verhandlungen mit ernstem Einigungswillen (§ 74 I 2 analog) **nicht** zur einer **Einigung** zwischen den Betriebspartnern, kann jede Seite die Einigungsstelle anrufen, welche dann eine bindende Entscheidung fällen kann. 8

Einigen sich Unternehmer und (G)BR hingegen darauf, dass eine bestimmte Auskunft an den Wirtschaftsausschuss zu erteilen bzw. Unterlagen vorzulegen sind, so hat der Unternehmer dies vereinbarungsgem. zu erfüllen. Die Einigung stellt eine Regelungsabrede dar[7] und begründet einen Anspruch des (G)BR, den dieser im Beschlussverfahren vor dem Arbeitgericht durchsetzen kann[8]. Wird Einvernehmen unter den Betriebsparteien hergestellt, dass die verlangte Auskunft nicht erteilt werden muss, bindet diese Vereinbarung auch den Wirtschaftsausschuss, da dieser nur Hilfsorgan des (G)BR ist (vgl. § 106 Rz. 10)[9]. 9

Auch wenn anstatt des Wirtschaftsausschusses ein besonderer Ausschuss gem. § 107 III besteht, hat der BR bzw. GBR eine Einigung mit dem Unternehmer über das Auskunftsverlangen des besonderen Ausschusses zu versuchen (S. 4), es sei denn an die Stelle des (G)BR tritt kraft entsprechender Aufgabenübertragung gem. § 28 I der Ausschuss selbst[10]. 10

4. Bildung der Einigungsstelle. Scheitert der Einigungsversuch zwischen Unternehmer (ArbGeb) und (G)BR über die Berechtigung des Auskunftsverlangens des Wirtschaftsausschusses, kann der Unternehmer oder der (G)BR die Einigungsstelle anrufen (vgl. § 76 V 1). Die Bildung der Einigungsstelle richtet sich nach den allgemeinen Vorschriften des § 76 I, II und VIII iVm. § 98 ArbGG[11]. 11

III. Entscheidung der Einigungsstelle (S. 2 und 3). Die Einigungsstelle wird als innerbetriebl. Konfliktlösungsinstitution mit Zwangsschlichtungsbefugnissen tätig. Nach S. 2 ersetzt der Spruch der Einigungsstelle die Einigung zwischen ArbGeb (Unternehmer) und BR. Das in § 109 vorgesehene Einigungsstellenverfahren stellt ein vorgeschaltetes Schiedsverfahren dar, das die Möglichkeit einer raschen Einigung auf betriebl. Ebene eröffnet, ohne die Anrufung des Gerichts auszuschließen[12]. Genauer gesagt hat das Einigungsstellenverfahren den Charakter eines sog. **„Med-Arb-Verfahrens"** (zuerst Mediation, dann Schiedsverfahren/Arbitration)[13]. 12

1. Verfahren. Hinsichtlich des Verfahrens vor der Einigungsstelle gelten die allgemeinen Vorschriften (§ 76 III bis V 2). Zusätzlich regelt **S.** 3 von § 109, dass die Einigungsstelle im Rahmen der Erforderlichkeit **Sachverst.** anhören kann. Aus der Formulierung der Norm (Nichtnennung des § 80 III) folgt, dass es hier keiner Vereinbarung zwischen BR und/oder Einigungsstelle mit dem ArbGeb über die Hinzuziehung des Sachverst. bedarf (anders §§ 80 III, 108 II 3)[14]. Der Sachverst. unterliegt gem. S. 3 Hs. 2 iVm. § 80 IV der strafbewehrten (§ 120 I Nr. 3) Geheimhaltungspflicht des § 79. 13

---

1 BAG v. 9.5.1995 – 1 ABR 61/94, AP Nr. 12 zu § 106 BetrVG 1972; v. 22.1.1991 – 1 ABR 38/89, AP Nr. 9 zu § 106 BetrVG 1972. | 2 BAG v. 17.9.1991 – 1 ABR 74/90, AP Nr. 13 zu § 106 BetrVG 1972. | 3 BAG v. 5.2.1991 – 1 ABR 24/90, AP Nr. 10 zu § 106 BetrVG 1972. | 4 GK-BetrVG/*Oetker*, § 109 Rz. 12 f.; Richardi/*Annuß*, § 109 BetrVG Rz. 11 mwN. | 5 ArbG Hamburg v. 19.6.2002 – 23 BV 1/02, ZIP 2003, 132 ff. m. zust. Anm. *Zeising*. | 6 Vgl. systematisch ähnlich das (kollektive) Beschwerdeverfahren nach § 85 I. | 7 Ebenso GK-BetrVG/*Oetker*, § 109 Rz. 16. | 8 BAG v. 8.8.1989 – 1 ABR 61/88, AP Nr. 6 zu § 106 BetrVG 1972; *Fitting*, § 109 BetrVG Rz. 8. | 9 *Fitting*, § 109 BetrVG Rz. 8; Richardi/*Annuß*, § 109 BetrVG Rz. 13. | 10 *Fitting*, § 109 BetrVG Rz. 7. | 11 S. etwa LAG Köln v. 14.1.2004 – 8 TaBV 72/03, NZA-RR 2005, 32 (33). | 12 BAG v. 11.7.2000 – 1 ABR 43/99, AP Nr. 2 zu § 109 BetrVG 1972. | 13 Näher dazu *Lembke*, Mediation im Arbeitsrecht, 2001, Rz. 392 ff. | 14 DKK/*Däubler*, § 109 BetrVG Rz. 10; *Fitting*, § 109 BetrVG Rz. 10.

14 **2. Bindender Spruch der Einigungsstelle.** Der Spruch der Einigungsstelle ersetzt nach S. 2 die Einigung zwischen Unternehmer und (G)BR und bindet die Betriebsparteien sowie den Wirtschaftsausschuss. Allerdings kann der Einigungsstellenspruch im Beschlussverfahren vom ArbGeb oder vom (G)BR angefochten werden (s. Rz. 19). Die Einigungsstelle nach § 109 entscheidet über Rechtsfragen[1]. Ihre Entscheidung darüber, ob, wann, in welcher Weise und in welchem Umfang der Unternehmer den Wirtschaftsausschuss zu unterrichten hat, unterliegt der vollen Rechtskontrolle der ArbG[2]. Dies gilt auch für die Frage, ob eine Gefährdung von Betriebs- oder Geschäftsgeheimnissen der Auskunft entgegensteht[3].

15 **3. Durchsetzung des Einigungsstellenspruchs.** Spricht die Entscheidung der Einigungsstelle die Verpflichtung des ArbGeb zu einer bestimmten Auskunft oder Vorlage bestimmter Unterlagen aus, stellt der Spruch der Einigungsstelle eine **Anspruchsgrundlage** dar, wenn er wirksam ist[4]. Kommt der Unternehmer der Verpflichtung aus dem Einigungsstellenspruch nicht nach, kann der (G)BR (nicht der Wirtschaftsausschuss) diesen Anspruch im Beschlussverfahren verfolgen[5]. Dabei ist als Vorfrage die Rechtmäßigkeit des Spruchs in vollem Umfang nachzuprüfen[6].

16 Wird der Unternehmer auf Grund des Einigungsstellenspruchs vom ArbG durch rechtskräftigen Beschluss zur Auskunftserteilung verurteilt, kann die Auskunftserteilung als unvertretbare Handlung durch Zwangsgeld oder ersatzweise Zwangshaft **vollstreckt** werden (§ 85 I ArbGG iVm. § 888 I ZPO)[7]. Daneben kommt (subsidiär) ein Verfahren gegen den Unternehmer nach § 23 III in Betracht[8]. Im Übrigen droht bei Nichterfüllung des Einigungstellenspruchs auch ein Ordnungswidrigkeitenverfahren nach § 121 (vgl. § 106 Rz. 88 f.)

17 Vor Abschluss des Hauptsacheverfahrens kommt in dringenden Fällen eine **einstw. Leistungsverfügung** auf die im Spruch der Einigungsstelle festgelegte Auskunft in Betracht[9]. Hingegen scheidet eine einstw. Verfügung (zB auf Einsicht in Unterlagen) *vor* Abschluss des Einigungsstellenverfahrens aus, da sie den Gesetzeszweck des § 109 vereiteln würden[10].

18 **IV. Streitigkeiten.** Streitigkeiten über den **Umfang und Zeitpunkt der Unterrichtung** des Wirtschaftsausschusses sowie über die **Gefährdung von Betriebs- oder Geschäftsgeheimnissen** können so lange nicht vor die ArbG gebracht werden, bis das Einigungsstellenverfahren abgeschlossen ist (s. Rz. 1).

19 Die Frage der **Zuständigkeit der Einigungsstelle** (s. Rz. 4 f.) sowie die **Rechtmäßigkeit des Verfahrens und des Spruchs der Einigungsstelle** unterliegen aber der vollen arbeitsgerichtl. Rechtskontrolle. Meinungsverschiedenheiten über diese Fragen werden zwischen ArbGeb und (G)BR im arbeitsgerichtl. Beschlussverfahren ausgetragen, in dem die Einigungsstelle und der Wirtschaftsausschuss nicht zu beteiligen sind[11]. Da es um eine Rechtskontrolle geht, findet die zweiwöchige Ausschlussfrist des § 76 V 4 keine Anwendung[12].

20 Streitigkeiten über die Erforderlichkeit der Anhörung des **Sachverst.** und die insoweit entstehenden **Kosten** werden im arbeitsgerichtl. Beschlussverfahren unter Beteiligung von Unternehmer, (G)BR und Einigungsstelle entschieden[13].

21 **Ansprüche aus einer Einigung** der Beteiligten über die streitigen Fragen können im arbeitsgerichtl. Beschlussverfahren durchgesetzt werden (s. Rz. 9).

110 *Unterrichtung der Arbeitnehmer*

(1) In Unternehmen mit in der Regel mehr als 1000 ständig beschäftigten Arbeitnehmern hat der Unternehmer mindestens einmal in jedem Kalendervierteljahr nach vorheriger Abstimmung mit dem Wirtschaftsausschuss oder den in § 107 Abs. 3 genannten Stellen und dem Betriebsrat die Arbeitnehmer schriftlich über die wirtschaftliche Lage und Entwicklung des Unternehmens zu unterrichten.

---

1 Zutr. ArbG Hamburg v. 19.6.2002 – 23 BV1/02, ZIP 2003, 132; zweifelnd BAG v. 8.8.1989 – 1 ABR 61/88, AP Nr. 6 zu § 106 BetrVG 1972. |2 BAG v. 11.7.2000 – 1 ABR 43/99, AP Nr. 2 zu § 109 BetrVG 1972 (unter Aufgabe von BAG v. 8.8.1989 – 1 ABR 61/88, AP Nr. 6 zu § 106 BetrVG 1972); ArbG Hamburg v. 19.6.2002 – 23 BV 1/02, ZIP 2003, 132; MünchArbR/*Joost*, § 319 Rz. 134; Richardi/*Annuß*, § 109 BetrVG Rz. 19; *Schweibert* in Willemsen/Hohenstatt/Schweibert/Seibt, Rz. C 413; aA LAG Köln v. 13.7.1999 – 13 (10) TaBV 10/99, AP Nr. 1 zu § 109 BetrVG 1972. |3 BAG v. 11.7.2000 – 1 ABR 43/99, AP Nr. 2 zu § 109 BetrVG 1972. |4 BAG v. 8.8.1989 – 1 ABR 61/88, AP Nr. 6 zu § 106 BetrVG 1972. |5 BAG v. 8.8.1989 – 1 ABR 61/88, AP Nr. 6 zu § 106 BetrVG 1972; MünchArbR/*Joost*, § 319 Rz. 133; Richardi/*Annuß*, § 109 BetrVG Rz. 21. |6 *Fitting*, § 109 BetrVG Rz. 13. |7 DKK/*Däubler*, § 109 BetrVG Rz. 13; ErfK/*Kania*, § 109 BetrVG Rz. 6; Richardi/*Annuß*, § 109 BetrVG Rz. 22 mwN. |8 GK-BetrVG/*Fabricius*, 6. Aufl. 1998, § 109 Rz. 53; aA *Fitting*, § 109 BetrVG Rz. 14. |9 DKK/*Däubler*, § 109 BetrVG Rz. 16; *Fitting*, § 109 BetrVG Rz. 14; ErfK/*Kania*, § 109 BetrVG Rz. 8. |10 ArbG Wetzlar v. 28.2.1989 – 1 BVGa 4/89, NZA 1989, 443 f.; GK-BetrVG/*Oetker*, § 109 Rz. 4; *Fitting*, § 109 BetrVG Rz. 5; aA DKK/*Däubler*, § 109 BetrVG Rz. 16; ErfK/*Kania*, § 109 BetrVG Rz. 8, falls die Einigungsstelle verzögerlich handelt. |11 BAG v. 15.3.2006 – 7 ABR 24/05, NZA 2006, 1422 (1424); v. 11.7.2000 – 1 ABR 43/99, AP Nr. 2 zu § 109 BetrVG 1972; GK-BetrVG/*Fabricius*, 6. Aufl. 1998, § 109 Rz. 53 f.; *Fitting*, § 109 BetrVG Rz. 2. |12 *Fitting*, § 76 BetrVG Rz. 102; Richardi/*Annuß*, § 109 BetrVG Rz. 19. |13 *Fitting*, § 109 BetrVG Rz. 10; Richardi/*Annuß*, § 109 BetrVG Rz. 16; gegen die Beteiligtenfähigkeit der Einigungsstelle GK-BetrVG/*Fabricius*, 6. Aufl. 1998, § 109 Rz. 54.

(2) In Unternehmen, die die Voraussetzungen des Absatzes 1 nicht erfüllen, aber in der Regel mehr als zwanzig wahlberechtigte ständige Arbeitnehmer beschäftigen, gilt Absatz 1 mit der Maßgabe, dass die Unterrichtung der Arbeitnehmer mündlich erfolgen kann. Ist in diesen Unternehmen ein Wirtschaftsausschuss nicht zu errichten, so erfolgt die Unterrichtung nach vorheriger Abstimmung mit dem Betriebsrat.

I. Vorbemerkungen. § 110 regelt die Pflicht des Unternehmers zur Unterrichtung der ArbN eines Unternehmens mit in der Regel mehr als 20 ArbN über die wirtschaftl. Lage und Entwicklung des Unternehmens. Diese Unterrichtungspflicht ist ihrer Art nach nicht betriebsverfassungsrechtl. Natur, sondern begründet einen **individuellen Auskunftsanspruch jedes einzelnen unternehmenszugehörigen ArbN**[1]. Insoweit ist § 110 vergleichbar mit den Individualrechten der §§ 81 ff. 1

Sinn und Zweck der Regelung ist es, die ArbN allgemein über die wirtschaftl. Lage und Entwicklung des Unternehmens zu informieren, um die Identifikation der ArbN mit dem Unternehmen durch regelmäßige Information über das Resultat ihres Einsatzes und die zukünftigen Erwartungen zu stärken. § 110 stellt ein demokratisches Element in der Betriebsverfassung dar; daher wird gelegentlich auch von einem „Vierteljahresbericht" gesprochen[2]. Die ArbN werden durch die Informationen des Unternehmers in die Lage versetzt, dem BR Themen zur Beratung gem. § 86a vorschlagen[3] oder auf der Betriebsversammlung sachgerechte Fragen stellen[4]. 2

Neben der Unterrichtungspflicht nach § 110 obliegen dem ArbGeb noch weitere, davon unabhängige Informationspflichten. So hat der ArbGeb auf einer der vierteljährlich stattfindenden **Betriebsversammlungen** gem. **§ 43 II 3** mindestens einmal in jedem Kalenderjahr unter anderem über die wirtschaftl. Lage und Entwicklung des Betriebs zu berichten, soweit dadurch nicht Betriebs- oder Geschäftsgeheimnisse gefährdet werden. 3

Nach dem zum 1.4.2002 neu eingefügten **§ 613a V BGB** sind der alte und der neue ArbGeb verpflichtet, die von einem **Betriebsübergang** betroffenen ArbN in Textform über den Zeitpunkt und Grund des Übergangs, die rechtl., wirtschaftl. und sozialen Folgen für die ArbN und die hinsichtlich der ArbN in Aussicht genommenen Maßnahmen zu unterrichten[5]. 4

Nicht auszuschließen ist, dass § 110 im Zusammenhang mit der Umsetzung der RL 2002/14/EG vom 11.3.2002 zur Festlegung eines allgemeinen Rahmens für die Unterrichtung und Anhörung der ArbN in der Europäischen Gemeinschaft künftig verändert wird (vgl. auch § 106 Rz. 6 f.). 5

II. Unterrichtungspflicht in Unternehmen mit mehr als 1000 Arbeitnehmern (Abs. 1). Die Unterrichtungspflicht nach § 110 trifft den Unternehmer (ArbGeb), der sich zur Erfüllung der Pflicht selbstverständlich eines Vertreters bedienen kann. Anspruchsinhaber sind die zum Unternehmen gehörenden ArbN (zur Unternehmenszugehörigkeit § 107 Rz. 6 f.). 6

1. Schwellenwert. Die Pflicht zur schriftl. Unterrichtung gilt nach Abs. 1 nur in Unternehmen mit in der Regel mehr als 1000 ständig beschäftigten ArbN. Unterhalten mehrere Unternehmen einen Gemeinschaftsbetrieb, sind die im Gemeinschaftsbetrieb beschäftigten ArbN der beteiligten Unternehmen zusammenzurechnen (vgl. zur Berechnung des Schwellenwertes § 106 Rz. 19 ff.). 7

2. Zeitpunkt der Unterrichtung. Die Unterrichtung der ArbN hat **mindestens einmal in jedem Kalendervierteljahr** stattzufinden. Den genauen Zeitpunkt legt der Unternehmer fest[6]. In der Praxis dürfte es sich anbieten, die ArbN im Zusammenhang mit den quartalsmäßigen Betriebsversammlungen – über § 43 II 3 hinaus – über die wirtschaftl. Lage und Entwicklung des Betriebs *und* Unternehmens zu unterrichten. Sind wesentliche Veränderungen in der wirtschaftl. Lage des Unternehmens eingetreten oder zu erwarten, ist auch öfter zu unterrichten[7]. 8

Über Tatsachen, die der Ad-hoc-Publizitätsverpflichtung nach § 15 WpHG unterliegen, dürfen die ArbN nach § 110 wegen des Verbots der vorausgehenden anderweitigen Veröffentlichung (§ 15 III 2 WpHG) erst **nach der Ad-hoc-Veröffentlichung** unterrichtet werden[8]. 9

3. Vorherige Abstimmung. Der Unternehmer hat sich vor der Unterrichtung mit dem **Wirtschaftsausschuss** oder dem an seiner Stelle gebildeten Ausschuss (§ 107 III) und mit dem **BR bzw. GBR**, wenn ein solcher besteht[9], abzustimmen. Besteht kein Wirtschaftsausschuss, ist dennoch der (G)BR vorab zu beteiligen. Sinn der Vorschrift ist es, dass Inhalt und Umfang der Unterrichtung mit diesen Organen 10

---

1 Ebenso DKK/*Däubler*, § 110 BetrVG Rz. 2; *Schaub/Koch*, ArbRHdb § 234 Rz. 27; aA offenbar die hM, *Fitting*, § 110 BetrVG Rz. 10; MünchArbR/*Joost*, § 319 Rz. 119; Richardi/*Annuß*, § 110 BetrVG Rz. 2. | 2 DKK/*Däubler*, § 110 BetrVG Rz. 5. | 3 Näher zu § 86a *Lembke* in Das neue Betriebsverfassungsgesetz, Die Reform, 2001, S. 244 ff.; *Wiese*, BB 2001, 2267 ff. | 4 ErfK/*Kania*, § 110 BetrVG Rz. 1. | 5 Dazu ausf. *Willemsen/Lembke*, NJW 2002, 1159 (1160 ff.); *Lembke/Oberwinter*, ZIP 2007, 310 ff.; *Grau*, Unterrichtung und Widerspruchsrecht der Arbeitnehmer bei Betriebsübergang gem. § 613a Abs. 5 und 6 BGB, 2005. | 6 DKK/*Däubler*, § 110 BetrVG Rz. 8; Richardi/*Annuß*, § 110 BetrVG Rz. 3 mwN. | 7 ErfK/*Kania*, § 110 BetrVG Rz. 5. | 8 *Schleifer/Kliemt*, DB 1995, 2214 (2218). | 9 DKK/*Däubler*, § 110 BetrVG Rz. 11; Richardi/*Annuß*, § 110 BetrVG Rz. 4.

erörtert werden[1]. Die vorherige Abstimmung verlangt nur die Gelegenheit zur Stellungnahme vorab und den ernsten Willen zur Einigung, nicht hingegen eine Einigung[2]. Die Letztverantwortlichkeit für die Unterrichtung trägt der Unternehmer.

11 Kommt eine Einigung über den Inhalt der Unterrichtung nicht zu Stande, haben (G)BR und Wirtschaftsausschuss weder das Recht, in dem Unterrichtungsschreiben ihre Sicht der Dinge aufzunehmen, noch die Verteilung eines „**Alternativberichts**“ zu verlangen[3]. Dafür gibt es im Wortlaut des § 110 keinerlei Anhaltspunkt. Außerdem würde es der Rechtsnatur des § 110 als individuellem Auskunftsanspruch widersprechen. Aus praktischer Sicht sollte der Unternehmer allerdings einem derartigen Vorbringen des BR nicht von vornherein ablehnend gegenüber stehen. Denn erstens kann der BR auf der Betriebsversammlung zur Unterrichtung nach § 110 Stellung nehmen (vgl. §§ 43, 45). Zweitens besteht die Möglichkeit, dass die ArbN sich einzeln in der Sprechstunde des BR (§ 39) über die Meinung des BR informieren.

12 **4. Sprache, Form und Zugang der Unterrichtung.** In Unternehmen, die den Schwellenwert des Abs. 1 überschreiten, hat die Unterrichtung der **Schriftform (§§ 126, 126a BGB)** zu genügen. De lege ferenda sollte bei derartigen Massenvorgängen – wie im neuen § 613a V BGB – die Textform (§ 126b BGB) zugelassen werden[4].

13 Die Erklärung hat zur Erfüllung des individuellen Auskunftsanspruchs (s. Rz. 1) nach § 110 **jedem einzelnen ArbN zuzugehen**. Ein Aushang am schwarzen Brett reicht daher nicht[5]. Auf Grund des Unterschriftserfordernisses der Schriftform (§ 126 I BGB) scheidet praktisch auch die Veröffentlichung der Unterrichtung in der Werkszeitung aus[6].

14 Werden im Unternehmen nicht nur vereinzelt ausländische ArbN beschäftigt, die keine hinreichenden Deutschkenntnisse haben, ist zu **empfehlen**, das Unterrichtungsschreiben **übersetzen** zu lassen. Nach hM besteht sogar eine Pflicht dazu[7]. Dem kann in dieser Allgemeinheit nicht gefolgt werden. Erklärungspflichten im Rahmen von Rechtsverhältnissen, die deutschem Recht unterliegen, können mangels anderer gesetzl. Regelung (zB § 11 II 2 AÜG; § 2 V WahlO zum BetrVG) oder anderweitiger Parteivereinbarung stets in deutscher Sprache erfüllt werden. Dies folgt auch daraus, dass deutsch Gerichts- (§ 184 GVG) und Amtssprache (§ 23 VwVfG) ist[8] (vgl. auch § 106 Rz. 40).

15 **5. Inhalt der Unterrichtung.** Inhaltlich hat der Unternehmer über die wirtschaftl. Lage und Entwicklung des Unternehmens zu unterrichten (zum Begriff „wirtschaftl. Lage des Unternehmens“ s. § 106 Rz. 57; zur „wirtschaftl. Lage und Entwicklung des Betriebs“ s. § 43 Rz. 17). Der Gegenstand der Unterrichtung ist breit. Der Unternehmer ist aber nur im Rahmen des nach Treu und Glauben Zumutbaren zur Unterrichtung verpflichtet (§ 242 BGB). Insbesondere kann im Rahmen des § 110 nichts anderes gelten als bei § 43 II 3, so dass keine Unterrichtungspflicht besteht, soweit Betriebs- oder Geschäftsgeheimnisse gefährdet werden. Da die Unterrichtungsadressaten, dh. die ArbN, abgesehen von etwaigen individualarbeitsrechtl. Vertraulichkeitspflichten keiner sanktionsbewehrten Verschwiegenheitspflicht (vgl. §§ 79, 120) unterliegen und der Adressatenkreis groß ist, genügt die **zusammenfassende, überblicksartige Darstellung der wirtschaftl. Lage und Entwicklung des Unternehmens in groben Zügen**. Angaben, deren Bekanntwerden die Wettbewerbsfähigkeit des Unternehmens beeinträchtigen können, müssen nicht in die Unterrichtung aufgenommen werden[9].

16 Insofern ist das Bild des „**vierteljährlichen Lageberichts**“ auch unter Berücksichtigung des Normzwecks (s. Rz. 2) hilfreich. Die Unterrichtung hat also darüber zu informieren, wie sich die wirtschaftl. Lage etwa bezüglich des Vermögens, der Absatzlage, Investitionen, sozialen Leistungen und Konkurrenzsituation seit dem letzten Bericht geändert hat und welche Entwicklungen sich insb. bis zum Bericht im nächsten Quartal abzeichnen[10]. Hinsichtlich des Inhalts ist dem Unternehmer ein **unternehmerischer Beurteilungsspielraum** zuzugestehen. Anhaltspunkt über den Umfang kann die Mitteilung an die Aktionäre sein[11]. Maßgeblich für die Richtigkeit und Vollständigkeit der Unterrichtung ist der Zeitpunkt des Zugangs der Unterrichtung beim ArbN. Aus einem Umkehrschluss zu § 106 III Nr. 1 folgt, dass über die finanzielle Lage nicht detailliert zu informieren ist; insb. ist auch nicht der Jahresabschluss (§ 242 III HGB) vorzulegen oder zu erläutern.

---

1 *Fitting*, § 110 BetrVG Rz. 3. | **2** Vgl. GK-BetrVG/*Oetker*, § 110 Rz. 14; Richardi/*Annuß*, § 110 BetrVG Rz. 5. | **3** So auch MünchArbR/*Joost*, § 319 Rz. 67; Richardi/*Annuß*, § 110 BetrVG Rz. 5; *Rumpff/Boewer*, Mitbestimmung in wirtschaftlichen Angelegenheiten, 3. Aufl. 1990, G Rz. 150; diff. ErfK/*Kania*, § 110 BetrVG Rz. 6; aA DKK/*Däubler*, § 110 BetrVG Rz. 12; *Fitting*, § 110 BetrVG Rz. 4. | **4** Zu Zweck und Voraussetzungen der Textform *Willemsen/Lembke*, NJW 2002, 1159, 1164. | **5** IE ebenso DKK/*Däubler*, § 110 BetrVG Rz. 9; ErfK/*Kania*, § 110 BetrVG Rz. 3; Richardi/*Annuß*, § 110 BetrVG Rz. 6; aA *Fitting*, § 110 BetrVG Rz. 5; MünchArbR/*Joost*, § 319 Rz. 65. | **6** AA DKK/*Däubler*, § 110 BetrVG Rz. 9; *Fitting*, § 110 BetrVG Rz. 5. | **7** DKK/*Däubler*, § 110 BetrVG Rz. 10; *Fitting*, § 110 BetrVG Rz. 6. | **8** So bereits *Willemsen/Lembke*, NJW 2002, 1159, 1163, Fn. 58. | **9** *Fitting*, § 110 BetrVG Rz. 7; ErfK/*Kania*, § 110 BetrVG Rz. 4; MünchArbR/*Joost*, § 319 Rz. 64; Richardi/*Annuß*, § 110 BetrVG Rz. 9; aA DKK/*Däubler*, § 110 BetrVG Rz. 7; GK-BetrVG/*Oetker*, § 110 Rz. 7, wonach nur bei einer Gefährdung von Betriebs- und Geschäftsgeheimnissen keine Unterrichtungspflicht besteht. | **10** Vgl. *Fitting*, § 110 BetrVG Rz. 7; MünchArbR/*Joost*, § 319 Rz. 64. | **11** DKK/*Däubler*, § 110 BetrVG Rz. 6; *Fitting*, § 110 BetrVG Rz. 7.

III. Unterrichtungspflicht in Unternehmen mit mehr als 20 Arbeitnehmern (Abs. 2). In Unternehmen mit in der Regel mehr als 20 **wahlberechtigten** (§ 7) ständigen ArbN genügt eine **mündliche** Unterrichtung zur Erfüllung des individuellen Auskunftsanspruchs. Diese erfolgt zweckmäßigerweise auf der Betriebsversammlung (§ 43). Die Grundsätze der Zugangsvereitelung finden Anwendung, wenn ein ArbN die Versammlung trotz der angekündigten Unterrichtung verlässt. In Betracht kommt ferner die Unterrichtung in Textform (§ 126b BGB). 17

Existiert im Unternehmen kein Wirtschaftsausschuss (§ 106), erfolgt die Unterrichtung nach **vorheriger Abstimmung mit dem BR bzw. GBR**. Dies gilt auch, wenn die Voraussetzungen für die Errichtung eines Wirtschaftsausschuss an sich gegeben sind[1]. 18

Im Übrigen gelten die obigen Ausführungen zu Abs. 1 entsprechend (Rz. 6 ff.). 19

IV. Streitigkeiten. Erfüllt der Unternehmer die Unterrichtungspflicht nach § 110 nicht, wahrheitswidrig, unvollständig oder verspätet, begeht er bei vorsätzlichem Handeln (§ 10 OWiG) eine **Ordnungswidrigkeit**, die mit einer Geldbuße bis zu 10 000 Euro geahndet werden kann (**§ 121**)[2]. 20

Streitigkeiten über die ordnungsgemäße Unterrichtung nach § 110 sind auf Grund des individualrechtl. Charakters der Norm zwischen dem betroffenen ArbN und dem Unternehmer im **Urteilsverfahren** auszutragen[3]. Demgegenüber hält die **hM** ein **Beschlussverfahren** für einschlägig, in dem der ArbGeb, der BR oder der GBR antragsberechtigt sein sollen[4]. Das Beschlussverfahren kann aber allenfalls statthaft sein, soweit es um die Einbeziehung von BR bzw. GBR und Wirtschaftsausschuss zum Zwecke der Abstimmung vor der Unterrichtung geht[5]. 21

Zweiter Unterabschnitt. Betriebsänderungen

111 *Betriebsänderungen*

(1) In Unternehmen mit in der Regel mehr als zwanzig wahlberechtigten Arbeitnehmern hat der Unternehmer den Betriebsrat über geplante Betriebsänderungen, die wesentliche Nachteile für die Belegschaft oder erhebliche Teile der Belegschaft zur Folge haben können, rechtzeitig und umfassend zu unterrichten und die geplanten Betriebsänderungen mit dem Betriebsrat zu beraten. Der Betriebsrat kann in Unternehmen mit mehr als 300 Arbeitnehmern zu seiner Unterstützung einen Berater hinzuziehen; § 80 Abs. 4 gilt entsprechend; im Übrigen bleibt § 80 Abs. 3 unberührt. Als Betriebsänderung im Sinne des Satzes 1 gelten

1. Einschränkung und Stilllegung des ganzen Betriebs oder von wesentlichen Betriebsteilen,

2. Verlegung des ganzen Betriebs oder von wesentlichen Betriebsteilen,

3. Zusammenschluss mit anderen Betrieben oder die Spaltung von Betrieben,

4. grundlegende Änderungen der Betriebsorganisation, des Betriebszwecks oder der Betriebsanlagen,

5. Einführung grundlegend neuer Arbeitsmethoden und Fertigungsverfahren.

I. Allgemeines. 1. Überblick über die §§ 111–113. Die Beteiligung des BR bei Betriebsänderungen ist das **Kernelement der wirtschaftl. Mitbest.** Wegen ihrer zentralen Bedeutung für die unternehmerische Handlungsfreiheit stand und steht dieser Teil der Mitbestimmungsordnung im Zentrum der rechtspolitischen Diskussion. Der **Kompromisscharakter** der Vorschriften ist unübersehbar. Das Gesetz bringt zwar klar zum Ausdruck, dass die Beteiligung des BR nicht die **unternehmerische Entscheidungsfreiheit** aufhebt und der Unternehmer letztlich bindend über die Durchführung von Betriebsänderungen entscheiden kann. Im Unterschied zu § 72 BetrVG 1952, der dem BR unter der amtlichen Überschrift „Wirtschaftliches Mitbestimmungsrecht" im Hinblick auf die Durchführung von Betriebsänderungen die Möglichkeit einräumte, eine Vermittlungsstelle anzurufen, die von sich aus einen Einigungsvorschlag zur Beilegung der Meinungsverschiedenheiten machen konnte (§ 73 BetrVG 1952), stellt heute § 112 IV klar, dass die **Einigungsstelle verbindlich nur** über die Aufstellung eines **Sozialplans** entscheiden kann und der Spruch der Einigungsstelle nur insofern die Einigung zwischen ArbGeb und BR ersetzt. Der Unternehmer ist demnach nur verpflichtet, den BR rechtzeitig und umfassend zu unterrichten und die geplanten Maßnahmen mit ihm zu beraten. Darüber hinaus muss er allerdings einen **Interessenausgleich versuchen** (so der Wortlaut in § 113 III). Nach Abschluss des insoweit vorgesehenen Verfahrens, das allerdings sehr **zeitaufaufwändig** ausfallen kann (vgl. § 112 Rz. 10), ist der Unternehmer frei in seiner Entscheidung, ob er die anfänglich geplante Betriebsänderung implementiert oder die Alternativvorschläge des BR aufgreift. Mithin wahrt das Verfahren zwar die unternehmerische Entschei- 1

1 *Fitting*, § 110 BetrVG Rz. 9. | 2 Vgl. OLG Hamm v. 7.12.1977 – 4 Ss OWi 1407/77, DB 1978, 748. | 3 Ebenso DKK/*Däubler*, § 110 BetrVG Rz. 18; ErfK/*Kania*, § 110 BetrVG Rz. 8. | 4 *Fitting*, § 110 BetrVG Rz. 10; MünchArbR/*Joost*, § 319 Rz. 119; Richardi/*Annuß*, § 110 BetrVG Rz. 12 – diff. ErfK/*Kania*, § 110 BetrVG Rz. 8. | 5 So wohl auch DKK/*Däubler*, § 110 BetrVG Rz. 17.

dungsfreiheit, engt sie jedoch faktisch durch verfahrensmäßige Vorgaben sowie durch die Auferlegung finanzieller Verpflichtungen erheblich ein.

2 Soweit nicht **§ 112a** eingreift (Privilegierung von reinen Personalabbaumaßnahmen unterhalb einer bestimmten Schwelle bzw. von Betriebsänderungen in neu gegründeten Unternehmen) steht dem BR ein **volles MitbestR** im Hinblick auf den **Sozialplan** zu, der die wirtschaftl. Nachteile, die die Betriebsänderung für die ArbN mit sich bringt, mildern oder ausgleichen soll (§ 112 I 2). Während dem BR somit im Hinblick auf den Interessenausgleich nur ein Mitwirkungsrecht zusteht[1], besteht im Hinblick auf die Aufstellung eines Sozialplans ein volles MitbestR. Kommt über ihn keine Einigung zu Stande, entscheidet die Einigungsstelle mit bindender Wirkung (§ 112 IV).

3 **§ 113** regelt die **Sanktion** für den Fall, dass der Unternehmer von einem Interessenausgleich über die geplante Betriebsänderung abweicht oder wenn er eine geplante Betriebsänderung durchführt, ohne den Versuch unternommen zu haben, hierüber einen Interessenausgleich mit dem BR abzuschließen. In beiden Fällen trifft den ArbGeb eine finanzielle Sanktion in Form des an die betroffenen ArbN zu zahlenden **Nachteilsausgleichs**.

4 **2. Gesetzesentwicklung; rechtspolitischer Ausblick.** Durch das **Beschäftigungsförderungsgesetz 1985** (BGBl. I S. 710) wurde § 112 IV neu gefasst und § 112 V (Ermessensvorgaben für die Einigungsstelle im Hinblick auf den Sozialplan) eingefügt. Im Übrigen wurde § 112a hinzugefügt, der Unternehmen in bestimmten Konstellationen von der Verpflichtung zum Abschluss eines Sozialplans befreit[2].

5 Mit dem Gesetz zur Bereinigung des **Umwandlungsrechts** vom 28.10.1994 (BGBl. I S. 3210) wurde § 111 S. 2 (nunmehr S. 3) Nr. 3 um die Worte „oder die Spaltung von Betrieben" ergänzt, auch wenn die Betriebsspaltung schon zuvor als Betriebsänderung iSv. § 111 S. 3 Nr. 4 angesehen wurde.

6 Rechtspolitisch besonders umstritten waren die – zeitweiligen – Änderungen, die das **arbeitsrechtliche Beschäftigungsförderungsgesetz** vom 25.9.1996 (BGBl. I S. 1476) mit sich brachte. Seinerzeit wurde in § 113 III die Verpflichtung des ArbGeb zum Versuch eines Interessenausgleichs auf einen Zeitraum von drei Monaten begrenzt. Der Gesetzgeber hatte damit einer Forderung der Praxis Rechnung getragen, da die in kontroversen Fällen häufig erhebliche Dauer des Verfahrens für den Versuch eines Interessenausgleichs ein marktgerechtes und zeitnahes Handeln nahezu unmöglich macht und sich das Verfahren damit als Innovationshemmnis erweist. Zusätzlich war in § 1 V KSchG vorgesehen, dass die Rechtfertigung einer Kündigung durch dringende betriebliche Erfordernisse gesetzl. vermutet wurde und dass die soziale Auswahl nur auf grobe Fehlerhaftigkeit hin überprüft werden konnte, sofern die ArbN, denen gekündigt werden sollte, in einem Interessenausgleich namentlich bezeichnet waren[3]. Diese Änderungen sind durch das **arbeitsrechtliche Korrekturgesetz** vom 19.12.1998 (BGBl. I S. 3843, 3850) mit Wirkung zum 31.12.1998 wieder rückgängig gemacht worden, als wesentlicher Bestandteil des Regierungsprogramms der Koalition aus SPD und Grünen. Zum 1.1.2004 ist als Bestandteil der Agenda 2010 die Regelung zur Namensliste im Interessenausgleich wieder eingeführt worden (vgl. § 1 KSchG Rz. 418 ff.)

7 Durch das **BetrVerf-Reformgesetz** vom 23.7.2001 (BGBl. I S. 1852) wurde in § 111 S. 1 der Bezugspunkt des **Schwellenwerts** für die Anwendbarkeit von § 111 vom „**Betrieb**" auf das „**Unternehmen**" umgestellt (vgl. § 111 Rz. 12 ff.). Ein neuer **§ 111 S. 2** (Hinzuziehung eines **Beraters** für den BR) wurde eingefügt (vgl. § 111 Rz. 66 ff.). Die **Ermessensrichtlinien für die Einigungsstelle** in § 112 V wurden um Ziffer 2a ergänzt (Berücksichtigung von Förderungsmöglichkeiten zur Vermeidung von Arbeitslosigkeit). § 112a I wurde redaktionell angepasst.

8 Insb. der Streit um das arbeitsrechtl. Beschäftigungsförderungsgesetz 1996 hat deutlich werden lassen, dass der Zweck der BR-Beteiligung bei Betriebsänderungen und insb. die Austarierung der unternehmerischen Handlungsfreiheit einerseits und der Beteiligungsrechte andererseits außerordentlich umstritten sind. Trotz des Nichtbestehens eines echten MitbestR im Hinblick auf das „Ob" geplanter Betriebsänderungen soll dem in §§ 111, 112 geregelten Verfahren zum Versuch eines Interessenausgleichs sowie der Erzwingbarkeit des Sozialplans eine „**Steuerungsfunktion**" zukommen[4]. Bei dieser Sicht der Dinge steht im Vordergrund, dass der ArbGeb durch die Belastungen des Sozialplans von „leichtfertigen" Maßnahmen ohne Rücksicht auf die sozialen Interessen der Belegschaft abgehalten werden soll. Der Sozialplan erfüllt diese Funktion sicherlich ohne weiteres. Das in §§ 111, 112 vorgesehene Verfahren – flankiert durch den nach wie vor umständlichen Weg bis zur Etablierung einer Einigungsstelle, vgl. § 98 ArbGG – lässt jedoch weithin unberücksichtigt, dass es nicht nur im

1 Richardi/*Annuß*, § 112 BetrVG Rz. 3. | 2 In den in § 112a geregelten Fällen besteht jedoch das Beteiligungsrecht des BR gemäß § 111 und § 112 I–III ungeschmälert, so dass bei einem Verstoß hiergegen Nachteilsausgleichsansprüche der ArbN gemäß § 113 III entstehen können, obwohl ein MitbestR im Hinblick auf den Sozialplan nicht besteht (BAG v. 8.11.1988 – 1 AZR 687/87, AP Nr. 18 zu § 113 BetrVG 1972). | 3 Zu diesen Regelungen ausf. *Hohenstatt*, NZA 1998, 846 ff. | 4 BAG v. 22.5.1979 – 1 ABR 17/77, AP Nr. 4 zu § 111 BetrVG 1972; v. 20.4.1982 – 1 ABR 3/80, AP Nr. 15 zu § 112 BetrVG 1972; DKK/*Däubler*, § 111 BetrVG Rz. 4; Richardi/*Annuß*, § 111 BetrVG Rz. 16.

„Kapitalinteresse", sondern auch im Interesse der Wettbewerbsfähigkeit der Unternehmen und der Sicherung der Arbeitsplätze liegt, wenn im Hinblick auf die Durchführung von Betriebsänderungen eine gewisse **Planungssicherheit** besteht und sichergestellt ist, dass vom Unternehmer als notwendig erkannte Maßnahmen **zeitnah** durchgeführt werden können. Eine das Verfahren begrenzende **Fristenregelung** wäre im Zusammenspiel mit den Sanktionsmöglichkeiten des § 113 geeignet und erforderlich, um diesem volkswirtschaftl. erwünschten Ziel näher zu kommen. Stattdessen erweist sich das Interessenausgleichsverfahren zunehmend als schädliches „Trostpflaster" für die schon aus verfassungsrechtl. Gründen notwendige Beschränkung der Mitwirkungsmöglichkeiten in wirtschaftl. Angelegenheiten.

II. Anwendungsvoraussetzungen. 1. Bestehen eines Betriebsrats. Die Beteiligungsrechte gem. §§ 111, 9
112 bestehen nur, wenn in dem Zeitpunkt, in dem sich der ArbGeb zur Durchführung einer Betriebsänderung entschließt, ein BR besteht (anders bei originärer Zuständigkeit des GBR oder KBR; vgl. § 111 Rz. 75). In **betriebsratslosen Betrieben** können demnach umfangreiche und einschneidende Betriebsänderungen durchgeführt werden, ohne dass der ArbGeb kollektivrechtlich im Hinblick auf das Ob der Maßnahme und im Hinblick auf die wirtschaftl. Folgen gebunden wäre[1]. Wird ein **BR** erst nach dem Beschluss des ArbGeb über die Durchführung einer Betriebsänderung **gewählt**, kann er nicht mehr Beratungen über einen Interessenausgleich und den Abschluss eines Sozialplans verlangen[2]. Der ArbGeb ist nicht verpflichtet, mit der Durchführung einer Betriebsänderung so lange zu warten, bis im Betrieb ein funktionsfähiger BR vorhanden ist, selbst dann nicht, wenn mit der Wahl eines BR zu rechnen bzw. die Zeit bis zu dessen Konstituierung absehbar ist[3]. Teilweise wird in der Lit. darauf abgestellt, ob jedenfalls zum Zeitpunkt der *Umsetzung* der Betriebsänderung ein ordnungsgem. gewählter BR besteht. Sei dies der Fall, könne dieser sowohl im Hinblick auf den Interessenausgleich als auch auf den Sozialplan noch ordnungsgem. beteiligt werden[4]. Der Leitsatz der BAG-Entscheidung vom 28.10.1992[5] („... und mit der Stilllegung begonnen hat ...") könnte in diesem Sinne verstanden werden. Der Zehnte Senat hat jedoch in derselben Entscheidung klargestellt, dass es allein darauf ankomme, ob zum **Zeitpunkt der Entscheidung des ArbGeb** ein BR bestehe. Führt der Insolvenzverwalter eine Betriebsänderung durch, entfallen die Verpflichtungen gem. §§ 111, 112 nicht allein deshalb, weil zum Zeitpunkt der Eröffnung des Insolvenzverfahrens noch kein BR bestand[6].

Ausnahmsw. kann für die Beteiligungsrechte bei Betriebsänderungen der GBR bzw. der KBR zustän- 10
dig sein (vgl. Rz. 72 ff.).

Erlischt das BR-Amt mit dem Ablauf der Amtszeit (§ 21 S. 3) oder auf Grund Verlustes der Betriebs- 11
identität (vgl. § 21a Rz. 4), enden die Beteiligungsrechte. Bei der Spaltung oder beim Zusammenschluss von Betrieben entsteht allerdings ein **Übergangsmandat (§ 21a)**, das die weitere Ausübung der Beteiligungsrechte gem. §§ 111, 112 beinhaltet. Im Übrigen kann ein **Restmandat** gem. **§ 21b** entstehen, das die Mitwirkungsrechte des durch Stilllegung, Spaltung oder Zusammenlegung untergegangenen BR im Hinblick auf seinen bisherigen Zuständigkeitsbereich betrifft (vgl. § 21a Rz. 4 ff. sowie § 21b Rz. 1 ff.).

2. Unternehmensgröße. Die Beteiligungsrechte gem. §§ 111, 112 bestehen nur in **Unternehmen** mit 12
mehr als 20 regelmäßig beschäftigten wahlberechtigten ArbN. Bis zum BetrVerf-Reformgesetz stellte § 111 S. 1 BetrVG hingegen auf die im jeweiligen *Betrieb* vorhandene Zahl von ArbN ab. Dies hatte zur Folge, dass Betriebsänderungen in kleineren Betrieben beteiligungsfrei durchgeführt werden konnten, selbst wenn diese zu weitaus größeren Unternehmen gehörten, was weithin als Verstoß gegen Art. 3 I GG angesehen wurde[7]. Das BAG hat 1999 infolge der Entscheidung des BVerfG zum Schwellenwert in § 23 KSchG[8] entschieden, die Anwendung des Schwellenwertes in § 111 „betriebsübergreifend entsprechend der repräsentierten Belegschaft" vorzunehmen, soweit bei einer betriebsübergreifenden Regelung der GesamtBR für die Ausübung des MitbestR zuständig war[9]. Nunmehr stellt das Gesetz einheitlich für alle Betriebsänderungen auf einen unternehmensbezogenen Schwellenwert ab.

---

1 ErfK/*Kania*, § 111 BetrVG Rz. 6; *Fitting*, § 111 BetrVG Rz. 33. |2 BAG v. 20.4.1982 – 1 ABR 3/80, AP Nr. 15 zu § 112 BetrVG 1972; v. 28.10.1992 – 10 ABR 75/91, AP Nr. 63 zu § 112 BetrVG 1972; *Schweibert* in Willemsen/Hohenstatt/Schweibert/Seibt, Rz. C 15 f.; HSWG/*Hess*, § 111 BetrVG Rz. 2; ErfK/*Kania*, § 111 BetrVG Rz. 6.; aA LAG Köln v. 5.3.2007 – 2 TaBV 10/07. |3 BAG v. 28.10.1992 – 10 ABR 75/91, AP Nr. 63 zu § 112 BetrVG 1972; Richardi/*Annuß*, § 111 BetrVG Rz. 27; ErfK/*Kania*, § 111 BetrVG Rz. 6; aA DKK/*Däubler*, § 111 BetrVG Rz. 125, wonach volle Mitwirkungsrechte bestehen, wenn Bekanntmachung des Wahlausschreibens vor Umsetzung der Betriebsänderung erfolgt; ebenso *Kraushaar*, AiB 1994, 289, 293; vgl. auch LAG Saarl. v. 14.5.2003 – 2 TaBV 7/03, NZA-RR 2003, 639. |4 *Bauer*, DB 1994, 217, 217; *Fuchs*, Der Sozialplan nach dem BetrVG 1972, 1977, S. 25, der das unmittelbare Einleiten einer BR-Wahl durch die ArbN nach Bekanntgabe der Änderungspläne für die Beteiligung des in der Folgezeit gewählten BR ausreichen lässt. |5 BAG v. 28.10.1992 – 10 ABR 75/91, AP Nr. 63 zu § 112 BetrVG 1972. |6 BAG v. 18.11.2003 – 1 AZR 30/03, NZA 2004, 161. |7 Offen gelassen BAG v. 17.10.1989 – 1 ABR 80/88, AP Nr. 29 zu § 111 BetrVG 1972; Verfassungswidrigkeit bejahend LAG Bremen 31.10.1986 – 4 Sa 75/86, LAGE § 111 BetrVG 1972 Nr. 5; DKK/*Däubler*, 7. Aufl. 2000, § 111 BetrVG Rz. 29; MünchArbR/*Matthes*, § 360 Rz. 7; *Richardi*, 7. Aufl. 1998, § 111 BetrVG Rz. 17 f. |8 BVerfG v. 27.1.1998 – 1 BvL 15/87, AP Nr. 17 zu § 23 KSchG 1969. |9 BAG v. 8.6.1999 – 1 AZR 831/98, AP Nr. 47 zu § 111 BetrVG 1972 m. Anm. v. *Hess*.

13 „**In der Regel**" werden mehr als 20 **wahlberechtigte** ArbN beschäftigt, wenn das Unternehmen durch eine entsprechende Zahl von Arbeitsplätzen iS einer **regelmäßigen Größe** geprägt wird[1]. Auf die Größe des einzelnen Betriebes kommt es daher nur noch für die Frage an, ob die konkret zu beurteilende Maßnahme die Schwelle zur Betriebsänderung iSv. von S. 1 überschreitet (s. Rz. 28 ff.). **Teilzeit- und VollzeitArbN** zählen gleich, da die Berechnung nach Kopfzahlen erfolgt[2]. Das Bestehen eines Arbeitsvertrages ist nicht erforderlich; es muss sich nur materiellrechtlich um wahlberechtigte ArbN handeln[3]. Bei nur zeitweise beschäftigten Mitarbeitern kommt es darauf an, ob diese „normalerweise während des größten Teil des Jahres beschäftigt"[4] werden; nur bei Saison- und Kampagnebetrieben ist auf den Zeitpunkt der Saison bzw. Kampagne abzustellen.

14 Bei **schwankender Belegschaftsstärke** ist eine **wertende Gesamtwürdigung** unter Einbeziehung einer **Prognose** für die weitere Entwicklung erforderlich, wobei unbeachtet bleibt, dass sich die ArbN-Zahl durch die geplante Betriebsänderung reduziert[5]. Entscheidender Zeitpunkt ist der Abschluss der Planungen des ArbGeb, da hierdurch zugleich die Beteiligungsrechte des BR entstehen[6]. Wurde zuvor bereits ein Personalabbau durchgeführt, ist von der hierdurch reduzierten Belegschaftszahl auszugehen, sofern sich der Personalstand auf diesem Niveau stabilisiert hatte[7], sofern nicht ohnehin eine einheitliche – in mehreren Schritten durchgeführte – Maßnahme vorliegt[8]. **LeihArbN** iSv. von § 7 S. 2 (Einsatz länger als drei Monate) sind nur zu berücksichtigen, wenn die entsprechenden Arbeitsplätze prägend für die Größe des Unternehmens sind, was iS einer Prognose voraussetzt, dass diese Arbeitsplätze auch zukünftig entweder durch LeihArbN oder eigene Mitarbeiter besetzt werden[9].

15 Gem. **§ 325 II UmwG** kann durch TV oder BV die Fortgeltung der Beteiligungsrechte bei Betriebsänderungen vereinbart werden, wenn eine **Spaltung oder Teilübertragung** eines Rechtsträgers mit der Folge verbunden ist, dass die aus der Spaltung hervorgegangenen Betriebe nicht mehr die erforderliche ArbN-Zahl aufweisen. Dem Wortlaut nach gilt die Regelung nur für *betriebs*bezogene Schwellenwerte. Die durch den veränderten Bezugspunkt des Schwellenwerts in § 111 entstandene Gesetzeslücke ist jedoch durch eine analoge Anwendung von § 325 II 1 UmwG zu schließen[10]. § 325 II UmwG kann jedoch nicht auf Umstrukturierungsmaßnahmen außerhalb des Umwandlungsrechts ausgedehnt werden[11].

16 Streitig ist die Handhabung des Schwellenwerts bei **Gemeinschaftsbetrieben**. Hier kann insb. der Fall auftreten, dass der Gemeinschaftsbetrieb selbst mehr als zwanzig wahlberechtigte ArbN beschäftigt, die beiden **Trägerunternehmen** oder eines davon jedoch **unterhalb des Schwellenwerts** liegen. Angesichts des Gesetzeswortlauts kann nicht ohne weiteres der Gemeinschaftsbetrieb als Unternehmen iSv. § 111 S. 1 angesehen werden mit der Folge, dass die Beteiligungsrechte schon dann entstehen, wenn der gemeins. Betrieb mehr als 20 ArbN beschäftigt (vgl. zu der parallelen, aber nicht zwingend gleich zu entscheidenden Problematik beim Wirtschaftsausschuss § 106 Rz. 27)[12]. Dem steht entgegen, dass dem Reformgesetzgeber sowohl die Abgrenzung zwischen Betrieb und Unternehmen als auch die Figur des Gemeinschaftsbetriebs (s. § 1 nF) bekannt war, wie gerade die Änderung des Bezugspunktes des Schwellenwertes in § 111 deutlich zeigt[13]. Haben beide Trägerunternehmen weniger als 20 ArbN, scheidet daher eine Anwendung von §§ 111, 112 auf den Gemeinschaftsbetrieb aus. Verfügt eines der Trägerunternehmen über mehr als 20 ArbN, kommt allerdings nicht in Betracht, die Beteiligungsrechte des BR auf denjenigen Teil des Gemeinschaftsbetriebs zu beschränken, der dem entsprechenden Trägerunternehmen zugehört[14]. Die Einheitlichkeit des Betriebs und die regelmäßig gegebene Untrennbarkeit der Betriebsänderung sprechen gegen eine solche Lösung. Die Mitwirkungsrechte im Hinblick auf den Interessenausgleich bestehen uE vielmehr ohne Einschränkung, soweit eines der Trägerunternehmen mehr als 20 ArbN beschäftigt[15]. Ein Sozialplan kann hingegen nur für die ArbN desjenigen Trägerunternеh-

1 Richardi/*Annuß*, § 111 BetrVG Rz. 24; *Stege/Weinspach/Schiefer*, §§ 111–113 BetrVG Rz. 9; DKK/*Däubler*, § 111 BetrVG Rz. 26; GK-BetrVG/*Fabricius/Oetker*, § 111 Rz. 18; *Etzel*, Betriebsverfassungsrecht, Rz. 970; *Fitting*, § 111 BetrVG Rz. 27; die beiden Letzteren stellen dabei versehentlich noch auf den Betrieb als Bezugsgröße ab. | 2 GK-BetrVG/*Fabricius/Oetker*, § 111 Rz. 16. | 3 Richardi/*Annuß*, § 111 BetrVG Rz. 23. | 4 BAG v. 16.11.2004 – 1 AZR 642/03, ZIP 2005, 500; v. 24.2.2005 – 2 AZR 207/04, ZIP 2005, 1330. | 5 BAG v. 9.5.1995 – 1 ABR 51/94, AP Nr. 33 zu § 111 BetrVG 1972; v. 10.12.1996 – 1 ABR 43/96, AP Nr. 37 zu § 111 BetrVG 1972. | 6 BAG v. 9.5.1995 – 1 ABR 51/94, AP Nr. 33 zu § 111 BetrVG 1972; v. 16.11.2004 – 1 AZR 642/03, ZIP 2005, 500; vgl. GK-BetrVG/*Fabricius/Oetker*, § 111 Rz. 20. | 7 BAG v. 16.11.2004 – 1 AZR 642/03, ZIP 2005, 500; v. 24.2.2005 – 2 AZR 207/04, ZIP 2005, 1330; *Etzel*, Betriebsverfassungsrecht, Rz. 970; aA DKK/*Däubler*, § 111 BetrVG Rz. 26. | 8 Richardi/*Annuß*, § 111 BetrVG Rz. 24. | 9 Weiter gehend im Sinne einer grundsätzlichen Berücksichtigung von LeihArbN nach 3 Monaten *Fitting*, § 111 BetrVG Rz. 25; DKK/*Däubler*, § 111 BetrVG Rz. 25; GK-BetrVG/*Fabricius/Oetker*, § 111 Rz. 17. | 10 Richardi/*Annuß*, § 111 BetrVG Rz. 25; offenbar auch GK-BetrVG/*Fabricius/Oetker*, § 111 Rz. 21. | 11 Richardi/*Annuß*, § 111 BetrVG Rz. 25; wohl auch Lutter/*Joost*, § 325 UmwG Rz. 38; Kallmeyer/*Willemsen*, § 325 UmwG Rz. 10. | 12 So aber LAG Berlin v. 23.1.2003 – 18 TaBV 2141/02, NZA-RR 2003, 477; DKK/*Däubler*, § 111 BetrVG Rz. 24a unter Hinweis auf die Entscheidung des BAG zur Bildung eines Wirtschaftsausschusses – BAG v. 1.8.1990 – 7 ABR 91/88, AP Nr. 8 zu § 106 BetrVG 1972; ähnlich *Schweibert* in Willemsen/Hohenstatt/Schweibert/Seibt, Rz. C 11, soweit die Trägerunternehmen eine GbR bilden. | 13 *Annuß*, NZA Sonderheft 2001, 12, 21; im Ergebnis so auch *Löwisch/Kaiser*, § 111 BetrVG Rz. 4; ErfK/*Kania*, § 111 BetrVG Rz. 5. | 14 So aber *Löwisch*, BB 2001, 1790, 1797; *Annuß*, NZA Sonderheft 2001, 12, 21; Richardi/*Annuß*, § 111 BetrVG Rz. 26; ErfK/*Kania*, § 111 BetrVG Rz. 5; hiergegen *Hanau*, ZIP 2001, 1981, 1985 f. | 15 *Fitting*, § 111 BetrVG Rz. 23.

mens abgeschlossen werden, das den Schwellenwert überschreitet. Ansonsten würde der vom Gesetzgeber intendierte Schutz kleiner Unternehmen vor den Belastungen des Sozialplans leer laufen[1].

3. Sonderregelungen für Tendenzunternehmen. Die §§ 111 ff. finden auf Tendenzunternehmen nur eingeschränkt Anwendung (§ 118 I 2). Der Versuch eines Interessenausgleichs ist nicht erforderlich. Der Sozialplan ist jedoch auch in Tendenzunternehmen erzwingbar (s. § 118 Rz. 26 ff.). 17

4. Sonderregelungen in der Insolvenz. Die Beteiligungsrechte gem. § 111 bestehen auch in der Insolvenz. Die Tatsache, dass in der Insolvenz häufig eine Zwangslage zur Durchführung von Sanierungs- oder Schließungsmaßnahmen besteht, ändert nichts am Vorliegen einer „geplanten" Betriebsänderung[2]. Allerdings sehen die **§§ 121 ff. InsO** wesentliche Besonderheiten für das Beteiligungsverfahren und für den Inhalt von Interessenausgleich und Sozialplan vor (s. die Komm. zu §§ 121 ff. InsO). Die **Stellung des Insolvenzantrages** stellt keine Betriebsänderung dar[3], da durch diese Maßnahme unmittelbar keine betrieblich wirksamen Maßnahmen eingeleitet werden. Mit Sinn und Zweck des Insolvenzverfahrens wäre auch jede zeitliche Verzögerung, die mit einer vorherigen Beteiligung des BR verbunden wäre, nicht zu vereinbaren. 18

III. Vorliegen einer Betriebsänderung. 1. Grundsätzliches. Der BR ist im Hinblick auf „geplante Betriebsänderungen, die wesentliche Nachteile für die Belegschaft oder erhebliche Teile der Belegschaft zur Folge haben können" zu beteiligen. Das Gesetz stellt mithin auf die Veränderungen bezogen auf den *Betrieb* ab, wobei S. 3 einen Katalog der Maßnahmen enthält, die als Betriebsänderung iSd. S. 1 anzusehen sind. 19

Bereits § 72 BetrVG 1952 enthielt **katalogmäßig umschriebene Maßnahmen**, an die das Mitwirkungsrecht geknüpft war, woran das BetrVG 1972 entgegen dem Regierungsentwurf festhielt[4]. Die Aufzählung in S. 3 ist erschöpfend[5]. Hierfür spricht, dass in § 111 S. 3 nicht von Maßnahmen die Rede ist, die *insbesondere* als Betriebsänderungen gelten. Der Gesichtspunkt der Rechtssicherheit spricht ebenfalls dafür, das Gesetz in dieser Weise zu verstehen. Die Gegenauffassung betrachtet S. 1 hingegen als Generalklausel und S. 3 lediglich als beispielhafte Aufzählung[6]. Diese Auffassung würde allerdings dazu führen, dass es für das Vorliegen einer Betriebsänderung letztlich nur auf das Vorliegen wesentlicher Nachteile gem. S. 1 ankäme und der Begriff jede Kontur verlöre, was im Hinblick auf die vom Gesetzgeber angestrebte Rechtssicherheit und angesichts der Entstehungsgeschichte (vgl. § 72 BetrVG 1952) ausgeschlossen erscheint. 20

2. Wesentliche Nachteile für (erhebliche Teile der) Belegschaft. S. 1 bestimmt, dass beteiligungspflichtige Betriebsänderungen nur vorliegen, wenn sie mit wesentlichen Nachteilen für die Belegschaft oder für erhebliche Teile der Belegschaft verbunden sein können. Indem der Gesetzgeber jedoch in S. 3 die Formen der Betriebsänderung erschöpfend katalogisiert hat (vgl. Rz. 20), ist für diese Fälle stets davon auszugehen, dass sie diese Anforderung erfüllen[7]. Jede andere Auffassung würde die mit dem Katalog gem. S. 3 angestrebte Rechtssicherheit beseitigen. Für die in S. 3 aufgeführten Fälle gilt demnach eine **unwiderlegliche Vermutung** dafür, dass die dort genannten Betriebsänderungen wesentliche Nachteile für die Belegschaft oder erhebliche Teile der Belegschaft mit sich bringen[8]. Der Relativsatz in § 111 S. 1 ist dennoch nicht ohne Bedeutung. Er ist vielmehr für die **Auslegung** der in S. 3 geregelten Betriebsänderungen heranzuziehen, um in Zweifelsfällen zu bestimmen, ob die konkret beabsichtigte Maßnahme unter den Katalog der beteiligungspflichtigen Betriebsänderungen fällt[9]. Relevant wird 21

---

1 *Fitting*, § 111 BetrVG Rz. 23. | 2 BAG (Großer Senat) v. 13.12.1978 – GS 1/77, AP Nr. 6 zu § 112 BetrVG 1972; BAG v. 22.7.2003 – 1 AZR 541/02, AP Nr. 42 zu § 113 BetrVG 1972; *Fitting*, § 111 BetrVG Rz. 38. | 3 *Fitting*, § 111 BetrVG Rz. 39; MünchArbR/*Matthes*, § 363 Rz. 2; nunmehr auch GK-BetrVG/*Fabricius/Oetker*, § 111 Rz. 27. | 4 Vgl. BAG v. 22.5.1979 – 1 ABR 17/77, AP Nr. 4 zu § 111 BetrVG 1972; v. 22.5.1979 – 1 AZR 848/76, AP Nr. 3 zu § 111 BetrVG 1972. | 5 LAG Düsseldorf v. 29.3.1978 – 2 Sa 701/77, DB 1979, 114; GL/*Löwisch*, § 111 Rz. 19; HSWG/*Hess*, § 111 BetrVG Rz. 16; *Stege/Weinspach/Schiefer*, §§ 111–113 BetrVG Rz. 27; *Matthes*, DB 1972, 286, 286; *Bauer*, DB 1994, 217 (218); *Hanau*, ZfA 1974, 89 (93); *Schweibert* in Willemsen/Hohenstatt/Schweibert/Seibt, Rz. C 20; offen gelassen BAG v. 17.2.1981 – 1 ABR 101/78, AP Nr. 9 zu § 111 BetrVG 1972; v. 17.8.1982 – 1 ABR 40/80, AP Nr. 11 zu § 111 BetrVG 1972; v. 6.12.1988 – 1 ABR 47/87, AP Nr. 26 zu § 111 BetrVG 1972. | 6 Vgl. für viele LAG BW v. 16.6.1987 – 8 (14) TaBV 21/86, LAGE § 111 BetrVG 1972 Nr. 6; GK-BetrVG/*Fabricius/Oetker*, § 111 Rz. 43 f.; *Fitting*, § 111 BetrVG Rz. 44, gehen von einer nicht erschöpfenden Aufzählung aus, die aber alle praktisch wichtigen Fälle enthalte; DKK/*Däubler*, § 111 BetrVG Rz. 33, 33a; *Zöllner/Loritz*, Arbeitsrecht, § 49 II 1d; *von Hoyningen-Huene*, Betriebsverfassungsrecht, § 15 II 1; *Engels*, DB 1979, 2227, 2227 ff.; zu den (wenigen) Fällen, in denen sich dieser Meinungsstreit auswirken könnte, siehe DKK/*Däubler*, § 111 BetrVG Rz. 89 ff. | 7 BAG v. 17.8.1982 – 1 ABR 40/80, AP Nr. 11 zu § 111 BetrVG 1972; v. 26.10.1982 – 1 ABR 11/81, AP Nr. 10 zu § 111 BetrVG 1972; v. 16.6.1987 – 1 ABR 41/85, AP Nr. 19 zu § 111 BetrVG 1972; v. 7.8.1990 – 1 AZR 445/89, AP Nr. 34 zu § 111 BetrVG 1972; GK-BetrVG/*Fabricius/Oetker*, § 111 Rz. 41 ff.; *Fitting*, § 111 BetrVG Rz. 42; DKK/*Däubler*, § 111 BetrVG Rz. 32; aA im Sinne einer widerleglichen Vermutung HSWG/*Hess*, § 111 BetrVG Rz. 18. | 8 GK-BetrVG/*Fabricius/Oetker*, § 111 Rz. 45; HSWG/*Hess*, § 111 BetrVG Rz. 18; in diesem Zusammenhang ist auch von einer gesetzlichen „Fiktion" die Rede, BAG v. 17.8.1982 – 1 ABR 40/80, AP Nr. 11 zu § 111 BetrVG 1972; ErfK/*Kania*, § 111 BetrVG Rz. 7; *Etzel*, Betriebsverfassungsrecht, Rz. 973; ähnlich *Fitting*, § 111 BetrVG Rz. 43 f.; Richardi/*Annuß*, § 111 BetrVG Rz. 46. | 9 BAG v. 22.5.1979 – 1 ABR 17/77, AP Nr. 4 zu § 111 BetrVG 1972; v. 17.8.1982 – 1 ABR 40/80, AP Nr. 11 zu § 111 BetrVG 1972; Richardi/*Annuß*, § 111 BetrVG Rz. 47; GK-BetrVG/*Fabricius/Oetker*, § 111 Rz. 43.

dies insb. bei der Anwendung der Begriffe „wesentlich" (S. 3 Nrn. 1 und 2) bzw. „grundlegend" in Nrn. 4 und 5[1].

22 **3. Die einzelnen Fälle der Betriebsänderung. a) Einschränkung und Stilllegung des ganzen Betriebs oder von wesentlichen Betriebsteilen (S. 3 Nr. 1).** S. 3 Nr. 1 umfasst bei genauer Betrachtung vier unterschiedliche Fälle: Die Stilllegung des gesamten Betriebs, die Einschränkung des gesamten Betriebs, die Stilllegung eines wesentlichen Betriebsteils und die Einschränkung eines wesentlichen Betriebsteils. Bei abteilungsübergreifenden Abbaumaßnahmen können sich die Tatbestände der Einschränkung des ganzen Betriebs und der Einschränkung wesentlicher Betriebsteile überschneiden.

23 Unter der **Stilllegung des Betriebs** wird die Aufgabe des Betriebszwecks unter Auflösung der Betriebsorganisation verstanden; hierfür ist ein ernsthafter und endgültiger Willensentschluss des Unternehmers erforderlich[2]. Entscheidend ist nicht die Produktionseinstellung. Hinzukommen muss vielmehr die Auflösung der dem Betriebszweck dienenden konkreten Organisation[3]. Hiervon zu unterscheiden ist die bloße Ruhepause bzw. Betriebsunterbrechung für eine wirtschaftl. nicht erhebliche Zeitspanne[4]. Auch die Freistellung der ArbN von der Arbeitspflicht stellt noch keinen Beginn einer Betriebsstilllegung dar[5]. Die Weiterbeschäftigung weniger ArbN mit **Abwicklungsarbeiten** steht jedoch der Annahme einer Betriebsstilllegung nicht entgegen[6]. Eine Einstellung der betrieblichen Tätigkeit infolge einer von vornherein zeitlich begrenzten Arbeitsaufgabe (zB zeitweilige Baustelle, gastronomischer Betrieb auf Messen/Volkfesten; Auffanggesellschaften) stellt keine Betriebsänderung dar[7]. Die **Veräußerung oder Verpachtung eines Betriebes** stellt keine Betriebsstilllegung dar, da durch diese Maßnahmen die betriebliche Organisation nicht berührt wird[8].

24 Auch die **Stilllegung eines wesentlichen Betriebsteils** stellt eine Betriebsänderung gem. Nr. 1 dar. An den Begriff des Betriebsteils werden keine strengen Anforderungen gestellt, abweichend etwa von § 15 V KSchG, so dass kein abgeschlossener und relativ selbständig organisierter Bereich vorliegen muss[9]. Es ist lediglich erforderlich, dass der Betriebsteil Teilfunktionen des Betriebes erfüllt, die trotz der Eingliederung in die Gesamtorganisation dieser gegenüber räumlich oder organisatorisch abgrenzbar sind[10].

25 Ob ein **wesentlicher Betriebsteil** vorliegt, bestimmt sich primär nach quantitativen Kriterien[11], ausnahmsw. auch im Hinblick auf die Bedeutung des Betriebsteils für den Gesamtbetrieb (qualitative Betrachtung). Für die **quantitative Betrachtung** ist ausschlaggebend, ob in dem Betriebsteil ein erheblicher Teil der ArbN des Gesamtbetriebs beschäftigt ist. Hierfür zieht das BAG – ebenso wie bei dem Merkmal der Einschränkung des ganzen Betriebs (vgl. Rz. 28) – die **Schwellenwerte in § 17 I KSchG** als Maßstab heran[12]. Bei größeren Betrieben müssen aber mindestens 5 % der ArbN in dem betreffenden Betriebsteil beschäftigt sein[13] (siehe auch die Übersicht bei Rz. 29). Allerdings kann die Heranziehung der Schwellenwerte in § 17 I KSchG stets nur eine Richtschnur bilden, so dass geringfügige Abweichungen insb. dann nicht ins Gewicht fallen, wenn bei qualitativer Betrachtung die Annahme eines wesentlichen Betriebsteils nahe liegt[14]. Im Hinblick auf die **qualitative Betrachtung** soll es darauf ankommen, ob der Betriebsteil „wirtschaftl. gesehen für den Gesamtbetrieb von erheblicher Bedeutung ist"[15]. In der Praxis spielt dieses Merkmal keine wesentliche Rolle; es soll dann erfüllt sein, wenn die Schließung des Betriebsteils bedeutsame Auswirkungen auf andere Betriebsteile und andere ArbN mit sich bringt[16].

---

1 GK-BetrVG/*Fabricius/Oetker*, § 111 Rz. 43; Richardi/*Annuß*, § 111 BetrVG Rz. 48 ff. |2 BAG v. 17.9.1957 – 1 AZR 352/56, BB 1957, 1111; v. 12.2.1987 – 2 AZR 247/86, AP Nr. 67 zu § 613a BGB; v. 19.6.1991 – 2 AZR 127/91, AP Nr. 53 zu § 1 KSchG 1969 – Betriebsbedingte Kündigung; v. 27.6.1995 – 1 ABR 62/94, AP Nr. 7 zu § 4 BetrVG 1972. |3 BAG v. 3.7.1986 – 2 AZR 68/85, AP Nr. 53 zu § 613a BGB; v. 12.2.1987 – 2 AZR 247/86, AP Nr. 67 zu § 613a BGB; Richardi/*Annuß*, § 111 BetrVG Rz. 60; *Fitting*, § 111 BetrVG Rz. 65. |4 BAG v. 17.9.1957 – 1 AZR 352/56, BB 1957, 1111; v. 14.10.1982 – 2 AZR 568/80, AP Nr. 1 zu § 1 KSchG 1969 – Konzern; v. 27.9.1984 – 2 AZR 309/83, AP Nr. 39 zu § 613a BGB; v. 16.6.1987 – 1 AZR 528/85, AP Nr. 20 zu § 111 BetrVG 1972. |5 BAG v. 30.5.2006 – 1 AZR 25/05, NZA 2006, 1123 Rz. 21; v. 22.11.2005 – 1 AZR 407/04, NZA 2006, 736 Rz. 35; LAG Hamm v. 26.2.2007 – 10 TaBVGa 3/07. |6 BAG v. 23.4.1980 – 5 AZR 49/78, AP Nr. 8 zu § 15 KSchG 1969; v. 14.10.1982 – 2 AZR 568/80, AP Nr. 1 zu § 1 KSchG 1969 – Konzern; *Fitting*, § 111 BetrVG Rz. 66. |7 *Fitting*, § 111 BetrVG Nr. 66; Richardi/*Annuß*, § 111 BetrVG Rz. 63; GK-BetrVG/*Fabricius/Oetker*, § 111 Rz. 63; *Stege/Weinspach/Schiefer*, §§ 111–113 BetrVG Rz. 30. |8 BAG v. 28.4.1988 – 2 AZR 623/87, AP Nr. 74 zu § 613a BGB; v. 16.5.2002 – 8 AZR 319/01, AP Nr. 237 zu § 613a BGB; v. 26.4.2007 – 8 AZR 612/06, NZA 2007, 1319; *Fitting*, § 111 BetrVG Rz. 50; Richardi/*Annuß*, § 111 BetrVG Rz. 67; MünchArbR/*Matthes*, § 360 Rz. 21. |9 *Fitting*, § 111 BetrVG Rz. 69; Richardi/*Annuß*, § 111 BetrVG Rz. 82; GK-BetrVG/*Fabricius/Oetker*, § 111 Rz. 81. |10 BAG v. 6.12.1988 – 1 ABR 47/87, AP Nr. 26 zu § 111 BetrVG 1972; GK-BetrVG/*Fabricius/Oetker*, § 111 Rz. 80; Richardi/*Annuß*, § 111 BetrVG Rz. 82. |11 ErfK/*Kania*, § 111 BetrVG Rz. 9; *Schweibert* in Willemsen/Hohenstatt/Schweibert/Seibt, Rz. C 37. |12 BAG v. 21.10.1980 – 1 AZR 145/79, AP Nr. 8 zu § 111 BetrVG 1972; v. 2.8.1983 – 1 AZR 516/81, AP Nr. 12 zu § 111 BetrVG 1972; v. 6.12.1988 – 1 ABR 47/87, AP Nr. 26 zu § 111 BetrVG 1972; v. 7.8.1990 – 1 AZR 445/89, AP Nr. 34 zu § 111 BetrVG 1972. |13 Vgl. GK-BetrVG/*Fabricius/Oetker*, § 111 Rz. 83; *Fitting*, § 111 BetrVG Rz. 69. |14 BAG v. 7.8.1990 – 1 AZR 445/89, AP Nr. 34 zu § 111 BetrVG 1972; LAG Berlin v. 7.9.1995 – 10 TaBV 5/95, AP Nr. 36 zu § 111 BetrVG 1972; *Fitting*, § 111 BetrVG Rz. 70. |15 BAG v. 6.12.1988 – 1 ABR 47/87, AP Nr. 26 zu § 111 BetrVG 1972; v. 7.8.1990 – 1 AZR 445/89, AP Nr. 34 zu § 111 BetrVG 1972. |16 *Etzel*, Betriebsverfassungsrecht, Rz. 983.

Bislang sind allerdings nur Fälle bekannt, in denen das Vorliegen eines wesentlichen Betriebsteils allein auf Grund qualitativer Kriterien verneint worden ist[1].

Die **Ausgliederung** einzelner Betriebsteile ist nicht mit deren Stilllegung gleichzusetzen, da der mit dem Betriebsteil verfolgte arbeitstechnische Zweck nicht aufgegeben und die Teilorganisation nicht aufgelöst wird[2]. Allerdings kann die organisatorische Abtrennung eines Betriebsteils – unabhängig davon, ob sie mit einer rechtl. Verselbständigung einhergeht – mit der Spaltung eines Betriebs iSv. Nr. 3 einhergehen (vgl. Rz. 39 ff.). 26

Die **Einschränkung des ganzen Betriebs** kann mit einer **Verringerung der Betriebsmittel** einhergehen, ebenso jedoch in einem **reinen Personalabbau** bestehen[3]. Nicht unter Nr. 1 fallen hingegen Maßnahmen, die die Auslastung der Betriebsanlagen verringern, zB die Einschränkung der betrieblichen Arbeitszeit durch Wegfall von Schichten, Arbeitszeitverkürzung oder Kurzarbeit; diese Änderungen können aber nach § 87 mitbestimmungspflichtig sein[4]. 27

Da nicht bereits die Entlassung einzelner ArbN eine Betriebsänderung mit wesentlichen Nachteilen für die Belegschaft oder erhebliche Teile der Belegschaft darstellen kann (vgl. Relativsatz in § 111 S. 1), besteht weit gehende Einigkeit dahin gehend, dass nur wesentliche Personalabbaumaßnahmen eine Einschränkung des Betriebs iSv. § 111 S. 3 Nr. 1 darstellen. Nach gefestigter Rspr. werden hierfür die **Schwellenwerte in § 17 I KSchG** zugrunde gelegt, allerdings *ohne* die in § 17 I KSchG normierte Voraussetzung, dass der Personalabbau innerhalb von 30 Kalendertagen erfolgen muss[5]. Ein sich über längere Zeit hinziehender Personalabbau, wie er schon angesichts der unterschiedlichen Kündigungsfristen häufig zwangsläufig ist, ist daher als Betriebsänderung anzusehen, soweit die einzelnen Schritte auf einer **einheitlichen Planung** des ArbGeb beruhen[6]. Erfolgen Personalabbaumaßnahmen in mehreren Schritten, die zeitlich nur Wochen oder wenige Monate auseinanderliegen, spricht eine **tatsächliche Vermutung** für eine einheitliche unternehmerische Planung[7]. Sofern trotz zeitlicher Nähe unterschiedliche Maßnahmen vorliegen, die auf voneinander unabhängige unternehmerische Gestaltungsmaßnahmen zurückgehen, sollten die jeweiligen Entscheidungsprozesse besonders sorgfältig dokumentiert werden[8]. 28

Die **Schwellenwerte** dienen lediglich als „Richtschnur", so dass geringfügige Abweichungen nicht ins Gewicht fallen[9]. Im Hinblick auf Großbetriebe hat das BAG angenommen, dass eine Betriebseinschränkung erst bei der Entlassung von mindestens 5 % der Belegschaft anzunehmen ist[10]. Danach ergeben sich für die Einschränkung des ganzen Betriebs folgende Schwellenwerte: 29

Betriebsgröße	**Schwellenwert**
21–59 Arbeitnehmer	Mindestens 6 Arbeitnehmer
60–499 Arbeitnehmer	10 % oder mehr als 25 Arbeitnehmer
500–599 Arbeitnehmer	Mindestens 30 Arbeitnehmer
Betriebe ab 600 Arbeitnehmer	Mindestens 5 %

Unklar ist der Schwellenwert allerdings im Hinblick auf Betriebe, die nur 20 oder weniger ArbN beschäftigen, da jene bis zur BetrVG-Reform 2001 nicht unter den Anwendungsbereich von § 111 fielen, was sich durch den nunmehr *unternehmens*bezogenen Schwellenwert in § 111 I 1 geändert hat. Plausibel dürfte sein, in Anlehnung an den Schwellenwert bei Betrieben mit 21 ArbN eine Betriebsänderung im **Kleinbetrieb** dann anzunehmen, wenn **mindestens ein Drittel** der Mitarbeiter vom Personalabbau betroffen ist[11] (zu den Schwellenwerten bei betriebsübergreifenden Betriebsänderungen und Zuständigkeit des GBR s. Rz. 74). 30

Bei der **Berechnung** der Zahl der ausscheidenden ArbN sind nur die Fälle zu berücksichtigen, die im Zusammenhang mit der maßgeblichen Betriebsänderung stehen und vom ArbGeb veranlasst[12] sind. 31

1 Vgl. die Nachw. bei DKK/*Däubler*, § 111 BetrVG Rz. 44. | 2 Richardi/*Annuß*, § 111 BetrVG Rz. 88. | 3 BAG v. 22.5.1979 – 1 ABR 17/77, AP Nr. 4 zu § 111 BetrVG 1972; v. 6.12.1988 – 1 ABR 47/87, AP Nr. 26 zu § 111 BetrVG 1972; v. 10.12.1996 – 1 ABR 43/96, AP Nr. 37 zu § 111 BetrVG 1972; v. 31.5.2007 – 2 AZR 254/06, NZA 2007, 1307; DKK/*Däubler*, § 111 BetrVG Rz. 47; *Etzel*, Betriebsverfassungsrecht, Rz. 979 f.; GK-BetrVG/*Fabricius*/*Oetker*, § 111 Rz. 58 ff. | 4 LAG Nds. v. 2.11.2006 – 1 TaBV 83/06, NZA-RR 2007, 134; GK-BetrVG/*Fabricius*/*Oetker*, § 111 Rz. 63; Richardi/*Annuß*, § 111 BetrVG Rz. 69; unklar DKK/*Däubler*, § 111 BetrVG Rz. 41 f., der die „Abschaffung einer Schicht (...) ohne eine relevante Anzahl von Entlassungen" als Betriebsänderung ansehen will. | 5 BAG v. 22.5.1979 – 1 AZR 848/76, AP Nr. 3 zu § 111 BetrVG 1972; ErfK/*Kania*, § 111 BetrVG Rz. 8. | 6 Vgl. die umfangreichen Nachw. bei GK-BetrVG/*Fabricius*/*Oetker*, § 111 Rz. 74; instruktiv mit Praxisbeispielen *Schweibert* in Willemsen/Hohenstatt/Schweibert/Seibt, Rz. C 22 ff. | 7 BAG v. 28.3.2006 – 1 ABR 5/05, NZA 2006, 932 Rz. 19; *Röder*/*Baeck*, S. 46 f.; *Fitting*, § 111 BetrVG Rz. 76; ErfK/*Kania*, § 111 BetrVG Rz. 8. | 8 *Röder*/*Baeck*, S. 47. | 9 BAG v. 7.8.1990 – 1 AZR 445/89, AP Nr. 34 zu § 111 BetrVG 1972; LAG Berlin v. 7.9.1995 – 10 TaBV 5/95, AP Nr. 36 zu § 111 BetrVG 1972; DKK/*Däubler*, § 111 BetrVG Rz. 62; offen gelassen bei *Fitting*, § 111 BetrVG Rz. 76. | 10 BAG v. 6.12.1988 – 1 ABR 47/87, AP Nr. 26 zu § 111 BetrVG 1972; v. 2.8.1983 – 1 AZR 516/81, AP Nr. 12 zu § 111 BetrVG 1972. | 11 DKK/*Däubler*, § 111 BetrVG Rz. 45a; etwas abweichend *Bauer*, NZA Sonderheft 2001, 62; *Fitting*, § 111 BetrVG Rz. 75; ähnlich wie hier (30 %) Richardi/*Annuß*, § 111 BetrVG Rz. 74; *Lingemann*, NZA 2002, 934, 936 meint hingegen, dass wegen der unveränderten Fassung von § 17 I KSchG Betriebsänderungen nach wie vor nur in Betrieben mit mehr als 20 ArbN anzunehmen seien. | 12 Vgl. Richardi/*Annuß*, § 111 BetrVG Rz. 76; *Stege*/*Weinspach*/*Schiefer*, §§ 111–113 BetrVG Rz. 33a.

Hierzu gehören insb. **betriebsbedingte Kündigungen** durch den ArbGeb und **vom ArbGeb veranlasste Eigenkündigungen**. Eine Eigenkündigung ist vom ArbGeb veranlasst, wenn mit ihr einer ansonsten notwendig gewordenen ArbGebKündigung im Zuge der geplanten Betriebsänderung vorgegriffen wird[1]. Auch **Aufhebungsverträge** sind zu berücksichtigen[2], soweit sie im Zusammenhang mit der Betriebsänderung stehen (vgl. auch § 112a I 2[3]). Werden ArbN im Zuge der Betriebsänderung in **anderen Betrieben** des Unternehmens oder in anderen Konzernunternehmen **weiterbeschäftigt**, sind sie ebenfalls vom Personalabbau betroffen[4], nicht hingegen ArbN, die innerhalb des Betriebes versetzt werden[5]. Betriebsbedingte Kündigungen infolge eines **Widerspruchs von ArbN gegen den Übergang ihrer Arbeitsverhältnisse** auf einen anderen ArbGeb werden nach Auffassung des BAG mitgezählt[6], allerdings nur insoweit, als zusätzlich zu einem geplanten Betriebs(teil)übergang (der eine Betriebsänderung nach Nr. 3 oder/und Nr. 4 darstellen kann) eine Betriebseinschränkung gem. § 111 Nr. 1 in Rede steht[7]. Der **Sozialplan** kann ohne sachlichen Grund widersprechende ArbN allerdings **von Abfindungen ausnehmen**[8] (vgl. § 112 Rz. 37, 50). Ob **Änderungskündigungen** bei der Anwendung der Schwellenwerte gem. § 17 I KSchG mitzählen, hängt nach der hM davon ab, ob der betroffene ArbN die geänderten Arbeitsbedingungen mindestens unter Vorbehalt annimmt oder diese *ablehnt*; nur in letzterem Falle soll die Änderungskündigung im Hinblick auf die Schwellenwerte Berücksichtigung finden[9]. Die abweichende Auffassung, wonach sämtliche Änderungskündigungen mitzählen sollen[10], hat zwar für sich, dass Planungssicherheit besteht und von vornherein beurteilt werden kann, ob eine Betriebsänderung gegeben ist. Nach dieser Auffassung wäre jedoch jede Massenänderungskündigung mit dem Ziel einer – noch so geringfügigen – Änderung der Arbeitsbedingungen zugleich eine Betriebsänderung iSd. Stilllegung bzw. Einschränkung des Betriebs, was über den Sinn des Beteiligungsrechts hinausgehen würde.

32 Verringert sich infolge der Interessenausgleichsverhandlungen oder aus anderen Gründen die Zahl der von der Maßnahme betroffenen ArbN auf Größenordnungen unterhalb der Schwellenwerte, ändert dies zwar rückwirkend nichts mehr daran, dass wegen der ursprünglichen Planungen des ArbGeb der Versuch eines Interessenausgleichs zu unternehmen war[11]. Wenn allerdings nach dem **abgeschlossenen Interessenausgleich** feststeht, dass die **Schwellenwerte zum Vorliegen einer Betriebsänderung** bzw. für die Maßgeblichkeit eines Personalabbaus iSv. § 112a I **nicht erreicht** werden, kann ein **Sozialplan nicht mehr verlangt** werden[12]. Es wäre kontraproduktiv und vom Schutzzweck der gesetzl. Bestimmungen nicht umfasst, wenn ein Sozialplan erzwingbar wäre, obwohl der ArbGeb seine Planung im Interesse des Erhalts von Arbeitsplätzen so weit „abgeschwächt" hat, dass die Schwelle zur Betriebsänderung nicht mehr erreicht wird. Im Übrigen zeigt § 112a, dass nicht stets dann, wenn ein Interessenausgleich abgeschlossen wurde, auch ein Sozialplan erzwungen werden kann.

33 Auch die **Einschränkung eines wesentlichen Betriebsteils** (zum Begriff des wesentlichen Betriebsteils Rz. 25) fällt nach dem Wortlaut der Vorschrift unter Nr. 1. Es würde allerdings zu Wertungswidersprüchen führen, wenn in dieser Konstellation bei Anwendung der Schwellenwerte lediglich die Belegschaft des Betriebsteils ins Verhältnis mit der Zahl der betroffenen ArbN gesetzt würde. Für die Frage, ob eine beteiligungspflichtige Einschränkung eines wesentlichen Betriebsteils gegeben ist, kommt es daher ebenfalls auf das **Verhältnis der Gesamtbelegschaft zur Anzahl der von Nachteilen betroffenen ArbN** an[13].

34 **b) Verlegung des ganzen Betriebs oder von wesentlichen Betriebsteilen (S. 3 Nr. 2).** Unter Verlegung eines Betriebs bzw. eines wesentlichen Betriebsteils (zum Begriff Rz. 25) versteht man die Veränderung der **örtlichen Lage** der entsprechenden Einheit. Die **Abgrenzung von der Betriebsstilllegung** ist mitunter schwierig, da insb. die Verlegung über eine erhebliche Entfernung hinweg regelmäßig mit der Auflösung der alten Betriebsgemeinschaft und der betriebl. Organisation verbunden ist, womit die Voraussetzungen einer Betriebsstilllegung erfüllt sind. Entscheidend ist, ob der Großteil der Belegschaft die Tätigkeit in der neuen Betriebsstätte fortsetzt[14].

---

1 BAG v. 20.4.1994 – 10 AZR 323/93, AP Nr. 77 zu § 112 BetrVG 1972; v. 19.7.1995 – 10 AZR 885/94, AP Nr. 96 zu § 112 BetrVG 1972; Richardi/*Annuß*, § 111 BetrVG Rz. 76. | 2 BAG v. 4.7.1989 – 1 ABR 35/88, AP Nr. 27 zu § 111 BetrVG 1972; Richardi/*Annuß*, § 111 BetrVG Rz. 76; ErfK/*Kania*, § 111 BetrVG Rz. 9; *Röder/Baeck*, S. 47. | 3 Aus dieser Vorschrift ziehen *Stege/Weinspach/Schiefer*, §§ 111–113 BetrVG Rz. 33a, den Schluss, dass Aufhebungsverträge bei § 111 nicht zu berücksichtigen seien – ein nicht einleuchtender Umkehrschluss. | 4 DKK/*Däubler*, § 111 BetrVG Rz. 56; *Fitting*, § 111 BetrVG Rz. 78. | 5 LAG Nürnberg v. 6.12.2004 – 9 TaBV 9/04, NZA-RR 2005, 375. | 6 BAG v. 10.12.1996 – 1 AZR 290/96, AP Nr. 32 zu § 113 BetrVG 1972; wie BAG *Fitting*, § 111 BetrVG Rz. 78; Richardi/*Annuß*, § 111 BetrVG Rz. 137 f.; *Baeck/Diller*, NZA 1997, 689 (693 f.); *Matthes*, NZA 2000, 1073 (1075 f.); *Löwisch/Kaiser*, § 111 BetrVG Rz. 26; aA *Henssler*, NZA 1994, 913 (922); *Bauer*, DB 1994, 217 (220 f.). | 7 Vgl. LAG Bremen v. 21.10.2004 – 3 Sa 77/04, NZA-RR 2005, 140. | 8 Vgl. BAG v. 5.2.1997 – 10 AZR 553/96, AP Nr. 112 zu § 112 BetrVG 1972; v. 15.12.1998 – 1 AZR 332/98, AP Nr. 126 zu § 112 BetrVG 1972; Richardi/*Annuß*, § 112 BetrVG Rz. 104. | 9 *Fitting*, § 111 BetrVG Rz. 79; DKK/*Däubler*, § 111 BetrVG Rz. 56; MünchArbR/*Matthes*, § 360 Rz. 33. | 10 Richardi/*Annuß*, § 111 BetrVG Rz. 77; *Röder/Baeck*, S. 48. | 11 DKK/*Däubler*, § 111 BetrVG Rz. 63. | 12 *Röder/Baeck*, S. 12; aA ohne Begr. DKK/*Däubler*, § 111 BetrVG Rz. 63. | 13 Richardi/*Annuß*, § 111 BetrVG Rz. 86; MünchArbR/*Matthes*, § 360 Rz. 50 f. | 14 BAG v. 12.2.1987 – 2 AZR 247/86, AP Nr. 67 zu § 613a BGB; GK-BetrVG/*Fabricius/Oetker*, § 111 Rz. 97; *Fitting*, § 111 BetrVG Rz. 82; *Schweibert* in Willemsen/Hohenstatt/Schweibert/Seibt, Rz. C 31.

Es muss eine **nicht nur geringfügige räumliche Veränderung** erfolgen, da ansonsten die Schwelle zur Betriebsänderung nicht überschritten wird[1]. Ein Umzug in ein Nachbargebäude oder auf die gegenüberliegende Straßenseite reicht daher keinesfalls aus. Bei geringeren oder mittleren Entfernungen innerhalb einer Stadt kommt es entscheidend auf die **Verkehrsanbindung** bzw. die Anfahrtswege für die Belegschaft an; maßgeblich ist der Interpretationsmaßstab gem. § 111 I 1 (*wesentliche* Nachteile für die Belegschaft oder erhebliche Teile der Belegschaft). Die örtliche Verlegung eines wesentlichen Betriebsteils *innerhalb* des Betriebes kann keine Betriebsänderung darstellen[2]. 35

Eine Verlegung ins **Ausland** kann eine Betriebsänderung iSd. Nr. 2 darstellen, auch wenn das BetrVG nur in Deutschland Anwendung findet[3]. Ausschlaggebend ist, dass der Betrieb, auf den sich die Planungen des ArbGeb beziehen, sich (noch) im Geltungsbereich des Gesetzes befindet. 36

c) **Zusammenschluss mit anderen Betrieben oder die Spaltung von Betrieben (S. 3 Nr. 3).** Dieser Tatbestand bezieht sich – wie alle anderen in § 111 – auf die *betriebliche* Ebene und betrifft nicht die Unternehmensebene[4]. Der Zusammenschluss von Unternehmen oder die Spaltung von Unternehmen (§§ 2 ff., 123 ff. UmwG) stellen daher für sich genommen keine Betriebsänderungen gem. Nr. 3 dar[5]. Notwendig sind vielmehr Maßnahmen, die sich auf die betriebliche Organisation und auf die **Betriebsidentität**[6] auswirken. 37

Der **Zusammenschluss von Betrieben** bedeutet, dass zwei bislang getrennte organisatorische Einheiten dergestalt zusammengefügt werden, dass sie nunmehr einer **einheitlichen Leitung** unterstellt sind, insb. in personellen und sozialen Angelegenheiten. Diese von der Rspr. für den Gemeinschaftsbetrieb mehrerer Unternehmen (vgl. § 1 II) herausgearbeiteten Kriterien gelten ebenso für die Betriebsabgrenzung innerhalb ein und desselben Unternehmens[7]. Der Zusammenschluss von Betrieben kann so erfolgen, dass einer der Betriebe der aufnehmende Betrieb ist und demgemäß in seiner Betriebsidentität fortbesteht oder dass die Betriebe zu einem neuen Betrieb zusammengeschlossen werden, mit der Folge, dass der neue Betrieb mit keinem der bisherigen Betriebe identisch ist[8] (vgl. zu den Auswirkungen dieser unterschiedlichen Formen des Zusammenschlusses auf das BR-Amt § 21a Rz. 9 sowie auf das Schicksal bestehender BV § 77 Rz. 83, 69 ff.). Für die Beteiligungsrechte gem. §§ 111, 112 ist beim Zusammenschluss von Betrieben regelmäßig der **GBR** oder – falls die Betriebe verschiedenen Unternehmen desselben Konzern angehören – der **KBR** zuständig (vgl. Rz. 72 f.). 38

Die **Spaltung eines Betriebs** führt zum **Verlust der Betriebsidentität** (s. § 21a Rz. 5). Aus einer einheitlichen organisatorischen Einheit entstehen mehrere betriebl. Einheiten[9]. Erfasst werden sowohl Betriebsspaltungen innerhalb eines Unternehmens (Beispiel: Produktion und Verwaltung werden in unterschiedliche betriebliche Einheiten getrennt), als auch Konstellationen bei denen der „abgespaltene" Betriebsteil einem anderen Rechtsträger zugeordnet wird[10]. **Unerheblich** ist, ob die Betriebsspaltung mit einer **Spaltung des Rechtsträgers** (§§ 123 ff. UmwG) einhergeht oder ob die Übertragung von Betriebsteilen auf einen anderen Rechtsträger mittels **Übertragung von Betriebsmitteln (Asset Deal)** erfolgt; **entscheidend** ist die insofern identische **Auswirkung auf die Betriebsidentität**[11]. Im Fall der Unternehmensspaltung sind allerdings die arbeitsrechtl. Mindestangaben im Spaltungsvertrag (§ 126 I Nr. 11 UmwG) und die diesbezüglichen Informationsrechte des BR (§ 126 III UmwG) zu beachten[12]. 39

Auch die **Auflösung eines gemeins. Betriebs mehrerer ArbGeb** in dem Sinne, dass die gemeins. Organisation aufgehoben wird, beinhaltet eine Betriebsspaltung iSv. Nr. 3[13]. Umgekehrt kann trotz der Durchführung einer Unternehmensspaltung das Vorliegen einer Betriebsänderung iSv. Nr. 3 vermieden werden, wenn die beteiligten Rechtsträger (zunächst) einen Gemeinschaftsbetrieb mehrerer ArbGeb bilden. Diese Vorgehensweise kann sich zur „Entzerrung" der Unternehmensspaltung und der Durchführung der Betriebsänderung empfehlen[14]. Gem. § 1 II Nr. 2 wird ein gemeins. Betrieb mehrerer Unter- 40

---

1 BAG v. 17.8.1982 – 1 ABR 40/80, AP Nr. 11 zu § 111 BetrVG 1972; *Fitting*, § 111 BetrVG Rz. 81; Richardi/*Annuß*, § 111 BetrVG Rz. 92; GK-BetrVG/*Fabricius/Oetker*, § 111 Rz. 95. | 2 ErfK/*Kania*, § 111 BetrVG Rz. 12; aA DKK/Däubler, § 111 BetrVG Rz. 65; in solchen Fällen sind wesentliche Nachteile für die Belegschaft von der Dimension, wie sie § 111 voraussetzt, nicht erkennbar; aA GK-BetrVG/*Fabricius/Oetker*, § 111 Rz. 98. | 3 DKK/*Däubler*, § 111 BetrVG Rz. 69; aA Richardi/*Annuß*, § 111 BetrVG Rz. 95, der diesen Fall als Stilllegung betrachtet. | 4 *Fitting*, § 111 BetrVG Rz. 83; ausf. *Hohenstatt* in Willemsen/Hohenstatt/Schweibert/Seibt, Rz. D 2 ff. | 5 *Gaul*, Betriebs- und Unternehmensspaltung, § 28 Rz. 48. | 6 Vgl. zu diesem für das Betriebsverfassungsrecht zentralen Begriff ausf. *Hohenstatt* in Willemsen/Hohenstatt/Schweibert/Seibt, Rz. D 68 ff. | 7 *Hohenstatt* in Willemsen/Hohenstatt/Schweibert/Seibt, Rz. D 42 f. | 8 Ausf. *Hohenstatt* in Willemsen/Hohenstatt/Schweibert/Seibt, Rz. D 68 ff.; Richardi/*Annuß*, § 111 BetrVG Rz. 97; *Fitting*, § 111 BetrVG Rz. 84; GK-BetrVG/*Fabricius/Oetker*, § 111 Rz. 102. | 9 Vgl. ausf. *Hohenstatt* in Willemsen/Hohenstatt/Schweibert/Seibt, Rz. D 14 ff. | 10 BAG v. 10.12.1996 – 1 ABR 32/96, AP Nr. 110 zu § 112 BetrVG 1972; GK-BetrVG/*Fabricius/Oetker*, § 111 Rz. 104; *Fitting*, § 111 BetrVG Rz. 86; *Etzel*, Betriebsverfassungsrecht Rz. 989; *Gaul*, Betriebs- und Unternehmensspaltung, § 2 Rz. 5; § 28 Rz. 47. | 11 BAG v. 10.12.1996 – 1 ABR 32/96, AP Nr. 110 zu § 112 BetrVG 1972; GK-BetrVG/*Fabricius/Oetker*, § 111 Rz. 103; Richardi/*Annuß*, § 111 BetrVG Rz. 101. | 12 Vgl. hierzu ausf. *Kallmeyer/Willemsen*, § 126 UmwG Rz. 4 ff. und 68. | 13 Richardi/*Annuß*, § 111 BetrVG Rz. 101; *Hohenstatt* in Willemsen/Hohenstatt/Schweibert/Seibt, Rz. D 192; *Gaul*, Betriebs- und Unternehmensspaltung, § 28 Rz. 50. | 14 *Willemsen*, RdA 1998, 23 (30); *Rieble*, FS Wiese, 1998, S. 453 (464); *Hohenstatt* in Willemsen/Hohenstatt/Schweibert/Seibt, Rz. D 12 f. (17).

nehmen nach Durchführung einer Unternehmensspaltung vermutet, soweit sich die Organisation des betroffenen Betriebs nicht wesentlich geändert hat. Wird hingegen eine Betriebsspaltung durchgeführt, steht dem BR im Ursprungsbetrieb unter bestimmten Voraussetzungen ein **Übergangsmandat** im Hinblick auf die abgespaltene Einheit zu (vgl. § 21a).

41 Allein durch den **Abschluss oder die Vereinbarung von besonderen BR-Strukturen** iSv. § 3 kommt es nicht zu einer Betriebsänderung iSv. Nr. 3[1]. Werden also zB bislang betriebsverfassungsrechtlich eigenständige Einheiten durch einen unternehmenseinheitlichen BR (§ 3 I Nr. 1a) oder durch einen SpartenBR (§ 3 I Nr. 2) vertreten, stellt der Abschluss einer entsprechenden Vereinbarung keine Betriebsänderung dar. Wird indessen im Zuge der Entstehung solcher zusammengefassten Einheiten eine einheitliche Leitung in personellen und sozialen Angelegenheiten geschaffen, liegt in der späteren Veräußerung einzelner „Betriebe", die ansonsten keine Betriebsänderung darstellt (vgl. Rz. 53), eine Betriebsspaltung[2].

42 Streitig ist, ob **„Bagatellausgliederungen"**, also die Abspaltung zahlenmäßig nicht ins Gewicht fallender Betriebsteile, eine Betriebsänderung iSv. Nr. 3 darstellen können. Das BAG[3] hat dies offen gelassen, will aber jedenfalls die Schwellenwerte gem. § 17 KSchG nicht anwenden, da in Nr. 3 keine Einschränkung im Hinblick auf die Abspaltung „wesentlicher" Betriebsteile enthalten sei. Auch ein Erfordernis dahingehend, dass der abgespaltene Teil die Zahlengrenze des § 1 BetrVG überschreitet, lässt sich dem Gesetz nicht entnehmen[4]. Das ArbG Karlsruhe[5] nimmt eine qualitative Bewertung vor und hat festgestellt, dass die Abspaltung einer Cafeteria mit Kantinenfunktion unabhängig von der Anzahl der dort Beschäftigten wegen der Bedeutung der Einrichtung für die Belegschaft jedenfalls keine Bagatellausgliederung darstelle. Das LAG Bremen[6] hat entschieden, dass Nr. 3 anwendbar sei bei der Ausgliederung einer Cafeteria mit 8 Mitarbeitern bei einer Gesamtbelegschaft von 188. Es genüge die Abspaltung/Ausgliederung einer **„veräußerungsfähigen Einheit"**, wovon nur auszugehen sein wird, wenn eine „wirtschaftlich relevante Größenordnung und eine abgrenzbare, eigenständige Struktur"[7] gegeben sei. In der Lit. wird hingegen im Hinblick auf den Relativsatz in § 111 S. 1 teilweise vertreten, dass die Schwellenwerte gem. § 17 KSchG jedenfalls als Anhaltspunkt dienen müssten[8].

43 Nr. 3 erfasst nur Zusammenschlüsse und Spaltungen solcher Einheiten, die betriebsverfassungsrechtlich einen eigenständigen Betrieb darstellen, was sich aus dem Wortlaut der Vorschrift unzweifelhaft ergibt[9]. Der Zusammenschluss bzw. die Spaltung von Betriebsteilen fällt daher nicht unter Nr. 3, es sei denn, dass sie die Voraussetzungen von § 4 I erfüllen (räumlich weite Entfernung vom Hauptbetrieb oder Eigenständigkeit im Hinblick auf Aufgabenbereich und Organisation)[10]. Ein Zusammenschluss oder die Spaltung von Betriebsteilen können jedoch unter Nr. 4 fallen[11].

44 **d) Grundlegende Änderungen der Betriebsorganisation, des Betriebszwecks oder der Betriebsanlagen (S. 3 Nr. 4).** Nr. 4 umfasst lediglich grundlegende Änderungen, wobei der Tatbestand den Charakter einer beschränkten Generalklausel hat[12].

45 Unter der **Betriebsorganisation** versteht man den Betriebsaufbau, dh. die Organisation des Leitungsapparats und die organisatorische Untergliederung des Betriebes[13], sowie die Betriebsabläufe.

46 **Beispiele** für grundlegende Änderungen der Betriebsorganisation: Einführung einer Spartenorganisation oder eines Profitcenter-Systems, soweit diese Organisationsprinzipien grundlegend vom bisherigen Betriebsaufbau abweichen[14], Maßnahmen der Zentralisierung oder Dezentralisierung, soweit sie sich einschneidend auswirken[15], Wegfall einer Hierarchieebene (zB im Außendienst Wegfall der Regionalleiter, Schaffung direkter Berichtswege von Außendienstmitarbeitern zur zentralen Außendienstleitung)[16]; Entlassung aller Anzeigenberater in einem Presseunternehmen gegen Einstellung freier Handelsvertreter auf Provisionsbasis[17], Einführung von Gruppenarbeit in wesentlichen Teilen des Unternehmens[18].

---

1 DKK/*Trümner*, § 3 BetrVG Rz. 151; *Hohenstatt* in Willemsen/Hohenstatt/Schweibert/Seibt, Rz. D 192. | 2 *Hohenstatt* in Willemsen/Hohenstatt/Schweibert/Seibt, Rz. D 192; *Gaul*, Betriebs- und Unternehmensspaltung, § 28 Rz. 93. | 3 BAG v. 10.12.1996 – 1 ABR 32/96, AP Nr. 110 zu § 112 BetrVG 1972. | 4 Richardi/*Annuß*, § 111 BetrVG Rz. 102. | 5 ArbG Karlsruhe v. 22.7.2003 – 6 BVGa 2/03, NZA-RR 2004, 482. | 6 LAG Bremen v. 21.10.2004 – 3 Sa 77/04, AP Nr. 48 zu § 113 BetrVG 1972; so auch DKK/*Däubler*, § 111 BetrVG Rz. 77. | 7 LAG Bremen v. 21.10.2004 – 3 Sa 77/04, AP Nr. 48 zu § 113 BetrVG 1972; so auch BAG v. 10.12.1996 – 1 ABR 32/96, AP Nr. 110 zu § 112 BetrVG 1972. | 8 *Schweibert* in Willemsen/Hohenstatt/Schweibert/Seibt, Rn. C 61; *Stege/Weinspach*/Schiefer, §§ 111–113 BetrVG Rz. 52 f.; Moll/*Liebers*, § 53 Rz. 66; hiergegen Richardi/*Annuß*, § 111 BetrVG Rz. 102; DKK/*Däubler*, § 111 BetrVG Rz. 77; *Kleinebrink/Commandeur*, NZA 2007, 113, 117, stellen auf den Schwellenwert gem. § 1 ab. | 9 Richardi/*Annuß*, § 111 BetrVG Rz. 105; GK-BetrVG/*Fabricius/Oetker*, § 111 Rz. 107; jetzt auch *Fitting*, § 111 BetrVG Rz. 85. | 10 *Schweibert* in Willemsen/Hohenstatt/Schweibert/Seibt, Rz. C 55. *Gaul*, Betriebs- und Unternehmensspaltung, § 28 Rz. 51; DKK/*Däubler*, § 111 BetrVG Rz. 70. | 11 Richardi/*Annuß*, § 111 BetrVG Rz. 106; *Fitting*, § 111 BetrVG Rz. 85. | 12 Richardi/*Annuß*, § 111 BetrVG Rz. 107; DKK/*Däubler*, § 111 BetrVG Rz. 81. | 13 Richardi/*Annuß*, § 111 BetrVG Rz. 108; GK-BetrVG/*Fabricius/Oetker*, § 111 Rz. 109. | 14 Richardi/*Annuß*, § 111 BetrVG Rz. 109. | 15 *Fitting*, § 111 BetrVG Rz. 92. | 16 BAG v. 26.10.2004 – 1 AZR 493/03, ZIP 2005, 272. | 17 BAG v. 18.11.2003 – 1 AZR 637/02, AP Nr. 76 zu § 118 BetrVG 1972. | 18 DKK/*Däubler*, § 111 BetrVG Rz. 82; *Fitting*, § 111 BetrVG Rz. 92.

Die Organisationsänderung muss „grundlegend“ sein und damit **erhebliche Auswirkungen auf den Betriebsablauf** haben; es ist daher verfehlt, bestimmte Maßnahmen ohne Bewertung im Einzelfall als beteiligungspflichtige Organisationsänderung anzusehen (Beispiele: Einführung „flacher Hierarchien“, Vergabe von Leistungen an Dritte etc.[1]). Maßgeblich ist immer, ob derlei Veränderungen von ihrer Bedeutung für die Gesamtorganisation und für die Arbeitsabläufe ein hinreichendes Gewicht haben, um als Betriebsänderung angesehen werden zu können[2]. Maßnahmen zur Verbesserung der Unternehmenskommunikation sowie Einsatz moderner Technik im Vertrieb (Beispiele: Einrichtung eines Intranets, Umstellung auf E-Commerce) fallen nicht unter die Fälle der Änderungen der Betriebsorganisation, da sie den Leitungsapparat und die organisatorische Untergliederung des Betriebs sowie die Arbeitsabläufe nicht notwendigerweise wesentlich beeinflussen[3] (siehe aber möglicherweise Nr. 5). Auch die Freistellung der ArbN von der Arbeitspflicht und die Vergabe von Abwicklungsarbeiten an eine Leiharbeitsfirma durch den Insolvenzverwalter stellen keine Betriebsänderung iSv. S. 3 Nr. 4 dar[4]. 47

Unter dem **Betriebszweck** versteht man die verfolgte **arbeitstechnische Zwecksetzung**[5]. Denkbar ist das Hinzukommen eines weiteren Zwecks – also die Erweiterung der betriebl. Tätigkeiten – oder deren Einschränkung, also das Wegfallen eines arbeitstechnischen Zwecks. Beispiele: Einführung von Automatenspielen in einem klassischen Spielcasino[6]; Herstellung von Geländewagen oder Motorrädern an Stelle bzw. zusätzlich zur Produktion von Personenwagen[7]; Umstellung des eigenen Vertriebs auf künftig nur noch freie Handelsvertreter[8]. Die Änderungen müssen jedoch von grundlegender Bedeutung sein, so dass bloße Weiterentwicklungen des Produkt- bzw. Dienstleistungsportfolios in aller Regel nicht unter Nr. 4 fallen[9]. Für einen Schlachthof hat das BAG entschieden, dass die Umstellung des Schlachtprogramms keine grundlegende Änderung des Betriebszwecks darstelle[10]. 48

Betriebsanlagen sind diejenigen Einrichtungen, mittels derer der **Produktions- und Leistungsprozess** innerhalb des Betriebs erfolgt[11]. Beteiligungspflichtig ist nicht jede Änderung *von* Betriebsanlagen, sondern lediglich die grundlegende Änderung *der* Betriebsanlagen. Zwar muss die Änderung nicht die Gesamtheit der Produktionsmittel erfassen; die geänderten Betriebsmittel müssen jedoch im Verhältnis zu den Produktionsmitteln des gesamten Betriebs für das betriebliche Gesamtgeschehen von erheblicher Bedeutung sein[12]. Es ist daher missverständlich, wenn pauschal die Einführung neuer Maschinen, der Einsatz von Mikroprozessoren, Datensichtgeräten oder Bildschirmarbeitsplätzen als beteiligungspflichtige Maßnahme genannt werden[13]. Entscheidend ist stets, ob die Änderung für sich selbst hinreichend **substanziell** ist[14] und dass der Umfang der Maßnahme in Anbetracht der gesamten Betriebsgröße erhebliches Gewicht hat. 49

Für sämtliche Formen der Betriebsänderung gem. Nr. 4 ist erforderlich, dass die Änderung **„grundlegend“** ist. Dabei ist wiederum iS einer Interpretationshilfe von Bedeutung, dass durch § 111 nur Betriebsänderungen erfasst werden sollen, die **wesentliche Nachteile** für die Belegschaft oder erhebliche Teile der Belegschaft zur Folge haben können. Der Relativsatz in § 111 S. 1 dient hier als Interpretationsmaßstab für die Auslegung der unbestimmten Rechtsbegriffe in Nr. 4[15]. Dabei ist es nicht ausreichend, wenn von einer Maßnahme eine erhebliche Zahl von Mitarbeitern betroffen ist, wenn die Maßnahme selbst nicht von hinreichendem Gewicht ist (zB bei der Ersatzbeschaffung abgenutzter Maschinen)[16]. Soweit die Maßnahmen qualitativ jedoch unter Nr. 4 fallen können, kommt es im Hinblick auf die Frage, ob erhebliche Teile der Belegschaft betroffen sind, auf die Schwellenwerte gem. § 17 KSchG an[17]. 50

e) Einführung grundlegend neuer Arbeitsmethoden und Fertigungsverfahren (S. 3 Nr. 5). Dieser Tatbestand hat bislang kaum praktische Bedeutung erlangt, da sich inhaltlich erhebliche Überschneidungen mit Nr. 4 ergeben[18]. In Nr. 4 geht es im Wesentlichen um die technischen Arbeitsmittel, während bei Nr. 5 der **Einsatz der menschlichen Arbeitskraft** zur Erledigung bestimmter Aufgaben im Vordergrund steht[19]. Die hierfür genannten Beispiele betreffen jedoch immer auch grundlegende Organisationsände- 51

---

1 Moll/*Liebers*, § 53 Rz. 69. | 2 BAG v. 26.10.2004 – 1 AZR 493/03, ZIP 2005, 272. | 3 AA DKK/*Däubler*, § 111 BetrVG Rz. 82. | 4 LAG Hamm v. 26.2.2007 – 10 TaBVGa 3/07. | 5 BAG v. 17.12.1985 – 1 ABR 78/83, AP Nr. 15 zu § 111 BetrVG 1972; v. 16.6.1987 – 1 ABR 41/85, AP Nr. 19 zu § 111 BetrVG 1972. | 6 BAG v. 17.12.1985 – 1 ABR 78/83, AP Nr. 15 zu § 111 BetrVG 1972. | 7 Richardi/*Annuß*, § 111 BetrVG Rz. 111. | 8 *Fitting*, § 111 BetrVG Rz. 93. | 9 *Fitting*, § 111 BetrVG Rz. 93; Richardi/*Annuß*, § 111 BetrVG Rz. 111. | 10 BAG v. 28.4.1993 – 10 AZR 38/92, AP Nr. 32 zu § 111 BetrVG 1972. | 11 BAG v. 26.10.1982 – 1 ABR 11/81, AP Nr. 10 zu § 111 BetrVG 1972; Richardi/*Annuß*, § 111 BetrVG Rz. 114. | 12 BAG v. 26.10.1982 – 1 ABR 11/81, AP Nr. 10 zu § 111 BetrVG 1972; Richardi/*Annuß*, § 111 BetrVG Rz. 114; GK-BetrVG/*Fabricius/Oetker*, § 111 Rz. 116. | 13 Vgl. die ausf. Nachw. der Rspr. und Lit. bei GK-BetrVG/*Fabricius/Oetker*, § 111 Rz. 115; *Fitting*, § 111 BetrVG Rz. 94; DKK/*Däubler*, § 111 BetrVG Rz. 84. | 14 Was etwa nicht gegeben ist bei Änderungen der Software, zB Übergang von Windows 95 auf Windows 2000 oder Einsatz größerer Lkws mit anderen Bedienungsanforderungen; so aber DKK/*Däubler*, § 111 BetrVG Rz. 84. | 15 BAG v. 26.10.1982 – 1 ABR 11/81, AP Nr. 10 zu § 111 BetrVG 1972. | 16 Vgl. BAG v. 26.10.1982 – 1 ABR 11/81, AP Nr. 10 zu § 111 BetrVG 1972; v. 6.12.1983 – 1 AZR 43/81, AP Nr. 7 zu § 87 BetrVG 1972 – Überwachung; v. 28.4.1993 – 10 AZR 38/92, AP Nr. 32 zu § 111 BetrVG 1972. | 17 BAG v. 26.10.1982 – 1 ABR 11/81, AP Nr. 10 zu § 111 BetrVG 1972; v. 6.12.1983 – 1 ABR 43/81, AP Nr. 7 zu § 87 BetrVG 1972 – Überwachung. | 18 DKK/*Däubler*, § 111 BetrVG Rz. 89. | 19 DKK/*Däubler*, § 111 BetrVG Rz. 89; Richardi/*Annuß*, § 111 BetrVG Rz. 120; GK-BetrVG/*Fabricius/Oetker*, § 111 Rz. 123; *Rumpff/Boewer*, Mitbestimmung in wirtschaftlichen Angelegenheiten, H Rz. 146.

rungen oder den Einsatz neuer technischer Hilfsmittel: Einführung von Gruppenarbeit[1], erstmaliger oder vermehrter Übergang zur EDV-gestützten Arbeit[2], Drittbezug eines bislang selbst hergestellten Vorprodukts[3], Einführung von Qualitätsmanagement[4]. Nicht unter Nr. 5 fallen allerdings Änderungen im Hinblick auf das Arbeitszeitregime[5].

52 Unbestritten ist, dass die neuen Arbeitsmethoden und Fertigungsverfahren für den Betrieb neu sein müssen, während – im Unterschied zur früheren Gesetzesfassung (§ 77 I 2 lit. e BetrVG 1952) – unerheblich ist, ob die Methoden bzw. Verfahren dem technischen Fortschritt entsprechen oder ihm dienen. **Grundlegend neu** sind die Methoden und Verfahren, wenn sie über den kontinuierlichen Verbesserungsprozess der Fertigungsverfahren hinausgehen[6]. Zusätzlich ist für die Feststellung, ob es sich um eine grundlegende Änderung handelt, interpretatorisch der Relativsatz in S. 1 heranzuziehen (vgl. Rz. 21)[7]. Es kommt daher auch auf die Zahl der von ihrer Einführung betroffenen ArbN an[8].

53 **f) Exkurs: Betriebsinhaberwechsel und Betriebsänderung.** Es ist mittlerweile nahezu einhellige Auffassung, dass der bloße Betriebsinhaberwechsel keine Betriebsänderung darstellt und somit nicht der Mitbest. gem. §§ 111 ff. unterliegt[9]. Die Gegenauffassung[10] ist nicht mehr haltbar, da der Begriff Betriebsänderung erkennbar voraussetzt, dass sich konkrete Änderungen der betrieblichen Arbeitsorganisation bzw. Eingriffe in die Betriebsidentität ergeben, während der Wechsel des ArbGeb die Betriebsorganisation gerade unverändert lässt[11]. Die Arbeitsverhältnisse werden mit dem neuen Betriebsinhaber zu unveränderten Bedingungen fortgesetzt (§ 613a BGB), der BR bleibt im Amt (§ 21 Rz. 13) und die BV gelten kollektivrechtlich weiter (vgl. § 613a BGB Rz. 255 ff.)[12]. Dabei ist unerheblich, ob sich der Betriebsübergang im Zuge einer Betriebsveräußerung, einer Betriebsverpachtung[13], oder im Zuge der Aufspaltung in eine Besitz- und Produktionsgesellschaft[14] vollzieht. § 613a BGB findet bei Unternehmensumwandlungen über § 324 UmwG Anwendung; auch in diesen Fällen liegt keine Betriebsänderung vor, soweit sich ein Betriebsinhaberwechsel auf den gesamten Betrieb bezieht.

54 Indessen *kann* ein **Betriebsübergang mit einer Betriebsänderung verbunden** werden, zB wenn eine Betriebsveräußerung mit einem Personalabbau einhergeht; nur *insofern* ist der BR dann gem. §§ 111 ff. zu beteiligen[15]. In diesen Fällen kann fraglich sein, ob die Beteiligungsrechte gegenüber dem Veräußerer oder gegenüber dem neuen ArbGeb bestehen. Das Beteiligungsrecht gem. § 111 besteht gegenüber dem Unternehmer, der die Betriebsänderung plant[16]. Plant der Veräußerer eine Betriebsänderung, um den Betrieb nach deren Durchführung zu veräußern oder zu verpachten, besteht das Beteiligungsrecht ihm gegenüber, und zwar auch dann, wenn die Betriebsänderung bereits nach den Wünschen des zukünftigen ArbGeb erfolgt[17]. Erfolgt der Übergang des Betriebs während der Beteiligung nach § 111, übernimmt der neue ArbGeb das Verfahren zum jeweiligen Stand[18]. Führt indessen erst der Betriebserwerber Betriebsänderungen durch, treffen nur ihn die Beteiligungsrechte gem. § 111. In allen Fällen bedarf es für den Betriebsübergang selbst nicht des Versuchs eines Interessenausgleichs; die entsprechenden Verpflichtungen beziehen sich lediglich auf die reinen Betriebsänderungen. Der Betrieb kann daher auf den Erwerber übertragen werden, auch wenn die Beratungen über die Betriebsänderung noch nicht abgeschlossen sind.

55 Wird lediglich ein **Betriebsteil auf einen anderen Rechtsträger übertragen**, liegt eine Betriebsänderung nur dann vor, wenn sich hierdurch zugleich die Organisation des betroffenen Betriebs ändert, der neue Inhaber den ihm übertragenen Betriebsteil also selbst führt, was zugleich mit einer Spaltung des bisherigen Betriebs iSv. Nr. 3 verbunden ist (vgl. Rz. 39)[19]. Auch kann darin eine grundlegende Änderung der

---

1 Richardi/*Annuß*, § 111 BetrVG Rz. 120; DKK/*Däubler*, § 111 BetrVG Rz. 90. | 2 DKK/*Däubler*, § 111 BetrVG Rz. 90; *Etzel*, Betriebsverfassungsrecht Rz. 998; BAG v. 6.12.1983 – 1 ABR 43/81, AP Nr. 7 zu § 87 BetrVG 1972 – Überwachung. | 3 BAG v. 7.8.1990 – 1 AZR 445/89, AP Nr. 34 zu § 111 BetrVG 1972. | 4 DKK/*Däubler*, § 111 BetrVG Rz. 90. | 5 Richardi/*Annuß*, § 111 BetrVG Rz. 122; MünchArbR/*Matthes*, § 360 Rz. 71; GK-BetrVG/*Fabricius/Oetker*, § 111 Rz. 124; aA im Hinblick auf den Einsatz von Teilzeitkräften mit flexibler Arbeitszeit DKK/*Däubler*, § 111 BetrVG Rz. 90. | 6 Richardi/*Annuß*, § 111 BetrVG Rz. 123. | 7 BAG v. 6.12.1983 – 1 ABR 43/81, AP Nr. 7 zu § 87 BetrVG 1972 – Überwachung; Richardi/*Annuß*, § 111 BetrVG Rz. 123. | 8 S.a. BAG v. 7.8.1990 – 1 AZR 445/89, AP Nr. 34 zu § 111 BetrVG 1972 Bl. 3 f.; *Bauer*, DB 1994, 217 (220); Moll/*Liebers*, § 53 Rz. 78. | 9 BAG v. 4.12.1979 – 1 AZR 843/76, AP Nr. 6 zu § 111 BetrVG 1972; v. 21.10.1980 – 1 AZR 145/79, AP Nr. 8 zu § 111 BetrVG 1972; v. 17.3.1987 – 1 ABR 47/85, AP Nr. 18 zu § 111 BetrVG 1972; v. 10.12.1996 – 1 ABR 32/96, AP Nr. 110 zu § 112 BetrVG 1972; v. 25.1.2000 – 1 ABR 1/99, AP Nr. 137 zu § 112 BetrVG 1972; *Matthes*, NZA 2000, 1073, 1073; *Moll*, RdA 2003, 129 ff.; Richardi/*Annuß*, § 111 BetrVG Rz. 124; *Fitting*, § 111 BetrVG Rz. 50. | 10 DKK/*Däubler*, § 111 BetrVG Rz. 102 mwN. | 11 *Fitting*, § 111 BetrVG Rz. 50; Richardi/*Annuß*, § 111 BetrVG Rz. 124 f. | 12 Vgl. zum Schicksal des BR und der BV beim Betriebsübergang ausf. *Hohenstatt* in Willemsen/Hohenstatt/Schweibert/Seibt, Rz. D 1 ff. und Rz. E 1 ff. | 13 Vgl. BAG v. 15.11.1978 – 5 AZR 199/77, AP Nr. 14 zu § 613a BGB; v. 25.2.1981 – 5 AZR 991/78, AP Nr. 24 zu § 613a BGB; v. 26.2.1987 – 2 AZR 768/85, AP Nr. 59 zu § 613a BGB; Richardi/*Annuß*, § 111 BetrVG Rz. 126. | 14 BAG v. 17.2.1981 – 1 ABR 101/78, AP Nr. 9 zu § 111 BetrVG 1972. | 15 BAG v. 4.12.1979 – 1 AZR 843/76, AP Nr. 6 zu § 111 BetrVG 1972; v. 10.12.1996 – 1 ABR 32/96, AP Nr. 110 zu § 112 BetrVG 1972; *Fitting*, § 111 BetrVG Rz. 51; GK-BetrVG/*Fabricius/Oetker*, § 111 Rz. 104. | 16 Richardi/*Annuß*, § 111 BetrVG Rz. 129. | 17 *Schweibert* in Willemsen/Hohenstatt/Schweibert/Seibt, Rz. C 82; MünchArbR/*Matthes*, § 360 Rz. 59; Richardi/*Annuß*, § 111 BetrVG Rz. 130. | 18 Richardi/*Annuß*, § 111 BetrVG Rz. 130; DKK/*Däubler*, § 111 BetrVG Rz. 104. | 19 *Hohenstatt* in Willemsen/Hohenstatt/Schweibert/Seibt, Rz. D 15 ff.; Richardi/*Annuß*, § 111 BetrVG Rz. 133.

Betriebsorganisation iSv. Nr. 4 liegen[1]. Bleibt die Organisation des betreffenden Betriebs hingegen unverändert, wird gem. § 1 II Nr. 2 das Vorliegen eines gemeins. Betriebs der beteiligten Rechtsträger vermutet[2]. Die Beibehaltung eines Gemeinschaftsbetriebs kann sich daher dazu eignen, den Übergang eines Betriebsteils auf einen anderen Rechtsträger zunächst mitbestimmungsfrei zu gestalten (vgl. Rz. 40).

Die an sich mitbestimmungsfreie Übertragung eines Betriebes auf einen anderen Rechtsträger kann in eine Betriebsänderung münden, wenn in größerer Zahl **ArbN dem Übergang ihrer Arbeitsverhältnisse widersprechen** und der bisherige ArbGeb gezwungen ist, in entsprechender Zahl betriebsbedingte Kündigungen auszusprechen (vgl. Rz. 31)[3]. 56

Probleme werfen die Fälle auf, in denen der bisherige ArbGeb zunächst eine **Stilllegung plant** und hierüber ein Interessenausgleich und Sozialplan zu Stande kommt, sich dann jedoch überraschend noch ein **Käufer findet, der den Betrieb übernimmt**. In diesem Fall kommt es nicht zu der vereinbarten Betriebsänderung; der Interessenausgleich verpflichtet nicht zur Durchführung der Stilllegung (vgl. zur umstrittenen Bindungswirkung des Interessenausgleichs § 112 Rz. 25 f.). Der Abfindungsanspruch bereits gekündigter ArbN ist allerdings bereits entstanden[4]. Diese Mitarbeiter können daher die vereinbarte Abfindung verlangen, es sei denn, dass im Hinblick auf den bereits abgeschlossenen Sozialplan ein **Wegfall der Geschäftsgrundlage** gegeben ist[5]. 57

IV. Planung, Unterrichtung und Beratung. § 111 S. 1 verpflichtet den Unternehmer, den BR über geplante Betriebsänderungen „rechtzeitig und umfassend zu unterrichten und die geplanten Betriebsänderungen mit dem BR zu beraten". 58

1. Planung, Zeitpunkt der Unterrichtung. § 111 S. 1 enthält in doppelter Hinsicht eine zeitliche Komponente. Zu unterrichten ist lediglich über „geplante" Betriebsänderungen, so dass sich häufig die Frage stellt, zu welchem Zeitpunkt die Überlegungen des Unternehmens in das Planungsstadium vorgerückt sind. Zum anderen hat die Unterrichtung „rechtzeitig" zu erfolgen. 59

Von einer **„geplanten" Betriebsänderung** kann erst die Rede sein, wenn die Vorüberlegungen des ArbGeb abgeschlossen[6] sind. Die Überlegungen des ArbGeb müssen demnach bereits zu „einer gewissen Reife gediehen" sein. Der Unternehmer muss „im Prinzip entschlossen" sein, eine bestimmte Betriebsänderung durchzuführen[7]. § 111 bietet daher keine Grundlage für eine Unterrichtung oder eine Vorlagepflicht im Hinblick auf Dokumente, die im Rahmen der Vorüberlegungen des ArbGeb erstellt worden sind, unabhängig davon ob es sich um interne Überlegungen handelt oder ein externes **Beratungsunternehmen** eingeschaltet wurde[8]. Der ArbGeb muss über bloße **Planspiele** nicht unterrichten[9]. Allerdings soll der BR bereits zu beteiligen sein, wenn mehrere Alternativlösungen beleuchtet werden, und zwar bevor sich der Unternehmer endgültig für eine dieser Lösungen entscheidet[10]. Investitionen im Ausland, die möglicherweise zu einem späteren Zeitpunkt Auswirkungen auf die inländischen Arbeitsplätze haben können, sind nicht mit einer „geplanten" Betriebsänderung im Inland gleichzusetzen[11]. 60

„Rechtzeitig" erfolgt die Unterrichtung nur, wenn der Unternehmer mit der Verwirklichung der von ihm geplanten Betriebsänderung noch nicht begonnen hat[12]. Das Ziel der Unterrichtungs- und Beratungsrechte gem. §§ 111, 112 erfordert, dass zum Zeitpunkt der Unterrichtung noch die Möglichkeit besteht, über das Ob und Wie der Betriebsänderung zu beraten und auf ihre Durchführung Einfluss zu nehmen[13]. Von dieser Zwecksetzung her ist es jedoch unschädlich, wenn vor dem BR zunächst die **Gesellschafterversammlung** oder die Aufsichtsgremien des Unternehmens (insb. **Beirat/Aufsichtsrat**) informiert werden oder wenn diese bereits ihre Zustimmung (vorbehaltlich der sich anschließenden 61

1 BAG v. 16.6.1987 – 1 ABR 41/85, AP Nr. 19 zu § 111 BetrVG 1972; Richardi/*Annuß*, § 111 BetrVG Rz. 133. | 2 Vgl. zur Vermutungsregelung ausf. *Annuß*, NZA Sonderheft 2001, 12 (16 f.); *Hohenstatt* in Willemsen/Hohenstatt/Schweibert/Seibt, Rz. D 30 ff. | 3 BAG v. 10.12.1996 – 1 AZR 290/96, AP Nr. 32 zu § 113 BetrVG 1972; vgl. die weiteren Nachw. bei Richardi/*Annuß*, § 111 BetrVG Rz. 138. | 4 BAG v. 13.12.1994 – 3 AZR 357/94, AP Nr. 6 zu § 4 TVG – Rationalisierungsschutz; v. 28.8.1996 – 10 AZR 886/95, AP Nr. 104 zu § 112 BetrVG 1972 m. Anm. v. *C. Meyer*. | 5 BAG v. 10.8.1994 – 10 ABR 61/93, AP Nr. 86 zu § 112 BetrVG 1972 m. Anm. v. *v. Hoyningen-Huene*; v. 28.8.1996 – 10 AZR 886/95, AP Nr. 104 zu § 112 BetrVG 1972; vgl. zum Ganzen auch *Schweibert* in Willemsen/Hohenstatt/Schweibert/Seibt, Rz. C 83. | 6 BAG v. 28.10.1992 – 10 ABR 75/91, AP Nr. 63 zu § 112 BetrVG 1972. | 7 Richardi/*Annuß*, § 111 BetrVG Rz. 145; DKK/*Däubler*, § 111 BetrVG Rz. 115a; *Stege/Weinspach/Schiefer*, §§ 111–113 BetrVG Rz. 19; *Bauer*, DB 1994, 217 (222); vgl. auch BAG v. 28.10.1992 – 10 ABR 75/91, AP Nr. 63 zu § 112 BetrVG 1972 Bl. 3 R. | 8 *Picot/Schnitker*, II D. Rz. 104. | 9 Vgl. LAG Düsseldorf v. 27.8.1985 – 16 Ta BV 52/85, NZA 1986, 371; ArbG Mannheim/Heidelberg v. 2.7.1987 – 5 BV 4/87, NZA 1987, 682; BAG v. 27.6.1989 – 1 ABR 19/88, AP Nr. 37 zu § 80 BetrVG 1972; *Stege/Weinspach/Schiefer*, §§ 111–113 BetrVG Rz. 19. | 10 BAG v. 18.7.1972 – 1 AZR 189/72, AP Nr. 10 zu § 72 BetrVG 1952; *Stege/Weinspach/Schiefer*, §§ 111–113 BetrVG Rz. 19. | 11 So aber ArbG Stuttgart v. 15.7.2004 – 21 BV 175/04, NZA-RR 2004, 537; hiergegen *Rieble*, NZA 2004, 1029 sowie LAG BW v. 27.9.2004 – 4 Ta BV 3/04, NZA-RR 2004, 195. | 12 BAG v. 14.9.1976 – 1 AZR 784/75, AP Nr. 2 zu § 113 BetrVG 1972; DKK/*Däubler*, § 111 BetrVG Rz. 132; GK-BetrVG/*Fabricius/Oetker*, § 111 Rz. 148; *Bauer*, DB 1994, 217, 222; *Fitting*, § 111 BetrVG Rz. 109. | 13 BAG v. 14.9.1976 – 1 AZR 784/75, AP Nr. 2 zu § 113 BetrVG 1972; *Fitting*, § 111 BetrVG Rz. 109; ErfK/*Kania*, § 111 BetrVG Rz. 20.

Konsultation des BR) erteilt haben. Die frühere Auffassung des BAG, wonach der BR vor diesen Gremien zu beteiligen ist, konnte sich nicht auf den Gesetzeswortlaut stützen und ist auch nicht plausibel, da der Unternehmer auch nach Beteiligung der Gesellschaftsorgane substanzielle Verhandlungen mit dem BR führen kann, die zu Abweichungen im Hinblick auf die Planung führen können[1]. Inzwischen hat das BAG[2] immerhin klargestellt, dass ein Stilllegungsbeschluss der Gesellschafterversammlung vor Beteiligung des BR als „Teil des Meinungsbildungsprozesses auf ArbGebSeite" anzusehen sei und nicht notwendigerweise eine Verletzung der Beteiligungsrechte des BR darstelle. Umgekehrt ist eine Beteiligung des BR wenig sinnvoll, wenn noch gar nicht feststeht, ob das gesellschaftsrechtlich zuständige Gremium seine Zustimmung geben würde. Umstritten ist die Rechtslage, wenn die Planung der Betriebsänderung nicht durch den ArbGeb, sondern durch eine **Konzernobergesellschaft** erfolgt. Eine unmittelbare Verpflichtung der Obergesellschaft lässt sich aus dem Gesetz nicht herleiten[3]. Dennoch kann sich das abhängige Unternehmen nicht hinter dem herrschenden Unternehmen „verstecken"; die Sanktionen gem. § 113 treffen das abhängige Unternehmen auch dann, wenn die Nichterfüllung der Verpflichtungen gem. §§ 111, 112 darauf beruht, dass das herrschende Unternehmen das abhängige nicht in die Lage versetzt hat, seine gesetzl. Verpflichtungen zu erfüllen[4]. Eine parallele Wertung enthält § 17 IIIa KSchG im Hinblick auf die Verpflichtungen des ArbGeb bei Massenentlassungen (vgl. § 17 KSchG Rz. 37). Die Beteiligung des BR kann auch noch rechtzeitig sein, wenn der ArbG eine geplante Maßnahme zunächst im Rahmen der **Ad-hoc-Publizitätspflicht (§ 15 WpHG)** veröffentl. hat, solange der BR noch Einfluss nehmen kann[5].

62 **2. Form, Inhalt und Umfang der Unterrichtung.** Für die Unterrichtung gem. § 111 S. 1 ist keine bestimmte Form vorgeschrieben[6], so dass sie auch mündlich erfolgen kann[7]. Schon aus Gründen der besseren Verständlichkeit, jedoch auch aus Gründen der Beweissicherung im Hinblick auf eine rechtzeitige und umfassende Unterrichtung dürfte es empfehlenswert sein, dem BR eine schriftl. Darstellung zu übergeben. Ergänzend kann sich aus **§ 80 II 2** die Verpflichtung zur **Vorlage von Unterlagen** ergeben, wenn diese für das Verständnis der Planungen des ArbGeb erforderlich sind. Hierzu können intern erstellte Ausarbeitungen, Berichte von Unternehmensberatern oder Wirtschaftsprüfern, technische Unterlagen oder andere Dokumente gehören[8]. Die Erforderlichkeit der Vorlage bezieht sich aber stets nur auf die konkret geplante Betriebsänderung, so dass nicht wahllos sämtliche in den vergangenen Jahren erstellten Prüfberichte, Gutachten und Bilanzen vorzulegen sind[9]. Der ArbGeb ist nur verpflichtet, vorhandene Unterlagen vorzulegen; hingegen muss er nicht Gutachten oder Studien herstellen, weil der BR dies wünscht[10].

63 Im Hinblick auf die Unterrichtung besteht **kein Geheimnisvorbehalt**, abweichend von § 106 II[11]. Zur Erläuterung der Betriebsänderung sind daher auch Betriebs- und Geschäftsgeheimnisse mitzuteilen, wenn dies zum Verständnis oder zum Zwecke der Beratungen erforderlich ist. Selbstverständlich gilt aber die Geheimhaltungspflicht gem. **§§ 79, 120**[12]. In diesem Zusammenhang ist es besonders wichtig, dass der ArbGeb ausdrücklich auf die Geheimhaltungsbedürftigkeit hinweist.

64 Die Unterrichtung muss **umfassend** sein. Aus ihr müssen sich die Gründe für die Planungen des ArbGeb und die zu erwartenden Auswirkungen auf die Belegschaft ergeben[13]. Die Unterrichtung durch den ArbGeb ist aber nicht erst dann vollständig und umfassend erfolgt, wenn sämtliche Fragen des BR beantwortet und sämtliche von diesem verlangten Unterlagen vorgelegt sind. Maßgeblich ist vielmehr, ob der Unternehmer die **für seine Überlegungen und Planungen wesentlichen Informationen** mitgeteilt hat. Der Unternehmer muss daher nicht über Alternativen unterrichten, die er selbst nicht in Betracht gezogen hat.

---

1 Wie hier für den Fall, dass die Zustimmung des Aufsichtsgremiums unter dem Vorbehalt der Beteiligung des BR erteilt wird, *Schweibert* in Willemsen/Hohenstatt/Schweibert/Seibt, Rz. C 140; Richardi/*Annuß*, § 111 BetrVG Rz. 147; HSWG/*Hess*, § 111 BetrVG Rz. 31; neuerdings wie hier *Fitting*, § 111 BetrVG Rz. 109; aA ErfK/*Kania*, § 111 BetrVG Rz. 20; GK-BetrVG/*Fabricius/Oetker*, § 111 Rz. 150, die allerdings die Befolgung der gesetzlichen Berichtspflicht gemäß § 90 AktG als unschädlich ansehen; ähnlich DKK/*Däubler*, § 111 BetrVG Rz. 132. | 2 BAG v. 20.11.2001 – 1 AZR 97/01, AP Nr. 39 zu § 113 BetrVG 1972. | 3 So aber bei „besonders enger Anbindung" DKK/*Däubler*, § 111 BetrVG Rz. 130; wie hier: BAG v. 15.1.1991 – 1 AZR 94/90, AP Nr. 21 zu § 113 BetrVG 1972; GK-BetrVG/*Fabricius/Oetker*, § 111 Rz. 174; *Schweibert* in Willemsen/Hohenstatt/Schweibert/Seibt, Rz. C 142; Richardi/*Annuß*, § 111 BetrVG Rz. 146; *Diller/Powietzka*, DB 2001, 1034 (1036); zur fehlenden Bindung der Konzernobergesellschaft an arbeitsrechtliche Verpflichtungen allgemein *Willemsen* in FS H. Wiedemann, 2002. | 4 *Röder/Baeck*, S. 7; *Schweibert* in Willemsen/Hohenstatt/Schweibert/Seibt, Rz. C 142. | 5 Vgl. *Röder/Merten*, NZA 2005, 268. | 6 *Fitting*, § 111 BetrVG Rz. 112. | 7 Richardi/*Annuß*, § 111 BetrVG Rz. 149. | 8 *Fitting*, § 111 BetrVG Rz. 113; *Röder/Baeck*, S. 8; Richardi/*Annuß*, § 111 BetrVG Rz. 151; sehr weitgehend DKK/*Däubler*, § 111 BetrVG Rz. 133f. | 9 Instruktiv *Picot/Schnitker*, II. D. Rz. 130 ff.; *Schweibert* in Willemsen/Hohenstatt/Schweibert/Seibt, Rz. C 147 f.; *Bauer/Göpfert*, DB 1997, 1464 (1469); pauschale Vorlagepflichten befürwortet hingegen DKK/*Däubler*, § 111 BetrVG Rz. 133 mwN. | 10 *Schweibert* in Willemsen/Hohenstatt/Schweibert/Seibt, Rz. C 148; ErfK/*Kania*, § 111 BetrVG Rz. 21. | 11 BAG v. 20.11.1970 – 1 AZR 409/69, AP Nr. 8 zu § 72 BetrVG; vgl. Richardi/*Annuß*, § 111 BetrVG Rz. 152; GK-BetrVG/*Fabricius/Oetker*, § 111 Rz. 144; ErfK/*Kania*, § 111 BetrVG Rz. 21. | 12 Vgl. GK-BetrVG/*Fabricius/Oetker*, § 111 Rz. 144. | 13 *Fitting*, § 111 BetrVG Rz. 111; *Stege/Weinspach/Schiefer*, §§ 111–113 BetrVG Rz. 23; GK-BetrVG/*Fabricius/Oetker*, § 111 Rz. 143.

3. Beratung. Der Unternehmer hat die geplante Betriebsänderung mit dem BR zu beraten (S. 1). Der ArbGeb kann nicht auf die bereits erfolgten Beratungen mit dem Wirtschaftsausschuss verweisen. **Ziel** der Beratungen ist der Abschluss eines Interessenausgleichs und eines Sozialplans (vgl. §§ 112, 112a)[1]. Die Beratungsgespräche sind mit dem Ziel einer Einigung mit dem BR zu führen[2]. Kommt eine solche Einigung im Hinblick auf das Ob und Wie der Betriebsänderung zu Stande, wird ein Interessenausgleich abgeschlossen (§ 112 II). Den Ausgleich der wirtschaftl. Nachteile, die den ArbN durch die Betriebsänderung entstehen, regelt der erzwingbare Sozialplan (§ 112 I 2, IV). Die Beratungen über **Interessenausgleich und Sozialplan** *können* **miteinander verbunden** werden, was in der Praxis häufig geschieht[3]. Der BR kann seine Zustimmung zu einer Betriebsänderung vom Abschluss eines bestimmten Sozialplans abhängig machen (vgl. § 112 Rz. 11). Kommt eine Einigung über das Ob und Wie der Betriebsänderung nicht zu Stande, muss die **Einigungsstelle** angerufen werden (§ 112 II BetrVG). Obwohl dies im Hinblick auf den Interessenausgleich in § 112 II nur als Möglichkeit („können") vorgesehen ist, soll der Unternehmer nach der BAG-Rspr. verpflichtet sein, auch im Hinblick auf den Interessenausgleich die Einigungsstelle anzurufen und das Verfahren abzuwarten, bevor im Fall der Nichteinigung mit der Umsetzung der Betriebsänderung begonnen wird (vgl. § 112 Rz. 20). 65

V. Hinzuziehung eines Beraters (S. 2). § 111 S. 2 wurde durch das BetrVerf-Reformgesetz eingefügt und gewährt dem BR in Unternehmen mit mehr als 300 ArbN die Unterstützung durch einen Berater. Dieser soll den BR in die Lage versetzen, die Pläne des ArbGeb im Einzelnen nachzuvollziehen, die Auswirkungen für die Beschäftigten zu analysieren und Alternativvorschläge zu erarbeiten[4]. Grund für die Neuregelung waren die teilweise zeitaufaufwändigen Verfahren zur Hinzuziehung eines Sachverst. gem. § 80 III. Ob der **Wegfall des Erfordernisses einer vorherigen Vereinbarung mit dem ArbGeb** jedoch die erhoffte Zeitersparnis bedeutet, muss bezweifelt werden, da es in der Zukunft voraussichtlich noch häufiger zur Einschaltung externer Berater kommen wird, deren Einarbeitung und deren Tätigkeit nicht selten mit einem erheblichen Zeitverzug verbunden ist[5], ohne dass stets der „Mehrwert" für den BR bzw. für das Unterrichtungs- und Beratungsverfahren erkennbar wäre. Der Anspruch besteht nur im Hinblick auf den Interessenausgleich, nicht bzgl. Sozialplan; insofern gilt § 80 III BetrVG[6]. 66

Der Anspruch besteht nur in Unternehmen mit **mehr als 300 ArbN**. Das Gesetz stellt – möglicherweise als Resultat eines Redaktionsversehens – nicht auf die *regelmäßige* ArbN-Zahl ab, so dass eigentlich die ArbN-Zahl zum Zeitpunkt der Hinzuziehung des Beraters maßgeblich ist[7]. Hiergegen spricht jedoch, dass es systemwidrig wäre, bei der Anwendung der Schwellenwerte des § 111 unterschiedliche Ansatzpunkte für die Feststellung der ArbN-Zahl zu wählen (vgl. zum Schwellenwert „zwanzig wahlberechtigte ArbN" Rz. 13 f.). Es ist daher zutreffend, wenn dennoch auf die **regelmäßige ArbN-Zahl** abgestellt[8] oder mindestens eine **gewisse dauerhafte Größe**[9] verlangt wird. 67

Der Berater kann hinzugezogen werden, **sobald der BR über eine geplante Betriebsänderung unterrichtet worden ist**[10], hingegen *nicht*, wenn der BR lediglich eine bevorstehende Betriebsänderung vermutet oder wenn der Unternehmer seinen Beteiligungsverpflichtungen gem. § 111 nicht nachkommt[11]. Ein Berater ist nicht das geeignete Instrument, um den ArbGeb zur Befolgung seiner betriebsverfassungsrechtl. Verpflichtungen anzuhalten. Hierfür stehen insb. die Sanktionen gem. § 113 zur Verfügung. Bestehen Meinungsverschiedenheiten darüber, ob eine bestimmte Maßnahme eine Betriebsänderung darstellt, kann der BR im Rahmen von § 80 III, der gem. dem letzten Hs. in S. 2 unberührt bleibt, einen Sachverst. mit der rechtl. Prüfung beauftragen. 68

Als **Berater** kommen Personen in Betracht, die auf Grund ihrer **besonderen Qualifikation**[12] geeignet sind, den BR im Hinblick auf das Verständnis bzw. die Auswirkungen einer Betriebsänderung und im Hinblick auf Alternativvorschläge zu beraten. In Betracht kommen daher insb. Personen mit betriebswirtschaftl. oder technischen Spezialkenntnissen[13]. Auch rechtl. Berater, insb. Rechtsanwälte können hinzugezogen werden[14]. 69

§ 111 S. 2 Hs. 1 entbindet den BR lediglich von der Verpflichtung, vor Einschaltung eines Beraters eine Vereinbarung mit dem ArbGeb zu treffen. Hingegen bleibt es dabei, dass den ArbGeb eine **Verpflichtung** 70

---

1 ErfK/*Kania*, § 111 BetrVG Rz. 22; *Fitting*, § 111 BetrVG Rz. 115. | 2 *Rumpff/Boewer*, Mitbestimmung in wirtschaftlichen Angelegenheiten, H Rz. 214; GK-BetrVG/*Fabricius/Oetker*, § 111 Rz. 169; Richardi/*Annuß*, § 111 BetrVG Rz. 154. | 3 *Röder/Baeck*, S. 15; *Fitting*, § 111 BetrVG Rz. 115. | 4 Gesetzesbegr. BT-Drs. 14/5741, S. 52; GK-BetrVG/*Fabricius/Oetker*, § 111 Rz. 151; Richardi/*Annuß*, § 111 BetrVG Rz. 52. | 5 Kritisch insb. *Bauer*, NZA 2001, 375 (376 f.); GK-BetrVG/*Fabricius/Oetker*, § 111 Rz. 152; *Schweibert* in Willemsen/Hohenstatt/Schweibert/Seibt, Rz. C 164a. | 6 *Fitting*, § 111 BetrVG Rz. 119; *Oetker*, NZA 2002, 465 (469). | 7 Richardi/*Annuß*, § 111 BetrVG Rz. 53; *Oetker*, NZA 2002, 465, 467. | 8 DKK/*Däubler*, § 111 BetrVG Rz. 135b. | 9 *Bauer*, NZA Sonderheft 2001, 64; ihm folgend *Fitting*, § 111 BetrVG Rz. 118 und *Stege/Weinspach/Schiefer*, §§ 111–113 BetrVG Rz. 26b. | 10 *Stege/Weinspach/Schiefer*, §§ 111–113 BetrVG Rz. 26b; Richardi/*Annuß*, § 111 BetrVG Rz. 53; Moll/*Liebers*, § 53 Rz. 120. | 11 AA DKK/*Däubler*, § 111 BetrVG Rz. 135j. | 12 Zum Erfordernis der besonderen Sachkunde ausf. *Oetker*, NZA 2002, 465 (467). | 13 GK-BetrVG/*Fabricius/Oetker*, § 111 Rz. 153; DKK/*Däubler*, § 111 BetrVG Rz. 135k. | 14 *Fitting*, § 111 BetrVG Rz. 120; *Stege/Weinspach/Schiefer*, §§ 111–113 BetrVG Rz. 26 f.; DKK/*Däubler*, § 111 BetrVG Rz. 135k; aA GK-BetrVG/*Fabricius/Oetker*, § 111 Rz. 153; *Oetker*, NZA 2002, 465 (467).

zur Kostentragung nur dann trifft, wenn die Voraussetzungen von § 40 I vorliegen, also die Hinzuziehung eines externen Beraters notwendig war und die entstandenen Kosten verhältnismäßig sind[1]. Soweit vertreten wird, die Erforderlichkeit der Hinzuziehung werde auch im Hinblick auf die Kostentragungspflicht des ArbGeb stets vermutet[2], kann sich diese Auffassung nicht auf § 111 S. 2 stützen, da diese Vorschrift die Kostentragungspflicht des ArbGeb nicht regelt. Es bestehen keine Anhaltspunkte dafür, dass der Gesetzgeber von dem Grundprinzip, dass der ArbGeb nur im Hinblick auf erforderliche und verhältnismäßige Maßnahmen mit Kosten belastet werden darf, abweichen wollte. Der BR hat daher in jedem Einzelfall zu prüfen, ob die geplante Betriebsänderung tatsächlich Fragen aufwirft, die ohne einen Berater nicht effektiv geklärt werden können; im Zweifelsfall sind **zunächst betriebsinterne Erkenntnisquellen** zu **nutzen** (vgl. auch die Möglichkeit der Befragung einer betriebsinternen Auskunftsperson; § 80 II 3)[3]. Die Heranziehung mehrerer Berater ähnlicher oder unterschiedlicher Qualifikation ist angesichts des eindeutigen Gesetzeswortlauts nicht möglich[4]. Im Falle der Hinzuziehung eines anwaltlichen Beraters sind die gesetzl. Gebührensätze zugrunde zu legen; eine Vereinbarung des BR über Stundensätze bindet den ArbGeb nicht[5]. In Parallele zu einer Entscheidung des BAG zur Hinzuziehung von Anwälten im Beschlussverfahren[6] soll die Vereinbarung eines Zeithonorars dann zulässig sein, wenn sich nur auf dieser Grundlage Berater finden lassen[7].

71 Nicht ausgeschlossen – auch nicht in Unternehmen mit weniger als 300 ArbN – bleibt die Möglichkeit, externe Sachverst. nach § 80 III heranzuziehen (S. 2 Hs. 3). Für einen Berater nach S. 2 gilt § 80 IV, so dass er der in § 79 geregelten **Verpflichtung zur Geheimhaltung** unterliegt (vgl. auch § 120 I Nr. 3a; Straftatbestand)[8].

72 **VI. Zuständigkeit für die Mitwirkungsrechte.** Für die Mitwirkungsrechte gem. §§ 111, 112 ist idR der (örtliche) BR zuständig. UU ist jedoch der GBR oder der KBR zu beteiligen. Der „Versuch" eines Interessenausgleichs gem. § 113 III setzt voraus, dass der ArbGeb den zuständigen BR beteiligt hat[9]. Die Beteiligung des unzuständigen Gremiums kann daher mit erheblichem Zeitverzug verbunden sein, wenn das Verfahren wiederholt werden muss. Es drohen die Unwirksamkeit abgeschlossener Vereinbarungen (Interessenausgleich/Sozialplan) sowie Nachteilsausgleichsansprüche gem. § 113 III.

73 IdR – insb. wenn die Betriebsänderung nur einen Betrieb umfasst – ist entsprechend den allgemeinen Grundsätzen der **örtliche BR** für die Beteiligungsrechte gem. § 111 zuständig[10]. Der **GBR** ist gem. § 50 I für die Beratung über die Betriebsänderung und für den Versuch eines Interessenausgleichs nur dann zuständig, wenn die Betriebsänderung mehrere Betriebe betrifft bzw. sich auf mehrere Betriebe auswirkt und eine die Interessen der ArbN wahrende Regelung sinnvollerweise nur überbetrieblich getroffen werden kann (vgl. § 50 Rz. 13)[11]. Dabei kommt es *nicht* auf den Inhalt des schließlich abgeschlossenen Interessenausgleichs an, sondern auf die vom ArbGeb *geplante* Betriebsänderung[12]. Bei einem **unternehmenseinheitlichen** oder jedenfalls **betriebsübergreifenden Konzept** ist folglich der GBR für den Interessenausgleich zuständig. Dies ist etwa der Fall bei der Stilllegung mehrerer oder aller Betriebe des Unternehmens[13] und beim Zusammenschluss[14] mehrerer Betriebe eines Unternehmens[15]. Gleiches gilt bei einem unternehmenseinheitlichen Konzept, auf Grund dessen mehrere Betriebe geschlossen und das Personal im Übrigen reduziert werden soll[16]. Weitere Beispiele: Entlassung aller Außendienstmitarbeiter (betriebsübergreifend) zu Gunsten freier Handelsvertreter[17], Entlassung aller ArbN (betriebsübergreifend) auf Grund einheitlicher Kriterien (Altersgrenze)[18], Einführung eines **unternehmenseinheitlichen EDV-Systems**, soweit die Maßnahme eine Betriebsänderung iSv. Nr. 4 und/

1 *Bauer*, NZA 2001, 375 (376 f.); *Hanau*, RdA 2001, 65 (72); GK-BetrVG/*Fabricius/Oetker*, § 111 Rz. 164; *Fitting*, § 111 BetrVG Rz. 124; DKK/*Däubler*, § 111 BetrVG Rz. 135l; ErfK/*Kania*, § 111 BetrVG Rz. 22a. | 2 *Däubler*, AuR 2001, 285, 286; DKK *Däubler*, § 111 BetrVG Rz. 135g. | 3 *Oetker*, NZA 2002, 465 (470); aA *Fitting*, § 111 BetrVG Rz. 122. | 4 Wie hier: *Stege/Weinspach/Schiefer*, §§ 111–113 BetrVG Rz. 26e; ErfK/*Kania*, § 111 Rz. 22a; Rose/*Grimmer*, DB 2003, 1790; *Bauer*, NZA 2001, 375 (376); Jaeger/Röder/Heckelmann/*Röder/Baeck*, § 28 Rz. 126; Moll/*Liebers*, § 53 Rz. 124 f.; aA *Däubler*, AuR 2001, 286; *Fitting*, § 111 BetrVG Rz. 121; Richardi/*Annuß*, § 111 BetrVG Rz. 54. | 5 *Löwisch*, BB 2001, 1790 (1798); *Fitting*, § 111 BetrVG Rz. 127; *Bauer*, NZA 2001, 874; *Stege/Weinspach*/Schiefer, §§ 111–113 BetrVG Rz. 26 f.; aA DKK/*Däubler*, § 111 BetrVG Rz. 135p. | 6 BAG v. 20.10.1999 – 7 ABR 25/98, AP Nr. 67 zu § 40 BetrVG 1972 Bl. 3 R. | 7 *Fitting*, § 111 BetrVG Rz. 125; DKK/*Däubler*, § 111 BetrVG Rz. 135p. | 8 Richardi/*Annuß*, § 111 BetrVG Rz. 55; *Stege/Weinspach/Schiefer*, §§ 111–113 BetrVG Rz. 126g. | 9 BAG v. 24.1.1996 – 1 AZR 542/95, AP Nr. 16 zu § 50 BetrVG 1972; *Fitting*, § 113 BetrVG Rz. 20. | 10 BAG v. 11.12.2001 – 1 AZR 193/01, AP Nr. 22 zu § 50 BetrVG 1972; v. 23.10.2002 – 7 ABR 55/01, ZIP 2003, 1514; DKK/*Däubler*, § 111 BetrVG Rz. 117; GK-BetrVG/*Fabricius/Oetker*, § 111 Rz. 176; Richardi/*Annuß*, § 111 BetrVG Rz. 158. | 11 BAG v. 11.12.2001 – 1 AZR 193/01, AP Nr. 22 zu § 50 BetrVG 1972; v. 23.10.2002 – 7 ABR 55/01, ZIP 2003, 1514; v. 3.5.2006 – 1 ABR 15/05, ZIP 2006, 1596 (1599). | 12 BAG v. 20.4.1994 – 10 AZR 186/93, AP Nr. 27 zu § 113 BetrVG 1972; v. 11.12.2001 – 1 AZR 193/01, AP Nr. 22 zu § 50 BetrVG 1972; Richardi/*Annuß*, § 50 BetrVG Rz. 37; *Röder/Baeck*, S. 3 f. | 13 BAG v. 17.2.1981 – 1 AZR 290/78, AP Nr. 11 zu § 112 BetrVG 1972. | 14 BAG v. 24.1.1996 – 1 AZR 542/95, AP Nr. 16 zu § 50 BetrVG 1972. | 15 Ebenso Richardi/*Annuß*, § 50 BetrVG Rz. 37; DKK/*Däubler*, § 111 BetrVG Rz. 118; s.a. BAG v. 3.5.2006 – 1 ABR 15/05, ZIP 2006, 1596 Rz. 30. | 16 BAG v. 11.12.2001 – 1 AZR 193/01, AP Nr. 22 zu § 50 BetrVG 1972; vgl. auch BAG v. 19.6.2007 – 2 AZR 304/06, Rz. 28, NZA 2008, 103. | 17 BAG v. 8.6.1999 – 1 AZR 831/98, AP Nr. 47 zu § 111 BetrVG 1972. | 18 BAG v. 20.4.1994 – 10 AZR 186/93, AP Nr. 27 zu § 113 BetrVG 1972.

oder 5 darstellt[1]. Besteht das Ziel des Unternehmens in einer Kapazitätsreduzierung und kommen für ein Personalabbauprogramm oder für eine Betriebsschließung **alternativ mehrere Betriebe** in Betracht, ist für die Unterrichtung und die Beratung des Interessenausgleichs der GBR zuständig, auch wenn die Betriebsänderung letztlich nur einen Betrieb betrifft[2]. Über Alternativen kann nur im betriebsübergreifenden Gremium sinnvoll gesprochen werden. Hingegen ist der örtliche BR zuständig, wenn der ArbGeb von vornherein nur Maßnahmen im Hinblick auf einen bestimmten Betrieb ins Auge fasst. Dass eine Maßnahme im Zusammenhang mit einer „**Unternehmenssanierung**" steht, die auch Gegenstand eines mit dem GBR abgeschlossenen Interessenausgleichs und Sozialplans ist, begründet *keine* Zuständigkeit des GBR zur sparmotivierten Änderung oder Aufhebung von sonstigen BV (zB über Sozialleistungen), sofern nicht auch diese einen betriebsübergreifenden Charakter aufweisen[3].

Für die Frage, ob überhaupt eine Betriebsänderung vorliegt, kommt es auch bei einer Zuständigkeit des GBR auf das Erreichen der Schwellenwerte im Einzelnen *Betrieb* an[4]. Liegt eine betriebsübergreifende Maßnahme vor, ist sie nach §§ 111, 112 beteiligungspflichtig, wenn die Schwellenwerte wenigstens in einem Betrieb überschritten werden. **Besteht** trotz des Vorliegens einer betriebsübergreifenden Maßnahme **kein GBR**, sind nicht etwa die EinzelBR zuständig[5]. Kommen die BR ihrer Rechtspflicht zur Bildung eines GBR nicht nach, kann dies vielmehr dazu führen, dass bei Zuständigkeit des GBR keine betriebsverfassungsrechtl. Beteiligung erfolgt. **74**

Soweit der **GBR** im Rahmen seiner **originären Kompetenz** Vereinbarungen (Interessenausgleich/Sozialplan) abschließt, gelten diese auch für **betriebsratslose Betriebe** (§ 50 Rz. 16)[6]. Die Zuständigkeit des GBR für den Interessenausgleich **präjudiziert nicht die Zuständigkeit für den Sozialplan**[7]; die Zuständigkeiten können auseinander fallen (zu den Zuständigkeitsfragen beim Sozialplan vgl. § 112 Rz. 32a). Soweit der GBR zuständig ist, begrenzt sich seine Aufgabe nicht darin, einen „Rahmeninteressenausgleich" und/oder „Rahmensozialplan" abzuschließen, deren Ausfüllung dann den örtlichen BR obläge[8]. Derlei Konstruktionen sind im Gesetz nicht vorgesehen[9]. **75**

Für die Abgrenzung der Zuständigkeit des **KBR** gelten entsprechende Grundsätze. Beispiele für die Zuständigkeit des KBR: Zusammenschluss mehrerer Konzernbetriebe zu einem einheitlichen Betrieb[10], Schließung einzelner Konzernbetriebe mit der Folge der Übernahme von (Teil-)Belegschaften durch andere Konzernunternehmen[11], Einführung konzernweiter Informations- oder Kommunikationssysteme[12], soweit darin überhaupt eine Betriebsänderung liegt. **76**

Bei Meinungsverschiedenheiten oder **unklarer Zuständigkeit** kann der ArbGeb die für die Mitwirkungsrechte gem. § 111 in Betracht kommenden Gremien auffordern, die Zuständigkeitsfrage zu klären. Beteiligt der ArbGeb das von BR-Seite benannte Gremium, trifft ihn bei unterlassener Beteiligung des rechtlich zuständigen BR keine Pflicht zum Nachteilsausgleich gem. § 113 III[13]. Erfolgt keine Klärung, kann der ArbGeb eine Wahl treffen, soweit diese nachvollziehbar ist. In diesen Fällen kann der rechtlich zuständige BR nicht zu einem späteren Zeitpunkt die Unterlassung der mit dem anderen Gremium geregelten Betriebsänderung oder die Wiederholung des gesamten Verfahrens gem. §§ 111, 112 verlangen. Dies scheidet unter dem Gesichtspunkt des widersprüchlichen Verhaltens aus. **77**

VII. Sicherung der Beteiligungsrechte. Verletzt der Unternehmer die Beteiligungsrechte des BR gem. § 111, trifft ihn unter den dort geregelten Voraussetzungen die Verpflichtung zum **Nachteilsausgleich gem. § 113**. Im Übrigen kann eine **Ordnungswidrigkeit gem. § 121** (Geldbuße bis 10 000 Euro) vorliegen[14]. **78**

Der BR kann seinen **Unterrichtungsanspruch** im arbeitsgerichtl. Beschlussverfahren geltend machen[15], auch im Wege des **einstw. Rechtsschutzes**[16], wenn hierfür die allgemeinen Voraussetzungen vorliegen. In schwerwiegenden Fällen kann der BR nach § 23 III vorgehen[17]. **79**

Von jeher umstritten war die Frage, ob dem BR zur Sicherung seiner Beteiligungsrechte ein **Anspruch auf die zeitlich befristete Unterlassung betriebsändernder Maßnahmen** zusteht. Das BAG hat zwar klargestellt, dass das Verfahren gem. § 23 III einen betriebsverfassungsrechtl. Unterlassungsanspruch **80**

---

1 Im Zusammenhang mit § 87 LAG Köln v. 3.7.1987 – 5 Ta BV 11/87, CR 1988, 315, 316; LAG Düsseldorf v. 21.8.1987 – 9 Ta BV 132/86, CR 1988, 1016, 1018; DKK/*Däubler*, § 111 BetrVG Rz. 118. |2 GK-BetrVG/*Fabricius/Oetker*, § 111 Rz. 177. |3 BAG v. 15.1.2002 – 1 ABR 10/01, NZA 2002, 988. |4 DKK/*Däubler*, § 111 BetrVG Rz. 118. |5 So jedoch DKK/*Däubler*, § 111 BetrVG Rz. 121. |6 GK-BetrVG/*Fabricius/Oetker*, § 111 Rz. 177; DKK/*Däubler*, § 111 BetrVG Rz. 119. |7 BAG v. 11.12.2001 – 1 AZR 193/01, AP Nr. 22 zu § 50 BetrVG 1972; v. 23.10.2002 – 7 ABR 55/01, ZIP 2003, 1514, 1516; v. 3.5.2006 – 1 ABR 15/05, ZIP 2006, 1596 Rz. 27 f.; DKK/*Däubler*, § 111 BetrVG Rz. 118; *Fitting*, § 111 BetrVG Rz. 114. |8 So aber DKK/*Trittin*, § 50 BetrVG Rz. 59. |9 Zur Zuständigkeitsabgrenzung bei Vereinbarung einer Namensliste *Ohlendorf/Salomon*, NZA 2006, 131. |10 Richardi/*Annuß*, § 58 BetrVG Rz. 15; DKK/*Däubler*, § 111 BetrVG Rz. 122; *Dross*, Besonderheiten des Sozialplans im Konzern, 1999, S. 72 f. |11 Ähnlich *Dross*, Besonderheiten des Sozialplans im Konzern, 1999, S. 73; DKK/*Däubler*, § 111 BetrVG Rz. 122. |12 DKK/*Däubler*, § 111 BetrVG Rz. 122. |13 BAG v. 24.1.1996 – 1 AZR 542/95, AP Nr. 16 zu § 50 BetrVG 1972. |14 Vgl. OLG Hamm v. 7.12.1977 – 4 Ss OWi 1407/77, DB 1978, 748. |15 Eingehend GK-BetrVG/*Fabricius/Oetker*, § 111 Rz. 183. |16 ErfK/*Kania*, § 111 BetrVG Rz. 23; DKK/*Däubler*, § 111 BetrVG Rz. 142. |17 *Fitting*, § 111 BetrVG Rz. 139; DKK/*Däubler*, § 111 BetrVG Rz. 142.

nicht generell ausschließt und hat einen Unterlassungsanspruch im Zusammenhang mit der Sicherung der Mitbest. in sozialen Angelegenheiten anerkannt (vgl. § 87 Rz. 55 ff.). Im Zusammenhang mit Betriebsänderungen liegen die Dinge rechtlich anders und es fehlt an einer höchstrichterlichen Klärung. Insofern ist entscheidend, dass mit **§ 113** bereits eine – bewusst individualrechtlich wirkende – Regelung besteht, die, um schwerwiegende Wertungswidersprüche zu vermeiden, als abschließend angesehen werden muss. Ein kollektivrechtlich wirkender Unterlassungsanspruch wäre daher systemwidrig[1]. Aus denselben Gründen muss auch eine einstw. Verfügung gegen den Ausspruch von Kündigungen oder gegen andere betriebsändernde Maßnahmen gem. § 85 II ArbGG iVm. § 935 ZPO zur „effektiven Durchsetzung der Unterrichtungs- und Beratungsrechte des BR"[2] ausscheiden. Seit Ablauf der Umsetzungsfrist der Richtlinie des Europäischen Parlaments und des Rates über die Unterrichtung und Anhörung der Arbeitnehmer in der Europäischen Gemeinschaft (RL 2002/14/EG v. 23.3.2002) am 23.3.2005 wird jedoch zunehmend auch von Autoren, die einem Unterlassungsanspruch bislang ablehnend gegenüberstanden, im Rahmen einer richtlinienkonformen Auslegung ein Unterlassungsanspruch anerkannt (s. auch § 85 ArbGG Rz. 11)[3]. Die **Praxis** wird sich an der Rspr. in der maßgeblichen Region orientieren müssen, bis eine Klarstellung durch den Gesetzgeber erfolgt ist.

112 *Interessenausgleich über die Betriebsänderung, Sozialplan*

(1) Kommt zwischen Unternehmer und Betriebsrat ein Interessenausgleich über die geplante Betriebsänderung zu Stande, so ist dieser schriftlich niederzulegen und vom Unternehmer und Betriebsrat zu unterschreiben. Das Gleiche gilt für eine Einigung über den Ausgleich oder die Milderung der wirtschaftlichen Nachteile, die den Arbeitnehmern infolge der geplanten Betriebsänderung entstehen (Sozialplan). Der Sozialplan hat die Wirkung einer Betriebsvereinbarung. § 77 Abs. 3 ist auf den Sozialplan nicht anzuwenden.

(2) Kommt ein Interessenausgleich über die geplante Betriebsänderung oder eine Einigung über den Sozialplan nicht zu Stande, so können der Unternehmer oder der Betriebsrat den Vorstand der Bundesagentur für Arbeit um Vermittlung ersuchen, der Vorstand kann die Aufgabe auf andere Bedienstete der Bundesagentur für Arbeit übertragen. Erfolgt kein Vermittlungsersuchen oder bleibt der Vermittlungsversuch ergebnislos, so können der Unternehmer oder der Betriebsrat die Einigungsstelle anrufen. Auf Ersuchen des Vorsitzenden der Einigungsstelle nimmt ein Mitglied des Vorstands der Bundesagentur für Arbeit oder ein vom Vorstand der Bundesagentur für Arbeit benannter Bediensteter der Bundesagentur für Arbeit an der Verhandlung teil.

(3) Unternehmer und Betriebsrat sollen der Einigungsstelle Vorschläge zur Beilegung der Meinungsverschiedenheiten über den Interessenausgleich und den Sozialplan machen. Die Einigungsstelle hat eine Einigung der Parteien zu versuchen. Kommt eine Einigung zu Stande, so ist sie schriftlich niederzulegen und von den Parteien und vom Vorsitzenden zu unterschreiben.

(4) Kommt eine Einigung über den Sozialplan nicht zu Stande, so entscheidet die Einigungsstelle über die Aufstellung eines Sozialplans. Der Spruch der Einigungsstelle ersetzt die Einigung zwischen Arbeitgeber und Betriebsrat.

(5) Die Einigungsstelle hat bei ihrer Entscheidung nach Absatz 4 sowohl die sozialen Belange der betroffenen Arbeitnehmer zu berücksichtigen als auch auf die wirtschaftliche Vertretbarkeit ihrer Entscheidung für das Unternehmen zu achten. Dabei hat die Einigungsstelle sich im Rahmen billigen Ermessens insbesondere von folgenden Grundsätzen leiten zu lassen:

---

1 Im Ergebnis ebenso (gegen Unterlassungsanspruch): LAG Düsseldorf v. 14.11.1983 – 12 Ta BV 88/83, DB 1984, 511 f.; v. 19.11.1996 – 8 TaBV 80/96, LAGE § 111 BetrVG 1972 Nr. 14; LAG Rh.-Pf. v. 28.3.1989 – 3 TaBV 6/89, LAGE § 111 BetrVG 1972 Nr. 10; LAG Köln v. 30.8.2004 – 5 Ta 166/04, ZIP 2004, 2155; LAG Schl.-Holst. v. 13.1.1992 – 4 Ta BV 54/91, LAGE § 111 BetrVG 1972 Nr. 11; LAG BW v. 28.8.1985 – 2 Ta BV 8/85, DB 1986, 805 f.; LAG München v. 24.9.2003 – 5 TaBV 48/03, NZA-RR 2004, 536; *Bauer/Göpfert*, DB 1997, 1464 (1470 f.); GK-BetrVG/*Fabricius/Oetker*, § 111 Rz. 192; HSG/*Hess*, § 111 BetrVG Rz. 89 ff.; *Hohenstatt*, NZA 1998, 846 (850); *Löwisch*, NZA 1996, 1009, 1016; ErfK/*Kania*, § 111 BetrVG Rz. 24; *Neef*, NZA 1997, 68; *Raab*, ZfA 1997, 183 (246 ff.); *Röder/Baeck, S. 28 f.; Stege/Weinspach/Schiefer*, §§ 111–113 BetrVG Rz. 104; *Schweibert* in Willemsen/Hohenstatt/Schweibert/Seibt, Rz. C 309; *Löwisch/Kaiser*, § 111 BetrVG Rz. 50; *Lipinski/Melms*, BB 2002, 2226; im Ergebnis für Unterlassungsanspruch: LAG Nds. v. 4.5.2007 – 17 TaBVGa 57/07; LAG Schl.-Holst. v. 20.7.2007 – 3 TaBVGa 1/07; LAG Hamm v. 30.7.2007 – 10 TaBVGa 17/07; LAG Berlin v. 7.9.1995 – 10 TaBV 5/95 und 9/95, LAGE § 111 BetrVG 1972 Nr. 13; LAG Frankfurt v. 21.9.1982 – 4 Ta BV Ga 94/82, DB 1983, 613; LAG Hamburg v. 13.11.1981 – 6 TaBV 9/81, DB 1982, 1522 f.; v. 27.6.1997 – 5 TaBV 5/97, LAGE § 111 BetrVG 1972 Nr. 15; LAG Hamm v. 23.3.1983 – 12 TaBV 15/83, AuR 1984, 54; v. 28.8.2003 – 13 TaBV 127/03, NZA-RR 2004, 80; v. 26.2.2007 – 10 TaBVGa 3/07; LAG Thür. v. 18.8.2003 – 1 Ta 104/03, ZIP 2004, 1118; DKK/*Däubler*, § 23 BetrVG Rz. 131; mit anderer Begründung *Fitting*, § 111 BetrVG Rz. 138; *Heither*, FS Däubler, S. 338 (340 ff.); *Matthes*, FS Wlotzke, S. 393 (405 f.); MünchArbR/*Matthes*, § 361 Rz. 50 f.; *Zwanziger*, BB 1998, 477 (480). | 2 So etwa *Fitting*, § 111 BetrVG Rz. 138; s. die weiteren Nachw. bei HSG/*Hess*, § 111 BetrVG Rz. 92. | 3 Richardi/*Annuß*, § 111 BetrVG Rz. 168; *Fauser/Nacken*, NZA 2006, 1136 (1142 f.); aA *Schweibert* in Willemsen/Hohenstatt/Schweibert/Seibt, Rz. C 309a unter Hinweis auf LAG Rh.-Pf. v. 24.11.2004 – 9 TaBV 29/04.

1. **Sie soll beim Ausgleich oder bei der Milderung wirtschaftlicher Nachteile, insbesondere durch Einkommensminderung, Wegfall von Sonderleistungen oder Verlust von Anwartschaften auf betriebliche Altersversorgung, Umzugskosten oder erhöhte Fahrtkosten, Leistungen vorsehen, die in der Regel den Gegebenheiten des Einzelfalles Rechnung tragen.**

2. **Sie hat die Aussichten der betroffenen Arbeitnehmer auf dem Arbeitsmarkt zu berücksichtigen. Sie soll Arbeitnehmer von Leistungen ausschließen, die in einem zumutbaren Arbeitsverhältnis im selben Betrieb oder in einem anderen Betrieb des Unternehmens oder eines zum Konzern gehörenden Unternehmens weiterbeschäftigt werden können und die Weiterbeschäftigung ablehnen; die mögliche Weiterbeschäftigung an einem anderen Ort begründet für sich allein nicht die Unzumutbarkeit.**

2a. **Sie soll insbesondere die im Dritten Buch des Sozialgesetzbuches vorgesehenen Förderungsmöglichkeiten zur Vermeidung von Arbeitslosigkeit berücksichtigen.**

3. **Sie hat bei der Bemessung des Gesamtbetrages der Sozialplanleistungen darauf zu achten, dass der Fortbestand des Unternehmens oder die nach Durchführung der Betriebsänderung verbleibenden Arbeitsplätze nicht gefährdet werden.**

I. Allgemeines. 1. Gesetzessystematik. § 112 regelt das Beteiligungsverfahren im Hinblick auf geplante Betriebsänderungen. Die Vorschrift setzt voraus, dass ein Beteiligungstatbestand nach § 111 vorliegt. Während § 111 lediglich die Verpflichtung des Unternehmers regelt, den BR rechtzeitig und umfassend zu unterrichten und die geplante Betriebsänderung mit ihm zu beraten, detailliert § 112 den Gang des Beteiligungsverfahrens und seine Zielrichtung. In den Abs. 1–3 geht es im Wesentlichen um den **Interessenausgleich**. Was man unter diesem zu verstehen hat, lässt sich dem Gesetz jedoch nicht unmittelbar entnehmen. Aus der Abgrenzung zu dem ebenfalls in § 112 geregelten Sozialplan ergibt sich, dass Inhalt des Interessenausgleichs die Einigung darüber sein soll, ob und ggf. wann und wie die geplante Betriebsänderung durchgeführt wird. Kommt diese Einigung mit dem ArbGeb nicht zu Stande (vgl. zu dem Erfordernis des Versuchs des Interessenausgleichs unter Rz. 20 und § 113 Rz. 10), besteht keine Möglichkeit für den BR, die Durchführung einer geplanten Betriebsänderung zu verhindern. Der Unternehmer kann die Maßnahme vielmehr wie geplant durchführen. Hingegen besteht im Hinblick auf den **Sozialplan** ein volles MitbestR. Der Sozialplan betrifft den Ausgleich der wirtschaftl. Nachteile, die den ArbN durch die Betriebsänderung entstehen (Abs. 1 S. 2). Über den Sozialplan entscheidet notfalls die Einigungsstelle, sofern sich Unternehmer und BR nicht einvernehmlich auf seinen Inhalt verständigen können. **§ 112a** enthält für Fälle des „reinen“ Personalabbaus unterhalb einer bestimmten Schwelle sowie für neu gegründete Unternehmen **Ausnahmen von der Erzwingbarkeit des Sozialplans.** 1

2. Änderungen des Gesetzes. Das **Beschäftigungsförderungsgesetz** vom 26.4.1985 (BGBl. I S. 710) hat insb. die Vorgaben in § 112 V für die Entscheidung der Einigungsstelle über den Sozialplan in das Gesetz eingefügt. Im Übrigen sind durch diese Änderung die Ausnahmen von der Erzwingbarkeit des Sozialplans gem. § 112a statuiert worden. Das **BetrVerf-Reformgesetz** vom 23.7.2001 (BGBl. I S. 1852) hat in § 112 V die Nr. 2a eingefügt, wonach die Einigungsstelle Maßnahmen gem. SGB III zur Vermeidung von Arbeitslosigkeit berücksichtigen soll. 2

3. Verfassungsrechtliche Bewertung. Gegen die Verfassungsmäßigkeit der **Erzwingbarkeit eines Sozialplans** sind im Rahmen der Betriebsverfassungsreform 1972 unter dem Aspekt der unternehmerischen Entscheidungsfreiheit und der Eigentumsgarantie gem. Art. 14 GG grundlegende Zweifel laut geworden[1]. Unter Zugrundelegung der Rspr. des BVerfG wird man § 112 indes vermutlich für eine verfassungsrechtlich zulässige Inhalts- und Schrankenbestimmung iSd. Art. 14 I 2 GG ansehen, ebenso wie die Einschränkungen der Eigentumsgarantie durch das MitbestG 1976[2]. Problematischer ist eher, dass die Belastungen, die von einem Sozialplan ausgehen, nicht im Gesetz konkretisiert sind, so dass für den Unternehmer **keinerlei Planungssicherheit** besteht und er die finanziellen Folgen einer Betriebsänderung im Voraus nicht abschätzen kann[3]. Die Leitlinien für die Ermessensentscheidung der Einigungsstelle gem. Abs. 5 ändern daran nichts, da offen bleibt, in welchem Umfang die vielfältigen wirtschaftl. Nachteile der ArbN ausgeglichen werden müssen, insb., für welche Dauer ein wirtschaftl. Ausgleich erfolgen soll (vgl. Rz. 35 ff.). Dennoch geht die ganz hM davon aus, dass die Bestimmung dem Erfordernis der Vorhersehbarkeit gerecht wird[4]. Dem wird man allenfalls insofern zustimmen können, als die Sozialplanpraxis durch eine Vielzahl von Erfahrungswerten und durch die BAG-Rspr. gewisse Leitlinien gezeichnet hat, die zu einem etwas höheren Maß an Vorhersehbarkeit führen. Problematisch bleibt jedoch weiterhin, dass im Rahmen einer gerichtlichen Überprüfung kaum konkrete Maßstäbe zur Verfügung stehen. 3

---

1 *Herbert Krüger*, Der Regierungsentwurf eines Betriebsverfassungsgesetzes vom 29.1.1971 und das Grundgesetz, 1971, S. 44 f. (66); *Galperin*, Der Regierungsentwurf eines neuen Betriebsverfassungsgesetzes, 1971, S. 45 f. | 2 BVerfG v. 1.3.1979 – 1 BvR 532/77, AP Nr. 1 zu § 1 MitbestG unter III.1a, ebenso Richardi/*Annuß*, § 112 BetrVG Rz. 10; *Fitting*, §§ 112, 112a BetrVG Rz. 2. | 3 Vgl. *Hohenstatt/Stamer*, DB 2005, 2410. | 4 Richardi/*Annuß*, § 112 BetrVG Rz. 11; HSG/*Hess*, § 112 BetrVG Rz. 28 f.; *Teubner*, BB 1974, 982 (987).

4 **II. Interessenausgleich über die Betriebsänderung. 1. Inhalt und Bedeutung des Interessenausgleichs.** Der Begriff Interessenausgleich wird durch das Gesetz nicht definiert; er ist irreführend, da sein Inhalt durchaus nicht auf einen Ausgleich der Interessen hinauslaufen muss, etwa dann, wenn die vom ArbGeb geplante Betriebsänderung vollen Umfangs realisiert wird. In diesen Fällen erfolgt der materielle Interessenausgleich ausschließlich im Sozialplan, der den Ausgleich der wirtschaftl. Nachteile regelt. Entsprechend missverständlich ist auch die gebräuchliche Übersetzung ins Englische (balance of interests). Richtigerweise geht es beim Interessenausgleich um eine **Vereinbarung über das Ob, Wann und Wie einer Betriebsänderung**. Im Englischen würde man sinnvollerweise von einem „reorganization plan" oder einem „implementation plan" im Kontrast zum „collective severance plan" (Sozialplan) sprechen. Im Interessenausgleich wird im Einzelnen geregelt, in welchem Umfang, zu welchem Zeitpunkt bzw. in welcher Abfolge und mit welchem Inhalt die vom Unternehmer geplante Betriebsänderung durchgeführt werden soll[1]. Bei größeren und von ihrem Gesamtumfang umstrittenen Rationalisierungen bietet sich der Abschluss von Teilvereinbarungen an („**Teil-Interessenausgleich**"), so dass schnell wirkende und im Konsenswege durchführbare Maßnahmen bereits eingeleitet werden können und hinreichend Zeit für die Beratung weiterführender Maßnahmen zur Verfügung steht[2].

5 Wenn die vom ArbGeb geplanten Maßnahmen nicht auf Grund einer Zwangslage unvermeidlich sind, einigen sich die Parteien im Interessenausgleich häufig auf eine modifizierte (abgeschwächte) Form der ursprünglich geplanten Betriebsänderung[3]. Zu unterscheiden sind **Organisationsregelungen** und **Folgeregelungen**[4]. Organisationsregelungen betreffen allein die Durchführung einer **organisatorischen Maßnahme**, also etwa die Stilllegung eines Betriebsteils oder einer Maschine. Folgeregelungen gehen darüber hinaus, indem die geplante **Betriebsänderung eingegrenzt oder zeitlich gestreckt** wird oder eine **Absicherung der verbleibenden Arbeitsplätze** erfolgt (Beispiel: Zeitweiser **Ausschluss betriebsbedingter Kündigungen** über das Maß eines vereinbarten Personalabbaus hinaus). Einzelnen Bestimmungen kann auch ein Doppelcharakter („januskköpfige Regelungen"[5]) zukommen, wenn sie zwar organisatorische Maßnahmen betreffen, indirekt jedoch eine Schutzwirkung zu Gunsten der betroffenen ArbN entfalten (Beispiel: Verpflichtung des Unternehmers, einen bestimmten Produktionszweig nicht ins Ausland zu verlagern, eine bestimmte Aufgabe nicht fremd zu vergeben oder eine Abteilung nicht zu schließen).

6 Ein Interessenausgleich kann nur dann den mit ihm verknüpften Sinn erfüllen, wenn der Unternehmer die **Betriebsänderung nicht bereits durchgeführt** hat, da in diesem Fall eine Einflussnahme auf die Planungen des ArbGeb nicht mehr möglich ist[6]. Bei einseitiger Durchführung einer Betriebsänderung können jedoch Ansprüche auf Nachteilsausgleich entstehen (§ 113 III). Das Recht zum Abschluss eines Sozialplans besteht hingegen auch nach Durchführung der Betriebsänderung (vgl. § 112 Rz. 30).

7 Gegenstand des Interessenausgleichs sind nur Regelungen über das Ob, Wie und Wann der Betriebsänderung, während Regelungen zum Ausgleich der wirtschaftl. Nachteile vom Sozialplan erfasst werden. In der Praxis ist es dennoch üblich, **Interessenausgleich und Sozialplan im Zusammenhang und in einer Urkunde abzuschließen**. Von einer „Vermischung" von Interessenausgleich und Sozialplan ist indes aus praktischer Sicht **abzuraten**, weil beide Institute im Hinblick auf ihren Inhalt und ihre Rechtswirkungen unterschiedlich sind (s. Rz. 25 f.). Auch ohne ausdrücklichen Hinweis kann in der Vereinbarung eines Sozialplans im Zusammenhang mit einer konkreten Betriebsänderung zugleich konkludent ein Interessenausgleich über die entsprechende Maßnahme liegen[7]. Die Unterscheidung ist jedoch erforderlich für die Festlegung, welche Regelungen Gegenstand des Spruchs der Einigungsstelle sein können[8]. Ein von der Einigungsstelle beschlossener Sozialplan, der Regelungen zur Modifizierung der vom Unternehmer geplanten Maßnahme enthält, ist unwirksam[9].

8 Der Interessenausgleich muss eine **konkrete Betriebsänderung** betreffen. Allein der Abschluss eines „**Rahmeninteressenausgleichs**", der dem Unternehmer freie Hand für die Durchführung von Betriebsänderungen während eines bestimmten Zeitraums ließe, wäre **nicht zulässig**[10]. Steht allerdings fest, dass in einem Betrieb fortlaufende Anstrengungen zur Reduzierung der Arbeitsplätze unternommen werden müssen, kann ein langfristig wirkender Interessenausgleich in der Weise abgeschlossen werden, dass **Personalabbaumaßnahmen** innerhalb der Laufzeit **bis zu einer bestimmten Belegschaftsstärke** zugelassen werden; in der Regel wird dies mit dem Abschluss eines entsprechend langfristigen Sozialplans verbunden (vgl. demgegenüber zum „Rahmensozialplan" Rz. 31).

---

1 BAG v. 9.7.1985 – 1 AZR 323/83, AP Nr. 13 zu § 113 BetrVG 1972; v. 27.10.1987 – 1 ABR 9/86, AP Nr. 41 zu § 112 BetrVG 1972; v. 17.9.1991 – 1 ABR 23/91, AP Nr. 59 zu § 112 BetrVG 1972; *Fitting*, §§ 112, 112a BetrVG Rz. 11; Richardi/*Annuß*, § 112 BetrVG Rz. 18; HSG/*Hess*, § 112 BetrVG Rz. 2. | 2 Vgl. BAG v. 20.4.1994 – 10 AZR 186/93, AP Nr. 27 zu § 113 BetrVG 1972 Bl. 2. | 3 Vgl. Richardi/*Annuß*, § 112 BetrVG Rz. 21; *Fitting*, §§ 112, 112a BetrVG Rz. 17 ff. | 4 Ausf. *Willemsen/Hohenstatt*, NZA 1997, 345 (346 f.); vgl. auch Richardi/*Annuß*, § 112 BetrVG Rz. 22. | 5 *Willemsen/Hohenstatt*, NZA 1997, 345 (346 f.). | 6 Richardi/*Annuß*, § 112 BetrVG Rz. 16. | 7 BAG v. 20.4.1994 – 10 AZR 186/93, AP Nr. 27 zu § 113 BetrVG 1972. | 8 BAG v. 17.9.1991 – 1 ABR 23/91, AP Nr. 59 zu § 112 BetrVG 1972. | 9 BAG v. 17.9.1991 – 1 ABR 23/91, AP Nr. 59 zu § 112 BetrVG 1972; HSG/*Hess*, § 112 BetrVG Rz. 18; Richardi/*Annuß*, § 112 BetrVG Rz. 21. | 10 BAG v. 29.11.1983 – 1 AZR 523/82, AP Nr. 10 zu § 113 BetrVG 1972; v. 19.1.1999 – 1 AZR 342/98, AP Nr. 37 zu § 113 BetrVG 1972; GK-BetrVG/*Fabricius*/Oetker, §§ 112, 112a Rz. 11; ErfK/*Kania*, §§ 112, 112a BetrVG Rz. 4; *Fitting*, §§ 112, 112a BetrVG Rz. 15.

Seit dem 1.1.2004 sieht § 1 V KSchG wieder vor, dass bei Kündigungen auf Grund einer Betriebsänderung eine Vermutung der Betriebsbedingtheit der Kündigung greift und die soziale Auswahl nur auf grobe Fehlerhaftigkeit überprüft werden kann, sofern die zur Kündigung vorgesehenen ArbN im Interessenausgleich namentlich bezeichnet sind (sog. **Namensliste**). Die Anwendung der Bestimmung setzt voraus, dass eine geplante Betriebsänderung vorliegt, so dass ein freiwilliger Interessenausgleich nicht genügt[1]. Das Schriftformerfordernis gem. § 112 I 1 gilt auch für die Namensliste[2]. Namensliste und Interessensausgleich müssen eine einheitliche Urkunde bilden. Werden sie getrennt erstellt, muss die Namensliste unterschrieben sein und im Interessenausgleich muss ausdrücklich darauf Bezug genommen werden, wobei die Namensliste dem Interessenausgleich zeitlich durchaus nachfolgen kann[3]. Fehlt die Unterschrift auf der Namensliste, muss diese mit dem auf sie bezugnehmenden Interessenausgleich mittels Heftmaschine fest verbunden sein[4]. Ein erst nachträgliches Zusammenheften genügt dem Schriftformerfordernis in diesem Fall jedoch nicht[5]. Besonderheiten bestehen für den Interessenausgleich im **Insolvenzverfahren** (§ 125 InsO). Im Interessenausgleich anlässlich einer **Unternehmensumwandlung** ist eine namentliche Zuordnung von ArbN zu einem bestimmten Betrieb oder Betriebsteil möglich (§ 323 II UmwG); die Zuordnung kann durch das ArbG nur auf grobe Fehlerhaftigkeit überprüft werden. 9

2. Zustandekommen eines Interessenausgleichs. a) Grundsatz der Freiwilligkeit. Der Interessenausgleich kann nur freiwillig zu Stande kommen. Die **Einigungsstelle** kann – im Unterschied zum Sozialplan (Abs. 4) – **nicht verbindlich über den Interessenausgleich entscheiden**. Allerdings wirken sich die Anforderungen an das Verfahren zum Versuch eines Interessenausgleichs praktisch dergestalt aus, dass Unternehmer häufig gezwungen sind, auch im Hinblick auf die geplante Maßnahme Kompromisse einzugehen. Insb. entstehen durch die Einschaltung der BA (Abs. 2 S. 1) sowie durch das Erfordernis, die Einigungsstelle anzurufen (Abs. 2 S. 2; vgl. hierzu Rz. 20), erhebliche **zeitliche Verzögerungen**, die finanziell so einschneidend wirken können, dass die unternehmerische Freiheit weitgehend eingeschränkt ist und der Unternehmer faktisch gezwungen ist, zur Vermeidung eines solchen Zeitverzugs erhebliche Zugeständnisse zu machen. Es ist daher nicht praxisgerecht, bei der verfassungsrechtl. Bewertung von § 112 von einer reinen Freiwilligkeit des Interessenausgleichs auszugehen. Aus einer Vielzahl von Gründen wäre eine Verkürzung und zeitliche Begrenzung des Verfahrens von großem Nutzen (vgl. zur früheren Fristenregelung in § 113 unter § 111 Rz. 6). 10

b) Der innerbetrieblich vereinbarte Interessenausgleich. Der Unternehmer muss selbst die Initiative zu Verhandlungen über einen Interessenausgleich ergreifen[6]. Ohne den Versuch eines Interessenausgleichs (vgl. zu den Anforderungen Rz. 20) darf der Unternehmer die Betriebsänderung nicht durchführen[7]. 11

Der BR kann die Zustimmung zu einer Betriebsänderung vom Inhalt und Abschluss eines Sozialplans abhängig machen, auch wenn das Gesetz das Beteiligungsverfahren im Hinblick auf den Interessenausgleich und den Sozialplan trennt[8].

Der Interessenausgleich ist **schriftlich** niederzulegen und vom Unternehmer oder bei juristischen Personen vom zur Vertretung befugten Organ und dem Vorsitzenden des BR zu **unterschreiben** (Abs. 1 S. 1). Die Wahrung der Schriftform ist **Wirksamkeitsvoraussetzung**[9]. Eine im Rahmen mündlicher Verhandlungen erzielte Einigung ist daher noch keine hinreichende Grundlage für die Durchführung einer geplanten Betriebsänderung. 12

Für die Schriftform genügt eine Urkunde, die zugleich einen Sozialplan und andere mitbestimmte Regelungen enthält[10]. Eine fälschliche Bezeichnung der in ihr getroffenen Vereinbarungen berührt die Wirksamkeit der Einigung nicht[11]. Für die Urkunde ist keine dauernde äußere körperliche Verbindung der einzelnen Blätter erforderlich. Nach der Rspr. des BGH genügt es, wenn die Einheit der Urkunde 13

1 *Hohenstatt*, NZA 1998, 846 (851); *Oetker/Friese*, DZWIR 2001, 177; *Willemsen/Annuß*, NJW 2004, 177 (180); Richardi/*Annuß*, § 112 BetrVG Rz. 22a; aA *Kopenhagen*, NZA 1998, 968 ff. | 2 BAG v. 7.5.1998 – 2 AZR 55/98, AP Nr. 1 zu § 1 KSchG 1969 – Namensliste; vgl. ErfK/*Ascheid/Oetker*, § 1 KSchG Rz. 516 mwN. | 3 BAG v. 19.6.2007 – 2 AZR 304/06, Rz. 32 f., NZA 2008, 103. | 4 BAG v. 7.5.1998 – 2 AZR 55/98, AP Nr. 1 zu § 1 KSchG 1969 – Namensliste; v. 6.12.2001 – 2 AZR 422/00, NZA 2002, 999; v. 26.4.2007 – 8 AZR 612/06, Rz. 33, NZA 2007, 1319. | 5 BAG v. 6.7.2006 – 2 AZR 520/05, ZIP 2006, 2329 Rz. 37. | 6 ErfK/*Kania*, § 112, 112a BetrVG Rz. 6; Richardi/*Annuß*, § 113 BetrVG Rz. 30. | 7 BAG v. 24.1.1996 – 1 AZR 542/95, AP Nr. 16 zu § 50 BetrVG 1972; *Fitting*, §§ 112, 112a BetrVG Rz. 25, 35; HSG/*Hess*, § 112 BetrVG Rz. 22. | 8 BAG v. 20.11.1970 – 1 AZR 408/69, AP Nr. 7 zu § 72 BetrVG; v. 17.9.1974 – 1 AZR 16/74, AP Nr. 1 zu § 113 BetrVG 1972; *Fitting*, §§ 112, 112a BetrVG Rz. 26; GK-BetrVG/*Fabricius/Oetker*, §§ 112, 112a Rz. 29; *Schweibert* in Willemsen/Hohenstatt/Schweibert/Seibt, Rz. C 155; DKK/*Däubler*, §§ 112, 112a BetrVG Rz. 13; Richardi/*Annuß*, § 112 BetrVG Rz. 24; MünchArbR/*Matthes*, § 361 Rz. 11; aA *Stege/Weinspach/Schiefer*, §§ 111–113 BetrVG Rz. 110; HSG/*Hess*, § 112 BetrVG Rz. 16. | 9 BAG v. 9.7.1985 – 1 AZR 323/83, AP Nr. 13 zu § 113 BetrVG 1972; v. 20.4.1994 – 10 AZR 186/93, AP Nr. 27 zu § 113 BetrVG 1972; v. 26.10.2004 – 1 AZR 493/03, NZA 2005, 237; *Fitting*, §§ 112, 112a BetrVG Rz. 27; Richardi/*Annuß*, § 112 BetrVG Rz. 28. | 10 BAG v. 20.4.1994 – 10 AZR 186/93, AP Nr. 27 zu § 113 BetrVG 1972; Richardi/*Annuß*, § 112 BetrVG Rz. 30; *Fitting*, §§ 112, 112a BetrVG Rz. 27. | 11 BAG v. 20.4.1994 – 10 AZR 186/93, AP Nr. 27 zu § 113 BetrVG 1972; v. 17.9.1991 – 1 ABR 23/91, AP Nr. 59 zu § 112 BetrVG 1972.

zweifelsfrei festgestellt werden kann, etwa auf Grund fortlaufender Nummerierung der Bestimmungen oder der Blätter, oder auf Grund einheitlicher grafischer Gestaltung[1].

14 **c) Zuständigkeit für den Interessenausgleich.** IdR ist der Interessenausgleich mit dem BR zu versuchen, der für den Betrieb zuständig ist, auf den sich die geplante Maßnahme bezieht. Nur wenn die **Betriebsänderung betriebsübergreifend geplant** ist, ist der **GBR** zuständig. Bei einer **unternehmensübergreifenden Planung** innerhalb eines Konzerns kann auch die Zuständigkeit des **KBR** gegeben sein (vgl. § 111 Rz. 72 ff.).

15 Der BR ist als **Gesamtorgan** für den Interessenausgleich zuständig, so dass dessen Abschluss nicht dem Betriebsausschuss oder einem sonstigen Ausschuss zu selbständigen Erledigung übertragen werden kann[2]. Ob die Zuständigkeit auf eine Arbeitsgruppe nach § 28a übertragen werden kann, wenn sich die Betriebsänderung auf den Zuständigkeitsbereich einer solchen Arbeitsgruppe beschränkt, ist umstritten[3]. Auf der ArbGebSeite ist der **Rechtsträger des Betriebs**, in dem die geplante Betriebsänderung durchgeführt werden soll, zur Durchführung des Verfahrens verpflichtet[4]. Dies gilt auch bei abhängigen Konzerngesellschaften[5]. Die Begriffe „Unternehmer" und „Arbeitgeber" sind in den §§ 111 f. identisch, bezeichnen lediglich unterschiedliche Funktionen und Rechtsbeziehungen derselben Person. Wird über das Unternehmen ein Insolvenzverfahren eröffnet, tritt gem. § 80 I InsO der Insolvenzverwalter an die Stelle des Unternehmers[6]. Vor Eröffnung des Insolvenzverfahrens ist der Insolvenzverwalter im Fall des § 22 I InsO zuständig. Der sog. „schwache" Insolvenzverwalter ist nur zuständig, wenn dies das Insolvenzgericht angeordnet hat (§ 22 II InsO)[7].

16 **d) Vermittlung durch die Bundesagentur für Arbeit.** Gem. Abs. 2 S. 1 können, soweit eine Einigung über den Interessenausgleich (oder eine Einigung über den Sozialplan) nicht zu Stande kommt, sowohl der Unternehmer als auch der BR den Vorstand der BA um Vermittlung ersuchen. In der Praxis wird hiervon häufig dann Gebrauch gemacht, wenn die ArbN-Seite den **Einigungsprozess verzögern** möchte. Die Möglichkeit der Vermittlung durch die BA ist daher kritisch zu sehen, zumal nach der gesetzl. Konzeption ohnehin ein Einigungsversuch in der Einigungsstelle (vgl. Abs. 2 S. 2) unternommen werden muss (vgl. zu dieser Obliegenheit Rz. 20). Im Insolvenzverfahren muss denn auch – sinnvollerweise – ein Vermittlungsversuch nur durchgeführt werden, wenn der Insolvenzverwalter und der BR gemeins. um eine solche Vermittlung ersuchen (§ 121 InsO).

17 Anzurufen ist der Vorstand der BA, der sich gem. dem geänderten Gesetzeswortlaut vertreten lassen kann. Die Einschaltung der BA ist **freiwillig**. Sie ist daher keine Voraussetzung für die Anrufung der Einigungsstelle[8]. Einigkeit besteht dahin gehend, dass kein rechtl. Einlassungszwang im Rahmen des Vermittlungsverfahrens besteht[9]. Allerdings soll sich aus dem **Gebot der vertrauensvollen Zusammenarbeit** (§ 2 I) eine Verpflichtung ergeben, sich an dem Vermittlungsversuch zu beteiligen[10]. Daraus ergibt sich, dass der Unternehmer die Einigungsstelle nach der Einl. des Vermittlungsverfahrens erst anrufen kann, wenn das Vermittlungsverfahren abgeschlossen ist[11]. Hierfür ist allerdings nicht erforderlich, dass der Vorstand der BA das Scheitern des Vermittlungsversuchs feststellt[12]. Durch die Anrufung der Einigungsstelle bringt die jeweilige Partei vielmehr zugleich zum Ausdruck, dass der Vermittlungsversuch ergebnislos geblieben ist. Die **Anrufung der Einigungsstelle** ist daher mit dem Abbruch der Verhandlungen gleichzusetzen[13]. Soweit eine Seite bereits die Einigungsstelle angerufen hat (vgl. zum Begriff der Anrufung § 76 Rz. 16) muss nicht etwa das Einigungsstellenverfahren unterbrochen werden, bis das Vermittlungsverfahren durchgeführt ist. Aus der Freiwilligkeit des Vermittlungsverfahrens folgt vielmehr, dass es nicht mehr durchzuführen ist, wenn eine Seite bereits die Einigungsstelle angerufen hat[14].

18 Der Vermittler gestaltet das **Verfahren** nach eigenem Ermessen[15]. In der Regel wird er die Parteien auffordern, ihren Standpunkt vorzutragen und wird den Versuch unternehmen, zwischen den Parteien

---

1 BGH v. 24.9.1997 – XII ZR 234/95, NJW 1998, 58 (61); Richardi/*Annuß*, § 112 BetrVG Rz. 29; zur Schriftform bei Vereinbarung einer Namensliste BAG v. 26.4.2007 – 8 AZR 612/06, Rz. 33, NZA 2007, 1319. | 2 DKK/*Däubler*, §§ 112, 112a BetrVG Rz. 12; Richardi/*Annuß*, § 112 BetrVG Rz. 32. | 3 Die Begr. zum RegE (BT-Drs. 14/5741), S. 40 und die hM gehen nicht von dieser Möglichkeit aus; aA mwN Richardi/*Annuß*, § 112 BetrVG Rz. 33. | 4 GK-BetrVG/*Fabricius/Oetker*, §§ 112, 112a Rz. 46. | 5 BAG v. 15.1.1991 – 1 AZR 94/90, AP Nr. 21 zu § 113 BetrVG; *Tomicic*, Interessenausgleich und Sozialplan im Konzern, 1981, S. 35 ff. | 6 Richardi/*Annuß*, § 112 BetrVG Rz. 34; GK-BetrVG/*Fabricius/Oetker*, §§ 112, 112a Rz. 47. | 7 Vgl. iE GK-BetrVG/*Fabricius/Oetker*, §§ 112, 112a Rz. 47. | 8 *Fitting*, §§ 112, 112a BetrVG Rz. 31 (damit im Widerspruch aber Rz. 33); Richardi/*Annuß*, § 112 BetrVG Rz. 219; HSG/*Hess*, § 112 BetrVG Rz. 70; GK-BetrVG/*Fabricius/Oetker*, §§ 112, 112a Rz. 200; *Schweibert* in Willemsen/Hohenstatt/Schweibert/Seibt, Rz. C 166. | 9 Richardi/*Annuß*, § 112 BetrVG Rz. 220; GK-BetrVG/*Fabricius/Oetker*, §§ 112, 112a Rz. 205. | 10 *Bauer*, DB 1994, 217 (224); DKK/*Däubler*, §§ 112, 112a BetrVG Rz. 4; *Fitting*, §§ 112, 112a BetrVG Rz. 33; Richardi/*Annuß*, § 112 BetrVG Rz. 220. | 11 *Fitting*, §§ 112, 112a BetrVG Rz. 33; aA Richardi/*Annuß*, § 112 BetrVG Rz. 220. | 12 Wie hier GK-BetrVG/*Fabricius/Oetker*, §§ 112, 112a Rz. 206. | 13 GK-BetrVG/*Fabricius/Oetker*, §§ 112, 112a Rz. 206; Richardi/*Annuß*, § 112 BetrVG Rz. 220; *Rumpff/Boewer*, Mitbestimmung in wirtschaftliche Angelegenheiten, I. Rz. 38; Moll/*Liebers*, § 54 Rz. 58; aA wohl *Fitting*, §§ 112, 112a BetrVG Rz. 33. | 14 So ausdrücklich GK-BetrVG/*Fabricius/Oetker*, §§ 112, 112a Rz. 201; *Friedemann*, Das Verfahren der Einigungsstelle für Interessenausgleich und Sozialplan, 1997, Rz. 36 Fn. 62; wohl auch *Etzel*, Betriebsverfassungsrecht, Rz. 1009. | 15 Vgl. iE GK-BetrVG/*Fabricius/Oetker*, §§ 112, 112a Rz. 204.

zu vermitteln und Einigungsvorschläge vorzulegen. Der Vermittler hat jedoch nicht die Möglichkeit, eine verbindliche Regelung herbeizuführen[1]. Ob die Parteien einvernehmlich den Vermittler ermächtigen können, eine für sie verbindliche Entscheidung zu treffen, ist umstr.[2], wobei es sich hierbei eher um eine theoretische Streitfrage handeln dürfte, da sich die Parteien in der Regel nicht der Entscheidung eines Dritten unterwerfen wollen.

Kommt durch die Vermittlung ein Interessenausgleich zu Stande, ist er schriftl. niederzulegen und 19
vom Unternehmer sowie vom BR zu unterschreiben (Abs. 1 S. 1). Es gelten hier also dieselben Formvorschriften wie für den innerbetrieblich vereinbarten Interessenausgleich (vgl. Rz. 12 f.). Eine Unterzeichnung des Interessenausgleichs durch den Vorstand der BA oder einen Vertreter ist nicht erforderlich, jedoch unschädlich.

e) Anrufung der Einigungsstelle. Sind die innerbetriebl. Einigungsversuche über den Interessenaus- 20
gleich erfolglos geblieben[3], kann jede Seite die Einigungsstelle anrufen (Abs. 2 S. 2). Obwohl das Gesetz keine ausdrückliche Verpflichtung zur Anrufung der Einigungsstelle vorsieht, soll die Anrufung der Einigungsstelle durch den Unternehmer, der die Betriebsänderung durchführen will, rechtlich geboten sein. Nach der BAG-Rspr. soll der Unternehmer mit der Durchführung der Betriebsänderung so lange warten, bis alle Einigungsmöglichkeiten – einschließlich das Verfahren in der Einigungsstelle – ausgeschöpft sind. Ansonsten liegt nach der Rspr. des BAG kein hinreichender Versuch eines Interessenausgleichs iSv. § 113 III vor[4]. Diese Verpflichtung soll den ArbGeb selbst dann treffen, wenn der BR von vornherein mitgeteilt hat, mit dem ArbGeb keinen Interessenausgleich abschließen zu wollen[5] bzw. wenn der BR-Vorsitzende mitgeteilt hat, dass ein Interessenausgleich nicht erforderlich sei[6]. Dies muss man wohl als überzogen ansehen, wenn das Verfahren angesichts des Standpunkts des BR als reine Förmelei erscheint[7]. Immerhin hat es das BAG für möglich angesehen, dass die Verpflichtung zur Anrufung der Einigungsstelle entfallen kann, wenn der BR die Verhandlungen rechtsmissbräuchlich hinauszögert[8].

Ebenso wie der Vermittlungsversuch der BA (vgl. Rz. 16 ff.) kann sich auch das **Einigungsstellenver-** 21
fahren entweder **ausschließlich auf den Interessenausgleich oder zugleich auf den Sozialplan** beziehen[9]. Der Gegenstand des Einigungsstellenverfahrens unterliegt der Disposition des Antragstellers. Der ArbGeb kann sich daher aus Gründen der Beschleunigung des Verfahrens zunächst darauf beschränken, die Einigungsstelle nur im Hinblick auf den Interessenausgleich anzurufen[10]. Hat der BR seine Zustimmung zur geplanten Betriebsänderung jedoch von der Aufstellung eines Sozialplans abhängig gemacht (vgl. Rz. 11), muss sich auch die Einigungsstelle mit dem Sozialplan befassen. Bezieht sich der Antrag des ArbGeb dennoch nur auf den Interessenausgleich, kann der BR die Zuständigkeit der Einigungsstelle durch einen eigenen Antrag auf den Sozialplan erweitern.

Die **Anrufung der Einigungsstelle** erfolgt durch die Aufforderung der anderen Partei, sich an der Bil- 22
dung einer Einigungsstelle zu beteiligen; dies geschieht in der Regel, indem konkrete Vorschläge über die Zahl der Beisitzer und der Person des Vorsitzenden unterbreitet werden (vgl. zur Bildung einer Einigungsstelle § 76 Rz. 16).

Das **Verfahren der Einigungsstelle** richtet sich nach § 76. Nach § 112 III sollen Unternehmer und BR 23
der Einigungsstelle Vorschläge zur Beilegung der Meinungsverschiedenheiten unterbreiten. Die Einigungsstelle hat sodann eine Einigung der Parteien zu versuchen. Zu diesem Zweck kann der Vorsitzende der Einigungsstelle Informationen und Unterlagen von den Parteien anfordern und eine Seite auffordern, konkrete Vorschläge vorzulegen, soweit dies nicht bereits geschehen ist. Die Einigungsstelle kann sodann selbst einen Einigungsvorschlag unterbreiten, über den nach § 76 III zu entscheiden ist. Gelingt es, eine Einigung über den Interessenausgleich herbeizuführen, ist der Interessenausgleich schriftl. niederzulegen und vom Unternehmer, BR-Vorsitzenden und vom Vorsitzenden der Einigungsstelle zu unterzeichnen. Nur unter dieser Voraussetzung liegt ein wirksamer Interessenausgleich vor (vgl. Abs. 3 S. 3). Fehlt nur die Unterschrift des Vorsitzenden der Einigungsstelle, liegt aber dennoch eine wirksame Vereinbarung vor[11]. Da die Einigungsstelle nicht verbindlich über den Interessenausgleich entscheiden kann, liegt darin eine Kollektivvereinbarung zwischen den Betriebsparteien, deren Wirksamkeit einen

---

1 Vgl. die Nachw. bei Richardi/*Annuß*, § 112 BetrVG Rz. 222; GK-BetrVG/*Fabricius/Oetker*, §§ 112, 112a Rz. 204; *Rumpff/Boewer*, Mitbestimmung in wirtschaftlichen Angelegenheiten, I. Rz. 37. | **2** Vgl. die Nachw. bei GK-BetrVG/*Fabricius/Oetker*, §§ 112, 112a BetrVG Rz. 204. | **3** S. zu diesem Erfordernis instruktiv LAG Hessen v. 17.4.2007 – 4 TaBV 59/07; *Göpfert/Krieger*, NZA 2005, 254. | **4** BAG v. 18.12.1984 – 1 AZR 176/82, AP Nr. 11 zu § 113 BetrVG 1972; v. 9.7.1985 – 1 AZR 323/83, AP Nr. 13 zu § 113 BetrVG 1972; v. 20.11.2001 – 1 AZR 97/01, BB 2002, 1862 (1863); ebenso Richardi/*Annuß*, § 113 BetrVG Rz. 29; *Fitting*, §§ 112, 112a BetrVG Rz. 35; DKK/*Däubler*, §§ 112, 112a BetrVG Rz. 5. | **5** Richardi/*Annuß*, § 113 BetrVG Rz. 30. | **6** BAG v. 26.10.2004 – 1 AZR 493/03, NZA 2005, 237. | **7** Vgl. GK-BetrVG/*Fabricius/Oetker*, § 113 Rz. 40; *Matthes*, FS Wlotzke, S. 393 (403). | **8** BAG v. 20.11.2001 – 1 AZR 97/01, AP Nr. 39 zu § 113 BetrVG 1972, Bl. 2. | **9** *Fitting*, §§ 112, 112a BetrVG Rz. 45. | **10** Richardi/*Annuß*, § 112 Rz. 226 f.; GK-BetrVG/*Fabricius-Oetker*, §§ 112, 112a Rz. 213 f.; *Etzel*, Betriebsverfassungsrecht, Rz. 1008. | **11** GK-BetrVG/*Fabricius/Oetker*, §§ 112, 112a Rz. 222; Richardi/*Annuß*, § 112 BetrVG Rz. 237.

Beschluss des BR gem. § 33 erforderlich macht[1]. In eiligen Fällen ist deshalb darauf zu achten, dass der BR als Gremium verfügbar ist oder wenigstens zeitnah ordnungsgem. zusammentreten kann, um das Verhandlungsergebnis der Einigungsstelle ggf. zu genehmigen.

24 Kommt auch in der Einigungsstelle kein Interessenausgleich zu Stande, kann der Unternehmer die von ihm geplante Betriebsänderung wie geplant durchführen. Vereinzelt wird vertreten, dass hierfür eine **Feststellung der Einigungsstelle** bzw. des Vorsitzenden der Einigungsstelle dahin gehend vorliegen muss, **dass die Verhandlungen um einen Interessenausgleich gescheitert sind**[2]. Eine so weit gehende Verpflichtung lässt sich aus dem Gesetz jedoch nicht herleiten. Sobald die geplante Betriebsänderung in der Einigungsstelle ausführlich beraten und Einigungsmöglichkeiten ausgelotet worden sind, muss es jeder Seite freistehen, weitere Bemühungen der Einigungsstelle für aussichtslos anzusehen und die Verhandlungen für gescheitert zu erklären. In einem solchen Fall setzt sich der Unternehmer Nachteilsausgleichsansprüchen gem. § 113 III uE nur dann aus, wenn der **Abbruch der Verhandlungen willkürlich** war.

25 **3. Wirkungen des Interessenausgleichs.** Abs. 1 S. 3 bestimmt lediglich für den Sozialplan, dass er die Wirkung einer BV hat, während im Hinblick auf den Interessenausgleich eine Regelung fehlt. Im Umkehrschluss kann dies nur bedeuten, dass der Interessenausgleich weder die Wirkungen einer BV hat noch eine BV darstellt[3]. Der Interessenausgleich wird daher überwiegend als Kollektivvereinbarung besonderer Art bezeichnet, auch wenn diese Charakterisierung keine wesentliche Klärung mit sich bringt[4]. Eine normative Wirkung des Interessenausgleichs, also eine unmittelbare und zwingende Wirkung auf die Einzelarbeitsverhältnisse, wird ganz überwiegend abgelehnt[5]. Aus den typischen Organisationsregelungen (vgl. Rz. 5) eines Interessenausgleichs ergeben sich ohnehin zumeist keine direkten Auswirkungen auf das einzelne Arbeitsverhältnis[6]. Ein Bedürfnis für eine normative Wirkung könnte sich allerdings im Hinblick auf sog. **Folgeregelungen** (oder bei Regelungen mit Doppelcharakter; vgl. Rz. 5) stellen, zB wenn in einem Interessenausgleich ein Personalabbau, zugleich jedoch über die vereinbarten Grenzen hinaus ein **Ausschluss betriebsbedingter Kündigungen** für einen bestimmten Zeitraum vereinbart worden ist. Im Hinblick auf solche Regelungen wird in Rspr. und Schrifttum teilweise angenommen, dass sich aus dem Interessenausgleich unmittelbare normative Rechte und Ansprüche der ArbN ableiten[7]. Diese Auffassung wird jedoch dem besonderen Charakter des Interessenausgleichs nicht gerecht. Insb. wird übersehen, dass der Gesetzgeber ausdrücklich ausgeschlossen hat, dass der Interessenausgleich eine BV darstellt. Im Übrigen verstößt diese Auffassung gegen den Vorrang der Sanktionsregelung in § 113 I und II[8]. Da es den Betriebsparteien jedoch unbenommen bleibt, freiwillige BV abzuschließen, die entsprechende Rechtsansprüche für die ArbN begründen, oder aber den Interessenausgleich ausdrücklich als BV abzuschließen[9], sollte in der Praxis darauf geachtet werden, dass im Interessenausgleich ausdrücklich festgelegt wird, welche Regelungen ggf. unmittelbare Wirkung auf die einzelnen Arbeitsverhältnisse entfalten sollen[10]. Unterbleibt dies, verbleibt es bei den Sanktionsmöglichkeiten gem. § 113, ohne dass eine normative Wirkung auf das Arbeitsverhältnis erfolgen kann.

26 Eine davon gesondert zu sehende Fragestellung betrifft die **kollektivrechtl. Bindungswirkung** des Interessenausgleichs. Dass eine kollektivrechtl. Bindungswirkung bestehen muss, zeigt § 113 I, da ansonsten an die Nichtbeachtung des Interessenausgleichs keine Sanktionen geknüpft werden könnten[11]. Daraus kann jedoch nach zutreffender Ansicht nicht auf einen kollektivrechtl. Erfüllungsanspruch des BR und ebenso wenig auf das Bestehen von Unterlassungsansprüchen bei Abweichungen vom Interessenausgleich geschlossen werden[12], da ansonsten systematische und wertungsmäßige Widersprüche

1 Vgl. BAG v. 24.2.2000 – 8 AZR 180/99, AP Nr. 7 zu § 1 KSchG 1969; *Fitting*, §§ 112, 112a BetrVG Rz. 47; GK-BetrVG/*Fabricius/Oetker*, §§ 112, 112a Rz. 222; *Stege/Weinspach/Schiefer*, §§ 111–113 BetrVG Rz. 122. | 2 *Fitting*, §§ 112, 112a BetrVG Rz. 48; *Röder/Baeck*, S. 21 f. beide unter Hinweis auf LAG Düsseldorf v. 14.11.1983 – 12 TaBV 88/83, DB 1984, 511, der Entscheidung ist aber die Erforderlichkeit einer solchen Feststellung durch den Vorsitzenden nicht zu entnehmen; DKK/*Däubler*, §§ 112, 112a BetrVG Rz. 9; ErfK/*Kania*, § 112 BetrVG Rz. 8; *Friedemann*, Das Verfahren der Einigungsstelle für Interessenausgleich und Sozialausgleich, 1997, Rz. 441. | 3 ErfK/*Kania*, §§ 112, 112a BetrVG Rz. 9; GK-BetrVG/*Fabricius/Oetker*, §§ 112, 112a Rz. 50; HSG/*Hess*, § 112 BetrVG Rz. 12; *Willemsen/Hohenstatt*, NZA 1997, 345 (347 f.); aA *Ohl*, Der Sozialplan, 1976, S. 68; *Matthes*, FS Wlotzke 1996, 393 (396 f.). | 4 BAG v. 20.4.1994 – 10 AZR 186/93, AP Nr. 27 zu § 113 BetrVG 1972; *Röder/Baeck*, S. 72 und dortige Fn. 411; MünchArbR/*Matthes*, § 361 Rz. 28. | 5 BAG v. 20.4.1994 – 10 AZR 186/93, AP Nr. 27 zu § 113 BetrVG 1972; ebenso LAG Düsseldorf v. 16.12.1996, LAGE § 112 BetrVG 1972 Nr. 41; BGH v. 15.11.2000 – XII ZR 197/98 NJW 2001, 439 (440); GK-BetrVG/*Fabricius/Oetker*, §§ 112, 112a Rz. 50 f.; *Willemsen/Hohenstatt*, NZA 1997, 345 (347 f.); *Schweibert* in Willemsen/Hohenstatt/Schweibert/Seibt, Rz. C 194; *Fitting*, §§ 112, 112a BetrVG Rz. 52; ErfK/*Kania*, §§ 112, 112a BetrVG Rz. 9. | 6 Vgl. *Willemsen/Hohenstatt*, NZA 1997, 345, 346 f. | 7 GK-BetrVG/*Fabricius/Oetker*, §§ 112, 112a Rz. 51; DKK/*Däubler*, §§ 112, 112a BetrVG Rz. 21; MünchArbR/*Matthes*, § 361 Rz. 31; *Fitting*, §§ 112, 112a BetrVG Rz. 52. | 8 *Willemsen/Hohenstatt*, NZA 1997, 345 (347). | 9 Vgl. *Willemsen/Hohenstatt*, NZA 1997, 345 (347); GK-BetrVG/*Fabricius/Oetker*, §§ 112, 112a Rz. 51; DKK/*Däubler*, §§ 112, 112a BetrVG Rz. 19; *Fitting*, §§ 112, 112a BetrVG Rz. 52. | 10 Vgl. *Picot/Schnitker*, II Rz. 144. | 11 Vgl. GK-BetrVG/*Fabricius/Oetker*, §§ 112, 112a Rz. 53. | 12 BAG v. 28.8.1991 – 7 ABR 72/90, AP Nr. 2 zu § 85 ArbGG 1979; *Willemsen/Hohenstatt*, NZA 1997, 346 (348 ff.); ErfK/*Kania*, §§ 112, 112a BetrVG Rz. 9; *Bauer* DB 1994, 271 (273); *Löwisch*, RdA 1989, 216 (217); Richardi/*Annuß*, § 112 BetrVG Rz. 46.

mit der Sanktionsregelung in § 113 entstünden. Die den §§ 111–113 zugrunde liegende Konzeption geht insgesamt von einem Freiraum unternehmerischer Betätigung aus, mit dem es nicht vereinbar wäre, wenn der Unternehmer im Rahmen arbeitsgerichtl. Verfahren zur Durchführung von organisatorischen Maßnahmen oder zu deren Unterlassung gezwungen werden könnte[1]. Eine hiervon abweichende Auffassung in der Lit. lässt hingegen einen kollektivrechtl. Erfüllungsanspruch zu[2].

III. Sozialplan. 1. Allgemeines; Zweck des Sozialplans. Der Sozialplan ist gem. Abs. 1 S. 2 eine Vereinbarung über den Ausgleich oder die Milderung der wirtschaftl. Nachteile, die den ArbN infolge der geplanten Betriebsänderung entstehen. Gem. S. 3 hat der Sozialplan die Wirkung einer BV (§ 77), wobei der Tarifvorrang, wie er in § 77 III geregelt ist, keine Anwendung finden soll (vgl. Rz. 80 f.). 27

Im Hinblick auf die Wirksamkeit der in ihm geregelten Bestimmungen ist zwischen dem **frei vereinbarten** Sozialplan und dem **erzwungenen Sozialplan**, der von der Einigungsstelle verabschiedet wird, zu unterscheiden. Bei einem vereinbarten Sozialplan bestehen erhebliche Regelungsspielräume, während der von der Einigungsstelle aufgestellte Sozialplan die Richtlinien nach Abs. 5 beachten muss[3]. Maßnahmen, die die Betriebsänderung selbst betreffen und verhindern sollen, dass wirtschaftl. Nachteile überhaupt entstehen, können nicht Bestandteil des (erzwingbaren) Sozialplans sein (vgl. Rz. 7). 28

Der Zweck des Sozialplans besteht in erster Linie darin, den von einer Entlassung betroffenen ArbN eine **Überbrückungshilfe** bis zu einem neuen Arbeitsverhältnis oder bis zum Bezug von Altersrenten zu gewähren[4]. Daraus hat das BAG den Schluss gezogen, dass sich die zu zahlenden Abfindungen **nicht ausschließlich an der bisherigen Betriebszugehörigkeit orientieren** dürfen, es sei denn, dass sich die anderen Sozialdaten der ArbN nur marginal unterscheiden[5]. Die **Überbrückungs- und Vorsorgefunktion** des Sozialplans[6] hat daher zumindest Vorrang vor der Entschädigungsfunktion im Hinblick auf den Verlust des Arbeitsplatzes[7]. Die praktischen Auswirkungen dieser verschiedenen Ansätze sind indessen begrenzt. So ist anerkannt, dass auch zu Zwecken der Bemessung der Überbrückungshilfe ua. auf das Lebensalter und auf die Betriebszugehörigkeit abgestellt werden darf, da ältere ArbN, die zumeist auch über längere Betriebszugehörigkeiten verfügen, schwerer zu vermitteln sind und deshalb in besonderem Maße der Überbrückungshilfe bedürfen[8]. Da den Betriebsparteien bzw. der Einigungsstelle häufig Maßstäbe für eine verlässliche Prognose der Arbeitsmarktaussichten der Mitarbeiter fehlen, wird sich die Bemessung der Sozialplanabfindungen auch zukünftig weitgehend an **vergangenheitsbezogenen Kriterien** orientieren. Unbestritten ist, dass im Rahmen des erzwingbaren Sozialplans ausschließlich wirtschaftl. Nachteile gemildert oder ausgeglichen werden können, nicht hingegen immaterielle Nachteile[9] oder rechtl. Nachteile[10]. 29

2. Erzwingbarkeit des Sozialplans. Die Aufstellung eines Sozialplans ist – im Gegensatz zum Interessenausgleich – erzwingbar. Kommt keine Einigung zu Stande, entscheidet die **Einigungsstelle** mit bindender Wirkung (Abs. 4). Die Mitbest. über den Sozialplan ist unabhängig vom Interessenausgleich[11]. Zwar setzt die Erzwingbarkeit des Sozialplans das Vorliegen einer Betriebsänderung voraus, wobei § 112a Ausnahmen regelt, bei denen trotz Vorliegens einer Betriebsänderung kein Sozialplan erzwungen werden kann; der Anspruch auf Aufstellung eines Sozialplans besteht jedoch auch dann, wenn der Unternehmer keinen Interessenausgleich versucht bzw. erreicht hat. Auch **nach Durchführung der Betriebsänderung** kann noch der Abschluss eines Sozialplans verlangt werden[12]. Auch bei Vorliegen einer Verpflichtung zum Nachteilsausgleich kann der Abschluss eines Sozialplans verlangt werden, auch wenn die Ansprüche gegeneinander verrechnet werden können (vgl. § 113 Rz. 17). 30

Ohne Vorliegen einer **konkret geplanten Betriebsänderung** kann die Aufstellung von Sozialplänen nicht verlangt werden. Ein **vorsorglicher Sozialplan** bzw. ein **Rahmensozialplan** für noch nicht fest- 31

---

1 Richardi/*Annuß*, § 112 BetrVG Rz. 45; GK-BetrVG/*Fabricius/Oetker*, §§ 112, 112a Rz. 61. | 2 MünchArbR/*Matthes*, § 361 Rz. 28; *Zwanziger*, BB 1998, 477 (479); *Meyer*, BB 2001, 882 (885); DKK/*Däubler*, §§ 112, 112a BetrVG Rz. 16; für kollektivrechtliche Durchsetzbarkeit ausnahmsweise bei entsprechender Auslegung des Interessenausgleichs *Fitting*, §§ 112, 112a BetrVG Rz. 51; GK-BetrVG/*Fabricius/Oetker*, §§ 112, 112a Rz. 62; ähnlich *Schweibert* in Willemsen/Hohenstatt/Schweibert/Seibt, Rz. C 198 ff. | 3 Vgl. BAG v. 9.11.1994 – 10 AZR 281/94, AP Nr. 85 zu § 112 BetrVG 1972; Richardi/*Annuß*, § 112 BetrVG Rz. 50; *Fitting*, §§ 112, 112a BetrVG Rz. 78. | 4 BAG v. 28.10.1992 – 10 AZR 129/92, AP Nr. 66 zu § 112 BetrVG 1972; v. 16.3.1994 – 10 AZR 606/93, AP Nr. 75 zu § 112 BetrVG 1972; v. 30.11.1994 – 10 AZR 578/93, AP Nr. 89 zu § 112 BetrVG 1972; v. 9.11.1994 – 10 AZR 281/94, AP Nr. 85 zu § 112 BetrVG 1972; v. 5.10.2000 – 1 AZR 48/00, AP Nr. 141 zu § 112 BetrVG 1972; v. 30.10.2001 – 1 AZR 65/01, AP Nr. 145 zu § 112 BetrVG 1972. | 5 BAG v. 9.11.1994 – 10 AZR 281/94, AP Nr. 85 zu § 112 BetrVG 1972; v. 30.3.1994 – 10 AZR 352/93, AP Nr. 76 zu § 112 BetrVG 1972 unter II.3; v. 12.11.2002 – 1 AZR 58/02, AP Nr. 159 zu § 112 BetrVG 1972. | 6 IdS bereits *Galperin/Löwisch*, § 112 Rz. 3; *Willemsen*, Arbeitnehmerschutz bei Betriebsänderungen im Konkurs, 1980, S. 212. | 7 BAG v. 13.12.1978 – GS 1/77, AP Nr. 6 zu § 112 BetrVG 1972; vgl. auch *Richardi*, Sozialplan S. 11 ff.; *Fuchs*, Der Sozialplan nach dem BetrVG 1972, 1977, S. 28 ff.; *Ohl*, Der Sozialplan, 1976, S. 6 ff. | 8 *Fitting*, §§ 112, 112a BetrVG Rz. 102 f.; vgl. auch DKK/*Däubler*, §§ 112 BetrVG 112a Rz. 41; ErfK/*Kania*, §§ 112, 112a BetrVG Rz. 12. | 9 *Fitting*, §§ 112, 112a BetrVG Rz. 99; DKK/*Däubler*, §§ 112, 112a BetrVG Rz. 39; ErfK/*Kania*, §§ 112, 112a BetrVG Rz. 12. | 10 Richardi/*Annuß*, § 112 BetrVG Rz. 53. | 11 Richardi/*Annuß*, § 112 BetrVG Rz. 60; *Roeder/Baeck*, S. 134. | 12 BAG v. 15.10.1979 – 1 ABR 49/77, AP Nr. 5 zu § 111 BetrVG 1972.

stehende Betriebsänderungen kann **freiwillig** vereinbart werden, ist jedoch **nicht erzwingbar**[1]. Besteht eine rechtl. Unsicherheit dahin gehend, ob ein Betriebsübergang auf einen Erwerber möglich ist oder ob es zur Stilllegung kommt, kann vorsorglich für den Fall einer Betriebsstilllegung ein Sozialplan abgeschlossen werden[2]. Hingegen darf der Sozialplan keine Ausschlussklausel dahin gehend enthalten, dass ein Anspruch eine erfolglose Feststellungsklage gg. den potenziellen Betriebserwerber voraussetzt. Eine solche Regelung ist unzumutbar[3]. Nach Auffassung des BAG **verzichtet** der BR bei Aufstellung eines vorsorglichen Sozialplans zugleich auf seine Beteiligungsrechte im Hinblick auf den wirtschaftl. Ausgleich der Nachteile, die aus zukünftigen Betriebsänderungen resultieren. Dieser Verzicht sei zulässig, da der Ausgleich wirtschaftl. Nachteile abstrakt generell geregelt werden könne und nicht unbedingt von der einzelnen Betriebsänderung abhängig sei[4]. Allerdings könne sich der BR nicht beliebig für die Zukunft binden; die bevorstehenden Betriebsänderungen dürften nicht „völlig ungewiss", sondern müssten im Groben absehbar sein[5]. In der Lit. wird hingegen vertreten, dass der BR ohne Kenntnis der konkreten Betriebsänderung nicht auf sein MitbestR im Hinblick auf den Sozialplan verzichten könne, so dass die Regelungen eines Rahmensozialplans oder eines vorsorglichen Sozialplans nur **Mindestbestimmungen** darstellten, die durch den Abschluss eines ergänzenden Sozialplans noch „aufgebessert" werden könnten[6]. Vor diesem Hintergrund läuft die AG-Seite bei langfristigen Sozialplänen ein erhebliches Risiko dahin gehend, dass diese Regelungen das MitbestR des BR nicht verbrauchen und lediglich den Mindeststandard für den neu abzuschließenden Sozialplan definieren.

32 **3. Personeller Geltungsbereich.** Der Sozialplan gilt nur für die ArbN des Betriebs (§ 5 I; vgl. § 5 Rz. 2 ff.), soweit sie von dem vereinbarten personellen Anwendungsbereich umfasst sind. Für **leitende Angestellte** (§ 5 III) gilt der Sozialplan nicht, auch wenn er sich ausdrücklich auf diesen Personenkreis bezieht. Der BR hat für leitende Angestellte **kein Mandat**[7]. Allerdings soll in einem die leitenden Angestellten einbeziehenden Sozialplan ein Vertrag zu Gunsten Dritter iSv. § 328 BGB liegen können[8]. Auf Grund des arbeitsrechtl. Gleichbehandlungsgrundsatzes ist der ArbGeb aber nicht verpflichtet, auch den leitenden Angestellten Abfindungen für den Verlust des Arbeitsplatzes zu zahlen[9]. Mit dem **SprAu** für leitende Angestellte kann jedoch eine dem Sozialplan vergleichbare Regelung vereinbart werden, wobei der SprAu einen Sozialplan nicht erzwingen kann (vgl. § 32 II SprAuG).

32a **4. Zuständigkeit für den Sozialplan.** Ob für den Sozialplan der örtliche BR oder der GBR bzw. KBR zuständig ist, beurteilt sich nach §§ 50, 58 (s. zur Zuständigkeit im Rahmen von § 111 und für den Interessenausgleich § 111 Rz. 73 und § 112 Rz. 14). Aus der Zuständigkeit (zB des GBR) für den Interessenausgleich folgt nach der Rspr. des BAG[10] nicht ohne Weiteres die Zuständigkeit für den Abschluss des Sozialplans; im Hinblick auf den Sozialplan sei gesondert zu überprüfen, ob – wie im Regelfall – der örtliche BR zuständig oder ob eine **zwingende Notwendigkeit einer betriebs- bzw. unternehmensübergreifenden Regelung** gegeben ist. In der Praxis wird sich aber in der Regel eine einheitliche Zuständigkeit für den Interessenausgleich und den Sozialplan ergeben. Betrifft nämlich der Interessenausgleich eine betriebs- oder unternehmensübergreifend angelegte Betriebsänderung, muss der Sozialplan diesem Umstand Rechnung tragen[11]; steht für die Abfindungen insgesamt nur ein **begrenztes finanzielles Volumen** zur Verfügung (Beispiel: insolvenznahe Situation), kann dessen Verteilung nur unternehmens-

1 BAG v. 26.8.1997 – 1 ABR 12/97, AP Nr. 117 zu § 112 BetrVG 1972; *Fitting*, § 112, 112a BetrVG Rz. 80; DKK/*Däubler*, §§ 112, 112a BetrVG Rz. 130; *Röder/Baeck*, S. 134; *Schweibert* in Willemsen/Hohenstatt/Schweibert/Seibt, Rz. C 208 ff. | **2** BAG v. 1.4.1998 – 10 ABR 17/97, AP Nr. 123 zu § 112 BetrVG 1972; v. 22.7.2003 – 1 AZR 575/02, DB 2003, 2658; *Löwisch*, FS Dieterich, 1999, S. 345 (346); Richardi/*Annuß*. § 112 BetrVG Rz. 66; DKK/*Däubler*, §§ 112, 112a BetrVG Rz. 132b. | **3** BAG v. 22.7.2003 – 1 AZR 575/02, AP Nr. 160 zu § 112 BetrVG 1972. | **4** BAG v. 26.8.1997 – 1 ABR 12/97, AP Nr. 117 zu § 112 BetrVG 1972; vgl. auch BAG v. 19.1.1999 – 1 AZR 342/98, AP Nr. 37 zu § 113 BetrVG 1972. | **5** BAG v. 26.8.1997 – 1 ABR 12/97, AP Nr. 117 zu § 112 BetrVG 1972 Bl. 5. | **6** DKK/*Däubler*, §§ 112, 112a BetrVG Rz. 131 bzgl. Rahmensozialplan, Rz. 132a bzgl. vorsorgl. Sozialplan; *Löwisch*, FS Dieterich, 1999, S. 345 (347 ff.); *C. Meyer*, Anm. zu AP Nr. 117 zu § 112 BetrVG 1972; aA ErfK/*Kania*, §§ 112, 112a BetrVG Rz. 15; *Roeder/Baeck*, S. 135; *Schweibert* in Willemsen/Hohenstatt/Schweibert/Seibt, Rz. C 212; *Picot/Schnitker*, II E. Rz. 168. | **7** BAG v. 31.1.1979 – 5 AZR 454/77, AP Nr. 8 zu § 112 BetrVG 1972; v. 16.7.1985 – 1 AZR 206/81, AP Nr. 32 zu § 112 BetrVG 1972; Richardi/*Annuß*, § 112 BetrVG Rz. 74; GK-BetrVG/*Fabricius*, §§ 112, 112a Rz. 106; DKK/*Däubler*, §§ 112, 112a BetrVG Rz. 47. | **8** BAG v. 31.1.1979 – 5 AZR 454/77, AP Nr. 8 zu § 112 BetrVG 1972; *Stege/Weinspach/Schiefer*, §§ 111–113 BetrVG Rz. 90; *Hanau*, RdA 1979, 324, 329 sieht den BR als Vertreter ohne Vertretungsmacht; gegen jegliche Erweiterung der Regelungskompetenz des BR: MünchArbR/*Matthes*, § 362 Rz. 21; *Fitting*, § 112, 112a BetrVG Rz. 130; *Röder/Baeck*, S. 136; Richardi/*Annuß* spricht von Erklärungen des ArbG im Sozialplan als einem Vertragsangebot an die leitenden Angestellten, das diese konkludent annehmen könnten, § 112 BetrVG Rz. 74. | **9** BAG v. 16.7.1985 – 1 AZR 206/81, AP Nr. 32 zu § 112 BetrVG 1972 unter Aufgabe der noch in BAG v. 31.1.1979 – 5 AZR 454/77, AP Nr. 8 zu § 112 BetrVG 1972, vertretenen Rechtsansicht; DKK/*Däubler*, §§ 112, 112a BetrVG Rz. 47; HSG/*Hess*, § 112 BetrVG Rz. 37; *Knorr*, Sozialplan im Widerstreit der Interessen, § 6 Rz. 33; aA *Stege/Weinspach/Schäfer*, §§ 111–113 BetrVG Rz. 90. | **10** BAG v. 11.12.2001 – 1 AZR 193/01, AP Nr. 22 zu § 50 BetrVG 1972; v. 23.10.2002 – 7 ABR 55/01, ZIP 2003, 1514; v. 3.5.2006 – 1 ABR 15/05, AP Nr. 29 zu § 50 BetrVG; GK-BetrVG/*Fabricius/Oetker*, §§ 112, 112a Rz. 153; ErfK/*Eisemann*, § 50 BetrVG Rz. 6; *Schweibert* in Willemsen/Hohenstatt/Schweibert, Rz. C 315; abl. *Röder/Baeck*, Praxishandbuch 28/109. | **11** BAG v. 23.10.2002 – 7 ABR 55/01, AP Nr. 26 zu § 50 BetrVG 1972; Richardi/*Annuß*, § 50 BetrVG Rz. 37.

einheitlich geregelt werden, woraus sich die Zuständigkeit des GBR ergibt[1]. Dies gilt insbesondere für Fälle, in denen ein das gesamte Unternehmen betreffendes Sanierungskonzept vereinbart wurde und dieses nur auf Grundlage eines auf das gesamte Unternehmen bezogenen Sozialplanvolumens realisiert werden kann[2]. Sieht der Interessenausgleich **betriebs- bzw. unternehmensübergreifende Versetzungen und Umsetzungen** vor, können die in diesem Zusammenhang erforderlichen Ausgleichsregelungen ebenfalls nur einheitlich geregelt werden, was zur Zuständigkeit des GBR bzw. KBR führt[3]. Hingegen kann bei übergreifenden Maßnahmen die Zuständigkeit der örtlichen BR nicht allein damit begründet werden, dass sich die Bemessung und Ausgestaltung der Sozialplanleistungen nach den örtlichen Gegebenheiten richten müsse, die für jeden Betrieb gesondert zu beurteilen seien. Derlei lokale Unterschiede können auch vom GBR oder KBR berücksichtigt werden[4].

5. Der einvernehmliche Sozialplan. a) Zustandekommen. Das Verfahren zur Vereinbarung eines Sozialplans läuft zunächst parallel mit den Bemühungen um einen Interessenausgleich. Aus Abs. 2 und Abs. 3 ergibt sich, dass das Verfahren insoweit in einem systematischen Zusammenhang steht[5]. 33

Der Sozialplan bedarf der **Schriftform**. Er ist vom Unternehmer und vom Vorsitzenden des BR oder seinem Vertreter zu **unterschreiben** (Abs. 1 S. 1 und 2). Dem Abschluss des Sozialplans muss ein wirksamer **Beschluss des BR** zugrunde liegen (§ 33). Die Wahrung der Schriftform ist Wirksamkeitsvoraussetzung[6]. 34

b) Ausgleich der wirtschaftlichen Nachteile. Die Betriebspartner sind bei der Aufstellung eines Sozialplans im Wesentlichen frei in ihrer Entscheidung, welche Nachteile in welchem Umfang ausgeglichen oder gemindert werden sollen[7]. Die in Abs. 5 normierten Ermessensgrenzen finden auf den einvernehmlichen Sozialplan keine Anwendung (vgl. Rz. 28). 35

Die **Nachteile** müssen konkret durch die geplante Betriebsänderung verursacht worden sein. Wird ein Betrieb gespalten (§ 111 S. 3 Nr. 3) und ein Betriebsteil auf einen anderen Rechtsträger übertragen, können die Nachteile, die sich aus dem Rechtsträgerwechsel ergeben (Verringerung der Haftungsmasse; befristete Befreiung von der Sozialplanpflicht gem. § 112a II) daher nicht Gegenstand erzwingbarer Regelungen des Sozialplans sein[8]. Gleiches gilt, wenn der neue ArbGeb weniger ArbN beschäftigt und hierdurch bestimmte Schwellenwerte (zB § 111) nicht mehr überschritten werden. Sofern durch § 613a I 3 BGB eine Änderung im Hinblick auf die anzuwendenden TV eintritt (vgl. § 613a BGB Rz. 267) sind auch hieraus entstehende Nachteile dem Rechtsträgerwechsel geschuldet und gelten *nicht* als Nachteile, die durch die Betriebsänderung selbst eintreten[9]. 36

Widersprechen ArbN dem **Übergang ihres Arbeitsverhältnisses** im Zuge einer Betriebsänderung (§ 613a VI BGB) und müssen deshalb entlassen werden, können diese Entlassungen Bestandteil oder Gegenstand einer Betriebsänderung sein (vgl. § 111 Rz. 31). Der abzuschließende Sozialplan kann von vornherein widersprechende ArbN einbeziehen. Ebenso kommt in Betracht, dass Regelungen für widersprechende ArbN später vereinbart werden, sobald feststeht, in welcher Zahl es zu Widersprüchen gekommen ist und welche wirtschaftl. Nachteile den betreffenden Mitarbeitern entstehen[10]. Die Einigungsstelle kann die **Abfindungen** für dem Übergang von Arbeitsverhältnissen widersprechenden ArbN kürzen, insb. dann, wenn keine plausiblen Gründe für den Widerspruch geltend gemacht werden können. Dies ergibt sich aus der Wertung, die § 112 V Nr. 2 S. 2 beinhaltet (vgl. näher Rz. 50). 37

Es entspricht nach wie vor der Praxis, dass Abfindungen für entlassene ArbN **pauschaliert in Abhängigkeit von der Betriebszugehörigkeit, dem Lebensalter und anderen Faktoren** festgelegt werden. Dies soll trotz der im Vordergrund stehenden Überbrückungsfunktion des Sozialplans zulässig sein (vgl. Rz. 29)[11]. Auch unter Geltung des am 18.8.2006 in Kraft getretenen AGG sind solche Differenzierungen weiterhin zulässig (vgl. § 10 S. 3 Nr. 6 AGG und dort Rz. 12)[12]. Die Betriebsparteien werden zukünftig allerdings mehr Mühe auf die Prüfung der Arbeitsmarktlage im konkreten Fall und auf die darauf auszu- 38

1 BAG v. 11.12.2001 – 1 AZR 193/01, AP Nr. 22 zu § 50 BetrVG 1972 Bl. 4.; so auch *Siebert*, Die Zuständigkeit des Gesamtbetriebsrats, 1999, S. 154, der ansonsten stets von der Zuständigkeit des örtlichen BR ausgeht; DKK/*Trittin*, § 50 BetrVG Rz. 59. | 2 BAG v. 3.5.2006 – 1 ABR 15/05, AP Nr. 29 zu § 50 BetrVG 1972, Rz. 28. | 3 BAG v. 23.10.2002 – 7 ABR 55/01, AP Nr. 26 zu § 50 BetrVG 1972. | 4 *Schweibert* in Willemsen/Hohenstatt/Schweibert, Rz. C 317; Richardi/*Annuß*, § 50 BetrVG Rz. 37; aA DKK/*Trittin*, § 50 BetrVG Rz. 59. | 5 *Fitting*, §§ 112, 112a BetrVG Rz. 108. | 6 Richardi/*Annuß*, § 112 BetrVG Rz. 78; *Fitting*, §§ 112, 112a BetrVG Rz. 112. | 7 BAG v. 19.10.1999 – 1 AZR 838/98, AP Nr. 135 zu § 112 BetrVG 1972; ErfK/*Kania*, §§ 112, 112a BetrVG Rz. 27; *Röder/Baeck*, S. 141. | 8 BAG v. 10.12.1996 – 1 ABR 32/96, AP Nr. 110 zu § 112 BetrVG 1972; v. 5.2.1997 – 10 AZR 553/96, AP Nr. 112 zu § 112 BetrVG 1972; v. 25.1.2000 – 1 ABR 1/99, AP Nr. 137 zu § 112 BetrVG 1972; Richardi/*Annuß*, § 112 BetrVG Rz. 87; aA DKK/*Däubler*, §§ 112, 112a BetrVG Rz. 35; *Hanau*, FS Gaul, 1992, 287 (295). | 9 BAG v. 5.2.1997 – 10 AZR 553/96, AP Nr. 112 zu § 112 BetrVG 1972. | 10 Vgl. zum Ganzen Richardi/*Annuß*, § 112 BetrVG Rz. 88. | 11 BAG v. 5.10.2000 – 1 AZR 48/00, AP Nr. 141 zu § 112 BetrVG 1972; MünchArbR/*Matthes*, § 362 Rz. 9; *Röder/Baeck*, S. 144 f. u. dortige Fn. 588; *Fitting*, §§ 112, 112a BetrVG Rz. 124; *Schweibert* in Willemsen/Hohenstatt/Schweibert/Seibt, C Rz. 239 ff. Zu Zulässigkeit und Grenze der Pauschalisierung von Sozialplanansprüchen *Willemsen*, ZIP 1981, 1058 ff. | 12 Vgl. hierzu *Willemsen/Schweibert*, NJW 2006, 2583; *Oelkers*, NJW 2008, 614.

richtende Bildung adäquater Altersgruppen verwenden müssen[1]. Im Hinblick auf die zukünftig eintretenden Nachteile sind insb. die **Unterhaltspflichten** des ArbN zu berücksichtigen. Sofern Zuschläge von der Zahl unterhaltsberechtigter Kinder abhängig gemacht werden, ist es zulässig, auf die entsprechende Eintragung auf der LStKarte abzustellen[2]. Dabei kann auch ein Stichtag für den entsprechenden Nachweis vereinbart werden. Fehlt es im Sozialplan an einer solchen Abrede, muss die Eintragung spätestens zum Zeitpunkt der Fälligkeit der Sozialplanabfindung vorliegen[3]. Auch im Hinblick auf die Eigenschaft als Schwerbehinderter sind Stichtagsregelungen zulässig[4]. Dies folgt daraus, dass die finanziellen Belastungen aus einem Sozialplan voraussehbar sein müssen[5].

39 Statt pauschaler Abfindungen können auch **Überbrückungsgelder** oder ähnliche Leistungen vorgesehen werden, die sich nach den **konkret eintretenden Nachteilen** richten[6]. Derlei Leistungen sind auch in Ergänzung zu pauschalierten Sozialplanabfindungen denkbar. Auch die **vorzeitige Zahlung von Ruhegeldern** kommt als Ausgleichsmaßnahme in Betracht. Ähnliches gilt für die Zahlung von Sonderleistungen, die ohne den Sozialplan verfallen oder nicht entstehen würden (**Jubiläumszahlungen, Gratifikationen etc.**), wenngleich sich derlei Regelungen eher an der nicht im Vordergrund stehenden Ausgleichsfunktion des Sozialplans für den Verlust des Arbeitsplatzes und weniger an der Überbrückungsfunktion orientieren (vgl. Rz. 29)[7].

40 Der Sozialplan kann auch Leistungen zum Ausgleich von **Gehaltseinbußen** oder anderen Nachteilen vorsehen, die aus einer **Versetzung** resultieren[8]. In Betracht kommen zeitlich begrenzte oder einmalige Ausgleichszahlungen, Übernahme von Umzugs- oder Fahrtkosten, Zahlung von Trennungsentschädigungen und Umschulungskosten etc. Dabei dürfen die Betriebsparteien allerdings nicht auf die jeweilige Fassung von vom ArbGeb erlassenen Regelungen verweisen (unzulässige dynamische Blankettverweisung), sondern müssen eine eingenständige Regelung treffen[9]. Auch die Nachteile im Hinblick auf den **Verlust verfallbarer Anwartschaften** können im Sozialplan ganz oder teilweise ausgeglichen werden[10]. Angesichts der Verkürzung der Unverfallbarkeitsfristen gem. § 1b I 1 BetrAVG dürfte es aber keineswegs zwingend sein, dass der Sozialplan derlei Regelungen beinhaltet.

41 Das Risiko der **Verhängung einer Sperrzeit (§ 144 SGB III)** kann im Sozialplan dem ArbGeb auferlegt werden. Dies gilt insb. dann, wenn der Sozialplan Anreize für Mitarbeiter enthält, die auf Grund eines Aufhebungsvertrages ausscheiden[11].

42 Der Anspruch auf **bevorzugte Wiedereinstellung** ist streng genommen nicht Gegenstand des Sozialplans, da diese Regelung nicht unmittelbar dem Ausgleich wirtschaftl. Nachteile dient, sondern sachlich eine Einschränkung der vom ArbGeb geplanten Betriebsänderung darstellt. Eine solche Regelung gehört daher zum nicht erzwingbaren Interessenausgleich[12]. Ist sie jedoch im (freiwilligen) Sozialplan enthalten, ist sie verbindlicher Gegenstand dieser BV[13].

43 Im Sozialplan kann ein **Härtefonds** gebildet werden, um besondere Nachteile, die zum Zeitpunkt des Abschlusses des Sozialplans noch nicht voraussehbar sind, ausgleichen zu können. Der Sache nach liegt hier eine Sozialeinrichtung des ArbGeb vor (§ 87 I Nr. 8)[14]. Es sind daher Regelungen über die Verteilung der Mittel zu treffen. Nicht verbrauchte Mittel des Härtefonds fallen an den ArbGeb zurück[15].

44 Verbindliche Höchstgrenzen für das Volumen eines einvernehmlichen Sozialplans bestehen nur im Zusammenhang mit einem Insolvenzverfahren (vgl. § 123 InsO). Der Sozialplan kann Abfindungen, die sich nach pauschalierenden Formeln berechnen, mit einer **Höchstbegrenzung** versehen, zB entsprechend **§ 10 KSchG** (s.a. Rz. 75)[16]. Ein Verstoß gegen § 75 I oder eine Diskriminierung älterer ArbN sind bei einer Höchstbetragsklausel, die nicht an das Alter anknüpft, nicht gegeben[17].

45 Abfindungen nach **§ 1a KSchG** können auf einen Sozialplanabfindungsanspruch angerechnet werden, da die Ansprüche nach § 1a KSchG ebenfalls die mit dem betriebsbedingten Verlust des Arbeitsplatzes einhergehenden wirtschaftlichen Nachteile ausgleichen oder mildern sollen[18].

---

1 Vgl. *Lingemann/Gotham*, NZA 2007, 663 (664); *Annuß*, BB 2006, 1629 (1634); die anspruchsmindernde Berücksichtigung eines Anspruchs auf Altersrente – ggf. nach vorübergehender Arbeitslosigkeit – ist AGG-konform; vgl. LAG Köln v. 4.6.2007 – 14 Sa 201/07, ZIP 2008, 194 ff. | 2 BAG v. 12.3.1997 – 10 AZR 648/96, AP Nr. 111 zu § 112 BetrVG 1972. | 3 LAG Hamm v. 15.3.2006 – 18 Sa 14/06, NZA-RR 2006, 572 (574). | 4 BAG v. 19.4.1983 – 10 AZR 498/81, AP Nr. 124 zu Art. 3 GG; Richardi/*Annuß*, § 112 BetrVG Rz. 91; aA DKK/*Däubler*, §§ 112, 112a BetrVG Rz. 49. | 5 Vgl. BAG v. 12.3.1997 – 10 AZR 648/96, AP Nr. 111 zu § 112 BetrVG 1972. | 6 Vgl. BAG v. 12.2.1985 – 1 AZR 40/84, AP Nr. 25 zu § 112 BetrVG 1972; *Röder/Baeck*, S. 144; Richardi/*Annuß*, § 112 BetrVG Rz. 94 f. | 7 Richardi/*Annuß*, § 112 BetrVG Rz. 95; *Ohl*, Der Sozialplan, 1977, S. 93 ff. | 8 *Fitting*, §§ 112, 112a BetrVG Rz. 126; Richardi/*Annuß*, § 112 BetrVG Rz. 96 f. | 9 BAG v. 28.3.2007 – 10 AZR 719/05, NZA 2007, 1066, Rz. 34. | 10 BAG v. 27.10.1987 – 1 ABR 9/86, AP Nr. 41 zu § 112 BetrVG 1972; v. 29.11.1978 – 5 AZR 553/77, AP Nr. 7 zu § 112 BetrVG 1972. | 11 BAG v. 27.10.1987 – 1 ABR 9/86, AP Nr. 41 zu § 112 BetrVG 1972. | 12 AA *Fitting*, § 112, 112a BetrVG Rz. 126; *Knorr*, Sozialplan im Widerstreit der Interessen, § 6 Rz. 52. | 13 BAG v. 18.12.1990 – 1 ABR 37/90, AP Nr. 85 zu § 99 BetrVG 1972. | 14 DKK/*Däubler*, §§ 112, 112a BetrVG Rz. 109; Richardi/*Annuß*, § 112 BetrVG Rz. 100; *Knorr*, Sozialplan im Widerstreit der Interessen, § 6 Rz. 50. | 15 LAG Bremen v. 15.6.1990 – 4 Sa 353/89, LAGE § 112 BetrVG 1972 Nr. 17; Richardi/*Annuß*, § 112 BetrVG Rz. 100; DKK/*Däubler*, §§ 112, 112a BetrVG Rz. 112. | 16 BAG v. 23.8.1988 – 1 AZR 284/87, AP Nr. 46 zu § 112 BetrVG 1972; vgl. auch BAG v. 19.10.1999 – 1 AZR 838/98, AP Nr. 135 zu § 112 BetrVG 1972; Richardi/*Annuß*, § 112 BetrVG Rz. 115. | 17 BAG v. 2.10.2007 – 1 AZN 793/07. | 18 BAG v. 19.6.2007 – 1 AZR 340/06, NJW 2008, 169 ff.

c) Rechtliche Schranken der Regelungsbefugnis. Zwar sind Unternehmer und BR bei der einvernehmlichen Aufstellung eines Sozialplans im Grundsatz frei in ihrer Entscheidung, welche wirtschaftl. Nachteile sie in welchem Umfang ausgleichen oder mindern wollen[1]. Jedoch besteht diese Freiheit nur in den **Grenzen von Recht und Billigkeit (§ 75)** und insb. unter Wahrung des **Gleichbehandlungsgrundsatzes**[2]. Dies bedeutet jedoch nicht, dass die Betriebsparteien verpflichtet wären, jeden wirtschaftl. Nachteil auszugleichen oder zu mildern[3]. Auch wenn Abs. 5 auf den einvernehmlichen Sozialplan keine Anwendung findet, können aus der gesetzl. Regelung die Wertungsmaßstäbe entnommen werden, die sinngem. auch für einvernehmlich getroffene Regelungen Anwendung finden sollen[4]. 46

Die wesentlichsten Einschränkungen für die Regelungsfreiheit der Betriebspartner ergeben sich aus dem **Gleichbehandlungsgrundsatz.** Dies bedeutet einerseits, dass im Wesentlichen gleich gelagerte Fälle gleich zu behandeln sind. Andererseits sind jedoch dann Differenzierungen geboten, wenn unterschiedlich schwere wirtschaftl. Nachteile vorliegen oder Unterschiede im Hinblick auf deren Vermeidbarkeit bestehen[5]. So können insb. Mitarbeiter, die einen ihnen angebotenen anderen **zumutbaren Arbeitsplatz ablehnen**, von Abfindungen ausgeschlossen werden[6] (vgl. auch Rz. 67 f.). Auch eine Herabsetzung der Abfindung in solchen Fällen ist zulässig[7]. Die Festlegung, welche im Unternehmen oder Konzern zur Verfügung stehenden Arbeitsplätze **zumutbar** sind, obliegt den Betriebspartnern[8]. Sofern nicht abweichend geregelt, ist von einem zumutbaren Arbeitsplatz auszugehen, wenn die neue Position im Wesentlichen den Fähigkeiten und der Leistung sowie den Kenntnissen des ArbN entspricht[9]. Ein erforderlicher **Ortswechsel** (vgl. Abs. 5 Nr. 2) und mit der neuen Position verbundene Gehaltseinbußen sprechen nicht in jedem Fall gegen die Zumutbarkeit[10], auch wenn seitens der BR in den Verhandlungen zumeist ein gegenteiliger Standpunkt vertreten wird. Auch das Angebot einer **Teilzeitbeschäftigung**[11] kann zumutbar sein. Der Ausschluss von einer Abfindung oder deren Reduzierung kommt auch in Betracht, wenn Mitarbeiter auf **Vermittlung des ArbGeb** einen neuen **Arbeitsplatz außerhalb des Konzerns** gefunden haben[12]. Allerdings können in diesen Fällen Differenzierungen erforderlich sein, je nachdem, welche Qualität der neue Arbeitsplatz aufweist und wie es um die Sicherheit dieses Arbeitsplatzes bestellt ist (Anerkennung der bisherigen Betriebszugehörigkeit; Verzicht auf eine Probezeit etc.)[13]. 47

ArbN, die ihr Arbeitsverhältnis auf Grund der Betriebsänderung **selbst kündigen**, können finanziell schlechter gestellt werden als diejenigen, die auf Grund einer ArbGebKündigung oder durch Aufhebungsvertrag ausscheiden[14]. Insb. ArbN, die vor einem bestimmten **Stichtag** selbst kündigen, haben in der Regel bessere Chancen auf dem Arbeitsmarkt, so dass die Kürzung der Abfindung gerechtfertigt erscheint[15]. Die Festlegung des Stichtags muss indessen sachlich berechtigt sein[16]. So kann auf den Zeitpunkt abgestellt werden, zu dem die Bemühungen um einen Interessenausgleich gescheitert sind[17] bzw. auf den Zeitpunkt des Zustandekommens des Interessenausgleichs. Auch die Bekanntgabe des Stilllegungsbeschlusses an den BR kommt als Anknüpfungspunkt in Betracht[18]. Insb. hat das BAG anerkannt, dass die Stichtagsregelung das Interesse eines ArbGeb an einer geordneten Durchführung 48

---

1 BAG v. 28.9.1988 – 1 AbR 23/87, AP Nr. 47 zu § 112 BetrVG 1972; v. 30.11.1994 – 10 AZR 578/93, AP Nr. 89 zu § 112 BetrVG 1972; v. 13.11.1996 – 10 AZR 340/96, AP Nr. 4 zu § 620 BGB – Aufhebungsvertrag; v. 15.12.1998 – 1 AZR 332/98, AP Nr. 126 zu § 112 BetrVG 1972; v. 19.10.1999 – 1 AZR 838/98, AP Nr. 135 zu § 112 BetrVG 1972; v. 5.10.2000 – 1 AZR 48/00, AP Nr. 141 zu § 112 BetrVG 1972. | 2 BAG v. 15.1.1991 – 1 AZR 80/90, AP Nr. 57 zu § 112 BetrVG 1972; v. 30.11.1994 – 10 AZR 578/93, AP Nr. 89 zu § 112 BetrVG 1972; v. 11.2.1998 – 10 AZR 22/97, AP Nr. 121 zu § 112 BetrVG 1972; *Fitting*, §§ 112, 112a BetrVG Rz. 153; Richardi/*Annuß*, § 112 BetrVG Rz. 101 f.; *Knorr*, Sozialplan im Widerstreit der Interessen, § 6 Rz. 60. | 3 BAG v. 20.4.1994 – 10 AZR 323/93, AP Nr. 77 zu § 112 BetrVG 1972; v. 9.11.1994 – 10 AZR 281/94, AP Nr. 85 zu § 112 BetrVG 1972. | 4 Vgl. Richardi/*Annuß*, § 112 BetrVG Rz. 101. | 5 BAG v. 15.1.1991 – 1 AZR 80/90, AP Nr. 57 zu § 112 BetrVG 1972. | 6 BAG v. 28.9.1988 – 1 ABR 23/87, AP Nr. 47 zu § 112 BetrVG 1972; v. 19.6.1996 – 10 AZR 23/96, AP Nr. 102 zu § 112 BetrVG 1972. | 7 BAG v. 25.10.1983 – 1 AZR 260/82, AP Nr. 18 zu § 112 BetrVG 1972; v. 27.10.1987 – 1 ABR 9/86, AP Nr. 41 zu § 112 BetrVG 1972 (50% Abschlag); v. 6.11.2007 – 1 AZR 960/06, BB 2008, 356 ff. | 8 BAG v. 28.9.1988 – 1 ABR 23/87, AP Nr. 47 zu § 112 BetrVG 1972; v. 19.6.1996, AP Nr. 102 zu § 112 BetrVG 1972; *Fitting*, §§ 112, 112a BetrVG Rz. 157; Richardi/*Annuß*, § 112 BetrVG Rz. 104. | 9 Vgl. BAG v. 26.10.1995 – 6 AZR 928/94, AP Nr. 23 zu § 1 TVG – Tarifverträge: DDR; v. 18.4.1996 – 6 AZR 607/95, AP Nr. 14 zu § 4 TVG – Rationalisierungsschutz, unter II.2.d.Gr.; LAG Hamm v. 18.1.2006 – 18 Sa 907/05, NZA-RR 2006, 304, 306. | 10 Vgl. die umfangreiche Darstellung bei *Küttner*, FS Stahlhacke, 1996, S. 289 (301 f.); zur sehr begrenzten Bedeutung von Art. 6 GG in diesem Zusammenhang BAG v. 6.11.2007 – 1 AZR 960/06, BB 2008, 356 ff. | 11 Vgl. BAG v. 18.4.1996, AP Nr. 14 zu § 4 TVG – Rationalisierungsschutz, bezogen auf eine 3/4tel-Stelle; vgl. zu einem AbsicherungsTV auch BAG v. 28.2.2002 – 6 AZR 525/01, DB 2002, 1946. | 12 BAG v. 19.6.1996 – 10 AZR 23/96, AP Nr. 102 zu § 112 BetrVG 1972; v. 22.3.2005 – 1 AZR 3/04, NZA 2005, 831; DKK/*Däubler*, §§ 112, 112a BetrVG Rz. 51; *Schweibert* in Willemsen/Hohenstatt/Schweibert/Seibt, Rz. C 260. | 13 BAG v. 22.3.2005 – 1 AZR 3/04, NZA 2005, 831: Abfindungsausschluss auch ohne Anerkennung der Betriebszugehörigkeit zulässig. Einzelheiten hierzu bei DKK/*Däubler*, §§ 112, 112a BetrVG Rz. 51, 51a. | 14 *Fitting*, §§ 112, 112a BetrVG Rz. 159; *Picot/Schnitker*, II E. Rz. 199. | 15 BAG v. 24.11.1993 – 10 AZR 311/93, AP Nr. 72 zu § 112 BetrVG 1972 (50% Abschlag); v. 6.8.1997 – 10 AZR 66/97, AP Nr. 116 zu § 112 BetrVG 1972; BAG v. 13.2.2007 – 1 AZR 163/06, DB 2007, 1315; v. 15.5.2007 – 1 AZR 370/06 – Rz. 16, AP Nr. 188 zu § 112 BetrVG 1972; Richardi/*Annuß*, § 112 BetrVG Rz. 107; *Fitting*, §§ 112, 112a BetrVG Rz. 161 f. | 16 BAG v. 24.1.1996 – 10 AZR 155/95, AP Nr. 98 zu § 112 BetrVG 1972. | 17 BAG v. 30.11.1994 – 10 AZR 578/93, AP Nr. 89 zu § 112 BetrVG 1972; vgl. GK-BetrVG/*Fabricius/Oetker*, §§ 112, 112a Rz. 275. | 18 BAG v. 13.11.1996 – 10 AZR 340/96, AP Nr. 4 zu § 620 BGB – Aufhebungsvertrag, unter II. 2.

der Betriebsänderung berücksichtigen darf[1]. Hingegen darf nicht ohne sachlichen Grund rein formal danach unterschieden werden, ob der ArbGeb oder der ArbN die Kündigung ausgesprochen hat[2]. Insb. dann, wenn die Eigenkündigung oder der Aufhebungsvertrag nach einem bestimmten Stichtag im Zusammenhang mit einer Betriebsänderung **vom ArbGeb veranlasst** worden sind, darf ein Ausschluss vom Abfindungsanspruch nicht erfolgen[3]. Der Sozialplan darf aber den Abfindungsanspruch bei Eigenkündigung davon abhängig machen, dass dem ArbN zuvor ein unzumutbares oder kein Arbeitsplatzangebot unterbreitet wurde[4]. Nach Auffassung des LAG Köln[5] ist es zulässig, für sog. Schlüsselkräfte eine 25%-ige Minderung der Abfindung vorzusehen, sofern diese vor dem Stilllegungszeitpunkt selbst kündigen.

49 Wann eine Eigenkündigung oder ein Aufhebungsvertrag **vom ArbGeb veranlasst** sind, ist mitunter schwierig festzustellen. Nicht ausreichend ist es, wenn der ArbGeb den Mitarbeitern empfohlen hat, sich angesichts der wirtschaftl. Lage des Unternehmens um eine neue Arbeitsstelle zu bemühen[6]. Vielmehr muss der ArbGeb den ArbN **im Zusammenhang mit einer konkret geplanten Betriebsänderung dazu bestimmt** haben, selbst zu kündigen oder einen Aufhebungsvertrag zu schließen, um hierdurch eine Kündigung zu vermeiden[7]. Im Rahmen der Umstrukturierung einer Unternehmensgruppe ist von einer vom ArbGeb veranlassten Eigenkündigung nicht auszugehen, wenn zwar der Arbeitsplatz beim bisherigen ArbGeb nicht fortbestehen soll, die entsprechenden Aufgaben jedoch auf andere Unternehmen der Gruppe übertragen werden[8].

50 ArbN, die dem **Übergang ihrer Arbeitsverhältnisse auf einen neuen ArbGeb (§ 613a BGB) widersprechen**, können von Abfindungen ausgeschlossen werden oder müssen zumindest eine Minderung der Zahlung hinnehmen, da die Fortsetzung der Tätigkeit beim Betriebserwerber im Regelfall zumutbar ist[9]. Andererseits *darf* der Sozialplan durchaus für ArbN Abfindungen vorsehen, die ohne triftigen Grund widersprechen; § 112 V 2 gilt nicht für einvernehmlich herbeigeführte Sozialpläne[10]. Eine Sozialplanbestimmung, wonach Mitarbeiter, die einen zumutbaren Arbeitsplatz ausschlagen, von Abfindungen ausgenommen werden, ist auch auf ohne sachlichen Grund widersprechende ArbN anwendbar, auch wenn sich die Bestimmung nicht ausdrücklich auf diese Konstellation bezieht[11]. Fehlt es hingegen an einer solchen Vorschrift und wird die Abfindung ausschließlich an eine vom ArbGeb veranlasste Beendigung des Arbeitsverhältnisses geknüpft, soll dies nicht gelten[12]. Es empfiehlt sich daher, in Sozialplänen vorsorglich eine Regelung aufzunehmen, die widersprechende ArbN ausdrücklich von einem Abfindungsanspruch ausnimmt, auch wenn im Rahmen der geplanten Betriebsänderung noch gar nicht feststeht, ob es überhaupt zu einem Betriebs(teil)übergang kommt. Umgekehrt müssen idR auch diejenigen Mitarbeiter von Abfindungsansprüchen ausgenommen werden, deren Arbeitsverhältnisse auf den Betriebserwerber übergehen, da sie keine wirtschaftl. Nachteile erleiden, die ausgleichspflichtig wären[13] (s. zu den ausgleichungspflichtigen Nachteilen beim Betriebsübergang Rz. 36). Nicht zulässig ist es, die Zahlung einer Abfindung davon abhängig zu machen, dass der ArbN zuvor erfolglos den Erwerber eines Betriebsteils auf Feststellung des Übergangs seines Arbeitsverhältnisses verklagt[14].

51 Ein Verstoß gegen § 75 liegt nicht vor, wenn die Abfindung für ArbN **rentennaher Jahrgänge** konkret auf die zu überbrückende Zeit bis zum Bezug von Altersruhegeld bezogen wird und hierdurch **niedrigere Leistungen als für jüngere ArbN** entstehen[15]. Zulässig und angezeigt ist stets eine Bestimmung dahin gehend, dass die Abfindung nicht höher sein darf als die Summe der Vergütungsleistungen bis zum regulären Rentenalter.

---

1 BAG v. 9.11.1994 – 10 AZR 281/94, AP Nr. 85 zu § 112 BetrVG 1972; v. 19.7.1995 – 10 AZR 885/94, AP Nr. 96 zu § 112 BetrVG 1972; vgl. auch *Schweibert* in Willemsen/Hohenstatt/Schweibert/Seibt, Rz. C 262. | 2 BAG v. 15.1.1991 – 1 AZR 80/90, AP Nr. 57 zu § 112 BetrVG 1972. | 3 Vgl. BAG v. 28.4.1993 – 10 AZR 222/92, AP Nr. 67 zu § 112 BetrVG 1972; v. 20.4.1994 – 10 AZR 323/93, AP Nr. 77 zu § 112 BetrVG 1972; v. 19.7.1995 – 10 AZR 885/94, AP Nr. 96 zu § 112 BetrVG 1972; ErfK/*Kania*, § 112 BetrVG Rz. 25; *Fitting*, §§ 112, 112a BetrVG Rz. 160. | 4 BAG v. 13.2.2007 – 1 AZR 163/06, DB 2007, 1315. | 5 LAG Köln v. 2.11.1999 – 13 Sa 477/99, NZA RR 2000, 193. | 6 BAG v. 20.4.1994 – 10 AZR 323/93, AP Nr. 77 zu § 112 BetrVG 1972; Richardi/*Annuß*, § 112 BetrVG Rz. 109; *Fitting*, §§ 112, 112a BetrVG Rz. 160. | 7 BAG v. 19.7.1995 – 10 AZR 885/94, AP Nr. 96 zu § 112 BetrVG 1972; s.a. BAG v. 25.3.2003 – 1 AZR 170/02, NZA 2004, 64; v. 26.10.2004 – 1 AZR 503/03, AP Nr. 171 zu § 112 BetrVG 1972; v. 13.2.2007 – 1 AZR 184/06, Rz. 30, NZA 2007, 825; Richardi/*Annuß*, § 112 BetrVG Rz. 109; *Fitting*, §§ 112, 112a BetrVG Rz. 160. | 8 BAG v. 16.4.2002 – 1 AZR 368/01, ZIP 2002, 2055. | 9 BAG v. 5.2.1997 – 10 AZR 553/96, AP Nr. 112 zu § 112 BetrVG 1972; v. 12.7.2007 – 2 AZR 448/05, Rz. 42 ff.; Richardi/*Annuß*, § 112 BetrVG Rz. 104; *Picot/Schnitker*, II E. Rz. 201; *Neef/Schrader*, NZA 1998, 804, 807 f.; abweichend: *Fitting*, §§ 112, 112a BetrVG Rz. 158; DKK/*Däubler*, §§ 112, 112a BetrVG Rz. 73, wonach die Vermutung, dass die Fortsetzung des Arbeitsverhältnisses zumutbar ist, nicht gerechtfertigt sei. Die Zumutbarkeit soll in jedem Einzelfall zu überprüfen sein. | 10 BAG v. 15.12.1998 – 1 AZR 332/98, AP Nr. 126 zu § 112 BetrVG 1972; *Fitting*, §§ 112, 112a BetrVG Rz. 158. | 11 BAG v. 5.2.1997 – 10 AZR 553/96, AP Nr. 112 zu § 112 BetrVG 1972; Richardi/*Annuß*, § 112 BetrVG Rz. 104. | 12 BAG v. 15.12.1998 – 1 AZR 332/98, AP Nr. 126 zu § 112 BetrVG 1972; *Schweibert* in Willemsen/Hohenstatt/Schweibert/Seibt, Rz. C 261; Richardi/*Annuß*, § 112 BetrVG Rz. 104. | 13 *Neef/Schrader*, NZA 1998, 804 (806); *Schweibert* in Willemsen/Hohenstatt/Schweibert/Seibt, Rz. C 261. | 14 BAG v. 22.7.2003 – 1 AZR 575/02, AP Nr. 160 zu § 112 BetrVG 1972. | 15 BAG v. 31.7.1996 – 10 AZR 45/96, AP Nr. 103 zu § 112 BetrVG 1972; v. 26.7.1988 – 1 AZR 156/87, AP Nr. 45 zu § 112 BetrVG 1972; Richardi/*Annuß*, § 112 BetrVG Rz. 105; GK-BetrVG/*Fabricius/Oetker*, §§ 112, 112a Rz. 276; vgl. auch § 112 Rz. 38.

Sozialplanbestimmungen dürfen nicht diskriminierenden Charakters sein. Insb. dürfen sie **Frauen, Ausländer** oder **Minderheiten** nicht benachteiligen[1]. Da die Abfindung im Wesentlichen für Zwecke der Überbrückungshilfe gezahlt wird und vor dem Hintergrund der „wertentscheidenden Grundsatznorm des Art. 6 Abs. 1, 2 GG" darf in Anspruch genommene **Elternzeit** nicht abfindungsmindernd berücksichtigt werden[2]. Da die Sozialplanformeln, die ua. auf die Dauer der Betriebszugehörigkeit abstellen, stets auch den Aspekt der **tatsächlichen Arbeitsleistung** bzw. der Betriebstreue mit berücksichtigen, dürfte es jedoch nach wie vor zulässig sein, andere Zeiten, während derer das Arbeitsverhältnis geruht hat, zB Zeiten bei der Nationalen Volksarmee, nicht zu berücksichtigen[3]. 52

TeilzeitArbN müssen Abfindungen mindestens im Verhältnis ihrer jeweiligen persönlichen Arbeitszeit zur Vollarbeitszeit erhalten[4]. Dies folgt auch aus § 4 I TzBfG. Da Sozialplanformeln üblicherweise auch auf die Vergütung abstellen, wird der Aspekt der Teilzeit dabei bereits automatisch berücksichtigt. Problematisch sind die Fälle, in denen Mitarbeiter jahrelang in Teilzeit tätig waren und erst kürzlich in eine Vollzeittätigkeit wechselten. Hier soll es zulässig (aber keinesfalls rechtlich geboten) sein, bei der Bemessung der Betriebszugehörigkeit die Phasen der Teilzeittätigkeit nur anteilig zu zählen[5]. Ob es im Umkehrschluss auch im Ermessen der Betriebsparteien läge, bei Teilzeitmitarbeitern frühere Vollzeittätigkeiten anspruchserhöhend zu berücksichtigen, ist im Hinblick auf die Überbrückungsfunktion des Sozialplans (Rz. 29) zumindest fraglich. **Befristet beschäftigte ArbN** erleiden nur einen wirtschaftl. Nachteil, wenn es durch die Betriebsänderung zu einer frühzeitigen Vertragsbeendigung gekommen ist; in aller Regel werden die eintretenden Nachteile wesentlich geringer als bei unbefristet beschäftigten Mitarbeitern sein, so dass ein entsprechend zurückhaltender Ausgleich erfolgen muss[6]. 53

Auch **sachwidrige Bevorzugungen** sind unwirksam; für Mitglieder des BR folgt dies schon aus **§ 78 S. 2**[7]. Die Erhebung einer **Kündigungsschutzklage** darf nicht zur Minderung oder zum Ausschluss des Abfindungsanspruchs führen[8]; auch ein Teil der Abfindung darf nicht von einem Klageverzicht abhängig gemacht werden[9], hingegen ist es zulässig und angezeigt, die **Fälligkeit** der Abfindung für den Zeitpunkt vorzusehen, zu dem rkr. feststeht, dass die Kündigung das Arbeitsverhältnis beendet hat. Auch ist es zulässig, im Zusammenhang mit einer Betriebsänderung eine freiwillige BV abzuschließen, in der zusätzl. zum Sozialplan Leistungen vorgesehen sind, deren Erbringung einen Klageverzicht des ArbN voraussetzen („**Turboprämie**"). Darin sieht das BAG keinen Verstoß gegen § 612a BGB bzw. § 75 I 1 BetrVG, wobei der Grundsatz, dass die Sozialplanabfindung selbst nicht von einem Klageverzicht abhängig gemacht werden dürfe, nicht umgangen werden darf[10]. Insofern wird es entscheidend darauf ankommen, dass der Sozialplan selbst eine hinreichende Milderung der wirtschaftl. Nachteile vorsieht. 54

Soweit für die Berechnung von Abfindungen auch die Länge der Betriebszugehörigkeit maßgeblich ist, müssen gem. **§ 613a BGB** anzuerkennende **Betriebszugehörigkeiten** berücksichtigt werden[11]. Dies gilt nicht zwingend für Betriebszugehörigkeiten bei einem früheren ArbGeb, die lediglich in einer einzelvertragl. Vereinbarung anerkannt wurden[12]. Regelmäßig ist daher für die Berechnung der Abfindung nur die im letzten rechtlich ununterbrochenen Arbeitsverhältnis zurückgelegte Dienstzeit maßgeblich. Frühere Dienstzeiten bei demselben ArbGeb können zu berücksichtigen sein, wenn zwischen den Arbeitsverhältnissen ein enger sachlicher Zusammenhang besteht[13]. 55

Nach einer Entscheidung des BAG[14] soll es unzulässig sein, **Erstattungsansprüche der AA gem. § 147a SGB III** (s. zum Auslaufen der Vorschrift § 434l IV SGB III) ganz oder teilweise auf die Abfindungen der ArbN anzurechnen. Das drohende Erstattungsrisiko soll stattdessen bei dem Umfang des Sozialplanvolumens berücksichtigt werden können. Sieht ein Sozialplan allerdings Abfindungsansprüche auch im Fall des Abschlusses von Aufhebungsverträgen vor, die auf Wunsch des ArbN zu Stande kommen, kann es gerechtfertigt sein, das aus der Entscheidung des ArbN resultierende Risiko im Hinblick auf § 147a SGB III auf die ArbN abzuwälzen. 56

---

1 *Fitting*, §§ 112, 112a BetrVG Rz. 165 ff.; DKK/*Däubler*, §§ 112, 112a BetrVG Rz. 49; ErfK/*Kania*, §§ 112, 112a BetrVG Rz. 26. | 2 BAG v. 12.11.2002 – 1 AZR 58/02, NZA 2003, 1287; v. 21.10.2003 – 1 AZR 407/02, NZA 2004, 559; *Fitting*, §§ 112, 112a BetrVG Rz. 164; aA LAG Berlin v. 18.1.1999 – 9 Sa 107/98, NZA-RR 1999, 179. | 3 Vgl. BAG v. 30.3.1994 – 10 AZR 352/93, AP Nr. 76 zu § 112 BetrVG 1972; v. 16.3.1994 – 10 AZR 606/93, AP Nr. 75 zu § 112 BetrVG 1972; DKK/*Däubler*, §§ 112, 112a BetrVG Rz. 51b; Richardi/*Annuß*, § 112 BetrVG Rz. 106; *Stege/Weinspach/Schiefer*, §§ 111–113 BetrVG Rz. 135b. | 4 BAG v. 28.10.1992 – 10 AZR 129/92, AP Nr. 66 zu § 112 BetrVG; *Fitting*, §§ 112, 112a BetrVG Rz. 156; Richardi/*Annuß*, § 112 BetrVG Rz. 106. | 5 BAG v. 14.8.2001 – 1 AZR 760/00, AP Nr. 142 zu § 112 BetrVG 1972, ua. unter Hinweis auf die „Befriedungsfunktion" des Sozialplans; zust. *Fitting*, §§ 112, 112a BetrVG Rz. 156. | 6 Annuß/Thüsing/*Thüsing*, § 4 TzBfG Rz. 73. | 7 Vgl. *Schweibert* in Willemsen/Hohenstatt/Schweibert/Seibt, Rz. C 264; LAG Düsseldorf v. 13.9.2001 – 11 (4) Sa 906/01, BB 2002, 306 (307). | 8 BAG v. 20.6.1985 – 2 AZR 427/84, AP Nr. 33 zu § 112 BetrVG 1972; v. 31.5.2005 – 1 AZR 254/04, NZA 2005, 997; v. 3.5.2006 – 4 AZR 189/05, NZA 2006, 1420; v. 19.6.2007 – 1 AZR 541/06, Rz. 22; *Fitting*, §§ 112, 112a BetrVG Rz. 169; Richardi/*Annuß*, § 112 BetrVG Rz. 112; *Schweibert* in Willemsen/Hohenstatt/Schweibert/Seibt, Rz. C 264. | 9 LAG Schl.-Holst. v. 20.4.2004 – 5 Sa 539/03, NZA-RR 2005, 144. | 10 BAG v. 31.5.2005 – 1 AZR 254/04, NZA 2005, 997; v. 3.5.2006 – 4 AZR 189/05, NZA 2006, 1420. | 11 Richardi/*Annuß*, § 112 BetrVG Rz. 106. | 12 BAG v. 16.3.1994 – 10 AZR 606/93, AP Nr. 75 zu § 112 BetrVG 1972. | 13 BAG v. 13.3.2007 – 1 AZR 262/06. | 14 BAG v. 26.6.1990 – 1 AZR 263/88, AP Nr. 56 zu § 112 BetrVG 1972.

57 Die **Folgen eines Verstoßes gegen den Gleichbehandlungsgrundsatz** oder das Diskriminierungsverbot bestehen nicht etwa darin, dass der gesamte Sozialplan unwirksam ist. Vielmehr können die benachteiligten ArbN Gleichbehandlung mit den begünstigten ArbN verlangen[1]. Hierdurch wird nachträglich das Volumen des Sozialplans erhöht; das BAG hat dies für unproblematisch angesehen, soweit es um relativ wenige Personen bzw. um ein verhältnismäßig geringes Volumen geht. In besonders einschneidenden Fällen kann die Anwendung der Grundsätze über den Wegfall der Geschäftsgrundlage (vgl. Rz. 87) in Betracht kommen[2]. Dies steht im Einklang mit der Rspr. des BAG, wonach eine **Teilunwirksamkeit** einer Sozialplanregelung nicht automatisch zur Unwirksamkeit des gesamten Sozialplans führt, unabhängig davon, ob es sich um eine freiwillige Regelung oder um den Spruch einer Einigungsstelle handelt[3].

58 **6. Sozialplan durch Spruch der Einigungsstelle.** Kommt in der Einigungsstelle keine Einigung über den Sozialplan zu Stande, entscheidet die Einigungsstelle verbindlich über dessen Aufstellung (Abs. 4 S. 1). Der Spruch der Einigungsstelle ersetzt die Einigung zwischen ArbGeb und BR (Abs. 4 S. 2). Ausnahmen hiervon regelt § 112a.

59 Die **Zuständigkeit der Einigungsstelle** besteht allerdings nur im Hinblick auf **erzwingbare Sozialplanregelungen.** Da der Interessenausgleich gerade nicht erzwingbar ist (vgl. Rz. 1), darf der von der Einigungsstelle beschlossene Sozialplan keine Regelungen enthalten, die den Eintritt wirtschaftl. Nachteile verhindern sollen, also etwa Einschränkungen von Kündigungs- oder Versetzungsmöglichkeiten, Durchführung von Fortbildungsmaßnahmen, Projekte, die von der AA gefördert werden etc. (vgl. zu den von der AA geförderten Sozialplänen Rz. 71 ff.)[4].

60 Die **Regelungsbefugnis der Einigungsstelle** geht nicht weiter als die der Betriebspartner, so dass selbstverständlich auch die Einigungsstelle die rechtl. Grenzen zu beachten hat, die sich durch § 75 und insb. durch den Gleichbehandlungsgrundsatz ergeben[5]. Die Ermessensspielräume der Einigungsstelle sind im Gegenteil enger als beim einvernehmlich abgeschlossenen Sozialplan[6]. Zusätzlich zu den allgemeinen rechtl. Grenzen für Sozialpläne hat die Einigungsstelle die allgemeine Regel des Abs. 5 S. 1 und insb. die **Ermessensrichtlinien gem. Abs. 5 S. 2** zu beachten.

61 **a) Abwägungsgrundsatz gemäß Abs. 5 S. 1.** Vom Grundsatz her entscheidet auch die Einigungsstelle innerhalb der Grenzen billigen Ermessens frei darüber, welche mit dem Verlust eines Arbeitsplatzes verbundenen Nachteile ausgeglichen werden[7]. Abs. 5 S. 1 präzisiert dies dahin gehend, dass sie sowohl die sozialen Belange der betroffenen ArbN zu berücksichtigen als auch auf die wirtschaftl. Vertretbarkeit ihrer Entscheidung für das Unternehmen zu achten hat. Die beiden genannten Kriterien bilden die beiden Pole, zwischen denen sich die Einigungsstelle orientieren muss. Der „Sozialplanbedarf"[8] wird durch die wirtschaftl. Nachteile vorgegeben, die die ArbN erleiden. Die wirtschaftl. Grenzen werden durch die Vertretbarkeit für das Unternehmen begrenzt. Insofern wird Abs. 5 S. 1 durch S. 2 Nr. 3 konkretisiert (Sicherung des Fortbestands des Unternehmens bzw. der nach Durchführung der Betriebsänderung verbleibenden Arbeitsplätze).

62 **b) Ermessensrichtlinien gemäß Abs. 5 S. 2. aa) Belange der betroffenen Arbeitnehmer (Einzelfallbetrachtung).** Abs. 5 S. 2 Nr. 1 konkretisiert die in S. 1 geregelte Anforderung, dass die sozialen Belange der betroffenen ArbN zu berücksichtigen sind. Insb. werden einzelne wirtschaftl. Nachteile genannt, wie sie typischerweise auftreten. Im Übrigen wird vorgeschrieben, dass den „Gegebenheiten des Einzelfalles Rechnung" zu tragen ist.

63 Im Rahmen der beispielhaften Aufzählung unter Nr. 1 fehlt der **Wegfall des Arbeitsplatzes** als typischer wirtschaftl. Nachteil; offenbar hat der Gesetzgeber es als selbstverständlich angesehen, dass dieser einschneidenste wirtschaftl. Nachteil gemildert oder ausgeglichen werden muss. Nr. 1 ist daher auch auf diesen Fall anzuwenden[9].

64 Die Vorgabe, dass den **Gegebenheiten des Einzelfalles Rechnung** zu tragen ist (s. schon Rz. 29, 35 ff.), schließt es aus, für sämtliche ArbN Abfindungen vorzusehen, die sich allein an der Dauer der Betriebszugehörigkeit und an der Höhe des Gehalts orientieren[10]. Dies bedeutet jedoch *nicht*, dass die Einigungsstelle auf jegliche **Pauschalierungen** verzichten müsste. Dies wäre auch gar nicht möglich, da die wirtschaftl. Nachteile, die im Einzelfall eintreten, zum Zeitpunkt der Entscheidung der Einigungsstelle zumeist noch nicht konkret feststehen; dies gilt insb. für die Frage, wie rasch es entlassenen ArbN

---

1 BAG v. 15.1.1991 – 1 AZR 80/90, AP Nr. 57 zu § 112 BetrVG 1972; DKK/*Däubler*, §§ 112, 112a BetrVG Rz. 52; *Fitting*, §§ 112, 112a BetrVG Rz. 171. | 2 Vgl. DKK/*Däubler*, §§ 112, 112a BetrVG Rz. 52. | 3 BAG v. 20.12.1983 – 1 AZR 442/82, AP Nr. 17 zu § 112 BetrVG 1972; v. 25.1.2000 – 1 ABR 1/99, AP Nr. 137 zu § 112 BetrVG 1972 mwN. | 4 BAG v. 17.9.1991 – 1 ABR 23/91, AP Nr. 59 zu § 112 BetrVG 1972; DKK/*Däubler*, §§ 112, 112a BetrVG Rz. 13 f. | 5 Richardi/*Annuß*, § 112 BetrVG Rz. 137. | 6 Vgl. die Nachw. bei DKK/*Däubler*, §§ 112, 112a BetrVG Rz. 65. | 7 BAG v. 29.11.1978 – 5 AZR 553/77, AP Nr. 7 zu § 112 BetrVG 1972; v. 27.10.1987 – 1 ABR 9/86, AP Nr. 41 zu § 112 BetrVG 1972; v. 28.9.1988 – 1 ABR 23/87, AP Nr. 47 zu § 112 BetrVG 1972. | 8 Richardi/*Annuß*, § 112 BetrVG Rz. 141. | 9 Vgl. BAG v. 14.9.1994 – 10 ABR 7/94, AP Nr. 87 zu § 112 BetrVG 1972; GK-BetrVG/*Fabricius/Oetker*, §§ 112, 112a Rz. 318; ErfK/*Kania*, §§ 112, 112a BetrVG Rz. 32. | 10 BAG v. 14.9.1994 – 10 ABR 7/94, AP Nr. 87 zu § 112 BetrVG 1972; *Schweibert* in Willemsen/Hohenstatt/Schweibert/Seibt, Rz. C 267b.

gelingt, eine anderweitige Beschäftigung zu finden[1]. Es werden daher allgemein Regelungen für zulässig gehalten, die typisierend an bestimmte Umstände anknüpfen, die aller Erfahrung nach für die individuelle Situation der betroffenen ArbN maßgeblich sind[2]; dies sind nach wie vor die Dauer der Betriebszugehörigkeit, die Höhe der Vergütung und das Lebensalter. Ergänzend werden insb. Unterhaltsverpflichtungen und eine etwaige Schwerbehinderung berücksichtigt. Auch sind **Punktesysteme**, die schlüssig und logisch nachvollziehbar an diese Parameter anknüpfen, zulässig und praktikabel[3].

Bestehen erhebliche Unsicherheiten im Hinblick auf zukünftig eintretende wirtschaftl. Nachteile, bietet es sich an, einen **Härtefonds** (vgl. Rz. 43) einzurichten, der zu einem späteren Zeitpunkt anhand der konkret eingetretenen Nachteile auf die besonders betroffenen ArbN verteilt wird[4]. Die Einigungsstelle muss allerdings Verfahrensregelungen über die zu treffenden Entscheidungen festlegen. Nicht verwandte Mittel fallen an den ArbGeb zurück[5]. 65

bb) Aussichten auf dem Arbeitsmarkt; Weiterbeschäftigungsmöglichkeiten. Die Einigungsstelle muss die Aussichten der betroffenen ArbN auf dem Arbeitsmarkt berücksichtigen. Dies betrifft Betriebsänderungen, die zum Wegfall von Arbeitsplätzen führen. Die Einigungsstelle tut daher gut daran, sich nicht mit pauschalen Prognosen zu begnügen, sondern konkrete Erkundigungen über den spezifischen Arbeitsmarkt für den betroffenen ArbN-Kreis einzuholen. Entscheidend ist die Situation zum Zeitpunkt der Beschlussfassung[6]. 66

Nach Nr. 2 S. 2 soll die Einigungsstelle solche ArbN von den Sozialplanleistungen **ausschließen**, die in einem zumutbaren Arbeitsverhältnis im selben Betrieb oder in einem anderen Betrieb des **Unternehmens** oder eines zum **Konzern** gehörenden Unternehmens **weiterbeschäftigt** werden können und die Weiterbeschäftigung ablehnen (vgl. bereits Rz. 47), wobei die Weiterbeschäftigung an einem **anderen Ort** für sich allein nicht die Unzumutbarkeit der Weiterbeschäftigung begründen soll. Nehmen ArbN entsprechende Angebote an, erleiden sie keine oder nur eingeschränkte wirtschaftl. Nachteile, so dass der Ausschluss von Sozialplanleistungen oder deren Kürzung ebenfalls gerechtfertigt ist. Hingegen betrifft Nr. 2 S. 2 lediglich den Fall, dass Mitarbeiter zumutbare Weiterbeschäftigungsangebote ablehnen. Unter welchen Voraussetzungen ein **Arbeitsplatzangebot zumutbar** ist, wird von der Einigungsstelle festgelegt[7]. Wegen der weit reichenden Folgen eines Ausschlusses von jeglicher Sozialplanleistung besteht jedoch Einigkeit dahin gehend, dass an die **Zumutbarkeit des Angebots strenge Anforderungen** zu stellen sind[8]. Die Ermessensrichtlinie in Nr. 2 S. 2 schließt es jedoch andererseits nicht aus, dass die Einigungsstelle im Rahmen billigen Ermessens über Abs. 5 S. 2 Nr. 2 hinausgeht und Sozialplanleistungen auch dann streicht oder kürzt, wenn den ArbN nur unzumutbare Arbeitsplätze angeboten werden konnten und sie diese ablehnen[9]. 67

Der **zwingende Ausschluss von Sozialplanleistungen** gilt nur für das Angebot eines **im Wesentlichen gleichwertigen Arbeitsplatzes**[10]. Die Arbeitsbedingungen müssen nicht völlig gleichartig sein, sondern in rechtl., finanzieller und beruflicher Hinsicht (Anforderungsprofil) nahezu gleichwertig[11]. Das Angebot einer Teilzeittätigkeit bei bisheriger Vollarbeitszeit wäre in der Regel nicht gleichwertig[12]. Die Zumutbarkeit bezieht sich jedoch nur auf das Arbeitsverhältnis selbst, so dass der Ort der Arbeitsleistung außer Betracht bleibt (Nr. 2 S. 2 Hs. 2). Der Wegfall von Überstunden und entsprechender Zuschläge führt nicht zur Unzumutbarkeit[13]. Die **Zumutbarkeitskriterien der Arbeitsverwaltung (§ 121 SGB III)** sind **nicht maßgeblich**[14]. Dies schließt aber selbstverständlich nicht aus, dass die Einigungsstelle unge- 68

1 Vgl. *Schweibert* in Willemsen/Hohenstatt/Schweibert/Seibt, Rz. C 267. | 2 GK-BetrVG/*Fabricius*/*Oetker*, §§ 112, 112a Rz. 316 f.; Richardi/*Annuß*, § 112 BetrVG Rz. 151; *Fitting*, §§ 112, 112a BetrVG Rz. 223; ErfK/*Kania*, §§ 112, 112a BetrVG Rz. 32; MünchArbR/*Matthes*, § 362 Rz. 25; *Etzel*, Betriebsverfassungsrecht Rz. 1049, *Willemsen*, ZIP 1981, 1058 ff. | 3 *Etzel*, Betriebsverfassungsrecht Rz. 1032; GK-BetrVG/Fabricius/*Oetker*, §§ 112, 112a Rz. 317; *Fitting*, §§ 112, 112a BetrVG Rz. 223; ErfK/*Kania*, §§ 112, 112a BetrVG Rz. 32; *Stege*/*Weinspach*/*Schiefer*, §§ 111–113 BetrVG Rz. 131. | 4 DKK/*Däubler*, §§ 112, 112a BetrVG Rz. 108; *Etzel*, Betriebsverfassungsrecht Rz. 1035; *Fitting*, §§ 112, 112a BetrVG Rz. 131. | 5 LAG Bremen v. 15.6.1990 – 4 Sa 353/89, LAGE § 112 BetrVG 1972 Nr. 17. | 6 *Etzel*, Betriebsverfassungsrecht Rz. 1052; *Knorr*, Sozialplan im Widerstreit der Interessen, § 6 Rz. 99 f. | 7 BAG v. 28.9.1988 – 1 ABR 23/87, AP Nr. 47 zu § 112 BetrVG 1972; *Röder*/*Baeck*, S. 159; DKK/*Däubler*, §§ 112, 112a BetrVG Rz. 70; HSG/*Hess*, § 112 BetrVG Rz. 157 f. | 8 *Etzel*, Betriebsverfassungsrecht, Rz. 1054; in der Sache auch DKK/*Däubler*, §§ 112, 112a BetrVG Rz. 71; Richardi/*Annuß*, § 112 BetrVG Rz. 156 f.; *Fitting*, §§ 112, 112a BetrVG Rz. 229 ff. | 9 BAG v. 28.9.1988 – 1 ABR 23/87, AP Nr. 47 zu § 112 BetrVG 1972 unter II. 4.; Richardi/*Annuß*, § 112 BetrVG Rz. 160; *Etzel*, Betriebsverfassungsrecht Rz. 1054; einschr. DKK/*Däubler*, §§ 112, 112a BetrVG Rz. 79. | 10 *Fitting*, §§ 112, 112a BetrVG Rz. 230; ErfK/*Kania*, § 112, 112a BetrVG Rz. 35; Richardi/*Annuß*, § 112 BetrVG Rz. 156. | 11 BAG v. 28.9.1988 – 1 ABR 23/87, AP Nr. 47 zu § 112 BetrVG 1972 unter II. 5.; Richardi/*Annuß*, § 112 Rz. 157; *Fitting*, §§ 112, 112a BetrVG Rz. 229 f.; GK-BetrVG/Fabricius/*Oetker*, §§ 112, 112a Rz. 324; *Schweibert* in Willemsen/Hohenstatt/Schweibert/Seibt, Rz. C 269a; HSWG/*Hess*, § 112 BetrVG Rz. 156; *Stege*/*Weinspach*/*Schiefer*, §§ 111–113 BetrVG Rz. 138c. | 12 Die scheinbar entgegenstehende Entscheidung BAG v. 28.2.2002 – 6 AZR 525/01, NJOZ 2003, 1323 (1325 f.) bezieht sich auf einen tariflichen Abfindungsanspruch; vgl. ErfK/*Kania*, §§ 112, 112a BetrVG Rz. 35. | 13 *Fitting*, §§ 112, 112a BetrVG Rz. 230; ErfK/*Kania*, § 112 BetrVG Rz. 35. | 14 Richardi/*Annuß*, § 112 BetrVG Rz. 157; *Fitting*, §§ 112, 112a BetrVG Rz. 230; DKK/*Däubler*, §§ 112, 112a BetrVG Rz. 71; *Schweibert* in Willemsen/Hohenstatt/Schweibert/Seibt, Rz. C 269a; GK-BetrVG/Fabricius/*Oetker*, §§ 112, 112a Rz. 326; aA HSWG/*Hess*, § 112 BetrVG Rz. 159; *Löwisch*, BB 1985, 1200 (1205); LAG Düsseldorf v. 23.10.1986 – 17 TaBV 98/86, DB 1987, 1254 (1255).

achtet der Ermessensrichtlinie in Nr. 2 nach billigem Ermessen ähnliche Zumutbarkeitskriterien aufstellt.

69 Zumutbarkeit iSv. Nr. 2 S. 2 setzt im Hinblick auf die Beschäftigung in einem anderen Konzernunternehmen voraus, dass die bisherige **Betriebszugehörigkeit** und damit der bestehende Kündigungsschutz **anerkannt** werden[1]. Der Ablehnung eines Angebots zur Weiterbeschäftigung steht es gleich, wenn ein ArbN dem Übergang seines Arbeitsverhältnisses bei einem Betriebs(teil)übergang auf einen neuen ArbGeb ohne sachlichen Grund widerspricht[2] (vgl. Rz. 50).

70 Die **Verfassungsmäßigkeit** von § 112 V 2 Nr. 2 kann nicht ernsthaft in Zweifel gezogen werden[3]. Zwar sichert Art. 12 I GG in der Tat auch die Möglichkeit, einen angebotenen Arbeitsplatz ausschlagen zu können. Daraus ergibt sich jedoch – entgegen *Däubler*[4] – keine Verpflichtung des ArbGeb, wirtschaftl. Nachteile auszugleichen, die im Wesentlichen auf der Entscheidung des ArbN gegen eine angebotene Weiterbeschäftigung beruhen. Die Inanspruchnahme von Freiheitsrechten kann im Regelfall nicht auf Kosten anderer Grundrechtsträger erfolgen.

71 **cc) Förderungsmöglichkeiten gemäß SGB III.** Durch das BetrVerf-Reformgesetz 2001 ist die Reihe der Ermessensrichtlinien um Nr. 2a ergänzt worden, wonach die Einigungsstelle die im SGB III vorgesehenen Förderungsmöglichkeiten zur Vermeidung von Arbeitslosigkeit berücksichtigen soll. Der Zweck der Regelung in Nr. 2a geht dahin, die bisher üblichen Abfindungssozialpläne zunehmend durch Regelungen abzulösen, die der Vermeidung von Arbeitslosigkeit dienen[5]. Die Eingliederung der von einer Entlassung betroffenen ArbN in den Arbeitsmarkt soll nach dem 3. Gesetz für moderne Dienstleistungen am Arbeitsmarkt (sog. Hartz III[6]) vor allem durch Transfermaßnahmen (§ 216a SGB III) und Transferkurzarbeit (§ 216b SGB III) erreicht werden[7]. Im Gegenzug sind die bisherigen Regelungen zur strukturellen Kurzarbeit (§ 175 SGB III) sowie zu den Zuschüssen zu Sozialplanmaßnahmen (§§ 254 ff. SGB III) mWz. 1.1.2004 gestrichen worden. Nach § 216a I 2 SGB III sind **Transfermaßnahmen** sämtliche Maßnahmen zur Eingliederung von ArbN in den Arbeitsmarkt, an deren Finanzierung sich der ArbGeb angemessen beteiligt. Dabei geht es ua. um Trainingsmaßnahmen (§ 48 SGB III), Mobilitätshilfen (§§ 53 ff. SGB III) sowie Maßnahmen zur Förderung der beruflichen Weiterbildung (§§ 77 ff. SGB III)[8]. Die einzelnen Förderungsbedingungen ergeben sich aus dem zum 1.1.2004 neu gefassten § 216a SGB III[9]. Im Gegensatz zu den bisherigen Zuschüssen zu Sozialplanmaßnahmen sind die Förderleistungen nach § 216a SGB III keine Ermessensleistungen, sondern eine **Pflichtleistung**. Dies soll die Planungssicherheit der Betriebsparteien bei der Gestaltung von Restrukturierungsprozessen erhöhen[10]. Außerdem wird die Förderleistung nicht mehr an den Träger der Eingliederungsmaßnahme, sondern künftig an den ArbN gezahlt. Gefördert werden die Transfermaßnahmen durch einen Zuschuss iHv. 50 % der aufzuwendenden Maßnahmekosten, höchstens jedoch mit 2 500 Euro je gefördertem ArbN (vgl. § 216a II SGB III). Auf Verlangen berät die BA die Betriebsparteien bei die Einführung von Transfermaßnahmen – insb. im Rahmen von Sozialplanverhandlungen – über die entsprechenden Fördermöglichkeiten (vgl. § 216a IV SGB III). Für den Bezug von **TransferKug** gem. § 216b SGB III wird im Gegensatz zur früheren Regelung in § 175 SGB III eine Erheblichkeit des Arbeitsausfalls nicht mehr verlangt. Außerdem wurde in der Neuregelung auf das Merkmal der Strukturkrise, die eine Betriebsänderung nach sich ziehen musste, verzichtet. Damit soll allein auf die betriebliche Ebene abgestellt werden und das TransferKug bei sämtlichen betrieblichen Restrukturierungsmaßnahmen genutzt werden können[11]. Neu ist hingegen, dass die ArbN gem. § 216b IV Nr. 4 SGB III verpflichtet sind, vor ihrer Überleitung in eine betriebsorganisatorisch eigenständige Einheit eine Maßnahme zur Feststellung ihrer Eingliederungsaussichten zu durchlaufen (sog. Profiling-Modul).

72 Aus Nr. 2a ergibt sich, dass die Einigungsstelle **ermessensfehlerhaft** handelt, wenn sie nicht zumindest prüft, ob Förderungsmöglichkeiten für Maßnahmen gem. SGB III bestehen und ob diese zum Bestandteil des Sozialplans gemacht werden können[12]. Auf die Wirksamkeit des Sozialplans kann sich dies jedoch nur auswirken, wenn eine Förderung durch die AA überhaupt sinnvollerweise in Betracht gekommen und vermutlich zugesagt worden wäre. Hingegen ist die Einigungsstelle keineswegs verpflichtet, solche Maßnahmen zur Vermeidung von Arbeitslosigkeit in den Sozialplan aufzunehmen[13]. Es wird

---

1 Vgl. BT-Drs. 10/2102, S. 27; GK-BetrVG/Fabricius/*Oetker*, §§ 112, 112a Rz. 324; *Etzel*, Betriebsverfassungsrecht, Rz. 1055; ErfK/*Kania*, §§ 112, 112a BetrVG Rz. 35; *Knorr*, Sozialplan im Widerstreit der Interessen, § 6 Rz. 108; Richardi/*Annuß*, § 112 BetrVG Rz. 156. | 2 BAG v. 5.2.1997 – 10 AZR 553/96, AP Nr. 112 zu § 112 BetrVG 1972; v. 19.2.1998 – 6 AZR 367/96, AP Nr. 25 zu § 4 TVG; DKK/*Däubler*, §§ 112, 112a BetrVG Rz. 70; ErfK/*Kania*, §§ 112, 112a BetrVG Rz. 37; *Schweibert* in Willemsen/Hohenstatt/Schweibert/Seibt, Rz. C 270; *Picot/Schnitker*, II E. Rz. 228. | 3 S.a. BAG v. 8.12.1976 – 5 AZR 613/75, AP Nr. 3 zu § 112 BetrVG 1972 m. zust. Anm. von *Wiedemann/Willemsen*. | 4 DKK/*Däubler*, §§ 112, 112a BetrVG Rz. 77. | 5 BT-Drs. 14/5741, S. 52. | 6 BGBl. 2003 I, S. 2848. | 7 BT-Drs. 15/1515, S. 91. | 8 Richardi/*Annuß*, § 112 BetrVG Rz. 162; ähnlich *Fitting*, §§ 112, 112a BetrVG Rz. 235. | 9 Vgl. zu diesen Vorschriften und zu den Förderungsvoraussetzungen iE *Gaul/Bonanni/Otto*, DB 2003, 2386; *Ludwig*, BB 2003, 2398. | 10 BT-Drs. 15/1515, S. 91. | 11 BT-Drs. 15/1515, S. 92. | 12 *Fitting*, §§ 112, 112a BetrVG Rz. 235; GK-BetrVG/*Fabricius/Oetker*, §§ 112, 112a Rz. 331; *Löwisch*, BB 2001, 1790 (1798). | 13 *Gaul/Bonanni/Otto*, DB 2003, 2386 (2390); GK-BetrVG/*Fabricius/Oetker*, §§ 112, 112a Rz. 331; *Hanau*, ZIP 2001, 1981 (1986).

jedoch empfohlen, im Einzelnen zu dokumentieren, dass Informationen über Förderungsmöglichkeiten eingeholt und in die Beratungen einbezogen wurden[1].

Str. ist, in welchem Umfang die Einigungsstelle durch **Spruch** die Durchführung geförderter **Maßnahmen** vorsehen kann, die direkt oder indirekt die geplante **Betriebsänderung modifizieren** bzw. in die **unternehmerische Entscheidungsfreiheit eingreifen**. Nach zutr. Auffassung ändert § 112 V 2 Nr. 2a nichts daran, dass im erzwungenen Sozialplan ausschließlich die Milderung bzw. der Ausgleich wirtschaftl. Nachteile geregelt werden kann, während der Unternehmer letztlich frei darin ist, ob und welche Betriebsänderungen er durchführen will. Im Zusammenhang mit von der Arbeitsverwaltung geförderten Maßnahmen können daher **keine Projekte erzwungen** werden, die zu einer (vorübergehenden) **Verlängerung der Arbeitsverhältnisse zu Qualifizierungszwecken** führen; auch ist die Schaffung **„betriebsorganisatorisch eigenständiger Einheiten“** (§ 216b III Nr. 2 SGB III) nicht erzwingbar, da auch hierdurch in die **betrieblichen Strukturen** eingegriffen wird[2]. Hiergegen wird eingewandt, dass der Gesetzgeber bewusst die Förderungsmöglichkeiten und ihre Berücksichtigung beim erzwingbaren Sozialplan geregelt habe[3]. Dies ist jedoch nicht überzeugend, da nicht angenommen werden kann, dass durch die Ermessensrichtlinie gem. Nr. 2a die Mitbestimmungsstruktur der §§ 111, 112 BetrVG, die von erheblicher Tragweite ist, in Frage gestellt werden sollte. Auch der ebenfalls durch die BetrVG-Novelle 2001 neu eingefügte § 92a spricht für diese Sicht der Dinge, da dem BR in dieser Vorschrift im Hinblick auf die Förderung der Beschäftigung lediglich ein Vorschlags- und Beratungsrecht eingeräumt worden ist. Es wäre daher widersprüchlich, in § 112 V 2 Nr. 2a im Zusammenhang mit Betriebsänderungen die Statuierung eines zwingenden MitbestR zu sehen[4]. 73

dd) Wirtschaftliche Vertretbarkeit; Sicherung des Fortbestands des Unternehmens und der Arbeitsplätze. § 112 V 1 (Abwägungsgrundsatz; vgl. Rz. 61) und S. 2 Nr. 3 sind im Zusammenhang zu sehen. Nach S. 1 hat die Einigungsstelle auf die wirtschaftl. Vertretbarkeit ihrer Entscheidung für das Unternehmen zu achten. Nach Nr. 3 ist bei der Bemessung des Gesamtbetrags der Sozialplanleistungen (**Sozialplanvolumen**) darauf zu achten, dass der Fortbestand des Unternehmens oder die nach Durchführung der Betriebsänderung verbleibenden Arbeitsplätze nicht gefährdet werden. Anknüpfungspunkt für die Vertretbarkeit des Sozialplans ist das Unternehmen, also der Rechtsträger des Betriebs[5]. Im **Gemeinschaftsbetrieb** ist die wirtschaftl. Vertretbarkeit im Hinblick auf die Trägerunternehmen jeweils gesondert zu bewerten[6]. Die gesetzl. Vorgaben für die wirtschaftl. Vertretbarkeit sind so rudimentär, dass wenig Rechtssicherheit besteht; sie kann **nicht abstrakt** ohne Berücksichtigung der konkret eintretenden wirtschaftl. Nachteile der ArbN beurteilt werden[7]. Ebenso wie der „Sozialplanbedarf“ (vgl. Rz. 61) kaum bestimmbar ist, fehlt es an jeglicher gesetzl. Präzisierung, wie die wirtschaftl. Vertretbarkeit bestimmt werden soll. Das BAG räumt der Einigungsstelle insoweit ein nur im Extremfall begrenztes Ermessen ein[8]. Die zulässige „Untergrenze“ ist nur unterschritten, wenn die Leistungen für eine „Milderung“ der Nachteile nicht ausreichen und eine „spürbare“ Entlastung der ArbN nicht eintrete[9]. Die Überbrückung von ca. 9 Monaten Arbeitslosigkeit hat das BAG[10] auch bei älteren ArbN für einen hinreichenden Ausgleich angesehen. Die „Obergrenze“ sei hingegen nicht schon deshalb erreicht, wenn dem Unternehmen „einschneidende Belastungen (...) bis an den Rand der Bestandgefährdung“ zugemutet werden[11]. Allein die Tatsache, dass der Sozialplan die durch die Betriebsänderung eintretenden Einsparungen für einen Zeitraum von ein oder zwei Jahren aufzehrt, lässt den Sozialplan nach Auffassung des BAG nicht als wirtschaftl. unvertretbar erscheinen[12]. Das BAG hat aber richtigerweise nicht umgekehrt darauf abgehoben, die Einigungsstelle möge sich an den Einsparungen orientieren. Dieser Maßstab ist nämlich unbrauchbar, da die durch Betriebsänderungen möglicherweise eintretenden Einsparungseffekte zur **Erhaltung der Wettbewerbsfähigkeit** erforderlich sein können und daher nicht in erheblichem Umfang zur Finanzierung des Sozialplans zur Verfügung stehen. Ebenso unbrauchbar ist 74

1 *Löwisch*, BB 2001, 1790 (1798); GK-BetrVG/*Fabricius/Oetker*, §§ 112, 112a Rz. 331; *Schweibert* in Willemsen/Hohenstatt/Schweibert/Seibt, Rz. C 271a. | 2 *Bauer*, NZA 2001, 375 (378); *Fitting*, §§ 112, 112a BetrVG Rz. 238; Richardi/*Annuß*, § 112 BetrVG Rz. 163; *Schweibert* in Willemsen/Hohenstatt/Schweibert/Seibt, Rz. C 271a; *Gaul/Bonanni/Otto*, DB 2003, 2386 (2390); *Meyer*, DB 2003, 206 (209). | 3 DKK/*Däubler*, §§ 112, 112a BetrVG Rz. 176; *Bepler*, AuR 1999, 219 (226); *Wendeling-Schröder/Welkoborsky*, NZA 2002, 1370 (1377). | 4 *Schweibert* in Willemsen/Hohenstatt/Schweibert/Seibt, Rz. C 271a; teilw. abw. *Gaul/Bonanni/Otto*, DB 2003, 2386 (2390). | 5 GK-BetrVG/*Fabricius/Oetker*, §§ 112, 112a Rz. 309; *Fitting*, §§ 112, 112a BetrVG Rz. 216; DKK/*Däubler*, §§ 112, 112a BetrVG Rz. 85; abweichend: Richardi/*Annuß*, § 112 BetrVG Rz. 144, der auf den Inhaber des Unternehmens abstellen will; ausschlaggebend ist jedoch die finanzielle Situation des Unternehmens und nicht die Frage, ob die Gesellschafter weiteres Geld hinzuschießen wollen. | 6 Richardi/*Annuß*, § 112 BetrVG Rz. 168; aA DKK/*Däubler*, §§ 112, 112a BetrVG Rz. 85; offen gelassen in BAG v. 12.11.2002 – 1 AZR 632/01, NZA 2003, 676 (678). | 7 BAG v. 14.9.1994 – 10 ABR 7/94, AP Nr. 87 zu § 112 BetrVG 1972; ErfK/*Kania*, §§ 112, 112a BetrVG Rz. 38. | 8 *Hohenstatt/Stamer*, DB 2005, 2410 (2411 f.); vgl. auch *Gaul*, DB 2004, 1418. | 9 BAG v. 24.8.2004 – 1 ABR 23/03, DB 2005, 397 ff. | 10 BAG v. 24.8.2004 – 1 ABR 23/03, DB 2005, 397 ff. | 11 BAG v. 6.5.2003 – 1 ABR 11/02, DB 2004, 193 f.; vgl. idS bereits BAG v. 17.10.1998 – 1 ABR 80/88, AP Nr. 29 zu § 111 BetrVG 1972; v. 6.5.2003 – 1 ABR 11/02, EZA § 112 BetrVG 2001, Nr. 8; zust. DKK/*Däubler*, §§ 112, 112a BetrVG Rz. 86 unter Hinw. auf die „Steuerungsfunktion“ des Sozialplans. | 12 BAG v. 6.5.2003 – 1 ABR 11/02, DB 2004, 193 f.; s.a. bereits BAG v. 27.10.1987 – 1 ABR 9/86, AP Nr. 41 zu § 112 BetrVG 1972; v. 6.5.2003 – 1 ABR 11/02, EZA § 112 BetrVG 2001, Nr. 8; zust.: DKK/*Däubler*, §§ 112, 112a BetrVG Rz. 86; ErfK/*Kania*, §§ 112, 112a BetrVG Rz. 38.

die Orientierung an der Höhe gebildeter Rückstellungen, die in der Steuerbilanz erst möglich sind, nachdem der BR von der geplanten Betriebsänderung unterrichtet wurde[1]. Die Rückstellungen spiegeln eine möglichst realistische Prognose des Unternehmers über den Ausgang der Sozialplanverhandlungen wider; über die Angemessenheit bzw. Vertretbarkeit des Sozialplans sagen sie nichts aus.

75 Ist ein im Kern gesundes und liquides Unternehmen betroffen, so dass die finanzielle Leistungsfähigkeit des Unternehmens nicht von vornherein Grenzen für den Sozialplan setzt, bietet allein § 113 I iVm. **§ 10 KSchG** einen Anhaltspunkt dafür, in welchem Umfang die wirtschaftl. Nachteile der Mitarbeiter regelmäßig als angemessen ausgeglichen anzusehen sind[2], auch wenn andererseits feststeht, dass die Abfindungsgrenzen gem. § 10 KSchG im Rahmen des Sozialplans keine absolute Höchstgrenze darstellen (vgl. Rz. 44).

76 In Unternehmen mit begrenzter finanzieller Leistungskraft sind die in Nr. 3 genannten **Ermessensgrenzen** von besonderer Bedeutung. Insb. dürfen durch das Sozialplanvolumen für die Zukunft und die Arbeitsplätze **wichtige Investitionen nicht verhindert oder verzögert** werden[3]. Befindet sich das Unternehmen bereits in der Verlustzone, bestehen erhebliche Markt- und Absatzschwierigkeiten[4] oder ist eine fortschreitende Aufzehrung des Eigenkapitals zu verzeichnen, befindet sich das Unternehmen in einer **Krisensituation**, die es rechtfertigt, den Ausgleich der wirtschaftl. Nachteile der ArbN außerordentlich zurückhaltend vorzunehmen[5]. Diejenigen Auffassungen, die selbst in einer nachhaltigen Krisensituation noch Kreditaufnahmen für den Sozialplan fordern, setzen sich über die Ermessensgrenze von Abs. 5 Nr. 3 hinweg[6]. In der Unternehmenskrise müssen die zur Verfügung stehenden Investitionsmittel für die Absicherung des Unternehmens und der Arbeitsplätze genutzt werden. Konsumtive Ausgaben, wozu der Sozialplan gehört, müssen in dieser Situation in den Hintergrund treten. Ein Sozialplan, der die zur Verfügung stehenden finanziellen Mittel überschreitet, ist in jedem Falle ermessensfehlerhaft. Dies gilt erst recht, wenn das Unternehmen nachweisen kann, dass Fremdmittel für die Finanzierung des Sozialplans nicht zur Verfügung stehen. Soweit die **Aufzehrung des Eigenkapitals** bereits fortgeschritten ist, dürfte es angemessen sein, die **Begrenzungen des Sozialplanvolumens für Sozialpläne in der Insolvenz als Orientierungsmaßstab** heranzuziehen (vgl. §§ 123, 124 InsO). Bei Zweifeln über die wirtschaftl. Vertretbarkeit des Sozialplans muss die Einigungsstelle einen **betriebswirtschaftl. Sachverst.** hinzuziehen[7].

77 Bei **Konzernunternehmen** kann zweifelhaft sein, auf wessen Belastbarkeit abzustellen ist. Bei Betriebsänderungen, die ein wirtschaftl. wenig leistungsfähiges Unternehmen betreffen, kann es bei der Bemessung der Abfindungen uU gerechtfertigt sein, die möglicherweise wesentlich höhere Belastbarkeit der Muttergesellschaft zu berücksichtigen – und umgekehrt (sog. **Bemessungsdurchgriff**). Eine Anfechtung des Sozialplans mit dem Argument, es habe ein Bemessungsdurchgriff auf ein finanziell besser ausgestattetes Unternehmen erfolgen müssen, ist nach Auffassung des BAG[8] nur erfolgversprechend, wenn der Sozialplan ohne Bemessungsdurchgriff die „Untergrenze" der Sozialplanbemessung (vgl. Rz. 74) unterschreitet. Im Grundsatz herrschte bislang Einigkeit darüber, dass der Bemessungsdurchgriff mit dem **Haftungsdurchgriff** korrespondiert[9]. Ein Bemessungsdurchgriff kommt insb. in Betracht, wenn ein **Beherrschungs- oder Gewinnabführungsvertrag** iSv. § 302 I AktG besteht[10]. Darüber hinaus ist ein Bemessungsdurchgriff vorzunehmen, sofern die Konstellation eines **qualifiziert faktischen Konzerns** gegeben ist. Hiervon ist das BAG im Zusammenhang mit Rentenanpassungen gem. § 16 BetrAVG in st. Rspr. ausgegangen[11]. Die Parallele zur Zurechnung bei § 16 BetrAVG wird in der Lit. nahezu durchgehend befürwortet[12]. Die der Figur des qualifiziert faktischen Konzerns zugrunde liegen-

---

1 Einkommensteuerrichtlinien Abschnitt 31a Abs. 9; vgl. DKK/*Däubler*, §§ 112, 112a BetrVG Rz. 88. | 2 So GK-BetrVG/*Fabricius/Oetker*, §§ 112, 112a Rz. 334; Richardi/*Annuß*, § 112 BetrVG Rz. 165; *Stege/Weinspach/Schiefer*, §§ 111–113 BetrVG Rz. 142; *Hohenstatt/Stamer*, DB 2005, 2410, 2414 gegen § 10 als verbindliche Höchstgrenze aber BAG v. 6.5.2003 – 1 ABR 11/02, DB 2004, 193; *Fitting*, §§ 112, 112a BetrVG Rz. 242. | 3 *von Hoyningen-Huene*, RdA 1986, 102 (108); ErfK/*Kania*, §§ 112, 112a BetrVG Rz. 38; *Fitting*, §§ 112, 112a BetrVG Rz. 242; *Picot/Schnitker*, II Rz. 232. | 4 Vgl. hierzu BAG v. 14.9.1994 – 10 ABR 7/94, AP Nr. 87 zu § 112 BetrVG 1972. | 5 Ähnlich GK-BetrVG/*Fabricius/Oetker*, §§ 112, 112a Rz. 310; *Schweibert* in Willemsen/Hohenstatt/Schweibert/Seibt, Rz. C 273. | 6 S. insb. DKK/*Däubler*, §§ 112, 112a BetrVG Rz. 89 f. | 7 *Fitting*, §§ 112, 112a BetrVG Rz. 244; ErfK/*Kania*, §§ 112, 112a BetrVG Rz. 38; Richardi/*Annuß*, § 112 BetrVG Rz. 167; DKK/*Däubler*, §§ 112, 112a BetrVG Rz. 91; *Rumpff/Böwer*, Wirtschaftliche Mitbestimmung, S. 395. | 8 BAG v. 24.8.2004 – 1 ABR 23/03, DB 2005, 397. | 9 Richardi/*Annuß*, § 112 BetrVG Rz. 146; GK-BetrVG/*Fabricius/Oetker*, §§ 112, 112a Rz. 313; MünchArbR/*Matthes*, § 362 Rz. 32. | 10 Richardi/*Annuß*, § 112 BetrVG Rz. 146; DKK/*Däubler*, §§ 112, 112a BetrVG Rz. 118; *Fitting*, §§ 112, 112a BetrVG Rz. 218; GK-BetrVG/*Fabricius/Oetker*, §§ 112, 112a Rz. 312. | 11 BAG v. 28.4.1992 – 3 AZR 244/91, AP Nr. 25 zu § 16 BetrAVG; v. 14.12.1993 – 3 AZR 519/93, AP Nr. 29 zu § 16 BetrAVG; v. 4.10.1994 – 3 AZR 910/93, AP Nr. 32 zu § 16 BetrAVG; v. 17.4.1996 – 3 AZR 56/95, AP Nr. 35 zu § 16 BetrAVG. | 12 Richardi/*Annuß*, § 112 BetrVG Rz. 146; GK-BetrVG/*Fabricius/Oetker*, §§ 112, 112a Rz. 313; DKK/*Däubler*, §§ 112, 112a BetrVG Rz. 117; ErfK/*Kania*, §§ 112, 112a BetrVG Rz. 38; *Schweibert* in Willemsen/Hohenstatt/Schweibert/Seibt, Rz. C 278; kritisch: *Junker*, ZIP 1993, 1599 (1605); *v. Hoyningen-Huene*, RdA 1986, 102 (105); abl. *Lipinski/Meyer*, DB 2003, 1846; vgl. zum Ganzen auch *Kruip*, Betriebsrentenanpassung und Sozialplandotierung in Konzern und Umwandlung, 1997, 178 ff.; in Fällen der Insolvenz erfolgt jedoch keine Durchbrechung der Obergrenze des § 123 I InsO nach den Grundsätzen des qualifiziert faktischen Konzerns. § 123 I InsO bildet insoweit für das Sozialplanvolumen eine absolute Obergrenze, ArbG Düsseldorf v. 24.4.2006 – 2 BV 2/06, DB 2006, 1384.

de **Rspr. des BGH** zum Haftungsdurchgriff hat sich allerdings gewandelt[1]. Mit der Entscheidung vom 24.6.2002 hat der BGH die Figur des qualifiziert faktischen Konzerns zur Begründung eines Haftungsdurchgriffs aufgegeben[2]. Ein Haftungsdurchgriff ist danach (nur) möglich, wenn die Gesellschafterstellung durch einen „**existenzvernichtenden Eingriff**“[3] missbraucht worden ist. Ein solcher Eingriff liegt nach Auffassung des BGH vor, wenn die Gesellschafter unter Außerachtlassung der gebotenen Rücksichtnahme auf die Zweckbindung des Gesellschaftsvermögens durch offene oder verdeckte Entnahmen Vermögenswerte entziehen und sie dadurch in einem ins Gewicht fallenden Ausmaß die Fähigkeit der Gesellschaft zur Erfüllung ihrer Verbindlichkeiten beeinträchtigen[4]. Hingegen liegen die Voraussetzungen eines qualifiziert faktischen Konzerns nach bisheriger Lesart dann vor, wenn das herrschende Unternehmen die Leitungsmacht in einer Weise ausübt, die keine angemessene Rücksicht auf die Belange der abhängigen Gesellschaft nimmt, ohne dass sich der zugefügte Nachteil durch Einzelmaßnahmen ausgleichen ließe[5]. Dies ist insb. dann der Fall, wenn Liquidität zu Gunsten der Obergesellschaft oder eines ebenfalls beherrschten Dritten abgeschöpft worden ist[6] und erst hierdurch (kausal) die Situation hervorgerufen wurde, dass das beherrschte Unternehmen nicht mehr in der Lage ist, die Nachteile der Mitarbeiter in angemessener Weise auszugleichen. Das BAG hat auch nach der Änderung der Rspr. des BGH an seinen Grundsätzen zum Bemessungsdurchgriff bei § 16 BetrAVG festgehalten[7], allerdings ohne sich mit der geänderten BGH-Rspr. auseinander zu setzen. Im Sinne einer Parallelität von Haftungs- und Bemessungsdurchgriff ist es jedoch unabdingbar, die bisherige Rspr. zum Bemessungsdurchgriff auf den Prüfstand zu stellen. Der *Dritte Senat* des BAG hat mit Entscheidung vom 25.4.2006 eine Überprüfung seiner Rspr. angekündigt[8]. Es ist jedoch nicht auszuschließen, dass die frühere Rspr. des BGH zum qualifiziert faktischen Konzern im Bereich des Arbeitsrechts „weiterleben“ wird. Soweit vereinzelt allerdings generell eine Berücksichtigung der Leistungsfähigkeit des Konzerns insgesamt verlangt wird[9], steht dies im Widerspruch zum eindeutigen Gesetzeswortlaut in Abs. 5 S. 1, wonach es für die Vertretbarkeit des Sozialplans auf das Unternehmen ankommt. Auch in Nr. 3 ist der Bezug eindeutig[10].

7. Rechtswirkungen des Sozialplans; Verhältnis zum Tarifvertrag. Der Sozialplan hat gem. § 112 I 3 die **Wirkung einer BV**. Der Sozialplan wird daher entweder unmittelbar als BV[11] bzw. als BV besonderer Art[12] angesehen. Der ArbGeb ist kollektivrechtlich verpflichtet, die im Sozialplan vereinbarten Maßnahmen vorzunehmen und hat sozialplanwidrige Maßnahmen zu unterlassen[13], während es dem BR andererseits nicht obliegt, an Stelle der einzelnen ArbN individualrechtl. Ansprüche durchzusetzen[14]. **78**

Der Sozialplan begründet Ansprüche der einzelnen ArbN. Abweichungen sind nur zu Gunsten der ArbN möglich. Ein **Verzicht auf Ansprüche** aus dem Sozialplan bedarf ebenso wie bei allen BV gem. § 77 IV 2 der Zustimmung des BR (vgl. § 77 Rz. 3)[15]. Ob mit einzelnen ArbN getroffene Regelungen in Abweichung vom Sozialplan einen Verzicht beinhalten, richtet sich nach dem Günstigkeitsprinzip[16]. **79**

Die **Auslegung** von Sozialplänen erfolgt wie bei BV nach den Regeln für die Tarifauslegung[17]. Ein allgemeiner Grundsatz dahin gehend, dass Sozialpläne im Zweifel zu Gunsten der ArbN auszulegen seien, besteht nicht[18]. Der **Tarifvorbehalt des § 77 III** ist auf den Sozialplan nicht anzuwenden (Abs. 1 S. 4), so dass in ihm auch Arbeitsentgelte und sonstige Arbeitsbedingungen geregelt werden können, die bereits Gegenstand einer bestehenden oder üblichen Tarifregelung sind. Dies gilt allerdings nur für einen erzwingbaren Sozialplan, nicht für freiwillige vorsorgliche Sozialpläne[19]. Insb. hindert ein **RationalisierungsTV** nicht den Abschluss eines Sozialplans[20]. Besteht ein RationalisierungsTV, ist im Verhältnis zum Sozialplan das **Günstigkeitsprinzip** anzuwenden[21]. Besteht ein TV, der den von einer Betriebs- **80**

---

1 Vgl. dazu BGH v. 29.3.1993 – II ZR 265/91, NJW 1993, 1200 (sog. „TBB“-Urteil); v. 17.9.2001 – II ZR 178/99, NJW 2001, 3622 (sog. „Bremer Vulkan“-Urteil); v. 24.6.2002 – II ZR 300/00, NJW 2002, 3024 (sog. „KBV“-Urteil). | **2** *Wilhelm*, NJW 2003, 175 (178). | **3** BGH v. 24.6.2002 – II ZR 300/00, NJW 2002, 3024 (3025). | **4** BGH v. 24.6.2002 – II ZR 300/00, NJW 2002, 3024 (3025). | **5** So BAG v. 8.3.1994 – 9 AZR 197/92, AP Nr. 6 zu § 303 AktG, Bl. 3 mit Nachw. der BGH-Rspr. | **6** Richardi/*Annuß*, § 112 BetrVG Rz. 146. | **7** BAG v. 18.2.2003 – 3 AZR 172/02, BB 2003, 2292. | **8** BAG v. 25.4.2006 – 3 AZR 50/05, NZA-RR 2007, 310 Rz. 47. | **9** Vgl. die Nachw. bei DKK/*Däubler*, §§ 112, 112a BetrVG Rz. 120. | **10** GK-BetrVG/*Fabricius-Oetker*, §§ 112, 112a Rz. 313; *Schweibert* in Willemsen/Hohenstatt/Schweibert/Seibt, Rz. C 276; Richardi/*Annuß*, § 112 BetrVG Rz. 145; *Windbichler*, Arbeitsrecht im Konzern, 411 ff. | **11** So insbesondere: Richardi/*Annuß*, § 112 BetrVG Rz. 171 mwN. | **12** Vgl. insb. GK-BetrVG/*Fabricius/Oetker*, §§ 112, 112a Rz. 110 ff. mwN. | **13** Richardi/*Annuß* § 112 BetrVG Rz. 173. | **14** BAG v. 17.10.1989 – 1 ABR 75/88, AP Nr. 53 zu § 112 BetrVG 1972; vgl. *Willemsen/Hohenstatt*, NZA 1997, 345 (346). | **15** Vgl. GK-BetrVG/*Fabricius/Oetker*, §§ 112, 112a Rz. 117; Richardi/*Annuß*, § 112 BetrVG Rz. 177; ErfK/*Kania*, §§ 112, 112a BetrVG Rz. 13. | **16** BAG v. 27.1.2004 – 1 AZR 148/03, AP Nr. 166 zu § 112 BetrVG 1972. | **17** BAG v. 8.11.1988 – 1 AZR 721/87, AP Nr. 48 zu § 112 BetrVG 1972; v. 5.2.1997 – 10 AZR 553/96, AP Nr. 112 zu § 112 BetrVG 1972; v. 15.12.1998 – 1 AZR 332/98, AP Nr. 126 zu § 112 BetrVG 1972; v. 19.6.2007 – 1 AZR 541/06; v. 15.5.2007 – 1 AZR 370/06, AP Nr. 188 zu § 112 BetrVG 1972; *Fitting*, §§ 112, 112a BetrVG Rz. 173; Richardi/*Annuß*, § 112 BetrVG Rz. 174. | **18** BAG v. 29.11.1978 – 5 AZR 553/77, AP Nr. 7 zu § 112 BetrVG 1972; Richardi/*Annuß*, § 112 BetrVG Rz. 174. | **19** BAG v. 14.11.2006 – 1 AZR 40/06, ZIP 2006, 197 Rz. 18. | **20** Vgl. hierzu *Fitting*, §§ 112, 112a BetrVG Rz. 178; Richardi/*Annuß*, § 112 BetrVG Rz. 179; HSG/*Hess*, § 112 BetrVG Rz. 62; *Ohl*, Sozialplan, 1976, S. 69 f. | **21** BAG v. 27.8.1975 – 4 AZR 454/74, AP Nr. 2 zu § 112 BetrVG 1972; v. 6.12.2006 – 4 AZR 798/05 – DB 2007, 1362 Rz. 30; *Fitting*, §§ 112, 112a BetrVG Rz. 179; DKK/*Däubler*, §§ 112, 112a BetrVG Rz. 54; *Fuchs*, Der Sozialplan nach dem BetrVG 1972, 1977, S. 35 (100).

änderung betroffenen Mitarbeitern finanzielle Leistungen zuwendet, ist dies bei der Bemessung des Sozialplans und insb. bei der wirtschaftl. Vertretbarkeit desselben zu berücksichtigen, da sich die Belastungen für das Unternehmen addieren. Im Regelfall wird im Sozialplan vorzusehen sein, dass finanzielle Ansprüche aus TV auf die im Sozialplan vorgesehenen Abfindungen **angerechnet** werden[1].

81 Streitig beurteilt wird die Frage, ob tarifliche Forderungen zum Abschluss eines **„Sozialplantarifvertrages"**, also eines TV, der vergleichbar einem Sozialplan die wirtschaftl. Folgen einer betriebl. Maßnahme abmildert (Abfindungen, Verlängerung von Kündigungsfristen, Qualifizierungsmaßnahmen über das Arbeitsverhältnis hinaus), mittels **Arbeitskampf** durchgesetzt werden dürfen, und zwar insb. dann, wenn dies im Zusammenhang mit einer sozialplanpflichtigen Betriebsänderung geschieht[2]. Naturgemäß besteht in dieser Konstellation die Gefahr, dass die Grenzen, die der Durchsetzung der ArbN-Interessen durch § 112, insbesondere durch die Zuständigkeit der Einigungsstelle, gesetzt werden, durch einen Arbeitskampf gezielt umgangen werden. Die Entscheidung des BAG v. 24.4.2007[3] hat insofern richtigerweise klargestellt, dass die in §§ 111, 112 geregelten Verfahren nicht per se Vorrang vor einer Regelung durch TV genießen, zumal die durch Art. 9 III GG gewährleisteten Freiheiten höherrangig sind[4]. Auch aus den Grundsätzen der Kampfparität und der Verhältnismäßigkeit ergibt sich nicht von vornherein eine Einschränkung der Kampffreiheit im Zusammenhang mit sozialplanpflichtigen Betriebsänderungen. Gänzlich unverständlich und verfassungsrechtlich nicht haltbar ist der Standpunkt des BAG jedoch insofern, als es das Gericht unbeanstandet ließ, dass die Durchsetzung der tarifl. Streikforderungen die geplante Betriebsänderung verhindert hätte oder jedenfalls hätte wirtschaftlich sinnlos werden lassen[5]. Damit wird der Gewerkschaft mit dem lapidaren Argument, dass eine „Übermaßkontrolle von bloßen Streikforderungen" ausscheiden müsse, faktisch die Möglichkeit eingeräumt, betriebl. Umstrukturierungen oder (Teil-) Schließungen, die dem Kernbereich der Unternehmerfreiheit zuzurechnen sind, zu verhindern und den Unternehmer zB zur Weiterführung unrentabler Betriebe zu zwingen. Richtigerweise muss aber die kampfweise Durchsetzung tariflich regelbarer Ziele dann ausscheiden, wenn hierdurch in den **Kernbereich der Unternehmensautonomie** eingegriffen würde. Es sind dieselben Erwägungen, die den Gesetzgeber dazu veranlasst haben, im Bereich des Interessenausgleichs eine nur abgeschwächte Mitbestimmung vorzusehen, die im gleichen Zusammenhang nach den Regeln der **praktischen Konkordanz** eine Einschränkung der Arbeitskampffreiheit gebieten[6]. Nach Auffassung des BAG soll die Grenze des Zulässigen hingegen erst dann überschritten sein, wenn „die Streikforderung gezielt auf die wirtschaftliche Existenzvernichtung des Gegners gerichtet" sei[7]. Ob eine ausdrückliche Streikforderung dahingehend, die angekündigte Betriebsänderung zu unterlassen, als ausdrücklicher Eingriff in die Unternehmensautonomie unzulässig wäre, hat das BAG offen gelassen[8]. Aus der Rspr. des BAG ergibt sich die Notwendigkeit, nunmehr über eine arbeitskampfbedingte Einschränkung der Beteiligungsrechte des Betriebsrats sicherzustellen, dass durch den „Zweifrontenkrieg", dem sich der ArbGeb ansonsten ausgesetzt sähe, die Arbeitskampfparität erhalten bleibt (Ruhen des Mitbestimmungsrechts, Suspendierung der Spruchkompetenz der Einigungsstelle, Wegfall eines etwaigen Unterlassungsanspruchs gegen die vorzeitige Durchführung der Betriebsänderung)[9].

82 Sozialpläne können im Hinblick auf Sozialplanansprüche **Ausschlussfristen** vorsehen. TV, die allgemein für Ansprüche aus dem Arbeitsverhältnis Ausschlussfristen vorsehen, gelten auch für die Zahlung einer Sozialplanabfindung[10].

83 **8. Kündigung und Änderung von Sozialplänen.** Eine **einvernehmliche Beendigung** eines Sozialplans kommt jederzeit in Betracht, ebenso seine **Änderung**[11]. Führt die vorzeitige Beendigung des Sozialplans jedoch dazu, dass nicht die wirtschaftl. Nachteile aller betroffenen Mitarbeiter ausgeglichen oder gemildert werden, ist das Beteiligungsverfahren insofern wieder aufzunehmen[12]. Im Verhältnis der So-

---

1 DKK/*Däubler*, §§ 112, 112a BetrVG Rz. 55, der allerdings fälschlicherweise bei sowohl im TV als auch im Sozialplan enthaltenen Anrechnungsklauseln davon ausgeht, dass sich diese wechselseitig aufheben. Hingegen ist klar, dass sich die Ansprüche aus beiden Rechtsgrundlagen nicht addieren sollen, so auch BAG v. 14.11.2006 – 1 AZR 40/06, ZIP 2007, 197 Rz. 29 m. Anm. *Oetker*, RdA 2007, 241. | 2 S. insb. LAG Schl.-Holst. v. 27.3.2003 – 5 Sa 137/03, AP Nr. 165 zu Art. 9 GG – Arbeitskampf; LAG Nds. v. 2.6.2004 – 7 Sa 819/04, AP Nr. 164 zu Art. 9 GG – Arbeitskampf; Literaturübersicht bei *Fitting*, §§ 112, 112a Rz. 179a. | 3 BAG v. 24.4.2007 – 1 AZR 252/06, NZA 2007, 987 ff., Rz. 82 f. | 4 So bereits BAG v. 6.12.2006 – 4 AZR 798/05, BB 2007, 1362 Rz. 28 (30). | 5 BAG v. 24.4.2007 – 1 AZR 252/06, NZA 2007, 987 ff., Rz. 112. | 6 Eingehend *Hohenstatt/Schramm*, DB 2004, 2214 (2216 ff.); teilweise zustimmend *Fitting*, §§ 112, 112a BetrVG Rz. 179a; wie BAG offenbar Richardi/*Annuß*, § 112 BetrVG Rz. 179. | 7 BAG v. 24.4.2007 – 1 AZR 252/06, NZA 2007, 987 ff., Rz. 100. | 8 BAG v. 24.4.2007 – 1 AZR 252/06, NZA 2007, 987 ff., Rz. 111; für Unzulässigkeit LAG Schl.-Holst. v. 27.3.2003 – 5 Sa 137/03, AP Nr. 165 zu Art. 9 GG – Arbeitskampf; wohl auch *Fitting*, §§ 112, 112a BetrVG Rz. 179a; aA *Brecht-Heitzmann*, NJW 2007, 3617 (3619). | 9 *Willemsen/Stamer*, NZA 2007, 413; zustimmend *Lipinski/Ferme*, DB 2007, 1250; vgl. *Gaul*, RdA 2008, 13 (21 f.); siehe generell zu den möglichen Folgeproblemen der Rechtsprechung des BAG *Bayreuther*, NZA 2007, 1017 ff. | 10 BAG v. 30.11.1994 – 10 AZR 79/94, AP Nr. 88 zu § 112 BetrVG 1972; v. 27.3.1996 – 10 AZR 668/95, AP Nr. 134 zu § 4 TVG – Ausschlussfristen; einschränkend für Ansprüche, die erst nach Beendigung des ArbV fällig werden BAG v. 19.12.2006 – 9 AZR 343/06, NZA 2007, 759. | 11 BAG v. 24.3.1981 – 1 AZR 805/78, AP Nr. 12 zu § 112 BetrVG 1972; v. 5.10.2000 – 1 AZR 48/00, AP Nr. 141 zu § 112 BetrVG 1972; DKK/*Däubler*, §§ 112, 112a BetrVG Rz. 135; ErfK/*Kania*, §§ 112, 112a BetrVG Rz. 39. | 12 GK-BetrVG/*Fabricius*/*Oetker*, §§ 112, 112a Rz. 160.

zialpläne zueinander gilt das **Ablösungsprinzip**[1]. Der nachfolgende Sozialplan kann ungünstiger für die ArbN sein, muss jedoch Recht und Billigkeit beachten[2]. In bereits entstandene Ansprüche aus dem Sozialplan kann der neue Sozialplan nicht mehr eingreifen[3]. Abweichendes kann gelten, wenn mit einer rückwirkenden Änderung zu rechnen war oder die Geschäftsgrundlage für den Sozialplan entfallen ist (vgl. Rz. 87).

Soweit nicht abweichend geregelt, soll der Sozialplan für die Abwicklung der gesamten Betriebs- 84
änderung gelten, so dass eine **ordentl. Kündigung** nicht in Betracht kommt[4]. Hingegen besteht bei **vorsorglichen Sozialplänen und Rahmensozialplänen**, die von vornherein auf eine dauerhafte Regelung hin angelegt sind, stets ein Bedürfnis für ein ordentl. Kündigungsrecht[5].

Die Kündigung eines Sozialplans führt zur **Nachwirkung gem. § 77 VI**, soweit nicht ein freiwilliger 85
Sozialplan vorliegt, sondern der Spruch der Einigungsstelle die Einigung der Betriebspartner ersetzen kann[6]. Eine **Teilkündigung** eines Sozialplans kommt von vornherein nur unter den engen Grenzen in Betracht, die allgemein für die Teilkündigung von BV gelten[7] (vgl. § 77 Rz. 38). Bei Sozialplänen wird dies nur ganz ausnahmsw. der Fall sein, da der funktionale Zusammenhang mit dem abgeschlossenen Interessenausgleich und der Kompromisscharakter des Sozialplans in der Regel gegen die Möglichkeit einer Teilkündigung sprechen[8].

Eine **außerordentl. Kündigung** des Sozialplans ist insb. dann denkbar, wenn dieser **Dauerregelungen** 86
enthält[9]. Das Fehlen der finanziellen Mittel zur Bedienung der Sozialplanverpflichtungen begründet für sich allein jedoch nicht das Recht zur außerordentl. Kündigung des Sozialplans[10]. Sonst denkbare Gründe für eine außerordentl. Kündigung werden regelmäßig unter die Anwendungsfälle des Wegfalls der Geschäftsgrundlage fallen (s. Rz. 87), so dass der außerordentl. Kündigung von Sozialplänen keine größere Praxisrelevanz zukommt. In jedem Fall würde bei erzwingbaren Sozialplänen wiederum eine **Nachwirkung gem. § 77 VI** eintreten[11]. Die außerordentl. Kündigung könnte lediglich dazu führen, dass die Verhandlungen in der Einigungsstelle wieder aufgenommen werden müssen, um ggf. eine andere Regelung für die Zukunft durchzusetzen. Eine Auflösungswirkung kommt der außerordentl. Kündigung nicht zu[12].

Größere Bedeutung hat der **Wegfall der Geschäftsgrundlage**, der dazu führen kann, dass einer Partei 87
das Festhalten am Sozialplan nicht mehr zuzumuten ist. In diesem Fall besteht ein Anspruch der Partei, dass Verhandlungen über die Anpassung des Sozialplans an die veränderten tatsächlichen Umstände aufgenommen werden. Verweigert die andere Partei entsprechende Verhandlungen oder führen diese nicht zum Ergebnis, ist die **Einigungsstelle** zuständig[13]. Anwendungsfälle: **Fehlvorstellungen** der Parteien oder der Einigungsstelle über die zur Verfügung stehende **Finanzmasse**, zB wenn angenommen wurde, dass eine dritte Partei den Sozialplan finanzieren werde[14]. Dies gilt auch bei **Ausbleiben erwarteter Zuschüsse** gem. SGB III[15]. Die Geschäftsgrundlage kommt auch in Wegfall, wenn die Betriebsänderung nicht wie von der Einigungsstelle angenommen durchgeführt wird, zB wenn es statt einer Betriebsstilllegung zu einer **Fortführung des Betriebs durch einen Dritten** kommt und der Sozialplan die Existenz zumutbarer Weiterbeschäftigungsangebote nicht berücksichtigt[16]. Ein **Betriebsübergang** allein lässt allerdings die Wirksamkeit eines Sozialplans unberührt; dieser gilt bei fortbestehender Be-

1 GK-BetrVG/*Fabricius/Oetker*, §§ 112, 112a Rz. 162; Richardi/*Annuß*, § 112 BetrVG Rz. 183. | 2 BAG v. 24.3.1981 – 1 AZR 805/78, AP Nr. 12 zu § 112 BetrVG 1972; v. 5.10.2000 – 1 AZR 48/00, AP Nr. 141 zu § 112 BetrVG 1972. | 3 BAG v. 10.8.1994 – 10 ABR 61/93, AP Nr. 86 zu § 112 BetrVG 1972; v. 2.10.2007 – 1 AZR 815/06 sowie v. 19.6.2007 – 1 AZR 340/06, NJW 2008, 169; kritisch hierzu *Gehlhaar*, BB 2007, 2805; GK-BetrVG/*Fabricius/Oetker*, §§ 112, 112a Rz. 163; DKK/*Däubler*, §§ 112, 112a BetrVG Rz. 135. | 4 BAG v. 10.8.1994 – 10 ABR 61/86, AP Nr. 86 zu § 112 BetrVG 1972; *Fitting*, §§ 112, 112a BetrVG Rz. 206; ErfK/*Kania*, §§ 112, 112a BetrVG Rz. 40; Richardi/*Annuß*, § 112 BetrVG Rz. 185; GK-BetrVG/*Fabricius/Oetker*, §§ 112, 112a Rz. 166; MünchArbR/*Matthes*, § 362 Rz. 49. | 5 GK-BetrVG/*Fabricius/Oetker*, §§ 112, 112a Rz. 166; m. Einschränkungen auch *Däubler*, NZA 1985, 545 (549). | 6 BAG v. 24.3.1981 – 1 AZR 805/78, AP Nr. 12 zu § 112 BetrVG 1972; DKK/*Däubler*, §§ 112, 112a BetrVG Rz. 136; GK-BetrVG/*Fabricius/Oetker*, §§ 112, 112a Rz. 167; Richardi/*Annuß*, § 112 BetrVG Rz. 184 unter Hinw. auf BAG v. 10.8.1994 – 10 ABR 61/93, AP Nr. 86 zu § 112 BetrVG 1972. | 7 GK-BetrVG/*Fabricius/Oetker*, §§ 112, 112a Rz. 168. | 8 *Däubler*, NZA 1985, 545 (549); GK-BetrVG/*Fabricius/Oetker*, §§ 112, 112a Rz. 168. | 9 GK-BetrVG/*Fabricius/Oetker*, §§ 112, 112a Rz. 170; *Fitting*, §§ 112, 112a BetrVG Rz. 207; HSG/*Hess*, § 112 BetrVG Rz. 119; *Stege/Weinspach*/Schiefer, §§ 111–113 BetrVG Rz. 98c. | 10 BAG v. 10.8.1994 – 10 ABR 61/93, AP Nr. 86 zu § 112 BetrVG 1972. | 11 BAG v. 10.8.1994 – 10 ABR 61/93, AP Nr. 86 zu § 112 BetrVG 1972; GK-BetrVG/*Fabricius/Oetker*, §§ 112, 112a Rz. 172; Richardi/*Annuß*, § 112 BetrVG Rz. 186; MünchArbR/*Matthes*, § 328 Rz. 58. | 12 Richardi/*Annuß*, § 112 BetrVG Rz. 186; *Fitting*, §§ 112, 112a BetrVG Rz. 206. | 13 BAG v. 10.8.1994 – 10 ABR 61/93, AP Nr. 86 zu § 112 BetrVG 1972; Richardi/*Annuß*, § 112 BetrVG Rz. 187; GK-BetrVG/*Fabricius/Oetker*, §§ 112, 112a Rz. 179; DKK/*Däubler*, §§ 112, 112a BetrVG Rz. 137; ErfK/*Kania*, §§ 112, 112a BetrVG Rz. 42; *Schweibert* in Willemsen/Hohenstatt/Schweibert/Seibt, Rz. C 284. | 14 Vgl. BAG v. 17.2.1981 – 1 AZR 290/78, AP Nr. 11 zu § 112 BetrVG 1972; v. 10.8.1994 – 10 ABR 61/93, AP Nr. 86 zu § 112 BetrVG 1972; Richardi/*Annuß*, § 112 BetrVG Rz. 188; *Schweibert* in Willemsen/Hohenstatt/Schweibert/Seibt, Rz. C 284. | 15 DKK/*Däubler*, §§ 112, 112a BetrVG Rz. 175; *Matthes*, RdA 1999, 178 (182); GK-BetrVG/*Fabricius/Oetker*; §§ 112, 112a Rz. 175. | 16 BAG v. 28.8.1996 – 10 AZR 886/95, AP Nr. 104 zu § 112 BetrVG 1972 [Meyer]; Richardi/*Annuß*, § 112 BetrVG Rz. 188; GK-BetrVG/*Fabricius/Oetker*, §§ 112, 112a Rz. 175; *Schweibert* in Willemsen/Hohenstatt/Schweibert/Seibt, Rz. C 283; DKK/*Däubler*, §§ 112, 112a BetrVG Rz. 137.

triebsidentität ebenso kollektivrechtlich fort wie eine BV[1]. Wenn das **Sanierungskonzept**, das dem Sozialplan zugrunde liegt, **fehlschlägt** und nunmehr eine Betriebsstilllegung durchgeführt werden muss, entfällt für den ersten Sanierungssozialplan, der geringere Abfindungen vorsieht, um finanzielle Mittel zur Weiterführung des Betriebs zu schonen, die Geschäftsgrundlage[2].

88 Die Anpassung wegen Wegfalls der Geschäftsgrundlage kann grds. auch Ansprüche von ArbN, die **bereits entstanden** sind, zu deren Ungunsten verändern. Nach Auffassung des BAG besteht insofern **kein Vertrauensschutz**, da Sozialplanansprüche unter dem Vorbehalt stehen, dass die von den Beteiligten zugrunde gelegte Geschäftsgrundlage nicht wegfällt[3]. Allerdings besteht mittlerweile Einigkeit, dass die Eingriffe nur im Rahmen der **Verhältnismäßigkeit** vorgenommen werden dürfen[4].

89 **9. Der individualrechtliche Sozialplananspruch.** Der Sozialplananspruch des ArbN entsteht, wenn die in dem Sozialplan festgelegten tatbestandlichen Voraussetzungen erfüllt sind[5]. Zumeist wird sich aus dem Sozialplan ergeben, dass der Anspruch erst entstehen soll, wenn das Arbeitsverhältnis auf Grund der Betriebsänderung beendet worden ist[6]. Das Entstehen des Sozialplananspruchs ist insb. deshalb wesentlich, weil eine **Vererblichkeit** des Anspruchs erst besteht, sobald er entstanden (wenn auch noch nicht notwendigerweise fällig geworden) ist[7]. Setzt der Sozialplan für Leistungen voraus, dass das Arbeitsverhältnis durch die Betriebsänderung beendet worden ist, tritt auch die Vererblichkeit der Abfindung erst mit dem rechtl. Ende des Arbeitsverhältnisses ein[8], soweit nicht im Sozialplan etwa Abweichendes vereinbart ist.

90 Streitigkeiten des einzelnen ArbN mit dem ArbGeb aus dem Sozialplan werden im Urteilsverfahren entschieden (§ 2 II Nr. 3 ArbGG)[9]. Der BR kann nicht aus eigenem Recht Ansprüche des Mitarbeiters geltend machen[10]. Der ArbN kann nur seine eigenen Ansprüche geltend machen, während es dem BR vorbehalten bleibt, das **finanzielle Gesamtvolumen** einer gerichtl. Überprüfung zu unterziehen[11]. Unproblematisch ist dagegen die Einsetzung einer **paritätisch besetzten Kommission** zur Beilegung von Auslegungsstreitigkeiten soweit dadurch der Rechtsweg nicht abgeschnitten wird.

91 Eine Vereinbarung dahin gehend, dass Streitigkeiten zwischen ArbN und dem ArbGeb aus der Anwendung des Sozialplans durch die Einigungsstelle verbindlich entschieden werden, ist unzulässig, soweit sie den Rechtsweg ausschließt (vgl. § 101 II ArbGG)[12].

92 Ist der **Spruch der Einigungsstelle** über einen Sozialplan im Rahmen eines Beschlussverfahrens **angefochten** worden (vgl. Rz. 94), wird die **Klage des einzelnen ArbN** im Hinblick auf Sozialplanansprüche in aller Regel bis zur Entscheidung über die Rechtswirksamkeit des Sozialplans **auszusetzen** sein[13].

93 Sozialplanabfindungen fallen nicht unter die Beitragspflicht zur **SozV** iSv. § 14 I SGB IV[14]. Abfindungen stellen Entschädigungen iSv. § 24 Nr. 1a EStG für entgangene oder entgehende Einnahmen dar, die gem. § 34 im Hinblick auf die Provisionswirkung bevorzugt behandelt werden; der frühere „halbe Steuersatz" gem. §§ 24, 34 EStG ist jedoch entfallen[15].

94 **10. Anfechtung des Sozialplans.** Ob die Einigungsstelle die Ermessensgrenzen des § 112 V eingehalten und eine vertretbare Interessenabwägung vorgenommen hat, wird im **Beschlussverfahren** (§ 2a ArbGG) entschieden. Die Anfechtung wegen **Ermessensfehlern** kann nur binnen zwei Wochen seit der Zustel-

---

1 BAG v. 15.1.2002 – 1 AZR 58/01, NZA 2002, 1034; s. zum Wechsel einer Gruppe von ArbN in einen anderen Betrieb desselben ArbGeb BAG v. 28.6.2005 – 1 AZR 213/04, AP Nr. 25 zu § 77 BetrVG 1972 – Betriebsvereinbarung; BAG v. 28.3.2007 – 10 AZR 719/05, NZA 2007, 1066 ff. | 2 Das BAG stützt dies allerdings auf § 75 BetrVG, BAG v. 9.12.1981 – 5 AZR 549/79, AP Nr. 14 zu § 112 BetrVG 1972; GK-BetrVG/*Fabricius/Oetker*, §§ 112, 112a Rz. 175; Richardi/*Annuß*, § 112 BetrVG Rz. 188. | 3 BAG v. 10.8.1994 – 10 ABR 61/93, AP Nr. 86 zu § 112 BetrVG 1972 (abl. Anm. v. *v. Hoyningen-Huene*). | 4 BAG v. 5.10.2000 – 1 AZR 48/00, AP Nr. 141 zu § 112 BetrVG 1972; *Fitting*, §§ 112, 112a BetrVG Rz. 210; GK-BetrVG/*Fabricius/Oetker*, §§ 112, 112a Rz. 181; eingehend *C. Meyer*, NZA 1995, 974 (983); DKK/*Däubler*, §§ 112, 112a BetrVG Rz. 137. | 5 Richardi/*Annuß*, § 112 BetrVG Rz. 189; GK-BetrVG/*Fabricius/Oetker*, § 112, 112a Rz. 127. | 6 Vgl. BAG v. 22.5.1996 – 10 AZR 907/95, AP Nr. 13 zu § 4 TVG – Rationalisierungsschutz; v. 2.10.2007 – 1 AZR 815/06. | 7 BAG v. 27.6.2006 – 1 AZR 322/05, NZA 2006, 1238; LAG Frankfurt v. 1.6.1984 – 14/4 Sa 1614/83, DB 1985, 876; Richardi/*Annuß*, § 112 BetrVG Rz. 199; DKK/*Däubler*, §§ 112, 112a BetrVG Rz. 149. | 8 BAG v. 25.9.1996 – 10 AZR 311/96, AP Nr. 105 zu § 112 BetrVG 1972; v. 27.6.2006 – 1 AZR 322/05, NZA 2006, 1238 Rz. 15; ähnlich bei einzelvertraglich vereinbarten Abfindungen BAG v. 26.8.1997 – 9 AZR 227/96, AP Nr. 8 zu § 620 BGB – Aufhebungsvertrag; vgl. auch Richardi/*Annuß*, § 112 BetrVG Rz. 199; aA *Fitting*, §§ 112, 112a BetrVG Rz. 181, 182, die widersprüchlich auf die Erfüllung der festgelegten Tatbestandsvoraussetzungen, andererseits aber auf den Abschluss des Sozialplans abstellen. | 9 BAG v. 17.10.1989 – 1 ABR 75/88, AP Nr. 53 zu § 112 BetrVG 1972. | 10 BAG v. 17.10.1989 – 1 ABR 75/88, AP Nr. 53 zu § 112 BetrVG 1972; *Willemsen/Hohenstatt*, NZA 1997, 346 (346). | 11 BAG v. 17.2.1981 – 1 AZR 290/78, AP Nr. 11 zu § 112 BetrVG 1972; v. 9.12.1981 – 5 AZR 549/79, AP Nr. 14 zu § 112 BetrVG 1972. | 12 BAG v. 27.10.1987 – 1 AZR 80/86, AP Nr. 22 zu § 76 BetrVG 1972. | 13 LAG Hamm v. 22.6.1978 – 8 Ta 85/78, DB 1978, 1699. | 14 Für Abfindungen gemäß §§ 9, 10 KSchG: BAG v. 9.11.1988 – 4 AZR 433/88, AP Nr. 6 zu § 10 KSchG 1969; BSG v. 21.2.1990 – 12 RK 20/88, NZA 1990, 751 f.; für Sozialplanansprüche: *Ohl*, Sozialplan, 1976, S. 193; *Fitting*, §§ 112, 112a BetrVG Rz. 197; Richardi/*Annuß*, § 112 BetrVG Rz. 197. | 15 Vgl. ausf. zur steuerlichen Behandlung von Sozialplanleistungen GK-BetrVG/*Fabricius/Oetker*, §§ 112, 112a Rz. 336 ff.; *Fitting*, §§ 112, 112a BetrVG Rz. 192 ff.; Richardi/*Annuß*, § 112 BetrVG Rz. 195 f.

lung des Spruchs der Einigungsstelle erfolgen (§ 76 V 4; s. dort Rz. 107 ff.). Sonstige **Rechtsfehler**, zB die Unzuständigkeit der Einigungsstelle, können auch außerhalb dieses Verfahrens geltend gemacht werden. Im Rahmen des (normalen) Beschlussverfahrens kann also insb. geklärt werden, ob überhaupt eine mitbestimmungspflichtige Betriebsänderung iSv. § 111 BetrVG vorlag und ob die zuständigen Parteien am Verfahren beteiligt wurden.

112a *Erzwingbarer Sozialplan bei Personalabbau, Neugründungen*

(1) Besteht eine geplante Betriebsänderung im Sinne des § 111 Satz 3 Nr. 1 allein in der Entlassung von Arbeitnehmern, so findet § 112 Abs. 4 und 5 nur Anwendung, wenn

1. in Betrieben mit in der Regel weniger als 60 Arbeitnehmern 20 vom Hundert der regelmäßig beschäftigten Arbeitnehmer, aber mindestens 6 Arbeitnehmer,

2. in Betrieben mit in der Regel mindestens 60 und weniger als 250 Arbeitnehmern 20 vom Hundert der regelmäßig beschäftigten Arbeitnehmer oder mindestens 37 Arbeitnehmer,

3. in Betrieben mit in der Regel mindestens 250 und weniger als 500 Arbeitnehmern 15 vom Hundert der regelmäßig beschäftigten Arbeitnehmer oder mindestens 60 Arbeitnehmer,

4. in Betrieben mit in der Regel mindestens 500 Arbeitnehmern 10 vom Hundert der regelmäßig beschäftigten Arbeitnehmer, aber mindestens 60 Arbeitnehmer

aus betriebsbedingten Gründen entlassen werden sollen. Als Entlassung gilt auch das vom Arbeitgeber aus Gründen der Betriebsänderung veranlasste Ausscheiden von Arbeitnehmern auf Grund von Aufhebungsverträgen.

(2) § 112 Abs. 4 und 5 findet keine Anwendung auf Betriebe eines Unternehmens in den ersten vier Jahren nach seiner Gründung. Dies gilt nicht für Neugründungen im Zusammenhang mit der rechtlichen Umstrukturierung von Unternehmen und Konzernen. Maßgebend für den Zeitpunkt der Gründung ist die Aufnahme einer Erwerbstätigkeit, die nach § 138 der Abgabenordnung dem Finanzamt mitzuteilen ist.

I. Allgemeines. § 112a wurde durch Art. 2 Nr. 2 des Beschäftigungsförderungsgesetzes 1985 (BGBl. I S. 710) in das BetrVG eingefügt, um **Anreize zur Schaffung neuer Arbeitsplätze** zu schaffen. Durch das BetrVerf-Reformgesetz 2001 (BGBl. I S. 1852) wurde Abs. 1 Nr. 1 dahin gehend geändert, dass die Mindestschwelle von mehr als 20 ArbN entfiel. 1

§ 112a **beseitigt** lediglich die **Möglichkeit der Einigungsstelle**, in den privilegierten Fällen über den **Sozialplan durch Spruch** zu entscheiden. Unberührt hingegen bleiben die sonstigen Beteiligungsrechte bei Betriebsänderungen im Übrigen[1]. Insb. muss der Unternehmer den **Versuch eines Interessenausgleichs** unternehmen, wenn er **Nachteilsausgleichsansprüche** gem. § 113 III vermeiden will[2]. Nach bestrittener Auffassung soll sogar eine Verpflichtung des Unternehmers bestehen, sich auf **Verhandlungen in der Einigungsstelle über den Sozialplan** einzulassen[3]. Die Einigungsstelle ist jedoch ein von vornherein ungeeignetes Instrument, wenn allenfalls auf freiwilliger Grundlage ein Sozialplan zu Stande kommen kann. § 112 II und III sind in den Fällen des § 112a daher **teleologisch zu reduzieren** in dem Sinne, dass die Einigungsstelle nur im Hinblick auf den Interessenausgleich angerufen werden kann[4]. 2

II. Privilegierung bei reinem Personalabbau. 1. Schwellenwerte. § 112a I beinhaltet eine Staffel von Schwellenwerten, bei deren Unterschreitung im Fall reiner Personalabbaumaßnahmen kein Sozialplan erzwungen werden kann: 3

Betriebsgröße	Entlassungen
1–59 Arbeitnehmer	20 %, **aber** mindestens 6 Arbeitnehmer
60–249 Arbeitnehmer	20 % **oder** mindestens 37 Arbeitnehmer
250–499 Arbeitnehmer	15 % **oder** mindestens 60 Arbeitnehmer
Ab 500 Arbeitnehmer	10 %, **aber** mindestens 60 Arbeitnehmer

Aus der Staffel wird deutlich, dass Betriebsänderungen nach § 111 S. 3 Nr. 1 vorliegen können (hierfür sind die Schwellenwerte gem. § 17 KSchG einschlägig; vgl. § 111 Rz. 28 f.), die die Beteiligungsrechte des BR gem. §§ 111 ff. auslösen, jedoch nicht sozialplanpflichtig sind[5].

---

1 Begr. RegE BT-Drs. 10/2102, S. 27. |2 BAG v. 8.11.1988 – 1 AZR 687/87, AP Nr. 18 zu § 113 BetrVG 1972; Richardi/*Annuß*, § 112a BetrVG Rz. 2; GK-BetrVG/*Fabricius*/*Oetker*, §§ 112, 112a Rz. 228; *Fitting*, §§ 112, 112a BetrVG Rz. 81; *Schweibert* in Willemsen/Hohenstatt/Schweibert/Seibt, Rz. C 218. |3 DKK/*Däubler*, §§ 112, 112a BetrVG Rz. 38; *Heinze*, NZA 1987, 41, 50; Richardi/*Annuß*, § 112a BetrVG Rz. 2; GK-BetrVG/*Fabricius*/*Oetker*, §§ 112, 112a Rz. 229; *Löwisch*/*Kaiser*, § 112a BetrVG Rz. 4. |4 Für teleologische Reduktion der Vorschrift: *Willemsen*, DB 1990, 1405 (1413); *Schweibert* in Willemsen/Hohenstatt/Schweibert/Seibt, Rz. C 219; ErfK/*Kania*, §§ 112, 112a BetrVG Rz. 16; nach LAG Nürnberg v. 9.5.2001 und v. 21.8.2001, AuR 2002, 37 (zit. nach ErfK § 112 Rz. 16) soll die Einigungsstelle für den Sozialplan nur zuständig sein, wenn Anwendung des § 112a streitig ist. |5 Vgl. ErfK/*Kania*, §§ 112, 112a BetrVG Rz. 16; Richardi/*Annuß*, § 112a BetrVG Rz. 11.

4 Der Begriff der **Entlassung** ist identisch mit dem in § 113 I (s. § 113 Rz. 11)[1]. Gezählt werden nur Mitarbeiter, die infolge der geplanten Betriebsänderung **betriebsbedingt ausscheiden**, wie Abs. 1 S. 1 aE klarstellt. Hierunter fallen vom ArbGeb ausgesprochene betriebsbedingte Kündigungen sowie vom ArbGeb veranlasste Eigenkündigungen und Aufhebungsverträge[2] (vgl. zur Veranlassung durch den ArbGeb § 111 Rz. 31), nicht hingegen Änderungskündigungen, es sei denn, dass sie zur Entlassung führen[3] (s. schon § 111 Rz. 31).

5 **2. Reiner Personalabbau.** § 112 I gilt nur für Betriebsänderungen, die allein in der Entlassung von ArbN bestehen. Es muss sich also um einen „besonders modifizierten Unterfall des § 111 S. 3 Nr. 1" handeln[4]. Während § 111 S. 3 Nr. 1 Maßnahmen der technischen Kapazitätseinschränkung und der personellen Leistungsfähigkeit umfasst, gilt § 112a I nur für reine Personalabbaumaßnahmen, die nicht mit einer Reduzierung der sächlichen Betriebsmittel einhergehen[5]. Die Stilllegung des Betriebs insgesamt oder die Stilllegung eines wesentlichen Betriebsteils fallen daher nicht unter § 112a I[6]. Indessen werden kleinste Eingriffe in die betriebliche Substanz sicherlich nicht den Gesamtcharakter eines größeren Personalabbaus in Frage stellen können. Entscheidend ist immer, welche Maßnahmen der Betriebsänderung ihr **Gepräge** geben. Stets ist vorsorglich außerdem zu prüfen, ob uU ein anderer Tatbestand gem. dem Katalog des § 111 S. 3, Nr. 2 bis 4 (zB grundlegende Änderung der Betriebsorganisation, Nr. 4) vorliegt, bei dem die „normalen" Schwellenwerte gelten.

6 **III. Privilegierung neu gegründeter Unternehmen.** Zur Förderung von Unternehmensneugründungen bestimmt § 112a II, dass sozialplanpflichtige Betriebsänderungen nicht vorliegen, wenn diese in Betrieben eines Unternehmens stattfinden, welches sich noch im Zeitraum von 4 Jahren nach seiner Gründung befindet. Dies gilt für alle Arten der Betriebsänderung[7].

7 Maßgeblich ist allein das **Alter des Unternehmens**, nicht das Alter eines Betriebs. Das Sozialplanprivileg gilt demnach *nicht* für ältere Unternehmen, wenn diese Betriebsänderungen in einem neuen Betrieb durchführen[8]. Es ist zu Recht darauf hingewiesen worden, dass dies iSd. Schaffung neuer Arbeitsplätze, die mit der Gründung neuer Betriebe stets verbunden ist, eine unglückliche gesetzl. Regelung darstellt[9]. Hingegen findet das Sozialplanprivileg Anwendung, wenn das **neu gegründete Unternehmen** einen **älteren Betrieb übernimmt**, also auch wenn dieser länger als 4 Jahre besteht[10]. Dies steht auch nicht im Widerspruch zu § 613a I BGB, bzw. zu Art. 3 und 6 der RL 2001/23/EG. Die Aussicht auf einen erzwingbaren Sozialplan ist kein Recht, welches beim Erwerber fortbesteht[11]. Im Falle des **Rechtsmissbrauchs**, wenn Betriebe also nur zum Zwecke der Vermeidung eines Sozialplans auf neu gegründete Unternehmen übertragen werden, soll § 112a II hingegen nicht anwendbar sein[12]. Der **Wegfall der Sozialplanpflicht** bei Übertragung eines Betriebs auf einen anderen ArbGeb stellt keinen wirtschaftl. Nachteil dar, der im Rahmen eines beim bisherigen ArbGeb abzuschließenden Sozialplans ausgeglichen werden müsste. Im Sozialplan können nur die wirtschaftl. Nachteile ausgeglichen werden, die direkt aus der Betriebsänderung resultieren. Hierzu gehören die Folgen des Rechtsträgerwechsels nicht[13].

8 Das Sozialplanprivileg greift nach § 112a II 2 dann nicht ein, wenn die Neugründung im Zusammenhang mit der **rechtl. Umstrukturierung von Unternehmen und Konzernen** steht. Damit soll sichergestellt werden, dass es sich bei der Neugründung tatsächlich um eine **neue unternehmerische Betätigung** handelt[14]. Ein **Formwechsel** ist identitätswahrend und scheidet daher als Grundlage für das Sozialplanprivileg aus[15]. Gleiches gilt für alle Neugründungen, die aus einer **Umwandlung zur Neugründung** her-

1 Richardi/*Annuß*, § 112a BetrVG Rz. 7. | 2 ErfK/*Kania*, §§ 112, 112a BetrVG Rz. 16; Richardi/*Annuß*, § 112a BetrVG Rz. 7; *Löwisch/Kaiser*, § 112a BetrVG Rz. 3. | 3 AA Richardi/*Annuß*, § 112a BetrVG Rz. 7. | 4 Richardi/*Annuß*, § 112a BetrVG Rz. 3. | 5 *Bauer*, DB 1994, 217 (227); GK-BetrVG/*Fabricius/Oetker*, §§ 112, 112a Rz. 232; Richardi/*Annuß*, § 112a BetrVG Rz. 3 ff.; *Fitting*, §§ 112, 112a BetrVG Rz. 82; *Löwisch/Kaiser*, § 112a BetrVG Rz. 5. | 6 Richardi/*Annuß*, § 112a BetrVG Rz. 4, 6; *Schweibert* in Willemsen/Hohenstatt/Schweibert/Seibt, Rz. C 215 f.; *Fitting*, §§ 112, 112a BetrVG Rz. 82; MünchArbR/*Matthes*, § 362 Rz. 54; *Löwisch/Kaiser*, § 112a BetrVG Rz. 5. | 7 GK-BetrVG/*Fabricius/Oetker*, §§ 112, 112a Rz. 236; DKK/*Däubler*; §§ 112, 112a BetrVG Rz. 33; MünchArbR/*Matthes*, § 362 Rz. 55. | 8 Richardi/*Annuß*, § 112a BetrVG Rz. 13; GK-BetrVG/*Fabricius/Oetker*, § 112, 112a Rz. 236 f.; ausf. zum Ganzen *Willemsen*, DB 1990, 1405. | 9 *Willemsen*, DB 1990, 1405, 1406; GK-BetrVG/*Fabricius/Oetker*, § 112, 112a Rz. 237. | 10 BAG v. 13.6.1989 – 1 ABR 14/88, AP Nr. 3 zu § 112a BetrVG 1972 m. zust. Anm. *Willemsen*; v. 22.2.1995 – 10 ABR 21/94 und 10 ABR 23/94, AP Nrn. 7 und 8 zu § 112a BetrVG 1972; v. 10.12.1996 – 1 ABR 32/96, AP Nr. 110 zu § 112 BetrVG 1972; *Bauer*, Betriebsänderungen, S. 88 f.; MünchArbR-*Matthes*, § 363 Rz. 55; *Schweibert* in Willemsen/Hohenstatt/Schweibert/Seibt, Rz. C 223; GK-BetrVG/*Fabricius/Oetker*, §§ 112, 112a Rz. 238; *Fitting*, §§ 112, 112a BetrVG Rz. 90; aA DKK/*Däubler*, §§ 112, 112a BetrVG Rz. 35, der dies als Verstoß gegen die Betriebsübergangsrichtlinie ansieht; hiergegen ausdrücklich *Fitting*, §§ 112, 112a BetrVG Rz. 92. | 11 BAG v. 27.6.2006 – 1 ABR 18/05, NZA 2007, 106 Rz. 20 ff. | 12 BAG v. 13.6.1989 – 1 ABR 14/88, AP Nr. 3 zu § 112a BetrVG 1972; v. 10.12.1996 – 1 ABR 32/96, AP Nr. 110 zu § 112 BetrVG 1972; v. 27.6.2006 – 1 ABR 18/05, NZA 2007, 106 Rz. 45; GK-BetrVG/*Fabricius/Oetker*, §§ 112, 112a Rz. 238; *Schweibert* in Willemsen/Hohenstatt/Schweibert/Seibt, Rz. C 223. | 13 BAG v. 10.12.1996 – 1 ABR 32/96, AP Nr. 110 zu § 112 BetrVG 1972; vgl. bereits § 112 Rz. 36. | 14 Begr. RegE BT-Drs. 10/2102, S. 28; vgl. auch *Willemsen*, DB 1990, 1405 (1407); GK-BetrVG/*Fabricius/Oetker*, §§ 112, 112a Rz. 241; Richardi/*Annuß*, § 112a BetrVG Rz. 18; vgl. auch BAG v. 22.2.1995 – 10 ABR 23/94, AP Nr. 8 zu § 112a BetrVG 1972. | 15 *Löwisch/Kaiser*, § 112a BetrVG Rz. 9; insofern missverständlich *Fitting*, §§ 112, 112a BetrVG Rz. 95.

vorgehen (Verschmelzung, Spaltung, Vermögensübertragung)[1]. Hingegen greift das Sozialplanprivileg ein, wenn im Wege einer Spaltung oder Verschmelzung Betriebe auf ein bereits bestehendes – aber noch nicht vier Jahre altes – Unternehmen, das nicht zum selben Konzern gehört, übergehen. Die **Übertragung eines Betriebs** durch Einzelrechtsnachfolge oder Umwandlung **innerhalb desselben Konzerns** führt nicht zum Sozialplanprivileg[2]. Ebenso fallen nicht unter § 112a II: Übertragung der Geschäftstätigkeit einer KG auf eine vom Komplementär-Geschäftsführer gegründete GmbH[3]; Übertragung der Betriebe zweier Unternehmen auf gemeins. errichtetes **Gemeinschaftsunternehmen**[4]. Entsteht zwar das neue Unternehmen infolge einer Konzernumstrukturierung (zB Umwandlung), wird auf dieses jedoch ein **konzernfremder Betrieb** übertragen, findet das Sozialplanprivileg Anwendung[5].

Für den **Beginn des Vierjahreszeitraums** kommt es auf den **Zeitpunkt des meldepflichtigen Ereignisses iSv. § 138 AO** an[6]. Da es nach der Gesetzeskonzeption auf die Dauer der unternehmerischen Tätigkeit ankommt, greift das Sozialplanprivileg auch für bislang nicht unternehmerisch tätige „**Vorratsgesellschaften**"[7]. Umstritten ist, wie weit die Betriebsänderung fortgeschritten sein muss, um noch in den Vierjahreszeitraum zu fallen. Teilweise wird auf den Ablauf der Kündigungsfristen abgestellt (Entlassungstermin)[8]. Andere Stimmen stellen auf die endgültige Unternehmerentscheidung ab[9] bzw. auf den Beginn der Durchführung[10]. Schließlich wird teilweise darauf abgestellt, wann bei Sozialplanpflicht der Spruch der Einigungsstelle ergehen würde[11]. Nach Ablauf von vier Jahren könnte die Einigungsstelle also durch Spruch einen Sozialplan verabschieden. Dies würde jedoch zu ungewollten Anreizen für die Verzögerung der Verfahrens führen. Zutreffend ist deshalb allein, auf den **Zeitpunkt der unternehmerischen Entscheidung und deren Mitteilung an den BR** abzustellen. Der weitere zeitliche Verlauf hängt wesentlich von den Verhandlungen mit dem BR ab, so dass es nicht mehr allein in den Verantwortungsbereich des ArbGeb fällt, wie lange sich der weitere Prozess hinzieht. Von dessen Dauer kann daher nicht abhängen, ob § 112a II noch zur Anwendung kommt. 9

113 *Nachteilsausgleich*

(1) Weicht der Unternehmer von einem Interessenausgleich über die geplante Betriebsänderung ohne zwingenden Grund ab, so können Arbeitnehmer, die infolge dieser Abweichung entlassen werden, beim Arbeitsgericht Klage erheben mit dem Antrag, den Arbeitgeber zur Zahlung von Abfindungen zu verurteilen; § 10 des Kündigungsschutzgesetzes gilt entsprechend.

(2) Erleiden Arbeitnehmer infolge einer Abweichung nach Absatz 1 andere wirtschaftliche Nachteile, so hat der Unternehmer diese Nachteile bis zu einem Zeitraum von zwölf Monaten auszugleichen.

(3) Die Absätze 1 und 2 gelten entsprechend, wenn der Unternehmer eine geplante Betriebsänderung nach § 111 durchführt, ohne über sie einen Interessenausgleich mit dem Betriebsrat versucht zu haben, und infolge der Maßnahme Arbeitnehmer entlassen werden oder andere wirtschaftliche Nachteile erleiden.

I. Allgemeines. Bereits **§ 74 BetrVG 1952** sah Sanktionen bei Kündigungen vor, die einer Einigung bzw. einem Vermittlungsvorschlag (§ 73 II BetrVG 1952) widersprachen. Schon seinerzeit entsprach es der hM, dass die Vorschrift auch für den Fall anzuwenden ist, dass der Unternehmer den BR gar nicht beteiligt hat. Diese Rechtsfolge ist jetzt ausdrücklich in § 113 III geregelt[12]. Die durch das arbeitsrechtl. Beschäftigungsförderungsgesetz 1996 (BGBl. I S. 1476) in § 113 III vorübergehend eingeführte **Fristenregelung**, die den Versuch eines Interessenausgleichs auf zwei bzw. drei Monate begrenzte[13], wurde durch das Korrekturgesetz vom 19.12.1998 (BGBl. I S. 3843, 3850) wieder außer Kraft gesetzt. Damit wurde ein schon überwundener Wettbewerbsnachteil, nämlich die Unvorhersehbarkeit der Dauer einer Umstrukturierung, wieder reaktiviert. 1

§ 113 verfolgt nach wohl hM einen **doppelten Zweck**, nämlich die **Sanktionierung eines mitbestimmungswidrigen Verhaltens** und damit die Absicherung der Beteiligungsrechte des BR sowie die **Kompensation von individuellen Nachteilen**, die durch die Missachtung der Beteiligungsrechte entstehen[14]. 2

1 Vgl. schon BT-Drs. 10/2102, S. 28; Richardi/*Annuß*, § 112a BetrVG Rz. 18; GK-BetrVG/*Fabricius/Oetker*, §§ 112, 112a Rz. 243; *Fitting*, §§ 112, 112a BetrVG Rz. 95. | 2 BAG v. 27.6.2006 – 1 ABR 18/05, NZA 2007, 106 Rz. 43; GK-BetrVG/*Fabricius/Oetker*, §§ 112, 112a Rz. 243. | 3 BAG v. 22.2.1995 – 10 ABR 21/94, AP Nr. 7 zu § 112a BetrVG 1972. | 4 BAG v. 22.2.1995 – 10 ABR 23/94, AP Nr. 8 zu § 112a BetrVG 1972. | 5 *Willemsen*, DB 1990, 1405 (1408); *Loritz*, NZA 1993, 1105 (1111); Richardi/*Annuß*, § 112a BetrVG Rz. 18; *Stege/Weinspach/Schiefer*, §§ 111–113 BetrVG Rz. 72a. | 6 GK-BetrVG/*Fabricius/Oetker*, §§ 112, 112a Rz. 239; MünchArbR/*Matthes*, § 362 Rz. 55. | 7 Richardi/*Annuß*, § 112a BetrVG Rz. 14. | 8 *Etzel*, Betriebsverfassungsrecht, Rz. 1069. | 9 *Rumpff/Böwer*, Wirtschaftliche Angelegenheiten, I Rz. 61. | 10 DKK/*Däubler*, §§ 112, 112a BetrVG Rz. 34. | 11 GK-BetrVG/*Fabricius/Oetker*, §§ 112, 112a Rz. 240. | 12 Vgl. m. Nachw. Richardi/*Annuß*, § 113 BetrVG Rz. 1; GK-BetrVG/*Fabricius/Oetker*, § 113 Rz. 1. | 13 Vgl. hierzu *Bauer/Göpfert*, DB 1997, 1464 ff.; *Eisemann*, FS Hanau, 1999, S. 387 ff.; *Hohenstatt*, NZA 1998, 846 (847); *Löwisch*, RdA 1997, 80 (82 ff.); *Roeder/Baeck*, BB 1996, Beil. Nr. 17 S. 23 ff. | 14 BAG v. 13.6.1989 – 1 AZR 819/87, AP Nr. 19 zu § 113 BetrVG 1972; GK-BetrVG/*Fabricius/Oetker*, § 113 Rz. 3; Richardi/*Annuß*, § 113 BetrVG Rz. 2; DKK/*Däubler*, § 113 BetrVG Rz. 1; den Sanktionszweck stellen in den Vordergrund *Fitting*, § 113 BetrVG Rz. 2; ErfK/*Kania*, § 113 BetrVG Rz. 1.

Indessen steht bei genauerer Betrachtung der Ausgleich der wirtschaftlichen Nachteile ganz im Vordergrund. Die Vorschrift ist „keine bußgeldähnliche Verpflichtung mit Strafcharakter"[1], sondern gewährt eine „gewisse Entschädigung dafür (...), dass eine im Gesetz vorgesehene Beteiligung unterblieben" ist. Dementsprechend ist es auch folgerichtig, dass Nachteilsausgleichsansprüche mit Sozialplanansprüchen verrechnet werden (s. Rz. 17).

3 § 113 III kann nicht analog für den Fall angewandt werden, dass der Unternehmer bei nicht sozialplanpflichtigen Betriebsänderungen (§ 112a) *Sozialplanverhandlungen* unterlässt[2]. Der Wortlaut des § 113 lässt dies nicht zu. Auch kann § 113 auf **Tendenzbetriebe keine Anwendung** finden, da auf diese die §§ 111–113 nur insoweit anzuwenden sind, als sie den Ausgleich oder die Milderung wirtschaftl. Nachteile für die ArbN infolge von Betriebsänderungen regeln (§ 118 I 2; s. dort Rz. 30)[3]. Das **BAG** beurteilt dies allerdings **abweichend**; ein Nachteilsausgleich komme in Betracht, wenn der BR nicht so informiert werde, dass er von der Durchführung der Betriebsänderungen „sachangemessene Überlegungen zum Inhalt eines zukünftigen Sozialplans anstellen" könne[4].

4 **II. § 113 Abs. 1; Abweichen vom Interessenausgleich.** Der Abfindungsanspruch gem. Abs. 1 setzt voraus, dass überhaupt eine beteiligungspflichtige Betriebsänderung vorliegt[5] (so dass die Abweichung von einem freiwilligen Interessenausgleich nicht durch Abs. 1 sanktioniert wird[6]) *und* dass ein Interessenausgleich über eine Betriebsänderung abgeschlossen[7] wurde. Der Interessenausgleich muss wirksam, insb. muss die Schriftform gewahrt sein[8] und muss der zuständige BR gehandelt haben[9].

5 Führt der ArbGeb eine völlig **andere Betriebsänderung** durch, als im Interessenausgleich vereinbart, liegt keine „Abweichung" vor, sondern ein Fall des Abs. 3[10].

6 Will der ArbGeb **rechtmäßig und ohne Verpflichtung zum Nachteilsausgleich** von einem Interessenausgleich abweichen, muss er das **Beteiligungsverfahren gem. §§ 111, 112 erneut einleiten** und auf einen entsprechend geänderten Interessenausgleich hinwirken[11]. Hierzu ist der ArbGeb generell und nicht nur dann verpflichtet, wenn die Abweichung selbst eine eigenständige Betriebsänderung beinhaltet[12].

7 § 113 I normiert Nachteilsausgleichsansprüche, ohne zugleich eine kollektivrechtl. Rechtfertigung dafür zu schaffen, dass der ArbGeb von **Organisationsregelungen** (vgl. § 112 Rz. 5) abweicht. Seine Verpflichtung zur erneuten Durchführung des Beteiligungsverfahrens bleibt trotz eventueller Nachteilsausgleichspflicht bestehen. Hingegen sind Abweichungen von **Folgeregelungen** eines Interessenausgleichs (vgl. § 112 Rz. 5) – da diese nicht die Betriebsänderung selbst betreffen – auch ohne erneutes Beteiligungsverfahren (wenn auch ggf. nur gegen Zahlung von Nachteilsausgleich) möglich[13].

8 Eine Abweichung vom Interessenausgleich bleibt **sanktionslos**, wenn sie auf einem **zwingenden Grund** beruht. Dieses Erfordernis geht über das Vorliegen eines wichtigen Grundes hinaus[14]. Der Unternehmer muss sich daher in einer Lage befunden haben, die ihm praktisch keine andere Wahl ließ, als vom Interessenausgleich abzuweichen, wobei hier ein strenger Maßstab anzulegen ist[15]. Hierfür kommen im Wesentlichen nur Gründe in Betracht, die im Nachhinein entstanden sind[16]. Es liegt also ein besonderer Fall des nachträglichen Wegfalls der Geschäftsgrundlage vor[17]. Beispiele: Plötzlich auftretender Rohstoffmangel, unerwartete drastische Preiserhöhungen, Kreditschwierigkeiten, gesetzgeberische Maßnahmen, technische Störungen, drastische Veränderungen der Marktlage[18]. Beurteilungsmaßstab für den zwingenden Grund ist der Zeitpunkt der Abweichung vom Interessenausgleich, so dass nicht entscheidend ist, ob sich die Maßnahme retrospektiv als sinnvoll oder erforderlich erwiesen hat[19].

---

1 BAG v. 20.11.2001 – 1 AZR 97/01 – AP Nr. 39 zu § 113 BetrVG 1972. | 2 So aber DKK/*Däubler*, § 113 BetrVG Rz. 10; *Ohl*, Sozialplan, 1976, S. 51 bei Tendenzbetrieben; aA GK-BetrVG/*Fabricius/Oetker*, § 113 Rz. 5; ErfK/*Kania*, § 113 BetrVG Rz. 3; *Gajewski*, FS D. Gaul, S. 189 (193). | 3 Richardi/*Annuß*, § 113 BetrVG Rz. 34; HSG/*Hess*, § 118 BetrVG Rz. 55; *Bauer/Lingemann*, NZA 1995, 813 (816); MünchArbR/*Matthes*, § 365 Rz. 5 f.; GK-BetrVG/*Fabricius/Oetker*, §§ 112, 112a Rz. 10; *Gillen/Hörle*, NZA 2003, 1225 (1230 ff.). | 4 BAG v. 18.11.2003 – 1 AZR 637/02, AP Nr. 76 zu § 118 BetrVG 1972. | 5 GK-BetrVG/*Fabricius/Oetker*, § 113 Rz. 7. | 6 GK-BetrVG/*Fabricius/Oetker*, § 113 Rz. 14. | 7 *Löwisch/Kaiser*, § 113 BetrVG Rz. 2; GK-BetrVG/*Fabricius/Oetker*, § 113 Rz. 12; HSG/*Hess*, § 113 BetrVG Rz. 5. | 8 BAG v. 9.7.1985 – 1 AZR 323/83, AP Nr. 13 zu § 113 BetrVG 1972; weitere Nachw. bei GK-BetrVG/*Fabricius/Oetker*, § 113 Rz. 16. | 9 GK-BetrVG/*Fabricius/Oetker*, § 113 Rz. 16. | 10 GK-BetrVG/*Fabricius/Oetker*, § 113 Rz. 21; Richardi/*Annuß*, § 113 BetrVG Rz. 9. | 11 Richardi/*Annuß*, § 113 BetrVG Rz. 10; im Grundsatz auch GK-BetrVG/*Fabricius/Oetker*, § 113 Rz. 21. | 12 So aber GK-BetrVG/*Fabricius/Oetker*, § 113 Rz. 21; MünchArbR/*Matthes*, § 361 Rz. 39. | 13 Richardi/*Annuß*, § 113 BetrVG Rz. 10. | 14 *Fitting*, § 113 BetrVG Rz. 8; Richardi/*Annuß*, § 113 BetrVG Rz. 13. | 15 BAG v. 17.9.1974 – 1 AZR 16/74, AP Nr. 1 zu § 113 BetrVG 1972; v. 10.6.1969 – 1 AZR 2/69, AP Nr. 6 zu § 72 BetrVG; *Fitting*, § 113 BetrVG Rz. 8; Richardi/*Annuß*, § 113 BetrVG Rz. 13; ErfK/*Kania*, § 113 BetrVG Rz. 4; GK-BetrVG/*Fabricius/Oetker*, § 113 Rz. 26; DKK/*Däubler*, § 113 BetrVG Rz. 4; *Rumpff/Boewer*, Wirtschaftliche Angelegenheiten K Rz. 6; *Etzel*, Betriebsverfassungsrecht, Rz. 1017. | 16 ErfK/*Kania*, § 113 BetrVG Rz. 4; Richardi/*Annuß*, § 113 BetrVG Rz. 15; *Fitting*, § 113 BetrVG Rz. 8; MünchArbR/*Matthes*, § 361 Rz. 38. | 17 So auch GK-BetrVG/*Fabricius/Oetker*, § 113 Rz. 25. | 18 Vgl. *Fitting*, § 113 BetrVG Rz. 8; Richardi/*Annuß*, § 113 BetrVG Rz. 16; ErfK/*Kania*, § 113 BetrVG Rz. 4. | 19 *Fitting*, § 113 BetrVG Rz. 11; Richardi/*Annuß*, § 113 BetrVG Rz. 17; GK-BetrVG/*Fabricius/Oetker*, § 113 Rz. 29.

§ 113 I regelt einen **individualrechtl. Abfindungsanspruch**, so dass eine Entscheidung über das Vorliegen eines zwingenden Grundes im Beschlussverfahren ausgeschlossen ist[1]. Das Vorliegen eines zwingenden Grundes ist demnach als Vorfrage im Rechtsstreit gegen den einzelnen ArbN zu klären, wobei den Unternehmer die Beweislast für das Vorliegen eines solchen Umstands trifft[2]. 9

III. § 113 Abs. 3; Unterlassener Versuch eines Interessenausgleichs. § 113 III bildet heute den Hauptanwendungsfall des Nachteilsausgleichs, während die Sanktion gem. Abs. 1 in der Praxis in den Hintergrund tritt[3]. Der Tatbestand setzt wiederum das Vorliegen einer interessenausgleichspflichtigen Maßnahme voraus. Es muss demnach eine **Betriebsänderung** geplant und durchgeführt worden sein, die unter § 111 S. 3 fällt (vgl. Rz. 4). Hierzu gehören auch die Betriebsänderungen, die unter das Sozialplanprivileg gem. **§ 112a** fallen. Auch bei diesen Betriebsänderungen ist der ArbGeb zum Versuch eines Interessenausgleichs verpflichtet[4]. Die Vorschrift gilt sowohl für den Fall, dass der Unternehmer den BR **überhaupt nicht beteiligt** als auch dann, wenn die Beteiligung **nicht im betriebsverfassungsrechtlich erforderlichen Maß** erfolgte[5] (zum Fall der Beteiligung des unzuständigen BR s. § 111 Rz. 72). Die Verletzung der Anzeigepflichten bei Massenentlassungen (§ 17 III KSchG) begründet nicht – im Wege der richtlinienkonformen Auslegung – Ansprüche gem. § 113 III[6]. **„Zwingende Gründe“** für die Nichtbeteiligung des BR (vgl. Abs. 1) entschuldigen den ArbGeb nicht, da Abs. 3 lediglich im Hinblick auf die Rechtsfolgen auf Abs. 1 verweise, hingegen nicht hinsichtlich der Anspruchsvoraussetzungen[7]. Jedoch soll die Sanktion des Abs. 3 nicht eintreten, wenn sich die sofortige Vornahme der Betriebsänderung als „die einzig mögliche und auch im Interesse der ArbN dringend gebotene Reaktion“ des Unternehmers darstellte und sich der Versuch eines Interessenausgleichs als „offensichtlich sinnlos“ erwiesen hätte[8]. Dies bedeutet allerdings, dass es von vornherein ausgeschlossen gewesen sein muss, dass die Interessen der ArbN im weiteren Einigungsverfahren berücksichtigt werden können[9]. Die Betriebsänderung muss also **unausweichlich** sein; zusätzlich muss hinzukommen, dass auch im Hinblick auf den **Zeitpunkt** und die **Art der Durchführung** keinerlei Spielraum mehr besteht[10]. Hiervon ist im Fall der Insolvenz nicht ohne weiteres auszugehen[11]. Trotz der Theorie von der Rechtsfolgenverweisung hält indessen auch das BAG den Abfindungsanspruch gem. Abs. 3 in besonders eindeutig gelagerten Situationen, in denen dem Unternehmer kein Handlungsspielraum verblieben ist, für unangebracht[12]. Abs. 3 greift auch ein, wenn der BR zwar beteiligt wurde, jedoch kein **hinreichender Versuch eines Interessenausgleichs** (s. auch § 112 Rz. 20) unternommen wurde. Diese Sanktion knüpft an die Verpflichtung des ArbGeb gem. §§ 111, 112 II, III an, bei einer geplanten Betriebsänderung den Versuch eines Interessenausgleichs zu unternehmen. Nach Auffassung des BAG ist dieser Versuch nur dann ausreichend unternommen, wenn der Unternehmer das in § 112 II vorgesehene **Verfahren voll ausschöpft** und insb. wegen des Interessenausgleichs die **Einigungsstelle angerufen** hat (vgl. schon § 112 Rz. 20)[13]. Dies ist problematisch, da § 112 II nur die *Möglichkeit* eröffnet, die Einigungsstelle anzurufen, nicht hingegen eine entsprechende ausdrückliche Verpflichtung vorsieht[14]. Durch die Sanktionsnorm in § 113 III soll der Umfang der unternehmerischen Verpflichtungen nicht erweitert werden. Die **Praxis** hat sich jedoch darauf einzustellen, dass Nachteilsausgleichsansprüche drohen, wenn die Betriebsänderung durchgeführt wird, bevor der **Versuch eines Interessenausgleichs bis in die Einigungsstelle** hinein unternommen worden ist[15]. Hingegen soll der Unternehmer nicht verpflichtet sein, die BA um Vermittlung zu ersuchen[16]. 10

IV. Entlassung und andere wirtschaftliche Nachteile; Abfindungshöhe; Verrechnung mit Sozialplananspruch. Die Abweichung von einem Interessenausgleich ist gem. **Abs. 1** nur von Belang, soweit sie zur **Entlassung von ArbN** führt. Unter Entlassung werden alle Formen der Beendigung des Arbeitsverhältnisses auf Veranlassung des ArbGeb verstanden (einschließlich Aufhebungsverträge und Eigenkündigungen; vgl. § 111 Rz. 31)[17]. Auch bei Ablehnung eines Änderungsangebots iSv. § 2 KSchG und Ausscheidens auf Grund der Änderungskündigung soll eine Entlassung vorliegen, unabhängig davon, ob das 11

---

1 BAG v. 18.3.1975 – 1 ABR 102/73, AP Nr. 1 zu § 111 BetrVG 1972. | 2 GK-BetrVG/*Fabricius/Oetker*, § 113 Rz. 30; *Fitting*, § 113 BetrVG Rz. 9; Richardi/*Annuß*, § 113 BetrVG Rz. 18. | 3 Vgl. Richardi/*Annuß*, § 113 BetrVG Rz. 4. | 4 BAG v. 8.11.1988 – 1 AZR 687/87, AP Nr. 18 zu § 113 BetrVG 1972; *Etzel*, Betriebsverfassungsrecht, Rz. 1047; *Fitting*, § 113 BetrVG Rz. 3; GK-BetrVG/*Fabricius/Oetker*, § 113 Rz. 8. | 5 Richardi/*Annuß*, § 113 BetrVG Rz. 24; *Fitting*, § 113 BetrVG Rz. 13. | 6 BAG v. 30.3.2004 – 1 AZR 7/03, ZIP 2004, 1823. | 7 BAG v. 17.9.1974 – 1 AZR 16/74, AP Nr. 1 zu § 113 BetrVG 1972; v. 18.12.1984 – 1 AZR 176/82, AP Nr. 11 zu § 113 BetrVG 1972; *Fitting*, § 113 BetrVG Rz. 16; *Matthes*, DB 1972, 286 (289); kritisch: Richardi/*Annuß*, § 113 BetrVG Rz. 26 f. mit allerdings der hM entsprechenden praktischen Ergebnissen. | 8 BAG v. 23.1.1979 – 1 AZR 64/76, AP Nr. 4 zu § 113 BetrVG 1972. | 9 BAG v. 18.12.1984 – 1 AZR 176/82, AP Nr. 11 zu § 113 BetrVG 1972. | 10 BAG v. 31.10.1995 – 1 AZR 372/95, AP Nr. 29 zu § 72 ArbGG 1979. | 11 BAG v. 22.7.2003 – 1 AZR 541/02, DB 2003, 2708. | 12 Vgl. hierzu Richardi/*Annuß*, § 113 BetrVG Rz. 25; vgl. auch GK-BetrVG/*Fabricius/Oetker*, § 113 Rz. 42, die in besonderen Situationen eine „teleologische Reduktion“ befürworten. | 13 BAG v. 18.12.1984 – 1 AZR 176/82, AP Nr. 11 zu § 113 BetrVG 1972; v. 9.7.1985 – 1 AZR 323/83, AP Nr. 13 zu § 113 BetrVG 1972; v. 20.4.1994 – 10 AZR 186/93, AP Nr. 27 zu § 113 BetrVG 1972; v. 20.11.2001 – 1 AZR 97/01, BB 2002, 1862. | 14 Kritisch auch *Löwisch/Kaiser*, § 113 BetrVG Rz. 12. | 15 So auch *Fitting*, § 113 BetrVG Rz. 18; MünchArbR/*Matthes*, § 361 Rz. 35; ErfK/*Kania*, § 113 BetrVG Rz. 8; GK-BetrVG/*Fabricius/Oetker*, § 113 Rz. 38 f.; aA *Galperin/Löwisch*, § 113 Rz. 46; *Hanau*, ZfA 1974, 89 (111); *Löwisch*, RdA 1989, 216 (218 f.). | 16 Richardi/*Annuß*, § 113 BetrVG Rz. 29. | 17 ErfK/*Kania*, § 113 BetrVG Rz. 5; DKK/*Däubler*, § 113 BetrVG Rz. 14; *Fitting*, § 113 BetrVG Rz. 22.

Angebot zumutbar war[1]. Zwischen der Abweichung und der Entlassung muss eine **Kausalität** bestehen. Dabei ist eine individuelle Betrachtung erforderlich. Abfindungen erhalten nur ArbN, deren Entlassung deshalb erforderlich geworden ist, weil der Unternehmer gegen den Interessenausgleich verstoßen hat[2]. Hierfür ist der **ArbN beweispflichtig**[3]. Demnach erhalten ArbN, die auch bei ordnungsgem. Durchführung der Betriebsänderung entlassen worden wären, keine Abfindung[4]. Widersprechen Mitarbeiter dem Übergang ihrer Arbeitsverhältnisse, beruht eine Kündigung des bisherigen ArbGeb hierauf und nicht auf der betriebsverfassungswidrigen Betriebsänderung[5].

12 Für den Anspruch gem. **Abs. 3** muss die mitbestimmungswidrig durchgeführte **Betriebsänderung kausal** für die Entlassung gewesen sein[6]. Ob die Nachteile auch bei gesetzesgem. Vorgehen eingetreten wären, spielt hier keine Rolle[7].

13 Die Beendigung des Arbeitsverhältnisses (Entlassung) muss **rechtswirksam** sein; insb. muss eine **Kündigung sozial gerechtfertigt** sein. Ist dies nicht der Fall, bedarf es keines Abfindungsanspruchs, da der ArbN gem. dem KSchG gegen die Kündigung vorgehen kann[8]. Richtigerweise wird allerdings hervorgehoben, dass die Wirksamkeit der Kündigung nicht zuvor in einem gerichtl. Verfahren geprüft und festgestellt zu werden braucht. Es genügt vielmehr, wenn der ArbN die Kündigung hinnimmt und diese gem. **§ 7 KSchG** als von Anfang an rechtswirksam angesehen wird[9]. Darüber hinausgehend wird sogar geltend gemacht, die Wirksamkeit der Kündigung sei generell nicht Anspruchsvoraussetzung[10]. Solange allerdings ein gerichtl. Verfahren über die Wirksamkeit einer Kündigung anhängig ist, kann nicht zugleich eine Abfindung für den Verlust des Arbeitsplatzes verlangt werden. Vielmehr kommt in diesem Fall ein Abfindungsanspruch nur in Betracht, wenn die Wirksamkeit der Kündigung zuvor rechtskräftig festgestellt worden ist[11]. Der ArbN wird daher in der Regel den Abfindungsantrag **hilfsweise** zum Feststellungsantrag im Hinblick auf die Unwirksamkeit der Kündigung stellen[12].

14 Die **Höhe der Abfindung** bemisst sich gem. § 10 KSchG (Abs. 1 Hs. 2). Im gerichtl. Antrag braucht keine konkrete Abfindungssumme angegeben zu werden, da sie von Amts wegen festzusetzen ist[13]. Bei der Bemessung sind einerseits das Lebensalter, die Betriebszugehörigkeit und Arbeitsmarktaussichten des ArbN und andererseits der Grad der Zuwiderhandlung gegen betriebsverfassungsrechtl. Pflichten zu gewichten[14]. Hingegen spielt die wirtschaftl. Vertretbarkeit iSv. § 112 V 1 (vgl. § 112 Rz. 74 ff.) für die Höhe der Abfindung gem. § 113 I keine Rolle[15]. Auch § 112 V 2 Nr. 2 ist nicht heranzuziehen[16]; das Gericht kann die Abfindung jedoch bei Bestehen einer vom ArbN ausgeschlagenen Weiterbeschäftigungsmöglichkeit mindern[17].

15 **Abs. 2** regelt den Ausgleich **„anderer wirtschaftl. Nachteile“** (neben Entlassungen), der bis zu einem Zeitraum von 12 Monaten zu erfolgen hat. Gemeint sind insb. **Gehaltsnachteile** infolge einer Versetzung, die Übernahme von **Umschulungskosten** sowie die Erstattung von **Fahrtkosten**[18].

16 **Tarifliche Ausschlussfristen** für Ansprüche aus dem Arbeitsverhältnis gelten auch für Ansprüche gem. § 113[19]. Die Ausschlussfrist beginnt mit der Beendigung des Arbeitsverhältnisses[20]. Dies gilt auch dann, wenn ein Kündigungsschutzprozess anhängig ist[21]. Ein **Verzicht** auf einen bereits entstandenen Nachteilsausgleichsanspruch ist möglich, auch im Rahmen der allgemeinen Ausgleichsklausel; entstanden ist der Anspruch mit dem Beginn der betriebsverfassungswidrigen Betriebsänderung[22]. Es finden die **Steuererleichterungen** für Abfindungen Anwendung (§§ 24, 34 EStG)[23]. **SozV-Abgaben** fallen nicht an (vgl. § 112 Rz. 93).

---

1 LAG Hamm v. 14.9.2004 – 19 Sa 1236/04, LAGE § 113 BetrVG 2001 Nr. 2. | 2 *Fitting*, § 113 BetrVG Rz. 26; GK-BetrVG/*Fabricius/Oetker*, §§ 113 Rz. 54; Richardi/*Annuß*, § 113 BetrVG Rz. 11. | 3 *Fitting*, § 113 BetrVG Rz. 28; HSG/*Hess*, § 113 BetrVG Rz. 10. | 4 GK-BetrVG/*Fabricius/Oetker*, § 113 Rz. 54; ErfK/*Kania*, § 113 BetrVG Rz. 5. | 5 LAG Bremen v. 21.10.2004 – 3 Sa 77/04, DB 2005, 167. | 6 *Löwisch/Kaiser*, § 113 BetrVG Rz. 14; ErfK/*Kania*, § 113 BetrVG Rz. 9. | 7 ErfK/*Kania*, § 113 BetrVG Rz. 9. | 8 BAG v. 31.10.1995 – 1 AZR 372/95, AP Nr. 29 zu § 72 ArbGG 1979; ErfK/*Kania*, § 113 BetrVG Rz. 5; HSG/*Hess*, § 113 BetrVG Rz. 9; MünchArbR/*Matthes*, § 361 Rz. 41. | 9 MünchArbR/*Matthes*, § 361 Rz. 41; GK-BetrVG/*Fabricius/Oetker*, § 113 Rz. 46; *Fitting*, § 113 BetrVG Rz. 23. | 10 Richardi/*Annuß*, § 113 BetrVG Rz. 37; DKK/*Däubler*, § 113 BetrVG Rz. 14; *Fitting*, § 113 BetrVG Rz. 23; GK-BetrVG/*Fabricius/Oetker*, § 113 Rz. 46. | 11 BAG v. 31.10.1995 – 1 AZR 372/95, AP Nr. 29 zu § 72 ArbGG 1979. | 12 Richardi/*Annuß*, § 113 BetrVG Rz. 38; ErfK/*Kania*, § 113 BetrVG Rz. 5; DKK/*Däubler*, § 113 BetrVG Rz. 16. | 13 HSG/*Hess*, § 113 BetrVG Rz. 11; Richardi/*Annuß*, § 113 BetrVG Rz. 49. | 14 BAG v. 29.2.1972 – 1 AZR 176/71, AP Nr. 9 zu § 72 BetrVG; ErfK/*Kania*, § 113 BetrVG Rz. 6; *Fitting*, § 113 BetrVG Rz. 30; BAG v. 13.6.1989 – 1 AZR 819/87, AP Nr. 19 zu § 113 BetrVG 1972. | 15 *Fitting*, § 113 BetrVG Rz. 30; ErfK/*Kania*, § 113 BetrVG Rz. 6; *Berenz*, NZA 1993, 538 (543); DKK/*Däubler*, § 113 BetrVG Rz. 16; Richardi/*Annuß*, § 113 BetrVG Rz. 49. | 16 BAG v. 10.12.1996 – 1 AZR 290/96, AP Nr. 32 zu § 113 BetrVG 1972; s. auch BAG v. 19.1.1999 – AZR 342/98, NZA 1999, 950; ähnlich Richardi/*Annuß*, § 113 BetrVG Rz. 49. | 17 BAG v. 10.12.1996 – 1 AZR 290/96, AP Nr. 32 zu § 113 BetrVG 1972 Bl. 3 R. | 18 Vgl. Richardi/*Annuß*, § 113 BetrVG Rz. 52; ErfK/*Kania*, § 113 BetrVG Rz. 7; *Fitting*, § 113 BetrVG Rz. 34. | 19 BAG v. 22.2.1983 – 1 AZR 260/81, AP Nr. 7 zu § 113 BetrVG 1972; *Löwisch/Kaiser*, § 113 BetrVG Rz. 17. | 20 BAG v. 18.12.1984 – 1 AZR 176/82, AP Nr. 11 zu § 113 BetrVG 1972. | 21 BAG v. 3.8.1982 – 1 AZR 77/81, AP Nr. 5 zu § 113 BetrVG 1972. | 22 BAG v. 23.9.2003 – 1 AZR 576/02, AP Nr. 43 zu § 113 BetrVG 1972. | 23 Richardi/*Annuß*, § 113 BetrVG Rz. 57; GK-BetrVG/*Fabricius/Oetker*, § 113 Rz. 65.

Abfindungsansprüche gem. § 113 I und III sind **mit Abfindungsansprüchen aus Sozialplänen zu verrechnen**[1], da sich der Zweck der Leistungen (s. Rz. 2) weitgehend deckt. Dies gilt dann, wenn ein Sozialplan bereits abgeschlossen ist; bei späterem Sozialplan obliegt es zunächst der Entscheidung der Betriebspartner, in welchem Umfang sie Nachteilsausgleiche anrechnen[2]. Auch ohne ausdrückliche Vereinbarung im später abgeschlossenen Sozialplan sind Sozialplanansprüche auf Nachteilsausgleichsansprüche anzurechnen. Dies gilt jedenfalls dann, wenn der ArbGeb den Konsultationspflichten der MassenentlassungsRL nachgekommen ist[3]. Diejenigen Autoren, die den Sanktionscharakter des Nachteilsausgleichs hervorheben, halten die Anrechnung für unrichtig[4]. Das BAG hat aber zu Recht hervorgehoben, dass die Sanktionswirkung des Nachteilsausgleichs auch bei einer gegenseitigen Verrechnung häufig bestehen bleibt, nämlich insofern, als der Anspruch gem. § 113 erheblich über dem Sozialplananspruch liegen kann und auch Mitarbeitern zusteht, die gem. dem Sozialplan von einem Abfindungsanspruch ausgenommen wären[5]. Im Übrigen haben die Betriebspartner die Möglichkeit, die Verrechnung im Sozialplan auszuschließen, wenn sie dies in Anbetracht der konkreten Umstände für angemessen halten[6]. Hingegen wäre es nicht zulässig, wenn ein Sozialplan bereits entstandene Nachteilsausgleichsansprüche beseitigte oder begrenzte[7]. 17

Fünfter Teil. Besondere Vorschriften für einzelne Betriebsarten

Erster Abschnitt. Seeschifffahrt

114 *Grundsätze*

(1) Auf Seeschifffahrtsunternehmen und ihre Betriebe ist dieses Gesetz anzuwenden, soweit sich aus den Vorschriften dieses Abschnitts nichts anderes ergibt.

(2) Seeschifffahrtsunternehmen im Sinne dieses Gesetzes ist ein Unternehmen, das Handelsschifffahrt betreibt und seinen Sitz im Geltungsbereich dieses Gesetzes hat. Ein Seeschifffahrtsunternehmen im Sinne dieses Abschnitts betreibt auch, wer als Korrespondenzreeder, Vertragsreeder, Ausrüster oder auf Grund eines ähnlichen Rechtsverhältnisses Schiffe zum Erwerb durch die Seeschifffahrt verwendet, wenn er Arbeitgeber des Kapitäns und der Besatzungsmitglieder ist oder überwiegend die Befugnisse des Arbeitgebers ausübt.

(3) Als Seebetrieb im Sinne dieses Gesetzes gilt die Gesamtheit der Schiffe eines Seeschifffahrtsunternehmens einschließlich der in Absatz 2 Satz 2 genannten Schiffe.

(4) Schiffe im Sinne dieses Gesetzes sind Kauffahrteischiffe, die nach dem Flaggenrechtsgesetz die Bundesflagge führen. Schiffe, die in der Regel binnen 24 Stunden nach dem Auslaufen an den Sitz eines Landbetriebs zurückkehren, gelten als Teil dieses Landbetriebs des Seeschifffahrtsunternehmens.

(5) Jugend- und Auszubildendenvertretungen werden nur für die Landbetriebe von Seeschifffahrtsunternehmen gebildet.

(6) Besatzungsmitglieder sind die in § 3 des Seemannsgesetzes genannten Personen. Leitende Angestellte im Sinne des § 5 Abs. 3 dieses Gesetzes sind nur die Kapitäne.

115 *Bordvertretung*

(1) Auf Schiffen, die mit in der Regel mindestens fünf wahlberechtigten Besatzungsmitgliedern besetzt sind, von denen drei wählbar sind, wird eine Bordvertretung gewählt. Auf die Bordvertretung finden, soweit sich aus diesem Gesetz oder aus anderen gesetzlichen Vorschriften nicht etwas anderes ergibt, die Vorschriften über die Rechte und Pflichten des Betriebsrats und die Rechtsstellung seiner Mitglieder Anwendung.

(2) Die Vorschriften über die Wahl und Zusammensetzung des Betriebsrats finden mit folgender Maßgabe Anwendung:

1. Wahlberechtigt sind alle Besatzungsmitglieder des Schiffes.

---

1 St. Rspr. BAG; so zuletzt BAG v. 16.5.2007 – 8 AZR 693/06, ZIP 23/2007 S. V (PM); BAG v. 20.11.2001 – 1 AZR 97/01, AP Nr. 39 zu § 113 BetrVG 1972; unter Berücksichtigung der Richtlinie EG 98/59/EG *Leuchten/Lipinski*, NZA 2003, 1361; MünchArbR/*Matthes*, § 361 Rz. 42; *Stege/Weinspach/Schiefer*, §§ 111–113 BetrVG Rz. 177; Richardi/*Annuß*, § 112 BetrVG Rz. 203 f.; *Wlotzke*, § 113 Rz. 3b; *Fitting*, § 113 BetrVG Rz. 32 mit krit. Hinw. auf die Massenentlassungsrichtlinie; *Rumpff/Boewer*, Wirtschaftliche Angelegenheiten K Rz. 38; ebenso im Grundsatz GK-BetrVG/*Fabricius/Oetker*, § 113 Rz. 68. | 2 *Fitting*, § 113 BetrVG Rz. 33. | 3 BAG v. 26.5.2007 – 8 AZR 693/06, ZIP 23/2007 S. V (PM). | 4 ErfK/*Kania*, § 113 BetrVG Rz. 2; DKK/*Däubler*, §§ 112, 112a BetrVG Rz. 60. | 5 BAG v. 20.11.2001 – 1 AZR 97/01, BB 2002, 1862. | 6 BAG v. 20.11.2001 – 1 AZR 97/01, BB 2002, 1862. | 7 BAG v. 14.9.1976 – 1 AZR 784/75, AP Nr. 2 zu § 113 BetrVG 1972.

2. Wählbar sind die Besatzungsmitglieder des Schiffes, die am Wahltag das 18. Lebensjahr vollendet haben und ein Jahr Besatzungsmitglied eines Schiffes waren, das nach dem Flaggenrechtsgesetz die Bundesflagge führt. § 8 Abs. 1 Satz 3 bleibt unberührt.
3. Die Bordvertretung besteht auf Schiffen mit in der Regel 5 bis 20 wahlberechtigten Besatzungsmitgliedern aus einer Person, 21 bis 75 wahlberechtigten Besatzungsmitgliedern aus drei Mitgliedern, über 75 wahlberechtigten Besatzungsmitgliedern aus fünf Mitgliedern.
4. (weggefallen)
5. § 13 Abs. 1 und 3 findet keine Anwendung. Die Bordvertretung ist vor Ablauf ihrer Amtszeit unter den in § 13 Abs. 2 Nr. 2 bis 5 genannten Voraussetzungen neu zu wählen.
6. Die wahlberechtigten Besatzungsmitglieder können mit der Mehrheit aller Stimmen beschließen, die Wahl der Bordvertretung binnen 24 Stunden durchzuführen.
7. Die in § 16 Abs. 1 Satz 1 genannte Frist wird auf zwei Wochen, die in § 16 Abs. 2 Satz 1 genannte Frist wird auf eine Woche verkürzt.
8. Bestellt die im Amt befindliche Bordvertretung nicht rechtzeitig einen Wahlvorstand oder besteht keine Bordvertretung, wird der Wahlvorstand in einer Bordversammlung von der Mehrheit der anwesenden Besatzungsmitglieder gewählt; § 17 Abs. 3 gilt entsprechend. Kann aus Gründen der Aufrechterhaltung des ordnungsgemäßen Schiffsbetriebs eine Bordversammlung nicht stattfinden, so kann der Kapitän auf Antrag von drei Wahlberechtigten den Wahlvorstand bestellen. Bestellt der Kapitän den Wahlvorstand nicht, so ist der Seebetriebsrat berechtigt, den Wahlvorstand zu bestellen. Die Vorschriften über die Bestellung des Wahlvorstands durch das Arbeitsgericht bleiben unberührt.
9. Die Frist für die Wahlanfechtung beginnt für Besatzungsmitglieder an Bord, wenn das Schiff nach Bekanntgabe des Wahlergebnisses erstmalig einen Hafen im Geltungsbereich dieses Gesetzes oder einen Hafen, in dem ein Seemannsamt seinen Sitz hat, anläuft. Die Wahlanfechtung kann auch zu Protokoll des Seemannsamtes erklärt werden. Wird die Wahl zur Bordvertretung angefochten, zieht das Seemannsamt die an Bord befindlichen Wahlunterlagen ein. Die Anfechtungserklärung und die eingezogenen Wahlunterlagen sind vom Seemannsamt unverzüglich an das für die Anfechtung zuständige Arbeitsgericht weiterzuleiten.

(3) Auf die Amtszeit der Bordvertretung finden die §§ 21, 22 bis 25 mit der Maßgabe Anwendung, dass

1. die Amtszeit ein Jahr beträgt,
2. die Mitgliedschaft in der Bordvertretung auch endet, wenn das Besatzungsmitglied den Dienst an Bord beendet, es sei denn, dass es den Dienst an Bord vor Ablauf der Amtszeit nach Nummer 1 wieder antritt.

(4) Für die Geschäftsführung der Bordvertretung gelten die §§ 26 bis 36, § 37 Abs. 1 bis 3 sowie die §§ 39 bis 41 entsprechend. § 40 Abs. 2 ist mit der Maßgabe anzuwenden, dass die Bordvertretung in dem für ihre Tätigkeit erforderlichen Umfang auch die für die Verbindung des Schiffes zur Reederei eingerichteten Mittel zur beschleunigten Übermittlung von Nachrichten in Anspruch nehmen kann.

(5) Die §§ 42 bis 46 über die Betriebsversammlung finden für die Versammlung der Besatzungsmitglieder eines Schiffes (Bordversammlung) entsprechende Anwendung. Auf Verlangen der Bordvertretung hat der Kapitän der Bordversammlung einen Bericht über die Schiffsreise und die damit zusammenhängenden Angelegenheiten zu erstatten. Er hat Fragen, die den Schiffsbetrieb, die Schiffsreise und die Schiffssicherheit betreffen, zu beantworten.

(6) Die §§ 47 bis 59 über den Gesamtbetriebsrat und den Konzernbetriebsrat finden für die Bordvertretung keine Anwendung.

(7) Die §§ 74 bis 105 über die Mitwirkung und Mitbestimmung der Arbeitnehmer finden auf die Bordvertretung mit folgender Maßgabe Anwendung:

1. Die Bordvertretung ist zuständig für die Behandlung derjenigen nach diesem Gesetz der Mitwirkung und Mitbestimmung des Betriebsrats unterliegenden Angelegenheiten, die den Bordbetrieb oder die Besatzungsmitglieder des Schiffes betreffen und deren Regelung dem Kapitän auf Grund gesetzlicher Vorschriften oder der ihm von der Reederei übertragenen Befugnisse obliegt.
2. Kommt es zwischen Kapitän und Bordvertretung in einer der Mitwirkung oder Mitbestimmung der Bordvertretung unterliegenden Angelegenheit nicht zu einer Einigung, so kann die Angelegenheit von der Bordvertretung an den Seebetriebsrat abgegeben werden. Der Seebetriebsrat hat die Bordvertretung über die weitere Behandlung der Angelegenheit zu unterrichten. Bordvertretung und Kapitän dürfen die Einigungsstelle oder das Arbeitsgericht nur anrufen, wenn ein Seebetriebsrat nicht gewählt ist.
3. Bordvertretung und Kapitän können im Rahmen ihrer Zuständigkeiten Bordvereinbarungen abschließen. Die Vorschriften über Betriebsvereinbarungen gelten für Bordvereinbarungen entsprechend. Bordvereinbarungen sind unzulässig, soweit eine Angelegenheit durch eine Betriebsvereinbarung zwischen Seebetriebsrat und Arbeitgeber geregelt ist.

4. In Angelegenheiten, die der Mitbestimmung der Bordvertretung unterliegen, kann der Kapitän, auch wenn eine Einigung mit der Bordvertretung noch nicht erzielt ist, vorläufige Regelungen treffen, wenn dies zur Aufrechterhaltung des ordnungsgemäßen Schiffsbetriebs dringend erforderlich ist. Den von der Anordnung betroffenen Besatzungsmitgliedern ist die Vorläufigkeit der Regelung bekannt zu geben. Soweit die vorläufige Regelung der endgültigen Regelung nicht entspricht, hat das Schifffahrtsunternehmen Nachteile auszugleichen, die den Besatzungsmitgliedern durch die vorläufige Regelung entstanden sind.
5. Die Bordvertretung hat das Recht auf regelmäßige und umfassende Unterrichtung über den Schiffsbetrieb. Die erforderlichen Unterlagen sind der Bordvertretung vorzulegen. Zum Schiffsbetrieb gehören insbesondere die Schiffssicherheit, die Reiserouten, die voraussichtlichen Ankunfts- und Abfahrtszeiten sowie die zu befördernde Ladung.
6. Auf Verlangen der Bordvertretung hat der Kapitän ihr Einsicht in die an Bord befindlichen Schiffstagebücher zu gewähren. In den Fällen, in denen der Kapitän eine Eintragung über Angelegenheiten macht, die der Mitwirkung oder Mitbestimmung der Bordvertretung unterliegen, kann diese eine Abschrift der Eintragung verlangen und Erklärungen zum Schiffstagebuch abgeben. In den Fällen, in denen über eine der Mitwirkung oder Mitbestimmung der Bordvertretung unterliegenden Angelegenheit eine Einigung zwischen Kapitän und Bordvertretung nicht erzielt wird, kann die Bordvertretung dies zum Schiffstagebuch erklären und eine Abschrift dieser Eintragung verlangen.
7. Die Zuständigkeit der Bordvertretung im Rahmen des Arbeitsschutzes bezieht sich auch auf die Schiffssicherheit und die Zusammenarbeit mit den insoweit zuständigen Behörden und sonstigen in Betracht kommenden Stellen.

116 *Seebetriebsrat*

(1) In Seebetrieben werden Seebetriebsräte gewählt. Auf die Seebetriebsräte finden, soweit sich aus diesem Gesetz oder aus anderen gesetzlichen Vorschriften nicht etwas anderes ergibt, die Vorschriften über die Rechte und Pflichten des Betriebsrats und die Rechtsstellung seiner Mitglieder Anwendung.

(2) Die Vorschriften über die Wahl, Zusammensetzung und Amtszeit des Betriebsrats finden mit folgender Maßgabe Anwendung:

1. Wahlberechtigt zum Seebetriebsrat sind alle zum Seeschifffahrtsunternehmen gehörenden Besatzungsmitglieder.
2. Für die Wählbarkeit zum Seebetriebsrat gilt § 8 mit der Maßgabe, dass
   a) in Seeschifffahrtsunternehmen, zu denen mehr als acht Schiffe gehören oder in denen in der Regel mehr als 250 Besatzungsmitglieder beschäftigt sind, nur nach § 115 Abs. 2 Nr. 2 wählbare Besatzungsmitglieder wählbar sind;
   b) in den Fällen, in denen die Voraussetzungen des Buchstabens a nicht vorliegen, nur Arbeitnehmer wählbar sind, die nach § 8 die Wählbarkeit im Landbetrieb des Seeschifffahrtsunternehmens besitzen, es sei denn, dass der Arbeitgeber mit der Wahl von Besatzungsmitgliedern einverstanden ist.
3. Der Seebetriebsrat besteht in Seebetrieben mit in der Regel 5 bis 400 wahlberechtigten Besatzungsmitgliedern aus einer Person, 401 bis 800 wahlberechtigten Besatzungsmitgliedern aus drei Mitgliedern, über 800 wahlberechtigten Besatzungsmitgliedern aus fünf Mitgliedern.
4. Ein Wahlvorschlag ist gültig, wenn er im Fall des § 14 Abs. 4 Satz 1 erster Halbsatz und Satz 2 mindestens von drei wahlberechtigten Besatzungsmitgliedern unterschrieben ist.
5. § 14a findet keine Anwendung.
6. Die in § 16 Abs. 1 Satz 1 genannte Frist wird auf drei Monate, die in § 16 Abs. 2 Satz 1 genannte Frist auf zwei Monate verlängert.
7. Zu Mitgliedern des Wahlvorstands können auch im Landbetrieb des Seeschifffahrtsunternehmens beschäftigte Arbeitnehmer bestellt werden. § 17 Abs. 2 bis 4 findet keine Anwendung. Besteht kein Seebetriebsrat, so bestellt der Gesamtbetriebsrat oder, falls ein solcher nicht besteht, der Konzernbetriebsrat den Wahlvorstand. Besteht weder ein Gesamtbetriebsrat noch ein Konzernbetriebsrat, wird der Wahlvorstand gemeinsam vom Arbeitgeber und den im Seebetrieb vertretenen Gewerkschaften bestellt; Gleiches gilt, wenn der Gesamtbetriebsrat oder der Konzernbetriebsrat die Bestellung des Wahlvorstands nach Satz 3 unterlässt. Einigen sich Arbeitgeber und Gewerkschaften nicht, so bestellt ihn das Arbeitsgericht auf Antrag des Arbeitgebers, einer im Seebetrieb vertretenen Gewerkschaft oder von mindestens drei wahlberechtigten Besatzungsmitgliedern. § 16 Abs. 2 Satz 2 und 3 gilt entsprechend.

8. Die Frist für die Wahlanfechtung nach § 19 Abs. 2 beginnt für Besatzungsmitglieder an Bord, wenn das Schiff nach Bekanntgabe des Wahlergebnisses erstmalig einen Hafen im Geltungsbereich dieses Gesetzes oder einen Hafen, in dem ein Seemannsamt seinen Sitz hat, anläuft. Nach Ablauf von drei Monaten seit Bekanntgabe des Wahlergebnisses ist eine Wahlanfechtung unzulässig. Die Wahlanfechtung kann auch zu Protokoll des Seemannsamtes erklärt werden. Die Anfechtungserklärung ist vom Seemannsamt unverzüglich an das für die Anfechtung zuständige Arbeitsgericht weiterzuleiten.

9. Die Mitgliedschaft im Seebetriebsrat endet, wenn der Seebetriebsrat aus Besatzungsmitgliedern besteht, auch, wenn das Mitglied des Seebetriebsrats nicht mehr Besatzungsmitglied ist. Die Eigenschaft als Besatzungsmitglied wird durch die Tätigkeit im Seebetriebsrat oder durch eine Beschäftigung gemäß Absatz 3 Nr. 2 nicht berührt.

(3) Die §§ 26 bis 41 über die Geschäftsführung des Betriebsrats finden auf den Seebetriebsrat mit folgender Maßgabe Anwendung:

1. In Angelegenheiten, in denen der Seebetriebsrat nach diesem Gesetz innerhalb einer bestimmten Frist Stellung zu nehmen hat, kann er, abweichend von § 33 Abs. 2, ohne Rücksicht auf die Zahl der zur Sitzung erschienenen Mitglieder einen Beschluss fassen, wenn die Mitglieder ordnungsgemäß geladen worden sind.

2. Soweit die Mitglieder des Seebetriebsrats nicht freizustellen sind, sind sie so zu beschäftigen, dass sie durch ihre Tätigkeit nicht gehindert sind, die Aufgaben des Seebetriebsrats wahrzunehmen. Der Arbeitsplatz soll den Fähigkeiten und Kenntnissen des Mitglieds des Seebetriebsrats und seiner bisherigen beruflichen Stellung entsprechen. Der Arbeitsplatz ist im Einvernehmen mit dem Seebetriebsrat zu bestimmen. Kommt eine Einigung über die Bestimmung des Arbeitsplatzes nicht zu Stande, so entscheidet die Einigungsstelle. Der Spruch der Einigungsstelle ersetzt die Einigung zwischen Arbeitgeber und Seebetriebsrat.

3. Den Mitgliedern des Seebetriebsrats, die Besatzungsmitglieder sind, ist die Heuer auch dann fortzuzahlen, wenn sie im Landbetrieb beschäftigt werden. Sachbezüge sind angemessen abzugelten. Ist der neue Arbeitsplatz höherwertig, so ist das diesem Arbeitsplatz entsprechende Arbeitsentgelt zu zahlen.

4. Unter Berücksichtigung der örtlichen Verhältnisse ist über die Unterkunft der in den Seebetriebsrat gewählten Besatzungsmitglieder eine Regelung zwischen dem Seebetriebsrat und dem Arbeitgeber zu treffen, wenn der Arbeitsplatz sich nicht am Wohnort befindet. Kommt eine Einigung nicht zu Stande, so entscheidet die Einigungsstelle. Der Spruch der Einigungsstelle ersetzt die Einigung zwischen Arbeitgeber und Seebetriebsrat.

5. Der Seebetriebsrat hat das Recht, jedes zum Seebetrieb gehörende Schiff zu betreten, dort im Rahmen seiner Aufgaben tätig zu werden sowie an den Sitzungen der Bordvertretung teilzunehmen. § 115 Abs. 7 Nr. 5 Satz 1 gilt entsprechend.

6. Liegt ein Schiff in einem Hafen innerhalb des Geltungsbereichs dieses Gesetzes, so kann der Seebetriebsrat nach Unterrichtung des Kapitäns Sprechstunden an Bord abhalten und Bordversammlungen der Besatzungsmitglieder durchführen.

7. Läuft ein Schiff innerhalb eines Kalenderjahres keinen Hafen im Geltungsbereich dieses Gesetzes an, so gelten die Nummern 5 und 6 für europäische Häfen. Die Schleusen des Nordostseekanals gelten nicht als Häfen.

8. Im Einvernehmen mit dem Arbeitgeber können Sprechstunden und Bordversammlungen, abweichend von den Nummern 6 und 7, auch in anderen Liegehäfen des Schiffes durchgeführt werden, wenn ein dringendes Bedürfnis hierfür besteht. Kommt eine Einigung nicht zu Stande, so entscheidet die Einigungsstelle. Der Spruch der Einigungsstelle ersetzt die Einigung zwischen Arbeitgeber und Seebetriebsrat.

(4) Die §§ 42 bis 46 über die Betriebsversammlung finden auf den Seebetrieb keine Anwendung.

(5) Für den Seebetrieb nimmt der Seebetriebsrat die in den §§ 47 bis 59 dem Betriebsrat übertragenen Aufgaben, Befugnisse und Pflichten wahr.

(6) Die §§ 74 bis 113 über die Mitwirkung und Mitbestimmung der Arbeitnehmer finden auf den Seebetriebsrat mit folgender Maßgabe Anwendung:

1. Der Seebetriebsrat ist zuständig für die Behandlung derjenigen nach diesem Gesetz der Mitwirkung oder Mitbestimmung des Betriebsrats unterliegenden Angelegenheiten,

a) die alle oder mehrere Schiffe des Seebetriebs oder die Besatzungsmitglieder aller oder mehrerer Schiffe des Seebetriebs betreffen,

b) die nach § 115 Abs. 7 Nr. 2 von der Bordvertretung abgegeben worden sind oder

c) für die nicht die Zuständigkeit der Bordvertretung nach § 115 Abs. 7 Nr. 1 gegeben ist.

2. Der Seebetriebsrat ist regelmäßig und umfassend über den Schiffsbetrieb des Seeschifffahrtsunternehmens zu unterrichten. Die erforderlichen Unterlagen sind ihm vorzulegen.

Zweiter Abschnitt. Luftfahrt

117 *Geltung für die Luftfahrt*

(1) Auf Landbetriebe von Luftfahrtunternehmen ist dieses Gesetz anzuwenden.

(2) Für im Flugbetrieb beschäftigte Arbeitnehmer von Luftfahrtunternehmen kann durch Tarifvertrag eine Vertretung errichtet werden. Über die Zusammenarbeit dieser Vertretung mit der nach diesem Gesetz zu errichtenden Vertretungen der Arbeitnehmer der Landbetriebe des Luftfahrtunternehmens kann der Tarifvertrag von diesem Gesetz abweichende Regelungen vorsehen.

Von einer Kommentierung der §§ 114–117 BetrVG wird abgesehen. 1

Dritter Abschnitt. Tendenzbetriebe und Religionsgemeinschaften

118 *Geltung für Tendenzbetriebe und Religionsgemeinschaften*

(1) Auf Unternehmen und Betriebe, die unmittelbar und überwiegend

1. politischen, koalitionspolitischen, konfessionellen, karitativen, erzieherischen, wissenschaftlichen oder künstlerischen Bestimmungen oder

2. Zwecken der Berichterstattung oder Meinungsäußerung, auf die Artikel 5 Abs. 1 Satz 2 des Grundgesetzes Anwendung findet,

dienen, finden die Vorschriften dieses Gesetzes keine Anwendung, soweit die Eigenart des Unternehmens oder des Betriebs dem entgegensteht. Die §§ 106 bis 110 sind nicht, die §§ 111 bis 113 nur insoweit anzuwenden, als sie den Ausgleich oder die Milderung wirtschaftlicher Nachteile für die Arbeitnehmer infolge von Betriebsänderungen regeln.

(2) Dieses Gesetz findet keine Anwendung auf Religionsgemeinschaften und ihre karitativen und erzieherischen Einrichtungen unbeschadet deren Rechtsform.

I. Allgemeines. § 118 schirmt Tendenzunternehmen und Religionsgemeinschaften vor einer Beeinträchtigung ihrer Rechte durch betriebl. Mitbest. ab[1]. Die Anwendung von betriebl. MitbestR auf die in § 118 I genannten Tendenzunternehmen und -betriebe ist ausgeschlossen, soweit eine Beteiligung des BR die geistig-ideelle Zielsetzung eines solchen Unternehmens und deren Verwirklichung verhindern oder ernstlich beeinträchtigen kann[2]. Die Vorschriften über die Bildung eines Wirtschaftsausschusses und über die Unterrichtung in wirtschaftl. Angelegenheiten sind nicht anzuwenden, die Anwendung der §§ 111–113 wird eingeschränkt. Während **Abs. 1** die Anwendbarkeit des BetrVG somit lediglich **eingeschränkt bzw. teilweise ausschließt**, findet das BetrVG gem. **Abs. 2** auf **Religionsgemeinschaften und ihre karitativen und erzieherischen Einrichtungen** insgesamt **keine Anwendung**. Dies beruht auf dem durch Art. 140 GG iVm. § 137 III WRV gewährleisteten Recht der Religionsgemeinschaften, ihre Angelegenheiten selbst zu ordnen und zu verwalten[3]. 1

II. Tendenzunternehmen gemäß Abs. 1. Die Anwendung des Abs. 1 setzt voraus, dass ein Unternehmen eines der in Abs. 1 S. 1 genannten Tendenzmerkmale erfüllt. Unterhält ein Tendenzunternehmen tendenzgeschützte und tendenzfreie Betriebe, kommt eine Einschränkung von Beteiligungsrechten in den tendenzfreien Betrieben nicht in Betracht[4]. Für **Tendenzgemeinschaftsbetriebe** besteht Tendenzschutz auch dann, wenn nicht alle an dem Gemeinschaftsbetrieb beteiligten Unternehmen ihrerseits Tendenzunternehmen sind; hinsichtlich der Reichweite des Tendenzschutzes ist nach den verschiedenen Beteiligungsrechten zu differenzieren[5]. S. 1 enthält eine **abschließende Aufzählung der geschützten Tendenzen**[6]. Ähnliche geistig-ideelle Bestimmungen, etwa die Förderung des Breitensports, werden von 2

1 Vgl. BVerfG v. 15.12.1999 – 1 BvR 729/92, AP Nr. 68 zu § 118 BetrVG 1972. | 2 BAG v. 30.1.1990 – 1 ABR 101/88, AP Nr. 44 zu § 118 BetrVG 1972. | 3 BAG v. 30.4.1997 – 7 ABR 60/95, AP Nr. 60 zu § 118 BetrVG 1972. | 4 HSWG/*Hess*, § 118 BetrVG Rz. 6; Wlotzke/Preis/*Bender*, § 118 BetrVG Rz. 8. | 5 *Lunk*, NZA 2005, 841. | 6 BAG v. 23.3.1999 – 1 ABR 28/98, AP Nr. 66 zu § 118 BetrVG 1972.

Abs. 1 nicht erfasst, da es sich bei dieser Norm im Unterschied zu § 81 I BetrVG 1952 nicht um eine Generalklausel handelt, die für weitere Zwecke und Bestimmungen offen wäre[1]. Dies bedeutet allerdings nicht, dass Abs. 1 S. 1 nicht analogiefähig ist, soweit die allgemeinen Voraussetzungen für eine analoge Anwendung vorliegen[2]. Ein **Verzicht auf den Tendenzschutz** ist nach Ansicht des BAG jedenfalls dann zulässig, wenn dieser sich aus einer karitativen oder erzieherischen Bestimmung ergibt[3].

3 **1. Geistig-ideelle Bestimmungen (Abs. 1 S. 1 Nr. 1).** Von dem Tendenzschutz erfasst werden zunächst Unternehmen und Betriebe, die **politischen Bestimmungen** dienen. Das Vorliegen einer politischen Tendenz setzt nicht voraus, dass die Bestimmung parteipolitischer Natur ist, vielmehr ist der Begriff der „politischen Bestimmungen" in einem weiten Sinne zu verstehen. Eine politische Bestimmung liegt vor, wenn das Ziel verfolgt wird, zum Zweck der Gestaltung öffentl. Aufgaben im Interesse der Allgemeinheit auf die Willensbildung des demokratisch verfassten Staates Einfluss zu nehmen (**Einflussnahme im politischen Meinungskampf**)[4]. Dies ist etwa bei den Betrieben der politischen Parteien (Parteibüros, Parteizeitung, Parteijugendorganisation)[5], den von den Parteien getragenen Stiftungen[6], wirtschafts- oder sozialpolitischen Vereinigungen, Umweltschutzverbänden und Menschenrechtsorganisationen der Fall[7]. Demgegenüber dienen Organisationen, deren Zweck sich auf die **Wahrnehmung von Mitgliederinteressen** gegenüber Dritten beschränkt, zB Mieter- oder Hauseigentümervereine, **keiner politischen Bestimmung**[8], es sei denn, dass sie neben der Wahrnehmung der Mitgliederinteressen auch auf den politischen Meinungskampf Einfluss nehmen. Die Erfüllung öffentl. Aufgaben im Auftrag und nach Vorgabe staatlicher Stellen ist ebenfalls keine von Abs. 1 S. 1 geschützte politische Bestimmung, da es sich dabei nicht um die Einflussnahme im politischen Meinungskampf, sondern um die Umsetzung getroffener Entscheidungen des Staates handelt[9].

4 **Koalitionspolitischen Bestimmungen** dienen die Gewerkschaften[10] und die Vereinigungen der ArbGeb[11]. Dies gilt ebenso für die von ihnen betriebenen Institute und Schulungseinrichtungen, deren Zweck auf das Gestalten von Arbeits- und Wirtschaftsbedingungen gerichtet ist; nach Ansicht des BAG dienen Schulungseinrichtungen, die darüber hinausgehende Ziele verfolgen, keiner koalitionspolitischen Bestimmung, auch wenn sie von einer Koalition getragen werden[12]. Tendenzschutz genießt auch die DGB Rechtsschutz GmbH[13]. Keinen koalitionspolitischen Bestimmungen dienen die von Koalitionen abhängigen Wirtschaftsunternehmen[14].

5 Unternehmen mit **konfessionellen Bestimmungen** sind solche, deren Wertstreben auf das Einstehen für einen Glauben gerichtet ist. Darunter fallen bspw. kirchlich orientierte Männer-, Frauen- und Jugendverbände, Missionsvereine, kirchliche Pressedienste und Nachrichtenagenturen[15]. Unternehmen mit konfessionellen Bestimmungen werden nur dann von Abs. 1 Nr. 1 erfasst, wenn sie nicht unter Abs. 2 fallen (s. Rz. 32 ff.), also nicht selbst Religionsgemeinschaft oder karitative oder erzieherische Einrichtung einer Religionsgemeinschaft sind. Ist ein Unternehmen dagegen konfessionellen Zwecken verpflichtet, ohne dass die Ausübung eines Bekenntnisses im Vordergrund steht, handelt es sich nicht um einen Tendenzbetrieb. Dies kann etwa bei einem konfessionell orientierten Krankenhaus der Fall sein, soweit es in erster Linie um die Heilung Kranker und nicht die Ausübung eines Bekenntnisses geht[16]. Auch die Herstellung von Gegenständen, die religiösen Zwecken dienen, fällt nicht unter den Tendenzschutz[17].

6 **Karitativen Bestimmungen** dienen solche Unternehmen, die sich den Dienst am körperlich oder seelisch leidenden Menschen zum Ziel gesetzt haben, wobei gleichgültig ist, ob diese Hilfe heilend, lindernd oder vorbeugend geleistet wird[18] und ob sie auf innere oder äußere Nöte gerichtet ist[19]. In Betracht kommen bspw. Krankenhäuser oder Berufsförderungswerke zur Rehabilitation Behinderter[20], ferner Heime für Drogengefährdete und Familienberatungsstellen[21], Betriebe des Roten Kreuzes, der Arbeiterwohlfahrt und privater Fürsorgevereine[22]. Karitative Tätigkeit setzt bereits begrifflich voraus, dass sie **ohne Absicht der Gewinnerzielung** erfolgt[23]. Kostendeckende Tätigkeit oder die Bildung von Rücklagen

---

1 MünchArbR/*Matthes*, § 364 Rz. 2; *Löwisch/Kaiser*, § 118 BetrVG Rz. 13. | **2** BAG v. 23.3.1999 – 1 ABR 28/98, AP Nr. 66 zu § 118 BetrVG 1972. | **3** BAG v. 5.10.2000 – 1 ABR 14/00, AP Nr. 69 zu § 118 BetrVG 1972. | **4** BAG v. 21.7.1998 – 1 ABR 2/98, AP Nr. 63 zu § 118 BetrVG 1972; v. 23.3.1999 – 1 ABR 28/98, AP Nr. 66 zu § 118 BetrVG 1972. | **5** Richardi/*Richardi/Thüsing*, § 118 BetrVG Rz. 49; Wlotzke/Preis/*Bender*, § 118 BetrVG Rz. 15. | **6** DKK/*Wedde*, § 118 BetrVG Rz. 21; *Löwisch/Kaiser*, § 118 BetrVG Rz. 4. | **7** Ausschussbericht BT-Drs. VI/2729, S. 17. | **8** Richardi/*Richardi/Thüsing*, § 118 BetrVG Rz. 51b; GK-BetrVG/*Fabricius/Weber*, § 118 Rz. 78. | **9** BAG v. 21.7.1998 – 1 ABR 2/98, AP Nr. 63 zu § 118 BetrVG 1972. | **10** BAG v. 6.12.1979 – 2 AZR 1055/77, AP Nr. 2 zu § 1 KSchG 1969 – Verhaltensbedingte Kündigung. | **11** Ausschussbericht BT-Drs. VI/2729, S. 17. | **12** BAG v. 3.7.1990 – 1 ABR 36/89, AP Nr. 81 zu § 99 BetrVG 1972. | **13** LAG BW v. 10.10.2005 – 6 TaBV 11/04, nv. | **14** Jaeger/Röder/Heckelmann/*Diller*, Kap. 31 Rz. 25; Wlotzke/Preis/*Bender*, § 118 BetrVG Rz. 17. | **15** LAG Hamm v. 14.3.2000 – 13 TaBV 116/99, NZA-RR 2000, 532 (533). | **16** LAG Hamm v. 14.3.2000 – 13 TaBV 116/99, NZA-RR 2000, 532 (533). | **17** MünchArbR/*Matthes*, § 364 Rz. 13. | **18** BAG v. 22.11.1995 – 7 ABR 12/95, AP Nr. 58 zu § 118 BetrVG 1972; v. 8.11.1988 – 1 ABR 17/87, AP Nr. 38 zu § 118 BetrVG 1972; v. 7.4.1981 – 1 ABR 83/78, AP Nr. 16 zu § 118 BetrVG 1972. | **19** BAG v. 15.3.2006 – 7 ABR 24/05, NZA 2006, 1424. | **20** BAG v. 24.5.1995 – 7 ABR 48/94, AP Nr. 57 zu § 118 BetrVG 1972; v. 29.6.1988 – 7 ABR 15/87, AP Nr. 37 zu § 118 BetrVG 1972. | **21** Wlotzke/Preis/*Bender*, § 118 BetrVG Rz. 21; HSWG/*Hess*, § 118 BetrVG Rz. 17. | **22** Richardi/*Richardi/Thüsing*, § 118 BetrVG Rz. 61; *Fitting*, § 118 BetrVG Rz. 18. | **23** BAG v. 31.1.1995 – 1 ABR 35/94, AP Nr. 56 zu § 118 BetrVG 1972.

aus Gewinnen steht einer karitativen Bestimmung jedoch nicht entgegen[1]. Die karitative Tätigkeit muss freiwillig und ohne gesetzl. Verpflichtung geleistet werden. Der **Freiwilligkeit** steht jedoch nicht entgegen, wenn die Anteile an einem in privatrechtl. Form betriebenen Krankenhaus von einer Gebietskörperschaft gehalten werden, die zur Sicherstellung der Versorgung der Bevölkerung mit Krankenhäusern verpflichtet ist; die Krankenhausgesellschaft selbst ist nämlich nicht von Gesetzes wegen zur Krankenversorgung verpflichtet und erbringt ihre karitative Tätigkeit damit freiwillig[2]. Für andere Einrichtungen gilt dies entsprechend: Ist eine juristische Person des öffentl. Rechts, die ihrerseits nach Maßgabe gesetzl. Vorschriften verpflichtet ist, Hilfeleistungen zu erbringen oder die Kosten dafür zu tragen, an einer karitativen Einrichtung beteiligt, steht dies der Tendenzeigenschaft dieser Einrichtung nicht entgegen[3]. Auch die Aufnahme eines durch private Rechtsträger betriebenen Krankenhauses in den staatlichen Krankenhausplan führt nicht dazu, dass der Krankenhausträger nunmehr zum Betrieb des Krankenhauses gesetzl. verpflichtet ist und die karitative Bestimmung entfällt[4].

Ein Unternehmen dient **erzieherischen Bestimmungen**, wenn durch planmäßige und methodische Unterweisung in einer Mehrzahl allgemein bildender oder berufsbildender Fächer die **Persönlichkeit des Menschen geformt** und seine Entwicklung zu einem Glied der menschlichen Gesellschaft gefördert werden soll[5]. Dagegen genügt es nicht, wenn die Tätigkeit eines Unternehmens lediglich auf die Vermittlung bestimmter Kenntnisse und Fähigkeiten gerichtet ist, wie zum Beispiel bei einer Sprachschule[6] oder Fahrschule. Unerheblich ist, ob die erzieherische Tätigkeit gegenüber **Kindern und Jugendlichen** oder gegenüber **Erwachsenen** ausgeübt wird[7]. Erziehung erfordert eine gewisse Nachhaltigkeit, die einmalige Vermittlung von Eindrücken reicht insoweit nicht[8]. Erzieherische Bestimmungen sind daher stets bei allgemein bildenden privaten Ersatzschulen und Internaten gegeben[9]. Berufsförderungswerke zur beruflichen Rehabilitation Behinderter dienen ebenfalls erzieherischen Bestimmungen, wenn sie über die Vermittlung Einzelner beruflicher Fertigkeiten hinausgehend auch der Formung der Persönlichkeit der Umschüler dienen; dies ist insb. der Fall, wenn die Umschüler bei ihrer Ausbildung durch soziale Dienste betreut werden, denen etwa Sozialarbeiter, Ärzte oder Psychologen angehören[10]. Auch bei **Institutionen der Erwachsenenbildung** ist entscheidend, ob auch die Persönlichkeit des Menschen und seine Entwicklung zu einem Glied der menschlichen Gesellschaft gefördert werden soll, oder ob lediglich bestimmte Kenntnisse vermittelt werden[11]. Erzieherische Bestimmungen sind bspw. bei Einrichtungen denkbar, die Lehrgänge für Spätaussiedler anbieten, welche sich nicht auf die Vermittlung sprachlicher Fähigkeiten beschränken, sondern die Teilnehmer auch zur Tragung von Mitverantwortung im öffentl. Leben befähigen sollen[12]. Entsprechendes gilt für Institute, die Langzeitarbeitslosen nicht nur berufliche Kenntnisse vermitteln, sondern auch die Persönlichkeitsentwicklung fördern[13] sowie private Rehabilitationseinrichtungen, die in der Form der Ersatzschule nach den Landesschulgesetzen betrieben werden[14]. 7

Geschützt sind des weiteren Unternehmen, die **wissenschaftlichen Bestimmungen** dienen. Dabei ist von einem weiten Wissenschaftsbegriff auszugehen. Danach ist Wissenschaft jede Tätigkeit, die nach Inhalt und Form als ernsthafter Versuch zur Ermittlung der Wahrheit anzusehen ist. Erforderlich ist, dass gerade darin der eigentliche Unternehmenszweck liegen muss, während die bloße Instrumentalisierung wissenschaftlicher Methoden zur Verfolgung anderer Unternehmensziele nicht ausreicht[15]. Erfasst werden sowohl **Grundlagen- als auch anwendungsorientierte Forschung**; nicht ausreichend ist hingegen die bloße Anwendung erreichter wissenschaftlicher Erkenntnisse ohne eigenes Streben nach neuen Erkenntnissen[16]. Auch Lehrtätigkeit, zB wissenschaftliche Kolloquien, Vortragsreihen, Betreuung von Doktoranden oder Vorlesungen, sind bei der Feststellung einer wissenschaftlichen Bestimmung zu berücksichtigen[17]. Wissenschaftlichen Bestimmungen dienen daher bspw. die Fraunhofer-Gesellschaft, die Max-Planck-Institute[18] und die Großforschungseinrichtungen des Bundes und der Länder[19], wissenschaftliche Buch- und Zeitschriftenverlage[20] sowie privatrechtlich organisierte Hochschulen[21]. Auch **Unternehmen der pharmazeutischen Industrie**, der biotechnischen oder chemischen Industrie können wissenschaftlichen Bestimmungen dienen[22]. Insoweit ist allerdings zu differenzieren: Ein Unternehmen, 8

1 BAG v. 22.11.1995 – 7 ABR 12/95, AP Nr. 58 zu § 118 BetrVG 1972. | 2 BAG v. 24.5.1995 – 7 ABR 48/94, AP Nr. 57 zu § 118 BetrVG 1972. | 3 BAG v. 29.6.1988 – 7 ABR 15/87, AP Nr. 37 zu § 118 BetrVG 1972; v. 31.1.1995 – 1 ABR 35/94, AP Nr. 56 zu § 118 BetrVG 1972. | 4 BAG v. 22.11.1995 – 7 ABR 12/95, AP Nr. 58 zu § 118 BetrVG 1972. | 5 BAG v. 23.3.1999 – 1 ABR 28/98, AP Nr. 66 zu § 118 BetrVG 1972; v. 31.1.1995 – 1 ABR 35/94, AP Nr. 56 zu § 118 BetrVG 1972. | 6 BAG v. 7.4.1981 – 1 ABR 62/78, AP Nr. 17 zu § 118 BetrVG 1972. | 7 BAG v. 3.7.1990 – 1 ABR 36/89, AP Nr. 81 zu § 99 BetrVG 1972; v. 3.12.1987 – 6 ABR 38/86, NZA 1988, 507, 508. | 8 BAG v. 21.6.1989 – 7 ABR 58/87, AP Nr. 43 zu § 118 BetrVG 1972. | 9 BAG v. 13.6.1989 – 1 ABR 15/88, AP Nr. 36 zu § 87 BetrVG 1972 – Arbeitszeit; v. 13.1.1987 – 1 ABR 49/85, AP Nr. 33 zu § 118 BetrVG 1972. | 10 BAG v. 31.1.1995 – 1 ABR 35/94, AP Nr. 56 zu § 118 BetrVG 1972. | 11 BAG v. 3.12.1987 – 6 ABR 38/86, NZA 1988, 507 (508). | 12 BAG v. 3.7.1990 – 1 ABR 36/89, AP Nr. 81 zu § 99 BetrVG 1972. | 13 Anders *Mayer-Maly/Löwisch*, BB 1983, 913 (914). | 14 BAG v. 3.12.1987 – 6 ABR 38/86, NZA 1988, 507, 508. | 15 BAG v. 21.7.1998 – 1 ABR 2/98, AP Nr. 63 zu § 118 BetrVG 1972. | 16 BAG v. 21.6.1989 – 7 ABR 58/87, AP Nr. 43 zu § 118 BetrVG 1972. | 17 BAG v. 20.11.1990 – 1 ABR 87/89, AP Nr. 47 zu § 118 BetrVG 1972. | 18 *Fitting*, § 118 BetrVG Rz. 21; DKK/*Wedde*, § 118 BetrVG Rz. 34. | 19 *Löwisch/Kaiser*, § 118 BetrVG Rz. 9; Richardi/*Richardi/Thüsing*, § 118 BetrVG Rz. 67. | 20 Wlotzke/Preis/*Bender*, § 118 BetrVG Rz. 26. | 21 HSWG/*Hess*, § 118 BetrVG Rz. 19; Richardi/*Richardi/Thüsing*, § 118 BetrVG Rz. 69. | 22 AA DKK/*Wedde*, § 118 BetrVG Rz. 34.

das pharmazeutische Produkte herstellt oder vertreibt, dient wissenschaftlichen Bestimmungen auch dann nicht, wenn es eine eigene Forschungsabteilung unterhält; nach Ansicht des BAG fehlt es insoweit an der **Unmittelbarkeit** der wissenschaftlichen Bestimmung, die Forschungsabteilung diene allein dazu, einen anderen nicht tendenzgeschützten Unternehmenszweck zu fördern[1]. Gehört einem Konzern hingegen eine rechtlich selbständige Gesellschaft an, die sich mit Forschung und Entwicklung befasst, dient diese Gesellschaft wissenschaftlichen Bestimmungen, auch wenn die Forschungsergebnisse von anderen Konzernunternehmen wirtschaftl. genutzt werden. Maßgeblich ist allein, dass das Forschungsunternehmen selbst **unmittelbar und überwiegend** wissenschaftlichen Bestimmungen dient.

9 Ob ein Unternehmen **künstlerische Bestimmungen** verfolgt, ist unter Berücksichtigung des Grundrechts der Kunstfreiheit gem. Art. 5 III 1 GG zu beurteilen, da § 118 I 1 Nr. 1 auch dem Schutz der verfassungsrechtlich garantierten Kunstfreiheit dient. Nach der Rspr. des BVerfG schützt die Kunstfreiheit den **Werkbereich** und den **Wirkbereich** künstlerischen Schaffens, also die künstlerische Betätigung sowie ihre Darbietung und Verbreitung[2]. Da ein Werk ohne Veröffentlichung durch einen Verleger keine Wirkung in der Öffentlichkeit entfalten kann, erstreckt sich die Freiheitsgarantie auch auf seine Tätigkeit[3]. Entsprechendes gilt für die **Veröffentlichung** von Musikwerken. Damit dient zwar nicht bereits der **bloße Handel** mit Kunstwerken, Büchern oder Tonträgern künstlerischen Bestimmungen, wohl aber die **Herstellung und Vervielfältigung von Werken etwa der Wort-, Ton- und bildenden Kunst**; deshalb dienen belletristische Buchverlage sowie Buchclubs, die sich nicht auf den Buchhandel beschränken, künstlerischen Bestimmungen[4]. Ebenfalls in den Anwendungsbereich des Abs. 1 S. 1 fallen Theater[5], Musicaltheater[6], Symphonieorchester[7], Filmhersteller und -verleiher, Konzertagenturen, Tonträgerverlage und Museen[8]. Hingegen dienen Gesellschaften zur wirtschaftl. Verwertung von Urheberrechten keinen künstlerischen Bestimmungen, da sie keine Mittlerfunktion zwischen Künstler und Publikum wahrnehmen[9]. Ebenfalls nicht vom Tendenzschutz erfasst werden Kinos sowie Tanz- und Unterhaltungsstätten[10].

10 **2. Berichterstattung und Meinungsäußerung (Abs. 1 S. 1 Nr. 2).** Abs. 1 S. 1 Nr. 2 erfasst Unternehmen und Betriebe, die Zwecken der **Berichterstattung und Meinungsäußerung** dienen, auf die Art. 5 I 2 GG Anwendung findet. Erfasst werden Presseunternehmen (Zeitungen und Zeitschriften)[11], Buchverlage[12], private Rundfunk- und Fernsehsender[13], Neue Medienunternehmen (soweit sie bspw. im Internet der Berichterstattung und Meinungsäußerung nachgehen[14]) und Nachrichtenagenturen[15]. Nach zutreffender Ansicht des BAG dient ein privater Radiosender auch dann überwiegend Zwecken der Berichterstattung und Meinungsäußerung, wenn der Anteil der Wortbeiträge lediglich 10% beträgt und das übrige Programm aus moderierten oder reinen Musikbeiträgen besteht, da es für die Einordnung als Tendenzunternehmen nicht darauf ankommt, wie hoch der **Anteil der Berichterstattung** und Meinungsäußerung im Radioprogramm ist[16]. Dies gilt entsprechend auch für andere Medienunternehmen. So ist es unerheblich, ob eine Zeitschrift überwiegend aus Werbung, eine Internet-Veröffentlichung überwiegend aus interaktiven Elementen oder das Angebot eines privaten Fernsehsenders überwiegend aus Filmen oder Musikvideos besteht, solange auch Elemente der Berichterstattung und Meinungsäußerung enthalten sind. Demgegenüber werden reine Anzeigenblätter[17], Adress- und Telefonbuchverlage[18], Internetanbieter ohne eigene redaktionelle Beiträge[19] oder Radiosender, die ausschließlich „Musikkonserven" abspielen[20], nicht von Abs. 1 S. 1 Nr. 2 erfasst.

11 **3. Unmittelbar und überwiegend.** Ein Tendenzunternehmen muss einer oder mehrerer der in Abs. 1 S. 1 genannten Bestimmungen **unmittelbar** dienen. Dies ist der Fall, wenn es selbst dazu bestimmt ist, die dort genannten Zielsetzungen zu verwirklichen. Die tendenzgeschützten Ziele müssen Hauptzweck, nicht bloßer Nebeneffekt sein[21]. Unterstützen tendenzgeschützte Aufgaben hingegen lediglich einen anderen, nicht tendenzgeschützten Unternehmenszweck, liegt keine Unmittelbarkeit vor. Nach Ansicht des BAG soll das Merkmal der Unmittelbarkeit auch dann zu verneinen sein, wenn ein Unternehmen eine „nur wirtschaftl. Zielsetzung" verfolgt[22]. Dies ist missverständlich. Für die Unmittelbarkeit und für

---

1 BAG v. 21.6.1989 – 7 ABR 58/87, AP Nr. 43 zu § 118 BetrVG 1972; krit. dazu ErfK/*Kania*, § 118 BetrVG Rz. 6. | **2** BVerfG v. 24.2.1971 – 1 BvR 435/68, BVerfGE 30, 173. | **3** BVerfG v. 24.2.1971 – 1 BvR 435/68, BVerfGE 30, 191. | **4** BAG v. 15.2.1989 – 7 ABR 12/87, AP Nr. 39 zu § 118 BetrVG 1972; v. 14.11.1975 – 1 ABR 107/74, AP Nr. 5 zu § 118 BetrVG 1972. | **5** BAG v. 28.10.1986 – 1 ABR 16/85, AP Nr. 32 zu § 118 BetrVG 1972. | **6** Diff. DKK/*Wedde*, § 118 BetrVG Rz. 35. | **7** BAG v. 3.11.1982 – 7 AZR 5/81, AP Nr. 12 zu § 15 KSchG 1969. | **8** *Mayer-Maly/Löwisch*, BB 1983, 913, 915; MünchArbR/*Matthes*, § 364 Rz. 25. | **9** BAG v. 8.3.1983 – 1 ABR 44/81, AP Nr. 26 zu § 118 BetrVG 1972. | **10** Richardi/*Richardi/Thüsing*, § 118 BetrVG Rz. 73; DKK/*Wedde*, § 118 BetrVG Rz. 37. | **11** BAG v. 19.5.1981 – 1 ABR 39/79, AP Nr. 21 zu § 118 BetrVG 1972. | **12** BAG v. 15.2.1989 – 7 ABR 12/87, AP Nr. 39 zu § 118 BetrVG 1972. | **13** BAG v. 27.7.1993 – 1 ABR 8/93, AP Nr. 51 zu § 118 BetrVG 1972; v. 11.2.1992 – 1 ABR 49/91, AP Nr. 50 zu § 118 BetrVG 1972. | **14** *Bauer/Mengel*, NZA 2001, 307, 308. | **15** Richardi/*Richardi/Thüsing*, § 118 BetrVG Rz. 88; DKK/*Wedde*, § 118 BetrVG Rz. 43. | **16** BAG v. 27.7.1993 – 1 ABR 8/93, AP Nr. 51 zu § 118 BetrVG 1972. | **17** DKK/*Wedde*, § 118 BetrVG Rz. 46. | **18** MünchArbR/*Matthes*, § 364 Rz. 28; ErfK/*Kania*, § 118 BetrVG Rz. 15. | **19** Vgl. *Bauer/Mengel*, NZA 2001, 307 (310). | **20** Offen gelassen von BAG v. 27.7.1993 – 1 ABR 8/93, AP Nr. 51 zu § 118 BetrVG 1972. | **21** BAG v. 7.4.1981 – 1 ABR 62/78, AP Nr. 17 zu § 118 BetrVG 1972. | **22** BAG v. 21.6.1989 – 7 ABR 58/87, AP Nr. 43 zu § 118 BetrVG 1972; ebenso DKK/*Wedde*, § 118 BetrVG Rz. 18; vgl. auch *Fitting*, § 118 BetrVG Rz. 11.

den Tendenzcharakter eines Unternehmens kommt es nicht auf die Motivation des Unternehmers an; nicht seine persönliche Einstellung, sondern die Art des Unternehmens sind für die Tendenzeigenschaft maßgeblich[1]. Ein privater Nachrichtensender dient auch dann unmittelbar der Berichterstattung, wenn seine Anteilseigner allein wirtschaftl. Ziele verfolgen. Ebenso dient die rechtlich verselbständigte Forschungsabteilung eines Biotechnologie-Konzerns unmittelbar wissenschaftl. Bestimmungen, auch wenn die Obergesellschaft die Forschungsergebnisse wirtschaftl. nutzt. Inwieweit ein Unternehmen wirtschaftl. Ziele verfolgt, ist daher für die Frage der Unmittelbarkeit irrelevant.

Im Hinblick auf die Verfolgung wirtschaftl. Ziele ist im Übrigen auch in der Rspr. des BAG anerkannt, dass eine **Gewinnerzielungsabsicht** für den Tendenzcharakter eines Unternehmens unerheblich ist[2]. Anders ist dies lediglich bei Unternehmen, die karitativen Bestimmungen dienen. Eine karitative Bestimmung wird allein dann verfolgt, wenn sich das Ziel des Unternehmens auf die Hilfe an bedürftigen Menschen beschränkt und die zu leistende Hilfe nicht Mittel zum Zweck der Gewinnerzielung ist[3]. 12

Wann ein Unternehmen **überwiegend** tendenzgeschützten Bestimmungen dient, soll nach der Rspr. des BAG nach rein quantitativen Gesichtspunkten beurteilt werden[4]. Maßgeblich ist demnach, in welcher Größenordnung ein Unternehmen seine **personellen und sonstigen Mittel** zur Verwirklichung seiner tendenzgeschützten und nicht tendenzgeschützten Ziele regelmäßig einsetzt. Bei personalintensiven Tätigkeiten kommt es nach Ansicht des BAG in erster Linie auf den Personaleinsatz an. Maßgeblich ist jedoch nicht die Zahl der Mitarbeiter, sondern die **Arbeitszeitmenge**, die regelmäßig zur Erreichung der verschiedenen Unternehmensziele eingesetzt wird. Dabei kommt es nicht nur auf die sog. Tendenzträger an, also die ArbN, die selbst inhaltlich auf die Tendenzverwirklichung Einfluss nehmen, sondern auch auf alle übrigen Mitarbeiter, die die Tendenzverwirklichung indirekt unterstützen[5], zB die Schreibkräfte einer Redaktion, wissenschaftliche Hilfskräfte, Maskenbildner, Techniker einer Online-Redaktion oder die Marketingabteilung eines Radiosenders. Werden einzelne Mitarbeiter sowohl für tendenzgeschützte als auch für nicht tendenzgeschützte Zwecke tätig, ist ihre Arbeitszeitmenge entsprechend aufzuteilen[6]. Demgegenüber sieht das BAG Umsatz- und Gewinnzahlen als ungeeignetes Kriterium an, um zu beurteilen, ob ein Unternehmen überwiegend tendenzgeschützten Bestimmungen dient[7]. Dem ist zuzustimmen, soweit es sich um gemeinnützige und nicht auf Gewinnerzielung ausgerichtete Unternehmen handelt. 13

Dem quantitativen Ansatz des BAG ist im Grundsatz zu folgen. Jedoch darf die Rspr. des BAG nicht darauf verkürzt werden, die für die verschiedenen Zwecke eingesetzten Arbeitszeitvolumina miteinander zu vergleichen um festzustellen, welcher Zweck überwiegt. Demgegenüber bedarf der **Ausgangspunkt des BAG**, bei personalintensiven Tätigkeiten komme es in erster Linie auf den Personaleinsatz an, der **Korrektur**. Dieser Ansatz ist nämlich ungeeignet, wenn in einem Unternehmen nur die tendenzfreie Tätigkeit personalintensiv ist, die tendenzgeschützte Tätigkeit hingegen nicht. Betreibt ein wissenschaftliches Unternehmen Grundlagenforschung und Beratung von Anwendern, greift es zu kurz, die Arbeitszeitmengen der zahlenmäßig kleineren Wissenschaftsabteilung mit den Arbeitszeitmengen der zahlenmäßig größeren Consulting-Abteilung zu vergleichen. Denn Beratungstätigkeit ist in aller Regel personalintensiver als Grundlagenforschung. Die jeweilige Arbeitszeitmenge kann also nur dann ein aussagekräftiges Indiz sein, wenn sowohl die tendenzfreie als auch die tendenzgeschützte Tätigkeit personalintensiv sind. Ist dies nicht der Fall, kann diesem Kriterium keine entscheidende Bedeutung zukommen. 14

Unabhängig davon, welches Gewicht das Kriterium der Arbeitszeitmenge im jeweiligen Einzelfall hat, ist – auch nach der Rspr. des BAG – des Weiteren stets zu berücksichtigen, in welcher Größenordnung das Unternehmen oder der Betrieb seine **sonstigen Mittel** zur Verwirklichung seiner tendenzgeschützten und tendenzfreien Ziele einsetzt. Diesen Kriterien kommt nach hier vertretener Auffassung bei Unternehmen mit unterschiedlich personalintensiven oder mit wenig personalintensiven Bereichen ausschlaggebendes Gewicht zu, ist aber auch bei Unternehmen mit gleichermaßen personalintensiven Bereichen als wichtiges Indiz stets zu prüfen. Zu berücksichtigen ist in diesem Zusammenhang bspw.: Die Verteilung der zur Verfügung stehenden **finanziellen Mittel** für tendenzgeschützte bzw. tendenzfreie Bereiche, die Höhe der **Investitionen** in den jeweiligen Bereichen, die **Auslastung der Produktionsanlagen** oder der Einsatz der technischen Einrichtungen, die Nutzung der zur Verfügung stehenden **Räumlichkeiten**. 15

---

1 BAG v. 14.11.1975 – 1 ABR 107/74, AP Nr. 5 zu § 118 BetrVG 1972. | **2** BAG v. 14.11.1975 – 1 ABR 107/74, AP Nr. 5 zu § 118 BetrVG 1972. | **3** BAG v. 22.11.1995 – 7 ABR 12/95, AP Nr. 58 zu § 118 BetrVG 1972; v. 24.5.1995 – 7 ABR 48/94, AP Nr. 57 zu § 118 BetrVG 1972. | **4** BAG v. 27.7.1993 – 1 ABR 8/93, AP Nr. 51 zu § 118 BetrVG 1972; vgl. demgegenüber zu der in der Lit. teilweise vertretenen „Geprägetheorie": Richardi/*Richardi/Thüsing*, § 118 BetrVG Rz. 29 ff. mwN; *Löwisch/Kaiser*, § 118 BetrVG Rz. 19. | **5** BAG v. 20.11.1990 – 1 ABR 87/89, AP Nr. 47 zu § 118 BetrVG 1972; v. 3.7.1990 – 1 ABR 36/89, AP Nr. 81 zu § 99 BetrVG 1972; v. 9.12.1975 – 1 ABR 37/74, AP Nr. 7 zu § 118 BetrVG 1972, wo allerdings noch – insoweit inzwischen überholt – auf die Arbeitnehmerzahl statt auf die Arbeitszeitmenge abgestellt wird. | **6** BAG v. 21.6.1989 – 7 ABR 58/87, AP Nr. 43 zu § 118 BetrVG 1972. | **7** BAG v. 20.11.1990 – 1 ABR 87/89, AP Nr. 47 zu § 118 BetrVG 1972; v. 21.6.1989 – 7 ABR 58/87, AP Nr. 43 zu § 118 BetrVG 1972.

16 Betreibt ein Unternehmen entsprechend dem obigen Beispiel wissenschaftliche Grundlagenforschung und Anwenderberatung, spricht es für das Vorliegen eines Tendenzunternehmens, wenn der überwiegende Teil der Mittel und Investitionen in die Grundlagenforschung fließt; da tendenzgeschützte und tendenzfreie Tätigkeit unterschiedlich personalintensiv sind, ist in einem solchen Fall die Verteilung der Arbeitszeitvolumina nicht aussagekräftig. Aber auch bei gleichermaßen personalintensiven Tätigkeiten ist die bloße Betrachtung der Arbeitszeitvolumina zu eindimensional. Wenn die von einer Koalition getragene Bildungseinrichtung koalitionsbezogene Kurse für Mitglieder und allgemein bildende Kurse für Nichtmitglieder anbietet, spricht es für das Vorliegen eines Tendenzunternehmens, wenn die finanziellen Mittel des Trägers ganz überwiegend in die koalitionsbezogenen Kurse fließen. Die Verteilung der Arbeitszeitvolumina ist hier nicht allein ausschlaggebend.

17 Maßgeblich ist, in welchem Umfang die Personal- und Betriebsmittel **regelmäßig** eingesetzt werden[1]. Es kommt somit weder auf einen bestimmten Stichtag, noch auf Durchschnittswerte, noch auf einen bestimmten zurückliegenden Zeitraum[2] an. Grds. erfordert die Feststellung des regelmäßigen Einsatzes eine **Rückschau** und eine **Prognose**. So verliert ein Verlags- und Druckereibetrieb seinen Tendenzschutz nicht dadurch, dass der Druckbereich infolge einer vorübergehenden Krise auf dem Zeitungsmarkt verstärkt nicht-tendenzbezogene Druckaufträge annehmen muss. Von dem Grundsatz der Rückschau und Prognose sind jedoch Ausnahmen zu machen. So ist bei einem neu gegründeten Unternehmen mit Mischcharakter in der Anfangsphase auf die Verteilung der Personal- und Betriebsmittel gem. dem **Business-Plan** abzustellen[3]. Eine Rückschau entfällt auch, wenn ein bisher tendenzfreien Zwecken dienendes Unternehmen nunmehr tendenzgeschützten Zwecken gewidmet wird, etwa im Falle der Übernahme einer bisher der Allgemeinheit zugänglichen Schulungseinrichtung durch eine Koalition.

18 Auf der Grundlage dieser Erwägungen sind auch die viel diskutierten Fälle zu lösen, in denen es um den Tendenzschutz von **Druckereibetrieben und Druckereiunternehmen** geht. Ein reines Druckereiunternehmen genießt grds. auch dann keinen Tendenzschutz, wenn es abhängiges Unternehmen in einem Tendenzkonzern ist, da der Druck von Zeitungen oder Zeitschriften nicht unmittelbar der Berichterstattung oder Meinungsäußerung dient[4]. Dies gilt auch dann, wenn einem reinen Druckereiunternehmen überwiegend der Druck einer einzigen Tageszeitung obliegt[5]. Gleiches gilt für einen reinen Druckereibetrieb. Bilden Verlag und Druckerei hingegen einen einheitlichen Betrieb, ist wie folgt zu differenzieren: Ist die Druckereiabteilung überwiegend mit dem Druck der Presseerzeugnisse des Verlags befasst, so ist es irrelevant, dass die Drucker nicht direkt der Tendenzverwirklichung dienen, es reicht aus, dass sie die Tendenzverwirklichung unterstützen; es handelt sich dann um einen Tendenzbetrieb. Ist die Druckereiabteilung überwiegend mit anderen Druckaufträgen ausgelastet, handelt es sich in folgenden Fällen gleichwohl um einen Tendenzbetrieb: Der Verlagsbereich überwiegt im Hinblick auf den Einsatz von Personal- oder Betriebsmitteln[6] oder die überwiegende Auslastung des Druckereibereichs mit anderen Druckaufträgen ist nur vorübergehend.

19 Presseunternehmen bieten sich jedoch **Gestaltungsmöglichkeiten**, um auch ihre rechtlich selbständigen reinen Druckereiunternehmen, die ganz oder überwiegend die Zeitungen oder Zeitschriften des Verlagsunternehmens drucken, an dem Tendenzschutz teilhaben zu lassen. Zu denken ist an die Bildung eines Gemeinschaftsbetriebs (s. § 1 Rz. 16 ff.) zwischen dem Verlags- und dem Druckereiunternehmen, die – um Unsicherheiten zu vermeiden – mittels ausdrücklicher Führungsvereinbarung einer einheitlichen Leitung unterstellt werden. Die gezielte Herbeiführung eines **Gemeinschaftsbetriebs** zwischen dem Verlags- und dem Druckunternehmen kann aus ArbGebSicht insb. erwünscht sein, wenn dem Druckunternehmen ermöglicht werden soll, Betriebsänderungen durchzuführen, ohne einen Interessenausgleich verhandeln zu müssen oder wenn die Bildung eines Wirtschaftsausschusses vermieden werden soll.

20 **4. Einschränkung der Beteiligungsrechte.** Dient ein Unternehmen oder Betrieb unmittelbar und überwiegend tendenzgeschützten Zwecken, finden die Vorschriften des BetrVG keine Anwendung, soweit die Eigenart des Unternehmens oder Betriebs dem entgegensteht. Die Vorschriften über die Bildung eines Wirtschaftsausschusses und die Unterrichtung in wirtschaftl. Angelegenheiten finden keine Anwendung, die §§ 111–113 sind nur eingeschränkt anzuwenden.

21 **a) Tendenzträger.** Durch Abs. 1 S. 1 werden vor allem die Beteiligungsrechte des BR in personellen und sozialen Angelegenheiten eingeschränkt. Nach der Rspr. des BAG setzt die Einschränkung der Beteiligungsrechte voraus, dass es sich um eine **tendenzbezogene Maßnahme** handelt[7] und die geistig-

---

1 BAG v. 21.6.1989 – 7 ABR 58/87, AP Nr. 43 zu § 118 BetrVG 1972. |2 Vgl. aber DKK/*Wedde*, § 118 BetrVG Rz. 11. |3 *Bauer/Mengel*, NZA 2001, 307 (310). |4 BAG v. 30.6.1981 – 1 ABR 30/79, AP Nr. 20 zu § 118 BetrVG 1972; vgl. auch BVerfG v. 29.4.2003 – 1 BvR 62/99, AP Nr. 75 zu § 118 BetrVG 1972. |5 BAG v. 31.10.1975 – 1 ABR 64/74, AP Nr. 3 zu § 118 BetrVG 1972. |6 Vgl. BAG v. 9.12.1975 – 1 ABR 37/74, AP Nr. 7 zu § 118 BetrVG 1972. |7 Eine mitbestimmungspflichtige Maßnahme, die nicht tendenzbezogen ist, reicht nach Ansicht des BAG nicht aus: BAG v. 1.9.1987 – 1 ABR 22/86, AP Nr. 10 zu § 101 BetrVG 1972.

ideelle Zielsetzung des Unternehmens und deren Verwirklichung durch die Beteiligung des BR verhindert oder jedenfalls ernstlich beeinträchtigt werden kann[1]. Eine ernstliche Beeinträchtigung kommt nach Ansicht des BAG nur in Betracht, wenn die Maßnahme ArbN betrifft, für deren Tätigkeit die Tendenz des Unternehmens prägend ist (sog. **Tendenzträger**); zusammenfassend muss es sich demnach um eine tendenzbezogene Maßnahme handeln, die einen Tendenzträger betrifft[2].

Tendenzträger ist nach der Rspr. des BAG, wem Tätigkeiten übertragen sind, bei deren Ausführung er maßgebend **Einfluss** nimmt auf die **Verwirklichung der geistig-ideellen Zielsetzung**[3]. Die in Abs. 1 S. 1 genannten Bestimmungen und Zwecke müssen für die Tätigkeit des ArbN prägend sein, was bei verantwortlichem und maßgeblichem Einfluss auf die Tendenzverwirklichung der Fall sein soll[4]. Andererseits macht die Wahrnehmung tendenzbezogener Aufgaben einen ArbN nicht erst dann zum Tendenzträger, wenn er mehr als die Hälfte seiner Gesamtarbeitszeit auf tendenzbezogene Tätigkeiten verwendet; ein nicht völlig unbedeutender Anteil, bspw. 30 %, reichen aus[5]. Der ArbN muss **unmittelbar** an der Tendenzverwirklichung teilnehmen[6]. Nicht zu den Tendenzträgern zählen demnach ArbN in einem Tendenzunternehmen, die keine tendenzbezogenen Aufgaben wahrzunehmen haben oder deren Einfluss auf die Tendenzverwirklichung zu gering ist[7]. Das BAG hat als Tendenzträger bspw. anerkannt: Lehrkräfte in einem Berufsförderungswerk[8]; ArbN, die selbst wissenschaftliche Tätigkeiten ausüben, dh. selbst forschen oder lehren[9]; Redakteure eines Radiosenders[10] oder einer Tageszeitung[11], auch Sportredakteure[12] und Redaktionsvolontäre[13]; Lehrer und Erzieher einer privaten Ersatzschule[14]; Psychologen eines Berufsförderungswerks[15]; Rechtssekretäre eines Gewerkschaftsbundes[16], Solisten eines Symphonieorchesters[17]. Demgegenüber hat das BAG die Tendenzträgereigenschaft von Maskenbildnern verneint, da deren Einfluss und Gestaltungsmöglichkeiten nicht weit genug reichten[18]. Der Leiter der Kostümabteilung eines Theaters ist nach Ansicht des BAG idR ebenfalls kein Tendenzträger[19]. Auch die auf Rettungswagen des Deutschen Roten Kreuzes eingesetzten Mitarbeiter sollen nach Ansicht des BAG keine Tendenzträger sein[20]. 22

b) Beteiligung insbesondere in personellen und sozialen Angelegenheiten. Ausgehend von der Prämisse, dass die Einschränkung von Beteiligungsrechten des BR eine tendenzbezogene Maßnahme voraussetzt, die einen Tendenzträger betrifft, hat das BAG die Beteiligungsrechte des BR in personellen und sozialen Angelegenheiten sowie bei der Gestaltung von Arbeitsplatz, Arbeitsablauf und Arbeitsumgebung in Tendenzunternehmen und -betrieben wie folgt beurteilt: 23

- **Arbeitszeit:** Eine Einschränkung des MitbestR gem. § 87 I Nr. 2 hinsichtlich Beginn und Ende der täglichen Arbeitszeit von Tendenzträgern soll nur in Ausnahmefällen in Betracht kommen, da es sich normalerweise um eine wertneutrale Entscheidung im Hinblick auf die Organisation des Arbeitsablaufs handele[21]. Das MitbestR ist dagegen einzuschränken, wenn dessen Ausübung die Tendenzverwirklichung, etwa die Aktualität der Berichterstattung ernsthaft gefährdet oder unmöglich macht. Aus diesem Grund bleibt es bspw. dem Verleger vorbehalten, ohne Mitbest. des BR die Redaktionszeiten festzulegen, Zeitvorgaben für den Redaktionsschluss zu machen, Lage und Umfang von Redaktionskonferenzen zu bestimmen, Wochenendarbeit anzuordnen oder Arbeitszeitregelungen zu treffen, die die Gestaltung einzelner Themen gewährleisten[22]. Arbeitszeitentscheidungen, die mit Rücksicht auf die Qualität der Tendenzverwirklichung erfolgen, sind mitbestimmungsfrei[23]. Demgegenüber soll die Vorverlegung des Spätdienstes in einem Tageszeitungsverlag, der die Einführung des Nachthandels ermöglichen soll, mitbestimmungspflichtig sein, wenn davon Sekretärinnen und andere Nicht-Tendenzträger betroffen sind[24]; dem kann nicht gefolgt werden (s. Rz. 24).

---

1 BAG v. 14.1.1992 – 1 ABR 35/91, AP Nr. 49 zu § 118 BetrVG 1972; v. 30.1.1990 – 1 ABR 101/88, AP Nr. 44 zu § 118 BetrVG 1972; v. 22.5.1979 – 1 ABR 45/77, AP Nr. 12 zu § 118 BetrVG 1972. | 2 BAG v. 30.1.1990 – 1 ABR 101/88, AP Nr. 44 zu § 118 BetrVG 1972; v. 3.11.1982 – 7 AZR 5/81, AP Nr. 12 zu § 15 KSchG 1969; v. 13.6.1989 – 1 ABR 15/88, AP Nr. 36 zu § 87 BetrVG 1972 – Arbeitszeit. | 3 BAG v. 27.7.1993 – 1 ABR 8/93, AP Nr. 51 zu § 118 BetrVG 1972. | 4 BAG v. 30.1.1990 – 1 ABR 101/88, AP Nr. 44 zu § 118 BetrVG 1972; v. 28.10.1986 – 1 ABR 16/85, AP Nr. 32 zu § 118 BetrVG 1972. | 5 BAG v. 20.11.1990 – 1 ABR 87/89, AP Nr. 47 zu § 118 BetrVG 1972. | 6 BAG v. 22.5.1979 – 1 ABR 100/77, AP Nr. 13 zu § 118 BetrVG 1972; v. 7.11.1975 – 1 ABR 78/74, AP Nr. 3 zu § 99 BetrVG 1972. | 7 BAG v. 28.10.1986 – 1 ABR 16/85, AP Nr. 32 zu § 118 BetrVG 1972. | 8 BAG v. 31.1.1995 – 1 ABR 35/94, AP Nr. 56 zu § 118 BetrVG 1972. | 9 BAG v. 20.11.1990 – 1 ABR 87/89, AP Nr. 47 zu § 118 BetrVG 1972. | 10 BAG v. 27.7.1993 – 1 ABR 8/93, AP Nr. 51 zu § 118 BetrVG 1972. | 11 BAG v. 8.5.1990 – 1 ABR 33/89, AP Nr. 46 zu § 118 BetrVG 1972; v. 31.5.1983 – 1 ABR 57/80, AP Nr. 27 zu § 118 BetrVG 1972. | 12 BAG v. 9.12.1975 – 1 ABR 37/74, AP Nr. 7 zu § 118 BetrVG 1972. | 13 BAG v. 19.5.1981 – 1 ABR 39/79, AP Nr. 21 zu § 118 BetrVG 1972. | 14 BAG v. 22.5.1979 – 1 ABR 45/77, AP Nr. 12 zu § 118 BetrVG 1972. | 15 BAG v. 8.11.1988 – 1 ABR 17/87, AP Nr. 38 zu § 118 BetrVG 1972. | 16 BAG v. 6.12.1979 – 2 AZR 1055/77, AP Nr. 2 zu § 1 KSchG 1969 – Verhaltensbedingte Kündigung. | 17 BAG v. 3.11.1982 – 7 AZR 5/81, AP Nr. 12 zu § 15 KSchG 1969. | 18 BAG v. 28.10.1986 – 1 ABR 16/85, AP Nr. 32 zu § 118 BetrVG 1972. | 19 BAG v. 13.2.2007 – 1 ABR 14/06, BB 2007, 1680. | 20 BAG v. 12.11.2002 – 1 ABR 60/61, AP Nr. 43 zu § 99 BetrVG 1972 – Einstellung. | 21 BAG v. 14.1.1992 – 1 ABR 35/91, AP Nr. 49 zu § 118 BetrVG 1972 mit abl. Anm. *Berger-Delhey*; v. 30.1.1990 – 1 ABR 101/88, AP Nr. 44 zu § 118 BetrVG 1972 mit abl. Anm. *Berger-Delhey*. | 22 BAG v. 11.2.1992 – 1 ABR 49/91, AP Nr. 50 zu § 118 BetrVG 1972. | 23 BVerfG v. 15.12.1999 – 1 BvR 729/92, AP Nr. 68 zu § 118 BetrVG 1972. | 24 BVerfG v. 15.12.1999 – 1 BvR 505/95, AP Nr. 67 zu § 118 BetrVG 1972.

- **Ausschreibung von Arbeitsplätzen:** Eine Einschränkung des Rechts des BR gem. § 93 lehnt das BAG ab. Der BR kann demnach die innerbetriebliche Ausschreibung zu besetzender Arbeitsplätze auch dann verlangen, wenn es sich um Positionen handelt, deren Inhaber Tendenzträger sind[1].
- **Auswahlrichtlinien:** Die Aufstellung von Auswahlrichtlinien gem. § 95 ist mitbestimmungsfrei, jedenfalls soweit sich die Auswahlrichtlinien auf Tendenzträger beziehen, da Einstellungen von Tendenzträgern grds. tendenzbezogene Maßnahmen darstellen[2].
- **Berufsbildungsmaßnahmen:** Die Beratungsrechte gem. § 97 werden nicht eingeschränkt, weil der ArbGeb im Anschluss an die Beratung allein über die Berufsbildungsmaßnahmen entscheidet. Die MitbestR bei der Durchführung betriebl. Bildungsmaßnahmen gem. § 98 entfallen, soweit Tendenzträger von der Bildungsmaßnahme betroffen sind[3].
- **Beurteilungsgrundsätze:** Die Aufstellung allgemeiner Beurteilungsgrundsätze gem. § 94 II ist auf Grund ihres engen Bezugs zu der tendenzbezogenen Tätigkeit jedenfalls im Hinblick auf Tendenzträger mitbestimmungsfrei[4].
- **Bewerbungsunterlagen:** Die Pflicht zur Vorlage von Bewerbungsunterlagen gem. § 99 I entfällt nach Ansicht des BAG auch dann nicht, wenn diese die Einstellung eines Tendenzträgers betreffen[5].
- **Einblicksrecht in Gehaltslisten:** Der Tendenzcharakter eines Unternehmens oder Betriebs steht dem Einblickrecht des BR gem. § 80 II 2 auch nicht entgegen, soweit es sich um die Gehaltslisten von Tendenzträgern handelt[6]. Im Hinblick auf Gehaltslisten von Nicht-Tendenzträgern im Tendenzunternehmen besteht das Einblicksrecht ohnehin[7].
- **Eingruppierung:** Das MitbestR des BR bei der Eingruppierung gem. § 99 I gilt auch bei der tarifl. Eingruppierung von Tendenzträgern. Durch die Eingruppierung wird die tendenzbezogene Handlungs- und Entscheidungsfreiheit des ArbGeb nicht beeinträchtigt, da es lediglich um Normenvollzug geht[8]. Dies gilt entsprechend für Umgruppierungen.
- **Einstellung:** Vor der Einstellung von Tendenzträgern ist der BR abweichend von § 99 I nur zu unterrichten[9], so dass er binnen einer Woche Stellung nehmen kann. Der BR hat jedoch kein Zustimmungsverweigerungsrecht[10], da bereits die Einstellung eines Mitarbeiters, der an der Tendenzverwirklichung teilnehmen soll, zur tendenzgeschützten Freiheit des Tendenzunternehmens gehört.
- **Ethikregeln:** Der BR hat kein MitbestR, soweit eine Wirtschaftszeitung von ihren Wirtschaftsredakteuren zur Wahrung publizistischer Unabhängigkeit verlangt, keine Aktien von Unternehmen zu halten, deren Branche Gegenstand ihrer kontinuierlichen Berichterstattung ist. Solche Ethikregeln haben Tendenzbezug, so dass ein MitbestR des BR ausscheidet. Demgegenüber soll der BR, soweit der ArbGeb für die Mitteilung des Aktienbesitzes ein Formblatt einsetzt, im Hinblick auf die Verwendung des Formblattes mitbestimmen dürfen[11].
- **Kündigung:** Die Pflicht zur Anhörung vor Kündigung eines Tendenzträgers gem. § 102 I wird durch § 118 I auch dann nicht ausgeschlossen, wenn die Kündigung aus tendenzbezogenen Gründen erfolgt. Dem BR sind auch tendenzbezogene Kündigungsgründe mitzuteilen. Der BR hat seine Einwendungen gegen tendenzbezogene Gründe auf soziale Gesichtspunkte zu beschränken[12]. Ein Weiterbeschäftigungsanspruch des gekündigten ArbN gem. § 102 V ist ausgeschlossen, wobei unerheblich ist, aus welchen Gründen die Kündigung erfolgte und aus welchen Gründen der BR widersprochen hat[13].
- **Kündigung eines BR-Mitgliedes:** Die außerordentl. Kündigung eines BR-Mitglieds, das Tendenzträger ist, bedarf nicht der Zustimmung des BR gem. § 103, sondern lediglich der Anhörung nach § 102[14].
- **Leitende Angestellte:** Das Informationsrecht gem. § 105 über die beabsichtigte Einstellung oder personelle Veränderung eines leitenden Angestellten besteht auch im Tendenzunternehmen[15].
- **Lohngestaltung:** In einem Tendenzbetrieb sind Fragen der betriebl. Lohngestaltung iSv. § 87 I Nr. 10 dem MitbestR des BR entzogen, wenn die Gestaltung der Arbeitsentgelte Tendenzbezug hat. Dies ist bspw. der Fall, wenn Entlohnungsgrundsätze oder Vergütungsmethoden den ArbN zu besonderen

1 BAG v. 30.1.1979 – 1 ABR 78/76, AP Nr. 11 zu § 118 BetrVG 1972. | 2 Richardi/*Richardi/Thüsing*, § 118 BetrVG Rz. 157; aA DKK/*Wedde*, § 118 BetrVG Rz. 86. | 3 BAG v. 30.5.2006 – 1 ABR 17/05, NZA 2006, 1291; v. 4.12.1990 – 1 ABR 10/90, AP Nr. 1 zu § 97 BetrVG 1972. | 4 Wlotzke/Preis/*Bender*, § 118 BetrVG Rz. 61; Richardi/*Richardi/Thüsing*, § 118 BetrVG Rz. 156. | 5 BAG v. 19.5.1981 – 1 ABR 109/78, AP Nr. 18 zu § 118 BetrVG 1972. | 6 BAG v. 22.5.1979 – 1 ABR 45/77, AP Nr. 12 zu § 118 BetrVG 1972. | 7 BAG v. 30.4.1974 – 1 ABR 33/73, AP Nr. 1 zu § 118 BetrVG 1972. | 8 BAG v. 31.5.1983 – 1 ABR 57/80, AP Nr. 27 zu § 118 BetrVG 1972; vgl. auch BAG v. 3.12.1985 – 4 ABR 80/83, AP Nr. 31 zu § 99 BetrVG 1972. | 9 BAG v. 18.4.1989 – 1 ABR 97/87, AP Nr. 65 zu § 99 BetrVG 1972. | 10 BAG v. 19.5.1981 – 1 ABR 39/79, AP Nr. 21 zu § 118 BetrVG 1972. | 11 BAG v. 28.5.2002 – 1 ABR 32/01, AP Nr. 39 zu § 87 BetrVG 1972 – Ordnung des Betriebes. | 12 BAG v. 7.11.1975 – 1 AZR 282/74, AP Nr. 4 zu § 118 BetrVG 1972; Verfassungsmäßigkeit bejaht BVerfG v. 6.11.1979 – 1 BvR 81/76, AP Nr. 14 zu § 118 BetrVG 1972. | 13 MünchArbR/*Matthes*, § 365 Rz. 28; Richardi/*Richardi/Thüsing*, § 118 BetrVG Rz. 166; aA DKK/*Wedde*, § 118 BetrVG Rz. 96. | 14 BAG v. 28.8.2003 – 2 ABR 48/02, AP Nr. 49 zu § 103 BetrVG 1972; dazu *Dzida/Hohenstatt*, NZA 2004, 1084; aA LAG Hamm v. 1.7.1992 – 3 TaBV 30/92, BB 1992, 2507; DKK/*Wedde*, § 118 BetrVG Rz. 100. | 15 HSWG/*Hess*, § 118 BetrVG Rz. 51; DKK/*Wedde*, § 118 BetrVG Rz. 102.

Leistungen für die Tendenzverwirklichung anspornen sollen[1]. Zu denken ist etwa an Zulagen für besondere wissenschaftliche Leistungen[2].

- **Personalfragebogen:** Das Zustimmungserfordernis im Hinblick auf Personalfragebögen gem. § 94 I entfällt in einem Tendenzunternehmen, soweit Tendenzträgern tendenzbezogene Fragen gestellt werden[3].
- **Personalplanung:** Die Pflicht des ArbGeb gem. § 92 I, den BR über die Personalplanung zu unterrichten, besteht nach Ansicht des BAG auch soweit die Personalplanung hinsichtlich der Tendenzträger betroffen ist, da dem ArbGeb seine Entschließungsfreiheit über seine Planung erhalten bleibe[4]. Dem ist nicht zu folgen, da das Gesetz die Anwendbarkeit des § 106, der zur Darstellung der Auswirkung auf die Personalplanung verpflichtet, ausdrücklich ausschließt. Ein Unterrichtungs- und Beratungsrecht im Hinblick auf die Personalplanung kann daher nicht auf dem Umweg des § 92 wieder eingeführt werden[5].
- **Umgruppierung:** Hier gelten die oben genannten Grundsätze zur Eingruppierung entsprechend.
- **Versetzung:** Vor der Versetzung von Tendenzträgern ist der BR abweichend von § 99 I nur zu unterrichten[6], so dass er binnen einer Woche Stellung nehmen kann. Der BR hat jedoch ebenso wie bei der Einstellung kein Zustimmungsverweigerungsrecht[7]. Dies gilt unabhängig davon, ob von dem BR tendenzneutrale oder tendenzbezogene Zustimmungsverweigerungsgründe geltend gemacht werden[8].

Der vorstehend dargestellten **Rspr. des BAG ist nur teilweise zu folgen**. Entgegen der Ansicht des 24
BAG ist es nicht Grundvoraussetzung für die Einschränkung der Beteiligungsrechte des BR, dass eine Maßnahme einen Tendenzträger betrifft[9]. Eine ernstliche Beeinträchtigung oder Vereitelung der geistig-ideellen Zielsetzung des Unternehmens und deren Verwirklichung kann entgegen der Ansicht des BAG auch in Betracht kommen, wenn eine Maßnahme ArbN betrifft, die **keine Tendenzträger** sind. In solchen Fällen müssen die Beteiligungsrechte des BR auch dann zurücktreten, wenn die betroffenen ArbN **keine tendenzbezogenen Aufgaben** wahrnehmen. Dies soll anhand folgender Beispiele verdeutlicht werden: Die Aktualität der Berichterstattung – die zum Kernbestand der Tendenzverwirklichung eines Presseunternehmens gehört – kann nicht nur durch die Arbeitszeitregelung der Redakteure ernstlich beeinträchtigt werden, sondern in gleichem Maße durch die Arbeitszeitregelung der Fahrer, die die Zeitungen ausliefern[10]. Entsprechendes gilt für die Arbeitszeitregelung der Sekretärinnen, Redaktionsassistenten und Korrektoren[11]. Es nutzt dem Verleger nichts, wenn ihm die Rspr. zugesteht, zur Sicherstellung aktueller Berichterstattung die zeitliche Lage der Redaktionskonferenz mitbestimmungsfrei festzulegen[12]; die aktuelle Berichterstattung wird ernsthaft beeinträchtigt, wenn am Ende der Redaktionskonferenz keine Sekretärinnen und Korrektoren mehr zur Verfügung stehen. In gleicher Weise wird die Tendenzverwirklichung einer karitativen Einrichtung nicht nur dann gefährdet, wenn der Krankenhausträger die Arbeitszeiten der Ärzte mit dem BR abstimmen müsste. Die gleiche Gefahr droht, wenn der BR bei den Arbeitszeiten der Pflegehelfer, die keine Tendenzträger sind, mitbestimmen darf[13]. Im Ergebnis ist damit fest zu halten, dass tendenzbezogene Maßnahmen, die einen Tendenzträger betreffen, in aller Regel zu einer Beschränkung der Beteiligungsrechte des BR führen. Die **Tendenzträgereigenschaft** der betroffenen ArbN ist jedoch **nicht Voraussetzung für eine Einschränkung der Beteiligungsrechte**. Auch eine Beteiligung bei Maßnahmen gegenüber Nicht-Tendenzträgern kann zu einer ernstl. Beeinträchtigung oder Vereitelung der geistig-ideellen Zielsetzung des Unternehmens und deren Verwirklichung führen; auch in solchen Fällen sind die Beteiligungsrechte des BR zu beschränken.

c) Beteiligung in wirtschaftlichen Angelegenheiten. § 118 I 2 schränkt die Mitbest. des BR in wirt- 25
schaftl. Angelegenheiten ein. Die Regelungen über die Unterrichtung in wirtschaftl. Angelegenheiten gem. **§§ 106–110 sind nicht anzuwenden**, ein Wirtschaftsausschuss nicht zu bilden (s. § 106 Rz. 3). Hat ein Unternehmen tendenzgeschützte und tendenzfreie Betriebe, ist ein Wirtschaftsausschuss nicht zu bilden, wenn es sich überwiegend um ein Tendenzunternehmen handelt. Ob die tendenzgeschützten Betriebe überwiegen, kann entsprechend den unter Rz. 13 ff. dargestellten Grundsätzen beurteilt werden. Des Weiteren sind insoweit die Umsatzzahlen von Bedeutung. Beschäftigen die tendenzfreien Betriebe zwar mehr ArbN, während die tendenzgeschützten Betriebe in höherem Maße zum Umsatz beitragen, ist von der Bildung eines Wirtschaftsausschusses für das Unternehmen abzusehen[14]. Überwiegen hinge-

---

1 BAG v. 31.1.1984 – 1 AZR 174/81, AP Nr. 15 zu § 118 BetrVG 1972. | 2 Vgl. BAG v. 13.2.1990 – 1 ABR 13/89, AP Nr. 45 zu § 118 BetrVG 1972. | 3 BAG v. 21.9.1993 – 1 ABR 28/93, AP Nr. 4 zu § 94 BetrVG 1972. | 4 BAG v. 6.11.1990 – 1 ABR 60/89, AP Nr. 3 zu § 92 BetrVG 1972. | 5 Richardi/*Richardi/Thüsing*, § 118 BetrVG Rz. 153; anders MünchArbR/*Matthes*, § 365 Rz. 16. | 6 BAG v. 20.11.1990 – 1 ABR 87/89, AP Nr. 47 zu § 118 BetrVG 1972; v. 18.4.1989 – 1 ABR 97/87, AP Nr. 65 zu § 99 BetrVG 1972. | 7 BAG v. 8.5.1990 – 1 ABR 33/89, AP Nr. 46 zu § 118 BetrVG 1972; v. 1.9.1987 – 1 ABR 22/86, AP Nr. 10 zu § 101 BetrVG 1972. | 8 BAG v. 27.7.1993 – 1 ABR 8/93, AP Nr. 51 zu § 118 BetrVG 1972. | 9 So bereits *Rüthers/Franke*, DB 1992, 374 (375 f.); *Dzida/Hohenstatt*, NZA 2004, 1084. | 10 *Rüthers/Franke*, DB 1992, 374, 376; *Dzida/Hohenstatt*, NZA 2004, 1086. | 11 Aus diesem Grund ist die Entscheidung des LAG Berlin, die BVerfG v. 15.12.1999 – 1 BvR 505/95, AP Nr. 67 zu § 118 BetrVG 1972, zugrunde liegt, abzulehnen. | 12 BAG v. 14.1.1992 – 1 ABR 35/91, AP Nr. 49 zu § 118 BetrVG 1972. | 13 *Rüthers/Franke*, DB 1992, 374 (376); weitere Beispiele bei *Dzida/Hohenstatt*, NZA 2004, 1086. | 14 *Fitting*, § 118 BetrVG Rz. 44.

gen die tendenzfreien Betriebe, ist ein zu bildender Wirtschaftsausschuss nicht auch für die Tendenzbetriebe zuständig[1]. In diesen Fällen gilt: Der Wirtschaftsausschuss braucht nicht über wirtschaftl. Angelegenheiten der tendenzgeschützten, sondern nur der tendenzfreien Betrieben informiert zu werden; befassen sich Unterlagen, die dem Wirtschaftsausschuss vorzulegen sind, mit Angelegenheiten der tendenzgeschützten und tendenzfreien Betrieben, brauchen diese nur auszugsweise vorgelegt werden, nämlich soweit sie Angelegenheiten der tendenzfreien Betrieben behandeln; ist eine auszugsweise Vorlage nicht möglich, weil die Darstellung von Angelegenheiten der tendenzgeschützten Betriebe von denen der tendenzfreien Betriebe nicht sinnvoll voneinander getrennt werden kann, hat der Wirtschaftsausschuss keinen Anspruch auf Vorlage der Unterlage.

26 Die **§§ 111–113 werden eingeschränkt** und sind nur insoweit anzuwenden, als sie den Ausgleich oder die Milderung wirtschaftl. Nachteile für die ArbN infolge der Betriebsänderung regeln. Die Unterrichtungs- und Beratungspflichten bleiben demnach – allerdings inhaltlich eingeschränkt – bestehen, ein Interessenausgleichsverfahren ist nicht durchzuführen. Die Regelungen über den Sozialplan einschließlich der Möglichkeit der Erzwingung eines Sozialplans bleiben ohne Einschränkung anwendbar und auch die Möglichkeit eines Nachteilsausgleichs soll nach Ansicht des BAG bestehen (s. § 113 Rz. 3).

27 Die **Unterrichtungspflichten** gem. § 111 gelten nach der Rspr. des BAG auch im Tendenzunternehmen insoweit, als der Unternehmer verpflichtet bleibt, den BR rechtzeitig über die geplante Betriebsänderung zu unterrichten und im Hinblick auf die sozialen Folgen mit ihm zu beraten[2]. Die Unterrichtung soll dann **rechtzeitig** sein, wenn der BR vor Durchführung der Betriebsänderung eigene Vorstellungen für den Sozialplan entwickeln und an den ArbGeb herantragen kann; in einem vom BAG entschiedenen Fall wurde ein Zeitraum von zwei Monaten vor Ausspruch von Kündigungen für ausreichend gehalten[3]. Dem zutreffenden Einwand, die Unterrichtungspflicht werde in Tendenzunternehmen auch noch nach Durchführung der Betriebsänderung rechtzeitig erfüllt, da die Unterrichtung nur im Hinblick auf den Abschluss eines Sozialplans erfolge und dieser auch noch nach der Betriebsänderung durchgesetzt werden kann[4], folgt das BAG nicht. Zur Risikominimierung empfiehlt es sich daher, auch in Tendenzunternehmen eine rechtzeitige Unterrichtung vorzunehmen (s. § 113 Rz. 3).

28 **Umfang und Inhalt der Unterrichtungspflichten** sind jedoch in Tendenzunternehmen eingeschränkt, da die Information den BR nur in die Lage versetzen soll, erforderlichenfalls mit Hilfe seines Initiativrechts auch gegen den Willen des ArbGeb das Verfahren zur Aufstellung eines Sozialplans in Gang zu setzen[5]. Dem BR stehen deshalb in einem Tendenzbetrieb keine Informationen im Hinblick auf das „ob" der Maßnahme zu, da diese nur für die Beratung eines Interessenausgleichs relevant sind, die der BR jedoch gerade nicht verlangen kann[6]. Dem BR sind somit nur solche Informationen zu erteilen, die er gerade im Hinblick auf einen Sozialplan benötigt.

29 Demgegenüber ist in Tendenzunternehmen **kein Interessenausgleichsverfahren** durchzuführen[7]. Auch in Tendenzbetrieben hat der BR nach zutreffender Ansicht keinen Unterlassungsanspruch zur Verhinderung einer geplanten Betriebsänderung[8]. Der ArbGeb kann jedoch freiwillig einen Interessenausgleich abschließen. Die Verpflichtung mit dem BR einen Sozialplan zu verhandeln bleibt jedoch ebenso bestehen wie die Möglichkeit des BR, diesen gegen den Willen des ArbGeb zu erzwingen.

30 Nach Ansicht des BAG kommt auch in Tendenzbetrieben ein **Nachteilsausgleich** nach § 113 III in Betracht, wenn der ArbGeb eine Betriebsänderung durchführt, ohne den BR rechtzeitig unterrichtet und sachangemessene Überlegungen zum Inhalt eines künftigen Sozialplans ermöglicht zu haben[9]. Der zutreffenden Auffassung, § 113 sei in Tendenzbetrieben nicht anwendbar[10], hat sich das BAG nicht angeschlossen. § 113 III soll demnach mit der Modifikation gelten, dass ein Anspruch auf Nachteilsausgleich nur auf einen Verstoß gegen Unterrichtungs- und Beratungspflichten gestützt werden kann, nicht hingegen auf ein Unterlassen des Versuchs, eine Einigung über die Betriebsänderung herbeizuführen. Ob § 113 I und II anwendbar sind, falls der ArbGeb einen Interessenausgleich freiwillig abschließt, hat das BAG offen gelassen[11].

31 **d) Sonstige Einschränkungen.** Die **Berichtspflicht** des ArbGeb in **Betriebs- und Abteilungsversammlungen** ist im Tendenzunternehmen eingeschränkt. Da § 110 im Tendenzunternehmen keine Anwendung findet, besteht auch keine Verpflichtung, über die wirtschaftl. Lage und Entwicklung des Unternehmens anlässlich einer Betriebs- oder Abteilungsversammlung zu berichten[12]. Entsprechendes gilt

1 *Fitting*, § 118 BetrVG Rz. 44. | 2 BAG v. 27.10.1998 – 1 AZR 766/97, AP Nr. 65 zu § 118 BetrVG 1972. | 3 BAG v. 27.10.1998 – 1 AZR 766/97, AP Nr. 65 zu § 118 BetrVG 1972. | 4 So *Bauer/Lingemann*, NZA 1995, 813 (815). | 5 BAG v. 27.10.1998 – 1 AZR 766/97, AP Nr. 65 zu § 118 BetrVG 1972. | 6 ArbG Frankfurt/O v. 22.3.2001 – 2 BVGa 2/01, NZA-RR 2001, 646 (647). | 7 *Picot/Schnitker*, § 118 II B Rz. 34. | 8 LAG Nds. v. 29.11.2002 – 12 TaBV 111/02, BB 2003, 1337; aA ArbG Frankfurt/M v. 26.9.1995 – 8 BVGa 60/95, NZA-RR 1996, 295. | 9 BAG v. 18.11.2003 – 1 AZR 637/02, AP Nr. 76 zu § 118 BetrVG 1972; v. 27.10.1998 – 1 AZR 766/97, AP Nr. 65 zu § 118 BetrVG 1972. | 10 So zutr. HSWG/*Hess* § 118 BetrVG Rz. 55; Richardi/*Richardi/Thüsing*, § 118 BetrVG Rz. 172; MünchArbR/*Matthes*, § 365 Rz. 5. | 11 BAG v. 27.10.1998 – 1 AZR 766/97, AP Nr. 65 zu § 118 BetrVG 1972. | 12 Richardi/*Richardi/Thüsing*, § 118 BetrVG Rz. 136.

hinsichtlich der Berichtspflicht gegenüber der **Betriebsräteversammlung**, die sich im Tendenzunternehmen nicht auf die in § 106 III genannten Gegenstände erstreckt (s. § 53 Rz. 10).

III. Religionsgemeinschaften und ihre karitativen und erzieherischen Einrichtungen. Das **BetrVG findet gem. § 118 II keine Anwendung** auf Religionsgemeinschaften und ihre karitativen und erzieherischen Einrichtungen. Grund dafür ist das durch Art. 140 GG iVm. § 137 III WRV gewährleistete Recht der Religionsgemeinschaften, ihre Angelegenheiten innerhalb der Schranken der für alle geltenden Gesetze selbst zu ordnen und zu verwalten[1]. Dieses verfassungsrechtlich verbürgte Selbstbestimmungsrecht erstreckt sich auch auf rechtl. verselbständigte Einrichtungen, soweit sie nach kirchlichem Selbstverständnis entsprechend ihrem Zweck oder ihrer Aufgabenstellung dazu berufen sind, den „weltbezogenen" Auftrag der Kirchen wahrzunehmen und zu erfüllen[2]. Ist eine Religionsgemeinschaft eine Körperschaft des öffentl. Rechts, findet das BetrVG schon gem. § 130 keine Anwendung[3]. Körperschaften des öffentl. Rechts sind bspw. die röm.-kath. Bistümer und der Verband der Diözesen Deutschlands, die ev. Landeskirchen, die Evangelische Kirche in Deutschland (EKD), die Evangelische Kirche der Union, die Vereinigung Evangelisch-lutherische Kirche Deutschlands (VELKD), die jüdischen Kultusgemeinden und der Zentralrat der Juden in Deutschland[4]. Ist ein Unternehmen keine Religionsgemeinschaft oder karitative oder erzieherische Einrichtung einer solchen, dient das Unternehmen aber einer konfessionellen Bestimmung, findet Abs. 1 Nr. 1 Anwendung (s. Rz. 5). 32

Der **Begriff der Religionsgemeinschaft** in § 118 II entspricht dem Begriff der Religionsgesellschaft in Art. 137 III WRV[5]. Auf **Weltanschauungsgemeinschaften**, die nach Art. 137 VII WRV den Religionsgesellschaften gleichzustellen sind, ist § 118 II ebenfalls anzuwenden[6]. Sind religiöse oder weltanschauliche Lehren nur ein Vorwand für die Verfolgung wirtschaftl. Ziele, handelt es sich dagegen nicht um eine Religionsgemeinschaft, so etwa bei der Scientology-Organisation[7]. 33

Da die als **Körperschaft des öffentl. Rechts** organisierten Religionsgemeinschaften schon nach § 130 nicht in den Geltungsbereich des BetrVG fallen, ist § 118 II vor allem von Bedeutung für privatrechtlich organisierte Religionsgemeinschaften sowie die privatrechtlich selbständig organisierten karitativen und erzieherischen Einrichtungen (und zwar insb. auch die privatrechtl. Einrichtungen der als Körperschaft des öffentl. Rechts organisierten Religionsgemeinschaften)[8]. Hinzuweisen ist allerdings auf das kirchliche Mitarbeitervertretungsrecht auf kirchengesetzl. Grundlage[9]. Ausweislich des Gesetzestextes ist die Rechtsform der karitativen oder erzieherischen Einrichtung unerheblich für die Anwendbarkeit des Abs. 2[10]. 34

Um eine **Einrichtung einer Religionsgemeinschaft** handelt es sich, wenn die Einrichtung der Religionsgemeinschaft so zugeordnet ist, dass sie an der Verwirklichung des Auftrags der Religionsgemeinschaft teilhat, und zwar im Einklang mit dem Bekenntnis der Religionsgemeinschaft und in Verbindung mit den Amtsträgern der Religionsgemeinschaft[11]. Um eine Einrichtung einer Religionsgemeinschaft handelt es sich also nicht schon dann, wenn die Einrichtung ihrem Zweck nach auf die Verwirklichung des Auftrags der Religionsgemeinschaft gerichtet ist, hinzukommen muss ein **Mindestmaß an Einflussmöglichkeit** der Religionsgemeinschaft, um auf Dauer eine Übereinstimmung der religiösen Betätigung der Einrichtung mit den Vorstellungen der Religionsgemeinschaft gewährleisten zu können[12]. Nach der Rspr. des BAG bedarf der Einfluss der Religionsgemeinschaft **keiner satzungsmäßigen Absicherung**, die Religionsgemeinschaft muss jedoch in der Lage sein, einen etwaigen Dissens zwischen ihr und der Einrichtung unterbinden zu können[13]. Entgegen älterer Rspr. ist insoweit zwar nicht zwingend erforderlich – bei Vorliegen dieser Kriterien aber jedenfalls ausreichend – wenn eine Religionsgemeinschaft einen entscheidenden Einfluss auf die Verwaltung einer Stiftung hat[14], die Mehrheit der Aufsichtsratsmitglieder einer GmbH nach deren Satzung von der Religionsgemeinschaft entsandt werden[15] oder der Vorsitzende eines Vereins und sein Stellvertreter nach der Vereinssatzung von der Religionsgemeinschaft bestätigt werden müssen[16]. Ist eine Einrichtung Mitglied des Diakonischen Werks, ist dadurch ein ausreichendes Maß an inhaltlicher und personeller Einflussnahme der Amtskirche ebenfalls gesichert[17]. Ist 35

1 BVerfG v. 11.10.1977 – 2 BvR 209/76, AP Nr. 1 zu Art. 140 GG; BAG v. 30.4.1997 – 7 ABR 60/95, AP Nr. 60 zu § 118 BetrVG 1972; v. 31.7.2002 – 7 ABR 12/01, AP Nr. 70 zu § 118 BetrVG1972 m. Anm. *Thüsing*. | 2 BVerfG v. 25.3.1980 – 2 BvR 208/76, AP Nr. 6 zu Art. 140 GG; BAG v. 24.7.1991 – 7 ABR 34/90, AP Nr. 48 zu § 118 BetrVG 1972. | 3 BAG v. 30.7.1987 – 6 ABR 78/85, AP Nr. 3 zu § 130 BetrVG 1972. | 4 Richardi/*Richardi/Thüsing*, § 118 BetrVG Rz. 193. | 5 BAG v. 24.7.1991 – 7 ABR 34/90, AP Nr. 48 zu § 118 BetrVG 1972. | 6 *Fitting*, § 118 BetrVG Rz. 54; aA LAG Hamm v. 17.5.2002 – 10 TaBV 140/01, NZA-RR 2002, 625; Richardi/*Richardi/Thüsing*, § 118 BetrVG Rz. 210. | 7 BAG v. 22.3.1995 – 5 AZB 21/94, AP Nr. 21 zu § 5 ArbGG 1979. | 8 Richardi/*Richardi/Thüsing*, § 118 BetrVG Rz. 196; missverst. ErfK/*Kania*, § 118 BetrVG Rz. 29. | 9 *v. Tiling*, Die Rechtsfolgen des Betriebsübergangs im Spannungsfeld von Kirchenfreiheit und staatlicher Arbeitsrechtsordnung, S. 179 ff. | 10 BAG v. 31.7.2002 – 7 ABR 12/01. | 11 BVerfG v. 11.10.1977 – 2 BvR 209/76, AP Nr. 1 zu Art. 140 GG; BAG v. 31.7.2002 – 7 ABR 12/01. | 12 BAG v. 30.4.1997 – 7 ABR 60/95, AP Nr. 60 zu § 118 BetrVG 1972; Richardi/*Richardi/Thüsing*, § 118 BetrVG Rz. 200. | 13 BAG v. 30.4.1997 – 7 ABR 60/95, AP Nr. 60 zu § 118 BetrVG 1972; v. 31.7.2002 – 7 ABR 12/01; aA DKK/*Wedde*, § 118 BetrVG Rz. 107. | 14 BAG v. 21.11.1975 – 1 ABR 12/75, AP Nr. 6 zu § 118 BetrVG 1972. | 15 BAG v. 9.2.1982 – 1 ABR 36/80, AP Nr. 24 zu § 118 BetrVG 1972. | 16 BAG v. 24.7.1991 – 7 ABR 34/90, AP Nr. 48 zu § 118 BetrVG 1972. | 17 BAG v. 31.7.2002 – 7 ABR 12/01, AP Nr. 70 zu § 118 BetrVG1972 m. Anm. *Thüsing*.

eine Religionsgemeinschaft auch ohne solche formalen Rechte in der Lage, Einfluss zu nehmen und sich in religiösen Angelegenheiten erforderlichenfalls durchzusetzen, handelt es sich gleichwohl um eine Einrichtung einer Religionsgemeinschaft.

36 Die Ausnahme vom Geltungsbereich des BetrVG beschränkt sich auf solche Einrichtungen von Religionsgemeinschaften, die **karitativen oder erzieherischen Zwecken** dienen. Der Begriff der „karitativen Einrichtung" ist nach dem Selbstverständnis der Kirche zu bestimmen; die ArbG prüfen lediglich, welchen Inhalt die Religionsgemeinschaft dem Begriff „karitativ" gibt und ob die Einrichtung diese Vorgaben bei ihrer Tätigkeit erfüllt[1]. Als karitative Einrichtungen kommen bspw. in Betracht: Krankenhäuser[2], Pflegeheime[3], Waisenhäuser[4] oder Einrichtungen zur Rehabilitation Behinderter. Erzieherische Einrichtungen von Religionsgemeinschaften können bspw. sein: Berufsbildungswerke[5], Jugenddörfer[6], Kinderheime[7] und Kindergärten[8], Schulen[9] und Internate.

37 Verfolgt eine Einrichtung einer Religionsgemeinschaft andere als karitative oder erzieherische Zwecke, ist Abs. 2 nicht anwendbar (bei Verfolgung konfessioneller Ziele kommt jedoch Abs. 1 in Betracht). Gleichwohl hält das BAG es für möglich, auch privatrechtl. Organisationen, die bspw. der kirchlichen Öffentlichkeitsarbeit dienen, in den Anwendungsbereich des § 118 II einzubeziehen[10]. Dies wird dadurch erreicht, dass solche Organisationen, die eine enge Bindung zu einer Religionsgemeinschaft aufweisen, als „**Teil der Religionsgemeinschaft**" angesehen werden und nicht als „Einrichtung einer Religionsgemeinschaft". Das dürfte allenfalls vertretbar sein, wenn eine solche Organisation eine ausgegliederte Einheit einer Religionsgemeinschaft ist[11] oder rechtlich und tatsächlich der vollständigen Kontrolle einer Religionsgemeinschaft untersteht, nicht jedoch schon bei Vorliegen einer „hinreichenden kirchlichen Zuordnung"[12]. Eine solche Lockerung der Zuordnung ist nämlich für eine „Einrichtung" einer Religionsgemeinschaft charakteristisch, Einrichtungen einer Religionsgemeinschaft müssen aber den gesetzl. vorgesehenen erzieherischen oder karitativen Zwecken dienen. Der Kunstgriff, Einrichtungen als „Teil der Religionsgemeinschaft" zu begreifen, darf die abschließende gesetzl. Aufzählung der in § 118 II genannten Bestimmungen nicht erweitern.

38 Abs. 2 kann dazu führen, dass bei der **Übertragung von Unternehmen oder Betrieben** die Anwendbarkeit des BetrVG entfällt. Übernimmt bspw. ein kirchlicher Träger ein bisher von einem nichtkirchlichen Träger betriebenes Krankenhaus, um dort – in Wahrnehmung des weltbezogenen Auftrags der Kirche – karitativ tätig zu werden, so führt diese Übertragung des Krankenhauses auf den kirchlichen Träger dazu, dass das BetrVG keine Anwendung mehr findet[13]. Die Amtszeit des BR endet. Kommt es auf Grund der Übertragung zu einem Betriebsübergang, erfolgt eine individualrechtl. Fortgeltung[14]. Erfolgt die Veräußerung des Unternehmens durch eine Übertragung von Anteilen *(share deal)*, treten BV außer Kraft. Auch in diesem Fall dürfte aber in entsprechender Anwendung von § 613a I BGB eine individualrechtl. Fortgeltung anzunehmen sein: Im Regelfall lässt der *share deal* die Geltung von BV unberührt, während bei einem Betriebsübergang eine Transformation oder Ablösung erfolgt (§ 613a I 2 oder 3 BGB). Verglichen mit diesem Regelfall ist es nicht sachgerecht, bei einer Übertragung auf einen kirchlichen Träger im Wege des *share deal* einen vollständigen Wegfall der BV anzunehmen, während es im Falle des Betriebsübergangs bei einer individualrechtl. Fortgeltung bleibt. Hier ist ausnahmsw. eine entsprechende Anwendung des § 613a I BGB gerechtfertigt.

39 **IV. Streitigkeiten.** Über Streitigkeiten hinsichtlich der Einschränkung der Beteiligungsrechte im Tendenzunternehmen entscheidet das ArbG im Beschlussverfahren (§§ 2a, 80 ff. ArbGG). Es ist zulässig, im Beschlussverfahren die Feststellung des Tendenzcharakters eines Unternehmens iSd. § 118 I zu beantragen, da mit der Entscheidung, ob es sich bei dem ArbGeb um ein Tendenzunternehmen handelt, die Art des zwischen ihm und dem BR bestehenden betriebsverfassungsrechtl. Rechtsverhältnisses iSd. § 256 I ZPO bestimmt wird[15]. Das erforderliche **Feststellungsinteresse** liegt vor, wenn über einen konkreten Anlass hinaus grds. Streit über die Tendenzeigenschaft des Unternehmens besteht[16].

1 BAG v. 23.10.2002 – 7 ABR 59/01, AP Nr. 72 zu § 118 BetrVG 1972. | **2** BVerfG v. 11.10.1977 – 2 BvR 209/76, AP Nr. 1 zu Art. 140 GG. | **3** BAG v. 6.12.1977 – 1 ABR 28/77, AP Nr. 10 zu § 118 BetrVG 1972. | **4** DKK/*Wedde*, § 118 BetrVG Rz. 107; Wlotzke/Preis/*Bender*, § 118 BetrVG Rz. 79. | **5** BAG v. 14.4.1988 – 6 ABR 36/86, AP Nr. 36 zu § 118 BetrVG 1972. | **6** BAG v. 30.4.1997 – 7 ABR 60/95, AP Nr. 60 zu § 118 BetrVG 1972. | **7** BAG v. 11.3.1986 – 1 ABR 26/84, AP Nr. 25 zu Art. 140 GG. | **8** BAG v. 25.4.1978 – 1 AZR 70/76, AP Nr. 2 zu Art. 140 GG. | **9** Richardi/*Richardi/Thüsing*, § 118 BetrVG Rz. 205; *Fitting*, § 118 BetrVG Rz. 58. | **10** BAG v. 24.7.1991 – 7 ABR 34/90, AP Nr. 48 zu § 118 BetrVG 1972. | **11** Bspw. Orden, vgl. DKK/*Wedde*, § 118 BetrVG Rz. 106. | **12** So aber BAG v. 24.7.1991 – 7 ABR 34/90, AP Nr. 48 zu § 118 BetrVG 1972. | **13** BAG v. 9.2.1982 – 1 ABR 36/80, AP Nr. 24 zu § 118 BetrVG 1972. | **14** *Hohenstatt* in Willemsen/Hohenstatt/Schweibert/Seibt, E 11. | **15** BAG v. 21.7.1998 – 1 ABR 2/98, AP Nr. 63 zu § 118 BetrVG 1972. | **16** BAG v. 23.3.1999 – 1 ABR 28/98, AP Nr. 66 zu § 118 BetrVG 1972.

Sechster Teil. Straf- und Bußgeldvorschriften

119 *Straftaten gegen Betriebsverfassungsorgane und ihre Mitglieder*

(1) Mit Freiheitsstrafe bis zu einem Jahr oder mit Geldstrafe wird bestraft, wer

1. **eine Wahl des Betriebsrats, der Jugend- und Auszubildendenvertretung, der Bordvertretung, des Seebetriebsrats oder der in § 3 Abs. 1 Nr. 1 bis 3 oder 5 bezeichneten Vertretungen der Arbeitnehmer behindert oder durch Zufügung oder Androhung von Nachteilen oder durch Gewährung oder Versprechen von Vorteilen beeinflusst,**

2. **die Tätigkeit des Betriebsrats, des Gesamtbetriebsrats, des Konzernbetriebsrats, der Jugend- und Auszubildendenvertretung, der Gesamt-Jugend- und Auszubildendenvertretung, der Konzern-Jugend- und Auszubildendenvertretung, der Bordvertretung, des Seebetriebsrats, der in § 3 Abs. 1 bezeichneten Vertretungen der Arbeitnehmer, der Einigungsstelle, der in § 76 Abs. 8 bezeichneten tariflichen Schlichtungsstelle, der in § 86 bezeichneten betrieblichen Beschwerdestelle oder des Wirtschaftsausschusses behindert oder stört, oder**

3. **ein Mitglied oder ein Ersatzmitglied des Betriebsrats, des Gesamtbetriebsrats, des Konzernbetriebsrats, der Jugend- und Auszubildendenvertretung, der Gesamt-Jugend- und Auszubildendenvertretung, der Konzern-Jugend- und Auszubildendenvertretung, der Bordvertretung, des Seebetriebsrats, der in § 3 Abs. 1 bezeichneten Vertretungen der Arbeitnehmer, der Einigungsstelle, der in § 76 Abs. 8 bezeichneten Schlichtungsstelle, der in § 86 bezeichneten betrieblichen Beschwerdestelle oder des Wirtschaftsausschusses um seiner Tätigkeit willen oder eine Auskunftsperson nach § 80 Abs. 2 Satz 3 um ihrer Tätigkeit willen benachteiligt oder begünstigt.**

(2) Die Tat wird nur auf Antrag des Betriebsrats, des Gesamtbetriebsrats, des Konzernbetriebsrats, der Bordvertretung, des Seebetriebsrats, einer der in § 3 Abs. 1 bezeichneten Vertretungen der Arbeitnehmer, des Wahlvorstands, des Unternehmers oder einer im Betrieb vertretenen Gewerkschaft verfolgt.

§ 119 stellt bestimmte Formen der Wahlbehinderung oder -beeinflussung, der Störung oder Behinderung der Amtstätigkeit sowie der Benachteiligung oder Begünstigung von Amtsträgern der jeweils in Abs. 1 Nr. 1–3 genannten ArbN-Vertretungen bzw. Einrichtung oder Personen unter Strafe. Die Strafvorschriften richten sich nicht nur gegen den ArbGeb oder seinen Vertreter, sondern gegen **jedermann**, also bspw. auch gegen ArbN oder außenstehende Dritte[1]. Strafbar ist nur die vorsätzliche Begehung. Der Versuch ist nicht strafbar. Es kommen alle Tatformen (Täterschaft, Anstiftung, Beihilfe) in Betracht. 1

Abs. 1 Nr. 1 schützt die unbeeinflusste und unbehinderte Wahl der dort genannten ArbN-Vertretungen[2]. Unter Wahl iS dieser Vorschrift ist nicht nur der eigentliche Abstimmungsvorgang zu verstehen; auch vorbereitende Maßnahmen, die die BR-Wahl unmittelbar mitgestalten[3], werden erfasst, also bspw. die Durchführung einer Betriebsversammlung zur Wahl des Wahlvorstands. Geschützt wird des Weiteren die Auszählung der Stimmen[4]. Eine **Behinderung** liegt nur dann vor, wenn eine Wahl iSd. vorstehend dargelegten Wahlbegriffs durch zielgerichtetes Verhalten erschwert oder unmöglich gemacht wird[5]. Auf der subjektiven Seite muss sich der Vorsatz auf die Behinderung erstrecken[6]. In Betracht kommen bspw. die Erteilung von Hausverbot gegen die Mitglieder des Wahlvorstands oder das Auswechseln des Schlosses des Wahlraums unter Vorenthaltung des Schlüssels. Verboten ist des Weiteren die **Beeinflussung** der Wahl durch Zufügung oder Androhung von Nachteilen oder Gewährung oder Versprechung von Vorteilen. Eine Strafbarkeit kommt also nur dann in Betracht, wenn eine Beeinflussung unter Anwendung der im Tatbestand genannten verbotenen Mittel erfolgt. Dies kann bspw. der Fall sein, wenn die Wahl einer gewerkschaftsnahen Liste durch das Versprechen von Sonderzuwendungen für den Fall des Siegs der konkurrierenden Liste verhindert werden soll. Eine Strafbarkeit kommt demgegenüber nicht in Betracht, wenn eine Beeinflussung der Wahl ohne Zuhilfenahme der in Abs. 1 Nr. 1 genannten unzulässigen Mittel erfolgt. Versucht ein ArbGeb durch gezielte Wahlpropaganda zu Gunsten einer bestimmten Liste Einfluss auf den Ausgang der Wahl zu nehmen, mag dies pflichtwidrig sein, jedoch nicht strafbar; hier kommen die Rechtsschutz- und Sanktionsmöglichkeiten gem. § 23 III in Betracht. 2

Gem. Abs. 1 Nr. 2 ist die **Behinderung oder Störung der Tätigkeit des BR** sowie der in dieser Vorschrift genannten ArbN-Vertretungen und Einrichtungen strafbar. Strafbar sind somit Maßnahmen, die gezielt in Rechte der erfassten ArbN-Vertretungen und Einrichtungen eingreifen, um deren Tätigkeit erheblich zu erschweren oder vorübergehend oder endgültig zu verhindern. Eine Behinderung oder Störung liegt aber nicht bereits dann vor, wenn der ArbGeb Mitbestimmungs- oder Mitwirkungsrechte des BR miss- 3

---

1 Richardi/*Richardi/Annuß*, § 119 BetrVG Rz. 4; Wlotzke/*Preis*, § 119 BetrVG Rz. 3. | 2 *Pasewaldt*, ZiS 2007, 75. | 3 BayObLG v. 29.7.1980 – RReg 4 St. 173/80, AP Nr. 1 zu § 119 BetrVG 1972; *Rieble/Klebeck*, NZA 2006, 767. | 4 Richardi/*Richardi/Annuß*, § 119 BetrVG Rz. 12. | 5 BayObLG v. 29.7.1980 – RReg 4 St. 173/80, AP Nr. 1 zu § 119 BetrVG 1972. | 6 Richardi/*Richardi/Annuß*, § 119 BetrVG Rz. 16.

achtet. Für eine Strafbarkeit erforderlich ist vielmehr, dass der ArbGeb durch die Missachtung der Rechte des BR vorsätzlich eine Behinderung oder Störung herbeiführen will[1]. Dies kommt in Betracht bei einer Rücktrittsaufforderung an den BR welche mit der Drohung verbunden wird, andernfalls Zulagen zu streichen[2]; der beharrlichen Weigerung, die Kosten der BR-Arbeit gem. § 40 zu tragen[3]; der Verhinderung bzw. Störung von Telefonaten des BR[4]. Entgegen der Ansicht des OLG Stuttgart verstößt die Empfehlung des ArbGeb, eine Betriebsversammlung nicht zu besuchen, nicht gegen Abs. 1 Nr. 2[5]. Nicht strafbar sind des Weiteren das Vorenthalten von Unterlagen gem. § 80 II[6], soweit dies nicht gezielt und beharrlich zum Zwecke der Behinderung oder Störung der BR-Tätigkeit erfolgt, sondern etwa wegen unterschiedlicher Rechtsauffassungen über die Erforderlichkeit der Vorlage der von dem BR erbetenen Unterlagen.

4 Schließlich ist es gem. Abs. 1 Nr. 3 strafbar, Mitglieder der dort genannten ArbN-Vertretungen bzw. Einrichtungen oder eine Auskunftsperson nach § 80 II wegen ihrer Tätigkeit zu **benachteiligen oder zu begünstigen**. Zwischen der Benachteiligung oder Begünstigung und der Amtstätigkeit des Mitglieds der ArbN-Vertretung muss ein ursächlicher Zusammenhang bestehen[7]. Der Nachteil oder die Begünstigung muss sich auf die persönliche Rechtstellung des Mitglieds beziehen[8]. In Betracht kommen etwa die Herabsetzung des Einkommens eines BR-Mitglieds wegen seiner BR-Tätigkeit oder der Ausschluss eines BR-Mitglieds von allen anderen ArbN gewährten Zuwendungen[9]. Wird das Mitglied einer der in Abs. 1 Nr. 3 genannten ArbN-Vertretungen begünstigt, steht es selbst wegen der Annahme der Begünstigung nicht unter Strafandrohung, jedoch kommt eine Amtsenthebung gem. § 23 I in Betracht[10].

5 Gem. Abs. 2 wird die Tat nur auf **Antrag** einer der in dieser Vorschrift als antragsberechtigt genannten verfolgt. Dies ist rechtspolitisch verfehlt, weil auf diese Weise eine Strafbarkeitslücke entsteht, wenn Unternehmensleitung, Gewerkschaften und ArbN-Vertretungen etwa bei der Begünstigung von BR-Mitgliedern kollusiv zusammenwirken[11]. Im Hinblick auf die antragsberechtigten betriebsverfassungsrechtl. Organe kann der Antrag nur von dem Organ, nicht hingegen von einzelnen Mitgliedern gestellt werden[12]. Die Frist zur Antragstellung beträgt drei Monate ab Kenntnis des Antragstellers von der Tat sowie der Person des Täters, eine Rücknahme des Antrags ist jederzeit bis zur rechtskräftigen Verurteilung möglich.

6 Der Strafantrag eines betriebsverfassungsrechtl. Organs stellt einen Grund zur **außerordentl. Kündigung** der Mitglieder des Organs dar, wenn er rechtsmissbräuchlich oder bewusst unberechtigt erfolgt[13]. Unter den gleichen Voraussetzungen liegt auch eine grobe Verletzung gesetzl. Pflichten iSd. § 23 I vor.

120 *Verletzung von Geheimnissen*

(1) Wer unbefugt ein fremdes Betriebs- oder Geschäftsgeheimnis offenbart, das ihm in seiner Eigenschaft als

1. Mitglied oder Ersatzmitglied des Betriebsrats oder einer der in § 79 Abs. 2 bezeichneten Stellen,

2. Vertreter einer Gewerkschaft oder Arbeitgebervereinigung,

3. Sachverständiger, der vom Betriebsrat nach § 80 Abs. 3 hinzugezogen oder von der Einigungsstelle nach § 109 Satz 3 angehört worden ist,

3a. Berater, der vom Betriebsrat nach § 111 Satz 2 hinzugezogen worden ist,

3b. Auskunftsperson, die dem Betriebsrat nach § 80 Abs. 2 Satz 3 zur Verfügung gestellt worden ist, oder

4. Arbeitnehmer, der vom Betriebsrat nach § 107 Abs. 3 Satz 3 oder vom Wirtschaftsausschuss nach § 108 Abs. 2 Satz 2 hinzugezogen worden ist,

bekannt geworden und das vom Arbeitgeber ausdrücklich als geheimhaltungsbedürftig bezeichnet worden ist, wird mit Freiheitsstrafe bis zu einem Jahr oder mit Geldstrafe bestraft.

(2) Ebenso wird bestraft, wer unbefugt ein fremdes Geheimnis eines Arbeitnehmers, namentlich ein zu dessen persönlichen Lebensbereich gehörendes Geheimnis, offenbart, das ihm in seiner Eigenschaft als Mitglied oder Ersatzmitglied des Betriebsrats oder einer der in § 79 Abs. 2 bezeichneten Stellen bekannt geworden ist und über das nach den Vorschriften dieses Gesetzes Stillschweigen zu bewahren ist.

---

1 DKK/*Trümner*, § 119 BetrVG Rz. 13; Richardi/*Richardi/Annuß*, § 119 BetrVG Rz. 21. | 2 Vgl. BayObLG v. 29.7.1980 – RReg 4 St. 173/80, AP Nr. 1 zu § 119 BetrVG 1972. | 3 *Fitting*, § 119 BetrVG Rz. 7. | 4 AG Passau 5.6.1985 – 9 Js 1262/85, AiB 1992, 42. | 5 OLG Stuttgart v. 9.9.1988 – 1 Ws 237/88, BB 1988, 2245; kritisch Richardi/*Richardi/Annuß*, § 119 BetrVG Rz. 23. | 6 So aber *Fitting*, § 119 BetrVG Rz. 7. | 7 DKK/*Trümner*, § 119 BetrVG Rz. 17. | 8 Richardi/*Richardi/Annuß*, § 119 BetrVG Rz. 25; *Fitting*, § 119 BetrVG Rz. 9. | 9 DKK/*Trümner*, § 119 BetrVG Rz. 16. | 10 *Fischer*, BB 2007, 997; *Fitting*, § 119 BetrVG Rz. 9. | 11 *Rüthers*, NJW 2007, 197. | 12 DKK/*Trümner*, § 119 BetrVG Rz. 20. | 13 HSWG/*Hess*, § 119 BetrVG Rz. 13; Richardi/*Richardi/Annuß*, § 119 BetrVG Rz. 35; DKK/*Trümner*, § 119 BetrVG Rz. 28.

(3) Handelt der Täter gegen Entgelt oder in der Absicht, sich oder einen anderen zu bereichern oder einen anderen zu schädigen, so ist die Strafe Freiheitsstrafe bis zu zwei Jahren oder Geldstrafe. Ebenso wird bestraft, wer unbefugt ein fremdes Geheimnis, namentlich ein Betriebs- oder Geschäftsgeheimnis, zu dessen Geheimhaltung er nach den Absätzen 1 oder 2 verpflichtet ist, verwertet.

(4) Die Absätze 1 bis 3 sind auch anzuwenden, wenn der Täter das fremde Geheimnis nach dem Tode des Betroffenen unbefugt offenbart oder verwertet.

(5) Die Tat wird nur auf Antrag des Verletzten verfolgt. Stirbt der Verletzte, so geht das Antragsrecht nach § 77 Abs. 2 des Strafgesetzbuches auf die Angehörigen über, wenn das Geheimnis zum persönlichen Lebensbereich des Verletzten gehört; in anderen Fällen geht es auf die Erben über. Offenbart der Täter das Geheimnis nach dem Tode des Betroffenen, so gilt Satz 2 sinngemäß.

§ 120 stellt bestimmte Formen des unbefugten Offenbarens eines Betriebs- oder Geschäftsgeheimnisses sowie eines persönlichen Geheimnisses eines ArbN unter Strafe. Strafbar ist nur die vorsätzliche Begehung. Der Versuch ist nicht strafbar. Es kommen alle Tatformen (Täterschaft, Anstiftung, Beihilfe) in Betracht. 1

Abs. 1 schützt das Interesse an der **Geheimhaltung von Betriebs- oder Geschäftsgeheimnissen**, die den in Abs. 1 Nr. 1–4 genannten Personen in ihrer Eigenschaft als Mitglied des BR, Vertreter einer Gewerkschaft usw. bekannt geworden sind. Der Begriff des Betriebs- oder Geschäftsgeheimnisses entspricht dem des § 79 (s. dort Rz. 4 f.). Ebenso wie für das Bestehen einer Geheimhaltungspflicht gem. § 79 ist auch für eine Strafbarkeit gem. § 120 I erforderlich, dass der ArbGeb das Betriebs- oder Geschäftsgeheimnis **ausdrücklich als geheimhaltungsbedürftig bezeichnet** hat (s. § 79 Rz. 6). Tathandlung ist das unbefugte Offenbaren des Betriebs- oder Geschäftsgeheimnisses. Das Tatbestandsmerkmal des Offenbarens ist erfüllt, wenn das Betriebs- oder Geschäftsgeheimnis einem Dritten mitgeteilt wird, der nicht einem der in § 79 genannten Betriebsverfassungsorgane angehört[1]. **Unbefugt** ist das Offenbaren, wenn es ohne Erlaubnis des ArbGeb erfolgt und ein Recht zur Mitteilung nicht besteht[2]. Gem. Abs. 3 S. 2 wird des Weiteren die Verwertung eines Betriebs- oder Geschäftsgeheimnisses, also die wirtschaftl. Ausnutzung zum Zwecke der Gewinnerzielung[3], bestraft. 2

Gem. Abs. 2 wird das unbefugte Offenbaren **fremder Geheimnisse eines ArbN** – insb. eines zu seinem persönlichen Lebensbereich gehörendes Geheimnisses – bestraft. Zu den Geheimnissen iS dieser Vorschrift gehören bspw. Familienverhältnisse, Krankheiten, Vorstrafen[4] sowie Leistungsbeurteilungen[5]. Voraussetzung ist, dass ein solches Geheimnis in der Eigenschaft als Mitglied oder Ersatzmitglied des BR oder einer der in § 79 bezeichneten Stellen bekannt geworden ist und dass darüber nach den Vorschriften des BetrVG Stillschweigen zu bewahren ist. Nach den Vorschriften des BetrVG besteht eine ausdrückliche Verschwiegenheitspflicht in § 82 II 3 (Hinzuziehung eines Mitglieds des BR bei der Erörterung der Berechnung und Zusammensetzung des Arbeitsentgelts), § 83 I 3 (Hinzuziehung eines Mitglieds des BR bei der Einsicht in die Personalakten), § 99 I 3 (persönliche Verhältnisse und Angelegenheiten der ArbN im Zusammenhang mit personellen Einzelmaßnahmen iSd. § 99 I 1) sowie § 102 II 5 (persönliche Verhältnisse und Angelegenheiten der ArbN im Zusammenhang mit Kündigungen). Der strafrechtl. Schutz der Geheimnisse von ArbN ist damit nur punktuell und weist erhebliche Strafbarkeitslücken auf[6]. 3

Eine **Strafverschärfung** tritt gem. Abs. 3 S. 1 ein, wenn der Täter gegen Entgelt oder in der Absicht handelt, sich oder einen anderen zu bereichern oder einen anderen zu schädigen. Gem. Abs. 3 S. 2 gilt Entsprechendes für die unbefugte Verwertung von Betriebs- oder Geschäftsgeheimnissen. 4

Die Tat wird gem. Abs. 5 nur auf **Antrag** verfolgt. Die Frist zur Antragstellung beträgt drei Monate ab Kenntnis des Antragstellers von der Tat sowie der Person des Täters; eine Rücknahme des Antrags ist jederzeit bis zur rechtskräftigen Verurteilung möglich. 5

121 *Bußgeldvorschriften*

(1) Ordnungswidrig handelt, wer eine der in § 90 Abs. 1, 2 Satz 1, § 92 Abs. 1 Satz 1 auch in Verbindung mit Abs. 3, § 99 Abs. 1, § 106 Abs. 2, § 108 Abs. 5, § 110 oder § 111 bezeichneten Aufklärungs- oder Auskunftspflichten nicht, wahrheitswidrig, unvollständig oder verspätet erfüllt.

(2) Die Ordnungswidrigkeit kann mit einer Geldbuße bis zu zehntausend Euro geahndet werden.

Nach § 121 ist die Verletzung bestimmter, **abschließend**[7] aufgezählter Informationspflichten ordnungswidrig. Nur vorsätzliches Verhalten ist ordnungswidrig. Bei fehlendem Unrechtsbewusstsein handelt der Täter nicht ordnungswidrig, wenn der Irrtum nicht vorwerfbar ist. 1

---

1 *Fitting*, § 120 BetrVG Rz. 3; Wlotzke/*Preis*, § 120 BetrVG Rz. 10. | 2 Richardi/*Richardi/Annuß*, § 120 BetrVG Rz. 13. | 3 Richardi/*Richardi/Annuß*, § 120 BetrVG Rz. 12. | 4 *Rieble/Klebeck*, NZA 2006, 766. | 5 *Tag*, BB 2001, 1578 (1582); DKK/*Trümner*, § 120 BetrVG Rz. 14. | 6 Vgl. Richardi/*Richardi/Annuß*, § 120 BetrVG Rz. 6; *Fitting*, § 120 BetrVG Rz. 6. | 7 GK-BetrVG/*Oetker*, § 121 Rz. 10; DKK/*Trümner*, § 121 BetrVG Rz. 2.

2 Abs. 1 erfasst folgende **Informationspflichten**: die Unterrichtung gem. § 90 I und II 1 hinsichtlich der Planung von Neu-, Um- und Erweiterungsbauten von Fabrikations-, Verwaltungs- und sonstigen betriebl. Räumen, von technischen Anlagen, Arbeitsverfahren und Arbeitsabläufen oder Arbeitsplätzen[1]; die Unterrichtung gem. § 92 I 1 über die Personalplanung[2]; die Unterrichtung gem. § 92 III über Maßnahmen iSd. § 80 I Nr. 2a und 2b, insb. im Hinblick auf die Aufstellung und Durchführung von Maßnahmen zur Förderung der Gleichstellung von Frauen und Männern; die Unterrichtung gem. § 99 I über Einstellung, Eingruppierung, Umgruppierung und Versetzung; die Unterrichtung des Wirtschaftsausschusses gem. § 106 II über die wirtschaftl. Angelegenheiten des Unternehmens[3]; die Erläuterung des Jahresabschlusses gegenüber dem Wirtschaftsausschuss gem. § 108 V; die Unterrichtung der ArbN gem. § 110 über die wirtschaftl. Lage und Entwicklung des Unternehmens; die Unterrichtung des BR gem. § 111 über eine geplante Betriebsänderung[4].

3 Tathandlung ist das Unterlassen der Information sowie die wahrheitswidrige, unvollständige oder verspätete Erfüllung von Unterrichtungspflichten. Eine Informationspflicht wird **unterlassen**, wenn sie gänzlich unterbleibt. Eine Information ist **wahrheitswidrig**, wenn sie den Tatsachen nicht entspricht; eine fehlerhafte Prognose fällt hingegen nicht unter dieses Tatbestandsmerkmal[5]. Soweit auch die **unvollständige** oder **verspätete** Information ordnungswidrig sein sollen, genügt die Vorschrift nicht dem verfassungsrechtl. Bestimmtheitsgrundsatz (Art. 103 Abs. 2 GG)[6]. Der Gesetzgeber hat insoweit die Voraussetzungen des Ordnungswidrigkeitstatbestands nicht konkret genug umschrieben, da für den Normadressaten nicht klar vorhersehbar ist, in welchem Umfang bzw. in welchem Zeitpunkt er seine Informationspflicht erfüllen muss, um dem Vorwurf der Ordnungswidrigkeit zu entgehen.

4 Normadressat ist jeder, der die ihn treffende **Informationspflicht** verletzt[7], also der ArbGeb oder eine von ihm beauftragte Person[8]. Bei juristischen Personen sind die Mitglieder des vertretungsberechtigten Organs Träger der gesetzl. Informationspflicht.

5 Rechtsmissbräuchliche oder bewusst unrichtige Anzeigen gegen den ArbGeb berechtigen zur **außerordentl. Kündigung** des Arbeitsverhältnisses (s. auch § 119 Rz. 6)[9].

Siebenter Teil. Änderung von Gesetzen

122–124 (gegenstandslos)

Achter Teil. Übergangs- und Schlussvorschriften

125 *Erstmalige Wahlen nach diesem Gesetz*

(1) Die erstmaligen Betriebsratswahlen nach § 13 Abs. 1 finden im Jahre 1972 statt.

(2) Die erstmaligen Wahlen der Jugend- und Auszubildendenvertretung nach § 64 Abs. 1 Satz 1 finden im Jahre 1988 statt. Die Amtszeit der Jugendvertretung endet mit der Bekanntgabe des Wahlergebnisses der neu gewählten Jugend- und Auszubildendenvertretung, spätestens am 30. November 1988.

(3) Auf Wahlen des Betriebsrats, der Bordvertretung, des Seebetriebsrats und der Jugend- und Auszubildendenvertretung, die nach dem 28. Juli 2001 eingeleitet werden, finden die Erste Verordnung zur Durchführung des Betriebsverfassungsgesetzes vom 16. Januar 1972 (BGBl. I S. 49), zuletzt geändert durch die Verordnung vom 16. Januar 1995 (BGBl. I S. 43), die Zweite Verordnung zur Durchführung des Betriebsverfassungsgesetzes vom 24. Oktober 1972 (BGBl. I S. 2029), zuletzt geändert durch die Verordnung vom 28. September 1989 (BGBl. I S. 1795) und die Verordnung zur Durchführung der Betriebsratswahlen bei den Postunternehmen vom 26. Juni 1995 (BGBl. I S. 871) bis zu deren Änderung entsprechende Anwendung.

(4) Ergänzend findet für das vereinfachte Wahlverfahren nach § 14a die Erste Verordnung zur Durchführung des Betriebsverfassungsgesetzes bis zu deren Änderung mit folgenden Maßgaben entsprechende Anwendung:

---

1 OLG Düsseldorf v. 8.4.1982 – 5 Ss OWi 136/82, BB 1982, 1113. | 2 OLG Hamm v. 7.12.1977 – 4 Ss OWi 1407/77, DB 1978, 748. | 3 OLG Karlsruhe v. 7.6.1985 – 1 Ss 68/85, AP Nr. 1 zu § 121 BetrVG 1972; OLG Hamburg v. 4.6.1985 – 2 Ss OWi 5/85, DB 1985, 1846. | 4 OLG Hamm v. 7.12.1977 – 4 Ss OWi 1407/77, DB 1978, 748. | 5 GK-BetrVG/*Oetker*, § 121 Rz. 15. | 6 Vgl. auch die Bedenken bei Richardi/*Richardi/Annuß*, § 121 BetrVG Rz. 7 f.; vgl. ferner GK-BetrVG/*Oetker*, § 121 Rz. 18, der für eine einschr. Auslegung eintritt. | 7 DKK/*Trümner*, § 121 BetrVG Rz. 5. | 8 Wlotzke/*Preis*, § 121 BetrVG Rz. 9. | 9 LAG Hess. v. 12.2.1987 – 12 Sa 1249/86, LAGE Nr. 28 zu § 626 BGB.

1. Die Frist für die Einladung zur Wahlversammlung zur Wahl des Wahlvorstands nach § 14a Abs. 1 des Gesetzes beträgt mindestens sieben Tage. Die Einladung muss Ort, Tag und Zeit der Wahlversammlung sowie den Hinweis enthalten, dass bis zum Ende dieser Wahlversammlung Wahlvorschläge zur Wahl des Betriebsrats gemacht werden können (§ 14a Abs. 2 des Gesetzes).

2. § 3 findet wie folgt Anwendung:

a) Im Fall des § 14a Abs. 1 des Gesetzes erlässt der Wahlvorstand auf der Wahlversammlung das Wahlausschreiben. Die Einspruchsfrist nach § 3 Abs. 2 Nr. 3 verkürzt sich auf drei Tage. Die Angabe nach § 3 Abs. 2 Nr. 4 muss die Zahl der Mindestsitze des Geschlechts in der Minderheit (§ 15 Abs. 2 des Gesetzes) enthalten. Die Wahlvorschläge sind abweichend von § 3 Abs. 2 Nr. 7 bis zum Abschluss der Wahlversammlung zur Wahl des Wahlvorstands bei diesem einzureichen. Ergänzend zu § 3 Abs. 2 Nr. 10 gibt der Wahlvorstand den Ort, Tag und Zeit der nachträglichen Stimmabgabe an (§ 14a Abs. 4 des Gesetzes).

b) Im Fall des § 14a Abs. 3 des Gesetzes erlässt der Wahlvorstand unverzüglich das Wahlausschreiben mit den unter Buchstabe a genannten Maßgaben zu § 3 Abs. 2 Nr. 3, 4 und 10. Abweichend von § 3 Abs. 2 Nr. 7 sind die Wahlvorschläge spätestens eine Woche vor der Wahlversammlung zur Wahl des Betriebsrats (§ 14a Abs. 3 Satz 2 des Gesetzes) beim Wahlvorstand einzureichen.

3. Die Einspruchsfrist des § 4 Abs. 1 verkürzt sich auf drei Tage.

4. Die §§ 6 bis 8 und § 10 Abs. 2 finden entsprechende Anwendung mit der Maßgabe, dass die Wahl auf Grund von Wahlvorschlägen erfolgt. Im Fall des § 14a Abs. 1 des Gesetzes sind die Wahlvorschläge bis zum Abschluss der Wahlversammlung zur Wahl des Wahlvorstands bei diesem einzureichen; im Fall des § 14a Abs. 3 des Gesetzes sind die Wahlvorschläge spätestens eine Woche vor der Wahlversammlung zur Wahl des Betriebsrats (§ 14a Abs. 3 Satz 2 des Gesetzes) beim Wahlvorstand einzureichen.

5. § 9 findet keine Anwendung.

6. Auf das Wahlverfahren finden die §§ 21 ff. entsprechende Anwendung. Auf den Stimmzetteln sind die Bewerber in alphabetischer Reihenfolge unter Angabe von Familienname, Vorname und Art der Beschäftigung im Betrieb aufzuführen.

7. § 25 Abs. 5 bis 8 findet keine Anwendung.

8. § 26 Abs. 1 findet mit der Maßgabe Anwendung, dass der Wahlberechtigte sein Verlangen auf schriftliche Stimmabgabe spätestens drei Tage vor dem Tag der Wahlversammlung zur Wahl des Betriebsrats dem Wahlvorstand mitgeteilt haben muss.

9. § 31 findet entsprechende Anwendung mit der Maßgabe, dass die Wahl der Jugend- und Auszubildendenvertretung auf Grund von Wahlvorschlägen erfolgt.

§ 125 I ist bedeutsam für die Festlegung des Jahres, in dem die regelmäßigen BR-Wahlen stattfinden 1
(vgl. § 13 zum Zeitpunkt der BR-Wahlen in dem jeweiligen Wahljahr). Die nächsten regelmäßigen BR-Wahlen finden in den Jahren 2010, 2014, 2018 usw. statt. § 125 II ist für die Festlegung des Jahres der regelmäßigen Wahlen zur JAV maßgeblich. Die nächsten regelmäßigen Wahlen zur JAV finden in den Jahren 2008, 2010, 2012 usw. statt.

126 *Ermächtigung zum Erlass von Wahlordnungen*

Das Bundesministerium für Arbeit und Soziales wird ermächtigt, mit Zustimmung des Bundesrates Rechtsverordnungen zu erlassen zur Regelung der in den §§ 7 bis 20, 60 bis 63, 115 und 116 bezeichneten Wahlen über

1. die Vorbereitung der Wahl, insbesondere die Aufstellung der Wählerlisten und die Errechnung der Vertreterzahl;

2. die Frist für die Einsichtnahme in die Wählerlisten und die Erhebung von Einsprüchen gegen sie;

3. die Vorschlagslisten und die Frist für ihre Einreichung;

4. das Wahlausschreiben und die Fristen für seine Bekanntmachung;

5. die Stimmabgabe;

5a. die Verteilung der Sitze im Betriebsrat, in der Bordvertretung, im Seebetriebsrat sowie in der Jugend- und Auszubildendenvertretung auf die Geschlechter, auch soweit die Sitze nicht gemäß § 15 Abs. 2 und § 62 Abs. 3 besetzt werden können;

6. die Feststellung des Wahlergebnisses und die Fristen für seine Bekanntmachung;

7. die Aufbewahrung der Wahlakten.

Die Vorschrift ermächtigt das Bundesministerium für Arbeit und Soziales RechtsVO zur Wahl des BR, 1
der JAV, der Bordvertretung und des SeeBR zu erlassen. Zum Erlass dieser RechtsVO bedarf das BMAS der Zustimmung des Bundesrats. Die erste VO zur Durchführung des BetrVG (Wahlordnung für die

Wahl der BR und der JAV) ist nach der Reform des BetrVG neu gefasst worden[1]. Auch die zweite VO zur Durchführung des BetrVG (Wahlordnung Seeschifffahrt) ist inzwischen neu gefasst worden[2].

127 *Verweisungen*

Soweit in anderen Vorschriften auf Vorschriften verwiesen wird oder Bezeichnungen verwendet werden, die durch dieses Gesetz aufgehoben oder geändert werden, treten an ihre Stelle die entsprechenden Vorschriften oder Bezeichnungen dieses Gesetzes.

1 § 127 stellt klar, dass in anderen Vorschriften (Gesetze und sonstige Vorschriften, zB RechtsVO), die auf die außer Kraft getretenen Bestimmungen des BetrVG 1952 verweisen, die entsprechenden Vorschriften des BetrVG 1972 an die Stelle der außer Kraft getretenen Vorschriften treten.

128 *Bestehende abweichende Tarifverträge*

Die im Zeitpunkt des Inkrafttretens dieses Gesetzes nach § 20 Abs. 3 des Betriebsverfassungsgesetzes vom 11. Oktober 1952 geltenden Tarifverträge über die Errichtung einer anderen Vertretung der Arbeitnehmer für Betriebe, in denen wegen ihrer Eigenart der Errichtung von Betriebsräten besondere Schwierigkeiten entgegenstehen, werden durch dieses Gesetz nicht berührt.

1 § 20 III BetrVG 1952 sah vor, dass durch TV für Betriebe, in denen wegen ihrer Eigenart der Errichtung von BR besondere Schwierigkeiten entgegenstanden, andere Vertretungen der ArbN errichtet werden konnten. Solche am 19.1.1972 bestehenden TV blieben durch das BetrVG 1972 unberührt. Aus der Sicht der Praxis ist diese Vorschrift überholt[3].

129 *Außerkrafttreten von Vorschriften*

(aufgehoben)

130 *Öffentlicher Dienst*

Dieses Gesetz findet keine Anwendung auf Verwaltungen und Betriebe des Bundes, der Länder, der Gemeinden und sonstiger Körperschaften, Anstalten und Stiftungen des öffentlichen Rechts.

1 **I. Abgrenzung Betriebsverfassungsrecht/Personalvertretungsrecht.** § 130 grenzt den Anwendungsbereich des BetrVG zum Personalvertretungsrecht ab. **Das BetrVG gilt nicht für den öffentl. Dienst**. Das BetrVG gilt auch dann nicht, wenn im Einzelfall Personalvertretungsrecht auf eine Körperschaft des öffentl. Rechts keine Anwendung findet; das BetrVG hat keinen Auffangcharakter, um in jedem Fall staatl. Mitbestimmungsregeln auf betriebl. Ebene zur Anwendung zu bringen[4].

2 Maßgeblich für die Abgrenzung der Geltungsbereiche des BetrVG und der Personalvertretungsgesetze ist allein die **formale Rechtsform** des Rechtsträgers[5]. Während auf die öffentl. Verwaltungen und ihre Eigenbetriebe das Personalvertretungsrecht des Bundes und der Länder Anwendung findet, ist der Geltungsbereich des BetrVG eröffnet, wenn sich der Inhaber eines Betriebs einer Rechtsform des Privatrechts bedient. Dies gilt auch für Unternehmen der öffentl. Hand, die privatrechtlich organisiert sind[6]. Irrelevant ist, ob auf einen Betrieb ein TV des öffentl. Dienstes Anwendung findet[7].

3 Verwaltungen oder Betriebe internationaler oder zwischenstaatl. Organisationen werden von § 130 nicht aus dem Anwendungsbereich des BetrVG ausgenommen[8]. Auf Betriebe und Verwaltungen der EU findet das BetrVG hingegen keine Anwendung. Die Verwaltungen und Betriebe der in Deutschland stationierten NATO-Streitkräfte fallen ebenfalls nicht unter den Anwendungsbereich des BetrVG[9].

4 **II. Übergangsmandat bei Privatisierungen?** Bei **Privatisierungen** – und dem damit verbundenen Wechsel vom Personalvertretungsrecht in das Betriebsverfassungsrecht – stellt sich unter anderem die Frage nach einem **Übergangsmandat des Personalrats**. Eine allgemeine Regelung eines Übergangsmandats des PersR besteht nicht[10]. Insb. § 21a ist jedenfalls nicht direkt anwendbar, da diese Norm lediglich auf Umstrukturierungen innerhalb des Geltungsbereichs des BetrVG anwendbar ist, nicht aber den Übergang von dem Personalvertretungsrecht in das Betriebsverfassungsrecht regelt. Bei der Privatisierung von Post und Bahn hat der Bundesgesetzgeber dann auch ein Übergangsmandat der Personalräte ausdrücklich gesetzl. geregelt (§ 25 des Postpersonalrechtsgesetzes). Wegen des langwierigen Privatisierungsprozesses ist das Übergangsmandat in diesem Fall auf maximal 24 Monate festgesetzt worden. Bei

1 BGBl. I 2001, S. 3494. | 2 BGBl. I 2002, S. 594. | 3 DKK/*Trümner*, § 128 BetrVG. | 4 BAG v. 30.7.1987 – 6 ABR 78/85, AP Nr. 3 zu § 130 BetrVG 1972. | 5 BAG v. 7.11.1975 – 1 AZR 74/74, AP Nr. 1 zu § 130 BetrVG 1972. | 6 *Fitting*, § 130 BetrVG Rz. 4; Wlotzke/*Preis*, § 130 BetrVG Rz. 3. | 7 BAG v. 3.12.1985 – 4 ABR 60/85, AP Nr. 2 zu § 74 BAT. | 8 Richardi/*Richardi/Annuß*, § 130 BetrVG Rz. 6; DKK/*Trümner*, § 130 BetrVG Rz. 5. | 9 Richardi/*Richardi/Annuß*, § 130 BetrVG Rz. 8 ff. | 10 *Wollenschläger/v. Harbou*, NZA 2005, 1091.

der Bahnprivatisierung erfolgte eine gesetzl. Regelung durch § 15 des Deutsche Bahn Gründungsgesetzes; hier wurde ein Übergangsmandat für höchstens drei Monate nach dem Zeitpunkt des Übergangs festgelegt. Auch bei der Umwandlung der Deutschen Siedlungs- und Landesrentenbank und weiteren Privatisierungen des Bundes war dem PersR ein gesetzl. Übergangsmandat eingeräumt worden.

Nach der überwiegenden Ansicht in der Lit. ist ein generelles Übergangsmandat bei allen Privatisierungen im Wege eines Analogieschlusses anzuerkennen. Der Gesetzgeber habe bei den vorgenannten Privatisierungen nach einem einheitlichen Muster ein gesetzl. Übergangsmandat anerkannt. Für eine Schutzlücke (vertretungslose Zeit) gebe es keine sachliche Rechtfertigung. Auf Grund der Betriebsübergangsrichtlinie (RL 2001/23/EG), die in allen Fällen unternehmensrechtl. Umstrukturierungen ein Übergangsmandat fordere, sei die Anerkennung eines Übergangsmandats auch europarechtlich geboten[1]. 5

Demgegenüber hat das LAG Köln in einer Entscheidung aus dem Jahr 2000 ein **Übergangsmandat des früheren Personalrats bei einer privatisierenden Umwandlung verneint**[2]. Eine Analogie zu dem – damaligen – § 321 UmwG oder eine Gesamtanalogie zu den Vorschriften der Post- und Bahnprivatisierungen scheide aus. Die Problematik des Übergangsmandats bei Privatisierungen sei dem Gesetzgeber bei Schaffung des § 321 UmwG bekannt gewesen. Werde in Kenntnis der Problematik keine ausdrückliche gesetzl. Regelung geschaffen, könne von einer planwidrigen, unbewussten Regelungslücke keine Rede sein. Dafür spreche auch, dass der Gesetzgeber 1998 – also vier Jahre nach Inkrafttreten des Umwandlungsgesetzes – ein spezielles Übergangsmandat bei der Privatisierung der Deutschen Genossenschaftsbank geschaffen habe, wofür kein Bedürfnis bestanden hätte, wenn § 321 UmwG anwendbar gewesen wäre. Eine Gesamtanalogie zu den Regelungen eines Übergangsmandats anlässlich der Privatisierungen des Bundes scheide deshalb aus, weil von einem einheitlichen Muster der Regelung eines Übergangsmandats keine Rede sein könne. Bereits die Dauer des Übergangsmandats schwanke zwischen drei und 24 Monaten. Hier handele es sich offensichtlich um Regelungen spezieller Einzelfälle, so dass eine Gesamtanalogie zu diesen Einzelfallregelungen ebenfalls ausscheide. 6

Dieser Ansicht ist zu folgen: Ein generelles Übergangsmandat bei Privatisierungen besteht nicht. Nachdem der Gesetzgeber § 321 UmwG aufgehoben und § 21a geschaffen hat – wiederum ohne das Übergangsmandat des PersR zu regeln – ist heute noch viel weniger vom Vorliegen einer planwidrigen Lücke auszugehen. Es handelt sich nicht um eine Regelungslücke, sondern um eine Rechtslücke, deren Schließung dem Gesetzgeber vorbehalten ist[3]. 7

III. Fortgeltung von Dienstvereinbarungen bei Privatisierungen. Während bei Umstrukturierungen innerhalb des Geltungsbereichs des BetrVG BV bei einem Erwerber kollektivrechtlich fortgelten, soweit der übertragene Betrieb seine Identität wahrt[4], kommt die kollektivrechtl. Fortgeltung einer Dienstvereinbarungen als BV bei einer Privatisierung nicht in Betracht[5]. Eine kollektivrechtl. Fortgeltung verbietet sich schon deshalb, weil die Strukturunterschiede zwischen Personalvertretungsrecht und Betriebsverfassungsrecht einer solcher Kontinuität entgegenstehen. Personalvertretungsrecht und Betriebsverfassungsrecht unterscheiden sich bereits in ihren Grundbegriffen und Grundlagen (Dienststelle/Betrieb, Beschäftigter/ArbN, MitbestR, Mitbestimmungsverfahren) und erst Recht in ihren Einzelheiten so erheblich, dass die kollektivrechtl. Fortgeltung einer Vereinbarung, die im Geltungsbereich des Personalvertretungsrechts begründet worden ist, bei einem Übergang in das Betriebsverfassungsrecht ausgeschlossen ist. Rechte aus Dienstvereinbarungen gelten somit im Falle der Privatisierung lediglich individualvertragl. fort (§ 613a I 2 BGB), sofern nicht eine Ablösung erfolgt (§ 613a I 3 BGB). Eine gesetzl. Regelung zur Fortgeltung der Rechte aus Dienstvereinbarungen ist möglich[6]. 8

131 *Berlin-Klausel* **(gegenstandslos)**

132 *Inkrafttreten*

Das BetrVG ist in seiner ursprünglichen Fassung am 19.1.1972 in Kraft getreten. Die in dem BetrVG-Reformgesetz vom 23.7.2001 enthaltenen Änderungen sind am 28.7.2001 in Kraft getreten[7]. 1

---

1 *Fitting*, § 130 BetrVG Rz. 15 ff.; DKK/*Trümner*, § 130 BetrVG Rz. 1a; *Blanke/Trümner*, Handbuch Privatisierung, Rz. 703 ff.; GK-BetrVG/*Fabricius/Weber*, § 130 Rz. 8 ff. |2 LAG Köln v. 10.3.2000 – 13 TaBV 9/00, NZA-RR 2001, 423. |3 *Hohenstatt* in Willemsen/Hohenstatt/Schweibert/Seibt, D 96; *Willemsen*, FS BAG, S. 306 f.; *Besgen/Langner*, NZA 2003, 1239 ff.; Richardi/*Richardi/Annuß*, § 130 BetrVG Rz. 13; *Balze/Rebel/Schuck*, Outsourcing und Arbeitsrecht, 3. Aufl. 2007, Rz. 1211 ff.; *Schipp*, NZA 1994, 865 (869). |4 BAG v. 27.7.1994 – 7 ABR 37/93, AP Nr. 118 zu § 613a BGB; *Hohenstatt* in Willemsen/Hohenstatt/Schweibert/Seibt, E 4. |5 *Balze/Rebel/Schuck*, Outsourcing und Arbeitsrecht, 3. Aufl. 2007, Rz. 1215 f.; aA *Blanke/Trümner*, Handbuch Privatisierung, Rz. 723. |6 Vgl. § 13 des Gesetzes zur Neuregelung der Rechtsverhältnisse der öffentlich-rechtlichen Kreditinstitute in Nordrhein-Westfalen, GVBl NRW 2002, S. 286. |7 Zu Übergangsproblemen vom alten zum neuen Betriebsverfassungsrecht: *Däubler*, DB 2001, 1669 ff.

Bürgerliches Gesetzbuch (BGB)

in der Fassung der Bekanntmachung vom 2.1.2002 (BGBl. I S. 42, 2909), zuletzt geändert durch Gesetz vom 26.3.2008 (BGBl. I S. 441)

– Auszug –

Buch 1. Allgemeiner Teil

Abschnitt 3. Rechtsgeschäfte

Titel 2. Willenserklärung

119 *Anfechtbarkeit wegen Irrtums*

(1) Wer bei Abgabe einer Willenserklärung über deren Inhalt im Irrtum war oder eine Erklärung dieses Inhalts überhaupt nicht abgeben wollte, kann die Erklärung anfechten, wenn anzunehmen ist, dass er sie bei Kenntnis der Sachlage und bei verständiger Würdigung des Falles nicht abgegeben haben würde.

(2) Als Irrtum über den Inhalt der Erklärung gilt auch der Irrtum über solche Eigenschaften der Person oder der Sache, die im Verkehr als wesentlich angesehen werden.

1 **I. Allgemeines.** Die zum Abschluss des Arbeitsvertrages abgegebene Willenserklärung jeder Partei kann unter den Voraussetzungen der §§ 119 ff. angefochten werden. Die Anfechtung wird insb. nicht durch die Kündigungsregeln verdrängt[1]. Kündigungsverbote sind für die Wirksamkeit einer Anfechtung nicht zu beachten, da Kündigung und Anfechtung verschiedene Gestaltungsrechte sind[2]. Nach der hM muss der ArbGeb vor einer Anfechtung **nicht gem. § 102 BetrVG** den **BR anhören**[3]. Für die Anfechtung ist eben kein zukunftsbezogener Kündigungsgrund erforderlich. Bei einer Anfechtung ist auch keine Zustimmung des BR gem. § 103 BetrVG erforderlich, wenn ein Arbeitsverhältnis mit einem BR-Mitglied aufgelöst werden soll. Hinsichtlich des Vorliegens der Anfechtungsgründe trägt der Anfechtende die Darlegungs- und Beweislast[4]. Anfechtbar ist auch der Widerspruch gegen einen Betriebsübergang, da mit dem Widerspruch ein Gestaltungsrecht durch eine einseitige empfangsbedürftige Willenserklärung ausgeübt wird[5].

2 **II. Anfechtungsgründe. 1. Inhalts- und Erklärungsirrtum (Abs. 1).** Die auf den Abschluss des Arbeitsvertrags gerichteten Willenserklärungen können wie jede andere Willenserklärung gem. Abs. 1 angefochten werden, wenn bei ihrer Abgabe ein **Inhalts- oder Erklärungsirrtum** vorlag. Ein Erklärungsirrtum liegt dann vor, wenn der Erklärende eine Erklärung dieses Inhalts überhaupt nicht abgeben wollte. Bei einem Inhaltsirrtum irrt der Erklärende über die rechtl. Bedeutung seiner Willenserklärung[6]. Für eine Anfechtung gem. Abs. 1 gelten keine arbeitsrechtl. Besonderheiten[7]. Ein Irrtum über die sozialrechtl. Folgen einer ATZ-Vereinbarung nebst Freistellungsvereinbarung stellt als bloßer Irrtum über die Rechtsfolgen einer Erklärung ebenfalls keinen zur Anfechtung nach Abs. 1 berechtigenden Inhaltsirrtum dar[8]. Ebenfalls kein Anfechtungsrecht hat idR der ArbN, der eine Erklärung über den Fortbestand des Arbeitsverhältnisses ungelesen oder als der deutschen Sprache nicht mächtiger Ausländer unverstanden unterschreibt[9]. Wer alles unterschreibt, der ist mit allem einverstanden. Wer keine Vorstellung hat, von dem, was er unterschreibt, der hat auch keine bewusste Fehlvorstellung.

---

1 So die ganz hM: BAG v. 5.12.1957 – 1 AZR 594/56, BAGE 5, 159 (161); *Picker*, ZfA, 1981, 1 ff.; Staudinger/*Richardi*, § 611 BGB Rz. 204 ff.; aA erklärt die Vorschriften des BGB über die Anfechtung nach Aufnahme der Arbeit als unanwendbar. An ihre Stelle sollen die Vorschriften über die ordentliche und außerordentliche Kündigung treten. Siehe hierzu LAG BW v. 10.10.1956 – 5 Sa 52/56, DB 1956, 1326; vgl. auch *Gamillscheg*, AcP 176 (1976), 197 (216 ff.); *Hönn*, ZfA 1987, 61 ff. | 2 MünchArbR/*Buchner*, § 41 Rz. 183. | 3 BAG v. 11.11.1993 – 2 AZR 467/93, AP Nr. 38 zu § 123 BGB; Richardi/*Thüsing*, § 102 BetrVG Rz. 26; aA *Gamillscheg*, AcP 176 (1976), 197, 218; *Hönn*, ZfA 1987, 61 (89); *Wolf*/*Gangel*, ArbuR 1982, 271 (276): Hiernach muss § 102 BetrVG auch für die Anfechtung gelten, da die Anhörung des BR den Zweck habe, dass der ArbGeb nochmals über seine Entscheidung nachdenke. | 4 LAG Berlin v. 19.11.1984 – 9 Sa 83/84, LAGE § 12 BGB Nr. 5. | 5 BAG v. 15.2.2007 – 8 AZR 310/06, DB 2007, 1759–1761. | 6 MünchArbR/*Richardi*, § 44 Rz. 30. | 7 ErfK/*Preis*, § 611 BGB Rz. 427; MünchArbR/*Richardi*, § 46 Rz. 29. | 8 BAG v. 10.2.2004 – 9 AZR 401/02, AP Nr. 15 zu § 119 BGB. | 9 LAG Köln v. 2.9.2004 – 6 Sa 274/04, nv.; zur Anfechtung einer Ausgleichsquittung LAG Hessen v. 1.4.2003 – 13 Sa 1240/02, nv.

2. Eigenschaftsirrtum. Von größerer arbeitsrechtl. Bedeutung ist hingegen die Anfechtung von Arbeitsverträgen wegen eines **Irrtums über eine verkehrswesentliche Eigenschaft des ArbN gem. Abs. 2**[1]. Verkehrswesentliche Eigenschaften einer Person bestehen neben ihren körperlichen Merkmalen auch in ihren tatsächlichen oder rechtl. Verhältnissen und Beziehungen zur Umwelt, soweit sie nach der Verkehrsanschauung für die Wertschätzung und die zu leistende Arbeit von Bedeutung und nicht nur vorübergehender Natur sind[2]. Der Irrtum des ArbGeb muss sich auf solche Eigenschaften des ArbN beziehen, die im Verkehr als wesentlich angesehen werden. Eine weitere Voraussetzung für eine Anfechtung ist, dass der ArbGeb seine Willenserklärung „bei Kenntnis der Sachlage und bei verständiger Würdigung des Falles nicht abgegeben hätte" (Abs. 1)[3]. Hinsichtlich der Frage, wann eine Eigenschaft verkehrswesentlich ist, kann grds. das **Fragerecht des ArbGeb** herangezogen werden. Besteht ein Fragerecht und stellt der ArbGeb die Frage, dann wird er bei falscher Beantwortung regelmäßig auch zu einer Anfechtung gem. Abs. 2 berechtigt sein. Durch seine Frage zeigt der ArbGeb, dass die Eigenschaft für ihn wesentlich ist. 3

Der ArbGeb muss sich über eine **konkrete verkehrswesentliche Eigenschaft** des ArbN irren. Die Voraussetzungen dieser Vorschrift sind nicht bereits dann erfüllt, wenn die **Leistung** des ArbN nicht den Erwartungen des ArbGeb entspricht. Eine Anfechtung ist mithin nicht bei einer reinen Fehlbeurteilung des ArbGeb hinsichtlich der allgemeinen Fähigkeiten des ArbN möglich. Geschützt ist das Nichtwissen von konkreten Eigenschaften als Voraussetzung für die Beurteilung, ob der ArbN für die vorgesehene Arbeitsleistung geeignet ist. Einen Anfechtungsgrund iSv. Abs. 2 können allerdings **Mängel an fachlicher Vorbildung** als notwendige Voraussetzung für die Erbringung einer Arbeitsleistung darstellen. Der ArbGeb wird auch bei **gesundheitlichen Mängeln** des ArbN zu einer Anfechtung berechtigt sein, wenn der ArbN durch sie an der Erbringung der Arbeitsleistung gehindert oder seine Eignung für die vertragl. vereinbarte Tätigkeit wesentlich eingeschränkt ist[4]. 4

Keine verkehrswesentliche Eigenschaft ist die **Schwangerschaft** einer Bewerberin, da diese keinen Dauerzustand darstellt[5]. Es wird darüber hinaus aus dem MuSchG ein Verbot der Anfechtung gefordert[6]. Das BAG nahm ferner auch das Vorliegen eines Anfechtungsgrundes an, wenn bei befristeten Verträgen die ArbNin auf Grund von Beschäftigungsverboten oder Beschäftigungsbeschränkungen für eine im Hinblick auf die Gesamtdauer des Arbeitsverhältnisses erhebliche Zeit ausfällt[7]. Diese Rspr. ist jedoch als unvereinbar mit dem AGG abzulehnen. Ebenfalls unvereinbar mit dem AGG und den zu Grunde liegenden europarechtl. Vorschriften ist die Anfechtung der Erklärung des ArbGeb, die ArbNin könne an ihren Arbeitsplatz vor dem Ende des Erziehungsurlaubs zurückkehren, sofern Anfechtungsgrund der Irrtum über das Bestehen einer erneuten Schwangerschaft der ArbNin ist. Art. 2 I der RL 76/207/EWG verbietet in einem solchen Fall die Anfechtung der Erklärung[8]. 5

Ist ein ArbN auf Grund seiner **Schwerbehinderteneigenschaft** nicht in der Lage, die vertragl. vereinbarte Leistung zu erbringen, die fehlende Behinderung also wesentliche und entscheidende berufliche Anforderung für die Tätigkeit (§ 81 II 2 SGB IX iVm. § 8 AGG), kann der ArbN auch hier gem. Abs. 2 anfechten. Auch hier kommt es für die Beurteilung über das Vorliegen eines Anfechtungsgrunds auf das Bestehen einer **Offenbarungspflicht** des ArbN an (s. § 123 Rz. 33)[9]. 6

Vorstrafen stellen keine verkehrswesentlichen Eigenschaften dar und berechtigen den ArbGeb somit grds. nicht zu einer Irrtumsanfechtung. Die Kenntnis von Vorstrafen kann jedoch im Einzelfall einen Rückschluss auf persönliche Eigenschaften (Zuverlässigkeit, Charakterfestigkeit) des ArbN gewähren, so dass die diesbezügliche Unkenntnis den ArbGeb zu einer Anfechtung berechtigt. Für ein Anfechtungsrecht ist der Zusammenhang von Vorstrafe und Art der angestrebten Tätigkeit wesentlich. So sind für die Besetzung einer Tätigkeit als Kraftfahrer nur verkehrsrechtl. Vorstrafen, nicht aber solche im Zusammenhang mit Vermögensdelikten von Bedeutung. Vorstrafen berechtigen auch dann nicht zu einer Anfechtung, wenn sich der Bewerber gem. § 53 BZRG als unbestraft bezeichnen kann (s. zur Problematik der Vorstrafen s. § 123 Rz. 12)[10]. 7

Der **MfS-Mitarbeiterstatus** soll zumindest den öffentl. ArbGeb – allerdings nach Abwägung der Umstände des Einzelfalls – zu einer Anfechtung berechtigen, da eine MfS-Mitgliedschaft im Bereich des öffentl. Rechts eine verkehrswesentliche Eigenschaft begründet[11]. 8

3. Falsche Übermittlung als Anfechtungsgrund. Der Arbeitsvertrag kann auch wegen falscher Übermittlung gem. § 120 angefochten werden. Es gelten insoweit keine arbeitsrechtl. Besonderheiten. 9

---

1 Vgl. BAG v. 26.7.1989 – 5 AZR 491/88, AP Nr. 87 zu § 1 LohnFG. | 2 BAG v. 21.2.1991 – 2 AZR 449/90, AP Nr. 35 zu § 123 BGB; MünchArbR/*Richardi*, § 44 Rz. 41. | 3 Vgl. BAG v. 21.2.1991 – 2 AZR 449/90, AP Nr. 35 zu § 123 BGB, unter II.4 f. d.Gr. | 4 BAG v. 28.3.1974 – 2 AZR 92/73, AP Nr. 3 zu 119 BGB. | 5 BAG v. 22.9.1961 – 1 AZR 241/60, AP Nr. 15 zu § 123 BGB; v. 24.6.1960 – 1 AZR 96/58, AP Nr. 1 zu § 8 MuSchG 1968; krit. zur Begründung der Rspr. Staudinger/*Richardi*, § 611 BGB Rz. 152 ff. | 6 MünchArbR/*Richardi*, § 46 Rz. 34. | 7 BAG v. 6.10.1962 – 2 AZR 360/61, AP Nr. 24 zu § 9 MuSchG; v. 24.6.1960 – 1 AZR 96/58, AP Nr. 1 zu § 8 MuSchG. | 8 EuGH v. 27.2.2003 - C-320/01, AP Nr. 31 zu EWG Richtlinie Nr. 76/207. | 9 BAG v. 25.3.1976 – 2 AZR 136/75, AP Nr. 19 zu § 123 BGB. | 10 So auch Staudinger/*Richardi*, § 611 BGB Rz. 158. | 11 *Heidsiek*, BB 1994, 2495 (2496).

10 **III. Beschränkung der Anfechtungsmöglichkeit durch den Grundsatz von Treu und Glauben.** Da sich die Anfechtung auf in der Vergangenheit liegende Willenserklärungen bezieht, ist in Ausnahmefällen eine Beschränkung des Anfechtungsrechts geboten. Probleme entstehen etwa, wenn sich nach erklärter Anfechtung herausstellt, dass ein Anfechtungsgrund in Wirklichkeit von Anfang an nicht bestanden hat oder später weggefallen oder bedeutungslos geworden ist. Hierdurch kann ein Verstoß gegen den **Grundsatz von Treu und Glauben** in Betracht kommen, weil der Anfechtungsgrund im Zeitpunkt der Anfechtung seine Bedeutung für das Arbeitsverhältnis verloren hat, da das Arbeitsverhältnis jahrelang beanstandungsfrei durchgeführt wurde[1].

11 **IV. Kausalität.** Der Irrtum muss für die Begründung des Arbeitsverhältnisses ursächlich gewesen sein. Das bedeutet, dass der Anfechtungsberechtigte ohne seinen Irrtum seine Willenserklärung nicht oder nicht mit diesem Inhalt abgegeben hätte, wobei eine Mitursächlichkeit ausreicht[2].

12 **V. Erklärung der Anfechtung.** Die Anfechtungserklärung ist eine formlose Willenserklärung, die gegenüber dem anderen Teil erfolgt. Sie ist unwiderruflich und bedingungsfeindlich[3]. Eine Anfechtung kann auch neben einer außerordentl. Kündigung ausgesprochen werden, wenn der Anfechtungsgrund nicht inzwischen seine Bedeutung verloren hat und im Zeitpunkt der Anfechtungserklärung so stark nachwirkt, dass eine weitere Fortsetzung des Arbeitsverhältnisses nicht zumutbar ist[4].

13 Wurde eine ordentl. Kündigung erklärt, kann diese allerdings nicht in eine Anfechtung **umgedeutet** werden. Eine Unzulässigkeit der Umdeutung ist aus dem Grund gegeben, dass das ersatzweise Rechtsgeschäft nicht weiter reichende Folgen haben darf, als das ursprüngliche Rechtsgeschäft. Die wirksame Anfechtung führt jedoch im Gegensatz zur ordentl. Kündigung zu einer sofortigen Beendigung des Arbeitsverhältnisses[5]. Grundsätzlich zulässig ist dagegen eine Umdeutung einer außerordentl. Kündigung in eine Anfechtung[6], wobei das BAG jedoch eine Umdeutung dann für unzulässig erachtet hat, wenn der Anfechtungsberechtigte seine Wahl ausdrücklich und klar bezeichnet hat[7].

14 **VI. Anfechtungsfrist.** Die Anfechtung einer Willenserklärung wegen eines Irrtums hat gem. § 121 I **unverzüglich**, dh. ohne schuldhaftes Zögern zu erfolgen. Nach der Rspr. des BAG wird der Begriff der Unverzüglichkeit durch die Ausschlussfrist des § 626 II konkretisiert. Folglich muss die Anfechtung spätestens binnen zwei Wochen nach Kenntniserlangung des Anfechtungsgrunds erfolgt sein. Die Anpassung der Anfechtungsfrist an die Frist zur außerordentl. Kündigung erfolgt aus dem Grund, dass dem Berechtigten wahlweise das Recht zur außerordentl. Kündigung oder zur Anfechtung zugebilligt wird[8]. Zur Vermeidung einer Umgehung der strengeren Anforderungen des § 626 II muss bei einem Wahlrecht eine Anpassung der Frist erfolgen. Nach Ablauf der Frist können auch keine weiteren Anfechtungsgründe nachgeschoben werden, wenn eine selbständige Anfechtung mit diesen Gründen verspätet wäre[9]. Eine Anfechtungserklärung eines Prozessvergleichs, die an das Gericht gerichtet ist und erst durch dieses an den Prozessgegner weitergeleitet wird, ist nicht unverzüglich, da der Anfechtende durch unmittelbare Zustellung einen schnelleren Zugangsweg hätte wählen können[10].

15 **VII. Rechtsfolgen.** Grundsätzlich bewirkt die wirksame Anfechtung gem. § 142 die Nichtigkeit des Vertrags. Bereits erbrachte Leistungen werden nach den Regeln des Bereicherungsrechts rückabgewickelt. Im Gegensatz zur allgemeinen bürgerlich-rechtl. Regelung hat sich beim Arbeitsvertrag hinsichtlich der Rechtsfolgen einer wirksamen Anfechtung eine Sonderentwicklung vollzogen. Diese beruht insb. auf der Tatsache, dass eine Rückabwicklung nach den Regeln des Bereicherungsrechts nicht den zwingend festgelegten Sozialschutz infrage stellen darf[11]. Erbrachte Arbeitsleistungen können nur schwer zurückerstattet werden, so dass im Arbeitsrecht hinsichtlich der Rechtsfolgen einer Anfechtung danach unterschieden werden muss, ob das Arbeitsverhältnis **in Vollzug** gesetzt war, ob also bereits ein Leistungsaustausch stattgefunden hat. Ein Arbeitsverhältnis ist dann in Vollzug oder Funktion gesetzt, wenn der ArbN beim ArbGeb erschienen ist, seinen Arbeitsplatz zugewiesen bekommen und die Arbeit aufgenommen hat. Es soll sogar bereits der Erhalt von Informationen über seine künftige Tätigkeit ausreichen[12]. Ist das Arbeitsverhältnis im Zeitpunkt der Anfechtung **noch nicht in Vollzug gesetzt**, gilt

---

1 BAG v. 12.2.1970 – 2 AZR 184/69, AP Nr. 17 zu § 123 BGB; v. 18.9.1987 – 7 AZR 507/86, AP Nr. 32 zu § 123 BGB; v. 11.11.1993 – 2 AZR 467/93, AP Nr. 38 zu § 123 BGB; BAG v. 28.5.1998 – 2 AZR 549/97, AP Nr. 46 zu § 123 BGB; ausf. zu dieser Problematik: Staudinger/*Richardi*, § 611 BGB Rz. 219 ff.; s. auch ErfK/*Preis*, § 611 BGB Rz. 425. | **2** BAG v. 11.11.1993 – 2 AZR 467/93, AP Nr. 38 zu § 123 BGB; LAG Köln v. 13.11.1995 – 3 Sa 832/95, NZA-RR, 1996, 403. | **3** Palandt/*Heinrichs*, § 143 BGB Rz. 2. | **4** BAG v. 5.12.1957 – 1 AZR 594/56, AP Nr. 2 zu § 123 BGB; v. 22.9.1961 – 1 AZR 241/60, AP Nr. 15 zu § 123 BGB; v. 28.3.1974 – 2 AZR 92/93, AP Nr. 3 zu § 119 BGB; v. 21.2.1991 – 2 AZR 449/90, AP Nr. 35 zu § 123 BGB. | **5** BAG v. 3.11.1982 – 7 AZR 5/81, AP Nr. 12 zu § 15 KSchG 1969. | **6** *Dörner*, AR-Blattei, SD 60, Rz. 106. | **7** BAG v. 14.12.1979 – 7 AZR 38/78, AP Nr. 4 zu § 119 BGB; aA *Herschel*, ArbuR 1982, 255. | **8** BAG v. 14.12.1979 – 7 AZR 38/78, AP Nr. 4 zu § 119 BGB; v. 19.5.1983 – 2 AZR 171/81, AP Nr. 25 zu § 123 BGB; v. 21.2.1991 – 2 AZR 449/90, AP Nr. 35 zu § 123 BGB; ErfK/*Preis*, § 611 BGB Rz. 441; *Hönn*, ZfA 1987, 61 (67 ff.); aA Staudinger/*Richardi*, § 611 BGB Rz. 223 f.; *Picker*, ZfA 1981, 1; *Picker*, SAE, 1981, 82; MünchArbR/*Buchner*, § 46 Rz. 51 mit der Begründung, dass die Wesensverschiedenheit von Anfechtung und Kündigung eine Anpassung ausschließe. | **9** BAG v. 21.1.1981 – 7 AZR 1093/78, AP Nr. 5 zu § 119 BGB; LAG Berlin v. 19.11.1984 – 9 Sa 83/84, LAGE § 123 BGB Nr. 5. | **10** So recht streng LAG Köln v. 17.5.2004 – 2 (12) Sa 459/03, LAGReport 2005, 92. | **11** Umfassend Staudinger/*Richardi*, § 611 ff. BGB Rz. 228 ff. insb. Rz. 232. | **12** BAG v. 18.4.1968 – 2 AZR 145/67, AP Nr. 32 zu § 63 HGB; MünchArbR/*Richardi*, § 44 Rz. 65.

die gesetzl. Regelung des § 142[1] ohne Modifikation. Nach Beschäftigungsbeginn wird das **fehlerhaft begründete Arbeitsverhältnis** so behandelt, als läge ein fehlerfrei begründetes vor. Das Vertragsverhältnis kann allerdings jederzeit beendet werden. Daher kann in diesem Fall bei einer Anfechtung durch den ArbGeb **die Nichtigkeit des Arbeitsvertrags nicht mehr mit rückwirkender Kraft** geltend gemacht werden. Die Anfechtung entfaltet **regelmäßig nur für die Zukunft** Wirkung (ex nunc)[2]. Die erbrachten Leistungen sind so abzuwickeln als sei das Arbeitsverhältnis in der Vergangenheit gültig gewesen. Jede Vertragspartei kann sich jedoch für die Zukunft jederzeit **einseitig vom Vertrag** lossagen[3]. Das Arbeitsverhältnis bei fehlerhaftem Arbeitsvertrag wird häufig als **faktisches Arbeitsverhältnis** bezeichnet[4].

Die allgemeinen Regeln greifen auch, wenn das Arbeitsverhältnis **zwischenzeitlich wieder außer Funktion gesetzt** wurde und der ArbN ab diesem Zeitpunkt keine Arbeitsleistung mehr erbringt. Die Anfechtung wirkt hier auf den Zeitpunkt der Außerfunktionssetzung zurück. Ein Arbeitsverhältnis wird bspw. dadurch außer Funktion gesetzt, dass der ArbGeb zunächst eine Kündigung ausspricht und hierdurch eine Suspendierung der vertragl. Hauptleistungspflichten (Dienstleistung und Lohnzahlung) bewirkt wurde. Zum Zeitpunkt der Anfechtung bestehen dann keine bereicherungsrechtl. Rückabwicklungsprobleme mehr. Ob Gesichtspunkte des Vertrauensschutzes bei einer Irrtumsanfechtung die Rückabwicklung des Arbeitsverhältnisses bis zum Zeitpunkt der Außerfunktionssetzung des Arbeitsverhältnisses erfordern, ist noch nicht entschieden. Eine Beschränkung auf die Fälle der Täuschungsanfechtung könnte nur mit der geringeren Schutzwürdigkeit des Anfechtungsgegners begründet werden[5]. 16

Ist ein ArbN schon vor der Anfechtung krank geworden, wird das Arbeitsverhältnis nicht außer Funktion gesetzt. Die zeigen schon die gesetzl. Regeln über die Lohfortzahlung. Somit wirkt die Anfechtung auch hier ex nunc[6]. 17

Klagefrist. Nach erklärter Anfechtung durch den ArbGeb kann der ArbN durch Feststellungsklage geltend machen, dass kein Anfechtungsgrund besteht. Hierbei muss er grds. keine Klagefrist beachten, da § 13 I 2 iVm. §§ 3, 4 S. 1, 7 KSchG auf Grund der fehlenden Gleichstellung von Anfechtung und außerordentl. Kündigung keine entsprechende Anwendung finden[7]. Jedoch ist auch in diesem Fall auf Grund der Verschiedenheit von Kündigung und Anfechtung eine entsprechende Anwendung der kündigungsrechtl. Ausschlussfristen abzulehnen. Nach einem gewissen Zeitablauf kann allerdings das Berufen auf die Unwirksamkeit einer Anfechtung wegen Verwirkung unzulässig sein. Erforderlich ist somit eine Interessenabwägung. 18

123 *Anfechtbarkeit wegen Täuschung oder Drohung*

(1) Wer zur Abgabe einer Willenserklärung durch arglistige Täuschung oder widerrechtlich durch Drohung bestimmt worden ist, kann die Erklärung anfechten.

(2) Hat ein Dritter die Täuschung verübt, so ist eine Erklärung, die einem anderen gegenüber abzugeben war, nur dann anfechtbar, wenn dieser die Täuschung kannte oder kennen musste. Soweit ein anderer als derjenige, welchem gegenüber die Erklärung abzugeben war, aus der Erklärung unmittelbar ein Recht erworben hat, ist die Erklärung ihm gegenüber anfechtbar, wenn er die Täuschung kannte oder kennen musste.

I. Allgemeines. Zu den allgemeinen Voraussetzungen der Anfechtung s. § 119 Rz. 1. 1

II. Arglistige Täuschung als Anfechtungsgrund. 1. Grundsätzliches. Unter einer Täuschung ist jedes Verhalten zu verstehen, durch das ein Irrtum bezüglich objektiv nachprüfbarer Umstände erregt, bestärkt oder aufrecht erhalten wird, durch die der Getäuschte zur Abgabe einer Willenserklärung veranlasst wird[8]. Die Täuschung kann ebenfalls durch **Vorspiegeln** oder **Entstellen von Tatsachen** erfolgen, 2

---

1 KassHdb/*Leinemann*, 1.1 Rz. 603. | 2 Grundl. BAG v. 15.11.1995 – 1 AZR 189/57, AP Nr. 2 zu § 125 BGB; v. 19.6.1959 – 1 AZR 565/57, AP Nr. 1 zu § 611 BGB – Doppelarbeitsverhältnis; v. 5.12.1957 – 1 AZR 594/56, AP Nr. 2 zu § 123 BGB; v. 16.9.1982 – 2 AZR 228/80, AP Nr. 24 zu § 123 BGB; v. 29.8.1984 – 7 AZR 34/83, AP Nr. 27 zu § 123 BGB; BAG v. 20.2.1986 – 2 AZR 244/85, AP Nr. 31 zu § 123 BGB; *Hueck/Nipperdey*, I 123 ff., 183 ff.; *Nikisch*, I 173 f., 215 ff.; aA *Beuthien*, RdA 1969, 161 ff. mit der Begründung, dass diese Auffassung nicht gesetzestreu sei. Vielmehr müsse im Grundsatz auch für die Vergangenheit von der Nichtigkeit des Vertrages ausgegangen und daher das fehlerhafte Arbeitsverhältnis als bürgerlich-rechtliches Abwicklungsproblem behandelt werden. S. auch *Ramm*, ArbuR 1963, 97 (106 f.); *Picker*, ZfA 1981, 1 (61), die diese Ausführungen zumindest für die Anfechtung wegen arglistiger Täuschung gelten lassen wollen; einschr. BAG v. 3.12.1998 – 2 AZR 754/97, AP Nr. 49 zu § 123 BGB. | 3 BAG v. 7.12.1961 – 2 AZR 12/61, AP Nr. 1 zu § 611 BGB – Faktisches Arbeitsverhältnis. | 4 *Schaub*, ArbRHdb, § 35 Rz. 34, *Lehmann*, NJW 1958, 1; Staudinger/*Lorenz*, § 812 BGB Rz. 90; aA Staudinger/*Richardi*, § 611 BGB Rz. 235. | 5 *Walker*, JA 1985, 164 (165). | 6 BAG v. 18.4.1968 – 2 AZR 145/67, AP Nr. 32 zu § 63 HGB; v. 20.2.1986 – 2 AZR 244/85, AP Nr. 31 zu § 123 BGB; krit. *Dörner*, AR-Blattei SD 60, Rz. 98. | 7 Vgl. BAG v. 27.1.1955 – 2 AZR 418/54, = AP Nr. 5 zu § 11 KSchG; v. 15.9.1955 – 2 AZR 475/54, AP Nr. 7 zu § 11 KSchG; v. 17.8.1972 – 2 AZR 415/71, AP Nr. 65 zu § 626 BGB; Staudinger/*Richardi*, § 611 BGB Rz. 227; Wolf/*Gangel*, ArbuR 1982, 271 (277); *Dörner*, AR-Blattei SD 60, Rz. 100; *Picker*, ZfA 1981, 105 ff. (insb. 107); aA *Hönn*, ZfA 1987, 61 (90 f.). Offen gelassen BAG v. 14.12.1979 – 7 AZR 38/78, BGB AP Nr. 4 zu § 119 BGB. | 8 BAG v. 5.10.1995 – 2 AZR 923/94, AP Nr. 40 zu § 123 BGB.

etwa durch das Anfertigenlassen eines handgeschriebenen Lebenslaufs um bei einem graphologischen Gutachten bessere Werte zu erzielen[1]. Ist der ArbN zur Offenbarung von Tatsachen verpflichtet, kann eine Täuschung auch **durch Verschweigen von Tatsachen** erfolgen. Von Bedeutung ist in diesem Zusammenhang vor allem die **falsche Beantwortung einer zulässigen Frage des ArbGeb** (zum Fragerecht Rz. 6 ff.). Auch ohne vorangegangene Frage des ArbGeb liegt eine Täuschung des Bewerbers durch Verschweigen vor, wenn ihm eine Offenbarungspflicht obliegt und er diese bewusst missachtet (umfassend hierzu Rz. 32 ff.). Für die Annahme einer **Arglist** ist ausreichend, dass der Täuschende in dem Bewusstsein handelt, der Getäuschte werde durch die Täuschung zur Abgabe einer Willenserklärung veranlasst, die er ohne seinen Irrtum nicht oder zumindest nicht zu diesen Konditionen abgegeben hätte[2]. Nicht jede Erregung eines Irrtums begründet das Recht zur Anfechtung wegen arglistiger Täuschung. Vielmehr muss eine **Rechtswidrigkeit** der Täuschung bestehen, da § 123 die freie Willensentschließung vor Eingriffen anderer schützen soll[3]. Somit stellt die Falschbeantwortung einer vom ArbGeb gestellten Frage nur eine Täuschung iSd. § 123 dar, wenn dem ArbGeb ein Fragerecht zustand. Soll durch das Einreichen eines nicht selbst geschriebenen Lebenslauf ein graphologisches Gutachten verfälscht werden, fällt diese Handlung ebenfalls nur unter den Tatbestand des § 123, wenn der ArbGeb zur Einholung des Gutachtens berechtigt war[4].

3 **2. Fragerecht des Arbeitgebers. a) Personalfragebogen und Einstellungsgespräch.** Um sich vor einer Einstellung Kenntnisse über die persönlichen Verhältnisse des Bewerbers zu verschaffen, kann der ArbGeb ihn im Rahmen des Einstellungsgesprächs mündlich befragen. Häufig muss der Bewerber auch bereits zur Vorbereitung eines Einstellungsgesprächs einen Personalfragebogen des ArbGeb ausfüllen. Der Personalfragebogen ist die formularmäßige Zusammenfassung von Fragen, die Aufschluss über die persönlichen Verhältnisse, Kenntnisse und Fähigkeiten einer Person geben sollen[5]. Diese Voraussetzungen sind jedoch auch gegeben, wenn der ArbGeb im Vorstellungsgespräch dem Bewerber Fragen anhand einer „Checkliste" vorhält und die darauf erteilten Antworten in die Liste einträgt. Ein eigenhändiges Ausfüllen des Bewerbers ist mithin nicht erforderlich.

4 Gem. § 94 BetrVG unterliegt der Personalfragebogen der erzwingbaren **Mitbest.** des BR (Einzelheiten s. § 94 BetrVG Rz. 2 ff.).

5 Missachtet der ArbGeb, dass der BR einer Frage nicht zugestimmt hat, berührt dies nicht sein Anfechtungsrecht gem. § 123 bei Falschbeantwortung der Frage durch den Bewerber. Dies gilt auch dann, wenn die Zulässigkeit der Frage zweifelhaft ist (vgl. zur Zulässigkeit des Fragerechts Rz. 6 ff.). Der BR hat hier nur **betriebsverfassungsrechtl. Sanktionen**. Die betriebsverfassungsrechtl. Pflichtwidrigkeit – von der der Bewerber im Zweifel nichts weiß – gibt keinen Freibrief, durch arglistige Täuschung in eine Arbeitsverhältnis zu gelangen[6]. Die mit dem Personalbogen verbundene Datenerhebung des ArbGeb unterliegt den Begrenzungen des BDSG (s. Rz. 30 f.).

6 **b) Grenzen und Umfang des Fragerechts. aa) Grundsätzliches.** Die allgemeine **Vertragsfreiheit** umfasst auch das Recht des ArbGeb, sich durch Fragen – für den Vertragsabschluss relevante – Informationen über den ArbN zu verschaffen[7]. Diese **Informationsfreiheit** gilt jedoch nicht uneingeschränkt[8]. Für den öffentl. Dienst begrenzt Art. 33 GG das Fragerecht des ArbGeb dahingehend, dass bei der Einstellungsentscheidung nur Eignung, Befähigung und fachliche Leistung der Bewerber berücksichtigt werden dürfen. Durch das in Art. 9 III GG enthaltene Benachteiligungsverbot wegen einer Gewerkschaftszugehörigkeit ergibt sich, dass dem ArbGeb auch eine diesbezügliche Frage im Rahmen der Vertragsanbahnung nicht gestattet ist. Über diese gesetzl. Grenzen hinaus, muss die Informationsfreiheit vor allem im Hinblick auf das verfassungsrechtl. geschützte **Persönlichkeitsrecht des ArbN** (Art. 2 I GG iVm. Art. 1 I GG) beschränkt werden[9]. Auch die **Benachteiligungsverbote des AGG** haben unmittelbare Auswirkungen auf die Reichweite des Fragerechts des ArbGeb gegenüber Bewerbern, die vom Schutz des AGG erfasst sind (§ 6 I 2 AGG)[10]. Generell gilt: Wo eine Unterscheidung nicht gerechtfertigt wäre, darf der ArbGeb auch nicht die dafür erforderlichen Informationen erfragen. Ebenso wie das Diskriminierungsverbot schon im Vorfeld auf die Ausschreibung wirkt (§ 11 AGG), wirkt es auf die Informationsrechte des ArbGeb des Arbeitsverhältnisses bei Begründung ein.

7 Dass ein ArbGeb einem Bewerber nicht jede Frage stellen darf, die ihm in den Sinn kommt, ist international und historisch betrachtet keine Selbstverständlichkeit. In französischen Lehrbüchern des Arbeitsrechts fehlt ein Hinweis auf das Fragerecht des ArbGeb und auch die Arbeitsrechtslehrbücher der

1 BAG v. 16.9.1982 – 2 AZR 288/80, AP Nr. 24 zu § 123 BGB. | 2 Staudinger/*Singer/Finckenstein*, § 123 BGB Rz. 27. | 3 BAG v. 21.2.1991 – 2 AZR 449/90, AP Nr. 35 zu § 123 BGB. | 4 *Brox*, Anm. zu BAG v. 16.9.1982 – 2 AZR 288/80, AP Nr. 24 zu § 123 BGB. | 5 BAG v. 21.9.1993 – 1 ABR 28/93, AP Nr. 4 zu § 94 BetrVG 1972; ebenso Richardi/*Thüsing*, § 94 BetrVG Rz. 5. | 6 BAG v. 2.12.1999 – 2 AZR 724/98, AP Nr. 16 zu § 79 BPersVG; *Richardi/Thüsing*, § 94 BetrVG Rz. 45; aA ErfK/*Preis*, § 611 BGB Rz. 331. | 7 Soergel/*Kraft*, § 611 BGB Rz. 28; Staudinger/*Richardi*, § 611 BGB Rz. 135. | 8 BAG v. 5.12.1957 – 1 AZR 594/56, AP Nr. 2 zu § 123 BGB; v. 5.10.1995 – 2 AZR 923/94, AP Nr. 40 zu § 123 BGB. | 9 Staudinger/*Richardi*, § 611 BGB Rz. 140; *Schaub*, ArbRHdb, § 26 Rz. 11; vgl. *Buchner*, NZA 1991, 577 (579). | 10 S. dazu *Kania/Merten*, ZIP 2007, 8 (11 ff.); *Wisskirchen*, NZA 2007, 169.

Weimarer Zeit vermerkten für das deutsche Arbeitsrecht diesen Streitpunkt nicht[1]. Die st. Rspr. des BAG hat dem Informationswunsch des ArbGeb jedoch zu Recht Grenzen gesetzt. Ein Fragerecht des ArbGeb bei Einstellungsverhandlungen ist nur insoweit anerkannt, als der ArbGeb ein „berechtigtes, billigenswertes und schutzwürdiges Interesse an der Beantwortung seiner Fragen im Hinblick auf das Arbeitsverhältnis" hat[2]. Ein solches berechtigtes Interesse ist nur dann gegeben, wenn das Interesse des ArbGeb so gewichtig ist, dass dahinter das Interesse des ArbN zurückzutreten hat, seine persönlichen Lebensumstände zum Schutz seines Persönlichkeitsrechts und zur Sicherung der Unverletzlichkeit seiner Individualsphäre geheim zu halten[3]. Aus diesem die gegenseitigen Interessen abwägenden Ansatz haben sich zwei Begrenzungen des Fragerechts herausgebildet[4]: Zum einen muss die Antwort auf die Frage erheblich für die Beurteilung der Fähigkeit sein, die Arbeit zu verrichten; zum anderen darf auch Arbeitsplatzrelevantes nicht gefragt werden, soweit dies mit einem unverhältnismäßigen Eingriff in die Privatsphäre verbunden ist. Die Fallgruppen, die hieraus entwickelt wurden, sind begrenzt: Vorstrafen, Stasi-Mitarbeit und Behinderung sind die Fragen, welche die Rspr. am häufigsten beschäftigt haben[5]. Daneben können in einem zweiten Begründungsstrang Begrenzungen des Fragerechts daraus hergeleitet werden, dass die Antwort auf eine Frage einzig dem Zweck dienen kann, Grundlage einer durch das Gesetz verbotenen Differenzierung in der ArbGeb-Entscheidung zu sein.

Die Unzulässigkeit einer Frage führt dazu, dass der ArbN diese nicht beantworten muss. Darüber hinaus wird ihm von der Rspr. und der ganz überwiegenden Ansicht in der Lit. zugebilligt, die unzulässige Frage falsch zu beantworten, um durch ein bloßes Schweigen den Vertragsabschluss nicht zu gefährden. Wird eine unzulässige Frage mit der Unwahrheit beantwortet, kann der ArbGeb seine Willenserklärung nicht wegen arglistiger Täuschung gem. § 123 anfechten, da eine Rechtswidrigkeit der Täuschung fehlt[6]. Der ArbN hat hierdurch faktisch ein **„Recht zur Lüge"**[7]. 8

bb) Einzelne Fragen. Fragen zum **beruflichen Werdegang**, zu **Ausbildungs- und Weiterbildungszeiten** und den entsprechenden **Zeugnissen** sind regelmäßig uneingeschränkt zulässig[8]. Das Gleiche gilt für **berufliche und fachliche Fähigkeiten und Erfahrungen** des ArbN, soweit sie für den zukünftigen Arbeitsplatz Bedeutung haben[9]. Der ArbGeb darf sich ebenfalls nach **Wettbewerbsverboten** erkundigen, die wirksam mit früheren ArbGeb vereinbart wurden. Allerdings muss sich das Wettbewerbsverbot auf die auszuübende Tätigkeit beziehen[10]. In diesem Fall besteht für den ArbGeb die Gefahr, dass der Bewerber nach einer Einstellung seine Tätigkeit nicht aufnimmt oder aber unterlässt, wenn sein alter ArbGeb auf Grund eines wirksam vereinbarten Wettbewerbsverbots gegen ihn vorgeht[11]. 9

Fragen zu **Vermögensverhältnissen** des ArbN betreffen seine Privatsphäre und sind daher nur zulässig, sofern der konkret zu besetzende Arbeitsplatz sie erfordert. Eine solche Ausnahme besteht regelmäßig bei **leitenden Angestellten** und dann, wenn die angestrebte Tätigkeit ein **besonderes Vertrauensverhältnis** zum ArbN voraussetzt, der ArbN bei seiner Tätigkeit also etwa mit Geld umgehen muss oder die Gefahr der Bestechung oder des Geheimnisverrats besteht. Bei Angestellten und Arbeitern, denen keine besondere Vertrauensposition zukommt, ist die Nachfrage nach den Vermögensverhältnissen des Bewerbers hingegen unzulässig[12]. Ob Fragen, nach dem derzeitigen Vorliegen von **Lohnpfändungen oder Lohnabtretungen** gestellt werden dürfen, wird uneinheitlich beurteilt. Teilweise soll ein Fragerecht grds. unzulässig sein, eine Ausnahme gilt aber dann, wenn die Abtretungen oder Pfändungen im Einzelfall einen derart großen Arbeitsaufwand des ArbGeb verursachen, dass betriebliche Abläufe nachhaltig 10

1 Siehe nur *Lyon-Caen/Pélissier/Supiot*, Droit du travail, 2004; sowohl *Kaskel*, Arbeitsrecht, 4. Aufl. 1932, als auch *Hueck/Nipperdey*, Arbeitsrecht, Bd. I, 3.–5. Aufl. 1932, kennen das Stichwort nicht. | 2 BAG v. 20.2.1986 – 2 AZR 244/85, AP Nr. 31 zu 123 BGB. | 3 BAG v. 5.10.1995 – 2 AZR 923/94, AP Nr. 40 zu § 123 BGB; v. 11.11.1993 – 2 AZR 467/93, AP Nr. 38 zu § 123 BGB, enger (und im Ergebnis verfehlt) *Däubler*, CR 1994, 101 (104), der ein billigenswertes und schutzwürdiges ArbGebInteresse nur bei Beeinträchtigung der Funktionsfähigkeit des Unternehmens annimmt. | 4 Hierzu auch schon sehr anschaulich *Rieble*, Anm. zu BAG v. 11.11.1993 – 2 AZR 467/93, AP Nr. 38 zu § 123 BGB. | 5 S. den Überblick bei ErfK/*Preis*, § 611 BGB Rz. 330 ff.; MünchArbR/*Buchner*, § 41 Rz. 40 ff.; *Schaub*, ArbRHdb, § 26 Rz. 14 ff.; *Kittner/Zwanziger/Becker*, ArbR, § 29 Rz. 36 ff. | 6 St. Rspr., BAG v. 5.12.1957 – 1 AZR 594/56, AP Nr. 2 zu § 123 BGB; v. 5.10.1995 – 2 AZR 923/94, AP Nr. 40 zu § 123 BGB; *Thüsing/Lambrich*, BB 2002, 1146; ErfK/*Preis*, § 611 BGB Rz. 334. | 7 Dieser Begriff tauchte in der Rspr. erstmals in BAG v. 22.9.1961 – 1 AZR 241/60, AP Nr. 15 zu § 123 BGB auf; grundlegend *Nikisch*, Arbeitsrecht, 1961, Bd. 1, S. 815; krit. zur Terminologie MünchArbR/*Buchner*, § 41 Rz. 176, der zu Recht darauf hinweist, dass es nur darum geht, dass eine unrichtige Auskunft auf eine unzulässige Frage nicht eine arglistige Täuschung gem. § 123 darstellt, ebenso ErfK/*Preis*, § 611 BGB Rz. 334, dagegen *Moritz*, NZA 1987, 329 (336); zu den mit der Anfechtung des Arbeitsvertrags verbundenen Rechtsproblemen *Strick*, NZA 2000, 695. | 8 BAG v. 7.9.1995 – 8 AZR 828/93, AP Nr. 24 zu § 242 – Auskunftspflicht; v. 12.2.1970 – 2 AZR 184/69, AP Nr. 17 zu § 123 BGB; LAG Köln v. 13.11.1995 – 3 Sa 832/95, LAGE § 123 BGB Nr. 23; LAG Hamm v. 8.2.1995 – 18 Sa 2136/93, LAGE § 123 BGB Nr. 21; Richardi/*Thüsing*, § 94 BetrVG Rz. 12; ErfK/*Preis*, § 611 BGB Rz. 337; *Schaub*, ArbRHdb, § 26 Rz. 16. | 9 Richardi/*Thüsing*, § 94 BetrVG Rz. 12; Staudinger/*Richardi*, § 611 BGB Rz. 143. | 10 Richardi/*Thüsing*, § 94 BetrVG Rz. 12; ErfK/*Preis*, § 611 BGB Rz. 338; Staudinger/*Richardi*, § 611 BGB Rz. 144; MünchArbR/*Buchner*, § 41 Rz. 105; *Schaub*, ArbRHdb, § 26 Rz. 30. | 11 Vgl. auch MünchArbR/*Buchner*, § 41 Rz. 105. | 12 Vgl. Kittner/Zwanziger/*Becker*, ArbR, § 29 Rz. 38; *Schaub*, ArbRHdb, § 26 Rz. 28; ErfK/*Preis*, § 611 BGB Rz. 339 f.

gestört werden[1]. Somit könne grds. ohne das Vorliegen von stichhaltigen Gründen ein berechtigtes Interesse des ArbGeb an der Kenntnis von Lohnpfändungen bzw. -abtretungen nicht angenommen werden[2]. Nach vorzugswürdiger Auffassung ist eine Frage nach Lohnabtretungen oder Lohnpfändungen immer zulässig, da vor allem in kleineren Betrieben idR ein beträchtlicher Verwaltungsaufwand und haftungsrechtl. Risiken für den ArbGeb entstehen[3].

11 Bei einer Angabe der Höhe des **bisherigen Entgelts** verschlechtert sich die Verhandlungsposition des Bewerbers gegenüber der Position des ArbGeb erheblich. Außerdem sind die bisherigen Einkommensverhältnisse grds. der geschützten Individualsphäre des ArbN zuzurechnen. Daher sind Fragen, die den **bisherigen Lohn bzw. das bisherige Gehalt** betreffen, unzulässig, soweit sie ohne Zusammenhang mit dem neuen Arbeitsplatz stehen[4]. Ein Fragerecht besteht hingegen, wenn der ArbN von sich aus sein bisheriges Gehalt als Mindestarbeitsvergütung fordert oder – ausnahmsw. – das Gehalt Rückschlüsse auf seine Eignung zulässt[5]. Aus dem bisherigen Einkommen ist die Eignung eines Bewerbers zB bei einer leistungsbezogenen Vergütung ersichtlich[6]. Rückschlüsse vom bisherigen Gehalt auf eine Eignung sind jedoch nur dann möglich, wenn die angestrebte Tätigkeit zumindest vergleichbare Kenntnisse und Fähigkeiten erfordert[7].

12 Die Frage nach **Vorstrafen** stellt einen erheblichen Eingriff in die Individualsphäre des ArbN dar. Unter Berücksichtigung des Resozialisierungsgedankens sind diesbezügliche Fragen nur unter der Voraussetzung zulässig, dass die Vorstrafe auf Eigenschaften schließen lässt, welche für die Vertragsdurchführung unerlässlich sind und damit im unmittelbaren Zusammenhang mit dem **konkret zu besetzenden Arbeitsplatz** stehen[8]. Bei der Beurteilung ist ein objektiver Maßstab anzuwenden[9]. So darf je nach konkretem Arbeitsplatz etwa entweder nach vermögensrechtl. (zB Bankangestellter), nach politischen (bei der Besetzung einer Stelle des Verfassungsschutzamtes) oder nach verkehrsrechtl. (zB Kraftfahrzeugführer) Vorstrafen gefragt werden[10]. Hiervon unabhängig ergibt sich eine weitere Beschränkung des Fragerechts aus den Wertungen des Bundeszentralregistergesetzes, wonach sich der Bewerber als nicht vorbestraft bezeichnen darf, wenn die Verurteilung nicht in das Führungszeugnis aufzunehmen oder zu tilgen ist (vgl. §§ 51, 53 BZRG)[11]. Hinsichtlich dieser Wertungen bestehen keine Unterschiede zwischen dem Fragerecht des öffentl. oder des privaten ArbGeb[12].

13 Fragen nach **laufenden Ermittlungs- bzw. anhängigen Strafverfahren** wurden früher unter Hinweis auf den in Art. 6 EMRK verankerte Grundsatz, wonach jeder Mensch bis zu seiner rechtskräftigen Verurteilung als unschuldig zu gelten hat, als unzulässig abgelehnt. Nur im Bereich der **Führungskräfte** sollte ausnahmsw. eine Offenbarungspflicht des Bewerbers bestehen, da in Vertrauenspositionen bereits der bloße Verdacht einer Straftat zu einem Verlust der für solche Tätigkeiten unabdingbaren Integrität innerhalb des Unternehmens bzw. der Öffentlichkeit führen könne und damit zu einer fehlenden Eignung des Bewerbers führt[13]. Das BAG geht in neuerer Rspr. jedoch zu Recht davon aus, **dass unter Umständen ein Fragerecht anzuerkennen ist, wenn durch das anhängige Ermittlungsverfahren Rückschlüsse auf eine mangelnde persönliche Eignung und Zuverlässigkeit des Bewerbers für den konkreten Arbeitsplatz gezogen werden können**[14] (so im Falle eines Erziehers, gegen den ein Ermittlungsverfahren wegen sexuellen Missbrauchs von Kindern in dem vorhergehenden Arbeitsverhältnis läuft). Nach Auffassung der Rspr. steht dieser Bewertung des Fragerechts die strafrechtl. Unschuldsvermutung nicht entgegen, weil sich hieraus nicht der Schluss ziehen lasse, dass dem Betroffenen aus dem laufen-

---

1 Vgl. BAG v. 4.11.1982 – 7 AZR 264/79, DB 1982, 498; Kittner/Zwanziger/*Becker*, ArbR, § 29 Rz. 38; beachte auch ErfK/*Preis*, § 611 BGB Rz. 340, der sich für eine generelle Unzulässigkeit der Frage ausspricht, da eine schematische Betrachtung der Fälle nicht möglich sei und das Interesse des ArbN an einer Einstellung trotz Lohnpfändung als vorrangig zu bewerten sei. | 2 Vgl. auch Kittner/Zwanziger/*Becker*, ArbR, § 29 Rz. 38. | 3 S. auch Richardi/*Thüsing*, § 94 BetrVG Rz. 22; Staudinger/*Richardi*, § 611 BGB Rz. 147. | 4 BAG v. 19.5.1983 – 2 AZR 171/81, AP Nr. 25 zu § 123 BGB; LAG BW v. 23.12.1980 – 6 Sa 64/80, AR-Blattei ES 640 Nr. 11; Richardi/*Thüsing*, § 94 BetrVG Rz. 22; *Moritz*, NZA 1987, 329. | 5 BAG v. 19.5.1983 – 2 AZR 171/81, AP Nr. 25 zu § 123 BGB; Erman/*Edenfeld*, § 611 BGB Rz. 263; ErfK/*Preis*, § 611 BGB Rz. 339; Staudinger/*Richardi*, § 611 BGB Rz. 148; *Wohlgemuth*, ArbuR 1992, 46 (48); aA *Schaub*, ArbRHdb, § 26 Rz. 17, der eine Frage nach der Höhe des bisherigen Gehalts bzw. Lohns für uneingeschränkt zulässig erachtet. | 6 BAG v. 19.5.1983 – 2 AZR 171/81, AP Nr. 25 zu § 123 BGB. | 7 BAG v. 5.12.1957 – 1 AZR 594/56, AP Nr. 2 zu § 123 BGB. | 8 BAG v. 5.12.1957 – 1 AZR 594/56, AP Nr. 2 zu § 123 BGB; v. 28.8.1958 – 3 AZR 601/57, AP Nr. 1 zu § 1 KSchG – Verhaltensbedingte Kündigung; v. 15.1.1970 – 2 AZR 64/69, AP Nr. 7 zu § 1 KSchG – Verhaltensbedingte Kündigung; ArbG Münster v. 28.7.1988 – 2 Ca 142/88, DB 1988, 2209; Richardi/*Thüsing*, § 94 BetrVG Rz. 18; aA Erman/*Edenfeld*, § 611 BGB Rz. 264 der nicht auf das Kriterium der Arbeitsplatzbezogenheit abstellt, sondern das BZRG als abschließende Grenze begreift, mit der Konsequenz, dass nach ungetilgten Vorstrafen uneingeschränkt gefragt werden darf; so auch *Moritz*, NZA 1987, 329. | 9 Vgl. BAG v. 5.12.1957 – 1 AZR 594/56, AP Nr. 2 zu § 123 BGB; v. 15.1.1970 – 2 AZR 64/69, AP Nr. 7 zu § 1 KSchG – Verhaltensbedingte Kündigung; v. 20.5.1999 – 2 AZR 320/98, AP Nr. 50 zu § 123 BGB. | 10 *Schaub*, ArbRHdb, § 26 Rz. 29. | 11 Vgl. BAG v. 5.12.1957 – 1 AZR 594/56, AP Nr. 2 zu § 123 BGB; *Schaub*, ArbRHdb, § 26 Rz. 29. | 12 Vgl. BAG v. 15.1.1970 – 2 AZR 64/69, AP Nr. 7 zu § 1 KSchG – Verhaltensbedingte Kündigung; v. 20.5.1999 – 2 AZR 320/98, NZA 1999, 975. | 13 Vgl. ArbG Münster v. 20.11.1992 – 3 Ca 1459/92, NZA 1993, 461; so auch *Moritz*, NZA 1987, 329 (334). | 14 BAG v. 20.5.1999 – 2 AZR 320/98, AP Nr. 50 zu § 123 BGB; ArbG Münster v. 20.11.1992 – 3 Ca 1459/92, NZA 1993, 421.

den Ermittlungsverfahren überhaupt kein Nachteil entstehen dürfe[1]. Der Ansicht des BAG ist zu folgen, da dem ArbGeb in Einzelfällen je nach Ausgestaltung des konkret zu besetzenden Arbeitsplatzes ein billigenswertes Interesse zugestanden werden muss, von einem laufenden Ermittlungsverfahren, welches Zweifel an seiner persönlichen Eignung für die zu verrichtende Tätigkeit begründet, Kenntnis zu erlangen[2]. Die Zulässigkeit eines Fragerechts muss vor allem dann bejaht werden, wenn durch die Ausgestaltung der angestrebten Tätigkeit für den ArbGeb, für Kollegen oder für Dritte eine erhöhte **Gefahr der Begehung weiterer Straftaten** besteht[3]. Zu weitgehend und daher abzulehnen ist die Annahme einer grundsätzlichen Zulässigkeit von Fragen nach laufenden Ermittlungs- oder Strafverfahren. Nach allgemeiner Auffassung sind Fragen zu **abgeschlossenen Ermittlungsverfahren**, die zu keiner Verurteilung geführt haben, nicht erlaubt[4]; Ausnahmen im Hinblick auf Verfahren, die nach § 153 und insb. § 153a StPO eingestellt wurden, sind denkbar, werden aber in der Rspr. bislang nicht erwogen. Fragen nach einer **erfolgten Verurteilung zu einer Freiheitsstrafe** sind nach den dargestellten Grundsätzen hingegen uneingeschränkt zulässig. Hier kann der Bewerber nach Haftantritt einen gewissen Zeitraum seine Arbeitsleistung nicht in der vertragl. vereinbarten Weise erbringen[5].

Die Frage des ArbGeb nach der **Gewerkschaftszugehörigkeit** des ArbN im Rahmen eines Bewerbungsgesprächs ist unzulässig, da hierin ein Verstoß gegen die in Art. 9 III 2 GG verankerte Koalitionsfreiheit liegt. Nach der Einstellung des ArbN besteht hingegen ein berechtigtes Interesse des ArbGeb zu erfahren, ob ein geltender TV dadurch auf das Arbeitsverhältnis Anwendung findet, dass der ArbN der tarifschließenden Gewerkschaft angehört (vgl. §§ 1, 3 I, 4 I TVG). Die Frage nach der Gewerkschaftszugehörigkeit ist somit nach Entscheidung über die Einstellung zulässig[6]. Soll der Bewerber für einen Arbeitsplatz in einer Gewerkschaft oder in einem ArbGebVerband eingestellt werden, kann ausnahmsw. bereits im Rahmen des Bewerbungsgesprächs nach der Mitgliedschaft in einer Gewerkschaft gefragt werden[7]. 14

Allgemein anerkannt ist die grds. zulässige Frage des öffentl. ArbGeb nach der Zugehörigkeit zu **Organisationen mit verfassungsfeindlichen Zielen**[8]. Das Fragerecht besteht unabhängig davon, ob die Verfassungswidrigkeit[9] der Organisation bereits festgestellt ist oder nicht, da zur Eignung eines Bewerbers für den öffentl. Dienst iSd. Art. 33 II GG auch seine Verfassungstreue gehört[10]. 15

Die Frage nach der **Religion, Weltanschauung und sexuellen Identität** war bereits bisher regelmäßig unzulässig als ungerechtfertigter Eingriff in die Privatsphäre des ArbN[11]. Nur wo sie eine wesentliche und entscheidende berufliche Anforderung darstellt, ist sie weiterhin zulässig; die Fälle sind freilich selten[12]. Das Verbot der **mittelbaren Benachteiligung** kann auch hier Auswirkungen haben: Die Frage an den frommen Juden gestellt: „Stehen Sie auch samstags zur Verfügung, wenn Not am Mann ist?" darf nur dann erfolgen, wenn dies sachlich gerechtfertigt ist, also tatsächlich Samstagsarbeit für diese Stelle zu erwarten ist und für andere – etwa ältere ArbN – ebenso keine Ausnahmen gemacht werden[13]. Die Rspr. kommt zu diesem Ergebnis bereits ohne Bezugnahme auf das AGG[14]. 16

Problematisch ist, ob ein berechtigtes, billigenswertes Interesse des ArbGeb an der Beantwortung einer Frage nach der Mitgliedschaft des Bewerbers in der **Scientology-Kirche** besteht. Hinsichtlich der Zulässigkeit eines Fragerechts vor einer Einstellung liegt bislang keine richterliche Entscheidung vor. Die Rspr. befasste sich lediglich mit der Möglichkeit einer Kündigung von ArbN, die am Arbeitsplatz Tätigkeiten für Scientology entfalteten[15]. Die Kernproblematik eines Fragerechts liegt darin, ob sich die Mitglieder der Scientology-Kirche auf das Grundrecht der **Religions- oder Weltanschauungsfreiheit** des Art. 4 I u. II GG berufen können. Mit seinem Beschluss vom **22.3.1995** hat das BAG zutreffend entschieden, dass die „Scientology Kirche Hamburg e.V." keine Religions- oder Weltanschauungsgemeinschaft iSv. Art. 4 I GG sei, da die primäre Zielsetzung der Vereinigung nicht in der Verbreitung von religiösen Lehren, sondern in wirtschaftl. Aktivitäten liege[16]. Vor diesem Hintergrund muss auch die Beurteilung 17

1 BAG v. 20.5.1999 – 2 AZR 320/98, AP Nr. 50 zu § 123 BGB. | 2 So auch Richardi/*Thüsing*, § 94 BetrVG Rz. 18; Staudinger/*Richardi*, § 611 BGB Rz. 159; *Linnekohl*, ArbuR 1983, 129 (140); *Ehrich*, DB 2000, 421 (423). | 3 Weiter gehend *Raab*, RdA 1995, 36 (42 ff.), der die Frage unter dem Aspekt der fehlenden oder eingeschränkten Verfügbarkeit über die Arbeitskraft des ArbN auch dann zulassen will, wenn mit umfangreichen Ermittlungen, einer umfangreichen Hauptverhandlung, dem Bevorstehen einer Untersuchungshaft oder Verurteilung zu einer Freiheitsstrafe zu rechnen ist. | 4 Vgl. *Linnekohl*, ArbuR 1983, 129 (140). | 5 Kittner/Zwanziger/*Becker*, ArbR, § 29 Rz. 43. | 6 Staudinger/*Richardi*, § 611 BGB Rz. 150; weiter gehend *Falkenberg*, BB 1970, 1013 (1016), der die Frage nach der Gewerkschaftszugehörigkeit schon bei der Einstellungsverhandlung dann zulassen will, wenn ein Arbeitskampf zu erwarten oder im Gange ist; s. auch *Schaub*, ArbRHdb, § 26 Rz. 18. | 7 Staudinger/*Richardi*, § 611 BGB Rz. 150; vgl. Richardi/*Thüsing*, § 94 BetrVG Rz. 21; *Fitting*, § 94 BetrVG Rz. 17; ErfK/*Preis*, § 611 BGB Rz. 349. | 8 Vgl. st. Rspr. BAG v. 1.10.1986 – 7 AZR 383/85, AP Nr. 26 zu Art. 33 II GG; v. 12.3.1986 – 7 AZR 20/83, AP Nr. 23 zu Art. 33 II GG; v. 16.12.1982 – 2 AZR 144/81, AP Nr. 19 zu Art. 33 II GG. | 9 BVerfG v. 22.5.1975 – 2 BvL 13/73, AP Nr. 2 zu Art. 33 V GG (LS 8). | 10 Vgl. Richardi/*Thüsing*, § 94 BetrVG Rz. 12. | 11 Siehe auch MüKo/*Thüsing*, § 11 AGG Rz. 22, § 1 AGG Rz. 58 ff. | 12 MüKo/*Thüsing*, § 8 AGG Rz. 31 ff. | 13 Hierauf stellt aber die niederländische Gleichbehandlungskommission in der Entscheidung 147/2006 v. 12.7.2006 ab, ähnlich bereits Urteil 49/1999 v. 1.6.1999, www.cgb.nl. | 14 LAG Schl.-Holst. v. 22.7.2005 – 4 Sa 120/05, AuA 2005, 617 (Kurzwiedergabe); s. auch MüKo/*Thüsing*, § 11 AGG Rz. 22. | 15 Vgl. LAG Berlin v. 11.6.1997 – 13 Sa 19/97, DB 1997, 2542; ArbG Ludwigshafen v. 12.5.1993 – 3 Ca 3165/92, BB 1994, 861. | 16 BAGE 79, 3 (9); s. aber auch BAG v. 26.9.2002, AP Nr. 83 zu § 2 ArbGG 1979.

eines Fragerechts gesehen werden. Fragen nach einer Mitgliedschaft in Scientology-Organisationen können demnach außerhalb von Tendenzbetrieben und dem öffentl. Dienst zumindest dann gestellt werden, wenn **Vertrauensstellungen** zu besetzen sind[1]. Diese Bewertung der Zulässigkeit des Fragerechts hat sich jedoch dadurch überholt, dass das AGG ein Benachteiligungsverbot wegen der Religion und Weltanschauung geschaffen hat. Die ehemals allgemein für zulässig gehaltene Frage nach der Scientology-Mitgliedschaft im öffentl. Dienst könnte somit durch einen Verstoß unzulässig geworden sein, wenn es sich denn bei Scientology um eine Religion oder Weltanschauung handelt[2]. Die weitere Entwicklung bleibt vorerst abzuwarten.

18 Nach **persönlichen Lebensverhältnissen** darf nur gefragt werden, wenn der ArbGeb ein betriebsbezogenes berechtigtes Interesse an der Auskunft hat; bspw. im Hinblick auf Verwandtschaftsbeziehungen mit anderen Betriebsangehörigen[3]. Fragen zum Bestehen einer **nichtehelichen Lebensgemeinschaft** oder einer **gleichgeschlechtlichen Lebenspartnerschaft**, **einer Scheidung** oder der **Absicht einer Eheschließung** sind regelmäßig nicht zulässig, da diese eine nicht vertretbare Ausforschung des Intimbereichs des Bewerbers darstellen. Auf Grund ihrer verfassungsrechtl. geschützten Autonomie sind hinsichtlich der Zulässigkeit eines Fragerechts bei einer Einstellung in kirchliche Einrichtungen Ausnahmen zu machen[4].

19 Bereits vor Inkrafttreten des AGG war die Frage nach **Vorerkrankungen** des Bewerbers wegen des damit verbundenen Eingriffs in seine Intimsphäre engen Grenzen unterworfen. Ein unbeschränktes Fragerecht nach dem **Gesundheitszustand** existierte damit auch vor dem Inkrafttreten des AGG nicht. Die Rspr. sah das Fragerecht des ArbGeb vielmehr im Wesentlichen darauf beschränkt, ob eine Krankheit bzw. eine Beeinträchtigung des Gesundheitszustandes vorliegt, durch die die Eignung für die vorgesehene Tätigkeit auf Dauer oder in periodisch wiederkehrenden Abständen eingeschränkt ist oder die wegen der mit ihr verbundenen Ansteckungsgefahr zukünftige Kollegen oder Kunden gefährden könnte. Zulässig sollte überdies die Frage danach sein, ob zum Zeitpunkt des Dienstantritts bzw. in absehbarer Zeit mit einer Arbeitsunfähigkeit zu rechnen ist, zB durch eine geplante Operation, eine bewilligte Kur oder auch durch eine zurzeit bestehende akute Erkrankung[5]. Zukünftig ist zu beachten, dass bestimmte, in der Vergangenheit ausschließlich unter dem Gesichtspunkt der Krankheit thematisierte Erscheinungen wie bspw. die Neigung zu epileptischen Anfällen[6] nunmehr dem **Behinderungsbegriff** des § 1 AGG unterfallen können[7]. Damit steigen regelmäßig die an die Zulässigkeit einer entsprechenden Frage zu stellenden Anforderungen. Sofern sie dem Diskriminierungsschutz behinderter Beschäftigter unterfällt, ist sie nur zulässig, wenn der ArbGeb nach einer Einschränkung fragt, deren Fehlen eine wesentliche und entscheidende berufliche Anforderung für die Tätigkeit ist[8]. Die Feststellung eben jener Prämisse kann im Einzelfall allerdings mit nicht unwesentlichen praktischen Schwierigkeiten verbunden sein, weil der ArbGeb gerade nicht nach einer Behinderung fragt, sondern sich über das – prinzipiell in weiterem Rahmen zulässige – Vorliegen einer Krankheit erkundigt. Krankheit und Behinderung sind wiederum nicht deckungsgleich, und Fragen nach ihnen folgen jeweils eigenen Regeln; sie können sich aber im Einzelfall überschneiden. In diesem Fall gelten die strengeren Anforderungen an Fragen nach einer Behinderung[9]. Fragt der ArbGeb dementsprechend nach einer Krankheit, die ausschließlich bei Menschen mit einer bestimmten Behinderung auftritt, diskriminiert er verdeckt unmittelbar wegen einer Behinderung[10] mit der Folge, dass die Frage unzulässig ist. Schwieriger sind die Sachverhalte zu beurteilen, in denen die Krankheit zwar behinderte wie nicht behinderte Menschen betrifft, Erstere allerdings überproportional häufig. Die Frage nach entsprechenden Vorerkrankungen ist immer dann unzulässig, wenn sie zugleich als mittelbare Diskriminierung wegen einer Behinderung zu qualifizieren ist[11]. Unterstellt man Fälle der materiellen Benachteiligung wegen einer Behinderung dem mittelbaren Diskriminierungsbegriff, würde dies die bisherige Rspr. des BAG zur Reichweite des Fragerechts nach Vorerkrankungen in weiten Bereichen obsolet machen. Nach vielen Krankheiten könnte nur dort gefragt werden, wo sich der ArbGeb zugleich nach dem Vorliegen einer Behinderung erkundigen dürfte.

20 Unzulässig können auch **Drogentests** als Bedingung zur Einstellung sein. Dies gilt insb. dann, wenn durch den Drogentest auch ein lange zurückliegender Drogenkonsum überprüft werden kann, der keine Auswirkungen mehr auf die Fähigkeit der Arbeitsleistung aktuell hat. Auch ein **Gesundheitstest** als Voraussetzung für die Einstellungszusage kann ein Indiz iSd. § 22 AGG sein, wenn er dazu geeignet ist auch Vorerkrankungen, die als Behinderungen einzustufen sind, dem ArbGeb zur Kenntnis zu bringen, der sie seinerseits als Kriterium der Einstellungsentscheidung nutzen könnte. Wie weit hier die Indizwirkung reicht, wird vor allem davon abhängen, wann der Drogenkonsum oder eine Krankheit als Behin-

---

1 Hierzu *Bauer/Baeck/Merten*, DB 1997, 2534 (2536); für eine generelle Zulässigkeit *Schaub*, ArbRHdb, § 26 Rz. 25. | **2** Was es nicht ist, s. MüKo/*Thüsing*, § 1 AGG Rz. 58 mwN; BAG v. 22.3.1995 – 5 AZB 21/94, NZA 1995, 823. | **3** Ebenso *Moritz*, NZA 1987 329 (333). | **4** Richardi/*Thüsing*, § 94 BetrVG Rz. 18; Staudinger/*Richardi*, § 611 BGB Rz. 149. | **5** BAG v. 7. 6. 1984 – 2 AZR 270/83, AP Nr. 26 zu § 123 BGB . | **6** LAG Hamm v. 22.1.1999 – 5 Sa 702/98, BehindertenR 1999, 170. | **7** Siehe auch MüKo/*Thüsing*, § 1 AGG Rz. 74 ff. | **8** MüKo/*Thüsing*, § 8 AGG Rz. 40 f. | **9** Vgl. MüKo/*Thüsing*, § 11 AGG Rz. 21. | **10** Vgl. MüKo/*Thüsing*, § 3 AGG Rz. 47 f. | **11** MüKo/*Thüsing*, § 1 AGG Rz. 74 ff.

derung einzuordnen sind[1]. Wenn man das zu Recht ablehnt, dann ist die Frage nach einer bestehenden **Alkohol- oder Drogenabhängigkeit** regelmäßig zulässig. Der hierdurch hervorgerufene pathologische Zustand führt regelmäßig zu einer Beeinträchtigung der erforderlichen Eignung des Bewerbers. Es sind Auswirkungen auf seine körperliche und/oder geistige Leistungsfähigkeit zu erwarten[2]. Ferner kann es zu einer Gefährdung des Bewerbers selbst oder seiner Kollegen bzw. Dritter kommen, wenn gefährliche Tätigkeiten auszuführen sind. In diesem Fall gebietet bereits die Fürsorgepflicht dem ArbGeb, ein Sicherheitsrisiko von Anfang an nicht aufkommen zu lassen[3]. Einen unzulässigen Eingriff in das Persönlichkeitsrecht des ArbN stellt hingegen die Frage nach bloßem **Alkoholgenuss** dar. Ein in der Freizeit stattfindender Alkoholgenuss unterfällt der Privatsphäre des ArbN[4]. Auch hinsichtlich der Möglichkeit eines **freizeitlichen Drogenkonsums** ist ein berechtigtes Informationsinteresse des ArbGeb mit der gleichen Begründung abzulehnen[5].

Ebenfalls sachlich nicht gerechtfertigt ist die Frage nach der **Nichtrauchereigenschaft** des Bewerbers, wenn sie nicht vom Behindertenbegriff des AGG erfasst ist, und damit nur unter den Schutzbereich der persönlichen Handlungsfreiheit fällt[6]. Grundsätzlich kann der ArbGeb durch Abschluss einer BV oder Ausübung seines Direktionsrechts steuern, inwieweit in seinem Betrieb geraucht wird. Die bloße Möglichkeit, dass ein Raucher gegen ein im Betrieb geltendes Rauchverbot verstoßen könnte, rechtfertigt jedoch nicht, dass generell die gesamte Gruppe der Raucher bereits bei der Einstellung durch eine Fragerecht gegenüber Nichtrauchern benachteiligt wird. Grundsätzlich ist davon auszugehen, dass sich jeder ArbN an die betriebl. Ordnung hält. Zudem ist zu beachten, dass Rauchen am Arbeitsplatz zunächst so lange zulässig ist, wie die Erbringung der Arbeitsleistung nicht gefährdet ist und Kollegen nicht gestört werden[7]. 21

Fragen hinsichtlich **genetischer Veranlagungen** oder entsprechende Tests stellen einen unzulässigen Eingriff in die Intimsphäre des Bewerbers dar und sind daher stets rechtswidrig[8]. 22

Die oben aufgeführten Grundsätze sind auch hinsichtlich eines Fragerechts nach einer AIDS-Erkrankung bzw. HIV-Infizierung zu beachten. Die Frage nach einer **AIDS-Erkrankung** ist aus dem Grund, dass sie nach dem bisherigen medizinischen Kenntnisstand unweigerlich ohne Heilungschancen zum Tod des ArbN führt und damit eine Arbeitsunfähigkeit absehbar macht, zulässig[9]. Unterschiedliche Auffassungen bestehen hinsichtlich der Frage nach einer **HIV-Infizierung**. Teilweise wird vertreten, auch diesbezüglich ein unbeschränktes Fragerecht des ArbGeb zuzulassen[10]. Dies geht jedoch zu weit, da ein ArbN nur Krankheiten offenbaren muss, die zu einer absehbaren Arbeitsunfähigkeit führen oder durch die bei der Ausführung der Tätigkeit eine **Ansteckungsgefahr** besteht. Andernfalls ist eine dahingehende Frage regelmäßig unzulässig[11]. Etwas anderes kann auch nicht für die HIV-Infizierung gelten. Anders als bei der AIDS-Erkrankung ist eine Arbeitsunfähigkeit des Bewerbers zum Zeitpunkt des Einstellungsgesprächs noch nicht absehbar. Der Ausbruch der Krankheit kann durchaus erst nach Beendigung des Arbeitsverhältnisses erfolgen. Soweit die Krankheit jedoch nicht ausbricht, besteht regelmäßig keine Beeinträchtigung der Leistungsfähigkeit des Infizierten. Ein Informationsrecht des ArbGeb muss daher auf die Fälle begrenzt werden, in denen durch die Infizierung die Eignung des ArbN zur Erbringung der Arbeitsleistung ausgeschlossen oder eingeschränkt ist; insb. wenn bei Erbringung der Arbeitsleistung Kollegen oder Dritte der Gefahr einer Ansteckung ausgesetzt sind[12]. Ein **erhöhtes Ansteckungsrisiko** ist bei Tätigkeiten gegeben, bei denen die Gefahr besteht, dass ein Austausch von Blut oder anderen Körperflüssigkeiten zwischen dem ArbN und Kollegen sowie Dritten stattfindet. Diese Gefahr besteht typischerweise bei Berufen im Gesundheitswesen und begründet ein Fragerecht des ArbGeb bei einer geplanten Anstellung in diese Berufszweige[13]. Führt der Krankheitsausbruch beim ArbN zu erheblichen unzumutbaren Beeinträchtigungen des ArbGeb, etwa durch dauerhafte Arbeitsunfähigkeit und damit 23

1 MüKo/*Thüsing*, § 1 AGG Rz. 81 ff. | 2 MünchArbR/*Buchner*, § 41 Rz. 70, 99; *Künzl*, BB 1993, 1581 (1582); vgl. ErfK/*Preis*, § 611 BGB Rz. 343; strenger *Fitting*, § 94 BetrVG Rz. 25. | 3 Vgl. RGRK/*Schliemann*, § 611 BGB Rz. 1195. | 4 MünchArbR/*Buchner*, § 41 Rz. 98. | 5 MünchArbR/*Buchner*, § 41 Rz. 98; zur strikteren US-Rspr. s. *Thüsing*, NZA 1999, 393 (HIV-Infektion als Behinderung). | 6 MünchArbR/*Buchner*, § 41 Rz. 97. | 7 MünchArbR/*Buchner*, § 41 Rz. 97. | 8 *Wiese*, RdA 1988, 218 (219). | 9 MünchArbR/*Buchner*, § 41 Rz. 68; *Knipp*, AR-Blattei (SD) 640 Einstellung, Rz. 75; *Richardi*, NZA 1988, 73 (74); *Heilmann*, BB 89, 1413 (1414). | 10 *Eich*, NZA Beil. 2/1987, 10 (12), der zur Begründung anführt, das Interesse der bereits eingestellten Mitarbeiter an ihrer körperlichen Unversehrtheit sei trotz einer extrem unwahrscheinlichen Infektionsübertragung höher zu bewerten als das Interesse des Bewerbers an dem Schutz seines Persönlichkeitsrechts; mit gleicher Begründung: *Klak*, BB 1987, 1382 (1383 f.). | 11 ErfK/*Preis*, § 611 BGB Rz. 344; Staudinger/*Richardi*, § 611 BGB Rz. 146; zum US-Recht s. *Thüsing*, ZfA 2001, 397. | 12 Richardi/*Thüsing*, § 94 BetrVG Rz. 14; *Richardi*, NZA 1988, 73 (75); GK-BetrVG-*Kraft*/*Raab*, § 94 Rz. 25; MünchArbR/*Buchner*, § 41 Rz. 69; vgl. auch ErfK/*Preis*, § 611 BGB Rz. 344; anders *Lichtenberg*/*Schücking*, NZA 1990, 41 (44) die auch bei diesen Berufsfeldern ein zulässiges Fragerecht ablehnen, da nach heutiger Erkenntnis bei Einhaltung der üblichen und vorgeschriebenen Hygienevorschriften auch bei diesen Tätigkeiten kein besonderes Ansteckungsrisiko bestehe; vgl. auch *Heilmann*, BB 1989, 1413 (1415), der auch in sog. kontaminierungsgefährdeten Arbeitsbereichen die Zulässigkeit der Arbeitgeberfrage mit der Begründung ablehnt, dass diese Frage auf Grund einer häufig bestehenden Nichtkenntnis der Betroffenen von ihrer HIV-Infizierung idR nicht zutr. beantwortet werden könne. | 13 *Löwisch*, DB 1987, 936 (939 f.); ErfK/*Preis*, § 611 BGB Rz. 344; weiter gehend *Richardi*, NZA 1988, 73 (74), der sich für eine Zulässigkeit der Frage für Berufsgruppen in besonderen Vertrauenspositionen ausspricht.

verbundenen erheblichen Betriebskosten, wird für den ArbGeb häufig die Möglichkeit bestehen, sich durch eine personenbedingte Kündigung vom Arbeitsverhältnis zu lösen.

24 Lange Zeit umstritten war die Frage nach der **Schwangerschaft**[1]. Auf Grund des in § 9 MuSchG geregelten Beschäftigungsverbots für Schwangere und Wöchnerinnen bleibt dem ArbGeb oftmals nur die Anfechtung des Arbeitsvertrags, um ein Beschäftigungsverhältnis gegen den Willen der ArbNin aufzulösen. Somit erlangt die Zulässigkeit dieses Fragerechts erhebliche praktische Bedeutung. Es ist davon auszugehen, dass die Frage nach der Schwangerschaft nach der neueren Rspr. des EuGH ohne Ausnahme verboten ist. Dies entspricht seit langem französischem Recht, s. article L 122-25 Code de travail. Eine Schranke für das in Einzelfällen sehr unbefriedigende Ergebnis könnte jedoch in dem Institut des Rechtsmissbrauchs oder dem Verbot des venire contra factum proprium gefunden werden, um eine Korrektur der unbilligen Härte herbeizuführen[2].

25 Enge Grenzen sind auch der Frage nach einer **Behinderung und der Schwerbehinderteneigenschaft** gezogen. Allerdings ist anders als bei der Frage nach der Schwangerschaft die Rspr. in der Vergangenheit stets davon ausgegangen, dass die Frage nach der Schwerbehinderteneigenschaft zulässig sei[3]. Ausschlaggebend dafür war die Erwägung, dass sich an die Schwerbehinderteneigenschaft des ArbN für den ArbGeb während der gesamten Dauer des Arbeitsverhältnisses zahlreiche gesetzl. Pflichten knüpfen. Diese begründeten ein berechtigtes Interesse. Zwischenzeitlich schien das BAG einschränken zu wollen, dass es an seiner bisherigen Rspr. nicht festhalte, wenn die Schwerbehinderteneigenschaft für die auszuübende Tätigkeit von keiner Bedeutung sei, jedoch gab es diesen nur als obiter dictum formulierten Vorbehalt in Folgeentscheidungen wieder auf[4]. Die Frage nach der Schwerbehinderteneigenschaft war damit – lässt man das Diskriminierungsrecht außen vor – auch zulässig, wenn die Behinderung, auf der die Anerkennung beruht, tätigkeitsneutral ist. In diesem Fall sollte allein die Frage nach der Behinderung selbst verboten sein[5]. Dies ist neu zu überdenken vor dem Hintergrund, dass mit § 81 II SGB IX und nun an seiner Seite § 3 AGG ein Diskriminierungsverbot geschaffen wurde, auf dessen Fehlen sich die Rspr. in ihrem letzten Judikat stützte[6]. Eine Ungleichbehandlung behinderter Menschen ist damit nur zulässig, wenn die Differenzierung durch ähnlich schwer wiegende Erwägungen gerechtfertigt ist, die auch die Ungleichbehandlung nach dem Geschlecht legitimieren. Überträgt man die zur Frage nach der Schwangerschaft herausgearbeiteten Kriterien des EuGH auf das neu geschaffene Diskriminierungsverbot, dann scheint das Fragerecht deutlich eingeschränkt.

26 Uneingeschränkt erlaubt bleibt die Frage nach einer Behinderung nur dann, wenn ihr Fehlen eine **wesentliche und entscheidende berufliche Anforderung** für die Tätigkeit ist[7]. Gefragt werden darf dann nach dieser speziellen Behinderung, nicht nach der Feststellung der Eigenschaft als schwer behinderter Mensch (§ 69 SGB IX) – etwa: „Haben Sie eine Behinderung, die es Ihnen unmöglich machen wird, die erwarteten Aufgaben zu erfüllen?". Insofern wird die bisherige Rspr., die es für die Frage nach der Behinderung ausreichen ließ, dass die Behinderung erfahrungsgemäß die Eignung des Stellenbewerbers für die vorgesehene Tätigkeit beeinträchtigt[8], deutlich eingeschränkt. Eine bloße Beeinträchtigung ist nach der Wertung des Gesetzes kein hinreichender Grund zur Benachteiligung behinderter Menschen. Die Frage muss daher genauso unterbleiben wie die Frage nach der Schwangerschaft, mag beides auch mit finanziellen Belastungen für den ArbGeb verbunden sein. Die Frage nach der Eigenschaft als schwer behinderter Mensch als solche ist gänzlich ausgeschlossen, denn die damit verbundenen Pflichten des ArbGeb können zwar nicht unerhebliche Belastungen für ihn bedeuten, das AGG sieht hierin jedoch keinen legitimen Grund zur Ungleichbehandlung. Also ist auch eine auf die Vermeidung dieser Kosten gerichtete Frage unzulässig. Allerdings ist anzuerkennen, dass damit der ArbGeb, der nicht um die Eigenschaft seines ArbN als schwer behinderter Mensch weiß, Gefahr läuft, seine gesetzl. Pflichten nicht zu erfüllen. Hierbei verhält es sich aber nicht anders als beim gewerkschaftlich organisierten ArbN, der vor Einstellung seine Gewerkschaftszugehörigkeit nicht offenbaren muss, nach Einstellung aber sehr wohl, fragt ihn der ArbGeb dies, weil er hiervon seine Entlohnung nach Tarif abhängig machen will[9]. Nach Einstellung besteht also eine Offenbarungspflicht des schwerbehinderten Beschäftigten. Sonst

---

1 Vgl. mit einer umfassenden Darstellung *Thüsing/Lambrich*, BB 2002, 1146 ff.; *Feldhoff*, ZTR 2004, 58; *Koppenfels-Spies*, AuR 2004, 43; *Pallasch*, NZA 2007, 306. | 2 Ausf. dazu s. *Thüsing/Lambrich*, BB 2002, 1146, (1147 f.). | 3 BAG v. 3. 12. 1998 – 2 AZR 754/97, AP Nr. 49 zu § 123 BGB; v. 5. 10. 1995 – 2 AZR 923/94, AP Nr. 40 zu § 123 BGB; v. 11. 11. 1993 – 2 AZR 467/93, AP Nr. 38 zu § 123 BGB; v. 1. 8. 1985 – 2 AZR 101/83, AP Nr. 30 zu § 123 BGB; s. Kittner/Zwanziger/*Becker*, ArbR, § 29 Rz. 49; *Schaub*, ArbRHdb, § 26 Rz. 24; krit. unter Hinweis auf eine verfassungsrechtlich unzulässige Benachteiligung Schwerbehinderter: ErfK/*Dieterich*, Art. 3 GG Rz. 82; ErfK/*Preis*, § 611 BGB Rz. 347; für die Notwendigkeit eines Tätigkeitsbezugs *Großmann*, NZA 1989, 702. | 4 BAG v. 5.10.1995 – 2 AZR 923/94, AP Nr. 40 zu § 123 BGB; v. 3.12.1998 – 2 AZR 754/97, AP Nr. 49 zu § 123 BGB; gegenüber BAG v. 11.11.1993 – 2 AZR 467/93, AP Nr. 38 zu § 123 BGB. | 5 BAG v. 5.10.1995 – 2 AZR 923/94, AP Nr. 40 zu § 123 BGB. | 6 So auch *Düwell*, BB 2001, 1527 (1530) allerdings ohne nähere Ausführungen zu den konkreten Auswirkungen für die Reichweite des Fragerechts; vgl. auch *Joussen*, NZA 2007, 174. | 7 *Wisskirchen*, DB 2006, 1491 (1494); *Düwell*, BB 2006, 1741 (1743). | 8 BAG v. 7.6.1984, AP Nr. 26 zu § 123 BGB; BAG v. 5.10.1995 – 2 AZR 923/94, AP Nr. 40 zu § 123 BGB. | 9 MünchArbR/*Buchner*, 2000 § 41 Rz. 18; ErfK/*Preis*, BGB § 611 Rz. 349; *Ehrich*, DB 2000, 421 (426); *Wohlgemuth*, AuR 1992, 46 (47); für eine generelle Zulässigkeit hingegen *Schaub*, ArbRHdB § 26 Rz. 18; s. auch MüKo/*Thüsing*, § 11 AGG Rz. 25.

mag es sein, dass der ArbGeb, der eine ausreichende Zahl schwer behinderter Menschen iSd. § 71 SGB IX beschäftigt, zusätzlich noch einmal Ausgleichsabgabe gemäß § 77 SGB IX zahlt. Offenbart sich der schwer behinderte ArbN nicht, macht er sich schadensersatzpflichtig aus § 280 I BGB. Eine Möglichkeit freilich verbleibt: Weil das Interesse des ArbGeb anzuerkennen ist, die Quote nach § 71 SGB IX zu erfüllen, muss es ihm möglich sein, gerade mit diesem Ziel einzustellen. Er darf daher in diesem Fall fragen, muss dem Bewerber jedoch seine Absicht, die Schwerbehinderung als positives Kriterium verwenden zu wollen, mitteilen. Auch dann bleibt es beim Recht des schwerbehinderten Bewerbers, der dem ArbGeb nicht zu trauen braucht, wahrheitswidrig zu antworten[1]. Auf dieses Recht hat der ArbGeb ihn hinzuweisen – ansonsten wäre dem Missbrauch Tür und Tor geöffnet.

27 In der Vergangenheit wurde die Frage nach einem **künftigen Wehr- oder Ersatzdienst** überwiegend für zulässig gehalten, da die nicht unerhebliche Abwesenheit des ArbN zu einer nachhaltigen Störung der Betriebsabläufe führen könne[2]. Im Hinblick auf die restriktive Rspr. des EuGH zur Schwangerschaftsfrage und auf das Benachteiligungsverbot des AGG, sowie der hierzu ergangenen Rspr. des BAG ist es jedoch nicht mehr möglich, diese Bewertung aufrechtzuerhalten. Fragen nach einem bevorstehenden Wehr- bzw. Ersatzdienst, betreffen ausschließlich Männer und knüpfen damit unmittelbar an das Geschlecht an, so dass sie eine geschlechtsspezifische Ungleichbehandlung darstellen, die als Diskriminierung unzulässig ist[3]. Das Fragerecht bezüglich eines bereits **abgeleisteten Wehr- oder Ersatzdiensts** ist nicht anders zu beurteilen. Zum einen kann diese Frage die Frage nach künftigem Wehr- oder Ersatzdienst umgehen, zum anderen kann auch sie nur Männern gestellt werden. Allerdings wird es zuweilen als zulässig bewertet, da dem ArbGeb grds. ein billigenswertes Interesse an einem vollständigen, lückenlosen Lebenslauf zugestanden wird[4]. Folgt man dem, darf der ArbGeb allerdings dann auf Grund der Gewissensfreiheit des Bewerbers nur nach der Ableistung der Dienstverpflichtung an sich, nicht nach der Form (Wehrdienst oder Ersatzdienst) fragen[5].

28 Die Zulässigkeit von Fragen zu einer **früheren Mitarbeit im ehemaligen Ministerium für Staatssicherheit** war vor allem hinsichtlich der Übernahme von Mitarbeitern in den **öffentl. Dienst** der neuen Bundesländer relevant. Das **BVerfG** hat mit seinem Beschluss vom **8.7.1997** entschieden, dass Fragen nach Vorgängen, die **vor 1970** abgeschlossen waren, einen Eingriff in das Allgemeine Persönlichkeitsrecht des ArbN darstellen und folglich unzulässig seien[6]. Ein berechtigtes ArbN-Interesse sei hier auf Grund des langen Zeitraums abzulehnen. Bei Vorgängen jüngeren Datums hingegen sind Fragen hinsichtlich Funktionen und Tätigkeiten in SED und MfS zulässig, zumindest im Hinblick auf Führungs- und Vertrauenspositionen. Auch das Unterzeichnen von Verpflichtungserklärungen ist durch das berechtigte Interesse des ArbGeb gedeckt und führt bei falschen Angaben des ArbN zu einer arglistigen Täuschung. Falsche Auskünfte des ArbN zu einer MfS-Tätigkeit begründen sowohl das Recht zu einer Kündigung, als auch zu einer Anfechtung des Arbeitsverhältnisses. Hierbei sind allerdings die Grundrechte des ArbN zu beachten. Nach der Entscheidung des BVerfG soll vor allem bei nachträglichen Eignungsprüfungen allein eine rein formale Prüfung der Falschbeantwortung ohne eine Einzelfallprüfung diese verletzen und daher unzulässig sein. Gefordert wird vielmehr eine Orientierung an den Grundsätzen zum Kündigungsrecht[7]. Öffentl. Arbeitsverhältnisse, die erst nach dem **3.10.1990** begründet wurden, können ebenfalls durch eine **Anfechtung** des ArbGeb bei falscher Beantwortung einer Frage nach der MfS-Tätigkeit aufgelöst werden. Die kündigungsrechtl. Besonderheiten des Einigungsvertrages gehen den Anfechtungsregeln nicht vor[8].

29 Eine andere Beurteilung ist für das Fragerecht des **privaten ArbGeb** geboten. Richterliche Entscheidungen sind hierzu noch nicht vorhanden. Es bietet sich der Vergleich mit einem Fragerecht des ArbGeb hinsichtlich bestehender Vorstrafen an. Somit könnte eine Zulässigkeit der Frage nach einer ehemaligen MfS-Tätigkeit dann zulässig sein, wenn eine Relevanz für die künftig auszuübende Tätigkeit besteht. Hierbei ist allerdings zu beachten, dass ein billigenswertes Interesse des ArbGeb an der Beantwortung der Frage regelmäßig fehlen wird. Durch den Wegfall der DDR ist eine Wiederholung der MfS-Tätigkeit ausgeschlossen, so dass, anders als im Falle einer Vorstrafe, auch nicht mit dem Rückfall des ArbN zu rechnen ist. Eine andere Bewertung kann im Hinblick auf **sabotagegefährdete Unternehmen** und **Tätigkeiten im sicherheitsrelevanten Bereich** vorzunehmen sein. Auch für **Tendenzbetriebe** muss ein Fragerecht gelten. Das Bekanntwerden einer ehemaligen MfS-Mitgliedschaft kann zu einem Vertrauensverlust führen, wenn der ArbN für den Betrieb nach außen in Erscheinung tritt[9].

---

1 Ebenso *Düwell*, BB 2006, 1741 (1743). | 2 *Wohlgemuth*, ArbuR 1992, 46 (48); RGRK/*Schliemann*, § 611 BGB Rz. 18; MünchArbR/*Buchner*, § 41 Rz. 100. | 3 Richardi/*Thüsing*, § 94 BetrVG Rz. 19; *Ehrich*, DB 2000, 421 (426); *Moritz*, NZA 1987, 329 (335); *Coester*, Anm. zu BAG v. 2.8.1986 – 2 AZR 244/85, AP Nr. 31 zu § 123 BGB; vgl. auch MünchArbR/*Buchner*, § 41 Rz. 100; *Schierbaum*, AiB 1995, 586 (591); vgl. auch: ErfK/*Preis*, § 611 Rz. 348, der sich für eine Zulässigkeit der Frage bei befristeten Arbeitsverhältnissen ausspricht. | 4 So Erman/*Edenfeld*, § 611 BGB Rz. 263. | 5 *Schierbaum*, AiB 1995, 586 (591); s. auch MünchArbR/*Buchner*, § 38 Rz. 14. | 6 BVerfG v. 8.7.1997 – 1 BvR 2111/94, 1 BvR 195/95 und 1 BvR 2189/95, NJW 1997, 2307. | 7 BVerfG v. 8.7.1997 – 1 BvR 2111/94, 1 BvR 195/95 und 1 BvR 2189/95, NJW 1997, 2307 (2309). | 8 LAG Köln v. 26.8.1993 – 6 (4) Sa 82/93, NZA 1995, 79; vgl. BAG v. 13.6.1996 – 2 AZR 483/95, AP Nr. 33 zu § 1 KSchG 1969. | 9 Vgl. BAG v. 21.9.1993 – 1 ABR 28/93, AP Nr. 4 zu § 94 BetrVG 1972; hierzu auch Kittner/Zwanziger/*Becker*, ArbR, § 29 Rz. 44; ErfK/*Preis*, § 611 BGB Rz. 350; *Fitting*, § 94 BetrVG Rz. 17.

30 cc) **Begrenzung des Fragerechts durch Datenschutzbestimmungen.** Durch das Ausfüllen der von ArbGeb idR verwendeten Personalfragebögen werden **personenbezogene Daten** erhoben[1]. Datenschutzrechtl. Vorschriften musste der ArbGeb in der Vergangenheit bei Bewerbungsgesprächen nicht beachten, weil das **BDSG** in seiner Fassung vom 20.12.1990[2] die Erhebung personenbezogener Daten nicht reglementierte. Mit der Umsetzung der DatenschutzRL der EG vom 24.10.1995[3] durch die Neufassung des BDSG vom 23.5.2001[4] hat sich die Rechtslage jedoch erheblich geändert[5]. Der Datenschutz umfasst nunmehr nicht nur die Verbreitung von Daten, sondern wurde auch auf die Datenerhebung ausgeweitet, welche nach der weiten Definition des § 3 III BDSG grds. auch das Erfragen von Informationen durch den ArbGeb im Anbahnungsstadium eines Arbeitsverhältnisses oder nach dessen Begründung erfasst. Nach § 4 I BDSG ist jetzt auch die Erhebung von personenbezogenen Daten, wie auch deren Verarbeitung und Nutzung nur zulässig, soweit das BDSG oder eine andere Rechtsnorm dies erlaubt oder anordnet oder der Betroffene eingewilligt hat. Die Erhebung arbeitnehmerbezogener Daten ist nach dem **Erlaubnistatbestand** des § 28 I Nr. 1 BDSG dann zulässig, wenn es der Zweckbestimmung eines Vertragsverhältnisses oder vertragsähnlichen Vertrauensverhältnisses mit dem Betroffenen (= ArbN) dient; § 28 I Nr. 2 BDSG erlaubt die Erhebung personenbezogener Daten, soweit es zur Wahrung berechtigter Interessen der verantwortlichen Stelle (= ArbGeb) erforderlich ist und kein Grund zu der Annahme besteht, dass das schutzwürdige Interesse des Betroffenen an dem Ausschluss der Verarbeitung oder Nutzung überwiegt. Ob die Erhebung von personenbezogenen Daten von Bewerbern oder ArbN der Zweckbestimmung des Arbeitsverhältnisses dient, hängt von Inhalt und Art der im jeweiligen Einzelfall erfragten Informationen ab[6]. Insoweit bleibt es dabei, dass die Zulässigkeitsgrenzen auch weiterhin anhand der Rechtsprechungsgrundsätze zum Fragerecht zu ermitteln sind[7], so dass die Änderung des BDSG demnach **für das Fragerecht zunächst keine Auswirkungen** hat. Das Gleiche gilt auch für § 28 I Nr. 2 BDSG.

31 Durch den **Personalfragebogen** kommt es zu einer Sammlung personenbezogener Daten, die gleichartig aufgebaut ist und die nach bestimmten Merkmalen geordnet, umgeordnet und ausgewertet werden kann (nicht automatisierte Sammlung iSd. § 3 II BDSG), so dass er auch dann dem Anwendungsbereich des BDSG unterfällt, wenn er nicht durch automatisierte Verfahren ausgewertet werden kann. Häufig geht mit der Datenerhebung auch eine Datenspeicherung einher; wobei jedoch die Erhebung und Speicherung begrifflich zu differenzieren sind (§ 3 III u. IV BDSG). Während die Speicherung unzulässig erhobener Daten grds. verboten ist, ist das Speichern zulässig erhobener Daten im Rahmen der Zweckbestimmung des Arbeitsverhältnisses erlaubt (§§ 4, 28 I Nr. 1 BDSG). Hierbei sind jedoch die durch das informationelle Selbstbestimmungsrecht des Bewerbers begründeten Einschränkungen zu beachten[8].

32 **3. Offenbarungspflichten des Arbeitnehmers.** Unabhängig vom Fragerecht des ArbGeb (Rz. 3 ff.) kann der Bewerber auch ohne vorheriges Fragen des ArbGeb zur Offenbarung bestimmter Tatsachen verpflichtet sein. Grundsätzlich muss eine Vertragspartei bei Vertragsverhandlungen – auch im Rahmen der Begründung eines Arbeitsverhältnisses – nicht von sich aus auf Umstände hinweisen, die die andere Vertragspartei vom Vertragsschluss abhalten können[9]. Ausnahmen von diesem Prinzip können sich allerdings dann ergeben, wenn der ArbGeb nach dem Grundsatz von Treu und Glauben eine Aufklärung durch den ArbN erwarten darf. Eine Aufklärungspflicht des ArbN ist vor allem dann anzunehmen, wenn er die Arbeitsleistung im vertragl. vereinbarten Umfang nicht oder nur eingeschränkt vornehmen kann. Dies gilt insb., wenn dem Bewerber auf Grund von Krankheiten oder anderen körperlichen oder persönlichen Umständen die Erfüllung seiner arbeitsvertragl. Pflichten über einen nicht unerheblichen Zeitraum unmöglich ist. Ferner darf der ArbGeb freiwillige Auskünfte erwarten, wenn der Bewerber erkennt, dass er auf Grund fehlender Qualifikation für die Arbeit völlig ungeeignet ist[10]. Es ist allerdings zu beachten, dass eine Offenbarungspflicht dann nicht besteht, wenn bereits eine Frage des ArbGeb über denselben Umstand unzulässig wäre.

33 Dem ArbN obliegt nach diesen Grundsätzen eine Offenbarungspflicht hinsichtlich seiner **Vorstrafen**, wenn er sich für Führungsposition oder besondere Vertrauensstellung beworben hat. Der **bevorstehende Antritt einer Strafhaft** muss auf Grund der durch die Nichtverfügbarkeit über den ArbN entstehenden Kosten und der produktions- und betriebstechnischen Belastungen des ArbGeb zumindest dann vom Bewerber offen gelegt werden, wenn hierdurch ein mehrmonatiger Arbeitsausfall bevorsteht[11]. Ist

1 So auch BAG v. 22.10.1986 – 5 AZR 660/85, AP Nr. 2 zu § 23 BDSG. | 2 BGBl. I S. 2954, zuletzt geändert durch G vom 17.12.1997 (BGBl. I S. 3108). | 3 RL 95/46/EG des Europ. Parlaments und des Rates vom 24.10.1995 zum Schutz natürlicher Personen bei der Verarbeitung personenbezogener Daten und zum freien Datenverkehr, ABl. EG Nr. L 281, S. 31. | 4 BGBl. I S. 904. | 5 Vgl. Richardi/*Thüsing*, § 94 BetrVG Rz. 23; *Thüsing/Lambrich*, BB 2002, 1146 (1149). | 6 *Sutschet*, RDV 2000, 107 (110). | 7 Ebenso *Däubler*, NZA 2001, 874 (876); s. auch *Gola*, RDV 2000, 202 (207). | 8 BAG v. 22.10.1986 – 5 AZR 660/85, BAGE 53, 226 (230). | 9 Staudinger/*Richardi*, § 611 BGB Rz. 161; *Hoffmann*, ZfA 1975, 1 (48). | 10 BAG v. 21.2.1991 – 2 AZR 449/90, AP Nr. 35 zu § 123 BGB; *Moritz*, NZA 1987, 329 (331); Staudinger/*Richardi*, § 611 BGB Rz. 162; MünchArbR/*Buchner*, § 38 Rz. 157; ErfK/*Preis*, § 611 BGB Rz. 353; Soergel/*Kraft*, § 611 BGB Rz. 31; *Wiedemann*, FS Herschel, S. 463 (468). | 11 LAG Frankfurt v. 7.8.1986 – 12 Sa 361/86, NZA 1987, 352, wobei es für diese Bewertung nach dem LAG keine Rolle spielte, dass der Einstellungsbewerber eine Strafverbüßung im offenen Vollzug beantragt und die Chance hatte, diese bewilligt zu bekommen; zust. Anm. *von Conze* zu BAG v. 18.9.1987 – 7 AZR 507/86,

zu Beginn des Dienstantritts oder in absehbarer Zeit eine Arbeitsunfähigkeit durch eine zum Zeitpunkt der Verhandlungen bestehenden **Krankheit** zu rechnen, muss der Bewerber den ArbGeb freiwillig hierüber aufklären[1]. Eine Offenbarungspflicht besteht ebenfalls im Falle einer **Alkoholabhängigkeit** des Bewerbers, wenn sich dieser für eine **Stelle als Kraftfahrer** bewirbt. Die Eignung des Bewerbers für diese Stelle entfällt bereits durch die abstrakte Gefahr des Führens von Kraftfahrzeugen unter Alkoholgenuss und den damit verbundenen Risiken[2]. Bei **befristeten** Arbeitsverhältnissen hat der Bewerber auch ein unmittelbar **bevorstehendes Heilverfahren** dem ArbGeb zu offenbaren, wenn es ihn hindert, seine befristete Tätigkeit auszuüben[3]. Eine Offenbarungspflicht muss auch dann bestehen, wenn der Bewerber dauerhaft an einer **ansteckenden Krankheit** leidet, durch die Dritte auf Grund der Art der Arbeitsleistung konkret gefährdet würden[4]. Der ArbN muss ohne eine vorangegangene Frage des ArbGeb seine **Behinderung** nur offenbaren, wenn sie ihn daran hindert, die vorgesehene Arbeit überhaupt zu übernehmen[5]. Eine lediglich beschränkte Leistungsfähigkeit ruft im Hinblick auf § 81 II SGB IX keine Offenbarungspflicht hervor[6]. Auf Grund der Unzulässigkeit diesbezüglicher Fragen durch den ArbGeb besteht eine generelle Offenbarungspflicht der Bewerberin hinsichtlich einer bestehenden **Schwangerschaft** nicht. Das BAG hatte eine Aufklärungspflicht für den Fall angenommen, dass der Bewerberin etwa durch Eingreifen eines Beschäftigungsverbots die Erfüllung der arbeitsvertragl. geschuldeten Leistungspflicht unmöglich ist[7]. Diese Bewertung ist jedoch vor dem Hintergrund der restriktiven Rspr. des EuGH zur Schwangerschaftsfrage (§ 611a Rz. 26) nicht aufrechtzuerhalten und eine Offenbarungspflicht mithin abzulehnen[8]. Ein ArbN muss allerdings ungefragt offenbaren, wenn er einem **Wettbewerbsverbot** unterliegt, da die Möglichkeit besteht, dass er die Tätigkeit gar nicht erst annimmt oder wieder abbricht, wenn sein alter ArbGeb gegen ihn vorgeht[9]. Unter dem Gesichtspunkt der fehlenden Verfügbarkeit muss auch von der Offenbarungspflicht eines ausländischen Bewerbers ausgegangen werden, wenn dieser keine **Aufenthalts- oder Arbeitserlaubnis besitzt**[10].

Eine **Verletzung** der Offenbarungspflichten kann neben einer Anfechtung des Arbeitsvertrages gem. 34
§ 123 auch zu einem Schadensersatzanspruch aus §§ 311 II, 280 führen (§ 123 Rz. 26).

III. Widerrechtliche Drohung als Anfechtungsgrund. Gem. § 123 ist auch derjenige zur Anfechtung 35
berechtigt, der durch eine widerrechtl. Drohung zur Abgabe seiner Willenserklärung veranlasst wurde. Eine Drohung ist das Inaussichtstellen eines künftigen Übels[11], dessen Eintritt – zumindest nach der Vorstellung des Bedrohten – vom Willen des Drohenden abhängt[12]. Übel ist jeder Nachteil für den Bedrohten oder einen Dritten[13]. Eine Anfechtung der Willenserklärung ist nur dann zulässig, wenn die Drohung auch rechtswidrig ist. Dies ist auch dann der Fall, wenn sowohl der Zweck als auch die Mittel des Drohenden an sich erlaubt sind, aber nicht in einem angemessenen Verhältnis zueinander stehen[14]. Eine Drohung iS dieser Vorschrift kann in der **Ankündigung einer fristlosen Entlassung**[15] liegen, vor allem dann, wenn der ArbGeb hierdurch eine Eigenkündigung des ArbN veranlassen will[16]. Es fehlt jedoch an ihrer Widerrechtlichkeit, wenn ein verständiger ArbGeb in der gleichen Lage eine fristlose Kündigung ausgesprochen hätte[17] oder wenn der ArbGeb dem ArbN wegen seines Verhaltens eine fristlose Entlassung angekündigt hat, später aber aus sozialen Erwägungen das Angebot der Weiterbeschäftigung auf einem anderen Arbeitsplatz gegen verminderte Vergütung gemacht hat[18]. Hinsichtlich der Beurteilung der Widerrechtlichkeit einer Kündigung ist der objektiv mögliche und damit hypothetische Wissensstand des ArbGeb maßgeblich. Das bedeutet, dass nicht die dem ArbGeb zum Zeitpunkt der Drohung bekannten, sondern auch die im Prozess gewonnenen Ergebnisse weiterer Ermittlungen, die ein verständiger ArbGeb zur Aufklärung des Sachverhalts angestellt hätte, zu berücksichtigen sind[19]. Das BAG hat auch eine Anfechtung gem. § 123 für zulässig gehalten, wenn der ArbGeb einen Auszubildenden am Ende der Ausbildung zu einer für ihn nachteiligen vertragl. Abrede über die Fortsetzung des Arbeitsverhältnisses veranlasst hat, indem er ihm gedroht hat, sonst gar keine vertragl. Regelung zu treffen und außerdem die Ausbildungskosten zurückzuverlangen[20]. Nicht widerrechtl. ist hingegen eine

---

AP Nr. 32 zu § 123 BGB, ebenso schon *Hoffmann*, ZfA 1975, 49 Fn. 217; *Knipp*, AR-Blattei, Einstellung Rz. 102; Staudinger/*Richardi*, § 611 BGB Rz. 159; abl. *Moritz*, NZA 1987, 335. | 1 BAG v. 7.2.1964 – 1 AZR 251/63, AP Nr. 6 zu § 276 BGB – Verschulden bei Vertragsschluss; *Wiedemann*, FS Herschel, S. 463 (468). | 2 ArbG Kiel v. 21.1.1982 – 2c Ca 2062/8, BB 1982, 804; *Gola*, BB 1987, 538 (539). | 3 LAG Berlin v. 18.4.1978 – 3 Sa 115/77, BB 1979, 1145. | 4 MünchArbR/*Buchner*, § 41 Rz. 168. | 5 AA noch BAG v. 1.8.1985 – 2 AZR 101/83, AP Nr. 30 zu § 123 BGB; MünchArbR/*Buchner*, § 41 Rz. 5; ähnlich Staudinger/*Richardi*, § 611 BGB Rz. 155. | 6 BAG v. 25.3.1976 – 2 AZR 136/75, AP Nr. 19 zu § 123 BGB; v. 8.8.1985 – 2 AZR 101/83, AP Nr. 30 zu § 123 BGB; LAG Düsseldorf v. 6.3.1991 – 4 Sa 1615/90, NZA 1991, 674. | 7 BAG v. 8.6.1955 – 2 AZR 14/54, AP Nr. 2 zu § 9 MuSchG; v. 8.9.1988 – 2 AZR 102/88, BAGE 59/285. | 8 Ähnl. ErfK/*Preis*, § 611 BGB Rz. 358, 345. | 9 ErfK/*Preis*, § 611 BGB Rz. 354. | 10 Vgl. hierzu LAG Nürnberg v. 21.9.1994 – 3 Sa 1176/92, NZA 1995, 228. | 11 BGH v. 7.6.1988 – IX AZR 245/86, NJW 1988, 2599 = BB 1988, 1549. | 12 Vgl. BGH v. 23.9.1957 – VII ZR 403/56, BGHZ 25, 217; MüKo/*Kramer*, § 123 BGB Rz. 40. | 13 Vgl. BGH v. 23.9.1957 – VII ZR 403/56, BGHZ 25, 217; Staudinger/*Dilcher*, § 123 BGB Rz. 62. | 14 BAG v. 2.5.1957 – 2 AZR 469/55, AP Nr. 1 zu § 180 BGB. | 15 BAG v. 8.12.1955 – 2 AZR 13/54, AP Nr. 4 zu § 9 MuSchG. | 16 BAG v. 15.12.2005 – 6 AZR 197/05, DB 2006, 1502; v. 30.9.1993 – 2 AZR 268/93, EzA § 611 BGB – Aufhebungsvertrag Nr. 13. | 17 BAG v. 30.3.1960 – 3 AZR 201/58, AP Nr. 8 zu § 123 BGB. | 18 BAG v. 5.4.1978 – 4 AZR 621/76, AP Nr. 20 zu § 123 BGB. | 19 KassHdb/*Leinemann*, 1.1 Rz. 598; krit. *Kaiser*, EzA § 611 BGB – Aufhebungsvertrag Nr. 13. | 20 BAG v. 28.1.1987 – 5 AZR 323/86, EzA § 4 TVG – Nachwirkung Nr. 8.

Drohung mit der Anrufung der ordentl. Gerichte oder der Einl. eines Verfahrens beim BR; dies ist legitimes Mittel der Rechtsdurchsetzung[1]. In der Ankündigung, das Arbeitsverhältnis durch Fristablauf enden zu lassen, wenn die ArbNin nicht zu einer befristeten Fortsetzung zu den vorgeschlagenen Bedingungen bereit ist, liegt ebenfalls keine rechtswidrige Drohung[2].

36 **IV. Kausalität und Anfechtungserklärung.** Im Hinblick auf das Erfordernis der Kausalität zwischen Täuschung bzw. Drohung der Abgabe der Willenserklärung vgl. § 119 Rz. 11. Zu den Voraussetzungen der Anfechtungserklärung siehe § 119 Rz. 12 f.

37 **V. Anfechtungsfrist.** Die Anfechtung muss gem. § 124 I binnen Jahresfrist erfolgen. Eine Konkretisierung entsprechend § 626 II ist hier nicht erforderlich (vgl. § 119 Rz. 14).

38 **VI. Rechtsfolgen.** (eingehender hierzu § 119 Rz. 15) Grundsätzlich entfaltet auch die Anfechtung gem. § 123 regelmäßig nur für die Zukunft Wirkung (ex nunc)[3], so dass die erbrachten Leistungen auch hier so abzuwickeln sind, als sei das Arbeitsverhältnis in der Vergangenheit gültig gewesen. Wurde das Arbeitsverhältnis zwischenzeitlich wieder außer Funktion gesetzt und hat der ArbN ab diesem Zeitpunkt keine Arbeitsleistung mehr erbracht, wirkt die Anfechtung auch hier auf den Zeitpunkt der Außerfunktionssetzung zurück. Dem stehen bei einer Täuschungsanfechtung keine Gesichtspunkte des Vertrauensschutzes entgegen[4].

39 **VII. Klagefrist.** Zu den Voraussetzungen der Klagefrist vgl. § 119 Rz. 18.

40 **VIII. Anfechtung eines Aufhebungsvertrags. 1. Kein Widerrufsrecht nach § 312 – Keine Inhaltskontrolle.** Nach der Rspr. des BAG besteht – obwohl der ArbN Verbraucher ist – kein Widerrufsrecht bei Aufhebungsverträgen nach § 312[5]. Offen ist jedoch, ob dies auch gilt, wenn der Vertrag zuhause beim ArbN abgeschlossen wird[6].

41 **Keine** Möglichkeit zur Korrektur des übereilten Ja bietet auch die **Inhaltskontrolle nach §§ 305 ff.** Das BAG verweist zurecht darauf, dass nach § 307 III nur solche AGB kontrollfähig sind, die von Rechtsvorschriften abweichen oder diese ergänzende Regelungen enthalten[7]. Abreden über den unmittelbaren Gegenstand der Hauptleistung unterliegen regelmäßig keiner Inhaltskontrolle, s. § 307 Rz. 4. Um solche Hauptleistungspflichten geht es aber bei der Beendigung des Arbeitsvertrags gegen oder ohne Abfindung: Der Bestandsschutz wird gegen eine mehr oder weniger hohe Gegenleistung getauscht, und ob diese Gegenleistung angemessen ist, sagt nicht das Gesetz, das einen iustum pretium nicht kennt.

42 **2. Anfechtung.** Möglich ist die Anfechtung wegen rechtswidriger Drohung oder aber wegen Verletzung von Aufklärungspflichten, die eine Täuschung durch Unterlassen darstellen können.

43 **a) Rechtswidrige Drohung.** Eine Anfechtung wegen rechtswidriger Drohung gesteht das BAG regelmäßig nur zu, wenn ein verständiger ArbGeb nicht mit Kündigung gedroht hätte. Auf die **Rechtmäßigkeit der in Aussicht gestellten Kündigungen kommt es demgegenüber nicht an**[8]. Diesen Ansatz will das Schrifttum erweitern. Man schlägt vor, die Drohung mit einer Kündigung zum Zweck der Beendigung des Arbeitsverhältnisses dann als widerrechtl. zu werten, wenn der ArbN dadurch zu einer überstürzten Entscheidung gezwungen wird[9]. Das fügt sich kaum in die anerkannten Regeln des § 123 ein. Die Drohung ist nach allgemeiner Auffassung widerrechtl., wenn das Mittel, dh. das angedrohte Verhalten, oder der Zweck, dh. die abgenötigte Willenserklärung, oder jedenfalls die Verknüpfung von beidem widerrechtl. ist[10]. Wird aber eine Kündigung, die der verständige ArbGeb erwägen durfte, angedroht, dann ist

---

1 *Schaub*, ArbRHdb, § 35 Rz. 29. | 2 BAG v. 13.12.2007 – 6 AZR 200/07, nv. | 3 Grundl. BAG v. 15.11.1995 – 1 AZR 189/57, AP Nr. 2 zu § 125 BGB; v. 19.6.1959 – 1 AZR 565/57, AP Nr. 1 zu § 611 BGB – Doppelarbeitsverhältnis; v. 5.12.1957 – 1 AZR 594/56, AP Nr. 2 zu § 123 BGB; v. 16.9.1982 – 2 AZR 228/80, AP Nr. 24 zu § 123 BGB; v. 29.8.1984 – 7 AZR 34/83, AP Nr. 27 zu § 123 BGB; v. 20.2.1986 – 2 AZR 244/85, AP Nr. 31 zu § 123 BGB; *Hueck/Nipperdey*, I 123 ff., 183 ff.; *Nikisch*, I 173 f., 215 ff.; aA *Beuthien*, RdA 1969, 161 ff. mit der Begründung, dass diese Auffassung nicht gesetzestreu sei. Vielmehr müsse im Grundsatz auch für die Vergangenheit von der Nichtigkeit des Vertrages ausgegangen und daher das fehlerhafte Arbeitsverhältnis als bürgerlich-rechtlichtes Abwicklungsproblem behandelt werden. S. auch *Ramm*, ArbuR 1963, 97 (106 f.); *Picker*, ZfA 1981, 1 (61), die diese Ausführungen zumindest für die Anfechtung wegen arglistiger Täuschung gelten lassen wollen; einschr. BAG v. 3.12.1998 – 2 AZR 754/97, AP Nr. 49 zu § 123 BGB. | 4 BAG v. 29.8.1984 – 7 AZR 34/83, AP Nr. 27 zu § 123 BGB. | 5 BAG v. 27.11.2003 – 2 AZR 177/03, BB 2004, 1858. | 6 S. hierzu LAG Berlin v. 5.4.2004 – 18 Sa 2204/03 sowie *Thüsing*, RdA 2005, 257 (266). | 7 BAG v. 22.4.2004 – 2 AZR 281/03, NZA 2004,1295; v. 27.11.2003 – 2 AZR 135/03, NJW 2004, 2401; v. 3.6.2004 – 2 AZR 427/03, nv. | 8 BAG v. 27.11.2003 – 2 AZR 135/03, NJW 2004, 2401; v. 3.7.2003 – 2 AZR 327/02, AuA 2004, 46; v. 6.12.2001 – 2 AZR 396/00, DB 2002, 1328; v. 22.12.1982 – 2 AZR 282/82, AP Nr. 23 zu § 123 BGB; v. 30.9.1993 – 2 AZR 268/93, BAGE 74, 281, 285. | 9 *Benecke*, RdA 2003, 147 (151). Ältere Versuche, am Fehlen einer Bedenkzeit anzuknüpfen, finden sich bei *Flume*, Das Rechtsgeschäft, 4. Aufl. 1992, § 28 Nr. 2, S. 537 f.; MüKoBGB/*Kramer*, 2. Aufl., § 123 BGB Rz. 36; ähnlich MüKoBGB/*Schwerdtner*, 3. Aufl. 1997, Vor § 620 BGB Rz. 14. Das BAG ist dem bisher nicht gefolgt: v. 30.9.1993 – 2 AZR 268/93, BAGE 74, 281; v. 16.2.1983 – 7 AZR 134/81, AP Nr. 22 zu § 123 BGB; offen gelassen v. 30.1.1986 – 2 AZR 196/85, NZA 1988, 91; v. 16.1.1992 – 2 AZR 412/91, NZA 1992, 1023. | 10 Vgl. Palandt/*Heinrichs*, § 123 BGB, Rz. 19 ff.; Soergel/*Hefermehl*, BGB, 13. Aufl. 1999, § 123 Rz. 44 ff., jeweils mwN.

das Mittel nicht widerrechtl. Gleiches gilt für das abgenötige Verhalten. Ansatzpunkt wäre allein die Verwerflichkeit der Zweck-Mittel-Relation. Die aber kann aus dem bloßen Zeitdruck, der Überrumpelung oder der fehlenden Möglichkeit zum Widerruf nicht hergeleitet werden. Der Zweck, nämlich der Abschluss eines Aufhebungsvertrags, und das Mittel, nämlich die Drohung selbst, bleiben hier die gleichen wie für den Fall ausführlicher Erörterung mit rechtsanwaltlichem Beistand. Wenn sich aber der Zweck nicht ändert und nicht das Mittel, dann kann sich auch nicht die Relation zwischen diesen ändern. Die Einziehung der äußeren Umstände des Vertragsschlusses sieht die Systematik des § 123 schlichtweg nicht vor, wenn sie nicht von Einfluss auf den Inhalt und das Gewicht der Drohung sind – und gerade dies ist hier nicht der Fall.

b) Unterlassene Aufklärung. Der Wortwahl nach großzügiger formuliert das BAG bei der unterlassenen Aufklärung, die eine Täuschung durch Unterlassen sein kann. Eine **Aufklärungspflicht** besteht insb. dann, wenn die Abwägung der beiderseitigen Interessen unter Billigkeitsgesichtspunkten und unter Berücksichtigung aller Umstände des Einzelfalles ergibt, dass der ArbN durch eine sachgerechte und vom ArbGeb redlicherweise zu erwartende Aufklärung vor der Aufhebung des Arbeitsverhältnisses bewahrt werden muss, weil er sich durch sie aus Unkenntnis selbst schädigen würde[1]. Zwar müsse sich der ArbN vor Abschluss eines Aufhebungsvertrags regelmäßig selbst über die Folgen der Beendigung seines Arbeitsverhältnisses Klarheit verschaffen. Den ArbGeb treffen aber jedenfalls dann erhöhte Hinweis- und Aufklärungspflichten, wenn er im betrieblichen Interesse den Abschluss eines Aufhebungsvertrags vorschlägt und dabei den Eindruck erweckt, er werde bei der vorzeitigen Beendigung des Arbeitsverhältnisses auch die Interessen des ArbN wahren[2]. 44

3. Verletzung von Verhandlungspflichten. Einen möglichen Weg zur Lösung vom Aufhebungsvertrag weist das BAG über das **Gebot fairen Verhandelns**[3]. Entscheidend ist hier stets, dass Einfluss auf den anderen ausgeübt wird, der verhindert, dass dieser in Übereinstimmung mit seinen eigenen Wünschen und Präferenzen handelt, dass eine Bereitschaft zur Zustimmung geschaffen wird, von denen der andere Vertragspartner weiß, dass sie wahrscheinlich nur sehr vorübergehend ist. Eben dies ist auch der Grund, warum hier der Vertragsmechanismus versagt, und es nicht nur ethisch gewünscht, sondern am Maßstab der Bürgschaftsentscheidung auch verfassungsrechtl. vertretbar und unter Effizienzgesichtspunkten zu begrüßen ist[4], wenn ein solcher Vertrag widerrufen werden könnte. 45

Die **Kriterien einer Einflussnahme**, die ein solches Einverständnis ohne dauernde innerliche Zustimmung schaffen kann, sind Verhandlungen zu einer ungewöhnlichen Zeit oder an einem ungewöhnlichen Ort, – insoweit vertypt auch in § 312 und hier nicht unmittelbar einschlägig in den meisten Fällen; das wiederholte Verlangen, dass der Vertragsschluss sofort erfolgen müsse, besondere Betonung möglicher Folgen der Verzögerung, der Gebrauch mehrerer Überzeuger gegen eine einzelne Vertragspartei, Fehlen eines neutralen Beistands oder anwaltlicher Beratung, keine Zulassung eines solchen, selbst wenn der Wunsch danach geäußert wurde („Das müssen Sie schon selbst wissen"). Andere können sich hinzugesellen. Entscheidend ist jedoch, dass hier nicht der Inhalt des Vertrags maßgeblich ist, sondern der Weg hierhin. 46

Allerdings bildet sich dadurch **kein subsumtionsfähiger Begriff**; die unfaire Überzeugung ist ein Typus, der nur durch das ein oder andere Merkmal beschrieben werden kann; es gibt jedoch weder hinreichend noch notwendige Bedingungen, die diese Situationen charakterisieren können. Eine solche Unschärfe mag jedoch durch Fallgruppen gemildert werden, die sich in zukünftiger Rechtsprechung herausbilden können. 47

1 BAG v. 22.4.2004 – 2 AZR 281/03, EzA Nr. 2 zu § 312 BGB 2002 im Hinweis auf BAG v. 13.11.1996 – 10 AZR 340/96, AP Nr. 4 zu § 620 BGB – Aufhebungsvertrag; zur Aufklärungspflicht in Bezug auf die Altersversorgung: v. 11.5.1999 – 3 AZR 106/98, AP Nr. 8 zu Einigungsvertrag Anl. II Kap. VIII und v. 10.3.1988 – 8 AZR 420/85, AP Nr. 99 zu § 611 BGB – Fürsorgepflicht, BB 1988, 1962. | 2 BAG v. 22.4.2004 – 2 AZR 281/03, EzA Nr. 2 zu § 312 BGB 2002 im Hinweis auf BAG v. 21.2.2002 – 2 AZR 749/00, EzA Nr. 7 zu § 1 KSchG – Wiedereinstellungsanspruch; v. 17.10.2000 – 3 AZR 605/99, AP Nr. 116 zu § 611 BGB – Fürsorgepflicht; v. 3.7.1990 – 3 AZR 382/89, AP Nr. 24 zu § 1 BetrAVG. | 3 BAG v. 27.11.2003 – 2 AZR 177/03, BB 2004, 1858; bestätigt v. 22.4.2004 – 2 AZR 281/03, EzA Nr. 2 zu § 312 BGB 2002; v. 3.6.2004 – 2 AZR 427/03; v. 15.3.2005 – 9 AZR 502/03, AP Nr. 7 zu § 781 BGB; s. auch *Lorenz*, JZ 1997, 277 (281 f.); aufgegriffen bereits durch *Däubler*, NZA 2001, 1329 (1334); *Henssler*, RdA 2002, 129 (135); *Reinecke*, NZA 2004, Beilage zu Heft 18, 27; s. auch *Thüsing*, FS Wiedemann, S. 559 (572). Zurückhaltender LAG Rh.-Pf. v. 12.7.2006 – 9 Sa 324/06, nv. | 4 Ausf. dargelegt durch *Eisenberg*, The Bargain Principle and Its Limits, 95 Harv. L. Rev. 741 (1982).

Buch 2. Recht der Schuldverhältnisse

Abschnitt 2. Gestaltung rechtsgeschäftlicher Schuldverhältnisse durch Allgemeine Geschäftsbedingungen*

Vorbemerkungen vor §§ 305–310

1 **Checkliste zur Überprüfung der Wirksamkeit Allgemeiner Geschäftsbedingungen im Arbeitsrecht**

Die Inhaltskontrolle von AGB, die in den Anwendungsbereich der §§ 305 ff. fallen, kann in der Praxis anhand folgender Checkliste vorgenommen werden:

1. Anwendungsbereich
a) Einzelarbeitsverträge
b) Keine Anwendung auf TV, BV und Dienstvereinbarungen (§ 310 IV 1) bei normativer Geltung
c) Anwendungsbereich jedoch eröffnet bei einzelvertragl. Einbeziehung kollektivrechtl. Regelungen

2. Vorliegen allgemeiner Arbeitsbedingungen
a) § 305 I
b) Erweiterung in § 310 III Nr. 1, 2, Verbraucherverträge

3. Wirksame Einbeziehung in den Vertrag
a) Keine Anwendung von § 305 II (§ 310 IV 2 Hs. 2)
b) Stattdessen allgemeine Grundsätze
c) Keine überraschende Klausel (§ 305c I)

4. Keine Verdrängung durch vorrangige Individualabrede (§ 305b)

5. Auslegung der einbezogenen Arbeitsbedingungen (§ 305c II)

Rückwirkung auf die Inhaltskontrolle – Grundsatz der kundenfeindlichen Auslegung (§ 305c Rz. 9)

6. Inhaltskontrolle (§§ 307 ff.)
a) Anwendungsbereich (§ 307 III)
aa) ausgeschlossen bei gesetzeswiederholenden Klauseln Problem: Einbeziehung von TV
bb) Keine Preiskontrolle (str.), ausgenommen Preisnebenabreden
cc) Transparenzgebot (§ 307 I 2) auch bei gesetzeswiederholenden Klauseln und Preisabreden
b) Klauselverbote ohne Wertungsmöglichkeit (§ 309)
c) Klauselverbote mit Wertungsmöglichkeit (§ 308)
d) Unangemessene Benachteiligung gem. § 307 I
aa) Verstoß gegen das Transparenzgebot (307 Abs. 1 S. 2)
bb) Im Zweifel bei Abweichung von wesentlichen Grundgedanken der gesetzl. Regelung (§ 307 II Nr. 1)
cc) Im Zweifel bei Einschränkung von Rechten und Pflichten, so dass der Vertragszweck gefährdet wird (§ 307 II Nr. 2)

7. Rechtsfolgen
a) Unwirksamkeit oder Nichteinbeziehung einer Vertragsklausel bei Aufrechterhaltung des Vertrages im Übrigen (§ 306 I)
b) Ersetzung der unwirksamen Klausel durch gesetzl. Regelung (§ 306 II); keine geltungserhaltende Reduktion (str.)

8. Kontrollüberlegung bei allen Prüfungsschritten: Abweichung von den allgemeinen Grundsätzen auf Grund der im Arbeitsrecht geltenden Besonderheiten gerechtfertigt?

305 *Einbeziehung Allgemeiner Geschäftsbedingungen in den Vertrag*

(1) Allgemeine Geschäftsbedingungen sind alle für eine Vielzahl von Verträgen vorformulierten Vertragsbedingungen, die eine Vertragspartei (Verwender) der anderen Vertragspartei bei Abschluss eines Vertrags stellt. Gleichgültig ist, ob die Bestimmungen einen äußerlich gesonderten Bestandteil des Vertrags bilden oder in die Vertragsurkunde selbst aufgenommen werden, welchen Umfang sie haben, in welcher Schriftart sie verfasst sind und welche Form der Vertrag hat. Allgemeine

* **Amtlicher Hinweis:** Dieser Abschnitt dient auch der Umsetzung der Richtlinie 93/13/EWG des Rates vom 5. April 1993 über missbräuchliche Klauseln in Verbraucherverträgen (ABl. EG Nr. L 95 S. 29).

Geschäftsbedingungen liegen nicht vor, soweit die Vertragsbedingungen zwischen den Vertragsparteien im Einzelnen ausgehandelt sind.

(2) Allgemeine Geschäftsbedingungen werden nur dann Bestandteil eines Vertrags, wenn der Verwender bei Vertragsschluss

1. die andere Vertragspartei ausdrücklich oder, wenn ein ausdrücklicher Hinweis wegen der Art des Vertragsschlusses nur unter unverhältnismäßigen Schwierigkeiten möglich ist, durch deutlich sichtbaren Aushang am Orte des Vertragsschlusses auf sie hinweist und

2. der anderen Vertragspartei die Möglichkeit verschafft, in zumutbarer Weise, die auch eine für den Verwender erkennbare körperliche Behinderung der anderen Vertragspartei angemessen berücksichtigt, von ihrem Inhalt Kenntnis zu nehmen,

und wenn die andere Vertragspartei mit ihrer Geltung einverstanden ist.

(3) Die Vertragsparteien können für eine bestimmte Art von Rechtsgeschäften die Geltung bestimmter Allgemeiner Geschäftsbedingungen unter Beachtung der in Absatz 2 bezeichneten Erfordernisse im Voraus vereinbaren.

I. Allgemeine Arbeitsvertragsbedingungen. Die §§ 305 ff. finden nur Anwendung zur Kontrolle allgemeiner Arbeitsvertragsbedingungen iSv. § 305 I, wobei in der Praxis die Verwendung von vorformulierten Arbeitsverträgen durch den ArbGeb der **Regelfall** ist[1]. Im Einzelnen setzt dies Folgendes voraus: 1

Es muss sich um **Vertragsbedingungen** handeln. Gemeint sind damit Regelungen, die Vertragsinhalt sind. Auf der Ebene der Definition der grds. kontrollfähigen Vertragsbedingungen sind alle Vertragsbedingungen erfasst. Dies gilt zB auch für die Vereinbarungen über die Hauptleistungspflichten des Arbeitsvertrags[2]. In welchem Umfang sie einer Inhaltskontrolle unterliegen, ergibt sich erst aus den nachfolgenden Vorschriften, wie für die Hauptleistungspflichten zB aus § 307 I, III. Erfasst werden alle Vertragsbedingungen, zB auch **Regelungen über prozessuale Fragen**[3], womit der Verzicht auf die Erhebung der Kündigungsschutzklage kontrollfähig ist (dazu Anh. zu §§ 305–310 Rz. 53). Erfasst sind **einseitige Rechtsgeschäfte** des Vertragspartners des Verwenders, mithin regelmäßig einseitige Rechtsgeschäfte des ArbN, die auf einer vorformulierten Erklärung des ArbGeb beruhen. Dies ergibt sich bereits aus § 308 Nr. 1 und § 309 Nr. 12b. Dafür spricht auch der Schutzzweck, weil der ArbGeb in einem solchen Fall noch stärker als bei vertragl. Regelungen in die Rechtsgestaltungsfreiheit des ArbN eingreift[4]. Kontrollfähig ist damit auch die Ausgleichsquittung, und zwar auch im Hinblick auf die Empfangsquittung. Die ebenfalls enthaltene Ausgleichsklausel stellt eine vertragl. Regelung dar[5]. 2

Wie sich aus § 310 IV 1 ergibt, finden die §§ 305 ff. auf **TV, BV und DV** keine Anwendung. Es muss jedoch nach dem Geltungsgrund der genannten Regelungen unterschieden werden. Gilt ein TV bereits kraft beiderseitiger Tarifbindung, finden die §§ 305 ff. wegen § 310 IV 1 keine Anwendung[6]. Anders ist dies, wenn eine kollektive Regelung nur kraft einzelvertragl. Bezugnahme gilt. Dann handelt es sich um eine Vertragsbedingung und die §§ 305 ff. sind anzuwenden, wobei sich ein differenzierter Prüfungsmaßstab ergibt, je nachdem, ob es sich um eine Global-, Teil-, oder Einzelverweisung handelt (dazu § 307 Rz. 13 f.). Bei den Leistungsbestimmungen in dem **Statut einer Zusatzversorgungskasse** (zB der VBL) handelt es sich um AGB in Form Allgemeiner Versicherungsbedingungen[7]. 3

Die Vertragsbedingungen müssen für eine **Vielzahl von Fällen** vorformuliert sein. Dies ist der Fall, wenn der Text für eine **unbestimmte Vielzahl** von Fällen Verwendung finden soll. Darauf, wie oft der Text tatsächlich verwendet worden ist, kommt es nicht an, wenn zB eine Partei selbst eine mehrfache Verwendung nicht plant[8]. Es reicht, wenn der ArbGeb einmalig ein Vertragsmuster seines ArbGebVerbandes, verwendet. Eine Vorformulierung ist auch dann anzunehmen, wenn ein ArbGeb für eine **bestimmte Anzahl** von Fällen selbst Vertragsbedingungen vorformuliert. Es ist unerheblich, dass der in Betracht kommende Kreis von Vertragspartnern von vornherein feststeht. Hierzu reicht es aus, wenn die dreimalige Verwendung der Vertragsbedingungen beabsichtigt ist[9], weil ab dieser Größenodnung davon auszugehen ist, dass der Verwender ein Interesse an einheitlicher Vertragsgestaltung hat. Für die Annahme von AGB ist es dabei unschädlich, wenn der ArbGeb die Klausel dreimal mit demselben Vertragspartner vereinbart[10]. Die Rspr. hat eine Vorformulierung für eine Vielzahl von Fällen auch angenommen, wenn es sich um einen Vertrag für den Einzelfall handelte, dieser aber aus Textbausteinen zusammengesetzt war, die für sich gesehen mehrfach verwendet wurden[11]. Da ArbN Verbraucher iSv. § 13 sind, findet eine Inhaltskontrolle von Arbeitsvertragsbedingungen auch statt, wenn diese nur **zur einmaligen Verwendung** bestimmt sind und der ArbN auf Grund der Vorformulierung keinen Einfluss auf ihren Inhalt nehmen konnte (§ 310 III Nr. 2, s. dazu § 310 Rz. 2 ff.). 4

1 Vgl. *Preis*, Vertragsgestaltung, S. 58. | 2 Vgl. BGH v. 30.10.1991 – VIII ZR 51/91, BGHZ 115, 39. | 3 BGH v. 27.9.2001 – VII ZR 388/00, NJW 2002, 137. | 4 BGH v. 5.5.1986 – II ZR 150/85, BGHZ 98, 24; Palandt/*Heinrichs*, § 305 BGB Rz. 6. | 5 Küttner/*Eisemann*, Ausgleichsquittung, Rz. 3. | 6 *Gotthardt*, Rz. 335. | 7 BGH v. 14.6.2006 – IV ZR 54/05, VersR 2006, 1246; BAG v. 27.3.2007 – 3 AZR 299/06, AP Nr. 68 zu § 1 BetrAVG – Zusatzversorgungskassen. | 8 BGH v. 16.11.1990 – V ZR 217/89, NJW 1991, 843. | 9 BAG v. 1.3.2006 – 5 AZR 363/05, AP Nr. 3 zu § 308 BGB; v. 6.9.2007 – 2 AZR 722/06, NZA 2008, 219. | 10 BAG v. 1.3.2006 – 5 AZR 363/05, AP Nr. 3 zu § 308 BGB. | 11 OLG Frankfurt v. 22.11.1990 – 6 U 161/89, NJW 1991, 1489.

5 Erforderlich ist darüber hinaus – auch im Falle des § 310 III Nr. 2 – die **Vorformulierung** der Vertragsbedingungen. Vorformuliert sind Vertragsbedingungen, wenn sie für eine mehrfache Verwendung schriftl. aufgezeichnet oder in sonstiger Weise fixiert sind[1]. Wie sich aus Abs. 1 S. 2 ergibt, ist eine schriftl. Fixierung nicht erforderlich, so dass es ausreicht, wenn der ArbGeb eine Klausel im „Kopf gespeichert hat" und erst bei Vertragsabschluss schriftl. niederlegt[2]. Praktisch bedeutsam wird dies, wenn der ArbGeb in von ihm verwendeten Arbeitsvertragsmustern immer wieder handschriftl. oder maschinenschriftl. bestimmte Textpassagen einfügt oder den Vertrag um diese ergänzt[3].

6 Der Verwender, regelmäßig der ArbGeb, muss die Vertragsbedingungen der anderen Vertragspartei, regelmäßig dem ArbN, **stellen**. Erforderlich ist, dass der ArbGeb die Einbeziehung konkret verlangt[4]. Eine Prüfung im Einzelfall, ob der ArbGeb wirtschaftl. oder intellektuell überlegen ist, ist nicht erforderlich[5]. Das Merkmal des Stellens ist auch erfüllt, wenn der ArbGeb ein Vertragsmuster verwendet, in dem der ArbN zwischen verschiedenen vorformulierten Regelungsmöglichkeiten wählen kann[6], zB zwischen einer vorformulierten Gratifikationsregelung oder einer vorformulierten leistungsbezogenen Prämie. Anders ist es, wenn der ArbN einen Leerraum, ohne dass ein Vorschlag des ArbGeb vorhanden ist, ausfüllen kann[7]. Verlangen beide Parteien die Einbeziehung bestimmter Vertragsklauseln, finden die §§ 305 ff. keine Anwendung[8]. Es dürfte der praktische Ausnahmefall sein, dass der ArbN mit einem Formulararbeitsvertrag zum ArbGeb kommt und um dessen Vereinbarung bittet und der ArbGeb dies gleichzeitig verlangt. Anders kann dies bei qualifizierten, rechtl. beratenen Mitarbeitern sein, die selbst einen Vertragsentwurf vorlegen. Dann wird oft bereits ein Aushandeln der Vertragsbedingungen anzunehmen sein (Rz. 8). Hinzu kommt, dass Arbeitsverträge auch Verbraucherverträge sind und deshalb allgemeine Geschäftsbedingungen als vom ArbGeb gestellt gelten (dazu § 310 Rz. 4).

7 **Folgende Umstände** sind zur Beurteilung der Frage, ob allgemeine, kontrollfähige Arbeitsvertragsbedingungen vorliegen, **unbeachtlich**: Die äußerliche Gestaltung ist nicht bedeutsam ebenso, ob die Vertragsbedingungen **Bestandteil der Vertragsurkunde** sind. So ist zB ein auf den Gehaltsmitteilungen aufgebrachter[9] Freiwilligkeits- und Widerrufsvorbehalt, der sich nach drei Jahren gegen eine betriebliche Übung durchsetzt[10], der Inhaltskontrolle zugänglich. Da die Schriftart nicht maßgeblich ist, kann auch in einer handschriftl. Einfügung eine AGB liegen[11]. Weil es auf die **Form** nicht ankommt, können auch mündliche oder stillschweigende Abreden, wenn sie die Voraussetzungen des Abs. 1 S. 1 BGB erfüllen, kontrollfähige AGB sein[12]. Vertragsbestandteile, die im Wege der **betrieblichen Übung** Bestandteil des Arbeitsverhältnisses werden[13], sind deshalb kontrollfähig, auch wenn sie nie schriftl. fixiert worden sind[14].

8 Aus Abs. 1 S. 3 folgt, dass AGB dann nicht vorliegen, wenn die Vertragsbedingungen zwischen den Parteien im Einzelnen ausgehandelt sind; sog. **Individualabreden**. Ein Aushandeln auf kollektiver Ebene führt nicht zur Anwendung des Abs. 1 S. 3, ist aber bei der Angemessenheitsprüfung zu beachten[15]. Dies bedeutet, dass eine Kontrollfreiheit einzelvertragl. – ganz oder teilweise – einbezogener tarifvertragl. Regelungen nicht aus Abs. 1 S. 3 folgt. Aushandeln erfordert Folgendes: Der Verwender muss **verhandlungsbereit** sein[16], und es muss ein **wirkliches Aushandeln** vorliegen, dh. der ArbGeb muss den gesetzesfremden Kern der Klausel ernsthaft zur Disposition des ArbN gestellt haben, und diesem die Möglichkeit eingeräumt werden, den Inhalt der fraglichen Klauseln beeinflussen zu können[17]. Das setzt voraus, dass sich der ArbGeb deutlich und ernsthaft zu gewünschten Änderungen der zu treffenden Vereinbarung bereit erklärt[18]. So reicht es zB nicht aus, wenn die befristete Aufstockung der Arbeitszeit zwar in Einzelgesprächen erläutert und vereinbart wird, der ArbG aber nicht zur Änderung der Befristungsabrede bereit war und dies dem ArbN gegenüber bekundet hat[19]. Bei umfangreichen, nicht leicht verständlichen Klauseln muss der ArbG als Verwender den ArbN über Inhalt und Tragweite der Klausel belehren oder sonst erkennbar sein, dass dieser den Sinn erfasst hat, um zu gewährleisten, dass der ArbN die Klausel in seinen rechtsgeschäftlichen Gestaltungswillen aufgenommen hat[20]. IdR findet sich das Ergebnis echter Verhandlungen auch im Vertragstext wieder. Zwingend erforderlich ist dies nicht. Abs. 1 S. 3 ist ausnahmsw. anwendbar, wenn der andere Teil nach gründlicher Erörterung von der Sachgerechtigkeit der Regelung überzeugt wird[21]. Das Aushandeln kann sich auf einzelne Vertragsklauseln, aber auch auf einzelne Teile einer Klausel beziehen. Davon unberührt bleibt der

---

1 Palandt/*Heinrichs*, § 305 BGB Rz. 8. | 2 BGH v. 10.3.1999 – VIII ZR 204/98, NJW 1999, 2180; UBH/*Ulmer*, § 305 BGB Rz. 20. | 3 Vgl. hierzu BGH v. 10.3.1999 – VIII ZR 204/98, NJW 1999, 2180. | 4 Palandt/*Heinrichs*, § 305 BGB Rz. 10. | 5 UBH/*Ulmer*, § 305 BGB Rz. 26; Palandt/*Heinrichs*, § 305 BGB Rz. 10. | 6 BGH v. 7.2.1996 – IV ZR 16/95, NJW 1996, 1676. | 7 Vgl. BGH v. 13.11.1997 – X ZR 135/95, NJW 1998, 1066. | 8 UBH/*Ulmer*, § 305 Rz. 29. | 9 Vgl. zB BAG v. 1.3.2006 – 5 AZR 363/05, AP Nr. 3 zu § 308 BGB. | 10 BAG v. 4.5.1999 – 10 AZR 290/98, AP Nr. 55 zu § 242 BGB – Betriebliche Übung. | 11 BGH v. 6.4.2005 – VIII ZR 27/04, NJW 2005, 155. | 12 LAG BW v. 17.6.2005 – 9 Sa 1/05, nv. | 13 Überblick über mögliche Vertragsbestandteile bei ErfK/*Preis*, § 611 BGB Rz. 228. | 14 Ebenso *Ulrici*, BB 2005, 1902 (1904). | 15 BGH v. 9.10.1981 – I ZR 188/79, NJW 1982, 1820. | 16 Dazu Palandt/*Heinrichs*, § 305 BGB Rz. 20. | 17 BAG v. 27.7.2005 – 7 AZR 486/04, AP Nr. 6 zu § 307 BGB; v. 18.1.2006 – 7 AZR 191/05, AP Nr. 8 zu § 305 BGB; BGH v. 19.5.2005 – III ZR 437/04, NJW 2005, 2543. | 18 BAG v. 1.3.2006 – 5 AZR 363/05, AP Nr. 3 zu § 308 BGB; v. 6.9.2007 – 2 AZR 722/06, NZA 2008, 218. | 19 BAG v. 27.7.2005 – 7 AZR 486/04, AP Nr. 6 zu § 307 BGB. | 20 Vgl. BGH v. 19.5.2005 – III ZR 437/04, NJW 2005, 2543. | 21 BGH v. 3.11.1999 – VIII ZR 269/98, NJW 2000, 1110; Erman/*S. Roloff*, § 305 BGB Rz. 20.

restliche Vertragsteil AGB[1]. Haben die Parteien eine Rückzahlungsklausel bzgl. einer vom ArbGeb finanzierten Weiterbildung im Einzelnen ausgehandelt, so kann doch der Rest der arbeitsvertragl. Abreden AGB bleiben.

Bereits diese Anforderungen zeigen, dass echte Individualabreden im Arbeitsrecht selten sind. Liegen sie aber vor, findet keine **Inhaltskontrolle** nach den Maßstäben der §§ 307 ff. statt[2]. Mit den Wertungen der §§ 305 ff. stimmt es nicht überein, wie bisher vertreten[3], eine allgemeine Inhaltskontrolle von Individualvereinbarungen vorzunehmen. Nimmt man § 305b ernst und ordnet den Arbeitsvertrag als Verbrauchervertrag ein, kommt man vielmehr dort zu Kontrollfreiheit, wo es tatsächlich um echte ausgehandelte Verträge geht, und ein Kontrollbedürfnis deshalb nicht besteht[4]. Davon unberührt bleibt, dass auch Individualvereinbarungen durchaus zB am Maßstab der **Sittenwidrigkeit** (§ 138 I) scheitern können; wie zB Abreden über ein sittenwidrig niedriges Entgelt[5]. 9

II. Einbeziehung der Arbeitsvertragsbedingungen. § 305 II, III finden, wie sich aus § 310 IV 2 eindeutig ergibt, im Arbeitsrecht **keine Anwendung**. Nach dieser klaren gesetzgeberischen Entscheidung scheidet eine Anwendung des § 305 II, III für die Einbeziehungskontrolle im Arbeitsrecht aus. Auch eine entsprechende Anwendung kommt nicht in Betracht[6]. Dies gilt, obwohl der Gesetzgeber bei seinem Hinweis darauf, dass eine Einbeziehungskontrolle wegen der Regelungen des NachwG nicht erforderlich sei, verkannt hat, dass die Einhaltung des NachwG anders als § 305 II, III keine Wirksamkeitsvoraussetzung bzgl. der nachzuweisenden Vertragsbedingung ist[7]. Auch durch diesen Hinweis in den Vorarbeiten zum Schuldrechtsmodernisierungsgesetz ist die Einhaltung des **NachwG keine Wirksamkeitsvoraussetzung** für die Einbeziehung arbeitsvertragl. Bedingungen geworden[8]. 10

Die Wirksamkeit der Einbeziehung von AGB in den Arbeitsvertrag richtet sich **nach allgemeinen Grundsätzen**, so dass auch eine stillschweigende Einbeziehung möglich bleibt. Verlangt wird bei einer konkludenten Einbeziehung, dass der Verwender erkennbar auf seine AGB hinweist und der Vertragspartner ihrer Geltung nicht widerspricht[9]. Die konkludente Einbeziehung zB von TV in Einzelarbeitsverträge ist deshalb auch im Arbeitsrecht möglich[10], wobei aber das BAG, anders als bei § 2 AGBG davon ausgegangen ist, dass es dem ArbN obliegt, sich von dessen Inhalt Kenntnis zu verschaffen[11]. Aus der fehlenden Anwendbarkeit der Abs. 2, 3 folgt, dass **Jeweiligkeitsklauseln** im Arbeitsrecht zulässig bleiben[12]. Dies belegen schon die arbeitsrechtl. Gesetze, die solche Klauseln zulassen (zB § 622 IV 2, § 13 I 2 BUrlG, § 7 III ArbZG)[13]. Sinn und Zweck einer solchen Klausel ist die dynamische Bezugnahme auf die jeweils geltenden tariflichen Vorschriften. Dies gilt sowohl für die zukünftigen als auch für die aktuell geltenden Tarifbestimmungen. Die zukünftige Änderung der tariflichen Bestimmungen bewirkt – auch unter der Geltung der §§ 305 ff. – eine Änderung der Arbeitsvertragsbedingungen, ohne dass es der Zusendung oder auch nur einer Kenntnisnahme der geltenden TV bedarf. Die Jeweiligkeitsklausel schließt aus, dass ein bestimmter TV unabhängig von seiner aktuellen Geltung Vertragsbestandteil wird[14]. Es genügt, wenn zum Zeitpunkt der jeweiligen Anwendung der Klausel die in Bezug genommenen Regelungen hinreichend bestimmbar sind[15]. Ebenfalls grdstzl. zulässig sind dynamische **Verweisungen auf Vorschriften eines Gesetzes oder eines anderen Regelungswerkes**. So hat das BAG die Bestimmung der Arbeitszeit für ArbN durch einen Verweis auf die durch Rechtsverordnung geregelte Arbeitszeit der Beamten für zulässig erachtet[16]. 11

Die Nichtanwendung der Abs. 2, 3 führt aber nicht dazu, dass bei einzelvertragl. Inbezugnahme von kollektiven Regelungen diese nicht auf **überraschende Klauseln** hin (§ 305c I) oder im Hinblick auf das **Transparenzgebot** (§ 307 I 2) überprüft werden könnten. Diese Normen finden im Arbeitsrecht Anwendung. 12

Für **arbeitnehmerähnliche Personen** gilt der Ausschluss der Abs. 2, 3 nicht. Dies folgt daraus, dass sich § 310 IV 2 nur auf Arbeitsverträge bezieht und der Gesetzgeber zur Begründung auf das NachwG verwiesen hat, das aber für arbeitnehmerähnliche Personen nicht gilt[17]. Für sie gelten die Abs. 2, 3. Dies bedeutet: Es gelten grds. die Einbeziehungsvoraussetzungen des Abs. 2, dh. Hinweispflicht (Abs. 2 Nr. 1), Kenntnisnahmemöglichkeit (Abs. 2 Nr. 2) und Einverständnis mit der Geltung. Dabei ist aber zu beachten, dass der BGH auf Formularverträge, die bei arbeitnehmerähnlichen Personen die Regel sein 13

---

1 BGH v. 6.3.1986 – III ZR 195/84, BGHZ 97, 212. | 2 *Preis*, NZA Beil. 3/2006, 115 (116); *Thüsing*, FS Wiedemann, S. 578. | 3 *Fastrich*, RdA 1997, 65 (75); *Dieterich*, RdA 1995, 129 (135). | 4 BAG v. 25.5.2005 – 5 AZR 572/04, AP Nr. 1 zu § 310 BGB. | 5 Hierzu ErfK/*Preis*, § 612 BGB Rz. 3. | 6 BAG v. 14.3.2007 – 5 AZR 630/06, MDR 2007, 960. | 7 BAG v. 21.8.1997 – 5 AZR 713/96, AP Nr. 1 zu § 4 BBiG; s.a. EuGH v. 8.2.2001 – C-350/99, EAS RL 91/533/EWG, Art. 2 Nr. 2 m. Anm. *Preis/Lindemann*. | 8 LAG Nds. v. 18.3.2005 – 10 Sa 1990/04, LAGE BGB 2002 § 307 Nr. 6; *Gotthardt*, Rz. 248. | 9 BGH v. 12.2.1992 – VIII ZR 84/91, BGHZ 117, 190. | 10 ErfK/*Preis*, §§ 305–310 BGB Rz. 26; bisher BAG v. 19.1.1999 – 1 AZR 606/98, AP Nr. 9 zu § 1 TVG – Bezugnahme auf Tarifvertrag. | 11 ZB BAG v. 6.7.1972 – 5 AZR 100/72, ArbuR 1972, 381. | 12 DDBD/*Däubler/Deinert*, § 305 Rz. 45; *Oetker*, FS Wiedemann, S. 390 f., 396 ff. | 13 BAG v. 3.4.2007 – 9 AZR 283/06, AP Nr. 21 zu § 2 BAT SR 2l. | 14 BAG v. 26.9.2007 – 5 AZR 808/06, nv. | 15 BAG v. 14.3.2007 – 5 AZR 630/06, MDR 2007, 960; v. 3.4.2007 – 9 AZR 283/06, AP Nr. 21 zu § 2 BAT SR 2l. | 16 BAG v. 12.9.2006 – 9 AZR 675/05, AP Nr. 176 zu § 611 BGB Lehrer, Dozenten; v. 14.3.2007 – 5 AZR 630/06, MDR 2007, 960. | 17 ErfK/*Preis*, § 1 NachwG Rz. 5.

dürften, die Abs. 2 Nr. 1, 2 nicht anwenden will[1]. Die Möglichkeit der Kenntnisnahme folgt bei Formularverträgen bereits aus dem Abdruck der AGB[2].

14 **III. Darlegungs- und Beweislast.** Die Beweislast dafür, dass der Vertrag oder Teile von diesem die Voraussetzungen der **Definition der AGB** gem. Abs. 1 S. 1 erfüllen, liegt nach ganz hM beim demjenigen, der sich auf das Eingreifen der §§ 305 ff. beruft[3], dh. idR beim **ArbN**. Regelmäßig spricht aber der **Beweis des ersten Anscheins** für das Vorliegen von AGB, wenn die äußere Form des Vertragsformulars auf deren vorformulierte und standarisierte Verwendung schließen lässt[4]. Allein die maschinenschriftl. Form führt jedoch noch nicht zu dieser Vermutung; in einem solchen Fall muss der ArbN weitere Umstände vortragen, aus denen sich der Massencharakter ergibt[5]. Dies kann zB dann der Fall sein, wenn der Vertrag zahlreiche formelhafte Klauseln enthält und nicht auf die individuelle Vertragssituation abgestimmt ist[6]. Dafür, dass die Vertragsbedingungen **im Einzelnen ausgehandelt** sind (Abs. 1 S. 3), trifft den **ArbGeb** die Darlegungs- und Beweislast[7]. Wegen des Schutzzweckes der §§ 305 ff. ist hierbei ein strenger Maßstab anzulegen und es ist nicht die schriftl., vorformulierte Bestätigung des ArbN ausreichend, die Klauseln seien im Einzelnen ausgehandelt[8]. Nachträgliche Änderungen am Vertragstext können ein Indiz für ein Aushandeln sein[9].

305a *Einbeziehung in besonderen Fällen*

1 Vom Abdruck wurde abgesehen. Die Norm hat keine Bedeutung für das Arbeitsrecht.

305b *Vorrang der Individualabrede*

Individuelle Vertragsabreden haben Vorrang vor Allgemeinen Geschäftsbedingungen.

1 **I. Begriff.** Die Regelung entspricht § 4 AGBG. Der Begriff der individuellen Vertragsabreden entspricht **im Grundsatz** demjenigen der gem. § 305 I 3 **individuell ausgehandelten Vertragsbedingungen**[10]. Letztlich geht es auch hier um die Unterscheidung zwischen vertragl. Regelungen auf Grund einseitiger Vorformulierung und solchen auf Grund individueller Vereinbarung[11]. Die vorrangige Individualabrede kann auch stillschweigend getroffen werden[12]. In einer betrieblichen Übung liegt keine Individualabrede[13].

2 **II. Vorrang vor den allgemeinen Geschäftsbedingungen.** Erforderlich für den Vorrang der individuellen Vertragsabreden ist, dass diese von den AGB abweichen. Dies ist dann der Fall, wenn sie zu den AGB in **unmittelbarem** oder direktem **Widerspruch** stehen[14]. Ausreichend ist jedoch auch ein **mittelbarer Widerspruch**, dh. dass bei Anwendung der AGB die individuelle Vertragsabrede entgegen der ihr von den Parteien beigelegten Geltung nicht voll zur Geltung käme[15]. Ob der Widerspruch bereits bei Vertragsschluss oder erst auf Grund **zeitlich nachfolgender Individualabrede** eintritt, ist für die Anwendung des § 305b unerheblich[16]. Im Arbeitsrecht wird der Vorrang der Individualabrede oftmals bereits durch das **Günstigkeitsprinzip** herbeigeführt. Bedeutung hat die Regel deshalb vor allem für das Verhältnis von Einzelarbeitsvertrag zu Allgemeinen Arbeitsbedingungen[17].

3 **III. Schriftformabreden.** In der arbeitsvertragl. Praxis häufig verwandt sind die sog. Schriftformklauseln, wonach Änderungen oder Ergänzungen des Arbeitsvertrages der Schriftform bedürfen. Im auf dem Gebiet des Arbeitsrechts allein anwendbaren Individualprozess (vgl. § 15 UKlaG) hat eine mündliche Einzelabrede gem. § 305b Vorrang. **Formularmäßige Klauseln können die höherrangige individuelle Abrede nicht außer Kraft setzen**[18]. Dies gilt auch für eine sog. qualifizierte Schriftformklausel, welche die Aufhebung der Schriftform selbst an die Schriftform bindet[19]. Besonderheiten des Arbeitsrechts rechtfertigen keine Abweichung von diesem Grundsatz, den das BAG zudem schon bisher als allgemeinen

1 BGH v. 27.10.1994 – IX ZR 168/93, NJW 1995, 190. | 2 BGH v. 15.6.1988 – VIII ZR 316/87, NJW 1988, 2465; UBH/*Ulmer*, § 305 BGB Rz. 147. | 3 BGH v. 14.5.1992 – VII ZR 204/90, BGHZ 118, 229; UBH/*Ulmer*, § 305 BGB Rz. 60. | 4 BAG v. 26.1.2005 – 10 AZR 215/04, AP Nr. 260 zu § 611 BGB – Gratifikation; v. 14.8.2007 – 8 AZR 973/06, DB 2008, 66. | 5 UBH/*Ulmer*, § 305 BGB Rz. 61. | 6 BAG v. 1.3.2006 – 5 AZR 363/05, AP Nr. 3 zu § 308 BGB; v. 14.8.2007 – 8 AZR 973/06, DB 2008, 66. | 7 BGH v. 3.4.1998 – V ZR 6/97, NJW 1998, 2600; BAG v. 26.1.2005 – 10 AZR 215/04 – AP Nr. 260 zu § 611 BGB – Gratifikation. | 8 Palandt/*Heinrichs*, § 305 BGB Rz. 24; vgl. aber für die individuelle Bestätigung UBH/*Ulmer*, § 305 BGB Rz. 65. | 9 Dazu UBH/*Ulmer*, § 305 BGB Rz. 63 f. | 10 Erman/*S. Roloff*, § 305b BGB Rz. 4; offen gelassen von BGH v. 10.10.1991 – VII ZR 289/90, NJW 1992, 1107. | 11 UBH/*Ulmer*, § 305b BGB Rz. 10. | 12 BGH v. 6.2.1996 – XI ZR 121/95, NJW-RR 1996, 673. | 13 BAG v. 24.6.2003 – 9 AZR 302/02, NZA 2003, 1145. | 14 Palandt/*Heinrichs*, § 305b BGB Rz. 3. | 15 UBH/*Ulmer*, § 305b BGB Rz. 12. | 16 BGH v. 20.10.1994 – III ZR 76/94, NJW-RR 1995, 179; *Stoffels*, Rz. 347. | 17 *Gotthardt*, Rz. 252; *Preis*, Vertragsgestaltung, S. 265. | 18 BGH v. 20.10.1994, NJW-RR 1995, 179; v. 21.9.2005 – XII ZR 312/02, WM 2005, 2406; Palandt/*Heinrichs*, § 305b BGB Rz. 5; *Fenn*, FS Söllner, S. 359; aA aber BGH v. 24.10.1979 – VIII ZR 235/78, NJW 1980, 234. | 19 LAG MV v. 2.3.2005 – 2 Sa 460/04; DDBD/*Däubler*, § 305b BGB Rz. 12; *Gotthardt*, Rz. 253; *Lakies* Rz. 111; *Roloff*, NZA 2004, 1191 (1196); aA Palandt/*Heinrichs*, § 125 BGB Rz. 14 BGH v. 2.6.1976 – VIII ZR 97/74, BGHZ 66, 378.

Rechtsgrundsatz angewandt hat[1]. Allerdings kann eine Schriftformklausel, wenn nicht der ArbGeb selbst, dessen Generalbevollmächtigter oder aber dessen Prokurist, sondern zB ein nur im Einzelfall Bevollmächtigter den Vertrag abschließt, für die **Vertretungsmacht** Bedeutung haben[2]. Da eine betriebliche Übung keine Individualabrede begründet, steht nach der Rspr. des BAG § 305b einer qualifizierten Schriftformklausel nicht entgegen, soweit sie das Entstehen einer betrieblichen Übung verhindert[3].

IV. Rechtsfolgen; Darlegungs- und Beweislast. Da § 305b eine Frage der Einbeziehung von AGB regelt, werden diese nicht Bestandteil des Vertrags, soweit sie mit der individuellen Abrede kollidieren. Dies erlangt dann Bedeutung, wenn die **einzelvertragl. Abrede** aus anderen Gründen **unwirksam** ist, oder später wegfällt. Richtig dürfte dann sein, dass an die Stelle nicht die abweichende Klausel aus den AGB tritt, sondern das dispositive Gesetzesrecht[4]. 4

Die Darlegungs- und Beweislast für eine abweichende Individualvereinbarung trifft nach allgemeinen Grundsätzen denjenigen, der sich darauf beruft. Dies wird **regelmäßig der ArbN** sein[5]. Hinzu kommt, dass auch im Bereich der AGB die **Vermutung der Vollständigkeit und Richtigkeit** einer Vertragsurkunde gilt, soweit die Parteien eine Vertragsurkunde, zB in Form eines Formularvertrages, errichtet haben[6]. Bei Abschluss eines Formulararbeitsvertrages greift diese Vermutung ein. Dies gilt aber nur dann, wenn der Arbeitsvertrag von beiden Seiten unterzeichnet worden ist[7]. 5

305c *Überraschende und mehrdeutige Klauseln*

(1) Bestimmungen in Allgemeinen Geschäftsbedingungen, die nach den Umständen, insbesondere nach dem äußeren Erscheinungsbild des Vertrags, so ungewöhnlich sind, dass der Vertragspartner des Verwenders mit ihnen nicht zu rechnen braucht, werden nicht Vertragsbestandteil.

(2) Zweifel bei der Auslegung Allgemeiner Geschäftsbedingungen gehen zu Lasten des Verwenders.

I. Überraschungsverbot. 1. Zweck der Vorschrift und Rechtsfolgen. Abs. 1 enthält eine **negative Einbeziehungsvoraussetzung**. Vertragsklauseln, die gegen das Überraschungsverbot verstoßen, werden von der Einbeziehung nicht erfasst und deshalb kein wirksamer Vertragsbestandteil[8]. Soweit dadurch eine Lücke im Vertrag entsteht, wird sie durch dispositives Gesetzesrecht, hilfsweise durch ergänzende Vertragsauslegung geschlossen[9]. Die Regelung entspricht § 3 AGBG. Es bestehen keine Besonderheiten des Arbeitsrechts, welche die Anwendung des Abs. 1 ausschließen[10]. Die arbeitsrechtl. Rspr. hat diesen Grundsatz bereits bislang angewandt[11]. 1

2. Voraussetzungen. Abs. 1 normiert zwei Voraussetzungen. Die verwendete Klausel muss zum einen ungewöhnlich sein und zum anderen für den Vertragspartner des Verwenders überraschend. 2

a) Ungewöhnlichkeit der Klausel. Voraussetzung ist zunächst, dass die Klausel **objektiv ungewöhnlich** ist. Maßgeblich sind das Gesamtbild des konkreten Vertrages und die Erwartungen, welche der redliche Verkehr typischerweise oder auf Grund des Verhaltens des Verwenders bei Vertragsschluss an den typischen Inhalt des Vertrags knüpft[12]. Der Klausel muss ein Überrumpelungs- oder Übertölpelungseffekt innewohnen[13]. Gesamtumstände, welche die objektive Ungewöhnlichkeit begründen können, sind der Grad der Abweichung vom dispositiven Gesetzesrecht und die für den Geschäftskreis übliche Gestaltung einerseits, Gang und Inhalt der Vertragsverhandlungen sowie der äußere Zuschnitt des Vertrags andererseits[14]. Die objektive Ungewöhnlichkeit kann sich aus **formalen Gesichtspunkten** ergeben, zB weil die Klausel an ungewöhnlicher Stelle erscheint, worauf Abs. 1 ausdrücklich hinweist[15]. Es fehlt am Aspekt der formalen Überraschung, wenn eine Klausel im Vertragstext in dem Sachkomplex geregelt ist, mit dem sie inhaltlich im Zusammenhang steht[16]. Richtigerweise wird man zwischen Unangemessenheit und Ungewöhnlichkeit einer Klausel unterscheiden müssen und beide Merkmale nicht gleichsetzen können[17]. 3

---

1 BAG v. 30.11.1994 – 5 AZR 702/93, AP Nr. 16 zu § 4 TVG; ebenso jetzt *Hromadka*, NJW 2002, 2523 (2525); *Lingemann*, NZA 2002, 181 (185 f.); *Richardi*, NZA 2002, 1057 (1059). |2 Dazu UBH/*Ulmer*, § 305b BGB Rz. 34 f.; *Wolf/Horn/Lindacher*, § 4 AGBG Rz. 34 ff. |3 BAG v. 24.6.2003 – 9 AZR 302/02, NZA 2003, 1145; zust. *Hromadka*, DB 2004, 1262 (1262); *Ulrici*, BB 2005, 1902 (1903); abl. *Roloff*, NZA 2004, 1191 (1197); jetzt a. LAG Düsseldorf v. 13.4.2007 – 9 Sa 143/07, NZA-RR 2007, 455 n.rk. |4 Str. wie hier *Stoffels*, Rz. 346; aA UBH/*Ulmer*, § 305b BGB Rz. 11, 46. |5 Vgl. BGH v. 21.9.2005 – XII ZR 312/02, WM 2005, 2406; *Wolf/Horn/Lindacher*, § 4 AGBG Rz. 49. |6 *Wolf/Horn/Lindacher*, § 4 AGBG Rz. 49; vgl. a. BAG v. 9.2.1995 – 9 AZR 660/94, NZA 1996, 249 (250). |7 ErfK/*Preis*, Einf. NachwG Rz. 18. |8 BAG v. 27.4.2000 – 8 AZR 286/99, NJW 2000, 3299; Erman/*S. Roloff*, § 305c BGB Rz. 2. |9 UBH/*Ulmer*, § 305c BGB Rz. 32. |10 *Gotthardt*, Rz. 255; *Reinecke*, DB 2002, 583 (584). |11 BAG v. 29.11.1995 – 5 AZR 447/94, AP Nr. 1 zu § 3 AGBG; v. 13.12.2000 – 10 AZR 168/00, NZA 2001, 723. |12 UBH/*Ulmer*, § 305c BGB Rz. 12; s.a. BAG v. 23.2.2005 – 4 AZR 139/04, AP Nr. 42 zu § 1 TVG – Tarifverträge: Druckindustrie. |13 BAG v. 6.8.2003 – 7 AZR 9/03, AP Nr. 51 zu § 133 BGB; v. 13.7.2005 – 10 AZR 532/04, AP Nr. 78 zu § 74 HGB; v. 14.8.2007 – 8 AZR 973/06, DB 2008, 66. |14 BAG v. 27.4.2000 – 8 AZR 286/99, NJW 2000, 3299; v. 8.8.2007 – 7 AZR 605/06, DB 2008, 133. |15 BAG v. 6.8.2003 – 7 AZR 9/03, AP Nr. 51 zu § 133 BGB; v. 23.9.2003 – 3 AZR 551/02, AP Nr. 93 zu § 77 BetrVG 1972; v. 15.2.2007 – 6 AZR 286/06, MDR 2007, 961; v. 14.8.2007 – 8 AZR 973/06, DB 2008, 66. |16 BAG v. 6.8.2003 – 7 AZR 9/03, AP Nr. 51 zu § 133 BGB; v. 13.7.2005 – 10 AZR 532/04, AP Nr. 78 zu § 74 HGB. |17 BAG v. 15.2.2007 – 6 AZR 286/06, MDR 2007, 961; v. 6.9.2007 – 2 AZR 722/06, NZA 2008, 218.

4 **b) Überraschungsmoment.** Überraschenden Charakter hat eine Regelung dann, wenn sie von den Erwartungen des Vertragspartners deutlich abweicht und dieser mit ihr den Umständen nach vernünftigerweise nicht zu rechnen braucht. Die Erwartungen des Vertragspartners werden von allgemeinen und individuellen Begleitumständen des Vertragsschlusses bestimmt[1]. Das Überraschungsmoment ist dabei desto eher zu bejahen, je belastender die Bestimmung ist[2]. Der überraschende Ckarakter einer Klauseln bemisst sich nach einem im **Grundsatz generellen Maßstab**, der von den konkreten Umständen überlagert wird[3]. Aus den **subjektiven Merkmalen** kann sich aber ergeben, dass eine objektiv ungewöhnliche Klauseln dann nicht überraschend ist, wenn der ArbN sie kennt oder mit ihr rechnen muss[4]. Im Einzelfall kann der Verwender gehalten sein, auf die Klausel besonders hinzuweisen oder diese drucktechnisch hervorzuheben[5]. Andererseits kann eine objektiv nicht ungewöhnliche Klausel dann überraschend werden, wenn sie im Vertragstext falsch eingeordnet wird und dadurch geradezu versteckt wird[6].

5 **3. Einzelfälle. a) Altersgrenze.** Eine in einer Versorgungszusage enthaltene Altergrenzenregelung innerhalb des Regelungskomplexes Altersrente der Versorgungszusage ist nicht überraschend[7]. **b) Eine Aufhebungsvereinbarung** in einer „Ergänzung zu einem Arbeitsvertrag", die nach Ausspruch einer Kündigung und vor Ablauf der Klagefrist geschlossen wird und den Übertritt in eine betriebsorganisatorisch selbständige Einheit gem. § 175 SGB III vorsieht, kann je nach den Umständen eine objektiv ungewöhnliche Klausel sein, die nicht Vertragsinhalt wird[8]. **c) Auflösende Bedingung** bei einem Altersteilzeitarbeitsverhältnis[9]. **d) Ausschlussfristen** sind nach der Rspr. des BAG in Arbeitsverträgen nicht generell objektiv ungewöhnlich und nicht generell überraschend[10]. Dies folgt daraus, dass Ausschlussfristen im Arbeitsrecht weit verbreitet sind und jeder ArbN damit rechnet, dass ein vom ArbGeb vorformuliertes Vertragswerk eine derartige Klausel enthält[11]. Eine Ausschlussfrist ist jedoch überraschend, wenn diese ohne besonderen Hinweis und ohne drucktechnische Hervorhebung unter falscher oder missverständlicher Überschrift eingeordnet worden ist[12]; zB in den Schlussbestimmungen eines Arbeitsvertrags versteckt ist[13]. Eine solche formale Überraschung hat das BAG auf Grund der Unterstreichung des Wortes Ausschlussfrist im Arbeitsvertrag verneint und dies auch darauf bezogen, dass bei einer zweistufigen Ausschlussfrist die Fristen auf der ersten und zweiten Stufe nicht übereinstimmten[14]. **e) Ausgleichsquittungen.** Ein negatives Schuldanerkenntnis, mit dem der ArbN sich aller Ansprüche aus dem Arbeitsverhältnis begibt, das in einem Schreiben „Rückgabe ihrer Unterlagen" in einem einheitlichen Text ohne drucktechnische Hervorhebung enthalten ist und vom ArbN bei einem Termin zur Übergabe seiner Arbeitspapiere unterzeichnet wurde, ist überraschend[15]. Anders ist dies dann, wenn der Verzicht auf die Kündigungsschutzklage vom übrigen Text deutlich abgesetzt ist und erkennbar eine eigenständige Regelung enthält[16]. **f) Betriebliche Altersversorgung.** Unbestimmter Reduzierungsvorbehalt zu Gunsten des ArbGeb in einer Versorgungszusage als Nebenabrede zum Arbeitsvertrag ohne drucktechnische Hervorhebung an unerwarteter Stelle bei unübersichtlicher Gliederung der Nebenabrede und undeutlichem Schriftbild als überraschende Klausel[17]. **g) Verweisungen.** Abs. 1 betrifft auch Verweisungsklauseln[18], insb. auf kollektive Regelungen, wie zB TV. Die einzelvertragl. Verweisung auf einen branchen- oder ortsfremden TV ist regelmäßig überraschend[19]. Anders ist dies, wenn der ArbN auf Grund konkreter Umstände mit der Einbeziehung rechnen musste. Wird auf einen bis auf die Tarifbindung anwendbaren TV verwiesen, ist der darin möglicherweise enthaltene Verweis auf eine Ausschlussfrist nicht überraschend[20]. Überraschungklausel auf Grund der Umstände des Einzelfalls, wenn in einer Bezugnahmeklausel die Anwendbarkeit zweier gekündigter TV ausgeschlossen wird[21]. Keine überaschende Verweisung, wenn bei bloßer Vertragsverlängerung die Bezugnahmeklausel des Ausgangsvertrags in der Vereinbarung über die Verlängerung nicht wiederholt wird[22]. **h) Vertragsstrafen** sind in Arbeitsverträgen nicht generell ungewöhnlich[23]. Eine Vertragsstrafe, die ein Wettbewerbverbot sanktionieren soll, ist bei Regelung in Zusammenhang mit diesem nicht an unerwarteter Stelle im Vertrag untergebracht[24]. **i) Wettbewerbsverbote** sind in Arbeitsverträgen mit Führungskräften nicht überraschend[25]; allerdings

---

1 BAG v. 27.4.2000 – 8 AZR 286/99, NJW 2000, 3299. | 2 BAG v. 9.5.2007 – 4 AZR 319/06, nv.; v. 14.8.2007 – 8 AZR 973/06, DB 2008, 66. | 3 UBH/*Ulmer*, § 305c BGB Rz. 13 f. | 4 Erman/*S. Roloff*, § 305c BGB Rz. 12. | 5 BAG v. 9.5.2007 – 4 AZR 319/06, nv.; v. 14.8.2007 – 8 AZR 973/06, DB 2008, 66. | 6 Palandt/*Heinrichs*, § 305c BGB Rz. 4; BAG v. 23.9.2003 – 3 AZR 551/02, AP Nr. 93 zu § 77 BetrVG 1972. | 7 BAG v. 6.8.2003 – 7 AZR 9/03, AP Nr. 51 zu § 133 BGB; s.a. BAG v. 27.7.2005 – 7 AZR 443/04, AP Nr. 27 zu § 620 BGB – Altersgrenze. | 8 BAG v. 15.2.2007 – 6 AZR 286/06, MDR 2007, 961; s.a. LAG Düsseldorf v. 29.6.2007 – 9 Sa 447/07, LAGE Nr. 4 zu § 611 BGB 2002 Aufhebungsvertrag. | 9 BAG v. 8.8.2007 – 7 AZR 605/06, DB 2008, 133. | 10 BAG v. 27.4.2000 – 8 AZR 301/99; v. 13.12.2000 – 10 AZR 168/00, NZA 2001, 723; v. 25.5.2005 – 5 AZR 572/04, AP Nr. 1 zu § 310 BGB. | 11 ErfK/*Preis*, §§ 305–310 BGB Rz. 29. | 12 BGH v. 8.5.1987 – V ZR 89/86, BGHZ 101, 29. | 13 BAG v. 31.8.2005 – 5 AZR 545/04, AP Nr. 8 zu § 6 ArbZG. | 14 BAG v. 27.2.2002 – 9 AZR 543/00, DB 2002, 1720. | 15 BAG v. 23.2.2005 – 4 AZR 139/04, AP Nr. 42 zu § 1 TVG – Tarifverträge: Druckindustrie; s.a. LAG Düsseldorf v. 13.4.2005 – 12 Sa 154/05, LAGE BGB 2002 § 307 Nr. 7. | 16 BAG v. 6.9.2007 – 2 AZR 722/06, NZA 2008, 218. | 17 BAG v. 23.9.2003 – 3 AZR 551/02, AP Nr. 93 zu § 77 BetrVG 1972. | 18 Vgl. ErfK/*Preis*, §§ 305–310 BGB Rz. 30. | 19 *Gotthardt*, Rz. 258; zur Zulässigkeit der Verweisung auf einen fremden TV BAG v. 22.1.2002 – 9 AZR 601/00, AP Nr. 55 zu § 11 BUrlG. | 20 BAG v. 11.1.1995 – 10 AZR 5/94, ZTR 1995, 277; v. 22.1.2002 – 9 AZR 601/00, AP Nr. 55 zu § 11 BUrlG. | 21 BAG v. 9.5.2007 – 4 AZR 319/06, nv. | 22 BAG v. 28.6.2007 – 6 AZR 750/06, AP Nr. 27 zu § 307 BGB. | 23 BAG v. 14.8.2007 – 8 AZR 973/06, DB 2008, 66 bzgl. Wettbewerbsverbot | 24 BAG v. 14.8.2007 – 8 AZR 973/06, DB 2008, 66. | 25 *Bauer/Diller*, NJW 2002, 1609 (1614); *Henssler*, RdA 2002, 129 (139).

kann auch hier der Aspekt der formalen Überraschung greifen. Die Vereinbarung einer aufschiebenden Bedingung für das Inkrafttreten eines nachvertragl. Wettbewerbsverbots ist nicht objektiv ungewöhnlich[1].

4. Darlegungs- und Beweislast. Die Darlegungs- und Beweislast für die **objektiven und subjektiven Anwendungsvoraussetzungen** des § 305c hat derjenige, der sich darauf beruft[2], mithin regelmäßig der ArbN. Macht der Verwender, dh. regelmäßig der ArbGeb jedoch geltend, trotz der objektiven Ungewöhnlichkeit habe der ArbN mit der Klausel rechnen müssen, zB, weil er auf die Klausel hingewiesen hat, ist der ArbGeb für diesen Umstand darlegungs- und beweisbelastet[3]. 6

II. Unklarheitenregel. 1. Normzweck. Abs. 2 entspricht § 5 AGBG. Zweck der Vorschrift ist es, bei objektiv mehrdeutigen Klauseln eine **Auslegungshilfe** zu geben, und in diesem Fall die Interessen des Verwenders hinter denjenigen der anderen Partei zurücktreten zu lassen. Die Norm beruht auf dem Gedanken, dass es Sache derjenigen Partei ist, welche die Vertragsgestaltungsfreiheit für sich in Anspruch nimmt, sich klar und unmissverständlich auszudrücken. Unklarheiten gehen zu ihren Lasten[4]. Abs. 2 findet im Arbeitsrecht Anwendung[5]. 7

2. Auslegung allgemeiner Geschäftsbedingungen. AGB sind gem. ihrem objektiven Inhalt und typischen Sinn einheitlich so auszulegen, wie sie von verständigen und redlichen Vertragspartnern unter Abwägung der Interessen der normalerweise beteiligten Kreise verstanden werden, wobei die Verständnismöglichkeiten des durchschnittlichen Vertragspartners des Verwenders zugrunde zu legen sind[6]. Tragender Grund für die **objektive Auslegung** ist die Besonderheit vorformulierter Vertragstexte, deren Massencharakter und die fehlende Einflussmöglichkeit des Vertragspartners des Verwenders auf deren Inhalt[7]. Eine Grenze hat die objektive Auslegung aber dort, wo die Parteien einer Klausel übereinstimmend – auch durch schlüssiges Verhalten – eine von ihrem objektiven Sinn abweichende Bedeutung beigemessen haben[8]. Die Auslegungsregel des Abs. 2 bezieht sich zudem nur auf das Verständnis der AGB und nicht auf die Bedeutung **unklarer Begleitumstände**. Diese sind aus der Sicht eines redlichen und verständigen Empfängers der Erklärung zu würdigen[9]. 8

3. Anwendungsvoraussetzungen und Folgen der Unklarheitenregel. Erforderlich ist, dass mit den Mitteln der Auslegung nicht zu einem eindeutigen Ergebnis gelangt werden kann[10]. Die vorrangige objektive Auslegung muss zu dem Ergebnis geführt haben, dass die Klausel nach ihrem Wortlaut und typischen Verständnis der beteiligten Kreise **mehrdeutig** ist[11]. Es darf kein übereinstimmender Vertragswille festzustellen sein[12]. Bleibt die Klausel mehrdeutig, gilt die für den ArbN günstigere Auslegung. Diese ist auf folgende Weise zu ermitteln. Da im AGB-Recht mittlerweile auch im Individualprozess der Grundsatz der kundenfeindlichen Auslegung Anwendung findet[13], ist bei mehreren Auslegungsalternativen zunächst die **arbeitnehmerfeindlichste Möglichkeit** zugrunde zu legen, mit der Folge der Unwirksamkeit der Klausel. Bleibt die Klausel in dieser Variante wirksam, ist die Unklarheitenregel direkt anzuwenden, dh. es ist die arbeitnehmerfreundlichste Auslegung der Klausel zu wählen[14]. Die Anwendung des Abs. 2 setzt allerdings voraus, dass die Auslegung einer einzelnen AGB-Bestimmung mindestens zwei Ergebnisse als vertretbar erscheinen lässt. Abs. 2 ist unanwendbar, wenn sich zwei Klauseln inhaltlich widersprechen und deshalb unwirksam sind[15]. Auf einzelvertragl. einbezogene TV ist Abs. 2 grds. anzuwenden[16]. Der **ArbG** als Verwender kann sich nicht auf die Unklarheitenregel berufen[17]. 9

4. Einzelfälle. Die arbeitsgerichtl. Rspr. hat die Unklarheitenregel ua. in folgenden Fällen berücksichtigt: **a) Betriebliche Altersversorgung.** Anpassungsbeschluss des Bochumer Verbands[18]. Auslegung von Versorgungszusagen[19]. Ausschluss einer betriebl. Altersversorgung[20]. Verweise in Formulararbeitsverträgen auf die für die betriebl. Altersversorgung beim ArbGeb geltenden Bestimmungen sind im Regelfall dynamisch auszulegen. Abs. 2 steht dem nicht entgegen, denn diese Auslegung ist vor dem Hintergrund des Zweckes derartiger Vereinbarungen eindeutig[21]. **b) ArbGebDarlehen**[22]. **c) Vorformulierte Auf-** 10

1 BAG v. 13.7.2005 – 10 AZR 532/04, AP Nr. 78 zu § 74 HGB. | 2 Palandt/*Heinrichs*, § 305c BGB Rz. 14; UBH/*Ulmer*, § 305c BGB Rz. 25. | 3 Vgl. BGH v. 10.11.1989 – V ZR 201/88, BHGZ 109, 197. | 4 *Gotthardt*, Rz. 260; UBH/*Ulmer*, § 305c BGB Rz. 61. | 5 BAG v. 9.11.2005 – 5 AZR 128/05, AP Nr. 4 zu § 305c BGB; v. 26.9.2007 – 5 AZR 808/06, nv. | 6 BAG v. 11.4.2006 – 9 AZR 557/05, NZA 2006, 1149; v. 6.9.2006 – 5 AZR 644/05, DÖD 2007, 95. | 7 BGH v. 14.6.2006 – IV ZR 54/05, VersR 2006, 1246. | 8 BGH v. 14.6.2006 – IV ZR 54/05, VersR 2006, 1246; Palandt/*Heinrichs*, § 305c BGB Rz. 15. | 9 BAG v. 26.9.2007 – 5 AZR 808/06, nv.; s.a. BAG v. 13.6.2007 – 5 AZR 564/06, DB 2007, 2035. | 10 BGH v. 22.3.2002 – V ZR 405/00, ZIP 2002, 1534; BAG v. 19.3.2003 – 4 AZR 331/02, DB 2003, 2126. | 11 BAG v. 26.9.2002 – 6 AZR 434/00, AP Nr. 10 zu § 10 BBiG. | 12 BGH v. 22.3.2002 – V ZR 405/00, ZIP 2002, 1534; BAG v. 10.1.2007 – 5 AZR 84/06, NZA 2007, 384. | 13 BGH v. 28.3.2007 – VIII ZR 199/06, NJW 2007, 1743; Erman/*S. Roloff*, § 305c BGB Rz. 28. | 14 DDBD/*Däubler*, § 305c BGB Rz. 35; *Gotthardt*, Rz. 261; *Hromadka*, NJW 2002, 2523 (2526); *Lakies*, Rz. 261; *Reinecke*, BB 2005, 378 (382). | 15 BAG v. 24.10.2007 – 10 AZR 825/07, NZA 2008, 40. | 16 *Gotthardt*, Rz. 262. | 17 BAG v. 24.11.2004 – 10 AZR 202/04, AP Nr. 70 zu § 242 BGB – Betriebliche Übung. | 18 BAG v. 12.6.2007 – 3 AZR 83/06, AP Nr. 8 zu § 305c BGB; v. 21.8.2007 – 3 AZR 330/06, DB 2007, 2720. | 19 BAG v. 24.6.1986 – 3 AZR 630/84, AP Nr. 12 zu § 6 BetrAVG; v. 27.1.1998 – 3 AZR 444/96, AP Nr. 38 zu § 1 BetrAVG. | 20 BAG v. 12.12.2006 – 3 AZR 388/05, ZTR 2007, 573. | 21 BAG v. 27.6.2006 – 3 AZR 255/05, AP Nr. 49 zu § 1 BetrAVG – Ablösung. | 22 BAG v. 16.10.1991 – 5 AZR 35/91, AP Nr. 1 zu § 19 BErzGG.

hebungsverträge[1]. Mit Abschluss eines Geschäftsführerdienstvertrags stellen die Parteien ihre vertragl. Beziehungen ausschließlich auf diese neue vertragl. Grundlage und beenden damit – soweit nichts anderes vereinbart ist – zugleich das zuvor bestehende Arbeitsverhältnis. Ein vernünftiger Zweifel an der Beendigung des Arbeitsverhältnisses, der die Anwendung des Abs. 2 rechtfertigen könnte, besteht nicht[2]. **d) Bezugnahmeklauseln**[3]. Im Zweifel soll eine zeitdyn. Verweisung anzunehmen sein, weil idR die Vergütung in Entgelttarifverträgen für ArbN verbessert und nicht verschlechtert werde[4]. **e) Befristungsvereinbarung**: Die Angabe eines Sachgrundes im Formularvertrag kann unter Beachtung der Unklarheitenregel dazu führen, dass dem ArbGeb die Berufung auf eine sachgrundlose Befristung versagt ist[5]. **f)** Es ist regelmäßig eine zeitdynamische **Bezugnahme auf den TV** anzunehmen, wenn die Angabe einer konkret nach Datum festgelegten Fassung des in Bezug genommenen TV fehlt. Abs. 2 steht dem nicht entgegen, denn diese Auslegung ist eindeutig[6]. Verweisung auf einen tarifl. Regelungskomplex[7]. **g) Angabe der Pflichtstundenzahl** im Arbeitsvertrag eines Lehrers[8]. **h) Vertragsstrafenabreden**[9]. **i) Wettbewerbsverbote**[10]. **j) Zielvereinbarung.** Die unklare Formulierung des zu erreichenden Ziels geht zu Lasten des ArbGeb[11].

306 *Rechtsfolgen bei Nichteinbeziehung und Unwirksamkeit*

(1) Sind Allgemeine Geschäftsbedingungen ganz oder teilweise nicht Vertragsbestandteil geworden oder unwirksam, so bleibt der Vertrag im Übrigen wirksam.

(2) Soweit die Bestimmungen nicht Vertragsbestandteil geworden oder unwirksam sind, richtet sich der Inhalt des Vertrags nach den gesetzlichen Vorschriften.

(3) Der Vertrag ist unwirksam, wenn das Festhalten an ihm auch unter Berücksichtigung der nach Absatz 2 vorgesehenen Änderung eine unzumutbare Härte für eine Vertragspartei darstellen würde.

1 **I. Normzweck.** § 306 entspricht § 6 AGBG. Nach der Grundregel des § 139 ist bei Nichtigkeit eines Teils des Rechtsgeschäftes dieses im Zweifel insgesamt unwirksam. Diese Regel berücksichtigt im Recht der AGB nicht das **Interesse** des Kunden **an der Aufrechterhaltung des Vertrages**, der ansonsten bei Unwirksamkeit nur einer Klausel die Rückgängigmachung des gesamten Vertrages befürchten müsste[12]. Dieser Grundsatz gilt für Arbeitsverträge, für die schon bisher von der Grundregel des § 139 abgewichen wurde[13].

2 **II. Wirksamkeit des Arbeitsvertrags.** Die AGB dürfen **nicht Vertragsbestandteil geworden sein.** Dies ist dann der Fall, wenn die Einbeziehung an dem Überraschungsverbot des § 305c I scheitert. An § 305 II kann die Einbeziehung nicht scheitern, weil diese Norm im Arbeitsrecht nicht anwendbar ist (§ 305 Rz. 10). Abs. 1 findet zudem Anwendung, wenn die AGB **unwirksam** sind, was zunächst einen Verstoß gegen die §§ 307 ff. meint. Darauf ist Abs. 1 aber nicht beschränkt, sondern erfasst auch die Fälle der Nichtigkeit gem. § 134, den Verstoß gegen ein Formerfordernis oder gegen ein anderes Wirksamkeitserfordernis[14]. Nichts anderes gilt jetzt allgemein für vorformulierte Arbeitsverträge.

3 **Arbeitsvertragsklauseln** können **teilbar** sein. In einem solchen Fall kann sich die Unwirksamkeit auf einen Teil der Klausel beziehen. Voraussetzung ist, dass die Formularklausel sich nach ihrem Wortlaut aus sich heraus verständlich und sinnvoll in einen inhaltlich zulässigen und in einen unzulässigen Regelungsteil trennen lässt. In diesem Fall ist die Aufrechterhaltung des zulässigen Teils rechtl. unbedenklich und verstößt nicht gegen das Verbot der geltungserhaltenden Reduktion aus Abs. 2[15]. Voraussetzung für die Zerlegung ist, dass die unwirksame Bestimmung sich einfach wegstreichen lässt, sog. „blue-pencil-test"[16]. Der verbleibende Teil muss nach seinem Regelungsgehalt sinnvoll bleiben[17]. Die Frage, ob mehrere Teile einer Klausel einer gesonderten Wirksamkeitsprüfung unterzogen werden können, hat **praktische Folgen**: Die Klausel „jederzeit widerrufliche und anrechenbare betriebliche Ausgleichszulage" regelt zwei Sachverhalte und ist nach der Rspr. teilbar[18]. Die Zulage soll widerruflich und anrechenbar sein, wobei **Anrechnungs- und Widerrufsvorbehalt** unterschiedlichen Voraussetzungen (vgl. Anh. §§ 305–310 Rz. 31, 38) unterliegen. Dh. der Anrechnungsvorbehalt kann wirksam und der Widerrufsvor-

---

1 ArbG Hanau v. 26.9.1996 – 3 Ca 90/96, NZA-RR 1997, 333. | 2 BAG v. 19.7.2007 – 6 AZR 774/06, AP Nr. 18 zu § 35 GmbHG. | 3 BAG v. 19.3.2003 – 4 AZR 331/02, DB 2003, 2126; v. 28.6.2007 – 6 AZR 750/06, AP Nr. 27 zu § 307 BGB; v. 26.9.2007 – 5 AZR 808/06, nv. | 4 BAG v. 9.11.2005 – 5 AZR 128/05, AP Nr. 4 zu § 305c BGB. | 5 ArbG Düsseldorf v. 13.8.2003 – 10 Ca 5063/03, nv. im Anschluss an *Boewer*, § 14 Rz. 254. | 6 BAG v. 17.1.2006 – 9 AZR 41/05, NZA 2006, 923. | 7 BAG v. 17.1.2006 – 9 AZR 41/05, NZA 2006, 923. | 8 BAG v. 12.9.2006 – 9 AZR 675/05, AP Nr. 176 zu § 611 BGB Lehrer, Dozenten. | 9 BAG v. 18.9.1991 – 5 AZR 650/90, AP Nr. 14 zu § 339 BGB. | 10 BAG v. 5.9.1995 – 9 AZR 718/93, AP Nr. 67 zu § 74 HGB. | 11 LAG Frankfurt v. 29.1.2002 – 7 Sa 836/01, AiB 2002, 575; s.a. *Riesenhuber/v. Steinau-Steinrück*, NZA 2005, 785 (791). | 12 Palandt/*Heinrichs*, § 306 BGB Rz. 1. | 13 BAG v. 9.9.1981 – 5 AZR 1182/79, AP Nr. 117 zu Art. 3 GG; ErfK/*Preis*, §§ 305–310 BGB Rz. 103. | 14 BGH v. 3.5.1995 – XII ZR 29/94, BGHZ 129, 297; Palandt/*Heinrichs*, § 306 BGB Rz. 3; UBH/*Schmidt*, § 306 BGB Rz. 5, 9. | 15 BGH v. 15.11.2006 – VII ZR 3/06, ZIP 2007, 131; BAG v. 11.4.2006 – 9 AZR 610/05, AP Nr. 16 zu § 307 BGB. | 16 Palandt/*Grüneberg*, Vorb. v. § 307 BGB Rz. 11; vgl. für das Arbeitsrecht *Willemsen/Grau*, RdA 2003, 321 (323); krit. *Thüsing* BB 2006, 661. | 17 BGH v. 27.2.2000 – VIII ZR 155/99, NJW 2001, 292. | 18 BAG v. 1.3.2006 – 5 AZR 363/05, AP Nr. 3 zu § 308 BGB.

behalt unwirksam sein. Eine aufeinander abgestimmte Fristenregel ist bei Unangemessenheit einer Frist aber insgesamt unwirksam[1]. Ist bei einer zweistufigen **Ausschlussfrist**, die Frist auf der ersten Stufe unwirksam, so wird idR die gesamte Ausschlussfristenregelung unwirksam sein. Ist hingegen die zweite Stufe unwirksam, verbleibt idR die erste Stufe als eigenständige sinnvolle Regelung[2]. Zur Teilbarkeit der Klausel einer Ausschlussfrist, die „alle Ansprüche aus dem Arbeitsverhältnis" erfasst, vgl. Anh. §§ 305–310 Rz. 8, 12. Teilbar und einer getrennten Betrachtung zugänglich sind auch **Vertragsstrafen** für den Fall des Nichtantritts der Arbeit, sowie für den Fall, dass der ArbN Anlass zu einer berechtigten fristlosen Kündigung durch den ArbGeb gibt, sein[3]. Dies gilt auch für einen Einwendungsverzicht und ein selbständiges Schuldversprechen[4]. Zur Teilbarkeit einer Versetzungsklausel Anh. §§ 305–310 Rz. 26. Die Vereinbarungen des Ausschlusses eines **Wiedereinstellungsanspruchs** und über die Beendigung eines Arbeitsverhältnisses sind teilbar[5].

III. Arbeitsvertragsinhalt bei Unwirksamkeit einzelner Vertragsbestimmungen. Ist eine Vertragsbestimmung unwirksam, richtet sich gem. Abs. 2 der Inhalt des Vertrags insoweit nach den gesetzl. Vorschriften. Eine Rückführung des Vertrags auf das gerade noch zulässige Maß (**geltungserhaltende Reduktion**) ist unzulässig[6]. Dieser Grundsatz gilt im Arbeitsrecht[7]. Besonderheiten des Arbeitsrechts (§ 310 IV 2) stehen dem nicht entgegen[8]. Der BGH hat den Grundsatz schon bisher im Arbeitsrecht angewandt[9]. Er ist anzuwenden, weil dem ArbGeb als Verwender des vorformulierten Vertragswerks, der die Gestaltungsmacht hat, durch die richterliche Reduktion für die unangemessene Klausel weder die Verantwortung noch das Risiko abgenommen werden darf[10]. Dies gilt im Arbeitsrecht umso mehr, weil es wegen § 15 UKlaG die Verbandsklage nicht gibt, sondern der einzelne ArbN auf den Individualprozess verwiesen ist. Eine generelle Ausnahme von der Anwendbarkeit des Verbots der geltungserhaltenden Reduktion auf Dauerschuldverhältnisse ist nicht anzuerkennen[11]. Einen **gesetzl. Spezialfall** der geltungserhaltenden Reduktion enthält § 74a I 1, 2 HGB[12]. 4

Allerdings fehlt es im Arbeitsrecht oft an einer dispositiven Norm, welche die unwirksame Klausel ersetzen kann. Dies lässt sich weitgehend systemimmanent lösen. Zu den gesetzl. Vorschriften zählen nämlich auch ungeschriebene Rechtsgrundsätze, die durch Richterrecht entwickelt worden sind[13]. Existiert kein Richterrecht, kann auf die ergänzende Vertragsauslegung zurückgegriffen werden, wenn das Unterbleiben der Ergänzung des Vertrags keine angemessene, den typischen Interessen der Vertragsparteien Rechnung tragende Lösung bietet[14]. Die ergänzende Vertragsauslegung hat dabei nach einem objektiv-generalisierenden Maßstab zu erfolgen, der am Willen und Interesse der typischerweise beteiligten Verkehrskreise (und nicht nur der konkret beteiligten Parteien) ausgerichtet sein muss[15]. Der Streit über die Frage der Geltung des Verbots der geltungserhaltenden Reduktion ist so entschärft, weil entweder die Lücke im Vertrag im Wege der ergänzenden Vertragsauslegung durch die „angemessene" Regelung ersetzt wird oder aber durch Rückführung der Klausel auf das Angemessene im Wege geltungserhaltender Reduktion[16]. Bei einer derart normativ vorgenommenen Vertragsergänzung handelt es sich nicht mehr um eine lückenfüllende Vertragsergänzung sondern um die Anwendung allgemeiner Rechtsregeln, mithin dispositiven Rechts[17]. Dies ist ausreichend, um den Besonderheiten des Arbeitsrechts Rechnung zu tragen, ohne dass der Grundsatz des Verbots der geltungserhaltenden Reduktion aufgegeben werden müsste. 5

IV. Unzumutbarkeit. Ist das Festhalten an dem Arbeitsvertrag auch unter Berücksichtigung der aus Abs. 2 folgenden Änderung für eine Vertragspartei eine unzumutbare Härte, ist der Vertrag insgesamt unwirksam. Die Norm dürfte im Arbeitsrecht nur sehr selten Anwendung finden[18]. Der 9. Senat des BAG geht davon aus, dass erst bei Vorliegen einer unzumutbaren Härte eine ergänzende Vertragsauslegung in Betracht kommt[19]. 6

---

1 BayObLG v. 9.7.1987 – ReMiet 1/87, NJW-RR 1987, 1298; Palandt/*Heinrichs*, Vorb. v. § 307 BGB Rz. 12. | **2** LAG Rh.-Pf. v. 17.8.2004 – 5 Sa 389/04, NZA-RR 2004, 242; *Reinecke*, BB 2005, 378 (382). | **3** BAG v. 21.4.2005 – 8 AZR 425/04, AP Nr. 3 zu § 307 BGB. | **4** BAG v. 15.3.2005 – 9 AZR 502/03, AP Nr. 7 zu § 781 BGB. | **5** LAG Düsseldorf v. 29.6.2007 – 9 Sa 447/07, LAGE Nr. 4 zu § 611 BGB 2002 – Aufhebungsvertrag. | **6** BGH v. 17.5.1982 – VII ZR 316/81, BGHZ 84, 109; v. 27.6.2007 – XII ZR 54/05, NJW 2007, 3412; *Wolf/Horn/Lindacher*, § 6 AGBG Rz. 28. | **7** BAG v. 25.5.2005 – 5 AZR 572/04, AP Nr. 1 zu § 310 BGB; v. 11.4.2006 – 9 AZR 610/05, AP Nr. 16 zu § 307 BGB; v. 14.8.2007 – 8 AZR 973/06, DB 2008, 66; *Reinecke*, DB 2002, 583 (586); aA *Zöllner*, NZA Beil. 3/2006, 99 (102); diff. *Bayreuther*, NZA 2004, 953 ff. | **8** BAG v. 25.5.2005 – 5 AZR 572/04, AP Nr. 1 zu § 310 BGB. | **9** BGH v. 30.9.1998 – IV ZR 262/97, BGHZ 139, 333; ebenso LG Karlsruhe v. 9.3.2001 – 6 S 23/00, NJW 2001, 1655. | **10** *Preis*, Vertragsgestaltung, S. 367. | **11** Vgl. BGH v. 7.6.1989 – VIII ZR 91/88, BGHZ 108, 1; v. 10.9.1997 – VIII ARZ 1/97, BGHZ 136, 314. | **12** LAG Hamm v. 14.4.2003 – 7 Sa 1881/02, NZA-RR 2003, 513; Preis/*Stoffels*, II W 10 Rz. 29; s.a. *Thüsing/Leder* BB 2004, 42 (46 f.); *Koch*, RdA 2006, 28 ff. | **13** BGH v. 14.5.1996 – XI ZR 257/94, NJW 1996, 2092; Palandt/*Heinrichs*, § 306 BGB Rz. 6. | **14** BAG v. 25.5.2005 – 5 AZR 572/04, AP Nr. 1 zu § 310 BGB; s.a. *Ohlendorf/Salaman*, RdA 2006, 281. | **15** BGH v. 12.10.2005 – IV ZR 177/03. | **16** *Wolf/Horn/Lindacher*, § 6 AGBG Rz. 29; s.a. *Hromadka*, FS Dieterich, S. 277 f. | **17** LAG Köln v. 1.2.2001 – 10 Sa 625/00, NZA-RR 2001, 461; *Gotthardt*, Rz. 330; aA *Henssler*, RdA 2002, 129 (137); *Thüsing*, NZA 2002, 591 (594); s.a. *Willemsen/Grau*, RdA 2003, 321 (325). | **18** Vgl. a. *Gotthardt*, Rz. 332. | **19** BAG v. 19.12.2006 – 9 AZR 294/06, DB 2007, 1253.

306a *Umgehungsverbot*

Die Vorschriften dieses Abschnitts finden auch Anwendung, wenn sie durch anderweitige Gestaltungen umgangen werden.

1 Eine Umgehung ist zu bejahen, wenn eine vom Gesetz verbotene Regelung bei gleicher Interessenlage durch eine andere rechtl. Gestaltung erreicht werden kann, die objektiv nur den Sinn haben kann, dem gesetzl. Verbot zu entgehen[1]. Eine **Umgehungsabsicht** der beteiligten Arbeitsvertragsparteien ist nicht erforderlich[2]. Die Norm hat bisher nur geringe praktische Bedeutung erlangt[3]. Für das Arbeitsrecht ist nichts anderes zu erwarten. Auf Grund der weiten Formulierung der §§ 305 ff. kann Umgehungsversuchen idR mit dem vorrangigen Mittel der Auslegung begegnet werden[4]. Der BGH hat die Vorschrift auf bankinterne Anweisungen angewandt, die keine Vertragsbedingungen waren, wenn mit diesen die Absicht verfolgt wird, AGB zu vermeiden[5]. Auch ein ArbGeb wird so durch interne Anweisungen, zB an die Personalabteilung, die §§ 305 ff. nicht umgehen können.

307 *Inhaltskontrolle*

(1) Bestimmungen in Allgemeinen Geschäftsbedingungen sind unwirksam, wenn sie den Vertragspartner des Verwenders entgegen den Geboten von Treu und Glauben unangemessen benachteiligen. Eine unangemessene Benachteiligung kann sich auch daraus ergeben, dass die Bestimmung nicht klar und verständlich ist.

(2) Eine unangemessene Benachteiligung ist im Zweifel anzunehmen, wenn eine Bestimmung

1. mit wesentlichen Grundgedanken der gesetzlichen Regelung, von der abgewichen wird, nicht zu vereinbaren ist oder

2. wesentliche Rechte oder Pflichten, die sich aus der Natur des Vertrags ergeben, so einschränkt, dass die Erreichung des Vertragszwecks gefährdet ist.

(3) Die Absätze 1 und 2 sowie die §§ 308 und 309 gelten nur für Bestimmungen in Allgemeinen Geschäftsbedingungen, durch die von Rechtsvorschriften abweichende oder diese ergänzende Regelungen vereinbart werden. Andere Bestimmungen können nach Absatz 1 Satz 2 in Verbindung mit Absatz 1 Satz 1 unwirksam sein.

1 **I. Allgemeines.** § 307 enthält das **Kernstück der Inhaltskontrolle** allgemeiner Arbeitsvertragsbedingungen. Es handelt sich um eine Generalklausel mit Auffangcharakter. Allgemeine Arbeitsvertragsbedingungen sind zunächst an § 309, sodann an § 308, sodann an Abs. 2 und erst zuletzt an der allgemeinen Generalklausel des Abs. 1 zu messen. Anwendungsvoraussetzung des § 307, aber auch der §§ 308, 309 ist, dass die allgemeinen Arbeitsvertragsbedingungen Vertragsbestandteil geworden sind. Allerdings kann der Richter diese Fragen offen lassen und die Klausel gem. den §§ 307 ff. für unwirksam erklären[6]. Die Inhaltskontrolle bewirkt **keinen Schutz für den Klauselverwender**. Ist dies der ArbGeb, kann er sich nicht auf eine Unwirksamkeit von ihm selbst eingeführter Formularbestimmungen gem. §§ 307 ff. berufen[7]. Geschützt sind durch § 307 aber die **Interessen Dritter**, die Rechte aus dem Vertrag herleiten können oder durch diesen unmittelbar berechtigt sind, wie zB die rentenberechtigten ArbN einer Zusatzversorgungskasse[8].

2 **Beurteilungszeitpunkt** für die Umstände und Interessen, die zur Unwirksamkeit einer Klausel wegen Verstoßes gegen § 307 führen, ist der **Zeitpunkt des Vertragsschlusses**[9]. Ob eine grundlegende Änderung der höchstrichterlichen Rspr. zu Lasten des Verwenders geht, dh. eine Klausel, obwohl diese im Zeitpunkt des Vertragsschlusses für wirksam erachtet wurde, auf Grund nachträglich geänderter Rspr. unwirksam wird, ist noch nicht abschließend geklärt[10]. Diese Frage dürfte für das Arbeitsrecht jedenfalls vorerst eine nur geringe Rolle spielen. Durch die Übergangsregelung in Art. 229 § 5 EGBGB hat der Gesetzgeber festgelegt, dass ab dem 1.1.2003 auch für Altarbeitsverträge, dh. solche die vor dem 1.1.2002 abgeschlossen wurden, die §§ 305 ff. anzuwenden sind. Die sich im Arbeitsrecht entwickelnde Rspr. zum Recht der AGB ist deshalb auf diese Verträge anwendbar. Da der Gesetzgeber aber übersehen hat, dass ein praktikables Element zur Vertragsanpassung für den ArbGeb fehlt, wird bzgl. der Altverträge – entgegen § 306 – eine geltungserhaltende Reduktion auf das noch zulässige Maß in Betracht kommen (§ 310 Rz. 17).

3 Die Inhaltskontrolle von AGB vollzieht sich anhand eines **generellen Prüfungsmaßstabs**. Anzulegen ist eine überindividuelle, generalisierende Betrachtungsweise[11]. Abzustellen ist auf eine Interessenabwä-

---

1 BGH v. 8.3.2005 – XI ZR 154/04, NJW 2005, 1645; Palandt/*Heinrichs*, § 306a BGB Rz. 2. | 2 UBH/*Schmidt*, § 306a BGB Rz. 4; offen gelassen v. BGH v. 8.3.2005 – XI ZR 154/04, NJW 2005, 1645. | 3 UBH/*Schmidt*, § 306a BGB Rz. 1. | 4 Palandt/*Heinrichs*, § 306a BGB Rz. 2. | 5 BGH v. 8.3.2005 – XI ZR 154/04, NJW 2005, 1645. | 6 Palandt/*Grüneberg*, Vorb. v. § 307 BGB Rz. 1. | 7 BAG v. 27.10.2005 – 8 AZR 3/05, AP Nr. 5 zu § 310 BGB; v. 28.3.2007 – 10 AZR 261/06, AP Nr. 265 zu § 611 BGB – Gratifikation. | 8 BAG v. 27.3.2007 – 3 AZR 299/06, AP Nr. 68 zu § 1 BetrAVG – Zusatzversorgungskassen. | 9 UBH/*Fuchs*, § 307 BGB Rz. 117. | 10 Hierzu BGH v. 18.1.1996 – IX ZR 69/95, BGHZ 132, 6; Palandt/*Grüneberg*, § 307 BGB Rz. 3; UBH/*Fuchs*, § 307 BGB Rz. 118. | 11 BGH v. 9.5.1996 – VII ZR 259/94, NJW 1996, 2155; Erman/*S. Roloff*, § 307 BGB Rz. 5.

gung, bei der die typischen Belange der beteiligten Kreise zu würdigen sind und zu prüfen ist, ob die Regelung für diese im Allgemeinen eine billige und gerechte ist[1]. Weil Arbeitsverträge regelmäßig **Verbraucherverträge** iSv. § 310 III sind, werden auch die konkreten den Vertragsschluss begleitenden Umstände bei der Inhaltskontrolle mit berücksichtigt.

II. Schranken der Inhaltskontrolle. Abs. 3 knüpft an den bisherigen § 8 AGBG an und normiert die **Gegenstände von AGB, die der Inhaltskontrolle unterliegen.** Die §§ 307 I, II, 308, 309 gelten nur für Bestimmungen in AGB, die von Rechtsvorschriften abweichende oder diese ergänzende Regelungen enthalten. Die Norm ist in ihrer Formulierung unklar[2]. In Übereinstimmung mit der hM ist davon auszugehen, dass Klauseln, die nur den Gesetzeswortlaut wiederholen, und Leistungsbeschreibungen und Preisvereinbarungen nicht der Inhaltskontrolle unterliegen[3]. 4

Abs. 3 hat einen **doppelten Zweck.** Zum einen geht es um die **Wahrung marktwirtschaftl. Prinzipien.** Kern der Privatautonomie ist das Aushandeln und die Festlegung des Verhältnisses von Leistung und Gegenleistung. Dieses Prinzip wäre gefährdet, wenn den Gerichten die Kompetenz zufiele, hier eine Angemessenheitskontrolle vorzunehmen. Darüber hinaus sichert Abs. 3 die Bindung des Richters an Recht und Gesetz. Da eine gesetzeswiederholende Klausel ohnehin mit dem objektiven Recht übereinstimmt, liefe eine Inhaltskontrolle darauf hinaus, dem Richter eine Angemessenheitskontrolle von Gesetzen zu ermöglichen[4]. Die genannten Schranken der Inhaltskontrolle gelten jedoch gem. Abs. 3 S. 2 nicht für die Transparenzkontrolle. 5

1. Leistungsbeschreibungen und Preisvereinbarungen. Diese, dh. Abreden über den unmittelbaren Gegenstand der Hauptleistung unterliegen keiner Inhaltskontrolle[5]. Dies betrifft zB das Arbeitsentgelt und die Arbeitsleistung, dh. die Arbeitszeit[6]. Auch eine Abrede über die Abwälzung der Pauschalsteuer betrifft die Hauptleistungspflicht des ArbGeb[7]. AGB unterliegen dann der Inhaltskontrolle, wenn eine gesetzl. Vergütungsregelung besteht, wie zB die GOÄ[8]. Keine gesetzl. Regelung idS ist **§ 1a KSchG.** Diese Norm legt keine gesetzl. vorgeschriebene Abfindungshöhe für den Fall betriebsbedingter Kündigungen fest. Dies folgt schon daraus, dass ein gesetzl. Zwang fehlt, und die Abfindungslösung das Einverständnis beider Parteien voraussetzt, was zugleich bedeutet, dass sie sich auch auf eine andere Abfindungshöhe einigen können[9]. Weil in § 6 V ArbZG eine gesetzliche Regelung des Nachtarbeitszuschlags besteht, kontrollieren die Gerichte auch dessen Höhe[10]. 6

Es findet **keine Angemessenheitskontrolle** der Vergütung **am** Maßstab des **Tariflohns** statt. Die Ansicht, welche eine Unterschreitung des Tariflohns um 20 % als unangemessene Benachteiligung betrachtet[11], ist abzulehnen. Dies folgt daraus, dass TV nicht Maßstab der Angemessenheitskontrolle sind (Rz. 11). Auch **§ 612 II** hat keine normative Richtlinienfunktion, selbst wenn idR die tarifliche Entlohnung die Übliche ist[12]. Dies folgt daraus, dass § 612 II das Fehlen einer Vergütungsvereinbarung voraussetzt und deshalb als Maßstab der Inhaltskontrolle nicht eingreifen kann, wenn eine Vereinbarung über das Arbeitsentgelt vorliegt[13]. 7

Der Inhaltskontrolle unterliegen sog. **Preisnebenabreden.** Sie wirken sich nur mittelbar auf den Preis aus. An ihre Stelle kann bei Unwirksamkeit eine dispositive gesetzl. Regelung treten[14]. Einer Inhaltskontrolle zugänglich sind Arbeitsvertragsabreden über Verzugszinsen (§ 288 I; zur Anwendbarkeit des § 288 I im Arbeitsrecht § 614 Rz. 12)[15]. Nichts anderes gilt für Fälligkeitsklauseln (§ 614). Kontrollfähig sind zudem einseitige Leistungsbestimmungsrechte im Bereich der Hauptleistungspflichten[16]. Dies folgt schon aus Abs. 2 Nr. 2[17]. 8

2. Gesetzeswiederholende Klauseln. Klauseln, die den Gesetzestext wiederholen **(deklaratorische Klauseln)** unterliegen keiner Inhaltskontrolle, weil an die Stelle der unwirksamen Klausel ohnehin die gesetzl. Regelung treten würde und der Richter nicht dazu berufen ist, die Angemessenheit einer gesetzl. Regelung zu beurteilen (Rz. 5). Unter den Begriff der Rechtsvorschriften fasst die Rspr. nicht nur materielle Gesetze, sondern auch ungeschriebene Rechtsgrundsätze und Richterrecht[18]. Auch das BAG geht davon aus, dass damit nicht nur Rechtsvorschriften im materiellen Sinn, sondern auch allgemein aner- 9

---

1 BGH v. 4.7.1997 – V ZR 405/96, NJW 1992, 2626. | **2** Krit. deshalb *Stoffels*, JZ 2001, 843 (849). | **3** BGH v. 24.9.1998 – III ZR 219/97, NJW 1999, 864; BAG v. 27.11.2003 – 2 AZR 135/03, AP Nr. 1 zu § 312 BGB; v. 22.4.2004 – 2 AZR 281/03, AP Nr. 27 zu § 620 BGB – Aufhebungsvertrag. | **4** Ausf. und dezidiert *Stoffels*, Rz. 423 f. mwN. | **5** BAG v. 27.11.2003 – 2 AZR 135/03, AP Nr. 1 zu § 312 BGB. | **6** BAG v. 31.8.2005 – 5 AZR 545/04, AP Nr. 8 zu § 6 ArbZG; v. 14.3.2007 – 5 AZR 630/06, MDR 2007, 960. | **7** BAG v. 1.2.2006 – 5 AZR 628/04, DB 2006, 1059. | **8** BGH v. 17.9.1998 – IX ZR 237/97, NJW 1998, 3567. | **9** *Grobys*, DB 2003, 2174 (2176 f.); *Thüsing/Stelljes*, BB 2003, 1673 (1677); aA *Meinel*, DB 2003, 1438 (1439); iS einer Zweifelsregelung ähnlich *Preis*, DB 2004, 70 (74). | **10** BAG v. 31.8.2005 – 5 AZR 545/04, AP Nr. 8 zu § 6 ArbZG. | **11** DDBD/*Däubler*, § 307 Rz. 272 ff., *Lakies* Rz. 270 ff. jeweils mwN. | **12** BAG v. 26.5.1993 – 4 AZR 461/92, AP Nr. 2 zu § 612 BGB – Diskriminierung; v. 28.9.1994 – 4 AZR 619/93, AP Nr. 38 zu § 2 BeschFG 1985. | **13** *Gotthardt*, Rz. 270; *Stoffels*, Rz. 458; vgl. a. BGH v. 19.11.1991 – X ZR 63/90, NJW 1992, 688 für § 632 II. | **14** ZB BGH v. 30.11.1993 – XI ZR 80/93, BGHZ 124, 254; v. 13.12.2006 – VIII ZR 25/06, MDR 2007, 386; Palandt/*Grüneberg*, § 307 BGB Rz. 60; aus arbeitsrechtl. Sicht bereits *Preis*, Vertragsgestaltung, S. 294 ff. | **15** BGH v. 31.1.1985 – III ZR 105/83, NJW 1986, 376 f. | **16** *Preis*, Vertragsgestaltung, S. 297. | **17** BGH v. 24.3.1999 – IV ZR 90/98, NJW 1999, 2279; UBH/*Fuchs*, § 307 BGB Rz. 173 f. | **18** BGH v. 10.12.1992 – I ZR 186/90, BGHZ 121, 13; *Wolf/Lindacher/Horn*, § 8 AGBG Rz. 5.

kannte Rechtsgrundsätze sowie die Gesamtheit der wesentlichen Rechte und Pflichten, die sich aus der Natur des Vertrags ergeben, gemeint sind[1]. Die Kontrollfreiheit gilt aber nur dann, wenn die für den Vertrag typische Regelung wiederholt wird, nicht, wenn eine vertragsfremde Regelung zur Anwendung gebracht werden soll[2].

10 Die Vereinbarung einer **Probezeit** von drei Monaten in einem Berufsausbildungsverhältnis weicht nicht von § 20 S. 2 BBiG ab, wonach die Probezeit mindestens einen Monat und höchstens drei Monate betragen darf[3]. Die Vereinbarung einer sechsmonatigen Probezeit (§ 622 III) in AGB ist ebenfalls zulässig. Die Parteien nutzen lediglich den ihnen in § 622 III zur Verfügung gestellten Rahmen aus. Eine Abweichung von Rechtsvorschriften, die gem. Abs. 3 S. 1 Voraussetzung für eine Inhaltskontrolle nach Abs. 1 Satz 1 ist, liegt nicht vor[4]. Dies gilt auch in einem auf ein Jahr befristeten Arbeitsverhältnis[5]. Die Wiederholung der Grundsätze des BAG zur **ArbN-Haftung** (dazu § 619a Rz. 11 ff.) in einem Formulararbeitsvertrag unterliegt keiner Inhaltskontrolle.

11 **Tarifliche Regelungen** enthalten keine Vorschriften, welche Maßstab der Inhaltskontrolle sind. Formularklauseln in Arbeitsverträgen sind keiner Inhaltskontrolle in Bezug auf die Abweichung vom Tarifniveau zu unterziehen. Dies gilt, obwohl TV gem. § 310 IV 3 Rechtsvorschriften iSv. Abs. 3 gleichstehen[6]. Dies gilt im Hinblick auf alle tarifl. Arbeitsbedingungen einschließlich des Arbeitsentgelts. Dies ergibt sich aus dem Sinn und Zweck der Verweisung in § 310 IV 3. Der Gesetzgeber hat nur sicherstellen wollen, dass so TV bei einzelvertragl. Bezugnahme keiner Inhaltskontrolle unterliegen[7], nicht aber umgekehrt, TV, und dann auch Betriebs- und Dienstvereinbarungen selbst zum Maßstab der Inhaltskontrolle zu machen. Dies belegt die Verweisung in § 310 IV 3 nur auf Abs. 3, nicht aber auf Abs. 1 S. 1, Abs. 2, welche die Inhaltskontrolle regeln. Diese Begrenztheit der Verweisung stimmt mit der Intention des Gesetzgebers überein. Gesetzl. Regelung iSv. Abs. 2 Nr. 1 sind TV, Betriebs- und Dienstvereinbarungen nicht. Die Verweisung in § 310 IV 3 wäre sonst überflüssig[8]. Offenbar nimmt das BAG nunmehr aber eine grundsätzliche Leitbildfunktion des TV, vergleichbar einem dispositiven Gesetz an, die dieser allerdings dann verliert, wenn er nur noch nachwirkt[9].

12 Anders ist dies nach der **Allgemeinverbindlicherklärung** eines TV. Dadurch wird der TV aus sich heraus zur gesetzl. Vorschrift iSv. Abs. 3 S. 1. Ohne Allgemeinverbindlicherklärung hat ein TV normative Richtlinienfunktion nur für Tarifgebundene. Für Außenseiter fehlt den Tarifparteien die Verbandskompetenz. Insoweit bleibt es bei den Prinzipien des freien Marktes. Mit der Allgemeinverbindlicherklärung eines TV nimmt der Gesetzgeber die Tarifnormen in seinen Willen auf. Es handelt sich um einen Normsetzungsakt eigener Art[10]. Dies hat praktische Folgen. An die Stelle der unwirksamen Vertragsregel tritt die allgemeinverbindliche tarifliche Regelung. ZB verstößt die einzelvertragl. Vereinbarung einer Ausschlussfrist von einem Monat gegen Abs. 1 (Anh. §§ 305–310 Rz. 10). Dies führt, weil eine geltungserhaltende Reduktion ausscheidet (§ 306 Rz. 4), mangels gesetzl. Normierung einer Ausschlussfrist im Arbeitsrecht zu deren völligem Wegfall. Enthält jedoch im persönlichen, fachlichen und sachlichen Anwendungsbereich eines für allgemeinverbindlich erklärten TV, dieser eine Ausschlussfrist von zwei Monaten, so tritt diese Regelung an die Stelle der unwirksamen einmonatigen Vertragsklausel, weil es sich insoweit um die angemessene gesetzl. Regelung handelt. Dies folgt allerdings bereits aus § 5 IV TVG iVm. § 4 I 1 TVG.

13 Zu differenzieren ist bei **Verweisungen auf TV** zwischen Global-, Einzel- und Teilverweisung.

14 Aus der Verweisung in § 310 IV 3 auf Abs. 3 folgt, dass bei einzelvertragl. Einbeziehung einer kollektiven Regelung bei fehlender normativer Geltung[11] in den Einzelarbeitsvertrag die einbezogene kollektive Regelung keiner Inhaltskontrolle unterliegt. Dies gilt jedenfalls, wenn ein bestimmter TV insgesamt in Bezug genommen wird (**Globalverweisung**)[12]). Gemeint ist damit aber nicht die Bezugnahme auf jede tarifliche Regelung. Weil der Verzicht auf die Inhaltskontrolle darin begründet ist, dass der Gesetzgeber davon ausgeht, dass der TV eine angemessene Regelung enthält, ist die Bezugnahme auf jeden TV, der abgesehen von der Frage der Tarifbindung potenziell anwendbar wäre, erforderlich aber auch ausreichend[13]. Weil diese Vermutung der Angemessenheit nicht mehr gilt, wenn ein **branchenfremder TV** in Bezug genommen wird, entfällt in diesem Falle die Inhaltskontrolle nicht von vornherein[14]. Nichts an-

---

1 BAG v. 24.10.2002 – 6 AZR 632/00, NZA 2003, 668. | 2 DDBDäubler/*Däubler*, § 307 Rz. 258. | 3 BAG v. 16.12.2004 – 6 AZR 127/04, AP Nr. 13 zu § 15 BBiG. | 4 BAG v. 24.1.2008 – 6 AZR 519/07 (PM). | 5 LAG Köln v. 21.7.2004 – 3 Sa 411/04, LAGE BGB 2002 § 307 Nr. 4a. | 6 UBH/*Fuchs*, § 307 BGB Rz. 451; *Henssler*, RdA 2002, 129 (136); *Hromadka*, NJW 2002, 2523 (2527); *Oetker*, FS Wiedemann, S. 394; *Thüsing/Lambrich*, RdA 2002, 193 (196); aA *Däubler*, NZA 2001, 1329 (1335); *Lakies*, NZA-RR 2002, 337 (344). | 7 BT-Drs. 14/6857 S. 54. | 8 *Gotthardt*, Rz. 269. | 9 BAG v. 3.4.2007 – 9 AZR 867/06, AP Nr. 46 zu § 4 TVG – Nachwirkung. | 10 BVerfG v. 24.5.1977 – 2 BvL 11/74, AP Nr. 15 zu § 5 TVG; MünchArbR/*Löwisch/Rieble*, § 268 Rz. 14. | 11 BAG v. 25.4.2007 – 10 AZR 634/06, NZA 2007, 875; v. 28.6.2007 – 6 AZR 750/06, AP Nr. 27 zu § 307 BGB; ebenso *Henssler*, RdA 2002, 129 (136); *Hromadka*, NJW 2002, 2523 (2527); aA *Löwisch*, FS Wiedemann, S. 320 f. | 12 BAG v. 21.11.2006 – 3 AZR 309/05, AP Nr. 7 zu § 1b BetrAVG; v. 28.6.2007 – 6 AZR 750/06, AP Nr. 27 zu § 307 BGB. | 13 BAG v. 1.12.2004 – 7 AZR 135/04, AP Nr. 13 zu § 59 BAT; *Gotthardt*, Rz. 266. | 14 *Gaul*, ZfA 2003, 74 (89); *Gotthardt*, Rz. 266; ErfK/*Preis*, §§ 305–310 BGB Rz. 14; *Richardi*, NZA 2002, 1057 (1062); s.a. BAG v. 25.4.2007 – 10 AZR 634/06, NZA 2007, 875.

deres gilt für die Einbeziehung eines ortsfremden TV[1]. Bezieht der Arbeitsvertrag nur eine einzelne Regelung des TV ein (**Einzelverweisung**), gilt die Vermutung der Angemessenheit des TV nicht mehr, weil die einzelnen Teile desselben, ihre ausgleichende Wirkung nicht mehr entfalten; eine Angemessenheitskontrolle entfällt nicht[2]. Bezieht der Arbeitsvertrag einen Regelungskomplex des TV ein, liegt eine **Teilverweisung** vor. Wie aus der Gesetzesbegründung[3] folgt, gilt auch in diesem Falle die Vermutung der Angemessenheit im Grundsatz nicht[4]. Soweit der Gesetzgeber eine Teilverweisung zulässt (vgl. zB § 622 IV 2 BGB, § 13 I 2 BUrlG, 7 III ArbZG), gilt dies auch für Formulararbeitsverträge; eine unangemessene Benachteiligung liegt insoweit nicht vor[5].

III. Durchführung der Inhaltskontrolle. § 307 enthält in Abs. 2 Nr. 1, 2 und in Abs. 1 S. 2 **drei Konkretisierungen** des Verbots der unangemessenen Benachteiligung. 15

1. Abweichung von der gesetzlichen Regelung. Eine unangemessene Benachteiligung liegt im Zweifel vor, wenn die Bestimmung im Formulararbeitsvertrag mit wesentlichen Grundgedanken der gesetzl. Regelung, von der abgewichen wird, nicht zu vereinbaren ist. Hinter dieser Regelung steht die Idee der **Leitbildfunktion des dispositiven Rechts.** Gesetzl. Regelung iSd. Abs. 2 Nr. 1 sind deshalb die Vorschriften des dispositiven Rechts. Ob auch zwingende Regelungen in den Anwendungsbereich fallen, ist umstritten[6]. In diesen Fällen ergibt sich allerdings die Unwirksamkeit der entsprechenden Vereinbarung bereits aus § 134. Dies ist im Arbeitsrecht oft der Fall. Der verbleibende Anwendungsbereich dispositiver Normen ist gering. Die §§ 611 ff. fallen grds. darunter[7], wie zB. § 615[8]. Gerade für das Arbeitsrecht ist wichtig, dass die Rspr. unter gesetzl. Regelungen auch die von ihr entwickelten ungeschriebenen Rechtsgrundsätze versteht[9]. Davon geht auch das BAG aus[10]. 16

Erforderlich ist die Abweichung von **wesentlichen Grundgedanken** der gesetzl. Regelung. Die Rspr. grenzt zwischen frei abänderbaren Zweckmäßigkeitserwägungen und nicht abdingbaren Gerechtigkeitsgeboten ab[11]. Die Lit. stellt die Frage, ob die Norm des dispositiven Rechts einem wesentlichen Schutzbedürfnis des Vertragspartners dient[12]. Erforderlich ist weiter eine Abweichung vom dispositiven Recht, dh. der materielle Regelungsgehalt des gesetzl. Leitbildes muss zu Lasten des ArbN verändert worden sein[13]. Weil es sich bei Abs. 2 Nr. 1 nur um eine Vermutungsregelung handelt, entfällt die Unwirksamkeit, wenn die Gesamtwürdigung aller Umstände ergibt, dass die Klausel den ArbN nicht unangemessen benachteiligt[14]. So kann zB berücksichtigt werden, ob für die Überwälzung des Betriebsrisikos (§ 615 S. 3) ein angemessener Ausgleich gewährt wird[15]. Auch wenn für einen Gebäudereiniger in Schulen für die Zeit der Schulferien das **Ruhen des Arbeitsverhältnisses** vereinbart ist und hierdurch von § 611, der das Arbeitsverhältnis als Dauerschuldverhältnis mit fortlaufenden beiderseitigen Hauptpflichten sieht, abgewichen wird, begründet dies keine unangemessene Benachteiligung. Der ArbGeb wälzt mit dieser Klausel kein unabsehbares oder speziell ihm übertragenes Risiko auf den ArbN ab. Das Reinigungsobjekt war während der Ferienzeit geschlossen. Reinigungsarbeiten fielen nicht an. Deshalb bestand keine realistische Beschäftigungsmöglichkeit[16]. 17

2. Gefährdung des Vertragszwecks. Das Aushöhlungsverbot des Abs. 2 Nr. 2 ist vom Gesetzgeber hauptsächlich für Verträge vorgesehen worden, für die ein dispositives gesetzl. Leitbild fehlt. Die AGB sollen dem Vertragspartner keine wesentlichen Rechtspositionen wegnehmen oder einschränken, die ihm der Vertrag nach seinem Inhalt und Zweck zu gewähren hat[17]. Allerdings erstreckt sich das Aushöhlungsverbot auch auf die im dispositiven Recht normierten Rechte und Pflichten eines Vertrages[18]. Mit den Rechten und Pflichten des Vertrages sind primär die Hauptleistungspflichten des Vertrages gemeint[19]. Darauf beschränkt sich der Anwendungsbereich allerdings nicht. Wesentlich kann auch die Aushöhlung eines Gestaltungsrechts sein, sowie von Neben- oder Schutzpflichten, weil die sinnvolle Vertragerfüllung auch gerade dann eingeschränkt sein kann, wenn der Verwender von AGB seine Nebenpflichten einschränkt[20]. Für das **Arbeitsrecht** zeigt Abs. 2 Nr. 2, dass gerade einseitige Leistungsbestimmungsrechte, welche der ArbGeb sich im vorformulierten Arbeitsvertrag vorbehält, einer Inhaltskon- 18

1 *Gotthardt*, Rz. 266. | 2 DDBD/*Däubler*, § 310 Rz. 51; *Gotthardt*, Rz. 267; *Löwisch/Rieble*, § 3 Rz. 264; UBH/*Ulmer*, § 310 BGB Rz. 150; *Reinecke*, NZA Beil. 3/2000, 23 (29); anders aber wohl bisher das BAG, vgl. zB BAG v. 11.1.1995 – 10 AZR 5/94, ZTR 1995, 277; offen gelassen jetzt BAG v. 28.6.2007 – 6 AZR 750/06, AP Nr. 27 zu § 307 BGB. | 3 BT-Drs. 14/6857 S. 54. | 4 DDBD/*Däubler*, § 310 Rz. 52; *Gotthardt*, Rz. 268; *Lakies* Rz. 205; *Thüsing/Lambrich*, NZA 2002, 1361 (1363); *Reinecke*, BB 2005, 378; aA *Gaul*, ZfA 2003, 74 (89); *Henssler*, RdA 2002, 129 (136); ErfK/*Preis*, §§ 305–310 BGB Rz. 19; UBH/*Ulmer*, § 310 BGB Rz. 150; offen lassend BAG v. 28.6.2007 – 6 AZR 750/06, AP Nr. 27 zu § 307 BGB. | 5 ErfK/*Preis*, §§ 305–310 BGB Rz. 18; *Richardi*, NZA 2002, 1057 (1062); aA *Thüsing/Lambrich*, NZA 2002, 1361 (1363 f.). | 6 Dafür BGH v. 26.1.1983 – VIII ZR 342/81, NJW 1983, 1321; dagegen *Stoffels*, Rz. 507. | 7 *Gotthardt*, Rz. 299. | 8 BAG v. 7.12.2005 – 5 AZR 535/04, AP Nr. 4 zu § 12 TzBfG | 9 BGH v. 10.12.1992 – I ZR 186/90, BGHZ 121, 14; Erman/*S. Roloff*, § 307 BGB Rz. 24; UBH/*Fuchs*, § 307 BGB Rz. 211 ff. | 10 BAG v. 24.10.2002 – 6 AZR 632/00, NZA 2003, 668; v. 7.12.2005 – 5 AZR 535/04, AP Nr. 4 zu § 12 TzBfG. | 11 BGH v. 5.11.1998 – III ZR 95/97, NJW 1999, 635; v. 7.12.2005 – 5 AZR 535/04, AP Nr. 4 zu § 12 TzBfG. | 12 Palandt/*Grüneberg*, § 307 BGB Rz. 27. | 13 Vgl. *Stoffels*, Rz. 516. | 14 Vgl. Palandt/*Grüneberg*, § 307 BGB Rz. 25. | 15 Vgl. *Gotthardt*, Rz. 321. | 16 BAG v. 10.1.2007 – 5 AZR 84/06, NZA 2007, 384. | 17 UBH/*Fuchs*, § 307 BGB Rz. 240. | 18 Palandt/*Grüneberg*, § 307 BGB Rz. 31. | 19 BGH v. 24.10.2001 – VIII ARZ 1/01, NJW 2002, 673. | 20 *Stoffels*, Rz. 531; UBH/*Fuchs*, § 307 BGB Rz. 240.

trolle unterliegen und zu einer unangemessenen Benachteiligung des ArbN führen können (dazu Anh. §§ 305–310 Rz. 19 ff.)[1].

19 **3. Transparenzgebot.** Abs. 1 S. 2 stellt klar, dass eine unangemessene Benachteiligung auch dann vorliegt, wenn die Bestimmung nicht klar und verständlich ist (Transparenzgebot). Die Kodifikation dieses Prinzips beruht auf europäischen Vorgaben, nämlich der Umsetzung von Art. 5 S. 1 der RL 93/13/EWG über missbräuchliche Klauseln in Verbraucherverträgen[2]. Sachlich knüpft der Gesetzgeber an das bisher von der Rspr. §§ 5, 9 AGBG entnommene Transparenzgebot an[3]. Es handelt sich um ein tragendes Prinzip des AGB-Rechts[4]. Das Transparenzgebot gilt gem. Abs. 1 S. 2 unmittelbar im Arbeitsrecht; Besonderheiten des Arbeitsrechts stehen dem nicht entgegen. Erfasst werden vom Transparenzgebot **auch preisbestimmende, leistungsbeschreibende Vertragsklauseln**[5]. Auch dies gilt im Arbeitsrecht[6]. Ob allein die Intransparenz zum Unwirksamkeitsverdikt führt[7], oder aber daneben die Intransparenz die Gefahr einer inhaltlichen Benachteiligung begründen muss[8], ist umstritten. Die praktischen Auswirkungen dieses Streits dürften gering sein, weil die zweite Ansicht, davon ausgeht, dass bei Intransparenz eine unwiderlegliche Vermutung für die unangemessene Benachteiligung besteht[9], bzw. davon ausgeht, dass in allen Fallgruppen mit der Intransparenz idR die Unangemessenheit einhergeht und intransparente, aber wirksame Klauseln nur seltene Ausnahmen bleiben[10].

20 Die **Anforderungen** an die Einhaltung des Transparenzgebots dürfen **nicht überspannt** werden. Auslegungsbedürftigkeit bedeutet nicht zugleich Intransparenz[11]. Der ArbGeb darf aus der Gesetzessprache grds. unbestimmte Rechtsbegriffe übernehmen[12]. Das Transparenzgebot schließt das **Bestimmtheitsgebot** ein. Tatbestandliche Voraussetzungen und Rechtsfolgen müssen so beschrieben sein, dass für den Verwender keine ungerechtfertigten Beurteilungsspielräume entstehen. Eine Klausel muss die Rechte und Pflichten des Vertragspartners des Verwenders im Rahmen des rechtl. und tatsächlich Zumutbaren so klar und präzise wie möglich umschreiben[13]. Dazu gehört auch, dass AGB wirtschaftliche Nachteile und Belastungen soweit erkennen lassen, wie dies nach den Umständen gefordert werden kann[14]. Das Transparenzgebot begründet allerdings **keine allgemeine Rechtsbelehrungspflicht** des Verwenders[15]. Eine Belehrung über die Rechte , die aus einer Bruttolohnabrede folgen, ist nicht erforderlich[16]. Für die Bewertung der Transparenz sind die Erwartungen und Erkenntnismöglichkeiten eines durchschnittlichen Vertragspartners des Verwenders im Zeitpunkt des Vertragsschlusses maßgeblich[17].

21 Die Rspr. hat das Transparenzgebot im Arbeitsrecht bisher ua. in folgenden **Fallgruppen** angewandt: **Aufhebungsvertrag**[18]; Vereinbarung einer **auflösenden Bedingung**[19]. Eine **Ausschlussfrist** muss die Folge ihrer Nichtbeachtung hinreichend klar zum Ausdruck bringen. Enthält die Klausel selbst keine Rechtsfolgenanordnung, kann diese sich hinreichend transparent aus der Überschrift „Ausschlussfrist" ergeben[20]. Fehlt es selbst an der Überschrift, ist die Ausschlussfrist intransparent[21]. **Bezugnahmeklauseln.** Die Verweisung auf beamtenrechtliche Regelungen, zB. betreffend die Arbeitszeit oder das Urlaubsgeld, ist nicht unklar[22]. Vereinbarung über das **Ruhen des Arbeitsverhältnisses**[23]; **Rückzahlung von Gratifikationen**[24]. Zu **Vertragsstrafen** Anh. §§ 305–310 Rz. 46 ff. Eine Vereinbarung über einen gewinn- und leistungsabhängigen Bonus in Verbindung mit einem Freiwilligkeitsvorbehalt ist intransparent[25].

22 **4. Unangemessene Benachteiligung.** Abschließend, wenn weder besondere Klauselverbote eingreifen, oder die Tatbestände des Abs. 2, Abs. 1 S. 2 verwirklicht sind, ist zu prüfen, ob gem. Abs. 1 S. 1 die Bestimmung in den allgemeinen Arbeitsvertragsbedingungen den Vertragspartner des Verwenders, dh. regelmäßig den ArbN entgegen den Geboten von Treu und Glauben unangemessen benachteiligt. Im Anschluss an die zivilrechtl. Rspr. geht das **BAG** davon aus, dass eine formularmäßige Vertragsbedingung unwirksam ist, wenn der Verwender missbräuchlich eigene Interessen auf Kosten des Vertragspartners durchzusetzen versucht, ohne dessen Interessen zu berücksichtigen und ihm einen angemessenen Ausgleich zu gewähren. Dies setzt eine **wechselseitige Berücksichtigung** und **Bewertung rechtl.**

1 *Gotthardt*, Rz. 271. | 2 EuGH v. 10.5.2001 – Rs. C-144/99, NJW 2001, 2244. | 3 BGH v. 24.11.1988 – III ZR 188/87, BGHZ 106, 42; v. 6.10.1999 – VIII ZR 125/98, NJW 2000, 515. | 4 *Stoffels*, Rz. 560. | 5 *Stoffels*, Rz. 561. | 6 BAG v. 31.8.2005 – 5 AZR 545/04, AP Nr. 8 zu § 6 ArbZG; v. 14.3.2007 – 5 AZR 630/06, MDR 2007, 960; *Gotthardt*, Rz. 303. | 7 DDBD/*Dorndorf/Bonin*, § 307 BGB Rz. 153. | 8 Palandt/*Grüneberg*, § 307 BGB Rz. 20; *Stoffels*, Rz. 562. | 9 *Stoffels*, Rz. 562. | 10 Palandt/*Grüneberg*, § 307 BGB Rz. 20. | 11 BGH v. 17.12.1999 – VII ZR 243/97, NJW 1999, 942. | 12 Palandt/*Grüneberg*, § 307 BGB Rz. 18. | 13 BAG v. 31.8.2005 – 5 AZR 545/04, AP Nr. 8 zu § 6 ArbZG; v. 14.8.2007 – 8 AZR 973/06, DB 2008, 66. | 14 BGH v. 16.5.2007 – XII ZR 13/05, NJW 2007, 2176; BAG v. 8.8.2007 – 7 AZR 605/06, DB 2008, 133; v. 14.8.2007 – 8 AZR 973/06, DB 2008, 66. | 15 BGH v. 5.11.1998 – III ZR 226/97, NJW 1999, 276; *Gotthardt*, Rz. 302. | 16 BAG v. 1.2.2006 – 5 AZR 628/04, DB 2006, 1059. | 17 BGH v. 16.5.2007 – XII ZR 13/05, NJW 2007, 2176; BAG v. 8.8.2007 – 7 AZR 605/06, DB 2008, 133. | 18 LAG Düsseldorf v. 29.6.2007 – 9 Sa 447/07, LAGE Nr. 4 zu § 611 BGB 2002 – Aufhebungsvertrag. | 19 BAG v. 27.10.1988 – 2 AZR 109/88, NZA 1989, 643; v. 8.8.2007 – 7 AZR 605/06, DB 2008, 133. | 20 BAG v. 25.5.2005 – 5 AZR 572/04, AP Nr. 1 zu § 310 BGB. | 21 BAG v. 31.8.2005 – 5 AZR 545/04, AP Nr. 8 zu § 6 ArbZG. | 22 BAG v. 14.3.2007 – 5 AZR 630/06, MDR 2007, 960; v. 3.4.2007 – 9 AZR 867/06, AP Nr. 46 zu § 4 TVG Nachwirkung s.a. § 305 Rz. 11. | 23 BAG v. 10.1.2007 – 5 AZR 84/06, NZA 2007, 384. | 24 BAG v. 21.5.2003 – 10 AZR 390/02, AP Nr. 250 zu § 611 BGB – Gratifikation. | 25 BAG v. 24.10.2007 – 10 AZR 825/06, NZA 2008, 40.

anzuerkennender Interessen der Vertragspartner voraus[1]. Maßgeblich ist ein genereller, typisierender, vom Einzelfall losgelöster Maßstab. Die Interessenabwägung kann zu gruppentypisch unterschiedlichen Ergebnissen führen. Sie ist innerhalb der Fallgruppen vorzunehmen, die nach der am Sachgegenstand orientierten typischen Interessenlage gebildet werden[2].

Bei dieser Interessenabwägung sind **verschiedene Kriterien** zu berücksichtigen. Dies sind ua.[3]: (1) Die **Art des Arbeitsvertrages** sowie der **Status des ArbN** in der betrieblichen Hierarchie. (2) Der **gesamte Vertragsinhalt** einschließlich der Individualvereinbarungen ist bei der Angemessenheitskontrolle zu beachten[4]. Eine Kompensation von Vor- und Nachteilen ist zulässig, soweit es sich dabei um zusammengehörige Regelungen handelt, die zueinander in einem Wechselverhältnis stehen[5]. Dies kann zB bei Mankoabreden (Anh. §§ 305–310 Rz. 2) der Fall sein. Andererseits sind summierende Effekte innerhalb desselben Regelungskomplexes zu berücksichtigen und können eine an sich wirksame AGB-Klausel unangemessen werden lassen[6]. (3) Bei dem Abwägungsvorgang können auch **grundrechtl. geschützte Rechtspositionen** zu beachten sein[7]. (4) Der Aspekt einer **gerechten Risikoverteilung** ist zu berücksichtigen. So kommt jetzt zB in § 615 S. 3 zum Ausdruck, dass der ArbGeb das Betriebsrisiko trägt[8]. (5) Zu beachten sind auch einseitige **Kündigungserschwerungen**. Diese können zu unzumutbaren Beschränkungen der Vertrags- und Kündigungsfreiheit des ArbN führen. Dies hat das BAG zB im Zusammenhang mit Rückzahlungsklauseln für Ausbildungskosten geprüft[9]. (6) Zu beachten ist auch die **Verkehrssitte**, wobei aber eine missbräuchliche Übung die unangemessene Benachteiligung nicht ausschließt[10]. (7) Bei der angemessenen Risikoverteilung ist zu beachten, welche der Vertragsparteien das Risiko **versichern** kann[11]. 23

IV. Rechtsfolgen; Darlegungs- und Beweislast. Verstößt eine Klausel in AGB gegen § 307, so ist sie unwirksam (§ 306, vgl. dazu die Komm. zu § 306). Auf einen Verstoß gegen § 307, aber auch auf die Verletzung der §§ 308, 309 muss eine Partei sich nicht berufen. Es handelt sich um einen Unwirksamkeitsgrund, der **von Amts wegen** zu beachten ist[12]. Die Darlegungs- und Beweislast spielt regelmäßig nur eine geringe Rolle, weil die Tatsachen zur Beurteilung der Frage der unangemessenen Benachteiligung oder eines Klauselverbots regelmäßig unstreitig sind, sich aus dem vorformulierten Vertragstext ergeben. Kommt es darauf an, richten sie sich nach allgemeinen Grundsätzen. Diejenige Partei, welche sich auf die Unwirksamkeit einer Klausel beruft, trägt für die dafür maßgeblichen Tatsachen die Darlegungs- und Beweislast[13]. **Abs. 2** regelt allerdings die **Vermutung einer unangemessenen Benachteiligung**. Beruft sich der ArbN auf diese Vermutung, zB das Abweichen vom gesetzl. Leitbild, muss er dessen Voraussetzungen beweisen. Sodann muss der ArbGeb diese Vermutung entkräften, dh. ausreichende Gründe darlegen, dass die Benachteiligung des ArbN unter Berücksichtigung von Treu und Glauben nicht unangemessen ist[14]. 24

308 *Klauselverbote mit Wertungsmöglichkeit*

In Allgemeinen Geschäftsbedingungen ist insbesondere unwirksam

1. **(Annahme- und Leistungsfrist) eine Bestimmung, durch die sich der Verwender unangemessen lange oder nicht hinreichend bestimmte Fristen für die Annahme oder Ablehnung eines Angebots oder die Erbringung einer Leistung vorbehält; ausgenommen hiervon ist der Vorbehalt, erst nach Ablauf der Widerrufs- oder Rückgabefrist nach § 355 Abs. 1 und 2 und § 356 zu leisten;**
2. **(Nachfrist) eine Bestimmung, durch die sich der Verwender für die von ihm zu bewirkende Leistung abweichend von Rechtsvorschriften eine unangemessen lange oder nicht hinreichend bestimmte Nachfrist vorbehält;**
3. **(Rücktrittsvorbehalt) die Vereinbarung eines Rechts des Verwenders, sich ohne sachlich gerechtfertigten und im Vertrag angegebenen Grund von seiner Leistungspflicht zu lösen; dies gilt nicht für Dauerschuldverhältnisse;**
4. **(Änderungsvorbehalt) die Vereinbarung eines Rechts des Verwenders, die versprochene Leistung zu ändern oder von ihr abzuweichen, wenn nicht die Vereinbarung der Änderung oder Abweichung unter Berücksichtigung der Interessen des Verwenders für den anderen Vertragsteil zumutbar ist;**

---

1 BAG v. 4.3.2004 – 8 AZR 196/03, AP Nr. 3 zu § 309 BGB; v. 11.4.2006 – 9 AZR 610/05, AP Nr. 16 zu § 307 BGB; v. 6.9.2007 – 2 AZR 722/06, NZA 2008, 218. | 2 BAG v. 27.7.2005 – 7 AZR 486/04, AP Nr. 6 zu § 307 BGB; v. 18.1.2006 – 7 AZR 191/05, AP Nr. 8 zu § 305 BGB. | 3 ErfK/*Preis*, §§ 305–310 BGB Rz. 45 ff.; *Lakies* Rz. 308 ff. | 4 BGH v. 5.11.1991 – XI ZR 246/90, NJW 1992, 180; Erman/*S. Roloff*, § 307 BGB Rz. 11. | 5 Palandt/*Grüneberg*, § 307 BGB Rz. 10; UBH/*Fuchs*, § 307 BGB Rz. 151. | 6 BGH v. 5.4.2006 – VIII ZR 163/05, NJW 2006, 2116; BAG v. 10.1.2007 – 5 AZR 84/06, NZA 2007, 384. | 7 BGH v. 15.2.2006 – IV ZR 255/02, VersR 2006, 639; v. 12.7.2006 – XII ZR 39/04, NJW 2006, 3057; BAG v. 11.4.2006 – 9 AZR 557/05, NZA 2006, 1149. | 8 *Gotthardt*, Rz. 300. | 9 ZB BAG v. 24.10.2002 – 6 AZR 632/00, NZA 2003, 668. | 10 BGH v. 17.1.1989 – XI ZR 54/88, BGHZ 106, 259. | 11 Palandt/*Grüneberg*, § 307 BGB Rz. 15. | 12 EuGH v. 27.6.2000 – verb. Rs. C-240/98 bis C-244/98, NJW 2000, 2571; Palandt/*Grüneberg*, Vorb. v. § 307 BGB Rz. 7. | 13 BGH v. 21.11.1995 – XI ZR 255/94, NJW 1996, 388. | 14 UBH/*Fuchs*, § 307 BGB Rz. 195.

5. (Fingierte Erklärungen) eine Bestimmung, wonach eine Erklärung des Vertragspartners des Verwenders bei Vornahme oder Unterlassung einer bestimmten Handlung als von ihm abgegeben oder nicht abgegeben gilt, es sei denn, dass

a) dem Vertragspartner eine angemessene Frist zur Abgabe einer ausdrücklichen Erklärung eingeräumt ist und

b) der Verwender sich verpflichtet, den Vertragspartner bei Beginn der Frist auf die vorgesehene Bedeutung seines Verhaltens besonders hinzuweisen;

dies gilt nicht für Verträge, in die Teil B der Verdingungsordnung für Bauleistungen insgesamt einbezogen ist;

6. (Fiktion des Zugangs) eine Bestimmung, die vorsieht, dass eine Erklärung des Verwenders von besonderer Bedeutung dem anderen Vertragsteil als zugegangen gilt;

7. (Abwicklung von Verträgen) eine Bestimmung, nach der der Verwender für den Fall, dass eine Vertragspartei vom Vertrag zurücktritt oder den Vertrag kündigt,

a) eine unangemessen hohe Vergütung für die Nutzung oder den Gebrauch einer Sache oder eines Rechts oder für erbrachte Leistungen oder

b) einen unangemessen hohen Ersatz von Aufwendungen verlangen kann;

8. (Nichtverfügbarkeit der Leistung) die nach Nummer 3 zulässige Vereinbarung eines Vorbehalts des Verwenders, sich von der Verpflichtung zur Erfüllung des Vertrags bei Nichtverfügbarkeit der Leistung zu lösen, wenn sich der Verwender nicht verpflichtet,

a) den Vertragspartner unverzüglich über die Nichtverfügbarkeit zu informieren und

b) Gegenleistungen des Vertragspartners unverzüglich zu erstatten.

1 **I. Bedeutung.** Kennzeichnend für die speziellen Klauselverbote mit Wertungsmöglichkeit ist, dass sie durchgängig **unbestimmte Rechtsbegriffe** verwenden, welche dem Rechtsanwender einen Wertungsspielraum eröffnen. Es ist deshalb unter Abwägung der Umstände im Einzelfall abzuwägen, ob die betreffende AGB unangemessen benachteiligend ist oder nicht[1]. Kommentiert werden hier nur die für das Arbeitsrecht praktisch relevanten Klauselverbote[2].

2 **II. Annahme- und Leistungsfrist.** Im Arbeitsrecht dürften nur die von Nr. 1 erfassten Leistungsfristen eine Rolle spielen. Die Leistungsfrist muss die dem Verwender obliegende Leistung betreffen, mithin im Arbeitsrecht regelmäßig die Pflicht des ArbGeb zur Zahlung der Vergütung. Diese Frist darf nicht **unangemessen lang** oder **nicht hinreichend bestimmt** sein. Aus den sozialrechtl. Wertungen (zB § 7 Ia SGB IV) folgt, dass die Vereinbarung auch von Langzeitarbeitskonten im Arbeitsrecht nicht an Nr. 1 scheitert[3]. Es liegt auch keine unangemessene Benachteiligung wegen Abweichung von § 614 vor. Auch bei Langzeitarbeitskonten muss aber hinreichend bestimmt sein, wann der ArbGeb zur Vergütungszahlung verpflichtet ist, was neben Nr. 1 ohnehin aus § 307 I 2 folgt.

3 **III. Rücktrittsvorbehalt.** Dieses Klauselverbot gilt nicht für Dauerschuldverhältnisses, dh. nicht für Arbeitsverhältnisse. Ein **Vorvertrag** gerichtet auf den Abschluss eines Arbeitsvertrags ist kein Dauerschuldverhältnis[4]. Das Klauselverbot ist weit auszulegen und erfasst alle Lösungsmöglichkeiten des Verwenders von den vertragl. vereinbarten Hauptleistungspflichten[5], wie zB die dem ArbGeb einseitig vorbehaltene Lösungsmöglichkeit von einem Vorvertrag[6]. Für die Wirksamkeit eines Lösungsrechts erfordert Nr. 3, dass der Grund für die Lösungsmöglichkeit im Vertrag hinreichend konkret angegeben ist. Der Grund muss zudem durch ein überwiegendes oder anerkennenswertes Interesse auf Seiten des Verwenders gerechtfertigt sein[7].

4 **IV. Änderungsvorbehalte** haben im Arbeitsrecht in verschiedenen Variationen eine große Bedeutung, zB in Form von Versetzungsklauseln oder Widerrufs- und Anrechnungsvorbehalten. Nr. 4 begrenzt die Möglichkeit des Verwenders, dh. des ArbGeb, die von ihm versprochene Leistung einseitig zu ändern. Diese Norm ist auch im Arbeitsrecht anzuwenden[8]. Sie zeigt insb., dass auch einseitige Leistungsbestimmungsrechte der Inhaltskontrolle unterliegen. Nr. 4 gilt nicht für Änderungsvorbehalte des ArbGeb, die sich auf die Leistung des ArbN beziehen, dh. zB für Erweiterungen des Direktionsrechts[9]. Anwendung findet Nr. 4 zB auf Änderungsvorbehalte bzgl. des Arbeitsentgelts. Einen solchen Widerrufsvorbehalt kontrolliert das BAG an Nr. 4 als der spezielleren Norm, zieht aber die Wertungen des § 307 mit heran[10]. Ein Änderungsvorbehalt ist unwirksam, wenn die Vereinbarung der Änderung oder ihre Abweichung

---

1 Vgl. dazu *Stoffels*, Rz. 576. | 2 Vgl. insoweit a. *Gotthardt*, Rz. 290. | 3 DDBD/*Dorndorf/Bonin*, § 308 Nr. 1 BGB Rz. 4; *Gotthardt*, Rz. 291; *Lakies* Rz. 658. | 4 BAG v. 27.7.2005 – 7 AZR 488/04, AP Nr. 2 zu § 308 BGB. | 5 Beispiele bei *Wolf/Horn/Lindacher*, § 10 Nr. 3 Rz. 6. | 6 BAG v. 27.7.2005 – 7 AZR 488/04, AP Nr. 2 zu § 308 BGB. | 7 BAG v. 27.7.2005 – 7 AZR 488/04, AP Nr. 2 zu § 308 BGB. | 8 BAG v. 12.1.2005 – 5 AZR 354/04, AP Nr. 1 zu § 308 BGB; *Hromadka*, FS Dieterich, S. 265. | 9 BAG v. 13.3.2007 – 9 AZR 433/06, AP Nr. 26 zu § 307 BGB; v. 13.6.2007 – 5 AZR 564/06, AP Nr. 11 zu § 611 BGB – Film. | 10 BAG v. 12.1.2005 – 5 AZR 354/04, AP Nr. 1 zu § 308 BGB; v. 19.12.2006 – 9 AZR 294/06, DB 2007, 1253.

unter Berücksichtigung der Interessen des Verwenders für den anderen Vertragsteil nicht zumutbar ist. Nicht in den Schutzbereich von § 308 Nr. 4 fällt der Vorbehalt des ArbGeb, die eigene Leistung zu erhöhen[1]. Die Änderungsvorbehalte werden zu Anh. §§ 305–310 Rz. 19 dargestellt. In der Sache ergibt sich für Änderungsvorbehalte, welche die Leistung des ArbGeb und für solche, welche Leistungspflichten des ArbN betreffen und die an § 307 zu messen sind, kein Unterschied[2].

V. Erklärungsfiktion. Nr. 5 beruht auf dem Grundsatz, dass Schweigen idR keine Willenserklärung darstellt[3], und gestattet Abweichungen nur unter bestimmten Grenzen. Erfasst sind Bestimmungen, nach denen eine **Erklärung des** Vertragspartners des Verwenders, regelmäßig des **ArbN, fingiert** wird. Typischer Fall einer erfassten Erklärung ist die Annahme von Vertragsänderungen[4]. Das Klauselverbot findet im Arbeitsrecht Anwendung[5]. 5

Es bietet sich für Arbeitsverträge an, derartige **Klauseln zur Vertragsanpassung** vorzusehen. Es wird dann nicht mehr auf die Frage ankommen, ob durch Weiterarbeit die neuen Arbeitsbedingungen konkludent angenommen worden sind, was das BAG bejaht hat, wenn der ArbN von der Änderung sofort betroffen wird[6]. Eine Klausel zur Vertragsanpassung bietet mehr Rechtssicherheit, wenn die erforderlichen Voraussetzungen eingehalten sind. Der ArbGeb wird, da es typischerweise um Massengeschäfte geht, auch ein berechtigtes Interesse an einer solchen Änderungsklausel haben[7]. 6

Mindestvoraussetzungen sind: (1) Dem ArbN muss **eine angemessene Frist** zur Abgabe einer Erklärung eingeräumt werden (Nr. 5a). Die Länge der Frist richtet sich nach einer generalisierenden Interessenabwägung unter Berücksichtigung der bei den entsprechenden Geschäften typischen Umstände. Maßgeblich ist ua. die Art des Geschäfts und wie lange dem ArbN zur Entscheidungsfindung zuzubilligen ist[8]. Da der ArbGeb ein Interesse am Wirksamwerden der Vertragsänderung hat, sollte diese großzügig gewählt werden. Die Frist muss bereits im Arbeitsvertrag enthalten sein[9]. (2) **Hinweispflicht**: Bereits im Vertrag muss der ArbGeb sich verpflichten, den ArbN bei Beginn der Frist auf die Bedeutung seines Verhaltens hinzuweisen. Darüber hinaus muss der ArbGeb den Hinweis dann auch tatsächlich erteilen, wobei er den Zugang beweisen muss[10]. 7

VI. Zugangsfiktionen. Nr. 6 verbietet die vorformulierte Vereinbarung von Zugangsfiktionen für bestimmte Erklärungen. Die Norm findet im Arbeitsrecht Anwendung[11]. Erfasst sind alle **Erklärungen von besonderer Bedeutung**. Gemeint sind Erklärungen, die für den Empfänger, dh. regelmäßig den ArbN, mit nachteiligen Rechtsfolgen verbunden sind, wie zB Kündigungen oder Mahnungen[12]. Nr. 6 gilt, auch wenn vereinbart ist, dass die Erklärung als zugegangen gilt, wenn sie an die letzte bekannte Adresse des Empfängers versandt wurde[13] bzw. wenn als Zugangszeitpunkt derjenige festgelegt wird, der bei nicht geänderter Adresse gegolten hätte[14]. Auf das Zugangerfordernis kann auch nicht ganz verzichtet werden, zB der Zugang durch Aushang am schwarzen Brett ersetzt werden[15]. Für die praktisch wichtigste Erklärung, die Kündigung, folgt dies bereits aus § 623[16]. 8

309 *Klauselverbote ohne Wertungsmöglichkeit*

Auch soweit eine Abweichung von den gesetzlichen Vorschriften zulässig ist, ist in Allgemeinen Geschäftsbedingungen unwirksam

1. **(Kurzfristige Preiserhöhungen) eine Bestimmung, welche die Erhöhung des Entgelts für Waren oder Leistungen vorsieht, die innerhalb von vier Monaten nach Vertragsschluss geliefert oder erbracht werden sollen; dies gilt nicht bei Waren oder Leistungen, die im Rahmen von Dauerschuldverhältnissen geliefert oder erbracht werden;**
2. **(Leistungsverweigerungsrechte) eine Bestimmung, durch die**
   a) **das Leistungsverweigerungsrecht, das dem Vertragspartner des Verwenders nach § 320 zusteht, ausgeschlossen oder eingeschränkt wird oder**
   b) **ein dem Vertragspartner des Verwenders zustehendes Zurückbehaltungsrecht, soweit es auf demselben Vertragsverhältnis beruht, ausgeschlossen oder eingeschränkt, insbesondere von der Anerkennung von Mängeln durch den Verwender abhängig gemacht wird;**
3. **(Aufrechnungsverbot) eine Bestimmung, durch die dem Vertragspartner des Verwenders die Befugnis genommen wird, mit einer unbestrittenen oder rechtskräftig festgestellten Forderung aufzurechnen;**

---

1 BAG v. 9.11.2005 – 5 AZR 351/05, AP Nr. 5 zu § 305c BGB. | 2 Vgl. *Gotthardt*, Rz. 293. | 3 Palandt/*Grüneberg*, § 308 BGB Rz. 25. | 4 Vgl. UBH/*Schmidt*, § 308 Nr. 5 BGB Rz. 6 mwN. | 5 *Gotthardt*, Rz. 294. | 6 Dazu zB BAG v. 1.8.2001 – 4 AZR 129/00, DB 2001, 2557. | 7 Vgl. Palandt/*Grüneberg*, § 308 BGB Rz. 27. | 8 UBH/*Schmidt*, § 308 Nr. 5 BGB Rz. 11. | 9 Hierzu UBH/*Schmidt*, § 308 Nr. 5 BGB Rz. 11. | 10 Palandt/*Grüneberg*, § 308 BGB Rz. 26a. | 11 *Gotthardt*, Rz. 294; *Fenn*, FS Söllner, S. 360; *Reinecke*, NZA Beil. 3/2000, 23 (27). | 12 Erman/*S. Roloff*, § 307 BGB Rz. 53. | 13 OLG Stuttgart v. 29.9.1978 – 2 U 81/78, BB 1979, 908; DDBD/*Dorndorf/Bonin*, § 308 Nr. 6 BGB Rz. 4; *Gotthardt*, Rz. 294. | 14 BayObLG v. 18.12.1979 – BReg. 2 Z 11/79, NJW 1980, 2818; MüKo/*Kieninger*, § 308 BGB Nr. 6 Rz. 3; *Gotthardt*, Rz. 294. Zu Empfangsvollmachten *Mauer*, DB 2002, 1442 (1447). | 15 Dazu *Gotthardt*, Rz. 294. | 16 *Schaub*, NZA 2000, 344 (347).

4. (Mahnung, Fristsetzung) eine Bestimmung, durch die der Verwender von der gesetzlichen Obliegenheit freigestellt wird, den anderen Vertragsteil zu mahnen oder ihm eine Frist für die Leistung oder Nacherfüllung zu setzen;

5. (Pauschalierung von Schadensersatzansprüchen) die Vereinbarung eines pauschalierten Anspruchs des Verwenders auf Schadensersatz oder Ersatz einer Wertminderung, wenn

a) die Pauschale den in den geregelten Fällen nach dem gewöhnlichen Lauf der Dinge zu erwartenden Schaden oder die gewöhnlich eintretende Wertminderung übersteigt oder

b) dem anderen Vertragsteil nicht ausdrücklich der Nachweis gestattet wird, ein Schaden oder eine Wertminderung sei überhaupt nicht entstanden oder wesentlich niedriger als die Pauschale;

6. (Vertragsstrafe) eine Bestimmung, durch die dem Verwender für den Fall der Nichtabnahme oder verspäteten Abnahme der Leistung, des Zahlungsverzugs oder für den Fall, dass der andere Vertragsteil sich vom Vertrag löst, Zahlung einer Vertragsstrafe versprochen wird;

7. (Haftungsausschluss bei Verletzung von Leben, Körper, Gesundheit und bei grobem Verschulden)

a) (Verletzung von Leben, Körper, Gesundheit) ein Ausschluss oder eine Begrenzung der Haftung für Schäden aus der Verletzung des Lebens, des Körpers oder der Gesundheit, die auf einer fahrlässigen Pflichtverletzung des Verwenders oder einer vorsätzlichen oder fahrlässigen Pflichtverletzung eines gesetzlichen Vertreters oder Erfüllungsgehilfen des Verwenders beruhen;

b) (Grobes Verschulden) ein Ausschluss oder eine Begrenzung der Haftung für sonstige Schäden, die auf einer grob fahrlässigen Pflichtverletzung des Verwenders oder auf einer vorsätzlichen oder grob fahrlässigen Pflichtverletzung eines gesetzlichen Vertreters oder Erfüllungsgehilfen des Verwenders beruhen;

die Buchstaben a und b gelten nicht für Haftungsbeschränkungen in den nach Maßgabe des Personenbeförderungsgesetzes genehmigten Beförderungsbedingungen und Tarifvorschriften der Straßenbahnen, Obusse und Kraftfahrzeuge im Linienverkehr, soweit sie nicht zum Nachteil des Fahrgasts von der Verordnung über die Allgemeinen Beförderungsbedingungen für den Straßenbahn- und Obusverkehr sowie den Linienverkehr mit Kraftfahrzeugen vom 27. Februar 1970 abweichen; Buchstabe b gilt nicht für Haftungsbeschränkungen für staatlich genehmigte Lotterie- oder Ausspielverträge;

8. (Sonstige Haftungsausschlüsse bei Pflichtverletzung)

a) (Ausschluss des Rechts, sich vom Vertrag zu lösen) eine Bestimmung, die bei einer vom Verwender zu vertretenden, nicht in einem Mangel der Kaufsache oder des Werkes bestehenden Pflichtverletzung das Recht des anderen Vertragsteils, sich vom Vertrag zu lösen, ausschließt oder einschränkt; dies gilt nicht für die in der Nummer 7 bezeichneten Beförderungsbedingungen und Tarifvorschriften unter den dort genannten Voraussetzungen;

b) (Mängel) eine Bestimmung, durch die bei Verträgen über Lieferungen neu hergestellter Sachen und über Werkleistungen

aa) (Ausschluss und Verweisung auf Dritte) die Ansprüche gegen den Verwender wegen eines Mangels insgesamt oder bezüglich einzelner Teile ausgeschlossen, auf die Einräumung von Ansprüchen gegen Dritte beschränkt oder von der vorherigen gerichtlichen Inanspruchnahme Dritter abhängig gemacht werden;

bb) (Beschränkung auf Nacherfüllung) die Ansprüche gegen den Verwender insgesamt oder bezüglich einzelner Teile auf ein Recht auf Nacherfüllung beschränkt werden, sofern dem anderen Vertragsteil nicht ausdrücklich das Recht vorbehalten wird, bei Fehlschlagen der Nacherfüllung zu mindern oder, wenn nicht eine Bauleistung Gegenstand der Mängelhaftung ist, nach seiner Wahl vom Vertrag zurückzutreten;

cc) (Aufwendungen bei Nacherfüllung) die Verpflichtung des Verwenders ausgeschlossen oder beschränkt wird, die zum Zwecke der Nacherfüllung erforderlichen Aufwendungen, insbesondere Transport-, Wege-, Arbeits- und Materialkosten, zu tragen;

dd) (Vorenthalten der Nacherfüllung) der Verwender die Nacherfüllung von der vorherigen Zahlung des vollständigen Entgelts oder eines unter Berücksichtigung des Mangels unverhältnismäßig hohen Teils des Entgelts abhängig macht;

ee) (Ausschlussfrist für Mängelanzeige) der Verwender dem anderen Vertragsteil für die Anzeige nicht offensichtlicher Mängel eine Ausschlussfrist setzt, die kürzer ist als die nach dem Doppelbuchstaben ff zulässige Frist;

ff) Erleichterung der Verjährung) die Verjährung von Ansprüchen gegen den Verwender wegen eines Mangels in den Fällen des § 438 Abs. 1 Nr. 2 und des § 634a Abs. 1 Nr. 2 erleichtert oder in den sonstigen Fällen eine weniger als ein Jahr betragende Verjährungsfrist ab dem gesetzlichen Verjährungsbeginn erreicht wird; dies gilt nicht für Verträge, in die Teil B der Verdingungsordnung für Bauleistungen insgesamt einbezogen ist;

9. (Laufzeit bei Dauerschuldverhältnissen) bei einem Vertragsverhältnis, das die regelmäßige Lieferung von Waren oder die regelmäßige Erbringung von Dienst- oder Werkleistungen durch den Verwender zum Gegenstand hat,

a) eine den anderen Vertragsteil länger als zwei Jahre bindende Laufzeit des Vertrags,

b) eine den anderen Vertragsteil bindende stillschweigende Verlängerung des Vertragsverhältnisses um jeweils mehr als ein Jahr oder

c) zu Lasten des anderen Vertragsteils eine längere Kündigungsfrist als drei Monate vor Ablauf der zunächst vorgesehenen oder stillschweigend verlängerten Vertragsdauer;

dies gilt nicht für Verträge über die Lieferung als zusammengehörig verkaufter Sachen, für Versicherungsverträge sowie für Verträge zwischen den Inhabern urheberrechtlicher Rechte und Ansprüche und Verwertungsgesellschaften im Sinne des Gesetzes über die Wahrnehmung von Urheberrechten und verwandten Schutzrechten;

10. (Wechsel des Vertragspartners) eine Bestimmung, wonach bei Kauf-, Dienst- oder Werkverträgen ein Dritter an Stelle des Verwenders in die sich aus dem Vertrag ergebenden Rechte und Pflichten eintritt oder eintreten kann, es sei denn, in der Bestimmung wird

a) der Dritte namentlich bezeichnet oder

b) dem anderen Vertragsteil das Recht eingeräumt, sich vom Vertrag zu lösen;

11. (Haftung des Abschlussvertreters) eine Bestimmung, durch die der Verwender einem Vertreter, der den Vertrag für den anderen Vertragsteil abschließt,

a) ohne hierauf gerichtete ausdrückliche und gesonderte Erklärung eine eigene Haftung oder Einstandspflicht oder

b) im Falle vollmachtsloser Vertretung eine über § 179 hinausgehende Haftung

auferlegt;

12. (Beweislast) eine Bestimmung, durch die der Verwender die Beweislast zum Nachteil des anderen Vertragsteils ändert, insbesondere indem er,

a) diesem die Beweislast für Umstände auferlegt, die im Verantwortungsbereich des Verwenders liegen, oder

b) den anderen Vertragsteil bestimmte Tatsachen bestätigen lässt;

Buchstabe b gilt nicht für Empfangsbekenntnisse, die gesondert unterschrieben oder mit einer gesonderten qualifizierten elektronischen Signatur versehen sind;

13. (Form von Anzeigen und Erklärungen) eine Bestimmung, durch die Anzeigen oder Erklärungen, die dem Verwender oder einem Dritten gegenüber abzugeben sind, an eine strengere Form als die Schriftform oder an besondere Zugangserfordernisse gebunden werden.

I. Allgemeines. Im Unterschied zu § 308 enthält § 309 Klauselverbote ohne Wertungsmöglichkeit. Diese Klauselverbote sind **strikter Natur**, weil die Unangemessenheit kraft gesetzgeberischer Wertung eintritt, so dass im Einzelfall eine weitere inhaltliche Prüfung nicht erforderlich ist, dh. eine zusätzliche Wertungsinstanz ist nicht eröffnet[1]. Zu beachten ist aber, dass sich Abweichungen auf Grund der **Besonderheiten des Arbeitsrechts** ergeben können (dazu § 310 Rz. 21 f.). Dem steht nicht entgegen, dass es sich nach der Überschrift um Klauselverbote ohne Wertungsmöglichkeit handelt[2]. Kommentiert sind nur die Klauselverbote mit praktischer Relevanz für das Arbeitsrecht[3]. 1

II. Leistungsverweigerungsrechte. Das Klauselverbot in Nr. 2 schützt den Vertragspartner des Verwenders davor, dass die Zurückbehaltungsrechte aus §§ 273, 320 ausgeschlossen oder eingeschränkt werden. Der Gesetzgeber sieht in § 320 ein grundlegendes **Gebot vertragl. Abwicklungsgerechtigkeit** verwirklicht und auch § 273 beruht auf einem Gerechtigkeitsgebot[4]. Der Anwendungsbereich im Arbeitsrecht ist eingeschränkt, weil die Begründung einer **Vorleistungspflicht** bereits nicht unter das Klauselverbot fällt[5]. Die Vorleistungspflicht des ArbN mit seiner Arbeitsleistung ist das gesetzl. Leitbild (§ 614), so dass darin nach dem Maßstab des § 307 I keine unangemessene Benachteiligung liegt. 2

Das Klauselverbot findet im Arbeitsrecht Anwendung. Arbeitsrechtl. Besonderheiten stehen nicht entgegen[6]. Der ArbGeb kann in einem Formulararbeitsvertrag das **Zurückbehaltungsrecht des ArbN** an der Arbeitsleistung **bei Lohnrückständen** nicht ausschließen[7]. Verboten ist nicht nur der **Ausschluss**, sondern auch die **Einschränkung** der Zurückbehaltungsrechte, was zB dann der Fall ist, wenn die Ausübung des Zurückbehaltungsrechts an bestimmte, die gesetzl. Regeln verschärfende Anforderungen 3

---

1 *Stoffels*, Rz. 577. |2 BAG v. 4.3.2004 – 8 AZR 196/03, AP Nr. 3 zu § 309 BGB. |3 Vgl. *Gotthardt*, Rz. 273. |4 *Stoffels*, Rz. 829 f. |5 BGH v. 12.3.1987 – VII ZR 37/86, BGHZ 100, 158. |6 DDBD/*Däubler*, § 309 Nr. 2 BGB Rz. 9; *Gotthardt*, Rz. 274. |7 *Gotthardt*, Rz. 274; *Preis*, II Z 20 Rz. 34; Palandt/*Weidenkaff*, Einf. v. § 611 BGB Rz. 75c.

geknüpft wird[1]. So darf der ArbGeb das Zurückbehaltungsrecht des ArbN wegen Lohnrückständen nicht davon abhängig machen, dass diese Lohnrückstände vom ArbGeb anerkannt oder bereits abgerechnet sind.

4 **III. Aufrechnungsverbot.** Das Klauselverbot der Nr. 3 gilt im Arbeitsrecht und kann zB bei zum Inkasso berechtigten Vertretern relevant werden[2]. Anders als das Zurückbehaltungsrecht ist die Abbedingung des Aufrechnungsrechtes des ArbN nicht generell untersagt. Das Aufrechnungsverbot gilt nur für **unbestrittene** und **rechtskräftig festgestellte Forderungen**. Unbestritten ist eine Forderung, wenn ihrer Schlüssigkeit kein erhebliches Gegenvorbringen entgegensteht, also auch, wenn sie ihrerseits mit einer unschlüssigen Gegenaufrechnung bekämpft wird[3]. Überwiegend wird angenommen, dass entscheidungsreife Forderungen unbestrittenen Forderungen gleichzustellen sind[4]. Unzulässig ist allerdings ein formularmäßiges Aufrechnungsverbot gegenüber einem ArbN mit Forderungen, die entweder rechtskräftig festgestellt sind oder zu denen der ArbGeb im Einzelfall jeweils seine Zustimmung erklärt, denn dann wird dem ArbN entgegen Nr. 3 die Befugnis genommen, mit einer unbestrittenen Forderung ohne Zustimmung des ArbGeb aufzurechnen[5]. Wird die Aufrechnung mit verjährten Forderungen, die gem. § 215 zulässig ist, ausgeschlossen, so liegt kein Verstoß gegen Nr. 3, wohl aber gegen § 307 vor[6]. **Rechtsfolge** des Verstoßes gegen Nr. 3 ist grds. die Gesamtnichtigkeit des Aufrechnungsverbotes[7]. Allerdings hat die Rspr. durch restriktive Auslegung des Klauselinhalts diese in mehreren Fällen vor der Gesamtnichtigkeit bewahrt[8].

5 **IV. Mahnung und Fristsetzung.** Nr. 4 führt dazu, dass der Grundsatz, dass Verzug erst nach Mahnung eintritt (§ 286 I), sowie das Erfordernis einer Nachfrist durch allgemeine Geschäftsbedingungen nicht abbedungen werden können. Die gesetzl. Ausnahmen vom Erfordernis einer Mahnung (§ 286 II, III) dürfen wiederholt werden[9]. Das Klauselverbot erfasst Vertragsgestaltungen, mit denen der Verwender, dh. der ArbGeb eine **Rechtsfolge für sich in Anspruch nimmt, die nach dem Gesetz erst auf Grund einer Mahnung eintritt**[10]. Dies bedeutet zB, dass der ArbGeb sich in den Arbeitsvertragsbedingungen nicht wirksam versprechen lassen kann, dass die Kosten der ersten Mahnung der ArbN trägt[11]. Dies kann zB bei Rückzahlungsverpflichtungen in Folge einer Überzahlung des ArbN relevant werden.

6 **V. Pauschalierung von Schadensersatzansprüchen.** Aus Nr. 5 folgt, dass die Pauschalierung von Schadensersatzansprüchen in AGB **grds. zulässig** ist, aber bestimmten Grenzen unterliegt. Die Schadenspauschalierung ist von der **Vertragsstrafe abzugrenzen**. Erstere dient lediglich dazu, den Schadensnachweis zu ersparen. Die Vertragsstrafe hingegen hat eine Doppelfunktion. Sie soll ebenfalls den Schadensnachweis entbehrlich machen, andererseits aber die Erfüllung der Hauptleistungspflicht sichern. Für die Abgrenzung ist entscheidend, ob es ausschließlich darum geht, den Schadensnachweis entbehrlich zu machen, oder aber, ob es auch und vor allem darum geht, den Schuldner zur Erfüllung seiner Verbindlichkeit anzuhalten[12]. Zwar werden Klauseln in Arbeitsverträgen, für den Fall des Vertragsbruchs des ArbN regelmäßig als Vertragsstrafen angesehen[13], doch kommen in Arbeitsverträgen durchaus schadenspauschalierende Klauseln vor. Auf diese ist Nr. 5 anwendbar[14].

7 Nr. 5 stellt inhaltliche Anforderungen an eine zulässige Schadenspauschalierung. Die **Höhe der Pauschale** darf den nach dem gewöhnlichen Lauf der Dinge zu erwartenden Schaden nicht überschreiten. Abzustellen ist dabei in generalisierender Betrachtungsweise auf den branchentypischen Durchschnittsschaden[15]. Der Verwender darf sich den Nachweis eines höheren Schadens vorbehalten, muss dies aber unzweideutig zum Ausdruck bringen[16]. Nach Nr. 5b ist zudem erforderlich, dass dem Vertragspartner der **Nachweis** gestattet wird, dass **kein Schaden** entstanden oder dieser wesentlich niedriger als die Pauschale ist. Die Darlegungs- und Beweislast für einen geringeren Schaden trifft – bei wirksamer Schadenspauschalierung – den Vertragspartner des Verwenders, dh. den ArbN[17].

8 **VI. Vertragsstrafe.** Das Klauselverbot der Nr. 6 normiert verschiedene Verbotstatbestände. Praktisch relevant dürfte im Arbeitsrecht nur der Tatbestand werden, der Bestimmungen für unwirksam erklärt, mit denen der Verwender für den Fall, dass sich der andere Vertragsteil vom Vertrag löst, sich die Zahlung einer Vertragsstrafe versprechen lässt. Eine **Lösung vom Vertrag** liegt immer dann vor, wenn der Kunde zu erkennen gibt, dass er sich an den Vertrag nicht mehr gebunden fühlt[18]. Der Wortlaut erfasst deshalb Vertragsstrafenklauseln, welche der ArbGeb für den Fall des Vertragsbruchs des ArbN vorsieht.

---

1 *Stoffels*, Rz. 834. | **2** Vgl. *Gotthardt*, Rz. 275; *Preis*, II A 110 Rz. 15. | **3** BGH v. 26.11.1984 – VIII ZR 217/833, NJW 1985, 1556; UBH/*Hensen*, § 309 Nr. 3 BGB Rz. 3. | **4** *Stoffels*, Rz. 851. | **5** Vgl. BGH v. 27.6.2007 – XII ZR 54/05, NJW 2007, 3421. | **6** OLG Hamm v. 17.5.1993 – 17 U 7/92, NJW-RR 1993, 1082; Palandt/*Grüneberg*, § 309 BGB Rz. 17. | **7** BGH v. 16.10.1984 – X ZR 97/83, NJW 1985, 319. | **8** Beispiele bei *Stoffels*, Rz. 853. | **9** Palandt/*Grüneberg*, § 309 BGB Rz. 22. | **10** BGH v. 8.10.1987 – VII ZR 185/86, NJW 1988, 258; UBH/*Hensen*, § 309 Nr. 4 BGB Rz. 4. | **11** Vgl. *Stoffels*, Rz. 881. | **12** BGH v. 6.11.1967 – VIII ZR 81/65, BGHZ 49, 84; *Stoffels*, Rz. 886; zur Druckfunktion auch BGH v. 12.3.2003 – XII ZR 18/00, NJW 2003, 2158. | **13** MüKo/*Gottwald*, vor § 339 BGB Rz. 35. | **14** *Gotthardt*, Rz. 281; *Schaub/Linck*, § 51 Rz. 22. | **15** BGH v. 16.1.1984 – II ZR 100/83, NJW 1984, 2093; UBH/*Hensen*, § 309 Nr. 5 BGB Rz. 15. | **16** Palandt/*Grüneberg*, § 309 BGB Rz. 30. | **17** Palandt/*Grüneberg*, § 309 BGB Rz. 31. | **18** *Stoffels*, Rz. 911.

Die bisherige Rspr. hat dieses Klauselverbot auf Arbeitsverträge nicht angewandt[1]. Zu Recht geht das BAG[2] – entgegen der ersten, überwiegenden instanzrechtl. Rspr.[3] – davon aus, dass **Nr. 6** auch nach der Erstreckung des Anwendungsbereichs der §§ 305 ff. auf Arbeitsverhältnisse **Vertragsstrafen für den Fall der Vertragsaufsage des ArbN nicht verbietet**. Dem stehen Besonderheiten des Arbeitsrechts entgegen. Das Klauselverbot passt von seiner Intention her nicht, denn es ist primär am Erscheinungsbild des zahlungspflichtigen Kunden orientiert ist[4]. Damit stimmt überein, dass teilweise sogar vertreten wird, dass Vertragsstrafen für alle Dienstleistungspflichten von § 309 Nr. 6 nicht erfasst seien[5]. Auch aus der Norm des § 888 III ZPO ergibt sich eine arbeitsrechtl. Besonderheit, weil Besonderheit des Arbeitsrechts auch eine im Dienstvertragsrecht wurzelnde und sich in den Arbeitsvertrag als unselbständigen Dienstvertrag hin fortsetzende Besonderheit sein kann[6]. Zudem zeigen die § 75c HGB und § 12 II Nr. 2 BBiG, dass Vertragsstrafen im Arbeitsrecht grds. für zulässig erachtet werden[7]. Die Nichtanwendung der Nr. 6 im Arbeitsrecht stimmt damit überein, dass die Norm auf Situationen zugeschnitten ist, in denen dem Verwender der Nachweis eines Schadens regelmäßig nicht schwer fällt und ein Schadensersatzanspruch deshalb als Sanktion für die Vertragsverletzung zur Verfügung steht. Bei einem Vertragsbruch des ArbN ist dies nicht der Fall, vielmehr hat der ArbGeb zumeist erhebliche Beweisschwierigkeiten in Bezug auf einen Schaden[8]. Zudem werden **Wertungswidersprüche** vermieden. Aus dem eng begrenzten Tatbestand folgt **kein generelles Verbot von Vertragsstrafen im Arbeitsrecht**[9]. Es ist jedoch nicht einzusehen, warum der praktisch wichtigste Fall, nämlich die Lösung des ArbN vom Vertrag nicht vertragsstrafenbewehrt sein darf, dies jedoch in anderen Konstellationen zulässig ist, zB wenn der ArbN einen wichtigen Grund zur Kündigung des Arbeitsverhältnisses durch den ArbGeb setzt[10]. Für eine Differenzierung fehlt ein sachlicher Grund, was ebenfalls dafür spricht § 309 Nr. 6 im Arbeitsrecht nicht anzuwenden. Darüber hinaus unterliegen Vertragsstrafenabreden der allgemeinen Inhaltskontrolle (Anh. §§ 305–310 Rz. 46 ff.). 9

VII. Haftungsausschluss bei Verletzung von Leben, Körper, Gesundheit und bei grobem Verschulden. 10
Das Klauselverbot der Nr. 7 erfasst in seinem **Anwendungsbereich** Schadensersatzansprüche auf vertragl. Grundlage, aber auch auf deliktischer Grundlage[11].

Nr. 7 normiert in lit. a zunächst ein Klauselverbot für die Haftung des Verwenders, dh. des ArbGeb, für Schäden aus der **Verletzung des Lebens, des Körpers oder der Gesundheit** des ArbN. Die Haftung ist nunmehr bei keiner Art von Fahrlässigkeit mehr einschränkbar, nicht einmal bei leichtester Fahrlässigkeit[12]. Unzulässig ist der Ausschluss und die Begrenzung der Haftung. Unzulässig sind daher zB Beschränkungen der Höhe des Anspruchs oder aber der Ausschluss bestimmter Schäden[13], ebenso wie die Verkürzung der Verjährungsfristen[14]. Das BAG sieht in der Obliegenheit der klageweisen Geltendmachung eines Anspruchs in einer Ausschlussfrist keinen Anwendungsfall von Nr. 7, denn der Anspruch entstehe uneingeschränkt und werde lediglich für den Fall fehlender Geltendmachung befristet[15]. Dem hat der BGH widerspochen[16]. Unwirksam ist ein mittelbarer Haftungsausschluss, wenn bereits die Sorgfaltspflicht des ArbGeb, welche Grundlage für die Haftung ist, abbedungen wird oder ein bestimmtes Risiko allein dem ArbN auferlegt wird[17]. Unzulässig ist es, unter Umgehung des Klauselverbotes den ArbN auf ihm ansonsten zustehende Schadensersatzansprüche verzichten zu lassen[18]. Der praktische Anwendungsbereich dieses Verbotes ist wegen der Haftungsfreistellung des ArbGeb in § 104 SGB VII gering. 11

Nr. 7b verbietet den Ausschluss oder die Begrenzung der Haftung für sonstige Schäden, die auf einer **grob fahrlässigen Pflichtverletzung** des Verwenders, dh. des ArbGeb beruhen. Erfasst ist damit die **Haftung** des ArbGeb **für Sachschäden des ArbN**. Dieses Klauselverbot ist im Arbeitsrecht anzuwenden[19]. Letztlich wird damit nur die bisherige Rspr. des BAG kodifiziert, das bereits bisher eine Haftungsbegrenzung des ArbGeb bei grober Fahrlässigkeit verneint hatte[20]. Wie bereits ausgeführt gilt dies sowohl für die vertragl. als auch für die deliktische Haftung (Rz. 10). Maßstab für den Ausschluss der Haftung für einfache Fahrlässigkeit ist § 307[21]. Bzgl. der **verschuldensunabhängigen Haftung des ArbGeb** 12

---

1 BAG v. 23.5.1984 – 4 AZR 129/82, AP Nr. 9 zu § 339 BGB; v. 27.5.1992 – 5 AZR 324/91, EzA § 339 BGB Nr. 8. | 2 BAG v. 4.3.2004 – 8 AZR 196/03, AP Nr. 3 zu § 309 BGB. | 3 LAG Düsseldorf v. 8.1.2003 – 12 Sa 1301/02, NZA 2003, 382; LAG Hamm v. 24.1.2003 – 10 Sa 1158/02, NZA 2003, 499; LAG BW v. 10.4.2003 – 11 Sa 17/03, DB 2003, 2551 f.; LAG Frankfurt v. 25.4.2003 – 17 Sa 1723/02. | 4 *Stoffels*, S. 210. | 5 *Wolf/Horn/Lindacher*, § 11 Nr. 6 AGBG Rz. 23; s.a. UBH/*Hensen*, § 309 Nr. 6 BGB Rz. 15: Sachleistungsschuldner nicht erfasst; aA Palandt/*Grüneberg*, § 309 BGB Rz. 37. | 6 BAG v. 4.3.2004 – 8 AZR 196/03, AP Nr. 3 zu § 309 BGB; *Gotthardt*, Rz. 277; *Thüsing*, NZA 2002, 591 (592). | 7 BAG v. 4.3.2004 – 8 AZR 196/03, AP Nr. 3 zu § 309 BGB; *Schaub/Linck*, § 60 Rz. 9. | 8 BAG v. 23.5.1984 – 4 AZR 129/82, AP Nr. 9 zu § 339 BGB; *Gotthardt*, Rz. 278; *Preis/Stoffels*, II V 30 Rz. 27. | 9 BAG v. 21.4.2005 – 8 AZR 425/04, AP Nr. 3 zu § 307 BGB; v. 14.8.2007 – 8 AZR 973/06, DB 2008,66; aA *von Koppenfels*, NZA 2002, 598 (602). | 10 Für eine Anwendung des § 309 Nr. 6 aber, wenn Erfüllungsverweigerung des ArbN Grund für die fristlose Kündigung ist, LAG Frankfurt v. 25.4.2003 – 17 Sa 1723/02, nv. | 11 BGH v. 15.2.1995 – VIII ZR 93/94, NJW 1995, 1488; Erman/*S. Roloff*, § 309 BGB Rz. 64. | 12 *Thüsing*, Rz. 309. | 13 Erman/*S. Roloff*, § 309 BGB Rz. 68. | 14 BGH v. 4.5.1995 – I ZR 90/93, NJW 1995, 2224; v. 15.11.2006 – VIII ZR 3/06, ZIP 2007, 131. | 15 BAG v. 25.5.2005 – 5 AZR 572/04, AP Nr. 1 zu § 310 BGB; zust. *Thüsing*, Rz. 167. | 16 BGH v. 15.11.2006 – VIII ZR 3/06, ZIP 2007, 131; ebenso für das Arbeitsrecht *Matthiesen*, NZA 2007, 361 (364). | 17 Vgl. BGH v. 12.12.2000 – XI ZR 138/00, NJW 2001, 751; Palandt/*Grüneberg*, § 309 BGB Rz. 44. | 18 *Thüsing*, Rz. 310. | 19 *Gotthardt*, Rz. 283; *Thüsing*, Rz. 312. | 20 BAG v. 5.3.1959 – 2 AZR 268/56, AP Nr. 26 zu § 611 BGB – Fürsorgepflicht. | 21 Dazu Palandt/*Grüneberg* § 307 BGB Rz. 45 ff.

für arbeitsbedingte Eigenschäden des ArbN gilt Folgendes. Die Rspr. leitet die Haftung aus einer analogen Anwendung des § 670 ab[1]. Ob diese Haftung dispositiv ist, ist bislang nicht abschließend geklärt (vgl. dazu § 619a Rz. 22). Es spricht viel dafür, auch hier eine Inhaltskontrolle gem. § 307 vorzunehmen[2]. So ergeben sich angemessene Ergebnisse. Es lässt sich begründen, warum Regelungen, welche dem ArbN eine Pauschalabgeltung einräumen, zulässig sind[3], eine völlige Haftungsfreizeichnung des ArbGeb jedoch nicht[4].

13 **VIII. Wechsel des Vertragspartners.** Nr. 10 stellt für Vertragsklauseln in AGB, die zu einem Wechsel des Vertragspartners führen können, besondere Voraussetzungen auf. Zulässig ist eine solche Bestimmung, wenn der Dritte namentlich besonders bezeichnet ist oder aber wenn dem anderen Teil das Recht eingeräumt ist, sich vom Vertrag zu lösen. Der Anwendung dieser Norm stehen **arbeitsrechtl. Besonderheiten** entgegen[5]. Insbesondere sind Konzernversetzungsklauseln nicht an Nr. 10 zu prüfen. Die in Nr. 10 aufgestellten Voraussetzungen vertragen sich nicht mit arbeitsrechtl. Wertungen. Allein die namentliche Nennung des Vertragsübernehmers kann nicht das zwingende Kündigungsrecht bzgl. des ursprünglichen Vertrags abbedingen[6]. Die Einräumung eines Lösungsrechts vom Vertrag passt nicht zum Bestandsschutzbedürfnis des ArbN, weil auch § 613a VI ein Widerspruchsrecht normiert[7].

14 **IX. Beweislast.** Nr. 12, 12a verbietet **Beweislastveränderungen** in AGB. Der Gesetzgeber geht davon aus, dass Beweislastregeln Ausdruck materieller Gerechtigkeitsgebote sind. Die Änderung dieser Grundsätze ist geeignet, dem ArbN die Rechtsverfolgung unzumutbar zu erschweren oder diese gar gänzlich zu verhindern[8]. Erfasst ist die Änderung gesetzl., aber auch richterrechtl. Beweislastgrundsätze, wobei Nr. 12a keine eigenständige Bedeutung hat[9]. Die Bestimmung verbietet jede Veränderung der Beweisposition. Unzulässig ist es, den ArbN mit bestimmten Beweismitteln auszuschließen oder aber die Anforderungen des Anscheinsbeweises zu ändern, zB zu formulieren, dass unter bestimmten Voraussetzungen der erste Anschein einer für den ArbN nachteiligen Tatsache gilt[10]. Abstrakte Schuldanerkenntnisse werden von Nr. 12 nicht erfasst[11]. Das Klauselverbot ist im Arbeitsrecht anwendbar[12]. Im Bereich der ArbN-Haftung hat die Norm nur dann einen Anwendungsbereich, wenn man § 619a nicht als zwingendes Recht ansieht (Anh. §§ 305–310 Rz. 1).

15 Nr. 12b untersagt Bestimmungen, mit denen der ArbGeb sich bestimmte **Tatsachen bestätigen** lässt. Die Beweislast darf nicht dadurch verändert werden, dass der Verwender sich bestimmte Tatsachen bestätigen lässt. Erfasst sind Erklärungen über die Bestätigung rechtl. relevanter Umstände, Wissenserklärungen und Erklärungen über rein tatsächliche Vorgänge[13]. Unwirksam ist deshalb zB die Klausel, die AGB seien im Einzelnen ausgehandelt[14]. Unwirksam sind auch Klauseln, die sich über den Umfang oder die tatsächliche Vornahme einer Aufklärung oder Beratung verhalten[15]. Dies kann Bedeutung erlangen, wenn in einem Aufhebungsvertrag eine entsprechende Klausel bzgl. der Aufklärung des ArbN über die sozialversicherungsrechtl. Folgen enthalten ist. Umstritten ist, wie sog. **Vollständigkeitsklauseln** zu behandeln sind, wie zB die Klausel „Mündliche Nebenabreden sind nicht getroffen", die auch in Arbeitsverträgen vorkommen. Eine strenge Betrachtungsweise sieht hierin nicht nur die Wiederholung der Vermutung der Vollständigkeit und Richtigkeit einer Vertragsurkunde, sondern sieht die Gefahr der Klausel darin, dass der ArbN davon abgehalten werden könne, sich überhaupt auf mündliche Nebenabreden zu berufen[16].

16 **Empfangsbekenntnisse** in AGB sind grds. unwirksam. Dies gilt zB für die in einem Arbeitsvertrag enthaltene Formulierung, der ArbN habe das Arbeitsentgelt für einen bestimmten Zeitraum bereits erhalten[17]. Nicht anderes gilt für die Klausel, der ArbN habe eine Wettbewerbsabrede bereits erhalten[18]. **Wirksam** sind Empfangsbekenntnisse nur, wenn sie gesondert unterschrieben oder mit einer gesonderten qualifizierten elektronischen Signatur versehen sind. Nicht erforderlich ist dazu eine eigene Urkunde. Der Erklärungstext muss jedoch vom übrigen Vertragstext deutlich abgesetzt sein[19]. Die gesonderte Unterschrift muss sich zudem nur auf das Empfangskenntnis beziehen und keinerlei weitere Erklärung umfassen[20].

17 **X. Form von Anzeigen und Erklärungen.** Nr. 13 will – als Gegenstück zu § 308 Nr. 6 – verhindern, dass dem ArbN durch die Vereinbarung besonderer Form- oder Zugangserfordernisse die **Wahrnehmung**

---

1 BAG v. 25.5.2000 – 8 AZR 518/99, NJW 2000, 3369. | **2** AA *Thüsing*, Rz. 313 für zwingendes Recht. | **3** ZB BAG v. 30.4.1992 – 8 AZR 409/91, AP Nr. 11 zu § 611 BGB – Gefährdungshaftung des Arbeitgebers. | **4** Ebenso ErfK/*Preis*, § 619a BGB Rz. 94; s.a. LAG Nds. v. 11.6.2002 – 13 Sa 53/02. | **5** *Gotthardt*, Rz. 285; aA *Hümmerich*, NZA 2003, 753 (758). | **6** Hierzu *Preis*, II D 30 Rz. 67 ff. | **7** *Gotthardt*, Rz. 285; aA *Löwisch*, FS Wiedemann, S. 319 für nicht gewerbliche Arbeitnehmerüberlassung. | **8** *Stoffels*, Rz. 1034. | **9** Palandt/*Grüneberg*, § 309 BGB Rz. 100. | **10** UBH/*Hensen*, § 309 Nr. 12 BGB Rz. 12. | **11** HM BGH v. 5.3.1991 – XI ZR 75/90, BGHZ 114, 9; *Stoffels*, Rz. 1041; UBH/*Hensen*, § 309 Nr. 12 BGB Rz. 13. | **12** *Henssler*, RdA 2002, 129 (133); *Gotthardt*, Rz. 286; bisher BAG v. 16.3.1994 – 5 AZR 339/92, AP Nr. 18 zu § 611 BGB – Ausbildungsbeihilfe. | **13** UBH/*Hensen*, § 309 Nr. 12 BGB Rz. 18 ff. | **14** Vgl. BGH v. 28.1.1987 – IVa ZR 173/85, BGHZ 99, 374. | **15** UBH/*Hensen*, § 309 Nr. 12 BGB Rz. 21. | **16** So zB *Stoffels*, Rz. 683; UBH/*Hensen*, § 309 Nr. 12 BGB Rz. 22 jeweils mwN. | **17** ArbG Düsseldorf v. 14.5.2003 – 10 Ca 11163/02, nv. | **18** *Gotthardt*, Rz. 287. | **19** Erman/*S. Roloff*, § 309 BGB Rz. 152. | **20** BGH v. 30.9.1992 – VIII ZR 196/91, NJW 1993, 64; UBH/*Hensen*, § 309 Nr. 12 BGB Rz. 23.

seiner Rechte erschwert wird[1]. Erfasst sind nur Anzeigen und Erklärungen des ArbN, nicht solche des ArbGeb. Nicht erfasst sind vertragl. Abreden[2]. Arbeitsrechtl. Besonderheiten stehen dem Klauselverbot nicht entgegen[3].

Eine strengere Form als die **Schriftform** (§§ 126, 127) darf nicht vorgeschrieben werden. Der Umkehrschluss ergibt, dass die Einhaltung der Schriftform stets verlangt werden kann[4]. Jede darüber hinausgehende Erschwerung ist unzulässig, wie zB die Vereinbarung, dass Erklärungen des ArbN eigenhändig verfasst sein müssen[5]. Die Kündigung darf nicht an ein über § 623 hinausgehendes Formerfordernis gebunden werden[6]. 18

Besondere **Zugangserfordernisse** können nicht wirksam vereinbart werden. Die Klausel darf nicht von der gesetzl. Regelung des Zugangs iSv. § 130 abweichen. Unwirksam ist zB die Vereinbarung, wonach die Kündigung durch eingeschrieben Brief zu erfolgen hat[7]. **Zweistufige Ausschlussfristen** verstoßen nicht gegen Nr. 13[8], weil bei einer Ausschlussfrist, die an die gerichtliche Geltendmachung anknüpft, nur für die gerichtliche Geltendmachung eine Frist, nicht aber eine besondere Form vorgeschrieben wird. Zudem will Nr. 13 verhindern, dass der ArbN, durch Form- und Zugangserfordernisse in den AGB überrascht wird. Im Arbeitsrecht sind zweistufige Ausschlussfristen nicht objektiv ungewöhnlich[9]. Dies zeigt auch § 61b I ArbGG. 19

310 *Anwendungsbereich*

(1) § 305 Abs. 2 und 3 und die §§ 308 und 309 finden keine Anwendung auf Allgemeine Geschäftsbedingungen, die gegenüber einem Unternehmer, einer juristischen Person des öffentlichen Rechts oder einem öffentlich-rechtlichen Sondervermögen verwendet werden. § 307 Abs. 1 und 2 findet in den Fällen des Satzes 1 auch insoweit Anwendung, als dies zur Unwirksamkeit von in den §§ 308 und 309 genannten Vertragsbestimmungen führt; auf die im Handelsverkehr geltenden Gewohnheiten und Gebräuche ist angemessen Rücksicht zu nehmen.

(2) Die §§ 308 und 309 finden keine Anwendung auf Verträge der Elektrizitäts-, Gas-, Fernwärme- und Wasserversorgungsunternehmen über die Versorgung von Sonderabnehmern mit elektrischer Energie, Gas, Fernwärme und Wasser aus dem Versorgungsnetz, soweit die Versorgungsbedingungen nicht zum Nachteil der Abnehmer von Verordnungen über Allgemeine Bedingungen für die Versorgung von Tarifkunden mit elektrischer Energie, Gas, Fernwärme und Wasser abweichen. Satz 1 gilt entsprechend für Verträge über die Entsorgung von Abwasser.

(3) Bei Verträgen zwischen einem Unternehmer und einem Verbraucher (Verbraucherverträge) finden die Vorschriften dieses Abschnitts mit folgenden Maßgaben Anwendung:

1. Allgemeine Geschäftsbedingungen gelten als vom Unternehmer gestellt, es sei denn, dass sie durch den Verbraucher in den Vertrag eingeführt wurden;

2. § 305c Abs. 2 und die §§ 306 und 307 bis 309 dieses Gesetzes sowie Artikel 29a des Einführungsgesetzes zum Bürgerlichen Gesetzbuche finden auf vorformulierte Vertragsbedingungen auch dann Anwendung, wenn diese nur zur einmaligen Verwendung bestimmt sind und soweit der Verbraucher auf Grund der Vorformulierung auf ihren Inhalt keinen Einfluss nehmen konnte;

3. bei der Beurteilung der unangemessenen Benachteiligung nach § 307 Abs. 1 und 2 sind auch die den Vertragsschluss begleitenden Umstände zu berücksichtigen.

(4) Dieser Abschnitt findet keine Anwendung bei Verträgen auf dem Gebiet des Erb-, Familien- und Gesellschaftsrechts sowie auf Tarifverträge, Betriebs- und Dienstvereinbarungen. Bei der Anwendung auf Arbeitsverträge sind die im Arbeitsrecht geltenden Besonderheiten angemessen zu berücksichtigen; § 305 Abs. 2 und 3 ist nicht anzuwenden. Tarifverträge, Betriebs- und Dienstvereinbarungen stehen Rechtsvorschriften im Sinne von § 307 Abs. 3 gleich.

I. Verbraucherverträge (Abs. 3). Für Verträge zwischen Verbrauchern und Unternehmern normiert Abs. 3 eine **modifizierte Anwendung der §§ 305 ff.** 1

1. Einordnung von Arbeitsverträgen. Abs. 3 berührt die grundlegende Fragestellung, ob **ArbN Verbraucher** iSv. § 13 sind, weil der ArbGeb idR Unternehmer iSv. § 14 ist. Diese Frage ist zu bejahen[10]. 2

---

1 Vgl. *Stoffels*, Rz. 672. | 2 *Stoffels*, Rz. 673. | 3 *Preis/Gotthardt*, NZA 2000, 348 f.; *Reinecke*, NZA Beil. 3/2000, 23 (27). | 4 BGH v. 18.1.1989 – VIII ZR 142/88, NJW-RR 1989, 625. | 5 Staudinger/*Coester-Waltjen*, § 309 Nr. 13 BGB Rz. 5. | 6 Zur Frage, ob dem nicht bereits § 623 entgegensteht, *Preis/Gotthardt*, NZA 2000, 348 f. | 7 BGH v. 28.2.1985 – IX ZR 92/84, NJW 1985, 2585. | 8 BAG v. 25.5.2005 – 5 AZR 572/04, AP Nr. 1 zu § 310 BGB; *Gotthardt*, Rz. 289; *Preis/Roloff*, RdA 2005, 144 (149); aA *Annuß*, BB 2002, 458 (463); DDBD/*Däubler*, § 309 Nr. 13 BGB Rz. 6. | 9 *Gotthardt*, Rz. 289; ähnlich unter Rückgriff auf die arbeitsrechtlichen Besonderheiten BAG v. 25.5.2005 – 5 AZR 572/04, AP Nr. 1 zu § 310 BGB. | 10 BAG v. 25.5.2005 – 5 AZR 572/04, AP Nr. 1 zu § 310 BGB; v. 15.2.2007 – 6 AZR 286/06, MDR 2007, 961; v. 5.8.2007 – 7 AZR 855/06; Palandt/*Heinrichs/Ellenberger*, § 13 BGB Rz. 3; *Preis*, NZA Beil. 16/2003, 19 (24); *Reinecke*, DB 2002, 583 (587); aA *Henssler*, RdA 2002, 129 (133); *Löwisch*, FS Wiedemann, S. 315 f.

Hiervon geht inzwischen auch das BVerfG aus[1]. Bereits der **Wortlaut** des § 13 erfasst auch den Arbeitsvertrag[2]. Die amtliche Überschrift mag etwas anderes nahe legen, doch diese ist als bloß rechtstechnischer Oberbegriff nicht entscheidend und kann die vom gesetzl. Wortlaut vorgegeben Definition nicht verdrängen. Ein konsumtiver Zweck ist deshalb nicht erforderlich[3]. **Systematisch** ließe sich die Begrifflichkeit darauf eingrenzen, dass nur Rechtsgeschäfte erfasst sind, auf die in den gesetzl. Regelungen über den Verbraucherbegriff Bezug genommen wird. Jedoch zeigt gerade Abs. 3, der Verbraucherverträge regelt, dass Arbeitsverträge damit nicht mehr auszuschließen sind, weil der Anwendungsbereich der §§ 305 ff. auch auf Arbeitsverträge erstreckt worden ist und Abs. 3 in Abs. 4 S. 2 – anders als zB § 305 II – nicht in seiner Anwendung ausgeschlossen ist. Es ist auch nicht davon auszugehen, dass in Abs. 3 Verbraucherverträge und in Abs. 4 Arbeitsverträge erfasst sind[4], weil es sich zB auch bei Verträgen nach Abs. 2, um Verträge mit Verbrauchern nach § 13 handeln kann[5]. Die **Entstehungsgeschichte** spricht zudem dafür, ArbN als Verbraucher einzuordnen[6]. Maßgeblich ist letztlich der **Zweck des § 13**, der eine Einordnung des ArbN als Verbraucher gebietet. Der ArbN ist gerade der klassisch unselbständig Handelnde und genauso, wenn nicht noch schutzwürdiger als der Verbraucher von Dienstleistungen oder Waren, auf die dieser auch verzichten könnte. Der Verbraucherbegriff ist deshalb nicht für bestimmte Vertragstypen reserviert[7]. Man gelangt so zu einer in sich schlüssigen Lösung. Beim Verzugszinssatz des § 288 kann auf das Mittel der teleologischen Reduktion verzichtet werden[8]. Trotz Verneinung der Verbrauchereigenschaft muss Abs. 3 nicht für nur entsprechend anwendbar gehalten werden[9]. Ein relativer Verbraucherbegriff[10], ist abzulehnen.

3 Folge ist, dass **Abs. 3 auf Arbeitsverträge als Verbraucherverträge Anwendung** findet[11]. **Arbeitnehmerähnliche Personen** sind keine Verbraucher gem. § 13, weil sie in Ausübung ihrer selbstständigen Tätigkeit handeln[12].

4 **2. Folgen der Anwendbarkeit des Abs. 3. a) Gestellte Arbeitsvertragsbedingungen.** Bei Verbraucherverträgen, dh. auch bei Arbeitsverträgen gelten AGB als vom ArbGeb gestellt, es sei denn, sie sind durch den ArbN in den Vertrag eingeführt worden. Dies bedeutet, dass das in § 305 I 1 enthaltene **Merkmal des „Stellens"** der Vertragsbedingungen durch den ArbGeb **fingiert** wird. Dem ArbGeb ist der Einwand abgeschnitten, die Arbeitsvertragsbedingungen seien ohne sein Zutun in den Vertrag einbezogen worden[13]. Im Übrigen wird auf die Merkmale des § 305 I 1 nicht verzichtet; es muss sich weiter um vorformulierte Bedingungen handeln[14]. Das Merkmal des „Stellens" ist nur dann zu verneinen, wenn der ArbN die AGB in den Vertrag eingeführt hat. Dies wird in der Praxis selten vorkommen, weil zB kaum ein ArbN vom ArbGeb die Verwendung eines bestimmten Arbeitsvertragsformulars verlangen wird. Aus der Formulierung „es sei denn" folgt weiter, dass der ArbGeb für diese Ausnahme darlegungs- und beweisbelastet ist[15]. Unberührt hiervon bleibt der Vortrag des ArbGeb, die Klausel sei im Einzelnen ausgehandelt (dazu § 305 Rz. 8). **Rechtsfolge** ist, dass unter Abs. 3 Nr. 1 fallende AGB diesen in jeder Hinsicht gleichstehen[16].

5 **b) Arbeitsvertragsbedingungen bei einmaliger Verwendung.** Abs. 3 Nr. 2 bringt einige Regelungen der §§ 305 ff. zur Anwendung, auch wenn die Vertragsbedingungen nur zur einmaligen Verwendung bestimmt sind.

6 Erforderlich ist, dass es sich um **vorformulierte Vertragsbedingungen** (§ 305 Rz. 5) handelt. Unschädlich ist, wenn diese nur zur einmaligen Verwendung bestimmt sind. Weitere Voraussetzung ist, dass der ArbN auf Grund der Vorformulierung auf den Inhalt der Vertragsbedingungen **keinen Einfluss** nehmen konnte. Die überwiegende Meinung geht davon aus, dass dadurch kein Unterschied zur Ausnahme der ausgehandelten Individualvereinbarung bestehe[17]. Zwar ist der Wortlaut ein anderer ist und könnte für ein geringeres Schutzniveau sprechen[18]. Es ist jedoch nicht ersichtlich, warum für Verbraucherverträge ein geringeres als das allg. Schutzniveau gelten soll. Zudem dürfte es in der Praxis schwer sein, einen Unterschied zwischen „im Einzelnen ausgehandelt" und „Möglichkeit der Einflussnahme" zu machen[19]. Aus der Formulierung des Abs. 3 Nr. 2 ergibt sich, dass die **Beweislast** dafür, dass der ArbN nicht die Möglichkeit der Einflussnahme hatte, diesen trifft. Es besteht eine abgestufte Darlegungslast[20]. Ggf. kann dem ArbN der Beweis des ersten Anscheins zu Gute kommen[21]. Aus Abs. 3 Nr. 2 folgt, dass regel-

---

1 BVerfG v. 23.11.2006 – 1 BvR 1909/06, NZA 2007, 85. | 2 *Henssler*, RdA 2002, 129 (133); *Hromadka*, NJW 2002, 2523 (2524); aA *Joussen*, NZA 2001, 745 (749). | 3 BAG v. 25.5.2005 – 5 AZR 572/04, AP Nr. 1 zu § 310 BGB; *Gotthardt*, Rz. 11. | 4 So aber *Bauer/Kock*, DB 2002, 42 (43); *Fiebig*, DB 2002, 1608 (1609). | 5 *Gotthardt*, Rz. 12. | 6 BAG v. 25.5.2005 – 5 AZR 572/04, AP Nr. 1 zu § 310 BGB; *Gotthardt*, Rz. 14. | 7 Überzeugend ErfK/*Preis*, § 611 BGB Rz. 182; ebenso *Gotthardt*, Rz. 18. | 8 Hierzu *Gotthardt*, Rz. 18; s.a. BAG v. 23.2.2005 – 10 AZR 602/03, NZA 2005, 694. | 9 *Derleder*, ArbuR 2004, 361 (367); *Henssler*, RdA 2002, 129 (135); *Hromadka*, NJW 2002, 2523 (2525). | 10 ZB *Henssler*, RdA 2002, 129 (134). | 11 BAG v. 25.5.2005 – 5 AZR 572/04, AP Nr. 1 zu § 310 BGB; v. 5.8.2007 – 7 AZR 855/06; *Thüsing*, Rz. 48; aA *Annuß*, BB 2002, 458 (461); *Bauer/Kock*, DB 2002, 42 (45). | 12 *Thüsing*, Rz. 56. | 13 *Stoffels*, Rz. 138; UBH/*Ulmer*, § 310 BGB Rz. 71. | 14 Palandt/*Grüneberg*, § 310 BGB Rz. 12. | 15 *Stoffels*, Rz. 141. | 16 Palandt/*Grüneberg*, § 310 BGB Rz. 14. | 17 Palandt/*Grüneberg*, § 310 BGB Rz. 17 mwN. | 18 So UBH/*Ulmer*, § 310 BGB Rz. 85. | 19 *Wolf/Horn/Lindacher* § 24a AGBG Rz. 36; s.a. BAG v. 25.5.2005 – 5 AZR 572/04, AP Nr. 1 zu § 310 BGB. | 20 BAG v. 25.5.2005 – 5 AZR 572/04, AP Nr. 1 zu § 310 BGB. | 21 Palandt/*Grüneberg*, § 310 BGB Rz. 17; UBH/*Ulmer*, § 310 BGB Rz. 89.

mäßig jeder vom ArbGeb, auch nur für den Einzelfall vorformulierte Vertrag der Inhaltskontrolle unterliegt[1].

Rechtsfolge des Abs. 3 Nr. 2 ist die Anwendung der §§ 305c II, 306, 307 bis 309. Nicht genannt ist das **Verbot überraschender Klauseln** (§ 305c I). Weil die fehlende Nennung dieser Norm im Verständnis des Gesetzgebers vom Anwendungsbereich der RL 93/13/EWG über missbräuchliche Klauseln in Verbraucherverträgen bestimmt ist und diese auf Arbeitsverträge nicht anzuwenden ist, kommt eine entsprechende Anwendung des § 305c I in Betracht[2]. Der Grundsatz des Vorrangs der Individualabrede ist ein allgemeiner Grundsatz der Rechtsgeschäftslehre, der trotz fehlender Nennung anzuwenden ist[3]. 7

c) **Inhaltskontrolle.** Für die Inhaltskontrolle der § 307 I, II legt Abs. 3 Nr. 3 fest, dass bei der Beurteilung der unangemessenen Benachteiligung auch die den Vertragsschluss begleitenden Umstände zu berücksichtigen sind. Dies gilt auch für Arbeitsverträge[4]. Aus der Formulierung „auch" folgt, dass vom Gesetzgeber eine **Kombinationslösung** gewollt ist. Der generalisierende Maßstab wird durch die Beachtung konkret individueller Umstände ergänzt[5]. Dies führt zu einer **zweistufigen Prüfung**[6]. Auf der ersten Stufe ist die Angemessenheit der vertragl. Regelungen anhand der überindividuellen, generalisierenden Betrachtungsweise zu prüfen. Auf einer zweiten Stufe ist das gefundene Ergebnis daraufhin zu untersuchen, ob es bei konkret individueller Betrachtungsweise einer Korrektur bedarf. 8

Für die konkret-individuelle Bewertung können folgende **Umstände, welche den Vertragsschluss begleiten**, relevant sein. Es lassen sich dabei drei Kategorien unterscheiden. Dies sind persönliche Eigenschaften der Vertragspartner (zB Geschäftserfahrenheit); die konkrete Vertragsabschlusssituation (zB Überrumpelungsmoment) und untypische Sonderinteressen des Verbrauchers[7]. 9

Die konkret-individuelle Betrachtung kann das **Ergebnis in beide Richtungen verändern**. Die unangemessene Benachteiligung kann sich erst auf Grund der konkreten Überrumpelungssituation ergeben. Andererseits kann die bei einem ArbN vorhandene Geschäftserfahrung dazu führen, dass eine unangemessene Benachteiligung zu verneinen ist[8]. Hiermit lassen sich im Arbeitsrecht typische Begleitumstände in konkreten Vertragsabschlusssituationen angemessen berücksichtigen. 10

II. Anwendbarkeit der §§ 305 ff. im Arbeitsrecht (Abs. 4). 1. Entstehungsgeschichte und Normzweck. Durch das **Schuldrechtsmodernisierungsgesetz**[9] sind die §§ 305 ff. auf eine Prüfbitte des Bundesrates hin[10] in ihrem Anwendungsbereich auf Arbeitsverträge erstreckt worden, nicht jedoch auf TV, Betriebs- und Dienstvereinbarungen[11]. Dies bedeutet, dass für die §§ 305 ff. zwischen einzelvertragl. und kollektiven Regelungen unterschieden werden muss[12]. Eine Inhaltskontrolle hatte die **bisherige arbeitsgerichtl. Rspr.** jedoch schon bislang, allerdings ohne feste dogmatische Grundlage vorgenommen[13]. Teilweise wandte zudem das BAG Grundgedanken des AGBG an[14]; lehnte teilweise die Übertragung der Rechtsinstitute des AGBG jedoch klar ab[15]. 11

Zu Recht ging der Gesetzgeber davon aus, dass das **Schutzniveau** der Inhaltskontrolle im Arbeitsrecht nicht hinter demjenigen des Zivilrechts zurückbleiben soll[16]. Gerade angesichts des existenziellen Angewiesenseins des ArbN auf einen Arbeitsplatz ist das Bedürfnis nach gerichtlicher Kontrolle von besonderer Bedeutung. Oft ist zudem die Vertragsparität gestört[17]. Arbeitsrecht und allgemeines Zivilrecht werden so ein Stück näher aneinander herangeführt. Zwar führen die §§ 305 ff. einerseits zu einer Beschränkung der Vertragsfreiheit (§ 105 S. 1 GewO), doch folgt in Fällen echter Individualabreden auch ein Mehr an Vertragsfreiheit, weil die §§ 305 ff. hier keine Anwendung finden und diese Wertung auch nicht durch die Annahme einer allg. Billigkeits- oder Inhaltskontrolle unterlaufen werden darf[18]. 12

2. Zeitlicher Anwendungsbereich. Die §§ 305 ff. gelten seit dem **1.1.2002**. Uneingeschränkt gilt dies nur für Neuverträge, die ab dem 1.1.2002 abgeschlossen worden sind, wobei der Zeitpunkt des Vertragsschlusses, nicht derjenige der Arbeitsaufnahme maßgeblich war[19]. Für **Altverträge** enthält Art. 229 § 5 EGBGB eine Überleitungsvorschrift. Für Dauerschuldverhältnisse, die vor dem 1.1.2002 entstanden sind, galt bis zum 31.12.2002 das bisherige Recht, dh. das AGBG[20], welches gem. § 23 I AGBG auf dem 13

---

1 *Gotthardt*, Rz. 8, 259; ErfK/*Preis*, §§ 305–310 BGB Rz. 23. | 2 *Gotthardt*, Rz. 259. | 3 Palandt/*Grüneberg*, § 310 BGB Rz. 18; UBH/*Ulmer*, § 305b BGB Rz. 54; *Gotthardt*, Rz. 253 f. | 4 BAG v. 31.8.2005 – 5 AZR 545/04, AP Nr. 8 zu § 6 ArbZG; v. 7.12.2005 – 5 AZR 535/04, AP Nr. 4 zu § 12 TzBfG. | 5 BT-Drs. 13/2713 S. 7 f.; MüKo/*Basedow*, § 310 BGB Rz. 75; UBH/*Fuchs*, § 307 BGB Rz. 402. | 6 *Stoffels*, Rz. 479 ff. | 7 BAG v. 31.8.2005 – 5 AZR 545/04, AP Nr. 8 zu § 6 ArbZG; *Stoffels*, Rz. 478;UBH/*Fuchs*, § 307 BGB Rz. 406 f. | 8 BAG v. 31.8.2005 – 5 AZR 545/04, AP Nr. 8 zu § 6 ArbZG; Palandt/*Grüneberg*, § 310 BGB Rz. 21; *Stoffels*, Rz. 481. | 9 BGBl. I v. 29.11.2001, S. 3138; Bekanntmachung der Neufassung des BGB BGBl. I v. 8.1.2002, S. 42. | 10 BT-Drs. 14/6857 S. 17. | 11 BT-Drs. 14/6957 S. 53 f.; BT-Drs. 14/7052 S. 189. | 12 *Gotthardt*, Rz. 237. | 13 ZB BAG v. 21.11.2001 – 5 AZR 158/00, DB 2002, 744 unter Nennung von §§ 138, 242, 315 BGB. | 14 ZB BAG v. 16.3.1994 – 5 AZR 339/92, AP Nr. 18 zu § 611 BGB – Ausbildungsbeihilfe; v. 18.8.1998 – 1 AZR 589/97, NZA 1999, 659. | 15 BAG v. 13.12.2000 – 10 AZR 168/00, NZA 2001, 723; abl. *Preis*, RdA 2002, 42. | 16 BT-Drs. 14/6857 S. 53 f.; BT-Drs. 14/7052 S. 189. | 17 BVerfG v. 23.11.2006 – 1 BvR 1909/06, NZA 2007, 85; *Gotthardt*, Rz. 231, 234; aA *Zöllner*, NZA Beil. 3/2006, 99 (102). | 18 BAG v. 25.5.2005 – 5 AZR 572/04, AP Nr. 1 zu § 310 BGB; *Hanau*, NJW 2002, 1240 (1242); *Thüsing*, Rz. 44; aA *Hromadka*, NJW 2002, 2523 (2525 Fn. 25). | 19 *Gotthardt*, Rz. 352; *Däubler*, NZA 2001, 1329 (1330). | 20 Vgl. für den Arbeitsvertrag BAG v. 27.2.2002 – 9 AZR 543/00, DB 2002, 1720; für eine Versorgungszusage BAG v. 6.8.2003 – 7 AZR 9/03, AP Nr. 51 zu § 133 BGB.

Gebiet des Arbeitsrechts keine Anwendung fand. Zweck der Übergangsregelung war die Ermöglichung der Vertragsanpassung an das neue Recht[1]. Dauerschuldverhältnis idS sind auch Weiterbildungsverträge mit Rückzahlungsverpflichtung[2]. Die bisherigen Vorschriften galten im Jahr 2002 sowohl für die Entstehung des Arbeitsverhältnisses (zB dessen Wirksamkeit) als auch für dessen Inhalt weiter. Anders ist dies für neue von außen auf das Arbeitsverhältnis einwirkende, sich nicht aus seiner inneren Entwicklung ergebende Umstände[3]. Auf einen im Jahr 2002 abgeschlossenen Aufhebungsvertrag war deshalb neues Recht anzuwenden[4]. Dies entspricht dem Sinn und Zweck der Übergangsregelung. Bei einem im Jahr 2002 abgeschlossenen Aufhebungsvertrag war den Parteien die Beachtung des neuen Rechts wie bei Abschluss eines neuen Arbeitsvertrags möglich. Gleiches gilt für ein im Jahr 2002 begründetes Schuldanerkenntnis bezogen auf ein „Altarbeitsverhältnis"[5]. Seit dem 1.1.2003 gelten die §§ 305 ff. für Dauerschuldverhältnisse (Art. 229 § 5 S. 2 EGBGB), dh. für alle Arbeitsverträge[6]. Dies gilt ab diesem Zeitpunkt auch für vor dem 1.1.2002 abgeschlossene Rückzahlungsklauseln[7].

14 Übersehen hatte der Gesetzgeber die Frage, wie im Jahre 2002 bei Arbeitsverträgen die **Vertragsanpassung** vorgenommen werden sollte. Ein Verweis auf die Änderungskündigung war unpraktikabel. Man wird wegen dieses gesetzgeberischen Versehens bei **Altverträgen** durchaus noch mit dem Mittel der **geltungserhaltenden Reduktion** arbeiten können[8]. Der 5. Senat des BAG löst dieses Problem durcheine ergänzende Vertragsauslegung, um so die unverhältnismäßige Rückwirkung des § 306 II verfassungskonform abzumildern[9]. Nicht erforderlich ist es – entgegen der Rspr. des 9. Senats –, dass der ArbG sich bis zum 31.12.2002 um eine Anpassung des Vertrags bemüht hatte[10]. Diese Grundsätze gelten nur für **Altverträge**. Für neue Arbeitsverträge empfiehlt es sich, Vertragsanpassungsklauseln, welche den Anforderungen des § 308 Nr. 5 genügen, aufzunehmen (dazu § 308 Rz. 5 ff.).

15 **3. Verfahrensrechtliches.** Die Möglichkeit der Verbandsklage, zB für Gewerkschaften (§ 1 UKlaG), ist für das Arbeitsrecht ausgeschlossen (§ 15 UKlaG). Allerdings hat der BR nach § 80 I Nr. 1 BetrVG darüber zu wachen, dass die zu Gunsten der ArbN geltenden Gesetze durchgeführt werden. Hierzu gehören die §§ 305c–310[11].

16 **4. Die Regelungen des Abs. 4 im Einzelnen. a) Kollektive Regelungen.** Die §§ 305 ff. finden nach wie vor auf TV, Betriebs- und Dienstvereinbarungen keine Anwendung. Abs. 4 S. 1 erfasst nur den Fall, dass die genannten kollektiven Regelungen **unmittelbar und zwingend** gelten[12]. In diesen Fällen finden die §§ 305 ff. überhaupt keine Anwendung, weshalb auch keine Inhaltskontrolle vorzunehmen ist.

17 Die Herausnahme von TV aus dem Anwendungsbereich der §§ 305 ff. beruht auf der den TVparteien grundgesetzlich gewährleisteten Tarifautonomie (Art. 9 III GG)[13]. Für **TV** wird damit nicht Neues normiert. Sie waren schon bisher nur daraufhin zu prüfen, ob sie gegen die Verfassung, höherrangiges Recht oder gegen die guten Sitten verstoßen[14].

18 Verfehlt ist es, wenn der Gesetzgeber unter Bezugnahme auf die Tarifautonomie[15] **Betriebs- und Dienstvereinbarungen** mit TV in Abs. 4 S. 1 gleichstellt. Trotz der verfehlten Begründung ist der eindeutige Gesetzestext maßgeblich. Auf Betriebs- und Dienstvereinbarungen finden die §§ 305 ff. keine Anwendung[16]. Vor diesem Hintergrund wird man bei BV eine allgemeine Billigkeitskontrolle – wie bisher vom BAG angenommen[17] – nicht mehr befürworten können[18]. Allerdings ist die bisherige Rspr. in der Sache oft über eine Rechtskontrolle nicht hinausgegangen[19]. Diese Grundsätze sind auf Dienstvereinbarungen zu übertragen. **Kirchliche Arbeitsvertragsrichtlinien** stehen TV, Betriebs- und Dienstvereinbarungen iSv. Abs. 4 S. 1 nicht gleich[20]. Hiergegen sprechen Wortlaut und Gesetzesbegründung. Sie sind als arbeitsrechtl. Besonderheiten (Abs. 4 S. 2) erst bei der Anwendung der §§ 305 ff. zu berücksichtigen[21].

---

1 BAG v. 11.4.2006 – 9 AZR 610/05, AP Nr. 16 zu § 307 BGB. |2 BAG v. 17.11.2005 – 6 AZR 160/05, AP Nr. 45 zu § 611 BGB – Kirchendienst. |3 BAG v. 27.11.2003 – 2 AZR 135/03, AP Nr. 1 zu § 312 BGB; v. 27.11.2003 – 2 AZR 177/03, AP Nr. 2 zu § 312. |4 BAG v. 27.11.2003 – 2 AZR 135/03, AP Nr. 1 zu § 312 BGB; v. 27.11.2003 – 2 AZR 177/03, AP Nr. 2 zu § 312; aA LAG Bbg. v. 30.10.2002 – 7 Sa 386/02, DB 2003, 1446. |5 BAG v. 23.2.2005 – 4 AZR 139/04, AP Nr. 42 zu § 1 TVG – Tarifverträge: Druckindustrie. |6 Vgl. nur BAG v. 11.4.2006 – 9 AZR 610/05, AP Nr. 16 zu § 307 BGB. |7 BAG v. 11.4.2006 – 9 AZR 610/05, AP Nr. 16 zu § 307 BGB; aA BAG v. 21.7.2005 – 6 AZR 452/04, AP Nr. 37 zu § 611 BGB – Ausbildungsbeihilfe. |8 *Gotthardt*, Rz. 353; *Preis*, NZA Beil 16/2003, 19 (28 f.); *Hanau/Hromadka*, NZA 2005, 73 (78); *Stoffels*, NZA 2005, 726 ff. |9 BAG v. 12.1.2005 – 5 AZR 364/04, AP Nr. 1 zu § 308 BGB; v. 4.10.2006 – 5 AZR 721/05, AP Nr. 6 zu § 308 BGB; aA BAG v. 11.4.2006 – 9 AZR 610/05, AP Nr. 16 zu § 307 BGB. |10 *Stoffels*, NZA 2005, 726 (730); aA BAG v. 11.4.2006 – 9 AZR 610/05, AP Nr. 16 zu § 307 BGB; v. 19.12.2006 – 9 AZR 294/06, DB 2007, 1253. |11 BAG v. 16.11.2005 – 7 ABR 12/05, AP Nr. 64 zu § 80 BetrVG 1972. |12 *Gotthardt*, Rz. 335. |13 BAG v. 21.11.2006 – 9 AZR 138/06, DB 2007, 2155. |14 ZB BAG v. 6.9.1995 – 5 AZR 174/94, AP Nr. 22 zu § 611 BGB – Ausbildungsbeihilfe. |15 BT-Drs. 14/6857 S. 54. |16 BAG v. 1.2.2006 – 5 AZR 187/05, NZA 2006, 563. |17 Bisher zB BAG v. 1.12.1992 – 1 AZR 234/92, AP Nr. 3 zu § 77 BetrVG 1972 – Tarifvorbehalt. |18 *Gotthardt*, Rz. 337; ErfK/*Preis*, §§ 305–310 BGB Rz. 9; *Fitting*, § 77 BetrVG Rz. 233; *Rolfs*, RdA 2006, 349 (354 ff.); aA *Däubler*, NZA 2001, 1329 (1334). Für Inhaltskontrolle gem. § 75 BetrVG BAG v. 1.2.2006 – 5 AZR 187/05, NZA 2006, 563. |19 *Fitting*, § 77 BetrVG Rz. 233; *Richardi*, § 77 BetrVG Rz. 118. |20 Dahingehend BAG v. 26.1.2005 – 4 AZR 171/03, AP AVR Diakonisches Werk Anlage 18 Nr. 1; ausdrücklich BAG v. 17.11.2005 – 6 AZR 160/05, AP Nr. 45 zu § 611 BGB Kirchendienst (aber unklar bei der vorgenommen Inhaltskontrolle); DDBD/*Däubler*, § 310 Rz. 39 f.; *Lakies* Rz. 141; aA *Thüsing*, Anm. EzA § 611 BGB – Kirchliche Arbeitnehmer Nr. 48. |21 Vgl. BT-Drs. 14/7052 S. 189.

Allerdings ergibt sich nach der Rspr. des BAG die Richtigkeitsgewähr der kirchlichen Arbeitsvertragsrichtlinien mittelbar, soweit diese einschlägige tarifvertragliche Regelungen ganz oder mit im Wesentlichen gleichen Inhalten übernehmen[1].

Zu betonen ist, dass der vollständige Ausschluss der Anwendung der §§ 305 ff. sich nur auf die unmittelbar und zwingend geltenden TV erstreckt. Dies belegt schon Abs. 4 S. 3, der gerade für die **einzelvertragl. Bezugnahme** auf kollektive Regelungen eine Sondernorm vorsieht. Für die Frage der Inhaltskontrolle ist bei einzelvertragl. Bezugnahme zwischen Global-, Teil- und Einzelverweisung zu unterscheiden (§ 307 Rz. 14). 19

b) Arbeitsverträge und Besonderheiten des Arbeitsrechts. Auf einzelvertragl. arbeitsvertragl. Abreden finden die §§ 305 ff. nunmehr **grds. uneingeschränkt Anwendung** (Abs. 3 S. 2). Davon sind **zwei Ausnahmen** zu machen. Zum einen finden gem. Abs. 3 S. 2 Hs. 2 die § 305 II und III über die **Einbeziehung von AGB** auf Arbeitsverträge keine Anwendung. Diese Ausnahme gilt ausdrücklich nur für Arbeitsverträge, nicht aber für arbeitnehmerähnliche Personen (zum Ganzen § 305 Rz. 10 ff.). 20

Darüber hinaus steht die Anwendung der §§ 305 ff. unter dem Vorbehalt der **im Arbeitsrecht geltenden Besonderheiten**, die angemessen zu berücksichtigen sind (Abs. 3 S. 2 Hs. 1). Aus der Sicht der praktischen Rechtsanwendung ist diese Ausnahme nicht zu begrüßen, weil sie zu **Rechtsunsicherheit** führt. Der Gesetzgeber hat, wie die Frage der Vertragsstrafe (§ 309 Rz. 8) zeigt, normative Entscheidungen der Rspr. überlassen. Aus der Gesetzesbegründung ergibt sich nur, dass insb. die besonderen Klauselverbote ohne Wertungsmöglichkeit im Arbeitsrecht nicht uneingeschränkt zur Geltung kommen sollen[2], und zum anderen die Besonderheiten des kirchlichen Arbeitsrechts zu berücksichtigten sind[3]. Dies ist immerhin ein sehr **begrenztes Verständnis der Besonderheiten des Arbeitsrechts**. Einerseits können deshalb nicht durch Verweis auf die Besonderheiten des Arbeitsrechts bisher im Arbeitsrecht vertretene Lösungen einfach fortgeschrieben und der Rechtsanwendungsbefehl der §§ 305 ff. geleugnet werden[4]. Anderseits wird das Arbeitsrecht als eigenständiges Rechtsgebiet charakterisiert, dessen Eigenheiten Abweichungen von den §§ 305 ff. zulassen, weshalb arbeitsrechtl. Besonderheiten auch nicht mit Missbräuchen gleichzusetzen sind[5]. 21

Im Arbeitsrecht geltende Besonderheiten wird man mit der **Berücksichtigung der dem Arbeitsverhältnis als Rechtsverhältnis innewohnenden Besonderheiten** beschreiben können[6]. Damit ist keine Beschränkung auf rechtl. Besonderheiten gemeint[7], sondern zB auch die Rechtsnatur des Arbeitsverhältnisses als langfristiges Dauerschuldverhältnis[8]. Es muss sich dabei nicht um Besonderheiten handeln, die für das Arbeitsverhältnis einzigartig sind[9]. Wie sich schon daraus ergibt, dass Abs. 4 S. 2 anders als Abs. 1 S. 2 für den Handelsverkehr Gewohnheiten und Gebräuche nicht nennt, vermögen die bisher im Arbeitsrecht gepflegten Usancen allein arbeitsrechtl. Besonderheiten nicht zu begründen[10]. Weder wollte der Gesetzgeber die §§ 305 ff. völlig entwerten, noch eine Umsetzung der Anwendung der §§ 305 ff. 1 : 1 wie im Zivilrecht[11]. Dies zeigt sich zB am Fall der Vertragsstrafe (§ 309 Rz. 8). Zu beachten ist zudem, dass der Gesetzgeber nur verlangt, dass die Besonderheiten des Arbeitsrechts angemessen zu berücksichtigen sind, was für eine **zweistufige Prüfung** spricht. Auf der ersten Stufe sind die Besonderheiten des Arbeitsrechts zu definieren, die sodann in einem zweiten Schritt angemessen zu berücksichtigen sind[12]. 22

c) Gleichstellung von Tarifverträgen, Betriebs- und Dienstvereinbarungen mit Rechtsvorschriften iSv. § 307 Abs. 3. Abs. 4 S. 3 stellt TV, BV und Dienstvereinbarungen Rechtsvorschriften iSv. § 307 III gleich. Diese Norm regelt die **Inhaltskontrolle** der genannten kollektivrechtl. Vorschriften **bei einzelvertragl. Bezugnahme**, weil bei normativer Geltung eine Inhaltskontrolle bereits auf Grund von Abs. 4 S. 1 ausscheidet[13]. Der Gesetzgeber wollte vermeiden, dass kollektive Regelungen, nur weil ihr Geltungsgrund eine einzelvertragl. Einbeziehung ist, der Inhaltskontrolle unterliegen[14]. Die arbeitsvertragliche Bezugnahmeklausel selbst, durch die auf TV, BV oder Dienstvereinbarungen verwiesen wird, hingegen unterliegt der Inhaltskontrolle[15]. Rechtstechnisch ist die Ausnahme der Freistellung der einzelvertraglich einbezogenen kollektiven Regelwerke durch die Gleichstellung mit Rechtsvorschriften iSv. § 307 III erfolgt, weil nur Bestimmungen in AGB, die von Rechtsvorschriften abweichen, einer Inhaltskontrolle 23

1 BAG v. 17.11.2005 – 6 AZR 160/05, AP Nr. 45 zu § 611 BGB – Kirchendienst. | 2 BT-Drs. 14/6857 S. 54. | 3 BT-Drs. 14/7052 S. 189. | 4 *Lingemann*, NZA 2002, 181 (183). | 5 *Von Westphalen* in Henssler/von Westphalen, § 310 BGB Rz. 7. | 6 *Gotthardt*, Rz. 236; ErfK/*Preis*, §§ 305–310 BGB Rz. 11 vgl. a. BAG v. 11.4.2006 – 9 AZR 557/05, NZA 2006, 1149; zsfd. *Hanau*, FS Konzen, S. 249 ff. | 7 Sehr weitgehend allerdings BAG v. 25.5.2005 – 5 AZR 572/04, AP Nr. 1 zu § 310 BGB; s.a. BAG v. 11.4.2006 – 9 AZR 557/04, NZA 2006, 1149; offen gelassen v. BAG v. 4.3.2004 – 8 AZR 196/03, AP Nr. 3 zu § 309 BGB. | 8 *Gaul*, AktuellAR, 2/2001, S. 352. | 9 BAG v. 4.3.2004 – 8 AZR 196/03, AP Nr. 3 zu § 309 BGB für § 888 III ZPO; *Joost*, FS 50 Jahre BAG, 49 (56). | 10 LAG Hamm v. 24.1.2003 – 10 Sa 1158/02, NZA 2003, 499; *Gotthardt*, Rz. 236; *Thüsing*, NZA 2002, 591 (593); dahingehend aber BAG v. 25.5.2005 – 5 AZR 572/04, AP Nr. 1 zu § 310 BGB. | 11 *Gotthardt*, Rz. 236. | 12 *Preis*, NZA 2004, 1014 (1015). | 13 *Henssler*, RdA 2002, 129 (136); *Hromadka*, NJW 2002, 2523 (2527); *Lindemann*, ArbuR 2002, 81 (86); *Oetker*, FS Wiedemann, S. 399; *Thüsing*, Rz. 184; aA *Löwisch*, FS Wiedemann, S. 320 f. | 14 BT-Drs. 14/6957 S. 54. | 15 BAG v. 14.3.2007 – 5 AZR 630/06, AP TVG § 1 Bezugnahme auf Tarifvertrag Nr. 45; v. 3.4.2007 – 9 AZR 283/06, AP Nr. 21 zu § 2 BAT SR 2l; v. 9.5.2007 – 4 AZR 319/06, nv.

unterliegen. Zu unterscheiden ist hierbei zwischen Global-, Teil- und Einzelverweisung (s. zum Ganzen § 307 Rz. 13 f.). Die Gleichstellung bezieht sich ausdrücklich nur auf § 307 III. Deshalb folgt aus ihr nicht, dass die genannten kollektivrechtl. Regelungen zum Maßstab der Inhaltskontrolle werden (dazu § 307 Rz. 11). Aus Abs. 4 S. 3 ergibt sich zB., dass eine Abwicklungsvereinbarung, die zwingend in einem Interessenausgleich und Sozialplan vorgegeben ist, keiner Inhaltskontrolle mehr unterliegt[1]. Die bloße Beteiligung des BR an mit dem ArbN abgeschlossenen AGB reicht für eine Anwendung des Abs. 4 S. 3 hingegen nicht[2]. **Allgemeine Versicherungsbedingungen einer Zusatzversorgungskasse** (vgl. dazu § 305 Rz. 3), welche eine maßgebliche Grundentscheidung der TVparteien ausführen, unterliegen keiner Inhaltskontrolle[3]. Aus der Wertung des Abs. 4 S. 3 folgt weiter gehend, dass dann wenn die tarifliche Regelung insgesamt übernommen wird, eine Inhaltskontrolle ausscheidet[4].

24 TV, BV und DV werden lediglich Rechtsvorschriften iSv. § 307 III gleichgestellt. Dies bedeutet, wie § 307 III 2 zeigt, dass das **Transparenzgebot** des § 307 I 2 auch auf die einzelvertraglich in Bezug genommenen Regelungen Anwendung findet[5]. Ein Verstoß gegen das Transparenzgebot wird allerdings nur in Ausnahmefällen anzunehmen sein. Dies kann zB dann der Fall sein, wenn zwar auf das gesamte Regelungswerk Bezug genommen wird und sich die Intransparenz einer einbezogenen Bestimmung iVm. einer sonstigen Bestimmung des vorformulierten Arbeitsvertrags ergibt. Das **BAG** hingegen lehnt eine Transparenzkontrolle generell ab, wenn es um einen TV geht, der auf der Seite des ArbGeb auf Grund Tarifbindung gilt. Es will so eine unterschiedliche Rechtsfolgen bei tarifgebundenen und nicht tarifgebundenen ArbN vermeiden[6].

Anhang §§ 305–310: Einzelne Klauseltypen

1 **I. Arbeitnehmerhaftung.** Die Rspr. betrachtet die Grundsätze der privilegierten ArbN-Haftung (hierzu § 619a Rz. 11 ff.) als zwingendes Recht[7]. Zutreffend ist, dass es sich bei diesen Grundsätzen um die vom Gesetzgeber anerkannte **Fortbildung des dispositiven Haftungsrechts** handelt[8]. Letztlich handelt es sich bei den Grundsätzen der ArbN-Haftung aber um das – richterrechtl. – gesetzl. Leitbild, so dass jede Abweichung davon in Formularverträgen eine unangemessene Benachteiligung darstellt. Allerdings ergeben sich durchaus von der Rspr. abweichende Ergebnisse, weil über eine Gesamtbetrachtung des Vertrages eine Kompensation von Nachteilen möglich ist. Zulässig ist bei einer solchen Betrachtungsweise eine Klausel, die eine angemessene summenmäßige Haftungsbegrenzung unabhängig vom Verschulden des ArbN vorsieht[9].

2 Dies kann auf die **Mankohaftung** (hierzu § 619a Rz. 47 ff.) übertragen werden. Es kann hier bei Gewährung eines angemessenen Mankogeldes eine verschuldensunabhängige Haftung begründet werden, wobei es ausreicht, dass sich die Höhe des Mankogeldes an dem durchschnittl. Fehlbetrag orientiert[10]. Es ist dann nicht erforderlich, so strikt wie das BAG zu verlangen, dass die Haftung auf Grund der vertragl. Abrede die Summe der gezahlten Mankogelder nicht übersteigen darf[11]. Betrachtet man **§ 619a** als dispositives Recht[12], so sind vertragl. Abreden in AGB, welche die Beweislast davon abweichend zuungunsten des ArbN verändern, und zwar auch in Mankoabreden gem. § 309 Nr. 12, unzulässig[13].

3 **II. Aufhebungsverträge.** Umstritten ist die Frage, in welchem Umfang Aufhebungsverträge einer Inhaltskontrolle gem. §§ 305 ff. unterliegen. Man wird dies nicht generell damit verneinen können, dass § 310 IV 2 sich auf Arbeitsverträge bezieht. Es ist kein Grund ersichtlich, warum das vertragsbegründende Rechtsgeschäft, nicht aber das vertragsbeendende Rechtsgeschäft einer Inhaltskontrolle unterliegen kann.

4 Ist die Beendigungsvereinbarung ein selbständiges Rechtsgeschäft, unterliegen deren **Hauptleistungen**, die Vertragsbeendigung als solche und eine oder auch keine dafür versprochene Gegenleistung, **keiner Inhaltskontrolle** (§ 307 III)[14]. Es ist für den Aufhebungsvertrag kein sachlicher Grund erforderlich[15]. Dies stimmt damit überein, dass eine Inhaltskontrolle des Verhältnisses von Leistung und Gegenleistung ausscheidet (§ 307 III 1). Dafür spricht bereits, dass es keinen Maßstab dafür gibt, was eine

1 BAG v. 25.4.2007 – 6 AZR 622/06, ZIP 2007, 1875. | 2 Vgl. LAG Köln v. 16.10.2006 – 14 (13) Sa 9/06, NZA-RR 2007, 120. | 3 BGH v. 20.9.2006 – IV ZR 304/04, BGHZ 169, 122. | 4 Offen lassend BAG v. 27.3.2007 – 3 AZR 299/06, DB 2007, 2847; BGH v. 28.3.2007 – 145/06, ZTR 2007, 450. | 5 *Gotthardt*, Rz. 262; *Lakies*, Rz. 165 ff.; ErfK/*Preis*, §§ 305–310 BGB Rz. 15; UBH/*Ulmer*, § 310 BGB Rz. 150 | 6 BAG v. 25.4.2007 – 6 AZR 622/06, ZIP 2007, 1875; v. 28.6.2007 – 6 AZR 750/06, AP Nr. 27 zu § 307 BGB. | 7 ZB BAG v. 17.9.1998 – 8 AZR 175/97, NJW 1999, 1049. | 8 *Gotthardt*, Rz. 318; *Thüsing/Leder*, BB 2005, 1563 (1569) jeweils mwN. | 9 Vgl. LAG Düsseldorf v. 24.11.1965 – 3 Sa 346/65, BB 1966, 80 (250 DM); zust. *Preis*, Vertragsgestaltung, S. 466; *Schwirtzek*, NZA 2005, 437 (443). | 10 ErfK/*Preis*, §§ 305–310 BGB Rz. 89; vgl. bisher MünchArbR/*Blomeyer*, § 59 Rz. 77; Staudinger/*Richardi*, § 611 BGB Rz. 479. | 11 BAG v. 17.9.1998 – 8 AZR 175/97, v. 2.12.1999 – 8 AZR 386/98, AP Nr. 2, 3 zu § 611 BGB – Mankohaftung. | 12 *Gotthardt*, Rz. 200; *Henssler*, RdA 2002, 129 (133); aA *Däubler*, NZA 2001, 1329 (1332). | 13 ErfK/*Preis*, §§ 305–310 BGB Rz. 90; *Gotthardt*, Rz. 286, 320. | 14 BAG v. 27.11.2003 – 2 AZR 135/03, AP Nr. 1 zu § 312 BGB; v. 22.4.2004 – 2 AZR 281/03, AP Nr. 27 zu § 620 BGB – Aufhebungsvertrag; *Gotthardt*, Rz. 306, 308; *Preis*, NZA Beil. 16/2003, 19 (31). | 15 BAG v. 7.3.2002 – 2 AZR 93/01, BB 2002, 2070 (2071).

angemessene Gegenleistung für den Verzicht auf den Arbeitsplatz bzw. den Bestandsschutz sein soll[1]. Etwas anderes folgt auch nicht aus **§ 1a KSchG** für die betriebsbedingte Kündigung, weil es sich dabei nur um ein unverbindliches Angebot an die Vertragsparteien handelt, nicht aber um ein gesetzl. Leitbild (vgl. § 307 Rz. 6). Parallelen zur Rspr. des BGH ergeben sich zudem dadurch, dass dieser bei einem selbstständigen Schuldanerkenntnis in der Begründung der selbstständigen Verpflichtung die kontrollfreie Hauptleistung gesehen hat[2]. Hinzu kommt, dass es sich bei dem Aufhebungsvertrag oftmals um eine **Individualvereinbarung** handeln wird, weil die Parteien jedenfalls die Aufhebung als solche im Einzelnen ausgehandelt haben[3]. In diesen Fällen findet keine Inhaltskontrolle statt (§ 305b). Die Kontrollfreiheit gilt nur für die Hauptleistungspflichten. Eine Transparenzkontrolle ist damit aber ebenso wenig ausgeschlossen wie die Prüfung, ob es sich um eine überraschende Klausel handelt (vgl. § 305c Rz. 5 und § 307 Rz. 21). Die **Nebenabreden** des Aufhebungsvertrages unterliegen vollständig der Inhaltskontrolle.

Allerdings wird vertreten, dass über § 310 III Nr. 3 und die Berücksichtigung der konkreten Vertragsabschlusssituation, zB des Aspekts **der Überrumpelung**, die Unwirksamkeit des Aufhebungsvertrages begründet werden kann[4]. Zu bedenken ist aber, dass sich die konkret-individuelle Betrachtungsweise nur im Rahmen der Inhaltskontrolle, einschließlich des Transparenzgebots vollziehen kann, weil § 310 III Nr. 3 auf § 307 I, II verweist. Man wird deshalb bei verständlicher und klarer Formulierung der Aufhebung als solcher über die Berücksichtigung der vertragsbegleitenden Umstände allein, die nur „auch" zu berücksichtigen sind, nicht zu einer Unwirksamkeit des Aufhebungsvertrages kommen können[5]. 5

III. Ausgleichsquittung. Dazu Rz. 53 f. 6

IV. Ausschlussfristen. 1. Grundsätze. Ausschlussfristen werden im Arbeitsrecht grds. für **zulässig** erachtet[6]. Daran hat sich – auch soweit vorformulierte Arbeitsvertragsbedingungen betroffen sind – durch die §§ 305 ff. nichts geändert[7]. Allerdings folgt aus § 310 IV 1, dass soweit eine Ausschlussfrist in einem normativ geltenden **TV** enthalten ist, keine Inhaltskontrolle stattfindet. Soweit es sich um eine einzelvertragl. Globalverweisung auf einen TV handelt, gilt wegen § 310 IV 4 nichts anderes. 7

Soweit die Ausschlussfrist in einem **Einzelarbeitsvertrag** enthalten ist, findet eine Inhaltskontrolle statt; ebenso wenn nur eine Einzelverweisung auf die Ausschlussfristen des TV vorliegt. Eine Ausschlussfrist kann unter dem Aspekt der **formalen Überraschung** unwirksam sein (§ 305c Rz. 5). Ausschlussfristen sind, was die von ihnen betroffenen Rechte betrifft, schon bisher eng auszulegen gewesen[8]. Dies wird durch die **Auslegungsregel** des § 305c II bestärkt[9]. Sie müssen dem Transparenzgebot (§ 307 I 2 BGB) genügen (§ 307 Rz. 21). **Zweistufige Ausschlussfristen** verstoßen nicht gegen § 309 Nr. 13 (§ 309 Rz. 19). Eine Regelung allerdings, die von den ArbN bereits während eines laufenden Kündigungsschutzprozesses in der zweiten Stufe die gerichtl. Geltendmachung von **Annahmeverzugsansprüchen** verlangt, die vom Ausgang des Kündigungsschutzprozesses abhängen, ist nach der Rspr. des 1. Senats des BAG nicht angemessen, unverhältnismäßig und deshalb unwirksam[10]. Folgt man diesem für eine BV gefundenen Ergebnis, liegt es nahe, im Rahmen einer Inhaltskontrolle von AGB nach den §§ 305 ff. zu keinem anderen Ergebnis zu gelangen. Dies hat weit reichende Folgen. Ausschlussfristen beziehen sich – wie auch in dem vom 1. Senat entschiedenen Fall – oft auf „Ansprüche aus dem Arbeitsverhältnis". Hierzu zählen schon nach dem Wortlaut Ansprüche auf Annahmeverzugslohn[11], was nach der genannten Rspr. unangemessen ist. Da die Klausel nicht teilbar ist, wären derartige Ausschlussfristen auf der zweiten Stufe insgesamt unwirksam (vgl. § 306 Rz. 3). 8

2. Fristbeginn. Das BAG sieht keine unangemessene Benachteiligung iSv. § 307 darin, dass eine Ausschlussfrist an die **Fälligkeit** anknüpft. Es legt den Begriff der Fälligkeit so wie bisher aus, wonach ein Anspruch regelmäßig erst fällig iSd. Ausschlussfrist ist, wenn der Gläubiger ihn annähernd beziffern kann. Dies entspreche dem Zweck der Ausschlussfrist, rasch Rechtsklarheit zu schaffen und entspreche der Wertung des § 199 I Nr. 2[12]. Bedenken bestehen auf Grund des Transparenzgebots nicht, weil der ArbG auch von der Rspr. bereits ausgefüllte Begriffe in diesem Sinne verwenden darf[13]. Eine Klausel, die für den Beginn der Ausschlussfrist nicht die Fälligkeit der Ansprüche berücksichtigt, sondern allein auf die Beendigung des Arbeitsverhältnisses abstellt, benachteiligt den ArbN unangemessen und ist deshalb gem. § 307 I 1 unwirksam[14]. 9

---

1 Vgl. MüKo/*Basedow*, § 310 BGB Rz. 77. | 2 BGH v. 15.1.1987 – III ZR 153/85, NJW 1987, 2014; abl. UBH/*Fuchs*, § 307 BGB Rz. 70 | 3 Vgl. BAG v. 27.11.2003 – 2 AZR 135/03, AP Nr. 1 zu § 312 BGB. | 4 *Reinecke*, DB 2002, 583 (587); Staudinger/*Neumann*, Vorb. zu §§ 620 ff. BGB Rz. 14; dahingehend auch LAG Rostock v. 29.1.2003 – 2 Sa 492/02, EzA-SD 2003, Nr. 9, 8; aA *Henssler*, RdA 2002, 129 (139). | 5 BAG v. 27.11.2003 – 2 AZR 135/03, AP Nr. 1 zu § 312 BGB; v. 22.4.2004 – 2 AZR 281/03, AP Nr. 27 zu § 620 BGB – Aufhebungsvertrag; *Gotthardt*, Rz. 308; *Preis*, NZA Beil. 16/2003, 19 (31). | 6 S. nur BAG v. 17.6.1997 – 9 AZR 801/95, AP Nr. 2 zu § 74b HGB; v. 13.12.2000 – 10 AZR 168/00, NZA 2001, 723. | 7 BAG v. 25.5.2005 – 5 AZR 572/04, AP Nr. 1 zu § 310 BGB; v. 1.3.2006 – 5 AZR 511/05, AP Nr. 10 zu § 307 BGB. | 8 BAG v. 3.4.1990 – 1 AZR 131/89, EzA § 4 TVG – Ausschlussfristen Nr. 94. | 9 ErfK/*Preis*, §§ 194–218 BGB Rz. 48. | 10 BAG v. 12.12.2006 – 1 AZR 96/06, AP Nr. 94 zu § 77 BetrVG 1972. | 11 S.a. BAG v. 26.4.2006 – 5 AZR 403/05, MDR 2006, 1297. | 12 BAG v. 28.9.2005 – 5 AZR 52/05, AP Nr. 7 zu § 307 BGB. | 13 AA *Thüsing/Leder*, BB 2005, 1563 (1564); s. a. *Preis/Roloff*, RdA 2005, 144 (155); *Reinecke*, BB 2005, 378 (381). | 14 BAG v. 1.3.2006 – 5 AZR 511/05, AP Nr. 10 zu § 307 BGB.

10 **3. Fristlänge.** Eine unangemessene Benachteiligung des ArbN kann sich aus der **Länge der Ausschlussfrist** ergeben. Nach der Geltung der §§ 305 ff. kann die bisherige Rspr.[1], welche Ausschlussfristen von einem Monat in einem Einzelarbeitsvertrag für zulässig hielt, nicht aufrecht erhalten werden[2]. Tarifvertragl. Regelungen sind kein Maßstab für die angemessene Länge von Ausschlussfristen (vgl. § 307 Rz. 11). Die Suche nach einem angemessenen Leitbild muss sich an den gesetzl. Regelungen orientieren. Orientierung bieten dabei die Verjährungsfristen[3], die nunmehr für Vergütungsansprüche eine dreijährige Regelverjährung vorsehen (§ 195). Zu bedenken ist aber, dass der Gesetzgeber für das Arbeitsrecht kurze Ausschlussfristen durchaus anerkennt. Dies kam für den Spezialfall der geschlechtsbedingten Benachteiligung in § 611a IV 2, 3 BGB aF zum Ausdruck, der für die dortigen Entschädigungsansprüche trotz kürzerer tarifvertragl. Ausschlussfrist eine Mindestfrist von zwei Monaten normierte; bei Fehlen einer solchen eine Ausschlussfrist von sechs Monaten[4]. § 15 IV 1 AGG sieht nunmehr allgemein – vorbehaltlich anderweitiger tarifl. Regelung – eine Ausschlussfrist von zwei Monaten für die Ansprüche auf Schadensersatz bzw. Entschädigung gem. § 15 I, II AGG vor. Für die zweite Stufe der gerichtl. Geltendmachung sieht § 61b I ArbGG eine Frist von drei Monaten – jetzt allgemein für eine Klage auf Entschädigung gem. § 15 AGG – vor. Der BGH hat die Verkürzung von Verjährungsfristen auf drei Monate bisher in verschiedenen Fällen als unangemessene Benachteiligung angesehen, sechsmonatige Verjährungsfristen dagegen zumeist nicht[5]. Wegen der genannten Bestimmungen der § 611a IV 2, 3 BGB aF, § 61b I ArbGG aF geht das BAG zu Recht davon aus, dass für die erste[6] und für die zweite Stufe[7] Ausschlussfristen von weniger als drei Monaten nicht mehr als angemessene Regelung betrachten werden können[8]. Daran hat sich durch die jetzt geltenden §§ 15 IV 1 AGG bzw. § 61b ArbGG nF nichts geändert. Maßgeblich ist auch hier die vom BAG verwendete Formel für die Frage der unangemessenen Benachteiligung, wonach eine Vertragsbedingung unwirksam ist, wenn der Verwender missbräuchlich eigene Interessen auf Kosten des Vertragspartners durchzusetzen versucht, ohne dessen Interessen zu berücksichtigen und ihm einen angemessenen Ausgleich zu gewähren (§ 307 Rz. 22). Zwar haben grds. beide Teile ein Interesse an Rechtssicherheit und Rechtsfrieden im Arbeitsverhältnis. Doch wird im Arbeitsverhältnis der ArbN als Gläubiger des Vergütungsanspruchs durch eine Ausschlussfrist stärker benachteiligt als der ArbGeb[9]. Zu kurz bemessene Fristen beinhalten die Gefahr einer nicht zu rechtfertigenden Beschneidung wohl erworbener Rechte und stellen deshalb eine unangemessene Benachteiligung dar. Daran ändert die Geltung der Frist für beide Teile nichts[10].

11 **4. Zweiseitigkeit.** Das BAG hat in TV **einseitige Ausschlussfristen** für wirksam erachtet[11]. Einseitige Ausschlussfristen in Formulararbeitsverträgen, die nur für den ArbN gelten, sind jedoch gem. § 307 I 1 unwirksam. Die einseitig den ArbN treffende Erschwerung der Durchsetzung von Ansprüchen und der bei Fristversäumnis nur für den ArbN vorgesehene Anspruchsverlust widersprechen einer ausgewogenen Vertragsgestaltung[12].

12 **5. Rechtsfolge.** Eine zu kurz bemessene Ausschlussfrist ist unwirksam. Eine geltungserhaltende Reduktion (§ 306) findet nicht statt. Die Ausschlussfrist ist insgesamt unwirksam. An die Stelle der unwirksamen Ausschlussfrist tritt das gesetzl. **Verjährungsrecht**[13]. Eine Ausschlussfrist, die für **„alle Ansprüche aus dem Arbeitsverhältnis"** gilt, sieht das BAG als **teilbar** an. Sie soll keine Ansprüche aus vorsätzlichen Vertragsverletzungen und vorsätzlichen unerlaubter Handlung erfassen. Gleiches gelte für die besonderen Ansprüche des § 309 Nr. 7. Dies ergebe eine ergänzende Vertragsauslegung. Ein Verstoß gegen §§ 202, 134, 309 Nr. 7 führe so nicht zur Gesamtnichtigkeit der Klausel[14]. Dies ist angesichts des Verbots der geltungserhaltenden Reduktion abzulehnen[15]. Der BGH hat aus diesen Gründen entgegen der Rspr. des BAG eine Klausel, welche die Verjährungsfrist für die Gewährleistungsrechte des Käufers verkürzt, für unwirksam erachtet, weil sie auch die besonderen Ansprüche des § 309 Nr. 7 erfasse. Die Klausel enthielt nur eine einzige homogene Regelung ohne Ausnahme betreffend die Gewährleistungsrechte des Käufers. Um zu einem inhaltlich zulässigen Klauselinhalt zu gelangen, hat der BGH verlangt, dass die Klausel um eine Ausnahmeregelung für die Verjährung der in § 309 Nr. 7a und b aufgeführten Schadensersatzansprüche hätte ergänzt werden müssen. An einer einschränkenden Auslegung sah er sich gehin-

---

1 BAG v. 13.12.2000 – 10 AZR 168/00, NZA 2001, 723; aA zB LAG Hamm v. 10.12.1999 – 10 Sa 1045/99, LAGE § 611 BGB – Inhaltskontrolle Nr. 4. | 2 BAG v. 25.5.2005 – 5 AZR 572/04, AP Nr. 1 zu § 310 BGB. | 3 LAG Hamm v. 10.12.1999 – 10 Sa 1045/99, LAGE § 611 BGB – Inhaltskontrolle Nr. 4. | 4 Vgl. a. *Gotthardt*, Rz. 310. | 5 S. zB BGH v. 19.5.1988 – I ZR 147/86, BGHZ 104, 292 einerseits und BGH v. 4.5.1995 – I ZR 90/93, BGHZ 129, 323 andererseits. | 6 BAG v. 28.9.2005 – 5 AZR 52/05, AP Nr. 7 zu § 307 BGB. | 7 BAG v. 25.5.2005 – 5 AZR 572/04, AP Nr. 1 zu § 310 BGB. | 8 Ebenso *Henssler*, RdA 2002, 129 (138); *Krause*, RdA 2004, 106 (111); ErfK/*Preis*, §§ 194–218 BGB Rz. 46; aA *Hromadka*, NJW 2002, 2523 (2528); *Löwisch*, FS Wiedemann, S. 317; *Reichold*, ZTR 2002, 202 (207). | 9 *Thüsing*, Rz. 170. | 10 BAG v. 25.5.2005 – 5 AZR 572/04, AP Nr. 1 zu § 310 BGB. | 11 BAG v. 4.12.1997 – 2 AZR 809/96, AP Nr. 143 zu § 4 TVG – Ausschlussfristen; offen gelassen jetzt von BAG v. 18.3.2003 – 9 AZR 44/02, AP Nr. 28 zu § 157 BGB unter dem Aspekt der Sittenwidrigkeit. | 12 BAG v. 31.8.2005 – 5 AZR 545/04, AP Nr. 8 zu § 6 ArbZG; i. Grds. BAG v. 2.3.2004 – 1 AZR 271/03, AP Nr. 31 zu § 3 TVG; ErfK/*Preis*, §§ 198–214 BGB Rz. 47; *Krause*, RdA 2004, 36 (47). | 13 BAG v. 25.5.2005 – 5 AZR 572/04, AP Nr. 1 zu § 310 BGB; v. 1.3.2006 – 5 AZR 511/05, AP Nr. 10 zu § 307 BGB. | 14 BAG v. 25.5.2005 – 5 AZR 572/04, AP Nr. 1 zu § 310 BGB; v. 28.9.2005 – 5 AZR 52/05 AP Nr. 7 zu § 307 BGB; zust. *Bayreuther*, NZA 2005, 1337. | 15 *Preis/Roloff*, RdA 2005, 144 (147); *Reinecke*, BB 2005, 378 (379); *Matthiesen*, NZA 2007, 361 (366); krit. a. *Bayreuther*, NZA 2005, 1337 (1340).

dert, weil dies der Sache nach eine geltungserhaltende Reduktion durch inhaltliche Veränderung einer unzulässigen Klausel gewesen wäre[1].

V. Bezugnahmeklauseln. Hierzu § 305 Rz. 11, § 307 Rz. 13 f. und § 3 TVG Rz. 15 ff. (auch zur Frage der Gleichstellungsabrede). 13

VI. Dienstwagenüberlassung. Die Überlassung eines Firmenwagens auch zur privaten Nutzung durch den ArbN stellt einen geldwerten Vorteil und einen Sachbezug dar, der Teil des gem. § 611 geschuldeten Arbeitsentgeltes ist[2]. Daraus folgt, dass für eine Klausel, mit welcher der ArbGeb sich den **Widerruf der Überlassung** vorbehält, die allgemeinen Grundsätze für Widerrufsklauseln (Rz. 31) gelten. Eine Klausel, die den ArbGeb berechtigt, die Dienstwagenüberlassung jederzeit und aus jedem Anlass zu widerrufen, ist unwirksam. Die Klausel ist so zu fassen, dass der ArbN weiß, in welchen Fällen er mit der Ausübung des Widerrufs rechnen muss[3]. Zudem muss der geldwerte Vorteil weniger als 25 % des regelmäßigen Verdienstes betreffen, weil ansonsten durch den Wegfall der privaten Nutzungsmöglichkeit des Firmenwagens das Verhältnis von Leistung und Gegenleistung im Arbeitsverhältnis grundlegend gestört wird und der Widerrufsvorbehalt dann materiell unwirksam ist[4]. Wird der Dienstwagen nicht auch zur privaten Nutzung überlassen, gelten diese Grundsätze nicht, weil dann kein Widerruf von Arbeitsentgelt vorliegt. Die Änderung der überlassenen Arbeitsmittel obliegt dann dem ArbGeb[5]. 14

Unwirksam ist eine Klausel, die aus Anlass der Überlassung eines Dienstwagens – auch zur privaten Nutzung – vereinbart war und die den **ArbN verpflichtete, sich trotz der Beendigung des Arbeitsverhältnisses an den Kosten des beim ArbGeb verbleibenden Fahrzeug zu beteiligen.** Eine solche Klausel ist nicht mit den Grundsätzen des Arbeitsrechts zu vereinbaren, weil der ArbN bei Beendigung des Arbeitsverhältnisses zu finanziellen Leistungen an den ArbGeb verpflichtet wird, ohne hierfür eine Gegenleistung zu erhalten oder erhalten zu haben[6]. 15

VII. Fälligkeitsklauseln und Entgeltrisiko. In Arbeitsverträgen kommen Klauseln vor, welche die Fälligkeit der dem ArbN zustehenden Vergütung abweichend von **§ 614** regeln. § 614 ist eine Norm des dispositiven Rechts, deren Abbedingung durch § 307 eingeschränkt ist[7]. Schutzwürdige Interessen des ArbGeb können eine Abweichung jedoch rechtfertigen. Dies ist zB dann der Fall, wenn ein Monatslohn Vergütungsbestandteile enthält, die erst der Berechnung bedürfen, so dass eine Zahlung erst zum 15. des Folgemonats möglich ist. Hier wird man aber darüber nachdenken müssen, ob nicht ein Abschlag zum Zeitpunkt des § 614 zu zahlen ist. Eine vertragl. Bestimmung, welche die Fälligkeit eines festen Monatslohns entgegen § 614 S. 2 nicht auf das Monatsende, sondern auf das Ende des Folgemonats verlegt, ist unwirksam. 16

Abweichungen vom dispositiven[8] **§ 615** stellen sich als unangemessene Benachteiligung des ArbN dar[9]. Im Rahmen der Gesamtbetrachtung des Vertrages ist zu beachten, ob dem ArbN für die Belastung mit dem Betriebsrisiko ein angemessener Ausgleich gewährt wird[10]. Die vollständige Abbedingung des **§ 616**, ohne einen dafür gegebenen sachlichen Rechtfertigungsgrund, ist unwirksam[11]. 17

VIII. Freistellungsklauseln. Die in AGB vereinbarte Befugnis des ArbGeb, den ArbN einseitig von seinen Arbeitspflichen zu entbinden, unterliegt der Inhaltskontrolle. Sie weicht im Grundsatz von dem allgemeinen Beschäftigungsanspruch als Leitbild gem. § 307 II Nr. 1 ab[12]. Sie ist jedoch aus sachlichen Gründen, die im Grundsatz in der Vertragsklausel anzugeben sind, zulässig[13]. So kann vereinbart werden, den ArbN für die Zeit der Kündigung bis zum Kündigungstermin freizustellen[14]. Erforderlich ist dazu aber ein weiteres Interesse des ArbGeb, weil ansonsten auch die grundlose Kündigung zur Suspendierung berechtigte[15]. Maßgeblich muss eine Angemessenheitskontrolle unter generalisierender Betrachtung der Umstände sein[16]. 18

IX. Einseitige Leistungsbestimmung durch den Arbeitgeber. Vertragl. Abreden, mit welchen der ArbGeb sich die einseitige Bestimmung von Leistungspflichten vorbehält, kommen im Arbeitsrecht oft vor. Dies betrifft zunächst die **Leistungspflicht des ArbN**, zB in Form von Vorbehaltsklauseln bzgl. der Arbeitszeit und des Arbeitsortes. Sie betreffen auch die **Pflichten des ArbGeb**, insb. dessen Vergütungspflicht in Form von Widerrufs- und Anrechnungsvorbehalten. 19

---

1 BGH v. 15.11.2006 – VIII ZR 3/06, ZIP 2007, 131. | 2 St. Rspr. BAG v. 5.9.2002 – 8 AZR 702/01, AP Nr. 1 zu § 280 BGB mwN. | 3 BAG v. 19.12.2006 – 9 AZR 294/06, DB 2007, 1253. | 4 BAG v. 19.12.2006 – 9 AZR 294/06, DB 2007, 1253. | 5 *Thüsing*, Rz. 227. | 6 Vgl. BAG v. 9.9.2003 – 9 AZR 574/02, NZA 2004, 484. | 7 Erman/*Belling*, § 614 BGB Rz. 3. | 8 § 615 Rz. 107, 122; *Schaub/Linck*, § 95 Rz. 5. | 9 BAG v. 7.12.2005 – 5 AZR 535/04, AP Nr. 4 zu § 12 TzBfG; ErfK/*Preis*, §§ 305–310 BGB Rz. 82; Palandt/*Weidenkaff*, § 615 BGB Rz. 5 für § 615 S. 3 BGB; aA *Löwisch*, FS Wiedemann, S. 331. | 10 Vgl. BAG v. 10.10.1990 – 5 AZR 404/89, AP Nr. 47 zu § 138 BGB; *Lakies* Rz. 596. | 11 ErfK/*Preis*, §§ 305–310 BGB Rz. 82; Staudinger/*Oetker*, § 616 BGB Rz. 144; offen gelassen in BAG v. 20.6.1979 – 5 AZR 479/77, AP Nr. 49 zu § 616 BGB. | 12 LAG München v. 7.5.2003 – 5 Sa 297/03, LAGE Nr. 2 zu § 307 BGB 2002; *Bauer*, NZA 2007, 409 (412); *Thüsing*, Rz. 307. | 13 *Thüsing*, Rz. 307. | 14 *Bauer*, NZA 2007, 409 (412); ErfK/*Müller-Glöge*, § 620 BGB Rz. 43. | 15 LAG München v. 7.5.2003 – 5 Sa 297/03, LAGE Nr. 2 zu § 307 BGB 2002; *Thüsing*, Rz. 307; *Worzalla*, NZA Beil. 3/2006, 122 (129). | 16 Vgl. differenzierend LAG München v. 7.5.2003 – 5 Sa 297/03, LAGE Nr. 2 zu § 307 BGB 2002; *Hunold*, NZA-RR 2006, 113 (118); *Worzalla*, NZA Beil. 3/2006, 122 (129); strenger ArbG Berlin v. 4.2.2005 – 9 Ga 1155/05.

20 **1. Allgemeine Anforderungen**. Die arbeitsrechtl. Rspr. hat Änderungsvorbehalte bisher einer Umgehungskontrolle anhand von § 2 KSchG unterzogen und dann eine Ausübungskontrolle gem. § 315 vorgenommen; wobei der Schwerpunkt auf dem zweiten Kontrollschritt lag[1]. Mit der Anwendung der §§ 305 ff. auf Arbeitsverträge ist ebenfalls von einer **zweistufigen Prüfungsfolge** auszugehen, die sich jedoch an der bisherigen Rspr. des **BGH**[2] zu orientieren hat[3]. Für der Frage der Angemessenheit der Klausel statuiert der BGH zwei wesentliche Anforderungen. Zum einen verlangt er, dass die Klausel hinreichend transparent ist. Zum anderen geht er davon aus, dass vorformulierte Leistungsbestimmungsrechte nur hingenommen werden können, soweit sie bei unsicherer Entwicklung der Schuldverhältnisse als Instrument der Anpassung notwendig sind und den Anlass, aus dem das Bestimmungsrecht entsteht, sowie die Richtlinien und Grenzen seiner Ausübung so konkret wie möglich angeben[4]. Besonderheiten des Arbeitsrechts stehen dem nicht entgegen; insb. gibt es keinen Grund, das Transparenzgebot als grundl. Prinzip nicht anzuwenden[5] (zur einseitigen Leistungsbestimmung s.a. § 611 Rz. 502 ff.).

21 Von dieser zweistufigen Prüfung geht inzwischen auch das **BAG** aus. Auf der ersten Stufe verlangt es, aus dem Transparenzgebot und den Grundsätzen der Inhaltskontrolle abgeleitet, **formelle Anforderungen**. Das Leistungsbestimmungsrecht muss nicht nur klar und verständlich sein. Es darf auch als solches nicht unangemessen benachteiligen. Die Bestimmung muss die Angemessenheit und Zumutbarkeit erkennen lassen. Nach dem Maßstab der § 308 Nr. 4 bzw. § 307 (vgl. zum jeweiligen Anwendungsbereich § 308 Rz. 4) ist es erforderlich, dass dies im Text der Klausel zum Ausdruck kommt[6]. Aus dem Transparenzgebot folgt, dass Klauseln, aus denen nicht einmal ersichtlich wird, welche Leistung überhaupt vorbehalten ist oder der Anrechnung unterliegt, unwirksam sind[7].

22 Auf der zweiten Stufe ist zu prüfen, ob das einseitige **Leistungsbestimmungsrecht** für den ArbN **zumutbar** ist bzw. ihn **nicht unangemessen benachteiligt**. Im Grundsatz ist davon auszugehen, dass einseitige Leistungsbestimmungsrechte, die dem Verwender das Recht einräumen, die Hauptleistungspflichten einzuschränken, zu verändern, auszugestalten oder zu modifizieren, von dem allgemeinen Grundsatz „pacta sunt servanda" abweichen. Der Vertrag und die sich aus ihm ergebenden Verpflichtungen sind für jede Seite bindend[8]. Bei dieser Prüfung sind einerseits das Interesse des ArbGeb an einer flexiblen Ausgestaltung des Arbeitsverhältnisses als Dauerschuldverhältnis sowie andererseits das Interesse des ArbN am Vertragsinhaltsschutz zu berücksichtigen. Eingriffe in den Kernbereich von Leistung und Gegenleistung sind unzumutbar bzw. unangemessen[9]. Bei Änderungsvorbehalten ist ein **differenzierter Prüfungsmaßstab** anzulegen. Bei Leistungen, die im Gegenseitigkeitsverhältnis stehen, ist ein konkreter Widerrufsgrund erforderlich, der vor dem Hintergrund der §§ 1, 2 KSchG bestehen können muss. Bei nicht synallagmatischen Leistungen dagegen sind geringere Anforderungen zu stellen[10]. Auch das BAG geht insoweit von einer differenzierenden Betrachtungsweise aus[11]. Zudem sind § 310 IV 2 auch die im Arbeitsrecht geltenden Besonderheiten angemessen zu berücksichtigen[12].

23 Weil sich die Inhaltskontrolle nunmehr aus den §§ 305 ff. ergibt und nicht mehr auf einer Umgehung von § 2 KSchG fußt, ist sie auf **alle Arbeitsverträge** zu erstrecken. Auf den Anwendungsbereich des KSchG kommt es nicht mehr an[13]. Das BVerfG hat diesen geänderten Prüfungsmaßstab gebilligt[14]. Neben der Inhaltskontrolle steht, wenn das Leistungsbestimmungsrecht den Anforderungen der §§ 305 ff. genügt, weiterhin die **Ausübungskontrolle im Einzelfall gem. § 315**. Daran hat die generelle Regelung der §§ 305 ff. BGB nichts geändert[15].

24 **2. Erweiterungen des Direktionsrechts.** a) **Änderungen des Inhalts der Arbeit, Versetzungsklauseln.** In AGB vereinbarte Versetzungsvorbehalte sind an den §§ 305 ff. zu messen. § 308 Nr. 4 findet auf sie keine Anwendung. Die Kontrolle erfolgt gem. § 307 (§ 308 Rz. 4). Hierbei ist die gesetzl. Regelung des **§ 106 S. 1 GewO** zu berücksichtigen. Danach kann der ArbGeb den Inhalt, Ort und Zeit der Arbeitsleistung nach billigem Ermessen näher bestimmen, soweit diese Arbeitsbedingungen nicht durch den Arbeitsvertrag,

---

1 ZB BAG v. 7.10.1982 – 2 AZR 455/80, AP Nr. 5 zu § 620 BGB – Teilkündigung; v. 12.12.1984 – 7 AZR 509/83, AP Nr. 6 zu § 2 KSchG. | 2 BGH v. 26.11.1984 – VIII ZR 214/83, BGHZ 93, 29. | 3 *Bergwitz*, ArbuR 2005, 210 (211 f.); DDBD/*Dorndorf/Bonin*, § 308 Nr. 4 BGB Rz. 8 ff.; *Hromadka*, FS Dieterich, S. 265 ff.; ErfK/*Preis*, §§ 305–310 BGB Rz. 51; *Reinecke*, NZA 2005, 953 (956). | 4 BGH v. 17.2.2004 – VIII ZR 284/04, NJW 2004, 1588; v. 21.9.2005 – VIII ZR 284/04, NJW 2005, 3567. | 5 *Gotthardt*, Rz. 313; ebenso ArbG Düsseldorf v. 18.9.2003 – 2 Ca 2548/03. | 6 BAG v. 12.1.2005 – 5 AZR 364/04, AP Nr. 1 zu § 308 BGB; v. 11.4.2006 – 9 AZR 557/05, AP Nr. 178 zu § 307 BGB; v. 4.10.2006 – 5 AZR 721/05, AP Nr. 6 zu § 308 BGB; v. 14.8.2007 – 9 AZR 18/07, AP Nr. 2 zu § 6 ATG. | 7 *Schnitker/Grau*, BB 2002, 2120 (2124); *Gotthardt*, Rz. 314. | 8 BAG v. 12.1.2005 – 5 AZR 364/04, AP Nr. 1 zu § 308 BGB; v. 7.12.2005 – 5 AZR 535/04, AP Nr. 4 zu § 12 TzBfG; v. 4.10.2006 – 5 AZR 721/05, AP Nr. 6 zu § 308 BGB. | 9 BAG v. 12.1.2005 – 5 AZR 364/04, AP Nr. 1 zu § 308 BGB; v. 7.12.2005 – 5 AZR 535/04, AP Nr. 4 zu § 12 TzBfG; v. 4.10.2006 – 5 AZR 721/05, AP Nr. 6 zu § 308 BGB; ErfK/*Preis*, §§ 305–310 BGB Rz. 51. | 10 *Gotthardt*, Rz. 316; *Preis/Lindemann*, NZA 2006, 632 (634). | 11 BAG v. 7.12.2005 – 5 AZR 535/04, AP Nr. 4 zu § 12 TzBfG; v. 4.10.2006 – 5 AZR 721/05, AP Nr. 6 zu § 308 BGB; v. 25.4.2007 – 5 AZR 627/06, AP Nr. 7 zu § 308 BGB. | 12 BAG v. 27.7.2005 – 7 AZR 488/04, AP Nr. 2 zu § 308 BGB; v. 19.12.2006 – 9 AZR 294/06, AP Nr. 21 zu § 611 BGB – Sachbezüge. | 13 BAG v. 7.12.2005 – 5 AZR 535/04, AP Nr. 4 zu § 12 TzBfG; v. 4.10.2006 – 5 AZR 721/05, AP Nr. 6 zu § 308 BGB. | 14 BVerfG v. 23.11.2006 – 1 BvR 1909/06, NZA 2007, 85. | 15 BAG v. 4.10.2006 – 5 AZR 721/05, AP Nr. 6 zu § 308 BGB.

Bestimmungen einer BV, eines anwendbaren TV oder gesetzl. Vorschriften festgelegt sind. Versetzungsklauseln tragen dem im Arbeitsrecht bestehenden spezifischen Anpassungs- und Flexibilisierungsbedürfnis Rechnung. Der Arbeitsvertrag bedarf als Dauerschuldverhältnis einer ständigen, bei Vertragsschluss gedanklich nicht vorwegnehmbaren Anpassung[1]. Der ArbN erhält zudem für die von ihm abverlangte Flexibilität eine entsprechende stärkere Sicherung seines Arbeitsverhältnisses im Fall betriebsbedingter Kündigungen[2]. Diese Umstände sind als **Besonderheiten des Arbeitsrechts** bei der Angemessenheitskontrolle zu beachten[3].

Weil bereits die gesetzl. Grundlage in § 106 S. 1 GewO dem ArbGeb ein sehr weit gehendes Bestimmungsrecht einräumt, ist es nicht in jedem Fall erforderlich, **Gründe** in die Klausel aufzunehmen, bei deren Eintreten Ort oder Inhalt der Arbeit durch den ArbGeb geändert werden können. Eine formularmäßige Versetzungsklausel, die materiell der Regelung in § 106 S. 1 GewO nachgebildet ist, verstößt nicht deshalb gegen das **Transparenzgebot des § 307 I 2**, weil keine Gründe für eine Konkretisierung des Arbeitsinhalts oder des Arbeitsorts genannt sind[4]. Dies gilt zB für eine Änderungsmöglichkeit im Hinblick auf das Fachgebiet des ArbN, wenn es sich dabei nicht um einen geringerwertigen Arbeitsplatz handelt[5]. Nichts anderes gilt für eine Klausel, nach der der ArbGeb die ArbN „entsprechend ihren Leistungen und Fähigkeiten mit einer anderen im Interesse [des ArbGeb] liegenden Aufgabe betrauen, sie an einem anderen Ort sowie vorübergehend auch bei einem anderen Unternehmen einsetzen" darf. Diese Klausel ermöglicht es dem ArbGeb, den dem ArbN zunächst zugewiesenen und im Arbeitsvertrag genannten **Arbeitsort** zu ändern. Es ist nicht notwendig, die Gründe für eine Änderung des Beschäftigungsortes in die Vertragsklausel aufzunehmen[6]. Eine andere Beurteilung im Hinblick auf das Transparenzgebot ergibt sich, wenn es nicht um die Frage geht, ob im Rahmen der vertraglich geschuldeten Tätigkeit der ArbGeb eine Konkretisierung der Arbeitspflichten vornehmen darf, sondern er sich eine Änderung der vertraglich vereinbarten Tätigkeit als solche und damit einen Eingriff in den Inhalt des Arbeitsvertrags vorbehalten hat. Die Einschränkung, dass die Änderung nur „falls erforderlich" und in Abstimmung mit dem ArbN erfolgen soll, reicht in diesem Fall nicht[7]. 25

Eine formularmäßige Versetzungsklausel, die materiell der Regelung in § 106 S. 1 GewO nachgebildet ist, stellt auch inhaltlich keine **unangemessene Benachteiligung des ArbN nach § 307 I 1** dar. Dies folgt aus den genannten Besonderheiten des Arbeitsrechts (Rz. 24). Dies gilt jedenfalls, wenn die Klausel selbst – wie auch § 106 S. 1 GewO (billiges Ermessen) – zum Ausdruck bringt, dass die Ausübung des Direktionsrechts unter der Wahrung der Interessen des ArbN erfolgt[8]. Ausreichend ist es, wenn die Zuweisung nur entsprechend den „Leistungen und Fähigkeiten" des ArbN erfolgen darf[9]. Eine unangemessene Benachteiligung liegt aber dann vor, wenn der ArbGeb es sich mit der Klausel ohne Grund vorbehält, auch eine **geringerwertige Tätigkeit** zuzuweisen, weil dies als Eingriff in den gesetzlich gewährleisteten Inhaltsschutz anzusehen ist[10]. Eine zu weit gefasste Änderungsklausel, die sich auch auf die Zuweisung geringerwertiger Tätigkeiten einbezieht, kann nicht eingeschränkend ausgelegt werden, weil dies gegen das Verbot der geltungserhaltenden Reduktion verstößt[11]. Zulässig ist eine Klausel, nach der auch geringerwertige Tätigkeiten zugewiesen werden dürfen nur, wenn die Änderungen an den strengen Maßstab der §§ 1, 2 KSchG gebunden sind oder wenn der ArbN angemessenen Einfluss auf Eintritt und Umfang der Änderung hat[12]. 26

b) Arbeitszeit. Arbeitsvertragl. Vereinbarungen, die bei arbeitszeitabhängiger Vergütung den ArbGeb berechtigen, die festgelegte Arbeitszeit später einseitig nach Bedarf zu reduzieren, sind als einseitige Leistungsbestimmungsrechte des ArbGeb nach den §§ 305 ff. zu kontrollieren[13]. Eine entsprechende Klausel in AGB weicht von wesentlichen Grundgedanken der in § 615 geregelten Verteilung des **Wirtschaftsrisikos** ab (§ 307 II Nr. 1). Soweit es sich dabei um Abrufarbeit handelt, steht dem nicht entgegen, dass § 12 I TzBfG die Arbeit auf Abruf erlaubt. § 12 TzBfG regelt die Abrufarbeit nur dem Grunde nach. Zum Umfang der einseitig vom ArbGeb abrufbaren Arbeitszeit verhält sich diese Vorschrift nicht[14]. Die Abweichung von dem gesetzl. Leitbild führt aber nicht ohne weiteres zur Unwirksamkeit der Klausel. Eine Klausel ist gem. § 307 I 1 nur dann unwirksam, wenn es sich um eine Abweichung handelt, die den Vertragspartner des Verwenders entgegen den Geboten von Treu und Glauben unangemessen benachteiligt[15]. 27

---

1 *Schnitker/Grau*, BB 2002, 2120, (2125). |2 *Hromadka*, FS Dieterich, S. 270; *Lingemann*, NZA 2002, (181, 191). |3 BAG v. 11.4.2006 – 9 AZR 557/05, AP Nr. 17 zu § 307 BGB; v. 9.5.2006 – 9 AZR 424/05, AP Nr. 21 zu § 307 BGB; v. 13.3.2007 – 9 AZR 433/06, AP Nr. 26 zu § 307 BGB. |4 BAG v. 11.4.2006 – 9 AZR 557/05, AP Nr. 17 zu § 307 BGB; v. 13.6.2007 – 5 AZR 564/06, AP Nr. 11 zu § 611 BGB Film; *Thüsing*, Rz. 233; aA Schaub/*Linck*, § 45 Rz. 39. |5 BAG v. 11.4.2006 – 9 AZR 557/05, AP Nr. 17 zu § 307 BGB. |6 BAG v. 13.3.2007 – 9 AZR 433/06, AP Nr. 26 zu § 307 BGB. |7 BAG v. 9.5.2006 – 9 AZR 424/05, AP Nr. 21 zu § 307 BGB, aber letztlich offen lassend; aA KR/*Rost*, § 2 KSchG Rz. 49. |8 BAG v. 11.4.2006 – 9 AZR 557/05, AP Nr. 17 zu § 307 BGB. |9 BAG v. 13.3.2007 – 9 AZR 433/06, AP Nr. 26 zu § 307 BGB |10 BAG v. 9.5.2006 – 9 AZR 424/05, AP Nr. 21 zu § 307 BGB; *Hromadka/Schmitt-Rolfes*, NJW 2007, 1777 (1778). |11 BAG v. 9.5.2006 – 9 AZR 424/05, AP Nr. 21 zu § 307 BGB. |12 ErfK/*Preis*, §§ 305–310 Rz. 56; differenzierend DDBD/*Dorndorf/Bonin*, § 307 Rz. 187c ff. |13 BAG v. 7.12.2005 – 5 AZR, AP Nr. 4 zu § 12 TzBfG. |14 BAG v. 7.12.2005 – 5 AZR, AP Nr. 4 zu § 12 TzBfG. |15 BGH v. 28.1.2003 – XI ZR 156/02, BGHZ 153, 344.

28 Bei der **Interessenabwägung** sind folgende Aspekte zu berücksichtigen. Der ArbGeb hat ein berechtigtes Interesse an einer gewissen Flexibilität der Arbeitsbedingungen. Bei einem Dauerschuldverhältnis wie dem Arbeitsverhältnis muss er die Möglichkeit haben, auf unterschiedlichen Arbeitsanfall rasch und angemessen reagieren zu können. Andererseits ist zu berücksichtigen, dass der ArbN ein berechtigtes Interesse an einer fest vereinbarten Dauer der Arbeitszeit hat. Hiervon hängt regelmäßig die Höhe des von ihm erzielten Einkommens ab. Beide Interessen sind angemessen zum Ausgleich zu bringen. Eine Vereinbarung über Arbeit auf Abruf betrifft allein den Umfang der im unmittelbaren Gegenseitigkeitsverhältnis stehenden Arbeitspflicht. Das schließt einen über 25 % hinausgehenden Anteil abrufbarer Arbeitsleistung aus. Die vom ArbGeb abrufbare über die vereinbarte Mindestarbeitszeit hinausgehende Arbeitsleistung des ArbN darf **nicht mehr als 25 % der vereinbarten wöchentlichen Mindestarbeitszeit** betragen. Bei einer Vereinbarung über die Verringerung der vereinbarten Arbeitszeit beträgt demzufolge das Volumen 20 % der Arbeitszeit[1]. Unter Berücksichtigung der Besonderheiten des Arbeitsrechts (§ 310 IV 2) ist das BAG sogar noch weiter gegangen. Es hat die Erweiterung des Direktionsrechts gebilligt, mit dem dem ArbGeb die Befugnis zur Aufstockung von 16 auf 28 Unterrichtsstunden eingeräumt wurde, dh. dass 42,85 % der Höchstarbeitszeit und sogar 75 % der Mindestarbeitszeit variabel ausgestaltet sind. Tragender Grund war, dass diese Änderungsbefugnis in ein mit den Lehrerverbänden ausgehandeltes Lehrerpersonalkonzept eingebunden war und dieses sicherstellte, dass die Interessen der ArbN trotz des Leistungsbestimmungsrechts des ArbGeb ausreichende Berücksichtigung fanden. So war insbes. ein Ausschluss betriebsbedingter Kündigungen vereinbart[2].

29 Ob es bei Klauseln, die es dem ArbGeb erlauben, die Arbeitszeit einseitig zu bestimmen, aus dem Transparenzgebot (§ 307 I 2) folgend, der **Angabe eines Grundes für den Arbeitsabruf** bedarf, ist umstritten[3]. Dagegen spricht, dass § 12 TzBfG, der die Abrufarbeit zwar nur dem Grunde nach regelt, selbst bestimmte Formalitäten wie eine Ankündigungsfrist (§ 12 II TzBfG) und eine Vereinbarung, die einen Abruf nach dem Arbeitsanfall vorsieht (§ 12 I TzBfG) voraussetzt, nicht aber die Angabe weiterer Abrufgründe. Dies kann man durchaus als Besonderheit des Arbeitsrechts (§ 310 IV 2) ansehen. Das BAG hat es ausreichen lassen, dass die Klausel „bedarfsbedingte Gründe" nennt. Eine weiter gehende Konkretisierungsverpflichtung würde dem Bedürfnis des ArbGeb, auf im Zeitpunkt des Vertragsschlusses nicht vorhersehbare Veränderungen reagieren zu können, nicht gerecht. Die Zusammenfassung aller in Zukunft denkbaren Gründe stieße auf Schwierigkeiten und führe zu Leerformeln[4]. Ist eine in AGB vereinbarte Arbeitszeitregelung unwirksam, ist die im Arbeitsvertrag entstandene Lücke mangels gesetzlicher Regelung ist im Wege der **ergänzenden Vertragsauslegung** zu schließen[5].

30 **Kein einseitiges Leistungsbestimmungsrecht** des ArbGeb liegt vor, wenn er für die Arbeitszeit dynamisch auf die durch Rechtsverordnung normierte Arbeitszeit der Beamten Bezug nimmt. Der Umfang der Arbeitszeit steht nicht zur freien Disposition des ArbGeb, sondern dieser ist an Regelungen des Verordnungsgebers gebunden[6].

31 **3. Widerrufsvorbehalte**. Auch bei der Prüfung von Widerrufsvorbehalten geht das BAG von den genannten Grundsätzen (Rz. 20 ff.) aus[7]. **Formal** muss sich der Grund für den Widerruf aus der Vereinbarung über den Widerruf selbst ergeben. Zumindest muss die Richtung angegeben sein, aus der der Widerruf möglich sein soll (wirtschaftl. Gründe; Leistung oder Verhalten des ArbN). Der Grad der Störung muss nur konkretisiert werden, wenn der ArbGeb hierauf abstellen will. Eine Klausel, nach der ein Widerruf bei wirtschaftl. Verlusten möglich ist, hält das BAG für wirksam[8]. Dies ist ein durchaus großzügiger Maßstab[9]. **Materiell** geht das BAG im Anschluss seine bisherige Rspr.[10] zur Zulässigkeit von Widerrufsvorbehalten davon aus, dass die Vereinbarung eines Widerrufsvorbehalts zulässig ist, soweit der widerrufliche Anteil am Gesamtverdienst unter 25 % liegt und der Tariflohn nicht unterschritten wird (**widerrufsfester Kernbereich**)[11]. Sind darüber hinaus Zahlungen des ArbGeb widerruflich, die nicht eine unmittelbare Gegenleistung für die Arbeitsleistung darstellen, sondern Ersatz für Aufwendungen, die an sich der ArbN selbst tragen muss, erhöht sich der widerrufliche Teil der Arbeitsvergütung auf bis zu 30 % des Gesamtverdienstes[12]. Der ArbGeb sei dann bis zur Grenze der Willkür frei, die Voraussetzungen des Anspruchs festzulegen und dementsprechend auch den Widerruf zu erklären. Auf der Grundlage der Rspr. des BAG wird man zur Bestimmung des **Gesamtverdienstes** iSd. Kernbereichs auf

1 BAG v. 7.12.2005 – 5 AZR, AP Nr. 4 zu § 12 TzBfG; bestätigt durch BVerfG 23.11.2006 – 1 BvR 1909/06, NZA 2007, 85; zust. ErfK/*Preis*, §§ 305–310 BGB Rz. 55. | 2 BAG v. 14.8.2007 – 9 AZR 18/07, AP Nr. 2 zu § 6 ATG. | 3 Dafür DDBD/*Dorndorf/Bonin*, § 307 BGB Rz. 180a; *Stamm*, RdA 2006, 288 (295), dagegen *Hohenstatt/Schramm*, NZA 2007, 238 (239 f.); *Hunold*, NZA 2007, 19 (21). | 4 BAG v. 14.8.2007 – 9 AZR 18/07, AP Nr. 2 zu § 6 ATG. | 5 BAG v. 7.12.2005 – 5 AZR, AP Nr. 4 zu § 12 TzBfG. | 6 BAG v. 14.3.2007 – 5 AZR 630/06, MDR 2007, 960; iE BAG v. 12.9.2006 – 9 AZR 675/05, AP Nr. 176 zu § 611 BGB – Lehrer, Dozenten. | 7 BAG v. 12.1.2005 – 5 AZR 364/04, AP Nr. 1 zu § 308 BGB; v. 4.10.2006 – 5 AZR 721/05, AP Nr. 6 zu § 308 BGB; v. 19.12.2006 – 9 AZR 294/06, AP Nr. 21 zu § 611 BGB – Sachbezüge. | 8 BAG v. 12.1.2005 – 5 AZR 364/04, AP Nr. 1 zu § 308 BGB. | 9 *Hanau*, ZIP 2005, 1661 (1664); zweifelnd *Willemsen/Grau*, NZA 2005, 1137 (1139 f.). | 10 BAG v. 7.8.2002 – 10 AZR 282/01, AP Nr. 81 zu § 315 BGB; v. 28.5.1997 – 5 AZR 125/96, BAGE 86, 61 (71). | 11 BAG v. 4.10.2006 – 5 AZR 721/05, AP Nr. 6 zu § 308 BGB; v. 19.12.2006 – 9 AZR 294/06, AP Nr. 21 zu § 611 BGB – Sachbezüge. | 12 BAG v. 4.10.2006 – 5 AZR 721/05, AP Nr. 6 zu § 308 BGB.

sämtliche Vergütungsbestandteile des ArbN abzustellen haben[1]. Eine **Frist** muss für den Widerruf nicht vereinbart werden. Hierfür gibt es keinen Ansatz im Gesetz. Allenfalls bei der Ausübungskontrolle kommt die Einräumung einer Auslauffrist in Betracht[2].

4. Die **Befristung von Einzelarbeitsbedingungen** unterzieht das BAG nunmehr einer Kontrolle anhand der §§ 305 ff.[3]. Die bisherige Rspr., wonach die Befristung einer Arbeitsbedingung eines sachlichen Grundes bedurfte, wenn der Inhaltsschutz des § 2 KSchG umgangen wird[4], wendet das BAG nicht mehr an. Es geht von folgenden Grundsätzen aus: Die befristete Änderung der synallagmatischen Pflichten aus dem Arbeitsverhältnis stellt eine **Änderung des Hauptleistungsversprechens** dar, die einer Kontrolle nach den §§ 305 ff. unterliegt[5]. Es wird nicht der Umfang der Hauptleistungspflicht kontrolliert, sondern die Befristung. Im Falle der Unwirksamkeit der Klausel ist der Umfang der Hauptleistungspflicht unbefristet vereinbart. Bezogen auf die Arbeitszeit geht das BAG davon aus, dass ein ArbN ein schutzwertes Interesse an der unbefristeten Vereinbarung der Arbeitszeit besitzt, dass durch eine nur befristete Erhöhung beeinträchtigt wird. Allein die Ungewissheit über den künftigen Arbeitskräftebedarf ist grds. kein anerkennenswertes Interesse des ArbG, die Befristung zu rechtfertigen, weil diese Ungewissheit zum unternehmerischen Risiko gehört[6]. Unter Berücksichtigung gruppenspezifischer Besonderheiten im Lehrerbereich und von kollektiven Vereinbarungen der betroffenen Gewerkschaften und ArbGebVerbände, kann sich hiervon eine Ausnahme ergeben[7]. Anders als bei der Vereinbarung eines Widerrufsvorbehalts bedarf der Grund für die Befristung keiner Vereinbarung oder Angabe in den AGB[8]. 32

Die zur Inhaltskontrolle einer Vereinbarung von Arbeit auf Abruf (§ 12 TzBfG) entwickelten Grundsätze (Rz. 27 ff.) sind auf die Inhaltskontrolle der Befristung einer Arbeitszeiterhöhung nach der Rspr. des BAG nicht anwendbar. Zulässig ist – ohne dass es eine Rückgriffs auf Besonderheiten des Arbeitsrechts bedarf – auch eine in AGB enthaltene Vereinbarung, mit der die wöchentliche Arbeitszeit befristet um mehr als 25 vH der unbefristet vereinbarten Wochenarbeitszeit erhöht wird. Gegenstand der Inhaltskontrolle ist bei der Befristung einer Arbeitszeiterhöhung nicht – wie bei der Arbeit auf Abruf – die einseitige Festlegung des Umfangs der Arbeitsleistung des ArbN durch den ArbGeb, sondern ausschließlich die Befristung des vertraglich vereinbarten zusätzlichen Arbeitsumfangs. Die unangemessene Benachteiligung des ArbN muss sich gerade aus der vertraglich vereinbarten Befristung der Arbeitszeiterhöhung ergeben. Hierbei ist der **Umfang der Arbeitszeiterhöhung nicht von ausschlaggebender Bedeutung**[9]. Trotz des unterschiedlichen Prüfungsmaßstabs sind bei der nach § 307 I vorzunehmenden Inhaltskontrolle der Befristung einzelner Vertragsbedingungen Umstände, die die Befristung eines Arbeitsvertrags insgesamt nach § 14 I TzBfG rechtfertigen könnten, nicht ohne Bedeutung. Diese Umstände sind bei der Interessenabwägung nach § 307 I zu Gunsten des ArbGeb zu berücksichtigen. Liegt der Befristung einer Arbeitszeiterhöhung ein Sachverhalt zugrunde, der die Befristung eines Arbeitsvertrags insgesamt nach § 14 I 2 Nr. 3 TzBfG rechtfertigt, überwiegt in aller Regel das Interesse des ArbGeb an der nur befristeten Erhöhung der Arbeitszeit das Interesse des ArbN an der unbefristeten Vereinbarung des Umfangs seiner Arbeitszeit. Dies ergibt sich aus den im TzBfG zum Ausdruck kommenden gesetzlichen Wertungsmaßstäben[10]. Dies wird man zumindest auf die Befristungstatbestände des § 14 I 2 TzBfG übertragen können. So ist zB eine befristete Aufstockung der Arbeitszeit zur Erprobung einer gänzlich neuen Tätigkeit denkbar (§ 14 I 2 Nr. 5 TzBfG). Ebenfalls zulässig ist die befristete Aufstockung der Arbeit, wenn sie auf haushaltsrechtliche Gründe iSv. § 14 I 2 Nr. 7 TzBfG gestützt werden kann[11]. Ob auch die Grundsätze der sachgrundlosen Befristung herangezogen werden können, ist offen[12]. Dagegen spricht, dass sich die Inhaltskontrolle auf §§ 305 ff. stützt, die § 14 II–III TzBfG entsprechende Ausnahmetatbestände nicht kennen. Andererseits ist nicht ersichtlich, warum es zulässig sein soll, in Fällen echter Neueinstellungen einen auf ein Jahr befristeten Arbeitsvertrag abzuschließen, es aber unzulässig sein soll, einen unbefristeten Arbeitsvertrag mit 20 Wochenstunden und eine auf ein Jahr befristete Aufstockung um weitere 20 Stunden zu vereinbaren (vgl. auch § 14 TzBfG Rz. 101 aE). 33

5. **Freiwilligkeitsvorbehalte**. Für die Beurteilung, ob ein Freiwilligkeitsvorbehalt wirksam ist, muss danach unterschieden werden, ob er sich auf Leistungen, die im Gegenseitigkeitsverhältnis stehen, bezieht oder auf nicht synallagmatische Leistungen (Rz. 22). 34

---

1 AA *Willemsen/Grau*, NZA 2005, 1137 (1138 f.). | 2 BAG v. 12.1.2005 – 5 AZR 364/04, AP Nr. 1 zu § 308 BGB; v. 4.10.2005 – 5 AZR 721/05, AP Nr. 6 zu § 308 BGB. | 3 BAG v. 27.7.2005 – 7 AZR 486/04, AP Nr. 6 zu § 307 BGB; v. 18.1.2006 – 7 AZR 191/05, AP Nr. 8 zu § 305 BGB; v. 3.4.2007 – 9 AZR 283/06, AP Nr. 21 zu § 2 BAT SR 2l. | 4 ZB BAG v. 14.1.2004 – 7 AZR 213/03, AP Nr. 10 zu § 14 TzBfG. | 5 BAG v. 27.7.2005 – 7 AZR 486/04, AP Nr. 6 zu § 307 BGB; v. 18.1.2006 – 7 AZR 191/05, AP Nr. 8 zu § 305 BGB; v. 14.8.2007 – 9 AZR 18/07, AP Nr. 2 zu § 6 ATG; aA *Thüsing*, Rz. 280. | 6 BAG v. 27.7.2005 – 7 AZR 486/04, AP Nr. 6 zu § 307 BGB; v. 3.4.2007 – 9 AZR 283/06, AP Nr. 21 zu § 2 BAT SR 2l; schon bisher BAG v. 14.1.2004 – 7 AZR 213/03, AP Nr. 10 zu § 14 TzBfG. | 7 BAG v. 27.7.2005 – 7 AZR 486/04, AP Nr. 6 zu § 307 BGB; v. 3.4.2007 – 9 AZR 283/06, AP Nr. 21 zu § 2 BAT SR 2l; v. 14.8.2007 – 9 AZR 18/07, AP Nr. 2 zu § 6 ATG. | 8 *Hanau* ZIP 2005, 1661 (1665); *Hohenstatt/Schramm*, NZA 2007, 238 (243); *Willemsen/Grau*, NZA 2005, 1137 (1142); aA DDBD/*Dorndorf/Bonin*, § 307 Rz. 204b; *Preis/Bender*, NZA-RR 2005, 337 (340). | 9 BAG v. 8.8.2007 – 7 AZR 855/06; aA DDBD/*Dorndorf/Bonin*, § 307 BGB Rz. 204a; ErfK/*Preis*, §§ 305–310 BGB Rz. 76. | 10 BAG v. 8.8.2007 – 7 AZR 855/06; LAG Düsseldorf v. 20.2.2007 – 3 Sa 1180/06, NZA-RR 2008, 96. | 11 LAG Düsseldorf v. 20.2.2007 – 3 Sa 1180/06, NZA-RR 2008, 96 zu § 7 III HG 2004/2005. | 12 Dafür *Hanau/Hromadka*, NZA 2005, 73 (77); *Thüsing*, Rz. 281.

35 Ein in AGB enthaltener Ausschluss jeden Rechtsanspruchs bei **laufendem Arbeitsentgelt** benachteiligt den ArbN entgegen den Geboten von Treu und Glauben unangemessen und ist gemäß § 307 I 1 unwirksam[1]. Nach § 611 I begründet das Arbeitsverhältnis als Dauerschuldverhältnis regelmäßige beiderseitige Hauptleistungspflichten[2]. Ein vertraglicher Vorbehalt, der dem ArbGeb die allmonatlich zu wiederholende Entscheidung über die Leistung einer Zulage zuweist, weicht hiervon ab. Dies widerspricht dem Zweck des Arbeitsvertrags. Der Ausschluss des Rechtsanspruchs verhindert die Verwirklichung des Prinzips der Vertragsbindung und löst die synallagmatische Verknüpfung der Leistungen beider Vertragsparteien. Das Interesse des ArbGeb an einer Flexibilisierung kann dieser in hinreichender Weise mit der Vereinbarung von Widerrufs- oder Anrechnungsvorbehalten (Rz. 31, 38) verwirklichen. Die Grundsätze zu deren Voraussetzungen können nicht durch Freiwilligkeitsvorbehalte umgangen werden[3]. Besonderheiten des Arbeitsrechts stehen dem nicht entgegen[4]. An die Stelle eines unwirksamen Freiwilligkeitsvorbehalts tritt bei Leistungszulagen kein Widerrufsvorbehalt[5].

36 Freiwilligkeitsvorbehalte, die nicht das laufende Arbeitsentgelt betreffen, sind zulässig. Dies betrifft insbesondere die Gewährung von **Gratifikationen**, wie zB Urlaubs- oder Weihnachtsgeld. Der ArbGeb kann einen Rechtsanspruch auf Weitergewährung in den folgenden Kalenderjahren ausschließen und sich vorbehalten, jedes Jahr neu zu entscheiden, ob und in welcher Höhe eine Sonderzahlung gewährt wird. Dann entsteht kein vertraglicher Anspruch. Daran hält das BAG auch unter der Geltung der §§ 305 ff. fest[6]. Erforderlich ist, dass insoweit das **Transparenzgebot (§ 307 I 2)** gewahrt ist. Der bloße Hinweis, dass es sich um eine freiwillige Leistung handelt, ist nicht ausreichend. Es muss deutlich werden, dass ein Rechtsanspruch für die Zukunft nicht entstehen soll[7]. Die Klausel „jederzeit widerrufliche, freiwillige Leistung" ist unangemessen und intransparent[8], weil ist sie den Unterschied zwischen freiwilliger Leistung und Widerrufsvorbehalt nicht beachtet[9] und in sich widersprüchlich ist[10].

37 Entscheidend ist die **Abgrenzung**. Laufende Leistungen sind zB eine monatliche Leistungszulage, auch wenn sie zusätzlich zur Grundvergütung gezahlt wird[11], oder eine Ministerialzulage[12]. Freiwillige Leistungen sind tendenziell nur solche, für der ArbGeb keine Leistung des ArbN erwartet, wie zB Jubiläums- oder Geburtagsgelder[13]. Soweit Gratifikationen wie Urlaubs- oder Weihnachtsgeld betroffen sind, wird man für solche Leistungen am Rande des Synallagmas, soweit mit ihnen auch Betriebstreue mit abgegolten wird und dies in der Klausel zum Ausdruck kommt (zu den verschiedenen Zwecken von Gratifikationen § 611 Rz. 101 ff.)[14], als Mittelweg einen Freiwilligkeitsvorbehalt für zulässig erachten können, wenn sie zusammen mit allen anderen Gehaltsbestandteilen nicht mehr als 25 % des Gesamtverdienstes ausmachen[15].

38 **6. Anrechnungsvorbehalte**. Der Anrechnungsvorbehalt gibt dem ArbGeb das Recht, eine übertarifl. Leistung bei einer Erhöhung des Tarifentgelts zu kürzen[16]. Ein in AGB vertraglich vereinbarter Anrechnungsvorbehalt unterliegt der Kontrolle nach den §§ 305 ff. Zu unterscheiden ist nach dem **Zweck der Leistung**, auf die angerechnet werden soll. Wird mit ihr kein besonderer Leistungszwecke verfolgt, liegt nur eine Bruttolohnabrede vor, denn die Anrechnung führt nicht zu einer Änderung des Gesamtbruttoverdienstes. Insoweit erfolgt nur eine Kontrolle am Transparenzgebot (§ 307 III 2 iVm. § 307 I 2)[17]. Wird der Vergütungsbestandteil dagegen für besondere Leistungen gewährt, weicht ein Anrechnungsvorbehalt von dem Grundsatz ab, dass die im Gegenseitigkeitsverhältnis stehenden Leistungspflichten nicht einseitig geändert werden dürfen (vgl. Rz. 22). Gleichwohl stellt auch in diesem Falle ein Anrechnungsvorbehalt keine unangemessene Benachteilung (§ 307 I 1) dar. Für einen durchschnittlichen ArbN ist erkennbar, dass im Falle einer Erhöhung des tariflich geschuldeten Arbeitsentgelts die Zulage bis zur Höhe der Tarifsteigerung gekürzt werden kann. Die Änderung der Zulagenhöhe ist dem ArbN zumutbar, denn die vertraglich zugesagte Gesamtgegenleistung für die erbrachte Arbeitsleistung verringert sich durch die Anrechnung nicht[18]. **Der Angabe eines Grundes für die Anrechnung bedarf es nicht**. Ausreichend ist die Formulierung „anrechenbare betriebliche Ausgleichszulage"[19]. Nicht ausreichend ist aber die bloße Kennzeichnung als übertarifliche Zulage, denn daraus ergibt sich nicht hinreichend deutlich

---

1 BAG v. 25.4.2007 – 5 AZR 627/06; AP Nr. 7 zu § 308 BGB; ebenso ErfK/*Preis*, §§ 305–310 BGB Rz. 70; aA wohl *Hanau/Hromadka* NZA 2005, 73 (75); noch offen gelassen von BAG v. 1.11.2005 – 1 AZR 355/04, AP Nr. 16 zu § 33 BAT. | 2 BAG v. 10.1.2007 – 5 AZR 84/06, NZA 2007, 384. | 3 Zu Recht *Preis/Lindemann*, NZA 2006, 632 (636); *Schramm*, NZA 2007, 1325 (1326). | 4 BAG v. 25.4.2007 – 5 AZR 627/06; AP Nr. 7 zu § 308 BGB. | 5 BAG v. 25.4.2007 – 5 AZR 627/06; AP Nr. 7 zu § 308 BGB. | 6 BAG v. 28.3.2007 – 10 AZR 261/06, AP Nr. 265 zu § 611 BGB – Gratifikation; v. 24.10.2007 – 825/06, NZA 2008, 40. | 7 ErfK/*Preis*, §§ 305–310 Rz. 70; *Thüsing*, Rz. 271. | 8 LAG Berlin v. 19.8.2005 – 6 Sa 1106/05, NZA-RR 2006, 68; aA LAG Düsseldorf v. 30.11.2005 – 12 Sa 1210/05, LAGE Nr. 4 zu § 305c BGB 2002. | 9 *Thüsing*, Rz. 271; *Reiserer*, NZA 2007, 1249 (1251). | 10 Jetzt BAG v. 24.10.2007 – 10 AZR 825/06, NZA 2008, 40. | 11 BAG v. 25.4.2007 – 5 AZR 627/06; AP Nr. 7 zu § 308 BGB. | 12 BAG v. 1.11.2005 – 1 AZR 355/04, AP Nr. 16 zu § 33 BAT. | 13 ErfK/*Preis*, §§ 305–310 BGB Rz. 72; *Schramm*, NZA 2007, 1325 (1328). | 14 Vgl. *Thüsing*, Rz. 270; *Schramm*, NZA 2007, 1325 (1328). | 15 *Bayreuther*, ZIP 2007, 2009 (2012 f.); dahingehend jetzt BAG v. 24.10.2007 – 10 AZR 825/06, NZA 2008, 40; sa. *Thüsing*, Rz. 271; aA *Lingemann/Gotham*, DB 2007, 1754 (1756). | 16 DDBD/*Dorndorf/Bonin*, § 308 BGB Rz. 46. | 17 BAG v. 1.3.2006 – 5 AZR 363/05, AP Nr. 3 zu § 308 BGB. | 18 BAG v. 1.3.2006 – 5 AZR 363/05, AP Nr. 3 zu § 308 BGB. | 19 BAG v. 1.3.2006 – 5 AZR 363/05, AP Nr. 3 zu § 308 BGB; ErfK/*Preis*, §§ 305–310 BGB Rz. 65.

die Befugnis zur Anrechnung[1]. Zudem muss sich aus der Klausel ergeben, auf welche Leistung sich die Anrechnung beziehen muss (Rz. 21).

X. Pauschalierung von Mehr- und Überarbeit. Vereint eine formularmäßige Abrede die Befugnis des ArbGeb, Überstunden anzuordnen, mit einer pauschalierten Vergütung, so handelt es sich um eine **kontrollfähige Preisnebenabrede**[2]. Diese muss zunächst transparent sein[3]. In Formulararbeitsverträgen unterliegen derartige Regelungen einer Inhaltskontrolle am Maßstab des § 307. Durch eine derartige Regelung kann, wenn es sich nicht lediglich um die Anordnung eines geringfügigen Überstundendeputats (ca. 10 % der vereinbarten Wochenarbeitszeit) handelt, in das Äquivalenzgefüge eingegriffen werden, so dass die Pauschalabgeltung und geleistete Überstunden nicht mehr in einem angemessenen Verhältnis zueinander stehen[4]. Erforderlich ist zudem, die Zahl der anzuordnenden Überstunden zu definieren, die pauschal mit abgegolten sind. Im Übrigen kann es bei einer Spitzabrechnung bleiben[5]. Handelt es sich nicht nur um ein geringfügiges Überstundendeputat, muss zudem aus Transparenzgesichtspunkten klargestellt werden, mit welchem Anteil der Vergütung Überstunden abgegolten sind[6]. Bei leitenden Angestellten dürften im Hinblick auf § 18 I Nr. 1 ArbZG großzügigere Regelungen zulässig sein[7]. 39

XI. Rückzahlung von überzahltem Arbeitsentgelt. Vertragsklauseln, die das Risiko der falschen Entgeltberechnung und der Rückzahlung einer damit verbundenen Überzahlung allein auf den ArbN überwälzen, sind in Formularverträgen unwirksam. Sie stellen vor dem Hintergrund des dispositiven Leitbild des § 818 III eine unangemessene Benachteiligung dar[8]. 40

XII. Rückzahlung von Ausbildungs- und Fortbildungskosten. Vertragsabreden, welche in Arbeitsverträgen die Rückzahlung von Fort- und Ausbildungskosten durch den ArbN vorsahen, hat das BAG **schon bisher** einer **Inhaltskontrolle** anhand von § 242 unterzogen und sie grundsätzlich für zulässig erachtet[9]. An der grundsätzlichen Zulässigkeit hat sich nichts geändert[10]. Die Rückzahlungsabreden unterliegen jetzt einer Inhaltskontrolle am Maßstab des § 307. Eine Rückzahlungsklausel ist nicht zu beanstanden, wenn die Rückzahlungsverpflichtung bei verständiger Betrachtung einem billigenswerten Interesse des ArbGeb entspricht und der ArbN mit der Fortbildungsmaßnahme eine angemessene Gegenleistung für die Rückzahlungsverpflichtung erhalten hat. Das Interesse des ArbGeb geht dahin, die vom ArbN erworbene Qualifikation möglichst langfristig für seinen Betrieb nutzen zu können. Dieses grundsätzlich berechtigte Interesse gestattet es ihm, als Ausgleich für seine finanziellen Aufwendungen von einem sich vorzeitig abkehrenden ArbN die Kosten der Ausbildung ganz oder zeitanteilig zurückzuverlangen. Die berechtigten Belange des ArbGeb sind gegen das Interesse des ArbN abzuwägen, seinen Arbeitsplatz ohne Belastung mit der Erstattungspflicht wählen zu können. Dabei sind ua. die **Dauer der Ausbildung** und die **Wertigkeit der erlangten Befähigung** zu vergleichen, ohne dass es hierbei auf starre Grenzen ankäme. Die Abwägung hat sich insbesondere daran zu orientieren, ob und inwieweit der ArbN mit der Aus- oder Fortbildung einen geldwerten Vorteil erlangt[11]. 41

Für die Frage der Angemessenheit der Abrede, insb. was die Frage der **Bindungsdauer** betrifft, kann auf die bisherige Rspr. zurückgegriffen werden[12]. Eine unangemessene Benachteiligung hat das BAG unter der Geltung der §§ 305 ff. bei Bindung des ArbN für die Dauer von drei Jahren, bei einer Fortbildung, die sich über mehr als sechs Monate erstreckt, wobei der ArbG während des Lehrgangs die Vergütung weiterzahlt und er neben den Unterrichts- und Prüfungsgebühren die Kosten für die auswärtige Unterbringung und wöchentlichen Heimfahrten übernimmt, verneint[13]. Im Rahmen der nach § 307 anzustellenden Interessenabwägung ist auch der **die Rückzahlungspflicht auslösende Tatbestand** zu berücksichtigen[14]. Es ist nicht zulässig, die Rückzahlungspflicht schlechthin an jedes Ausscheiden des ArbN zu knüpfen, das innerhalb der in der Klausel vorgesehenen Bleibefrist stattfindet. Vielmehr muss nach dem Grund des vorzeitigen Ausscheidens unterschieden werden[15]. Eine Rückzahlungsklausel stellt nur dann eine ausgewogene Gesamtregelung dar, wenn es der ArbN in der Hand hat, durch eigene Betriebstreue der Rückzahlungspflicht zu entgehen. Dies ist dann nicht der Fall, wenn sie auch für die Fälle der betriebsbedingten Kündigung durch den ArbGeb oder die durch Fehlverhalten des ArbGeb berechtigte Eigenkündigung des ArbN gelten soll[16]. Das BAG legt hier strenge 42

1 *Preis/Lindemann*, NZA 2006, 632 (637); *Thüsing*, Rz. 287 |2 *Gotthardt*, Rz. 322; *Lakies* Rz. 702; *Preis*, II M 20 Rz. 4; *Schrader/Schubert*, NZA-RR 2005, 225 (226). |3 BAG v. 31.8.2005 – 5 AZR 545/04, AP Nr. 8 zu § 6 ArbZG; bisher BAG v. 16.11.1961 – 5 AZR 483/60, AP Nr. 5 zu § 611 BGB – Mehrarbeitsvergütung. |4 LAG Köln v. 20.12.2001 – 6 Sa 965/01, ArbuR 2002, 193; ErfK/*Preis*, §§ 305–310 BGB Rz. 92; *Gotthardt*, Rz. 322; großzügiger *Hohenstatt/Schramm*, NZA 2007, 238 (243); bisher für § 138 als Maßstab BAG v. 26.1.1956 – 2 AZR 98/54, AP Nr. 1 zu § 15 AZO. |5 *Hohenstatt/Schramm*, NZA 2007, 238 (243); *Worzalla*, NZA Beil. 3/2006, 122 (129). |6 Vgl. DDBD/Däubler, § 307 BGB Rz. 290; ErfK/*Preis*, §§ 305–310 BGB Rz. 92. |7 *Worzalla*, NZA Beil. 3/2006, 122 (129); s.a. LAG München v. 1.8.2007 – 10 Sa 93/07, allerdings für den von § 18 I Nr. 1 ArbZG nicht erfassten Oberarzt. |8 ErfK/*Preis*, §§ 305–310 BGB Rz. 93; *Lakies* Rz. 718 f.; *Gotthardt*, Rz. 323. |9 ZB BAG v. 21.11.2001 – 5 AZR 158/00, BAGE 100, 13. |10 BAG v. 11.4.2006 – 9 AZR 610/05, AP Nr. 16 zu § 307 BGB; v. 5.6.2007 – 9 AZR 604/06, nv. |11 BAG v. 11.4.2006 – 9 AZR 610/05, AP Nr. 16 zu § 307 BGB; v. 5.6.2007 – 9 AZR 604/06, nv. |12 LAG Schl.-Holst. v. 25.5.2005 – 3 Sa 84/05; *Gotthardt*, Rz. 324; zum Ganzen *Lakies*, BB 2004, 1903 ff. |13 BAG v. 5.6.2007 – 9 AZR 604/06, nv. |14 *Thüsing*, Rz. 151. |15 DDBD/*Dorndorf/Deinert*, § 307 Rz. 119. |16 BAG v. 11.4.2006 – 9 AZR 610/05, AP Nr. 16 zu § 307 BGB.

Maßstäbe an. Die nicht abschließende, beispielhafte Aufzählung erfasster Lösungstatbestände reicht nicht aus[1].

43 Allerdings hat die bisherige Rspr. unwirksame Rückzahlungsabreden auf das noch wirksame Maß im Wege der geltungserhaltenden Reduktion zurückgeführt[2]. Vor dem Hintergrund der Geltung des § 306 ist dies jetzt bedenklich (dazu § 306 Rz. 4). Das BAG hat die geltungserhaltende Reduktion einer Rückzahlungsklausel, die an jeden Fall der vorzeitigen Beendigung des Arbverh anknüpft, inzwischen verneint[3]. Zu Rückzahlungsklauseln im Übrigen § 611 Rz. 460 ff.

44 **XIII. Rückzahlung von Sondervergütungen.** Gewährt der ArbGeb zusätzlich zum laufenden Arbeitsentgelt Sonderzahlungen, so verknüpft er diese oftmals mit Bindungs- und Rückzahlungsklauseln (vgl. § 611 Rz. 110 ff.). Soweit es sich dabei um AGB handelt, unterliegen sie der Inhaltskontrolle. Aus dem **Transparenzgebot** (§ 307 I 2) folgt, dass die Klausel eindeutige und damit für den ArbN überschaubare und klare Regelungen enthalten muss, dh. die Bindungsdauer klar festgelegt ist[4]. Als AGB sind die Klauseln zudem eng auszulegen (§ 611 Rz. 112). Die **Bindungsdauer** darf den ArbN zudem nicht unangemessen benachteiligen (§ 307). Die Dauer der zulässigen Bindung hängt von der Höhe der Sonderzahlung ab. In Relation hierzu darf der ArbN durch die Bindung nicht in unzulässiger Weise in seiner durch Art. 12 GG garantierten Berufsfreiheit behindert werden. Das BAG greift hierbei im Rahmen der Inhaltskontrolle gem. § 307 auf seine schon bisher entwickelten Grenzwerte (dazu § 611 Rz. 113) zurück[5]. Bei einer unwirksamen Klausel kommt eine geltungserhaltende Reduktion nicht in Betracht[6].

45 **XIV. Salvatorische Klausel.** Eine salvatorische Klausel soll die Unwirksamkeit einer Bestimmung insgesamt verhindern und sie auf das wirksame Maß zurückführen. Sie ist unwirksam, denn § 306 II ist nicht dispositiv. Sie ist zudem intransparent (§ 307 I 2), weil sie sich die noch wirksame Regelung nicht aus ihr ergibt[7].

46 **XV. Vertragsstrafen.** Vertragsstrafenvereinbarungen sind in Einzelarbeitsverträgen **grds. zulässig**. Soweit der Tatbestand der Lösung vom Vertrag durch den ArbN betroffen ist, findet das Klauselverbot des § 309 Nr. 6 wegen der Besonderheiten des Arbeitsrechts keine Anwendung. Außerhalb dieses Anwendungsbereichs verbietet es Vertragsstrafenabreden nicht (§ 309 Rz. 9).

47 Auf der Ebene der Einbeziehung in den Arbeitsvertrag ist zu beachten, dass eine Vertragsstrafe unter dem Aspekt **der formalen Überraschung** (§ 305c I) unwirksam sein kann (vgl. § 305c Rz. 3)[8].

48 Vertragsstrafenabreden sind einer **Inhaltskontrolle gem. § 307** zu unterziehen. Eine unangemessene Benachteiligung liegt vor, wenn der ArbGeb als Verwender kein **berechtigtes Interesse** an einer Vertragsstrafenregelung hat. Ein solches Interesse besteht für den ArbGeb jedoch deshalb, weil das Allgemeine Schuldrecht das Erfüllungsinteresse des ArbGeb nur unzureichend sichert. Dies gilt für den Vertragsbruch durch den ArbN, die Veranlassung der außerordentl. Kündigung durch den ArbGeb, sowie für die Sicherung langer Kündigungsfristen[9]. In allen Fällen kann durch das strafbewehrte Verhalten regelmäßig ein Schaden entstehen und dessen Nachweis ist typischerweise nicht oder nur schwer zu erbringen[10]. Auch Vertragsstrafen für **nachvertragl. Wettbewerbsverbote** bleiben zulässig, wobei der § 74a HGB einen gesetzl. Fall der Inhaltskontrolle bildet[11].

49 Erforderlich ist, dass der **Tatbestand**, welcher die Vertragsstrafe auslösen soll, **klar gekennzeichnet** ist. Dies folgt aus dem Transparenzgebot (§ 307 I 2)[12]. Nur dann ist der ArbN in der Lage, sein Verhalten entsprechend auszurichten. In der Zivilrechtsprechung sind Klauseln, die an den globalen Tatbestand des „Vertragsbruchs" anknüpfen, für unwirksam erachtet worden[13]. Nach der Rspr. des BAG ist eine Vertragsstrafe, die an das schuldhafte vertragswidrige Verhalten des ArbN, das den ArbGeb zur fristlosen Kündigung berechtigt, anknüpft, nicht hinreichend bestimmt. Die Regelung muss klar erkennen lassen, welche konkreten Pflichten durch sie gesichert werden sollen[14], zB durch konkrete Aufzählung derselben[15]. Dem steht entgegen, dass der ArbGeb auch unbestimmte Begriffe der Gesetzessprache verwenden darf. Dies gilt zB für den Begriff des „wichtigen Grundes" (s.a. § 307 Rz. 20)[16]. Eine Klausel, die bei einem Wettbewerbsverbot für eine dauerhafte Verletzung vertraglicher Pflichten und für einen

1 BAG v. 23.1.2007 – 9 AZR 482/06, NZA 2007, 748. | 2 BAG v. 6.3.1994 – 5 AZR 339/92, DB 1994 (1726). | 3 BAG v. 11.4.2006 – 9 AZR 610/05, AP Nr. 16 zu § 307 BGB; v. 23.1.2007 – 9 AZR 482/06, NZA 2007, 748. | 4 Vgl. bereits bisher BAG v. 24.2.1999 – 10 AZR 245/98, nv; *Thüsing*, Rz. 391. | 5 BAG v. 28.3.2007 – 10 AZR 261/06, AP Nr. 265 zu § 611 BGB – Gratifikation; v. 25.4.2007 – 10 AZR 634/06, NZA 2007, 875; v. 24.10.2007 – 10 AZR 825/06, NZA 2008, 40. | 6 BAG v. 24.10.2007 – 10 AZR 825/06, NZA 2008, 40. | 7 BAG v. 25.5.2005 – 5 AZR 572/04, AP Nr. 1 zu § 310 BGB; DDBD/*Dorndorf/Bonin*, § 306 Rz. 26. | 8 *Thüsing*, Rz. 426 | 9 BAG v. 4.3.2004 – 8 AZR 196/03, AP Nr. 3 zu § 309 BGB. | 10 *Leder/Morgenroth*, NZA 2002, 952 (956); Preis/*Stoffels*, II V 30 Rz. 29; *Thüsing*, Rz. 428; aA im Hinblick auf die Typik des Schadens ArbG Bochum v. 8.7.2002 – 3 Ca 1287/02, NZA 2002, 978 (980). | 11 LAG Hamm v. 14.4.2003 – 7 Sa 1881/02, NZA-RR 2003, 513 (515); Preis/*Stoffels*, II W 10 Rz. 29. | 12 BAG v. 21.4.2005 – 8 AZR 425/04, AP Nr. 3 zu § 307 BGB; v. 14.8.2007 – 8 AZR 973/06, DB 2008, 66. | 13 ZB OLG Düsseldorf v. 18.10.1992 – 16 U 173/90, DB 1992, 86. | 14 BAG v. 21.4.2005 – 8 AZR 425/04, AP Nr. 3 zu § 307 BGB. | 15 BAG v. 18.8.2005 – 8 AZR 65/05, nv. | 16 Palandt/*Grüneberg*, § 307 BGB Rz. 18.

einmaligen Vertragsverstoß unterschiedliche Sanktionen vorsieht, muss klar regeln, in welchen Situationen die unterschiedlichen Rechtsfolgen eintreten[1].

Die **Höhe der Vertragsstrafe** muss angemessen sein. Die Rspr. geht bisher von einem Bruttomonatsverdienst als Obergrenze aus[2], wobei das BAG dies nur als „Faustregel" bezeichnet hat[3]. Es können sich im Einzelfall Abweichungen nach oben oder unten ergeben[4]. Die Festsetzung einer Vertragsstrafe von einem Monatsgehalt, wenn der ArbN sich innerhalb der Probezeit mit einer Frist von zwei Wochen rechtmäßig vom Vertrag lösen kann, ist unangemessen. Zur Feststellung der Angemessenheit einer Vertragsstrafenabrede ist die **maßgebliche Kündigungsfrist** von erheblicher Bedeutung[5]. Eine kürzere Kündigungsfrist bedingt eine geringere Höhe als angemessen[6]. Eine über das für den Zeitraum der Kündigungsfrist geschuldete Gehalt übersteigende Vertragsstrafe ist gerechtfertigt, wenn das Sanktionsinteresse des ArbGeb den Wert der Arbeitsleistung auf Grund besonderer Umstände typischerweise und generell übersteigt[7]. Eine Mindestvertragsstrafe, die dem Mehrfachen eines Bruttogehalts eines Monats entspricht, ist ohne Vorliegen besondere Umstände unangemessen[8]. 50

Die Vertragsstrafe darf keine unangemessene **Übersicherung** beinhalten, ansonsten ist sie inhaltlich unangemessen. Im Falle schuldhaften vertragswidrigen Verhaltens, das den ArbGeb zur fristlosen Kündigung berechtigt, wird nach der Rspr. des BAG der Interessenausgleich in erster Linie durch die Möglichkeit der fristlosen Kündigung sichergestellt. Eine darüber hinausgehende Bestrafung des ArbN kann nur durch Verletzung weiterer schutzwürdiger Interessen des ArbGeb, wie zB bei Eigentums- oder Vermögensverletzungen, gerechtfertigt sein[9]. Eine Übersicherung enthält eine Vertragsstrafe, die für jeden Fall des Verstoßes gegen das **Wettbewerbsverbot** eine Vertragsstrafe des ein- bis dreifachen Monatsgehalts vorsieht, wobei der ArbGeb die genaue Höhe vorsieht. Es fehlt bereits an einem angemessenen Rahmen. 51

Überschreitet die Höhe der Vertragsstrafe die Grenze des Angemessenen, ist sie unwirksam und kann wegen § 306 nicht auf das noch zulässige Maß im Wege der geltungserhaltenden Reduktion (§ 306 Rz. 4) zurückgeführt werden[10]. Eine Herabsetzung gem. § 343 kommt zudem nur dann in Betracht, wenn die Vertragsstrafe unter Beachtung der §§ 305 ff. wirksam vereinbart ist, weil die §§ 343 ff. ein wirksames Strafversprechen voraussetzen[11]. 52

XVI. Verzichtsvereinbarungen. Verzichtsvereinbarungen kommen oft in **Ausgleichsquittungen** vor. Diese können unter dem Aspekt der **formalen Überraschung** unwirksam sein (§ 305c Rz. 5). Auch das Transparenzgebot (§ 307 I 2) findet Anwendung. Dies entspricht bisheriger Rspr., die von dem pauschalen Verzicht, dass aus Anlass des Arbeitsverhältnisses keine Ansprüche mehr bestehen, den Verzicht auf die Kündigungsschutzklage nicht erfasst sah[12]. Es muss aus der Formulierung deutlich werden, welche Ansprüche erfasst sind[13]. Zudem sind an die Annahme eines Verzichtswillens hohe Anforderungen zu stellen. Selbst bei eindeutiger Erklärung darf ein Verzicht nicht angenommen werden, ohne sämtliche Begleitumstände zu berücksichtigen[14]. 53

Liegt eine echte Verzichtsabrede vor, ist diese nicht bereits deshalb **unangemessen benachteiligend**, wenn der Verzichtende sich für seinen Verzicht keine Gegenleistung versprechen lässt[15]. Dies folgt daraus, dass eine Inhaltskontrolle von Leistung und Gegenleistung ausscheidet und jeglicher Maßstab dafür fehlt, was ein Verzicht auf eine Kündigungsschutzklage wert ist (vgl. insoweit zu Aufhebungsverträgen und § 1a KSchG oben Rz. 4)[16]. Aus diesem Grunde ist auch eine unentgeltliche Verzichtserklärung des ArbN ohne kompensatorische Gegenleistung des ArbGeb in einer Ausgleichsquittung nicht wegen des Fehlens der Gegenleistung unangemessen benachteiligend gem. § 307 I[17]. Eine Inhaltskontrolle von Verzichtsklauseln ist jedoch dann zu bejahen, wenn ein vorgedruckter Verzicht mit anderen Erklärungen untrennbar verbunden ist und dem anderen Teil eine Ablehnung nicht zugemutet werden kann, weil er sonst von anderen Rechten oder Vorteilen ausgeschlossen wäre[18]. Alleine die Vertragsab- 54

1 BAG v. 14.8.2007 – 8 AZR 973/06, DB 2008, 66. | 2 ErfK/*Müller-Glöge*, §§ 339–345 BGB Rz. 14; vgl. LAG Hamm v. 14.2.2001 – 14 Sa 1829/00, NZA-RR 2001, 524; *Thüsing*, Rz. 434; s. jetzt BAG v. 4.3.2004 – 8 AZR 196/03, AP Nr. 3 zu § 309 BGB. | 3 BAG v. 6.10.1993 – 5 AZR 636/92; vgl. a. BAG v. 27.4.2000 – 8 AZR 301/99, nv. | 4 Vgl. zB ArbG Frankfurt v. 20.4.1999 – 4 Ca 8495/97, NZA-RR 2000, 82; *Thüsing*, Rz. 434. | 5 BAG v. 4.3.2004 – 8 AZR 196/03, AP Nr. 3 zu § 309 BGB; *Hauck*, NZA 2006, 816 (818). | 6 Hierzu LAG Hamm v. 24.1.2003 – 10 Sa 1158/02, NZA 2003, 499; LAG BW v. 10.4.2003 – 11 Sa 17/03, DB 2003, 2551. | 7 BAG v. 4.3.2004 – 8 AZR 196/03, AP Nr. 3 zu § 309 BGB. | 8 BAG v. 4.3.2004 – 8 AZR 344/03, nv. | 9 BAG v. 21.4.2005 – 8 AZR 425/04, AP Nr. 3 zu § 307 BGB. | 10 BAG v. 4.3.2004 – 8 AZR – 196/03, AP Nr. 3 zu § 309 BGB; v. 14.8.2007 – 8 AZR 973/06, DB 2008, 66. | 11 BGH v. 18.11.1982 – VII ZR 305/81, BGHZ 85, 305; LAG Hamm v. 24.1.2003 – 10 Sa 1158/02, NZA 2003, 499; LAG BW v. 10.4.2003 – 11 Sa 17/03, DB 2003, 2551; *Gotthardt*, Rz. 327. | 12 BAG v. 3.5.1979 – 2 AZR 679/77, EzA § 4 KSchG nF Nr. 15; ausf. *Stahlhacke/Preis/Vossen*, Rz. 1254 ff. mwN. | 13 *Gotthardt*, Rz. 305; ErfK/*Preis*, §§ 305–310 BGB Rz. 100. | 14 BAG v. 7.11.2007 – 5 AZR 880/05, DB 2008, 185. | 15 ArbG Düsseldorf v. 9.4.2003 – 10 Ca 10853/02, nv.; *Preis/Bleser/Rauf*, DB 2006, 2812 (2818); *Reuter*, FS 50 Jahre BAG, 177 (190); aA *Reinecke*, DB 2002, 583 (586); *Lakies* Rz. 885. | 16 LAG Hamm v. 9.10.2003 – 11 Sa 515/03. | 17 So aber LAG Schl.-Holst. v. 24.9.2003 – 3 Sa 6/03, NZA-RR 2004, 74 (75); LAG Hamburg v. 29.4.2004 – 1 Sa 47/03, NZA-RR 2005, 151, 153; LAG Düsseldorf v. 13.4.2005 – 12 Sa 154/05, LAGE BGB 2002 § 307 Nr. 7; *Preis/Bleser/Rauf*, DB 2006, 2812 (2818). | 18 *Wolf/Horn/Lindacher*, § 9 AGBG Rz. V 61; BGH v. 25.10.1984 – VII ZR 95/83, NJW 1985, 970 f. für die Einbeziehung der Ansprüche gegen Dritte, nicht am Vertrag Beteiligter, in eine Verzichtsklausel.

schlusssituation, zB eine Überrumpelung, führt im Rahmen der Inhaltskontrolle nicht zu einer anderen Bewertung (vgl. Rz. 5). Das **BAG** geht allerdings inzwischen davon aus, dass der formularmäßige **Verzicht auf die Erhebung einer Kündigungsschutzklage ohne Gegenleistung** eine **unangemessene Benachteiligung** iSv. § 307 I 1 darstellt und deshalb unwirksam ist[1]. Hierauf wird sich die Praxis einstellen müssen. Die volle Überprüfbarkeit begründet es damit, dass es sich bei dem Klageverzicht nicht um die Hauptabrede eines selbstständigen Vertrags (zB eines Aufhebungsvertrags) handele, der nur auf Transparenz kontrollierbar wäre (vgl. Rz. 4), sondern lediglich um eine Nebenabrede zu dem ursprünglichen Arbeitsvertrag. Ein Klageverzicht nach Zugang einer Kündigung ist aber nicht als solcher mit wesentlichen Grundgedanken des KSchG unvereinbar ist, weil ein Verzicht auf die Erhebung einer Kündigungsschutzklage gerade auch während des Ablaufs der Drei-Wochen-Frist des § 4 S. 1 KSchG zulässig ist[2]. Die unangemessene Benachteiligung des ArbN, der formularmäßig auf die Erhebung einer Kündigungsschutzklage verzichtet, liege aber in dem Versuch des ArbGeb, seine Rechtsposition ohne Rücksicht auf die Interessen des ArbN zu verbessern, indem er dem ArbN ohne Ausgleich die Möglichkeit einer gerichtlichen Überprüfung der Kündigung entzieht. Eine solche Kompensation sei – so das BAG – etwa in Bezug auf den Beendigungszeitpunkt, die Beendigungsart, Zahlung einer Entlassungsentschädigung, Verzicht auf eigene Ersatzansprüche, etc. erforderlich[3]. Dies überzeugt nicht, weil – wie ausgeführt – jeder Maßstab dafür fehlt, welche Kompensation angemessen ist. Zudem geht das BAG für einen Klageverzicht im Rahmen von § 623 davon aus, dass „die Lage ist im Wesentlichen dieselbe ist wie im Fall eines Vertrages, mit dem nicht der Verzicht auf die Klage gegen eine ausgesprochene Kündigung erklärt wird, sondern nach Kündigung ein Aufhebungsvertrag geschlossen wird"[4]. Für das Schriftformerfordernis wird der Klageverzicht dem Aufhebungsvertrag gleichgestellt – dessen Hauptabreden auch nach der Rspr. des BAG (Rz. 4) keiner Inhaltskontrolle unterliegen –, für die Inhaltskontrolle aber wiederum als davon abzugrenzende unselbständige Nebenabrede zum Arbeitsvertrag qualifiziert.

55 Nach der Rspr. des BAG ist ein bestätigendes **Schuldanerkenntnis** bei nur einseitigen Nachgeben des ArbN nicht mit dem Grundgedanken der gesetzl. Regelung des § 779 BGB vereinbar ist, die ein gegenseitiges Nachgeben verlangt. Die einseitige Umgestaltung eines bestehenden Schuldverhältnisses widerspreche dem Modell des § 779 BGB[5]. Ein selbständiges Schuldversprechen, mit dem der ArbN sich zur Zahlung verpflichtet, unterliegt gem. § 307 III 1 nicht der Inhaltskontrolle. Ein darin enthaltener Verzicht auf Einwendungen jeder Art ist jedoch unwirksam, weil dieser von den Regeln des Rechts der ungerechtfertigten Bereicherung (§§ 812 II, 821) abweicht[6].

56 **XVII. Zielvereinbarungen**. Soweit es sich bei der Zielvereinbarung nicht um eine Individualvereinbarung handelt, liegen AGB vor, auf welche die §§ 305 ff. Anwendung finden[7]. Insbesondere die vereinbarten Ziele können individuell ausgehandelt sein[8]. Dies ist allerdings nicht zwangsläufig so, denn sie können auch vom ArbGeb vorgegeben werden[9]. Als AGB müssen auch Zielvereinbarungen **transparent** sein (§ 307 I 2). Ein Verstoß gegen das Transparenzgebot liegt vor, wenn der ArbGeb in einem von ihm vorformulierten Arbeitsvertrag sich zu einer leistungs- und gewinnbezogenen Bonuszahlung verpflichtet und im Widerspruch dazu in einer anderen Vertragsklausel einen Rechtsanspruch des Arbeitnehmers auf eine Bonuszahlung ausschließt. Die Bonusregelung ist dann nicht insgesamt unwirksam, sondern nur insoweit, als der ArbN durch den Ausschluss eines Rechtsanspruchs auf die Bonuszahlung benachteiligt wird[10]. Es empfiehlt sich, die zu erreichenden Ziele möglichst präzise zu formulieren. Die unklare Formulierung des zu erreichenden Ziels geht zu Lasten des ArbGeb (§ 305c Rz. 10). In welchem **Umfang** Bestandteile des Arbeitsentgelts einer Zielvereinbarung unterworfen sind, unterliegt keinen festen Maßstäben. Allerdings darf das Wirtschaftsrisiko nicht in unangemessener Weise auf den ArbN verlagert werden (§ 307 I 1). Eine in AGB vereinbarte rein leistungsbezogene Vergütungsabrede, bei der dem ArbGeb das Recht zusteht, einseitig die zu erbringende Arbeitsleistung auszugestalten und auf diese Weise den vergütungsrelevanten Erfolg der erbrachten Leistung ohne Begrenzung zu beeinflussen und ohne dass eine Mindestsicherung vereinbart ist, ist deshalb unwirksam[11]. Bei der Angemessenheitskontrolle ist zu beachten, woran die Zielerreichung anknüpft (Erfolg des Unternehmens oder Erreichen vom ArbN zu beeinflussender Ziele) und in welchem Umfang der ArbN eine feste Vergütung erhält[12].

---

1 BAG v. 6.9.2007 – 2 AZR 722/06, NZA 2008, 218. |2 Vgl. nur BAG v. 19.4.2007 – 2 AZR 208/06, AP Nr. 9 zu § 623 BGB. |3 BAG v. 6.9.2007 – 2 AZR 722/06, NZA 2008, 218. |4 BAG v. 19.4.2007 – 2 AZR 208/06, AP Nr. 9 zu § 623 BGB. |5 BAG v. 15.3.2005 – 9 AZR 502/03, AP Nr. 7 zu § 781 BGB; s.a. zum Ganzen *Fornasier/Werner*, RdA 2007, 235 ff. |6 BAG v. 15.3.2005 – 9 AZR 502/03, AP Nr. 7 zu § 781 BGB. |7 *Hümmerich*, NJW 2006, 2294 (2296); *Riesenhuber/v. Steinau-Steinrück*, NZA 2005, 791; ErfK/*Preis*, § 611 BGB Rz. 505; *Schrader/Müller*, RdA 2007, 145 (152); *Thüsing*, Rz. 459 ff.; umfassend *Horcher*, BB 2007, 2065. |8 *Lindemann*, Flexible Gestaltung von Arbeitsbedingungen, 2003, S. 321; ErfK/*Preis*, § 611 BGB Rz. 505. |9 *Thüsing*, Rz. 461. |10 BAG v. 24.10.2007 – 10 AZR 825/06, NZA 2008, 40; ebenso *Freihube*, DB 2008, 124; ErfK/*Preis*, § 611 BGB Rz. 504; *Thüsing*, Rz. 470. |11 LAG Sa.-Anh. v. 18.9.2007 – 11 Sa 236/07. |12 Zum Ganzen DDBD/*Däubler*, Anh. Zu § 307 BGB Rz. 76 ff.; *Riesenhuber/v. Steinau-Steinrück*, NZA 2005, 791; *Thüsing*, Rz. 469; aA *Hümmerich*, NJW 2006, 2294 (2296).

dem Versuch einer Kodifikation des modernen Arbeitsvertragsrecht weit entfernt"[1], und es ist seitdem diesem Ziel nur wenige Schritte näher gekommen. Die Väter des BGB sahen es als wesentl. an, in das Dienstvertragsrecht „nur Bestimmungen allgemeiner Art [aufzunehmen], die sich für die Dienstverhältnisse verschiedener Art eignen, während solche Dienstverhältnisse, die mit Rücksicht auf ihre soziale Bedeutung und andere Besonderheiten einer besonderen eingehenden Regelung bedürfen, der Spezialgesetzung zu überlassen seien"[2]. Das Arbeitsrecht und sein spezifisches Anliegen mussten also außerhalb des kodifikatorischen Rahmens entwickelt werden: der Schutz des ArbN vor der Fremdbestimmung durch den ArbGeb[3]. Die Möglichkeit, durch Vertrag den Inhalt des Arbeitsverhältnisses festzulegen, wird begrenzt, um den ArbN vor der einseitigen Fremdbestimmung des ArbGeb zu schützen. Auch im Arbeitsrecht gilt freilich grds. die Vertragsfreiheit. Dies hat jüngst in § 105 S. 1 GewO ausdrückl. gesetzgeberische Anerkennung erfahren. Die Grenzen dieser Freiheit lässt der Gesetzgeber offen; sie zu bestimmen gehört zu den entscheidenden Weichenstellungen der weiteren Entwicklung des Arbeitsrechts.

2 **2. Die verfassungsrechtlichen Vorgaben.** Nach der ständigen Rspr. des BVerfG ist die **Privatautonomie** ein Teil der allgemeinen Handlungsfreiheit. Art. 2 I GG gewährleistet damit das Selbstbestimmungsrecht des Einzelnen im Rechtsleben[4]. Diese Selbstbestimmung versteht das Gericht jedoch nicht iS einer bloß formalen Freiheit, die den Vertragsschluss unabhängig vom Inhalt des Vertrages und den Umständen seines Zustandekommens schützen will. Entscheidend ist die materielle, tatsächliche Freiheit, eine rechtsgeschäftliche Bindung eingehen zu können oder auch nicht[5]. Sie allein ist geschützt, und nur an ihrer Beschränkung oder Sicherung muss sich das Arbeitsrecht messen lassen. Grundlegend in der Entwicklung dieses Ansatzes war die Bürgschaftsentscheidung von 1993, vorbereitet durch die Handelsvertreterentscheidung drei Jahre zuvor[6]. Die Vertragsautonomie ist vom Gesetzgeber auszugestalten und insb. muss er die Freiheit der einen Seite mit der der anderen Seite versöhnen. Hat einer der Vertragsteile ein so starkes Übergewicht, dass er den Vertragsinhalt faktisch allein bestimmen kann, bewirkt dies für den anderen Teil Fremdbestimmung. Deren Folgen sind ggf. zu berichtigen: Handelt es sich um eine typisierbare Fallgestaltung, die eine **strukturelle Unterlegenheit** des einen Vertragsteils erkennen lässt, und sind die **Folgen** des Vertrags für den unterlegenen Vertragsteil **ungewöhnlich belastend**, dann muss die Zivilrechtsordnung hierauf reagieren und Korrekturen ermöglichen. Diese Korrekturen beschränken dann nicht die Vertragsfreiheit des schwächeren Partners, sondern sie entfalten sie, obwohl sie ja gerade einen Vertrag unwirksam machen.

3 Für das Arbeitsrecht war dies nicht der erste Schritt in diese Richtung und auch ist es hierbei nicht stehen geblieben. Moderne Habilitationsschriften legten bereits vorher dar, dass das Grundgesetz eine **Inhaltskontrolle der Arbeitsverträge** zulässt und sie in bestimmten Konstellationen gebietet[7]. Das BVerfG hat in jüngerer Zeit diesen Ansatz leicht modifiziert auf ein anderes Grundrecht übertragen: die Berufsfreiheit des ArbN. An ihr misst es den Kündigungsschutz und die Kleinbetriebsklausel des KSchG[8]. Seine Entscheidung von 1998 war bedeutsam nicht nur, weil sie den Schwellenwert des § 23 KSchG korrigierend auf das Unternehmen, nicht den Betrieb bezog (s. § 23 KSchG Rz. 9). Sie ist vielmehr deshalb wichtig, weil auch hier wiederum die Freiheit sich zu binden eingeschränkt wurde, um ein Grundrecht zu entfalten. Denn das Gericht führte aus, auch in Unternehmen außerhalb des KSchG müsse es ein Mindestmaß an Kündigungsschutz geben – anderenfalls sei der Berufsfreiheit des ArbN nicht hinreichend Rechnung getragen, der ungeschützt vor der Disposition des ArbGeb damit rechnen müsste, seinen Arbeitsplatz jederzeit verlieren zu können. Dass die Berufsfreiheit auch darin liegen könnte, weniger sichere Arbeitsplätze zu besetzen, dafür aber zu einem höheren Lohn, erwog das Gericht nicht. Daher ging es auch hier davon aus, dass seine Entscheidung die Freiheit des ArbN entfaltet, nicht dass sie sie beschränkt.

4 **3. Folgerung.** Der richtige Ansatzpunkt zur Legitimation arbeitsrechtl. Schutzvorschriften ist in der Tat nicht die Begrenzung der Vertragsfreiheit des ArbN zu Gunsten eines anderen Rechtsguts, das es zu schützen gilt, sondern die Entfaltung seiner Vertragsfreiheit. Der Wille, den ArbN vor den Folgen eines – vielleicht nur in den Augen des Richters – unvernünftigen, aber frei gewollten Handelns zu schützen,

---

1 *v. Gierke*, Deutsches Privatrecht III, 1917, S. 600. | **2** *Struckmann* als Kommissar des Bundesrats in Stenographische Berichte, S. 326. | **3** *Hueck/Nipperdey*, Arbeitsrecht, Bd. 1, 6. Aufl., S. 25. „Das Arbeitsrecht ist also zunächst einmal Arbeitnehmerschutzrecht, wobei dieser Begriff im weitesten Sinn zu verstehen ist". | **4** BVerfG v. 2.5.1996 – BvR 696/96, NJW 1996, 2021; v. 19.10.1993 – 1 BvR 567/89, BVerfGE 89, 214 (231); v. 23.4.1986 – 2 BvR 487/80, BVerfGE 73, 261 (270); v. 12.11.1958 – 2 BvL 4/56, BVerfGE 8, 274, (328); BAG v. 15.1.1955 – 1 AZR 305/54, BAGE 1, 258 (270); *Erichsen* in Isensee/Kirchhof, Handbuch des Staatsrechts, Bd. VI, S. 1210 Rz. 58; *Zöllner*, AcP 1996, 1 (25). *Kirchhof*, FS Ulmer, 2003, S. 1211. | **5** S. auch *Canaris*, AcP 200 (2000), 273 (300). | **6** BVerfG v. 7.2.1990 – 1 BvR 26/84, BVerfGE 81, 242; v. 19.10.1993 – 1 BvR 567/89, BVerfGE 89, 214 (229 ff.), JZ 1994, 408 mit Anm. *Wiedemann*; bestätigt durch BVerfG v. 5.8.1994 – 1 BvR 1402/89, NJW 1994, 2749. Aus der umfangreichen Diskussion s. *Wiedemann*, JZ 1994, 411 (412); *Honsell*, NJW 1994, 565 f.; *Preis/Rolfs*, DB 1994, 261 (264); *von Westphalen*, MDR 1994, 5 (8); abl. *Adomeit*, NJW 1994, 2467 ff. | **7** *Fastrich*, Richterliche Inhaltskontrolle im Privatrecht, 1992; *Preis*, Grundfragen der Vertragsgestaltung im Arbeitsrecht, 1993. | **8** BVerfG v. 27.1.1998 – 1 BvL 15/87, BVerfGE 97, 169; s. hierzu auch BAG v. 21.2.2001 – 2 AZR 15/00, NZA 2001, 833.

Abschnitt 8. Einzelne Schuldverhältnisse

Titel 8. Dienstvertrag

Vor § 611

I. Das Arbeitsrecht als Arbeitnehmerschutzrecht. 1. Der Konflikt zwischen Vertragsfreiheit und Arbeitsrecht. Die §§ 611 ff. bilden – nach der zeitl. Entwicklung wie auch der inhaltl. Regelung – die Grundnormen des Arbeitsrechts. Sie sind die Keimzelle und erste Saat eines Rechtsgebiets, das bis heute weitgehend außerhalb des BGB gewachsen ist. Nach den Worten *Otto v. Gierkes* blieb das BGB „von 1

kann daher grds. keine Rechtfertigung sein. Weil dem so ist, kann die bloße Unangemessenheit einer Vereinbarung allein noch kein Grund zur Korrektur sein; entscheidend ist, ob sie Ergebnis eines freien Willens war oder nicht, ob es das tatsächlich Gewollte ist. Voraussetzung auch für die Kontrolle von Arbeitsverträgen ist also stets die gestörte Vertragsparität, bei der die Einigung beider Vertragspartner nur für eine Seite Ausübung der Vertragsautonomie bedeutet.

Die arbeitsrechtl. Schutzgesetzgebung erhält durch das Gesagte eine grundlegende Bewertung: Wo sie eine Regel aufstellt, die der einzelne ArbN anders vereinbaren will, und frei hierüber entscheiden kann, darf der Gesetzgeber nicht zu dessen Schutz in die Vertragsautonomie des ArbN eingreifen, auch wenn dies im Einzelfall zu unangemessenen Ergebnissen führt. Eine Rechtfertigung zum Eingriff, sei er direkt durch Gesetz oder mittelbar durch eine entsprechende Befugnis der TV-Parteien oder Betriebspartner, mag der Schutz von Drittinteressen sein, grds. aber nicht der **Schutz des ArbN vor sich selbst**. 5

4. Fallgruppen. Das Gesagte muss die Leitlinie sein für die Beurteilung der gesetzgeberischen Schranken im Individual- und im Kollektivarbeitsrecht. Bricht man diese Perspektiven auf die einzelnen Fallgruppen des Arbeitsrechts herunter, dann können hieraus Impulse hergeleitet werden insb. **zur Vertrags- und Inhaltskontrolle** (s. § 305 Rz. 1 ff.). Ein umfassendes Mandat des Richters zur Vertragskorrektur etwa entsprechend dem Modell der Arbeitsgesetzbuchkommission von 1977, die in § 3a ihres Entwurfs eine richterliche Billigkeitskontrolle bei jeder arbeitsvertragl. Vereinbarung vorsah, die die Belange des ArbN nicht in angemessener Weise wahrt[1], kann dem Gebot der Entfaltung der Vertragsautonomie nicht entnommen werden, denn eine gestörte Vertragsparität kann nicht bei allen ArbN und in jeder Situation angenommen werden. Die AGB-Kontrolle folgt vielmehr grds. den allg. Bahnen der §§ 305 ff., modifiziert nur durch die angemessene Berücksichtigung der arbeitsrechtl. Besonderheiten (s. § 310 IV 2). Für die evtl. verbleibenden Fälle der Vertragskontrolle unfreier Individualentscheidung bleibt str., wieweit die Grenze gehen wird. Hier dürfte die Entwicklung den Unterschiedlichkeiten der verschiedenen Arbeitsverhältnisse verstärkt Rechnung tragen und sich für eine stärkere Differenzierung öffnen[2]. Auch die Frage, inwieweit es einen **BR ohne oder gegen den Willen der Belegschaft** geben kann (§ 17 BetrVG Rz. 1), und wieweit der BR durch BV in den Vertrag des ArbN eingreifen kann (s. § 77 BetrVG Rz. 59 ff.), ist unter dem Gesichtspunkt der Grenzen der Vertragsfreiheit zu erörtern, ebenso wie das **Günstigkeitsprinzip im TV-Recht** (s. § 4 TVG Rz. 51) sowie die fehlende Möglichkeit des LeihArbN, sich für den ArbGeb dadurch interessant zu machen, dass er für weniger als **Equal pay** arbeitet (§ 9 AÜG Rz. 12). Für Einzelheiten, die der bisherigen Rspr. entnommen werden können s. § 105 GewO Rz. 1 ff. 6

II. §§ 611 ff. im Gesamtsystem des BGB. 1. Abgrenzung zu anderen Vertragstypen. Das Privatrecht stellt eine Mehrzahl von Vertragsarten zur Verfügung, auf Grund derer sich eine Partei verpflichten kann, im Dienst oder im Interesse der anderen Partei tätig zu werden. Der Dienstvertrag gem. §§ 611 ff. bildet den **Grund- und Auffangtatbestand** der auf eine Dienstleistung gerichteten Vertragstypen; nach § 611 II können Gegenstand des Dienstvertrags Dienste jeder Art sein. Daneben sind als gesetzl. geregelte Vertragstypen der Auftrag gem. §§ 662 ff. (Rz. 10), der Geschäftsbesorgungsvertrag gem. § 675 (Rz. 11) sowie die Erbringung von Dienstleistungen auf gesellschafts- oder vereinsrechtl. Grundlage zu verzeichnen (Rz. 12). Dazu tritt der nicht gesetzl. normierte Dienstverschaffungsvertrag (Rz. 15) sowie gemischte Vertragstypen, die zumindest Dienstleistungselemente enthalten; in der Praxis am bedeutsamsten sind unter diesen der Vertragshändlervertrag und das Franchising (Rz. 16). Sie alle sind voneinander zu unterscheiden und abzugrenzen. 7

a) Werkvertrag (§§ 631 ff.). Zu unterscheiden sind der Dienstvertrag und die mit ihm verwandten, auf die Erbringung von Dienstleistungen gerichteten Vertragstypen vom Werkvertrag gem. §§ 631 ff. In einem Werkvertrag verspricht der Schuldner, einen bestimmten Erfolg herbeizuführen; der Gläubiger ist berechtigt, auf Grund des Werkvertrags den Eintritt des versprochenen Erfolgs zu fordern. Das Risiko dafür, dass der Erfolg nicht eintritt, trägt der Schuldner. Entsprechend sehen die §§ 633 ff. Gewährleistungsansprüche des Gläubigers gegen den Schuldner im Falle von Rechts- und Sachmängeln vor. Das Dienstvertragsrecht kennt hingegen keine Gewährleistungsrechte. In einem Dienstvertrag wird lediglich die Leistung der Arbeit versprochen und folglich vom Dienstnehmer geschuldet[3]. In aller Regel bezweckt der Gläubiger eines Dienstvertrags mit dessen Abschluss allerdings auch den Eintritt eines bestimmten **Erfolgs**; dennoch schuldet der Schuldner nur die **Arbeitsleistung** und erfüllt seine Verpflichtung demnach allein durch die Verrichtung seiner Arbeit. Das Risiko, dass der erhoffte Erfolg nicht eintritt, liegt aufseiten des Gläubigers. 8

In der Praxis ist die Abgrenzung von Dienst- und Werkvertrag trotz des theoretisch klaren Abgrenzungskriteriums nicht einfach, da alle Tätigkeiten, über die ein Werkvertrag abgeschlossen werden kann, auch Gegenstand eines Dienstvertrags sein können (zB Architektenvertrag, Arztvertrag)[4]. Umgekehrt 9

1 Bundesminister für Arbeit und Sozialordnung (Hrsg.), Arbeitsgesetzbuchkommission, Entwurf eines Arbeitsgesetzbuches – Allgemeines Arbeitsvertragsrecht, 1977. | 2 S. auch *Thüsing*, FS Wiedemann, 2002, S. 592; *Thüsing*, RdA 2005, 257. | 3 HM: s. nur BGH v. 22.10.1981 – VII ZR 310/79, BGHZ 82, 100; Staudinger/*Richardi*, § 611 BGB Rz. 1 ff.; Soergel/*Kraft*, Vor § 611 BGB Rz. 37. | 4 Erman/*Edenfeld*, § 611 BGB Rz. 14.

gilt dies nicht, da es Tätigkeiten gibt, bei denen es aus tatsächl. oder rechtl. Gründen nicht möglich ist, einen Erfolg zu garantieren (zB Partnerschaftsvermittlung)[1]. In Zweifelsfällen ist der Wille der Vertragsparteien durch Auslegung (§§ 133, 157) zu ermitteln. Hierbei kommt es insb. darauf an, ob die Vergütung nur für den Fall des Erfolgseintritts vereinbart wird (= Werkvertrag) oder der Schuldner bereits allein durch Erbringung seiner Dienste einen Vergütungsanspruch erhalten soll (= Dienstvertrag)[2]. Zu beachten ist, dass die **Vergütung beim Dienstvertrag** entweder nach der Zeitdauer bemessen werden kann ohne Rücksicht darauf, welchen Erfolg das Tätigwerden des Dienstnehmers in dieser Zeit hat (Zeitlohn), oder nach dem quantitativen oder qualitativen Erfolg des Tätigwerdens (zB Akkordlohn, Stücklohn); s. auch § 611 Rz. 301. Auch eine solche erfolgsabhängige Vergütung macht den Dienstvertrag nicht zum Werkvertrag[3]. Die Unterscheidung zwischen beiden Vertragstypen ist anhand des Inhalts der Leistungspflicht des Schuldners vorzunehmen, nicht aber in Abhängigkeit von der Bemessung der ihm zu zahlenden Vergütung. Auch bei einer **erfolgsabhängigen Vergütungsregelung** ist der Schuldner des Dienstvertrags lediglich zur Erbringung der versprochenen Dienstleistungen verpflichtet, muss allerdings nicht für den Eintritt des mit diesen seitens seines Vertragspartners letztlich bezweckten Erfolgs einstehen.

10 **b) Auftrag (§§ 662 ff.).** Der Auftrag ist nach § 662 dadurch gekennzeichnet, dass der Beauftragte das ihm vom Auftraggeber übertragene Geschäft **unentgeltlich** übernimmt. Der Dienstvertrag unterscheidet sich daher vom Auftrag durch die Entgeltlichkeit der zu erbringenden Dienstleistung[4]. Zwar legt die Formulierung des § 612 den Schluss nahe, dass der Gesetzgeber auch unentgeltliche Dienstverträge für möglich gehalten hat. Auf dieser Prämisse wäre eine Abgrenzung von Dienstvertrag und Auftrag jedoch nicht möglich; insb. scheidet dann eine Differenzierung nach der Art der erbrachten Dienstleistung aus, da sich der Dienstvertrag nach § 611 II auf Dienste jeder Art beziehen kann; s. auch § 612 Rz. 8.

11 **c) Geschäftsbesorgung (§ 675).** Gemäß § 675 finden auf einen Dienst- oder Werkvertrag, der eine Geschäftsbesorgung zum Gegenstand hat, grds. die dem Auftragsrecht entstammenden Vorschriften der §§ 663, 664–670, und 672–674 entsprechende Anwendung. Die hM sieht im Geschäftsbesorgungsvertrag einen eigenständigen Vertragstyp, unter den eine Vielzahl verschiedener, praktisch äußerst wichtiger Vertragsformen gefasst wird (zB Bankverträge und Finanzierungsverträge wie Factoring oder Leasing; Beratungs-, Betreuungs- und Verwaltungsverträge wie Verträge mit Rechtsanwälten, Steuerberatern oder Architekten; Vertriebs- und Zulieferverträge)[5]. Vom Auftrag soll sich die Geschäftsbesorgung durch die Entgeltlichkeit der erbrachten Dienstleistung unterscheiden, vom Dienst- oder Werkvertrag durch das in § 675 genannte Tatbestandsmerkmal, dass der Vertrag eine **Geschäftsbesorgung zum Gegenstand** hat. Der Begriff der Geschäftsbesorgung in § 675 sei von demjenigen in § 662 verschieden (sog. Trennungstheorie)[6]. Geschäftsbesorgung iSd. § 675 sei jede selbständige Tätigkeit wirtschaftl. Art, die nicht in einer bloßen Leistung an einen anderen, sondern in der Wahrnehmung seiner Vermögensinteressen bestehe[7]. Die Position der hM ist allerdings nicht unbestritten. Nach der sog. Einheitstheorie[8], der auch die frühere Rspr. des BAG zuneigte[9], hat jeder Dienst- oder Werkvertrag eine Geschäftsbesorgung zum Gegenstand, so dass die Unterscheidung zwischen Dienst- oder Werkverträgen mit und ohne Geschäftsbesorgungsnatur obsolet ist. Der dogmatische Streit hat insofern praktische Auswirkungen, als die Einheitstheorie zu einer weiter reichenden Anwendbarkeit auftragsrechtl. Vorschriften führt. Konkret im Bereich des Arbeitsrechts ist die Praxisrelevanz der Auseinandersetzung indessen gering, da die analoge Anwendbarkeit sämtlicher in § 675 genannten Vorschriften im Rahmen des Arbeitsverhältnisses in der Rspr. anerkannt ist[10].

12 **d) Dienstleistungen auf gesellschafts- oder vereinsrechtlicher Grundlage.** Wird ein Gesellschafter für die Gesellschaft oder ein Mitglied für den Verein tätig, kann dies entweder auf einem (gesonderten) Dienst- oder Arbeitsverhältnis oder aber auf dem Gesellschafts- bzw. Mitgliedschaftsverhältnis als solchem beruhen. Nach § 705 verpflichten sich die Gesellschafter durch Abschluss des Gesellschaftsvertrags gegenseitig, die Erreichung des gemeins. Zwecks in der durch den Vertrag bestimmten Weise zu fördern, insb. die vereinbarten Beiträge zu leisten. § 706 III sieht vor, dass der Beitrag eines Gesellschafters auch in der Leistung von Diensten bestehen kann[11]; die für die BGB-Gesellschaft geltende Vorschrift greift ebenso für die OHG (§ 105 II HGB), die KG (§§ 105 II, 161 II HGB) sowie für die stille

1 BGH v. 1.2.1989 – IVa ZR 354/87, BGHZ 106, 341; OLG Karlsruhe v. 21.2.1985 – 4 U 207/83, NJW 1985, 2035; aA OLG Bamberg v. 21.11.1983 – 4 U 91/83, NJW 1984, 1466. | 2 Ausf. mit einzelnen Beispielen Soergel/*Kraft*, Vor § 611 BGB Rz. 40 ff.; MüKo/*Müller-Glöge*, § 631 BGB Rz. 7 ff. | 3 Staudinger/*Richardi*, Vor § 611 BGB Rz. 40; MüKo/*Müller-Glöge*, § 611 BGB Rz. 26. | 4 Staudinger/*Richardi*, Vor § 611 BGB Rz. 65 f.; Soergel/*Kraft*, Vor § 611 BGB Rz. 47; Erman/*Edenfeld*, § 611 BGB Rz. 18; ErfK/*Preis*, § 611 BGB Rz. 28; aA MüKo/*Müller-Glöge*, § 611 BGB Rz. 34 und § 662 BGB Rz. 10. | 5 Einzelne Beispiele bei Staudinger/*Martinek*, § 675 BGB Rz. B 1 ff. | 6 Staudinger/*Martinek*, § 675 BGB Rz. A 6 ff. mwN. | 7 BGH v. 11.11.1958 – I ZR 152/57, DB 1959, 167 (168); v. 25.4.1966 – VII ZR 120/65, BGHZ 45, 223 (228); Staudinger/*Martinek*, § 675 BGB Rz. A 9; Staudinger/*Richardi*, Vor §§ 611 ff. BGB Rz. 68. | 8 Ausf. MüKo/*Heermann*, § 675 BGB Rz. 2 ff.; MüKo/*Müller-Glöge*, § 611 BGB Rz. 32; grundl. *Isele*, Geschäftsbesorgung, 1936, insb. S. 95; Staudinger/*Nipperdey*, 11. Aufl., § 675 BGB Rz. 2 ff. | 9 BAG v. 10.5.1957 – 2 AZR 55/56, BAGE 9, 105 (110); v. 10.11.1961 – GS 1/60, BAGE 12, 15 (27). | 10 MüKo/*Müller-Glöge*, § 611 BGB Rz. 33; Soergel/*Kraft*, Vor § 611 BGB Rz. 47; ErfK/*Preis*, § 611 BGB Rz. 30 f.; *Reichold*, NZA 1994, 488 ff. | 11 Ausf. *Diller*, Gesellschafter und Gesellschaftsorgane als Arbeitnehmer, 1994, S. 274 ff.

Gesellschaft[1]. Bei der GmbH besteht die Besonderheit, dass Dienstleistungen nach hM nur als gesellschaftsrechtl. Nebenleistungen, nicht aber als Einlagen vereinbart werden können[2]. Neben der Erbringung des Gesellschafterbeitrags in Form von Dienstleistungen kommt in Betracht, dass der Gesellschaftsvertrag den Rechtsgrund für die Leistung von Diensten bildet, die im Rahmen der den Gesellschafter nach § 705 treffenden allgemeinen Pflicht zur Förderung der Gesellschaft erbracht werden[3]. Ein Verein kann in seiner Satzung die Leistung von Diensten in persönlicher Abhängigkeit als Mitgliedsbeitrag vorsehen. Vereinsrechtl. Arbeitspflichten dürfen aber nicht gegen §§ 134, 138 BGB verstoßen und damit zwingende arbeitsrechtl. Schutzbestimmungen umgehen (s. auch Rz. 36)[4].

Ob Grundlage für die erbrachten Dienste der Gesellschaftsvertrag oder ein Dienst- oder Arbeitsvertrag ist, muss durch Auslegung der vertragl. Abreden zwischen den Parteien ermittelt werden. Entscheidend für die Abgrenzung ist die **unterschiedliche Zwecksetzung** von Gesellschaftsvertrag und Dienstvertrag[5]: Wird die Erbringung von Diensten im Gesellschaftsvertrag zugesagt, erfolgt dies als Beitrag zur Förderung des gemeins. Gesellschaftszwecks, ohne dass für die Dienstleistung ein Entgelt vereinbart wird. Dem Gesellschafter, der die Dienste erbringt, wird stattdessen ebenfalls ein Beitrag zugesagt, der gleichermaßen in einer Leistung besteht, die allerdings nicht für ihn selbst bestimmt ist, sondern der Förderung des Gesellschaftszwecks dienen soll. Beide Leistungen sind also auf das gleiche Ziel gerichtet. Es ist typisch für die Gesellschaft, dass durch die gemeins. Zweckverfolgung eine Vermögensgemeinschaft unter den Gesellschaftern entsteht (Gesamthand); eine Ausnahme bildet insoweit die stille Gesellschaft gem. §§ 230 ff. HGB als reine Innengesellschaft. Demgegenüber stellt der Dienstvertrag einen gegenseitigen **Austauschvertrag** dar, auf Grund dessen sich eine Partei zur Erbringung der Dienste, die andere zur Zahlung eines Entgelts verpflichtet. Bei der Gesellschaft tritt an die Stelle dieses Entgeltverhältnisses ein durch die gegenseitige Verpflichtung der Gesellschafter, den Gesellschaftszweck zu erreichen, begründetes Abhängigkeitsverhältnis, welches dem Gesellschaftsvertrag zu einem schuldrechtl. Vertrag mit personenrechtl. Einschlag macht. 13

Durch die Gesellschafterstellung wird allerdings nicht ausgeschlossen, dass ein Gesellschafter **zusätzlich in ein Dienst- oder Arbeitsverhältnis zur Gesellschaft** tritt; das gilt unabhängig davon, ob es sich um eine Kapital- oder Personengesellschaft handelt. In der Entscheidung, ob Dienste allein auf gesellschaftsrechtl. Grundlage erbracht werden oder zusätzlich ein Dienst- oder Arbeitsverhältnis begründet wird, sind die Parteien weitgehend frei[6]. Liegt ein separates Arbeitsverhältnis vor, finden auf dieses die allgemeinen arbeitsrechtl. Schutzvorschriften Anwendung; sie greifen hingegen nicht, wenn Dienstleistungen auf Grund des Gesellschaftsvertrags erbracht werden. Ob zwischen Gesellschafter und Gesellschaft ein separates Dienst- oder Arbeitsverhältnis geschlossen wurde, ist in jedem Einzelfall unter Beachtung seiner tatsächlichen Besonderheiten zu ermitteln[7], wobei die Abgrenzung zwischen Dienst- oder Arbeitsvertrag anhand der allgemeinen, die ArbN-Eigenschaft charakterisierenden Kriterien vorzunehmen ist (Rz. 19 ff.). Für die Annahme eines separaten Dienst- oder Arbeitsverhältnisses spricht, wenn der Gesellschafter auf Grund des Gesellschaftsvertrags nicht zur Erbringung von Dienstleistungen verpflichtet ist, wie dies bei einem Kommanditisten der Fall ist[8]. Wer an Gewinn und stillen Reserven beteiligt ist, gesellschaftsrechtl. Bestandsschutz genießt und Mitsprache- sowie Informationsrechte hat, ist Gesellschafter und – vorbehaltlich einer gesonderten Vereinbarung – nicht ArbN[9]. Wird ein separater Dienst- oder Arbeitsvertrag geschlossen, führt dies nicht zum Erlöschen der gesellschaftsrechtl. Dienstverpflichtung und Dienstberechtigung[10]. **Einzelheiten** in der Rspr. s. Rz. 95 f., 114. 14

e) Dienstverschaffungsvertrag. Der Dienstverschaffungsvertrag ist im BGB nicht gesondert geregelt; er unterfällt ebenso nicht § 611. In ihm verpflichtet sich der Schuldner nicht wie beim Dienstvertrag zur persönlichen (§ 613) Erbringung einer Dienstleistung, sondern dazu, seinem Vertragspartner Dienste eines anderen oder mehrerer anderer Personen zu beschaffen[11]. Die Dienste, die verschafft werden sollen, können sowohl im Rahmen eines freien Dienstvertrags oder auf Grund eines Arbeitsvertrags erbracht werden[12]. Zu unterscheiden ist der Dienstverschaffungsvertrag von der Arbeitsvermittlung oder dem Abschluss eines Dienstvertrages durch einen Vertreter des Dienstberechtigten[13]. Die Abgrenzung zwi- 15

1 Dazu *Loritz*, Die Mitarbeit Unternehmensbeteiligter, 1984, S. 62 mwN. | 2 Erman/*Edenfeld*, § 611 BGB Rz. 20 mwN; *Diller*, Gesellschafter und Gesellschaftsorgane als Arbeitnehmer, 1994, S. 277, s. auch *v. Hoyningen-Huene*, NJW 2000, 3233. | 3 MüKo/*Müller-Glöge*, § 611 BGB Rz. 27; ErfK/*Preis*, § 611 BGB Rz. 22. | 4 BAG v. 26.9.2002 – 5 AZB 19/01, AP Nr. 83 zu § 2 ArbGG 1979. | 5 Dazu Staudinger/*Richardi*, Vor §§ 611 ff. BGB Rz. 72 ff.; Soergel/*Kraft*, Vor § 611 BGB Rz. 48. | 6 BAG v. 22.3.1995 – 5 AZB 21/94, EzA Art. 140 GG Nr. 26; v. 6.7.1995 – 5 AZB 9/93, EzA § 5 ArbGG 1979 Nr. 11; v. 11.5.1978 – 3 AZR 21/77, AP Nr. 2 zu § 161 HGB; v. 18.2.1956 – 2 AZR 294/54, AP Nr. 1 zu § 5 ArbGG 1953; v. 3.6.1975 – 1 ABR 98/74, AP Nr. 1 zu § 5 BetrVG 1972 – Rotes Kreuz; v. 10.5.1990 – 2 AZR 607/89, EzA § 611 BGB – Arbeitnehmerbegriff Nr. 36. | 7 LAG Bremen v. 29.3.1957 – II Sa 5/57, AP Nr. 1 zu § 611 BGB –Arbeits- und Gesellschaftsverhältnis; Soergel/*Kraft*, Vor § 611 BGB Rz. 48; ErfK/*Preis*, § 611 BGB Rz. 23. | 8 LAG Berlin v. 26.3.2003 – 5 Ta 1306/01 LAGReport 2003, 191; Staudinger/*Richardi*, Vor §§ 611 ff. BGB Rz. 76; MüKo/*Müller-Glöge*, § 611 BGB Rz. 28; *G. Hueck*, DB 1962, 1363 ff. | 9 Erman/*Edenfeld*, § 611 BGB Rz. 20; ErfK/*Preis*, § 611 BGB Rz. 23; *Loritz*, Die Mitarbeit Unternehmensbeteiligter, 1984, S. 405. | 10 BAG v. 11.5.1978 – 3 AZR 21/77, AP Nr. 2 zu § 161 HGB; ErfK/*Preis*, § 611 BGB Rz. 24. | 11 BAG v. 1.2.1973 – 5 AZR 382/72, AP Nr. 29 zu § 615 BGB – Betriebsrisiko; MüKo/*Müller-Glöge*, § 611 BGB Rz. 35; *Schaub*, ArbRHdb, § 36 VI Rz. 33. | 12 ErfK/*Preis*, § 611 BGB Rz. 34. | 13 Soergel/*Kraft*, Vor § 611 BGB Rz. 49.

schen einem Dienstvertrag und einem Dienstverschaffungsvertrag erfolgt letztlich danach, von welcher Person das Weisungsrecht denjenigen Personen gegenüber ausgeübt wird, welche die Dienste erbringen[1]: Wenn der Unternehmer die zur Erbringung der Leistungen notwendigen Handlungen selbst organisiert und, sofern er sich dabei Erfüllungsgehilfen bedient, diesen gegenüber Weisungen erteilt, liegt ein Dienstvertrag vor. In diesem Fall ist der Unternehmer dem Vertragspartner gegenüber für die Erfüllung der vertragl. vereinbarten Dienstleistungen verantwortlich[2]. Werden dem Vertragspartner hingegen lediglich geeignete Arbeitskräfte gestellt, die dieser sodann nach seinen Bedürfnissen und betrieblichen Erfordernissen in seinem Betrieb einsetzen und denen gegenüber er Weisungen erteilen kann, handelt es sich um einen Dienstverschaffungsvertrag. Auf Grund eines solchen ist der Schuldner nicht dafür verantwortlich, dass die überlassenen Arbeitskräfte ordentl. Arbeit leisten; er hat vielmehr lediglich für die Eignung der Arbeitskräfte für die im Vertrag vorgesehenen Dienstleistungen einzustehen[3]. **Die in der Praxis häufigsten Fälle** von Dienstverschaffungsverträgen sind Verträge über die Überlassung von Maschinen mit dazugehörigem Bedienungs- oder Wartungspersonal[4], die Vermietung bemannter Fahrzeuge[5], Verträge mit einer Eigengruppe (zB Musikkapelle)[6], Schwesterngestellungsverträge[7] und allgemein alle Verträge zwischen Verleiher und Entleiher im Rahmen der gewerblichen AÜ nach dem AÜG („Zeitarbeit")[8]. Von der sog. „unechten" Leiharbeit nach dem AÜG zu unterscheiden ist die sog. „echte" Leiharbeit, dh. die bloß gelegentliche Überlassung eines ArbN an einen anderen ArbGeb. Die Unterscheidung hat anhand des Kriteriums der Gewerbsmäßigkeit zu erfolgen (§ 1 I 1 AÜG); dieses setzt eine nicht nur gelegentliche, sondern auf eine gewisse Dauer angelegte und auf die Erzielung unmittelbarer oder mittelbarer wirtschaftl. Vorteile gerichtete selbständige Tätigkeit voraus (dazu näher § 1 AÜG Rz. 12)[9]. Für die „unechte" Leiharbeit gelten die Sonderregelungen des AÜG, für die „echte" Leiharbeit ausschließlich die allgemeinen Grundsätze über Dienstverschaffungsverträge.

16 **f) Vertragshändlervertrag und Franchising.** Durch einen Vertragshändlervertrag verpflichten sich Kaufleute, von dem Vertragspartner (meist ein Hersteller oder Importeur) bezogene Waren im eigenen Namen und für eigene Rechnung zu vertreiben. Die Rspr. kategorisiert den Vertragshändlervertrag als **Rahmenvertrag sui generis**[10]; er wird allerdings durch viele Elemente eines auf eine Geschäftsbesorgung gerichteten Dienstvertrages gekennzeichnet[11].

17 Das **Franchising** ist eine besondere Variante des Vertragshändlervertrags[12], bei der, jedenfalls idR, dienstvertragl. Elemente mit dem Recht zur Führung bestimmter Marken kombiniert werden. Art. 1 Nr. 3a EG-VO 4087/88 vom 30.11.1988[13] definiert als Franchise eine Gesamtheit von Rechten an gewerblichem oder geistigem Eigentum wie Warenzeichen, Handelsnamen, Ladenschilder, Gebrauchsmuster, Geschmacksmuster, Urheberrechte, Know-how oder Patente, die zum Zwecke des Weiterverkaufs von Waren und Dienstleistungen oder der Erbringung von Dienstleistungen an Endverbraucher genutzt werden. Auf Grund des Franchisevertrags, durch den zwischen den Vertragsparteien ein Dauerschuldverhältnis begründet wird, erhält der Franchisenehmer die Erlaubnis, die eingeräumten Rechte zum Zweck der Vermarktung bestimmter Waren oder Dienstleistungen zu nutzen. Als Gegenleistung lässt sich der Franchisegeber idR eine Festgebühr bei Vertragsschluss sowie eine laufende umsatzabhängige Franchisegebühr versprechen. Abhängig von der näheren Ausgestaltung des Vertragsverhältnisses im Hinblick auf die Kontrolle des Franchisegebers über den Franchisenehmer sind zwei verschiedenen Formen des Franchising zu unterscheiden[14]: Beim sog. **Subordinations-Franchising** verpflichtet sich der Franchisenehmer zur Absatzförderung nach Vorgaben und Anweisungen des Franchisegebers; dies ist die in der Praxis am häufigsten vorkommende Form des Franchising. Die Kontrollrechte des Franchisegebers dienen dazu, die Einheitlichkeit des Waren- oder Dienstleistungsvertriebs sicherzustellen. Das sog. **Partnerschafts-Franchising** stellt hingegen eine kooperative, nicht durch einseitige Kontrollrechte geprägte Form der Zusammenarbeit mit gemeins. Interessenverfolgung dar. Insb. beim Subordinations-Franchising stellt sich die Frage, ob der Franchisenehmer als ArbN einzuordnen ist. Dies ist im Einzelfall anhand der allgemeinen, die ArbN-Eigenschaft begründenden Kriterien zu beurteilen; allein die auf die Wahrung der Einheitlichkeit des Waren- oder Dienstleistungsvertriebs gerichteten, Franchising-typischen Kontrollrechte reichen zur Begründung der ArbN-Stellung nicht aus[15]. Zur **Rspr.** s. Rz. 114.

---

1 MüKo/*Müller-Glöge*, § 611 BGB Rz. 36. | 2 BAG v. 8.11.1978 – 5 AZR 261/77, NJW 1979, 2636; v. 30.1.1991 – 7 AZR 497/89, AP Nr. 8 zu § 10 AÜG; v. 31.3.1993 – 7 AZR 338/92, AP Nr. 2 zu § 9 AÜG. | 3 BGH v. 9.3.1971 – VI ZR 138/69, NJW 1971, 1129; v. 13.5.1975 – VI ZR 247/73, NJW 1975, 1695; BAG v. 31.3.1993 – 7 AZR 338/92, AP Nr. 2 zu § 9 AÜG; dazu auch Soergel/*Kraft*, Vor § 611 BGB Rz. 50; ErfK/*Preis*, § 611 BGB Rz. 35; *Walker*, AcP 194 (195), 295 (298); *Becker*, NJW 1976, 1827. | 4 BAG v. 17.2.1993 – 7 AZR 167/92, AP Nr. 9 zu § 19 AÜG; OLG Frankfurt v. 9.5.2003 – 2 U 122/02, IBR 2004, 133; OLG Düsseldorf v. 29.10.1993 – 22 U 83/93, NJW-RR 1995, 160. | 5 RG v. 1.7.1908 – Rep. I 463/07, RGZ 69, 127 (129). | 6 LAG Frankfurt v. 18.6.1952 – IV/II LA 324/50, BB 1952, 691. | 7 LAG Hamm v. 9.10.1972 – 8 Sa 448/71, DB 1972, 295; MüKo/*Müller-Glöge*, § 611 BGB Rz. 38; Soergel/*Kraft*, Vor § 611 BGB Rz. 49; *Schaub*, ArbRHdb, § 36 VI Rz. 33. | 8 MüKo/*Müller-Glöge*, § 611 BGB Rz. 38; Soergel/*Kraft*, Vor § 611 BGB Rz. 49; ErfK/*Preis*, § 611 BGB Rz. 34; aA *Schaub*, ArbRHdb, § 36 VI Rz. 33. | 9 ErfK/*Wank*, § 1 AÜG Rz. 41 f. | 10 Grundl. BGH v. 11.12.1958 – II ZR 73/57, BGHZ 29, 83; v. 9.10.2002 – VIII ZR 95/01, BB 2002, 2520. | 11 Erman/*Edenfeld*, § 611 BGB Rz. 41; *Ulmer*, Der Vertragshändler, 1969, S. 315 ff.; *v. Westphalen*, NJW 1982, 2465. | 12 Erman/*Edenfeld*, § 611 BGB Rz. 44; ErfK/*Preis*, § 611 BGB Rz. 38. | 13 ABl. EG L 359, S. 46. | 14 Dazu Staudinger/*Richardi*, Vor § 611 ff. BGB Rz. 93; *Ekkenga*, Die Inhaltskontrolle von Franchise-Verträgen, 1990, S. 28 ff. | 15 Staudinger/*Richardi*, Vor § 611 ff. BGB Rz. 94.

2. Freier Dienstvertrag und unselbständiger Arbeitsvertrag. Die Vorschriften in §§ 611 ff. gelten sowohl für den freien Dienstvertrag (in der Terminologie der Praxis zumeist „Freier Mitarbeiter Vertrag") als auch für den unselbständigen Arbeitsvertrag. Der Arbeitsvertrag hat im BGB keine besondere Regelung gefunden; es handelt sich um einen Unterfall des Dienstvertrags[1]. Auch fehlt bis heute – trotz einiger Entwürfe – ein einheitliches Arbeitsgesetzbuch. Die Besonderheiten des Arbeitsverhältnisses werden durch eine Vielzahl verschiedener arbeitsrechtl. Kodifikationen geregelt. Neben diesen kann, soweit sie keine oder keine abweichenden Regelungen enthalten, stets auf die allgemeinen Normen der §§ 611 ff. zurückgegriffen werden. In den §§ 611 ff. finden sich auch einige Vorschriften, die explizit den Begriff des ArbN verwenden und deren Anwendbarkeit damit das Bestehen eines Arbeitsverhältnisses voraussetzt; für den freien Dienstvertrag mit einem Selbständigen greifen sie hingegen nicht ein. Hierbei handelt es sich um die §§ 612a, 613a. Der Geltungsbereich der genannten Normen des BGB sowie der weiteren arbeitsrechtl. Spezialregelungen hängt davon ab, wie der Begriff des ArbN zu definieren ist. Eine gesetzl. Definition fehlt. Das BGB benutzt den Terminus, ohne ihn zu erläutern. In anderen Gesetzen wird der ArbN-Begriff teilweise mit der Formulierung „Arbeiter und Angestellte einschließlich der zu ihrer Berufsausbildung Beschäftigten" umschrieben (so § 5 I BetrVG, § 17 I 1 BetrAVG; vgl. auch § 2 S. 1 BUrlG, § 5 I 1 ArbGG); eine Begriffsbestimmung wird hierdurch jedoch ebenfalls nicht ermöglicht. Sie ist Rspr. und Wissenschaft überlassen. 18

III. Geltungsbereich des Arbeitsrechts: Der Arbeitnehmerbegriff. 1. Arbeits-, sozial- und steuerrechtlicher Arbeitnehmerbegriff. Das Problem, den Begriff des ArbN zu definieren, stellt sich nicht nur im Arbeitsrecht, sondern in ähnlicher Form auch im SozV-Recht und Steuerrecht. Grundnorm des **SozV-Rechts** ist § 7 SGB IV. In dessen Abs. 1 ist als sozialversicherungspflichtige Beschäftigung die nichtselbständige Arbeit insb. in einem Arbeitsverhältnis umschrieben. Die Formulierung der Vorschrift („insbesondere") zeigt, dass die arbeitsrechtl. Bestimmung der ArbN-Eigenschaft nicht zwingend mit derjenigen eines sozialversicherungsrechtl. Beschäftigungsverhältnisses übereinstimmt[2]. Dies gilt insb. in Ansehung der durch das Gesetz zu Korrekturen in der Sozialversicherung und zur Sicherung der ArbN-Rechte vom 19.12.1998 (sog. „Scheinselbständigkeitsgesetz") eingefügte Vermutungsregel in § 7 IV SGB IV, die inzwischen durch das Erste Gesetz für moderne Dienstleistungen am Arbeitsmarkt vom 23.12.2002 (BGBl. I S. 4607) wieder abgeschafft wurde. Dort war angeordnet, dass bei Vorliegen von mindestens drei der genannten fünf Merkmale eine sozialversicherungsrechtl. Beschäftigung vermutet wird; wie in § 7 IV 3 SGB IV klargestellt wurde, konnte die Vermutung widerlegt werden. Für die arbeitsrechtl. Bestimmung der ArbN-Eigenschaft war die Regelung jedoch argumentativ nicht heranzuziehen[3]. Die genannten Kriterien sind nicht mit dem in der arbeitsgerichtl. Rspr. in Jahrzehnten herausgearbeiteten Prüfprogramm, mithilfe dessen der personelle Geltungsbereich des Arbeitsrechts zu bestimmen ist, identisch. In diese Abgrenzung wollte der Gesetzgeber, wie allein der sozialversicherungsrechtl. Standort der Vorschrift zeigt, auch gar nicht eingreifen; er hat sich zur Bewältigung des Problems der sog. „Scheinselbständigkeit" vielmehr auf eine kleine, dh. bloß sozialversicherungsrechtl. Lösung beschränkt. 19

Im **Steuerrecht** wird zwischen Einkünften aus selbständiger und nichtselbständiger Arbeit (vgl. § 19 EStG) unterschieden; bei Letzterer ist der ArbGeb verpflichtet, die LSt des ArbN einzubehalten und an die zuständige Finanzbehörde abzuführen (sog. LStAbzugsverfahren). Der Begriff der unselbständigen Tätigkeit ist in § 1 I LStDV inhaltlich in Anlehnung an den arbeitsrechtl. ArbN-Begriff definiert, wobei jedoch anerkannt ist, dass die Vorschrift eine eigenständige ArbN-Definition statuiert, die sich nicht durch die Aufzählung bestimmter Merkmale festlegen lässt, sondern im Einzelfall durch eine Gesamtwürdigung der Verhältnisse bestimmt wird[4] und nicht mit dem arbeits- und sozialversicherungsrechtl. ArbN-Begriff übereinstimmen muss[5]. Dies zeigt sich insb. darin, dass freie Mitarbeiter grds. als nichtselbständig iSd. Steuerrechts erachtet werden, es sei denn, dass sie nur für einzelne Produktionen tätig werden; eine von vorneherein auf Dauer angelegte Tätigkeit sei in jedem Fall als nichtselbständig zu erachten[6]. Nach arbeitsrechtl. Kategorisierung werden sie, sofern die Voraussetzungen des ArbN-Begriffs nicht vorliegen (Rz. 29 ff.), hingegen trotz des Dauercharakters des Vertragsverhältnisses als freie Dienstnehmer iSd. § 611 angesehen und unterfallen nicht dem arbeitsrechtl. Schutz. 20

2. Einheitlicher Arbeitnehmerbegriff im Arbeitsrecht. Innerhalb des Arbeitsrechts geht die hM von einem einheitlichen ArbN-Begriff aus[7]. Bei seiner Bestimmung im Einzelfall wird also nicht in Abhängigkeit vom jeweiligen Gesetz, dessen Anwendbarkeit infrage steht, differenziert, es sei denn, der persön- 21

1 MünchArbR/*Richardi*, § 6 Rz. 2 ff.; ErfK/*Preis*, § 611 BGB Rz. 1; *Preis*, Vertragsgestaltung im Arbeitsrecht, 1992, S. 11. | 2 *Brand*, Zur sozialversicherungsrechtlichen Begriffsbestimmung, NZS 1997, 552; *Kretschmer*, RdA 1997, 327. | 3 *Buchner*, DB 1999, 146 (151). | 4 BFH v. 20.12.2004 – VI B 137/03, BFH/NV 2005, 552. | 5 BFH v. 9.11.2004 – VI B 150/03, nv.; v. 2.12.1998 – X R 83/96, BStBl II 99, 534; v. 2.12.1998 – X R 83/96, DStR 1999, 711; v. 14.12.1978 – I R 121/76, BStBl II 79, 188; ErfK/*Preis*, § 611 BGB Rz. 124. | 6 Vgl. Erlass des Bundesministers der Finanzen über den Steuerabzug und Arbeitslohn bei unbeschränkt einkommenssteuerpflichtigen Künstlern und verwandten Berufen, BStBl 1990, 638. | 7 BAG v. 25.3.1992 – ABR 52/91, AP Nr. 48 zu § 5 BetrVG 1972; ErfK/*Preis*, § 611 BGB Rz. 45. Anders das Ausland, s. für das US-amerikanische Recht *Thüsing*, NZA 1999, 636.

liche Anwendungsbereich der jeweiligen Kodifikation ist vom Gesetzgeber durch eine gesonderte Regelung speziell zugeschnitten worden (zB § 5 II und III BetrVG). Selbstverständlich ist dies allerdings nicht. Den jeweiligen arbeitsrechtl. Gesetzen liegen, wenngleich das Arbeitsrecht allgemein und generalisierend als Schutzrecht der abhängig Beschäftigten bezeichnet wird (s. Rz. 1 f.), der ArbN-Schutz also als allumspannender Zweck des Arbeitsrechts angesehen werden kann, im Detail durchaus unterschiedliche Schutzrichtungen zugrunde. Die Zielsetzung vieler arbeitsrechtl. Gesetzgebungswerke und richterrechtl. ausgeformter Institute lässt sich zusammenfassend dahingehend umschreiben, dass sie dem Schutz der Persönlichkeit der ArbN dienen; das Arbeitsrecht kann also umgekehrt weitgehend als **Konkretisierung des Persönlichkeitsschutzes der ArbN** charakterisiert werden[1]. Bei anderen Gesetzen steht hingegen mehr die Erhaltung der wirtschaftl. Existenz der ArbN im Vordergrund. Das gilt zB für das EFZG, nach überwiegender Meinung auch mit Blick auf das KSchG[2].

22 Im Hinblick auf das **kollektive Arbeitsrecht** wird der Gedanke des ArbN-Schutzes ebenso generalisierend als ein prägendes Grundprinzip bezeichnet[3], wenngleich auch insoweit im Detail hinsichtlich der Zwecksetzung von TV- und Betriebsverfassungsrecht differenziert werden muss. Die beiden Spielarten kollektiver Interessenvertretung der ArbN verdanken ihr Entstehen historisch betrachtet der mangelnden Eignung des Individualvertrags als Gestaltungsmittel des Arbeitslebens, die sich in einer doppelten Unterlegenheit des ArbN im Verhältnis zum ArbGeb manifestiert hat. Obwohl der Inhalt des Arbeitsvertrags Gegenstand freier Übereinkunft sein soll, war es dem ArbGeb auf Grund seiner wirtschaftl. Machtposition faktisch möglich, die Lohn- und Arbeitsbedingungen einseitig zu diktieren. Um diese wirtschaftl. Abhängigkeit aufseiten des ArbN zu kompensieren, mussten sich Gewerkschaften bilden, ihre Rechte in blutigen Streiks erkämpfen und ist am Ende der geschichtlichen Entwicklung die Tarifautonomie entstanden, durch welche die fehlende materielle Vertragsgerechtigkeit des Individualarbeitsvertrags zu Gunsten der ArbN auf kollektiver Ebene wiederhergestellt wurde[4]. Das TV-Recht dient daher mit anderen Worten einem wirtschaftl. geprägten Schutzauftrag[5]. Historisches Ziel der betrieblichen Mitbest. war hingegen, das im Hinblick auf formelle Arbeitsbedingungen, dh. solche Regelungsgegenstände, die aus organisatorischen Gründen innerhalb eines arbeitsteiligen Produktionsverbands einer einheitlichen Reglementierung bedürfen, dem ArbGeb von der Rechtsordnung zuerkannte Direktionsrecht zu beschränken. Durch die betriebliche Mitbest. werden einseitig vom ArbGeb erlassene Regelungen durch einvernehmlich-zweiseitige Vereinbarungen mit dem BR als Vertreter der ArbN-Interessen ersetzt[6]. Der Betriebsautonomie wird daher zu Recht neben oder an Stelle ihrer Schutzfunktion ein eigenständiger Teilhabe-[7] oder Integrationszweck[8] attestiert.

23 Die beispielhaft dargestellten Unterschiede in der Zielsetzung arbeitsrechtl. Kodifikationen und Institute könnten in das Tat dafür sprechen, mit der namentlich von *Richardi* vertretenen Literaturmeinung von einem unterschiedlichen, der jeweiligen Teleologie angepassten ArbN-Begriff auszugehen (s. Diskussion und Nachw. Rz. 25 ff.)[9]. Ob und inwieweit der gesetzl. Zweck eine **differenzierende Begriffsbestimmung** gebietet und wie diese auszusehen hat, müsste dann für jedes arbeitsrechtl. Gesetz oder Institut gesondert beurteilt werden. Unabhängig von den großen praktischen Schwierigkeiten einer solchen variierenden Festlegung des ArbN-Begriffs und der damit einhergehenden Rechtsunsicherheit spricht entscheidend gegen diese Vorgehensweise, dass der Arbeitsvertrag, auch wenn es an einer einheitlichen Kodifizierung fehlt, einen eigenständigen, einheitlichen Vertragstyp darstellt[10]. Diesen gilt es daher auch anhand einer einheitlichen Definition des ArbN-Begriffs zu charakterisieren, woran die Rechtsordnung sodann eine Vielzahl von unterschiedlichen, in zahlreichen Gesetzen verstreuten Rechtsregeln knüpft. Mit der hM ist davon auszugehen, dass der arbeitsrechtl. ArbN-Begriff durch alle gesetzl. Anwendungsbereiche hindurch identisch zu bestimmen ist.

24 **3. Merkmale des Arbeitsvertrags. a) Fehlende Legaldefinition – Ausgangspunkt von Rechtsprechung und Schrifttum.** Maßgebend für die Rspr. und das herrschende Schrifttum ist im Ausgangspunkt immer noch die erstmals von *Alfred Hueck* geprägte Begrifflichkeit, dass ArbN ist „wer auf Grund eines privat-

---

1 Dazu *Ehmann*, FS Wiese, 1998, S. 99 ff.; umfassend *Thees*, Das Arbeitnehmer-Persönlichkeitsrecht als Leitidee des Arbeitsrechts – Persönlichkeitsschutz und Persönlichkeitsentfaltung im Arbeitsverhältnis, 1995; dagegen *Wiese*, ZfA 1996, 439 (472). |2 S. zum KSchG *Löwisch*, Vor § 1 KSchG Rz. 2; APS/*Preis*, Grundlagen B Rz. 14; zum EFZG vgl. *Pallasch*, JA 1995, 897. |3 Grundl. *Hueck/Nipperdey*, Arbeitsrecht, Bd. I, 7. Aufl., S. 26; *Nikisch*, Arbeitsrecht, Bd. 1, S. 30; MünchArbR/*Richardi*, Bd. 3, § 233 Rz. 32. |4 BVerfG v. 26.6.1991 – 1 BVR 779/85, BVerfGE 84, 212 (229); MünchArbR/*Richardi*, Bd. 3, § 233 Rz. 32; *Konzen*, NZA 1995, 913 (914); *Fabricius*, FS Fechner, 1973, S. 171 (190); *Jahnke*, Tarifautonomie und Mitbestimmung, 1984, S. 126, *Lambrich*, Tarif- und Betriebsautonomie, 1999, S. 127. |5 *Jahnke*, Tarifautonomie und Mitbestimmung, 1984, S. 127. |6 *Kreutz*, Grenzen der Betriebsautonomie, 1979, S. 192 f.; *Hönn*, Kompensation gestörter Vertragsparität, 1982, S. 209; *Joost*, ZfA 1993, 257 (264). |7 GK-BetrVG/*Wiese*, Einl. Rz. 78; *Wiese*, Das Initiativrecht nach dem Betriebsverfassungsgesetz, 1977, S. 11; *Rieble*, Arbeitsmarkt und Wettbewerb, 1996, Rz. 1412. |8 *Richardi*, Kollektivgewalt und Individualwille bei der Gestaltung des Arbeitsverhältnisses, 1968, S. 292; *Adomeit*, Die Regelungsabrede als die neben der Betriebsvereinbarung zulässige Ausübungsform der Mitbestimmung in sozialen Angelegenheiten (§ 56 BetrVG, § 67 PersVG), 1961, S. 54 ff.; dagegen *Kreutz*, Grenzen der Betriebsautonomie, 1979, S. 239. |9 Staudinger/*Richardi*, Vor § 611 BGB Rz. 158 ff., insb. Rz. 163; MünchArbR/*Richardi*, § 26 Rz. 51; *Heinze*, NZA 1997, 1 (3). |10 So ErfK/*Preis*, § 611 BGB Rz. 45.

rechtl. Vertrages zur Arbeit im Dienst eines anderen verpflichtet ist“[1]. Die Definition ist weitgehend anerkannt, jedoch unvollkommen, denn sie deckt nicht die Maßstäbe auf, nach denen der Arbeitsvertrag vom sonstigen Dienstvertrag zu sondern ist, in welchem Maße die Arbeitsleistung selbständig oder unselbständig sein soll, damit davon gesprochen werden kann, der Arbeitsleistende stehe im Dienst eines anderen. Erforderlich sind ergänzende Überlegungen. Diese gehen in Rspr. und Schrifttum auseinander (s. Rz. 40 ff.).

b) Arbeitnehmerbegriff als zwingende gesetzliche Vorgabe – Folgen der Falschzuordnung. Wer ArbN 25 ist, steht damit grds. **nicht zur Disposition der Arbeitsvertrags- oder TV-Parteien**[2]. Eine von den arbeitsrechtl. Vorgaben abweichende Vereinbarung und Zuordnung des Rechtsverhältnisses ist unwirksam. Haben die Vertragsparteien allerdings das Dienstverhältnis eines freien Mitarbeiters ausdrücklich als Arbeitsverhältnis gewollt, so ist das Rechtsverhältnis als Arbeitsvertrag zu behandeln, auch wenn es sich um einen freien Dienstvertrag handelt[3]. Das Arbeitsrecht ist ArbN-Schutzrecht und darf dem ArbN nicht durch Vereinbarung genommen, wohl aber dem NichtArbN gegeben werden. Für den umgekehrten Fall, dass die Parteien ein Arbeitsverhältnis als freies Dienstverhältnis gewollt haben, führt jedoch die Fehlanordnung dazu, dass der bisher zu Unrecht nicht als ArbN Behandelte rückwirkend wie ein ArbN zu behandeln ist. In diesem Irrtum liegt für sich allein **kein Lösungsrecht** des ArbGeb begründet[4]. Eine **Anfechtung wegen Irrtums** scheidet als bloßer Rechtsfolgenirrtum aus[5]. Bei beidseitigem Irrtum mag im Einzelfall eine Kontrolle nach den Regeln des Wegfalls der Geschäftsgrundlage gem. § 313 möglich sein[6]. Auch hier sind die Möglichkeiten jedoch begrenzt. Allerdings ist die Möglichkeit der fristlosen Kündigung nicht das vorrangige Rechtsinstitut[7], weil diese nur zur Beendigung, nicht zur Vertragsanpassung führt. Diese ist als milderes und flexibleres Mittel vorzuziehen. Nach der Rspr. des BAG kann ein **Wegfall der Geschäftsgrundlage** bei einem beiderseitigen Irrtum in der Beurteilung der Rechtslage bei Abschluss des Vertrags vorliegen, wenn ohne diesen beiderseitigen Irrtum der Vertrag nicht, wie geschehen, geschlossen worden wäre. Eine Vertragspartei, die nach Aufklärung des Irrtums den Vorteil behalten will, der ihr im Widerspruch zu der wirklichen Rechtslage zufließen würde, handelt danach regelmäßig gegen Treu und Glauben[8].

Kommt es nach diesen Regeln zu einer **Vertragsanpassung**, wird diese regelmäßig nur auf die Zukunft 26 ausgerichtet sein; für die Vergangenheit sind Rückforderungsansprüche gegen den ArbN ausgeschlossen. Ein ArbN, der als vermeintlich freier Mitarbeiter ein höheres Gehalt bekam als seine als ArbN beschäftigten und nach TV entlohnten Kollegen, hat ebenfalls nur einen Anspruch auf Tariflohn[9]. Die Veränderung des rechtl. Status eines Mitarbeiters vom Selbständigen zum ArbN führt jedoch nicht ohne weiteres zur Unwirksamkeit einer bestehenden Vergütungsvereinbarung. Dies gilt regelmäßig nur dann, wenn der ArbGeb – wie insb. im öffentl. Dienst – Selbständige und freie Mitarbeiter in unterschiedlicher Form (Stundenpauschale bzw. Tarifgehalt) vergütet. Die für ein Dienstverhältnis getroffene Vergütungsabrede ist nicht allein deshalb unwirksam oder aus anderen Gründen unbeachtlich, weil das Rechtsverhältnis in Wahrheit ein Arbeitsverhältnis ist[10].

c) Nebeneinander und Übergang von arbeitsrechtlicher und nicht-arbeitsrechtlicher Beziehung. Die 27 Rspr. hat verschiedentlich anerkannt, dass neben einem nicht-arbeitsrechtl. Verhältnis, auf Grund dessen Arbeit erbracht wird, auch ein Arbeitsverhältnis bestehen kann. Im Verhältnis freier Dienstvertrag/ Arbeitsvertrag ist man zurückhaltend[11], umfassende Rspr. liegt aber zu den **Nebentätigkeiten von Beamten** vor. Die Gleichzeitigkeit von Beamten- und Arbeitsverhältnis ist nicht ausgeschlossen. Die Begründung eines Arbeitsverhältnisses neben dem fortbestehenden Beamtenverhältnis darf jedoch nicht zu einer Pflichtenkollision führen. Dies ist insb. bei Beurlaubung des Beamten sichergestellt[12]. Wird ein

1 *Hueck/Nipperdey*, Arbeitsrecht I, 1. Aufl. 1928, § 8 II, S. 33. Ebenso BAG v. 15.3.1978 – 5 AZR 819/76, AP Nr. 26 zu § 611 BGB – Arbeitsvertrag; v. 24.3.1992 – 9 AZR 76/91 DB 1992, 2352. Etwas anders damals *Kaskel*: Arbeitsrecht, S. 30: „Arbeitnehmer ist, wer auf Grund eines Vertrages unselbstāndig und für Rechnung eines anderen berufsmäßig Lohnarbeit verrichtet.“ | 2 BAG v. 22.3.1995 – 5 AZB 21/94, BAGE 79, 319; s. auch für den Begriff des Arbeitnehmerähnlichen BAG v. 2.10.1990 – 4 AZR 106/90, AP Nr. 1 zu § 12a TVG; v. 15.3.1978 – 5 AZR 819/76, BAGE 30, 163. | 3 BAG v. 13.3.1987 – 7 AZR 724/85, AP Nr. 37 zu § 1 KSchG 1969 – Betriebsbedingte Kündigung; v. 21.4.2005 – 2 AZR 125/04, AP Nr. 134 zu § 1 KSchG 1969 – Betriebsbedingte Kündigung; LAG Thür. v. 6.2.1998 – 8 Ta 205/97, NZA-RR 1998, 296. | 4 BAG v. 3.10.1975 – 5 AZR 445/74, AP Nr. 17 zu § 611 BGB – Abhängigkeit. | 5 MünchArbR/*Richardi*, § 23 Rz. 58; ErfK/*Preis*, § 611 BGB Rz. 122. | 6 BAG v. 9.7.1986 – 5 AZR 44/85, AP Nr. 7 zu § 242 BGB – Gleichbehandlung; v. 14.1.1988 – 8 AZR 238/85, NZA 1988, 803; abl. LAG Berlin v. 8.6.1993 – 15 Sa 31/92, NZA 1994, 512. | 7 BAG v. 9.7.1986 – 5 AZR 44/85, AP Nr. 7 zu § 242 BGB – Gleichbehandlung. | 8 BAG v. 9.7.1986 – 5 AZR 44/85, BAGE 52, 273. | 9 LAG Köln v. 17.10.1996 – 5 Sa 58/96, ARSt. 1997, 94. | 10 BAG v. 12.12.2001 – 5 AZR 257/00, AP Nr. 65 zu § 612 BGB in Abgrenzung zu BAG v. 21.11.2001 – 5 AZR 87/00, AP Nr. 63 zu § 612 BGB; s. auch BAG v. 12.1.2005 – 5 AZR 144/04, AP Nr. 69 zu § 612 BGB. | 11 S. aber LAG Köln v. 7.10.1998 – 2 Sa 623/98, ARSt. 1999, 111: Ist ein Mitarbeiter einer Rundfunkanstalt als Sprecher und Übersetzer tätig und verfasst er daneben Beiträge für Rundfunksendungen, so kann er als Sprecher und Übersetzer in einem Arbeitsverhältnis stehen und die Autorenleistungen in freier Mitarbeit bringen. Beide Rechtsverhältnisse können gleichzeitig und nebeneinander bestehen. | 12 BAG v. 9.12.1992 – 5 AZR 143/92, nv., unter II.3 d.Gr.; v. 4.12.1991 – 7 AZR 44/90, EzA § 620 BGB – Bedingung Nr. 10; *Lücke*, ZfPR 1999, 137 (139 f.); *Bolck*, ZTR 1994, 14 (15).

Beamter von seinem öffentl. Dienstherrn unter Fortzahlung des Gehalts „zur Dienstleistung" bei einer privaten Einrichtung beurlaubt, kann – je nach den Umständen des Einzelfalls – neben dem Beamtenverhältnis ein Arbeitsverhältnis mit der privaten Einrichtung zu Stande kommen[1]. Die Vorschrift des **§ 10 III BBG**, nach der ein privatrechtl. Arbeitsverhältnis zum Dienstherrn mit der Ernennung zum Beamten erlischt, hindert die Neubegründung eines Arbeitsverhältnisses zwischen Beamten und Dienstherrn dann nicht, wenn es sich um einen Beamten auf Widerruf handelt und dieser bei Vertragsabschluss aus dem Arbeitsverhältnis bis zur Beendigung des Beamtenverhältnisses auf Widerruf beurlaubt wird[2]. Das Arbeitsverhältnis fällt dann unter die allgemeinen arbeitsrechtl. Regeln, auch unter das KSchG[3].

28 Ist einmal ein Arbeitsverhältnis durch Arbeitsvertrag zu Stande gekommen, endet dies auch nicht dadurch, dass der ArbGeb von seinen Rechten keinen oder nur spärlichen Gebrauch macht[4]. Ein ArbN wird also nicht allein dadurch zum freien Mitarbeiter, dass der ArbGeb sein Weisungsrecht längere Zeit nicht ausübt. Soll ein **Arbeitsverhältnis in ein freies Mitarbeiterverhältnis umgewandelt** werden, so muss das unzweideutig vereinbart werden; eine bloße andere Bezeichnung des Rechtsverhältnisses reicht nicht aus. Die Bedingungen, unter denen die Dienste erbracht werden, müssen so gestaltet werden, dass eine Eingliederung in die fremde Arbeitsorganisation nicht mehr stattfindet, der Mitarbeiter also tatsächlich kein ArbN mehr ist[5].

29 **d) Privatrechtlicher Vertrag.** Erste Voraussetzung der ArbN-Eigenschaft ist, dass die Verpflichtung zur Arbeitsleistung durch einen privatrechtl. Vertrag begründet wird. Es ist für die Annahme der ArbN-Eigenschaft jedoch nicht entscheidend, ob der Arbeitsvertrag fehlerhaft zu Stande gekommen ist und daher nichtig ist oder angefochten wird (zum fehlerhaften bzw. faktischen Arbeitsvertrag s. § 119 BGB Rz. 15 ff.). Auf einen Vertragsschluss kann allein dann verzichtet werden, wenn Arbeitsverhältnisse durch Gesetz oder auf Grund eines Gesetzes begründet worden sind. Vorgesehen ist dies etwa in Art. 12a III 1 GG iVm. § 10 Arbeitssicherstellungsgesetz vom 9.7.1968 (BGBl. I S. 787) oder in § 10 AÜG. Hier wird der Vertragsschluss unter engen, verfassungsrechtl. zulässigen und gerichtlich überprüfbaren Voraussetzungen (§ 27 I ASiG) durch Hoheitsakt oder vom Gesetz selbst ersetzt. Die dadurch entstehende Privatrechtsbeziehung wird gesetzl. ausdrücklich als Arbeitsverhältnis bezeichnet.

30 **aa) Öffentlich-rechtliche Dienstverhältnisse.** Nicht zu den ArbN gehören damit die **Beamten, Richter** und **Soldaten**, deren Grundlage ein öffentl.-rechtl. Sonderstatusverhältnis ist[6]. Mit der Ernennung zum Beamten erlischt ein privatrechtl. Arbeitsverhältnis zum Dienstherrn (s. zB § 10 III BBG), es lebt auch im Falle der Rücknahme der Ernennung nicht wieder auf[7]. Auf der gleichen Linie liegt es, dass das BAG es abgelehnt hat, ein nichtiges Beamtenverhältnis gem. § 140 in ein Arbeitsverhältnis umzudeuten[8]. **Zivildienstleistende** (§ 25 WPflG iVm. dem Gesetz über den Zivildienst der Kriegsdienstverweigerer [Zivildienstgesetz – ZDG] idF vom 28.9.1994, BGBl. I S. 2811), auch wenn sie nicht-staatlichen Beschäftigungsstellen überlassen sind, werden auch auf Grund eines öffentl.-rechtl. Sonderverhältnisses tätig und sind daher keine ArbN. Kein ArbN ist auch derjenige, der Dienst im Rahmen des **freiwilligen sozialen Jahres** leistet; für ihn gelten arbeitsrechtl. Bestimmungen nur insoweit, als das Gesetz zur Förderung eines freiwilligen sozialen Jahres vom 17.8.1964 (BGBl. I S. 640) ihre Anwendung anordnet[9]. Keine ArbN sind auch **Strafgefangene**[10], **Fürsorgezöglinge** und in Sicherungsverwahrung Genommene. Gehen Strafgefangene als Freigänger jedoch einen Beschäftigungsverhältnis außerhalb der Anstalt an, kann dies auch ein Arbeitsverhältnis sein[11]. **Asylbewerber**, die Tätigkeiten nach § 5 Asylbewerberleistungsgesetz ausüben, sind keine ArbN. Dies gilt auch für Personen, die verfolgungsbedingt Zwangsarbeit im Nationalsozialismus geleistet haben, denn eine auf Zwang und der Androhung von Gewalt beruhende Leistung fremdnütziger Arbeit begründet keinen ArbN-Status iSd. ArbGG und des materiellen Arbeitsrechts. Das BAG hat deshalb die ordentl. Gerichte für deren Lohn- und Entschädigungsklage für zuständig erachtet[12]. Ob freilich hier die Vorteile des arbeitsgerichtl. Verfahrens nicht erst recht einzuräumen sind, bleibt fraglich.

31 Nach st. Rspr. des BAG stehen **Lehrbeauftragte an Hochschulen**, die mit bestimmten Lehrverpflichtungen im Semester betraut werden, in einem öffentl.-rechtl. Dienstverhältnis besonderer Art, wenn der

---

1 BAG v. 27.6.2001 – 5 AZR 424/99, AP Nr. 20 zu § 611 BGB – Faktisches Arbeitsverhältnis (*Blanke*). | 2 BAG v. 27.7.1994 – 4 AZR 534/93, NZA 1995, 901. | 3 BAG v. 13.3.1987 – 7 AZR 724/85, NZA 1987, 629. | 4 BAG v. 12.9.1996 – 5 AZR 1066/94, AP Nr. 1 zu § 611 BGB – Freier Mitarbeiter; LAG Köln v. 7.7.1998 – 11 Ta 322/97, ARSt. 1999, 17. | 5 BAG v. 12.9.1996 – 5 AZR 1066/94, BAGE 84, 108; LAG Thür. v. 6.2.1998 – 8 Ta 205/97, NZA-RR 1998, 296. | 6 BAG v. 25.2.1998 – 7 ABR 11/97, AP Nr. 8 zu § 8 BetrVG 1972; v. 31.7.1965 – 5 AZR 85/65, AP Nr. 29 zu § 2 ArbGG 1953 – Zuständigkeitsprüfung. | 7 BAG v. 24.4.1997 – 2 AZR 241/96, AP Nr. 2 zu § 611 BGB – Ruhen des Arbeitsverhältnisses. | 8 BAG v. 8.12.1959 – 3 AZR 323/56, AP Nr. 18 zu § 2 ArbGG – Zuständigkeitsprüfung, zu 4 d.Gr. | 9 S. auch BAG v. 12.2.1992 – 7 ABR 42/91, AP Nr. 52 zu § 5 BetrVG 1972 zur Frage der Belegschaftszugehörigkeit. | 10 BAG v. 3.10.1978 – 6 ABR 46/76, AP Nr. 18 zu § 5 BetrVG 1972; zu deren Entgeltanspruch s. BVerfG v. 1.7.1998 – 2 BvR 441/90, BVerfGE 98, 169. s. auch *Pontath*, BlStSozArbR 1982, 117. | 11 LAG BW v. 15.9.1988 – 4b Sa 41/88, NZA 1989, 886. | 12 BAG v. 16.1.2000 – 5 AZB 71/99, NZA 200, 385; s. auch *Weber*, AuR 2001, 12; *Pawlita*, AuR 1999, 426.

Lehrauftrag durch eine einseitige Maßnahme der Hochschule erteilt wird[1]. Zu den Hochschulen in diesem Sinne gehören auch die Fachhochschulen (vgl. § 1 HRG). Sofern die zugrunde liegenden Vorschriften der Hochschulgesetze dies zulassen, können allerdings die Rechtsverhältnisse mit Lehrbeauftragten auch privatrechtl. ausgestaltet werden[2]. Dies gilt auch für Professorenvertreter[3]. Auch **Privatdozenten** stehen in einem öffentl.-rechtl. Dienstverhältnis zur Hochschule[4].

Der Entwicklungsdienstvertrag nach § 4 EhfG ist kein Arbeitsvertrag, sondern begründet ein Rechtsverhältnis eigener Art. Das Rechtsverhältnis zwischen dem **Entwicklungshelfer** und dem ausländischen Projektträger kann allerdings ein Arbeitsverhältnis sein. Entscheidend ist die Auslegung im Einzelfall[5]. **ABM-Kräfte** stehen in keinem öffentl.-rechtl. Dienstverhältnis und sind daher ArbN, s. § 260 I Einleitungssatz SGB III[6]. Erwerbsfähige Hilfebedürftige iSv. § 16 III 2 SGB II - sog. **Ein-Euro-Jobber** – sind keine ArbN[7]. 32

bb) Familiäre Mitarbeit. An einem privatrechtl. Vertrag fehlt es auch, wenn die Arbeitsleistung auf Grund familiärer Verbundenheit erbracht wird oder der gesetzl. Unterhaltspflicht genüge getan wird (§§ 1360, 1619). Die Pflege von Familienangehörigen führt daher regelmäßig nicht zu einem Arbeitsverhältnis, jedenfalls wenn sie sich in den Grenzen hält, die durch familienrechtl. Beziehungen geprägt sind. Geht es darüber hinaus, kann ein Arbeitsverhältnis vorliegen, auch wenn eine Einigung über die Vergütung nicht vorliegt. Zur Höhe des Entgeltanspruchs in diesem Fall s. § 612 Rz. 17 ff. Die Grenze ist unter Berücksichtigung der gesamten Umstände des Einzelfalls zu ziehen[8]. 33

Ein Arbeitsverhältnis kann auch unter Ehegatten vereinbart werden. Hierfür ist nicht entscheidend, wie die Parteien nach außen hin auftreten. Es ist bei einem Ehegattenarbeitsvertrag geradezu üblich, dass nicht das ein Arbeitsverhältnis kennzeichnende Weisungsrecht im Vordergrund steht, sondern dieses durch die enge persönliche Lebensgemeinschaft überlagert wird[9]. Ein Arbeitsverhältnis besteht jedoch nicht, wenn dieser Vertrag zum Schein abgeschlossen worden wäre (§ 117 I). Dies ist freilich nur dann gegeben, wenn überhaupt keine Dienstleistungen des EhegattenArbN erbracht wurden. Ein entgeltliches Beschäftigungsverhältnis, das Grundlage einer Versicherungspflicht sein kann, setzt neben der Eingliederung des Beschäftigten in den Betrieb und dem ggf. abgeschwächten Weisungsrecht des ArbGeb voraus, dass der Beschäftigte ein Entgelt erhält, das einen angemessenen Gegenwert für die geleistete Arbeit darstellt, mithin über einen freien Unterhalt, ein Taschengeld oder eine Anerkennung für Gefälligkeiten hinausgeht. Weitere Abgrenzungskriterien sind nach dieser Rspr., ob ein schriftl. Arbeitsvertrag abgeschlossen worden ist, ob das gezahlte Entgelt der LStPflicht unterliegt, als Betriebsausgabe verbucht und dem Angehörigen zur freien Verfügung ausgezahlt wird, und schließlich, ob der Angehörige eine fremde Arbeitskraft ersetzt[10]. Dies gilt entsprechend für Arbeitsverhältnisse mit anderen nahen Verwandten[11]. 34

cc) Vereinsmitgliedschaft, Gesellschafter. Als Rechtsgrundlage für die Leistung von Diensten in persönlicher Abhängigkeit kommt auch die Mitgliedschaft in einem Verein in Betracht. Der Mitgliedsbeitrag (§ 58 Nr. 2) kann in der Leistung von Diensten bestehen[12]. Es gibt keinen Rechtssatz des Inhalts, dass Dienste in persönlicher Abhängigkeit ausschließlich auf Grund eines Arbeitsverhältnisses und nicht auf Grund vereinsrechtl. Mitgliedschaft erbracht werden können[13]. Die mit ihrem Beitritt zu einer Schwesternschaft übernommene Pflicht der **Rote-Kreuz-Schwester**, in der karitativen Krankenpflege tätig zu werden, gründet sich deshalb allein auf ihre Zugehörigkeit zu der Schwesternschaft. Neben dieser alle maßgeblichen Rechte und Pflichten umfassenden Mitgliedschaft wird ein besonderes Arbeitsverhältnis regelmäßig nicht begründet. Das gilt jedenfalls dann, wenn die Rote-Kreuz-Schwester in 35

1 BAG 18.7.2007 – 5 AZR 854/06, nv.; v. 22.9.1995 – 5 AZB 19/95, nv.; v. 15.4.1982 – 2 AZR 1111/79, BAGE 38, 259; v. 27.6.1984 – 5 AZR 567/82, AP Nr. 42 zu § 611 BGB – Lehrer, Dozenten, sowie BAG v. 5.2.1986 – 5 AZR 422/84, nv.; v. 11.2.1987 – 5 AZR 18/86, nv. und BAG v. 23.6.1993 – 5 AZR 248/92, nv. Zum Verwalter einer Professorenstelle ebenso BAG v. 30.11.1984 – 7 AZR 511/83, AP Nr. 43 zu § 611 BGB – Lehrer, Dozenten; v. 13.7.2005 – 5 AZR 435/04, ZTR 2006, 46. | 2 BAG v. 27.7.1988 – 5 AZR 244/87, AP Nr. 83 zu § 242 BGB – Gleichbehandlung; v. 30.8.1993 – 2 AZB 6/93, AP Nr. 6 zu § 17a GVG; v. 1.11.1995 – 5 AZR 84/94, AP Nr. 45 zu § 2 BeschFG 1985. S. auch *Reinicke*, ZTR 1996, 337. | 3 BAG v. 25.2.2004 – 5 AZR 62/03, AP Nr. 1 zu § 36 HRG; v. 13.3.1985 – 7 AZR 12/84, nv. | 4 BAG v. 27.6.1984 – 5 AZR 567/82, BAGE 46, 218 (223) (zum Berliner Hochschulgesetz). | 5 Abgelehnt in BAG v. 27.4.1977 – 5 AZR 129/76, AP Nr. 1 zu § 611 BGB – Entwicklungshelfer (*Herschel*). S. auch *Echterhölter*, BABl. 1969, 421 (424); *Echterhölter*, AR-Blattei: Entwicklungshelfer, SD 660, 1994, Rz. 51. | 6 BAG v. 13.10.2004 – 7 ABR 6/04, NZA 2005, 480; v. 12.6.1987 – 7 AZR 389/86, DB 1988, 1068. | 7 BAG v. 26.9.2007 – 5 AZR 857/06, nv.; v. 2.10.2007 – 1 ABR 60/06, nv.; s. auch Richardi/*Thüsing*, § 7 Rz. 4. | 8 Vgl. ua. BSG v. 21.4.1993 – 11 RAr 67/92, SozR 3-4100 § 168 Nr. 11. | 9 LAG BW v. 24.6.1975 – 7 Sa 22/75, ARSt. 1976, 65–66. | 10 BSG v. 23.6.1994 – 12 RK 50/93, SozR Nr. 4 zu § 611 BGB – Ehegatten-Arbeitsverhältnis. | 11 BSG v. 5.4.1956 – 3 RK 65/55, BSGE 3, 30 (40); v. 18.5.1960 – 3 RK 21/56, BSGE 12, 153 (156), SozR Nr. 18 zu § 165 RVO; 17, 1 (3 ff.); SozR 2200 § 165 Nr. 90. | 12 Soergel/*Hadding*, § 58 BGB Rz. 3; RGRK/*Steffen*, § 58 BGB Rz. 2; *Sauter/Schweyer/Waldner*, Der eingetragene Verein, Rz. 120. | 13 BAG v. 18.2.1956 – 2 AZR 294/54, AP Nr. 1 zu § 5 ArbGG 1953; v. 3.6.1975 – 1 ABR 98/74, AP Nr. 1 zu § 5 BetrVG 1972 – Rotes Kreuz; v. 10.5.1990 – 2 AZR 607/89, AP Nr. 51 zu § 611 BGB – Abhängigkeit; v. 29.3.1995 – 5 AZB 21/94, zur Veröffentlichung bestimmt, zu B.II.3 d.Gr.; v. 18.2.1956 – 2 AZR 294/54, BAGE 2, 289; v. 3.6.1975 – 1 ABR 98/74, BAGE 27, 163; v. 10.5.1990 – 2 AZR 607/89, AP Nr. 51 zu § 611 BGB – Abhängigkeit; v. 22.3.1995 – 5 AZB 21/94, BAGE 79, 319 (357); v. 6.7.1995 – 5 AZB 9/93, BAGE 80, 256.

einem von ihrer Schwesternschaft selbst betriebenen Krankenhaus tätig ist[1]. Wird sie dagegen in anderen Einrichtungen tätig, so mag sie mit dem Rechtsträger der Einrichtung einen Arbeitsvertrag abschließen. Auch hier aber bedarf die Annahme arbeitsrechtl. Beziehungen zum Krankenhausträger besonderer Anhaltspunkte[2].

36 Die Begründung vereinsrechtl. Arbeitspflichten darf nicht zur **Umgehung** zwingender arbeitsrechtl. Schutzbestimmungen führen. Dies kann insb. der Fall sein, wenn den mitgliedschaftlichen Pflichten keine entsprechenden Rechte gegenüberstehen[3]. Bei Vereinen mit wirtschaftl. Zwecksetzung kommt die Begründung einer vereinsrechtl. Verpflichtung zur Leistung von Arbeit in persönlicher Abhängigkeit in aller Regel nicht in Betracht[4]. In jüngster Rspr. zeigt sich das BAG hier jedoch unverständlich großzügig[5].

Gesellschafter, die auf Grund ihrer sich aus dem Gesellschaftsvertrag ergebenden Verpflichtung tätig werden, sind ebenfalls keine ArbN. Jedoch ist es nicht auszuschließen, dass zwischen der Gesellschaft und einem Gesellschafter ein Arbeitsverhältnis besteht. Vor allem ein Kommanditist kann zugleich ArbN der KG sein[6]. Grundsätzlich kann ein Gesellschafter einer BGB-Gesellschaft oder einer GmbH, indem sie Dienstleistungen als Beitrag für die Gesellschaft erbringen, zugleich ein ArbN in einem persönlichen Abhängigkeitsverhältnis sein. Voraussetzung ist jedoch, dass der Geschäftsführer der GmbH ihnen gegenüber weisungsbefugt ist[7]. Der Gesellschafter einer GmbH, dem mehr als 50% der Stimmen zustehen, kann auch dann kein ArbN dieser Gesellschaft sein, wenn er nicht Geschäftsführer ist. Ob der Gesellschafter seine Leitungsmacht tatsächlich ausübt, ist unerheblich[8]. Ein GmbH-Gesellschafter mit einem Gesellschaftsanteil von 15% kann hingegen gleichwohl ArbN der Gesellschaft sein. Mit einem solchen Anteil verfügt er nicht über eine gesetzl. Sperrminorität und damit nicht über ein solches Maß an Selbstbestimmung, das jedwede arbeitsrechtl. Beziehung von vornherein ausschließt[9]. Auch ein Rechtsanwalt, der auf Grund eines der Vorschrift des § 705 entsprechenden Gesellschaftsvertrages Partner einer Anwaltssozietät ist, die auch den berufsrechtl. Anforderungen entspricht, ist kein ArbN[10]. Zu den Personen, die allein auf Grund gesellschaftsvertragl. Verpflichtung tätig werden s. auch Rz. 12.

37 Die dargelegten Grundsätze gelten entsprechend für Arbeitsleistung auf Grund Mitgliedschaft in einer **Genossenschaft**. Für die Frage der Einordnung des Beschäftigungsverhältnisses kommt es darauf an, ob der Beschäftigte seine Arbeitsleistung auf Grund einer Verpflichtung aus dem Genossenschaftsmitgliedschaftsverhältnis erbringt oder nicht[11]. Ergibt sich die Pflicht zur Arbeitsleistung ausschließlich und unmittelbar aus der Mitgliedschaft, ist der Beschäftigte kein ArbN. Dies gilt selbst dann, wenn er bei Erfüllung seiner Arbeitsleistung, ähnlich einem ArbN, einem Weisungsrecht Folge zu leisten hat[12].

38 **dd) Kleriker und Kirchenbeamte.** Auch Kleriker werden grds. nicht auf Grund eines Arbeitsvertrags, sondern auf Grund kirchenrechtl. Beziehung zu ihrer Kirche tätig. Soweit dem katholischen Priester für seine Tätigkeit entgolten wird, geschieht dies auf Grund kirchlicher Regelung, can. 281 §§ 1 und 2 CIC 1983. Nach diesen Bestimmungen verdienen Kleriker, die sich dem kirchlichen Dienst widmen, eine Vergütung, die ihrer Stellung angemessen ist. Dabei ist Vorsorge zu treffen, dass sie jene soziale Hilfe erfahren, durch die für ihre Erfordernisse bei Krankheit, Arbeitsunfähigkeit oder im Alter angemessen gesorgt ist[13]. Die Kirchen haben als Körperschaften des öffentl. Rechts die Möglichkeit, Beamte zu ernennen. Dementsprechend stellt § 135 S. 2 BRRG fest, dass es den Kirchen überlassen bleibt, die Rechtverhältnisse ihrer Beamten und Seelsorger zu regeln. Ihre Dienstherrenfähigkeit ist auf Grund ihres Status nach Art. 137 IV WRV unbeschränkt. Deshalb können die Kirchen, soweit sie Körperschaften des öffentl. Rechts sind, auch zur Bewältigung von Aufgaben, die nicht eine Zugehörigkeit zum geistlichen Stand voraussetzen, Beamtenverhältnisse begründen und für sie kirchengesetzl. Regelungen geben[14]. Machen sie von diesem Recht Gebrauch, dann hat dies die gleichen Konsequenzen wie im staatlichen Bereich: Das Dienstverhältnis wird nicht durch Vertrag, sondern einseitig durch Hoheitsakt begründet (s. Rz. 29).

---

1 BAG v. 6.7.1995 – 5 AZB 9/93, DB 1995, 2612; v. 22.3.1995 – 5 AZB 21/94, BAGE 79, 319; v. 3.6.1975 – 1 ABR 98/74, AP Nr. 1 zu § 5 BetrVG 1972 – Rotes Kreuz, zu III.3 d.Gr. AA LAG Schl.-Holst. v. 5.4.1993, LAGE § 5 ArbGG 1979 Nr. 2. | 2 BAG v. 20.2.1986 – 6 ABR 5/85, AP Nr. 2 zu § 5 BetrVG 1972 – Rotes Kreuz; vgl. auch LSG Rh.-Pf. v. 29.1.2004 – L 1 AL 113/01, nv. | 3 BAG v. 22.3.1995 – 5 AZB 21/94, NZA 1995, 823; v. 6.7.1995 – 5 AZB 9/93, DB 1995, 2612; LAG Frankfurt v. 11.11.1991 – Sa 745/91, BB 1992, 2291. | 4 BAG v. 22.3.1995 – 5 AZB 21/94, NZA 1995, 823 (Scientology). | 5 BAG v. 26.9.2002 – 5 AZB 19/01, NJW 2003, 161 (wiederum Mitglied der Scientology Church) – kein ArbN. | 6 LAG Berlin v. 26.3.2003 – 5 Ta 1306/01, LAGReport 2003, 191. | 7 BAG v. 1.9.1990 – 3 AZR 617/88, AP Nr. 6 zu § 35 GmbHG; v. 28.11.1990 – 4 AZR 198/90, AP Nr. 137 zu § 1 TVG – Tarifverträge: Bau. | 8 BAG v. 6.5.1998 – 5 AZR 612/97, NZA 1998, 839 mwN. | 9 LAG Köln v. 29.9.2003 – 13 Ta 77/03, NZA-RR 2004, 553; vgl. auch BAG v. 20.4.2004 – 3 AZR 297/03, AP Nr. 33 zu § 17 BetrAVG. | 10 BAG v. 15.4.1993 – 2 AZB 32/92, AP Nr. 12 zu § 5 ArbGG weitergehend noch die Arbeitnehmerähnlichkeit verneinend; ArbG Berlin v. 9.10.2003 – 1 Ca 4598/03, NZA-RR 2004, 328. | 11 BAG v. 16.2.1995 – 8 AZR 714/93, DB 1995, 1519; S. bereits *Hueck/Nipperdey*, Arbeitsrecht, Bd. I, 7. Aufl., S. 47. | 12 BAG v. 8.1.1970 – 3 AZR 436/67, AP Nr. 14 zu § 528 ZPO; BSG v. 27.7.1972 – 2 RU 122/70, AP Nr. 4 zu § 539 RVO; BAG v. 3.6.1975 – 1 ABR 98/74, AP Nr. 1 zu § 5 BetrVG 1972 – Rotes Kreuz. | 13 S. auch BAG v. 7.2.1990 – 5 AZR 84/89, BAGE 64, 131; LAG Hamm v. 9.9.1971 – 8 Sa 448/71, DB 1972, 295. | 14 AA ErfK/*Preis*, § 611 BGB Rz. 152 unter unzutreffender Bezugnahme auf *Richardi*, Das Arbeitsrecht in der Kirche, 3. Aufl. 2000, § 1 Rz. 19 – dieser wie hier.

e) Verpflichtung zur Arbeitsleistung. ArbN ist nur, wer zur **Arbeit** verpflichtet ist, nicht dagegen, wer einen Arbeitserfolg schuldet; denn im letzteren Fall liegt ein Werkvertrag vor. Ein Werkunternehmer ist aber niemals ArbN[1], sondern kann lediglich zum Kreis der arbeitnehmerähnlichen Personen gehören (s. Rz. 111). Der Annahme der ArbN-Eigenschaft steht es nicht entgegen, wenn das Arbeitsentgelt sich nach dem Arbeitserfolg bemisst; denn in diesem Fall wird nicht der Arbeitserfolg geschuldet, sondern es wird für die Arbeitsleistung ein leistungsbezogenes Arbeitsentgelt erbracht. 39

f) Unselbständigkeit der Arbeitsleistung – Typologische Bestimmung. Da nicht jeder, der auf Grund eines Dienstvertrags Arbeitsleistungen zu erbringen hat, ArbN ist, sondern selbständig sein kann, ist für die Begriffsbestimmung des ArbN entsprechend obiger Definition (Rz. 24) wesentlich, dass die Arbeit **im Dienst eines anderen** geleistet werden muss. Dieses Merkmal bezeichnet den Unterschied zum freien Dienstvertrag. Es geht also um die **Abgrenzung von den Selbständigen**, auf die Arbeitsrecht keine Anwendung findet. Wie diese Unselbständigkeit zu bestimmen ist, ist streitig. Ansatzpunkte der st. Rspr. sind die persönliche Abhängigkeit und Weisungsgebundenheit (Rz. 40 ff.), ein an Anhängern wachsender Teil des Schrifttums stellt auf das Maß eigenen unternehmerischen Auftretens am Markt ab (Rz. 56). In beiden Fällen ist eine typologische Bestimmung des Begriffs erforderlich und wird insb. auch vom BAG praktiziert. Für die Abgrenzung von ArbN und „freien Mitarbeitern" gibt es kein Einzelmerkmal, das aus der Vielzahl möglicher Merkmale unverzichtbar vorliegen muss, damit man von persönlicher Abhängigkeit sprechen kann. Damit ist dogmatischer Ausgangspunkt nicht der tatbestandlich scharf umrissene Begriff, der eine einfache Subsumtion ermöglicht, sondern die Rechtsfigur des Typus, der ArbN nicht im Detail definiert, sondern ausgehend vom Normalfall beschreibt. Den jeweiligen Typus und dessen Kenntnis setzt das Gesetz stillschweigend voraus; es übernimmt ihn so, wie ihn der Gesetzgeber in der sozialen Wirklichkeit idealtypisch, dh. im Normal- oder Durchschnittsfall vorfindet. Es ist nicht erforderlich, dass stets sämtliche den Typus kennzeichnenden Merkmale vorliegen. Diese können vielmehr in unterschiedlichem Maße und verschiedener Intensität gegeben sein; je für sich genommen haben sie nur die Bedeutung von Anzeichen oder Indizien. Entscheidend ist jeweils ihre Verbindung, die Intensität und die Häufigkeit ihres Auftretens im konkreten Einzelfall. Maßgeblich ist das Gesamtbild, das in wertender Betrachtung zu beurteilen ist[2]. 40

Dieses Vorgehen stößt auf starken **Widerspruch im Schrifttum.** Im Rahmen der typologischen Methode würden selbst klar handhabbare normative Kriterien zu irrelevanten Topoi. Das Vorgehen des BAG habe nachvollziehbare Erkenntnisse nicht zutage gefördert[3]. Diesen Stimmen ist zumeist Recht zu geben, dass eine typologische Auslegung des Gesetzes oftmals zu einer größeren Rechtsunsicherheit führt. Der Vorteil liegt jedoch in der näheren Anlehnung an die Wirklichkeit – und damit einer größeren Gerechtigkeit im Einzelfall. Das Vorgehen des BAG hat Vorbilder und Parallelen in der Ausdeutung anderer Begriffe. Was eine Religion iSd. Staatskirchenrechts oder Kunst iSd. Art. 5 III GG ist, wird hM nach typologisch bestimmt. Dort wie hier werden die Schwierigkeiten der Abgrenzung im Einzelfall durch eine lange Reihe von Judikaten gemildert, die beispielhaft die Gewichtung der Indizien für die verschiedenen ArbN-Gruppen veranschaulichen. Gerade der Verwendung der Rechtsfigur des Typus ist es zu verdanken, dass die Vorschriften über die Versicherungspflicht und die Beitragspflicht trotz ihres Festhaltens an Begriffen wie Angestellte, Arbeiter, Arbeitsverhältnis oder Beschäftigungsverhältnis in Verbindung mit ihrer Konkretisierung durch Rspr. und Lit. über Jahrzehnte hinweg auch bei geänderten sozialen Strukturen ihren Regelungszweck erfüllen konnten. Nicht beantwortet ist damit die Frage, welches der Typos ist, der beschrieben werden muss, was also die entscheidende Perspektive ist, den ArbN zu charakterisieren, s. hierzu Rz. 56, 59. 41

4. Abgrenzung nach der persönlichen Weisungsgebundenheit. a) Allgemeines. Kriterium der ArbN-Eigenschaft ist nach st. Rspr. des BAG und hM die **persönliche Abhängigkeit** des zur Dienstleistung Verpflichteten vom Dienstberechtigten[4]. In leichter Akzentverschiebung definiert sie den ArbN auch als denjenigen Mitarbeiter, der seine Dienstleistung „im Rahmen einer von Dritten bestimmten Arbeitsorganisation erbringt"[5]. Insoweit enthalte § 84 I 2 HGB ein typisches Abgrenzungsmerkmal. Nach dieser Bestimmung ist selbständig, wer im Wesentlichen frei seine Tätigkeit gestalten und seine Arbeitszeit bestimmen kann. Unselbständig und deshalb persönlich abhängig ist dagegen der Mitarbeiter, dem dies nicht möglich ist. Zwar gilt diese Regelung unmittelbar nur für die Abgrenzung des selbständigen 42

---

1 BAG v. 23.4.1980 – 5 AZR 426/79, AP Nr. 34 zu § 611 BGB – Abhängigkeit; RAG BenshSlg. 10, 419, (423); 12, 271 (273); 15, 130 (132). | 2 BVerfG v. 20.5.1996 – 1 BvR 21/96, AP Nr. 82 zu § 611 BGB – Abhängigkeit. | 3 ErfK/*Preis*, § 611 BGB Rz. 66; MünchArbR/*Richardi*, § 24 Rz. 49: „Muster ohne Wert". S. hierzu auch *Wank*, Arbeitnehmer und Selbständige, S. 23 ff. | 4 BAG v. 26.9.2002 – 5 AZB 19/01, NJW 2003, 161; v. 29.5.2002 – 5 AZR 161/01, NZA 2002, 1232; v. 16.2.2000 – 5 AZB 71/99, BAGE 93, 310; v. 16.10.1987 – 7 AZR 519/86, AP Nr. 69 zu § 613 a BGB; v. 27.3.1991 – 5 AZR 194/90, AP Nr. 53 zu § 611 BGB – Abhängigkeit und v. 30.10.1991 – 7 ABR 19/91, AP Nr. 59 zu § 611 BGB – Abhängigkeit; v. 20.7.1994 – 5 AZR 627/93, AP Nr. 73 zu § 611 BGB – Abhängigkeit; v. 12.9.1996 – 5 AZR 104/95, BAGE 84, 124 (133). | 5 BAG v. 9.7.2003 – 5 AZR 595/02, AP Nr. 158 zu § 611 BGB – Lehrer, Dozenten; v. 20.7.1994 – 5 AZR 627/93, BAGE 77, 226; v. 20.7.1994 – 5 AZR 627/93, AP Nr. 73 zu § 611 BGB – Abhängigkeit; v. 16.3.1994 – 5 AZR 447/92, AP Nr. 68 zu § 611 BGB – Abhängigkeit; v. 9.6.1993 – 5 AZR 123/92, AP Nr. 66 zu § 611 BGB – Abhängigkeit; v. 24.6.1992 – 5 AZR 384/91, AP Nr. 61 zu § 611 BGB – Abhängigkeit.

Handelsvertreters vom abhängig beschäftigten kaufmännischen Angestellten[1]. Über ihren unmittelbaren Anwendungsbereich hinaus enthalte diese Bestimmung jedoch eine allgemeine gesetzgeberische Wertung, die bei der Abgrenzung des Dienstvertrages vom Arbeitsvertrag zu beachten ist, zumal da dies die einzige Norm darstellt, die Kriterien dafür enthält. Die Eingliederung in die fremde Arbeitsorganisation zeigt sich insb. darin, dass der Beschäftigte einem Weisungsrecht des ArbGeb unterliegt. Dieses Weisungsrecht kann Inhalt, Durchführung, Zeit, Dauer und Ort der Tätigkeit betreffen[2]. Für die Abgrenzung von Bedeutung sind in erster Linie die tatsächlichen Umstände, unter denen die Dienstleistung zu erbringen ist, nicht die Bezeichnung, die die Parteien ihrem Rechtsverhältnis gegeben haben[3]. Nach der Rspr. des BAG sind damit vor allem **drei Merkmale mögliche Indizien der persönlichen Abhängigkeit**: die Weisungsgebundenheit in zeitlicher, örtlicher und fachlicher Hinsicht, die organisatorische Abhängigkeit für die Erbringung der Arbeitsleistung und – wenn auch weniger deutlich – die Fremdnützigkeit der Arbeitsleistung. Die dadurch vermittelte Fremdbestimmung muss über die eines freien Dienstvertrags hinausgehen. Entscheidend ist der **Grad der persönlichen Abhängigkeit**, in der sich der zur Dienstleistung Verpflichtete jeweils befindet. Das Merkmal ist also ein relatives, vergleichendes Kriterium[4].

43 Bei der Frage, in welchem Maße der Mitarbeiter persönlich abhängig ist, sei vor allem die **Eigenart der jeweiligen Tätigkeit** zu berücksichtigen[5]. Denn abstrakte, für alle Arbeitsverhältnisse geltende Kriterien ließen sich nicht aufstellen. Eine Anzahl von Tätigkeiten kann sowohl im Rahmen eines Arbeitsverhältnisses als auch im Rahmen eines freien Dienstverhältnisses (freien Mitarbeiterverhältnisses) erbracht werden[6]. Umgekehrt gibt es Tätigkeiten, die für andere regelmäßig nur im Rahmen eines Arbeitsverhältnisses ausgeübt werden können. Das Bestehen eines Arbeitsverhältnisses kann also auch aus Art oder Organisation der zu verrichtenden Tätigkeiten folgen. Das BAG hat diesem Gedanken in mehreren Entscheidungen maßgebliche Bedeutung beigemessen, etwa für Orchestermusiker[7], für Lehrkräfte, die an allgemein bildenden Schulen und in schulischen Lehrgängen unterrichten[8], für (studentische) Hilfspfleger im Krankenhaus[9] und für die Tätigkeit von Mitarbeitern fremdsprachlicher Dienste von Rundfunkanstalten mit routinemäßig anfallender Tätigkeit als Sprecher, Aufnahmeleiter und Übersetzer[10]. Zeitliche Vorgaben und die Verpflichtung, bestimmte Termine für die Erledigung der übertragenen Aufgaben einzuhalten, sind kein ausreichendes Merkmal für ein Arbeitsverhältnis. Das Versprechen, eine Leistung zu einem bestimmten Zeitpunkt zu erbringen oder zu einem bestimmten Zeitpunkt fertig zu stellen, macht den Leistenden im arbeitsrechtl. Sinne nicht weisungsabhängig[11]. Widersprechen sich schriftl. Vereinbarung und tatsächliche Durchführung des Vertrages, ist die Letztere maßgebend. Aus der **praktischen Handhabung** lassen sich Rückschlüsse darauf ziehen, von welchen Rechten und Pflichten die Parteien ausgegangen sind[12].

44 **b) Fachliche, zeitliche und örtliche Weisungsgebundenheit.** Das Merkmal der persönlichen Abhängigkeit wird vielfach durch die **fachliche Weisungsgebundenheit** bei Erbringung der Arbeitsleistung konkretisiert[13]. Dass der Dienstverpflichtete hinsichtlich seiner **Arbeitsleistung** dem Weisungsrecht des ArbGeb unterliegt, ist aber nur ein, wenn auch besonders wichtiges **Indiz** für die Feststellung eines Arbeitsverhältnisses. Für sich allein vermag es eine ArbN-Eigenschaft nicht belegen, denn auch ein durch freien Dienstvertrag Verpflichteter kann den Weisungen des Dienstgebers verpflichtet sein. Dies gilt selbst beim Werkvertrag, wie § 645 I belegt. Damit die fachliche Weisungsgebundenheit ein Indiz bilden kann, müssen daher regelmäßig die Weisungen umfassend oder doch von einer gewissen Erheblichkeit sein und nicht nur den groben Rahmen vorgeben oder untergeordnete Teile der Tätigkeit betreffen[14]. **Fehlt** anderseits die fachliche Weisungsgebundenheit, so spricht auch dies nicht notwendigerweise gegen die ArbN-Eigenschaft. Das gilt insb. bei Diensten höherer Art[15]. Die Art der Tätigkeit

1 Vgl. dazu jüngst BAG v. 20.8.2003 – 5 AZR 610/02, NZA 2004, 39. | 2 St. Rspr. BAG v. 20.9.2000 – 5 AZR 61/99, NZA 2001, 551; vgl. BAG v. 22.4.1998 – 5 AZR 342/97, BAGE 88, 263. | 3 BAG v. 22.8.2001 – 5 AZR 502/99, AP Nr. 109 zu § 611 BGB – Abhängigkeit; v. 19.1.2000 – 5 AZR 644/98, BAGE 93, 218, (222); st. Rspr., vgl. BAG v. 19.1.2000 – 5 AZR 644/98, AP Nr. 108 zu § 611 BGB – Abhängigkeit; v. 22.4.1998 – 5 AZR 342/97, BAGE 88, 263 mwN. | 4 Vgl. BAG v. 15.2.1965 – 5 AZR 358/63, AP Nr. 7 zu § 611 BGB; v. 16.3.1972 – 5 AZR 460/71, AP Nr. 10 zu § 611 BGB – Lehrer, Dozenten; v. 8.6.1967 – 5 AZR 461/66, AP Nr. 6 zu § 611 BGB – Abhängigkeit; v. 14.2.1974 – 5 AZR 298/73, AP Nr. 12 zu § 611 BGB – Abhängigkeit; v. 29.5.1991 – 7 ABR 67/90, AP Nr. 2 zu § 9 BetrVG 1972. | 5 BAG v. 15.3.1978 – 5 AZR 819/76, AP Nr. 26 zu § 611 BGB – Abhängigkeit. | 6 BAG v. 30.10.1991 – 7 ABR 19/91, AP Nr. 59 zu § 611 BGB. | 7 BAG v. 14.2.1974 – 5 AZR 298/73, AP Nr. 12 zu § 611 BGB – Abhängigkeit und BAG v. 3.10.1975 – 5 AZR 427/74, AP Nr. 16 zu § 611 BGB – Abhängigkeit; ebenso BAG v. 29.7.1976 – 3 AZR 7/75, AP Nr. 41 zu § 620 BGB – Befristeter Arbeitsvertrag. | 8 BAG v. 24.6.1992 – 5 AZR 384/91, AP Nr. 61 zu § 611 BGB – Abhängigkeit. | 9 BAG v. 13.2.1985 – 7 AZR 345/82, nv. | 10 BAG v. 3.10.1975 – 5 AZR 162/74, AP Nr. 15 zu § 611 BGB – Abhängigkeit; v. 16.2.1994 – 5 AZR 402/93, BAGE 76, 21; vgl. auch BAG v. 9.3.1977 – 5 AZR 110/76, AP Nr. 21 zu § 611 BGB – Abhängigkeit. | 11 BAG v. 22.8.2001 – 5 AZR 502/99, ZTR 2002, 290; v. 19.1.2000 – 5 AZR 644/98, BAGE 93, 218; v. 29.5.1991 – 7 ABR 67/90, BAGE 68, 74. | 12 BAG v. 15.3.1978 – 5 AZR 819/76, AP Nr. 26 zu § 611 BGB – Abhängigkeit. | 13 So BAG v. 13.12.1962 – 2 AZR 128/62, AP Nr. 3 zu § 611 BGB – Abhängigkeit; v. 16.3.1972 – 5 AZR 460/71, AP Nr. 10 zu § 611 BGB – Lehrer, Dozenten. | 14 S. auch BAG v. 9.7.2003 – 5 AZR 595/02 AP Nr. 158 zu § 611 BGB – Lehrer, Dozenten (Lehrkraft an einer privaten Berufsschule); v. 24.10.2001 – 5 AZR 33/00, NZA 2002, 527 (Programmlehrkraft an einem Fremdsprachengymnasium). | 15 St. Rspr. seit BAG v. 13.1.1983 – 5 AZR 149/82, AP Nr. 42 zu § 611 BGB – Abhängigkeit, zuletzt BAG v. 26.6.1991 – 5 AZR 453/90, nv. zu I d.Gr.; v. 20.7.1994 – 5 AZR 627/93, BAGE 77, 226; v. 30.10.1991 – 7 ABR 19/91, AP Nr. 59 zu § 611 BGB – Abhängigkeit.

kann es mit sich bringen, dass dem Dienstverpflichteten ein hohes Maß an Gestaltungsfreiheit, Eigeninitiative und fachlicher Selbständigkeit verbleibt. Daher kann ein Chefarzt ArbN sein[1]. Das Gleiche gilt für Honorarlehrkräfte[2]. Die Besonderheit der zu leistenden Arbeit hat hier zur Folge, dass eine fachliche Weisungsgebundenheit nicht in Betracht kommt[3]. Ein Ausdruck fachlicher Weisungsgebundenheit sind Berichtspflichten oder sonstige Anzeigepflichten. Einer umfassenden Kontrolle unterliegt nur der ArbN; der Selbständige braucht sich Kontrollen nicht in gleichem Maße gefallen zu lassen[4].

Neben der fachlichen Weisungsgebundenheit hat die Rspr. sehr früh auch auf eine **Weisungsgebundenheit nach Ort und Zeit der Arbeitsleistung** abgestellt[5]. Auch hierbei konnte sie unmittelbar an das Vorbild des § 84 I 2 HGB anknüpfen. Das BAG verneint deshalb bei **freier Einteilung der Arbeitszeit** häufig eine ArbN-Eigenschaft[6]. Wie die fachliche ist aber auch die Weisungsgebundenheit nach Ort und Zeit der Arbeitsleistung nur ein Indiz, kein bindendes Kriterium für die Anerkennung der ArbN-Eigenschaft. Der Annahme einer persönlichen Abhängigkeit steht es daher nicht entgegen, dass sich die Tätigkeit eines Mitarbeiters nicht nach Zeit und Ort festlegen lässt; es genüge, dass sie „aus anderen Gründen fremdbestimmte Arbeit leisten"[7]. Eine zeitliche Weisungsgebundenheit kann auch aus der Festlegung eines in einer bestimmten Zeitspanne zu erledigenden **Mindestsolls** folgen. Dies ist jedoch dann nicht anzunehmen, wenn die Grenzen so gesetzt sind, dass den Mitarbeitern ein erheblicher Spielraum verbleibt[8], denn auch im Rahmen von Dienst- und Werkverträgen können davon dem Dienstberechtigten oder dem Besteller Termine für die Erledigung der Arbeit bestimmt werden, ohne dass daraus eine zeitliche Weisungsabhängigkeit folgt, wie sie für ein Arbeitsverhältnis regelmäßig kennzeichnend ist[9]. 45

Die Aufnahme in **Dienstpläne** ist ein gewichtiges Indiz für eine zeitliche Weisungsgebundenheit, lässt jedoch nicht zwingend auf die ArbN-Eigenschaft schließen[10]. Die Weisungsgebundenheit braucht nicht rechtl. begründet zu sein, sondern kann auch **faktisch** sein. Wer eine Zuteilung oder eine zeitliche Anfrage des Dienstgebers nicht ablehnen kann, ohne den Bestand der Vertragsbeziehungen zu riskieren, der ist zeitlich weisungsbedungen[11]. **Missverständlich** ist daher die Formulierung des BAG, ein lediglich faktischer Zwang berühre die Möglichkeit der freien Bestimmung der Arbeitszeit gem. § 84 I 2 HGB nicht, denn mit freier Bestimmung der Arbeitszeit sei nur die (rechtl.) Freiheit gegenüber dem Unternehmer gemeint[12]. Entscheidend ist allein, ob der Dienstverpflichtete substanziellen Freiraum zur Gestaltung seiner Arbeitszeit hat. Ein Mitarbeiter ist jedoch nicht bereits deshalb ArbN, weil er auf technische Einrichtungen und Personal des Vertragspartners angewiesen ist und aus diesem Grunde etwa in Dispositions- und Raumbelegungspläne aufgenommen wird[13]. Das Gleiche gilt, wenn sich ein Vertreter in der Zeiteinteilung nach den Kundenwünschen richten muss[14]. 46

---

1 Vgl. BAG v. 10.11.1955 – 2 AZR 59/54, AP Nr. 2 zu § 611 BGB – Beschäftigungspflicht; v. 8.12.1959 – 3 AZR 348/56, AP Nr. 1 zu Art. 38 GemeindeO Bayern; v. 27.7.1961 – 2 AZR 255/60, AP Nr. 24 zu § 611 BGB – Ärzte, Gehaltsansprüche; v. 3.8.1961 – 2 AZR 117/60, AP Nr. 19 zu § 620 BGB – Befristeter Arbeitsvertrag; v. 24.10.1963 – 2 AZR 396/62, AP Nr. 26 zu § 611 BGB – Ärzte, Gehaltsansprüche. | 2 BAG v. 30.10.1991 – 7 ABR 19/91, NZA 1992, 407 mwN. | 3 Vgl. auch BAG v. 16.3.1972 – 5 AZR 460/71, AP Nr. 10 zu § 611 BGB – Lehrer, Dozenten; v. 3.10.1975 – 5 AZR 427/74, AP Nr. 16 zu § 611 BGB – Abhängigkeit: Orchestermusiker; v. 2.6.1976 – 5 AZR 131/75, AP Nr. 20 zu § 611 BGB – Abhängigkeit: Außenrequisiteur; v. 9.3.1977 – 5 AZR 110/76, AP Nr. 21 zu § 611 BGB – Abhängigkeit: Journalist; v. 30.10.1991 – 7 ABR 19/91, AP Nr. 59 zu § 611 BGB – Abhängigkeit: Honorarlehrkraft. | 4 BAG v. 15.12.1999 – 5 AZR 770/98, NZA 2000, 481. | 5 Vgl. BAG v. 27.10.1956 – 2 AZR 297/54, AP Nr. 3 zu § 554 ZPO; v. 7.2.1957 – 2 AZR 440/54, AP Nr. 18 zu § 611 BGB – Urlaubsrecht; v. 19.5.1960 – 2 AZR 197/58, AP Nr. 7 zu § 5 ArbGG 1953; v. 27.7.1961 – 2 AZR 255/60, AP Nr. 24 zu § 611 BGB – Ärzte, Gehaltsansprüche; v. 28.2.1962 – 4 AZR 141/61, AP Nr. 1 zu § 611 BGB – Abhängigkeit; v. 13.12.1962 – 2 AZR 128/62, AP Nr. 3 zu § 611 BGB – Abhängigkeit; v. 16.3.1972 – 5 AZR 460/71, AP Nr. 10 zu § 611 BGB – Lehrer, Dozenten; v. 21.9.1977 – 5 AZR 373/76, AP Nr. 24 zu § 611 BGB – Abhängigkeit und v. 15.3.1978 – 5 AZR 819/76, AP Nr. 26 zu § 611 BGB – Abhängigkeit. | 6 Vgl. BAG v. 19.5.1960 – 2 AZR 197/58, AP Nr. 7 zu § 5 ArbGG 1953 (Kürschnermeister); v. 28.2.1962 – 4 AZR 141/61, AP Nr. 1 zu § 611 BGB – Abhängigkeit (Messtätigkeit für Wettervorhersage in einer vom Vertragspartner gemieteten Berghütte); v. 15.3.1978 – 5 AZR 818/76, AP Nr. 25 zu § 611 BGB – Abhängigkeit (Musikbearbeiter); v. 26.1.1977 – 5 AZR 796/75, AP Nr. 13 zu § 611 BGB – Lehrer, Dozenten (Volkshochschuldozent); v. 9.9.1981 – 5 AZR 477/79, AP Nr. 38 zu § 611 BGB – Abhängigkeit (Psychologe mit zeitlicher Rahmenvereinbarung); v. 27.4.1991 – 5 AZR 194/90, AP Nr. 53 zu § 611 BGB – Abhängigkeit (Lektor); v. 29.5.1991 – 7 ABR 67/90, AP Nr. 2 zu § 9 BetrVG 1972 – Aushilfs-Taxifahrer. | 7 BAG v. 15.3.1978 – 5 AZR 819/76, AP Nr. 26 zu § 611 BGB – Abhängigkeit. | 8 BAG v. 15.12.1999 – 5 AZR 770/98, NZA 2000, 481; v. 26.5.1999 – 5 AZR 469/98, AP Nr. 104 zu § 611 BGB – Abhängigkeit; s. auch *Hanau/Strick*, AuA 1998, 185 (187) in Bezug auf den Versicherungsvertreter. | 9 BAG v. 27.3.1991 – 5 AZR 194/90, AP Nr. 53 zu § 611 BGB – Abhängigkeit; v. 19.11.1997 – 5 AZR 653/96, BAGE 87, 129; ständige Dienstbereitschaft ist nach der Rspr. (vgl. BAG v. 30.11.1994 – 5 AZR 704/93, BAGE 78, 343 (353), AP Nr. 74 zu § 611 BGB – Abhängigkeit, unter B.II.2.b (3) d.Gr.; v. 19.11.1997 – 5 AZR 653/96, BAGE 87, 129) ein starkes Indiz für die ArbN-Eigenschaft. | 10 BAG v. 19.1.2000 – 5 AZR 644/98, BAGE 93, 218 (Rundfunk); v. 20.9.2000 – 5 AZR 61/99, NZA 2001, 551 (abl. in Bezug auf Rundfunkmitarbeiter); v. 16.6.1998 – 5 AZN 154/98, NZA 1998, 839 (Rundfunk); v. 22.4.1998 – 5 AZR 2/97, NZA 1998, 1277 (Kameraassistent); v. 16.3.1994 – 5 AZR 447/92, DB 1994, 2504 (Copilot); v. 30.11.1994 – 5 AZR 704/93, BAGE 78, 343. | 11 BAG v. 19.1.2000 – 5 AZR 644/98, NZA 1998, 839; in Abgrenzung zu BAG v. 29.1.1992 – 7 ABR 25/91, AP Nr. 47 zu § 5 BetrVG 1972 (mit Anm. *Wank*). | 12 BAG v. 15.12.1999 – 5 AZR 770/98, NZA 2000, 481 in Anknüpfung an BAG v. 26.5.1999 – 5 AZR 469/98, AP Nr. 104 zu § 611 BGB. | 13 BAG v. 19.1.2000 – 5 AZR 644/98, AP Nr. 108 zu § 611 BGB – Abhängigkeit; *Rüthers*, RdA 2000, 360. | 14 BAG v. 15.12.1999 – 5 AZR 770/98, NZA 2000, 481; LAG Hamm v. 20.9.2004 – 2 Ta 644/03, nv.

47 Die **örtliche Weisungsgebundenheit** wird in der Rspr. des BAG stets im Zusammenhang mit der fachlichen und zeitlichen Weisungsgebundenheit benannt (s. Rz. 44 f.), ist aber soweit ersichtlich nie als entscheidendes Indiz herangezogen worden. Oftmals ergibt sich der Ort schon zwingend aus der Art der Tätigkeit. Das Kriterium der örtlichen Weisungsgebundenheit geht dann auf in dem Kriterium der Eingliederung in die betriebliche Organisation des ArbGeb, s. Rz. 48. Bei anderen Mitarbeitern (Außendienst, Telearbeitsplätze, Journalist, Bildberichterstatter) entfällt die örtliche Weisungsgebundenheit gänzlich, ohne dass dies gegen den ArbN-Status sprechen würde[1]. Oft wird eine zeitliche Weisungsgebundenheit mit einer örtlichen zusammenfallen und damit ein gemeins., regelmäßig gewichtiges Indiz für die ArbN-Eigenschaft bilden.

48 **c) Eingliederung in die Organisation des Arbeitgebers.** In einigen Entscheidungen verwendet die Rspr. das Merkmal nur als Zusammenfassung der Weisungsgebundenheit hinsichtlich Inhalt, Durchführung, Zeit, Dauer und Ort der Tätigkeit[2]. Ihm kommt insoweit **keine eigenständige Bedeutung** zu. Gewichtiges Indiz für die ArbN-Eigenschaft kann es aber sein, dass eine Tätigkeit regelmäßig nur im Rahmen eines Arbeitsverhältnisses ausgeübt wird. Das Bestehen eines Arbeitsverhältnisses kann dann aus der Art der zu verrichtenden Tätigkeiten folgen: Die Tätigkeit ist so in eine vom ArbGeb vorgegebene Organisation eingefügt, dass sie *per se* eine Fremdbestimmtheit mit sich bringt. Das BAG hat diesem Gedanken in mehreren Entscheidungen entscheidende Bedeutung beigemessen[3]. Maßgebend ist hier die personelle und organisatorische Abhängigkeit für die Erbringung der Arbeitsleistung[4]. Nach Ansicht des BAG sind deshalb **Lehrer an allgemein bildenden Schulen** regelmäßig ArbN, auch wenn sie ihren Unterricht nebenberuflich erteilen[5], während die geringere Einbindung in ein Schul- oder Ausbildungssystem bei **Volkshochschuldozenten** und **Lehrkräften an Musikschulen** für den Regelfall zur Folge hat, dass sie nicht auf Grund eines Arbeitsverhältnisses tätig werden[6] (s. ausführlicher Rz. 69).

49 **d) Fremdnützigkeit der Arbeitsleistung.** Ein in seiner Bedeutung nur unscharfes Indiz ist die Fremdnützigkeit der Arbeitsleistung. Seinen Ursprung hat das Kriterium bei der Suche nach der ArbN-Eigenschaft von Mitarbeitern von Rundfunk und Fernsehen. Neben dem Merkmal, dass ein ArbN fremdbestimmte Arbeit zu leisten hat, stellt das BAG auch darauf ab, dass ArbN „ihre Arbeitskraft nicht – wie ein Unternehmer – nach selbstgesetzten Zielen unter eigener Verantwortung und mit eigenem Risiko am Markt verwerten können, sondern dass sie darauf angewiesen sind, ihre Arbeitsleistung fremdnützig der Anstalt zur Verwertung nach deren Programmplanung zu überlassen"[7]. Dies hat Berührungspunkte mit der insb. von *Wank* vertretenen Abgrenzung nach der Übernahme von unternehmerischem Risiko und Chancen (s. Rz. 56). Der Formulierung wird aber zu Recht entgegengehalten, dass hiermit **Ursache und Wirkung** miteinander **vertauscht** werden: Wer keinen durch Arbeit herbeizuführenden Erfolg verspricht, sondern eine Dienstleistung als solche, überlässt die Verwertung stets dem Empfänger der Dienstleistung[8]. Das BAG ist deshalb in jüngeren Entscheidungen wohl zu Recht soweit ersichtlich nicht mehr auf das Merkmal der Fremdnützigkeit zurückgekommen, um die ArbN-Eigenschaft zu bestimmen[9]. Wohl aber orientiert sich die Rspr. weiterhin in einigen Entscheidungen am unternehmerischen Risiko und marktbezogenen Gestaltungsmöglichkeiten. Für die Selbständigkeit spreche etwa die Berechtigung, andere berufliche und gewerbliche Aktivitäten zu entfalten[10]. Dafür spreche es auch, wenn die Arbeitsleistung nicht in eigener Person erbracht werden muss, sondern ergänzend fremde Hilfe hinzugenommen werden kann. Das eigene Personal auszuwählen, einzuweisen und zu kontrollieren, seien wesentliche Merkmale selbständigen Tätigwerdens[11].

50 **e) Hilfskriterien.** Die dargelegten Maßstäbe zu konkretisieren und zu belegen, schlägt das Schrifttum zahlreiche Hilfskriterien vor. Sie alle haben die formale Ausgestaltung des Arbeitsverhältnisses zum Gegenstand, der – nach der st. Rspr. des BAG (s. Rz. 40) – aber gerade keine ausschlaggebende Bedeutung zukommt. Dennoch werden genannt: die Modalitäten in der Entgeltzahlung (Festvergütung), insb.

---

1 S. auch ErfK/*Preis*, § 611 BGB Rz. 83; ArbR-BGB/*Schliemann*, § 611 BGB Rz. 208. | 2 BAG v. 29.5.2002 – 5 AZR 161/01, NZA 2002, 1232; v. 22.8.2001 – 5 AZR 502/99, ZTR 2002, 290; v. 27.6.2001 – 5 AZR 561/99, BB 2001, 2220. | 3 Etwa für Orchestermusiker (BAG v. 14.2.1974 – 5 AZR 298/73, AP Nr. 12 zu § 611 BGB – Abhängigkeit und v. 3.10.1975 – 5 AZR 427/74, AP Nr. 16 zu § 611 BGB – Abhängigkeit; ebenso BAG v. 29.7.1976 – 3 AZR 7/75, AP Nr. 41 zu § 620 BGB – Befristeter Arbeitsvertrag), für Lehrkräfte an allgemein bildenden Schulen (BAG v. 24.6.1992 – 5 AZR 384/91, AP Nr. 61 zu § 611 BGB – Abhängigkeit), für (studentische) Hilfspfleger (BAG v. 13.2.1985 – 7 AZR 345/82, nv.) und für die Tätigkeit eines Mitarbeiters des fremdsprachlichen Dienstes einer Rundfunkanstalt mit täglich routinemäßig anfallender Sprecher- und Übersetzertätigkeit (BAG v. 3.10.1975 – 5 AZR 162/74, AP Nr. 15 zu § 611 BGB – Abhängigkeit; vgl. auch BAG v. 9.3.1977 – 5 AZR 110/76, AP Nr. 21 zu § 611 BGB - Abhängigkeit) sowie die Tätigkeit eines Copiloten (v. 16.3.1994 – 5 AZR 447/92, AP Nr. 68 zu § 611 BGB – Abhängigkeit) oder die der Tankwartaushilfe (v. 12.6.1996 – 5 AZR 960/94, AP Nr. 4 zu § 611 BGB – Werkstudent). | 4 BAG v. 23.4.1980 – 5 AZR 426/79, AP Nr. 34 zu § 611 BGB – Abhängigkeit. | 5 So für Lehrer an Abendgymnasien BAG v. 12.9.1996 – 5 AZR 104/95, AP Nr. 122 zu § 611 BGB – Lehrer, Dozenten; vgl. auch BAG v. 9.7.2003 – 5 AZR 595/02, AP Nr. 156 zu § 611 BGB – Lehrer, Dozenten. | 6 BAG v. 24.6.1992 – 5 AZR 384/91, AP Nr. 61 zu § 611 BGB – Abhängigkeit. | 7 BAG v. 15.3.1978 – 5 AZR 819/76, AP Nr. 26 zu § 611 BGB – Abhängigkeit. | 8 MünchArbR/*Richardi*, § 24 Rz. 36 ff. | 9 Vgl. BAG v. 20.7.1994 – 5 AZR 627/93, AP Nr. 73 zu § 611 BGB – Abhängigkeit und v. 30.11.1994 – 5 AZR 704/93, AP Nr. 74 zu § 611 BGB – Abhängigkeit. | 10 S. BAG v. 12.12.2001 – 5 AZR 253/00, NZA 2002, 787. | 11 S. BAG v. 12.12.2001 – 5 AZR 253/00, NZA 2002, 787; v. 16.7.1997 – 5 AZR 312/96, BAGE 86, 170; BGH v. 21.10.1998 – VIII ZB 54/97, NZA 1999, 11.

das (über einen längeren Zeitraum) erfolgte Ausweisen von Mehrwertsteuer durch den Beschäftigten, das Abführen von LSt und SozV-Beiträgen, die Führung von Personalakten, die Weiterbezahlung des Entgelts im Krankheitsfall, antragsgemäße Gewährung von Urlaub und Weiterbezahlung des Entgelts im Urlaubsfall, die Anmeldung eines Gewerbes[1]. Das BAG hat auf diese Merkmale zwar in einer älteren Entscheidung abgestellt[2], später jedoch diese formellen Merkmale als nicht oder nur sehr eingeschränkt tragfähig angesehen[3]. Sie dürften daher eher geeignet sein, einen Arbeitsvertrag zu belegen als ihn zu verwerfen, da ein Arbeitsverhältnis auch mit einem Dienstnehmer vereinbart werden kann, der kein ArbN ist, s. Rz. 42. Aber auch dies kann nur mit Zurückhaltung zu bejahen sein, zumindest soweit diese Kriterien nicht die Pflichten des Dienstnehmers, sondern ein Verhalten des Dienstgebers betreffen; letztere können die Fremdbestimmung wenn überhaupt, dann nur mittelbar charakterisieren.

f) Untaugliche Kriterien. Daneben gibt es zahlreiche Kriterien, die von der Rspr. ausdrücklich als untauglich gewertet wurden. Ein im Anstellungsvertrag **vereinbartes Wettbewerbsverbot** stellt kein Indiz für oder gegen die Selbständigkeit eines Mitarbeiters dar[4]. Eine **wirtschaftl. Abhängigkeit** – die den Arbeitnehmerähnlichen kennzeichnet, s. Rz. 111 – ist weder erforderlich noch ausreichend[5]. Die **Art der Vergütung** spielt schon deshalb keine nennenswerte Rolle, weil sich die persönliche Abhängigkeit danach bestimmt, inwieweit die Ausführung der versprochenen Dienste weisungsgebunden und damit fremdbestimmt erfolgt. Entscheidend sind die Umstände der Dienstleistung, nicht aber die Modalitäten der Entgeltzahlung[6]. 51

Selbst wenn eine hauptberufliche Vollzeitbeschäftigung auf eine für Arbeitsverhältnisse typische persönliche Abhängigkeit hindeuten sollte[7], bedeutet dies nicht, dass eine Nebenbeschäftigung mit geringer Arbeitszeit gegen ein Arbeitsverhältnis spricht[8]. Die rechtl. Einordnung eines Mitarbeiterverhältnisses hängt auch nicht davon ab, ob es **projektbezogen oder auf Dauer** angelegt ist. Die Annahme eines Dauerrechtsverhältnisses allein hat keinen arbeitsrechtl. Aussagewert[9]. Sowohl bei einer dauerhaften als auch bei einer befristeten Vertragsbeziehung sind beide Rechtsformen (Arbeitsverhältnis oder freies Mitarbeiterverhältnis) denkbar. 52

g) Feststellung und Geltendmachung der Arbeitnehmereigenschaft. Klagt ein Dienstverpflichteter einen arbeitsrechtl. Anspruch vor dem ArbG ein, hängt der Klageerfolg von Tatsachen ab, die zugleich für die Bestimmung des Rechtswegs entscheidend sind. Wegen dieser **Doppelrelevanz** sind die Gerichte für Arbeitssachen zur Entscheidung zuständig, ohne dass es dazu eines Rückgriffs auf § 2 III ArbGG bedürfte[10]. In diesem Fall reicht die bloße Rechtsansicht des Klägers aus, er sei ArbN, um die Zuständigkeit der ArbG zu begründen. Ist er kein ArbN, wird die Klage als unbegründet, nicht als unzulässig abgewiesen. Um einen solchen **Sic-non-Fall** handelt es sich auch, wenn sich ein als freier Mitarbeiter eingestellter Beschäftigter gegen eine Kündigung wehrt mit dem Antrag festzustellen, dass durch diese sein „Arbeitsverhältnis" nicht aufgelöst worden sei[11]. Der Klageantrag kann zulässigerweise auf die Statusfrage beschränkt werden[12]. Für ein in der Vergangenheit bereits beendetes Rechtsverhältnis kann der Klage freilich das Feststellungsinteresse und Rechtschutzinteresse fehlen[13]. Grundsätzlich gilt, dass die **Klage auf Feststellung eines beendeten Arbeitsverhältnisses** eines besonderen, vom Kläger darzulegenden Feststellungsinteresses bedarf, das nur gegeben ist, wenn sich gerade aus dieser Feststellung Folgen für Gegenwart oder Zukunft ergeben. Die Feststellung des Arbeitsverhältnisses muss zur Folge haben, dass noch Ansprüche zumindest dem Grunde nach bestehen[14]. Erhebt ein Mitarbeiter Klage und macht die Einordnung des Rechtsverhältnisses als Arbeitsverhältnis geltend, muss er abschließend erklären, für welche Zeit er von einem Arbeitsverhältnis ausgeht. Nur insoweit braucht er mit einer Rückabwicklung zu rechnen. Mit der zwingend gebotenen Festlegung ist der Verzicht auf eine Geltendmachung der ArbN-Eigenschaft für weiter zurückliegende Zeiträume verbunden[15]. 53

---

1 ZB *Reiserer/Freckmann*, NJW 2003, 180. | 2 BAG v. 8.6.1967 – 5 AZR 461/66, BAGE 19, 324 (330), AP Nr. 6 zu § 611 BGB – Abhängigkeit. | 3 Vgl. BAG v. 28.6.1973 – 5 AZR 19/73, AP Nr. 10 zu § 611 BGB – Abhängigkeit; v. 3.10.1975 – 5 AZR 427/74, AP Nr. 16 zu § 611 BGB – Abhängigkeit; v. 9.3.1977 – 5 AZR 110/76, AP Nr. 21 zu § 611 BGB – Abhängigkeit; s. auch BAG v. 30.10.1991 – 7 ABR 19/91, NZA 1992, 407. | 4 BAG v. 15.12.1999 – 5 AZR 770/98, AP Nr. 6 zu § 92 HGB. | 5 Vgl. BAG v. 8.6.1967 – 5 AZR 461/66, AP Nr. 6 zu § 611 BGB – Abhängigkeit; v. 14.2.1974 – 5 AZR 298/73, AP Nr. 12 zu § 611 BGB – Abhängigkeit, und v. 14.12.1983 – 7 AZR 290/82, EzBAT Nr. 8 zu § 1 BAT – Arbeitnehmerbegriff. | 6 Vgl. BAG v. 14.12.1983 – 7 AZR 290/82, EzBAT Nr. 8 zu § 1 BAT – Arbeitnehmerbegriff. | 7 Vgl. BAG v. 17.5.1978 – 5 AZR 580/77, AP Nr. 28 zu § 611 BGB – Abhängigkeit. | 8 BAG v. 19.1.2000 – 5 AZR 644/98, NZA 2000, 1102 (freies Mitarbeiterverhältnis von 42 h die Woche); v. 28.6.1973 – 5 AZR 19/73, AP Nr. 10 zu § 611 BGB – Abhängigkeit; v. 8.10.1975 – 5 AZR 430/74, AP Nr. 18 zu § 611 BGB – Abhängigkeit; v. 30.10.1991 – 7 ABR 19/91, AP Nr. 59 zu § 611 BGB – Abhängigkeit. | 9 BAG v. 19.1.2000 – 5 AZR 644/98, NZA 2000, 1102 (freies Mitarbeiterverhältnis von über 10 Jahren); v. 30.10.1991 – 7 ABR 19/91, NZA 1992, 407; v. 15.3.1978 – 5 AZR 819/76, AP Nr. 26 zu § 611 BGB – Abhängigkeit und v. 27.3.1991 – 5 AZR 194/90, AP Nr. 53 zu § 611 BGB – Abhängigkeit, unter Hinweis auf BAG v. 24.10.1984 – 5 AZR 346/83, nv., und BAG v. 11.12.1985 – 5 AZR 435/84, nv. | 10 BAG v. 19.12.2000 – 5 AZB 16/00, AP Nr. 9 zu § 2 ArbGG 1979. | 11 BAG v. 19.12.2001 – 5 AZB 16/00, NZA 2001, 285; v. 17.1.2001 – 5 AZB 18/00, NZA 2001, 341. | 12 BAG v. 20.7.1994 – 5 AZR 169/93, NZA 1995, 190. | 13 BAG v. 21.6.2000 – 5 AZR 782, NZA 2002, 164; v. 24.9.1997 – 4 AZR 429/95, AP Nr. 1 zu § 1 TVG – Tarifverträge: Reichsbund; v. 17.4.2002 – 5 AZR 458/00, nv.; v. 23.4.1997 – 5 AZR 727/95, DB 1997, 936; s. auch *Hochrathner*, NZA 1999, 1016. | 14 BAG v. 15.12.1999 – 5 AUR 457/98, NZA 2000, 775. | 15 BAG v. 8.11.2006 – 5 AZR 706/05, NZA 2007, 321.

54 Dass das Recht, sich auf den ArbN-Status zu berufen, verwirken oder eine **unzulässige Rechtsausübung** darstellen kann, ist anerkannt[1]. Nimmt etwa ein Mitarbeiter eine Statusklage zurück, so stellt es idR eine unzulässige Rechtsausübung dar, wenn er sich später zur Begründung der Voraussetzungen tarifl. Unkündbarkeit darauf beruft, er sei durchgehend ArbN gewesen[2]. Ebenso geht die Rspr. davon aus, ein ArbN handele rechtsmissbräuchlich, wenn er zunächst ein rechtskräftiges Urteil mit der Feststellung seines ArbN-Status erstreite, dann aber ohne Änderung der Zusammenarbeit in tatsächlicher Hinsicht den ArbGeb zu einer Aufhebung des Arbeitsvertrags und zur Fortsetzung der Zusammenarbeit „auf der Basis freier Mitarbeit" veranlasse, hieraus über viele Jahre Vorteile zieht und erst später erneut die Feststellung verlangt, es habe ein Arbeitsverhältnis bestanden[3]. Ob eine Verwirkung aber bereits angenommen werden kann, wenn seit der Beendigung des als freie Mitarbeiterschaft behandelten Dauerschuldverhältnisses bis zur Erhebung der Statusklage über acht Monate vergangen sind, ist eine Frage des Einzelfalls[4]. Durch die Vereinbarung und Behandlung des Rechtsverhältnisses als freie Mitarbeit wird beim Mitarbeiter ein grundsätzlich schützenswerter Vertrauenstatbestand geschaffen. Versucht der ArbGeb dem Mitarbeiter die erhaltenen Vorteile wieder zu entziehen, handelt er rechtsmissbräuchlich. Etwas anderes gilt nur, wenn der Mitarbeiter selbst Klage erhebt und für einen bestimmten Zeitraum die Einordnung des Rechtsverhältnisses als Arbeitsverhältnis geltend macht, denn dann gibt er zu erkennen, dass er das Rechtsverhältnis nicht nach den Regeln der freien Mitarbeit, sondern nach denen des Arbeitsrechts behandelt wissen will. Verfährt der ArbGeb diesem Anliegen entsprechend und behandelt das Rechtsverhältnis auch vergütungsrechtlich als Arbeitsverhältnis, kann der ArbN insoweit keinen Vertrauensschutz geltend machen[5].

55 Zur Frage, welcher **Entgeltanspruch** besteht, wenn der ArbN-Status eines bisher als freier Mitarbeiter Beschäftigten gerichtlich festgestellt wird, s. Rz. 26.

56 **5. Abweichende Ansätze im Schrifttum.** Der Ansatz der Rspr. zur Definition des ArbN wird nicht von allen geteilt. Der prominenteste Gegenentwurf entstammt der Feder *Wanks*[6]. In seiner Habilitationsschrift[7] beschrieb er als maßgebliches Kriterium zur Unterscheidung Selbständiger und ArbN, ob eine Erwerbsperson selbständig am Markt auftritt oder nicht. Er verzichtet auf das Merkmal der persönlichen Abhängigkeit und wertet es als typische ArbN-Eigenschaft, wenn eine auf Dauer angelegte Arbeit nur für einen Auftraggeber und in eigener Person zu erbringen ist und dies im Wesentlichen ohne eigenes Kapital und ohne eigene Organisation erfolgt. Wer hingegen zwar wirtschaftl. abhängig ist, aber auf Grund eigener Organisation mit eigenem Kapital und eigenen Mitarbeitern selbständig am Markt auftritt, sei demgegenüber Unternehmer. Er begründet diese neue Definition des ArbN im Wesentlichen mit einer von der Rspr. abweichenden methodischen Überlegung: Der ArbN-Begriff müsse nach dem Zweck der Gesetze ausgelegt werden, für deren Anwendung die ArbN-Eigenschaft Voraussetzung ist. Ein solcher teleologischer Bezug zwischen Auslegung fehle der bisherigen Definition. Er weist darauf hin, dass zwischen der persönlichen Weisungsbindung auf der Tatbestandseite und bspw. der Frage der Lohnfortzahlung im Krankheitsfalle, der Urlaubsgewährung und dem Kündigungsschutz kein unmittelbarer Zusammenhang besteht. Kern der Frage der Schutzbedürftigkeit sei es, ob die jeweilige Erwerbsperson ihre Existenzgrundlage aus dem Vertragsverhältnis bezieht und – so *Wank* – nicht selbständig mit allen **Chancen und Risiken eines Unternehmers am Markt** auftritt.

57 Diese Überlegungen haben **Vorläufer**. So sah *Wiedemann* bereits 1966 den tragenden Gedanken des ArbN-Begriffs im Verlust einer freien wirtschaftl. Dispositionsmöglichkeit, der „Unmöglichkeit eigener Teilnahme am Marktgeschehen"[8]. *Lieb* entwickelte den Gedanken fort. Für ihn ist entscheidend, ob die Dienstverpflichteten „noch die Möglichkeit der eigenen unternehmerischen Disposition über ihre Arbeitskraft haben, oder ob diese Möglichkeit auf den Auftraggeber, der dadurch zum Arbeitgeber wird, übergeht"[9].

58 Ein neuerer, konzeptionell eigenständiger Abgrenzungsversuch zwischen ArbN und Selbständigem kommt von *Maschmann*[10]. Er sieht als scheidendes Merkmal die **Verfügbarkeit über die Arbeitskraft des Mitarbeiters**, das Recht, ihm jederzeit einseitig Arbeit zuweisen zu dürfen. Dieses Weisungsrecht sei aber nicht wie das Direktionsrecht im traditionellen Sinne als bloße „Konkretisierungskompetenz" zur näheren Bestimmung der im Arbeitsvertrag offen gebliebenen Einzelheiten der Leistungspflicht zu verstehen, sondern es sei Ausprägung der dem ArbGeb im Arbeitsvertrag – zumindest im gedanklichen Ausgangspunkt – umfassend eingeräumten Leitungsbefugnis. Der Ansatz ist ebenso wie der *Wanks*

---

1 *Reinecke*, DB 1998, 1282 (1284); LAG Nds. v. 9.2.2001 – 10 Sa 1155/00, LAGE § 611 BGB – Arbeitnehmerbegriff Nr. 42. | 2 BAG v. 12.8.1999 – 2 AZR 632/98, AP Nr. 41 zu § 242 BGB – Unzulässige Rechtsausübung. | 3 BAG v. 11.12.1996 – 5 AZR 855/95, NZA 1997, 818. | 4 LAG Köln v. 6.8.1999 – 11 Sa 336/99, DB 2000, 98. | 5 BAG v. 8.11.2006 – 5 AZR 706/05, NZA 2007, 321. | 6 Zu anderen, weniger durchsetzungsstarken Versuchen s. MünchArbR/*Richardi*, § 24 Rz. 35 ff.; vgl. jüngst auch *Schwarze*, ZfA 2005, 81. | 7 *Wank*, Arbeitnehmer und Selbständiger, 1987; *Wank*, DB 1992, 90; *Wank*, RdA 1999, 271; ihm folgend LAG Köln v. 30.6.1995 – 4 Sa 63/95, LAGE § 611 BGB – Arbeitnehmerbegriff Nr. 29 (*Thüsing*); ergänzend zur Bestimmung der persönlichen Abhängigkeit zieht heran LG München v. 15.5.1997 – 17 HKO 759/97, NZA 1997, 943. | 8 *Wiedemann*, Das Arbeitsverhältnis als Austausch- und Gemeinschaftsverhältnis, S. 15. | 9 *Lieb*, RdA 1977, 210. | 10 *Maschmann*, Arbeitsverträge und Verträge mit Selbständigen, 2001.

konsequent teleologisch und ist daher grds. zu begrüßen. Ob freilich damit sehr viel anderes gesagt ist als mit der persönlichen Abhängigkeit, erscheint – zumindest heruntergebrochen auf den einzelnen Fall – offen.

6. Stellungnahme. Im Versuch einer Stellungnahme erscheint der grundlegende Ansatz *Wanks* schlüssig: Wie jedes Gesetz teleologisch ausgelegt werden soll, muss auch der ArbN-Begriff teleologisch definiert werden, dh. es muss ein Sinnzusammenhang zwischen der Rechtsfolge „Anwendbarkeit des Arbeitsrechts“ und der Voraussetzung „Wertung eines Erwerbstätigen als ArbN“ geben. Zuzustimmen ist ihm auch, dass der ArbN-Begriff des BAG seine Entstehung einem anderen Denken verdankt. Abzustellen auf die persönliche Abhängigkeit hat seinen Ursprung nicht in einer teleologischen, sondern einer ontologischen Begriffsbildung: Ein Merkmal, das sich bei der Beschreibung der Wirklichkeit als regelmäßig geeignet herausgebildet hat, wird zum Tatbestandsmerkmal. Dies führt dazu, dass der Regelfall nach dem Ziel des Gesetzes zutreffend entschieden wird, Grenzfälle von der Definition jedoch nicht oder nicht klar erfasst werden. Diese Grenzfälle sind aber die zumeist streitigen. Indes kann nicht übersehen werden, dass die persönliche Abhängigkeit und ihre Konkretisierung der Weisungsgebundenheit in Teilbereichen des Arbeitsrechts durchaus als telelogische Kriterien interpretierbar sind. Wenn den Grenzen des ArbZG der unterliegen soll, der seine Arbeitszeit nicht frei bestimmen kann, bedeutet dies eine im Interesse des Gesundheitsschutzes erfolgende Einschränkung der Fremdbestimmung. Soll auch der erfasst werden, der grds. in eigener Verantwortung über seine Arbeitszeit entscheiden kann, so bedeutet dies Fremdbestimmung. Ähnliches ließe sich zum Urlaubsrecht sagen. In diesen Fällen ist die Weisungsgebundenheit bzw. persönliche Abhängigkeit weder ein rein ontologisch gebildetes Kriterium, noch ein bloßes anhand äußerer Merkmale feststellbares Indiz eines teleologischen Tatbestandsmerkmals, sondern teleologisch begründetes Tatbestandsmerkmal selbst. Freilich zeigt schon die Frage *Wanks*, was die Entgeltfortzahlung mit der Anordnung zu tun hat, heute in Halle 8 zu arbeiten – also die fachliche Weisungsgebundenheit mit der Schutzbedürftigkeit des ArbN[1] –, dass allein die persönliche Abhängigkeit weder hinreichendes noch ausreichendes Merkmal der ArbN-Eigenschaft sein kann. Die sehr deutliche Ablehnung des herrschenden Schrifttums vermag daher nicht ohne weiteres zu überzeugen[2]. Mag auch eine Prüfung in Einzelfällen zeigen, dass auch die Kriterien *Wanks* nicht absolut zu setzen sind, als **Indizien eines Typos** können sie allemal Verwendung finden. 59

Ob die Ziele des Arbeitsrechts durch die alleinige Abgrenzung nach dem unternehmerischen Risiko besser realisiert werden können, ist mangels Rspr., deren Gesamtschau dies belegen könnte, derzeit noch offen. Die Antwort ist sicherlich nicht einfach. Der **Abschied vom Merkmal der persönlichen Abhängigkeit** wäre ein ganz und gar grundlegender Wandel der Rspr.; jede Neuerung brächte eine Rechtsunsicherheit, deren Nachteile den Gewinn präziserer Begrifflichkeit überwiegen könnten. Allerdings spricht dies nicht dagegen, dass sie sich weiter und verstärkt in diese Richtung öffnen könnte. Bereits das Reichsgericht und später dann das Reichsarbeitsgericht stellte zwar auf die persönliche Abhängigkeit ab[3], schon *Alfred Hueck*, auf den die heute allgemein anerkannte Definition des ArbN zurückgeht (s. Rz. 24), – bemerkte aber, es sei zuzugeben, „dass dieses Merkmal nicht ein ganz scharfes ist“ und an ihm fest zu halten sei, lediglich weil „ein besseres Kriterium bisher nicht nachgewiesen ist“[4]. Die Diskussion kann daher noch nicht als beendet betrachtet werden. Die Forderung wird unterstützt in einem rechtsvergleichenden Seitenblick etwa ins britische Recht. In den zwanziger Jahren betonte die dortige Rspr. noch das dem Arbeitsverhältnis typischerweise innewohnende Element der Abhängigkeit und definierte den Arbeitsvertrag als einen Vertrag, in dem der ArbGeb nicht nur bestimmen könnte, was zu tun ist, sondern auch, wie es zu tun ist[5]. Spätere Entscheidungen stellten jedoch fest, dass je größer die Geschicklichkeit und das Fachwissen des ArbN ist, desto weniger aussagekräftig ist eine Definition, die sich an der Kontrolle des Arbeitsablaufs orientiert[6]. Es wurde von Anfang an daher teilweise auch danach unterschieden, ob der ArbN und seine Arbeit als integraler Bestandteil des Unternehmens anzusehen ist oder dem nur akzessorisch beigeordnet ist[7]. Beginnend in den späten sechziger Jahren pendelte sich die Rspr. auf den sog. „mixed“ oder „multiple test“ ein, in dem eine Reihe von Kriterien berücksichtigt werden, ohne dass der eine oder andere Faktor für sich allein genommen entscheidend ist. Dabei wird gefragt, ob eine hinreichende Fremdbestimmtheit des Erwerbstätigen vorliegt, um sagen zu können, es handelt sich um einen ArbN. In einem zweiten Schritt wird dann geprüft, ob die Vertragsbedingungen einem Arbeitsverhältnis entsprechen. Als deutlichstes Indiz gegen eine Wertung als Arbeitsverhältnis wird es angesehen, wenn der Vertrag einen „entrepreneurial character of self-employment“ hat; entscheidend ist dafür die Beantwortung der Frage: „Is the person in business on his or her own behalf?“ Als Kriterien werden dabei berücksichtigt das Ausmaß, in dem jemand die Chance auf 60

1 *Wank*, Arbeitnehmer und Selbständige, S. 149. | 2 S. etwa MünchArbR/*Richardi*, § 24 Rz. 44; *Hromadka*, NZA 1997, 569 ff.; *Boemke*, ZfA 1998, 285 (321 f.); *Buchner*, NZA 1998, 1144 (1147 ff.); *Griebeling*, RdA 1998, 208 (214 ff.); *Griebeling*, NZA 1998, 1137 ff.; *Reineke*, ZIP 1998, 581 ff.; *Rieble*, ZfA 1998, 327 (334 ff.); eingehend auch ErfK/*Preis*, § 611 BGB Rz. 71; aus der Rspr. LAG Nds. v. 23.1.1995 – 3 Ta 159/94, LAGE § 48 ArbGG Nr. 10. | 3 RG v. 7.1.1916 – Rep. III. 246/15, RGZ 87, 440 (442); RAG v. 14.3.1928, Bensh. Slg. 7, 452. | 4 *Hueck/Nipperdey*, Arbeitsrecht I, 1. Aufl. 1928, 37. | 5 Performing Rights Society Ltd. v. Mitchel and Baker Ltd. (1925) KB 762; s. auch Collins v. Hertfordshire Country Council (1947) KB 598 at 615. | 6 Beloff v. Pressdram Ltd. (1973), 1 All ER 241 at 250. | 7 Vgl. Stevensen, Jordan and Harrison Ltd v. MacDonald and Evens (1925) 1 TLR 101.

Profit oder das Risiko auf Verlust trägt[1]. Dies nun entspricht genau der Abgrenzung, die *Wank* vorgenommen hat. Auch international stünde das BAG bei geänderter Rspr. also durchaus nicht allein da.

61 **7. Problematische Fallgruppen.** Bricht man das Gesagte auf einzelne Fallgruppen hinunter, so haben sich einige als besonders rechtsprechungsreich und umstritten herauskristallisiert. Den Zuordnungen kommt freilich keine eigenständige Indizbedeutung zu; maßgeblich sind die jeweiligen Umstände der Arbeitsleistung.

62 **a) Medienmitarbeiter.** Die Rundfunk- und Fernsehanstalten beschäftigen traditionell nicht nur fest angestellte ArbN, sondern in großem Umfang auch freie Mitarbeiter. Nach der st. Rspr. des BAG sind die dargelegten Grundsätze auch in diesem Bereich maßgebend[2]. In diesem Bereich ist jedoch im Hinblick auf Art. 5 I 2 GG zu unterscheiden zwischen programmgestaltenden Tätigkeiten und solchen, denen der Zusammenhang mit der Programmgestaltung fehlt. Zu den **programmgestaltenden Mitarbeitern** gehören diejenigen, die „typischerweise ihre eigene Auffassung zu politischen, wirtschaftl., künstlerischen oder anderen Sachfragen, ihre Fachkenntnisse und Informationen, ihre individuelle künstlerische Befähigung und Aussagekraft in die Sendung einbringen, wie dies bei Regisseuren, Moderatoren, Kommentatoren, Wissenschaftlern und Künstlern der Fall ist". Nicht zu den programmgestaltenden Mitarbeitern gehören das betriebstechnische und das Verwaltungspersonal sowie diejenigen, die zwar bei der Verwirklichung des Programms mitwirken, aber keinen inhaltlichen Einfluss darauf haben[3].

63 Ausgehend von der allgemeinen Regel, wonach sich ein Arbeitsverhältnis von dem Rechtsverhältnis eines freien Mitarbeiters durch den Grad der persönlichen Abhängigkeit unterscheidet, hat das BAG in einem Grundsatzurteil vom 15.3.1978 entschieden, dass Mitarbeiter von Rundfunk- und Fernsehanstalten, die unmittelbar an der Herstellung einzelner Beiträge beteiligt sind, einer fachlichen Weisungsgebundenheit zwar weitgehend entzogen seien, sie aber aus anderen Gründen Arbeit in persönlicher Abhängigkeit erbringen[4]. Dem ist das BVerfG[5] entgegengetreten und hat in einer Entscheidung von 1982 die heute maßgeblichen Maßstäbe gesetzt. Das Gericht war der Ansicht, dass das BAG durch eine Überbetonung der sozialen Belange der ArbN die Belange der Rundfunkanstalten nicht ausreichend berücksichtigt habe. Ausgehend von der Überlegung, dass die Rundfunkanstalten ihrer Aufgabe einer umfassenden Information und der Wiedergabe eines breiten Meinungsspektrums nur dann gerecht werden können, wenn sie über einen der angestrebten Programmvielfalt entsprechenden Mitarbeiterkreis verfügen, hat das BVerfG ausgeführt, dass sich der Schutz von Art. 5 II 1 GG auch auf die Personalauswahl erstrecke. Hänge die den Rundfunkanstalten aufgegebene Vielfalt des Programms wesentlich von den personellen Voraussetzungen ab, so könnten sich die Anstalten gegenüber Maßnahmen, die diese personellen Voraussetzungen beeinträchtigen, auf die Rundfunkfreiheit in ihrer Bedeutung als Programmfreiheit berufen. Die **Flexibilität im Einsatz von Mitarbeitern** ist zumindest bei programmgestaltenden Mitarbeitern in Grenzen verfassungsrechtl. geboten[6].

64 Programmgestaltende Tätigkeit ist jedoch nicht nur im Rahmen freier Mitarbeit, sondern ebenso auf der Grundlage eines Arbeitsverhältnisses möglich. Wie das BVerfG entschieden hat, erstreckt sich der durch Art. 5 I 2 GG in den Schranken der allgemeinen Gesetze (Art. 5 II GG) gewährleistete verfassungsrechtl. Schutz der Freiheit des Rundfunks auf das Recht der Rundfunkanstalten, dem Gebot der Vielfalt der zu vermittelnden Programminhalte auch bei der Auswahl, Einstellung und Beschäftigung derjenigen Mitarbeiter Rechnung zu tragen, die bei der Gestaltung der Programme mitwirken sollen. Dies haben die Fachgerichte bei der Entscheidung darüber zu beachten, ob die Rechtsbeziehungen zwischen den Rundfunkanstalten und ihren in der Programmgestaltung tätigen Mitarbeitern als unbefristete Arbeitsverhältnisse einzuordnen sind[7]. Wenn die für das Arbeitsrecht allgemein entwickelten Merkmale abhängiger Arbeit dafür sprechen, dass ein Arbeitsverhältnis vorliegt, so kann es ausreichen, dem Einfluss der Rundfunkfreiheit dadurch Rechnung zu tragen, dass Einzelne gegen eine Befristung sprechende Merkmale zurückzutreten haben. Die **Rundfunkfreiheit** verlangt nicht den Verzicht auf jeden Sozialschutz programmgestaltender Mitarbeiter. Sie steht nur arbeitsrechtl. Regelungen und einer Rspr. entgegen, welche den Rundfunkanstalten die zur Erfüllung ihres Programmauftrags notwendige Freiheit und Flexibilität nehmen würden[8]. Rundfunk- und Fernsehanstalten können demnach ihr Programm durch freie Mitarbeiter, befristet beschäftigte ArbN oder ArbN in unbefristeten Arbeitsverhältnissen gestalten lassen[9].

---

1 „The extent to which the person takes the chance of profit or risk of loss", Market Investigations Ltd. v. Minister of Social Security (1968) 3 All ER 732; Ready-Mixed Concrete (SE) Ltd. v. Minister of Pensions (1968) 2 QB 497; vgl. *Lewis*, Law of Employment, 1998, S. 76 ff. | 2 *Rüthers*, RdA 2000, 360 = NZA 2000, 1120; BAG v. 30.11.1994 – 5 AZR 704/93, BAGE 78, 343; v. 16.2.1994 – 5 AZR 402/92, BAGE 76, 21. | 3 BVerfG v. 28.6.1983 – 1 BvR 525/82, BVerfGE 64, 256 (260); v. 13.1.1982 – 1 BvR 848/77, BVerfGE 59, 231 (260 ff.). | 4 BAG v. 15.3.1978 – 5 AZR 819/76, AP Nr. 26 zu § 611 BGB – Abhängigkeit. | 5 BVerfG v. 13.1.1982 – 1 BvR 848/77, BVerfGE 59, 321. | 6 Zu der Diskussion im Anschluss s. *Rüthers*, DB 1982, 1869 mwN; *Küchenhoff*, Anm. AP Nr. 34 zu § 611 BGB – Abhängigkeit; *Otto*, gemeins. Anm. zu AP Nr. 35 zu § 611 BGB – Abhängigkeit. | 7 BVerfG v. 28.6.1983 – 1 BvR 525/82, BVerfGE 64, 256 (260); v. 13.1.1982 – 1 BvR 848/77, BVerfGE 59, 231 (256 f.); BAG v. 22.4.1998 – 5 AZR 342/97, BAGE 88, 263. | 8 BVerfG v. 13.1.1982 – 1 BvR 848/77, BVerfGE 59, 231 (267 f.). | 9 BAG v. 22.4.1998 – 5 AZR 342/97, BAGE 88, 263.

Bei programmgestaltenden Mitarbeitern kann danach ein Arbeitsverhältnis vorliegen, wenn der Mitarbeiter zwar an dem Programm gestalterisch mitwirkt, dabei jedoch **weit gehenden inhaltlichen Weisungen** unterliegt, ihm also nur ein geringes Maß an Gestaltungsfreiheit, Eigeninitiative und Selbständigkeit verbleibt. Ein Arbeitsverhältnis kann auch dann zu bejahen sein, wenn der Sender innerhalb eines bestimmten zeitlichen Rahmens über die Arbeitsleistung verfügen kann. Das ist dann der Fall, wenn ständige **Dienstbereitschaft** erwartet wird oder wenn der Mitarbeiter in nicht unerheblichem Umfang auch ohne entsprechende Vereinbarung herangezogen wird, ihm also die Arbeiten letztlich „zugewiesen" werden. Die ständige Dienstbereitschaft kann sich sowohl aus den ausdrücklich getroffenen Vereinbarungen der Parteien als auch aus der praktischen Durchführung der Vertragsbeziehungen ergeben. Es ist ein starkes Indiz für die ArbN-Eigenschaft, wenn der Mitarbeiter in Dienstplänen aufgeführt wird, ohne dass die einzelnen Einsätze im Voraus abgesprochen werden[1]. Ein programmgestaltender Mitarbeiter ist jedoch nicht deshalb in den Betrieb eingegliedert und damit persönlich abhängig, weil er zur Herstellung seiner Sendung auf technische Einrichtungen und andere Mitarbeiter angewiesen ist[2] oder eine Sendung zu einer täglich wiederkehrenden Sendezeit fertigstellen und begleiten muss[3]. 65

Einzelfälle: Bislang sind unter den programmgestaltenden Mitarbeitern arbeitsgerichtl. als ArbN oder freier Mitarbeiter anerkannt worden: **Regisseur** und **Realisator** (BAG v. 9.6.1993 – 5 AZR 123/92, AP Nr. 66 zu § 611 BGB – Abhängigkeit: *offen gelassen*; BAG v. 20.7.1994 – 5 AZR 628/93 nv.: *ArbN*); **Autor** (BAG v. 23.4.1980 – 5 AZR 426/79, AP Nr. 34 zu § 611 BGB – Abhängigkeit: *ArbN*); **Redakteur** und **Chef vom Dienst** (BAG v. 20.7.1994 – 5 AZR 627/93, AP Nr. 73 zu § 611 BGB – Abhängigkeit: *ArbN*); **Sportreporter im öffentl.-rechtl. Rundfunk** (BAG v. 22.4.1998 – 5 AZR 191/97, NZA 1998, 1275 und BAG v. 14.3.2007 – 5 AZR 499/06, NZA-RR 2007, 424: *freier Mitarbeiter*; *offen gelassen* BAG v. 22.2.1995 – 5 AZR 757/93, AfP 1995, 693); **Reporter** und **Moderator im Hörfunk** (BAG v. 11.12.1996 – 5 AZR 592/95, nv.: *offen gelassen*); **Reporter** und **Produzent von Beiträgen im Fernsehen** (BAG v. 20.7.1994 – 5 AZR 170/93 nv.: *ArbN*); **Lokalreporter einer Landesrundfunkanstalt mit Redaktionsaufgaben im Bereich Fernseh-Landesprogramm** (BAG v. 22.4.1998 – 5 AZR 342/97, NZA 1998, 1336: *ArbN*); **Schauspieler** (LAG Saarbrükken v. 22.9.1965 – 2 Sa 45/64, AP Nr. 10 zu § 611 BGB – Film: *ArbN*); **Fernsehmitarbeiter im Bereich Politik**, der redaktionelle Vorarbeiten, Drehbücher und Vorschläge für Themen und Personen zu politischen Diskussionsrunden leistet (BAG v. 14.10.1992 – 5 AZR 114/92 nv.: *freier Mitarbeiter*); **Nachrichtenredakteure im Fernsehen** (BAG v. 5.7.1995 – 5 AZR 755/93; 756/93; 758/93; 234/94, nv.: *ArbN*); **Reporter mit überwiegenden Redaktionsaufgaben** (BAG v. 22.4.1998 – 5 AZR 342/97, NZA 1998, 1336: *ArbN*); **Filmkritiker mit eigener Sendung** (BAG v. 19.1.2000 – 5 AZR 644/98, AP Nr. 33 zu § 611 BGB – Rundfunk: *freier Mitarbeiter*); **Fotoreporter** (BAG v. 16.6.1998 – 5 AZN 154/98, AP Nr. 44 zu § 5 ArbGG 1979: *ArbN*; LAG Rh.-Pf. v. 16.5.2001 – 10 Sa 6/01: *ArbN*); **Redakteur/Reporter** (BAG v. 20.9.2000 – 5 AZR 61/99, AP Nr. 37 zu § 611 BGB – Rundfunk: freier Mitarbeiter); **nebenberuflicher Sportreporter** (BAG v. 22.4.1998 – 5 AZR 191/97, AP Nr. 96 zu § 611 BGB – Abhängigkeit; LAG Köln v. 30.1.1997 – 5 Sa 1233/96, NZA-RR 1997, 283: *freier Mitarbeiter*). 66

Nicht ausdrücklich erfolgte die Einordnung als **programmgestaltender oder nicht programmgestaltender Mitarbeiter bei einem Musikredakteur und Musikmoderator** (BAG v. 11.12.1985 – 5 AZR 435/84, nv.: *freier Mitarbeiter*; BAG v. 22.2.1995 – 5 AZR 416/94, nv.: *ArbN*); bei einem **Fernsehansager**, der zu einem anderen Sender in einem Vollzeitarbeitsverhältnis stand (BAG v. 14.6.1989 – 5 AZR 346/88 nv.: *freier Mitarbeiter*); bei einem **Rundfunksprecher** und **Übersetzer** (BAG v. 13.6.1990 – 5 AZR 419/89 nv.: *freier Mitarbeiter*); bei **pauschal bezahlten Bildberichterstattern** (BAG v. 29.1.1992 – 7 ABR 25/91, AP Nr. 47 zu § 5 BetrVG 1972: *freier ArbN*); **Fernsehreporter** (BAG v. 27.2.1991 – 5 AZR 107/90, EzA § 611 BGB – ArbN-Begriff Nr. 43; BAG v. 13.5.1992 – 5 AZR 434/91, nv.: *freier Mitarbeiter*); **Rundfunkreporter** und **Moderator** (BAG v. 13.5.1992 – 5 AZR 434/91, nv.: *freier Mitarbeiter*). 67

Hinsichtlich der **nicht programmgestaltenden**, aber rundfunk- und fernsehtypischen **Mitarbeit** an Sendungen hat das BAG demgegenüber mehrfach festgehalten, dass diese sich idR nur im Rahmen von Arbeitsverhältnissen durchführen lässt[4]. Nur in Ausnahmefällen kann auch hinsichtlich solcher Tätigkeiten ein freies Mitarbeiterverhältnis vereinbart werden[5]. Insb. betriebstechnisches Personal kann idR als ArbN angesehen werden, da dieses Weisungen nicht nur von den betriebstechnischen Vorgesetzten, sondern auch von Redakteuren und Regisseuren erhält. Der Stab, bestehend aus Bühnentechnikern, Kostümschneidern, Regieassistenten und vielen anderen mehr, steht regelmäßig in einem Arbeitsverhältnis zu seinem Vertragspartner[6]. Ebenso besteht das Verwaltungspersonal regelmäßig aus ArbN[7]. 68

1 BAG v. 19.1.2000 – 5 AZR 644/98, RdA 2000, 360; v. 22.4.1998 – 5 AZR 191/97, AP Nr. 96 zu § 611 BGB – Abhängigkeit; v. 30.11.1994 – 5 AZR 704/93, BAGE 78, 343; LAG Köln v. 4.3.2005 – 4 (10) Sa 1116/04, nv. | 2 BAG v. 19.1.2000 – 5 AZR 644/98, RdA 2000, 360. | 3 LSG Berlin v. 18.2.2004 – L 9 KR 650/01, NZA 2004, 479. | 4 BAG v. 22.2.1995 – 5 AZR 416/94, nv.; v. 30.11.1994 – 5 AZR 704/93, AP Nr. 74 zu § 611 BGB – Abhängigkeit; v. 20.7.1994 – 5 AZR 627/93, AP Nr. 73 zu § 611 BGB – Abhängigkeit; v. 16.2.1994 – 5 AZR 402/93, AP Nr. 15 zu § 611 BGB – Rundfunk. | 5 BAG v. 14.6.1989 – 5 AZR 346/88, nv.; v. 20.7.1994 – 5 AZR 628/93, nv. | 6 *Wrede*, NZA 1999, 1019 (1025): So auch *Meiser/Theelen*, NZA 1998, 1041 (1045); BAG v. 3.10.1975 – 5 AZR 445/74, DB 1976, 392; LAG Berlin v. 16.8.1983 – 9 Sa 23/82, AP Nr. 44 zu § 611 BGB – Abhängigkeit. | 7 BAG v. 30.11.1994 – 5 AZR 704/93, AP Nr. 74 zu § 611 BGB – Abhängigkeit.

Eine Tätigkeit, bei der vorgegebene Texte verlesen werden, ist für sich nicht programmgestaltend, so dass der Mitarbeiter regelmäßig ArbN ist[1]. Das Gleiche gilt für einen Mitarbeiter der Pressestelle einer Rundfunk- und Fernsehanstalt, wenn er in der Pressearbeit mit Verwaltung und Marketing betraut ist, jedoch keinen Zugriff auf redaktionelle Inhalte von Programmen hat[2]. Als nicht programmgestaltend wurden die Tätigkeiten erkannt der Nachrichtensprecher und -übersetzer[3], Kameraassistenten und Fotoreporter[4] sowie des Musikarchivars[5].

69 **b) Lehrer und Dozenten.** Die allgemeinen Grundsätze gelten auch für Unterrichtstätigkeiten[6]. Entscheidend ist, wie intensiv die Lehrkraft in den Unterrichtsbetrieb eingebunden ist und in welchem Umfang sie den Unterrichtsinhalt, die Art und Weise seiner Erteilung, ihre Arbeitszeit und die sonstigen Umstände der Dienstleistung mitgestalten kann und inwieweit sie zu Nebenarbeiten herangezogen werden kann. Diejenigen, die an **allgemein bildenden Schulen** unterrichten, sind danach idR ArbN, auch wenn sie ihren Beruf nebenberuflich ausüben. Dagegen können **Volkshochschuldozenten und Musikschullehrer**, die außerhalb schulischer Lehrgänge unterrichten, auch als freie Mitarbeiter beschäftigt werden, und zwar selbst dann, wenn es sich bei ihrem Unterricht um aufeinander abgestimmte Kurse mit vorher festgelegtem Programm handelt[7]. Lehrkräfte, die an Volkshochschulen Kurse zur Erlangung des Haupt- oder Realschulabschlusses leiten, sind jedenfalls dann ArbN, wenn sie in dem Schulbetrieb eingegliedert werden und nicht nur stundenweise Unterricht erteilen[8]. Lehrer, die im Rahmen von schulischen Kursen des zweiten Bildungswegs unterrichten, stehen entsprechend dieser typisierenden Betrachtungsweise des BAG Lehrern an allgemein bildenden Schulen gleich[9].

70 Im Einzelfall festzustellende Umstände, aus denen sich ergibt, dass der für das Bestehen eines Arbeitsverhältnisses erforderliche Grad der persönlichen Abhängigkeit eines Dozenten gegeben ist, können etwa das vom Schulträger beanspruchte Recht sein, die zeitliche Lage der Unterrichtsstunden einseitig zu bestimmen oder das Rechtsverhältnis umfassend durch (einseitig erlassene) „Dienstanweisung" zu regeln[10]. Wenn der Inhalt der Dienstleistung und die Unterrichtszeiten im Einzelnen vertragl. geregelt und damit einem Weisungsrecht der Volkshochschule entzogen wurden, ist dies ein wichtiger Hinweis auf ein freies Dienstverhältnis[11]. Die stärkere Einbindung von Schülern in ein Schul- oder Ausbildungssystem bedeutet auch eine stärkere persönliche Abhängigkeit der Lehrkräfte vom Unterrichtsträger[12]. Ist es einer Lehrerin zwar nicht gestattet vollständig von dem durch die Schulleitung einer Ergänzungsschule aufgestellten Curriculum für das Fach „Deutsch als Fremdsprache" abzuweichen, hat sie aber im Hinblick auf Unterrichtsinhalt und Art und Weise der Erteilung des Unterrichts einen nicht unerheblichen Gestaltungsspielraum, so liegt kein Arbeitsverhältnis vor[13]. **Lehrer an Abendgymnasien** sind regelmäßig ArbN des Schulträgers[14]. Die **an einer beruflichen Weiterbildungseinrichtung tätige Lehrkraft** ist in einen fremdbestimmten Unterrichtsbetrieb eingegliedert und daher ArbN, wenn sie wie ein fest angestellter Dozent nach vorgegebenen Stundenplänen regelmäßig 30 Stunden Unterricht pro Woche erteilt. Der Annahme eines Arbeitsverhältnisses steht nicht entgegen, dass der Dozent den Unterricht im Wesentlichen frei gestalten und bei der Aufstellung der Stundenpläne Wünsche hinsichtlich Lage und Umfang der Unterrichtsstunden äußern kann[15]. Eine auf Honorarbasis angestellte Lehrkraft die Fach- oder Förderunterricht in Schulabschlusslehrgängen für den Hauptschulabschluss erteilt, ist regelmäßig als ArbN anzusehen[16]. Ein Lehrbeauftragter an einer **Berufsakademie** ist ArbN, wenn er bei der Unterrichtsgestaltung und in zeitlicher Hinsicht weisungsgebunden ist[17]. Ein **Gastdozent an einer Hochschule**, der hinsichtlich Ort, Zeit und Einzelheiten der Unterrichtserteilung frei ist und dessen Tätigkeit

1 BAG v. 22.2.1995 – 5 AZR 416/94 und 419/94, beide nv. | 2 LAG BW v. 2.8.2005 – 14 Sa 24/05, AR-Blattei ES 110 Nr. 90; ArbG Karlsruhe v. 1.2.2005 – 4 Ca 191/04, ArbuR 2005, 162, n.rkr. | 3 BAG v. 11.3.1998 – 5 AZR 522/96, NZA 1998, 705; v. 22.2.1995 – 5 AZR 416/94, nv.; v. 30.11.1994 – 5 AZR 704/93, AP Nr. 74 zu § 611 BGB – Abhängigkeit; LAG Köln v. 27.2.2004 – 12 (13) Sa 945/03, nv. | 4 BAG v. 22.4.1998 – 5 AZR 2/97, NZA 1998, 1277; v. 16.6.1998 – 5 AZN 154/98, NZA 1998, 839; weitere Einzelfälle: Bühnenbildner (BAG v. 3.10.1975 – 5 AZR 445/74, AP Nr. 17 zu § 611 BGB – Abhängigkeit); Musikbearbeiter mit freier Arbeitszeiteinteilung (BAG v. 21.9.1977 – 5 AZR 373/76, AP Nr. 24 zu § 611 BGB – Abhängigkeit freier Mitarbeiter); Orchesteraushilfe (BAG v. 22.8.2001 – 5 AZR 502/99, AP Nr. 109 zu § 611 BGB – Abhängigkeit). | 5 BAG v. 8.11.2006 – 5 AZR 706/05, NZA 2007, 321. | 6 BAG v. 17.1.2006 – 9 AZR 61/05, EzA § 2 BUrlG Nr. 6; v. 9.7.2003 – 5 AZR 595/02, AP Nr. 158 zu § 611 BGB – Lehrer, Dozenten; v. 29.5.2002 – 5 AZR 161/01, NZA 2002, 1232; vgl. BAG v. 12.9.1996 – 5 AZR 104/95, BAGE 84, 124; v. 11.10.2000 – 5 AZR 289/99, nv.; LAG Köln v. 13.1.1994 – 6/14 Sa 747/91, EzA § 611 BGB – Arbeitnehmerbegriff Nr. 27; LAG Rh.-Pf. v. 14.7.1997 – 9 Sa 353/97, nv. | 7 BAG v. 24.6.1992 – 5 AZR 384/91, AP Nr. 61 zu § 611 BGB – Abhängigkeit. | 8 BAG v. 26.7.1995 – 5 AZR 22/94, AP Nr. 79 zu § 611 BGB – Abhängigkeit. | 9 BAG v. 29.5.2002 – 5 AZR 161/01, NZA 2002, 1232; v. 12.9.1996 – 5 AZR 104/95, AP Nr. 122 zu § 611 BGB – Lehrer, Dozenten, in Weiterführung von BAG v. 24.6.1992 – 5 AZR 384/91, AP Nr. 61 zu § 611 BGB – Abhängigkeit, und Abweichung von BAG v. 13.11.1991 – 7 AZR 31/91, AP Nr. 60 zu § 611 BGB – Abhängigkeit. | 10 BAG v. 24.6.1992 – 5 AZR 384/91, AP Nr. 61 zu § 611 BGB – Abhängigkeit. | 11 BAG v. 13.11.1991 – 7 AZR 31/91, BAGE 69, 62. | 12 BAG v. 9.7.2003 – 5 AZR 595/02, AP Nr. 158 zu § 611 BGB – Lehrer, Dozenten; v. 11.10.2000 – 5 AZR 289/99, nv. | 13 BAG v. 9.3.2005 – 5 AZR 493/04, EzA § 611 BGB 2002 – Arbeitnehmerbegriff Nr. 3. | 14 Weiterführung von BAG v. 24.6.1992 – 5 AZR 384/91, AP Nr. 61 zu § 611 BGB – Abhängigkeit; Abweichung von BAG v. 13.11.1991 – 7 AZR 31/91, BAGE 69, 62; v. 12.9.1996 – 5 AZR 104/95, BAGE 84, 124. | 15 LAG Hamm v. 18.7.2001 – 2 Sa 1836/00, nv. | 16 LAG Köln v. 3.8.2000 – 5 Sa 390/00, BB 2001, 49. | 17 LAG BW v. 4.7.1996 – 14 Sa 112/95, BB 1997, 684.

lediglich ein zusätzliches Lehrangebot darstellt, ist kein ArbN, sondern freier Mitarbeiter. Eine langjährige Vertragsbeziehung der Parteien steht einer freien Mitarbeit nicht entgegen[1]. Dozenten in der beruflichen Bildung sind ArbN, wenn der Schulträger einseitig den Unterrichtsgegenstand sowie Zeit und Ort der Tätigkeit vorgibt[2]; ein Dozent in einem privaten Lehrinstitut kann ArbN-Ähnlicher sein[3]. **Sprachlehrer an einer privaten Sprachschule** sind regelmäßig keine ArbN[4].

c) Freie Berufe (Rechtsanwälte, Ärzte, Steuerberater, Architekten, Musiker). Besteht die Dienstver- 71
pflichtung in der Ausübung eines freien Berufs, tritt die fachliche Weisungsgebundenheit regelmäßig als Maßstab zur Bestimmung der persönlichen Abhängigkeit hinter andere Kriterien zurück. Größere Bedeutung gewinnt hier die organisatorische Eingliederung, die sich durch zeitliche und örtliche Vorgaben bedingen.

Ein **Rechtsanwalt**, der auf Grund eines § 705 BGB entsprechenden Gesellschaftsvertrages Partner 72
einer Anwaltssozietät ist, die auch den berufsrechtl. Anforderungen entspricht, ist keine arbeitnehmerähnliche Person iSd. § 5 I 2 ArbGG, auch wenn er von der Sozietät wirtschaftl. abhängig ist[5]. Ein Assessor, der in einer Rechtsanwaltskanzlei innerhalb der Bürozeiten mit juristischer Sachbearbeitung betraut wird, ist jedoch nach verbreiteter Rspr. der LAG grds. ArbN[6]. Dies gilt erst recht für einen Rechtsanwalt, der auf der Grundlage eines Anstellungsvertrags tätig wird, der ausdrücklich als „Arbeitsvertrag" bezeichnet wird und der einzelne für die persönliche Abhängigkeit und Weisungsgebundenheit des Dienstleistenden typische Regelungen enthält[7]. Auch ein Rechtsanwalt, der sich vertragl. einem anderen Rechtsanwalt verpflichtet, diesem seine gesamte Arbeitskraft zur Verfügung zu stellen und andere Mandate nicht anzunehmen, dem weiter durch Vertrag ein bestimmtes Arbeitsgebiet zugewiesen ist, dem aber der andere Rechtsanwalt unabhängig davon bestimmte Mandate zuweisen oder entziehen kann, von dem ferner vertragl. erwartet wird, dass er während der üblichen Bürostunden in der Kanzlei anwesend ist, ist ArbN[8]. Ein Rechtsanwalt, der im Auftrag seines Vertragspartners Beratungsleistungen gegenüber einem Dritten erbringt, ist nicht allein deshalb ArbN, weil seine erbrachten Leistungen kontrolliert werden und er gegenüber seinem Vertragspartner zur Dokumentation seiner Leistungen innerhalb einer vorgegebenen Frist verpflichtet ist. Verbleibt es innerhalb der Rahmenbedingungen bei freier Arbeitszeit und freiem Arbeitsort und dient die Weisungsbefugnis lediglich der Erfolgskontrolle, handelt es sich idR nicht um ein Arbeitsverhältnis[9]. Die Stellung eines Rechtsanwalts als unabhängiges Organ der Rechtspflege (§ 1 BRAO) hindert nicht die Eingehung eines weisungsgebundenen Abhängigkeitsverhältnisses und den Abschluss eines Arbeitsvertrages mit einem anderen Rechtsanwalt[10]. Auch die Option einer Umsatzbeteiligung und darüber hinaus einer Sozietät mit Gewinnbeteiligung im Anstellungsvertrag eines Rechtsanwalts spricht nicht für eine freie Mitarbeit[11]. Für den **Gerichtsreferendar** findet sich ältere Rspr., die ihn idR als ArbN einstuft[12]. Jedenfalls wer den Rechtsanwalt vertritt, Aufgaben des Bürovorstehers wahrnimmt, ein Dezernat übernimmt, bestimmte Stunden einhalten und in der Kanzlei verbringen muss, ist in tatsächlicher Hinsicht in den Geschäftsbetrieb des Rechtsanwalts eingegliedert und persönlich abhängig. Der zeitlich, örtlich nicht gebundene Referendar, der sich von Fall zu Fall die seiner Ausbildung förderliche Arbeit aussuchen kann, ist unabhängig[13]. Gegen eine Weisungsgebundenheit eines in einer Rechtsanwaltskanzlei zur Bearbeitung von Steuer- und Buchhaltungsangelegenheiten beschäftigten **Betriebswirts** spricht nicht eine Selbständigkeit bei fachbezogenen Entscheidungen im Rahmen der Fallbearbeitung und gegen eine Eingliederung in die Arbeitsorganisation, dass restliche Arbeiten abends und an Wochenenden zu Hause erledigt werden[14]. Der Mitarbeiter eines **Steuerberaters**, der Vorbereitungsarbeiten für Steuererklärungen und Jahresabschlüsse an selbstgewählten Tagen zu Hause und außerhalb der Kanzlei erledigt, ist regelmäßig freier Mitarbeiter[15]. Eine persönliche Abhängigkeit folgt nicht allein daraus, dass der Mitarbeiter seiner Tätigkeit nur in den Räumlichkeiten des Steuerberaters nachgehen konnte[16]. Ebenso entschied die Rspr. für einen nur gelegentlich in einer Anwaltskanzlei tätigen **Dolmetscher**[17]. Auch das freie Mitarbeiterverhältnis eines **Ingenieurs** kann sich als Arbeitsverhältnis entpuppen[18].

---

1 LAG Berlin v. 11.7.2000 – 11 Sa 333/00, FuL 2002, 95 : 14 Jahre. | 2 BAG v. 11.4.1997 – 5 AZB 33/96, AP Nr. 30 zu § 5 ArbGG; v. 19.11.1997 – 5 AZR 653/96, AP Nr. 133 zu § 611 BGB – Lehrer, Dozenten. | 3 LAG Frankfurt v. 11.7.1996 – 12 Ta 240/96, ZTR 1996, 518. | 4 BAG v. 26.6.1996 – 7 ABR 52/95, nv. | 5 BAG v. 15.4.1993 – 2 AZB 32/92, AP Nr. 12 zu § 5 ArbGG 1979. | 6 BSG v. 30.11.1978 – 12 RK 32/77, AP Nr. 31 zu § 611 BGB – Abhängigkeit; LAG BW v. 14.3.1985 – 7 Sa 107/84, NZA 1985, 739; LAG Berlin v. 16.12.1986 – 11 Sa 93/86, 1987, 488; LAG Hamm v. 20.7.1989 – 16 Sa 33/89, NZA 1990, 228; LAG Frankfurt v. 16.3.1990 – 13 Sa 151/89, BB 1990, 2492. | 7 LAG Thür. v. 6.2.1998 – 8 Ta 205/97, NZA-RR 1998, 296. | 8 LAG BW v. 14.3.1985 – 7 Sa 107/84, NZA 1985, 739. | 9 LAG Köln v. 7.10.2003 – 2 Ta 304/03, nv. | 10 LAG Düsseldorf v. 23.7.2002 – 16 Sa 162/02, NZA-RR 2002, 567; ErfK/*Preis*, § 611 BGB Rz. 103. | 11 BayLSG v. 14.12.2001 – L 4 KR 147/99, HVBG-INFO 2002, 3324. | 12 AG Berlin v. 16.9.1966 – 5 Ca 65/66, BB 1967, 538; zweifelnd ErfK/*Preis*, § 661 BGB Rz. 103. | 13 LSG Berlin v. 16.9.1955 – 9/7 LSG 91/54, NJW 1955,1894. | 14 OLG Köln v. 15.9.1993 – 2 W 149/93, NJW-RR 1993, 1526. | 15 LAG Berlin v. 29.5.1989 – 9 Sa 17/89, LAGE § 611 BGB – Arbeitnehmerbegriff Nr. 9; LAG Köln v. 23.3.1988 – 7 Sa 137/87, LAGE § 611 BGB – Arbeitnehmerbegriff Nr. 7; aA LAG Rh.- Pf. v. 18.1.2006 – 6 Ta 291/05, nv. | 16 BAG v. 5.4.1989 – 5 AZR 289/88, nv.; Vorinstanz: LAG Köln v. 23.3.1988 – 7 Sa 137/87, LAGE § 611 BGB – Arbeitnehmerbegriff Nr. 7. | 17 LAG Berlin v. 11.4.1988 – 9 Sa 2/88, LAGE § 611 BGB – Arbeitnehmerbegriff Nr. 6. | 18 LAG Köln v. 21.11.1997 – 11 Sa 342/97, NZA-RR 1998, 394.

73 Dass der **Chefarzt** eines Krankenhauses oder einer Abteilung eines Krankenhauses bei seiner rein ärztlichen Tätigkeit, dh. bei der Behandlung der Patienten, eigenverantwortlich und an Weisungen des Krankenhausträgers nicht gebunden ist, schließt nicht aus, dass sein Beschäftigungsverhältnis dennoch ein Arbeitsverhältnis sein kann. Ein Arbeitsverhältnis ist es dann, wenn der Chefarzt im Übrigen im Wesentlichen weisungsgebunden und damit vom Krankenhausträger persönlich abhängig ist[1]. Ein **Betriebsarzt** ist nicht allein deshalb ArbN, weil er im Betrieb in Räumen, die der ArbGeb zur Verfügung stellt, regelmäßig und im Voraus festgelegte Sprechstunden abhält und verpflichtet ist, für den ArbGeb bei Bedarf auch arbeitsmedizinische Fragen zu begutachten[2]. Die Anweisung des Landes an eine Zahnärztin, Gefangene in einer JVA unter Vorgabe des Arbeitsortes und der zu benutzenden Geräte zahnärztlich zu behandeln, reicht für sich allein nicht zur Begründung eines Arbeitsverhältnisses aus[3]. Obliegen einem Arzt Aufgaben, die außerhalb der eigentlichen Verwaltungseinrichtung des Gesundheitsamtes erledigt werden, und kann er diese Leistungen in ausreichendem Maße selbst bestimmen, so hat er den Status eines freien Mitarbeiters[4]. Eine Ärztin, für die nach der Vereinbarung der Parteien keine SozV-Beiträge abgeführt werden sollen, weil sie als freie Mitarbeiterin angesehen wird, hat idR den Status eines ArbN, wenn sie durch Schichtpläne von Montag bis Freitag durchgängig in den Schichtbetrieb eingegliedert ist und sie auch sonst im gleichen Umfang wie die anderen angestellten Ärzte die Bereitschaftsdienste, inkl. Wochenenddienste versieht[5]. Eine **Hebamme**, die die Einrichtungen eines Krankenhauses zur Geburtshilfe auf Grund eines sog. „Beleghebammenvertrages" in eigener Verantwortung nutzen sowie ihre Arbeitszeit in Absprache mit ihren Kolleginnen ohne Einflussnahme des Krankenhausträgers frei regeln kann, ist mangels einer zeit- und weisungsgebundenen Tätigkeit nicht als ArbNin, sondern als freie Mitarbeiterin anzusehen[6]. Ein in der Behindertenfürsorge tätiger **Psychologe**, der innerhalb eines mit dem Träger der Sozialhilfe vereinbarten zeitlichen Rahmens Zeit und Ort seiner Tätigkeit frei bestimmen kann, ist freier Mitarbeiter und kein ArbN[7]. Bei maßgeblicher Einflussnahme des Mitarbeiters auf den Zeitpunkt der Therapiestunden und deren im Wesentlichen freie inhaltliche Ausgestaltung ist ein **Sprach- und Spieltherapeut** eher als freier Mitarbeiter einzuordnen[8].

74 Für den ArbN-Status eines zur Aushilfe engagierten **Orchestermusikers** ist entscheidend, ob der Mitarbeiter auch im Rahmen des übernommenen Engagements seine Arbeitszeit noch im Wesentlichen frei gestalten kann oder insoweit einem umfassenden Weisungsrecht der Orchesterleitung unterliegt[9]. Letzteres ist insb. dann der Fall, wenn der Musiker zur Mitarbeit an bei Vertragsschluss noch nicht festgelegten Produktionen verpflichtet ist[10]. Kein ArbN ist ein frei agierender **Theaterintendant**[11]. Verrichtet ein **Lektor** eines Verlages den wesentlichen Teil seiner Aufgaben in selbst bestimmter Arbeitszeit und an selbst gewähltem Arbeitsort, so fehlt die für ein Arbeitsverhältnis erforderliche Abhängigkeit. Daran ändert sich nichts, wenn der Mitarbeiter auf Grund gelegentlich notwendiger Zusammenarbeit auf die Arbeitszeit der Verlagsangestellten Rücksicht nehmen[12] und Abgabetermine beachten muss, eine sachliche Eingrenzung der Stoffrecherche besteht und Tätigkeitsberichte zu erstellen sind[13]. Ein punktuell im Unternehmen auftretender **Künstler**[14] oder Sänger[15], ein für mehrere Chöre arbeitender **Chorleiter**[16] ein für zwei Konzerte verpflichteter Gastmoderator für Kinderkonzerte[17] und ein Künstler, der auf der Jubiläumsveranstaltung eines Unternehmens einmalig eine von ihm selbst gestaltete Zaubershow darbietet[18], wurden als freie Mitarbeiter eingestuft; andere Entscheidungen gingen freilich in die andere Richtung[19]. Dass ein **Wissenschaftler** bei seiner ausschließl. erfinderischen Tätigkeit weisungsfrei ist, schließt deren Koordinierung durch den Dienstberechtigten mit dem sonstigen Geschehensablauf in seinem Betrieb nicht aus[20].

75 **d) Sportler.** Die Erbringung sportlicher Leistungen kann Arbeit im Rahmen eines Arbeitsverhältnisses sein. Es spricht für ein Arbeitsverhältnis, wenn der Sportler hinsichtlich Art und Umfang seiner sportlichen Leistung weitgehend weisungsgebunden ist, sich zB an regelmäßige Trainingszeiten halten muss. Weitere Indizien für ein solches Arbeitsverhältnis können sein, dass der Sportler für eine bestimmte, nicht unerhebliche Zeit an einen Verein gebunden ist und nur bei diesem einen Verein tätig

---

1 BAG v. 27.7.1961 – 2 AZR 255/60, AP Nr. 24 zu § 611 BGB – Ärzte, Gehaltsansprüche. | 2 BAG v. 15.12.1999 – 5 AZR 169/99, DB 1999, 2648; s. auch LAG München v. 2.8.1984 – 7 Sa 632/83, NJW 1985, 696. | 3 BAG v. 26.8.1998 – 4 AZR 471/97, NZA 1999, 154. | 4 BAG v. 2.2.1983 – 5 AZR 202/80, nv. | 5 LAG Rh.-Pf. v. 12.5.2004 – 2 Ta 81/04, nv. | 6 BAG v. 26.6.1991 – 5 AZR 453/90, nv. | 7 BAG v. 9.9.1981 – 5 AZR 477/79, BAGE 36, 77. | 8 LAG Frankfurt v. 26.9.1991 – 12 Sa 220/91, ZTR 1992, 123. | 9 BAG v. 9.1.2002 – 5 AZR 405/01, AP Nr. 114 zu § 611 BGB Abhängigkeit; v. 22.8.2001 – 5 AZR 502/99, AP Nr. 109 zu § 611 BGB – Abhängigkeit; v. 7.5.1980 – 5 AZR 593/78, AP Nr. 36 zu § 611 BGB – Abhängigkeit; v. 3.10.1975 – 5 AZR 445/74, AP Nr. 16 zu § 611 BGB – Abhängigkeit. | 10 S. auch für den Opernsänger BAG v. 7.2.2007 – 5 AZR 270/06, ZTR 2007, 391. | 11 BAG v. 16.8.1977 – 5 AZR 290/76, AP Nr. 23 zu § 611 BGB – Abhängigkeit; s. aber BAG v. 17.12.1968 – 5 AZR 86/68, DB 1969, 1420. | 12 BAG v. 27.3.1991 – 5 AZR 194/90, BB 1991, 1414. | 13 ArbG Berlin v. 8.1.2004 – 78 Ca 26918/03, NZA-RR 2004, 546. | 14 BAG v. 6.12.1974 – 5 AZR 418/74, AP Nr. 14 zu § 611 BGB – Abhängigkeit. | 15 BGH v. 13.3.1984 – VI ZR 204/82, NJW 1985, 2133. | 16 ArbG Hanau v. 2.1.1997 – 2 Ca 570/96, ARSt. 1997, 141. | 17 LAG Berlin v. 16.7.2001 – 6 Ta 1178/01, nv. | 18 BAG v. 6.12.1974 – 5 AZR 418/74, DB 1975, 844. | 19 LAG Berlin v. 29.12.1989 – 9 Sa 83/89, AP Nr. 50 zu § 611 BGB – Abhängigkeit; BAG v. 20.10.1966 – 5 AZR 28/66, DB 1967, 386; BGH v. 28.10.1982 – I ZR 134/80, AP Nr. 1 zu § 611 BGB – Künstlerbetreuer. | 20 BAG v. 8.2.1962 – 2 AZR 252/60, DB 1962, 843.

werden darf. Dementsprechend kann auch ein Amateurspieler in einem Arbeitsverhältnis beschäftigt sein, wenn er an bestimmten Zeiten an Spielen oder am Training teilzunehmen hat. Eine **Bundesligahandballspielerin** kann daher ArbNin sein[1]. **Vertragsamateure iSd. § 15 der Spielordnung DFB** sind dann ArbN, wenn sie auf Grund der jeweiligen Vertragsgestaltung und -abwicklung ihre Leistungen für den Verein in einer für ein Arbeitsverhältnis typischen persönlichen Abhängigkeit erbringen, die über die bereits durch die Vereinsmitgliedschaft begründete Weisungsgebundenheit hinausgeht. Macht ein Fußballverein bei der praktischen Handhabung des Sportbetriebes keinen Unterschied zwischen Amateuren und den Vertragsamateuren, so kann dies Grund für eine einheitliche Statusbeurteilung sein mit der Folge, dass allen Spielern die ArbN-Eigenschaft fehlt[2]. Wird ein nach der DFB-Spielordnung tätiger Vertragsamateur parallel hierzu im Rahmen eines Werbevertrages für eine Werbegesellschaft tätig, die für den Sportverein wirbt, so handelt es sich hierbei nicht um einen Arbeitsvertrag[3]. **Nebenberufliche Übungsleiter** von Amateurvereinen sind im Allgemeinen als freie Dienstnehmer anzusehen. Dass sie sich an die vom Verein zugeteilten Trainingsstätten und Trainingsstunden zu halten haben, begründet allein keine für ein Arbeitsverhältnis erforderliche persönliche Abhängigkeit[4]. Ein **Eishockeyspieler**, der sich vertragl. verpflichtet, für einen Verein zu spielen, und dafür lediglich eine Pauschale zur Abdeckung der anfallenden Fahrtkosten zwischen Wohnort und Vereinssitz erhält, ist regelmäßig weder ArbN des Vereins noch arbeitnehmerähnl. Person[5]. Ein **Tennisspieler**, der vertragl. verpflichtet ist, für den Verein Vorbereitungs- und Meisterschaftsspiele zu bestreiten und für diese Tätigkeit geldwerte Gegenleistungen erhält, kann ArbN sein[6]. Ein **Motorradrennfahrer** kann zumindest arbeitnehmerähnlicher Mitarbeiter sein[7].

e) Versicherungsvermittler, Handelsvertreter. aa) Allgemeines. Die Entscheidungen zur ArbN-Eigenschaft des Handelsvertreters, insb. des Versicherungsvertreters sind Legion[8]. Ausgangspunkt der Rspr. ist hier unmittelbar **§ 84 I 2 HGB**. Die persönliche Weisungsabhängigkeit ist wie allgemein durch Einzelkriterien zu belegen, deren Gesamtwürdigung entscheidet. Wegen der notwendigen Einzelfallbetrachtung erscheint es problematisch, wenn gesagt wird, dass Mitarbeiter im Versicherungsaußendienst idR ArbN seien[9]. Es ist ebenfalls nicht erheblich, dass Arbeitskollegen die gleichen Aufträge erhalten, jedoch auf der Grundlage von Arbeitsverträgen ihre Arbeit verrichten[10]. Nicht unumstritten – aber im Ergebnis zutreffend – ist demgegenüber die instanzgerichtliche Rspr., wonach auch dann, wenn die einzelnen Regelungen in dem Vertrag für sich genommen in einem Handelsvertretervertrag zulässig und mit der Rechtsstellung eines Handelsvertreters vereinbar sein mögen, dies nicht mehr gelten kann, wenn zu viele Einschränkungen der handelsvertretertypischen Selbständigkeit zusammenkommen und dem Vertragspartner gleichsam sämtliche Vorteile genommen sind, welche mit der Stellung eines selbständigen Handelsvertreters verbunden sind und ihm letztlich nur die Nachteile bleiben, nämlich die Übernahme des wirtschaftl. Risikos[11]. Schließen sich mehrere selbständige Versicherungsvertreter zur gemeins. Berufsausübung in einer Agentur zusammen, begründet die in dem Gesellschaftsvertrag vereinbarte wechselseitige Verpflichtung der Partner zur Einbringung ihrer vollen Arbeitskraft regelmäßig keine entsprechende Verpflichtung im Verhältnis zu dem Versicherungsunternehmen, mit dem alle Partner individuelle Agenturverträge geschlossen haben[12]. 76

bb) Fachliche, örtliche und zeitliche Weisungsgebundenheit. Eine Vertragsklausel, nach der ein Vertreter verpflichtet ist, sich an die ihm erteilten fachlichen Weisungen zu halten, führt noch nicht zwingend zu einer persönlichen Abhängigkeit, denn auch der Handelsvertreter unterliegt in gewissem Umfang den Weisungen des Prinzipals. Dies resultiert bereits aus § 86 I HGB. Es liegt in der Natur der Sache, dass ein kompliziertes Produkt wie die Lebensversicherung oder RV für den Versicherungsnehmer und die Versicherungsgesellschaft erhebliche finanzielle Risiken birgt und deshalb zur Absicherung ein erhebliches Maß an Direktiven für die fachliche Arbeit des selbständigen wie des unselbständigen Mitarbeiters möglich sein muss, um diese Risiken zu beherrschen. Für die Abgrenzung ist es daher nicht ausreichend, allein auf **fachliche Weisungsrechte** abzustellen, es muss vielmehr entsprechend der Rspr. 77

---

1 LAG Sa.-Anh. v. 30.9.1997 – 4 Ta 167/97, AuR 1998, 489. | 2 BAG v. 10.5.1990 – 2 AZR 607/89, AP Nr. 51 zu § 611 BGB – Abhängigkeit; s. auch BAG v. 28.6.1973 – 5 AZR 19/73, AP Nr. 10 zu § 611 BGB – Abhängigkeit und v. 3.10.1975 – 5 AZR 427/74, AP Nr. 16 zu § 611 BGB – Abhängigkeit; s. auch ArbG Bocholt v. 7.12.1988 – 4 Ca 1058/88, DB 1989, 1423; LAG Hamm v. 30.8.1989 – 15 Sa 327/89, DB 1990, 739. | 3 ArbG Oberhausen v. 15.5.1996 – 2 Ca 34/96, SpuRt 1996, 213. | 4 LAG Düsseldorf v. 26.3.1992 – 7 Ta 20/92, LAGE § 611 BGB – Arbeitnehmerbegriff Nr. 25. | 5 LAG Nürnberg v. 27.1.1995 – 7 Ta 187/94, NZA-RR 1996, 1. | 6 ArbG Bielefeld v. 12.7.1989 – 2 Ca 2132/88, NZA 1989, 966. | 7 BAG v. 17.6.1999 – 5 AZB 23/98, DB 1999, 2172. | 8 Aus der neueren Rspr. BAG v. 20.8.2003 – 5 AZR 610/02, NZA 2004, 39; v. 20.9.2000 – 5 AZR 271/99, NZA 2001, 210; LAG Hamm v. 20.9.2004 – 2 Ta 644/03, nv.; LAG München v. 22.7.2004 – 2 Sa 1323/03, VersR 2004, 1175; LAG Chemnitz v. 16.4.1999 – 1 Sa 180/98, nv.; LAG Nürnberg v. 26.1.1999 – 7 Sa 658/98, BB 1999, 79; LAG Nürnberg v. 26.1.1999 – 7 Sa 657/98, AuA 1999, 380; LAG Hamburg v. 21.11.2001 – 8 Sa 15/01, nv.; OLG Sa.-Anh. v. 8.3.2004 – 7 W (Hs) 3/04, OLGReport Naumburg 2004, 303; OLG Düsseldorf v. 5.12.1997 – 16 U 220/96, NZA-RR 1998, 145; LAG Nds. v. 7.9.1990 – 3 (2) Sa 1791/89, LAGE § 611 BGB – Arbeitnehmerbegriff Nr. 24; LAG Köln v. 23.10.1998 – 12 (2) Sa 779/98, nv. | 9 So LAG Nds. v. 7.9.1990 – 3 (2) Sa 1791/89, LAGE § 611 BGB – Arbeitnehmerbegriff Nr. 24. Zweifelnd wie hier LAG Köln v. 23.10.1998 – 12 (2) Sa 779/98, nv. | 10 LAG Hamburg v. 21.11.2001 – 8 Sa 15/01, nv. | 11 OLG Düsseldorf v. 5.12.1997 – 16 U 220/96, NZA-RR 1998, 145; aA *Oberthür/Löhr*, NZA 2001, 132. | 12 BAG v. 20.9.2000 – 5 AZR 271/99, NZA 2001, 210.

des BAG[1] nach Umfang und Bezugspunkt der Weisungsrechte differenziert werden: Weisungen, die sich auf das Produkt beziehen, deuten nicht auf die Selbständigkeit des Vertreters hin, weil die Tätigkeit des Versicherungsvertreters gem. § 92 I Alt. 1 HGB bzw. des Bausparkassenvertreters gem. § 92 V HGB iVm. § 92 I Alt. 1 HGB lediglich darin besteht, Verträge zu vermitteln. Der Vertreter vertreibt also nicht ein eigenes Produkt, sondern vermittelt das Produkt eines anderen. Daher ist es mit dem Status als selbständiger Vertreter vereinbar, wenn dieser nur vorformulierte Versicherungsantragsvordrucke verwenden darf und bestimmte Zusicherungen und Aussagen bei der Kundenwerbung zu unterlassen hat[2]. Vertragl. Pflichten des Versicherungsvertreters, die lediglich Konkretisierungen der Vorgaben aus § 86 HGB oder aufsichts- und wettbewerbsrechtl. Vorschriften sind, begründen keine Weisungsabhängigkeit als ArbN[3]. Bei der Beurteilung der Freiheiten iSd. § 84 Abs. 1 S. 2 HGB sind von vornherein auszuklammern diejenigen Beschränkungen, die dem **gesetzl. Leitbild des Handelsvertreters** dem Grunde und dem Ausmaß nach entsprechen, zB notwendige besondere Mitwirkungshandlungen des Vertreters zum Zustandekommen besonderer Verträge, wie zB das Einholen von Zuwendungserklärungen im Verbandsgruppengeschäft, und auch nicht verhandelbare Beschränkungen, die für die Tätigkeitsausübung vorgegeben sind, zB von kooperierenden Partnern (zB im Gruppenversicherungsgeschäft), von Verbänden und berufsständischen Organisationen (zB Wettbewerbsrichtlinien der Deutschen Versicherungswirtschaft) und von Behörden (zB Weisung zur Erreichung einer von der Aufsichtsbehörde vorgegebenen Mindestproduktion). Diese Beschränkungen können nicht gegen die Selbständigkeit sprechen[4]. Auch der **Umfang der Vertretungsbefugnis** hat auf den Status eines fremde Leistungen nur vermittelnden Handels- und Versicherungsvertreters keinen Einfluss[5]. Davon zu unterscheiden sind Weisungen, die sich auf **Berichtspflichten** oder sonstige Anzeigepflichten beziehen. Der Grad zulässiger Kontrolle ist überschritten, wenn der Betroffene verpflichtet wird, umfangreich über seine Tätigkeit Bericht zu erstatten und das Versicherungsunternehmen damit die Möglichkeit hat, ihn umfassend zu überprüfen[6]; der Mitarbeiter ist dann ArbN.

78 Die **örtliche Weisungsgebundenheit** spielt demgegenüber eine nur untergeordnete Rolle. Die Berechtigung eines Versicherungsvertreters, Telefon- und EDV-Anlagen des Versicherungsunternehmens zu nutzen, ist kein Indiz für eine abhängige Beschäftigung[7]. Anders mag es liegen, wenn der Handelsvertreter verpflichtet ist, die Leistungen in den Räumlichkeiten des Unternehmens unter Nutzung der Betriebsmittel zu erbringen[8].

79 Bestimmt das Unternehmen die **Arbeitszeit** des Handelsvertreters, so ist dies eine nicht produktbezogene Weisung, die auf eine abhängige Beschäftigung hindeutet. Eine solche Weisung kann sich auch aus den Umständen des Einzelfalls ergeben. Ein Mitarbeiter, der verpflichtet ist, das von ihm im Rahmen der Handelsvertretung betriebene Ladenlokal „während der in der Branche üblichen **Geschäftszeiten** und während des gesamten Jahres offen und besetzt zu halten", hierfür aber andere Mitarbeiter nur „unter seiner Aufsicht" beschäftigten durfte, für den sind faktisch die Arbeitszeiten festgelegt ohne substanziellen eigenen Spielraum. Eine ähnliche Beschränkung kann sich aus **Tourenplänen** ergeben. Die Verpflichtung, wöchentlich vier Stunden in der Geschäftsstelle des Unternehmens anwesend zu sein, reicht demgegenüber nicht[9]. Bei Pensumsvorgaben durch das Unternehmen bleibt der Selbständigenstatus des Versicherungsvertreters unberührt, wenn diesem im Hinblick auf die notwendige Arbeitszeit ein erheblicher Spielraum verbleibt[10]. Die **Leiterin eines Fachgeschäfts**, die nicht verpflichtet ist, selbst Dienste zu erbringen und Hilfskräfte einsetzt, ist kein ArbN, auch wenn sie ansonsten keinen unternehmerischen Spielraum hat[11].

80 **cc) Ergänzende Erwägungen – Beurteilung einzelner Vertragsklauseln.** Im Übrigen hat das BAG seine Vorgaben **in Grundsatzentscheidungen vom 15.12.1999**[12] konkretisiert und verschiedene Einzelkriterien genannt, die für oder gegen eine Selbständigkeit sprechen, und die überwiegend auch außerhalb des Bereichs der Handelsvertreter zufinden sind:

81 Gegen die ArbN-Eigenschaft des Mitarbeiters spricht es, wenn er vertragl. nicht gehindert ist, **eigene ArbN** in die Leistungserbringung einzuschalten, und es ihm daher tatsächlich und rechtl. möglich ist, seine Provisionseinkünfte dadurch zu steigern, dass er neue Nebenvertreter anwirbt und damit das Vertriebsnetz ausbaut. Dies entspricht auch dem Leitbild des Gesetzes: Der Handelsvertreter kann sich

1 BAG v. 20.9.2000 – 5 AZR 271/99, NZA 2001, 210; v. 15.12.1999 – 5 AZR 770/98, AP Nr. 6 zu § 92 HGB. | 2 So zutr. bereits die Vorinstanzen der BAG-Entscheidungen vom 15.12.1999 (s. Rz. 104): LAG Nürnberg v. 25.2.1998 – 4 Sa 670/97, LAGE § 611 BGB – Arbeitnehmerbegriff Nr. 34; LAG Köln v. 23.10.1998 – 12 (2) Sa 779/98, nv. | 3 BAG v. 15.12.1999 – 5 AZR 169/99, DB 2000, 1618. | 4 LAG Nürnberg v. 26.1.1999 – 7 Sa 657/98, AuA 1999, 380. S. auch in anderem Zusammenhang BAG v. 25.5.2005 – 5 AZR 347/04, AP Nr. 117 zu § 611 BGB – Abhängigkeit. | 5 So auch *Hanau/Strick*, DB 1998, Beil. Nr. 14, S. 9. | 6 *Hanau/Strick*, DB 1998, Beil. Nr. 14, S. 9 (10). | 7 LAG Nürnberg v. 25.2.1998 – 4 Sa 670/97, LAGE § 611 BGB – Arbeitnehmerbegriff Nr. 34. | 8 *Hanau/Strick*, DB 1998, Beil. Nr. 14, S. 15; *Oberthür/Lohr*, NZA 2001, 133. | 9 LAG Hamburg v. 21.11.2001 – 8 Sa 15/01, nv. | 10 BAG v. 15.12.1999 – 5 AZR 169/99, NZA 2000, 1162; LAG München v. 22.7.2004 – 2 Sa 1323/03, VersR 2004, 1175. | 11 Hess. LAG v. 30.11.2005 – 8 Sa 898/05, nv. | 12 BAG v. 15.12.1999 – 5 AZR 566/98, ZIP 2000, 630; v. 15.12.1999 – 5 AZR 770/98, NZA 2000, 481; v. 15.12.1999 – 5 AZR 3/99, BAGE 93, 112; v. 15.12.1999 – 5 AZR 169/99, BAGE 93, 132.

Hilfspersonen (Untervertreter iSd. § 84 III HGB oder angestellter Vertriebsmitarbeiter) bedienen, um seine Vertragspflichten zu erfüllen. Wenn ein Vertrag den Einsatz von Hilfspersonen verbietet, so ist dies daher ein Indiz für eine abhängige Beschäftigung. Die Verpflichtung, den Einsatz von Hilfspersonen anzuzeigen, steht der Selbständigkeit nicht entgegen. Ein allgemeiner Zustimmungsvorbehalt ist hingegen mit der Selbständigkeit des Handelsvertreters unvereinbar.

Ein Versicherungsvertreter ist auch nicht deswegen als ArbN anzusehen, weil ihm eine **Konkurrenztätigkeit** für andere Versicherungsunternehmen **untersagt** ist. Wie sich aus § 92a HGB ergibt, ist es von Gesetzes wegen zulässig, Handelsvertreter vertragl. allein an ein Unternehmen zu binden. Wie weit dies für das Verbot jeder Nebentätigkeit gilt, mag allerdings zweifelhaft sein[1]. 82

Auch aus dem tatsächlichen Fehlen einer vom Mitarbeiter geschaffenen **Innen- und Außenorganisation seiner Generalvertretung** kann nicht auf seine ArbN-Eigenschaft geschlossen werden, solange diese aufzubauen ihm vertragl. nicht verboten ist. Wie sich aus § 84 IV HGB ergibt, finden die Vorschriften des 7. Abschnitts des HGB auch Anwendung, wenn das Unternehmen des Handelsvertreters nach Art oder Umfang einen in kaufmännischer Weise eingerichteten Geschäftsbetrieb nicht erfordert. Wenn der Mitarbeiter jedoch über eigene Geschäftsräume und eigene Buchführung verfügt[2], spricht das ebenso für seine Selbständigkeit wie das Auftreten unter eigener Firma[3]. 83

Die **Möglichkeit**, sich bei urlaubs- oder krankheitsbedingter Abwesenheit **vertreten zu lassen**, hindert weder vom Tatsächlichen noch aus Rechtsgründen die Feststellung, dass der Mitarbeiter die bei Fehlen von Hinderungsgründen von ihm selbst zu leistenden Dienste als (unselbständige) Arbeitsleistung zu erbringen hatte. Enthält der Handelsvertretervertrag die Klausel, dass das Unternehmen dem Handelsvertreter **bezahlten Urlaub** gewährt, ist dies allerdings nach der Rspr. wohl kein Indiz für eine persönliche Abhängigkeit, denn die Klausel deutet nicht notwendig auf eine allgemeine Anwesenheitspflicht hin, die mit der Autonomie eines Selbständigen unvereinbar ist[4]. Unschädlich ist daher erst recht eine Verpflichtung, Urlaubszeiten und Krankheit vorab mitzuteilen; hierfür streitet ein legitimes Interesse des Unternehmens[5]. Mit dem Selbständigenstatus ist auch eine Urlaubssperre während sog. Beitragsanpassungszeiten vereinbar, da während dieser Zeit eine deutlich erhöhte Wahrscheinlichkeit besteht, dass Kunden ihre Verträge kündigen oder zumindest eine Kündigung erwägen. Es liegt daher im berechtigten Interesse des Versicherungsunternehmens, dass während dieser Zeiten ein Kontakt zwischen den Kunden und ihren Versicherungsvertretern stattfinden kann, so dass eine solche Einschränkung als von § 86 I HGB gedeckt angesehen werden muss[6]. 84

Auch die **Zuweisung eines bestimmten Bezirks** oder eines bestimmten Kundenkreises ist mit dem Status als selbständiger Handelsvertreter vereinbar. Dies ergibt sich schon aus § 87 II HGB, wo eine solche Abrede vorausgesetzt wird. § 46 VVG sieht die Möglichkeit der Bestellung eines Versicherungsagenten für einen bestimmten Bezirk ausdrücklich vor. Damit hat der Gesetzgeber des VVG die Beschränkung auf einen Bezirk erkennbar auch bei Selbständigen für zulässig gehalten. Die Zuweisung eines bestimmten Arbeitsgebiets ist deshalb schon von Gesetzes wegen mit dem Status eines selbständigen Versicherungsvertreters vereinbar[7]. Im Ergebnis gilt nichts anderes für den Umstand, dass dem Mitarbeiter bei Beginn seiner Tätigkeit ein bestimmter Kundenstamm zur Betreuung zugewiesen wird[8]. 85

Auch steht es der Annahme einer freien Handelsvertretertätigkeit nicht entgegen, dass der Unternehmer **Informationen und Hilfestellungen** zur Verfügung stellt. Das entspricht schon dem selbstverständlichen Eigeninteresse des Unternehmers und ist bei Handelsvertretern üblich. Der Unternehmer ist sogar verpflichtet, Handelsvertreter bei ihrer Arbeit zu unterstützen[9]. Dazu kann auch die Weitergabe von Kundendaten gehören. Von den Umständen des Einzelfalls hängt es dann ab, ob der Handelsvertreter – faktisch etwa durch eine Pflicht, nachgewiesene Kunden auch tatsächlich aufzusuchen – dennoch so eingebunden wird, dass von einer Selbständigkeit seiner Tätigkeit nicht auszugehen ist[10]. 86

Bei **Sollvorgaben** kommt es darauf an, ob dem Mitarbeiter trotz der Vorgaben ein ausreichender Handlungsspielraum verbleibt. Ist dieser gegeben, dann ist es unerheblich, ob das Unternehmen die Einhaltung der Vorgaben durch massiven Druck auf den Handelsvertreter erzwingt – denn dies stellt dann nur die Sanktionierung der Verletzung eines freien Dienstvertrags dar[11]. Stellt das Unternehmen dem Handelsvertreter eine Erhöhung seines Provisionssatzes in Aussicht, wenn die Anzahl der vermittelten Verträge steigt, ist dies daher erst recht zulässig[12]. Andere sehen auch hierin eine unzulässige Sanktions- 87

1 BAG v. 20.9.2000 – 5 AZR 271/99, NZA 2001, 210; v. 15.12.1999 – 5 AZR 3/99, BAGE 93, 112; v. 15.12.1999 – 5 AZR 770/98, NZA 2000, 481. | 2 OLG München v. 8.8.1957 – 6 U 997/57, NJW 1957, 1767. | 3 BAG v. 24.4.1980 – 3 AZR 911/77, AP Nr. 1 zu § 84 HGB. | 4 AA *Oberthür/Lohr*, NZA 2001, 133. | 5 LAG Köln v. 23.10.1998 – 12 (2) Sa 779/98, nv. | 6 LAG München v. 22.7.2004 – 2 Sa 1323/03, VersR 2004, 1175. | 7 BAG v. 20.9.2000 – 5 AZR 271/99, NZA 2001, 210; vgl. BAG v. 17.5.1978 – 5 AZR 580/77, AP Nr. 28 zu § 611 BGB – Abhängigkeit; v. 15.12.1999 – 5 AZR 3/99, AP Nr. 5 zu § 92 HGB; v. 15.12.1999 – 5 AZR 566/98, ZIP 2000, 630. | 8 BAG v. 20.9.2000 – 5 AZR 271/99, BAGE 95, 324. | 9 *Baumbach/Duden/Hopt*, 30. Aufl., § 86a HGB Anm. 1 A; *Heymann/Sonnenschein*, § 86a HGB Rz. 2 u. 3. | 10 BAG v. 30.8.1994 – 1 ABR 3/94, NZA 1995, 649. | 11 AA *Küstner/v. Manteuffel*, Handbuch des gesamten Außendienstrechts, Bd. I, S. 213; *Oberthür/Lohr*, NZA 2001, 132. | 12 *Oberthür/Lohr*, NZA 2001, 132.

regel. Je geringer freilich der prozentuale Anstieg des Provisionssatzes sei, desto stärker trete der Sanktionscharakter zurück[1].

88 **f) Subunternehmer, insb. Frachtführer und Kurierfahrer.** Zur Vermeidung arbeitsrechtl. Bindung wird oftmals versucht, Tätigkeiten, die früher stets durch ArbN erbracht wurden, durch freie Mitarbeiter verrichten zu lassen. Die Rspr. begegnet diesen „**Ein-Mann-Unternehmen**" zu Recht mit Zurückhaltung[2]. Es gelten hier grds. die allgemeinen Regeln zur Beurteilung der persönlichen Abhängigkeit.

89 Zahlreiche Judikate liegen insb. zum **Frachtführer** vor (s. Rz. 103), die als *pars pro toto* exemplarisch auch für andere Fallgestaltungen herangezogen werden dürften. Der Frachtführer iSd. § 425 HGB übt ein selbständiges Gewerbe aus. Das gilt auch dann, wenn er als Einzelperson ohne weitere Mitarbeiter nur für einen Spediteur tätig ist und beim Transport ein mit den Farben und dem Firmenzeichen des Spediteurs ausgestattetes, eigenes Fahrzeug einsetzt. Wird die Tätigkeit des Transporteurs stärker eingeschränkt, als es auf Grund gesetzl. Regelungen oder wegen versicherungsrechtl. Obliegenheiten geboten ist, so kann jedoch das Rechtsverhältnis als ein Arbeitsverhältnis anzusehen sein[3].

90 Eine solche weiter gehende Beschränkung kann in **zeitlichen Vorgaben** bestehen. Ein Frachtführer jedoch, der nur für einen Auftraggeber fährt, wurde von der Rspr. nicht als ArbN gewertet, wenn weder Dauer noch Beginn und Ende der täglichen Arbeitszeit vorgeschrieben sind und er die Möglichkeit hat, auch Transporte für eigene Kunden auf eigene Rechnung durchzuführen[4]. Unerheblich ist auch die Verpflichtung, bei der Auslieferung der Frachtsendungen bestimmte Terminvorgaben einzuhalten, denn auch im Rahmen von Dienst- und Werkverträgen können vom Dienstberechtigten oder dem Besteller Termine für die Erledigung der Arbeit bestimmt werden, ohne dass daraus eine zeitliche Weisungsabhängigkeit folgt[5].

91 Fachliche Weisungen, die einen freien Mitarbeiter zum ArbN werden lassen können, bedürfen in Übereinstimmung mit der Rspr. zum Handelsvertreter (s. Rz. 76 ff.) einer **gewissen Erheblichkeit**. Bezieht sich bei einem Frachtführer die Weisungsgebundenheit nur auf das Fahrzeug und den jeweiligen Fahrer, und ist es dem Frachtführer nach dem Vertrag gestattet und nach den tatsächlichen Umständen auch möglich, als Fahrer einen Dritten einzusetzen, dann steht dem Frachtführer ein eigener Gestaltungsspielraum zu, der mit dem Status eines ArbN nicht zu vereinbaren ist[6]. Auch ein **Subunternehmer eines Paketdienst-Systems**, der mit selbst ausgewählten ArbN und eigenen Fahrzeugen in einem ihm überlassenen Bezirk den Zustellungsdienst organisiert und durchführt, ist nicht ArbN[7]. Wenn ein sog. „Subunternehmer" in Bezug auf Preisgestaltung, Fristen und Auftragsabwicklung vertragl. so eng verbunden ist, dass auf ihn ein wirtschaftl. Zwang ausgeübt wird, hat die Rspr. eine ArbN-Eigenschaft – recht zweifelhaft – bejaht[8].

92 Entscheidendes Kriterium gegen eine ArbN-Stellung kann auch hier das Recht sein, die Arbeit durch **eigene Beschäftigte** zu erbringen[9]. Ebenso kann das Recht, über die jeweilige Leistungserbringung jeweils frei zu entscheiden, ein Hinweis auf die Selbständigkeit sein. Ein Kurierdienstfahrer, der allein entscheidet, ob, wann und in welchem Umfang er tätig werden will, und für ausgeführte Frachtaufträge das volle vom Auftraggeber zu leistende Entgelt erhält, ist kein ArbN des Unternehmens, das die Frachtaufträge annimmt und an die Kurierdienstfahrer weitergibt[10]. Unerheblich für die Frage der ArbN-Eigenschaft eines Kraftfahrers ist hingegen, ob dieser ein eigenes Gewerbe angemeldet hat oder dem Auftraggeber Rechnungen zu stellen und dabei die Mehrwertsteuer anzugeben hat[11].

93 **g) Telebeschäftigte**. Bei der Telearbeit hängt es von der konkreten Ausgestaltung der Tätigkeit ab, ob die Telebeschäftigten als ArbN, als selbständige Dienstnehmer oder als Heimarbeiter anzusehen sind. Beides ist möglich[12]. Es wird vorgeschlagen, die ArbN-Eigenschaft dann zu bejahen, wenn der ausgelagerte Arbeitsplatz mit dem Zentralrechner im Online-Betrieb verbunden ist, denn in diesen Fällen unterliegt der Telebeschäftigte einer ständigen Kontrolle durch Mitarbeiter des Beschäftigungsunter-

---

1 *Hanau/Strick*, DB 1998, Beil. Nr. 16, S. 8. | 2 S. LAG Köln v. 30.6.1995 – 4 Sa 63/95, LAGE § 611 BGB – Arbeitnehmerbegriff Nr. 29: Sog. „Propagandistinnen" in Kaufhäusern sind ArbN; LSG Berlin v. 14.8.1995 – L 15 Kv 16/95, AP Nr. 83 zu § 611 BGB – Abhängigkeit: Propagandistin steht in einem versicherungs- und beitragspflichtigen Beschäftigungsverhältnis; LAG Frankfurt v. 16.1.1990 – 4 TaBV 76/89, AuR 1991, 187: Restaurantbedienungen in Kaufhäusern sind ArbN; v. 11.7.1989 – 4 TaBV 211/88, AiB 1990, 77: Regaleinrichter als ArbN. LAG Düsseldorf v. 9.9.1997 – 8 Sa 756/97, DB 1998, 207: Sargträger ist ArbN; ArbG Passau v. 13.3.1998 – 4e Ca 906/97 E, BB 1998, 1266: Fleischzerleger ist ArbN. | 3 BAG v. 19.11.1997 – 5 AZR 653/96, NZA 1998, 364. | 4 BAG v. 30.9.1998 – 5 AZR 563/97, BAGE 90, 36; v. 19.11.1997 – 5 AZR 653/96, AP Nr. 90 zu § 611 BGB – Abhängigkeit. | 5 ArbG Freiburg v. 28.10.1998 – 2 Ca 335/98, nv. | 6 BGH v. 24.2.1999 – 5 AZB 10/98, EzA § 5 ArbGG Nr. 30. | 7 LAG Köln v. 5.3.1997 – 4 Ta 253/96, MDR 1997, 752. | 8 ArbG Düsseldorf v. 20.5.1988 – 4 Ca 5858/87, AiB 1989, 128. | 9 BAG v. 30.9.1998 – 5 AZR 653/96, AP Nr. 103 zu § 611 BGB – Abhängigkeit, sowie Vorinstanz LAG Düsseldorf v. 4.9.1996 – 12 (6) (5) Sa 909/96, LAGE § 611 BGB – Arbeitnehmerbegriff Nr. 33. | 10 BAG v. 27.6.2001 – 5 AZR 561/99, AP Nr. 6 zu § 611 BGB: Arbeitnehmerähnlichkeit stellt zusätzlich darauf ab, dass der Fahrer das volle vom Auftraggeber zu leistende Entgelt erhält. | 11 LAG Köln v. 6.3.2003 – 4 Ta 404/02, AR-Blattei ES 260 Nr. 22. | 12 Vgl. hierzu *Herb*, DB 1986, 1823; *Kappus*, NJW 1984, 2385; *Kappus*, Rechtsfragen der Telearbeit, 1986, S. 68 ff.; *Kappus*, NZA 1987, 408; *Kilian*, NZA 1987, 401; *Simon/Kuhne*, BB 1987, 201; *Ulber*, AiB 1985, 22; *Wedde*, AuR 1987, 325.

nehmens[1]. Bei einem Offline-Betrieb (Speicherung der Texte auf besonderen Datenträgern) hänge dagegen die ArbN-Eigenschaft von den Umständen des Einzelfalles ab.

h) Organmitglieder. aa) Bestellung und Anstellung. Von der Bestellung des Organmitglieds (insb. GmbH-Geschäftsführer, Vorstandsmitglied einer AG) ist die **Anstellung** zu unterscheiden. Sie bildet **keine Rechtseinheit mit der Bestellung**, auch wenn sie in vielerlei Hinsicht mit ihr verknüpft ist. Der Anstellungsvertrag regelt die schuldrechtl. Beziehungen zwischen dem Organmitglied und der Gesellschaft; idR ist es ein Dienstvertrag in der Gestalt eines Geschäftsbesorgungsvertrags gem. §§ 611 ff., 675. Wird das Organmitglied unentgeltlich tätig, so ist das der Organstellung zugrunde liegende schuldrechtl. Rechtsverhältnis ein Auftrag gem. §§ 662 ff.[2]. Der Anstellungsvertrag regelt die dem Organmitglied nicht als Organ, sondern als Dienstverpflichteten der Gesellschaft obliegenden Pflichten, wie insb. die Vereinbarung über die Vergütung und Versorgung, Gewährung von Tantiemen und Nebenleistungen, des Urlaubs, nachvertragl. Wettbewerbsverbote oder der Spezifizierung spezieller Leistungspflichten[3]. 94

bb) Organmitglied als Arbeitnehmer. Es existiert umfangreiche Rspr. zu der Frage, ob ein **GmbH-Geschäftsführer** ArbN der Gesellschaft sein kann, deren Organ er ist[4]. Dies wird im Grundsatz verneint. Zwar ist es nicht ausgeschlossen, dass der der Organstellung eines GmbH-Geschäftsführers zugrunde liegende Anstellungsvertrag ein Arbeitsvertrag ist. Das ist aber nur dann der Fall, wenn der Geschäftsführer einem arbeitsrechtl. Weisungsrecht unterliegt. Dieses ist vom gesellschaftlichen Weisungsrecht iSd. § 37 I GmbHG zu unterscheiden. Der Umfang des Letzteren ist für den ArbN-Status nicht entscheidend. Die ArbN-Stellung wird vom BAG bejaht für den Fall, dass ein Fremdgeschäftsführer derart in den Betrieb eingegliedert wird, dass er regelmäßig einem Zeitdauer, Ort und Art der Ausführung umfassenden Direktionsrecht der Gesellschafter unterliegt[5]. So kann der Geschäftsführer einer konzernabhängigen GmbH ArbN der Konzernmutter sein, wenn er bei dieser angestellt und ihr gegenüber weisungsgebunden ist[6]. Dagegen verneint der 5. Senat des BAG in Abkehr zu seiner früheren Rspr. die ArbN-Eigenschaft des Geschäftsführers der Komplementär-GmbH einer KG, da dieser kraft Gesetzes zur Vertretung der Personengesamtheit berufen sei und daher nicht als ArbN iSd. § 5 I 3 ArbGG gelten könne[7]. Irrelevant ist insoweit, dass der Anstellungsvertrag nicht unmittelbar mit derjenigen Gesellschaft geschlossen worden ist, deren Vertretungsorgan der Betroffene ist[8]. Der BGH wertet strenger als das BAG und vertritt die Auffassung, das Anstellungsverhältnis des GmbH-Geschäftsführers zur GmbH sei notwendig ein freies Dienstverhältnis, da mit der Organstellung die ArbN-Eigenschaft stets unvereinbar sei[9]. Bislang kam es noch nicht zu entscheidungserheblichen Abweichungen der Rspr. 95

Das **Vorstandsmitglied einer AG ist demgegenüber nie ArbN.** Die Rspr. zum GmbH-Geschäftsführer kann auf das Organmitglied der Aktiengesellschaft nicht übertragen werden, denn die dem Vorstand nach § 76 I AktG eingeräumte autonome Leitungsbefugnis schließt eine persönliche Weisungsabhängigkeit aus, die konstituierendes Merkmal des ArbN-Begriffs ist[10]. **Ausnahmen** hierzu werden einzig erwogen für den Fall der Organmitglieder **konzernabhängiger Aktiengesellschaften**, insb. wenn sie einen Anstellungsvertrag allein mit der Muttergesellschaft haben[11]. Auch hier wird man jedoch der hM folgen müssen, denn die Kriterien, die die Rspr. zur Weisungsgebundenheit des ArbN entwickelt haben, deuten auf eine sehr viel größere Drittbestimmtheit hin. Das aktienrechtl. austarierte Verhältnis zwischen Geschäftsführungsbefugnis des Vorstandes, Satzungskompetenzen und Entscheidungen des Aufsichtsrats bildet einen hinreichenden Garanten persönlicher, wenn auch nicht wirtschaftl. Unabhängigkeit. Dass zudem in Tochtergesellschaften eine größere Abhängigkeit des Vorstands besteht als in Aktiengesellschaften, die von einem Mehrheitsgesellschafter bestimmt werden (und wo besonderer arbeitsrechtl. Schutz nicht erwogen wird), ist nicht ersichtlich. Dort wie hier ist Arbeitsrecht grds. nicht anzuwenden. 96

cc) Analoge Anwendung des Arbeitsrechts. Die fehlende ArbN-Eigenschaft des Organmitglieds schließt freilich nicht aus, **einzelne arbeitsrechtl. Normen auch auf sein Anstellungsverhältnis anzuwenden**. Die Bereitschaft, arbeitsrechtl. Schutz auch hier zu gewähren, ist unterschiedlich; eine anerkannte Leitlinie hat sich bislang weder in Rspr. noch Lit. herausgebildet – zumeist wird eine Unterscheidung 97

---

1 KR/*Rost*, Rz. 4a zu Arbeitnehmerähnliche Personen. | 2 S. bereits *Schlegelberger/Quassowski*, § 75 AktG Rz. 6; MünchHandbAktG/*Wiesner*, § 21 Rz. 1; KK/*Mertens*, § 84 AktG Rz. 33; BGH v. 11.7.1953 – II ZR 126/52, BGHZ 10, 181 (187). | 3 S. MünchHandbAktG/*Wiesner*, § 20 Rz. 12; *Lutter/Krieger*, Rechte und Pflichten des Aufsichtsrats, § 7 Rz. 383; KK/*Mertens*, § 84 AktG Rz. 33; *Hüffer*, § 84 AktG Rz. 11. | 4 S. jüngst auch ausf. *Goette*, FS Wiedemann, S. 873 und *Wank*, FS Wiedemann, S. 587. | 5 BAG v. 26.5.1999 – 5 AZR 664/98, NZA 1999, 987; v. 15.4.1982 – 2 AZR 1101/79, BAGE 39, 16: Der Geschäftsführer unterstand vertraglich dem Hauptgesellschafter als „disziplinarischem Vorgesetzten mit Einspruchsrecht in Sachfragen". | 6 LAG Hamburg v. 1.8.2005 – 5 Ta 9/05, nv. | 7 BAG v. 20.8.2003 – 5 AZB 79/02, NZA 2003, 1108; anders noch BAG v. 13.7.1995 – 5 AZB 37/94, AP ArbGG 1979 § 5 Nr. 23. | 8 LAG Hamm v. 18.8.2004 – 2 Ta 172/04, ZIP 2004, 2251. | 9 BGH v. 9.2.1978 – II ZR 189/76, NJW 1978, 1435; v. 29.1.1981 – II ZR 92/80, BGHZ 79, 291; ausf. s. auch Staudinger/*Richardi*, Vor § 611 BGB Rz. 233 mwN; *Henssler*, RdA 1992, 289 ff.; *Boemke*, ZfA 1998, 209 (213/214) mwN. | 10 BGH v. 11.7.1953 – II ZR 126/52, BGHZ 10, 187; v. 16.12.1953 – II ZR 41/53, BGHZ 12, 1, 8; v. 7.12.1961 – II ZR 117/60, BGHZ 36, 142; aus Lit. KK/*Mertens*, § 84 AktG Rz. 34; MünchHandbAktG/*Wiesner*, § 81 Rz. 5; ausf. *Henssler*, RdA 1992, 289 (297). Aus sozialrechtlicher Sicht LSG Baden-Württemberg v. 18.7.2006 – L 13 AL 1766/06, nv. | 11 S. *Säcker*, BB 1979, 1321 (1324); ähnl. *Martens*, FS Hilger und Stumpf, S. 437 (441 f.).

zwischen dem GmbH-Geschäftsführer und dem Organmitglied der Aktiengesellschaft nicht getroffen. Tendenziell wird man zurückhaltender sein, jedoch eine Analogie zu einzelnen Vorschriften nicht gänzlich ausschließen können. Ausdrücklich ausgenommen aus dem Schutz arbeitsrechtl. Vorschriften sind die Organmitglieder in § 5 I ArbGG, § 5 II Nr. 1 BetrVG, § 14 I Nr. 1, § 17 V Nr. 1 KSchG, § 3 I 2 MitbestG und § 1 IIIa 5. VermBG. Darüber hinaus hat die Rspr. entschieden, dass der besondere Kündigungsschutz etwa SGB IX, nicht auf das Organmitglied anwendbar ist[1]. Ebenso nicht anwendbar sind die Bestimmungen zum Wettbewerbsverbot mit Entschädigungsregelung in §§ 74 ff. HGB[2]. Wie die Rspr. die Haftungsbeschränkung bei gefahrgeneigter Arbeit schon für leitende Angestellte ausschließt[3], so muss sie erst recht für Organmitglieder ausscheiden[4]. Anwendbar ist demgegenüber der Pfändungsschutz der §§ 850 ff. ZPO[5] und auch hat das Organmitglied einen Anspruch auf Erteilung eines qualifizierten Zeugnisses nach § 630 analog[6]. Die gesetzl. Öffnung der Regelungen des BetrAVG auf Personen, die nicht ArbN sind, denen Leistungen der Alters-, Invaliditäts- oder Hinterbliebenenversorgung aus Anlass ihrer Tätigkeit für ein Unternehmen zugesagt worden sind (§ 13 I 2 BetrAVG), versteht die Rspr. grds. auch unter Einschluss der Organmitglieder, jedoch nicht einem solchen, das sowohl vermögensals auch einflussmäßig mit dem Unternehmen, für das es arbeitet, so sehr verbunden ist, dass es es als sein eigenes betrachten kann[7]. Das Anstellungsverhältnis geht nicht nach § 613a auf Erwerber eines Betriebs über, schon weil er dort, wo nicht das ganze Unternehmen übergeht, oftmals nicht einem bestimmten Betrieb zugeordnet werden kann[8]. Einzig wenn der Betriebsübergang im Wege der Universalsukzession nach dem UmwG übergeht, geht auch das Anstellungsverhältnis gem. den Regelungen des UmwG unabhängig vom Schicksal der Organstellung mit über[9].

98 Generell wird man sagen müssen, dass eine Übertragbarkeit arbeitsrechtl. Schutzvorschriften umso eher in Betracht kommt, als sie nicht spezifisch auf die persönliche Abhängigkeit des Dienstverpflichteten abstellen, sondern **Ausdruck einer Minimalsicherung der wirtschaftl. Existenz im Rahmen eines langfristigen entgeltlichen Beschäftigungsverhältnisses** sind[10]. Dies kann dazu führen, dass arbeitsrechtl. Vorschriften nur in einer modifizierten Form Anwendung finden können. So kann sich das Organmitglied nach hM nicht auf die Grundsätze der betrieblichen Übung berufen, jedoch ist sie bei der Auslegung seines Anstellungsvertrags durchaus zu berücksichtigen[11]. Auf Grund des arbeitsrechtl. Gleichbehandlungsgrundsatzes kann es nicht Gleichbehandlung mit ArbN und insb. nicht mit leitenden Angestellten verlangen, jedoch ist als allgemeine Ausprägung des Grundsatzes von Treu und Glauben eine abgeschwächte Gleichbehandlungspflicht unter Organmitgliedern anzuerkennen, nach der es möglich sein kann, ein Ruhegehalt, das bislang sämtlichen Vorstandskollegen zugesprochen wurde, nun zwingend auf alle zu erstrecken[12]. Das ArbN-Erfindungsgesetz ist auf Organmitglieder nicht direkt anwendbar, jedoch können seine Regelungen ausdrücklich oder konkludent als Bestandteil des Anstellungsvertrages vereinbart worden sein[13]. Für eine ordentl. Kündigung des Anstellungsverhältnisses hat die Rspr. bislang nur beim GmbH-Geschäftsführer eine analoge Anwendbarkeit des § 622 I 1 statt der allgemein für Dienstverträge geltenden Regelung des § 621 Nr. 3 angenommen[14]. Zum Teil wird erwogen, dies auch auf das Vorstandsmitglied der AG auszudehnen[15]. Dem dürfte nicht zu folgen sein. Trotz der mehr oder weniger starken wirtschaftl. Abhängigkeit des Vorstandsmitglieds und der Tatsache, dass das Organmitglied der Gesellschaft ebenso wie ein ArbN seine Arbeitskraft zumeist hauptberuflich zur Verfügung stellt, scheint doch hier die Gleichbehandlung mit den lediglich wirtschaftl., nicht aber persönlich ab-

1 S. BGH v. 9.2.1978 – II ZR 189, 76, NJW 1978, 1435; OLG Hamm v. 2.6.1986 – 8 U 298/85, ZIP 1987, 121; s. bereits BGH v. 16.12.1953 – II ZR 41/53, BGHZ 12, 1 (Kündigung eines Organmitglieds nach dem Angestellten KSchG). | 2 S. BGH v. 26.3.1984 – II ZR 229/83, BGHZ 91, 1 (3); *Hüffer*, § 88 AktG Rz. 10; KK/*Mertens*, § 88 AktG Rz. 26; MünchHandbAktG/*Wiesner*, § 21 Rz. 9. | 3 S. BGH v. 14.2.1985 – IX ZR 145/83, BGHZ 94, 18. | 4 S. auch BGH v. 27.2.1975 – II ZR 112/72, VersR 1975, 612 (Organmitglied einer Genossenschaftsbank); *Fleck*, WM 1985, 677 (679); KK/*Mertens*, § 84 AktG Rz. 38 und ausf. § 93 Rz. 4. Zu Recht anders in einem besonderes gelagerten Fall BGH v. 5.12.1983 – II ZR 252/82, BGHZ 89, 153 ff. (ehrenamtlich tätige Jugendleiter eines Pfadfindervereins). | 5 BGH v. 8.12.1977 – II ZR 219/75, NJW 1978, 756; v. 24.11.1980 – II ZR 183/80, NJW 1981, 2465 (2466); *Hüffer*, § 84 AktG Rz. 18; KK/*Mertens*, § 84 AktG Rz. 36; MünchHandbAktG/*Wiesner*, § 21 Rz. 7; *Fleck*, FS Hilger und Stumpf, 1983, S. 197 (209). | 6 *Hüffer*, § 84 AktG Rz. 17. Die Rspr. hat bislang nur für den GmbH-Geschäftsführer entschieden, der nicht Gesellschafter ist. Die dortige Argumentation scheint jedoch übertragbar, s. BGH v. 9.11.1967 – II ZR 64/67, BGHZ 49, 30. | 7 So BGH v. 28.4.1980 – II ZR 254/78, BGHZ 77, 94, 101; s. auch BGH v. 6.9.1980 – II ZR 255/78, BGHZ 77, 233 (236); KK/*Mertens*, § 84 AktG Rz. 36; *Hüffer*, § 84 AktG Rz. 18. | 8 BAG v. 13.2.2003 – 8 AZR 654/01, AP Nr. 24 zu § 611 BGB – Organvertreter. | 9 Gegen eine Analogie s. auch OLG Hamm v. 18.6.1990 – 8 U 146/89, GmbHR 1991, 466; *Henssler*, RdA 1992, 296; MünchHandbAktG/*Wiesner*, § 21 Rz. 9; zweifelnd *Fleck*, WM 1981, 14. | 10 S. ähnlich auch *Fleck*, FS Hilger und Stumpf, S. 205; *Henssler*, RdA 1992, 297; KK/*Mertens*, § 84 AktG Rz. 35. | 11 S. BGH v. 19.12.1994 – II ZR 244/93, NJW-RR 1995, 796; s. auch *Nebendahl*, NZA 1992, 289. | 12 S. BGH v. 14.5.1990 – II ZR 122/89, NJW-RR 1990, 1313. S. auch BGH v. 19.12.1994 – II ZR 244/93, NJW-RR 1995, 796; s. ähnl. auch MünchHandbAktG/*Wiesner*, § 21 Rz. 10, 43. | 13 S. bereits BGH v. 24.2.1965 – IV ZR 81/64, GRUR 1965, 377; KK/*Mertens*, § 84 AktG Rz. 38; *Gaul*, GmbHR 1982, 101; *Fleck*, FS Hilger und Stumpf, S. 217. | 14 S. BGH v. 26.3.1984 – II ZR 120/83, BGHZ 91, 217 (auch bei Kapitalbeteiligung des Geschäftsführers); vorher bereits BGH v. 29.1.1981 – II ZR 92/80, BGHZ 79, 291; später für den Geschäftsführer einer Komplementär-GmbH, der einen Anstellungsvertrag unmittelbar mit der KG hatte: BGH v. 9.3.1987 – II ZR 132/86, NJW 1987, 2073; s. auch MünchHandbAktG/*Wiesner*, § 21 Rz. 11. | 15 S. *Henssler*, RdA 1992, 297; MünchHandbAktG/*Wiesner*, § 21 Rz. 11.

hängigen freien Mitarbeitern nahe liegender als mit dem ArbN, und zwar auch dann, wenn er nicht maßgeblich am Kapital der Gesellschaft beteiligt ist. Dementsprechend hat der BGH in einem älteren Urteil die Fristen des Angestelltenkündigungsschutzgesetzes auf Vorstandsmitglieder in Aktiengesellschaften für unanwendbar erklärt[1].

Bei der Übertragung arbeitsrechtl. Vorschriften auf das Anstellungsverhältnis des Organmitglieds wird also so lange Zurückhaltung zu üben sein, als allgemein das Arbeitsrecht von einem **einheitlichen ArbN-Begriff** ausgeht. Dies mag im Einzelfall zu unbefriedigenden Ergebnissen führen, denn die wirtschaftl. Stellung und soziale Schutzbedürftigkeit eines Profi-Fußballers ist eine andere als die einer Reinemachfrau. Solange bleibt aber zu beachten, dass der Gesetzgeber für das Organmitglied grundlegend andere Wertungen als das Arbeitsrecht vorgenommen hat: Während das Arbeitsverhältnis eines ArbN nicht auf mehr als zwei Jahre ohne sachlichen Grund befristet werden kann (§ 14 TzBfG), kann der Anstellungsvertrag eines AG-Vorstands auch mit sachlichem Grund nicht unbefristet über fünf Jahre hinaus abgeschlossen werden, s. § 84 I AktG. Die hierin zum Ausdruck kommende grundlegende Unterscheidung auf Grund bloßer im Einzelfall schwer zu bestimmender wirtschaftl. Abhängigkeit zu überspringen, brächte eine erhebliche Rechtsunsicherheit, ohne dass der Gewinn an sachlicher Richtigkeit dies rechtfertigen würde. 99

dd) Übergang vom Arbeitsverhältnis zum Anstellungsverhältnis. Wird ein leitender ArbN zum Geschäftsführer bestellt oder in den Vorstand berufen, so ist mitunter fraglich, ob sein bisheriges Arbeitsverhältnis mit der Bestellung zum Organmitglied endet. Nach der älteren Rspr. des BAG sollte im Zweifel das bisherige Arbeitsverhältnis lediglich ruhen, wenn sich an den Vertragsbedingungen des Beförderten im Übrigen nichts ändere. Im Fall der Abberufung des Organmitglieds lebe das Arbeitsverhältnis wieder in seinem ursprünglichen Inhalt auf[2]. In späterer Rspr. ist das BAG hiervon abgerückt[3], und ging davon aus, dass jedenfalls ein Probearbeitsverhältnis im Zweifel mit Abschluss des Anstellungsvertrags als beendet anzusehen ist; auch im Übrigen müssten konkrete Anhaltspunkte für den Willen der Parteien bestehen, das ursprüngliche Arbeitsverhältnis ruhend fortbestehen zu lassen. Im **Normalfall** sei dagegen von einer **Vertragsumwandlung** auszugehen[4]. Diese für den GmbH-Geschäftsführer entwickelte Rspr. dürfte auf andere Organmitglieder übertragbar sein. Für die Praxis ist es im Hinblick auf diese Rspr. zu empfehlen, im Zusammenhang mit der Bestellung zum Organmitglied eine ausdrückliche Regelung darüber zu treffen, ob das ursprüngliche Arbeitsverhältnis beendet werden soll oder fortbesteht. Dies gilt insb. deshalb, weil seit dem 1.1.2000 **§ 623** zwingend die Schriftlichkeit einer Kündigung oder Auflösungsvereinbarung eines Arbeitsvertrags vorschreibt. Eine konkludente Aufhebung ist damit nicht möglich; in einem schriftl. Anstellungsvertrag müssen entsprechend der Andeutungstheorie zumindest Anzeichen für einen solchen Willen der Vertragspartner enthalten sein[5]. Fehlen diese, dann können nur die allgemeinen Regeln der treuwidrigen Berufung auf die fehlende Schriftform als Korrektiv gelten[6]. Selbst wenn eine Aufhebungsklausel im Anstellungsvertrag des Vorstandsmitglieds/Geschäftsführers enthalten ist, mag man Zweifel haben, ob das zuständige Organ gehandelt hat. Für den Anstellungsvertrag sind der Aufsichtsrat/die Gesellschafter zuständig, für den Arbeitsvertrag der Vorstand/die Geschäftsführung. Man wird hier wohl eine Annexkompetenz annehmen müssen. Das BAG sieht dieses Problem nicht und erwähnt es in seiner Rspr. mit keinem Wort: Schließt ein ArbN mit seinem ArbGeb einen schriftl. Geschäftsführerdienstvertrag, wird vermutet, dass das bis dahin bestehende Arbeitsverhältnis mit Beginn des Geschäftsführerdienstverhältnisses einvernehmlich beendet wird, soweit nicht klar und eindeutig etwas anderes vertraglich vereinbart worden ist. Durch einen schriftl. Geschäftsführerdienstvertrag wird in diesen Fällen das Schriftformerfordernis des § 623 für den Auflösungsvertrag gewahrt[7]. 100

Wird die **Bestellung widerrufen**, ohne dass gleichzeitig der Anstellungsvertrag auf Grund auflösender Bedingung oder Kündigung endet, so wandelt sich das bisherige Anstellungsverhältnis in ein Arbeitsverhältnis, wenn eine Einigung besteht, dass der Vertrag unter den geänderten Bedingungen fortgesetzt werden soll, das ehemalige Organmitglied also zukünftig als (leitender) ArbN für die Gesellschaft tätig werden soll. Fehlt es an einer solchen Einigung, kann der Anstellungsvertrag eines Organmitglieds eine persönliche Weisungsgebundenheit grds. nicht begründen[8]. Hat das Organmitglied allerdings den Wi- 101

1 BGH v. 16.12.1953 – II ZR 41, 53, BGHZ 12, 1, 5; ebenso KK/*Mertens*, § 84 AktG Rz. 38; aA *Henssler*, RdA 1992, 297; *Fleck*, FS Hilger und Stumpf, S. 221. | 2 So BAG v. 9.5.1985 – 2 AZR 330/84, AP Nr. 3 zu § 5 ArbGG 1979. | 3 BAG v. 7.10.1993 – 2 AZR 260/93, AP Nr. 16 zu § 5 ArbGG 1979. | 4 BAG v. 14.6.2006 – 5 AZR 592/05, AP Nr. 62 zu § 5 ArbGG 1979; v. 7.10.1993 – 2 AZR 260/93, AP Nr. 16 zu § 5 ArbGG 1979; v. 8.6.2000 – 2 AZR 207/99, AP Nr. 49 zu § 5 ArbGG. | 5 So LAG BW 16.11.2006 – 5 Sa 142/05, BB 2007, 333 (336); *Bauer*, GmbHR 2000, 769; *Krause*, ZIP 2000, 2289; *Dollmann*, BB 2003, 1838; s. aber zur jüngsten Rspr. des BAG BAG v. 19.7.2007 – 6 AZR 774/06, DB 2007, 2093. | 6 S. hierzu BAG v. 16.9.2004 – 2 AZR 659/03, AP Nr. 1 zu § 623 BGB; KR/*Spilger*, § 623 BGB Rz. 200 f.; *v. Hoyningen-Huene/Linck*, § 14 KSchG Rz. 13. S. auch *Baeck/Hopfner*, DB 2000, 1914. | 7 BAG v. 19.7.2007 – 6 AZR 774/06, DB 2007, 2093. | 8 BAG v. 25.6.1997 – 5 AZB 41/96, AP Nr. 36 zu § 5 ArbGG 1979: Ein Dienstnehmer, der zum Geschäftsführer einer GmbH bestellt werden soll, wird nicht dadurch zum Arbeitnehmer, dass die Bestellung zum Geschäftsführer unterbleibt; BGH v. 13.2.1984 – II ZR 2/83, WM 1984, 532 (533): Außerordentliche Kündigung des Anstellungsverhältnisses eines Organmitglieds einer Genossenschaft nach Amtsniederlegung; s. auch BAG v. 20.8.1999 – 2 AZR 12/98, nv.; BGH v. 10.1.2000 – II ZR 251/98, NJW 2000,

derruf seiner Bestellung aus wichtigem Grund verschuldet, so kann es verpflichtet sein, in eine Änderung des Anstellungsverhältnisses in einen Arbeitsvertrag einzuwilligen. Lehnt es eine zumutbare Position als ArbN ab, so kann dies ein wichtiger Grund sein, nun auch den Anstellungsvertrag fristlos zu kündigen. Wird nach Beendigung der Organstellung das Dienstverhältnis als Arbeitsverhältnis fortgeführt, greift das KSchG ein, und zwar auch dann, wenn die Kündigung auf Vorfälle während der Amtszeit als Organmitglied gestützt wird[1]. Beendigt seinerseits das Organmitglied durch **Rücktritt** die Organmitgliedschaft, so muss auch damit nicht unbedingt die Kündigung des Anstellungsverhältnisses verbunden sein. Das Organmitglied kann am Anstellungsverhältnis festhalten und behält so den Anspruch auf seine Bezüge, bis die Gesellschaft ihrerseits den Anstellungsvertrag kündigt. Die Kündigung kann ordentl. ausgesprochen werden, soweit eine solche Kündigung im Anstellungsvertrag vorgesehen war, für eine außerordentl. Kündigung bedarf es eines wichtigen Grundes gem. § 626. Der aber wird zumindest dann nicht vorliegen, wenn die Gründe für die Amtsniederlegung im pflichtwidrigen Verhalten der Gesellschaft liegen; hier kann das ehemalige Organmitglied am Anstellungsvertrag festhalten[2]. In diesem Fall kann die Gesellschaft nach Treu und Glauben verpflichtet sein, über einen Fortbestand des Anstellungsverhältnisses als Arbeitsverhältnis zu verhandeln. Weigert sie sich, so kann das ehemalige Organmitglied entsprechend dem Rechtsgedanken des § 628 II Schadensersatz gem. § 280 verlangen. Legt ein Organmitglied sein Amt nieder, ohne eine Erklärung hinsichtlich des Anstellungsvertrags abzugeben, so ist im Zweifel davon auszugehen, dass beide Rechtsverhältnisse enden sollen[3].

102 i) **Praktikanten** sind keine ArbN. Praktikant ist, wer sich in einem Betrieb für eine vorübergehende Dauer einer bestimmten Tätigkeit und Ausbildung zwecks Erwerbs praktischer Kenntnisse und Erfahrungen unterzieht, weil er diese im Rahmen einer Gesamtausbildung beispielsweise für die Zulassung zum Studium oder Beruf benötigt[4]. In Abgrenzung zum Ausbildungsverhältnis findet in einem Praktikantenverhältnis keine systematische Berufsausbildung statt[5]. Ferner muss der Zweck eines Praktikantenverhältnisses die Ausbildung im Rahmen einer anderweitigen Gesamtausbildung sein[6]. Auch wenn das Lernen vorrangig ist, dürfte die Beschreibung, dass ein Praktikant lediglich zuschaut und zuhört, mitläuft, selbst etwas ausprobiert, aber mit seiner Tätigkeit nicht in die tägliche Arbeitsplanung des Betriebs eingebunden ist, in vielen Fällen zu eng sein[7]. Ein Praktikant kann und soll verwertbare Arbeit erbringen und ist entsprechend den arbeitsrechtlichen Weisungen des Vertrags auch verpflichtet, die ihm übertragenen Aufgaben zu verrichten[8]. Steht nicht der Erwerb von praktischen Kenntnissen und Fähigkeiten im Vordergrund, sondern der Austausch von Arbeitsleistung gegen Entgelt, liegt ein Arbeitsverhältnis vor[9]. Der Bezeichnung eines Arbeitsverhältnisses als Praktikantenverhältnis kommt – wie auch in anderen Abgrenzungsfragen – nur eine untergeordnete Rolle zu[10].

102a Das Praktikantenverhältnis kann rechtlich unterschiedlich ausgestaltet sein. Grds. werden Praktikantenverhältnisse als „andere Vertragsverhältnisse" iSd. § 26 BBiG angesehen, die berufliche Fertigkeiten, Kenntnisse, Fähigkeiten oder berufliche Erfahrungen vermitteln, so dass die §§ 10–23 und 25 BBiG Anwendung finden. Der Praktikant hat so zB gemäß §§ 26, 17 I BBiG Anspruch auf eine angemessene Vergütung und über § 10 II BBiG gelten die arbeitsrechtl. Vorschriften und Rechtsgrundsätze wie das BUrlG, BetrVG, JArbSchG, ArbZG[11]. Etwas anderes gilt jedoch, wenn das Praktikum von einem Schüler oder Studenten im Rahmen der Schul-, Fachhochschul- bzw. Hochschulausbildung absolviert wird. In diesem Fall unterfällt die Beschäftigung nicht § 26 BBiG und das Arbeitsrecht ist nicht anwendbar[12].

102b Die häufig vorkommende Praxis, dass der ArbGeb einem Bewerber einen Ausbildungsplatz in Aussicht stellt, dieser aber vorab ein unentgeltliches Praktikum ableisten muss, um den ArbGeb von seiner Tauglichkeit zu überzeugen, ist unzulässig. § 20 BBiG schreibt für ein Ausbildungsverhältnis zwingend eine

---

1864: Das als freies Dienstverhältnis begründete Anstellungsverhältnis des Organmitglied einer Sparkasse wandelt sich nicht ohne weiteres mit dem Verlust der Organstellung infolge einer Sparkassenfusion in ein Arbeitsverhältnis um. Aus dem Schrifttum: *Fleck*, FS Hilger und Stumpf, S. 197, 210; MünchHandbAktG/*Wiesner*, § 21 Rz. 4 mwN. |1 BAG v. 22.2.1974 – 2 AZR 289/73, AP Nr. 19 zu § 5 ArbGG 1953; s. auch *Bauer*, DB 1992, 1413 (1415). |2 S. etwa BGH v. 9.2.1978 – II ZR 189/76, NJW 1978, 1435 für die Amtsniederlegung eines GmbH-Geschäftsführers, von dem die Gesellschaft gesetzeswidrige Maßnahmen verlangte. |3 S. auch *Bauer*, DB 1992, 1422. |4 BAG v. 19. 06. 1974 – 4 AZR 436/73, AP Nr. 3 zu § 3 BAT, m. Anm. *Weber*; LAG Düsseldorf v. 17.8.2001 – 18 Sa 774/01, ZTR 2002, 184; *Knigge*, AR-Blattei SD 1740 Rz. 31 ff.; *Schaub*, ArbRHdb, § 16 Rz. 9; ErfK-*Schlachter*, § 26 BBiG Rz. Nr. 3; Küttner/*Röller*, Personalbuch , Praktikant Rz. 1. |5 BAG v. 13.3.2003 – 6 AZR 564/01, EzB-VjA Nr 33a zu § 19 BBiG; Staudinger/*Richardi*, § 611 BGB Rz. 324. |6 ErfK-*Schlachter*, § 26 BBiG Rz. 3; *Knigge*, AR-Blattei SD 1740 Rz. 30; *Maties*, RdA 2007, 139. |7 So aber *Horstmeier*, AiB 2006, 231. |8 *Knigge*, AR-Blattei SD 1740 Rz. 124 ff.; *Maties*, RdA 2007, 138. |9 BAG v. 5.8.1965 – 2 AZR 439/64, AP Nr. 2 zu § 21 KSchG; ArbG Berlin v. 8.1.2003 – 36 Ca 19390/02, ArbuR 2004, 74; MünchArbR/*Natzel*, § 178 Rz. 364; Küttner/*Röller*, Personalbuch,, Praktikant Rz. 1; *Schmidt*, NJW-Spezial 12/2006, 562; *Scherer*, NZA 1986, 280. |10 BAG v. 13.3.2003 – 6 AZR 564/01, EzB-VjA Nr. 33a zu § 19 BBiG; ArbG Berlin v. 8.1.2003 – 36 Ca 19390/02, ArbuR 2004, 74; LAG Hessen v. 25.1.2001 – 3 Sa 1818/99, EzB-VjA Nr. 28a zu § 19 BBiG; LAG Rh.-Pf. v. 8.6.1984 – 6 Sa 51/84, NZA 1986, 293. |11 BAG v. 30.10.1991 – 7 ABR 11/91, NZA 1992, 808; LAG Schleswig-Holstein v. 25.3.2003 – 2 TaBV 39/02, NZA-RR 2004, 251; ArbG Berlin v. 7.2.1992 – 31 Ca 10662/91, NZA 1992, 842; *Wohlgemut/Piper*, § 26 BBiG Rz. 2. |12 BAG v. 19.6.1974 – 4 AZR 436/73, AP Nr. 3 zu § 3 BAT; v. 24.3.1981 – 5 AZR 353/79, AP Nr. 1 zu § 19 BBiG; *Knigge*, AR-Blattei SD 1740 Rz. 38 ff.; einschränkend LAG Sa.-Anh. v. 7.12.2006 – 9 Sa 304/06, nv.; kritisch: *Fangmann*, AuR 1977, 201; *Roscher*, BB 1978, 1119.

Probezeit vor, in der der ArbGeb sich von der Eignung des Bewerbers überzeugen kann. Des Weiteren ist die Unentgeltlichkeitsabrede zumindest dann sittenwidrig, wenn das Praktikum für den ArbGeb erkennbar nur deshalb absolviert wird, weil der Praktikant sich einen Ausbildungsplatz erhofft, denn ein Ausbildungsplatz darf weder er- noch verkauft werden[1].

Neben dem Arbeits- und dem Berufsausbildungsverhältnis ist das Praktikantenverhältnis noch von weiteren Vertragsverhältnissen abzugrenzen: Bei einem **Anlernverhältnis** steht die Arbeitsleistung gegen Entgelt im Vordergrund, auch wenn der ArbN erst noch die erforderliche Kenntnisse sammeln soll[2]. **Berufsanwärterverträge** (Aspirantenverträge) sehen eine Vorausbildung für einen Ausbildungsberuf vor. Bspw. sollen ausländische Jugendliche durch Sprachunterricht oder sonstige Anpassungsmaßnahmen in die gleiche Ausgangsposition wie deutsche Jugendliche gebracht werden[3]. Während der Praktikant idR im Rahmen eines bestimmten Berufsbildes tätig wird, kann sich der **Volontär** darüber hinaus einen Überblick über Zusammenhänge von betrieblichen Vorgängen, der Koordinierung von betrieblichen Abteilungen etc. verschaffen. Ein weiterer Unterschied ist, dass der Volontär das Verhältnis freiwillig auf Grund seines Interesses eingeht, der Praktikant dagegen in der Regel ein erfolgreich absolviertes Praktikum für seine Ausbildung vorweisen muss[4]. Ferner ist das Praktikantenverhältnis von **Trainingsmaßnahmen gemäß § 48 SGB III** abzugrenzen, die Arbeitslosen und von Arbeitslosigkeit bedrohten Arbeit Suchenden zur Verfügung stehen. 102c

8. Weitere Einzelfälle von A–Z. Die ArbN-Eigenschaft wurde **bejaht** für: **Au-pair-Verhältnis** bei detaillierten Regelungen bzgl. Mithilfe im Haushalt und bei Kinderbetreuung, der Dienstzeiten, der Freizeit und des Urlaubs (ArbG Bamberg v. 27.10.2003 – 1 Ca 1162/03, AR-Blattei ES 160.5.2 Nr. 110); **Außenrequisiteur** (BAG v. 2.6.1976 – 5 AZR 131/75, AP Nr. 20 zu § 611 BGB – Abhängigkeit); **Beigeordnete** (ehrenamtlich) in der Gemeindeverwaltung (BSG v. 22.2.1996 – 12 RK 6/95, NVwZ 1999, 453); **Büffetier** (LAG Hamm v. 20.10.1999 – 2 Sa 248/99, NZA-RR 2000, 318); **Bürogehilfin** (LAG Köln v. 10.11.2006 – 10 Ta 371/06, nv.; LAG Hessen v. 27.10.1998 – 9 Sa 1068/98, NZA-RR 1999, 435); **Co-Piloten** von Verkehrsflugzeugen (BAG v. 16.3.1994 – 5 AZR 447/92, AP Nr. 68 zu § 611 BGB – Abhängigkeit); **Croupier** (BAG v. 30.6.1966 – 5 AZR 256/65, AP Nr. 1 zu § 611 BGB – Croupier); **Detektiv** (BGH v. 22.5.1990 – IX ZR 208/89, WM 1990, 1552); **DRK-Geschäftsführer** eines Kreisverbandes, dessen Vertretungsbefugnis nicht auf Satzung beruht (BAG v. 5.5.1997 – 5 AZB 35/96, AP Nr. 31 zu § 5 ArbGG 1979); **Fahrlehrer** (BAG v. 20.4.1961 – 5 AZR 167/60, AP Nr. 8 zu §§ 133 f. GewO); **Fernsehreporter** (BAG v. 19.11.1998 – 5 AZR 653/96, AP Nr. 90 zu § 611 BGB – Abhängigkeit); **Fleischbeschau-Tierarzt** (BSG v. 24.11.1967 – 3 RK 3/65, AP Nr. 11 zu § 611 BGB – Fleischbeschau-Dienstverhältnis); **Fotomodell** (BSG v. 12.12.1990 – 11 Rar 73/90, NZA 1991, 907; OLG Düsseldorf v. 18.9.1987 – 5 Ss (OWi) 306/87 – 229/87 I, NZA 1988, 59 [es kommt auf die Umstände des Einzelfalls an]; BFG v. 14.6.2007 – VI R 5/06, BB 2007, 1997); **Frachtführer**, der **nur für einen Spediteur** tätig wird, wenn stark eingeschränkt (BAG v. 19.11.1997 – 5 AZR 653/96, AP Nr. 90 zu § 611 BGB – Abhängigkeit; v. 30.9.1998 – 5 AZR 563/97, AP Nr. 103 zu § 611 BGB – Abhängigkeit; LAG Düsseldorf v. 4.11.1996 – 12 (6) (5) Sa 909/96, BB 1997, 891; LAG Nds. v. 26.1.1999 – 7 Sa 1192/98, NZA 2000, 320 [Hinzuziehung Dritter bei Krankheit]; BGH v. 21.10.1998 – VIII ZB 54/97, NZA 1999, 110; ArbG Ludwigshafen v. 12.3.1996 – 1 Ca 1809/95, NZA-RR 1997, 122). **Dagegen selbständig**, wenn er die Möglichkeit hat, eigene Fahrten zu machen. Dabei ist unerheblich, ob er die Möglichkeit nutzt (BAG v. 30.9.1998 – 5 AZR 563/97, AP Nr. 103 zu § 611 BGB – Abhängigkeit; v. 27.6.2001 – 5 AZR 561/99, AP Nr. 6 zu § 611 BGB – ArbN-Ähnlichkeit; LAG Schl.-Holst. v. 13.12.2005 – 5 Sa 322/05, nv.). **Franchise-Nehmer** kann nach den Umständen des Einzelfalls ArbN sein (LAG Düsseldorf v. 20.10.1987 – 16 TaBV 83/87, DB 1988, 293; BAG v. 16.7.1997 – 5 AZB 29/96, AP Nr. 37 zu § 5 ArbGG 1979; LAG Bremen v. 21.2.2007 – 2 Sa 206/05); **Gebührenbeauftragter** des Rundfunks, nach den Umständen des Einzelfalls zu beurteilen (BAG v. 26.5.1999 – 5 AZR 469/98, AP Nr. 104 zu § 611 BGB – Abhängigkeit; v. 30.8.2000 – 5 AZB 12/00, AP Nr. 75 zu § 2 ArbGG 1979); **Hilfsrestaurator** (BAG v. 9.12.1959 – 4 AZR 253/57, AP Nr. 16 zu § 1 TOA); **Justizaushelfer** (BAG v. 29.11.1961 – 4 AZR 359/60, AP Nr. 30 zu § 1 TOA); **Kommissionär**, der eingeschränkt arbeitet (BAG v. 8.9.1997 – 5 AZB 3/97, AP Nr. 38 zu § 5 ArbGG 1979); **Küchenchef** (ArbG Bamberg v. 18.10.1974 – 3 Ca 373/74, ARSt 1976, 14); **Kundenberater** (BAG v. 6.5.1998 – 5 AZR 247/97, AP Nr. 102 zu § 611 BGB – Abhängigkeit); **Kraftfahrer** (LAG Köln v. 6.3.2003 – 4 Ta 404/02, AR-Blattei ES 260 Nr. 22); **Liquidator** von Treuhand bestellt (BAG v. 29.12.1997 – 5 AZB 38/97, AP Nr. 40 zu § 5 ArbGG 1979); **Makler** (LAG Köln v. 18.12.2000 – 7 Ta 184/00, AuR 2001, 154); **Menü-Bringer** mit eigenem PKW und festen Arbeitszeiten (BSG v. 19.8.2003 – B 2 U 38/02, SozR 4-2700 § 2 Nr. 1); **Orchesterpraktikantin** (BAG v. 13.3.2003 – 6 AZR 564/01, nv.); **Pharmaberater** im Außendienst (LAG Hamm v. 5.10.1989 – 16 Sa 762/89, DB 1990, 2027; dagegen ArbG München v. 29.5.1990 – 14 Ca 11935/89, DB 1990, 2028); **Piloten** (BAG v. 16.3.1994 – 5 AZR 447/92, AP Nr. 68 zu § 611 BGB – Abhängigkeit); **Programmierer**, der Teilarbeiten eines Gesamtauftrags arbeitsteilig mit anderen Beschäftigten verrichtet (LAG Schl.-Holst. v. 8.4.2005 – 2 Ta 56/05, NZA-RR 2005, 656) **Promoter** für bestimmte Produktgruppe in Warenhäusern (LAG Köln v. 23.6.2004 – 5 Ta 187/04, nv.); 103

1 LAG Rheinland-Pfalz v. 8.6.1984 – 6 Sa 51/54, NZA 1986, 293; *Maties*, RdA 2007, 139; *Horstmeier*, AiB 2006, 232; *Hunold*, NZA-RR 2002, 228. | 2 LAG Düsseldorf v. 22.4.1971 – 3 Sa 85/71, DB 1971, 1068; *Schaub*, ArbRHdb, § 16 Rz. 10, 11. | 3 *Schaub*, ArbRHdb, § 16 Rz. 10, 11; *Scherer*, NZA 1986, 280. | 4 *Knigge*, AR-Blattei SD 1740 Rz. 19 ff.; *Maties*, RdA 2007, 139.

Propagandisten im Kaufhaus (BAG v. 23.4.1997 – 5 AZR 727/95, AP Nr. 40 zu § 256 ZPO 1977; BGH v. 11.3.1982 – I ZR 27/80, AP Nr. 3 zu § 84 HGB; LSG Berlin v. 14.8.1996 – L 15 Kr 16/95, AP Nr. 83 zu § 611 BGB – Abhängigkeit; LAG Köln v. 30.6.1995 – 4 Sa 63/95, AP Nr. 80 zu § 611 BGB – Abhängigkeit); **Prostituierte** (BFH v. 18.2.2005 – VI B 86/04, DStRE 2005, 566 – das Steuerrecht schaut hier nicht auf die Sittenwidrigkeit der Tätigkeit); **Reinigungskräfte** (LAG Düsseldorf v. 3.5.1957 – 3 Sa 27/57, BB 1957, 1072 [Hilfskraft Reinigung]); **Rentenauszahlhilfe** (BAG v. 21.10.1965 – 5 AZR 146/65, AP Nr. 1 zu § 1 BUrlG); **Repetitor** (LAG Hamm v. 22.8.1989 – 11 Sa 24/89, AP Nr. 7 zu § 5 ArbGG 1979); **Sargträger** in Dienstkleidung und täglicher Meldepflicht (LAG Düsseldorf v. 9.9.1997 – 8 Sa 756/97, NZA-RR 98, 193); **Schaufensterdekorateur** (LAG Düsseldorf v. 6.11.1959 – 4 Sa 448/59, AP Nr. 15 zu § 59 HGB); **Schornsteinfeger** (BAG v. 30.11.1961 – 5 AZR 497/60, AP Nr. 1 zu § 611 BGB – Schornsteinfeger; v. 3.4.1958 – 2 RU 44/54, AP Nr. 6 zu § 537 RVO); **Stromableser** mit festem Ablesebezirk und Anweisung bzgl. der Arbeitsmodalitäten (BFH v. 24.7.1992 – VI R 126/88, AP Nr. 63 zu § 611 BGB – Abhängigkeit); **Subdirektor** einer Versicherung (BAG v. 19.6.1963 – 5 AZR 314/62, AP Nr. 1 zu § 92 HGB); **Telefonberater** eines Versandunternehmens (LAG Berlin v. 2.12.1998 – 13 Sa 106/98, NZA 2000, 431); **Telefonist** (BAG v. 7.11.1958 – 2 AZR 465/55, AP Nr. 1 zu § 616 BGB – Angestellter; v. 29.11.1958 – 2 AZR 245/58, AP Nr. 12 zu § 59 HGB; v. 20.5.1969 – 1 ABR 20/68, AP Nr. 1 zu § 5 BetrVG); **Verkäufer** (ArbG Leipzig v. 26.9.2006 – 16 Ca 2541/06, AE 2007, 140); **Vermögensberater** (BAG v. 15.2.2005 – 5 AZB 13/04, DB 2005, 728: *offen gelassen*); **Vereinsgeschäftsführer** (LAG Nürnberg v. 5.3.2000 – 1 Ta 47/01, AuR 2001, 19: *offen gelassen*); **Werbesprecher** (ArbG Bochum v. 6.8.1969 – 1 Ca 404/69, DB 1970, 1087); **Werkleiter** (BGH v. 23.2.1989 – IX ZR 236/86, AP Nr. 9 zu § 611 BGB – Treuepflicht); **Zeitungsausträger** (BAG v. 29.3.1974 – 1 ABR 27/73, AP Nr. 2 zu § 19 BetrVG 1972; LAG München v. 26.6.1953 – I 6/53, RdA 1953, 438; LAG Hamm v. 8.9.1977 – 8 Sa 468/77, DB 1978, 798; BAG v. 29.3.1974 – 1 ABR 27/73, AP Nr. 2 zu § 19 BetrVG 1972; ArbG Hanau v. 16.8.1990 – 1 BV 2/90, NZA 1991, 178; LAG Düsseldorf v. 5.3.1996 – 16 Sa 1532/95, DB 1996, 1285; BSG v. 15.2.1989 – 12 RK 34/87, AP Nr. 1 zu § 611 BGB – Zeitungsträger; dagegen BAG v. 16.7.1997 – 5 AZR 312/96, AP Nr. 4 zu § 611 BGB – Zeitungsträger); bei Einstellung von Hilfskräften spricht dies gegen ArbN-Eigenschaft (BAG v. 16.7.1997 – 5 AZR 312/96, AP Nr. 4 zu § 611 BGB – Zeitungsträger; ArbG Oldenburg v. 7.6.1996 – 3 Ca 819/95, NZA-RR 1997, 162).

104 ArbN-Eigenschaft wurde **verneint** bei: **Architekt** (LAG Hamm v. 18.8.2003 – 2 Ta 185/03, nv.); **Backwarenverkäufer,** der mit gezahlter Umsatzprovision auch das von ihm in eigenen Namen angestellte Verkaufspersonal vergüten muss (LAG Hamm v. 23.11.2004 – 19 (5) Sa 334/04, nv., n.rkr. im Anschluss an BAG v. 4.12.2002 – 5 AZR 667/01, AP Nr. 115 zu § 611 BGB); **Barpianist** (LAG Berlin v. 6.8.1997 – 17 TA 6/97, FA Arbeitsrecht 1998, 91); **Berater**, der Auftraggeber in sozialen Fragen beraten, Marketingstrategien entwickeln, Veranstaltungen verschiedenster Art organisieren und Öffentlichkeitsarbeit leisten soll (BAG v. 13.2.2003 – 8 AZR 59/02, AP Nr. 249 zu § 613a BGB); **Familienhelferin** (BAG v. 25.5.2005 – 5 AZR 347/04, AP Nr. 117 zu § 611 BGB - Abhängigkeit: Weisungsrecht aus § 79 I SGB VIII reicht nicht aus; anders noch BAG v. 6.5.1998 – 5 AZR 347/97, AP Nr. 94 zu § 611 BGB – Abhängigkeit); **Fernseh-Producer** (BAG v. 11.6.2003 – 5 AZB 43/02, AP Nr. 85 zu § 2 ArbGG 1979); **Geschäftsführer einer Kreishandwerkerschaft**, der diese kraft Satzung vertritt (BAG v. 11.4.1997 – 5 AZB 32/96, AP Nr. 47 zu § 2 ArbGG 1979); **Handicapper** im Pferderennsport (BAG v. 13.12.1962 – 2 AZR 128/62, AP Nr. 3 zu § 611 BGB – Abhängigkeit); **Hausmeister**, der anfallende Arbeiten auch von Dritten ausführen lassen kann und auf die Tätigkeit nicht zur Sicherung seiner Existenz angewiesen ist (OLG Köln v. 13.8.1993 – 11 W 38/93, AP Nr. 5 zu § 12a TVG); **Ingenieur** (LSG Rh.-Pf. v. 1.7.2004 – L 5 KR 120/03, nv.); **IT-Freiberufler** für Unternehmensberatung (LG Wuppertal v. 15.6.1999 – 5 O 274/98, CR 2000, 358); **Jugendbetreuer** in Jugendfreizeitstätte (BAG v. 20.10.1993 – 7 AZR 234/93, nv.; v. 9.5.1984 – 5 AZR 195/82, AP Nr. 45 zu § 611 BGB – Abhängigkeit [nebenberuflich]); **Kantinenpächter** (LAG Schl.-Holst. v. 18.12.2003 – 1 Ta 210/03, nv.); **Kioskbetreiber** im Nebenberuf (OLG Karlsruhe v. 22.7.1998 – 19 W 55/98, NZA-RR 1998, 463); **Leiterin einer Außenwohngruppe** (BAG v. 25.5.2005 – 5 AZR 347/04, AP Nr. 117 zu § 611 BGB – Abhängigkeit); **Leiter eines Zeitschriftenstandes und einer Lottoannahmestelle**, der nach dem Geschäftsbesorgungsvertrag nicht zur persönlichen Arbeitsleistung verpflichtet ist, sondern Personal einstellen und entlassen darf, das nach seinen Weisungen tätig wird (LAG Köln v.17.1.2006 – 9 (11) Sa 891/05, nv.); **Lotsen** (BGH v. 28.9.1972 – II ZR 6/71, AP Nr. 1 zu § 611 BGB – Lotse); **Notenkomponist** (LAG Köln v. 14.5.2003 – 7 Sa 863/02, ZTR 2004, 93); **Postagentur-Verwalter** (OLG Karlsruhe v. 22.7.1998 – 19 W 55/98, NZA-RR 1998, 463); **Promoter** in Lebensmittelmarkt (LAG Hamm v. 11.7.2005 – 2 Ta 576/04, nv.; **Rechtsanwalt** als Partner einer Anwalts-GmbH (ArbG Berlin v. 9.10.2003 – 1 Ca 4598/03, NZA-RR 2004, 328); **Rundfunkgebührenermittler** (Hess. VGH v. 17.3.1998 – 11 UE 957/96, ZTR 1998, 422; BAG v. 26.5.1999 – 5 AZR 469/98, AP Nr. 104 zu § 611 BGB – Abhängigkeit); **Schauspieler** bei Funk und Fernsehen (LAG Bremen v. 25.10.1989 – 2 Sa 32/89, AuR 1990, 295; dagegen LAG Saarbrücken v. 22.9.1965 – 2 Sa 45/64, AP Nr. 10 zu § 611 BGB – Film); **Subunternehmer** im Paketdienst mit 18 Angestellten (LAG Köln v. 5.3.1997 – 4 Ta 253/96, NZA-RR 1998, 373); für Regalumbauten im Einzelhandel mit 3 Angestellten (LAG Rheinland-Pfalz v. 25.4.2005 – 7 Sa 941/04, nv.); **Synchronsprecher** des Rundfunks (SG Hamburg v. 6.12.1991 – 21 KR 306/90, BB 1992, 715; vgl. aber BAG v. 30.11.1994 – 5 AZR 704/93, AP Nr. 74 zu § 611 BGB – Abhängigkeit); **Tankstellenbetreiber/-verwalter** (BSG v. 11.8.1966 – 3 RK 57/63, AP Nr. 5 zu § 611 BGB – Abhängigkeit; BGH v. 6.8.1997 – VIII ZR 150/96, BB 1997, 2607; v. 25.10.2000 – VIII ZB 30/00); als **Geschäftsführer** einer GmbH (ArbG Mönchengladbach v. 19.1.2000 – 2 Ca 3647/99, NZA-RR 2000, 412); **Telefonistin** (LAG München v. 22.1.2004 – 3 Ta

440/03, NZA-RR 2004, 365); anderes gilt, wenn sie in den Arbeitsablauf eingegliedert ist und die Übernahme von einer bestimmten Zahl von Schichten pro Woche erwartet wird (LAG Hamm v. 3.4.2007 – 19 Sa 2003/06, nv.); **Toilettenpächter** (LAG Düsseldorf v. 21.3.1957 – 2 Sa 22/57, AP Nr. 6 zu § 5 ArbGG 1953 [auf Rheindampfer]; BSG v. 4.7.1962 – 3 RK 23/58, AP Nr. 4 zu § 165 RVO); **Trainer** (BAG v. 24.3.2004 – 5 AZR 233/03, EzA § 134 BGB 2002 Nr. 2) [Fußballtrainer im Verein und Sportinternat]; LAG Düsseldorf v. 26.3.1992 – 7 Ta 20/92, LAGE § 611 BGB – Arbeitnehmerbegriff Nr. 25 [nebenberuflich im Amateurverein]; LAG Frankfurt v. 27.10.1964 – 5 Sa 136/64, AP Nr. 4 zu § 611 BGB – Abhängigkeit [nebenberuflicher Fußballtrainer in kleinerem Verein]; ArbG Kempen v. 5.11.1997 – 3 Ca 1317/97, BB 1998, 1007 [Tennistrainer]); **Versicherungsmitarbeiter** ohne Rechenschaftspflichten (BAG v. 15.12.1999 – 5 AZR 566/98, 5 AZR 770/98, 5 AZR 169/99, AuR 2000, 23; LAG Düsseldorf v. 6.3.1991 – 4 TaBV 119/90, AuR 1991, 379); **Vertriebsmitarbeiter** (Vertragshändler) für Softwareprodukte (LAG Nds. v. 5.5.2003 – 13 Ta 79/03, NZA-RR 2004, 324); **Werbezettelverteiler** (BFH v. 9.9.2003 – VI B 53/03, DStRE 2004, 28: *offen gelassen*).

IV. Einzelne Gruppen von Arbeitnehmern. 1. Arbeiter und Angestellte. Die **Unterscheidung** zwischen Arbeitern und Angestellte hat eine lange Tradition, im deutschen Arbeitsrecht jedoch heute **nur noch geringe Bedeutung**. Arbeiter ist derjenige ArbN, der nicht Angestellter ist. Der Begriff des Angestellten im Rechtssinn tauchte erstmals im SozV-Recht auf; auch dort ist eine Unterscheidung nicht mehr erforderlich. Die ursprüngliche Unterscheidung zwischen Arbeiter- (LVA) und Angestellten- (BfA) Rentenversicherung ist im Zuge der Organisationsreform in der gesetzl. Rentenversicherung entfallen[1]. Das maßgebliche **Abgrenzungskriterium** setzt nach überkommener Definition an der Tätigkeit des ArbN an: Ist sie **überwiegend geistig**, ist er Angestellter, ist sie **überwiegend körperlich**, ist er Arbeiter[2]. Der im Schrifttum verschiedentlich vertretene Auffassung, diese Unterscheidung sei heute nicht mehr möglich, ist das BVerfG nicht gefolgt[3]. Dennoch ist angesichts der gestiegenen intellektuellen Anforderungen auch an früher allein durch die körperliche Belastung geprägte Arbeiten die Unterscheidung mehr und mehr verwischt. Judikate, die eine Zuordnung umstrittener Grenzfälle vornehmen, sind dementsprechend zumeist älteren Datums[4]. 105

Nach Aufhebung des § 133 II SGB IV durch das RVOrgG, der eine nicht abschließende Liste typischer Angestelltenberufe vorsah, entscheidet nunmehr allein die Verkehrsauffassung. Ein wesentliches Indiz hierfür ist die Einordnung durch die TV-Praxis[5]. Wo sie fehlt und eine Verkehrsauffassung nicht festzustellen ist, ist Angestellter der, der überwiegend kaufmännische oder Büroarbeit leistet oder eine leitende Tätigkeit ausübt[6]. Bei der Verrichtung von gemischten Tätigkeiten entscheidet der Schwerpunkt der Tätigkeit[7]. 106

Das BVerfG hat die ehemalige Unterscheidung der Länge der gesetzl. Kündigungsfristen gem. § 622 aF als verfassungswidrig erkannt[8]. Im **BetrVG** wurde die Unterscheidung zwischen Arbeitern und Angestellten mit dem BetrVerf-Reformgesetz vom 23.7.2001 (BGBl. I S. 1852) abgeschafft. Auch weiterhin findet sich diese Gruppenbildung im Personalvertretungsrecht des öffentl. Dienstes, und auch in der **Tarifpraxis** gibt es oftmals unterschiedliche Verträge für Arbeiter und Angestellte. Anknüpfend an diese tarifvertragl. Differenzierung hat die Unterscheidung praktische Relevanz beim allgemeinen arbeitsrechtl. **Gleichbehandlungsgrundsatz** (s. § 611 Rz. 181 ff.). Auch hier werden die Unterscheidungen aber wohl in Zukunft seltener werden. Die ehemals allein Angestellte repräsentierende DAG ist inzwischen in ver.di aufgegangen. 107

2. Leitende Angestellte. In verschiedenen arbeitsrechtl. Gesetzen finden sich Vorschriften, die besondere Regelungen für leitende Angestellte vorsehen. Gemäß § 5 III BetrVG unterfällt der leitende Angestellte nicht dem Geltungsbereich des BetrVG, sondern ihn repräsentieren die SprAu nach dem SprAuG. Auch das ArbZG klammert ihn aus seinem Anwendungsbereich aus (s. § 18 I Nr. 1 ArbZG), vom KSchG wird er erfasst, jedoch kann der ArbGeb auch dann einen Auflösungsantrag stellen, wenn ihm die Fortsetzung des Arbeitsverhältnisses zuzumuten ist, § 14 II, § 9 I 2 KSchG. Seine Entlassung ist 108

1 Gesetz zur Organisationsreform in der gesetzlichen Rentenversicherung (RVOrgG) v. 9.12.2004, BGBl. I S. 3242. | 2 BAG v. 23.1.1980 – 5 AZR 780/78, BB 1980, 977; v. 1.9.1982 – 4 AZR 951/79, AP Nr. 65 zu §§ 22, 23 BAT 1975. | 3 BVerfG v. 16.11.1982 – 1 BvL 16/75 ua., BVerfGE 62, 256 (275); v. 30.5.1990 – 1 BvL 2/83, AP Nr. 28 zu § 622 BGB. | 4 So ist ArbN der Koch, auch wenn er die Speisen mitkalkuliert, LAG Köln v. 24.5.1989 – 2 Sa 321/89, DB 1989, 2283, und der Schulhausmeister, sofern der nicht überwiegend überwachende und beaufsichtigende Tätigkeit zu verrichten hat (BAG v. 1.9.1982 – 4 AZR 951/79, AP Nr. 65 zu §§ 22, 23 BAT 1975). Der Portier eines Tanzcafés gehört dazu (LAG Bremen v. 19.8.1960 – 2 Sa 74/60, DB 1960, 1506) die Striptease-Tänzerin (LAG Düsseldorf v. 19.4.1972 – 12 Sa 726/71, AuR 1972, 254), Hilfskräfte bei der chemischen Reinigung (LAG Düsseldorf v. 3.5.1957 – 3 Sa 43/57, BB 1957, 1072), die Verkäuferin in einem Kiosk und – heute wohl fraglich – der Werksfeuermann und Werksschutzangehörige (BSG v. 29.4.1971 – 3 RK 84/70, BB 1971, 1105; v. 21.1.1969 – 3 RK 40/66, AP Nr. 8 zu § 3 AVG nF) und der Zahntechniker im Zahnlabor (LAG Frankfurt v. 9.3.1984 – 13 Sa 104/83, DB 1984, 1530). Weitere Beispiele s. Küttner/*Bauer*/*Röller*, Personalbuch 2003, Arbeitnehmer Rz. 21 f.; *Schaub*, ArbRHdb, § 14 Rz. 12 ff. | 5 BAG v. 29.11.1958 – 2 AZR 245/58, DB 1959, 290; v. 4.8.1993 – 4 AZR 515/92, NZA 1994, 39. | 6 BAG v. 21.8.2003 – 8 AZR 430/02, AP Nr. 185 zu § 1 TVG – Tarifverträge: Metallindustrie; v. 24.7.1957 – 4 AZR 445/54, DB 1957, 457. | 7 BAG v. 29.11.1958 – 2 AZR 245/58, DB 1959, 290. | 8 BVerfG v. 30.5.1990 – 1 BvL 2/83, BVerfGE 82, 126 (148).

nicht anzeigepflichtig nach § 17 V Nr. 2 KSchG, als ehrenamtlicher Richter kann er die ArbGebSeite repräsentieren (§ 22 II ArbGG) und das MitbestG enthält Sonderregelungen zur Wahl des Aufsichtsrats, s. § 15 II MitbestG. Die Rspr. hat einige weitere Regelungen dazugenommen. So gelten die Haftungserleichterungen des innerbetrieblichen Schadensausgleichs zumindest für bestimmte leitende Angestellte nicht. Hierzu und zur aktuellen Rspr. s. § 619a Rz. 20.

109 Einen einheitlichen **Begriff des leitenden Angestellten** gibt es nicht. Das BetrVG definiert ihn in § 5 III, IV BetrVG nur für seinen Anwendungsbereich und qua Verweis für den des MitbestG und den des SprAuG. Die Rspr. macht zwar Anleihen auch in Judikaten zum jeweils anderen Gesetz, grds. ist jedoch nach dem abweichenden Wortlaut der jeweiligen Vorschriften zu differenzieren. Kennzeichnend für alle Regelungen ist die Vorstellung von einem ArbN, der für das Unternehmen oder einen Betrieb des Unternehmens unter eigener Verantwortung typische Unternehmensfunktionen mit einem eigenen erheblichen Entscheidungsspielraum wahrnimmt[1]. Diese Nähe zum ArbGeb rechtfertigt die teilweise Rücknahme arbeitsrechtl. Schutzes. Hieraus ergeben sich auf der anderen Seite erhöhte Treuepflichten. Die Rspr. spiegelt dies in den Entscheidungen zur erleichterten, abmahnungsfreien Kündigung bei ArbN mit besonderer Vertrauensstellung (s. zur aktuellen Rspr. § 1 KSchG Rz. 186 f.).

110 Vom leitenden Angestellten iSd. Gesetze zu unterscheiden ist der **außertarifl. Angestellte**, jene Gruppe von ArbN also, die nicht mehr vom personellen Anwendungsbereich eines TV erfasst werden, weil ihr Entgelt über der höchsten Tarifgruppe liegt[2]. Dieser Personenkreis ist regelmäßig größerer als der der leitenden Angestellten.

111 **3. Arbeitnehmerähnliche Personen.** Arbeitnehmerähnliche Personen sind keine ArbN, werden aber von einigen arbeitsrechtl. Gesetzen als dem ArbN vergleichbar eingestuft und daher vom arbeitsrechtl. Schutz erfasst. Für die Klage arbeitnehmerähnlicher Personen sind gem. § 5 I 2 ArbGG die ArbG zuständig, sie haben einen gesetzl. Urlaubsanspruch nach § 2 S. 2 BUrlG, für sie greift der Schutz des AGG gem. § 6 I Nr. 3 AGG, die Unfallverhütung des ArbGeb kommt nach § 2 II Nr. 3 ArbSchG auch ihnen zugute, gem. § 12a TVG können die TV-Parteien auch zu ihren Gunsten TV vereinbaren. Auch gibt es ländergesetzl. Bestimmungen, wonach arbeitnehmerähnliche Personen einen Anspruch auf Bildungsurlaub haben, s. zB § 2 Arbeitnehmerweiterbildungsgesetz NW, nicht aber § 2 Hamburgisches Bildungsurlaubsgesetz. Ansonsten sind arbeitsrechtl. Vorschriften grds. nicht anwendbar. § 613a etwa ist bei Betriebsübergang nicht analog heranzuziehen[3]. Auch die Haftungserleichterungen des betrieblichen Schadensausgleichs kommen nach hM nur dem ArbN zugute[4]. Ebenfalls nur auf Arbeitsverhältnisse anwendbar ist nach der Rspr. des BAG das Maßregelungsverbot des § 612a[5]. Besondere Regelungen gelten bei der Beendigung eines Dienstvertrags mit arbeitnehmerähnlichen Personen: Der allgemeine und besondere arbeitsrechtl. Kündigungsschutz sind nicht anwendbar, jedoch kann das arbeitnehmerähnliche Dauerrechtsverhältnis des freien Mitarbeiters mangels Vorliegens eines wichtigen Grundes von der Rundfunkanstalt nur mit einer Ankündigungsfrist von zwei Wochen rechtswirksam gelöst werden[6]. Das „arbeitnehmerähnliche Dauerrechtsverhältnis“ schaffe ein schuldrechtl. Band zwischen den Vertragspartnern; daraus folgt für den Dienstherrn die Pflicht, auf die Belange eines von ihm wirtschaftl. völlig abhängigen freien Mitarbeiters gebührend Rücksicht zu nehmen, dh. insb., diesen nicht plötzlich seiner Existenzgrundlage zu berauben. Ansonsten kann der Auftraggeber das Vertragsverhältnis einer arbeitnehmerähnlichen Person aus allen ihm als richtig erscheinenden Gründen beenden. Ausgeschlossen sind lediglich sittenwidrige Motive, wie die Vergeltung für die Geltendmachung von Ansprüchen[7]. Dagegen reicht es nicht, wenn die Geltendmachung von Ansprüchen lediglich zum Anlass für die Beendigung genommen wird[8]. Die TV-Parteien können die Rechtsverhältnisse arbeitnehmerähnlicher Personen in der Weise regeln, dass eine Beendigung durch Zugang einer Beendigungsmitteilung bewirkt wird[9]. Einige Stimmen im Schrifttum fordern mit überzeugenden Gründen im Hinblick auf die Rspr. des BVerfG zum Kündigungsschutz in Kleinbetrieben[10] weiter gehend noch einen Mindestkündigungsschutz auch hier[11].

112 Kennzeichnend für die Gruppe der arbeitnehmerähnlichen Personen ist ihre **wirtschaftl. Abhängigkeit**[12]. Sie sind wegen ihrer fehlenden Eingliederung in die betriebliche Organisation und der Möglich-

---

1 BAG v. 11.1.1995 – 7 ABR 33/94, AP Nr. 55 zu § 5 BetrVG 1972 im Hinblick auf § 5 III BetrVG; s. zur gewandelten Ansicht von der Eigenverantwortlichkeit von Chefärzten im Hinblick auf die Einordnung als leitende Angestellte *Diringer*, NZA 2003, 890 ff. | 2 S. BAG v. 18.9.1973 – 1 ABR 7/73, AP Nr. 3 zu § 80 BetrVG; v. 28.5.1974 – 1 ABR 22/73, AP Nr. 6 zu § 80 BetrVG 1972. | 3 BAG v. 3.7.1980 – 3 AZR 1077/78, BB 1981, 1466 in Bezug auf Heimarbeitsverhältnisse. | 4 BGH v. 7.10.1969 – VI ZR 223/67, AP Nr. 51 zu § 611 BGB – Haftung des Arbeitnehmers; LAG Berlin v. 11.4.2003 – 6 Sa 2262/02, AR-Blattei ES 160.10.2 (1979) Nr. 70; v. 29.10.1990 – 9 Sa 67/90, LAGE § 611 BGB – Arbeitnehmerhaftung Nr. 15; MünchArbR/*Blomeyer*, § 59 Rz. 68 mwN. S. auch *Hromadka*, NZA 1997, 569 (579). | 5 BAG v. 14.12.2004 – 9 AZR 23/04, AP Nr. 62 zu § 138 BGB. | 6 BAG v. 7.1.1971 – 5 AZR 221/70, AP Nr. 8 zu § 611 BGB – Abhängigkeit; Bestätigung von BAG v. 8.7.1967 – 5 AZR 461/66, AP Nr. 6 zu § 611 BGB – Abhängigkeit. | 7 BAG v. 14.12.2004 – 9 AZR 23/04, AP Nr. 62 zu § 138 BGB. | 8 So für § 612a BAG v. 22.5.2003 – 2 AZR 426/02, AP KSchG 1969 § 1 – Wartezeit Nr. 18. | 9 BAG v. 20.1.2004 – 9 AZR 291/02, AP Nr. 1 zu § 112 LPVG Rh.-Pf. | 10 BVerfG v. 27.1.1998, BVerfGE 97, 169. | 11 *Pfarr*, FS Kehrmann, 1997, S. 75 (92); *Appel/Frantzioch*, AuR 1998, 93 (97); *Oetker*, FS LAG Rh.-Pf., 1999, S. 311 ff. | 12 BAG v. 17.6.1999 – 5 AZB 23/98, NZA 1999, 1175; *Schaub*, ArbRHdb, § 9 Rz. 1; ErfK/*Preis*, § 611 BGB Rz. 134.

keit, über ihre Arbeitszeit im Wesentlichen frei zu bestimmen, in geringerem Maße persönlich abhängig als ArbN. Arbeitnehmerähnliche Personen sind daher Selbständige[1].

Einen **einheitlichen Begriff** der arbeitnehmerähnlichen Person gibt es freilich nicht. § 5 I 2 ArbGG definiert sie als „Personen, die wegen ihrer wirtschaftl. Unselbständigkeit als arbeitnehmerähnliche Personen anzusehen sind", sprachlich leicht abweichend nennt sie § 2 S. 2 BUrlG „Personen, die wegen ihrer wirtschaftl. Unselbständigkeit als arbeitnehmerähnliche Personen anzusehen sind". Eine verbreitet zur näheren Bestimmung des Begriffs der arbeitnehmerähnlichen Person herangezogene Legaldefinition findet sich in § 12a I TVG[2]. Eine arbeitnehmerähnliche Person ist danach eine Person, die wirtschaftl. abhängig und vergleichbar einem ArbN sozial schutzbedürftig ist. Diese Definition macht sich auch die Rspr. außerhalb des Tarifrechts zu Eigen[3]. Für das Kriterium der sozialen Schutzbedürftigkeit sind die gesamten Umstände des Einzelfalls unter Berücksichtigung der Verkehrsanschauung maßgeblich; entscheidend sind die gesamten Umstände des Einzelfalles[4]. Soziale Schutzbedürftigkeit ist anzunehmen, wenn das Maß der Abhängigkeit nach der Verkehrsanschauung einen solchen Grad erreicht, wie er im Allgemeinen nur in einem Arbeitsverhältnis vorkommt und die geleisteten Dienste nach ihrer sozialen Typik mit denen eines ArbN vergleichbar sind[5]. Die TV-Parteien können den Begriff der sozialen Schutzbedürftigkeit nicht über den gesetzl. Begriff hinaus erweitern und damit weitere Personenkreise in den Geltungsbereich eines TV einbeziehen. Ein derartiger TV ist teilweise unwirksam[6]. Einzelheiten s. § 12a TVG Rz. 6 ff.; § 5 BetrVG Rz. 11. 113

Unter den **Einzelfällen (von A–Z)**, die zur Entscheidung der Gerichte standen, wurden als arbeitnehmerähnliche Personen eingeordnet oder nicht eingeordnet: **Au-Pair** (ArbG Hanau v. 8.2.1996 – 2 Ca 772/95, DB 1996, 2446: *arbeitnehmerähnlich*, wenn in nicht unerheblichem zeitlichem Umfang tätig und als Gegenleistung Unterhalt und Taschengeld, sofern sie auf Grund ihrer wirtschaftl. Lage auf diese zur Sicherung ihrer wirtschaftl. Existenz angewiesen ist); Beleghebamme im Verhältnis zum Krankenhausträger (BAG v. 21.2.2007 – 5 AZB 52/06, AP 00 Nr. 64 zu § 5 ArbGG 1979: *nicht arbeitnehmerähnlich*); **Betriebsprüfer** (LAG Bremen v. 26.10.1956 – Sa 113/55, AP Nr 3 zu § 5 ArbGG 1953: *arbeitnehmerähnlich*, wenn er sich dadurch in wirtschaftl. Abhängigkeit begibt, dass er ohne jede Möglichkeit zur Übernahme sonstiger Aufgaben für ein Unternehmen tätig wird); **Bühnenbildnerin** im Medienbereich (LAG Berlin v. 16.8.1983 – 9 Sa 23/82, EzA § 611 BGB – ArbN-Begriff Nr. 29); **Callcenter-Agentin** (LAG Berlin v. 6.5.2003 – 13 Ta 726/03, LAGE § 2 ArbGG 1979 Nr. 42: *arbeitnehmerähnlich*, wenn sie ihr Entgelt im Auftragszeitraum ausschließlich von der Auftraggeberin erhält); **Dozent am Weiterbildungsinstitut** (BAG v. 11.4.1997 – 5 AZB 33/96, AP Nr. 30 zu § 5 ArbGG 1979. S. auch NZA 1998, 499: *arbeitnehmerähnlich*); LAG Hess. v. 11.7.1996 – 12 Ta 240/96, ZTR 1996, 518: *arbeitnehmerähnlich*, wenn ihm entweder eine wirtschaftl.-rechtl. oder sozialrechtl. Kompensation gewährt wird oder der Vertrag wie bei ArbN-Tätigkeit typisch durchgeführt wird); **Erfinder** (BAG v. 13.9.1956 – 2 AZR 605/54, AP Nr. 2 zu § 5 ArbGG 1953: *arbeitnehmerähnlich*); **Fernseh-Producer** (BAG v. 11.6.2003 – 5 AZB 43/02, NZA 2003, 1163: *nicht arbeitnehmerähnlich*); **Frachtführer** (BGH v. 21.10.1998 – VIII ZB 54/97, NZA 1999, 110: *nicht arbeitnehmerähnlich*; LAG Düsseldorf v. 28.8.1995 – 14 Ta 330/94, BB 1995, 2275: *zumindest arbeitnehmerähnlich*; LAG Köln v. 29.5.2006 –14 (5) Sa 1343/05: *arbeitnehmerähnlich*, wenn bei nur einem Auftraggeber, dessen Aufträge über Jahre eine ganztägig Beschäftigung sichern und die erzielten Einkünfte die Existenzgrundlage bilden); **Franchisenehmer** (BAG v. 16.7.1997 – 5 AZB 29/96, AP Nr. 37 zu § 5 ArbGG 1979: *arbeitnehmerähnlich*; BGH v. 4.11.1998 – VIII ZB 12/98, NZA 1999, 53: *arbeitnehmerähnlich*); **Freie Mitarbeiter von Rundfunk- und Fernsehanstalten** (BAG v. 14.12.2004 – 9 AZR 673/03, AP Nr. 43 zu § 1 TVG – Tarifverträge: Rundfunk: *nicht arbeitnehmerähnlich*; v. 19.10.2004 – 9 AZR 411/03, AP Nr. 42 zu § 1 TVG – Tarifverträge: Rundfunk: *arbeitnehmerähnlich*; v. 17.10.1990 – 5 AZR 639/89, NZA 91, 402: *arbeitnehmerähnlich*; v. 23.9.1992 – 4 AZR 566/91, AP Nr. 21 zu § 1 TVG – TV Rundfunk: *arbeitnehmerähnlich*); **Geschäftsführer einer BKK** (BAG v. 25.7.1996 – 5 AZB 5/96, NZA 1997, 62: *arbeitnehmerähnlich*); **GmbH-Geschäftsführer** (BAG v. 10.7.1980 – 3 AZR 68/79, AP Nr. 1 zu § 5 ArbGG 1979: *arbeitnehmerähnlich*); **GmbH-Gesellschafter** (designiert) (LAG Köln v. 29.9.2003 – 13 Ta 77/03, NZA-RR 2004, 553: *arbeitnehmerähnlich*); vollschichtig tätiger **Hausmeister** (LAG Rh.-Pf. v. 23.6.2005 – 12 Ta 78/05, nv.); im Rahmen einer **Beschäftigung mit Mehraufwandsentschädigung tätige Hilfebedürftige** (ArbG Berlin v. 25.8.2005 – 75 Ca 10146/05, DB 2005, 2357: *arbeitnehmerähnlich*); **Heimdienstfahrer** (LAG BW v. 31.10.1969 – 4 Sa 96/68, DB 1969, 2282: *arbeitnehmerähnlich*); **Kamera-Assistent** (BAG v. 20.1.2004 – 9 AZR 291/02, AP Nr. 1 zu § 112 LPVG Rh.-Pf: *arbeitnehmerähnlich*) **Kameramann** (BAG v. 8.6.1967 – 5 AZR 461/66, AP Nr. 6 zu § 611 BGB – Abhängigkeit: *Im Einzelfall arbeitnehmerähnlich*, wenn er wirtschaftl. völlig von einem ArbGeb abhängig ist, der ihm jahrelang ständig Einzelaufträge 114

1 BAG v. 30.8.2000 – 5 AZB 12/00, NZA 2000, 1359. |2 Vgl. auch *Schaub*, ArbRHdb, § 9 Rz. 2. |3 BAG v. 16.7.1997 – 5 AZB 29/96, NZA 1997, 1126; s. auch BAG v. 30.8.2000 – 5 AZB 12/00, NZA 2000, 1359; v. 17.6.1999 – 5 AZB 23/98, NZA 1999, 1175. |4 St. Rspr. des BAG; vgl. BAG v. 17.10.1990 – 5 AZR 639/89, BAGE 66, 113 (116); v. 28.6.1973 – 5 AZR 568/72, AP Nr. 2 zu § 2 BUrlG 1982; v. 23.12.1961 – 5 AZR 53/61, AP Nr. 2 zu § 717 ZPO; ebenso BGH v. 23.2.1977 – VIII ZR 222/75, AP Nr. 15 zu § 850h ZPO. |5 BAG v. 17.12.1968 – 5 AZR 86/68, AP Nr. 17 zu § 5 ArbGG 1953; v. 2.10.1990 – 4 AZR 106/90, BAGE 66, 95; v. 23.12.1961 – 5 AZR 53/61, AP Nr. 2 zu § 717 ZPO; v. 13.12.1962 – 2 AZR 128/62, AP Nr. 3 zu § 611 BGB – Abhängigkeit; v. 17.12.1968 – 5 AZR 86/68, AP Nr. 17 zu § 5 ArbGG 1953. |6 BAG v. 2.10.1990 – 4 AZR 106/90, BAGE 66, 95.

erteilt hat, s. auch BAG v. 7.1.1971 – 5 AZR 221/70, AP Nr. 6 und 8 zu § 611 BGB – Abhängigkeit: *arbeitnehmerähnlich*); **Kommissionär** (BAG v. 8.9.1997 – 5 AZB 3/97, NZA 1997, 1302: *arbeitnehmerähnlich*); **Künstler für einmaliges Engagement** (BAG v. 6.12.1974 – 5 AZR 418/74, AP Nr. 14 zu § 611 BGB – Abhängigkeit: *nicht arbeitnehmerähnlich*); **Kürschnermeister** (BAG v. 19.5.1960 – 2 AZR 197/58, AP Nr. 7 zu § 5 ArbGG 1953: *arbeitnehmerähnlich*); **Lehrbeauftragter an Hochschule** (BAG v. 16.12.1957 – 3 AZR 92/55, AP Nr 3 zu § 611 BGB: *arbeitnehmerähnlich*, wenn ein Lehrauftrag nur für ein Semester erteilt wird); **Lehrer, Dozenten, Nachrichtensprecher** (BAG v. 28.6.73 – 5 AZR 568/72, AP Nr. 2 zu § 2 BUrlG o. Arbeitsrechtsblattei Nr. 5 zu arbeitnehmerähnliche Person); Lehrer für Geigenunterricht (LAG Rheinland-Pfalz. v. 21.3.2005 – 8 Ta 47/05, nv.: *nicht arbeitnehmerähnlich*); **Nachtwache** (BAG v. 15.11.2005 – 9 AZR 626/04, Pressemitteilung Nr. 69/05: *arbeitnehmerähnlich*); **Programmierer** (LAG Köln v. 23.1.2004 – 4 Sa 988/03, ArbuR 2004, 397: *arbeitnehmerähnlich*); **Promoter** in Lebensmittelmarkt (LAG Hamm v. 11.7.2005 – 2 Ta 576/04, nv.: *nicht arbeitnehmerähnlich*); zum Dozenten für ein gewerbliches Weiterbildungsinstitut **Rechtsanwalt (Scheinsozius)** (LAG Hess. v. 1.6.1995 – 12 Ta 447/94, NZA-RR 1996, 64: *arbeitnehmerähnlich*, wenn seinem vollen Unternehmerrisiko nach außen kein angemessener Ausgleich gegenübersteht, wie ihn typischerweise ein selbständiger Anwalt erhält; OLG München v. 24.11.1998 – 29 W 3071/98, EzA Nr. 31 zu § 5 ArbGG: *arbeitnehmerähnlich*, sofern die Rechtsanwälte weitgehend abhängig sind und ihr sozialer Status nach dem Gesamtbild der vertragl. Gestaltung und der praktischen Handhabung dem von ArbN vergleichbar war; LAG Köln v. 6.5.2005 – 4 Ta 40/05, AnwBl 2005, 719: *arbeitnehmerähnlich*.); **Redakteur** (BAG v. 23.9.1992 – 4 AZR 566/91, AP Nr. 21 zu § 1 TVG – TV: Rundfunk: *arbeitnehmerähnlich*); **Rechtsanwalt**, der Partner einer Anwaltssozietät ist (BAG v. 15.4.1993 – 2 AZB 32/92, AP Nr. 12 zu § 5 ArbGG 1979: *nicht arbeitnehmerähnlich*); **Reinigungsarbeiter** im Bürohaus (LAG Hamburg v. 25.4.1967 – 1 Sa 5/67, DB 1967, 1816: *arbeitnehmerähnlich*); **Repetitor** (LAG Hamm v. 22.8.1989 – 11 Sa 24/89, AP Nr. 7 zu § 5 ArbGG 1979: *arbeitnehmerähnlich*, wenn er mit dem wesentlichen Teil seiner Arbeitskraft [gegen ein monatliches Bruttogehalt von 1950 DM] tätig ist); **Reporter** (BAG v. 30.6.1975 – 5 AZR 342/74, AP Nr. 12 zu § 11 BUrlG: *arbeitnehmerähnlich*); **Rote-Kreuz-Schwestern** (BAG v. 6.7.1995 – 5 AZB 9/93, NZA 1996, 33: *nicht arbeitnehmerähnlich*); **Rundfunkgebührenbeauftragter** (BAG v. 30.8.2000 – 5 AZB 12/00, AP Nr. 75 zu § 2 ArbGG 1979: *arbeitnehmerähnlich*; v. 15.2.2005 – 9 AZR 51/04, AP Nr. 6 zu § 12a TVG: *arbeitnehmerähnlich* unter Aufgabe von BAG v. 2.10.1990 – 4 AZR 106/90, AP Nr. 1 zu § 12a TVG: *nicht arbeitnehmerähnlich*; LAG Hamburg v. 3.11.2003 – 4 Sa 112/02, nv.: *arbeitnehmerähnlich*); **Theaterintendant** (BAG v. 16.8.1977 – 5 AZR 290/76, AP Nr. 23 zu § 611 BGB – Abhängigkeit: *nicht arbeitnehmerähnlich*, wenn er mehrere Jahre hindurch nebenberuflich während jeweils vier Wochen eine Freilichtaufführung leitet und den weitaus überwiegenden Teil seiner Einkünfte aus seiner hauptberuflichen Tätigkeit als Theaterintendant bezieht); **Servicebeauftragter für Fotokopiergeräte** (BAG v. 28.9.1995 – 5 AZB 32/94, RzK I 10a Nr. 19: *arbeitnehmerähnlich*); **Strahlenphysiker**, der von der Bundespost mit Messungen beauftragt war (BAG v. 28.2.1962 – 4 AZR 141/61, AP Nr. 1 zu § 611 BGB – Abhängigkeit: *arbeitnehmerähnlich*); **Student**, der neben einer Teilzeitbeschäftigung als ArbN als „freiberuflicher" Mitarbeiter in einem Amt für Familien- und Heimpflege tätig war (BAG v. 13.2.1979 – 6 AZR 246/77, EzA Nr 4 zu § 2 BUrlG: *arbeitnehmerähnlich*); **Testfahrerin im Motorradwerk** (BAG v. 17.6.1999 – 5 AZB 23/98, NZA 1999, 1175: *arbeitnehmerähnlich*); **Theaterintendant** (BAG v. 17.12.1968 – 5 AZR 86/68, AP Nr. 17 zu § 5 ArbGG 1953: *arbeitnehmerähnlich*); **Umschüler** (soweit das Rechtsverhältnis auf einem privatrechtl. Vertrag beruht, BAG v. 21.5.1997 – 5 AZB 30/96, NZA 1997, 1013: *arbeitnehmerähnlich*); **Vertriebsmitarbeiter (Vertragshändler)** für Softwareprodukte (LAG Nds. v. 5.5.2003 – 13 Ta 79/03, LAGE § 5 ArbGG 1979 Nr. 8: *nicht arbeitnehmerähnlich*); **Volkshochschuldozenten** (BAG v. 17.1.2006 – 9 AZR 61/05, EzA § 2 BUrlG Nr. 6: *arbeitnehmerähnlich*, wenn wirtschaftlich abhängig)[1].

115 **V. Besondere Formen des Arbeitsverhältnisses. 1. Prekäre Arbeitsverhältnisse.** Das Arbeitsverhältnis, das Ausgangpunkt zur Entwicklung des Arbeitsrechts war, beinhaltet unbefristete Vollzeittätigkeit bei nur einem ArbGeb in räumlicher und zeitlicher Einbindung in einen Betrieb. Neben diesem heute wohl immer noch den Regelfall bildenden **Normalarbeitsverhältnis** haben andere Formen des Arbeitsverhältnisses mehr und mehr an Bedeutung gewonnen. Entstanden sind sog. prekäre Arbeitsverhältnisse, die der nationale und der europäische Gesetzgeber unter einen besonderen Schutz gestellt hat, nicht weil die zu leistende Arbeit zu einer besonderen Schutzbedürftigkeit führt, sondern die besondere, vom Regelfall abweichende arbeitsvertragl. Gestaltung. Zum Schutz von TeilzeitArbN wurde die RL 97/81/EG geschaffen, zum Schutz von befristet beschäftigten ArbN die RL 1999/70/EG; beide sind durch das TzBfG umgesetzt. Heimarbeiter werden seit 1951 durch das HAG geschützt, zum Schutz von TeleAtbN liegt seit 2002 eine Rahmenvereinbarung der europäischen Sozialpartner vor[2]. LeihArbN werden insb. durch das AÜG geschützt; auch hier existieren europäische Vorgaben, und mit weiteren ist zu rechnen, s. Entwurf einer Richtlinie zur Leiharbeit, KOM [2002] 701 endg.[3]. Zu den Einzelheiten s. jeweils die Kommentierungen der einschlägigen Gesetze.

---

1 Vgl. zu den Fallbeispielen: KR/*Rost*, Rz. 28 zu Arbeitnehmerähnlichen Personen; Küttner/*Voelzke*, Personalbuch, Arbeitnehmer Rz. 84. | 2 Dazu *Prinz*, NZA 2002, 1268. | 3 Dazu *Thüsing*, DB 2002, 2218; *Thüsing*, Einl. AÜG Rz. 29.

2. Mittelbares Arbeitsverhältnis. Ein mittelbares Arbeitsverhältnis liegt vor, wenn ein ArbN von einem Mittelsmann beschäftigt wird, der seinerseits selbst ArbN eines Dritten ist und die Arbeit mit Wissen des Dritten unmittelbar für diesen geleistet wird[1]. Vom Leiharbeitsverhältnis unterscheidet es sich dadurch, dass die Zwischenperson in einem Arbeitsverhältnis zum Betriebsinhaber steht, also selbst dessen ArbN ist. Zwischenperson kann daher nur eine natürliche, nicht eine juristische Person sein[2]. Auch ein sozialversicherungspflichtiges Beschäftigungsverhältnis kann auf diese Weise begründet werden[3]. Erforderlich ist dazu, dass die Zwischenperson die Arbeitskräfte nach dem Willen oder doch zumindest mit Wissen ihres ArbGeb eingestellt hat und dass die geleistete Arbeit dem ArbGeb wirtschaftlich zugute kommt. Ausdrückliche Abreden zwischen den Beteiligten über das Bestehen des Beschäftigungsverhältnisses zwischen ArbGeb und mittelbar Beschäftigten bedarf es nicht[4]. Mittelbare Arbeitsverhältnisse waren in der Zeit vor dem Zweiten Weltkrieg in der Land- und Forstwirtschaft verbreitet (zB Hofgängerverhältnis), praktische Bedeutung hat dieses Rechtsinstitut noch heute bei der Einstellung von Hilfspersonal durch einen Krankenhausarzt in leitender Stellung[5], wissenschaftlichen Mitarbeitern, die im Rahmen eines Forschungsprojekts vom Projektleiter selbst eingestellt werden[6], und bei Musikkapellen[7]. Die Vergabe von Drittmitteln an juristische Personen des Privatrechts führt, auch wenn sie mit der Privatisierung öffentl. Dienstleistungen verbunden ist, demgegenüber nicht notwendig zu einem mittelbaren Arbeitsverhältnis des Drittmittelgebers[8]. 116

Das BAG hat angenommen, dem ArbN könnten Rechte gegen den HauptArbGeb zustehen, wenn die **Einschaltung des Mittelsmannes rechtsmissbräuchlich** ist[9]. Bieten sich dem ArbGeb verschiedene arbeitsvertragl. Gestaltungsformen an, die für den ArbN zu einem unterschiedlichen arbeitsrechtl. Schutz führen, dürfe er nicht willkürlich die ihm günstigere auswählen. Ein sachlicher Grund muss die Wahl der Vertragsform rechtfertigen, weil sonst Schutzvorschriften umgangen werden könnten[10]. Ob dies tatsächlich richtig ist, mag zweifelhaft erscheinen: Wählt der ArbGeb die ihm günstigere Vertragsgestaltung, dann ist dies nicht willkürlich, sondern vom legitimen Ziel der Gewinnmaximierung getragen. Richtiger Ansatzpunkt ist vielmehr das Verbot der Gesetzesumgehung, das vom Rechtsmissbrauch zu unterscheiden ist. Maßgebend ist danach, ob der Zweck einer Rechtsnorm objektiv vereitelt wird, indem ausweichende Formen der Vertragsgestaltung gewählt werden. Eine solche Rechtsnorm kann der Kündigungsschutz sein[11], aber auch das Tarifrecht[12]. Eine gesonderte Umgehungsabsicht ist nicht erforderlich. 117

Eine **objektive Gesetzesumgehung** wurde etwa als möglich für den Fall angesehen, dass eine Stadt die bei ihr beschäftigten Schulhausmeister anweist, das für die Reinigung der Schule benötigte Personal im eigenen Namen und auf eigene Rechnung anzustellen, ohne dass die Hausmeister unternehmerische Entscheidungen treffen und Gewinn erzielen können[13]. Die Zwischenperson muss gegenüber dem von ihm eingestellten ArbN unternehmerische Verantwortung tragen und die damit verbundenen unternehmerischen Risiken tragen[14]. Fingiert wird anderenfalls ein unmittelbares Arbeitsverhältnis unter Ausklammerung der Mittelperson. Das Ergebnis ist dann das Gleiche wie bei rechtswidriger gewerblicher AÜ. Liegt kein Rechtsmissbrauch vor, bleibt es jedoch bei den gestaffelten vertragl. Beziehungen. Eine Kündigungsschutzklage ist dann gegen den Mittelsmann, nicht gegen den mittelbaren ArbGeb zu richten[15]. Nur im Fall des Rechtsmissbrauchs hat der ArbN ein Wahlrecht[16]. Auch kann der mittelbare ArbGeb nur den Arbeitsvertrag mit seinem eigenen ArbN, nicht mit dessen ArbN kündigen, sofern er nicht vom unmittelbaren ArbGeb hierzu in seinem Namen ermächtigt wird. 118

Auch wo eine Gesetzesumgehung nicht vorliegt, kann ein **direkter Anspruch gegen den mittelbaren ArbGeb** gegeben sein, wenn der ArbN gegen den unmittelbaren ArbGeb obsiegt hat und dieser zur Erfüllung seiner Verpflichtungen nicht in der Lage ist oder sich ihr entzieht[17]. Es handelt sich damit um eine lediglich subsidiäre Haftung ähnlich der des Bürgen gem. § 765. Sie umfasst insb. Entgelt- und Urlaubsansprüche[18]. Wenn der unmittelbare ArbGeb sich seinen Verpflichtungen zur weiteren Beschäftigung oder Zahlung der festgesetzten Abfindung entzieht oder zu ihrer Erfüllung unfähig ist, umfasst es 119

1 BAG v. 9.4.1957 – 3 AZR 435/54, AP Nr. 2 zu § 611 BGB – Mittelbares Arbeitsverhältnis. Ausf. und kritisch zur Rechtsfigur des mittelbaren Arbeitsverhältnis *Waas*, RdA 1993, 153. Zu den Ursprüngen der Rechtsfigur *Herschel*, JW 1937, 1115; *Kaufmann*, RdA 1951, 176; s. auch *Hueck/Nipperdey*, Arbeitsrecht Bd. II, 6. Aufl. 1959, § 78, S. 723 ff. | 2 BAG v. 24.6.2004 – 2 AZR 208/03, ZTR 2005, 160; v. 24.6.2004 – 2 AZR 215/03, EzA § 626 BGB 2002 – Unkündbarkeit Nr. 5. | 3 BSG v. 4.12.1958 – 3 RK 3/56, BB 1959, 601. | 4 Küttner/*Voelzke*, Personalbuch, Mittelbares Arbeitsverhältnis, Rn. 26. | 5 Vgl. BAG v. 18.4.1989 – 1 ABR 97/87, AP Nr. 65 zu § 99 BetrVG 1972. | 6 BAG v. 29.6.1988 – 7 AZR 552/86, AP Nr. 1 zu § 25 HRG. | 7 Vgl. BAG v. 9.4.1957 – 3 AZR 435/54, AP Nr. 2 zu § 611 BGB – Mittelbares Arbeitsverhältnis; v. 8.8.1958 – 4 AZR 173/55, AP Nr. 3 zu § 611 BGB – Mittelbares Arbeitsverhältnis; v. 26.11.1975 – 5 AZR 337/74, AP Nr. 19 zu § 611 BGB Abhängigkeit. | 8 BAG v. 11.4.2000 – 9 AZR 94/99, nv. | 9 BAG v. 21.2.1990 – 5 AZR 162/89, nv. | 10 BAG v. 20.7.1982 – 3 AZR 446/80, NJW 1983, 645 unter Anknüpfung an die Rspr. zur Befristung. | 11 BAG v. 22.7.1982 – 2 AZR 57/81, EzAÜG Nr. 116. | 12 BAG v. 20.7.1982 – 3 AZR 446/80, NJW 1983, 645. | 13 BAG v. 20.7.1982 – 3 AZR 446/80, AP Nr. 5 zu § 611 BGB – Mittelbares Arbeitsverhältnis. | 14 BAG v. 20.7.1982 – 3 AZR 446/80, NJW 1983, 645. | 15 BAG v. 21.2.1990 – 5 AZR 182/89, EzA § 611 BGB – Arbeitnehmerbegriff Nr. 32; v. 9.4.1957 – 3 AZR 435/54, AP Nr. 2 zu § 611 BGB – Mittelbares Arbeitsverhältnis. | 16 BAG v. 8.12.1988 – 2 AZR 294/88, EzAÜG Nr. 309. | 17 BAG v. 22.7.1982 – 2 AZR 57/81, EzAÜG Nr. 116. | 18 BAG v. 8.8.1958 – 4 AZR 173/55, DB 1959, 234.

auch den Weiterbeschäftigungsanspruch[1]. Für diesen Haftungsdurchgriff gibt es Vorbilder auch im Arbeitsrecht, s. § 21 II HAG. Der Sache nach scheint er angemessen.

120 Die **Unterscheidung zwischen unmittelbaren und mittelbaren ArbN** wurde in älterer Rspr. als nicht willkürlich iSd. arbeitsrechtl. Gleichbehandlungsgrundsatz gewertet, im Hinblick darauf, dass die arbeitsvertragl. Beziehungen hier lockerer sind[2]. Es ist fraglich, ob dies heute noch gelten kann. Seit den Änderungen des AÜG durch das Erste Gesetz für moderne Dienstleistungen am Arbeitsmarkt hat der LeihArbN einen Anspruch auf die im Betrieb des Entleihers für einen vergleichbaren ArbN geltenden wesentlichen Arbeitsbedingungen einschließlich des Arbeitsentgelts, s. § 9 Nr. 2 AÜG. Was für LeihArbN gilt, dürfte auch für mittelbare ArbN gelten, denn der bloße Umstand, dass es sich beim unmittelbaren ArbGeb einmal um einen ArbN oder einen Selbständigen handelt, rechtfertigt keine unterschiedliche Betrachtung. Der gesetzl. Neuerung ist der weiter gehende Wille zu entnehmen, dass gleiche Arbeit im Betrieb gleich entlohnt werden soll[3]. Damit dürfte das Rechtsinstitut des mittelbaren Arbeitsverhältnisses in Zukunft weiter an Bedeutung verlieren.

121 **3. Gruppenarbeitsverhältnis**[4]. Der Begriff „Gruppenarbeitsverhältnis" wird recht verschieden gebraucht und kann sehr unterschiedliche Sachverhalte bezeichnen. Sie alle haben gemeins., dass eine Mehrzahl vom ArbN in enger Zusammenarbeit ihre Arbeit verrichten und vom Dienstberechtigten – wenn auch in unterschiedlichen Graden – als Einheit behandelt werden. Unter Gruppenarbeitsverhältnis im eigentlichen Sinne versteht man zum einen die Arbeitsverhältnisse mit einer sog. **Eigengruppe**. Kennzeichnendes Merkmal für die Eigengruppe ist, dass sie schon vor Abschluss eines Arbeitsvertrages selbständig gebildet wird und nun gebündelt ihre Dienste dem ArbGeb zur Verfügung stellt. Als solche Eigengruppen kommen etwa Musikkapellen, Artistengruppen oder auch Akkordlohnkolonnen in Betracht. Ein nach den Regeln des Gruppenarbeitsverhältnisses zu behandelndes Rechtsverhältnis bilden die durch **Ehegattenverträge** begründeten Arbeitsverhältnisse, bei denen sich Ehegatten gemeins. zur Arbeitsleistung für einen gemeins. Zweck verpflichten, wie zB das Heimleiterehepaar oder das Hausmeisterehepaar.

122 Von der Eigengruppe zu unterscheiden ist die **Betriebsgruppe**, die durch den ArbGeb gebildet wird[5]. ArbN, deren Arbeitsverträge unabhängig voneinander abgeschlossen wurden, werden von ihm zu Gruppen mit bestimmten Arbeitsziel zusammengefasst (Akkordgruppen, Maurerkolonne uÄ). Gruppeninterne Rechtsbeziehungen zwischen den einzelnen Gruppenmitgliedern bestehen hier idR nicht. Ihre arbeitsvertragl. Pflichten und Haftungen im Fall der Pflichtverletzung sind jeweils auf das eigene Arbeitsverhältnis beschränkt. Die aus dem Arbeitsvertrag erwachsenen Pflichten gehen hier auf Mitarbeit in der Arbeitsgruppe. Entscheidend für einen Schadensersatzanspruch ist die eigene Pflichtverletzung; eine gesamtschuldnerische Haftung besteht regelmäßig nicht[6]. Zu den betriebsverfassungsrechtl. Folgen der Gruppenarbeit s. Text und Kommentierung § 28a BetrVG, § 87 I Nr. 13 BetrVG.

123 Wer bei der Eigengruppe **Vertragspartner des ArbGeb** ist, ist nicht zwingend vorgegeben. Zum einen können es die einzelnen ArbN sein, mit denen der ArbGeb jeweils einen eigenen Arbeitsvertrag abschließt. Damit unterscheidet sich das Arbeitsverhältnis grds. nicht von sonstigen Arbeitsverhältnissen. Weil aber in Fällen der Eigengruppe die Leistung des Einzelnen für den ArbGeb nur dann wirtschaftl. verwertbar und sinnvoll ist, wenn zugleich die Leistung des anderen Gruppenmitglieds angeboten wird, hat dies Auswirkungen auf die **Bestandskraft der Arbeitsverhältnisse**. Kündigungsgründe bei einem Gruppenmitglied berechtigen daher zur Kündigung sämtlicher Gruppenmitglieder. Diese Berechtigung zur einheitlichen Kündigung dürfte im Regelfall auch eine Verpflichtung zur Einheitlichkeit sein, so dass der ArbGeb bei der Eigengruppe grds. nicht einem einzelnen ArbN, sondern nur der ganzen Gruppe kündigen kann, weil er sonst die Gruppe sprengen würde[7]. Ebenso kann grds. nicht ein einzelner ArbN sein Arbeitsverhältnis kündigen, sondern allein alle ArbN gemeins. kündigen. Durch ausdrückliche Vereinbarung oder durch Auslegung unter Berücksichtigung der Interessenlage kann sich jedoch ergeben, dass einzelne Gruppenmitglieder kündigen können und ihnen gekündigt werden darf[8]. Bislang ungeklärt ist freilich, ob nicht auch besondere für den einen ArbN bestehende Kündigungsverbote oder Kündigungsbeschränkungen dem anderen ArbN zugute kommen; die Rspr. beim Ehegattenarbeitsverhältnis ist uneinheitlich[9].

---

1 BAG v. 9.4.1957 – 3 AZR 435/54, RdA 1958, 396; LAG Berlin v. 1.9.1989 – 6 Sa 48/89, EzAÜG Nr. 336; KR/*Friedrich*, § 4 KSchG Rz. 88. | 2 BAG v. 20.7.1982 – 3 AZR 446/80, NJW 1983, 645. | 3 BT-Drs. 15/25, S. 38. S. hierzu auch *Thüsing*, DB 2003, 446. | 4 S. hierzu *Elert*, Gruppenarbeit – Individual- und kollektivarbeitsrechtliche Folgen moderner Arbeitsformen, 2001; s. auch *Rüthers*, ZfA 1977, 1. Grundl. und für alle jüngeren Kommentierungen prägend *Hueck/Nipperdey*, Arbeitsrecht Bd. II, 6. Aufl. 1959, § 78, S. 723 ff. | 5 Zur Abgrenzung s. BAG v. 23.2.1961 – 5 AZR 110/60, AP Nr. 2 zu § 611 BGB – Akkordkolonne. | 6 BAG v. 18.5.1983 – 4 AZR 456/80, AP Nr. 51 zu § 1 TVG – Tarifverträge: Bau; LAG Sa.-Anh. v. 26.2.2004 – 6 Sa 474/03, nv.; LAG Bremen v. 12.11.1969 – 1 Sa 61/69, DB 1970, 1696. | 7 BAG v. 21.10.1971 – 2 AZR 17/71, EzA § 1 KSchG Nr. 23; v. 9.2.1960 – 2 AZR 585/57, AP Nr. 39 zu § 626 BGB; *Rüthers*, ZfA 1977, 1 ff.; Soergel/*Kraft*, Vor § 611 BGB Rz. 61. | 8 Ausdrücklich KR/*Griebeling*, § 1 KSchG Rz. 53. | 9 Hierzu BAG v. 17.5.1962 – 2 AZR 354/60, EzA § 9 MuSchG Nr. 2 aF einerseits und BAG v. 21.10.1971 – 2 AZR 17/71, EzA § 1 KSchG Nr. 23, LAG Düsseldorf v. 15.12.1964 – 8 Sa 462/64, BB 1965, 495 andererseits.

Daneben kann die **Eigengruppe selbst Vertragspartner** sein. Inwieweit arbeitsrechtl. (Kündigungs-) Schutz auch hier eingreift, ist unklar und durch die Rspr. trotz der bis in die Weimarer Zeit zurückreichenden Geschichte der Rechtsfigur nicht geklärt. Ist die Eigengruppe als juristische Person organisiert, deren ArbN die Mitglieder der Eigengruppe sind, und sollen diese ArbN dem Weisungsrecht des Vertragspartners unterstehen, dann handelt es sich hier um einen Dienstverschaffungsvertrag iSd. § 675 mit der Folge der AÜ, deren Zulässigkeit sich nach den Regeln des AÜG beurteilt. Bilden die Mitglieder der Eigengruppe jedoch einen rechtsfähigen Verein oder handeln sie als Gesellschafter der GmbH, dann handelt es sich regelmäßig nicht um ArbN der durch sie gebildeten juristischen Person (s. Rz. 36). Dies gilt auch für die durch die Eigengruppe gebildete BGB-Gesellschaft, was regelmäßig als Mindestband zwischen den einzelnen ArbN der Eigengruppe anzunehmen ist[1]. AÜ iSd. AÜG liegt dann nicht vor. Ob in diesem Fall zumindest ein mittelbares Arbeitsverhältnis zum Vertragspartner der Arbeitsgruppe entsteht, mag zweifelhaft erscheinen[2], weil es hier an zwei hintereinander geschalteten Arbeitsverträgen fehlt (s. Rz. 116). Eine Parallele scheint ebenso möglich zu den Rote-Kreuz-Schwestern, die auf Grund von Gestellungsverträgen unter den Weisungen eines Dritten tätig werden und dadurch dennoch nicht zu ArbN werden (s. Rz. 114). Weil aber hier sich sämtliche Gesellschafter/Vereinsmitglieder zusammen in den Dienst eines ArbGeb stellen, und das bloße Dazwischentreten einer juristischen Person nicht zu einer Verminderung des arbeitsrechtl. Schutzes führen darf, scheint die Annahme eines mittelbaren Arbeitsverhältnisses ein angemessener Kompromiss zwischen unmittelbarem Arbeitsverhältnis[3] und dem Verzicht auf jede rechtl. Beziehung zu sein. Die Regeln des Rechtsmissbrauchs, die die Rspr. zum mittelbaren Arbeitsverhältnis entwickelt hat, gelten auch hier: Wegen der unterschiedlichen Risikoverteilung bei der Betriebsgruppe und der Eigengruppe kann es aber nicht dem freien Belieben des ArbGeb überlassen werden, ob er ein Gruppenarbeitsverhältnis als Betriebsgruppe oder Eigengruppe organisiert. 124

4. Arbeitsverhältnis mit einer Mehrzahl von Arbeitgebern. Das Gegenstück zum Gruppenarbeitsverhältnis ist das Arbeitsverhältnis mit einer Mehrzahl von ArbGeb, also wenn ein einheitliches Arbeitsverhältnis zwischen einem ArbN und mehreren ArbGeb abgeschlossen wird. Das Arbeitsverhältnis kann dann nur von und gegenüber allen ArbGeb einheitlich gekündigt werden. Voraussetzung nach der Rspr. des BAG ist ein rechtl. Zusammenhang zwischen den arbeitsvertragl. Beziehungen des ArbN zu den einzelnen ArbGeb, der es verbietet, diese Beziehungen rechtl. getrennt zu behandeln[4]. Praktisch sind solche Fälle etwa bei Arbeitsverhältnissen innerhalb eines gemeins. Betriebs oder bei der Arbeitsgemeinschaft (ARGE). Auch kommen solche Fälle bei Auslandsentsendung von ArbN zu Tochterunternehmen vor[5]. Davon zu unterscheiden sind Doppelarbeitsverhältnisse, bei denen ein (jeweils teilzeitbeschäftigter) ArbN eigenständige, voneinander unabhängige Arbeitsverhältnisse mit verschiedenen ArbGeb eingeht. Verstöße gegen die gesetzl. Höchstarbeitszeit führen nach instanzgerichtlicher Rspr. grds. nicht zur Nichtigkeit beider, sondern allein des zweiten Arbeitsverhältnisses[6]. 125

Eine besondere Form der Arbeit für mehrere ArbGeb liegt bei den ArbN eines **Gesamthafenbetriebs** vor. Auf Grund des Gesetzes über die Schaffung eines besonderen ArbGeb für Hafenarbeiter (Gesamthafenbetrieb) vom 3.8.1950 (BGBl. 352) kann durch Vereinbarung zwischen Arbeitgeber(verband) und Gewerkschaften ein besonderen ArbGeb, der Gesamthafenbetrieb, gebildet werden, durch den die Hafenarbeiter, die nicht Stammpersonal der Einzelhafenbetriebe sind, sondern wechselnd in den einzelnen Hafenbetrieben vor allem beim Laden und Löschen von Schiffen eingesetzt werden, ein fortdauerndes Arbeitsverhältnis[7]. 126

5. Kirchliche Arbeitnehmer. a) Die Besonderheiten des kirchlichen Dienstes und das säkulare Arbeitsrecht. Die Kirchen sind nach dem Staat der größte ArbGeb in Deutschland. Schon diese Feststellung umreißt die Bedeutung des Arbeitsrechts auch für die Kirchen. Ihnen ist mit Art. 137 III WRV, Art. 140 GG ein Selbstbestimmungsrecht zugewiesen, das auch auf die Beurteilung der arbeitsrechtl. Beziehungen zu den durch sie Beschäftigten durchschlägt: Kirchliche Arbeitsverhältnisse sind „eigene Angelegenheiten" iSd. Art. 137 III 1 WRV; damit das Kündigungsschutzrecht, das TV-Recht oder das Betriebsverfassungsrecht ein „für alle geltendes Gesetz" iSd. Vorschrift ist, muss bei der Wertung, ob ein wichtiger, zur Kündigung berechtigender Grund vorliegt, ob ein Streik erlaubt ist, oder in welcher Form betriebliche Mitbest. möglich ist, der Besonderheit eines Arbeitsverhältnisses zur Kirche Rechnung getragen werden. Denn was auch immer letztlich unter einem „für alle geltenden Gesetz" zu verstehen ist: Einigkeit besteht wohl darin, dass nicht nur ein Gesetz, das sich freiheitsverkürzend zielgerichtet gerade gegen die Kirchen wendet, kein solches Gesetz ist, sondern unzulässig auch Gesetze sind, die zwar nicht beabsichtigt gegen die Kirchen gerichtet sind, deren faktische Auswirkung aber die Kirchen bei und trotz Berücksichtigung ihrer Besonderheiten schlechter stellen bzw. härter treffen als die übri- 127

---

1 Ebenso Staudinger/*Richardi*, Vor § 611 BGB Rz. 380; Küttner/*Kreitner*, Personalbuch, Gruppenarbeitsverhältnis Rz. 23. | 2 Küttner/*Kreitner*, Personalbuch, Gruppenarbeitsverhältnis Rz. 25; ErfK/*Preis*, § 611 BGB Rz. 196. | 3 Hierfür mit eingehender Begründung *Hueck/Nipperdey*, Arbeitsrecht Bd. II, 6. Aufl. 1959, § 78, S. 729 f. | 4 BAG v. 27.3.1981 – 7 AZR 523/78, DB 1982, 1569. | 5 S. BAG v. 21.1.1999 – 2 AZR 648/97, AP Nr. 9 zu § 1 KSchG 1969 – Konzern, ausf. hierzu *Thüsing*, NZA 2003, 1303. | 6 LAG Nürnberg v. 19.9.1995 – 2 Sa 429/94, LAGE § 611 BGB – Doppelarbeitsverhältnis Nr. 1; ebenso ErK/*Preis*, § 611 BGB Rz. 175. | 7 S. auch BAG v. 19.7.1957 – 1 AZR 161/56, AP Nr. 1 zu § 1 GesamthafenbetriebsG; v. 25.11.1992 – 7 ABR 7/92, AP Nr. 8 zu § 1 GesamthafenbetriebsG.

gen Gesetzesunterworfenen[1]. Das **Kündigungsrecht** würde die Kirchen ungleich hart treffen, könnten nicht sie selbst, sondern das weltliche Gericht bestimmen, welche Loyalitätspflichten ihre ArbN haben, so dass das Gesetz den Kirchen zubilligt, selbst festzulegen, welches Verhalten ihrer Mitarbeiter sie als so sehr im Widerspruch zu ihrer Lehre empfindet, dass eine sofortige Lösung des Arbeitsverhältnisses zur Wahrung der eigenen Glaubwürdigkeit erforderlich ist. Das **Streikrecht** und daran anknüpfend das **TV-Recht** würde sie ungleich hart treffen, weil das Ideal der Dienstgemeinschaft die gegenseitige Druckausübung zur Veränderung der Arbeitsbedingungen ausschließt, und die Kirchen daher nach eigenem Selbstverständnis nicht aussperren können; Folge ist die Unzulässigkeit eines Streiks kirchlicher ArbN und der Dritte Weg (s. Rz. 130). Auch das **BetrVG** trägt diesem kirchlichem Selbstverständnis und Selbstverwaltungsrecht Rechnung und spart sie daher in § 118 II BetrVG aus seinem Geltungsbereich aus; Folge sind die Mitarbeitervertretungsordnungen. Eine Kirchenklausel sieht auch das AGG vor. Gemäß § 9 I AGG ist den Religionsgemeinschaften, den ihnen zugeordneten Einrichtungen sowie Vereinigungen, die sich die gemeinschaftliche Pflege einer Religion oder Weltanschauung zur Aufgabe machen unter bestimmten Voraussetzungen eine Ungleichbehandlung wegen der Religion oder Weltanschauung gestattet. Welche Auswirkungen das Gesetz auf das kirchliche Arbeitsrecht, insb. auf den Bestand der von den verfassten Kirchen von ihren Mitarbeitern geforderten Loyalitätsobliegenheiten haben wird, bleibt abzuwarten[2].

128 **b) Konsequenzen. aa) Kündigungsschutz.** Beim Kündigungsschutz wird dieser staatskirchenrechtl. Rahmen insb. durch eine Entscheidung des BVerfG konkretisiert, mit der es eine Rspr. des BAG beendete, die bei der Kündigung von ArbN im kirchlichen Dienst nur gestufte Loyalitätspflichten anerkennen wollte, je nach der Nähe der Tätigkeit des ArbN zum Verkündigungsauftrag der Kirche. Das BVerfG führte aus, dass es „grds. den verfassten Kirchen überlassen [ist], verbindlich zu bestimmen, was ‚die Glaubwürdigkeit der Kirche und ihrer Verkündigung erfordert', was ‚spezifisch kircheneigene Aufgaben' sind, was ‚Nähe' zu ihnen bedeutet, welches die ‚wesentlichen Grundsätze der Glaubens- und Sittenlehre' sind und was als – ggf. schwerer – Verstoß gegen diese anzusehen ist"[3]. Denn zu all dem bedarf es des *sentire cum ecclesia*; das kann von einem weltlichen Gericht nicht verlangt werden. Die Autonomie und die aus ihr resultierenden kirchlichen Vorgaben dürfen sich allerdings nicht in Widerspruch zu den Grundprinzipien der Rechtsordnung stellen, wie das allgemeine Willkürverbot, die Wahrung der guten Sitten und den *ordre public*[4]. Diese Begrenzung findet sich nicht ausdrücklich im Wortlaut der Verfassung, die als Schranke nur die allgemeinen Gesetze benennt, entspricht jedoch gewohntem Muster zur Abgrenzung und Akzeptanz anderer Rechtskreise: Auch das ausländische Recht ist nicht anzuerkennen soweit es dem *ordre public* widerspricht, was bei einem Verstoß gegen das Willkürverbot regelmäßig gegeben ist. Der *ordre public* umfasst eben alle „wesentlichen Grundsätze des deutschen Rechts" und diese sind dann zwingend auch für die Kirchen.

129 Die Loyalitätspflichten finden sich niedergelegt in der Grundordnung für den kirchlichen Dienst im Rahmen kirchlicher Arbeitsverhältnisse (kath. Kirche) bzw. in der Richtlinie des Rates der Evangelischen Kirche in Deutschland nach Art. 9 Buchst. b Grundordnung über die Anforderungen der privatrechtl. beruflichen Mitarbeit in der Evangelischen Kirche in Deutschland und des Diakonischen Werkes der EKD[5]. Bei **Einzelfällen**, die in der Folge zu entscheiden waren, hat die Rspr. dieser Freiheit der Kirchen zumeist bereitwillig Rechnung getragen: BVerfG v. 4.6.1985 – 2 BvR 1703/83 ua., BVerfGE 70, 138 (öffentl. Eintreten für die Abtreibung/Katholische Kirche); BAG v. 7.10.1993 – 2 AZR 226/93, BAGE 74, 325 (Homologe Insemination/Katholische Kirche); BAG v. 12.12.1984 – 7 AZR 418/83, DB 1985, 1647 (Kirchenaustritt/Katholische Kirche); BAG v. 4.3.1980 – 1 AZR 1151/78, DB 1980, 2529 (Kirchenaustritt/Katholische Kirche); LAG Mainz v. 9.1.1997 – 11 Sa 428/96, MDR 1997, 949 (Kirchenaustritt/Evangelische Kirche); LAG Brandenburg v. 13.11.2003 – 2 Sa 410/03, LAGE § 611 BGB 2002 – kirchliche ArbN Nr. 2 (Kirchenaustritt/Evangelische Kirche); BVerwG v. 19.8.2004 – 5 B 90/03, nv. (Zustimmung Integrationsamt bei Kirchenaustritt/Katholische Kirche); BVerfG v. 5.6.1981 – 2 BvR 288/81, NJW 1983, 2570 (Wiederverheiratung nach Scheidung/Katholische Kirche); BAG v. 16.9.2004 – 2 AZR 447/03, AP Nr. 44 zu § 611 BGB – Kirchendienst (Wiederverheiratung nach russisch-orthodoxem Ritus/Katholische Kirche); BAG v. 25.4.1978 – 1 AZR 70/76, DB 1978, 2175 (Heirat eines geschiedenen Mannes/Katholische Kirche); BAG v. 30.6.1983 – 2 AZR 524/81, NJW 1984, 1917 (Homosexuelle Praxis im außerdienstlichen Bereich/Evangelische Kirche); BAG v. 16.9.1999 – 2 AZR 712/98, AP Nr. 1 zu Art. 4 GrO kath. Kirche (Trennung und neue nichteheliche Lebensgemeinschaft/Katholische Kirche); BAG v. 17.4.1996 – 10 AZR 558/95, AP Nr. 24 zu § 611 BGB – Kirchendienst (Ehebruch/Mormonen); BVerfG v. 31.1.2001 – 1 BvR 619/92, NZA 2001, 717 (öffentl. bekannt gemachtes uneheliches Verhältnis zu Kleriker/Katholische Kirche).

130 **bb) Dritter Weg.** Überwiegend werden die Arbeitsverhältnisse im kirchlichen Dienst weder durch einseitige Regelungen der Kirchenleitung noch durch TV, sondern durch einen „Dritten Weg" in Form eines

1 Vgl. ausf. *Hesse* in Listl/Pirson, Handbuch des Staatskirchenrecht der Bundesrepublik Deutschland, Bd. I, 2. Aufl. 1994, S. 521 ff., insb. 544 ff. | 2 Vgl. zu dieser Fragestellung in Bezug auf die RL 2000/78/EG *Hanau/Thüsing* in Europarecht und kirchliches Arbeitsrecht, 2001, S. 27 ff., insb. 33 ff. | 3 BVerfG v. 4.6.1985 – 2 BvR 1703/83, BVerfGE 70, 138 (168). | 4 BVerfG v. 4.6.1985 – 2 BvR 1703/83, BVerfGE 70, 138 (168). | 5 Beide abgedr. bei *Thüsing*, Kirchliches Arbeitsrecht, 2006, S. 301 ff.

spezifisch kircheneigenen Regelungsverfahrens bestimmt. Danach erfolgt auf Grundlage der Arbeitsrechtsregelungsgesetze der einzelnen evangelischen Landeskirchen bzw. der „Ordnungen zur Mitwirkung bei der Gestaltung des Arbeitsrechts durch eine Kommission" (KODA) der einzelnen katholischen (Erz-)Bistümer die Festlegung der Arbeitsbedingungen durch eine paritätisch besetzte Kommission; im Nichteinigungsfall wird ein Schlichtungs- bzw. Vermittlungsverfahren eingeleitet. Das Letztentscheidungsrecht liegt bei der Synode oder der ebenfalls paritätisch besetzten Schlichtungskommission (so für die evangelischen Kirchen) bzw. beim Bischof (so für die katholische Kirche). Daneben kommen TV vereinzelt vor, etwa bei der Nordelbischen Evangelisch-lutherischen Kirche, sie bilden jedoch die Ausnahme. Die katholische Kirche schließt in Deutschland keine TV ab; im Ausland ist dies anders[1]. Die Regelungen des Dritten Wegs wirken nach der bestätigten Rspr. des BAG nicht normativ[2]. Nach der Rspr. des BAG erstreckt sich eine vertragl. Verweisung auf den BAT-KF als kirchliche Arbeitsrechtsregelung auf die ihn ergänzenden Arbeitsrechtsregelungen[3]. Die Regelungen unterliegen keiner Billigkeitskontrolle, wenn sie tarifvertragl. Regelungen ganz oder im Wesentlichen übernehmen, und richtiger Ansicht auch sonst nicht; das hat die Rspr. bislang jedoch noch nicht anerkannt[4]. Beim Betriebsübergang richtet sich ihr Schicksal nach § 613a I 1, nicht S. 2[5].

cc) Mitarbeitervertretungsrecht. Die beiden großen christlichen Kirchen haben auf die Freistellung 131
von Betriebsverfassungsrecht und Personalvertretungsrecht durch die Schaffung eigener Regelungen reagiert, um insoweit keinen rechtsfreien Raum für ihre ArbN entstehen zu lassen und eine Konkordanz mit der staatlichen arbeitsrechtl. Ordnung herzustellen: Die Katholische Kirche bereits 1971 mit der Rahmenordnung für Mitarbeitervertretungen, mittlerweile (1985) abgelöst durch die Mitarbeitervertretungsordnung (MAVO); die evangelische Kirche erst seit 1992 mit dem Mitarbeitervertretungsgesetz (MVG), welches nach Anerkennung durch die einzelnen Gliedkirchen der EKD zahlreiche, teilweise schon seit den fünfziger Jahren regional geltende Mitbestimmungsordnungen vereinheitlicht. Es ist dabei allgemeine Auffassung, dass die Kirchen bei der Ausgestaltung ihrer Mitarbeitervertretungsregelungen sich nicht an dem durch den staatlichen Gesetzgeber geschaffenen Modell orientieren oder dieses gar in Details übernehmen müssen; vielmehr ist es den Kirchen überlassen, darüber zu entscheiden, „ob und in welcher Weise die Arbeitnehmer und ihre Vertretungsorgane in Angelegenheiten des Betriebs, die ihre Interessen berühren, mitwirken und mitbestimmen"[6]. Entscheidungen staatlicher Gerichte hierzu gibt es nicht; als Kirchenrecht sind für seine Ausdeutung allein die kirchlichen Gerichte und Schlichtungsstellen zuständig.

VI. Rechtsquellen des Arbeitsrechts. 1. Arbeitsvölkerrecht. Obwohl das Arbeitsvölkerrecht in Bedeu- 132
tung und Umfang in den letzten Jahrzehnten ständig gewachsen ist, tritt es erst nach und nach in das Blickfeld nationaler Rechtsanwendung. Anders als das Internationale Arbeitsrecht, das Kollisionsrecht zur Anwendung der verschiedenen nationalen Arbeitsrechte darstellt, bildet sich das Arbeitsvölkerrecht aus supranationalem materiellem Arbeitsrecht, das ohne einen internationalen oder auslandsrechtl. Bezug Anwendung neben den einzelnen nationalen arbeitsrechtl. Vorschriften finden kann.

Der Großteil des Arbeitsvölkerrechts ist Völkervertragsrecht und beruht auf **multinationalen Verein-** 133
barungen, insb. im Rahmen der UNO und ihrer Unterorganisationen. Der ganz überwiegende Teil seiner Regelungen richtet sich nur an die vertragschließenden Parteien, hat also keine unmittelbare Bindung für den einzelnen ArbGeb und ArbN. Verbindlichkeit für diese erlangen sie erst durch einen Umsetzungsakt durch den nationalen Gesetzgeber. Dies gilt nur dann nicht, wenn es sich um *self-executing treaties* handelt, die von Anfang an oder nach Ablauf einer bestimmten Umsetzungszeit unmittelbare Geltung innerhalb des nationalen Rechtsraums beanspruchen. Um eine solche Regelung handelt es sich nach zum Teil geäußerter Ansicht bei Art. 6 Nr. 4 der Europäischen Sozialcharta vom 18.10.1961, der das Streikrecht garantiert[7]. Zumindest hat sich die Bundesrepublik Deutschland zur Durchführung der Sozialcharta verpflichtet, so dass sie bei der Auslegung von Gesetzen und zur Lückenfüllung durch Rechtsfortbildung Bedeutung gewinnt[8]. Daneben findet sich die Europäische Menschenrechtskonvention von 1990 (in Deutschland in Kraft getreten am 3.9.1953, BGBl. II. 1954, S. 114) und der internationale Pakt über bürgerliche und politische Rechte vom 19.12.1966, dem die Bundesrepublik Deutschland 1973 zugestimmt hat (BGBl. 1973 II, S. 1534) und der am 3.1.1976 in Kraft getreten ist. Letzterer ist nach nicht unbestrittener aber wohl herrschender Meinung *self-executing*[9].

---

1 Für die Rechtslage in den USA vgl. *Thüsing*, NZA 1999, 635 (642). Zu Neuerungen der KODA ab 1.1.1999 vgl. *Richardi*, NZA 1998, 1305 ff. |2 BAG v. 20.3.2002 – 4 AZR 101/01, AP Nr. 53 zu Art. 140 GG. |3 BAG v. 19.2.2003 – 4 AZR 11/02, AP Nr. 36 zu § 611 BGB – Kirchendienst. |4 S. BAG v. 17.4.1996 – 10 AZR 558/95, AP Nr. 24 zu § 611 BGB – Kirchendienst; v. 6.11.1996 – 5 AZR 334/95, AP Nr. 1 zu § 10a AVR – Caritasverband; offen gelassen BAG v. 15.11.2001 – 6 AZR 88/01, EzA § 611 BGB – Kirchliche Arbeitnehmer Nr. 48. |5 BAG v. 20.3.2002 – 4 AZR 101/01, AP Nr. 53 zu Art. 140 GG. |6 BVerfG v. 11.10.1977 – 2 BvR 209/76, BVerfGE 46, 73 (94). |7 Für eine unmittelbare Verpflichtung *Däubler*, Arbeitskampfrecht Rz. 102 ff.; *Hanau/Adomeit*, Arbeitsrecht (12. Aufl.), Rz. 115; aA *Bepler*, FS Wißmann, 2005, S. 97, 106; *Konzen*, JZ 1986, 157; *Birk*, MünchArbR, § 17 Rz. 83. |8 S. *Thüsing*, Der Außenseiter im Arbeitskampf, S. 34 ff.; ErfK/*Preis*, § 611 BGB Rz. 235; offen lassend BVerfG v. 20.10.1981 – 1 BvR 404/78, BVerfGE 58, 233 (257). |9 S. *Hanau/Steinmeyer/Wank*, § 34 Rz. 25 mwN.

134 Größere Bedeutung im Arbeitsvölkerrecht haben die Regelungen, die auf Grundlage der Internationalen Arbeitsorganisation, der ältesten Unterorganisation der UNO entstanden sind (IAO oder **ILO** = International Labour Organisation). Internationale arbeitsrechtl. Normen kann sie zum einem in der Form von Übereinkommen, zum anderen in der Form von Empfehlungen schaffen (Art. 19 IAO-Verfassung). Erstere sind multilaterale Verträge, die für die Mitgliedstaaten nach Ratifikation völkerrechtl. verbindlich werden, Letztere sind nicht ratifizierbare arbeits- und sozialrechtl. Leitlinien ohne verbindlichen Charakter. Von den bis zum Jahr 2003 insgesamt 185 Übereinkommen der IAO hat die Bundesrepublik Deutschland bislang erst 77 ratifiziert[1]. Die **wichtigsten IAO-Abkommen** umfassen die Bereiche Mutterschutz (Übereinkommen Nr. 3), Gefangenenarbeit (Übereinkommen Nr. 29), Vereinigungsfreiheit (Übereinkommen Nr. 87), Urlaubsrecht (Übereinkommen Nr. 132) und Kinderarbeit (Übereinkommen Nr. 182). Rspr. existiert jedoch hier nur wenig[2]. Auch aus den Übereinkommen der IAO kann der einzelne ArbN und ArbGeb keine unmittelbaren Rechte herleiten[3].

135 **2. Europäisches Gemeinschaftsrecht. a) Allgemeines.** Das Europäische Arbeitsrecht umfasst die arbeitsrechtl. Regeln, die die Europäische Gemeinschaft als Teil der EU erlassen hat. Es bildet kein geschlossenes Regelwerk, sondern beschränkt sich auf einzelne Teilbereiche, da es die Existenz des nationalen Arbeitsrechts in den einzelnen Mitgliedstaaten voraussetzen kann. Es gilt das **Prinzip der begrenzten Ermächtigung**: Die Zuständigkeit des Europäischen Gesetzgebers ist nur dort gegeben, wo ihn die konstituierenden Verträge ausdrücklich hierzu ermächtigen. Grundlage für die arbeitsrechtl. Gesetzgebung ist Art. 136 ff. EG. Ziel der Gesetzgebung ist „die Förderung der Beschäftigung, die Verbesserung der Lebens- und Arbeitsbedingungen, um dadurch auf dem Wege des Fortschritts ihre Angleichung zu ermöglichen, einen angemessenen sozialen Schutz, den sozialen Dialog, die Entwicklung des Arbeitskräftepotenzials im Hinblick auf ein dauerhaftes hohes Beschäftigungsniveau und die Bekämpfung von Ausgrenzungen" (Art. 136 I EG). Die in Art. 137 EG formulierten arbeitsrechtl. Zuständigkeiten sind sehr weit gefasst; keine Zuständigkeit besteht jedoch für das Arbeitsentgelt, die Koalitionsfreiheit, das Streikrecht sowie das Aussperrungsrecht (Art. 137 V EG).

136 Die EG-rechtl. Normen unterteilen sich in **Primärrecht** und **Sekundärrecht**. Das Primärrecht umfasst den Vertrag selbst und die ungeschriebenen Grundsätze des Gemeinschaftsrechts, das Sekundärrecht umfasst alles aus dem Primärrecht abgeleitete Recht, insb. VO und Richtlinien. Beides hat arbeitsrechtl. Bedeutung. Art. 39 EG regelt die Freizügigkeit der ArbN, Art. 141 EG die Lohngleichheit für Mann und Frau. Diese Vorschriften sind unmittelbar und zwingend anzuwenden, ebenso wie EG-VO. Arbeitsrechtl. relevant ist hier vor allem die VO EWG Nr. 1612/68 zur Freizügigkeit der ArbN. **Richtlinien** sind demgegenüber unter Privaten nicht unmittelbar anzuwenden. Sie richten sich allein an den Mitgliedstaat und überlassen ihm hinsichtlich des zu erreichenden Ziels die Wahl der Form und der Mittel zur Umsetzung, Art. 249 III EG. Versäumt der nationale Gesetzgeber die in der jeweiligen Richtlinie bestimmte Umsetzungsfrist, so können sie gegenüber staatlichen Stellen eine unmittelbare Wirkung entfalten, sofern ihr Inhalt hinreichend präzise ist, um dem einzelnen ArbN Rechte zu begründen. Diese unmittelbare Wirkung entsteht auch gegenüber dem öffentl.-rechtl. ArbGeb[4]. Ob sie auch gegenüber den Kirchen gilt, soweit sie als Körperschaft des öffentl. Rechts nach Art. 140 GG, Art. 137 IV WRV organisiert sind, ist strittig[5]. Eine unmittelbare Wirkung unter Privaten scheidet auch dann aus[6].

137 Auf Grund des Anwendungsvorrangs des EG-Rechts vor nationalem Recht sind nationale Rechtsvorschriften soweit wie möglich im Lichte der einschlägigen europäischen Rechtsnormen auszulegen[7]. Diese Gebot zur **europarechtskonformen Auslegung** gilt nach Auffassung des EuGH bereits vor Ablauf der Umsetzungsfrist[8]. Der erkennbare Wille des Gesetzgebers darf hierbei allerdings nicht verändert werden. Wo Wortlaut, Systematik und Telos der Norm prohibitiv sind, kann eine Europarechtskonformität nicht im Wege der Auslegung erreicht werden[9]. Daran hat sich auch nichts durch die Entscheidungen *Pfeiffer*[10] und *Mangold/Helm*[11] geändert. Ob hier aber neue Nuancen in der Wortwahl eine Rechtsprechungsänderung einleiten wollte, bleibt abzuwarten.

---

1 S. www.ilo.org/public/german/region/eurpro/bonn/ilo_und_deutschland.htm; s. MünchArbR/*Birk*, § 17 Rz. 69. | 2 S. aber BAG v. 28.11.1990 – 8 AZR 570/89, AP Nr. 18 zu § 7 BUrlG (zu IAO-Übereinkommen Nr. 132); s. auch *Lörcher*, RdA 1994, 288; *Hanau/Steinmeyer/Wank*, § 34 Rz. 99 f. | 3 S. BAG v. 25.3.1998 – 4 AZR 128/97, AP Nr. 42 zu § 23a BAT; MünchArbR/*Birk*, § 17 Rz. 52; ErfK/*Preis*, § 611 BGB Rz. 236. | 4 S. EuGH v. 12.7.1990 – Rs. C-188/89, Slg. 1990, 3313 (3347). | 5 Hierfür *Reichold*, ZTR 2000, 57 (61); dagegen *Hanau/Thüsing*, Europarecht und kirchliches Arbeitsrecht, S. 52. | 6 S. auch jüngst BAG v. 18.2.2003 – 1 ABR 17/02, AP Nr. 11 zu § 77 BetrVG 1972 – Betriebsvereinbarung. | 7 EuGH v. 14.7.1994 – Rs. C-91/92, Slg. 1994 I, 3347 (3356); BAG v. 5.3.1996 – 1 AZR 590/92, AP Nr. 226 zu Art. 3 GG. | 8 EuGH v. 8.10.1987 – Rs. 80/86, Slg. 1987, 3969 (3987); dem folgend BAG v. 2.4.1996 – 1 ABR 47/95, AP Nr. 5 zu § 87 BetrVG – Gesundheitsschutz; ausf. darlegend und entschieden befürwortend die Schlussanträge von Generalanwältin *Kokott* in der Rs C-212/04 vom 27.10.2005; ebenso Generalanwalt *Tizzano* in der Rs. C-144/04 vom 30.6.2005; abl. BGH v. 5.2.1998 – I ZR 211/95, NJW 1998, 2208 (2210). | 9 BVerfG v. 24.5.1995 – 2 BvF 1/92, BVerfGE 93, 37 (79). | 10 EuGH v. 5.10.2004 – Rs. C-397 bis C-403/01 – Pfeiffer ua., NZA 2004, 1145; s. dazu die Anm. v. *Schlachter*, RdA 2005, 115; *Thüsing*, ZIP 2004, 2301; *Riesenhuber/Domröse*, RiW 2005, 47. | 11 EuGH v. 22.11.2005 – Rs C-144/04, NJW 2005, 3695; hierzu *Thüsing*, ZIP 2005, 2149; *Strybny*, BB 2005, 2753.

b) Einzelregelungen. Neben den arbeitsrechtl. Regelungen des EG-Primärrechts (s. Rz. 136) sind es insb. die Richtlinien, die das europäische Arbeitsrecht prägen. Sie alle sind – ebenso wie das übrige Europäische Recht – abrufbar unter **www.europa.eu.int**. Zu nennen ist die RL 91/533/EWG über die Pflicht des ArbGeb zur Unterrichtung des ArbN über die für seinen Arbeitsvertrag oder sein Arbeitsverhältnis geltenden Arbeitsbedingungen (Nachweisrichtlinie v. 14.10.1991, ABl. EG Nr. 288/32), die durch das NachwG umgesetzt wurde; RL 1999/70/EG zu der EGB-UNICE-CEEP-Rahmenvereinbarung über befristete Arbeitsverträge (v. 28.6.1999, ABl. EG Nr. L 125/43) und die RL 97/81/EG des Rates zu der von UNICE-CEEP mit EGB geschlossenen Rahmenvereinbarung über Teilzeitarbeit (Teilzeitarbeitsrichtlinie v. 15.12.1997, ABl. EG 1998 Nr. L 14/9, geändert durch RL 98/23/EG vom 7.4.1998, ABl. EG Nr. L 131/10), beide umgesetzt durch das TzBfG; RL 96/71/EG des Europäischen Parlaments und des Rates über die Entsendung von ArbN im Rahmen der Erbringung von Dienstleistungen (Entsenderichtlinie v. 16.12.1996, ABl. EG 997 Nr. L 18/1) umgesetzt durch das AEntG; RL 2001/23/EG des Rates zur Angleichung der Rechtsvorschriften der Mitgliedstaaten über die Wahrung von Ansprüchen der ArbN beim Übergang von Unternehmen, Betrieben oder Unternehmens- oder Betriebsteilen (Betriebsübergangsrichtlinie v. 12.3.2001, ABl. EG Nr. L 82/16 umgesetzt durch § 613a BGB); RL 98/59/EG des Rates zur Angleichung der Rechtsvorschriften der Mitgliedstaaten über Massenentlassungen (Massenentlassungsrichtlinie v. 20.7.1998, ABl. EG Nr. L 225/16 umgesetzt durch §§ 17 bis 22 KSchG); RL 96/34/EG des Rates zu der von UNICE-CEEP und EGB geschlossenen Rahmenvereinbarung über Elternurlaub (Elternurlaubsrichtlinie v. 3.6.1996, ABl. EG Nr. L 145/4), deren Vorgaben vom BErzGG erfüllt werden. 138

Daneben nimmt insb. der **Diskriminierungsschutz** einen breiten Raum innerhalb der europäischen Gesetzgebung ein. Ursprung war hier der Schutz vor Ungleichbehandlung der Geschlechter durch die RL 76/207/EWG zur Verwirklichung des Grundsatzes der Gleichbehandlung von Männern und Frauen hinsichtlich des Zugangs zur Beschäftigung, zur Berufsbildung und zum beruflichen Aufstieg sowie in Bezug auf die Arbeitsbedingungen (Gleichbehandlungsrichtlinie v. 9.2.1976, ABl. EG Nr. L 39/40, zuletzt geändert durch die RL 2002/73/EG vom 5.10.2002, ABl. EG Nr. L 269, S. 15) sowie die RL 75/117/EWG zur Angleichung der Rechtsvorschriften der Mitgliedstaaten über die Anwendung des Grundsatzes des gleichen Entgelts für Männer und Frauen (Entgeltgleichheitsrichtlinie v. 10.2.1975, ABl. EG Nr. L 45/19, geändert durch das Abkommen über den EWR, ABl. EG Nr. L 1/489 v. 3.1.1994). Die RL 87/80/EG des Rates über die Beweislast bei Diskriminierung auf Grund des Geschlechts (Beweislastrichtlinie v. 15.12.1997, ABl. EG Nr. L 14/6 geändert durch RL 98/52/EG v. 13.7.1998, ABl. Nr. L 205/66) trat ergänzend hinzu; diese Vorgaben wurden zunächst durch die §§ 611a, 612 III umgesetzt, die nunmehr im AGG enthalten sind. Zu diesem geschlechtsbezogenen Diskriminierungsschutz sind in jüngster Zeit **weitere Gleichbehandlungsgebote** hinzugetreten. Die RL 2000/43/EG des Rates zur Anwendung des Gleichbehandlungsgrundsatzes ohne Unterschied der Rasse oder der ethnischen Herkunft vom 29.6.2000 (ABl. EG Nr. L 180/22) gibt dem nationalen Gesetzgeber auf, die Ungleichbehandlung wegen der Rasse und der ethnischen Herkunft zu verbieten; RL 2000/78/EG zur Festigung eines allgemeinen Rahmens über die Verwirklichung der Gleichbehandlung in Beschäftigung und Beruf vom 27.11.2000 (ABl. EG Nr. L 303/16) gibt dem nationalen Gesetzgeber auf, die Diskriminierung wegen der Religion oder der Weltanschauung, einer Behinderung, des Alters oder der sexuellen Ausrichtung in Beschäftigung und Beruf zu verbieten[1]. Diese Vorgaben wurden durch das AGG umgesetzt. Zu unterscheiden von diesen besonderen Gleichbehandlungsgeboten ist der **allgemeine Gleichbehandlungsgrundsatz als ungeschriebener Bestandteil des europäischen Primärrechts**. Nach st. Rspr. ist der Gleichbehandlungsgrundsatz ein Grundprinzip des Gemeinschaftsrechts. Diesem Grundsatz zufolge dürfen gleiche Sachverhalte nicht ungleich behandelt werden, es sei denn, dass eine Differenzierung objektiv gerechtfertigt wäre. Demnach ist der Gleichheitsgrundsatz verletzt, wenn zwei Personengruppen, deren tatsächliche und rechtl. Lage sich nicht wesentlich unterscheidet, ungleich behandelt werden oder wenn unterschiedliche Sachverhalte gleich behandelt werden[2]. Er gilt jedoch nur gegenüber dem europäischen Gesetzgeber zur Überprüfung europäischen Rechts oder solcher nationaler Vorschriften, die – weil sie europäisches Recht umsetzen – in den Anwendungsbereich des Gemeinschaftsrechts fallen[3]. 139

Eine wichtige Rolle spielen auch die europäischen Rechtssetzungen zum **technischen und sozialen Arbeitsschutz**. Zu nennen ist hier die RL 80/1107/EWG zum Schutz der ArbN vor der Gefährdung durch chemische, physikalische und biologische Stoffe bei der Arbeit (Gefahrstoffrichtlinie v. 27.11.1987, ABl. EG Nr. L 327/08 zuletzt geändert durch Beitrittsvertrag v. 24.6.1994, BGBl. II S. 2024 idF des Beschlusses v. 1.1.1995, ABl. EG Nr. L 1/1); die RL des Rates 89/391/EWG über die Durchführung von Maßnahmen zur Verbesserung der Sicherheit und des Gesundheitsschutzes der ArbN bei der Arbeit (Arbeitsschutz-Rahmenrichtlinie v. 12.6.1989, ABl. EG Nr. L 183/1); die RL des Rates 91/393/EWG zur Ergänzung der Maßnahmen zur Verbesserung der Sicherheit und zum Gesundheitsschutz von ArbN bei befristeten Arbeitsverhältnissen oder Leiharbeitsverhältnissen (Arbeitsschutz-Leiharbeitnehmerrichtlinie v. 25.6.1991, ABl. EG Nr. L 206/19); die RL 92/85/EWG des Rates über die Durchführung von Maßnahmen 140

1 S. hierzu *Thüsing*, ZfA 2001, 397; *Thüsing*, NZA 2001, 1061. | 2 EuGH v. 25.10.2005 – Rs T-298/02, ABl. EU 2005, Nr. C 330, 17. | 3 S. auch EuGH v. 8.7.2004 – T-48/00, ABl. EU 2004, C 239, 12; v. 22.11.2005 – Rs C-144/04, NJW 2005, 3695; hierzu *Thüsing*, ZIP 2005, 2149.

zur Verbesserung der Sicherheit und des Gesundheitsschutzes von schwangeren ArbNinnen, Wöchnerinnen und stillenden ArbNinnen am Arbeitsplatz (Mutterschutzrichtlinie v. 19.10.1992, ABl. EG Nr. L 348/1); RL 94/33/EG des Rates über den Jugendarbeitsschutz (Jugendarbeitsschutzrichtlinie v. 22.6.1994, ABl. EG Nr. L 216/12), sowie die RL 93/104/EG des Rates über bestimmte Aspekte der Arbeitszeitgestaltung (Arbeitszeitrichtlinie v. 23.11.1993, ABl. Nr. EG L 307/18 geändert durch RL 2000/34/EG v. 22.6.2000, ABl. Nr. L 195/41). Die Vorgaben werden umgesetzt durch das ArbSchG, AÜG, MuSchG, JArbSchG und GefStoffV.

141 Zurückhaltender ist die Rechtssetzung im Bereich des **Kollektivarbeitsrechts.** Das Koalitionsrecht und das Arbeitskampfrecht sind gem. Art. 137 V EG der Rechtssetzungsmacht der EG entzogen. Die Betriebsverfassung betrifft die RL 94/45/EG des Rates über die Einsetzung eines EBR oder die Schaffung eines Verfahrens zur Unterrichtung und Anhörung der ArbN in gemeinschaftsweit operierenden Unternehmen und Unternehmensgruppen (Europäische Betriebsräterichtlinie v. 22.9.1994, ABl. EG Nr. L 254/64 geändert durch RL 97/74/EG v. 15.12.1997, ABl. 1998 Nr. L 10/22). Die Richtlinie wurde umgesetzt durch das EBRG. Die RL 2002/14/EG des Europäischen Parlaments und des Rates vom 11.3.2002 zur Festlegung eines allgemeinen Rahmens für die Unterrichtung und Anhörung der ArbN in der Europäischen Gemeinschaft (ABl. EG Nr. L 80/29) wurde von der Bundesrepublik Deutschland nicht fristgerecht umgesetzt, da die Bundesregierung der Auffassung ist, dass ihre geltenden Rechtsvorschriften bereits den Anforderungen der RL entsprechen. Die Kommission scheint dem zuzustimmen, da ein Vertragsverletzungsverfahren – anders als bei anderen Ländern – nicht eingeleitet wurde[1].

142 **3. Verfassungsrecht.** Das Grundgesetz gibt den Rahmen zur Geltung einfachgesetzl. Arbeitsrechts vor. Insb. der **Einfluss der Grundrechte** des ArbN auf Kündigungsschutz, TV und Betriebsverfassung ist eine zentrale Fragestellung in der Dogmatik des Arbeitsrechts. Die Entwicklung war recht wechselhaft. Am Anfang stand die insb. von *Nipperdey* vertretene Auffassung, es könne im Arbeitsrecht auch über die Koalitionsfreiheit nach Art. 9 III 2 GG hinaus eine unmittelbare Wirkung der Grundrechte unter Privaten geben[2]. Davon hat man sich früh verabschiedet. Heute wird dies allein noch im Ausschnitt des TV und des Betriebsverfassungsrechts diskutiert. Das BAG bestätigte über viele Jahre hinweg, dass die TV-Parteien in ihrer Rechtssetzung an die Vorgaben der Grundrechte gebunden sind, und auch einige neuere *obiter dicta*, die dies anzweifeln, haben nicht eine grundlegende Wende einleiten können[3]. Für die BV lehnte das BVerfG die unmittelbare Grundrechtsbindung ab[4]. Im Übrigen wirken die Grundrechte wie allgemein im Privatrecht als **Auslegungshilfe zur Konkretisierung von Generalklauseln.** Einem Drucker, der sich weigerte, kriegsverherrlichendes Material zu drucken, musste der ArbGeb gem. § 315 BGB iVm. Art. 4 GG eine andere Arbeit zuweisen; bei der außerordentl. Kündigung eines ArbN, der den BR beleidigt hatte, wog das BAG im Rahmen des § 626 die Schwere der Meinungsfreiheit ebenso wie beim BR, der eine Werkzeitung verteilte und dabei allerlei Übles behauptete[5].

143 **4. Arbeitsrechtliche Gesetze.** Gemäß Art. 72, 74 Nr. 12 GG ist das Arbeitsrecht Gegenstand der konkurrierenden Gesetzgebung von Bund und Ländern. Der Bundesgesetzgeber hat von dieser Kompetenz umfassend Gebrauch gemacht; Arbeitsgesetze der Länder sind daher selten. Sie beschränken sich im Wesentlichen auf den Sonderurlaub für Mitarbeiter in der Jugendhilfe und zur Weiterbildung des ArbN. Daneben gibt es noch Landesgesetze über das Schlichtungswesen, die in der Praxis aber nur eine untergeordnete Bedeutung haben. Arbeitsrechtl. Gesetzesvorschriften sind ganz überwiegend zum Schutz des ArbN **einseitig zwingend** ausgestaltet. Zum Teil ist dies ausdrücklich angeordnet (vgl. § 619 BGB, § 62 IV HGB, § 13 I 3 BUrlG, § 12 EFZG, § 17 III BetrAVG). Bei den anderen ergibt es sich durch Auslegung vor allem im Hinblick auf den Normzweck. Verbesserungen zu Gunsten des ArbN sind also möglich, nicht jedoch Verschlechterungen. Daneben gibt es, wenn auch weitaus seltener, **zweiseitig zwingende** Gesetze, die auch nicht zu Gunsten des ArbN geändert werden können. Sie dienen Dritt- oder Allgemeininteressen wie zB § 8 I MuSchG. Daneben gibt es dispositive Normen, die sowohl zu Lasten als auch zu Gunsten des ArbN abgeändert werden können. Hierzu zählen die §§ 613, 614, 615. Teilweise gilt diese Dispositivität nicht für die arbeitsvertragl., sondern nur für die tarifvertragl. Regelung. Zu diesen **tarifdispositiven Gesetzen** gehören die Kündigungsfristen (§ 622 IV), Regelungen der Lohnfortzahlung (§ 4 IV EFZG), des Befristungsrechts (§ 14 II 2 TzBfG), des Teilzeitarbeitsrechts (§ 12 III, § 13 IV TzBfG), der BetrAV (§ 17 III BetrVG), des Arbeitszeitschutzes (§ 7 ArbZG, § 21a JArbSchG), das Gleichbehandlungsgebot in der AÜ (§ 3 Nr. 3, § 9 Nr. 2 AÜG), das Urlaubsrecht (§ 13 BUrlG), einige

1 Siehe dazu KOM (2008) 146 endg. | 2 *Nipperdey*, Grundrecht und Privatrecht, 1961; s. auch BAG v. 3.12.1954 – 1 AZR 150/54, BAGE 1, 185 (191 f.). | 3 S. BAG v. 25.8.2004 – 7 AZR 39/04, ZTR 2005, 197 (mittelbare Grundrechtsbindung); v. 24.6.2004 – 6 AZR 389/03, AP Nr. 10 zu § 34 BAT (mittelbare Grundrechtsbindung); offen gelassen v. BAG v. 12.10.2004 – 3 AZR 571/03, EzA Art. 3 GG Nr. 102; v. 25.5.2004 – 3 AZR 123/03, ZTR 2005, 263; v. 27.5.2004 – 6 AZR 129/03, AP Nr. 5 zu § 1 TVG – Gleichbehandlung; v. 18.3.2004 – 6 AZR 670/02, nv.; v. 30.8.2000 – 4 AZR 563/99, SAE 2001, 289 (*Löwisch*); v. 24.4.2001 – 3 AZR 329/00, AP Nr. 243 zu § 1 TVG – Tarifverträge: Bau; v. 29.8.2001 – 4 AZR 352/00, AuR 2002, 351; hierzu auch *Zachert*, AuR 2002, 330. | 4 S. BVerfG v. 23.4.1986 – 2 BvR 487/80, BVerfGE 73, 261 (268 f.); s. auch BAG v. 7.11.1989 – GS 3/85, BAGE 63, 211. | 5 BAG v. 20.12.1984 – 2 AZR 436/83, AP Nr. 27 zu § 611 BGB – Direktionsrecht; v. 13.10.1977 – 2 AZR 387/76, AP Nr. 1 zu § 1 KSchG 1969 – Verhaltensbedingte Kündigung; BVerfG v. 8.10.1996 – 1 BvR 1183/90, EWiR 1997, 169 mit Anm. *Wiedemann*.

Vorschriften im Arbeitsrecht der Seeleute (§§ 100a, 104, 140 SeemG) sowie Zuständigkeitsregelungen im ArbG-Prozess (§ 48 II und § 101 I, II ArbGG). Grund hierfür ist die Angemessenheitsvermutung des TV. Weil mit den Gewerkschaften der ArbGebSeite ein gleichgewichtiger Verhandlungspartner gegenübertritt, besteht eine größere Gewähr als beim Arbeitsvertrag dafür, dass die Interessen des ArbN hinreichend berücksichtigt werden und die Bestimmungen keine einseitige Verschlechterung zu Lasten des ArbN, sondern eine einzelfallgerechte, ausgewogene Konkretisierung darstellen. Daher sieht das Gesetz in zahlreichen Bestimmungen vor, dass auch nicht tarifgebundene Parteien im Anwendungsbereich eines TV die tarifl. Regelungen vereinbaren können, s. § 17 III 2 BetrAVG, § 622 IV 2 BGB, § 13 I 2 BUrlG, § 12 III 2, § 13 IV 2, § 14 IV 2 TzBfG. Inwieweit tarifdispositive Normen auch dispositiv hinsichtlich **kirchlicher Arbeitsvertragsregelungen** sein müssen, ist umstritten. Teilweise ordnet dies der Gesetzgeber ausdrücklich an (s. zB § 7 IV ArbZG). Wo eine solche Regelung fehlt, ist sie iSd. Selbstbestimmungsrechts der Kirchen gem. § 140 GG, § 137 III WRV und der im gleichen Maße für die kirchliche Arbeitsvertragsregelung bestehenden Richtigkeitsgewähr in lückenfüllender Rechtsfortbildung anzunehmen[1].

5. Rechtsverordnungen. Nur geringe Bedeutung im Arbeitsrecht haben die RechtsVO, die als Gesetz 144
im formellen Sinn auf Grund Ermächtigung durch den parlamentarischen Gesetzgeber entsprechend den Vorgaben des Art. 80 GG erlassen werden können. Die Wahlordnungen zum BetrVG fallen hierunter sowie einige VO im Arbeitsschutz.

6. Satzungsrecht ist das autonome Eigenrecht einer Körperschaft des öffentl. Rechts. Auch diese 145
Rechtsquelle hat im Arbeitsrecht nur untergeordnete Bedeutung. Sie kommt vor bei den Berufsgenossenschaften als Träger der gesetzl. Unfallversicherung. Deren Unfallverhütungsvorschriften enthalten bindende Regeln für ArbGeb und ArbN, s. § 15 SGB VII.

7. Tarifverträge. Der normative Teil eines TV (§ 1 I Hs. 2 TVG) gilt gesetzesgleich, dh. unmittelbar und 146
zwingend (§ 4 I TVG) zwischen den tarifgebundenen ArbN und ArbGeb, § 3 TVG. Abweichende Vereinbarungen sind nur insoweit wirksam, als sie im TV gestattet wurden oder Änderungen zu Gunsten des ArbN enthalten, § 4 III TVG. Durch Allgemeinverbindlicherklärung gem. § 5 TVG kann die normative Wirkung auf alle ArbN und ArbGeb innerhalb seines Geltungsbereichs erstreckt werden. Durch Bezugnahmeklausel können Nichtorganisierte die Geltung des TV vereinbaren, s. § 611 Rz. 439.

8. Betriebs- und Dienstvereinbarungen. Die BV zwischen ArbGeb und BR (§ 77 BetrVG) ist das Par- 147
allelinstrument zum TV auf Betriebsebene. Auch sie wirkt gem. § 77 IV 1 BetrVG unmittelbar und zwingend auf die Arbeitsverhältnisse des Betriebs ein. Ohne ausdrückliche Regelung gilt dies auch für die Dienstvereinbarung nach dem BPersVG oder den Landesvertretungsgesetzen. Auch die Dienstvereinbarungen im Mitarbeitervertretungsrecht der Kirchen (MAVO, MVG-EKD) haben nach hM normative Wirkung[2].

9. Arbeitsverträge. Durch den Arbeitsvertrag wird nicht nur das Arbeitsverhältnis begründet, sondern 148
er bildet auch – insb. wo eine tarifvertragl. Bindung nicht besteht – das wesentliche Mittel zur Inhaltsgestaltung des Arbeitsverhältnisses. Er kann als individuell ausgehandelter Einzelarbeitsvertrag zu Stande kommen, zumeist beruht er jedoch auf vorformulierten, vom ArbGeb gestellten Vertragsbedingungen. Diese unterliegen der Inhaltskontrolle gem. § 310 IV, §§ 305 ff. (s. Kommentierung dort). Die Grenze der Vertragsfreiheit zwischen ArbGeb und ArbN gehört zu den grundlegenden Fragen in der Fortentwicklung des Arbeitsrechts, s. Rz. 1.

Eine arbeitsvertragl. Regelung bildet auch die **Gesamtzusage**. Hiermit bezeichnet man die den ArbN 149
begünstigende Zusage des ArbGeb, die dieser der gesamten Belegschaft oder doch zumindest einem Teil durch allgemeine Bekanntgabe gemacht hat[3]. Diese Zusage ist bindend, wenn auch die dogmatische Begründung hierzu strittig ist. Teilweise wird die Bindungswirkung auf gewohnheitsrechtl. Anerkennung gestützt[4], jedoch scheint der richtigere Weg zu sein, in der allgemeinen Bekanntgabe ein Angebot nach § 145 zu sehen, das der einzelne ArbN konkludent unter Verzicht des ArbGeb auf den Zugang der Annahmeerklärung (§ 151) annimmt[5]; dies entspricht auch der Wertung im US-amerikanischen Recht[6]. Der ArbGeb kann, soweit die Gesamtzusage nicht mit einem Freiwilligkeits- oder Widerrufsvorbehalt verbunden wurde (s. § 611 BGB Rz. 508), sich von der Zusage nur durch Änderungskündigung lösen[7] oder durch einvernehmliche Ablösung der Vereinbarung in einen Änderungsvertrag. Das bloße verschlechternde Änderungsangebot des ArbGeb wird jedoch nicht entsprechend den Regeln der Gesamtzusage zu einer bindenden Vereinbarung, denn hier kann nicht von der konkludenten Annahme des abändernden Angebots ausgegangen werden[8]. Ob und inwieweit auch auf Grund ihres

---

1 S. *Thüsing*, RdA 1997, 163 mwN auch zur Gegenmeinung. | 2 *Richardi*, Arbeitsrecht in der Kirche, S. 56. S. jetzt auch § 38 IIIa MAVO. | 3 Sie kann auch durch Verwendung moderner Kommunikationsmittel wie das Internet erfolgen. Vgl. BAG v. 22.1.2003 – 10 AZR 395/02 AP Nr. 246 zu § 611 BGB – Gratifikation. | 4 S. BAG v. 12.3.1963 – 3 AZR 266/62, DB 1963, 1191. | 5 BAG v. 17.5.1966 – 3 AZR 477/65, DB 1966, 1277; v. 13.3.1975 – 3 AZR 446/74, DB 1975, 1563; s. auch BAG v. 12.12.1995 – 1 ABR 23/95, AP Nr. 8 zu § 99 BetrVG 1972 – Versetzung; LAG Hamm v. 11.3.2005 – 13 Sa 1948/04, nv.; vgl. auch LAG München v. 18.5.2005 – 10 Sa 1291/04, nv., n.rkr. | 6 S. *Thüsing*, NZA 1999, 638. | 7 BAG v. 14.6.1995 – 5 AZR 126/94, AP Nr. 1 zu § 611 BGB – Personalrabatt. | 8 S. LAG Berlin v. 9.3.2001 – 19 Sa 2596/00, NZA-RR 2001, 491.

kollektiven Gehalts eine verschlechternde Kollektivvereinbarung möglich ist (BV, TV), ist im Einzelnen str., s. Rz. 143. Zur Umdeutung einer unwirksamen BV in eine Gesamtzusage s. § 611 BGB Rz. 536. Ist eine BV wirksam geschlossen, entsteht regelmäßig kein selbständiger Anspruch aus einer Gesamtzusage daneben[1].

150 Auf der Ebene arbeitsvertragl. Vereinbarung steht auch die **Betriebsübung**: Durch regelmäßiges Wiederholen bestimmter Verhaltensweisen, aus denen auf einen inhaltlich hinreichend konkreten Verpflichtungswillen geschlossen werden kann, entsteht eine rechtl. Bindung des ArbGeb[2]. Das Rechtsinstitut ist in gefestigter Rspr. seit den Tagen des Reichsarbeitsgerichts anerkannt, seine dogmatische Einordnung ist allerdings umstritten, hierzu und zu Einzelfällen s. § 611 Rz. 228 ff.

151 **10. Weisungsrecht des Arbeitgebers.** Die arbeitsvertragl. Pflichten des ArbN werden durch das Weisungsrecht des ArbGeb konkretisiert. Seit dem 1.1.2003 hat dieses Recht in § 106 GewO eine eigene Grundlage. Die Norm ist nicht konstitutiv, sondern deklaratorisch, ergibt sich das Direktionsrecht doch bereits aus dem Arbeitsvertrag selbst, Einzelheiten s. Kommentierung dort.

152 **11. Richterrecht.** Wo das arbeitsrechtl. Normgefüge unvollständig ist, hat sich Richterrecht herausgebildet, das die gesetzgeberischen Lücken systemkonform schließt. Damit ist das Richterrecht **eigenständige Rechtsquelle**, es ist jedoch jederzeit durch Gesetzesrecht ablösbar. Inwieweit es seinerseits durch erneute richterrechtl. Rechtsfortbildung abgelöst werden kann und insb. wo die Grenzen des Vertrauensschutzes liegen, ist eine allgemeine rechtsdogmatische Frage, die im Einzelnen streitig geblieben ist.

153 Richterrecht ist im Arbeitsrecht sehr verbreitet. Insb. die **vertragl. Inhaltskontrolle** vor Einfügung in den Anwendungsbereich der allgemeinen AGB-Kontrolle, das **Arbeitskampfrecht**, die **Betriebsrisikolehre**, der **innerbetriebliche Schadensausgleich** und der **allgemeine Weiterbeschäftigungsanspruch** sind Richterrecht reinsten Wassers. Die Abdingbarkeit dieser Regelungen durch die Arbeitsvertragsparteien beurteilt sich nicht einheitlich, sondern jeweils in Ansehung des einzelnen richterrechtl. gebildeten Rechtsinstituts. Eine Besonderheit bildet das sog. tarifdispositive Richterrecht. Die Grundsätze für Rückzahlungsklauseln bei Gratifikationen[3] sowie von Ausbildungskosten[4] wurden vom BAG ausdrücklich als dispositiv allein für die TV-Parteien anerkannt[5].

154 **12. Rangfolge arbeitsrechtlicher Rechtsquellen.** Im Verhältnis der verschiedenen Rechtsquellen zueinander können verschiedene Prinzipien herangezogen werden. Nach dem Rangprinzip geht die ranghöhere Norm der rangniedrigeren vor. Daher sind verfassungswidrige Gesetze und gesetzeswidrige VO nicht anzuwenden, ebenso wie gesetzeswidrige TV unzulässig sind. Neben das Rangprinzip tritt in Durchbrechung des Rangprinzips als arbeitsrechtl. Besonderheit das Günstigkeitsprinzip. Weil Arbeitsrecht ArbN-Schutzrecht ist, geht der günstigere Arbeitsvertrag gegenüber dem TV vor (§ 4 III TVG) und grds. auch gegenüber der BV, Einzelheiten s. § 611 Rz. 519 ff. Das Spezialitätsprinzip und das Ordnungsprinzip betreffen demgegenüber das Verhältnis gleichrangiger Normquellen. Lex specialis derogat legi generale und auch der speziellere TV geht dem allgemeineren vor, unabhängig davon, welcher von beiden früher abgeschlossen wurde (zur Tarifkonkurrenz und Tarifpluralität s. ausführlich § 4 TVG Rz. 40 ff.). Ist eine speziellere Regelung nicht auszumachen, verdrängt nach dem Ordnungsprinzip die spätere Regelung die frühere: lex posterior derogat legi priori. Ein TV kann daher sowohl zu Gunsten als auch zu Lasten des ArbN durch einen nachfolgenden TV verdrängt werden[6]; das Gleiche gilt für die BV. Zu den Grenzen dort s. § 611 Rz. 53 f.

155 **Ausgangspunkt** für die Ermittlung der anzuwendenden Regelung ist zunächst der Arbeitsvertrag, denn aus ihm ergeben sich idR die entscheidenden Weichenstellungen. Europarecht steht ihm nur entgegen, soweit es unmittelbare Wirkung unter den Bürgern entfaltet und nicht lediglich die Mitgliedstaaten bindet, s. Rz. 136. Abweichendes Gesetzesrecht kann zur Unwirksamkeit führen, je nachdem ob es eine Abweichung zu Gunsten oder zu Lasten des ArbN formuliert und ob es sich um zweiseitig oder einseitig zwingendes Gesetzesrecht handelt, s. § 611 Rz. 519 ff. Zum Verhältnis TV/BV s. § 77 BetrVG Rz. 48 f.

611 *Vertragstypische Pflichten beim Dienstvertrag*

(1) Durch den Dienstvertrag wird derjenige, welcher Dienste zusagt, zur Leistung der versprochenen Dienste, der andere Teil zur Gewährung der vereinbarten Vergütung verpflichtet.

(2) Gegenstand des Dienstvertrags können Dienste jeder Art sein.

---

1 LAG Köln v. 12.6.1998 – 11 Sa 110/97, NZA-RR 1999, 30. | 2 BAG v. 4.9.1985 – 7 AZR 262/83, DB 1986, 1627. | 3 BAG v. 31.3.1966 – 5 AZR 516/65, AP Nr. 54 zu § 611 BGB – Gratifikation; v. 23.2.1967 – 5 AZR 234/66, AP Nr. 57 zu § 611 BGB – Gratifikation. | 4 BAG v. 6.9.1995 – 5 AZR 174/94, AP Nr. 22 zu § 611 BGB – Ausbildungsbeihilfe. | 5 Ausf. *Lieb*, RdA 1972, 129 ff.; *Preis*, Vertragsgestaltung im Arbeitsrecht, S. 209 ff.; *Käppler*, Voraussetzung und Grenzen tarifdispositiven Richterrechts, 1977; *Vossen*, Tarifdispositives Richterrecht, 1974. | 6 BAG v. 16.5.1995 – 3 AZR 535/94, AP Nr. 15 zu § 4 TVG – Ordnungsprinzip.

I. Vertragsanbahnung. 1. Grundsatz. Für die Anbahnung eines Arbeitsverhältnisses sind die Vorschriften des Allgemeinen Schuldrechts maßgebend. Es entsteht ein Vertragsanbahnungsverhältnis als Rechtsverhältnis iSd. § 241 II, das zu Aufklärungs-, Verschwiegenheits-, Mitwirkungs- und Obhutspflichten führen kann. Ggf. sind Rechte des BR zu beachten; Fragerechte stehen dem ArbGeb nur beschränkt zu (s. § 123 Rz. 3 ff.). 1

2. Anwerbung von Arbeitnehmern. a) Anwerbungsmöglichkeiten. Der ArbGeb kann im Rahmen der Anwerbung eines ArbN die zu besetzende Stelle öffentl. oder betriebsintern ausschreiben, in Zeitungen inserieren, AA einschalten, usw. Unter einer **Stellenausschreibung** ist die allgemeine Aufforderung an alle oder an eine bestimmte Gruppe von ArbN zu verstehen, sich für einen bestimmten Arbeitsplatz im Betrieb zu bewerben[1]. Gem. § 93 BetrVG kann der **BR** vom ArbGeb **vor der Besetzung einer Stelle** eine betriebsinterne Ausschreibung der Arbeitsplätze (möglich in Form von Rundschreiben, Aushang oder Annonce in der Werkszeitung) verlangen. Stellt die vorgesehene Besetzung des Arbeitsplatzes eine Einstellung iSv. § 99 BetrVG dar, hat der BR gem. § 99 II Nr. 5 BetrVG die Möglichkeit, seine Zustimmung zur Einstellung verweigern, wenn das Ausschreibungsverlangen vom ArbGeb missachtet wurde. Auf das Unterbleiben einer Ausschreibung kann der BR die Zustimmungsverweigerung nur stützen, wenn er die Ausschreibung vor dem Antrag des ArbGeb auf Zustimmung zur Einstellung eines ArbN auf einen 2

1 Vgl. BAG v. 23.2.1988 – 1 ABR 82/86, AP Nr. 2 zu § 93 BetrVG 1972; ErfK/*Preis*, § 611 BGB Rz. 293; Kittner/Zwanziger/*Becker*, ArbR Rz. 7.

bestimmten Arbeitsplatz verlangt hat. Ein späteres Ausschreibungsverlangen genügt nicht[1]. Das Mitwirkungsrecht des BR gem. § 93 BetrVG besteht auch, wenn der Arbeitsplatz mit einem **LeihArbN** besetzt werden soll, da die Begründung eines arbeitsrechtl. Weisungsverhältnisses ausreicht[2]. Ferner kann der BR nach der Rspr. des BAG ebenfalls die Ausschreibung der Arbeitsplätze verlangen, die der ArbGeb mit **freien Mitarbeitern** besetzen will[3]. Die Ausschreibungspflicht besteht selbst dann, wenn die zu besetzende Stelle für einen bestimmten ArbN geschaffen wurde[4], da der Zweck einer Stellenausschreibung in der Transparenz innerbetrieblicher personeller Vorgänge und damit verbunden der Vermeidung von Missstimmung im Betrieb liegt[5].

3 Der ArbGeb ist durch ein Ausschreibungsverlangen jedoch nicht daran gehindert, die Arbeitsplätze gleichzeitig auch **außerhalb des Betriebes** durch Stellenausschreibung oder Mitteilung an die AA auszuschreiben. Hierbei darf er jedoch keine geringeren Anforderungen an die Qualifikation des Bewerbers stellen als in der betrieblichen Ausschreibung[6]. Ferner muss nach der betriebsinternen Ausschreibung genügend Zeit für die Bewerbung von Betriebsangehörigen bleiben, bevor ein externer Bewerber eingestellt wird[7]. Der ArbGeb kann vom BR allerdings nicht dazu verpflichtet werden, den Arbeitsplatz nur mit ArbN, die sich auf die Ausschreibung hin gemeldet haben, zu besetzen oder ihnen Vorrang einzuräumen[8]. Durch eine freiwillige BV kann jedoch eine dahingehende Verpflichtung des ArbGeb begründet werden[9].

4 Ein bestimmter **Inhalt** der Ausschreibung ist gesetzl. nicht festgelegt, jedoch muss nach dem Sinn und Zweck der Ausschreibung aus ihr hervorgehen, um welchen Arbeitsplatz es sich handelt und welche Anforderungen der Bewerber zu erfüllen hat[10]. Hinsichtlich des Inhalts einer Ausschreibung steht dem BR kein MitbestR zu, es sei denn dieses wurde durch eine freiwillige BV festgelegt. Will der ArbGeb jedoch mit den in der Ausschreibung beschriebenen besonders hohen Anforderungen an eine Qualifikation des Bewerbers bewirken, dass an sich geeignete Bewerber auf eine Bewerbung verzichten, kann hierin ein Verstoß gegen etwaige mit dem BR aufgestellte Auswahlrichtlinien iSv. § 95 BetrVG vorliegen. In diesem Fall unterliegt der ArbGeb auch hier dem MitbestR des BR[11]. Ob und inwieweit sich dessen MitbestR auf die **Form** der Ausschreibung bezieht, ist streitig[12]. Der BR kann jedenfalls vom ArbGeb nur eine Ausschreibung innerhalb des Betriebes verlangen. Hierbei kann er einen Aushang am schwarzen Brett oder eine Veröffentlichung in der Werkszeitung verlangen[13].

5 Schreibt der ArbGeb eine Stelle öffentl. oder innerhalb seines Betriebs aus, muss er die Regelungen der §§ 1, 7, 11 AGG beachten, die sicherstellen sollen, dass schon der erste Schritt eines Bewerbungsverfahrens diskriminierungsfrei erfolgt[14].

Eine Ausschreibung ist **geschlechtsneutral** formuliert, wenn sie „sich in ihrer gesamten Ausdrucksweise sowohl an Frauen als auch Männer richtet"[15]. Dem ist zumindest dann Rechnung getragen, wenn die Berufsbezeichnung in männlicher und weiblicher Form (Bauleiter/Bauleiterin) oder aber ein geschlechtsunabhängiger Oberbegriff verwendet wird (Bauleitung). Aber auch wenn allein die prima facie männliche Bezeichnung verwandt wird, kann der Gesamtkontext der Ausschreibung ergeben, dass eine Geschlechtsdiskriminierung nicht beabsichtigt wird. Es entspricht dem allgemeinen Sprachgebrauch, dass eine männliche Bezeichnung verwandt werden kann, ohne allein auf männliche ArbN hinzuweisen, ebenso wie die Vorgängervorschrift des § 611b BGB nur vom ArbN, nicht aber auch der ArbNin sprach[16].

Altersneutral ist eine Ausschreibung formuliert, wenn sie kein bestimmtes Alter des Bewerbers („Fernfahrer bis 40 Jahre"; „Flugbegleiter/Flugbegleiterin bis 40 Jahre"; „ Das ideale Alter des Bewerbers liegt zwischen 30 und 35 Jahren") oder keine bestimmte Bandbreite des Alters („Junganwalt gesucht"; „Senioren für Teilzeit gesucht") fordert oder wünscht, wenn nicht ein Rechtfertigungsgrund nach § 10 AGG oder § 8 AGG greift. Die Altersneutralität kann zweifelhaft sein, wenn zwar nicht explizit nur ein junger Bewerber angesprochen werden soll, jedoch der Gesamtkontext der Anzeige eine solche Erwartung des ArbGeb vermuten lässt: Wer einen Mitarbeiter für sein „junges und dynamisches Team" sucht, der wird bewusst eher jugendliche Bewerber ansprechen. Die Ausschreibung für „Berufsanfänger" muss deutlich

---

1 BAG v. 14.12.2004 – 1 ABR 54/03, DB 2005, 729. | 2 Richardi/*Thüsing*, § 93 BetrVG Rz. 3; *Fitting*, § 93 BetrVG Rz. 3. | 3 Hierbei muss allerdings ebenfalls wieder eine Einstellung iSv. § 99 BetrVG vorliegen; BAG v. 27.7.1993 – 1 ABR 7/93, AP Nr. 3 zu § 93 BetrVG 1972; zust. Richardi/*Thüsing*, § 93 BetrVG Rz. 4; *Fitting*, § 93 BetrVG Rz. 3; GK-*Kraft*/*Raab*, § 93 BetrVG Rz. 6; abl. *Hromadka*, SAE 1994, 133 (135 f.). | 4 LAG Chemnitz v. 13.8.1993 – 3 Ta BV 2/93, AuA 1994, 26. | 5 BAG v. 27.7.1993 – 1 ABR 7/93, AP Nr. 3 zu § 93 BetrVG 1972. | 6 BAG v. 23.2.1988 – 1 ABR 82/86, AP Nr. 2 zu § 93 BetrVG 1972. | 7 LAG Reutlingen v. 9.9.1993 – 1 BV 20/93, AiB 1994, 122; Richardi/*Thüsing*, § 93 BetrVG Rz. 25. | 8 BAG v. 7.11.1977 – 1 ABR 55/75, AP Nr. 1 zu § 100 BetrVG 1972; v. 30.1.1979 – 1 ABR 78/76, AP Nr. 11 zu § 118 BetrVG 1972; v. 18.11.1980 – 1 ABR 63/68, AP Nr. 1 zu § 93 BetrVG 1972; Staudinger/*Richardi*, Vor § 611 BGB Rz. 1191; Richardi/*Thüsing*, § 93 BetrVG Rz. 25. | 9 Richardi/*Thüsing*, § 93 BetrVG Rz. 25; *Hanau*, BB 1972, 451 (453). | 10 BAG v. 23.2.1988 – 1 ABR 82/86, AP Nr. 2 zu § 93 BetrVG 1972; Richardi/*Thüsing*, § 93 BetrVG Rz. 9. | 11 *Fitting*, § 93 BetrVG Rz. 4; *Hunold*, DB 1976, 98 (100 f.); MüKo/*Müller-Glöge*, § 611 BGB Rz. 321. | 12 Generell bejahend *Fitting*, § 93 BetrVG Rz. 4; *Schaub*, ArbRHdb, § 238 Rz. 15; verneinend BAG v. 23.2.1988 – 1 ABR 82/86, AP Nr. 2 zu § 93 BetrVG 1972 11; MünchArbR/*Matthes*, § 350 BGB Rz. 9; MüKo/*Müller-Glöge*, § 611 BGB Rz. 321. | 13 Richardi/*Thüsing*, § 93 BetrVG Rz. 12. | 14 S. dazu ausführlich MüKo/*Thüsing*, § 11 AGG; *Kania*/*Merten*, ZIP 2007, 8 (9 ff.). | 15 BT-Drucks. 8/4259 S. 9. | 16 *Thüsing*, NJW 1996, S. 2634; ähnlich Staudinger/*Annuß*, § 611 BGB Rz. 6.

machen, dass ggf. auch berufserfahrene Bewerber eingestellt werden, die sich bereit erklären, Arbeit eines Berufsanfängers zu den Konditionen eines Berufsanfängers zu machen.

Ausschreibungen differenzierend nach der Religion kommen in der Praxis wohl nur bei kirchlichen oder diakonischen/karitativen ArbGeb vor. Sie sind regelmäßig zulässig, da gerechtfertigt nach § 9 AGG:

Inseriert der ArbGeb in einer Zeitung, um ArbN anzuwerben, so liegt hierin noch kein Angebot auf Abschluss eines Arbeitsvertrages. Vielmehr stellt das Inserat eine Aufforderung zur Abgabe eines Arbeitsangebots (*invitatio ad offerendum*) dar[1]. Macht der ArbGeb in dem Inserat unzutreffende Angaben und weist den Bewerber nicht im Rahmen des Bewerbungsgesprächs ausdrücklich darauf hin, kann dieses Verhalten eine Haftung aus Verschulden bei Vertragsschluss gem. **§§ 311 II, 280** begründen[2]. 6

b) Ersatz der Vorstellungs- und Umzugskosten. Fordert der ArbGeb den Bewerber auf, sich persönlich vorzustellen, ist er gem. §§ 662 ff. zum **Ersatz der Vorstellungskosten** verpflichtet. Der Ersatzanspruch besteht unabhängig von einem späteren Zustandekommen des Arbeitsvertrages[3]. Zum Entstehen eines Anspruchs auf Kostenerstattung soll neben der ausdrücklichen Aufforderung auch ausreichen, wenn der ArbGeb dem Bewerber eine persönliche Vorstellung anheim oder freistellt[4]. Grds. sind dem Bewerber alle Kosten zu ersetzen, die er den Umständen nach **für erforderlich halten** durfte[5]. Zu den ersatzfähigen Ausgaben des Bewerbers gehören demnach etwa Fahrt-, Übernachtungs- und Verpflegungskosten; nicht aber die Abgeltung für einen vom Bewerber genommenen Urlaubstag oder Verdienstausfall[6]. Durfte der ArbN davon ausgehen, dass der ArbGeb nicht nur die Kosten öffentl. Verkehrsmittel, sondern auch die Kraftfahrzeugskosten ersetzt, hat er auch einen diesbezüglichen Ersatzanspruch entsprechend § 670[7]. Die Berechnung der Kosten ist nach den steuerrechtl. Vorschriften über die Abgeltung der Benutzung eines Dienstfahrzeugs zu berechnen[8]. Eine andere Beurteilung bezüglich der Erstattungsfähigkeit von Fahrkosten kann im Einzelfall geboten sein, wenn es sich um Bewerber für Führungspositionen handelt[9]. Hier kann der Bewerber grds. auch eine Benutzung der 1. Wagenklasse für erforderlich halten[10]. Dies dürfte insb. dann gelten, wenn der Bewerber als späterer ArbN dienstlich zur Nutzung der 1. Wagenklasse berechtigt wäre. Zum Ersatz von Flugkosten, die deutlich über den Bahnkosten liegen, bedarf es jedoch regelmäßig einer vorherigen Absprache mit dem ArbGeb[11]. Übernachtungskosten sind zu erstatten, wenn dem Bewerber die Hin- und Rückfahrt noch am selben Tag nicht zugemutet werden kann[12]. Grundsätzlich hat im Rahmen der Erstattung von Vorstellungskosten eine **Einzelabwägung** zu erfolgen; je höher dotiert die angestrebte Position ist, desto eher wird der Bewerber höhere Kosten für erstattungsfähig halten dürfen[13]. 7

Um den **Erstattungsanspruch auszuschließen** muss der ArbGeb dies bei der Aufforderung zur Vorstellung ausdrücklich bekannt geben[14]. Stellt sich ein Bewerber hingegen unaufgefordert persönlich auf Grund eines Zeitungsinserats oder nach Vorschlag durch die AA vor, kann er keine Kostenerstattung verlangen[15]. Dies soll auch gelten, wenn der ArbGeb lediglich seine Zustimmung zum Erscheinen des Bewerbers gibt oder wenn der Bewerber zu einem Vorstellungsgespräch erscheint, auch wenn er für die Stelle offensichtlich nicht in Betracht kommt[16]. Eine Ausgleichsklausel in einem gerichtlichen Vergleich, die eine Erledigung „aller eventueller finanzieller Ansprüche aus dem Arbeitsverhältnis und seiner Beendigung" vorsieht, erfasst, wenn sich aus den Umständen nichts anderes ergibt, auch die dem ArbN entstandenen Vorstellungskosten aus Anlass der Eingehung eines Arbeitsverhältnisses[17]. Der Erstattungsanspruch **verjährt** nach **§ 195** in **drei Jahren**[18]. 8

---

1 Soergel/*Kraft*, § 611 BGB Rz. 5; KassHdb/*Leinemann*, 1.1 Rz. 420. | 2 So das LAG Frankfurt v. 13.1.1993 – 2 Sa 522/92, NZA 1994, 884, wonach ein ArbGeb, der in einer Stellenanzeige unzutreffende Angaben über die Höhe eines zu erzielenden Mindesteinkommens macht und im Vorstellungsgespräch den ArbN nicht darauf hinweist, dass das angegebene, nur durch Provision erzielbare Mindesteinkommen lediglich von wenigen Mitarbeitern erreicht wird, aus cic haftet; s. *Schaub*, ArbRHdb, § 24 Rz. 2. | 3 BAG v. 14.2.1977 – 5 AZR 171/76, AP Nr. 8 zu § 196 BGB, ArbG Berlin v. 25.6.1975 – 10 Ca 681/74, DB 1975, 1609; BAG v. 29.6.1988 – 5 AZR 433/87, EZA § 670 BGB Nr. 21; kritisch zur Anspruchsgrundlage MüKo/*Henssler*, § 629 BGB Rz. 24. | 4 *Becker/Schaffner*, BlStSozArbR 1985, 161; aA *Müller*, ZTR 1990, 237. | 5 BAG v. 14.2.1977 – 5 AZR 171/76, AP Nr. 8 zu § 196 BGB; v. 29.6.1988 – 5 AZR 433/87, EzA § 670 BGB Nr. 21; zur Erstattungsfähigkeit einer Taxifahrt vom Bahnhof zum Firmensitz s. ArbG Köln v. 20.5.2005 – 2 Ca 10220/04, NZA-RR 2005, 577. | 6 BAG v. 29.6.1988 – 5 AZR 433/87, EZA § 670 BGB Nr. 21; LAG Düsseldorf v. 5.1.1956 – 3 Sa 213/55, BB 1956, 817 (einschr. zu Aufenthaltskosten); ArbG Marburg v. 5.2.1969 – Ca 600/68, DB 1969, 2041 (keine Erstattungspflicht bei Einreise aus Algerien); ArbG Wuppertal v. 28.4.1983 – 2 Ca 926/83, BB 1983, 1473; ArbG Hamburg v. 2.11.1994 – 13 Ca 24/94, NZA 1995, 428. | 7 ArbG Berlin v. 25.6.1975 – 10 Ca 681/74, DB 1975, 1690; ErfK/*Preis*, § 611 BGB Rz. 299 f.; aA LAG München v. 30.5.1985 – 9 Sa 986/84, LAGE § 670 BGB Nr. 4, das den ArbGeb grundsätzlich nur dazu verpflichtet hält, die Kosten zu ersetzen, die bei der Benutzung der Bundesbahn, 2. Wagenklasse, entstehen. | 8 ArbG Berlin v. 25.6.1975 – 10 Ca 681/74, DB 1975, 1205; LAG Frankfurt v. 6.8.1980 – 10 Sa 849/79, DB 1981, 1000. | 9 LAG Frankfurt v. 6.8.1980 – 10 Sa 849/79, DB 1981, 1000. | 10 *Knipp*, AR-Blattei SD 1770, Rz. 8. | 11 KassHdb/*Leinemann*, 1.1 Rz. 439; ArbG Hamburg v. 2.11.1994 – 13 Ca 24/94, NZA 1995, 428. | 12 S. auch ErfK/*Preis*, § 611 BGB Rz. 302. | 13 So auch ErfK/*Preis*, § 611 BGB Rz. 296. | 14 ArbG Kempten v. 12.4.1994 – 4 Ca 720/94, BB 1994, 1504. | 15 *Schaub*, ArbRHdb, § 26 Rz. 6; *Rothe*, DB 1968, 1906 (1907). | 16 MüKo/*Henssler*, § 629 BGB Rz. 25; aA LAG Nürnberg v. 25.7.1995 – 2 Sa 73/94, LAGE § 670 BGB Nr. 12. | 17 LAG Nürnberg v. 29.9.2003 – 6 Sa 882/02, NZA-RR 2004, 290. | 18 BAG v. 14.2.1977 – 5 AZR 171/76, AP Nr. 8 zu § 196 BGB.

9 **Umzugskosten nach erfolgreicher Bewerbung** sind demgegenüber vom ArbGeb grds. nur nach gesonderter Vereinbarung oder bei Bestehen entsprechender tarifvertragl. Regelungen bzw. BV auszugleichen[1].

10 **3. Bewerberauswahl. a) Personalplanung.** Grundlage der Bewerberauswahl ist die Personalplanung. Sie umfasst jede Methode zur möglichst weit gehenden Übereinstimmung zwischen den künftigen Arbeitsanforderungen und dem einsetzbaren Personal nach Qualifikation und Zahl. Dazu gehören insb. Planungen im Hinblick auf den gegenwärtigen oder künftigen quantitativen und qualitativen Personalbedarf sowie die sich daraus ergebenden personellen Maßnahmen (Einstellungen und Entlassungen) und Maßnahmen zur Bildung der ArbN[2]. Gem. **§ 92 BetrVG** steht dem BR bei der Personalplanung des ArbGeb ein Informations- (Abs. 1) und Initiativrecht (Abs. 2) zu. Weitere personalplanerische Mitwirkungsrechte des BR sind in § 96 I (Förderung der Berufsbildung im Rahmen der betrieblichen Personalplanung) und § 106 Abs. 2 BetrVG (Unterrichtungspflicht des Unternehmers über Auswirkungen der wirtschaftl. Angelegenheiten des Unternehmens auf die Personalplanung) enthalten. Im Rahmen des **Bundespersonalvertretungsgesetzes** ist die Personalplanung nicht als eigenständiges Mitwirkungsrecht konzipiert, sondern wird im Zusammenhang mit Personalanforderungen zum Haushaltsvorschlag aufgeführt (§ 78 III 1 BPersVG). Der Personalrat soll jedoch auf Grundlage von **§ 78 III 3 BPersVG** für Personalplanungen insgesamt zu beteiligen sein[3].

11 **b) Fragerecht des Arbeitgebers.** § 123 Rz. 3 ff.

12 **c) Einstellungsuntersuchungen und Eignungstests. aa) Einstellungsuntersuchungen** werden zu dem Zweck durchgeführt, die physische Eignung des ArbGeb für die künftig zu erbringende Arbeitsleistung zu prüfen. Die Leistungsfähigkeit muss mit der Leistungsanforderung vereinbar sein[4]. Die ärztlichen Untersuchungen stellen eine Beeinträchtigung des Allgemeinen Persönlichkeitsrechts des Bewerbers dar. Da eine allgemeine gesetzl. Grundlage für die Anordnung von Einstellungsuntersuchungen fehlt, werden für die Prüfung ihrer Zulässigkeit die für das Fragerecht des ArbGeb nach einer Krankheit oder Behinderung entwickelten Maßstäbe angewandt. Die ärztliche Untersuchung ist somit nur zulässig, wenn der ArbGeb an ihrer Durchführung ein berechtigtes, billigenswertes Interesse hat. Daher darf sich die Einstellungsuntersuchung nur auf die Eignung für den konkret zu besetzenden Arbeitsplatz beziehen. Eine Untersuchung weist dann den erforderlichen Bezug zum Arbeitsplatz auf, wenn hierdurch festgestellt werden soll, ob die Eignung des Bewerbers für die angestrebte Tätigkeit auf Dauer oder in periodisch wiederkehrenden Abständen erheblich beeinträchtigt oder aufgehoben wird[5]. Ob der Bewerber die erforderliche Eignung aufweist, liegt im Beurteilungsspielraum des Arztes. Durch die fehlende gesetzl. Normierung besteht grds. keine rechtl. Verpflichtung des Bewerbers, sich einer ärztlichen Untersuchung zu unterziehen, so dass eine solche nur auf **freiwilliger Basis** erfolgen kann. Durch eine Verweigerung des Bewerbers setzt er sich jedoch der Gefahr aus, eine sofortige Ablehnung zu erhalten[6]. Gegen die ablehnende Entscheidung des ArbGeb wird der Bewerber nur schwer einen Schadensersatzanspruch durchsetzen können; auf Grund der Vertragsfreiheit müssen die Gründe für die Ablehnung von Stellenbewerbern nicht offen gelegt werden. Besteht ausnahmsw. eine **gesetzl.** (zB §§ 32 ff. JArbSchG) oder **tarifvertragl.** (vgl. § 3 IV TVöD, früher weitergehend § 7 BAT) Anordnung der Untersuchung, muss der Bewerber eine solche zulassen. Unterlässt der ArbGeb trotz gesetzl. Anordnung eine Einstellungsuntersuchung, begründet dies keinen Anspruch des ArbN auf Ersatz von Vermögensschäden wie Verdienstausfall oder Vergütungsdifferenz wegen unterbliebener beruflicher Neuorientierung. Die Vorschriften über medizinische Erst- und Folgeuntersuchungen dienen allein dem Gesundheitsschutz des ArbN bzw. Dritter und nicht dazu, den Bewerber vor beruflichen Fehlentscheidungen zu bewahren[7]. Die Durchführung der Untersuchung obliegt regelmäßig einem nach § 2 ASiG berufenen **Werksarzt**. Ist kein Werksarzt vorhanden, kann auch ein Vertrauens-, Amts- oder frei praktizierender Arzt beauftragt werden. Der untersuchende Arzt unterliegt grds. der allgemeinen ärztlichen Schweigepflicht. Diese wird auch nicht durch die Tatsache beseitigt, dass der Arzt im Interesse des ArbGeb tätig ist. Die Weitergabe der Untersuchungsergebnisse an den ArbGeb darf somit nur mit Einwilligung des Bewerbers erfolgen. Liegt eine wirksame Einwilligung vor, ist der Arzt nur insoweit von seiner Schweigepflicht entbunden, als das Untersuchungsergebnis die Tauglichkeit des Bewerbers als solche betrifft. Die Weitergabe einzelner Befunde ist nicht zulässig; das legitime Interesse des ArbGeb erstreckt sich nur auf das Ergebnis[8]. In der Bereitschaft zur Durchführung der Untersuchung liegt eine stillschweigende Einwilligung zur Weitergabe der Ergebnisse. Sowohl bei der vorherigen als auch bei der nachträglichen Einstellungsuntersuchung hat der ArbGeb – soweit keine anderweitige vertragl. Vereinbarung vorliegt – für die Kosten der ärztlichen Untersuchung gem. § 670 aufzukommen[9].

---

1 So auch *Schaub*, ArbRHdb, § 26 Rz. 7. |2 *Schaub*, ArbRHdb, § 238 Rz. 2. |3 MünchArbR/*Buchner*, § 35 Rz. 55. |4 ErfK/*Preis*, § 611 BGB Rz. 363. |5 Vgl. BAG v. 7.6.1984 – 2 AZR 270/83, AP Nr. 26 zu § 123 BGB. |6 EuGH v. 5.10.1994 – Rs. C-404/92, NJW 1994, 3005; ArbG Stuttgart v. 21.1.1983 – 7 Ca 381/82, BB 1983, 1162; *Eich*, NZA Beil. 2/1987, 10; *Schaub*, ArbRHdb, § 24 Rz. 12; *Fitting*, § 94 BetrVG Rz. 25. |7 LAG Berlin v. 9.7.2004 – 6 Sa 486/04, MDR 2005, 99. |8 *Eich*, NZA Beil. 2/1987, 10; ErfK/*Preis*, § 611 BGB Rz. 367; *Fitting*, § 94 BetrVG Rz. 25; *Schaub*, ArbRHdb, § 24 Rz. 12; *Keller*, NZA 1988, 561 (563). |9 *Schaub*, ArbRHdb, § 24 Rz. 12.

Rechtl. Grenzen bestehen für **AIDS-Test** im Rahmen von Einstellungsuntersuchungen. Allerdings hat der ArbGeb die Pflicht, die von ihm beschäftigten ArbN vor Gesundheitsgefahren zu schützen, also auch vor einer Infizierung mit dem AIDS-Virus. Da – von Ausnahmefällen abgesehen – bei Verrichtung normaler Tätigkeiten nach medizinischen Kenntnissen aber keine Ansteckungsgefahr für Kollegen eines HIV-Infizierten besteht, sind AIDS-Tests innerhalb von Einstellungsuntersuchungen regelmäßig unzulässig[1]. Wird die Einstellungsuntersuchung im Rahmen der Besetzung eines Arbeitsplatzes mit Infektionsgefahren verbundenen Tätigkeiten vorgenommen, muss man einen AIDS-Test im Hinblick auf die zum Fragerecht entwickelten Grundsätze für zulässig erachten[2]. 13

Zur Beurteilung der Zulässigkeit von **Drogentests** müssen ebenfalls die für das Fragerecht entwickelten Grundsätze angewandt werden. An diese Voraussetzungen sind auf Grund des Eingriffs in das Persönlichkeitsrecht des Bewerbers (Art. 1 I, 2 I GG) als auch in sein Recht auf körperliche Unversehrtheit (Art. 2 II GG) strenge Anforderungen zu stellen. Die Durchführung eines Drogentests ist mit der Frage nach einer Alkoholerkrankung zu vergleichen. Drogentests können somit nur zulässig sein, wenn durch eine Abhängigkeit die Eignung des Bewerbers für die angestrebte Tätigkeit beeinträchtigt wird. Die fehlende Eignung muss konkret für den jeweils zu besetzenden Arbeitsplatz nachgewiesen werden. Nicht ausreichend ist das bloße Risiko einer Schlechtleistung des ArbN. Vielmehr muss eine **besondere Gefahrenlage** für die Interessen des ArbGeb bestehen, so etwa bei der Einstellung von Kassenpersonal in Banken oder einer Bedienungsmannschaft von teuren Spezialmaschinen. Die Durchführung von Drogentests muss jedenfalls immer dann als zulässig erachtet werden, wenn durch die Tätigkeit eine besondere Risikolage für Leib und Leben Dritter geschaffen wird. Dies ist insb. bei Piloten, Chirurgen, Waffenträgern etc. der Fall[3]. Nach den Grundsätzen zur allgemeinen Einstellungsuntersuchung kann die Durchführung eines Drogentests ebenfalls nur mit Zustimmung des ArbN auf freiwilliger Basis erfolgen. Nach **erfolgter Einstellung** kann der ArbN auf Grund seiner Treuepflicht bei bestehendem Verdacht der Eignungseinschränkung etwa durch Drogenkonsum während der Arbeitszeit zur Einwilligung in einen Drogentest verpflichtet sein. Routinemäßige Kontrollen hingegen sind nur auf der Grundlage gesetzl. Regelungen oder in engen Grenzen durch Vereinbarungen in TV oder BV möglich[4]. Die zukünftige Entwicklung bleibt abzuwarten. Betrachtet man die Strenge ausländischer Rechtsordnungen[5] dürfte die Tendenz eher zu einer Verschärfung als zu einer Abschwächung der Regeln gehen. Hierfür spricht auch das künftige Verbot der Diskriminierung wegen der Behinderung, wenn denn die Drogensucht eine Behinderung ist[6]. 14

Bei der Durchführung **genetischer Analysen**, insb. der **Genomanalyse**[7], ist die Gefahr eines schwerwiegenden Eingriffs in das Persönlichkeitsrecht des ArbN besonders hoch, da sie Untersuchungsmethoden umfassen, die Rückschlüsse auf Funktionen und Strukturen der Gene zulassen. Die Untersuchungen dienen dem Ziel, die Erbanlagen für Krankheiten oder genetisch bedingte Empfindlichkeiten gegenüber Umwelteinflüssen aufzudecken. Durch diese Erkenntnisse besteht für den ArbGeb die Möglichkeit, Einstellungsentscheidungen zu vermeiden, die zukünftig zu erhöhten wirtschaftl. Belastungen, etwa durch das Entstehen von Krankenkosten führen können. Für den ArbN hingegen könnten Arbeitsplatzchancen ausgeschlossen sein, auch wenn die Krankheit uU lange gar nicht oder erst viel später zum Ausbruch kommen kann. Eine gesetzl. Regelung zur Zulässigkeit von Genomanalysen gibt es bisher nicht. Ob die Genomanalyse auch ohne gesetzl. Regelung im Rahmen von Einstellungsuntersuchungen vorgenommen werden darf, ist derzeit höchst umstritten: Ohne gesetzl. Regelung lässt sich die Zulässigkeit in Einzelfällen nach hM allenfalls dann bejahen, wenn sie sich ausschließlich auf arbeitsvertragl. relevante Ermittlungen beschränkt, der ArbN über Grenzen und Umfang der Analyse aufgeklärt wird und ihr ausdrücklich zustimmt, und eine Geheimhaltung der Ergebnisse gewährleistet ist[8]. 15

Diese Bewertung dürfte jedoch **als zu weitgehend abzulehnen** sein. Die Genomanalyse betrifft nicht, wie bei übrigen Einstellungsuntersuchungen die gegenwärtige körperliche Eignung des ArbN, sondern den künftigen, potenziellen Gesundheitszustand. Derartige Untersuchungsmethoden müssen ohne gesetzl. Regelung als unzulässig bewertet werden[9]. Nach zuweilen vertretener Ansicht soll eine Zulässigkeit der Genomanalyse ausnahmsw. durch den Schutz des betroffenen ArbN selbst oder bei verantwortungsvollen Tätigkeiten durch das Schutzbedürfnis anderer Personen begründet sein. Jedoch wird auch hier auf das Erfordernis einer gesetzl. Regelung verwiesen[10]. Somit ist die Genomanalyse nach der aktuell bestehenden Gesetzeslage **unzulässig**. 16

---

1 Vgl. *Schaub*, ArbRHdb, § 24 Rz. 14. |2 *Löwisch*, DB 1987, 936 (940); *Eich*, NZA Beil. 2/1987, 10 (11); *Lichtenberg/Schücking*, NZA 1990, 41 (45). |3 S. auch umfassend *Diller/Powietzka*, NZA 2001, 1227 (1228). |4 Vgl. *Diller/Powietzka*, NZA, 2001, 1227 (1229 ff.). |5 S. *Thüsing*, NZA 1999, 641. |6 Hierfür BAG v. 14.1.2004 – 10 AZR 188/03, AP Nr. 3 zu AVR Caritasverband Anlage 1; s. auch *Thüsing/Wege*, NZA 2006, 136 ff. |7 Ausf. zum Begriff der Genanalyse und Genomanalyse s. *Deutsch*, NZA 1989, 657. |8 *Knipp*, AR-Blattei SD 640 Einstellung, Rz. 83; Kittner/Zwanziger/*Becker*, ArbR, § 28 Rz. 35; *Schaub*, ArbRHdb, § 24 Rz. 19. S. auch die Vorschläge des Nationalen Ethikrats, abrufbar unter www.ethikrat.org/stellungnahmen/pdf/Stellungnahme_Praediktive-Gesundheitsinformationen.pdf. |9 S. a. ErfK/*Preis*, § 611 BGB Rz. 371 ff. |10 *Wiese*, RdA 1988, 217 (220 f.); *Deutsch*, NZA, 1989, 657 (660); wohl auch MüKo/*Müller-Glöge*, § 611 BGB Rz. 323.

17 **bb) Einstellungstests.** Der ArbGeb kann die Bewerberauswahl auch durch Einstellungstests erleichtern. Zu den Testverfahren gehören **Assessment-Center, psychologische Tests** und **graphologische Gutachten**. Auch für Einstellungstests gelten die zum Fragerecht dargestellten Grundsätze, so dass ein berechtigtes Interesse des ArbGeb an ihrer Durchführung bestehen muss.

18 Unter einem **Assessment-Center** wird ein systematisches Verfahren zur Feststellung von Verhaltensleistungen und Verhaltensdefiziten verstanden, das von mehreren Beobachtern gleichzeitig für mehrere Teilnehmer angewandt wird[1]. Es kann sich zusammensetzen aus Prüfungen – auch in Form von psychologischen Tests, Intelligenztests, Potenzialanalyse – und Arbeitsproben, wie zB Aktenprobe, *case study*, Gruppendiskussion, Dialogführung, Rollenspiel und Präsentation als miteinander verknüpfbare Aufgabentypen. Assessment-Center können nur mit Zustimmung der Bewerber durchgeführt werden und müssen einen Bezug zum konkret zu besetzenden Arbeitsplatz aufweisen. Ferner besteht ein MitbestR des BR gem. §§ 94, 95 BetrVG[2].

19 **Stress-Interviews** dienen dazu, geistige Fähigkeiten von Bewerbern für Führungspositionen zu erforschen. Im Rahmen der Durchführung des Interviews soll geprüft werden, wie der Bewerber auf emotionale und intellektuelle Belastungen reagiert. Hierzu werden ihm unangenehme, unerwartete und belastende Fragen gestellt[3]. Ihre Zulässigkeit ist umstritten[4], dürfte jedoch bei Berufen, in denen es eben auf emotionale und intellektuelle Belastbarkeit nicht per se ankommt, zu verneinen sein, da sie zu einer vollständigen Persönlichkeitsdurchleuchtung führen können und somit das Persönlichkeitsrecht des Bewerbers verletzen. Es gilt der allgemeine Maßstab des legitimen ArbGebInteresses.

20 Aus ähnlichen Gründen, aus denen ärztliche Untersuchungen nur von approbierten Ärzten durchgeführt werden dürfen, sind **psychologische Tests** grds. von diplomierten Psychologen oder im Fall standardisierter Tests nach deren Anweisungen und Vorgaben durchzuführen[5]. Ihre Zulässigkeit ist auch nach erfolgter Zustimmung durch den Bewerber bedenklich, da sich dieser häufig unter dem Druck der Gefahr einer Ablehnung seiner Bewerbung gezwungen sieht, in den Test einzuwilligen. Psychologische Tests können daher nur als zulässig angesehen werden, wenn sie dem Verhältnismäßigkeitsgrundsatz genügen; also etwa für die Besetzung einer besonderen Vertrauensstellung angefordert werden. Weiterhin muss der ArbN über die Funktionsweise des Tests aufgeklärt werden und dem ArbGeb andere Erkenntnisquellen verschlossen sein[6]. Auch der Psychologe unterliegt der Schweigepflicht iSv. § 203 StGB. Er darf dem ArbGeb wie bei der Einstellungsuntersuchung nur das Ergebnis hinsichtlich einer Eignung mitteilen, nicht jedoch einzelne Meinungen etc. des Bewerbers[7]. Reine **IQ-Tests**, die idR keinen Arbeitsplatzbezug aufweisen, sind unzulässig[8].

21 Häufig werden bei Bewerbungen – insb. von Führungskräften – handgeschriebene (eigenhändige[9]) Lebensläufe verlangt, die oftmals Grundlage für **graphologische Gutachten** sind. Graphologische Gutachten dienen dazu, die aus der Einstellungsverhandlung gewonnenen Eindrücke noch einmal zu erweitern und zu vertiefen und somit eine bessere Beurteilung der Persönlichkeit für den ArbGeb zu ermöglichen. Die Anfertigung eines solchen Gutachtens stellt einen Eingriff in das Persönlichkeitsrecht des Bewerbers dar und ist nur mit dessen Einwilligung zulässig. Der Bewerber soll frei darüber entscheiden können, ob und inwieweit er ein Ausleuchten seiner Persönlichkeit mit Mitteln, die über jedermann zur Verfügung stehende Erkenntnismöglichkeiten hinausgehen, gestatten will[10]. Nach umstrittener Auffassung[11] soll jedoch eine konkludente Einwilligung in die Anfertigung eines graphologischen Gutachtens bereits dann vorliegen, wenn der ArbN auf Verlangen des ArbGeb einen handschriftl. Lebenslauf abgibt. Dieser Ansicht ist jedenfalls dann zu zustimmen, wenn der Anforderung eines handschriftl. Lebenslaufs der Hinweis auf die Anfertigung eines graphologischen Gutachtens beigefügt ist oder leitende Angestellte oder Führungspersonen einen Lebenslauf ihrer Bewerbung beifügen[12]. Grundsätzlich deckt die Einwilligung die Begutachtung nur, insoweit sie verhältnismäßig und erforderlich ist. Begründet wird diese Einschränkung mit der Drucksituation, in welcher sich der ArbN bei der Bewerbung befindet. Die Anfertigung eines Gutachtens ist dann unverhältnismäßig, wenn die künftige Tätigkeit in der Verrichtung einfacher Arbeiten besteht. Nach dem Grundsatz der Erforderlichkeit darf nur nach

---

1 *Schönfeld/Gennen*, NZA 1989, 543. | 2 *Richardi/Thüsing*, § 94 BetrVG Rz. 59, § 95 BetrVG Rz. 26; ErfK/*Preis*, § 611 BGB Rz. 381; ausf. zur Problematik der Mitbestimmung bei Assessment-Centern: *Schönfeld/Gennen*, NZA 1989, 543. | 3 *Schmid*, DB 1980, 2442 (2443). | 4 Abl. *Däubler*, CR 1994, 101 (105); ihm folgend ErfK/*Preis*, § 611 BGB Rz. 383; LAG Sachsen v. 20.8.2004 – 2 Sa 872/03, nv. | 5 Ähnl. Kittner/Zwanziger/*Becker*, ArbR, § 28 Rz. 37; ErfK/*Preis*, § 611 BGB Rz. 382. | 6 LAG Sachsen v. 20.8.2004 – 2 Sa 872/03, nv.; *Grunewald*, NZA 1996, 15; KassHdb/*Leinemann*, 1.1 Rz. 455; *Schaub*, ArbRHdb, § 24 Rz. 10; weiter gehend: KassHdb/*Leinemann*, 1.1, Rz. 455; *Knipp*, AR-Blattei SD 640 Einstellung, Rz. 82. | 7 ErfK/*Preis*, § 611 BGB Rz. 382. | 8 AA *Schaub*, ArbRHdb, § 24 Rz. 10, der auch hier auf den Grundsatz der Verhältnismäßigkeit abstellt. | 9 BAG v. 16.9.1982 – 2 AZR 228/80, AP Nr. 24 zu § 123 BGB. | 10 BAG v. 16.9.1982 – 2 AZR 228/80, AP Nr. 24 zu § 123 BGB; LAG BW v. 26.1.1972 – 8 Sa 10/71, NJW 1976, 310. | 11 ArbG München v. 14.4.1975 – 26 Ca 1674/75, BB 1975, 1657; *Schmid*, NJW 1969, 1655 (1656); aA *Wiese*, NZA 1986, 505; *Bepler*, NJW 1976, 1872 (1873); *Schaub*, ArbRHdb, § 24 Rz. 9; MüKo/*Müller-Glöge*, § 611 BGB Rz. 626; *Grunewald*, NZA 1996, 15. | 12 Vgl. BAG v. 16.9.1982 – 2 AZR 228/80, DB 1983, 2780; LAG BW v. 26.1.1972 – 8 Sa 10/71, NJW 1976, 310; *Brox*, Anm. zu BAG v. 16.9.1982 – 2 AZR 228/80, AP Nr. 24 zu § 123 BGB; KassHdb/*Leinemann*, 1.1 Rz. 451; Kittner/Zwanziger/*Becker*, ArbR, § 28 Rz. 20, aA *Wiese*, NZA 1986, 505 (506).

Eigenschaften gefragt werden, die mit dem Arbeitsplatz in Verbindung stehen; eine allgemeine Charakterstudie ist somit nicht zulässig[1].

cc) Beachtung des Bundesdatenschutzgesetzes. Im Rahmen von Einstellungsuntersuchungen und Einstellungstests werden ebenfalls personenbezogene Daten erhoben, so dass das **BDSG** auch hier vom ArbGeb zu beachten ist. Es gelten insofern die gleichen Grundsätze wie bei der Erstellung von Personalfragebögen durch den ArbGeb (s. ausf. § 123 Rz. 3.). 22

d) Informationserhebung bei Dritten. Häufig hat der ArbGeb insb. bei der Einstellung von Führungskräften ein Interesse daran, über die Bewerbungsunterlagen hinaus vom **früheren ArbGeb Informationen** über die Leistung und das Verhalten des Bewerbers einzuholen. Der Bewerber muss jedoch das Recht haben, dem zukünftigen ArbGeb zu untersagen bei seinem **derzeitigen ArbGeb** Auskünfte über seine Person einzuholen. Wird dieser Wunsch missachtet und entstehen hierdurch Nachteile für den Bewerber, kann der ArbGeb nach §§ 311 II, 280 schadensersatzpflichtig sein[2]. Auf Wunsch des ArbN ist der frühere ArbGeb hingegen selbst dann zur Erteilung einer Auskunft verpflichtet, wenn er bereits ein Zeugnis erstellt hat; andernfalls könnte der potenzielle neue ArbGeb aus einer Verweigerung für den Bewerber nachteilige Schlüsse ziehen[3]. Zur Auskunftserteilung **verpflichtet** werden kann der frühere ArbGeb allerdings nur durch ein diesbezügliches Verlangen des Bewerbers, nicht aber durch den potenziellen neuen ArbGeb[4]. Nach Ansicht des BAG ist der bisherige ArbGeb darüber hinaus **berechtigt**, auch gegen den Willen des ArbN Auskünfte an Personen zu erteilen, mit denen dieser in Verhandlungen zum Abschluss eines Arbeitsvertrags steht[5]. Der ArbN kann die Auskunftserteilung jedoch unterbinden, sofern ein entsprechendes Verbot zwischen ihm und seinem bisherigen ArbGeb vereinbart worden ist[6]. Der Bewerber muss bei einem Verbot der Auskunftseinholung allerdings damit rechnen, aus der Bewerberauswahl für die zu besetzende Stelle unmittelbar ausgeschlossen zu werden. Der frühere ArbGeb ist grds. **nicht** gegenüber Dritten zur **Auskunftserteilung verpflichtet**. Von diesem Grundsatz können allerdings nach der Rspr. des BAG **Ausnahmen** für ArbN im **öffentl. Dienst** zulässig sein. Nach einer Entscheidung des BAG[7] soll der frühere ArbGeb hier selbst dann zur Auskunftserteilung gegenüber einem Dritten verpflichtet und in der Lage sein, wenn er sich gegenüber dem ArbN verpflichtet hat, über den Zeugnisinhalt hinaus keine weiteren Auskünfte zu erteilen. 23

Der frühere ArbGeb darf auch **nachteilige Auskünfte** an Dritte weitergeben, sofern diese wahr sind und der Dritte ein berechtigtes Interesse an ihrer Kenntnis hat, wobei dieses berechtigte Interesse stets bei Personen zu bejahen ist, die beabsichtigen, den ArbN bei sich einzustellen[8]. Bei **fehlerhaften oder unvollständigen Auskünften** kann der **ArbN** ggf. gem. § 1004 eine Berichtigung der Auskunft verlangen[9]. Darüber hinaus haftet der frühere ArbGeb gegenüber seinem ArbN wegen Verletzung der nachträglichen Fürsorgepflicht auf Schadensersatz **aus § 280** und uU gem. §§ 823, 826[10]. Zur Sicherstellung dieser Ansprüche kann der ArbN bei einer schriftl. Auskunftserteilung die Aushändigung einer entsprechenden Kopie verlangen[11]. Gegenüber dem **Dritten** haftet der frühere ArbGeb bei falscher bzw. unrichtiger Auskunftserteilung nur unter den Voraussetzungen des § 826[12]. Das Auskunftserteilungsrecht kann jedoch auf Grund des Persönlichkeitsschutzes des Bewerbers nicht uneingeschränkt gelten, sondern muss seine Grenze im Fragerecht des ArbGeb beim Einstellungsgespräch finden[13] (s. § 123 Rz. 3 ff.), da andernfalls die hierzu entwickelten Grundsätze durch ein Nachfragen beim alten ArbGeb unterlaufen werden könnten[14]. Die Auskunft muss sich vor allem auf Leistung und Verhalten des Bewerbers beschränken[15]. Ferner darf der ArbGeb den Zeugnisinhalt nicht unterlaufen[16] und muss Vorschriften zum Datenschutz beachten (vgl. Rz. 258 ff.; § 123 Rz. 30 ff.). 24

e) Mitteilungspflichten des Arbeitgebers. Dem anwerbenden ArbGeb obliegen gem. § 81 BetrVG bereits im Rahmen der Vorverhandlungen **Mitteilungspflichten** gegenüber dem Bewerber als Konkretisierung seiner Treue- und Fürsorgepflicht. Der ArbGeb muss „den ArbN über dessen Aufgabe und Verantwortung sowie die Art seiner Tätigkeit und ihrer Einordnung in den Arbeitsablauf des Betriebes" (§ 81 I 1 BetrVG) unterrichten, wobei das Bestehen eines BR keine Voraussetzung für die Anwendung der 25

1 *Brox*, Anm. zu BAG v. 16.9.1982 – 2 AZR 228/80, AP Nr. 24 zu § 123 BGB; *Schaub*, ArbRHdb, § 24 Rz. 9; s. auch *Kaehler*, DB 2006, 277 (279 f.). | 2 Vgl. auch MünchArbR/*Buchner*, § 24 Rz. 7; *Schmid*, DB 1983, 769. | 3 BAG v. 25.10.1957 – 1 AZR 434/55, AP Nr. 1 zu § 630 BGB. | 4 LAG Berlin v. 8.5.1989 – 9 Sa 21/89, NZA 1989, 965; Staudinger/*Richardi*, § 611 BGB Rz. 964 f. | 5 BAG v. 25.10.1957 – 1 AZR 434/55, AP Nr. 1 zu § 630 BGB; v. 5.8.1976 – 3 AZR 491/75, AP Nr. 10 zu § 630 BGB; v. 18.12.1984 – 3 AZR 389/83, AP Nr. 8 zu § 611 BGB – Persönlichkeitsrecht; v. 5.8.1976, EzA zu § 73 HGB Nr. 5; krit. Staudinger/*Preis*, § 630 BGB Rz. 84; aA: MüKo/*Henssler*, § 630 BGB Rz. 80; LAG Hamburg v. 16.9.1984 – 2 Sa 144/83, DB 1985, 284. | 6 BAG v. 15.7.1960 – 1 AZR 496/58, AP Nr. 1 zu Art. 35 GG. | 7 BAG v. 15.7.1960 – 1 AZR 496/58, AP Nr. 1 zu Art. 35 GG; aA *Schaub*, ArbRHdb, § 147 Rz. 2; MüKo/*Henssler*, § 630 BGB Rz. 81 unter Hinweis auf § 90d II 3 BBG; § 56d II 3 BRRG. | 8 BAG v. 5.8.1976 – 3 AZR 491/75, AP Nr. 10 zu § 630 BGB; krit. hierzu *Schulz*, NZA 1990, 717 (719). | 9 BAG v. 5.8.1976 – 3 AZR 491/75, AP Nr. 10 zu § 630 BGB. | 10 BGH v. 10.7.1959 – VI ZR 149/58, AP Nr. 2 zu § 630 BGB. | 11 BGH v. 10.7.1959 – VI ZR 149/58, AP Nr. 2 zu § 630 BGB. | 12 BGH v. 15.5.1979 – VI ZR 230/76, AP Nr. 13 zu § 630 BGB. | 13 Staudinger/*Preis*, § 630 BGB Rz. 84. | 14 So auch *Wiedemann*, FS Herschel, S. 463 (473 f.); ErfK/*Preis*, § 611 BGB Rz. 361. | 15 BAG v. 18.12.1984 – 3 AZR 389/83, AP Nr. 8 zu § 611 – Persönlichkeitsschutz; *Schulz*, NZA 1990, 717 (719). | 16 LAG Berlin v. 8.5.1989 – 9 Sa 21/89, NZA 1989, 965.

Norm ist. Diese gesetzl. normierte Verpflichtung ist allerdings dadurch eingeschränkt, dass eine unmittelbare Anwendung der Bestimmung nur im Rahmen des Geltungsbereichs des BetrVG (§ 130 BetrVG) erfolgen kann. Der ArbGeb muss ferner die Mitteilungspflichten nicht beachten, sofern er die Stelle eines leitenden Angestellten besetzen will (§ 5 III 1 BetrVG)[1].

26 **4. Das Anbahnungsverhältnis.** Einem Arbeitsvertrag vorausgehende tatsächliche **Vorverhandlungen** sind grds. für die Vertragsparteien nicht dahingehend bindend, dass hierdurch primäre Leistungspflichten erwachsen. Durch die Aufnahme der Verhandlungen entsteht jedoch ein **vorvertragl. Schuldverhältnis**, aus dem sog. Sekundärpflichten, also Sorgfaltspflichten resultieren. Eine Verletzung dieser Pflichten kann Schadensersatzansprüche aus §§ 311 II, 280 begründen[2]. Hierbei ist zu beachten, dass die speziell arbeitsvertragl. Schutzpflichten und die arbeitsrechtl. Haftungsgrundsätze bereits anwendbar sind[3]. Zu diesen Haftungsgrundsätzen s. § 619a Rz. 25. Ferner können die Vorverhandlungen zur Auslegung des späteren Vertragsinhalts herangezogen werden[4].

27 Bei **Abbruch der Vertragsverhandlungen** wird idR kein Schadensersatzanspruch gegenüber der abbrechenden Partei begründet. Das gilt selbst dann, wenn diese weiß, dass der Vertragspartner im Hinblick auf den künftigen Vertragsschluss Aufwendungen getätigt hat[5]. Es entsteht jedoch dann ein Anspruch auf **Ersatz des Vertrauensschadens (= negatives Interesse)**, wenn die Partei, welche die Vertragsverhandlungen abbricht, zuvor bei ihrem Verhandlungspartner schuldhaft das Vertrauen auf das Zustandekommen des Vertrages hervorgerufen hat[6]. Ein solches schuldhaftes Handeln ist etwa dann anzunehmen, wenn der ArbGeb den Bewerber veranlasst, seine sichere Arbeitsstelle zu kündigen oder wenn sich beide Parteien über den Inhalt des Vertrages einig sind, so dass der Abschluss nur noch eine reine Formsache ist[7]. Ein Verschulden bei Vertragsschluss kann den ArbGeb auch noch nach Abschluss des Vertrages zum Schadensersatz verpflichten, wenn das Arbeitsverhältnis aus Gründen vorzeitig endet oder seinen Sinn verliert, die der ArbGeb vor Abschluss des Vertrages unrichtig mitteilt oder unter Verletzung seiner Aufklärungspflicht verschwiegen hat[8]. Hinsichtlich des Schadensersatzanspruchumfangs ist der Bewerber so zu stellen, wie er gestanden hätte, wenn er nicht auf den sicheren Vertragsabschluss vertraut hätte. Ersetzt wird das negative Interesse, wobei keine Begrenzung durch das positive Erfüllungsinteresse stattfindet[9]. Es ist allerdings geboten, eine zeitliche Begrenzung vorzunehmen; so ist für Schadensersatzansprüche des ArbGeb die normale Kündigungsfrist maßgeblich. Schäden, die nach Ablauf dieser Zeitspanne entstehen, sind nicht mehr zu ersetzen, da sie auch bei einer nach ordnungsgemäßem Vertragsabschluss erfolgten Kündigung durch den ArbN entstanden wären. Da für den ArbN hingegen häufig der Kündigungsschutz gem. § 1 KSchG einschlägig sein wird, muss für eine Begrenzung seiner Ansprüche eine längere Frist bemessen werden[10].

28 Ein **Vorvertrag** hingegen ist schuldrechtl. bindend und verpflichtet die Parteien einen Hauptvertrag mit dem festgelegten Inhalt abzuschließen. Der Vorvertrag kann einseitig oder zweiseitig verbindlich sein, je nachdem, ob sich jede Partei dazu verpflichtet, den Hauptvertrag abzuschließen, oder nur eine Partei das Recht erwirbt, den Abschluss des Hauptvertrages verlangen zu können[11]. Die Wirksamkeit des Vorvertrags setzt voraus, dass die übereinstimmenden Willenserklärungen der Vertragsparteien noch ausstehen[12]. Die wesentlichen Vertragsbestandteile des späteren Arbeitsvertrags müssen allerdings bereits bestimmt oder bestimmbar sein[13]. Da regelmäßig eine rechtsgeschäftliche Bindung erst mit der wirksamen Einigung über die wesentlichen Vertragsbestandteile entsteht, müssen besondere Umstände vorliegen, die darauf hinweisen, dass die Parteien sich ausnahmsw. schon vor der endgültigen Einigung über alle Vertragspunkte binden wollten[14]. Eine solche vorzeitige Bindung kommt vor allem dann in Betracht, wenn dem Abschluss des Hauptvertrages rechtl. oder tatsächliche Hindernisse entgegenstehen, sich die Parteien aber schon frühzeitig binden wollen. Der Vorvertrag kann in diesem Fall nicht nur einen Anspruch auf Abschluss eines Hauptvertrags, sondern auch einen Anspruch auf Beseitigung der Hindernisse begründen[15]. Wirksam ist auch der Abschluss eines Vorvertrags zu Regelung **ein-**

---

1 Staudinger/*Richardi*, § 611 BGB Rz. 172. |2 *Schaub*, ArbRHdb, § 25 Rz. 1; ErfK/*Preis*, § 611 BGB Rz. 307. |3 BAG v. 24.1.1974 – 3 AZR 488/72, AP Nr. 74 zu § 611 BGB – Haftung des Arbeitnehmers; Erman/*Edenfeld*, § 611 BGB Rz. 261. |4 BAG v. 27.1.1988 – 7 AZR 53/87, AP Nr. 6 zu § 620 – Hochschule. |5 Vgl. BGH v. 14.7.1967 – V ZR 120/64, NJW 1967, 2199; v. 18.10.1974 – V ZR 17/73, NJW 1975, 43; v. 29.3.1996 – V ZR 332/94 (Köln), NJW 1996, 1884. |6 LAG BW v. 21.12.1956 – VII Sa 59/56, AP Nr. 3 zu § 276 BGB – Verschulden bei Vertragsschluss; BAG v. 15.4.1974 – 5 AZR 393/73, AP Nr. 9 zu § 276 BGB – Verschulden bei Vertragsschluss; v. 14.9.1984 – 7 AZR 11/82, AP Nr. 10 zu § 276 BGB – Vertragsbruch; zusammenfassend BGH v. 10.7.1975 – II ZR 154/72, NJW 1975, 1774; v. 28.3.1977 – VIII ZR 242/75, DB 1977, 1548. |7 BAG v. 7.6.1963 – 1 AZR 276/62, AP Nr. 4 zu § 276 BGB – Verschulden bei Vertragsschluss; v. 15.5.1974 – 5 AZR 393/73, AP Nr. 9 zu § 276 BGB – Verschulden bei Vertragsschluss. |8 BAG v. 2.12.1976 – 3 AZR 401/75, AP Nr. 10 zu § 276 BGB Verschulden bei Vertragsabschluss; LAG Hessen v. 27.3.2003 – 9 Sa 1211/01, nv. |9 BAG v. 15.5.1974 – 5 AZR 393/73; AP Nr. 9 zu § 276 BGB – Verschulden bei Vertragsschluss; Staudinger/*Bork*, Vor § 145 BGB Rz. 48 ff. |10 *Schaub*, ArbRHdb, § 25 Rz. 13. |11 LAG Hamm v. 29.7.2004 – 11 Sa 39/04, nv., n.rkr. |12 *Zöllner*, FS Floretta, 1983, S. 455 (456); *Schaub*, ArbRHdb, § 32 Rz. 28. |13 LAG Hamm v. 29.7.2003 – 5 Sa 828/03, NZA 2004, 210; *Zöllner*, FS Floretta, 1983, S. 455 (460 f.). |14 BGH v. 26.3.1980 – VIII ZR 150/79, NJW 1980, 1577 (1578); Vorverträge sind für Berufsgruppen, wie Künstler, Wissenschaftler, leitende Angestellte ua. typisch (vgl. *Zöllner*, FS Floretta, 1983, S. 455 (458); ErfK/*Preis*, § 611 BGB Rz. 308. |15 BAG v. 6.9.1962 – 5 AZR 272/61, AP Nr. 3 zu § 611 BGB – Film.

zelner Vertragsbestandteile, die später ergänzt oder verändert werden sollen. So kann ein ArbN verpflichtet werden, zu einem späteren Zeitpunkt ein Wettbewerbsverbot zu vereinbaren. Eine diesbezügliche vorvertragl. Regelung ist allerdings dann gem. 134 BGB nichtig, wenn sie dazu dient, die Verpflichtung des ArbGeb zur Zahlung einer Karenzentschädigung zu umgehen[1]. Der Vorvertrag ist selbst dann **formlos** wirksam, wenn der Hauptvertrag der Schriftform unterliegt. Voraussetzung hierfür ist allerdings, dass dem Schriftformerfordernis keine Warn- sondern lediglich eine Klarstellungs- oder Beweisfunktion zukommen soll[2].

Der Vorvertrag begründet einen Anspruch auf die **Abgabe bzw. die Annahme des Angebots zum Abschluss eines Arbeitsvertrags**. Dieser Anspruch ist grds. einklagbar und somit **Verurteilung** auf Abschluss eines Arbeitsvertrages möglich. Der Anspruch des ArbGeb gegen den ArbN auf Arbeitsleistung kann allerdings gem. § 888 III ZPO nicht vollstreckt werden[3]. Wird der Abschluss des Hauptvertrags schuldhaft verhindert, kann dies eine **Schadensersatzpflicht** wegen Verletzung vorvertragl. Verpflichtungen auslösen[4]. Das Interesse an der Einhaltung eines Vorvertrages kann grds. durch eine Vertragsstrafenklausel gesichert werden[5]. Die Vertragsparteien können sich durch eine **Anfechtung** oder durch **Rücktritt** vom Vorvertrag lösen. Eine **Kündigung** kommt auf Grund eines fehlenden Dauerschuldverhältnisses nicht in Betracht. Bei der vertragl. Verpflichtung der Parteien handelt es sich um eine einmalige Leistungspflicht, gerichtet auf den Abschluss des Arbeitsvertrags[6]. Durch die synallagmatische Verknüpfung der Hauptleistungspflichten, können auch die Rechte des § 326 geltend gemacht werden[7]. 29

II. Vertragsschluss. 1. Grundsatz. Nach der im Arbeitsrecht vorherrschenden Ansicht wird das Arbeitsverhältnis regelmäßig bereits mit Abschluss des Arbeitsvertrages begründet (**Vertragstheorie**)[8]. Die sog. Eingliederungstheorie, wonach das Arbeitsverhältnis erst oder bereits mit der tatsächlichen Eingliederung in den Betrieb begründet wird, hat nur noch Bedeutung für das Verständnis der Einstellung iSd. § 99 BetrVG[9]. 30

2. Wirksamkeitsvoraussetzungen des Arbeitsvertrags. Ein Arbeitsvertrag kommt durch die übereinstimmenden Willenserklärungen iSv. §§ 145 ff. von ArbGeb und ArbN zu Stande; wobei sich die Wirksamkeit der Willenserklärungen nach den allgemeinen Regeln des BGB richtet[10]. Hierbei ist zu beachten, dass etwa ein Zeitungsinserat[11] oder ein Anfordern bei der Agentur für Arbeit[12] noch kein Angebot des ArbGeb auf Abschluss des Arbeitsvertrages darstellen. Ein Angebot des ArbN auf Abschluss eines Arbeitsvertrages liegt hingegen vor, wenn ein über drei Monate andauerndes, der Wiedereingliederung in den Arbeitsprozess dienendes, befristetes Praktikumsverhältnis ohne konkrete Absprache über den Befristungstermin hinaus fortgesetzt wird; die konkludente Annahme dieses Angebotes ist in der Entgegennahme der Arbeitsleistung durch den ArbGeb zu erblicken[13]. 31

a) Vertragsparteien. Auf der ArbN-Seite kann grds. nur eine **natürliche Person** oder im Falle eines Gruppenarbeitsverhältnisses (s. vor § 611 Rz. 121[14]) eine **Personenmehrheit** Vertragspartei sein (ausführlich zur Problematik des ArbN-Begriffs s. vor § 611 Rz. 19 ff.). Als Vertragspartner auf der ArbGeb-Seite kann jede natürliche oder juristische Person des privaten oder öffentl. Rechts, sowie jede Personengesellschaft einen Arbeitsvertrag abschließen. 32

b) Inhaltliche Bestimmtheit. Wie bei anderen schuldrechtl. Verträgen müssen sich die Vertragsparteien über die **essentialia negotii** geeinigt haben, so dass eine inhaltliche Bestimmtheit des Vertragsverhältnisses gegeben ist. Zu den wesentlichen Vertragsbestandteilen gehören die zu **leistende Arbeit** und die entsprechende **Vergütung**. Unschädlich hinsichtlich der inhaltlichen Bestimmbarkeit ist das Fehlen einer Vereinbarung über die **Höhe der Vergütung**. Diese gilt gem. § 612 I als stillschweigend vereinbart, wenn die Dienstleistung nach den Umständen nur gegen eine solche zu erwarten war, s. § 612 Rz. 26 ff. Die nähere Ausgestaltung der Arbeitspflichten erfolgt idR durch den ArbGeb in Ausübung seines **Direktionsrechts, § 106 GewO**. 33

c) Geschäftsfähigkeit. Der Wirksamkeit des Arbeitsvertrags kann die Geschäftsunfähigkeit bzw. beschränkte Geschäftsfähigkeit des ArbGeb bzw. des ArbN entgegenstehen. Die Gültigkeit der Willenserklärungen der vertragschließenden Parteien richtet sich nach **§§ 104 ff.** Der Vertragsschluss mit einem 34

---

1 BAG v. 18.4.1969 – 13 AZR 154/68, AP Nr. 22 zu § 133 f. GewO; *Schaub*, ArbRHdb, § 58 Rz. 47 bzgl. eines Wettbewerbsverbots, welches auch noch nach der Kündigung des Arbeitsvertrags vereinbar sein sollte. | 2 BGH v. 7.6.1973 – III ZR 71/71, BGHZ 61, 48; *Zöllner*, FS Floretta, 1983, S. 455 (459). | 3 *Zöllner*, FS Floretta, 1983, S. 455 (465 f.). | 4 ErfK/*Preis*, § 611 BGB Rz. 311. | 5 BAG v. 27.7.1977 – 5 AZR 337/76, AP Nr. 2 zu § 611 BGB – Entwicklungshelfer; LAG Hamm v. 29.7.2003 – 5 Sa 828/03, NZA 2004, 210. | 6 LAG Hamm v. 29.10.1985 – 10 Sa 937/81, BB 1986, 667 (668). | 7 ErfK/*Preis*, § 611 BGB Rz. 315. | 8 Staudinger/*Richardi*, § 611 BGB Rz. 22 ff.; Soergel/*Kraft*, § 611 BGB Rz. 1; MüKo/*Müller-Glöge*, § 611 BGB Rz. 125, 129; MünchArbR/*Richardi*, § 40 Rz. 1 f. | 9 Vertreten insb. von *Nikisch*, ArbR I, S. 168 (175); zu § 99 BetrVG s. Richardi/*Thüsing*, § 99 BetrVG Rz. 26 ff. | 10 S. auch *Schaub*, ArbRHdb, § 32 Rz. 16; Soergel/*Kraft*, § 611 BGB Rz. 5; zum Zustandekommen eines Arbeitsvertrages nach einem befristeten Praktikum s. LAG Rostock v. 1.4.2004 – 1 Sa 355/03, nv. | 11 S. Soergel/*Kraft*, § 611 BGB Rz. 5. | 12 Vgl. BGH v. 10.7.1975 – II ZR 154/72, AP Nr. 1 zu § 611 – Vertragsschluss. | 13 LAG Hamm v. 12.11.2004 – 13 Sa 891/04, nv. | 14 Vgl. BAG v. 21.10.1971 – 2 AZR 17/71, AP Nr. 1 zu § 611 BGB – Gruppenarbeitsverhältnis.

geschäftsunfähigen ArbGeb ist nichtig. Es erfolgt auch keine Heilung, wenn das Arbeitsverhältnis durch Arbeitsaufnahme des ArbGeb in Vollzug gesetzt wurde[1]. Etwas anderes gilt bei einem Vertragsschluss mit einem beschränkt geschäftsfähigen ArbN; hier sind bei einer tatsächlichen Arbeitsaufnahme die Lohnansprüche nach den Grundsätzen des **fehlerhaften Arbeitsverhältnisses** abzuwickeln (s. § 119 Rz. 15). Für die Begründung von Arbeitsverhältnissen enthält das BGB in den §§ 112, 113 zwei **arbeitsrechtl. Besonderheiten** für die Geschäftsfähigkeit des ArbGeb einerseits und die des ArbN andererseits.

35 **aa) Erweiterte Geschäftsfähigkeit des Arbeitnehmers.** Gem. § 113 besteht die Möglichkeit, dass ein Minderjähriger durch seinen gesetzl. Vertreter zur Begründung eines Arbeitsverhältnisses ermächtigt wird. Hierdurch ist der beschränkt Geschäftsfähige für solche Rechtsgeschäfte unbeschränkt geschäftsfähig, die die Eingehung oder Aufhebung des Dienst- oder Arbeitsverhältnisses der gestatteten Art oder die Erfüllung der sich aus einem solchen Verhältnis ergebenden Pflichten betreffen (Teilrechtsfähigkeit). Der Minderjährige wird allerdings nur für solche Geschäfte uneingeschränkt geschäftsfähig, die als verkehrsüblich gelten[2]. Verkehrsübliche Geschäfte sind ua. Abreden über Vertragsstrafen, Vergleiche über Schadensersatzansprüche, Erteilung von Ausgleichsquittungen und die Anerkennung von Schadensersatzansprüchen[3]. Wettbewerbsverbote, die mit Minderjährigen vereinbart wurden, sind nichtig (§ 74a II HGB)[4]. Von § 113 mit umfasst ist auch der Gewerkschaftsbeitritt[5], nicht jedoch die Darlehensaufnahme bei der Gewerkschaft[6]. Die Ermächtigung gilt ebenfalls für den Abschluss von Beförderungsverträgen, um zur Arbeitsstelle zu gelangen, Verträge über die entgeltliche Gewährung von Kost und Logis, wenn der Minderjährige erst hierdurch in die Lage versetzt wird, die Arbeitsleistung zu erbringen, den Kauf erforderlicher Berufsbekleidung[7], die Eröffnung eines Gehaltskontos bei einem Kreditinstitut und wohl auch Barabhebungen, da diese Rechtsgeschäfte mit dem Arbeitsleben in Zusammenhang stehen[8]. Der Umfang der Ermächtigung kann durch den gesetzl. Vertreter frei bestimmt werden. Er kann sie auf die Eingehung eines Arbeitsverhältnisses begrenzen. Im Zweifel ist aber anzunehmen, dass eine für einen Einzelfall erteilte Ermächtigung als Ermächtigung zur Eingehung von Verhältnissen derselben Art gilt (§ 113 IV). Die Bedeutung dieser gesetzl. Erweiterung der allgemeinen Grundsätze zur Geschäftsfähigkeit hat jedoch kaum mehr praktische Bedeutung, da sie nicht auf Berufsausbildungsverträge anzuwenden ist[9]. § 113 ist aber auch auf Volljährige unter gesetzl. Betreuung anwendbar, wenn das Vormundschaftsgericht einen Einwilligungsvorbehalt angeordnet hat, der sich auf die Eingehung eines Arbeitsverhältnisses bezieht (§ 1903 I 2).

36 **bb) Erweiterte Geschäftsfähigkeit des Arbeitgebers.** Ermächtigt der gesetzl. Vertreter mit Genehmigung des Vormundschaftsgerichts einen beschränkt Geschäftsfähigen zum selbständigen Betrieb eines Erwerbsgeschäfts, so ist der beschränkt Geschäftsfähige für alle Geschäfte, die der Geschäftsbetrieb mit sich bringt, unbeschränkt geschäftsfähig (§ 112 I 1). Somit kann der Minderjährige insb. wirksam ein Arbeitsverhältnis begründen[10]. Ausgenommen von der Ermächtigung durch den gesetzl. Vertreter sind solche Rechtsgeschäfte, zu denen der gesetzl. Vertreter der **Ermächtigung des Vormundschaftsgerichts** bedarf (§§ 112 I 2, 1643, 1821). Die Genehmigung des Vormundschaftsgerichts ist für solche Verträge notwendig, durch die sich der Minderjährige zu Lohnzahlungen verpflichtet, wenn das Vertragsverhältnis länger als ein Jahr nach Eintritt der Volljährigkeit fortdauern soll (§ 1822 Nr. 5). Wird ein solcher Vertrag durch den ArbN ohne Genehmigung des Vormundschaftsgerichts geschlossen, wird man diesen jedoch für die kürzere Zeit als wirksam erhalten können[11]. Soweit der **Umfang** der Ermächtigung zum selbständigen Betrieb eines Erwerbsgeschäfts reicht, ist der gesetzl. Vertreter von der Vertretung ausgeschlossen. Er kann zB dann nicht in den Geschäftsbetrieb des Minderjährigen eingreifen, wenn er die Geschäftsvorgänge für unpraktisch hält[12]. Zur Rücknahme seiner Ermächtigung bedarf der gesetzl. Vertreter der Genehmigung des Vormundschaftsgerichts (§ 112 II). § 112 ist ebenfalls bei der **Bestellung eines Betreuers** gem. § 1896 I 1 und der Anordnung eines **Einwilligungsvorbehaltes** des Vormundschaftsgerichts (§ 1903) anwendbar.

37 **d) Formvorschriften.** Grundsätzlich bedarf der Abschluss eines wirksamen Arbeitsvertrags mangels gesetzl. Regelung nicht der Einhaltung einer bestimmten Form **(Grundsatz der Formfreiheit)**. Somit können die Vertragsparteien das Arbeitsverhältnis auch mündlich oder konkludent etwa durch die Aufnahme der Tätigkeit begründen[13]. Ausnahmsw. können sich **Formerfordernisse** aus **gesetzl., tarifvertragl.** oder **einzelvertragl.** Regelungen ergeben[14]. Hierbei ist zu beachten, dass nur **konstitutive**, nicht

1 *Schaub*, ArbRHdb, § 32 Rz. 30. | 2 So die hM, LAG Berlin v. 28.3.1963 – 4 Sa 51/62, AP Nr. 1 zu § 113 BGB; *Brill*, BB 1975, 287; BGH v. 9.3.1990 – V ZR 244/88, NJW 1990, 1721; *Schaub*, ArbRHdb, § 32 Rz. 34. | 3 LAG Hannover v. 6.3.1964 – 2 Sa 26/64; DB 1964, 115 (S. 775 lt.; LAG Hamm v. 8.9.1970 – 3 Sa 481/70, DB 1971, 779; *Brill*, BB 1975, 284 ff. | 4 Vgl. BAG v. 20.4.1964 – 5 AZR 278/63; AP Nr. 1 zu § 90a HGB. | 5 HM: LG Essen v. 18.3.1965 – 11 T 633/64, AP Nr. 3 zu § 113 BGB; LG Düsseldorf v. 10.3.1966 – 15 T 24/66, DB 1966, 587; Staudinger/*Richardi*, § 611 BGB Rz. 20; aA LG Frankfurt v. 3.5.1963 – 2/12 S 332/62, AP Nr. 2 zu § 113 BGB. | 6 LG Münster v. 10.10.1967 – 5 T 500/67, MDR 1968, 146. | 7 ErfK/*Preis*, § 113 BGB Rz. 9; vgl. LG Mannheim v. 30.10.1968 – 6 S 66/68, NJW 1969, 239. | 8 ErfK/*Preis*, § 113 BGB Rz. 9. | 9 Staudinger/*Richardi*, § 611 BGB Rz. 20; MünchArbR/*Richardi*, § 41 Rz. 17. | 10 So auch Staudinger/*Richardi*, § 611 BGB Rz. 16; ErfK/*Preis*, § 113 BGB Rz. 7. | 11 S. auch *Schaub*, ArbRHdb, § 32 Rz. 31. | 12 *Schaub*, ArbRHdb, § 32 Rz. 31. | 13 Staudinger/*Richardi*, § 611 BGB Rz. 25; *Hennige*, NZA 1999, 281; *Scheffer*, NJW 1995, 3166; KassHdb/*Leinemann*, 1.1 Rz. 486. | 14 Ausf. *Kliemt*, Formerfordernisse im Arbeitsverhältnis, 1995.

aber rein deklaratorische Formerfordernisse, die Wirksamkeit des Vertragsschlusses beeinflussen können. Die Nichtbeachtung eines konstitutiven gesetzl. Formerfordernisses führt gem. § 125 zur Nichtigkeit des Vertrages, wohingegen der Verstoß gegen ein deklaratorisches Formerfordernis lediglich einen Anspruch auf schriftl. Fixierung des geschlossenen Vertrages begründet.

aa) Nachweisgesetz. Im Zuge der Umsetzung der EG-RL 91/533/EWG vom 14.10.1991 über die Pflicht des ArbGeb zur Unterrichtung des ArbN über die für seinen Arbeitsvertrag oder sein Arbeitsverhältnis geltenden Bestimmungen (**Nachweisrichtlinie**[1]) hat der deutsche Gesetzgeber am 20.7.1995 das Gesetz über den Nachweis der für ein Arbeitsverhältnis geltenden wesentlichen Bedingungen (sog. **Nachweisgesetz**) erlassen. Die im NachwG enthaltene Formerfordernis ist allerdings nur deklaratorischer Natur, so dass die Wirksamkeit des Arbeitsvertrags von der Beachtung der gesetzl. Verpflichtung durch den ArbGeb unabhängig ist. Zu den Einzelheiten s. Kommentierung NachwG. 38

bb) Gesetzliche Formvorschriften. Zivilrechtl. Formvorschriften für den Abschluss eines Arbeitsvertrages existieren zurzeit nicht[2]. Verpflichtungen der **Gemeinden und Kreise** bedürfen nach den **Gemeinde- und Kreisordnungen** (vgl. § 54 GO BW, Art. 38 II 1 GO Bay., § 71 GO Hess., § 63 GO Nds, § 56 GO NW, § 49 GO RP, § 62 Kommunal-SelbstverwG Saarl., § 50 GO SH) der einzelnen Bundesländer grds. der Schriftform. Bei Nichtbeachtung dieser Vorschriften tritt die Nichtigkeitsfolge des § 125 BGB ein. Diese gesetzl. vorgeschriebene Schriftform für Verpflichtungserklärungen gilt mithin auch für den **Abschluss eines Dienst- oder Arbeitsvertrags**. Ausgenommen von den Formerfordernissen sind nach den meisten Ländergesetzen nur die Geschäfte der laufenden Verwaltung. Hierbei ist jedoch teilweise festgelegt, dass diese Ausnahme nicht für Arbeitsverträge mit Angestellten und Arbeitern und Angestellten gilt (vgl. zB § 54 I, III GO, § 41 IV KO NW). Bedenken gegen eine Nichtigkeit von Arbeitsverträgen auf Grund eines Formverstoßes bestehen allerdings aus dem Grund, dass die kommunalen Formvorschriften dem Zweck dienen, die Kreise und Gemeinden gegen eine missbräuchliche Vertretung durch nicht berechtigte Vertreter zu schützen[3]. Somit handelt es sich bei diesen Vorschriften nicht um „echte" Formvorschriften, sondern um Regelungen der Vertretungsmacht. Hinsichtlich des Erlasses von „echten" Formvorschriften fehlt den Ländern hingegen die Regelungskompetenz (vgl. Art. 2, 55 EGBGB)[4]. Ein Verstoß gegen die landesrechtl. Vorschriften kann somit nicht unter dem Gesichtspunkt des fehlenden Formerfordernisses zur Nichtigkeit führen, sondern es geht ausschließlich darum, dass eine Regelung der Vertretungsmacht nicht beachtet wurde[5]. Eine Körperschaft kann sich nicht auf die fehlende Schriftform eines Einstellungsvertrages oder einer Arbeitsvertragsänderung berufen, wenn die Einstellung oder Vertragsänderung mit einem von der Vertretungskörperschaft gefassten Beschluss übereinstimmt und dieser durch eine hierfür zuständige Person dem Berechtigten mitgeteilt worden ist. Eine Berufung auf die fehlende Schriftform verstößt in diesem Fall gegen Treu und Glauben[6]. 39

cc) Tarifvertragliche und betriebsverfassungsrechtliche Formvorschriften. Häufig werden Schriftform- oder sonstige Formerfordernisse für den Abschluss und die Änderung eines Arbeitsvertrags auch in **TV** geregelt. Hier ist in jedem Einzelfall zu prüfen, ob die Tarifparteien **konstitutive** oder **deklaratorische** Schriftformerfordernisse vereinbaren wollten[7]. Eine deklaratorische Formvorschrift ist dann anzunehmen, wenn nach dem Willen der Tarifpartner auch ohne Einhaltung der Formvorschrift die arbeitsvertragl. Vereinbarung wirksam zu Stande kommen soll, den Parteien aber zum Zwecke der Beweiserleichterung ein Anspruch auf die schriftl. Niederlegung der Vertragsbedingungen eingeräumt worden ist. IdR wird von einer rein deklaratorische Bedeutung der Formvorschriften auszugehen sein, da durch die Vereinbarungen kein Nachteil für die ArbN entstehen soll[8]. Hat die tarifl. Formvorschrift konstitutive Bedeutung, ist der Abschluss des Arbeitsvertrages gem. § 125 nichtig[9]. 40

Formzwänge für alle oder auch nur einzelne Arbeitsbedingungen können auch durch **BV** eingeführt werden. Wie bei tarifvertragl. Formvorschriften muss zwischen der deklaratorischen und der konstitutiven Bedeutung einer solchen Vereinbarung unterschieden werden. Die Rechtsfolgen bei Nichtbeachtung der Formerfordernisse entsprechen dem tarifl. Formzwang. BV sehen idR nur den Formzwang für bestimmte Vertragsgestaltungen vor, wie zB für den Abschluss von Aushilfsarbeitsverhältnissen oder befristeten Arbeitsverhältnissen. In diesen Fällen soll der ArbN geschützt werden, so dass der Formvorschrift regelmäßig eine konstitutive Bedeutung zukommen wird[10]. 41

dd) Einzelvertragliche Formvorschriften. Die Vertragsparteien können durch den **Arbeitsvertrag** ebenfalls die Wahrung von Formvorschriften vereinbaren. Ob der Schriftformklausel eine konstitutive 42

1 Richtlinie v. 14.10.1991, ABl. EG Nr. L 288/32. | **2** Staudinger/*Richardi*, § 611 BGB Rz. 25; KassHdb/*Leinemann*, 1.1 Rz. 350; gem. § 4 BBiG und § 11 AÜG bestehen jedoch Formvorschriften für den Abschluss eines Ausbildungs- und Leiharbeitsvertrags. | **3** BGH v. 15.6.1960 – V ZR 151/58, BGHZ, 32, 375; v. 13.10.1983 – III ZR 158/82, NJW 1984, 606; v. 20.1.1994 – VII ZR 174/92, NJW 1994, 1528; BAG v. 6.8.1970 – 2 AZR 427/69, AP Nr. 7 zu § 125 BGB; v. 26.3.1986 – 7 AZR 585/84, AP Nr. 2 zu § 180 BGB = NJW 1987, 1038. | **4** So die hM vgl. BGH v. 15.6.1960 – VZR 191/58, BGHZ 32, 375 (379 ff.). | **5** Vgl. BGH v. 15.6.1960 – V ZR 191/58, BGHZ 32, 375 (380). | **6** BGH v. 20.1.1954 – II ZR 167/54, NJW 1956, 1355; BAG v. 15.7.1992 – 7 AZR 337/91, nv. | **7** BAG v. 26.7.1972 – 4 AZR 365/71, AP Nr. 1 zu § 4 MTB II; v. 18.5.1977 – 4 AZR 47/76, AP Nr. 4 zu § 4 BAT. | **8** Vgl. BAG v. 10.6.1988 – 2 AZR 7/88, AP Nr. 5 zu § 1 BeschFG 1985. | **9** Vgl. BAG v. 15.11.1957 – 1 AZR 189/57, AP Nr. 2 zu § 125 BGB. | **10** S. auch *Schaub*, ArbRHdb, § 32 Rz. 55.

oder deklaratorische Bedeutung zukommt, ist im Wege der Vertragsauslegung zu ermitteln. Liegt eine konstitutive Regelung vor, ist die Vereinbarung nichtig (vgl. § 125 S. 2), während eine deklaratorische Klausel auch hier die Wirksamkeit des Arbeitsvertrages unbeeinträchtigt lässt[1]. IdR kann dann von einem deklaratorischen Schriftformerfordernis ausgegangen werden, wenn das Arbeitsverhältnis bereits vor der Einhaltung der vereinbarten Form in Vollzug gesetzt wurde[2]. **Schriftl. abgeschlossene Arbeitsverträge** enthalten häufig Vereinbarungen darüber, dass auch Vertragsänderungen der Schriftform bedürfen (s. Rz. 497 ff.).

43 **ee) Anforderungen an die Schriftform.** Die mit dem Formerfordernis verbundenen Anforderungen an einen wirksamen Vertragsschluss unterscheiden sich danach, ob ein gesetzl. bzw. kollektiver Formzwang[3] oder eine gewillkürte Schriftform vorliegt. Besteht ein durch **Gesetz, TV oder BV** begründetes Formerfordernis, so sind die Arbeitsbedingungen, auf die sich der Formzwang bezieht, in **einer Urkunde** niederzulegen. Mehrere einzelne Blätter müssen räumlich zu einer Gesamturkunde, etwa durch Zusammenheften der Bestandteile, zusammengefasst werden, so dass ein Sinnzusammenhang besteht. Die Urkunde ist von den Vertragsparteien **eigenhändig** oder mittels **notariell beglaubigtem Handzeichen** so zu **unterschreiben**, dass der gesamte Vertragstext durch die Unterschrift gedeckt ist (§ 126 I, III). Das Schriftformerfordernis wird auch gewahrt, wenn über den Vertragsinhalt mehrere gleich lautende Urkunden erstellt werden und jede Partei die für die andere Partei bestimmte Urkunde unterzeichnet (§ 126 II 2). Schreibfehler innerhalb der einzelnen Urkunden sind für deren Wirksamkeit unbeachtlich. Zur Wahrung des Formerfordernisses ist es allerdings nicht ausreichend, wenn zwischen den Vertragsparteien ein bloßer Briefwechsel oder Austausch von Bestätigungsschreiben stattgefunden hat. Ob ein durch **Telefax** übermittelter Arbeitsvertrag den Formvorschriften genügt, ist strittig und zu verneinen[4]. Ist auch die Unterschrift eines **Bevollmächtigten** zulässig, so kann dieser mit dem Namen des Vollmachtgebers unterschreiben. Unterzeichnet er mit eigenem Namen, muss das Vertretungsverhältnis in der Urkunde zum Ausdruck kommen[5]. Dies ist insb. beim schriftl. Arbeitsvertrag mit der BGB-Gesellschaft zu beachten[6].

44 Für die **gewillkürte Schriftform** richtet sich der Inhalt nach der konkreten Vereinbarung des Schriftformerfordernisses, wobei zu unterscheiden ist, ob das Formerfordernis deklaratorische oder konstitutive Bedeutung haben soll. Bei einem vereinbarten konstitutiven Formerfordernis sind gem. § 127 I die für den gesetzl. Formzwang aufgeführten Grundsätze entsprechend anwendbar. Nach § 127 II ist zur Wahrung des Formerfordernisses die telekommunikative Übermittlung und bei einem Vertrag der Briefwechsel auseichend, sofern kein anderer Wille der Vertragsparteien anzunehmen ist.

45 **ff) Ausschluss des Einwands der Formnichtigkeit**. Im Einzelfall kann das Berufen einer Partei auf die Nichtigkeit des Vertrages wegen Formmangels gegen den Grundsatz von Treu und Glauben verstoßen[7]. Bei tarifvertragl. Schriftformklausel ist zu beachten, dass sie eine gesetzl. Ausnahme vom Grundsatz der Formfreiheit darstellt, die nur bei beiderseitiger Tarifgebundenheit Anwendung findet (§§ 3 I und II, 4 I 1 TVG). Um der herausgehobenen Schutzfunktion des TV für den ArbN gerecht zu werden, muss auch hier eine Berufung auf einen Formmangel als treuwidrig bewertet werden, wenn das Arbeitsverhältnis bereits für eine nicht unerheblich lange Zeit durchgeführt wurde[8]. Dies gilt entsprechend für Formerfordernisse auf Grund BV.

46 **e) Stellvertretung.** ArbGeb und ArbN können sich bei der Einstellung gem. **§§ 164 ff.** von einem Bevollmächtigten vertreten lassen. Es gelten die allgemeinen Regeln. Neben den Vorschriften des BGB sind für die Stellvertretung des ArbGeb auch die handelsrechtl. Regeln über die Prokura (§§ 48 ff. HGB) von Bedeutung. Für die Wirksamkeit der Stellvertretung ist die genaue Bezeichnung des vertretenen ArbGeb unerheblich[9]. Ist nicht eindeutig erkennbar, ob der den Vertrag Unterzeichnende ArbGeb oder Vertreter ist, wird regelmäßig der wirkliche ArbGeb verpflichtet[10]. Die Zulässigkeit eines tarifvertragl. Ausschlusses der Stellvertretung ist zweifelhaft[11]. Für den Abschluss eines Arbeitsvertrags mit kommunalen Gebietskörperschaften sehen die Gemeinde- und Kreisordnungen der Länder häufig besondere Formvorschriften für eine Stellvertretung der Körperschaften vor (s. Rz. 39).

47 **3. Abschlussfreiheit und Auswahlfreiheit. a) Grundsatz.** Auch im Arbeitsrecht gilt der Grundsatz der **Vertragsfreiheit**. Sowohl der ArbGeb als auch der ArbN können demnach frei entscheiden, ob und mit wem sie ein Vertragsverhältnis eingehen (Abschlussfreiheit und Auswahlfreiheit)[12]. Insb. die Abschluss-

---

1 BAG v. 4.6.1963 – 5 AZR 16/63, AP Nr. 1 zu § 127 BGB. | 2 *Schaub*, ArbRHdb, § 32 Rz. 57. | 3 Ein durch TV oder BV vereinbarter Formzwang gilt auch als gesetzlicher Formzwang s. LAG Berlin v. 17.4.1978 – 9 Sa 130/77, AP Nr. 1 zu § 4 TVG; BAG v. 9.2.1972 – 4 AZR 149/71, AP Nr. 1 zu § 4 BAT; v. 6.9.1972 – 4 AZR 422/71, AP Nr. 2 zu § 4 BAT; v. 24.6.1981 – 7 AZR 198/79, AP Nr. 2 zu § 4 TVG – Formvorschriften. | 4 Dafür *Schaub*, ArbRHdb, § 32 Rz. 43 mwN; abl. BGH v. 28.1.1993 – IX ZR 259/91, NJW 1993, 1126. | 5 *Schaub*, ArbRHdb, § 32 Rz. 44; *Dietrich*, DB 1974, 2141. | 6 Zur schriftlichen Kündigung BAG v. 21.4.2005 – 2 AZR 162/04, AP Nr. 4 zu § 623 BGB. | 7 Vgl. BAG v. 9.12.1981 – 4 AZR 312/79, AP Nr. 8 zu § 4 BAT; v. 7.9.1982 – 3 AZR 5/80, AP Nr. 9 zu § 4 BAT; LAG Rh.-Pf. v. 1.4.2004 – 6 Sa 1214/03, nv., n.rkr. | 8 Staudinger/*Richardi*, § 611 BGB Rz. 57. | 9 BAG v. 21.12.1972 – 5 AZR 310/72, AP Nr. 1 zu § 24 SeemG. | 10 BGH v. 3.2.1975 – II ZR 128/73, NJW 1975, 1166; vgl. auch BGH v. 13.11.1998 – V ZR 216/97, ZIP 1999, 112. | 11 BAG v. 15.11.1957 – 1 AZR 189/57, AP Nr. 2 zu § 125 BGB. | 12 Vgl. hierzu BAG v. 5.4.1984 – 2 AZR 513/82, EzA § 17 BBiG Nr. 1; Staudinger/*Richardi*, § 611 BGB Rz. 23.

und Auswahlfreiheit des ArbGeb wird jedoch durch Abschlussgebote oder Abschlussverbote eingeschränkt, die häufig zum Schutz bestimmter ArbN-Gruppen kraft Gesetzes oder TV dem ArbGeb auferlegt werden.

b) Beschränkung der Abschlussfreiheit. Ein echter Kontrahierungszwang besteht für ArbN durch das Gesetz zur Sicherstellung von Arbeitsleistungen für Zwecke der Verteidigung einschließlich des Schutzes der Zivilbevölkerung (Arbeitsicherstellungsgesetz) vom 9.7.1968 (BGBl. I S. 787). Unter den in diesem Gesetz geregelten Voraussetzungen entsteht das Arbeitsverhältnis durch den Verpflichtungsbescheid. Auch der ArbGeb unterliegt grds. keinen Abschlusszwängen. Eine Ausnahme von diesem Grundsatz ist zB in § 78a BetrVG bzw. §§ 9, 107 BPersVG geregelt. Es gibt jedoch insb. kein Recht auf Arbeit, wonach sich privatrechtl. Ansprüche einzelner ArbN auf Begründung eines Arbeitsverhältnisses ableiten lassen[1]. 48

c) Beschränkung der Auswahlfreiheit. aa) Abschlussgebote. Ein verfassungsrechtl. Abschlussgebot ist für den Bereich des **öffentl. Dienstes** in **Art. 33 II GG** begründet. Hiernach hat jeder Deutsche nach seiner Eignung, Befähigung und fachlichen Leistung gleichen Zugang zu jedem öffentl. Amt. Diese Verfassungsnorm ist unmittelbar geltendes Recht, das nicht nur die Einstellung in ein **Beamtenverhältnis**, sondern auch die Einstellung von **Arbeitern und Angestellten im öffentl. Dienst** erfasst[2]. Der Bewerber kann hierdurch verlangen, dass seine Bewerbung allein nach Eignung, Befähigung und fachlicher Leistung geprüft wird. Zu diesem Zweck ist der ArbGeb verpflichtet, vor der Auswahlentscheidung ein schriftl. Anforderungsprofil für die zu besetzende Stelle festzulegen und den Leistungsvergleich zwischen den Bewerbern zeitnah zur Auswahlentscheidung vorzunehmen[3]. Liegt ein Verstoß der Einstellungsbehörde gegen diese verfassungsrechtl. Grundsätze vor, kann der Bewerber regelmäßig jedoch nur die Aufhebung des auf verfassungswidrige Gesichtspunkte gestützten Ablehnungsbescheids verlangen[4]. Ein Einstellungsanspruch für den einzelnen Bewerber entsteht nur im Ausnahmefall. Unabdingbare Voraussetzung hierfür ist, dass im Einzelfall „jede andere Entscheidung als die Einstellung dieses Bewerbers als rechtswidrig oder ermessensfehlerhaft und mithin die einzige rechtmäßige Entscheidung der Behörde darstellt“[5]. Der Einstellungsanspruch des Bewerbers ergibt sich folglich aus einer Ermessensreduzierung „auf null“ und damit mittelbar aus Art. 33 II GG[6]. Aus dem arbeitsrechtl. Gleichbehandlungsgrundsatz lässt sich bei Verstoß gegen das Prinzip des Art. 33 II GG hingegen kein entsprechender Anspruch des ArbN ableiten, da dieser keinen Anspruch auf Wiederholung eines unrechtmäßigen Verwaltungshandelns gewährt[7]. Ein weiteres Abschlussgebot enthält **Art. 9 III GG**, wonach die Einstellung eines ArbN nicht auf Grund einer **Gewerkschaftszugehörigkeit** verweigert werden darf, eine Beschränkung der Auswahlfreiheit des ArbGeb[8]. Macht der ArbGeb den Abschluss des Arbeitsvertrags vom Gewerkschaftsaustritt des ArbN abhängig, liegt ein Eingriff in die grundgesetzl. geschützte Bestands- und Betätigungsfreiheit der Koalitionen vor[9]. Da Art. 9 III GG auch den Einzelnen schützt und ein Schutzgesetz iSv. § 823 II darstellt, kann eine Verletzung im Wege der Naturalrestitution einen Anspruch auf Einstellung begründen[10]. 49

Zum Schutz bestimmter Personengruppen hat der Gesetzgeber auch gesetzl. Abschlussgebote konzipiert. Diese begründen **jedoch keinen Einstellungsanspruch für den einzelnen Stellenbewerber**, sondern enthalten jeweils eigene Sanktionsregeln. Das wichtigste Abschlussgebot ist in § 71 SGB IX enthalten, wonach ArbGeb, die über mindestens 20 Arbeitsplätze verfügen, verpflichtet werden, auf wenigstens 5 % der Arbeitsplätze Schwerbehinderte iSv. § 72 SGB IX zu beschäftigen. Die Nichtbeachtung dieses Abschlussgebotes wird mit **Ausgleichszahlung und Bußgeldern** sanktioniert (s. §§ 77, 156 I Nr. 1 SGB IX). Die Beschäftigungspflicht ist allerdings eine rein **öffentl.-rechtl. Pflicht**, einen Einstellungsanspruch gewährt diese Regelung somit nicht. Lediglich im Falle einer außerordentl. Kündigung auf Grund eines Streiks oder einer Aussperrung begründet § 91 VI SGB IX einen **gesetzl. Wiedereinstellungsanspruch**. Das Landesrecht in Nds., NRW und im Saarl. sieht unter verschiedenen Voraussetzungen die Erteilung von **Bergmannversorgungsscheinen** vor. Zugunsten der Inhaber dieser Versorgungsscheine besteht ein **gesetzl. Abschlussgebot**. In Nds. erfolgt eine Gleichstellung des Inhabers eines Versorgungsscheins mit Schwerbehinderten (§ 1 des Gesetzes über einen Bergmannversorgungsschein im Lande Nds. vom 6.1.1949)[11], während in NRW der ArbGeb unter den Voraussetzungen der §§ 4, 5 Bergmannversorgungsgesetz[12] auf einem Prozent der Arbeitsplätze Inhaber der Versorgungsscheine be- 50

---

1 Ausf. Staudinger/*Richardi*, § 611 BGB Rz. 58 ff. | 2 St. Rspr. vgl. BAG v. 2.12.1970 – 4 AZR 59/70, AP Nr. 1 zu Art. 33 Abs. 2 GG; v. 31.3.1976 – 5 AZR 104/74, AP Nr. 2 zu Art. 33 Abs. 2 GG; v. 5.8.1982 – 2 AZR 1136/79, AP Nr. 18 zu Art. 33 Abs. 2 GG; v. 19.2.2003 – 7 AZR 67/02, AP Nr. 58 zu Art. 33 Abs. 2 GG. | 3 BAG v. 21.1.2003 – 9 AZR 72/02, AP Nr. 59 zu Art. 33 Abs. 2 GG; vgl auch BAG v. 15.3.2005 – 9 AZR 142/04, NZA 2005, 1185; s. auch LAG Düsseldorf v. 7.5.2004 - 18 (14) Sa 164/04, NZA-RR 2005, 107. | 4 BAG v. 31.3.1976 – 5 AZR 104/74, BAGE 28, 62 (67). | 5 BAG v. 31.3.1976 – 5 AZR 104/74, BAGE, 28, 62 (67); s. auch BAG v. 27.7.2005 – 7 AZR 508/04, NZA 2005, 1243 zum Einstellungsanspruch während eines anhängigen Strafverfahrens. | 6 Vgl. BAG v. 5.8.1982 – 2 AZR 1136/79, AP Nr. 18 zu Art. 33 Abs. 2 GG. | 7 BAG v. 19.2.2003 – 7 AZR 67/02, AP Nr. 58 zu Art. 33 Abs. 2 GG bzgl. befristeter Arbeitsverträge; LAG Hamm v. 25.9.2003 – 11 Sa 265/03, nv. bzgl. Höhergruppierung; vgl. auch BAG v. 6.7.2005 – 4 AZR 42/04, ZTR 2005, 526. | 8 BAG v. 28.3.2000 – 1 ABR 16/99, BAGE 94, 169. | 9 Vgl. BAG v. 2.6.1987 – 1 AZR 651/85, AP Nr. 49 zu Art. 9 GG. | 10 Kittner/Zwanziger/*Becker*, ArbR, § 30 Abs. 3 Rz. 45. | 11 GVBl. Sb I 741. | 12 Bergmannversorgungsscheingesetz v. 20.12.1983, GV. NW. 635.

schäftigen muss. Bei Nichtbeachtung der Verpflichtung muss der ArbGeb eine Ausgleichsabgabe leisten (§ 8). Im Saarl. ermächtigt das Gesetz über einen Bergmannsversorgungsschein[1] hingegen die Landesregierung durch RechtsVO ArbGeb unter den Voraussetzungen der (§§ 5–8) zur Besetzung von 2 % ihrer Arbeitsplätze mit Inhabern der Versorgungsscheine zu verpflichten. Macht die Landesregierung von der Ermächtigung Gebrauch, so besteht die Möglichkeit, das Arbeitsverhältnis durch Verwaltungsakt zu begründen (§ 8 III 3).

51 Häufig enthalten auch **TV Abschlussgebote** zu Gunsten bestimmter ArbN-Gruppen (zB ältere ArbN oder ArbN-Gruppen mit besonderen Qualifikationen). Die Abschlussgebote gehören wie die Abschlussverbote gem. § 1 TVG zum normativen Teil des TV. Sie begründen jedoch idR keine Einstellungsansprüche des ArbN gegenüber dem ArbGeb[2]. Zahlreiche TV enthalten allerdings **Wiedereinstellungsklauseln** im Anschluss an Arbeitskämpfe. Hieraus kann ein unmittelbarer Anspruch des ArbN auf **Einstellung** erfolgen[3]. Die Bedeutung dieser Klauseln ist eher gering, da die Aussperrung die arbeitsvertragl. Pflichten meistens nur suspendiert. Lösende Aussperrungen hingegen, die das Arbeitsverhältnis beenden, sind rechtl. umstritten und kommen in der Praxis nicht vor. Tarifvertragl. Wiedereinstellungsklauseln können auch im Hinblick auf die Beendigung eines Arbeitsverhältnisses bei längeren Betriebsstörungen vereinbart sein[4]. Ebenfalls denkbar sind Wiedereinstellungsklauseln für den Fall der festgestellten Wiederherstellung der Berufs- bzw. Erwerbsfähigkeit[5].

52 Bei den in **BV** festgelegten Abschlussgeboten handelt es sich regelmäßig nur um Auswahlrichtlinien iSv. § 95 BetrVG, über deren Aufstellung der BR mitzubestimmen hat und bei einem Verstoß des ArbGeb seine Zustimmung zur Einstellung verweigern kann (§ 99 II Nr. 2 BetrVG; für die Personalvertretung des Bundes § 77 II Nr. 1 BPersVG). Da die normative Wirkung der BV sich nur auf ArbN erstreckt, die dem Betrieb angehören, kann ein Einstellungsanspruch eines Nichtbetriebsangehörigen gegen den ArbGeb nur bestehen, wenn die entsprechende betriebliche Abschlussnorm einen **Vertrag zu Gunsten Dritter** darstellt. Dies ist dann möglich, wenn der Anspruchinhaber genau bezeichnet ist, zB wenn aus bestimmten Anlässen ein Wiedereinstellungsanspruch für gekündigte ArbN bestehen soll[6]. Nicht ausreichend ist die bloße Bezeichnung bestimmter ArbN-Gruppen durch die Einstellungsregelungen.

53 Einstellungsansprüche können sich auch aus einzelvertragl. Vereinbarungen ergeben. So können ArbGeb und ArbN im Rahmen des Vorvertrages eine ggf. einklagbare Verpflichtung zum Abschluss eines Arbeitsvertrages vereinbaren, s. Rz. 28. Erforderlich ist jedoch, dass diese Verpflichtung hinreichend konkretisiert ist und sich der Inhalt des späteren Arbeitsverhältnisses bereits im Zeitpunkt des Abschlusses des Vorvertrags bestimmen lässt[7]. Ferner wird von der Rspr. auch ein Wiedereinstellungsanspruch bei betriebsbedingten Kündigungen anerkannt, wenn die Kündigung des ArbGeb auf der Prognose beruht, nach Ablauf der Kündigungsfrist könne er ihn nicht mehr beschäftigen und sich diese Einschätzung noch während des Lauf der Kündigungsfrist als falsch erweist[8]. Ebenfalls anerkannt ist auch ein Wiedereinstellungsanspruch im Falle einer Verdachtskündigung, wenn sich später die Unschuld des ArbN herausstellt[9]. Bei Vorliegen eines Betriebsübergangs gem. § 613a und vorausgegangener wirksamer betriebsbedingter Kündigung bejaht das BAG einen Einstellungsanspruch gegenüber dem Betriebsübernehmer, wenn der Kündigungsgrund innerhalb der Kündigungsfrist wegfällt[10]; ausführlich § 613a Rz. 229 ff. Ferner können sich Einstellungsansprüche auch aus vertrauenserzeugenden Zusagen des ArbGeb ergeben. Solche Zusagen sind zB dann zu bejahen, wenn der ArbGeb einem befristet eingestellten ArbN bei Bewährung die unbefristete Fortsetzung des Arbeitsverhältnisses zusagt[11]. Ebenso besteht ein Einstellungsanspruch von Saisonarbeitern, wenn der ArbGeb Jahr für Jahr alle ArbN, die sich erneut bewerben, wiedereinstellt und den Beginn der Saison ohne Vorbehalt am Schwarzen Brett bekannt gibt[12]. Nicht ohne weiteres ergibt sich ein Einstellungsanspruch dann, wenn das Arbeitsverhältnis auf Grund der Teilnahme an einem Umschulungs- oder Fortbildungslehrgang beendet wurde. Ein Einstellungsanspruch kann sich jedoch ggf. aus dem Gleichbehandlungsgrundsatz ergeben, wenn der ArbGeb bisher alle ArbN nach der Absolvierung eines Lehrgangs wieder eingestellt hat[13]. Kein Einstellungsanspruch folgt aus einer im Arbeitsvertrag geregelten Rückerstattung von Ausbildungskosten im Falle der Festanstellung. Aus einer solchen Regelung lässt sich lediglich ein Interesse des ArbGeb ableiten, Ausgebildete nach der Prüfung fest einzustellen, damit die Ausbildungskosten verrechnet werden können[14].

---

1 Gesetz über einen Bergmannversorgungsschein idF v. 16.10.1981 (ABl. 825). | 2 Vgl. BAG v. 29.4.1998 – 7 AZR 540/97, nv.; Einstellungsanspruch hingegen bejaht BAG v. 2.7.2003 – 7 AZR 529/02, AP Nr. 254 zu § 620 BGB – Befristeter Arbeitsvertrag. | 3 Vgl. BAG v. 21.4.1971 – 6 S 1/68, AP Nr. 43 zu Art. 9 GG – Arbeitskampf. | 4 Vgl. BAG v. 16.6.1987 – 1 AZR 258/85, AP Nr. 20 zu § 111 BetrVG 1972. | 5 BAG v. 24.1.1996 – 7 AZR 602/95, AP Nr. 7 zu § 59 BAT. | 6 *Schaub*, ArbRHdb, § 32 Rz. 79. | 7 BGH v. 26.3.1980 – VIII ZR 150/79, NJW 1980, 1577 (1578). | 8 BAG v. 27.2.1997 – 2 AZR 160/96, AP Nr. 1 zu § 1 KSchG 1969 – Wiedereinstellung. | 9 BAG v. 4.6.1964 – 2 AZR 310/63, AP Nr. 13 zu § 626 BGB – Verdacht strafbarer Handlung; v. 20.8.1997 – 2 AZR 620/96, AP Nr. 27 zu § 626 BGB – Verdacht strafbarer Handlung. | 10 BAG v. 13.11.1997 – 8 AZR 295/95, AP Nr. 69 zu § 613a BGB. | 11 BAG v. 16.3.1985 – 2 AZR 325/88, AP Nr. 8 zu § 1 BeschFG 1985. | 12 BAG v. 29.1.1987 – 2 AZR 109/86, AP Nr. 1 zu § 620 – Saisonarbeit. | 13 BAG v. 10.11.1977 – 3 AZR 329/76, AP Nr. 1 zu § 611 BGB – Einstellungsanspruch. | 14 BAG v. 20.11.2003 – 8 AZR 439/02, AP Nr. 28 zu § 611 BGB – Haftung des Arbeitgebers.

bb) Abschluss- und Beschäftigungsverbote. Nicht nur Abschlussgebote sondern auch Abschluss- und Beschäftigungsverbote schränken die Abschlussfreiheit der Arbeitsvertragsparteien ein. Ein Abschlussverbot richtet sich bereits **gegen den bloßen Abschluss** eines Arbeitsvertrages und führt zu dessen Nichtigkeit gem. § 134. Beschäftigungsverbote hingegen lassen die Wirksamkeit des Arbeitsvertrages unberührt, untersagen dem ArbGeb jedoch die **tatsächliche Beschäftigung** des ArbN[1]. Diese differenzierende Terminologie wird auch vom Gesetzgeber nicht konsequent eingehalten. Ob nun ein Abschluss- oder ein Beschäftigungsverbot vorliegt, ist nach dem Sinn und Zweck der Norm zu ermitteln. Es ist jedoch davon auszugehen, dass sich die arbeitsrechtl. Schutznormen idR nur gegen eine Beschäftigung, nicht aber gegen den Bestand des Arbeitsverhältnisses als solchen richten werden[2]. 54

(1) Abschlussverbote. Als **gesetzl. Abschlussverbot** ist das **Verbot der Beschäftigung von Kindern** (§ 5 I JArbSchG) anerkannt. Ferner ist gem. § 7 JArbSchG auch **die Beschäftigung für Jugendliche unter 15 Jahren verboten.** Für **Jugendliche über 15 Jahre** (bis zur Vollendung des 18. Lebensjahres) wird gem. §§ 22 ff. JArbSchG eine Beschäftigung bei bestimmten gefährlichen Tätigkeiten, bei Akkordarbeit, bei Arbeiten unter Tage verboten. Als Abschlussverbote galten bisher auch die **§§ 4, 8 MuSchG** (Verbot der Beschäftigung von Müttern mit gefährlichen Tätigkeiten und Nachtarbeitsverbot). Der Arbeitsvertrag sei nur dann nicht nichtig gem. § 134 BGB, wenn bei Vertragsschluss noch mit einer Ausnahmegenehmigung nach § 4 III 2 iVm. § 8 VI MuSchG zu rechnen war[3]. Vor dem Hintergrund der neuesten Rspr. des EuGH zur geschlechtsspezifischen Diskriminierung ist diese Bewertung jedoch nicht aufrechtzuerhalten. Nach dem EuGH stellt das Abschlussverbot eine unmittelbare Diskriminierung dar, da die Verweigerung der Einstellung auf Grund einer bestehenden Schwangerschaft nur Frauen betrifft. Der Erlass von Schutzvorschriften für Frauen sei zwar durch europarechtl. Vorgaben nicht verhindert, doch müsse der Arbeitsvertrag wirksam bleiben. Die Schwangere dürfe (unter Beibehaltung ihres Lohnanspruchs § 11 MuSchG) bis zum Wegfall des Beschäftigungsverbots und etwaiger Mutterschutzfristen nur nicht beschäftigt werden[4]. 55

Ausländische ArbN, die nicht unter die Regelungen der FreizügigkeitsVO (EWG Nr. 1612/68) fallen und keine zur Beschäftigung notwendige Erlaubnis der BA aufweisen können (s. §§ 284 ff. SGB III), dürfen nicht beschäftigt werden. Hierdurch ist jedoch nicht der Abschluss des Arbeitsvertrages unwirksam, so dass das **Erfordernis einer Arbeitserlaubnis kein Abschlussverbot** begründet[5]. Hinsichtlich der Begründung eines **Berufsausbildungsverhältnisses** gilt gem. §§ 27, 28, 29 BBiG, §§ 21, 23 HandwO, dass nur derjenige Auszubildende einstellen darf, der über eine geeignete Ausbildungsstätte verfügt und persönlich geeignet ist. Wer fachlich nicht geeignet ist oder nicht selbst ausbildet, muss einen Ausbilder bestellen, der seinerseits die notwendige Eignung aufweist. 56

Abschlussverbote können auch **kollektivrechtl.** vereinbart werden. **Tarifvertragl.** festgesetzte Abschlussverbote sind **Abschlussnormen**, so dass sie normativ nur gegenüber beiderseitig tarifvertragl. gebundenen ArbGeb und ArbN gelten (§ 4 I 1 TVG). Liegen lediglich Betriebsnormen (§ 3 II TVG) vor, die auch bei einseitiger Tarifbindung durch den ArbGeb Rechtswirkungen entfalten, wird die Wirksamkeit des Arbeitsvertrages hierdurch nicht berührt[6]. Auf Grund fehlender Kompetenz des BR zur Mitgestaltung von Arbeitsverträgen können **BV kein Abschlussverbot** enthalten, das der Begründung des Arbeitsverhältnisses entgegensteht. Durch entsprechende Vereinbarungen kann dem BR lediglich die Möglichkeit eingeräumt werden, seine Zustimmung zur Eingliederung des ArbN in den Betrieb zu verweigern. Hierdurch wird die Wirksamkeit des Arbeitsvertrages nicht berührt; der ArbGeb darf den ArbN lediglich nicht beschäftigen[7]. 57

Einzelvertragl. vereinbarte Abschlussverbote sind unzulässig. Der ArbN kann nicht in seinem Recht beeinträchtigt werden, einen anderen Arbeitsvertrag abzuschließen[8]. Insb. die Vereinbarung eines Wettbewerbsverbots lässt die Wirksamkeit des verbotswidrig abgeschlossenen Vertrags unberührt. 58

(2) Beschäftigungsverbote. Beschäftigungsverbote richten sich nur gegen eine **tatsächliche Beschäftigung**, lassen aber die Wirksamkeit des Arbeitsvertrags unberührt. Ausnahmen hiervon hat die Rspr. bislang nur im Bereich des Mutterschutzes erwogen[9]. Diese sind wegen des Verbots der Geschlechtsdiskriminierung nicht mehr anzuerkennen, s. Rz. 55. Welche Rechtsfolgen die Nichterbringung der Arbeitsleistung nach sich führt, richtet sich nach den Grundsätzen des Allgemeinen Schuldrechts: Darf der ArbN von seinen persönlichen Umständen her die Arbeitsleistung erbringen, und fallen die Gründe des 59

---

1 Soergel/*Kraft*, § 611 BGB Rz. 16; MünchArbR/*Buchner*, § 37 Rz. 5 ff.; die aA will bei einem Verstoß gegen in der Person des ArbGeb begründeten Abschlussverboten nicht ohne weiteres eine Nichtigkeit des Vertrages sehen, sondern es sollen beide Parteien nur das Recht zur fristlosen Kündigung haben, vgl. LAG Stuttgart v. 28.2.1955 – II Sa 165/54, BB 1955, 383; LAG Mannheim v. 25.5.1955 – II Sa 59/55, BB 1955, 803; *Hueck/Nipperdey*, Arbeitsrecht Bd. I, 7. Aufl., S. 177. | 2 MünchArbR/*Buchner*, § 37 Rz. 8, 10. | 3 So noch BAG v. 8.9.1988 – 2 AZR 102/88, AP Nr. 1 zu § 8 MuSchG; Staudinger/*Richardi*, § 611 BGB Rz. 125. | 4 Vgl. EuGH v. 3.2.2000 – C-207/98, NZA 2000, 255. | 5 BAG v. 16.12.1976 – 3 AZR 716/75, AP Nr. 4 zu § 19 AFG. | 6 Staudinger/*Richardi*, § 611 BGB Rz. 128. | 7 Siehe auch Staudinger/*Richardi*, § 611 BGB Rz. 129; aA ErfK/*Preis*, § 611 BGB Rz. 405. | 8 ErfK/*Preis*, § 611 BGB Rz. 406. | 9 BAG v. 27.11.1956 – 1 AZR 540/55, AP Nr. 2 zu § 4 MuSchG; offen gelassen BAG v. 8.9.1988 – 2 AZR 102/88, DB 1989, 585.

Beschäftigungsverbots somit in die Sphäre des ArbGeb, gerät Letzterer gem. **§ 615** in Annahmeverzug und muss weiterhin den Arbeitslohn bezahlen; insb. kann die Freistellung nicht als Urlaubsgewährung verstanden werden[1]. Ansonsten scheidet ein Annahmeverzugsanspruch aus[2]. Hat der ArbN hingegen die Nichterbringung seiner Leistung zu vertreten, entsteht ein Schadensersatzanspruch des ArbGeb gem. § 281. Bei einer Beschäftigung trotz bestehenden Beschäftigungsverbots kann der ArbGeb schadensersatzpflichtig nach § 280 sein. Die Zuwiderhandlung gegen einzelne Beschäftigungsverbote ahndet der Gesetzgeber mit **Ordnungsgeldern oder Kriminalstrafen**, s. zB § 21 MuSchG, §§ 22, 23 ArbZG.

60 **Anerkannte Beschäftigungsverbote sind ua.**: Das Verbot der Beschäftigung von Nicht-EU-Ausländern ohne Erlaubnis der BA, Verbot der Überschreitung der regelmäßigen werktäglichen Arbeitszeit von 8 Stunden (§ 3 ArbZG), Verbot der Beschäftigung von Personen, die bestimmte, in § 42 I JfSG bezeichnete Tätigkeiten erstmalig ausüben, ohne eine nicht mehr als drei Monate alte Bescheinigung des Gesundheitsamtes vorgelegt zu haben (§ 43 JfSG), Verbot der Einstellung von ArbN ohne Zustimmung des BR (§ 99 BetrVG), Verbot für Personen, die wegen einer der in § 25 I 1 Nr. 1–5 JArbSchG genannten Straftaten rechtskräftig verurteilt worden sind (§ 25 JArbSchG), das Verbot der Beschäftigung von Frauen mit schweren Tätigkeiten im Bereich des Bergbaus (§ 64a BBergG), individuelle und allgemeine Beschäftigungsverbote nach dem MuSchG[3].

61 **(3) Sonstige Beschränkungen der Auswahlfreiheit.** Eine Beschränkung der Auswahlfreiheit ergibt sich aus den **§§ 7, 1 AGG**, die dem ArbGeb verbieten, bei der Begründung des Arbeitsverhältnisses Bewerber zu benachteiligen. Ein Verstoß gegen das Benachteiligungsverbot begründet allerdings keinen Einstellungsanspruch des diskriminierten Bewerbers (vgl. § 15 VI AGG), sondern lediglich einen **Schadensersatz- bzw. Entschädigungsanspruch** gem. § 15 I, II AGG. Das Gleiche gilt im Hinblick auf eine Benachteiligung wegen einer Behinderung gem. **§ 81 II SGB IX.**

62 Tarifvertragl. oder betriebsverfassungsrechtl. festgelegte **Auswahlrichtlinien** haben zwar keinen Einfluss auf die Wirksamkeit eines Arbeitsvertrags, aber sie können die Auswahlentscheidung des ArbGeb einschränken (s. Rz. 10). Wird bei Bestehen der Auswahlrichtlinien der BR nicht beteiligt oder verweigert dieser seine Zustimmung zur Einstellung und wird die Zustimmung auch nicht auf Antrag des ArbGeb durch Beschluss des ArbG ersetzt (§ 99 IV BetrVG), so ist auch die Auswahlfreiheit des ArbN eingeschränkt, da dieser den Arbeitsplatz nicht erhalten kann.

63 **4. Begründungsformen eines Arbeitsverhältnisses. a) Begründung durch Arbeitsvertrag.** Das Arbeitsverhältnis kommt idR durch den Abschluss des Arbeitsvertrages zu Stande (s. Rz. 30 ff.). Dies ist selbst dann der Fall, wenn für den ArbGeb ein Kontrahierungszwang[4] besteht (Rz. 48). Der Kontrahierungszwang begründet einen Anspruch des ArbN gegenüber dem ArbGeb auf Abgabe einer Willenserklärung zum Abschluss eines Arbeitsvertrages. Hierdurch entsteht zwar bereits ein Schuldverhältnis; dieses ist aber noch nicht auf den Austausch der letztlich angestrebten Leistungspflichten (Arbeitsleistung und Lohn) gerichtet, so dass das Arbeitsverhältnis durch den Abschluss des Arbeitsvertrages zu Stande kommt.

64 **b) Begründung durch einseitiges Rechtsgeschäft.** In Sonderfällen kann ein Arbeitsverhältnis unter bestimmten gesetzl. normierten Umständen auch auf Grund **einseitiger rechtsgeschäftlicher Erklärung** des ArbN zu Stande kommen. Der Begründungstatbestand des Arbeitsverhältnisses ist in diesem Fall das **Gestaltungsrecht des ArbN**. Gestaltungsrechte dieser Art sind zB in den **§§ 78a II 1 BetrVG, und § 9 II BPersVG** geregelt, wonach ein Auszubildender, der Mitglied der JAV, des BR, der Bordvertretung, des SeeBR oder der Personalvertretung ist und vom ArbGeb nach Beendigung der Ausbildung nicht in ein unbefristetes Arbeitsverhältnis übernommen werden soll, innerhalb der letzten drei Monate vor Beendigung des Ausbildungsverhältnisses schriftl. vom ArbGeb die Weiterbeschäftigung verlangen kann. Das Arbeitsverhältnis wird nach der gesetzl. Normierung auf das Weiterbeschäftigungsverlangen hin auf **unbestimmte Zeit** geschlossen.

65 **§ 102 V BetrVG** normiert ein weiteres Gestaltungsrecht. Widerspricht der BR einer ordentl. Kündigung frist- und ordnungsgemäß (s. § 102 II u. III BetrVG) und hat der ArbN gem. § 4 KSchG eine Kündigungsschutzklage erhoben, muss der ArbGeb den ArbN auf dessen Verlangen bis zum rechtskräftigen Abschluss des Kündigungsrechtsstreits zu unveränderten Arbeitsbedingungen **weiterbeschäftigen.** Durch die auf **Weiterbeschäftigung** gerichtete Erklärung wird die Wirkung der Kündigung suspendiert und das alte Arbeitsverhältnis auflösend bedingt durch die rechtskräftige Abweisung der Kündigungsschutzklage fortgesetzt[5].

66 **c) Begründung kraft Gesetzes.** In besonderen Fällen kann das Arbeitsverhältnis auch **durch Gesetz** begründet werden. Ein Arbeitsverhältnis wird gem. § 10 I AÜG im Falle nicht erlaubter **AÜ** zwischen

---

1 BAG v. 25.1.1994, 9 AZR 31/92, AP Nr. 16 zu 7 BUrlG. |2 BAG v. 6.3.1974 – 5 AZR 313/73, DB 1974, 1168; v. 18.12.1986 – 2 AZR 34/86, DB 1987, 1359. |3 Ausf. hierzu Küttner/*Reinecke*, Personalhandbuch, Mutterschutz Rz. 12 ff. |4 Zum Kontrahierungszwang im Arbeitsrecht s. auch MünchArbR/*Buchner*, § 36 Rz. 40 ff.; MüKo/*Müller-Glöge*, § 611 BGB Rz. 607 ff.; MünchArbR/*Richardi*, § 8 Rz. 18; Staudinger/*Richardi*, § 611 BGB Rz. 61 ff. |5 Vgl. BAG v. 12.9.1985 – 2 AZR 324/84, AP Nr. 7 zu § 102 BetrVG 1972 – Weiterbeschäftigung; v. 10.3.1987 – 8 AZR 146/84, AP Nr. 1 zu § 611 BGB – Weiterbeschäftigung.

BeschäftigungsArbGeb (Entleiher) und (Leih-)ArbN begründet. Die tatbestandlichen Voraussetzungen sind die tatsächliche Beschäftigung des ArbN und die fehlende Erlaubnis des Verleihers gem. § 1 AÜG. Hierbei ist zu beachten, dass diese Rechtsfolge nicht nur bei einer gewerbsmäßigen Arbeitsvermittlung (ob mit oder ohne Erlaubnis), sondern ebenfalls bei nicht gewerbsmäßiger und damit echter AÜ eintritt[1]. Grundlage eines Arbeitsverhältnisses kann auch statutarisches Recht sein[2]. Im Rahmen eines **Betriebsübergangs** gem. § 613a tritt der Erwerber des Betriebs durch das Rechtsgeschäft in die Rechte und Pflichten aus den im Zeitpunkt der Übergabe mit dem bisherigen Inhaber bestehenden Arbeitsverhältnissen ein. Das Arbeitsverhältnis geht damit unabhängig vom Willen der Beteiligten im Wege der Sonderrechtsnachfolge auf den Betriebserwerber über[3]; der ArbN kann freilich nach § 613a VI dem Übergang widersprechen. Damit wird kein neues Arbeitsverhältnis begründet, es erfolgt aber ein Austausch der Vertragspartei auf der ArbGebSeite[4]. Ein Wechsel der Vertragsparteien findet auch beim **Tod des ArbGeb** statt. Das Arbeitsverhältnis geht im Wege der **Universalsukzession** gem. § 1922 auf den Erben über.

5. Beteiligung des Betriebsrats bei Einstellungen. Auch beim Abschluss des Arbeitsvertrages muss der ArbGeb die Rechte des BR beachten. Will der ArbGeb eine mitbestimmungspflichtige Einstellung gem. § 99 BetrVG vornehmen, muss er den BR gem. § 99 I BetrVG von seinen Plänen rechtzeitig unterrichten. Das Informationsrecht des BR erstreckt sich vor allem auf den in Aussicht genommenen Arbeitsplatz, den vorgesehenen Einstellungstermin und die vorgesehene Eingruppierung. Ferner muss der ArbGeb Auskunft über die Person des ArbN erteilen und die erforderlichen Bewerbungsunterlagen vorlegen. Der BR kann aus den in § 99 II BetrVG festgelegten Gründen einer Einstellung die Zustimmung verweigern und damit ein Beschäftigungsverbot auslösen (vgl. Rz. 59 f.). **67**

III. Fehlerhaftigkeit des Arbeitsvertrags. Da für den Arbeitsvertrag die allgemeinen Regeln des BGB gelten, kann er wie jedes andere Rechtsgeschäft nichtig oder anfechtbar sein. Die aus einem fehlerhaften Rechtsverhältnis resultierenden **Rechtsfolgen** müssen jedoch auf Grund der Besonderheiten des Arbeitsverhältnisses modifiziert werden. **68**

1. Wirksame Anfechtung. S. ausf. §§ 119, 123 und Komm. dort. **69**

2. Nichtigkeit. Die Nichtigkeit von Arbeitsverträgen kann aus allgemeinen Nichtigkeitsgründen, wie etwa §§ 105 ff., 116 II 1, 117 I, 118, 125, 134, 138, 177 ff. resultieren. **70**

a) Nichtigkeitsgründe. aa) Verstoß gegen ein gesetzliches Verbot. Der Arbeitsvertrag kann **in seiner Gesamtheit oder in Teilen** gegen ein gesetzl. Verbot iSv. § 134 verstoßen und damit insgesamt oder teilweise nichtig sein. Der Anwendungsbereich des § 134 ist im Arbeitsrecht groß, da zahlreiche Arbeitsschutznormen Verbotsgesetze iSd. Vorschrift enthalten. Verbotsgesetze sind insb. ArbN-Schutzvorschriften wie der allgemeine Kündigungsschutz, Arbeitszeit-, Sonn- und Feiertagsschutz, sowie der Frauen-, Jugendarbeits- und BR-Schutz. Ob der Arbeitsvertrag bei Verstoß gegen ein Verbotsgesetz insgesamt nichtig ist, hängt von dem Zweck der entsprechenden Norm ab. Eine Abrede etwa, die Arbeitsvergütung „schwarz" auszuzahlen, führt regelmäßig nicht zur Nichtigkeit des Arbeitsvertrages[5]. Schließt die Verletzung einer arbeitnehmerschutzrechtl. Norm jegliche erlaubte Beschäftigung aus, so unterliegt der gesamte Vertrag der Nichtigkeitsfolge. Nichtig ist der Arbeitsvertrag auch dann, wenn die vertragl. zugesagte Arbeitsleistung auf einen Verstoß gegen ein gesetzl. Verbot gerichtet ist, wie etwa die Herstellung verfassungsfeindlichen Schrifttums im Auftrag einer verbotenen Partei oder die Einstellung eines Bürovorstehers durch einen Rechtsanwalt, um die Veruntreuung von Mandantengeldern einzuleiten, vorzunehmen und zu verschleiern[6]. Ein Arbeitsvertrag ist ebenfalls nichtig, wenn er die Ausübung des ärztlichen Berufs zum Gegenstand hat und die erforderliche Approbation oder Erlaubnis nicht vorliegt und auch nicht erteilt werden kann[7]. **71**

Auch die **Gesetzesumgehung** kann zur Nichtigkeit führen[8]. Diese liegt immer dann vor, wenn der Zweck einer zwingenden Rechtsnorm dadurch vereitelt wird, dass andere rechtl. Gestaltungsmöglichkeiten missbräuchlich verwendet werden. Maßgeblich ist objektive Funktionswidrigkeit des Rechtsgeschäfts. Die Rspr. hat hierauf die Unwirksamkeit von Gratifikations- oder Prämienrückzahlungsklauseln[9] oder aber mit den Wertungen des KSchG unvereinbare auflösende Bedingungen[10] gestützt. Heute wird man oftmals durch eine Inhaltskontrolle nach § 307 zum gleichen Ergebnis kommen, s. Rz. 154. Eine sog. Bandbreitenregelung, wonach einerseits eine regelmäßige wöchentliche Arbeitszeit vereinbart ist, der ArbN aber andererseits verpflichtet ist, auf freie Anforderung des ArbGeb auch darüber hinaus **72**

---

1 Vgl. LAG Hamburg v. 18.1.1991 – 3 Sa 51/90, LAGE § 9 AÜG Nr. 3. | 2 S. zB die Satzung für den Gesamthafenbetrieb Hamburg v. 30.4.1969, hierzu BAG v. 25.11.1992 – 7 ABR 7/92, BB 1993, 1087. | 3 Vgl. *Schreiber*, RdA 1982, 137 (139). | 4 BAG v. 18.8.1976 – 5 AZR 95/75, AP Nr. 4 zu § 613a BGB; v. 22.2.1978 – 5 AZR 800/76, AP Nr. 11 zu § 613a BGB; v. 22.6.1978 – 3 AZR 832/76, AP Nr. 12 zu § 613a BGB. | 5 BAG v. 26.2.2003 – 5 AZR 690/01, AP Nr. 24 zu § 134 BGB; v. 24.3.2004 – 5 AZR 233/03, EzA § 134 BGB 2002 Nr. 2. | 6 BAG v. 25.4.1963 – 5 AZR 398/62, AP Nr. 2 zu § 611 BGB – Faktisches Arbeitsverhältnis. | 7 BAG v. 3.11.2004 – 5 AZR 592/03, BB 2005, 782. | 8 Vgl. BAG v. 10.2.1999 – 2 AZR 422/98, AP Nr. 52 zu § 2 KSchG 1969; v. 10.12.1998 – 8 AZR 327/94, NZA 1999, 422. | 9 BAG v. 12.10.1972 – 5 AZR 227/72, DB 1973, 285 = BB 1973, 144; v. 27.7.1972 – 5 AZR 141/72, DB 1972, 2114 = BB 1973, 142; v. 6.12.1963 – 5 AZR 169/63, DB 1964, 226; v. 10.5.1962 – 5 AZR 452/61, NJW 1962, 1537. | 10 BAG v. 13.12.1984 – 2 AZR 294/83, NJW 1985, 1918; v. 9.12.1974 – 2 AZR 565/73, NJW 1975, 1531.

zu arbeiten, ist nach strenger instanzgerichtlicher Rspr. wegen Umgehung zwingender gesetzl. Kündigungsschutzvorschriften gem. § 134 ebenfalls unwirksam[1].

73 **bb) Verstoß gegen die guten Sitten.** Der Abschluss eines Arbeitsvertrags kann ferner gegen die guten Sitten verstoßen und somit gem. **§ 138 I** nichtig sein. Verträge sind unwirksam, wenn sie gegen die Grundprinzipien der Rechts- und Sittenordnung verstoßen; sittenwidrig ist, was dem Anstandsgefühl aller billig und gerecht Denkenden widerspricht[2]. Hierbei ist zu unterscheiden, ob der Vertragsinhalt insb. durch den Gegenstand der versprochenen Dienst gegen die guten Sitten verstößt (**Inhaltssittenwidrigkeit**) oder ob sich der Verstoß aus einer Zusammenfassung von Inhalt, Begründung und Zweck des Vertrages ergibt (**Umstandssittenwidrigkeit**). Eine Umstandssittenwidrigkeit kann sich zB aus der Art der Ausübung der Arbeit oder den Verhältnissen, unter denen die Arbeitsleistung erbracht werden soll, ergeben[3]. Zu beachten ist, dass die ArbG im Rahmen der Prüfung des § 138 gehalten sind, die Vertragsautonomie der strukturell schwächeren Partei zu beachten, s. vor § 611 Rz. 1 ff.[4]. Im allgemeinen Zivilrecht entwickelt sich die Dogmatik dahingehend, dass es für die Beurteilung, ob ein Sittenverstoß iSv. § 138 vorliegt, überwiegend darauf ankommt, ob das Rechtsgeschäft selbst einen objektiv sittenwidrigen Inhalt hat. Subjektive Merkmale können zwar hinzutreten, sind aber nicht mehr unabdingbare Voraussetzung für einen Sittenverstoß[5]. Unbeachtlich ist vor allem das Bewusstsein der Vertragsparteien von einer Sittenwidrigkeit. Die Bedeutung der subjektiven Komponente ist auch im klassischen Anwendungsbereich, dem Missverhältnis von Leistung und Gegenleistung, nur noch gering. Bei einem objektiven Missverhältnis von Leistung und Gegenleistung werden die subjektiven Voraussetzungen des § 138 vermutet[6]. Das BAG hingegen verlangte in seiner früheren Rspr. noch, dass das Verhalten der begünstigten Partei auf einer verwerflichen Gesinnung beruhen musste[7]. In neueren Entscheidungen wurde allerdings ebenfalls der Wandel zur Objektivierung des Sorgfaltsmaßstabs vollzogen[8].

74 **Einzelfälle:** Besteht die zugesagte Dienstleistung in der **Vorführung des Geschlechtsverkehrs** auf einer Bühne, liegt nach älterer Rspr. eine Sittenwidrigkeit iSv. § 138 vor[9]. Ebenfalls sittenwidrig ist die **Zusage geschlechtlicher Hingabe**[10]. Bei der Beschäftigung einer **Striptease-Tänzerin** ist zu unterscheiden: Geht es tatsächlich hauptsächlich um die Schaustellung, ist eine Sittenwidrigkeit abzulehnen[11]. Geht es jedoch ohne die Erhebung eines Anspruchs auf künstlerische Darbietung ausschließlich um sexuelle Stimulanz, ist der Arbeitsvertrag sittenwidrig[12]. Diese Rspr. dürfte jedoch seit dem – rechtspolitisch und dogmatisch verfehlten – Inkrafttreten des ProstG (v. 20.12.2001, BGBl. I S. 3983) wohl nicht mehr gültig sein[13].

75 Ein sittenwidriger Vertragsschluss liegt auch dann vor, wenn der ArbN hierdurch in seiner **wirtschaftl. Freiheit**, insb. in seinem Fortkommen unbillig oder unangemessen beschränkt wird. Hierbei ist allerdings zu beachten, dass § 138 als Generalklausel nur dann eingreift, wenn keine speziellere Norm vorrangig ist. So enthalten bspw. die GewO und das HGB Spezialnormen im Hinblick auf die Vereinbarung von **Wettbewerbsklauseln**. Für die dort aufgeführten Nichtigkeitsgründe ist ein Rückgriff auf die Generalklausel des § 138 nicht zulässig[14]. Soll durch arbeitsrechtl. Vergütungsregelungen der ArbN mit dem **Betriebs- oder Wirtschaftsrisiko des ArbGeb** belastet werden, liegt hierin ebenfalls ein Verstoß gegen die guten Sitten gem. § 138[15]. Der ArbN darf nicht dazu verpflichtet werden, die während seiner Tätigkeit eintretenden Verluste auszugleichen oder seine Weiterbeschäftigung selbst zu finanzieren. Entscheidend soll hier nach dem BAG sein, dass der ArbGeb aus der schwächeren Lage des ArbN übermäßige Vorteile zieht, wobei subjektiv nur die Kenntnis der Umstände, aus denen sich die Sittenwidrigkeit ergibt, gefordert wird. Nicht sittenwidrig ist dagegen eine Vereinbarung, wonach ein Reisender weder festes Gehalt noch Reisespesen, sondern nur **Provision** erhalten soll, es sei denn die zugesagte Provision steht im auffälligen Missverhältnis zur Gegenleistung[16]. Eine **Provisionsvereinbarung** kann jedoch dann sittenwidrig sein, wenn durch die Vorschusszahlungen eine unzulässige Bindung des ArbN herbeigeführt wird und die Provisionsabrede so getroffen ist, dass der ArbN die geforderten Umsätze nicht erbringen kann[17]. Eine Sittenwidrigkeit kann auch bei der Vereinbarung einer **Mankohaftung** vorliegen.

---

1 LAG Düsseldorf v. 17.9.2004 – 18 Sa 224/04, LAGE § 315 BGB 2002 Nr. 1, n.rkr. | 2 Vgl. BAG v. 21.3.1963 – 5 AZR 100/62, AP Nr. 29 zu Art. 12 GG; ErfK/*Preis*, § 611 BGB Rz. 411. | 3 Staudinger/*Richardi*, § 611 BGB Rz. 196. | 4 BVerfG v. 10.10.1993 – 1 BvR 567/89, AP Nr. 35 zu Art. 2 GG. | 5 BGH v. 8.5.1989 – IVa ZR 138/83, BGHZ 94, 268 (272); Palandt/*Heinrichs*, § 138 BGB Rz. 7. | 6 BGH v. 24.3.1988 – III ZR 30/87, BGHZ 104, 102 ff.; v. 13.3.1990 – XI ZR 252/89, BGHZ 110, 336 ff. | 7 Vgl. BAG v. 10.9.1959 – 2 AZR 228/57, AP Nr. 1 zu § 138 BGB; v. 10.5.1957 – 3 AZR 249/56, AP Nr. 1 zu Art. 6 GG – Ehe und Familie; hierbei ist allerdings zu beachten, dass das BAG zum Zeitpunkt der letzten Entscheidung noch die Lehre von der unmittelbaren Drittwirkung der Grundrechte vertrat, also keine Subsumtion unter § 138 I BGB vornahm. | 8 BAG v. 10.10.1990 – 5 AZR 404/89, AP Nr. 47 zu § 138 BGB; v. 11.9.1984 – 3 AZR 184/82, AP Nr. 37 zu § 138 BGB. | 9 BAG v. 1.4.1976 – AZR 96/75, AP Nr. 34 zu § 138 BGB. | 10 BGH v. 31.3.1970 – III ZB 23/68, BGHZ 53, 369. | 11 Offen gelassen von BAG v. 7.6.1972 – 5 AZR 512/71, AP Nr. 18 zu § 611 BGB – Faktisches Arbeitsverhältnis. | 12 Staudinger/*Richardi*, § 611 BGB Rz. 197; MüKo/*Mayer-Maly*/*Armbrüster*, § 138 BGB Rz. 57. | 13 AA Staudinger/*Richardi*, § 611 BGB Rz. 197. | 14 Vgl. BAG v. 13.9.1969 – 3 AZR 138/68, BAGE 22, 125 = AP Nr. 24 zu § 611 BGB – Konkurrenzklausel. | 15 BAG v. 10.10.1990 – 5 AZR 404/89, AP Nr. 47 zu § 138 BGB. | 16 LAG Stuttgart v. 23.1.1952 – 2 Sa 186/51, DB 1952, 231. | 17 BAG v. 20.6.1989 – 3 AZR 504/87, AP Nr. 8 zu § 87 HGB; LAG Berlin v. 3.11.1986 – 9 Sa 65/86, AP Nr. 14 zu § 65 HGB.

Ein Verstoß gegen die guten Sitten ist dann zu bejahen, wenn das erhöhte Risiko des ArbN nicht durch Vergütungsabsprachen etc. wirtschaftl. ausgeglichen wird[1], ausführlicher Rz. 85 ff. Unangemessen hohe **Vertragsstrafen**– insb. wenn sie zu einer Beseitigung der Begrenzung der ArbN-Haftung führen – sind ebenfalls sittenwidrig, s. hierzu auch Rz. 486[2].

Sittenwidrigkeit wurde von der Rspr. ferner **bejaht** bei: Einer vertragl. Pauschalierung einer **Mehrarbeitsvergütung**, wenn der Vergleich mit der üblichen Vergütung ein erhebliches Missverhältnis darstellt[3]; einer mit Betrugsabsicht geschlossenen Vereinbarung zur **Täuschung des FA**[4]; einem **außergerichtlichen Vergleich**, wenn ein auffälliges Missverhältnis des beiderseitigen Nachgebens besteht, das auf eine verwerfliche Gesinnung des ArbGeb schließen lässt[5]; im Einzelfall bei einer vertragl. Regelung wonach eine **Hinterbliebenenversorgung** nicht an die ursprünglich begünstigte Ehefrau, sondern an eine Lebensgefährtin des ArbN ausgezahlt werden soll[6]; einer **Verlustbeteiligung** des ArbN ohne angemessenen Ausgleich[7]; bei einem im **Voraus erklärten Gehaltsverzicht**[8]; einer **Vergütungsvereinbarung auf reiner Provisionsbasis**[9]; einer Vereinbarung mit einer Serviererin, wonach **vereinbarte Umsatzprozente** erst nach Zahlung des Gastes fällig werden[10]; einer Kündigung einer ArbNähnlichen Person allein wegen der Geltendmachung vermeintlicher Rechtsansprüche[11]; einer Abrede über die Rückzahlung von Ausbildungskosten, die eine Erstattung auch für den Fall einer betriebsbedingten Kündigung oder der Kündigung mangels bestehender, vertragsgerechter Einsatzmöglichkeit für den ArbN vorsieht[12]; einer nach Eintritt der Zahlungsunfähigkeit des ArbGeb geschlossenen BV, die den Fälligkeitszeitpunkt einer Jahressonderzahlung in den Insolvenzgeldzeitraum vorverlegt[13]. 76

Sittenwidrigkeit wurde **abgelehnt** bei einem **Aufhebungsvertrag**, bei dem der ArbGeb dem ArbN weder eine Bedenkzeit noch ein Rücktritts- bzw. Widerrufsrecht eingeräumt und ihm auch das Thema des beabsichtigten Gesprächs vorher nicht mitgeteilt hat[14]; einer **Verschwiegenheitsverpflichtung** des ArbN während des Arbeitsverhältnisses, insoweit die Geheimhaltung durch betriebliche Interessen gerechtfertigt ist[15]; bei einer Vereinbarung, die Arbeitsvergütung ohne Berücksichtigung von Steuern und SozV-Beiträgen („schwarz") auszuzahlen, wenn der Hauptzweck der Abrede nicht auf die Steuerhinterziehung gerichtet ist[16]; bei einem Arbeitsvertrag auf Lebenszeit des ArbGeb, wenn längere Krankenhaus- und Heimaufenthalte des ArbGeb wahrscheinlich sind, während deren die Arbeitskräfte des ArbN nicht benötigt werden[17]. 77

cc) Wucher. Wucher iSv. § 138 II ist dann gegeben, wenn Leistung und Gegenleistung in einem auffälligen Missverhältnis stehen und das Leistungsversprechen unter Ausbeutung der Zwangslage, der Unerfahrenheit, des Mangels an Urteilsvermögen oder der erheblichen Willensschwäche erfolgt ist[18]. Das BAG hat seine Rspr. auch in diesem Bereich der Rspr. des BGH angeschlossen. So nimmt es eine Ausnutzung der wirtschaftl. oder intellektuellen Überlegenheit dann an, wenn der objektiv sittenwidrig Handelnde sich böswillig oder leichtfertig der Erkenntnis verschließt, dass sich der andere nur unter dem Zwang der Verhältnisse auf den ungünstigen Vertrag einlässt. Ein grobes Missverhältnis von Leistung und Gegenleistung lässt nach der Rspr. auf eine verwerfliche Gesinnung schließen und rechtfertigt die Anwendung von § 138 I[19]. Bei der Prüfung, ob ein auffälliges Missverhältnis zwischen Leistung und Gegenleistung vorliegt, ist der Wert der Leistung des ArbN nach ihrem objektiven Wert zu beurteilen. Ausgangswert zur Feststellung des Wertes der Arbeitsleistung sind dabei jedenfalls dann die Tariflöhne des jeweiligen Wirtschaftszweiges, wenn in dem Wirtschaftsgebiet üblicherweise der Tariflohn gezahlt wird. Entspricht der Tariflohn nicht der verkehrsüblichen Vergütung, sondern liegt diese unterhalb des Tariflohns, ist vom allgemeinen Lohnniveau im Wirtschaftsgebiet auszugehen[20]. Zur Feststellung des auffälligen Missverhältnisses kann nicht auf einen bestimmten Abstand zwischen Arbeitsentgelt und Sozialhilfesatz oder auf die Pfändungsgrenzen des § 850c ZPO abgestellt werden[21] Ein auffälliges Missverhältnis zwischen Leistung und Gegenleistung ist bei einer Unterschreitung der tarifl. Vergütung um etwas mehr als 23 % nicht gegeben, wenn der ArbN die einschlägige Ausbildung für die tarifl. Vergütung 78

1 BAG v. 27.2.1970 – 1 AZR 150/69, AP Nr. 54 zu § 611 BGB – Haftung des Arbeitnehmers; v. 12.8.1959 – 2 AZR 75/59, AP Nr. 1 zu § 305 BGB. | 2 RG v. 7.4.1908 – Rep. III 315/07, RGZ 68, 229; BAG v. 17.1.1980 – 3 AZR 716/77, nv.; vgl. auch LAG Köln v. 9.4.1998 – 10 Sa 1483/97, NZA-RR 1999, 350 ff. zur sittenwidrigen Vertragsstrafenvereinbarung bei Vereinswechsel eines Berufssportlers. | 3 ArbG Berlin v. 31.10.1988 – 30 Ca 214/88, DB 1989, 1423. | 4 BGH v. 23.1.1992 – I ZR 265/90, AP Nr. 48 zu § 138 BGB. | 5 BAG v. 11.9.1984 – 3 AZR 184/82, AP Nr. 37 zu § 138 BGB. | 6 BAG v. 16.8.1983 – AZR 34/81, AP Nr. 2 zu § 1 BetrAVG – Hinterbliebenenversorgung. | 7 BAG v. 10.10.1990 – 5 AZR 404/89, AP Nr. 47 zu § 138 BGB; LAG Hamm v. 5.12.2003 – 7 (8) Sa 1083/03, LAGReport 2004, 254. | 8 LAG Berlin v. 17.2.1997 – 9 Sa 124/96, NZA-RR 1997, 371 (372). | 9 LAG Hamm v. 16.10.1989 – 19 (13) Sa 1510/88, ZIP 1990, 880 (886 f.) mit zust. Anm. v. *Gaul*, ZIP 1990, 889 ff. | 10 LAG Hamm v. 3.10.1979 – 1 Sa 946/79, DB 1980, 597. | 11 BAG v. 14.12.2004 – 9 AZR 23/04, AP Nr. 62 zu § 138 BGB. | 12 LAG Rh.-Pf. v. 17.2.2003 – 7 Sa 1141/02, nv., n.rkr.; im Ergebnis ebenso BAG v. 24.6.2004 – 6 AZR 320/03, EzA § 611 BGB 2002 – Ausbildungsbeihilfe Nr. 7. | 13 BSG v. 18.3.2004 – B 11 AL 57/03 R, BSGE 92, 254. | 14 BAG v. 30.9.1993 – 2 AZR 268/93, AP Nr. 37 zu § 123 BGB. | 15 LAG Hamm v. 5.10.1988 – 15 Sa 1403/88, DB 1989. 783. | 16 BAG v 26.2.2003 – 5 AZR 690/01, AP Nr. 24 zu § 134 BGB. | 17 BAG v. 25.3.2004 – 2 AZR 153/03, AP Nr. 60 zu § 138 BGB. | 18 BAG v. 23.5.2001 – 5 AZR 527/99, AuR 2001, 509 (510); Staudinger/*Richardi*, § 611 BGB Rz. 201. | 19 BAG v. 11.9.1984 – 3 AZR 184/82, AP Nr. 37 zu § 138 BGB. | 20 BAG v. 24.3.2004 – 5 AZR 303/03, AP Nr. 59 zu § 138 BGB. | 21 BAG v. 24.3.2004 – 5 AZR 303/03, AP Nr. 59 zu § 138 BGB.

nicht vorweist[1]. Eine Zwangslage iSd. Abs. 2 kann vorliegen, wenn bei Arbeitslosigkeit kein Alg I oder Alg II gewährt wird. Ist in einem solchen Fall der Lohn so gering, dass er nicht zur Sicherung des notwendigen Lebensunterhalt reicht, sind die Voraussetzungen des Wuchertatbestands erfüllt[2]. Wucher kann allerdings auch vorliegen, wenn die vereinbarte Vergütung besonders schwankt oder dem ArbN ein hohes Risiko aufgebürdet wird, sein Lohn jedoch nur gering ist. Dies ist etwa bei einer unbilligen Verlustbeteiligung des ArbN anzunehmen[3]. Der Tatbestand des Wuchers liegt auch dann nahe, wenn dem ArbN erhebliche Leistungen ohne Vergütung abverlangt werden[4].

79 **dd) Sonstige Nichtigkeitsgründe.** Ein Arbeitsvertrag kann auch auf Grund eines Verstoßes gegen ein konstitutives Schriftformerfordernis nichtig sein (s. Rz. 37). Zur Geschäftsunfähigkeit oder beschränkten Geschäftsfähigkeit vgl. Rz. 34 ff.

80 **b) Rechtsfolgen.** Auch bei der Nichtigkeit eines Arbeitsvertrags aus den oben aufgeführten Gründen können sich bereicherungsrechtl. Abwicklungsprobleme ergeben. Grundsätzlich greifen auch hier die Regeln zum fehlerhaften Arbeitsverhältnis, wenn bereits Arbeitsleistungen erbracht wurden (zum fehlerhaften Arbeitsverhältnis: § 119 Rz. 15 ff.). Ferner ist es auch möglich, dass nur einzelne Vertragsabreden nichtig sind, die dann durch gesetzl. oder tarifvertragl. Vorschriften ersetzt werden können. Eine Gesamtnichtigkeit des Vertrages ist grds. nur dann der Fall, wenn sich die Wirksamkeitsmängel auf den tatsächlichen Vollzug des Arbeitsverhältnisses beziehen[5]. Somit ist hinsichtlich der Nichtigkeitsrechtsfolgen nach den einzelnen Nichtigkeitsgründen zu differenzieren.

81 Ein Verstoß gegen ein gesetzl. Verbot erfolgt regelmäßig nicht durch den gesamten Arbeitsvertrag, sondern nur durch einzelne Vertragsabreden. Während nach § 139 im Zweifel eine Gesamtnichtigkeit anzunehmen ist, wurde diese Grundregel im Arbeitsrecht weitgehend umgekehrt. Hier gilt somit der Grundsatz der Aufrechterhaltung des Vertrages. Nach st. Rspr. des BAG ist die Vorschrift des § 139 unanwendbar, wenn der Verstoß auf ArbN-Schutzvorschriften beruht[6]. Der Fortbestand des Arbeitsverhältnisses bei bloßer Teilnichtigkeit des Vertrages ist somit der arbeitsrechtl. Regelfall. In Ausnahmefällen zB bei Verstößen gegen zumeist öffentl.-rechtl. Schutznormen[7] oder bei extremen Verstößen gegen § 138[8] wird allerdings eine Totalnichtigkeit angenommen. Verstoßen Teile des Vertrages gegen § 138 (zB Mankoabreden), so greift die Nichtigkeitsfolge von Anfang an ein. An ihre Stelle tritt rückwirkend die gesetzl. Regelung. Schließt der ArbN-Schutz eines Verbotsgesetzes eine erlaubte Beschäftigung überhaupt aus, ist der Arbeitsvertrag insgesamt nichtig. Der Schutzzweck der Verbotsnorm kann allerdings eine Beschränkung der Nichtigkeitsfolge auf eine Ex-nunc-Wirkung erfordern[9]. Ferner können sich im Allgemeinen weder ArbN noch ArbGeb auf die Nichtigkeit des Arbeitsvertrags für die Zeit berufen, solange die Nichtigkeit dem anderen Vertragsteil unbekannt war[10]. Nach diesem Grundsatz findet keine Beschränkung der Ex-tunc-Wirkung statt, wenn die Nichtigkeit des Arbeitsvertrages auf einem vorsätzlichen Verstoß gegen allgemeine, für jedermann gültige Strafgesetze und damit auf einem Verbot des Bestehens eines derartigen Arbeitsverhältnisses überhaupt beruht[11].

82 Bei der Sittenwidrigkeit eines Arbeitsverhältnisses muss ebenfalls differenziert werden. Eine Nichtigkeit des gesamten Vertrags ist nur anzunehmen, wenn entweder die zugesagte Tätigkeit sittenwidrig ist oder wenn es sich um die sittenwidrige Bindung einer Vertragspartei handelt. Liegt der erstgenannte Fall vor, würde eine Beschränkung der Vergangenheitsfolgen der Nichtigkeit gegen die Grundauffassungen der Rechtsordnung verstoßen, so dass eine Wirkung ex tunc gelten muss[12]. Im letzteren Fall darf sich die Nichtigkeit nicht zu Lasten desjenigen auswirken, der durch § 138 geschützt werden soll. Insb. beim Lohnwucher ist somit der Vertrag nicht nichtig. An die Stelle der sittenwidrigen Entgeltvereinbarung tritt vielmehr die gesetzl. Regelung des § 612[13]. Ist der Arbeitsvertrag als von Anfang an nichtig zu bewerten, besteht zumindest eine deliktische Haftung gem. §§ 823 ff., wenn es im Rahmen des Vollzugs der unzulässigen Tätigkeit zu einer Verletzung von Rechtsgütern der anderen Vertragspartei kommt. Ferner besteht zwischen ArbGeb und ArbN eine gesetzl. Sonderbeziehung, so dass Ansprüche aus § 280 oder sonstige quasi-vertragl. Ansprüche entstehen[14].

83 Bei einem Verstoß gegen **Formvorschriften** hat die Geltendmachung der Nichtigkeit **regelmäßig keine Wirkung für die Vergangenheit**, wenn der ArbN die ihm vertragsmäßig obliegende Leistung bereits voll-

1 LAG Rh.-Pf. v. 26.8.2004 – 4 Ta 194/04, nv. | 2 Staudinger/*Richardi* (13. Aufl.), § 611 BGB Rz. 149. | 3 BAG v. 10.10.1990 – 5 AZR 404/89, AP Nr. 47 zu § 138 BGB. | 4 BAG v. 28.1.2004 – 5 AZR 530/02, AP Nr. 10 zu § 611 BGB – Bereitschaftsdienst; vgl. auch ArbG Berlin v. 8.1.2003 – 36 Ca 19390/02, ArbuR 2004, 74, n.rkr. | 5 Kittner/Zwanziger/*Becker*, ArbR, § 31 Rz. 14. | 6 S. BAG v. 4.10.1978 – 5 AZR 886/77, AP Nr. 11 zu § 611 BGB – Anwesenheitsprämie; v. 28.3.1963 – 5 AZR 472/62, AP Nr. 24 zu § 1 Hausarbeitsgesetz; v. 9.9.1981 – 11 AZR 1182/79, AP Nr. 117 zu Art. 3 GG. | 7 Bei Einstellung einer Schwangeren für Arbeiten, die nach dem MuSchG verboten sind: vgl. BAG v. 27.11.1956 – 1 AZR 540/55, AP Nr. 2 zu § 4 MuSchG; Überschreitung der arbeitszeitlichen Grenzen: LAG Nürnberg v. 29.8.1995 – 2 Sa 429/94, AP Nr. 9 zu § 134 BGB. | 8 Vgl. BGH v. 18.7.1980 – 2 StR 348/80, AP Nr. 35 zu § 138 BGB. | 9 *Sack*, RdA 1975, 171 (176). | 10 Staudinger/*Richardi*, § 611 BGB Rz. 254. | 11 Vgl. BAG v. 25.4.1963 – 5 AZR 398/62, AP Nr. 2 zu § 611 BGB – Faktisches Arbeitsverhältnis. | 12 Vgl. BAG v. 1.4.1976 – 4 AZR 96/75, BAGE 28, 83 (92). | 13 BAG v. 10.3.1960 – 5 AZR 426/58, AP Nr. 2 zu § 138 BGB; LAG Bremen v. 27.9.1974 – 1 Sa 60–61/74, AP Nr. 33 zu § 138 BGB. | 14 Kittner/Zwanziger/*Becker*, ArbR, § 31 Rz. 18.

bracht hat oder sich auf die Forderung des ArbGeb hin zur Verfügung hielt[1]. Entscheidend hierfür ist allerdings, dass sich die Formvorschrift auf die Vertragsbindung, nicht aber auch auf die Zulässigkeit der zu erbringenden Arbeitsleistung bezieht[2].

Ist an der Begründung des Arbeitsverhältnisses ein **beschränkt Geschäftsfähiger** beteiligt, so ist für den Umfang der Nichtigkeitsfolge der Schutz des Personenkreises maßgebend (s. auch Rz. 34 ff.). Der Schutzzweck der §§ 104 ff. gebietet danach zu unterscheiden, ob ein Mangel der Geschäftsfähigkeit beim ArbGeb oder beim ArbN vorliegt. Ist der **ArbN** nicht oder nur beschränkt geschäftsfähig, und hat im letzteren Fall der gesetzl. Vertreter einem Vertragsschluss nicht zugestimmt, damit die Voraussetzungen des § 113 nicht vorliegen, ist eine rechtsgeschäftl. Verpflichtung durch den Minderjährigenschutz ausgeschlossen. Somit obliegen dem Minderjährigen keine arbeitsvertragl. Pflichten. Ihm sind jedoch alle Rechte aus dem Arbeitsverhältnis (insb. ein Lohnanspruch) zuzubilligen[3]. Bei einer mangelhaften Geschäftsfähigkeit des **ArbGeb** obliegt diesem keine Lohnzahlungspflicht. Der ArbN, der seine Arbeitsleistung bereits erbracht hat, muss seinen Lohnanspruch im Wege von Bereicherungsansprüchen geltend machen. Er kann sich für die Zukunft allerdings einseitig vom Vertrag lossagen, so dass er auch keiner weiteren arbeitsvertragl. Verpflichtung unterliegt[4]. Im Rahmen einer fehlerhaften Geschäftsfähigkeit des ArbGeb ist jedoch stets zu prüfen, ob der gesetzl. Vertreter nicht durch eine Duldung der Beschäftigung des ArbN dem Vertrag zugestimmt hat und hierdurch ein Arbeitsverhältnis wirksam begründet wurde[5]. Arbeitsverträge, die mit **Geschäftsunfähigen** abgeschlossen wurden, sind nichtig, ohne dass die Grundsätze des fehlerhaften Arbeitsverhältnisses auf sie angewandt werden könnten (s. Rz. 34). 84

IV. Vergütungspflicht. 1. Begriff und Rechtsnatur des Arbeitsentgelts. Der ArbGeb ist gem. § 611 I verpflichtet, dem ArbN die vereinbarte Vergütung zu gewähren. Unter dem **Begriff der Vergütung** versteht das BGB das **Arbeitsentgelt**. Die Arbeitsentgeltpflicht ist die Hauptpflicht des ArbGeb. Sie ist die Gegenleistung für die von ihm bereits empfangenen oder noch zu empfangende Leistung des ArbN und steht daher im **Gegenseitigkeitsverhältnis** zur Arbeitspflicht. Gebräuchliche Bezeichnungen für das Arbeitsentgelt sind die Begriffe Lohn, Arbeitslohn, Gehalt, Bezüge Preis, Gage, Honorar oder Salär[6]. Während die Vergütung von Arbeitern herkömmlich als Lohn bezeichnet wird, bezieht sich der Begriff Gehalt auf die Vergütung von Angestellten. Künstler erhalten eine Gage. Es ist auch gebräuchlich, den Begriff Lohn als Oberbegriff der verschiedenen Entgeltleistungen des ArbGeb zu verwenden. Die Verwendung solcher unterschiedlichen Begriffe ist jedoch rechtl. unerheblich, soweit das Arbeitsentgelt bezeichnet werden soll. 85

Die Vergütung gilt gem. § 612 I als stillschweigend vereinbart, wenn die Arbeitsleistung den Umständen nach nur gegen eine Vergütung zu erwarten war. Grundsätzlich unterliegt die Vereinbarung der **Vergütungshöhe** der Vertragsfreiheit der Parteien (ausf. zur Vergütungshöhe § 612 Rz. 36 ff.). Besteht jedoch eine beiderseitige tarifvertragl. Bindung, darf der tarifl. festgelegte Mindestlohn nicht durch die Arbeitsentgeltvereinbarung unterschritten werden (vgl. § 4 III TVG). Das Arbeitsentgelt betreffende tarifl. Vereinbarungen sind auch bei einer fehlenden beiderseitigen Tarifgebundenheit im Falle von einzelvertragl. Bezugnahmeklauseln und AVE (vgl. § 5 TVG) zu beachten. Legen die Parteien ihrer Vergütungsvereinbarung eine unrichtige rechtl. Beurteilung darüber zugrunde, ob die Dienste abhängig oder selbständig erbracht werden, bedarf es einer ergänzenden Auslegung. Die Vergütung kann unabhängig von der rechtl. Einordnung des bestehenden Vertrages gewollt oder gerade an diese geknüpft sein. Maßgebend ist der erklärte Parteiwille, wie er nach den Umständen des konkreten Falles aus der Sicht des Erklärungsempfängers zum Ausdruck kommt[7]. 86

2. Geldschuld, Naturallohn, Sachbezüge. a) Grundsatz. Die Vergütung ist grds. eine **Geldschuld**: Gem. § 107 I GewO nF ist das Arbeitsentgelt in Euro zu berechnen und auszuzahlen. Aus § 107 II GewO nF folgt das prinzipielle **Verbot des Trucksystems**, doch wird durch diese Vorschriften die Vereinbarung einer Naturalvergütung nicht gänzlich ausgeschlossen. Es ist jedoch unzulässig, eine als Geldschuld eingegangene Vergütungspflicht durch eine Naturalleistung zu tilgen[8], es sei denn, es greift eine der Ausnahmen des § 107 II 1, 3, 5 GewO ein[9]. Eine vereinbarte Barzahlung bedeutet jedoch nicht, dass eine **bargeldlose Zahlung** ausgeschlossen ist, sofern der ArbN auf Grund der Zahlungsart über den Lohnbetrag verfügen kann. Freiwillige zusätzliche Leistungen im Rahmen von Arbeitsverhältnissen werden von den Vorschriften nicht erfasst, s. zum ArbN-Darlehen Rz. 156. 87

b) Dienstwagen. Die Möglichkeit, einen Dienstwagen im Rahmen eines Arbeitsverhältnisses auch für Privatfahrten nutzen zu können, ist eine zusätzliche Gegenleistung für die geschuldete Arbeitsleistung[10]. 88

---

1 BAG v. 15.11.1957 – 1 AZR 189/57, BAGE 5, 58 (65 ff.). |2 Staudinger/*Richardi*, § 611 BGB Rz. 249. |3 *Walker*, JA 1985, 138 (149); MünchArbR/*Richardi*, § 44 Rz. 70; *Franzen*, JuS 1995, 232 (233 f.). |4 Staudinger/*Richardi* (13. Aufl.), § 611 BGB Rz. 200. |5 Staudinger/*Richardi*, § 611 BGB Rz. 252. |6 Staudinger/*Richardi*, § 611 BGB Rz. 630. |7 BAG v. 12.1.2005 – 5 AZR 144/04, AP Nr. 69 zu § 612 BGB. |8 Staudinger/*Richardi*, § 611 BGB Rz. 667; *Schaub*, ArbRHdb, § 68 Rz. 1a; MüKo/*Müller-Glöge*, § 611 BGB Rz. 521; BGH v. 12.5.1975 – III ZR 39/73, AP Nr. 3 zu § 115 GewO. |9 MüKo/*Müller-Glöge*, § 611 BGB Rz. 521. |10 BAG v. 16.11.1995 – 8 AZR 240/95, AP Nr. 4 zu § 611 BGB – Sachbezüge; v. 23.6.1994 – 8 AZR 537/92, EzA § 249 BGB Nr. 20; v. 27.5.1999 – 8 AZR 415/98, AP Nr. 12 zu § 611 BGB – Sachbezüge.

Dabei ist es unerheblich, ob das Fahrzeug vornehmlich zur Privatnutzung oder zur gemischt privat-dienstlichen Nutzung überlassen wird, und ob die Privatnutzung Beschränkungen unterliegt. Nur wenn das Fahrzeug ausschließlich zur dienstlichen Nutzung überlassen wird, hat die Überlassung keinen Vergütungscharakter[1]. Die Überlassung eines Dienstwagens auch zu privaten Zwecken ist als im Synallagma zur Arbeitspflicht stehender Vergütungsbestandteil im Rahmen nachvertragl. Wettbewerbsverbote bei der **Berechnung der Karenzentschädigung** zu berücksichtigen[2] und auch auf das Tarifentgelt anzurechnen. Bei der Bemessung des Ruhegehalts[3] sowie der Berechnung einer Betriebsrente[4] entscheidet die Auslegung der Versorgungsordnung.

89 Soweit keine andere Vereinbarung vorliegt, ist auch für die Zeit, in der der ArbN an der Erbringung der Arbeitsleistung wegen Krankheit oder aus anderen persönlichen Gründen verhindert ist, ihm der Firmenwagen zu überlassen – freilich nur bis zum Ende des Entgeltfortzahlungszeitraums[5]. Bei einem unwiderruflich überlassenen Dienstwagen gilt dies auch während der Mutterschutzfristen des § 3 II, § 6 I MuSchG[6]. Auf Grund des Entgeltcharakters der Dienstwagenüberlassung, hat auch ein BR-Mitglied, das von seiner beruflichen Tätigkeit befreit ist, während der Zeit seiner Freistellung weiterhin gem. § 37 II BetrVG einen Anspruch auf private Nutzung eines Dienstwagens[7]. Am Ende des Dienstverhältnisses ist der Wagen an den ArbGeb herauszugeben (§ 985 BGB); ein Rückbehaltungsrecht gegenüber ausstehendem Entgelt kann durch Formularvertrag nicht ausgeschlossen werden, s. § 309 Nr. 2b. Eine Vertragsklausel, die den ArbN verpflichtet, bei Beendigung des Arbeitsverhältnisses einen ihm zur Privatnutzung überlassenen Dienstwagen zurückzugeben und dennoch für die restliche Laufzeit des Leasingvertrages die anfallenden Raten in einem Einmalbetrag zu zahlen, ist unwirksam[8]. Eine Vereinbarung, die zur entschädigungslosen Rückgabe des auch privat genutzten Firmen-PKW nach erfolgter Kündigung und Freistellung verpflichtet, ist jedenfalls dann wirksam, wenn der Wert der Nutzung im Verhältnis zur restlichen Vergütung nur unbedeutend ist[9]. Wenn nach dem Willen der Parteien erkennbar die dienstliche Nutzung eines Firmenfahrzeugs im Vordergrund steht, kann nach vertragl. Vereinbarung dem ArbN bereits vorher die private Nutzungsmöglichkeit entzogen werden, wenn die Voraussetzungen für die Nutzung des Firmenfahrzeugs für Dienstreisen entfallen sind[10]. Nach den Umständen des Einzelfalls kann sich die Verpflichtung des ArbN aus arbeitsvertragl. Nebenverpflichtung ergeben, den Wagen während der Arbeitsverhinderung an den ArbGeb **zurückzugeben**, wenn er zur Dienstverrichtung einer Ersatzkraft gebraucht wird[11]. Ob dann bei rechtmäßigem Fernbleiben von der Arbeit ein Anspruch auf Wertersatz besteht, ist streitig[12]. Weil die private Nutzbarkeit Entgelt darstellt, ist der Wagen allerdings während eines Kündigungsschutzstreits zur Verfügung zu stellen, wenn und soweit der ArbN weiter arbeitet, sei es auf Grund § 102 BetrVG, sei es auf Grund des allgemeinen Weiterbeschäftigungsanspruchs[13]. Die bloße Kündigungsschutzklage verpflichtet den ArbGeb noch nicht zur Weitergewähr[14].

90 Wird einem ArbN, dem ein Firmenfahrzeug auch zur privaten Nutzung überlassen worden war, das Fahrzeug durch den ArbGeb unberechtigt entzogen, so ist für die Höhe des Schadensersatzanspruchs maßgebend, was der ArbN für Anschaffung und Nutzung eines vergleichbaren Kraftfahrzeugs am freien Markt aufwenden müsste. Ist der ArbN berechtigt, einen Pkw betrieblich und privat unbeschränkt nutzen zu können, und entzieht der ArbGeb dem ArbN mit der betrieblichen die vertragsgemäß eingeräumte Privatnutzung, kann der ArbN als Schadensersatz unter Beachtung seiner Schadensminderungspflicht mindestens den Geldbetrag verlangen, der aufzuwenden ist, um einen entsprechenden Pkw privat nutzen zu können[15]. Das BAG hat es jedoch abgelehnt, den Wert der privaten Nutzung darüber hinaus an den Mietwagenkosten auszurichten[16]. Andererseits soll nach Auffassung des BAG aus Gründen der Rechtseinheit dem ArbN wegen unberechtigten Entzugs eines auch zur privaten Nutzung überlassenen Dienst-Pkw nicht jede abstrakte Schadensberechnung abgeschnitten werden. Es entspreche ständiger Übung, die steuer- und sozialversicherungsrechtl. maßgeblichen Bewertungsfaktoren heranzuziehen, wenn eine Naturalvergütung wegen Zeitablaufs nicht mehr geleistet werden kann und deshalb dem ArbN Geldersatz zu leisten ist[17].

---

1 BAG v. 23.6.2004 – 7 AZR 514/03, AP Nr. 139 zu § 37 BetrVG 1972. | 2 BAG v. 8.11.1994 – 9 AZR 4/93, AP Nr. 17 zu § 74c HGB; *Schaub*, ArbRHdb, § 58 Rz. 76. | 3 BAG v. 14.8.1990 – 3 AZR 321/89, AP Nr. 12 zu § 1 BetrAVG – Berechnung. | 4 BAG v. 21.8.2001 – 3 AZR 746/00, AP Nr. 10 zu § 77 BetrVG 1972 – Auslegung; LAG Hessen v. 8.9.2004 – 8 Sa 2110/03, nv. | 5 LAG Köln v. 29.11.1995 – 2 Sa 843/95, LAGE § 616 BGB Nr. 8; LAG Köln v. 22.6.2001 – 11 (6) Sa 391/01, NZA-RR 2001, 523. | 6 BAG v. 11.10.2000 – 5 AZR 240/99, AP Nr. 13 zu § 611 BGB – Sachbezüge. | 7 Aus dem Dienstwagen wird damit ein Privatwagen: BAG v. 23.6.2004 – 7 AZR 514/03, AP Nr. 139 zu § 37 BetrVG 1972. | 8 BAG v. 9.9.2003 – 9 AZR 574/02, AP Nr. 15 zu § 611 BGB – Sachbezüge; ArbG München v. 10.5.2007 – 30 Ca 16727/06, nv. | 9 LAG Hessen v. 20.7.2004 – 13 Sa 1992/03, LAGReport 2005, 1 f., n.rkr. | 10 BAG v. 17.9.1998 – 8 AZR 791/96, AuR 1999, 11; LAG Hessen v. 27.11.2003 – 11 Sa 648/03, nv. | 11 MüKo/*Müller-Glöge*, § 611 BGB Rz. 705; MünchArbR/*Hanau*, § 70 Rz. 12. | 12 Dafür ErfK/*Preis*, § 611 BGB Rz. 659; aA MünchArbR/*Hanau*, § 70 Rz. 12. | 13 Ähnlich ErfK/*Preis*, § 611 BGB Rz. 659. | 14 ArbG Wetzlar v. 1.8.1986 – 2 Ga 1/86, NZA 1987, 163. | 15 S. ausf. ErfK/*Preis*, § 611 BGB Rz. 661. | 16 BAG v. 16.11.1995 – 8 AZR 240/95, AP Nr. 4 zu § 611 BGB – Sachbezüge; v. 27.5.1999 – 8 AZR 415/98, AP Nr. 12 zu § 611 BGB – Sachbezüge; noch offen gelassen in BAG v. 23.6.1994 – 8 AZR 537/92, AP Nr. 34 zu § 249 BGB; LAG Rh.-Pf. v. 23.3.1990 – 6 Sa 32/90, LAGE § 249 BGB Nr. 4; dafür LAG Hamm v. 13.7.1992 – 17 Sa 1824/91, LAGE § 249 BGB Nr. 5; MünchArbR/*Hanau*, § 70 Rz. 14; dagegen *Nägele/Schmidt*, DB 1993, 1797. | 17 Vgl. hierzu ErfK/*Preis*, § 611 BGB Rz. 662; KassHdb/*Künzl*, Abschnitt 2.1 Rz. 521.

c) **Werkswohnung.** Eine andere Form der Sachleistung kann die Überlassung einer Werkswohnung sein. Soweit Gegenleistung der Überlassung die Arbeitsleistung ist, liegt kein Mietvertrag vor[1]. Möglich – und in der Praxis verbreiteter – ist jedoch die Überlassung im Rahmen eines Mietvertrags, dessen Grundlage das Arbeitsverhältnis ist. Für die Kündigung dieses Mietraums gilt § 576b. 91

d) **Personalrabatt.** Eine weitere Form des Arbeitsentgelts ist das Einräumen von Personalrabatten[2]. Die bisherige Rspr., die Personalrabatte auch Rentnern zugestand[3], wurde mit der Aufhebung des RabattG[4] seit dem 25.7.2001 gegenstandslos. Die in AGB über den Verkauf von Autos an **Werksangehörige** enthaltene Klausel, die den ArbN zur Zahlung des ihm eingeräumten Preisnachlasses verpflichtet, wenn er binnen eines Jahres nach Auslieferung fristlos entlassen wird, ist wegen Verstoßes gegen das Transparenzverbot (§ 307 I 2) unwirksam, wenn die Höhe des Preisnachlasses im Vertrag nicht angegeben ist[5]. Ob und inwieweit darüber hinaus eine weitere Inhaltskontrolle solcher Vereinbarungen geboten ist, ist umstritten[6]. Bei Betriebsübergang kann der Personalrabatt wegfallen, wenn der Produktionsbetrieb, dessen Produkte mit Rabatt erworben werden sollten, nicht mit übergeht[7] oder aber die Produktion eingestellt wird. Allgemein ist zu prüfen, ob es sich dabei - wie in der Regel - um eine auflösend bedingte Verpflichtung des ArbGeb handelt, die vom Fortbestand der tatsächlichen Möglichkeit der Vorteilsgewährung abhängig ist. 92

3. Modalitäten der Vergütungszahlung. Üblicherweise ist der Erfüllungsort für die Lohnzahlungsverpflichtung des ArbGeb der Ort, an dem sich der Betrieb befindet, in dem der ArbN seine Dienste ständig verrichtet (Betriebssitz)[8]. Der Betriebssitz bleibt auch dann der Erfüllungsort, wenn der ArbN außerhalb der Betriebsstätte eingesetzt wird[9]. Der ArbN hat die Vergütung grds. im Betrieb abzuholen **(Holschuld)**. Gem. dem ehemaligen § 115a GewO galten bis zum 1.1.2003 allerdings Einschränkungen für gewerbliche ArbN, denen die Löhne nicht in Gaststätten oder Verkaufsstellen ohne Genehmigung der zuständigen Behörde ausgezahlt werden dürfen[10]. Der Anspruch der Seeleute auf Auszahlung ihrer Heuer richtet sich nach § 35 SeemG. 93

Gem. **§ 614 S. 1** ist die Vergütung **nach der Leistung der Dienste** zu erbringen. Die Norm ist abdingbar, so dass TV, BV oder Arbeitsvertrag eine abweichende Regelung enthalten können. Für einzelne ArbN-Gruppen bestehen besondere Vorschriften über die Zahlungszeit, insb. für Handlungsgehilfen nach § 64 HGB, s. § 614 Rz. 8. 94

Ist es dem ArbN nicht möglich oder nicht zumutbar, den Lohn abzuholen oder abholen zu lassen, muss der ArbGeb gem. § 270 I die Vergütung auf seine Kosten an den Wohnsitz des ArbN übermitteln. Es handelt sich in diesem Fall um eine **Schickschuld**. Eine Schickschuld des ArbGeb ist auch dann gegeben, wenn nach heutzutage üblicher Weise eine **bargeldlose Lohnzahlung** per Überweisung erfolgt. Mit der Gutschrift der Überweisung auf dem Konto des ArbN tritt die Erfüllungswirkung ein, wobei der ArbGeb das Risiko des Fehlgehens der Überweisung trägt[11]. 95

4. Nettolohnvereinbarungen. a) Allgemeines. Ist im Arbeitsvertrag eine Bruttovergütung vereinbart, hat der ArbN die anfallende LSt im Verhältnis zum ArbGeb zu tragen. Der ArbGeb kann die abzuführende LSt von dem vereinbarten Lohn abziehen. Das gilt auch bei einer geringfügigen Beschäftigung hinsichtlich der pauschalierten LSt[12]. Nettolohn wird vom ArbGeb nur kraft besonderer Vereinbarung geschuldet. Der ArbN trägt daher die Beweislast, dass die vom ArbGeb entrichtete Vergütung bereits den Nettolohn, also das um die Abzüge bereits verminderte Entgelt darstellen soll[13]. Eine solche sog. Nettolohnvereinbarung kann ausdrücklich oder konkludent getroffen werden[14]. Bei AGB sind die Maßstäbe der §§ 305 ff. zu beachten[15]. Nettolohnvereinbarungen sind zulässig, es sei denn, ArbGeb und ArbN arbeiten einvernehmlich zur Hinterziehung der LSt und der GesamtSozV-Beiträge zusammen[16]. Liegt eine Bruttolohnvereinbarung vor, kann der ArbGeb, dem bei geringfügiger Beschäftigung steuerrechtlich das Wahlrecht zwischen einer Pauschalbesteuerung und einer Besteuerung nach individuellen Merkmalen zusteht, den ArbN intern mit der Pauschalsteuer belasten; denn auch die Pauschalbesteuerung geht auf einen Steuertatbestand zurück, der sich in der Person des ArbN in Form des Zuflusses von Arbeitslohn verwirklicht. Einer besonderen Vereinbarung hierzu bedarf es nicht. Die Abwälzungsbefug- 96

---

1 Staudinger/*Richardi*, § 611 BGB Rz. 671. | 2 MünchArbR/*Hanau*, § 70 Rz. 6; MüKo/*Müller-Glöge*, § 611 BGB Rz. 708; *Schaub*, ArbRHdb, § 68 Rz. 8; aA LAG Bremen v. 28.7.1987 – 1 Sa 155/86, NZA 1987, 815. | 3 BAG v. 11.12.1996 – 5 AZR 336/95, AP Nr. 5 zu § 611 BGB – Sachbezüge. | 4 IdF v. 24.7.2001, BGBl. I S. 1663. | 5 S. bereits BAG v. 26.5.1993 – 5 AZR 219/92, AP Nr. 3 zu § 23 AGB-Gesetz. | 6 Dafür ErfK/*Preis*, § 611 BGB Rz. 656; *Schaub*, ArbRHdb, § 68 Rz. 8; LAG Bremen v. 28.7.1987 – 1 Sa 155/86, NZA 1987, 815; dagegen MünchArbR/*Hanau*, § 70 Rz. 8. | 7 BAG v. 7.9.2004 – 9 AZR 631/03, NZA 2005, 1223; v. 13.12.2006 – 10 AZR 792/05, NZA 2007, 325; 19.9.2007, 4 AZR 711/06, bislang nv. | 8 LAG Berlin v. 19.5.1960 – 2 Sa 14/60, AP Nr. 3 zu § 269 BGB. | 9 Staudinger/*Richardi*, § 611 BGB Rz. 646. | 10 Eine ähnliche Vorschrift findet sich heute noch im philippinischen Arbeitsrecht, Rule VIII sec. 4d Durchführungsbestimmungen zum Arbeitsgesetzbuch: keine Auszahlung im Massagesalon; hierzu *Thüsing*, NZA 2003, 1303. | 11 *Schaub*, ArbRHdb, § 70 Rz. 8; ErfK/*Preis*, § 611 BGB Rz. 510. | 12 BAG v. 1.2.2006 – 5 AZR 628/04, AP Nr. 4 zu § 40a EStG. | 13 BAG v. 19.12.1963 – 5 AZR 174/63, AP Nr. 15 zu § 670 BGB; v. 18.1.1974 – 3 AZR 183/73, AP Nr. 19 zu § 670 BGB. | 14 LAG Köln v. 1.8.1997 – 11 (7) Sa 152/97, NZA-RR 1998, 393. | 15 S. BAG v. 1.2.2006 – 5 AZR 628/04, AP Nr. 4 zu § 40a EStG. | 16 BFH v. 21.2.1992 – VI R 41/88, BB 1992, 1911; v. 28.2.1992 – VI R 146/87, BB 1992, 1482.

nis des ArbGeb besteht so lange, wie dem ArbN das Recht vorbehalten bleibt, unter Vorlage der Lohnsteuerkarte eine Besteuerung nach seiner individuellen Steuerklasse zu verlangen. Kommt der ArbGeb einem solchen Wunsch des ArbN nicht nach, hat er die Pauschalbesteuerung auch im Innenverhältnis zu tragen[1].

97 **b) Inhalt.** Wurde eine Nettolohnvereinbarung getroffen, dann kann der ArbN keinen Bruttolohn fordern, weil er damit etwas beansprucht, was ihm nicht zusteht. Eine Nettolohnvereinbarung beschränkt sich im Grundsatz von vornherein auf das um die gesetzl. Lohnabzüge verminderte Arbeitsentgelt[2]. Der ArbGeb wird hierdurch verpflichtet, sämtliche Steuern und SozV-Beiträge zu übernehmen[3]. Wenn der ArbN der Meinung ist, er habe weniger Nettolohn erhalten als er vereinbart hat, dann muss er die **Nettolohndifferenz** einklagen und kann nicht einen entsprechend hochgerechneten Bruttoverdienst beanspruchen[4]. Ist ein Bruttoentgelt vereinbart, ist demgegenüber die Lohnzahlungsklage grds. auf den Bruttobetrag zu richten und das Urteil hat ebenfalls auf diesen Betrag zu lauten[5]. Der ArbN kann dann auch die Verzugszinsen nach § 288 I 1 aus der in Geld geschuldeten Bruttovergütung verlangen. Die arbeitsrechtl. Vergütungspflicht beinhaltet hier nicht nur die Nettoauszahlung, sondern umfasst auch die Leistungen, die nicht in einer unmittelbaren Auszahlung an den ArbN bestehen[6]. In dem Fall, in dem der ArbGeb bereits **Teilzahlungen** erbracht hat, kann der Klageantrag auf den Bruttobetrag abzüglich des bereits erhaltenen Nettobetrags lauten[7].

98 **c) Auslegung.** Schwierigkeiten kann es bereiten zu ermitteln, ob eine Nettolohnvereinbarung vorliegt. Sagt ein ArbGeb in einer Vorruhestandsvereinbarung die Erstattung der vom Vorruheständler zu leistenden Krankenversicherungsbeiträge zu, so liegt hierin noch keine Netto(lohn)vereinbarung[8]. Mit einer Lohnabrechnung des ArbGeb kann nicht bewiesen werden, dass eine Nettolohnvereinbarung getroffen wurde[9]. Wird eine Abfindung „brutto für netto" vereinbart, ergibt sich daraus kein Hinweis auf eine „echte" Nettolohnvereinbarung, bei der der ArbGeb die Steuerlast als zusätzliche Abfindung schulden würde[10]. Aus der Nachentrichtung von LSt durch den ArbGeb kann ebenfalls nicht ohne weiteres auf eine Nettolohnvereinbarung geschlossen werden[11]. Bei einer Nettolohnvereinbarung besteht nach instanzgerichtlicher Rspr. kein Anspruch auf **Erteilung einer Lohn-/Gehaltsabrechnung**[12].

99 **d) Änderung der maßgeblichen Umstände.** Haben die Parteien eines Arbeitsverhältnisses ohne nähere Erläuterung die Zahlung eines bestimmten Nettolohnes vereinbart, so ist nach der **Rspr. des BAG** im Zweifel davon auszugehen, dass die Vertragsparteien von den die Höhe der gesetzl. Abzüge beeinflussenden persönlichen Verhältnissen des ArbN (zB Steuerklasse, Freibeträge) ausgingen, wie sie bei Abschluss der Vereinbarung bestanden. Der ArbGeb muss auch bei Vereinbarung eines Nettolohnes, schon um die gesetzl. Abzüge berechnen zu können, den dem Nettolohn entsprechenden Bruttolohn feststellen. In der Sphäre des ArbN liegende, die Abzüge an LSt und SozV-Beiträgen beeinflussende Umstände sind daher auch bei Vereinbarung eines Nettolohnes nicht bedeutungslos, sondern maßgebende Rechnungsfaktoren. Ändern sich im Laufe des Arbeitsverhältnisses die bei Abschluss der Nettolohnvereinbarung bestehenden persönlichen Verhältnisse, so dass sich erhebliche Änderungen der Abzüge des ArbN ergeben, so muss die Lohnabrede neuen Verhältnissen angepasst werden. Nur wenn der ArbGeb beweisen könne, dass schon bei Abschluss der Nettolohnvereinbarung eine zukünftige Änderung der persönlichen Verhältnisse des ArbN einkalkuliert worden sei, kann etwas anderes gelten[13]. Das Gleiche muss auch gelten, wenn eine für die Vertragparteien zum Zeitpunkt des Vertragsschlusses nicht voraussehbare Gesetzesänderung erfolgt[14]. Nach **aA**[15] sind Änderungen der Grundlagen der LStBerechnung für die Höhe des dem ArbN zustehenden Nettolohns ohne Bedeutung, da dieser als konstante Größe geschuldet werde. Dem ArbGeb kommen hiernach Entlastungen zugute; er hat aber auch die Mehrbelastungen zu tragen. Von diesem Grundsatz soll nur dann Ausnahme gemacht werden, wenn der ArbN die Besteuerungsgrundlagen willkürlich ändert (zB durch Verzicht auf Wiedereintragung von Freibeträgen oder Wechsel in der Steuerklasse). In diesem Fall soll eine Anpassung der Vergütung gem. § 242 BGB erfolgen, da die Grundlage der Vereinbarung entfallen sei[16].

100 **e) Fehlbeträge.** Die durch den ArbGeb irrtümlich **zu viel gezahlten LSt** und Sozialabgaben stellen keine wirksame Erfüllung der Forderungen des ArbN dar, so dass dieser die zu viel einbehaltenen Ver-

---

1 BAG v. 1.2.2006 – 5 AZR 628/04, AP Nr. 4 zu § 40a EStG; v. 22.6.1978 – 3 AZR 156/77, AP Nr. 1 zu § 40a EStG. | 2 BAG v. 8.4.1987 – 5 AZR 60/86, nv.; aA MünchArbR/*Hanau*, § 72 Rz. 9; ErfK/*Preis*, § 611 BGB Rz. 596 f. | 3 BAG v. 19.12.1963 – 5 AZR 174/63, AP Nr. 10 zu § 611 BGB – Nettolohn; v. 18.1.1974 – 3 AZR 183/73, AP Nr. 19 zu § 670 BGB, zu I.2 d.Gr. | 4 BAG v. 6.7.1970 – 5 AZR 523/69, AP Nr. 1 zu § 611 BGB Nettolohn, zu 4 d.Gr. | 5 BGH v. 21.4.1966 – VII ZR 3/66, AP Nr. 13 zu § 611 BGB; BAG v. 29.8.1984 – 7 AZR 34/83, AP Nr. 27 zu § 123 BGB. | 6 BAG v. 7.3.2001 – GS 1/00, AP Nr. 4 zu § 288 BGB. | 7 *Schaub*, ArbRHdb, § 71 Rz. 4. | 8 LAG Hamm v. 1.3.2000 – 14 Sa 2144/99, NZA-RR 2001, 46. | 9 LAG Rh.-Pf. v. 18.9.1997 – 5 Sa 695/96, ZTR 1998, 94. | 10 LAG Köln v. 13.2.1997 – 10 Sa 918/96, FA 1998, 54. | 11 BAG v. 16.6.2004 – 5 AZR 521/03, AP Nr. 9 zu § 611 BGB – Lohnrückzahlung. | 12 LAG Hamm v. 24.2.2000 – 4 Sa 1609/99, nv. | 13 BAG v. 6.7.1970 – 5 AZR 523/69, AP Nr. 1 zu § 611 BGB – Nettolohn. | 14 AA jedoch LAG Köln v. 6.9.1990 – 10 Sa 574/90, LAGE § 611 BGB – Nettolohn, Lohnsteuer Nr. 2: Tritt durch eine Gesetzesänderung – hier: Steuerreform 1988 – eine Entlastung des ArbGeb ein, dann ist dieser grds. weiterhin nur zur Zahlung des vereinbarten Nettolohnes verpflichtet; die Weitergabe der Entlastung an den ArbN bedarf einer Änderung der Lohnabrede. | 15 *Schaub*, ArbRHdb, § 71 Rz. 114; ErfK/*Preis*, § 611 BGB Rz. 597. | 16 MünchArbR/*Hanau*, § 64 Rz. 66; *Schaub*, ArbRHdb, § 71 Rz. 114.

105 Für **streikbedingte Fehlzeiten** kann im Grundsatz nichts anderes gelten. Das sieht in der Sache wohl auch das BAG so: Ohne von „Entgelt im engeren Sinne“ zu reden, erkannte das Gericht eine Kürzung einer „Monatspauschale“ an, die einheitlich für alle Lohngruppen an Stelle einer prozentualen Tariflohnerhöhung für die ersten vier Monate der Geltung des neuen TV gezahlt wurde. Obwohl eine ausdrückliche Kürzungsabrede fehlte, stellt es fest, eine Zahlung komme „nur für Zeiten in Betracht ..., für die ein Lohnanspruch besteht“[1]. Das gilt dann auch für jährliche Zahlungen. Kürzt der ArbGeb dementsprechend die Sonderzahlung für Zeiten der Streikteilnahme, dann liegt hierin keine unzulässige **Maßnahme nach Art. 9 III 2 GG** und auch keine gesetzl. verbotene Maßregelung, denn die Unterscheidung ist durch die Rechtsordnung selbst vorgegeben. Der Verlust des Lohnanspruchs für die Zeit der Streikbeteiligung oder der Aussperrung ergibt sich daraus, dass der Arbeitskampf die Hauptpflichten aus dem Arbeitsverhältnis zum Ruhen bringt; einer gesonderten Abrede zur Kürzung bedarf es nicht, und daher fehlt es an einer Maßnahme oder Maßregelung durch den ArbGeb, die verboten sein könnte. Er vollzieht durch die Kürzung schlicht die gesetzl. Vorgaben; das kann ihm nicht verwehrt werden.

106 **(3) Sonderzahlung als Entgelt auch für Betriebstreue.** Bezweckt die Sonderzahlung auch die Vergütung von Betriebstreue oder einen anderen Nebenzweck, so ist sie mehr als eine angesparte Vergütung pro rata temporis und kann daher nicht der ausgefallenen Zeit anteilig zugeordnet werden. Ohne ausdrückliche Kürzungsvereinbarung ist daher eine Minderung wegen ausgefallener Arbeitszeit nicht möglich.

107 **Proportionale und überproportionale Kürzung.** Mit Kürzungsklausel ist aber auch – anders als beim Entgelt im engeren Sinne – eine überproportionale Kündigung möglich: Mehrfach stellte das BAG fest, die TV-Parteien könnten allgemein bestimmen, in welchem Umfang eine tarifl. Sonderzahlung durch Zeiten ohne tatsächliche Arbeitsleistung ausgeschlossen oder gemindert werden soll[2] und hat eine zeitanteilige, **proportionale Kürzung** ausdrücklich gebilligt[3]. Es ist kein Grund ersichtlich, warum dies nicht auch für eine Kürzungsvereinbarung in einer BV oder einem Arbeitsvertrag gelten soll. Problematisch erscheint freilich die **überproportionale Kürzung**. Zu finden sind solche Regelungen vor allem als **Anwesenheitsprämien**, die einen Anspruch generell an die tatsächliche Arbeitsleistung knüpfen und eine überproportionale Kürzung für Fehlzeiten vorsehen. Die Zulässigkeit solcher Vereinbarungen ist insb. im Hinblick auf krankheitsbedingte Fehlzeiten intensiv diskutiert worden; der neu geschaffene **§ 4a EFZG** hat die ehemals herrschende Meinung bestätigt und erklärt die Kürzung in Grenzen für zulässig, s. Komm. dort[4]. Für andere Gründe der Fehlzeit und insb. für das Arbeitskampfrecht fehlt weiterhin eine Regelung. Eine analoge Anwendung des § 4a EFZG dürfte ausscheiden. Eine Gesetzeslücke existiert zwar, aber die Sachverhalte sind nicht vergleichbar: Hier versucht der Gesetzgeber eine Balance zwischen dem Gesundheitsschutz des ArbN und dem Interesse des ArbGeb am Schutz vor unberechtigtem Krankfeiern[5]. Damit hat das Streikrecht des ArbN nichts gemein, denn ein „unberechtigtes“ Streiken soll durch solche Regelungen nicht verhindert werden. Bedenken gegen die rechtl. Zulässigkeit solcher Regeln nähren das Maßregelungsverbot des § 612a und die Koalitionsbetätigungsfreiheit des Art. 9 III GG. Auch die Folgen eines tarifvertragl. Maßregelungsverbots werden unterschiedlich beurteilt: Teilweise geht man davon aus, dass auch die überproportionale Kürzung möglich sein kann. Dass der Streikende nicht anwesend ist, sei nicht zu leugnen, und mit einer – rechtl. problematischen, s. § 612a Rz. 15 ff. – Streikbruchprämie habe dies nichts zu tun. Die Kürzung dürfe nur nicht unverhältnismäßig sein, was aber durchaus nicht bei jeder überproportionalen Kürzung der Fall sei[6]. Dem folgte das BAG, das es für zulässig hielt, eine monatliche Anwesenheitsprämie nicht zu zahlen, weil ein ArbN streikbedingt die in der Prämienregelung geforderte volle monatliche Betriebsanwesenheit nicht erfüllt hat[7].

108 Eine **strengere Sicht** und das Verbot jeglicher überportionaler Kürzung erscheint **vorzugswürdig**: Nicht erheblich kann es sein, dass die Kürzungsregelung der Anwesenheitsprämie sich nicht nur auf arbeitskampfbedingte Ausfallzeiten bezieht, sondern andere Abwesenheitsgründe mit einbezieht. Jeder Kürzungsgrund muss für sich betrachtet werden, wie dies auch die Rspr. stets so gehandhabt hat und

---

1 BAG 17.6.1997 – 1 AZR 674/96, AP Nr. 150 zu Art. 9 GG – Arbeitskampf; s. zum Lohnanspruch bei Streikteilnahme während Gleitzeit BAG v. 26.7.2005 – 1 AZR 133/04, AP Nr. 170 zu Art. 9 GG – Arbeitskampf; dazu *Wolff/Degenhardt*, BB 2006, 1965; *Bengelsdorf*, NZA 2006, 825. | 2 BAG v. 5.8.1992 – 10 AZR 88/90, AP Nr. 143 zu § 611 BGB – Gratifikation; v. 20.12.1995 – 10 AZR 742/94, AP Nr. 141 zu Art. 9 GG – Arbeitskampf; v. 3.8.1999 – 1 AZR 735/98, AP Nr. 156 zu Art. 9 GG – Arbeitskampf. | 3 BAG v. 3.8.1999 – 1 AZR 735/98, AP Nr. 156 zu Art. 9 GG – Arbeitskampf. | 4 Zur Rechtslage vor Gesetzesänderung vgl. BAG v. 26.10.1994 – 4 AZR 482/93, AP Nr. 18 zu § 611 BGB Anwesenheitsprämie mit Anm. *Thüsing*; *Thüsing*, NZA 1994, 728 f. | 5 Vgl. die Gesetzgebungsmaterialien BT-Drs. 13/4612, S. 16; s. auch *Thüsing*, NZA 1997, 728. | 6 *Gamillscheg*, Kollektives Arbeitsrecht Bd. I, S. 1027 (1192) unter Hinweis auf LAG Rh.-Pf. v. 10.4.1987 – 6 Sa 1098/86, NZA 1987, 599, wonach die Verweigerung einer allgemein gewährten Zulage von 5 % des Monatsgehalts wegen einer zweistündigen Demonstration gegen Art. 3 GG verstoße. Ähnlich wohl *Löwisch/Krauß*, Arbeitskampf- und Schlichtungsrecht, 170.3.1 Rz. 29 im – nicht so recht verständlichen – Hinweis auf BAG v. 21.4.1971 – GS 1/68, AP Nr. 43 zu Art. 9 GG – Arbeitskampf. | 7 BAG v. 20.12.1995 – 10 AZR 742/94, NZA 1996, 491; LAG Köln v. 18.12.1986 – 8 Sa 880/86, LAGE Art. 9 GG – Arbeitskampf Nr. 30; LAG Nürnberg 6.2.1995 – 7 (5) Sa 785/93 – LAGE Art. 9 GG – Arbeitskampf Nr. 56; zust. *Löwisch/Krauß*, Arbeitskampf- und Schlichtungsrecht, 170.3.1 Rz. 71.

gütungsbestandteile vom ArbGeb ausbezahlt verlangen kann[1]. Führt ein ArbGeb bei der Lohnabrechnung **zu wenig LSt** an das FA ab, so bleibt der ArbGeb dem FA auf Zahlung verpflichtet. Er hat aber gegenüber dem betroffenen ArbN einen Anspruch auf Freistellung von drohenden Steuernachforderungen, wenn das ausgezahlte Nettoentgelt zu hoch war. Hat er die fehlende LSt nachentrichtet, so verwandelt sich dieser Freistellungsanspruch in einen Erstattungsanspruch[2]. Die Abwälzung einer – grds. vom ArbGeb zu zahlenden – pauschalen LSt auf den ArbN ist zulässig[3]. Unterbleibt der Abzug der **SozV-Beiträge**, hat aber der Beschäftige seine Auskunfts- und Vorlagepflichten nach § 280 SGB IV erfüllt, so darf der Betrag nur bei den nächsten drei Gehaltszahlungen einbehalten werden, danach nur dann, wenn der Abzug ohne Verschulden des ArbGeb unterblieben ist, § 280 S. 3 SGB IV[4].

5. Besondere Arten der Vergütung. a) Sondervergütungen, Gratifikationen. Zu den Sondervergütun- 101
gen gehören **Gratifikation, 13. Monatsgehalt, Jahresabschlussvergütung, Weihnachtsgeld, Urlaubsgeld, Jubiläumszuwendung**[5]. Sie alle haben gemeins., dass sie nicht regelmäßig mit dem Arbeitsentgelt ausgezahlt, sondern aus bestimmten Anlässen oder zu bestimmten Terminen gewährt werden. Die Sondervergütungen haben grds. Entgeltcharakter, so dass Schenkungen des ArbGeb nur im Einzelfall bei persönlichen unentgeltlichen Zuwendungen anzunehmen sind[6]. Da es eine gesetzl. Verpflichtung zur Gewährung von Jahressonderzahlungen nicht gibt, bedürfen sie einer besonderen Rechtsgrundlage. Sondervergütungen werden typischerweise durch TV, (freiwillige) BV, arbeitsvertragl. Einzelabreden oder Gesamtzusagen geregelt. Zum Anspruch aus Gleichbehandlung s. Rz. 181 ff.; zur betrieblichen Übung s. Rz. 228 ff.

aa) Kürzung wegen Fehlzeiten[7]. **(1) Zweck der Sonderzahlung.** Eine **grundlegende Weichenstellung** 102
im Prüfungsraster bildet stets die Frage, ob die Sonderzahlung allein in der Vergangenheit geleistete Dienste entlohnen will (Entgelt ieS), oder aber zusätzliche Zwecke verfolgt, wie die Entgeltung von Betriebstreue. Die Rspr. gibt hier keine sicheren Vorgaben. Eindeutig gegen einen Entgeltcharakter im engeren Sinne und damit gegen eine Kürzung ohne Kürzungsabrede sprechen Rückzahlungs- oder Ausschlussklauseln für den Fall der Beendigung des Arbeitsverhältnisses oder aber ausdrückliche Kürzungsregeln für nur einzelne Fehlzeiten, nicht aber auch für Streik oder Aussperrung. Ist eine Zahlung demgegenüber ausdrücklich zeitanteilig zu gewähren für den Fall, dass der ArbN während des Jahres ausscheidet, spricht dies für einen Entgeltcharakter ieS. Ob die Bezeichnung allein als Weihnachtsgeld bereits auf einen zusätzlichen Entlohnungszweck schließen lässt, wird unterschiedlich beurteilt. Richtigerweise dürfte es sich hier – fehlen gegenteilige Hinweise – um Entgelt ieS handeln, denn der bloße Name Weihnachtsgeld bezieht sich allein auf den besonderen Zeitpunkt der Auszahlung[8].

(2) Sonderzahlung als Entgelt im engeren Sinne. Bezweckt eine Jahressonderzahlung, allein in der 103
Vergangenheit geleistete Arbeit zu vergüten, stellt sie Entgelt ieS dar: Die Entgeltpflicht entfällt in Höhe des Anteils, der zeitanteilig auf die ausgefallene Arbeitsleistung bezogen ist. Einer besonderen **Kürzungsabrede** in der Vereinbarung, die der Jahressonderzahlung zugrunde liegt, **bedarf es dann nicht**. Die Kürzung erfolgt vielmehr aus der Natur der Zahlung: Sie stellt Entgelt dar, das der ausgefallenen Arbeit zugeordnet werden kann und entfällt unabhängig davon, ob es jeden Monat mit dem regulären Gehalt ausgezahlt wird oder am Ende des Jahres zusammengefasst für das ganze Jahr.

In der Rspr. wird diese Unterscheidung nicht in gleicher Deutlichkeit getroffen. Das Schrifttum er- 104
kennt sie insb. bei der Kürzung einer Sonderzahlung wegen *krankheits*bedingter Fehlzeiten. Wird eine Sondervergütung als arbeitsleistungsbezogene Sonderzahlung vereinbart, so entsteht für Zeiten, in denen **keine Arbeitsleistung** erbracht wird und auch **kein Entgeltfortzahlungsanspruch mehr besteht** (zB gem. § 3 I EFZG bei Krankheit), auch kein Anspruch auf die Sondervergütung[9]. Ein solcher Fall liegt vor, wenn eine ArbNin im gesamten Kalenderjahr auf Grund ihrer Elternzeit keine Arbeitsleistung erbracht hat. Auch wenn davon ausgegangen werden kann, dass Elternzeit weit überwiegend von Frauen und nicht von Männern in Anspruch genommen wird, verneint das BAG zu Recht einen Verstoß gegen das geschlechtsspezifische Diskriminierungsverbot[10].

---

1 LAG Hamm v. 4.6.1980 – 12 Sa 217/80, DB 1980, 2196. | 2 BAG v. 14.6.1974 – 3 AZR 456/73, AP Nr. 20 zu § 670 BGB; v. 19.1.1979 – 3 AZR 330/77, AP Nr. 21 zu § 670 BGB; v. 20.3.1984 – 3 AZR 124/82, AP Nr. 22 zu § 670 BGB; v. 16.6.2004 – 5 AZR 521/03, AP Nr. 9 zu § 611 BGB – Lohnrückzahlung; s. auch ErfK/*Preis*, § 611 BGB Rz. 600; umfassend hierzu *Müller*, DB 1981, 2172. | 3 LAG Nds. v. 19.6.1992 – 3 Sa 141/91, LAGE § 611 BGB – Nettolohn, Lohnsteuer Nr. 5. | 4 S. auch ErfK/Preis, § 611 BGB Rz. 602. | 5 ErfK/*Preis*, § 611 BGB Rz. 663. | 6 So auch ErfK/*Preis*, § 611 BGB Rz. 663. | 7 Vgl *Gerauer*, ZTR 1995, 442 ff.; ausf. auch *Hanau/Vossen*, BB 1992, 213 ff.; jedoch vor allem unter dem Gesichtspunkt der krankheitsbedingten Fehlzeiten: *Gaul*, BB 1994, 565. | 8 Ebenso BAG v. 21.12.1994 – 10 AZR 832/93, EzA § 611 BGB – Gratifikation, Prämie Nr. 119; v. 21.5.2003 – 10 AZR 408/02, EzA § 611 BGB 2002 – Gratifikation, Prämie Nr. 8; MünchArbR/*Hanau*, § 69 Rz. 8; tendenziell aA BAG v. 30.3.1994 – 10 AZR 134/3, AP Nr. 161 zu § 611 BGB Gratifikation; nach LAG Hamm v. 13.9.2004 – 8 Sa 721/04, NZA-RR 2005, 237: Begriff ohne Aussagekraft. | 9 BAG v. 21.3.2001 – 10 AZR 28/00, AP Nr. 1 zu § 4b EFZG; v. 19.4.1995 – 10 AZR 49/94, AP Nr. 173 zu § 611 BGB – Gratifikation; v. 10.5.1995 – 10 AZR 648/94, AP Nr. 174 zu § 611 BGB – Gratifikation; v. 14.12.1995 – 6 AZR 297/95, NZA 1996, 996. | 10 BAG v. 28.9.1994 – 10 AZR 697/93, AP Nr. 165 zu § 611 BGB – Gratifikation.

Kürzungen wegen Fehlzeiten beim Mutterschutz anders behandelt hat als bei Krankheit[1]. Betrachtet man nun die Kürzung bei Streikteilnahme für sich, scheint ein legitimes Interesse des ArbGeb für eine überporportionale Kürzung nicht ersichtlich: § 612a verbietet jede Maßregelung eines ArbN, weil er in zulässiger Weise seine Rechte ausübt. Die Streikteilnahme ist eine zulässige Rechtsausübung, und die überproportionale Kürzung ist mehr als bloß der automatisch eintretende Nachteil, der notwendige und gesetzl. vorgesehene Konsequenz der Rechtsausübung ist. Vielmehr macht der ArbGeb dadurch die Streikteilnahme „teurer", der ArbN verliert mehr als seinen zeitanteiligen Lohn. Auch ein Blick auf Art. 9 III GG legt dies nahe: Eine überproportionale Kürzung wäre eine gegen die Koalitionsbetätigung des ArbN gerichtete Maßnahme. Diese kann zwar zulässig sein im Arbeitskampf, denn auch die Aussperrung richtet sich ja gegen die Koalitionsbetätigung des ArbN. Die Kürzung einer Jahressonderzahlung ist jedoch kein Arbeitskampfmittel. Mag man zusätzliche Zahlungen zur Beeinflussung der Streikbereitschaft für zulässig halten, so ist eine Minderung des ohnehin geschuldeten Entgelts nicht hinzunehmen.

(4) **Auslegung einer Kürzungsklausel.** Problematisch ist oftmals die Auslegung der verschiedenen 109
Kürzungsklauseln. Sieht ein TV die anteilige Kürzung einer Jahressonderzahlung für alle Zeiten vor, in denen das Arbeitsverhältnis „kraft Gesetzes oder Vereinbarung oder aus sonstigen Gründen ruht", erfasst eine solche Regelung mangels anderer Hinweise auch das Ruhen während des Streiks. Das BAG ist zutreffend davon ausgegangen, dass das Ruhen des Arbeitsverhältnisses eine Kurzbezeichnung ist für das Ruhen der Hauptleistungspflichten aus dem Arbeitsverhältnis, wie es bei der Streikteilnahme erfolgt[2]. Dies gilt jedoch nicht bei krankheitsbedingten Fehlzeiten[3], da die Arbeitsunfähigkeit noch nicht zu einem Ruhen des Arbeitsverhältnisses führt[4]. Ein Ruhen des Arbeitsverhältnisses kraft Gesetzes liegt allerdings nach neuerer Rspr. auch bei Fehlzeiten durch die Beanspruchung von Erziehungsurlaub vor[5]. Der Anspruch eine Sonderzuwendung bleibt bestehen, wenn während des Erziehungsurlaubs bei demselben ArbGeb die bisherige Tätigkeit im Umfange einer geringfügigen Beschäftigung weiterhin ausgeübt wird[6]. Macht eine arbeitsvertragl. oder tarifl. Regelung den Anspruch auf eine Jahressonderzahlung allein vom **rechtl. Bestand des Arbeitsverhältnisses** abhängig, dann ist die Sonderzahlung auch für Zeiten der Erkrankung zu gewähren oder in denen das Arbeitsverhältnis wegen eines Arbeitskampfs geruht hat. Das gilt auch, wenn bestimmte Sachverhalte, auf Grund derer das Arbeitsverhältnis ruht oder nicht gearbeitet wird (Elternschaft, Arbeitsunfähigkeit, usw.), ausdrücklich zu einer Kürzung berechtigen; eine Analogie ist hier nicht möglich[7]. Eine ältere Entscheidung[8], wonach der Anspruch auf eine Jahressonderzahlung entfällt, wenn die Zeit ihrer Auszahlung in einen Streik fällt, ist abzulehnen. Der **Auszahlungszeitpunkt** ist von den Anspruchsvoraussetzungen zu unterscheiden. Richtig allein ist, dass nicht während, sondern erst nach dem Arbeitskampf die Zahlung verlangt werden kann[9]. Auch wenn die Zahlung einer Sondervergütung „im freien Ermessen" des ArbGeb liegt, ist eine Kürzung wegen krankheitsbedingter Fehlzeiten nur im Rahmen des § 4a EFZG zulässig[10]; knüpft eine tarifvertragl. Regelung über Urlaubsgeld ausschließlich an die ArbN-Eigenschaft an, kann bei krankheitsbedingter Arbeitsunfähigkeit oder bei Inanspruchnahme von Erziehungsurlaub keine anteilige Kürzung erfolgen[11]; schließt eine tarifl. Regelung den Anspruch auf eine Sonderzahlung aus, wenn im Kalenderjahr aus „sonstigen Gründen" nicht gearbeitet wurde, so gilt dies auch bei ganzjähriger Kurzarbeit mit „Null-Stunden"-Arbeitszeit[12]; sieht eine BV über eine Weihnachtszuwendung als anspruchsbegründendes Merkmal eine „ununterbrochene Beschäftigung als ArbN" für einen bestimmten Zeitraum vor, so ist damit der rechtl. Bestand des Arbeitsverhältnisses gemeint, so dass die Sonderzahlung auch im Erziehungsurlaub anfällt[13]; ist laut tarifvertragl. Regelung das Bestehen eines „Vertragsverhältnisses" Voraussetzung für die Gewährung der Sonderzahlung, so vermag ein bloß „formales Arbeitsverhältnis" keinen Anspruch des ArbN begründen. „Formal" in diesem Sinne ist ein Arbeitsverhältnis, wenn ein lang anhaltend erkrankter ArbN im Zusammenhang mit der Aussteuerung durch die Krankenkasse sich arbeitslos meldet und die Zahlung von Alg beantragt und der ArbGeb auf Anfrage der Agentur für Arbeit auf seine Verfügungsgewalt gegenüber dem ArbN verzichtet, um diesem den Bezug von Alg zu ermöglichen[14].

bb) Kürzung oder Entfallen wegen vorzeitigen Ausscheidens des Arbeitnehmers. Eine Sonderleistung 110
des ArbGeb die ausschließlich die Entlohnung erbrachter Arbeitsleistung zum Gegenstand hat, entfällt

---

1 Vgl. jüngst EuGH v. 21.10.1999 – Rs. C-333/97, DB 2000, 223. Zur abweichenden französischen Rspr., die eben auf die Gleichbehandlung der streikbedingten Fehlzeit mit anderen Fehlzeiten abstellt, vgl. Cour de cassation, chambre soc. v. 13.2.1996, D. 1996, inf. rap., 80 sowie *Lyon-Caen/Pélissier/Supiot*, Droit du travail, Rz. 1146 und die Nachw. *Gamillscheg*, Kollektives Arbeitsrecht Bd. I, S. 1028 Fn. 305. | 2 BAG v. 3.8.1999 – 1 AZR 735/98, AP Nr. 156 zu Art. 9 GG – Arbeitskampf. | 3 BAG v. 23.8.1990 – 6 AZR 124/89, AP Nr. 93 zu § 1 TVG – Tarifverträge: Metallindustrie; v. 11.10.1995 – 10 AZR 985/94, AP Nr. 133 zu § 1 TVG – Tarifverträge: Metallindustrie. | 4 LAG Köln v. 14.8.1998 – 11 Sa 1256/97, MDR 1999, 166. | 5 Noch dagegen: BAG v. 7.12.1989 – 6 AZR 322/88, AP Nr. 3 zu § 15 BErzGG; dafür: BAG v. 10.2.1993 – 10 AZR 450/91, AP Nr. 7 zu § 15 BErzGG. | 6 BAG v. 24.2.1999 – 10 AZR 5/98, AP Nr. 21 zu §§ 22, 23 BAT – Zuwendungs-TV. | 7 BAG v. 20.12.1995 – 10 AZR 742/94, AP Nr. 141 zu Art. 9 GG – Arbeitskampf. | 8 BAG v. 27.6.1958 – 1 AZR 589/57, AP Nr. 7 zu § 611 BGB – Gratifikation. | 9 Ebenso *Gamillscheg*, Kollektives Arbeitsrecht Bd. I, S. 1191. | 10 LAG München v. 12.3.2003 – 9 Sa 980/02, nv. | 11 BAG v. 6.9.1994 – 9 AZR 92/93, AP Nr. 50 zu § 1 TVG – Tarifverträge: Einzelhandel; v. 19.1.1999 – 9 AZR 158/98, AP Nr. 67 zu § 1 TVG – Tarifverträge: Einzelhandel; v. 19.1.1999 – 9 AZR 204/98, AP Nr. 68 zu § 1 TVG – Tarifverträge: Einzelhandel. | 12 BAG v. 19.4.1995 – 10 AZR 259/94, AP Nr. 170 zu § 611 BGB – Gratifikation. | 13 LAG Hamm v. 8.5.2003 – 8 Sa 875/02, nv. | 14 LAG Rh.-Pf. v. 7.9.2004 – 5 Sa 444/04, nv.

bei einem **vorzeitigen Ausscheiden** des ArbN nicht insgesamt. Der ArbN hat die zu vergütende Leistung anteilig erbracht und somit beim Ausscheiden aus dem Arbeitsverhältnis vor dem vertragl. bestimmten Auszahlungstag einen Anspruch auf die **anteilige Sonderzahlung** entsprechend dem Wert der von ihm erbrachten Teilleistung[1]. Für die Auslegung einer Arbeitsvertragsklausel dahin gehend, dass die Sonderzahlung als Gegenleistung für die Arbeitsleistung geschuldet ist, spricht zB, wenn sie sich systematisch unmittelbar im Anschluss an die Vergütungsregelung befindet[2]. Bei einer Zuwendung, mit der allein die **Betriebstreue** (Betriebszugehörigkeit) belohnt werden soll, scheidet ein Anspruch des ArbN bei vorzeitigem Ausscheiden hingegen aus, da die Sondervergütung nur denjenigen ArbN zustehen soll, die im Zeitpunkt des Versprechens oder der Auszahlung der Gratifikation in ungekündigtem Arbeitsverhältnis stehen[3]. Das gilt – trotz § 161 – idR auch im Falle einer sozial gerechtfertigten betriebsbedingten Kündigung[4]. Ein Aufhebungsvertrag steht einer Kündigung des Arbeitsverhältnisses jedoch nicht gleich, so dass hier eine ausdrückliche Regelung bestehen muss[5]. Ist ein Gratifikationsanspruch des ArbN nur für den Fall vorgesehen, dass das Arbeitsverhältnis am Auszahlungstag ungekündigt ist, so hat der gekündigte ArbN auch dann keinen Anspruch auf die Sonderzahlung, wenn ihm zwar zunächst ein Aufhebungsvertrag angeboten worden ist, aber auf dessen Abschluss auf Initiative des ArbN zwecks Vermeidung von Problemen mit der AA verzichtet wurde[6]. Auch hier ist es aber möglich, Abweichendes zu vereinbaren. Möglich ist es, dass dem ArbN trotz seines vorzeitigen Ausscheidens ein anteiliger Anspruch auf die Sondervergütung zustehen soll, insb. kann der ratierte Anspruch vereinbart werden bei **bestimmten Beendigungstatbeständen** zB einvernehmliche Aufhebung des Arbeitsverhältnisses[7] oder Ausscheiden wegen Erreichens der Altersgrenze[8]. Auf Grund der Vertragsfreiheit ist es den Parteien des Arbeitsvertrages auch unbenommen, die Zahlung einer Sondervergütung selbst für den Fall vorzusehen, dass der ArbN dauerhaft arbeitsunfähig erkrankt ist und Erwerbsunfähigkeitsrente ohne zeitliche Begrenzung bezieht[9]. Enthält ein TV über eine Sonderzahlung eine Stichtagsregelung und einen Auszahlungszeitpunkt, so ist zwar deren Vorverlegung durch vertragl. Vereinbarung gem. § 4 III TVG möglich, aus einer bloßen – auch langjährigen – vorfälligen Zahlung kann jedoch nicht auf den Willen des ArbGeb geschlossen werden, den für die Entstehung des Anspruchs maßgeblichen Stichtag vorzuziehen[10]. Ob und inwieweit dem ArbN auch bei einem **Wechsel des ArbGeb** Sondervergütungen zustehen, ist von dem Umständen im Einzelfall abhängig; einschlägig sind hier insb. §§ 22, 23 BAT iVm. §§ 12, 13 TVöD und der Wechsel vom einen öffentl. ArbGeb zum anderen[11].

111 **cc) Rückzahlung bei späterem Ausscheiden.** Der ArbGeb kann eine Sondervergütung nicht nur an den Bestand des Arbeitsverhältnisses knüpfen zum Zeitpunkt der Auszahlung, sondern auch mit einer Rückzahlungsklausel versehen für den Fall, dass das Arbeitsverhältnis zu einem späteren Zeitpunkt endet. In der Praxis verbreitet ist die Vereinbarung der Rückzahlung der Weihnachtsgratifikation, wenn das Arbeitsverhältnis vor Ablauf des 31.3. des Folgejahres endet[12].

112 Eine **ausdrückliche und eindeutige** Vereinbarung über die Rückzahlungsklausel von Sondervergütungen ist wirksam, wenn sie die Voraussetzungen für die Rückzahlungspflicht und einen eindeutig bestimmten Zeitraum für die Bindung des ArbN **ausdrücklich festlegt**. Sind keine entsprechenden Anhaltspunkte gegeben, kommt die ergänzende Auslegung einer solchen allgemeinen Rückzahlungsklausel dahin, dass die Rückforderung im Rahmen der von der Rspr. entwickelten Grenzen erfolgen könne, nicht in Betracht[13]. Rückzahlungsklauseln müssen also **eindeutig und klar formuliert** sein[14]. Eine Rückzahlungsklausel, die besagt, dass Urlaubsgeld gezahlt wird, das unter dem gleichen Rückzahlungsvorbehalt steht „wie Weihnachtsgeldzahlungen nach der derzeitigen Rechtsprechung", entspricht nach instanzgerichtlicher Entscheidung diesem Bestimmtheitserfordernis[15]. Rückzahlungsklauseln sind als vorformulierte Vereinbarung **eng auszulegen**: Sieht demnach eine einzelvertragl. Rückzahlungsklausel die

---

1 BAG v. 13.6.1991 – 6 AZR 421/89, EzA § 611 BGB – Gratifikation Nr. 86, Prämie; v. 8.11.1978 – 5 AZR 358/77, AP Nr. 100 zu § 611 BGB – Gratifikation. | 2 BAG v. 21.5.2003 – 10 AZR 408/02, EzA § 611 BGB 2002 – Gratifikation, Prämie Nr. 8. | 3 BAG v. 7.11.1991 – 6 AZR 489/89, EzA § 611 BGB – Gratifikation Nr. 8, Prämie; zur Frage, ob die unter Überschreitung der Mindestfristen ausgesprochene vorfristige Kündigung zu einer treuwidrigen Vereitelung des Anspruchs durch den ArbGeb führt s. BAG v. 4.5.1999 – 10 AZR 417/98, AP Nr. 214 zu § 611 BGB – Gratifikation;vgl. auch LAG Köln v. 21.1.2005 – 4 Sa 1436/04, MDR 2005, 1060 zum Anspruch auf anteilige Zahlung eines Weihnachtsgeldes, wenn der ArbN im laufenden Jahr vor Weihnachten ausscheidet. | 4 BAG v. 19.11.1992 – 10 AZR 264/91, AP Nr. 147 zu § 611 BGB – Gratifikation in Abkehr von älterer Rspr.; s. auch BAG v. 14.11.2001 – 10 AZR 238/01, AP Nr. 235 zu § 611 BGB – Gratifikation. | 5 BAG v. 7.10.1992 – 10 AZR 186/91, AP Nr. 146 zu § 611 BGB – Gratifikation. | 6 LAG Hamm v. 8.7.2004 – 8 Sa 455/04, nv. | 7 BAG v. 24.11.1988 – 6 AZR 243/87, AP Nr. 127 zu § 611 BGB – Gratifikation. | 8 BAG v. 20.4.1989 – 6 AZR 198/86, AP Nr. 128 zu § 611 BGB – Gratifikation. | 9 BAG v. 26.1.2005 – 10 AZR 215/04, AP Nr. 260 zu § 611 BGB – Gratifikation. | 10 BAG v. 13.5.2004 – 10 AZR 525/03, AP Nr. 256 zu § 611 BGB – Gratifikation. | 11 S. hierzu BAG v. 20.12.1995 – 10 AZR 968/94, AP Nr. 13 zu §§ 22, 23 BAT – Zuwendungs-TV; v. 7.2.1996 – 10 AZR 445/95, AP Nr. 23 zu § 611 BGB – Kirchendienst; v. 6.11.1996 – 10 AZR 287/96, AP Nr. 17 zu §§ 22, 23 BAT-Zuwendungs-TV. | 12 Vgl. BAG v. 28.3.2007 – 10 AZR 261/06, NZA 2007, 687; LAG Thür. v. 23.1.2003 – 1 Sa 133/02, LAGE § 611 BGB – Gratifikation Nr. 71; ErfK/*Preis*, § 611 BGB Rz. 685. | 13 BAG v. 14.6.1995 – 10 AZR 25/94, AP Nr. 176 zu § 611 BGB – Gratifikation. | 14 BAG v. 24.10.2007 – 10 AR 825/06, nv.; v. 24.2.1999 – 10 AZR 245/98, nv.; LAG Rh.-Pf. v. 19.4.1996 – 3 Sa 63/96, NZA-RR 1997, 46; LAG Hamm v. 25.2.2000 – 10 Sa 2061/99, NZA-RR 2000, 541. | 15 ArbG Wetzlar v. 26.6.2001 – 1 Ca 18/01, NZA-RR 2002, 237.

Rückzahlung einer Gratifikation bei vorzeitigem Ausscheiden auf Grund einer eigenen Kündigung des ArbN oder einer Kündigung des ArbGeb vor, die durch einen in der Person des Mitarbeiters liegenden Grund ausgesprochenen wurde, entsteht eine Rückzahlungsverpflichtung nicht beim Abschluss eines Aufhebungsvertrages, auch wenn dieser auf Veranlassung des ArbN abgeschlossen worden ist[1].

Bei Sondervergütungen mit **reinem Entgeltcharakter** sind Rückzahlungsklauseln ausgeschlossen, weil der ArbN die von der Arbeitsleistung abhängige Sonderzuwendung bereits durch die erbrachte Arbeitsleistung verdient hat und somit nur die Fälligkeit aufgeschoben ist[2]. Liegt eine Rückzahlungsvereinbarung vor, dann handelt es sich jedoch nicht mehr um eine Leistung mit reinem Entgeltcharakter, sondern durch die Vereinbarung ist als zusätzlicher Zweck die Entlohnung von Betriebstreue hinzugetreten. Verpflichtet sich ein ArbN **einzelvertragl.** zur Rückzahlung der entgegengenommenen Sondervergütung für den Fall, dass er im darauf folgenden Jahr vor einem bestimmten Termin auf Grund eigener Kündigung ausscheidet, so ist eine solche Absprache nach der Rspr. des BAG nach den Grundsätzen der Vertragsfreiheit an sich statthaft[3]. Derartige Rückzahlungsklauseln dürfen jedoch nicht für eine unbestimmte oder unangemessen lange Zeit vereinbart werden. Die Einhaltung der Zeit, über die sich die Rückzahlungsklausel verhält, muss für den ArbN zumutbar, insb. überschaubar sein. Anderenfalls sind sie wegen Verstoßes gegen die Fürsorgepflicht des ArbGeb und aus dem Gesichtspunkt der Gesetzesumgehung nichtig[4]. Beide Maßstäbe gehen heute bei vorformulierten Vereinbarungen in einer Inhaltskontrolle gem. § 307 auf. Im Einzelnen ist ihre Zulässigkeit nach der Dauer der Betriebsbindung und der Höhe der Zahlung gemessen an dem Monatsgehalt im Zeitpunkt der Auszahlung zu beurteilen[5]. Bei Gratifikationen, die über einem Betrag von 100 Euro, aber unter einem **Bruttomonatsbezug** liegen, kann dem ArbN danach zugemutet werden, eine Rückzahlungsklausel einzuhalten, die bis zum 31.3. des darauf folgenden Jahres reicht[6]. Wenn der ArbN bis dahin **nur eine Kündigungsmöglichkeit** hat, so ist es ihm zuzumuten diese verstreichen zu lassen. Es ist allerdings umstritten, ob in diesem Fall eine Kündigung zum 31.3. zulässig ist. Teilweise wird vertreten, dass der Bindungszeitraum bis 31.3. nicht eingehalten werde, wenn der ArbN zum 31.3. kündigt und mit Ablauf dieses Tages aus dem Arbeitsverhältnis ausscheidet, da der Zeitpunkt des Ablaufs eines Tages („24.00 Uhr") noch zu diesem Tag gehöre und damit zu der Frist, in die der Tag falle[7]. Nach richtiger Auffassung ist aus einem Bindungszeitraum bis zum 31.3. aber gerade nicht abzuleiten, dass damit vereinbart sei, der ArbN müsse über diesen Termin hinaus betriebstreu bleiben[8]. Eine Kündigung zum 31.3. löst mithin keine Rückzahlungspflicht des ArbN aus. **Übersteigt** die Sondervergütung **ein Monatsgehalt**, erreicht jedoch **nicht ein zweifaches Monatsgehalt**, so ist eine Rückzahlungsverpflichtung unzulässig, wenn der ArbN bis dahin mehrere Kündigungsmöglichkeiten hatte. Eine hierüber hinausgehende Bindung ist nur in Ausnahmefällen zulässig; so etwa für den Fall, dass die Sonderzuwendung ein Monatsgehalt **erheblich übersteigt** und eine eindrucksvolle und beachtliche Zuwendung darstellt[9]. Wird eine vereinbarte Sondervergütung in Teilbeträgen ausgezahlt (zB zur Hälfte jeweils am 30.6. und 30.11.), kommt es für die Zulässigkeit einer Rückzahlungsklausel nicht auf die Höhe der jährlichen Gesamtsumme, sondern auf die des jeweiligen Teilbetrags an[10]. Gleiches gilt, wenn die Parteien im Nachhinein einvernehmlich eine Gratifikation (hier: Weihnachtsgeld) in zwei Teilbeträge (hier: Urlaubs- und Weihnachtsgeld) aufsplitten, die jeweils zu unterschiedlichen Zeitpunkten fällig werden, wobei es insoweit nicht darauf ankommt, ob die Änderung der Zahlungsmodalitäten auf Wunsch des ArbN erfolgte[11]. Werden Sonderzuwendungen bis zu 100 Euro brutto gewährt, ist eine Rückzahlungsverpflichtung grds. unzulässig[12]. 113

Diese in richterlicher Rechtsfortbildung entwickelten **Grenzwerte** gelten nach der bisherigen Rspr. auch für Rückzahlungsklauseln in **BV**[13]. Sie sind allerdings nicht ohne weiteres auf **tarifvertragl.** Regelungen anwendbar[14]. Es bleibt ferner abzuwarten, ob die durch das Kündigungsfristengesetz vom 7.10.1993 geänderten Kündigungsfristen des § 622 nF eine Änderung der Rechtsprechungsgrundsätze über die Zulässigkeit von zeitlichen Bindungsgrenzen von Rückzahlungsklauseln erforderlich ma- 114

---

1 BAG v. 12.2.1999 – 10 Sa 1621/98, NZA-RR 1999, 514. | **2** BAG v. 13.9.1974 – 5 AZR 48/74, AP Nr. 84 zu § 611 BGB – Gratifikation. | **3** BAG v. 10.5.1962 – 5 AZR 452/61, AP Nr. 22 zu § 611 BGB – Gratifikation; v. 8.12.1960 – 5 AZR 535/59, AP Nr. 20 zu § 611 BGB – Gratifikation. | **4** BAG v. 10.5.1962 – 5 AZR 452/61, AP Nr. 22 zu § 611 BGB – Gratifikation. | **5** Umfassend BAG v. 9.6.1993 – 10 AZR 529/92, AP Nr. 150 zu § 611 BGB – Gratifikation. | **6** S. auch BAG v. 28.4.2004 – 10 AZR 356/03, AP Nr. 255 zu § 611 BGB – Gratifikation; v. 28.1.1981 – 5 AZR 846/78, AP Nr. 106 zu § 611 BGB – Gratifikation; v. 10.5.1962 – 5 AZR 452/61, AP Nr. 22 zu § 611 BGB – Gratifikation; v. 10.5.1962 – 5 AZR 353/61, AP Nr. 23 zu § 611 BGB – Gratifikation. | **7** LAG Düsseldorf v. 25.3.1997 – 16 Sa 1724/96, NZA-RR 1997, 457. | **8** So LAG Düsseldorf v. 28.1.1998 – 17 Sa 1715/97, LAGE § 611 BGB – Gratifikation Nr. 40; BAG v. 21.5.2003 – 10 AZR 390/02, NZA 2003, 1032 (1034). | **9** BAG v. 12.12.1962 – 5 AZR 324/62, AP Nr. 25 zu § 611 BGB – Gratifikation. S. zB LAG Frankfurt v. 24.10.2000 – 7 Sa 2130/99, nv.: Eine Bindungsdauer von 17 Monaten ist bei einem Bonus, der das doppelte Jahresgehalt überschreitet und an eine Führungskraft gezahlt wird zulässig, insbesondere dann, wenn die Bindungsdauer aus einer vertraglichen Kündigungsfrist von einem halben Jahr zum Halbjahresende resultiert und der ArbGeb nur das Auslassen einer Kündigungsmöglichkeit verlangt. | **10** BAG v. 21.5.2003 – 10 AZR 390/02, NZA 2003, 1032 (1034). | **11** LAG Schl.-Holst. v. 8.2.2005 – 5 Sa 435/04, NZA-RR 2005, 290. | **12** BAG v. 17.3.1982 – 5 AZR 1250/79, AP Nr. 110 zu § 611 BGB – Gratifikation. | **13** BAG v. 16.11.1967 – 5 AZR 157/67, AP Nr. 63 zu § 611 BGB – Gratifikation. | **14** BAG v. 31.3.1966 – 5 AZR 516/65, AP Nr. 54 zu § 611 – Gratifikation; v. 23.2.1967 – 5 AZR 234/66, AP Nr. 57 zu § 611 – Gratifikation.

chen[1] und auch, ob die Freistellung der BV von der Inhaltskontrolle nach § 310 IV hier zu großzügigeren Grenzen führt.

115 **b) Zulagen.** Ansprüche des ArbN auf Zulagen ergeben sich häufig aus **TV** oder **dem Einzelarbeitsvertrag**, sie können aber Gegenstand aller Rechtsquellen des Arbeitsrechts sein. Der ArbN kann in Anerkennung einer besonderen Leistung oder Leistungsfähigkeit eine höhere Entlohnung durch Einstufung in eine höhere Vergütungsgruppe oder durch die Zahlung einer Zulage zum bisherigen Entgelt vom ArbGeb erhalten[2]. Neben solchen Leistungszulagen können **Erschwerniszulagen** für Arbeiten unter besonders schweren oder gesundheitsgefährdenden Umständen gezahlt werden (zB Schmutzzulage, Kälte- oder Hitzezulage, Lärmzulage, Zulagen für eine weite Entfernung zum Arbeitsplatz)[3]. Hiervon zu unterscheiden ist die **Aufwandsentschädigung**. Diese stellt keinen Vergütungsbestandteil dar, sondern einen Ersatz für Mehraufwand[4]. Eine besondere Form der Erschwerniszulage ist die **Nachtschicht- und Wechselschichtzulage.** Nach § 2 III, VI ArbZG ist **Nachtarbeit** die Arbeit von mindestens zwei Stunden in der Zeit von 23 bis 6 Uhr, wobei in TV häufig die Zeit zwischen 20 bzw. 22 und 6 Uhr gemeint ist. Der ArbGeb ist gem. **§ 6 ArbZG** verpflichtet, dem ArbN für die Nachtarbeit eine angemessene Zahl bezahlter freier Tage oder einen angemessenen Zuschlag auf das ihm hierfür zustehende Bruttoeinkommen zu zahlen, wenn keine tarifvertragl. Ausgleichsregelungen bestehen[5]. Die tarifvertragl. Regelung ist mithin vorrangig maßgebend. Zur Angemessenheit des Ausgleichs kann auf die Branchenüblichkeit verwiesen werden. Für Nachtarbeit werden in der Praxis Zuschläge von durchschnittlich 25 % gezahlt[6]. Der ArbN muss wie bei jeder Erschwerniszulage den Wegfall der Zulage hinnehmen, wenn die **Erschwernis wegfällt**, also auch wenn ihn der ArbGeb durch eine wirksame Ausübung seines Direktionsrechts von der Nacht- in die Tagschicht oder aus der Wechselschicht heraus versetzt[7]. Der Anspruch des ArbN auf eine Nachtschicht- oder Wechselschichtzulage entfällt allerdings nicht bereits dann, wenn er auf Grund Urlaub oder Krankheit keine Arbeitsleistung erbringen kann[8]. Unter dem Begriff der **Sozialzulagen** sind Zulagen zu verstehen, die an die besondere **soziale Situation des ArbN** anknüpfen. Sie werden als Verheirateten-, Kinder-, Alters- und Ortszulagen gezahlt[9]. Im Hinblick auf die Gewährung von Sozialzulagen kommt dem **Gleichbehandlungsgrundsatz** besondere Bedeutung zu (s. ausf. zur Gleichbehandlung Rz. 181 ff.).

116 Dazu, ob Zulagen zum **fortzuzahlenden Entgelt** gehören, s. Komm. § 37 BetrVG.

117 **c) Tantiemen. aa) Allgemeines.** Unter dem Begriff Tantieme ist eine **Gewinnbeteiligung** zu verstehen, die als zusätzliche Vergütung prozentual nach einer den Erfolg des Konzerns, des Unternehmens oder eines Unternehmensteils kennzeichenden Kennziffer berechnet wird[10]. Die Tantieme ist – soweit nicht anders vereinbart - keine widerrufbare Sonderleistung (Gratifikation), sondern Teil des Entgelts für die vertragl. geschuldete Arbeitsleistung[11]. Sie gehört zu den Vergütungsbestandteilen, die in das Austauschverhältnis „Arbeit gegen Lohn" einbezogen sind[12]. Üblich ist sie insb. bei Vorstands- und Aufsichtsratsmitgliedern in Kapitalgesellschaften (vgl. §§ 86, 113 III AktG) und bei leitenden Angestellten zur Schaffung eines Anreizes[13].

118 Von der Tantieme ist die an die Gesamtheit oder große Teile der Belegschaft gezahlte **Jahresabschlussvergütung (Abschlussgratifikation)** zu unterscheiden. Die Jahresabschlussvergütung wird ohne Rücksicht auf Gewinne oder Verluste des Unternehmens in Anerkennung der geleisteten Dienste sowie für erwiesene und künftige Betriebstreue gezahlt[14]. Sie stellt regelmäßig eine Sondervergütung zusätzlich zum laufenden Entgelt dar, es sei denn ihr kommt Provisionscharakter zu, weil sie allein nach den individuellen Leistungen des ArbN in der Vergangenheit bemessen ist[15]. Von der Tantieme zu unterscheiden ist ferner die **Ergebnisbeteiligung**, durch die eine stärkere Verbundenheit der ArbN mit dem Unternehmen erzielt werden soll. Für die Ergebnisbeteiligung gelten idR eigene Grundsätze[16]. Als Gewinnbeteiligung kann den ArbN auch eine Beteiligung am Unternehmen, etwa durch die Ausgabe von Belegschaftsaktien, zugestanden werden[17].

119 **bb) Formen der Tantieme.** Es lassen sich von der gewinnabhängigen Tantieme die umsatzabhängige Tantiemen unterscheiden, die dem ArbN eine prozentuale Beteiligung am Umsatz insgesamt oder am

1 So auch ErfK/*Preis*, § 611 BGB Rz. 688; gegen eine Änderungspflicht LAG Hamm v. 14.8.1998 – 10 Sa 153/98, AP Nr. 208 zu § 611 BGB – Gratifikation. | **2** ErfK/*Preis*, § 611 BGB Rz. 606. | **3** ErfK/*Preis*, § 611 BGB Rz. 604. | **4** BAG v. 23.11.1960 – 4 AZR 257/59, AP Nr. 6 zu § 12 AZO; v. 18.9.1991 – 7 AZR 41/90, AP Nr. 82 zu § 37 BetrVG 1972; v. 14.10.2003 – 9 AZR 657/02, AP Nr. 32 zu § 670 BGB. | **5** S. hierzu BAG v. 24.2.1999 – 4 AZR 62/98, AP Nr. 17 zu § 3 TVG – Verbandszugehörigkeit. | **6** ErfK/*Preis*, § 611 BGB Rz. 608. | **7** LAG Hamm v. 30.6.1994 – 4 Sa 2017/93, LAGE § 611 BGB – Direktionsrecht Nr. 17; LAG Berlin v. 24.9.2004 – 6 Sa 1116/04, NZA-RR 2005, 197. | **8** Vgl. BAG v. 9.12.1998 – 10 AZR 207/98, AP Nr. 15 zu § 33a BAT – zur Wechselschichtzulage. | **9** *Schaub*, ArbRHdb, § 69 Rz. 39; ErfK/*Preis*, § 611 BGB Rz. 607. | **10** Enger BAG v. 3.5.2006, 10 AZR 310/05, DB 2006, 1499 (allein abstellend auf den Jahresgewinn und das Unternehmen). | **11** BAG v. 8.9.1998 – 9 AZR 223/97, AP Nr. 6 zu § 87a HGB. | **12** BAG v. 3.5.2006, 10 AZR 310/05, DB 2006, 1499. | **13** S. hierzu ausf. *Thüsing*, ZGR 2003, 457 (500 ff.). | **14** ErfK/*Preis*, § 611 BGB Rz. 618. | **15** BAG v. 24.11.2004 – 10 AZR 221/04, EzA § 4 TVG – Bankgewerbe Nr. 4. | **16** MünchArbR/*Kreßel*, § 68 Rz. 86 ff.; *Schaub*, ArbRHdb, § 77 Rz. 1. | **17** BAG v. 28.11.1989 – 3 AZR 118/88, AP Nr. 6 zu § 88 BetrVG 1972; vgl. zur so genannten *Carried-interest-Vereinbarung* LAG Hess. v. 18.4.2005 – 7/6 Sa 1048/04, nv., n.rkr.; MüKo/*Müller-Glöge*, § 611 Rz. 758; MünchArbR/*Kreßel*, § 68 Rz. 97.

Mehrumsatz im Verhältnis zu einem Vergleichszeitraum oder einer anderen Zielvorgabe gewähren. Sie unterscheiden sich von der Provision dadurch, dass sie nicht auf den persönlichen Umsatz, sondern den Umsatz des Unternehmens abstellen. Daneben gibt es dividendenabhängige Tantiemen, die auf die Dividendensumme oder den Dividendenertrag je Aktie abstellen, sowie weniger verbreitet die bilanzabhängige Tantieme, wie sie für den Aufsichtsrat nach § 113 III 1 AktG vorgesehen ist. Die konzernerfolgsabhängige Tantieme stellt nicht auf den Erfolg des Einzelunternehmens, etwa der Konzernmutter, sondern des gesamten Konzernverbundes ab und wird typischerweise Vorstandsmitgliedern einer Konzernmuttergesellschaft gewährt. Tantiemen, die vom Rohgewinn oder vom Bruttogewinn oder allgemein vom „Ergebnis der gewöhnlichen Geschäftstätigkeit" iSd. § 275 II Nr. 14, III Nr. 13 HGB abhängig gemacht werden, haben den Vorteil, dass die Änderungen der Besteuerung hierauf keinen Einfluss haben. Die sog. **Stock Appreciation Rights (SAR)** oder **phantom stocks** sind eine Form der börsenwertorientierten Tantiemen[1]. Die Ermessenstantieme benennt keine Berechnungsgrundlage, sondern stellt an deren Stelle das billige Ermessen des Aufsichtsrats, innerhalb dessen die Sondervergütung frei festgesetzt werden kann[2]. Eine garantierte Mindesttantieme ist demgegenüber keine Gewinnbeteiligung, sondern ein Teil der festen Vergütung und bemisst sich nach den hierfür geltenden Regeln[3].

cc) **Berechnung.** Für die Berechnung der Tantieme kann einzelvertragl. die entsprechende Anwendung des ehemals für Vorstandsmitglieder einer Aktiengesellschaft geltenden § 86 II AktG vereinbart werden[4]. Diese Norm gab zwingend vor, dass sich die Tantieme, die sich auf einen Anteil am Jahresgewinn bezieht, nach dem Anteil des Jahresüberschusses berechnet, vermindert um einen Verlustvortrag aus dem Vorjahr und um die Beträge, die nach Gesetz oder Satzung aus dem Jahresüberschuss in Gewinnrücklagen einzustellen sind. Werden diese Maßstäbe weiterhin als etabliertes Berechnungsmodell auch für den ArbN gewählt, ist maßgeblich der Jahresüberschuss (Bilanz: § 266 IIIa V HGB, GuV: § 275 II Nr. 20 bzw. Abs. 3 Nr. 19 HGB) vermehrt um den Betrag, der sich aus der Kürzung durch die Tantieme ergibt[5]. Allgemein geht man davon aus, dass die Beträge, die vom Jahresüberschuss abzuziehen sind, in § 86 II AktG abschließend aufgezählt sind[6]. Daher werden freiwillige Rücklagen nach § 58 II, III AktG nicht abgezogen[7]. Man mag allerdings darüber nachdenken, ob nicht Gewinne, die durch den Verkauf von Unternehmensteilen entstanden sind, aus der Berechnung der Gewinntantieme entgegen dem Wortlaut herausgenommen werden können, um eine Angemessenheit zu gewährleisten. Eine solche Forderung stünde im bisherigen Schrifttum freilich recht einsam da. Die hM geht davon aus, dass der Gewinn aus aufgelösten stillen Reserven tantiemenpflichtig ist[8] und dürfte hier nicht anders entscheiden. Eine abweichende Vertragsgestaltung scheint jedoch allemal sinnvoll. 120

Auf die **dividendenabhängige Tantieme** war die Berechnungsvorschrift des § 86 II AktG nicht anzuwenden, weil nicht unmittelbar an den Jahresgewinn angeknüpft wird[9]. Dividenden, die aus aufgelösten Gewinnrücklagen oder aus Gewinnvorträgen stammen, dürfen allerdings beim Vorstandsmitglied nicht berücksichtigt werden[10]; Gleiches gilt wohl für den ArbN. Schließt die Gesellschaft einen Gewinnabführungsvertrag, so ist der abgeführte Gewinn für die Tantieme zu berücksichtigen[11]. Richtet sich die Erfolgsbeteiligung nach der Höhe der Dividende, die pro Aktie ausgeschüttet wird, so ist – je nach Auslegung der Vereinbarung – ein durch eine Kapitalerhöhung aus Gesellschaftsmitteln entstehender Nachteil auszugleichen[12]. 121

Soweit nichts anderes vereinbart ist, hat es keinen Einfluss auf den Tantiemenanspruch, wenn der **ArbN ohne Entgeltfortzahlung erkrankt oder freigestellt** ist. Das BAG wertet strenger: Der Angestellte hat grundsätzlich keinen Anspruch auf Tantieme, wenn er während des gesamten Geschäftsjahres arbeitsunfähig erkrankt war und keine Entgeltfortzahlung beanspruchen konnte; anderes muss vereinbart werden[13]. Erfasst das Arbeitsverhältnis nur einen Teil des Geschäftsjahres, so ist er regelmäßig nur im Verhältnis seiner Amtszeit beteiligt[14]. Auch hier ist für die Berechnung der Jahresüberschuss des 122

1 S. *Hoffmann-Becking*, NZG 1999, 797. | 2 S. KK/*Mertens*, § 86 AktG Rz. 5; *Semler*, FS Budde, S. 606; *Hoffmann-Becking*, NZG 1999, 797 (801). | 3 *Hefermehl* in Gessler/Hefermehl, § 86 AktG Rz. 6; LAG Hannover v. 3.1.1983 – 24 O 181/82, ZIP 1983, 448 f. | 4 S. hierzu *Thüsing*, ZGR 2003, 457, 500 ff. | 5 Ganz hM; s. *Hefermehl* in Gessler/Hefermehl, § 86 AktG Rz. 28; *Hüffer*, § 86 AktG Rz. 6; aA KK/*Mertens*, § 86 AktG Rz. 17, der dem Wortlaut größeres Gewicht zumisst. | 6 S. KK/*Mertens*, § 86 AktG Rz. 16; *Hefermehl* in Gessler/Hefermehl, § 86 AktG Rz. 25. | 7 KK/*Mertens*, § 86 AktG Rz. 16; *Hüffer*, § 86 AktG Rz. 6. | 8 KK/*Mertens*, § 86 AktG Rz. 16; *Semmler*, FS Budde, 1995, S. 599 (601); aA jetzt *Peltzer*, FS Lutter, S. 571, 577. | 9 Ganz hM; s. *Hüffer*, § 86 AktG Rz. 2; aA *Tegtmeier*, Die Vergütung von Vorstandsmitgliedern, 1998, S. 294. | 10 OLG Düsseldorf v. 18.12.1998 – 17 U 33/98, AG 1999, 468 (469); *Hoffmann/Becking*, NZG 1999, 787; *Semmler*, FS Budde, 1995, S. 599; *Hüffer*, § 86 AktG Rz. 2; MünchHandbAktG/*Wiesner*, § 21 Rz. 38; aA *Vonck*, NZG 1999, 1110; *Rottnauer*, NZG 2001, 1009. | 11 BGH v. 8.2.1960 – II ZR 102/58, NJW 1960, 721 (722); ebenso KK/*Mertens*, § 86 AktG Rz. 8;. | 12 LAG Nürnberg v. 26.7.2004 – 9 (7) Sa 154/03, NZA-RR 2005, 204, n.rkr.; LAG München v. 25.3.2004 – 2 Sa 785/03, nv., n.rkr.; hierzu auch *Grosjean/Schmidt*, DB 2005, 1518. | 13 BAG v. 8.9.1998 – 9 AZR 273/97, AP Nr. 214 zu § 611 Gratifikation; v. 3.5.2006 – 10 AZR 310/05, DB 2006, 1499. | 14 So bereits RG Recht 1921, Nr. 865; dem folgend KK/*Mertens*, § 86 AktG Rz. 12; *Hefermehl* in Gessler/Hefermehl, § 86 AktG Rz. 12; ebenso MünchHandbAktG/*Wiesner*, § 21 Rz. 41; LAG München v. 26.1.2005 – 10 Sa 752/04, nv.; für den GmbH-Geschäftsführer BGH v. 9.5.1994 – II ZR 128/93, GmbHR 1994, 546 (547); OLG Hamm v. 8.10.1984 – 8 U 265/83, GmbHR 1985, 155 (157); LAG Düsseldorf v. 23.7.2003 – 12 Sa 260/03, nv.

gesamten Jahres und nicht der sich zum Zeitpunkt des Ausscheidens des ArbN ergebende (anteilige) Überschuss maßgeblich, mag er auch erst später nach Ausscheiden des ArbN mit der Feststellung des Jahresabschlusses durch den Aufsichtsrat (§ 172 AktG) oder die Hauptversammlung (§ 173 AktG), bei der dividendenabhängigen Tantieme mit dem Gewinnverwendungsbeschluss der Hauptversammlung (§ 174 AktG[1]) bestimmt werden[2].

123 **dd) Auskunftsrechte.** Dem ArbGeb, der einem ArbN eine prozentuale Gewinnbeteiligung am Jahresgewinn des Unternehmens zusagt, obliegt damit als **vertragl. Nebenverpflichtung**, dem ArbN auch die **Auskünfte** zu erteilen und ihm die Nachprüfungen zu gestatten, die dieser benötigt, um beurteilen zu können, ob und in welchem Umfang ihm ein Gewinnbeteiligungsanspruch zusteht. Der Umfang einer solchen Auskunftspflicht des ArbGeb und eines solchen Überprüfungsrechts des ArbN bestimmt sich nach den Umständen des einzelnen Falles unter Berücksichtigung der Auslegungsmaßstäbe der §§ 133, 157 und der Leistungsmaßstäbe des § 242[3]. Der ArbN hat jedoch grds. keinen Anspruch auf die Vorlage einzelner Belege zu den Bilanzposten. Ferner muss der ArbGeb über die Berechnung der Gewinne im Einzelnen keine Auskunft erteilen[4]. Ist dem ArbGeb die Vorlage der Bilanz nicht zumutbar, hat er sie einem unparteiischen Wirtschaftsprüfer oder Buchsachverst. vorzulegen. Er trägt in diesem Fall allerdings die Kosten[5].

124 **ee) Ausscheiden und fehlende Arbeitsleistung des Arbeitnehmers.** Nach dem BAG folgt aus dem Rechtscharakter der Tantieme als Erfolgsvergütung, dass ein Anspruch des ArbN erlischt, wenn er während des gesamten Geschäftsjahres **arbeitsunfähig** erkrankt ist und mithin keine Arbeitsleistung erbracht hat[6]. Da die Erfolgsbeteiligung verdienter Lohn ist, darf sie nicht davon abhängig gemacht werden, dass das Arbeitsverhältnis eine bestimmte Zeit bestanden haben muss. Ein **Ausschluss** von ArbN im Falle des **Ausscheidens** stellt – zumindest bei betriebsbedingter Kündigung[7] – eine unzulässige Kündigungserschwerung dar[8].

125 **d) Aktienoptionen. aa) Allgemeines.** Insbesondere seit der zweiten Hälfte der neunziger Jahre sind in Anlehnung an die US-amerikanischen Vergütungspraktiken auch Aktienoptionen zum üblichen Bestandteil der Vergütung von Vorstandsmitgliedern geworden[9]. In der jüngsten Diskussion stoßen sie auf Kritik. Insbesondere weil mit ihnen bisher ungeahnte Höhen der Vorstandsgehälter erreicht werden können, fordert man ihre Begrenzung[10]. Rspr. zu Aktienoptionsplänen findet sich bislang allerdings nur vereinzelt; höchstrichterliche Judikate fehlen ganz. Dies gilt erst recht für Aktienoptionen, die leitenden Mitarbeitern gewährt werden. Fraglich ist auch, inwieweit einem ArbN nach der Wahl in den BR weiterhin Aktienoptionen der Muttergesellschaft zustehen[11].

126 **bb) Verschiedene Varianten.** Der Aktienoptionsplan berechtigt den Begünstigten, gegen Zahlung eines vorab festgelegten Optionspreises (= Ausübungs- oder Basispreis) innerhalb einer bestimmten Frist (Mindestwartezeit: zwei Jahre, s. § 193 II Nr. 4 AktG) unter bestimmten ebenfalls vorab festgelegten Bedingungen Aktien der Gesellschaft zu erwerben[12]. Bis 1998 wurden solche Optionspläne regelmäßig über Wandelschuldverschreibungen oder Optionsschuldverschreibungen ausgestaltet, da bis zum Inkrafttreten des KonTraG die Ausgabe von nackten Optionen durch die Gesellschaft unzulässig war, s. heute aber § 192 II Nr. 3 AktG[13].

127 Von den Aktienoptionen sind **andere marktindexierte Anreizsysteme** zu unterscheiden. Gebräuchlich sind die sog. SARs (*Stock Appreciation Rights*). Sie verlangen keine Ausgabe von Aktien; dem Begünstigten wird stattdessen das Recht gewährt, zu einem gewissen Zeitpunkt in einem zuvor definierten Umfang an der Wertentwicklung der Aktie des Unternehmens teilzunehmen. Anders als der Aktienoptionsplan, dessen Kosten, soweit sie durch Ausgabe neuer Aktien bedient werden, direkt von den Anteilseignern durch eine verminderte Kursentwicklung getragen werden, führt ein SAR-Plan unter Umständen zu einem erheblichen Liquiditätsabfluss, muss doch der Wertzuwachs für die fiktive Anzahl von Aktien ausgezahlt werden. Nah verwandt dem SAR-Plan ist der *Phantom-Stock*-Plan oder *Phantom-*

---

1 Ebenso KK/*Mertens*, § 86 AktG Rz. 12. | 2 LAG Sa.-Anh. v. 6.5.2003 – 11 Sa 560/02, nv. | 3 BAG v. 30.1.1960 – 5 AZR 603/57, AP Nr. 1 zu § 242 BGB – Auskunftspflicht; v. 7.7.1960 – 5 AZR 61/59, AP Nr. 2 zu § 242 BGB – Auskunftspflicht; v. 28.10.1986 – 3 AZR 323/85, nv. | 4 BAG v. 30.1.1960 – 5 AZR 603/57, AP Nr. 1 zu § 242 BGB – Auskunftspflicht; v. 7.7.1960 – 5 AZR 61/59, AP Nr. 2 zu § 242 BGB – Auskunftspflicht; LAG Hamm v. 26.11.2004 – 10 Sa 2236/03, AuA 2005, 240. | 5 BAG v. 7.7.1960 – 5 AZR 61/59, AP Nr. 2 zu § 242 BGB – Auskunftspflicht; weiter gehend LAG Bremen 29.10.1971 – 1 Sa 64/71, DB 1971, 2265, wonach der ArbGeb stets ein Wahlrecht hat. | 6 BAG v. 8.9.1998 – 9 AZR 273/97, AP Nr. 2 zu § 611 BGB – Tantieme. | 7 BAG v. 13.9.1974 – 5 AZR 48/74, AP Nr. 84 zu § 611 BGB – Gratifikation; anders für tarifvertragl. Klauseln BAG v. 4.9.1985 – 5 AZR 655/84, AP Nr. 123 zu § 611 BGB – Gratifikation. | 8 BAG v. 12.1.1973 – 3 AZR 211/72, AP Nr. 4 zu § 87a HGB; v. 27.4.1982 – 3 AZR 814/79, AP Nr. 16 zu § 620 BGB – Probearbeitsverhältnis; *Schaub*, ArbRHdb, § 77 Rz. 7. | 9 *Stiegel*, Aktienoptionen als Vergütungselement aus arbeitsrechtlicher Sicht, S. 51 ff.; *Lützeler*, S. 1 ff. | 10 S. jüngst *Adams*, ZIP 2002, 1325; kritisch auch *Peltzer*, FS Lutter, 2000, S. 571; s. auch *Thüsing*, ZGR 2003, 457 (492 ff.). | 11 Vgl. BAG v. 16.1.2008 – 7 AZR 887/06, nv. | 12 S. dazu *Lützeler*, Aktienoptionen bei einem Betriebsübergang, S. 63 ff. | 13 Inwieweit die AG unabhängig von den Voraussetzungen dieser Norm Optionsrechte ausgeben kann, ohne sie mit einer Anleihe zu verbinden, bleibt fraglich, s. KK/*Lutter*, § 221 AktG Rz. 75; *Hüffer*, § 221 AktG Rz. 75 mwN; zu internationalen Aktienoptionsplänen und damit in Zusammenhang stehenden nachvertraglichen Wettbewerbsverboten s. *Driver-Polke/Melot*, BB 2004, 2350.

Stock-Options-Plan[1]. Auch diese sind zwar ohne Kapitalverwässerungseffekte, dafür jedoch mit dem Abgang an liquiden Mitteln verbunden. Der Unterschied zum SAR-Plan liegt im *Phantom-Stock*-Plan darin, dass je nach Ausgestaltung der Optionsinhaber auch an den in der maßgeblichen Referenzperiode eingetretenen Kursverlusten beteiligt werden kann, gegenüber dem *Phantom-Stock-Options*-Plan darin, dass die größere Hebelwirkung einer Option gegenüber einer Aktie genutzt wird. Der *Performance-Share*-Plan und ähnlich auch der *Performance-Contingent-Stock-Option*-Plan verbindet marktbezogene Anreize mit vorweg bestimmten operativen Zielgrößen: Während die vorgenannten Grundmodelle allein auf die Entwicklung des Aktienkurses abstellen, sind hier die Ausübungen der imaginären Optionen oder Zuteilungen imaginärer Aktien an die Erfüllung anderer Unternehmensziele gebunden. Die aus dem anglo-amerikanischen Bereich übernommene **Bezeichnung** dieser verschiedenen Gruppen von nicht mit der Austeilung realer Aktien verbundenen Anreizsysteme **schwankt**, eine präzisere Bezeichnung scheint, da ohne juristischen Aussagegehalt, jedoch entbehrlich[2].

cc) Aktienrechtliche Anforderungen. Die Auflage eines Aktienoptionsplanes ist keine Grundlagenentscheidungen nach § 119 I AktG[3]. Es handelt sich vielmehr um eine Leitungsentscheidung, die der Vorstand zu treffen hat[4]. Die Hauptversammlung, die über die Modalitäten der Beschaffung der auszuteilenden Aktien zu beschließen hat, hat damit nicht bereits Einfluss auf die Entscheidung, ob überhaupt ein Aktienoptionsplan aufgelegt werden soll. 128

(1) Wege zur Bereitstellung von Aktien zur Bedienung der Optionen. Nachdem die Änderungen des KonTraG die Ausgabe von nackten Aktienoptionen für ArbN und Mitglieder der Geschäftsführung der Gesellschaft oder eines verbundenen Unternehmens erlaubt hat[5], hat es neben der Bereitstellung genehmigten Kapitals zwei neue Wege geschaffen, Aktien zur Bedienung der Aktienoptionen zu beschaffen: zum einen der Rückkauf eigener Aktien nach § 71 Nr. 8 AktG, zum anderen die bedingte Kapitalerhöhung nach § 192 II Nr. 3 AktG. 129

Als das bevorzugte Mittel der Praxis hat sich die **bedingte Kapitalerhöhung nach § 192 II Nr. 3 AktG** etabliert. Danach kann die Hauptversammlung eine bedingte Kapitalerhöhung beschließen zur Gewährung von Bezugsrechten an ArbN und Mitglieder der Geschäftsführung der Gesellschaft oder eines verbundenen Unternehmens im Wege des Zustimmungs- oder Ermächtigungsbeschlusses. Weil hiermit ein Verwässerungseffekt der bereits vergebenen Aktien verbunden ist, darf gem. § 192 III AktG das so beschlossene Kapital 10 % des Grundkapitals zum Zeitpunkt der Beschlussfassung nicht übersteigen. Der Rückkauf eigener Aktien führt im Gegensatz zur Schaffung bedingten Kapitals nicht zu einer Verwässerung der Rechte der Altaktionäre. Dennoch sind die Voraussetzungen für den Rückkauf dieselben wie beim bedingten Kapital. Gemäß § 71 I Nr. 8 S. 1 AktG darf der Anteil am Grundkapital 10 % nicht übersteigen. Diese Grenze berechnet sich auch bei Beschränkungen auf eine Gattung vom ganzen Grundkapital, nicht vom Grundkapital, das auf die Gattung entfällt[6]. Zudem kann die Ermächtigung durch die Hauptversammlung für höchstens 18 Monate beschlossen werden und muss den niedrigsten und den höchsten Gegenwert festlegen. 130

Zulässig erscheint es, beide **Möglichkeiten** des Aktienbeschaffung miteinander zu **kombinieren**, denn der primäre Schutzzweck der Normen ist verschieden: zum einen Verhinderung missbräuchlicher Kursbeeinflussung, zum anderen Beschränkung des Verwässerungseffekts. Dies kann insb. für junge Wachstumsunternehmen mit noch niedrigem Kapital interessant sein, die die 10 %-Grenze unter Umständen nur schwer einhalten können. Weil die Ermächtigung jeweils nur für die Dauer von höchstens 18 Monaten ab dem Tag der Beschlussfassung gültig ist, gem. § 193 II Nr. 4 AktG die Mindestausübungssperre jedoch zwei Jahre beträgt, ist eine zeitgleiche Ermächtigung zum Rückkauf von Aktien mit Beschluss des Aktienoptionsplans nicht möglich. 131

(2) Ausgestaltung der Konditionen des Aktienoptionsplans. Gemäß § 193 II Nr. 4 AktG müssen in Beschlüssen für das bedingte Kapital nach § 192 II Nr. 3 AktG neben dem Ausgabebetrag oder den Grundlagen, nach denen dieser Betrag errechnet wird, auch die Aufteilung der Bezugsrechte auf Mitglieder der Geschäftsführung und ArbN, Erfolgsziele, Erwerbs- und Ausübungszeiträume und Wartezeiten für die erstmalige Ausübung festgestellt werden. Die Regelung ist gem. § 71 I Nr. 8 S. 5 AktG entsprechend beim Erwerb eigener Aktien auf Grund Ermächtigung durch die Hauptversammlung anzuwenden. Der Hauptversammlungsbeschluss kann weitere Einzelheiten enthalten, muss es jedoch nicht. Vorstand und Aufsichtsrat müssen gem. § 124 III Nr. 1 AktG einen detaillierten Beschlussvorschlag machen. Dieser muss nach hM jedoch nicht den Barwert der Optionen enthalten. Ob der Aktionär hierüber ein 132

1 S. hierzu *Schüller*, Vorstandsvergütung, S. 64; *Spenner*, Aktienoptionen als Bestandteil der Vergütung von Vorstandsmitgliedern, S. 42; *Feddersen*, ZHR 161 (1997), 269 (285). | 2 S. auch *Weber* in Achleitner/Wollmert, Stock Options, 2. Aufl. 2002, S. 25 (28 f.); *Schüller*, Vorstandsvergütung, S. 63 f.; *Spenner*, Aktienoptionen als Bestandteil der Vergütung von Vorstandsmitgliedern, S. 32 f. | 3 S. BT-Drs. 13/9712, S. 24 li. Sp. aE; ebenso *Schüller*, Vorstandsvergütung, S. 177; missverständlich *Baums*, FS Claussen, S. 28 f., Fn. 130, der von Grundlagenentscheidungen, aber wohl nicht iSd. § 119 AktG spricht. | 4 *Hüffer*, ZHR 161 (1997), S. 224. | 5 Zur allgemeinen Zulässigkeit solcher Optionen s. *Hüffer*, § 221 AktG Rz. 75. *Steiner*, WM 1990, 1776; *Fuchs*, AG 1995, 433; abl. KK/*Lutter*, § 21 AktG Rz. 185; *Martens*, AG 1989, 69 (71). | 6 S. *Hüffer*, § 71 AktG Rz. 19e; Spindler/Stilz/*Cahn*, § 71 AktG Rz. 100; MüKo/*Oechsler*, § 71 AktG Rz. 182.

Auskunftsrecht nach § 131 I AktG hat, ist streitig[1]. Die Pflicht zur Maßgabe der gruppenmäßigen Aufteilungen beinhaltet nicht die Nennung einzelner Personen, sondern nur die Verteilung unter Vorstandsmitgliedern, Geschäftsführungen verbundener Unternehmen und ArbN. Der Begriff des Erfolgsziels[2] ist weit zu verstehen und umfasst den Ausübungs- bzw. Basispreis und andere Unternehmensziele, soweit die Ausübung an deren Erfüllung gebunden ist. Die zweijährige Mindestfrist zwischen Begründung des Bezugsrechts und erstmaliger Ausübungsmöglichkeit wurde vom Gesetzgeber bewusst knapp bemessen; verbreitet wird eine Dreijahresfrist als eher angemessen gewertet[3].

133 Ein **Erhöhungsbeschluss unter Verletzung des § 193 II Nr. 4 AktG** führt nicht zur Nichtigkeit, sondern ist bloß Anfechtungsgrund[4]. Die allg. M. argumentiert für Verstöße gegen § 193 II Nr. 1–3 AktG anders, jedoch verfolgt Nr. 4 kein Schutzanliegen, das ähnliches Gewicht hat wie die bereits vor dem KonTraG bestehenden Vorgaben für bedingte Kapitalerhöhungen.

134 **e) Überstundenvergütung.** Die Vergütung von Über- oder Mehrarbeit ist durch das ArbZG (anders als ehemals in § 15 II AZO) nicht gesondert geregelt. Unter **Überarbeit** wird das Überschreiten der regelmäßigen betrieblichen Arbeitszeit[5], unter **Mehrarbeit** wird das Überschreiten der gesetzl. Arbeitszeit verstanden[6]. Ob und in welchem Umfang Mehrarbeit zulässig ist, bestimmt sich nach den einschlägigen ArbN-Schutzvorschriften, insb. nach dem ArbZG.

135 Für den vertragl. Anspruch des ArbN auf Überstundenvergütung reicht die bloße Kenntnis des ArbGeb von der Überstundenleistung nicht aus. Erforderlich ist vielmehr eine **rechtsgeschäftliche**, ggf. konkludent getroffene **Vereinbarung** über die Leistung von Mehrarbeit, wobei unter den Voraussetzungen des § 612 I allein die Abrede über die Vergütung entbehrlich ist[7]. Eine solche Vergütungserwartung wird regelmäßig gegeben sein, kann jedoch bei leitenden oder sehr hoch bezahlten Mitarbeitern fehlen, s. ausf. § 612 Rz. 29[8]. Hat der ArbN Stundennachweise ohne entsprechende Weisung des ArbGeb vorgelegt, so kann aus diesem Umstand allein jedoch ein rechtl. Schluss auf eine ggf. konkludent getroffene Vereinbarung über die Leistung von Mehrarbeit entsprechend den Eintragungen des ArbN in den Stundennachweisen nicht gezogen werden[9].

136 Bestimmt der ArbGeb, dass die Arbeit im unmittelbaren Anschluss an die Beendigung der regelmäßigen Arbeitszeit fortzusetzen ist, so liegt darin die **Anordnung von Überstunden**[10] und auch, wenn der ArbGeb dem ArbN die vorgeschriebenen Ruhepausen nicht gewährt[11], werden Überstunden angeordnet. Eine solche Weisung kann sich auch aus den Umständen ergeben[12]; so etwa, wenn der ArbGeb die vom ArbN geleistete Überstundenarbeit kennt und sie duldet[13] oder wenn der ArbGeb dem ArbN eine Arbeit zuweist, die in der regelmäßigen Arbeitszeit nicht erbracht werden kann[14]. Ein Anspruch auf Überstundenvergütung besteht auch dann, wenn die angefallenen Überstunden zwar nicht angeordnet waren, jedoch als nicht aufschiebbare Tätigkeiten zur Erledigung der geschuldeten Arbeit notwendig waren[15]. Verlangt ein TV eine schriftl. Anordnung von Überstunden, so besteht ein Anspruch des ArbN auf Überstundenvergütung selbst dann, wenn der ArbGeb die schriftl. Anordnung unterlassen hat[16]. Hierbei macht es keinen Unterschied, ob dem Schriftformerfordernis deklaratorische oder konstitutive Bedeutung zukommt[17].

137 Eine einzelvertragl. Vereinbarung, wonach etwaige Überstunden mit dem Gehalt abgegolten sind, ist, sofern die Parteien damit nur die gesetzl. zulässigen Überstunden erfassen wollen[18], grds. ebenso zulässig wie eine Überstundenvergütung in Form einer gleich bleibenden **Pauschale**[19]. Aus der vertragl.

---

1 Hierfür *Adams*, ZIP 2002, 1325. | 2 Zurückgehend auf eine Beschlussempfehlung des Rechtsausschusses Ausschuss B BT-Drs. 13/138, S. 9, 26. | 3 S. bereits Regierungsbegründung BT-Drs. 13/9712, S. 24; *Hüffer*, § 194 AktG Rz. 9; *Klarhold*, Aktienoptionen als Vergütungselement, S. 245. | 4 *Hirte* in K. Schmidt/Rigger (Hrsg.), Gesellschaftsrecht 1999, 2000, S. 211 (226 ff.); *Vogel*, BB 2000, 937 (939); *Hüffer*, § 194 AktG Rz. 10 mwN. | 5 ErfK/*Preis*, § 611 BGB Rz. 609. | 6 ErfK/*Preis*, § 611 BGB Rz. 609. | 7 LAG Hamm v. 10.6.1999 – 8 Sa 94/99, LAGE § 612 BGB Nr. 6; LAG München v. 14.4.2005 – 4 Sa 1258/04, nv. | 8 S. etwa BAG v. 17.3.1982 – 5 AZR 1047/79, AP Nr. 33 zu § 612 BGB: Der leitende Arzt einer Fachabteilung kann vom Krankenhausträger neben der vereinbarten Vergütung nach § 612 I nicht ohne weiteres eine zusätzliche Vergütung beanspruchen, wenn er in erheblichem Umfang Rufbereitschaft leisten muss, weil ein Oberarzt fehlt. | 9 LAG Hamm v. 9.6.2005 – 15 Sa 554/05, nv. | 10 BAG v. 26.11.1992 – 6 AZR 455/91, AP Nr. 20 zu § 17 BAT. | 11 BAG v. 27.2.1992 – 6 AZR 478/90, AP Nr. 5 zu § 3 AZO Kr. | 12 BAG v. 28.11.1973 – 4 AZR 62/73, AP Nr. 2 zu § 17 BAT. | 13 BAG v. 20.7.1989 – 6 AZR 774/87, ZTR 1990, 155. | 14 BAG v. 4.5.1994 – 4 AZR 445/93, AP Nr. 1 zu § 1 TVG – Tarifverträge Arbeiterwohlfahrt. | 15 BAG v. 29.1.2003, 5 AZR 85/02, nv.; LAG Köln v. 30.7.2003 – 8 (3) Sa 220/03, PflR 2004, 366 ff. | 16 BAG v. 15.10.1992 – 6 AZR 349/91, AP Nr. 19 zu § 17 BAT; LAG Frankfurt v. 29.10.1992 – 13 Sa 1365/91, DB 1994, 382. | 17 BAG v. 15.10.1992 – 6 AZR 349/91, AP Nr. 19 zu § 17 BAT; gegen die Möglichkeit einer konstitutiven Wirkung derartiger Tarifregelungen BAG v. 17.4.1957 – 4 AZR 315/54, AP Nr. 1 zu § 2 TOA. | 18 LAG Hamm v. 16.11.2004 – 19 Sa 1424/04, LAGReport 2005, 138, n.rkr. mit Hinweis auf eine eventuelle Unwirksamkeit einer solchen Vereinbarung in einem Formulararbeitsvertrag nach § 307; s. auch nachfolgend BAG v. 28.9.2005 – 5 AZR 52/05, Pressemitteilung 60/05 (offen gelassen). | 19 Solche Vereinbarungen wurden nicht infrage gestellt durch BAG v. 29.1.2003 – 5 AZR 85/02, nv.; v. 29.5.2002 – 5 AZR 370/01, EzA § 611 BGB – Mehrarbeit Nr. 10; LAG Köln v. 5.3.1999 – 4 Sa 1395/98, nv.; LAG Frankfurt v. 11.11.1963 – 1 Sa 432/63, nv.; LAG München v. 30.5.1956 – N 108/56 V, nv.; LAG Rh.-Pf. v. 23.9.2004 – 1 Sa 316/04, MDR 2005, 458 für Bereitschaftszeiten; ArbG Berlin v. 31.10.1988 – 30 Ca 214/88, EzA § 15 AZO Nr. 12. Offen gelassen aber BAG v. 17.4.2002 – 5 AZR 644/00; s. auch *Hümmerich/Rech*, NZA 1999, 1132 (1135).

Vereinbarung muss jedoch eindeutig hervor gehen, dass mit der vereinbarten Vergütung auch etwa anfallende Mehrarbeit abgegolten ist[1], so dass das **Bestimmtheitsgebot** gewahrt ist. Eine Vereinbarung über die Pauschalabgeltung von Überstunden findet zudem ihre Grenzen in der Vorschrift des **§ 138**[2]. Eine einzelvertragl. Pauschalierung der Mehrarbeitsvergütung ist danach unzulässig, wenn sich im Vergleich mit der üblichen Vergütung ein erhebliches Missverhältnis ergibt[3]. Das wird bei leitenden Mitarbeitern regelmäßig nicht der Fall sein. Ohne ausdrückliche vertragl. Vereinbarung gilt die **Grundvergütung** für die Überstunden gem. § 612 als stillschweigend vereinbart, ein **Überstundenzuschlag** aber nicht (ausführlicher hierzu § 612 Rz. 23). Handelt es sich bei der Pauschalierung von Überstunden um **AGB**, gelten engere Regeln: Es bedarf hinreichend klarer Regelungen zur Anordnung von Überstunden und einer Vorstellung des ArbN, welche Anzahl von Überstunden durchschnittlich auf ihn zukommt[4].

Der ArbN, der die Vergütung von Überstunden fordert, muss im Einzelnen darlegen, an welchen Tagen 138 und zu welchen Tageszeiten er über die übliche Arbeitszeit hinaus gearbeitet hat. Dem ArbGeb obliegt es, dem Vortrag substanziiert entgegenzutreten. Erst anhand des konkreten Sachvortrags des ArbGeb kann das Gericht feststellen, welche Tatsachen streitig sind. Anschließend ist es Sache des ArbN, im Einzelnen Beweis für die geleisteten Stunden anzutreten[5]. Diese gestufte **Darlegungs- und Beweislast** besteht auch dann, wenn der ArbGeb seinen Unternehmenssitz nicht am Ort der Betriebsstätte hat[6]. Kann der ArbGeb die vom ArbN behaupteten Überstundenguthaben auf einem Arbeitszeitkonto nicht durch Erklärung über den gewährten Ausgleich widerlegen, steht dem ArbN die Überstundenvergütung zu[7]. Die pauschale Behauptung, in einem voll ausgebuchten Fremdenverkehrsbetrieb fielen naturgemäß Überstunden an, ist keine substantiierte Darlegung der Anordnung oder Duldung von Überstunden durch den ArbGeb[8].

Zwischen einem ArbGeb und einem ArbN in Leitungsposition, dem keine festen Arbeitszeiten vorge- 139 geben sind, kann statt einer Mehrarbeitsvergütung vereinbart werden, dass der ArbN durch entsprechende Gestaltung seines Arbeitsablaufes Überstunden abfeiert. Eine derartige Vereinbarung ist grds. zulässig. Es besteht kein allgemeiner Rechtsgrundsatz, dass Überstunden stets zu vergüten sind, wenn die Möglichkeit des Abfeierns besteht[9]. Sieht eine tarifl. Regelung einen Ausgleich von Überstunden grds. durch Arbeitsbefreiungen vor, so hat der ArbGeb die Möglichkeit zwischen Vergütung und Freizeitausgleich zu wählen. Dem ArbN steht dabei weder ein Rechtsanspruch auf Freizeitausgleich noch einer auf Vergütung zu. Es ist vielmehr ausschließlich Sache des ArbGeb, sein Wahlrecht in der einen oder anderen Richtung auszuüben. Hat der ArbGeb keine Arbeitsbefreiung gewährt, so ist Vergütung für die geleisteten Überstunden zu zahlen[10]. Abweichend von dem entsprechenden TV können die Arbeitsvertragsparteien jedoch vereinbaren, dass dem ArbN selbst der **Ausgleich von Überstunden durch Freizeit** obliegt. Eine solche Abmachung muss allerdings als unzulässig angesehen werden, wenn der ArbGeb einen finanziellen Ausgleich auch für die Fälle ausschließt, in denen der Freizeitausgleich aus Gründen, die in seiner Sphäre liegen, nicht möglich ist, oder wenn das zugewiesene Arbeitsvolumen in der vertragl. vorgesehenen Zeit nicht zu bewältigen ist und trotzdem eine Vergütung für Überstunden nicht ausgeschlossen ist. Kommt der ArbN seiner diesbezüglichen Verpflichtung nicht nach, so ist sein Anspruch auf Überstundenvergütung ausgeschlossen[11]. Ein bereits **entstandener Anspruch auf Überstundenvergütung** kann nicht durch einseitige Freistellung von der Arbeit erfüllt werden, wenn keine Ersetzungsbefugnis vereinbart ist[12]. Entschließt sich der ArbGeb, Mehrarbeit verstärkt durch Freizeitausgleich abzugelten, so kann dies je nach den Umständen eine **Änderungskündigung** mit dem Ziel sozial rechtfertigen, von der vereinbarten pauschalierten Mehrarbeitsvergütung zur „Spitzabrechnung" der tatsächlich geleisteten Mehrarbeit überzugehen[13].

Folgt aus einer an sich zulässigen **Bezugnahme auf beamtenrechtl. Bestimmungen**, dass ein ArbN des 140 öffentl. Dienstes bei Beendigung des Arbeitsverhältnisses einen Anspruch auf Mehrarbeitsvergütung verliert, so ist die entsprechende vom ArbGeb des öffentl. Dienstes einseitig vorformulierte und daher

1 Vgl. BAG v. 16.11.1961 – 5 AZR 483/60, nv. | 2 LAG München v. 30.5.1956 – N 108/56 V, nv. | 3 ArbG Berlin v. 31.10.1988 – 30 Ca 214/88, EzA § 15 AZO Nr. 12. | 4 S. *Thüsing/Leder*, BB 2005, 1563 (1570); zur Pauschalierung von Nachtzuschlägen s. auch BAG v. 31.8.2005 – 5 AZR 545/04, AP Nr. 8 zu § 6 ArbZG. Zur Regelung durch TV Wiedemann/*Thüsing*, § 1 TVG Rz. 466. | 5 BAG v. 25.11.1993 – 2 AZR 517/93, BAGE 75, 153 (164); v. 3.11.2004 – 5 AZR 648/03, AP Nr. 49 zu § 611 BGB – Mehrarbeitsvergütung; v. 25.5.2005 – 5 AZR 319/04, AP Nr. 17 zu § 1 TVG – Tarifverträge: Gebäudereinigung; LAG Schl.-Holst. v. 31.5.2005 – 5 Sa 38/05, LAGE § 3 ArbZG Nr. 2; LAG Nds. v. 10.5.2005 – 13 Sa 842/04, NZA-RR 2005, 461 zum Anspruch eines LKW-Fahrers auf Kopien der Fahrtenschreiberdiagramme zum Zwecke der Substanziierung eines Anspruchs auf Überstundenvergütung; LAG Hamm v. 10.8.2004 – 6 Sa 1182/04, LAGReport 2005, 2 ff., n.rkr.; v. 30.6.2004 – 18 Sa 327/04, nv.; LAG Nds. v. 22.8.2003 – 16 Sa 100/03, nv.; ArbG Frankfurt v. 1.6.2005 – 9 Ca 8374/04, nv., n.rkr. | 6 BAG v. 17.4.2002 – 5 AZR 644/00, DB 2002, 1455. | 7 ArbG Senftenberg v. 31.8.2004 – 5 Ca 602/04, nv., n.rkr. | 8 LAG MV v. 29.11.2004 – 1 Sa 208/04, nv. | 9 BAG v. 4.5.1994 – 4 AZR 445/93, NZA 1994, 1035. | 10 BAG v. 16.2.1989 – 6 AZR 325/87, ZTR 1989, 320; v. 20.7.1989 – 6 AZR 774/87, ZTR 1990, 155 (156); v. 4.5.1994 – 4 AZR 445/93, AP Nr. 1 zu § 1 TVG – Tarifverträge Arbeiterwohlfahrt. | 11 BAG v. 4.5.1994 – 4 AZR 445/93, AP Nr. 1 zu § 1 TVG – Tarifverträge Arbeiterwohlfahrt. | 12 BAG v. 18.9.2001 – 9 AZR 307/00, AP Nr. 37 zu § 611 BGB – Mehrarbeitsvergütung. | 13 BAG v. 23.11.2000 – 2 AZR 547/99, NZA 2001, 492.

der richterlichen Inhaltskontrolle unterliegende Vertragsklausel unbillig und damit unwirksam, weil sie zu einer unangemessenen und sachlich nicht gerechtfertigten Benachteiligung des ArbN führt[1].

141 Zur Frage der **Überstundenzuschläge für Teilzeitbeschäftigte** und ob Teilzeitbeschäftigte überhaupt zu Überstunden herangezogen werden dürfen, s. § 4 TzBfG Rz. 7, 9.

142 **f) Trinkgeld, Bedienungsgeld.** Das **Trinkgeld** ist ein Geldbetrag, den ein Dritter ohne rechtl. Verpflichtung dem ArbN zusätzlich zu einer dem ArbGeb geschuldeten Leistung zahlt (Legaldefinition § 107 III GewO). Das **Bedienungsgeld** ist demgegenüber ein vom ArbGeb gegenüber Dritten erhobener prozentualer Aufschlag, der als solcher bezeichnet ist oder sonst als den ArbN zukommend gekennzeichnet ist[2]. Die Höhe des Aufschlags kann frei festgesetzt werden. Mangels näherer Vereinbarung kommt es auf die Verkehrssitte bei der Beantwortung der Frage an, ob zum „Umsatz", von dem das Bedienungsgeld zu berechnen ist, auch die Mehrwertsteuer gehört[3].

143 Die **Ausgestaltung des Bedienungsgelds** unterliegt der arbeitsgerichtl. Inhaltskontrolle und den Grenzen des § 138. Eine Vereinbarung zwischen einem Gastwirt und einer angestellten Serviererin mit dem Inhalt, dass der Anspruch auf wesentliche Lohnteile (Umsatzprozente) von der Zahlungswilligkeit bzw. Zahlungsfähigkeit der Gäste abhängig ist, widerspricht dem auf Austausch von Dienstleistung und Vergütung gerichteten Arbeitsverhältnis und ist deshalb wegen Verstoßes gegen die guten Sitten gem. § 138 I nichtig[4]. Gem. § 107 III 1 GewO kann die Zahlung eines regelmäßigen Arbeitsentgelts nicht wegen des **Trinkgelds** ausgeschlossen werden, s. Kommentierung dort. Eine Beschäftigung nur gegen Trinkgeld ist daher regelmäßig ebenso unwirksam[5]. Garantiert der ArbGeb keine Mindestsumme, dann wird die Grenze des § 138 leicht überschritten sein, garantiert er sie, so ist dies in der Sache nichts anderes als die nach § 107 III GewO verbotene Anrechnung von Trinkgeldern auf ein Festgehalt.

144 Der ArbN erhebt das Bedienungsgeld für den ArbGeb, der durch die Übergabe an den ArbN gem. §§ 929, 868 **Eigentümer** wird. Der ArbN hat allerdings seinerseits gegen den Wirt einen Lohnanspruch, der in der Höhe des Bedienungsgelds besteht. Der ArbN ist berechtigt, das von ihm entgegengenomme Bedienungsgeld unmittelbar mit diesem Lohnanspruch zu verrechnen. Es liegt dann Erfüllung durch Aufrechnung vor[6]. Demgegenüber wird der ArbN unmittelbar Eigentümer des Trinkgelds, das er erhält.

145 Bei der Beschäftigung von mehreren ArbN gibt es insb. zwei **Verteilungssysteme** beim Bedienungsgeld und auch beim Trinkgeld, soweit es nicht unmittelbar einem bestimmten ArbN zugewendet wurde, sondern der Belegschaft insgesamt. Während beim **Serviersystem** jedem ArbN das bei ihm aufkommende Bedienungsgeld zusteht, wird beim **Troncsystem** das gesamte eingenommene Bedienungsgeld in eine gemeins. Kasse gegeben und dann nach einem im Voraus festgelegten Schlüssel auf die einzelnen ArbN verteilt[7]. Letzteres gilt insb. für ArbN der **Spielbanken**, die individuelle Trinkgelder nicht annehmen dürfen (s. zB § 7 SpielbankG NW, § 9 SpielbankG BaWü). Der Spielbankunternehmer ist berechtigt, dem Tronc vorab die ArbGebAnteile zur SozV einschließlich der ArbGebAnteile zur Pflegeversicherung und die Beiträge zur gesetzl. Unfallversicherung zu entnehmen[8], nicht aber Mittel aus dem bei ihm gebildeten Tronc zur Anschaffung von Gegenständen zu verwenden, die er dem BR gem. § 40 Abs. 2 BetrVG zur Verfügung zu stellen hat; dies verstößt gegen das Umlageverbot des § 41 BetrVG[9]. Ebenso darf er nicht das vorzuzahlende Entgelt während des Urlaubs oder im Krankheitsfall dem Tronc entnehmen, da es in einem solchen Fall zu Lasten der übrigen Arbeitskollegen und nicht des ArbGeb ginge[10].

146 Besteht ein Anspruch auf tarifl. Vergütung, so bleibt das Trinkgeld als freiwillige Zuwendung unberücksichtigt[11]. Trinkgelder, die dem Bedienungspersonal in Gaststätten von den Gästen freiwillig gegeben werden, gehören jedenfalls bei Fehlen einer besonderen arbeitsvertragl. Vereinbarung für Zeiten des Urlaubs, der Arbeitsunfähigkeit und der BR-Tätigkeit nicht zum vom ArbGeb **fortzuzahlenden Arbeitsentgelt**[12]. Dementsprechend sind sie auch bei der Höhe einer Abfindung nach § 10 KSchG zum Monatsverdienst eines Kellners nicht hinzuzurechnen[13].

147 Die Möglichkeit, von den Gästen Trinkgelder zu erhalten, ist grds. nicht als **Naturalvergütung** anzusehen. Allerdings kann Naturalbezug eines ArbN auch die Verschaffung einer Verdienstmöglichkeit sein. Wird Trinkgeld ausnahmsw. vom ArbGeb als Naturalbezug geschuldet, wird die Lohnzahlungspflicht des ArbGeb (teilweise) durch die Pflicht ersetzt, Einnahmen aus Trinkgeldern zu ermöglichen. Dies

---

1 BAG v. 24.11.1993 – 5 AZR 153/93, NZA 1994, 759. | **2** ErfK/*Preis*, § 611 BGB Rz. 629. | **3** BAG v. 7.10.1971 – 5 AZR 195/71, AP Nr. 6 zu § 611 BGB – Kellner. | **4** LAG Hamm v. 3.10.1979 – 1 Sa 946/79, BB 1980, 105. | **5** Noch auf die Preußische Durchführungsverordnung zum Gaststättengesetz vom 18.6.1930 abstellend BAG v. 24.6.1968 – 5 AZR 446/67, DB 1968, 1587. | **6** BAG v. 22.5.1965 – 3 AZR 306/64, AP Nr. 4 zu § 611 BGB – Kellner. | **7** BAG v. 22.5.1965 – 3 AZR 306/64, AP Nr. 4 zu § 611 BGB – Kellner; *Salje*, DB 1989, 321. | **8** BAG v. 11.3.1998 – 5 AZR 567/96, AP Nr. 20 zu § 611 BGB – Croupier. | **9** BAG v. 14.8.2002 – 7 ABR 29/01, AuR 2002, 349; ebenso Vorinstanz LAG Kiel v. 17.5.2001 – 4 TaBV 45/00, ARSt. 2001, 211. | **10** LAG Berlin v. 13.10.1964 – 5 Sa 68/64, AuR 1965, 283; aA Küttner/*Griese*, Personalbuch, Trinkgeld Rz. 4. | **11** *Schaub*, ArbRHdb, § 68 Rz. 9; Küttner/*Griese*, Personalbuch Trinkgeld Rz. 2. | **12** BAG v. 28.6.1995 – 7 AZR 1001/94, AP Nr. 112 zu § 37 BetrVG 1972. | **13** AA noch vor der oben genannten Entscheidung des BAG: LAG Düsseldorf v. 18.2.1981 – 12 Sa 1534/80, nv.; dem folgend ErfK/*Preis*, § 611 BGB Rz. 633.

setzt indessen zumindest eine entsprechende Vereinbarung der Arbeitsvertragsparteien voraus. Das Vorliegen einer derartigen – auch konkludent abgeschlossenen – Vereinbarung kann anzunehmen sein, wenn sich der ArbGeb bei Abschluss des Arbeitsvertrages erkennbar dazu verpflichtet, dem ArbN als Teil seiner Vergütung die Erwerbschance zu geben, etwaige Trinkgelder in Empfang zu nehmen. Hiervon kann insb. auszugehen sein, wenn ein so geringes Festgehalt vereinbart wird, dass der ArbN ein für derartige Arbeitsleistung übliches Arbeitsentgelt erst unter Einrechnung der von den Arbeitsvertragsparteien erwarteten Trinkgelder erreichen kann[1]. Da das Trinkgeld dann vertragl. Vergütungsbestandteil ist, besteht eine **Auskunftspflicht** des ArbGeb gegenüber dem ArbN über die Höhe der eingenommenen Trinkgelder[2].

Da der Wirt zunächst Eigentum an den Bedienungsgeldern erwirbt (s. Rz. 144), können seine Gläubiger seinen Herausgabeanspruch gegen den ArbN **pfänden** und sich überweisen lassen[3]. Bei Trinkgeldern handelt es sich nicht um **Arbeitseinkommen iSd. § 850e Nr. 3 ZPO**[4]. Sie sind daher nicht bei der Berechnung des pfändbaren Arbeitseinkommens hinzuzurechnen. Solche Mehreinnahmen können nur im Wege der Taschenpfändung durch den Gerichtsvollzieher gepfändet werden[5]. **148**

6. Zahlungen ohne Entgeltcharakter. a) Auslösung. Unter der Auslösung ist ein **pauschalierter Aufwendungsersatz** zu verstehen, der Fahrt-, Übernachtungs- und Verpflegungskosten insb. im Montanbereich abdecken soll[6]. Die Aufwendungspauschale wird nicht von § 670 erfasst, da dieser nur einen Anspruch auf konkret angefallene und im Einzelnen nachgewiesene Einzelaufwendungen gewährt. Eine **Rechtsgrundlage** für die Pauschalierung von Aufwendungen in Form von Auslösungssätzen findet sich vor allem im BundesmontageTV der Eisen-, Metall- und Elektroindustrie (BMTV) v. 30.3.1980[7] und im BundesrahmenTV für das Baugewerbe; letzterer ist für allgemeinverbindlich erklärt. Ist der Aufwendungsersatz durch eine tarifvertragl. Klausel abschließend geregelt, findet § 670 keine Anwendung[8]. **149**

Die **Fernauslösung** ist der Ersatz der Mehraufwendungen für Übernachtung, Verpflegung und sonstige Bedürfnisse, die dem ArbN durch eine auswärtige Beschäftigung entstehen, bei der er auswärts übernachten muss, weil ihm die tägliche Rückkehr von seiner Arbeitsstelle zu seinem Wohnsitz nicht zumutbar ist[9]. Sie ist höher als die **Nahauslösung**, die die Mehraufwendungen auswärtiger Beschäftigung bei täglicher Heimfahrt abgelten will. Für die Unzumutbarkeit der Heimfahrt wird entweder auf die Entfernung zwischen Arbeitsstelle und Betriebssitz oder auf den Zeitaufwand für die Hin- und Rückfahrt von der Wohnung bei Benutzung öffentl. Verkehrsmittel abgestellt[10]. Diese Unzumutbarkeit wird teilweise durch tarifvertragl. Regelungen präzisiert. Unzumutbarkeit liegt ua. vor, wenn bei Benutzung öffentl. Verkehrsmittel der Zeitaufwand für Hin- und Rückweg 31/2 Stunden übersteigt. Bei der Berechnung dieses Zeitaufwandes sind notwendige Wartezeiten an der Montagestelle bis zum Schichtbeginn und nach Schichtende bis zum Antritt des Rückweges nur mitzuberücksichtigen, wenn sie jeweils 30 Minuten übersteigen[11]. Weil die Auslösung einer Pauschalierung zugrunde liegt, berührt es den Anspruch des ArbN nicht, wenn dieser trotz Unzumutbarkeit dennoch täglich nach Hause fährt[12] oder er auswärts oder daheim kostenlos bei Verwandten übernachten kann, ihm also keine doppelten Übernachtungskosten entstehen[13]. **150**

Die **Fernauslösung** gehört als pauschalierte Aufwandsentschädigung weder zum fortzuzahlenden Entgelt iSd. § 37 II BetrVG[14], noch iSd. EFZG[15]. Die **Nahauslösung** hat in ihrem steuerpflichtigen Teil jedoch Entgeltcharakter, so dass sie insoweit auch im Krankheitsfall[16], an Feiertagen[17] und im Urlaub[18] zu zahlen ist. **151**

Gemäß § 850a Nr. 3 ZPO sind Auslösungen, die den Rahmen des Üblichen nicht übersteigen, nicht **pfändbar**. **152**

b) Darlehen. aa) Allgemeines. Im Unterschied zu der Entgeltzahlung im engeren Sinne liegt ein **ArbGebDarlehen** dann vor, wenn der ArbGeb mit Rücksicht auf das Arbeitsverhältnis einem ArbN Kapital **153**

---

1 BAG v. 28.6.1995 – 7 AZR 1001/94, AP Nr. 112 zu § 37 BetrVG 1972. | 2 Küttner/*Griese*, Personalbuch, Trinkgeld Rz. 5; ErfK/*Preis*, § 611 BGB Rz. 634. | 3 Zu Aufrechnungsmöglichkeiten des ArbN s. BAG v. 22.5.1965 – 3 AZR 306/64, AP Nr. 4 zu § 611 BGB – Kellner. | 4 LG Hamburg v. 30.7.2001 – 330 T 36/01, JAmt 2002, 44; aA LG Osnabrück v. 6.12.1998 – 7 T 72/98, NZA-RR 1999, 430. | 5 OLG Stuttgart v. 3.7.2001 – 8 W 569/00, MDR 2002, 294. | 6 ErfK/*Preis*, § 611 BGB Rz. 641–645. | 7 Zu dessen Geltungsbereich BAG v. 11.11.1997 – 3 AZR 187/96, AP Nr. 156 zu § 1 TVG – Tarifverträge: Metallindustrie; v. 11.11.1997 – 3 AZR 162/96, AP Nr. 157 zu § 1 TVG – Tarifverträge: Metallindustrie. | 8 BAG v. 4.12.1974 – 4 AZR 138/74, AP Nr. 20 zu § 1 TVG – Tarifverträge: Bau; v. 29.7.1992 – 4 AZR 512/91, AP Nr. 155 zu § 1 TVG – Tarifverträge: Bau; v. 14.2.1996 – 5 AZR 978/94, AP Nr. 5 zu § 611 BGB – Aufwandsentschädigung. | 9 ErfK/*Preis*, § 611 BGB Rz. 641–645. | 10 BAG v. 27.2.1996 – 3 AZR 163/95, AP Nr. 28 zu § 1 TVG – Auslösung. | 11 BAG v. 13.12.1994 – 3 AZR 188/94, DB 1995, 1180 unter teilweiser Aufgabe von BAG v. 25.8.1982 – 4 AZR 1072/79, BAGE 40, 86. | 12 BAG v. 23.10.1991 – 4 AZR 139/91, NZA 1992, 420; v. 28.6.1989 – 4 AZR 226/89, AP Nr. 22 zu § 1 TVG – Auslösung. | 13 BAG v. 13.5.1974 – 5 AZR 374/73, AP Nr. 3 zu § 1 TVG – Auslösung. | 14 BAG v. 18.9.1991 – 7 AZR 41/90, BAGE 68, 292. | 15 BAG v. 28.1.1982 – 6 AZR 911/78, DB 1982, 1331; zum tarifvertragl. Entgeltfortzahlungsanspruch BAG v. 15.6.1983 – 5 AZR 598/80, BAGE 43, 87. | 16 BAG v. 14.8.1985 – 5 AZR 76/85, AP Nr. 14 zu § 2 LohnFG; v. 2.10.1974 – 5 AZR 555/73, AP Nr. 5 zu § 2 LohnFG. | 17 BAG v. 24.9.1986 – 4 AZR 543/85, NZA 1987, 315. | 18 BAG v. 10.3.1987 – 8 AZR 494/84, DB 1987, 1741.

zur vorübergehenden Nutzung, typischerweise zu günstigeren Bedingungen als auf dem Kapitalmarkt überlässt[1]. Kein ArbGebDarlehen sind Vorschuss und die Abschlagszahlung. Während Vorschüsse Geldleistungen auf noch nicht verdientes Arbeitsentgelt darstellen[2], werden bei Abschlagszahlungen Geldzahlungen auf verdientes aber noch nicht abgerechnetes Entgelt geleistet[3].

154 **bb) Grenzen der Vertragsgestaltung.** Schließt der ArbGeb mit seinem ArbN Kreditverträge ab, die unter den marktüblichen Zinsen liegen, finden die Vorschriften über den Verbraucherdarlehensvertrag (§§ 491 ff.) gem. **§ 491 II 1 Nr.** 2 keine Anwendung. Verwendet der ArbGeb jedoch vorformulierte Klauseln, so unterliegen diese einer Inhaltskontrolle gem. §§ 305 ff.[4]. **Fälligkeitsklauseln** und **Zinsanpassungsklauseln**, die das Schicksal des Darlehensvertrags an den Bestand des Arbeitsverhältnisses koppeln, unterliegen ebenfalls einer Inhaltskontrolle[5]. Räumt der ArbGeb dem ArbN für ein Darlehen einen Sonderzinssatz ein, so stellt die vertragl. Bedingung, dass nach Beendigung des Arbeitsverhältnisses ein höherer Zinssatz zur Anwendung kommt, im Rahmen einer Inhaltskontrolle keine unangemessene Benachteiligung dar[6]. Eine **tarifl. Ausschlussklausel**, nach der vertragl. Ansprüche aus dem Arbeitsverhältnis innerhalb bestimmter Fristen schriftl. geltend zu machen sind, erfasst nicht Zinsforderungen aus ArbGebDarlehen[7]. Ansprüche auf Rückzahlung von Darlehen, die mit Rücksicht auf das Arbeitsverhältnis niedriger als marktüblich zu verzinsen und an den Bestand des Arbeitsverhältnisses geknüpft sind, werden jedoch von einer Ausschlussklausel erfasst, die auch „solche Ansprüche, die mit dem Arbeitsverhältnis in Verbindung stehen", einbezieht[8].

155 **cc) Betriebsübergang/Ausscheiden des Arbeitnehmers.** Ein ArbGebDarlehen kann gem. § 613a auf den Betriebserwerber übergehen, wenn das Darlehen zu den Rechten und Pflichten aus dem Arbeitsverhältnis gehört. Dies ist nach der missverständlichen Formulierung des BAG dann der Fall, wenn der ArbGeb dem ArbN ein Darlehen als Lohn- oder Gehaltsvorschuss gegeben hat[9]– dann ist es aber kein Darlehen, s. Rz. 153 ff. Entscheidend ist, ob die Arbeitsvertragsparteien neben dem Arbeitsvertrag einen vom Arbeitsverhältnis unabhängigen eigenständigen Darlehensvertrag geschlossen haben. Dieser wird durch den Betriebsübergang nicht berührt[10].

156 **dd) Arbeitnehmerdarlehen** sind seltener. Sie liegen vor, wenn der ArbN seinem ArbGeb mit Rücksicht auf das Arbeitsverhältnis Kapital zur vorübergehenden Nutzung überlässt, etwa bei wirtschaftl. Schwierigkeiten des ArbGeb[11]. Sie sind grds. zulässig, jedoch unterliegen auch deren vorformulierte Bedingungen einer **Inhaltskontrolle** gem. §§ 305 ff.[12]. Das BAG hatte erhebliche Bedenken gegen die Wirksamkeit der Bestimmungen des Darlehensvertrages, wonach sich das Darlehen jeweils um fünf Jahre verlängert, wenn es nicht rechtzeitig gekündigt worden ist, dass die Zinsen, wenn im Zeitpunkt ihrer Fälligkeit keine Lohn- und Gehaltszahlung anfällt, nur auf Antrag des Mitarbeiters überwiesen werden, und dass 50 % der Darlehenssumme erst ein Jahr später ausbezahlt und in dieser Zeit auch nicht verzinst werden. Eine Klausel, die für ein mit 4 % p.a. verzinstes Darlehen eine Laufzeit von 15 Jahren unabhängig von der Laufzeit des Arbeitsverhältnisses vorsieht, ist nach der Rspr. nicht als unangemessene Benachteiligung iSv. § 9 I AGBG (jetzt § 307 I 1) zu beanstanden[13]. Ggf. kann ein ArbN-Darlehen sittenwidrig sein[14].

157 Verzichtet der ArbN allerdings auf die Auszahlung bestimmter, bereits vereinbarter Vergütungsbestandteile und stellt dem ArbGeb die entsprechenden Beträge als Darlehen zur Verfügung, handelt es sich hierbei um eine sog. **Lohnverwendungsabrede**, die im Hinblick auf **§ 117 II GewO** unzulässig ist[15]. Gewährt der ArbGeb dem ArbN hingegen freiwillige Zuwendungen unter der Bedingung, dass dieser Betrag dem ArbGeb als Darlehen zur Verfügung gestellt wird, liegt kein Verstoß gegen das Prinzip der Lohnsicherung vor. Freiwillige zusätzliche Leistungen im Rahmen von Arbeitsverhältnissen haben zwar Entgeltcharakter. Sie werden aber von den Verboten der §§ 115 ff. GewO nicht erfasst. Diese Vorschriften verbieten dem ArbGeb nicht, dem ArbN freiwillige Leistungen in anderer Form als in der der Barauszahlung oder -überweisung zukommen zu lassen[16].

158 **7. Rückzahlung von Vergütung. a) Grundlagen des Bereicherungsrechts.** Erhält der ArbN durch ein Versehen des ArbGeb eine zu hohe Vergütung, hat der ArbGeb einen Rückzahlungsanspruch gem. § 812 I 1 Alt. 1. Der Beweis der tatsächlichen Auszahlung der Vergütung obliegt im Prozess um die Vergütungsrückforderung dem ArbGeb[17]. Weiß der ArbGeb um das Fehlen einer Rechtspflicht, greift § 814. Der Rückzahlungsanspruch ist allerdings nach § 818 III ebenso ausgeschlossen, soweit der Empfänger

1 ErfK/*Preis*, § 611 BGB Rz. 544. |2 *Schaub*, ArbRHdb, § 70 Rz. 13. |3 *Schaub*, ArbRHdb, § 70 Rz. 12. |4 Unter Geltung des AGB-Gesetz wegen dessen Bereichsausnahme für den Arbeitsvertrag noch vorsichtig: BAG v. 23.9.1992 – 5 AZR 569/91, AP Nr. 1 zu § 611 BGB – Arbeitnehmerdarlehen; s. auch BAG v. 26.5.1993 – 5 AZR 219/92, AP Nr. 3 zu § 23 AGBG; s. auch ErfK/*Preis*, § 611 BGB Rz. 544. |5 *Kania*, AR-Blattei SD 570 Rz. 62 ff.; ErfK/*Preis*, § 611 BGB Rz. 544. |6 BAG v. 23.2.1999 – 9 AZR 737/97, AP Nr. 4 zu § 611 BGB – Arbeitnehmerdarlehen. |7 BAG v. 23.2.1999 – 9 AZR 737/97, AP Nr. 4 zu § 611 BGB – Arbeitnehmerdarlehen. |8 BAG v. 20.2.2001 – 9 AZR 11/00, BAGE 97, 65. |9 BAG v. 21.1.1999 – 8 AZR 373/97, nv. |10 S. auch *Willemsen*, FS Wiedemann, 2002, S. 645. |11 ErfK/*Preis*, § 611 BGB Rz. 545. |12 Vgl. BAG v. 23.9.1992 – 5 AZR 569/91, AP Nr. 1 zu § 611 BGB – Arbeitnehmerdarlehen zur alten Rechtslage. |13 BAG v. 23.9.1992 – 5 AZR 569/91, AP Nr. 1 zu § 611 BGB – Arbeitnehmerdarlehen. |14 BGH v. 14.10.2003 – XI ZR 134/02, FA 2004, 45. |15 ErfK/*Preis*, § 611 BGB Rz. 545. |16 BAG v. 23.9.1992 – 5 AZR 569/91, AP Nr. 1 zu § 611 BGB – Arbeitnehmerdarlehen. |17 LAG Hamm v. 26.5.2004 – 18 Sa 154/04, nv., n.rkr.

nicht mehr bereichert ist. Eine Entreicherung ist anzunehmen, wenn das Erlangte ersatzlos weggefallen ist und kein Überschuss zwischen dem vorhandenen Vermögen und dem Vermögen mehr besteht, das ohne den bereichernden Vorgang vorhanden wäre. Von dem Fortbestehen einer Bereicherung ist auch dann auszugehen, wenn der Bereicherungsschuldner mit der Ausgabe des Erlangten anderweitige Aufwendungen erspart hat. Ein Wegfall der Bereicherung ist dagegen anzunehmen, wenn der Empfänger die rechtsgrundlose Leistung ersatzlos für (Luxus-)Ausgaben verwendet hat, die er sonst nicht gemacht hätte. Dies allgemeinen Regeln gelten auch bei überzahltem Lohn oder Gehalt[1].

b) Entreicherungseinwand. Ein ArbN, der gegen den Anspruch des ArbGeb auf Rückzahlung zu viel gezahlter Arbeitsvergütung (§ 812 I) den Wegfall der Bereicherung geltend macht (§ 818 III), hat im Einzelnen Tatsachen darzulegen, aus denen sich ergibt, dass die Bereicherung weggefallen ist. Ihm können allerdings die Erleichterungen des **Anscheinsbeweises** zugute kommen[2]. 159

Bei kleineren und mittleren Arbeitseinkommen und einer gleich bleibend geringen Überzahlung des laufenden Arbeitsentgelts besteht die Möglichkeit des Beweises des ersten Anscheins für den Wegfall der Bereicherung[3]. Ein konkreter Nachweis, um solche Überzahlungen nicht mehr bereichert zu sein, ist danach entbehrlich. Diese **Erleichterung der Darlegungs- und Beweislast** kommt für den ArbN aber nur dann in Betracht, wenn erfahrungsgemäß und typischerweise anzunehmen ist, dass die Zuvielzahlung für den laufenden Lebensunterhalt, insb. für konsumtive Ausgaben verbraucht wurde. Eine solche Annahme setzt voraus, dass es sich um Überzahlungen in relativ geringer Höhe handelt. Je höher die Überzahlung im Verhältnis zum Realeinkommen ist, umso weniger lässt sich annehmen, die zusätzlichen Mittel seien für den Lebensunterhalt verbraucht worden. Außerdem muss die Lebenssituation des ArbN, insb. seine wirtschaftl. Lage so sein, dass die Verwendung der Überzahlung für die laufende Lebensführung nahe liegt. Das ist regelmäßig dann der Fall, wenn ArbN mit geringem oder mittlerem Einkommen über keine weiteren Einkünfte verfügen, so dass sie die Nettobezüge aus ihrem Arbeitsverhältnis verwenden, um den laufenden Lebensunterhalt für sich und evtl. ihre Familie zu bestreiten. Sind dagegen nennenswerte andere Einkünfte vorhanden, so kann auf eine typische Lebenssituation, die zum Verbrauch der zusätzlichen Mittel führt, nicht geschlossen werden[4]. 160

Zur Beantwortung der Frage, wann eine **Überzahlung geringfügig** ist, werden die zum Beamtenrecht geltenden Richtlinien von der Rspr. auf die Arbeitsverhältnisse übertragen. Hiernach sind Überzahlungen, die nicht mehr als 10 % der dem Beamten an sich zustehenden Bezüge betragen, als geringfügig anzusehen. Ein offenbarer Wegfall der Bereicherung wird hier unterstellt[5]. 161

Für ArbN, die zum Kreis der **besser Verdienenden** gehören, gilt die Beweiserleichterung idR nicht, da bei ihnen regelmäßig nicht davon ausgegangen werden kann, dass höhere Einkünfte auch ausgegeben werden; das BAG hat freilich offen gelassen, wer lediglich gut verdient und wer ein besser Verdienender ist[6]. Der Beweis des ersten Anscheins für den Wegfall einer durch Gehaltsüberzahlungen eingetretenen Bereicherung ist im Falle einer mehrere Monate betreffenden einmaligen Überzahlung, die das richtige Gehalt um ein Vielfaches übersteigt, regelmäßig nicht anzunehmen[7]. Gelingt dem ArbGeb der Nachweis, dass beim ArbN **noch weitere nennenswerte Einkünfte** vorhanden sind, so kann sich der ArbN nicht mehr auf eine Beweiserleichterung berufen, sondern muss nun seinerseits der ihn treffenden Darlegungs- und Beweislast vollen Umfangs nachkommen und darstellen, welche anderen Einkünfte vorhanden sind und inwieweit noch der Schluss auf einen typischen Ablauf, den Verbrauch zum Lebensunterhalt, möglich ist. Seiner Darlegungs- und Beweislast genügt der ArbN nicht, wenn er zu den nach Art oder dem Grund nach plausibel behaupteten anderweitigen Einkünften nicht substanziiert Stellung nimmt[8]. 162

Wird in einem **Arbeits- oder einem Kollektivvertrag** ausdrücklich die **Verpflichtung** des ArbN festgelegt, **Lohnüberzahlungen zurückzuerstatten**, so kann sich der ArbN nicht auf den Wegfall der Bereicherung berufen[9]. Das Verlangen des ArbGeb auf Rückzahlung irrtümlich überzahlter Lohnbeträge kann jedoch auch dann ausgeschlossen sein wegen Verstoßes gegen Treu und Glauben durch unzulässige Rechtsausübung, wenn er dem ArbN die Richtigkeit der Lohnberechnung ausdrücklich zugesagt oder es ihm unmöglich gemacht hat, die Richtigkeit der Abrechnung selbst zu überprüfen[10]. Auch kann der 163

---

1 BAG v. 18.1.1995 – 5 AZR 817/93, AP Nr. 13 zu § 812 BGB; v. 18.9.1986 – 6 AZR 517/83, AP Nr. 5 zu § 812 BGB; LAG Hamm v. 3.12.1999 – 5 Sa 97/99, NZA-RR 2000, 181. | 2 BAG v. 9.2.2005 – 5 AZR 175/04, NZA 2005, 814; v. 25.4.2001 – 5 AZR 497/99, DB 2001, 1833; v. 23.5.2001 – 5 AZR 374/99, AP Nr. 25 zu § 812 BGB; v. 12.1.1994 – 5 AZR 597/92, AP Nr. 3 zu § 818 BGB; v. 30.4.1997 – 7 AZR 122/96, NZA 1998, 199 (201), unter III d.Gr. mwN; LAG Hamm v. 3.12.1999 – 5 Sa 97/99, AP Nr. 3 zu § 818 BGB. | 3 BAG v. 18.1.1995 – 5 AZR 817/93, BAGE 79, 115 (119). | 4 BAG v. 9.2.2005 – 5 AZR 175/04, EzA § 818 BGB 2002 Nr. 1; v. 23.5.2001 – 5 AZR 374/99, AP Nr. 25 zu § 812 BGB; v. 18.1.1995 – 5 AZR 817/93, BAGE 79, 115. | 5 BAG v. 18.9.1986 – 6 AZR 517/83, AP Nr. 5 zu § 812 BGB; LAG Hamm v. 27.3.1974 – 3 Sa 51/74, BB 1975, 230. | 6 BAG v. 12.1.1994 – 5 AZR 597/92, AP Nr. 3 zu § 818 BGB; LAG Hamm v. 3.12.1999 – 5 Sa 97/99, AP Nr. 3 zu § 818 BGB; gegen die Differenzierung nach Einkommensgruppen *Grunsky*, AuR 1987, 312 (316). | 7 BAG v. 23.5.2001 – 5 AZR 374/99, AP Nr. 25 zu § 812 BGB. | 8 BAG v. 18.1.1995 – 5 AZR 817/93, AP Nr. 13 zu § 812 BGB. | 9 BAG v. 8.2.1964 – 5 AZR 371/63, AP Nr. 2 zu § 611 BGB – Lohnrückzahlung; v. 20.6.1989 – 3 AZR 554/87, AP Nr. 8 zu § 87 HGB. | 10 BAG v. 8.2.1964 – 5 AZR 371/63, AP Nr. 2 zu § 611 BGB – Lohnrückzahlung.

Anspruch verwirkt sein, jedoch setzt die Verwirkung voraus, dass neben das Zeitmoment das Umstandsmoment tritt[1]. In der einseitigen Erklärung des ArbN auf einem vom ArbGeb vorgelegten vorgedruckten Formular, ihm sei bekannt, dass er alle Bezüge zurückzahlen müsse, die er infolge unterlassener, verspäteter oder fehlerhafter Meldung zu viel erhalten habe, liegt allerdings keine Vereinbarung der Parteien über den Ausschluss des Entreicherungseinwands nach § 818 III[2].

164 **c) Schadensersatzanspruch des Arbeitnehmers.** Erfolgt eine **schuldhaft falsche Lohnberechnung** des ArbGeb, liegt hierin eine Verletzung seiner Fürsorgepflicht, die einen Schadensersatzanspruch des ArbN nach § 280 zur Folge haben kann, mit dem er gegen den Erstattungsanspruch des ArbGeb aufrechnen kann, so dass eine Rückzahlung in diesem Fall ausgeschlossen ist, auch wenn der ArbN nicht entreichert ist[3]. Ein Schaden freilich muss vorliegen. Der kann aber nicht schon darin bestehen, dass der ArbN die LSt später bezahlen muss als er sie eigentlich hätte bezahlen müssen. Nur soweit aus dieser verspäteten Zahlung der LSt dem ArbN ein besonderer Nachteil entsteht, ist der ArbGeb zum Ersatz des Schadens verpflichtet. Hinsichtlich des besonderen Nachteils ist der ArbN beweispflichtig[4]. Liegt lediglich eine fahrlässige Falschberechnung des ArbGeb vor, sind Schadensersatzansprüche des ArbN dann ausgeschlossen, wenn durch den Arbeitsvertrag ausdrücklich die Rückzahlung zu viel gezahlten Lohnes vereinbart wird[5].

165 **d) Schadensersatzanspruch des Arbeitgebers.** Auch der ArbGeb kann einen Anspruch auf Schadensersatz gem. §§ 280 I, 241 II haben. Ein solcher Anspruch ist anzunehmen, wenn die Überzahlung auf einer Verletzung der Informations- oder Auskunftspflicht des ArbN beruht. Eine solche Pflichtverletzung des ArbN liegt etwa dann vor, wenn er im Falle eines Annahmeverzugs des ArbGeb die Mitteilung eines anderweitigen Verdienstes unterlässt. Ferner macht er sich ebenfalls dann schadensersatzpflichtig, wenn er den ArbGeb nicht über Änderungen informiert. Kommt ein Ruhegeldberechtigter schuldhaft seiner Auskunftsverpflichtung über den Bezug anderweitiger öffentl. Renten nicht nach, die der Versorgungsträger anrechnen darf, so ist er ebenfalls zum Schadensersatz verpflichtet, der der Ruhegeldüberzahlung entspricht. Der Entreicherungseinwand ist – weil es sich um einen vertragl. Schadensersatzanspruch handelt – ausgeschlossen[6].

166 **e) Fälligkeit/Geltendmachung.** Der Anspruch des ArbGeb auf Rückzahlung überzahlter Vergütung entsteht und wird gem. § 271 I idR im Zeitpunkt der Überzahlung **fällig**, wenn die Vergütung fehlerhaft berechnet worden ist, obwohl die maßgebenden Umstände bekannt waren oder hätten bekannt sein müssen. Auf die Kenntnis des ArbGeb von seinem Rückzahlungsanspruch kommt es regelmäßig nicht an[7]. Bei einer Gehaltsüberzahlung können jedoch besondere Umstände dazu führen, dass Entstehungs- und Fälligkeitszeitpunkt des Rückzahlungsanspruchs nicht übereinstimmen. Solche liegen vor, wenn es dem Gläubiger des Rückzahlungsanspruchs praktisch unmöglich ist, den Anspruch mit seinem Entstehen geltend zu machen, wovon insb. dann auszugehen ist, wenn die rechtsbegründenden Tatsachen in der Sphäre des Schuldners liegen und der Gläubiger es nicht durch schuldhaftes Zögern versäumt hat, sich Kenntnis von den Voraussetzungen zu verschaffen, die er für die Geltendmachung benötigt[8]. Konnte der ArbGeb die Überzahlung nicht erkennen, etwa weil der ArbN für die Berechnung maßgebliche Mitteilungen treuwidrig unterlassen hatte, so kann die durch **tarifl. Ausschlussfristen** bestimmte Fälligkeit des Rückzahlungsanspruchs ausnahmsw. später eintreten. Der ArbGeb kann in diesem Fall dem Fristablauf mit dem **Einwand unzulässiger Rechtsausübung** gem. § 242 begegnen[9]. Der Einwand des Rechtsmissbrauchs entfällt jedoch, wenn der ArbGeb anderweitig vom Überzahlungstatbestand Kenntnis erhält[10]. Die Berufung auf die **tarifl. Ausschlussfrist** kann treuwidrig sein, wenn eine Vertragspartei den Vertragspartner durch aktives Handeln von der Einhaltung der Ausschlussfrist abhält oder wenn sie es pflichtwidrig unterlässt, dem Vertragspartner Umstände mitzuteilen, die diesen zur Einhaltung der Ausschlussfrist veranlassen können[11]. Ein treuwidriges Verhalten des ArbN ist dementsprechend auch anzunehmen, wenn er erkennt, dass seinem ArbGeb bei der Überweisung der Vergütung ein Irrtum unterlaufen ist, der zu einer erheblichen Überzahlung geführt hat, und er die Überzahlung dennoch nicht anzeigt[12]. Auch wenn eine allgemeine Verpflichtung des ArbN, die durch den ArbGeb erstellte Vergütungsabrechnung zu überprüfen, im Arbeitsrecht nicht besteht[13], soll ein pflichtwidriges Unterlassen des ArbN bereits dann vorliegen, wenn er bemerkt, dass er eine gegenüber sonst ungewöhnlich

---

1 BAG v. 25.4.2001 – 5 AZR 497/99, BAGE 97, 326. | 2 BAG v. 18.9.1986 – 6 AZR 517/83, AP Nr. 5 zu § 812 BGB. | 3 BAG v. 8.2.1964 – 5 AZR 371/63, AP Nr. 2 zu § 611 BGB – Lohnrückzahlung; v. 27.3.1958 – 2 AZR 188/56, AP Nr. 1 zu § 670 BGB mit zust. Anm. v. *Dersch*; v. 27.3.1958 – 2 AZR 291/57, AP Nr. 2 zu § 670 BGB. | 4 BAG v. 27.3.1958 – 2 AZR 188/56, AP Nr. 1 zu § 670 BGB; v. 27.3.1958 – 2 AZR 291/57, AP Nr. 2 zu § 670 BGB; v. 27.3.1958 – 2 AZR 367/57, AP Nr. 4 zu § 670 BGB; v. 27.3.1958 – 2 AZR 221/56, AP Nr. 5 zu § 670 BGB. | 5 BAG v. 8.2.1964 – 5 AZR 371/63, AP Nr. 2 zu § 611 BGB – Lohnrückzahlung. | 6 BAG v. 27.3.1990 – 3 AZR 187/88, NZA 1990, 776. | 7 St. Rspr. BAG v. 1.6.1995 – 6 AZR 912/94, AP Nr. 16 zu § 812 BGB; v. 16.11.1989 – 3 AZR 114/88, AP Nr. 8 zu § 29 BAT; v. 14.9.1994 – 5 AZR 407/93, AP Nr. 127 zu § 4 TVG – Ausschlussfristen. | 8 BAG v. 19.2.2004 – 6 AZR 664/02, AP Nr. 3 zu § 70 BAT-O. | 9 BAG v. 14.9.1994 – 5 AZR 407/93, AP Nr. 127 zu § 4 TVG – Ausschlussfristen; v. 19.3.1986 – 5 AZR 86/85, AP Nr. 67 zu § 1 LohnFG. | 10 BAG v. 10.3.2005 – 6 AZR 217/04, NZA 2005, 812. | 11 BAG v. 11.6.1980 – 4 AZR 443/78, AP Nr. 7 zu § 70 BAT. | 12 BAG v. 29.4.1982 – 5 AZR 1229/79, nv.; v. 19.6.1985 – 5 AZR 569/82, nv. | 13 BAG v. 29.4.1982 – 5 AZR 1229/79, nv.; v. 19.6.1985 – 5 AZR 569/82, nv.

hohe Zahlung erhalten hat, deren Grund er nicht klären kann[1]. Die einseitige Erklärung des ArbGeb der „Zahlung unter Vorbehalt" schließt die Anwendung tarifl. Ausschlussfristen nicht aus[2].

f) Brutto/Netto. Ob der ArbN den zu viel erhaltenen **Nettobetrag** oder den **Bruttobetrag** zurückzahlen muss, ist noch nicht höchstrichterlich entschieden und in der Lit. umstritten. Nach der sog. „Nettolösung" ist eine Bereicherung des ArbN iSv. §§ 812 ff. iHd. ausbezahlten Nettobetrags gegeben. Wegen der Erstattung der auf die Überzahlung entrichteten Steuer- bzw. SozV-Abzüge habe sich der ArbGeb direkt an das FA bzw. die Einzugsstelle zu halten[3]. Nach der sog. „Bruttolösung" hat der ArbN unter Hinweis auf die Praxis der Finanzverwaltung[4] den Bruttobetrag, also einschließlich Steuern und Sozialabgaben, zurückzuzahlen[5]. Damit obliegt die Rückabwicklung der zu viel entrichteten Steuer- und SozV-Abzüge mit dem FA dem ArbN[6]. 167

V. Beschäftigungspflicht. 1. Grundsatz. Ein Beschäftigungsanspruch des ArbN und damit korrespondierend die Beschäftigungspflicht des ArbGeb ist im Dienstvertragsrecht nicht ausdrücklich geregelt. Allgemeine Anerkennung wurde dem Anspruch auf Beschäftigung erst seit Inkrafttreten des GG durch die grundlegende Entscheidung des BAG v. 10.11.1955 zuteil[7]. Seither bejaht das BAG in st. Rspr. mit Zustimmung der Lit. einen Anspruch des ArbN auf tatsächliche Beschäftigung während des Arbeitsverhältnisses. Rechtsdogmatisch wird dieser Anspruch mit dem Allgemeinen Persönlichkeitsrecht des ArbN gem. Art. 2 I iVm. Art. 1 GG begründet. Der Anerkennung der Beschäftigungspflicht liegt die Erkenntnis zugrunde, dass die Achtung und Wertschätzung des ArbN wesentlich von der von ihm geleisteten Arbeit abhängt und die Tätigkeit im Arbeitsverhältnis eine wesentliche Möglichkeit zur Entfaltung seiner geistigen und körperlichen Fähigkeiten und damit zur Entfaltung seiner Persönlichkeit darstellt[8]. 168

Vom allgemeinen Beschäftigungsanspruch des ArbN im ungekündigten Arbeitsverhältnis ist der sog. **Weiterbeschäftigungsanspruch während des Kündigungsschutzprozesses** zu unterscheiden, der aus §§ 611, 613 iVm. § 242 abgeleitet wird. Nach Auffassung des BAG beruht der Anspruch des gekündigten ArbN unmittelbar auf der sich aus § 242 unter Berücksichtigung der verfassungsrechtl. Wertentscheidung der Art. 1 und 2 GG über den Persönlichkeitsschutz für den ArbGeb ergebenden arbeitsvertragl. Förderungspflicht der Beschäftigungsinteressen des ArbN. Stehen dem Beschäftigungsanspruch **schutzwerte Interessen des ArbGeb** (bspw. Wegfall der Vertrauensgrundlage, fehlende Einsatzmöglichkeit, Gefahr des Geheimnisverrats, unzumutbare wirtschaftl. Belastung, sowie alle Gründe, die eine außerordentl. Kündigung rechtfertigen würden) entgegen, muss dieser allerdings zurücktreten[9]. Zum **betriebsverfassungsrechtl. Weiterbeschäftigungsanspruch** s. die Komm. zu § 102 V BetrVG. 169

Die Beschäftigungspflicht ist nach umstrittener Auffassung der **arbeitsvertragl. Hauptpflicht** des ArbGeb zuzurechnen[10]. So kann der ArbN im ungekündigten Arbeitsverhältnis gegen eine unwirksame Versetzung auf einen geringer bewerteten Arbeitsplatz eine Verletzung des Beschäftigungsanspruchs durch den ArbGeb geltend machen. Bei einer offensichtlich unwirksamen Versetzung kann der ArbN seinen Anspruch auf Beschäftigung zu den bisherigen Bedingungen auch im Wege einer **einstw. Verfügung** einbringen. Hierbei können die zum Weiterbeschäftigungsanspruch nach erfolgter Kündigung entwickelten Grundsätze herangezogen werden[11]. Aus dem Beschäftigungsanspruch des ArbN lässt sich allerdings ein Unterlassungsanspruch, durch den eine drohende Änderung des Aufgabenbereichs untersagt werden könnte, nicht herleiten[12]. Der Beschäftigungsanspruch des ArbN entfällt, wenn dem ArbGeb eine tatsächliche Beschäftigung unmöglich oder unzumutbar ist, § 275 BGB[13]. 170

Da der Beschäftigungsanspruch keinem ArbN aufgezwungen werden kann, hängt er grds. von seiner Geltendmachung ab[14]. Durch eine **Klage** auf tatsächliche Beschäftigung kann der ArbN seinen Anspruch gerichtlich geltend machen. Erstreitet der ArbN ein instanzabschließendes Urteil, das ihm einen An- 171

---

1 BAG v. 1.6.1995 – 6 AZR 912/94, AP Nr. 16 zu § 812 BGB; ebenso ErfK/*Preis*, § 611 BGB Rz. 529; aA LAG Düsseldorf v. 11.6.1997 – 12 (13) Sa 421/97, LAGE § 4 TVG – Ausschlussfristen Nr. 44. | 2 BAG v. 27.3.1996 – 5 AZR 336/94, NZA 1997, 45. | 3 Mit ausf. Begründung *Groß*, ZIP 1987, 5 ff. (insb. 18). | 4 Vgl. zur Finanzverwaltungspraxis den Erlass des Finanzministers von Niedersachsen vom 12.3.1986, DB 1986, 725. | 5 Palandt/*Weidenkaff*, § 611 BGB Rz. 89; MüKo/*Müller-Glöge*, § 611 BGB Rz. 866; vgl. MünchArbR/*Hanau*, § 76 Rz. 5. | 6 Erlass des Finanzministers von Niedersachsen vom 12.3.1986, DB 1986, 725. | 7 BAG v. 10.11.1955 – 2 AZR 591/54, AP Nr. 2 zu § 611 BGB – Beschäftigungspflicht. Zur Rechtsentwicklung siehe ausf. MünchArbR/*Blomeyer*, § 95 Rz. 6 ff. mwN. | 8 BAG v. 10.11.1955 – 2 AZR 591/54, AP Nr. 2 zu § 611 BGB – Beschäftigungspflicht, im Hinblick auf die Weiterbeschäftigung im gekündigten Arbeitsverhältnis bestätigt durch BAG v. 27.2.1985 – GS 1/84, AP Nr. 14 zu § 611 BGB – Beschäftigungspflicht; Küttner/*Kania*, Personalbuch, Beschäftigungsanspruch Rz. 2. | 9 Umfassend BAG v. 27.2.1985 – GS 1/84, AP Nr. 14 zu § 611 BGB – Beschäftigungspflicht. | 10 So auch ErfK/*Preis*, § 611 BGB Rz. 703; für Nebenpflicht im Regelfall MünchArbR/*Blomeyer*, § 95 Rz. 12. | 11 LAG Chemnitz v. 8.3.1996 – 3 Sa 77/96, NZA-RR 1997, 4. | 12 LAG Düsseldorf v. 28.2.1995 – 6 Sa 1986/94, LAGE § 1004 BGB Nr. 3; LAG München v. 1.12.2004 – 5 Sa 913/04, NZA-RR 2005, 354. | 13 LAG Hamm v. 20.8.2004 – 7 Sa 889/04, LAGE § 611 BGB 2002 – Beschäftigungspflicht Nr. 3 im Anschluss an BAG v. 13.6.1990 – 5 AZR 350/89, EzA § 611 BGB – Beschäftigungspflicht Nr. 44; LAG Berlin v. 24.9.2004 – 6 Sa 685/04, EzBAT § 54 BAT – Unkündbare Angestellte Nr. 18. | 14 BAG v. 27.2.1985 – GS 1/84, AP Nr. 14 zu § 611 BGB – Beschäftigungspflicht.

spruch auf Verringerung der Arbeitszeit nach dem TzBfG zuspricht, dann steht dem ArbN bis zum rechtskräftigen Abschluss des Verfahrens grds. auch ein Beschäftigungsanspruch auf der von ihm begehrten reduzierten Stundenbasis gem. §§ 611, 613, 242 iVm. Art. 1 I iVm. 2 I GG zu[1]. Die Zwangsvollstreckung des Beschäftigungsanspruchs richtet sich nach § 888 Abs. 1. ZPO, so dass eine Durchsetzung des Anspruchs durch die Androhung von Zwangsgeld oder Zwangshaft erfolgt[2]. Materiellrechtl. Einwendungen (zB weitere Kündigung, Auflösungsantrag des ArbGeb) können der Vollstreckung eines Weiterbeschäftigungsanspruchs nicht entgegengehalten werden. Solche Einwendungen können nur im Wege der Vollstreckungsgegenklage gem. § 767 ZPO geltend gemacht werden[3]. Die Zwangsvollstreckung aus einem auf Weiterbeschäftigung gerichteten Titel kommt wegen Unmöglichkeit der Leistung nicht in Betracht, wenn der entsprechende Arbeitsplatz ersatzlos weggefallen ist, wobei es idR als rechtsmissbräuchlich anzusehen ist, wenn der ArbGeb sich einer Ausführung der titulierten Weiterbeschäftigungsverpflichtung dadurch entzieht, dass er die Vollstreckung durch eine Umorganisation unmöglich macht[4]. Möglich ist auch eine vorzeitige Geltendmachung des Anspruchs im Wege einer **einstw. Verfügung**[5] (s. bereits Rz. 170). Aus der Zweckrichtung des einstw. Verfügungsverfahren folgt allerdings, dass idR nur Sicherungsverfügungen gem. § 935 ZPO und Regelungsverfügungen gem. § 940 ZPO zulässig sind. Da die einmal erfolgte Beschäftigung naturgemäß nicht mehr rückabwickelbar ist, eine einstw. Verfügung zu einer umfassenden Befriedigung des vermeintlichen Anspruchs des ArbN führt, sind an den Verfügungsgrund hohe Anforderungen zu stellen[6]. Ein Verfügungsgrund für eine Beschäftigungsverfügung ist nicht an den Eintritt eines nicht bzw. schwer reparablen Nachteils für den ArbN gebunden, sondern reglmäßig gegeben, wenn der Beschäftigungsanspruch zweifelsfrei besteht und daher auch im Hauptsacheverfahren erkannt werden müsste[7].

172 **2. Befreiung des Arbeitgebers von der Beschäftigungspflicht. a) Allgemeines.** Der Beschäftigungsanspruch des ArbN entfällt, wenn der ArbGeb von seiner Beschäftigungspflicht befreit ist **(sog. Suspendierung)**. Im Unterschied zu einer Kündigung besteht das Arbeitsverhältnis im Falle eine Suspendierung grds. fort. Die Rechte und Pflichten aus dem Arbeitsverhältnis ruhen bei einer Suspendierung nur ganz oder teilweise[8]. **Sonstige Nebenpflichten** aus dem Arbeitsverhältnis, wie Wettbewerbsverbote oder Geheimhaltungspflichten werden von der Suspendierung nicht betroffen[9]. Relevante Probleme bestehen vor allem im Hinblick darauf, ob und in welchem Umfang eine Suspendierung wirksam einseitig durch den ArbGeb erklärt werden bzw. inwieweit die Beschäftigungspflicht durch eine vertragl. Vereinbarung zwischen ArbGeb und ArbN aufgehoben werden kann. Mit der Frage nach der Zulässigkeit einer Suspendierung verbunden ist auch das Schicksal der Vergütungspflicht von Bedeutung.

173 **b) Einseitige Suspendierung ohne vertragliche Vereinbarung.** Bei fehlender vertragl. Vereinbarung ist die einseitige Suspendierung des ArbN regelmäßig nur zulässig, wenn dem ArbGeb eine Weiterbeschäftigung des ArbN unzumutbar ist[10]. Die besonderen Umstände, die eine sofortige Suspendierung des ArbN rechtfertigen, müssen von dem ArbGeb bewiesen werden[11]. Eine einseitige Suspendierung ist regelmäßig nur dann zulässig, wenn eine erhebliche Gefährdung für die Ordnung des Betriebes oder die Gefahr einer schwerwiegenden Vertragsverletzung (bspw. Verrat von Geheimnissen, Wettbewerbsverstoß) besteht[12]. Kündigt etwa ein wegen Nichtbestehens eines nachvertragl. Wettbewerbsverbots an künftiger Konkurrenztätigkeit nicht gehinderter ArbN in exponierter Stellung, um nach Beendigung des Arbeitsverhältnisses in die Dienste eines Konkurrenzunternehmens zu treten, so ist der ArbGeb zu einer Suspendierung berechtigt, selbst wenn längere Kündigungsfrist besteht[13]. Ferner wird eine außerordentl. Kündigung wegen Loyalitätsverstoßes gegenüber einem Angestellten in einer Führungsposition nicht deshalb unwirksam, weil für den ArbGeb die Möglichkeit besteht, den ArbN unter Fortzahlung der Bezüge bis zum Ablauf einer ordentl. Kündigungsfrist freizustellen[14].

174 Wird der ArbN suspendiert, so behält er dennoch idR seinen **Vergütungsanspruch**. Nach dem BAG kann die einseitig durch den ArbGeb angeordnete Suspendierung des ArbN selbst in dem Fall, dass der

1 ArbG Nürnberg v. 5.8.2003 – 9 Ca 4096/03, LAGE § 8 TzBfG Nr. 13, n.rkr. | 2 LAG Berlin v. 19.1.1978 – 9 Ta 1/78, AP Nr. 9 zu § 888 ZPO. | 3 LAG Thür. v. 5.1.2005 – 1 Ta 148/04, nv. | 4 LAG Schl.-Holst. v. 11.12.2003 – 2 Ta 257/03, NZA-RR 2004, 408. | 5 Vgl. jüngst LAG Berlin v. 4.1.2005 – 17 Sa 2664/04, nv.; s. auch MünchArbR/*Blomeyer*, § 95 Rz. 20. | 6 ArbG Köln v. 9.5 1996 – 8 Ga 80/96, NZA-RR 1997, 186; LAG Düsseldorf v. 1.6.2005 – 12 Sa 352/05, nv. | 7 LAG München v. 7.5.2003 – 5 Sa 344/03, LAGE § 611 BGB 2002 – Beschäftigungspflicht Nr. 1; zum Erlass einer einstweiligen Verfügung zur Durchsetzung des Beschäftigungsanspruchs eines Außendienstlers LAG Hamm v. 8.11.2004 – 8 Sa 1798/04, nv.; v. 18.9.2003 – 17 Sa 1275/03, NZA-RR 2004, 244; aA noch LAG Hamm v. 18.2.1998 – 3 Sa 287/98, LAGE § 611 BGB – Beschäftigungspflicht Nr. 41. | 8 Küttner/*Kania*, Personalbuch, Beschäftigungsanspruch Rz. 4. | 9 BAG v. 30.5.1978 – 2 AZR 598/76, AP Nr. 9 zu § 60 HGB. | 10 BAG v. 15.6.1972 – 2 AZR 345/71, AP Nr. 7 zu § 628 BGB; LAG Hamm v. 8.11.2004 – 8 Sa 1798/04, nv.; LAG Köln v. 20.3.2001 – 6 Ta 46/01, AuR 2001, 237; zur Suspendierung im gekündigten Arbeitsverhältnis: LAG Hamm v. 3.11.1993 – 15 Sa 1592/93, LAGE § 611 BGB – Beschäftigungspflicht Nr. 36. | 11 LAG München v. 7.5.2003 – 5 Sa 344/03, LAGE § 611 BGB 2002 – Beschäftigungspflicht Nr. 1; v. 19.8.1992 – 5 Ta 185/92, NZA 1993, 1130. | 12 Küttner/*Kania*, Personalbuch, Beschäftigungsanspruch Rz. 7. | 13 LAG Hamm v. 3.11.1993 – 15 Sa 1592/93, LAGE § 611 BGB – Beschäftigungspflicht Nr. 36, zur zukünftigen Konkurrenztätigkeit eines ArbN bei einer Kündigungsfrist von rd. neun Monaten. | 14 BAG v. 11.3.1999 – 2 AZR 507/98, AP Nr. 149 zu § 626 BGB; aA LAG Düsseldorf v. 5.6.1998 – 11 Sa 2062/97, LAGE § 626 BGB Nr. 120.

ArbN einer strafbaren Handlung oder einer sonstigen Verfehlung verdächtig ist, den Anspruch des ArbN auf die vereinbarte Vergütung für die Zeit der Suspendierung weder beseitigen noch mindern[1]. Nur in eng begrenzten Ausnahmefällen, in denen das vertragswidrige Verhalten des ArbN so schwerwiegend ist, dass dem ArbGeb die Annahme der Arbeitsleistung nicht zumutbar ist, kann die Vergütungspflicht entfallen[2]. Solche Ausnahmefälle kommen insb. dann in Betracht, wenn eine sofortige Beendigung des Arbeitsverhältnisses durch eine fristlose Kündigung nicht möglich ist[3] Eine unberechtigte Suspendierung löst hingegen die Rechtsfolgen des Annahmeverzugs gem. § 615 aus[4].

c) Suspendierung durch vertragliche Vereinbarung. Grundsätzlich steht es den Arbeitsvertragsparteien frei, eine Suspendierung der Beschäftigungspflicht und damit regelmäßig verbunden der Vergütungspflicht zu vereinbaren. Bei diesem sog. Freistellungsvertrag handelt es sich um eine Sondervereinbarung, die im Rahmen der auch im Arbeitsrecht geltenden Vertragsfreiheit (§ 305) solange unbedenklich ist, wie der für das zugrunde liegende Arbeitsverhältnis bestehende Kündigungsschutz nicht tangiert wird[5]. Eine ausdrückliche Suspendierungsvereinbarung ist nicht erforderlich[6], jedoch kann auch allein aus dem zeitweisen Nichtgeltendmachen des Beschäftigungsanspruchs nicht auf einen dauerhaften Verzicht auf den Beschäftigungsanspruch geschlossen werden. Vielmehr ist bei einer fehlenden eindeutigen Vereinbarung davon auszugehen, dass der ArbN im Zweifel gerade nicht auf seinen Vergütungsanspruch verzichten will[7]. 175

Eine für den konkreten Einzelfall ausgehandelte Vereinbarung ist grds. unbedenklich. Problematisch ist aber die Zulässigkeit von arbeitsvertragl. Klauseln, nach denen der ArbGeb grds. zur einseitigen Suspendierung der arbeitsvertragl. Beschäftigungspflicht berechtigt ist. Eine solche Klausel kann nur bei Vorliegen eines sachlichen Grundes Bestand haben und unterliegt daher einer richterlichen Inhaltskontrolle[8], die im Rahmen der Angemessenheitskontrolle gem. § 307 I 1 den allgemeinen Beschäftigungsanspruch als Leitbild iSv. § 307 II Nr. 1 berücksichtigen und einen generellen Prüfungsmaßstab anlegen muss[9]. Sofern der Beschäftigungsanspruch des ArbN gegen den ArbGeb durch ein im Arbeitsvertrag vereinbartes Recht des ArbGeb zur Freistellung des ArbN für den Fall der Kündigung ausgeschlossen wird, muss die Ausübung des Freistellungsrechtes des ArbGeb billigem Ermessen iSd. § 315 Abs. 3 entsprechen[10]. Dies ist jedenfalls dann der Fall, wenn der ArbGeb darlegt, dass der Arbeitsplatz des ArbN auf Grund von Stilllegung weggefallen ist[11]. Problematisch hingegen sind insb. in einem **vorformulierten Arbeitsvertrag** enthaltene Klauseln, durch die der ArbN im Voraus zum Verzicht auf seinen Beschäftigungsanspruch verpflichtet wird. Diese vorformulierten Vertragsklauseln können nur im eng begrenzten Umfang als zulässig erachtet werden[12]. 176

Eine grds. andere Interessenslage besteht im **gekündigten Arbeitsverhältnis**. Nach der Rspr. des BAG hat der ArbN nur unter der Voraussetzung der offensichtlichen Unwirksamkeit der Kündigung bzw. nach Obsiegen in 1. Instanz einen Anspruch auf Weiterbeschäftigung[13]. Nach überwiegender Auffassung besteht bei einem gekündigten Arbeitsverhältnis ein berechtigtes Interesse des ArbGeb zur sofortigen Freistellung des ArbN bis zum Ablauf der Kündigungsfrist[14]. Somit ist auch eine arbeitsvertragl. Klausel, die für den Fall einer Kündigung die Suspendierung der Arbeitspflicht durch den ArbGeb vorsieht zulässig[15]. Ist die Freistellung wirksam, so müssen die Bezüge fortgezahlt werden. Bei entsprechender vertragl. Vereinbarung kann die Freistellung allerdings auf den Resturlaub angerechnet werden. Beim Fehlen einer entsprechenden Klausel kann nach Beendigung des Arbeitsverhältnisses ein Anspruch auf Urlaubsabgeltung gem. § 7 IV BUrlG bestehen. Ist durch die Arbeitsvertragsparteien die Freistellung des ArbN von der Arbeitsleistung und Fortzahlung der Vergütung vereinbart, muss sich der ArbN einen anderen Verdienst nicht während des Freistellungszeitraums anrechnen lassen gem. § 615 S. 2[16]. Bei 177

---

1 BAG v. 4.6.1964 – 2 AZR 310/63, AP Nr. 13 zu § 626 BGB – Verdacht strafbarer Handlung; v. 10.11.1955 – 2 AZR 591/54, AP Nr. 2 zu § 611 BGB. | 2 BAG v. 26.4.1956 – GS 1/56, AP Nr. 5 zu § 9 MuSchG; v. 29.10.1987 – 2 AZR 144/87, AP Nr. 42 zu § 615 BGB; LAG Bremen v. 24.8.2000 – 4 Sa 68/00, NZA-RR 2000, 632. | 3 LAG Hess. v. 26.4.2000 – 13 SaGa 3/00, NZA-RR 2000, 633. | 4 MünchArbR/*Blomeyer*, § 611 BGB Rz. 22. | 5 LAG Köln v. 20.8.1998 – 6 Sa 241/98, RzK I 2a Nr 20. | 6 MünchArbR/*Blomeyer*, § 49 Rz. 4. | 7 Erman/*Edenfeld*, § 611 BGB Rz. 19. | 8 Küttner/*Kania*, Personalbuch, Beschäftigungsanspruch Rz. 5; vgl. *Schaub*, ArbRHdb, § 110 Rz. 27; generell bejahend: ArbG Düsseldorf v. 3.6.1993 – 9 Ga 28/93, NZA 1994, 559 allerdings für den Fall einer Freistellung nach erfolgter Kündigung des ArbN; LAG München v. 7.5.2003 – 5 Sa 297/03, LAGE § 307 BGB 2002 Nr. 2. | 9 LAG München v. 7.5.2003 – 5 Sa 297/03, LAGE § 307 BGB 2002 Nr. 2; s. hierzu auch *Thüsing/Leder*, BB 2005, 1563, 1569. | 10 LAG Hamm v. 3.2.2004 – 19 Sa 120/04, NZA-RR 2005, 358; LAG München v. 7.5.2003 – 5 Sa 297/03, LAGE § 307 BGB 2002 Nr. 2; LAG Sachsen v. 12.6.2003 – 2 Sa 715/02, nv. | 11 ArbG Stralsund v. 11.8.2004 – 3 Ga 7/04, NZA-RR 2005, 23. | 12 Hierzu auch *Thüsing/Leder*, BB 2005, 1563, 1569; s.a. *Schaub*, ArbRHdb, § 110 Rz. 28. | 13 BAG v. 27.2.1985 – GS 1/84, AP Nr. 14 zu § 611 BGB. | 14 ArbG Düsseldorf v. 3.6.1993 – 9 Ga 28/93, NZA 1994, 55; *Schaub*, ArbRHdb, § 59 Rz. 20; *Leßmann*, RdA 1988, 149 (151); aA LAG München v. 7.5.2003 – 5 Sa 344/03, LAGE § 611 BGB 2002 – Beschäftigungspflicht Nr. 1; v. 19.8.1992 – 5 Ta 185/92, NZA 1993, 1130; ArbG Leipzig v. 8.8.1996 – 18 Ga 37/96, BB 1997, 366; ErfK/*Preis*, § 611 BGB Rz. 709 mit der Begründung, dass während des Laufs der Kündigungsfrist noch das reguläre Arbeitsverhältnis und damit der Beschäftigungsanspruch des ArbN bestehe; diff. Küttner/*Kreitner*, Personalbuch, Freistellung von der Arbeit Rz. 18 f. | 15 ArbG Köln v. 9.5.1996 – 8 Ga 80/96, NZA-RR 1997, 186; *Schaub*, ArbRHdB, § 110 Rz. 28; aA ArbG Berlin v. 4.2.2005 – 9 Ga 1155/05, nv. | 16 LAG Hamm v. 11.10.1996 – 10 Sa 104/96, NZA-RR 1997, 287; v. 27.2.1991 – 2 Sa 1289/90, LAGE § 615 BGB Nr. 26; LAG Köln v. 21.8.1991 – 7/5 Sa 385/91, NZA 1992, 123; BAG v. 30.9.1982 –

unberechtigter Suspendierung wird ein Annahmeverzug des ArbGeb begründet, so dass § 615 S. 2 unmittelbare Anwendung findet. Hingegen wird eine Klausel, die eine jederzeitige Freistellungsmöglichkeit beinhaltet, nur bei leitenden Angestellten in Vertrauenspositionen als zulässig erachtet werden können[1]. Der im Rahmen eines Kündigungsschutzprozesses zur Weiterbeschäftigung verurteilte ArbGeb kann sich allerdings, sofern keine dahingehende Regelung im Arbeitsvertrag besteht oder sich aus den Umständen ergibt, seiner Beschäftigungspflicht nicht dadurch entziehen, dass er den ArbN unter Fortzahlung der Vergütung von der Arbeit freistellt[2]. Zu beachten gilt weiterhin, dass eine arbeitsvertragl. Vereinbarung über die Weiterbeschäftigung des ArbN nach Ablauf der Kündigungsfrist bis zum erstinstanzlichen oder rechtskräftigen Abschluss des Kündigungsschutzprozesses eine Zweckbefristung darstellt, die dem Anwendungsbereich des TzBfG unterfällt, also auch dem Schriftlichkeitserfordernis des § 14 IV TzBfG[3].

178–180 Einstweilen frei.

181 **VI. Gleichbehandlung. 1. Allgemeines. a) Herkunft und Geltung.** Der allgemeine arbeitsrechtl. Gleichbehandlungsanspruch ist ein richterrechtliches Grundprinzip des deutschen Arbeitsrechts und weitgehend unbestritten[4]. Die dogmatische Herleitung ist jedoch unsicher. Seinen Ursprung hat dieses Rechtsmittel in der Rspr. der ausgehenden dreißiger Jahre – angefangen mit einem Urteil vom 19.1.1938, als das Reichsarbeitsgericht zum ersten Mal eine aus der Fürsorgepflicht des ArbGeb abgeleitete Verpflichtung annahm, zwischen einzelnen Arbeitnehmer(gruppe)n nicht willkürlich zu differenzieren[5]. Da diese Annahme nicht spezifisch nationalsozialistisches Gedankengut enthält, blieb der Gleichbehandlungsanspruch auch nach Gründung der Bundesrepublik anerkannt und wurde vom ursprünglichen Anwendungsbereich der Gratifikationen und Sonderleistungen langsam auf weitere Arbeitsbedingungen ausgedehnt[6]. Seitdem variiert die Herleitung dieser Pflicht. Verbreitet wird auf **Art. 3 I GG** Bezug genommen[7]. Andere Begründungsansätze sehen im allgemeinen arbeitsrechtl. Gleichbehandlungsgrundsatz eine **Ausprägung der Verteilungsgerechtigkeit**, die überall da gesichert werden müsse, wo ein Gemeinschaftsverhältnis besteht, das nach einheitlichen Grundsätzen behandelt wird[8]. Auch gibt es gedankliche Anlehnung an **§ 315 I**, wonach die arbeitsrechtl. Gleichbehandlungspflicht als ein Unterfall der allgemeinen Billigkeits- und Inhaltskontrolle von arbeitsrechtl. Einheitsregelungen gewertet wird[9]. Ein weiterer Ansatz, der sich insb. im Schrifttum durchgesetzt hat, sieht den Grund der Gleichbehandlungspflicht des ArbGeb im **Vollzug einer selbst gesetzten Norm**; maßgeblich ist die Freiwilligkeit der Leistung und des darin liegenden Normenvollzugs, der einheitlich zu erfolgen habe[10]. In den Instanzgerichten wird der Gleichbehandlungsgrundsatz vor allem als **Ausdruck der Fürsorgepflicht des ArbGeb**, des **Grundsatzes von Treu und Glauben** bzw. allgemeiner sozialer Gerechtigkeitserwägungen angesehen[11]. Die verschiedenen Begründungen ergänzen sich gegenseitig und münden im allgemeinen Rechtsbewusstsein, wonach Diskriminierung durch den ArbGeb verhindert werden soll. Einige gehen daher bereits von einer **gewohnheitsrechtl. Anerkennung** des Gleichbehandlungsgrundsatzes aus[12].

182 Worin auch der Ursprung des Gleichbehandlungsgrundsatzes gesehen werden mag, Einigkeit besteht über seinen **Inhalt** und seine **Voraussetzungen**. Nach st. Rspr. gebietet es dieser Grundsatz dem ArbGeb, seine ArbN oder Gruppen von ArbN gleich zu behandeln, soweit sie sich in gleicher oder vergleichbarer Lage befinden. Verboten ist nicht nur die willkürliche Schlechterstellung einzelner ArbN innerhalb einer Gruppe, sondern auch eine sachfremde Gruppenbildung[13]. Unterschiedliche Ergebnisse zwischen den verschiedenen Herleitungen im jeweils zu entscheidenden Einzelfall beruhen darauf, dass im Einzelnen unterschiedliche Auffassungen dazu vertreten werden, was eine willkürliche Schlechterstellung ist bzw. was als sachfremder Grund iS dieser Formel zu werten ist.

183 **b) Abgrenzung.** Der allgemeine arbeitsrechtl. Gleichbehandlungsgrundsatz ist abzugrenzen vom besonderen Diskriminierungsschutz, durch den – wie etwa bei §§ 7, 1 AGG[14], § 81 II SGB IX sowie in der

---

6 AZR 802/79, nv.; aA BAG v. 6.2.1964 – 5 AZR 93/63, AP Nr. 24 zu § 615 BGB; LAG Schl.-Holst. v. 20.2.1997 – 4 Sa 567/96, NZA-RR 1997, 286. | 1 Küttner/*Kania*, Personalbuch, Beschäftigungsanspruch Rz. 6. | 2 LAG Berlin v. 13.10.2003 – 6 Ta 1968/03, LAGE § 611 BGB 2002 – Beschäftigungspflicht Nr. 2. | 3 BAG v. 19.1.2005 – 7 AZR 113/04, EzBAT § 53 BAT – Beschäftigung Nr. 13; v. 2.10.2003 – 7 AZR 113/03, AP Nr. 6 zu § 14 TzBfG. | 4 BAG v. 11.4.2006 – 9 AZR 528/05, NZA 2006, 1217. | 5 RAG v. 19.1.1938, RAS 33, 172; hierzu *Wiedemann*, Die Gleichbehandlungsgebote im Arbeitsrecht, S. 9; *G. Hueck*, Der Grundsatz der gleichmäßigen Behandlung im Privatrecht, S. 60 f. | 6 Zu dieser Entwicklung *Hueck/Nipperdey*, Arbeitsrecht I, 6. Aufl., S. 425. | 7 BAG v. 23.1.2007 – 3 AZR 398/05, NZA 2007, 621; v. 17.11.1998 – 1 AZR 147/98, AP Nr. 162 zu § 242 BGB – Gleichbehandlung (*Richardi*) mwN. | 8 Vgl. bereits *G. Hueck*, Der Grundsatz der gleichmäßigen Behandlung im Privatrecht, S. 127 ff., 169 ff. | 9 *Söllner/Waltermann*, Arbeitsrecht, § 29 Rz. 772. | 10 Grundl. *Bötticher*, RdA 1953, 161; heute MünchArbR/*Richardi*, § 14 Rz. 7 f.; *Löwisch*, FS Müller, S. 301 (303). | 11 Beispielhaft LAG Düsseldorf v. 11.11.1981 – 22 Sa 421/81, DB 1982, 2715; s. auch MüKo/*Müller-Glöge*, § 611 Rz. 1121. | 12 MüKo/*Müller-Glöge*, § 611 BGB Rz. 1122; *Boemke*, NZA 1993, 532 (535); aA MünchArbR/*Richardi*, § 14 Rz. 8. | 13 So die ständige Formulierung der Rspr.: BAG v. 3.4.1957 – 4 AZR 644/54, AP Nr. 4 zu § 242 BGB – Gleichbehandlung; v. 6.12.1995 – 10 AZR 198/95, AP Nr. 187 zu § 611 BGB – Gratifikation; v. 17.11.1998 – 1 AZR 147/98, AP Nr. 162 zu § 242 BGB – Gleichbehandlung; v. 21.6.2000 – 5 AZR 806/98, AP Nr. 60 zu § 612 BGB = EzA § 242 BGB – Gleichbehandlung Nr. 83; v. 25.10.2001 – 6 AZR 560/00, NZA 2002, 872; v. 24.10.2006 – 9 AZR 681/05, AP Nr. 263 zu § 611 BGB Gratifikation. | 14 Zweifelnd *Maier/Mehlich*, DB 2007, 110.

Grundkonzeption auch § 4 I TzBfG und § 4 II TzBfG und § 9 Nr. 2 AÜG – die Unterscheidung nur nach bestimmten Merkmalen verboten wird. Es handelt sich dabei um Differenzierungsverbote, die einen **eigenständigen Maßstab der Rechtfertigung** haben. Bei den LeihArbN ist eine Ungleichbehandlung wohl gänzlich ausgeschlossen, beim Geschlecht kommt es auf die Unverzichtbarkeit der Unterscheidung an, bei der Behinderung darauf, ob sie eine wesentliche und entscheidende berufliche Anforderung betrifft, einzig bei der Teilzeit- und bei der befristeten Beschäftigung genügt der sachliche Grund.

Allgemeiner Gleichbehandlungsgrundsatz und besondere Diskriminierungsverbote haben jeweils ihre **eigene Geschichte, Aufgabe und Rechtsfolge**. Der allgemeine Gleichheitssatz spricht die Verteilungsgerechtigkeit bei der Zuweisung von Gütern und Lasten an. Die besonderen Diskriminierungsverbote haben ihre Wurzel in der Anerkennung der Menschenwürde; sie verbieten es, bestimmte Merkmale zum Unterscheidungskriterium und einer Regelung oder einseitigen Maßnahme zu nutzen, wenn dadurch Personen herabgesetzt, ausgegrenzt oder sonst benachteiligt werden[1]. 184

2. Geltungsbereich. Voraussetzung der Anwendbarkeit des Gleichbehandlungsgrundsatzes ist es mithin, dass der ArbGeb innerhalb eines bestehenden Arbeitsverhältnisses eine allgemein gültige (= kollektive) Regelung trifft. 185

a) Maßnahmen mit kollektivem Bezug. Dem Gleichbehandlungsgrundsatz unterfallen alle Maßnahmen und Entscheidungen des ArbGeb, die einen kollektiven Bezug haben, die sich also nicht allein in der einzelfall- und einzelpersonbezogenen Regelung erschöpfen. Erfasst werden vertragl. Vereinbarungen, insb. arbeitsvertragl. Einheitsregelungen und Gesamtzusagen, aber auch die Ausübung des Direktionsrechts[2]. Der Gleichbehandlungsgrundsatz ist damit nicht nur Anspruchsgrundlage, sondern auch Schranke zur Ausübung arbeitsvertragl. Rechte durch den ArbGeb. 186

Ob die Maßnahme kollektiven Bezug hat, kann nicht allein durch die Verhältniszahlen der jeweils begünstigten und benachteiligten ArbN ermittelt werden[3], sondern entscheidet sich danach, ob der ArbGeb nach einem bestimmten erkennbaren und **generalisierenden Prinzip** auf Grund einer abstrakten Regelung handelt und dazu bestimmte Voraussetzungen oder Zwecke festlegt[4]. Einer Maßnahme fehlt der kollektive Bezug, wenn sie **individuell mit dem ArbN ausgehandelt** wurde. Der Gleichbehandlungsgrundsatz tritt dann hinter die Vertragsfreiheit zurück[5]; der Gleichbehandlungsgrundsatz dient nicht dazu, die Ergebnisse individueller Verhandlungen zu korrigieren und ein unzureichendes Verhandlungsgeschick auszugleichen[6]. Eine Individualvereinbarung liegt freilich nicht vor, wenn einseitig gestellte Vertragsbedingungen des ArbGeb akzeptiert werden. Es gilt hier nichts anderes als bei der Abgrenzung von AGB und ausgehandelter Vereinbarung (s. § 305 Rz. 9). Die Tatsache allein, dass der ArbGeb eine Ungleichbehandlung durchsetzen kann, führt nicht dazu, dass er zu ihr berechtigt ist. Eine individuelle Vereinbarung, die die Anwendung des Gleichbehandlungsgrundsatzes ausschließt, liegt nicht schon dann vor, wenn der Arbeitsvertrag eine übertarifl. Vergütung vorsieht[7]. 187

Weil die Individualvereinbarung nicht an das allgemeine Gleichbehandlungsgebot gebunden ist, ist die **individuelle Besserstellung**, wenn sie Ausdruck einer einzelfallbezogenen Entscheidung ist, möglich[8], und auch ist der **Verzicht** des einzelnen ArbN auf seine Rechte aus dem Gleichbehandlungsgrundsatz zulässig, etwa indem er eine Vertragsänderung ablehnt, die vergleichbare ArbN, da für sie günstig, angenommen haben[9]. 188

Beim **Direktionsrecht** (Einzelheiten s. § 106 GewO) hat die Rspr. entschieden in Bezug auf die Versetzung auf einen anderen Arbeitsplatz[10], Torkontrollen[11], Zeiterfassung[12], ein betriebl. Rauchverbot[13], Kürzung der regelmäßigen Arbeitszeit[14] und die Verteilung von Überstunden, Nacht- und Feiertagsarbeit[15]. 189

Eine an den Gleichbehandlungsgrundsatz gebundene Maßnahme kann auch die **Kündigung** des Arbeitsverhältnisses durch den ArbGeb sein. Soweit der allgemeine Kündigungsschutz eingreift, hat die- 190

1 Vgl. hierzu auch *Wiedemann*, RdA 2005, 193. | 2 S. LAG Köln v. 22.6.1994 – 2 Sa 1087/93, LAGE § 611 BGB – Direktionsrecht Nr. 19. | 3 In diese Richtung aber BAG v. 19.8.1992 – 5 AZR 513/91, AP Nr. 102 zu § 242 – Gleichbehandlung; s. auch ErfK/*Preis*, § 611 BGB Rz. 715. | 4 BAG v. 21.3.2002 – 6 AZR 144/01, EzA § 242 BGB – Gleichbehandlung Nr. 88; v. 25.10.2001 – 6 AZR 560/00, NZA 2002, 872; v. 27.7.1988 – 5 AZR 244/87, AP Nr. 83 zu § 242 BGB – Gleichbehandlung; v. 19.8.1992 – 5 AZR 513/91, AP Nr. 102 zu § 242 BGB – Gleichbehandlung; v. 23.8.1995 – 5 AZR 293/94, AP Nr. 134 zu § 242 BGB – Gleichbehandlung; v. 12.6.1996 – 5 AZR 960/94, AP Nr. 4 zu § 611 BGB – Werkstudent. | 5 BAG v. 13.2.2002 – 5 AZR 713/00, AP Nr. 184 zu § 242 BGB – Gleichbehandlung; v. 17.2.1998 – 3 AZR 783/96, BAGE 88, 23 (27); v. 27.7.1988 – 5 AZR 244/87, AP Nr. 83 zu § 242 BGB – Gleichbehandlung; v. 24.10.1989 – 8 AZR 5/89, AP Nr. 29 zu § 11 BUrlG. | 6 BAG v. 25.5.2004 – 3 AZR 15/03, AP Nr. 5 zu § 1b BetrAVG. | 7 BAG v. 21.3.2002 – 6 AZR 144/01, EzA § 242 BGB – Gleichbehandlung Nr. 88. | 8 Ebenso ErfK/*Preis*, § 611 BGB Rz. 715; *Schaub*, ArbRHdb, § 112 Rz. 5; MüKo/*Müller-Glöge*, § 611 Rz. 1122; vgl. auch ArbG München v. 31.10.2003 – 3 Ca 4946/03, nv. | 9 BAG v. 4.5.1962 – 1 AZR 250/61, AP Nr. 32 zu § 242 BGB – Gleichbehandlung; MünchArbR/*Richardi*, § 14 Rz. 32 ff.; ErfK/*Preis*, § 611 BGB Rz. 717. | 10 BAG v. 12.7.1957 – 1 AZR 129/56, AP Nr. 5 zu § 242 BGB – Gleichbehandlung. | 11 LAG Köln v. 3.11.1983 – 10 TaBV 19/83, nv. | 12 LAG Berlin v. 9.1.1984 – 12 Sa 127/83, DB 1984, 2098. | 13 LAG Frankfurt v. 6.7.1989 – 2 Sa 1087/93, LAGE § 611 BGB – Direktionsrecht Nr. 5. | 14 BAG v. 15.12.1993 – 5 AZR 319/93, nv. | 15 LAG Köln v. 22.6.1994 – 2 Sa 1087/93, LAGE § 611 BGB – Direktionsrecht Nr. 19.

ser jedoch weitgehend den Gleichbehandlungsgrundsatz in sich aufgenommen. Dies gilt vor allem für die betriebsbedingte Kündigung, in der nach § 1 III KSchG eine soziale Auswahl getroffen werden muss (ausf. s. § 1 KSchG Rz. 327 ff.). Anders kann es bei der personen- oder verhaltensbedingten Kündigung sein. Voraussetzung der Anwendbarkeit ist allerdings auch hier, dass die Maßnahme kollektiven Bezug hat. Dies ist zB denkbar bei der Weiterbeschäftigung nach einem rechtswidrigen Streik oder bei kollektiv begangenen strafbaren Handlungen. Einzelne dürften hier nicht sachwidrig ausgewählt werden[1]. Sinnvoll erscheint es auch, den heute anerkannten **Wiedereinstellungsanspruch**, für den Fall, dass zunächst berechtigte Kündigungsgründe vor Ablauf der Kündigungsfrist wegfallen, am allgemeinen Gleichbehandlungsgrundsatz zu messen für den Fall, dass mehrere ArbN die Fortsetzung des Arbeitsverhältnisses geltend machen, der ArbGeb unter ihnen aber auswählen muss[2].

191 Keine Maßnahme liegt vor, wenn der ArbGeb in einer Unterscheidung keine Regelung treffen will, sondern sich irrtümlich zu unterschiedlicher Behandlung verpflichtet glaubt. Ein **Anspruch auf Gleichbehandlung im Rechtsirrtum** besteht daher nicht[3]. Ebenso verneint die Rspr. recht streng einen Anspruch auf **Gleichbehandlung im Unrecht.** Der arbeitsrechtl. Gleichbehandlungsgrundsatz gewährt danach keinen Anspruch auf Wiederholung eines unrechtmäßigen Verwaltungshandelns. Dem steht der Grundsatz der Gesetzesbindung der Verwaltung entgegen[4].

192 **b) Bestehendes Rechtsverhältnis zwischen Arbeitgeber und Arbeitnehmer.** Das Rechtsverhältnis zwischen ArbGeb und ArbN, innerhalb dessen der Gleichbehandlungsgrundsatz Anwendung findet, ist regelmäßig das **Arbeitsverhältnis**. Darüber hinaus besteht ein Anspruch auf Gleichbehandlung im **Ruhestandsverhältnis**, etwa bei der betrAV[5]. Keine Gleichbehandlungspflicht besteht daher nach st. Rspr. bei **Einstellungen**, da diese erst das Rechtsverhältnis zwischen ArbGeb und ArbN begründen[6]. Die besonderen Diskriminierungsverbote zeigen jedoch, dass auch hier Gleichbehandlungsgebote bestehen können: Etwa die §§ 7, 1, 2 AGG, § 81 II SGB IX beziehen sich ausdrücklich auch auf die Einstellung. Je nachdem, ob man darin Sondervorschriften oder aber auf alle Gleichbehandlungspflichten auszudehnende Einschränkungen der Abschlussfreiheiten sieht, kann dies in zukünftiger Rechtsentwicklung auf die Einstellungen durchschlagen. Bezugsgruppe ist dann nicht die Betriebsgemeinschaft, sondern die aktuelle oder potenzielle Bewerbergruppe[7]. Einen Anspruch auf **Begründung eines Dauerarbeitsverhältnisses** aus Gleichbehandlung hat die Rspr. abgelehnt[8]. Gleiches muss für die Übernahme von einem Teilzeit- in ein Vollzeitarbeitsverhältnis gelten[9]. Ein Änderungsangebot, dessen Inhalt den arbeitsrechtl. Gleichbehandlungsgrundsatz verletzt, widerspricht dem Grundsatz der Verhältnismäßigkeit. Es muss vom ArbN nicht billigerweise hingenommen werden und führt zur Unwirksamkeit der **Änderungskündigung** nach § 2 S. 1 KSchG iVm. § 1 II KSchG[10].

193 Ein hinreichendes Rechtsverhältnis bilden auch die **nachwirkenden Pflichten und Bindungen** eines gekündigten oder aus anderem Grund beendeten Arbeitsverhältnisses. Auch Wiedereinstellungsansprüche können daher an den allgemeinen Gleichbehandlungsgrundsatz gebunden sein (s. auch Rz. 190)[11]. Das BAG hat es allerdings abgelehnt, dass bei vorübergehender Stilllegung eines Saison- und Kampagnebetriebes der ArbGeb bei der nur teilweisen Wiedereinstellung der Belegschaft die Grundsätze der sozialen Auswahl anwenden muss[12].

194 **c) Tarifvertrag und Betriebsvereinbarung.** Inwieweit TV und BV an den allgemeinen arbeitsrechtl. Gleichbehandlungsgrundsatz gebunden sind, ist bislang nicht befriedigend geklärt, in der Praxis jedoch ohne Bedeutung. TV-Normen sind entsprechend st. Rspr. an **Art. 3 I GG** gebunden, auch wenn die neuere Rspr. bei den Freiheitsrechten nur von einer mittelbaren Bindung der TV ausgeht[13]. Es gelten daher grds. die gleichen Maßstäbe. Nach hM ist der ArbGeb jedoch nicht verpflichtet, nicht tarifgebundenen ArbN tarifl. Leistungen zu gewähren[14]. Dies wird zumeist damit begründet, dass der ArbGeb berechtigt ist, gesetzl. Differenzierungen durchzuführen. § 3 TVG legt jedoch nur die Grenzen normativer Geltung fest, trifft aber keine Aussage zu dem auf anderer Grundlage beruhenden arbeitsrechtl. Gleichbehand-

1 Ebenso *Wiedemann*, Die Gleichbehandlungsgebote im Arbeitsrecht, S. 27. | 2 Im Ergebnis ebenso BAG v. 4.12.1997 – 2 AZR 140/97, AP Nr. 4 zu § 1 KSchG 1969 – Wiedereinstellung, jedoch in Anlehnung an § 1 Abs. 3 KSchG und §§ 242, 315 BGB. | 3 BAG v. 21.8.1980 – 5 AZR 325/78, AP Nr. 2 zu § 77 BetrVG 1972; v. 26.11.1998 – 6 AZR 335/97, AP Nr. 11 zu § 1 BAT-O; v. 24.6.2004 – 8 AZR 357/03, ZTR 2005, 92; LAG Hamm v. 21.12.2004 – 12 Sa 1387/04, nv, n.rkr; LAG Berlin v. 24.1.2003 – 2 Sa 1807/02, nv.; LAG Hess. v. 17.3.2005 – 14/8 Sa 1592/04, nv., n.rkr. | 4 BAG v. 9.2.2003 – 7 AZR 67/02, NZA 2003, 1271. | 5 *Schaub*, ArbRHdb, § 112 Rz. 20; ErfK/*Preis*, § 611 BGB Rz. 718. | 6 BAG v. 28.1.1955 – GS 1/54, AP Nr. 1 zu Art. 9 GG – Arbeitskampf; v. 26.8.1987 – 4 AZR 137/87, AP Nr. 137 zu §§ 22, 23 BAT 1975. S. aber zur Übernahme von Auszubildenden BVerfG v. 19.5.1992 – 1 BvR 126/85, AuR 1993, 254 (atomkraftkritischer Azubi bei Daimler). | 7 Ausf. *Wiedemann*, Die Gleichbehandlungsgebote im Arbeitsrecht, S. 23 f. | 8 BAG v. 19.2.2003 – 7 AZR 67/02, NZA 2003, 1271. | 9 Großzügigier LAG Köln v. 27.6.2003 – 11 Sa 1206/02, PersV 2005, 75. | 10 BAG v. 3.7.2003 – 2 AZR 617/02, AP Nr. 73 zu § 2 KSchG 1969. | 11 Str., s. *Schaub*, ArbRHdb, § 112 Rz. 20; aA wohl ErfK/*Preis*, § 611 BGB Rz. 718. | 12 BAG v. 15.3.1984 – 2 AZR 24/83, AP Nr. 2 zu § 1 KSchG 1969 – Soziale Auswahl. | 13 BAG v. 27.5.2004 – 6 AZR 129/03, AP Nr. 5 zu § 1 TVG – Gleichbehandlung sowie BAG v. 16.12.2004 – 6 AZR 652/03, nv. | 14 S. *Oetker* in Wiedemann, § 3 TVG Rz. 283 ff.; *Schaub*, ArbRHdb, § 206 Rz. 41; *Hueck/Nipperdey*, Arbeitsrecht, II/1 § 23 I. 2., S. 479 f.; aA lediglich *Wiedemann*, RdA 1969, 321 (323 ff.).

lungsgrundsatz. Eine Gleichbehandlung zumindest der ArbN, die einen TV mit erstreikt haben, ist daher denkbar[1]. Ebenso haben die Tarifparteien eine weit gehende Gestaltungsfreiheit hinsichtlich der ArbN-Gruppen, die sie in den personellen Geltungsbereich des TV einbeziehen[2]. Für unterschiedliche TV-Parteien besteht kein verfassungsrechtl. Gebot, ähnliche Sachverhalte in verschiedenen Ordnungs- und Regelungsbereichen gleich zu regeln[3]. Ein nicht tarifgebundener ArbGeb kann sich ohne Verstoß gegen den Gleichbehandlungsgrundsatz darauf beschränken, nur mit ArbN in Leitungsfunktionen eine Vergütung nach Tarif zu vereinbaren[4]. Vereinbart der ArbGeb nach Kündigung eines TV mit allen neu eingestellten ArbN eine geringere als die tarifl. Vergütung, ist dies als Stichtagsregelung (s. Rz. 208) zulässig[5].

Für BV gilt **§ 75 I BetrVG**. Zum dort normierten Gebot an ArbGeb und BR, die Belegschaft nach Recht und Billigkeit zu behandeln, gehört allgemein anerkannt die Pflicht zur Gleichbehandlung, wo sachliche Gründe fehlen, die eine Differenzierung rechtfertigen[6]. **195**

3. Vergleichsgruppe. Gleichbehandlung kann verlangt werden zu **vergleichbaren ArbN**. Vergleichbar ist ein ArbN mit derselben Art des Arbeitsverhältnisses und der gleichen oder einer ähnlichen Tätigkeit, s. auch § 2 I 3, § 3 II 1 TzBfG. Ob Arbeitsverhältnisse derselben Art angehören ist ohne Rücksicht auf die Vorgaben und die Wortwahl des Vertrages nach der konkreten Tätigkeit zu entscheiden. Die Tätigkeiten zweier ArbN sind **gleich**, wenn identische Arbeitsvorgänge verrichtet werden, sie sind **ähnlich**, wenn sie trotz unterschiedlicher Arbeitsvorgänge im Hinblick auf Qualifikation, erworbene Fertigkeiten, Verantwortung und körperliche Belastbarkeit des ArbN gleiche Anforderungen stellen und die mit ihnen befassten ArbN deshalb jederzeit wechselseitig ausgetauscht werden können. Die bloße **Gleichwertigkeit** einer Tätigkeit führt nicht zur Anwendung des Gleichbehandlungsgrundsatzes. **196**

Mangels vergleichbarer Lage gilt der Gleichbehandlungsgrundsatz grds. nicht zwischen ArbN und **Organmitgliedern** juristischer Personen[7] und bei der Behandlung von **Beamten** und Angestellten, selbst wenn diese auf gleichen Dienstposten beschäftigt werden[8]. Fehlende Voraussetzungen für die Übernahme in das Beamtenverhältnis sind für sich genommen jedoch kein sachl. Grund zur Unterscheidung etwa beim Bewährungsaufstieg[9]. Einen Gleichbehandlungsgrundsatz zwischen **Handelsvertretern**[10] hat die Rspr. abgelehnt. Der Gleichbehandlungsgrundsatz findet mangels Vergleichbarkeit der Personengruppen ebenfalls keine Anwendung zwischen **Prokuristen und Handlungsbevollmächtigten**[11], da diese auch handelsrechtl. eine unterschiedl. Stellung haben und daher nicht miteinander vergleichbar sind; die Erteilung von Prokura stellt insoweit einen gesteigerten Vertrauensbeweis dar. **Heimarbeiter**[12] können jedenfalls im Entgelt anders als ihre Kollegen behandelt werden. Zulässig ist auch eine Differenzierung zwischen **Dienstordnungsangestellten und Tarifangestellten**[13] bei der Gewährung einer tarifvertragl. vorgesehenen Jubiläumszuwendung. Der BGH erkennt eine abgeschwächte Gleichbehandlungspflicht unter Organmitgliedern an, nach der es möglich sein kann, ein Ruhegehalt, das bislang sämtlichen Organmitgliedern zugesprochen wurde, nun zwingend auf alle zu erstrecken[14]. **197**

Für die Anwendung des arbeitsrechtl. Gleichbehandlungsgrundsatzes ist es grds. unerheblich, dass die **Gruppe der Begünstigten kleiner** ist als die Gruppe der von der übertarifl. Leistung ausgeschlossenen ArbN[15]; dies kann jedoch Auswirkungen auf die Rechtsfolgen haben (s. Rz. 211 ff.). **198**

---

1 So *Thüsing*, ZTR 1997, 433; *Thüsing*, Der Außenseiter im Arbeitskampf, 1996, S. 119. | 2 Str.: BAG v. 30.8.2000 – 4 AZR 563/99, NZA 2001, 613; v. 12.10.2004 – 3 AZR 571/03, NZA 2005, 1127; v. 27.5.2004 – 6 AZR 129/03, AP Nr. 5 zu § 1 TVG – Gleichbehandlung; v. 18.5.2004 – 9 AZR 250/03, EzA § 4 TVG Luftfahrt Nr. 9; *Wißmann*, FS Dieterich, S. 683. | 3 BAG v. 16.12.2003 – 3 AZR 668/02, AP Nr. 1 zu § 2 MTArb SR 2g. | 4 BAG v. 19.8.1992 – 5 AZR 513/91, AP Nr. 102 zu § 242 BGB – Gleichbehandlung; v. 20.11.1996 – 5 AZR 401/95, NZA 1997, 724. | 5 BAG v. 11.6.2002 – 1 AZR 390/01, DB 2002, 2725 = EWiR 2003, 95 (*Thüsing*); zur Zulässigkeit einer Stichtagsregelung im TV s. auch jüngst BAG v. 21.4.2005 – 6 AZR 440/04, nv. | 6 BAG v. 19.4.1983 – 1 AZR 498/81, AP Nr. 124 zu Art. 3 GG; v. 28.4.1993 – 10 AZR 222/92, v. 31.7.1996 – 10 AZR 45/96 und v. 11.2.1998 – 10 AZR 22/97, AP Nr. 67, Nr. 103 und Nr. 121 zu § 112 BetrVG 1972; v. 20.7.1993 – 3 AZR 52/93, AP Nr. 11 zu § 1 BetrAVG – Gleichbehandlung; v. 11.11.1986 – 3 ABR 74/85, NZA 1987, 449; v. 23.11.2004 – 9 AZR 639/03, NZA 2005, 833; v. 22.3.2005 – 1 AZR 49/04, AP Nr. 48 zu § 75 BetrVG 1972; zur Vereinbarkeit einer Besitzstandsklausel mit dem betriebsverfassungsrechtlichen Gleichbehandlungsgrundsatz s. LAG Düsseldorf v. 11.4.2005 – 14 Sa 1863/04, nv., n.rkr. | 7 BGH v. 14.5.1990 – II ZR 122/89, GmbHR 1990, 389 = WM 1990, 1461. | 8 BAG v. 15.11.2005 – 9 AZR 209/05, AP Nr. 18 zu § 50 BAT; v. 18.11.2004 – 6 AZR 512/03, EzBAT § 29 BAT Nr. 39; v. 17.7.2003 – 8 AZR 319/02, EzBAT §§ 22, 23 BAT K1 VergGr Ib Nr. 2; v. 3.4.2003 – 6 AZR 633/01, AP Nr. 185 zu § 242 BGB – Gleichbehandlung; LAG Köln v. 13.11.2003 – 5 Sa 759/03, NZA-RR 2004, 608; ArbG Essen v. 7.12.2004 – 2 Ca 2743/04, DB 2005, 1114; *Schaub*, ArbRHdb, § 112 Rz. 17; Küttner/*Kania*, Personalbuch, Gleichbehandlung, Rz. 10. | 9 BAG v. 24.4.1991 – 4 AZR 570/90, AP Nr. 140 zu § 242 BGB – Gleichbehandlung. | 10 BGH v. 28.1.1971 – VII ZR 95/69, AP Nr. 35 zu § 242 BGB – Gleichbehandlung. | 11 BAG v. 25.5.2004 – 3 AZR 15/03, AP Nr. 5 zu § 1b BetrAVG. | 12 BAG v. 19.6.1957 – 2 AZR 84/55, AP Nr. 12 zu § 242 BGB – Gleichbehandlung. | 13 BAG v. 29.9.2004 – 10 AZR 88/04, ZTR 2005, 216. | 14 S. anwendbar BGH v. 14.5.1990 – II ZR 122/89, GmbHR 1990, 389, v. 19.12.1994 – II ZR 244/93, WM 1995, 627. Anders bei tarifvertraglich vorgegebener Gleichbehandlung: BAG v. 13.12.2001 – 8 AZR 94/01, ZTR 2002, 328. | 15 BAG v. 30.3.1994 – 10 AZR 681/92, AP Nr. 113 zu § 242 BGB – Gleichbehandlung; v. 25.1.1984 – 5 AZR 89/82, BAGE 45, 76.

199 Einzubeziehen in den Vergleich sind alle ArbN des **Unternehmens, nicht allein des Betriebs**[1]. Der Gleichbehandlungsgrundsatz ist entsprechend Art. 3 GG kompetenzbezogen und bezieht sich damit auf den Bereich, auf den sich die Regelungskompetenz erstreckt. Als Normadressat ist der ArbGeb für das Unternehmen in seiner Gesamtheit verantwortlich. Die ehemals maßgebliche Ableitung aus der betrieblichen Gemeinschaft tritt damit zurück. Die unterschiedliche Betriebszugehörigkeit kann jedoch ein Grund zur Ungleichbehandlung sein, insb. wenn kein enger lebensmäßiger Zusammenhang zwischen den Angehörigen der verschiedenen Betriebe besteht und die Betriebe selber erhebliche Unterschiede aufweisen. Durch bloße **Betriebsaufspaltung** ohne materielle Änderungen des Betriebsablaufs kann der allgemeine Gleichbehandlungsgrundsatz freilich nicht umgangen werden[2]. Werden bisher **getrennte betriebliche Gemeinschaften zusammengeführt**, so verstößt die Beibehaltung unterschiedlicher Entgeltstrukturen nicht gegen den Gleichbehandlungsgrundsatz, eine Differenzierung nach dem übernommenen Besitzstand ist nicht sachwidrig, auch nicht nach Ablauf längerer Zeiträume[3]. Überdies kann hier § 613a eine Schranke gegenüber der Vereinheitlichung der Arbeitsbedingungen bilden[4].

200 Eine unternehmensübergreifende, insb. eine **konzernweite Geltung** des Gleichbehandlungsgrundsatzes besteht grds. nicht[5]. Der Grundsatz kennt freilich Ausnahmen. Wenn die Konzernspitze eine Verteilungskompetenz in Anspruch nimmt und Weisungen und Regelungen trifft, die konzernweit gelten oder umgesetzt werden, ist auch hier eine Gleichbehandlungspflicht anzuerkennen[6]. Wer wie das BAG die Grundlage der Gleichbehandlungspflicht nicht mehr historischem Herkommen entsprechend in der betrieblichen Gemeinschaft sieht, die nach einheitlichen Grundsätzen behandelt werden muss, sondern dem Erkenntnisfortschritt des Verfassungsrechts auch für das Arbeitsrecht Rechnung trägt und die Gleichbehandlungspflicht kompetenzbezogen formuliert, der wird das Unternehmen nicht als die magische Grenze ansehen können, jenseits derer jegliche Pflicht zur Gleichbehandlung aufhört[7]. Es bleibt aber der Umstand beachtlich, dass die in einem Konzern zusammengeschlossenen Unternehmen ihre rechtl. Selbständigkeit behalten und auch wirtschaftl. mehr oder weniger selbständig bleiben, und damit in einem Konzern mehrere unterschiedliche ArbGeb vorhanden sind. Wann also dennoch die Gleichbehandlungspflicht durchschlägt, bedarf der Konturierung. Die Gleichartigkeit der betroffenen Unternehmen und ein enger arbeitsorganisatorischer Zusammenhang zwischen ihnen ist für die Anwendung des Gleichbehandlungsgrundsatzes nicht erforderlich[8]. Sie kennzeichnen nur das Fehlen eines sachlichen Grundes, zwischen den einzelnen Unternehmen zu unterscheiden.

201 Aus den gleichen Gründen, aus denen für den Regelfall eine konzernweite Geltung des Gleichbehandlungsgrundsatzes abzulehnen ist, ist er auch nicht in einem **gemeins. Betrieb** verschiedener Unternehmen im Hinblick auf die verschiedenen ArbGeb anzuwenden[9].

202 **4. Rechtfertigungsgründe einer Ungleichbehandlung.** Was ein sachlicher Grund zur Rechtfertigung einer Ungleichbehandlung ist, entscheidet sich im Einzelfall. **Ein abschließender Kanon existiert nicht**. Die Unterscheidung muss einem legitimen Ziel dienen und zur Erreichung dieses Ziels erforderlich und angemessen sein. Davon geht auch die Rspr. aus, wenn sie fordert, dass eine Unterscheidung nach dem „Zweck der Leistung gerechtfertigt" sein muss[10], oder sie formuliert, eine Differenzierung sei sachfremd, wenn es für die unterschiedliche Behandlung keine billigenswerten Gründe gibt, wenn also nach einer am Gleichheitsgedanken orientierten Betrachtungsweise die Regelung als willkürlich anzusehen ist[11]. Billigenswert sind Gründe, die auf vernünftigen, einleuchtenden Erwägungen beruhen und gegen keine verfassungsrechtl. oder sonstigen übergeordneten Wertentscheidungen verstoßen[12].

---

1 So jetzt BAG v. 17.11.1998 – 1 AZR 147/98, AP Nr. 162 zu § 242 BGB – Gleichbehandlung (*Richardi*); vorher bereits das herrschende Schrifttum *Schaub*, ArbRHdb, § 112 Rz. 15; MünchArbR/*Richardi*, § 14 Rz. 9; *Bepler*, Sonderbeil. NZA 2004 Heft 18, 3, 8 ff.; jeweils mwN. |2 Ebenso MünchArbR/*Richardi*, § 14 Rz. 9; ErfK/*Preis*, § 611 BGB Rz. 726. |3 BAG v. 25.8.1976 – 5 AZR 788/75, AP Nr. 41 zu § 242 BGB – Gleichbehandlung; ebenso BAG v. 21.6.2000 – 5 AZR 806/98, AP Nr. 60 zu § 612 BGB; v. 29.8.2001 – 4 AZR 352/00, AP Nr. 291 zu Art. 3 GG – für den Tarifvertrag; BAG v. 31.8.2005 – 5 AZR 517/04, ZIP 2005, 2225 für den Fall der Verschmelzung nach dem UmwG m. Nachw. zur Gegenmeinung. |4 Detailliert hierzu *Rieble*, SAE 2003, S. 11 ff. |5 BAG v. 22.8.2006 – 3 AZR 319/05, AP Nr. 30 zu § 77 BetrVG 1972 – Betriebsvereinbarung; v. 20.8.1986 – 4 AZR 272/85, AP Nr. 6 zu § 1 TVG – Tarifverträge: Seniorität; LAG Schl.-Holst. v. 20.4.2004 – 5 Sa 8/04, NZA-RR 2005, 93; *Schaub*, ArbRHdb, § 112 Rz. 15; *Windbichler*, Arbeitsrecht im Konzern, 1989, S. 420. |6 LAG Köln v. 24.6.1999 – 6 Sa 241/99, EWiR 2000, 9 (*Thüsing*); LAG Hess. v. 17.3.2005 – 14/8 Sa 1592/04, nv., n.rkr.; s. auch BAG v. 5.10.1999 – 3 AZR 230/98, AP Nr. 51 zu § 1 BetrAVG – Zusatzversorgungskassen; s. auch zur Sozialauswahl BAG v. 17.2.2000 – 2 AZR 142/99, AP Nr. 46 zu § 1 KSchG 1969 – Soziale Auswahl; s. auch zu Sozialleistungen LAG BW v. 30.12.2004 – 2 Sa 38/04, nv., n.rkr. |7 S. insb. *Henssler*, Der Arbeitsvertrag im Konzern, 1983, S. 112 ff.; *Martens*, FS BAG, S. 367 (386 f.); MünchArbR/*Richardi*, § 31 Rz. 28. |8 S. aber BAG v. 26.4.1966 – 1 AZR 242/65, DB 1966, 1278 und BAG v. 20.8.1986 – 4 AZR 272/85, AP Nr. 6 zu § 1 TVG – Tarifverträge: Seniorität. |9 BAG v. 19.11.1992 – 10 AZR 290/91, AP Nr. 148 zu § 611 BGB – Gratifikation. S. auch für einen Sonderfall BAG v. 30.9.1998 – 4 AZR 547/97, AP Nr. 159 zu § 242 BGB – Gleichbehandlung. |10 BAG v. 20.7.1993 – 3 AZR 52/93, AP Nr. 11 zu § 1 BetrAVG – Gleichbehandlung; v. 19.4.1995 – 10 AZR 344/94, AP Nr. 124 zu § 242 BGB – Gleichbehandlung; v. 28.5.1996 – 3 AZR 752/95, AP Nr. 143 zu § 1 TVG – Tarifverträge: Metallindustrie. |11 BAG v. 21.3.2002 – 6 AZR 144/01, nv.; BVerfG v. 15.10.1985 – 2 BvL 4/83, BVerfGE 71, 39 (58). |12 BAG v. 18.11.2003 – 3 AZR 655/02, nv.; v. 18.9.2001 – 3 AZR 656/00, DB 2002, 225.

203 Als **generell ungeeignete Differenzierungsgründe werden** die in Art. 3 II, III GG, § 75 BetrVG und § 67 BPersVG normierten Merkmale genannt (Geschlecht, Abstammung, Rasse, Sprache, Heimat und Herkunft, Glaube oder religiöse und politische Anschauung, sexuelle Identität sowie gewerkschaftliche Betätigung)[1]. Das ist in dieser Verkürzung nicht zutreffend. Schwangere nicht einzustellen hat einen sachlichen Grund – nämlich Kostenminimierung – und ist unzulässig, nicht im Hinblick auf den allgemeinen Gleichbehandlungsanspruch, sondern wegen des Verstoßes gegen das besondere Diskriminierungsverbot nach § 7 I iVm. § 1 AGG. Richtig aber ist, dass ein legitimer Zweck, dem die Unterscheidung dienen könnte, in der Tat hier oftmals nicht erkennbar ist.

204 Auf der anderen Seite kann der ArbGeb **gesetzl. Differenzierungen** nachvollziehen. Leitende Angestellte haben daher auch auf Grund des Gleichbehandlungsgrundsatzes keinen Anspruch auf Einbeziehung in den Sozialplan[2]. Zur Gleichbehandlung organisierter und nichtorganisierter ArbN s. Rz. 222. Auf die im SozV- und Steuerrecht getroffenen Differenzierungen kommt es bei der Ruhegeldzusage nicht an. Diese Vorschriften sind an ihren spezifisch öffentl.-rechtl. Zwecken zu messen. Bei einer Zusatzversorgung ist demgegenüber auf die arbeitsrechtl. Bedeutung und Zielsetzung abzustellen. Es handelt sich um unterschiedliche, miteinander nicht zu vergleichende Rechtsgebiete[3].

205 Ein rechtfertigender Grund zur Ungleichbehandlung liegt – zumindest bei der Entgelt- und Ruhegeldzusage – auch in der unterschiedlichen **Profitabilität** eines Arbeitsverhältnisses für den ArbGeb oder auch in den unterschiedlichen **Möglichkeiten der Refinanzierung**[4]. Unzulässig sind **maßregelnde Unterscheidungen**. Wieweit Arbeitnehmern, die einer (verschlechternden) Änderung ihres Vertrags zugestimmt haben, nachträglich Wohltaten erwiesen werden können, nicht aber denen, die auf ihren Vertrag bestanden, ist durch das BAG nicht abschließend geklärt[5]. Stehen sich die Begünstigten sich immer noch nicht besser als die Kollegen mit ungeändertem Vertrag, ist weder von einer Maßregelung noch einer unzulässigen Ungleichbehandlung auszugehen.

206 Eine Ungleichbehandlung ist zulässig, wenn ein **Hilfskriterium zu einer Gruppenbildung** verwandt wird, die ihrerseits auf eine Unterscheidung abzielt, die durch sachliche Gründe gerechtfertigt ist. Dies entspricht allgemeinen Regeln auch zur Einordnung gesetzl. Differenzierungen. Erforderlich ist allein, dass sich durch die Unterscheidung nach den Hilfskriterien hinreichend sicher das eigentliche Ziel fördern lässt und der Aufwand, eine feingliedrigere Abgrenzung vorzunehmen, unverhältnismäßig wäre. Ebenso wie also die Geschäftsfähigkeit anders als die Deliktsfähigkeit nicht in Ansehung des Einzelfalls bestimmt wird, sondern vergröbernd zwei Gruppen gebildet werden, bei denen eine hinreichende Verstandesreife vermutet oder nicht vermutet wird, kann es richtig sein, dass der ArbGeb nicht nach der Krankheitswahrscheinlichkeit im Einzelfall, sondern nach der Gruppenzugehörigkeit Arbeiter und Angestellter differenziert (s. Rz. 221).

207 Stimmt der vom ArbGeb zu bestimmende Zweck einer Ungleichbehandlung jedoch mit dem Differenzierungsmerkmal nicht überein, ist er also nur **vorgeschoben**, kann er eine Differenzierung nicht rechtfertigen[6]. Die Annahme eines ArbGeb, er sei auf Mitarbeiter angewiesen, die ihre berufliche Qualifikation in einem rechtsstaatlichen und marktwirtschaftl. System erlangt haben, konnte daher jedenfalls im Jahr 1996 nicht mehr sachlich rechtfertigen, ArbN, die am 2.10.1990 ihren Wohnsitz in der DDR hatten, generell ein niedrigeres Gehalt zu zahlen als ArbN, die in diesem Zeitpunkt in den alten Bundesländern ansässig waren.

208 **Stichtagsregelungen** sind für die Schaffung von Ansprüchen vielfach üblich und wurden bislang durchgehend von der Rspr. des BAG anerkannt. Schon angesichts des ständigen Wandels der wirtschaftl. Rahmenbedingungen ist der ArbGeb nicht aus Gleichbehandlungsgründen verpflichtet, einmal vereinbarte Vertragsinhalte auch künftigen Einstellungen immer wieder zugrunde zu legen[7]. Stichtagsregelungen sind nicht deshalb unzulässig, weil sie im Einzelfall zu Härten führen[8]. Bei der Wahl des Stichtags besteht ein weiter Ermessensspielraum. Der Zeitpunkt muss sich jedoch am gegebenen Sachverhalt orientieren und demnach sachlich vertretbar sein, dh. die Interessenlage des Betroffenen angemessen erfassen[9]. Das Bestreben des ArbGeb, seine Kostenbelastung zu begrenzen, rechtfertigt freilich nicht

1 ErfK/*Preis*, § 611 BGB Rz. 732; Staudinger/*Richardi*, § 611 BGB Rz. 355; *Schaub*, ArbRHdb, § 112 Rz. 23. | 2 BAG v. 16.7.1985 – 1 AZR 206/81, DB 1985, 2207; s. hierzu *Löwisch*, FS G. Müller, 1981, S. 301; *Konzen*, FS G. Müller, S. 245. | 3 BAG v. 7.3.1995 – 3 AZR 282/94, AP Nr. 26 zu § 1 BetrAVG – Gleichbehandlung. | 4 BAG v. 19.6.2001 – 3 AZR 557/00, NZA 2002, 557; v. 21.5.2003 – 10 AZR 524/02, BB 2003, 2014; siehe hierzu Rz. 225. | 5 In recht gewundener Argumentation für einen Sonderfall verneinend BAG v. 26.9.2007 – 10 AZR 569/06, NZA 2007, 1424. | 6 BAG v. 15.5.2001 – 1 AZR 672/00, AP Nr. 176 zu § 242 BGB – Gleichbehandlung. | 7 BAG v. 11.6.2002 – 1 AZR 390/01, DB 2002, 2725 = EWiR 2003, 95 (*Thüsing*); v. 18.11.2003 – 1 AZR 604/02, AP Nr. 15 zu § 77 BetrVG 1972 – Nachwirkung. | 8 BAG v. 24.1.1996 – 10 AZR 155/95, AP Nr. 98 zu § 112 BetrVG 1972; v. 5.10.2000 – 1 AZR 48/0, AP Nr. 141 zu § 112 BetrVG 1972. | 9 BAG v. 21.4.2005 – 6 AZR 440/04, nv.; v. 18.3.2004 – 6 AZR 199/03, AP Nr. 41 zu § 4 TVG – Rationalisierungsschutz; v. 28.7.2004 – 10 AZR 19/04, AP Nr. 257 zu § 611 BGB – Gratifikation; v. 18.11.2003 – 9 AZR 659/02, nv.; v. 6.11.2003 – 6 AZR 505/02, ZTR 2004, 353; v. 25.10.2001 – 6 AZR 560/00, NZA 2002, 872; v. 19.4.1983 – 1 AZR 498/81, BAGE 42, 217 (222); v. 11.9.1980 – 3 AZR 606/79, AP Nr. 187 zu § 242 BGB – Ruhegehalt; v. 10.8.1988 – 5 AZR 676/87, nv.; v. 18.10.2000 – 10 AZR 643/99, AP Nr. 24 zu § 11 BAT-O; vgl. ua. BAG v. 30.11.1994 – 10 AZR 578/93, AP Nr. 89 zu § 112 BetrVG 1972; v. 24.1.1996 – 10 AZR 155/95, AP Nr. 98 zu § 112

jede beliebige zeitliche Differenzierung. Sie muss auf die jeweilige Leistung und deren Besonderheiten abgestimmt sein, wenn auch die Reichweite dieser Anpassungspflicht bislang nicht durch die Rspr. konkretisiert ist[1]. Die in einem Runderlass festgelegte Höchstaltersgrenze für die Vorweggewährung von Lebensaltersstufen für angestellte Lehrer in Mangelfächern verstößt nach der Rspr. des BAG nicht gegen den arbeitsrechtl. Gleichbehandlungsgrundsatz, wenn die Differenzierung dazu dient, einen finanziellen Anreiz für den Verbleib im Landesdienst zu schaffen und damit einem Wechsel in andere Bundesländer entgegenzuwirken[2]. Eine tarifl. Regelung zur Beschäftigungssicherung, die einer nach dem Einstellungsdatum abgegrenzten Gruppe von Beschäftigten **zeitlich befristet Verschlechterungen der tarifl. Arbeitsbedingungen** zumutet, verstößt ebenfalls nicht gegen den allgemeinen Gleichheitssatz (Art. 3 I GG), wenn nach Einschätzung der TV-Parteien sonst betriebsbedingte Kündigungen drohen, die zahlenmäßig der betroffenen Gruppe entsprechen und im Rahmen der sozialen Auswahl vorrangig diese treffen würden[3]. Gehen nach einem **Betriebsübergang** Arbeitsverhältnisse vom Veräußerer auf den Erwerber über und gewährt der Erwerber den übernommenen ArbN die mit dem früheren ArbGeb vereinbarten oder sich dort aus einer BV ergebenden Arbeitsbedingungen weiter, können die übernommenen ArbN aus dem Gleichbehandlungsgrundsatz keine Anpassung an die beim Erwerber bestehenden besseren Arbeitsbedingungen verlangen[4].

209 **5. Beweislast.** Der **ArbN** hat entsprechend den allgemeinen Regeln der Normbegünstigung die Voraussetzungen des Anspruchs auf Gleichbehandlung darzulegen. Er hat daher vergleichbare ArbN zu nennen, die ihm gegenüber vorteilhaft behandelt werden. Dies gilt auch für das Fehlen eines sachlichen Grundes. Da es sich insoweit aber um den Beweis einer negativen Tatsache handelt, gelten hierfür allgemein die einschlägigen Beweiserleichterungen. Der ArbGeb hat das Vorbringen des ArbN qualifiziert zu bestreiten und mögliche Rechtfertigungsgründe vorzubringen. Erst wenn diese benannt sind, muss sie der ArbN durch Beweisantritt widerlegen. Nach st. Rspr. hat der **ArbGeb** daher, falls er ArbN mit ähnlicher Tätigkeit nach unterschiedlichen Vergütungssystemen entlohnt, darzulegen, wie groß der begünstigte Personenkreis ist, wie er sich zusammensetzt, wie er abgegrenzt ist und warum der klagende ArbN nicht dazugehört[5]. Dies ist auch deshalb sachgerecht, weil der benachteiligte ArbN ohne eine solche Offenbarung der Differenzierungsgründe durch den ArbGeb häufig nicht in der Lage sein wird, sich darüber ein Bild zu machen, ob er gerecht behandelt wurde. Der ArbGeb kann seinerseits die Gründe für die Gruppenbildung leicht darlegen, da er die maßgeblichen Kriterien selbst aufgestellt hat[6]. Die **europarechtl. vorgegebenen Beweislastregeln**, die sich nunmehr in § 22 AGG wiederfinden, gelten jedoch nicht. Auch hier gilt aber, dass nachgeschobener Vortrag zur sachlichen Rechtfertigung nur insoweit berücksichtigt werden darf, als dass es nicht eine mögliche Rechtfertigung vorbringt, sondern tatsächlich den Beweggrund des ArbGeb[7].

210 Gleiches gilt nach der Rspr. des BAG, wenn der ArbGeb **ohne nach einem erkennbaren und generalisierenden Prinzip** vorzugehen, im Betrieb mehrere Vergütungssysteme anwendet und dabei nicht nur einzelne ArbN besser stellt. Anderenfalls wäre der ArbGeb im Vorteil, der von vornherein keine allgemeinen Grundsätze aufstellt, sondern nach Gutdünken verfährt[8]. Maßgeblich ist jedoch auch hier, ob es sich um individuelle Vereinbarungen handelt.

211 **6. Rechtsfolgen des Verstoßes.** Einseitige Maßnahmen des ArbGeb, die den ArbN unter Verletzung des Gleichbehandlungsgrundsatzes benachteiligen (Kündigung, Ausübung von Leistungsbestimmungsrechten und Widerrufsvorbehalten), sind **unwirksam gem. § 134**. Auch eine benachteiligende Vereinbarung ist unwirksam, soweit der ArbN von einer begünstigenden Regelung ausgenommen wird. Rechtsgeschäfte, die andere ArbN gleichheitswidrig begünstigen, sind demgegenüber grds. wirksam. Die nach § 134 im Hinblick auf die benachteiligten ArbN entstandene Regelungslücke wird **grds. nach oben** hin angepasst. Die benachteiligten ArbN werden damit den begünstigten gleichgestellt[9]. Dies entspricht auch der st. Rspr. des EuGH zur Wirkung des Diskriminierungsverbots aus Art. 141 EG[10] und der Rspr.

BetrVG 1972; s. auch BAG v. 25.6.2003 – 4 AZR 405/02, EzA Nr. 99 zu Art. 3 GG; LAG Köln v. 24.3.2005 – 6 Sa 1305/04, nv. | 1 BAG v. 18.9.2001 – 3 AZR 656/00, DB 2002, 225; v. 3.7.2003 – 2 AZR 617/02, AP Nr. 73 zu § 2 KSchG 1969; v. 11.9.1980 – 3 AZR 606/79, AP Nr. 187 zu § 242 BGB – Ruhegehalt und BAG v. 10.4.1984 – 3 AZR 57/82, AP Nr. 64 zu § 242 BGB – Gleichbehandlung. | 2 BAG v. 29.4.2004 – 6 AZR 194/03, ZTR 2005, 40; ebenso LAG Hamm v. 13.1.2004 – 5 Sa 736/03, EzBAT § 27 BAT Abschnitt C Nr. 5 – bzgl. einer zulässigen Differenzierung nach festgelegten Fächer-Schulform-Kombinationen beruhend auf einer Prognose zur Lehrerbedarfssituation. | 3 BAG v. 25.6.2003 – 4 AZR 405/02, AP Nr. 1 zu § 1 TVG – Beschäftigungssicherung. | 4 BAG v. 31.8.2005 – 5 AZR 517/04, ZIP 2005, 2225. | 5 BAG v. 29.9.2004 – 5 AZR 43/04, AP Nr. 192 zu § 242 – Gleichbehandlung; v. 19.8.1992 – 5 AZR 513/91, NZA 1993, 171; v. 12.11.1991 – 3 AZR 489/90, NZA 1992, 837. | 6 S. auch BAG v. 30.11.1982 – 3 AZR 214/80, AP Nr. 54 zu § 242 BGB – Gleichbehandlung; LAG München v. 13.8.1987 – 6 (7) Sa 863/86, BB 1988, 1824. | 7 S. BAG v. 27.10.1988 – 9 AZR 299/97, AP Nr. 211 zu § 611 BGB – Gratifikation unter Hinweis auf BVerfG v. 16.11.1993 – 1 BvR 258/86, AP Nr. 9 zu § 611a BGB. | 8 BAG v. 19.8.1992 – 5 AZR 513/91, NZA 1993, 171. | 9 S. BAG v. 20.7.1993 – 3 AZR 52/93, AP Nr. 11 zu § 1 BetrAVG – Gleichbehandlung; v. 11.9.1985 – 7 AZR 371/83, AP Nr. 76 zu § 242 BGB – Gleichbehandlung; v. 24.4.1991 – 4 AZR 570/90, AP Nr. 140 zu § 242 BGB – Gleichbehandlung; v. 30.11.1982 – 3 AZR 214/80, AP Nr. 54 zu § 242 BGB – Gleichbehandlung. | 10 EuGH v. 27.6.1990 – Rs. C-33/89, AP Nr. 21 zu Art. 119 EWG-Vertrag; s. auch BAG v. 20.11.1990 – 3 AZR 613/89, BB 1991, 1570.

in Bezug auf § 2 BeschFG/§ 4 TzBfG[1]. Diese Voraussetzung rechtfertigt sich mit dem Gebot der effektiven Durchsetzung des Rechtsschutzes. Wollte man anders entscheiden, käme die Klage aus dem Gleichbehandlungsgrundsatz in die Nähe eines Prozesses aus Eifersucht oder Neid[2].

Der Grundsatz der Anpassung nach oben gilt nicht ohne **Ausnahme**. Nach jüngerer Rspr. des BAG verpflichtet der Gleichbehandlungsgrundsatz einen ArbGeb, der durch ein sachlich nicht gerechtfertigtes Merkmal eine **außerordentl. kleine Gruppe** der Belegschaft besser gestellt hat, nicht, diesen Vorteil allen Beschäftigten einzuräumen. Das der Pflicht zur Gleichbehandlung zugrunde liegende Gebot der Verteilungsgerechtigkeit trage diese Ausweitung nicht, weil in Fällen dieser Art die Freiheit des ArbGeb in der Bestimmung des Dotierungsrahmens freiwilliger Leistungen besonders nachhaltig verletzt werden würde und zu unverhältnismäßig hohen weiteren finanziellen Belastungen des ArbGeb führte[3]. Dies findet Vorläufer in der Rspr. zur Ausgestaltung von Sozialplänen. Werden in Sozialplänen ArbN unter Verletzung des Gleichbehandlungsgrundsatzes benachteiligt, darf dies in Individualprozessen der schlechter gestellten ArbN nicht dazu führen, dass die finanzielle Gesamtausstattung des Sozialplans wesentlich erhöht wird. Nur solange einzelne ArbN benachteiligt worden sind und die hierdurch verursachten Mehrbelastungen des ArbGeb nicht ins Gewicht fallen, kann einem benachteiligten ArbN wegen Verletzung des Gleichbehandlungsgrundsatzes der korrigierte volle Abfindungsbetrag zugesprochen werden[4]. Die aus der Verletzung des allgemeinen Gleichbehandlungsgrundsatzes folgenden finanziellen Belastungen des ArbGeb sind in den Fällen, in denen die Gruppe der Bessergestellten außerordentl. klein ist, danach nur gerechtfertigt, wenn zugleich besondere verfassungsrechtl. oder gemeinschaftsrechtl. Differenzierungsverbote, wie bspw. das Verbot der Benachteiligung wegen des Geschlechts, verletzt worden sind. Das BAG hat freilich offen gelassen, was noch als „außerordentl. kleine Gruppe" anzusehen ist und wie in anderen Fällen eine **effektive Sanktion** aussieht. Die Rspr. ist solange abzulehnen, wie sie hier nicht Wege nennt. Hier darf es – entgegen der bisherigen Rspr. (s. Rz. 211) – nicht generell ausgeschlossen sein, dem ArbGeb Änderungskündigungsrechte und -pflichten zuzubilligen, um für die Zukunft die bisher nur einzelnen ArbN gewährten Leistungen dem Gleichbehandlungsgrundsatz entsprechend auf eine größere Gruppe von ArbN zu verteilen. 212

Wo eine Gleichbehandlung nicht mehr möglich ist (zB bei vorenthaltener Nutzung einer betrieblichen Sozialeinrichtung), kann der ArbGeb zum **Schadensersatz** aus § 280 verpflichtet sein. Das hierfür erforderliche Verschulden wird zuweilen fehlen, denn zum Vorsatz gehört das Bewusstsein der Rechtswidrigkeit, nicht allein das Wissen und Wollen der Differenzierung. Die Rspr. verzichtet daher auch in diesen Fällen auf das Verschulden und leitet einen Anspruch auf kompensatorische Maßnahmen zur Gleichbehandlung unmittelbar aus dem Gleichbehandlungsgrundsatz selbst ab. Dem ArbGeb steht allerdings ein Ermessensspielraum zu, wie er den Anspruch auf Gleichbehandlung in diesen Fällen verwirklicht. Wenn etwa eine Nachversicherung nicht mehr möglich ist, kann er einen gleichwertigen Versorgungsanspruch auf andere Art begründen[5]. 213

Die Gleichstellung bisher benachteiligter ArbN kann für den ArbGeb mit erheblichen zusätzlichen Kosten verbunden sein. Diese können ihn berechtigen, im Wege der **Änderungskündigung** eine Anpassung der Verträge oder der betrieblichen Übung zu erreichen. Nur in Ausnahmefällen kommt eine Kündigung aus wichtigem Grund in Betracht. Die Kündigung kann sowohl die bisher allein begünstigten ArbN als auch die gleichzustellenden ArbN erfassen. Es gelten jedoch die allgemeinen – strengen – Regeln zur Entgeltreduzierung durch Änderungskündigung (s. § 2 KSchG Rz. 73). Die Wahrung des Gleichbehandlungsgrundsatzes stellt für sich genommen noch keinen betriebsbedingten Grund zur Rechtfertigung einer Änderungskündigung dar[6]. Auch dass sich der ArbGeb auf eine die angestrebte Neuregelung vorgebende (Gesamt-)BV berufen kann, erleichtert die Änderungskündigung nicht[7]. Werden die Leistungen unter einem **Widerrufsvorbehalt** gewährt, kann eine Vereinheitlichung durch deren Widerruf möglich sein. Auch hier wiederum sind dann die Grenzen des Gleichbehandlungsgebots zu beachten. Für die Zukunft kann der ArbGeb auch darlegen, dass die bisherige Ungleichbehandlung zwar rechtswidrig, andere, weniger weit gehende Unterscheidungen jedoch durch sachliche Gründe gerechtfertigt sind; für die Vergangenheit ist ihm ein solcher Hinweis allerdings verwehrt. 214

Die **Grenzen einer rückwirkenden Gleichstellung** durch den ArbGeb sind bisher durch die Rspr. noch nicht im Einzelnen ausgelotet[8]. Im Grundsatz ist von einer unbegrenzten Verpflichtung für die Vergan- 215

---

1 BAG v. 9.10.1996 – 5 AZR 338/95, BB 1997, 1157; v. 25.9.1997 – 6 AZR 65/96, BB 1998, 590; s. auch *Thüsing* in Annuß/Thüsing, § 4 TzBfG Rz. 77. | 2 Ausf. *Wiedemann*, Die Gleichbehandlungsgebote im Arbeitsrecht, S. 82. | 3 BAG v. 13.2.2002 – 5 AZR 713/00, AP Nr. 184 zu § 242 BGB – Gleichbehandlung (4% der Belegschaft). | 4 BAG v. 26.6.1990 – 1 AZR 263/88, BAGE 65, 199 (207). | 5 S. BAG v. 28.7.1992 – 3 AZR 173/92, NZA 1993, 215; v. 12.3.1996 – 3 AZR 963/94, NZA 1996, 939; v. 7.3.1995 – 3 AZR 282/94, NZA 1996, 48; v. 9.10.1996 – 5 AZR 338/95, NZA 1997, 728; v. 21.1.1997 – 3 AZR 90/96, ZTR 1997, 317; v. 13.5.1997 – 3 AZR 66/96, NZA 1997, 1294; zum Ausgleich von Steuernachteilen BAG v. 14.12.1999 – 3 AZR 713/98, NZA 2000, 1348; zum Ausgleich von Zinsverlusten LAG Hamm v. 13.7.1999 – 6 Sa 2249/98, NZA-RR 1999, 541. | 6 BAG v. 28.4.1982 – 7 AZR 1139/79, AP Nr. 3 zu § 2 KSchG 1969; v. 1.7.1999 – 2 AZR 826/98, AP Nr. 53 zu § 2 KSchG 1969. | 7 BAG v. 20.1.2000 – 2 ABR 40/99, AP Nr. 40 zu § 103 BetrVG 1972. | 8 Ausf. *Wiedemann*, Die Gleichbehandlungsgebote im Arbeitsrecht, S. 87 f.

genheit auszugehen, begrenzt nur durch die gesetzl. Verjährungsvorschriften. Unterliegt der Anspruch, in den einbezogen zu werden der klagende ArbN verlangt, einer Ausschlussfrist, dann ist sie zumindest als individualvertragl. vereinbarte Ausschlussfrist auch für den Anspruch auf Gleichbehandlung anzuwenden[1]. Strittiger ist die Anwendung von tarifvertragl. Ausschlussfristen. Diese sind bei Gleichbehandlungsbegehren von Teilzeitbeschäftigten im öffentl. Dienst durch die Rspr. nicht angewandt worden[2]. Dagegen spricht wohl, dass der Zweck des Gleichbehandlungsgebots eben die Verhinderung von Benachteiligungen, nicht aber die Bevorzugung sein kann. Freilich kann der bislang begünstigte ArbN sich eher über das Bestehen des Anspruchs Klarheit verschaffen als der rechtswidrig ausgeschlossene, so dass ihm die Einhaltung der Ausschlussfrist eher zugemutet werden kann.

216 Inwieweit darüber hinaus der ArbGeb durch Gesichtspunkte des **Vertrauensschutzes** geschützt ist, wird unterschiedlich beurteilt. Die Rspr. hat hier Ausnahmefälle nur im eng begrenzten Raum anerkannt. Für die rückwirkende Gleichstellung von TeilzeitArbN wurde ein schutzwürdiger Vertrauenstatbestand generell verneint, jedoch die Anpassung durch Übergangsregelungen gemildert[3]. Bei Verstößen gegen den allgemeinen Gleichbehandlungsgrundsatz sollte man großzügiger sein als bei unmittelbarem oder mittelbarem Verstoß gegen die Geschlechtsdiskriminierung, weil sich die Anschauung in der Arbeits- und Berufswelt im Hinblick auf die Sachlichkeit einer Unterscheidung ändern. Maßstab dürfte die **Offensichtlichkeit des Verstoßes**, das Ausmaß der zusätzlichen Belastung für den ArbGeb, dessen wirtschaftl. Leistungsfähigkeit sowie die Größe der ehemals allein begünstigten ArbN-Gruppe sein. Ob sich orientiert an diesen Parametern hinreichend konkrete Rechtsprechungslinien abzeichnen werden, bleibt abzuwarten.

217 **Besondere Regeln** gelten für gegen Art. 3 I GG verstoßende **TV**. Dem Gericht ist nur erlaubt TV auszulegen, nicht aber durch eigenständige Regelungen in die Tarifautonomie einzugreifen. Eine gleichheitswidrig benachteiligende Regelung kann daher insgesamt nichtig und ein Anspruch für die Zukunft auch für die begünstigte ArbN-Gruppe ausgeschlossen sein[4]. Sie ist nur dann nicht insgesamt nichtig, wenn auf Grund des Regelungsgegenstands unter Berücksichtigung der Belastung aus einer „Anpassung nach oben“ davon auszugehen ist, dass die TV-Parteien die Regelung ebenfalls getroffen hätten – wenn auch mit erweitertem Anwendungsbereich – wenn sie die Gleichheitswidrigkeit der von ihnen vorgenommenen Gruppenbildung erkannt hätten[5]. Die Lücke im TV ist dann von den Gerichten durch ergänzende Vertragsauslegung in diesem Sinne zu schließen[6]. Entscheidend ist also der hypothetische Wille der TV-Parteien. Das BAG ist in diesem Sinne recht großzügig[7]. Hinsichtlich der Rechtsfolgen ist also zu differenzieren: Aus dem Gleichheitssatz des Art. 3 I GG ergibt sich die Pflicht der Gerichte nicht nur für die Zukunft, sondern auch für **vergangene Zeiträume** eine dem Gleichheitssatz entsprechende Ordnung sicherzustellen. Deshalb haben die gleichheitswidrig aus dem Kreis der Begünstigten ausgeschlossenen Personen dann einen Anspruch, wenn nur auf diesem Weg dem Gleichheitssatz Rechnung getragen werden kann – auch wenn die tarifvertragl. Regelung insgesamt nichtig ist[8]. Dies soll jedenfalls dann gelten, wenn der ArbGeb in Kenntnis der Gefahr einer Überzahlung nicht sicherstellt, dass er etwaige Rückforderungsansprüche auch durchsetzen kann[9]. Für die **zukünftige Gleichstellung** bei insgesamt nichtiger Tarifregelung gilt dies jedoch grds. nicht, da hier der Gestaltungsspielraum der TV-Parteien nicht durch die rechtl. oder faktisch begrenzte Möglichkeit der Rückforderung gleichheitswidrig gewährter Vergünstigung berührt wird. Dies ist – neben den Fällen ergänzender Vertragsauslegung – allein anders bei Verstößen gegen das Verbot der Geschlechtsdiskriminierung. Der EuGH stellt die Gleichbehandlung über die Tarifautonomie und verlangt unabhängig von den verschiedenen Gestal-

1 S. BAG v. 9.10.1996 – 5 AZR 338/95, BB 1997, 1157; v. 26.9.1990 – 5 AZR 112/90, NZA 1991, 247. | 2 BAG v. 26.9.1990 – 5 AZR 112/90, NZA 1991, 247; v. 12.1.1994 – 5 AZR 6/93, AP Nr. 112 zu § 242 BGB – Gleichbehandlung; ausf. *Thüsing* in Annuß/Thüsing, § 4 TzBfG Rz. 82. | 3 BAG v. 20.11.1990 – 3 AZR 613/89, AP Nr. 8 zu § 1 BetrAVG – Gleichberechtigung; s. auch BAG v. 23.1.1990 – 3 AZR 58/88, DB 1990, 1620; v. 5.10.1993 – 3 AZR 695/92, DB 1994, 739. | 4 S. BAG v. 13.11.1985 – 4 AZR 234/84, DB 1986, 542: Verheiratetenzuschlag. | 5 BAG v. 7.3.1995 – 3 AZR 282/94, NZA 1996, 48; v. 7.11.1995 – 3 AZR 1064/94, NZA 1996, 653; v. 28.5.1996 – 3 AZR 752/95, AP Nr. 143 zu § 1 TVG – Tarifverträge Metallindustrie. | 6 BAG v. 21.3.1991 – 2 AZR 323/84 (A), NZA 1991, 797. | 7 Eine Anpassung nach oben wurde vorgenommen beim Ausschluss unterhälftig Teilzeitbeschäftigter aus der Zusatzversorgung im öffentlichen Dienst (BAG v. 7.3.1995 – 3 AZR 282/94, AP Nr. 26 zu § 1 BetrAVG – Gleichbehandlung; v. 16.1.1996 – 3 AZR 767/94, AP Nr. 222 zu Art. 3 GG; v. 27.2.1996 – 3 AZR 886/94, NZA 1996, 992; v. 12.3.1996 – 3 AZR 993/94, NZA 1996, 939), bei einem tarifvertraglich nicht vorgesehenen Anspruch auf Zuschuss zum Kug für solche ArbN, die demnächst auf Grund eines Aufhebungsvertrages aus dem Arbeitsverhältnis ausscheiden (BAG v. 7.11.1995 – 3 AZR 870/94, AP Nr. 138 zu § 1 TVG – Tarifverträge: Metallindustrie) sowie bei einen Ausschluss männlicher ArbN vom Bezug von Übergangsgeld, die bereits nach Vollendung des 63. Lebensjahres in den gesetzlichen Ruhestand wechselten, während weibliche ArbN einen solchen Anspruch behielten, wenn sie bereits mit Vollendung des 60. Lebensjahres die gesetzliche Rente in Anspruch nahmen (BAG v. 7.11.1995 – 3 AZR 1064/94, AP Nr. 71 zu Art. 119 – EWG-Vertrag). | 8 BAG v. 28.5.1996 – 3 AZR 752/95, AP Nr. 143 zu § 1 TVG – Tarifverträge: Metallindustrie. BVerfG v. 28.1.1992 – 1 BvR 1025/92, AP Nr. 2 zu § 19 AZO; BAG v. 13.11.1985 – 4 AZR 234/84, AP Nr. 136 zu Art. 33 GG; v. 21.3.1991 – 2 AZR 296/87 (B), AP Nr. 30 zu § 622 BGB; v. 7.3.1995 – 3 AZR 282/94, AP Nr. 26 zu § 1 BetrAVG – Gleichbehandlung. | 9 BAG v. 28.5.1996 – 3 AZR 752/95, NZA 1997, 101.

tungsmöglichkeiten der TV-Parteien bei Verstößen gegen Art. 141 EG und die ausführenden Richtlinien die Anpassung nach oben[1].

Inwieweit die dargelegten Regeln zur Beurteilung von TV auch für **BV** gelten, ist bislang nicht geklärt. Da für die Betriebspartner Art. 9 III GG nicht streitet, dürften sich die Rechtsfolgen eher an denen arbeitsvertragl. Regelungen orientieren. Ist eine BV bereits aus anderen Gründen wirksam, so kann der ArbN einen Anspruch unter Berufung auf den Gleichbehandlungsgrundsatz nicht herleiten. Es gibt keinen Anspruch auf Gleichbehandlung im Unrecht, solange der ArbGeb nicht in Kenntnis der Unwirksamkeit der BV die Leistung dennoch erbracht hat[2]. 218

7. Einzelfragen. a) Ungleichbehandlung verschiedener Arbeitnehmergruppen. Eine Differenzierung zwischen **Arbeitern und Angestellten** ist grds. unzulässig. Weil aber eine Ungleichbehandlung zulässig ist, wenn ein Hilfskriterium zur Gruppenbildung verwandt wird, die ihrerseits auf eine gerechtfertigte Unterscheidung abzielt (s. Rz. 206), kann es zulässig sein, wenn an die gewerblichen ArbN wegen erheblich höherer krankheitsbedingter Fehlzeiten ein gekürzter 13. Monatslohn gezahlt wird, die Angestellten dagegen einzelvertragl. ein ungekürztes 13. Monatsgehalt erhalten[3]. Dies gilt nach Auffassung des BAG auch dann, wenn das Risiko der Erkrankung arbeitsbedingt unterschiedlich ist[4]. Dem ist das BVerfG freilich entgegengetreten und hat eine Unterscheidung als Verstoß gegen Art. 3 I GG gewertet, solange nicht ausgeschlossen ist, dass der hohe Krankheitsstand auf von der ArbGebSeite zu verantwortenden gesundheitsschädlichen Arbeitsbedingungen beruht[5]. Im Schrifttum wird weiter gehend festgestellt, sachgerecht sei es allein, eine Kürzung der Gratifikation an den tatsächlichen Fehlzeiten der ArbN festzumachen[6]. Dies berücksichtigt jedoch nicht ausreichend, dass hiermit ein unter Umständen erheblicher Verwaltungsaufwand verbunden sein kann. Aus den gleichen Gründen ist es bedenklich, dass nach der Rspr. des BAG der unterschiedliche Fluktuationsgrad von Arbeitern und Angestellten für sich allein kein sachlich gerechtfertigtes Unterscheidungsmerkmal für eine Gratifikation ist[7]. 219

Ein sachlicher Grund ist auch gegeben, wenn mit der Ungleichbehandlung der Zweck verfolgt wird, eine Benachteiligung der Angestellten bei der Zahlung übertarifl. Zahlungen auszugleichen[8]. Eine Sicherheitszulage rechtfertigt demgegenüber keine Differenzierung[9], und auch wenn es nur darum geht, den erhöhten finanziellen Bedarf zur Weihnachtszeit auszugleichen, ist eine Differenzierung unzulässig[10]. Gelten für Arbeiter und Angestellte unterschiedliche TV, so sind darauf begründete Unterschiede als Ausdruck der **Tarifautonomie nach Art. 9 III GG** zulässig, erst recht wenn die TV durch unterschiedliche Tarifpartner ausgehandelt wurden[11]. Die verschiedenen Regelwerke bilden ein Gesamtergebnis der Verhandlungen, deren einzelne Teile nicht vergleichend gegenübergestellt werden können. Das Bedürfnis nach **flexibler Personalplanung** im produktiven Bereich rechtfertigt wegen produkt-, mode- oder saisonbedingter Auftragsschwankungen erheblich kürzere Grundkündigungsfristen und darauf aufbauende verlängerte Fristen bei längerer Betriebszugehörigkeit für Arbeiter, wenn diese im Gegensatz zu Angestellten ganz überwiegend nur in der Produktion tätig sind – eine Unterscheidung unmittelbar nach der Mitarbeit in der Produktion ist nicht erforderlich[12]. 220

Grundsätzlich aber gilt, dass unterschiedliche tarifl. **Kündigungsfristen** auf Grund pauschaler Unterscheidung zwischen Angestellten und Arbeitern unzulässig sind, soweit nicht zusätzliche rechtfertigende Gründe angeführt werden können. Sachlich gerechtfertigt sind hinreichend gruppenspezifisch ausgestaltete unterschiedliche Regelungen, die zB entweder nur eine verhältnismäßig kleine Gruppe nicht intensiv benachteiligen, oder funktions-, branchen- oder betriebsspezifischen Interessen im Geltungsbereich des TV mithilfe verkürzter Kündigungsfristen für Arbeiter entsprechen (zB überwiegende Beschäftigung von Arbeitern in der Produktion), oder gruppenspezifische Schwierigkeiten bestimmter ArbN bei der Stellensuche mildern (Beispiel: Die höher- und hoch qualifizierten ArbN gehören überwiegend zur Gruppe der Angestellten)[13]. Ein sachgerechter Grund für eine Differenzierung kann jedoch darin liegen, ArbN durch eine höhere Gratifikation an den Betrieb zu binden, weil ihr Weggang zu besonderen Belastungen führt. Eine an einen solchen Zweck anknüpfende Gruppenbildung ist nicht deshalb sachwidrig, 221

---

1 S. EuGH v. 27.6.1990 – Rs. C-33/89, NZA 1990, 771; s. auch BAG v. 28.5.1996 – 3 AZR 752/95, BB 1996, 2628; v. 13.5.1997 – 3 AZR 66/96, BB 1997, 2008; v. 15.12.1998 – 3 AZR 239/97, BB 1999, 1435 – alle in Bezug auf Diskriminierung von Teilzeitbeschäftigten. | **2** S. BAG v. 26.4.2005 – 1 AZR 76/04, AP Nr. 12 zu § 87 BetrVG 1972; v. 13.8.1980 – 5 AZR 325/78, DB 1981, 274. | **3** BAG v. 19.4.1995 – 10 AZR 136/94, NZA 1996, 133. | **4** BAG v. 6.12.1995 – 10 AZR 123/95, AP Nr. 186 zu § 611 BGB – Gratifikation im Hinblick auf das Braugewerbe. | **5** BVerfG v. 1.9.1997 – 1 BvR 1929/95, AP Nr. 203 zu § 611 BGB – Gratifikation = DB 1998, 204 (*Schulte*). | **6** ErfK/*Preis*, § 611 BGB Rz. 672. | **7** BAG v. 25.1.1984 – 5 AZR 251/82, DB 1984, 2355. | **8** BAG v. 30.3.1994 – 10 AZR 681/92, NZA 1994, 786; v. 25.1.1984 – 5 AZR 251/82, NZA 1984, 323. | **9** BAG v. 17.12.1992 – 10 AZR 306/91, AP Nr. 105 zu § 242 BGB – Gleichbehandlung. | **10** BAG v. 27.10.1998 – 9 AZR 299/97, AP Nr. 211 zu § 611 BGB – Gratifikation. | **11** BAG v. 4.12.1997 – 2 AZR 809/96, NZA 1998, 431 (tarifvertragliche Ausschlussfristen); BVerfG v. 12.12.1990 – 1 BvR 633/89, ZTR 1991, 159; s. aber BAG v. 23.1.1992 – 2 AZR 389/91, AP Nr. 35 zu § 622 BGB; v. 17.12.1992 – 6 AZR 91/92, AP Nr. 1 zu § 2 BAT SR 2e II. | **12** BAG v. 23.1.1992 – 2 AZR 460/91, NZA 1992, 787; v. 28.5.1986 – 3 AZR 752/95, AP Nr. 143 zu § 1 TVG – Tarifverträge: Metallindustrie. | **13** BAG v. 29.10.1998 – 2 AZR 683/97, AuA 1999, 85; v. 21.3.1991 – 2 AZR 616/90, AP Nr. 31 zu § 622 BGB; v. 29.8.1991 – 2 AZR 220/91 (A), AP Nr. 32 zu § 622 BGB.

weil von ihr ArbN erfasst werden, bei denen der Grund für die beabsichtigte Bindung nicht bestehen kann. Das gilt jedenfalls solange, wie der verfolgte Zweck sich typischerweise in der begünstigten Gruppe verwirklichen kann, währenddessen er in der benachteiligten Gruppe fehlt[1]. Begründet der ArbGeb eine Begünstigung der Angestellten mit der Absicht, diese stärker an sich zu binden, hat er zugeschnitten auf seinen Betrieb darzulegen, aus welchen Gründen eine stärkere Bindung der Angestellten einem objektiven, wirklichen Bedürfnis entspricht[2].

222 Zulässig ist eine Differenzierung zwischen **Pensionären und Aktiven**, etwa bei der Bemessung von Jubiläumsgeldern[3] und auch zwischen **Innen- und Außendienstmitarbeitern**, wenn den Außendienstmitarbeitern erhebliche Trinkgelder zufließen[4]. Unzulässig ist es, erkrankte ArbN bei einer Lohnerhöhung allein auf Grund ihrer Erkrankung nicht zu berücksichtigen[5]. Ausgeschiedene oder ausscheidende ArbN dürfen nach einer nicht unproblematischen Rspr. des BAG nicht von einer rückwirkenden Lohnerhöhung ausgeschlossen werden; die TV-Parteien haben hier jedoch einen größeren Gestaltungsspielraum[6]. Entschließt sich der ArbGeb allgemein zu einer Gehaltserhöhung, bedarf es der Rechtfertigung, Höherverdienende hiervon auszunehmen[7]. Zwischen **Beamten und ArbN des öffentl. Dienstes** darf grds. differenziert werden (s. Rz. 197). **Ärzte im Praktikum** müssen **Assistenzärzten** nicht gleichgestellt werden[8]. Es verstößt gegen den arbeitsrechtl. Gleichbehandlungsgrundsatz an den Hochschulen, wenn beschäftigten **wissenschaftlichen Mitarbeitern** mit abgeschlossener Hochschulbildung eine jährliche Sonderzuwendung nach dem Gesetz über die Gewährung einer jährlichen Sonderzuwendung gewährt wird, den **studentischen Hilfskräften** jedoch nicht[9]. Eine Differenzierung zwischen Lehrern an Gymnasien und Lehrern an Gesamtschulen ist auf Grund der schulformabhängigen Unterschiede zulässig[10]. Eine Ungleichbehandlung von Mitarbeitern im Außendienst gegenüber Mitarbeitern im Innendienst ist bei der Ruhegeldzulage unzulässig[11]. Dies gilt jedenfalls, solange der ArbGeb nicht ein berechtigtes Interesse hat, gerade eine bestimmte ArbN-Gruppe an sich zu binden[12]. Die Unterscheidung zwischen **Streikenden und Nichtstreikenden** ist bei der Streikbruchprämie zulässig soweit tatsächlich Mehrbelastungen ausgeglichen werden sollen oder aber durch die Ankündigung oder Auszahlung der Streikwille beeinflusst werden sollte (s. § 612a Rz. 15 ff.)[13]. Die Ungleichbehandlung **befristet Beschäftigter gegenüber unbefristet Beschäftigten** und **Teilzeitbeschäftigter gegenüber Vollzeitbeschäftigten** richtet sich nach § 4 TzBfG[14]. Unzulässig ist es, ArbN, die sich in **ATZ** befinden, bei einer Stundenermäßigung schlechter zu stellen als andere ArbN gleichen Alters[15]. Mit dem Gleichheitssatz unvereinbar ist auch eine Regelung, die zu einer Kürzung des Entgelts für die Arbeitszeit führt, das der ArbN ohne den Wechsel in das ATZ-Verhältnis erhalten hätte[16]. Ebenfalls als ein Verstoß gegen den arbeitsrechtl. Gleichbehandlungsgrundsatz ist es zu bewerten, wenn der ArbGeb die Vergütung bei Lehrern in der Arbeitsphase der ATZ kürzt, nicht aber bei Lehrern, die sich bereits in der Freistellungsphase befinden[17]. Kein Verstoß gegen den Gleichheitssatz ist anzunehmen, wenn der ArbGeb diejenigen betriebsbedingt gekündigten ArbN, die Kündigungsschutzklage erheben, von der Zahlung einer freiwilligen Abfindung ausschließt[18].

223 **b) Arbeitsentgelt. aa) Allgemeines.** Der allgemeine Gleichbehandlungsgrundsatz ist im Bereich der Arbeitsvergütung nur eingeschränkt anwendbar. Eine Verpflichtung, von der individuellen Festlegung der Vergütung zur arbeitsvertragl. Einheitsregelung überzugehen, besteht nicht[19]. Auch ein allgemeines Prinzip „gleicher Lohn für gleiche Arbeit" gibt es im deutschen Recht nicht[20]. Gewährt der ArbGeb die Leistungen jedoch nach einem erkennbaren generalisierenden Prinzip, ist er an das arbeitsrechtl. Gleichbehandlungsgebot gebunden[21]. Erforderlich ist daher eine Transparenz seiner Lohnfindung. Die Kontrolle am allgemeinen Gleichheitsgebot sichert hier ein Mindestmaß an Sachgesetzlichkeit.

1 BAG v. 25.1.1984 – 5 AZR 89/82, NZA 1984, 326; ähnlich bereits BAG v. 5.3.1980 – 5 AZR 46/78, AP Nr. 43 zu § 242 BGB – Gleichbehandlung (Fehlen von Bewerbern mit langjähriger Erfahrung auf dem Gebiet der produzierten Verpackungsmaschinen); BAG v. 19.3.2003 – 10 AZR 365/02, AP Nr. 248 zu § 611 BGB – Gratifikation; vgl. auch BAG v. 12.10.2005 – 10 AZR 640/04, NZA 2005, 1418. | 2 BAG v. 12.10.2005 – 10 AZR 640/04, NZA 2005, 1418. | 3 LAG Düsseldorf v. 12.3.1987 – 5 Sa 4/87, NZA 1987, 706; so auch LAG Düsseldorf v. 31.10.2003 10 Sa 1247/03, LAGE § 242 BGB 2002 – Gleichbehandlung Nr. 1 für die Gewährung von Beihilfe im Krankheitsfall, n.rkr. | 4 BAG v. 19.4.1995 – 10 AZR 344/94, DB 1995, 2221; *Zumbansen/Kim*, BB 1999, 2454. | 5 BAG v. 10.3.1982 – 4 AZR 540/79, DB 1982, 1223; BAG v. 9.6.1982 – 5 AZR 501/80, DB 1982, 2192. | 6 BAG v. 10.3.1982 – 4 AZR 540/79, DB 1982, 1223. | 7 BAG v. 17.5.1978 – 5 AZR 132/77, DB 1979, 1887. | 8 BAG v. 24.3.1993 – 4 AZR 265/92, AP Nr. 106 zu § 242 BGB – Gleichbehandlung. | 9 BAG v. 6.10.1993 – 10 AZR 450/92, NZA 1994, 257. | 10 Vgl. BAG v. 6.7.2005 – 4 AZR 27/04, Pressemitteilung 42/05; so auch ausdrücklich die Vorinstanz LAG Hamm v. 25.9.2003 – 11 Sa 265/03, nv. | 11 BAG v. 20.7.1993 – 3 AZR 52/93, NZA 1994, 125. | 12 BAG v. 17.2.1998 – 3 AZR 783/96, NZA 1998, 762: Bevorzugung leitender Mitarbeiter im Innendienst. | 13 S. auch BAG v. 13.7.1993 – 1 AZR 676/92, AP Nr. 127 zu Art. 9 GG – Arbeitskampf. | 14 S. BAG v. 19.1.2005 – 6 AZR 80/03, nv.; v. 11.12.2003 – 6 AZR 64/03, AP Nr. 7 zu § 4 TzBfG; v. 15.7.2004 – 6 AZR 404/03, nv. | 15 BAG v. 21.1.2003 – 9 AZR 4/02, AP Nr. 157 zu § 611 BGB – Lehrer, Dozenten; LAG Bremen v. 18.1.2005 – 1 Sa 199/04, nv., n.rkr.; LAG München v. 27.6.2005 – 5 Sa 1184/04, nv., n.rkr. | 16 BAG v. 14.10.2003 – 9 AZR 146/03, AP Nr. 9 zu § 3 ATG. | 17 LAG Köln v. 2.3.2005 – 7 (2) Sa 1139/04, nv., n.rkr. | 18 BAG v. 15.2.2005 – 9 AZR 116/04, NZA 2005, 1117. | 19 BAG v. 15.11.1994 – 5 AZR 682/93, BB 1995, 409. | 20 BAG v. 21.6.2000 – 5 AZR 806/98, DB 2000, 1920 = EWiR 2000, 953 (*Thüsing*); s. dazu auch *Wiedemann*, Die Gleichbehandlungsgebote im Arbeitsrecht, S. 50. | 21 St. Rspr.; vgl. BAG v. 11.10.2007 – 4 AZR 354/05; v. 12.1.1994 – 5 AZR 6/93, AP Nr. 112 zu § 242 BGB – Gleichbehandlung, mwN.

bb) Lohnerhöhungen. Ein nicht tarifgebundener ArbGeb muss bei einer Lohnerhöhung nicht zwangsläufig alle ArbN gleich behandeln. Im Hinblick auf den arbeitsrechtl. Gleichbehandlungsgrundsatz stellt der Wunsch des ArbGeb nach Vereinheitlichung des innerbetrieblichen Lohngefüges und Angleichung der unterschiedlichen Bezahlung von ArbN, die Gleiches leisten, einen sachlichen Grund dar, einzelne ArbN von einer Lohnerhöhung auszuschließen[1]. Erhöht der ArbGeb die Gehälter ohne allein die tarifvertragl. Lohnerhöhungen nachzuvollziehen, dann muss er den Gleichbehandlungsgrundsatz auch dann beachten, wenn er dies bei unterschiedlichen Berufsgruppen zu unterschiedlichen Zeitpunkten und in unterschiedlicher Höhe realisiert. Entscheidend ist, ob die Erhöhungen auf einer allgemeinen, **einzelfallübergreifenden Zweckverfolgung** beruhen. In einer linearen und über mehrere Jahre regelmäßig gewährten Lohnerhöhung einer ganz überwiegenden Anzahl der ArbN (über 80%) sah das BAG einen Inflationsausgleich, von dem ArbN auch bei individuell unterschiedlich bemessenen Lohnerhöhungen nur bei Vorliegen sachlicher Gründe ausgeschlossen werden dürfen[2]. Eine Lohnerhöhung darf jedoch differenzieren, soweit dies Ausdruck einer spezifischen Zweckverfolgung ist. Zulässig ist es daher, eine Leistung aus Anlass einer Umstrukturierungsmaßnahme als Motivationsanreiz anzusetzen und ArbN mit höherer Vergütung in einem unwirtschaftl. oder stillzulegenden Betriebsteil hiervon auszuschließen[3]. Kommt es zu tarifl. Gehaltserhöhungen, kann der ArbGeb bisherige übertarifl. Zahlungen regelmäßig anrechnen (s. Rz. 539). Er darf jedoch hierbei ohne sachlichen Grund nicht zwischen den einzelnen ArbN-Gruppen differenzieren[4]. Die fehlende Bereitschaft eines ArbN, in eine andere Betriebsstätte zu wechseln, stellt kein sachliches Differenzierungskriterium dar, um einen Ausschluss von einer Gehaltserhöhung zu rechtfertigen[5]. Allein die Anknüpfung an die Gruppe der Stammbelegschaft einerseits und die der auf Grund eines Betriebsübergangs übernommenen ArbN andererseits stellt keinen sachlichen Grund für eine Differenzierung dar[6]. Der von einer Lohnerhöhung ausgenommene ArbN kann vom ArbGeb Auskunft über die bei der Löhnerhöhung angewandten Regeln verlangen[7]. 224

cc) Gratifikationen. Der Zweck der Zulagen, Gratifikationen und Sonderzuwendungen gibt vor, wie weit zwischen den verschiedenen ArbN-Gruppen differenziert werden kann. Grundsätzlich zulässige Kriterien sind (je nach Ziel der Zuwendung) Arbeitsleistung und -belastung[8], Qualifikation (auch wenn die aktuell ausgeübten Tätigkeiten die Gleichen sind)[9], Berufserfahrung, soziale Lage und unterschiedliche Arbeitsplatzanforderungen[10]. Daneben können je nach Leistung die Betriebszugehörigkeit, der Familienstand, aber auch die Kinderzahl legitimer Differenzierungsgrund sein[11]. Auch eine Differenzierung danach, ob die Beendigung eines Arbeitsverhältnisses am Auszahlungstag feststeht oder nicht, ist zulässig. Auf den Grund der Beendigung kommt es dabei nicht an, so dass der Umstand, dass der ArbN wegen einer vereinbarten Befristung gehindert war, die Voraussetzungen zu erfüllen, bedeutungslos ist[12]. Dies gilt auch für den Fall, dass der ArbN im Laufe des Bezugsjahres ausscheiden wird, sein Überwechseln in das ausgegliederte Unternehmen jedoch nicht zu vertreten hat und somit nicht mehr in der Lage ist, die Betriebstreue zu erbringen[13]. Ein unterschiedliches Lohnniveau kann der ArbGeb durch eine freiwillige Sonderzahlung nur dann ausgleichen, wenn die Leistung nicht auch anderen Zwecken dient und eine Kompensation dadurch verhindert wird. So verstößt es gegen den Gleichbehandlungsgrundsatz, wenn der ArbGeb nur denjenigen ArbN eine Sonderzahlung gewährt, die einen Sanierungsbeitrag geleistet haben, die Leistungszusage jedoch noch weitere Voraussetzungen und Bedingungen enthält, die die ausgeschlossenen ArbN ebenfalls erfüllen[14]. Zur Unterscheidung nach dem Alter s. Rz. 203. Einen sachlichen Grund für eine Differenzierung im Rahmen einer freiwilligen Jahressonderzahlung stellt es dar, wenn durch die höhere Zahlung ein Ausgleich für nicht angeordnete Mehrarbeit pauschal gewährt werden soll[15]. Eine Unterscheidung zwischen Dauer- und Aushilfs-ArbN[16] misst sich am Verbot der Benachteiligung befristet Beschäftigter gem. § 4 II TzBfG. Eine 225

---

1 Siehe BAG v. 14.3.2007 – 5 AZR 420/06, AP Nr. 204 zu § 242 – Gleichbehandlung; LAG Rh.-Pf. v. 24.3.2003 – 7 Sa 1233/02, nv. | **2** S. BAG v. 11.9.1985 – 7 AZR 371/83, DB 1986, 2602; v. 15.11.1994 – 5 AZR 682/93, BB 1995, 409. | **3** BAG v. 10.3.1998 – 1 AZR 509/97, AP Nr. 207 zu § 611 BGB – Gratifikation. | **4** BAG v. 22.8.1979 – 5 AZR 769/77, DB 1980, 406; v. 6.2.1985 – 4 AZR 370/83, DB 1985, 1239; v. 3.6.1987 – 4 AZR 44/87, NZA 1987, 84. | **5** LAG Köln v. 17.10.2003 – 12 Sa 804/03, nv. | **6** BAG v. 14.3.2007 – 5 AZR 420/06, AP Nr. 204 zu § 242 – Gleichbehandlung. | **7** BAG v. 1.12.2004 – 5 AZR 664/03, NZA 2005, 289. | **8** BAG v. 5.3.1980 – 5 AZR 46/78, AP Nr. 43 zu § 242 BGB – Gleichbehandlung; v. 25.1.1984 – 5 AZR 89/82, AP Nr. 67 zu § 242 BGB – Gleichbehandlung. | **9** BAG v. 23.2.1994 – 4 AZR 219/93, AP Nr. 51 zu Art. 119 EWG-Vertrag; v. 30.9.1998 – 4 AZR 547/97, AP Nr. 159 zu § 242 BGB – Gleichbehandlung im Hinblick auf Lehrkräfte mit und ohne Lehrbefähigung. | **10** BR-Drs. 393/84, S. 25 (26) in Erläuterung von § 2 TzBfG. Einschr. zur sozialen Lage BAG v. 1.11.1995 – 5 AZR 84/94, NZA 1996, 813; s. aber auch BAG v. 30.8.2000 – 4 AZR 563/99, NZA 2001, 613 = RdA 2001, 110 (*Dieterich*). | **11** S. ErfK/*Preis*, § 611 BGB Rz. 739; Küttner/*Kania*, Personalbuch, Gleichbehandlung Rz. 28. | **12** BAG v. 23.5.2007 – 10 AZR 363/06, NZA 2007, 1015; v. 8.3.1995 – 10 AZR 208/94; dazu nicht widersprüchlich BAG v. 28.3.2007 – 10 AZR 261/06, NZA 2007, 687, da dort ausdrückl. vereinbart wurde, dass der Anspruch auf die Sonderzahlung nur ausgeschlossen ist, wenn die Beendigung des ArbVerh im Verantwortungsbereich des ArbN liegt. | **13** BAG v. 14.2.2007 – 10 AZR 181/06, AP Nr. 264 zu § 611 BGB Gratifikation. | **14** BAG v. 26.9.2007 – 10 AZR 568/06, 10 AZR 569/06, 10 AZR 570/06, nv. | **15** LAG Hamburg v. 16.1.2003 – 1 Sa 27/02, nv.; s. zum Ausschluss von einer Gratifikationsleistung wegen mangelnder Zustimmung zu einer Arbeitszeitverlängerung ohne Lohnausgleich LAG Hamm v. 14.4.2005 – 8 Sa 2196/04, nv. | **16** S. ErfK/*Preis*, § 611 BGB Rz. 739; HzA/*Lipke*, Gruppe 2.3 Rz. 151.

Gleichstellung **eingetragener Lebenspartnerschaften** mit der Ehe ist bei der Gewährung von Zulagen nicht geboten[1]. **ABM-Kräfte** können von TV ausgenommen werden[2]. Sachlicher Grund zur Differenzierung ist der arbeitsförderungsrechtl. Zweck der Arbeitsbeschaffungsmaßnahmen. Der ArbGeb darf bei Auszahlung von durch Drittmittel finanzierten Gratifikationen zwischen solchen ArbN, die eine zuwendungsfinanzierte Stelle und solchen, die eine sog. leistungsfinanzierte Stelle haben, unterscheiden und die Gratifikationen nur an erstgenannte ArbN weiterleiten[3]. Die Refinanzierungsmöglichkeit ist mithin zulässiges Differenzierungskriterium. Soll nach einer Erklärung des ArbGeb die Beseitigung des Rechtsanspruchs auf Zahlung von Weihnachtsgeld lediglich die durch Betriebsübung begründeten Ansprüche erfassen und Ansprüche auf Grund ausdrücklicher arbeitsvertragl. Vereinbarung unangetastet bleiben, so liegt hierin nach unzutreffender instanzgerichtlicher Rspr. eine ungerechtfertigte Ungleichbehandlung verschiedener ArbN-Gruppen und damit ein Verstoß gegen den arbeitsrechtl. Gleichbehandlungsgrundsatz[4]. Sachlich gerechtfertigt ist es hingegen, wenn der ArbGeb eine freiwillig gewährte Weihnachtszuwendung an seine Stammbelegschaft zahlt und die im Zuge eines Betriebübergangs übernommenen ArbN von dieser Zahlung ausnimmt, wenn deren Vergütungsniveau insgesamt höher ist als das der Stammbelegschaft[5].

226 **dd) Ruhegeldzusage.** Inwieweit Ruhegeldzusagen auch an Teilzeitbeschäftigten oder befristet Beschäftigten zu gewähren sind, beurteilt sich nach § 4 TzBfG. Die Zwecke, die die unterschiedlichen Behandlungen bei Leistungen der betrAV rechtfertigen sollen, müssen aus der Versorgungsordnung erkennbar sein. Ist der Grund der Ungleichbehandlung nicht ohne weiteres erkennbar, muss der ArbGeb ihn spätestens dann offen legen, wenn ein von der Vergünstigung ausgeschlossener ArbN Gleichbehandlung verlangt[6]. Eine unterschiedliche Behandlung bei der Gewährung betrieblicher Versorgungsleistungen kann aus betrieblichen oder sozialen Gründen sachlich gerechtfertigt sein. Zahlt ein ArbGeb als betriebliche Altersversorgung monatliche Prämien auf eine Direktversicherung als Kapitallebensversicherung, ist die Zahlung einer erhöhten Prämie an ArbN, denen eine größere Flexibilität abverlangt wird, gerechtfertigt[7]. Wird ein leitender Angestellter einer Bausparkasse mittels einer individualvertragl. Absprache in den Anwendungsbereich einer Versorgungszusage einbezogen, bedeutet dies nicht, dass der Angestellte stets in Fragen der Versorgung mit den nicht leitenden Angestellten des Außendienstes und den Mitarbeitern des Innendienstes gleich zu behandeln wäre[8]. Setzt sich die betriebliche Altersrente aus einem dienstzeitunabhängigen Sockelbetrag und aus dienstzeitabhängigen Steigerungsbeträgen zusammen, dürfen Versorgungsleistungen aus vorausgegangenen Arbeitsverhältnissen auf den Sockelbetrag angerechnet werden[9]. Eine betriebliche Versorgungsordnung kann vorsehen, dass eine Invalidenrente nur geschuldet wird, wenn die Invalidität nach Vollendung eines bestimmten Mindestalters (zB 50. Lebensjahr) eintritt[10]. Die Einführung einer Berechnungsobergrenze für das rentenfähige Einkommen ist ein sachlicher Grund für eine Differenzierung, die nicht alle Einkommensbestandteile, wie sie tatsächlich verdient wurden, in die Rentenberechnung einbezieht[11]. Der ArbGeb setzt sich auch nicht dem Vorwurf der Ungleichbehandlung aus, wenn er bei der betrAV danach differenziert, welche Bedeutung die Arbeitsleistung für ihn hat und welche Position der ArbN im Betrieb einnimmt[12]. Auch die erheblichen Unterschiede der tarifl. Vergütungshöhe zwischen verschiedenen ArbN-Gruppen ist als Sachgrund bei der Bemessung der betrAV anerkannt[13]. Der arbeitsrechtl. Gleichbehandlungsgrundsatz verpflichtet einen ArbGeb nicht, eine besonders günstige Anspruchsberechnung für ArbN, die vorgezogen Betriebsrente in Anspruch nehmen, nachdem sie bis zu diesem Zeitpunkt betriebstreu geblieben sind, auch anteilig an ArbN weiterzugeben, die vorzeitig aus dem Betrieb ausgeschieden sind[14]. Ein TV kann ohne Verstoß gegen das Gleichbehandlungsgebot für die Berechnung einer vorgezogen in Anspruch genommenen Betriebsrente des vorzeitig ausgeschiedenen ArbN die fehlende Betriebstreue zwischen dem vorgezogenen Ruhestand und der festen Altersgrenze grds. auch zweifach mindernd berücksichtigen[15]. Kein Verstoß gegen den Gleichheitssatz liegt vor, wenn Zusatzrenten an ehemalige ArbN mit Anspruch aus befreiender Lebensversicherung bis zum 65. Lebensjahr gezahlt werden, nicht jedoch an diejenigen ArbN, die eine Rente aus gesetzl. Altersversorgung in Anspruch nehmen können[16]. Wird durch einen TV den ArbN eines Konzernunternehmens, das in der Vergangenheit nicht zum Konzerntarifverbund gehörte, erstmals eine Übergangsversorgung zugesagt, liegt kein Verstoß gegen den arbeitsrechtl. Gleichbehandlungsgrundsatz vor, sofern außerhalb des Konzerntarifverbundes erbrachte

1 *Thüsing*, NZA 2001, 1062; *Powietzka*, BB 2002, 146; s. auch *Schulte*, DB 2001, 1832. | 2 BAG v. 18.6.1997 – 5 AZR 259/96, AP Nr. 2 zu § 3d BAT. | 3 BAG v. 21.5.2003 – 10 AZR 524/02, BB 2003, 2014 (2015). | 4 LAG Hamm v. 11.12.2003 – 8 Sa 1204/03, LAGReport 2004, 266. | 5 LAG Düsseldorf v. 25.3.2003 – 16 (5) Sa 1504/02, LAGReport 2003, 263. | 6 BAG v. 20.7.1993 – 3 AZR 52/93, DB 1994, 102; Bestätigung von BAG v. 5.3.1980 – 5 AZR 881/78, AP Nr 44 zu § 242 – Gleichbehandlung. | 7 BAG v. 18.9.2007 – 3 AZR 639/06, nv. | 8 BAG v. 20.7.2004 – 3 AZR 552/03, AP Nr. 49 zu § 5 BetrAVG. | 9 BAG v. 20.11.1990 – 3 AZR 31/90, ZIP 1991, 951 = EWiR 1991, 639 (*Griebeling*). | 10 BAG v. 20.10.1987 – 3 AZR 208/86, BB 1988, 836. | 11 BAG v. 15.2.2005 – 3 AZR 237/04, AP Nr. 194 zu § 1 TVG – Tarifverträge: Metallindustrie. | 12 BAG v. 25.5.2004 – 3 AZR 15/03, AP Nr. 5 zu § 1b BetrAVG. | 13 BAG v. 27.2.2002 – 9 AZR 38/01, nv.; v. 25.2.1999 – 3 AZR 213/97, nv.; v. 25.2.1999 – 3 AZR 332/97, nv. | 14 BAG v. 23.1.2001 – 3 AZR 562/99, AP Nr. 26 zu § 6 BetrAVG = EWiR 2002, 53 (*Thüsing/Lambrich*). | 15 BAG v. 24.7.2001 – 3 AZR 681/00, AP Nr. 17 zu § 1 BetrAVG – Berechnung. | 16 BAG v. 18.5.2004 – 9 AZR 250/03, EzA § 4 TVG – Luftfahrt Nr. 9.

Beschäftigungsjahre bei Voraussetzungen und Umfang der Versorgungszusage nicht in gleicher Weise berücksichtigt werden wie Beschäftigungsjahre eines anderen ArbN, die dieser innerhalb des Konzerntarifverbundes zurücklegte[1].

ee) Sozialplan. Will der ArbGeb auch die älteren ArbN, die sich mit den Leistungen aus dem bestehenden Sozialplan nicht begnügen wollen, zu einem einvernehmlichen Ausscheiden aus dem Arbeitsverhältnis bewegen, so verstößt er nicht gegen den Gleichbehandlungsgrundsatz, wenn er zusätzliche Leistungen nur den ArbN verspricht, die sich nicht schon zuvor mit einem Ausscheiden auf der Basis des bestehenden Sozialplans einverstanden erklärt haben[2]. Die Grenzen des weiten Spielraums, den die Betriebspartner bei der Beurteilung der wirtschaftl. Nachteile einer Betriebsänderung und der Ausgestaltung der darauf gerichteten Ausgleichsmaßnahmen haben, sind nicht überschritten, wenn bei der Bemessung einer Sozialplanabfindung Zeiten der Teilzeit- und der Vollzeitbeschäftigung anteilig berücksichtigt werden[3]. Eine sachgerechte Differenzierung kann auch dann vorliegen, wenn ArbN von Sozialplanleistungen ausgeschlossen werden, die wirtschaftl. abgesichert sind, weil sie die Voraussetzungen für die Inanspruchnahme eines vorgezogenen Altersruhegeldes erfüllen[4]. Das Gleiche gilt, wenn ArbN, die unmittelbar auf Vermittlung des ArbGeb weiterbeschäftigt werden, von Abfindungsansprüchen ausgenommen werden[5]. Vereinbart der Konkursverwalter mit ArbN, denen bereits vor Konkurseröffnung gekündigt worden war, dass sie gegen Zahlung einer Abfindung ihre Einwendungen gegen die Wirksamkeit der Kündigung fallen lassen und sich mit der Beendigung des Arbeitsverhältnisses einverstanden erklären, um so den Übergang des Restbetriebs auf einen Erwerber sicherzustellen, so verstößt es nicht gegen den arbeitsrechtl. Gleichbehandlungsgrundsatz, wenn hierbei diejenigen ArbN ausgenommen werden, die sich bereits in Kenntnis des Antrags auf Eröffnung des Konkursverfahrens mit der Beendigung des Arbeitsverhältnisses ausdrücklich einverstanden erklärt hatten[6]. Ebenso ist es gerechtfertigt, wenn die Betriebspartner bei der Zuerkennung von Ansprüchen auf eine Abfindung in einem Sozialplan zwischen ArbN, denen infolge der Betriebsänderung gekündigt worden ist, und solchen, die ihr Arbeitsverhältnis durch eine Eigenkündigung (oder einen Aufhebungsvertrag) beendet haben, unterscheiden[7]. Dies gilt freilich nicht, wenn die Eigenkündigung vom ArbGeb veranlasst wurde[8]. Im Falle einer vom ArbGeb veranlassten Eigenkündigung des ArbN kann der Anspruch auf eine Sozialplanabfindung an die Voraussetzung geknüpft werden, dass dem ArbN zuvor ein – unzumutbares – Arbeitsplatzangebot gemacht wurde[9]. Gegen den Gleichbehandlungsgrundsatz verstößt es, Sozialplanleistungen von einem Klageverzicht der ArbN abhängig zu machen. Dieses Verknüpfungsverbot gilt auch dann, wenn lediglich die Zahlung eines Teils der Abfindung von einem Klageverzicht abhängig gemacht wird und der übrige Teil der Abfindung bedingungslos an die gekündigten ArbN gezahlt wird. Allerdings sind die Betriebsparteien nicht gehindert, im Interesse des ArbGeb an alsbaldiger Planungssicherheit zusätzlich zum Sozialplan in einer freiwilligen BV Leistungen für den Fall vorzusehen, dass der ArbN von seinem Klagerecht keinen Gebrauch macht. Dadurch darf jedoch das Verbot, Sozialplanleistungen von einem entsprechenden Verzicht abhängig zu machen, nicht umgangen werden[10]. Keine Verletzung des Gleichbehandlungsgrundsatzes ist gegeben, wenn ArbN, deren Arbeitsverhältnis vor einer Betriebsänderung aufgelöst worden ist, von dem über die Betriebsänderung geschlossenen Interessenausgleich und Sozialplan ausgenommen und insb. vom Bezug einer „Produktivitätsprämie", die für die tatsächliche Erbringung der Arbeitsleistung bis zum Kündigungstermin versprochen wird, ausgeschlossen werden[11]. Auf Grund der gesetzl. Begrenzung von Sozialansprüchen in der Insolvenz, ist es sachgerecht, nur diejenigen ArbN einzubeziehen, die nach Eröffnung des Insolvenzverfahrens von Entlassungen betroffen sind[12]. Die Betriebspartner sind aus Gründen der praktikablen Durchführung einer Sozialplanregelung befugt, die Zahlung eines Abfindungszuschlags für unterhaltsberechtigte Kinder davon abhängig zu machen, dass diese auf der LStKarte eingetragen sind. Eine solche Regelung verstößt nicht gegen den Gleichbehandlungsgrundsatz[13] 227

VII. Betriebliche Übung[14]. 1. Begriff und Herleitung. Eine betriebliche Übung bildet nach der st. Rspr. des BAG die regelmäßige Wiederholung bestimmter Verhaltensweisen des ArbGeb, aus denen der ArbN schließen kann, ihm solle eine Leistung auf Dauer gewährt werden, und er daher diesen Anspruch auch 228

1 LAG Hessen v. 20.2.2004 – 17/3 Sa 1340/03, nv., n.rkr. | 2 BAG v. 18.9.2001 – 3 AZR 656/00, DB 2002, 225. | 3 BAG v. 14.8.2001 – 1 AZR 760/00, ZIP 2002, 94. | 4 BAG v. 3.8.1999 – 1 AZR 677/98, nv.; v. 26.7.1988 – 1 AZR 156/87, AP Nr. 45 zu § 112 BetrVG 1972; v. 31.7.1996 – 10 AZR 45/96, AP Nr. 103 zu § 112 BetrVG 1972; v. 17.9.1997 – 10 AZR 38/97, nv.; s. auch BAG v. 31.7.1996 – 10 AZR 45/96, DB 1997, 281. | 5 BAG v. 22.3.2005 – 1 AZR 3/04, NZA 2005, 831; v. 15.11.1995 – 10 AZR 267/95, nv.; v. 28.10.1992 – 10 AZR 129/92, AP Nr. 66 zu § 112 BetrVG 1972; v. 27.7.1994 – 10 AZR 710/93, nv.; v. 12.7.1995 – 10 AZR 127/95, nv. | 6 BAG v. 27.10.1998 – 1 AZR 94/98, AP Nr. 29 zu § 61 KO. | 7 BAG v. 22.4.2004 – 2 AZR 281/03, AP Nr. 27 zu § 620 BGB – Aufhebungsvertrag; v. 11.3.1998 – 10 AZR 505/97, nv.; v. 19.7.1995 – 10 AZR 885/94, AP Nr. 96 zu § 112 BetrVG 1972 (*von Hoyningen-Huene*); s. auch BAG v. 24.8.2004 – 1 ABR 23/03, DB 2005, 397. | 8 BAG v. 20.4.1994 – 10 AZR 323/93, AP Nr. 77 zu § 112 BetrVG 1972. | 9 13.2.2007 – 1 AZR 163/06, AP Nr. 185 zu § 112 BetrVG 1972. | 10 BAG v. 31.5.2005 – 1 AZR 254/04, AP Nr. 175 zu § 112 BetrVG 1972; hierzu *Thüsing/Wege*, DB 2005, 2634. | 11 BAG v. 22.3.2005 – 1 AZR 49/04, AP Nr. 48 zu § 75 BetrVG 1972. | 12 LAG Hamm v. 7.7.2004 – 2 Sa 163/04, LAGReport 2005, 116, n.rkr. | 13 BAG v. 12.3.1997 – 10 AZR 648/96, DB 1997, 1522. | 14 Konzeptionell für die neuere Diskussion grundlegend *Bepler*, RdA 2004, 226; *Waltermann* RdA 2006, 257.

erhält[1]. Ganz überwiegend handelt es sich um Ansprüche, die auf Geld gerichtet sind (zB Arbeitsentgelt, Sonderleistungen betriebliche Altersversorgung). Eine Rechtsbindung durch betriebliche Übung bei bloßen Annehmlichkeiten wird dagegen verneint[2]. Umstritten ist die **dogmatische Herleitung** dieses Rechtsinstituts. Die st. Rspr. folgt der sog. **Vertragstheorie**: Auf Grund einer Willenserklärung, die vom ArbN stillschweigend angenommen wird (§ 151), erwachsen vertragl. Ansprüche auf die üblich gewordenen Vergünstigungen. Dabei kommt es für die Begründung eines solchen Anspruchs nicht darauf an, ob der ArbGeb mit Verpflichtungswillen gehandelt hat oder ob ihm ein solcher Wille fehlte. Die Wirkung einer Willenserklärung oder eines bestimmten Verhaltens tritt im Rechtsverkehr schon dann ein, wenn der Erklärende aus der Sicht des Erklärungsempfängers einen auf eine bestimmte Rechtswirkung gerichteten Willen geäußert hat. Ob eine für den ArbGeb bindende betriebliche Übung auf Grund der Gewährung von Leistungen an seine ArbN entstanden ist, muss deshalb danach beurteilt werden, inwieweit die ArbN aus dem Verhalten des ArbGeb unter Berücksichtigung von Treu und Glauben sowie der Verkehrssitte (§ 242) und der Begleitumstände auf einen Bindungswillen des ArbGeb schließen durften[3]. Daneben findet sich im Schrifttum eine Herleitung aus dem Gesichtspunkt der **Vertrauenshaftung**. Die Rspr. überfrachte den Tatbestand der Willenserklärung und führe zu einer Fiktion; maßgeblich sei vielmehr eine nicht rechtsgeschäftliche, sondern rechtsgeschäftsähnliche Anspruchsbegründung durch Erwirkung[4]. Die Entscheidung für den einen oder anderen Ansatz strukturiert die Argumente, führt jedoch nicht notwendig zu einem abweichenden Ergebnis. Das BAG konnte daher die Herleitung in einigen Entscheidung dahingestellt bleiben lassen und betont, dass beide Ansätze das gleiche Ziel verfolgen: Der Schutz des Eindrucks des ArbN, die üblich gewordenen Leistungen seien auch künftig zu erwarten[5]. Teilweise geht man daher trotz dieser Unterschiede in der Begründung von einer **gewohnheitsrechtl. Anerkennung** aus[6].

229 **2. Voraussetzungen und Verhinderung einer betrieblichen Übung.** Ob aus einem wiederholten tatsächlichen Verhalten des ArbGeb eine betriebliche Übung mit Anspruch auf eine zukünftige Gewährung entsteht oder ob aus dem Verhalten des ArbGeb nur eine Vergünstigung für das jeweilige Jahr abzuleiten ist, ist in den Tatsacheninstanzen unter Berücksichtigung aller Umstände zu ermitteln[7]. Die Anforderungen an den Erklärungswert bestimmen sich nach der Art des Verhaltens des Vertragspartners, das eine betriebliche Übung begründen soll. Je intensiver eine Regelung das Funktionieren eines Betriebs in seiner Gesamtheit betrifft, umso eher müssen die ArbN davon ausgehen, dass sich der ArbGeb mit einem bestimmten Verhalten nicht individualrechtlich binden wolle. Eine vertragliche Bindung kann nur dann angenommen werden, wenn besondere Umstände ein schutzwürdiges Vertrauen der Arbeitnehmer begründen[8]: Aufgrund des lang anhaltenden gleichförmigen Charakters der betrieblichen Übung, der sich auf eine Vielzahl von Arbeitsverhältnissen bezieht, unterliegt diese auch der uneingeschränkten revisionsrechtlichen Überprüfung[9]. Ein Gratifikationsanspruch des ArbN ist auf Grund betrieblicher Übung dann gegeben, wenn der ArbGeb eine Gratifikation wiederholt vorbehaltlos zahlt und hierdurch für die ArbN ein Vertrauenstatbestand entsteht, der ArbGeb wolle sich diesbezüglich auch für die Zukunft binden. Ein derartiger Vertrauenstatbestand ist nach der Rspr. der Gerichte für Arbeitssachen im Allgemeinen nach **dreimaliger Zahlung** anzunehmen, falls nicht besondere Umstände hiergegen sprechen[10].

229a Die Beurteilung, ob aus den vom Berufungsgericht festgestellten Tatsachen eine betriebliche Übung hinsichtlich der Gewährung von Leistungen entstanden ist oder nicht, unterliegt der **uneingeschränkten revisionsrechtlichen Überprüfung**[11].

---

1 BAG v. 16.6.2007 – 5 AZR 849/06, nv.; v. 26.3.1997 – 10 AZR 612/96, AP Nr. 50 zu § 242 BGB – Betriebliche Übung; v. 4.5.1999 – 10 AZR 290/98, AP Nr. 55 zu § 242 BGB – Betriebliche Übung jeweils mwN; v. 20.1.2004 – 9 AZR 43/03, noch nv.; einen erweiterten Rechtsprechungsüberblick gibt *Bepler*, RdA 2004, 226. | **2** Zur Frage, ob ein Anspruch auf private Internetnutzung durch betriebliche Übung entstehen kann, s. *Waltermann*, NZA 2007, 529, der die private Nutzung des Internets als bloße Annehmlichkeit einstuft; a.A. *Barton*, NZA 2006, 460. | **3** Vgl. BAG v. 26.3.1997 – 10 AZR 612/96, AP Nr. 50 zu § 242 BGB – Betriebliche Übung; v. 16.9.1998 – 5 AZR 598/97, AP Nr. 54 zu § 242 BGB – Betriebliche Übung. | **4** S. insb. *Hromadka*, NZA 1984, 241 (243). | **5** Offen gelassen noch BAG v. 30.10.1984 – 3 AZR 236/82, AP Nr. 1 zu § 1 BetrAVG – Betriebliche Übung; v. 5.2.1971 – 3 AZR 28/70, AP Nr. 10 zu § 242 BGB – Betriebliche Übung. Mögliche Unterschiede legt jedoch anschaulich dar *Singer*, ZfA 1993, 487. | **6** So bereits *Gamillscheg* in FS Hilger und Stumpf, S. 227; ErfK/*Preis*, § 611 BGB Rz. 261; *Kittner*/Zwanziger, ArbR, § 13 Rz. 36 mwN. Für das französische Recht Cass. soc. v. 5.10.199, Bulletin 1999 V N° 364 p. 267. | **7** Vgl. BAG v. 17.9.1970 – 5 AZR 539/69, AP Nr. 9 zu § 242 BGB – Betriebliche Übung; v. 12.1.1994 – 5 AZR 41/93, AP Nr. 43 zu § 242 BGB – Betriebliche Übung; v. 20.1.2004 – 9 AZR 43/03, AP Nr. 65 zu § 242 BGB Betriebliche Übung; v. 18.4.2007 – 4 AZR 653/05, AP Nr. 54 zu § 1 TVG Bezugnahme auf Tarifvertrag; s. auch *Ricken*, DB 2006, 1372. | **8** BAG v. 13.6.2007 – 5 AZR 849/06, NZA 2007, 1016 unter Bezugnahme auf ältere Rspr. | **9** BAG v. 28.6.2006 – 10 AZR 385/05 – AP Nr. 74 zu § 242 BGB – Betriebliche Übung; anders noch BAG v. 19.1.1999 – 9 AZR 667/97, nv.; v. 16.1.2002 – 5 AZR 715/00, AP Nr. 56 zu § 242 BGB – Betriebliche Übung; offen gelassen BAG v. 25.6.2002 – 3 AZR 360/01, AP Nr. 50 zu § 16 BetrAVG. | **10** Vgl. BAG v. 4.10.1956 und 17.4.1957 – 2 AZR 213/54 und 2 AZR 411/54, AP Nr. 4 und 5 zu § 611 BGB – Gratifikation; v. 23.4.1963 – 3 AZR 173/62, AP Nr. 26 zu § 611 BGB – Gratifikation; v. 30.10.1984 – 3 AZR 236/82, AP Nr. 1 zu § 1 BetrAVG – Betriebliche Übung; v. 28.2.1996 – 10 AZR 516/95, AP Nr. 192 zu § 611 BGB – Gratifikation; LAG Hamm v. 28.1.2005 – 15 Sa 548/04, nv.; LAG München v. 8.3.2005 – 8 Sa 838/04, nv., n.rkr. | **11** BAG v. 28.6.2006 – 10 AZR 385/05, AP Nr. 74 zu § 242 BGB Betriebliche Übung; 28.3.2007 – 10 AZR 720/05, nv.

Will der ArbGeb verhindern, dass aus der Stetigkeit eines Verhaltens eine in die Zukunft wirkende Bindung entsteht, muss er einen entsprechenden **Vorbehalt** erklären. In welcher Form dies geschieht, ist nicht entscheidend; erforderlich ist jedoch, dass der Vorbehalt klar und unmissverständlich kundgetan wird[1]. Daher ersetzt der Umstand, dass der ArbGeb vorhatte, eine Kündigungsklausel in eine Betriebsvereinbarung aufzunehmen, wenn es denn zu einer gekommen wäre, nicht die ausdrückliche Erklärung eines Vorbehalts[2]. Die Form des Vorbehalts steht dem ArbGeb frei. Er kann den Vorbehalt sowohl durch Aushang oder Rundschreiben als auch durch Erklärung gegenüber dem einzelnen ArbN bekannt geben[3]. Eine für den ArbN **erkennbar auf das jeweilige Kalenderjahr bezogene Zusage** einer Leistung begründet keine Ansprüche der Leistungsempfänger aus einer betrieblichen Übung für zukünftige Jahre. Ein Widerrufsvorbehalt bzw. die Mitteilung, dass die Leistung freiwillig erfolgt, ist in diesem Fall nicht erforderlich, um Ansprüche für die Zukunft zu beseitigen bzw. überhaupt nicht entstehen zu lassen[4]. Dementsprechend entsteht keine betriebliche Übung auf zukünftige Gewährung von Weihnachtsgeld, wenn – für den ArbN erkennbar – die Zuwendung nach Gutdünken des ArbGeb dreimalig in unterschiedlicher Höhe gezahlt wird. Der ArbN muss in einem solchen Fall davon ausgehen, dass der ArbGeb die Zuwendung nur für das jeweilige Jahr gewähren will[5]. Demgegenüber scheint die Rspr., wonach eine als **materiell nicht ins Gewicht fallende Leistung** zu wertende Vergünstigung durch den ArbGeb schon auf Grund ihrer Geringwertigkeit regelmäßig als bloße Annehmlichkeit einen fortgesetzten Anspruch nicht begründen kann[6], bedenklich. Das Ausmaß des ArbN-Vertrauens wird durch die Wertigkeit der Leistung nicht berührt; zudem dürfte es nicht möglich sein, hier rational eine Wertgrenze zu bestimmen. Die Rspr. trägt zur Rechtsunsicherheit bei, ohne dass ein substanzieller Gewinn an materieller Gerechtigkeit dies rechtfertigen könnte. 230

Der für das Entstehen einer betrieblichen Übung **erforderliche Bindungswille** ist in der Wechselbeziehung von Leistung und Gegenleistung nach der Rspr. des BAG eher anzunehmen, als für den Fall, dass ein Gegenstand betroffen ist, der seinem Schwerpunkt nach der Organisation des Betriebs zuzurechnen ist und daher üblicherweise auf kollektiver Ebene oder durch Ausübung des Direktionsrechts geregelt wird. Je mehr eine Regelung auf das Funktionieren des Betriebs in seiner Gesamtheit bezogen ist, desto weniger können die ArbN annehmen, der ArbGeb wolle sich mit einem bestimmten Verhalten ihnen gegenüber individualrechtl. binden[7]. Allein die Leistung an einzelne ArbN lässt noch nicht auf einen zurechenbaren objektiven Bindungswillen des ArbGeb schließen, er wolle allen ArbN oder zumindest allen ArbN einer abgrenzbaren Gruppe die Leistung zukommen lassen. Eine allgemeinverbindliche Regel, ab welcher Anzahl von Leistungen ein ArbN auf die Fortgewährung auch an ihn schließen darf, gibt es nicht. Es ist auf die Art, Dauer und Intensität der Leistungen abzustellen. Dabei kommt es auch auf die Zahl der Anwendungsfälle im Verhältnis zur Belegschaftsstärke oder zur Stärke einer begünstigten Gruppe an. Ferner sind neben der Bewertung der Relation von Anzahl und Wiederholungen und Dauer der Übung auch Art und Inhalt der Leistungen einzubeziehen[8]. 231

Die Annahme eines entsprechenden Bindungswillens des **ArbGeb** setzt nach der Rspr. des BAG voraus, dass er zu dem von ihm praktizierten Verhalten **nicht verpflichtet** war[9]. Eine betriebliche Übung entsteht daher nicht, wenn der ArbGeb zu den zu ihrer Begründung angeführten Verhaltensweisen durch andere Rechtsgrundlagen verpflichtet war[10] oder sich irrtümlich auf Grund einer vermeintlichen Verpflichtung aus einer anderen Rechtsgrundlage zur Leistungserbringung verpflichtet glaubte[11]. Weil es aber auf die subjektiven Vorstellungen des ArbGeb nicht ankommt[12], verhindert eine **irrtümliche** Zahlung des ArbGeb nur dann die Entstehung einer Betriebsübung, wenn der ArbN aus den Umständen den Irrtum erkennen kann. Vertraut der ArbN hingegen darauf, dass der ArbGeb seinen Irrtum erkannt hat und durch die weitere Vergütung eine unabhängige arbeitsvertragl. Verpflichtung begründen will, so ist von der Entstehung einer betrieblichen Übung auszugehen[13]. Im Bereich der **Privatwirtschaft** besteht also ein Anspruch aus betrieblicher Übung grds. auch dann, wenn der ArbGeb sich über die Voraussetzungen der Zahlung geirrt hat[14]. Die apodiktische Feststellung, eine betriebliche Übung sei aus- 232

---

1 BAG v. 16.4.1997 – 10 AZR 705/96, NZA 1998, 423; v. 12.1.1994 – 5 AZR 41/93, AP Nr. 43 zu § 242 BGB – Betriebliche Übung; LAG Hamm v. 8.6.2004 – 19 Sa 337/04, nv. | **2** BAG v. 28.6.2006 – 10 AZR 385/05, AP Nr. 74 zu § 242 BGB – Betriebliche Übung. | **3** BAG v. 6.9.1994 – 9 AZR 672/92, AP Nr. 45 zu § 242 BGB – Betriebliche Übung; v. 12.1.1994 – 5 AZR 41/93, AP Nr. 43 zu § 242 BGB – Betriebliche Übung. | **4** BAG v. 16.4.1997 – 10 AZR 705/96, NZA 1998, 423; LAG Hamm v. 8.10.2003 – 18 Sa 354/03, LAGReport 2004, 175. | **5** BAG v. 28.2.1996 – 10 AZR 516/95, NZA 1996, 758. | **6** BAG v. 12.1.1994 – 5 AZR 41/93, AP Nr. 43 zu § 242 BGB – Betriebliche Übung; v. 17.9.1970 – 5 AZR 539/69, AP Nr. 9 zu § 242 BGB – Betriebliche Übung, zu 2.b d.Gr. | **7** BAG v. 21.1.1997 – 1 AZR 572/96, AP Nr. 64 zu § 77 BetrVG 1972. | **8** BAG v. 11.4.2006 – 9 AZR 500/05, AP Nr. 1 zu § 667 BGB; v. 28.7.2004 – 10 AZR 19/04, AP Nr. 257 zu § 611 BGB Gratifikation. | **9** BAG v. 18.4.2007 – 4 AZR 653/05, AP Nr. 54 zu § 1 TVG Bezugnahme auf Tarifvertrag; 20.6.2007 – 10 AZR 410/06, AP Nr. 52 zu § 1 TVG Bezugnahme auf Tarifvertrag m. zahlr. wN. | **10** BAG v. 18.42007 – 4 AZR 654/05, nv.; v. 19.6.2001 – 1 AZR 598/00, EzA § 77 BetrVG 1972 Nr. 67; v. 27.6.1985 – 6 AZR 392/81, AP Nr. 14 zu § 77 BetrVG 1972. | **11** BAGv. 18.4.2007 – 4 AZR 653/05, 4 AZR 654/05, nv.; v. 16.6.2004 – 4 AZR 417/03, nv.; v. 16.10.2002 – 4 AZR 467/01, AP Nr. 22 zu § 1 TVG Bezugnahme auf Tarifvertrag. | **12** Ebenso BAG v. 18.4.2007 – 4 AZR 653/05, AP Nr. 54 zu § 1 TVG Bezugnahme auf Tarifvertrag. | **13** BAG v. 16.6.2004 – 4 AZR 417/03, nv. | **14** BAG v. 26.5.1993 – 4 AZR 130/93, AP Nr. 3 zu § 12 AVR – Diakonisches Werk; v. 11.11.1997 – 3 AZR 163/96, nv.; LAG BW v. 5.9.2001 – 2 Sa 2/01, nv.

geschlossen, soweit der ArbGeb mit seinem Verhalten lediglich einer ohnehin bestehenden Verpflichtung nachkommt[1], ist folglich unzutreffend; entscheidend ist die Erkennbarkeit für den ArbN[2]. Zur Begründung eines Anspruchs aus betrieblicher Übung hat der ArbN das Fehlen einer rechtl. Verpflichtung des ArbGeb für die Gewährung der Vergünstigung darzulegen[3]. Für den Bereich des **öffentl. Dienstes**, wo der ArbGeb durch Festlegungen des Haushaltsplans gehalten ist, die Bedingungen des Tarifrechts und die Haushaltsvorgaben bei der Gestaltung von Arbeitsverhältnissen zu beachten, gilt der Grundsatz, dass ein ArbN dort regelmäßig davon ausgehen muss, sein ArbGeb wolle nur die Leistungen gewähren, zu denen er rechtl. verpflichtet ist[4]. Deshalb darf ein solcher ArbN auch bei langjähriger Gewährung von Vergünstigungen, die den Rahmen rechtl. Verpflichtungen überschreiten, idR nicht darauf vertrauen, dass eine Übung Vertragsinhalt geworden ist und deshalb auf unbestimmte Zeit weitergilt[5]. Eine betriebliche Übung kann im öffentl. Dienst aber dann entstehen, wenn der **Normgeber selbst** gehandelt hat[6]. Für einen privaten ArbGeb, der das öffentl. Dienstrecht kraft arbeitsvertragl. Bezugnahme anwendet, gelten diese Grundsätze jedoch nicht[7]. Der bloße Wechsel in eine privatrechtl. Rechtsform führt freilich nicht dazu, dass die Grundsätze der betrieblichen Übung wie in der Privatwirtschaft Anwendung finden, soweit weiterhin eine Bindung an Haushaltsvorgaben gegeben ist[8]. Demgegenüber geht das BAG zu Unrecht davon aus, bei ArbN des Diakonischen Werkes sei nicht ohne weiteres davon auszugehen, dass sie nur auf eine Behandlung nach den Arbeitsvertragsrichtlinien vertrauen können, und behandelt insoweit den **kirchlichen Dienst** anders als den öffentlichen[9]. Dies kann auf Grund der kirchenrechtl. Vorgaben nicht überzeugen; die fehlenden haushaltsrechtl. Überwachungsbestimmungen sind insoweit ohne Relevanz[10].

Eine einfache **Schriftformabrede** im Arbeitsvertrag verhindert regelmäßig das Entstehen einer betrieblichen Übung nicht, denn ein rechtsgeschäftlich vereinbarter Formzwang kann jederzeit wieder formlos und stillschweigend aufgehoben werden. Anders verhält es sich nach der Rspr. des BAG bei einer doppelten Schriftformklausel, die nicht nur Vertragsänderungen von der Schriftform abhängig macht, sondern auch die Änderung der Schriftformklausel selbst[11]. Sie kann dann nicht durch eine die Schriftform nicht wahrende Abrede abbedungen werden und kann deshalb die Übernahme einer Verpflichtung durch betriebliche Übung ausschließen[12]. Dies gilt auch für tarifvertragl. Schriftformklauseln, etwa § 2 III TVöD. Denn tarifvertragl. Formvorschriften sind gesetzl. Formvorschriften iSv. Art. 2 EGBGB und können daher von den Arbeitsvertragsparteien nicht aufgehoben werden. Auch hier kann es jedoch rechtsmissbräuchlich sein, sich auf die Formnichtigkeit zu berufen[13].

233 **3. Beendigung einer betrieblichen Übung.** Eine bestehende betriebliche Übung kommt den ArbN zugute, mit denen unter der Geltung der Übung ein Arbeitsverhältnis begründet wird. Unerheblich ist, ob der betreffende ArbN selbst bisher schon in die Übung einbezogen worden ist. Eine Mitteilung über die an andere ArbN erfolgten Zahlungen gegenüber den übrigen ArbN ist ebenso wenig erforderlich, wie eine allgemeine Veröffentlichung im Betrieb. Es ist von dem allgemeinen Erfahrungssatz auszugehen, dass derartige begünstigende Leistungen allgemein bekannt werden[14]. Dieser gilt nach dem BAG auch für neu in einen Betrieb eintretende ArbN[15]. Allerdings kann der ArbGeb mit neueingestellten ArbN die bisher noch bestehende betriebliche Übung durch jede eindeutige einseitige Erklärung bei Vertragsschluss ausschließen[16]. Ebenso muss es ausreichen, betrieblich bekannt zu machen, dass die bisherige betriebliche Übung für neu eingestellte ArbN nicht mehr fortgeführt werde. Auch diese Erklärung muss vom allgemeinen Erfahrungssatz, den das BAG unterstellt, erfasst sein[17]. Erst recht kann sie in einem

---

1 So BAG v. 22.1.2002 – 3 AZR 554/00, NZA 2002, 1224; v. 25.2.2004 – 5 AZR 179/03, EzA § 3 EntgeltfortzG Nr. 12; v. 5.11.2003 – 5 AZR 108/03, AP Nr. 65 zu § 4 EntgeltFG. |2 So auch BAG v. 18.4.2007 – 4 AZR 653/05, AP Nr. 54 zu § 1 TVG – Bezugnahme auf Tarifvertrag. |3 BAG v. 19.6.2001 – 1 AZR 598/00, NZA 2002, 408. |4 BAG v. 14.9.1994 – 5 AZR 679/93, AP Nr. 46 zu § 242 BGB – Betriebliche Übung, zu II.1.b d.Gr; v. 16.7.1996 – 3 AZR 352/95, AP Nr. 7 zu § 1 BetrAVG – Betriebliche Übung; v. 14.1.2004 – 10 AZR 251/03, AP Nr. 19 zu § 1 TVG – Tarifverträge: Deutsche Bahn; v. 9.2.2005 – 5 AZR 164/04, EzA § 242 BGB 2002 – Betriebliche Übung Nr. 6; v. 15.3.2006 – 4 AZR 75/05, AP Nr. 38 zu § 1 TVG – Bezugnahme auf Tarifvertrag. |5 BAG v. 24.3.1993 – 5 AZR 16/92, AP Nr. 38 zu § 242 BGB – Betriebliche Übung; v. 14.9.1994 – 5 AZR 679/93, AP Nr. 46 zu § 242 BGB – Betriebliche Übung, jeweils mwN; v. 29.9.2004 – 5 AZR 528/03, AP Nr. 67 zu § 242 BGB – Betriebliche Übung. |6 LAG Frankfurt v. 18.6.2001 – 13 Sa 1105/00, PersR 2002, 132: Kabinettsbeschluss der Landesregierung über die Gewährung einer Ministerialzulage. |7 LAG Chemnitz v. 6.3.2002 – 2 Sa 248/01, ZTR 2002, 598. |8 LAG Kiel v. 3.4.2001 – 1 Sa 646 b/00, NZA-RR 2001, 488. |9 BAG v. 26.5.1993 – 4 AZR 130/93, NZA 1994, 88; v. 28.10.1987 – 5 AZR 518/85, AP Nr. 1 zu § 7 AVR – Caritasverband. |10 Ausf. *Dütz*, Anm. zu EzA § 125 BGB Nr. 10; *Dütz*, FS Wiese, 1998, S. 85. |11 BAG v. 28.10.1987 – 5 AZR 518/85, EzA BGB § 125 Nr. 10. |12 BAG v. 24.6.2003 – 9 AZR 302/02, NJW 2003, 37; LAG Schl.-Holst. v. 7.1.2004 – 3 Sa 426/03, nv. |13 Die Rspr. zusammenfassend BAG v. 26.5.1993 – 4 AZR 130/93, NZA 1994, 88; s. auch BAG v. 16.7.1996 – 3 AZR 352/95, AP Nr. 7 zu § 1 BetrAVG – Betriebliche Übung; v. 7.9.1982 – 3 AZR 5/80, AP Nr. 1 zu § 3 TV – Arbeiter Bundespost; v. 28.10.1987 – 5 AZR 518/85, NZA 1988, 425; aA BAG v. 27.3.1987 – 7 AZR 527/85, AP Nr. 29 zu § 242 BGB – Betriebliche Übung; v. 18.5.1977 – 4 AZR 47/76, AP Nr. 4 zu § 4 BAT; v. 7.9.1982 – 3 AZR 5/80, AP Nr. 1 zu § 3 TV – Arbeiter Bundespost. |14 BAG v. 28.3.2007 – 10 AZR 720/05, nv.; v. 27.6.2001 – 10 AZR 488/00, NZA 2002, 54. |15 BAG v. 14.11.2001 – 10 AZR 152/01, NZA 2002, 527; v. 27.6.2001 – 10 AZR 488/00, NZA 2002, 54. |16 BAG v. 13.10.1960 – 5 AZR 284/59, AP Nr. 30 zu § 242 BGB – Gleichbehandlung; v. 10.8.1988 – 5 AZR 571/87, NZA 1989, 57; LAG Hamm v. 27.5.2004 – 8 Sa 1943/03, nv. |17 AA wohl ErfK/*Preis*, § 611 BGB Rz. 268. Wie hier *Schaub*, ArbRHdb, § 111 Rz. 29.

neu gegründeten Betrieb für solche ArbN modifiziert werden, die bisher keinen Anspruch auf Grund betrieblicher Übung erworben hatten[1]. Als Stichtagsregelung ist die Ungleichbehandlung der bisherigen und der neuen ArbN sachlich gerechtfertigt (s. Rz. 208). Zur Mitbestimmungspflichtigkeit s. § 87 BetrVG Rz. 17. Stellt ein ArbGeb eine grundlose, **irrtümlich geleistete Zahlung** alsbald nach Kenntniserlangung von seinem Irrtum ein und ergreift er alle rechtl. möglichen Maßnahmen zur nachträglichen Korrektur seines Irrtums, ist für die Anwendung des arbeitsrechtl. Gleichbehandlungsgrundsatzes kein Raum[2].

4. Ablösung des durch betriebliche Übung begründeten Anspruchs. Ist ein Anspruch auf Grund betrieblicher Übung Inhalt des Arbeitsvertrages geworden, kann er vom ArbGeb nur mittels einer **Änderungskündigung** oder auf Grund einer **Vereinbarung** mit dem ArbN beseitigt oder geändert werden[3]. Daneben kann ein Anspruch aus betrieblicher Übung durch eine geänderte, **gegenläufige betriebliche Übung** beendet werden, wenn der ArbGeb erklärt, dass auf die Leistung (zukünftig) kein Rechtsanspruch bestehe und die ArbN der neuen Handhabung über einen Zeitraum von drei Jahren hinweg nicht widersprechen. Dadurch kommt eine konkludente Vereinbarung zu Stande, auf Grund deren der ArbGeb zur Zahlung der Gratifikation in Zukunft nicht mehr verpflichtet ist. Durch die dreimalige widerspruchslose Annahme der ausdrücklich unter Vorbehalt ausbezahlten Gratifikation schafft der ArbN beim ArbGeb einen schutzwürdigen Vertrauenstatbestand, weil er auf Grund des Verhaltens des ArbN keine Veranlassung hat, eine ausdrückliche Änderung der arbeitsvertragl. Vereinbarungen herbeizuführen[4]. Offen gelassen hat das BAG, **wie viele ArbN dieser Handhabung widersprechen müssen**, insb. ob ein ArbN für alle das Entstehen einer betrieblichen Übung verhindern kann. Hier wird man wohl richtigerweise auf jeden ArbN einzeln abstellen müssen[5]. 234

Diese dem Symmetriegedanken folgende Argumentation ist vom Schrifttum überwiegend **kritisiert worden**[6]. Dieser Kritik ist zuzustimmen, denn auf den actus contrarius treffen nicht die gleichen Wertungen zu, wie auf die Begründung des Anspruchs. Auch nach Beginn dieser höchstrichterlichen Rspr. hat der ArbN eine Erklärungsobliegenheit; ansonsten bedeutet sein wiederholtes Schweigen Zustimmung[7]. Dies muss auch gelten, wenn der ArbGeb nicht nur erklärt, die weiterhin gewährte Leistung erfolge nun freiwillig, sondern sie zudem tatsächlich einstellt oder nur noch vermindert auszahlt[8]. **Einmalige Nichtleistung** reicht demgegenüber nicht. Teilt der ArbGeb den ArbN durch Aushang mit, er könne auf Grund der wirtschaftl. Lage des Betriebes in diesem Jahr kein Weihnachtsgeld zahlen, so liegt darin kein Angebot an die ArbN, die bestehende betriebliche Übung zu ändern. In der – zunächst – widerspruchslosen Weiterarbeit der ArbN kann daher auch keine Annahme eines Änderungsangebotes gesehen werden[9]. Fehlt ihr zudem der Hinweis, dass der ArbGeb davon ausgeht, der Anspruch bestehe nicht, kann daraus noch nicht einmal auf die Aufgabe der betrieblichen Übung geschlossen werden[10]. Nach der älteren Rspr. des BAG kommt bei Gewährung einer Gratifikation auf Grund betrieblicher Übung auch eine Kürzung oder ein vollständiger Wegfall des Anspruchs wegen einer wirtschaftl. Notlage des ArbGeb aus Gründen der Treuepflicht des ArbN in Betracht[11]. Für die Ablösung eines Anspruchs auf Grund betrieblicher Übung durch eine **umstrukturierende BV** gelten die gleichen Regeln wie bei dem durch allgemeine Arbeitsbedingungen und Gesamtzusage begründeten Anspruch (s. Rz. 530)[12]. Eine Betriebsstilllegung führt ebenfalls zur Beendigung einer betrieblichen Übung, allerdings ergibt sich daraus kein Wegfall bereits entstandener Ansprüche[13]. 235

Geht die betriebliche Übung erkennbar für den ArbN nur zur Einräumung eines Anspruchs unter **bestimmten Voraussetzungen**, so entfällt der Anspruch automatisch für die Zukunft, sobald die Voraussetzungen wegegefallen sind[14]. Dies gilt entsprechend für die Gewährung einer Leistung zur **Gleichstellung** mit anderen ArbN-Gruppen, soweit deren Anspruch wegfällt[15]. 236

---

1 BAG v. 14.11.2001 – 10 AZR 152/01, NZA 2002, 527. | 2 BAG v. 4.5.1999 – 10 AZR 569/98, nv. | 3 BAG v. 14.8.1996 – 10 AZR 69/96, AP Nr. 47 zu § 242 BGB – Betriebliche Übung; zur Möglichkeit der Anfechtung *Houben*, BB 2006, 2301. | 4 BAG v. 26.3.1997 – 10 AZR 612/96, AP Nr. 50 zu § 242 BGB – Betriebliche Übung; v. 4.5.1999 – 10 AZR 290/98, AP Nr. 55 zu § 242 BGB – Betriebliche Übung; v. 24.11.2004 – 10 AZR 202/04, NZA 2005, 615; vgl. auch LAG Köln v. 21.4.1998 – 13 (9) Sa 1558/97, NZA-RR 1998, 506; LAG Hamm v. 11.12.2003 – 8 Sa 1204/03, LAGReport 2004, 266. | 5 *Goertz*, AuR 1999, 463 ff. | 6 *Franzen*, SAE 1997, 344 ff. (im Ergebnis aber zust.); *Goertz*, AuR 1999, 463 ff.; *Speiger*, NZA 1998, 510; *Kettler*, NJW 1998, 435; *Thüsing*, NZA 2005, 718, 719; allgemein zum Aussagegehalt des Symmetriearguments *Thüsing*, Wertende Schadensberechnung, S. 441 ff. im Ergebnis zust. *Tappe/Koplin*, DB 1998, 2114. | 7 AA LAG Schl.-Holst. v. 24.2.1998 – 3 Sa 498 a/97, NZA-RR 1998, 391. | 8 S. aber LAG Köln v. 18.7.2002 – 6 Sa 482/02, nv. | 9 BAG v. 14.8.1996 – 10 AZR 69/96, NZA 1996, 1323. | 10 BAG v. 10.8.1988 – 5 AZR 571/87, NZA 1989, 57. | 11 BAG v. 26.10.1961 – 5 AZR 470/58, AP Nr. 7 zu § 322 ZPO; abl. LAG Hamm v. 13.9.2004 – 8 Sa 721/04, NZA-RR 2005, 237; ArbG Celle v. 30.7.1998 – 1 Ca 356/98, NZA-RR 1998, 490. | 12 S. auch LAG Düsseldorf v. 19.6.2001 – 16 Sa 418/01, LAGE § 242 BGB – Betriebliche Übung Nr. 27; LAG Köln v. 8.6.2001 – 11 Sa 317/01, nv.; LAG Berlin v. 2.6.2005 – 16 Sa 184/05, nv., n.rkr. S. hierzu auch *Merten/Schwarz*, DB 2001, 646. | 13 BAG v. 21.6.2005 – 9 AZR 200/04, AP Nr. 89 zu § 7 BUrlG – Abgeltung. | 14 BAG v. 28.3.2000 – 1 ATR 366/99, NZA 2001, 49. | 15 BAG v. 14.9.1994 – 5 AZR 679/93, AP Nr. 46 zu § 242 BGB – Betriebliche Übung (Gleichbehandlung mit Beamten); s. auch BAG v. 28.7.1988 – 6 AZR 349/87, NZA 1998, 363.

237 **5. Fallgruppen.** Das BAG betont: Inhalt einer betrieblichen Übung kann jeder Gegenstand sein, der arbeitsvertraglich geregelt werden kann[1]. Aus diesem weiten Ansatz heraus haben sich verschiedene Fallgruppen entwickelt, die einen großen Teil der Anwendung abdecken:

- **Wiederholte Gehaltserhöhung:** Erhöht der ArbGeb die Gehälter seiner außertarifl. Angestellten während mehrerer Jahre jeweils zu einem bestimmten Termin in Anlehnung an die Tarifentwicklung des Vorjahres, so entstehen hieraus weder kraft einzelvertragl. Zusage noch kraft betrieblicher Übung Ansprüche auf entsprechende Gehaltserhöhungen auch in den Folgejahren. Der ArbGeb wird hierdurch auch nicht verpflichtet, zukünftig über die Frage der Gehaltserhöhung nach billigem Ermessen iSd. § 315 zu entscheiden. Ist der ArbGeb auf Grund BV zu jährlichen Gehaltsüberprüfungen verpflichtet, so lassen auch mehrfache Gehaltserhöhungen nach denselben Kriterien regelmäßig keine betriebliche Übung entstehen, die den ArbGeb zu weiteren Gehaltserhöhungen verpflichten[2].

- **Übernahme tarifvertragl. Regelungen:** Hat ein nicht tarifgebundener ArbGeb in der Vergangenheit die Löhne und Gehälter entsprechend der Tarifentwicklung erhöht, begründet dies allein keine betriebliche Übung der Erhöhung der Arbeitsentgelte entsprechend der Tarifentwicklung[3]. Das österreichische Recht denkt hier anders[4], das französische Recht entsprechend[5]. Mit den in Anlehnung an eine Tariflohnerhöhung erfolgenden freiwilligen Lohnsteigerungen entsteht lediglich ein Anspruch der ArbN auf Fortzahlung dieses erhöhten Lohns, nicht aber zugleich eine Verpflichtung des ArbGeb, auch künftige Tariflohnerhöhungen weiterzugeben. Der nicht tarifgebundene ArbGeb will seine Entscheidungsfreiheit über die künftige Lohn- und Gehaltsentwicklung behalten[6]. Ist der ArbGeb tarifgebunden, so ist die Gewährung tarifl. Leistungen im Zweifel so zu verstehen, dass **alle einschlägigen Tarifbestimmungen** gelten sollen, also auch tarifl. Ausschlussfristen[7]. Leistet ein ArbGeb über mehrere Jahre ohne ausdrückliche Absprache an einen nicht tarifgebundenen ArbN eine Sonderzahlung entsprechend dem TV, so entsteht dadurch keine betriebliche Übung; vielmehr muss das Verhalten des ArbGeb so verstanden werden, dass er schlichtweg den TV vollziehen und alle ArbN gleichbehandeln will[8]. Findet in einem Betrieb kraft betrieblicher Übung ein TV Anwendung, hat der ArbGeb den ArbN in einer Niederschrift gem. § 2 I Nr. 10 NachwG hierauf hinzuweisen. Eines gesonderten Hinweises auf die in dem TV geregelte Ausschlussfrist bedarf es nicht[9].

- **Einmalzahlungen:** Eine Bindung des ArbGeb durch betriebliche Übung kann auch bezüglich Einmalleistungen entstehen. Dies gilt insb. für Gratifikationen im Rahmen der Beendigung des Arbeitsverhältnisses oder für Versorgungszusagen[10].

- **Direktionsrecht:** Das Direktionsrecht kann grds. **nicht** durch betriebliche Übung eingeschränkt werden[11]. Das Recht des ArbGeb, die arbeitsvertragl. Pflichten des ArbN zu konkretisieren, kann allerdings durch Vertrauensgesichtspunkte beschränkt werden, bestimmte anfänglich gegebene Konkretisierungsmöglichkeiten können also später wegfallen. Hier gelten jedoch die **allgemeinen Regeln der Verwirkung**, nicht der Erwirkung von Ansprüchen: Nicht die Ansprüche des ArbN werden erweitert, sondern die Rechte des ArbGeb beschränkt. Darüber hinaus kann es – wenn auch seltener – zu einer konkludenten Vertragsänderung kommen. Hier wird jedoch nicht das Direktionsrecht beschränkt, sondern der arbeitsvertragl. Pflichtenkreis, der Grundlage des Direktionsrechts ist. Problematisch wird hier oftmals die Regelmäßigkeit und Gleichartigkeit der Rechtsgewährung, die ein hinreichendes Vertrauen in zukünftig gleichartige Leistungen führt. Die **Rspr.** folgt dieser einschränkenden Sicht im Ergebnis, führt die argumentative Abgrenzung jedoch nicht in gleicher Deutlichkeit[12].

- **Vollzug einer KonzernBV:** Da KonzernBV auf Vereinheitlichungsinteressen beruhen, sind abweichende Regelungen in einzelnen Unternehmen die Ausnahme. Wird eine KonzernBV in einem Tochterunternehmen objektiv unrichtig angewandt, können die ArbN des Tochterunternehmens nur unter besonderen Umständen annehmen, dass rechtsgeschäftlich die Regelungen der KonzernBV modifiziert werden sollten[13].

- **Ruhegehalt:** Wendet der ArbGeb eine bestimmte Leistungsordnung regelmäßig ohne Freiwilligkeitsvorbehalt an, entsteht nach instanzgerichtlicher Rspr. eine betriebliche Übung auf künftige Anwen-

---

1 BAG v. 13.6.2007 – 5 AZR 849/06, NZA 2007, 1016; v. 21.1.1997 – 1 AZR 572/96, AP Nr. 64 zu § 77 BetrVG 1972. | 2 BAG v. 16.9.1998 – 5 AZR 598/97, DB 1999, 589. | 3 BAG v. 16.1.2002 – 5 AZR 715/00, NZA 2002, 632; v. 3.11.2004 – 5 AZR 622/03, BAGReport 2005, 109 ff.; v. 9.2.2005 – 5 AZR 284/04, nv.; aA LAG Berlin v. 9.11.2001 – 6 Sa 1551/01, nv. | 4 OHG v. 13.7.1994 – 9 Ob A 1006/94, ARD 4608/33/94. | 5 Leitentscheidung Cour cass. Chambre soc. 295.1962 Dr. soc. 1963.43. | 6 BAG v. 20.6.2001 – 4 AZR 290/00, EzA § 242 BGB – Betriebliche Übung Nr. 45; v. 3.11.2004 – 5 AZR 73/04, nv.; ebenso LAG Hamm v. 14.3.2001 – 3 Sa 1585/00, nv. | 7 BAG v. 19.1.1999 – 1 AZR 606/98, NZA 1999, 879; s. hierzu auch *Annuß*, ZfA 2005, 405 (443). | 8 LAG Schl.-Holst. v. 30.3.2004 – 2 Sa 385/03, NZA-RR 2005, 146. | 9 BAG v. 17.4.2002 – 5 AZR 89/01, AP Nr. 6 zu § 2 NachwG. | 10 BAG v. 27.6.2001 – 10 AZR 488/00, NZA 2002, 54. | 11 AA wohl BAG 13.6.2007 – 5 AZR 849/06, NZA 2007, 1016 (zur Schichtplangestaltung); jedenfalls aA ErfK/*Preis*, § 611 BGB Rz. 270; MüKo/*Müller-Glöge*, § 611 Rz. 433; wie hier *Hennige*, NZA 1999, 281 (287). | 12 S. auch die Argumentation BAG v. 21.1.1997 – 1 AZR 572/96, AP Nr. 64 zu § 77 BetrVG (Festlegung von Schichten). | 13 BAG v. 22.1.2002 – 3 AZR 554/00, NZA 2002, 1224; v. 23.6.1992 – 1 AZR 57/92, NZA 1993, 89 (Arbeitszeit im Öffentlichen Dienst); v. 11.10.1995 – 5 AZR 802/94, NZA 1996, 718 (Arbeitsort im Öffentlichen Dienst).

dung dieser Leistungsordnung. Die betriebliche Übung enthalte im Zweifel eine Jeweiligkeitsklausel mit dem Inhalt, dass die Betriebsrentner bei einer Änderung der stillschweigend durch Betriebsübung in Bezug genommenen Leistungsordnung an die geänderte Leistungsordnung gebunden sind[1]. Gewährt der ArbGeb viele Jahre vorbehaltlos Betriebsrente unter Einbeziehung des zusätzlichen tarifl. Urlaubsgeldes, welches in der Versorgungsordnung nicht vorgesehen war, begründet dies auch eine betriebliche Übung zu Gunsten der Versorgungsberechtigten[2]. Von einer betrieblichen Übung kann hingegen nicht ohne weiteres ausgegangen werden, wenn ein ArbGeb die Höchstbeträge des Ruhegeldes für außertarifl. Angestellte über längere Zeit entsprechend der Gehaltsentwicklung erhöht. Es bedarf konkreter Anhaltspunkte dafür, dass sich der ArbGeb verpflichten wollte, auch in Zukunft dieselben Bemessungsfaktoren beizubehalten[3]. Generell kann ein Anspruch aus betrieblicher Übung auch bei Sonderzahlungen des ArbGeb an Betriebsrentner entstehen; diese nehmen das Angebot nicht durch Weiterarbeit sondern durch wiederholte Entgegennahme konkludent an[4].

6. Einzelfälle. Die Vielzahl der Judikate betraf recht unterschiedliche Bereiche: **Gratifikationen** (BAG v. 23.4.1963 – 3 AZR 173/62, BB 1963, 938) und **Sondervergütungen, 13. Gehalt** (BAG v. 2.9.1992 – 10 AZR 536/90, EzA Nr. 95 zu § 611 BGB – Gratifikation, Prämie; v. 28.7.2004 – 10 AZR 19/04, AP Nr. 257 zu § 611 BGB – Gratifikation; v. 5.6.2003 – 6 AZR 237/02, nv.; LAG München v. 25.1.2005 – 6 Sa 994/04, nv., n.rkr.; LAG Köln v. 11.12.2003 – 10 Sa 201/03, nv.); **betrAV** (BAG v. 29.10.1985 – 3 AZR 462/83, DB 1986, 2189; v. 16.7.1996 – 3 AZR 352/95, DB 1997, 1576; v. 29.4.2003 – 3 AZR 247/02, EzA § 1 BetrAVG – Betriebliche Übung Nr. 4; LAG Düsseldorf v. 11.3.2004 – 11 Sa 1851/03, NZA-RR 2004, 655; LAG Hamm v. 11.5.2004 – 6 Sa 980/03, nv.; BGH v. 19.12.1994 – II ZR 244/93, DB 1995, 635); Vergütung von **Betriebspausen als Arbeitszeit** (BAG v. 16.6.2004 – 4 AZR 417/03, nv.; LAG Hamm v. 25.7.1986 – 16 Sa 2184/85, LAGE § 242 BGB – Betriebliche Übung Nr. 2); Überlassung eines **Dienstfahrzeugs** zur privaten Nutzung (LAG Köln v. 19.9.2006 – 9 (4) Sa 173/06, BB 2007, 388); **Beihilfeversicherung im Ruhestand** (BAG v. 20.1.2004 – 9 AZR 43/03, AP Nr. 65 zu § 242 BGB – Betriebliche Übung); **Beihilfe im Krankheitsfall für Betriebsrentner** (BAG v. 19.5.2005 – 3 AZR 660/03, NZA 2005, 889); **Essenszuschuss** und **verbilligtes Kantinenessen** (LAG Nds. v. 10.7.1968 – 4 Sa 91/68, DB 1968, 1861; LAG Frankfurt v. 24.2.1984 – 6 Sa 294/83, NZA 1984, 259); Transport zur Arbeitsstelle (BAG v. 9.7.1985 – 1 AZR 631/80, DB 1986, 230); **Fahrtkostenzuschüsse** (LAG Düsseldorf v. 24.1.1989 – 16 Sa 1323/88, LAGE Nr. 2 zu § 611 BGB – Kirchliche ArbN); **Fortbildungskosten** (LAG Köln v. 5.2.1991 – 4 Sa 1001/90, LAGE § 670 BGB Nr. 8); **bezahlte Freizeit** an Rosenmontag, Brauchtumstagen und sonstigen **Feiertagen** (BAG v. 12.1.1994 – 5 AZR 41/93, AP Nr. 43 zu § 242 BGB – Betriebliche Übung; v. 14.9.1994 – 5 AZR 679/93, AP Nr. 46 zu § 242 BGB – Betriebliche Übung; v. 6.9.1994 – 9 AZR 672/92, AP Nr. 45 zu § 242 BGB – Betriebliche Übung; v. 17.11.1972 – 3 AZR 112/72, DB 1973, 578; LAG Düsseldorf v. 3.9.1993 – 17 Sa 584/93, NZA 1994, 696; LAG Köln v. 2.10.1991 – 2 Sa 528/91, v. 8.11.1991 – 13 (6) Sa 532/91; v. 5.12.1991 – 10 Sa 609/91, LAGE Nr. 9, 10 und 12 zu § 242 BGB – Betriebliche Übung; v. 12.2.2003 – 7 TaBV 80/02, nv., n.rkr; v. 8.8.2003 – 11 Sa 238/03, nv.; LAG Frankfurt v. 1.9.1992 – 5 TaBV 19/92, LAGE Nr. 15 zu § 242 BGB – Betriebliche Übung; ArbG Frankfurt v. 11.2.1991 – 13 BVGa 3/91, NZA 1991, 398); **Zahlung einer Heimzulage** trotz Fehlen der tarifl. Voraussetzungen (BAG v. 26.5.1993 – 4 AZR 130/93, NZA 1994, 88); private **Internetnutzung** (s. *Barton*, NZA 2006, 460; *Waltermann*, NZA 2007, 529; *Bloesinger*, BB 2007, 2177; *Beckschulze*, DB 2007, 1526); **Einräumung von Parkplätzen** (im konkreten Fall verneinend LAG Schl.-Holst. v. 3.4.2001 – 1 Sa 646 b/00, NZA-RR 2001, 488); **Vergütung von Bereitschaftsdienst** (BAG v. 13.11.1986 – 6 AZR 567/83, AP Nr. 27 zu § 242 BGB – Betriebliche Übung); **Sonderkonditionen von Bankmitarbeitern** (LAG Köln v. 16.3.1995 – 10 Sa 584/94, ARSt. 1995, 254); **Trennungsentschädigung** (BAG v. 7.9.1982 – 3 AZR 5/80, AP Nr. 1 zu § 3 TV – Arbeiter Bundespost; v. 27.6.2001 – 10 AZR 488/00, EzA Nr. 44 zu § 242 BGB – Betriebliche Übung); **Urlaubsübertragung** (BAG v. 21.6.2005 – 9 AZR 200/04, AP Nr. 89 zu § 7 BUrlG – Abgeltung); Anordnung von **Überstunden** (LAG Nds. v. 14.11.2000 – 7 Sa 55/00, LAGE Nr. 24 zu § 242 BGB – Betriebliche Übung); **Wechselschichtzuschlag** (BAG v. 3.8.1982 – 3 AZR 503/79, AP Nr. 12 zu § 242 BGB – Betriebliche Übung); **kostenloser Werkbusverkehr** (LAG Nürnberg v. 29.10.2004 – 2 Sa 828/02, NZA-RR 2005, 291); **Wiedereinstellunganspruch** eines Saisonarbeiters (BAG v. 26.4.2006 – 7 AZR 190/05, AP Nr. 1 zu § 611 BGB Wiedereinstellung). 238

VIII. Sonstige Arbeitgeberpflichten. 1. Grundlagen. Entsprechend den **allgemeinen Grundsätzen über Schuldverhältnisse** bestehen auch im Arbeitsverhältnis zahlreiche Nebenpflichten für den ArbGeb. Sie finden ihre Rechtfertigung darin, dass der ArbN seine Arbeitsleitung in einem vom ArbGeb eigennützig organisierten und damit auch von ihm zu verantwortenden Gefahrenbereich erbringt. Als Rechtsgrundlage für die Nebenpflichten des ArbGeb kommen **Gesetz** (zB BUrlG, EFZG, ArbSchG, ArbZG usw.), **Kollektivverträge** und eine **ausdrückliche vertragl. Vereinbarung** in Betracht. Ferner können sie auch durch den allgemeinen **Grundsatz von Treu und Glauben** (§ 242) begründet werden. Die Nebenpflichten erschöpfen sich nicht im bestehenden Arbeitsverhältnis, sondern sind auch als **vor- und nachvertragl.** 239

---

1 LAG Düsseldorf v. 2.10.1998 – 10 Sa 891/98, BB 1999, 110. | 2 LAG Stuttgart v. 6.3.2001 – 14 Sa 47/00, nv. | 3 BAG v. 19.7.2005 – 3 AZR 472/04, AP Nr. 42 zu § 1 BetrAVG. | 4 So bereits BAG v. 23.4.1963 – 3 AZR 173/62, AP Nr. 26 zu § 611 BGB – Gratifikation; offen gelassen BAG v. 16.4.1997 – 10 AZR 705/96, AP Nr. 53 zu § 242 BGB – Betriebliche Übung; wie hier LAG Düsseldorf v. 18.1.2002 – 14 Sa 1339/01, nv.; zur betrieblichen Übung in der betrAV allgemein vgl. *Reinecke*, BB 2004, 1625.

Nebenpflichten ausgeprägt. Mit der Einführung des **§ 241 II** durch das Schuldrechtsmodernisierungsgesetz wurde für die Nebenpflichten eine allgemeine Grundlage geschaffen.

240 **2. Sanktionen.** Die Rechtsfolgen der Verletzung der arbeitgeberseitigen Nebenpflichten richten sich nach den allgemeinen Grundsätzen. Bei Verstößen gegen Nebenleistungspflichten (Auskunfts-, Rechenschafts- und Aufklärungspflichten), sowie gegen Schutzpflichten kommen als Sanktionen **Erfüllungs-, Beseitigungs- bzw. Unterlassungsansprüche** des ArbN in Betracht. Bei einer schweren Pflichtverletzung des ArbGeb, kann der ArbN auch seine Arbeitsleistung zurückbehalten. Ferner kann er nach den Gesichtspunkten der Pflichtverletzung (§ 280 I) und der Deliktshaftung (§§ 823 ff.) Schadensersatz nach den allgemeinen Vorschriften verlangen. Ein Recht zur außerordentl. Kündigung gem. § 626 I soll dem ArbN allerdings nur bei einer besonders schwerwiegenden Nebenpflichtverletzung des ArbGeb zustehen[1].

241 **3. Einzelne Nebenpflichten. a) Fürsorgepflicht des Arbeitgebers.** Die sog. Fürsorgepflicht des ArbGeb geht auf die Lehre vom „personenrechtl. Gemeinschaftsverhältnis“[2] zurück. Unter dem Oberbegriff der Fürsorgepflicht werden sämtliche Nebenleistungspflichten und Schutzpflichten, einschließlich der die Vertragspflicht fördernden Aufklärungs-, Auskunfts- und Unterrichtungspflichten zusammengefasst[3]. Sie ist demnach keine besondere Nebenpflicht, die über die Struktur allgemeiner Nebenpflichten im Austauschverhältnis hinausgeht[4]. Insb. steht sie nicht in einem synallagmatischen Verhältnis zur Arbeitspflicht oder sogar der Treuepflicht des ArbN[5]. Rechtssystematisch ist die Fürsorgepflicht, zumindest in bestimmten Ausprägungen, dem Grundsatz vom **Treu und Glauben** zuzuordnen[6]. Soweit besondere gesetzl. Vorschriften die Nebenpflichten des ArbGeb konkretisieren, ist ein Rückgriff auf den allgemeinen Rechtsgedanken der Fürsorgepflicht nicht zulässig[7]. Verursacht die Erfüllung der Fürsorgepflicht Kosten, so sollen diese durch eine Zumutbarkeit für den ArbGeb beschränkt sein[8]. Dies ist ein Unterfall der Begrenzung der Fürsorgepflicht über den Grundsatz der Verhältnismäßigkeit[9].

242 **b) Auskunftspflichten. aa) Grundsatz.** Unter der Auskunftspflicht des ArbGeb ist die Pflicht zu verstehen, den ArbN oder einen Dritten über bestimmte, mit dem Arbeitsverhältnis im Zusammenhang stehende Vorgänge oder Tatsachen zu informieren[10]. Solche Pflichten sind zum Teil gesetzl. verankert (zB §§ 7, 12, 14 ArbSchG). Im Arbeitsverhältnis besteht ferner nach § 242 BGB ein Auskunftsanspruch, soweit der ArbN in entschuldbarer Weise über Bestehen und Umfang seines Rechts im Ungewissen ist, während der ArbGeb unschwer Auskunft erteilen kann[11]. Ein Auskunftsanspruch kann sich uU auch aus dem Arbeitsvertrag selbst ergeben[12].

243 **bb) Einzelne Auskunftspflichten.** Von Bedeutung ist insb. die Verpflichtung des früheren oder bisherigen ArbGeb zur Auskunftserteilung gegenüber einem (potenziellen) neuen ArbGeb des ArbN (s. ausf. Rz. 23 f.). Eine arbeitgeberseitige Auskunfts- und Beratungspflicht besteht außerdem im Hinblick auf die Möglichkeit des Beitritts zu einer **Zusatzversicherung**[13]. Lassen sich im Einzelfall bestimmte Ansprüche des ArbN nur durch ein Handeln des ArbGeb realisieren (so zB die Erlangung von Kurz-, Winter- oder Winterausfallgeld), so ist der ArbGeb zur Geltendmachung dieser Ansprüche verpflichtet[14]. Darüber hinaus nimmt die Rspr. nur in engem Umfang Aufklärungs- und Hinweispflichten an. So ist der ArbGeb insb. nicht zur allgemeinen Rechtsberatung des ArbN verpflichtet[15].

244 **c) Aufklärungs- bzw. Informationspflichten. aa) Grundsätzliches.** Unter Aufklärungs- bzw. Informationspflichten sind solche Nebenpflichten zu verstehen, die den ArbGeb verpflichten, den ArbN ungefragt von sich aus über Umstände zu informieren, die die Erfüllung der arbeitsvertragl. Leistungspflicht unmöglich machen oder jedenfalls sonst für den in Betracht kommenden Arbeitsplatz von ausschlaggebender Bedeutung sind[16]. Bestimmte Informationspflichten sind vereinzelt ausdrücklich gesetzl. geregelt. Diese Vorschriften haben jedoch kaum praktische Bedeutung. § 8 TVG verpflichtet bspw. den ArbGeb, die für seinen Betrieb geltenden TV an geeigneter Stelle auszulegen. Verstößt der ArbGeb gegen diese Verpflichtung, so stellt dies allerdings nur eine Obliegenheitsverletzung dar[17]. Weitere verschiedene Spezialgesetze enthalten Verpflichtungen des ArbGeb, den jeweiligen Vertrags- bzw. Gesetzestext den ArbN zugänglich zu machen (zB § 16 I ArbZG, § 18 MuSchG). Nach überwiegender Auffas-

---

1 ErfK/*Preis*, § 611 BGB Rz. 763. | 2 *v. Gierke*, FS Brunner, 1914, S. 37 (57). | 3 MünchArbR/*Blomeyer*, § 94 Rz. 1; Staudinger/*Richardi*, § 611 BGB Rz. 896 ff. | 4 ErfK/*Preis*, § 611 BGB Rz. 760. | 5 Erman/*Edenfeld*, § 611 BGB Rz. 485; MüKo/*Müller-Glöge*, § 611 BGB Rz. 987. | 6 Ausf. hierzu MüKo/*Müller-Glöge*, § 611 BGB Rz. 986; s. auch MünchArbR/*Blomeyer*, § 94 Rz. 9 ff. | 7 BAG v. 27.7.1995 – 6 AZR 129/95, AP Nr. 11 zu § 40 BAT; LAG Köln v. 2.2.2005 – 3 Sa 1185/04, nv., n.rkr. | 8 BAG v. v. 27.11.1974 – 5 AZR 20/74, AP Nr. 82 zu § 611 BGB – Fürsorgepflicht; mwN *Blomeyer*, FS 25 Jahre BAG, S. 17 (18). | 9 *Kort*, NZA 1996, 854 (857). | 10 Vgl. MüKo/*Müller-Glöge*, § 611 BGB Rz. 992. | 11 BAG v. 18.1.1996 – 6 AZR 314/95, AP Nr. 25 zu § 242 BGB – Auskunftspflicht; v. 11.4.1984 – 5 AZR 316/82, AP Nr. 7 zu § 10 AÜG; vgl. BAG v. 19.4.2005 – 9 AZR 188/04, NZA 2005, 983 zur Auskunftspflicht über die tatsächlich mit der Haltung eines Dienstfahrzeuges verbundenen Kosten im Hinblick auf steuerrechtliche Vergünstigungen. | 12 Vgl. BAG v. 21.11.2000 – 9 AZR 665/99, AP Nr. 35 zu § 242 BGB – Auskunftspflicht für den Fall der Umsatzbeteiligung. | 13 LAG Rh.-Pf. v. 12.10.1990 – 6 Sa 663/90, LAGE § 611 BGB – Fürsorgepflicht Nr. 22. | 14 BAG v. 19.3.1992 – 8 AZR 301/91, AP Nr. 110 zu § 611 BGB – Fürsorgepflicht. | 15 BAG v. 26.8.1993 – 2 AZR 376/93, AP Nr. 8 zu § 72 LPVG NW. | 16 BAG v. 21.2.1991 – 2 AZR 449/90, AP Nr. 35 zu § 123 BGB; v. 6.3.2003 – 2 AZR 50/02, ZTR 2004, 107. | 17 S. Wiedemann/*Oetker*, § 8 TVG Rz. 19 ff.; vgl. *Kursave*, NZA 1997, 245 (247).

sung begründen diese Normen keinen Informationsanspruch des ArbN, sondern sind lediglich als Ordnungswidrigkeiten einzuordnen[1]. Zur Ermittlung des Umfangs der Verpflichtung eines ArbGeb, über die Vertragsbedingungen beim Abschluss eines Arbeitsverhältnisses zu informieren, ist auf § 2 NachwG zurückzugreifen[2].

Im Gegensatz zu vertragl. ausdrücklich vereinbarten sog. Informationsbeschaffungspflichten, bestehen Informations- und Aufklärungspflichten auch ohne besondere vertragl. Vereinbarung[3]. Es besteht jedoch **keine allgemeine Aufklärungspflicht** des ArbGeb über sämtliche für den Zweck des Schuldverhältnisses bedeutsamen Umstände. Schafft der ArbGeb allerdings ein außergewöhnliches Risikopotenzial, so ist er verpflichtet, den ArbN über solche Umstände aufzuklären, die für die Entstehung oder Wahrung seiner Rechte von Bedeutung sind. 245

bb) Einzelne Pflichten. Besonders bedeutsam und umstritten ist die Frage, ob und inwieweit dem ArbGeb beim **Abschluss eines Aufhebungsvertrages Aufklärungs- und Belehrungspflichten** obliegen. Der ArbN ist grds. verpflichtet, sich vor Abschluss des Aufhebungsvertrags selbst Kenntnis über die rechtl. Folgen dieses Schrittes zu verschaffen[4]. Dies gilt auch dann, wenn zwischen dem ArbGeb und dem ArbN nach dem Ausspruch einer arbeitnehmerseitigen Kündigung ein Aufhebungsvertrag zu Stande kommt[5]. Ausnahmsw. können aber für den ArbGeb nach Treu und Glauben (§ 242) Aufklärungs- und Informationspflichten über die arbeits- und sozialversicherungsrechtl. Folgen eines Aufhebungsvertrages bestehen. Bei der Beendigung eines Arbeitsverhältnisses können von einem ArbGeb besondere Hinweise auf die arbeits- und sozialrechtl. Folgen der Beendigung erwartet werden, wenn der Aufhebungsvertrag auf die Initiative des ArbGeb hin und in seinem Interesse zu Stande kommt und er erkennen muss, dass der ArbN weiterer Informationen bedarf und er selbst die Auskünfte unschwer erteilen oder beschaffen kann[6]. Eine Aufklärungspflicht besteht insb. dann, wenn die Abwägung der beiderseitigen Interessen unter Billigkeitsgesichtspunkten und unter Berücksichtigung aller Umstände des Einzelfalls ergibt, dass der ArbN durch eine sachgerechte und vom ArbGeb redlicherweise zu erwartende Aufklärung vor der Aufhebung des Arbeitsverhältnisses bewahrt werden muss, weil er sich durch sie aus Unkenntnis selbst schädigen würde[7]. Eine solche Verpflichtung kommt insb. bei einem möglichen Verlust einer Versorgungsanwartschaft in Betracht, wenn der ArbGeb durch das Angebot auf Abschluss eines Aufhebungsvertrages auch den Eindruck erweckt hat, er werde bei der vorzeitigen Beendigung des Arbeitsverhältnisses die Interessen des ArbN wahren und ihn redlicherweise nicht unbedachten nachteiligen Folgen des vorzeitigen Ausscheidens, insb. bei der Versorgung aussetzen[8]. Eine Belehrungspflicht besteht bei der Beendigung des Arbeitsverhältnisses auf Veranlassung des ArbGeb auch dann, wenn der ArbN wegen besonderer Umstände darauf vertrauen durfte, der ArbGeb werde sich bei der vorzeitigen Beendigung des Arbeitsverhältnisses um eine optimale Versorgung des ArbN kümmern[9]. Wird der ArbN durch die objektiv falsche Erklärung seines ArbGeb über die Möglichkeit der Inanspruchnahme einer vorzeitigen Altersrente nach ATZ zum Abschluss einer „Altersteilzeitvereinbarung" veranlasst, liegt eine Nebenpflichtverletzung vor und der ArbN kann verlangen so behandelt zu werden, als ob die „Altersteilzeitvereinbarung" nicht zu Stande gekommen wäre[10]. Bietet ein ArbGeb einem ArbN bei einem Wechsel in ein anderes Versorgungssystem eine vergleichende Modellrechnung voraussichtlicher Versorgungsansprüche an, haftet er auch für eine etwaige Unrichtigkeit dieser Modellrechnung[11]. Letztlich besteht auch eine Auskunftspflicht des ArbGeb im Hinblick auf arbeitsförderungsrechtl. Folgen, wie bspw. Sperrzeit für das Alg[12]. Sofern die Vertragsparteien einen Aufhebungsvertrag mit Abfindung abschließen, besteht keine Pflicht des ArbGeb den ArbN über Einzelheiten des Steuerprogressionsvorbehaltes aufzuklären; dies gilt insb., wenn der ArbN im Bankwesen eine Position bekleidete, auf Grund derer er im Geschäftsleben erfahren war[13]. Nimmt der ArbGeb bei Abschluss eines Aufhebungsvertrages seine Aufklärungspflichten nicht wahr, kann der ArbN die Rückabwicklung des Aufhebungsvertrages in Gestalt der Neubegründung des Arbeitsverhältnisses gem. § 249 verlangen[14]. 246

Nach der Rspr. des BAG besteht auch eine Aufklärungspflicht des ArbGeb vor Ausspruch einer **Verdachtskündigung**. Der ArbGeb hat idR bestehende Verdachtsmomente durch Befragen des ArbN aufzuklären[15]. 247

---

1 Vgl. *Neumann/Biebl*, § 16 ArbZG Rz. 4; ErfK/*Wank*, § 16 ArbZG Rz. 6; ErfK/*Schlachter*, § 18 MuSchG Rz. 5. | 2 S. hierzu LAG Bremen v. 16.6.2004 – 2 Sa 21/04, nv. | 3 Kittner/Zwanziger/*Becker*, ArbR, § 73 Rz. 10. | 4 BAG v. 13.12.1984 – 2 AZR 294/83, NZA 1985, 324; vgl. auch LAG Hamm v. 2.12.2003 – 19 Sa 1014/03, nv. Ausf. auch *Thüsing*, RdA 2005, 257. | 5 LAG Frankfurt v. 21.3.1985 – 3 Sa 979/84, LAGE § 119 BGB Nr. 4. | 6 BAG v. 13.12.1988 – 3 AZR 322/87, AP Nr. 23 zu § 1 BetrAVG – Zusatzversorgungskassen; v. 13.11.1996 – 10 AZR 340/96, AP Nr. 4 zu § 620 BGB – Aufhebungsvertrag; v. 12.12.2002 – 8 AZR 497/01, nv. | 7 BAG v. 13.11.1996 – 10 AZR 340/96, AP Nr. 4 zu § 620 BGB – Aufhebungsvertrag; v. 22.4.2004 – 2 AZR 281/03, AP Nr. 27 zu § 620 BGB – Aufhebungsvertrag. | 8 BAG v. 3.7.1990 – 3 AZR 382/89, AP Nr. 24 zu § 1 BetrAVG; v. 17.10.2000 – 3 AZR 605/99, AP Nr. 116 zu § 611 BGB – Fürsorgepflicht; vgl. auch LAG Sa.-Anh. v. 3.6.2003 – 8 Sa 686/02, nv. | 9 BAG v. 12.12.2002 – 8 AZR 497/01, zur unterlassenen Aufklärung über eine höhere Übergangsversorgung. | 10 BAG v. 10.2.2004 – 9 AZR 401/02, AP Nr. 15 zu § 119 BGB. | 11 BAG v. 21.11.2000 – 3 AZR 13/00, AP Nr. 1 zu § 1 BetrAVG – Auskunft. | 12 BAG v. 10.3.1988 – 8 AZR 420/85, AP Nr. 99 zu § 611 BGB – Fürsorgepflicht. | 13 ArbG Frankfurt v. 16.3.2005 – 9 Ca 6184/04, nv. | 14 ArbG Hannover v. 13.11.2003 – 10 Ca 184/03, nv. | 15 BAG v. 21.3.1996 – 2 AZR 543/95, AP Nr. 42 zu § 123 BGB.

248 Ferner muss der ArbGeb, den ArbN über **wirtschaftl. Schwierigkeiten** aufklären, wenn hierdurch die Auszahlung von in absehbarer Zeit fälliger Löhne und Gehälter gefährdet ist. Eine solche Pflicht besteht allerdings dann nicht, wenn er seine Zahlungsschwierigkeiten als bekannt voraussetzen kann[1]. Den ArbGeb trifft auch gegenüber einem neu eingestellten ArbN, dem die wirtschaftl. schlechte Lage des ArbGeb bekannt ist, keine Auskunftspflicht über einen künftigen Stellenabbau, erst recht solange diesbzgl. noch keine konkrete Planung besteht[2].

249 Die Rspr. **verneint** Auskunfts- und Beratungspflichten des ArbGeb im Hinblick auf **Krankenversicherungsschutz** bei Auslandseinsätzen des ArbN[3], bzgl. der Auswirkungen einer Beendigung des Arbeitsverhältnisses für die betrAV[4], über die Höhe anderer **Sozialleistungen**[5], bzgl. tarifl. Rechte des ArbN[6] und über geplante **Betriebseinschränkungen**[7]. Eines Hinweises des ArbGeb auf die tarifl. Geringwertigkeit einer neu übertragenen Tätigkeit bedarf es nicht, wenn diese für den Angestellten ohne Schwierigkeiten erkennbar ist[8]. Nicht einheitlich beantwortet wird die Frage, welche Folgen es nach sich zieht, wenn der ArbGeb den ArbN, entgegen der Vorschrift des § 2 II 2 Nr. 3 SGB III, nicht über die Verpflichtung zur unverzüglichen Arbeitslosmeldung bei der Agentur für Arbeit zur Vermeidung der Minderung von Alg informiert. Eine verbreitete Meinung in der Lit. nimmt an, dass der ArbGeb, der seine diesbzgl. sozialgesetzl. Informationsobliegenheit verletze, sich schadensersatzpflichtig mache, wenn infolge der Nichtmeldung oder verspäteten Meldung gegen den ArbN Sanktionen nach § 140 SGB III verhängt werden[9] Die Gegenmeinung – und jüngst auch das BAG -[10] lehnen eine Ersatzpflicht des ArbGeb ab; § 2 II Nr. 3 SGB III diene nicht dem Schutz des Vermögens des ArbN, sondern bezwecke eine Verbesserung des Zusammenwirkens von ArbGeb, ArbN und den Agenturen für Arbeit mit dem Ziel, iSd. Solidargemeinschaft den Eintritt der Arbeitslosigkeit zu vermeiden[11]. Ein ArbGeb, der den Erwerb noch nicht börsennotierter Aktien der Muttergesellschaft durch die Gewährung von zweckgebundenen ArbGebDarlehen fördert, ist verpflichtet, die ArbN über die besonderen Risiken aufzuklären, die mit einem möglichen Scheitern des angestrebten Börsengangs verbunden sind[12].

250 Der ArbGeb ist ferner nicht generell verpflichtet, den ArbN auf die Möglichkeit hinzuweisen, Ansprüche gegen ihn geltend machen zu können; insb. ist der ArbGeb nicht verpflichtet, jeden einzelnen ArbN darauf hinzuweisen, er könne unter gewissen Voraussetzungen Anträge auf außertarifl. Leistungen stellen[13].

251 Im Grundsatz gilt also: Je komplexer also die Zusammenhänge sind und je leichter der ArbGeb die Sachlage aufklären kann, desto eher ist eine Aufklärungspflicht des ArbGeb anzunehmen[14].

252 **d) Schutzpflichten. aa) Schutz des Lebens und der Gesundheit des Arbeitnehmers.** Der Schutz der Gesundheit des ArbN gehört zu den wichtigsten arbeitgeberseitigen Nebenpflichten. Schutzpflichten, die dem Schutz von Leben und Gesundheit des ArbN dienen haben überwiegend eine Konkretisierung durch den Gesetzgeber erfahren. Besonders bedeutsam sind hierbei die Vorschriften des ArbSchG, des ASiG, § 618 I BGB, § 62 HGB § 12 HAG, § 80 SeemG und § 28 JArbSchG.

253 Der ArbN hat gegenüber dem ArbGeb im Hinblick auf einen arbeitsschutzkonformen Zustand seines Arbeitsplatzes grds. einen **einklagbaren Erfüllungsanspruch**[15]. Verstößt der ArbGeb gegen Arbeitsschutzvorschriften, steht dem ArbN ferner ein **Unterlassungsanspruch** als quasinegatorischer Beseitigungsanspruch analog §§ 12, 862, 1004 zu[16]. Besteht durch das arbeitsschutzrechtswidrige Verhalten des ArbGeb eine **Gesundheitsgefährdung für den ArbN**, so kann dieser entsprechend § 273 seine Arbeitsleistung zurückbehalten[17]. Ein spezialgesetzl. Zurückbehaltungsrecht ist darüber hinaus in **§ 21 VI 2 GefStoffV** enthalten. Nach **§ 9 III ArbSchG** ist der ArbN daneben offensichtlich dazu berechtigt, sich in besonders gefährlichen Arbeitsbereichen bei unmittelbarer erheblicher Gefahr durch Verlassen des Arbeitsplatzes in Sicherheit zu bringen.

1 BAG v. 24.9.1974 – 3 AZR 589/73, AP Nr. 1 zu § 13 GmbHG; LAG Hamm v. 14.1.2005 – 10 Sa 1278/04, AuA 2005, 305. |2 Zumindest für den letztgenannten Fall BAG v. 14.7.2005 – 8 AZR 300/04, NZA 2005, 1298. |3 LAG Frankfurt v. 4.9.1995 – 16 Sa 215/95, NZA 1996, 482. |4 BAG v. 23.9.2003 – 3 AZR 658/02, AP Nr. 3 zu § 1 BetrAVG – Auskunft. |5 LAG MV v. 22.11.1993 – 5 Sa 439/93, LAGE § 242 BGB – Auskunftspflicht Nr. 6. |6 LAG Rh.-Pf. v. 21.5.2003 – 10 Sa 261/03, nv. |7 BAG v. 13.11.1996 – 10 AZR 340/96, AP Nr. 4 zu § 620 BGB – Aufhebungsvertrag. |8 BAG v. 12.5.2004 – 4 AZR 338/03, AP Nr. 300 zu §§ 22, 23 BAT 1975. |9 *Brune*, AR-Blattei SD 1510 Stellensuche, Rz. 56 f.; *Peters-Lange*, Kasseler Handbuch des Arbeitsförderungsrechts, § 41 Rz. 17c; *Kreutz*, AuR 2003, 201; *Zieglmeier*, DB 2004, 1830. |10 BAG v. 29.9.2005 – 8 AZR 571/04, nv. |11 LAG Düsseldorf v. 29.9.2004 – 12 Sa 1323/04, NZA-RR 2005, 104; v. 2.3.2005 – 4 Sa 1919/04, AR-Blattei ES 1400 Nr. 71, n.rkr.; LAG Schl.-Holst. v. 15.6.2005 – 3 Sa 63/05, NZA-RR 2005, 552, n.rkr.; LAG Rh.-Pf. v. 11.5.2005 – 9 Sa 908/04, nv.; LAG Berlin v. 29.4.2005 – 13 SHa 724/05, MDR 2005, 1177; LAG BW v. 27.1.2005 – 11 Sa 110/04, nv., n.rkr.; ArbG Verden v. 27.11.2003 – 3 Ca 1567/03, BB 2004, 1632 [m. Anm. *Heins/Höstermann*]; Küttner/*Voelzke*, Personalbuch, Arbeitslosengeld Rz. 41; *Henning/Leitherer*, SGB III, § 2 Rz. 14; *Wolf*, NZA-RR 2004, 337. |12 BAG v. 4.10.2005 9 AZR 598/04 – AP Nr. 42 zu § 242 BGB – Auskunftspflicht. |13 BAG v. 26.7.1972 – 4 AZR 365/71, AP Nr. 1 zu § 4 MTB II. |14 ErfK/*Preis*, § 611 BGB Rz. 784. |15 S. BAG v. 10.3.1976 – 5 AZR 34/75, AP Nr. 17 zu § 618 BGB; *Kort*, NZA 1996, 854 (855); MünchArbR/*Blomeyer*, § 96 Rz. 27 f. |16 MünchArbR/*Blomeyer*, § 96 Rz. 27. |17 Vgl. MünchArbR/*Blomeyer*, § 96 Rz. 29; vgl. auch Staudinger/*Richardi*, § 611 BGB Rz. 926; für ein Entfallen der Arbeitspflicht *Herschel*, RdA 1978, 69 (73); *Söllner*, AuR 1985, 323.

Erfolgte eine Schädigung an Körper oder Leben des ArbN, die durch eine vom ArbGeb zu vertretende Schutzverletzung hervorgerufen wurde, so bestehen grds. vertragl. Schadensersatzansprüche. Ferner kann ein Verstoß gegen öffentl.-rechtl. Arbeitsschutzgesetze auch eine deliktsrechtl. Haftung des ArbGeb begründen. Ob die Arbeitsschutzgesetze Verbotsgesetzte iSv. § 823 II darstellen, wird nicht einheitlich beurteilt[1]. Der Verbotsgesetzcharakter von § 618 wird jedenfalls nach überwiegender Auffassung abgelehnt[2]. Hierfür spricht § 618 III, wonach die Vorschriften der §§ 842–846 entsprechend anzuwenden sind. Hierdurch wird deutlich, dass der Gesetzgeber nicht davon ausgegangen sein kann, dass eine Verletzung der Fürsorgevorschriften gleichzeitig eine unerlaubte Handlung iSd. Deliktsrechts darstellt, da es ansonsten einer ausdrücklichen Verweisung nicht bedurft hätte[3]. 254

bb) Persönlichkeitsschutz des Arbeitnehmers. (1) Allgemeines. Eine große Bedeutung kommt auch der Pflicht des ArbGeb zum Schutz der Persönlichkeit des ArbN zu. Hier entfaltet die Schutzfunktion der Grundrechte eine große Wirkung auf das Arbeitsrecht. Ob eine Persönlichkeitsverletzung des ArbN vorliegt, ist durch eine **Güter- und Interessenabwägung im Einzelfall** zu bestimmen[4]. 255

(2) Mobbing. Von großer Bedeutung ist auch das aus dem Persönlichkeitsrecht folgende allgemeine **Schikaneverbot** (Mobbing) als Nebenpflicht des ArbGeb[5]. Mit dem Begriff des Mobbings werden in diesem Zusammenhang „fortgesetzte aufeinander aufbauende und ineinander übergreifende, der Anfeindung, Schikane oder Diskriminierung dienende Verhaltensweisen erfasst, die nach ihrer Art und ihrem Ablauf im Regelfall einer übergeordneten, von der Rechtsordnung nicht gedeckten Zielsetzung förderlich sind und in ihrer Gesamtheit das allgemeine Persönlichkeitsrecht, die Ehre oder die Gesundheit des Betroffenen verletzen“[6]. Hierbei handelt es sich nicht um einen eigenständigen juristischen Tatbestand. Die rechtl. Einordnung der unter diesen Begriff zusammenzufassenden Verhaltensweisen beurteilt sich ausschließlich danach, ob diese die tatbestandlichen Voraussetzungen einer Rechtsvorschrift erfüllen, aus welcher sich die gewünschte Rechtsfolge herleiten lässt. Insofern kann nicht allein aus der Menge von Auseinandersetzungen zwischen ArbGeb und ArbN sowie dem Umstand, dass Sachstreitigkeiten vom ArbGeb auf Grund dessen Persönlichkeitsstruktur und dessen Rollenverständnis in unangemessener, teils intoleranter Form ausgetragen werden, per se auf eine verwerfliche Motivation des ArbGeb, die automatisch als Mobbing einzustufen wäre, geschlossen werden[7]. Die juristische Bedeutung der durch den Begriff „Mobbing“ gekennzeichneten Sachverhalte besteht darin, der Rechtsanwendung Verhaltensweisen zugänglich zu machen, die bei isolierter Betrachtung der einzelnen Handlungen die tatbestandlichen Voraussetzungen von Anspruchs-, Gestaltungs- und Abwehrrechten nicht oder nicht in einem der Tragweite des Falles angemessenen Umfang erfüllen können. Der ArbGeb ist hiernach verpflichtet, das allgemeine Persönlichkeitsrecht der bei ihm beschäftigten ArbN nicht selbst durch Eingriffe in deren Persönlichkeits- oder Freiheitssphäre zu verletzen, diese vor Belästigungen durch Mitarbeiter oder Dritte, auf die er einen Einfluss hat, zu schützen, einen menschengerechten Arbeitsplatz zur Verfügung zu stellen und die ArbN-Persönlichkeit zu fördern. Zur Einhaltung dieser Pflichten kann der ArbGeb als Störer nicht nur dann in Anspruch genommen werden, wenn er selbst den Eingriff begeht oder steuert, sondern auch dann, wenn er es unterlässt, Maßnahmen zu ergreifen oder seinen Betrieb so zu organisieren, dass eine Verletzung des Persönlichkeitsrechts ausgeschlossen wird[8]. So kann der ArbN berechtigt sein, vom ArbGeb Schadensersatz zu verlangen, falls ihm Schäden auf Grund von Mobbing durch namentlich benannte Kollegen entstanden sind; hierzu reicht als konkreter Lebenssachverhalt die Angabe „Mobbing-Aktionen“ verbunden mit der Angabe eines ungefähren Zeitraums („1998/1999/2000 bis zum 30.6.2000“) jedoch nicht aus[9]. In einem solchen Fall kommen die Arbeitskollegen als Verrichtungsgehilfen in Betracht, deren Handeln dem ArbGeb über **§ 831** zugerechnet werden kann. Hierfür genügt aber nicht schon ein nur örtlicher oder zeitlicher Zusammenhang zwischen Schädigung und Verrichtung; vielmehr ist über den äußeren Zusammenhang hinaus erforderlich, dass das Handeln angeblich mobbender Kollegen mit dem ihnen übertragenen Aufgabenkreis nach Zweck und Art objektiv in einem engen oder unmittelbaren inneren (sachlichen) Zusammenhang steht[10]. Der ArbGeb hat auch für schuldhaft begangene Persönlichkeitsrechts- oder Gesundheitsverletzungen durch von ihm als Erfüllungsgehilfen eingesetzte andere ArbN und Vorgesetzte gemäß **§ 278** einzustehen. Notwendig ist jedoch immer, dass die schuldhafte Handlung in einem inneren sachlichen 256

---

1 Dafür: *Herschel*, RdA 1978, 69, 71 MünchArbR/*Blomeyer*, § 96 Rz. 31; Kittner/Zwanziger/*Becker*, ArbR, § 73 Rz. 52; eher abl. ErfK/*Preis*, § 611 BGB Rz. 764. | **2** Vgl. MüKo/*Lorenz*, § 618 BGB Rz. 93. | **3** ErfK/*Preis*, § 611 BGB Rz. 764. | **4** BAG v. 27.5.1986 – 1 ABR 48/84, AP Nr. 15 zu § 87 BetrVG 1972 – Überwachung. | **5** LAG Rh.-Pf. v. 16.8.2001 – 6 Sa 415/01, NZA-RR 2002, 12; v. 19.2.2004 – 2 Ta 12/04, NZA-RR 2004, 232; LAG Thür. v. 10.4.2001 – 5 Sa 403/2000, NZA-RR 2001, 347; v. 10.6.2004 – 1 Sa 148/01, LAGReport 2004, 347; LAG Schl.-Holst. v. 9.3.2002 – 3 Sa 1/02, NZA-RR 2002, 457; MünchArbR/*Blomeyer*, § 53 Rz. 28 ff.; umfassend: *Grunewald*, NZA 1993, 1071; *Wickler*, DB 2002, 477; *Ruheberg*, AuR 2002, 201; *Rieble*/*Klumpp*, ZIP 2002, 369; *Hohmann*, NZA 2006, 530. | **6** BAG v. 16.5.2007 – 8 AZR 709/06, nv.; LAG Hamm v. 25.6.2002 – 18 (11) Sa 1295/01, NZA-RR 2003, 8 (9); LAG Berlin v. 6.3.2003 – 18 Sa 2299/02, MDR 2003, 881. | **7** LAG Schl.-Holst. v. 1.4.2004 – 3 Sa 542/03, NZA-RR 2005, 15. | **8** BAG v. 16.5.2007 – 8 AZR 709/06, nv.; LAG Thür. v. 10.4.2001 – 5 Sa 403/2000, NZA-RR 2001, 347; s. auch zur Definition LAG Schl.-Holst. v. 9.3.2002 – 3 Sa 1/02, NZA-RR 2002, 457. | **9** LAG Rh.-Pf. v. 28.8.2001 – 5 Sa 521/01. | **10** LAG Rh.-Pf. v. 28.8.2001 – 5 Sa 521/01; zum Verfall des Schadensersatzanspruchs nach § 70 BAT s. LAG Köln v. 3.6.2004 – 5 Sa 241/04, EzBAT § 70 BAT Nr. 59.

Zusammenhang mit den Aufgaben steht, die der Schuldner dem Erfüllungsgehilfen im Hinblick auf die Vertragserfüllung zugewiesen hat. Dies wird in der Regel nur dann der Fall sein, wenn die Erfüllungsgehilfen gegenüber dem betroffenen ArbN die Fürsorgepflicht konkretisieren bzw. ihm gegenüber Weisungsbefugnisse haben. Eine Zurechnung kommt hingegen nicht in Betracht, wenn gleichgestellte Kollegen den anderen ArbN beschimpfen oder ignorieren[1]. Ein Schadensersatzanspruch gegen den ArbGeb wegen Mobbings ist bei Maßnahmen aus Anlass einer Betriebsänderung nur dann gegeben, wenn diese erkennbar gegen die Person des ArbN gerichtet sind und nicht bloß den Inhalt oder Bestand des Arbeitsverhältnisses betreffen; dafür genügt die Wahrnehmung vermeintlicher Rechte nicht, wenn aus dabei gemachten Fehlern nicht geschlossen werden kann, dass der ArbN damit gezielt zermürbt werden sollte[2]. Im Schadensersatzprozess genügt der ArbN seiner Darlegungs- und Beweislast nur, wenn er die beanstandeten Verhaltensweisen so konkret darlegt und beweist, dass in jedem Einzelfall beurteilt werden kann, ob es sich dabei um rechtswidrige und schuldhafte Überschreitungen des Direktionsrechts gehandelt hat und der ArbGeb damit rechnen musste, dass sein Verhalten eine Erkrankung des ArbN verursachen könnte[3]. Begehrt ein ArbN die Feststellung des Bestehens eines Zurückbehaltungsrechts an seiner Arbeitsleistung auf Grund von Mobbing-Attacken, muss er konkret die Tatsachen angeben, aus denen er die Mobbing-Situation ableitet, dh. welche Umstände seiner Arbeit oder welche Handlungen oder Äußerungen seiner Vorgesetzten oder Arbeitskollegen er als Mobbing betrachtet[4]. Die Ausschlussfrist beginnt in Mobbing-Fällen wegen der systematischen, sich aus mehreren einzelnen Handlungen zusammensetzenden Verletzungshandlung regelmäßig erst mit der zeitlich letzten Mobbing-Handlung[5]. Vgl. zum Mobbing durch Kollegen des ArbN die Kommentierung in Rz. 354 f.

257 **(3) Schutz vor sexueller Belästigung.** Der Schutz vor sexueller Belästigung stellt eine besondere Ausprägung des Persönlichkeitsschutzes des ArbN dar. S. hierzu die Kommentierung zum AGG.

258 **(4) Datenschutz und Personalakten.** Zum Datenschutz im Zusammenhang mit Bewerbungsgesprächen s. Rz. 22, darüber hinaus vgl. die Kommentierung zum BDSG. Bundesdatenschutzrechtl. Belange sind insb. bei der **Führung** von **Personalakten** zu beachten. Nach §§ 34, 35 BDSG hat der ArbN einen Anspruch auf Auskunft über die in Dateien zu seiner Person gespeicherten Daten. Weitere spezielle Regelungen sind in den §§ 82, 83 BetrVG, sowie in § 26 SprAuG enthalten.

259 Personalakten dürfen **nicht allgemein zugänglich** sein, sondern müssen sorgfältig verwahrt werden[6]. Der ArbGeb muss bestimmte Informationen vertraulich behandeln oder für die vertrauliche Behandlung durch Sachbearbeiter Sorge tragen. Außerdem muss der Kreis der mit Personalakten befassten Beschäftigten möglichst eng gehalten werden. Soweit Dritte in die Personalakte des ArbN Einsicht nehmen wollen, bedarf es grds. seines Einverständnisses[7]. Nach Beendigung des Arbeitsverhältnisses sind besondere Aufbewahrungsvorschriften für einzelne Vorgänge zu beachten (vgl. § 257 HGB zu Kaufmännischen Aufbewahrungsfristen, § 14 I 9 EStG zu Lohnkosten). Der ArbGeb ist ferner verpflichtet, unberechtigt zu den Personalakten hinzugefügte Schriftstücke zu entfernen. Diese Nebenpflicht hat vor allem im Hinblick auf rechtswidrige Abmahnungen große Bedeutung.

260 **(5) Weitere Ausprägungen des Persönlichkeitsschutzes.** Weiterhin obliegt dem ArbGeb der Schutz des **Allgemeinen Persönlichkeitsrechts** des ArbN, welches als sonstiges Recht iSv. § 823 I anerkannt ist[8] und auch Gegenstand vertragl. Schutzpflichten des ArbGeb ist[9].

261 Ausprägungen des Persönlichkeitsschutzes im Arbeitsverhältnis sind die **Wahrung der Privatsphäre,** der **Beschäftigungsanspruch** (vgl. Rz. 168 ff.) des ArbN, das **Verbot der Geschlechterdiskriminierung**, der **Datenschutz** (Rz. 22, 26) und die **Begrenzung des Fragrechts** des ArbGeb und die **Offenbarungspflicht** des ArbN.

262 Eine **Persönlichkeitsrechtsverletzung** wurde von der Rspr. **anerkannt** bei: **Geschlechtsbedingter Diskriminierung** im Einstellungsverfahren[10], Einholung eines **graphologischen Gutachtens** ohne Einwilligung des ArbN[11] (vgl. auch Rz. 21), **verbalen Ehrkränkungen**[12], Diskriminierung wegen **Übergewichts**[13], Zugänglichmachung der **Personalakte** an Dritte ohne Wissen des Betroffenen[14], ständige lückenlose

1 BAG v. 25.10.2007 – 8 AZR 593/06, nv.; v. 16.5.2007 – 8 AZR 709/06, nv.; LAG Thüringen v. 10.6.2004 – 1 Sa 148/01, LAGE GG Art. 2 Persönlichkeitsrecht Nr. 8a; LAG Niedersachsen v. 3.5.2000 – 16a Sa 1391/99, LAGE BGB § 273 Nr. 2; *Benecke*, NZA-RR 2003, 225; *Rieble/Klump*, ZIP 2002, 369; *dies.* FA 2002, 307; *Däubler*, BB 1995, 1347; | 2 LAG Berlin v. 17.1.2003 – 6 Sa 1735/02, AiB 2004, 109. | 3 LAG Berlin v. 15.7.2004 – 16 Sa 2280/03, NZA-RR 2005, 13; s. auch LAG Hamm v. 21.12.2004 – 13 (5) Sa 659/04, nv., n.rkr; s. zum Schadensersatzanspruch wegen Mobbings LAG Sachsen v. 17.2.2005 – 2 Sa 751/03, nv., n.rkr. | 4 BAG v. 23.1.2007 – 9 AZR 557/06, ZTR 2007, 465. | 5 BAG v. 16.5.2007 – 8 AZR 709/06, nv. | 6 BAG v. 12.9.2006 – 9 AZR 271/06, AP Nr. 1 zu § 611 BGB Personalakte; dazu *Kammerer*, AuR 2007, 189. | 7 BAG v. 4.4.1990 – 5 AZR 299/89, AP Nr. 21 zu § 611 BGB – Persönlichkeitsrecht. | 8 St. Rspr., vgl. BGH v. 25.5.1954 – I ZR 211/53, BGHZ 13, 334; Palandt/*Sprau*, § 823 BGB Rz. 83 ff. | 9 BAG v. 15.7.1987 – 5 AZR 215/86, AP Nr. 14 zu § 611 BGB – Persönlichkeitsrecht; *Wiese*, ZfA 1971, 283. | 10 BAG v. 14.3.1989 – 8 AZR 447/87, AP Nr. 5 zu § 611a BGB, allerdings zu § 611a BGB aF. | 11 LAG Tübingen v. 26.1.1972 – 8 Sa 109/71, NJW 1976, 310. | 12 BAG v. 18.2.1999 – 8 AZR 735/97, AP Nr. 31 zu § 611 BGB – Persönlichkeitsrecht; *Wiese*, ZfA 1971, 297 ff. | 13 ArbG Marburg v. 13.2.1998 – 2 Ca 482/97, NZA-RR 1999, 124. | 14 BAG v. 18.12.1984 – 3 AZR 389/83, AP Nr. 8 zu § 611 BGB – Persönlichkeitsrecht; v. 15.7.1987 – 5 AZR 215/86, AP Nr. 14 zu § 611 BGB – Persönlichkeitsrecht.

Überwachung durch verdeckte Kameras[1], aber auch Videoüberwachung der ArbN eines Postverteilungszentrums durch sichtbare Kameras[2], Untersagung des Zutritts zum Betriebsgebäudes auf Grund der bloßen Befürchtung einer ansteckenden Krankheit des ArbN sowie Androhung einer Strafanzeige für den Fall der Zuwiderhandlung[3], Verstößen gegen das **BDSG** (vgl. Rz. 22) und heimlichem **Mithören** von **Telefongesprächen**[4].

Abgelehnt wurde eine **Persönlichkeitsrechtsverletzung** bei: Einsichtnahme in die Personalakten eines ArbN einer Sparkasse durch Mitarbeiter der Sparkassenrevision zur Überprüfung der Personalausgaben eines ArbGeb[5], der Öffnung von Briefen durch die Dienststelle, die an die Mitarbeiter und zugleich an die Dienststelle adressiert und nicht als persönlich oder vertraulich gekennzeichnet waren[6], psychologischer Eignungsuntersuchung bei begründetem Anlass[7], Weiterleitung eines ausgefüllten Fragebogens an das Bundesamt für Verfassungsschutz zur Sicherheitsüberprüfung[8], Duzen durch Kollegen[9]; Kritik der zurückgetretenen Personalratsmitglieder am bisherigen Personalratsvorsitzenden per E-Mail und am Schwarzen Brett, sofern sie keine herabsetzende Schmähkritik beinhaltet[10]. Ferner ist eine heimliche Videoüberwachung des ArbN zumindest dann zulässig, wenn der konkrete Verdacht auf ein strafbares Verhalten des ArbN besteht[11]. 263

cc) Schutz des Eigentums und des Vermögens des Arbeitnehmers. (1) Obhuts- und Verwahrungspflichten. Die bereits bisher allgemein anerkannte Obhuts- und Verwahrungspflicht des ArbGeb für berechtigterweise in den Betrieb eingebrachtes ArbN-Eigentum[12] hat nun ihre Grundlagen in § 241 II. Der ArbN kann vom ArbGeb jedoch nur die Fürsorgemaßnahmen verlangen, die dem ArbGeb nach den konkreten beruflichen und betrieblichen Verhältnissen zumutbar sind und ihn bei eigenem Zutun in die Lage versetzen, sein eingebrachtes Eigentum entsprechend der betrieblichen Situation vor Verlust oder Beschädigungen zu schützen[13]. 264

Der ArbGeb hat demnach einen seinen ArbN zur Verfügung gestellten **Parkplatz** verkehrssicher zu gestalten und somit die durch die Benutzung des Parkplatzes drohenden Gefahren für die abgestellten Fahrzeuge auf ein zumutbares Mindestmaß zurückzuführen[14]. Der ArbGeb ist jedoch nicht verpflichtet, die auf dem Parkplatz abgestellten Fahrzeuge auch vor solchen Schäden zu bewahren, vor denen der Eigentümer sich auch sonst im Straßenverkehr kaum wirksam schützen kann[15]. Der ArbGeb kann die Haftung für Verkehrsicherungspflichten, gegenüber seinen ArbN grds. nicht durch vertragl. Einheitsregelung ausschließen[16]. Ferner ist auch ein Haftungsausschluss für Vorsatz des ArbGeb nach § 276 III und für grobe Fahrlässigkeit nach § 309 Nr. 7 ausgeschlossen. Die Haftung für einfache Fahrlässigkeit kann regelmäßig in Allgemeinen Vertragsbedingungen ausgeschlossen werden[17]. Hat der ArbGeb die Schädigung des ArbN-Eigentums zu vertreten, so haftet er sowohl nach vertragl. als auch nach deliktischer Grundlage. 265

(2) Sonstige Vermögensinteressen des Arbeitnehmers. Ob der ArbGeb bei einer Verletzung sonstiger Vermögensinteressen des ArbN haften muss, ist vom Einzelfall abhängig. Hierbei ist der Schutzzweck der vertragl. Nebenpflichten anhand des Maßstabs des § 242 und des § 241 II zu konkretisieren. So kann der ArbGeb verpflichtet sein, den ArbN durch Hinweispflichten auf mögliche Schäden aufmerksam zu machen[18]. 266

Kommt der ArbGeb seiner Pflicht zur **ordnungsgemäßen Zahlung von SozV-Beiträgen** schuldhaft nicht nach, so muss der ArbGeb für den Schaden, der dem ArbN hierdurch entstanden ist (zB Nichterfüllung der Wartezeit oder Schmälerung der Rente), haften, da nach heute vorherrschender Ansicht[19] die sozialversicherungsrechtl. Anmelde- und Beitragsvorschriften, sowie § 266a StGB[20] als Schutzvorschriften iSv. § 823 II anzusehen sind. Sie verfolgen neben ihren verwaltungsmäßigen Zielen auch den 267

---

1 BAG v. 7.10.1987 – 5 AZR 116/86, AP Nr. 15 zu § 611 BGB – Persönlichkeitsrecht. | 2 BAG v. 29.6.2004 – 1 ABR 21/03, AP Nr. 41 zu § 87 BetrVG 1972 – Überwachung; v. 14.12.2004 – 1 ABR 34/03, AP Nr. 42 zu § 87 BetrVG 1972 – Überwachung. | 3 ArbG Halberstadt v. 17.2.2004 – 5 Ca 574/03, nv. | 4 BAG v. 29.10.1997 – 5 AZR 508/96, AP Nr. 27 zu § 611 BGB – Persönlichkeitsrecht. | 5 BAG v. 4.4.1990 – 5 AZR 299/89, AP Nr. 21 zu § 611 BGB. | 6 LAG Hamm v. 19.2.2003 – 14 Sa 1972/02, NZA-RR 2003, 346. | 7 BAG v. 13.2.1964 – 2 AZR 286/63, AP Nr. 1 zu Art. 1 GG. | 8 BAG v. 17.5.1983 – 1 AZR 1249/79, AP Nr. 11 zu § 75 BPersVG. | 9 LAG Hamm v. 29.7.1998 – 14 Sa 1145/98, NZA-RR 1998, 481. | 10 LAG Nds. v. 7.6.2004 – 5 Sa 2024/03, NZA-RR 2005, 111. | 11 LAG Schl.-Holst. v. 4.12.2001 – 1 Sa 392 b/01, nv.; BAG v. 27.3.2003 – 2 AZR 51/02, AP Nr. 36 zu § 87 BetrVG 1972 – Überwachung zum Verdacht der Unterschlagung; LAG Thür. v. 9.12.2003 – 5 Sa 157/02, nv.; einschr. ArbG Hamburg v. 20.2.2004 – 17 Ca 426/03, NZA-RR 2005, 520. | 12 *Schaub*, ArbRHdb, § 108 Rz. 28; als Ausprägung der Fürsorgepflicht BAG v. 5.3.1959 – 2 AZR 268/56, AP Nr. 26 zu § 611 BGB – Fürsorgepflicht m. Anm. *Hueck*; v. 1.7.1965 – 5 AZR 264/64, AP Nr. 75 zu § 611 BGB – Fürsorgepflicht m. Anm. *Bulla*. | 13 BAG v. 1.7.1965 – 5 AZR 264/64, AP Nr. 75 zu § 611 BGB – Fürsorgepflicht m. Anm. *Bulla*. | 14 BAG v. 10.11.1960 – 2 AZR 226/59, AP Nr. 58 zu § 611 BGB – Fürsorgepflicht; v. 25.5.2000 – 8 AZR 518/99, AP Nr. 8 zu § 611 BGB – Parkplatz; zum Ersatzanspruch des ArbN bei Kraftfahrzeugschäden durch Industrieimmissionen, *Neuhausen*, NZA 1991, 372. | 15 LAG Hess. v. 11.4.2003 – 12 Sa 243/02, NZA-RR 2004, 69. | 16 BAG v. 28.9.1989 – 8 AZR 120/88, AP Nr. 5 zu § 611 BGB – Parkplatz. | 17 ErfK/*Preis*, § 611 BGB Rz. 773. | 18 LAG Frankfurt v. 15.1.1998 – 14 Sa 156/97, LAGE § 249 BGB Nr. 12. | 19 BAG v. 14.7.1960 – 2 AZR 485/59, AP Nr. 1 zu § 823 BGB – Schutzgesetz; v. 12.7.1963 – 1 AZR 514/61, AP Nr. 4 zu § 823 BGB – Schutzgesetz; Staudinger/*Richardi*, § 611 BGB Rz. 846 f. (938). | 20 *Kania/Peters-Lange*, ZTR 1996, 534.

Schutz des einzelnen Versicherten und lösen gleichzeitig eine Nebenpflicht des ArbGeb gegenüber dem ArbN aus, deren Verletzung damit stets auch einen Schadensersatzanspruch begründet[1].

268 Eine Anmelde- und Beratungspflicht ist vor allem auch im Hinblick auf den **Beitritt** zu Zusatzversorgungskassen zu bejahen[2]. Weiterhin trifft den ArbGeb die Pflicht zu richtiger **Lohnberechnung** (s. Rz. 164) und zur Herausgabe der ausgefüllten LStKarte[3]. Bewirkt eine fehlerhafte LStBescheinigung durch den ArbGeb, dass der ArbN zu einer überhöhten ESt veranlagt wird, so kann dem ArbN gegen den ArbGeb ebenfalls ein Schadensersatzanspruch zustehen[4]. Die Pflichten des ArbGeb **als Drittschuldner im Fall der Lohnpfändung** richten sich nach § 840 ZPO. Den ArbGeb trifft im Allgemeinen keine Fürsorgepflicht, den ArbN über die Möglichkeit eines Vollstreckungsschutzantrages nach § 850i ZPO zu belehren. Insoweit ist allein das Rechtsverhältnis des ArbN zu dessen Gläubigern betroffen, für das der ArbGeb keine Schutzpflichten hat[5]. Es besteht keine arbeitsvertragl. Fürsorgepflicht dergestalt, dass der vom Gläubiger als Drittschuldner in Anspruch genommene ArbGeb gehalten wäre, gepfändete Lohn- bzw. Gehaltsbeträge nicht nur einzubehalten, sondern auch an den Gläubiger abzuführen[6]. Allerdings muss der ArbGeb die mit der Bearbeitung von Lohn- oder Gehaltspfändungen verbundenen Kosten tragen[7]. Er hat weder einen gesetzl. Erstattungsanspruch gegen den ArbN noch kann ein solcher Anspruch durch (freiwillige) BV begründet werden.

269 Für den ArbGeb besteht allerdings **keine allgemeine Rechtspflicht**, den ArbN vor Vermögensnachteilen zu bewahren. Nur in Ausnahmefällen kann der ArbGeb aus Gründen der Fürsorgepflicht zur Vornahme bestimmter Handlungen verpflichtet sein, wenn der ArbN hierauf angewiesen ist, um Sozialleistungsansprüche durchzusetzen[8].

270 **e) Aufwendungsersatz.** Unter dem Begriff der Aufwendungen sind grds. freiwillige Vermögensopfer zu verstehen[9]. Macht ein ArbN im Zusammenhang mit seinen Dienstpflichten für den ArbGeb **Aufwendungen**, für deren Abgeltung die ihm gewährte Arbeitsvergütung nicht bestimmt und die er auch nach dem sonstigen Inhalt seines Arbeitsvertrages in ihren belastenden Auswirkungen nicht endgültig zu tragen verpflichtet ist, kann er vom ArbGeb in – zumindest entsprechender – Anwendung von **§ 670** Ersatz der Aufwendungen fordern, soweit diese von ihm gefordert wurden oder erforderlich waren oder der ArbN sie den Umständen nach für erforderlich halten durfte[10]. Unter den Begriff der Aufwendungen fallen auch die unfreiwilligen arbeitsbedingten Vermögensopfer des ArbN, die dieser im Zusammenhang mit der Erbringung der Arbeitsleistung erleidet[11]. Bei einem **Mitverschulden** des ArbN kann sein Anspruch gem. § 254 BGB analog gemindert werden.

271 Der Aufwendungsersatz stellt kein Entgelt für die erbrachte Arbeitsleistung dar[12] und steht daher auch nicht im Gegenseitigkeitsverhältnis zur Arbeitspflicht. Er fällt nach § 4a EFZG nicht zum fortzuzahlenden Arbeitsentgelt, gehört aber nach § 850a Nr. 3 ZPO idR zu den unpfändbaren Bezügen. Haben ArbGeb und ArbN **vertragl. Vereinbarungen** über den Ersatz von Aufwendungen getroffen, sind diese **vorrangig**, es sei denn, zwingende gesetzl. Vorschriften (zB §§ 618, 619, Unfallverhütungsvorschriften) verpflichten den ArbGeb zum vollen Aufwandsersatz[13]. Üblich sind auch tarifvertragl. Regelungen, die beachtet werden müssen (zB § 44 TVöD BT-V)[14]. Es ist auch möglich, den Aufwendungsersatz zu pauschalieren[15]. Hierbei ist allerdings eine gesonderte Ausweisung in der Lohnabrechnung erforderlich, da der Aufwendungsersatz nicht steuer- und sozialabgabenpflichtig ist.

272 Grundsätzlich muss durch eine **Vertragsauslegung** ermittelt werden, welche Aufwendungen im Einzelfall von der Pauschale erfasst sind. Benutzt ein ArbN zur Erledigung arbeitsvertragl. Verrichtungen seinen privaten Pkw und zahlt der ArbGeb ihm die nach Steuerrecht anerkannte Kilometerpauschale, so hat der ArbGeb für die Kosten der Rückstufung in der Haftpflichtversicherung, die durch einen bei der Arbeitsverrichtung eingetretenen Unfall verursacht worden sind, nur einzutreten, wenn dies zwischen den Arbeitsvertragsparteien vereinbart ist. Haben die Parteien eine Kilometerpauschale vereinbart und war der ArbN in der Auswahl seines Pkw und der Versicherungsgesellschaft frei, so ist im

---

1 Umfassend BGH v. 15.10.1996 – VI ZR 319/95, AP Nr. 21 zu § 823 BGB – Schutzgesetz; v. 16.5.2000 – VI ZR 90/99, AP Nr. 24 zu § 823 BGB – Schutzgesetz. |2 LAG Rh.-Pf. v. 12.10.1990 – 6 Sa 663/90, LAGE § 611 BGB – Fürsorgepflicht Nr. 21; v. 16.11.1990 – 6 Sa 696/90, LAGE § 611 BGB – Fürsorgepflicht Nr. 22; LAG Hamm v. 2.12.1986 – 6 Sa 376/86, LAGE § 611 BGB – Fürsorgepflicht Nr. 13; v. 13.7.1999 – 6 Sa 2407/98, NZA-RR 1999, 658. |3 BAG v. 20.2.1997 – 8 AZR 121/95, AP Nr. 4 zu § 611 BGB – Haftung des Arbeitgebers. |4 BFH v. 20.9.1996 – VI R 57/95, NZA-RR 1997, 121. |5 BAG v. 13.11.1991 – 4 AZR 20/91, AP Nr. 13 zu § 850 ZPO. |6 LAG Hamm v. 15.6.1988 – 2 Sa 541/88, DB 1988, 1703. |7 BAG v. 18.7.2006 – 1 AZR 578/05, NZA 2007, 462. |8 BAG v. 19.3.1992 – 8 AZR 301/91, AP Nr. 110 zu § 611 BGB – Fürsorgepflicht. |9 Staudinger/*Richardi*, § 611 BGB Rz. 929. |**10** BAG v. 1.2.1963 – 5 AZR 74/62, AP Nr. 10 zu § 670 BGB; v. 14.2.1996 – 5 AZR 978/94, AP Nr. 5 zu § 611 BGB – Aufwandsentschädigung; MünchArbR/*Blomeyer*, § 96 Rz. 77 ff.; *Reichold*, NZA 1994, 488; Staudinger/*Richardi*, § 611 BGB Rz. 928. |**11** Vgl. Palandt/*Sprau*, § 670 BGB Rz. 3; *Schaub*, ArbRHdb, § 85 Rz. 6. |**12** BAG v. 15.7.1992 – 7 AZR 491/91, AP Nr. 19 zu § 46 BPersVG; v. 27.7.1994 – 7 AZR 81/94, AP Nr. 14 zu § 46 BPersVG. |**13** BAG v. 14.2.1996 – 5 AZR 978/94, AP Nr. 5 zu § 611 BGB – Aufwandsentschädigung. |**14** BAG v. 18.11.2004 – 6 AZR 581/03, ZTR 2005, 265 zu einem tarifvertraglichen Anspruch auf Fahrzeugentschädigung. |**15** BAG v. 15.7.1992 – 7 AZR 491/91, AP Nr. 19 zu § 46 BPersVG; v. 27.7.1994 – 7 AZR 81/94, AP Nr. 14 zu § 46 BPersVG; v. 14.2.1996 – 5 AZR 978/94, AP Nr. 5 zu § 611 BGB.

Zweifel anzunehmen, dass mit Zahlung der Kilometerpauschale auch Rückstufungserhöhungen in der Haftpflichtversicherung abgegolten sind[1]. Zu den Einzelheiten vgl. § 619a Rz. 74 ff.

Fordert der ArbGeb den ArbN auf, sein eigenes Fahrzeug statt eines des ArbGeb zu nutzen, ist er zum Ersatz der am Fahrzeug des ArbN entstandenen **Unfallschäden** in entsprechender Anwendung des § 670 BGB verpflichtet, da das Fahrzeug in diesem Fall im Betätigungsbereich des ArbGeb eingesetzt wird. Selbst wenn die Unfallschäden auf einem Defekt des Fahrzeugs des ArbN beruhen, liegt eine Fahrt im Betätigungsbereich des ArbGeb vor. Der Defekt oder ein eventuelles persönliches Fehlverhalten des ArbN sind aber als Mitverschulden in entsprechender Anwendung des § 254 BGB zu berücksichtigen[2]. 273

Die Kosten für den Erweb einer sog. **Fahrerkarte**, die für den Betrieb von nach dem 1.5.2006 neu zugelassenen Lkw ab 3,5 t erforderlich ist, hat der ArbN selbst zu tragen. Ihm steht kein Aufwendungsersatzanspruch nach § 670 BGB zu, da der ArbN ein eigenes Interesse an der Verwendung der Karte hat. Sie wird für ihn persönlich ausgestellt und ist weder an ein bestimmtes Fahrzeug gebunden noch auf das bestehende ArbVerh. beschränkt[3]. 274

Der ArbN hat gegen den ArbGeb auch einen Aufwendungsersatzanspruch gemäß § 670 BGB, wenn er **private Räumlichkeiten** allein zur Erfüllung seiner Arbeitspflicht nutzt, da dies ein Vermögensopfer im Interesse des ArbGeb darstellt[4]. 275

Einstweilen frei. 276–279

f) Sonstige Nebenpflichten. Unter dem Gesichtspunkt der Fürsorgepflicht des ArbGeb sind in eng umgrenzten Rahmen weitere Nebenpflichten des ArbGeb anzuerkennen. 280

Der ArbGeb darf dem ArbN **nicht grundlos Nachteile zufügen.** So kann der ArbGeb auf Grund seiner Fürsorgepflicht gehalten sein, bei der Erlangung des **Freigängerstatus** mitzuwirken, um Störungen des Arbeitsverhältnisses zu vermeiden. Dies setzt allerdings voraus, dass der ArbN den ArbGeb über die Umstände der Straftat, des Strafverfahrens und der Haft nicht täuscht bzw. im Unklaren lässt. Die Fürsorgepflicht gebietet eine solche Mitwirkung des ArbGeb idR ferner dann nicht, wenn trotz Bewilligung des Freigangs weitere Störungen des Arbeitsverhältnisses zu befürchten sind[5]. Auf Grund der Nebenpflicht zur Rücksichtnahme auf die berechtigten Interessen des Vertragspartners ist es dem ArbGeb verwehrt, an einem Einverständnis des ArbN fest zu halten, wenn sich inzwischen herausgestellt hat, dass dieses unter falschen Voraussetzungen abgegeben wurde[6]. 281

Die Fürsorgepflicht wird aber nicht als so weit reichend zu bewerten sein, dass man eine Verpflichtung des ArbGeb dahingehend sieht, dass er einen kranken ArbN notfalls durch **Kündigung vor einer Selbstschädigung** bewahrt[7]. Ist allerdings ein ArbN auf Dauer krankheitsbedingt nicht mehr in der Lage, die geschuldete Arbeit auf seinem bisherigen Arbeitsplatz zu leisten, so ist er zur Vermeidung einer Kündigung von dem ArbGeb auf einem leidensgerechten Arbeitsplatz im Betrieb oder Unternehmen weiterzubeschäftigen, falls ein solch gleichwertiger oder jedenfalls zumutbarer Arbeitsplatz frei und der ArbN für die dort zu leistende Arbeit geeignet ist. Ggf. hat der ArbGeb einen solchen Arbeitsplatz durch Ausübung seines Direktionsrechts frei zu machen[8]. Eine Pflicht des ArbGeb, einen leidensgerechten Arbeitsplatz freizukündigen oder durch Änderungskündigung zu schaffen, besteht jedoch selbst dann nicht, wenn die Leistungsunfähigkeit des ArbN auf einen Arbeitsunfall zurückzuführen ist[9]. Allerdings kann der ArbGeb gehalten sein, bei einer auf einer Kommunikationsstörung beruhenden krankheitsbedingten Arbeitsunfähigkeit eines ArbN, diese durch eine gutachterlich als erfolgversprechend beurteilte professionelle Supervision zu beseitigen, statt eine Kündigung auszusprechen[10]. Zu einer Durchführung von behördlichen oder gerichtlichen Verfahren zu Gunsten des ArbN kann der ArbGeb durch seine Fürsorgepflicht nicht verpflichtet werden[11]. 282

IX. Pflichten des Arbeitnehmers. 1. Arbeitsleistung als Hauptpflicht. a) Allgemeine Grundlagen der Arbeitspflicht. Grundlage der Verpflichtung des ArbN zur Erbringung der Arbeitsleistung ist der Arbeitsvertrag, der vertragstypische Verpflichtungen iSv. § 611 I begründet. Die Arbeitspflicht ist die dem ArbN obliegende Hauptpflicht. Wie aus § 611 I hervorgeht, steht sie im Gegenseitigkeitsverhältnis zu der Pflicht des ArbGeb zur Zahlung der Vergütung. Wegen dieses synallagmatischen Charakters der Ar- 283

---

1 BAG v. 30.4.1992 – 8 AZR 409/91, AP Nr. 11 zu § 611 BGB – Gefährdungshaftung des Arbeitgebers. | **2** BAG v. 23.11.2006 – 8 AZR 701/05, AP Nr. 39 zu § 611 BGB Haftung des Arbeitgebers. | **3** BAG v. 16.10.2007 – 9 AZR 170/07, nv. | **4** BAG v. 14.10.2003 – 9 AZR 657/02, AP Nr. 32 zu § 670 BGB. | **5** BAG v. 9.3.1995 – 2 AZR 497/94, AP Nr. 123 zu § 626 BGB. | **6** LAG Köln v. 29.1.2003 – 7 Sa 1076/02, MDR 2003, 941. | **7** Noch zweifelnd BAG v. 12.7.1995 – 2 AZR 762/94, AP Nr. 7 zu § 626 BGB – Krankheit; abl. 21.12.1995 – 10 Sa 741/95, LAGE § 1 KSchG – Krankheit Nr. 24. | **8** BAG v. 29.1.1997 – 2 AZR 9/96, AP Nr. 32 zu § 1 KSchG – Krankheit; v. 17.2.1998 – 9 AZR 130/97, AP Nr. 27 zu § 618 BGB; LAG Hamm v. 23.6.2004 – 18 Sa 1729/03, LAGE § 611 BGB 2002 Fürsorgepflicht Nr. 1. | **9** LAG Hamm v. 31.3.2004 – 18 Sa 2219/03. AuA 2004, Nr. 12, 48. | **10** LAG Rh.-Pf. v. 26.4.2004 – 7 Sa 1220/01, nv. | **11** S. BAG v. 29.1.1997 – 2 AZR 9/96, AP Nr. 32 zu § 1 KSchG 1969 – Krankheit zum Zustimmungsersetzungsverfahren bei Verweigerung der Zustimmung durch den BR; bejahend *Gottwald*, BB 1997, 2427, für eine Verpflichtung des ArbGeb bei rechtswidriger Zustimmungsverweigerung; BAG v. 19.3.1992 – 8 AZR 301/91, AP Nr. 110 zu § 611 BGB – Fürsorgepflicht zu Widerspruch und Klage gegen Kurzabeitergeldfestsetzung.

beitspflicht finden im Grundsatz auch die §§ 320 ff. auf sie Anwendung[1]. Eine Besonderheit des Dienst- wie des Arbeitsvertrags besteht darin, dass es sich dabei um einen **unvollständigen Vertrag** handelt[2], dh. die im Rahmen des Vertrags zu erbringenden Leistungen stehen bei Vertragsschluss noch nicht fest, sondern der Vertrag bedarf erst noch während seiner Dauer der Ausfüllung mit Einzelnen, im Vorhinein nicht erschöpfend benennbaren Leistungen. Dies bedingt, dass andere, außerhalb des Arbeitsvertrags bestehende Regeln auf ihn einwirken. Demgemäß werden die im Rahmen des Arbeitsvertrags getroffenen Abmachungen durch Bestimmungen nach Maßgabe anderer Rechtsquellen (hierzu allgemein vor § 611 Rz. 132 ff.) wie Gesetz, VO, TV, BV, aber auch betriebliche Übung, allgemeine Arbeitsbedingungen, Gesamtzusage und Ähnliches verdrängt, überlagert, modifiziert, ergänzt oder ausgefüllt. Auch das Transparenzgebot verlangt vom ArbG nicht, alle möglichen Konkretisierungen der Arbeitspflicht und des Weisungsrechts ausdrücklich zu regeln. Vielmehr ist das Weisungsrecht gem. § 106 GewO Ausfluss und Folge der vertraglichen Festlegung der Arbeitspflicht[3].

284 Unter den gesetzl. Bestimmungen können etwa §§ 138, 242 auf den Inhalt der Arbeitspflicht einwirken; speziell im Dienstrecht sieht § 613 S. 1 vor, dass die Arbeitsleistung im Zweifel in Person zu erbringen ist. Dies trägt der individuellen Auswahl bei der Einstellung des ArbN Rechnung, auf dessen besondere Eigenschaften es dem ArbGeb gerade ankommt. Nach der Schuldrechtsreform spielt diese Norm im Zusammenhang mit § 275 III eine besondere Rolle. Fällt das Arbeitsverhältnis in den Geltungsbereich eines TV, so sind für den Inhalt der Arbeitspflicht dessen Regelungen sowie insb. § 4 III TVG (Günstigkeitsprinzip) zu beachten.

285 Zur **Abgrenzung zu verwandten Schuldverhältnissen** s. vor § 611 Rz. 7 ff. Die Arbeitspflicht ist im Gegensatz zum Werkvertrag nicht erfolgs-, sondern tätigkeitsgebunden; der ArbN schuldet dem ArbGeb nur eine zeitabhängige, nicht erfolgsabhängige **Tätigkeit**[4]. Im Gegensatz zum Dienstvertrag wird die Tätigkeit in Abhängigkeit vom ArbGeb erbracht. Zu Einzelheiten vor § 611 Rz. 42. Nicht ausreichend zur Erfüllung der Arbeitspflicht ist nach hM, dass der ArbN seine Dienste bereithält oder lediglich zur Verfügung stellt, sondern er muss sie erbringen[5]. Wäre das Bereithalten bereits Erfüllung, reduzierte sich der Anwendungsbereich des Annahmeverzugs (§ 615) auf einen unwesentlichen Bereich, falls überhaupt noch relevante Fälle für § 615 verblieben[6].

286 **b) Inhalt der Arbeitspflicht.** Abs. 2 besagt, dass Gegenstand des Dienstvertrags „Dienste jeder Art" sein können. Dies gilt gleichermaßen für den Arbeitsvertrag, wenn auch dahingehend eingeschränkt, dass es sich um Dienste in Abhängigkeit von einem anderen, dem ArbGeb, handeln muss.

287 **aa) Art und Beschaffenheit der Arbeit.** Hinsichtlich der Art der in einem Arbeitsvertrag zu vereinbarenden Leistung besagt § 611 II lediglich, dass es im Grundsatz keine Einschränkungen gibt. **Grenzen** können sich allerdings aus allgemeinen Regelungen ergeben, so zB zunächst aus den gesetzl. Regelungen wie den zumindest einseitig zwingenden öffentl.-rechtl. Arbeitsschutzvorschriften, ferner aus §§ 134, 138 und 242. Wegen Verstoßes eines Arbeitsvertrags s. Rz. 68 ff.

288 Für das Ausbildungsverhältnis scheidet § 14 II BBiG eine bestimmte Art von Tätigkeiten als geschuldete Leistungen aus. § 4 MuSchG nennt gewisse Arbeiten, die von werdenden und stillenden Müttern nicht verlangt werden können. Doch muss die Mutter einer Umsetzung durch den ArbGeb nachkommen, sofern die andere Arbeit nach den Umständen des Einzelfalls zumutbar ist; dies gilt sogar dann, wenn sie nach dem im Arbeitsvertrag festgelegten Tätigkeitsbereich zur Leistung der angebotenen und zumutbaren neuen Arbeit nicht verpflichtet wäre[7]. Nach § 81 IV Nr. 1 SGB IX haben schwerbehinderte Beschäftigte einen Anspruch auf eine Beschäftigung, bei der sie ihre Fähigkeiten und Kenntnisse möglichst voll verwerten und weiterentwickeln können; diesem Anspruch korrespondiert eine entsprechende Einschränkung der vom schwerbehinderten Beschäftigten zu verlangenden Leistung. Weitere Einschränkungen können aus den Grundrechten folgen, so zB aus Art. 4 GG, sofern der ArbN eine Leistung aus Gewissensgründen verweigert. Da derartige Leistungen jedoch nicht bereits bei Vertragsschluss vereinbart, sondern erst durch Ausübung des Direktionsrechts angeordnet werden, stellt sich diese Frage in Zusammenhang mit der Reichweite des Direktionsrechts (s. § 106 GewO).

289 **(1) Ausdrückliche Inhaltsbestimmung durch die Parteien.** Im Allgemeinen folgt die Art der zu verrichtenden Arbeit aus dem Inhalt des Arbeitsvertrags. Dieser hat nach § 2 I 2 Nr. 5 NachwG zumindest „eine kurze Charakterisierung oder Beschreibung der vom ArbN zu leistenden Tätigkeit" zu enthalten. Wegen seines notwendig unvollständigen Charakters bedarf es jedoch zur Bestimmung der konkret von dem ArbN zu verrichtenden Arbeit zumeist weiterer Rechtsquellen. Zunächst ist jedoch der Arbeitsvertrag auszulegen, und zwar erläuternd, denn eine ergänzende Auslegung kommt – wegen des Erfordernisses einer Lücke – erst in Betracht, nachdem festgestellt ist, dass andere, die Arbeitsleistung beeinflussende

---

1 Vgl. ErfK/*Preis*, § 611 BGB Rz. 789. | 2 Vgl. auch ArbR-BGB/*Schliemann*, § 611 BGB Rz. 556, 568: Arbeit wird im Arbeitsvertrag nur „rahmenmäßig umschrieben". | 3 BAG v. 13.6.2007 – 5 AZR 564/06, NZA 2007, 974. | 4 Staudinger/*Richardi*, Vor § 611 BGB Rz. 32 ff. | 5 MünchArbR/*Blomeyer*, § 48 Rz. 4 mwN und näher zum Streitstand; Staudinger/*Richardi*, § 611 BGB Rz. 386; ErfK/*Preis*, § 611 BGB Rz. 793 mwN; aA *v. Stebut*, RdA 1985, 66 (70). | 6 Vgl. auch ErfK/*Preis*, § 611 BGB Rz. 793. | 7 BAG v. 31.3.1969 – 3 AZR 300/68, AP Nr. 2 zu § 11 MuSchG 1968 m. zust. Anm. *Meisel*.

Normen wie TV, BV uÄ die Lücke nicht zu schließen vermögen. Die Auslegung erfolgt gem. §§ 133, 157 nach Treu und Glauben unter Berücksichtigung der Verkehrssitte. Statt bzw. neben der Verkehrssitte sind im Arbeitsverhältnis eine bestehende betriebliche oder branchenspezifische Übung zu berücksichtigen[1]. Zu den Kriterien, die für die Auslegung von Bedeutung sind, gehört zB eine arbeitsvertragl. in Bezug genommene **Stellen- oder Tätigkeitsbeschreibung**[2]. Ist der Tätigkeitsbereich des ArbN durch den Arbeitsvertrag sowohl seiner Art wie auch der Arbeitsstelle nach genau bestimmt, so bedeutet jede Zuweisung einer anderen Tätigkeit und eines anderen Arbeitsplatzes eine Änderung des Arbeitsvertrages, die grds. nicht einseitig von dem ArbGeb herbeigeführt werden kann; dies gilt in jeder Hinsicht auch bezüglich des im öffentl. Dienst stehenden ArbN[3]. Bedeutsam ist ferner die verwendete **Berufsbezeichnung**, so dass sich die geschuldete Arbeitsleistung nach dem damit umschriebenen herkömmlichen Berufsbild richtet und Besonderheiten der Branche, des Ortes und ggf. des Betriebs einschließt[4]. So gehört etwa zum Berufsbild des Lehrers über den Unterricht hinaus, dass er Exkursionen, Schulausflüge und Klassenreisen vorbereitet und daran teilnimmt[5]. Allerdings muss die Beurteilung dem Umstand Rechnung tragen, dass Berufsbezeichnungen nicht statisch sind und es zu einer allgemeinen Weiterentwicklung auch innerhalb der unterschiedlichen Berufe wie innerhalb des Betriebs kommen kann[6]. Ein arbeitsvertragl. festgelegter Einsatz in einer bestimmten Abteilung grenzt den Tätigkeitsbereich fachlich nach anderen Abteilungen ab. Ist im Arbeitsvertrag eine **Tätigkeit** konkret bezeichnet, so schuldet der ArbN diese einschließlich der nach der Verkehrsanschauung vom Berufsbild mitumfassten Arbeiten[7]; so hat zB ein als Kraftfahrer eingestellte ArbN auch die Fahrzeugwartung zu übernehmen[8]. Auch die tatsächliche Position des ArbN in der betrieblichen Hierarchie kann Aufschluss über die gewöhnlich damit zusammenhängenden Tätigkeiten geben, soweit diese üblicherweise bestimmten Führungsebenen zugeordnet werden[9]. Ist der Arbeitsbereich einer Angestellten lediglich durch die Nennung der Vergütungsgruppe konkretisiert, so erstreckt sich das Direktionsrecht des ArbGeb im öffentl. Dienst bei einer solchen Vertragsgestaltung auf alle Tätigkeiten, die die Merkmale der Vergütungsgruppe erfüllen, in die die ArbNin eingestuft ist. Andere Tätigkeiten können zugewiesen werden, soweit sie den Merkmalen dieser Vergütungsgruppe entsprechen[10]. Im Allgemeinen gehört zu der Verpflichtung zur Arbeitsleistung das Zusammenarbeiten mit den übrigen ArbN des Betriebs zur Verwirklichung des arbeitstechnischen Zwecks des Betriebs[11].

(2) **Inhaltsbestimmung auf Grund der Umstände.** Die Festlegung der Art der zu verrichtenden Tätig- **290**
keit kann auch **konkludent** erfolgten, so wenn der ArbGeb dem ArbN faktisch einen Arbeitsplatz mit bestimmten Tätigkeitsmerkmalen zuweist und der ArbN dies befolgt[12]. Die konkludente Festlegung der Arbeitsleistung muss **abgegrenzt** werden von der Festlegung durch Ausübung des Direktionsrechts, weil für Letztere durch § 106 GewO eine besondere Schranke errichtet wird. Maßgeblich ist, ob den Umständen zu entnehmen ist, dass der ArbN sein Einverständnis (auch konkludent) erklärt hat oder ob er ohne (nicht notwendig gegen) dieses die Festlegung der Arbeitsleistung für verbindlich hält. Das Arbeitsverhältnis kann sich ferner dahingehend **konkretisieren**, dass eine bestimmte Tätigkeit künftig den alleinigen Vertragsinhalt bildet[13], s. § 106 GewO Rz. 60 ff., 75 ff., 83 ff.

Ferner kann sich die Arbeitspflicht in einer durch eine Dienstanweisung festgelegten Art und Weise **291**
konkretisieren, so dass diese **Dienstanweisung** Vertragsinhalt wird und auch zukünftig die Arbeitsleistung konkretisiert, was das BAG angenommen hat, nachdem sich das Vertrauen des ArbN nach mehr als 16 Jahren darauf verfestigt hatte, seine Stellung werde sich nicht mehr zu seinem Nachteil ändern[14]. Zu den besonderen, zur Konkretisierung führenden Umständen gehörte, dass der ArbGeb vorbehaltlos die Büroorganisation ganz auf die Zusammenarbeit des ArbN mit einem anderen ArbN zugeschnitten hatte. Bei der Frage, ob sich durch langjährige Zuweisung einer bestimmten Tätigkeit die Leistungspflicht des ArbN auf diese ihm bisher übertragenen Aufgaben konkretisiert, ist auch zu berücksichtigen, ob es sich um eine Tätigkeit handelt, die nur in enger Zusammenarbeit mit der Unternehmensleitung und auf der Grundlage gesteigerten Vertrauens des ArbGeb vollzogen werden kann, wie dies zB in der Führungsebene des ArbGeb der Fall sein kann. Setzt nämlich der bisherige Aufgabenbereich ein fortwährend bestehendes, aktuelles, für die Kriterien einer Änderungskündigung ungeeignetes Vertrauensverhältnis zwischen den Parteien voraus (so zB für den Pressesprecher eines großen, international tätigen Unternehmens), so steht dieser Umstand einer dahingehenden Konkretisierung der Leistungspflicht durch langjährige Ausübung dieser Tätigkeit jedenfalls dann entgegen, wenn der ArbGeb sich arbeitsvertragl. die Zuweisung einer anderen Aufgabe vorbehalten hat[15].

---

1 Schaub/*Linck*, ArbRHdb, § 45 Rz. 23; KassHdb/*Künzl*, 2.1 Rz. 6. | 2 ErfK/*Preis*, § 611 BGB Rz. 800, ArbR-BGB/*Schliemann*, § 611 BGB Rz. 570. | 3 BAG v. 10.11.1955 – 2 AZR 591/54, AP Nr. 2 zu § 611 BGB – Beschäftigungspflicht. | 4 ArbR-BGB/*Schliemann*, § 611 BGB Rz. 570. | 5 BAG v. 20.11.1996 – 5 AZR 414/95, AP Nr. 127 zu § 611 BGB – Lehrer, Dozenten. | 6 ArbR-BGB/*Schliemann*, § 611 BGB Rz. 570; LAG Hamm v. 8.6.1994 – 14 Sa 2054/93, LAGE § 611 BGB – Direktionsrecht Nr. 20. | 7 KassHdb/*Künzl*, 2.1 Rz. 7. | 8 Vgl. BAG v. 10.11.1955 – 2 AZR 591/54, AP Nr. 2 zu § 611 BGB – Beschäftigungspflicht. | 9 ArbR-BGB/*Schliemann*, § 611 BGB Rz. 571. | 10 LAG Thür. v. 10.3.2005 – 1 Sa 578/03, nv. | 11 MünchArbR/*Blomeyer*, § 48 Rz. 76. | 12 MünchArbR/*Blomeyer*, § 48 Rz. 25; vgl. auch BAG v. 9.3.2005 – 5 AZR 231/04, nv. | 13 Näher MünchArbR/*Blomeyer*, § 48 Rz. 26 ff. | 14 BAG v. 29.6.1988 – 5 AZR 425/87, nv. | 15 LAG Köln v. 23.2.1987 – 6 Sa 957/86, LAGE § 611 BGB – Direktionsrecht Nr. 1.

292 **(3) Normative Inhaltsbestimmung.** Des Weiteren sind Bestimmungen in **TV** oder **BV**, soweit diese die Art der vom ArbN zu erbringenden Tätigkeit betreffen, zu beachten[1]. TV können innerhalb festgelegter Vergütungsgruppen bestimmte Tätigkeitsmerkmale vorsehen; bei Einstufung in eine gewisse Vergütungsgruppe hat der ArbN mangels gegenteiliger Vereinbarungen idR alle darin genannten Tätigkeiten zu übernehmen, sofern sie seinen Kräften und Fähigkeiten entspricht und ihm die Tätigkeit auch im Übrigen billigerweise zugemutet werden kann[2]; zumal der ArbN umgekehrt einen Anspruch darauf hat, dass ihm nur solche Arbeiten zugewiesen werden, die den Merkmalen der Vergütungsgruppe entsprechen[3].

293 **(4) Einseitige Inhaltsbestimmung.** Im Übrigen wird innerhalb der verbleibenden Grenzen die in der jeweiligen Situation zu erbringende Leistung durch Ausübung des **Direktionsrechts** durch den ArbGeb konkretisiert. Zu beachten ist, dass der Umfang der Arbeitspflicht selbst dem Direktionsrecht nicht unterliegt, sondern nur durch Gesetz oder Vertrag gestaltbar ist[4]; dem Direktionsrecht kommt innerhalb des so festgelegten Umfangs allein eine Konkretisierungsfunktion zu[5]. Dabei ist er insb. an die Grenze des § 106 S. 1 GewO gebunden (s. § 106 GewO Rz. 15 ff.).

294 In der **Erweiterung des Direktionsrechts durch eine tarifvertragl. Regelung** sieht das BAG nach bisheriger Rspr. keine Gesetzesumgehung im Hinblick auf die Erfordernisse an eine Änderungskündigung iSv. § 2 KSchG[6]. Auch wenn den dazu ergangenen Entscheidungen Bedenken entgegengebracht werden, weil sie einen Eingriff in das vertragl. Synallagma bedeuten können[7], so deuten in diese Richtung auch Äußerungen in der Lit., wonach tarifl. Regelungen dem ArbGeb in zulässiger Weise Änderungsvorbehalte hinsichtlich einzelner Arbeitsbedingungen einräumen können, weil sie die „Vermutung eines angemessenen Ausgleichs" der Interessen von ArbGeb und ArbN für sich hätten und insoweit keiner Prüfung ihrer sachlichen Berechtigung unterlägen[8]. Voraussetzung ist dabei aber immer, dass der Arbeitsvertrag insoweit tarifvertragsoffen ist und eine Änderung auf Grund des TV jedenfalls nicht ausschließt[9]. Andernfalls läge in der Erweiterung des Direktionsrechts ein Verstoß gegen das Günstigkeitsprinzip nach § 4 III TVG, da der TV dem ArbGeb mehr Handlungsspielräume einräumt als der Arbeitsvertrag. Außerdem dürfen die tarifl. Änderungsvorbehalte keine beliebig weite Änderung zulassen[10]. Unwirksam wegen Umgehung des gesetzl. Kündigungsschutzes sind daher solche tarifl. Änderungsvorbehalte, die dem ArbGeb ohne eine nähere Festlegung das Recht einräumen, die Arbeitsbedingungen beliebig weit zu ändern, weil sie dem durch die Wertung des Art. 12 GG bestehenden „Mindeststandard des Kündigungsschutzes" nicht gerecht werden[11].

294a Bei der **arbeitsvertraglichen Erweiterung des Direktionsrechts** sind die Grenzen der AGB-Kontrolle zu beachten[12]. Angesichts der Tatsache, dass, wie jetzt in § 106 S. 1 GewO kodifiziert und vorher allgemein anerkannt, der ArbG kraft seines Direktionsrechts Inhalt, Ort und Zeit der Arbeitsleistung nach billigem Ermessen bestimmen kann, kommt auch eine Abweichung vom gesetzl. Leitbild oder aber eine unangemessene Benachteiligung nicht in Betracht. § 308 Nr. 4 ist nicht auf arbeitsvertragl. Versetzungsvorbehalte oder Ermächtigungen zur Bestimmung der Lage der Arbeitszeit anzuwenden; denn die Vorschrift erfasst nur einseitige Bestimmungsrechte hinsichtlich der Leistung des Verwenders. Versetzungsklauseln in Arbeitsverträgen betreffen demgegenüber die Arbeitsleistung als die dem Verwender geschuldete Gegenleistung. Eine formularmäßige Versetzungsklausel, die materiell der Regelung in § 106 S. 1 GewO nachgebildet ist, stellt weder eine unangemessene Benachteiligung des ArbN nach § 307 I 1 dar, noch verstößt sie allein deshalb gegen das Tranzparenzgebot des § 307 I 2, weil keine konkreten Versetzungsgründe genannt sind. Hier von sind Klauseln zu unterscheiden, in denen sich der ArbGeb eine Änderung der vertraglichen Tätigkeit als solche vorbehalten hat[13]. Eine vorformulierte Klausel, nach welcher ein ArbGeb eine andere als die vertraglich vereinbarte Tätigkeit einem ArbN „falls erforderlich" und nach „Abstimmung der beiderseitigen Interessen" einseitig zuweisen kann, ist jedenfalls dann als unangemessene Benachteiligung iSv. § 307 anzusehen, wenn nicht gewährleistet ist, dass

1 BAG v. 5.6.2003 – 6 AZR 237/02, nv. zu den tarifvertraglich festgelegten Tätigkeitsmerkmalen eines Redakteurs. | 2 BAG v. 30.8.1995 – 1 AZR 47/95, AP Nr. 44 zu § 611 BGB – Direktionsrecht; v. 12.4.1973 – 2 AZR 291/72, AP Nr. 24 zu § 611 BGB – Direktionsrecht; ArbR-BGB/*Schliemann*, § 611 BGB Rz. 569. | 3 BAG v. 23.6.1993 – 5 AZR 337/92, AP Nr. 42 zu § 611 BGB – Direktionsrecht; v. 27.5.2004 – 6 AZR 192/03, EzBAT Nr. 56 zu § 8 BAT – Direktionsrecht. | 4 Staudinger/*Richardi*, § 611 BGB Rz. 315, mit Einschränkung für Ausnahmefälle. | 5 BAG v. 12.12.1984 – 7 AZR 509/83, AP Nr. 6 zu § 2 KSchG 1969. | 6 BAG v. 22.5.1985 – 4 AZR 427/83, AP Nr. 7 zu § 1 TVG – Tarifverträge: Bundesbahn; v. 22.5.1985 – 4 AZR 88/84, AP Nr. 6 zu § 1 TVG – Tarifverträge: Bundesbahn, beide m. krit. Anm. *Weiss/Weyand*: Zuweisung einer geringer vergüteten Tätigkeit; BAG v. 23.9.2004 – 6 AZR 442/03, NZA 2005, 475. | 7 MünchArbR/*Blomeyer*, § 48 Rz. 56. | 8 *Rost*, FS Dieterich, S. 505 (518); *Plüm*, DB 1992, 735 (739); MünchArbR/*Blomeyer*, § 48 Rz. 56: materielle Richtigkeitsgewähr des TV. | 9 MünchArbR/*Blomeyer*, § 48 Rz. 56. | 10 *Rost*, FS Dieterich, S. 505 (518); LAG Düsseldorf v. 17.3.1995 – 17 Sa 1981/94, DB 1995, 2224 und LAG Düsseldorf v. 22.9.1996 – 15 Sa 715/95, nv.; Erman/*Edenfeld*, § 611 BGB Rz. 293; *Plüm*, DB 1992, 735 (739); s. auch *Leßmann*, DB 1992, 1137. | 11 *Rost*, Die „Erweiterung des Direktionsrechts" durch Tarifvertrag, FS Dieterich, S. 505 (518). | 12 Jüngst BAG v. 14.8.2007 – 9 AZR 18/07, nv. | 13 BAG v. 11.4.2006 – 9 AZR 557/05, AP Nr. 17 zu § 307 BGB; *Hohenstatt*, NJW 2006, 3308; *Thüsing*, AGB-Kontrolle, Rz. 233.

die Zuweisung eine mindestens gleichwertige Tätigkeit zum Gegenstand haben muss[1]. Im Übrigen s. die Komm. zu §§ 305 ff. Rz. 24 ff. und zu § 106 GewO.

Das Direktionsrecht des ArbGeb umfasst die Möglichkeit, dem ArbN einen Wechsel in der Art der Beschäftigung aufzuerlegen oder den Arbeitsbereich zu **verkleinern**[2]. Allerdings berechtigt es den ArbGeb grds. nicht, dem ArbN Tätigkeiten einer niedrigeren Vergütungsgruppe zu übertragen; zwar können dem ArbN, soweit dies der Arbeitsvertrag zulässt, unterschiedliche Tätigkeiten kraft Weisung durch den ArbGeb übertragen werden, doch ist dafür Voraussetzung, dass diese als **gleichwertig** anzusehen sind[3]. Dabei soll sich die Gleichwertigkeit „mangels anderer Anhaltspunkte grds. aus der auf den Betrieb abgestellten Verkehrsauffassung und dem sich daraus ergebenden Sozialbild" bestimmen[4]. Eine niedriger zu bewertende Tätigkeit kann der ArbGeb dem ArbN auch dann nicht zuweisen, wenn er dennoch die höhere Vergütung zahlt, die der bisherigen Tätigkeit entspricht[5], es sei denn, dass dem ArbGeb dieses Recht durch TV, BV oder Einzelarbeitsvertrag eingeräumt worden ist[6]. Nach der Rspr. des BAG ist eine tarifvertragl. Bestimmung wirksam, nach der dem ArbN „sowohl eine höher als auch eine niedriger gelöhnte Beschäftigung" übertragen werden kann[7]. Nach Ansicht des BAG beschränkt sich eine solche Regelung auch nicht auf den Fall, dass die Anforderungen des § 1 II KSchG an eine betriebsbedingte Kündigung erfüllt sind[8]. Ebenfalls als wirksam erachtet das BAG eine tarifl. Vorschrift, die es dem ArbGeb erlaubt, für längstens 9 Monate dem ArbN eine unterwertige Beschäftigung zuzuweisen[9]. In eine andere Richtung geht neuere instanzgerichtliche Rspr., derzufolge für die Übertragung einer niedriger vergüteten Arbeit nicht bereits eine tarifvertragl. Bestimmung ausreichend ist, wonach jeder ArbN verpflichtet ist, „andere ihm zumutbare Arbeiten zu übernehmen"[10]. Im Einzelfall kann die Übertragung anderer Arbeit bei einem BR-Mitglied gegen § 78 BetrVG verstoßen[11]. 295

Der ArbGeb kann sich bei der Ausübung des Direktionsrechts durch Erklärungen gegenüber dem ArbN selbst binden, insb. die Ausübung auf bestimmte Fälle beschränken; überträgt der ArbGeb dem ArbN vorläufig eine **höherwertige Aufgabe** und macht er die Übertragung auf Dauer nur davon abhängig, dass sich der ArbN fachlich bewährt, so darf er dem ArbN die höherwertige Aufgabe nicht aus anderen Gründen wieder entziehen[12]. Der höherwertige Einsatz eines ArbN kann eine Überschreitung des vertragl. zustehenden Direktionsrechtes des ArbGeb darstellen, bedeutet aber keine stillschweigende Vertragsänderung[13]. Der ArbGeb muss bei seiner Entscheidung, ob er kraft seines Direktionsrechts dem ArbN vorübergehend eine höherwertige Tätigkeit überträgt, entsprechend § 315 BGB billiges Ermessen walten lassen[14]. 296

Auch **Nebenarbeiten** gehören zu der vom ArbN geschuldeten Leistung, jedoch unter der Voraussetzung, dass deren Übernahme dem Arbeitsvertrag entspricht[15] und typischerweise in dem vereinbarten Tätigkeitsbereich anfallen bzw. nur eine untergeordnete Bedeutung haben[16]. Das übliche Berufsbild ist unter Berücksichtigung seiner Entwicklung maßgeblich dafür, in welchem Umfang Nebenarbeiten geschuldet sind[17]. In Verbindung mit der Tätigkeitsbeschreibung durch die TV-Parteien und der Abgrenzung zu nicht dazugehörenden Tätigkeiten definiert das BAG als **Zusammenhangstätigkeiten** solche, die auf Grund ihres engen Zusammenhangs mit bestimmten, insb. höherwertigen Arbeiten nicht abgetrennt werden dürfen, sondern diesen zuzurechnen sind[18]. Die Rspr. hatte zahlreiche **Einzelfälle** zu entscheiden: Eine Bäckereifachverkäuferin ist auf Anordnung des ArbGeb verpflichtet, zeitweise die im Verkaufsraum installierte automatische Brötchenbackanlage zu bedienen, wobei es sich um eine Tätigkeit handelt, die im Einklang mit dem Berufsbild dieses Ausbildungsberufes steht[19]. Bei der Anordnung, 297

1 BAG v. 9.5.2006 – 9 AZR 424/05, AP Nr. 21 zu § 307 BGB. |2 BAG v. 27.3.1980 – 2 AZR 506/78, AP Nr. 26 zu § 611 BGB – Direktionsrecht m. Anm. *Löwisch*. |3 BAG v. 9.5.2006 – 9 AZR 424/05, AP Nr. 21 zu § 307 BGB; v. 30.8.1995 – 1 AZR 47/95, AP Nr. 44 zu § 611 BGB – Direktionsrecht. |4 BAG v. 30.8.1995 – 1 AZR 47/95, AP Nr. 44 zu § 611 BGB – Direktionsrecht. |5 BAG v. 14.7.1965 – 4 AZR 347/63, AP Nr. 19 zu § 611 BGB; v. 12.12.1984 – 7 AZR 509/83, AP Nr. 6 zu § 2 KSchG 1969; v. 30.8.1995 – 1 AZR 47/95, AP Nr. 44 zu § 611 BGB – Direktionsrecht; v. 20.11.2003 – 8 AZR 608/02, EzA § 628 BGB 2002 Nr. 3; ErfK/*Preis*, § 611 BGB Rz. 803. |6 BAG v. 11.6.1958 – 4 AZR 514/55, AP Nr. 2 zu § 611 BGB – Direktionsrecht m. zust. Anm. *A. Hueck*; BAG v. 16.10.1965 – 5 AZR 55/65, AP Nr. 20 zu § 611 BGB – Direktionsrecht m. zust. Anm. *A. Hueck*. |7 BAG v. 22.5.1985 – 4 AZR 427/83, AP Nr. 7 zu § 1 TVG – Tarifverträge: Bundesbahn m. Anm. *Weiss/Weyand*; offen gelassen BAG v. 19.11.2002 – 3 AZR 591/01, AP Nr. 18 zu § 1 TVG – Tarifverträge: Papierindustrie; noch anders – nur Gesetz und Arbeitsvertrag erwähnend – BAG v. 10.11.1955 – 2 AZR 591/54, AP Nr. 2 zu § 611 BGB – Beschäftigungspflicht. |8 BAG v. 22.5.1985 – 4 AZR 88/84, AP Nr. 6 zu § 1 TVG – Tarifverträge: Bundesbahn. |9 BAG v. 16.12.2004 – 6 AZR 658/03, ZTR 2005, 424. |10 LAG Düsseldorf v. 17.3.1995 – 17 Sa 1981/94, DB 1995, 2224; vgl. auch ErfK/*Preis*, § 611 BGB Rz. 803. |11 Schaub/*Linck*, ArbRHdb, § 45 Rz. 44. |12 BAG v. 17.12.1997 – 5 AZR 332/96, AP Nr. 52 zu § 611 BGB – Direktionsrecht. |13 LAG Hamm v. 27.3.1992 – 18 Sa 1165/91, BB 1992, 1856. |14 BAG v. 22.1.2003 – 4 AZR 517/01, nv. im Anschluss an BAG v. 17.4.2002 – 4 AZR 174/01, AP Nr. 23 zu § 24 BAT; anders noch BAG v. 26.3.1997 – 4 AZR 604/95, ZTR 1997, 413: Rechtsmissbrauchskontrolle. |15 Schaub/*Linck*, ArbRHdb, § 45 Rz. 31. |16 ErfK/*Preis*, § 611 BGB Rz. 804; ArbR-BGB/*Schliemann*, § 611 BGB Rz. 572. |17 ArbR-BGB/*Schliemann*, § 611 BGB Rz. 572. |18 BAG v. 29.8.1991 – 6 AZR 593/88, AP Nr. 38 zu § 611 BGB – Direktionsrecht; v. 21.2.1990 – 4 AZR 603/89, AP Nr. 7 zu §§ 22, 23 BAT – Krankenkassen; v. 23.2.2005 – 10 AZR 413/04, AP Nr. 271 zu § 1 TVG – Tarifverträge: Bau. |19 LAG Hamm v. 8.6.1994 – 14 Sa 2054/93, LAGE § 611 BGB – Direktionsrecht Nr. 20.

dass der ArbN einen Außentermin mit einem Dienstwagen aufsucht, den er selbst führt und Kollegen mitnimmt, handelt es sich nach dem BAG nicht um die Übertragung einer niedriger zu bewertenden Tätigkeit, sondern um eine Zusammenhangstätigkeit, die auf die tarifl. Bewertung der Tätigkeit der jeweiligen Vergütungsgruppe des ArbN keinen Einfluss hat[1]. Zu den Nebenarbeiten eines Lehrers an einer allgemein bildenden Schule gehören die Unterrichtsvorbereitung, die Korrektur schriftl. Arbeiten, die Beteiligung an der Abnahme von Prüfungen, die Teilnahme an Konferenzen, uU auch die Abhaltung von Schulsprechstunden, Pausenaufsichten und die Durchführung von Wandertagen und Schulreisen[2]. Die im Rahmen der Tätigkeit als Arzt in einem untergeordneten zeitlichen Umfang anfallenden administrativen Tätigkeiten, wie die Dokumentation von Befunden, sind als Zusammenhangstätigkeiten zu qualifizieren[3]. Der ArbGeb ist – vorbehaltlich eines Konflikts zu zwingendem Gesetzesrecht – kraft seines Direktionsrechts auch befugt, dem im Verkauf tätigen ArbN bestimmte Kleidung zu untersagen, und von seinen ArbN zu erwarten, dass sie bei Gesprächen mit Kunden gepflegt und in einer Art und Weise gekleidet auftreten, wie sie dem von dem ArbGeb festgelegten Charakter der Produkte entspricht[4]; dies dürfte zwar weniger eine bestimmte Arbeit iS einer Tätigkeit festlegen, wohl aber zum Inhalt der versprochenen Leistung gehören. Ferner können zu den Nebenarbeiten uU die Pflege der Arbeitsmittel und die Säuberung des Arbeitsplatzes gezählt werden[5]. Einem Kartenkontrolleur können jedenfalls für kurze Zeit (im entschiedenen Fall an lediglich vier Tagen zu je 2,2 Stunden) Reinigungsarbeiten, die sich auf Staubsaugen, Fegen und Leeren von Papierkörben beschränken und ihm auch sonst zumutbar sind, übertragen werden[6]. Der Fahrer eines Lkw ist nur dann nicht zu Ladetätigkeit verpflichtet, wenn zwischen den Arbeitsvertragsparteien ausschließliche Lenktätigkeit vereinbart ist; eine entgegenstehende Verkehrsanschauung hat das Gericht nicht angenommen[7]. Nach der Üblichkeit im Arbeitsleben und dessen Berufsbild gehören zu den arbeitsvertragl. Pflichten eines Kraftfahrers neben der Führung der Kraftfahrzeuge auch deren Wartung und Pflege sowie die Durchführung kleiner Reparaturen[8].

298 Der ArbN kann im Einzelfall nach **Treu und Glauben** auch verpflichtet sein, eine außerhalb des vertragl. vereinbarten Bereichs liegende Tätigkeit zu übernehmen, so etwa in **Notfällen**[9]. In Notfällen kann der ArbN auch zur Übernahme einer geringerwertigen Tätigkeit verpflichtet sein[10], wenn sie nicht vorhersehbar waren, kurzfristig auftreten und bei denen für den Betrieb oder das Unternehmen ein Schaden droht[11]. Die Rspr. hat es gebilligt, dass der ArbGeb den ArbN auch ohne dessen Einverständnis in „gewissen Ausnahmefällen, etwa zur vorübergehenden Vertretung erkrankter oder beurlaubter Arbeitskameraden, in Notstandsfällen und unter Umständen auch aus disziplinarischen Gründen, zu einer geringerwertigen Tätigkeit einsetzen“ kann[12]. Ein solcher Notfall besteht dann nicht, wenn der ArbGeb andere Möglichkeiten gehabt hätte, einen Arbeitskräftemangel zu beheben, etwa indem er ArbN befristet einstellt oder zuvor versucht, die Arbeitsverträge mit anderen ArbN einverständig abzuändern[13]. Nach LAG Hamm steht dem Träger eines Kulturorchesters das Recht zu, einseitig fest angestellte Musiker ua. zur vorübergehenden Vertretung eines arbeitsunfähig erkrankten Musikers einzusetzen[14]. In dem Bedarf nach Streikarbeit ist kein Notfall zu sehen, hier kollidiert das Direktionsrecht mit der Koalitionsfreiheit des ArbN und tritt dahinter zurück, s. auch § 11 V AÜG[15].

299 **bb) Intensität der Arbeit.** Der Arbeitsvertrag enthält im Allgemeinen allenfalls die Umschreibung bestimmter Aufgabenbereiche, die die Art der Arbeit betreffen, liefert aber seinerseits zumeist keinen Maßstab für die **Intensität der Leistung**. Die Bedeutung des Leistungsmaßstabs besteht darin, eine Leistungsstörung bestimmen zu können, die zu einer Schadensersatzpflicht des ArbN, seiner Abmahnung oder der Kündigung führen kann. Im Einzelnen lassen sich mehrere Umstände benennen, die mit der Intensität der Leistung in Zusammenhang gebracht werden können, auf Art und Inhalt der Leistung einwirken und sich nicht stets randscharf voneinander trennen lassen, so etwa Arbeitsintensität, -genauigkeit (Qualität), -menge, -volumen (Quantität), -geschwindigkeit (Quantität je Zeiteinheit). Über den Leistungsmaßstab besagt § 611 nichts. § 243 I (Leistung nach mittlerer Art und Güte) gilt nur für Sachen, also körperliche Gegenstände, und kann bereits deswegen nicht für die Bestimmung des Leistungsmaßstabes herangezogen werden[16]. Auch im Übrigen wird der objektive Maßstab des § 243 I abgelehnt; vielmehr sollen Qualität und Quantität der innerhalb der Arbeitszeit geschuldeten Arbeitsleistung nach der **individuellen Leistungsfähigkeit des jeweiligen ArbN** bestimmt wer-

1 BAG v. 29.8.1991 – 6 AZR 593/88, AP Nr. 38 zu § 611 BGB – Direktionsrecht. | 2 BAG v. 9.7.2003 – 5 AZR 595/02, AP Nr. 158 zu § 611 BGB – Lehrer, Dozenten. | 3 BAG v. 5.11.2003 – 4 AZR 632/02, AP Nr. 83 zu § 256 ZPO 1977. | 4 LAG Hamm v. 22.10.1991 – 13 TaBV 36/91, BB 1992, 430, s. jedoch zum Verbot eines islamischen Kopftuches BAG v. 10.10.2002 – 2 AZR 472/01 und dazu *Thüsing*, NJW 2003, 405. | 5 MünchArbR/*Blomeyer*, § 48 Rz. 34. | 6 BAG v. 30.4.1992 – 6 AZR 6/91, AuR 1992, 181. | 7 LAG Frankfurt v. 13.6.1995 – 9 Sa 2054/94, LAGE § 1 KSchG – Verhaltensbedingte Kündigung Nr. 49. | 8 BAG v. 30.5.1984 – 4 AZR 146/82, AP Nr. 2 zu § 21 MTL II. | 9 Soergel/*Kraft*, § 611 BGB Rz. 55. | 10 ErfK/*Preis*, § 611 BGB Rz. 803. | 11 Soergel/*Kraft*, § 611 BGB Rz. 55. | 12 BAG v. 8.10.1962 – 2 AZR 550/61, AP Nr. 18 zu § 611 BGB – Direktionsrecht. | 13 BAG v. 8.10.1962 – 2 AZR 550/61, AP Nr. 18 zu § 611 BGB – Direktionsrecht. | 14 LAG Hamm v. 10.9.1992 – 17 Sa 437/92, ZTR 1993, 32. | 15 MünchArbR/*Blomeyer*, § 48 Rz. 35. | 16 *Picker*, JZ 1985, 693 (699): Speziesschuld; gegen die Einordnung als Gattungsschuld wird auch eingewandt, dass die Garantiehaftung für Gattungsschulden nach § 279 aF nicht passe, Staudinger/*Richardi*, (13. Aufl.) § 611 BGB Rz. 331.

den[1]. Doch auch wenn grds. von einem individuellen Leistungsmaßstab eines ArbN auszugehen ist, so ist er arbeitsvertragl. verpflichtet, die ihm übertragenen Arbeiten **unter Anpassung der ihm möglichen Fähigkeiten** ordnungsgemäß zu verrichten[2], dh. sorgfältig und konzentriert zu arbeiten[3]. Daher darf zB nicht eine im Zeitlohn beschäftigte werdende Mutter bewusst und in erheblichem Umfang mehr als aus Gründen der Schwangerschaft notwendig mit ihrer Arbeitsleistung zurückhalten[4]. Dieser individuelle Maßstab ist Folge der Persönlichkeit der Erbringung der Arbeitsleistung (§ 613 S. 1) sowie des Umstandes, dass die Individualität des ArbN bei seiner Auswahl entscheidend ist. Teilweise wird der Rspr. zum Kündigungsrecht entnommen, dass es wegen des dort an das gebotene Maß an Leistung angelegten objektiven Maßstabs auch in Hinblick auf die Arbeitspflicht für kündigungsrechtl. und ähnliche Konsequenzen auf einen **objektiv gebotenen Leistungsstandard** ankomme[5]. In Übereinstimmung damit ist die Intensität der vom jeweiligen ArbN zu erbringenden Leistung nach dessen ihm individuell möglichen Fähigkeiten vom Standpunkt eines objektiven verständigen Dritten zu bestimmen. Zu beachten ist, dass der quantitative Leistungsumfang im Rahmen einer gewissen Bandbreite schwanken kann[6]. Für eine Beurteilung des objektiven Leistungsstandards muss im Vergleich mit anderen ArbN allerdings stets auf einen repräsentativen Teil der nach ihrer Tätigkeit vergleichbaren ArbN abgestellt werden. Die aus dem Arbeitsvertrag folgende Pflicht zum konzentrierten und sorgfältigen Arbeiten wird nicht *per se* bereits dadurch verletzt, dass der ArbN neben der Arbeit Radio hört – es kommt hier freilich auf die Arbeit an[7].

Im Grundsatz gilt Vorstehendes auch für die **Akkordarbeit**, bei der von der Mindestleistung nur die zu zahlende Vergütung betroffen ist[8]. Arbeitet der ArbN im Prämienlohnverfahren, so verletzt er durch eine mindere Leistung seine individuelle Arbeitspflicht, wenn er seine Arbeitskraft bewusst zurückhält und nicht unter angemessener Anspannung seiner Kräfte und Fähigkeiten arbeitet[9]. Ist eine „Normalleistung" als Eingangsstufe für eine Prämienberechnung bestimmt, so ist dies eine abstrakte Berechnungsgröße, die dazu dient, die im Einzelfall verdiente Prämie zu berechnen; sie ist demgemäß nicht gleich bedeutend mit der sich aus § 611 ergebenden Leistungspflicht des ArbN[10]. **300**

Der individuell-objektive Leistungsstandard gilt auch für die **Qualität der Arbeit**; er kann sich dabei auch nach der in der Branche oder dem Betrieb geltenden Üblichkeit richten oder von der Höhe der für die Tätigkeit gezahlten Vergütung beeinflusst werden[11]. Abzulehnen ist allerdings die Auffassung, wonach auch die Art der Arbeit für die zu erwartende Qualität der Arbeit von Bedeutung sein kann, etwa wenn an die Arbeitsqualität des Hilfsarbeiters tendenziell geringere Anforderungen zu stellen sein sollen als an diejenige von ArbN mit besonderer Fachkunde[12]; denn die zu fordernde Qualität der Arbeit ist stets nach der Art der versprochenen Arbeit zu beurteilen, weshalb nicht an die Arbeit des Hilfsarbeiters ebenso hohe Qualitätserwartungen zu knüpfen sind wie an die der Fachkraft. Die Arbeitsmindestqualität kann im Fall der Akkord- und Prämienentlohnung in zulässiger Weise durch Einzelarbeits- oder TV[13] festgelegt werden[14]. Eine proportionale Kürzung und sogar ein Wegfall des Lohnanspruchs im Fall verfehlter Qualitätsanforderungen ist beim Akkordlohn zulässig[15]. Dabei ist der ArbGeb, der daraufhin einen niedrigeren Lohn zahlt, nicht gehalten, etwa einen ihm zustehenden Gegenanspruch wegen der Schlechtleistung geltend zu machen, so dass eine tarifl. Verfallfrist für ArbGebAnsprüche nicht zum Zuge kommt[16]. **301**

Das **Arbeitstempo** des ArbN wird häufig durch seine Einbindung in den Produktionsprozess wie zB im Fall der Fließbandarbeit beeinflusst. Auch hier muss die individuelle Leistungsfähigkeit des ArbN berücksichtigt werden, so dass der ArbN, falls ihm ein höherer als seiner individuellen Leistungsfähigkeit entsprechender Leistungsgrad zugemutet wird und er jenen nicht erreicht, seine Verpflichtung nicht schlecht erfüllt[17]. **302**

1 BAG v. 18.7.2007 – 5 AZN 610/07, BB 2007, 1903; v. 17.3.1988 – 2 AZR 576/87, AP Nr. 99 zu § 626 BGB; v. 11.12.2003 – 2 AZR 667/02, AP Nr. 48 zu § 1 KSchG 1969 – Verhaltensbedingte Kündigung; LAG Hamm v. 23.8.2000 – 18 Sa 463/00, NZA-RR 2001, 138; MüchArbR/*Blomeyer*, § 48 Rz. 70; vgl. auch BAG v. 20.3.1969 – 2 AZR 283/68, AP Nr. 27 zu § 123 GewO. Von einem „subjektiven" Leistungsmaßstab spricht dagegen ErfK/*Preis*, § 611 BGB Rz. 794, was jedoch abzulehnen ist, weil sich die Arbeitsleistung grundsätzlich nicht nach den Vorstellungen des ArbN richtet. | 2 LAG Hamm v. 23.8.2000 – 18 Sa 463/00, NZA-RR 2001, 138. | 3 BAG v. 14.1.1986 – 1 ABR 75/83, AP Nr. 10 zu § 87 BetrVG 1972 – Ordnung des Betriebs; MünchArbR/*Blomeyer*, § 48 Rz. 70. | 4 BAG v. 17.7.1970 – 3 AZR 423/69, AP Nr. 3 zu § 11 MuSchG 1968. | 5 ErfK/*Preis*, § 611 BGB Rz. 797. | 6 MünchArbR/*Blomeyer*, § 48 Rz. 66. | 7 BAG v. 14.1.1986 – 1 ABR 75/83, AP Nr. 10 zu § 87 BetrVG 1972 – Ordnung des Betriebs: ArbN, die in einer kartografischen Abteilung Karten zeichneten und Schriften eintrugen, durften Musik- und Sprechsendungen hören, übten aber eine „freiwillige Selbstkontrolle" aus und schalteten das Radio ab, wenn ein Mitarbeiter Arbeiten mit hohen Konzentrationsanforderungen zu verrichten hatte. | 8 MünchArbR/*Blomeyer*, § 48 Rz. 67. | 9 BAG v. 20.3.1969 – 2 AZR 283/68, AP Nr. 27 zu § 123 GewO m. Anm. *Canaris*. | 10 BAG v. 20.3.1969 – 2 AZR 283/68, AP Nr. 27 zu § 123 GewO m. Anm. *Canaris*. | 11 MünchArbR/*Blomeyer*, § 48 Rz. 70. | 12 MünchArbR/*Blomeyer*, § 48 Rz. 70. | 13 BAG v. 15.3.1960 – 1 AZR 301/57, AP Nr. 13 zu § 611 BGB – Akkordlohn. | 14 *Schaub*, ArbRHdb, § 67 Rz. 42. | 15 BAG v. 15.3.1960 – 1 AZR 301/57, AP Nr. 13 zu § 611 BGB – Akkordlohn; MünchArbR/*Blomeyer*, § 48 Rz. 72. | 16 BAG v. 15.3.1960 – 1 AZR 301/57, AP Nr. 13 zu § 611 BGB – Akkordlohn; MünchArbR/*Blomeyer*, § 48 Rz. 72; *Schaub*, ArbRHdb, § 67 Rz. 42. | 17 MünchArbR/*Blomeyer*, § 48 Rz. 74.

303 c) **Arbeitszeit.** Für das Arbeitsverhältnis kennzeichnend ist die zeitliche Fixierung der Arbeitszeit[1] hinsichtlich ihrer Dauer und Lage. Sie ist wegen der Verpflichtung zur Erbringung einer Tätigkeit statt eines Erfolges von besonderer Bedeutung[2], weil die Tätigkeit in Zeitabschnitten zu bemessen ist und davon grds. die Gegenleistung des ArbGeb abhängt. Von deren Bestimmung oder Bestimmbarkeit zu unterscheiden ist die Frage, welche Tätigkeiten auf die Arbeitszeit angerechnet werden können oder müssen (Rz. 318 ff.). Der **Begriff** der Arbeitszeit wird durch das Gesetz nicht inhaltlich definiert; § 2 I 1 ArbZG enthält lediglich eine terminologische Ein- und Abgrenzung, die durch die Gegenüberstellung zu den Ruhepausen eine erste Eigenschaft der Arbeitszeit benennt, aber nicht erschöpfend bestimmt, wodurch die Arbeitszeit charakterisiert wird; im Übrigen gilt diese Begriffsbestimmung allein für das ArbZG. Daher kann wegen des besonderen Zwecks dieses Gesetzes – Erhaltung der Gesundheit und Arbeitsfähigkeit des ArbN (§ 1 Nr. 1 ArbZG) – der Arbeitszeit-Begriff des ArbZG durchaus abweichen von dem Begriff der Arbeitszeit, der für die Gegenleistung (Vergütung) maßgeblich ist[3]. Ganz allgemein kann der Begriff der Arbeitszeit je nach Regelungszusammenhang einen jeweils eigenen Inhalt haben, der unter Berücksichtigung des jeweiligen Regelungszwecks zu ermitteln ist[4].

304 aa) **Dauer und Lage.** Die Festlegung von Dauer und Lage der Arbeitszeit erfolgt in erster Linie durch den **Arbeitsvertrag**, der jedenfalls hinsichtlich der Dauer (regelmäßige wöchentliche oder monatliche Arbeitszeit) idR ergiebig ist.

305 (1) **Bestimmung der Dauer.** Die Dauer der Arbeitszeit ist grds. Gegenstand freier **Vereinbarung** bei Vertragsschluss[5], der jedoch vor allem durch die Bestimmungen des ArbZG, außerdem sehr häufig durch tarifvertragl. Normen, Grenzen gezogen werden. Nach § 2 I Nr. 7 **NachwG** gehört die „vereinbarte Arbeitszeit" zu den schriftl. niederzulegenden Arbeitsbedingungen. Fehlt im Arbeitsvertrag dennoch eine Arbeitszeitregelung und ergibt sich die regelmäßig geschuldete Arbeitszeit auch nicht aus den weiteren Umständen, gilt die nach § 3 ArbZG gesetzl. zulässige Höchstarbeitszeit als Regelarbeitszeit[6]. Bei einer Vereinbarung zwischen ArbGeb und ArbN, derzufolge der ArbN seine Arbeitsleistung entsprechend dem Arbeitsanfall erbringt, ist § 12 TzBfG zu beachten, wonach, falls nicht eine bestimmte Dauer der wöchentlichen und täglichen Arbeitszeit festgelegt ist, eine wöchentliche Arbeitszeit von zehn Stunden in Teilen von mindestens drei Stunden täglich als vereinbart gilt. Die bei einer AGB-Vereinbarung von Arbeit auf Abruf einseitig vom ArbGeb abrufbare Arbeit des ArbN darf jedoch nicht mehr als 25 % der vereinbarten wöchentlichen Mindestarbeitszeit betragen[7]. Diese für einzelvertragl. Vereinbarungen geltende Bestimmung findet aber keine Anwendung, wenn es ein TV – auch ohne zugleich eine bestimmte Dauer der Arbeitszeit festzulegen – ist, der bestimmt, dass sich die Arbeitszeit teilzeitbeschäftigter ArbN nach dem Arbeitsanfall richtet[8].

306 **Gesetzl. oder tarifvertragl. Bestimmungen** über die (Höchst-)Dauer der Arbeitszeit begründen weder eine Verpflichtung des ArbN zur Arbeitsleistung noch einen Anspruch des ArbN auf Beschäftigung[9]. Wird keine konkrete Arbeitszeit vereinbart und liegen auch keine konkretisierenden betrieblichen oder tarifl. Regelungen vor, gilt als zu leistende Arbeitszeit die übliche Arbeitszeit im Betrieb[10].

307 Es besteht kein Recht des ArbGeb, kraft **Direktionsrecht** den Umfang der Arbeitszeit einseitig zu ändern[11]. Dies gilt auch dann, wenn dem ArbGeb ein solches Recht im Einzelarbeitsvertrag eingeräumt wird. Allerdings soll die Erhöhung der Unterrichtverpflichtung eines angestellten Lehrers vom Direktionsrecht des ArbGeb gedeckt sein, wenn die Gesamtarbeitszeit nicht verlängert, sondern die von ihm nach dem Arbeitsvertrag zu erfüllenden Aufgaben zeitlich neu gewichtet werden[12]. Nach BAG stellt eine arbeitsvertragl. Vereinbarung, die den ArbGeb berechtigen soll, die zunächst festgelegte Arbeitszeit später einseitig nach Bedarf zu reduzieren bzw. zu erhöhen, eine objektive Umgehung von zwingenden Vorschriften des Kündigungs- und Kündigungsschutzrechts (etwa § 2 KSchG iVm. § 1 II u. III KSchG) dar und ist daher nach § 134 nichtig[13].

308 Strittig ist aber, ob der ArbGeb zur einseitigen Änderung kraft Direktionsrechts berechtigt ist, wenn ihn ein **TV** hierzu **ermächtigt**. Gibt eine tarifvertragl. Bestimmung dem ArbGeb das Recht, einseitig die Arbeitszeit über die tarifl. festgelegte regelmäßige wöchentliche Arbeitszeit hinaus in einem tarifl. vorgegebenen Rahmen zu verlängern und wieder entsprechend zu verkürzen, so bestehen für das BAG keine allgemeinen rechtl. Bedenken, insb. sieht es sie als mit dem zwingenden staatlichen Gesetzesrecht

1 BAG v. 17.3.1988 – 2 AZR 576/87, AP Nr. 99 zu § 626 BGB mwN. Zum Wandel der Bedeutung der Arbeitszeit für das Arbeitsverhältnis s. *Heinze*, NZA 2001, 1 (2); *Trittin*, NZA 2001, 1003 ff. | 2 MünchArbR/*Blomeyer*, § 48 Rz. 101. | 3 ArbR-BGB/*Schliemann*, § 611 BGB Rz. 590; *Ebener/Schmalz*, DB 2001, 813 (818). | 4 MünchArbR/*Blomeyer*, § 48 Rz. 102. | 5 Zu den Grenzen der Gestaltung betrieblicher Arbeitszeitmodelle s. *Lohbeck*, ZTR 2001, 342 ff. | 6 LAG Schl.-Holst. v. 31.5.2005 – 5 Sa 38/05, NZA-RR 2005, 458. | 7 BAG v. 7.12.2005 – 5 AZR 535/04, AP Nr. 4 zu § 12 TzBfG. | 8 BAG v. 12.3.1992 – 6 AZR 311/90, AP Nr. 1 zu § 4 BeschFG 1985, Einzelheiten Annuß/Thüsing/*Jacobs*, TzBfG, § 12 Rz. 59; der allerdings die bisherige Rspr. mit Inkrafttreten des TzBfG als bedeutungslos geworden ansieht. | 9 Schaub/*Linck*, ArbRHdb, § 45 Rz. 67, str. | 10 LAG Nds. v. 8.3.2004 – 5 Sa 989/03, nv. | 11 Vgl. Staudinger/*Richardi*, § 611 BGB Rz. 315, mit Einschränkung für Ausnahmefälle; ErfK/*Preis*, § 611 BGB Rz. 817. | 12 BAG v. 14.10.2004 – 6 AZR 472/03, ZTR 2005, 330. | 13 BAG v. 12.12.1984 – 7 AZR 509/83, AP Nr. 6 zu § 2 KSchG 1969; LAG Düsseldorf v. 17.9.2004 – 18 Sa 224/04, LAGE § 315 BGB 2002 Nr. 1, n.rkr.

vereinbar an[1]. Speziell § 15 II BAT (jetzt abgelöst durch § 6 IV ff. TVöD) ermächtigte nach Ansicht des BAG den ArbGeb, die Arbeitszeit seiner Angestellten unter den in der Vorschrift genannten Voraussetzungen einseitig zu verändern[2]. Eine auf § 15 II BAT gestützte Erweiterung der regelmäßigen Arbeitszeit ist nach der Rspr. auch dann nicht ohne weiteres unwirksam, wenn sie mittelbar das Stundenentgelt der betroffenen Angestellten mindert, es sei denn, sie beseitigt eine bestandsschutzgesicherte Position der Angestellten; im Übrigen ist die Maßnahme auf die Einhaltung billigen Ermessens zu überprüfen[3]. Die Rspr. argumentiert hier großzügiger, wenn sie die Verlängerung der Arbeitszeit kraft Direktionsrechts im Fall der einzelvertragl. Vereinbarung ablehnt, im Fall der tarifvertragl. jedoch gestattet[4].

Umstritten ist ferner, ob **im Einzelvertrag** wirksam eine **längere Arbeitszeit** vereinbart werden kann, **309**
als ein anwendbarer **TV** vorsieht[5]. Die Beantwortung der Frage hängt nicht zuletzt von dem Verständnis des Günstigkeitsprinzips (§ 4 III TVG) ab[6]. Gegen eine Begrenzung durch TV und für den Vorrang der individuellen Vereinbarung wird mit zutreffender Argumentation vorgebracht, dass nur aus Sicht des einzelnen ArbN beurteilt werden kann, ob eine längere Arbeitszeit und damit eine kürzere Freizeit für den ArbN günstiger ist[7]. Seine Grenze findet dies in gesundheitsschädlicher Länge der Arbeitszeit; hier schützt jedoch bereits das ArbZG. Weiter ist umstritten, ob ein dem ArbN einzelvertragl. eingeräumtes **Wahlrecht** gegenüber einer starren tarifvertragl. Norm günstiger sei[8]. Dabei kann aber eine Abwägung zwischen der Koalitionsfreiheit der Verbände und der Berufsfreiheit des ArbN dazu führen, dass der Günstigkeitsvergleich nicht eingreift, weil die TV-Parteien den Spielraum der Privatautonomie insoweit begrenzen können, so dass es bei der tarifl. Regelung verbleibt[9].

(2) Bestimmung der Lage. Anders als die Dauer der Arbeitszeit entzieht sich jedoch die Regelung ihrer **310**
Lage bei einem betrieblichen Arbeitsverhältnis weitgehend der individualvertragl. Festlegung, denn der einzelne ArbN ist eingebunden in die Arbeitsorganisation, etwa in einen arbeitstechnisch festgelegten Produktionsprozess. Die weit gehende Unfähigkeit der Einflussnahme des einzelnen ArbN auf die Lage der Arbeitszeit wird durch das **MitbestR des BR** nach § 87 I Nr. 2 BetrVG kompensiert, das den ArbGeb zur Rücksichtnahme auf die Bedürfnisse der Belegschaft veranlasst. Der Tarifvorrang des § 87 I Einleitungssatz BetrVG greift zumeist nicht ein, weil die Lage der Arbeitszeit – wegen ihrer Abhängigkeit von den spezifischen betrieblichen Verhältnissen – im Allgemeinen nicht durch **TV** geregelt ist[10]. Eine tarifvertragl. Bestimmung über die Lage der Arbeitszeit wäre, weil davon alle ArbN eines Betriebs unabhängig von ihrer Mitgliedschaft in der Gewerkschaft betroffen wären, nicht als Inhaltsnorm, sondern als Betriebsnorm iSv. § 3 II TVG zu qualifizieren[11]. Im Übrigen kann der ArbGeb idR. betriebsüblichen Arbeitszeit auf Grund seines Direktionsrechts/Weisungsrechts die wöchentliche Arbeitszeit auf die einzelnen Wochentage verteilen und Beginn und Ende der täglichen Arbeitszeit sowie die Pausen festlegen[12]. Enthält ein Arbeitsvertrag eine Klausel des Inhalts, dass sich die Verwendung des ArbN im Rahmen des Zumutbaren nach den betrieblichen Bedürfnissen des ArbGeb richtet, dann eröffnet der Begriff „Verwendung" dem ArbGeb auch die Möglichkeit, die Lage der Arbeitszeit des ArbN den betrieblichen Bedürfnissen anzupassen und einen Schichtwechsel anzuordnen[13]. In einem Betrieb kann allerdings eine bestimmte **betriebsübliche** Arbeitszeit bestehen, die dann auch für die neu eingestellten ArbN gilt, wenn keine abweichende einzelvertragl. Vereinbarung vorgenommen wird[14]. Hat die betriebsübliche Arbeitszeit über einen Zeitraum von sieben Jahren bestanden, so ist sie aber nicht derart verfestigt, dass sie individualrechtl. nur noch durch Änderungskündigung abgeändert werden könnte; Änderungen der betriebsüblichen Arbeitszeit – zB auch Einführung eines Zweischichtbetriebes – können durch BV erfolgen[15]. Die Vereinbarung der Geltung der betriebsüblichen Arbeitszeit im Arbeitsvertrag verstößt nach instanzgerichtlicher Rspr. weder gegen das Transparenzgebot gem. § 307 I 2, noch stellt dies eine unangemessene Benachteiligung des ArbN gem. § 307 I 1 dar[16]. Konkrete Anhaltspunkte müssen für den ArbN bei Vertragsabschluss freilich bestehen. Zur Auslegung des in einem TV gebrauchten Begriffs „betriebsübliche Arbeitszeit" kann nicht ohne weiteres auf die Bedeutung abgestellt werden, die dieser Begriff in § 87 I Nr. 3 BetrVG hat[17].

Vereinbaren ArbGeb und ArbN bei Abschluss des Arbeitsvertrages die zu diesem Zeitpunkt im Be- **311**
trieb geltende Regelung über Beginn und Ende der täglichen Arbeitszeit und die Verteilung der Ar-

---

1 BAG v. 26.6.1985 – 4 AZR 585/83, DB 1986, 132; v. 10.7.2003 – 6 AZR 372/02, AP Nr. 6 zu § 9 TVAL II. Für die Zulässigkeit auch ArbR-BGB/*Schliemann*, § 611 BGB Rz. 634. | **2** BAG v. 17.3.1988 – 6 AZR 268/85, AP Nr. 11 zu § 15 BAT; v. 12.2.1986 – 7 AZR 482/84, AP Nr. 7 zu § 15 BAT; v. 25.6.1985 – 3 AZR 347/83, BAGE 49, 125. | **3** BAG v. 17.3.1988 – 6 AZR 268/85, AP Nr. 11 zu § 15 BAT. | **4** ErfK/*Preis*, § 611 BGB Rz. 818; eine entsprechende Differenzierung wird in BAG v. 12.3.1992 – 6 AZR 311/90, AP Nr. 1 zu § 4 BeschFG 1985 unter Auseinandersetzung mit BAG v. 12.12.1984 – 7 AZR 509/83, AP Nr. 6 zu § 2 KSchG 1969 vorgenommen. | **5** Wiedemann/*Wank*, § 4 TVG Rz. 479 ff.; eingehend *Buchner*, RdA 1990, 1 (8 ff.). | **6** Ausf. *Joost*, ZfA 1985, 173 ff. | **7** MünchArbR/*Berkowsky*, § 48 Rz. 118 f. | **8** Wiedemann/*Wank*, § 4 TVG Rz. 492 ff. | **9** Wiedemann/*Wank*, § 4 TVG Rz. 498. | **10** Vgl. Staudinger/*Richardi*, § 611 BGB Rz. 415. | **11** Staudinger/*Richardi*, § 611 BGB Rz. 415. | **12** LAG Kiel v. 30.4.1998 – 4 Sa 490/97, nv. | **13** LAG Hamm v. 30.6.1994 – 4 Sa 2017/93, LAGE § 611 BGB – Direktionsrecht Nr. 17. | **14** LAG Stuttgart v. 28.10.1991 – 4b Sa 27/91, LAGE § 77 BetrVG 1952 Nr. 16. | **15** LAG Stuttgart v. 28.10.1991 – 4b Sa 27/91, LAGE § 77 BetrVG 1952 Nr. 16. | **16** LAG Hamburg v. 22.6.2004 – 1 Sa 52/03, nv. | **17** BAG v. 12.1.1994 – 4 AZR 107/93, AP Nr. 2 zu § 1 TVG – Tarifverträge: Verkehrsgewerbe.

beitszeit auf die einzelnen Wochentage, liegt darin allerdings keine **individuelle Arbeitszeitvereinbarung**, die gegenüber einer späteren Veränderung der betrieblichen Arbeitszeit durch **BV** Bestand hat; der ArbN, der aus persönlichen Gründen an einer bestimmten, von der betriebsüblichen Arbeitszeit unabhängigen Lage der Arbeitszeit Interesse hat, muss diese Unabhängigkeit mit dem ArbGeb auch dann vereinbaren, wenn die zurzeit des Abschlusses des Arbeitsvertrages geltende betriebliche Arbeitszeit seinen Interessen entspricht[1]. Ist arbeitsvertragl. eine Tätigkeit im Drei-Schicht-System vereinbart worden, so kann das Begehren des ArbN, aus gesundheitlichen Gründen ausschließlich in Nachtschicht eingesetzt zu werden, nur durch Vertragsänderung, ggf. durch eine Änderungskündigung realisiert werden[2].

312 Enthalten weder Tarif- noch Einzelarbeitsvertrag eine Regelung über die Lage der Arbeitszeit, ist der ArbGeb, sofern nicht MitbestR der ArbN-Vertretung eingreifen, kraft seines **Direktionsrechts** befugt, die Lage der Arbeitszeit durch einseitige Erklärung festzulegen[3]. Dazu gehört nicht nur die Bestimmung von Beginn und Ende der täglichen Arbeitszeit sowie die Einteilung der Pausen, sondern auch die Einführung von Schichtarbeit sowie die Aufstellung von Dienstplänen[4] oder die Anzahl der in Folge zu leistenden Nachtschichten[5]. Das gilt auch dann, wenn in der Vergangenheit über einen mehrjährigen Zeitraum anderweitig verfahren worden ist, es sei denn, es liegen besondere Umstände vor[6]. Der ArbGeb ist allerdings auf Grund einer arbeitsvertragl. Abrede, auf Grund deren ein ArbN entsprechend der jeweiligen Anordnung der Betriebsleitung verpflichtet ist, im Ein- bis Dreischichtbetrieb zu arbeiten, kraft Direktionsrechtes berechtigt, den ArbN auch dann aus der Nachtschicht in die Tagesschicht zu versetzen, wenn er seit Bestehen des Arbeitsverhältnisses über zehn Jahre lang ausschließlich in der Nachtschicht gearbeitet hat[7]. Bei der Ausübung des Bestimmungsrechts muss der ArbGeb die Grundsätze billigen Ermessens wahren[8]. Infolgedessen hat der ArbGeb bei der Ausübung eines arbeitsvertragl. vereinbarten Rechts zur einseitigen Anordnung von Überstunden eine angemessene **Ankündigungsfrist** zu wahren, um dem ArbN auf zumutbare Weise zu ermöglichen, sich auf eine vorher zeitlich nicht festgelegte Inanspruchnahme seiner Arbeitskraft einzustellen; die Zuweisung von Überstunden für den laufenden Arbeitstag kann nur bei deutlich überwiegenden betrieblichen Interessen billigem Ermessen entsprechen[9]. Auch entspricht es nicht billigem Ermessen, einer aus dem Erziehungsurlaub zurückkehrenden Mutter mitzuteilen, dass sie ab sofort früher mit der Arbeit anfangen muss, wenn sie wegen der Änderung der Arbeitszeit ihr Kind nicht in den Kindergarten bringen kann[10]. Auf schutzwürdige familiäre Belange des ArbN muss der ArbGeb laut BAG Rücksicht nehmen, soweit einer vom ArbN gewünschten Verteilung der Arbeitszeit nicht betriebliche Gründe oder berechtigte Belange andere ArbN entgegenstehen. Erfordert auf Grund dieser Grundsätze die Verteilung der Arbeitszeit eine personelle Auswahlentscheidung des ArbGeb zwischen mehreren ArbN, gelten die Grundsätze zur sozialen Auswahl im Rahmen einer betriebsbedingten Kündigung nicht[11]. Instanzgerichtliche Rspr. geht sogar so weit, dass der ArbGeb bei der Bestimmung der Arbeitszeit im Rahmen des Direktionsrechts keine betrieblich nicht zwingenden Anordnungen treffen darf, die die Vereinbarkeit von Familie und Beruf behindern[12].

313 Außer – in engen Grenzen, s. Rz. 238 – durch betriebliche Übung kann die Festlegung der Lage der Arbeitszeit grds. auch durch eine stillschweigende Vertragsergänzung (**Konkretisierung**[13]) eintreten[14] (s. § 106 GewO Rz. 83 ff.).

314 **bb) Einzelfälle. (1) Überstunden.** Als Überstunden wird im Allgemeinen die Überschreitung der durch Einzelarbeitsvertrag, TV oder BV festgelegten regelmäßigen Arbeitszeit bezeichnet[15]. Da Überstunden wegen bestimmter besonderer Umstände zusätzlich geleistet werden, kann, wenn ein ArbN ständig eine bestimmte Arbeitszeit leistet, die mit der betriebsüblichen oder tarifl. Arbeitszeit nicht übereinstimmt, nicht von Überstunden gesprochen werden[16]. Überstunden iSd. § 7 VII TVöD sind Arbeitsstunden, die über die im Rahmen der regelmäßigen Arbeitszeit vollzeitbeschäftigter Angestellter für die Woche dienstplanmäßig bzw. betriebsüblich festgesetzten Arbeitsstunden hinausgehen[17]. Überstunden sind danach auch für Nichtvollbeschäftigte, auf deren Arbeitsverhältnis der TVöD anzuwenden ist, nur solche Arbeitsstunden, die über die im Rahmen der regelmäßigen Arbeitszeit für die Woche festgesetzten Arbeitsstunden hinausgehen; auch Nichtvollbeschäftigte erhalten nur unter die-

---

1 BAG v. 23.6.1992 – 1 AZR 57/92, AP Nr. 1 zu § 611 BGB – Arbeitszeit. | 2 LAG Sachsen v. 11.5.2005 – 3 Sa 716/04, nv. | 3 BAG v. 19.6.1985 – 5 AZR 57/84, DB 1986, 132; v. 23.9.2004 – 6 AZR 567/03, NZA 2005, 559; *Preis*, Der Arbeitsvertrag, II A 90 Rz. 158. | 4 BAG v. 19.6.1985 – 5 AZR 57/84, DB 1986, 132. | 5 BAG v. 11.2.1998 – 5 AZR 472/97, AP Nr. 54 zu § 611 BGB – Direktionsrecht. | 6 LAG Berlin v. 29.4.1991 – 9 Sa 9/91, LAGE § 611 BGB – Direktionsrecht Nr. 9; ErfK/*Preis*, § 611 BGB Rz. 816. | 7 LAG Düsseldorf v. 23.10.1991 – 4 Sa 789/91, LAGE § 611 BGB – Direktionsrecht Nr. 1. | 8 BAG v. 28.11.1984 – 5 AZR 123/83, AP Nr. 1 zu § 4 TVG – Bestimmungsrecht; Schaub/*Linck*, ArbRHdb, § 45 Rz. 69. | 9 ArbG Frankfurt v. 26.11.1998 – 2 Ca 4267/98, LAGE § 626 BGB Nr. 12 unter Berufung auf den Rechtsgedanken des § 4 Abs. 2 BeschFG (heute § 12 Abs. 2 TzBfG). | 10 LAG Nürnberg v. 8.3.1999 – 6 Sa 259/97, NZA 2000, 263. | 11 BAG v. 23.9.2004 – 6 AZR 567/03, EzA Nr. 1 zu § 106 GewO. | 12 ArbG Hamburg v. 4.12.1995 – 21 Ca 290/95, AuR 1998, 297 f. | 13 Hierzu näher *Hennige*, NZA 1999, 281 (286) mwN. | 14 BAG v. 19.6.1985 – 5 AZR 57/84, DB 1986, 132. | 15 MünchArbR/*Blomeyer*, § 48 Rz. 128; ErfK/*Preis*, § 611 BGB Rz. 825; BAG v. 10.6.1959 – 4 AZR 567/56, BB 1959, 920. | 16 BAG v. 9.7.2003 – 5 AZR 610/01, nv. | 17 BAG v. 25.7.1996 – 6 AZR 138/94, AP Nr. 6 zu § 35 BAT.

sen Voraussetzungen nach den tarifl. Bestimmungen Zeitzuschläge für Überstunden[1]. Eine Konkretisierung des Arbeitsverhältnisses auf ein bestimmtes Mindestmaß an Überstunden kommt regelmäßig nicht in Betracht[2].

(2) **Mehrarbeit.** Mit dem Begriff der Überstunden verwandt ist derjenige der Mehrarbeit. Nach § 15 AZO hatte die Unterscheidung zwischen Überstunden und Mehrarbeit unter dem Gesichtspunkt der Vergütung die Folge, dass nur Letztere einen Anspruch auf einen Zuschlag gewährte. Als Mehrarbeit wird heute die über die gesetzl. zulässige Arbeitszeit hinausgehende Arbeit verstanden[3], mithin diejenige Zeit, die die regelmäßige werktägliche Arbeitszeit von acht Stunden (§ 3 S. 1 ArbZG) unter Berücksichtigung der zulässigen Abweichungen nach § 7 ArbZG überschreitet. Nach § 8 II 1 MuSchG hat dieser Begriff eine spezielle Definition für werdende und stillende Mütter erhalten. Nach § 124 SGB IX (früher § 46 SchwbG) werden schwerbehinderte Menschen auf ihr Verlangen von Mehrarbeit freigestellt. Hierbei ist unter Mehrarbeit nicht die über die individuelle Arbeitszeit des schwerbehinderten Menschen hinausgehende tägliche Arbeitszeit zu verstehen, sondern die die werktägliche Dauer von 8 Stunden (§ 3 ArbZG) überschreitende Arbeitszeit[4]. Eine Arbeitszeitregelung in einer von einer Gewerkschaft mit dem GBR geschlossenen BV, nach der die regelmäßige wöchentliche Arbeitszeit 38,5 Stunden im Jahresdurchschnitt beträgt, betrifft die vom ArbN geschuldete Arbeitszeit; soweit keine anderweitige Bestimmung getroffen wird, leistet der ArbN zuschlagspflichtige Überstunden regelmäßig erst dann, wenn die auf das Jahr bezogene regelmäßige Arbeitszeit überschritten wird und nicht bereits bei einer Mehrleistung in der einzelnen Woche, die durch Arbeitszeitverkürzung in der Folgezeit ausgeglichen wird[5]. Aus einer über das geforderte Stundenmaß hinausgehenden Dienstleistung kann nicht auf Mehrarbeit iSd. MehrarbeitsvergütungsVO geschlossen werden. Dieser Schluss ist auch nicht durch das Gemeinschaftsrecht geboten[6]. Zu den Konsequenzen für die Vergütung von Mehrarbeit/Überstunden s. § 612 Rz. 24. 315

Einigkeit besteht darin, dass der ArbGeb kraft seines Direktionsrechts in **Notfällen** über die vertragl. oder tarifvertragl. Vereinbarung hinausgehende vorübergehende Überstunden anordnen kann, wobei jedoch die durch Gesetz und TV bestehenden Grenzen zu berücksichtigen bleiben[7]. Dieses Recht besteht bei drohenden Gefahren für den Betrieb auf Grund unvorhersehbarer äußerer Ereignisse (zB Naturkatastrophen) und wird auf die durch Treu und Glauben (§§ 157, 242, „Treuepflicht") beeinflusste Arbeitspflicht zurückgeführt[8]. Stets sind dabei die Voraussetzungen und Grenzen des § 14 ArbZG zu beachten. Die Norm selber gibt dem ArbGeb keinen Anspruch auf die Leistung von Überstunden[9]. Im Einzelfall kann der ArbN einen Anspruch auf Mehrarbeit auf Grund des Gleichbehandlungsgrundsatzes geltend machen, der es verbietet, ohne sachlichen Grund ArbN, die Mehrarbeit leisten wollen, davon auszuschließen, wenn Mehrarbeit für vergleichbare ArbN angeordnet oder angenommen wird[10]. 316

(3) **Kurzarbeit.** Kurzarbeit bedeutet das auf einem vorübergehend gesunkenen Arbeitsbedarf zurückgehende Unterschreiten der vereinbarten individuellen Arbeitszeit, die meist mit einer Absenkung der betrieblichen Arbeitszeit einhergeht[11]. Zum **MitbestR** des BR nach § 87 I Nr. 3 BetrVG s. § 106 GewO Rz. 37, 105. Eine tarifvertragl. Bestimmung, wonach der ArbGeb einseitig Kurzarbeit einführen kann, ohne Regelungen über Voraussetzungen, Umfang und Höchstdauer dieser Maßnahme zu treffen, verstößt gegen tarifl. unabdingbares Kündigungsschutzrecht und ist deshalb unwirksam[12]. Kann auf Grund einer tarifvertragl. Bestimmung Kurzarbeit nach einer Ankündigungsfrist von zwei Wochen für Arbeiter eingeführt werden, lässt dies die MitbestR unberührt[13]. Bei rechtswirksamer Einführung von Kurzarbeit ist der ArbGeb zur Lohnzahlung für die ausfallende Arbeitszeit nach § 615 nicht verpflichtet[14]. Auch bei unzulässiger einseitiger Anordnung von Kurzarbeit durch den ArbGeb bleibt ein Vergütungsanspruch des ArbN aus Annahmeverzug bestehen. Der ArbN ist nicht verpflichtet unverzüglich der Kurzarbeitsanordnung zu widersprechen und seine Arbeitskraft anzubieten[15]. 317

cc) Tätigkeiten als Arbeitszeit. Für die Frage, welche Tätigkeiten auf die Arbeitszeit anzurechnen sind, ist entscheidend, welches Verhalten den Begriff der „Arbeit" erfüllt. 318

---

1 BAG v. 25.7.1996 – 6 AZR 138/94, AP Nr. 6 zu § 35 BAT mwN aus dem Schrifttum; v. 21.11.1991 – 6 AZR 551/89, AP Nr. 2 zu § 34 BAT; *Kallenborn-Schmidtke*, ZTR 1993, 195 f. | 2 LAG Köln v. 21.1.1999 – 6 Sa 1252/98, NZA-RR 1999, 517 f.; ErfK/*Preis*, § 611 BGB Rz. 825. | 3 Erman/*Edenfeld*, § 611 BGB Rz. 288; MünchArbR/*Blomeyer*, § 48 Rz. 128; *Preis*, Der Arbeitsvertrag, II A 90 Rz. 89. Abweichend § 7 VI TVöD: Arbeitsstunden Teilzeitbeschäftigter über die regelmäßige persönliche Arbeitszeit hinaus bis zur regelmäßigen wöchentlichen Arbeitszeit von Vollzeitbeschäftigten. | 4 BAG v. 8.11.1989 – 5 AZR 642/88, AP Nr. 1 zu § 46 SchwbG; MünchArbR/*Blomeyer*, § 48 Rz. 129. | 5 BAG v. 11.11.1997 – 6 AZR 566/97, AP Nr. 25 zu § 611 BGB – Mehrarbeitsvergütung. | 6 BVerwG v. 3.1.2005 – 2 B 57/04, nv. | 7 Soergel/*Kraft*, § 611 BGB Rz. 73. | 8 MünchArbR/*Blomeyer*, § 48 Rz. 130 und 35; ArbG Halberstadt v. 28.9.2004 – 5 Ca 901/04, nv.; ArbG Leipzig v. 4.2.2003 – 7 Ca 6866/02, NZA-RR 2003, 1279. | 9 ErfK/*Preis*, § 611 BGB Rz. 825. | 10 LAG Frankfurt v. 12.9.2001 – 8 Sa 1122/00, NZA-RR 2002, 348 f.; ErfK/*Preis*, § 611 BGB Rz. 825. | 11 ArbR-BGB/*Schliemann*, § 611 BGB Rz. 642; vgl. ErfK/*Preis*, § 611 BGB Rz. 819. | 12 BAG v. 18.10.1994 – 1 AZR 503/93, AP Nr. 11 zu § 615 BGB – Kurzarbeit; v. 27.1.1994 – 6 AZR 541/93, AP Nr. 1 zu § 15 BAT-O. Anders BAG v. 15.12.1961 – 1 AZR 310/60, BAGE 12,135: Der ArbGeb kann Kurzarbeit einseitig einführen, sofern ihm eine entsprechende Ermächtigung kollektivrechtlicher oder einzelvertraglicher Art erteilt ist. | 13 BAG v. 25.11.1981 – 4 AZR 274/79, BAGE 37, 120. | 14 BAG v. 15.12.1961 – 1 AZR 310/60, BAGE 12, 135; ErfK/*Preis*, § 611 BGB Rz. 823. | 15 ArbG Berlin v. 23.10.2003 – 82 Ca 16808/03, nv.

319 (1) **Bereitschaftsdienst.** Er liegt – sofern Gesetz, TV oder BV nichts anderes bestimmen – nach Definition des BAG vor, wenn der ArbN sich für Zwecke des Betriebes lediglich an einer vom ArbGeb bestimmten Stelle innerhalb oder außerhalb des Betriebes aufzuhalten hat, um erforderlichenfalls seine volle Arbeitstätigkeit unverzüglich aufnehmen zu können[1]. Die aus Anlass eines solchen Bereitschaftsdienstes im betrieblichen Interesse aufgewandte Zeit ist jedenfalls hinsichtlich der Entlohnung der Arbeitszeit zuzurechnen. Der Bereitschaftsdienst stellt mithin **keine volle Arbeitsleistung** dar. Er ist seinem Wesen nach eine Aufenthaltsbeschränkung, verbunden mit der Verpflichtung, bei Bedarf sofort tätig zu werden[2]. Kein Bereitschaftsdienst, sondern die Anordnung von Überstunden liegt vor, wenn der ArbN im unmittelbaren Anschluss an seine regelmäßige Arbeitszeit weiterarbeiten muss. Dies gilt auch, wenn der ArbGeb zuvor in einem Dienstplan Bereitschaftsdienst angeordnet hatte[3]. Nach § 5 III ArbZG aF handelte es sich bei dem **Bereitschaftsdienst nicht** um **Arbeitszeit**, weil die Norm sonst überflüssig wäre, da Arbeitszeit bereits nach § 5 I ArbZG aF nicht Ruhezeit ist (s. aber nun zum geänderten Recht Rz. 321). Auf Grund seines **Direktionsrechts** kann der ArbGeb einseitig auch eine vertragl. nur rahmenmäßig umschriebene zusätzliche Pflicht des ArbN zur Ableistung von Bereitschaftsdiensten zeitlich näher bestimmen; seine Grenzen findet das Direktionsrecht dabei in den Vorschriften der Gesetze des Kollektiv- und des Einzelarbeitsvertragsrechts; es darf nach § 315 nur nach billigem Ermessen ausgeübt werden[4]. Eine Anordnung zu Bereitschaftsdiensten ist unwirksam, wenn der ArbN über einen längeren Zeitraum (zB 14 Jahre) keine Bereitschaftsdienste mehr zu leisten hatte und der ArbGeb keine sachlichen Gründe für die Änderung der bisher geübten Praxis vorgetragen hat[5].

320 In seiner SIMAP-Entscheidung hatte der EuGH[6] auf Grundlage der RL 93/104/EG des Rates vom 23.11.1993 über bestimmte Aspekte der Arbeitszeitgestaltung[7] (Arbeitszeit-Richtlinie), die in ihrem Art. 2 Begriffsbestimmungen ua. hinsichtlich „Arbeitszeit" und „Ruhezeit" enthält, über den Begriff des Bereitschaftsdienstes zu entscheiden. Als **Arbeitszeit** wird in der Richtlinie „jede Zeitspanne" definiert, „während der ein ArbN gem. den einzelstaatlichen Rechtsvorschriften und/oder Gepflogenheiten arbeitet, dem ArbGeb zur Verfügung steht und seine Tätigkeit ausübt oder Aufgaben wahrnimmt"; als **Ruhezeit** wird danach nur negativ „jede Zeitspanne außerhalb der Arbeitszeit" verstanden. Der EuGH entschied unter Hinweis auf den Zweck der Richtlinie – Schutz der Sicherheit und der Gesundheit der ArbN durch Einhaltung von Mindestruhezeiten -, dass nach der genannten Definition auch der **Bereitschaftsdienst** in Form persönlicher Anwesenheit in der Gesundheitseinrichtung die Merkmale des Begriffs der Arbeitszeit aufweise, denn die Verpflichtung der Ärzte, sich am Arbeitsplatz aufzuhalten und dort verfügbar zu sein, sei als Teil ihrer Aufgaben anzusehen; anderes gelte jedoch für Bereitschaftszeit, die in der Weise geleistet wird, dass die Ärzte ständig erreichbar sind, ohne zur Anwesenheit in der Einrichtung verpflichtet zu sein, was das Gericht als „Rufbereitschaft" bezeichnete. In dieser Situation könnten die Ärzte freier über ihre Zeit verfügen und eigenen Interessen nachgehen.

321 Diese Rspr. des EuGH setzte sich fort in der *Jaeger*-Entscheidung[8]. Sie hat den deutschen Gesetzgeber zu einer **Änderung des Arbeitszeitrechts** geführt. Seit dem 1.1.2004 ist Bereitschaftsdienst Arbeitszeit iSd. ArbZG. Diese Änderung war erforderlich um einen Europarechtskonformität des deutschen Rechts herzustellen, denn eine richtlinienkonforme Auslegung war auf Grund des eindeutig abweichenden Wortlauts des ArbZG unzulässig[9].

322 Diese geänderte Rechtslage hat jedoch **keine unmittelbare Auswirkung auf die Vergütung** des Bereitschaftsdiensts[10]. Der Bereitschaftsdienst stellt eine Leistung des ArbN dar, die wegen der insgesamt geringeren Inanspruchnahme des ArbN niedriger als sog. Vollarbeit vergütet werden darf. Daran ändert die Rspr. des EuGH nichts, nach der Bereitschaftsdienst Arbeitszeit ist. Eine pauschale Vergütungsvereinbarung die sich an einer während der Bereitschaftsdienste maximal zu erwartenden Vollarbeit ausrichtet ist daher weiterhin zulässig. Der ArbN opfert hier nicht Freizeit ohne Vergütung, sondern erhält für die geleisteten Bereitschaftsdienste insgesamt eine Vergütung. Auf die Frage, ob die Bereitschaftsdienste nach dem ArbZG zulässig waren, kommt es nicht an[11].

323 Aus eben diesem Grund kann auch eine bestehende arbeitsvertragl. oder tarifvertragl. Regelung, die Entgelt für geleistete „Arbeitszeit" vorsieht, auch nach der Änderung des ArbZG regelmäßig nicht auf den Bereitschaftsdienst erstreckt werden. Es entscheidet die **Auslegung** im Einzelfall. Sind gesonderte Entgeltregeln für den Bereitschaftsdienst getroffen, so bleiben diese gültig.

---

1 BAG v. 10.6.1959 – 4 AZR 567/56, BB 1959, 920; ErfK/*Preis*, § 611 BGB Rz. 832. |2 BAG v. 4.8.1988 – 6 AZR 46/86, ZTR 1989, 147 ff. |3 ArbG Koblenz v. 6.11.2003 – 9 Ca 96/03, PflR 2004, 309 im Anschluss an BAG v. 26.11.1992 – 6 AZR 455/91, AP Nr. 20 zu § 17 BAT. |4 BAG v. 25.10.1989 – 2 AZR 633/88, AP Nr. 36 zu § 611 BGB – Direktionsrecht. |5 LAG Hessen v. 20.5.2003 – 14 SA 1695/02, ZMV 2004, 99. |6 EuGH v. 3.10.2000 – Rs. C-303/98, NZA 2000, 1227. |7 ABl. L 307, S. 18. |8 EuGH v. 9.9.2003 – C-151/02, NZA 2003, 1019. |9 BAG v. 18.2.2003 – 1 ABR 2/02, NZA 2003, 742; v. 5.6.2003 – 6 AZR 114/02, AP Nr. 7 zu § 611 BGB – Bereitschaftsdienst; v. 16.3.2004 – 9 AZR 93/03, AP Nr. 2 zu § 2 ArbZG. |10 BAG v. 28.1.2004 – 5 AZR 503/02, AP Nr. 18 zu § 1 TVG – Tarifverträge: DRK. |11 BAG v. 28.1.2004 – 5 AZR 530/02, AP Nr. 18 zu § 1 TVG – Tarifverträge: DRK; v. 19.2.2004 – 6 AZR 211/03, EzBAT Nr. 4, Nr. 1 zu SR 2r BAT; v. 21.4.2005 – 6 AZR 287/04, nv.; vgl. auch BAG v. 20.4.2005 – 4 AZR 285/04, nv.

(2) **Arbeitsbereitschaft.** Unter Arbeitsbereitschaft sind Zeiten wacher Achtsamkeit im Zustande der Entspannung zu verstehen[1]. Arbeitsbereitschaft ist unter dem Gesichtspunkt des Arbeitszeitschutzes ebenso einzuordnen wie die regelmäßig geleistete Arbeitszeit selbst[2]. Arbeitsbereitschaft ist von der vertragl. geschuldeten Leistung her, die den Wesensgehalt des Arbeitsverhältnisses ausmacht und ihm das Gepräge gibt, zu bestimmen. Sie stellt der Arbeit gegenüber eine mindere Leistung des ArbN dar, da sie sich auf die Bereitschaft zur Verrichtung der Arbeit beschränkt[3], und ist demgemäß nach dem Grad der Beanspruchung von Vollarbeit mit schwankender Intensität abzugrenzen[4]. Unter dem Gesichtspunkt des Arbeitszeitschutzes wird die **Arbeitsbereitschaft als Arbeitszeit eingestuft**, wie sich aus dem Rückschluss aus § 7 I 1 Nr. 1a ArbZG ergibt. Muss der ArbN während der Arbeitsbereitschaft im Bedarfsfall die Arbeit aufnehmen, leistet er Vollarbeit[5]. Der Arbeitsbereitschaft können nur solche in einer Schicht liegende Zeiten einer Untätigkeit zugerechnet werden, die nach ihrer zeitlichen Ausdehnung grds. geeignet sind, einen Zustand der Entspannung herbeizuführen; die Zeiten der Bereitschaft müssen nach ihrem Beginn und Ende im maßgeblichen Schichtplan ebenso wie die Zeiten der Arbeitsverrichtungen erkennbar werden, weil eine Entspannung nur dann eintreten kann, wenn der ArbN spätestens bei Beginn der Bereitschaft weiß, dass er aus der dienstlichen Inanspruchnahme für eine bestimmte Zeit entlassen ist[6]. Eine Verlagerung der Bereitschaftszeit infolge zeitlicher Verschiebung der Dienstabwicklung nimmt der Wartezeit nicht den Charakter als Bereitschaft; desgleichen, wenn der ArbN aus seiner eigenen Betriebserfahrung erkennen kann, dass von ihm in bestimmten Tagesabschnitten, die nach ihrer zeitlichen Ausdehnung grds. geeignet sind, einen Zustand der Entspannung herbeizuführen, im Allgemeinen keine Arbeitsverrichtungen zu leisten sind[7]. 324

(3) **Rufbereitschaft.** Das ArbZG verwendet diesen Begriff in § 5 III, ohne ihn jedoch zu definieren. § 7 IV TVöD bestimmt die Rufbereitschaft als die Verpflichtung, sich auf Anordnung des ArbGeb außerhalb der regelmäßigen Arbeitszeit an einer dem ArbGeb anzugebenden Stelle aufzuhalten, um auf Abruf die Arbeit aufzunehmen. Rufbereitschaft unterscheidet sich vom Bereitschaftsdienst dadurch, dass die Stelle, an der sich der Angestellte zur Verfügung zu halten hat, nicht vom ArbGeb bestimmt wird, der Angestellte sich vielmehr **an einer Stelle seiner Wahl aufhalten** kann, die er dem ArbGeb lediglich anzuzeigen hat; maßgeblich für die Abgrenzung ist ferner weder das Ausmaß der während des Dienstes anfallenden Arbeitsleistung noch die vom ArbN selbst gewählte Beschränkung seines Aufenthalts, sondern entscheidend ist, welche Aufenthaltsbeschränkungen sich aus der Anordnung des ArbGeb ergeben[8]. Allerdings ist der ArbN auch bei Rufbereitschaft in der Wahl seines Aufenthaltsortes nicht völlig frei, sondern muss ihn so wählen, dass zwischen dem Abruf und der möglichen Arbeitsaufnahme nur eine solche Zeitspanne liegt, dass der Einsatz nicht gefährdet wird und die Arbeitsaufnahme noch im Bedarfsfall gewährleistet ist[9]. Rufbereitschaft liegt aber dann nicht mehr vor, wenn der ArbGeb den ArbN, ohne dessen Aufenthaltsstelle konkret zu bestimmen, dadurch in der freien Wahl des Aufenthaltsortes beschränkt, dass er die Zeit zwischen Abruf und Aufnahme der Arbeit genau vorgibt[10]. Ein ArbN, der verpflichtet ist, auf Anordnung seines ArbGeb außerhalb der regelmäßigen Arbeitszeit ein auf Empfang geschaltetes Funktelefon mitzuführen, um auf telefonischen Abruf Arbeit zu leisten, die darin besteht, dass er über dieses Funktelefon Anordnungen trifft oder weiterleitet, leistet während der Dauer dieser Verpflichtung Rufbereitschaft[11]. 325

Sowohl bei Bereitschaftsdienst wie bei Rufbereitschaft ist der **tatsächliche Arbeitsleistungsanteil** für sich gesehen rechtl. unerheblich; er kann allenfalls indirekt als Indiz für den zu erwartenden Arbeitsleistungsanteil bedeutsam werden; aber auch der *zu erwartende* Arbeitsleistungsanteil grenzt nicht Rufbereitschaft, Bereitschaftsdienst und Vollarbeit voneinander ab, sondern betrifft nur die Frage, was angeordnet werden darf. Rufbereitschaft oder Bereitschaftsdienst, die der ArbGeb nicht hätte anordnen dürfen, bleiben gleichwohl Rufbereitschaft oder Bereitschaftsdienst und werden nicht etwa von selbst zu Bereitschaftsdienst oder voller Arbeitsleistung[12]. 326

Bei Zeiten einer Rufbereitschaft handelt es sich **nicht** um **Arbeitszeit iSd. ArbZG**[13]. Rufbereitschaft ist jedoch Arbeitszeit iSv. § 87 I Nr. 2 BetrVG, weswegen der BR bei der Aufstellung eines Rufbereitschaftsplanes ein **MitbestR** hat. Dieses MitbestR entfällt nicht deswegen, weil einem Regelungsbedürfnis mit kollektivem Bezug durch einzelvertragl. Vereinbarung mit einem oder mehreren ArbN bereits Rechnung getragen worden ist[14]. Dies ist auch weiterhin europarechtskonform. 327

---

1 BAG v. 30.1.1996 – 3 AZR 1030/94, AP Nr. 1 zu § 5 TVG; v. 9.3.2005 – 5 AZR 385/02, ZTR 2005, 479; ArbR-BGB/*Schliemann*, § 611 BGB Rz. 613; Schaub/*Linck*, ArbRHdb, § 45 Rz. 56 mwN. | **2** ErfK/*Preis*, § 611 BGB Rz. 831. | **3** BAG v. 30.1.1985 – 7 AZR 446/82, AP Nr. 2 zu § 35 BAT. | **4** ArbR-BGB/*Schliemann*, § 611 BGB Rz. 613. | **5** BAG v. 10.1.1991 – 6 AZR 352/89, AP Nr. 4 zu MTB II. | **6** BAG v. 14.4.1966 – 2 AZR 216/64, AP Nr. 3 zu § 13 AZO. | **7** BAG v. 14.4.1966 – 2 AZR 216/64, AP Nr. 3 zu § 13 AZO. | **8** BAG v. 31.5.2001 – 6 AZR 171/00, EzA Nr. 8 zu § 242 BGB – Gleichbehandlung. | **9** ArbR-BGB/*Schliemann*, § 611 BGB Rz. 615. | **10** BAG v. 19.12.1991 – 6 AZR 592/89, NZA 1992, 560 f.; aA ArbG Marburg v. 4.11.2003 – 2 Ca 212/03, DB 2004, 1563, n.rkr.: arbeitgeberseitige Festlegung einer Höchstwegezeit von 45 Minuten ist zulässig. | **11** BAG v. 29.6.2000 – 6 AZR 900/98, NZA 2001, 165 ff.; Schaub/*Linck*, ArbRHdb, § 45 Rz. 59. | **12** BAG v. 4.8.1988 – 6 AZR 48/86, ZTR 1989, 147 ff.; v. 27.2.1985 – 7 AZR 552/82, AP Nr. 12 zu § 17 BAT. | **13** Schaub/*Linck*, ArbRHdb, § 45 Rz. 59. | **14** BAG v. 21.12.1982 – 1 ABR 14/81, AP Nr. 9 zu § 87 BetrVG 1972 – Arbeitszeit.

328 **(4) Einzelfälle.** Ob Zeiten, die der ArbN für bestimmte Tätigkeiten aufwenden muss, als Arbeitszeit einzustufen ist, wird in Rspr. und Lit. häufig allein im Zusammenhang mit der Frage nach der Vergütungspflicht für entsprechende Zeiten problematisiert, nicht dagegen unter dem Gesichtspunkt der Zulässigkeit nach den Vorschriften des Arbeitszeitschutzes. Indes besteht zumeist kein Anlass, von einem Abweichen des arbeitszeitrechtl. und des vergütungsrechtl. Begriffs der Arbeitszeit auszugehen, jedenfalls in der Richtung, dass eine vergütete Tätigkeit auch als Arbeitszeit gem. § 2 I ArbZG als Arbeitszeit eingestuft werden kann.

329 In der Streitfrage, ob **Waschen und Umkleiden** zur Arbeitszeit gehören, geht es zumeist darum, ob eine Vergütungspflicht ausgelöst wird, nicht um die Zulässigkeit unter dem Gesichtspunkt des Arbeitszeitschutzes (vgl. daher insb. Rz. 85; § 612 Rz. 24). Es kommt allgemein zunächst auf eine genaue Bestimmung des geschuldeten Arbeitsinhalts an[1]. Das BAG hat zunächst entschieden, dass für die Frage, ob die Zeit des Umkleidens zur vergütungspflichtigen Arbeitszeit zählt, die Verhältnisse im Einzelfall entscheidend seien; gehöre das Umkleiden nicht zum Inhalt der geschuldeten Arbeitsleistung, sondern diene es nur der persönlichen Vorbereitung – im Einzelfall: Auf die Arbeit eines Kochs -, so seien in erster Linie die organisatorischen Gegebenheiten des jeweiligen Betriebs und die konkreten Anforderungen an den ArbN maßgebend, wie sie sich aus den betrieblichen Regelungen und Handhabungen tatsächlich ergeben[2]. Auch in jüngeren Judikaten hat das BAG wieder in der Weise Stellung genommen, dass diese Tätigkeiten idR mangels anderer Vereinbarung keine Hauptleistungspflichten des ArbN sind, für die der ArbGeb nach § 611 eine Vergütung zu gewähren hätte; selbst wenn diese Tätigkeiten vom ArbN verlangt würden, könne es sich zwar um Dienstleistungen nach § 612 I handeln, die aber regelmäßig nicht nur gegen eine Vergütung zu erwarten seien[3]. IdR werden Waschen und Umkleiden nicht zur Arbeitszeit gezählt[4]; anders jedoch bei einer Beschäftigung als Model für Bekleidung oder bei Schauspielern[5]. Für die Tätigkeit als „Fahrer/Müllwerker" entschied das BAG, dass nur diese Tätigkeiten dem Gegenseitigkeitsverhältnis des § 611 unterfielen; zu ihnen gehöre das vorherige und anschließende Umkleiden und Waschen nicht, was sich daraus ergebe, dass zwischen den Tätigkeiten eines Fahrers und Müllwerkers selbst und den dafür notwendigen Vor- und Nachbereitungshandlungen unterschieden werden könne[6]. Das Ankleiden mit vorgeschriebener Dienstkleidung etwa, die zu Hause angelegt und – ohne besonders auffällig zu sein – auch auf dem Weg zur Arbeitsstätte getragen werden kann, ist nicht lediglich fremdnützig, so dass die dafür aufgewendete Zeit regelmäßig nicht als zu vergütende Arbeitszeit einzuordnen ist; anders verhält es sich, wenn die Dienstkleidung notwendig im Betrieb angelegt werden muss, dort nach Beendigung der Tätigkeit zu verbleiben hat und der ArbN arbeitsschutzrechtl. ohne sie die Arbeit gar nicht aufnehmen darf. Hier dient das Umkleiden und das Anlegen der vorgeschriebenen Schutzkleidung nicht gleichermaßen einem eigenen Bedürfnis des ArbN, sondern vorwiegend dem fremden Bedürfnis des ArbGeb, der den ArbN ohne die entsprechende Ausrüstung nicht einsetzen dürfte[7].

330 Die **Wegezeit** des ArbN von der Wohnung zur Betriebsstätte ist idR nicht als Arbeitszeit zu vergüten und gehört auch nicht zur Arbeitszeit iSv. § 2 I ArbZG[8]; die Wegezeit von der Betriebsstätte zu einem außerhalb der Betriebsstätte gelegenen Arbeitsplatz ist demgegenüber idR als Arbeitszeit zu vergüten[9]. Bei einer unmittelbaren Anreise des ArbN von seiner Wohnung zu einem außerhalb der Betriebsstätte gelegenen Arbeitsplatz ist regelmäßig die Zeit nicht zu vergüten, die der ArbN dabei dadurch erspart, dass er sich nicht von seiner Wohnung zum Betrieb zu begeben braucht[10]. Abweichende Regelungen können sich im Tarif- oder Einzelarbeitsvertrag finden[11]. Diese Grundsätze gelten auch für die Einordnung der Wegezeiten als Arbeitszeiten iSd. ArbZG[12]. Für einen Zeitaufwand für Wege innerhalb des Betriebs ist entscheidend, an welchem Punkt innerhalb des Betriebs die Arbeitszeit beginnt, so dass die Arbeitszeit erst ab diesem Punkt zu laufen anfängt[13].

331 Mit Zeiten für **Dienstreisen**[14] sind in Abgrenzung zu den Wegezeiten diejenigen Zeiten gemeint, die zur Überbrückung der räumlichen Entfernung zwischen dem Betriebs- oder Wohnort einerseits und dem vom ArbGeb bestimmten Ort der Arbeitsverrichtung, sofern dieser außerhalb der Gemeindegrenzen des Betriebs- bzw. Wohnortes liegt, andererseits aufgewendet werden müssen[15]. Eine Vergütungspflicht besteht immer dann, wenn die Dienstreise während der gewöhnlichen Arbeitszeit zurückgelegt wird[16]. Benutzt ein Angestellter des öffentl. Dienstes für Dienstreisen einen Kraftwagen, den ihm sein ArbGeb

---

1 Vgl. ArbR-BGB/*Schliemann*, § 611 BGB Rz. 615. | 2 BAG v. 22.3.1995 – 5 AZR 934/93, AP Nr. 8 zu § 611 BGB – Arbeitszeit. | 3 BAG v. 11.10.2000 – 5 AZR 122/99, AP Nr. 20 zu § 611 BGB – Arbeitszeit. | 4 Vgl. *Preis*, Der Arbeitsvertrag, II A 90 Rz. 43. | 5 ArbR-BGB/*Schliemann*, § 611 BGB Rz. 615. Für eine generelle Einordnung als zu vergütende Arbeitszeit dagegen *Adam*, AuR 2001, 481 ff. mwN zum Streitstand. | 6 BAG v. 11.10.2000 – 5 AZR 122/99, AP Nr. 20 zu § 611 BGB – Arbeitszeit. | 7 BAG v. 11.10.1995 – 5 AZR 802/94, AP Nr. 9 zu § 611 BGB – Arbeitszeit m. Anm. *B. Degen*; ähnl. LAG BW v. 12.2.1987 – 6 Sa 195/85 HD, AiB 1987, 246 f. | 8 Schaub/*Linck*, ArbRHdb, § 45 Rz. 60; RGRK/*Schliemann*, § 611 BGB Rz. 1407. | 9 So jedenfalls BAG v. 8.12.1960 – 5 AZR 304/58, AP Nr. 1 zu § 611 BGB – Wegezeit m. Anm. *Schnorr v. Carolsfeld*; v. 26.8.1960 – 1 AZR 421/58, AP Nr. 2 zu § 611 BGB – Wegezeit. | 10 BAG v. 8.12.1960 – 5 AZR 304/58, AP Nr. 1 zu § 611 BGB – Wegezeit m. Anm. *Schnorr v. Carolsfeld*. | 11 Vgl. dazu bspw. BAG v. 21.12.2006 – 6 AZR 341/06, nv.; RGRK/*Schliemann*, § 611 BGB Rz. 1407. | 12 ArbR-BGB/*Schliemann*, § 611 BGB Rz. 617. | 13 RGRK/*Schliemann*, § 611 BGB Rz. 1407. | 14 S. *Hromadka*, AuA 1994, 389; *Loritz*, NZA 1997, 1188. | 15 Schaub/*Linck*, ArbRHdb, § 45 Rz. 61. | 16 Schaub/*Linck*, ArbRHdb, § 45 Rz. 61; *Preis*, Der Arbeitsvertrag, II D 15 Rz. 6.

zur Verfügung gestellt hat, so ist die Reisezeit am Steuer des Wagens keine Arbeitszeit und zur Begründung eines Anspruchs auf Überstundenvergütung nicht geeignet[1]. Von dem Grundsatz, dass Wegezeiten von der Betriebsstätte zu einem außerhalb davon gelegenen Arbeitsplatz zur Arbeitszeit gehören und entsprechend zu vergüten sind, können abweichende kollektivrechtl. oder einzelvertragl. Regelungen getroffen werden[2]. Demgegenüber sind Dienstreisen Fahrten an einen anderen Ort, wo Dienstgeschäfte zu erledigen sind; diese sind grds. nicht als Arbeitszeit anzusehen, sofern nicht während der Dienstreise ausnahmsw. Arbeit geleistet wird[3]; auch insoweit kann jedoch tarifrechtl. oder einzelarbeitsvertragl. eine besondere Regelung getroffen werden; insb. kann bestimmt werden, inwieweit die auf einer Dienstreise verbrachte Zeit als Arbeitszeit anzusehen ist und wie diese Zeit zu vergüten ist[4]. Zu der **vergütungsrechtl. Seite** vgl. ferner die Komm. bei § 612 Rz. 24.

d) Arbeitsort. aa) Allgemeines. Der Arbeitsort gehört zu den nach § 2 I 2 Nr. 4 **NachwG** vorgesehenen Pflichtangaben, die schriftl. niederzulegen sind; bei der Beschäftigung an mehreren Orten ist hierauf hinzuweisen. Zu einer Anwendung des **§ 269 I,** der im Zweifelsfall den Wohnort des Schuldners als Erfüllungsort vorsieht, wird es im Zusammenhang mit einem Arbeitsverhältnis nicht kommen. Vielmehr besteht im Arbeitsverhältnis gerade die – **entgegengesetzte– Vermutung**, dass der Wohnort des Schuldners (ArbN) nicht der Erfüllungsort ist, denn für das Vorliegen eines Arbeitsverhältnisses ist typisch, dass der ArbN in die Arbeitsorganisation des ArbGeb eingegliedert ist, während die dem Dienstverpflichteten eingeräumte Möglichkeit, an seinem eigenen Wohnort zu arbeiten, eher für die Eigenschaft als arbeitnehmerähnliche Person (vgl. § 2 I 1 HAG) oder sogar als aus einem reinen Dienstvertrag Verpflichteter spricht. Im Arbeitsverhältnis ist also gerade der Betriebsort des ArbGeb Erfüllungsort; bei der Verpflichtung zur Arbeitsleistung handelt es sich um eine Bringschuld[5]. 332

Zwar kann der Erfüllungsort für das Arbeitsverhältnis durch **TV** und **Einzelarbeitsvertrag** bestimmt werden[6]; geschieht das nicht, so befindet sich in aller Regel der Erfüllungsort am Betriebssitz, sofern der ArbN dort ständig beschäftigt wird, und damit am Arbeitsort des ArbN. Dann fällt er mit dem Schwerpunkt des Arbeitsverhältnisses zusammen[7]. Dies gilt grds. auch, wenn der Betrieb verlegt wird; s. Rz. 342. Allerdings ist nach § 269 I BGB Erfüllungsort für die Arbeitsleistung eines für die Bearbeitung eines größeren Bezirks angestellten Reisenden dessen Wohnsitz, wenn er von dort aus seine Reisetätigkeit ausübt; dies gilt unabhängig davon, ob er täglich nach Hause zurückkehrt und in welchem Umfang er vom Betrieb Anweisungen für die Gestaltung seiner Reisetätigkeit erhält[8]. 333

Der Ort der Arbeitsleistung wird sich im Allgemeinen zumeist dem **Arbeitsvertrag** iVm. den **Umständen der Arbeitsleistung** (zB Standort der ortsfesten Produktionsmittel) entnehmen lassen. Für ArbN im öffentl. Dienst wird angenommen, dass ihr Dienstort die politische Gemeinde ist, in der der ArbN tatsächlich regelmäßig Dienst leistet; befinden sich Teile einer Behörde oder Nebenstellen in einer anderen Gemeinde, so ist als Dienstort der Ort anzusehen, in dem der Bedienstete längere Zeit ständig oder überwiegend Dienst leisten muss; der Bedienstete hat in diesem Fall reisekostenrechtl. nur einen Dienstort[9]. Der ArbGeb kann den Arbeitsort in dem zulässigen Rahmen nach billigem Ermessen (§ 106 S. 1 GewO) durch sein **Direktionsrecht** festlegen, was dann eine besondere Bedeutung erlangt, wenn dem ArbN typischerweise nach der Art der Arbeit kein einziger Ort zur Arbeitsleistung zugewiesen ist. Durch das Direktionsrecht wird bei einem im Arbeitsvertrag nur rahmenmäßig bestimmten Arbeitsort (Stadt, Betriebsgelände) ferner eine genaue Stelle innerhalb des Betriebs festgelegt, an der der ArbN zu arbeiten hat (zB Abteilung, Gebäudeteil)[10], die als Arbeitsplatz bezeichnet wird. Allerdings kann der ArbGeb selbst bei solchen Tätigkeiten, die wegen ihrer Art einen ständig wechselnden Einsatzort erfordern, sein Direktionsrecht nicht uneingeschränkt ausüben[11]. So entspricht die Zuweisung einer Ersatztätigkeit an einem auswärtigen Arbeitsort jedenfalls nach Beginn des sechsten Schwangerschaftsmonats im Regelfall nicht billigem Ermessen, wenn dieser Arbeitsort nur nach mehrstündiger Bahn- oder Flugreise erreicht werden kann[12], obwohl grds. bis zum Beginn des sechsten Schwangerschaftsmonats auch eine auswärtige Beschäftigung in Betracht kommt[13]. Die Befugnis, kraft Direktionsrechts Ort und Zeit der Arbeitsleistung festzulegen, ist nicht dadurch eingeschränkt, dass der ArbGeb bei Abschluss des Arbeitsvertrags auf die für den Arbeitsbereich des ArbN geltende betriebliche Regelung über Zeit und Ort des Beginns und Endes der täglichen Arbeit hingewiesen hat. Dies gilt auch dann, wenn der ArbGeb danach über längere Zeit von seinem dahingehenden Direktionsrecht keinen Gebrauch macht[14]. 334

---

1 BAG v. 6.10.1965 – 2 AZR 375/64, AP Nr. 1 zu § 17 BAT. | **2** BAG v. 8.12.1960 – 5 AZR 304/58, AP Nr. 1 zu § 611 BGB – Wegezeit; v. 28.3.1963 – 5 AZR 209/62, AP Nr. 3 zu § 611 BGB – Wegezeit; v. 12.4.1965 – 3 AZR 186/63, AP Nr. 7 zu § 611 BGB – Wegezeit. | **3** BAG v. 22.2.1978 – 4 AZR 579/76, AP Nr. 3 zu § 17 BAT; v. 6.10.1965 – 2 AZR 375/64, AP Nr. 1 zu § 17 BAT. | **4** BAG v. 6.10.1965 – 2 AZR 375/64, AP Nr. 1 zu § 17 BAT; v. 21.9.1977 – 4 AZR 292/76, AP Nr. 3 zu § 19 MTB II; *Hunold*, DB 1977, 1506. | **5** MünchArbR/*Blomeyer*, § 48 Rz. 79. | **6** ErfK/*Preis*, § 611 BGB Rz. 806. | **7** BAG v. 3.12.1985 – 4 AZR 325/84, AP Nr. 5 zu § 1 TVG – Tarifverträge: Großhandel; LAG Rh.-Pf. v. 8.7.2003 – 5 Sa 227/03, nv. | **8** BAG v. 12.6.1986 – 2 AZR 398/85, NJW-RR 1988, 482 ff. | **9** BAG v. 1.12.1994 – 6 AZR 354/94, ZTR 1995, 414 f.; MünchArbR/*Blomeyer*, § 48 Rz. 81. | **10** Vgl. MünchArbR/*Blomeyer*, § 48 Rz. 79. | **11** ArbR-BGB/*Schliemann*, § 611 BGB Rz. 583. | **12** BAG v. 21.4.1999 – 5 AZR 174/98, AP Nr. 5 zu § 4 MuSchG 1968. | **13** BAG v. 22.4.1998 – 5 AZR 478/97, AP Nr. 4 zu § 4 MuSchG 1968. | **14** BAG v. 7.12.2000 – 6 AZR 444/99, NZA 2001, 780.

335 Eine **langjährige Übung**, wonach ein Teil der Arbeitszeit außerhalb des Dienstgebäudes abgeleistet werden darf, hindert den ArbGeb des öffentl. Dienstes nicht daran, die ArbN anzuweisen, in Zukunft die gesamte Arbeitszeit im Dienstgebäude abzuleisten[1]. Auch kann allein daraus, dass ein ArbN über einen längeren Zeitraum hin auf einer bestimmten Stelle mit bestimmten Aufgaben beschäftigt worden ist, noch nicht auf eine entsprechende **Konkretisierung** des Arbeitsvertrages geschlossen werden[2], s. § 106 GewO Rz. 75 f.

336 **Einzelfälle.** Mangels einer eindeutigen anderweitigen Vereinbarung ist der ArbGeb kraft seines Direktionsrechts befugt, eine in einem **Gebäudereinigungsunternehmen** tätige Raumpflegerin an verschiedene Arbeitsstätten zu entsenden[3]. Ein Schulhausmeister kann verpflichtet werden, während der Schulferien in **Vertretung** beurlaubter Schulhausmeister benachbarte Schulen desselben Schulbezirks vorübergehend mitzubetreuen. Die dies anordnende Entscheidung des ArbGeb entspricht billigem Ermessen iSv. § 106 S. 1 GewO, soweit durch beide Tätigkeiten die regelmäßige wöchentliche Arbeitszeit des Schulhausmeisters nicht überschritten wird[4]. Die Versetzung einer Kassiererin in eine örtlich entfernte, nur mit öffentl. Verkehrsmitteln erreichbare Filiale, ist unbillig und damit nicht vom Direktionsrecht des ArbGeb erfasst, wenn als Begründung für die Versetzung die mindere Eignung und das Alter der ArbNin, jedoch kein Vortrag zum konkreten personellen Bedarf der Filialen erfolgt[5]. Allgemein wird die Berufung auf das Direktionsrecht umso problematischer, je größer die Entfernung des Einsatzortes vom Betriebsort ist, so dass etwa eine nicht nur ganz kurzfristige **Entsendung in das Ausland** nicht mehr vom Direktionsrecht des ArbGeb umfasst sein wird[6], es sei denn, der ArbN hat sich vertragl. zu Auslandseinsätzen verpflichtet[7].

337 **bb) Wechselnder Einsatzort.** Bei ArbN mit wechselnden Arbeitsorten, wie etwa bei Außendienstmitarbeitern oder im Fall des Montage- oder Bauarbeiters[8] oder bei einer Raumpflegerin eines Gebäudereinigungsunternehmens[9], ist die Bestimmung des Erfüllungsortes typischerweise problematisch, weil sowohl der Betriebsort als auch der Wohnort des ArbN als Erfüllungsort iSv. § 269 I für die Arbeitsleistung in Betracht zu ziehen sind. Für einen für die Bearbeitung eines größeren Bezirks angestellten Reisenden ist der Erfüllungsort dessen Wohnsitz, wenn er von dort aus seine Reisetätigkeit ausübt, was unabhängig davon gilt, ob er täglich nach Hause zurückkehrt und in welchem Umfang er vom Betrieb Anweisungen für die Gestaltung seiner Reisetätigkeit erhält[10]. Zumeist sind allerdings die sich aus den Vertragspflichten des ArbN ergebenden Leistungspflichten nicht an dessen Wohnsitz zu erfüllen, denn die allein am Wohnsitz vorzunehmenden Verpflichtungen sind nur Nebenpflichten, die schon zeitlich nicht wesentlich ins Gewicht fallen. Wenn also der Wohnsitz des Außendienstmitarbeiters nicht der wirtschaftl.-technische Mittelpunkt für sein Arbeitsverhältnis ist, ist § 269 I nicht anwendbar[11]. Letztlich ist auf Grund des **Schwerpunktes des Vertragsverhältnisses** in einer Gesamtschau aller bedeutsamen Umstände zu ermitteln, welches der Erfüllungsort ist[12]. Allgemein gilt, dass der Ort des Betriebs als Erfüllungsort umso mehr in Zweifel zu ziehen ist, je größer die Entfernung des tatsächlichen Einsatzortes zum Betriebsort ist[13] und je länger der dortige Einsatz des ArbN dauert. Ob die Entsendung noch vom Direktionsrecht umfasst ist, ist auf Grund einer Abwägung zu ermitteln, in die außer Entfernung und Dauer auch Verkehrsbedingungen, Wegezeit, Reisekosten und ähnliche Umstände sowie Interessen des ArbGeb einfließen[14].

338 **cc) Versetzung und Umsetzung des Arbeitnehmers.** Die Begriffe Umsetzung und Versetzung werden häufig[15] voneinander unterschieden, wobei die Umsetzung im Allgemeinen die vorübergehende oder dauerhafte einseitige oder einvernehmliche Zuweisung eines neuen individuellen Einsatzortes innerhalb des Betriebs meint, während die Versetzung zumeist auf einen entsprechenden Einsatzort außerhalb des Betriebs bezogen wird[16]; teilweise werden aber auch beide Erscheinungen unter den Begriff der Versetzung gefasst, unter dem die **Änderung der Tätigkeit nach Art, Ort oder Umfang** verstanden wird[17]. Dieser individualrechtl. Begriff der Versetzung ist nicht mit dem legaldefinierten des § 95 III BetrVG identisch; auf eine bestimmte Dauer der Zuweisung kommt es für den erstgenannten daher nicht an. Die Versetzungs- und Umsetzugsbefugnisse des ArbGeb bestehen auch gegenüber einem ArbN, der nur befristet, zur Vertretung eines zeitweilig ausfallenden Mitarbeiters, beschäftigt ist[18]. Um- bzw. Versetzung sind **zu unterscheiden von** einer (nur unter den Voraussetzungen des § 2 KSchG zulässigen) **Änderung des Arbeitsvertrags**: Ist der Tätigkeitsbereich des ArbN durch den Arbeitsvertrag sowohl seiner

1 BAG v. 11.10.1995 – 5 AZR 802/94, AP Nr. 9 zu § 611 BGB – Arbeitszeit. | 2 BAG v. 22.5.1985 – 4 AZR 84/88, AP Nr. 6 zu § 1 TVG – Tarifverträge: Bundesbahn. | 3 LAG Berlin v. 25.4.1988 – 9 Sa 15/88, LAGE § 611 BGB – Direktionsrecht Nr. 2. | 4 BAG v. 11.6.1992 – 6 AZR 218/91, AP Nr. 2 zu § 12 BAT. | 5 ArbG Ludwigshafen v. 17.9.2003 – 8 Ca 2723/03, nv. | 6 MünchArbR/*Blomeyer*, § 48 Rz. 84. | 7 RGRK/*Schliemann*, § 611 BGB Rz. 1374. | 8 Schaub/*Linck*, ArbRHdb, § 45 Rz. 14. | 9 LAG Berlin v. 25.4.1988 – 9 Sa 15/88, LAGE § 611 BGB – Direktionsrecht Nr. 2. | 10 BAG v. 12.6.1986 – 2 AZR 398/85, NJW-RR 1988, 482 ff. | 11 ArbG Augsburg v. 18.9.1995 – 8 Ca 2490/95, NZA-RR 1996, 185 f. | 12 ErfK/*Preis*, § 611 BGB Rz. 806. | 13 MünchArbR/*Blomeyer*, § 48 Rz. 84. | 14 MünchArbR/*Blomeyer*, § 48 Rz. 84. | 15 Anders für Landespersonalvertretungsrecht zB BAG v. 15.5.1984 – 1 AZR 289/83, nv. | 16 BAG v. 22.1.2004 – 1 AZR 495/01, AP Nr. 25 zu § 91a ZPO; MünchArbR/*Blomeyer*, § 48 Rz. 86. | 17 So zB Schaub/*Linck*, ArbRHdb, § 45 Rz. 15, 17; vgl. auch MünchArbR/*Blomeyer*, § 48 Rz. 49. | 18 BAG v. 10.3.2004 – 7 AZR 397/03, AP Nr. 257 zu § 629 BGB – Befristeter Arbeitsvertrag.

Art wie auch der Arbeitsstelle nach genau bestimmt, so bedeutet jede Zuweisung einer anderen Tätigkeit und eines anderen Arbeitsplatzes eine Änderung des Arbeitsvertrages, die grds. nicht einseitig von dem ArbGeb herbeigeführt werden kann[1]. **MitbestR** des BR nach § 99 I BetrVG (vgl. dort), des Personalrats nach § 75 I Nr. 3 BPersVG können einschlägig sein.

(1) Umsetzung. Die von einem ArbGeb angeordnete Umsetzung eines ArbN auf einen anderen Arbeitsplatz ist eine einseitige, nach zivilrechtl. und tarifrechtl. Grundsätzen zu bewertende Handlung mit rechtsgeschäftlichem Charakter[2]. Innerhalb des Betriebs, für den der ArbN nach seinem Arbeitsvertrag eingestellt worden ist, kann er kraft Direktionsrechts[3] umgesetzt werden[4]. Innerhalb der geschuldeten Arbeitsleistung ist eine Umsetzung vom Direktionsrecht des ArbGeb umfasst, auf Grund deren der ArbN innerhalb eines Filialunternehmens von einem Betrieb in einen anderen versetzt wird, sofern dies nicht mit erheblichen Erschwernissen für den ArbN verbunden ist[5]. 339

Durch Umsetzung eines der ArbN kann der ArbGeb auch Spannungen zwischen mehreren ArbN begegnen; er ist nicht gehalten, an Stelle der Umsetzung eine Abmahnung auszusprechen[6]. Die Umsetzung vom Restaurations-Büffet an einen organisatorisch ebenfalls zur Restaurationsabteilung gehörenden Kuchenverkaufsstand stellt keine Vertragsänderung durch schlüssiges Verhalten dar. Eine Vertragsänderung setzt eine darauf gerichtete Willensübereinstimmung der Vertragsparteien voraus, wobei ein solcher Vertragsänderungswille zwar nicht ausdrücklich erklärt zu werden braucht, es müssen aber besondere Umstände ersichtlich sein, aus denen auf einen entsprechenden Erklärungswillen geschlossen werden könnte[7]. Vom Direktionsrecht ebenfalls gedeckt ist eine Versetzung eines einschlägig abgemahnten BR-Mitgliedes, das außerhalb seiner Arbeitszeit im Betrieb erscheint und Mitarbeiter über eine Stunde lang in Gespräche verwickelt und dadurch von der Arbeit abhält mit der Folge entsprechender Beschwerden[8]. 340

(2) Versetzung. Bei der Ausübung eines vereinbarten Rechts zur Versetzung des ArbN durch den ArbGeb handelt es sich um eine grds. freie unternehmerische Entscheidung, bei der der ArbGeb lediglich die Grenzen des billigen Ermessens iSd. § 106 GewO einhalten muss. Dabei setzt die Wahrung billigen Ermessens voraus, dass die wesentlichen Umstände des Falles **abgewogen** und die beiderseitigen Interessen angemessen berücksichtigt werden[9]. Hat ein ArbGeb unter mehreren ArbN, mit denen er einzelvertragl. keinen besonderen Einsatzort vereinbart hat, die Wahl, welche der ArbN er zu einem anderen Einsatzort versetzen soll, so kann er seine Wahl in zulässiger Weise nach dem Kriterium der Betriebszugehörigkeit treffen[10]. Abgewogen werden kann auch nach den Auswirkungen auf die private Lebensführung des ArbN sowie nach zeitlichem und finanziellem Mehraufwand für den ArbN[11]. Eine Versetzung des ArbN in einen anderen Betrieb überschreitet idR die Grenzen des Direktionsrechts; naturgemäß gilt dies nicht, wenn bereits eine **Auslegung des Arbeitsvertrags** ergibt, dass der ArbGeb sich den Einsatz des ArbN auch in anderen Betrieben des Unternehmens vorbehalten hat[12]. Eine formularmäßige Versetzungsklausel, die materiell der Regelung in § 106 S. 1 GewO nachgebildet ist, stellt weder eine unangemessene Benachteiligung des ArbN nach § 307 I 1 dar noch verstößt sie allein deshalb gegen das Transparenzgebot des § 307 I 2, weil keine konkreten Versetzungsgründe genannt sind[13]. Der ArbGeb kann sich in einer vorformulierten Klausel vorbehalten, einen ArbN entspr. seinen Leistungen und Fähigkeiten mit einer anderen im Interesse des Unternehmens liegenden Tätigkeit zu betrauen und auch an einem anderen Ort zu beschäftigen[14]. Sofern tarifvertragl. eine Versetzungsbefugnis vereinbart wurde, erfährt diese im öffentl. Dienst nur dann einen eingeschränkten Umfang, wenn die Parteien dazu eindeutige Absprachen treffen[15]. Eine bindende Vereinbarung des Arbeitsortes liegt nicht schon in der in Arbeitsverträgen von Lehrern enthaltenen Angabe einer bestimmten Schule[16]; dies schließt das Recht des Landes, den Lehrer an eine andere Schule umzusetzen, jedenfalls dann nicht aus, wenn auf den Arbeitsvertrag § 12 BAT/§ 4 TVöD Anwendung findet. **§ 12 BAT/§ 4 TVöD** ermächtigt den ArbGeb, aus dienstlichen oder betrieblichen Gründen den Angestellten an einen anderen Dienstort oder zu einer anderen Dienststelle abzuordnen. Dadurch wird das Direktionsrecht des ArbGeb einerseits erweitert, sofern es nicht durch den Einzelarbeitsvertrag ausdrücklich eingeschränkt wird, andererseits schränkt die Bestimmung zum Schutz des Angestellten das Abordnungsrecht des ArbGeb ein, indem sie die Abordnungsbefugnis von bestimmten Voraussetzungen abhängig macht[17]. Eine Verpflichtung des ArbGeb, dem ArbN eine Übernahme in einen anderen Standort des Unternehmens im Wege der Vertragsänderung anzubieten, besteht grds. nicht und kann jedoch regelmäßig nur in Betracht gezogen werden, 341

---

1 BAG v. 10.11.1955 – 2 AZR 591/54, AP Nr. 2 zu § 611 BGB – Beschäftigungspflicht. | 2 BAG v. 28.5.1980 – 4 AZR 387/78, nv. | 3 MünchArbR/*Blomeyer*, § 48 Rz. 88. | 4 Schaub/*Linck*, ArbRHdb, § 45 Rz. 17. | 5 Schaub/*Linck*, ArbRHdb, § 45 Rz. 17. | 6 BAG v. 24.4.1996 – 5 AZR 1031/94, AP Nr. 48 zu § 611 BGB – Direktionsrecht. | 7 BAG v. 20.12.1983 – 1 AZR 380/82, nv. | 8 LAG Berlin v. 29.9.2004 – 6 Sa 1116/04, LAGE § 106 GewO 2003 Nr. 1. | 9 LAG Köln v. 22.4.1997 – 1 Sa 1485/96, MDR 1997, 853 f. | 10 LAG Hamm v. 4.7.1996 – 17 Sa 2221/95, NZA-RR 1996, 435; ArbG Leipzig v. 14.7.2004 – 20 Ca 2176/04, nv. | 11 MünchArbR/*Blomeyer*, § 48 Rz. 91; vgl. auch Schaub/*Linck*, ArbRHdb, § 45 Rz. 17. | 12 MünchArbR/*Blomeyer*, § 48 Rz. 89. | 13 BAG v. 11.4.2006 – 9 AZR 557/05, AP Nr. 17 zu § 307 BGB; *Hunold*, NZA 2007, 19. | 14 BAG v. 13.3.2007 – 9 AZR 433/06, DB 2007, 1985. | 15 BAG v. 21.1.2004 – 6 AZR 583/02, AP Nr. 1 zu § 12 MTA-O. | 16 BAG v. 29.10.1997 – 5 AZR 573/96, AP Nr. 51 zu § 611 BGB – Direktionsrecht. | 17 BAG v. 11.6.1992 – 6 AZR 218/91, AP Nr. 2 zu § 12 BAT; vgl. auch v. 10.11.1955 – 2 AZR 591/54, AP Nr. 2 zu § 611 BGB – Beschäftigungspflicht.

wenn ein erhebliches Interesse an der begehrten Vertragsänderung anzuerkennen ist und dem Vertragspartner eine Berücksichtigung des Änderungswunsches unschwer möglich und zumutbar ist[1].

342 **dd) Betriebsverlegung.** Eine Verlegung des Betriebs, dh. die nicht nur geringfügige Veränderung der örtlichen Lage eines ortsfesten Betriebs oder Betriebsteils[2], bedeutet für den in dem Betrieb beschäftigten ArbN, dass er den damit verbundenen Wechsel seines Einsatzortes im Rahmen des ihm Zumutbaren hinzunehmen hat, da er nach dem Arbeitsvertrag idR zur Arbeitsleistung in einem bestimmten Betrieb unabhängig von dessen Ort verpflichtet ist. Er soll einen solchen Wechsel nicht hinzunehmen haben, wenn der Betrieb an einen entfernteren Ort – nicht lediglich in den Nachbarort – verlegt wird[3]. Die Abgrenzung kann im Einzelfall freilich problematisch sein; zur Bestimmung der Reichweite der Verpflichtung des ArbN sind wiederum die unter Rz. 341 genannten Regeln anwendbar. Im Rahmen der dabei durchzuführenden Abwägung sind etwa die Verkehrsverbindungen zu berücksichtigen[4]. Werden etwa Abteilungen in ein Gebäude verlegt, das 4,3 Straßen-km vom bisherigen Betriebsort entfernt liegt, so kann von einer geringfügigen Verlegung des Standortes auch unter Berücksichtigung des Umstandes nicht mehr gesprochen werden, dass in einer Großstadt im Allgemeinen günstige Verkehrsverbindungen bestehen mögen[5]. Falls ein Betrieb durch Rechtsgeschäft auf einen anderen Inhaber übergeht und dieser den Betrieb an einen Ort verlagert, an dem die ArbN nach dem Inhalt ihrer bestehenden Arbeitsverträge nicht zur Arbeitsleistung verpflichtet sind, so tritt der Erwerber nach § 613a I in die Rechte und Pflichten aus den zum Zeitpunkt des Übergangs bestehenden Arbeitsverhältnissen nur derjenigen ArbN ein, die bereit sind, die Arbeit am neuen Leistungsort zu erbringen[6]. Ein **MitbestR** nach § 111 BetrVG ist zu beachten, s. Kommentierung dort.

343 **ee) Prozessuale Bedeutung.** Durch den Ort der Arbeit als Erfüllungsort wird nach § 29 I ZPO ein besonderer Gerichtsstand begründet. Wird die Arbeitsleistung an unterschiedlichen Orten erbracht, gilt als gemeins. Erfüllungsort für die beiderseitigen Leistungsverpflichtungen der **Schwerpunkt des Vertragsverhältnisses**, der durch die Arbeitsleistung innerhalb eines Betriebes bestimmt wird[7]. Nach dem Gegenschluss aus § 29 II ZPO kann hiervon durch eine Vereinbarung mit dem ArbN nicht abgewichen werden[8]. Der Ort, an dem der Betrieb sich befindet, kann ferner unter dem Gesichtspunkt des besonderen Gerichtsstandes der Niederlassung (§ 21 I ZPO) die örtliche Zuständigkeit begründen. Unter mehreren in Betracht kommenden Gerichtsständen kann der Kläger wählen (§ 35 ZPO).

344 **e) Prozessuale Durchsetzung der Arbeitspflicht.** Der ArbN kann, wie sich aus dem Rückschluss zu § 888 III ZPO ergibt, zwar zur Arbeitsleistung verurteilt werden; ein Rechtsschutzbedürfnis fehlt nicht von vornherein[9]. Allerdings schließt § 888 III ZPO die Vollstreckung gegen den zur Arbeitsleistung („Leistung von Diensten aus einem Dienstvertrag") Verpflichteten generell aus. Gemäß dem Wortlaut der Norm kann offen bleiben, ob es sich bei einer solchen Leistung im Einzelfall tatsächlich um eine **unvertretbare Handlung** handelt[10]; nach der gesetzl. Regelung und gerade im Fall der Arbeitsleistung, zu deren Erbringung der ArbGeb einen ganz bestimmten ArbN ausgewählt und eingestellt hat – was die Zweifelsannahme des § 613 S. 1 auslöst -, ist stets davon auszugehen, dass auf Leistung von derartigen Diensten eine Vollstreckung ausgeschlossen ist, ohne dass es darüber hinaus noch der Prüfung der Vertretbarkeit bedarf. Dagegen spricht auch nicht § 61 II ArbGG, denn die dort gemeinte Handlung, bei der auch die Zwangsvollstreckung nach § 887 ZPO, also auch bei nicht vertretbaren Handlungen, ausgeschlossen ist, meint nicht ausschließlich die Arbeitspflicht[11]. Für eine Klage auf Erfüllung der Arbeitspflicht ist ein **Rechtsschutzbedürfnis** dennoch nicht von vornherein ausgeschlossen. Dies lässt sich bereits aus dem Bestehen des § 888 ZPO schließen, hätte der Gesetzgeber doch auch schon die Klagbarkeit ausschließen können (vgl. zB § 1297 I einerseits und § 888 III ZPO andererseits). Eine Klage kann zur Klärung der Rechtslage beitragen und den ArbN auf seine Arbeitsverpflichtung hinweisen[12].

345 Im Übrigen halten außer einem Anspruch nach § 61 II ArbGG auch **Sekundäransprüche** und die Möglichkeit einer Abmahnung und einer Kündigung bei unberechtigter Nichterbringung der Arbeitsleistung den ArbN zur Einhaltung seiner Verpflichtung an[13]. Für den Entschädigungsanspruch aus § 61 II ArbGG sowie die darin enthaltene Beschränkung der Zwangsvollstreckung ist aber zu beachten, dass

---

1 LAG München v. 8.11.1988 – 2 Sa 691/88, LAGE § 611 BGB – Fürsorgepflicht Nr. 17; LAG Hamm v. 23.6.2004 – 18 Sa 1729/03, LAGE § 611 BGB 2002 – Fürsorgepflicht Nr. 1. | 2 MünchArbR/*Blomeyer*, § 48 Rz. 97; ArbR-BGB/*Schliemann*, § 611 BGB Rz. 587; im Zusammenhang mit § 111 BetrVG ebenso BAG v. 17.8.1982 – 1 ABR 40/80, AP Nr. 11 zu § 111 BetrVG 1972. | 3 Schaub/*Linck*, ArbRHdb, § 45 Rz. 20. | 4 MünchArbR/*Blomeyer*, § 48 Rz. 98. | 5 BAG v. 17.8.1982 – 1 ABR 40/80, AP Nr. 11 zu § 111 BetrVG 1972. | 6 BAG v. 20.4.1989 – 2 AZR 431/88, AP Nr. 81 zu § 613a BGB. | 7 BAG v. 19.3.1996 – 9 AZR 656/94, AP Nr. 2 zu § 328 ZPO; LAG Berlin v. 19.5.1960 – 2 Sa 14/60, AP Nr. 3 zu § 269 BGB; *Baumbach/Lauterbach/Albers/Hartmann*, § 29 ZPO Rz. 19; Zöller/*Vollkommer*, § 29 ZPO Rz. 25 „Arbeitsvertrag". | 8 AA MünchArbR/*Blomeyer*, § 48 Rz. 80, vgl. auch Thomas/*Putzo*, § 29 ZPO Rz. 5. | 9 ErfK/*Preis*, § 611 BGB Rz. 857. | 10 Anders Schaub/*Linck*, ArbRHdb, § 45 Rz. 71, der annimmt, die Arbeitsleistung sei nur „nahezu" immer unvertretbar. | 11 Vgl. *Germelmann/Matthes/Prütting/Müller-Glöge*, § 61 ArbGG Rz. 28 ff. | 12 Schaub/*Linck*, ArbRHdb, § 45 Rz. 71; dies folgt unausgesprochen auch aus BAG v. 2.12.1965 – 2 AZR 91/65, AP Nr. 27 zu § 620 BGB – Befristeter Arbeitsvertrag, wonach die Klage auf Fortsetzung des Arbeitsverhältnisses durch den ArbN nicht an einem fehlenden Rechtsschutzbedürfnis scheiterte. | 13 Zu weiteren „mittelbaren Sanktionen" MünchArbR/*Blomeyer*, § 50 Rz. 13.

es nicht genügt, wenn der ArbN zur Arbeitsleistung lediglich verpflichtet ist; vielmehr muss er dazu durch Leistungsurteil[1] verurteilt worden sein[2], weshalb ein Fall des § 61 II ArbGG nicht vorliegt, wenn das Arbeitsverhältnis, etwa auf Grund einer Befristung, während des Prozesses endet. In diesem Fall kann aber die Klage nach § 264 Nr. 3 ZPO in ein Schadensersatzbegehren geändert werden[3].

Im Wege der **einstw. Verfügung** kann nach umstrittener Ansicht zwar der Anspruch auf Arbeitsleistung, nicht aber der Anspruch nach § 61 II ArbGG verfolgt werden[4]. 346

2. Nebenpflichten. a) Grundsätze. Unter den Nebenpflichten werden allgemein diejenigen Pflichten verstanden, die nicht Hauptpflicht sind und den ArbN zur Rücksichtnahme auf die Interessen des Vertragspartners und zum Schutz und zur Förderung der Durchführung des Vertragszwecks verpflichten[5]. Die Herleitung der Grundlage der Nebenpflichten erfolgte zunächst unter Berufung auf den Charakter des Arbeitsverhältnisses als **personenrechtl. Gemeinschaftsverhältnis** und die daraus resultierende allgemeine Treuepflicht des ArbN, die neben die Pflicht zur Arbeitsleistung treten sollte und der Fürsorgepflicht des ArbGeb korrespondierte[6]. Das BAG konkretisierte die **Treuepflicht** des ArbN dahin, dass sich dieser „auf Grund seines Arbeitsvertrags für die Interessen des ArbGeb und das Gedeihen des Betriebs einsetzen und alles unterlassen müsse, was dem ArbGeb oder dem Betrieb abträglich ist"[7]; bei der Nebenpflicht, alle vermeidbaren Schäden vom ArbGeb fern zu halten, handele es sich „um einen aus dem gem. § 242 auszulegenden Arbeitsvertrag resultierenden Erfüllungsanspruch"[8]. Dem BAG zufolge wird der Inhalt dieser Nebenpflicht im Arbeitsverhältnis „durch eine besondere persönliche Bindung der Vertragspartner geprägt"; das Arbeitsverhältnis beinhalte „spezifische Pflichten zur Rücksichtnahme auf die Interessen des jeweiligen Vertragspartners"[9]. Auch heute noch formuliert das BAG, die Treuepflicht des ArbN gebiete alles zu unterlassen, was dem ArbGeb oder dem Betrieb abträglich ist[10]. Gegen den Erkenntniswert derart allgemeiner Formeln werden freilich zu Recht Bedenken erhoben[11], doch kommt es im Einzelfall weniger auf die abstrakte Begriffsbestimmung an als vielmehr auf die aus der genannten Grundlage entwickelten besonderen Fallgruppen der Nebenpflichten, die eine zT sehr detaillierte Ausgestaltung erfahren haben, zumal die genaue inhaltliche Festlegung der Nebenpflicht nach den **besonderen Umständen** des jeweiligen Arbeitsverhältnisses sowie nach der **Verkehrssitte** zu erfolgen hat[12]. 347

Der Charakter des Arbeitsverhältnisses als ein personenrechtl. Gemeinschaftsverhältnis ist nach und nach zu Gunsten einer heute eher an der Vorstellung des **Austauschverhältnisses** orientierten Sichtweise zurückgetreten. Nach der Schuldrechtsreform sind schuldrechtl. Nebenpflichten nunmehr auch positivrechtl. in § 241 II verortet worden. Die Norm enthält eine allgemeine Bestimmung der Nebenpflichten im Schuldverhältnis und sieht ähnlich der in der Rspr. bereits zuvor herausgearbeiteten Begriffsbestimmung vor, dass das Schuldverhältnis nach seinem Inhalt jeden Teil „zur Rücksichtnahme auf die Rechte, Rechtsgüter und Interessen des anderen Teils verpflichten" kann. 348

b) Besondere Nebenpflichten. Die Systematisierung der arbeitsvertragl. Nebenpflichten wird in unterschiedlichster Weise vorgenommen. Die Vielgestaltigkeit der einzelnen denkbaren Nebenpflichten erlaubt es nur, die Bereiche einiger praktisch relevanter Nebenpflichten hervorzuheben: 349

aa) Verschwiegenheit. Aus dem Arbeitsvertrag ergibt sich – auch ohne explizite vertragl. Festschreibung[13] – eine Pflicht für den ArbN, über ihm bekannt gewordene Geschäfts- und Betriebsgeheimnisse Verschwiegenheit zu bewahren. Dabei liegt ein **Betriebsgeheimnis** nach auch in der Lit.[14] anerkannter Definition des BAG vor, wenn Tatsachen im Zusammenhang mit einem Geschäftsbetrieb, die nur einem eng begrenzten Personenkreis bekannt und nicht offenkundig sind, nach dem Willen des ArbGeb auf Grund eines berechtigten wirtschaftl. Interesses geheim gehalten werden[15]. Aus der Rspr. des BAG kann ebenfalls abgeleitet werden, dass technische Tatsachen bereits dann nicht **offenkundig** sind, wenn ihre Analyse für ausgebildete Fachkräfte einen mittleren Schwierigkeitsgrad bietet und ihre sinnvolle Verwendung nicht ohne Detailkenntnisse und erst nach entsprechenden Überlegungen und Untersuchungen möglich ist[16]. Der **Wille des ArbGeb zur Geheimhaltung** muss sich für den ArbN erkennbar – auch 350

1 *Germelmann/Matthes/Prütting/Müller-Glöge*, § 61 ArbGG Rz. 27. | 2 BAG v. 2.12.1965 – 2 AZR 91/65, AP Nr. 27 zu § 620 BGB – Befristeter Arbeitsvertrag m. Anm. *A. Hueck*. | 3 BAG v. 2.12.1965 – 2 AZR 91/65, AP Nr. 27 zu § 620 BGB – Befristeter Arbeitsvertrag m. Anm. *A. Hueck*. | 4 AA hinsichtlich der Arbeitsleistung zB MüKo/*Müller-Glöge*, § 611 BGB Rz. 1034; Einzelheiten und Nachw. zum Streitstand bei MünchArbR/*Blomeyer*, § 50 Rz. 3 und 12; Schaub/*Linck*, ArbRHdb, § 45 Rz. 72. | 5 Vgl. ErfK/*Preis*, § 611 BGB Rz. 869; ArbR-BGB/*Schliemann*, § 611 BGB Rz. 674. | 6 Zur Begriffsgeschichte ausf. Staudinger/*Richardi*, § 611 BGB Rz. 896 ff. mwN; auch MünchArbR/*Blomeyer*, § 51 Rz. 4 ff.; s. auch *Wiedemann*, Das Arbeitsverhältnis als Austausch- und Gemeinschaftsverhältnis, 1966. | 7 BAG v. 17.10.1969 – 3 AZR 442/68, AP Nr. 7 zu § 611 BGB – Treuepflicht m. Anm. *Canaris*. | 8 BAG v. 5.3.1968 – 1 AZR 229/67, AP Nr. 6 zu § 611 BGB – Treuepflicht m. Anm. *Brackmann*. | 9 BAG v. 7.9.1995 – 8 AZR 828/93, AP Nr. 24 zu § 242 BGB – Auskunftspflicht. | 10 BAG v. 16.8.1990 – 2 AZR 113/90, AP Nr. 10 zu § 611 BGB – Treuepflicht. | 11 Vgl. zB ErfK/*Preis*, § 611 BGB Rz. 871. | 12 *Hueck/Nipperdey*, ArbR Bd. I, 17. Aufl., S. 242. | 13 *Preis*, Der Arbeitsvertrag, II V 20 Rz. 8. | 14 MünchArbR/*Blomeyer*, § 53 Rz. 56; *Preis*, Der Arbeitsvertrag, II V 20 Rz. 17 ff. | 15 BAG v. 16.3.1982 – 3 AZR 83/79, AP Nr. 1 zu § 611 BGB – Betriebsgeheimnis. | 16 BAG v. 16.3.1982 – 3 AZR 83/79, AP Nr. 1 zu § 611 BGB – Betriebsgeheimnis; vgl. auch ArbR-BGB/*Schliemann*, § 611 BGB Rz. 702.

konkludent – geäußert haben[1]. Problematisch ist das **schutzwürdige Interesse** an der Geheimhaltung rechtswidriger Geheimnisse[2]. Als Fall eines fehlenden schutzwürdigen Interesses des ArbGeb an der Geheimhaltung kann es zu Recht angesehen werden, dass der ArbGeb gegen geltendes Recht (zB das SozV-, Steuer- oder Umweltrecht) verstößt (Problem des sog. *whistle-blowing*)[3]. Gleichwohl kommen hierfür allenfalls solche Gesetzesverstöße in Betracht, die entweder die Rechtsposition des ArbN konkret und – gemessen an der Bedeutung des Geheimnisses – mit einiger Erheblichkeit beeinträchtigen oder solche, die strafrechtl. sanktionierbar sind, denn dem ArbN obliegt nicht die Aufrechterhaltung objektiven Rechts im Betrieb. Nach Ansicht des BGH ist ein ArbN dann nicht gehindert, nach seinem Ausscheiden Betriebsinterna zu offenbaren, wenn er damit gewichtige innerbetriebliche Missstände aufdeckt, durch die die Öffentlichkeit betroffen ist und denen durch betriebsinternes Vorstelligwerden nicht erfolgreich begegnet werden kann[4]. Unabhängig vom Vorliegen dieser Begriffsmerkmale gilt die Verschwiegenheitspflicht auch für solche Tatsachen, die der ArbGeb ausdrücklich als vertraulich bezeichnet[5].

351 **bb) Verschwiegenheitspflicht nach Beendigung des Arbeitsverhältnisses.** Nach der Rspr. des BAG ist ein ArbN auch nach Beendigung des Arbeitsverhältnisses verpflichtet, Verschwiegenheit über Geschäfts- und Betriebsgeheimnisse seines ArbGeb zu bewahren[6]. Teilweise wird in der Weise differenziert, dass die der Pflicht unterfallenden Tatsachen zwar nicht durch Weitergabe an Dritte, wohl aber durch eigene berufliche Verwertung, soweit ein Wettbewerbsverbot nicht (wirksam) vereinbart ist, gestattet ist[7]. Sieht man die Grundlage der Verschwiegenheitspflicht in einer Nebenpflicht aus dem Arbeitsvertrag, so kann eine Verschwiegenheitspflicht nach Ende des Vertrags nicht ohne weiteres angenommen werden, denn mit der Beendigung des Arbeitsverhältnisses finden die hierdurch begründeten beiderseitigen Rechte und Pflichten für die Zukunft grds. ihr Ende, und eine Nachwirkung kann nur in einem sehr begrenzten Umfang in Betracht kommen[8]. Jedenfalls besteht sie als Ausnahme zum Grundsatz der Beschränkung der Pflichten auf die Dauer des Vertrags nicht ohne weiteres, sondern bedarf regelmäßig einer besonderen Grundlage, die den ArbN auch über das Ende des Arbeitsvertrags hinaus verpflichtet. Zu diesem Zweck können die Parteien eines Arbeitsvertrages wirksam **vereinbaren**, dass der ArbN bestimmte Betriebsgeheimnisse, die er auf Grund seiner Tätigkeit erfährt, nach Beendigung des Arbeitsverhältnisses nicht nutzen oder weitergeben darf (**Geheimhaltungsklausel**)[9]. Die Verbindlichkeit einer solchen Vereinbarung hängt **nicht** von der Zusage einer **Entschädigung** ab[10]. Dies gilt allerdings dann nicht, wenn die Verschwiegenheitspflicht wie ein nachvertragl. Wettbewerbsverbot iSv. §§ 74 ff. HGB wirkt[11]; andererseits ist aus einer Verschwiegenheitsklausel für sich allein noch kein Wettbewerbsverbot herzuleiten[12]. Ferner kann der ArbGeb unter dem rechtl. Gesichtspunkt der nachwirkenden Fürsorgepflicht gehalten sein, den ArbN nach dem Erlöschen des Arbeitsverhältnisses von einem fortbestehenden Schweigegebot freizustellen, so wenn er das Ziel verfolgt, seinen Rechtsanwalt für einen gegen den ArbGeb zu führenden Schadensersatzprozess informieren zu können, was aber zur Voraussetzung hat, dass alle sonstigen materiellrechtl. Erfordernisse des Schadensersatzanspruchs feststehen[13]. Eine **gesetzl. nachvertragl. Verschwiegenheitspflicht** besteht für BR-Mitglieder nach § 79 I 2 BetrVG (vgl. auch § 80 IV BetrVG); für die Mitglieder des Aufsichtsrats aus den Kreisen der ArbN gilt § 116 iVm. § 93 I 2 AktG. Weitere gesetzl. Verschwiegenheitspflichten finden sich für die Personalvertretung in § 10 BPersVG, für Vertrauensleute schwerbehinderter Menschen in § 96 VII SGB IX, für Auszubildende in § 13 S. 2 Nr. 6 BBiG, für bei der Datenverarbeitung beschäftigte Personen in § 5 S. 2 BDSG. Wird eine auf Grund eines solchen besonderen Amtes bestehende Verschwiegenheitspflicht verletzt, ist stets zu fragen, ob dies gleichzeitig als Verstoß (auch) gegen eine arbeitsvertragl. Pflicht zu bewerten ist[14]. Die **tarifvertragl.** Bestimmung des § 3 I TVöD sieht vor, dass der Angestellte auch nach Beendigung des Arbeitsverhältnisses über Angelegenheiten, die der in den Abs. 1–3 des § 9 BAT geregelten Schweigepflicht unterliegen, Verschwiegenheit zu bewahren hat. Aus der Verpflichtung, Verschwiegenheit über Kundenlisten zu bewahren, folgt allerdings noch nicht die Verpflichtung, die Kunden des ArbGeb nicht zu umwerben; will der ArbGeb das verhindern, muss er ein Wettbewerbsverbot vereinbaren[15].

---

1 ArbR-BGB/*Schliemann*, § 611 BGB Rz. 702. | **2** *Preis*, Der Arbeitsvertrag, II V 20 Rz. 21 ff. | **3** ErfK/*Preis*, § 611 BGB Rz. 878, auch zu Strafanzeigen des ArbN gegen den ArbGeb. | **4** BGH v. 20.1.1981 – VI ZR 162/79, AP Nr. 4 zu § 611 BGB – Schweigepflicht, mit näheren Ausführungen zu den Voraussetzungen, unter denen in öffentlicher Kritik an einem Unternehmen Betriebsinterna offenbart werden dürfen, wenn sich der Kritiker deren Kenntnis durch Anstellung in dem Unternehmen unter Verschweigen seiner Absicht und unter einem Decknamen verschafft hat. | **5** MünchArbR/*Blomeyer*, § 53 Rz. 57. | **6** BAG v. 24.11.1956 – 2 AZR 345/56, AP Nr. 4 zu § 611 BGB – Fürsorgepflicht; v. 15.12.1987 – 3 AZR 474/86, AP Nr. 5 zu § 611 BGB – Betriebsgeheimnis; v. 16.3.1982 – 3 AZR 83/79, AP Nr. 1 zu § 611 BGB – Betriebsgeheimnis. | **7** MünchArbR/*Blomeyer*, § 53 Rz. 72. | **8** BAG v. 24.11.1956 – 2 AZR 345/56, AP Nr. 4 zu § 611 BGB – Fürsorgepflicht; vgl. auch Schaub/*Linck*, ArbRHdb, § 54 Rz. 10. | **9** BAG v. 16.3.1982 – 3 AZR 83/79, AP Nr. 1 zu § 611 BGB – Betriebsgeheimnis. | **10** BAG v. 16.3.1982 – 3 AZR 83/79, AP Nr. 1 zu § 611 BGB – Betriebsgeheimnis. | **11** ArbR-BGB/*Schliemann*, § 611 BGB Rz. 703; MünchArbR/*Blomeyer*, § 53 Rz. 75. | **12** BAG v. 19.5.1998 – 9 AZR 349/97, AP Nr. 11 zu § 611 BGB – Treuepflicht; Schaub/*Linck*, ArbRHdb, § 54 Rz. 13. | **13** BAG v. 13.2.1969 – 5 AZR 199/68, AP Nr. 3 zu § 611 BGB – Schweigepflicht. | **14** BAG v. 4.4.1974 – 2 AZR 452/73, AP Nr. 1 zu § 626 BGB – Arbeitnehmervertreter im Aufsichtsrat. | **15** BAG v. 15.12.1987 – 3 AZR 474/86, AP Nr. 5 zu § 611 BGB – Betriebsgeheimnis.

Bei Verletzung der Verschwiegenheitspflicht während der Dauer des Arbeitsverhältnisses kommen sowohl **Abmahnung** als auch (ordentl. und außerordentl.[1]) **Kündigung** in Betracht. Allein die objektive Verletzung der Schweigepflicht, die dem ArbN-Vertreter im Aufsichtsrat entweder kraft Gesetzes obliegt (§ 116 iVm. § 93 I 2 AktG) oder die ihm durch die Unternehmensleitung besonders auferlegt wird, rechtfertigt idR weder die außerordentl. noch die ordentl. Kündigung. Es muss hinzukommen, dass der Verstoß auf Verschulden des ArbN beruht, woran es fehlt, solange ungeklärt ist, welchen Umfang die Schweigepflicht der ArbN-Vertreter im Aufsichtsrat hat[2]. Aber auch nach Beendigung des Arbeitsverhältnisses können Sanktionen eintreten: In schwerwiegenden Fällen kann sich der Verpflichtete nach **§ 826** schadensersatzpflichtig machen. Möglich ist auch, dass die Arbeitsvertragsparteien die nachvertragl. Verschwiegenheitspflicht mit einer **Vertragsstrafe** bewehrt haben[3]. Es gelten die allgemeinen Regeln zur Kontrolle von Vertragsstrafen in Formulararbeitsverträgen (s. Rz. 415 ff.). Die Mitteilung von Informationen aus dem Geschäftsbereich des ArbGeb an Konkurrenten ist idR eine Verletzung der dem ArbN obliegenden Verschwiegenheitspflicht, und schon ein diesbezüglicher dringender Verdacht ist an sich geeignet, eine Verdachtskündigung zu rechtfertigen[4]. Als besonderer **Straftatbestand**, dem auch ArbN unterfallen, ist **§ 17 UWG** zu beachten. 352

cc) Einhaltung der betrieblichen Ordnung. Unter den Sammelbegriff der Einhaltung der betrieblichen Ordnung wird eine Vielzahl unterschiedlicher Nebenpflichten gefasst, die die allgemeine Pflicht des ArbN, sich innerhalb des Betriebs „ordnungsgemäß" zu verhalten, ausfüllen. Damit ist nicht allein das Verhalten des ArbN gegenüber seinem ArbGeb, sondern insb. auch gegenüber den anderen ArbN gemeint. Im erstgenannten Fall folgt die Pflicht bereits aus der Rücksichtnahme- und Schutzpflicht, die ihrerseits als Nebenpflichten aus dem Arbeitsvertrag folgen (vgl. auch § 241 II). Eine Verpflichtung zu bestimmten Verhaltenweisen besteht gegenüber den anderen ArbN nicht, ergibt sich jedoch als Reflex[5] aus der gegenüber dem ArbGeb bestehenden Pflicht zur Rücksichtnahme auf sein Interesse (vgl. ebenfalls § 241 II) an einem reibungslosen Ablauf des arbeitsteiligen Prozesses im Betrieb. In dieser Hinsicht handelt es sich typischerweise um einen kollektiven Tatbestand, der der erzwingbaren Mitbest. des BR nach **§ 87 I Nr. 1 BetrVG** unterliegt[6]. Besondere, verbindliche Verhaltenspflichten können durch eine BV nach § 87 I Nr. 1 BetrVG begründet werden. Vgl. insoweit und wegen hier nicht aufgeführter Fallgruppen die dortige Kommentierung. Doch unterfällt nicht jedes Verhalten des ArbN im Rahmen seines Arbeitsverhältnisses dem Regelungsbereich des § 87 I Nr. 1 BetrVG. Das BAG geht dabei von der Möglichkeit einer scharfen **Trennung** zwischen dem **mitbestimmungspflichtigen Ordnungsverhalten** und dem davon zu unterscheidenden **reinen Arbeitsverhalten** aus[7]. Das letztgenannte betreffen alle Regeln und Weisungen, die bei der unmittelbaren Erbringung der Arbeitsleistung selbst zu beachten sind; das Arbeitsverhalten wird berührt, wenn der ArbGeb kraft seiner Organisations- und Leitungsmacht näher bestimmt, welche Arbeiten in welcher Weise auszuführen sind. Nicht mitbestimmungspflichtig sind danach Anordnungen, mit denen die Arbeitspflicht unmittelbar konkretisiert wird[8]. Wären Gegenstand des MitbestR überhaupt alle Maßnahmen des ArbGeb, die ein irgendwie geartetes Verhalten des ArbN zum Ziel haben oder dieses Verhalten betreffen, hätte es der anderen Mitbestimmungstatbestände in § 87 I BetrVG nicht bedurft[9]. So hat etwa eine vom ArbGeb eingeführte **Dienstreiseordnung** nicht die Gestaltung des Zusammenlebens und Zusammenwirkens der ArbN im Rahmen der betrieblichen Ordnung zum Inhalt, denn sie bezieht sich nicht auf das Ordnungsverhalten des ArbN, sondern auf sein Arbeits- oder Leistungsverhalten[10]. Fordert ein ArbGeb die überwiegende Zahl seiner Mitarbeiter auf, die ihnen geschuldete Entgeltabrechnung durch die Betätigung einer bestimmten EDV-Funktionalität selbst zu erstellen und auszudrucken, so handelt es sich dabei um eine mitbestimmungspflichtige Frage der Ordnung des Betriebes[11]. Dies gilt auch, wenn der ArbGeb seine ArbN anweist, sich in einem Kundenbetrieb der dort eingerichteten biometrischen Zugangskontrolle (Fingerabdruckerfassung) zu unterziehen[12]. Allerdings kann der ArbGeb auch Vereinbarungen mit denjenigen ArbN schließen, die einen **Parkplatz benutzen** wollen, so dass es sich um **vertragl. Einheitsregelungen** handelt, deren Inhalt nicht zwischen den Beteiligten abgesprochen, sondern von dem ArbGeb einseitig festgesetzt wird. Dabei darf der ArbGeb, weil in einem solchen Fall die Vertragsparität einen Interessenausgleich nicht gewährleisten kann, nicht nur seine Interessen verfolgen; vielmehr muss er seinerseits auch den Interessen der ArbN angemessen Rechnung tragen und seine Leistungsbestimmung billig und gerecht ausüben[13]. Der Verpflichtung des ArbN zur Einhaltung der betrieblichen Ordnung ist durch das grundrechtl. geschützte **Persönlichkeitsrecht** des ArbN eine **Grenze** gesetzt[14]. 353

---

1 LAG Berlin v. 10.7.2003 – 16 Sa 545/03, LAGE § 626 BGB 2002 Nr. 1a. | 2 BAG v. 4.4.1974 – 2 AZR 452/73, AP Nr. 1 zu § 626 BGB – Arbeitnehmervertreter im Aufsichtsrat. | 3 MünchArbR/*Blomeyer*, § 53 Rz. 78. | 4 BAG v. 26.9.1990 – 2 AZR 602/89, RzK I 8c Nr. 20. | 5 MünchArbR/*Blomeyer*, § 53 Rz. 1. | 6 Ausf. zu Einzelfällen *Richardi*, § 87 BetrVG Rz. 184 ff. | 7 BAG v. 8.12.1981 – 1 ABR 91/79, AP Nr. 6 zu § 87 BetrVG 1972 – Lohngestaltung. | 8 BAG v. 8.11.1994 – 1 ABR 22/94, AP Nr. 24 zu § 87 BetrVG 1972 – Ordnung des Betriebes (*Raab*). | 9 BAG v. 8.12.1981 – 1 ABR 91/79, AP Nr. 6 zu § 87 BetrVG 1972 – Lohngestaltung. | 10 BAG v. 8.12.1981 – 1 ABR 91/79, AP Nr. 6 zu § 87 BetrVG 1972 – Lohngestaltung. | 11 LAG Hess. v. 22.1.2004 – 5 TaBV 81/03, nv. | 12 BAG v. 27.1.2004 – 1 ABR 7/03, AP Nr. 40 zu § 87 BetrVG 1972 – Überwachung. | 13 BAG v. 28.9.1989 – 8 AZR 120/88, AP Nr. 5 zu § 611 BGB – Parkplatz. | 14 ArbR-BGB/*Schliemann*, § 611 BGB Rz. 711.

354 Der Betriebsfrieden kann durch **Mobbing** gestört werden, das der ArbN zu unterlassen hat. Dies beruht auf der arbeitsvertragl. Nebenpflicht, in Bezug auf die Arbeitskollegen Rücksichtnahme zu üben und Störungen des Betriebsfriedens zu unterlassen[1]. Zum Begriff des Mobbing siehe Rz. 256. Soweit das Mobbing sexuellen Bezug aufweist, ist es (auch) nach dem BeschSchG zu beurteilen (s. Komm. dort).

355 Als **Folge** davon kann der ArbN berechtigt sein, vom ArbGeb Schadensersatz zu verlangen, falls ihm Schäden auf Grund von Mobbing durch namentlich benannte Kollegen entstanden sind[2] (ausf. Rz. 256). Die Entlassung des mobbenden Kollegen kann der betroffene ArBN dagegen im Regelfall nicht verlangen. Einen Anspruch auf das Angebot eines gleichwertigen Arbeitsplatzes hat er nur dann, wenn ein solcher innerhalb des Betriebs vorhanden ist[3]. Vor einer Kündigung kann der mobbende ArbN **abgemahnt** werden, wenn dadurch die Wiederherstellung des Vertrauens erwartet werden kann[4]. Für den mobbenden ArbN kann das Mobbing **auch ohne Abmahnung** und unabhängig davon, ob es dadurch zu einer nachgewiesenen Störung des Betriebsfriedens gekommen ist, die **außerordentl. Kündigung** rechtfertigen, wenn dadurch das allgemeine Persönlichkeitsrecht, die Ehre oder die Gesundheit des Mobbingopfers in schwerwiegender Weise verletzt werden[5]. Je intensiver das Mobbing erfolgt, umso schwerwiegender und nachhaltiger wird die Vertrauensgrundlage für die Fortführung des Arbeitsverhältnisses gestört; muss der Mobbingtäter erkennen, dass das Mobbing zu einer Erkrankung des Opfers geführt hat, und setzt dieser das Mobbing gleichwohl fort, dann kann sogar die auch nur vorübergehende **Weiterbeschäftigung** des mobbenden ArbN ausgeschlossen sein[6]. Umgekehrt begründen Mobbinghandlungen allerdings keinen Sonderkündigungsschutz für deren Opfer; sie können allenfalls zur Treu- oder Sittenwidrigkeit einer Kündigung führen, wenn der ArbGeb sie sich zu Eigen macht und die Kündigung aus willkürlichen oder verwerflichen Motiven ausspricht[7]. Falls von einem ArbN Mobbing gegen einen anderen ArbN ausgeht, kommen **betriebliche Rechte nach den §§ 82 ff. BetrVG**, insb. das Beschwerderecht nach §§ 84, 85 BetrVG in Betracht. Daher steht der Schaffung einer **betrieblichen Regelung**, in welcher Weise und durch welche Personen dem Mobbing von Mitarbeitern entgegenzutreten und wie dieses zu sanktionieren ist, der Gesetzesvorbehalt des § 87 I BetrVG entgegen, denn entsprechende Maßnahmen gehören zu den gem. § 75 BetrVG unveräußerlichen Aufgaben des BR, und in den §§ 82 ff. BetrVG hat die Vorgehensweise eine besondere Regelung gefunden[8].

356 Zu den gegenüber dem ArbGeb bestehenden Nebenpflichten gehört etwa, dass ein Kraftfahrer verpflichtet ist, jeden die Fahrtüchtigkeit beeinträchtigenden **Alkoholgenuss** während des Dienstes und kurz vor Dienstantritt zu unterlassen[9]. ArbN haben nach § 618 I einen arbeitsvertragl. Anspruch auf einen **tabakrauchfreien Arbeitsplatz**, wenn das für sie aus gesundheitlichen Gründen geboten ist[10], doch haben Flugbegleiter, solange das Rauchen an Bord von Verkehrsflugzeugen noch nicht gesetzl. verboten ist, keinen Anspruch darauf, dass die Fluggesellschaft den Passagieren das Rauchen verbietet[11]. Zur Einhaltung des Betriebsfriedens durch Unterlassung bestimmter **Meinungsäußerungen** vgl. Rz. 378.

357 **dd) Wettbewerb.** Für Zulässigkeit, Voraussetzungen, Inhalt und Folgen eines Wettbewerbsverbots ist danach zu unterscheiden, ob das Arbeitsverhältnis besteht oder beendet ist. Ausführlicher s. Komm. § 110 GewO.

358 **(1) Wettbewerbsverbot bei bestehendem Arbeitsverhältnis – Rechtsgrundlage.** Das BAG hat ein an den ArbN gerichtetes Verbot, mit dem ArbGeb während Bestehens des Arbeitsverhältnisses in Wettbewerb zu treten, aus einer aus dem Arbeitsvertrag folgenden Neben- bzw. Treuepflicht[12] hergeleitet[13]. Es besteht mithin auch dann, wenn der Einzelarbeitsvertrag keine ausdrückliche Regelungen enthält[14]. Eine eigene gesetzl. schadensersatzbewehrte Regelung eines Verbotes zum Betrieb eines Handelsgewerbes findet sich für Handlungsgehilfen in den **§§ 60, 61 HGB**. Nach ständiger Rspr. konkretisiert diese Vorschrift einen **allgemeinen Rechtsgedanken**, der seine Grundlage bereits in der **Treuepflicht des ArbN** hat[15]; danach soll der ArbGeb vor Wettbewerbshandlungen seines ArbN geschützt sein, weshalb der Arbeitsvertrag für die Dauer seines Bestehens über den persönlichen und sachlichen Anwendungsbereich des § 60 HGB hinaus ein Wettbewerbsverbot einschließt[16]. Das Verbot des § 60 HGB ist dispositiv und kann sowohl erweitert als auch abbedungen werden[17].

359 Der **Sinn und Zweck** des Verbotes kann in unterschiedlicher Weise definiert werden: Zum einen kann er – in **enger Betrachtung**– in der Verhinderung der (auch nur abstrakten) Gefahr liegen, dass der ArbN,

---

1 MünchArbR/*Blomeyer*, § 53 Rz. 29; ArbR-BGB/*Schliemann*, § 611 BGB Rz. 714; *Grunewald*, NZA 1993, 1071 (1072). | 2 S. hierzu jüngst BAG v. 25.10.2007 – 8 AZR 593/06, nv. | 3 Vgl. BAG v. 25.10.2007 – 8 AZR 593/06, nv. | 4 LAG Sa.-Anh. v. 27.1.2000 – 9 Sa 473/99, nv. | 5 LAG Thür. v. 15.2.2001 – 5 Sa 102/2000, DB 2001, 1783 ff. | 6 LAG Thür. v. 15.2.2001 – 5 Sa 102/2000, DB 2001, 1783 ff. | 7 LAG Hess. v. 21.2.2003 – 12 Sa 561/02, NZA-RR 2004, 356. | 8 LAG Hamburg v. 15.7.1998 – 5 TaBV 4/98, NZA 1998, 1245. | 9 BAG v. 23.9.1986 – 1 AZR 83/85, AP Nr. 20 zu § 75 BPersVG. | 10 BAG v. 17.2.1998 – 9 AZR 84/97, AP Nr. 26 zu § 618 BGB. | 11 BAG v. 8.5.1996 – 5 AZR 971/94, NZA 1996, 927 ff. | 12 BAG v. 6.8.1987 – 2 AZR 226/87, AP Nr. 97 zu § 626 BGB. | 13 BAG v. 17.10.1969 – 3 AZR 442/68, AP Nr. 7 zu § 611 BGB – Treuepflicht. | 14 BAG v. 16.8.1990 – 2 AZR 113/90, AP Nr. 10 zu § 611 BGB – Treuepflicht. | 15 BAG v. 25.4.1991 – 2 AZR 624/90, AP Nr. 104 zu § 626 BGB. | 16 BAG v. 16.8.1990 – 2 AZR 113/90, AP Nr. 10 zu § 611 BGB – Treuepflicht; v. 17.10.1969 – 3 AZR 442/68, AP Nr. 7 zu § 611 BGB – Treuepflicht; v. 6.8.1987 – 2 AZR 226/87, AP Nr. 97 zu § 626 BGB; *Preis*, Der Arbeitsvertrag, II W 10 Rz. 7; MünchArbR/*Blomeyer*, § 52 Rz. 49. | 17 *Preis*, Der Arbeitsvertrag, II W 10 Rz. 7.

der im Rahmen der Erbringung seiner Arbeitsleistung notwendigerweise mit solchen spezifischen Kenntnisse des ArbGeb (etwa über das Produkt und seine Vermarktung) in Berührung kommt, die der ArbGeb unter Einsatz seiner Investitionen gewonnen hat, erwirbt und die daraus resultierenden Vorteile seinerseits abschöpfen könnte, wodurch die Investitionen des ArbGeb nutzlos würden. Dieser Schutzzweck basiert auf dem Gedanken, dass nur demjenigen die Rendite aus einer Investition zusteht, der auch das Risiko ihrer Rentabilität bzw. Nutzlosigkeit trägt. Insoweit besteht eine Ähnlichkeit zum Schutzzweck der Verschwiegenheitspflicht mit dem Unterschied, dass bei dieser ein konkretes Geheimnis geschützt wird, während das Wettbewerbsverbot der abstrakten Gefahr der unlauteren Nutzbarmachung des ArbGebWissens begegnen will. Zum anderen kann der Zweck – in **weiter Betrachtung**– darin gesehen werden, dass dem ArbN (darüber hinaus) untersagt ist, bereits seine eigenen, unabhängig von seiner Tätigkeit bei dem ArbGeb vorhandenen Fähigkeiten und Kenntnisse, zu verwerten, wenn er damit zu seinem ArbGeb in Wettbewerb tritt. Diese zweite Definition läuft allerdings auf ein Konkurrenzverbot allein um der Vermeidung von Konkurrenz willen hinaus; die Ausschaltung von Konkurrenz als Selbstzweck mag aber kein Umstand sein, der einen solchen Eingriff in die Berufsfreiheit des ArbN rechtfertigen kann[1]. Für die erstgenannte Definition sprechen daher gute Gründe. Die hM scheint dennoch von diesem weiten Verständnis auszugehen, denn sie stellt für den Beginn des Verbots auf den rechtl., nicht den tatsächlichen Beginn des Arbeitsverhältnisses ab.

Nach beiden Definitionen aber ist das Wettbewerbsverbot – auch wegen der Bedeutung der Berufsfreiheit nach Art. 12 I GG[2], vor allem aber auf Grund seines Zwecks – darauf zu reduzieren, dass der ArbN überhaupt **im Handelszweig des ArbGeb tätig** wird, der ArbN also abstrakt in Wettbewerb zu dem ArbGeb treten kann[3]. Dies kommt in der (gegenüber der 1. Variante insoweit eingeschränkten) 2. Variante des „Geschäftemachens" im Handelszweig des Prinzipals iSv. § 60 I HGB zum Ausdruck. Dies richtet sich danach, welche Geschäfte der ArbN tatsächlich betrieben hat; es kommt nicht auf das abstrakt mögliche, sondern auf das tatsächliche Geschäftsgebaren an[4]. Verboten ist daher nur eine solche Wettbewerbstätigkeit, die **geeignet** ist, **den ArbGeb** in seiner Absatztätigkeit am Markt **zu schädigen**[5]. 360

Dem **Inhalt** nach gebietet die Treuepflicht dem ArbN alles zu unterlassen, was dem ArbGeb oder dem Betrieb abträglich ist. Der ArbN darf deshalb insb. im „Marktbereich" seines ArbGeb Dienste oder Leistungen nicht Dritten erbringen oder anbieten. Dem ArbGeb soll sein Geschäftsbereich voll und ohne Gefahr der nachteiligen Beeinflussung durch den ArbN offen stehen. Für die Dauer des Arbeitsverhältnisses ist dem ArbN – und auch dem Auszubildenden[6] - jede Tätigkeit verboten, die für seinen ArbGeb Konkurrenz bedeutet[7]. Eine entsprechende Anwendung der §§ 60, 61 HGB auf freie Mitarbeiter, Vertreter von Personenhandels- oder Kapitalgesellschaften und Handelsvertreter wird abgelehnt[8]; eine Ausweitung auf das Verhältnis von ArbGeb und ArbN ist jedoch nahe liegend und sei es nur dadurch, dass das Wettbewerbsverbot mit gleichem Inhalt aus der arbeitsvertragl. Nebenpflicht bzw. aus Treu und Glauben[9] gefolgert wird[10]. Der zweite Tatbestand des § 60 I HGB, wonach der ArbN nicht für eigene oder fremde Rechnung Geschäfte machen darf, umfasst auch **das bloße Vorbereiten** der Vermittlung und des Abschlusses von solcherlei Geschäften, deren Vermittlung und Abschluss dem Angestellten nach seinem Arbeitsvertrag obliegt. Unter den Tatbestand „Betreiben eines Handelsgewerbes" fallen hingegen solche Vorbereitungshandlungen nicht, die in die Interessen des ArbGeb nicht unmittelbar eingreifen[11]. Auch **während des** rechtl. fortbestehenden, tatsächlich aber **nicht mehr ausgeübten Arbeitsverhältnisses** hat der ArbN – auch ohne besondere Vereinbarung – die Pflicht, sich des Wettbewerbs zu Lasten seines ArbGeb zu enthalten; der ArbGeb kann in einem solchen Falle auf Unterlassung der Wettbewerbstätigkeit klagen[12]. Sofern der ArbGeb eine bestimmte Abteilung auf einen Betriebserwerber überträgt und ab diesem Zeitpunkt selbst in diesem Bereich nicht mehr auf dem Markt tätig wird, ist ein ArbN, der dem Betriebsübergang widersprochen hat und dessen Arbeitsverhältnis daher zum Betriebsveräußerer fortbesteht, gehalten, Konkurrenztätigkeit, die ihm vor dem Betriebsübergang im Verhältnis zum Betriebsveräußerer auferlegt war, zumindest im Zeitraum des Laufes der (ggf. fiktiven) 361

1 Vgl. BVerfG v. 11.6.1958 – 1 BvR 596/56, BVerfGE 7, 377 (405 ff.) – Apothekenurteil; sowie die Rspr. des BAG, wonach das bloße Interesse, Konkurrenz einzuschränken, für als Interesse für ein nachvertragliches Wettbewerbsverbot nicht genügt: BAG v. 1.8.1995 – 9 AZR 884/93, AP Nr. 5 zu § 74a HGB. | **2** Staudinger/*Richardi*, § 611 BGB Rz. 474. | **3** BAG v. 25.5.1970 – 3 AZR 384/69, AP Nr. 4 zu § 60 HGB; v. 7.9.1972 – 2 AZR 486/71, AP Nr. 7 zu § 60 HGB; v. 3.5.1983 – 3 AZR 62/81, AP Nr. 10 zu § 60 HGB; MünchArbR/*Blomeyer*, § 52 Rz. 20. | **4** BAG v. 3.5.1983 – 3 AZR 62/81, AP Nr. 10 zu § 60 HGB. | **5** Staudinger/*Richardi*, § 611 BGB Rz. 477. | **6** BAG v. 20.9.2006 – 10 AZR 439/05, AP Nr. 13 zu § 60 HGB. | **7** BAG v. 16.8.1990 – 2 AZR 113/90, AP Nr. 10 zu § 611 BGB – Treuepflicht; v. 16.6.1976 – AP Nr. 8 zu § 611 BGB – Treuepflicht; v. 23.5.1985 – 2 AZR 268/84, nv.; v. 6.10.1988 – 2 AZR 150/88, nv. | **8** BGH v. 23.1.1964 – VII ZR 133/62, NJW 1964, 817; ErfK/*Schaub*, § 60 HGB Rz. 3; aA unter Aufgabe seiner bisherigen Rechtsprechung BAG v. 11.4.2000 – 9 AZR 131/99, AP Nr. 3 zu § 61 HGB für die Verjährungsfrist des § 61 II HGB. | **9** Staudinger/*Richardi*, § 611 BGB Rz. 475. | **10** So auch BAG v. 11.4.2000 – 9 AZR 131/99, NZA 2001, 94 unter Aufgabe von BAG v. 16.1.1975 – 3 AZR 72/74, AP Nr. 8 zu § 60 HGB. | **11** BAG v. 12.5.1972 – 3 AZR 401/71, AP Nr. 6 zu § 60 HGB m. Anm. *Fenn*. Zur Abgrenzung s. auch BAG v. 20.9.2006 – 10 AZR 439/05, AP Nr. 13 zu § 60 HGB. | **12** BAG v. 17.10.1969 – 3 AZR 442/68, AP Nr. 7 zu § 611 BGB – Treuepflicht.

Kündigungsfrist zu unterlassen[1]. Ein ArbN ist nach der Rspr. des BAG an das Wettbewerbsverbot auch dann noch gebunden, wenn der ArbGeb eine außerordentl. Kündigung ausspricht, deren Wirksamkeit der ArbN bestreitet[2].

362 Als **Rechtsfolge** kann sich zunächst ein **Auskunftsanspruch** ergeben. Derjenige, der einem anderen gegenüber vertragl. verpflichtet ist, Wettbewerb zu unterlassen, schuldet diesem Auskunft, sobald er ihm erheblichen Anlass gegeben hat zu vermuten, er habe seine Vertragspflicht verletzt; dabei erstreckt sich die Auskunftspflicht auf alle Angaben, die Voraussetzung einer etwaigen Schadensersatzforderung sein können[3]. Bei einer Verletzung des Wettbewerbsverbotes kommt zunächst ein Anspruch des ArbGeb auf **Unterlassung**[4] sowie auf **Schadensersatz** in Betracht (vgl. auch § 61 I HGB); außerdem kann der ArbN verpflichtet sein, das aus der Konkurrenztätigkeit **Erlangte** an den ArbGeb **herauszugeben**[5]. Auch die (ordentl. und außerordentl.) Kündigung können eine angemessene Sanktion eines Verstoßes gegen das Wettbewerbsverbot darstellen[6].

363 **(2) Grundsätze über das Wettbewerbsverbot nach Beendigung des Arbeitsverhältnisses.** Wird ein während des Arbeitsverhältnisses bestehendes Wettbewerbsverbot als vertragl. Nebenpflicht aus dem Arbeitsvertrag hergeleitet, so entfällt mit dessen Beendigung auch die Nebenpflicht. Zur Begründung eines über die Beendigung hinaus wirkenden Wettbewerbsverbotes bedarf es daher stets eines besonderen Geltungsgrundes, nämlich der **Vereinbarung** zwischen ArbGeb und ArbN. Ist zwar das Inkrafttreten eines nachvertragl. Wettbewerbsverbots unter der Hauptüberschrift „Wettbewerbsverbot", jedoch ohne weitere Hervorhebung im Abschnitt „Vertragsstrafe" im Arbeitsvertrag geregelt, so ist von einer Überraschungsklausel auszugehen, die nicht Vertragsinhalt wird[7]. Auch eine nachvertragl. Verschwiegenheits- sowie eine nachvertragl. Treuepflicht des ArbN begründen für den ArbGeb regelmäßig gegen den ausgeschiedenen ArbN keine Ansprüche auf Unterlassung von Wettbewerbshandlungen[8]. Besteht nach Beendigung des Arbeitsverhältnisses kein gesondertes Wettbewerbsverbot, ist daher der ArbN in der Verwertung seiner beruflichen Kenntnisse und seines redlich erworbenen Erfahrungswissens grds. frei[9]. Die Vereinbarung einer aufschiebenden Bedingung bei einem nachvertraglichen Wettbewerbsverbot ist zulässig und auch nicht unüblich. Soll die Wirksamkeit eines Wettbewerbsverbots auf einen Zeitpunkt nach Ablauf der Probezeit hinausgeschoben werden, muss dies zwischen den Parteien vereinbart sein[10]. Die Vereinbarung eines nachvertragl. Wettbewerbsverbots beruht auf der Vertragsfreiheit, die allerdings im Interesse der Berufsfreiheit des ArbN aus Art. 12 I GG gewisse Einschränkungen erfährt. So sieht § 74a I 1 HGB als **Voraussetzung** ein **berechtigtes geschäftliches Interesse** des Dienstberechtigten vor. Die Bestimmungen der **§§ 74 ff. HGB** (s. Komm. dort) haben Rspr. und hL schon vor der ausdrücklichen Geltungserstreckung auf alle Arbeitsverhältnisse (**§ 110 S. 2 GewO**) nicht nur auf den Handlungsgehilfen iSd. HGB beschränkt[11]. Nach der Rspr. des BAG ist ein solches berechtigtes geschäftliches Interesse des ArbGeb dann anzuerkennen, wenn das Wettbewerbsverbot entweder dem Schutz von Betriebsgeheimnissen dient oder den Einbruch in den Kunden- oder Lieferantenkreis verhindern soll; das bloße Interesse, Konkurrenz einzuschränken, genügt nicht[12]. Aus der im Gesetzestext enthaltenen Gegenüberstellung des berechtigten geschäftlichen Interesses des ArbGeb mit der unbilligen Erschwerung des Fortkommens des ArbN hat das BAG abgeleitet, dass § 74a I HGB mehr als ein Willkürverbot umfasse und das nachvertragl. Wettbewerbsverbot deshalb nur dann verbindlich sei, wenn ein **höherrangiges Interesse des ArbGeb** bestehe[13]. Zulässig und der Interessenlage des ArbGeb gerecht werdend ist daher auch die Vereinbarung einer aufschiebenden Bedingung für das Inkrafttreten eines nachvertragl. Wettbewerbsverbots, wenn der mit dem nachvertragl. Wettbewerbsverbot beabsichtigte Schutz von Betriebsgeheimnissen gegen eine Auswertung durch die Konkurrenz nicht bereits bei Beginn des Arbeitsverhältnisses, sondern erst durch die Aneignung von Kenntnissen und Fähigkeiten des ArbN während einer (ggf. unterschiedlich langen) Einarbeitungszeit erforderlich wird[14]. Der Inhalt des Wettbewerbsverbotes gleicht – vorbehaltlich besonderer vertragl. Vereinbarungen – dem des Wettbewerbsverbotes während der Beschäftigung. Mit seiner Zustimmung zur vorzeitigen Beendigung des Arbeitsverhältnisses unter erheblicher Aufstockung seiner Versorgungsbezüge wird ein ArbN nicht zugleich schon verpflichtet, sich

1 LAG Nürnberg v. 4.2.2003 – 6 (5) Sa 981/01, LAGE § 626 BGB Nr. 148. | 2 BAG v. 25.4.1991 – 2 AZR 624/90, AP Nr. 104 zu § 626 BGB; vgl. auch BGH v. 12.3.2003 – VIII ZR, NJW-RR 2003, 856. | 3 BAG v. 12.5.1972 – 3 AZR 401/71, AP Nr. 6 zu § 60 HGB m. Anm. *Fenn*; v. 16.6.1976 – 3 AZR 73/75, AP Nr. 8 zu § 611 BGB – Treuepflicht. | 4 BAG v. 21.10.1970 – 3 AZR 479/69, AP Nr. 13 zu § 242 BGB – Auskunftspflicht. | 5 BAG v. 16.6.1976 – 3 AZR 73/75, AP Nr. 8 zu § 611 BGB – Treuepflicht; v. 21.10.1970 – 3 AZR 479/69, AP Nr. 13 zu § 242 BGB – Auskunftspflicht; krit. hierzu MünchArbR/*Blomeyer*, § 52 Rz. 53. | 6 LAG Hess. v. 25.3.2004 – 14 Sa 2043/03, nv.; Sächs. LAG v. 27.2.2004 – 2 Sa 764/03, nv., n.rkr. | 7 LAG Hamm v. 10.9.2004 – 7 Sa 918/04, LAGE § 305c BGB 2002 Nr. 2. | 8 BAG v. 19.5.1998 – 9 AZR 394/97, AP Nr. 11 zu § 611 BGB – Treuepflicht; v. 15.6.1993 – 9 AZR 558/91, AP Nr. 40 zu § 611 BGB – Konkurrenzklausel; v. 7.9.2004 – 9 AZR 545/03, NZA 2005, 105; LAG Hamm v. 21.6.2004 – 7 Sa 590/03, nv. | 9 BAG v. 15.6.1993 – 9 AZR 558/91, AP Nr. 40 zu § 611 BGB – Konkurrenzklausel. | 10 BAG v. 28.6.2006 – 10 AZR 407/05, AP Nr. 80 zu § 74 HGB. | 11 Vgl. zB BAG v. 9.1.1990 – 3 AZR 110/88, AP Nr. 59 zu § 74 HGB; MünchArbR/*Wank*, § 130 Rz. 5. | 12 BAG v. 1.8.1995 – 9 AZR 884/93, AP Nr. 5 zu § 74a HGB; v. 24.6.1966 – 3 AZR 501/65, AP Nr. 2 zu § 74a HGB; v. 16.12.1968 – 3 AZR 434/67, AP Nr. 21 zu § 133 f. GewO. | 13 BAG v. 1.8.1995 – 9 AZR 884/93, AP Nr. 5 zu § 74a HGB. | 14 BAG v. 13.7.2005 – 10 AZR 532/04, AP Nr. 78 zu § 74 HGB.

jeder Konkurrenztätigkeit zu enthalten[1]. Eine vertragl. Vereinbarung, wonach ein Wettbewerbsverbots nur nach einer vom ArbN „ausgelösten Beendigung des Dienstvertrages" gelten soll, ist gem. § 75d S. 1 HGB unverbindlich, da dem ArbN durch eine solche Vertragsgestaltung im Falle einer vom ArbGeb veranlassten, ordentl. Beendigung des Arbeitsverhältnisses die Möglichkeit genommen wird, sich gem. § 75 II HGB vom Wettbewerbsverbot zu lösen[2].Vereinbaren Arbeitsvertragsparteien ein tätigkeitsbezogenes Wettbewerbsverbot, so ist im Zweifel davon auszugehen, dass es nur dann Gültigkeit erlangen soll, wenn der ArbN seine Tätigkeit aufgenommen hat; wird das Arbeitsverhältnis vor der Arbeitsaufnahme gekündigt und der ArbN für die Dauer der Kündigungsfrist von der Arbeit freigestellt, besteht regelmäßig kein Anspruch auf Karenzentschädigung[3]. Die Pflicht zur Karenzentschädigung entfällt hingegen nicht, wenn der ArbN arbeitsunfähig ist[4]. Zudem verbietet der Grundsatz von Treu und Glauben dem ArbGeb, bei Einhaltung des Wettbewerbsverbots durch den ArbN die Entschädigung mit dem Hinweis zu verwehren, die Aushändigung der Urkunde sei unterblieben und damit das Wettbewerbsverbot gem. § 125 BGB unwirksam[5]. Für Einzelheiten vgl. die Komm. zu **§ 110 GewO, §§ 74 HGB**.

ee) Schmiergeldverbot. Den ArbN trifft auf Grund seines Arbeitsverhältnisses die Pflicht, die Annahme geldwerter Vorteile, durch die die Tätigkeit des ArbN von Dritten beeinflusst oder eine solche Tätigkeit nachträglich belohnt werden soll[6], zu unterlassen[7]. Ob sich diese Pflicht auf die Beeinflussung zu oder Belohnung von pflichtwidrigen Tätigkeiten beschränkt, ist strittig. Teilweise wird gefordert, dass der Geber die Vorstellung bzw. Erwartung haben müsse, der Empfänger habe pflichtwidrig gehandelt oder werde dies tun[8]. Zutreffender Ansicht nach ist eine **Pflichtwidrigkeit** der honorierten Handlung **nicht zu fordern**, denn auch ein nicht pflichtwidriges Verhalten des ArbN, für das ein Schmiergeld zumindest mitursächlich ist, ist geeignet, das Vertrauensverhältnis zwischen ArbGeb und ArbN zu beeinträchtigen; ein solches Verhalten gibt dem ArbGeb berechtigterweise Anlass zu der Befürchtung, die Art und Weise der Ausübung der Dienstpflichten folge anderen Interessen als denen des ArbGeb. Freilich können im Einzelfall Abgrenzungsprobleme zu üblichen Trinkgeldern und Gelegenheitsgeschenken auftreten[9], die aber unter Würdigung der Umstände in den Griff bekommen werden können. Auch der BGH lässt ausreichen, dass die Sonderzuwendungen eine **Willensbeeinflussung** zum Nachteil des Auftraggebers **lediglich befürchten lassen**[10]. Nicht entscheidend ist, ob die Zuwendung auch subjektiv aus der Sicht des Zuwendenden und des Begünstigten in Bezug auf die dienstliche Tätigkeit erfolgte. Ausreichend ist vielmehr, dass objektiv ein enger Zusammenhang zwischen dem Geschenk und der dienstlichen Tätigkeit besteht[11]. 364

Wer als Angestellter oder freier Mitarbeiter die Aufgabe hat, einen Betrieb technisch zu betreuen und selbständig das für den Betrieb benötigte Arbeitsmaterial zu bestellen, ist nicht berechtigt, für solche Aufträge von den Lieferfirmen sich eine Sondervergütung versprechen und zahlen zu lassen[12]. Gleiches gilt für einen Angestellten, der befugt und durch seinen Arbeitsvertrag verpflichtet ist, für den ArbGeb mit Dritten Abschlüsse zu tätigen und dabei selbständig ua. auch die Preise zu vereinbaren, und als solcher Schmiergelder annimmt[13]. Die Annahme von Trinkgeldern oder sonstigen Geschenken im nach der **branchenspezifischen Verkehrssitte** üblichen Rahmen (genannt werden Kalender, Feuerzeug) ist zulässig[14], was auf Grund einer Würdigung der Begleitumstände (zB Wert und Anlass der Gabe, zeitlicher Zusammenhang mit den Geber begünstigenden Handlungen) zu beurteilen ist. Ein ausdrückliches oder den Umständen zu entnehmendes konkludentes **Einverständnis** des ArbGeb führt naturgemäß dazu, dass eine an sich pflichtwidrige Annahme von Sonderprovisionen zulässig ist[15]. § 3 II S. 2 TVöD stellt für den Angestellten im öffentl. Dienst allerdings alle „Belohnungen und Geschenke in Bezug auf seine dienstliche Tätigkeit" unter den Vorbehalt der Zustimmung (dh. der [vorherigen] Einwilligung oder der [nachträglichen] Genehmigung, §§ 183 S. 1 bzw. 184 I) des ArbGeb[16]. Dies gilt auch für die Begünstigung durch letztwillige Verfügungen[17]. 365

Die **Rechtsfolgen** sind unterschiedlich. Eine unzulässige Schmiergeldannahme ist **sittenwidrig** (§ 138 I). Zuwendungen an einen Vertreter mit dem Ziel, von ihm bei der Vergabe von Aufträgen bevorzugt zu werden, verstoßen auch dann gegen die guten Sitten, wenn jener den Auftrag zwar nicht für den Vertretenen zu erteilen, für diesen aber bei der Vergabe durch einen Dritten mitzubestimmen hat und der Vertretene an einer möglichst guten Erledigung des Auftrags ein eigenes wirtschaftl. Interesse 366

---

1 BAG v. 15.6.1993 – 9 AZR 558/91, AP Nr. 40 zu § 611 BGB – Konkurrenzklausel. | **2** BAG v. 7.9.2004 – 9 AZR 612/03, AP Nr. 11 zu § 75 HGB. | **3** BAG v. 26.5.1992 – 9 AZR 27/91, AP Nr. 63 zu § 74 HGB. | **4** BAG v. 23.11.2004 – 9 AZR 595/03, AP Nr. 75 zu § 74 HGB. | **5** LAG Hamm v. 18.7.2003 – 7 Sa 734/03, nv. | **6** So die Definition des „Schmiergeldes" nach MünchArbR/*Blomeyer*, § 53 Rz. 98. | **7** KassHdb/*Künzl*, 2.1 Rz. 139. | **8** *Zöllner/Loritz*, Arbeitsrecht, § 13 I 3 (S. 173); KassHdb/*Künzl*, 2.1 Rz. 139, so im Erg. auch MünchArbR/*Blomeyer*, § 53 Rz. 98. | **9** Schaub/*Linck*, ArbRHdb, § 53 Rz. 28. | **10** BGH v. 18.12.1990 – XI ZR 176/89, NJW 1991, 1224 f.; v. 2.4.2001 – II ZR 217/99, NJW 2001, 2476 f. | **11** BAG v. 17.6.2003 – 2 AZR 62/02, ZTR 2004, 25. | **12** BAG v. 15.4.1970 – 3 AZR 259/69, AP Nr. 4 zu § 687 BGB. | **13** BAG v. 14.7.1961 – 1 AZR 288/60, AP Nr. 1 zu § 687 BGB. | **14** Schaub/*Linck*, ArbRHdb, § 53 Rz. 28; MünchArbR/*Blomeyer*, § 53 Rz. 103. | **15** BAG v. 26.2.1971 – 3 AZR 97/70, AP Nr. 5 zu § 687 BGB. | **16** Vgl. zur Annahme von Werbegeschenken im öffentlichen Dienst: ArbG Paderborn v. 27.3.2003 – 1 Ca 91/03, nv.; VG Berlin v. 21.11.2003 – 5 A 174.02, GesR 2004, 250. | **17** BAG v. 17.6.2003 – 2 AZR 62/02, ZTR 2004, 25 zum mit § 10 BAT inhaltsgleichen § 3 Abs. 3 AVR-K; LAG Schl.-Holst. v. 27.10.2004 – 3 Sa 314/04, ZTR 2005, 204.

hat[1]. Der Rückforderung durch den Geber steht zumeist § 817 S. 2 entgegen. Ein ArbN, der in unzulässiger Weise Schmiergelder annimmt, behandelt nach Ansicht der Rspr. des BAG insoweit unbefugt ein Geschäft des ArbGeb als sein eigenes und ist deshalb nach § 687 zur **Herausgabe** der Schmiergelder an den ArbGeb verpflichtet[2]. Das – wenigstens auch – fremde Geschäft des ArbGeb ist dabei nicht in der Annahme des Schmiergeldes zu sehen; der BGH erblickt es in der Vornahme der beeinflussten Handlung des ArbN, die ihn, so der BGH in seiner Rspr. zu den sog. Schmiergeldern, dem **Umfang** nach verpflichtet, alles herauszugeben, was er aus der Geschäftsführung erlangt hat, wozu der BGH „Provisionen", Geschenke und andere Sondervorteile, die dem Beauftragten von dritter Seite zugewandt worden sind und die eine Willensbeeinflussung zum Nachteil des Auftraggebers befürchten lassen, rechnet; dass sie nach dem Willen des Dritten gerade nicht für den Auftraggeber bestimmt waren, bleibt dabei unbeachtlich[3]. Eine Herausgabepflicht wird auch dann angenommen, wenn die Zuwendung nicht unmittelbar an den Dienstverpflichteten selbst, sondern an einen nahen Angehörigen als Strohmann erfolgte[4]. Auf Schmiergelder gezahlte **Steuern** mindern die Herausgabeverpflichtung nicht[5]. Auch der Einwand der Entreicherung vermag den ArbN nicht von seiner Herausgabepflicht zu befreien, so dass der Vortrag des ArbN, er habe das Schmiergeld wegen spekulativer Aktiengeschäfte verbraucht, unerheblich ist[6]. Im Ergebnis jedenfalls muss ein Anspruch des ArbGeb auf Herausgabe bestehen, denn der Schmiergeldbetrag darf weder dem ArbN verbleiben noch an den Geber zurückfließen, um nicht Versuche der Schmiergeldzahlung für die Beteiligten risikolos zu stellen. Erhält ein Angestellter, dessen Aufgabenbereich die Vergabe von Aufträgen im Namen einer Gebietskörperschaft ist, von einem Auftragnehmer für Dienstleistungen im privaten Bereich günstigere Konditionen (im entschiedenen Fall: Montagestunde 36,90 DM an Stelle von dem sonst üblichen Satz von 44,00 DM), so kann das eine außerordentl. **Kündigung** rechtfertigen[7]. Besondere **strafrechtl. Sanktionen** nach §§ 331 f. StGB bestehen nur für Amtsträger iSv. § 11 I Nr. 2 StGB und für den öffentl. Dienst besonders Verpflichtete. Eine Straftat kann dann ihrerseits Kündigungsgrund sein. Von größerer Relevanz für ArbN ist § 299 StGB (Bestechlichkeit und Bestechung im geschäftlichen Verkehr) einschließlich der besonders schweren Fälle nach § 300 StGB.

367 Eine explizite **Pflicht zur** unaufgeforderten und unverzüglichen **Mitteilung** über ein Angebot von Belohnungen oder Geschenken mit Bezug auf die Tätigkeit des ArbN sieht § 3 II 3 TVöD vor. Im Übrigen wird teilweise eine Pflicht des ArbN zur Benachrichtigung seines ArbGeb wegen angebotener, aber zurückgewiesener Schmiergelder angenommen[8]. Richtigerweise aber dürfte der ArbN jedenfalls nicht ohne weiteres zur Benachrichtigung verpflichtet sein[9], denn nicht jedes gegen die Interessen des ArbGeb gerichtete Ansinnen muss der ArbN anzeigen; etwas anderes mag gelten, wenn er zu erwarten hat, dass mit weiteren Bestechungsversuchen zu rechnen ist[10], etwa weil die mit dem Schmiergeld bezweckte Handlung auch von anderen Kollegen vorgenommen werden kann.

368 **ff) Nebentätigkeit. (1) Allgemeines.** Unter bestimmten Voraussetzungen ist der ArbN verpflichtet, eine Nebentätigkeit zu unterlassen. Die Pflichten des ArbN aus dem Arbeitsvertrag sind zeitlich und inhaltlich grds. auf das Arbeitsverhältnis beschränkt. Daraus folgt, dass der ArbN grds., also bereits ohne besondere Erlaubnis, zur Aufnahme von Nebentätigkeiten berechtigt ist, denn eine Nebentätigkeit ist definitionsgemäß diejenige Tätigkeit, in der ein ArbN seine Arbeitskraft außerhalb seines (Haupt-)Arbeitsverhältnisses zur Verfügung stellt[11]. Die **grundsätzliche Zulässigkeit** der Nebentätigkeit beruht – sofern sie beruflicher Natur ist – ebenfalls auf dem Grundrecht des ArbN aus Art. 12 I GG, wonach der ArbN auch befugt ist, seine Arbeitskraft außerhalb der Arbeitszeit zu verwerten[12]; bei nicht-beruflichen Tätigkeiten gewährt Art. 2 I GG Schutz. Auch ohne eine besondere Vereinbarung oder Regelung ausgeschlossen ist jedoch eine solche Nebentätigkeit, wenn diese negativ auf die Erbringung der Arbeitsleistung im Hauptarbeitsverhältnis zurückwirkt und so zu einer **Verletzung dieser Arbeitspflicht** führt[13].

369 **(2) Begrenzender Rahmen für die Nebentätigkeit.** Eine gesetzl. Grenze für die Aufnahme einer Nebentätigkeit folgt aus den zeitl. Höchstgrenzen für die Arbeitsleistung nach den zwingenden Vorschriften des **ArbZG**[14]. Nach **§ 8 BUrlG** darf der ArbN keine dem Urlaubszweck widersprechende Erwerbstätigkeit leisten (vgl. Komm. dort). Auf Grund der Vertragsfreiheit sind die Parteien des Arbeitsvertrags berechtigt, das Recht des ArbN zur Aufnahme einer Nebentätigkeit einzelvertragl. zu begrenzen oder auszuschließen. Allerdings setzt wiederum die nach **Art. 12 I GG** geschützte Berufsfreiheit des ArbN der freien

1 BGH v. 14.12.1972 – II ZR 141/71, AP Nr. 31 zu § 138 BGB; Schaub/*Linck*, ArbRHdb, § 53 Rz. 29; MünchArbR/*Blomeyer*, § 53 Rz. 109. | 2 BAG v. 14.7.1961 – 1 AZR 288/60, AP Nr. 1 zu § 687 BGB; v. 15.4.1970 – 3 AZR 259/69, AP Nr. 4 zu § 687 BGB. | 3 BGH v. 2.4.2001 – II ZR 217/99, NJW 2001, 2476 f. | 4 BGH v. 18.12.1990 – XI ZR 176/89, NJW 1991, 1224 f. | 5 LAG Köln v. 1.9.1998 – 13 (11) Sa 754/97, LAGE § 687 BGB Nr. 2. | 6 LAG Berlin v. 30.11.2004 – 3 Sa 1634/04, LAGReport 2005, 289, n.rkr. | 7 LAG Hamburg v. 26.9.1990 – 4 Sa 77/88, LAGE § 626 BGB Nr. 58. | 8 So Schaub/*Linck*, ArbRHdb, § 53 Rz. 28, allerdings ohne Begründung. | 9 Ebenso MünchArbR/*Blomeyer*, § 53 Rz. 104; Soergel/*Kraft*, § 611 BGB Rz. 151. | 10 So MünchArbR/*Blomeyer*, § 53 Rz. 104 unter Berufung auf die allgemeine Rücksichtspflicht. | 11 ArbR-BGB/*Schliemann*, § 611 BGB Rz. 715. | 12 So zB BVerfG v. 25.11.1980 – 2 BvL 7/76, 2 BvL 8/76, 2 BvL 9/76, NJW 1981, 971; BAG v. 25.7.1996 – 6 AZR 683/95, AP Nr. 6 zu § 11 BAT; MünchArbR/*Blomeyer*, § 55 Rz. 3. | 13 MünchArbR/*Blomeyer*, § 55 Rz. 4, auch schon bei konkreter Gefahr: MünchArbR/Blomeyer, § 55 Rz. 5; LAG Hessen v. 19.8.2003 – 13/12 Sa 1476/02, LAGReport 2004, 517, n.rkr. | 14 Zu der umstr. Frage, gegen welchen ArbGeb sich das Beschäftigungsverbot bei Überschreitung der zulässigen Höchstarbeitszeit richtet: MünchArbR/*Blomeyer*, § 55 Rz. 19.

Vereinbarkeit Grenzen. Gleiches gilt für tarifl. Regelungen über Nebentätigkeiten, die Arbeitsbedingungen iSv. Art. 9 III GG betreffen. Sie können grds. Gegenstand von **Tarifnormen** sein[1], doch können auch die TV-Parteien den ihnen in Art. 9 III GG eröffneten Gestaltungsspielraum überschreiten, wenn die tarifl. Regelung in unzulässiger Weise in den Schutzbereich des Art. 12 GG eingreift[2]. Ob ein Nebentätigkeitsverbot auf Grund einer **BV** bestehen kann, ist umstritten[3], im Ergebnis jedoch zuzulassen[4].

(3) **Wirksamkeitsvoraussetzung.** Voraussetzung für die Wirksamkeit eines Nebentätigkeitsverbots ist stets, dass der mit einer Begrenzung der Nebentätigkeit verbundene grundrechtl. Eingriff durch das mit der Beschränkung bezweckte Ziel gerechtfertigt wird; insb. muss die Erreichung des Zwecks verhältnismäßig sein[5]. Zumeist wird formuliert, ein vertragl. Nebentätigkeitsverbot sei wirksam, wenn der ArbGeb ein **berechtigtes Interesse** daran hat[6]. Dieser Begriff ist allerdings, um der Bedeutung des Grundrechts aus Art. 12 I GG hinreichend Rechnung zu tragen, in Anbetracht der hohen Erfordernisse an die Rechtfertigung entsprechender Eingriffe zu interpretieren, weshalb für ein Nebentätigkeitsverbot nicht bereits ausreichend ist, dass beliebige betriebl. Belange berührt sein können[7]. Dem ArbGeb ist **kein Ermessensspielraum** bei Erteilung oder Versagung der Nebentätigkeitsgenehmigung eingeräumt, vielmehr besteht ein Rechtsanspruch auf Genehmigung, wenn nicht ein Versagungsgrund wegen einer zu befürchtenden Beeinträchtigung betrieblicher oder dienstlicher Interessen vorliegt[8]. Der ArbN ist verpflichtet, dem ArbGeb eine **Nebentätigkeit anzuzeigen**, soweit dadurch dessen Interessen bedroht sind[9]. 370

Regelungen über eine Nebentätigkeit können einen unterschiedlichen **Umfang** haben. Zu differenzieren ist zwischen einem **Nebentätigkeitsverbot** und einem **Genehmigungsvorbehalt**. Bedarf eine Nebenbeschäftigung der Zustimmung des ArbGeb, berechtigt ein solcher Erlaubnisvorbehalt den ArbGeb nicht, die Aufnahme einer Nebentätigkeit willkürlich zu verwehren; sofern keine Beeinträchtigung der betrieblichen Interessen des ArbGeb zu erwarten ist, hat der ArbN Anspruch auf Erteilung der Zustimmung[10]. Der Sinn eines solchen Erlaubnisvorbehalts besteht darin, dem ArbGeb bereits vor Aufnahme der Nebentätigkeit die Überprüfung zu ermöglichen, ob seine Interessen beeinträchtigt werden. Er verstößt deshalb nicht gegen Art. 12 I GG, der auch die Freiheit schützt, eine nebenberufliche Tätigkeit zu ergreifen[11]. Die mögliche Beschränkung des Grundrechts aus Art. 12 I GG ist deshalb hinnehmbar, weil dadurch im Ergebnis allein die Verpflichtung des ArbN begründet, dass er vor Aufnahme einer Nebenbeschäftigung den ArbGeb hiervon in Kenntnis setzt. Eine arbeitsvertragl. Klausel, derzufolge eine Nebenbeschäftigung der Zustimmung des ArbGeb bedarf, ist in der Weise zu verstehen, dass damit die Aufnahme einer beruflichen Tätigkeit unter Erlaubnisvorbehalt gestellt wird; der ArbN hat dann Anspruch auf Zustimmung des ArbGeb, wenn die Aufnahme der Nebentätigkeit betriebliche Interessen nicht beeinträchtigt[12]. Entsprechend ist auch eine tarifl. oder einzelvertragl. Regelung, die eine Genehmigungspflicht für jedwede Nebentätigkeit gegen Entgelt vorsieht, im Hinblick auf Art. 12 GG dahin auszulegen, dass dem ArbGeb für solche Nebentätigkeiten, bei deren Ausübung eine Beeinträchtigung der Interessen des ArbGeb nicht zu erwarten ist, gegenüber seinem ArbGeb ein Anspruch auf Erteilung der Zustimmung zusteht[13]. 371

Berechtigte Interessen des ArbGeb sind bedroht, wenn die Nebentätigkeit mit der vertragl. geschuldeten Arbeitsleistung nicht vereinbar ist und die Ausübung der Nebentätigkeit somit eine Verletzung der Arbeitspflicht darstellt[14]. Dies ist etwa dann der Fall, wenn ein ArbN trotz Aufforderung des ArbGeb über Jahre hinweg Angaben über einen Teil seiner erheblichen Nebentätigkeiten völlig verweigert und er über einen anderen Teil zum Umfang seiner arbeitsmäßigen Beanspruchung keine Auskunft gibt[15]. Für die Beurteilung eines entgegenstehenden berechtigten ArbGebInteresses ist auch von Bedeutung, ob sich Haupt- und Nebentätigkeit zeitlich und gegenständlich klar voneinander abgrenzen lassen, so dass ein Rechtsschutzsekretär der DGB-Rechtsschutz-GmbH keinen Anspruch auf Zustimmung zur Aufnahme einer Nebentätigkeit als Rechtsanwalt hat, sofern eine gegenständliche Kollision und eine zeitliche Überschneidung beider Tätigkeiten zu besorgen ist[16]. Die Besorgnis der Interessenbeeinträchtigung besteht im Fall eines bei einem Rundfunksender beschäftigten ArbN auch dann, wenn dieser bei 372

---

1 BAG v. 18.1.1996 – 6 AZR 31/95, AP Nr. 25 zu § 242 BGB – Auskunftspflicht. | 2 BAG v. 24.6.1999 – 6 AZR 605/97, AP Nr. 5 zu § 611 BGB – Nebentätigkeit. | 3 Bejahend Preis/*Rolfs*, Der Arbeitsvertrag, II N 10 Rz. 6; vgl. MünchArbR/*Blomeyer*, § 55 Rz. 33 zu weiteren Einzelheiten und den unterschiedlichen Ansichten. | 4 Im Ergebnis ebenso ErfK/*Preis*, § 611 BGB Rz. 890, aA MünchArbR/*Blomeyer*, § 55 Rz. 33. | 5 MünchArbR/*Blomeyer*, § 55 Rz. 35. | 6 BAG v. 26.8.1976 – 2 AZR 377/75, AP Nr. 68 zu § 626 BGB m. Anm. *Löwisch*; *Schaub*, ArbRHdb, § 43 Rz. 7. | 7 BAG v. 3.12.1970 – 2 AZR 110/70, AP Nr. 60 zu § 626 BGB m. Anm. *A. Hueck*; MünchArbR/*Blomeyer*, § 55 Rz. 35. | 8 BAG v. 28.2.2002 – 6 AZR 33/01, ZTR 2002, 429. | 9 BAG v. 18.1.1996 – 6 AZR 314/95, AP Nr. 25 zu § 242 BGB – Auskunftspflicht. | 10 BAG v. 11.12.2001 – 9 AZR 464/00, AP Nr. 8 zu § 611 BGB – Nebentätigkeit; vgl. auch schon BAG v. 3.12.1970 – 2 AZR 110/70, AP Nr. 60 zu § 626 BGB m. Anm. *A. Hueck*. | 11 BAG v. 24.6.1999 – 6 AZR 605/97, AP Nr. 5 zu § 611 BGB – Nebentätigkeit. | 12 BAG v. 11.12.2001 – 9 AZR 464/00, AP Nr. 8 zu § 611 BGB – Nebentätigkeit; v. 13.3.2003 – 6 AZR 585/01, AP Nr. 7 zu § 11 BAT zur Nebentätigkeitsgenehmigung im öffentlichen Dienst bei dauerhafter Beurlaubung. | 13 BAG v. 26.8.1976 – 2 AZR 377/75, AP Nr. 68 zu § 626 BGB; LAG Hamm v. 18.6.1998 – 17 Sa 2414/97, ZTR 1998, 564–565. | 14 BAG v. 18.1.1996 – 6 AZR 314/95, AP Nr. 25 zu § 242 BGB – Auskunftspflicht. | 15 BAG v. 18.1.1996 – 6 AZR 314/95, AP Nr. 25 zu § 242 BGB – Auskunftspflicht. | 16 BAG v. 21.9.1999 – 9 AZR 759/98, AP Nr. 6 zu § 611 BGB – Nebentätigkeit.

einem anderen, im publizistischen und finanziellen Wettbewerb mit dem ArbGeb stehenden Anbieter von Fernsehprogrammen Nachrichtentexte aus dem „Off" sprechen soll[1]. Der ArbGeb kann ferner ein berechtigtes Interesse an der Unterlassung von Wettbewerb in einer Nebentätigkeit des ArbN haben. Freilich reicht in diesem Fall das Nebentätigkeitsverbot nur so weit wie das (berechtigte) Wettbewerbsverbot (vgl. Rz. 357 ff.). So kann ein ArbGeb seine Zustimmung zu einer von einer angestellten Rechtsanwältin während und nach der Elternzeit gewünschten Teilzeitarbeit bei einem Mieterschutzverein verweigern[2].

373 **(4) Öffentlicher Dienst.** Für die Nebentätigkeit der Angestellten im öffentl. Dienst fanden ehemals die für die Beamten des ArbGeb jeweils geltenden Bestimmungen sinngemäß Anwendung (§ 11 BAT). Für Bundesbeamte finden sich nähere Regelungen in den Beamtengesetzen der Länder (Vorgaben finden sich in § 42 BRRG), des Bundes (vgl. §§ 64 ff., 72a BBG) sowie in der BundesnebentätigkeitsVO[3]. Nun regelt § 3 III TVöD entsprechend, dass Nebentätigkeiten gegen Entgelt dem ArbGeb zuvor schriftl. anzuzeigen sind, der die untersagen oder mit Auslagen versehen kann, wenn die Nebentätigkeit geeignet ist, die Erfüllung der Vertragspflicht oder berechtigte Interessen des ArbGeb zu beeinträchtigen. Eine tarifvertragl. Bestimmung, wonach der ArbN verpflichtet ist, Vergütungen für Nebentätigkeiten, die er für andere ArbGeb im öffentl. Dienst ausübt, abzuliefern, soweit bestimmte Beträge überschritten werden, verstößt weder gegen Art. 12 I GG noch gegen Art. 3 I GG. Eine solche Bestimmung kann aus dem Zweck gerechtfertigt sein, dass dadurch dem Anreiz entgegengewirkt wird, Nebentätigkeiten in einem Umfang auszuüben, durch den die ordnungsgemäße Erfüllung der arbeitsvertragl. Pflichten in der Haupttätigkeit beeinträchtigt werden könnte[4]. Im Fall eines teilzeitbeschäftigten ArbN ist zu beachten, dass dieser nach § 3 III TVöD auch dann einer Genehmigung für eine Nebentätigkeit bedarf, wenn die zeitliche Beanspruchung durch die Teilzeittätigkeit zusammen mit der zeitlichen Beanspruchung durch die Nebentätigkeit die regelmäßige tarifl. wöchentliche Arbeitszeit eines vollzeitbeschäftigten Angestellten nicht überschreitet[5].

374 **(5) Einzelfälle.** Das in einem TV für vollzeitig beschäftigte Busfahrer vereinbarte Verbot von Nebentätigkeiten, die mit dem Lenken von Kraftfahrzeugen verbunden sind, verstößt nicht gegen Art. 12 I GG, weil dadurch letztlich auch die Sicherheit des Straßenverkehrs gewährleistet werden soll[6]. Berechtigte Interessen des Dienstgebers sind beeinträchtigt, wenn sich Nebentätigkeiten seiner Mitarbeiter negativ auf die Wahrnehmung des Dienstgebers in der Öffentlichkeit auswirken[7]. Eine Nebentätigkeit als Leichenbestatter ist daher mit einer vom ArbN arbeitsvertragl. geschuldeten Tätigkeit als bei der Caritas beschäftigter Krankenpfleger nicht vereinbar[8]. Die Erstellung von Gutachten für eine private Krankenversicherung durch einen Arzt, der für eine gesetzl. Krankenkasse tätig ist, beeinträchtigt die Interessen des ArbGeb[9]. Dies gilt auch für die Tätigkeit einer Sparkassenangestellten als Sekretärin eines Versicherungsunternehmens[10].

375 **(6) Folgen einer pflichtwidrigen Nebentätigkeit.** Verstößt der ArbN gegen seine Verpflichtung zur vorherigen Einholung der Nebentätigkeitsgenehmigung, so ist eine Abmahnung auch dann berechtigt, wenn er Anspruch auf deren Erteilung hat[11]. Die Ausübung einer Nebentätigkeit kann eine Kündigung nur dann rechtfertigen, wenn die vertragl. geschuldeten Leistungen durch die Nebentätigkeit beeinträchtigt werden[12]. Auch darf der ArbN für die Dauer einer ärztlich attestierten Arbeitsunfähigkeit einer Nebenbeschäftigung bei einem anderen ArbGeb nicht nachgehen; anderenfalls kann je nach den Umständen auch eine fristlose Kündigung ohne vorherige Abmahnung gerechtfertigt sein. Ist in derartigen Fällen der Beweiswert des ärztlichen Attestes erschüttert bzw. entkräftet, so hat der ArbN konkret darzulegen, weshalb er krankheitsbedingt gefehlt hat und trotzdem der Nebenbeschäftigung nachgehen konnte[13]. Ein tarifl. Nebentätigkeitsverbot soll bewirken, dass ein abgeschlossener Nebentätigkeitsvertrag unwirksam ist[14]. Dies kann aber wegen der Geltung der tarifl. Regelung, die auf die Tarifunterworfenen beschränkt ist, nur im Verhältnis zwischen den (tarifunterworfenen) Parteien des Hauptarbeitsverhältnisses gelten, im Fall des Fehlens beiderseitiger Tarifbindung aber nicht auch für die Parteien des Nebentätigkeitsverhältnisses; auch wenn man § 134 auf TV entsprechend anwendet, kann ein Verstoß nicht vorliegen, wenn eine Partei schon nicht an das Verbot gebunden ist.

---

1 BAG v. 24.6.1999 – 6 AZR 605/97, AP Nr. 5 zu § 611 BGB – Nebentätigkeit. | 2 LAG Düsseldorf v. 8.10.2003 – 12 (9) Sa 1034/03, LAGReport 2004, 170. | 3 Verordnung über die Nebentätigkeit der Bundesbeamten, Berufssoldaten und Soldaten auf Zeit (BNV) v. 12.11.1987 (BGBl. I S. 2376), abgedr. in der Sammlung Sartorius I, Ordnungszahl 177; zur Nebentätigkeit von Beamten siehe jüngst: BVerwG v. 3.6.2003 – 2 C 47/02, ZBR 2004, 53; Hess. VGH v. 17.12.2003 – 1 UE 2541/02, ESVGH 54, 117; v. 24.9.2003 – 5 E 2748/00, nv.; OVG MV v. 16.8.2004 – 2 M 174/04, DVBl 2005, 324; VG Rh.-Pf. v. 18.6.2004 – 3 A 10643/04, AS RP-SL 31, 342. | 4 BAG v. 25.6.1996 – 6 AZR 683/95, AP Nr. 6 zu § 11 BAT. | 5 BAG v. 30.5.1996 – 6 AZR 537/95, AP Nr. 2 zu § 611 BGB – Nebentätigkeit. | 6 BAG v. 26.6.2001 – 9 AZR 343/00, AP Nr. 8 zu § 1 TVG – Tarifverträge: Verkehrsgewerbe. | 7 BAG v. 28.2.2002 – 6 AZR 357/01, BB 2002, 1920. | 8 BAG v. 28.2.2002 – 6 AZR 357/01, BB 2002, 1920. | 9 BAG v. 28.2.2002 – 6 AZR 33/01, ZTR 2002, 429. | 10 LAG Rh.-Pf. v. 29.1.2003 – 9 Sa 1148/02, EzBAT § 11 BAT Nr. 14. | 11 BAG v. 30.5.1996 – 6 AZR 537/95, AP Nr. 2 zu § 611 BGB – Nebentätigkeit. | 12 BAG v. 26.8.1976 – 2 AZR 377/75, AP Nr. 68 zu § 626 BGB; v. 19.4.2007 – 2 AZR 180/06, NZA 2007, 1319. | 13 BAG v. 26.8.1993 – 2 AZR 154/93, AP Nr. 112 zu § 626 BGB; vgl. auch LAG Nürnberg v. 7.9.2004 – 6 Sa 116/04, LAGE § 626 BGB 2002 – Unkündbarkeit Nr. 1. | 14 So ohne weitere Einschränkungen *Schaub*, ArbRHdb, § 43 Rz. 7.

gg) Außerdienstliches Verhalten. Im Grundsatz ist der ArbN in der Gestaltung seines außerdienstlichen Handelns frei[1], da er sich nur für die Dauer der Arbeitszeit den Verpflichtungen aus dem Arbeitsvertrag unterwirft. Eine Pflicht des ArbN zur Unterlassung einer bestimmten Verhaltensweise außerhalb des Dienstes setzt – zumindest – voraus, dass sich das außerdienstliche Verhalten auf den betrieblichen Bereich auswirkt und dort zu Störungen führt[2]. Ausnahmsw. kann dann eine Nebenpflicht zum Unterlassen der störenden Handlung bestehen. Zumeist wird solches außerdienstliche Verhalten im Zusammenhang mit einer daraufhin ausgesprochenen Kündigung relevant. Jedoch ist das außerdienstliche Verhalten eines ArbN (zB die Forderung und Kassierung einer „Vermittlungsprovision" für die Einstellung eines ArbN), das weder zur **konkreten Beeinträchtigung des Arbeitsverhältnisses** noch zur konkreten Gefährdung im Vertrauensbereich führt, nicht geeignet, einen Grund im Verhalten des ArbN iSd. § 1 II KSchG zu bilden[3]. Auch das Vorliegen mehrerer Lohnpfändungen oder -abtretungen rechtfertigt für sich allein noch keine ordentl. Kündigung[4]. Das Sexualverhalten des ArbN darf der ArbGeb nach dem BAG selbst in der Probezeit nicht zum Anlass einer Kündigung nehmen[5]. Die Entscheidung des ArbN, nach einer erfolgreichen Entziehungskur die zunächst aufgenommenen Besuche in einer Selbsthilfegruppe von anonymen Alkoholikern abzubrechen, weil er sich hiermit überfordert fühlt, gehört zum privaten Lebensbereich, und er verletzt insoweit keine Nebenpflichten aus dem Arbeitsverhältnis[6]. Im Arbeitsverhältnis mit einem **Tendenzbetrieb** kann sich allerdings auch im außerdienstlichen Bereich aus der Leistungstreuepflicht die Pflicht des ArbN zu tendenzgemäßem Verhalten ergeben. Arbeitsverhältnisse mit **kirchlichen Einrichtungen**, die keine Tendenzbetriebe iSd. § 118 I BetrVG sind, begründen entsprechende, über das Arbeitsverhältnis hinausgehende Loyalitätspflichten der ArbN, die ebenfalls in den Bereich privater Lebensführung hineinreichen können[7]. In Grenzen kann das außerdienstliche Verhalten der **Vereinbarung im Arbeitsvertrag** zugänglich sein; von Bedeutung ist hierbei, wie groß das mit einem Verhalten verbundene Schadensrisiko für den ArbGeb oder Dritte ist und wie viel Entbehrung das Unterlassen eines Verhaltens von dem ArbN erfordert[8]. 376

Insb. **strafbare Verfehlungen** im außerdienstlichen Bereich, die sich gegen Interessen des ArbGeb richten, können eine Kündigung sozial rechtfertigen. So können Straftaten, die ein öffentl. Bediensteter – wenn auch im Privatbereich – begeht, wegen § 4 I TVöD BT-V aus verhaltensbedingten Gründen jedenfalls eine ordentl. Kündigung nach § 1 II KSchG sozial rechtfertigen[9]. Ein Angestellter des öffentl. Dienstes muss sein außerdienstliches Verhalten so einrichten, dass das Ansehen des öffentl. ArbGeb nicht beeinträchtigt wird; begeht er ein vorsätzliches Tötungsdelikt, so ist es dem öffentl. ArbGeb unzumutbar, ihn weiterzubeschäftigen, ohne dass eine konkret messbare Ansehensschädigung nachgewiesen werden müsste[10]. Zu den kündigungsrechtl. Konsequenzen außerdienstlichen Verhaltens[11] vgl. im Übrigen die Komm. zu § 1 KSchG, insb. Rz. 180 ff.; zu den Konsequenzen bei einem außerdienstlichen Verstoß gegen ein Wettbewerbsverbot s. Rz. 358. 377

hh) Meinungsäußerung, gewerkschaftliche und politische Betätigung. Bei der Frage, welche Äußerungen ein ArbN zu unterlassen hat, ist wegen der mittelbaren Drittwirkung, die die Grundrechte auch im Verhältnis zwischen Privaten entfalten können[12], die besondere Bedeutung des Art. 5 I GG zu beachten. „Wes Brot ich ess, des Lied ich sing" gilt nicht im Arbeitsrecht. Geschützt werden durch Art. 5 I GG jedoch nur die Meinungsäußerung als Äußerung eines Werturteils als wertende Betrachtung von Tatsachen, Verhaltensweisen und Verhältnissen[13]. Nach der Rspr. des BAG sowie nach der im verfassungsrechtl. Schrifttum hM gehören bewusst oder erwiesen unwahre Tatsachenbehauptungen nicht zum Schutzbereich des Art. 5 I GG[14]. Daher kann sich ein Rundfunkredakteur auf das Recht der freien Meinungsäußerung nicht berufen, wenn er im Zusammenhang mit der Absetzung eines Beitrags in der Öffentlichkeit unwahre und ehrenrührige Behauptungen über den für das Programm verantwortlichen Abteilungsleiter des Senders und damit über seinen ArbGeb verbreitet[15]. 378

Zu den allgemeinen Gesetzen, die der Meinungsfreiheit eine **Grenze** ziehen und sie einschränken können (Art. 5 II GG), gehören auch die Pflichten aus dem Arbeitsverhältnis; sie müssen als „allgemeines Gesetz" nach der sog. Wechselwirkungslehre im Lichte der Bedeutung des Grundrechts gesehen und so interpretiert werden, dass der besondere Wertgehalt des Rechts auf freie Meinungsäußerung 379

---

1 MünchArbR/*Blomeyer*, § 53 Rz. 120; ArbR-BGB/*Schliemann*, § 611 BGB Rz. 722; *Preis*, Der Arbeitsvertrag, IIa 160 Rz. 2. | 2 ErfK/*Preis*, § 611 BGB Rz. 892; MünchArbR/*Blomeyer*, § 53 Rz. 120 mwN. | 3 BAG v. 24.9.1987 – 2 AZR 26/87, AP Nr. 19 zu § 1 KSchG 1969 – Verhaltensbedingte Kündigung. | 4 BAG v. 4.11.1981 – 7 AZR 264/79, AP Nr. 4 zu § 1 KSchG 1969 – Verhaltensbedingte Kündigung. | 5 BAG v. 23.6.1994 – 2 AZR 617/93, AP Nr. 9 zu § 242 BGB – Kündigung. | 6 LAG Düsseldorf v. 25.2.1997 – 8 Sa 1673/96, LAGE § 1 KSchG – Verhaltensbedingte Kündigung Nr. 57. | 7 BVerfG v. 4.6.1985 – 2 BvR 1703/83, AP Nr. 24 zu Art. 140 GG; BAG v. 16.9.2004 – 2 AZR 447/03, ZMV 2005, 152; vgl. auch *Preis*, Der Arbeitsvertrag, IIa 160 Rz. 10. | 8 *Preis*, Der Arbeitsvertrag, II A 160 Rz. 12 ff., 19. | 9 Rspr. noch zur alten Regelung nach §§ 6, 8 BAT: BAG v. 20.11.1997 – 2 AZR 643/96, AP Nr. 43 zu § 1 KSchG 1969; für den Fall der Volksverhetzung vgl. BAG v. 14.2.1996 – 2 AZR 274/94, AP Nr. 26 zu § 626 BGB – Verdacht strafbarer Handlung. | 10 BAG v. 8.6.2000 – 2 AZR 638/99, AP Nr. 163 zu § 626 BGB. | 11 S. jüngst LAG Rh.-Pf. v. 7.10.2004 – 4 Sa 491/04, nv., n.rkr. | 12 BAG v. 23.2.1959 – 3 AZR 583/57, AP Nr. 1 zu Art. 5 Abs. 1 GG – Meinungsfreiheit; MünchArbR/*Blomeyer*, § 53 Rz. 83. | 13 Schaub/*Linck*, ArbRHdb, § 53 Rz. 18. | 14 Vgl. – auch zur Gegenauffassung – von Münch/*R. Wendt*, Art. 5 GG Rz. 10 mwN. | 15 BAG v. 11.8.1982 – 5 AZR 1089/79, AP Nr. 9 zu Art. 5 Abs. 1 GG – Meinungsfreiheit.

gewahrt bleibt[1]. Nach st. Rspr. des BAG findet dieses Grundrecht im Bereich des Arbeitsrechts seine Schranken in den **Grundregeln über das Arbeitsverhältnis**[2]. Aus diesen Grundregeln leitet das BAG das allgemeine Pflichtengebot ab, sich so zu verhalten, dass der Betriebsfrieden nicht ernstlich und schwer gefährdet wird, und dass die Zusammenarbeit im Betrieb mit den übrigen ArbN, aber auch mit dem ArbGeb zumutbar bleibt[3]. Der ArbN darf bei Ausübung des Grundrechts nicht den Interessen des ArbGeb zuwiderhandeln oder diese beeinträchtigen. Eine solche Zuwiderhandlung ist gegeben, wenn durch die Meinungsäußerung das Arbeitsverhältnis konkret berührt wird[4]. Grundsätzlich wird man aber wegen der Wechselwirkung mit Art. 5 I GG hohe Anforderungen an die Einschränkung auf Grund der Interessen des ArbGeb zu stellen haben. Der ArbGeb hat im Rahmen der ihm zustehenden Meinungsfreiheit zunächst selbst darüber zu entscheiden, ob er ein Fehlverhalten des ArbN abmahnen will oder nicht, muss allerdings den **Grundsatz der Verhältnismäßigkeit** beachten[5]. In einer **Abwägung** ist dem unternehmerischen ArbGebInteresse das Meinungsäußerungsinteresse des ArbN gegenüberzustellen[6].

380 Das BAG leitet aus den „Grundregeln über das Arbeitsverhältnis", in denen das Grundrecht aus Art. 5 I GG seine Schranken findet, ebenfalls ab, dass der ArbN öffentl., zB in **Flugblättern** an alle Mitarbeiter des Betriebs, keine bewusst wahrheitswidrigen Behauptungen über den ArbGeb aufstellen und durch seine Aktionen nicht den Betriebsfrieden stören darf[7]. Die Verletzung dieses Gebots kann den ArbGeb zur außerordentl. Kündigung berechtigen. Die Pflicht zur Verschwiegenheit kann insofern unwirksam sein, als sie durch den übergeordneten Gesichtspunkt des Grundrechts auf Freiheit der Meinungsäußerung gerechtfertigt ist[8]. Äußert sich ein ArbN außerdienstlich im gewerkschaftlichen Intranet kritisch zu Personen und Vorgängen im Betrieb des ArbGeb, so liegt nach Rspr. des BAG keine Verletzung der grundrechtl. geschützten Interessen des ArbGeb vor, wenn die teilweise polemischen Äußerungen des ArbN weder nach ihrer Form noch nach ihrem Inhalt ein strafrechtl. relevantes Verhalten darstellen und der ArbN seine Meinung nicht selbst in die Betriebsöffentlichkeit getragen hat[9].

381 Handelt es sich um eine Meinungsäußerung oder sonstige Betätigung, die eine **gewerkschaftliche Betätigung** darstellt, so ist auch die Bedeutung des Art. 9 III GG zu beachten[10], die gegenüber Art. 5 I GG als die speziellere Vorschrift herangezogen werden soll[11]. Erlaubt ist ihnen, zumal die durch Art. 9 III GG geschätzte Betätigungsfreiheit nicht mehr auf einen Kernbereich der für die Erhaltung des Bestandes beschränkt ist, sondern alle koalitionsspezifischen Verhaltensweisen erfasst, auch die Mitgliederwerbung im Betrieb während der Arbeitszeit[12]. Dem Betätigungsrecht der Koalitionen dürfen nur solche Schranken gezogen werden, die im konkreten Fall zum Schutz anderer Rechtsgüter – namentlich des Betriebsfriedens oder ungestörten Arbeitsganges – von der Sache her geboten sind[13].

382 Das Grundrecht der freien Meinungsäußerung umfasst auch das Recht zu aktiver politischer Betätigung im Rahmen der demokratischen Grundordnung. Insb. für Angestellte des **öffentl. Dienstes** ist dieses Recht eingeschränkt durch die im Arbeitsverhältnis begründete Pflicht, bei politischen Äußerungen maßvoll und zurückhaltend zu sein[14]. Im Bereich des öffentl. Dienstes sehen tarifl. Bestimmungen – so etwa § 8 I BAT – vor, dass sie sich mit ihrem Verhalten zur freiheitlich demokratischen Grundordnung zu bekennen haben. Nicht allen ArbN des öffentl. Dienstes ist das Gleiche Maß an politischer Treue abzuverlangen wie den Beamten; bei ArbN müssen sich die in politischer Hinsicht zu stellenden Anforderungen aus dem jeweiligen Amt ergeben[15].

383 Zu den allgemeinen Gesetzen, die die Meinungsfreiheit einschränken, gehört auch das Verbot für den **BR**, sich im Betrieb **parteipolitisch zu betätigen**[16]. Dieses Verbot lässt sich bereits § 74 II 2 BetrVG entnehmen. Dem **einzelnen ArbN** wird in der politischen Betätigung eine Grenze durch den Schutz der betrieblichen Ordnung und des Betriebsfriedens gezogen[17]. Nach anderer Auffassung soll ihm lediglich eine konkrete Störung, nicht aber eine abstrakte, untersagt sein[18]. Ob diese Differenzierung aber der

---

1 BVerfG v. 15.1.1958 – 1 BvR 400/51, BVerfGE 7, 198 (298); BAG v. 11.8.1982 – 5 AZR 1089/79, AP Nr. 9 zu Art. 5 Abs. 1 GG – Meinungsfreiheit; Schaub/*Linck*, ArbRHdb, § 53 Rz. 19; ArbR-BGB/*Schliemann*, § 611 BGB Rz. 712. | 2 BAG v. 3.12.1954 – 1 AZR 150/54, AP Nr. 2 zu § 13 KSchG; v. 28.9.1972 – 2 AZR 469/71, AP Nr. 2 zu § 134 BGB; v. 26.5.1977 – 2 AZR 632/76, AP Nr. 5 zu § 611 BGB – Beschäftigungspflicht; v. 23.2.1959 – 3 AZR 583/57, AP Nr. 1 zu Art. 5 Abs. 1 GG – Meinungsfreiheit. | 3 BAG v. 3.12.1954 – 1 AZR 150/54, AP Nr. 2 zu § 13 KSchG. | 4 BAG v. 28.9.1972 – 2 AZR 469/71, AP Nr. 2 zu § 134 BGB. | 5 BAG v. 13.11.1991 – 5 AZR 74/91, AP Nr. 7 zu § 611 BGB – Abmahnung. | 6 MünchArbR/*Blomeyer*, § 53 Rz. 85; Schaub/*Linck*, ArbRHdb, § 53 Rz. 19; vgl. auch LAG BW v. 29.7.2004 – 21 Sa 113/03, nv., n.rkr. | 7 BAG v. 26.5.1977 – 2 AZR 632/76, AP Nr. 5 zu § 611 BGB – Beschäftigungspflicht. | 8 MünchArbR/*Blomeyer*, § 53 Rz. 66; ErfK/*Preis*, § 611 BGB Rz. 877. | 9 BAG v. 24.6.2004 – 2 AZR 63/03, AP Nr. 49 zu § 1 KSchG 1969 – Verhaltensbedingte Kündigung. | 10 ArbR-BGB/*Schliemann*, § 611 BGB Rz. 712. | 11 MünchArbR/*Blomeyer*, § 53 Rz. 93. | 12 BVerfG v. 14.11.1995 – 1 BvR 601/94, EzA Art. 9 GG Nr. 60 m. Anm. *Thüsing*. | 13 BVerfG v. 14.11.1995 – 1 BvR 601/94, EzA Art. 9 GG Nr. 60 m. Anm. *Thüsing*; s. auch jüngst BAG v. 25.1.2005 – 1 AZR 657/03, NJW 2005, 1596 zur Einschränkung gewerkschaftlicher Betätigung zu Gunsten des Grundsatzes der Gesetzmäßigkeit der Verwaltung. | 14 BAG v. 23.2.1959 – 3 AZR 583/57, AP Nr. 1 zu Art. 5 Abs. 1 GG – Meinungsfreiheit. | 15 BAG v. 31.3.1976 – 5 AZR 104/74, AP Nr. 2 zu Art. 33 Abs. 2 GG. | 16 BAG v. 3.12.1954 – 1 AZR 150/54, AP Nr. 2 zu § 13 KSchG. | 17 *Nikisch*, ArbR, Bd. I, S. 450; vgl. auch BAG v. 11.12.1975 – 2 AZR 426/76, AP Nr. 1 zu § 15 KSchG 1969. | 18 MünchArbR/*Blomeyer*, § 53 Rz. 68.

bezweckten deutlicheren Abgrenzung dienen kann und überhaupt zu anderen Ergebnissen als die hM gelangt, ist zu bezweifeln.

ii) Kontrolle und Untersuchung. Soweit der ArbGeb durch von ihm eingesetzte Hilfspersonen auf Grund einer BV stichprobenartige Taschenkontrollen anordnet, um ArbN oder Gruppen von ihnen Untersuchungen zu unterziehen, die Eigentumsdelikte zu seinem Nachteil aufdecken sollen, wird das Verhalten der ArbN insoweit geregelt, als sie verpflichtet werden, die **Taschenkontrollen zu dulden**, wobei der Zweck der Überprüfung darin besteht, festzustellen, ob die ArbN sich im Zusammenhang mit ihrer Arbeitsleistung so verhalten, wie es ihnen ihre arbeitsvertragl. Nebenpflicht, das Eigentum des ArbGeb zu wahren, gebietet[1]. Die Vereinbarung von Kontrollbefugnissen kann außer durch BV (§ 87 I Nr. 1 BetrVG) auch durch TV und Einzelarbeitsvertrag – auch konkludent, etwa bei Branchen- oder Betriebsüblichkeit – begründet werden, nicht aber im Wege des Direktionsrechts[2]. 384

Der ArbGeb kann verlangen, dass sich der ArbN zu einer **ärztlichen Untersuchung** bereiterklärt, jedoch nur, falls dafür ein ausreichend begründeter Anlass besteht[3]. Ein Anspruch des ArbGeb gegen die Krankenkasse des ArbN besteht unter den Voraussetzungen des § 275 Ia 3 SGB V. Offen gelassen hat das BAG, ob sich eine Maßnahme, die das Krankheitsverhalten der ArbN beeinflussen soll (im entschiedenen Fall: **Krankengespräche**), schon allein wegen dieses Ziels generell dem Ordnungsverhalten oder dem mitbestimmungsfreien Arbeitsverhalten zurechnen lasse; die Mitbestimmungspflichtigkeit der Krankengespräche ergebe sich nämlich unabhängig von Fernzielen jedenfalls aus der Art ihrer Durchführung: Sei der umstrittene Regelungsgegenstand nicht das „Krankheitsverhalten", sondern das Verhalten der ArbN bei der Führung der Gespräche selbst, gehöre dieses nicht unmittelbar zur Erbringung der Arbeitsleistung[4]. Weigert sich der ArbN beharrlich, an einer von der Berufsgenossenschaft durch Unfallverhütungsvorschriften vorgeschriebenen Vorsorgeuntersuchung teilzunehmen, so kann der ArbGeb darauf – jedenfalls nach vorheriger Abmahnung – in zulässiger Weise mit einer Kündigung reagieren[5]. § 5 EFZG enthält die gesetzl. Nebenpflicht zur rechtzeitigen **Anzeige** von krankheitsbedingter **Arbeitsunfähigkeit** sowie zur Vorlage einer Arbeitsunfähigkeitsbescheinigung. Auch wenn der ArbN auf Grund anderer Umstände an der Arbeitsleistung gehindert ist, kann ihn eine Anzeigeobliegenheit treffen. So ist etwa ein nicht freigestelltes BR-Mitglied (auch) auf Grund seines Arbeitsvertrags verpflichtet, sich vor Beginn seiner unter § 37 II BetrVG fallenden BR-Tätigkeit beim ArbGeb abzumelden; die Verletzung dieser Pflicht kann eine wirksame Abmahnung durch den ArbGeb nach sich ziehen[6]. 385

jj) Sonstige Nebenpflichten. Der ArbN ist ohne entsprechendes Einverständnis des ArbGeb nicht berechtigt, die von diesem ermöglichte **E-Mail-Kommunikation** zu außerdienstlichen Zwecken zu verwenden[7]. Auch wenn der ArbGeb die private Nutzung des Internets am Arbeitsplatz nicht ausdrücklich verboten hat, verletzt der ArbN mit einer intensiven zeitlichen Nutzung während der Arbeitszeit seine vertragl. Pflichten. Dies gilt insb. dann, wenn der ArbN auf Internetseiten mit pornografischen Inhalt zugreift[8]. Der im Verkauf tätige ArbN kann kraft des Direktionsrechts verpflichtet sein, in einer bestimmten Art von **Kleidung** (keine Freizeitkleidung [Jeans, Hemd mit offenem Kragen], sondern Sakko und Krawatte) aufzutreten; so kann etwa der ArbGeb, in dessen Betrieb Möbel gehobenen Genres hergestellt werden, von seinen im Verkauf tätigen ArbN erwarten, dass sie bei Gesprächen mit Kunden in einer Art und Weise gekleidet auftreten, wie sie dem von dem ArbGeb festgelegten Charakter der Produkte entspricht[9]. Wird in einer Kleiderordnung das Tragen einer einheitlichen Dienstkleidung vorgeschrieben und stellt der ArbGeb die Erstausstattung eines (betriebseinheitlich als Dienstkleidung zu tragenden) Smokings zur Verfügung, so ist der ArbN nicht zum Ersatz der durch den natürlichen Verschleiß entstehenden Aufwendungen verpflichtet[10]. Der ArbN hat eine **Abwerbung** anderer ArbN zu unterlassen. Wirkt ein ArbN während des bestehenden Arbeitsverhältnisses ernsthaft auf seine Arbeitskollegen mit dem Ziel ein, dass sie unter Beendigung des Arbeitsverhältnisses die Arbeit bei einem anderen ArbGeb aufnehmen, verletzt er die arbeitsvertragl. Treuepflicht, was regelmäßig eine außerordentl. Kündigung rechtfertigt, ohne dass eine solche Abwerbung gegen die guten Sitten verstoßen 386

---

1 BAG v. 12.8.1999 – 2 AZR 923/98, AP Nr. 28 zu § 626 BGB – Verdacht strafbarer Handlung. | 2 Schaub/*Linck*, ArbRHdb, § 55 Rz. 11. | 3 MüKo/*Müller-Glöge*, § 611 BGB Rz. 1085; vgl. auch ArbG Frankfurt v. 29.4.2003 – 4 Ca 7442/02, nv.; zur Untersuchungspflicht eines Beamten VGH BW v. 3.2.2005 – 4 S 2398/04, nv. | 4 BAG v. 8.11.1994 – 1 ABR 22/94, AP Nr. 24 zu § 87 BetrVG 1972 – Ordnung des Betriebes m. Anm. *Raab*; vgl. auch LAG Hamm v. 14.1.2005 – 10 TaBV 85/04, nv.; zur Mitbestimmungspflichtigkeit tarifvertraglich vorgesehener Tauglichkeitsuntersuchungen s. LAG Sachsen v. 29.8.2003 – 2 TaBV 26/03, ZTR 2004, 272. | 5 LAG Düsseldorf v. 31.5.1996 – 15 Sa 180/95, BB 1996, 2099. | 6 BAG v. 15.7.1992 – 7 AZR 466/91, AP Nr. 9 zu § 611 BGB – Abmahnung; s. auch Richardi/*Thüsing*, § 37 BetrVG Rz. 27. | 7 Schaub/*Linck*, ArbRHdb, § 55 Rz. 21; *Lindemann/Simon*, BB 2001, 1950 (1953), auch näher zum Problem. | 8 BAG v. 7.7.2005 – 2 AZR 581/04, AP Nr. 192 zu § 626 BGB; vgl. weiterhin zur privaten Nutzung betrieblicher Kommunikationsmittel: LAG München v. 14.4.2005 – 4 Sa 1203/04, nv.; LAG Köln v. 11.2.2005 – 4 Sa 1018/04, LAGReport 2005, 229; v. 17.2.2004 – 5 Sa 1049/03, NZA-RR 2005, 136; LAG Nürnberg v. 26.10.2004 – 6 Sa 348/03, LAGReport 2005, 176, n.rkr.; LAG Rh.-Pf. v. 18.12.2003 – 4 Sa 1288/03, BB 2004, 475. | 9 LAG Hamm v. 22.10.1991 – 13 TaBV 36/91, DB 1992, 280. | 10 BAG v. 19.5.1998 – 9 AZR 307/96, AP Nr. 31 zu § 670 BGB.

müsste oder dass die abzuwerbenden ArbN von besonderer Qualität sind[1]. Der Versuch eines ArbN, Vorgesetzte oder Kollegen durch (vermeintlich) wahre Drohungen unter Druck zu setzen, um diese dadurch zu einem bestimmten Verhalten zu veranlassen, wobei es auf die strafrechtl. Relevanz der Drohung nicht entscheidend ankommt, stellt ebenfalls eine gravierende Verletzung der Pflicht zur arbeitsvertragl. Rücksichtnahme dar[2]. Dem ArbN obliegen unter gewissen Voraussetzungen **Anzeige- und Aufklärungspflichten** hinsichtlich erkennbarer oder voraussehbarer drohender Schäden im Zusammenhang mit der Arbeitsleistung[3]. Eine Anzeigepflicht gegenüber dem ArbGeb kann den ArbN auch treffen, wenn er strafbares Verhalten von anderen ArbN zum Nachteil des ArbGeb beobachtet[4]. Die Erstattung einer Strafanzeige gegen den ArbGeb stellt, insb. bei wissentlich oder leichtfertig falschen Angaben, aber auch dann, wenn sich die Anzeige als eine unverhältnismäßige Reaktion auf ein Verhalten des ArbGeb oder seines Repräsentanten darstellt, eine Verletzung der arbeitsvertragl. Nebenpflichten dar; allerdings ist eine generelle Pflicht des ArbN zur vorherigen innerbetrieblichen Klärung nicht anzuerkennen, sondern im Einzelfall abzuwägen, wann ihm eine vorherige innerbetriebliche Anzeige ohne weiteres zumutbar ist und ein Unterlassen ein pflichtwidriges Verhalten darstellt[5]. Nutzt der ArbN betriebliche Gegebenheiten, um Straftaten zu begehen, liegt auch darin regelmäßig eine beachtliche Nebenpflichtverletzung, da kein ArbGeb die Nutzung seiner Räume für strafbare Privatgeschäfte dulden muss[6]. Zeigt der ArbN über einen längeren Zeitraum (hier: 6 Monate) offenkundige Gehaltsüberzahlungen nicht an und beruft er sich anschließend auf den Wegfall der Bereicherung, liegt darin ein Verstoß gegen seine arbeitsvertragl. Pflicht zur Rücksichtnahme auf schutzwürdige Interessen des ArbGeb[7]. In **Notfällen**, die auf Grund unvorhersehbarer äußerer Ereignisse (zB Naturkatastrophen) entstehen und mit drohenden Gefahren für den Betrieb verbunden sind, ist der ArbN zur Arbeitsleistung verpflichtet, wenn dies zur Abwendung von Schäden am Betrieb erforderlich ist. Die hM stützt sich zur Begründung auf die durch Treu und Glauben (§§ 157, 242 „Treuepflicht") beeinflusste Arbeitspflicht (s. auch Rz. 316, 347)[8]. Besteht zwischen den Arbeitsvertragsparteien Streit über die Beendigung des Arbeitsverhältnisses, so ist das Verlangen des ArbGeb auf **Herausgabe** des auch zur privaten Nutzung überlassenen Dienstwagens entsprechend den allgemeinen Regeln über den Weiterbeschäftigungsanspruch zu behandeln, sofern keine gesonderte Vereinbarung besteht[9]. Erhält ein angestellter Arzt für die arbeitsvertragl. geschuldete Tätigkeit (Substitutionsambulanz in der Drogenhilfe) von der Kassenärztlichen Vereinigung auf Grund einer persönlichen Ermächtigung Leistungen, so hat er diese mangels einer anderweitigen Vereinbarung dem ArbGeb vollständig herauszugeben[10]. Stellt ein Geselle in Absprache mit seinem ArbGeb für die Gesellenprüfung einen Gegenstand aus Stoffen des ArbGeb her, so braucht er diesem das Gesellenstück unter den Voraussetzungen des § 950 weder herauszugeben noch für die Stoffe Wertersatz zu leisten[11]. In einem Ehegatten-Arbeitsverhältnis ist nach Beendigung der ArbN arbeitsrechtl. nicht zur Herausgabe des „Dienstfahrzeugs" verpflichtet, wenn die Überlassung in Wirklichkeit eine Unterhaltsleistung an ihn war, keine arbeitsvertragl. Leistung[12]. Erhält ein ArbN im Rahmen eines Vielfliegerprogramms für dienstlich veranlasste und vom ArbGeb bezahlte Flüge Bonusmeilen, ist er entsprechend § 667 Alt. 2 BGB verpflichtet, diese herauszugeben. Der ArbGeb darf insb. verlangen, dass der ArbN die Bonusmeilen in seinem Interesse einsetzt[13]. Eine Bankangestellte, die leichtfertig, einen Hinterlegungsschein bestätigt und Dritten gegenüber versichert, dass ein hinterlegtes Ölgemälde mit 27 Millionen US-Dollar versichert sei, ohne eine entsprechende Versicherungspolice selbst eingesehen zu haben, verletzt ihre Sorgfalts- und Treuepflichten, da es zu ihren Pflichten gehört, die Vermögensinteressen des ArbGeb zu wahren und keinen Risiken auszusetzen[14].

387 **X. Leistungsstörungen. 1. Einführung.** Das Gesetz zur Modernisierung des Schuldrechts[15] – in Kraft seit 1.1.2002 – hat eine grundlegende Reform des allgemeinen Schuldrechts des BGB herbeigeführt, die grds. auch für das Leistungsstörungsrecht im Arbeitsverhältnis gilt[16]. Der Gesetzgeber hat die Leistungsstörungen im Arbeitsrecht in die Erwägungen des Gesetzgebungsprozesses einbezogen[17], und mit dem Leistungsverweigerungsrecht wegen Unzumutbarkeit gem. § 275 III eine eigenständige Sonderregelung getroffen, die vor allem Arbeitsverhältnisse umfassen soll[18]. Darüber hinaus gelten für die Behandlung von Leistungsstörungen im Arbeitsverhältnis Besonderheiten zum allgemeinen Schuldrecht.

---

1 LAG Kiel v. 6.7.1989 – 4 Sa 601/88, LAGE § 626 BGB Nr. 42; vgl. auch OLG Düsseldorf v. 21.10.2003 – 20 U 139/02, nv.; zu einem Abwerbungsverbot mit der Qualität eines nachvertraglichen Wettbewerbsverbots s. ArbG Berlin v. 11.2.2005 – 9 Ca 144/05, nv. | 2 LAG Nds. v. 8.3.2005 – 5 Sa 561/04, LAGE § 1 KSchG – Verhaltensbedingte Kündigung Nr. 88. | 3 MünchArbR/*Blomeyer*, § 54 Rz. 6. | 4 BAG v. 18.6.1970 – 1 AZR 520/69, AP Nr. 57 zu § 611 BGB – Haftung des ArbN m. Anm. *Steindorff*. | 5 BAG v. 3.7.2003 – 2 AZR 235/02, AP Nr. 45 zu § 1 KSchG 1969 – Verhaltensbedingte Kündigung. | 6 BAG v. 6.11.2003 – 2 AZR 631/02, AP Nr. 39 zu § 626 BGB – Verdacht strafbarer Handlung. | 7 LAG Köln v. 9.12.2004 – 6 Sa 943/04, ZTR 2005, 375. | 8 MünchArbR/*Blomeyer*, § 48 Rz. 130 und 35; ArbG Halberstadt v. 28.9.2004 – 5 Ca 901/04, nv.; ArbG Leipzig v. 4.2.2003 – 7 Ca 6866/02, NZA-RR 2003, 1279. | 9 LAG München v. 11.9.2002 – 9 Sa 315/02, NZA-RR 2002, 636 f. | 10 LAG Köln v. 21.6.2002 – 4 Sa 262/02, ZTR 2003, 38 f. | 11 LAG Köln v. 20.12.2001 – 10 Sa 430/01, nv. | 12 LAG Köln v. 27.1.1999 – 7 Sa 1044/98, NZA-RR 1999, 572 f. | 13 BAG v. 11.4.2006 – 9 AZR 500/05, AP Nr. 1 zu § 667 BGB; *Gragert*, NJW 2006, 3762. | 14 LAG Nürnberg v. 3.12.2003 – 4 Sa 554/02, nv. | 15 BGBl. I v. 29.11.2001, S. 3138; Bekanntmachung der Neufassung des BGB BGBl. v. 8.1.2002, S. 42. | 16 *Gotthardt*, Schuldrechtsreform, Rz. 7. | 17 BT-Drs. 14/6040, S. 129 (136, 176). | 18 BT-Drs. 14/6040, S. 130.

Nach der Schuldrechtsreform unterscheidet das Leistungsstörungsrecht zwischen dem **Ausschluss der Primärleistungspflicht nach § 275** und dem **zentralen Haftungstatbestand der Pflichtverletzung gem. § 280**[1]. Der Begriff der Unmöglichkeit bildet danach zwar nicht mehr den Mittelpunkt des Leistungsstörungsrechts, wurde aber auch nicht gänzlich abgeschafft, sondern stellt immer noch den Anknüpfungspunkt für die Befreiung von der Leistungspflicht nach § 275 dar. Das allgemeine Leistungsstörungsrecht umfasst folgende Störungsgründe: Die Unmöglichkeit der Leistung (§ 275), Pflichtverletzungen (§§ 280 ff.), wie den Verzug mit der Leistung (§§ 280 II, 286 ff.), die Schlechtleistung sowie die Verletzung von nichtleistungsbezogenen Nebenpflichten. 388

2. Befreiung des Arbeitnehmers von der Primärleistungspflicht wegen Nichterfüllung. Die Befreiung von der Primärleistungspflicht kann nach drei verschiedenen Tatbeständen erfolgen, die sich in den Tatbestandsvoraussetzungen und teilweise in ihren Rechtsfolgen unterscheiden. Eine klare Abgrenzung ist daher in der Praxis von besonderer Bedeutung. 389

a) Gesetzlicher Ausschluss bei Unmöglichkeit der Leistung (§ 275 Abs. 1). Der Anspruch des ArbGeb auf die Arbeitsleistung des ArbN ist gem. § 275 I ausgeschlossen, wenn diese für den Schuldner oder für jedermann unmöglich ist. Die Leistungsbefreiung wegen Unmöglichkeit der Arbeitsleistung stellt eine kraft Gesetzes zu beachtende **Einwendung** dar[2]. § 275 I regelt nur den Ausschluss der Primärleistungspflicht. Auf ein Vertretenmüssen kommt es nun auch dem Wortlaut des Gesetzes nach insofern nicht mehr an[3]. Der Schuldner wird daher auch von seiner Leistungspflicht frei, wenn er den Ausschluss der Leistung zu vertreten hat. Erfasst werden von § 275 I nunmehr sowohl die anfängliche objektive[4] und subjektive Unmöglichkeit als auch die **nachträgliche** Unmöglichkeit und das nachträgliche Unvermögen[5]. Unter die Norm fällt wie bisher schon auch die **Teilunmöglichkeit**[6]. Die Arbeit ist gem. § 613 S. 1 im Zweifel persönlich zu leisten, weshalb das Unvermögen des ArbN regelmäßig die objektive Unmöglichkeit zur Folge hat, da grds. nicht darauf abgestellt werden kann, ob ein anderer ArbN die Leistung erbringen könnte[7]. Problematisch ist die Behandlung des Grundsatzes des allgemeinen Schuldrechts, dass Unmöglichkeit und Verzug sich gegenseitig ausschließen. Kriterium der Abgrenzung ist die Nachholbarkeit der Leistung[8]. Die Arbeitsleistung ist regelmäßig auf Grund der Bindung an arbeitsvertragl. bestimmte Zeiten ihrer Erbringung nicht nachholbar. Nach herrschender Meinung hat die Arbeitsleistung daher einen **absoluten Fixschuldcharakter**[9]. Bei jeder Nichtleistung im Arbeitsverhältnis liegt im Zweifel sogleich Unmöglichkeit vor. Mangels Nachholbarkeit der Leistung ist ein Verzug und damit auch die Anwendung von § 615 grds. ausgeschlossen. Im Rahmen des Dauerschuldverhältnisses schuldet der ArbN am folgenden Tag meist bereits die nächste Teilleistung. Eine Nachleistung liegt schlechterdings nicht im Interesse des ArbN. Die Arbeitsleistung des ArbN ist besonders von der Zeit bestimmt, so dass die Nachleistung einen Eingriff in die übrige Arbeitskraft des ArbN darstellen würde. Dies gilt insb. bei Teilzeitarbeitskräften, die ihre Arbeitszeit selbst bestimmen wollen und im Einzelfall mehrere Teilzeitarbeitsverhältnisse eingegangen sind[10]. Darüber hinaus können Arbeitszeitbestimmungen die Nachleistung durch Überstunden zumindest bei längerer Dauer der Nichtleistung rechtl. unmöglich machen. Schließlich kann auch das Interesse des ArbGeb an der Nachleistung der Arbeit fehlen, wenn dieser auf die Laufzeit seiner Maschinen und eine bestimmte Betriebsorganisation angewiesen ist[11]. Die herrschende Lehre lässt angesichts moderner Formen des Arbeitsverhältnisses **Ausnahmen** von der Regel der Einordnung der Arbeitsleistung als absolute Fixschuld zu[12]. Bei **Gleitzeitarbeitsverhältnissen und Arbeitszeitkonten** wird man eine Nachleistungspflicht weiter annehmen können. Unmöglichkeit tritt erst mit der Nichterbringung der Arbeitsleistung in dem zugestandenen Erfüllungszeitraum ein[13]. Die Rspr.[14] geht, ebenso wie ein Teil der Lit.[15], von einer relativen Fixschuld iSv. § 323 II Nr. 2 aus. Diese Ansicht muss gegen sich gelten lassen, dass es an der Nachholbarkeit der Leistung meist fehlt, außerdem ist die Rechtsfolge eines Kündigungsrechts letztlich unbefriedigend[16]. Entscheidend ist für die genaue Einordnung auf die im Einzelfall getroffene Vereinbarung und die Umstände des Arbeitsverhältnisses abzustellen[17]. Teilzeitarbeitskräfte können abhängig von der jeweiligen vertragl. Vereinbarung ein berechtig- 390

---

1 § 280 I nunmehr neben § 311a II die einzige Anspruchsgrundlage auf Schadensersatz wegen der Verletzung von Pflichten aus dem Schuldverhältnis. Die Pflichtverletzung, die lediglich den objektiven Pflichtenverstoß meint, ist streng von der Frage des Vertretenmüssens zu trennen. *Dedek* in Henssler/v. Westphalen, Praxis der Schuldrechtsreform, § 280 Rz. 5. | 2 *Henssler/Muthers*, ZGS 2002, 219 (221); ErfK/*Preis*, § 611 BGB Rz. 835. | 3 *Gotthardt*, Schuldrechtsreform, Rz. 37; ErfK/*Preis*, § 611 BGB Rz. 836, 840. | 4 Ein auf eine objektiv unmögliche Leistung gerichteter Vertrag ist nunmehr wirksam (§ 311a I im Gegensatz zu § 306 aF), und bildet einen Vertrag ohne primäre Leistungspflicht. BT-Drs. 14/6040, S. 164 f.; Palandt/*Grüneberg*, § 311a BGB Rz. 5. | 5 *Gotthardt*, Schuldrechtsreform, Rz. 37; ErfK/*Preis*, § 611 BGB Rz. 836. | 6 *Gotthardt*, Schuldrechtsreform, Rz. 37; ErfK/*Preis*, § 611 BGB Rz. 836. | 7 *Gotthardt*, Schuldrechtsreform, Rz. 89. | 8 Palandt/*Heinrichs*, § 286 BGB Rz. 5 mwN. | 9 BGH v. 11.7.1953 – II ZR 126/52, BGHZ 10, 187; *Zöllner/Loritz*, Arbeitsrecht, § 18 I 1. So für den Regelfall auch BT-Drs. 14/6040, S. 129. | 10 ErfK/*Preis*, § 611 BGB Rz. 838. | 11 ErfK/*Preis*, § 611 BGB Rz. 838. | 12 ErfK/*Preis*, § 611 BGB Rz. 838; Erman/*Edenfeld*, § 611 BGB Rz. 333; MüKo/*Müller-Glöge*, § 611 BGB Rz. 15; Staudinger/*Richardi*, § 611 BGB Rz. 414. | 13 Staudinger/*Richardi* (13. Aufl.), § 611 BGB Rz. 358; *Gotthardt*, Schuldrechtsreform, Rz. 90. AA *v. Stebut*, RdA 1985, 66 ff. | 14 BAG v. 17.3.1988 – 2 AZR 576/87, AP Nr. 99 zu § 626 BGB, zu § 361 BGB aF. | 15 MünchArbR/*Blomeyer*, § 57 Rz. 11, zu § 361 BGB aF; *Schaub*, ArbRHdb, § 49. | 16 Zutr. *Gotthardt*, Schuldrechtsreform, Rz. 91. | 17 ErfK/*Preis*, § 611 BGB Rz. 839.

tes Interesse an der Nachholung der Arbeitsleistung haben, wenn sonst der Lohnanspruch entfiele[1]. **Objektive Unmöglichkeit** liegt vor, wenn die vom ArbN geschuldete Leistung nicht mehr wie geschuldet erbracht werden kann, weil die Betriebsstätte des ArbGeb durch einen Brand zerstört wurde[2], innerbetriebliche Störungen vorliegen oder Störungen von außen auf den Betrieb einwirken (Stromausfall, Naturkatastrophen etc.)[3]. Nichts anderes gilt, wenn der ArbGeb den Betrieb endgültig stilllegt und der ArbN nach dem Arbeitsvertrag keine anderweitige Beschäftigung schuldet[4], oder der ArbN die Betriebsstätte wegen schlechter Witterung nicht erreichen kann[5]. Dagegen greift § 275 I nicht, wenn die Arbeitsstätte, etwa auf Grund des Ausfalls öffentl. Verkehrmittel, nur noch mit erhöhten Aufwendungen erreichbar ist[6]. Ein Beschäftigungsverbot oder das Auslaufen der Arbeitserlaubnis eines ausländischen ArbN führt zu einer Befreiung von der Arbeitspflicht, da deren Erfüllung aus rechtl. Gründen unmöglich ist[7]. Die Abgrenzung der Fälle, die unter die gesetzl. Befreiung von der Leistungspflicht wegen Unmöglichkeit gem. § 275 I fallen, von denen, die lediglich zu einem allgemeinen Leistungsverweigerungsrecht wegen Unzumutbarkeit gem. § 275 III führen, ist – insb. bei Arbeitsunfähigkeit wegen Krankheit – umstritten (dazu unter Rz. 399 ff.).

391 **b) Leistungsverweigerungsrecht wegen sog. faktischer und praktischer Unmöglichkeit (§ 275 Abs. 2).** Die sog. faktische und praktische Unmöglichkeit der Arbeitsleistung unterfällt nicht § 275 I, sondern § 275 II[8], wonach der ArbN die Leistung verweigern kann, wenn diese einen Aufwand erfordert, der nach Inhalt des Arbeitsverhältnisses und Treu und Glauben in einem groben Missverhältnis zum Leistungsinteresse des Gläubigers steht (S. 1). Entscheidend für die Beurteilung des erforderlichen Aufwandes ist allein das Gläubigerinteresse an der Arbeitsleistung[9]. Die Behebung des Leistungshindernisses wäre in diesen Fällen zwar theoretisch möglich, aber kein vernünftiger Gläubiger würde sie ernsthaft erwarten[10]. Zur Bestimmung des erforderlichen Aufwandes ist auch der Umstand heranzuziehen, ob der Schuldner das Leistungshindernis zu vertreten hat (§ 275 II 2). Nicht erfasst sind aber die Fälle sog. wirtschaftl. oder sittlicher Unmöglichkeit und der bloßen Leistungserschwerung[11]. Diese Fälle sind nach den Grundsätzen des Wegfalls der Geschäftsgrundlage zu behandeln[12]. Auf das Leistungsverweigerungsrecht aus § 275 II muss sich der ArbN als **Einrede** berufen[13].

392 **c) Leistungsverweigerungsrecht wegen persönlicher Unzumutbarkeit (§ 275 Abs. 3).** Der ArbN kann nach § 275 III die Arbeitsleistung bei persönlicher Unzumutbarkeit verweigern. Voraussetzung ist, dass der Schuldner die Leistung persönlich zu erbringen hat, was beim Arbeitsverhältnis wegen dessen grundsätzlicher Unübertragbarkeit gem. § 613 im Zweifel der Fall ist[14]. Die Erbringung der Leistung muss dem Schuldner – anders als bei § 275 II – nach einer Abwägung des Leistungsinteresses des Schuldners und des Leistungsinteresses des Gläubigers unzumutbar sein. Auf ein Verschulden des Schuldners kommt es im Gegensatz zu § 275 II 2 nicht an[15]. Dem ArbN kann die Leistung auch **teilweise** unzumutbar sein[16]. Das Verweigerungsrecht wegen persönlicher Unzumutbarkeit ist wie das Leistungsverweigerungsrecht nach § 275 II als **Einrede** ausgestaltet, auf die sich der ArbN berufen muss[17]. Auch eine **rückwirkende Geltendmachung** der Einrede ist möglich[18]. Der ArbN kann wählen, ob er die Arbeitsleistung erbringt oder sich auf Unzumutbarkeit beruft[19]. Der Tatbestand des § 275 III erfordert ein der Leistung entgegenstehendes Hindernis, das – anders als bei § 616 – nicht auf in der Person des ArbN liegende Gründe beschränkt ist[20]. Im Gegensatz zu § 616 werden von § 275 III nicht auch Umstände umfasst, die bereits eine subjektive (oder gar objektive) Unmöglichkeit iSv. § 275 I bilden[21]. § 275 III ist zu I subsi-

1 ErfK/*Preis*, § 611 BGB Rz. 839. | 2 BAG v. 13.6.1990 – 5 AZR 350/89, EzA § 611 BGB – Beschäftigungspflicht Nr. 44; v. 17.12.1968 – 5 AZR 149/68, AP Nr. 2 zu § 324 BGB. | 3 BAG v. 9.3.1983 – 4 AZR 301/80, AP Nr. 31 zu § 615 BGB – Betriebsrisiko. | 4 BAG v. 4.9.1985 – 5 AZR 90/84, nv. | 5 BAG v. 8.12.1982 – 4 AZR 134/80, AP Nr. 58 zu § 616 BGB – Betriebsrisiko. | 6 BAG v. 8.12.1982 – 4 AZR 134/80, AP Nr. 58 zu § 616 BGB – Betriebsrisiko. Es liegt allerdings auch kein Fall des § 275 III vor, da der ArbN grundsätzlich selbst dafür Sorge zu tragen hat, dass er die Arbeitsstätte erreicht. Für eine verhaltensbedingte Kündigung wegen Arbeitsverweigerung wird es meist an einem Verschulden fehlen. *Gotthardt*, Schuldrechtsreform, Rz. 94 (Fn. 152). | 7 BT-Drs. 14/6040, S. 129; *Gotthardt*, Schuldrechtsreform, Rz. 95; *Henssler/Muthers*, ZGS 2002, 219 (221); Palandt/*Heinrichs*, § 275 BGB Rz. 16. AA offenbar *Richardi*, RdA 2002, 1004 (1007), der auf die tatsächliche Nichterbringbarkeit der Leistung abstellt. | 8 BT-Drs. 14/6040, S. 129; *Dedek* in Henssler/v. Westphalen, § 275 Rz. 9, 14; Palandt/*Heinrichs*, § 275 BGB Rz. 22. | 9 *Gotthardt*, Schuldrechtsreform, Rz. 38. | 10 ErfK/*Preis*, § 611 BGB Rz. 836; *Gotthardt*, Schuldrechtsreform, Rz. 38. | 11 BT-Drs. 14/6040, S. 130; ErfK/*Preis*, § 611 BGB Rz. 836; *Gotthardt*, Schuldrechtsreform, Rz. 38. | 12 BT-Drs. 14/6040, S. 130. | 13 Palandt/*Heinrichs*, § 275 BGB Rz. 32; *Gotthardt*, Schuldrechtsreform, Rz. 36; *Zimmer*, NJW 2002, 1 (4); *Dedek* in Henssler/v. Westphalen, § 275 Rz. 9. AA *Teichmann*, BB 2001, 1485 (1487), geht bzgl. des RegE von einer rechtshemmenden Einwendung aus. | 14 *Gotthardt*, Schuldrechtsreform, Rz. 39. | 15 BT-Drs. 14/6857, S. 47; *Gotthardt*, Schuldrechtsreform, Rz. 39; *Huber/Faust*, Schuldrechtsmodernisierung, Rz. 2/89. Auf das Verschulden kommt es ua. erst für die Frage der Vergütungspflicht an. | 16 § 275 II 2 RegE brachte dies noch durch die Bezugnahme auf die Wendung „soweit" in § 275 II 1 RegE zum Ausdruck. Eine inhaltliche Änderung ist durch den eigenständigen Absatz in § 275 III nicht gewollt. BT-Drs. 14/7052, S. 183. | 17 ErfK/*Preis*, § 611 BGB Rz. 847; *Gotthardt*, Schuldrechtsreform, Rz. 36; *Henssler/v.* Westphalen, § 275 Rz. 9; Palandt/*Heinrichs*, § 275 BGB Rz. 32. | 18 *Gotthardt*, Schuldrechtsreform, Rz. 101; Huber/*Faust*, Schuldrechtsmodernisierung, Rz. 3/184. Nach Palandt/*Heinrichs*, § 286 BGB Rz. 5, ist der Schuldnerverzug ausgeschlossen, wenn der Schuldner die Leistung gem. § 275 II oder III BGB dauerhaft verweigern kann. | 19 ErfK/*Preis*, § 611 BGB Rz. 847. | 20 *Gotthardt*, Schuldrechtsreform, Rz. 99. | 21 *Gotthardt*, Schuldrechtsreform, Rz. 99; Palandt/*Heinrichs*, § 275 BGB Rz. 30.

diär[1]. Mit der Einfügung als allgemeines Leistungsverweigerungsrecht in § 275 III und durch die Gleichbehandlung der Abs. 1–3 des § 275, insb. in §§ 283 S. 1, 326 I, stellt der Gesetzgeber klar, dass die Unzumutbarkeit in ihrer Intensität dem Unvermögen, dh. der subjektiven Unmöglichkeit, entsprechen muss[2]. In Betracht kommen daher insb. folgende fünf **Gründe der Unzumutbarkeit**: Arbeitsunfähigkeit wegen Krankheit, gesetzl. Verbote, Gefahr für Leib und Leben, familiäre und sonstige persönliche Gründe und Gewissensgründe. In der Praxis stellt sich insofern die **schwierige Frage der Einordnung unter § 275 I oder III**, dh. der Unmöglichkeit oder Unzumutbarkeit der Leistung.

Wie die **Arbeitsunfähigkeit wegen Krankheit** des ArbN einzuordnen ist, ist umstritten. Der Gesetzgeber ist wohl, wie Teile des Schrifttums, der Annahme der Unzumutbarkeit zugeneigt[3]. Andere nehmen dagegen an, dass der wegen Krankheit Arbeitsunfähige gem. § 275 I kraft Gesetzes von seiner Leistungspflicht frei wird[4]. Es ist vorzugswürdig, danach zu unterscheiden, ob dem ArbN die Arbeitsleistung auf Grund seines Gesundheitszustandes objektiv nicht möglich ist, dann wird er kraft Gesetzes gem. § 275 I von seiner Leistungspflicht frei, oder ob er potenziell zur Arbeitsleistung im Stande wäre, was lediglich einen Fall der Unzumutbarkeit begründen kann[5]. Ist der ArbN objektiv nicht zur Leistung fähig, muss der ArbGeb keinen Arbeitsversuch akzeptieren, was dagegen Ergebnis der Einordnung als Leistungsverweigerungsrecht (§ 275 III) wäre[6]. Nach der Rspr. des BAG liegt Arbeitsunfähigkeit bereits vor, wenn der ArbN die Arbeit nur unter der Gefahr aufnehmen oder fortsetzen könnte, in absehbarer Zeit seinen Gesundheitszustand zu verschlimmern[7]. Bleibt der ArbN jedoch weiterhin zur Arbeitsleistung im Stande, liegt ein Fall des § 275 III vor[8]. 393

Die bisherige Rspr. nahm bei **gesetzl. Verboten** ein Leistungsverweigerungsrecht des ArbN an[9]. Bei einem **Beschäftigungsverbot** liegt nunmehr ein Fall der Unmöglichkeit gem. § 275 I vor[10]. Verstößt eine **arbeitsvertragl. Weisung** gegen eine zusätzliche Verbotsnorm und ist daher nach § 134 unwirksam, so besteht schon keine Leistungspflicht des ArbN. Der ArbN kann die Leistung aber auch gem. § 275 III verweigern. Eine gesetzeswidrige Weisung muss der ArbN nicht befolgen[11]. 394

Unzumutbarkeit ist darüber hinaus gegeben, wenn die Erbringung der Arbeitsleistung nur unter Umständen möglich ist, die für den ArbN eine **erhebliche (objektive) Gefahr für Leben oder Gesundheit** begründen[12]. Die Interessen des ArbN überwiegen grds. das Leistungsinteresse des ArbGeb, da er sein Leben und seine Gesundheit, wenn er dazu nicht vertragl. (etwa als Sprengstoffexperte) verpflichtet ist, zur Erfüllung seiner Pflichten nicht riskieren muss[13]. Erforderlich aber auch ausreichend ist ein ernsthafter, objektiv begründeter Verdacht der Gefährdung, auch als Bestandteil des allgemeinen Lebensrisikos – die subjektive Annahme einer Gefahr durch den ArbN reicht dagegen nicht aus[14]. 395

Nach dem Willen des Gesetzgebers soll § 275 III vor allem auch Fälle der **Pflichtenkollision**[15] erfassen, die sich aus **familiären und sonstigen persönlichen Gründen** ergeben können[16]. Der Gesetzgeber nennt die Beispiele der Sängerin, die wegen einer lebensbedrohlichen Erkrankung ihres Sohnes ihren Auftritt verweigert (Erforderlichkeit der **Betreuung des eigenen Kindes**)[17], des ArbN, der seine Arbeit nicht verrichten möchte, weil er in der Türkei zum **Wehrdienst** einberufen ist und bei Nichtbefolgung des Einberufungsbefehls mit der Todesstrafe oder dem Passentzug rechnen muss[18], während der Arbeitszeit 396

---

1 Palandt/*Heinrichs*, § 275 BGB Rz. 30. | 2 Ausdrücklich der Regierungsentwurf des Schuldrechtsmodernisierungsgesetzes, der den § 275 III noch als unselbständigen S. 2 in § 275 II vorsah, in BT-Drs. 14/6040, S. 130. Zust. *Gotthardt*, Schuldrechtsreform, Rz. 99; ErfK/*Preis*, § 611 BGB Rz. 847. | 3 BT-Drs. 14/6857, S. 47. *Dedek* in Henssler/v. Westphalen, § 275 Rz. 32; *Huber/Faust*, Schuldrechtsmodernisierung, Rz. 2/13 (Fn. 11); *Löwisch*, NZA 2001, 465 f. | 4 Bisher bereits BAG v. 8.9.1998 – 9 AZR 273/97, NZA 1999, 824. Nunmehr *Canaris*, JZ 2001, 499 (501); *Däubler*, NZA 2001, 1329 (1332); Palandt/*Heinrichs*, § 275 BGB Rz. 30. | 5 *Gotthardt*, Schuldrechtsreform, Rz. 100; ErfK/*Preis*, § 611 BGB Rz. 847; *Henssler/Muthers*, ZGS 2002, 219 (223). | 6 *Gotthardt*, Schuldrechtsreform, Rz. 100. | 7 BAG v. 1.6.1983 – 5 AZR 468/80, AP Nr. 54 zu § 1 LohnFG (Unzumutbarkeit, krankheitsbedingte Behinderungen auf sich zu nehmen). | 8 *Gotthardt*, Schuldrechtsreform, Rz. 100; ErfK/*Preis*, § 611 BGB Rz. 847. | 9 BAG v. 2.2.1994 – 5 AZR 273/93, AP Nr. 4 zu § 273 BGB; BT-Drs. 14/6040, S. 129. | 10 Vgl. LAG Brandenburg v. 6.5.2003 – 2 Sa 525/02, nv. | 11 *Gotthardt*, Schuldrechtsreform, Rz. 109. | 12 *Gotthardt*, Schuldrechtsreform, Rz. 88; *Henssler/Muthers*, ZGS 2002, 219 (222). | 13 *Gotthardt*, Schuldrechtsreform, Rz. 88; ErfK/*Preis*, § 611 BGB Rz. 848. | 14 *Gotthardt*, Schuldrechtsreform, Rz. 88; ErfK/*Preis*, § 611 BGB Rz. 848. | 15 Das BAG v. 21.5.1992 – 2 AZR 10/92, AP Nr. 29 zu § 1 KSchG 1969 – Verhaltensbedingte Kündigung, hat bisher ein Leistungsverweigerungsrecht nur bei unverschuldeter Pflichtenkollision angenommen. Bei § 275 III kommt es dagegen nicht auf ein Verschulden an. | 16 BT-Drs. 14/6040, S. 130. So auch *Gotthardt*, Schuldrechtsreform, Rz. 110; ErfK/*Preis*, § 611 BGB Rz. 847. | 17 BAG v. 21.5.1992 – 2 AZR 10/92, AP Nr. 29 zu § 1 KSchG 1969 – Verhaltensbedingte Kündigung; ErfK/*Preis*, § 611 BGB Rz. 848. Objektiv darf keinerlei Möglichkeit, auch nicht durch Dritte, bestehen, das Kind zu betreuen. Die Betreuung des eigenen Kindes muss unabweisbar sein. Diese ergänzenden Anforderungen sind jedoch, wie die Wertung der § 15 I, II BErzGG, § 8 TzBfG ergibt, auf vorübergehende Schwierigkeiten zu begrenzen. *Gotthardt*, Schuldrechtsreform, Rz. 112. | 18 § 275 III ist keine zeitliche Begrenzung des Wehrdienstes zu entnehmen. Bei abgekürztem zweimonatigem Wehrdienst in der Türkei: BAG v. 22.12.1982 – 2 AZR 282/82, AP Nr. 23 zu § 123 BGB; BAG v. 7.9.1983 – 7 AZR 433/82, AP Nr. 7 zu § 1 KSchG 1969 – Verhaltensbedingte Kündigung. Bei zwölfmonatigem ausländischem Wehrdienst: *Gotthardt*, Schuldrechtsreform, Rz. 114. AA insoweit bisher BAG v. 20.5.1988 – 2 AZR 682/87, AP Nr. 9 zu § 1 KSchG – Personenbedingte Kündigung, das für den personenbedingten Kündigungsgrund einen Fall der Unzumutbarkeit annimmt.

notwendige Arztbesuche, die notwendige Versorgung schwerwiegend erkrankter Angehöriger sowie die Ladung zu Behörden und Gerichtsterminen[1]. Auch bei bloßer Verschlimmerungsgefahr geht die Interessenabwägung des § 275 III grds. zu Gunsten des ArbN aus, da die Gesundheit des ArbN von größerem Stellenwert ist als die ArbGebInteressen an der Arbeitsleistung an sich[2]. Hat der ArbN von seinem Leistungsverweigerungsrecht Gebrauch gemacht, findet auch das EFZ-Gesetz, das grds. von einer Leistungsbefreiung ipso iure ausgeht, erst ab diesem Zeitpunkt Anwendung, vorausgesetzt den ArbN trifft kein Verschulden[3]. Von § 273 V unberührt bleibt der **spezialgesetzl. Freistellungsanspruch des ArbN aus § 45 III SGB V** für die Zeit, in der er wegen der Betreuung eines kranken Kindes Anspruch auf Krankengeld hat. Der Anspruch besteht für jedes Kind grds. nur an zehn Tagen im Kalenderjahr und ist auf Kinder bis zur Vollendung des 12. Lebensjahres mit Ausnahme behinderter Kinder begrenzt[4].

397 § 275 III umfasst nunmehr auch die Arbeitsverweigerung aus **Gewissensgründen**[5]. Damit werden in § 275 III auch leistungsbezogene persönliche Umstände des Schuldners berücksichtigt. Dies ist erforderlich, da die Arbeitsleistung selbst auf die Person des Schuldners abstellt[6]. Schon bisher hat die Rspr. dem ArbN ein Leistungsverweigerungsrecht zugebilligt, wenn dieser Arbeitsleistungen zu erbringen hat, die er nicht mit seinem Gewissen vereinbaren kann[7]. Die Vorhersehbarkeit des Gewissenskonflikts für den ArbN bereits bei Vertragsabschluss führt nicht den Ausschluss des Einredegrundes des § 275 III herbei[8], denn ein Verschulden wird von § 273 V nicht vorausgesetzt. Die Vorhersehbarkeit des Gewissenskonflikts bei Vertragsschluss hat daher nur indizielle Wirkung für das Vorliegen eines solchen Konfliktes[9]. Der ArbN haftet aber nach § 311a II auf Schadensersatz, wenn er das Leistungshindernis bei Vertragsschluss kannte oder seine Unkenntnis zu vertreten hat.

398 **d) Abgrenzung zur Störung der Geschäftsgrundlage (§ 313).** Der Tatbestand der Störung der Geschäftsgrundlage gem. § 313 einerseits und des Leistungsverweigerungsrechts wegen Unzumutbarkeit gem. § 275 III und wegen grober Missverhältnisse gem. § 275 II andererseits ist nur schwer zu treffen. Unumstritten ist lediglich, dass § 275 in seinem Anwendungsbereich § 313 grds. vorgeht[10]. Die Maßstäbe der Tatbestandsvoraussetzungen des § 275 und des § 313 ähneln sich indes weitgehend. Jeweils liegt ein Leistungshindernis vor, das im zugrunde liegenden Vertrag nicht berücksichtigt wurde und die Leistung des Schuldners unzumutbar macht[11]. Das Kriterium der Unzumutbarkeit findet sich sowohl in § 275 III als auch in § 313 I, und das „grobe Missverhältnis" aus § 275 II ist dem der Unzumutbarkeit jedenfalls verwandt[12]. Dagegen liegen die Unterschiede in den Rechtsfolgen klar zutage: Bei § 275 II und III kann der ArbN zwischen der Erbringung der Leistung oder der Einrede wählen, wodurch er von seiner Leistungsfrist befreit wird und seinen Gegenanspruch verliert, während § 313 vorrangig die Vertragsanpassung zum Gegenstand hat, die sowohl durch Veränderungen auf der Leistungs- als auch auf der Gegenleistungsseite erfolgen kann. Lediglich bei Unmöglichkeit oder Unzumutbarkeit der Vertragsanpassung eröffnet § 313 III ein Rücktrittsrecht bzw. bei Dauerschuldverhältnissen ein Kündigungsrecht.

399 **3. Rechtsfolge: Wegfall des Gegenleistungsanspruchs (§ 326 Abs. 1 S. 1).** Rechtsfolge der Befreiung von der Arbeitsleistungspflicht nach § 275 I bis III ist grds. der Wegfall des Vergütungsanspruchs gem. § 326 I 1 **kraft Gesetzes**. Der Gesetzgeber hat auch für das **Arbeitsrecht** als Grundentscheidung die **Regel „ohne Arbeit kein Lohn"** im BGB manifestiert[13]. Die **Rückerstattung bereits gezahlter Vergütung** richtet sich nach Rücktrittsrecht, §§ 346–348 (§ 326 IV)[14]. Der Vergütungsanspruch entfällt grds. auch, wenn der ArbN wegen eines Freistellungsanspruchs aus § 45 III SGB V der Arbeit fern bleibt. Steht dem ArbN ein Leistungsverweigerungsrecht gem. § 275 II und III zu, entfällt der Vergütungsanspruch jedoch erst, wenn sich der ArbN hierauf beruft[15]. Der Wegfall der Vergütungspflicht ist nicht – wie vormals § 323 I aF

---

1 BAG v. 13.12.2001 – 6 AZR 30/01, NZA 2002, 1105. | 2 *Gotthardt*, Schuldrechtsreform, Rz. 102. | 3 *Henssler/Muthers*, ZGS 2002, 219 (223). | 4 Diese Grenzen sind nicht auf § 275 Abs. 3 übertragbar: *Gotthardt*, Schuldrechtsreform, Rz. 113. | 5 BT-Drs. 14/6040, S. 130: Gewissensbedenken des Schuldners blieben danach „nicht immer völlig unberücksichtigt". Missverständlich ist der Hinweis auf § 313 BGB. ErfK/*Preis*, § 611 BGB Rz. 849; *Gotthardt*, Schuldrechtsreform, Rz. 115; *Henssler/Muthers*, ZGS 2002, 219 (223). AA *Dauner-Lieb*/Heidel/Lepa/Ring, Anwaltkommentar, § 275 Rz. 19. | 6 *Henssler/Muthers*, ZGS 2002, 219 (223). | 7 BAG v. 20.12.1984 – 2 AZR 436/83, AP Nr. 16 zu § 611 BGB – Direktionsrecht mit Anm. *Brox*, zur Herstellung kriegsverherrlichender Schriften; BAG v. 24.5.1989 – 2 AZR 285/88, AP Nr. 3 zu § 611 BGB – Gewissensfreiheit mit Anm. *Wiedemann*, zur Medikamentenentwicklung, die die Führbarkeit eines Atomkriegs beeinflussen können; LAG Düsseldorf v. 7.8.1992 – 9 Sa 794/92, LAGE zu § 611 BGB – Direktionsrecht Nr. 13, zu einem Orchestermusiker, der die Mitwirkung bei einer blasphemischen Inszenierung verweigert. | 8 ErfK/*Preis*, § 611 BGB Rz. 849. | 9 ErfK/*Preis*, § 611 BGB Rz. 849; *Gotthardt*, Schuldrechtsreform, Rz. 116. | 10 BT-Drs. 14/6040, S. 176; Haas/*Medicus*/Rolland/Schäfer/Wendtland, Das neue Schuldrecht, 3. Kapitel Rz. 184; *Gotthardt*, Schuldrechtsreform, Rz. 84. | 11 Haas/*Medicus*/Rolland/Schäfer/Wendtland, Das neue Schuldrecht, 3. Kapitel Rz. 51. | 12 Haas/*Medicus*/Rolland/Schäfer/Wendtland, Das neue Schuldrecht, 3. Kapitel Rz. 51. | 13 BT-Drs. 14/6857, S. 74 f. Der Grundsatz „ohne Arbeit kein Lohn" findet danach seine Grundlage in §§ 275, 326 I. | 14 Eine teleologische Reduktion des § 326 IV, damit der ArbN einen Wegfall der Bereicherung auch bei Unmöglichkeit der Erfüllung der Arbeitspflicht geltend machen kann, ist nicht vorzunehmen. Der ArbN, der die ihm obliegende Leistung nicht erbringt, ist in seinem Vertrauen auf den Behalt der synallagmatisch gebundenen Vergütung nicht schutzwürdig. Zutr. *Gotthardt*, Schuldrechtsreform, Rz. 146; *Henssler*, RdA 2002, 129 (132); *Lorenz/Riehm*, Lehrbuch zum neuen Schuldrecht, Rz. 325; *Richardi*, NZA 2002, 1004 (1008). AA *Canaris*, JZ 2001, 499 (509). | 15 *Gotthardt*, Schuldrechtsreform, Rz. 126.

– auf die von keinem Teil zu vertretende Unmöglichkeit beschränkt[1]. Bei **teilweiser** Unmöglichkeit bzw. Unzumutbarkeit entfällt auch der Gegenleistungsanspruch nur teilweise. Der Wert der Befreiung wird entsprechend der Minderung gem. § 441 III bestimmt (§ 326 I 1 Hs. 2).

Nach § 326 I 2 **entfällt der Gegenleistungsanspruch nicht**, wenn der Schuldner wegen Schlechtleistung von der Pflicht zur Nacherfüllung nach § 275 I-III frei geworden ist[2]. Die Leistungspflicht entfällt gem. § 326 II 1 auch dann nicht, wenn der **Gläubiger den leistungsausschließenden Umstand allein oder weit überwiegend zu vertreten** hat (Alt. 1)[3], oder dieser zu einem Zeitpunkt eintritt, zu welchem sich der Gläubiger in Annahmeverzug befindet (Alt. 2). Die Verantwortlichkeit des ArbGeb für den leistungsbefreienden Umstand ergibt sich nicht unmittelbar aus §§ 276 ff., sondern in deren entsprechender Anwendung, da die §§ 276 ff. die Verantwortlichkeit des Schuldners betreffen[4]. Der ArbGeb hat den leistungsausschließenden Umstand zu vertreten, wenn er etwa die Arbeitsunfähigkeit des ArbN zu verantworten hat. Ein Mitverschulden des ArbN schadet nicht, sofern der ArbGeb das Leistungshindernis weit überwiegend zu verantworten hat. § 254 findet insoweit Anwendung[5]. Umstritten ist auch nach der Schuldrechtsmodernisierung, ob der ArbGeb in allen anderen Fällen ein Mitverschulden des ArbN zum Abzug bringen kann[6]. **400**

Das Arbeitsrecht enthält darüber hinaus weitere gesetzl. **Ausnahmen im BGB** von der Befreiung von der Vergütungspflicht. So stellt § 615 eine vorrangige Spezialregelung zu § 326 II 1 Alt. 2 dar. Dagegen ist § 326 II 1 Alt. 1 neben § 615 anwendbar[7]. **Einzelheiten** s. **Komm. zu § 615**. **401**

Zum Schutz der Existenzgrundlage des ArbN bestehen zahlreiche weitere **spezialgesetzl. Durchbrechungen** der synallagmatischen Folge des Wegfalls der Vergütungspflicht, wie zB in § 616 BGB, § 3 I EFZG, § 11 BUrlG, § 11 MuSchG. Diese Regeln gehen der allgemeinen Vorschrift des § 326 I vor. Sie haben allesamt zur Voraussetzung, dass das entsprechende Leistungshindernis kausal für den Arbeitsausfall sein muss. Der ArbN verliert seinen Vergütungsanspruch, wenn zwei Leistungshindernisse gegeben sind, und nur eines die Entgeltfortzahlung begründet[8]. **402**

Macht der ArbN ein Leistungsverweigerungsrecht wegen Unzumutbarkeit gem. § 275 III geltend, so kommt grds. eine Entgeltfortzahlung nach § 616 infrage[9], da als Verhinderungstatbestand schon bisher außer der Unmöglichkeit auch die Unzumutbarkeit der Arbeitsleistung anerkannt ist[10]. Eine eingetretene Arbeitsunfähigkeit bleibt nach der bisherigen Rspr. trotz eines zwischenzeitlichen Arbeitsversuchs fortbestehen, und lässt den Ablauf der sechswöchigen Entgeltfortzahlung unberührt[11], was auch für die Fälle krankheitsbedingter Unzumutbarkeit gelten muss[12]. Bei einer **Verweigerung aus Gewissensgründen** ist der Fortzahlungsanspruch aber letztlich abzulehnen[13]. Der Verlust des Lohnanspruchs ist angemessen, da die verfassungsrechtl. garantierte Gewissensfreiheit nicht bedeutet, dass auch wirtschaftl. Nachteile einem Vertragspartner aufgebürdet werden dürfen. Der ArbN behält seinen Vergütungsanspruch jedoch, wenn der ArbGeb ihm im Rahmen des vertragl. Geschuldeten kraft Direktionsrecht eine andere Tätigkeit zuweisen kann[14]. Beruht die Leistungsverweigerung des ArbN nach § 275 III auf einer **gesetzeswidrigen Weisung des ArbGeb**, behält der ArbN seinen Vergütungsanspruch, wenn der ArbGeb dem arbeitsbereiten ArbN keine zumutbare andere Weisung erteilt (§ 615 S. 1)[15]. **403**

4. Arbeitgeberhaftung. Der ArbGeb ist dem ArbN zu vertragsgerechter Beschäftigung verpflichtet. Bei Betriebsstörungen (zB Zerstörung der Betriebsstätte) ist daher Unmöglichkeit gegeben. Der Erwerb eines Anspruchs gegen einen externen Dienstleister macht dem ArbGeb hingegen die Erfüllung des **404**

1 ErfK/*Preis*, § 611 BGB Rz. 836; *Gotthardt*, Schuldrechtsreform, Rz. 40. | 2 Die teilweise Unmöglichkeit meint im Anwendungsbereich des § 326 I nicht den Fall der Schlechtleistung. *Gotthardt*, Schuldrechtsreform, Rz. 40. | 3 Es erübrigt sich dann ein Rückgriff auf das EFZG. *Gotthardt*, Schuldrechtsreform, Rz. 128 f. | 4 *Gotthardt*, Schuldrechtsreform, Rz. 128. | 5 Eine weit überwiegende Verantwortlichkeit soll nur gegeben sein, wenn der Grad der Mitverantwortlichkeit erreicht ist, der nach § 254 einen Schadensersatzanspruch ausschließt. BT-Drs. 14/6040, S. 187; *Teichmann*, BB 2001, 1485 (1488); Palandt/*Grüneberg*, § 326 BGB Rz. 9, geht davon aus, dass hierfür idR eine Verantwortungsquote von 90 %, mindestens aber 80 % erforderlich ist. Grundsätzlich liegt eine weit überwiegende Verantwortlichkeit des ArbGeb vor, wenn ihm selbst Verschulden und dem ArbN Fahrlässigkeit zur Last fällt. Selbst bei beiderseitiger Fahrlässigkeit kann eine weit überwiegende Verantwortung des ArbGeb gegeben sein, wenn das Verschulden des ArbGeb die weit überwiegende Schadensursache ist. Palandt/*Heinrichs*, § 254 BGB Rz. 53 f. | 6 Dazu ErfK/*Dörner*, § 3 EFZG Rz. 48; *Staudinger/Oetker*, § 616 BGB Rz. 249. | 7 MünchArbR/*Blomeyer*, § 57 Rz. 20; *Gotthardt*, Schuldrechtsreform, Rz. 127. | 8 BAG v. 5.7.1995 – 5 AZR 135/94, AP Nr. 7 zu § 3 MuSchG 1968. | 9 § 616 berechtigt selbst nicht zur Leistungsverweigerung, sondern trifft nur eine Aussage über die Entgeltfortzahlung. | 10 BAG v. 8.9.1982 – 5 AZR 283/80, AP Nr. 59 zu § 616 BGB. | 11 BAG v. 1.6.1983 – 5 AZR 468/80, AP Nr. 54 zu § 1 LohnFG. | 12 *Gotthardt*, Schuldrechtsreform, Rz. 105. | 13 ErfK/*Preis*, § 611 BGB Rz. 850; *Gotthardt*, Schuldrechtsreform, Rz. 117; *Henssler*, RdA 2002, 129 (131 f.). Zu §§ 275 II, 323 I BGB aF *Kraft/Raab*, Anm. AP Nr. 1 zu § 611 BGB – Gewissensfreiheit. | 14 *Gotthardt*, Schuldrechtsreform, Rz. 117; *Schaub/Linck*, ArbRHdb, § 45 Rz. 30. AA *Kraft/Raab*, Anm. AP Nr. 1 zu § 611 BGB – Gewissensfreiheit, die einen Schadensersatzanspruch des ArbN gegen den ArbGeb aus positiver Vertragsverletzung, regelmäßig in Höhe des Entgelts für den anderen Arbeitsplatz, annahmen. | 15 BAG v. 18.12.1986 – 2 AZR 34/86, AP Nr. 2 zu § 297 BGB; v. 24.5.1989 – 2 AZR 285/88, AP Nr. 1 zu § 611 BGB – Gewissensfreiheit; *Gotthardt*, Schuldrechtsreform, Rz. 117; MünchArbR/*Blomeyer*, § 48 Rz. 45.

Beschäftigungsanspruchs nicht unmöglich[1]. Die Beschäftigungspflicht entfällt – unter Berücksichtigung der unternehmerischen Freiheit (Art. 12, 14 GG) – bereits nach einer an den ArbN- und ArbGebInteressen orientierten Interessenabwägung, wenn schutzwürdige, das Interesse des ArbN überwiegende ArbGebInteressen vorliegen[2]. Einzelheiten s. Rz. 172 ff. Erfüllt der ArbGeb die Beschäftigungspflicht nicht, so haftet er bei einem verschuldetem Leistungsausschluss auf Schadensersatz statt der Leistung nach §§ 280 I, 283.

Erkundigt sich der ArbN vor einer Vertragsänderung beim ArbGeb über die rechtl. Folgen seiner Rechtshandlungen, haftet der ArbGeb, sofern er sich entschließt, die Frage selbst zu beantworten, für die Fehler, die ihm bei der Beantwortung unterlaufen[3]. Auch die falsche Angabe des Kündigungsgrundes in der Arbeitsbescheinigung kann den ArbGeb grds. zum Schadensersatz verpflichten. Ein Schaden in Höhe des auf Grund der verlängerten Sperrfrist nicht gezahlten Alg entsteht beim ArbN jedoch nur dann, wenn endgültig feststeht, dass eine Zahlung durch die Arbeitsverwaltung nicht erfolgt[4].

405 Der ArbN hat gegen den ArbGeb einen auf das Kalenderjahr oder auf einen Übertragungszeitraum befristeten **Urlaubsanspruch**, der nach diesem Zeitraum erlischt[5]. Es liegt dann ein Fall der Unmöglichkeit iSv. § 275 I vor, die den ArbGeb grds. von der Leistungspflicht befreit[6]. Die Leistungspflicht nach § 9 BUrlG erlischt nicht, wenn der ArbN nach Urlaubsgewährung erkrankt. Erkrankt er vor Festsetzung des Urlaubs, besteht der Urlaub nach § 7 III 2 BUrlG auch im Übertragungszeitraum. Wird ein ehrenamtlicher Helfer des THW während seines Urlaubs zu einem Einsatz herangezogen, so hat er ggü. dem ArbGeb einen Anspruch auf Nachgewährung der dadurch verlorenen Urlaubszeit[7]. Versäumt der ArbGeb, den rechtzeitig geltend gemachten Urlaubsanspruch des ArbN zu erteilen, besteht bis zum Ablauf des Kalenderjahres oder des Übertragungszeitraumes ein Schadensersatzanspruch auf **Ersatzurlaub** aus §§ 286 I, 280 I, 283, 287 S. 2[8].

406 **Verzögert sich die Zahlung des Arbeitsentgelts** durch den ArbGeb, steht dem ArbN ein Anspruch auf Ersatz des Verzögerungsschadens nach §§ 280 I, II, 286 oder ein Schadensersatz statt der Leistung nach §§ 280 I, 281, oder nach seiner Wahl Aufwendungsersatz gem. § 284 zu. Einer Mahnung bedarf es zur Begründung des Verzugs regelmäßig nicht, da der jeweilige Leistungszeitpunkt in Zeitabschnitten vorgesehen und daher iSd. § 286 II Nr. 1 kalendermäßig bestimmt ist. Jedenfalls kann der ArbGeb nach § 286 III bei einer Entgeltforderung 30 Tage nach Fälligkeit und Zugang einer Rechnung oder Zahlungsaufstellung in Verzug kommen. Einen Schadensersatzanspruch des ArbN wegen entgangenen Verdienstes einer unbefristete Anstellung nach Kündigung des Ausbildungsverhältnisses besteht nicht, wenn dem ArbN kein Anspruch auf Festanstellung nach Ausbildung und bestandener Prüfung zustand[9].

407 5. **Arbeitnehmerhaftung.** Ist das Leistungshindernis nach § 275 I-III vom ArbN verschuldet, sind Schadensersatzansprüche des ArbGeb gegen den ArbN nach §§ 280 I 1, 283, 311a II zu erwägen. Im Übrigen kommt ein Rücktrittsrecht des ArbGeb gem. § 326 V in Betracht (§ 275 IV).

408 a) **Nichtleistung.** Hat der ArbN in den Fällen der Leistungsbefreiung nach §§ 275 die Nichtleistung zu vertreten, weil er vertragswidrig seine Pflichten aus dem Arbeitsvertrag verletzt, können gegen ihn Schadensersatzansprüche gem. §§ 280 I 1, 283, 311a II bestehen[10]. Die allgemeine Anspruchsgrundlage des § 280 I 1 gilt für alle nach Vertragsschluss eingetretenen nachträglichen Leistungshindernisse, die der ArbN zu vertreten hat. **Schadensersatz statt der Leistung** kann der ArbGeb nach der ergänzenden Maßgabe des § 283 verlangen, der von dem Erfordernis einer Fristsetzung absieht. Die Nichterbringung der Leistung bildet trotz des Leistungsausschlusses nach § 275 eine Pflichtverletzung[11]. Ein Fall nachträglicher Unmöglichkeit liegt vor, wenn der ArbN **mit zwei ArbGeb Arbeitsverträge abschließt**, da bei den Vertragsabschlüssen noch nicht feststeht, welchen Vertrag der ArbN erfüllen wird. Der ArbN haftet dem anderen ArbGeb daher verschuldensabhängig nach § 280 I 1 auf Schadensersatz[12]. Der Schadensersatz statt der Leistung umfasst nur die nichterbrachte **Teilleistung**, wenn die Leistung nur teilweise ausgeschlossen ist. Bei einer Teilleistung kann der Gläubiger Schadensersatz statt der ganzen Leistung

1 LAG Berlin v. 24.9.2004 – 6 Sa 685/04, EzBAT § 54 BAT – Unkündbare Angestellte Nr. 18. | 2 BAG v. 19.8.1976 – 3 AZR 173/75, AP Nr. 4 zu § 611 BGB – Beschäftigungspflicht; MüKo/*Müller-Glöge*, § 611 BGB Rz. 976. Unter Heranziehung von § 275 III: *Gotthardt*, Schuldrechtsreform, Rz. 121. | 3 LAG Hessen v. 30.10.2003 – 11 Sa 1677/02, nv. | 4 LAG Nds. v. 28.3.2003 – 16 Sa 19/03, NZA-RR 2004, 46. | 5 BAG v. 19.4.1994 – 9 AZR 478/92, AP Nr. 3 zu § 1 BUrlG – Treueurlaub. | 6 BAG v. 7.11.1985 – 6 AZR 169/84, AP Nr. 16 zu § 3 BUrlG – Rechtsmissbrauch. Der ArbGeb wird auch von seiner Leistungspflicht frei, wenn eine Arbeitsunfähigkeit des ArbN bis zum Ende der Übertragungsfrist fortdauert: BAG v. 7.12.1993 – 9 AZR 683/92, AP Nr. 15 zu § 7 BUrlG; v. 13.5.1982 – 6 AZR 360/80, AP Nr. 4 zu § 7 BUrlG – Übertragung. | 7 BAG v. 10.5.2005 – 9 AZR 251/04, ZTR 2006, 149; aA LAG Nds. v. 8.3.2004 – 5 Sa 1312/03, nv. Erlöschen des Anspruchs nach § 275 Abs. 1 BGB. | 8 BAG v. 24.9.1996 – 9 AZR 364/95, AP Nr. 22 zu § 7 BUrlG; v. 18.3.1997 – 9 AZR 794/95, nv. entnahmen den Ersatzurlaubsanspruch aus §§ 284 I, 280 I, 287 S. 2 aF. So auch MünchArbR/*Leinemann*, § 91 Rz. 20. | 9 BAG v. 20.11.2003 – 8 AZR 439/02, AP Nr. 28 zu § 611 BGB – Haftung des Arbeitgebers; zum Schadensersatzanspruch wegen Minderung des Arbeitslosengeldes nach fristwidriger Kündigung s. BAG v. 17.7.2003 – 8 AZR 486/02, AP Nr. 27 zu § 611 BGB – Haftung des Arbeitgebers. | 10 ErfK/*Preis*, § 611 BGB Rz. 841; *Gotthardt*, Schuldrechtsreform, Rz. 51 ff. | 11 BT-Drs. 14/6040, S. 135 f.; *Lorenz/Riehm*, Lehrbuch zum neuen Schuldrecht, Rz. 172; Palandt/*Heinrichs*, § 280 BGB Rz. 13. | 12 *Gotthardt*, Schuldrechtsreform, Rz. 96.

nur verlangen, wenn er an der Teilleistung kein Interesse hat (§§ 283 S. 2, 281 I 2). Verlangt er **Schadensersatz statt der ganzen Leistung**, dann muss er dem Schuldner die bereits erbrachte Teilleistung nach Rücktrittsrecht zurückgewähren (§§ 283 S. 2, 281 V).

§ 311a II ist dagegen die Anspruchsgrundlage für Schadensersatz für alle anfänglichen Leistungshindernisse, die bereits bei Vertragsschluss vorlagen. Der Gläubiger kann zwischen Schadensersatz statt der Leistung (positives Interesse) oder Aufwendungsersatz nach § 284 wählen, wenn der Schuldner das Leistungshindernis bei Vertragsschluss kannte oder seine Unkenntnis zu vertreten hat (§ 311a II 2). 409

b) Verzögerung der Leistung. Kann der ArbN ausnahmsw. nachleisten und tritt dabei eine Verzögerung der fälligen Leistung (Verzug) ein, die er zu vertreten hat, haftet er für den **Verzugsschaden** nach Maßgabe von §§ 280 II, 286. Der ArbGeb kann im Falle der Leistungsverzögerung unter den Voraussetzungen der §§ 280 I, 281 I 1 Alt. 1 nach erfolgloser Leistungsaufforderung unter Setzung einer angemessenen Frist auch **Schadensersatz statt der Leistung** verlangen[1]. Die Nichterbringung der noch möglichen Leistung trotz Fälligkeit erfüllt bei Vertretenmüssen des ArbN den Grundtatbestand des § 280 I[2]. In der Fristsetzung ist stets eine den Verzug begründende Mahnung zu erblicken[3]. Anspruchsgrundlage für den Verzögerungsschaden bleibt §§ 280 II, 286. Der Gläubiger kann den Verzögerungsschaden aber in den Nacherfüllungsschaden einbeziehen[4]. 410

c) Schlechtleistung. Der ArbN haftet auch für Schlechtleistungen, dh. für alle Verletzungen arbeitsvertragl. Pflichten, die weder Verzug noch Unmöglichkeit der Arbeitsleistung darstellen oder zu einer darüber hinaus gehenden Schädigung des ArbGeb führen. Wird die Arbeitsleistung durch den ArbN nicht wie geschuldet erbracht, begeht er eine Pflichtverletzung iSv. § 280 I. So haftet der Kreditprokurist einer Bank, der Kreditmittel in erheblichen Umfang frei gibt, ohne zuvor Bautenstände geprüft zu haben, bei einem Konkurs des Bauträgers auf Ersatz des kausalen Schadens, allerdings nach den Grundsätzen der beschränkten ArbN-Haftung, vgl. Rz. 413[5]. Eine Nebenpflichtverletzung, insb. die Verletzung der Integritätsinteressen des ArbGeb (§ 241 II), bildet eine Schlechtleistung im weiteren Sinne[6]. Das Arbeitsrecht beinhaltet als Dienstleistungsrecht keine verschuldensunabhängige Gewährleistung, da ein Erfolg nicht geschuldet ist. Dem ArbGeb ist aber möglich, im Wege seines Direktionsrechts Mangelbeseitigung zu verlangen, allerdings im Rahmen der auch sonst üblichen Tätigkeit und daher auf eigene Kosten[7]. Ein Schadensersatzanspruch wegen einer Schlechtleistung aus § 280 I erfordert ein Verschulden des ArbN. Handelt ein ArbN mit ausdrücklicher Genehmigung des Vorstandes, trägt letzterer die Verantwortung für die dem Geschäft innewohnenden Risiken, so dass sich der ArbN gegenüber seinem ArbGeb bei Fehlern des Vorstandes entlasten kann[8]. **Schadensersatz statt der Leistung** kann der Gläubiger gem. § 281 I 1 Alt. 2 entsprechend der Rechtslage bei der Verzögerung der Leistung (dh. nach erfolgloser Setzung einer angemessenen Frist) auch verlangen, wenn der Schuldner die fällige Vertragsleistung nicht wie geschuldet erbracht hat. Verletzt der Schuldner eine nicht leistungsbezogene Nebenleistungspflicht (etwa Rücksichtnahmepflichten aus § 241 II), ergibt sich ein Schadensersatzanspruch aus §§ 280 I 1, 282. Schadensersatz statt der Leistung kann der Gläubiger jedoch nur verlangen, wenn ihm die Leistung durch den Schuldner nach Abwägung der beiderseitigen Interessen nicht mehr zumutbar ist (§ 282)[9]. Bei einer Schlechtleistung kann der Gläubiger auch **Schadensersatz statt der ganzen Leistung** fordern, was allerdings ausgeschlossen ist, wenn die Pflichtverletzung unerheblich ist (§§ 283 S. 2, 281 I 2). 411

Bei einer Schlechtleistung des ArbN bleibt grds. sein Lohnanspruch bestehen, wenn nicht ein aufrechenbarer Schadensersatzanspruch gem. § 280 I besteht. Auf Grund einer Schlechtleistung kann das Arbeitsentgelt nicht gemindert werden[10]. Nach § 326 I 2 findet § 326 I 1 keine Anwendung im Falle des Leistungsausschlusses bei nicht vertragsgemäßer Leistung[11]. Ist dagegen ein Fall der Nichtleistung gegeben, geht der Lohnanspruch unter. Schlecht- und Nichtleistung sind in der Praxis nur schwer zu unterscheiden[12]. Auf Grund von § 326 I 2 kann nicht mehr jede Schlechtleistung als Nichterfüllung, dh. ein Fall der Unmöglichkeit, behandelt werden, mit der Konsequenz der Minderung des Lohnanspruchs[13]. Der ArbN hätte mit der Annahme einer Nichterfüllung ein Risiko zu tragen, das ihm mit dem Verzicht auf Gewährleistungsregeln erspart werden sollte[14]. 412

d) Haftungsbegrenzung und Beweislastumkehr. Bei **betrieblich veranlasster Tätigkeit** gelten die allgemeinen Grundsätze der Privilegierung des ArbN[15], wenn er die Leistung nicht wie geschuldet er- 413

1 *Gotthardt*, Schuldrechtsreform, Rz. 69. |2 *Gotthardt*, Schuldrechtsreform, Rz. 69. |3 BT-Drs. 14/6040, S. 138; *Gotthardt*, Schuldrechtsreform, Rz. 71; Palandt/*Heinrichs*, § 281 BGB Rz. 7. |4 Palandt/*Heinrichs*, § 281 BGB Rz. 17. |5 LAG Nds. v. 7.7.2003 – 5 Sa 188/02, NZA-RR 2004, 142. |6 ErfK/*Preis*, § 611 BGB Rz. 844. |7 ErfK/*Preis*, § 611 BGB Rz. 845. |8 LAG Köln v. 22.11.2004 – 2 Sa 491/04, AR-Blattei ES 870 Nr. 140, n.rkr. |9 Dies setzt grds. eine Abmahnung voraus. BT-Drs. 14/6040, S. 142. |10 BAG v. 18.7.2007 – 5 AZN 610/07, BB 2007, 1903; v. 6.6.1972 – 1 AZR 438/71, AP Nr. 71 zu § 611 BGB – Haftung des Arbeitnehmers; v. 17.7.1970 – 3 AZR 423/69, AP Nr. 3 zu § 11 MuSchG. |11 Die teilweise Unmöglichkeit erfasst die Schlechtleistung daher nicht. *Gotthardt*, Schuldrechtsreform, Rz. 201. |12 Bloße Bummelei und Langsamarbeit sind kaum von eigenmächtigen Pausen zu trennen, die als teilweise Nichtarbeit bereits eine Nichtleistung darstellen können. *Lieb*, Rz. 198. |13 ErfK/*Preis*, § 611 BGB Rz. 846; *Gotthardt*, Schuldrechtsreform, Rz. 190. |14 ErfK/*Preis*, § 611 BGB Rz. 846; *Lieb*, Rz. 186 ff. |15 Eingehend ErfK/*Preis*, § 619a BGB Rz. 9 ff.; Staudinger/*Richardi*, § 611 BGB Rz. 581 ff.

bringt[1]. Ob die Haftungsprivilegierung nunmehr abdingbar ist, ist umstritten[2]. Bei einer Leistungsverweigerung des ArbN oder bei **eigenmächtigem** Nichtantritt der Arbeit greifen die allgemeinen Grundsätze der Begrenzung der Haftung des ArbN bei betrieblich veranlasster Tätigkeit dagegen nicht, da der ArbN unter Berufung auf **eigene Interessen** handelt[3]. Einzelheiten und zur Beweislastumkehr nach § 619a s. Kommentierung dort.

414 **6. Kündigungsrecht des Arbeitgebers.** Der Fortbestand des Arbeitsverhältnisses im Falle von Leistungsstörungen beurteilt sich nach dem Kündigungsrecht. Verletzt der ArbN seine Pflicht aus dem Arbeitsverhältnis durch Nichterbringung oder nicht fristgerechte Erbringung der fälligen Arbeitsleistung (§ 323 I), hat der ArbGeb grds. nach erfolgloser Fristsetzung ein Rücktrittsrecht gem. § 326 V. Das Rücktrittsrecht ist bei dem Arbeitsverhältnis als Dauerschuldverhältnis durch ein Kündigungsrecht ersetzt[4]. Die allgemeine Regelung des § 314 zur außerordentl. Kündigung bei Dauerschuldverhältnissen wird von § 626 als Spezialregelung verdrängt[5]. Ist der ArbN nach § 275 von der Pflicht zur Arbeitsleistung befreit, verletzt er aus Sicht des Kündigungsrechts, im Gegensatz zum Schadensersatzrecht, keine Vertragspflicht[6]. Eine **verhaltensbedingte Kündigung** wegen Arbeitsverweigerung ist wegen der Rückwirkung der Einrede dann nicht möglich[7]. Allein das vom Vertretenmüssen unabhängige Recht der Leistungsverweigerung nach § 275 III erlaubt nicht die verhaltensbedingte Kündigung. Beruft sich der ArbN allerdings zu Unrecht auf eine persönliche Unzumutbarkeit der Leistung gem. § 275 III, trägt er das Risiko einer verhaltensbedingten Kündigung[8]. Bei einer verspäteten Einrede aus § 275 III kommt allein eine verhaltensbedingte Kündigung wegen der Verletzung der Anzeigepflicht in Betracht, sofern eine solche Verpflichtung besteht[9]. Liegt ein unverschuldeter Gewissenskonflikt vor, kommt eine **personenbedingte Kündigung** in Betracht[10]. Ein personenbedingter Kündigungsgrund liegt auch dann vor, wenn ein Beschäftigungsverbot besteht, oder wenn zwar nicht die Beschäftigung mit der vertragl. geschuldeten Tätigkeit selbst gegen ein gesetzl. Verbot verstößt, wohl aber der ArbGeb aus Gründen, die er nicht zu vertreten hat und die in der Sphäre des ArbN liegen, gesetzl. Verpflichtungen, die mit der Beschäftigung verbunden sind, nicht erfüllen kann[11]. Bei einer berechtigten krankheitsbedingten Leistungsverweigerung und krankheitsbedingten Unmöglichkeit ist eine **krankheitsbedingte Kündigung** nur in den vier Fallgruppen und engen Voraussetzungen des BAG möglich[12].

415 **XI. Inhaltskontrolle – Vertragsgestaltung. 1. Ansatzpunkte der Inhaltskontrolle.** Die Arbeitsrechtsprechung beschränkt den **Schutz gegenüber unangemessenen Vertragsklauseln** nicht auf arbeitsvertragl. Einheitsregelungen, sondern unterzieht auch individuell formulierte und ausgehandelte Arbeitsverträge einer Inhaltskontrolle. Auch solche Verträge sind wegen der Verhandlungsschwäche des ArbN, die aus seiner Abhängigkeit vom Arbeitsplatz resultiert, oftmals nicht das Ergebnis paritätischer Vertragsverhandlungen, so dass sich das Problem einer Korrektur einseitiger Vertragsregelungen auch dort stellt.

416 Die von der Rspr. vor der Schuldrechtsreform bemühten **Kontrollinstrumente** waren recht unterschiedlich[13]. Ein Fall der – nicht ausdrücklich als eine solche bezeichneten – Inhaltskontrolle ist die vom BAG praktizierte sog. **Billigkeitskontrolle**[14], wie sie insb. im Fall von freiwillig gewährten und zu einem späteren Zeitpunkt widerrufenen Leistungszulagen angewandt wird[15]. Sie soll allgemein immer dann eingreifen, wenn kein Gleichgewicht der Vertragspartner einen angemessenen Vertragsinhalt gewährleistet, weil entweder die Vertragsparität gestört ist oder eine Vertragspartei aus anderen Gründen allein den Inhalt des Vertragsverhältnisses gestalten kann[16]. Ein derartiges Vertragswerk „muss sich eine Korrektur nach Billigkeitsgründen gefallen lassen"[17]. Einer Inhaltskontrolle in der Sache sehr nahe steht des Weiteren der Rückgriff auf **allgemeine Auslegungsgrundsätze** um erkannte Störungen der Privatautonomie zu beseitigen[18] oder aber **§ 138** für eine – mitunter verdeckte – Inhaltskontrolle zu nutzen[19].

---

1 *Gotthardt*, Schuldrechtsreform, Rz. 194. |2 Dafür: *Gotthardt*, Schuldrechtsreform, Rz. 195; ErfK/*Preis*, § 619a BGB Rz. 11. Dagegen: BAG v. 5.2.2004 – 8 AZR 91/03, AP Nr. 126 zu § 611 BGB – Haftung des Arbeitnehmers; *Otto*, Jura 2002, 1 (8); *Schaub/Linck*, ArbRHdb, § 52 Rz. 80. |3 *Gotthardt*, Schuldrechtsreform, Rz. 174; *Richardi*, NZA 2002, 1004 (1010). |4 ErfK/*Preis*, § 611 BGB Rz. 841; *Gotthardt*, Schuldrechtsreform, Rz. 43, 50. |5 BT-Drs. 14/6040, S. 177; *Gotthardt*, Schuldrechtsreform, Rz. 221. |6 Die kündigungsschutzrechtlich relevante Verletzung der Vertragspflichten liegt außerhalb des Leistungsverweigerungsrechts. Insoweit muss eine Verpflichtung zu einem entsprechenden Verhalten vorliegen. *Gotthardt*, Schuldrechtsreform, Rz. 118. |7 *Gotthardt*, Schuldrechtsreform, Rz. 87. |8 BAG v. 29.11.1983 – 1 AZR 469/82, AP Nr. 78 zu § 626 BGB; *Gotthardt*, Schuldrechtsreform, Rz. 118. |9 BAG v. 16.8.1991 – 2 AZR 604/90, AP Nr. 27 zu § 1 KSchG 1969 – Verhaltensbedingte Kündigung. |10 *Henssler/Muthers*, ZGS 2002, 219 (222). |11 BAG v. 24.2.2005 – 2 AZR 211/04, AP Nr. 51 zu § 1 KSchG 1969 – Verhaltensbedingte Kündigung. |12 Fallgruppen sind häufige Kurzerkrankungen (BAG v. 20.1.2000 – 2 AZR 378/99, AP Nr. 38 zu § 1 KSchG 1969 – Krankheit), lang andauernde Erkrankungen, dauerhafte Leistungsunfähigkeit (BAG v. 21.2.2001 – 2 AZR 558/99, NZA 2001, 1071) und erhebliche krankheitsbedingte Leistungsminderungen (BAG v. 26.9.1991 – 2 AZR 132/91, AP Nr. 28 zu § 1 KSchG 1969 – Krankheit). |13 Vgl. dazu grundl. *Fastrich*, Richterliche Inhaltskontrolle im Privatrecht, S. 164 ff.; *Preis*, Grundfragen der Vertragsgestaltung im Arbeitsrecht, S. 149 ff. |14 *Fastrich*, RdA 1997, 66 (74); Staudinger/*Richardi*, § 611 BGB Rz. 362; *Zöllner*, RdA 1989, 152 (158). |15 BAG v. 13.5.1987 – 5 AZR 125/86, NZA 1988, 95; vgl. aber auch BAG v. 31.10.1969 – 3 AZR 119/69, NJW 1970, 1145. |16 BAG v. 21.12.1970 – 3 AZR 510/69, DB 1971, 727. |17 BAG v. 31.10.1969 – 3 AZR 119/69, NJW 1970, 1145. |18 BAG v. 18.11.1988 – 8 AZR 12/86, NJW 1989, 1692; v. 6.9.1990 – 2 AZR 165/90, NJW 1991, 1002. |19 BAG v. 24.3.1988 – 2 AZR 630/87, NZA 1989, 101; v. 22.11.1973 – 2 AZR 580/72, DB 1974, 878; v. 12.8.1959 – 2 AZR 75/59, DB 1959, 1257.

Unter die vom BAG entwickelten Kontrollmechanismen fällt auch die Rechtsfigur der **objektiven Umgehung zwingenden Rechts.** Hiermit wurden wiederholt Gratifikations- oder Prämienrückzahlungsklauseln[1] oder aber mit den Wertung des KSchG unvereinbare auflösende Bedingungen oder Befristungen[2] zu Fall gebracht.

2. Einbeziehung des Arbeitsvertrags in den Anwendungsbereich der §§ 305 ff. Die Inhaltskontrolle vorformulierter Vertragsbedingungen – der praktische Regelfall – wurde seit dem 1.1.2002 durch die Neuregelungen der §§ 305 ff. erfasst, für einen unmittelbaren Rückgriff auf die durch die arbeitsrechtl. Rspr. **herausgebildeten Grundsätze der Inhaltskontrolle** von Arbeitsverträgen bleibt insoweit kein Raum mehr. Eine Verstärkung der Inhaltskontrolle dergestalt, dass vorformulierte Vertragsbedingungen in Arbeitsverträgen nach der Schuldrechtsreform sowohl am Maßstab der AGB-rechtl. Vorschriften als auch anhand der richterrechtl. Kontrollinstrumentarien zu messen wären, ist abzulehnen. Dies hat das BAG für den Bereich der Befristungskontrolle bestätigt[3]. Die §§ 305 ff. BGB stellen eine abschließende Konkretisierung des Gebots von Treu und Glauben hinsichtlich einer allgemeinen, allein den Inhalt einer Regelung überprüfenden Angemessenheitskontrolle dar. Das BAG behält sich freilich für – nachzuweisende – Einzelfälle eine Kontrolle bei strukturellen Störungen der Vertragsparität vor. Nutzt der ArbGeb seine wirtschaftl. Überlegenheit gegenüber dem ArbN aus, um ein für diesen ungünstiges Verhandlungsergebnis durchzusetzen, besteht der Schutzauftrag des Richters, der Vertragsparität mit den Mitteln des Zivilrechts Geltung zu verschaffen. Es handelt sich um Fälle, in denen der Inhalt des Vertrags eine Seite ungewöhnlich belastet und als Interessenausgleich offensichtlich ungeeignet ist. Das betrifft in erster Linie die Hauptpflichten des Vertrags und erfordert grds. eine Gesamtschau der vertragl. Regelungen[4]. 417

Unzutreffend wäre es indes, hieraus den Schluss zu ziehen, dass diesem Richterrecht nach der Abschaffung der Bereichsausnahme keinerlei Bedeutung für vorformulierte Vertragsbedingungen mehr zukommt[5]. Es ist vielmehr als eine „**Besonderheit des Arbeitsrechts**" iSv. § 310 IV weiterhin auch unter Zugrundelegung des neuen Rechts zwar nicht eins zu eins zu übertragen, jedoch angemessen zu berücksichtigen[6], so dass man vielfach mit einem Fortbestand der bisherigen Rspr. rechnen kann. Diesem Befund wird bei der Untersuchung der einzelnen Vertragsklauseln (s. Rz. 420 ff.) Rechnung getragen. 418

3. Einzelne Klauseln. Unter den verschiedenen zu kontrollierenden Klauseln haben sich die im Folgenden dargestellten in der Praxis der Gerichte einige als besonders streitintensiv erwiesen. Zu den übrigen Klauseln s. insb. die Komm. zu §§ 307 ff. 419

a) Ausgleichsquittung – Verzichtserklärung. Oftmals quittiert der ArbN dem ArbGeb nicht nur den Erhalt seiner Arbeitspapiere, sondern erklärt darüber hinaus, keine Ansprüche mehr aus dem Arbeitsverhältnis gegen den ArbGeb zu haben. Häufig anzutreffen sind auch Formulierungen, wonach beide Arbeitsvertragsparteien entsprechende Ansprüche für erledigt erklären, seltener werden solche Absprachen in gewissen Zeitabständen während des laufenden Arbeitsverhältnisses getroffen[7]. Für derartige „Verzichtserklärungen" hat sich der Begriff der Ausgleichsquittung durchgesetzt. Ihre **Rechtsnatur** hängt von ihrem Inhalt ab, der durch Auslegung zu ermitteln ist[8]. Haben die Arbeitsvertragsparteien über das Bestehen von Ansprüchen gestritten und diesen Streit im Wege gegenseitigen Nachgebens beseitigt, liegt ein **Vergleich** vor (§ 779 I). Gehen beide Seiten dagegen vom Bestehen der Ansprüche aus, wollen sie aber erlassen, handelt es sich um einen **Erlassvertrag** (§ 397 I). Bestehen nach Ansicht von ArbN und ArbGeb keine Ansprüche mehr, ist die Ausgleichsquittung ein **deklaratorisches negatives Schuldanerkenntnis**; ein **konstitutives negatives Schuldanerkenntnis** (§ 397 II) liegt vor, wenn die Parteien alle bekannten und unbekannten Ansprüche zum Erlöschen bringen wollen. 420

aa) Zulässigkeit im Formularvertrag. Ausgleichsquittungen sind grds. zulässig[9]. Hieran ist auch nach der Einbeziehung des Arbeitsvertrags in den Anwendungsbereich der §§ 305 ff. fest zu halten[10]. Besondere Klauselverbote stehen ihrer Vereinbarungsfähigkeit nicht entgegen. Ausgleichsquittungen, die den ArbN einseitig belasten, sind jedoch nach § 307 I 1 unwirksam. Für eine Privilegierung solcher Klauseln im Verhältnis zu ebenfalls unwirksamen einseitigen Ausschlussfristen besteht kein Grund. Eine entsprechende **unangemessene Benachteiligung** des ArbN liegt dann vor, wenn der Anspruchsverzicht allein 421

---

1 BAG v. 12.10.1972 – 5 AZR 227/72, DB 1973, 285; v. 27.7.1972 – 5 AZR 141/72, DB 1972, 2114; v. 6.12.1963 – 5 AZR 169/63, AP Nr. 28 zu § 611 BGB – Gratifikation; v. 10.5.1962 – 5 AZR 452/61, AP Nr. 22 zu § 611 BGB – Gratifikation. | **2** BAG v. 13.12.1984 – 2 AZR 294/83, NJW 1985, 1918; v. 9.12.1974 – 2 AZR 565/73, NJW 1975, 1531. | **3** BAG v. 27.7.2005 – 7 AZR 486/04, NZA 2006, 40; *Thüsing/Leder*, BB 2005, 938 ff.; ebenso BAG v. 25.5.2005 – 5 AZR 572/04, AP Nr. 1 zu § 310 BGB für die Kontrolle von Ausschlussfristen. | **4** BAG v. 25.5.2005 – 5 AZR 572/04, AP Nr. 1 zu § 310 BGB in Anknüpfung an die Rspr. des BAG. | **5** So aber *Preis*, Der Arbeitsvertrag, I C Rz. 54: Es bestehe „weder eine dogmatische Rechtfertigung noch ein praktisches Bedürfnis". | **6** Vgl. hierzu *Thüsing*, NZA 2002, 591 (593). | **7** Gängige Formulierungen nennen zB *Bauer*, Aufhebungsverträge, Rz. 370. | **8** BAG v. 23.2.2005 – 4 AZR 139/04, NZA 2005, 1193; ErfK/*Preis*, § 611 BGB Rz. 514; *Lakies*, AGB im Arbeitsrecht, Rz. 497; *Küster*, BB 1968, 1204; *Schaub*, ArbRHdb, § 72 Rz. 7; *Schulte*, DB 1981, 937; *Vogler*, DB 1966, 1689. | **9** BAG v. 9.11.1973 – 3 AZR 66/73, AP Nr. 163 zu § 242 BGB – Ruhegehalt; v. 27.2.1990 – 3 AZR 213/88, AP Nr. 13 zu § 1 BetrAVG – Vordienstzeiten; v. 16.9.1974 – 5 AZR 255/74, AP Nr. 9 zu § 630 BGB; LAG München v. 24.4.1997 – 2 Sa 1004/96, BB 1998, 269. | **10** Ebenso Preis/*Rolfs*, Der Arbeitsvertrag, II V 50 Rz. 1.

ihn trifft und die damit verbundenen Nachteile auch nicht durch kompensierende Effekte wie die Zahlung einer Abfindung ausgeglichen werden[1]. Eine unangemessene Benachteiligung kann aber nicht schon pauschal mit der Erwägung angenommen werden, dass der ArbN für seinen Anspruchsverzicht keine Gegenleistung erhalte[2]. Eine solche Argumentation verkennt, dass der ArbN zumindest im Falle des beiderseitigen Anspruchsverzichts ebenso von der Ausgleichsquittung profitiert. Diese Beidseitigkeit wird man – wie die Rspr. auch bei der Ausschlussfrist, Rz. 433 – jedoch regelmäßig verlangen müssen. Bei den ArbN einseitig belastenden Ausgleichsquittungen ist nach ihrer Rechtsnatur zu differenzieren. Ist die Ausgleichsquittung als Erlassvertrag zu klassifizieren, muss der ArbGeb Gründe anführen können, welche die Vereinbarung der Klausel aus ArbN-Sicht nicht als unbillig erscheinen lassen[3]. Zu denken ist dabei insb. an kompensierende Effekte wie die Zahlung einer Abfindung. Ist die Rechtsnatur der Ausgleichsquittung eine andere, besteht regelmäßig ein hinreichendes ArbN-Interesse an ihrer Vereinbarung, das die Annahme einer unangemessenen Benachteiligung verbietet. Für den Fall des Vergleichs etwa folgt dies aus dem Umstand, dass auch der ArbGeb dem ArbN irgendwelche Zugeständnisse macht; dies verlangt die Voraussetzung des „gegenseitigen Nachgebens“[4].

422 **bb) Verzichtbarkeit des Anspruchs.** Gegenstand einer Ausgleichsquittung können nur verzichtbare Ansprüche sein. Daran fehlt es bei **unabdingbaren gesetzl. Rechten** wie bspw. Entgeltfortzahlungs-[5] (§ 3 I EFZG) oder Urlaubsabgeltungsansprüchen[6] (§ 7 IV BUrlG) sowie dem Anspruch auf den gesetzl. **Mindesturlaub**[7] (§§ 1, 3 I BUrlG). Gleiches gilt grds. für Ansprüche, die durch **TV**[8] (§ 4 IV 1 TVG) oder **BV** (§ 77 IV 2 BetrVG) gewährt werden bzw. durch bindende Festsetzungen des Heimarbeitsausschusses entstanden sind (§ 19 III 3 HAG). Ein Verzicht auf den – allgemeinen und besonderen – **gesetzl. Kündigungsschutz** ist während des bestehenden Arbeitsverhältnisses nicht möglich[9]. Zulässig ist eine entsprechende Vereinbarung mittels einer Ausgleichsquittung jedoch nach Ausspruch der Kündigung[10]. Bei **tarifvertragl.** gewährtem **Kündigungsschutz** ist ein Verzicht nach Ausspruch der Kündigung dagegen nicht ohne Zustimmung der TV-Parteien möglich, vgl. § 4 IV 1 TVG. Ein Verzicht des ArbN auf seinen **Zeugnisanspruch** nach § 109 GewO[11] ist zumindest vor Beendigung des Arbeitsverhältnisses ausgeschlossen[12]. Bislang offen gelassen hat das BAG die Frage, ob ein entsprechender Verzicht nach Vertragsbeendigung wirksam vereinbart werden kann. Im Schrifttum wird dies ganz überwiegend für möglich gehalten[13].

423 **cc) Hohe Anforderungen an die Einbeziehung der Verzichtserklärung.** Die Rspr. stellt an die Einbeziehung von Ausgleichsquittungen in einen Formularvertrag hohe Anforderungen[14]. Stark ausgeprägt ist v.a. der **Schutz vor überraschenden Klauseln** (§ 305c I). Von der Kombination einer Verzichtserklärung und der Quittierung des Erhalts der Arbeitspapiere in ein und derselben Urkunde ist daher abzuraten. Ist die Ausgleichsquittung Bestandteil eines Aufhebungsvertrags, sind die Anforderungen weniger streng, da dem ArbN dann bewusst ist, dass er bei Unterzeichnung neben der reinen Empfangsbestätigung auch rechtsgeschäftliche Willenserklärungen abgibt[15]. Besondere Bedeutung kommt weiterhin dem **Transparenzgebot** nach § 307 I 2 sowie der **Unklarheitenregel** gem. § 305c II zu. Insb. bei Klauseln, die einen Verzicht des ArbN auf seinen Kündigungsschutz bewerkstelligen oder den Zeugnisanspruch zum Erlöschen bringen sollen, ist zu verlangen, dass dies unzweideutig in der Vereinbarung zum Ausdruck kommt. Allgemeine Formulierungen, wie die Erklärung, „dass mir aus Anlass der Beendigung des Arbeitsverhältnisses keine Ansprüche mehr zustehen“ genügen nicht; generell ist der Verzicht **im Zweifel eng auszulegen**[16]. Die Rspr. ist hier sehr zurückhaltend, insb. im Hinblick auf Ruhegehaltsansprüche[17], Zeugnisanspruch (so er denn verzichtbar ist, s. Rz. 423)[18], Rechte aus einem Wettbewerbsver-

1 LAG Düsseldorf v. 13.4.2005 – 12 Sa 154/05, DB 2005, 1463; LAG Hamburg v. 26.2.2004 – 1 Sa 47/03, NZA-RR 2005, 151. |2 So aber *Reinecke*, DB 2002, 583 (586); ErfK/*Preis*, §§ 305–310 BGB Rz. 74b unter verfehltem Rückgriff auf die Rspr. zum Schuldversprechen; BAG v. 15.3.2005 – 9 AZR 502/03, AP Nr. 7 zu § 781 BGB. In diese Richtung auch instanzgerichtliche Rspr.: LAG Düsseldorf v. 13.4.2005 – 12 Sa 154/05, LAGE § 307 BGB 2002 Nr 7; LAG Schl.-Holst. v. 24.9.2003 – 3 Sa 6/03, NZA-RR 2004, 74 (75). |3 *Preis*, Der Arbeitsvertrag, II V 50 Rz. 34 erblickt in dem unentgeltlichen Verzicht ohne Gegenleistung des ArbGeb regelmäßig eine unangemessene Benachteiligung des ArbN. |4 MüKo/*Pecher*, § 779 BGB Rz. 26. |5 BAG v. 25.5.2005 – 5 AZR 572/04, AP Nr. 1 zu § 310 BGB für die Kontrolle von Ausschlussfristen. |6 BAG v. 21.7.1978 – 6 AZR 1/77, NJW 1979, 566; aA *Schulte*, DB 1981, 937 (940). |7 BAG v. 20.1.1998 – 9 AZR 812/96, AP Nr. 45 zu § 13 BUrlG; v. 31.5.1990 – 8 AZR 132/89, NZA 1990, 935. |8 Ein Erlass bleibt nach *Schaub*, ArbRHdb, § 204 Rz. 4 dagegen unberührt. Anders *Küster*, BB 1968, 1204, die einen Verzicht auf tarifliche Rechte nur durch Erlassvertrag und Vergleich für ausgeschlossen hält. Vgl. auch *Schulte*, DB 1981, 937 (939). |9 BAG v. 19.12.1974 – 2 AZR 565/73, AP Nr. 3 zu § 620 BGB – Bedingung; *Althof*, AuR 1968, 289 (291); *Bauer*, Aufhebungsverträge, Rz. 799. |10 ErfK/*Ascheid*, § 1 KSchG Rz. 17; *Schaub*, ArbRHdb, § 72 Rz. 8. |11 Entsprechendes gilt für den Zeugnisanspruch nach den Vorschriften der § 73 HGB und § 8 BBiG. |12 BAG v. 16.9.1974 – 5 AZR 255/74, NJW 1975, 407; ErfK/*Müller-Glöge*, § 109 GewO Rz. 104; Staudinger/*Preis*, § 630 Rz. 7; MünchArbR/*Wank*, § 128 Rz. 39. |13 *Bauer*, Aufhebungsverträge, Rz. 802; ErfK/*Müller-Glöge*, § 109 GewO Rz. 104; Preis/*Rolfs*, Der Arbeitsvertrag, II V 50 Rz. 32; *Schulte*, DB 1981, 937 (940). |14 BAG v. 23.2.2005 – 4 AZR 139/04, NZA 2005, 1193; LAG Düsseldorf v. 13.4.2005 – 12 Sa 154/05, DB 2005, 1463; s auch *Lakies*, AGB im Arbeitsrecht, Rz. 238 ff. |15 BAG v. 28.7.2004 – 10 AZR 661/03, AP Nr. 177 zu § 4 TVG – Ausschlussfristen; ausführlich *Thüsing*, AGB-Kontrolle, Rz. 149. |16 Vgl. BAG v. 3.5.1979 – 2 AZR 679/77, AP Nr. 6 zu § 4 KSchG 1969. |17 BAG v. 9.11.1973 – 3 AZR 66/73, AP Nr. 163 zu § 242 BGB – Ruhegehalt; LAG Hamm v. 24.11.1998 – 6 Sa 416/98, LAGE § 1 BetrAVG Nr. 19. |18 LAG Köln v. 17.6.1994 – 4 Sa 185/94, LAGE § 630 BGB Nr. 22; LAG Düsseldorf v. 23.5.1995 – 3 Sa 253/95, NZA-RR 1996, 42.

bot[1], sachenrechtl. Herausgabeansprüche oder auch Abfindungsansprüche, die erst noch entstehen können[2]. Der Vereinbarung muss der Wille deutlich entnehmbar sein, auch auf unbekannte Ansprüche verzichten zu wollen. Beim gerichtl. Vergleich, auf den die §§ 305 ff. nicht anwendbar sind, gilt ein großzügigerer Maßstab[3]. Auch der Verzicht des ArbGeb ist im Zweifel nicht unbegrenzt; eine Auslegung kann sachenrechtl. Ansprüche (zB Rückgabe des Dienstwagens) aus dem Verzicht auch ohne ausdrücklichen Hinweis ausnehmen[4].

dd) Weitere Unwirksamkeitsgründe – Anfechtung. Weitere Unwirksamkeitsgründe können sich aus allgemein zivilrechtl. Erwägungen ergeben. Hierbei ist der Rechtscharakter der Ausgleichsquittung von Bedeutung: Ein **Vergleich** ist dann unwirksam, wenn der nach dem Inhalt des Vergleichs als feststehend zugrunde gelegte Sachverhalt der Wirklichkeit nicht entspricht und der Streit oder die Ungewissheit bei Kenntnis der Sachlage nicht entstanden wäre[5]. Für die Ausgleichsquittung gelten insofern keine Besonderheiten. Die **Anfechtung der Ausgleichsquittung** richtet sich nach den allgemeinen Regeln der § 119 und § 123. Wer jedoch etwas ungelesen unterschreibt, der kann sich nicht irren, wenn er keine Vorstellung hatte von dem, was er unterschreibt[6]; spiegelt der ArbGeb einen anderen Inhalt vor, als die Klausel tatsächlich hat, kann der ArbN freilich wegen arglistiger Täuschung anfechten. Weiß der ArbGeb, dass der ArbN den Inhalt der Erklärung nicht versteht oder erhebliche Schwierigkeiten mit dem Verständnis hat (zB ArbN mit unzureichenden Deutschkenntnissen), dann billigt die Rspr. dem ArbN – systemwidrig und mit der Dogmatik des § 119 kaum zu vereinbaren – das Recht zur Irrtumsanfechtung zu[7]. Besserer Ansatzpunkt scheint hier eine Verletzung der Fürsorgepflicht, die zum Schadensersatz und damit zur Restitution des Anspruchs berechtigt. 424

b) Ausschlussfristen. Ausschlussfristen sind Fristen, innerhalb derer ein Anspruch oder ein sonstiges Recht geltend gemacht werden muss, damit es nicht erlischt[8]. Anzutreffen sind sie vor allem in TV, weniger in BV und Arbeitsverträgen[9]. Die Bezeichnungen variieren: Verfall-, Präklusiv- oder Verwirkungsfristen sind weitere gebräuchliche Begrifflichkeiten. Ausschlussfristen dienen ebenso wie die Verjährung der Rechtssicherheit und dem Rechtsfrieden: Der Schuldner soll sich auf die aus Sicht des Anspruchsstellers noch offenen Forderungen rechtzeitig einstellen, Beweise sichern und vorsorglich Rücklagen bilden können[10] und sich nach Fristablauf darauf verlassen können, dass keine Ansprüche mehr gegen ihn erhoben werden[11]. Der öffentl. ArbGeb soll zudem in der Lage sein, notwendige Haushaltsmittel zu veranschlagen[12]. Der Nichtschuldner wird vor dem Beweisnotstand bewahrt. Von der Verjährung unterscheiden sie sich durch ihre **Rechtswirkung**. Während jene als Einrede ausgestaltet ist und sich der Schuldner daher im Prozess auf sie berufen muss, ist das Erlöschen eines Anspruchs nach Ablauf einer Ausschlussfrist von Amts wegen zu berücksichtigen. 425

Zu unterscheiden sind einmal **einseitige** Ausschlussfristen zu Lasten des ArbN von **zweiseitigen Ausschlussfristen**, die für Ansprüche von ArbN und ArbGeb gleichermaßen gelten. Darüber hinaus ist zwischen **einstufigen** und **zweistufigen** Ausschlussfristen zu differenzieren. Erstere führen zum Erlöschen eines Rechts, wenn es nicht innerhalb der vereinbarten Frist geltend gemacht wird. Von einer **zweistufigen** Ausschlussfrist wird gesprochen, wenn es nach der erfolglosen Geltendmachung des Anspruchs noch der Klageerhebung bedarf, um den Anspruch vor dem Erlöschen zu bewahren[13]. 426

aa) Reichweite der Ausschlussfrist. Ausschlussfristen erfassen regelmäßig alle Ansprüche, die mit dem Arbeitsverhältnis tatsächlich oder rechtlich zusammenhängen, auch wenn ein nur entfernter Zusammenhang besteht. Es genügt, wenn die Beziehung zwischen ArbGeb und ArbN die tatsächliche Grundlage des Rechtsgeschäfts bildet, aus dem der erhobene Anspruch hergeleitet wird. Anderes gilt für Ansprüche aus selbständig neben dem Arbeitsverhältnis abgeschlossenen bürgerl.-rechtl. Verträgen und hierdurch begründeten Rechtsverhältnissen, für deren Inhalt oder Bestand das Arbeitsverhältnis ohne Bedeutung ist[14]. Wegen der nachteiligen Auswirkungen dieser Vereinbarungen für den ArbN bestand schon bislang weitgehender Konsens, solche Klauseln **eng** bzw. eventuell vereinbarte Ausnahmeregelungen weit **auszulegen**[15]. Diese Tendenz ist vor dem Hintergrund der Geltung der Unklarheiten- 427

1 BAG v. 20.10.1981 – 3 AZR 1013/78, AP Nr. 39 zu § 74 HGB. | 2 LAG Bbg. v. 16.12.1992 – 5 (3) Sa 397/92, AuA 1994, 54. | 3 BAG v. 10.5.1978 – 5 AZR 97/77, AP Nr. 25 zu § 794 ZPO; für einen Sonderfall LAG Hamm v. 28.4.1995 – 10 Sa 1386/94, NZA-RR 1996, 286. | 4 LAG Hamm v. 15.1.1980 – 6 Sa 1166/79, DB 1980, 643; LAG Berlin v. 5.6.1996 – 13 Sa 41/96, NZA-RR 1997, 124. | 5 LAG Frankfurt v. 6.10.1969 – 1 Sa 362/69, NJW 1970, 1703; *Schaub*, ArbRHdb, § 72 Rz. 12. | 6 BAG v. 27.8.1970 – 5 AZR 519/69, AP Nr. 33 zu § 133 BGB. | 7 LAG Düsseldorf v. 2.11.1971 – 8 Sa 346/71, LAGE § 4 KSchG Nr. 1; LAG Hamm v. 2.1.1976 – 3 Sa 1121/75, BB 1976, 553; LAG Thür. v. 16.3.1967, 4 Sa 16/67, BB 1967, 1082; s. auch ErfK/*Preis*, § 611 BGB Rz. 609. | 8 *Bauer*, NZA 1987, 440; Wiedemann/*Wank*, § 4 TVG Rz. 713; s. auch *Thüsing*, AGB-Kontrolle, Rz. 154 ff. | 9 Zur tarifl. Ausschlussfrist s. BAG v. 21.2.2007 – 4 AZR 258/06, nv.; ausf. dazu *Weber*, Die Ausschlussfrist im Arbeitsrecht, 1983; *Weyand*, Die tariflichen Ausschlussfristen in Arbeitsrechtsstreitigkeiten, 1995. | 10 BAG v. 10.7.2003 – 6 AZR 283/02, ZTR 2003, 625. | 11 BAG v. 26.4.2006 – 5 AZR 403/05, AP Nr. 188 zu § 4 TVG Ausschlussfristen. | 12 BAG v. 10.7.2003 – 6 AZR 283/02, ZTR 2003, 625. | 13 *Ganz/Schrader*, NZA 1999, 570 (571); *Preis*, Der Arbeitsvertrag, II A 150 Rz. 41 ff.; *Dorndorf/Deinert* in Däubler/Dorndorf/Bonin/Deinert, AGB-Kontrolle, § 310 BGB Rz. 95a. | 14 BAG v. 4.10.2005 – 9 AZR 598/04, AP Nr. 42 zu § 242 BGB – Auskunftspflicht, v. 20.2.2001 – 9 AZR 11/00, EzA § 4 TVG – Ausschlussfristen Nr. 140. | 15 BAG v. 3.4.1990 – 1 AZR 131/89, EzA § 4 TVG – Ausschlussfristen Nr. 94; Wiedemann/*Wank*, § 4 TVG Rz. 799.

regel nach § 305c II beizubehalten. Von allgemein gehaltenen Formulierungen nicht erfasst werden deshalb bspw. Ansprüche aus der Altersversorgung[1], schöpferische Sonderleistungen des ArbN[2], Zinsforderungen aus ArbGebDarlehen[3], Ansprüche auf vertragsgemäße Beschäftigung[4] oder Abfindungsansprüche aus einem gerichtlichen Vergleich[5].

428 Eine gegen **Treu und Glauben** verstoßende und damit gem. §§ 242, 134 unzulässige Rechtsausübung stellt die Berufung auf eine Ausschlussfrist dann dar, wenn die zum Verfall des Anspruchs führende Untätigkeit des Gläubigers hinsichtlich der erforderlichen Geltendmachung des Anspruchs durch ein Verhalten des Schuldners veranlasst worden ist. Der Schuldner muss also den Gläubiger von der Geltendmachung des Anspruchs bzw. der Einhaltung der Verfallfrist abgehalten haben. Das wird zB angenommen, wenn der Schuldner durch positives Tun oder durch pflichtwidriges Unterlassen dem Gläubiger die Geltendmachung des Anspruchs oder die Einhaltung der Frist erschwert oder unmöglich gemacht hat bzw. an objektiven Maßstäben gemessen den Eindruck erweckt hat, der Gläubiger könne darauf vertrauen, dass der Anspruch auch ohne Wahrung einer tarifl. Ausschlussfrist erfüllt werde. Dies wird insb. bei besonderen Zusagen angenommen[6]. Es verstößt idR gegen Treu und Glauben, wenn sich ein ArbN darauf beruft, der Gläubiger habe bei der Geltendmachung einer Schadensersatzforderung die gültige ein- oder zweistufige Ausschlussfrist nicht gewahrt, falls der ArbN die Forderung zuvor deklaratorisch anerkannt hat. Dies gilt auch dann, wenn der Schuldner das deklaratorische Schuldanerkenntnis später anficht[7].

429 **bb) Wirksamkeitsgrenzen.** Ausschlussfristen im Arbeitsvertrag können neben vertragl. auch gesetzl. Ansprüche erfassen. Während dies für abdingbare gesetzl. Rechte allgemein anerkannt ist, ist die Rechtslage bei **unabdingbaren gesetzl. Ansprüchen** strittig; die Rspr. bejaht sie weitgehend[8]. Entsprechende Ausschlussfristen bezögen sich nicht auf das Recht als solches, sondern lediglich auf seine Geltendmachung. Eine Abweichung von **kollektivrechtl. Ansprüchen** ist dagegen durch eine einzelvertragl. Ausschlussfrist nicht möglich; für tarifvertragl. Ansprüche folgt dies aus § 4 III TVG, für Ansprüche aus einer BV aus § 77 IV 4 BetrVG.

430 Dem Verbot überraschender Klauseln nach § 305c I ist bei der Vereinbarung von Ausschlussfristen in besonderem Maße Rechnung zu tragen. Das BAG bejahte dies bereits vor der Schuldrechtsreform in einem Fall, in dem der Verwender die Ausschlussklausel ohne besonderen Hinweis und ohne **drucktechnische Hervorhebung** unter falscher oder missverständlicher Überschrift in den Vertrag einordnet hatte. Die formale Überraschung kann hier zur Unwirksamkeit führen[9]. Rspr. nach der Schuldrechtsreform hat dies bestätigt[10].

431 Bereits vor der Schuldrechtsreform unterzog die Rspr. Ausschlussfristen in Arbeitsverträgen einer Inhaltskontrolle am **Maßstab des § 138**[11]. Dies hat weiterhin Gültigkeit für nicht formularmäßig vereinbarte Fristen. Als sittenwidrig verworfen werden danach Klauseln, die inhaltlich nicht ausgewogen waren und die Rechte des Klägers einseitig beschnitten. Der dogmatisch richtige Anknüpfungspunkt für eine derartige Klauselkontrolle findet sich für Formularverträge nunmehr in § 307 I, II. Hier hat das BAG klare Vorgaben gemacht: Danach ist eine Frist von weniger als drei Monaten für die erstmalige Geltendmachung auch unter Berücksichtigung der im Arbeitsrecht geltenden Besonderheiten unangemessen kurz[12]. Es hält ebenso in Anlehnung an § 61b ArbGG für die zweite Stufe eine Mindestfrist von drei Monaten für den Regelfall für erforderlich, hat sie aber anders als vorangegangene InstanzRspr. nicht gänzlich verworfen[13]. Zudem benachteiligen vorformulierte Ausschlussfristen, nach denen nur der ArbN binnen einer bestimmten Frist Ansprüche aus dem Arbeitsverhältnis geltend zu machen hat, den ArbN unangemessen und sind deshalb nach § 307 I BGB unwirksam[14].

432 Neben der Länge der Ausschlussfrist und dem damit in unmittelbaren Zusammenhang stehenden gesetzl. Leitbild der Verjährungsvorschriften sind als **weitere** im Rahmen der Interessenabwägung nach § 307 I, II zu berücksichtigende **Faktoren** vor allem das Interesse beider Vertragsparteien an der Vereinbarkeit einer Ausschlussfrist sowie der mit diesen Klauseln bezweckte Rechtsfrieden bzw. Rechtssicherheit zu nennen. Dabei darf nicht verkannt werden, dass selbst beiderseitige Ausschlussklauseln vorwie-

1 BAG v. 27.2.1990 – 3 AZR 216/88, NZA 1990, 627. |2 BAG v. 21.6.1979 – 3 AZR 855/78, DB 1979, 2187. |3 BAG v. 23.2.1999 – 9 AZR 737/97, DB 1999, 2011. |4 BAG v. 15.5.1991 – 5 AZR 271/90, NZA 1991, 979. |5 BAG v. 13.1.1982 – 5 AZR 546/79, NJW 1982, 2207. |6 BAG v. 5.8.1999 – 6 AZR 752/97, ZTR 2000, 36; v. 8.8.2000 – 9 AZR 418/99, AP TVG § 4 – Ausschlussfristen Nr. 151; v. 6.9.1972 – 4 AZR 422/71, AP BAT § 4 Nr. 2 mwN; v. 27.3.1963 – 4 AZR 72/62, AP BetrVG § 59 Nr. 9; v. 24.5.1973 – 5 AZR 21/73, AP Nr. 52 zu § 4 TVG – Ausschlussfristen. |7 BAG v. 10.10.2002 – 8 AZR 8/02, DB 2003, 508. |8 BAG v. 24.3.1988 – 2 AZR 630/87, NZA 1989, 101; vgl. aber auch BAG v. 5.4.1984 – 6 AZR 443/81, NZA 1984, 257, wonach eine einzelvertragl. vereinbarte Ausschlussklausel nicht für gesetzl. Urlaubsansprüche gelten soll. |9 BAG v. 29.11.1995 – 5 AZR 447/94, NJW 1996, 2117. |10 BAG v. 23.2.2005 – 4 AZR 139/04, BB 2005, 1795; v. 31.8.2005 – 5 AZR 545/04, AP Nr. 8 zu § 6 ArbZG. |11 BAG v. 27.10.2005 – 8 AZR 546/03, AP Nr. 13 zu § 12a ArbGG 1979; v. 18.3.2003 – 9 AZR 44/02, AP Nr. 28 zu § 157 BGB; v. 24.3.1988 – 2 AZR 630/87, NZA 1989, 101; v. 25.7.1984 – 5 AZR 219/82, nv. |12 BAG v. 28.9.2005 – 5 AZR 52/05, AP Nr. 7 zu § 307 BGB. |13 BAG v. 25.5.2005 – 5 AZR 572/04, AP Nr. 1 zu § 310 BGB. |14 BAG v. 31.8.2005 – 5 AZR 545/04, AP Nr. 8 zu § 6 ArbZG.

gend im Interesse des ArbGeb liegen und der ArbN damit durch sie stärker betroffen ist[1]. Was symmetrisch aussieht, ist es nicht[2].

Einstweilen frei. 433

cc) **Besonderheiten bei zweistufigen Ausschlussfristen.** Zweistufige Ausschlussfristen dürfen formularmäßig vereinbart nicht unangemessen kurz sein (Rz. 432), sind jedoch nicht nach **§ 309 Nr. 13 unwirksam**[3] (Anh. §§ 305–310 BGB Rz. 7). 434

Nach Beendigung des Arbeitsverhältnisses sind bei einer zweistufigen Ausschlussklausel einige **prozessuale Besonderheiten** zu beachten. Verlangt die Ausschlussklausel in einer **ersten Stufe** die schriftl. Geltendmachung des Anspruchs, so genügt im Falle der Kündigung hierfür die Erhebung und Durchführung der Kündigungsschutzklage, sofern Ansprüche betroffen sind, die während des Kündigungsstreits fällig werden und von dessen Ausgang abhängen[4]. Für die gerichtl. Geltendmachung des Anspruchs (**zweite Stufe**) reicht dies aber nicht aus[5]. Erforderlich ist nach st. Rspr. vielmehr zusätzlich die Erhebung einer fristgerechten Zahlungsklage[6]. Mit dem Einreichen der Kündigungsschutzklage erfüllt der ArbN damit die erste Stufe der Voraussetzungen einer zweistufigen Ausschlussfrist, nicht aber ihre Zweite. Diese beginnt regelmäßig mit der Ablehnung der Ansprüche durch den Vertragspartner zu laufen. Im Kündigungsschutzprozess genügt dafür das Bestreiten der Ansprüche durch den ArbGeb[7]. Der vom ArbGeb vor der Antragstellung im Kündigungsschutzprozess schriftsätzlich angekündigte Klageabweisungsantrag stellt eine schriftliche Ablehnung der mit der Kündigungsschutzklage vom ArbN geltend gemachten Annahmeverzugsansprüche dar. Eine ausdrückliche schriftl. Ablehnungserklärung ist nicht erforderlich, wenn die Verfallklausel nur eine schriftl. Ablehnung verlangt[8]. 435

c) **Beweislastmodifikationen.** Beweislastmodifikationen in Formulararbeitsverträgen sind am Maßstab des **§ 309 Nr. 12** zu messen. Ohne Wertungsmöglichkeit unwirksam sind danach Bestimmungen, durch die der Verwender die Beweislast zum Nachteil des anderen Vertragsteils ändert, insb. indem er diesem die Beweislast für Umstände auferlegt, die im Verantwortungsbereich des Verwenders liegen. Gleiches gilt für Bestimmungen durch die der Verwender den anderen Vertragsteil bestimmte Tatsachen bestätigen lässt. Arbeitsrechtl. Besonderheiten stehen der Anwendbarkeit dieser Vorschrift auf den Arbeitsvertrag nicht entgegen. Das BAG hielt schon bisher eine Modifikation der gesetzl. oder richterrechtl. Beweislastregeln im Arbeitsvertrag für unzulässig[9]. 436

Neben dem generellen Verbot der Beweislaständerung nennt § 309 Nr. 12 in lit. a und b zwei Beispielsfälle unwirksamer Beweislastmodifikationen. § 309 Nr. 12 **lit. a** verbietet eine Abweichung von dem von der Rspr.[10] entwickelten allgemeinen Grundsatz der Beweislastverteilung nach Verantwortungsbereichen, einer Ausnahme von der allgemeinen Regel, dass immer der Geschädigte das anspruchsbegründende Verhalten des Schädigers beweisen muss. Die Vorschrift erlangt namentlich bei der Geltendmachung von Schadensersatzansprüchen Bedeutung. Unwirksam sind danach bspw. Klauseln, die den Nachweis eines Verschuldens des ArbGeb zur Voraussetzung eines Schadensersatzanspruchs des ArbN machen. Von ungleich größerer Bedeutung sind die in § 309 Nr. 12 **lit. b** hervorgehobenen **Tatsachenbestätigungen**. Verhindert werden soll mit dieser Vorschrift eine Umgehung des Verbots einer Beweislastmodifikation, indem der Verwender sich die für die Durchsetzbarkeit eines Anspruchs notwendigen Tatsachen vom anderen Vertragsteil bestätigen lässt und mit dieser Bestätigung im Streitfall den ihm obliegenden Beweis für das Vorliegen der Tatsache erbringt. Änderungen im Vergleich zur bisherigen Rechtslage könnten die Vorgabe für **Empfangsbekenntnisse** mit sich bringen. Diese sind in Abweichung zu § 309 Nr. 12 lit. b wirksam, wenn sie gesondert unterschrieben oder mit einer gesonderten qualifizierten elektronischen Signatur versehen sind; die Verwendung eines separaten Schriftstücks ist nicht unbedingt notwendig, aber empfehlenswert. Ausreichend ist, dass sich das Empfangsbekenntnis deutlich vom übrigen Vertragstext absetzt[11]. Relevanz erlangt dies bspw. bei der Vereinbarung eines **Wettbewerbsverbots** zwischen ArbGeb und ArbN nach § 110 GewO iVm. § 74 HGB. Die Wettbewerbsabrede bedarf nach dieser Vorschrift neben der Schriftform noch der Aushändigung an den ArbN. Die Aushändigung ist damit Wirksamkeitsvoraussetzung. Möchte sich der ArbGeb die Aushändigung im Formulararbeitsvertrag bestätigen lassen, hat er auf eine deutliche drucktechnische oder räumliche Abhebung vom restlichen Vertragstext zu achten. 437

---

1 Hierauf weist schon *Preis*, ZIP 1989, 885 (890) hin. | 2 Allgemein zur begrenzten Aussagekraft des Symmetrie-Arguments in der Rechtswissenschaft *Thüsing*, Wertende Schadensberechnung, S. 441 ff. | 3 BAG v. 25.5.2005 – 5 AZR 572/04, AP Nr. 1 zu § 310 BGB; für die Kontrolle von Ausschlussfristen *Thüsing*, AGB-Kontrolle, Rz. 159 f. mwN. | 4 Wiedemann/*Wank*, § 4 TVG Rz. 848; *Preis*, Der Arbeitsvertrag, II A 150 Rz. 44 mwN. | 5 BAG v. 22.2.1978 – 5 AZR 805/76, NJW 1978, 1942. | 6 BAG v. 7.11.1991 – 2 AZR 34/91, NZA 1992, 521. | 7 BAG v. 16.3.1995 – 8 AZR 58/92, NZA 1995, 1213; Wiedemann/*Wank*, § 4 TVG Rz. 836. | 8 BAG v. 26.4.2006 – 5 AZR 403/05, AP Nr. 188 zu § 4 TVG – Ausschlussfristen; so bereits BAG v. 20.3.1986 – 2 AZR 295/85, EzA § 615 BGB Nr. 48; anders BAG v. 11.12.2001 – 9 AZR 510/00, EzA § 4 TVG Ausschlussfristen Nr. 145. | 9 BAG v. 16.3.1994 – 5 AZR 339/92, NZA 1994, 937. | 10 Vgl. zB BGH v. 17.2.1964 – II ZR 98/62, BGHZ 41, 151. | 11 *Wolf* in Wolf/Horn/Lindacher, § 11 AGBG Nr. 15 Rz. 27; *Lingemann*, NZA 2002, 181 (192).

438 Für den Bereich der **Haftung des ArbN** enthält § 619a eine eigenständige Beweislastregelung. Sofern man § 619a nicht ohnehin als zwingend ansieht[1], scheitert eine Beweislastverlagerung bei der ArbN-Haftung an § 309 Nr. 12.

439 **d) Bezugnahmeklauseln auf Tarifverträge.** S. hierzu *Thüsing*, AGB-Kontrolle im Arbeitsrecht, Rz. 177 ff. sowie die Komm. zu § 3 TVG Rz. 15 ff.

440-451 Einstweilen frei.

452 **e) Bezugnahmeklauseln auf sonstige Arbeitsbedingungen – Öffnungsklauseln.** Bezugnahmen auf sonstige Arbeitsbedingungen berühren regelmäßig zwei Problemkreise: Zum einen stellt sich die Frage, ob die entsprechenden Abreden Inhalt des Arbeitsvertrages geworden sind, zum anderen, ob und ggf. wie sich eine spätere Änderung dieser Arbeitsbedingungen ohne Beteiligung des ArbN auf sein Arbeitsverhältnis auswirkt. Der häufig im Arbeitsvertrag anzutreffende Hinweis auf die Anwendbarkeit der „im Betrieb geltenden **BV**" ist grds. rein deklaratorischer Natur. Er bestätigt nur, was nach § 77 IV 1 BetrVG ohnehin gilt. Bedeutung erlangen derartige Verweise allerdings, wenn sie im Wege der Auslegung als **Öffnungsklausel** verstanden werden können. Der Arbeitsvertrag und evtl. bestehende Gesamtzusagen sind dann „betriebsvereinbarungsoffen" ausgestaltet, sie stehen mit anderen Worten unter dem Vorbehalt verschlechternder Änderungen durch BV[2]. Das ansonsten im Verhältnis von BV zum Arbeitsvertrag bzw. Gesamtzusagen geltende Günstigkeitsprinzip wird durch eine derartige Vertragsgestaltung ausgeschaltet, der vertragl. Gestaltungsspielraum des ArbGeb mithin erweitert. Vor dem Hintergrund des § 305c II und der Tatsache, dass derartige Klauseln zum Wegfall von einzelarbeitsvertragl. zugesicherten Positionen führen können, sind sie **hinreichend klar** zu formulieren. Das BAG ist bislang hinsichtlich der Annahme der Öffnungsklausel großzügig und hat selbst in allgemein gehaltenen Klauseln eine Öffnung des Arbeitsvertrages erkannt[3]: „Die allgemeinen Arbeitsbedingungen und -vergütungen unterliegen den gesetzl. Bestimmungen sowie BV". Im Hinblick auf das neue Recht empfiehlt sich jedoch eine eindeutige Regelung: „Die in diesen Arbeitsvertrag getroffenen Vereinbarungen können durch eine spätere BV abgelöst werden. Das gilt auch dann, wenn die vertragl. Regelungen für den ArbN günstiger sind". Das Problem **nachfolgender Änderungen** zu Lasten des ArbN stellt sich bei BV nicht. Es gilt die Regel lex posterior derogat legi priori, dh. die spätere BV löst grds. die vorangegangene ab (s. Rz. 533).

453 **Allgemeine Arbeitsbedingungen** können unter Beachtung der allgemeinen AGB-rechtl. Bestimmungen Vertragsbestandteil werden. Ihre spätere Änderung bleibt im Regelfall ohne Auswirkung auf das schon abgeschlossene Arbeitsverhältnis. Insofern greifen die allgemeinen Regeln Platz: Eine Änderung des Arbeitsvertragsinhalts kann nur durch Änderungsvertrag oder eine Änderungskündigung herbeigeführt werden. Etwas anderes kann bei der Aufnahme einer sog. **Jeweiligkeitsklausel** gelten, wonach die allgemeinen Arbeitsbedingungen in ihrer jeweils gültigen Fassung Inhalt des Arbeitsvertrags werden. Zulässig sind derartige Vereinbarungen jedoch nur im Rahmen der Billigkeit und Angemessenheit[4].

454 **f) Haftungsausschlüsse und -erweiterungen. aa) Ausschluss der Haftung des Arbeitgebers.** Klauseln im Formulararbeitsvertrag, die eine Haftung des ArbGeb für die Verletzung von **Leben, Körper und Gesundheit** des ArbN ausschließen oder begrenzen, sind bereits nach § 309 Nr. 7 lit. a unwirksam, sofern der ArbGeb – wie regelmäßig – Verwender oder zumindest gesetzl. Vertreter bzw. Erfüllungsgehilfe des Verwenders ist. Unzulässig ist nach dieser Vorschrift nicht nur ein Ausschluss oder eine Begrenzung der Haftung für grob fahrlässige Pflichtverletzungen, die zu einer Verletzung der genannten Rechtsgüter führen. Vielmehr ist auch bei **leichter Fahrlässigkeit** die Haftung nicht einschränkbar. Damit geht die Neuregelung ihrem Wortlaut nach über die Vorgängervorschrift des § 11 Nr. 7 AGBG hinaus, die ein Verbot der Haftungsbeschränkung nur bei grobem Verschulden kannte.

455 Unwirksam ist der **Ausschluss** der Haftung, unabhängig davon, ob er sich auf einzelne Pflichten des ArbGeb beschränkt oder das gesamte Arbeitsverhältnis umfasst. Verboten ist nicht nur der unmittelbare, sondern auch ein nur mittelbarer Haftungsausschluss, etwa indem bereits die objektive Pflicht, die Grundlage der Haftung ist, ausgeschlossen wird[5]. Gleichermaßen unzulässig sind Klauseln, die das Verbot des Haftungsausschlusses der ArbGebHaftung bspw. dadurch zu umgehen versuchen, dass sie eine alleinige Haftung des ArbN statuieren oder ihn auf ihm ansonsten zustehende Schadensersatzansprüche verzichten lassen. Eine unzulässige **Begrenzung** der Haftung liegt insb. bei ihrer Beschränkung auf eine Höchstsumme vor[6]. Erfasst wird ebenso eine Verkürzung der Verjährungsfristen[7], die Zuerkennung nur einer bestimmten Art der Schadensersatzleistung (zB nur Geldersatz) oder Schadensberechnung (zB nur konkret, nicht aber auch abstrakt)[8].

---

1 So wohl zu Recht *Däubler*, NZA 2001, 1329 (1332) für die Haftungsprivilegierung des ArbN; aA *Gotthardt*, Schuldrechtsreform, Rz. 257. | 2 BAG v. 2.8.1982 – 6 AZR 1117/79, NJW 1983, 68; *Blomeyer*, DB 1987, 634; *Schaub*, ArbRHdb, § 231 Rz. 36 f.; *Richardi*, NZA 1987, 185. | 3 BAG v. 20.11.1987 – 2 AZR 284/86, NZA 1988, 617. | 4 BAG v. 14.3.1961 – 3 AZR 83/60, BB 1961, 719. | 5 *Wolf* in Wolf/Horn/Lindacher, § 11 AGBG Nr. 7 Rz. 22. | 6 BGH v. 28.4.1983 – VII ZR 267/82, WM 1983, 916; OLG München v. 2.3.1994 – 7 U 5918/93, NJW-RR 1994, 742 (Transportvertrag). | 7 BGH v. 4.5.1995 – I ZR 90/93, NJW 1995, 2224. S. auch BAG v. 25.5.2005 – 5 AZR 572/04, AP Nr. 1 zu § 310 BGB. | 8 *Wolf* in Wolf/Horn/Lindacher, § 11 AGBG Nr. 7 Rz. 23.

Der praktische Anwendungsbereich des § 309 Nr. 7 lit. a ist wegen der **Haftungsfreistellung** des ArbGeb **nach § 104 SGB VII** gering. Nach dieser Vorschrift sind Schadensersatzansprüche des ArbN, seiner Angehörigen und Hinterbliebenen gegen den ArbGeb wegen eines Personenschadens des ArbN ausgeschlossen, sofern der Schaden durch einen Versicherungsfall verursacht wurde und der ArbN im Unfallzeitpunkt in der gesetzl. Unfallversicherung versichert war; unter Versicherungsfälle fallen gem. § 7 I SGB VII Arbeitsunfälle und Berufskrankheiten. Das Haftungsprivileg des ArbGeb entfällt, wenn dieser den Versicherungsfall vorsätzlich herbeigeführt hat oder er auf einem nach § 8 II Nr. 1–4 SGB VII versicherten Weg eingetreten ist. Die Bedeutung des § 309 Nr. 7a reduziert sich damit auf Haftungsfälle außerhalb des Anwendungsbereichs der gesetzlichen Unfallversicherung[1]. 456

Das Bedürfnis einer Haftungsfreistellung des ArbGeb ist bei **Sachschäden des ArbN** ungleich größer, 457 da das Haftungsprivileg nach § 104 SGB VII hier nicht eingreift. In diesem Bereich gilt Folgendes: Die Haftung wegen **Vorsatzes** kann dem ArbGeb bereits nach allgemeinen Regeln nicht im Voraus erlassen werden, vgl. § 276 III. Einem Ausschluss oder einer Begrenzung der Haftung für **grobe Fahrlässigkeit** steht im Formulararbeitsvertrag § 309 Nr. 7b entgegen, der Haftungsausschluss für **einfache Fahrlässigkeit** ist an § 307 zu messen. Eine unangemessene Benachteiligung des ArbN kann insb. dann vorliegen, wenn der ArbGeb die zumutbare Möglichkeit nicht ergreift, eine ihn eventuell treffende Schadensersatzhaftung durch den Abschluss einer Versicherung für die eingebrachten Sachen des ArbN abzudecken[2].

Für arbeitstypische, unabgegoltene Sachschäden haftet der ArbGeb nach § 670 analog **verschuldensunabhängig**[3]. Ob diese Haftungsgrundsätze der Disposition der Arbeitsvertragsparteien unterliegen, 458 ist bislang noch nicht geklärt[4]. In Übereinstimmung mit der herrschenden Meinung zur Dispositivität der richterrechtl. Grundsätze zur ArbN-Haftung (s. Rz. 407) wird man diese Frage wohl verneinen müssen; die Haftung für arbeitstypische, unabgegoltene Sachschäden lässt sich demnach nicht im Arbeitsvertrag auf den ArbN abwälzen.

bb) Erweiterung der Haftung des Arbeitnehmers. Die Haftung des ArbN bei betrieblich veranlassten 459 Tätigkeit bestimmt sich nach den vom BAG entwickelten **Grundsätzen zur Haftungserleichterung** im Arbeitsrecht[5] (s. § 619a Rz. 11 ff.). Nach der Rspr. sind diese Regeln **„einseitig zwingendes ArbN-Schutzrecht"**, das weder individual- noch kollektivvertragl. zuungunsten des ArbN abbedungen werden darf[6]. Klauseln, die bspw. eine Haftung des ArbN für jede Fahrlässigkeit oder sogar ohne Rücksicht auf sein Verschulden vorsehen, sind somit unzulässig. Eine Abbedingung soll jedoch dann zulässig sein, wenn dem ArbN für seine haftungsrechtl. Schlechterstellung ein besonderer Risikoausgleich gezahlt wird[7]. Dieser ist nicht allein in der Zahlung eines höheren Lohns zu sehen[8]. Das Gesagte ist nicht unumstritten: Vereinzelt wird die richterrechtl. Rechtsfortbildung als rein dispositives Recht verstanden[9]. Haftungsverschärfungen zu Lasten des ArbN wären dann am Maßstab des § 307 zu kontrollieren.

g) Rückzahlung von Fort- und Ausbildungskosten. Vertragl. Rückzahlungsklauseln in Bezug auf Aus- 460 und Fortbildungskosten kommen in unterschiedlichen **Erscheinungsformen** vor. Am weitesten verbreitet sind Klauseln, die den ArbN zur Rückzahlung der für die Fortbildung vom ArbGeb aufgewandten Kosten verpflichten, wenn er vor Ablauf bestimmter Fristen aus dem Arbeitsverhältnis ausscheidet. Denkbar ist auch, die Rückzahlungspflicht an die vorzeitige oder erfolglose Beendigung der Fortbildungsmaßnahme zu knüpfen[10]. Mit einer derartigen Klausel soll insb. der unüberlegten Inanspruchnahme der Fortbildungsmaßnahme oder ihrer nachlässigen Durchführung vorgebeugt werden. **Rechtstechnisch** handelt es sich bei Rückzahlungsklauseln um aufschiebend bedingte Zahlungsverpflichtungen iSv. § 158 I[11].

aa) Spezialgesetzliche Vereinbarungsgrenzen von Rückzahlungsklauseln. Ein gesetzl. Verbot von 461 Rückzahlungsklauseln besteht lediglich im **Berufsausbildungsverhältnis** (§ 12 I 1, II Nr. 1 BBiG). Abzugrenzen ist die Berufsausbildung von der beruflichen Fortbildung und der beruflichen Umschulung, vgl. § 1 BBiG. Für diese Maßnahmen gilt das gesetzl. Verbot des § 12 BBiG nicht, und auch eine analoge Anwendung kommt nicht in Betracht[12]. Die Abgrenzung der verschiedenen Maßnahmen voneinander

---

1 *Hümmerich*, Gestaltung von Arbeitsverträgen, 2006, § 1 Rz. 1867; *Däubler* in Däubler/Dorndorf/Bonin/Deinert, AGB-Kontrolle, § 309 Nr. 7 BGB Rz. 5. | 2 *Wolf* in Wolf/Horn/Lindacher, § 11 AGBG Nr. 7 Rz. 33; *Becker-Schaffner*, VersR 1972, 322; *Schaub*, ArbRHdb, § 108 Rz. 29; Preis/*Stoffels*, Der Arbeitsvertrag, II H 10 Rz. 6. | 3 BAG v. 25.5.2000 – 8 AZR 518/99, NJW 2000, 3369; grundl. BAG v. 10.11.1961 – GS 1/60, NJW 1962, 411. | 4 Hierzu *Mayer-Maly*, NZA 1991, Beil. 3, 16; MüKo/*Henssler*, § 619a BGB Rz. 12. | 5 BAG v. 15.11.2001 – 8 AZR 95/01, NZA 2002, 612; grundl. BAG v. 27.9.1994 – GS 1/89, NJW 1995, 210. Vgl. auch *Schaub*, ArbRHdb, § 52 Rz. 42 ff. mwN. | 6 BAG v. 2.12.1999 – 8 AZR 386/98, NZA 2000, 715; v. 7.9.1998 – 8 AZR 175/97, NJW 1999, 1049. | 7 LAG Düsseldorf v. 24.11.1965 – 3 Sa 346/65, BB 1966, 80; Preis/*Stoffels*, Der Arbeitsvertrag, II H 20 Rz. 20. | 8 *Schaub*, ArbRHdb, § 52 Rz. 80. | 9 *Gotthardt*, Schuldrechtsreform, Rz. 250; so bereits *Preis*, Grundfragen der Vertragsgestaltung im Arbeitsrecht, S. 464 f. | 10 Ausf. zu diesem Formen der Rückzahlungsklausel *Meier/Schulz*, NZA 1996, 742. | 11 Formulierungsbeispiele und Vorschläge s. *Thüsing* in Graf v. Westphalen, Vertragsrecht und AGB-Klauselwerke, Stichwort Arbeitsverträge, Rz. 139 ff. | 12 BAG v. 5.12.2002 – 6 AZR 216/01, AP Nr. 2 zu § 19 BBiG; v. 20.2.1975 – 5 AZR 240/74, AP Nr. 2 zu § 611 BGB – Ausbildungsbeihilfe; *Hoß*, MDR 2000, 1115 (1116); Preis/*Stoffels*, Der Arbeitsvertrag, II A 120 Rz. 14.

kann in Randbereichen Schwierigkeiten bereiten[1]. Eine Berufsausbildung ist bei der erstmaligen Vermittlung von Grundkenntnissen und Grundfertigkeiten anzunehmen, sie kann aber auch im Anschluss an eine Erstausbildung stattfinden[2]. Unter „Fortbildung" wird dagegen gem. § 1 IV BBiG eine Ausbildung verstanden, deren Ziel es ist, berufliche Kenntnisse zu erhalten, zu erweitern, technischen Entwicklungen anzupassen oder beruflich aufzusteigen. Die berufliche Umschulung soll zu einer anderen beruflichen Tätigkeit befähigen (§ 1 V BBiG). Sie ist im Gegensatz zu einer Erstausbildung auf die schnelle Wiedereingliederung des Umschülers in den Arbeitsprozess auszurichten[3].

462 Zu den **erstattungsfähigen Kosten**, auf die sich die Rückzahlungsvereinbarung erstrecken darf, zählen neben der fortgezahlten Vergütung und den Kosten für die Fortbildungsmaßnahme an sich auch sonstige Kosten, die der ArbGeb vereinbarungsgemäß übernommen hat, wie zB Reise-, Verpflegungs- und Unterbringungskosten[4]. Bildungskosten, die der ArbGeb von Gesetzes wegen **zwingend zu tragen** hat, können hingegen nicht mithilfe einer Rückzahlungsabrede dem ArbN aufgebürdet werden. Dies gilt bspw. für die Kosten einer BR-Schulung oder Ausgaben, welche dem ArbGeb für die Einweisung des ArbN in seinen Arbeitsplatz nach § 81 BetrVG entstehen[5]. Gleiches wird man für Kosten von Umschulungs- oder Fortbildungsmaßnahmen iSv. § 1 II 3 KSchG bzw. § 97 II BetrVG annehmen müssen[6]. Nichtig sind Klauseln insoweit, als sie die Rückzahlungsverpflichtung des ArbN nicht nur auf das Arbeitsentgelt, sondern darüber hinaus auf die **ArbGebAnteile zur SozV** erstrecken[7]. Das Verbot der geltungserhaltenden Reduktion bei Formularverträgen kann hier bei strenger Auslegung zur Nichtigkeit der Rückzahlungsvereinbarung insgesamt führen.

463 **bb) Unangemessene Benachteiligung des Arbeitnehmers.** Das BAG nahm ehemals in st. Rspr. unter Berufung auf § 242 eine Inhaltskontrolle von Rückzahlungsklauseln vor[8]. Die Rückzahlungspflicht des ArbN müsse aus der Sicht eines verständigen Betrachters einem begründeten und billigenswerten Interesse des ArbGeb entsprechen und dem ArbN nach Treu und Glauben zumutbar sein. Dies wiederum sei unter Berücksichtigung der Umstände des Einzelfalles auf Grund einer Güter- und Interessenabwägung nach Maßgabe des Verhältnismäßigkeitsgrundsatzes zu ermitteln. Für formularmäßig vereinbarte Rückzahlungsklauseln ergibt sich der **Prüfungsmaßstab** nunmehr aus **§ 307**[9]. Für die dort anzustellende Interessenabwägung bietet sich an, zwischen der grundsätzlichen Zulässigkeit und der inhaltlichen Ausgestaltung der Rückzahlungsklausel zu differenzieren[10]. Die Prüfungsmaßstäbe für beide Vereinbarungsformen dürften nicht zu abweichenden Ergebnissen führen[11].

464 **(1) Grundsätzliche Zulässigkeit des Rückzahlungsvorbehalts („Ob").** Ein **berechtigtes ArbGebInteresse** an der Vereinbarung einer Rückzahlungsklausel ist grds. gegeben. Es besteht in der Absicherung gegen den Verlust seiner Investitionen in die Weiterbildung des ArbN. Fehlen wird es an dieser Voraussetzung allerdings, wenn der ArbGeb dem ArbN lediglich aus rein sozialen Erwägungen die Teilnahme an der Fortbildungsveranstaltung ermöglicht, ohne vorzuhaben, die erworbenen Fähigkeiten und Kenntnisse später zu nutzen[12].

465 Die Erstattung der Kosten einer Fortbildungsmaßnahme ist dem ArbN umso eher zuzumuten, je größer der für ihn mit der Weiterbildung verbundene Vorteil ist: Ihm muss eine **angemessene Gegenleistung** in Form seiner Weiterqualifizierung zufließen[13]. Dieser Gesichtspunkt stand bereits bisher bei der von der Rspr. vorgenommenen Interessenabwägung im Vordergrund[14] und wird auch im Rahmen des § 307 das maßgebliche Abwägungskriterium bilden. Ein **geldwerter Vorteil** kann insb. in einer Verbesserung der Chancen des ArbN auf dem Arbeitsmarkt[15] oder der Schaffung von realistischen beruflichen Aufstiegsmöglichkeiten[16] liegen. Ersteres trifft zB auf den Erwerb von Personenbeförderungsscheinen für Taxen oder Omnibusse bzw. sog. Musterberechtigungen zum Führen von Flugzeugen zu[17]. Gerade bei derartigen Musterberechtigungen ist die Rspr. wegen ihrer oftmals begrenzten gegenständlichen und zeitlichen Nutzbarkeit mitunter allerdings zurückhaltend und verlangt vom ArbGeb darzulegen, dass auch außerhalb des eigenen Betriebs Bedarf an derart ausgebildeten Arbeitskräften besteht

---

1 Vgl. dazu *Hennige*, NZA-RR 2000, 617 (620) mwN. | 2 BAG v. 3.6.1987 – 5 AZR 285/86, AP Nr. 85 zu § 1 TVG – Tarifverträge: Bau; ErfK/*Schlachter*, § 1 BBiG Rz. 4. | 3 ErfK/*Schlachter*, §§ 58–63 BBiG Rz. 1. | 4 BAG v. 12.12.1979 – 5 AZR 1056/77, AP Nr. 4 zu § 611 BGB – Ausbildungsbeihilfe; *Hoß*, MDR 2000, 1115 (1118). | 5 S. hierzu Richardi/*Thüsing*, § 37 BetrVG Rz. 179. | 6 Küttner/*Reinecke*, Personalbuch, Rückzahlungsklausel Rz. 5; *Hennige*, NZA-RR 2000, 617 (619). | 7 Preis/*Stoffels*, Der Arbeitsvertrag, II A 120 Rz. 15. | 8 Die bisherige Rspr. zusammenfassend BAG v. 21.7.2005 – 6 AZR 452/04, AP Nr. 37 zu § 611 BGB; zuvor ua. BAG v. 6.5.1998 – 5 AZR 535/97, NJW 1999, 443; v. 16.3.1994 – 5 AZR 339/92, NZA 1994, 937; v. 21.11.2002 – 6 AZR 77/01, AP Nr. 5 zu § 611 BGB – Ausbildungsbeihilfe. | 9 Siehe dazu jüngst BAG v. 18.3.2008 – 9 AZR 186/07, nv. | 10 So schon bisher *Hanau/Stoffels*, Beteiligung von Arbeitnehmern an den Kosten der beruflichen Fortbildung, 1992, S. 21; *Meier/Schulz*, NZA 1996, 742 (746). | 11 S. auch BAG v. 28.3.2007 – 10 AZR 261/06, AP Nr. 265 zu § 611 BGB – Gratifikation. | 12 *Huber/Blömeke*, BB 1998, 2157 (2158). | 13 BAG v. 21.7.2005 – 6 AZR 452/04, AP Nr. 37 zu § 611 BGB; v. 16.3.1994 – 5 AZR 339/92, NZA 1994, 937; *Becker-Schaffner*, DB 1991, 1016; *Hennige*, NZA-RR 2000, 617 (622); *Huber/Blömeke*, BB 1998, 2157; *Hoffmann*, AuR 1996, 194 (195). | 14 Grundl. BAG v. 18.8.1976 – 5 AZR 399/75, NJW 1977, 973; vgl. auch BAG v. 6.9.1995 – 5 AZR 241/94, NZA 1996, 314. | 15 BAG v. 11.4.1990 – 5 AZR 308/89, BB 1990, 2052. | 16 BAG v. 18.8.1976 – 5 AZR 399/75, NJW 1977, 973. | 17 BAG v. 24.7.1991 – 5 AZR 430/90, AP Nr. 15 zu § 611 BGB – Ausbildungsbeihilfe; *Huber/Blömeke*, BB 1998, 2157 (2158).

und inwiefern gerade durch die Fortbildung die Berufs- und Verdienstchancen des ArbN gesteigert worden sind[1]. Entscheidend für die Erlangung eines geldwerten Vorteils ist damit, ob der ArbN durch die Fortbildungsmaßnahme Kenntnisse oder Fähigkeiten erwirbt, die er auch bei einem anderen ArbGeb einsetzen oder zum beruflichen Aufstieg nutzen kann. Hohe Kosten des ArbGeb allein reichen nicht[2].

Bei reinen **Auffrischungs- oder Vertiefungslehrgängen** fehlt es regelmäßig an einem Vorteil des ArbN, welcher eine Rückzahlungsvereinbarung rechtfertigen könnte[3]. Gleiches gilt für solche Fortbildungsmaßnahmen, die lediglich bereits vorhandene Kenntnisse an neue betriebl. Gegebenheiten anpassen[4]. 466

(2) Inhaltliche Grenzen der Rückzahlungsvereinbarung („Wie"). Die inhaltliche Zulässigkeit der Rückzahlungsvereinbarung wird maßgeblich durch den Grad der mit dieser Vereinbarung verbundenen **Bindungsintensität** bestimmt. Mit der zunehmenden Bindung des ArbN an seinen ArbGeb durch die drohende Rückzahlung von Arbeitslohn und Fortbildungskosten geht eine faktische Einschränkung seiner Kündigungsfreiheit einher, welche vor dem Hintergrund des über die Generalklausel des § 307 I 1 mittelbar wirkenden Art. 12 I GG zu steigenden Anforderungen an die Rechtfertigung der Rückzahlungsklausel führt. Die Bindungsintensität ist wiederum abhängig von der Dauer der Bindung an den ArbGeb und der Höhe der den ArbN bei einem vorzeitigen Ausscheiden treffenden Rückzahlungslast. 467

Die zulässige **Bindungsdauer** steht in Abhängigkeit zur Länge der Fortbildungszeit. Sind auch letztlich die Einzelfallumstände entscheidend, so hat die Rspr. gewisse **Richtlinien** zur Beurteilung eines angemessenen Verhältnisses zwischen Fortbildungsmaßnahme und Bindungsdauer herausgearbeitet[5]. Im Einzelnen gilt Folgendes: Eine bis zu zwei Monaten dauernde Fortbildungsmaßnahme lässt eine Bindung von einem Jahr zu[6], bei drei bis vier Monaten sind es schon zwei Jahre[7] und einer Fortbildungsdauer von sechs bis zwölf Monaten vermag eine Bindungsdauer von drei Jahren zu rechtfertigen[8]. Eine fünfjährige Bindungsdauer setzt eine mehr als zwei Jahre andauernde Fortbildungsmaßnahme voraus[9]. Ein starres Schema ist das nicht, vielmehr gelten diese Grundsätze nur für den Regelfall. Im Einzelfall kann auch bei kürzerer Dauer der Fortbildung eine verhältnismäßig lange Bindung gerechtfertigt sein, wenn etwa der ArbGeb erhebliche Mittel aufwendet und die Teilnahme an der Fortbildung dem ArbN besondere Vorteile bringt[10]. Umgekehrt kann auch bei längerer Dauer der Fortbildung nur eine verhältnismäßig kurze Bindung gerechtfertigt sein. Das kann etwa dann der Fall sein, wenn der ArbGeb nur verhältnismäßig wenig Mittel aufwendet und die Teilnahme an der Fortbildung dem ArbN nur geringe Vorteile bringt[11]. Hier zeigt sich, dass der Rspr. zur Bindungsdauer die Erwägung zugrunde liegt, dass die Dauer der Fortbildung zwar ein starkes Indiz für die Qualität der erworbenen Qualifikation ist und daher in besonderem Maße bei der Interessenabwägung berücksichtigt werden muss, der Qualifikationsgrad des ArbN aber letztlich auch durch andere Umstände geprägt werden kann. Ob es einen Unterschied machen kann, dass schon im Arbeitsvertrag die Verpflichtung zur Teilnahme an der Fortbildung vereinbart wurde, ist zweifelhaft[12]. 468

Die **Höhe der Rückzahlungslast** ist in doppelter Hinsicht begrenzt[13]. Der ArbGeb kann höchstens den Betrag zurückverlangen, den er tatsächlich aufgewandt hat – eine Verzinsung kann nicht vereinbart werden. Andernfalls handelt es sich nicht mehr nur um die Rückzahlung von Ausbildungskosten, sondern auch um eine Vertragsstrafe. Weiter hat der ArbN höchstens den vereinbarten Betrag zurückzuzahlen. Das gilt auch dann, wenn die Kosten der Aus- oder Weiterbildung höher liegen[14]. Im Übrigen ist die **Staffelung** des Rückzahlungsbetrages zeitanteilig zur Bindungsdauer für die Interessenabwägung ein mitentscheidender Gesichtspunkt[15]. Für die Annahme einer nicht unsachgerechten Kündigungsbeschränkung reicht es aus, wenn sich die Rückzahlungspflicht jährlich verringert; eine monatliche Staffelung ist nicht erforderlich. 469

Im Rahmen der nach § 307 anzustellenden Interessenabwägung ist der die Rückzahlungspflicht auslösende **Tatbestand** zu berücksichtigen. Für den in der Praxis häufigsten Fall einer Rückzahlungsklausel, dass der ArbN nach erfolgreicher Qualifikation innerhalb einer vorgesehenen Bleibefrist das Arbeitsverhältnis beendet, ist es nicht ausreichend, die Rückzahlungspflicht an jedes **vorzeitige Ausscheiden** 470

---

1 BAG v. 24.7.1991 – 5 AZR 420/90, nv.; vgl. ferner *Hennige*, NZA-RR 2000, 617 (622) mwN. | 2 Vgl. BAG v. 11.4.1984 – 5 AZR 430/82, NZA 1984, 288. | 3 LAG Frankfurt v. 7.11.1988 – 2 Sa 359/88, NZA 1989, 392; LAG Rh.-Pf. v. 23.10.1981 – 6 Sa 353/81, EzA zu Art. 12 GG Nr. 18; *Becker-Schaffner*, DB 1991, 1016 (1018). | 4 *Huber/Blömeke*, BB 1998, 2157 für Computerschulungen aus Anlass neuer Hard- und Software. | 5 Diese zusammenfassend BAG v. 21.7.2005 – 6 AZR 452/04, AP Nr. 37 zu § 611 BGB – Ausbildungsbeihilfe; s. auch BAG v. 16.1.2003 – 6 AZR 384/01, EzA § 611 BGB 2002 – Ausbildungsbeihilfe Nr. 4; v. 5.12.2002 – 6 AZR 179/01, AP Nr. 13 zu § 2 BAT SR 2a. | 6 BAG v. 15.12.1993 – 5 AZR 279/93, NZA 1994, 835. | 7 BAG v. 6.9.1995 – 5 AZR 241/94, NZA 1996, 314. | 8 BAG v. 11.4.1984 – 5 AZR 430/82, NZA 1984, 288; 23.4.1986 – 5 AZR 159/85, NZA 1986, 741. | 9 BAG v. 12.12.1979 – 5 AZR 1056/77, DB 1980, 1704; v. 8.5.1974 – 5 AZR 359/73, NJW 1974, 2151. | 10 Zum Erwerb einer Musterberechtigung für Flugzeugführer BAG v. 19.2.2004 – 6 AZR 552/02, AP Nr. 33 zu § 611 BGB – Ausbildungsbeihilfe. | 11 BAG v. 6.9.1995 – 5 AZR 241/94, NZA 1996, 314. | 12 In diese Richtung BAG v. 19.2.2004 – 6 AZR 552/02, AP Nr. 33 zu § 611 BGB – Ausbildungsbeihilfe. | 13 BAG v. 16.3.1994 – 5 AZR 339/92, NZA 1994, 937. | 14 *Hanau/Stoffels*, Beteiligung von Arbeitnehmern an den Kosten der beruflichen Fortbildung, S. 38; *Dorndorf/Deinert* in Däubler/Dorndorf/Bonin/Deinert, AGB-Kontrolle, § 307 BGB Rz. 118; s. auch *Schmidt*, BB 1971, 44 (47). | 15 BAG v. 23.4.1986 – 5 AZR 159/85, NZA 1986, 741.

des ArbN anzuknüpfen[1]. Ausschlaggebend muss vielmehr sein, ob es zur Beendigung des Arbeitsverhältnisses auf Grund eines aus der Sphäre des ArbN stammenden Umstandes kommt, den dieser beeinflussen kann. Hieran fehlt es bei einer **arbeitnehmerseitigen Kündigung**, sofern diese durch ein Fehlverhalten des ArbGeb veranlasst ist, das auch einen besonnenen ArbN zur Kündigung bewegt hätte[2]. Jedes beliebige Fehlverhalten reicht damit nicht aus, eine gewisse Erheblichkeitsschwelle muss überschritten sein; entscheidend sind die Umstände des Einzelfalls. Nicht erforderlich ist, dass den ArbGeb selbst der Vorwurf vertragswidrigen Verhaltens trifft. Es reicht aus, wenn der die Kündigung veranlassende Umstand seiner Sphäre entstammt[3].

471 Bei einer **arbeitgeberseitigen Kündigung** ist nach dem Kündigungsgrund zu differenzieren. Unzulässig sind solche Rückzahlungsklauseln, die auch den Fall der betriebsbedingten Kündigung erfassen[4]. Der ArbGeb gibt bei einer solchen Kündigung zu erkennen, dass er trotz der aufgewendeten Kosten nicht bereit, zumindest nicht in der Lage ist, dem Betrieb die Qualifikation des ArbN zu erhalten. Die sachliche Grundlage für eine Kostenbeteiligung des ArbN, die diese als angemessenen Interessenausgleich erscheinen lässt, ist damit entfallen. Entsprechend wird man zumeist bei einer personenbedingten Kündigung entscheiden müssen[5]. Auch dort liegt zumindest im Regelfall der die Kündigung herbeiführende Umstand nicht in der Sphäre des ArbN. Handelt es sich dagegen um eine sachlich gerechtfertigte verhaltensbedingte Kündigung, spricht nichts gegen eine Beteiligung des ArbN an den Kosten der Fortbildungsmaßnahme[6]. Besondere Wirksamkeitsanforderungen sind an die Verpflichtung zur Rückzahlung von Fortbildungskosten **bei vorzeitiger Beendigung** der Fortbildungsmaßnahme zu stellen. Verlangt wird, dass dem ArbN in diesen Fällen eine angemessene Überlegungsfrist eingeräumt wird, innerhalb derer er sich über seine Eignung schlüssig werden und ohne Kostenrisiko entscheiden kann, ob er die Fortbildung fortsetzen oder aufgeben will[7]. Nach der Ansicht des BAG kann sich eine derartige Abrede auch im Wege der Auslegung gewinnen lassen[8]. Nach der Einbeziehung des Arbeitsvertrages in den Anwendungsbereich der §§ 305 ff. kann dem nicht mehr gefolgt werden[9]. Eine entsprechende Klausel ist nach §§ 305c II, 307 nunmehr unwirksam. Nicht uneingeschränkt zulässig sind Rückzahlungsklauseln für den Fall des **Nichtbestehens der Prüfung**[10]. Bedenken begegnen sie deshalb, weil sich der ArbGeb über die Fähigkeiten des ArbN vergewissern kann, bevor dieser die Fortbildungsmaßnahme antritt. Unwirksam ist deshalb die Vereinbarung einer Rückzahlungsverpflichtung auch für den Fall, dass der ArbN trotz seines Bemühens die Abschlussprüfung nicht besteht. Etwas anderes gilt jedoch, wenn er schuldhaft weniger für den Erfolg der Maßnahme tut als ihm möglich und zumutbar wäre.

472 **cc) Zeitpunkt der Vereinbarung.** Nach bislang vorherrschender Meinung muss eine Rückzahlungsvereinbarung **vor Beginn der Fortbildungsmaßnahme** vereinbart werden[11]. Eine spätere Einigung sei unzulässig und führe zur Unwirksamkeit der Rückzahlungsabrede; eine stichhaltige Begründung für dieses Ergebnis liefert die Rspr. nicht, sondern führt lediglich aus, dass die Rückzahlung von Fortbildungskosten während der Dauer der Fortbildung nicht „unter Druck [...] erzwungen" werden darf und der ArbN zu Beginn der vereinbarten Fortbildung „klar und unmissverständlich" auf alle Folgen der Rückzahlungsvereinbarung hingewiesen werden müsse[12]. Beides versteht sich von selbst, rechtfertigt aber keine Abweichung von allgemeinen vertragsrechtl. Grundprinzipien. Die Vereinbarung einer Rückzahlungsabrede ist damit zu einem **späteren Zeitpunkt** nach richtiger Ansicht möglich[13], jedoch darf dies nicht zu einer Verlängerung der oben dargelegten Bindungsfristen führen. Entscheidendes Anfangsdatum ist die Vollendung der Fortbildungsmaßnahme. Der vom BAG betonten **Hinweispflicht** ist im Rahmen des § 305c I und II Rechnung zu tragen. Eine weiter gehende Bedeutung iS einer positiven Einbeziehungsvoraussetzung der Rückzahlungsklausel ist der Hinweispflicht nicht beizumessen. Dies widerspräche der gesetzgeberischen Entscheidung zur Unanwendbarkeit des § 305 II und III auf den Arbeitsvertrag. Vor dem Hintergrund der Rspr. ist eine vorherige Vereinbarung allerdings anzuraten, zumal die Verhandlungsposition des ArbGeb zu diesem Zeitpunkt noch stärker ist, als sie es nach Beendigung der Fortbildungsmaßnahe wäre.

---

1 S. BAG v. 23.1.2007 – 9 AZR 482/06, NZA 2007, 748. | 2 LAG Bremen v. 25.2.1994 – 4 Sa 13/93, BB 1994, 1150; *Zeranski*, NJW 2000, 336 (337); *Meier/Schulz*, NZA 1996, 742 (748). | 3 *Zeranski*, NJW 2000, 336 (337) nennt als Beispiel den Fall, dass dem ArbN die Fortsetzung des Arbeitsverhältnisses wegen Mobbings durch seine Arbeitskollegen nicht zuzumuten ist. | 4 BAG v. 6.5.1998 – 5 AZR 535/97, NJW 1999, 443. | 5 *Hoß*, MDR 2000, 1115 (1119). | 6 So jedenfalls für den Grundsatz BAG v. 24.6.2004 – 6 AZR 320/03, EzA § 611 BGB 2002 – Ausbildungsbeihilfe Nr. 7; v. 24.6.2004 – 6 AZR 383/03, NZA 2004, 1035; weitergehend noch *Hoß*, MDR 2000, 1115 (1119); *Meier/Schulz*, NZA 1996, 742 (748). | 7 BAG v. 20.2.1975 – 5 AZR 240/74, AP Nr. 2 zu § 611 BGB – Ausbildungsbeihilfe; *Schaub*, ArbRHdb, § 176 Rz. 18; zu Recht kritisch *Hennige*, NZA-RR 2000, 617 (621); *Meier/Schulz*, NZA 1996, 742 (748). | 8 BAG v. 12.12.1979 – 5 AZR 1056/77, AP Nr. 4 zu § 611 BGB – Ausbildungsbeihilfe. | 9 Anders anscheinend Preis/*Stoffels*, Der Arbeitsvertrag, II A 120 Rz. 51 ohne Begründung. | 10 *Hoß*, MDR 2000, 1115 (1120). | 11 BAG v. 9.12.1992 – 5 AZR 158/92, EzB § 611 BGB – Aus- und Weiterbildungskosten Nr. 43; v. 19.3.1980 – 5 AZR 362/78, DB 1980, 1703; v. 21.11.2002 – 6 AZR 77/01, AP Nr. 5 zu § 611 BGB – Ausbildungsbeihilfe mit zust. Anm. *Schneider*; *Hennige*, NZA-RR 2000, 617 (620); *Huber/Blömeke*, BB 1998, 2157; wohl auch *Meier/Schulz*, NZA 1996, 742 (745). | 12 BAG v. 19.3.1980 – 5 AZR 362/78, DB 1980, 1703. In der Entscheidung vom 9.12.1992 begnügte sich das BAG dann mit einem Verweis auf die ältere Entscheidung. | 13 So auch Preis/*Stoffels*, Der Arbeitsvertrag, II A 120 Rz. 9.

dd) Rechtsfolgen unangemessen benachteiligender Klauseln. Den ArbN unangemessen benachteiligende Rückzahlungsklauseln sind unwirksam. Von diesem Grundsatz machte die Rspr. bislang Ausnahmen bei einer übermäßigen Bindungsdauer des ArbN oder einer unverhältnismäßig hohen Rückzahlungslast. Anstatt die Nichtigkeit derartiger Vereinbarungen festzustellen, führte die Rspr. sie auf das noch vertretbare Maß zurück[1]. Eine **geltungserhaltende Reduktion** ist nach dem nunmehr auch auf den Arbeitsvertrag Anwendung findenden AGB-Recht allerdings unzulässig (s. § 306 Rz. 4), so dass diese Judikate nur dann Bestand haben werden, wenn man in dem bisherigen Richterrecht eine Besonderheit des Arbeitsrechts (§ 310 IV) erblickt[2]. 473

ee) Anderweitige Gestaltungsmöglichkeiten. Die Grundsätze zur Zulässigkeit von Rückzahlungsklauseln finden auch dann Anwendung, wenn vereinbart wird, dass der Rückzahlungsvertrag als **Darlehen** geschuldet wird[3]. Anderweitigen Umgehungsversuchen – etwa durch die Kombination von Fortbildung, Darlehen und Treueprämie – ist die Rspr. ebenso konsequent entgegengetreten[4]. Als alternative vertragl. Gestaltungsmöglichkeit kann die Vereinbarung einer **Vertragsstrafe** infrage kommen[5]. Inwieweit sich dann die Anforderungen an die Wirksamkeit der Vertragsstrafeabrede erhöhen, hat das BAG noch nicht entschieden. Dafür, dass eine solche Konstruktion aber grds. möglich sein muss, spricht ein Hinweis des Gerichts in einer Entscheidung zur Zulässigkeit einer Rückzahlungsklausel[6], wonach der ArbGeb zur Vermeidung der vorzeitigen Abwanderung des ArbN die Ausbildung davon abhängig machen könnte, dass ein Langzeitvertrag abgeschlossen oder lange Kündigungsfristen vereinbart werden; dann sollte auch die Absicherung dieser Fristen durch eine Vertragsstrafe möglich sein. 474

h) Umzugskosten. aa) Allgemeines. Unter einem Umzug ist grds. die Verlagerung des Lebensmittelpunktes zu verstehen[7]. Praktische Bedeutung kommt in diesem Zusammenhang insb. der Frage zu, ob und inwieweit der ArbN gegenüber dem Arbeitgeber einen Anspruch auf Erstattung der Umzugskosten geltend machen kann. Problematisch ist weiterhin die Zulässigkeit von Vereinbarungen über die Rückzahlung von bereits erstatteten Umzugskosten. 475

bb) Anspruch auf Erstattung der Umzugskosten. Zieht der ArbN zur Arbeitsaufnahme oder während des laufenden Arbeitsverhältnisses in die Nähe des Betriebs um, kann er grds. gegenüber dem ArbGeb keinen gesetzl. Anspruch auf **Kostenerstattung** geltend machen, da ein Umzug dem privaten Lebensbereich des ArbN zuzurechnen ist[8]. Etwas anderes kann sich jedoch aus **einzelvertragl. Vereinbarungen** ergeben; so etwa, wenn der ArbGeb dem ArbN eine Kostenübernahme zusagt, um den ArbN zu einem Stellenwechsel zu veranlassen[9]. Ein Vertrag, der die jederzeit widerrufliche Versetzung eines ArbN ins Ausland und die Erstattung der Umzugskosten vorsieht, enthält im Zweifel auch die Zusage, die Kosten des Rückumzugs zu erstatten. Das gilt auch dann, wenn der ArbN das Arbeitsverhältnis mit Rücksicht auf die bevorstehende Schließung der ausländischen Niederlassung zum Schließungstermin gekündigt hat[10]. Ansprüche auf Umzugskostenerstattung können ferner durch entsprechende Regelungen in **TV oder BV** begründet werden[11]. 476

Ein gesetzl. Anspruch auf Kostenerstattung kann sich im laufenden Arbeitsverhältnis allerdings dann ergeben, wenn ein ArbN aus **dienstlichen Gründen** an einen weit entfernten Ort **versetzt** wird. In entsprechender Anwendung des **§ 670** hat der ArbN in diesem Fall einen Anspruch auf Erstattung der dadurch entstandenen Umzugskosten, wenn er die Aufwendungen für erforderlich halten durfte[12]. Ein **betriebliche Notwendigkeit** des Umzugs ist insb. dann anzunehmen, wenn dem ArbN ein tägliches Pendeln nicht mehr zu zumuten ist. Es besteht hingegen kein Anspruch des ArbN auf Erstattung seiner Umzugskosten, wenn der neue Arbeitsplatz nur unerheblich weiter entfernt ist als der Alte[13]. Ferner kann der ArbN keinen Ersatzanspruch geltend machen, wenn er auf seinen Wunsch hin, etwa im Zuge einer Beförderung, versetzt wird, da in diesem Fall keine betriebliche Notwendigkeit besteht[14]. Die betriebliche Notwendigkeit ist hingegen dann zu bejahen, wenn der ArbN auf Grund einer Betriebsverlagerung umziehen muss[15]. 477

---

1 BAG v. 6.3.1994 – 5 AZR 339/92, NZA 1994, 937; BAG v. 15.5.1985 – 5 AZR 161/84, AP Nr. 9 zu § 611 BGB – Ausbildungsbeihilfe; ebenso die hL vor der Schuldrechtsreform vgl. *Hoß*, MDR 2000, 1115 (1119); *Meier/Schulz*, NZA 1996, 742 (749). | 2 S. *Thüsing*, BB 2002, 2666. | 3 BAG v. 26.10.1994 – 5 AZR 390/92, NZA 1995, 305; v. 11.4.1984 – 5 AZR 430/82, NZA 1984, 288; *Schaub*, ArbRHdb, § 176 Rz. 26. | 4 Vgl. *Hennige*, NZA-RR 2000, 617 (619) mwN. | 5 Preis/*Stoffels*, Der Arbeitsvertrag, II A 120 Rz. 70; *Hennige*, NZA-RR 2000, 617 (625). | 6 BAG v. 24.7.1991 – 5 AZR 443/90, NZA 1992, 405. | 7 Vgl. Küttner/*Griese*, Personalbuch, Umzugskosten Rz. 1. | 8 Vgl. etwa BAG v. 7.9.1982 – 3 AZR 1252/79, AP Nr. 7 zu § 44 BAT, wonach der ArbGeb des öffentlichen Dienstes einem Bewerber auch dann keine Umzugskostenvergütung zuzusagen braucht, wenn er ein dringendes dienstliches Interesse an der Anstellung hat. Der Bewerber hat nur Anspruch darauf, dass sich der ArbGeb bei der Entscheidung nicht von sachfremden Überlegungen leiten lässt und die geltenden Grundsätze wie bei Beamten beachtet. | 9 Küttner/*Griese*, Personalbuch, Umzugskosten Rz. 2. | 10 BAG v. 26.7.1995 – 5 AZR 216/94, AP Nr. 7 zu § 157 BGB. | 11 Vgl. BAG v. 18.3.1992 – 4 AZR 374/91, AP Nr. 154 zu § 1 TVG – Tarifverträge Bau; v. 7.9.1982 – 3 AZR 1252/79, AP Nr. 7 zu § 44 BAT. | 12 BAG v. 21.3.1973 – 4 AZR 187/72, AP Nr. 4 zu § 44 BAT Küttner/*Griese*, Personalbuch, Umzugskosten Rz. 4. | 13 ErfK/*Preis*, § 611 BGB Rz. 547. | 14 BAG v. 18.3.1992 – 4 AZR 374/91, AP Nr. 154 zu § 1 TVG – Tarifverträge: Bau. | 15 *Schaub*, ArbRHdb, § 45 Rz. 21.

478 Die **Höhe** des Erstattungsanspruchs richtet sich – bei fehlender vertragl. Vereinbarung – danach, was der ArbN den Umständen nach für erforderlich halten durfte. In der Praxis ist es üblich, zur Berechnung der Höhe des Anspruchs das für den öffentl. Dienst geltende BUKG[1] zugrunde zu legen.

479 **cc) Rückzahlung der Umzugskostenerstattung.** Grundsätzlich kann der ArbN durch **ausdrückliche vertragl. Vereinbarung** dazu verpflichtet werden, die ihm vom ArbGeb erstatteten Umzugskosten zurückzuzahlen, wenn er das Arbeitsverhältnis vorzeitig beendet. Solchen Vereinbarungen sind allerdings im Hinblick auf Art. 12 GG enge Grenzen zu setzen. So ist nach der Rspr. des BAG idR eine mit der Rückzahlungsklausel verbundene maximale Bindungsfrist des ArbN von drei Jahren zulässig[2]. Als zulässiger Umfang der Rückzahlungsklausel wird idR ein Monatsgehalt angesehen[3]. Weiterhin muss der Umzug zumindest **auch im Interesse** des ArbN liegen[4]. Eine vertragl., tarifl. oder betriebliche Klausel, die vorsieht, dass die aus Anlass einer Versetzung aus dienstlichen Gründen zu erstattenden Umzugskosten vom ArbN zurückzuzahlen sind, wenn dieser vor Ablauf einer bestimmten Frist von seinem Kündigungsrecht Gebrauch macht, verstößt gegen Art. 12 GG und ist daher unwirksam[5].

480 Verpflichtet sich der ArbGeb, über die effektiven Umzugskosten hinaus weitere Mehraufwendungen, die sich durch den Ortswechsel ergeben (zB Maklerkosten, Kautionen oder Mietzinszahlungen für das alte Mietverhältnis) zu übernehmen, so müssen auch diese ausdrücklich in der Rückzahlungsklausel aufgeführt werden. Besonders zu beachten ist, dass die **Höhe des Rückzahlungsbetrags** auf keinen Fall über den tatsächlich zu erstattenden Kosten liegen darf. Anderenfalls würde die Rückzahlungsvereinbarung einer gem. § 622 VI unzulässigen Vertragsstrafe gleichen[6].

481 Die Wirksamkeit der Rückzahlungsverpflichtung für Umzugskosten richtet sich nach den Grundsätzen, die von der Rspr. zur Rückzahlung von Aus- und Fortbildungskosten entwickelt worden ist. Ob eine **Staffelung** des Rückforderungsbetrags bei der Rückzahlung von Umzugkosten eine Wirksamkeitsvoraussetzung darstellt, wird nicht einheitlich beurteilt[7]. Eine Staffelung wird in jedem Fall unverzichtbar sein, wenn der Rückzahlungsbetrag deutlich über einem Monatseinkommen liegt oder aus anderen Gründen ein größeres Rückzahlungsinteresse des ArbGeb feststellbar ist[8].

482 Als **Auslöser** für die Rückzahlungspflicht kommen insb. eine Kündigung des ArbN, ein auf dessen Wunsch geschlossener Aufhebungsvertrag oder eine arbeitgeberseitige verhaltens- oder personenbedingte Kündigung in Betracht. Rückzahlungsvereinbarungen, nach denen der ArbN die Umzugskosten bei einem „Ausscheiden" innerhalb eines Jahres voll zurückzuzahlen hat, sind jedoch im Zweifel dahin auszulegen, dass sie den Fall einer betriebsbedingten Kündigung innerhalb der Bindungsfrist nicht mit einschließen[9]. Die Vereinbarung einer Rückzahlungspflicht bei einer arbeitnehmerseitigen Kündigung aus einem wichtigen, vom ArbGeb zu vertretenden Grund ist unzulässig. Unzulässig sind ferner Klauseln, die eine Rückzahlung auch bei einer **betriebs- oder personenbedingten Kündigung** des ArbGeb vorsehen[10].

483 Erfüllt eine Klausel im Einzelfall diese Bedingungen nicht, wird sie durch die Gerichte bislang noch auf das **zulässige Maß** zurückgeführt[11]. Verwendet der ArbGeb hingegen vorformulierte Klauseln, die einer Kontrolle gem. §§ 305 ff. nicht genügen, so sieht § 306 II eine Gesamtnichtigkeit der entsprechenden Klausel vor.

484 **i) Schadenspauschalierung.** Schadenspauschalen dienen der vereinfachten Durchsetzung von Schadensersatzansprüchen, in dem sie den Gläubiger von den mit der Darlegung der Schadenshöhe verbundenen Schwierigkeiten entheben. Sie legen die Ersatzhöhe bereits vor Schadenseintritt nach **generellen Maßstäben** unter Verzicht auf die konkreten Berechnungsfaktoren im jeweiligen Einzelfall fest[12]. Als generelle Maßstäbe kommen sowohl absolute Beträge (zB ein Monatsgehalt oder x Euro) als auch bestimmte Prozentangaben (zB 20 % des Bruttomonatsgehalts) in Betracht. Die **Abgrenzung** zur Vertragsstrafe gestaltet sich in Einzelfällen schwierig. Der Grund hierfür liegt darin, dass sich Schadenser-

---

1 IdF v. 11.12.1990 BGBl. I S. 2682. |2 BAG v. 22.8.1990 – 5 AZR 556/89, nv.; BAG v. 24.2.1975 – 5 AZR 235/74, AP Nr. 50 zu Art. 12 GG; LAG Frankfurt v. 29.3.1993 – 11 Sa 1110/92, Mitbestimmung 1994, Nr. 2, 59. Eine fünfjährige Bindungsfrist wurde als unangemessen hoch angesehen (LAG Düsseldorf v. 23.12.1971 – 9 Sa 785/71, DB 1972, 1587). Unter Umständen beträgt die als zulässig angesehene Höchstgrenze sogar nur zwei Jahre, wenn der ArbGeb ein überwiegendes Interesse daran hat, größere Teile der Belegschaft durch Zahlung einer Pauschale dazu zu veranlassen, in ein anderes, entfernteres Werk, dass an einem für den ArbN ungünstigeren Standort liegt, überzuwechseln (LAG Düsseldorf v. 3.12.1971 – 8 Sa 418/71, DB 1972, 97). |3 BAG v. 24.2.1975 – 5 AZR 235/74, AP Nr. 50 zu Art. 12 GG. |4 BAG v. 24.2.1975 – 5 AZR 235/74, AP Nr. 50 zu Art. 12 GG. |5 BAG v. 21.3.1973 – 4 AZR 187/72, AP Nr. 4 zu § 44 BAT. |6 ErfK/*Preis*, § 611 BGB Rz. 549. |7 Für eine Wirksamkeitsvoraussetzung Küttner/*Griese*, Personalbuch, Umzugskosten Rz. 9; dagegen LAG Kiel v. 5.12.1972 – 4 Sa 329/72, AP Nr. 1 zu § 611 BGB – Umzugskosten; wohl auch BAG v. 24.2.1975 – 5 AZR 235/74, AP Nr. 50 zu Art. 12 GG. |8 S. auch ErfK/*Preis*, § 611 BGB Rz. 550. |9 So zutr. LAG Düsseldorf v. 1.4.1975 – 8 Sa 62/75, EzA § 157 BGB Nr. 1. |10 Vgl. BAG v. 6.5.1998 – 5 AZR 535/97, AP Nr. 28 zu § 611 BGB – Ausbildungsbeihilfe; LAG Düsseldorf v. 1.4.1975 – 8 Sa 62/75, EzA § 157 BGB; aA ErfK/*Preis*, § 611 BGB Rz. 551, der eine ausdrücklich vereinbarte Rückzahlungsverpflichtung den Fall einer krankheitsbedingten Kündigung als zulässig bewertet. |11 LAG Kiel v. 5.12.1972 – 4 Sa 329/72, AP Nr. 1 zu § 611 BGB – Umzugskosten; LAG Düsseldorf v. 3.12.1971 – 8 Sa 418/71, DB 1972, 97. |12 *Wolf* in Wolf/Horn/Lindacher, § 11 AGBG Nr. 5 Rz. 3.

satzpauschalen und Vertragsstrafen in ihren wirtschaftl. Zwecken überlagern[1]: Beide stellen die Sanktion auf ein pflichtwidriges Schuldnerverhalten dar und verlangen von diesem die Zahlung einer im Voraus bestimmen Geldsumme. Letztlich entscheidend ist der mit der jeweiligen Abrede verfolgte Zweck. Steht die Erfüllungssicherung im Vordergrund, soll der ArbN also primär zur Erfüllung einer Verbindlichkeit angehalten werden (sog. Druckfunktion), liegt eine Vertragsstrafe vor. Dient die Abrede dagegen nur der vereinfachten Durchsetzung eines als bestehend vorausgesetzten Schadensersatzanspruchs, spricht dies für die Annahme einer Schadenspauschale. Bei der Vertragsstrafe ist die Zahlungsverpflichtung des ArbN zudem unabhängig vom Bestehen eines Schadens.

§ 309 Nr. 5a entspricht wörtlich dem bisherigen § 11 Nr. 5a. Unwirksam sind danach solche Pauschalen, 485
die in den geregelten Fällen nach dem gewöhnlichen Lauf der Dinge zu erwartenden Schaden oder die gewöhnlich eintretende Wertminderung übersteigen. Die im Arbeitsvertrag vereinbarte Pauschale muss dem **realen Schaden** damit möglichst nahe kommen. Hierin liegt der Grund für Unzulänglichkeit von Schadenpauschalen im Arbeitsrecht: Auf Grund der Vielfältigkeit der möglichen ArbGebSchäden beim Vertragsbruch des ArbN lässt sich eine abstrakte Schadenssumme im Vornherein kaum bestimmen: Mögliche Schäden des ArbGeb umfassen ua. den sog. Ausfallschaden, der durch die Nichtleistung entsteht, entgangenen Gewinn, Konventionalstrafen des ArbGeb wegen verspäteter Lieferung, das erhöhte Arbeitsentgelt einer Ersatzkraft, Überstundenzuschläge, eigene Mitarbeit des ArbGeb[2]. Der „gewöhnliche Lauf der Dinge", den das Gesetz dem Rechtsanwender als Maßstab für die Überprüfung einer generellen Überhöhung an die Hand gibt, bietet im Arbeitsrecht damit keine sichere Beurteilungsgrundlage für die Vertragsgestaltung. Der **Nutzen** von Schadenspauschalen für den ArbGeb wird daher zu Recht als **gering** angesehen[3]. Seit der **Schuldrechtsreform** setzt die Wirksamkeit einer Schadenspauschale nach § 309 Nr. 5b ausdrücklich voraus, dass dem anderen Vertragsteil - idR also dem ArbN - der Nachweis eines wesentlich geringeren Schadens gestattet ist.

j) Vertragsstrafen. Abzugrenzen ist die Vertragsstrafe zu den verwandten Erscheinungsformen der 486
Schadenspauschalierung (vgl. Rz. 484 f.), der **Verfallklausel**, des **Garantievertrages** sowie der **Betriebsbuße**. Letztere dient nicht der Sicherung schuldrechtl. Ansprüche des ArbGeb aus dem Arbeitsverhältnis, sondern bezweckt die Aufrechterhaltung der Ordnung und Sicherheit im Betrieb. Sie sind die Sanktion für einen Verstoß des ArbN gegen die normativ geregelte Ordnung des Betriebes und können nur verhängt werden, wenn eine von den Betriebspartnern vereinbarte Bußordnung besteht und diese Betriebsbußen für bestimmte Verstöße vorsieht[4]. Betriebsbußen sanktionieren damit gemeinschaftswidriges Verhalten, während einer Vertragsstrafe dieser kollektive Bezug fehlt; sie knüpft lediglich an eine individuelle Pflichtverletzung des ArbN an[5].

aa) Schranken der Vereinbarung in Formulararbeitsverträgen. Überraschende Klauseln eines For- 487
mulararbeitsvertrags werden nicht Vertragsbestandteil. Vor der Einbeziehung des Arbeitsvertrags in den Anwendungsbereich der §§ 305 ff. sahen die ArbG Vertragsstrafeklauseln etwa deshalb als überraschend an, weil sie unter einer **missverständlichen Überschrift** im Vertragstext angeordnet[6] oder inhaltlich nicht ohne weiteres für den ArbN **verständlich** waren[7]. Das BAG formulierte seinen Prüfungsmaßstab dahingehend, dass zwischen den durch die Umstände bei Vertragsschluss begründeten Erwartungen und dem tatsächlichen Vertragsinhalt ein deutlicher Widerspruch bestehen muss[8]. Dies entspricht der überwiegenden Ansicht bei § 305c I[9], so dass mit einem Fortbestand der bisherigen Rspr. gerechnet werden kann.

Das Schuldrechtsmodernisierungsgesetz hat die **Frage der prinzipiellen Zulässigkeit von Vertrags-** 488
strafen neu aufgeworfen. Die Rspr. hat hier die ersten Weichenstellungen vorgenommen. Ebenso wie vor der Schuldrechtsreform[10] hat das BAG Vertragsstrafen weiterhin in Formulararbeitsverträgen für zulässig erachtet, und § 309 Nr. 6 auf Grund der im Arbeitsrecht geltenden Besonderheiten nicht angewandt[11] (s. auch Anh. §§ 305–310 BGB Rz. 26 ff.).

Jedoch kann das Verbot **der unangemessenen Benachteiligung** des ArbN nach § 307 I 1 zur Unwirk- 489
samkeit führen. Sie ist insb. dann anzunehmen, wenn es an einem berechtigten Interesse des ArbGeb an einer Vertragsstrafenvereinbarung im Arbeitsvertrag fehlt[12]. Dies ist der Fall, wenn das sanktionierte Verhalten typischerweise - also losgelöst vom Einzelfall - nicht zu einem Schaden oder nur zu einem **völlig unerheblichen Schaden** des ArbGeb führt oder aber dieser im Falle des Schadenseintritts den Schaden und seine **Höhe ohne größere Schwierigkeiten nachweisen** kann. Damit wäre die Vertragsstrafeklausel - weit entfernt vom Interesse des Verwenders an der Erfüllung des Arbeitsvertrags - vorrangig zur Bereicherung des ArbGeb eingesetzt[13]. Die praktischen Hauptfälle der Vereinbarung einer Vertrags-

---

1 *Beuthien*, FS Larenz, 1973, S. 495 (498). |2 Vgl. dazu auch *Bengelsdorf*, BB 1989, 2390 (2391) mwN. |3 *Beuthien*, BB 1973, 92 (93); *Bengelsdorf*, BB 1989, 2390 (2392). |4 BAG v. 17.10.1989 - 1 ABR 100/88, NZA 1990, 193. |5 BAG v. 5.2.1986 - 5 AZR 564/84, NZA 1986, 782. |6 ArbG Berlin v. 1.9.1980 - 16 Ca 99/80, NJW 1981, 479. |7 LAG BW v. 5.12.1995 - 7 Sa 105/95, AiB 1997, 65. |8 BAG v. 27.4.2000 - 8 AZR 301/99, nv. |9 Vgl. *Lindacher* in Wolf/Horn/Lindacher, § 3 AGBG Rz. 18; *Reichenbach*, NZA 2003, 309 (310). |10 BAG v. 27.5.1992 - 5 AZR 324/91, EzA § 339 BGB Nr. 8; v. 23.5.1984 - 4 AZR 129/82, NZA 1984, 255. |11 BAG v. 4.3.2004 - 8 AZR 196/03, NZA 2004, 727; s. auch *Hauck*, NZA 2006, 816. |12 Ulmer/*Brandner*/Hensen, § 9 AGBG Rz. 74; Preis/*Stoffels*, Der Arbeitsvertrag, II V 30 Rz. 29 f. |13 Preis/*Stoffels*, Der Arbeitsvertrag, II V 30 Rz. 29.

strafe, also bspw. der Vertragsbruch, die vertragswidrige Auflösung oder der Nichtantritt der Arbeitsstelle, sind aber gerade durch das allgemeine Schuldrecht für den ArbGeb nur unzureichend gelöst. Daher liegt jedenfalls in diesen, für die Praxis besonders relevanten Fällen, regelmäßig ein berechtigtes Interesse des ArbGeb an der formularmäßigen Vereinbarung einer Vertragsstrafe zur Erfüllungssicherung[1] vor. Das gilt insb. für den Bruch des Arbeitsvertrags, die Veranlassung der außerordentl. Kündigung sowie die Sicherung vertragl. verlängerter Kündigungsfristen[2].

490 **bb) Verbot einer unverhältnismäßig hohen Vertragsstrafe.** Eine unverhältnismäßig hohe Vertragsstrafe konnte nach bisheriger Rspr. auf Antrag des ArbN durch Urteil nach § 343 I herabgesetzt werden[3]. Diese Herabsetzungsmöglichkeit besteht bei Formulararbeitsverträgen nicht mehr; eine unverhältnismäßig hohe Vertragsstrafe ist nunmehr nach § 307 I 1 **ohne weiteres unwirksam**[4].

491 Geändert hat sich durch das Schuldrechtsmodernisierungsgesetz weiterhin der Beurteilungsmaßstab für die **Angemessenheit der Höhe** einer formularmäßig vereinbarten Vertragsstrafe. Der § 343 I knüpft an die bereits verwirkte Strafe an, weshalb für die Frage nach der angemessenen Höhe der Vertragsstrafe an die Schwere und das Ausmaß der konkreten Vertragspflichtverletzung oder die wirtschaftl. Lage des betreffenden ArbN angeknüpft werden konnte. Zu berücksichtigen waren alle Umstände des jeweiligen Einzelfalls[5]. Diese Einzelfallbetrachtung hat bei Formularverträgen nun der **typisierenden Betrachtungsweise** des § 307 zu weichen. Im Mittelpunkt der Betrachtung steht nicht länger der konkrete ArbN, der die Vertragsstrafe verwirkt hat, sondern die Interessen eines beliebigen ArbN, der Adressat der jeweiligen Vertragsstrafenregelung sein könnte. Eine besonders hohe Vertragsstrafe kann fortan nicht mehr mit den besonderen, individuellen Umständen des Einzelfalls begründet werden. Heranzuziehen sind einer generalisierenden Betrachtungsweise zugängliche Maßstäbe; hierzu bietet sich insb. der Bruttoverdienst des ArbN an. Als weitere mögliche Anknüpfungspunkte kommen unter anderem die Länge der Kündigungsfrist, die Stellung des ArbN im Unternehmen des ArbGeb sowie das wirtschaftl. Risiko des ArbGeb aus der Eingehung des Arbeitsverhältnisses in Betracht. Das BAG hat dies zur Faustformel verdichtet, dass bei Lösung des Arbeitsverhältnisses unter Vertragsbruch regelmäßig eine Höchstsumme angemessen ist, die das für die Kündigungsfrist zu zahlende Gehalt nicht übersteigt. Dies dürfte jedoch nur als Höchstsumme anerkennen zu sein. Insbesondere bei sehr langen Kündigungsfristen oder Ausschluss der Kündigung (befristetes Arbeitsverhältnis!, § 15 III TzBfG) wird man niedrigere Summen ansetzen müssen. Wie hoch diese Höchstsumme zu bemessen ist, ist durch die Rspr. bislang nicht entschieden. Als generell überhöht, und damit zu einer „unangemessenen Benachteiligung" des ArbN führend, gelten Vertragsstrafen, die zum möglichen Schaden außer Verhältnis stehen[6]. Ein Betrag von einem **Monatsgehalt** ist im Anschluss an instanzgerichtliche Rspr.[7] und im Hinblick auf die entstandene Praxis als generelle Höchstgrenze anzuerkennen[8]. In besonderen Einzelfällen können sich Abweichungen von der Grenze des Monatsgehalts nach oben als erforderlich erweisen. Zu beachten sind insoweit auch Faktoren, die einer generalisierenden Betrachtungsweise nicht oder nur eingeschränkt zugänglich sind, wie etwa langfristige Vertragsbindungen oder tarifvertragl. stark abgekürzte Kündigungsfristen, oder aber auch der Einwand rechtmäßigen Alternativverhaltens[9]. Eine Unangemessenheit kann sich auch aus der Kumulation von Vertragsstrafen ergeben, die nicht durch geeignete Vertragsgestaltung verhindert oder begrenzt wird[10].

492 **cc) Bestimmtheitsgrundsatz**[11]. Der in § 307 verankerte Bestimmtheitsgrundsatz verlangt, die Art und Höhe sowie die Voraussetzungen des Verfalls der Vertragsstrafe im Formulararbeitsvertrag **klar und deutlich** zum Ausdruck zu bringen[12]. Einige Klauseln haben wegen ihrer sprachlich weiten Fassung Zweifel hinsichtlich ihrer Bestimmtheit aufgeworfen: Die bloße Angabe „Nichteinhaltung des Vertrags" bzw. „Vertragsbruch" ist als Voraussetzung der Vertragsstrafe von den Zivilgerichten teilweise für nicht ausreichend erachtet worden[13]. Das BAG war hier in älterer Rspr. großzügiger und hat Formulierungen

---

1 Zum Zweck der Vertragsstrafe als Instrument der Erfüllungssicherung *Hess*, Die Vertragsstrafe, S. 30. | 2 BAG v. 27.5.1992 – 5 AZR 324/91, EzA § 339 BGB Nr. 8; ArbG Frankfurt v. 20.4.1999 – 4 Ca 8495/97, NZA-RR 2000, 82. | 3 BAG v. 30.11.1994 – 5 AZR 702/93, NZA 1995, 695; v. 27.5.1992 – 5 AZR 324/91, EzA § 339 BGB Nr. 8; v. 23.5.1984 – 4 AZR 129/82, NZA 1984, 255; offen aber BAG v. 27.4.2000 – 8 AZR 301/99, nv. | 4 BAG v. 4.3.2004 – 8 AZR 196/03, NZA 2004, 727; v. 21.4.2005 – 8 AZR 425/04, AP Nr. 3 zu § 307 BGB. | 5 BAG v. 30.11.1994 – 5 AZR 702/93, NZA 1995, 695; v. 25.10.1994 – 9 AZR 265/93, nv. | 6 BGH v. 3.4.1998 – V ZR 6/97, NJW 1998, 2600 (2602); OLG Hamm v. 1.12.1983 – 18 U 99/83, MDR 1984, 404; Preis/*Stoffels*, Der Arbeitsvertrag, II V 30 Rz. 31; *Wolf* in Wolf/Horn/Lindacher, § 11 AGBG Nr. 6 Rz. 28. | 7 LAG BW v. 30.7.1985 – 13 Sa 39/85, LAGE § 339 BGB Nr. 1; LAG Berlin v. 19.5.1980 – 8 Sa 19/80, DB 1980, 2342. | 8 Preis/*Stoffels*, Der Arbeitsvertrag, II V 30 Rz. 31. | 9 Ausf. *Thüsing/Leder*, BB 2005, 1563 (1570); s. auch Preis/*Stoffels*, Der Arbeitsvertrag, II V 30 Rz. 31. | 10 BAG v. v. 21.4.2005 – 8 AZR 425/04, AP Nr. 3 zu § 307 BGB; 18.8.2005 – 8 AZR 65/05, AP Nr. 1 zu § 336 BGB. | 11 S. auch *Thüsing/Bodenstedt*, AuR 2004, 369. | 12 BAG v. 14.12.1988 – 5 AZR 10/88, nv.; v. 27.4.2000 – 8 AZR 301/99, nv.; v. 21.4.2005 – 8 AZR 425/04, AP Nr. 3 zu § 307 BGB; v. 14.8.2007 – 8 AZR 973/06, DB 2008, 66; ErfK/*Müller-Glöge*, §§ 339–345 Rz. 15; *Lingemann*, NZA 2002, 181 (192); Preis/*Stoffels*, Der Arbeitsvertrag, II V 30 Rz. 17; *Gotthardt*, Schuldrechtsreform, Rz. 250; *Wolf* in Wolf/Horn/Lindacher, § 11 AGBG Nr. 6 Rz. 25. | 13 Vgl. zB OLG Düsseldorf v. 18.10.1992 – 16 U 173/90, DB 1992, 86, wonach der Begriff des „Vertragsbruchs" mangels jeglicher Konkretisierung nicht erkennen lasse, welche Vertragsverletzungen mit welchem Gewicht hierunter fallen sollen. Ebenfalls *Wolf* in Wolf/Horn/Lindacher, § 11 AGBG Nr. 6 Rz. 25. Diesem Schluss steht auch *Lingemann*, NZA 2002, 181 (192) nahe.

wie „Vertragsbruch" oder „Nichterfüllung" für im Wege der Auslegung konkretisierbar gehalten und so vom Vorwurf der Unbestimmtheit und der damit einhergehenden Unwirksamkeit bewahrt[1].

Neuere Rspr. zeigt größere Strenge. Als nicht hinreichend bestimmt wertete sie eine Klausel, wonach die vereinbarte Vertragsstrafe verwirkt wird durch „schuldhaft vertragswidriges Verhalten des ArbN, das den ArbGeb zur fristlosen Kündigung des Arbeitsverhältnisses veranlasst"[2]. Die Entscheidung dürfte durch die Besonderheiten des Einzelfalls bestimmt sein, und nur beschränkt generalisiert werden können. Ebenso äußerte das BAG jedoch Zweifel an der Transparenz einer Klausel, wonach eine Vertragsstrafe bei „gravierendem Vertragsverstoß" geschuldet wird, wenn dies nicht durch Beispiele konkretisiert wird. Ob dann allerdings auch andere, nicht beispielhaft aufgeführte Vertragspflichtverletzungen mit einer Konventionalstrafe belegt sind, ist zweifelhaft[3]. Als hinreichend bestimmt bewertete das Gericht jedoch die Vereinbarung einer „angemessenen Vertragsstrafe" und konnte sich hier auf zivilgerichtliche Entscheidungen stützten[4]. **493**

dd) Wirksamkeitsgrenzen außerhalb des AGB-Rechts. Durch die Vereinbarung einer Vertragsstrafe darf die Freiheit des ArbN, innerhalb der vereinbarten oder gesetzl. Fristen das Arbeitsverhältnis zu beenden, nicht beschränkt werden[5]. Die Vereinbarung einer Vertragsstrafe für den Fall der fristgerechten Kündigung ist deshalb unwirksam[6]. Das Ziel der Vertragsstrafe muss vielmehr auf die **Einhaltung der** – im Rahmen von § 622 V 3 ggf. verlängerten – **Kündigungsfristen** gerichtet sein; eine Bindung des ArbN durch einen faktischen Ausschluss der Kündigungsmöglichkeit insgesamt vermag die Vertragsstrafe nicht herbeizuführen. Keine unzulässige Kündigungserschwerung liegt dagegen bei einer Vertragsstrafe für den **Nichtantritt der Arbeit** vor[7]. Eine ungleiche Kündigungslage, welche zu einer Unwirksamkeit der Vertragsstrafenabrede führen würde, liegt nicht vor: Nach überwiegender Ansicht begeben sich sowohl ArbN als auch ArbGeb durch die Vereinbarung einer entsprechenden Vertragsstrafe ihres an sich bestehenden Kündigungsrechts vor Arbeitsantritt[8]. **494**

Bei Vertragsstrafeklauseln, die eine **Schlechtleistung des ArbN** sanktionieren, ist zu beachten, dass sich entsprechende Vereinbarungen nicht in einen Widerspruch zu den Grundsätzen der Rspr. zur Haftungserleichterung im Arbeitsrecht setzen (s. § 619a Rz. 11 ff.). **495**

XII. Anpassung von Arbeitsbedingungen. Eine Anpassung der im Arbeitsvertrag festgelegten Arbeitsbedingungen kann sich durch eine Änderung des Arbeitsvertrags selbst – sei sie einvernehmlich oder einseitig durch den ArbGeb -, in Grenzen aber auch durch BV und durch TV ergeben. Die Schranken sind hier unterschiedlich weit. **496**

1. Einvernehmliche Änderungen eines Arbeitsvertrags. a) Allgemeines. In der einvernehmlichen Änderung des Arbeitsvertrags sind ArbGeb und ArbN weitgehend frei, beschränkt nur durch die allgemein für Arbeitsverträge geltenden Normen. Die Änderung kann auch **konkludent** geschehen. Nach der Rspr. des BAG kann die widerspruchslose Fortsetzung der Tätigkeit durch den ArbN nach einem Änderungsangebot des ArbGeb gem. §§ 133, 157 dann als Annahme der Vertragsänderung angesehen werden, wenn diese sich unmittelbar im Arbeitsverhältnis auswirkt, nicht hingegen, solange deren Folgen nicht hervortreten[9]. Denn nur bei einer unmittelbar eintretenden Änderung im Arbeitsverhältnis hat der ArbN Veranlassung, dieser sofort zu widersprechen. Er kann und muss in einem solchen Fall erkennen, dass seine widerspruchslose Weiterarbeit als Einverständnis mit der angebotenen Vertragsänderung verstanden wird. Setzt er seine Tätigkeit widerspruchslos fort, darf der ArbGeb daher dem das Einverständnis des ArbN mit der Vertragsänderung entnehmen. Dies gilt – nicht unbestritten – auch, wenn sich das Änderungsangebot des ArbGeb nicht in allen Punkten unmittelbar im Arbeitsverhältnis auswirkt[10]. **497**

Verbote, die nicht allgemein die Zulässigkeit einer arbeitsvertragl. Regelung betreffen, sondern sich spezifisch gegen die Änderung eines bestehenden Arbeitsvertrags richten, betreffen vor allem den Verzicht von ArbN-Rechten. Daneben kann der abzuändernde Arbeitsvertrag selbst Grenzen setzen. Bei kollektiven Arbeitsvertragsänderungen sind der Gleichbehandlungsgrundsatz (s. Rz. 181 ff.) und die Rechte des BR aus § 87 I BetrVG (insb. zur Frage der Anrechnung einer Tariflohnerhöhung s. Rz. 539 ff.; zur Anrechnung oder zum Widerruf freiwilliger Zulagen s. Rz. 511 ff.) und ggf. aus § 99 BetrVG zu beachten (s. § 99 BetrVG Rz. 50 ff.). **498**

b) Grenzen des Verzichts. Gesetzl. ArbN-Schutzvorschriften stehen grds. nicht zur **Disposition der Vertragsparteien**. Dementsprechend kann ein ArbN weder auf seinen gesetzl. Urlaubsanspruch verzichten, noch auf die Lohnfortzahlung im Krankheitsfall, §§ 13 I BUrlG, 12 EFZG. Auch auf Ansprüche aus **499**

---

1 BAG v. 18.9.1991 – 5 AZR 650/90, NZA 1992, 215. |2 BAG v. 21.4.2005 – 8 AZR 425/04, NZA 2005, 1053. |3 BAG v. 18.8.2005 – 8 AZR 65/05, AP Nr. 1 zu § 336 BGB. |4 BAG v. 18.8.2005 – 8 AZR 65/05, AP Nr. 1 zu § 336 BGB. |5 BAG v. 8.9.1998 – 9 AZR 223/97, NZA 1999, 420. |6 BAG v. 9.3.1972 – 5 AZR 246/71, AP Nr. 12 zu § 622 BGB; v. 11.3.1971 – 5 AZR 349/70, AP Nr. 9 zu § 622 BGB. |7 BAG v. 13.6.1990 – 5 AZR 304/89, nv.; v. 14.12.1988 – 5 AZR 10/88, nv. |8 *Stahlhacke/Preis/Vossen*, Kündigung und Kündigungsschutz, Rz. 116; *Schaub*, ArbRHdb, § 123 Rz. 23. |9 S. BAG v. 22.12.1970 – 3 AZR 52/70, AP Nr. 2 zu § 305 – Billigkeitskontrolle; v. 13.5.1987 – 5 AZR 125/86, NZA 1988, 95; v. 17.7.1965 – 3 AZR 302/64, AP Nr. 101 zu § 242 BGB – Ruhegehalt. |10 BAG v. 1.8.2001 – 4 AZR 129/00, RdA 2002, 235 (*Franzen*).

einer BV kann ein ArbN ohne Zustimmung des BR nicht verzichten, § 77 IV 2 BetrVG. Die Zustimmung kann formlos erfolgen, muss aber unmissverständlich sein[1]. Eine Zustimmung der TV-Parteien ist erforderlich für einen Verzicht auf tarifvertragl. Rechte, § 4 I 1 TVG, jedoch nur, wenn das Arbeitsverhältnis des ArbN normativ vom Anwendungsbereich des TVG erfasst ist, und der TV damit selber Anspruchsgrundlage ist. Verweist der Arbeitsvertrag auf einen TV, so kann auf die dadurch begründeten Rechte verzichtet werden, denn hier ist der TV nur Textgrundlage, nicht Rechtsquelle[2]. Kein Verzicht ist der **Vergleich iSd. § 779**, der einen Streit über die tatsächlich Voraussetzungen eines unverzichtbaren Anspruchs durch gegenseitiges Nachgeben beseitigen will. Dabei reicht schon geringfügiges Nachgeben des ArbGeb; der völlige Verzicht des ArbN ist jedoch kein Vergleich mehr. Es fehlt am gegenseitigen Nachgeben[3].

500 **c) Schriftformerfordernis.** Ist in einem Arbeitsvertrag vereinbart worden, dass nur eine schriftl. Änderung möglich ist, bestimmt sich die zu wahrende Schriftlichkeit grds. – wenn nichts anderes vereinbart ist – entsprechend dem gesetzl. Schriftformerfordernis gem. § 126. Obwohl eine Abrede, der die **gewillkürte Form** fehlt, gem. § 125 S. 2 grds. nichtig ist, kann auch eine mündliche Abänderung wirksam sein, denn die Parteien können den vereinbarten Formzwang jederzeit formlos wieder aufheben. Eine konkludente Aufhebung ist anzunehmen – auch wenn ArbGeb und ArbN nicht an das Formerfordernis gedacht haben[4] –, wenn ArbN und ArbGeb übereinstimmend gewollt haben, dass die mündliche Abrede maßgeblich ist[5]. Indiz hierfür ist, dass sie sich nach den veränderten Vertragsbedingungen richten. Ob dies auch dann gilt, wenn die Parteien ausdrücklich festlegen, dass insb. die Änderung des Schriftformerfordernisses schriftl. erfolgen muss, ist umstritten. Das BGH hat dies bei einem Mietvertrag[6] verneint, das BAG hat hierzu noch nicht Stellung genommen. Es hat allerdings das Entstehen einer betrieblichen Übung an einer doppelten Schriftformklausel scheitern lassen[7]. Auch hier kann es nur darauf ankommen, ob die Änderung wirklich gewollt ist, denn die Vertragsparteien können sich nicht im Voraus binden, ihr künftiger Wille sei unbeachtlich. Die Vertragsfreiheit steht hier nicht zur Disposition der Vertragsparteien, weil beide Willensbekundungen gleichwertig sind: Sowohl den Vertrag zu schließen, als auch ihn zu ändern. Eine solche Klausel kann also den Nachweis der Änderung erschweren, eine nachgewiesene Änderung jedoch nicht unwirksam machen. Auch ist zu beachten, dass bei einem Schriftformerfordernis im Formularvertrag – und sei es auch ein doppeltes – die (konkludente) Individualvereinbarung der Aufhebung nach § 305b zwingend vorgeht[8].

501 Bei **tarifvertragl. Schriftformerfordernissen** ist zu differenzieren: Sie stehen nicht zur Disposition der Arbeitsvertragsparteien, wenn sie normativ auf das Arbeitsverhältnis einwirken. Da es sich dann um eine gesetzl. Formvorschrift handelt, bestimmt sich der Inhalt der Formvorschrift – fehlt eine abweichende Regelung – nach § 126[9]. Wirken sie nur durch arbeitsvertragl. Bezugnahme, gelten die gleichen Regeln wie für andere arbeitsvertragl. Schriftformklauseln. Ob jedoch eine mündliche Vertragsänderung wirksam ist, richtet sich nach dem Zweck der tarifvertragl. Regelung: Ist nicht ausdrücklich die Nichtigkeit als Folge des Formverstoßes bestimmt (etwa § 4 Abs. 2 BAT für Nebenabreden zum Arbeitsvertrag), ist davon auszugehen, dass es lediglich dem Beweiszweck dient. Der formlose Abschluss ist dann grds. wirksam[10] (ausf. Rz. 40).

502 **2. Einseitige Änderung des Arbeitsvertrags – Anpassungsvorbehalte des Arbeitgebers.** Die einseitige Änderung des Entgelts kann innerhalb des bestehenden Arbeitsverhältnisses erfolgen, wenn sich der ArbGeb wirksam die Anpassung einzelner Entgeltbestandteile vorbehalten hat. Hat er das nicht, dann kann nur eine – an strenge Anforderungen gebundene (s. § 2 KSchG Rz. 12) – Änderungskündigung zum Ziel führen. Unter den Möglichkeiten des ArbGeb, sich einseitig die Anpassung einzelner Vertragsbestandteile vorzubehalten, sind der **Freiwilligkeitsvorbehalt** und der **Widerrufsvorbehalt** zu unterscheiden.

503 **a) Ehemals gemeinsame Grenze: Keine Umgehung des KSchG und des TzBfG – Heute: Inhaltskontrolle nach §§ 307 ff.** Bei der Beurteilung von Widerrufs- und Gestaltungsvorbehalten war vor der Schuldrechtsreform die Umgehung des gesetzl. Kündigungsschutzes eine entscheidende Messlatte der Rspr. Der **dogmatische Anknüpfungspunkt** ist nunmehr für formularmäßig vereinbarte Klauseln ein anderer: Eines unmittelbaren Rückgriffs auf das Umgehungsargument bedarf es bei vorformulierten Arbeitsver-

1 BAG v. 3.6.1997 – 3 AZR 25/96, AP Nr. 69 zu § 77 BetrVG. | 2 BAG v. 20.1.1998 – 9 AZR 812/96, AP Nr. 45 zu § 13 BUrlG; s auch BAG v. 31.5.1990 – 8 AZR 161/89, AP Nr. 54 zu § 7 BUrlG – Abgeltung. | 3 Aus der Rspr.: BAG v. 21.12.1972 – 5 AZR 319/72, AP Nr. 1 zu § 9 LohnFG; v. 23.8.1994 – 3 AZR 825/93, AP Nr. 3 zu § 3 BetrAVG; v. 31.7.1996 – 10 AZR 138/96, AP Nr. 63 zu § 77 BetrVG 1972. | 4 BAG v. 16.8.1983 – 3 AZR 34/81, AP Nr. 2 zu § 1 BetrAVG – Hinterbliebenenversorgung; s. auch BGH v. 2.3.1978 – III ZR 99/76, BB 1978, 927; s. auch *Hromadka*, RdA 1992, 234 (247); aA MüKo/*Einsele*, § 125 BGB Rz. 66. | 5 BAG v. 10.1.1989 – 3 AZR 460/87, AP Nr. 57 zu § 74 HGB; vorher bereits BAG v. 4.6.1963 – 5 AZR 16/63, AP Nr. 1 zu § 127 BGB. | 6 BGH v. 2.6.1976 – VIII ZR 97/74, Z 66, 378 (381); v. 17.4.1991 – XII ZR 15/90, NJW-RR 1991, 1290; aA Soergel/*Hefermehl*, § 125 BGB Rz. 33; Palandt/*Heinrichs*, § 125 BGB Rz. 14. | 7 BAG v. 24.6.2003, NZA 2003, 1149. | 8 S. auch *Roloff*, NZA 2004, 1191 (1196). | 9 S. *Löwisch/Rieble*, § 1 TVG Rz. 543; Wiedemann/*Thüsing*, § 1 TVG Rz. 579, jeweils mwN. | 10 BAG v. 24.6.1981 – 7 AZR 198/79, AP Nr. 2 zu § 4 TVG – Formvorschriften; ausf. *Löwisch/Rieble*, § 1 TVG Rz. 544; Wiedemann/*Thüsing*, § 1 TVG Rz. 580.

trägen in Zukunft nicht mehr, die Lösung ist vielmehr im Rahmen der nach **§ 308 Nr. 4** anzustellenden Zumutbarkeitsprüfung bzw. bei der gem. **§ 307 I 1** durchzuführenden Interessenabwägung zu suchen[1]. Die dabei erzielten Ergebnisse variieren nicht grundlegend, sondern führt die bisherige Judikatur zur Umgehung des KSchG und des TzBfG konsequent fort. Zusätzliche Schranken in Bezug auf Freiwilligkeits- und Widerrufsvorbehalte und Teilbefristungen sind jedoch zu beachten. Zu den Auswirkungen des Transparenzgebots s. § 307 Rz. 19.

Die bisherige Rspr. kann auch nicht mehr ohne weiteres für die **Kontrolle von Vereinbarungen** genutzt werden, die der AGB-Kontrolle nicht unterfallen, weil sie **individuell ausgehandelt** sind. Dies hat das BAG zumindest für den Bereich der Befristung ausdrücklich entschieden. Eine Kontrolle im Hinblick auf die Umgehung des Kündigungsschutzes nach den bisherigen Maßstäben findet nicht mehr statt[2]. Zudem stellte das Gericht im Zusammenhang mit der Kontrolle von Ausschlussfristen ganz allgemein fest, dass seit dem Inkrafttreten des Gesetzes zur Modernisierung des Schuldrechts bei ausgehandelten Vertragsbedingungen eine Billigkeitskontrolle iS einer allgemeinen, nicht auf die Besonderheiten des Falles bezogenen Angemessenheitsprüfung nach § 242 BGB nicht mehr statt findet[3]. Bei der Befristungskontrolle und Widerrufskontrolle handelt es sich aber um eine solche Billigkeitskontrolle. Diese ist nun bei ausgehandelten Vereinbarungen nur möglich, wenn eine strukturelle Störung der Vertragsparität vorliegt. 504

Einstweilen frei. 505–507

b) **Freiwilligkeitsvorbehalt.** Die größte Freiheit, die Zahlung einer Leistung einzustellen, hat der ArbGeb, wenn er vergangene gleichartige Leistungen unter einem Freiwilligkeitsvorbehalt gezahlt hat. Das Ergebnis ist offensichtlich: Wo **ohne Rechtspflicht** gezahlt wurde, kann der ArbN nicht auf Einhaltung einer Rechtspflicht klagen. Das setzt voraus, dass der ArbN nach §§ 133, 157 den mangelnden Verpflichtungswillen des ArbGeb erkennen muss[4]. Dies verlangt – insb. bei Formulararbeitsverträgen, § 307 I 2 – eine **klare Formulierung**. Verwendet ein ArbGeb im Arbeitsvertrag für eine Gruppe von zugesagten Leistungen die Überschrift „Freiwillige soziale Leistungen", so muss ein ArbN nicht davon ausgehen, dass damit ein Rechtsanspruch ausgeschlossen sein soll[5]. Widersprüchlich ist die in der Praxis zuweilen verwandte Formulierung „freiwillig und unter dem Vorbehalt jederzeitigen Widerrufs", weil sie den Unterschied zwischen freiwilliger Leistung und Leistung unter Vorbehalt des Widerspruchs nicht beachtet[6]. Hinreichend deutlich ist die Formulierung „freiwillig und ohne Anerkennung einer Rechtspflicht"[7], noch deutlicher: „Die Zahlung erfolgt freiwillig und ohne Einräumung eines Rechtsanspruchs. Ein Anspruch für die Zukunft wird hierdurch nicht begründet, sondern es bleibt im freien, unbeschränkten Ermessen des ArbGeb, eine ähnliche Leistung zukünftig zu erbringen"[8]. 508

Ein Freiwilligkeitsvorbehalt hat nicht die Wirkung, dass der ArbGeb die freiwillig gezahlte Leistung ohne Rechtsgrund erbracht hat und sie daher zurückfordern könnte. Vielmehr soll durch ihn eine betriebliche Übung verhindert werden, die in Zukunft zu gleichartigen Leistungen verpflichten würde. Der ArbGeb ist also für die Zukunft gänzlich frei, ob er die Leistung ein weiteres Mal gewähren will oder nicht. Eine Bindung an § 315 I und die Grenzen billigen Ermessens besteht – anders als beim Widerrufsvorbehalt – nicht. Dies ist im Schrifttum teilweise als **Wertungswiderspruch** bezeichnet worden und daher vorgeschlagen worden, auch die Einstellung einer unter Freiwilligkeitsvorbehalt gewährten Leistung nur bei Vorliegen eines sachlichen Grundes anzuerkennen[9], oder aber – als Anpassung in die andere Richtung – die Anforderung für die Rechtmäßigkeit eines Widerrufs abzusenken[10]. Die Unterscheidung zum Widerrufsvorbehalt liegt jedoch in der Natur der Freiwilligkeit. Allerdings mag es sein, dass dem Laien ein solcher Unterschied regelmäßig nicht bewusst sein wird[11], jedoch gilt dies auch für andere arbeitsvertragl. Vereinbarungen, ohne dass dies deren Gültigkeit infrage stellen würde. Dem ArbGeb muss es unbenommen bleiben, eine einmalige Leistung zu erbringen, ohne eine Bindung für die Zukunft befürchten zu müssen. Beschränkt er sich aber nicht auf die einmalige Leistung, sondern schafft er einen Dauertatbestand, dessen Abänderbarkeit er sich lediglich vorbehält, so rechtfertigt dies einen engeren Kontrollmaßstab. 509

1 Ebenso *Annuß*, BB 2002, 458 (462). | 2 BAG v. 27.7.2005 – 7 AZR 486/04, NZA 2006, 40. | 3 BAG v. 25.5.2005 – 5 AZR 572/04, AP Nr. 1 zu § 310 BGB. | 4 LAG Hamm v. 9.6.2005 – 8 Sa 2403/04, NZA-RR 2005, 624; vgl. *Hanau/Hromadka*, NZA 2005, 75; *Lindemann*, AuR 2004, 206; *Seel*, MDR 2004, 1394; *Lakies*, AR-Blattei SD 35 Rz. 318, 321. | 5 BAG v. 11.4.2000 – 9 AZR 255/99, NZA 2001, 24; s. auch BAG v. 4.5.1999 – 10 AZR 290/98, AP Nr. 55 zu § 242 BGB – Betriebliche Übung; LAG Köln v. 7.8.1998 – 11 Sa 620/98, NZA-RR 1998, 529. Ausreichend ist jedoch die Formulierung, dass „ein Anspruch nicht hergeleitet werden kann" BAG v. 5.6.1996 – 10 AZR 883/95, AP Nr. 193 zu § 611 BGB – Gratifikation, oder die Leistung „ohne Anerkennung einer Rechtspflicht" gezahlt wird BAG v. 6.12.1995 – 10 AZR 198/95, AP Nr. 187 zu § 611 BGB – Gratifikation; BAG v. 12.1.2000 – 10 AZR 840/98, AP Nr. 223 zu § 611 BGB – Gratifikation. | 6 S. nur *Preis*, Grundfragen der Vertragsgestaltung, 1993, S. 427 f. | 7 BAG v. 6.12.1995 – 10 AZR 198/95, NZA 1996, 1027; s. auch BAG v. 28.2.1996 – 10 AZR 516/95, NZA 1996, 758: „ohne Rechtsanspruch". | 8 Vgl. auch Küttner/*Kania*, Personalbuch, Widerrufsvorbehalt/Freiwilligkeitsvorbehalt Rz. 13; s. aber *Schaub*, Formularhandbuch, S. 28: Vorschlag einer Klausel: „Freiwillig und unter dem Vorbehalt jederzeitigen Widerrufs". | 9 *Preis*, Grundfragen der Vertragsgestaltung, 1993, S. 421. | 10 MünchArbR/*Hanau*, § 62 Rz. 109; s. auch *Kania*, DB 1998, 2418 ff. | 11 *Kania*, DB 1998, 2419.

510 Die Rspr. **hält den Freiwilligkeitsvorbehalt für zulässig** bei Jahressonderleistungen[1], im Bereich der Altersvorsorge hat es den Vorbehalt der Freiwilligkeit zumindest in älteren Judikaten in einen Widerrufsvorbehalt umgedeutet[2]. Soweit das BAG in einem älteren Urteil ganz allgemein ausführte, dass die Formulierung, eine Leistung werde freiwillig und ohne Rechtspflicht erbracht, idR als Widerrufsvorbehalt zu verstehen sei, ist es hiervon in späteren Entscheidungen abgerückt. Dort hat es wiederholt die Zulässigkeit von Freiwilligkeitsvorbehalten anerkannt[3]. Die Vereinbarung von Freiwilligkeitsvorbehalten ist auf Gratifikationen uÄ (etwa Personalkauf, Kantinenzuschuss ua.) beschränkt und kann für Leistungen, die im unmittelbaren Gegenseitigkeitsverhältnis zur Arbeitsleistung stehen, nicht vereinbart werden. Dies gilt auch dann, wenn es sich bei den unter einem Vorbehalt stehenden Leistungen nicht um die eigentliche Grundvergütung, sondern um eine zusätzliche Abgeltung der Arbeitsleistung in Form einer Zulage handelt, da auch diese laufendes Arbeitsentgelt darstellen, also in das vertragliche Synallagma eingebundene Leistungen sind[4]. Sieht ein vom ArbGeb vorformulierter Arbeitsvertrag eine monatlich zu zahlende Leistungszulage unter Ausschluss jeden Rechtsanspruchs vor, benachteiligt dies den ArbN unangemessen.

511 **c) Widerrufsvorbehalt.** Anders als der Freiwilligkeitsvorbehalt, führt der Widerrufsvorbehalt zu einer rechtl. Bindung für die Zukunft. Er verhindert nicht die Entstehung eines Anspruchs, sondern gibt dem ArbGeb nur die Möglichkeit an die Hand, sich in der Zukunft unter erleichterten Voraussetzungen von der zugesagten Leistung zu lösen. Das BAG unterzieht Widerrufsvorbehalte einer **zweistufigen Prüfung**: In einem ersten Schritt prüft es die wirksame Vereinbarung der Widerrufsklausel, in einem zweiten die konkrete Ausübung des Widerspruchs am Maßstab von § 315 I.

512 **aa) Wirksame Vereinbarung des Widerrufsvorbehalts.** In einem ersten Schritt prüft die Rspr., ob die Widerrufsklausel wirksam vereinbart wurde. Hieran fehlt es bei einem Verstoß gegen die §§ 134, 138 (s. Rz. 70 ff.). Die **Zulässigkeit eines Widerrufsvorbehalts** nach *billigem Ermessen* hat das BAG bislang nur in einer Entscheidung verneint: Für den Fall, dass sich eine kommunale Musikschule einseitig das Recht vorbehalten hatte, die Zahl der zu leistenden Musikstunden herabzusetzen, bejaht es eine Umgehung des Kündigungsschutzes bei Änderungskündigungen, der die entsprechende Regelung nichtig gem. § 134 machte[5]; heute folgt das Ergebnis bereits aus einem Gegenschluss zu § 12 TzBfG. Beim Widerruf von Vergütungsbestandteilen zeigte sich die Rspr. bislang jedoch recht großzügig. In einer älteren Entscheidung stellte das BAG ausdrücklich fest, dass Widerrufsvorbehalte in Bezug auf übertarifl. Leistungen grds. zulässig seien[6], und auch danach wertete es sehr weit gehende Flexibilisierungen im Entgeltbereich nicht als Eingriff in den Kernbereich des Arbeitsverhältnisses: Zulässig war ein Widerrufsvorbehalt hinsichtlich einer Leistungszulage zum tarifl. Stundenlohn, die zwischen 25 und 30 % des tarifl. Stundenlohns ausmachte[7], und eine Zulage in Höhe von 15 % der Gesamtbezüge für eine Zusatzaufgabe, die bei Versetzung weggefallen war[8], sowie eine „Entwicklungsklausel", die eine Veränderung der Zuständigkeit eines Chefarztes ermöglichte, die zu 40 % geringerem Entgelt führte[9]. Das BAG hat dies für das neue Recht weitgehend bestätigt: Maßstab ist nun § 308 Nr. 4. Die Vereinbarung eines Widerrufsrechts ist danach für den ArbN jedenfalls dann zumutbar und deshalb wirksam, „wenn ihm die tarifl. oder mindestens die übliche Vergütung verbleibt und der Schutz gegenüber Änderungskündigungen nicht umgangen wird. Das setzt voraus, dass der Widerruf höchstens 25 % der Gesamtvergütung erfasst[10]. Sind darüber hinaus Zahlungen des ArbGeb widerruflich, die nicht eine unmittelbare Gegenleistung für die Arbeitsleistung darstellen, sondern Ersatz für Aufwendungen, die an sich der ArbN selbst tragen muss, erhöht sich der widerrufliche Teil der Arbeitsvergütung auf bis zu 30 % des Gesamtverdienstes[11]. Darüber hinaus darf der Widerruf nicht ohne Grund erfolgen. Dies muss sich aus der vertragl. Regelung selbst ergeben, die zumindest auch die Art der Widerrufsgründe (zB wirtschaftl. Gründe, Gründe im Verhalten des Arbeitnehmers) benennen muss[12]. Eine weiter gehende Präzisierung als eben diese Wortwahl des Gerichts dürfte nicht erforderlich sein, da durch das Transparenzgebot nicht gefordert. Erforderlich ist demgegenüber die hinreichend transparente Formulierung des Widerrufsvorbehalts selbst: Ein wirksamer Widerspruchsvorbehalt lässt sich der Formulierung „es können für die Zukunft keine Rechtsansprüche hergeleitet werden" nicht entnehmen[13]. Berechtigt eine Klausel den ArbGeb jederzeit und aus jedem Anlass zum Widerruf der Privatnutzung des Dienstwagens, steht sie zwar im Einklang mit dem Transparenzgebot, ihre inhaltliche Fassung genügt jedoch den Anforderun-

1 LAG Hamm v. 9.6.2005 – 8 Sa 2403/04, NZA-RR 2005, 624. | 2 BAG v. 4.8.1955 – 2 AZR 588/54, DB 1955, 876; v. 4.8.1955 – 2 AZR 212/54, NJW 1955, 1574; v. 30.11.1955 – 1 AZR 230/54, DB 1956, 186. | 3 BAG v. 2.9.1992 – 10 AZR 536/90, EzA § 611 BGB – Gratifikation Nr. 95, Prämie; v. 26.10.1994 – 10 AZR 109/93, NJW 1995, 2181. | 4 BAG v. 25.4.2007 – 5 AZR 627/06, BB 2007, 1900 m. Anm. *Sprenger*; s. auch *Kania*, DB 1998, 2418; *Lindemann/Simon*, BB 2002, 1807. | 5 BAG v. 12.12.1984 – 7 AZR 509/83, DB 1985, 1240. | 6 BAG v. 7.1.1971 – 5 AZR 92/70, BB 1971, 392: „Jederzeit widerrufliche Leistungszulage" iHv. 20 % des tariflichen Bruttogehalts. | 7 BAG v. 13.5.1987 – 5 AZR 125/86, NZA 1988, 95. | 8 BAG v. 15.11.1995 – 2 AZR 521/95, NZA 1996, 603. | 9 BAG v. 28.5.1997 – 5 AZR 125/96, NZA 1997, 1160. | 10 BAG v. 7.12.2005 – 5 AZR 535/04, AP Nr. 4 zu § 12 TzBfG; v. 11.10.2006 – 5 AZR 721/05, AP Nr. 6 zu § 308 BGB. | 11 BAG v. 11.10.2006 – 5 AZR 721/05, AP Nr. 6 zu § 308 BGB. | 12 BAG v. 12.1.2005 – 5 AZR 364/04, AP Nr. 1 zu § 308 BGB. | 13 S. BAG v. 21.1.2003 – 9 AZR 546/01, NZA 2003, 879; vgl. zu den Formulierungen „ohne Anerkennung einer Rechtspflicht" und „jederzeit widerruflich" v. 23.10.2002 – 10 AZR 48/02, BB 2003, 369.

gen des § 308 Nr. 4 iVm. § 307 nicht. Es bedarf nämlich keines Sachgrundes, das Recht zur privaten Nutzung jederzeit zu entziehen. Das ist eine den ArbN unangemessen benachteiligende Abweichung von der vereinbarten Vergütungsregelung, die auch unter Berücksichtigung der Interessen des Verwenders unzumutbar ist. Der Verwender könnte nämlich die Bestimmung über den Widerrufsvorbehalt auf die Fälle beschränken, in denen ein anzuerkennender Sachgrund daran besteht, die Privatnutzung einzustellen[1].

bb) Ausübung des Widerrufsrechts. Ist der Widerrufsvorbehalt wirksam vereinbart, ist in einem zweiten Prüfungsschritt die **Billigkeit des Widerrufs** entsprechend § 315 I zu prüfen – und zwar auch, wenn der Widerruf nach freiem Ermessen vorbehalten wurde[2]. Maßgeblich sind dafür alle Umstände des Einzelfalls; einen abschließenden Kriterienkatalog gibt es nicht[3]. Die Billigkeit verlangt jedoch weniger als das Kündigungsschutzgesetz: Zum einen handelt es sich lediglich um eine Änderung innerhalb des fortbestehenden Arbeitsverhältnisses, nicht um die Auflösung des Arbeitsverhältnisses; zum anderen ist mit der Feststellung, dass der Widerrufsvorbehalt zulässig ist, bereits anerkannt, dass eine Umgehung des Kündigungsschutzes nicht vorliegt, ungeachtet der Einzelumstände des Widerrufs. Daher ist nach der Billigkeit des Widerrufs auch in Betrieben zu fragen, in denen das KSchG nicht anwendbar ist. Dem entspricht es, dass sich die bisher durch die Rspr. aufgezeigten Grenzen nicht am Kündigungsschutzrecht orientieren: In erster Linie ist abzustellen auf den Zweck der Leistung. Billigem Ermessen entspricht es daher nicht, eine Zulage für Arbeitsleistung von überdurchschnittlicher Qualität zu kürzen, weil der ArbN mehrfach über längere Zeit erkrankt war, sofern die Qualität der erbrachten Arbeitsleistung unverändert geblieben ist[4]. Auch besteht eine Bindung an den **Gleichbehandlungsgrundsatz**. Dementsprechend kann sich der ArbGeb bei unrentabler Produktion nicht einzelne ArbN herausgreifen und ihnen gleichheitswidrig ein Sonderopfer abverlangen. Vielmehr ist er hier an die gleichen Schranken gebunden, die es auch bei einer Änderungskündigung zur Entgeltreduzierung zu beachten gilt[5]. Auf der anderen Seite kann ein Widerruf billigem Ermessen entsprechen, wenn er gerade der Gleichbehandlung dient, wenn etwa eine ArbN-Gruppe bislang eine Zulage erhielt, um eine im Vergleich zu anderen Tarifgruppen niedrigere Entlohnung auszugleichen, nach einer Tariferhöhung für ihre Gruppe eine Beibehaltung der Zulage aber zu einer Besserstellung führen würde[6]. Allgemein gilt kein allzu großzügiges Maß bei der Suche nach der Rechtfertigung: „Vernünftige Erwägungen reichen nicht aus, vielmehr erforderlich ist ein „sachlicher Grund"[7]. 513

Einstweilen frei. 514, 515

d) Teilbefristung. Ein weiteres Instrument zur Flexibilisierung der Arbeitsbedingungen ist die Teilbefristung. Bei ihr entfällt der entsprechende Vertragsbestandteil mit Zeitablauf **automatisch**. Die Teilbefristung ist zur Flexibilisierung insofern weniger als ein Freiwilligkeits- oder Widerrufvorbehalt geeignet, als bereits bei Vertragsschluss die Geltungsdauer der befristeten Arbeitsbedingung oder Gehaltszulage festgelegt werden muss. Andererseits war eine Teilbefristung nach Ansicht des BAG vor der Schuldrechtsreform im Gegensatz zum Widerrufsvorbehalt wohl auch dann zulässig, wenn in den Kernbereich des Arbeitsverhältnisses eingegriffen wird. Erforderlich sei in diesem Fall allerdings ein **sachlicher Grund** für die Befristung, sofern bei unbefristeter Änderung die neuen Arbeitsbedingungen dem gesetzl. Änderungskündigungsschutz unterliegen würden[8]. Einen Eingriff in den Kernbereich hat das BAG anders als bei einer Befristung, die den Umfang der Arbeitszeit regelt, bei einer befristeten übertarifl. Zulage in Höhe von 15 % der Gesamtvergütung verneint. Hier liege ein Eingriff, der das Gleichgewicht zwischen Leistung und Gegenleistung grundlegend stört, nicht vor, denn dem ArbGeb verbleibe ja sein Tarifanspruch, den die TV-Parteien als angemessene Gegenleistung für die Tätigkeit des ArbN ausgehandelt haben[9]. 516

Erste Entscheidungen nach der Schuldrechtsreform setzen die Akzente etwas anders: Nach § 307 I 1 BGB kommt es nun darauf an, ob die ArbN durch die Befristung der Arbeitszeiterhöhung entgegen den Geboten von Treu und Glauben unangemessen benachteiligt werden. Dabei ist eine umfassende Abwägung der beiderseitigen Interessen vorzunehmen[10]. Anstelle des sachlichen Grunds, der allein im Blick auf den ArbGeb zu ermitteln ist, bedarf es nun also des wertenden Pendelblicks zwischen ArbGeb- und ArbN-Interessen. Die neue Rspr. ist nicht unproblematisch, da sie die Grenze des § 307 III 1 BGB missachtet und Inhaltsbestimmungen der Hauptleistungspflichten kontrolliert. Daher ist es ein Wider- 517

1 BAG v. 19.12.2006 – 9 AZR 294/06, NZA 2007, 809. | 2 BAG v. 13.5.1987 – 5 AZR 125/86, NZA 1988, 95; v. 15.11.1995 – 2 AZR 521/95, AP Nr. 20 zu § 1 TVG-Tarifverträge: Lufthansa; KR/*Rost*, § 2 KSchG Rz. 49; aA MünchArbR/*Hanau*, § 62 Rz. 108 f. | 3 BAG v. 13.5.1987 – 5 AZR 125/86, NZA 1988, 95; v. 26.5.1992 – 9 AZR 174/91, NZA 1993, 67; v. 7.10.1982 – 2 AZR 455/80, NJW 1983, 2284. | 4 BAG v. 7.1.1971 – 5 AZR 92/70, DB 1971, 392. | 5 KR/*Rost*, § 2 KSchG Rz. 107a ff., insb. Rz. 107d; v. Hoyningen-Huene/*Linck*, § 2 KSchG Rz. 61 ff. | 6 BAG v. 30.8.1972 – 5 AZR 140/72, DB 1973, 480; strenger bei der Änderungskündigung BAG v. 20.1.2000 – 2 ABR 40/99, NZA 2000, 592: „Die Gleichbehandlung mit anderen Arbeitnehmern stellt kein dringendes betriebliches Erfordernis iSv. § 1 Abs. 2 Satz 1 KSchG dar, das die Verschlechterung im Wege der Änderungskündigung bedingen kann." | 7 BAG v. 13.5.1987 – 5 AZR 125/86, NZA 1988, 95. | 8 BAG v. 4.6.2003 – 7 AZR 406/02, AP Nr. 1 zu § 17 TzBfG; v. 4.6.2003 – 7 AZR 159/02, EzA Nr. 7 zu § 620 BGB 2002. | 9 BAG v. 21.4.1993 – 7 AZR 297/92, NZA 1994, 476. | 10 BAG v. 27.7.2005 – 7 AZR 486/04, NZA 2006, 40.

spruch, dass die Befristung des Arbeitsverhältnisses insg. nicht der AGB-Kontrolle unterliegen soll[1], wohl aber die einzelner Vertragsbedingungen[2]. **Die Rspr. des** BAG, dass die Befristung einzelner Arbeitsvertragsbedingungen nicht auf die Möglichkeit der sachgrundlosen Befristung nach dem TzBfG gestützt werden kann[3], muss danach überdacht werden: Wenn die Befristung des Vertrags insgesamt zulässig wäre, muss es auch die Befristung einzelner Vertragsbedingungen sein.

518 Einstweilen frei.

519 **3. Ablösung des Arbeitsvertrags durch Betriebsvereinbarung und Tarifvertrag. a) Grundsatz: Günstigkeitsprinzip.** Gemäß § 4 III TVG sind Abmachungen, die von einem **TV** abweichen, nur zulässig, soweit sie durch den TV gestattet sind oder eine Änderung der Regelungen zu Gunsten des ArbN enthalten. Das heißt im Gegenschluss, dass auch ein TV abweichende arbeitsvertragl. Vereinbarungen, die für den ArbN günstiger sind, nicht ersetzen kann. Dies folgt schon aus dem Zweck der Tarifmacht, die Unterlegenheit der ArbN in den Vertragsverhandlungen auszugleichen. Dies schließt es aus, das Institut des TV zur Verschlechterung der individualvertragl. Vereinbarungen zu nutzen[4]. Damit sind TV, die individualvertragl. Ansprüche des ArbN verschlechtern, grds. unzulässig. Eine **Ausnahme** dürfte dann gelten, wenn der Arbeitsvertrag ausdrücklich auch eine Verdrängung durch ungünstigere TV gestattet. Praktische Beispiele hierfür sind bislang selten, finden sich aber in bestimmten Grenzen für wieder in den Arbeitsprozess eingegliederte Langzeitarbeitslose.

520 Der Gesetzgeber hat das Verhältnis von **Arbeitsvertrag und BV** nur einseitig ausdrücklich geregelt: Gemäß § 77 Abs. 4 BetrVG gelten BV unmittelbar und zwingend; werden ArbN durch die BV Rechte eingeräumt, so ist der Verzicht auf sie nur mit Zustimmung des BR zulässig. Ungeregelt blieb die Frage, inwieweit ein Arbeitsvertrag zu Gunsten des ArbN von der BV abweichen darf. Die allgemeine Meinung schon seit Zeiten des BetrVG 1952 ergänzt die gesetzl. Regelung durch das Günstigkeitsprinzip und argumentiert ex contrario: „Bestimmungen einer BV sind nur einseitig zwingend und haben zu Gunsten der ArbN stets dispositiven Charakter“[5].

521 Das **Günstigkeitsprinzip** sichert nicht nur den Bestand der BV gegenüber individualvertragl. Eingriffen, sondern umgekehrt auch den Individualvertrag von Eingriffen durch BV. Damit sind Arbeitsvertragsregelungen grds. vor einer Ablösung oder Verschlechterung durch BV geschützt[6]. Hierzu gibt es zwei Ausnahmen: Bei der einen gilt das sog. kollektive Günstigkeitsprinzip, bei der anderen das Ablöseprinzip; hierzu im Folgenden (Rz. 52 ff.).

522 **b) Ausnahme: Ablösung nach dem kollektiven Günstigkeitsprinzip.** Das Günstigkeitsprinzip wird bei der BV nur dort eingeschränkt, wo der arbeitsvertragl. eingeräumte Anspruch selber kollektiven Charakter hat, weil er nach allgemeinen Regeln für mehrere ArbN(-Gruppen) begründet wurde. Auch hier gilt entgegen älterer Rspr. des BAG nicht das Ablöseprinzip, jedoch wird bei solchen kollektiven Tatbeständen das Günstigkeitsprinzip zum kollektiven Günstigkeitsprinzip modifiziert. Grundlage hierfür ist die Entscheidung des Großen Senats des BAG vom 16.9.1986, die in der Folgezeit bestätigt und weiter ausformuliert wurde[7].

523 **aa) Kollektiver Tatbestand.** Ein kollektiver Tatbestand, der eine Abweichung vom auf den einzelnen Arbeitsvertrag bezogenen Günstigkeitsprinzip rechtfertigt, liegt den arbeitsvertragl. Einheitsregelungen, der Gesamtzusage und der betrieblichen Übung zugrunde. Die Besonderheiten bei der Begründung dieser Ansprüche haben keinen Einfluss auf deren Rechtsnatur; sie bleiben vertragl. Ansprüche (zu den Besonderheiten bei der dogmatischen Einordnung der betrieblichen Übung vgl. Rz. 228). Anders als bei anderen arbeitsvertragl. Regelungen stehen hier jedoch die den einzelnen ArbN zukommenden Leistungen untereinander in einem Bezugssystem, das auf zwei Grundentscheidungen des ArbGeb beruht: der Entscheidung über die Höhe der einzusetzenden finanziellen Mittel und der Bestimmung der Verteilungsgrundsätze. Daher dürfen bei der Anwendung des Günstigkeitsprinzips nicht die jeweils einzelnen Ansprüche verglichen werden, die den von der vertragl. Regelung begünstigten und von der nachfolgenden BV benachteiligten ArbN zustehen, sondern der Blick geht auf die Gesamtheit der Leistungen des ArbGeb, die aus einem bestimmten Anlass oder Zweck gewährt werden. Diese Gesamtsumme ist nach Abschluss einer BV vergleichsweise gegenüberzustellen. Nur dies entspricht dem Schutzzweck des Günstigkeitsprinzips.

524 Die **Kritik des Schrifttums** an dieser Einschränkung des Günstigkeitsprinzips hat die Rspr. bislang nicht beeinflussen können[8]. Dies wird vor allem auch darin seinen Grund haben, dass anderenfalls das

1 BAG v. 27.7.2005 – 7 AZR 443/04, NZA 2006, 37. | 2 Zur Kritik *Thüsing*, RdA 2005, 257 (264); s. auch *Thüsing/Leder*, BB 2005, 1563 (1568 f.). | 3 BAG v. 23.1.2002 – 7 AZR 563/00, NZA 2003, 104; s. vorher bereits BAG v. 24.1.2001 – 7 AZR 208/99, EzA § 620 BGB Nr. 173. | 4 Vgl. auch *Löwisch/Rieble*, § 4 TVG Rz. 158. | 5 Vgl. BAG v. 16.9.1986 – GS 1/82, AP Nr. 17 zu § 77 BetrVG 1972; v. 7.11.1989 – GS 3/85, AP Nr. 46 zu § 77 BetrVG 1972; *Richardi*, § 77 BetrVG Rz. 134. | 6 BAG v. 16.9.1986 – GS 1/82, AP Nr. 17 zu § 77 BetrVG 1972; v. 7.11.1989 – GS 3/85, AP Nr. 46 zu § 77 BetrVG 1972 mwN. | 7 BAG v. 16.9.1986 – GS 1/82, AP Nr. 17 zu § 77 BetrVG 1972; v. 7.11.1989 – GS 3/85, AP Nr. 46 zu § 77 BetrVG 1972. | 8 Vgl. Nachw. bei GK-BetrVG/*Kreutz*, § 77 Rz. 258; *Zöllner/Loritz*, Arbeitsrecht, § 6a II 2b, S. 86.

Rechtsinstitut der arbeitsvertragl. Einheitsregelung weitgehend leer laufen würde, wäre doch zumindest dort, wo ein Widerrufsvorbehalt fehlt, eine Anpassung in Zukunft nur nach oben möglich[1]. Dementsprechend führen andere Auffassungen im Schrifttum oftmals zum selben Ergebnis: So wird teilweise die Zulässigkeit einer Umstrukturierung nicht mit dem kollektiven Günstigkeitsvergleich begründet, sondern damit, dass sich diese Ablösbarkeit unmittelbar aus dem Mitwirkungsbereich des BR herleitet[2], oder etwa bei auf lange Dauer angelegten Sozialleistungen regelmäßig ein konkludenter Vorbehalt hinsichtlich einer Ablösung durch BV enthalten sei[3]. Die Begründungsunterschiede führen nicht zu unterschiedlichen Ergebnissen; die Praxis kann bis auf weiteres von der Zulässigkeit umstrukturierender BV ausgehen.

Die **Grenzen**, innerhalb derer das kollektive Günstigkeitsprinzip Anwendung findet, bleiben allerdings unklar. Die grundlegende Entscheidung des Großen Senats von 1986 bezog sich auf eine BV, die eine Jubiläumssonderzuwendung regelte. In den Entscheidungsgründen und Leitsätzen wurde verallgemeinert von Sozialleistungen gesprochen[4]. In seiner Entscheidung von 1989 stellte der Große Senat fest, dass bei Abreden über das Ende des Arbeitsverhältnisses mit Erreichen einer bestimmten Altersgrenze kein kollektiver Günstigkeitsvergleich vorgenommen werden dürfe[5]. Daraus hat das Schrifttum geschlossen, dass generell der kollektive Günstigkeitsvergleich auf Sozialleistungen beschränkt bleibt und nicht für Ansprüche auf das eigentliche Arbeitsentgelt gilt sowie für ähnlich gewichtige Regelungen, die den Inhalt des Arbeitsverhältnisses bestimmen[6]. Die besseren Gründe scheinen für eine vorsichtigere Eingrenzung zu sprechen: Tragendes Argument der Rspr. ist, dass die kollektiven Voraussetzungen und ein Verteilungsplan das Bild einer vertragl. Einheitsregelung bestimmen[7]. Die Gründe, dann eine solche Leistung abzuändern, entstammen nicht dem einzelnen Arbeitsverhältnis, sondern beruhen auf generellen Maßstäben. Dementsprechend wird man auch übertarifl. Zulagen dem kollektiven Günstigkeitsvergleich unterstellen können, denn auch wird oftmals ein ähnlicher Bezug der Einzelleistungen zur Gesamtleistung vorhanden sein. 525

bb) Modifizierter Günstigkeitsvergleich. Ist das kollektive Günstigkeitsprinzip anwendbar, so können die Inhaltsnormen einer nachfolgenden BV die vertragl. begründeten Ansprüche des ArbN einschränken, wenn die Neuregelung insgesamt bei **kollektiver Betrachtung** keine Nachteile für die Belegschaft zur Folge hat. Unzulässig bleibt also die BV, die eine Leistung abbauen will; zulässig ist allein die BV, die das Leistungsvolumen insgesamt unangetastet lässt und einzig eine neue Verteilung unter den ArbN anstrebt. Wenn die geplanten Aufwendungen des ArbGeb konstant bleiben oder erweitert werden sollen, steht also das Günstigkeitsprinzip einer Neuregelung nicht entgegen, selbst wenn einzelne ArbN dadurch schlechter gestellt werden. 526

Der Eingriff in die Rechtsposition des einzelnen ArbN ist jedoch nicht unbegrenzt. Innerhalb der **Grenzen**, die den Parteien einer BV durch das kollektive Günstigkeitsprinzip gezogen sind, können sie nicht schrankenlos in Besitzstände der ArbN eingreifen. Alle Eingriffe müssen den Grundsatz der Verhältnismäßigkeit wahren; sie müssen am Zweck der Maßnahme gemessen geeignet, erforderlich und proportional sein. Insoweit gelten für die umstrukturierenden BV dieselben Grundsätze wie für die Ablösung einer BV durch eine zeitlich nachfolgende BV (s. Rz. 533). Auch wenn eine BV durch eine andere BV mit dem gleichen Regelungsgegenstand abgelöst wird, wenn also nicht das Günstigkeitsprinzip eingreift, sondern die spätere Regelung grds. die früheren Regelungen verdrängt, bleiben die Besitzstände der betroffenen ArbN nicht schutzlos. Das gilt auch hier, wenn auch Rspr. des BAG fehlt, die für die Ablösung arbeitsvertragl. Einheitsregelungen und Gesamtzusagen eine Konkretisierung der Billigkeit vorgibt. 527

c) Betriebsverfassungswidrige Einheitsregelung und betriebsvereinbarungsoffener Arbeitsvertrag – Ablöseprinzip. Es verbleiben zwei Ausnahmen, in denen zwischen arbeitsvertragl. Regelung und BV das Ablöseprinzip greift, ein Günstigkeitsvergleich zwischen der vorangegangen und der künftigen Leistung also nicht geboten ist: 528

Durch BV kann in einzelvertragl. Rechte zu Lasten des ArbN eingegriffen werden, wenn die Einzelarbeitsverträge unter dem **Vorbehalt einer ablösenden BV** stehen, sie also „betriebsvereinbarungsoffen" sind[8]. Die Arbeitsvertragsparteien haben hier selbst die Abänderung durch die Betriebspartner gestattet. Der Umfang der Änderungsbefugnis richtet sich dann nicht nach dem Günstigkeitsvergleich, sondern nach der Auslegung der die Änderungen gestattenden Vereinbarungen. 529

Der Ablösungsgrundsatz gilt auch, wenn der BR einer Gesamtzusage oder arbeitsvertragl. Einheitsregelung nicht zugestimmt hat, etwa in Form einer Regelungsabrede. Die Arbeitsverträge wurden dann unter **Verletzung des MitbestR** des BR gem. § 87 I Nr. 10 BetrVG abgeschlossen. Weil eine mitbestim- 530

1 So bereits BAG v. 16.9.1986 – GS 1/82, AP Nr. 17 zu § 77 BetrVG 1972. | 2 *Richardi*, NZA 1987, 185 (190); s. aber *Richardi*, § 77 BetrVG Rz. 140 f. | 3 *Löwisch*, SAE 1987, 185 (186). | 4 BAG v. 16.9.1986 – GS 1/82, AP Nr. 17 zu § 77 BetrVG 1972 insb. LS 1. | 5 BAG v. 7.11.1989 – GS 3/85, AP Nr. 46 zu § 77 BetrVG 1972. | 6 *Fitting*, § 77 BetrVG Rz. 166 ff.; GK-BetrVG/*Kreutz*, § 77 Rz. 221; *Richardi*, § 77 BetrVG Rz. 144. | 7 BAG v. 7.11.1989 – GS 3/85, AP Nr. 46 zu § 77 BetrVG 1972. | 8 So bereits BAG v. 12.8.1982 – 6 AZR 1117/79, AP Nr. 4 zu § 77 BetrVG; s. auch BAG v. 24.8.2004 – 1 AZR 419/03, AP Nr. 77 zu § 2 KSchG 1969; v. 17.6.2003 – 3 ABR 43/02, NZA 2004, 1110.

mungswidrige Gesamtzusage nach der ständigen Rspr. des BAG unwirksam ist und auch unter dem Gesichtspunkt des Vertrauensschutzes keine Ansprüche für kommende Bezugszeiträume begründen kann (s. § 87 BetrVG Rz. 38), kann sich der ArbGeb ohne weiteres für die Zukunft hiervon lösen. Die Tatsache, dass eine Gesamtzusage als freiwillige ArbGebLeistung nur teilweise mitbestimmungspflichtig war, ändert daran nichts. Denn wenn die mitbestimmungspflichtige Ausgestaltung unwirksam ist, weil sie mitbestimmungswidrig erfolgte, schlägt diese Unwirksamkeit auf die Leistungsgewährung insgesamt durch, da keine Leistungsgewährung ohne Ausgestaltung denkbar ist, jegliche Gewährung ohne Zustimmung des BR insgesamt also mitbestimmungswidrig erfolgen würde. Daher hat auch das BAG im Ergebnis zu Recht festgestellt, dass der vom ArbGeb vorgesehene Dotierungsrahmen einer freiwilligen Sozialleistung überschritten werden kann, wenn sich bei einer erstmaligen Vereinbarung mit dem BR der finanzielle Dotierungsaufwand dadurch erhöht, dass der ArbGeb zuvor bei der Verteilung von Sonderleistungen das MitbestR des BR rechtswidrig missachtet hat[1].

531 **d) Geltung des kollektiven Günstigkeitsprinzip auch für Tarifverträge?** Ob das **kollektive Günstigkeitsprinzip**, das BV die Ablösung kollektiver Arbeitsvertragsvereinbarungen auch zu Lasten des einzelnen ArbN gestattet, auch auf TV Anwendung findet, ist umstritten. Neuere instanzgerichtliche Rspr. lehnt dies klar ab[2]. Das BAG hielt es aber für zulässig, dass Versorgungszusagen, die auf einer betrieblichen Einheitsregelung beruhen, durch einen FirmenTV geändert werden, wenn in dem TV die vertragl. bereits erworbenen Rechte aufrechterhalten und die Leistungen insgesamt verbessert werden[3]. Weiter gehende Stellungnahmen zur Wirksamkeit eines „ablösenden TV" fehlen bislang. Teilweise geht das Schrifttum noch über die Geltung des kollektiven Günstigkeitsprinzips hin zum reinen Ablöseprinzip hinaus, eingeschränkt nur durch den Schutz unverfallbarer Rechte und Anwartschaften des ArbN: Zwischen vorangegangenem und nachfolgendem TV gelte die Lex-posterior-Regel; die allgemeinen Arbeitsbedingungen kollektiven Charakters könnten aber keinen stärkeren Schutz beanspruchen nur weil sie vom ArbGeb einseitig gewährt wurden[4]. In der Rspr. sind bislang keine Anzeichen ersichtlich, diesem Weg zu folgen, und zwar zu Recht: Das Günstigkeitsprinzip des § 4 Abs. 3 TVG schaut auf den einzelnen ArbN, eine kollektive Betrachtungsweise wie im Betriebsverfassungsrecht scheidet schon dadurch aus, dass hier das Kollektiv nicht gesetzl. vorgegeben ist (Betriebsgemeinschaft), sondern durch die Parteien eines TV jeweils neu festgelegt wird (fachlicher/betrieblicher/personeller Anwendungsbereich). Vergleichbarkeiten zur BV bestehen hier insoweit allenfalls beim FirmenTV. Auch hier erfassen die tarifvertragl. Inhaltsnormen aber nur die organisierten ArbN, nicht die ganze betriebliche Gemeinschaft. Die betroffenen ArbN-Gruppen sind damit weder tatsächlich noch rechtl. ein Kollektiv, das ein kollektives Günstigkeitsprinzip rechtfertigen würde. Dem einzelnen ArbN daher zu Gunsten anderer ein Opfer abzuverlangen, hat keine rechtl. und keine tatsächliche Grundlage.

532 **4. Änderung einer Betriebsvereinbarung.** Die Möglichkeiten, eine BV abzuändern, unterscheiden sich nach deren Rechtmäßigkeit. Gemäß § 77 III BetrVG können Arbeitsentgelte und sonstige Arbeitsbedingungen, die durch TV geregelt sind oder üblicherweise geregelt werden, nicht Gegenstand einer BV sein, wenn nicht ein TV den Abschluss ergänzender BV ausdrücklich zulässt. Der Wortlaut des § 77 III BetrVG ist umfassend, denn „Arbeitsbedingung" ist alles, was Bedingung für ein Arbeitsverhältnis ist, was also in irgendeiner Weise Einfluss darauf ausübt; das gilt für jede BV zumindest mittelbar. Es werden jedoch verschiedene Einschränkungen des Wortlauts im Schrifttum vorgeschlagen, die unterschiedliche Resonanz in der Rspr. gefunden haben, insb. im Hinblick auf zwingend mitbestimmte Bereiche (s. Vorrangtheorie).

533 **a) Änderung zulässiger Betriebsvereinbarungen.** Die Ablösung einer BV durch eine nachfolgende BV ist grds. unbeschränkt zulässig; nur für bestimmte BV setzt der Vertrauensschutz Grenzen. Grundsätzlich gilt zwischen zwei BV die Zeitkollisionsregel. Die nachfolgende löst die vorangegangene ab: lex posterior derogat legi priori[5]. Dabei kann die ablösende BV für die ArbN günstiger, grds. aber auch ungünstiger sein[6].

534 In seiner grundlegenden Entscheidung für Ablösungen arbeitsvertragl. Einheitsregelungen durch eine nachfolgende BV hat der Große Senat des BAG auch zur Ablösung einer BV durch eine nachfolgende BV Stellung genommen: Sie muss den Grundsatz der Verhältnismäßigkeit und des Vertrauensschutzes beachten[7]. Danach ist nur ein abgestufter Eingriff in erworbene Besitzstände zulässig. Dies hat zu umfangreicher Judikatur im Bereich der **betrAV** geführt[8]. Dort gilt das **sog. Drei-Stufen-Modell**: Für den

---

1 BAG v. 14.6.1994 – 1 ABR 63/93, AP Nr. 69 zu § 87 BetrVG 1972 – Lohngestaltung mit allerdings wenig dogmatischer Begründung, vgl. unter I. d.Gr. | 2 LAG Hamburg v. 20.12.1994 – 3 Sa 55/94, LAGE § 4 TVG – Günstigkeitsprinzip Nr. 4; zust. ErfK/*Preis*, § 611 BGB Rz. 290. | 3 BAG v. 16.2.1993 – 3 ABR 29/92, AP Nr. 19 zu § 87 BetrVG 1972 – Altersversorgung. | 4 So *Gamillscheg*, Kollektives Arbeitsrecht Bd. 1, S. 860 f. | 5 So auch Ablösungs- bzw Ordnungsprinzip, BAG v. 17.3.1987 – 3 AZR 64/84, AP Nr. 9 zu § 1 BetrAVG – Ablösung; v. 22.5.1990 – 3 AZR 128/89, AP Nr. 3 zu § 1 BetrAVG – Betriebsvereinbarung. S. auch *Richardi*, § 77 BetrVG Rz. 159; *Fitting*, § 77 BetrVG Rz. 163. | 6 Vgl. BAG v. 16.9.1986 – GS 1/82, AP Nr. 17 zu § 77 BetrVG 1972; v. 21.9.1989 – 1 AZR 454/88, AP Nr. 43 zu § 77 BetrVG 1972; v. 29.10.2002 – 1 AZR 573/01, DB 2003, 455. | 7 BAG v. 16.9.1986 – GS 1/82, AP Nr. 17 zu § 77 BetrVG 1972. | 8 BAG v. 22.5.1990 – 3 AZR 128/89, AP Nr. 3 zu § 1 BetrAVG – Betriebsvereinbarung; v. 23.10.1990 – 3 AZR 260/89, AP Nr. 13 zu § 1 BetrAVG – Ablösung; v. 9.4.1991 – 3 AZR 194/90, AP Nr. 15 zu § 1 BetrAVG – Ablösung; v. 24.8.1993 – 3 AZR 313/93, AP Nr. 19 zu § 1 BetrAVG –

Schutz vor Änderung laufender Leistungen und von Versorgungsanwartschaften, welche die Höhe oder Dynamisierung der Betriebsrente neu regeln[1].

Auch **rückwirkend verschlechternde BV** sind nicht per se unzulässig[2]. Da der ArbN grds. jedoch keine rückwirkende Verschlechterung erwartet, setzt hier der Grundsatz des Vertrauensschutzes noch engere Grenzen. Es ist erforderlich, dass der ArbN mit einer verschlechternden Änderung der BV rechnen musste. Dies ist insb. der Fall, wenn eine bisher bestehende BV gekündigt wurde und die nachfolgende Vereinbarung rückwirkend auf den Zeitpunkt dieser Kündigung in Kraft gesetzt wird[3]. Daneben wird man die Kriterien des BVerfG zur Rechtmäßigkeit rückwirkender staatlicher Gesetze heranziehen können. Allerdings ist die privatautonome Rechtsetzung der Betriebsparteien nicht wesensgleich mit der staatlichen, jedoch hat sich das BAG beim rückwirkenden TV dem BVerfG angenähert[4]. Das Gleiche dürfte damit auch für die rückwirkende BV gelten. Eine rückwirkende Verschlechterung ist generell ausgeschlossen für **ArbN**, die zwischenzeitlich den **Betrieb verlassen** haben[5], denn auf diese ArbN erstreckt sich die Regelungsmacht der Betriebspartner nicht mehr. 535

b) Umdeutung unzulässiger Betriebsvereinbarungen. Rechtswidrige BV, dh. insb. solche, die gegen die Regelungssperren des § 77 Abs. 3 BetrVG verstoßen, sind nichtig und damit unwirksam[6]. Jedes nichtige Rechtsgeschäft kann jedoch gem. § 140 umgedeutet werden in ein anderes Rechtsgeschäft, wenn anzunehmen ist, dass dessen Geltung bei Kenntnis der Nichtigkeit gewollt ist. Inwieweit eine nichtige BV in inhaltsgleiche individualvertragl. Vereinbarungen umgedeutet werden kann, ist strittig. Die Rspr. verlangt hierfür besondere tatsächliche Umstände, die einen entsprechenden Verpflichtungswillen des ArbGeb erkennen lassen. Ansonsten könne nicht davon ausgegangen werden, dass der ArbGeb sich unabhängig von der Regelungsform binden will[7]. 536

Ist die BV nicht umzudeuten, dann bleibt es bei der **Nichtigkeit**. Der ArbGeb kann sich mit sofortiger Wirkung von ihr lösen[8]. Rückforderungen für die Vergangenheit werden weitgehend ausgeschlossen sein, da hier (jedenfalls soweit die BV nicht durch Spruch der Einigungsstelle zu Stande gekommen ist) die Regeln des faktischen Arbeitsverhältnisses Anwendung finden. Rspr. hierzu fehlt freilich[9]. 537

5. Änderung eines Tarifvertrags. Grundsätzlich gilt für das Verhältnis zweier aufeinander folgender TV die Zeitkollisionsregel. Der nachfolgende Vertrag löst den vorangegangenen ab, ohne dass es auf einen Günstigkeitsvergleich oder eine Angemessenheit der Änderung ankäme[10]. Probleme bereitet hier jedoch insb. die **Anrechnung übertarifl. Entgelte** sowie **rückwirkende Änderungen des TV**. 538

a) Anrechnung übertariflicher Entgelte. Sollen übertarifl. Zulagen unabhängig von einer Tariflohnerhöhung gekürzt oder gänzlich gestrichen werden, bedarf es hierzu eines Widerrufsvorbehalts (s. Rz. 511 ff.). Die Vertragsklausel in einem Formulararbeitsvertrag, nach der dem ArbGeb das Recht zustehen soll, „übertarifl. Lohnbestandteile jederzeit unbeschränkt zu widerrufen", ist gem. § 308 Nr 4 BGB unwirksam[11]. Geht es jedoch nur um eine Anrechnung auf eine Tariflohnerhöhung und damit insgesamt nicht um eine Entgeltminderung, sondern nur um eine Minderung der Entgelterhöhung, ist der Gestaltungsspielraum des ArbGeb größer. Individualvertragl. ist hier eine Anrechnung **grds. zulässig**, denn im Zweifel ist davon auszugehen, dass die Arbeitsvertragsparteien die Anrechnung von übertarifl. Zulagen zulassen wollten[12]. Daneben kann der Arbeitsvertrag ausdrücklich die Anrechnung vorsehen, etwa wenn sie lediglich als Zulage zum „augenblicklichen Tariflohn" gewährt wird[13]. Eine arbeits- 539

Ablösung; v. 16.7.1996 – 3 AZR 398/95, AP Nr. 21 zu § 1 BetrAVG – Ablösung; v. 19.4.2005 – 3 AZR 468/04, DB 2005, 1527. |**1** Vgl. BAG v. 16.7.1996 – 3 AZR 398/95, AP Nr. 21 zu § 1 BetrAVG – Ablösung. |**2** Vgl. BAG v. 29.10.2002 – 1 AZR 573/01, RdA 2003, 290; v. 19.9.1995 – 1 AZR 208/95, AP Nr. 61 zu § 77 BetrVG 1972; s auch *Richardi*, § 77 BetrVG Rz. 119 f. |**3** BAG v. 8.3.1977 – 1 ABR 33/75, AP Nr. 1 zu § 87 BetrVG 1972 – Auszahlung. |**4** Vgl. BAG v. 23.11.1994 – 4 AZR 879/93, AP Nr. 12 zu § 1 TVG – Rückwirkung. |**5** So bereits BAG v. 16.3.1956 – GS 1/55, AP Nr. 1 zu § 57 BetrVG; v. 30.1.1970 – 3 AZR 44/68, AP Nr. 142 zu § 242 BGB – Ruhegehalt; zum TV: v. 13.9.1994 – 3 AZR 148/94, AP Nr. 11 zu § 1 TVG – Rückwirkung; zust. *Fitting*, § 77 BetrVG Rz. 38; *Richardi*, § 77 BetrVG Rz. 119 ff. |**6** BAG v. 13.8.1980 – 5 AZR 325/78, AP Nr. 2 zu § 77 BetrVG 1972; v. 23.8.1989 – 5 AZR 391/88, AP Nr. 42 zu § 77 BetrVG 1972. Für das Schrifttum *Fitting*, § 77 BetrVG Rz. 86; GK-BetrVG/*Kreutz*, § 77 BetrVG Rz. 122f., 58, dort auch zu anderen Nichtigkeitsgründen. |**7** Vgl. BAG v. 24.1.1996 – 1 AZR 597/95, AP Nr. 8 zu § 77 BetrVG 1972 – Tarifvorbehalt; v. 5.3.1997 – 4 AZR 532/95, AP Nr. 10 zu § 77 BetrVG 1972 – Tarifvorbehalt; BAG v. 5.3.1997 – 4 AZR 532/95, AP Nr. 10 zu § 77 BetrVG 1972 – Tarifvorbehalt; v. 29.10.2002 – 1 AZR 573/01, NZA 2003, 393; v. 28.6.2005 – 1 AZR 213/04, AP Nr. 29 zu § 77 BetrVG 1972 – Betriebsvereinbarung. |**8** GK-BetrVG/*Kreutz*, § 77 Rz. 122; aA *Birk*, ZfA 1986, 73 (106): Auslauffrist von 3 Monaten analog § 77 V BetrVG. |**9** Vgl. *Fitting*, § 77 BetrVG Rz. 94; GK-BetrVG/*Kreutz*, § 77 Rz. 127; aA *v. Hoyningen-Huene*, DB 1994, Beilage Nr. 1, 11, der eine Rückabwicklung nach §§ 812 ff. befürwortet. |**10** BAG v. 16.12.1954 – 2 AZR 58/54, AP Nr. 2 zu § 52; v. 1.6.1970 – 3 AZR 166/69, AP Nr. 143 zu § 242 BGB – Ruhegehalt; Wiedemann/*Wank*, § 4 TVG Rz. 261; sowie bereits *Nipperdey*, FS Lehmann, 1937, S. 257 (264). |**11** BAG v. 12.1.2005 – 5 AZR 364/04, AP Nr. 1 zu § 308 BGB. |**12** BAG v. 1.3.2006 – 5 AZR 363/05, AP Nr. 3 zu § 308 BGB; v. 9.12.1997 – 1 AZR 330/97, NZA 1998, 609; v. 3.6.1998 – 5 AZR 616/97, NZA 1999, 208; v. 7.2.1996 – 1 AZR 657/95, NZA 1996, 832; Wiedemann/*Wank*, § 4 TVG Rz. 508; einschr. *Gamillscheg*, Kollektives Arbeitsrecht, Bd. 1 S. 865 f., der von einer Zweifelsregelung gegen die Anrechnung ausgeht. |**13** BAG v. 28.10.1964 – 4 AZR 266/63, DB 1965, 399; s. auch BAG v. 9.12.1997 – 1 AZR 319/97, AP Nr. 11 zu § 77 BetrVG 1972 – Tarifvorbehalt; s. auch BAG v. 8.12.1982 – 4 AZR 481/80, EzA § 4 TVG – Tariflohnerhöhung Nr. 6.

vertragl. Vereinbarung, nach der übertarifl. Zulagen auf „kommende" Lohnerhöhungen anrechenbar sind, beschränkt das Anrechnungsrecht des ArbGeb nach der recht strengen Rspr. des BAG auf den Zeitraum bis zur erstmöglichen Umsetzung der Erhöhung[1]. Die Grundsätze zur Anrechenbarkeit von Tarifgehaltserhöhungen auf übertarifl. Entgelte sind nach der Rspr. auch dann anzuwenden, wenn eine Erhöhung für bei Tarifabschluss zurückliegende Monate nicht prozentual, sondern durch als **Einmalzahlungen** bezeichnete, für alle ArbN gleich hohe monatliche Pauschalbeträge erfolgt[2]. Ob an diesen Grundsätzen freilich auch noch nach der Schuldrechtsreform in Anbetracht des Transparenzgebots nach § 307 I 2 festgehalten werden kann, wird bezweifelt[3].

540 Auf der anderen Seite kann sich die Nichtanrechnung aus der **Formulierung der Zulage**, ihrem Zweck oder der bisherigen betrieblichen Übung ergeben. Heißt es in der Vereinbarung der Zulage ausdrücklich, dass sie auch zusätzlich zu zukünftigen Tariflohnerhöhungen gewährt werde, so scheidet eine Anrechnung grds. aus. Dies gilt lediglich dann nicht, wenn der TV seinerseits die Anrechnung ausdrücklich erlaubt. Insofern fehlt es an einer Tariflohnerhöhung für den bisher über Tarif bezahlten ArbN. Das Günstigkeitsprinzip greift hier nicht, die Rspr. hat dies jedoch in älteren Entscheidungen abgelehnt, weil ein TV nur Mindestlöhne und keine Höchstlöhne festsetzen könne[4]. Das Schrifttum steht solchen Aufsaugungsklauseln demgegenüber zu Recht wohl wollender gegenüber[5]. Ausdrücklich die Aufrechnung ausschließen kann der TV jedenfalls nicht; die lange Zeit umstrittenen **Effektivklauseln** sind nach heute ganz hM unzulässig, sowohl als Effektivgarantieklausel (das bisher geleistete Entgelt soll im vollen Umfang Tariflohn werden), als auch als begrenzte Effektivklausel (die bisherigen übertarifl. Entgelte sollen als Bestandteil des Individualvertrags erhalten bleiben und die Tariflohnerhöhung, unabhängig von den Vorgaben des Arbeitsvertrages nicht mit ihnen verrechnet werden)[6]. Soweit im Schrifttum davon ausgegangen wird, dass die TV-Parteien jedoch eine Auslegungsregel hinsichtlich der arbeitsvertragl. Regelung formulieren können, ist dies unzulässig: Die Auslegung des Arbeitsvertrags richtet sich nach dem Willen der vertragsschließenden Parteien. Wo die Klausel des TV dem entspricht, ist sie überflüssig, wo sie von ihr abweicht, ist sie keine Auslegungsregel mehr, sondern wäre eine Effektivklausel und daher unzulässig[7].

541 Leistungen, deren Zweck nicht auf eine bereits im TV entgoltene Tätigkeit gerichtet sind, sind nur anrechenbar, solange der ArbGeb sich eine Anrechnung oder einen Widerruf tatsächlich vorbehält[8]. Dementsprechend sind **Leistungserschwernis- oder Sozialzulagen** ebenso wie Zulagen, die die Abwanderung eines ArbN verhindern sollten, Treueurlaub oder Überstundenpauschalen tariffest[9]. Eine solche Zweckbestimmung ist als konkludentes Anrechnungsverbot zu deuten[10]. Gleiches hat die Rspr. für die Anrechnung eines Lohnausgleichs bei **Arbeitszeitverkürzung** entschieden[11]. Beim monatlich bemessenen Gehalt kann jedoch unter Tariflohnerhöhung nur die Erhöhung des monatlichen Entgeltbetrages zu verstehen sein, nicht die Folge einer durch Arbeitszeitverkürzung mit Lohnausgleich eingetretenen Erhöhung[12]. Generell dürfte danach zu unterscheiden sein, ob der Zweck der Zulage und der Zweck des erhöhten tarifvertragl. Entgeltsbestandteils identisch sind (**Einheitsprinzip im Gegensatz zum Trennungsprinzip**)[13].

542 Inwieweit der Umstand, dass der ArbGeb in der **Vergangenheit** eine Zulage auf Tariflohnerhöhungen nicht angerechnet hat, ihn auch für die Zukunft bindet, ist umstritten. Vertreter des Schrifttums gehen davon aus, dass es hier zu einer **betrieblichen Übung** kommen kann und versuchen, die für dieses Rechtsinstitut herausgeformten Grundsätze auf die Frage der Anrechnung übertarifl. Entgelte zu übertragen[14]. Bei der betrieblichen Übung handelt es sich jedoch nur um die Weitergewährung in der Vergan-

1 BAG v. 17.9.2003 – 4 AZR 533/02, AP Nr. 39 zu § 4 TVG – Übertarifl. Lohn u. Tariflohnerhöhung; s. hierzu auch *Oetter*, ArbRB 2004, 106. | 2 BAG v. 19.5.2004 – 5 AZR 354/03, EzA § 4 TVG – Tariflohnerhöhung Nr. 43; v. 25.6.2002 – 3 AZR 167/01, NZA 2002, 1216 im Anschluss an BAG v. 14.8.2001 – 1 AZR 744/00, AP BetrVG 1972 § 77 – Regelungsabreden. | 3 ErfK/*Preis*, §§ 305–310 BGB Rz. 65. | 4 BAG v. 18.8.1971 – 4 AZR 342/70, DB 1971, 2117; ebenso BAG v. 16.9.1987 – 4 AZR 265/87, NZA 1988, 29; ErfK/*Preis*, §§ 305–310 BGB Rz. 67. | 5 Wie hier *Gamillscheg*, Kollektives Arbeitsrecht Bd. 1, S. 863; *Löwisch/Rieble*, § 1 TVG Rz. 540. S. auch BAG v. 3.3.1993 – 10 AZR 42/92, NZA 1993, 805: Das Günstigkeitsprinzip (§ 4 Abs. 3 TVG) steht der Anrechnung nicht entgegen, wenn ein TV bestimmt, dass auf die Jahressonderzahlung alle betrieblichen Leistungen angerechnet werden können. S. jetzt auch BAG v. 25.6.2002 – 3 AZR 273/01, nv. | 6 BAG v. 14.2.1968 – 4 AZR 275/67, AP Nr. 7 zu § 4 TVG – Effektivklausel; v. 16.9.1987 – 4 AZR 265/87, AP Nr. 15 zu § 4 TVG – Effektivklausel; s. auch BAG v. 21.7.1993 – 4 AZR 468/92, AP Nr. 144 zu § 1 TVG – Auslegung. | 7 Gegen eine vertragsergänzende begrenzte Effektivklausel als Auslegungsregel auch BAG v. 18.8.1971 – 4 AZR 342/70, AP Nr. 8 zu § 4 TVG – Effektivklausel; *Richardi*, NZA 1992, 961 (964); Wiedemann/*Wank*, § 4 TVG Rz. 539; aA auch hier *Gamillscheg*, Kollektives Arbeitsrecht Bd. 1, S. 869; offen gelassen für die Bestimmung von Fristen im TV, in denen eine Anrechnung auf zukünftige Tariflohnerhöhung erklärt werden kann; s. BAG v. 17.9.2003 – 4 AZR 533/02, Pressemitteilung 59/03. | 8 BAG v. 3.12.1991 – GS 2/90, NZA 1992, 749 (961). | 9 BAG v. 10.12.1965 – 4 AZR 411/64, DB 1966, 544; v. 4.6.1980 – 4 AZR 530/78, DB 1980, 2243; v. 28.10.1987 – 5 AZR 518/85, NZA 1988, 425; v. 11.8.1992 – 1 AZR 279/90, NZA 1993, 418; v. 22.9.1992 – 1 AZR 235/90, NZA 1993, 232. | 10 BAG v. 23.3.1993 – 1 AZR 520/92, NJW 1993, 3159. | 11 BAG v. 7.2.1996 – 1 AZR 657/95, NZA 1996, 832; v. 3.6.1998 – 5 AZR 616/97, NZA 1999, 208. | 12 BAG v. 15.3.2000 – 5 AZR 557/98, AP Nr. 35 zu § 4 TVG – Übertariflicher Lohn und Tariflohnerhöhung. | 13 Ausf. Wiedemann/*Wank*, § 4 TVG Rz. 510 ff.; s. auch *Joost*, JuS 1989, 274 ff.; *Oetker*, RdA 1991, 16 ff. | 14 *Gamillscheg*, Kollektives Arbeitsrecht Bd.1, S. 863.

genheit gewährter Leistungen, hier geht es um die Frage der Aufstockung, also um eine Erhöhung des Leistungsumfangs. Die Gründe, auf denen die betriebliche Übung ruht (der Verwirkungsgedanke und der Vertrauensschutz), sind hierauf nicht übertragbar, denn ein Vertrauen auf eine Lohnsteigerung ist weniger schutzwürdig als das Vertrauen auf den Lohnbestand. Zu Recht geht die Rspr. daher davon aus, dass auch der ArbGeb, der bei Tariflohnerhöhungen mehrfach die Zulage nicht angerechnet hat, sich hierdurch nicht verpflichtet hat, dies auch in Zukunft so zu handhaben, s. auch Rz. 237 mit Nachweis der einschlägigen Rspr.

Kommt es entsprechend diesen Regeln zu einer Anrechnung, unterliegt diese nach richtiger Auffassung **keiner Billigkeitskontrolle** nach § 315 I. Anders als beim Widerruf einer übertarifl. Zulage bedarf es hier nicht einer Erklärung des ArbGeb, die auf Billigkeit überprüft werden müsste, sondern die Anpassung tritt automatisch auf Grund des Arbeitsvertrags ein. Allerdings ist der ArbGeb hierbei an den Gleichbehandlungsgrundsatz gebunden und darf sich nicht bei gleichheitswidrig bestimmten ArbN oder ArbN-Gruppen auf die Anrechnung berufen (s. Nachweise Rz. 224)[1]. Zudem hat der BR gem. § 87 I Nr. 10 BetrVG mitzubestimmen, wenn eine generelle Maßnahme vorliegt und sich dadurch die bisher bestehenden Verteilungsrelationen ändern und innerhalb des vom ArbGeb vorgegebenen Dotierungsrahmens ein Gestaltungsspielraum besteht[2]. 543

b) Entgeltreduzierung. Da zwischen dem vorangegangenen und dem nachfolgenden TV die Zeitkollisionsregel gilt, kann auch ein schlechterer einen günstigeren Vertrag ablösen. Anders als die BV unterzieht die Rspr. den TV keiner Billigkeitskontrolle entsprechend § 315 BGB. Gewerkschaft und ArbGeb (verband) sind hier also noch ein wenig freier als die Betriebsparteien. Inwieweit Beschränkungen beim **betrieblichen Ruhegeld**, das auf tarifvertragl. Grundlage gewährt wird, bestehen, ist in der Rspr. noch weitgehend ungeklärt, da sich die einschließende Judikatur zumeist auf arbeitsvertragl. Gesamtzusagen und BV bezieht. Es dürften hier jedoch im Wesentlichen die gleichen Maßstäbe gelten, denn das Vertrauen eines ArbN auf Fortbestand seines betrieblichen Ruhegeldes richtet sich nicht nach der Rechtsgrundlage. Die Rspr. hat dementsprechend die Neuregelung eines tarifl. Ruhegeldes mit Nachteilen für nur „einzelne" ArbN anerkannt[3], und auch ein Eingriff in künftige Anpassungen des Vorruhestandsgelds wurde gebilligt, weil der ArbN mit einer Änderung habe rechnen müssen[4]. Auch wenn ein tarifvertragl. Anspruch auf ein Jubiläumsgeld gekürzt oder gestrichen wird, begnügt sich die Rspr. nicht mit dem bloßen Hinweis auf die Zeitkollisionsregel, sondern weist zusätzlich auf die fehlende Schutzwürdigkeit des ArbN hin, der die erforderlichen Dienstjahre noch nicht erbracht hat[5]. 544

Die **Rückwirkung der Entgeltreduzierung** durch TV birgt ähnliche Probleme wie die belastende Rückwirkung einer BV (vgl. Rz. 535). Die Rspr. nimmt hier zuweilen wechselseitig auf das jeweils andere Rechtsinstitut Bezug. Wo Präjudizien für die BV fehlen, mag daher eine Entscheidung zur Rückwirkung des TV hilfreich sein und vice versa. Das dogmatische Koordinatensystem zur Beurteilung beider Regelungsformen hat sich in der neueren Rspr. verschoben: 545

Das BAG geht nun in Abkehr von älterer Judikatur davon aus, dass die Grenzen der Rückwirkung für den TV denen entsprechen, die den Gesetzgeber binden[6]. Sie greifen bereits ab dem Zeitpunkt der Anspruchsentstehung ein[7]. Maßgeblich ist also auch hier der **Vertrauensschutz** selbst. Dies schließt eine rückwirkende Lohnherabsetzung für bereits entstandene und fällig gewordene, noch nicht abgewickelte Ansprüche nicht notwendig aus. Ebenso wie bei der BV gilt das insb. für die rückwirkende Ablösung eines bloß nachwirkenden TV. Die Rspr. billigte eine rückwirkende Lohnherabsetzung für zweieinhalb Monate um ca. 20 %[8]. Soweit im Schrifttum die Auffassung vertreten wird, ein rückwirkender Eingriff in den ausgezahlten Lohn sei stets[9] oder grds.[10] ausgeschlossen, liegt dies der Sache nach so weit nicht davon entfernt. Einer Rückforderung jedenfalls erheblicher Entgeltsummen wird regelmäßig der Entreicherungseinwand gem. § 818 III entgegenstehen, und auch kann der ArbN darauf vertrauen, dass selbst dort, wo er mit einer rückwirkenden Herabsetzung rechnen muss, diese jedenfalls nicht erheblich ist. 546

c) Änderung der Vergütungsgruppen. Auch bei der Festlegung der Vergütungsgruppen und der Eingruppierungsmerkmale sind die TV-Parteien nicht an den vorangegangen TV gebunden, und zwar auch dann nicht, wenn damit ein bisher vorgesehener Bewährungsaufstieg erschwert wird[11]. Inwieweit die TV-Parteien hierbei durch den Gleichbehandlungsgrundsatz oder besondere Diskriminierungsverbote ein- 547

1 BAG v. 22.8.1979 – 5 AZR 769/77, DB 1980, 406; v. 9.6.1982 – 5 AZR 501/80, NJW 1982, 2838; s. auch *Joost*, JuS 1989, 279. | 2 BAG v. 3.6.2003 – 1 AZR 314/02 nv. | 3 BAG v. 1.6.1970 – 3 AZR 166/69, AP Nr. 143 zu § 242 BGB – Ruhegehalt; v. 14.12.1982 – 3 AZR 251/80, AP Nr. 1 zu § 1 BetrAVG – Besitzstand. | 4 BAG v. 10.10.1989 – 3 AZR 200/88, AP Nr. 3 zu § 1 TVG – Vorruhestand mit zust. Anm. *Wiedemann/Arnold*; zust. auch *Gamillscheg*, Kollektives Arbeitsrecht Bd. 1, S. 768. | 5 BAG v. 30.3.1995 – 6 AZR 694/94, AP Nr. 33 zu Art. 20 – Einigungsvertrag. | 6 BAG v. 22.10.2003 – 10 AZR 152/03 nv.; v. 23.11.1994 – 4 AZR 879/93, AP Nr. 12 zu § 1 TVG – Rückwirkung. | 7 BAG v. 22.10.2003 – 10 AZR 152/03, nv. | 8 BAG v. 23.11.1994 – 4 AZR 879/93, AP Nr. 12 zu § 1 TVG. | 9 *Gamillscheg*, Kollektives Arbeitsrecht Bd. 1, S. 766. | 10 Wiedemann/*Wank*, § 4 TVG Rz. 248; ähnlich auch *Neuner*, ZfA 1998, 83 (97). | 11 Zur Zulässigkeit einer rückwirkenden Änderung der Eingruppierungsmerkmale BAG v. 14.6.1995 – 4 AZR 225/94, AP Nr. 13 zu § 1 TVG – Rückwirkung.

geschränkt sind, ist zurzeit noch offen. Die Rspr. hat bislang solche Grenzen nicht aufgezeigt, doch finden sich Stimmen in der Lit., die etwa einen Verstoß gegen das Gebot der gleichen Entlohnung gleichwertiger Arbeit für möglich halten, wenn eine überwiegend von Frauen ausgeübte Tätigkeit in einem nachfolgenden TV niedriger bewertet wird als eine ehemals gleich bewertete, überwiegend von Männern ausgeübte Tätigkeit[1].

611a, b (aufgehoben)

612 *Vergütung*

(1) Eine Vergütung gilt als stillschweigend vereinbart, wenn die Dienstleistung den Umständen nach nur gegen eine Vergütung zu erwarten ist.

(2) Ist die Höhe der Vergütung nicht bestimmt, so ist bei dem Bestehen einer Taxe die taxmäßige Vergütung, in Ermangelung einer Taxe die übliche Vergütung als vereinbart anzusehen.

(3) (aufgehoben)

1 **I. Allgemeines.** Die Abs. 1 und 2 der Norm sind seit dem Inkrafttreten des BGB nicht verändert worden[2]. Abs. 3, der ein Lohngleichheitsgebot enthielt, wurde durch das Gesetz zur Umsetzung europäischer Richtlinien zur Verwirklichung des Grundsatzes der Gleichbehandlung mit Wirkung vom 18.8.2006[3] aufgehoben und materiell in das AGG integriert.

2 Während Abs. 1 bei fehlender Vereinbarung einer Vergütung das „Ob" der Vergütung betrifft, geht es in Abs. 2 um deren (absolute) Höhe. Während die Wirkung des Abs. 3 erst bei Beteiligung eines weiteren ArbN eintreten konnte, beschränkt sich die Wirkung der Abs. 1 und 2 auf das Verhältnis ArbN–ArbGeb. Im Unterschied zu Abs. 3, der allein für den Arbeitsvertrag galt, erfassen Abs. 1 und 2 jeden **Dienstvertrag**. Dem § 612 I und II entsprechende Regelungen finden sich auch in den Vorschriften der §§ 632, 653, ähnlich sind auch die §§ 59, 87b HGB und § 17 BBiG. Es fällt auf, dass die Regelung im Zusammenhang mit tätigkeitsgebundenen Schuldverhältnissen steht, was für die Bestimmung des Normzwecks nicht unbedeutend ist, s. Rz. 5.

3 **II. Stillschweigende Vereinbarung einer Vergütung. 1. Zum Rechtscharakter des Abs. 1. a) Allgemeines.** § 612 I als lex specialis zu § 154 I 1. Nach Abs. 1 „gilt" eine Vergütung unter bestimmten Voraussetzungen „als stillschweigend vereinbart". Die Formulierung deutet darauf hin, dass es sich bei der Norm um eine gesetzl. Fiktion handelt[4]. Andere deuten sie als Auslegungsregel, durch die die unentgelt-

---

1 Vgl. *Appelt*, Mittelbare Diskriminierung durch Lohngruppenbildung in kirchenarbeitsrechtlichen Entgeltsystemen, 2000, S. 45; *Hanau/Thüsing*, Europarecht und kirchliches Arbeitsrecht, 2001, S. 59 ff. | 2 Vgl. Staudinger/*Richardi*, § 612 BGB Rz. 1 und Soergel/*Raab*, § 612 BGB Rz. 1 und 43, je mwN zu Einzelheiten der Entstehungsgeschichte. | 3 BGBl. I S. 1897. | 4 So Soergel/*Raab*, § 612 BGB Rz. 15 (undeutlich Rz. 2, 14); Staudinger/*Richardi*, § 612 BGB Rz. 5; *Hanau*, AcP 165 (1965), 220 (264 f.).

liche Geschäftsbesorgung von dem entgeltlichen Dienstverhältnis abgegrenzt werden soll[1]. Diese Sichtweise beruht auf der unzutreffenden Annahme, zwischen Entgeltlichkeit und Unentgeltlichkeit gebe es kein Drittes. Tatsächlich aber kann die Norm weder den Fall meinen, dass die Parteien die Entgeltlichkeit der Dienste vereinbart haben, noch den Fall, dass sie deren Unentgeltlichkeit vereinbart haben, denn in beiden Fällen gälte das übereinstimmend Gewollte. § 612 I kann nur den Fall betreffen, dass weder das eine noch das andere zutrifft, weil die Parteien entweder unbemerkt unterschiedlicher Auffassung über die Frage der Entgeltlichkeit der Dienste geblieben sind, oder dass sie sich, ebenfalls von beiden unreflektiert, über diese Frage keine Gedanken gemacht haben. Allein in diesen beiden Konstellationen, mithin erst nach der Feststellung, dass keine Vereinbarung der Unentgeltlichkeit noch der Entgeltlichkeit vorliegt, kann § 612 I zur Anwendung gelangen. Da es sich bei der Frage der Entgeltlichkeit um ein *essentialium negotii* handelt, wäre das Rechtsgeschäft nach § 154 I 1 nichtig, wenn nicht § 612 I existierte und die Entgeltlichkeit anordnete. Damit ist diese Norm **lex specialis zu § 154 I 1**, dessen Nichtigkeitsanordnung sie, soweit sie reicht, außer Kraft setzt. Deshalb braucht in ihr jedoch insoweit noch keine Fiktion gesehen zu werden.

b) § 612 Abs. 1 BGB als Fiktion. Die in § 612 I gleichwohl enthaltene Fiktion („gilt") bezieht sich auf einen anderen Umstand: Da die Parteien die Entgeltlichkeit der Dienste nicht vereinbart haben (dann wäre § 612 I nicht einschlägig), beruhte die durch § 612 I getroffene Anordnung der Entgeltlichkeit auf Gesetz, wenn nicht formuliert wäre „gilt als stillschweigend vereinbart". Die Fiktion bezieht sich auf die **Rechtsgeschäftlichkeit** der in Wirklichkeit nicht rechtsgeschäftlich begründeten, sondern qua Gesetz eintretenden Anordnung der Entgeltlichkeit. Die Konsequenz ist, dass die fingierte Entgeltlichkeits-„Abrede" den Regeln über die Rechtsgeschäfte unterliegt, obwohl sie originär auf dem Gesetz als Rechtsgrund beruht. Dies hat zur Folge, dass sie das Schicksal des mit ihr verbundenen Rechtsgeschäfts der Vereinbarung der Erbringung von Diensten teilt und damit in derselben Weise unter dem Vorbehalt von Geschäftsfähigkeit, Wirksamkeit einer Stellvertretung und dergleichen steht. 4

c) Normzweck. Ansatzpunkt für die Erschließung des Normzwecks ist die Beobachtung, dass eine dem § 612 I entsprechende Regelung bei vielen tätigkeitsbezogenen Schuldverhältnissen besteht, s. Rz. 2. Ihnen liegt die Vorstellung zugrunde, dass die Möglichkeit der Rückabwicklung eines nichtigen tätigkeitsbezogenen Austauschverhältnisses schwieriger ist als im Fall eines gegenseitigen Austauschs von Gegenständen, weil die Bewertung der nicht verkörperten Hauptleistung, deren Wert nach ihrer Erbringung nicht durch Weiterveräußerung realisiert werden kann, problematischer ist als bei Gegenständen. Dies beeinträchtigte einseitig die Position des Diensterbringenden in Hinblick auf seinen Wertersatzanspruch nach § 812 II. 5

Die ratio des § 612 I besteht daher, weil er die Anordnung des § 154 I 1 in seinem Bereich ausschaltet, in der **Verdrängung des Bereicherungsrechts**, das im Fall der Nichtexistenz des § 612 I zur Anwendung gelangte. Die Anwendung des Bereicherungsrechts ist – außer wegen der Beschränkung auf den Wertersatz der geleisteten Dienste – auch wegen der Möglichkeit des Entreicherungseinwandes für den Dienstleistenden ungünstiger als ein vertragl. Anspruch. Insofern dient § 612 I seinem Schutz. Eine Schutzwirkung zu Gunsten des ArbN kommt der Norm allerdings weniger zu, kämen doch im Fall einer Nichtigkeit ohnehin die Grundsätze über das faktische Arbeitsverhältnis zum Tragen. 6

d) Verhältnis zur Anfechtung und zur Auslegung. Die einseitige Vorstellung von der Unentgeltlichkeit der Dienste kommt nicht als Grund für eine Anfechtung wegen Irrtums in Betracht[2]. Dies folgt bereits aus dem Anwendungsbereich des § 612 I, der voraussetzt, dass hinsichtlich der Vergütungsfrage schon keine Abrede vorliegt (s. Rz. 17), weshalb eine Erklärung nicht angefochten zu werden braucht. Auch kommt ein Irrtum in Bezug auf die durch § 612 I BGB angeordneten Rechtsfolge nicht in Betracht, denn es liegt im Fall des § 612 I BGB kein Verhalten – auch kein Schweigen – mit Erklärungswert vor, das angefochten werden könnte. Zum **Verhältnis zur Auslegung** s. Rz. 27. 7

2. Voraussetzungen. a) Wirksamer Vertrag über Dienste. Voraussetzung für die Rechtsfolge des § 612 I ist grds. **ein rechtswirksamer Vertrag über Dienste**, dessen Zustandekommen sich nach den allgemeinen Vorschriften beurteilt und damit auch konkludent erfolgen kann[3]. Gleichgültig ist dabei, ob es sich um Dienste im Rahmen eines Arbeitsvertrags, eines reinen Dienstvertrags oder auch eines Geschäftsbesorgungsvertrags (§ 675[4]) handelt[5]. Die Norm betrifft mithin den Fall, dass eine wirksame Vereinbarung allein hinsichtlich der Vergütung fehlt, während eine rechtsgeschäftliche Vereinbarung über die Erbringung von Diensten (zu Abweichungen s. Rz. 10) bestehen muss[6] (vgl. auch Rz. 14). Genau genom- 8

---

1 *Canaris*, BB 1967, 165 ff.; dazu *Lieb*, Ehegattenmitarbeit, S. 71 ff. (81 ff.); *Fenn*, FamRZ 1968, 291 ff.; vgl. auch MüKo/*Müller-Glöge*, § 612 BGB Rz. 1. | 2 Vgl. ArbR-BGB/*Schliemann*, § 612 BGB Rz. 28; ErfK/*Preis*, § 612 BGB Rz. 11; Staudinger/*Richardi*, § 612 BGB Rz. 19. | 3 Soergel/*Raab*, § 612 BGB Rz. 17; zum Anspruch gemäß § 612 bei Weiterbeschäftigung nach Beendigungs eines Ausbildungsverhältnisses s. BAG v. 16.6.2005 – 6 AZR 411/04, AP Nr. 12 zu § 14 BBiG. | 4 Palandt/*Weidenkaff*, § 612 BGB Rz. 2. | 5 Soergel/*Raab*, § 612 BGB Rz. 2; Palandt/*Weidenkaff*, § 612 BGB Rz. 2; zur Frage der Vergütungspflicht im Rahmen eines so genannten Einfühlungsverhältnisses s. LAG Schl.-Holst v. 17.3.2005 – 4 Sa 11/05, AuA 2005, 431. | 6 Staudinger/*Richardi*, § 612 BGB Rz. 13; MüKo/*Müller-Glöge*, § 612 BGB Rz. 5; ArbR-BGB/*Schliemann*, § 612 BGB Rz. 5; Soergel/*Raab*, § 612 BGB Rz. 17.

men ist bei Fehlen einer Vereinbarung über die Entgeltlichkeit der Dienste offen, ob es sich um einen – die Entgeltlichkeit wesensgemäß erfordernden – Dienstvertrag handelt. Wollte man allerdings als Anwendbarkeitsvoraussetzung des § 612 I das Vorliegen eines (entgeltlichen) Dienstvertrag verlangen, dann enthielte die Norm einen Zirkelschluss und wäre perplex, weil die Norm gerade den Fall betrifft, dass eine Vereinbarung über die Entgeltlichkeit nicht besteht. Die Voraussetzung kann daher nur so verstanden werden, dass rechtsverbindlich lediglich die Erbringung von Diensten zugesagt worden ist, nicht dagegen in der Weise, dass ein wirksamer „Dienstvertrag" im rechtstechnischen Sinn abgeschlossen wurde. Der Wortlaut des § 612 I lässt vermuten, dass die Bestimmung nur eingreift, wenn die Parteien von vornherein keine Vergütungspflicht vereinbart haben. Allerdings wird § 612 I sowohl im Fall einer **unwirksamen Vereinbarung über Dienste** als auch bei einer **unwirksamen Vergütungsvereinbarung** angewendet[1]:

9 **aa) Unwirksame Vereinbarung über Dienste.** Teilweise wird die Auffassung vertreten, dass die Vorschrift über ihre Vergütungsfiktion auch eine Vertragsfiktion enthalte, denn wenn zweifelhaft ist, ob ein entgeltlicher Dienstvertrag oder ein unentgeltlicher Auftrag vorliegt, solle § 612 I sicherstellen, dass der Abschluss eines Dienstvertrags nicht am Fehlen einer Vergütungsabrede fehle[2]. Nach zu Recht herrschender Ansicht fingiert § 612 I jedoch nicht das Vorliegen eines Dienstvertrags, sondern die Norm setzt dessen Abschluss gerade voraus; die Funktion des § 612 I bestehe darin, die ohne sie eintretende Nichtigkeit des Rechtsgeschäfts wegen Dissenses auszuschließen[3]. Die Norm bezweckt in der Tat nur den Ausschluss einer Nichtigkeit wegen Dissenses über die Entgeltlichkeit, nicht aber die universelle Heilung sämtlicher rechtsgeschäftlicher Mängel. Für eine „Vertragsfiktion" besteht kein Bedürfnis, denn bei Nichtigkeit oder Unwirksamkeit gelangen die Grundsätze über das fehlerhafte Dienst- bzw. Arbeitsverhältnis zur Anwendung; im Übrigen kommt eine Rückabwicklung über die §§ 812 ff. in Betracht. Der Diensterbringende ist daher nicht ohne Schutz. Relevant wird dieser Streit etwa dann, wenn von den Parteien der Abschluss eines **Arbeitsverhältnisses** beabsichtigt worden ist, das jedoch **nicht rechtswirksam entstanden** ist, **oder** wenn das durchgeführte Arbeitsverhältnis **angefochten** worden ist. In diesen Fällen kann das Arbeitsverhältnis nach den Grundsätzen über das faktische Arbeitsverhältnis als wirksam behandelt werden[4]. Hinsichtlich des „Ob" einer Vergütung kann dann § 612 I zur Anwendung gelangen.

10 **bb) Unwirksame Vergütungsvereinbarung.** § 612 I findet auch dann Anwendung, wenn das Dienstverhältnis wegen **Lohnwuchers nach § 138 II** nichtig ist[5]. Allerdings kann auch bei Nichtanwendung des § 612 I im Fall des Lohnwuchers ein unbilliges Ergebnis vermieden werden, wenn man Bereicherungsrecht anwendet und den Dienstberechtigten zum Wertersatz für die erhaltenen Dienste verpflichtet. Etwas anderes mag gelten, wenn es sich bei dem nichtigen Dienstverhältnis um ein Arbeitsverhältnis handelt, auf das die Grundsätze über das faktische Arbeitsverhältnis hinsichtlich der Höhe der Vergütung zu einem vom Wertersatz abweichenden Ergebnis kommen könnten, s. Rz. 14. Weiterhin erforderlich ist jedoch eine rechtsgeschäftliche Vereinbarung über Grund und Umfang der geleisteten Arbeit[6].

11 **cc) Fehlgeschlagene Vergütungserwartungen.** Diese sind nicht nur dadurch gekennzeichnet, dass es hinsichtlich der Entgeltlichkeit der Dienste an einer Abrede mangelt, sondern dass bereits eine **Verpflichtung zur Erbringung von Diensten fehlt**; wobei der Dienstleistende in der Erwartung, dass später eine Vergütung oder eine höhere Vergütung entrichtet werde, seine Dienste ohne oder nur gegen eine geringe Vergütung erbringt, weil seine Erwartung fehlgeschlagen ist. Modellfall ist die später gescheiterte Erwartung, von einem anderen als Erbe eingesetzt zu werden, nachdem diesem Dienste erbracht wurden. Die **Rspr.** wendet, obwohl ein Vertrag über die Erbringung von Diensten nicht bestand, unter folgenden Voraussetzungen § 612 an[7]: Ein Anspruch auf Vergütung besteht, (1) wenn überhaupt arbeits- oder dienstvertragl. Beziehungen bestanden haben, (2) wenn „eine Erwartung besteht, dass durch eine in der Zukunft erfolgende Übergabe eines Vermögens oder Vermögensbestandteils in der Vergangenheit geleistete Dienste abgegolten werden sollen, (3) wenn weiter für diese Dienste keine oder doch nur eine deutlich unterwertige Bezahlung erfolgt ist und (4) wenn schließlich ein unmittelbarer Zusammenhang zwischen dieser unterwertigen oder fehlenden Zahlung und der oben erwähnten Erwartung besteht"[8].

---

1 ErfK/*Preis*, § 612 BGB Rz. 2. | 2 Erman/*Edenfeld*, § 612 BGB Rz. 1; *Hanau*, AcP 165 (1965), 265. | 3 Staudinger/*Richardi*, § 612 BGB Rz. 7; Soergel/*Raab*, § 612 BGB Rz. 5; *Lieb*, Ehegattenmitarbeit, S. 85; *Reuter/Martinek*, Ungerechtfertigte Bereicherung, S. 138; so wohl letztlich auch RGRK/*Hilger*, § 612 BGB Rz. 11. | 4 Staudinger/*Richardi*, § 612 BGB Rz. 15, Soergel/*Raab*, § 612 BGB Rz. 17. | 5 BAG v. 26.4.2006 – 5 AZR 549/05, NZA 2006, 1354; v. 10.3.1960 – 5 AZR 426/58, AP Nr. 2 zu § 138 BGB; LAG Bremen v. 3.12.1992 – 3 Sa 304/90, AiB 1993, 834; ArbR-BGB/*Schliemann*, § 612 BGB Rz. 23. | 6 LAG Hamm v. 10.6.1999 – 8 Sa 94/99, LAGE § 612 BGB Nr. 6; LAG Köln v. 26.3.1997 – 7 Sa 999/96, MDR 1997, 1133 beide zur Vergütung von Mehrarbeit. Eine solche Vereinbarung könne angenommen werden, wenn die Überstunden angeordnet oder zur Erledigung der übertragenen Arbeit notwendig waren oder vom ArbGeb gebilligt oder geduldet worden waren. | 7 BAG v. 5.8.1963 – 5 AZR 79/63, BAGE 14, 291; v. 15.3.1960 – 5 AZR 409/58, AP Nr. 13 zu § 612 BGB; v. 24.9.1960 – 5 AZR 3/60, AP Nr. 15 zu § 612 BGB; v. 18.4.1964 – 5 AZR 261/63, AP Nr. 22 zu § 612 BGB; v. 24.6.1965 – 5 AZR 443/64, AP Nr. 23 zu § 612 BGB; v. 14.9.1966 – 5 AZR 2/66, AP Nr. 24 zu § 612 BGB; v. 30.9.1971 – 5 AZR 177/71, AP Nr. 27 zu § 612 BGB; BGH v. 23.2.1965 – VI ZR 281/63, AP Nr. 3 zu § 196 BGB. | 8 BAG v. 14.7.1966 – 5 AZR 2/66, AP Nr. 24 zu § 612 BGB. Zust. MüKo/*Müller-Glöge*, § 612 BGB Rz. 14; ErfK/*Preis*, § 612 BGB Rz. 21; im Grds. wohl auch Soergel/*Raab*, § 612 BGB Rz. 25, vgl. aber andererseits § 612 BGB Rz. 27 f.

Das Fehlen des Vertrags kann zwei Ursachen haben: Es kann einmal darauf beruhen, dass das Gesetz seine Nichtigkeit anordnet, so etwa dann, wenn entgegen § 2302 eine Erbeinsetzung zugesagt wird[1]. Es kann aber auch darauf beruhen, dass es sich, wie etwa bei der Mitarbeit in Hinblick auf eine spätere Eheschließung, bei der enttäuschten Gegenleistung nicht um eine Vergütung handelt, so etwa dann, wenn die Verlobte im Betrieb des Vaters ihres Verlobten unentgeltliche Dienste in der Hoffnung leistet, den Betrieb mit ihrem Gatten später übernehmen zu können[2]; dies ist ferner angenommen worden, wenn eine Hofübergabe in Aussicht gestellt worden ist[3] und wenn eine Frau über ein eheähnliches Verhältnis hinaus die Haushaltsführung übernimmt und nach dem Tode des Mannes Zuwendung erhalten soll[4]. Für die Frage, wann eine unterwertige Vergütung iSd. genannten Kriterien vorliegt, stellt das BAG auf alle Umstände des Einzelfalls ab[5], worunter insb. die Leistungsfähigkeit des Dienstempfängers gerechnet wird[6]. 12

Gegen diesen Standpunkt hat sich ein Teil des Schrifttums gewandt[7]. Abgestellt wird darauf, dass § 612 I nicht über das Erfordernis einer rechtsgeschäftlichen Zusage der Erbringung von Diensten hinweghelfen könne[8]. In Fällen der Erwartung einer rechtsunwirksam zugesagten oder von vornherein unverbindlich in Aussicht gestellten Gegenleistung stehe die Entgeltlichkeit fest; es gehe ausschließlich darum, dass die Gegenleistung ausfalle und ein Ausgleich verlangt werde. Für ein solches Ausgleichsproblem sei nicht § 612 I, sondern das Bereicherungsrecht maßgebend[9]. Teilweise wird ein Fehlschlagen der Vergütungserwartung als Äquivalenzstörung eingestuft, das bei wirksamer Dienstverpflichtung nach Leistungsstörungsrecht, bei unwirksamem Dienstverhältnis nach Bereicherungsrecht abgewickelt werden soll[10]. 13

Dieser **Kritik ist** der Sache nach **zuzustimmen**. Die Fälle der fehlgeschlagenen Vergütungserwartung betreffen zumeist die im Vergleich zu § 612 I umgekehrte Konstellation, weil sie sich dadurch auszeichnen, dass sich die Beteiligten zwar über das „Ob" der Vergütung – zumindest stillschweigend – einig sind, dass hingegen kein Dienstvertrag iS einer rechtl. Verpflichtung zur Erbringung der Dienste besteht. Auf diese Konstellation sollte § 612 I jedoch nicht angewendet werden. Nach ihrer *ratio* verhindert die Norm die Unwirksamkeit des Dienstverhältnisses lediglich, soweit sie auf einem Dissens über die Entgeltlichkeit der Dienste beruht (s. Rz. 8), nicht jedoch in Fällen, in denen die Wirksamkeit des Dienstvertrags an anderen Umständen scheitert. Solche Fälle sind nach Bereicherungsrecht rückabzuwickeln. Anderes muss allerdings gelten, falls die Dienste im Rahmen eines rechtsunwirksamen Arbeitsvertrags erbracht worden sind; dann werden die Grundsätze über das faktische Arbeitsverhältnis zur Anwendung kommen, soweit die Unwirksamkeit nicht auf einem Sittenverstoß beruht[11]. § 612 I kann sodann hinsichtlich der Frage der Entgeltlichkeit eingreifen. 14

dd) Weiterbeschäftigung während eines Bestandsschutzprozesses. Bei der Weiterbeschäftigung des ArbN während eines Rechtsstreits über die Beendigung des Arbeitsverhältnisses kann § 612 I zur Anwendung kommen. Dies setzt allerdings wegen des Erfordernisses eines wirksamen Vertrags voraus, dass entweder der **Weiterbeschäftigungsanspruch** auf **§ 102 V BetrVG** beruht und das Arbeitsverhältnis insoweit fortdauert[12], oder dass sich die Parteien über eine vorläufige Weiterbeschäftigung des ArbN während der Dauer eines Streits über den Bestand des Arbeitsverhältnisses einvernehmlich **geeinigt** haben[13]. § 612 I kann dagegen mangels Willensübereinstimmung nicht angewendet werden, wenn die Weiterbeschäftigung auf der Grundlage des **allgemeinen Weiterbeschäftigungsanspruchs** nach der Rspr. des BAG[14] erfolgt, der ohne bzw. gegen den Willen des ArbGeb besteht; hier besteht ein Anspruch auf Vergütung nur nach Maßgabe des Bereicherungsrechts[15]. Nach Bereicherungsrecht ist ferner dann zu verfahren, wenn der ArbN nach Wegfall des rechtl. Bestandes des Arbeitsverhältnisses weiterbeschäftigt wird[16]. 15

ee) Ausbleiben einer nachträglichen Vergütungsvereinbarung. Das BAG wendet § 612 I schließlich auch dann an, wenn die Vergütung oder Teile von ihr durch eine **spätere Vereinbarung** festgelegt werden sollten und es hierzu nicht mehr kam[17]. Der Dienstleistende hat nach § 612 I auch dann einen Vergütungsanspruch, wenn eine versprochene letztwillige Zuwendung wegen eines Testierverbotes misslingt; 16

---

1 BAG v. 5.8.1963 – 5 AZR 79/63, BAGE 14, 291; v. 30.9.1971 – 5 AZR 177/71, AP Nr. 27 zu § 612 BGB. | 2 BAG v. 15.3.1960 – 5 AZR 409/58, AP Nr. 13 zu § 612 BGB. | 3 BAG v. 18.1.1964 – 5 AZR 261/63, AP Nr. 22 zu § 612 BGB. | 4 BAG v. 24.9.1960 – 5 AZR 3/60, AP Nr. 15 zu § 612 BGB. | 5 BGH v. 10.5.1984 – I ZR 85/82, AP Nr. 35 zu § 612 BGB; BAG v. 14.9.1960 – 5 AZR 2/66, AP Nr. 24 zu § 612 BGB. | 6 MüKo/*Müller-Glöge*, § 612 BGB Rz. 16. | 7 Staudinger/*Richardi*, § 612 BGB Rz. 28; *Canaris*, BB 1967, 165; mit Einschränkung auch ArbR-BGB/*Schliemann*, § 612 BGB Rz. 5. | 8 Staudinger/*Richardi*, § 612 BGB Rz. 11, 28 („Ausschaltung des Bereicherungsrechts"); ArbR-BGB/*Schliemann*, § 612 BGB Rz. 5. | 9 Staudinger/*Richardi*, § 612 BGB Rz. 28; für einen Anspruch nach Bereicherungsrecht auch schon das RAG v. 10.5.1939 – RAG 201/38, ARS 36, 287. | 10 Soergel/*Raab*, § 612 BGB Rz. 28. | 11 ArbR-BGB/*Schliemann*, § 612 BGB Rz. 5. | 12 Vgl. Staudinger/*Richardi*, § 612 BGB Rz. 16. | 13 ArbR-BGB/*Schliemann*, § 612 BGB Rz. 6; MüKo/*Müller-Glöge*, § 612 BGB Rz. 11; BAG v. 4.9.1986 – 8 AZR 636/84, AP Nr. 22 zu § 611 BGB – Beschäftigungspflicht. | 14 BAG v. 27.2.1985 – GS 1/84, BAGE 48, 122 (142 ff.); vgl. dazu *Richardi/Thüsing*, § 102 BetrVG Rz. 261 ff. | 15 Staudinger/*Richardi*, § 612 BGB Rz. 16; Soergel/*Raab*, § 612 BGB Rz. 17; ArbR-BGB/*Schliemann*, § 612 BGB Rz. 6; BAG v. 10.3.1987 – 8 AZR 146/84, AP Nr. 1 zu § 611 BGB – Weiterbeschäftigung. | 16 ArbR-BGB/*Schliemann*, § 612 BGB Rz. 6; BAG v. 30.4.1997 – 7 AZR 122/96, AP Nr. 20 zu § 812 BGB. | 17 ArbR-BGB/*Schliemann*, § 612 BGB Rz. 12.

in diesem Fall ist der Vergütungsanspruch bis zum Tode des Erblassers bzw. bis zur Feststellung der Unwirksamkeit seines Testaments als gestundet anzusehen[1]. Wird für eine Arbeitsleistung eine baldige Zuwendung versprochen und misslingt dies wegen eines Gesetzes- und Formverstoßes, so hat der ArbN nach § 612 I einen Vergütungsanspruch[2]. Allerdings bestimmt sich nach der Auffassung des BAG die Leistung nach § 316, falls ein TV vorsieht, dass eine einzelvertragl. Regelung zu treffen ist, zu der es nicht kam[3].

17 **b) Fehlen einer Vergütungsvereinbarung.** Voraussetzung ist weiter, dass zwischen den Parteien eine wirksame Vergütungsvereinbarung nicht besteht. § 612 I ist daher nicht anwendbar, wenn eine Vergütung lediglich unangemessen ist. Der Anspruch ergibt sich nicht aus § 612 I. Nach dieser Vorschrift gilt eine Vergütung als stillschweigend vereinbart, wenn die Dienstleistung den Umständen nach nur gegen eine Vergütung zu erwarten ist. Das betrifft Fälle, in denen weder durch Gesetz, Tarifvertrag oder einzelvertragliche Vereinbarung noch auf sonstiger Grundlage eine Vergütung festgelegt ist. § 612 I greift auch dann ein, wenn über die vertraglich geschuldete Tätigkeit hinaus eine Sonderleistung erbracht wird, die durch die vereinbarte Vergütung nicht abgegolten ist und weder einzelvertraglich noch tarifvertraglich geregelt ist, wie diese Dienste zu vergüten sind[4].

18 **aa) Abgrenzung zur Vereinbarung der Unentgeltlichkeit.** Das Fehlen einer – insb. konkludenten – Vergütungsvereinbarung ist abzugrenzen von der Vereinbarung der Unentgeltlichkeit der Dienste, also etwa vom Vorliegen eines Gefälligkeitsverhältnisses. Die Problematik der Abgrenzung besteht vor allem darin, dass prinzipiell auch die Vereinbarung der Unentgeltlichkeit konkludent möglich ist[5]. Was gewollt ist, muss nach den allgemeinen Regeln der Auslegung von Rechtsgeschäften (§§ 133, 157) ermittelt werden. Da § 612 I weder den Fall der vereinbarten noch den der ausgeschlossenen Entgeltlichkeit betreffen kann, kann die Norm nur für den Fall relevant sein, in dem die Auslegung ergibt, dass sich die Parteien über die Entgeltlichkeit keine Gedanken gemacht haben oder unbemerkt unterschiedliche Vorstellungen über die Frage der Entgeltlichkeit hatten. Erst wenn die Auslegung ergibt, dass die Unentgeltlichkeit nicht vereinbart wurde, ist der Weg zur Anwendung des § 612 I frei. Hieraus folgt, dass die Norm ihrerseits nicht Auslegungsregel zur Abgrenzung von (unentgeltlicher) Gefälligkeit und (entgeltlicher) Dienstleistung sein kann[6]. Allerdings sind Konstellationen möglich, in denen die Gefälligkeit das Motiv einer nicht notwendig unentgeltlichen Dienstleistung ist; als Beispiel wird der ehemalige ArbN genannt, der Aushilfsarbeiten übernimmt[7]. Hier kann – wenn nicht nach Auslegung des Verhältnisses, dann nach § 612 I – eine Vergütungspflicht bestehen[8]. Die Anwendung des § 612 I scheidet hingegen von vornherein aus, wenn es sich schon nicht um ein Gefälligkeitsschuldverhältnis handelt, sondern um ein reines Gefälligkeitsverhältnis, bei dem die Parteien keinen Rechtsbindungswillen haben und sie sich in Bezug auf die Dienste überhaupt nicht der Rechtsordnung unterstellen wollen, wie etwa die „Mithilfe beim Geschirrabwaschen“[9].

19 **bb) Mehrarbeit und Erbringung höherwertiger Dienstleistungen.** Im Einzelnen umstritten ist, ob § 612 I in dem Fall gelten kann, in dem der Dienstleistende auf der Grundlage seiner vertragl. Vereinbarung, aber entweder quantitativ (Mehrarbeit) oder qualitativ (höherwertige Dienstleistungen) darüber hinausgehende Dienste erbringt.

20 **(1) Erbringung höherwertiger Dienste.** Bei Erbringung qualitativ höherwertiger Dienste vertritt die Rspr. eine entsprechende Anwendung des § 612 I. Werden, wie bei einer Stellenvakanz, über den Rahmen des Arbeitsvertrags hinaus von dem ArbN auf Veranlassung des ArbGeb oder mit seiner Billigung faktisch höherwertige Dienste verrichtet und fehlt es dafür an einer Vergütungsregelung, so bestehe zu Gunsten des ArbN ein Anspruch aus § 612 in entsprechender Anwendung[10]. Das BAG erkennt hierin bisweilen einen Fall des fehlerhaften Arbeitsverhältnisses[11]; andererseits soll eine Ähnlichkeit zu den Fällen der fehlgeschlagenen Vergütungserwartung bestehen[12]. Richtiger aber erscheint eine direkte Anwendung des § 612 I[13], denn gerade in Bezug auf die „Wertigkeit“ der verrichteten Arbeit lässt sich das Arbeitsverhältnis nicht in einen Teil gewöhnlicher Arbeit und einen Teil, der eine höherwertige Leistung erfordert und ohne wirksamen Rechtsgrund erbracht worden ist, scheiden, so dass einer Parallele zum („insoweit“) faktischen Arbeitsverhältnis der Weg versperrt ist. § 612 I kommt also direkt zum Tragen, weil zwar das Arbeitsverhältnis unverändert fortbesteht, sich die Umstände in Hinblick auf die Frage der

---

1 BAG v. 30.9.1971 – 5 AZR 177/71, AP Nr. 27 zu § 612 BGB. |2 BAG v. 24.9.1960 – 5 AZR 3/60, AP Nr. 15 zu § 612 BGB. |3 BAG v. 20.9.1989 – 4 AZR 282/89, AP Nr. 121 zu § 1 TVG – Tarifverträge Bau. |4 BAG v. 21.3.2002 – 6 AZR 456/01, AP Nr. 17 zu § 1 TVG – Tarifverträge: Musiker; v. 29.1.2003 – 5 AZR 703/01, AP Nr. 66 zu § 612 BGB; v. 3.5.2006 – 10 AZR 310/05, DB 2006, 1499. |5 Soergel/*Raab*, § 612 BGB Rz. 10. |6 Gleichwohl für eine solche Auslegungsregel: *Canaris*, BB 1967, 165 ff.; *Fenn*, FamRZ 1968, 291 ff.; undeutlich Soergel/*Raab*, Rz. 2, 14; vgl. auch *Lieb*, Ehegattenmitarbeit, S. 73 ff. |7 ErfK/*Preis*, § 612 BGB Rz. 14. |8 Vgl. Staudinger/*Richardi*, § 612 BGB Rz. 23; MüKo/*Müller-Glöge*, § 612 BGB Rz. 9. |9 MüKo/*Müller-Glöge*, § 612 BGB Rz. 9; Staudinger/*Richardi*, § 612 BGB Rz. 23. |10 BAG v. 4.10.1972 – 4 AZR 475/71, BAGE 24, 452 (auch 458); auch BAG v. 16.2.1978 – 3 AZR 723/76, AP Nr. 31 zu § 612 BGB. |11 BAG v. 14.6.1972 – 4 AZR 315/71, BAGE 24, 307 (314). |12 BAG v. 14.7.1966 – 5 AZR 2/66, AP Nr. 24 zu § 612 BGB; v. 14.5.1969 – 5 AZR 457/63, AP Nr. 25 zu § 612 BGB. |13 Staudinger/*Richardi*, § 612 BGB Rz. 30 f.; Soergel/*Raab*, § 612 BGB Rz. 30; vgl. auch Erman/*Edenfeld*, § 612 BGB Rz. 2.

Entgeltlichkeit bei höherwertiger Arbeit jedoch geändert haben, ohne dass sich die Parteien darüber im Klaren sind. Dies kann, wie betont wird[1], allerdings nur dann gelten, wenn die Art der Dienste nicht schon vom Dienst- oder Arbeitsvertrag umfasst ist[2] und sie dem Verpflichteten, evtl. kraft Direktionsrechts, ohne zusätzliches Entgelt zugewiesen werden kann.

Doch kann – davon abweichend – auch bei Erbringung nicht vom Vertrag umfasster Leistungen eine höhere Vergütung abzulehnen sein. Dies wird etwa dann angenommen, wenn der ArbN auf einer höheren Position **erprobt** wird[3]; die zulässige Dauer der nicht gesondert vergüteten Erprobung ist dabei nach dem Einzelfall zu beurteilen[4], soll sich aber auf einen Zeitraum bis zu sechs Monaten erstrecken können, ohne dass eine höhere Vergütung geschuldet wird[5], weil erst danach ein abschließendes Urteil über die erforderliche Eignung möglich sei[6]. Andere erachten grds. nur einen Monat für zumutbar[7]. Bei zeitlich begrenzter, **vorübergehender Vertretung**, zB als Urlaubs-, Krankheits- oder Vakanzvertretung wird angenommen, dass der ArbN idR nach Treu und Glauben verpflichtet ist, höherwertige Tätigkeiten auch ohne Erhöhung der Vergütung zu übernehmen[8], wie auch der ArbGeb für begrenzte Zeit zur Entgeltfortzahlung bei Krankheit ohne Arbeitsleistung verpflichtet ist, wodurch die Gegenseitigkeit des Austauschverhältnisses ebenfalls aufgehoben werde[9]. Einen vorübergehenden Charakter soll die Vertretung auf einer Vakanzstelle dabei dann nicht mehr haben, wenn sie zwei Monate überschreitet[10]. 21

Nach geänderter Rspr. des BAG tangiert nunmehr die **Verletzung eines betriebsverfassungsrechtl. MitbestR** des BR (vgl. § 99 BetrVG) oder des Personalrats (vgl. § 75 I Nr. 2 BPersVG) im Zusammenhang mit der Übertragung höherwertiger Tätigkeiten nicht die Wirksamkeit der individualrechtl. arbeitsvertragl. Regelung[11]. Dies hat zur Folge, dass für § 612 I bei einer Verletzung des MitbestR im Fall der Höhergruppierung mangels Fehlens einer Vereinbarung kein Raum mehr ist[12]. Zuvor hatte das BAG § 612 I in dem Fall „entsprechend" angewandt, in dem der ArbGeb unter Verletzung des MitbestR des Betriebs- bzw. Personalrats einem ArbN nicht nur vorübergehend eine tarifvertragl. höher bewertete Tätigkeit übertragen hatte[13]. 22

(2) **Mehrarbeit.** Zu den Fällen der (quantitativen) Mehrarbeit zählt zunächst die **Leistung von Überstunden**. Auch in diesem Fall soll § 612 I hinsichtlich der Überstunden zur Anwendung kommen[14]. Gleichwohl wird ein allgemeiner Rechtssatz, wonach jede zeitliche Mehrarbeit oder jede dienstliche oder dienstlich veranlasste Anwesenheit, die über die vereinbarte oder betriebsübliche Arbeitszeit hinausgeht, zu vergüten sei, nicht angenommen[15]. Möglich wäre demgegenüber auch, dass man durch Auslegung zu dem Ergebnis gelangt, dass die vom ArbN typischerweise erbrachte Leistung immer dann, wenn er sie erbringt, vergütungspflichtig sein soll, so dass wegen der so verstandenen, sich auf jede erbrachte Arbeit erstreckenden Vereinbarung kein Bedürfnis besteht, auf § 612 I zurückzugreifen, der das Fehlen einer Vereinbarung über die Vergütungspflicht erfordert. Auf § 612 I kann der ArbN sich bei Mehrarbeit nicht berufen, wenn er gehalten war, die Mehrarbeit durch **Freizeitausgleich** abzugelten[16]. 23

Einzelfälle: Wird ein Redaktionsvolontär nicht ausgebildet, sondern tatsächlich als Redakteur eingesetzt, hat er in entsprechender Anwendung des § 612 Anspruch auf eine Vergütung, die der eines Redakteurs entspricht[17]. Ein Redakteur einer Tageszeitung kann keine Zusatzvergütung nach § 612 I für das Anfertigen von Fotografien verlangen, da dies keine Sonderleistung darstellt, die durch die vereinbarte Vergütung nicht abgegolten ist, sondern zu den vertragl. geschuldeten Tätigkeiten eines Redakteurs gehört[18]. Durfte ein erbrachter **Bereitschaftsdienst** nicht angeordnet werden, weil der erfahrungsgemäß zu erwartende Arbeitsleistungsanteil über dem nach dem TV vorgesehenen Maß liegt, so wird – in Übereinstimmung mit der Position bei mitbestimmungswidriger Übertragung höherwertiger Arbeit 24

---

1 Soergel/*Raab*, § 612 BGB Rz. 31. | 2 Vgl. dazu BAG v. 6.12.2006 – 5 AZR 737/05, nv.; v. 21.12.2006 – 6 AZR 341/06, ZTR 2007, 446. | 3 Soergel/*Raab*, § 612 BGB Rz. 31. | 4 BAG v. 16.2.1978 – 3 AZR 723/76, AP Nr. 31 zu § 612 BGB. | 5 ArbR-BGB/*Schliemann*, § 612 BGB Rz. 17; vgl. auch LAG Hamm v. 16.5.2003 – 18 Sa 1783/01, NZA-RR 2004, 111. | 6 Erman/*Edenfeld*, § 612 BGB Rz. 2. | 7 *Roth/Olbrisch*, DB 1999, 2110 (2111) mit Differenzierung nach verschiedenen Fallgruppen. | 8 ErfK/*Preis*, § 612 BGB Rz. 16; ArbR-BGB/*Schliemann*, § 612 BGB Rz. 17; Erman/*Edenfeld*, § 612 BGB Rz. 2. | 9 Erman/*Edenfeld*, § 612 BGB Rz. 2. | 10 BAG v. 4.10.1972 – 4 AZR 475/71, AP Nr. 2 zu § 24 BAT, LAG Hamm v. 1.7.2004 – 16 Sa 1290/03, nv., zur Höhergruppierung eines Croupiers, wenn er in einem Zeitraum von 6 Monaten auch nur an einzelnen Tagen die höherwertige Tätigkeit verrichtet hat, aufgehoben durch BAG v. 12.10.2005 – 10 AZR 605/04, nv.; ArbR-BGB/*Schliemann*, § 612 BGB Rz. 17; ErfK/*Preis*, § 612 BGB Rz. 16; RGRK/*Hilger*, § 612 BGB Rz. 19. | 11 BAG v. 16.1.1991 – 4 AZR 301/90, BAGE 67, 59; dazu *Richardi/Thüsing*, § 99 BetrVG Rz. 299 mwN; Erman/*Edenfeld*, § 612 BGB Rz. 4; aA LAG Nds. v. 13.7.2004 – 13 Sa 2156/03 E, aufgehoben durch BAG v. 14.12.2005 – 474/04, NZA-RR 2006, 388. | 12 Vgl. Staudinger/*Richardi*, § 612 BGB Rz. 32; ErfK/*Preis*, § 612 BGB Rz. 6. | 13 BAG v. 14.6.1972 – 4 AZR 315/71, BAGE 24, 307 (314 f.); v. 10.3.1982 – 4 AZR 541/76, BAGE 38, 130 (139); vgl. RGRK/*Hilger*, § 612 BGB Rz. 17. | 14 BAG v. 17.3.1982 – 5 AZR 1047/79, AP Nr. 33 zu § 612 BGB; v. 17.11.1966 – 5 AZR 225/66, AP Nr. 1 zu § 611 BGB – Leitende Angestellte; ArbG Halberstadt v. 28.9.2004 – 5 Ca 901/04, nv.; Soergel/*Raab*, § 612 BGB Rz. 32; ErfK/*Preis*, § 612 BGB Rz. 18. | 15 ErfK/*Preis*, § 612 BGB Rz. 18; ArbR-BGB/*Schliemann*, § 612 BGB Rz. 14. | 16 ErfK/*Preis*, § 612 BGB Rz. 18; BAG v. 4.5.1994 – 4 AZR 445/93, AP Nr. 1 zu § 1 TVG – Tarifverträge: Arbeiterwohlfahrt; LAG Köln v. 7.9.1989 – 10 Sa 488/89, NZA 1990, 349 f.; LAG Köln v. 20.5.1992 – 7 Sa 847/91, NZA 1993, 24. | 17 LAG Erfurt v. 6.6.1996 – 4 Sa 1083/94, NZA 1997, 943. | 18 BAG v. 29.1.2003 – 5 AZR 703/01, AP Nr. 66 zu § 612 BGB.

(s. Rz. 22) – ein Vergütungsanspruch auf Grund des § 612 I dadurch nicht ausgeschlossen[1]. Ein darüber hinausgehender Anspruch des ArbN auf Grund der Missachtung einer nach Art. 6 Nr. 2 der RL 93/104/EG gebotenen zeitlichen Beschränkung des Bereitschaftsdienstes besteht laut BAG nicht[2]. Gleiches wird anzunehmen sein, wenn der Dienst unter Verstoß gegen **Höchstgrenzen nach dem Arbeitszeitrecht** erbracht worden ist; dessen Zweck besteht darin, ein Forderungsrecht des ArbGeb auszuschließen; erbringt der ArbN gleichwohl freiwillig den Dienst, so bezweckt das Arbeitszeitrecht nicht, ihm einen Vergütungsanspruch zu nehmen. Eine Sondersituation besteht auch hinsichtlich **leitender Angestellter**: Bei ihnen wie bei **Chefärzten** wird eine Vergütung häufig unabhängig von der üblichen Arbeitszeit vereinbart, so dass Mehrarbeit, die sich etwa aus der einem leitenden Arzt verantwortlich übertragenen Aufgabe ergibt, grds. mit der vereinbarten Vergütung abgegolten ist[3]. ZB kann der leitende Arzt vom Krankenhausträger neben der vereinbarten Vergütung nach § 612 I nicht ohne weiteres eine zusätzliche Vergütung beanspruchen, wenn er in erheblichem Umfang deshalb Rufbereitschaft leisten muss, weil ein Oberarzt fehlt[4]. Damit müssen auch bei Mehrarbeit besondere Umstände für eine erhöhte Vergütung bestehen, etwa wenn die vertragl. Bezüge lediglich eine bestimmte zeitliche Normalleistung abgelten sollen oder wenn ihm zusätzliche Arbeiten außerhalb seines eigentlichen Aufgabenkreises übertragen werden[5]. Ein allgemeiner Rechtssatz, dass dienstlich veranlasste **Reisezeiten**, die der ArbN außerhalb der regelmäßigen Arbeitszeit aufwendet, gesondert zu vergüten seien, existiert ebenso nicht[6]. Gleichwohl kann nach den Umständen des Einzelfalls eine Entgeltlichkeit nach § 612 I zu bejahen sein, wobei auch auf die Branchenüblichkeit Rücksicht zu nehmen ist[7]. Reisezeiten sollen voll vergütungspflichtig sein, soweit in sie Arbeit fällt, einschließlich der Steuerung eines Pkw[8]. Eine Entgeltlichkeit besteht dagegen nicht für den Weg zum Erreichen des gewöhnlichen Arbeitsplatzes[9]. Umstritten ist, ob Zeiten für **Waschen und Umkleiden** zu den vergütungspflichtigen Tätigkeiten des ArbN gehören. Hierzu s. § 611 Rz. 329. Zu **Wegezeiten** s. § 611 Rz. 330[10].

25 Schafft der ArbN im Rahmen seines Arbeitsverhältnisses **nach Urheberrecht schutzfähige Werke**, so ist zunächst der Ausgleich für die Übertragung von Nutzungsrechten von der Vergütung der für das Werk aufgewendeten Arbeitszeit zu trennen; sodann hängt die Frage der Vergütungspflicht nach § 612 I davon ab, ob die dazu erforderliche Arbeit während oder außerhalb der vertragl. Arbeitszeit aufgewandt worden ist; nur im letztgenannten Fall kommt § 612 I in Betracht[11]. Entgelte für Nutzungsrechte an solchen Werken kommen grds. nicht als „Vergütung" iSd. § 612 I in Betracht, weil sie keine Gegenleistung für die Dienste, sondern für die Übertragung des Nutzungsrechts darstellen[12]. Entwickelt der ArbN etwa ein Computerprogramm, so kann er dafür eine besondere Vergütung nur verlangen, wenn dies vereinbart ist; ist der ArbN arbeitsvertragl. nicht zur Schaffung urheberrechtl. geschützter Werke verpflichtet, so kann eine Vergütungsvereinbarung gleichwohl den Umständen zu entnehmen sein[13].

26 **c) Vergütungserwartung nach den Umständen.** Nach § 612 I gilt die Vergütung als vereinbart, wenn die Dienstleistung „den Umständen nach" nur gegen eine Vergütung „zu erwarten ist". Es darf damit weder ausdrücklich noch konkludent die Unentgeltlichkeit vereinbart sein (s. auch Rz. 35)[14].

27 **aa) Auslegung.** Nach den allgemeinen Grundsätzen der Auslegung von Rechtsgeschäften sind die „Umstände", unter denen ein Rechtsgeschäft zu Stande kommt, bereits zu dessen Auslegung heranzuziehen[15]. Die Bestimmung des § 612 I kann dagegen erst eingreifen, wenn eine Auslegung ergeben hat, dass die Parteien sich keine Gedanken über die Entgeltlichkeit gemacht haben oder unerkannt unterschiedliche Vorstellungen haben, s. Rz. 7. Dann aber können dieselben „Umstände" nicht ein zweites Mal, nunmehr bei § 612 I, zum Tragen kommen; sprechen nämlich die Umstände bereits für die Entgeltlichkeit, so dürfte dies bereits im Wege der Auslegung zu einer stillschweigenden Abrede der Entgeltlichkeit führen. Teilweise wird vor diesem Hintergrund die eigenständige Bedeutung des § 612 I darin erkannt, dass die Norm eingreift, wenn offen ist, ob man das Verhalten der Parteien als einen rechtsge-

---

1 Erman/*Edenfeld*, § 612 BGB Rz. 4; vgl. auch BAG v. 9.10.2003 – 6 AZR 447/02, AP Nr. 47 zu § 15 BAT. | 2 BAG v. 5.6.2003 – 6 AZR 114/02, AP Nr. 7 zu § 611 – Bereitschaftsdienst; s. auch BAG v. 14.10.2004 – 6 AZR 564/03, DB 2005, 834; v. 28.1.2004 – 5 AZR 503/02, AP Nr. 18 zu § 1 TVG – Tarifverträge: DRK. | 3 BAG v. 17.3.1982 – 5 AZR 1074/79, AP Nr. 33 zu § 612 BGB; ErfK/*Preis*, § 612 BGB Rz. 18; v. 17.11.1966 – 5 AZR 225/66, AP Nr. 1 zu § 611 BGB – Leitende Angestellte. | 4 BAG v. 17.3.1982 – 5 AZR 1074/79, AP Nr. 33 zu § 612 BGB; besondere Vergütung für vertraglich nicht vereinbarten Bereitschaftsdienst, für Mehrarbeit und für Rufbereitschaft im Einzelfall verneint von LAG München v. 28.2.2001 – 7 Sa 451/00, nv. | 5 BAG v. 17.11.1966 – 5 AZR 225/66, BAGE 19, 126; v. 17.3.1982 – 5 AZR 1074/79, AP Nr. 33 zu § 612 BGB; zust. Soergel/*Raab*, § 612 BGB Rz. 32. | 6 BAG v. 3.9.1997 – 5 AZR 428/96, AP Nr. 1 zu § 611 BGB – Dienstreise; ArbR-BGB/*Schliemann*, § 612 BGB Rz. 15; anders die Vorinstanz: LAG Hamm v. 12.1.1996 – 5 Sa 1665/94, LAGE § 612 BGB Nr. 5, wonach ohne anders lautende Absprachen auch außerhalb der regulären Arbeitszeit liegende Reisezeiten von auswärts eingesetzten Mitarbeitern grundsätzlich vergütungspflichtig seien. | 7 BAG v. 3.9.1997 – 5 AZR 428/96, AP Nr. 1 zu § 611 – Dienstreise. | 8 Erman/*Edenfeld*, § 612 BGB Rz. 6 mwN. | 9 Erman/*Edenfeld*, § 612 BGB Rz. 6. | 10 Hierzu auch BAG v. 11.6.2006 – 9 AZR 519/05, NZA 2007, 155; *Heins/Leder*, NZA 2007, 249. | 11 ArbR-BGB/*Schliemann*, § 612 BGB Rz. 20. | 12 ArbR-BGB/*Schliemann*, § 612 BGB Rz. 20; s. auch OLG Hamm v. 27.3.3003 – 4 Ws 94/03, ZUM 2004, 756. | 13 BAG v. 13.9.1983 – 3 AZR 371/81, BAGE 44, 113 f.; RGRK/*Hilger*, § 612 BGB Rz. 23; ArbR-BGB/*Schliemann*, § 612 BGB Rz. 20. | 14 Soergel/*Raab*, § 612 BGB Rz. 18. | 15 Vgl. Palandt/*Heinrichs*, § 133 BGB Rz. 15 ff.

schäftlichen Erklärungsakt deuten kann, während demgegenüber die Auslegung gerade die Rechtsgeschäftsqualität der Erklärung voraussetzt[1]. In der Tat besteht im Fall des § 612 I *hinsichtlich der Vergütungsfrage* wesensgemäß keine – also erst recht keine rechtsgeschäftliche – Erklärung, die einer Auslegung nach §§ 133, 157 zugänglich wäre. Der Bestimmung des § 612 I kommt lediglich eine Fiktionswirkung zu, die sich darauf beschränkt, dass auf Grund der „Umstände" die Annahme einer rechtsgeschäftlichen Abrede der Entgeltlichkeit gerechtfertigt sein kann. Richtigerweise hat daher § 612 I als Auslegungsregel keinerlei eigenständigen Anwendungsbereich[2].

bb) Kriterien. Die **Vergütungserwartung** nach § 612 I ist anhand eines **objektiven Maßstabs** unter Berücksichtigung der Verkehrssitte, der Art, des Umfangs und der Dauer der Dienstleistung und der Stellung der Beteiligten zueinander festzustellen, ohne dass es auf deren persönliche Meinung ankäme[3]. Auch die Berufs- und Erwerbsverhältnisse werden als Kriterien genannt[4]. Unerheblich ist dagegen, ob der Dienstberechtigte oder der Diensterbringende die Vorstellung hatte, dass die Dienstleistung nach den Umständen nur gegen Vergütung zu erwarten war[5] (zum Fehlschlagen einer Vergütungserwartung s. Rz. 11; zur Anfechtbarkeit wegen Irrtums über die Entgeltlichkeit Rz. 7). Es kommt nicht allein auf diejenigen Umstände an, die in unmittelbarem zeitlichen Zusammenhang mit der Erbringung der Arbeitsleistung erkennbar werden; es kann vielmehr auch als Indiz für eine mangelnde Vergütungserwartung und damit für die Unentgeltlichkeit der geleisteten Dienste angesehen werden, wenn die Vergütung erst später, insb. nach einem Zerwürfnis, verlangt wird; gem. dem Grundgedanken, dass derjenige, der trotz nahe liegender Umstände für zusätzlich erbrachte Dienste erheblichen Umfangs über längere Dauer keine Gegenleistung fordert, einen entsprechenden Willen auch nicht zum Ausdruck bringen will, braucht selbst ein überobligationsmäßiger Arbeitseinsatz nicht als auf entgeltliche Mehrarbeit gerichtetes Vertragsangebot betrachtet zu werden[6]. 28

Einzelfälle: Bspw. sprachen im Fall eines **leitenden Angestellten** gegen eine besondere **Überstundenvergütung** die Umstände, dass der Diensterbringende weitere Vergünstigungen durch Stellung eines Pkw, Beschaffung eines Baukostenzuschusses sowie die Zahlung von Weihnachtsgeld und Urlaubszuschuss erhielt[7]. Gegen die Entgeltlichkeit von Zeiten für **Umkleiden und Waschen** kann etwa das Fehlen einer tarifl. Regelung sprechen, so wenn ein TV diesbezüglich keine, wohl aber sonst zu Umfang und Lage der Arbeitszeit Bestimmungen enthält[8] (s. auch § 611 Rz. 329). Zur Beurteilung, ob eine Verkehrssitte besteht, zieht das BAG auch tarifvertragl. **Regelungen vergleichbarer Branchen** heran[9]. Gehören erbrachte Dienste zu einem Gewerbe oder den Tätigkeiten im Rahmen eines freien Berufs oder allgemein des vom Dienstleistenden ausgeübten Hauptberufs, so soll nach Auffassung mancher eine Vergütungserwartung iSd. § 612 I bestehen[10]; doch genau genommen handelt es sich dann nicht um einen Fall des § 612 I, denn – sofern der Dienstberechtigte den **Zusammenhang mit Gewerbe oder freiberuflicher Tätigkeit** erkennen konnte – wird man bereits im Wege der Auslegung zu einer (konkludenten) Entgeltlichkeitsabrede gelangen. Eine gesonderte Vergütung des nachgeordneten Arztes gegen den Chefarzt wegen der Leistung ärztlicher Dienste, für die dem Chefarzt das Liquidationsrecht zusteht, scheiden aus, wenn Grundlage der Leistungserbringung der Arbeitsvertrag des nachgeordneten Arztes mit dem Krankenhausträger ist[11]. Bei der Erarbeitung von **urheberrechtl. schutzfähigen Werken** können die Umstände für eine Vergütungspflicht sprechen, jedoch nur dann, wenn der ArbN nicht bereits arbeitsvertragl. zur Schaffung solcher Werke verpflichtet ist (vgl. Rz. 25 mwN). Weil das Entgelt für die Übertragung der Nutzungsrechte von dem Entgelt für die geleisteten Dienste zu unterscheiden ist, ist die Zahlung eines Nutzungsentgelts nicht bereits ein Umstand, der gegen eine Vergütungspflicht spricht (vgl. auch Rz. 25). Die Frage, ob aus dem Charakter einer Leistung als **Haupt- oder Nebenpflicht** ein Argument für oder gegen die Entgeltlichkeit hergeleitet werden könne, wurde vom BAG letztlich offen gelassen. Gegen die Beachtlichkeit derartiger rechtl. Bewertungen spricht wohl der Wortlaut des § 612 I, der sich mit den „Umständen" eher auf solche tatsächlicher, nicht rechtl. Art beziehen dürfte. 29

3. Rechtsfolge. Als Rechtsfolge sieht die Norm vor, dass eine Vergütung als „stillschweigend" vereinbart gilt. Die Fiktion bezieht sich darauf, dass die Entgeltlichkeit nicht von Gesetzes wegen eintritt, sondern dass sie (fiktiv) Bestandteil der bestehenden vertragl. Vereinbarung ist (vgl. dazu Rz. 34). Hinsichtlich der Höhe der Vergütung enthält Abs. 2 eine nähere Konkretisierung. Die Rechtsfolge des § 612 I ist als **widerlegbare Vermutung** der Entgeltlichkeit anzusehen, weil im Gegensatz zu Vorschriften mit ansonsten ähnlichem Regelungsgehalt nicht von einer Vergütungspflicht die Rede ist[12] (vgl. zB § 17 I BBiG: „... haben ... eine angemessene Vergütung zu gewähren"). 30

---

1 Staudinger/*Richardi*, § 612 BGB Rz. 17; zust. Soergel/*Raab*, § 612 BGB Rz. 14. | 2 Soergel/*Raab*, § 612 BGB Rz. 14 aE. | 3 BAG v. 15.3.1060 – 5 AZR 409/58, AP Nr. 13 zu § 612 BGB; v. 17.11.1966 – 5 AZR 225/66, BAGE 19, 126; v. 11.10.2000 – 5 AZR 122/99, AP Nr. 20 zu § 611 BGB – Arbeitszeit; ArbR-BGB/*Schliemann*, § 612 BGB Rz. 28; Palandt/*Weidenkaff*, § 612 BGB Rz. 4. | 4 Erman/*Edenfeld*, § 612 BGB Rz. 6. | 5 Staudinger/*Richardi*, § 612 BGB Rz. 21; ArbR-BGB/*Schliemann*, § 612 BGB Rz. 28; Soergel/*Raab*, § 612 BGB Rz. 21. | 6 LAG Hamm v. 10.6.1999 – 8 Sa 94/99, LAGE § 612 BGB Nr. 6; vgl. auch Palandt/*Weidenkaff*, § 612 BGB Rz. 4. | 7 BAG v. 17.11.1966 – 5 AZR 225/66, BAGE 19, 126 (129). | 8 BAG v. 11.10.2000 – 5 AZR 122/99, AP Nr. 20 zu § 611 BGB – Arbeitszeit. | 9 BAG v. 11.10.2000 – 5 AZR 122/99, AP Nr. 20 zu § 611 BGB – Arbeitszeit. | 10 Staudinger/*Richardi*, § 612 BGB Rz. 22; MüKo/*Müller-Glöge*, § 612 BGB Rz. 6. | 11 BAG v. 20.7.2004 – 9 AZR 570/03, EzA § 611 BGB 2002 – Krankenhausarzt Nr. 2. | 12 RGRK/*Hilger*, § 612 BGB Rz. 7.

31 **4. Beweislast.** Die Darlegungs- und Beweislast für die Höhe der Vergütung trägt nach den allgemeinen Grundsätzen der Normbegünstigung der Dienstverpflichtete[1]. Dies schließt auch die Üblichkeit der geforderten Vergütung ein[2].

32 **III. Üblichkeit der Vergütung. 1. Anwendungsbereich und Rechtscharakter des Abs. 2.** Bei § 612 II handelt es sich zum einen um eine Konkretisierung der Rechtsfolge des Abs. 1. Über die Fälle des § 612 I hinaus findet Abs. 2 auch dann Anwendung, wenn sich die Parteien ausdrücklich oder stillschweigend über die Entgeltlichkeit der Dienste einig waren und allein in Bezug auf die **Höhe der Vergütung eine Vereinbarung fehlt**[3]. Darüber hinaus soll § 612 II – ähnlich wie nach Ansicht mancher im Fall des § 612 I – auch dann zur Anwendung kommen, wenn die Vereinbarung über die Höhe der Vergütung **nichtig**[4] oder **rechtsunwirksam**[5] ist, wobei sich die Unwirksamkeit aus denselben Umständen, Bestimmungen und Gründen ergeben könne wie bei der Vereinbarung über die Vergütung dem Grunde nach[6]. So greife die Regelung dann ein, wenn das Arbeitsverhältnis wegen einer unangemessen niedrigen Vergütung gem. § 138 sittenwidrig und damit nichtig sei[7]. Die Rspr. bringt § 612 II auch dann zum Einsatz, wenn der Ausschluss einer Vergütung für Überstunden unwirksam ist[8], ferner dann, wenn Teilzeitbeschäftigte unter Verstoß gegen das Verbot der Diskriminierung wegen Teilzeitbeschäftigung (vgl. jetzt § 4 I 2 TzBfG) verhältnismäßig geringer entlohnt werden als vergleichbare Vollzeitbeschäftigte und die Vergütungsvereinbarung deshalb unwirksam ist[9]; in einem solchen Fall ist die Höhe der dem Teilzeitbeschäftigten nach § 612 II zustehenden üblichen Vergütung anhand der Vergütung zu ermitteln, die der ArbGeb vergleichbaren Vollzeitbeschäftigten zahlt[10]. In diesen Fällen wird demgegenüber teilweise der arbeitsrechtl. Gleichbehandlungsgrundsatz für einschlägig gehalten[11].

33 § 612 II betrifft das **Dienst- und** das **Arbeitsverhältnis** gleichermaßen. Mit „Vergütung" sind **alle Arten der Vergütung** gemeint, dh. im Fall des Arbeitsverhältnisses sowohl das Arbeitsentgelt im eigentlichen Sinne, als auch Bestandteile des Arbeitsentgelts iwS wie zB Gratifikationen, Provisionen, Tantiemen, Gewinnanteile, Leistungen aus der betrAV[12], soweit die Höhe solcher Leistungen nicht vereinbart ist (zur Systematik und den Erscheinungsformen der Vergütung im Einzelnen vgl. ausf. § 611 Rz. 85 ff.)[13].

34 Bei der Norm handelt es sich um eine **Auslegungsregel**[14]. Zu weit geht es daher, der Bestimmung eine die Nichtigkeit wegen Dissenses ausschließende Funktion beizumessen[15], denn zu einem Dissens, der die Nichtigkeit des Dienstverhältnisses zu Folge hat, kann es allenfalls kommen, wenn er sich auf das *Ob* der Vergütung bezieht, was Gegenstand des Abs. 1 ist, nicht dagegen, wenn ein Dissens lediglich hinsichtlich der Höhe der Vergütung besteht; nur die Entgeltlichkeit, nicht die *Höhe* der Vergütung ist wesentlich für die Wirksamkeit des Dienstvertrags.

35 **2. Fehlen einer Parteivereinbarung.** Die Anwendbarkeit des § 612 II setzt voraus, dass eine (auch stillschweigende) **Vereinbarung über die Höhe der Vergütung nicht existiert**. Nicht im Zusammenhang mit, sondern vorrangig zu der Anwendung des § 612 II ist das Vertragsverhältnis dahin auszulegen, ob es unentgeltlich sein soll (vgl. Rz. 27 f.). Vorrangig ist ferner die Auslegung des Rechtsgeschäfts danach, ob nach dem objektiv – auch stillschweigend – zum Ausdruck gebrachten Parteiwillen eine besondere Höhe beabsichtigt ist. Obwohl Auslegungsregel, kommt dem § 612 II daher nur eine subsidiäre Bedeutung zu, denn durch die Vorschrift soll kein gesetzl. Mindestlohn festgelegt werden[16]. Trotz Bestehens einer Vergütungsvereinbarung kann § 612 II zur Anwendung gelangen, wenn die Auslegung ergibt, dass sich die Vergütungsvereinbarung nicht auf andere, zusätzlich erbrachte Dienste bezieht und die Vergütung nicht den vollen Gegenwert für die verlangte Leistung darstellt[17]. Dieser Fall ist allerdings zu unterscheiden von demjenigen, dass sich eine bestehende Vergütungsabrede auf die gesamten zu erbringenden Dienste bezieht und lediglich unangemessen niedrig ist. Hier gilt Abs. 2 nicht, da die Norm nicht den

---

1 Vgl. ArbR-BGB/*Schliemann*, § 612 BGB Rz. 39. | 2 Staudinger/*Richardi*, § 612 BGB Rz. 50; ErfK/*Preis*, § 612 BGB Rz. 44. | 3 Vgl. ArbR-BGB/*Schliemann*, § 612 BGB Rz. 31; Staudinger/*Richardi*, § 612 BGB Rz. 35. | 4 Für den Fall einer auf § 134 beruhenden Nichtigkeit BAG v. 29.1.1992 – 5 AZR 518/90, NZA 1992, 1037 (1041); v. 16.6.1993 – 4 AZR 317/92, DB 1993, 2288. | 5 BAG v. 26.9.1990 – 5 AZR 112/90, BAGE 66, 76. | 6 ArbR-BGB/*Schliemann*, § 612 BGB Rz. 31. | 7 Soergel/*Raab*, § 612 BGB Rz. 35; Erman/*Edenfeld*, § 612 BGB Rz. 21. | 8 BAG v. 24.11.1993 – 5 AZR 153/93, AP Nr. 11 zu § 611 BGB – Mehrarbeitsvergütung. | 9 St. Rspr., vgl. BAG v. 25.1.1989 – 5 AZR 161/88, BAGE 61, 43 (50); v. 25.9.1991 – 4 AZR 631/90, AP Nr. 13 zu § 2 BeschFG 1985; v. 25.9.1991 – 4 AZR 33/91, AP Nr. 14 zu § 2 BeschFG 1985; v. 29.1.1992 – 5 AZR 518/90, AP Nr. 18 zu § 2 BeschFG; v. 16.6.1993 – 4 AZR 317/92, AP Nr. 26 zu § 2 BeschFG 1985; jüngst BAG v. 25.4.2001 – 5 AZR 368/99, NZA 2002, 1211: gleicher Stundenlohn für teilzeitbeschäftigte Studentin wie für Vollzeitkräfte. Hiergegen *Thüsing* in Annuß/Thüsing, § 4 TzBfG Rz. 77. | 10 BAG v. 26.5.1993 – 4 AZR 461/92, AP Nr. 2 zu § 612 BGB – Diskriminierung. | 11 Soergel/*Raab*, § 612 BGB Rz. 35; RGRK/*Hilger*, § 612 BGB Rz. 16; für die Anwendung des § 2 Abs. 1 BeschFG 1985 als Konkretisierung des allgemeinen Gleichbehandlungsgrundsatzes aber BAG v. 29.8.1989 – 3 AZR 370/88, BAGE 62, 334 (337); BAG v. 6.12.1990 – 6 AZR 159/89, BAGE 66, 314. | 12 ErfK/*Preis*, § 612 BGB Rz. 35; ArbR-BGB/*Schliemann*, § 612 BGB Rz. 32. | 13 MüKo/*Müller-Glöge*, § 611 BGB Rz. 696 ff. | 14 Staudinger/*Richardi*, § 612 BGB Rz. 34. | 15 So aber Soergel/*Raab*, § 612 BGB Rz. 34. | 16 Soergel/*Raab*, § 612 BGB Rz. 33. | 17 ErfK/*Preis*, § 612 BGB Rz. 35; zu den Voraussetzungen BAG v. 17.3.1982 – 5 AZR 1047/79, AP Nr. 33 zu § 612 BGB m. Anm. *Weitnauer*; v. 17.11.1966 – 5 AZR 225/66, AP Nr. 1 zu § 611 BGB – Leitende Angestellte m. Anm. *Grüll*.

Ausgleich gestörter Vertragsparität, die Garantie ausgewogener Vertragsinhalte oder die Gewährung eines gesetzl. Mindestlohns bezweckt.

3. Höhe der Vergütung. Die Maßstäbe zur Bemessung der Höhe der Vergütung sind vorgegeben in der Reihenfolge der vorrangig anzuwendenden Taxe, soweit eine solche vorhanden ist. Erst wenn dies nicht der Fall ist, kommt es auf die Üblichkeit einer Vergütungshöhe an. 36

a) Taxmäßige Vergütung. Eine Taxe ist ein bestimmter Vergütungssatz, der durch Bundes- oder Landesrecht festgelegt ist[1]. Taxmäßig festgelegte Vergütungssätze sind heute nur noch für bestimmte Rechtsverhältnisse von Relevanz, die keine Arbeitsverhältnisse sind, so etwa für Ärzte, Architekten, Rechtsanwälte und Steuerberater[2]. Im Arbeitsrecht hat die taxmäßige Vergütung daher keine Bedeutung[3]. Keine Taxen sind Gebührenordnungen, die von Privatpersonen oder Verbänden erstellt worden sind (zur Bedeutung derartiger Gebührenordnungen vgl. Rz. 38 ff.)[4]. 37

b) Übliche Vergütung. aa) Begriff. Unter der üblichen Vergütung wird verbreiteter Definition nach eine solche Vergütung verstanden, die im gleichen Gewerbe oder Beruf an dem betreffenden Ort für entsprechende Arbeit gezahlt zu werden pflegt, wobei die persönlichen Verhältnisse des Dienstverpflichteten wie dessen Alter, Berufserfahrung, Familienstand und Kinderzahl zu berücksichtigen sind[5]. Im Übrigen ist auf die **Umstände des konkreten Einzelfalls** abzustellen[6]. Darüber hinaus sind die Dauer der Tätigkeit für den ArbGeb und damit die gewonnene Erfahrung berücksichtigungsfähig[7]. Teilweise wird vertreten, dass der Ortsgebrauch unbeachtlich sein kann, wenn er unangemessen ist, was dann der Fall sein soll, wenn die Vergütung auf der Ausnutzung von Machtstellungen beruht[8]. Doch sieht § 612 II gerade nicht – insofern anders als in § 17 I 1 BBiG oder § 32 UrhG – eine „angemessene", sondern lediglich eine übliche Vergütung vor, die mit der angemessenen nicht notwendig identisch ist. Zu bedenken ist, dass § 612 II auch insoweit nicht eine Garantie „gerechter", ausgewogener Vertragsverhältnisse bezweckt, sondern nur eine Vertragslücke schließen will; für die Gewährung ausgewogener Leistungen ist nicht der Gesetzgeber, sondern sind in erster Linie die Parteien bzw. Verbände zuständig. Zu Recht wird jedoch darauf hingewiesen, dass auch die Ermittlung einer angemessenen Vergütung zumeist von der Üblichkeit einer Vergütung abhängen dürfte[9]. Der von dem Gericht exakt zuzusprechende Betrag kann auf **richterlicher Würdigung** aller Umstände nach freier Überzeugung (§ 287 II ZPO) beruhen[10]. Einer Ansicht nach soll eine Mehrwertsteuer, sofern ihr die Vergütung unterliegt, bei Fehlen einer anderen Vereinbarung zusätzlich zu zahlen sein[11]. Dagegen stellte das BAG fest, dass etwa ein mehrwertsteuerpflichtiger Rechtsanwalt die Erstattung der auf ein Honorar als Einigungsstellenmitglied entfallenden Mehrwertsteuer nur dann verlangen kann, wenn dies vereinbart worden ist[12]. Diese Auffassung verdient Zuspruch, wird doch von der hM auch im Allgemeinen überzeugend vertreten, dass die Mehrwertsteuer ein rechtl. unselbständiger Teil des zu zahlenden Preises sei, die, sofern sich aus den Umständen Gegenteiliges nicht ergibt, in einem angebotenen Preis enthalten ist[13]. 38

Die allgemeine Definition der üblichen Vergütung wird zu Recht für unzureichend gehalten, weil sie außer Acht lässt, dass die Vergütung nicht stets in der Zahlung des Arbeitsentgelts im engeren Sinne beschränkt ist, sondern aus **weiteren Zuwendungen** wie vermögenswirksamen Leistungen, Personalrabatten, Deputaten und Sonderzahlungen wie Weihnachts- oder Urlaubsgeld bestehen kann[14]. Nach der Rspr. kann etwa das anteilige **Urlaubsgeld** eines vollzeitbeschäftigten Lehrers jedenfalls dann als übliche Vergütung beansprucht werden, wenn der Umfang der vereinbarten Arbeitszeit es regelmäßig ausschließt, dass der teilzeitbeschäftigte Lehrer in einem weiteren Arbeitsverhältnis eine vergleichbare vollzeitbeschäftigten ArbN zustehende Leistung ungekürzt verdienen kann[15]. Zu der ortsüblichen Vergütung iSd. § 612 II gehören auch **Sonderzuwendungen** sowie **vermögenswirksame Leistungen**[16]. Die Definition der üblichen Vergütung verlangt daher eine Erweiterung dahin, dass außer der Zahlung des Arbeitsentgelts im eigentlichen Sinne alles dasjenige in die Beurteilung der Üblichkeit einzugehen hat, was einem gleichermaßen oder vergleichbar eingesetzten ArbN an **Vorteilen auf Grund seiner Tätigkeit** von dem ArbGeb zufließt[17]. 39

bb) Tariflohn als Maßstab der Üblichkeit. Im Einzelnen nicht ausgelotet ist es, ob und inwieweit das nach TV zu entrichtende Arbeitsentgelt als übliche Vergütung iSv. § 612 II angesehen werden kann. Eine 40

1 ErfK/*Preis*, § 612 BGB Rz. 36; Soergel/*Raab*, § 612 BGB Rz. 36; zum historischen Hintergrund RGRK/*Hilger*, § 612 BGB Rz. 56. | 2 Vgl. hierzu ausf. MüKo/*Schaub* (3. Aufl.), § 612 BGB Rz. 194 ff. | 3 ArbR-BGB/*Schliemann*, § 612 BGB Rz. 33. | 4 BGH v. 29.9.1969 – VII ZR 108/67, NJW 1970, 699; Erman/*Edenfeld*, § 612 BGB Rz. 9. | 5 Staudinger/*Richardi*, § 612 BGB Rz. 45; Soergel/*Raab*, § 612 BGB Rz. 37; OLG München v. 14.5.2003 – 21 U 3523/01, OLGReport München 2003, 245. | 6 BGH v. 24.10.1989 – X ZR 58/88, NJW-RR 1990, 349. | 7 LAG Düsseldorf v. 8.11.1977 – 8 Sa 1003/76, LAGE § 612 BGB Nr. 1; ErfK/*Preis*, § 612 BGB Rz. 37. | 8 Staudinger/*Richardi*, § 612 BGB Rz. 45. | 9 RGRK/*Hilger*, § 612 BGB Rz. 60. Hierzu unter dem Gesichtspunkt des § 32 UrhG *Thüsing*, GRUR 2002, 203; unter dem Gesichtspunkt des § 87 I AktG *Thüsing*, ZGR 2003, 457. | 10 BAG v. 5.3.1960 – 5 AZR 409/58, AP Nr. 13 zu § 612 BGB; RGRK/*Hilger*, § 612 BGB Rz. 59. | 11 MüKo/*Müller-Glöge*, § 612 BGB Rz. 29; Staudinger/*Richardi*, § 612 BGB Rz. 46. | 12 BAG v. 31.7.1986 – 6 ABR 79/83, AP Nr. 19 zu § 76 BetrVG 1972; zust. Erman/*Edenfeld*, Rz. 22; ebenso jetzt Palandt/*Weidenkaff*, § 612 BGB Rz. 3. | 13 Palandt/*Heinrichs*, § 157 BGB Rz. 13 mwN. | 14 So ArbR-BGB/*Schliemann*, § 612 BGB Rz. 35. | 15 BAG v. 15.11.1990 – 8 AZR 283/89, NZA 1991, 346. | 16 BAG v. 4.9.1991 – 5 AZR 129/91, nv. | 17 ArbR-BGB/*Schliemann*, § 612 BGB Rz. 35.

prinzipielle Gleichsetzung von Tariflohn und üblicher Vergütung wird überwiegend abgelehnt[1]. Nach anderer Ansicht soll „im Regelfall" für ArbN die tarifl. Vergütung die übliche sein[2]. Doch kann aus der Rspr. kein allgemeiner Satz des Inhalts hergeleitet werden, dass grds. Tariflohn und übliche Vergütung gleichzusetzen seien[3], wenngleich bisweilen formuliert wurde, dass im Regelfall die tarifl. Vergütung als übliche Vergütung anzusehen sei[4]. In der Tat spricht gegen die prinzipielle Gleichsetzung, dass für die Üblichkeit grds. auf die Gesamtheit aller ArbN einer Vergleichsgruppe abzustellen ist und dass idR nicht alle ArbN organisiert sind und Tariflöhne erhalten. Auch spricht gegen die grundsätzliche Gleichsetzung der üblichen Vergütung mit dem Tariflohn, dass hierdurch Grenzen der Tarifgeltung beseitigt werden[5], denn der Tariflohn stellt zumeist das Ergebnis eines komplizierten Prozesses des Aushandelns dar, der aus gegenseitigem Nachgeben auf den verschiedensten Gebieten hervorgegangen ist[6]; eine Gleichstellung nur hinsichtlich des Tariflohns wird dem Umstand nicht gerecht, dass sich die organisierten ArbN diesen Lohn mit einem Nachgeben auf anderem Gebiet „erkauft" haben, was bei dem sich auf § 612 II stützenden ArbN nicht der Fall ist.

41 Demgemäß bedarf es zur Gleichsetzung der üblichen Vergütung mit der tarifl. stets **besonderer rechtfertigender Anhaltspunkte**[7]. Bezogen auf **Branchen** und **Tarifgebiete** wird eine Gleichsetzung dort zu rechtfertigen sein, wo beinahe ausschließlich nach dem TV vergütet wird und mit einer Abweichung nicht gerechnet zu werden braucht, weil diese ungewöhnlich und überraschend ist[8]. Außerdem ist eine Gleichsetzung dann zu befürworten, wenn ein ArbGeb in Hinblick auf die Entlohnung seiner ArbN üblicherweise nicht zwischen organisierten und nicht organisierten unterscheidet[9]. Angesichts einer verbreiteten Verwendung von **Bezugnahmeklauseln**[10] werden dem § 612 II entsprechende Situationen nicht mehr allzu häufig vorkommen; wenn allerdings doch, so dürfte die Verwendung von Bezugnahmeklauseln, insb. soweit ihnen eine Gleichstellungsfunktion zukommt, die Gleichsetzung der üblichen mit der tarifl. Vergütung rechtfertigen. Ein sehr hoher **Organisationsgrad** in einer Branche und damit die verbreitete Geltung des Tariflohns dürfte die übliche Vergütung dem Tariflohn annähern. Die **Allgemeinverbindlicherklärung** eines Entgelttarifvertrags hat mit der Üblichkeit iSv. § 612 II nichts zu tun, weil die Geltung des Tariflohns dann einen Rückgriff auf diese Bestimmung erübrigt. Bestehen tarifvertragl. Entgeltregelungen bei einem ArbGeb sowohl für ArbN als auch – auf der Grundlage des § 12a TVG – für freie Mitarbeiter, wie zB bei einer öffentl.-rechtl. Rundfunkanstalt, so kommt es für die Höhe der üblichen Vergütung auch bei gleicher oder vergleichbarer Tätigkeit darauf an, ob die Tätigkeit des Dienstverpflichteten in freier Mitarbeit oder im Arbeitsverhältnis geleistet wird[11]. Die übliche Vergütung kann sowohl über als auch unter der tarifl. Vergütung liegen[12]. Entspricht der Tariflohn nicht der verkehrsüblichen Vergütung, sondern liegt diese unterhalb des Tariflohns, ist zur Ermittlung des Wertes der Arbeitsleistung von dem allgemeinen Lohnniveau im Wirtschaftsgebiet auszugehen[13]. Ist die Vergütungsvereinbarung wegen Verstoßes gegen das Verbot der Diskriminierung von TeilzeitArbN unwirksam, so stellt die Rspr. für die übliche Vergütung des TeilzeitArbN auf eine den VollzeitArbN gewährte übertarifl. Vergütung ab[14].

42 **Öffentlicher Dienst.** Im öffentl. Dienst dagegen wird als die übliche Vergütung die tarifl. Vergütung angesehen, denn es entspricht der Übung im öffentl. Dienst, tarifvertragl. Regelungen ohne Rücksicht auf Verbandszugehörigkeit der ArbN anzuwenden[15].

43 Zur Höhe der auf Grund von § 612 II gefundenen Vergütung gehören jedoch nach ständiger Rspr. nicht **tarifl. Ausschlussklauseln**. Gelten diese nicht kraft Tarifgebundenheit der Vertragspartner, müssen sie nach bestätigter Rspr. ausdrücklich vereinbart werden[16]. Die tarifl. Ausschlussklauseln gehören nicht zum Anwendungsbereich der Norm; § 612 II betreffe ausdrücklich nur „die **Höhe** der Vergütung". Die rein rechnerische Größe einer bestimmten Vergütung umfasst aber nicht auch gleichzeitig noch andere – rein rechtl. – Merkmale, die zum Wesen einer bestimmten tarifl. Vergütung gehören können. Vor allem ist es der rechnerischen Höhe einer Vergütung nicht wesenseigen, an eine bestimmte tarifl. Ausschlussklausel gebunden zu sein[17].

---

1 ArbR-BGB/*Schliemann*, § 612 BGB Rz. 36; Staudinger/*Richardi*, § 612 BGB Rz. 47; *Rick*, AuR 1960, 369 (371). |2 MüKo/*Müller-Glöge*, § 612 BGB Rz. 30; ErfK/*Preis*, § 612 BGB Rz. 38; LAG Bremen v. 3.12.1992 – 3 Sa 304/90, AiB 1993, 834. |3 ArbR-BGB/*Schliemann*, § 612 BGB Rz. 36. |4 BAG v. 26.5.1993 – 4 AZR 461/92, AP Nr. 2 zu § 612 BGB – Diskriminierung unter Hinweis auf BAG v. 29.1.1992 – 5 AZR 518/90, NZA 1992, 1037 und BAG v. 26.9.1990 – 5 AZR 112/90, BAGE 66, 76. |5 Staudinger/*Richardi*, § 612 BGB Rz. 47. |6 *Rick*, AuR 1960, 369 (370). |7 Staudinger/*Richardi*, § 612 BGB Rz. 47. |8 Soergel/*Raab*, § 612 BGB Rz. 38; vgl. auch BAG v. 24.3.2004 – 5 AZR 303/03, AP Nr. 59 zu § 138 BGB. |9 Staudinger/*Richardi*, § 612 BGB Rz. 47. |10 S. hierzu *Thüsing/Lambrich*, RdA 2002, 193 ff. |11 BAG v. 21.1.1998 – 5 AZR 50/97, AP Nr. 55 zu § 612 BGB. |12 BAG v. 21.1.1998 – 5 AZR 50/97, AP Nr. 55 zu § 612 BGB; ArbR-BGB/*Schliemann*, § 612 BGB Rz. 36. |13 BAG v. 24.3.2004 – 5 AZR 303/03, AP Nr. 59 zu § 138 BGB. |14 BAG v. 26.5.1993 – 4 AZR 461/92, AP Nr. 2 zu § 612 BGB – Diskriminierung. |15 St. Rspr., BAG v. 29.1.1992 – 5 AZR 518/90, NZA 1992, 1037 (1041); v. 25.1.1989 – 5 AZR 161/88, BAGE 61, 43 (50); v. 30.5.1984 – 4 AZR 146/82, AP Nr. 2 zu § 21 MTL II; v. 27.10.1960 – 5 AZR 427/59, AP Nr. 21 zu § 611 BGB – Ärzte, Gehaltsansprüche; und hL, Staudinger/*Richardi*, § 612 BGB Rz. 48; Soergel/*Raab*, § 612 BGB Rz. 38. |16 BAG v. 4.9.1991 – 5 AZR 129/91, nv.; v. 26.9.1990 – 5 AZR 112/90, BAGE 66, 76; anders Erman/*Edenfeld*, § 612 BGB Rz. 22, wonach Annexregelungen wie zB Ausschlussfristen jeweils als mit vereinbart anzusehen sein sollen, soweit erkennbar einzelne tarifliche Leistungen gewährt werden. Hiergegen auch Annuß/Thüsing/*Thüsing*, § 4 TzBfG Rz. 54. |17 BAG v. 26.9.1990 – 5 AZR 112/90, BAGE 66, 76.

cc) Bestimmung der Üblichkeit. Soweit sich nicht nach den genannten Grundsätzen (vgl. Rz. 41) die Höhe der üblichen Vergütung nach dem Tariflohn richtet, kann sie **empirisch** festgestellt werden, etwa durch Umfragen oder Auskünfte der Kammern oder der Organisationen der beteiligten Wirtschaftskreise[1]. Zur Darlegungs- und Beweislast s. Rz. 47. 44

c) Bestimmung durch den Dienstverpflichteten. Fehlt auch eine übliche Vergütung, so sind die §§ 315, 316 anzuwenden, so dass der Dienstverpflichtete innerhalb der Grenzen billigen Ermessens die Höhe der zu zahlenden Vergütung einseitig bestimmen kann[2]. Das Fehlen auch einer üblichen Vergütung mag etwa darauf beruhen, dass die Art der zu erbringenden Dienste so spezieller, nicht „vertypter“ Natur ist, dass sich dafür allgemein gebräuchliche Maßstäbe nicht herausgebildet haben. 45

Für den Fall, dass eine Auslegung der Vergütungsvereinbarung zu dem Ergebnis führen sollte, dass entgegen der Vermutung des § 316 ein einseitiges Bestimmungsrecht von den Parteien nicht gewollt ist, wird angenommen, dass die dadurch entstehende Vertragslücke notfalls durch ergänzende Vertragsauslegung nach § 157 geschlossen werden soll[3]. Allerdings fragt sich, welcher Maßstab für diese Auslegung noch herangezogen werden kann, wenn bereits weder Parteierklärungen noch allgemeinere Umstände wie Taxmäßigkeit oder Üblichkeit zu einem Ergebnis geführt haben. Letztlich würden keine neuen Kriterien mehr hinzutreten können. Nach dem BAG gilt § 316 zwar auch für gegenseitige Verträge, ist aber dann nicht anzuwenden, wenn die Höhe der Vergütung nach § 612 II auf Grund eines objektiven Maßstabes zu ermitteln ist[4]. 46

4. Beweislast. Der Dienstverpflichtete ist als derjenige, der ein Recht aus § 612 II herleitet, nach allgemeinen Grundsätzen darlegungs- und beweisbelastet hinsichtlich der Voraussetzungen des § 612 II, dh. für das Bestehen und die Höhe einer Taxe sowie für die Üblichkeit einer Vergütungshöhe[5]. 47

612a *Maßregelungsverbot*

Der Arbeitgeber darf einen Arbeitnehmer bei einer Vereinbarung oder einer Maßnahme nicht benachteiligen, weil der Arbeitnehmer in zulässiger Weise seine Rechte ausübt.

I. Entstehungsgeschichte. Die Norm des § 612a geht zurück auf zwei europarechtl. Vorgaben: Nach Art. 5 **RL 75/117/EWG** vom 10.2.1975 (ABl. EG Nr. L 45), die zur Anwendung des Grundsatzes des gleichen Entgelts für Männer und Frauen erging, treffen die Mitgliedstaaten die notwendigen Maßnahmen, um ArbN vor jeder Entlassung zu schützen, die eine Reaktion des ArbGeb auf eine Beschwerde im Betrieb oder gerichtliche Klage auf Einhaltung des Grundsatzes des gleichen Entgelts darstellt. Einen entsprechenden Entlassungsschutz zur Einhaltung des Grundsatzes der Gleichbehandlung von Männern und Frauen enthält die **RL 76/207/EWG** vom 9.2.1976 (ABl. EG Nr. L 39/40) in ihrem Art. 7. Der nationale Gesetzgeber kam seiner Umsetzungspflicht mit dem Arbeitsrechtl. EG-AnpassungsG vom 13.8.1980 (BGBl. I S. 1308) nach. Der Regelungsbereich des § 612a übersteigt die durch die Richtlinien begründete Umsetzungsverpflichtung[6] in zweifacher Hinsicht: Zum einen schützt die Norm nicht nur gegen „Entlassungen“, sondern gegen alle benachteiligende „Maßnahmen“. Zum Zweiten ist der Schutz nicht auf die Benachteiligung wegen des Geschlechts beschränkt, sondern erfasst jedes Recht, das der ArbN in zulässiger Weise ausübt. Demgemäß betrifft die europarechtl. Bindung unmittelbar nur den hiervon abgedeckten Normbereich[7], also nicht die Bereiche etwa der Streikbruchprämie und der Kürzung von Anwesenheitsprämien (Rz. 17 ff. und 27 ff.). Eine Vorlage nach Art. 234 III EG ist nur in dem Bereich zwingend, der sich auf die Umsetzungsverpflichtung bezieht; darüber hinaus bleibt die Vorlage jedoch zulässig[8]. 1

II. Normzweck und Systematik. 1. § 612a als allgemeines Benachteiligungsverbot. Die Norm des § 612a drückt als allgemeines Benachteiligungsverbot[9] einen allgemeinen Rechtsgedanken aus. Sie sichert abstrakt die faktische Ausübbarkeit des Rechts, indem sie die Furcht des ArbN vor einer disziplinierenden Maßnahme des ArbGeb bei Ausübung des Rechts beseitigt und auf diese Weise **das Recht selbst flankierend schützt.** Als ein solcher Flankenschutz ist das Maßregelungsverbot **nicht dispositiv**[10], weil kein Fall vorstellbar ist, in dem einem ArbN zugemutet werden könnte, eine – begriffsimmanent abzulehnende – Benachteiligung hinzunehmen, auch dann nicht, wenn das auszuübende Recht zwar dispositiv ist, aber 2

---

1 ArbR-BGB/*Schliemann*, § 612 BGB Rz. 37; *Rick*, AuR 1960, 369 (370). | 2 MüKo/*Müller-Glöge*, § 612 BGB Rz. 26; Soergel/*Raab*, § 612 BGB Rz. 40; vgl. BGH v. 21.3.1961 – I ZR 133/59, AP Nr. 19 zu § 612 BGB. | 3 ErfK/*Preis*, § 612 BGB Rz. 43; ArbR-BGB/*Schliemann*, § 612 BGB Rz. 38. | 4 BAG v. 8.3.1989 – 5 AZR 92/88, ZTR 1989, 312 f. | 5 Staudinger/*Richardi*, § 612 BGB Rz. 50; ErfK/*Preis*, § 612 BGB Rz. 44; RGRK/*Hilger*, § 612 BGB Rz. 62; vgl. auch BAG v. 29.1.1986 – 4 AZR 465/84, AP Nr. 115 zu §§ 22, 23 BAT 1975; BGH v. 13.3.1985 – IVa ZR 211/82, NJW 1985, 1895. | 6 ArbR-BGB/*Schliemann*, § 612a BGB Rz. 1. | 7 Vgl. KR/*Pfeiffer*, § 612a BGB Rz. 1, der die Bedeutung dieser Unterscheidung auf den verfahrensrechtlichen Aspekt beschränkt, weil die Norm innerhalb und außerhalb des von den Richtlinien betroffenen Bereichs einheitlich auszulegen sei; ferner *Däubler*/Kittner/Zwanziger, KSchR, § 612a BGB Rz. 3. | 8 ErfK/*Preis*, § 612a BGB Rz. 1; KR/*Pfeiffer*, § 612a BGB Rz. 1; EuGH v. 8.11.1990 – Rs. C-177/88, Slg. 1990, 4003. | 9 Staudinger/*Richardi*, § 612a BGB Rz. 4; *Preis*, Vertragsgestaltung, S. 170. | 10 Vgl. Soergel/*Raab*, § 612a BGB Rz. 2; Erman/*Edenfeld*, § 612a BGB Rz. 2; MüKo/*Müller-Glöge*, § 612a BGB Rz. 2.

nicht abbedungen wurde[1]. Aus der Geltungsbeschränkung auf den ArbN bei Ausgrenzung des Dienstverpflichteten und der arbeitnehmerähnlichen Person[2] kann rückgeschlossen werden, dass die Gefahr der Disziplinierung wegen der zulässigen Rechtsausübung eine Eigenheit des Arbeitsverhältnisses ist und die ihm zugrunde liegende strukturelle Ungleichgewichtslage Ursprung der Disziplinierungsgefahr ist.

3 **2. Verhältnis zu anderen Vorschriften.** § 612a regelt einen Sonderfall der Sittenwidrigkeit[3]. Nach dem BAG nimmt § 612a Fälle auf, die vor seiner Einführung unter dem Gesichtspunkt der Sittenwidrigkeit (§ 138) oder von Treu und Glauben (§ 242) geprüft wurden[4]. In Abgrenzung zum Gleichbehandlungsgrundsatz erfordert die „Benachteiligung" in § 612a nicht notwendig einen konkreten Bezug zu anderen ArbN[5], während der Gleichbehandlungsgrundsatz wesensgemäß einen Vergleich mit mindestens einem weiteren ArbN erfordert. Eine spezielle Ausprägung findet das Maßregelungsverbot in § 84 III BetrVG, Art. 10 § 4 III des Zweiten Gleichberechtigungsgesetzes („Der Arbeitgeber oder Dienstvorgesetzte darf die belästigten Beschäftigten nicht benachteiligen, weil diese sich gegen eine sexuelle Belästigung gewehrt und in zulässiger Weise ihre Rechte ausgeübt haben.") sowie § 21 VI 3 GefStoffV; auch § 5 TzBfG kann als Spezialfall angesehen werden[6]. Eine dem Maßregelungsverbot vergleichbare Wirkung kommt § 20 I BetrVG zu[7].

4 **III. Voraussetzungen. 1. Arbeitnehmer.** Das Maßregelungsverbot begünstigt alle ArbN, wobei Inhalt und Umfang des Arbeitsverhältnisses keine Rolle spielen; einbezogen sind Arbeiter und Angestellte, Auszubildende, Volontäre, Umschüler und Praktikanten[8], nicht dagegen jeder auf Grund eines Dienstvertrages Verpflichtete. Erfasst sind auch die **leitenden Angestellten**[9]. Fraglich ist die Anwendbarkeit des Maßregelungsverbots auf arbeitnehmerähnliche Personen. Die wohl **hM im Schrifttum** nimmt die Geltung des § 612a über seinen Wortlaut hinaus **auch für arbeitnehmerähnliche Personen** an – mit dem recht schlüssigen Hinweis, dass diese in gleicher Weise schutzbedürftig sind[10]– oder will die Norm sogar darüber hinaus auch auf das Verhältnis zu **jedem Dienstnehmer** anwenden mit der Begründung, dass das Maßregelungsverbot aus dem allgemeinen Benachteiligungsverbot resultiere[11]. Das BAG hat sich hingegen gegen eine Anwendbarkeit des § 612a auf arbeitnehmerähnliche Personen ausgesprochen, da die Vorschrift nach ihrem Wortlaut nur auf ArbN Anwendung findet[12]. Hier verbleibt es freilich bei der Anwendung des § 138 BGB mit demselben Ergebnis.

5 **2. Arbeitgeber.** Das Maßregelungsverbot richtet sich gegen den ArbGeb, doch ist der Geltungsbereich nicht auf den ArbGeb als Vertragspartner des Arbeitsvertrags zu beschränken; in Betracht kommen ferner diejenigen **Dritten, die** als Inhaber der betrieblichen Organisationsgewalt[13] dem ArbN gegenüber **ArbGebFunktionen ausüben** und damit in die ArbGebStellung einbezogen werden[14], wie zB der **Entleiher** im Rahmen einer AÜ. So ist zB die Kündigung einer zu derartigen personellen Maßnahmen berechtigten Person dem ArbGeb zuzurechnen. Dieses Resultat befindet sich in Übereinstimmung mit dem Regelungsgrund des Maßregelungsverbots, wonach es allein darauf ankommen kann, wer die maßregelnde Maßnahme wirksam vornehmen kann, nicht dagegen schlicht darauf, wer Partei des Arbeitsvertrags ist.

6 **3. Vereinbarung, Maßnahme.** Das Maßregelungsverbot des § 612a bezieht sich (nur) auf Benachteiligungen „bei einer Vereinbarung oder einer Maßnahme". Ist der Begriff der **Vereinbarung** aus dem Wortsinn her als übereinstimmende Willensbekundung zweier Parteien iS eines zweiseitigen Rechtsgeschäfts definiert – dh. ArbGeb und ArbN –, so ist der Begriff der **Maßnahme** vom Wortsinn her unbestimmter. Dem Willen des Gesetzgebers folgend ist dieser jedoch umfassend zu verstehen und erfasst sämtliches tatsächliches und rechtsgeschäftliches Verhalten in Beziehung zum ArbN, das dessen Benachteiligung bewirkt[15]. Der auch sonst gesetzessystematisch jeweils weit zu verstehende Begriff der Maßnahme[16] soll damit alles ArbGebVerhalten erfassen, soweit es nicht eine Vereinbarung darstellt. Eine Einschränkung

1 Enger Soergel/*Raab*, § 612a BGB Rz. 10, der eine Abbedingung des Rechts nicht für erforderlich hält, um § 612a seinerseits abbedingen zu können. |2 Zuletzt BAG v. 8.5.2007 – 9 AZR 777/06, nv. mwN. |3 BAG v. 2.4.1987 – 2 AZR 227/86, AP Nr. 1 zu § 612a BGB; *Preis*, Vertragsgestaltung, S. 171; anders Soergel/*Raab*, § 612a BGB Rz. 3: § 612a schließe die Lücke zwischen der berechtigenden Norm und § 134. |4 BAG v. 2.4.1987 – 2 AZR 227/86, AP Nr. 1 zu § 612a BGB. |5 BAG v. 2.4.1987 – 2 AZR 227/86, AP Nr. 1 zu § 612a BGB. |6 Annuß/Thüsing/*Thüsing*, § 5 TzBfG Rz. 1 ff.; krit. ArbR-BGB/*Schliemann*, § 612a BGB Rz. 3. |7 KR/*Pfeiffer*, § 612a BGB Rz. 2. |8 KR/*Pfeiffer*, § 612a BGB Rz. 3; ErfK/*Preis*, § 612a BGB Rz. 4; Soergel/*Raab*, § 612a BGB Rz. 5. |9 Staudinger/*Richardi*, § 612a BGB Rz. 8; APS/*Linck*, § 612a BGB Rz. 4. |10 Soergel/*Raab*, § 612a BGB Rz. 5; ErfK/*Preis*, § 612a BGB Rz. 4: „entsprechend dem Gedanken des allgemeinen Benachteiligungsverbots"; *Däubler*/Kittner/Zwanziger, KSchR, § 612a BGB Rz. 8: „als Ausdruck eines allgemeinen Rechtsprinzips"; ohne Begründung Erman/*Edenfeld*, § 612a BGB Rz. 2; KR/*Pfeiffer*, § 612a BGB Rz. 3 sowie ArbG Berlin v. 7.3.2000 – 86 Ca 34037/99, PersR 2001, 45; abl. ArbR-BGB/*Schliemann*, § 612a BGB Rz. 6 und 8. |11 MüKo/*Müller-Glöge*, § 612a BGB Rz. 4; gegen die Anwendung auf Personen, welche auf Grund eines freien Dienstvertrags tätig sind, jedoch KR/*Pfeiffer*, § 612a BGB Rz. 3, „da dies dem Wortlaut widerspricht und angesichts der sich aus anderen Vorschriften ergebenden Rechtsausübungsschranken (...) hierfür auch kein Bedarf besteht". |12 BAG v. 14.12.2004 – 9 AZR 23/04, NZA 2005, 637. |13 Staudinger/*Richardi*, § 612a BGB Rz. 7. |14 APS/*Linck*, § 612a BGB Rz. 5; KR/*Pfeiffer*, § 612a BGB Rz. 3; Staudinger/*Richardi*, § 612a BGB Rz. 7. |15 Vgl. BT-Drs. 8/3317, S. 8 in Bezug auf § 611a BGB. |16 Vgl. auch § 35 VwVfG oder § 39 I OBG-NW und deren Komm.

des Benachteiligungsverbots auf bestimmte Mittel und Vorgehensweisen ist damit nicht intendiert[1]; eingeschlossen sind Willenserklärungen ebenso wie rechtsgeschäftsähnliche und bloß tatsächliche Handlungen. Eine Maßnahme liegt zB auch dann vor, wenn der ArbGeb den ArbN ohne erkennbaren Grund nach dem in 1. Instanz gewonnenen Kündigungsrechtsstreit an einem neuen Arbeitsplatz getrennt von den übrigen Mitarbeitern mit sinnlosen Aufgaben beschäftigt und ihm außerdem aufgegeben wird, sich trotz des Betreibens einer Stempeluhr bei jedem Verlassen des Arbeitsplatzes mündlich an- und abzumelden[2]. Eine Maßnahme kann ebenfalls in einem **Unterlassen** bestehen, so zB dann, wenn der öffentl. ArbGeb eine Höhergruppierung einzelner ArbN vornimmt und bei anderen unterlässt, weil sie eine Höhergruppierungsklage angestrengt oder nicht zurückgenommen haben[3], sowie bei der Gewährung einer Prämie für die Nichtteilnahme am Streik (vgl. Rz. 15 ff.). Eine Maßnahme scheidet jedoch dann aus, wenn sich die beanstandete Benachteiligung nach einem vorangegangenen zulässigen Verhalten allein aus dem Gesetz ergibt; so stellt etwa die Beendigungskündigung, die nach Nichtannahme eines in einer Änderungskündigung enthaltenen Angebotes gegeben ist, keine untersagte Maßregelung dar, weil die bisherige Änderungskündigung auf Grund der Regelung des § 2 KSchG als Beendigungskündigung, nicht als eine Maßregel zu werten ist[4].

4. Benachteiligung. Grundsätzlich ist für Maßnahmen iSd. § 612a anerkannt, dass sie, um eine maßregelnde Wirkung haben zu können und eine Benachteiligung iS dieser Norm zu sein, Reaktionen auf das zu maßregelnde Verhalten sein müssen, diesem also zeitlich nachfolgen müssen. **Umstritten** ist jedoch die Frage, inwieweit § 612a auch benachteiligende **Vereinbarungen** erfasst, die **vor der Rechtsausübung** erfolgen, aber **später wirksam** werden. So wird teilweise vertreten, § 612a erfasse auch solche vorangegangenen Vereinbarungen[5] etwa mit dem Hinweis, für den ArbN mache es im Ergebnis keinen Unterschied, ob diese seiner Rechtsausübung vorangeht oder nachfolgt, so dass nach Sinn und Zweck der Norm beides erfasst sein müsse[6]. Auch wird darauf verwiesen, dass § 612a in Bezug auf Vereinbarungen sonst weitgehend leer laufe, da ein ArbN sich auf eine spätere Vereinbarung kaum einlassen dürfte[7]. Bei diesem weiten Verständnis ist jedoch unklar, inwieweit jegliche Benachteiligungen[8] oder gem. teleologischer Reduktion nur die unverhältnismäßige, inadäquate Benachteiligung erfasst wäre und wonach diese Inadäquanz und Unverhältnismäßigkeit zu bestimmen wäre[9]. Eine Benachteiligung iSv. § 612a setzt nicht notwendig voraus, dass sich die Situation des ArbN gegenüber dem bisherigen Zustand verschlechtert. Das Maßregelungsverbot kann auch verletzt sein, wenn dem ArbN Vorteile vorenthalten werden, die der ArbGeb anderen ArbN gewährt, weil sie ihre Rechte nicht ausgeübt haben[10]. 7

Eine der Rechtsausübung vorangegangene Vereinbarung kann jedoch **keine Benachteiligung** iSd. § 612a darstellen. Eine antizipierte Maßregelung iS dieser Norm gibt es nicht. Dies folgt zwar nicht unmittelbar aus dem Wortlaut, jedoch aus der Entstehungsgeschichte und vor allem aus Sinn und Zweck der Norm: So soll diese Bestimmung nach der amtlichen Begründung Benachteiligungen verhindern, die erfolgen, weil ein ArbN seine Rechte in zulässiger Weise „ausgeübt hat"[11]. Schon daraus zeigt sich, dass der Gesetzgeber nur Reaktionen des ArbGeb auf ein ihm unerwünschtes, jedoch erlaubtes Verhalten des ArbN erfassen wollte[12]. Vor allem ergibt auch der Zweck des § 612a dessen Begrenzung auf der Rechtsauübung nachfolgende Vereinbarungen. § 612a schützt – worüber Einigkeit besteht – die Willensfreiheit des ArbN bei der Entscheidung darüber, ob er ein Recht ausübt oder nicht[13]. Er soll also vor den unvorhersehbaren Folgen geschützt werden, die dadurch eintreten können, dass der ArbGeb ein ihm grds. zustehendes rechtl. Mittel zweckwidrig einsetzt, gerade um eine zulässige Rechtsausübung zu ahnden. Anders als Nachfolgende sind vorangegangene Vereinbarungen nicht mit unkalkulierbaren Nachteilen verbunden, deren befürchteter Eintritt den Willensbildungsprozess des ArbN beeinflussen könnte. Vielmehr vollzieht sich bei ihnen in der Ausübung des Rechts lediglich die bestehende vertragl. Ordnung, dh. das vom ArbN ausgeübte Recht besteht von vornherein nur im Rahmen der mit ihm verbundenen Nachteile[14]. 8

---

1 LAG Hamm v. 18.2.1987 – 17 Sa 1295/87, DB 1988, 917. | 2 LAG Kiel v. 25.7.1989 – 1 (3) Sa 557/88, LAGE § 612a BGB Nr. 4; ErfK/*Preis*, § 612a BGB Rz. 8; APS/*Linck*, § 612a BGB Rz. 8. | 3 BAG v. 23.2.2000 – 10 AZR 1/99, NZA 2001, 680. | 4 LAG Mainz v. 18.12.1997 – 7 Sa 374/97, LAGE § 4 KSchG Nr. 40. | 5 Vgl. *Preis*, Vertragsgestaltung, S. 172; *Gaul*, NJW 1994, 1024 (1027, 1028) im Zusammenhang mit der Streikbruchprämie, jedoch ohne auf die Besonderheit des Zeitpunkts einzugehen: LAG Hamm v. 30.4.1993 – 10 Sa 21/93, LAGE § 611 BGB – Anwesenheitsprämie Nr. 2; Soergel/*Raab*, § 612a BGB Rz. 11; s. auch *Hanau/Vossen*, DB 1992, 213 (221); *Dörner*, RdA 1993, 24 (29 r.Sp.); *Lipke*, HzA, Gruppe 3, Rz. 119. *Schwarze*, NZA 1993, 967 (970); ausdrücklich aA LAG Köln v. 18.12.1986 – 8 Sa 880/86, LAGE Art. 9 GG – Arbeitskampf Nr. 30. Offen gelassen BAG v. 31.5.2005 – 1 AZR 254/04, AP Nr. 175 zu § 112 BetrVG 1972. | 6 Vgl. BAG v. 16.2.1989 – 2 AZR 299/88, AP Nr. 20 zu § 1 KSchG 1969 Krankheit; v. 16.2.1989 – 2 AZR 347/88, NZA 1989, 962 (964). | 7 *Preis*, Vertragsgestaltung, S. 172. | 8 So wohl *Preis*, Vertragsgestaltung, S. 172. | 9 Vgl. *Hanau/Vossen*, DB 1992, 213 (221); *Gaul*, NJW 1994, 1024 (1027). | 10 BAG v. 31.5.2005 – 1 AZR 254/04, AP Nr. 175 zu § 112 BetrVG 1972. | 11 S. BT-Drs. 8/3317, S. 10. | 12 Was zwar nicht *Preis*, wohl aber *Hanau* im Widerspruch zu seinem Ergebnis anerkennt: *Hanau/Vossen*, DB 1992, 213 (221 r.Sp.); *Preis*, Vertragsgestaltung, S. 172. | 13 S. etwa *Preis*, Vertragsgestaltung, S. 172; *Preis*, ZfA 1992, 61 (95); beide in Bezugnahme auf BAG v. 16.2.1989 – 2 AZR 347/88, NJW 1990, 141 (142). | 14 S. LAG Köln v. 18.12.1986 – 8 Sa 880/86, NZA 1987, 746 (747); ähnlich BAG v. 15.5.1964 – 1 AZR 432/63, AP Nr. 35 zu § 611 BGB – Gratifikation, in Erörterung eines tariflichen Maßregelungsverbots.

9 Eine **Benachteiligung** iSv. § 612a ist **nicht** bereits **jeder beliebige Nachteil**, der mit der Ausübung eines Rechts verbunden ist[1]. So kann zB bei der Nichtarbeit auf Grund eines Leistungsverweigerungsrechts als unmittelbare und allein in eben dieser Rechtsausübung begründete Folge der vertragl. Lohnanspruch entfallen (zB unbezahlter Urlaub, Streik). Trotzdem wird in dieser Vertragsgestaltung zu Recht kein Verstoß gegen das Maßregelungsverbot gesehen. Vielmehr ergeben sich diese Folgen unmittelbar aus dem Gesetz. Hier trifft der ArbGeb keine eigenständige Maßnahme. Bei Nachteilen, die auf der einseitigen Entscheidung des ArbGeb oder aber auf Vereinbarung beruhen, gilt § 612a jedoch, ohne dass es auf eine Verhältnismäßigkeits- oder Angemessenheitsprüfung ankäme; § 612a spricht nur von „Benachteiligungen" und nicht von „ungerechtfertigten Benachteiligungen". Auch dies spricht dafür, Vereinbarungen, die der Rechtausübung vorangehen, nicht unter § 612a zu subsumieren. Wohl kann ein Verhalten, das nachträglich eine zulässige Rechtsausübung ahnden will, als in jedem Fall sittenwidrig gewertet werden, nicht aber jegliche Vereinbarung, durch die ein auszuübendes Recht mit gewissen Nachteilen verbunden und uU erst konstituiert wird. Ein Verstoß gegen § 612a liegt aber nicht nur dann vor, wenn der ArbN eine Einbuße erleidet, indem sich seine Situation gegenüber dem bisherigen Zustand verschlechtert, sondern auch dann, wenn ihm **Vorteile vorenthalten** werden, welche der ArbGeb anderen ArbN gewährt, wenn diese entsprechende Rechte nicht ausgeübt haben[2]. Dies gilt auch dann, wenn es sich um eine freiwillig gewährte Leistung handelt[3].

10 **5. Kausalität zwischen Rechtsausübung und Benachteiligung.** Eine Benachteiligung, „weil der Arbeitnehmer in zulässiger Weise seine Rechte ausübt", erfordert zumindest, dass die Rechtsausübung eine conditio sine qua non für die Benachteiligung ist. Darüber hinaus hält die Rspr. als **subjektives Moment** eine **Maßregelungsabsicht** des ArbGeb in dem Sinne für erforderlich, dass die **Rechtsausübung des ArbN** für die Maßnahme oder Vereinbarung seitens des ArbGeb nicht nur in irgendeiner Weise auch ursächlich und nicht nur äußerer Anlass sein darf, sondern für das Verhalten des ArbGeb der **tragende Beweggrund**, dh. das **wesentliche Motiv** sein muss[4]. Dieses Erfordernis einer Maßregelungsabsicht bestätigt eine Wertung der Maßregelung iSd. § 612a als Sonderfall der Sittenwidrigkeit bzw. des Rechtsmissbrauchs: Auch für die Einordnung eines Verhaltens als sittenwidrig bzw. rechtsmissbräuchlich ist die subjektive Einstellung des Handelnden ein konstituierendes Element[5].

11 Dagegen wird zum Teil diese subjektive, am Motiv des ArbGeb anzusetzende Betrachtung durch eine **rein objektive Kausalität** ergänzt, wonach unabhängig von den Beweggründen des ArbGeb eine Maßregelung vorliegen soll, wenn eine Rechtsausübung einzige Ursache für eine Benachteiligung wie zB die Vorenthaltung einer Zuwendung ist, oder aber wenn neben dem Rechtsverzicht weitere Voraussetzungen für den Erhalt eines Vorteils vorliegen müssen, die damit verfolgten Ziele aber die Beeinträchtigung der Rechtsausübungsfreiheit im Rahmen einer Abwägung der beiderseitigen Interessen nicht rechtfertigen können[6]. Eine solche objektive Ergänzung des Zusammenhangs Rechtsausübung/Maßregelung losgelöst vom Willen des ArbGeb entspricht indes nicht dem Charakter des § 612a als eines Maßregelungsverbots und ist überdies nicht erforderlich: Wo für eine Benachteiligung objektiv kein anderer Grund als die zulässige Rechtsausübung besteht, oder wo andere Gründe sie nicht rechtfertigen können, weil im Rahmen einer Interessenabwägung eine solche Differenzierung unverhältnismäßig wäre, ist das einzig verbleibende Motiv eben der Wille des ArbGeb, an die zulässige Rechtsausübung eine Sanktion zu knüpfen, dh. seine Maßregelungsabsicht. Dementsprechend hat das BAG richtigerweise betont, dass es auch bei objektivem Vorliegen von Gründen, die eine benachteiligende Differenzierung gegenüber anderen ArbN rechtfertigten, trotzdem eine Maßregelung vorliegt, wenn diese Gründe nicht das Motiv des ArbGeb für die Benachteiligung waren[7].

12 **6. Zulässige Rechtsausübung.** Voraussetzung für ein Verbot der Maßregelung ist, dass „der Arbeitnehmer in zulässiger Weise seine Rechte ausübt". Arbeitsvertragl. unzulässiges Verhalten kann demgegenüber vom ArbGeb sanktioniert werden. Allerdings bezieht sich die Rechtsausübung und das daran anknüpfende Verbot nicht nur auf im Arbeitsvertrag selbst begründete Rechte, sondern darüber hinaus auf **jede Form der Rechtsausübung**, etwa auch der Grundrechtsausübung. Dies folgt zunächst aus dem weiten Wortlaut der Norm, der nicht nach dem Grund des ausgeübten Rechts differenziert; auch den Gesetzesmaterialien, die ebenfalls durchgehend nur von Ausübung von Rechten sprechen[8], ist kein engeres Verständnis zu entnehmen. Schließlich entspricht dies auch dem im Gesetz objektivierten Zweck eines Maßregelungsverbots: Nimmt ein ArbN in zulässiger Weise arbeitsvertragl. Rechte wahr,

---

1 Vgl. Staudinger/*Richardi*, § 612a BGB Rz. 11 ff. | 2 BAG v. 12.6.2002 – 10 AZR 340/01, NZA 2002, 1389; für den Fall der Höhergruppierung: BAG v. 23.2.2000 – 10 AZR 1/99, AP Nr. 80 zu §§ 23, 23 BAT – Lehrer. | 3 BAG v. 12.6.2002 – 10 AZR 340/01, NZA 2002, 1389; für den Fall der Streikprämie: BAG v. 28.7.1992 – 1 AZR 87/92, AP Nr. 123 zu Art. 9 GG Arbeitskampf; für den Fall der Versagung einer Zusatzversorgung: BAG v. 25.5.2004 – 3 AZR 15/03, AP Nr. 5 zu § 1b BetrAVG. | 4 BAG v. 2.4.1987 – 2 AZR 227/86, NZA 1988, 18; v. 16.9.2004 – 2 AZR 511/03, AP Nr. 142 zu § 102 BetrVG 1972; LAG Hamm v. 18.12.1987 – 17 Sa 1295/87, DB 1988, 917; ArbR-BGB/*Schliemann*, § 612a BGB Rz. 12. | 5 Vgl. nur MüKo/*Armbrüster*, § 138 BGB Rz. 129 ff. mwN; MüKo/*Roth*, § 242 BGB Rz. 211 ff.; im Gegensatz dazu das Schikaneverbot, das eine rein objektive Wertung enthält (vgl. Palandt/*Heinrichs*, § 226 BGB Rz. 2). | 6 *Schwarze*, NZA 1993, 967 (973). | 7 BAG v. 2.4.1987 – 2 AZR 227/86, DB 1987, 2525 (2526) in Bezug auf die Maßregelungskündigung. | 8 S. Begr. RegE BT-Drs. 8/3317, S. 10 = BR-Drs. 353/79, S. 17.

darf der ArbGeb dies nicht sanktionieren; dies muss erst recht für Rechte gelten, die dem ArbN unabhängig von der vertragl. Beziehung zum ArbGeb zustehen und mit deren Existenz und Bestand in keinerlei Zusammenhang stehen. Indes ist zu beachten, dass § 612a selbst nichts über die arbeitsvertragl. Zulässigkeit einer Rechtsausübung sagt, diese vielmehr voraussetzt. Inwieweit zB Zölibatsklauseln oder die Meinungsäußerung einschränkende Bestimmungen vereinbart werden können, darüber sagt § 612a nichts. Lediglich darf im Fall der Unzulässigkeit einer solchen Beschränkung der ArbGeb an einen Verstoß keine Sanktion knüpfen. Auf Grund dieses begrenzten Aussagegehalts des § 612a als reine Sanktionsnorm ist ihm auch keine Wertentscheidung für die Zulässigkeit der Rechtsausübung zu entnehmen, ebenso wie dem Verbot sittenwidrigen Verhaltens gem. § 138 nicht zu entnehmen ist, welches Verhalten sittenwidrig ist. Vielmehr richtet sich die **Zulässigkeit der Rechtsausübung** bei arbeitsvertragl. Rechten nach den im Vertrag normierten Voraussetzungen, bei sonstigen Rechten **nach der** übrigen **Rechtsordnung**[1]. Es handelt sich schon nicht um eine Rechtsausübung, wenn ein ArbN den Wünschen des ArbGeb nach Vertragsänderung nicht nachkommt; eine daraufhin ergriffene Maßnahme des ArbGeb, die in rechtl. zulässiger Weise die einseitige Durchsetzung dieser Wünsche durch Änderungskündigung vorbereiten soll, kann danach auch nicht gegen das Maßregelungsverbot verstoßen[2].

IV. Fallgruppen. 1. Kündigung. Eine (außerordentl.) Kündigung des ArbN, der **Strafanzeige gegen den ArbGeb** stellt, soll eine verbotene Maßregelung darstellen[3]; dies soll sogar dann gelten, wenn zwar objektiv kein Gesetzesverstoß vorliegt, der ArbN aber berechtigterweise hiervon ausgehen durfte[4]. Nach **anderer – und regelmäßig zutreffender – Ansicht** verstößt die Kündigung nicht gegen § 612a BGB; das strafprozessuale Recht zur Anzeigeerstattung reiche nicht aus, weil den ArbN Treue- und Rücksichtnahmepflichten träfen, auf Grund deren es ihm verwehrt ist, auf jedes strafrechtl. relevante Verhalten des ArbGeb ohne weiteres mit einer Strafanzeige zu reagieren[5]. Die Grenzen der Rspr. hierzu sind in Bewegung, s. § 1 KSchG Rz. 219. Eine Kündigung verstößt nicht deswegen gegen § 612a, wenn der Grund darin liegt, dass der ArbN mit seinem Unternehmen dem ArbGeb einen Geldbetrag (im entschiedenen Fall 40 000 DM) schuldet und sich abzeichnet, dass dieses Geld uneinbringlich ist[6]. Eine **Kündigung während der Probezeit** (§ 1 I KSchG) stellt dann keine verbotene Maßregelung dar, wenn sie durch die **Krankheit** selbst einschließlich ihrer betrieblichen Auswirkungen veranlasst ist; anders liegt es etwa, wenn der ArbGeb in Ansehung der Erkrankung eines ArbN diesen zur Arbeitsleistung auffordert und ihm kündigt, weil der ArbN sich weigert[7]. Die Kündigung eines Arbeitsverhältnisses mit einer ArbNin wegen zu erwartender Fehlzeiten als Folge von Versuchen **künstlicher Befruchtung** verstößt nicht gegen § 612a[8]. Übt der ArbN sein Recht nach **§ 45 III 1 SGB V** aus, indem er der Arbeit eigenmächtig fern bleibt, ist eine Kündigung, die deswegen erfolgt, wegen § 612a nichtig, weil § 45 III 1 SGB V nicht nur einen Anspruch auf Freistellung von der Arbeit gewährt, sondern bei rechtswidriger Verweigerung auch das Recht zum eigenmächtigen Fernbleiben[9]. Sofern der ArbGeb allein das Verkaufsgebiet desjenigen ArbN auflöst, der sich als einziger nicht mit einer Gehaltsreduzierung mit sofortiger Wirkung einverstanden erklärt hat, und ihm anschließend kündigt, liegt eine verbotene Benachteiligung nach § 612a vor[10]. Die Kündigung des ArbGeb verstößt nicht gegen das Maßregelungsverbot, wenn dieser anlässlich einer Entfristungsklage des ArbN die ordentl. Kündigung ausspricht, um den Fortbestand des Arbeitsverhältnisses auf unbestimmte Zeit zu verhindern[11]. Ergeht auf ein Anwaltsschreiben, mit dem Weihnachtsgeld eingefordert wird, eine **Änderungskündigung**, so ist diese nach § 612a wenigstens dann unwirksam, wenn der ArbGeb die Forderung zum Teil anerkennt[12]. Eine Änderungskündigung, mit der der ArbGeb den Abbau tarifl. gesicherter Leistungen durchzusetzen versucht, ist unwirksam[13]. Die auf die Ablehnung eines Änderungsangebotes gestützte Kündigung kann nach BAG eine Maßregelung iSd. § 612a darstellen, wenn sich die Ausgestaltung des Änderungsangebotes selbst als unerlaubte Maßregelung darstellt. Es müssen demzufolge für das Änderungsangebot selbst die besonderen, auf das Motiv des Kündigenden bezogenen Voraussetzungen des § 612a vorliegen, damit eine solche Kündigung von dem besonderen Unwerturteil des § 612a betroffen ist[14]. Die Änderungskündigung gegenüber einem ArbN, der einen konkreten Änderungsvertrag zur Reduzierung der wöchentlichen Arbeitszeit lediglich unter Vorbehalt unterzeichnet hat, verstößt gegen das Maßregelungsverbot[15]. Wird dem ArbN, der sich gegen eine Abmahnung zur Wehr gesetzt hat, ordentl. gekündigt, kann die Kündigung gegen das Maßrege- 13

1 Tendenziell fehlgehend daher die Argumentation von *Schwarze*, NZA 1993, 967 (970). | 2 LAG Köln v. 16.5.1997 – 11 Sa 828/96, nv. | 3 Staudinger/*Richardi*, § 612a BGB Rz. 15; Soergel/*Raab*, § 612a BGB Rz. 17. | 4 So Soergel/*Raab*, § 612a BGB Rz. 17. | 5 KR/*Pfeiffer*, § 612a BGB Rz. 9. | 6 LAG Nürnberg v. 24.4.2001 – 6 Sa 406/00, LAGE § 242 BGB Nr. 5. | 7 LAG Halle v. 27.7.1999 – 8 Sa 1066/98, LAGE § 613a BGB Nr. 6. Zur Bedeutung des § 612a bei der Kündigung außerhalb des allgemeinen Kündigungsschutzes vgl. auch *Stelljes*, Zu Grundlage und Reichweite des allgemeinen Kündigungsschutzes, S. 269 ff. | 8 LAG Kiel v. 17.11.1997 – 5 Sa 184/97, LAGE § 242 BGB Nr. 3, ebenso in der Vorinstanz ArbG Elmshorn v. 29.1.1997 – 1e Ca 1902/96, EzA § 242 BGB Nr. 40. | 9 LAG Köln v. 10.11.1993 – 7 Sa 690/93, LAGE § 612a BGB Nr. 5; APS/*Linck*, § 612a BGB Rz. 14; ErfK/*Preis*, § 612a BGB Rz. 13. | 10 LAG Nürnberg v. 7.9.2004 –, nv., n.rkr. | 11 LAG Schl.-Holst. v. 3.11.2004 – 3 Sa 159/04, NZA-RR 2005, 310; v. 31.5.2005 – 2 Sa 75/05, nv.; s. auch BAG v. 13.5.2004 – 2 AZR 426/03, EzBAT SR 2y BAT – Teilzeit- und Befristungsgesetz Nr. 10; v. 6.11.2003 – 2 AZR 690/02, AP Nr. 7 zu § 14 TzBfG. | 12 ArbG Kiel v. 30.7.1997 – 5 Ca 56 b/97, NZA-RR 1998, 303. | 13 BAG v. 10.2.1999 – 2 AZR 422/98, NZA 1999, 657. | 14 BAG v. 22.5.2003 – 2 AZR 426/02, AP Nr. 18 zu § 1 KSchG 1969 – Wartezeit. | 15 LAG MV v. 8.3.2005 – 2 Sa 354/04, nv.

lungsverbot nach § 612a verstoßen[1]. Der ArbGeb darf auch nicht die seiner Ansicht nach **„fehlende Einsicht" des ArbN** zum Anlass einer Kündigung nehmen, wenn dieser abgemahnt worden ist, im Laufe der Abmahnung jedoch auf seinem Standpunkt beharrt, sich korrekt verhalten zu haben; hierbei handele der ArbN in Wahrnehmung berechtigter Interessen[2]. Auch die Kündigung eines ArbN, der **Antrag auf Gewährung von Vorruhestandsgeld** gestellt hat, ist wegen § 612a unwirksam[3], ebenso wie eine arbeitgeberseitige Kündigung nach **vorausgegangener Kündigung durch den ArbN**[4]. Schließt der ArbGeb diejenigen ArbN, die Kündigungsschutzklage erheben, von einer freiwilligen Abfindungszahlung aus, begründet dies keinen Verstoß gegen das Maßregelungsverbot[5]. Auch eine freiwillige BV, die bei einer Betriebsänderung zusätzlich zu einem Sozialplan Abfindungsansprüche für den Fall vorsieht, dass der ArbN von der Möglichkeit zur Erhebung einer Kündigungsschutzklage keinen Gebrauch macht, stellt keine Verletzung des § 612a dar, solange durch diese Regelung nicht das Verbot umgangen wird, Sozialplanleistungen an den Verzicht auf die Erhebung einer Kündigungsschutzklage zu knüpfen[6].

14 **2. Arbeitskampf.** Im Zusammenhang mit dem Arbeitskampf sind zum einen die Vereinbarkeit der sog. Streikbruchprämien mit dem Maßregelungsverbot problematisch, zum anderen die Frage nach selektiver Aussperrung bei einem Streik:

15 **a) Streikbruchprämien.** Dies sind Zulagen, die an diejenigen ArbN gezahlt werden, die sich nicht an einem Streik beteiligen oder beteiligt haben[7]. Fraglich ist deren Vereinbarkeit mit dem Maßregelungsverbot unter dem Gesichtspunkt, dass darin eine Benachteiligung der an dem Streik beteiligten ArbN gegenüber den nichtstreikenden ArbN liegen könnte. Um jedoch eine ungerechtfertigte Ungleichbehandlung wegen der Unterscheidung nach der Streikbeteiligung ablehnen zu können, ist ein **sachlicher Grund** für die Zahlung der Prämie erforderlich. Als rechtfertigender sachlicher Grund kommen **besondere Belastungen** der arbeitenden ArbN während des Arbeitskampfes in Betracht[8]. Die Rspr. lässt jedoch nicht jede zusätzliche Erschwerung der Arbeit während des Arbeitskampfes ausreichen, denn jede Arbeit sei während des Arbeitskampfes mit Belastungen verbunden, die normalerweise nicht aufträten. Ein sachlicher Grund liegt danach nur vor, wenn die **während des Streiks** arbeitenden ArbN **Belastungen** ausgesetzt sind, die **erheblich über das normale Maß hinausgehen**, das mit jeder Streikarbeit verbunden ist[9]. Als ungenügend werden zB psychische Belastungen, die durch die Kritik der streikenden Kollegen, durch Streikposten oder Streikgassen hervorgerufen werden, angesehen. Gleiches gilt für Erschwerungen der Arbeit durch die Zusammenarbeit in einer nicht eingespielten Arbeitsgruppe oder die zusätzliche Übernahme von Tätigkeiten, die bei normalem Arbeitsablauf von anderen ArbN verrichtet werden[10]. Demgemäß ist erheblich, ob die Prämie während des Streiks oder nach seiner Beendigung gewährt wird[11].

16 Nach anderer Ansicht[12] ist die Einschränkung, die die Rspr. mit dem **Erfordernis der erheblich über das normale Maß hinausgehenden Belastungen** vornimmt, nicht gerechtfertigt. Die Gewährung einer Prämie für Streikarbeit stelle nur dann einen Verstoß gegen § 612a dar, wenn damit lediglich die Nichtteilnahme am Streik honoriert wird, der Ausschluss der streikenden ArbN also allein wegen der Ausübung des Streikrechts und der damit verbundenen Arbeitsverweigerung erfolgt. Dies setze aber voraus, dass die nichtstreikenden ArbN lediglich die Arbeitsleistung erbringen, die ohne den Streik ebenfalls zu erbringen wäre, weil nur diese Arbeitsleistung von den Streikenden verweigert werde; schon eine Zusatzleistung, die die typischerweise mit der Streikarbeit verbundenen Belastungen honorieren solle, sei keine Gegenleistung für die bloße Nichtbeteiligung am Streik und daher kein Verstoß gegen § 612a. Gegen das Kriterium der Rspr. wird ferner eingewandt, es sei zu unbestimmt[13]. Das Maßregelungsverbot erschöpfe sich darin, dass die Ausübung des Streikrechts „nicht nur in irgendeiner Weise auch ursächlich und nicht nur äußerer Anlass", sondern für die Ungleichbehandlung „der tragende Beweggrund, dh. das wesentliche Motiv gewesen" ist[14]. Indes betreffen diese Kriterien die subjektive Ebene der Maßre-

1 ArbG Augsburg v. 7.10.1997 – 2 Ca 1431/96 N, NZA-RR 1998, 542. | 2 LAG Frankfurt v. 24.4.2000 – 14 Sa 957/99, nv. | 3 BAG v. 2.4.1987 – 2 AZR 227/86, BAGE 55, 190; ErfK/*Preis*, § 612a BGB Rz. 13. | 4 LAG Nürnberg v. 7.10.1988 – 6 Sa 44/87, LAGE § 612a BGB Nr. 2; KR/*Pfeiffer*, § 612a BGB Rz. 9. | 5 BAG v. 15.2.2005 – 9 AZR 116/04, NZA 2005, 1117. | 6 BAG v. 31.5.2005 – 1 AZR 254/04, AP Nr. 175 zu § 112 BetrVG 1972; hierzu *Thüsing/Wege*, DB 2005, 2634. | 7 Vgl. BAG v. 17.9.1991 – 1 SZR 26/91, AP Nr. 120 zu Art. 9 GG – Arbeitskampf = SAE 1993, 45 m. Anm. *Belling*; v. 13.7.1993 – 1 AZR 676/92, AP Nr. 127 zu Art. 9 GG – Arbeitskampf m. Anm. *v. Hoyningen-Huene*, der moderater von „Weiterarbeitsprämie" spricht. | 8 *Gaul*, NJW 1994, 1025 (1026). | 9 BAG v. 28.7.1992 – 1 AZR 87/92, AP Nr. 123 zu Art. 9 GG Arbeitskampf; v. 11.8.1992 – 1 AZR 103/92, SAE 1993, 57 (61) m. Anm. *Belling/von Steinau-Steinrück*, SAE 1993, 51; so auch Soergel/*Raab*, § 612a BGB Rz. 20; *Gaul*, NJW 1994, 1025 (1026); *Schwarze*, NZA 1993, 967 (971); ohne Unterscheidung *Rolfs*, DB 1994, 1237 (1242). | 10 So Soergel/*Raab*, § 612a BGB Rz. 20; *Gaul*, NJW 1994, 1025 (1026 f.); *Schwarze*, NZA 1993, 967 (971). | 11 Anders jedoch *Rüthers/Heilmann*, Anm. zu LAG Köln v. 4.10.1990 – 10 Sa 629/90, LAGE Art. 9 GG – Arbeitskampf Nr. 39, die der Abgrenzung Schwierigkeiten der Feststellung des Arbeitskampfendes entgegenhalten. | 12 Soergel/*Raab*, § 612a BGB Rz. 21. | 13 *Belling/von Steinau-Steinrück*, DB 1993, 534 (535); *Belling/von Steinau-Steinrück*, Anm. zu BAG v. 17.9.1991 und 28.7.1992, SAE 1993, 51 (54). | 14 *Belling/von Steinau-Steinrück*, Anm. zu BAG v. 17.9.1991 und 28.7.1992, SAE 1993, 51 (54) unter Berufung auf BAG v. 28.7.1992 – 1 AZR 87/92, AP Nr. 123 zu Art. 9 GG – Arbeitskampf und LAG Köln v. 4.10.1990 – 10 Sa 629/90, LAGE Art. 9 GG – Arbeitskampf Nr. 39; *Belling/von Steinau-Steinrück*, DB 1993, 534 (535).

gelung und sagen nichts über die problematische Bestimmung des Gegenstandes der Prämierung aus. Zu deren Konkretisierung sollten allein objektive Kriterien herangezogen werden. **Abzustellen** ist allein **darauf, ob der ArbGeb mit der Prämie irgendeinen streikbedingten Nachteil kompensiert.** Denn seine zum Nachgeben zwingende Wirkung erreicht der Streik als Mittel des Arbeitskampfes bereits dadurch, dass die Produktivität in dem bestreikten Betrieb herabgesetzt wird. Die Zwangswirkung tritt jedoch auch dann ein, wenn der ArbGeb finanzielle Mittel aufwenden und entsprechende finanzielle Einbußen hinnehmen muss, um Produktivitätseinbußen aufzufangen und abzumildern, was wiederum das Mittel des Streiks entschärft und daher mit diesem als Mittel des Arbeitskampfes korrespondiert. Eine Prämie ist damit bereits dann zulässig, wenn sie gezahlt wird, um ein Maß an Produktivität der arbeitenden ArbN zu erreichen, das über das Maß der gewöhnlichen durchschnittlichen oder bei üblichem Arbeitsausfall erreichbaren Arbeitsproduktivität einer solchen Gruppe hinausgeht. Diese Qualifikation der Prämiengewährung als Mittel des Arbeitskampfes[1] hindert es, den Prämienempfang des arbeitenden ArbN als Verstoß gegen das Maßregelungsverbot anzusehen.

Daneben kann eine zweite Rechtfertigung der Streikbruchprämie darin liegen, dass sie **während des Streiks** versprochen wird, gerade um den Arbeitskampf und die Arbeitskampfwilligkeit zu beeinflussen. Sie muss sich dann wie jedes Arbeitskampfmittel am Ultima-Ratio-Grundsatz messen lassen. Werden die Prämien erst **nach Beendigung des Arbeitskampfes** zugesagt, scheidet die Rechtfertigung der Prämie, die allein nach der Streikteilnahme unterscheidet, unter arbeitskampfrechtl. Gesichtspunkten jedoch aus[2]. Im Schrifttum ist dies nicht unumstritten[3]. Man weist darauf hin, die nachträgliche Zusage sei bloß „mittelbare Auswirkung der während des Streiks getroffenen Kampfmaßnahme“. Dagegen spricht schon, dass die nachfolgende Zahlung als Arbeitskampfmaßnahme nach dem Ultima-Ratio-Grundsatz nicht erforderlich ist. 17

Den Grund für eine unterschiedliche Behandlung seiner ArbN muss der **ArbGeb offen legen**, wenn er bei Sonderzuwendungen nicht alle ArbN gleichmäßig bedenkt[4]. Dabei kann der Umstand, dass die Prämie nicht an all diejenigen während des Streiks arbeitenden ArbN gezahlt worden ist, die der besonderen Belastung ausgesetzt waren, für einen Verstoß gegen das Maßregelungsverbot sprechen. Ist dagegen allen arbeitenden ArbN eine Prämie gezahlt worden, obwohl ein Teil von ihnen nicht den besonderen Belastungen ausgesetzt war, kann dementsprechend ebenfalls eine Diskriminierung auf Grund der Streikteilnahme nahe liegen[5]. 18

Im Fall der Unzulässigkeit der Streikbruchprämie besteht ein **Anspruch** der am Streik beteiligten ArbN **auf Zahlung** der Prämie in gleicher Höhe, der aus dem arbeitsrechtl. Gleichbehandlungsgrundsatz iVm. dem (ggf. tarifvertragl.) Maßregelungsverbot hergeleitet wird[6]. Damit hat aber ein Verstoß gegen § 612a, ggf. iVm. § 134, nicht lediglich kassierende, sondern anordnende Wirkung. Zur Rechtsfolge eines Verstoßes gegen das Maßregelungsverbot vgl. auch Rz. 31 ff. 19

Nach der Rspr. des BAG ist für die Zulässigkeit der Streikbruchprämie weiterhin erheblich, ob zusätzlich zu § 612a ein **tarifl. Maßregelungsverbot** besteht. Danach kann die durch die Zahlung von Streikbruchprämien vorgenommene Differenzierung zwischen nichtstreikenden und streikenden ArbN in einem von den TV-Parteien vereinbarten Maßregelungsverbot nach Beendigung des Arbeitskampfes wieder aufgehoben werden, etwa wenn das tarifl. Maßregelungsverbot in der Weise auszulegen ist, dass es der Wiederherstellung des Arbeitsfriedens nach Beendigung des Arbeitskampfes dient[7]. 20

b) Selektive Aussperrung. Problematisch ist ferner die Zulässigkeit der selektiven Aussperrung[8], die einmal **alle Gewerkschaftsmitglieder**, zum andern nur die Streikteilnehmer erfassen kann und außer an Art. 9 III GG auch am Maßregelungsverbot des § 612a zu messen ist. Zu beachten ist dabei, dass auch der Gewerkschaftsbeitritt als Ausübung des Koalitionsrechts nach Art. 9 III GG eine Rechtsausübung iSv. § 612a ist. Eine rechtswidrige Benachteiligung der Organisierten auf Grund des Gewerkschaftsbeitritts ist in der selektiven Aussperrung und auch in einer Ausgleichszahlung an Außenseiter nicht zu sehen. Die selektive Aussperrung stellt zwar eine Schlechterstellung des Gewerkschaftsmitglieds gegenüber dem Nichtorganisierten dar; indes will § 612a nicht jeglichen Nachteil verbieten, der mit der Rechtsausübung verbunden ist (vgl. Rz. 11), sondern nur eine solche Schlechterstellung des ArbN verhindern, die eine gezielte Maßregelung eines arbeitsvertragl. zulässigen Verhaltens darstellt, die sich also auch nach der Intention des ArbGeb als eine Ahndung zulässiger Rechtsausübung darstellt (vgl. Rz. 12). Eine Benachteiligung besteht daher erst dann, wenn die Differenzierung gegenüber dem Außenseiter nicht 21

1 Zur Charakterisierung als Arbeitskampfmittel auch *Belling*, DZWir 1994, 133 (135). | 2 BAG v. 28.7.1992 – 1 AZR 87/92, AP Nr. 123 zu Art. 9 GG Arbeitskampf; so auch Soergel/*Raab*, § 612a BGB Rz. 20. | 3 *Rüthers*/*Heilmann*, Anm. zu LAG Köln v. 4.10.1990 – 10 Sa 629/90, LAGE Art. 9 GG – Arbeitskampf Nr. 39. | 4 BAG v. 28.7.1992 – 1 AZR 87/92, AP Nr. 123 zu Art. 9 GG Arbeitskampf. | 5 Vgl. BAG v. 28.7.1992 – 1 AZR 87/92, AP Nr. 123 zu Art. 9 GG – Arbeitskampf. | 6 BAG v. 28.7.1992 – 1 AZR 87/92, AP Nr. 123 zu Art. 9 GG – Arbeitskampf; v. 17.9.1991 – 1 AZR 26/91, AP Nr. 120 zu Art. 9 GG – Arbeitskampf; ebenso APS/*Linck*, § 612a BGB Rz. 25. | 7 BAG v. 13.7.1993 – 1 AZR 676/92, AP Nr. 127 zu Art. 9 GG – Arbeitskampf. Zum tarifvertraglichen Maßregelungsverbot vgl. *Belling*, DZWir 1994, 133 (135 f.); *Gaul*, NJW 1994, 1025 (1028 ff.). | 8 Hierzu *Thüsing*, ZTR 1999, 151 ff.

durch anerkennenswerte Gründe außerhalb der zulässigen Rechtsausübung gerechtfertigt ist[1]. Zumindest bei teilweiser Aufrechterhaltung der Produktion durch Außenseiter oder in dem Fall, dass der ArbGeb durch die Aussperrung lediglich den finanziellen Druck auf die streikführende Gewerkschaft erhöhen will, sind aber legitime arbeitskampfbedingte Differenzierungsgründe gegeben. Wegen dieser Gründe erfolgt die Schlechterstellung des Mitglieds der kampfführenden Gewerkschaft, nicht aber wegen der Rechtsausübung Gewerkschaftsbeitritt.

22 Hinsichtlich der **Aussperrung nur der Streikenden** ergibt sich folgende Differenzierung: Eine Aussperrung nur der Streikenden **für die Dauer des Streiks** stellt keine Ungleichbehandlung gegenüber den Nichtstreikenden dar, denn die Aussperrung Streikender dient ganz anderen Zwecken als die Aussperrung Nichtstreikender; eine Suspendierung der Arbeitsverhältnisse bewirkt sie nicht, denn diese ist ja bereits mit der Befolgung des Streikaufrufs eingetreten. Wie also die Aussperrung Streikender und Nichtstreikender keine Gleichbehandlung darstellt, ist die Aussperrung nur der Streikenden keine Ungleichbehandlung.

23 Werden Streikende **über die Dauer des Streiks hinaus** ausgesperrt, so liegt darin zwar zumindest für die Zeit nach der Streikbeendigung eine Ungleichbehandlung gegenüber dem nicht ausgesperrten Kollegen, der sich nicht am Streik beteiligt hat, doch besteht hierfür oft die **arbeitskampfbedingte Rechtfertigung**, dass es eine Funktion der Aussperrung ist, den Schaden des ArbGeb zu mindern, der durch enge Führung eines Streiks entsteht[2]. Eine solche enge Führung braucht nicht eine personelle zu sein, sondern kann auch als zeitliche verstanden werden. Gewerkschaften und ArbN können mit einiger Berechtigung darauf vertrauen, der Streik werde sich nicht lohnmindernd auswirken. Dies zu verhindern, hat der ArbGeb ein legitimes Interesse daran, die Suspendierungsdauer auszudehnen und damit den Buchhaltungsaufwand in ein angemessenes Verhältnis zur Lohnminderung zu bringen, so dass ihn der Abzug nicht mehr kostet, als er ihm bringt. Auch kann eine solche Aussperrungsdifferenzierung uU mit dem Willen gerechtfertigt werden, durch die Aussperrung der Streikenden über die Beendigung der Streikteilnahme hinaus den Beginn der Wiederaufnahme der Produktion bestimmen zu können und nicht dabei das vielleicht unsichere Kampfende abwarten zu müssen. Vollzieht der ArbGeb aber lediglich einen Verbandsbeschluss, ohne dass er eine produktionstechnische Rechtfertigung für die Differenzierung geben kann, dann muss diese Unterscheidung zwischen Streikenden und Nichtstreikenden als regelmäßig unzulässig gewertet werden.

24 Unzulässig dürfte auch die dritte Möglichkeit sein, die Aussperrung nur der streikenden ArbN **nach Beendigung des Streiks**, etwa im Verlauf eines gegen mehrere ArbGeb rundum gehenden Streiks. Hier rechtfertigt die Funktion der Aussperrung die Beschränkung des Adressatenkreises zumeist nicht. Sie stellt im Regelfall eine Maßregelung der Streikenden einzig in Hinblick auf ihre vorangegangene Streikteilnahme dar, da sich die Differenzierung nicht aus der Funktion der Aussperrung ergibt. Auch hier drängt sich die Parallele zur Streikbruchprämie auf: Ebenso wie Streikbruchprämien nach Beendigung des Arbeitskampfs gegen § 612a verstoßen, wenn sie einzig auf Grund der Nichtbeteiligung am Streik gezahlt werden (s. Rz. 17), ist eine Aussperrung als Maßregelung zu werten, wenn sie nach Beendigung des Streiks einzig auf Grund vorangegangener Streikteilnahme erfolgt. Insoweit ist auch Stimmen des Schrifttums zu widersprechen, die eine Differenzierung der Aussperrung nach der Streikteilnahme in keinem Fall als Verstoß gegen § 612a werten[3]. Zur Kürzung von **Anwesenheitsprämien bei Streikteilnahme** vgl. Rz. 27.

25 **3. Anwesenheitsprämien und ihre Kürzung.** Anwesenheitsprämien sind freiwillige, in bestimmtem Rhythmus wiederkehrende Sonderzahlungen des ArbGeb, die dadurch gekennzeichnet sind, dass sich der ArbGeb ihre Kürzung für Zeiten ohne Arbeitsleistung vorbehält[4]. Dabei kann nach dem Grund für die Kürzung unterschieden werden, wobei die Kürzung auf krankheitsbedingten Fehlzeiten sowie auf einer Streikteilnahme beruhen kann:

26 **a) Krankheitsbedingte Fehlzeiten.** Die grundsätzliche **Zulässigkeit** einer **Kürzung wegen krankheitsbedingter Fehlzeiten** steht nunmehr nach der gesetzl. Regelung in § 4a S. 1 EFZG[5] außer Zweifel, wonach eine Sondervergütung, legal definiert als Vereinbarung über die Kürzung von Leistungen, die der ArbGeb zusätzlich zum laufenden Arbeitsentgelt erbringt, „auch für Zeiten der Arbeitsunfähigkeit infolge Krankheit zulässig" ist. Dies war auch schon vor der Geltung der Norm von der hM anerkannt; das BAG[6] stufte die Kürzung von Jahressonderzahlungen für krankheitsbedingte Fehlzeiten nicht als unzulässige Maßregelung ein; Inhalt der Arbeitsrechtsordnung sei, dass Arbeitsentgelt grds. nur für geleistete Arbeit gezahlt werde, soweit nicht gesetzl. Vorschriften eine Verpflichtung zur Fortzahlung des Ar-

1 BAG v. 26.10.1994 – 10 AZR 428/93, AP Nr. 18 zu § 611 BGB – Anwesenheitsprämie m. Anm. *Thüsing*; *Thüsing*, NZA 1994, 728 (730). | 2 Vgl. für alle *Seiter*, JZ 1979, 657 (659). | 3 *Löwisch/Rieble*, Arbeitskampf- und Schlichtungsrecht, Abschn. 170.2 Rz. 92 f. | 4 Vgl. BAG v. 26.10.1994 – 10 AZR 482/93, AP Nr. 18 zu § 611 BGB – Anwesenheitsprämie m. Anm. *Thüsing*; ErfK/*Dörner*, § 4a EFZG Rz. 10. | 5 Die Bestimmung, geschaffen durch Gesetz v. 25.9.1996 (BGBl. I S. 1476), fand sich ursprünglich in § 4b EFZG und rückte nach dessen Aufhebung durch Gesetz v. 19.12.1998 (BGBl. I S. 3843) mit Wirkung vom 1.1.1999 zu § 4a EFZG auf. | 6 BAG v. 26.10.1994 – 10 AZR 482/93, AP Nr. 18 zu § 611 – Anwesenheitsprämie m. zust. Anm. *Thüsing*.

beitsentgelts auch für Zeiten ohne Arbeitsleistung vorsähen. Problematisch war dabei der Umfang zulässiger Kürzung. Eine **Grenze der Kürzbarkeit** regelt nun **§ 4a S. 2 EFZG**, wonach sich die Kürzung pro Tag der Arbeitsunfähigkeit höchstens auf ein Viertel des jahresdurchschnittlichen Tages-Arbeitsentgelts belaufen darf. Diese Grenze ist, da an einen bestimmten Geldbetrag gebunden, eine **absolute**. Einzelheiten s. Komm. dort.

Die Berechtigung zur Kürzung kann auch auf einer **BV** beruhen; die Rspr.[1] sah eine auf einer BV beruhende Regelung, nach der sich die Sonderleistung **für jeden Fehltag um 1/30** mindert, bereits vor Inkrafttreten als vom Beurteilungsermessen der Betriebspartner gedeckt an. Zulässig soll ebenfalls die Regelung in einer BV sein, die krankheitsbedingte Fehlzeiten, für die Entgeltfortzahlung zu leisten ist, auch dann gratifikationsschädlich berücksichtigt, wenn die Arbeitsunfähigkeit auf einem **Arbeitsunfall** beruht[2]. Auch hier gilt nun die Grenze des § 4a S. 2 EFZG. 27

b) Streikteilnahme. Zu einer Kürzung von Jahressonderzahlungen kann es auch bei Teilnahme an einem Streik kommen. Bestimmt eine betriebliche Regelung, dass eine Anwesenheitsprämie nur für Monate gezahlt wird, in denen der ArbN keinerlei Arbeitsunfähigkeits- und unbezahlte Ausfallzeiten aufweist, so führt dies auch bei der Teilnahme an einem Streik zum Prämienverlust[3]. Das BAG sieht in einer solchen Regelung nicht den Zweck, die Streikbereitschaft zu beeinflussen; die Abhängigkeit der so gestalteten Prämie von der tatsächlichen Arbeitsleistung zielt danach vielmehr auch und in erster Linie auf andere Formen der Leistungsstörung oder -unterbrechung wie Unpünktlichkeit, Krankheit und unbezahlten Urlaub ab[4]. Die **sachliche Rechtfertigung** der Ungleichbehandlung liegt dann in dem **Fehlen der Pflicht zur Erbringung der Arbeitsleistung**; die Streikteilnahme ist damit nicht der „tragende Beweggrund“[5], sondern nur ein Reflex[6]. In diesem Fall vollzieht die Kürzung der Prämie lediglich eine „in der Rechtsordnung bereits angelegte Folge“, denn sie beruht auf dem in § 323 aF zum Ausdruck gelangten Grundsatz „Ohne Arbeit kein Lohn“[7]. 28

Wird die Prämie monatlich gewährt und sind ihre Voraussetzungen so geregelt, dass jede – auch nur geringfügige – Ausfallzeit, wie zB eine Verspätung beim Arbeitsbeginn, seine Entstehung für den laufenden Monat vollständig verhindert, so liegt darin kein Verstoß gegen § 612a[8]. Das BAG unterscheidet auch hier zwischen **jährlich fälligen Prämien**, mit denen neben der tatsächlichen Arbeitsleistung auch die Betriebstreue honoriert werden kann, und **monatlich gezahlten Prämien**, bei denen dies nicht anzunehmen ist, schon weil die Kündigungsfristen meist länger als einen Monat dauern[9]. 29

4. Sonstige Fälle. Das **Unterlassen einer Höhergruppierung** kann gegen § 612a verstoßen, wenn zB ein ArbGeb gewisse ArbN höher gruppiert, andere jedoch von der Höhergruppierung ausnimmt, weil sie gegen den ArbGeb eine Höhergruppierungsklage angestrengt bzw. nicht zurückgenommen haben[10]. Weigert sich der ArbN in eine andere Betriebsstätte zu wechseln und ist ihm dieser Wechsel laut eines geltenden Sozialplans nicht zuzumuten, ist der Ausschluss dieses ArbN von einer Gehaltserhöhung maßregelnd iSd. § 612a[11]. In der **Zahlung einer Sondervergütung** an ArbN, die für die Vergangenheit auf Überstundenvergütung verzichten und einer Anhebung der vertragl. Arbeitszeit zustimmen, ist kein Verstoß gegen § 612a gesehen worden[12]. Das Unterlassen einer **sozialen Auswahl** eines ArbN in einem Kleinbetrieb (§ 23 I 2 KSchG), dessen Arbeitsverhältnis noch nicht länger als sechs Monate besteht (§ 1 I KSchG), verstößt ebenfalls nicht gegen § 612a[13]. Die **Anrechnung einer Tariferhöhung auf eine übertarifl. Zulage** verstößt (auch) gegen § 612a, wenn der ArbGeb die Tariferhöhung deshalb ausdrücklich vollständig anrechnet, weil der BR einer hälftigen Anrechnung nicht zustimmte[14]. Setzt ein ArbN seine tarifl. Rechte aus allgemeinverbindlichen TV durch, so ist der deshalb erfolgte **Ausschluss von der Gratifikationszahlung** durch den ArbGeb gem. § 612a unwirksam[15]. ArbN, die sich der vertragl. **Verlängerung der Wochenarbeitszeit ohne Lohnausgleich** widersetzen, üben in zulässiger Weise ihre Rechte aus; werden sie deshalb aus dem Adressatenkreis einer bereits bestehenden freiwilligen Regelung über Erfolgs- und Umsatzbeteiligungen ausgenommen, die allen anderen ArbN zugute kommt, stellt dies eine verbotene Maßregelung dar[16]. Eine solche liegt auch vor, wenn der ArbGeb einem ArbN allein deshalb 30

1 BAG v. 26.10.1994 – 10 AZR 482/93, AP Nr. 18 zu § 611 – Anwesenheitsprämie. | 2 LAG Düsseldorf v. 18.3.1998 – 17 Sa 1797/97, LAGE § 611 BGB – Anwesenheitsprämie Nr. 4 – zweifelhaft. | 3 BAG v. 31.10.1995 – 1 AZR 217/95, AP Nr. 140 zu Art. 9 GG – Arbeitskampf; v. 3.8.1999 – 1 AZR 735/98, ZIP 2000, 510. | 4 BAG v. 13.2.2007 – 9 AZR 374/06, NZA 2007, 573; v. 31.10.1995 – 1 AZR 217/95, AP Nr. 140 zu Art. 9 GG – Arbeitskampf. | 5 *Gaul*, NJW 1994, 1025 (1027); *Plander/Witt*, EWiR 2000, 576; *Gaul*, NJW 1994, 1025 (1027). | 6 ErfK/*Preis*, § 612a BGB Rz. 19. | 7 ErfK/*Preis*, § 612a BGB Rz. 19; *Gaul*, NJW 1994, 1025 (1027); *Plander/Witt*, EWiR 2000, 576. | 8 BAG v. 31.10.1995 – 1 AZR 217/95, AP Nr. 140 zu Art. 9 GG – Arbeitskampf. | 9 BAG v. 31.10.1995 – 1 AZR 217/95, AP Nr. 140 zu Art. 9 GG – Arbeitskampf; Ausdruck des „dem § 611 immanenten Grundsatz[es]“: Soergel/*Raab*, § 612a BGB Rz. 22; vgl. auch *Gaul*, NJW 1994, 1025 (1027). | 10 BAG v. 23.2.2000 – 10 AZR 1/99, NZA 2001, 680. | 11 LAG Köln v. 17.10.2003 – 12 Sa 804/03, nv. | 12 LAG Frankfurt v. 24.4.2001 – 7 Sa 1672/00, nv.; aA LAG Hamm v. 14.4.2005 – 8 Sa 2196/04, nv. für den Fall, dass der ArbGeb eine als Weihnachtsgratifikation ausgestaltete Leistung nur den ArbN gewährt, die einer Arbeitszeitverlängerung ohne Lohnausgleich zugestimmt haben. | 13 LAG Nürnberg v. 24.4.2001 – 6 Sa 406/00, LAGE § 242 BGB Nr. 5. | 14 LAG Frankfurt v. 28.1.1998 – 8 Sa 2219/96, nv. | 15 LAG Hannover v. 21.1.1998 – 15 Sa 1649/97, LAGE § 611 BGB – Gratifikation Nr. 51. | 16 BAG v. 12.6.2002 – 10 AZR 340/01, NZA 2002, 1389; für die Verweigerung einer Weihnachtsgratifikation: LAG BW v. 20.10.2004 – 2 Sa 73/04, nv.

von der Zuweisung von Überstunden ausnimmt, weil dieser nicht bereit ist, auf Vergütungsansprüche zu verzichten[1]. Ein ArbGeb, der auf das berechtigte Verlangen des ArbN nach einer **Berichtigung des Zeugnisses** diesem ein „neues" Zeugnis zu erteilen hat, ist an seine bisherige Verhaltensbeurteilung gebunden, soweit keine neuen Umstände eine schlechtere Beurteilung rechtfertigen. Dies folgt aus dem Rechtsgedanken des § 612a[2]. Keine nach § 612a unzulässige Maßregelung ist die Erwähnung der Elternzeit in einem Arbeitszeugnis, sofern sich die durch die Elternzeit bedingte Ausfallzeit als eine wesentliche tatsächliche Unterbrechung der Beschäftigung darstellt. Das ist dann der Fall, wenn diese nach Lage und Dauer erheblich ist und wenn bei ihrer Nichterwähnung für Dritte der falsche Eindruck entstünde, die Beurteilung des ArbN beruhe auf einer der Dauer des rechtl. Bestands des Arbeitsverhältnisses entsprechenden tatsächlichen Arbeitsleistung[3]. Eine **Versetzung** ist wegen Verstoßes gegen § 612a unwirksam, wenn diese sich als maßregelnde Reaktion des ArbGeb auf die Wahrnehmung der Rechte einer ArbNin nach § 13 II BAT-O in Form einer schriftl. Stellungnahme darstellt[4]. Spricht der ArbGeb gegenüber einem ArbN eine Abmahnung wegen eines mehrere Monate zurückliegenden Fehlverhaltens erst aus, nachdem der ArbN Lohnzahlungsklage erhoben hat, so kann darin ggf. ein Verstoß gegen § 612a liegen[5]. Selbst wenn die innere Motivation des ArbGeb für die Erteilung einer Abmahnung die Teilnahme eines ArbN an einem Warnstreik war, ist die ausgesprochene Abmahnung nicht gem. § 612a nichtig, wenn nicht die Streikteilnahme, sondern das Verlassen des Arbeitsplatzes ohne vorheriges Ausstempeln das in der Abmahnung beanstandete Verhalten darstellt[6]. Die Weigerung, eine **weitere Befristung** eines Arbeitsvertrags unter den Vorbehalt der gerichtl. Überprüfbarkeit der ersten Befristung zu vereinbaren, ist Ausdruck der Vertragsfreiheit des ArbGeb, nicht unzulässige Maßregelung[7]. Der Ausschluss eines tarifl. Abfindungsanspruchs für den Fall der **Erhebung einer Kündigungsschutzklage** durch den gekündigten ArbN, wenn der ArbGeb vorher auf diese Bedingung hingewiesen hat, verstößt weder gegen Art. 3 I GG noch gegen § 612a[8]. Allgemein ist der Verzicht auf Erhebung der Kündigungsschutzklage gegen Abfindung nicht durch § 612a beschränkt[9]. Eine unzulässige Maßregelung kann auch Folge der Inanspruchnahme von Elternzeit sein[10] oder kann in einer Kündigung liegen als Antwort auf eine belastende Zeugenaussage[11]. Der **Ausschluss eines ArbN von einer Gratifikationszahlung**, weil er eine ihm angetragene Änderung des Arbeitsvertrages mit verschlechternden Arbeitsbedingungen nicht angenommen hat, verstößt nach instanzgerichtl. Rspr. gegen das Maßregelungsverbot; das BAG konnte die Frage offen lassen[12].

31 **V. Rechtsfolge.** § 612a ist ein gesetzl. Verbot iSv. § 134. Zu beachten ist, dass der ArbN nicht (stets) so zu stellen ist, wie er stünde, wenn er die Ausübung des Rechts unterlassen hätte, denn bspw. verliert der ArbN, der in zulässiger Weise an einem Streik teilnimmt, seinen Vergütungsanspruch, weil der durch die Streikteilnahme entstehende Nachteil der Rechtsausübung immanent ist[13]. Ist § 134 auf die Maßnahme nicht anwendbar, weil sie nicht die Voraussetzungen eines **Rechtsgeschäfts** erfüllt, so ist sie, etwa als **tatsächliche Maßnahme**, bei einem Verstoß gegen § 612a rechtswidrig. Der ArbN kann dann Beseitigung, bei Wiederholungsgefahr Unterlassung fordern[14]. Weitere Rechtsfolgen ergeben sich aus § 280 sowie aus § 823 II iVm. § 612a als Schutzgesetz[15]. Für die einzelnen Fallgruppen sind einige Besonderheiten zu beachten:

32 Besteht der Verstoß gegen § 612a in einer **Kündigung** wegen zulässiger Rechtsausübung, so ist die Nichtigkeit dieser Kündigung gem. §§ 134, 612a ein Mangel, der innerhalb der Klagefrist des § 4 KSchG geltend gemacht werden muss. Der ArbGeb kann auch keinen Auflösungsantrag nach § 9 I 2 KSchG stellen[16]. Bei § 612a handelt es sich um ein sonstiges Kündigungsverbot iSv. § 13 III KSchG[17]. Zu beachten ist, dass im Fall des § 612a das **Nachschieben von Kündigungsgründen nicht zulässig** ist. Während der allgemeine Kündigungsschutz der §§ 1 ff. KSchG auf die objektive Sachlage zum Zeitpunkt der Kündigung und nicht auf den Beweggrund der Kündigung durch den ArbGeb abstellt und deswegen ein Nachschieben materieller Kündigungsgründe grds. zulässig ist, schneidet § 612a den Regress auf andere Gründe ab, die den Kündigungsentschluss des ArbGeb nicht bestimmt haben. Damit können Umstände, die der ArbGeb ohne die zulässige Rechtsausübung des ArbN nicht zum Anlass für eine Kündigung genommen hätte, nicht zur Begründung der Kündigung vorgetragen werden[18]. Bei der Bemessung einer Abfindung kann sich ein Verstoß gegen § 612a erhöhend auswirken[19].

---

1 BAG v. 17.11.2002 – 2 AZR 742/00, Ap Nr. 100 zu § 615 BGB; im Fall des BAG ging es um tarifl. Vergütungsansprüche, auf die ArbN überdies gem. § 4 III TVG überhaupt nicht verzichten können. | 2 BAG v. 21.6.2005 – 9 AZR 352/04, DB 2005, 2360. | 3 BAG v. 10.5.2005 – 9 AZR 261/04, AP Nr. 30 zu § 630 BGB. | 4 LAG Thür. v. 10.3.2005 – 1 Sa 578/03, nv. | 5 Offen gelassen von LAG Köln v. 23.9.2003 – 13 (12) Sa 1137/02, nv. | 6 ArbG Herford v. 30.10.2003 – 1 Ca 912/02, BB 2003, 2574. | 7 BAG v. 14.2.2007 – 7 AZR 95/06, NZA 2007, 803. | 8 BAG v. 6.12.2006 – 4 AZR 798/05, AP Nr. 1 zu § 1 TVG – Sozialplan; s. auch *Thüsing/Wege*, DB 2005, 2634. | 9 BAG v. 31.5.2005 – 1 AZR 254/04, AP Nr. 175 zu § 112 BetrVG 1972. | 10 ArbG Bochum v. 20.4.2006 – 4 Ca 3329/05, NZA-RR 2006, 643. | 11 LAG Sa.-Anh. v. 14.2.2006 – 8 Sa 385/05, LAGE § 612a BGB 2002 Nr. 2. | 12 S. LAG Hamm v. 2.2.2006 – 8 Sa 472/05, nv.; zurückhaltender BAG v. 26.9.2007 – 10 AZR 568/06, 10 AZR 569/06 und 10 AZR 570/06, nv. | 13 Soergel/*Raab*, § 612a BGB Rz. 9. | 14 Staudinger/*Richardi*, § 612a BGB Rz. 21. | 15 MüKo/*Müller-Glöge*, § 612a BGB Rz. 23; KR/*Pfeiffer*, § 612a BGB Rz. 11. | 16 Erman/*Edenfeld*, § 612a BGB Rz. 5; LAG Düsseldorf v. 13.12.1988 – 8 Sa 663/88, DB 1989, 685. | 17 KR/*Pfeiffer*, § 612a BGB Rz. 11. | 18 BAG v. 2.4.1987 – 2 AZR 227/86, DB 1987, 2525 (2526). | 19 KR/*Pfeiffer*, § 612a BGB Rz. 11.

Im Fall einer maßregelnden **Unterlassung der Höhergruppierung** kann nach Ansicht des BAG eine Beseitigung der rechtswidrigen Benachteiligung nur dadurch erfolgen, dass die Höhergruppierung in gleicher Weise gewährt wird wie den höher gruppierten ArbN[1]. Problematisch ist hierbei, dass zwar im Unterlassen der Höhergruppierung eine Maßregelung liegen kann; indes kann dies nicht schematisch zur Höhergruppierung des gemaßregelten ArbN führen, wenn seiner Höhergruppierung zB die Nichterfüllung sachlicher Anforderungen entgegensteht. Daher ist für die Beseitigung der Maßregelung im Wege der Höhergruppierung zusätzlich zu verlangen, dass diese „sachlich spruchreif" ist. 33

Im Fall der Unzulässigkeit einer **Streikbruchprämie** entsteht dem am Streik beteiligten ArbN ein Anspruch aus dem arbeitsrechtl. Gleichbehandlungsgrundsatz iVm. § 612a, dessen Inhalt auf **Gewährung der Prämie in gleicher Höhe** gerichtet ist (vgl. – auch zur Kritik – Rz. 22). Diese Rechtsfolge geht über den Inhalt des § 134 hinaus. Bei dessen konsequenter Umsetzung wäre nämlich allein die Prämiengewährung als Rechtsgeschäft unwirksam; die Folge wäre eine Rückerstattungspflicht nach Bereicherungsrecht. Dem wird der ArbN jedoch zumeist den Entreicherungseinwand entgegenhalten können, weswegen die konsequente Anwendung des § 134 BGB faktisch auf ein Behaltendürfen hinausliefe und der missbilligte Erfolg bestehen bliebe. Hieraus rechtfertigt sich die vom BAG befürwortete[2] Rechtsfolge der Gewährung der Prämie an die Streikteilnehmer[3]. 34

VI. Beweisfragen. Die Beweislast dafür, dass der ArbN wegen seiner Rechtsausübung durch den ArbGeb benachteiligt worden ist, trägt der ArbN[4]. Dem ArbN kann aber ein **Anscheinsbeweis** zugute kommen, der dann geführt ist, wenn der ArbN Tatsachen nachweist, die einen Schluss auf die Benachteiligung wegen der Rechtsausübung wahrscheinlich machen, zB wenn der zeitliche Zusammenhang evident ist[5]. Der Beweis des ersten Anscheins ist **bei engem zeitlichem Zusammenhang** zwischen der zulässigen Rechtsausübung und der beanstandeten Benachteiligung gegeben[6], so zB dann, wenn eine Kündigung erfolgt, unmittelbar nachdem der ArbN sich gegen eine Abmahnung zur Wehr gesetzt hat[7]. Der Anschein wird auch dadurch gesetzt, dass der ArbGeb mit einer Änderungskündigung dem ArbN, der über lange Zeit die verschiedensten Arbeiten erledigt hat, die einzige Arbeit anbietet, von der der ArbGeb weiß, dass der ArbN sie nicht ausführen kann, weil ihm etwa die erforderliche Fahrerlaubnis fehlt[8]. Auf Grund seiner sekundären Substantiierungslast nach § 138 II ZPO kann dem ArbGeb auch die Darlegung der Gründe für die Prämiengewährung obliegen[9]. So muss der ArbGeb etwa den Grund für eine unterschiedliche Behandlung seiner ArbN **offen legen**, wenn er bei Sonderzuwendungen nicht alle ArbN gleichmäßig bedenkt[10]. 35

613 *Unübertragbarkeit*

Der zur Dienstleistung Verpflichtete hat die Dienste im Zweifel in Person zu leisten. Der Anspruch auf die Dienste ist im Zweifel nicht übertragbar.

I. Zweck und Inhalt der Norm. § 613 formuliert eine Grundregel des Arbeitsrechts. Danach ist die **Arbeitsleistung eine höchstpersönliche Pflicht des ArbN**. Aus der Formulierung „im Zweifel" ergibt sich, dass der Gesetzgeber diesen Grundsatz jedoch als bloße **Auslegungsregel** für die Arbeitsleistungspflicht des ArbN (Satz 1) und den Arbeitsleistungsanspruch des ArbGeb (Satz 2) vorgesehen hat. Daher enthält § 613 auch kein gesetzl. Verbot iSv. § 134[11]. Die Parteien des Arbeitsvertrages können grds. ausdrücklich oder konkludent abweichende Vereinbarungen treffen. 1

II. Persönliche Arbeitsleistungspflicht. 1. Grundregel. Die Arbeitsleistung hat der dienstpflichtige ArbN *im Zweifel* in Person zu leisten. Daher ist ihm im Grundsatz nicht gestattet, die Arbeitsleistung durch andere Personen (Ersatzleute bzw. betriebsfremde Personen) zu erbringen[12]. Das gilt auch, wenn 2

---

1 BAG v. 23.2.2000 – 10 AZR 1/99, NZA 2001, 680. | 2 BAG v. 28.7.1992 – 1 AZR 87/92, AP Nr. 123 zu Art. 9 GG – Arbeitskampf; BAG v. 17.9.1991 – 1 AZR 26/91, AP Nr. 120 zu Art. 9 GG – Arbeitskampf; ebenso APS/*Linck*, § 612a BGB Rz. 25. | 3 Vgl. BAG v. 11.8.1992 – 1 AZR 103/92, SAE 1993, 61 mwN: Die Rückzahlung von den arbeitenden ArbN komme weitgehend rechtlich, zumindest aber tatsächlich nicht in Betracht. | 4 BAG v. 2.4.1987 – 2 AZR 227/86, AP Nr. 1 zu § 612a BGB; v. 16.9.2004 – 2 AZR 511/03, AP Nr. 142 zu § 102 BetrVG 1972; LAG Kiel v. 25.7.1989 – 1 (3) Sa 557/88, LAGE § 612a BGB Nr. 4; Soergel/*Raab*, § 612a BGB Rz. 23; ErfK/*Preis*, § 612a BGB Rz. 22; Staudinger/*Richardi*, § 612a BGB Rz. 24; MüKo/*Müller-Glöge*, § 612a BGB Rz. 24; zu Fragen der Darlegungs- und Beweislast ausf. *Belling/von Steinau-Steinrück*, DB 1993, 534 (536 f.); *Belling/von Steinau-Steinrück*, SAE 1993, 51 (55 f.); *Schwarze*, NZA 1993, 967 (972); *Gaul*, NJW 1994, 1025 (1030). | 5 LAG Kiel v. 25.7.1989 – 1 (3) Sa 557/88, LAGE § 612a BGB Nr. 4; ArbR-BGB/*Schliemann*, § 612a BGB Rz. 23; vgl. auch Rz. 11. | 6 LAG Kiel v. 28.6.2005 – 5 Sa 64/05, BB 2006, 112; KR/*Pfeiffer*, § 612a BGB Rz. 12, MüKo/*Müller-Glöge*, § 612a Rz. 24; ErfK/*Preis*, § 612a BGB Rz. 22. | 7 ArbG Augsburg v. 7.10.1997 – 2 Ca 1431/96 N, NZA-RR 1998, 542. | 8 ArbG Kiel v. 30.4.1997 – 5 Ca 56 b/97, NZA-RR 1998, 303. | 9 KR/*Pfeiffer*, § 612a BGB Rz. 12; *Gaul*, NJW 1994, 1025 (1032). | 10 BAG v. 28.7.1992 – 1 AZR 87/92, AP Nr. 123 zu Art. 9 GG – Arbeitskampf; vgl. Rz. 21. | 11 *Depping*, BB 1991, 1981; ErfK/*Preis*, § 613 BGB Rz. 1; aA FG Münster v. 7.8.1990 – VI 7384/88 E, EFG 1991, 246. | 12 Wird dem ArbN, zu dessen Arbeitspflichten die Führung eines Kfz gehört, die Fahrerlaubnis entzogen, so kann er die geschuldeten Fahrten nicht von einem Ersatzfahrer erbringen lassen. BAG v. 14.2.1991 – 2 AZR 525/90, RzK I 6a Nr. 70; LAG Schl.-Holst. v. 16.6.1986 – 4 (5) Sa 684/85, NZA 1987, 669; LAG Düsseldorf v. 16.5.1967 – 8 Sa 90/67, NJW 1967, 2177.

er sich zur Arbeitsleistung lediglich einer Hilfsperson bedient[1]. Mit der Grundregel persönlicher Leistungserbringung korrespondiert § 275 III, der dem ArbN ein besonderes Leistungsverweigerungsrecht für den Fall persönlicher Unzumutbarkeit einräumt[2]. Erfüllt der ArbN eine erbringbare höchstpersönliche Leistungspflicht nicht, gerät er automatisch in Verzug (§§ 280 II, 286 I, II Nr. 2)[3]. Da die Arbeitsleistung regelmäßig zeitgebunden ist, liegt allerdings in der Praxis meist ein Fall teilweiser Unmöglichkeit vor. Entsteht dem ArbGeb auf Grund der unterbliebenen persönlichen Arbeitsleistung ein Schaden, so kann er diesen bei Verschulden des ArbN ersetzt verlangen (§§ 280 I, III, 283)[4]. Ggf. kommt auch eine verhaltensbedingte ordentl. oder außerordentl. Kündigung des ArbN in Betracht[5].

3 Der ArbN hat die Arbeitsleistung gem. S. 1 jedoch nicht zwingend in eigener Person zu leisten. Wo dem nicht der Fall ist, und der ArbN selbst aus berechtigten, in seiner Person liegenden Gründen zur Leistung verhindert ist, kann er weitgehend gehalten sein, die Arbeitsleistung durch einen Dritten vornehmen zu lassen. Dies bestimmt sich nach der **Auslegung seines Arbeitsvertrags**. Ohne besondere Anhaltspunkte wird man ihn allerdings nur als berechtigt, nicht als verpflichtet ansehen können in diesen Fällen „für Ersatz zu sorgen"[6].

4 **2. Dispositivität.** Durch Vereinbarung zwischen den Parteien des Arbeitsvertrages kann die höchstpersönliche Leistungspflicht ausdrücklich oder stillschweigend abbedungen werden[7]. Aus der Natur des Arbeitsverhältnisses ergibt sich jedoch meist, dass die geschuldete Leistungspflicht nicht von der Person des ArbN getrennt werden kann[8]. Der Inhalt der Leistungspflicht aus dem Arbeitsvertrag und der Abschluss des Arbeitsvertrags hängen gerade von der Person des ArbN, dh. dessen persönlicher Eignung und fachlicher Qualifikation, ab[9]. Entsprechende Vereinbarungen sind daher in Arbeitsverhältnissen selten[10]. Eine Abbedingung der persönlichen Leistungspflicht kommt infrage, wenn die Mithilfe von Ehepartnern oder sonstigen Familienangehörigen des ArbN üblich ist, etwa bei einem Hausmeisterehepaar[11]. Hier kann regelmäßig von einer konkludenten vertragl. Einschränkung der Regel aus § 613 S. 1 ausgegangen werden, nach der sich die Familienangehörigen gegenseitig vertreten können. Aus einer entsprechenden Vereinbarung kann jedoch nicht ohne weiteres darauf geschlossen werden, dass ein Arbeitsverhältnis überhaupt nicht vereinbart wurde[12]. Eine solche Vereinbarung misst sich zudem als Formularvertrag an den Schranken der §§ 305 ff. Hierin kann sowohl eine unangemessene Benachteiligung als auch eine überraschende Klausel liegen.

5 **3. Erbringung der Arbeitsleistung durch einen Dritten.** Die Erbringung der Arbeitsleistung durch Dritte gem. § 267 I 1 ist **grds. ausgeschlossen**[13]. Von der Übertragung der höchstpersönlichen Arbeitsleistungspflicht sind die **sog. mittelbaren Arbeitsverhältnisse und das sog. Gruppenarbeitsverhältnis** zu unterscheiden.

6 **a) Mittelbare Arbeitsverhältnisse.** S. hierzu vor § 611 Rz. 119 ff.

7 **b) Gruppenarbeitsverhältnisse.** S. hierzu vor § 611 Rz. 121 ff.

8 **4. Ausnahme auf Grund gesetzlicher Gestattung. § 13 TzBfG** (§ 5 BeschFG aF) regelt eine Ausnahme vom Grundsatz der höchstpersönlichen Arbeitsleistungspflicht. Die Vorschrift enthält Voraussetzungen und Umfang der Arbeitsplatzteilung. ArbN und ArbGeb können gem. § 13 I 1 TzBfG grds. vereinbaren, dass mehrere ArbN sich die Arbeitszeit an einem Arbeitsplatz teilen. Durch das sog. **Job-Sharing**[14] kann ein ArbN in gewissen Grenzen in die Arbeitsleistungspflicht eines anderen ArbN eintreten. Insoweit ist der höchstpersönliche Charakter der Arbeitsleistung auf Grund gesetzl. Gestattung einschränkbar. Allerdings sind die anderen ArbN nur zur Vertretung verpflichtet, wenn sie ihr im Einzelfall durch besondere Vereinbarung zugestimmt haben (§ 13 I 2 TzBfG). Sonst ist eine Pflicht zur Vertretung nur gegeben, wenn der Arbeitsvertrag bei Vorliegen dringender betrieblicher Gründe eine Vertretung vorsieht und diese im Einzelfall auch zumutbar ist (§ 13 I 3 TzBfG).

9 **5. Unvererblichkeit.** Beim **Tod des ArbN** erlischt seine Leistungspflicht auf Grund ihres höchstpersönlichen Charakters[15]. Dh., die Arbeitsleistungspflicht des ArbN geht nicht im Wege der Universalsukzession gem. § 1922 auf die Erben über[16]. Sie werden nicht zur Eintretung in die Verpflichtung des ArbN berechtigt oder verpflichtet. Die Erben können, da nicht nur die Arbeitspflicht, sondern auch die Ansprüche auf Befreiung von der Arbeitspflicht erlöschen, keine entsprechenden Ansprüche geltend ma-

1 Staudinger/*Richardi*, § 613 BGB Rz. 4. | 2 *Gotthardt*, Schuldrechtsreform, Rz. 8. | 3 Vgl. Soergel/*Raab*, § 613 BGB Rz. 2. | 4 LAG Bremen v. 16.4.1971 – 1 Sa 5/71, DB 1971, 1429 bzgl. eines Schadensersatzanspruchs aus positiver Vertragsverletzung. Zur Rechtslage vor der Schuldrechtsreform MünchKomm/*Schaub* (3. Aufl.), § 613 BGB Rz. 6. | 5 MünchKomm/*Müller-Glöge*, § 613 BGB Rz. 8. | 6 ErfK/*Preis*, § 613 BGB Rz. 2; Erman/*Edenfeld*, § 613 BGB Rz. 1. | 7 ArbG Ulm v. 23.7.1957 – II Ca 537/57, DB 1957, 1023. | 8 Vgl. Soergel/*Raab*, § 613 BGB Rz. 6; Staudinger/*Richardi*, § 613 BGB Rz. 7. | 9 Vgl. Soergel/*Raab*, § 613 BGB Rz. 6. | 10 Vgl. ErfK/*Preis*, § 613 BGB Rz. 3; Erman/*Edenfeld*, § 613 BGB Rz. 3. | 11 ErfK/*Preis*, § 613 Rz. 3; MünchKomm/*Müller-Glöge*, § 613 BGB Rz. 6. | 12 ErfK/*Preis*, § 613 BGB Rz. 3. | 13 LAG Düsseldorf v. 16.5.1967 – 8 Sa 90/67, NJW 1967, 2177; Soergel/*Raab*, § 613 BGB Rz. 1. | 14 *Eich*, DB 1982, Beil. Nr. 9. | 15 ErfK/*Preis*, § 613 BGB Rz. 5; Erman/*Edenfeld*, § 613 BGB Rz. 2. | 16 Soergel/*Raab*, § 613 BGB Rz. 14; Staudinger/*Richardi*, § 613 BGB Rz. 12.

chen, und der ArbGeb kann beim Tod seines ArbN nicht die Leistung der Arbeit durch die Erben verlangen.

Der **Urlaubsanspruch** des ArbN geht, da er wegen seines Erholungszwecks höchstpersönlichen Charakter hat[1], mit dem Tod des ArbN unter, und ist daher nicht vererbbar[2]. Da die Erben gem. § 1967 für die Nachlassverbindlichkeiten des ArbN haften, sind sie verpflichtet, solche Ansprüche des ArbGeb zu erfüllen, die nicht unmittelbar die Arbeitsleistung betreffen, sondern rein vermögensrechtl. Art sind. Die Erben müssen etwa **Schadensersatzforderungen des ArbGeb** erfüllen und dem verstorbenen ArbN überlassene Gegenstände wie Dienstwagen, Arbeitsgeräte, Unterlagen etc. an den ArbGeb herausgeben[3]. 10

Geldansprüche des ArbN gegen den ArbGeb aus dem Arbeitsverhältnis, etwa Gratifikationsansprüche[4], gehen grds. gem. § 1922 auf die Erben über. Das gilt jedenfalls insofern, als sie nicht höchstpersönlicher Art sind, oder besondere Vorschriften oder Vereinbarungen etwas anderes vorsehen (etwa Hinterbliebenenbezüge). Ob Forderungen des ArbN, insb. **Ansprüche auf Abgeltung von Erholungsurlaub**, die im Zusammenhang mit seiner höchstpersönlichen Arbeitsleistungspflicht stehen, vererblich sind, ist umstritten. Grundsätzlich entsteht kein Urlaubsabgeltungsanspruch, der vererbt werden könnte, da der gesetzl. Urlaubsanspruch mit dem Tod des ArbN erlischt[5]. § 7 IV BUrlG setzt voraus, dass der ArbN bei der Beendigung des Arbeitsverhältnisses lebt[6]. Nach einer Ansicht soll auch der Urlaubsabgeltungsanspruch als Surrogat des Urlaubsanspruchs ebenfalls höchstpersönlicher Natur sein und mit dem Tod des ArbN erlöschen, selbst wenn sich der Urlaubsanspruch noch zu Lebzeiten des ArbN in einen Urlaubsabgeltungsanspruch verwandelt haben sollte[7]. Das BAG[8] behilft sich mit einen vererblichen Schadensersatzanspruch, da die Urlaubsabgeltung mit dem Tod des ArbN unmöglich geworden sei. Das soll auch dann gelten, wenn der Anspruch auf Urlaub oder Urlaubsabgeltung vom ArbN während des Urlaubszeitraums geltend gemacht wurde. Nach anderer Ansicht[9] könne der Abgeltungsanspruch dagegen auch eine von der höchstpersönlichen Leistungserbringung gesonderte vermögensrechtl. Position darstellen. Dies gelte insb., wenn der Abgeltungsanspruch dem Grunde nach entstanden ist, aber vor dem Tode des ArbN nicht befriedigt wurde. Außerdem greife § 7 IV BUrlG tatbestandlich nur, wenn der Urlaub wegen Beendigung des Arbeitsverhältnisses nicht mehr gewährt werden konnte. § 7 IV BUrlG gelte nach Sinn und Zweck ohnehin nicht, wenn das Arbeitsverhältnis wegen Todes des ArbN vorzeitig endet. Ende das Arbeitsverhältnis aber aus anderen Gründen und kann der Urlaub deshalb nicht gewährt werden, entstehe ein von der persönlichen Leistungspflicht unabhängiger Leistungsanspruch, der vererblich sei. Der Konstruktion des BAG bedarf es nach dieser Ansicht nicht. 11

Uneingeschränkt vererbbar sind durch rechtskräftiges Urteil dem ArbN zugesprochene **Abfindungsansprüche**[10]. Grundsätzlich vererblich sind auch Abfindungsansprüche aus Aufhebungsverträgen oder gerichtlichen Vergleichen[11]. Dagegen ist höchstpersönlicher Art das Recht des ArbN, im Rahmen eines Kündigungsschutzverfahrens die **Auflösung des Arbeitsverhältnisses gegen Zahlung einer Abfindung zu beantragen** (§§ 9, 10 KSchG)[12]. Die Frage, ob ein vererblicher Anspruch auf Abfindung entsteht[13], wenn der ArbN bereits vor dem vereinbarten Vertragsende, aber nach dem Abschluss des Vertrags, der die Abfindung enthält, verstirbt, wird in Rspr. und Lehre unterschiedlich beantwortet. Teilweise[14] wird gefordert, dass das Arbeitsverhältnis über den Zeitpunkt des Todes des ArbN fortbestehen muss. Eine andere Ansicht[15] lässt es ausreichen, wenn der ArbN erst vor der Auszahlung der Abfindung verstirbt. Nach dem BAG[16] entsteht der Abfindungsanspruch aus einem Aufhebungsvertrag nur, wenn das Arbeitsverhältnis zum vorgesehenen Beendigungstermin noch besteht. Endet das Arbeitsverhältnis – etwa durch den Tod des ArbN – vorzeitig, so entsteht der Anspruch nicht. Dies kann das Ergebnis der Aus- 12

---

1 BAG v. 20.4.1956 – 1 AZR 448/54, AP Nr. 7 zu § 611 BGB – Urlaubsrecht; Soergel/*Raab*, § 613 BGB Rz. 15; Staudinger/*Richardi*, § 613 BGB Rz. 14. | 2 BAG v. 18.7.1989 – 8 AZR 44/88, AP Nr. 49 zu § 7 BUrlG – Abgeltung; MünchKomm/*Müller-Glöge*, § 613 BGB Rz. 11; Soergel/*Raab*, § 613 BGB Rz. 15. | 3 Vgl. Erman/*Edenfeld*, § 613 BGB Rz. 2; MünchKomm/*Müller-Glöge*, § 613 BGB Rz. 10; Soergel/*Raab*, § 613 BGB Rz. 14. | 4 LAG Hamm v. 16.12.1982 – 10 Sa 1051/82, ARSt. 1984, 45; MünchKomm/*Müller-Glöge*, § 613 BGB Rz. 11. | 5 Vgl. Erman/*Edenfeld*, § 613 BGB Rz. 2. | 6 BAG v. 23.6.1992 – 9 AZR 111/91, AP Nr. 59 zu § 7 BUrlG – Abgeltung; v. 18.7.1989 – 8 AZR 44/88, AP Nr. 49 zu § 7 BUrlG – Abgeltung. | 7 RGRK/*Ascheid*, § 613 BGB Rz. 7; Soergel/*Raab*, § 613 BGB Rz. 15. | 8 BAG v. 19.11.1996 – 9 AZR 376/95, AP Nr. 71 zu § 7 BUrlG – Abgeltung; v. 22.10.1991 – 9 AZR 433/90, AP Nr. 57 zu § 7 BUrlG – Abgeltung. | 9 ErfK/*Preis*, § 613 BGB Rz. 6. | 10 BAG v. 25.6.1987 – 2 AZR 504/86, NZA 1988, 466. | 11 BAG v. 16.10.1969 – 2 AZR 373/68, AP Nr. 20 zu § 794 ZPO; ErfK/*Preis*, § 613 BGB Rz. 7; RGRK/*Ascheid*, § 613 BGB Rz. 7. | 12 ErfK/*Preis*, § 613 BGB Rz. 7; MünchKomm/*Müller-Glöge*, § 613 BGB Rz. 12. | 13 Ist der Abfindungsanspruch entstanden, so ist er als vermögensrechtlicher Anspruch grundsätzlich vererblich. LAG München v. 25.8.1980 – 7 Sa 166/80, ARSt. 1981, 86; zur Vererblichkeit eines Abfindungsanspruchs nach § 1a KSchG ArbG Siegen v. 9.6.2005 – 1 Ca 843/05 O, NZA 2005, 935, n.rkr. | 14 LAG BW v. 27.6.1996 – 8 Sa 107/95, nv.; LAG Köln v. 11.12.1990 – 4 Sa 829/90, LAGE § 611 BGB – Aufhebungsvertrag Nr. 2; ArbG Düsseldorf v. 23.2.1968 – 2 Ca 2657/67, DB 1968, 805. | 15 LAG BW v. 27.2.1996 – 15 Sa 149/95, nv.; Soergel/*Raab*, § 613 BGB Rz. 17. | 16 BAG v. 16.5.2000 – 9 AZR 277/99, NZA 2000, 1236; v. 26.8.1997 – 9 AZR 227/96, AP Nr. 8 zu § 620 BGB – Aufhebungsvertrag; dazu *Meyer*, BB 1998, 1479; anders für den Fall des Abfindungsvergleichs BAG v. 22.5.2003 – 2 AZR 250/02, AP Nr. 8 zu § 767 ZPO.

legung des Aufhebungsvertrags sein; in ähnlichen Fällen verweist die Rspr. – eher zutreffend – auf den Wegfall der Geschäftsgrundlage, jetzt § 313[1]. Hier bedarf es der genauen Prüfung, wer das Risiko vorzeitigen Ausscheidens tragen soll; das kann auch der ArbGeb sein[2]. Beantragt der ArbN vor dem Erbfall selbst **im Kündigungsschutzverfahren die Auflösung des Arbeitsverhältnisses gegen Zahlung einer Abfindung**, so ist, wenn der Antrag begründet ist, ein Anspruch auf Abfindung entstanden und mit dem Erbfall als reine vermögensrechtl. Forderung auf die Erben übergegangen und der Prozess kann von den Erben weiter verfolgt werden[3]. Das Erleben des Auflösungszeitpunktes des Arbeitsverhältnisses ist in diesem Fall nicht Grundlage des Auflösungsvertrages. Zur Klärung der Frage der Entstehung und Vererblichkeit des Abfindungsanspruchs ist der jeweilige Auflösungsvertrag auszulegen; ob der Tod des ArbN vor Beendigung des Arbeitsverhältnisses eintritt, ist letztlich unerheblich[4].

13 Der **Anspruch des ArbN auf Abfindung aus einem Sozialplan** sowie der **Anspruch auf Nachteilsausgleich gem. § 113 BetrVG** entstehen dagegen nur, wenn der ArbN bei der Auflösung des Arbeitsverhältnisses noch lebt; nur dann sind die Ansprüche auch vererblich[5].

14 **III. Persönlicher Arbeitsleistungsanspruch.** Wie die persönliche Leistungspflicht kann auch der Arbeitsleistungsanspruch gem. § 613 S. 2 **im Zweifel** nicht übertragen werden. Die Vorschrift ist daher, wie Satz 1 nur eine **Auslegungsregel**. Der ArbN hat seine Leistung grds. in dem Betrieb zu erbringen, in dem er angestellt ist, und der Arbeitsleistungsberechtigte soll dem ArbN regelmäßig keinen anderen ArbGeb aufdrängen können. Dieser Grundsatz kann vertragl. abbedungen werden. Eine in der Praxis wichtige gesetzl. Ausnahme von der Regel enthält **§ 613a** für den Fall des Betriebsübergangs.

15 **1. Vererblichkeit.** Allerdings erklärt S. 2 – im Gegensatz zur Auslegungsregel des S. 1, nach der die Arbeitsleistungsverpflichtung nicht auf die Erben übergeht – im Zweifel den Arbeitsleistungsanspruch nur für nicht übertragbar, jedoch nicht auch für unvererblich[6]. Die Frage der Vererblichkeit des Anspruchs hängt vom Inhalt des Leistungsversprechens ab. Regelmäßig bleibt das Arbeitsverhältnis beim Tod des ArbGeb – ebenso wie der Anspruch auf die persönliche Arbeitsleistung – bestehen und geht im Wege der Universalsukzession gem. § 1922 auf die Erben über. Nur unter besonderen Umständen, wenn die Arbeitsleistung zwingend an die Person des ArbGeb gebunden ist (zB bei einem Privatlehrer, -sekretär, -chauffeur, Krankenpfleger), kann Abweichendes gelten. Nicht immer führt eine solche Konstellation im Arbeitsvertrag allerdings zu einer Unvererblichkeit des Arbeitsleistungsanspruchs. Das Arbeitsverhältnis kann konkludent oder ausdrücklich auflösend bedingt gestaltet sein[7]. Im Rahmen der Vereinbarung einer auflösenden Bedingung sind die geltenden Mindestkündigungsfristen und der allgemeine Kündigungsschutz zu berücksichtigen. Dem ArbN ist der Eintritt der Bedingung – der Tod seines ArbGeb – mit einer an den Mindestkündigungsfristen ausgerichteten Ankündigung der Beendigung des Arbeitsverhältnisses mitzuteilen. Hinsichtlich der Kündigungsfrist sind die Erben – unbenommen eines möglicherweise bestehenden außerordentl. Kündigungsrechts der Erben gem. § 626 I – noch an das Arbeitsverhältnis gebunden[8].

16 **2. Übertragbarkeit des Arbeitsleistungsanspruchs.** Nach § 613 S. 2 ist die Abtretung **einzelner** Ansprüche auf die Arbeitsleistung auf andere ArbGeb grds. – über das Abtretungsverbot des § 399 wegen des Inhalts der Leistung hinaus – **nicht** zulässig.

17 **a) Abdingbarkeit.** Abweichendes gilt, wenn der ArbN der Abtretung zugestimmt hat oder sich aus dem Arbeitsverhältnis, insb. dem Arbeitsvertrag, ausdrücklich oder konkludent ergibt, dass der ArbN einem Dritten zur Beschäftigung nach dessen Vorstellungen und unter dessen Weisungsbefugnis, überlassen werden kann[9]. Durch die Abtretung des Arbeitsleistungsanspruchs entsteht ein **sog. Leiharbeitsverhältnis**[10]. Der Dritte tritt dann nicht in die Position des ArbGeb ein, die der Vertragspartner des ArbN behält[11].

18 Für die gewerbliche Überlassung seiner ArbN an andere ArbGeb, denen die ArbN nach dem Arbeitsvertrag regelmäßig von vornherein allein die Arbeitsleistung schuldet (**sog. unechtes Leiharbeitsverhältnis**), benötigt der ArbGeb eine Erlaubnis nach dem AÜG. Eine nichtgewerbliche Überlassung ist dagegen auch ohne Erlaubnis möglich. Der ArbGeb muss jedoch in beiden Fällen mit dem zu überlassenden ArbN auf individualrechtl. Ebene eine entsprechende Vereinbarung treffen[12]. Nichtgewerbliche AÜ erfolgen in der Praxis häufig in Form der **sog. Konzernleihe**, bei der miteinander verbundene Unternehmen einander Arbeitskräfte ausleihen. Allerdings kann allein aus dem Umstand, dass der ArbGeb in die

---

1 BAG v. 29.1.1997 – 2 AZR 292/96, EWiR 1997, 689 (*Thüsing*): Zwischenzeitliches Ausscheiden des ArbN auf Grund außerordentlicher Kündigung. | 2 *Thüsing*, EWiR 2001, 105. | 3 BAG v. 16.10.1969 – 2 AZR 373/68, AP Nr. 20 zu § 794 ZPO; v. 25.6.1987 – 2 AZR 504/86, NJW 1988, 2638; LAG Hamm v. 19.9.1986 – 16 Sa 833/86, NZA 1987, 669; AG Düsseldorf v. 23.2.1968 – 2 Ca 2657/67, DB 1968, 805; MünchKomm/*Müller-Glöge*, § 613 BGB Rz. 12; Soergel/*Raab*, § 613 BGB Rz. 17. | 4 Vgl. ErfK/*Preis*, § 613 BGB Rz. 7. | 5 BSG v. 11.3.1987 – 10 RAr 1/86, NZA 1987, 537; Soergel/*Raab*, § 613 BGB Rz. 17. | 6 ErfK/*Preis*, § 613 BGB Rz. 11; MünchKomm/*Müller-Glöge*, § 613 BGB Rz. 22. | 7 LAG Hamburg v. 17.6.1952 – 20 Sa 217/52, PraktArbR Nr. 54 zu § 613 BGB; Erman/*Edenfeld*, § 613 BGB Rz. 4; Soergel/*Raab*, § 613 BGB Rz. 22. | 8 Vgl. ErfK/*Preis*, § 613 BGB Rz. 11. | 9 Soergel/*Raab*, § 613 BGB Rz. 18. | 10 Soergel/*Raab*, § 613 BGB Rz. 21; Staudinger/*Richardi*, § 613 BGB Rz. 20, Vor § 611 BGB Rz. 352 ff. | 11 Vgl. Soergel/*Raab*, § 613 BGB Rz. 21. | 12 Vgl. Erman/*Edenfeld*, § 613 BGB Rz. 5.

Absatzorganisation eines größeren Unternehmens eingegliedert ist, nicht entnommen werden, dass § 613 S. 2 stillschweigend abbedungen wurde[1].

b) **Gesetzliche Ausnahme.** Mit **§ 613a** besteht im Bereich des Arbeitsrechts eine Sonderregelung hinsichtlich der Übertragbarkeit der Leistungspflicht, für den Fall, dass der ArbGeb den Betrieb oder Betriebsteil, in dem der ArbN beschäftigt ist, auf einen anderen ArbGeb überträgt. Insoweit findet § 613 S. 2 keine Anwendung, da der ArbN idR für einen bestimmten Betriebsteil eingestellt wird und die Arbeitsleistung nur selten von der Person des ArbGeb abhängt. Der Erwerber tritt daher bei einem rechtsgeschäftlichen Betriebsübergang gem. § 613a I 1 vollumfänglich in die Rechte und Pflichten des zum Zeitpunkt des Übergangs bestehenden Arbeitsverhältnisses ein. Nach § 613a VI hat der ArbN die Möglichkeit, innerhalb eines Monats nach Zugang der Unterrichtung über den Übergang gem. Abs. 5, dem Übergang zu widersprechen[2]. Der frist- und formgerecht erklärte Widerspruch des ArbN führt zum Fortbestand des Arbeitsverhältnisses mit dem bisherigen ArbGeb. **Einzelne Ansprüche** aus einem Arbeitsverhältnis dürfen auch nach § 613a nicht ohne Zustimmung des ArbN auf andere ArbGeb übertragen werden[3]. 19

c) **Tarifvertragliche Ausnahme**. Die Übertragbarkeit kann sich auch aus TV ergeben. Werden Aufgaben der Beschäftigten zu einem Dritten verlagert, ist nach § 4 III TVöD auf Verlangen des ArbGeb bei weiter bestehendem Arbeitsverhältnis die arbeitsvertraglich geschuldete Arbeitsleistung bei dem Dritten zu erbringen. Die rechtlichen Grenzen dieser Personalgestellung sind bislang nicht ausgelotet. Führt dies nicht zur gewerbl. Arbeitnehmerüberlassung dürfte die Regelung unproblematisch sein. Die gesetzl. Regelung des § 613a geht jedoch vor[4]. 19a

3. **Keine Abtretbarkeit und Pfändbarkeit.** Der Arbeitsleistungsanspruch ist entsprechend seiner im Zweifel vorliegenden Unübertragbarkeit gem. § 613 S. 2 auch nicht abtretbar und pfändbar (§ 851 I ZPO)[5]. 20

4. **Arbeitsleistung für Dritte.** Satz 2 trifft keine Zweifelsregelung hinsichtlich des Ausschlusses der Verpflichtung des ArbN zur Leistung für Dritte. Die Vorschrift enthält also keine Regelung der Frage, ob die Arbeitsleistung bei dem ArbGeb oder einem Dritten vorgenommen werden muss. Näheres dazu kann sich nur aus dem konkreten Arbeitsverhältnis, insb. der Regelung im Arbeitsvertrag, ergeben. Nach dem Inhalt des Arbeitsverhältnisses kann sich ergeben, dass die Arbeitsleistung für den ArbGeb im Betrieb eines Dritten erfolgen soll (sog. **Montagearbeitsverhältnis**). 21

Der Arbeitsleistungsanspruch wird in dem Fall der Arbeitsleistung für Dritte nicht an den Dritten abgetreten. Daher bleibt der ArbGeb gegenüber dem ArbN der Anspruchsberechtigte und hinsichtlich des Vergütungsanspruchs des ArbN der Verpflichtete. Die Arbeitsleistung hat nur an den Dritten zu erfolgen. Dieser kann jedoch den ArbN nicht nach seinen eigenen Bedürfnissen einsetzen. 22

Liegt dagegen ein **Vertrag zu Gunsten Dritter gem. § 328** vor, so steht dem Dritten ein eigener Leistungsanspruch gegen den ArbN zu[6]. Außerdem hat der Dritte regelmäßig das Weisungsrecht im Hinblick auf die Arbeitsleistung. Hinsichtlich des Vergütungsanspruchs bleibt aber die Vertragspartei, dh. der ArbGeb, verpflichtet[7]. 23

613a *Rechte und Pflichten bei Betriebsübergang*

(1) Geht ein Betrieb oder Betriebsteil durch Rechtsgeschäft auf einen anderen Inhaber über, so tritt dieser in die Rechte und Pflichten aus den im Zeitpunkt des Übergangs bestehenden Arbeitsverhältnissen ein. Sind diese Rechte und Pflichten durch Rechtsnormen eines Tarifvertrags oder durch eine Betriebsvereinbarung geregelt, so werden sie Inhalt des Arbeitsverhältnisses zwischen dem neuen Inhaber und dem Arbeitnehmer und dürfen nicht vor Ablauf eines Jahres nach dem Zeitpunkt des Übergangs zum Nachteil des Arbeitnehmers geändert werden. Satz 2 gilt nicht, wenn die Rechte und Pflichten bei dem neuen Inhaber durch Rechtsnormen eines anderen Tarifvertrags oder durch eine andere Betriebsvereinbarung geregelt werden. Vor Ablauf der Frist nach Satz 2 können die Rechte und Pflichten geändert werden, wenn der Tarifvertrag oder die Betriebsvereinbarung nicht mehr gilt oder bei fehlender beiderseitiger Tarifgebundenheit im Geltungsbereich eines anderen Tarifvertrags dessen Anwendung zwischen dem neuen Inhaber und dem Arbeitnehmer vereinbart wird.

(2) Der bisherige Arbeitgeber haftet neben dem neuen Inhaber für Verpflichtungen nach Absatz 1, soweit sie vor dem Zeitpunkt des Übergangs entstanden sind und vor Ablauf von einem Jahr nach diesem Zeitpunkt fällig werden, als Gesamtschuldner. Werden solche Verpflichtungen nach dem Zeit-

---

1 BGH v. 12.11.1962 – VII ZR 223/61, NJW 1963, 100. | 2 Änderung des § 613a zur Umsetzung der EU-Richtlinie 2001/23/EG vom 12.3.2001 eingefügt mWz. 1.4.2002 durch das Gesetz zur Änderung des Seemannsgesetzes und anderer Gesetze. | 3 Etwa Rechte des ArbGeb aus einem vertraglichen Wettbewerbsverbot: BAG v. 28.1.1966 – 3 AZR 374/65, AP Nr. 18 zu § 74 HGB; ErfK/*Preis*, § 613 BGB Rz. 12. | 4 S. hierzu auch *Jordan*, PersR 2007, 378; *Preis/Greiner*, ZTR 2006, 290. | 5 MünchKomm/*Müller-Glöge*, § 613 BGB Rz. 20; Soergel/*Raab*, § 613 BGB Rz. 18. | 6 Vgl. Soergel/*Raab*, § 613 BGB Rz. 20. | 7 LAG Düsseldorf v. 6.12.1957 – 5 Sa 527/57, BB 1958, 665; MünchKomm/*Müller-Glöge*, § 613 BGB Rz. 23; Staudinger/*Richardi*, § 613 BGB Rz. 19.

punkt des Übergangs fällig, so haftet der bisherige Arbeitgeber für sie jedoch nur in dem Umfang, der dem im Zeitpunkt des Übergangs abgelaufenen Teil ihres Bemessungszeitraums entspricht.

(3) Absatz 2 gilt nicht, wenn eine juristische Person oder eine Personenhandelsgesellschaft durch Umwandlung erlischt.

(4) Die Kündigung des Arbeitsverhältnisses eines Arbeitnehmers durch den bisherigen Arbeitgeber oder durch den neuen Inhaber wegen des Übergangs eines Betriebs oder eines Betriebsteils ist unwirksam. Das Recht zur Kündigung des Arbeitsverhältnisses aus anderen Gründen bleibt unberührt.

(5) Der bisherige Arbeitgeber oder der neue Inhaber hat die von einem Übergang betroffenen Arbeitnehmer vor dem Übergang in Textform zu unterrichten über:

1. den Zeitpunkt oder den geplanten Zeitpunkt des Übergangs,

2. den Grund für den Übergang,

3. die rechtlichen, wirtschaftlichen und sozialen Folgen des Übergangs für die Arbeitnehmer und

4. die hinsichtlich der Arbeitnehmer in Aussicht genommenen Maßnahmen.

(6) Der Arbeitnehmer kann dem Übergang des Arbeitsverhältnisses innerhalb eines Monats nach Zugang der Unterrichtung nach Absatz 5 schriftlich widersprechen. Der Widerspruch kann gegenüber dem bisherigen Arbeitgeber oder dem neuen Inhaber erklärt werden.

1 **A. Entstehung und Entwicklung**[1]. § 613a wurde 1972 im Zuge der BetrVG-Reform[2], seinerzeit mit dem heutigen Abs. 1 S. 1, Abs. 2 und 3 in das BGB eingefügt und seitdem in Umsetzung der EG-BetriebsübergangsRL 77/187 vom 14.2.1977[3] mehrfach zu der heutigen Fassung erweitert. Abs. 1, S. 2–4 und Abs. 4 wurden durch das arbeitsrechtl. EG-Anpassungsgesetz vom 13.8.1980[4], Absätze 5 und 6 durch das Gesetz zur Änderung des SeemG und anderer Gesetze vom 23.3.2002[5] eingefügt. Abs. 3 wurde im Zuge des UmwG vom 28.10.1994 terminologisch angepasst[6]. Angesichts der umfangreichen Änderungen wurde die Richtlinie ohne inhaltliche Änderung durch die RL 2001/23/EG vom 12.3.2001 neu kodifiziert[7].

2 Die „**Urfassung**" des § 613a und die ihr zugrunde liegende Idee, dass das Arbeitsverhältnis den Wechsel des Betriebsinhabers überdauern sollte, sind also *älter* als die insoweit für alle EG-Mitgliedstaaten verbindliche EG-Richtlinie, die denselben Rechtsgedanken in Art. 3 enthält und nach Art. 1 auf den „Übergang von Unternehmen, Betrieben oder Unternehmens- bzw. Betriebsteilen auf einen anderen Inhaber durch vertragl. Übertragung oder Verschmelzung" anwendbar ist[8]. Der zunächst rein nationale Ursprung des § 613a mag jedenfalls zum Teil erklären, dass die Auslegung und Anwendung der Norm, insb. bezüglich ihres Geltungsbereichs, in der Rspr. lange Zeit von deutschen arbeitsrechtl. Begrifflichkeiten und Kategorien geprägt war[9]. Dieser Ansatz ist zwar insofern zutreffend, als § 613a als nationale Umsetzung der Richtlinie seinerseits widerspruchsfrei in die deutsche Arbeitsrechtsordnung eingefügt werden muss[10]; nach allgemein anerkannten methodischen Grundsätzen hat sich die Interpretation des § 613a jedoch an der seit 1977 zugrunde liegenden **Richtlinie** und deren **Auslegung** durch den hierfür zuständigen **EuGH zu orientieren**[11]. Die zuständigen BAG-Senate haben die parallel und letztlich zum Teil konträr verlaufende Rspr. des EuGH[12] über lange Zeit nicht zur Kenntnis genommen und trotz zunehmender Kritik in der Lit.[13] an einem – inzwischen überholten – rein betriebsmittelorientierten Begriff des Betriebsübergangs (s. Rz. 12) festgehalten.

3 Zu einer **grundlegenden Wende** führte erst die **Ayse Süzen-Entscheidung des EuGH** vom 11.3.1997[14], die der – für die Auslegung des § 613a nunmehr allein zuständige – 8. Senat des BAG zum Anlass für einen vollständigen Perspektivenwechsel nahm[15]. Seither lehnt sich die Rspr. des BAG in allen für die Auslegung und Anwendung des § 613a BGB maßgeblichen Fragen eng an die Judikatur des EuGH an (wegen der Einzelheiten Rz. 13 ff., 99 ff. sowie die **Kasuistik** in Rz. 182a).

4 Einstweilen frei.

5 **B. Normzweck.** Für § 613a gilt mehr denn für jede andere Rechtsnorm, dass sich ihr Verständnis nicht bereits auf Grund des reinen Gesetzeswortlauts, sondern nur aus ihrem systematischen Kontext und – vor allem – Sinn und Zweck erschließt[16].

6 In der Gesetzesbegründung zu § 613a aus dem Jahre 1971 werden **drei legislatorische Ziele** genannt[17], nämlich (I) Schutz der bestehenden Arbeitsverhältnisse, (II) Gewährleistung der Kontinuität des amtierenden BR sowie (III) Regelung der Haftung des alten und neuen ArbGeb. Durch das EG-Anpassungsgesetz von 1980[18] ist als weiterer Schutzzweck (IV) die Aufrechterhaltung der kollektivrechtl. geregelten Arbeitsbedingungen hinzugekommen.

7 Den Kernbestand der Norm bildet nach wie vor Abs. 1 S. 1, während den übrigen Regelungen Komplementärfunktion zukommt. Dies gilt insb. auch für das „Kündigungsverbot" nach Abs. 4, welches richtigem Verständnis zufolge lediglich den Rechtsgrundsatz des Abs. 1 S. 1 „absichern" soll (dazu eingehend Rz. 300 ff.).

8 Abs. 1 S. 1 stellt eine **flankierende Regelung zum allgemeinen Kündigungsschutz** dar. Die Vorschrift soll den „Gleichlauf" zwischen Arbeitsplatz – als Teil einer vom bisherigen ArbGeb eingerichteten Betriebsorganisation – und Arbeitsverhältnis sicherstellen[19]. Ohne die gesetzl. angeordnete Sonderrechtsnachfolge des künftigen Betriebsinhabers in die bestehenden Arbeitsverhältnisse stünde es diesem nach

---

1 Ausf. *Willemsen* in Willemsen/Hohenstatt/Schweibert/Seibt, Rz. G 1 ff. | 2 BT-Drs. VI, S. 1786. Zur Gesetzesgeschichte in den Neuen Bundesländern vgl. *Hergenröder*, AR-Blattei Betriebsinhaber-Wechsel I, 500.1 Rz. 910 f. | 3 ABl. EG L 61 v. 5.3.1977; zuletzt geändert durch RL 2001/23/EG v. 12.3.2001, ABl. EG L 082, abgedr. bei *Willemsen* in Willemsen/Hohenstatt/Schweibert/Seibt, Anh. II. | 4 BGBl. I S. 1308. | 5 BGBl. I S. 1163. | 6 Vgl. Umwandlungsrechtsbereinigungsgesetz v. 28.10.1994, BGBl. I S. 3210. | 7 ABl. EG L 82 v. 22.3.2001. | 8 So die deutschsprachige Fassung in der geänderten Fassung gemäß RL 98/50/EG v. 29.6.1998. | 9 S. dazu die Darstellung und Nachw. bei *Willemsen* in Willemsen/Hohenstatt/Schweibert/Seibt, Rz. G 5 ff. | 10 Vgl. zu diesem Ansatz auch *Willemsen*, RdA 1991, 204 ff. | 11 Zu dem Gebot der richtlinienkonformen Auslegung vgl. *Schlachter*, ZfA 2007, 249 (259 ff.); *Willemsen* in Willemsen/Hohenstatt/Schweibert/Seibt, Rz. G 31 f. | 12 Insb. EuGH v. 18.3.1986 – Rs. 24/85, EAS RL 77/187/EWG Nr. 2 – Spijkers und v. 19.5.1992 – Rs. C-29/91, NZA 1996, 207 – Redmond Stichting. | 13 Vgl. zB *Loritz*, RdA 1987, 65 (69 f.); *Schmalenberg*, NZA 1989, Beilage 3, 14 (15 ff.); *Willemsen*, RdA 1991, 204 ff. | 14 EuGH v. 11.3.1997 – Rs. C-13/95, AP Nr. 14 zu RL 77/187/EWG. | 15 Grundl. insoweit BAG v. 24.4.1997 – 8 AZR 848/94, NZA 1998, 253 (EDV-Dienstleistung) und BAG v. 22.5.1997 – 8 AZR 101/96, AP Nr. 154 zu § 613a BGB. | 16 Ausf. dazu *Willemsen* in Willemsen/Hohenstatt/Schweibert/Seibt, Rz. G 18 ff. | 17 BT-Drs. VI/1786, S. 59. | 18 BGBl. I S. 1308. | 19 Vgl. *Pietzko*, Der Tatbestand des § 613a BGB, 1988, S. 109; *Willemsen*, RdA 1993, 133 (134).

allgemeinen Vertragsgrundsätzen frei, sich „seine" Belegschaft nach eigenem Gutdünken zusammenzustellen. Der „alte" ArbGeb wäre gezwungen (und berechtigt), den nicht vom Erwerber übernommenen ArbN betriebsbedingt zu kündigen[1]. Gerade dies will Abs. 1 S. 1 verhindern. Liegen seine Voraussetzungen vor, hat der Erwerber kein Wahlrecht, sondern muss die zugehörigen Arbeitsverhältnisse, und zwar inhaltlich unverändert und unter voller Anerkennung der bisherigen Betriebszugehörigkeit, übernehmen und idR zeitlich unbefristet fortführen. Bei Übernahme eines Betriebs gilt dies umfassend, bei Übernahme eines Betriebs*teils* lediglich für die dort befindlichen Arbeitsverhältnisse (Einzelheiten dazu Rz. 31 ff.). Die Regelung ist im Außenverhältnis, dh. gegenüber den betroffenen ArbN, zwingend (s. Rz. 245) und kann lediglich durch Ausgleichsregelungen zwischen den beteiligten ArbGeb im Innenverhältnis korrigiert bzw. abgemildert werden. Sie ist angesichts des (besonders) starken Kündigungsschutzes in Deutschland von außerordentlicher Relevanz, während die Bedeutung ihres jeweiligen Pendants in **anderen europäischen Ländern** mit **geringerem Schutzniveau** erheblich niedriger zu veranschlagen ist[2].

9 Der Zwangseintritt des Betriebs(teil)erwerbers in alle im Zeitpunkt des Übergangs bestehenden Arbeitsverhältnisse bedarf, auch aus verfassungsrechtl. Gründen[3], der **sachlichen Legitimation.** Diese ist darin zu sehen, dass der **Betriebsnachfolger** die von seinem Vorgänger geschaffene Betriebs(teil)organisation für eigene geschäftliche Zwecke weiternutzt, **sich** also die von dem bisherigen Inhaber geschaffene spezifische **Verknüpfung (Kombination) von materiellen, immateriellen und personellen Ressourcen gezielt zu Eigen macht und ihre „Widmung" für den bisherigen Betriebszweck aufrechterhält**[4]. Der nach Abs. 1 S. 1 in die Pflicht genommene (neue) ArbGeb schafft keinen neuen Betrieb und keine neuen Arbeitsplätze, sondern tritt lediglich die Rechtsnachfolge hinsichtlich der Verfügungs- und Leitungsbefugnis in Bezug auf eine bereits existierende und auch in Zukunft bestehende „wirtschaftliche Einheit" an, welche sich nach der Diktion der EG-Richtlinie[5] als „organisierte Zusammenfassung von Ressourcen zur Verfolgung einer wirtschaftl. Haupt- oder Nebentätigkeit" darstellt. Die intakte und eingespielte Betriebsorganisation[6] als Wertschöpfungsquelle[7] macht damit das eigentliche Substrat, deren Überleitung auf und Weiternutzung durch den neuen Inhaber für eigene Zwecke das konstituierende und zugleich legitimierende Element des Betriebsübergangs aus. Diesem Gedanken entspricht es, wenn der EuGH in nunmehr st. Rspr. die Bewahrung der Identität der wirtschaftl. Einheit vor und nach dem Betriebsübergang verlangt[8] und hierfür maßgeblich auf deren tatsächliche Fortführung oder Wiederaufnahme durch den Erwerber abstellt[9].

10 Die zutreffende **Ermittlung** der tatbestandlichen Voraussetzungen des § 613a ist vor dem Hintergrund des geschilderten Normzwecks von **überragender Bedeutung.** Dabei wird die Bejahung eines Betriebsübergangs oder Betriebsteilübergangs **für die ArbN** idR **günstig** sein; **zwingend** ist dies aber **keineswegs,** wie Fälle sowohl aus der deutschen wie auch der ausländischen Rspr. belegen[10].

11 **C. Tatbestandsvoraussetzungen des Übergangs eines Betriebs/Betriebsteils. I. Betriebsbegriff. 1. Wirtschaftliche Einheit.** Gegenstand des Inhaberwechsels (**Transaktionsobjekt**) kann nach dem Wortlaut des § 613a sowohl ein Betrieb als auch ein Betriebsteil sein; die RL 2001/23/EG (zuvor 77/187/EWG) spricht in Art. 1 Ia von Unternehmen und Betrieben einerseits sowie von Unternehmens- bzw. Betriebsteilen andererseits, fasst diese aber sodann in Abs. 1b unter dem Begriff der wirtschaftl. Einheit zusammen.

12 Das BAG hat sich bei der Anwendung und Auslegung des § 613a zunächst ausschließlich an dem traditionellen deutschen **arbeitsrechtl. Betriebsbegriff** orientiert. Danach ist der Betrieb eine organisatorische Einheit, innerhalb derer der ArbGeb allein oder mit seinen ArbN mithilfe von sächlichen oder

---

1 Vgl. zu dieser Überlegung bereits BAG v. 2.10.1974 – 5 AZR 504/73, AP Nr. 1 zu § 613a BGB. Zu früheren dogmatischen Versuchen, den Eintritt des Erwerbs in die bestehenden Arbeitsverhältnisse zu begründen, vgl. *Willemsen* in Willemsen/Hohenstatt/Schweibert/Seibt, Rz. G 1 f. Zutreffend *Rebhahn*, RdA Sonderbeil. zu Heft 6/2006, S. 4, 5. | 2 Zutreffend *Rebhahn*, RdA-Sonderbeil. zu Heft 6/2006, 4, 5. | 3 Vgl. zu der „belastungsähnlichen" Wirkungsweise des § 613a sowie zu den daraus resultierenden verfassungsrechtlichen Implikationen *Willemsen* in Willemsen/Hohenstatt/Schweibert/Seibt, Rz. G 22 ff. Zu der verfassungsrechtlichen Beurteilung Staudinger/*Annuß*, § 613a BGB Rz. 17; speziell für Rundfunkanstalten BVerfG v. 19.7.2000 – 1 BvR 6/97, NZA 2000, 1049. | 4 Vgl. *Willemsen*, RdA 1991, 204 (211); *Willemsen*, FS Richardi (2007), S. 475 (477 f.); *Willemsen/Annuß*, DB 1997, 1875 (1877); *Krause*, ZfA 2001, 67 (85 ff.). | 5 So der inzwischen ergänzte Text von Art. 1 Abs. 1b. | 6 Vgl. *Willemsen* in Willemsen/Hohenstatt/Schweibert/Seibt, Rz. G 30 aE. | 7 Vgl. *Willemsen*, ZIP 1986, 477 (481); ausf. zum Wertschöpfungsgedanken *Willemsen*, FS Richardi, 2007, S. 475 ff. | 8 Grundl. EuGH v. 18.3.1986 – Rs. 24/85, EAS RL 77/187/EWG Nr. 2 – Spijkers; v. 11.3.1997 – Rs. C-13/95, AP Nr. 14 zu RL 77/187/EWG – Ayse Süzen; vgl. aus jüngerer Zeit ua. EuGH v. 2.12.1999 – Rs. C-234/98, ZIP 1999, 2107 – Allen ua.; v. 25.1.2001 – Rs. C-172/99, AP Nr. 31 zu RL 77/187/EWG – Oy Liikenne AB; v. 24.1.2002 – Rs. C-51/00, AP Nr. 31 zu RL 77/187/EWG – Temco. | 9 Danach wird die Identität der wirtschaftlichen Einheit „namentlich" dann gewahrt, „wenn der Betrieb tatsächlich weitergeführt oder wieder aufgenommen wird"; vgl. EuGH v. 18.3.1986 – Rs. 24/85, EAS RL 77/187/EWG Nr. 2 – Spijkers; v. 11.3.1997 – Rs. C-13/95, AP Nr. 14 zu RL 77/187/EWG – Ayse Süzen. | 10 S. aus der deutschen Rspr. zB BAG v. 15.2.2007 – 8 AZR 431/06, NJW 2007, 3371 (Schlachthof); aus der ausländischen Rspr. die Fälle Perrier (Frankreich) sowie Iberia (Spanien), s. dazu *Rebhahn*, RdA-Sonderbeil. zu Heft 6/2006, S. 4, 7.

immateriellen Mitteln bestimmte arbeitstechnische Zwecke verfolgt, die sich nicht in der Befriedigung von Eigenbedarf erschöpfen[1]. Diesen „betriebsmittelzentrierten" Betriebsbegriff hat das BAG in einer Vielzahl von Entscheidungen seit 1974 bei der Beurteilung eines Betriebsübergangs bzw. Betriebsteilübergangs herangezogen, allerdings mit einer wesentlichen Modifikation: Die personellen „Betriebsmittel", also die ArbN, sollten außer Betracht bleiben, da der Übergang der Arbeitsverhältnisse Rechtsfolge, nicht Tatbestandsvoraussetzung des § 613a sei. Ob der Betriebserwerber das für den Betrieb notwendige Personal weiterbeschäftige oder eigenes, neues Personal einstelle, sei daher nach dem Zweck der Norm unerheblich[2]. Diese Rspr., die die Anwendungspraxis bis Anfang 1997 dominierte, ist auf Grund der oben Rz. 3 beschriebenen Entwicklung heute überholt. Alle BAG-Entscheidungen, die vor dem *Ayse Süzen*-Urteil vom 11.3.1997[3] ergangen sind, können somit für die Abgrenzung des Tatbestands des § 613a grds. nicht mehr herangezogen werden, bleiben allerdings hinsichtlich einzelner Teilaspekte gleichwohl von Interesse (s. auch Rz. 120)[4]. Sie „kranken" daran, dass das BAG bis dahin die Rspr. des EuGH nicht zur Kenntnis genommen hatte[5]. Das Erfordernis der **richtlinienkonformen Auslegung** gebietet, dass § 613a in Übereinstimmung mit dem Anwendungsbereich der Richtlinie ausgelegt wird[6]. Diese definiert in Art. 1 Ib den maßgeblichen Tatbestand als Übergang einer ihre Identität bewahrenden wirtschaftl. Einheit iSd. organisierten Zusammenfassung von Ressourcen zur Verfolgung einer wirtschaftl. Haupt- oder Nebentätigkeit. Dabei kennzeichnet der erste Teil dieser Definition (Übergang unter Identitätswahrung) den Kern des Betriebs*übergangs*, während der zweite Teil (zweckgerichtete organisierte Zusammenfassung von Ressourcen) den Kern des *Betriebs*begriffs im Rahmen des § 613a ausmacht. § 613a muss also so „gelesen" werden, dass sowohl der Betriebs- als auch der Betriebsteilbegriff mit der Richtliniendefinition einer wirtschaftl. Einheit übereinstimmen.

13 **2. Betrieb. a) Einheit.** Der Begriff der Einheit bezieht sich nach der Rspr. des EuGH auf eine organisierte (strukturierte) Gesamtheit von Personen und Sachen zur Ausübung einer wirtschaftl. Tätigkeit mit eigener Zielsetzung[7]. Dieser Begriff gelte unabhängig von der Rechtsform dieser Einheit und der Art ihrer Finanzierung[8]. Diese Rspr. hat der Richtliniengeber inzwischen nachgezeichnet, indem er die wirtschaftl. Einheit als **„organisierte Zusammenfassung von Ressourcen** zur Verfolgung einer **wirtschaftl. Haupt- oder Nebentätigkeit**" bezeichnet (Art. 1 Ib der RL).

14 Welcher Art die Verknüpfung von Ressourcen zu einem bestimmten (Betriebs-)Zweck sein muss, hat der EuGH bislang nur punktuell ausgeführt. Er hat iS einer negativen Abgrenzung entschieden, dass die wirtschaftl. Einheit **nicht mit einer bloßen Tätigkeit** gleichgesetzt werden dürfe[9]. Die Übertragung einer rein abstrakten Arbeitsaufgabe, auch wenn sie, wie zB im Falle des **Outsourcing**, mit der erstmaligen Entstehung einer dauerhaften Kundenbeziehung, oder, wie im Falle der **Auftragsnachfolge**, mit deren Überleitung auf ein anderes (Sub-)Unternehmen verbunden ist, stellt somit keinen geeigneten Anknüpfungspunkt für einen Betriebs(teil)übergang dar. Damit sind die vorübergehend durch das *Christel Schmidt*-Urteil vom 14.4.1995[10] für die Praxis geweckten Befürchtungen „vom Tisch". Allein eine bestimmte Arbeitsaufgabe (= Funktion) macht noch keinen Betrieb oder Betriebsteil iSd. Richtlinie und des § 613a aus.

15 Konstitutiv sowohl für einen Betrieb als auch für einen Betriebsteil ist vielmehr die (dauerhafte, s. Rz. 19 f.) organisierte Zusammenfassung von Ressourcen zu einem bestimmten wirtschaftl. Zweck (s. Rz. 21 ff.). Damit geraten die – auch nach der früheren Rspr. des BAG zentralen – **Betriebsmittel** in den Blickpunkt, ohne deren Übertragung (nicht iSd. dinglichen Verfügungsberechtigung, sondern lediglich der – ggf. auch zeitweiligen – Nutzungsbefugnis) es somit keinen Betriebs(teil)übergang geben kann. Die für den Betrieb bzw. Betriebsteil konstitutiven Betriebsmittel können sächlicher (Betriebsgrundstück, Produktionsanlagen, technische Einrichtung etc.), immaterieller (Know-how, Kundenbeziehungen, gewerbliche Schutzrechte) oder auch personeller Natur sein.

---

1 Diese Definition geht zurück auf *Jacobi*, FS Ehrenberg, 1926, S. 1 (9); *Jacobi*, Grundlehren des Arbeitsrechts, 1927, S. 286; vgl. auch *Richardi*, § 1 BetrVG Rz. 16 f. | 2 Grundl. BAG v. 25.2.1981 – 5 AZR 91/78, AP Nr. 24 zu § 613a BGB; zuvor bereits v. 22.5.1979 – 1 ABR 17/77, AP Nr. 4 zu § 111 BetrVG; seither über viele Jahre st. Rspr. | 3 EuGH v. 11.3.1997 – Rs. C-13/95, AP Nr. 14 zu RL 77/187/EWG – Ayse Süzen. Die zeitliche Grenze markieren insoweit BAG v. 24.4.1997 – 8 AZR 848/94, NZA 1998, 253 (EDV-Dienstleistung); v. 22.5.1997 – 8 AZR 101/96, AP Nr. 154 zu § 613a BGB (*Franzen*) (Modegeschäft). | 4 Der 8. Senat hat mit Urt. BAG v. 2.12.1999 – 8 AZR 796/98, AP Nr. 188 zu § 613a BGB (Elektrohandel) insoweit eine Ausnahme gemacht, als die in der früheren Rspr. zum Betriebsübergang bei einem Einzelhandelsgeschäft herausgestellten Gesichtspunkte auch nach der neuen Begriffsbestimmung des Betriebsübergangs auf der Grundlage der geänderten Rspr. des BAG Gültigkeit behalten sollen. | 5 Vgl. *Moll*, RdA 1999, 233 (235). | 6 Hierauf hat der EuGH mehrfach hingewiesen, vgl. EuGH v. 14.7.1994 – Rs. C-91/92, NJW 1994, 2473 – Faccini Dori; v. 14.9.2000 – Rs. C-343/98, NZA 2000, 1279 – Collino ua.; s. auch Rz. 2. | 7 EuGH v. 19.9.1995 – Rs. C-48/94, AP Nr. 133 zu § 613a BGB – Rygaard; v. 11.3.1997 – Rs. C-13/95, AP Nr. 14 zu RL 77/187/EWG – Ayse Süzen; v. 2.12.1999 – Rs. C-234/98, ZIP 1999, 2107 – Allen ua. | 8 EuGH v. 26.9.2000 – Rs. C-175/99, AP Nr. 30 zu RL 77/187/EWG – Mayeur. | 9 EuGH v. 11.3.1997 – Rs. C-13/95, AP Nr. 14 zu RL 77/187/EWG – Ayse Süzen, seitdem st. Rspr. auch des BAG, vgl. ua. BAG v. 11.12.1997 – 8 AZR 729/96, AP Nr. 172 zu § 613a BGB (Reinigung II); v. 11.12.1997 – 8 AZR 699/96 (Buchhaltung), nv.; v. 22.5.1997 – 8 AZR 101/96, AP Nr. 154 zu § 613a BGB (*Franzen*) (Modegeschäft); v. 23.4.1998 – 8 AZR 665/96 (Warenauslieferung), nv. | 10 EuGH v. 14.4.1994 – Rs. C-392/92, AP Nr. 106 zu § 613a BGB (*Loritz*) – Christel Schmidt; vgl. zu diesem Urteil und seinen zunächst vielfach überschätzten Folgen *Willemsen*, DB 1995, 924.

Dass auch die **Belegschaft des Veräußerers** insb. – aber nicht nur – bei sog. betriebsmittelarmen Tätigkeiten ein wesentliches Substrat des Betriebsbegriffs ausmacht, ist st. Rspr. des EuGH[1], der sich das BAG mittlerweile vorbehaltlos angeschlossen hat[2], nachdem es dies zunächst mit dem sog. „Konfusionsargument" wegen der (angeblichen) Vermengung von Tatbestand und Rechtsfolge des § 613a abgelehnt hatte (s. Rz. 12). Inzwischen ist anerkannt, dass bei Tätigkeiten, die ganz oder nahezu ausschließlich auf menschlicher Arbeitskraft beruhen und bei denen sächliche Betriebsmittel keine oder nur eine völlig untergeordnete Rolle spielen („betriebsmittelarme Tätigkeiten"), die wesentlichen Betriebsmittel ausschließlich in der sog. „organisierten Hauptbelegschaft" des bisherigen Inhabers zu sehen sind[3]. In terminologischer Hinsicht ist dabei zu beachten, dass der EuGH in seinen einschlägigen Entscheidungen den Begriff der „Betriebsmittel" nur für die nicht-personellen Ressourcen (sächlicher und immaterieller Art) verwendet und die ArbN (das „Personal") gedanklich daneben stellt; dies ändert aber in der Sache nichts daran, dass das Personal in der EuGH-Judikatur ein (unter Umständen zentrales) identitätsstiftendes Element ist und damit zu den „Ressourcen" (= Betriebsmitteln) iSd. Betriebsdefinition der Richtlinie gehört (ausf. Rz. 137 ff.). Dies gilt nach einer EuGH-Entscheidung vom 13.9.2007 insb. für **Zeitarbeitsunternehmen**, deren wesentliches „Kapital" die bei bestimmten Kunden eingesetzten ArbN sind[4]. 16

Somit besteht ein Betrieb iSd. § 613a aus sächlichen, immateriellen und personellen Betriebsmitteln (Ressourcen), wobei den verschiedenen **Arten** von Betriebsmitteln je nach der Art der ausgeübten Tätigkeit (= des Betriebszwecks) eine unterschiedliche Bedeutung und ein **unterschiedliches Gewicht** zukommt (s. zu dieser „Relativitätstheorie" auch Rz. 100)[5]. 17

Die Betriebsmittel als solche stellen indes weder einen Betrieb noch einen Betriebsteil dar. Zu einem solchen werden sie erst durch ihre organisatorische (= strukturierte) Zusammenfassung „zur Verfolgung einer wirtschaftl. Haupt- oder Nebentätigkeit". Unter Letzterer ist nach deutscher Terminologie der „**Betriebszweck**" zu verstehen. Die Betriebsorganisation ist somit das denknotwendige Bindeglied zwischen den einzelnen Betriebsmitteln einerseits sowie der mit diesen verfolgten wirtschaftl. Tätigkeit (= Betriebszweck) andererseits. Diese **Verknüpfung** individueller Betriebsmittel zu einem individuellen Betriebszweck macht das „Wesen" (und zugleich die Identität) des Betriebs bzw. Betriebsteils aus. Die dem zugrunde liegende Kombinationsleistung hat der bisherige Inhaber erbracht, und der Betriebsnachfolger iSd. § 613a knüpft hieran an (s. Rz. 9). Der sowohl vom EuGH als auch vom BAG maßgeblich genutzte Begriff der Einheit (vom EuGH auch als „organisierte Gesamtheit" bezeichnet) kennzeichnet mithin die Kernfunktion des Betriebs(teils), nämlich im Wege der „logischen Verknüpfung" konkrete Betriebsmittel (Menschen, Maschinen, Know-how etc.) zu einem – über die bloße „Verfügungsmacht" über die Betriebsmittel als solche hinausgehenden – wirtschaftl. Ziel (= wirtschaftl. Tätigkeit iSd. Richtlinie und EuGH-Rspr.; Betriebszweck iSd. deutschen Terminologie) zusammenzufassen. Diese Art der Zusammenfassung wird in der Betriebswirtschaftslehre – und auch in der Rspr. – als Organisation bezeichnet. Jedem Betrieb bzw. Betriebsteil liegt demnach eine derartige **Organisation** zugrunde; ohne eine solche handelt es sich nur um eine „lose", mehr oder weniger zufällige Ansammlung von Betriebsmitteln[6]. 18

b) Auf Dauer angelegt. Nicht im Richtlinientext, wohl aber in der Rspr. des EuGH wird als weiteres Tatbestandsmerkmal verlangt, dass die zu übertragende Einheit auf Dauer angelegt sein muss. Ihre Tätigkeit dürfe nicht auf die Ausführung eines bestimmten Vorhabens beschränkt sein. Dieses Postulat stammt aus dem EuGH-Urteil vom 19.9.1995 in Sachen *Rygaard*[7]. Dort hat der Gerichtshof entschieden, dass ein Sachverhalt, in dem ein Unternehmen eine seiner Baustellen einem anderen Unternehmen zwecks Fertigstellung überträgt und sich dabei darauf beschränkt, dem letztgenannten Unternehmen ArbN und Material zur Durchführung der laufenden Arbeiten zur Verfügung zu stellen, nicht in den Anwendungsbereich der Richtlinie falle. Bereits in diesem Urteil hatte der EuGH jedoch hinzugefügt, dass die Übertragung einer Baustelle zwecks Fertigstellung unter die Richtlinie fallen könne, nämlich dann, wenn sie mit der „Übertragung einer organisierten Gesamtheit von Faktoren" einhergehe, die eine „dauerhafte Fortsetzung der Tätigkeiten oder bestimmter Tätigkeiten des übertragenden Unterneh- 19

1 Vgl. EuGH v. 11.3.1997 – Rs. C-13/95, AP Nr. 14 zu RL 77/187/EWG – Ayse Süzen. | 2 Erstmals mit BAG v. 22.5.1997 – 8 AZR 101/96, AP Nr. 154 zu § 613a BGB (Modegeschäft) unter ausdrücklicher Aufgabe der früheren Rspr. | 3 Vgl. aus neuerer Zeit EuGH v. 2.12.1999 – Rs. C-234/98, ZIP 1999, 2107 – Allen ua.; v. 10.12.1998 – Rs. C-127/96, EWiR 1999, 551 (*Thüsing*) – Hernandez Vidal ua. sowie v. 10.12.1998 – Rs. C-173/96 und C-247/96, EWiR 1999, 875 (*Thüsing*) – Hidalgo ua. | 4 EuGH v. 13.9.2007 – Rs. C-458/05 (*Jouini ua.*), ZIP 2007, 2093, unter Hinweis auf Art. 2 Abs. 2 Unterabs. 2 Buchst. c) der RL 2001/23. | 5 EuGH v. 11.3.1997 – Rs. C-13/95, AP Nr. 14 zu RL 77/187/EWG – Ayse Süzen; aus der BAG-Rspr. BAG v. 11.12.1997 – 8 AZR 729/96, AP Nr. 172 zu § 613a BGB (Reinigung II). | 6 Vgl. zum betriebswirtschaftlichen Betriebsbegriff *Wöhe*, Einführung in die Allgemeine Betriebswirtschaftslehre, 22. Aufl. 2005: Kombination der Faktoren Arbeit, Betriebsmittel und Werkstoffe nach dem (rein formalen) Wirtschaftlichkeitsprinzip; ähnlich *Vahlens* Großes Wirtschaftslexikon, 3. Aufl. 1999, Stichwort „Betrieb": „Nach *E. Kosiol* ist die Organisation eines Betriebs gerichtet auf ... die Regelung des Zusammenwirkens von Menschen und Menschen, Menschen und Sachen sowie von Sachen und Sachen im Hinblick auf gesetzte Ziele". | 7 EuGH v. 19.9.1995 – Rs. C-48/94, Slg. 1995, I-2745 = AP Nr. 133 zu § 613a BGB – Rygaard, Tz. 20; s. dazu auch EuGH v. 2.12.1999 – Rs. C-234/98, ZIP 1999, 2107 – Allen ua.

mens erlauben würde"[1]. Diesen Gedanken hat der EuGH in einer Entscheidung vom 2.12.1999 aufgegriffen und die Richtlinie für anwendbar erklärt auf einen Fall, dass eine konzernzugehörige Gesellschaft beschließt, Aufträge über Stollenvortriebsarbeiten an eine andere Gesellschaft desselben Konzerns als Subunternehmer zu vergeben, „sofern dieser Vorgang mit dem Übergang einer wirtschaftl. Einheit zwischen den beiden Gesellschaften einhergeht"[2]. Nach Auffassung des EuGH schließt der Umstand allein, dass nur die Durchführung *bestimmter* Vortriebsarbeiten von dem bisherigen Unternehmer auf einen Subunternehmer übertragen wurde, die Anwendung der Richtlinie nicht von vornherein aus. Entscheidend komme es darauf an, ob nachgewiesen werden könne, dass der Subunternehmer anlässlich dieses Vorgangs von dem Hauptunternehmer die „organisierten Mittel" erworben habe, die es ihm ermöglichten, die Vortriebsarbeiten (im konkreten Fall: Im Kohlebergwerk *Prince of Wales*) dauerhaft vorzunehmen[3].

20 Das Merkmal der „auf der Dauer angelegten" Einheit erfüllt also lediglich eine **eingeschränkte Funktion** dergestalt, dass es eine gewisse **Nachhaltigkeit** der Verknüpfung von Betriebsmitteln zu einem bestimmten wirtschaftl. Zweck voraussetzt[4]. Damit sollen offenbar *ad hoc*-Konstellationen, in denen Unternehmen sich spontan und von vornherein zeitlich begrenzt durch Zurverfügungstellung sächlicher oder personeller Ressourcen Hilfe leisten (zB auch im Notfall), aus dem Anwendungsbereich der Richtlinie ausgeschlossen werden. Allein maßgeblich bleibt jedoch letztlich das Element der „organisierten Gesamtheit von Betriebsmitteln", welches angesichts der geforderten Nachhaltigkeit auf eine längere Zeit angelegt sein muss. Dies darf indes nicht in dem Sinne missverstanden werden, dass der Betriebszweck von unbestimmter und/oder unbefristeter Dauer sein müsse[5]; ebenso wenig steht es der Anwendung des § 613a von vornherein entgegen, wenn die „organisierten Betriebsmittel" sich lediglich auf einzelne von mehreren Aufträgen des bisherigen Betriebsinhabers beziehen, wie das EuGH-Urteil in Sachen *Allen ua.* lehrt[6]. In solchen Fällen ist allerdings jeweils zu prüfen, ob die übertragenen Betriebsmittel und deren organisatorische Verknüpfung einen *Betriebsteil* iSd. § 613a verkörpern (s. Rz. 31 ff.).

21 **c) Wirtschaftliche Einheit.** Der durch die RL 98/50/EG geänderte Richtlinientext verlangt den Übergang einer wirtschaftl. Einheit und definiert diese als **organisatorische Zusammenfassung von Ressourcen zur Verfolgung einer wirtschaftl. Haupt- oder Nebentätigkeit.** Damit stellt sich die Frage der Einbeziehung nicht gewerblicher sowie staatlicher Organisationseinheiten.

22 In Art. 1 Ic der geänderten Richtlinie hat der Richtliniengeber klargestellt, dass eine „wirtschaftliche Einheit" auch eine solche sein kann, die **keine Erwerbszwecke** verfolgt. Er zeichnet damit lediglich die Rspr. des EuGH nach, der schon seit 1992 judiziert hatte, die Übertragung einer wirtschaftl. Einheit könne nicht allein deswegen vom Anwendungsbereich der Richtlinie ausgenommen werden, weil die Tätigkeit ohne Erwerbszweck oder im öffentl. Interesse ausgeübt werde. Dementsprechend hat der Gerichtshof in Sachen *Redmond Stichting* entschieden, dass die Richtlinie auf die von einer **gemeinnützigen Stiftung** durchgeführten **Drogenhilfe** anwendbar sei[7]; ebenso wurden die häusliche Hilfe für hilfsbedürftige Personen[8] sowie die im öffentl. Interesse erfolgende **Herausgabe eines Magazins**[9] als wirtschaftl. Tätigkeit iSd. Richtlinie qualifiziert. Entscheidend ist nach Auffassung des EuGH, dass die jeweilige Tätigkeit wirtschaftl. Charakter hat[10], was letztlich bei jedem organisierten Einsatz von wirtschaftl. Ressourcen zur Verfolgung bestimmter betrieblicher Zwecke der Fall sein dürfte. Das BAG hat dies inzwischen bestätigt und selbst den Betrieb eines **Truppenübungsplatzes** als wirtschaftl. Tätigkeit aufgefasst. Für die Anwendung des § 613a sei unerheblich, wer Betriebsinhaber sei und welche wirtschaftl. Zwecke er verfolge. Die Bezeichnung der Betriebstätigkeit als „wirtschaftliche Tätigkeit" und des Betriebs als „wirtschaftliche" Einheit setze weder ein Tätigwerden im Bereich der „Wirtschaft" noch eine Gewinnerzielungsabsicht oder materielle Wertschöpfung voraus. Vielmehr werde damit nur ausgedrückt, dass dem Betrieb materielle und/oder immaterielle Wirtschaftsgüter einschließlich der menschlichen Arbeit zugeordnet seien, die der Betriebsinhaber für seine Tätigkeit nutze. Insofern liege keine Einschränkung gegenüber der früher gebräuchlichen Begriffsbestimmung des Betriebs[11].

23 Dieser weite Begriff der wirtschaftl. Einheit bzw. wirtschaftl. Tätigkeit lässt es zu, auch **öffentl.-rechtl. organisierte Einheiten** unter den Begriff des Betriebs bzw. Betriebsteils zu subsumieren[12]. Die Qualifizierung des Betriebsinhabers als öffentl.-rechtl. Rechtsträger schließt somit die Anwendung des § 613a

1 EuGH v. 19.9.1995 – Rs. C-48/94, AP Nr. 133 zu § 613a BGB – Rygaard, Tz. 20. | 2 EuGH v. 2.12.1999 – Rs. C-234/98, ZIP 1999, 2107 – Allen ua. | 3 EuGH v. 2.12.1999 – Rs. C-234/98, ZIP 1999, 2107 – Allen ua. | 4 Vgl. zur Bedeutung des Merkmals auch *Annuß*, BB 1998, 1582 (1583) und *Moll*, RdA 1999, 233 (239 f.). | 5 EuGH v. 2.12.1999 – Rs. C-234/98, ZIP 1999, 2107 – Allen ua. | 6 EuGH v. 2.12.1999 – Rs. C-234/98, ZIP 1999, 2107 – Allen ua. | 7 EuGH v. 19.5.1992 – Rs. C-29/91, AP Nr. 107 zu § 613a BGB – Redmond Stichting. | 8 EuGH v. 10.12.1998 – Rs. C-173/96 und C-247/96, EWiR 1999, 875 (*Thüsing*) – Hidalgo ua. | 9 EuGH v. 26.9.2000 – Rs. C-175/99, AP Nr. 30 zu RL 77/187/EWG – Mayeur. | 10 So ausdrücklich EuGH v. 26.9.2000 – Rs. C-175/99, AP Nr. 30 zu RL 77/187/EWG – Mayeur, Tz. 39. | 11 BAG v. 27.4.2000 – 8 AZR 260/99, nv. (Truppenübungsplatz); vgl. auch v. 25.9.2003 – 8 AZR 421/02, NZA 2004, 316 (Schießplatz); zur früheren Definition des Betriebs vgl. BAG v. 4.3.1993 – 2 AZR 507/92, AP Nr. 101 zu § 613a BGB; v. 2.12.1998 – 7 AZR 597/97, AP Nr. 207 zu § 620 BGB – Befristeter Arbeitsvertrag. | 12 Ausf. zu den arbeitsrechtlichen Fragen im Zusammenhang mit der Umstrukturierung öffentlicher Rechtsträger *Willemsen*, FS 50 Jahre BAG, 2004, S. 287 (291 ff.).

nicht aus. Dies entspricht der st. Rspr. des EuGH[1] wie auch des BAG. So hat der EuGH in Sachen *Collino ua.*[2] die Übertragung zuvor von staatlicher Seite erbrachter **Telekommunikations-Dienstleistungen** auf die von der staatlichen Holding *IRI* gegründete *IRITEL* als Übertragung einer wirtschaftl. Einheit qualifiziert[3]. Dass die übertragene Dienstleistung durch eine Einrichtung des öffentl. Rechts vergeben worden sei, könne die Anwendung der Richtlinie nicht ausschließen, wenn die betreffende Tätigkeit keine hoheitliche Tätigkeit darstelle (s. dazu näher Rz. 24 ff.). In Übereinstimmung damit hat das BAG bei der Übertragung ehemaligen DDR-**Rundfunkvermögens** auf den Mitteldeutschen Rundfunk (MDR)[4], dem durch Verwaltungsvereinbarung geregelten **Übergang einer Schule** von einem öffentl.-rechtl. Träger auf einen anderen[5] sowie bei einem **Jugendwohnheim** als Einrichtung der Erziehungshilfe[6] das Vorliegen einer wirtschaftl. Einheit ebenso bejaht wie in dem bereits erwähnten Fall eines Truppenübungsplatzes[7], der allerdings im Hinblick auf das negative Abgrenzungskriterium der „hoheitlichen Tätigkeit" problematisch ist.

Es entspricht nämlich ebenso gefestigter Rspr. des EuGH, dass **hoheitliche Tätigkeiten** keine wirtschaftl. Tätigkeiten iSd. Richtlinie sind und daher die Übertragung solcher hoheitlicher Aufgaben von einer staatlichen Stelle auf eine andere, auch wenn damit zugleich die Übertragung betrieblicher Ressourcen verbunden ist, keinen Betriebsübergang iSd. Richtlinie auszulösen vermag[8]. Diese Auffassung des EuGH hat nunmehr ihren Niederschlag gefunden in dem ausdrücklichen Wortlaut der Richtlinie (Art. 1 Ic 2); danach handelt es sich bei der Übertragung von Aufgaben im Zuge einer **Umstrukturierung von Verwaltungsbehörden** oder bei der Übertragung von Verwaltungsaufgaben von einer Behörde auf eine andere *nicht* um einen Betriebsübergang iS dieser Richtlinie. Da insoweit ausweislich der Begründung die Rspr. des EuGH übernommen werden sollte, ist davon auszugehen, dass dieser Ausschlusstatbestand mit der Terminologie des EuGH („Übertragung hoheitlicher Aufgaben") identisch ist. 24

Das BAG ist dieser EG-Richtlinie bislang nur insoweit gefolgt, als es die bloße **Funktionsnachfolge im öffentl. Dienst** nicht als Übergang eines Betriebs bzw. Betriebsteils auffasst[9]. Dies entspricht allerdings bereits dem allgemeinen Grundsatz, dass eine wirtschaftl. Einheit nicht mit einer bloßen Tätigkeit gleichgesetzt werden darf (s. Rz. 14, Rz. 172 ff.). In dem Urteil vom 26.6.1997 hat der 8. BAG-Senat daher noch offen lassen können, ob § 613a über die RL 77/187/EWG (jetzt 2001/23/EG) hinausgeht und auch die Verwaltungstätigkeit durch öffentl. Dienste als „Betrieb" erfasst, denn die Voraussetzungen eines Betriebsübergangs lagen ohnehin nicht vor[10]. In der „**Notariats-Entscheidung**" vom 26.8.1999 ging es der Sache nach ebenfalls um eine hoheitliche Tätigkeit; in erster Linie wurde das Vorliegen eines Betriebsübergangs wegen der höchstpersönlichen Natur des Notariats verneint, jedoch bezieht sich der 8. Senat zugleich auf das Urteil des EuGH vom 15.10.1996 in Sachen *Henke*[11], wonach die Richtlinie auf Hoheitsakte keine Anwendung finde[12]. Zwei weitere Urteile vom 25.1.2001[13] und 8.5.2001[14] betrafen zwar Umstrukturierungen im öffentl.-rechtl. Bereich, jedoch handelte es sich um Einrichtungen der **öffentl. Daseinsvorsorge**, die auch der EuGH als vom Begriff der wirtschaftl. Einheit erfasst ansieht, so dass auch hier keine Auseinandersetzung mit den Urteilen in Sachen *Henke*[15] und *Collino*[16] geboten war. 25

Umso erstaunlicher ist es demgemäß, dass der 8. Senat in seinem Truppenübungsplatz-Urteil vom 27.4.2000 ohne jegliche Auseinandersetzung mit dem Text der Richtlinie und der damit übereinstimmenden Rspr. des EuGH nunmehr judiziert, die **Wahrnehmung hoheitlicher Aufgaben** stehe dem Begriff des Betriebsübergangs iSv. § 613a „nicht von vornherein entgegen". Welche Aufgaben in privatrechtl., öffentl.-rechtl. und hoheitlicher Form erfüllt würden, ergebe sich „vielfach nicht aus der Aufgabenstellung selbst, sondern obliegt der Organisationsgewalt des Staates". Für den Zweck des § 613a komme es 26

1 Vgl. aus jüngerer Zeit EuGH v. 14.9.2000 – Rs. C-343/98, NZA 2000, 1279 – Collino ua.; vgl. bereits zuvor EuGH v. 15.10.1996 – Rs. C-298/94, AP Nr. 13 zu RL 77/187/EWG – Henke. | 2 EuGH v. 14.9.2000 – Rs. C-343/98, NZA 2000, 1279 – Collino ua., Tz. 31 ff. | 3 Ähnl. zum Unternehmenscharakter von öffentl. Telekommunikationseinrichtungen iSd. *Wettbewerbsrechts* EuGH v. 17.11.1992 – Rs. C-271, 281, 289/90, Slg. 1992, I-5833 – Spanien ua./Kommission. | 4 BAG v. 20.3.1995 – 8 AZR 856/95, AP Nr. 24 zu Art. 13 Einigungsvertrag. | 5 BAG v. 7.9.1995 – 8 AZR 928/93, AP Nr. 131 zu § 613a BGB. Zu Unrecht stellt demgegenüber LAG Köln v. 2.10.1997 – 10 Sa 643/97, NZA 1998, 290 das Vorliegen einer „wirtschaftlichen Einheit" für eine Kindertagesstätte infrage. | 6 BAG v. 23.9.1999 – 8 AZR 750/98, nv. | 7 BAG v. 27.4.2000 – 8 AZR 260/99, nv. (Truppenübungsplatz). Ähnl. bereits BAG v. 4.3.1993 – 2 AZR 507/92, AP Nr. 101 zu § 613a BGB, wo eine Einrichtung der französischen Streitkräfte am Flughafen Tegel als übergangsfähige Einheit angesehen wurde. | 8 Grundl. EuGH v. 15.10.1996 – Rs. C-298/94, AP Nr. 13 zu RL 77/187/EWG – Henke; s. dazu auch Erman/*Edenfeld*, § 613a BGB Rz. 24; vgl. ferner EuGH v. 14.9.2000 – Rs. C-343/98, NZA 2000, 1279 – Collino ua., Tz. 32; kritisch zu dem Abgrenzungsmerkmal des hoheitlichen Handelns *Heerma*, DZWiR 2000, 104 (105). Abw. ohne überzeugende Begründung LAG Nds. v. 31.8.2001 – 10 Sa 2899/98, NZA-RR 2002, 630 (Fleischbeschau). | 9 BAG v. 26.6.1997 – 8 AZR 426/95, AP Nr. 165 zu § 613a BGB (Verwaltung-Funktionsnachfolge); s. dazu auch *Willemsen* in Willemsen/Hohenstatt/Schweibert/Seibt, Rz. G 51 f. | 10 BAG v. 26.6.1997 – 8 AZR 426/95, AP Nr. 165 zu § 613a BGB (Verwaltung-Funktionsnachfolge). | 11 EuGH v. 15.10.1996 – Rs. C-298/94, AP Nr. 13 zu RL 77/187/EWG – Henke. | 12 BAG v. 26.8.1999 – 8 AZR 827/98, AP Nr. 197 zu § 613a BGB (Notariat). | 13 BAG v. 25.1.2001 – 8 AZR 336/00, AP Nr. 215 zu § 613a BGB (Berliner Bäder-Betriebe); s. dazu *Willemsen* in Willemsen/Hohenstatt/Schweibert/Seibt, Rz. G 92 f. | 14 BAG v. 8.5.2001 – 9 AZR 95/00, AP Nr. 219 zu § 613a BGB (Landesbetrieb Krankenhäuser Hamburg); s. dazu *Willemsen* in Willemsen/Hohenstatt/Schweibert/Seibt, Rz. G 94 ff. | 15 EuGH v. 15.10.1996 – Rs. C-298/94, AP Nr. 13 zu RL 77/187/EWG – Henke. | 16 EuGH v. 14.9.2000 – Rs. C-343/98, NZA 2000, 1279 – Collino ua.

auf diese Unterscheidung nicht an. Ob etwa der Wechsel des Rechtsträgers mit einem rechtsgeschäftlichen Betriebsübergang verbunden sei, dürfe nicht schon wegen der Qualifizierung der (bisherigen) Tätigkeit ausgeschlossen sein, sondern sei „nach den hierfür maßgeblichen Kriterien zu beurteilen"[1]. Den Besonderheiten öffentl. Verwaltung und Dienststellen werde „insb. dadurch ausreichend Rechnung getragen, dass § 613a nur den auf Rechtsgeschäft beruhenden Übergang von Organisationseinheiten erfasst, nicht jedoch eine gesetzl. Funktionsnachfolge, und zudem die Wahrung der Organisation voraussetzt"[2].

27 Mit dieser Rspr. will der 8. Senat offensichtlich den Schutz privatrechtl. Arbeitsverhältnisse (dazu, dass beim Betriebsübergang im öffentl. Dienst nur Arbeits-, nicht aber Beamtenverhältnisse nach § 613a übergehen, s. Rz. 224) iSd. „Lückenschließung" auf solche Konstellationen anwenden, in denen hoheitliche (Verwaltungs-)Aufgaben unter Überleitung des maßgeblichen „betrieblichen Substrats" im Vereinbarungswege von einem öffentl.-rechtl. Rechtsträger auf einen anderen öffentl.-rechtl. Rechtsträger übertragen werden. Die Anwendung des § 613a soll trotz Vorliegens sämtlicher Voraussetzungen im Übrigen also nicht allein daran scheitern, dass es sich bei den wahrgenommenen Tätigkeiten um solche hoheitlicher Natur handelt. Dabei mag eine zentrale Rolle spielen, dass auch solche ArbN, die im öffentl. Dienst tätig sind und mit der Erledigung hoheitlicher Aufgaben befasst werden, dem Schutzzweck des Kündigungsschutzgesetzes unterliegen, dessen Absicherung die Norm des § 613a dient (s. Rz. 8). Das Urteil ist für die **Privatisierungspraxis** von geringerer Tragweite, da hoheitliche Aufgaben idR nicht auf einen privaten Rechtsträger übertragen werden[3], wohl aber für die **Umstrukturierung öffentl. Behörden** im Wege der Verwaltungsvereinbarung, während bei Umstrukturierung öffentl. Rechtsträger kraft Gesetzes nach der Rspr. des BAG § 613a mangels Übergangs „durch Rechtsgeschäft" keine Anwendung findet[4].

28 Der ansonsten sehr auf Konsistenz seiner Rspr. mit derjenigen des EuGH bedachte 8. Senat des BAG hat sich mit seiner Auffassung, dass auch hoheitliche Tätigkeiten den Betriebsbegriff iSd. § 613a erfüllen können, in klaren Widerspruch sowohl zu der Richtlinie als auch zu dem EuGH-Urteil vom 15.10.1996 (*Henke*) und vom 14.9.2000 (*Collino ua.*) begeben, ohne dies in den Gründen seines Urteils vom 27.4.2000 in Sachen Truppenübungsplatz auch nur ansatzweise zu thematisieren. Damit hat das Gericht seinen eigenen Ansatz, § 613a durchgängig richtlinienkonform auszulegen, auf fragwürdige Weise verlassen. Sollte das BAG seine Rspr. insofern fortsetzen, müsste für die Praxis davon ausgegangen werden, dass der Begriff des Betriebs bzw. Betriebsteils grds. auch Organisationseinheiten im Bereich der öffentl. Verwaltung erfassen kann, also solche, deren Tätigkeit auf die Erfüllung hoheitlicher Aufgaben gerichtet ist.

29 Keine Diskrepanz zwischen EuGH- und BAG-Rspr. besteht demgegenüber insoweit, als Organisationseinheiten, die öffentl.-rechtl. strukturiert sind und sich nicht mit hoheitlichen Aufgaben, sondern solchen der öffentl. **Daseinsvorsorge** befassen, ohne weiteres als „wirtschaftliche Einheit" iSd. Richtlinie und des § 613a in Betracht kommen[5]. Als „Faustformel" lässt sich somit festhalten, dass bei sämtlichen Tätigkeiten, die an Stelle des Staates oder einer Gemeinde ebenso gut von einem privatrechtl. organisierten Rechtsträger wahrgenommen werden können, unter den übrigen Voraussetzungen von dem Vorliegen einer wirtschaftl. Einheit ausgegangen werden kann, ohne dass die Inhaberschaft eines öffentl.-rechtl. Rechtsträgers dem entgegenstünde. Insoweit – und nur insoweit – kann der These gefolgt werden, dass der Staat sich nicht durch die Wahl der Rechtsform den Wirkungen der Richtlinie soll entziehen können[6]. Dies trifft (ua., aber nicht ausschließlich) auf Tätigkeiten im Bereich des **Rundfunks**, der **Telekommunikation**, der **Energieversorgungseinrichtungen, Schulen** und anderen **Erziehungseinrichtungen** (zB Universitäten), **Krankenhäuser**, **Transportbetriebe** sowie öffentl. **Erholungseinrichtungen** (zB Bäder) zu. Generell ist damit der Anwendungsbereich des § 613a, und zwar sowohl nach nationaler wie auch nach EuGH-Rspr., für alle Fälle von **Privatisierungen** eröffnet. Es muss aber jeweils gesondert geprüft werden, ob die sonstigen Tatbestandsvoraussetzungen des § 613a vorliegen, also insb., ob es sich um den Übergang einer ihre Identität wahrenden wirtschaftl. Einheit (im Gegensatz zur sog. Funktionsnachfolge) handelt (s. Rz. 172) und ob dieser Übergang kraft Rechtsgeschäfts erfolgt (s. Rz. 183 ff.).

30 Die Formulierung in der Richtliniendefinition (Art. 1 Ib), wonach die wirtschaftl. Einheit eine **Haupt- oder Nebentätigkeit** verfolgen muss, ist lediglich klarstellender Natur und wirft in der Praxis angesichts der Gleichwertigkeit beider Merkmale keine Abgrenzungsfragen auf. Daher können auch lediglich **untergeordnete Hilfsfunktionen**[7] ohne weiteres einen Betrieb bzw. – in der Praxis noch häufiger – einen Betriebsteil iSv. § 613a darstellen.

1 BAG v. 27.4.2000 – 8 AZR 260/99, nv. (Truppenübungsplatz), unter Berufung auf *Resch*, AuR 2000, 87 (88 ff.). | 2 BAG v. 27.4.2000 – 8 AZR 260/99, nv. (Truppenübungsplatz). | 3 Bei Übertragung von einem öffentlichen auf einen privaten Rechtsträger spricht daher eine *Vermutung* dafür, dass es sich bereits zuvor nicht um eine hoheitliche Aufgabe gehandelt hat, so auch *Heerma*, DZWiR 2001, 104 (105). | 4 S. dazu BAG v. 8.5.2001 – 9 AZR 95/00, AP Nr. 219 zu § 613a BGB (Landesbetrieb Krankenhäuser Hamburg). | 5 Vgl. insb. EuGH v. 14.9.2000 – Rs. C-343/98, NZA 2000, 1279 – Collino ua.; v. 10.12.1998 – Rs. C-173/96 und C-247/96, EWiR 1999, 875 (*Thüsing*) – Hidalgo ua. | 6 So *Resch*, AuR 2000, 87 (89 f.); ihm folgend *Heerma*, DZWiR 2001, 104 (105). | 7 Vgl. dazu BAG v. 24.4.1997 – 8 AZR 848/94, NZA 1998, 253 (EDV-Dienstleistung); anders noch BAG v. 22.5.1998 – 5 AZR 30/84, AP Nr. 42 zu § 613a BGB.

3. Betriebsteil. a) Definition. Nach dem – insoweit seit seinem Inkrafttreten unveränderten – Gesetzeswortlaut löst neben dem Übergang des (ganzen) Betriebs auch der Übergang nur eines Betriebsteils die Rechtsfolgen des § 613a aus, im letzteren Falle allerdings beschränkt auf die dem jeweiligen Betriebsteil **unmittelbar zugeordneten Arbeitsverhältnisse** (s. auch Rz. 225 ff.)[1], so dass die übrigen Arbeitsverhältnisse beim bisherigen Inhaber verbleiben, und zwar selbst dann, wenn der nach der Herauslösung des Betriebsteils verbleibende **„Restbetrieb" nicht mehr lebensfähig ist**[2] und deshalb möglicherweise stillgelegt werden muss. Diese gesetzl. Regelung erweist sich in der Praxis als **ambivalent**: Sie eröffnet zum einen erhebliche **Gestaltungsspielräume**, da bei richtigem „Zuschneiden" der jeweils zu übernehmenden (Teil-)Aktivitäten die Rechtsfolge des § 613a auf diese **begrenzt** werden kann[3]; auf der anderen Seite läuft bereits derjenige, der lediglich einen „Ausschnitt" aus dem Gesamtspektrum einer umfassenden „wirtschaftlichen Einheit" übernimmt und fortführt, auch ohne entsprechendes Bewusstsein Gefahr, dass dieser als „Betriebsteil" iSd. § 613a qualifiziert wird und seine Übernahme die – jedenfalls für den Erwerber – nicht abdingbare Verpflichtung zur unveränderten Weiterbeschäftigung des dort tätigen Personals nach sich zieht. 31

Auch die RL 77/187/EWG (jetzt: 2001/23/EG) setzt den Betriebs*teil*übergang (vom BAG in neuerer Rspr. auch als „Teilbetriebsübergang" bezeichnet) dem Betriebsübergang gleich (vgl. Art. 1 Ia: „Übergang von Unternehmen, Betrieben oder Unternehmens- bzw. Betriebs*teilen*"). Auch ein bloßer Betriebsteil erfüllt somit die Voraussetzungen des Begriffs der auf Dauer angelegten wirtschaftl. Einheit[4]. 32

Die Interpretation des Betriebsteilbegriffs hat sich an dem Erfordernis der „Einheit" zu orientieren, deren konstituierendes und zugleich identifizierendes Merkmal die organisatorische Verknüpfung von Betriebsmitteln zu einem bestimmten wirtschaftl. Zweck ist (s. Rz. 18). Die Besonderheit des Betriebsteils und seiner Einbeziehung in den Tatbestand des § 613a liegt somit allein (!) darin, dass dieser Zweck auch lediglich ein – **abgrenzbares – Unterelement eines übergreifenden Zwecks** des „Gesamtbetriebs" sein kann. Dementsprechend definiert der 8. Senat des BAG Betriebsteile als „Teileinheiten" (**Teilorganisationen**) des Betriebs. Bei übertragenen sächlichen und/oder immateriellen Betriebsmitteln müsse es sich um eine **„organisatorische Untergliederung des Gesamtbetriebs handeln, mit der innerhalb des betrieblichen Gesamtzwecks ein Teilzweck verfolgt wird, auch wenn es sich dabei um eine untergeordnete Hilfsfunktion handelt**[5]. Nach einheitlicher Auffassung ist es wegen des spezifischen Schutzzwecks von § 613a nicht erforderlich, dass der Betriebsteil die Voraussetzungen des § 4 BetrVG erfüllt[6], und auch der Begriff des „wesentlichen Betriebsteils" in § 111 S. 3 Nr. 1 und 2 BetrVG oder der in § 15 V 1 KSchG verwendete Begriff einer „Betriebsabteilung" ist vorliegend *nicht* einschlägig[7]. Wenig ergiebig und im Lichte der Trendwende der Rspr. nach *Ayse Süzen* auch nicht mehr relevant ist die in der früheren Rspr. geäußerte Auffassung, Betriebsteil iSv. § 613a sei alles, was „Gegenstand einer eigenen rechtsgeschäftlichen Veräußerung sein" kann[8], weil dieses Merkmal auch auf die von § 613a gerade nicht erfasste Übertragung von „losen" Wirtschaftsgütern zutrifft[9]. Von zentraler Bedeutung ist demgegenüber, ob die in Rede stehende Einheit sowohl hinsichtlich ihrer Organisation als auch hinsichtlich des mit ihr verfolgten Zwecks („wirtschaftliche Tätigkeit" iSd. Terminologie der Richtlinie) von dem restlichen Betrieb **abgrenzbar** (abtrennbar) ist, was eine eigene, über die allgemeinen betrieblichen Strukturen hinausgehende Arbeitsorganisation voraussetzt. Diese ist von demjenigen darzulegen und zu **beweisen**, der sich auf einen Betriebsübergang beruft[10]. Die Wahrnehmung eines dauerhaften Teilzwecks führt nur dann zu einer selbständig übergangsfähigen Einheit, wenn eine organisierte Gesamtheit von Personen und Sachen vorliegt. Es reicht nicht aus, dass ein oder mehrere Betriebsmittel ständig dem betreffenden Teilzweck zugeordnet sind, auch nicht, dass ein oder mehrere ArbN ständig bestimmte Arbeiten mit bestimmten Betriebsmitteln erfüllen. Wird also zB ein Lkw-Fahrer ständig auf ein und demselben Lkw zur Erledigung von Transportaufträgen stets desselben 33

---

1 Ausdrücklich BAG v. 13.11.1997 – 8 AZR 375/96, AP Nr. 170 zu § 613a BGB (Stabsfunktion bei Betriebsteilübergang); v. 13.2.2003 – 8 AZR 102/02, BB 2003, 1206; v. 17.6.2003 – 2 AZR 134/02, ZIP 2004, 820 (Verbrauchermärkte – Stabsfunktion); zu den damit verbundenen Zuordnungsfragen s. *Willemsen* in Willemsen/Hohenstatt/Schweibert/Seibt, Rz. G 157 ff. | 2 Grundl. BAG v. 13.11.1997 – 8 AZR 375/96, AP Nr. 170 zu § 613a BGB (Stabsfunktion bei Betriebsteilübergang); bestätigt durch BAG v. 8.8.2002 – 8 AZR 583/01, NZA 2003, 315 (Verwaltung einer Bohrgesellschaft); dazu *Müller-Glöge*, NZA 1999, 449 (453); *Willemsen* in Willemsen/Hohenstatt/Schweibert/Seibt, Rz. G 58 ff. | 3 Vgl. dazu *Willemsen* in Willemsen/Hohenstatt/Schweibert/Seibt, Rz. G 141 f. mwN. | 4 Ebenso BAG v. 23.9.1999 – 8 AZR 650/98, nv. (Tiernahrungsproduktion – Verwaltung); v. 19.3.1998 – 8 AZR 737/96, nv. | 5 BAG v. 24.4.1997 – 8 AZR 848/94, NZA 1998, 253 (EDV-Dienstleistung); dazu *Willemsen* in Willemsen/Hohenstatt/Schweibert/Seibt, Rz. G 48 ff.; BAG v. 25.9.2003 – 8 AZR 421/02, NZA 2004, 316 (Schießplatz); v. 18.12.2003 – 8 AZR 621/02, NZA 2004, 791 = EWiR 2004, 905 (*Wißmann/Grau*) (Auslieferungslager); ebenso zuvor BAG v. 9.2.1994 – 2 AZR 666/93, AP Nr. 104 zu § 613a BGB; v. 16.10.1987 – 7 AZR 519/86, AP Nr. 69 zu § 613a BGB; konträr dazu allerdings BAG v. 22.5.1985 – 5 AZR 30/84 (s. auch Rz. 38). | 6 Ebenso BAG v. 2.10.1974 – 5 AZR 504/73, AP Nr. 1 zu § 613a BGB; v. 16.10.1987 – 7 AZR 519/86, AP Nr. 69 zu § 613a BGB. | 7 BAG v. 16.10.1987 – 7 AZR 519/86, AP Nr. 69 zu § 613a BGB. | 8 So noch BAG v. 2.10.1974 – 5 AZR 504/73, AP Nr. 1 zu § 613a BGB; v. 16.10.1987 – 7 AZR 519/86, AP Nr. 69 zu § 613a BGB. | 9 Abl. zu Recht auch Staudinger/*Annuß*, § 613a BGB Rz. 56. | 10 Grundl. BAG v. 26.8.1999 – 8 AZR 718/98, AP Nr. 196 zu § 613a BGB (Lastkraftwagen); dazu *Willemsen* in Willemsen/Hohenstatt/Schweibert/Seibt, Rz. G 77 ff.; bestätigt durch BAG v. 14.12.2000 – 8 AZR 220/00, nv. (Getränkehandel).

Kunden eines Transportunternehmens eingesetzt, handelt es sich gleichwohl bei dem Lkw noch *nicht* um einen Betriebsteil iSv. § 613a[1].

34 Solange die in Rede stehenden Betriebsmittel keinen eigenständigen und vom übrigen Betrieb abgrenzbaren Funktions- und Organisationszusammenhang aufweisen, sondern in dem betrieblichen Gesamtzusammenhang „aufgehen", handelt es sich also nicht um einen Betriebsteil. Daran ändert auch die ständige Allokation einzelner Betriebsmittel zu einem bestimmten betrieblichen Teilzweck nichts, solange es sich dabei nur um eine unternehmerische Maßnahme im Rahmen der zweckmäßigen Unternehmensführung handelt[2]. Erst durch die gewollte, dauerhafte Verknüpfung bestimmter Betriebsmittel zur Erfüllung eines betrieblichen **Teilzwecks** im Rahmen einer von der übrigen Betriebsorganisation abgrenzbaren **Teilorganisation** kann ein Betriebsteil als selbständig übertragbare Einheit iSd. § 613a entstehen. Erforderlich hierfür ist also eine eigene, von den allgemeinen betrieblichen Strukturen unterscheidbare Arbeitsorganisation[3]. Für eine solche selbständige Teileinheit kann es nach Auffassung des BAG sprechen, wenn Aufträge fest an bestimmte Betriebsmittel gebunden sind und die ArbN bestimmte Arbeiten als Spezialisten arbeitsteilig ausführen. Seien die Betriebsmittel und die an ihnen beschäftigten ArbN dagegen innerhalb des Gesamtbetriebes mehr oder weniger beliebig austauschbar, spreche dies gegen eine teilbetriebliche Organisation[4]. Immerhin hat der 8. Senat es für denkbar erachtet, dass ein und derselbe Betriebszweck (hier: Gütertransport mit Lkw) von verschiedenen Betriebsteilen ein und desselben Unternehmens/Betriebs iSv. § 613a ausgeführt wird.

35 Daraus ist zu folgern, dass der Betriebszweck des Betriebsteils von demjenigen des „Gesamtbetriebs" nicht zwingend verschieden sein muss, sondern auch die Erfüllung einer **gleichartigen Tätigkeit** in Betracht kommt. Im Teilbetrieb müssen somit nicht andersartige Zwecke als im Übrigen Betrieb verfolgt werden[5].

36 Allerdings muss in einem solchen Fall die gleichartige Tätigkeit „**teilbetrieblich organisiert**" sein, dh. eigenständige, von dem „Gesamtbetrieb" abgrenzbare Organisationsstrukturen aufweisen. Dies ist nur dann der Fall, wenn die jeweilige Untereinheit sich als „zielgerichtete", dauerhafte und spezifisch organisierte Zusammenfassung (Verknüpfung) von Ressourcen für den jeweiligen Teilzweck und nicht als (jederzeit ohne weiteres wieder aufhebbare) Ressourcenallokation im Zuge der allgemeinen Betriebstätigkeit darstellt. Anders gewendet: Wer einen „Betriebsteil" iSv. § 613a erwirbt, muss sich damit ohne weitere Organisationsakte (strukturbegründende Maßnahmen) den sich darin verkörpernden Funktionszusammenhang zunutze machen können, um den damit bisher verfolgten wirtschaftl. Zweck weiter zu verfolgen, da es sich andernfalls lediglich um „willkürlich" aus dem bisherigen organisatorischen Kontext herausgenommene einzelne Betriebsmittel handelt, die erst noch zu einem funktionsfähigen Zusammenhang in Form einer betrieblichen (Teil-)Organisation zusammengefügt werden müssen. Der bisherige Betrieb ist dann lediglich um eine bestimmte Anzahl von Betriebsmitteln verringert worden[6].

37 Dieser sich nun abzeichnenden Linie entspricht es, wenn das BAG für das Vorliegen eines Betriebsteils verlangt, dass die übernommenen Betriebsmittel **bereits beim früheren Betriebsinhaber die Qualität eines Betriebsteils** haben; es reicht also nicht aus, wenn der Erwerber mit einzelnen, bislang nicht teilbetrieblich organisierten Betriebsmitteln erst einen Betrieb oder Betriebsteil gründet[7]. Im letzteren Fall liegt lediglich eine Funktionsnachfolge vor, die sich vom Betriebs- bzw. Betriebsteilübergang gerade dadurch unterscheidet, dass der „Nachfolger" zwar eine bestimmte (Teil-)Aufgabe, nicht jedoch die hierfür eigens gebildete (Teil-)Organisation fortführt (s. Rz. 172 ff.).

38 **b) Beispiele aus der Rechtsprechung.** In einem Urteil vom 22.5.1985[8] hatte sich der 5. BAG-Senat ua. mit der Frage zu befassen, inwieweit bei einem **Produktionsbetrieb** bereits der **Übergang einzelner Maschinen oder Anlagen** den Begriff des Betriebsteilübergangs erfüllen könne. Seine Auffassung, dass bereits eine einzige Maschine oder Anlage oder die Ausstattung eines einzigen Büros das „wesentliche" Substrat des Betriebs oder Betriebsteils ausmachen könne, stellt sich im Lichte der neueren EuGH- und BAG-Rspr. als ebenso obsolet dar[9] wie die Auffassung, dass die Wahrnehmung bloßer Hilfsfunktionen im Rahmen des (Gesamt-)Betriebszwecks der Annahme eines Betriebsteils von vornherein entgegenstehe (s. Rz. 33). Bereits im Anschluss an die Trendwende nach *Ayse Süzen* ergangen sind dem-

---

1 BAG v. 26.8.1999 – 8 AZR 718/98, AP Nr. 196 zu § 613a BGB (Lastkraftwagen). | 2 BAG v. 26.8.1999 – 8 AZR 718/98, AP Nr. 196 zu § 613a BGB (Lastkraftwagen). | 3 BAG v. 26.8.1999 – 8 AZR 718/98, AP Nr. 196 zu § 613a BGB (Lastkraftwagen). | 4 BAG v. 26.8.1999 – 8 AZR 718/98, AP Nr. 196 zu § 613a BGB (Lastkraftwagen). | 5 Dies hat der 8. Senat mit Urteilen v. 26.8.1999 – 8 AZR 718/98, NZA 2000, 144 (Lastkraftwagen) und v. 16.5.2002 – 8 AZR 319/01, NZA 2003, 93 sowie in der Entscheidung BAG v. 14.12.2000 – 8 AZR 220/00, nv. (Getränkehandel) ausdrücklich bestätigt. | 6 Vgl. *Willemsen* in Willemsen/Hohenstatt/Schweibert/Seibt, Rz. G 104. | 7 BAG v. 24.4.1997 – 8 AZR 848/94, NZA 1998, 253 (EDV-Dienstleistung); ebenso bereits v. 9.2.1994 – 2 AZR 666/93, AP Nr. 105 zu § 613a BGB; bestätigt ua. durch BAG v. 16.5.2002 – 8 AZR 319/01, NZA 2003, 93 (Schuhproduktion); v. 8.8.2002 – 8 AZR 583/01, NZA 2003, 315 mwN (Verwaltung einer Bohrgesellschaft); v. 17.4.2003 – 8 AZR 253/02, nv.; v. 18.12.2003 – 8 AZR 621/02, NZA 2004, 791 = ZIP 2004, 1068 = EWiR 2004, 905 (*Wißmann/Grau*) (Auslieferungslager); v. 26.7.2007 – 8 AZR 769/06, NZA 2008, 112 (Dachdeckerbetrieb). | 8 BAG v. 22.5.1985 – 5 AZR 30/84, AP Nr. 42 zu § 613a BGB. | 9 Abl. auch ErfK/*Preis*, § 613a BGB Rz. 10; *Kania*, NZA 1994, 873 f.

gegenüber das Urteil vom 11.12.1997[1] sowie eine weitere, nicht amtlich veröffentlichte Entscheidung des 8. Senats vom 19.3.1998[2], die sich zu der praktisch relevanten Frage verhalten, unter welchen Voraussetzungen beim **Wechsel eines Reinigungsauftrags** das damit verbundene Teilgeschäft des bisherigen Inhabers einen Betriebsteil verkörpert, der auf den Konkurrenten übergehen kann, dem in der Folgezeit der Auftrag erteilt wird. Diese Fragestellung ist deshalb relevant, weil nach neuerer Rspr. bei betriebsmittelarmen Tätigkeiten bereits die Weiterbeschäftigung der „organisierten Hauptbelegschaft" einen Betriebsübergang bzw. Betriebsteilübergang begründen kann (s. Rz. 16 und 137 ff.) und hierfür ein unmittelbares Rechtsgeschäfts zwischen erstem und zweitem Auftragnehmer nicht erforderlich ist (s. Rz. 198 ff.). In den Urteilen vom 11.12.1997 und 19.3.1998[3] sieht der 8. Senat unter bestimmten Voraussetzungen die Merkmale eines Betriebsteils des bisherigen Auftragnehmers hinsichtlich des für einen bestimmten Kunden erbrachten „Reinigungsvolumens" als erfüllt an: Die Auftragswahrnehmung durch ein Fremdunternehmen könne „teilbetrieblich oder als Betrieb organisiert" sein. Bestimmte Dienstleistungen wie die der **Gebäudereinigungs- und Bewachungsunternehmen** könnten nur objektbezogen erbracht werden. Werde dazu eine organisierte Gesamtheit von Personen und Sachen eingesetzt, die getrennt von weiteren organisierten Einheiten des Auftragnehmers gesehen werden könne, und sei die Arbeitsaufgabe, die der Dienstleistung zugrunde liege, ihrer Natur nach auf eine dauerhafte Erfüllung angelegt, seien die Voraussetzungen des Betriebsübergangs erfüllt. **Verneint** wurde die Eigenschaft eines Betriebsteils hingegen für den Bereich **„Wareneingang"** eines Lagers[4], während ein reines **Auslieferungslager** eines Produktionsbetriebes ebenso ein selbständig überlebensfähiger Betriebsteil iSv. § 613a I 1 sein kann[5] wie ein im Verhältnis zum übrigen Betrieb (Spedition) eigenständig organisiertes Gefahrstofflager[6].

In der Praxis stellt sich immer wieder die Frage, inwieweit die **Verwaltung eines Unternehmens** bzw. einzelne ihrer Untergliederungen selbständig „übergangsfähige" Betriebsteile darstellen. Dies hat das BAG in einem nicht veröffentlichten Urteil vom 21.1.1999[7] für die **Buchhaltung** eines Unternehmens *dahingestellt* bleiben lassen. Bezüglich der **Verwaltung insgesamt** hat der 8. Senat in einem weiteren nicht amtlich veröffentl. Urteil vom 23.9.1999 judiziert, dieser komme gegenüber anderen Bereichen „nicht in jedem Falle" die erforderliche Eigenständigkeit zu, um einen selbständig übergangsfähigen Betriebsteil annehmen zu können[8]. Ob dies im Streitfalle etwa deshalb anders war, weil eine Zuständigkeit für die gesamte Unternehmensgruppe bestand, konnte der Senat letztlich dahingestellt bleiben lassen. Deutlich „offensiver" iSd. Möglichkeit einer teilbetrieblichen Organisation einer Verwaltung ist demgegenüber die Entscheidung vom 8.8.2002, die die Verwaltung einer Bohrgesellschaft betraf, allerdings die Sache zur weiteren Aufklärung an die Vorinstanz verwies[9]. Die Praxis wird daher insoweit noch auf nähere Hinweise warten müssen. 39

Das Urt. v. 14.12.2000[10] betrifft die Frage des Betriebsteilübergangs hinsichtlich eines Getränkehandels. Da nicht der gesamte **Verwaltungsbereich** übernommen wurde, hätte der Kläger nach Auffassung des 8. Senats darlegen müssen, „dass der übrig gebliebene Teil der Verwaltung bei der Firma D bereits ein selbständig abgrenzbarer Betriebsteil gewesen ist, der auf die Beklagte übertragen werden konnte". 40

In seinem Urt. v. 3.9.1998[11] zieht der 8. Senat in Zweifel, ob der aus mehreren Lkw bestehende **Fuhrpark** eines Möbelherstellers eine das Merkmal „Betriebsteil" rechtfertigende organisatorische Selbständigkeit aufweist. Dagegen hat er bei Veräußerung eines im Dienst befindlichen **Seeschiffs** das Vorliegen eines Betriebsteilübergangs bejaht[12]. Verneint wurde wiederum, dass Trainer von Hochleistungssportlern zusammen mit diesen einen selbständig übertragbaren Betriebsteil des Vereins bilden[13]. 41

Aus der **InstanzRspr.** sei in diesem Zusammenhang das vom BAG inzwischen aufgehobene Urt. des LAG Hamm v. 17.8.2001[14] erwähnt, wonach Tätigkeiten im Bereich „kaufmännische Verwaltung", die notwendige Voraussetzung für die Fortführung des vom Erwerber übernommenen operativen Teils des Betriebs seien, *nicht* als selbständiger Betriebsteil gewertet werden könnten, der „losgelöst" vom Schicksal des sog. operativen Teils des Betriebs eigenständig übertragen bzw. stillgelegt werden könnte. Mit Urt. v. 14.12.2000[15] hat das LAG Düsseldorf das Vorliegen eines Betriebsteils für die **Verwaltung eines Autohauses** bejaht, welche für verschiedene Betriebsstätten zuständig war. 42

---

1 BAG v. 11.12.1997 – 8 AZR 729/96, AP Nr. 172 zu § 613a BGB (Reinigung II). | 2 BAG v. 19.3.1998 – 8 AZR 737/96, nv. | 3 BAG v. 11.12.1997 – 8 AZR 729/96, AP Nr. 172 zu § 613a BGB (Reinigung II); v. 19.3.1998 – 8 AZR 737/96, nv. | 4 BAG v. 17.4.2003 – 8 AZR 253/02, AP Nr. 253 zu § 613a BGB. | 5 BAG v. 18.12.2003 – 8 AZR 621/02, NZA 2004, 791 = ZIP 2004, 1068 = EWiR 2004, 905 (*Wißmann/Grau*) (Auslieferungslager). | 6 BAG v. 22.7.2003 – 8 AZR 350/03, NZA 2004, 1383. | 7 BAG v. 21.1.1999 – 8 AZR 298/98, nv. | 8 BAG v. 23.9.1999 – 8 AZR 650/98, nv. (Tiernahrungsproduktion – Verwaltung). | 9 BAG v. 8.8.2002 – 8 AZR 583/01, NZA 2003, 315 (Verwaltung einer Bohrgesellschaft). | 10 BAG v. 14.12.2000 – 8 AZR 220/00, nv. | 11 BAG v. 3.9.1998 – 8 AZR 306/97, NZA 1999, 147. | 12 BAG v. 18.9.1997 – 3 AZR 729/95, AP Nr. 16 zu § 1 BetrVG – Betriebsveräußerung. Dass die RL 77/187/EWG Seeschiffe ausdrücklich aus ihrem Anwendungsbereich ausschließt, steht nach Auffassung des BAG einem Betriebsübergang iSv. § 613a nicht entgegen, weil die Richtlinie nach ihrem Art. 7 nur Mindestbedingungen aufstelle. | 13 BAG v. 5.2.2004 – 8 AZR 639/02, NZA 2004, 845 (Trainerin). | 14 LAG Hamm v. 17.8.2001 – 15 Sa 481/01, aufgehoben durch BAG v. 8.8.2002 – 8 AZR 583/01, NZA 2003, 315 (Verwaltung einer Bohrgesellschaft). | 15 LAG Düsseldorf v. 14.12.2000 – 2 Sa 1333/00, EWiR 2001, 396 (*Joost*).

43 Beide vorgenannten Entscheidungen belegen die eminente **Relevanz der Betriebsteildefinition**, weil von ihr letztlich abhängt, welche Gestaltungsspielräume die Parteien eines Übernahmevertrages hinsichtlich der Abgrenzung des zu übernehmenden Betriebs bzw. hinsichtlich der zu übernehmenden Betriebsteile haben. Ist bspw. der Erwerber an dem Kauf des Gesamtunternehmens mit Ausnahme der Verwaltung oder eines Lagers interessiert, hängt deren Herausnahme im Hinblick auf § 613a davon ab, ob es sich um selbständige (= abgrenzbare) Betriebsteile iSv. § 613a handelt. Nach einem Urteil des LAG Hamm vom 15.4.1999[1] kann diese organisatorische Verselbständigung allerdings auch erst im unmittelbaren zeitlichen Vorfeld der Betriebsteilübertragung im Wege einer entsprechenden Umstrukturierung (zB Aufteilung eines bislang einheitlichen Betriebs in zwei eigenständige Bereiche) herbeigeführt werden.

44 Bei der **Lokalredaktion** einer Tageszeitung kann es sich nach einer Entscheidung des LAG Rheinland-Pfalz um einen eigenständigen abgrenzbaren Betriebsteil handeln[2]. Von besonderem praktischem Interesse ist schließlich ein Urt. des LAG Hamm vom 30.3.1998[3]. Danach kann die Übernahme eines **quantitativ völlig untergeordneten Teils der Betriebsmittel** auch bei Fortführung von Aufträgen des Vorgängers und personeller Identität in der Betriebsleitung nicht ohne weiteres in die Übernahme eines Betriebsteils „umgedeutet“ werden, wenn es wegen der völlig unterschiedlichen Größenordnung an der identitätswahrenden Übernahme des Gesamtbetriebs mangelt.

45 **II. Begriff des Betriebsinhabers. 1. Rechtliche, nicht wirtschaftliche Anknüpfung.** § 613a befasst sich mit dem **Wechsel** des Inhabers eines Betriebs oder Betriebsteils. Ohne Veränderung hinsichtlich der natürlichen oder juristischen Person, der die Inhaberstellung zukommt, liegt somit kein Betriebsinhaberwechsel vor. Diese Feststellung ist praktisch relevant insb. im Hinblick auf solche Fälle, in denen der Träger (= Inhaber) des Betriebs nur wirtschaftl., nicht aber im juristischen Sinne wechselt. Insoweit kommen vor allem zwei Fallgruppen in Betracht: (1) Bei der bloßen **Anteilsveräußerung** (*share deal*) bleibt die Person des ArbGeb (Inhabers) unverändert, es liegt lediglich ein „mittelbarer“, für § 613a nicht relevanter, Inhaberwechsel vor; sämtliche in § 613a geregelten Rechtsfolgen sind nicht – und zwar grds. auch nicht analog – anwendbar[4]. (2) Der bisherige Inhaber verpflichtet sich gegenüber einem Dritten, den Betrieb künftig nicht mehr für eigene, sondern **für Rechnung des Dritten** zu führen. Der bisherige ArbGeb bleibt Betriebsinhaber; darauf, dass er im Innenverhältnis den Betriebszweck zum wirtschaftl. Vorteil (und ggf. auf wirtschaftl. Risiko) eines Dritten realisiert, kommt es für § 613a, der lediglich auf die rechtl. Inhaberschaft hinsichtlich des Betriebs/Betriebsteils abstellt, nicht an[5].

46 **2. Ausübung betrieblicher Leitungs- und Organisationskompetenz im eigenen Namen.** Stellt die Betriebsinhaberschaft iSd. § 613a somit eine rechtl., nicht eine wirtschaftl. Kategorie dar, muss sich deren Definition ihrerseits an dem Normzweck des § 613a ausrichten. Wie bereits an anderer Stelle (Rz. 15) ausgeführt wurde, kann es dafür auf die **dingliche Berechtigung** hinsichtlich der einzelnen Betriebsmittel nicht ankommen; der Eigentümer der Betriebsanlagen kann, muss aber nicht zwingend Betriebsinhaber iSv. § 613a sein, wie insb. das Beispiel der **Betriebsverpachtung** lehrt[6]. Maßgeblich ist somit nicht, wem der Betrieb iSd. Vollrechtsinhaberschaft hinsichtlich der einzelnen Betriebsmittel (Anlage- und Umlaufvermögen, gewerbliche Schutzrechte etc.) „gehört“, sondern wer den Betrieb „betreibt“, dh. im eigenen Namen den Einsatz der organisatorischen Zusammenfassung sämtlicher materieller und immaterieller Betriebsmittel einschließlich der ArbN (= Ressourcen) zur Verfolgung einer wirtschaftl. Haupt- oder Nebentätigkeit leitet. Die Leitung des Betriebs, dh. die Koordination sämtlicher für die Erreichung des Betriebszwecks wesentlicher Faktoren, im eigenen Namen macht somit den Kern der Betriebsinhaberstellung aus; das BAG spricht in diesem Zusammenhang regelmäßig von der Ausübung betrieblicher Leitungsmacht[7].

47 Entscheidend ist also allein, dass der Betriebsinhaber über die für die Ausübung der Leitungsmacht **im eigenen Namen** erforderlichen rechtl. Voraussetzungen verfügt; auf welche Art von Rechtsbeziehung er diese Befugnis stützt (Eigentum; Gebrauchsüberlassung durch den Vollrechtsinhaber auf Dauer oder auf Zeit; gegen Entgelt oder unentgeltlich), kommt es also nicht an (s. auch Rz. 196 f.)[8]. Erst recht ist für die Betriebsinhaberschaft iSv. § 613a eine Befugnis zur Veräußerung der Betriebsmittel im eigenen Namen nicht erforderlich[9]; für den Normzweck der Vorschrift allein relevant ist vielmehr die **Verfügungsbefugnis über den betrieblichen Funktionszusammenhang**. Der Betrieb bzw. Betriebsteil wird mit an-

---

1 LAG Hamm v. 15.4.1999 – 8 Sa 2302/98, EWiR 2000, 369 (*Diller*), unter Hinweis auf *Lieb*, ZfA 1994, 229 (Getränkehandel); *Gentges*, RdA 1996, 265 (267). |2 LAG Rh.-Pf. v. 24.5.2007 – 11 Sa 55/07, NZA-RR 2007, 566. |3 LAG Hamm v. 30.3.1998 – 16 Sa 942/97, LAGE § 613a BGB Nr. 72. |4 BAG v. 14.8.2007 – 8 AZR 803/06, NZA 2007, 1428. |5 Vgl. BAG v. 20.11.1984 – 3 AZR 584/83, AP Nr. 38 zu § 613a BGB m. Anm. *Willemsen*; ebenso BAG v. 20.3.2003 – 8 AZR 312/02, BB 2003, 1793; vgl. auch Staudinger/*Richardi/Annuß*, § 613a BGB Rz. 60. |6 Dass in diesem Falle der Pächter und nicht der Verpächter Inhaber iSv. § 613a ist, ist völlig unstreitig; vgl. nur ErfK/*Preis*, § 613a BGB Rz. 46. Zur fehlenden Relevanz des Eigentumsübergangs hinsichtlich des Anlage- und Umlaufvermögens s. auch BAG v. 15.12.2005 – 8 AZR 202/05, ZIP 2006, 1145 (Druckerei II), Tz. 47; v. 15.2.2007 – 8 AZR 431/06, NJW 2007, 3371 m. Anm. *Kock* (Schlachthof). |7 Vgl. nur BAG v. 18.3.1999 – 8 AZR 159/98, AP Nr. 189 zu § 613a BGB (*Willemsen/Annuß*) (Kfz-Handel). |8 Ebenso *Pietzko*, Der Tatbestand des § 613a BGB, 1988, S. 47; Staudinger/*Richardi/Annuß*, § 613a BGB Rz. 60. |9 Staudinger/*Richardi/Annuß*, § 613a BGB Rz. 60.

deren Worten im Rahmen von § 613a demjenigen zugerechnet, der die Stellung des autonomen, im eigenen Namen handelnden Betreibers im Außenverhältnis für sich in Anspruch nimmt; darauf, auf welcher internen Rechtsbeziehung diese Stellung beruht, kommt es ebenso wenig an wie darauf, wem das wirtschaftl. Ergebnis der Betriebstätigkeit letztlich zugute kommt (s. bereits Rz. 45)[1]. Unverzichtbares Element der Betriebsinhaberschaft ist es vor dem Hintergrund des oben (Rz. 9) beschriebenen Normzwecks jedoch, dass der Betriebsinhaber sich die organisatorische Verknüpfung der Betriebsmittel zu einem bestimmten arbeitstechnischen Zweck zu Eigen macht, dh. insb. im Verhältnis zu den ArbN die originäre Leitungs- und Organisationskompetenz in Anspruch nimmt[2]. Auch dies entspricht einer am Normzweck dieser arbeitsrechtl. Vorschrift orientierten Betrachtungsweise; darauf, wer gegenüber außerhalb des Arbeitsverhältnisses stehenden Dritten (zB Kunden) als Betriebsinhaber in Erscheinung tritt, kann es somit *allenfalls* iS einer (subsidiären) Indizwirkung ankommen. Für den arbeitsrechtl. Sinnzusammenhang ist demgegenüber ausschlaggebend, wer gegenüber den ArbN das **arbeitgeberseitige Direktionsrecht** (zum Begriff s. § 611 Rz. 290) im eigenen Namen ausübt[3].

Diesem Kriterium kommt insb. im Zusammenhang mit **Betriebsführungsverträgen** und **Treuhandverhältnissen** ausschlaggebende Bedeutung zu (s. Rz. 197). Bei der **Sicherungsübereignung** von Betriebsmitteln (zB eines kompletten Maschinenparks) bleibt der Treugeber Betriebsinhaber, wenn er – wie idR – im Außenverhältnis weiterhin zur Betriebsführung befugt ist[4]. Handeln natürliche Personen als (Organ-)Vertreter von Gesellschaften, kommt es darauf an, für wen sie jeweils bei der Ausübung von ArbGeb-Befugnissen im Verhältnis zur Belegschaft aufgetreten sind[5]. In Zweifelsfällen kann auf formale Aspekte zurückzugreifen sein, etwa in wessen Namen Arbeitsverträge mit neueingestellten ArbN abgeschlossen und Lohnabrechnungen erstellt wurden. 48

Soweit Dritte (insb. **Insolvenzverwalter**, **Zwangsverwalter**, **Testamentsvollstrecker**) als sog. Parteien kraft Amtes handeln, werden sie nicht selbst Betriebsinhaber, weil sie den Betrieb (nur) im Namen des jeweiligen Inhabers (Gemeinschuldners, Erben etc.) führen (vgl. auch Rz. 210)[6]. 49

3. Umfang und Abgrenzung der betrieblichen Leitungs- und Organisationskompetenz. Steht die Betriebsinhaberschaft einer bestimmten natürlichen oder juristischen Person iSv. § 613a „dem Grunde nach" fest, kann es gleichwohl im Einzelfall zweifelhaft sein, welchen Umfang diese hat, dh. auf welche materiellen und/oder immateriellen Betriebsmittel bzw. welchen Teil des Betriebs sie sich im Einzelnen erstreckt. Diese Frage wird vor allem dann praktisch relevant, wenn in ein und demselben räumlich-funktionellen Zusammenhang mehrere Unternehmen gleichzeitig tätig werden. Das ist insb. der Fall beim **Gemeinschaftsbetrieb** mehrerer rechtl. selbständiger Unternehmen im betriebsverfassungsrechtl. und ggf. kündigungsschutzrechtl. Sinne (s. § 1 BetrVG Rz. 15 ff.). Auch wenn sich die einzelnen Trägerunternehmen zur gemeins. Betriebsführung zusammengeschlossen haben, bleiben in Ermangelung gegenteiliger Absprachen (dergestalt, dass die Betriebsinhaberstellung insgesamt auf eine zwischen ihnen bestehende BGB-Gesellschaft übergehen soll) jedes für sich Inhaber der ihnen jeweils rechtl. zugeordneten Betriebsteile. Auch die einzelnen Arbeitsverhältnisse bleiben – wiederum mangels gegenteiliger Abreden – ausschließlich derjenigen ArbGeb-Gesellschaft zugeordnet, der der jeweilige Betriebsteil „gehört"[7]. Im Regelfall hat der Gemeinschaftsbetrieb somit nicht *einen*, sondern *mehrere* Betriebsinhaber iSv. § 613a. Auch wenn man mit dem BAG im Falle des Gemeinschaftsbetriebs von der Bildung einer BGB-Gesellschaft zwischen den einzelnen Trägerunternehmen ausgeht, wird dieses allein dadurch nicht Betriebsinhaberin iSv. § 613a. Dementsprechend stellt die erste Bildung eines Gemeinschaftsbetriebs auch keinen Betriebsübergang iSv. § 613a dar[8]. 50

Die Abgrenzung von Betriebsinhabersphären kann ferner relevant werden, wenn ein oder mehrere Unternehmen in den **Betriebsräumen eines Dritten** mit eigenem Personal tätig werden. Gemeint sind hier nicht die Fälle der AÜ, sondern solche Konstellationen, in denen Drittunternehmen im Rahmen vertragl. Beziehungen eigene Aufgaben mit eigenem Personal wahrnehmen. Zu denken ist hier etwa an die Erbringung werkvertragl. Leistungen, Reinigung oder Bewachung fremder Betriebsanlagen oder den Betrieb einer Kantine in den Räumlichkeiten des Auftraggebers. Werden zur Erfüllung solcher Aufgaben dem Auftragnehmer besondere Räumlichkeiten oder spezielle Arbeitsmittel seitens des Auftraggebers zur Verfügung gestellt, kann sich die im Einzelfall schwierige Frage ergeben, ob diese dadurch von der 51

---

1 Zumindest missverständlich ist es daher, wenn das BAG verlangt, dass der Betriebsinhaber die organisatorischen und personell zusammengefassten Betriebsmittel „im eigenen Namen und auf eigene Rechnung führt", so zB BAG v. 18.3.1999 – 8 AZR 196/98, AP Nr. 190 zu § 613a BGB (Grundstücksverwaltung). | 2 Vgl. BAG v. 18.3.1999 – 8 AZR 196/98, AP Nr. 190 zu § 613a BGB (Grundstücksverwaltung); v. 12.11.1998 – 8 AZR 301/97, AP Nr. 4 zu § 613 BGB; v. 25.5.2000 – 8 AZR 416/99, AP Nr. 209 zu § 613a BGB m. Anm. *Knickenberg* (Kreiskrankenhaus). | 3 Vgl. BAG v. 12.11.1998 – 8 AZR 301/97, AP Nr. 4 zu § 613a BGB; aA – ohne nähere Begründung offenbar BAG v. 20.3.2003 – 8 AZR 312/02, BB 2003, 1793. | 4 ErfK/*Preis*, § 613a BGB Rz. 47; RGRK/*Ascheid*, § 613a BGB Rz. 73; s. auch Rz. 211. | 5 Vgl. BAG v. 12.11.1998 – 8 AZR 301/97, AP Nr. 4 zu § 613 BGB. | 6 ErfK/*Preis*, § 613a BGB Rz. 48. Zur Problematik der Betriebsführung durch den sog. Scheinerben vgl. Erman/*Edenfeld*, § 613a BGB Rz. 8. | 7 Vgl. BAG v. 26.8.1999 – 8 AZR 588/98, nv. (Druckweiterverarbeitung); v. 24.2.2000 – 8 AZR 162/99, nv. | 8 Ebenso BAG v. 26.8.1999 – 8 AZR 588/98, nv. (Druckweiterverarbeitung); v. 24.2.2000 – 8 AZR 162/99, nv.

Betriebsinhaberschaft des Auftragnehmers mitumfasst werden, wozu bekanntlich eine bloße Nutzungsüberlassung auf Zeit ausreicht (s. Rz. 15 u. 46) oder ob es sich nach wie vor um Betriebsmittel des Auftraggebers handelt, die demzufolge (ausschließlich) in dessen betrieblicher **Sphäre** verbleiben.

52 Das BAG entschied diese Frage bislang danach, ob die Betriebsmittel dem Auftragnehmer zur **„eigenwirtschaftlichen Nutzung"** auf Grund eigener Kalkulation zur Verfügung gestellt werden oder ob sie lediglich das „Substrat" der fremden Betriebstätigkeit bilden[1], wobei eine „typisierende Betrachtung" zulässig sei[2]. Zu unterscheiden sei demnach, ob die Leistung lediglich *an* den jeweiligen Einrichtungen des Auftraggebers zu erbringen sei oder *mit* diesen. Nur im letzteren Fall gehörten die beigestellten Ressourcen zu den Betriebsmitteln des Auftragnehmers und seien diese ihm bei wertender Betrachtung[3] im Rahmen des § 613a zuzurechnen. Handelte es sich bei den Einrichtungen des Auftraggebers hingegen um solche, die lediglich zum Gegenstand fremder Betriebstätigkeit würden, ohne dem Auftragnehmer zur eigenwirtschaftl. Nutzung überlassen zu werden, seien sie *seinem* Betrieb nicht zuzurechnen mit der Folge, dass er nicht Inhaber dieser Betriebsmittel wird und diese Betriebsmittel somit mangels Inhaberschaft des (ersten) Auftragnehmers im Falle eines Auftragwechsels für die Beurteilung eines Betriebsübergangs auf den zweiten Auftragnehmer keine Rolle spielen könnten[4].

53 Diese Rspr. ist durch die **Abler-Entscheidung** des EuGH fraglich und durch ein weiteres Urt. v. 15.12.2005 (**Güney-Görres**) vollends **obsolet** geworden[5]. Ob ein Betriebsmittel zur Betriebssphäre des Auftragnehmers gehört und damit im Rahmen einer Gesamtbewertung nach dem Sieben-Punkte-Katalog des EuGH (s. Rz. 93 ff.) dem Auftragnehmer/Auftragnachfolger zuzurechnen ist, kann nicht von den vertragl. Absprachen im Innenverhältnis abhängen, sondern nur nach der **funktionellen Bedeutung** des jeweiligen Betriebsmittels entschieden werden. Ist dieses notwendiges Mittel zur Erreichung des gegenüber dem Auftraggeber geschuldeten vertragl. Leistungserfolgs, stellt es also eine (wesentliche) Voraussetzung für die mit der Dienstleistung verbundene **Wertschöpfung** dar[6], gehört es auch dann zu seiner betrieblichen Sphäre, wenn ihm die Benutzung dieses Betriebsmittels vertragl. vorgeschrieben ist und er aus seiner Verwendung im Wertschöpfungsprozess keinen eigenständigen „kapitalistischen Nutzen" zu ziehen vermag.

Aus alledem folgt, dass an der Unterscheidung zwischen Dienstleistungen *an* bzw. *mit* Einrichtungen des Auftraggebers zwar grds. festgehalten werden kann. Entscheidend ist allerdings eine rein funktionale, am **Kern der Wertschöpfung** durch den Auftragnehmer orientierte Betrachtungsweise. Danach liegt bei **Bewachungs-, Reinigungs- und Reparaturtätigkeiten** typischerweise eine Leistung *an* Einrichtungen des Auftraggebers vor, so dass diese für die Bewertung des Vorliegens eines Betriebsübergangs von vornherein außer Betracht zu bleiben hat. Dagegen erscheint es gekünstelt, bei vertragl. geschuldetem Betrieb einer Kantine des Auftraggebers (einschließlich Herstellung/Zubereitung der Speisen) von einer Leistung „an" dessen, dh. „fremden" Betriebsmitteln auszugehen[7]. Dieser Sichtweise hat der EuGH mit seiner Entscheidung vom 15.12.2005 eine klare Absage erteilt[8], worauf bereits in der Vorauflage hingewiesen wurde.

Dieses Urteil erging auf Grund eines Vorlagebeschlusses des ArbG Düsseldorf an den EuGH v. 5.5.2004[9]. Der Fall betrifft die Neuvergabe des Auftrags zur Durchführung von **Fluggastkontrollen** auf dem Düsseldorfer Flughafen durch die Bundesrepublik Deutschland. Demgegenüber hat das LAG Köln in einem weitgehend gleich gelagerten Fall ohne Anrufung des EuGH die Voraussetzungen des § 613a bejaht, wenn der Auftragsnachfolger ebenso wie sein Vorgänger die vom Auftraggeber zur Verfügung gestellten Betriebsmittel (fest installierte Detektorrahmen und Röntgenanlagen) weiter nutzt und einen erheblichen Teil der Belegschaft wegen ihrer Sachkunde übernimmt[10].

53a Das **BAG** hat die nach „Güney-Görres" erforderliche **Korrektur** seiner Rspr. inzwischen vollzogen: Auf das Merkmal der eigenwirtschaftlichen Nutzung komme es für die Feststellung eines Betriebsübergangs nicht an[11]. Stattdessen stellt der 8. Senat nunmehr entscheidend darauf ab, ob der Einsatz der jeweiligen

---

1 BAG v. 11.12.1997 – 8 AZR 426/94, AP Nr. 171 zu § 613a BGB (Catering); v. 22.1.1998 – 8 AZR 775/96, AP Nr. 174 zu § 613a BGB und v. 14.5.1998 – 8 AZR 418/98, NZA 1999, 483 (Neuvergabe eines Bewachungsauftrags I und II). | **2** BAG v. 22.1.1998 – 8 AZR 775/96, AP Nr. 174 zu § 613a BGB und v. 14.5.1998 – 8 AZR 418/98, NZA 1999, 483 (Neuvergabe eines Bewachungsauftrags I und II). | **3** Zur Notwendigkeit einer „wertenden Zuordnung" BAG v. 11.12.1997 – 8 AZR 426/94, AP Nr. 171 zu § 613a BGB (Catering). | **4** Vgl. BAG v. 22.1.1998 – 8 AZR 775/96, AP Nr. 174 zu § 613a BGB und v. 14.5.1998 – 8 AZR 418/98, NZA 1999, 483 (Neuvergabe eines Bewachungsauftrags I und II). | **5** EuGH v. 20.11.2003 – Rs. C-340/01, DB 2003, 2654 – Abler; dazu *Willemsen/Annuß*, DB 2004, 134; v. 15.12.2005 – Rs. C-232/04, NZA 2006, 28 – Güney-Görres; s. dazu aus der Sicht des schweizerischen Rechts *Wildhaber*, ZSR 2007, 463 (493 f.). | **6** S. zu diesem Ansatz bereits *Willemsen*, ZIP 1986, 477 (481); ausführlich *Willemsen*, FS Richardi, 2007, S. 475. | **7** So aber BAG v. 11.12.1997 – 8 AZR 426/94 –, AP Nr. 171 zu § 613a BGB (Catering) für den Fall der Führung eines Betriebsrestaurants; im Ergebnis wie hier *Jochums*, NJW 2005, 2580 (2583). | **8** Rs. C-232/04, NZA 2006, 29. | **9** ArbG Düsseldorf v. 5.5.2004 – 10 Ca 11334/03, NZA-RR 2004, 597. | **10** LAG Köln v. 12.8.2004 – 6 TaBV 42/04, LAGE § 613a BGB 2002 Nr. 5a = BB 2005, 612. Im Ergebnis ebenso BAG v. 13.6.2006 – 8 AZR 271/05, NZA 2006, 1101. | **11** BAG v. 2.3.2006 – 8 AZR 147/05, NZA 2006, 1105 (Forschungsschiff); v. 6.4.2006 – 8 AZR 222/04, NZA 2006, 723 (Druckservice); v. 6.4.2006 – 8 AZR 249/04, NZA 2006, 1039 (Bistrowagen); v. 13.6.2006 – 8 AZR 271/05, NZA 2006, 1101 (Personenkontrolle am Flughafen); v. 15.2.2007 – 8 AZR 431/06, NJW 2007, 3371 (Schlachthof).

„fremden" Betriebsmittel **den „eigentlichen Kern des zur Wertschöpfung erforderlichen Funktionszusammenhangs"** ausmacht[1]. Diese **Rechtsprechungsänderung** ist nach dem vorstehend Ausgeführten zu **begrüßen** und weist in die **zutreffende Richtung**; allerdings vermag ihr konkretes **Ergebnis** nicht in allen bisher entschiedenen Fällen zu überzeugen[2].

III. Übergang des Betriebs/Betriebsteils auf einen anderen Inhaber. 1. Gesetzeskonzept: Transaktionsansatz. § 613a setzt voraus, dass der Betrieb oder Betriebsteil auf einen anderen Inhaber übergeht. Nur ein solcher Betriebsübergang bzw. Betriebsteilübergang ist geeignet, die gravierenden Rechtsfolgen der Norm auszulösen. Neben der richtigen Definition des Betriebs/Betriebsteils selbst kommt dem Merkmal des Übergangs somit für die richtige Anwendung der Norm zentrale Bedeutung zu (wegen der Nichtanwendbarkeit beim bloßen Gesellschafterwechsel s. Rz. 45). 54

Der Bestimmung liegt – ebenso wie der BetriebsübergangsRL 2001/23/EG – ein Transaktionsansatz[3] zugrunde: Sie betrifft den Wechsel des Rechtsubjekts, dem das betreffende Wirtschaftsgut (= Betrieb/Betriebsteil) zuzuordnen ist, während das Wirtschaftsgut selbst von der Transaktion unberührt bleibt; sein unveränderter Bestand vor und nach dem Wechsel macht das Wesen einer solchen Transaktion aus. Diese erforderliche **Statik hinsichtlich des zu übertragenden Gegenstands** lässt sich bereits aus dem Wortlaut des § 613a ableiten, da von dem Übergang eines Betriebs oder Betriebsteils bereits sprachlogisch nur die Rede sein kann, wenn dieser nach dem Übergang noch der „Nämliche" ist wie vor der Übertragung. Insoweit befand sich die Rspr. des EuGH, die schon früh gefordert hatte, dass die „auf Dauer angelegte wirtschaftliche Einheit" (= Betrieb oder Betriebsteil, vgl. Rz. 11 ff.) im Zuge der Übertragung auf einen anderen Inhaber ihre **Identität bewahrt**[4], voll auf der Linie (auch) der deutschen Gesetzeskonzeption. Die Rspr. des BAG hat dieses Identitätserfordernis erst im Zuge der Entscheidung des EuGH in Sachen *Ayse Süzen* v. 11.3.1997 in seiner vollen Tragweite erkannt und legt es seitdem jeder Entscheidungen zum Tatbestand des § 613a zugrunde[5]. 55

Das Gesetzkonzept des § 613a lässt sich somit dahin gehend beschreiben, dass es gekennzeichnet ist durch **Statik** („Identität") hinsichtlich des **Transaktionsobjekts** (= Betrieb/Betriebsteil) und **Dynamik** hinsichtlich des **Rechtsträgers** dieses Transaktionsobjekts. Fehlt es an einem der vorgenannten Merkmale, scheidet ein Fall des § 613a aus; auf die dritte Voraussetzung, dass sich die Transaktion auf rechtsgeschäftlicher Grundlage vollziehen muss (s. Rz. 183 ff.), kommt es dann nicht mehr an. 56

2. Inhaberwechsel. § 613a verlangt, dass die Person desjenigen wechselt, der Inhaber des Betriebs ist. Auch insoweit lassen sich entscheidende Auslegungshinweise bereits dem Wortlaut der Norm entnehmen: Die Formulierung „auf einen anderen Inhaber" lässt erkennen, dass bisheriger und künftiger Rechtsträger bezüglich des Transaktionsobjekts (= Betrieb/Betriebsteil) jeweils qualitativ identische Rechtspositionen, nämlich diejenige des Betriebsinhabers, einnehmen müssen. Das Gesetz unterscheidet hinsichtlich der Anforderungen an die Betriebsinhaberschaft also nicht zwischen „altem" und „neuem" ArbGeb, sondern geht von einer „Statik" hinsichtlich der zu übertragenden Rechtsposition aus[6]. Insoweit ist also dieselbe Definition maßgeblich, wie sie oben (Rz. 45 ff.) allgemein für den Begriff des Betriebsinhabers entwickelt wurde. Es reicht also mit anderen Worten nicht aus, dass bestimmte Betriebsmittel (*Assets*) auf einen Dritten übertragen werden; Ergebnis einer solchen Transaktion muss vielmehr sein, dass dieser Dritte nunmehr an Stelle des bisherigen Rechtsträgers zum Inhaber des Betriebs oder – zumindest – eines Betriebsteils geworden ist. Daraus folgt: Die Inhaberschaft des bisherigen Rechtsträgers muss in Ansehung des Betriebs(-teils) erlöschen, und an ihrer Stelle muss eine qualitativ gleichartige Rechtsstellung des übernehmenden Rechtsträgers (natürliche Person, Gesamthand oder juristische Person) begründet werden. Ein solcher Inhaberwechsel kann sich durchaus auch innerhalb von **Konzernen** vollziehen[7]. 57

a) Erlöschen der Inhaberschaft des bisherigen Rechtsträgers. Entsprechend den oben Rz. 47 zum Betriebsinhaberbegriff ausgeführten Grundsätzen erlischt die Inhaberschaft des bisherigen Rechtsträ- 58

---

1 Grundlegend insoweit die „Druckservice"-Entscheidung v. 6.4.2006 – 8 AZR 222/04, NZA 2006, 723 unter Bezugnahme auf *Willemsen/Annuß*, DB 2004, 134 (135) und *Willemsen*, ZIP 1986, 477 (481). | 2 Zur Kritik der in Rz. 53a Fn. 11 zitierten BAG-Entscheidungen ausführlich *Crisoli/Ebeling*, CR 2007, 277; *Houben*, NJW 2007, 2075; *Hohenstatt*/Grau, NJW 2007, 29; *Willemsen*, FS Richardi, S. 475; *Willemsen*, NJW 2007, 2065; *Willemsen/Müntefering*, NZA 2006, 1185; *Willemsen* in Willemsen/Hohenstatt/Schweibert/Seibt, Rz. G 96d ff., 96 p. Als besonders problematisch erweist sich dabei das „Flughafen"-Urteil v. 13.6.2006 – 8 AZR 271/05, NZA 2006, 1101, weil dort das Vorliegen eines Betriebsübergangs ohne Rücksicht auf die Übernahme von Personal bejaht wurde. | 3 Vgl. *Willemsen* in Willemsen/Hohenstatt/Schweibert/Seibt, Rz. G 33 ff. | 4 Grundl. EuGH v. 18.3.1986 – Rs. 24/85, EAS RL 77/187/EWG Nr. 2 – Spijkers; vgl. ferner EuGH v. 7.3.1996 – Rs. C-171/94 und Rs. C-172/94, EAS RL 77/187/EWG Nr. 11 m. Anm. *Willemsen* – Merckx, Neuhuys; bestätigt durch EuGH v. 11.3.1997 – Rs. C-13/95, AP Nr. 14 zu RL 77/187/EWG – Ayse Süzen, seitdem st. Rspr. | 5 Erstmals in BAG v. 24.4.1997 – 8 AZR 848/94, NZA 1998, 253 (EDV-Dienstleistung); seitdem st. Rspr.; Übersicht über die Rspr. des BAG zu § 613a seit EuGH v. 11.3.1997 – Rs. C-13/95, AP Nr. 14 zu RL 77/187/EWG – Ayse Süzen befindet sich bei *Willemsen* in Willemsen/Hohenstatt/Schweibert/Seibt, Rz. G 48 ff. | 6 Vgl. *Willemsen* in Willemsen/Hohenstatt/Schweibert/Seibt, Rz. G 40. | 7 Vgl. ausdrücklich EuGH v. 2.12.1999 – Rs. C-234/98 – G. C. Allen ua., ZIP 1999, 2107; ferner BAG v. 12.11.1990 – 8 AZR 282/97, AP Nr. 186 zu § 613a BGB (Benetton/Einzelhandel); dazu *Willemsen* in Willemsen/Hohenstatt/Schweibert/Seibt, Rz. G 68 f.

gers, wenn er in rechtl. relevanter Form die Leitung des Betriebs, dh. die Koordination sämtlicher für das Erreichen des Betriebszwecks wesentlicher Faktoren im eigenen Namen, endgültig aufgibt[1]. Die Arbeitsrechtsordnung stellt für die Beendigung der eigenen Betriebsinhaberschaft zwei verschiedene und sich wechselseitig ausschließende Rechtsinstitute zur Verfügung: Das erste ist die Betriebsstilllegung, bei der nicht nur die Inhaberstellung als solche, sondern der Betrieb selbst beendet wird; sie ist also gewissermaßen die „radikalste" Form der Aufgabe der bisherigen Inhaberstellung. Die zweite, wesentlich „schonendere" Methode ist der Betriebsübergang, bei dem der Betrieb/Betriebsteil erhalten bleibt und lediglich einem anderen Rechtsträger zugeordnet wird. Beiden Rechtsinstituten ist indes gemeins., dass die **Inhaberstellung** des bisherigen Rechtsträgers (= ArbGeb) **endet** (zur Abgrenzung zwischen Betriebsstilllegung und Betriebsübergang s. Rz. 74 ff. und 175 ff.)[2].

59 **Hieran fehlt es** indes, wenn ein Dritter zwar einzelne oder gar eine Vielzahl wirtschaftl. Ressourcen (= Betriebsmittel) erlangt, der bisherige Betriebsinhaber jedoch weiterhin – und zwar bezogen auf den gesamten bisherigen Betrieb – den Betriebszweck fortsetzt oder jedenfalls fortzusetzen versucht. Dies ist bspw. der Fall, wenn der bisherige Inhaber die gesamten (veralteten) Produktionsanlagen veräußert, um denselben Betrieb in modernisierter Form alsbald weiterzuführen (ob es sich solchenfalls noch um die Fortführung desselben Betriebs oder die Eröffnung eines neuen handelt, kann von der Dauer der Betriebsunterbrechung abhängen, vgl. Rz. 175 ff.). Ebenso fehlt es an der erforderlichen Aufgabe der Betriebsinhaberschaft durch den bisherigen Rechtsträger, wenn dieser in einer Konkurrenzsituation erhebliche Teile seines Personals an einen Wettbewerber verliert, auch wenn die ArbN, insb. bei sog. betriebsmittelarmen Tätigkeiten, zu den für die Beurteilung eines Betriebsübergangs wesentlichen „Betriebsmitteln" zählen (s. dazu im Einzelnen Rz. 16 u. 137 ff.); dies gilt jedenfalls so lange, wie nicht der ganz überwiegende Teil des Personals abwandert und somit der bisherige Betriebsinhaber noch die Chance hat, den bisherigen (Teil-)Zweck durch Rekrutierung neuer ArbN weiter zu erfüllen[3]. Erst recht führt der Verlust einzelner, auch wesentlicher Aufträge an einen Konkurrenten noch nicht zum Erlöschen der Inhaberschaft des bisherigen ArbGeb, auch wenn es dem Wettbewerber gelingt, zahlreiche ArbN des bisherigen Auftragsinhabers zu sich herüberzuziehen. Es liegt gerade im Wesen einer freien Marktwirtschaft, dass solche Wechsel von Kundenbeziehungen möglich sind, ohne dass derartige Vorgänge sogleich zu einem Übergang des Betriebs und der ArbGeb-Stellung führen. Das zuvor beauftragte Unternehmen **verliert** zwar einen Kunden, besteht aber weiter, ohne dass einer seiner Betriebe oder Betriebsteile auf einen neuen Betriebsinhaber übertragen würde[4].

60 Eine **Ausnahme** von diesem Grundsatz macht die neuere Rspr. – lediglich – bei **betriebsmittelarmen Tätigkeiten**, wenn die „Hauptbelegschaft" vom Auftragsnachfolger übernommen und „unverändert" weiterbeschäftigt wird (s. Rz. 137 ff.). Sie lässt sich wohl mit der Überlegung rechtfertigen, dass bei betriebsmittelarmen, personalintensiven Dienstleistungstätigkeiten, die **objektbezogen** erbracht werden (zB Reinigung, Bewachung, Catering), der Verlust des jeweiligen Auftrags für den bisherigen Auftragsinhaber de facto die Aufgabe eines Betriebsteils bedeutet, was allerdings nur dann der Fall sein kann, wenn auch der konkrete Personaleinsatz objektbezogen organisiert wurde, so dass eine „Umverteilung" auf andere Objekte/Aufträge nicht möglich ist (s. auch Rz. 38 sowie Rz. 145)[5]. In einem derartigen Fall mag der der faktischen Betriebs(teil)aufgabe entgegenstehende Wille des bisherigen Inhabers vor dem Schutzzweck des § 613a unbeachtlich sein, da dieser an den Realitäten nichts zu ändern vermag. Eine andere Frage ist jedoch, ob das Erlöschen der Betriebsinhaberschaft beim bisherigen und deren Neubegründung beim künftigen „Inhaber" (= Übergang) solchenfalls auf Rechtsgeschäft beruht (s. Rz. 201 ff.).

61 Einstweilen frei.

62 Andererseits steht es der Aufgabe der Inhaberschaft durch den bisherigen Rechtsträger nicht entgegen, wenn dieser bestimmte Betriebsmittel zurückbehält, die für die Fortsetzung des Betriebs verzichtbar sind oder, da **veraltet**, ohnehin auch im Falle der Fortführung durch den bisherigen Inhaber alsbald hätten **ersetzt** werden müssen[6]. Im Übrigen ist es für die Beendigung der Betriebsinhaberschaft des bisherigen ArbGeb **nicht erforderlich**, dass dieser auch die **dingliche** Verfügungsberechtigung an den materiellen und immateriellen Betriebsmitteln aufgibt; dies folgt bereits daraus, dass der Begriff des Betriebsinhabers iSv. § 613a nicht hieran, sondern an die Nutzungsberechtigung hinsichtlich der „wirt-

1 Vgl. BAG v. 12.11.1998 – 8 AZR 282/97, AP Nr. 186 zu § 613a BGB (Benetton/Einzelhandel): „Der bisherige Betriebsinhaber muss seine wirtschaftliche Betätigung in dem Betrieb oder Betriebsteil einstellen"; ebenso BAG v. 15.12.2005 – 8 AZR 202/05, ZIP 2006, 1145 Tz. 42; *Müller-Glöge*, NZA 1999, 449 (454). | 2 Zum Begriff der Betriebsstilllegung allgemein Staudinger/*Annuß*, § 613a BGB Rz. 80 ff. | 3 Ähnlich Staudinger/*Annuß*, § 613a BGB Rz. 73. S. zu ähnlich gelagerten Fällen in der Rspr. ausländischer Gerichte (Perrier, Iberia) *Rebhahn*, RdA-Sonderbeil. zu Heft 6/2006, 4 (7). | 4 Vgl. BAG v. 22.1.1998 – 8 AZR 775/96, AP Nr. 174 zu § 613a BGB und v. 14.5.1998 – 8 AZR 418/98, NZA 1999, 483 (Neuvergabe eines Bewachungsauftrags I und II); *Müller-Glöge*, NZA 1999, 449 (450). | 5 Vgl. zu diesem Erfordernis BAG v. 11.12.1997 – 8 AZR 729/96, AP Nr. 172 zu § 613a BGB (Reinigung II) und v. 19.3.1998 – 8 AZR 737, nv. | 6 S. zu einer ähnlichen Konstellation BAG v. 3.7.1986 – 2 AZR 68/85, AP Nr. 53 zu § 613a BGB m. Anm. *Loritz* (Austausch einer veralteten Bowlinganlage); s. dazu auch Staudinger/*Annuß*, § 613a BGB Rz. 75.

schaftlichen Einheit“ anknüpft (s. Rz. 46). Für die Beendigung der Betriebsinhaberstellung des bisherigen ArbGeb ist es daher erforderlich, aber auch ausreichend, dass dieser die betriebliche Leitungs- und Nutzungsbefugnis, und sei es auch nur für einen längeren Zeitraum wie im Falle der Betriebsverpachtung, zu Gunsten des neuen ArbGeb (= Betriebsnachfolgers) aufgibt.

b) Übernahme (Fortsetzung) der Inhaberschaft durch den künftigen Rechtsträger. Vor dem konzeptionellen Hintergrund des Gesetzes (s. Rz. 54 ff.) mutet es als eine pure Selbstverständlichkeit an, dass ein Betriebsübergang nur vorliegen kann, wenn der neue „Inhaber“ den Betrieb bzw. Betriebsteil auch tatsächlich „führt“. Die Rspr. des BAG hat indes erst in den Urteilen der letzten Jahre dieses Prinzip folgerichtig umgesetzt. 63

aa) Tatsächliche Fortführung als konstitutives Element des Betriebsübergangs; maßgeblicher Zeitpunkt. Es entspricht heute ganz herrschender Auffassung in Rspr.[1] und Lit.[2], dass neuer Betriebsinhaber iSv. § 613a nur sein kann, wer den Betrieb oder Betriebsteil an Stelle des bisherigen ArbGeb auch tatsächlich fortführt. Die Führung des Betriebs bedeutet hierbei entsprechend der Definition des Betriebsinhabers (s. Rz. 46 f.) die **Übernahme der betrieblichen Organisations- und Leitungsmacht im eigenen Namen** iSd. Koordinierung sämtlicher für die Erreichung der wirtschaftl. Zielsetzung (= Betriebszweck) relevanten Ressourcen (= Betriebsmittel)[3]. Der „förmlichen“ Übertragung von betrieblicher Leitungsmacht bedarf es hierzu nicht[4]; es reicht vielmehr aus, dass der bisherige Betriebsinhaber seine wirtschaftl. Betätigung in dem Betrieb bzw. Betriebsteil einstellt und der neue Inhaber das so entstandene „Vakuum“ künftig ausfüllt. Der Übergang auf einen neuen Inhaber ist damit **vollzogen**, wobei jeweils separat die davon unabhängige Frage zu beantworten ist, ob diese Übertragung auf Rechtsgeschäft beruht (s. Rz. 183 ff.). Der (genaue) **Zeitpunkt** des Betriebsübergangs hängt somit von der Übernahme der betrieblichen Leitungsmacht ab und kann nicht hiervon abweichend bestimmt werden[5]. 64

Wesentliches Kriterium für den Übergang ist somit nach heute insoweit übereinstimmender Rspr. sowohl des EuGH als auch des BAG „die **tatsächliche Weiterführung oder Wiederaufnahme der Geschäftstätigkeit beim Wechsel der natürlichen oder der juristischen Person, die für den Betrieb verantwortlich ist**“[6]. Die bloße Verfügungsgewalt über sämtliche Betriebsmittel reicht somit für den Eintritt in die Betriebsinhaberstellung nicht aus; hinzu kommen muss vielmehr der (nach außen hin dokumentierte) Wille, von der daraus resultierenden Rechtsmacht zur Leitung eines Betriebes auch tatsächlich Gebrauch zu machen. Bloße **Vorbereitungshandlungen** genügen hierfür nicht[7]. 65

Die Relevanz dieses an die **Willensrichtung des „Übernehmers“** anknüpfenden Tatbestandsmerkmals offenbart sich mit besonderer Deutlichkeit in den Fällen der **Beendigung eines Betriebspachtvertrages**. Mit Ablauf seiner Nutzungsberechtigung auf Zeit verliert der bisherige Pächter seine interne Berechtigung zur Wahrnehmung der Betriebsinhaberstellung, so dass es für den Verpächter als Inhaber aller materiellen und immateriellen Betriebsmittel an sich ein Leichtes wäre, nach Beendigung des Überlassungsvertrages selbst „nahtlos“ in die Position des *Betriebs*inhabers einzurücken. Dazu reicht der Wiedereintritt in die uneingeschränkte zivilrechtl. Nutzungsbefugnis indes gerade nicht aus, woran sich abermals zeigt, dass Inhaberschaft an den Betriebsmitteln (*Assets*) einerseits und *Betriebs*inhaberschaft iSv. § 613a andererseits etwas grundlegend Verschiedenes sind. Die Betriebsinhaberschaft erfordert als „dynamisches Element“ über das bloße Haben der erforderlichen Betriebsmittel hinaus die (tatsächliche) Realisierung des den Betriebsmitteln innewohnenden Betriebszwecks durch den „Inhaber“. Führt der Verpächter den an ihn zurückgefallenen Betrieb auch nicht vorübergehend (!), können zwar materielle oder immaterielle Betriebsmittel auf ihn übergehen; er „... übt die wirtschaftl. Tätigkeit mit 66

1 Besonders deutlich der Leitsatz des BAG-Urt. v. 12.11.1998 – 8 AZR 282/97, AP Nr. 186 zu § 613a BGB (Benetton/Einzelhandel): „Allerdings tritt kein Wechsel der Inhaberschaft ein, wenn der neue Inhaber den Betrieb gar nicht führt“; vgl. ferner BAG v. 18.3.1999 – 8 AZR 159/98, AP Nr. 189 zu § 613a BGB (*Willemsen/Annuß*) (Kfz-Handel) und v. 18.3.1999 – 8 AZR 196/98, AP Nr. 190 zu § 613a BGB (Grundstücksverwaltung); v. 23.9.1999 – 8 AZR 166/99, nv. (Metropol-Theater); v. 26.7.2007 – 8 AZR 768/06, NZA 2008, 112. | 2 *Willemsen*, RdA 1991, 204 (208 ff.); *Henssler*, NZA 1994, 913 (915); *Annuß*, NZA 1998, 70 (73 ff.); Staudinger/*Annuß*, § 613a BGB Rz. 66; ebenso nach der „Trendwende“ infolge von EuGH v. 11.3.1997 – Rs. C-13/95, AP Nr. 14 zu RL 77/187/EWG – Ayse Süzen: *Krause*, ZfA 2001, 67 ff.; *B. Gaul*, Das Arbeitsrecht der Betriebs- und Unternehmensspaltung, § 6 Rz. 194 ff.; *Hergenröder*, AR-Blattei Betriebsinhaberwechsel I, 500.1 Rz. 102; *Müller-Glöge*, NZA 1999, 449 (453); *Schiefer/Pogge*, NJW 2003, 3734 (3736). | 3 Ähnlich Staudinger/*Annuß*, § 613a BGB Rz. 61 ff. | 4 So ausdrücklich BAG v. 12.11.1998 – 8 AZR 282/97, AP Nr. 186 zu § 613a BGB (Benetton/Einzelhandel). Erman/*Edenfeld*, § 613a BGB Rz. 7, spricht daher von einem „Realakt“. | 5 Vgl. dazu auch EuGH v. 26.5.2005 – Rs. C-478/03, NZA 2005, 681. | 6 BAG v. 18.3.1999 – 8 AZR 159/98, AP Nr. 189 zu § 613a BGB m. Anm. *B. Gaul* (Kfz-Handel), unter Bezugnahme auf die Rspr. des EuGH: EuGH v. 10.2.1988 – Rs. 324/86, EuGHE 1988, 739 – Daddy's Dancehall; v. 15.6.1988 – Rs. 101/87, EuGHE 1988, 3057 – Bork; v. 12.11.1992 – Rs. C-209/91, AP Nr. 5 zu RL 77/187/EWG (Rask ./. ISS Kantinenservice); v. 11.3.1997 – Rs. C-13/95, AP Nr. 14 zu RL 77/187/EWG – Ayse Süzen; v. 12.3.1998 – Rs. C-319/94, AP Nr. 19 zu RL 77/187/EWG; v. 10.12.1998 – verb. Rs. C-173/96 und C-247/96, NZA 1999, 189 ff. sowie v. 10.12.1998 – verb. Rs. C-127/96, C-229/96 und C-74/97, NZA 1999, 253 ff.; im gleichen Sinne EuGH v. 15.12.2005 – Rs. C-232/04, NZA 2006 28 – Güney-Görres; s. auch Rz. 53; EuGH v. 13.9.2007 – Rs. C-458/05, ZIP 2007, 2093 – Jouini u.a. | 7 BAG v. 26.3.1996 – 3 AZR 965/94, AP Nr. 148 zu § 613a BGB (*Moll*); v. 25.9.1997 – 8 AZR 493/96, NZA 1998, 640; vgl. dazu *Müller-Glöge*, NZA 1999, 449 (453); *Schiefer/Pogge*, NJW 2003, 3734, 3736.

eigener Zielsetzung aber nicht aus. Er nutzt nicht die vorhandene Organisation, übernimmt weder die Hauptbelegschaft noch die Kundschaft. Ohne jegliche Ausübung einer betrieblichen Tätigkeit geht der Betrieb regelmäßig nicht auf ihn über"[1].

67 Daraus folgt für die **Praxis**, dass selbst bei völlig zweifelsfreier Identität (zu diesem Erfordernis s. Rz. 88 ff.) des in Rede stehenden Betriebs bzw. Betriebsteils ein Betriebsübergang an dem fehlenden Willen des „Übernehmers" (sc. der Betriebsmittel) zur tatsächlichen Fortführung des Betriebs im eigenen Namen scheitern kann. Es ist solchenfalls dann Sache des bisherigen (!) Betriebsinhabers, den Betrieb in Ermangelung eines Betriebsnachfolgers ordnungsgemäß stillzulegen. Wird der Betrieb nicht auf Dauer stillgelegt, bleibt der Pächter Inhaber des Betriebs, auch wenn er die betriebliche Tätigkeit einstellt[2]. Andererseits ist aber auch zu beachten, dass § 613a keine zeitlich unbegrenzte Fortführungsbereitschaft des Erwerbers der Betriebsmittel und -organisation verlangt. Die einstw. Fortführung kann daher genügen, selbst wenn sie mit dem Ziel einer späteren Stilllegung oder Versilberung des Betriebsvermögens erfolgt (vgl. auch Rz. 72)[3].

68 **bb) Bloße Fortführungsmöglichkeit nicht ausreichend.** Mit seiner „Kfz-Handel-Entscheidung" vom 18.3.1999[4] sowie einer weiteren Entscheidung vom selben Tage[5] hat der 8. Senat des BAG endgültig und ausdrücklich den Abschied von der „Theorie der Fortführungsmöglichkeit" vollzogen. Er hat diese Kehrtwende als „Anpassung der Senatsrechtsprechung an die Rspr. des EuGH" bezeichnet; in Wirklichkeit handelte es sich jedoch um eine längst überfällige Korrektur, die auch unabhängig von der neueren EuGH-Rspr., die diesen Wechsel tatsächlich gefördert hat[6], zwingend geboten gewesen wäre. Trotz erheblicher Kritik in der Lit.[7] und ohne jedwede Auseinandersetzung hiermit hat das BAG zuvor über lange Zeit an der Aussage festgehalten, dass Betriebserwerber iSv. § 613a derjenige sei, der mit den übernommenen materiellen und immateriellen Betriebsmitteln „den Betrieb oder einen Betriebsteil im Wesentlichen unverändert fortführen *kann*"; darauf, ob von dieser Möglichkeit auch tatsächlich Gebrauch gemacht wurde, sollte es ausdrücklich nicht ankommen[8].

69 Ebenso wenig wie die gegen diese Auffassung streitenden Argumente hatte das BAG zur Kenntnis genommen, dass die Theorie der Fortführungsmöglichkeit bereits seit Mitte der 80er Jahre mit der st. Rspr. des EuGH im Konflikt lag, der die Frage der tatsächlichen Fortführung als ein zentrales Abgrenzungskriterium betrachtete[9]. Gleichwohl vollzog der 8. Senat die notwendige Kurskorrektur sehr spät und sodann in mehreren, nicht immer geradlinigen Schritten[10] erst infolge der richtungsweisenden *Ayse Süzen*-Entscheidung des EuGH vom 11.3.1997[11], wobei es sich auf dessen gesamte (!) vorherige Rspr. bezog[12]. **Wesentliches Kriterium** für den Übergang sei danach die **tatsächliche Weiterführung** oder **Wiederaufnahme** der Geschäftstätigkeit beim Wechsel der natürlichen oder juristischen Person, die für den Betrieb verantwortlich sei. Der 8. Senat geht dabei zum Teil noch über einige jüngere EuGH-Urteile hinaus, in denen die tatsächliche Fortführung mitunter nur als „Regelbeispiel" und nicht als unverzichtbares Tatbestandsmerkmal aufgeführt wird[13]. Dies erscheint angesichts des oben (Rz. 9) beschriebenen Schutzzwecks der Norm folgerichtig. Wer – wie der selbst nicht fortführungswillige Betriebsverpächter – lediglich die für die Betriebsfortführung erforderlichen Betriebsmittel über- oder zurücknimmt, ohne damit die Absicht zu verbinden, sich den ihnen innewohnenden Funktionszusammenhang (= Organisation) zur Verfolgung eigener wirtschaftl. Zwecke zunutze zu machen, kann, dies ist die Quintessenz der neueren BAG-Rspr., nicht Betriebs(teil)übernehmer iSv. § 613a sein. Die bloße Fortführungsmöglichkeit reicht also nicht aus.

---

1 So wörtl. BAG v. 18.3.1999 – 8 AZR 159/98, AP Nr. 189 zu § 613a BGB (Kfz-Handel); ebenso BAG v. 23.9.1999 – 8 AZR 750/98, nv. (Jugendwohnheim). | 2 BAG v. 18.3.1999 – 8 AZR 159/98, AP Nr. 189 zu § 613a BGB (Kfz-Handel). | 3 Vgl. *Willemsen/Annuß*, Anm. zu BAG v. 18.3.1999 – 8 AZR 159/98, AP Nr. 189 zu § 613a BGB, Bl. 7/7R. | 4 BAG v. 18.3.1999 – 8 AZR 159/98, AP Nr. 189 zu § 613a BGB (Kfz-Handel). | 5 BAG v. 18.3.1999 – 8 AZR 196/98, AP Nr. 190 zu § 613a BGB (Grundstücksverwaltung); vgl. auch BAG v. 14.12.2000 – 8 AZR 694/99 (Hotelbetrieb), nv. | 6 Insbesondere EuGH v. 11.3.1997 – Rs. C-13/95, AP Nr. 14 zu RL 77/187/EWG – Ayse Süzen. | 7 Vgl. bereits *D. Gaul*, BB 1979, 1666 (1669); *Willemsen*, RdA 1991, 204 (208 ff.); *Henssler*, NZA 1994, 913 (915); s. dazu auch *Annuß*, NZA 1998, 70 (73 ff.); *Preis/Steffan*, DB 1998, 309 (315). | 8 Vgl. ua. BAG v. 23.7.1991 – 3 AZR 366/90, AP Nr. 11 zu § 1 BetrAVG – Betriebsveräußerung; v. 12.11.1991 – 3 AZR 559/90, AP Nr. 12 zu § 1 BetrAVG – Betriebsveräußerung; v. 27.4.1995 – 8 AZR 197/94, AP Nr. 128 zu § 613a BGB; v. 19.11.1996 – 3 AZR 394/95, AP Nr. 152 zu § 613a BGB. | 9 Vgl. insb. EuGH v. 18.3.1986 – Rs. 24/85, EAS RL 77/187/EWG Nr. 2 – Spijkers, Rz. 12. | 10 Marksteine im positiven Sinne waren die Urt. BAG v. 22.5.1997 – 8 AZR 101/96, AP Nr. 154 zu § 613a BGB (*Franzen*); v. 11.9.1997 – 8 AZR 555/95, AP Nr. 16 zu RL 77/187/EWG (Tausendundeine Nacht); v. 12.11.1998 – 8 AZR 282/97, AP Nr. 186 zu § 613a BGB (Benetton/Einzelhandel) sowie vor allem die beiden bereits erwähnten Urteile v. 18.3.1999 – 8 AZR 159/98, AP Nr. 189 zu § 613a BGB (*Willemsen/Annuß*) (Kfz-Handel) und v. 18.3.1999 – 8 AZR 196/98, AP Nr. 190 zu § 613a BGB (Grundstücksverwaltung); seitdem st. Rspr., vgl. zB BAG v. 23.9.1999 – 8 AZR 166/99, nv. (Metropol-Theater); v. 2.12.1999 – 8 AZR 796/98, AP Nr. 188 zu § 613a BGB (Elektrohandel). Sehr missverständlich und irreführend demgegenüber noch das Urt. BAG v. 16.7.1998 – 8 AZR 81/97, NZA 1998, 1233 (1234); dazu *Willemsen/Annuß*, Anm. zu BAG v. 18.3.1999 – 8 AZR 159/98, AP Nr. 189 zu § 613a BGB (Kfz-Handel). | 11 EuGH v. 11.3.1997 – Rs. C-13/95, AP Nr. 14 zu RL 77/187/EWG – Ayse Süzen. | 12 EuGH v. 11.3.1997 – Rs. C-13/95, AP Nr. 14 zu RL 77/187/EWG – Ayse Süzen; vgl. die Nachw. | 13 Vgl. dazu *Willemsen/Annuß*, Anm. zu BAG v. 18.3.1999 – 8 AZR 159/98, AP Nr. 189 zu § 613a BGB (Kfz-Handel), Bl. 5 R.

c) **Erfordernis klarer vertraglicher Regelungen.** Die Anwendung des § 613a kann somit auch bei Erwerb sämtlicher Betriebsmittel als identitätsbildender Faktoren eines Betriebs oder Betriebsteils im konkreten Einzelfall daran scheitern, dass der Erwerber damit keine eigenen betrieblichen Zwecke verfolgt. Dies sollte in den zugrunde liegenden Vereinbarungen tunlichst konkretisiert werden, und zwar nicht nur im Interesse des Erwerbers, sondern auch des Veräußerers, der schließlich wissen muss, ob die Arbeitsverhältnisse gem. § 613a unverändert übergehen oder er mangels Übernahme- und Fortführungswillen des „Erwerbers" den Betrieb zuvor stilllegen muss einschließlich der damit verbundenen Verpflichtung zum Versuch eines **Interessenausgleichs** sowie zur Aufstellung eines **Sozialplans** (zum Verhältnis von Betriebsübergang und Betriebsstilllegung allg. Rz. 75 ff.). 70

Besonders relevant wird dieser Gesichtspunkt in den bereits erwähnten Betriebspachtfällen sowie beim **Outsourcing** bestimmter betrieblicher Funktionen auf einen außenstehenden Dritten. Hier sollte von vornherein vertragl. klar geregelt sein, ob bei Beendigung des Outsourcing-Vertrages, sofern dieser, was nicht zwingend der Fall sein muss (s. Rz. 172 ff.), sich als Betriebsteilübergang darstellt, dieser Betriebsteil einschließlich der ArbN nach § 613a an den Auftraggeber zurückfällt, dieser also die betreffende Tätigkeit sodann selbst weiterführen muss. An die Stelle der tatsächlichen Weiterführung durch den Verpächter bzw. (im Falle des Outsourcings) durch den Auftraggeber kann auch eine solche durch einen Dritten (= neuer Pächter/Auftragnehmer) treten; der Betriebsübergang vollzieht sich auf ihn, wenn er die Betriebstätigkeit fortsetzt oder wieder aufnimmt[1]. 71

d) **Unerheblichkeit der Dauer der tatsächlichen Fortführung.** Zur Vermeidung von Missverständnissen sei noch einmal darauf hingewiesen, dass die tatsächliche Fortführung der Betriebstätigkeit nicht auf Dauer angelegt sein muss. Auch eine nur kurzfristige Fortführung mit dem Ziel einer alsbaldigen Stilllegung oder einer grundlegenden Änderung des Betriebszwecks, der Produktionsmethoden oder der Produktionsanlagen oder einer erheblichen Ortsverlagerung vermag also die Anwendung der Norm zu begründen[2]; es reicht aus, wenn sich der Übernehmer den Vorteil der konkret existierenden Betriebsorganisation jedenfalls für ein notwendiges Durchgangsstadium nutzbar machen will. Eine tatsächliche Betriebsfortführung durch den Erwerber von nur wenigen Monaten oder gar Tagen kann also unter Umständen, ungeachtet der weiter gehenden Pläne des Erwerbers, bereits den (unbefristeten (!)) Eintritt in alle bestehenden Arbeitsverhältnisse auslösen, was in der Praxis Anlass zu besonderer Vorsicht geben sollte[3]. Selbst die bloße **Abwicklung** eines Betriebs im Wege der Fertigstellung bereits angearbeiteter Aufträge kann im Einzelfall einen Betriebs(teil)übergang darstellen[4]. Dagegen liegt kein Betriebs(teil)übergang vor, wenn das Warenlager eines Baustoffhandels zu den alleinigen Zwecken eines sofortigen Abverkaufs erworben wird[5]. 72

Anders ist die Sachlage dann zu beurteilen, wenn der Erwerber **von Anfang an** mit den übernommenen Betriebsmitteln einen gänzlich **anderen Betriebszweck** verfolgt, weil sich dann der Betriebsführungswille nicht auf den bisherigen, sondern einen anderen Betrieb bezieht, es mithin an der erforderlichen Betriebsidentität (s. Rz. 88 ff.) mangelt. Entsprechendes gilt, wenn der Erwerber der Betriebsmittel damit **von Anfang an** eine gänzlich **neue Betriebsorganisation** aufbaut. 73

e) **Fortführung nach zeitweiligem Betriebsstillstand.** Ein die Praxis immer wieder beschäftigendes Problem stellt die Frage dar, inwieweit von einer tatsächlichen Fortführung des Betriebs durch den Erwerber der Betriebsmittel (Immobilien, Betriebseinlagen, ggf. Personal) noch gesprochen werden kann, wenn der Betrieb über längere Zeit stillgestanden hat und/oder infolge äußerer Umstände unterbrochen war. 74

Aus der Sicht des deutschen Arbeitsrechts besteht zunächst Einigkeit darüber, dass ein Betrieb oder Betriebsteil, der zuvor stillgelegt wurde, nicht mehr nach § 613a übernommen werden kann; Betriebsstilllegung einerseits und Betriebsübergang andererseits sind somit komplementäre, einander **wechselseitig ausschließende Tatbestände**[6]. 75

Den sichersten „Schutz" vor einer Anwendung des § 613a bietet so betrachtet eine vorherige ordnungsgemäße **Betriebsstilllegung** durch den bisherigen Betriebsinhaber unter Auflösung der Betriebsorgani- 76

---

1 So auch BAG v. 18.3.1999 – 8 AZR 159/98, AP Nr. 189 zu § 613a BGB (Kfz-Handel). | 2 Vgl BAG v. 22.9.1994 – 2 AZR 54/94, AP Nr. 117 zu § 613a BGB; v. 29.11.1988 – 3 AZR 250/87, AP Nr. 7 zu § 1 BetrVG – Betriebsveräußerung; ErfK/*Preis*, § 613a BGB Rz. 52. | 3 *Willemsen/Annuß*, Anm. zu BAG v. 18.3.1999 – 8 AZR 159/98, AP Nr. 189 zu § 613a BGB (Kfz-Handel), Bl. 7 R. | 4 Insoweit aA offenbar *Müller-Glöge*, NZA 1999, 449 (451 f.). Es muss solchenfalls aber sorgfältig geprüft werden, ob die Abwicklung nicht Teil einer bereits *zuvor* beschlossenen und eingeleiteten Stilllegung ist. | 5 LAG Köln v. 18.6.2003 – 3 (7) Sa 1318/02, AE 2005, 30 (LS); vgl. auch ArbG Hamburg v. 8.4.2004 – 4 Ca 583/03, rkr., AE 2005, 30. | 6 Vgl. BAG v. 28.4.1988 – 2 AZR 623/87, AP Nr. 74 zu § 613a BGB m. Anm. *Hefermehl* (Warenzeichen); v. 27.7.1994 – 7 ABR 37/93, AP Nr. 118 zu § 613a BGB (*Gussen*); v. 16.5.2002 – 8 AZR 319/01, NZA 2003, 93 (Schuhproduktion); vgl. auch BAG v. 16.7.1998 – 8 AZR 81/97, NZA 1998, 1233 (FDGB – Ferienzentrum); LAG Hamm v. 20.7.2000 – 4 Sa 2148/99, NZA-RR 2001, 535; Staudinger/*Annuß*, § 613a BGB Rz. 78; *Kreitner*, Kündigungsrechtliche Probleme, S. 197 mwN; *Moll*, RdA 2003, 129 (131); aA offenbar ErfK/*Preis*, § 613a BGB Rz. 56 aE für den Fall einer auf die Stilllegung folgenden Übernahme unter Berufung auf BAG v. 13.11.1997 – 8 AZR 295/95, AP Nr. 169 zu § 613a BGB (Reinigung I/Wiedereinstellung).

sation und rechtsbeständiger Beendigung aller Arbeitsverhältnisse[1]; sie kommt in einer **Kündigung** der Arbeitsverhältnisse zum Ausdruck, die bereits vor dem eigentlichen Stilllegungszeitpunkt erfolgen kann[2], und wird idR besonders „gerichtsfest" durch den Abschluss eines Interessenausgleichs und Sozialplans iSd. §§ 111 ff. BetrVG dokumentiert. Allerdings dürfen dann zu diesem Zeitpunkt keine Verkaufsverhandlungen mehr geführt werden, denn nach Auffassung des BAG liegt eine Stilllegungsabsicht des ArbGeb nicht vor, wenn dieser beabsichtigt, seinen Betrieb zu veräußern[3].

77 Nach einer *vollständigen* Betriebsstilllegung kann es grds. bezüglich ein und desselben Betriebs keinen Betriebsübergang mehr geben; soweit das BAG in bestimmten Konstellationen (s. Rz. 304) gekündigten ArbN einen sog. **Fortsetzungsanspruch** einräumt, betrifft dies nach zutreffendem Verständnis ausschließlich Fälle, in denen es wider Erwarten doch noch zu einem Betriebsübergang auf einen Dritten und eben nicht zu einer Betriebsstilllegung gekommen ist. Wurde der Betrieb jedoch – wenn auch erst vor kurzer Zeit – endgültig und auf unbestimmte Zeit stillgelegt, führt selbst eine in Folge unvorhergesehener Umstände möglich gewordene alsbaldige Wiedereröffnung nicht zur Anwendung des § 613a, was insb. bei **Insolvenz** des Betriebsinhabers und Stilllegung des Betriebs durch den Insolvenzverwalter relevant werden kann[4].

78 Selbst wenn es nicht zu einer „ordnungsgemäßen" Betriebsstilllegung durch den bisherigen Inhaber iSd. deutschen Arbeitsrechts gekommen ist, kann gleichwohl eine **längere tatsächliche Unterbrechung** des Betriebs der Annahme einer Fortführung durch den Erwerber entgegenstehen. Die Bejahung einer tatsächlichen Fortführung scheitert dann allerdings nicht an dem Kriterium eines entsprechenden Willens aufseiten des Erwerbers der Betriebsmittel, sondern (unter Umständen) an dem davon zu trennenden Gesichtspunkt, ob es sich bei dem Gegenstand der Betriebsführungsabsicht noch um denselben Betrieb oder Betriebsteil wie bei dem bisherigen Inhaber handelt oder ob – mit anderen Worten – der bisherige Betrieb beziehungsweise Betriebsteil infolge der Dauer der Unterbrechung seine **Identität verloren** hat. Nach Auffassung des EuGH, der sich das BAG inzwischen vorbehaltlos angeschlossen hat, kann daher im Rahmen der erforderlichen Gesamtbewertung (s. Rz. 175 ff.) eine eventuelle Unterbrechung der Tätigkeit in Abhängigkeit von ihrer Dauer und der Art des jeweils in Rede stehenden Betriebs gegen die Wahrung der Identität beim Erwerber sprechen[5]. Es sind also, auch nach Auffassung des BAG, Fälle denkbar, in denen es der bisherige Inhaber versäumt hat, den Betrieb ordnungsgemäß stillzulegen, gleichwohl aber der Betrieb de facto solange geruht hat, dass von einer Fortführung desselben Betriebs durch den Nachfolger keine Rede mehr sein kann[6]. Allerdings geht der 8. Senat von einer negativen Wechselwirkung beider Merkmale in dem Sinne aus, dass bei alsbaldiger Wiedereröffnung des Betriebs oder bei alsbaldiger Wiederaufnahme der Produktion durch einen Erwerber eine tatsächliche **Vermutung** gegen die ernsthafte Absicht (sc. des Vorgängers) sprechen soll, den Betrieb stillzulegen (vgl. Rz. 175 ff.).

79 Diese **Vermutung** lässt sich aus den oben genannten Gründen jedoch **nicht umkehren**, dh. auch dann, wenn der bisherige Inhaber zu keinem Zeitpunkt die Absicht hatte, den Betrieb stillzulegen, oder die rechtswirksame Entlassung der ArbN gescheitert ist[7], steht dies der Annahme einer rechtl. erheblichen Unterbrechung der Betriebstätigkeit im Hinblick auf § 613a nicht von vornherein entgegen. Der 8. Senat des BAG **verneint** folgerichtig in seiner neuen Rspr. bei Fehlen einer tatsächlichen Fortführung durch den „Erwerber" einen Betriebsübergang auch dann, wenn der bisherige Betriebsinhaber den Betrieb nicht zuvor stillgelegt hatte[8].

80 In der **praktischen Handhabung** ist es allerdings in jedem Fall sicherer, sowohl die Stilllegung durch den bisherigen Inhaber als auch die erhebliche Unterbrechung der Betriebstätigkeit darzutun, wenn die Rechtsfolgen des § 613a infolge Übernahme (nur) der Betriebsmittel vermieden werden sollen.

81 **f) Verhältnis von Fortführungswille und tatsächlicher Fortführung.** Die Verabschiedung des Kriteriums der schlichten *Fortführungsmöglichkeit* und die Hinwendung zur tatsächlichen Betriebsfortführung durch den Erwerber der Betriebsmittel als konstitutives Erfordernis des Betriebsübergangs[9] wirft nunmehr „in voller Schärfe"[10] die auf der Grundlage der „alten" Rspr. bislang unerhebliche Frage auf, ob

---

1 Zu den Voraussetzungen der Betriebsstilllegung vgl. BAG v. 19.6.1991 – 2 AZR 127/91, AP Nr. 53 zu § 1 KSchG – Betriebsbedingte Kündigung; v. 27.7.1994 – 7 ABR 37/93, AP Nr. 118 zu § 613a BGB; v. 22.5.1997 – 8 AZR 101/96, AP Nr. 154 zu § 613a BGB (*Franzen*). | 2 BAG v. 22.5.1997 – 8 AZR 101/96, AP Nr. 154 zu § 613a BGB. | 3 St. Rspr.; vgl. zuletzt BAG v. 16.5.2002 – 8 AZR 319/01, NZA 2003, 93 (Schuhproduktion); dazu kritisch *Willemsen*, ZIP 1986, 477 ff. | 4 Vgl. BAG v. 13.7.2006 – 8 AZR 331/05, AP Nr. 313 zu § 613a BGB. | 5 S. zu diesem Merkmal im Rahmen des „Sieben-Punkte-Katalogs" Rz. 175 ff.; st. Rspr. des BAG seit BAG v. 24.4.1997 – 8 AZR 848/94, NZA 1998, 253 (EDV-Dienstleistung). | 6 IdS sind jedenfalls die Ausführungen des 8. Senats (ua.) in den Entscheidungen BAG v. 22.5.1997 – 8 AZR 101/96, AP Nr. 154 zu § 613a BGB sowie – insbesondere – v. 11.9.1997 – 8 AZR 555/95, EzA § 613a BGB Nr. 153 m. Anm. *Willemsen/Annuß* (Tausendundeine Nacht) zu verstehen. | 7 So lag es offenbar in BAG v. 11.9.1997 – 8 AZR 555/95, EzA § 613a BGB Nr. 153 m. Anm. *Willemsen/Annuß* (Tausendundeine Nacht). Hier hat das BAG trotz Fehlens einer „ordnungsgemäßen" Stilllegung in einer mehr als sechsmonatigen Betriebsruhe eine rechtlich erhebliche Unterbrechung der Tätigkeit gesehen. | 8 BAG v. 18.3.1999 – 8 AZR 159/98, AP Nr. 189 zu § 613a BGB (Kfz-Handel). | 9 So der Titel der Abhandlung von *R. Krause*, ZfA 2001, 67 ff. | 10 *R. Krause*, ZfA 2001, 88.

es allein auf die tatsächliche Betriebsfortführung oder auf die Absicht des Erwerbers der Betriebsmittel ankommt, ferner, auf welchen Zeitpunkt hierbei abzustellen ist.

aa) Maßgeblicher Zeitpunkt. Hinsichtlich des maßgeblichen Zeitpunkts besteht weithin Einigkeit, dass es insoweit entscheidend auf den Zeitpunkt der Erlangung der **tatsächlichen Herrschaftsmacht** durch den Erwerber ankommt[1]. Fehlt es zu diesem Zeitpunkt an der tatsächlichen Fortführung durch den Erwerber der Betriebsmittel, scheidet somit ein Betriebsübergang oder Betriebsteilübergang aus. Entschließt sich der Erwerber (nur) der Betriebsmittel erst zu einem späteren Zeitpunkt zur tatsächlichen Wiederaufnahme des Betriebs, kann es allerdings, sofern die zwischenzeitliche Unterbrechung nicht erheblich ist (s. bereits Rz. 78), in der Folge noch zu einem Betriebsübergang iSv. § 613a kommen, sofern der Betrieb nicht zuvor vom „Vorgänger" stillgelegt worden ist (Rz. 76). Keine Abkehr von dem Grundsatz der tatsächlichen Betriebsfortführung stellt es schließlich dar, wenn man § 613a auch für den Fall bejaht, dass der Erwerber der Betriebsräume und -anlagen diese erst nach einer längeren **Umbau- oder Renovierungsphase** zur Fortsetzung des bisherigen (!) Betriebszwecks (anders dagegen bei grundlegender, von Anfang an realisierter Änderung des Betriebszwecks; s. Rz. 167 ff., 170) nutzen will: Hier manifestiert sich nämlich die tatsächliche Betriebsfortführung bereits in der hierauf gerichteten Gestaltungsmaßnahme des Erwerbers, vorausgesetzt allerdings, dass es sich nach dem Umbau noch um denselben Betrieb wie den „übernommenen" handelt (s. Rz. 178 f.). 82

bb) Bedeutung der Erwerberabsichten im Verhältnis zur tatsächlichen Entwicklung. Das zuletzt genannte Beispiel zeigt allerdings auch, dass neben der tatsächlichen Betriebsfortführung auch die diesbezüglichen Absichten des Erwerbers für die richtige Anwendung des § 613a eine zentrale Rolle spielen können[2]. Sie können jedenfalls eine **Vorwirkung** dahin gehend entfalten, dass diese im Zeitpunkt der Erlangung der tatsächlichen Herrschaftsmacht vorhandene Fortführungsabsicht des Erwerbers ausreicht, auch wenn sie sich aus selbst verursachten (zB Umbauten) oder extern bedingten Umständen (zB noch fehlende öffentl.-rechtl. Erlaubnis) erst zu einem späteren Zeitpunkt realisieren lässt. 83

Schwieriger gestaltet sich demgegenüber die Entscheidung der Frage, was zu gelten hat, wenn der Erwerber im Zeitpunkt der Erlangung der Herrschaftsmacht über die Betriebsmittel keinen Fortführungswillen hat, er sich aber zu einem späteren Zeitpunkt zur Wiederaufnahme des bisherigen Betriebs entschließt (Beispiel: Der Käufer einer Hotelimmobilie will zunächst nur den Grundstückswert realisieren, entscheidet sich dann aber geraume Zeit nach dem Besitzübergang doch zur Fortführung des Hotelbetriebs), oder wenn umgekehrt der Erwerber bei Übertragung der *Assets* auf ihn zwar den erforderlichen Fortsetzungswillen hat, es zu einer tatsächlichen Fortführung in der Folgezeit aber gleichwohl nicht kommt (zB weil die zuständige Behörde dem Erwerber den Betrieb mangels gewerberechtl. Zuverlässigkeit untersagt oder der Erwerber aus gesundheitlichen Gründen an der tatsächlichen Wiederaufnahme des Betriebs gehindert wird). 84

Den ersteren Fall wird man (vgl. bereits Rz. 82 sowie Rz. 175 ff.) dahin gehend lösen müssen, dass, solange keine erhebliche Unterbrechung der Betriebstätigkeit vorliegt, auch die **nachträgliche Betriebsfortführung** noch die Rechtsfolgen des § 613a auszulösen vermag. Übernimmt der Erwerber also zunächst nur die „toten" Betriebsmittel ohne Absicht der Betriebsfortführung und tritt er erst danach in die betriebl. Leitungs- und Organisationsmacht iSd. obigen Erläuterungen (Rz. 46 ff.) ein, gehen zu diesem – späteren – Zeitpunkt die Arbeitsverhältnisse gem. § 613a auf ihn über. Da er zu diesem Zeitpunkt unzweifelhaft den erforderlichen Fortsetzungswillen hat, klaffen somit subjektive und objektive Lage gar nicht auseinander, so dass an der Maßgeblichkeit der Absichten des Erwerbers festgehalten werden kann[3] und lediglich der ausschlaggebende Zeitpunkt nach hinten verschoben werden muss: Liegen Erlangung der tatsächlichen Herrschaftsmacht über die Betriebsmittel und tatsächlicher Eintritt in die Leitung und Organisation auseinander, muss der letztere Zeitpunkt entscheidend sein. Insoweit bedarf also der Grundsatz, dass es auf den Zeitpunkt der Erlangung der Verfügungsgewalt über die Betriebsmittel ankommt, der entsprechenden Relativierung[4]. 85

In der **umgekehrten Situation**, dass der Erwerber der Betriebsmittel zunächst die Betriebsfortführung plant, tatsächlich jedoch zu keinem Zeitpunkt mehr eine diesbezügliche Tätigkeit entfaltet, besteht ebenfalls kein Anlass, von dem Grundsatz der Maßgeblichkeit des Erwerberwillens abzuweichen. Hier kommt allerdings noch ein weiterer Gesichtspunkt ins Spiel, nämlich dass der nach außen **verlautbarte Wille** des Erwerbers zur Übernahme der tatsächlichen Leitungs- und Organisationsgewalt bereits als 86

---

1 Vgl. BAG v. 26.3.1996 – 3 AZR 965/94 (*Moll*), AP Nr. 148 zu § 613a BGB; *Willemsen/Annuß*, Anm. zu BAG v. 18.3.1999 – 8 AZR 159/98, AP Nr. 189 zu § 613a BGB (Kfz-Handel), Bl. 6; Staudinger/*Annuß*, § 613a BGB Rz. 68. | 2 IdS bereits *Willemsen*, RdA 1991, 204 (211); vgl. ferner Staudinger/*Annuß*, § 613a BGB Rz. 66. | 3 Anders insoweit *Willemsen/Annuß*, BAG v. 18.3.1999 – 8 AZR 159/98, AP Nr. 189 zu § 613a BGB (Kfz-Handel), Bl. 6; *insoweit* zu Recht kritisch *R. Krause*, ZfA 2001, 88. | 4 Dies übersieht mE *R. Krause*, ZfA 2001, 67 (89), in seiner Kritik an der „Subjektivierung" des Merkmals der Fortführung; vgl. dazu ferner *Annuß*, BB 1989, 1582; *Willemsen/Annuß*, Anm. zu BAG v. 18.3.1999 – 8 AZR 159/98, AP Nr. 189 zu § 613a BGB (Kfz-Handel); *Ekkenga*, ZIP 1995, 1225 (1232).

solcher **rechtl. Erheblichkeit** im Hinblick auf § 613a erlangen kann. Fallen hier Absicht und (spätere) Realität auseinander, kommt es also entweder überhaupt nicht zur Fortsetzung des Betriebs oder realisiert der Erwerber der Betriebsmittel damit von Anfang an einen völlig andersartigen Betriebszweck, liegt zwar materiell an sich kein Betriebs(teil)übergang vor (zum Erfordernis der Beibehaltung des Betriebszwecks sogleich Rz. 89); er muss sich aber gleichwohl an seiner Erklärung (im Übertragungsvertrag und/oder gegenüber den ArbN) festhalten lassen, zu dem vereinbarten Stichtag in die Betriebsinhaberrolle eintreten zu wollen[1].

87 Voraussetzung für die dann eingreifende (vertragl.) **Fiktion eines Betriebsübergangs** ist allerdings, dass der bisherige Betriebsinhaber seine Leitungsmacht tatsächlich aufgibt. Ist der Erwerber dann (abredewidrig) nicht bereit, den Betrieb fortzuführen, muss er die zuvor abgegebene Erklärung – insb. im Rahmen der Auskunftspflicht nach § 613a V (ausf. Rz. 311 ff.) – gegen sich gelten lassen. Der **Vorrang des rechtsgeschäftlich Erklärten** gegenüber dem tatsächlichen Geschehensablauf ergibt sich in dieser Konstellation bereits daraus, dass im Wege eines dreiseitigen Vertrags (zwischen altem und neuem ArbGeb sowie dem jeweiligen ArbN) die Rechtsfolgen des § 613a auch dort „simuliert" werden können, wo es erkennbar an seinen tatbestandlichen Voraussetzungen fehlt[2]. Wer also im Zuge des Erwerbs der (wesentlichen) Betriebsmittel gegenüber der Belegschaft als künftiger ArbGeb auftritt, **bindet sich** insoweit selbst und kann sich aus der Stellung des neuen Betriebsinhabers dann nur noch um den Preis einer ordnungsgemäßen Betriebsstilllegung (idR verbunden mit der Aufstellung eines Sozialplans) wieder lösen.

88 **3. Identitätswahrung. a) Grundsatz.** Das Erfordernis der tatsächlichen Betriebs(teil)fortführung ist logisch eng mit dem weiteren, **ungeschriebenen Tatbestandsmerkmal** der Identität des Betriebs bzw. Betriebsteils vor und nach dem Betriebsübergang verknüpft: Nur dann, wenn dieser seine „Nämlichkeit" unbeschadet der Transaktion bewahrt, kann von einem Übergang „des" Betriebs/Betriebsteils auf einen neuen Inhaber die Rede sein (s. bereits Rz. 55). Der aus der st. Rspr. sowohl des EuGH als auch des BAG abzuleitende Obersatz[3] lautet demzufolge: Ein Betriebsübergang iSv. § 613a setzt die **Wahrung der Identität der betreffenden Einheit** (Betrieb oder Betriebsteil) voraus (zur Rspr. des EuGH s. die Nachw. in Rz. 55)[4]. Der Begriff der Einheit bezieht sich dabei auf eine organisierte Gesamtheit von Personen und Sachen zur Ausübung einer wirtschaftl. Tätigkeit mit eigener Zielsetzung (s. dazu die Nachw. in Rz. 13), bei der es sich, wie Art. 1 Ib der BetriebsübergangsRL[5] klarstellt, um eine „Haupt- oder Nebentätigkeit" handeln kann. Die Statik hinsichtlich des Transaktionsobjekts (Betriebs/Betriebsteils) macht somit den eigentlichen **Kern** des Betriebsübergangs aus (s. bereits Rz. 55).

89 Die Identität der Einheit in diesem Sinne bleibt nur gewahrt, wenn die den jeweiligen Betrieb bzw. Betriebsteil **individualisierende Verknüpfung** konkreter **Betriebsmittel** zu einem konkreten **Betriebszweck** (s. Rz. 18), die auf der Kombinationsleistung des Vorgängers beruht, auch nach dem Betriebsübergang fortbesteht. Es reicht also jeweils für sich betrachtet weder aus, dass der „Nachfolger" sich im Besitz derselben Betriebsmittel befindet[6], noch, dass er eine im Vergleich zum „Vorgänger" gleiche oder gleichartige Tätigkeit ausübt. Entscheidend ist vielmehr die finale Verbindung beider Elemente in dem Sinne, das dieselben Betriebsmittel (Betriebsanlagen, Produktionsmittel, Personal) auch künftig **demselben Betriebszweck** gewidmet sind. Der Betrieb/Betriebsteil kann den Wechsel des Inhabers (nur) deshalb überdauern, weil die für die Fortführung notwendigen **Strukturen** in den Betriebsmitteln und in der Art und Weise ihrer dauerhaften Zuordnung zueinander (= Organisation) im Hinblick auf den damit verfolgten Betriebszweck **verkörpert** und damit **vom bisherigen Betriebsinhaber „abstrahiert"** sind. Nicht die Betriebsmittel als solche sind somit im Hinblick auf die Wahrung der Identität des Betriebs oder Betriebsteils entscheidend, sondern ihre Organisation und deren Weiterführung durch den neuen Inhaber. Daraus folgt umgekehrt, dass ein Betriebsübergang ausscheidet, wenn das wesentliche Substrat in einer **höchstpersönlichen** Befugnis des bisherigen Inhabers besteht. Letzteres hat das BAG für ein **Notariat** angenommen (s. auch Rz. 165)[7], für eine **Apotheke** indes verneint[8].

90 **Ohne** Beibehaltung der den bisherigen Betrieb/Betriebsteil **prägenden Organisationsstrukturen** durch den neuen „Inhaber" vermag die wirtschaftl. Einheit ihre **Identität nicht zu wahren**[9]. Es liegt dann lediglich der Fall entweder einer bloßen Betriebsmittelveräußerung (dh. Übertragung „toter" *Assets* ohne Nutzung des ihnen innewohnenden bisherigen Funktionszusammenhangs) oder einer sog. Funktionsnachfolge (dh. Wahrnehmung derselben oder einer ähnlichen Tätigkeit, jedoch im Rahmen einer

1 Ähnlich ErfK/*Preis*, § 613a BGB Rz. 51. | 2 IE ebenso *R. Krause*, ZfA 2001, 67 (89 f.); ErfK/*Preis*, § 613a BGB Rz. 51. | 3 Vgl. *Müller-Glöge*, NZA 1999, 449. | 4 Zentrale Bedeutung für die Judikatur des BAG hat erst EuGH v. 11.3.1997 – Rs. C-13/95, AP Nr. 14 zu RL 77/187/EWG – Ayse Süzen – erlangt. Seitdem entspricht das Identitätspostulat auch der st. Rspr. des 8. BAG Senats (s. Rz. 55 aE). | 5 Abgedr. bei *Willemsen* in Willemsen/Hohenstatt/Schweibert/Seibt, Anh. II. | 6 IdS bereits EuGH v. 18.3.1986 – Rs. 24/85, EAS RL 77/187/EWG Nr. 2 – Spijkers, Rz. 12: Die Überleitung materieller und immaterieller Aktiva eines Unternehmens genügt nicht. | 7 BAG v. 26.8.1999 – 8 AZR 827/98, AP Nr. 197 zu § 613a BGB. | 8 BAG v. 19.3.1998 – 8 AZR 139/97, AP Nr. 177 zu § 613a BGB. | 9 Deutlich für den Fall der Übertragung einer öffentlichen Verwaltung BAG v. 26.6.1997 – 8 AZR 426/95, AP Nr. 165 zu § 613a BGB (Verwaltungs-Funktionsnachfolge); für die Übernahme von Dienstleistungen (Gefahrstofflager) BAG v. 22.7.2004 – 8 AZR 350/03, NZA 2004, 1383.

neu geschaffenen oder beim Nachfolger bereits vorhandenen Betriebsorganisation, s. Rz. 172) vor; beide erfüllen nicht die Voraussetzung eines Betriebs(teil)übergangs iSv. § 613a.

Für die **Funktionsnachfolge** hat der EuGH und ihm folgend das BAG dies wiederholt festgestellt. 91
Beide Gerichte verwenden in ihrer Judikatur geradezu formelhaft den Grundsatz, dass die wirtschaftl. Einheit nicht mit einer bloßen Tätigkeit gleichgesetzt werden dürfe. Ihre Identität ergebe sich vielmehr auch aus anderen Merkmalen wie ihrem Personal, ihren Führungskräften, ihrer Arbeitsorganisation, ihren Betriebsmethoden und ggf. den ihr zur Verfügung stehenden Betriebsmitteln. Den für das Vorliegen eines Überganges maßgeblichen Kriterien komme notwendigerweise je nach der ausgeübten Tätigkeit und selbst nach den Produktions- oder Betriebsmethoden, die in dem betreffenden Unternehmen, Betrieb oder Betriebsteil angewendet würden, unterschiedliches Gewicht zu[1].

Ebenso entspricht es st. Rspr. des EuGH und nunmehr auch des BAG, dass die bloße **Betriebsmittel-** 92
veräußerung, dh. die Übertragung (nur) der materiellen und immateriellen Aktiva, ebenfalls noch keine identitätswahrende Betriebsübertragung darstellt[2]. Ob eine wirtschaftl. Einheit veräußert worden ist, ergibt sich vielmehr daraus, ob der Betrieb mit derselben oder einer gleichartigen Geschäftstätigkeit tatsächlich weitergeführt oder wieder aufgenommen wird (vgl. Rz. 167 ff.). Das Postulat der Betriebsidentität erfordert also eine **„Vorher-Nachher-Betrachtung"** in zweierlei Hinsicht: Es muss zum einen festgestellt werden, ob die bisherigen betrieblichen Organisationsstrukturen als „Quelle der Wertschöpfung"[3] im Wesentlichen erhalten geblieben sind („Nämlichkeit"), und zum anderen, ob damit künftig derselbe oder zumindest ein gleichartiger Betriebszweck („Wertschöpfungsprogramm") verfolgt wird. Fehlt es auch nur an einem dieser beiden Merkmale, scheidet ein Fall des § 613a aus. Dies entspricht dem Normzweck der Bestimmung, nur denjenigen zur Übernahme der Arbeitsverhältnisse zu verpflichten, der sich die vom Vorgänger geschaffene Betriebsorganisation für eigene, gleiche wirtschaftl. Zwecke zunutze macht (s. Rz. 9). Dass der **ArbN seine Tätigkeit** bei dem neuen Betriebsinhaber **erbringen könnte, reicht gerade nicht aus**[4].

b) Teleologische Gesamtbewertung anhand eines Sieben-Punkte-Katalogs. Ob die betreffende wirt- 93
schaftl. Einheit (Betriebs/Betriebsteil) unbeschadet der Transaktion ihre Identität bewahrt hat, kann nur anhand sämtlicher Umstände des konkreten Einzelfalls entschieden werden. Die Beurteilung dieser Frage obliegt vorrangig den Tatsacheninstanzen, die die relevanten Merkmale ermitteln und bewerten müssen. Dem Revisionsgericht obliegt dann lediglich die Prüfung, ob es hierbei zu Rechtsfehlern gekommen ist[5]. Als rechtsfehlerhaft stellt sich dabei insb. eine Subsumtion dar, die aus dem Vorhandensein bzw. Fehlen bestimmter einzelner Merkmale, wie zB Übertragung sächlicher immaterieller Betriebsmittel, Übergang von Kundenbeziehungen etc. auf das Vorliegen bzw. Nichtvorliegen eines Betriebsübergangs schließen will[6]. Seit der Entscheidung des EuGH in Sachen *Ayse Süzen* vom 11.3.1997[7] verlangt der für Fragen des Betriebsübergangs zuständige 8. Senat des BAG im Einklang mit der europarechtl. Judikatur[8] von den Instanzgerichten eine Sieben-Punkte-Prüfung mit anschließender (!) Gesamtbewertung. In nahezu allen einschlägigen Entscheidungen findet sich dazu in Anlehnung an den EuGH die folgende **Standardformulierung**:

„Bei der Prüfung, ob eine Einheit übergegangen ist, müssen sämtliche den betreffenden Vorgang kenn- 94
zeichnenden Tatsachen berücksichtigt werden. Dazu gehören namentlich

① die Art des betreffenden Unternehmens oder Betriebs,

② der etwaige Übergang der materiellen Betriebsmittel wie Gebäude und bewegliche Güter,

③ der Wert der immateriellen Aktiva im Zeitpunkt des Übergangs,

④ die etwaige Übernahme der Hauptbelegschaft durch den neuen Inhaber,

⑤ der etwaige Übergang der Kundschaft sowie

⑥ der Grad der Ähnlichkeit zwischen den vor und nach dem Übergang verrichteten Tätigkeiten und

⑦ die Dauer einer eventuellen Unterbrechung dieser Tätigkeiten.

---

1 Vgl. dazu insb. EuGH v. 11.3.1997 – Rs. C-13/95, AP Nr. 14 zu RL 77/187/EWG – Ayse Süzen; ihm folgend BAG v. 22.5.1997 – 8 AZR 101/96, AP Nr. 154 zu § 613a; v. 26.6.1997 – 8 AZR 426/95, AP Nr. 165 zu § 613a BGB (Verwaltungs-Funktionsnachfolge); v. 11.9.1997 – 8 AZR 555/95, EzA § 613a BGB Nr. 153 m. Anm. *Willemsen/Annuß* (Tausendundeine Nacht); v. 13.11.1997 – 8 AZR 295/95, AP Nr. 169 zu § 613a BGB (Reinigung I/Wiedereinstellung); v. 13.11.1997 – 8 AZR 375/96, AP Nr. 170 zu § 613a BGB (Stabsfunktion bei Betriebsübergang); seitdem st. Rspr. | 2 Vgl. bereits EuGH v. 18.3.1986 – Rs. 24/85, EAS RL 77/187/EWG Nr. 2 – Spijkers, Rz. 12; aus der BAG-Rspr. BAG v. 26.6.1997 – 8 AZR 426/95, AP Nr. 165 zu § 613a BGB (Verwaltungs-Funktionsnachfolge); v. 21.1.1999 – 8 AZR 680/97, nv. (Privatschule I). | 3 Vgl. *Willemsen*, ZIP 1986, 477 (481). | 4 So ausdrücklich BAG v. 14.8.2007 – 8 AZR 1043/06, NZA 2007, 1431. | 5 *Müller-Glöge*, NZA 1999, 449 (450). | 6 Vgl. *Ascheid* in Preis/Willemsen (Hrsg.), Umstrukturierung von Betrieb und Unternehmen im Arbeitsrecht, 1999 Rz. D 34; *Müller-Glöge*, NZA 1999, 449 (450). | 7 S. EuGH v. 11.3.1997 – Rs. C-13/95, AP Nr. 14 zu RL 77/187/EWG – Ayse Süzen. | 8 Vgl. außer EuGH v. 11.3.1997 – Rs. C-13/95, AP Nr. 14 zu RL 77/187/EWG – Ayse Süzen bereits EuGH v. 18.3.1986 – Rs. 24/85, EAS RL 77/187/EWG Nr. 2 – Spijkers; v. 19.5.1992 – Rs. C-29/91, NZA 1996, 207 – Redmond Stichting; aus neuerer Zeit EuGH v. 24.1.2002 – Rs. C-51/00, AP Nr. 31 zu RL 77/187/EWG – Temco.

Diese Umstände sind jedoch nur Teilaspekte der vorzunehmenden **Gesamtbewertung** und dürfen deshalb **nicht isoliert betrachtet** werden[1].“

95 Dabei muss klar sein, dass es für das Vorliegen eines Betriebsübergangs nicht darauf ankommt, ob alle Merkmale gleichzeitig gegeben sind[2]. Ebenso verfehlt wäre es, bei der notwendigen Gesamtabwägung alle vorgenannten Merkmale gleichermaßen in die Waagschale zu legen. Den verschiedenen Kriterien kommt vielmehr je nach Sachlage, dh. in Abhängigkeit – insb. – von der Art des in Rede stehenden Unternehmens und dessen Produktions- und Betriebsmethoden (Merkmal 1) ein **unterschiedliches Gewicht** zu[3]. Es ist somit maßgeblich auf diejenigen Kriterien abzustellen, die den spezifischen Charakter des jeweiligen Geschäfts ausmachen[4], diesem also das **Gepräge** und unverwechselbare Erscheinungsbild verleihen.

96 Zu dem obigen Sieben-Punkte-Katalog ist **kritisch anzumerken**, dass er das eigentliche Kernelement des Betriebsübergangs, nämlich die **Aufrechterhaltung der Betriebs- und Arbeitsorganisation** iSd. zweckgerichteten Verknüpfung von Ressourcen (s. Rz. 9), nicht enthält[5]. Die einzelnen Punkte des Katalogs sind lediglich – dazu noch ausschnitthafte und ihrerseits auslegungsbedürftige – „Paraphrasen“ dessen, was den Betriebsübergang eigentlich „ausmacht“. Ihre formelhafte Wiederholung in Gerichtsentscheidungen trägt zur Rechtssicherheit auf diesem eminent wichtigen Gebiet nichts bei, solange die der geforderten „Gesamtbewertung“ zugrunde liegende **Entscheidungsmethode** nicht erkennbar wird und der Praktiker damit den Eindruck gewinnt, der Fall hätte bei wenig geänderten Nuancen auch anders entschieden werden können (s. Rz. 182a f.)[6]. Die Rspr. des BAG hat indes den Bezug des Sieben-Punkte-Katalogs zu dem teleologischen Grundkonzept richtig erkannt und einen Fall des § 613a wiederholt gerade im Hinblick darauf verneint, dass es an der notwendigen Beibehaltung und Weiternutzung einer vom Vorgänger geschaffenen Arbeitsorganisation fehle[7]. Die Handhabung des als solchem noch nicht hinreichend aussagekräftigen Sieben-Punkte-Katalogs wird um einiges praktikabler und verlässlicher, wenn man sich bei seiner Anwendung im konkreten Einzelfall – der typischerweise eine „Gemengelage“ bezüglich der einzelnen Kriterien aufweisen wird – an dieser gedanklichen Grundlinie orientiert. Auch *Müller-Glöge*, selbst Vorsitzender Richter am BAG und langjähriges Mitglied des 8. Senats, betont ausdrücklich, dass der organisatorischen Zusammenfassung der Ressourcen im Hinblick auf den Wortlaut der Betriebsübergangsrichtlinie[8] ein besonderer Rang für die Gesamtwürdigung zukomme. Diese Vorgabe sei bei der Auslegung des Betriebsbegriffs iSv. § 613a zu beachten und bedürfe keiner besonderen Umsetzung durch den Bundesgesetzgeber[9].

97 **c) Unterscheidung zwischen „betriebsmittelintensiven“ und „betriebsmittelarmen“ Tätigkeiten.** Wenn man für die Identität des Betriebs bzw. des Betriebsteils maßgeblich auf die Wahrung der Betriebsorganisation abstellt, die vom jeweiligen Inhaber gelöst werden und auf einen Dritten übergehen kann, stellt sich die weitere Frage, wodurch diese betriebliche Organisation „verkörpert“ wird (s. zu diesem Gesichtspunkt bereits Rz. 89). Versteht man diese iSd. Richtlinientextes als Zusammenfassung (Verknüpfung) von Ressourcen zur Verfolgung einer wirtschaftl. Haupt- oder Nebentätigkeit, wird sogleich klar, dass zwischen den Ressourcen (Betriebsmitteln) einerseits und der Haupt- oder Nebentätigkeit (Betriebszweck) andererseits eine Wechselwirkung in dem Sinne besteht, dass die Relevanz der Übertragung oder Nichtübertragung dieser Ressourcen im konkreten Einzelfall von dem jeweils maßgeblichen Gegenstand der Tätigkeit (Merkmal 1) abhängt und dass es nur auf solche Ressourcen ankommen kann, die für den jeweiligen Betriebs- oder Geschäftszweck **spezifisch** sind[10].

98 Hiernach beantwortet sich auch die weitere Frage, ob und inwieweit ein Betriebs(teil)übergang die Übertragung sächlicher oder immaterieller Betriebsmittel (Merkmale 2 und 3) voraussetzt. Dies kann sinnvollerweise nur für solche Betriebsarten verlangt werden, bei denen materielle und/oder immaterielle Betriebsmittel für die individuelle **Wertschöpfung** gem. dem jeweiligen Betriebszweck eine beson-

1 So die inzwischen „klassische“ Formulierung in EuGH v. 18.3.1986 – Rs. 24/85, EAS RL 77/187/EWG Nr. 2 – Spijkers, Tz. 13 und EuGH v. 11.3.1997 – Rs. C-13/95, AP Nr. 14 zu RL 77/187/EWG – Ayse Süzen, Tz. 14, die vom BAG in der Folgezeit wörtlich übernommen wurde. | 2 *Müller-Glöge*, NZA 1999, 449 (450). | 3 BAG v. 13.11.1997 – 8 AZR 375/96, AP Nr. 170 zu § 613a BGB (Stabsfunktion bei Betriebsteilübergang); v. 11.12.1997 – 8 AZR 426/94, AP Nr. 171 zu § 613a BGB (Catering I); v. 2.12.1999 – 8 AZR 796/88, AP Nr. 188 zu § 613a BGB (Elektrohandel). | 4 So die Formulierung in BAG v. 2.12.1999 – 8 AZR 796/88, AP Nr. 188 zu § 613a BGB (Elektrohandel). | 5 S. zu dieser Kritik auch *Willemsen* in Willemsen/Hohenstatt/Schweibert/Seibt, Rz. G 98. | 6 Trotz dieses grundlegenden Vorbehalts erweist sich ein nach Betriebsarten gegliedertes „ABC des Betriebsübergangs“ als durchaus nützlich; vgl. dazu *Kreitner* in Küttner (Hrsg.), Personalbuch 2007, 123 Rz. 19 f. | 7 BAG v. 10.12.1998 – 8 AZR 676/97, AP Nr. 187 zu § 613a BGB (Hol- und Bringdienst); v. 21.1.1999 – 8 AZR 680/97, nv. (Privatschule I); v. 18.3.1999 – 8 AZR 159/98, AP Nr. 189 zu § 613a BGB (Kfz-Handel) und v. 18.3.1999 – 8 AZR 196/98, AP Nr. 190 zu § 613a BGB (Grundstücksverwaltung); v. 23.9.1999 – 8 AZR 166/99, nv. (Metropol-Theater). In der Rspr. des EuGH findet sich der Bezug zur Betriebsorganisation in dem „Standardsatz“, dass eine Einheit nicht als bloße Tätigkeiten verstanden werden dürfe; ihre Identität ergebe sich „auch aus anderen Merkmalen wie ihrem Personal, ihren Führungskräften, ihrer Arbeitsorganisation, ihren Betriebsmethoden und ggf. aus den ihr zur Verfügung stehenden Betriebsmitteln, vgl. EuGH v. 11.3.1997 – Rs. C-13/95, AP Nr. 14 zu RL 77/187/EWG – Ayse Süzen, Tz. 15; st. Rspr. | 8 Art. 1 Abs. 1b). | 9 *Müller-Glöge*, NZA 1999, 449 (450). | 10 Vgl. BAG v. 2.12.1999 – 8 AZR 796/88, AP Nr. 188 zu § 613a BGB (Elektrohandel).

dere Rolle spielen[1]. Steht für den jeweiligen Wertschöpfungsprozess dagegen die menschliche Arbeitskraft ausschließlich oder gar überwiegend im Vordergrund und handelt es sich demgemäß bei den (nicht personellen) Betriebsmitteln hauptsächlich um Hilfsmaterial von wirtschaftl. eher untergeordneter Bedeutung, kann ihrer Übernahme bzw. Nichtübernahme durch den „Nachfolger" keine ausschlaggebende Bedeutung zukommen. Stellt also das Personal die wesentliche Wertschöpfungsquelle dar, ist die Übernahme bzw. Nichtübernahme der sog. Hauptbelegschaft (Merkmal 4) somit ein zentrales Kriterium hinsichtlich der Identitätswahrung[2].

d) Die Kriterien des Sieben-Punkte-Katalogs im Einzelnen. Ordnet man die einzelnen Merkmale des 99 Sieben-Punkte-Katalogs (Rz. 94) dem zentralen Gedanken der Weiterführung und Ausnutzung der mit der bisherigen und identisch gebliebenen Arbeitsorganisation verbundenen Wertschöpfung unter, lassen sich diese sowohl in ihrer absoluten als auch in ihrer relativen Bedeutung besser interpretieren. Dabei zeigt sich, dass **keinem** der sieben Einzelmerkmale **absolute Bedeutung** in dem Sinne zukommt, dass bereits allein daraus auf das Vorliegen eines Betriebs(teil)übergangs geschlossen werden kann. Ob umgekehrt wegen Fehlens einzelner Merkmale ein Betriebsübergang zwingend ausscheidet, hängt ebenso wie die Beurteilung der „positiven Elemente" ganz entscheidend von dem ersten Punkt, der „Art des betreffenden Unternehmens oder Betriebs", ab.

aa) Art des betreffenden Unternehmens oder Betriebs (Merkmal 1). Hierbei handelt es sich somit 100 nicht um ein eigenständiges Beurteilungskriterium, sondern um ein solches, an dem die Bedeutung und das Gewicht des Vorhandenseins oder Fehlens der übrigen Merkmale (2–7) zu messen sind[3]. Es ist also jeweils zu prüfen, welchen *assets* im Rahmen der konkret vorgefundenen Arbeitsorganisation für die arbeitstechnische **Wertschöpfung** zentrale Bedeutung zukommt. In der Regel sind dies zugleich diejenigen (materiellen oder immateriellen) Hilfsmittel, die dem Betrieb sein „unverwechselbares Gesicht" geben, weil sie – jedenfalls in ihrer konkreten „Komposition" – einzigartig und damit nicht oder nur um den Preis einer wesentlichen Veränderung der mit der betrieblichen Wertschöpfung verbundenen Chancen und Risiken austauschbar sind. Diese **„Relativitätstheorie"**, dh. die maßgebliche Bewertung der einzelnen Elemente nach der Art des jeweiligen Unternehmens oder Betriebs, hat zur Folge, dass ein und dieselbe Gattung von Betriebsmitteln in einem Fall für die Identitätsbeurteilung irrelevant, im anderen dagegen von zentraler Bedeutung ist.

(1) Orts- und Kundenbindung. So spielen die konkreten Räumlichkeiten bei **Dienstleistungen**, die 101 über Telefon oder sonstige Kommunikationseinrichtungen abgewickelt werden (zB Call Center), so gut wie keine Rolle, während sie etwa bei einem Hotel, einem Kino[4] oder einem Flughafenrestaurant zweifelsohne identitätsbildend sind. Sind, wie in den beiden letztgenannten Fällen, der Betriebszweck und die Betriebsorganisation auf unmittelbaren Kundenkontakt angelegt, erfordert die betriebliche Wertschöpfung mit anderen Worten die physische Verfügbarkeit eines an dem jeweiligen Betriebszweck interessierten Publikums (= Kundenkreises), sind zwar möglicherweise nicht die konkreten Räumlichkeiten als solche, wohl aber das unmittelbare geographische Umfeld („**Einzugsbereich**") nach der Art des Geschäfts von so zentraler Bedeutung, dass eine (gemessen an der weiteren Erreichbarkeit des bisherigen Kundenkreises) erhebliche räumliche Verlagerung, selbst bei Fortführung eines gleichartigen Betriebszwecks, zum Verlust der Betriebsidentität führen kann. Daher ist es folgerichtig, wenn das BAG bei Einzelhandelsgeschäften eine Weiterführung derselben organisatorischen Einheit „an ganz anderer Stelle" in seiner Entscheidung vom 2.12.1999[5] als „häufig fern liegend" bezeichnet hat, weil der Kunde an die Lage des Geschäfts gewöhnt sei. Ausnahmen hält das Gericht allerdings bei **Spezialgeschäften** und „am Ort konkurrenzlosen Betrieben" für denkbar. Nach der Art des Geschäfts richtet sich auch, ob es sich bei den Kundenbeziehungen um solche auf Dauer handelt oder nicht („Laufkundschaft"). Der räumlich-konkrete Zugang zu einer (potenziellen) Laufkundschaft kann durchaus ein identitätsbildendes Merkmal der betrieblichen Organisation und Wertschöpfung sein, weil nicht die einzelne Kundenbeziehung als solche, sondern die diese ermöglichenden materiellen (Grundstück, Räumlichkeiten, Geschäftsumfeld) und immateriellen (Goodwill, „Sogkraft der eingeführten Marke" etc.) Grundlagen die für die jeweilige wirtschaftl. Einheit identitätsstiftenden Faktoren sind. Je nach dem Gewicht der zuletzt genannten *soft factors* für die Bewertung der dem Geschäft innewohnenden Chancen und Risiken sowie seinem Erscheinungsbild nach außen kann daher ein Betriebsübergang trotz Übergangs aller wesentlichen *hard factors* (Geschäftsräume, feste Einrichtungen etc.) zu verneinen sein. Wird also zB ein mittelständisches Textileinzelhandelsgeschäft, das Waren verschiedener Markenhersteller anbietet, von einer international operierenden Designermarke aufgekauft, die künftig dort nur noch ihr eigenes Sorti-

---

1 Vgl. zu dem Gesichtspunkt der Bedeutung der *Ressourcen* für die jeweilige betriebliche Wertschöpfung bereits *Willemsen*, ZIP 1986, 477 (481). |2 Vgl. BAG v. 22.7.2004 – 8 AZR 350/03, NZA 2004, 1384 (Gefahrstofflager), das den Gedanken der Wertschöpfung aufgreift; zu diesem Urteil ausführlich *Willemsen* in Willemsen/Hohenstatt/Schweibert/Seibt, Rz. 96a ff. Grds. gegen diesen Ansatz LAG Köln v. 23.10.2006 – 15 Sa 1314/06, DB 2007, 293, n.rkr. (Facility-Mangement). |3 Ähnlich ErfK/*Preis*, § 613a BGB Rz. 12. |4 Vgl. LAG Köln v. 8.3.2004 – 4 Sa 1115/03, NZA-RR 2004, 464 (Kino). |5 BAG v. 2.12.1999 – 8 AZR 796/98, AP Nr. 188 zu § 613a BGB (Elektrohandel); ebenso bereits bei v. 30.10.1986 – 2 AZR 696/85, AP Nr. 58 zu § 613a BGB; ErfK/*Preis*, § 613a BGB Rz. 13; vgl. auch Staudinger/*Annuß*, § 613a BGB Rz. 76.

ment – wenn auch an den potenziell identischen Kundenkreis – verkauft, liegt *kein* Betriebsübergang vor, da sich die **unternehmerischen Grundlagen** und damit die **Chancen** und **Risiken** am Markt entscheidend **verändert** haben. Daher ist dem BAG darin zuzustimmen, dass nicht die konkret zu verkaufenden Waren (= aktueller Warenbestand), wohl aber die im Wesentlichen unveränderte Beibehaltung des Warensortiments und der Betriebsform in aller Regel unverzichtbare Voraussetzung für die Erhaltung der wirtschaftl. Einheit sind[1].

102 Im Gegensatz zu Einzelhandelsunternehmen und Dienstleistungsfirmen mit direktem (persönlichen) Kundenkontakt spielt die räumliche Bindung bei reinen **Produktionsunternehmen** oftmals nur eine untergeordnete Rolle. Ihre **Verlagerung** selbst über eine größere Distanz steht daher einem Betriebsübergang nicht von vornherein entgegen[2]. Sind die ArbN allerdings nicht bereit, an den neuen Standort zu folgen, muss jeweils sorgfältig geprüft werden, ob nicht der bisherige Betrieb stillgelegt und am künftigen Standort ein neuer Betrieb eröffnet wurde[3], was bei einer Verlegung ins **Ausland** besonders nahe liegt[4] (vgl. zum grenzüberschreitenden Betriebsübergang auch Rz. 369 f.).

103 **(2) Betriebsform und -methoden.** Ein die Identität der wirtschaftl. Einheit beeinträchtigender Wechsel der Betriebsform liegt in aller Regel jedenfalls dann vor, wenn ein bislang individuell und autonom geführtes Handelsgeschäft von einem **Filialisten** „übernommen" wird. Der Filialist macht sich dann nicht die vorgefundene Organisation zu Eigen, sondern dehnt seine bereits vorhandene Struktur auf einen neuen Standort aus[5]. Generell kommt es somit zum Verlust der Betriebsidentität, wenn der Betrieb nicht mehr nach dem Organisationskonzept und den Betriebsmethoden des Veräußerers geführt wird, sondern in den beim Erwerber bereits vorhandenen, übergeordneten Organisationsstrukturen gleichermaßen aufgeht.

104 Eine grundlegende Änderung der Betriebsform iSd. die (konkrete) Art der betrieblichen Organisation und Wertschöpfung prägenden Merkmale schließt demzufolge einen Betriebs(teil)übergang aus. In der Praxis besteht die Schwierigkeit darin, eine (wenn auch modifizierte) Fortsetzung des bisherigen Betriebs von einer solchen grundlegenden Umgestaltung der die betrieblichen Wertschöpfung prägenden Merkmale durch den neuen Inhaber zu unterscheiden, wovon im Einzelfall die Feststellung eines Betriebsübergangs abhängen kann. Instruktives Anschauungsmaterial hierzu liefert die **Tausendundeine-Nacht-Entscheidung** des BAG vom 11.9.1997[6], die in der Umstellung eines Gaststättenbetriebes von gutbürgerlicher Küche auf ein arabisches Spezialitätenrestaurant durch den Mieter der Immobilie eine die Identität der vormaligen wirtschaftl. Einheit aufhebende Veränderung sah. Bei **Aufgabe der Etablissementbezeichnung**, Wechsel von deutscher zu „exotischer" Küche und grundlegender Änderung der Atmosphäre (arabische Musik, arabisches Personal, Bauchtanz) liege, so das BAG, ein Wechsel der Betriebsmethoden und damit der Arbeitsorganisation iSd. Rspr. des EuGH vor, der eine Identität der wirtschaftl. Einheit ausschließe[7].

105 **Entscheidend** ist, ob der „Nachfolger" an die von seinem Vorgänger geschaffene **Organisation anknüpft** und diese lediglich fortentwickelt **oder** ob er iSd. **Diskontinuität die betriebliche Wertschöpfung** von vornherein auf ein eigenes, mit den vom Vorgänger geschaffenen Strukturen nicht mehr vergleichbares unternehmerisches Konzept stützt. Eine Testfrage mag insoweit sein, ob der Übernehmer mit seinem Konzept **ein neues, eigenständiges unternehmerisches Risiko** eingeht. Hätte der Nachfolger in dem vom BAG[8] entschiedenen Fall die Etablissementbezeichnung beibehalten und die Gaststätteneinrichtung sowie die Speisekarte lediglich „modernisiert", wäre ein Betriebsübergang uU zu bejahen gewesen. Dagegen bedeutete die abrupte Umstellung auf ein arabisches Spezialitätenlokal nach zutreffender höchstrichterlicher Gastronomiekunde einen wirklichen unternehmerischen Neubeginn und damit keinen Betriebsübergang. Entsprechendes gilt, wenn eine **Privatschule** zwar Räumlichkeiten eines anderen Lehrinstituts übernimmt, nicht aber dessen Lehrkonzepte, sondern mit eigenem Personal ein eigenes Lehrkonzept aufbaut[9]; ebenso wenn der „Übernehmer" eines sog. **Frauenhauses** das Betriebskonzept dahingehend ändert, dass die präventive Beratung im Vordergrund steht und erst im Notfall die bedrohten Frauen untergebracht werden[10] oder wenn ein Fachgeschäft für Markenmöbel auf einen Abholmarkt

---

1 BAG v. 2.12.1999 – 8 AZR 796/98, AP Nr. 188 zu § 613a BGB (Elektrohandel). | 2 Ebenso BAG v. 16.5.2002 – 8 AZR 319/01, NZA 2003, 93 (Schuhproduktion); Staudinger/*Annuß*, § 613a BGB Rz. 76; ErfK/*Preis*, § 613a BGB Rz. 34; aA LAG Nürnberg v. 26.8.1996 – 7 Sa 981/95, LAGE § 613a BGB Nr. 51. | 3 S. dazu BAG v. 12.2.1987 – 2 AZR 247/86, AP Nr. 67 zu § 613a BGB. | 4 Vgl. den Fall BAG v. 20.4.1989 – 2 AZR 431/88, AP Nr. 81 zu § 613a BGB (Verlagerung von Produktionsaktivitäten nach Lyon); iE einen Betriebsübergang verneinend auch BAG v. 16.5.2002 – 8 AZR 319/01, NZA 2003, 93 (Verlagerung einer Schuhproduktion von Deutschland nach Österreich). | 5 In diese Richtung auch BAG v. 22.5.1997 – 8 AZR 101/96, AP Nr. 154 zu § 613a BGB (*Franzen*) (Modegeschäft); vgl. bereits *Willemsen*, RdA 1991, 204 (211). | 6 BAG v. 11.9.1997 – 8 AZR 555/95, EzA § 613a BGB Nr. 153 m. Anm. *Willemsen/Annuß* (Tausendundeine Nacht). | 7 BAG v. 11.9.1997 – 8 AZR 555/95, EzA § 613a BGB Nr. 153 m. Anm. *Willemsen/Annuß* (Tausendundeine Nacht). | 8 BAG v. 11.9.1997 – 8 AZR 555/95, EzA § 613a BGB Nr. 153 m. Anm. *Willemsen/Annuß* (Tausendundeine Nacht). | 9 Vgl. BAG v. 21.1.1999 – 8 AZR 680/97, nv. (Privatschule I) und v. 18.2.1999 – 8 AZR 485/97, AP Nr. 5 zu § 325 ZPO (Privatschule II). Aufschlussreich auch LAG Hamm v. 20.7.2000 – 4 Sa 2148/99, NZA-RR 2001, 535 (Wechsel von Motoreninstandsetzung zu Motorenaustausch und Ersatzteilgeschäft). | 10 BAG v. 4.5.2006 – 8 AZR 299/05, NZA 2006, 1096.

umgestellt wird[1]. Dagegen hat das LAG Köln die programmatische Ausrichtung eines **Kinos** nicht als identitätsbildend betrachtet[2].

(3) Zentrale Bedeutung der Betriebsorganisation und des Betriebszwecks. Es entspricht ebenso der ratio legis, wenn für die Frage, ob der bisherige Betrieb seiner Art nach identisch geblieben ist, der konkret vorgefundenen Betriebsorganisation ein zentrales Gewicht beigemessen wird (zur Bedeutung der Organisation für die Identitätsfeststellung s. bereits Rz. 89 f.). Selbst wenn die Art des Betriebs dieselbe geblieben ist, kommt es für die Identitätsfrage doch entscheidend darauf an, auf welche Weise der neue Inhaber den Betriebszweck künftig verwirklicht. Übernimmt dieser zwar bestimmte Betriebsmittel, stellt er diese aber zu einer eigenen, neuen und andersartigen Betriebsorganisation zusammen, handelt es sich nicht mehr um einen artgleichen Betrieb, selbst wenn die damit wahrzunehmende Aufgabe (= Funktion) dieselbe geblieben ist[3]. Diesen Grundsatz hat der 8. Senat des BAG in der **„Bistrowagen-Entscheidung"** ausdrücklich bestätigt: Mit der **sofortigen vollständigen Umstrukturierung nutze** der „Erwerber" **nicht** eine im „Vorgängerbetrieb" vorhandene Arbeitsorganisation; er lege sich nicht ins „gemachte Bett", sondern **gründe** eine **neue Arbeitsorganisation** bzw. **gliedere** die wirtschaftliche Einheit in die **bereits vorhandene** Organisation ein. Diese **sofort erfolgte wesentliche Umgestaltung löse nicht die Rechtsfolgen des § 613a aus**[4]. 106

Auch die Übernahme zahlreicher Betriebsmittel spielt dann keine ausschlaggebende Rolle mehr[5]. Entscheidend ist allerdings, dass die grundlegende Organisationsänderung vom Erwerber und nicht bereits vom bisherigen Betriebsinhaber vorgenommen wurde[6]. 107

Erst recht ändert sich die Art des Betriebs, wenn mit den übernommenen Betriebsmitteln künftig ein **anderer Betriebszweck** verfolgt wird. Dies ist nicht erst der Fall, wenn der Betriebszweck gattungsmäßig wechselt (zB von Produktion auf reinen Handel oder reine Dienstleistung), sondern entsprechend dem oben (Rz. 105) ausgeführten Grundgedanken bereits dann, wenn die intendierte **Wertschöpfung** – wiederum unter dem Aspekt der unternehmerischen Chancen und Risiken – ein völlig neues Gepräge erhält. So hat das BAG einen Fall des § 613a verneint, wenn der Erwerber einer Immobilie, in der zuvor ein FDGB-Freizeitzentrum betrieben wurde, dort nunmehr einen Hotel- und Restaurationsbetrieb eröffnet[7]. Erwähnenswert ist in diesem Zusammenhang auch eine Entscheidung des LAG Berlin vom 4.3.1998, wonach die Änderung des Betriebszwecks eines bordellartigen Betriebs einen Betriebsübergang iSv. § 613a ausschließt[8]. 108

Einstweilen frei. 109

bb) Etwaiger Übergang der materiellen Betriebsmittel wie Gebäude und bewegliche Güter (Merkmal 2). Während der Übertragung von Vermögenswerten in der frühen Rspr. des BAG für die Abgrenzung des Betriebs(teil)übergangs zentrale und ausschlaggebende Bedeutung zukam[9], handelt es sich heute im Lichte der EuGH-Rspr. dabei nur um *ein*, je nach der Art des Betriebs (Kriterium 1) allerdings unter Umständen nach wie vor sehr bedeutsames Merkmal für die Beurteilung der Betriebsidentität[10]. Infolge der nunmehrigen Einbindung des Merkmals in den Gesamtkontext verschiedener Kriterien, von denen nicht sämtliche erfüllt sein müssen, sowie infolge der nunmehrigen Anerkennung des Personals als identitätsverkörperndes Element (s. Rz. 16 u. Rz. 137 ff.) schließt die fehlende Übernahme materieller Aktiva einen Betriebsübergang oder Betriebs(teil)übergang heute nicht mehr stets und zwingend aus[11]; dies ist vielmehr nur dann der Fall, wenn im Rahmen der gebotenen Gesamtbewertung (vgl. Rz. 93 ff.) die materiellen Betriebsmittel für den Betrieb so prägend sind, dass ohne ihre Übernahme und Weiternutzung durch den Nachfolger nicht mehr von der Wahrung der Identität des bisherigen Betriebs(teil)übergangs gesprochen werden kann. 110

(1) Übergang materieller Aktiva als unverzichtbares Element (insbesondere) bei Produktionsbetrieben (negative Indizfunktion). Eine solche negative Indizfunktion kommt dem Kriterium der Übernahme (wesentlicher) materieller Betriebsmittel in aller Regel bei Unternehmen des produzierenden Ge- 111

---

1 BAG v. 13.7.2006 – 8 AZR 331/0, NZA 2006, 1357. |2 LAG Köln v. 8.3.2004 – 4 Sa 1115/03, NZA-RR 2004, 464 (Kino). |3 Vgl. BAG v. 26.6.1997 – 8 AZR 426/95, AP Nr. 165 zu § 613a BGB (Verwaltungs-Funktionsnachfolge); v. 10.12.1998 – 8 AZR 676/97, AP Nr. 187 zu § 613a BGB (Hol- und Bringdienst); v. 18.3.1999 – 8 AZR 159/98, AP Nr. 189 zu § 613a BGB (Kfz-Handel); v. 11.9.1997 – 8 AZR 555/95, EzA § 613a BGB Nr. 153 m. Anm. *Willemsen/Annuß* (Tausendundeine Nacht); v. 21.1.1999 – 8 AZR 680/97, nv. (Privatschule I) und v. 18.2.1999 – 8 AZR 485/97, AP Nr. 5 zu § 325 ZPO (Privatschule II); v. 16.5.2002 – 8 AZR 319/01, NZA 2003 (Schuhproduktion); v. 22.7.2004 – 8 AZR 350/03, NZA 2004, 1384 (Gefahrstofflager); *Willemsen* in Willemsen/Hohenstatt/Schweibert/Seibt, Rz. G 101 und 127 f. |4 BAG v. 6.4.2006 – 8 AZR 249/04, NZA 2006, 1039 = BB 2006, 2192 m. Anm. *Schnitker/Grau*, Tz. 25. Grds. gegen diesen Ansatz LAG Berlin v. 23.10.2006 – 15 Sa 1314/06, BB 2007, 293 (Facility-Management), aufgehoben durch BAG v. 14.8.2007 – 8 AZR 1043/06, NZA 2007, 1431. |5 Ebenso ErfK/*Preis*, § 613a BGB Rz. 19. |6 Vgl. BAG v. 23.9.1999 – 8 AZR 614/98, nv.; s. dazu *Willemsen* in Willemsen/Hohenstatt/Schweibert/Seibt, Rz. G 101. |7 BAG v. 16.7.1998 – 8 AZR 81/87, NZA 1998, 1233. |8 LAG Berlin v. 4.3.1998 – 13 Sa 159/97, EWiR 1999, 733, rkr., m. Anm. *Schlachter*. |9 S. Rz. 12 sowie den Überblick bei *Willemsen*, RdA 1991, 204 (206 f.). |10 Ebenso ErfK/*Preis*, § 613a BGB Rz. 17; *Schiefer*, NZA 1998, 1095 (1097). |11 Vgl. ausdrückl. EuGH v. 14.4.1994 – Rs. C-392/92, AP Nr. 106 zu § 613a BGB m. Anm. *Loritz* – Christel Schmidt, Tz. 16; vgl. ferner EuGH v. 11.3.1997 – Rs. C-13/95, AP Nr. 14 zu RL 77/187/EWG – Ayse Süzen, Tz. 14.

werbes zu. Eine Zusammenschau der Kriterien 1 und 2 ergibt hier, dass für Produktionstätigkeiten die dafür eingesetzten Betriebsmittel (Gebäude, Maschinenpark, sonstige Einrichtungsgegenstände) nach der Art des Unternehmens (Merkmal 1) so prägend sind, dass ohne ihre Übernahme ein Betriebsübergang oder ein Betriebsteilübergang bereits aus diesem Grunde ausscheidet[1]. Der 3. und 8. Senat des BAG haben diese Sichtweise in mehreren Urteilen bestätigt[2]: Bei Produktionsbetrieben müssten „so viele Produktionsmittel übergehen, dass eine sinnvolle Fortführung der Produktion möglich ist"[3]. Diese Formulierung zeigt, dass die Theorie der Fortführungsmöglichkeit (s. Rz. 68) infolge der Neuausrichtung der BAG-Rspr. nicht gänzlich überholt ist, sondern im Lichte der zutreffenden teleologischen Interpretation (s. Rz. 96) wieder die Bedeutung erlangt, die der EuGH[4] ihr von Anfang an beigelegt hatte: Wenn der Betriebsübergang voraussetzt, dass der Nachfolger den bisherigen Betrieb bzw. Betriebsteil tatsächlich fortführt, so ist dies nur möglich, wenn er über die – je nach Art des Betriebs unterschiedlichen – sächlichen, immateriellen oder personellen Voraussetzungen (Ressourcen) verfügt. Die Übernahme der für die Betriebsfortführung erforderlichen Mittel ist mit anderen Worten im Lichte der neuen Rspr. eine notwendige, aber nicht hinreichende Bedingung für die Bejahung des Betriebsübergangs. Daher kann der obigen Formulierung des BAG zugestimmt werden, ohne dass dies einen Rückfall in die „Möglichkeitstheorie" alter Prägung bedeutete. Deren Fehlerhaftigkeit bestand gerade darin, dass sie den Satz, wonach ein Betriebsübergang nur bei Übernahme der für die Fortführung wesentlichen Betriebsmittel in Betracht komme, unzulässigerweise umkehrte und allein aus der Möglichkeit der Betriebsfortführung (infolge Übernahme von Betriebsmitteln) auf das Vorliegen eines Betriebsübergangs oder Betriebsteilübergangs schließen wollte[5].

112 Bei Unternehmen, deren Betriebszweck (Wertschöpfung) wesentlich von dem Vorhandensein „physischer" Betriebsanlagen abhängt, reicht es mithin zur Vermeidung der Rechtsfolgen des § 613a bereits aus, wenn keinerlei solcher sächlicher Betriebsmittel übernommen werden[6]. Eine derartige Vorgehensweise stellt keine **unzulässige Umgehung** dar, da bei Nichtübernahme der identitätsstiftenden Faktoren eines Betriebs bereits der Zweck der Norm nicht tangiert ist (s. auch Rz. 62)[7]. Von demselben Betrieb oder Betriebsteil kann nicht mehr gesprochen werden, wenn der „Nachfolger" den Betriebszweck mit eigenen, von ihm selbst zusammengestellten (organisierten) Produktionsanlagen verfolgt[8]. In einer solchen Konstellation fällt selbst die tatsächliche **Weiterbeschäftigung von Personal** (s. Rz. 137 ff.) bei der gebotenen Gesamtwürdigung nicht mehr entscheidend ins Gewicht, zumal diese bei Produktionsunternehmen ohnehin von geringerer indizieller Bedeutung ist als zB bei reinen Dienstleistungsunternehmen[9].

113 Fraglich ist, ob neben der – unverzichtbaren – Übernahme von Betriebsanlagen bei einem Produktionsunternehmen auch die Übernahme (= Weiternutzung) der bisherigen **Betriebsgebäude** durch den Erwerber für die Annahme eines Betriebsübergangs erforderlich ist (zur Bedeutung der Ortsbindung s. bereits Rz. 101 f.). Unzweifelhaft kommt der bzw. den Immobilie(n), in denen der Betriebszweck realisiert wird, im Rahmen des Sieben-Punkte-Katalogs eine erhebliche Bedeutung zu, wie bereits ihre besondere Hervorhebung im Rahmen des Merkmals 2 belegt. Daraus folgt aber noch nicht zwingend, dass ohne die Übernahme von Gebäuden (nicht iSd. Eigentumserwerbs, sondern der Einräumung eines entsprechenden Nutzungsrechts, ggf. auch nur auf Zeit, vgl. Rz. 46) ein Betriebsübergang bei Produktionsunternehmen selbst dann ausscheidet, wenn im Übrigen alle materiellen Grundlagen übernommen und tatsächlich weiter genutzt werden. Auch außerhalb des „Einzugsbereichs" von § 613a kann ein Betrieb unter Beibehaltung seiner Identität an einen anderen Ort verlegt werden (s. § 111 BetrVG Rz. 34 ff.). Bei räumlicher Verlagerung der Betriebsmittel durch den Erwerber der Produktionsanlagen – ggf. auch ins Ausland – dürfte somit entscheidend sein, ob sie am neuen Ort und in dem neuen Betriebsgebäude wieder so „arrangiert" werden, dass ihr ursprünglicher Funktionszusammenhang (zur Bedeutung s. Rz. 18 und 88 ff.) erhalten bleibt und demzufolge auch am neuen Standort die den bisherigen Betrieb prägende Organisationsstruktur fortgeführt wird[10]. Auch das BAG stellt nunmehr bei Produktionsunternehmen auf die unveränderte Gesamtorganisation ab[11]. Dies spricht dafür, unter einer solchen Prämisse § 613a auch dann anzuwenden, wenn der Übernehmer aller betriebsnotwendigen Einrichtungen sogleich eine **Ortsverlagerung** vornimmt, um den Betrieb mehr oder weniger nahtlos[12] am neuen Standort fortzuführen[13]; eine Ausnahme folgt bereits aus der Natur der Sache heraus dann, wenn

---

1 Vgl. *Willemsen* in Willemsen/Hohenstatt/Schweibert/Seibt, Rz. G 122. | 2 BAG v. 3.11.1998 – 3 AZR 484/97, nv. (Zementhersteller); v. 10.12.1998 – 8 AZR 763/97, nv. (Druckerei eines Zeitungsverlags); v. 25.5.2000 – 8 AZR 335/99, nv. (Armaturenhersteller). | 3 BAG v. 25.5.2000 – 8 AZR 335/99, nv. (Armaturenhersteller). | 4 Insb. mit dem Urt. EuGH v. 18.3.1986 – Rs. 24/85, EAS RL 77/187/EWG Nr. 2 – Spijkers. | 5 Krit. dazu *Willemsen*, RdA 1993, 204 (209 f.). | 6 *Willemsen* in Willemsen/Hohenstatt/Schweibert/Seibt, Rz. G 122. | 7 *Willemsen* in Willemsen/Hohenstatt/Schweibert/Seibt, Rz. G 123. | 8 Ausgenommen sind hier nur die Fälle, in denen der Erwerber unter Beibehaltung der vorgefundenen Organisation lediglich einzelne Maschinen austauscht. | 9 So ausdrückl. BAG v. 3.11.1998 – 3 AZR 484/97, nv. (Zementhersteller). | 10 S. dazu das Beispiel bei *Willemsen* in Willemsen/Hohenstatt/Schweibert/Seibt, Rz. G 110. | 11 BAG v. 3.11.1998 – 3 AZR 484/97, nv. (Zementhersteller); v. 16.5.2002 – 8 AZR 319/01, NZA 2003, 93 (Schuhproduktion); vgl. auch LAG Düsseldorf v. 16.2.1995 – 12 Sa 1925/94, NZA-RR 1996, 241. | 12 Zu der Bedeutung längerer Unterbrechungszeiten Rz. 175 ff. | 13 IE ebenso *B. Gaul*, Betriebs- und Unternehmensspaltung, § 6 Rz. 216.

der Produktionsbetrieb zwingend ortsgebunden ist, was bspw. bei einem Steinbruch, einem Wasser- bzw. Elektrizitätswerk oder auch bei einem Truppenübungsplatz[1] der Fall ist bzw. sein kann.

Die fehlende Übernahme von Betriebsanlagen und -einrichtungen kann nicht nur bei Unternehmen des produzierenden Gewerbes, sondern ganz allgemein bei allen Arten von Betrieben als **absolutes Ausschlusskriterium** Bedeutung erlangen, deren Wertschöpfung maßgeblich von dem Einsatz solcher sächlichen Betriebsmittel abhängt. Dies ist zB (auch) bei Unternehmen des **Transportgewerbes** regelmäßig der Fall. Ein insoweit als Leitentscheidung zu betrachtendes Urt. des EuGH v. 25.1.2001 betraf den Betrieb von regionalen Buslinien im Auftrag eines finnischen Zweckverbandes, wobei anlässlich des Wechsels des Auftragnehmers keines der insgesamt 26 Fahrzeuge oder andere wesentliche sächlichen Aktiva im Zusammenhang mit dem Betrieb der Buslinie auf den Auftragsnachfolger übertragen wurden. Der EuGH stellt entscheidend darauf ab, dass der Busverkehr nicht zu den betriebsmittelarmen Tätigkeiten zähle (zur Notwendigkeit dieser Unterscheidung s. Rz. 97 f.) und der fehlende Übergang des unerlässlichen sächlichen Substrats für den ordnungsgemäßen Betrieb der Einheit – hier insb. der Omnibusse – es ausschließe, dass die Einheit ihre Identität bewahre[2]. Selbst die Weiterbeschäftigung eines erheblichen Teils des Personals des Vorgängers[3] sowie der Übergang des Kundenstamms vermögen, so der EuGH, daran nichts zu ändern[4]. Diese Ausführungen des EuGH lassen darauf schließen, dass generell bei allen kapitalintensiven Tätigkeiten mit einem entsprechend hohen **Investitionsaufwand** die Nichtübernahme der für die Betriebsfortführung charakteristischen Aktiva das Vorliegen eines Betriebs(teil)übergangs von vornherein verhindert; der (Auftrags-)Nachfolger ist dann grds. frei, so viel Personal seines Vorgängers zu übernehmen, wie er will, ohne damit – in deutlichem Gegensatz zu den sog. betriebsmittelarmen Tätigkeiten, dazu Rz. 140 ff. – Gefahr zu laufen, allein wegen dieser freiwilligen Personalübernahme die Rechtsfolgen des § 613a auszulösen[5]. Mit dem auf freiwilliger Basis, außerhalb von § 613a, übernommenen Personal können dann ohne Bindung an das vorausgegangene Arbeitsverhältnis neue Arbeitsbedingungen ausgehandelt werden; auch § 613a I S. 2–4 findet weder direkt noch analog Anwendung (s. allg. Rz. 246 ff.). 114

Praktische Relevanz erlangt dieses **Konzept einer substratfreien Funktionsnachfolge** (s. auch Rz. 14 und 172 ff.) außer in den bereits erwähnten Produktions- und Transportbranchen zB auch in **hoch technisierten Dienstleistungsbranchen** wie etwa einem **IT-Rechenzentrum**[6], einem **Lager oder Logistikzentrum**, medizinischen, naturwissenschaftlichen oder technischen Forschungseinrichtungen mit entsprechend hohem Investitionsaufwand. Geht der „identitätsstiftende Kern" der Betriebsanlagen nicht auf den Nachfolger über, fehlt es somit an einem Betriebsübergang iSd. der Rspr. sowohl des EuGH als auch des BAG. 115

(2) Übergang materieller Aktiva als zu Gunsten eines Betriebsübergangs sprechendes Kriterium (positive Indizfunktion). Gehen andererseits materielle Aktiva in erheblichem Umfang und von erheblichem Wert auf den Nachfolger über, kann dies – wiederum vorbehaltlich einer Gesamtbewertung aller sieben Punkte – erheblich und uU sogar entscheidend für das Vorliegen eines Betriebsübergangs oder wenigstens Betriebsteilübergangs sprechen. Gerade in **Produktionsbereichen** zeigt sich die besondere Bedeutung dieses Merkmals auch im positiven Sinne: Wird die Betriebsimmobilie nebst allen erheblichen Bestandteilen des Anlage- und Umlaufvermögens[7] unverändert übernommen und damit ein im Wesentlichen identischer Betriebszweck verfolgt, führt an der Bejahung des Betriebsübergangs oder Betriebsteilübergangs selbst bei Fehlen anderer Kriterien im Rahmen des Sieben-Punkte-Katalogs oftmals kein Weg mehr vorbei. Zu diesem Ergebnis ist das BAG jedenfalls in zwei Entscheidungen gelangt, die einen Betrieb der **Druckweiterverarbeitung**[8] bzw. einen **Zementhersteller**[9] betrafen. Es wird entscheidend darauf abgestellt, dass nicht nur die wesentlichen Betriebsmittel übernommen wurden, sondern auch die Gesamtorganisation des Betriebs erhalten geblieben sei. Bei einer solchen unveränderten Gesamtorganisation stehe selbst der **Austausch der Hauptbelegschaft** einem Betriebsübergang **nicht entgegen**. Eindeutig in dieselbe Richtung weist auch das „Gefahrstofflager-Urteil" v. 22.7.2004[10], während für einen **Dachdeckerbetrieb** die identitätsprägende Bedeutung sächlicher Betriebsmittel verneint wurde[11]. 116

Hieran ist sicher richtig, dass in Branchen, deren Wertschöpfung maßgeblich durch sächliche Betriebsmittel geprägt wird, deren konkrete räumlich-funktionale Anordnung die – im Rahmen der Ratio des 117

1 Vgl. dazu BAG v. 27.4.2000 – 8 AZR 260/99, nv. | 2 EuGH v. 25.1.2001 – Rs. C-172/99, AP Nr. 31 zu RL 77/187/EWG – Oy Liikenne AB. | 3 Im konkreten Fall immerhin 33 von insgesamt 45 Fahrern. | 4 EuGH v. 25.1.2001 – Rs. C-172/99, AP Nr. 31 zu RL 77/187/EWG – Oy Liikenne AB, Tz. 41. Unrichtig in der Begründung insoweit das „Busurteil" des LAG Köln v. 14.3.2000 – 13 Sa 1356/99, NZA-RR 2000, 634. | 5 In der Tendenz ebenso BAG v. 3.11.1998 – 3 AZR 484/97, nv. (Zementhersteller); v. 10.12.1998 – 8 AZR 763/97, nv. (Druckerei eines Zeitungsverlages); v. 25.5.2000 – 8 AZR 335/99, nv. (Armaturenhersteller); *Willemsen* in Willemsen/Hohenstatt/Schweibert/Seibt, Rz. G 100. | 6 Einen solchen Fall betraf das Urt. des BAG v. 24.4.1997 – 8 AZR 848/94, NZA 1998, 253 (EDV-Dienstleistung). | 7 Nach BAG v. 22.9.1994 – 2 AZR 54/94, AP Nr. 117 zu § 613a BGB soll bei Übernahme der sonstigen sächlichen und materiellen Betriebsmittel eines Produktionsbetriebs der Betriebsübergang nicht daran scheitern, dass jederzeit ersetzbare Bestände des Materiallagers – selbst bei notwendigen Investitionen in Millionenhöhe – ergänzt werden müssen. | 8 BAG v. 26.8.1999 – 8 AZR 588/98, nv. (Druckweiterverarbeitung). | 9 BAG v. 3.11.1998 – 3 AZR 484/97, nv. (Zementhersteller). | 10 BAG v. 22.7.2004 – 8 AZR 350/03, NZA 2004, 1383. | 11 BAG v. 26.7.2007 – 8 AZR 769/06, NZA 2008, 112.

§ 613a maßgebliche – Betriebsorganisation verkörpern kann. Bei Betrieben dieser Art kann die Betriebsorganisation den Inhaberwechsel somit uU schon allein dadurch überdauern, dass ihre materiellen Grundlagen „wie sie stehen und liegen“ auf einen Dritten übertragen werden (zu dem Aspekt der Abstrahierung der Betriebsorganisation von der Person des bisherigen Inhabers s. Rz. 89). Auf den Eintritt in bestehende Kundenbeziehungen (Merkmal 5) kommt es dann bei tatsächlicher Fortführung einer gleichartigen Produktion ebenso wenig an wie auf den Wert immaterieller Aktiva (Goodwill etc.), jedenfalls soweit die Produktionsaktivitäten betroffen sind[1]. Einzig fraglich bleibt sodann, ob unter der vorgenannten Prämisse ein Betriebsübergang ohne (freiwillige) Übernahme auch nur eines einzigen ArbN denkbar ist, wenn also der Übernehmer der wesentlichen Betriebsanlagen diese künftig mit einer **komplett neu eingestellten** bzw. von einem oder mehreren anderen eigenen Betrieb(en) übernommenen **Belegschaft** führt.

118 Grds. ausgeschlossen erscheint dies vor dem Hintergrund des **Abler-Urteils** des EuGH v. 20.11.2003 (vgl. Rz. 52 aE) sowie der in Rz. 116 zitierten BAG-Entscheidungen nicht. Allerdings wird es sich hierbei in der Praxis eher um seltene Ausnahmekonstellationen handeln. Die Erfahrung lehrt nämlich, dass der Betrieb von Anlagen mit einer gewissen Komplexität das Know-how einer eingespielten Belegschaft oder zumindest einer bestimmten Anzahl von Schlüsselkräften erfordert. Eine (nahtlose) Betriebsfortführung ist dann ohne deren Weiterbeschäftigung ohnehin nicht möglich[2]. Kommt es dagegen bei einem Produktionsbetrieb zur Weiterbeschäftigung einer „Gesamtheit von ArbN“, hat dies wiederum erhebliche Indizwirkung zu Gunsten eines Betriebsübergangs[3].

119 Auch bei **Handels- und Dienstleistungstätigkeiten** kann die Übernahme materieller Betriebsmittel im Rahmen der erforderlichen Gesamtbewertung indizielle Wirkung entfalten, vorausgesetzt, dass sie zur Betriebssphäre des (Auftrags-)Nachfolgers und nicht des Kunden gehören (s. Rz. 50 ff.). Wirklich ausschlaggebende Bedeutung kommt ihr aber nur dann zu, wenn und soweit die individuelle Wertschöpfung wesentlich durch den Einsatz kapitalintensiver und/oder für den geschäftlichen Erfolg unverzichtbarer Betriebseinrichtungen geprägt ist, wie dies bspw. bei der Immobilie für ein Warenhaus oder der technischen Ausstattung einer Röntgenarztpraxis der Fall sein mag[4]. Anders als bei reinen Produktionsunternehmen kann im Dienstleistungsbereich die Übernahme und unveränderte Weiternutzung von materiellen Aktiva als solche, selbst wenn es sich dabei um alle wesentlichen Bestandteile des Betriebsvermögens handeln sollte, noch nicht einmal ansatzweise ohne Hinzutreten weiterer Merkmale des Sieben-Punkte-Katalogs die Annahme eines Betriebsübergangs begründen. Typischerweise hat der „Faktor Mensch“ bei Handels- und Dienstleistungsunternehmen für seine äußere Darstellung und den Erfolg beim Kunden ein so erhebliches Gewicht, dass ohne Weiterbeschäftigung der für diesen Erfolg wesentlichen ArbN ein Betriebsübergang nicht vorstellbar erscheint[5]. Hier kann also – wie ohnehin im Regelfall – nur eine Kombination verschiedener Faktoren des Sieben-Punkte-Katalogs zur abschließenden Feststellung eines Betriebsübergangs führen.

120 Sächliche Betriebsmittel, die entweder nur einen **verhältnismäßig geringen materiellen Wert** haben oder aber zumindest **jederzeit leicht austauschbar** sind, spielen demgegenüber für die Beurteilung der Identitätswahrung bei Handels- und Dienstleistungsbetrieben idR keine oder nur eine deutlich untergeordnete Rolle. Das gilt bei Einzelhandelsgeschäften zB für die **Ladeneinrichtung** sowie für vorhandene **Warenbestände**, von deren Erwerb die Betriebsfortführung in aller Regel nicht abhängt[6]. Insoweit – und nur insoweit – kann für die Beurteilung eines Betriebsübergangs ergänzend auf die frühere, dh. vor *Ayse Süzen* ergangene Rspr. des BAG zurückgegriffen werden[7]. Für (betriebsmittelarme) Dienstleistungsbetriebe wie zB Vertriebsbüros, Werbeagenturen, Beratungsunternehmen, Lehrinstitute und freiberufliche Tätigkeiten (Steuerberater, Wirtschaftsprüfer, Rechtsanwälte etc.) spielt die **Büroeinrichtung** zwar je nach ihrem Wert uU eine gewisse Rolle, kann aber bei der Gesamtbewertung jedenfalls in aller Regel nicht entscheidend ins Gewicht fallen[8]. Hier kommt es vielmehr vor allem auf die Weiterbeschäftigung der sog. Hauptbelegschaft, die Fortführung der bisher prägenden Betriebsmethoden und -konzepte sowie die Beibehaltung des bisherigen Kundenkreises an[9].

---

1 Der Eintritt in Kundenbeziehungen kann allerdings für die Frage eine Rolle spielen, ob auch der Vertriebsbereich eines Unternehmens der produzierenden Industrie übergegangen ist; zur Notwendigkeit einer Unterscheidung nach einzelnen Betriebsteilen s. Rz. 43. | 2 Zutr. LAG Düsseldorf v. 16.2.1995 – 12 Sa 1925/94, NZA-RR 1996, 241. | 3 Ebenso BAG v. 25.5.2000, 8 AZR 335/99, nv. (Armaturenhersteller); v. 10.12.1998 – 8 AZR 763/97, nv. (Druckgewerbe). | 4 So für die Räumlichkeiten eines Einzelhandelsgeschäfts jedenfalls BAG v. 2.12.1999 – 8 AZR 796/98, AP Nr. 188 zu § 613a BGB (Elektrohandel); dazu *Willemsen* in Willemsen/Hohenstatt/Schweibert/Seibt, Rz. G 84 ff. | 5 So – zT wörtlich wiedergegeben – BAG v. 22.5.1997 – 8 AZR 101/96, AP Nr. 154 zu § 613a BGB (*Franzen*) (Modegeschäft). | 6 BAG v. 2.12.1999 – 8 AZR 796/98, AP Nr. 188 zu § 613a BGB (Elektrohandel), vgl. aus der früheren Rspr. BAG v. 30.10.1986 – 2 AZR 696/85, AP Nr. 58 zu § 613a BGB; v. 26.2.1987 – 2 AZR 321/86, AP Nr. 63 zu § 613a BGB; v. 10.6.1988 – 2 AZR 801/87, AP Nr. 82 zu § 613a BGB; v. 18.5.1995 – 8 AZR 741/94, EzA § 613a BGB Nr. 139; LAG Hamm v. 7.1.1999 – 4 Sa 2350/97, ZInsO 1999, 363 LS 1. | 7 So ausdrücklich BAG v. 2.12.1999 – 8 AZR 796/98, AP Nr. 188 zu § 613a BGB (Elektrohandel). | 8 Vgl. BAG v. 21.1.1999 – 8 AZR 680/97, nv. (Privatschule I); dazu *Willemsen* in Willemsen/Hohenstatt/Schweibert/Seibt, Rz. G 72 ff. | 9 BAG v. 21.1.1999 – 8 AZR 680/97, nv. (Privatschule I); v. 18.2.1999 – 8 AZR 485/97, AP Nr. 5 zu § 325 ZPO (Privatschule II).

Sächliche Betriebsmittel, und zwar auch solche von geringerem materiellen Wert, können allerdings für die Beurteilung der Identitätswahrung bei Handels- und Dienstleistungsunternehmen dann eine zentralere Bedeutung erlangen, wenn sich in ihnen das für die unveränderte Betriebsfortführung maßgebliche **Know-how** verkörpert. Diese Überlegung greift vor allem in Bezug auf die die immateriellen Betriebsmittel (Merkmal 3; s. Rz. 129 ff.) sowie die existierenden **Kundenbeziehungen** (Merkmal 5; s. Rz. 156 ff.) verkörpernden **Geschäftsunterlagen** und **Datenbestände** jeglicher Art. Entsprechendes gilt auch, wenn die individuellen **Betriebsmethoden** (s. Rz. 160 und 168) in umfangreichem (zB Lehr-)Material dokumentiert sind, weil dann ohne ihre Übergabe an den Nachfolger eine identitätswahrende Betriebsfortführung oftmals nicht möglich ist[1]. Bei Handelstätigkeiten spielen Kundenlisten dann eine wesentliche Rolle, wenn das Unternehmen durch langfristige Kundenbeziehungen wesentlich geprägt wird und der „Kundenstamm" sich auch nicht auf anderem Wege zuverlässig identifizieren lässt. Oftmals wird es sich sowohl dabei sowie (vor allem) bei der Frage, welche *Unterlagen* dem Nachfolger übergeben wurden, um ein **Beweisproblem** handeln (zur Beweislastverteilung s. Rz. 365 f.). 121

(3) Möglichkeit eines Betriebs(teil)übergangs ohne jegliche Übernahme materieller (sächlicher) Betriebsmittel bei sog. betriebsmittelarmen Tätigkeiten. Es stellt eine wesentliche, durch die Judikatur des EuGH bedingte **Neuerung** in der BAG-Rspr. dar, dass – wiederum in Abhängigkeit von der Art des Betriebs/Unternehmen – ein Betriebs(teil)übergang selbst dann in Betracht kommen kann, wenn seitens des Nachfolgers keinerlei sächliche Betriebsmittel übernommen wurden[2]. Dies trifft aus den oben (Rz. 111 f.) dargelegten Überlegungen allerdings nur auf solche Betriebe oder Betriebsteile zu, die ganz wesentlich nicht durch den Einsatz sächlicher Betriebsmittel, sondern der **menschlichen Arbeitskraft** geprägt werden[3]. Bei einer solchen (vollständigen) Prädominanz der personenbezogenen Wertschöpfung können die sächlichen Betriebsmittel dergestalt in den Hintergrund treten, dass ihre Übernahme oder Nichtübernahme nahezu jegliche Aussagekraft im Hinblick auf § 613a verliert. 122

So kann es bspw. im **Reinigungsgewerbe**, dem für die Fortentwicklung der Rspr. auf diesem Gebiet eine Schrittmacherrolle zufällt, für die Feststellung eines Betriebübergangs schwerlich darauf ankommen, ob außer der bzw. den betreffenden Raumpflegerinnen auch deren Arbeitsgeräte wie Putzeimer und Schrubber mit „übertragen" werden[4]. Auch **Bewachungsleistungen** werden üblicherweise nur unter Einsatz einfacher Arbeitsmittel wie Handys, Stechuhren, Taschenlampen, Uniformen (evtl. aber auch Waffen und Hunden) angeboten. Diese setzt der Anbieter zwar auf Grund eigener Kalkulation ein[5]; indizielle Bedeutung für einen Betriebsübergang kommt ihnen aber nicht zu. Soweit das Bewachungsunternehmen komplizierte und teure Sicherungssysteme in den Bewachungsobjekten benutzt, können diese für die Beurteilung eines Betriebsübergangs nur dann herangezogen werden, wenn sie dem Auftragnehmer seitens des Auftraggebers zur eigenwirtschaftl. Nutzung überlassen wurde; ansonsten bleiben sie für die Beurteilung der wahrenden Identität der wirtschaftl. Einheit im Falle eines Auftragwechsels von vornherein außer Betracht[6]. Maßgeblich ist hier nach Auffassung des BAG eine „typisierende Betrachtungsweise" (zu Einzelheiten s. Rz. 51 ff.). Ist eine eigenwirtschaftl. Nutzung durch den Auftragnehmer zu bejahen, bedarf immer noch gesonderter Betrachtung, ob die jeweiligen Betriebsmittel für die Identität des Betriebs wesentlich sind[7]. 123

Werden bei einem Dienstleistungsbetrieb gleichwohl Hilfsmittel von einigem wirtschaftl. Wert mitübertragen, mag dies ein zusätzliches Indiz für einen Betriebsübergang sein[8]. Bei wirklich betriebsmittelarmen Tätigkeiten handelt es sich dabei jedoch weder um eine notwendige noch um eine hinreichende Bedingung, so dass sich ein Betriebsübergang oder ein Betriebsteilübergang nur aus anderen Kriterien des Sieben-Punkte-Katalogs, insb. den Merkmalen 3 (Übergang immaterieller Aktiva), 4 (Übernahme der Hauptbelegschaft) und 5 (Übergang der Kundschaft) ergeben kann, wobei dem Merkmal 4 in der Praxis die größte Bedeutung zufällt (s. Rz. 137 ff.). 124

Diese Erkenntnis macht es erforderlich, den Kreis der sog. betriebsmittelarmen Tätigkeiten richtig zu definieren, weil ansonsten falsche Ergebnisse drohen. Das **BAG** hat hierzu bislang gerechnet: **Reinigungsunternehmen**[9]; ein **Catering-Unternehmen**, das ein Betriebsrestaurant zu bewirtschaften 125

---

1 Zur Bedeutung von Lehrkonzepten einer Privatschule vgl. BAG v. 21.1.1999 – 8 AZR 680/97, nv. (Privatschule I). | 2 EuGH v. 14.4.1994 – Rs. C-392/92, AP Nr. 106 zu § 613a BGB – Christel Schmidt; v. 11.3.1997 – Rs. C-13/95, AP Nr. 14 zu RL 77/187/EWG – Ayse Süzen; v. 2.12.1999 – Rs. C-234/98, AP Nr. 28 zu RL 77/187/EWG; v. 24.1.2002 – Rs. C-51/00, AP Nr. 31 zu RL 77/187/EWG – Temco; ErfK/*Preis*, § 613a BGB Rz. 17; *Thüsing*, Anm. EuGH v. 11.3.1997 – Rs. C-13/95, SAE 1997, 276 (278). | 3 EuGH v. 11.3.1997 – Rs. C-13/95, AP Nr. 14 zu RL 77/187/EWG – Ayse Süzen, Tz. 21, seitdem st. Rspr. auch des BAG; vgl. auch BAG v. 29.6.2000 – 8 AZR 520/99, nv. (Kommissionierbetrieb). | 4 Vgl. – in kritischer Auseinandersetzung mit dem vielgescholtenen Urt. des EuGH v. 14.4.1994 – Rs. C-392/92, AP Nr. 106 zu § 613a BGB – Christel Schmidt – *Willemsen*, DB 1995, 924 (925). | 5 Vgl. BAG v. 22.1.1998 – 8 AZR 775/96, AP Nr. 174 zu § 613a BGB (Neuvergabe eines Bewachungsauftrags I). | 6 BAG v. 22.1.1998 – 8 AZR 775/96, AP Nr. 174 zu § 613a BGB (Neuvergabe eines Bewachungsauftrags I), unter B.I.2. d.Gr.; ebenso bereits v. 11.12.1997 – 8 AZR 426/94, AP Nr. 171 zu § 613a BGB (Catering I); v. 29.6.2000 – 8 AZR 520/99, nv. (Kommissionierbetrieb). | 7 BAG v. 22.1.1998 – 8 AZR 775/96, AP Nr. 174 zu § 613a BGB (Neuvergabe eines Bewachungsauftrags I). | 8 ErfK/*Preis*, § 613a BGB Rz. 19. | 9 BAG v. 13.11.1997 – 8 AZR 295/95, AP Nr. 169 zu § 613a BGB (Reinigung I/Wiedereinstellung); v. 11.12.1997 – 8 AZR 729/96, AP Nr. 172 zu § 613a BGB (Reinigung II); v. 24.5.2005 – 8 AZR 333/04, ZIP 2005, 46 (Reinigung III).

hatte[1]; **Bewachungsunternehmen**[2]; den **Hol- und Bringdienst** in einem Krankenhaus[3] sowie **Privatschulen**[4], **nicht** jedoch einen Betrieb des **Druckereigewerbes**[5]. Für nicht, jedenfalls nicht überwiegend durch den Einsatz menschlicher Arbeitskraft geprägt erachtet es auch die **Durchführung von Personen- und Handgepäckkontrollen** an Flughäfen[6], was angesichts der mindestens gleichwertigen Bedeutung der Sachkunde des Personals im Verhältnis zu den eingesetzten technischen Geräten zweifelhaft erscheint[7]. Der **EuGH** hat bislang vor allem Reinigungsunternehmen in die Kategorie der betriebsmittelarmen Tätigkeiten eingeordnet[8], während er bei einem **Busverkehr** das Vorliegen einer betriebsmittelarmen Tätigkeit ebenso verneint hat[9] wie bei einem **Verpflegungsbetrieb** in einem Krankenhaus[10]. Angesichts der Besonderheiten des **Leiharbeitsgewerbes** rechnet er auch dieses zu den betriebsmittelarmen Tätigkeiten, bei denen somit auch **ohne** Übertragung materieller Betriebsmittel ein Betriebsübergang oder -teilübergang möglich sei[11].

126 Diese sog. betriebsmittelarmen Tätigkeiten sind teilweise, aber keineswegs zwangsläufig, dadurch gekennzeichnet, dass sie von einer relativ großen Anzahl von ArbN mit **relativ geringem Qualifikationsgrad** verrichtet werden, wie dies namentlich bei den bereits mehrfach erwähnten Reinigungsaufgaben typischerweise der Fall ist. Zwingend ist dies jedoch keinesfalls, wie das (Gegen-)Beispiel der Lehr- und Unterrichtstätigkeit belegt[12].

127 **(4) Entfallen jeglicher Indizwirkung der Übernahme materieller Aktiva bei deren (sofortiger) Eingliederung in eine neue Betriebsorganisation.** Wie bereits oben (Rz. 88 ff.) dargestellt, besteht eine weitere „Errungenschaft" der neueren Rspr. des BAG zu § 613a darin, dass der Übergang materieller Betriebsmittel, soweit es hierauf nach der Art des Geschäfts ankommt, nicht mehr isoliert, sondern im sachlichen Kontext mit der Betriebsorganisation festgestellt und bewertet wird. Die materiellen Betriebsmittel sind also nur dann identitätsbildend, wenn ihre funktionale Verknüpfung auch beim neuen Inhaber erhalten bleibt. Das ist indes nicht der Fall, wenn er damit entweder gar keinen oder einen **grundlegend anderen Zweck verfolgt** (dazu sowie zur Abgrenzung des „anderen Zwecks" vgl. Rz. 108). Auch bei Beibehaltung desselben oder eines ähnlichen Zwecks ist der Übergang materieller Aktiva irrelevant, wenn sie in eine gänzlich neue oder beim Erwerber schon anderweitig vorhandene Betriebsorganisation eingegliedert werden und darin unter Aufgabe ihrer bisherigen organisatorischen Eigenständigkeit aufgehen. Dieser hat dann keinen Betrieb übernommen, sondern einen **neuen Betrieb aufgebaut** bzw. seinen **eigenen** bereits existierenden **Betrieb erweitert**.

128 Einen solchen **Identitätsverlust durch Neuorganisation** hat das BAG nach *Ayse Süzen* erstmals in einem Urt. v. 24.4.1997[13] angenommen; hier wurden einzelne Betriebsmittel eines **EDV-Dienstleistungsunternehmens** zu einem neuen bzw. mehreren neuen Betrieben zusammengefasst. Ein weiteres Urt. v. 26.6.1997 betrifft die Voraussetzungen eines Betriebsübergangs im Bereich der öffentl. **Verwaltung**; die Übernahme von Einrichtungsgegenständen, Bürogeräten und Akten (sowie eines Teils des Personals) wurde für unerheblich erklärt, weil die Verwaltungsaufgaben nunmehr im Rahmen einer eigenen, neu gebildeten oder andersartigen Arbeitsorganisation erbracht wurden[14]. In dem bereits erwähnten **Restaurantfall** vom 11.9.1997 (*Tausendundeine Nacht*[15]) hatten die Anmietung der bisherigen Räumlichkeiten sowie die Weiternutzung eines Teils der Einrichtungen zurückzustehen hinter dem Gesichtspunkt, dass es zu einem Wechsel der Arbeitsmethoden und der Arbeitsorganisation iSd. Rspr. des EuGH gekommen war[16]. Auch bei einem **Truppenübungsplatz** können trotz Übernahme von Betriebsgebäuden und technischen Anlagen in erheblichem Umfang nach Auffassung des 8. Senats eine andersartige, auch eingeschränkte betriebliche Tätigkeit oder geänderte betriebliche Organisation dem Betriebsübergang entgegenstehen[17]. Gleiches gilt bei Verlagerung einer **Schuhproduktion** ins Ausland

1 BAG v. 11.12.1997 – 8 AZR 426/94, AP Nr. 171 zu § 613a BGB (Catering I). | 2 BAG v. 22.1.1998 – 8 AZR 775/96, AP Nr. 174 zu § 613a BGB und v. 14.5.1998 – 8 AZR 418/98, NZA 1999, 483 (Neuvergabe eines Bewachungsauftrags I und II). | 3 BAG v. 10.12.1998 – 8 AZR 676/97, AP Nr. 187 zu § 613a BGB (Hol- und Bringdienst). | 4 BAG v. 21.1.1999 – 8 AZR 680/97, nv. (Privatschule I) und v. 18.2.1999 – 8 AZR 485/97, AP Nr. 5 zu § 325 ZPO (Privatschule II), freilich mit gewissen Einschränkungen. | 5 BAG v. 10.12.1998 – 8 AZR 763/97, nv. (Druckgewerbe). | 6 BAG v. 13.6.2006 – 8 AZR 271/05, NZA 2006, 1101. | 7 S. dazu kritisch *Willemsen*, FS Richardi (2007), S. 475 (487 f.); *Willemsen/Müntefering*, NZA 2006, 1185 (1190). | 8 Insb. EuGH v. 14.4.1994 – Rs. C-392/92, AP Nr. 106 zu § 613a BGB – Christel Schmidt und v. 11.3.1997 – Rs. C-13/95, AP Nr. 14 zu RL 77/187/EWG – Ayse Süzen; des Weiteren v. 24.1.2002 – Rs. C-51/00, AP Nr. 31 zu RL 77/187/EWG – Temco m. Anm. *Thüsing* in BB 2002, 467. | 9 EuGH v. 25.1.2001 – Rs. C-172/99, AP Nr. 31 zu RL 77/187/EWG – Oy Liikenne AB; s. dazu auch Rz. 114. | 10 EuGH v. 20.11.2003 – Rs. C-340/01, DB 2003, 2654 – Abler; dazu *Willemsen/Annuß*, DB 2004, 134 ff. | 11 EuGH v. 13.9.2007 – Rs. C-458/05, ZIP 2007, 2093 – Jouini ua. | 12 Vgl. BAG v. 18.2.1999 – 8 AZR 485/97, AP Nr. 5 zu § 325 ZPO (Privatschule II). | 13 BAG v. 24.4.1997 – 8 AZR 848/94, NZA 1998, 253 (EDV-Dienstleistung); v. 13.11.1997 – 8 AZR 52/96, EzA § 613a BGB Nr. 166 (Vertriebsunternehmen); dazu *Willemsen* in Willemsen/Hohenstatt/Schweibert/Seibt, Rz. G 48. | 14 BAG v. 26.6.1997 – 8 AZR 426/95, AP Nr. 165 zu § 613a BGB (Verwaltung-Funktionsnachfolge). | 15 BAG v. 11.9.1997 – 8 AZR 555/95, EzA § 613a BGB Nr. 153 m. Anm. *Willemsen/Annuß* (Tausendundeine Nacht). | 16 S. dazu auch *Willemsen* in Willemsen/Hohenstatt/Schweibert/Seibt, Rz. G 53 ff. | 17 BAG v. 27.4.2000 – 8 AZR 260/99, nv. (Truppenübungsplatz); dazu *Willemsen* in Willemsen/Hohenstatt/Schweibert/Seibt Rz. 87 ff.; vgl. aus der Instanz-Rspr. auch LAG Hamm v. 30.3.1998 – 16 Sa 942/97, LAGE § 613a BGB Nr. 72.

und deren Eingliederung in einen dort bereits vorhandenen Betrieb[1]. In der **Bistrowagen-Entscheidung** vom 6.4.2006 hat der 8. Senat einen Betriebsübergang verneint, weil die Deutsche Bahn die zuvor von einem anderen Betriebsinhaber durchgeführte Bistrobewirtschaftung in Fernverkehrszügen vollständig in ihre eigene Organisationsstruktur **eingegliedert** hatte, so dass innerhalb der Bewirtschaftung aller ca. 800 Züge der Deutschen Bahn **kein organisatorisch abgrenzbarer** Betrieb oder Betriebsteil geblieben war. Es fehle daher an der unveränderten Fortführung der wirtschaftl. Einheit[2]. Dies alles bestätigt, dass bei der Anwendung des Sieben-Punkte-Katalogs das ungeschriebene Tatbestandsmerkmal der Weiternutzung einer vom Vorgänger geschaffenen Betriebsorganisation stets mit zu berücksichtigen ist[3]. Zugleich ergeben sich aus der dargestellten Rspr. für die **Praxis** uU **interessante Gestaltungsalternativen**[4].

cc) Wert der immateriellen Aktiva im Zeitpunkt des Übergangs (Merkmal 3). Die Bedeutung dieses Merkmals ist in der bisherigen Rspr. zu § 613a eher unklar geblieben. Dazu trägt auch die recht vage Formulierung in dem Sieben-Punkte-Katalog bei, die lediglich auf den „Wert" der immateriellen Aktiva abstellt, ohne diese selbst wenigstens beispielhaft zu benennen. In der (früheren) Rspr. des BAG haben **Warenzeichen, Lizenzen** und sonstige **gewerbliche Schutzrechte** wiederholt eine Rolle gespielt[5], allerdings ohne klar erkennbare Richtung: Ihre Übertragung wurde teils als Indiz zu Gunsten eines Betriebsübergangs gewertet[6], teilweise wurde ihrer Übernahme bzw. Nichtübernahme jegliche Bedeutung abgesprochen[7]. 129

(1) Positive Indizfunktion. Bei **Produktionsunternehmen** ist die Übertragung gewerblicher Schutzrechte (Patent- und Gebrauchsmusterrechte, Lizenzen), die die notwendige rechtl. Grundlage für die Fortsetzung des Betriebszwecks bilden, zweifelsohne für die Beurteilung eines Betriebsübergangs von erheblicher Bedeutung[8]. Bilden diese den Bestandteil eines vertragl. „Veräußerungspakets", ist dies zugleich ein starkes Indiz für die Absicht des Erwerbers, den Betrieb identitätswahrend fortzuführen (zu deren Bedeutung s. Rz. 63 ff.) Es kann hierbei nicht darauf ankommen, auf welchem rechtstechnischen Wege die Übertragung erfolgt, dh. ob das jeweilige Schutzrecht unmittelbar veräußert oder – etwa bei einem Warenzeichen (heute: einer Marke) – einvernehmlich gelöscht und sodann zu Gunsten des übernehmenden Rechtsträgers neu angemeldet wird[9]. 130

Ebenso wie bei allen anderen Kriterien des Sieben-Punkte-Katalogs gilt auch hier, dass allein die Übertragung immaterieller Aktiva für sich genommen niemals die Bejahung eines Betriebs(teil)übergangs zu rechtfertigen vermag. Dies trifft insb. auch für die Übertragung von **Marken** (Warenzeichen) zu. Nach § 8 I 2 WZG aF konnte das Warenzeichen nur mit dem Geschäftsbetrieb oder dem Teil des Geschäftsbetriebs, zu dem es gehörte, übertragen werden. Hieraus wurde auf eine hohe Aussagekraft einer tatsächlich erfolgten Warenzeichenübertragung geschlossen[10]. Nach dem heutigen Gesetzeskonzept des § 27 II MarkenG wird die Marke *im Zweifel* von der Übertragung oder dem Übergang des Geschäftsbetriebs oder eines Teils desselben erfasst; die zwingende Koppelung wurde also aufgegeben. Es ist somit, vor allem bei Produktionsbetrieben, ein Übergang der wirtschaftl. Einheit ohne Übertragung der Marke grds. möglich; umgekehrt kann aber durchaus die Marke als immaterieller Wert ohne die zugrunde liegenden betriebl. Aktivitäten veräußert werden. Ist der Erwerber also nur an der Marke als solcher interessiert, will er die entsprechenden Produkte (zB Textilien) dagegen künftig mittels eigener Produktionsanlagen oder im Wege der Auftragsfertigung durch ein Drittunternehmen herstellen lassen, liegt insoweit kein Betriebsübergang vor, da die Marke als solche noch keine „wirtschaftliche Einheit" iSd. Rspr. des EuGH und des BAG bildet. 131

Die obigen Überlegungen gelten sinngemäß auch für **Handels- und Dienstleistungsbetriebe**. Allerdings stellen hier die immateriellen Aktiva oftmals nicht die rechtl., sondern die wirtschaftl. Grundlagen für die Fortsetzung eines identitätswahrenden Betriebs dar, etwa wenn es um den **Goodwill** eines Unternehmens am Markt oder das **Know-how** einer eingespielten Belegschaft geht. Diese ebenfalls zu den immateriellen Aktiva gehörenden Werte[11] werden idR mittelbar übertragen, indem der Erwerber zB die Firmen- oder Etablissementbezeichnung und/oder die das betriebliche Know-how beherrschende Belegschaft (ganz oder teilweise) übernimmt. Eine derartige Kontinuität nach außen bzw. innen kann im Einzelfall erheblich für das Vorliegen eines Betriebs(teil)übergangs sprechen. Dabei genügt hinsichtlich 132

1 BAG v. 16.5.2002 – 8 AZR 319/01, NZA 2003, 93. Ähnlich BAG v. 17.4.2003 – 8 AZR 253/02, nv. (Wareneingang eines Lagers). | 2 BAG v. 6.4.2006 – 8 AZR 249/04, NZA 2006, 1039; dazu *Willemsen* in Willemsen/Hohenstatt/Schweibert/Seibt, Rz. 96k ff.; s. auch BAG v. 24.8.2006 – 8 AZR 317/05, NZA 2007, 1287. | 3 IE ebenso ErfK/*Preis*, § 613a BGB Rz. 19 aE. | 4 S. dazu auch *Willemsen* in Willemsen/Hohenstatt/Schweibert/Seibt, Rz. G 124 f. | 5 ZB BAG v. 28.4.1988 – 2 AZR 623/87, AP Nr. 74 zu § 613a BGB m. Anm. *Hefermehl* (Warenzeichen); v. 22.2.1978 – 5 AZR 800/76, AP Nr. 11 zu § 613a BGB (Schutzrechte). | 6 So im Falle BAG v. 28.4.1988 – 2 AZR 623/87, AP Nr. 74 zu § 613a BGB m. Anm. *Hefermehl* (Warenzeichen). | 7 So für den Fall eines Produktionsunternehmens BAG v. 22.5.1985 – 5 AZR 30/84, AP Nr. 42 zu § 613a BGB („ohne Belang"); ebenso v. 27.4.1988 – 5 AZR 358/87, AP Nr. 71 zu § 613a BGB; dazu kritisch ErfK/*Preis*, § 613a BGB Rz. 23. | 8 Ebenso *B. Gaul*, Betriebs- und Unternehmensspaltung, § 6 Rz. 109 mwN in Fn. 3. | 9 Vgl. *Hefermehl*, Anm. zu BAG v. 28.4.1988 – 2 AZR 623/87, AP Nr. 74 zu § 613a BGB (Warenzeichen); *B. Gaul*, Betriebs- und Unternehmensspaltung, § 6 Rz. 109. | 10 Vgl. BAG v. 28.4.1988 – 2 AZR 623/87, AP Nr. 74 zu § 613a BGB m. krit. Anm. *Hefermehl* (Warenzeichen). | 11 Vgl. *Willemsen*, ZIP 1986, 482; ebenso *Picot/Schnitker*, Teil I Rz. 27.

der Übertragung des betriebsspezifischen Know-how unter Umständen die Weiterbeschäftigung einer relativ kleinen Anzahl von sog. **Schlüsselkräften**[1]. Es ist also für die Übertragung dieses Know-how nicht zwingend erforderlich, dass der Erwerber den ganz überwiegenden Teil des Personals übernimmt, wie die Rspr. des BAG dies bei sog. betriebsmittelarmen (Dienstleistungs-)Tätigkeiten für die Übernahme der sog. organisierten Hauptbelegschaft fordert (s. Rz. 137 ff.). Hier kann es aber für die Frage des Übergangs (wesentlicher) immaterieller Aktiva (insb. des Know-hows) entscheidend darauf ankommen, welche und wie viele ArbN der Erwerber im konkreten Einzelfall benötigt, um den Betrieb mit seinem bisherigen Zweck und seinem bisherigen Gepräge fortführen zu können.

133 Die vorhandene Belegschaft (oder Teile derselben) kann insb. auch bei einem **Einzelhandelsgeschäft** zu den identitätsbildenden Kriterien gehören, da die Fachkenntnisse des eingearbeiteten Personals auch hier einen wesentlichen Teil des betrieblichen Know-how verkörpern[2].

134 **(2) Negative Indizfunktion. Verzichtet** der Erwerber von sächlichen Betriebsmitteln dagegen auf die Übernahme und Weiternutzung betriebsspezifischer immaterieller Werte, kann dies im Einzelfall entscheidend gegen einen Betriebsübergang oder Betriebsteilübergang sprechen. Dies gilt nicht nur, wenn diese immateriellen Betriebsmittel unverzichtbare Voraussetzung für die Fortsetzung des Betriebszwecks überhaupt sind (wie zB Patente oder sonstige Schutzrechte bei Produktionsunternehmen[3]), sondern kann auch dann in Betracht kommen, wenn der geschäftliche Erfolg (bezogen auf den konkreten Betriebszweck) maßgeblich von einer im jeweiligen (lokal oder überregionalen) Markt „eingeführten Marke" abhängt und diese nicht mitübernommen wird. Auch dies ergibt sich ua. aus dem bereits mehrfach erwähnten *Tausendundeine Nacht*-Urteil des BAG vom 11.9.1997[4], wo der Umstand, dass bei einem **Restaurantbetrieb** der neue Inhaber die Etablissementbezeichnung des Vorgängers nicht fortführte, als – wenn auch nicht allein ausschlaggebendes – Indiz gegen das Vorliegen eines Betriebsübergangs gewertet wurde. Bei **Franchise- und ähnlichen Systembetrieben**, deren Erscheinungsbild und Marktchancen wesentlich durch die eingeführte Marke, eine stets gleiche oder ähnliche Einrichtung und Geschäftsausstattung und/oder ein überregional beworbenes Warensortiment stets gleicher Art und Güte geprägt sind, scheidet ein Betriebsübergang demzufolge uU schon dann aus, wenn die Zugehörigkeit zu der jeweiligen „Kette" endet (zB Umgestaltung eines bisherigen McDonald's-Restaurants zu einem „gewöhnlichen" Imbiss-Betrieb)[5]. Auf die Übernahme der Ladeneinrichtung oder des Personals kommt es dann nicht mehr an[6].

135 **(3) Bewertungsmaßstab.** Aus alledem folgt: Der Übernahme und tatsächlichen Weiternutzung immaterieller Aktiva von erheblichem Wert (Patente, sonstige Schutzrechte, eingeführte Marke, Goodwill, Know-how) kann bei der Gesamtbewertung im Rahmen des Sieben-Punkte-Katalogs eine erhebliche (positive) Indizwirkung zufallen, die umso höher ist, je stärker die Fortsetzung des Geschäftsbetriebs hiervon rechtl. oder wirtschaftl. abhängt. Die Überleitung kann bezüglich des Know-how und des Goodwill unter Umständen auch indirekt durch Weiterbeschäftigung eines insoweit erheblichen Teils des Personals erfolgen. Umgekehrt schließt die fehlende Übertragung immaterieller Betriebsmittel den Betriebsübergang zwingend aus, wenn diese den bisherigen Betriebszweck und die bisherigen Betriebsmethoden maßgeblich geprägt haben oder – wie bei Produktionsunternehmen – zwingende rechtl. Voraussetzung für eine Fortführung des Betriebszwecks sind.

136 Wenn der EuGH in diesem Zusammenhang von dem „Wert der immateriellen Aktiva **im Zeitpunkt des Übergangs**" spricht, bedeutet dies für die Praxis, dass es nicht entscheidend darauf ankommen kann, inwieweit der Erwerber die darin liegenden Geschäftschancen nach dem Betriebsübergang tatsächlich realisiert, sondern nur darauf, dass die für die Realisierung dieser Geschäftschancen notwendigen Grundlagen auf ihn übergegangen sind. Gelingt es dem Nachfolger also nicht, das mit der Übertragung des Know-how und Goodwill verbundene Potenzial zu nutzen, sondern wird der **Geschäftswert** schon alsbald nach dem Übergang durch schlechtes Management oder schlichtes Fortbleiben der Kundschaft **„verwässert"**, kann dies nicht gegen einen Betriebsübergang angeführt werden. Anders kann der Fall allerdings liegen, wenn die Übertragung immaterieller Aktiva zwar an sich gewünscht ist, aber an unüberwindlichen faktischen Hindernissen scheitert, etwa wenn (bspw. in einer freiberuflichen Praxis) das Geschäft und der Kundenkreis derart auf den bisherigen Inhaber, dessen persönliche Fähigkeiten und Reputation zugeschnitten sind, dass selbst ein entsprechendes Empfehlungsschreiben einen Übergang

---

1 Vgl. BAG v. 9.2.1994 – 2 AZR 781/93, AP Nr. 104 zu § 613a BGB (noch auf dem Boden der alten Möglichkeitstheorie); aus jüngerer Zeit (nach EuGH v. 11.3.1997 – Rs. C-13/95, AP Nr. 14 zu RL 77/187/EWG – Ayse Süzen) vgl. BAG v. 22.1.1998 – 8 AZR 775/96, AP Nr. 174 zu § 613a BGB und v. 14.5.1998 – 8 AZR 418/98, NZA 1999, 483 (Neuvergabe eines Bewachungsauftrags I und II); v. 21.1.1999 – 8 AZR 680/97, nv. (Privatschule I) und v. 18.2.1999 – 8 AZR 485/97, AP Nr. 5 zu § 325 ZPO (Privatschule II); v. 26.8.1999 – 8 AZR 588/98, nv. (Druckweiterverarbeitung). |2 Vgl. BAG v. 2.12.1999 – 8 AZR 796/98, AP Nr. 188 zu § 613a BGB (Elektrohandel); dazu *Willemsen* in Willemsen/Hohenstatt/Schweibert/Seibt, Rz. G 84 ff. |3 Vgl. BAG v. 13.11.1997 – 8 AZR 375/96, AP Nr. 170 zu § 613a BGB (Stabsfunktion bei Betriebsteilübergang). |4 BAG v. 11.9.1997 – 8 AZR 555/95, EzA § 613a BGB Nr. 153 m. Anm. *Willemsen/Annuß* (Tausendundeine Nacht); vgl. dazu auch *Willemsen* in Willemsen/Hohenstatt/Schweibert/Seibt, Rz. G 53 ff. |5 Vgl. bereits *Willemsen*, RdA 1991, 204 (211 u. 213). |6 Zumindest teilweise aA Staudinger/*Annuß*, § 613a BGB Rz. 74.

des Goodwill und des Kundenkreises nicht zu bewirken vermag; in einem solchen Fall kann trotz entsprechender Bemühungen von einem Übergang immaterieller Werte insoweit nicht ausgegangen werden. Erforderlich ist jeweils eine **Ex-ante-Betrachtung**.

dd) Etwaige Übernahme der Hauptbelegschaft durch den neuen Inhaber (Merkmal 4). Mit der – die Bedeutung der Humanressourcen für den Betriebsbegriff leugnenden – These, dass die Weiterbeschäftigung von Personal des bisherigen Inhabers Rechtsfolge und nicht Tatbestandsmerkmal des Betriebsübergangs sei[1], hat sich die Rspr. des BAG über lange Jahre gegen die Rspr. des EuGH gestellt (s. zur Entwicklung auch Rz. 12) und dadurch den Zugang zur richtigen Begriffsbestimmung, insb. im Bereich der Dienstleistungsbetriebe, erschwert. Dieses sog. **Konfusionsargument** ist heute überholt; auch der 8. Senat des BAG erkennt nunmehr an, dass der fortgesetzten Beschäftigung der Belegschaft ein gleichwertiger Rang neben anderen möglichen Kriterien für einen Betriebsübergang zukommt[2]. Das Merkmal „Übernahme der Belegschaft" spielt somit seitdem sowohl auf der Tatbestands- als auch auf der Rechtsfolgenseite der Norm eine zentrale Rolle: Während es auf der **Tatbestandsseite** um die freiwillige[3] Weiterbeschäftigung des bisherigen Personals oder eines erheblichen Teils desselben geht, ordnet der 2. Hs. des § 613a die zwangsweise Überleitung sämtlicher (!) Arbeitsverhältnisse, die in dem jeweiligen Betrieb bzw. Betriebsteil bestehen, auf der **Rechtsfolgenseite** an. Dies kann zur praktischen Konsequenz haben, dass die **freiwillige Unterbreitung von Weiterbeschäftigungsangeboten** an die Belegschaft des bisherigen Inhabers zu einer **Weiterbeschäftigungspflicht** unter voller Anerkennung der Betriebszugehörigkeit auch zu Gunsten solcher ArbN führt, die kein solches Weiterbeschäftigungsangebot erhalten haben und ein solches auch nicht bekommen sollten[4]. Aber auch hinsichtlich der tatsächlich übernommenen ArbN wirkt sich die Unterscheidung zwischen Tatbestands- und Rechtsfolgenseite dahin gehend aus, dass die freiwillige Übernahme der sog. organisierten Hauptbelegschaft die – unfreiwillige – Konsequenz einer Bindung an die vom Vorgänger abgeschlossenen Arbeitsverträge nach sich ziehen kann, also eine einseitige Gestaltungsfreiheit hinsichtlich der Arbeitsbedingungen nicht besteht (zur Zulässigkeit der einvernehmlichen Änderung von Arbeitsbedingungen anlässlich eines Betriebsübergangs s. Rz. 245). Diese Gefahr ist umso größer, je prägender der Einfluss des Personals (der sog. Stammbelegschaft) für die Beurteilung der Betriebsidentität ist (s. bereits Rz. 97 f.). Insoweit verwundert es nicht, wenn die Praxis im Lichte der neueren Rspr. unter **Risikogesichtspunkten** oftmals von der freiwilligen Weiterbeschäftigung auch nur eines Teils des Personals Abstand nimmt, was sozialpolitisch bedauerlich erscheinen mag[5]. 137

Zu einer solchen Strategie ist zu bemerken, dass sie einerseits nicht „hilft", wenn der Betrieb nach seiner Art (Merkmal 1) maßgeblich durch andere als personelle Ressourcen geprägt wird (s. auch Rz. 116 ff.), und dass andererseits ein solcher Verzicht auch betriebswirtschaftl. **kontraproduktiv** sein kann, wenn trotz Übernahme eines – auch wesentlichen – Teils des Personals gleichwohl (zB im Fall einer reinen Funktionsnachfolge, s. Rz. 91 u. Rz. 172 ff.) kein Fall eines Betriebsübergangs oder Betriebsteilübergangs vorliegt. 138

(1) Positive Indizfunktion. Die positive Aussagekraft des Merkmals der Personalübernahme hängt nach der neueren Rspr. des BAG von **drei Gesichtspunkten** ab, nämlich (1) der Art des betreffenden Betriebs, (2) der erforderlichen Qualifikation des für den jeweiligen Betriebszweck benötigten Personals und (3) dem Prozentsatz der freiwillig (!) übernommenen ArbN in Relation zur Gesamtbelegschaft des Betriebs bzw. Betriebs*teils*. 139

(a) bei „betriebsmittelarmen" Tätigkeiten. Ist der Betrieb, genauer sein Wertschöpfungsprozess, maßgeblich durch den Einsatz menschlicher Arbeitskraft geprägt (sog. betriebsmittelarme Tätigkeiten, s. Rz. 97 f.), handelt es sich bei der Übernahme der „organisierten Hauptbelegschaft" um *das* zentrale Tatbestandsmerkmal im Rahmen des Sieben-Punkte-Katalogs schlechthin. Entscheidend ist allerdings solchenfalls nicht die Weiterbeschäftigung von ArbN des früheren Betriebsinhabers als solche, sondern der Umstand, dass das „eingearbeitete und eingespielte Personal" die Betriebsorganisation und damit die eigentliche Wertschöpfungsquelle für bestimmte Betriebsarten verkörpert (s. auch Rz. 89 f.). 140

1 BAG v. 22.5.1998 – 5 AZR 30/84, AP Nr. 42 zu § 613a BGB; v. 16.10.1987 – 7 AZR 519/86, AP Nr. 69 zu § 613a BGB; v. 9.2.1994 – 2 AZR 781/93, EzA § 613a BGB Nr. 115. |2 Grundl. BAG v. 13.11.1997 – 8 AZR 295/95, AP Nr. 169 zu § 613a BGB (Reinigung I/Wiedereinstellung) sowie v. 11.12.1997 – 8 AZR 729/96, AP Nr. 172 zu § 613a BGB (Reinigung II); seitdem st. Rspr., vgl. zB BAG v. 22.1.1998 – 8 AZR 775/96, AP Nr. 174 zu § 613a BGB und v. 14.5.1998 – 8 AZR 418/98, NZA 1999, 483 (Neuvergabe eines Bewachungsauftrags I und II); v. 18.2.1999 – 8 AZR 485/97, AP Nr. 5 zu § 325 ZPO = NZA 1999, 648 (Privatschule II); v. 26.8.1999 – 8 AZR 588/98, nv. (Druckweiterverarbeitung); v. 22.7.2004 – 8 AZR 350/03, NZA 2004, 1383 (Gefahrstofflager); zu Unrecht für eine „Renaissance" des Konfusionsarguments dagegen LAG Köln v. 8.3.2004 – 4 Sa 1115/03, NZA-RR 2004, 464. |3 BAG v. 13.11.1997 – 8 AZR 295/95, AP Nr. 169 zu § 613a BGB (Reinigung I/Wiedereinstellung): Übernahme der durch ihre gemeinsame Tätigkeit verbundenen ArbN durch den neuen Auftragnehmer „auf Grund eigenen Willensentschlusses". Nach einer Entscheidung des EuGH v. 24.1.2002 – Rs. C-51/00, AP Nr. 31 zu RL 77/187/EWG – Temco soll allerdings auch die auf Grund einer tarifvertraglichen Verpflichtung erfolgende Personalübernahme zum Übergang einer wirtschaftlichen Einheit führen können. |4 Ebenso *B. Gaul*, Betriebs- und Unternehmensspaltung, § 6 Rz. 152. |5 Vgl. *Willemsen* in Willemsen/Hohenstatt/Schweibert/Seibt, Rz. G 134.

141 *De facto* ist allerdings der Kreis derjenigen Tätigkeiten, bei denen die betriebl. Wertschöpfung nahezu ausschließlich vom Einsatz menschlicher Arbeitskraft abhängt, eher begrenzt. In Betracht kommen vor allem **Reinigungs-, Bewachungs-, Unterrichts- und Beratungstätigkeiten** (s. die Rspr.-Beispiele in Rz. 125). Hier kann angesichts der Irrelevanz und fehlenden Aussagekraft der materiellen Betriebsmittel die Abgrenzung zwischen Betriebsübergang einerseits und der nicht von § 613a erfassten (s. Rz. 91 u. 172 ff.) bloßen Funktionsnachfolge andererseits ganz entscheidend von der **Anzahl** (quantitatives Element) und **Sachkunde** (qualitatives Element) der tatsächlich weiterbeschäftigten ArbN abhängen. Auch **Zeitarbeitsunternehmen** gehören zu dieser Kategorie (s. Rz. 125).

142 Auf das **quantitative Element** stellt das BAG vor allem und nahezu ausschließlich dann ab, wenn die jeweilige Tätigkeit nur einen geringen Qualifikationsgrad und keine oder nur eine **geringe Sachkunde** des eingesetzten Personals erfordert. Hier muss ein **sehr hoher Prozentsatz** der bisherigen Belegschaft tatsächlich weiterbeschäftigt werden, wenn diesem Merkmal die „durchschlagende" Argumentationskraft im Rahmen des Sieben-Punkte-Katalogs zukommen soll. Die Übernahme nur etwa der **Hälfte** der ArbN reicht bei solchen einfachen Tätigkeiten nicht aus[1]; auch ein Prozentsatz von **ca. 61% genügt bei einfachen Tätigkeiten nicht**, um die Wahrung der wirtschaftl. Einheit annehmen zu können[2].

143 **Bejaht** wurde die positive Indizfunktion im Bereich einfacher Tätigkeiten bisher nur bei tatsächlicher Weiterbeschäftigung von **ca. 85%**[3] der maßgeblichen Belegschaft, wobei es sich jeweils um Reinigungsaufgaben handelte. Für nicht ausreichend erklärt wurde demgegenüber die Weiterbeschäftigung von (immerhin) 75% der ArbN eines Hol- und Bringdienstes in einem Krankenhaus[4], allerdings mit dem „Zusatz", dass dies „umso mehr" gelte, weil mit der Übernahme von Personal keine Bewahrung der früheren Betriebsorganisation einhergegangen sei[5]. Richtiger Auffassung zufolge liegt bei fehlender Übernahme der Betriebsorganisation selbst bei Weiterbeschäftigung eines sehr hohen Prozentsatzes der bisher eingesetzten ArbN ohnehin kein Fall des § 613a vor (s. Rz. 152). Angesichts derartiger Kumulativbegründungen, zu denen sowohl das BAG als auch der EuGH neigen, ist gegenüber der reinen Prozentarithmetik eine gewisse Vorsicht am Platze. Gleichwohl spricht die neuere BAG-Judikatur dafür, den maßgeblichen Prozentsatz bei einfachen Tätigkeiten sehr hoch anzusetzen; selbst 75% dürften laut dem BAG-Urteil vom 10.12.1998[6] idR noch nicht ausreichend sein. Ob die Rspr. sich idS (etwa in Richtung einer 80%-Grenze) verfestigt, bleibt zunächst abzuwarten.

144 **Begründet** wird diese sehr hohe prozentuale Hürde mit dem **geringen Qualifikationsgrad** der für einfache Tätigkeiten benötigten ArbN[7]. Dieser Zusammenhang („je geringer die benötigte Qualifikation, desto höher der für die Bejahung des § 613a erforderliche Prozentsatz des benötigten Personals"[8]) lässt sich wiederum nur im Kontext der Betriebsorganisation als identitätsstiftendes Merkmal (s. auch Rz. 89, 106) zutreffend einordnen. Spielt das Know-how („Sachkunde") der ArbN für die betriebliche Wertschöpfung keine entscheidende Rolle, sind diese vielmehr leicht austauschbar[9], kommt – anders als bei qualifizierten Tätigkeiten – der Weiterbeschäftigung *bestimmter* ArbN keine identitätsbildende Bedeutung zu. Die Betriebsorganisation prägende Funktion hat dann – lediglich – die tatsächliche arbeitsteilige Aufgabenerledigung, wie sie sich unter dem bisherigen Inhaber als „gelebte und bewährte Arbeitsorganisation" herausgebildet hat[10]. Bei einem Austausch der „Hauptbelegschaft" würde dieser allein durch seine tatsächliche Existenz definierte Funktionszusammenhang unweigerlich zerstört; an die Stelle der Weiterführung eines existierenden Betriebs träte der Aufbau eines neuen[11]. Dies gilt bei

---

1 Vgl. BAG v. 18.3.1998 – 8 AZR 737/96, nv.; v. 14.5.1998 – 8 AZR 418/98, NZA 1999, 483 (Neuvergabe eines Bewachungsauftrags II): 22 von 36 ArbN nicht ausreichend; dazu *Willemsen* in Willemsen/Hohenstatt/Schweibert/Seibt, Rz. G 66 f.; BAG v. 10.12.1998 – 8 AZR 676/97, AP Nr. 187 zu § 613a BGB (Hol- und Bringdienst); vgl. dazu *Willemsen* in Willemsen/Hohenstatt/Schweibert/Seibt, Rz. G 70 f. | 2 BAG v. 22.1.1998 – 8 AZR 775/96, AP Nr. 174 zu § 613a BGB und v. 14.5.1998 – 8 AZR 418/98, NZA 1999, 483 (Neuvergabe eines Bewachungsauftrags I und II); bestätigt durch BAG v. 24.5.2005 – 8 AZR 333/04 ZIP 2006, 46: 60% bei Reinigungstätigkeit nicht ausreichend. Eine Übersicht über die in der Instanz-Rspr. bisher behandelten Tätigkeiten und Prozentsätze findet sich bei *B. Gaul*, Betriebs- und Unternehmensspaltung, § 6 Rz. 176 f.; sowie bei *Kreitner* in Küttner (Hrsg.), Personalbuch 2007, 123 Rz. 14 und bei *Ahlborn*, ZfA 2005, 109 (147 f.). | 3 So in den Fällen BAG v. 13.11.1997 – 8 AZR 295/95, AP Nr. 169 zu § 613a BGB (Reinigung I/Wiedereinstellung) und v. 11.12.1997 – 8 AZR 729/96, AP Nr. 172 zu § 613a BGB (Reinigung II). | 4 BAG v. 10.12.1998 – 8 AZR 676/97, AP Nr. 187 zu § 613a BGB (Hol- und Bringdienst). | 5 BAG v. 10.12.1998 – 8 AZR 676/97, AP Nr. 187 zu § 613a BGB (Hol- und Bringdienst). Vgl. dazu auch *Willemsen* in Willemsen/Hohenstatt/Schweibert/Seibt, Rz. G 71 und G 133. | 6 BAG v. 10.12.1998 – 8 AZR 676/97, AP Nr. 187 zu § 613a BGB (Hol- und Bringdienst). | 7 Vgl. BAG v. 11.12.1997 – 8 AZR 729/96, AP Nr. 172 zu § 613a BGB (Reinigung II). | 8 IdS va. BAG v. 11.12.1997 – 8 AZR 729/96, AP Nr. 172 zu § 613a BGB (Reinigung II); seitdem st. Rspr. des 8. Senats, vgl. zB v. 18.3.1999 – 8 AZR 306/98, NZA 1999, 706 (Druckerei I); v. 10.12.1998 – 8 AZR 676/97, AP Nr. 187 zu § 613a BGB (Hol- und Bringdienst); vgl. dazu auch *B. Gaul*, Betriebs- und Unternehmensspaltung, § 6 Rz. 165. | 9 S. zu diesem Aspekt BAG v. 11.12.1997 – 8 AZR 729/96, AP Nr. 172 zu § 613a BGB (Reinigung II). | 10 Ähnl. BAG v. 11.12.1997 – 8 AZR 729/96, AP Nr. 172 zu § 613a BGB (Reinigung II): „Solche Tätigkeitsbereiche sind vielmehr geprägt von ihrer Arbeitsorganisation, der sich daraus ergebenden Aufgabenzuweisung an die einzelnen ArbN und dem in der Organisationsstruktur verkörperten Erfahrungswissen. Die Identität einer solchen wirtschaftlichen Einheit wird gewahrt, wenn der neue Auftragnehmer die ArbN an ihren alten Arbeitsplätzen mit unveränderten Aufgaben weiter beschäftigt." | 11 IdS ausdrücklich BAG v. 11.12.1997 – 8 AZR 729/96, AP Nr. 172 zu § 613a BGB (Reinigung II).

Prägung des Betriebszwecks durch einfache Tätigkeiten und Fehlen maßgeblicher materieller Betriebsmittel selbst dann, wenn das **Führungspersonal** (zB Vorarbeiter) im Wesentlichen übernommen wird[1]. Es genügt nämlich nicht, dass der Auftragsnachfolger (Konkurrent) dasjenige Personal übernimmt (ggf. abwirbt), welches weiß, wie man einen neuen Betrieb erfolgversprechend aufbaut; er muss vielmehr so viel Personal (qualitativ und quantitativ) weiterbeschäftigen, dass er damit den Betrieb in seiner bisherigen strukturell-organisatorischen Zusammensetzung weiterführen kann[2].

Bezüglich der vom BAG geforderten hohen Prozentsätze des tatsächlich weiterbeschäftigten Perso- 145
nals sind allerdings zwei wichtige **Einschränkungen** zu beachten: Zum einen ist dieser (hohe) Prozentsatz nicht nur in Bezug auf den in Rede stehenden „Gesamtbetrieb" zu prüfen, sondern auch im Hinblick darauf, ob er möglicherweise (nur) im Hinblick auf einen (abgrenzbaren) **Betriebsteil** erfüllt ist[3]. Bei **objektbezogenen** Reinigungs- und Bewachungstätigkeiten kann schon ein einziger Auftrag als solcher die definitorischen Voraussetzungen eines Betriebsteils mit Bezug auf das dafür eingesetzte Personal erfüllen (s. Rz. 37). Noch wichtiger ist die zweite Einschränkung, dass nämlich die hohen „Mindestsätze" **nur bei einfachen Tätigkeiten** gelten, deren Kreis vom BAG recht eng gezogen wird. Als Beispiele sind in der bisherigen Rspr. des BAG nur Reinigungs-[4] und Botentätigkeiten[5] anerkannt worden. Dagegen komme bei Bewachungsunternehmen bereits eine „verhältnismäßig qualifizierte und spezialisierte Tätigkeit in Betracht"[6]. Bei solchen, besondere Sachkunde des Personals erfordernden **höherwertigen Tätigkeiten**, zu denen bspw. auch Lehr- und Unterrichtstätigkeiten gehören[7], gelten die oben genannten hohen Schwellenwerte jedoch nicht, wie das BAG ausdrücklich festgestellt hat. Sei ein Betrieb stärker durch das Spezialwissen und die Qualifikation der ArbN geprägt, könne neben anderen Kriterien (!) ausreichen, dass **wegen ihrer Sachkunde wesentliche Teile** der Belegschaft übernommen würden[8]. Für die Praxis bedeutet dies, dass bei sog. betriebsmittelarmen Tätigkeiten unterschieden werden muss zwischen einfachen und qualifizierten Tätigkeiten; zu letzteren gehören solche, die eine besondere Erfahrung (Know-how) und Sachkunde des eingesetzten Personals erfordern. Positive Indizwirkung iS eines Betriebsübergangs/Betriebsteilübergangs hat bei ersteren nur die Weiterbeschäftigung einer „hohen Anzahl" von ArbN (zu den Schwellenwerten s. Rz. 143), während bei einer Prägung des Betriebszwecks (= der ausgeübten Tätigkeit) durch Spezialwissen und Qualifikation der ArbN es auf die Übernahme (nur) „wesentlicher Teile" der Belegschaft ankommen soll.

Das BAG hat damit **zwei Klassen von Schwellenwerten** eingeführt[9], wobei bisher – lediglich – klar zu 146
sein scheint, dass an den „wesentlichen Teil" deutlich geringere quantitative Anforderungen gestellt werden als an eine „hohe Anzahl" tatsächlich weiterbeschäftigter ArbN[10].

Im Gegensatz zu der letztgenannten Kategorie entzieht sich der **„wesentliche Teil" der Belegschaft** 147
einer klaren Quantifizierung, so dass für die Praxis ein erhebliches Prognosepotenzial und -risiko verbleibt. Die diesbezügliche Aussagekraft der bisherigen Entscheidungen ist eher gering und zudem von nicht unerheblichen Unklarheiten und Widersprüchen beeinträchtigt. So hat der 8. Senat zwar einerseits wiederholt judiziert, dass bei qualifizierten Tätigkeiten der Schwellenwert der „hohen Anzahl" nicht gelte[11], andererseits aber im Hinblick auf die Unterrichtstätigkeit an einer Privatschule ausgeführt, ein Anteil von **30%** der tatsächlich übernommenen Lehrer reiche „bei weitem nicht aus, um von der Übernahme der Hauptbelegschaft zu sprechen"[12]. Andererseits hat derselbe Senat in dem „Bewachungsurteil" vom 14.5.1998 deutlich gemacht, dass bei einer „verhältnismäßig qualifizierten und spezia-

1 Vgl. dazu die Konstellation in BAG v. 21.1.1999 – 8 AZR 680/97, nv. (Weiterbeschäftigung des Geschäftsführers einer Privatschule), dazu *Willemsen* in Willemsen/Hohenstatt/Schweibert/Seibt, Rz. G 73. | 2 Das BAG formuliert dies im Einklang mit EuGH v. 11.3.1997 – Rs. C-13/95, AP Nr. 14 zu RL 77/187/EWG – Ayse Süzen – dahin gehend, die Wahrung der Identität ergebe sich daraus, dass der neue Auftragnehmer „... einen nach Zahl und Sachkunde wesentlichen Teil des Personals übernimmt, weil die ArbN in der Lage sind, den Neuauftrag wie bisher auszuführen"; vgl. BAG v. 13.11.1997 – 8 AZR 295/95, AP Nr. 169 zu § 613a BGB (Reinigung I/Wiedereinstellung) und v. 10.12.1998 – 8 AZR 676/97, AP Nr. 187 zu § 613a BGB (Hol- und Bringdienst). | 3 IdS verfährt zB BAG v. 10.12.1998 – 8 AZR 676/97, AP Nr. 187 zu § 613a BGB (Hol- und Bringdienst); BAG v. 18.12.2003 – 8 AZR 621/02, NZA 2004, 791 = ZIP 2004, 1068 = EWiR 2004, 905 (*Wißmann/Grau*). | 4 Vgl. BAG v. 11.12.1997 – 8 AZR 729/96, AP Nr. 172 zu § 613a BGB (Reinigung II). | 5 BAG v. 10.12.1998 – 8 AZR 676/97, AP Nr. 187 zu § 613a BGB (Hol- und Bringdienst). | 6 BAG v. 14.5.1998 – 8 AZR 418/98, NZA 1999, 483 (Neuvergabe eines Bewachungsauftrags II). | 7 Vgl. BAG v. 21.1.1999 – 8 AZR 680/97, nv. (Privatschule I), dazu *Willemsen* in Willemsen/Hohenstatt/Schweibert/Seibt, Rz. G 72 ff. | 8 BAG v. 11.12.1997 – 8 AZR 729/96, AP Nr. 172 zu § 613a BGB (Reinigung II); v. 10.12.1998 – 8 AZR 676/97, AP Nr. 187 zu § 613a BGB (Hol- und Bringdienst); v. 18.3.1999 – 8 AZR/306/98, NZA 1999, 706 (Druckerei). | 9 Ebenso *B. Gaul*, Betriebs- und Unternehmensspaltung, § 6 Rz. 165. | 10 Ebenso *B. Gaul*, Betriebs- und Unternehmensspaltung, § 6 Rz. 165. | 11 BAG v. 11.12.1997 – 8 AZR 729/96, AP Nr. 172 zu § 613a BGB (Reinigung II); v. 10.12.1998 – 8 AZR 676/97, AP Nr. 187 zu § 613a BGB (Hol- und Bringdienst); v. 18.3.1999 – 8 AZR 306/98, NZA 1999, 706 (Druckerei). | 12 BAG v. 21.1.1999 – 8 AZR 680/97, nv. (Privatschule I). Ähnlich in einer weiteren Entscheidung zu Schulungstätigkeiten (Sprachkurse für Ausländer und Asylanten) BAG v. 23.9.1999 – 8 AZR 614/98, nv. bei Weiterbeschäftigung von 10 von ursprünglich 33 Lehrern; dazu kritisch *Willemsen* in Willemsen/Hohenstatt/Schweibert/Seibt, Rz. G 74. *Bejaht* wurde die Übernahme der Hauptbelegschaft in einem Parallelfall dagegen – wenig überraschend – bei Übernahme aller Dozenten mit lediglich einer Ausnahme im Fall BAG v. 18.2.1999 – 8 AZR 485/97, AP Nr. 5 zu § 325 ZPO (Privatschule II).

lisierten Tätigkeit" 22 der früher beschäftigten 36 ArbN (also weniger als zwei Drittel) durchaus genügen könnten, um von einer Übernahme der Hauptbelegschaft auszugehen. Es erscheine „nicht ausgeschlossen, dass die 22 eingestellten ArbN in diesem Sinne das ‚Gerüst' der Belegschaft der Firma S in der Forschungsanlage darstellten und das wesentliche Know-how repräsentierten". In diesem Zusammenhang könne es insb. auf die Bedeutung der vier Schichtführer und etwaiger (weiterer) Führungskräfte ankommen[1]. Bei einem Druckereibetrieb hat der 8. Senat es als nicht rechtsfehlerhaft erachtet, in der Weiterbeschäftigung von 12 qualifizierten Fachkräften den Übergang der organisierten Hauptbelegschaft zu sehen[2].

148 Die **Gefahr von Zufallsentscheidungen** lässt sich nur **vermeiden**, wenn man das Merkmal „Übernahme der Hauptbelegschaft" auch bei den hier in Rede stehenden sog. qualifizierten Tätigkeiten in den Gesamtkontext der Bewahrung und weiteren Nutzung der vom Vorgänger geschaffenen **Betriebsorganisation** stellt (s. Rz. 9, 18, 88 ff.). Von der Übernahme des „wesentlichen Teils" des vorhandenen Personals lässt sich in diesem Zusammenhang nur sprechen, wenn die tatsächlich weiterbeschäftigten ArbN – also insb., aber keineswegs nur die sog. Führungskräfte – den auf den Nachfolger übertragenen Kern der Betriebsorganisation des Vorgängers ausmachen, also gewissermaßen die gesamten strukturellen und inhaltlichen Informationen für die Fortführung desselben Betriebs in den Köpfen des tatsächlich übernommenen Personals enthalten sind. Der Übertragung dieser „wirtschaftlichen Einheit" iSd. Rspr. des EuGH steht es dann nicht entgegen, wenn lediglich ein weniger bedeutsamer, leicht austauschbarer Teil des Personals nicht weiterbeschäftigt wird. Zu denken ist bspw. an den Fall, dass von einer Werbeagentur alle „Kreativen" unter Wahrung der strukturellen Zusammensetzung der Arbeitsgruppen weiterbeschäftigt werden, die ihnen zuarbeitenden Hilfskräfte jedoch kein entsprechendes Angebot erhalten, oder dass die komplette Vertriebsabteilung eines (zB insolvent gewordenen) Konkurrenten, jedoch ohne einfache Sachbearbeiterfunktionen, übernommen wird. Die „**Testfrage**" lautet jeweils, ob bei wertender Betrachtung[3] unter Berücksichtigung der jeweils maßgeblichen Wertschöpfungsfaktoren (s. Rz. 98, 100) das tatsächlich übernommene Personal hinreichend die bisherige Betriebsorganisation zu verkörpern vermag[4] in dem Sinne, dass hinsichtlich der nicht übernommenen ArbN ein Austausch erfolgen könnte, ohne dass dadurch ein anderer Betrieb und/oder eine andere Betriebsorganisation entstünde. Diese Frage wird sich (allenfalls) dann positiv beantworten lassen, wenn zumindest alle oder nahezu alle **Schlüsselkräfte** des Betriebs (Führungskräfte und Know-how-/Goodwill-Träger) freiwillig weiterbeschäftigt werden[5], und zwar idR als ArbN und nicht etwa als freie Mitarbeiter oder Werkunternehmer[6].

149 Vor dem Hintergrund des Identitätspostulats wird man des Weiteren verlangen müssen, dass die in Rede stehenden Kräfte nicht nur über eine hohe Allgemeinqualifikation verfügen, sondern kraft ihres **betriebsspezifischen Know-hows** die unveränderte Fortführung des bisherigen Betriebs ermöglichen[7]. Das ist dann der Fall, wenn sie sich durch ihre Zusammenarbeit und organisatorische Verbundenheit gemeins. eine „intime" Kenntnis von Betriebsmethoden und/oder Kundenbeziehungen und Marktverhältnissen erarbeitet haben, die es *so* und in *dieser* Zusammensetzung auf dem freien Markt nicht zu kaufen gibt. Fehlt es hingegen an diesem Element eines betriebsspezifischen „Zusammenarbeits-Know-hows", handelt es sich also „nur" um besonders erfahrene oder qualifizierte Kräfte, wird bei betriebsmittelarmen Tätigkeiten eine „hohe Anzahl" von ihnen freiwillig weiterbeschäftigt werden müssen, um von einer Übernahme der „organisierten Hauptbelegschaft" ausgehen zu können[8].

150 **(b) bei (auch) durch materielle und immaterielle Betriebsmittel geprägten Tätigkeiten.** Wird die betriebliche Tätigkeit neben dem Einsatz von Personal zumindest auch durch den Gebrauch kapitalintensiver Investitionsgüter (zB Maschinen, aufwändige, nicht lediglich auf Hilfsfunktionen ausgelegte IT-Technik) und deren Zuordnung zu individuellen Personen geprägt, hängen mit anderen Worten die betrieblichen Arbeitsplätze maßgeblich von der Existenz derartiger materieller Betriebsmittel ab, verliert das Merkmal der Weiterbeschäftigung der organisierten Hauptbelegschaft seine unter Umständen allein entscheidende Dominanz[9]. Der Nichtübergang von sächlichen Betriebsmitteln kann sich dann im Rahmen der erforderlichen Gesamtabwägung als „K.o.-Kriterium" erweisen (s. Rz. 111 ff.). § 613a liegt dann weder auf der Tatbestands- noch auf der Rechtsfolgenseite vor, so dass eine **freie Personalauswahl** möglich ist. Entsprechende Überlegungen haben zu gelten, wenn die Identität des Betriebs maßgeblich durch den Goodwill einer eingeführten Marke oder Geschäftsbeziehung oder durch einen festen Kun-

---

1 BAG v. 14.5.1998 – 8 AZR 418/98, NZA 1999, 483 (Neuvergabe eines Bewachungsauftrags II). | 2 BAG v. 18.3.1998 – 8 AZR 306/98, NZA 1999, 706 (Druckerei). | 3 IdS auch *B. Gaul*, Betriebs- und Unternehmensspaltung, § 6 Rz. 165. | 4 Dies meint offenbar der 8. Senat des BAG, wenn er im Urt. BAG v. 14.5.1998 – 8 AZR 418/98, NZA 1999, 483 (Neuvergabe eines Bewachungsauftrags II) von einem „Gerüst" der Belegschaft spricht. | 5 Ähnlich *B. Gaul*, Betriebs- und Unternehmensspaltung, § 6 Rz. 167 f. | 6 AA insoweit BAG v. 18.2.1999 – 8 AZR 485/97, AP Nr. 5 zu § 325 ZPO (Privatschule II); LAG BW v. 21.10.1996 – 19 Sa 30/96, LAGE § 613a BGB Nr. 52; ErfK/*Preis*, § 613a BGB Rz. 24. | 7 IdS BAG v. 11.9.1997 – 8 AZR 555/95, EzA § 613a BGB Nr. 153 m. Anm. *Willemsen/Annuß* (Tausendundeine Nacht). | 8 IdS offenbar auch BAG v. 21.1.1999 – 8 AZR 680/97, nv. Jedenfalls ließe sich so der in Rz. 147 geschilderte Widerspruch auflösen. | 9 Vgl. BAG v. 3.11.1998 – 3 AZR 484/97, nv. (Zementhersteller): Geringere indizielle Deutung der Personalübernahme bei einem Produktionsunternehmen im Vergleich zu einem solchen, bei dem es „gar nicht oder nur am Rande auf sächliche Betriebsmittel ankommt".

denkreis geprägt wird. Auch hier kommt allein der Übernahme von Personal idR keine allein ausschlaggebende Bedeutung zu.

Stets kann aber die tatsächliche Weiterbeschäftigung eines erheblichen Teils des Personals **neben** anderen Merkmalen **unterstützend** im Rahmen der Gesamtbewertung nach dem Sieben-Punkte-Katalog herangezogen werden[1]. Auch wenn für die Erreichung des Betriebszwecks erhebliche materielle und/oder immaterielle Betriebsmittel erforderlich sind, bildet das vorhandene Personal und dessen konkrete Zuordnung zu diesen Betriebsmitteln doch die „organisatorische Klammer" für die zielgerichtete Kombination aller personellen, sachlichen und immateriellen Ressourcen (s. zu diesem Kombinationsaspekt bereits Rz. 18). Bildet der tatsächlich übernommene Teil des Personals idS die Organisationsstruktur des Betriebs („sein Gerüst"[2]) hinreichend ab, spricht gerade die **Kombination** aus Übernahme materieller und personeller Ressourcen entscheidend für das Vorliegen eines Betriebsübergangs oder eines Betriebsteilübergangs. Ist dies dagegen nicht der Fall, wird vielmehr Personal vereinzelt und/oder quer durch alle Abteilungen ausschließlich unter dem Gesichtspunkt der persönlichen Qualifikation und nicht der bisherigen organisatorischen Verbundenheit übernommen, verliert dieser Gesichtspunkt seine indizierte Bedeutung im Rahmen der erforderlichen teleologischen Gesamtbewertung (s. Rz. 93 ff.). **Anders** aber als bei betriebsmittelarmen Tätigkeiten muss bei Dominanz materieller Betriebsmittel die Feststellung eines Betriebsübergangs nicht zwingend an der fehlenden Personalübernahme scheitern[3]. 151

(c) Entfallen jeglicher positiven Indizfunktion bei Nichtfortführung der Betriebsorganisation. Ähnlich wie bei den materiellen Betriebsmitteln (s. Rz. 127) entfällt hinsichtlich der tatsächlichen Übernahme von Personal – gleich, ob bei betriebsmittelarmen oder betriebsmittelintensiven Tätigkeiten – jegliche Indizfunktion im Rahmen des Sieben-Punkte-Katalogs, wenn der „Erwerber" mit dem weiterbeschäftigten Personal von Anfang an einen grundlegend andersartigen Betriebszweck verfolgt, eine grundlegend neue Betriebsorganisation aufbaut oder das Personal unter Aufhebung seiner bisherigen organisatorischen Verbundenheit in eine **andere**, bei ihm bereits bestehende **Betriebsorganisation einfügt**[4]. Da die Übernahme von Personal kein eigenständiges Tatbestandsmerkmal des § 613a, sondern nur ein Indiz für die Nutzung der vom Vorgänger geschaffenen Betriebsorganisation ist (s. Rz. 89 f. u. 140), vermag die Unterbreitung von Beschäftigungsangeboten selbst an den überwiegenden Teil des Personals eine solche Wirkung nicht mehr zu entfalten, wenn der neue ArbGeb gar nicht an der Struktur des bisherigen Betriebs, sondern lediglich daran interessiert ist, aus dem „Pool" der dortigen ArbN möglichst viele geeignete Kräfte für seinen (neuen oder bereits bestehenden) Betrieb zu gewinnen[5]. Ein solcher neuer Betrieb kann nach Auffassung des BAG bereits dann vorliegen, wenn der (Auftrags-)Nachfolger eine neue Ablauf- und Arbeitsorganisation einführt[6] oder die Einteilung und Lage der Arbeitsschichten in einem Reinigungsbetrieb grundlegend umstellt[7]. Somit kann auch eine **wesentliche Änderung der Vertragsinhalte** bei dem weiterbeschäftigten Personal, **soweit** sich in ihr zugleich eine **grundlegende Änderung der Arbeitsorganisation widerspiegelt**, zur Verneinung eines Betriebsübergangs führen (**str.**)[8]. Ebenso wenig führt es zu einem Betriebsübergang, wenn der Auftragsnachfolger den Auftrag über längere Zeit mit eigenem Personal fortführt und erst danach Personal des früheren Auftragnehmers in erheblichem Umfang einstellt[9]. Eine **erhebliche Reduzierung der Belegschaft** kann, muss aber nicht zwingend eine grundlegende Änderung der Arbeitsorganisation oder Betriebsmethode implizieren[10]. 152

(2) Negative Indizfunktion. Die fehlende Übernahme jeglichen Personals kann – wiederum in Abhängigkeit von der Art des Betriebs/Unternehmens (Merkmal 1) – erheblich oder sogar zwingend gegen das Vorliegen eines Betriebsübergangs oder Betriebsteilübergangs sprechen. Ein zwingendes Ausschlusskriterium stellt sie dann dar, wenn es sich um eine betriebsmittelarme Tätigkeit handelt, der (Dienstleistungs-)Betrieb also seine Wertschöpfung ausschließlich oder nahezu ausschließlich mittels Einsatzes der menschlichen Arbeitskraft erzielt (s. Rz. 97 f., 122 ff.)[11]. Eine Fortführung und Nutzung der vorhan- 153

---

1 So geschehen zB im Fall BAG v. 18.3.1999 – 8 AZR 306/98, NZA 1999, 706, im Falle eines Druckereibetriebs: Weiterbeschäftigung von zehn Facharbeitern als „organisierte Hauptbelegschaft". | 2 Vgl. BAG v. 14.5.1998 – 8 AZR 418/98, NZA 1999, 483 (Neuvergabe eines Bewachungsauftrags II). | 3 Ebenso *B. Gaul*, Betriebs- und Unternehmensspaltung, § 6 Rz. 157; vgl. auch *Junker*, ZIP 1993, 1599 (1602). | 4 Zutr. BAG v. 10.12.1998 – 8 AZR 676/97, AP Nr. 187 zu § 613a BGB (Hol- und Bringdienst); v. 3.11.1998 – 3 AZR 484/97, nv. (Zementhersteller); v. 14.8.2007 – 8 AZR 1043/06, NZA 2007, 1431 (Technische Betriebsleitung); LAG Hamm v. 30.3.1998 – 16 Sa 942/97, LAGE § 613a Nr. 72; s. dazu auch *B. Gaul*, Betriebs- und Unternehmensspaltung, § 6 Rz. 179; *Müller-Glöge*, NZA 1999, 449 (451); *Willemsen* in Willemsen/Hohenstatt/Schweibert/Seibt, Rz. G 129. | 5 S. dazu den Beispielsfall bei *Willemsen* in Willemsen/Hohenstatt/Schweibert/Seibt, Rz. G 129. | 6 BAG v. 10.12.1998 – 8 AZR 676/97, AP Nr. 187 zu § 613a BGB (Hol- und Bringdienst). | 7 Vgl. BAG v. 11.12.1997 – 8 AZR 729/96, AP Nr. 172 zu § 613a BGB (Reinigung II); *Müller-Glöge*, NZA 1999, 449 (452); insoweit abl. ErfK/*Preis*, § 613a BGB Rz. 28. | 8 Grundlegend entgegengesetzter Auffassung LAG Berlin v. 23.10.2006 – 15 Sa 1314/06, BB 2007, 293 (Facility Management), aufgehoben durch BAG v. 14.8.2007 – 8 AZR 1043/06, NZA 2007, 1431; krit. auch ErfK/*Preis*, § 613a BGB Rz. 28. | 9 Ebenso *Moll*, RdA 2003, 129 (133). | 10 BAG v. 26.7.2007 – 8 AZR 768/06, NZA 2008, 112. | 11 BAG v. 11.9.1997 – 8 AZR 555/95, EzA § 613a BGB Nr. 153 m. Anm. *Willemsen/Annuß* (Tausendundeine Nacht); wie hier *B. Gaul*, Betriebs- und Unternehmensspaltung, § 6 Rz. 158. Unzutr. dagegen LAG Köln v. 8.3.2004 – 4 Sa 1115/03, NZA-RR 2004, 464 (Kino), welches aus der Abler-Entscheidung des EuGH v. 20.11.2003 (s. Rz. 53) den Schluss zieht, die Nichtübernahme von Personal könne nicht zur Verneinung eines Betriebsübergangs führen.

denen Organisation setzt in solchen Fällen die tatsächliche Weiterbeschäftigung der sog. organisierten Hauptbelegschaft voraus; es genügt also nicht, wenn der (Auftrags-) Nachfolger dem Personal des Vorgängers lediglich entsprechende **Angebote** unterbreitet, wenn und solange diese von der ganz überwiegenden Mehrzahl der ArbN (zu den maßgeblichen Schwellenwerten s. Rz. 142 ff.) nicht angenommen werden[1]. Anders als bei betriebsmittelintensiven Tätigkeiten (zB Produktionsunternehmen) spielt die mangelnde Bereitschaft der ArbN, ihr Arbeitsverhältnis mit dem Nachfolger fortzusetzen, bei entscheidend durch den Einsatz menschlicher Arbeitskraft geprägten Betrieben somit **nicht erst im Rahmen des Widerspruchsrechts** (s. Rz. 335 ff.), sondern bereits auf der **Tatbestandsseite** der Norm eine zentrale Rolle.

154 Erheblich, uU sogar entscheidend fällt das tatsächliche Nichtzustandekommen der Weiterbeschäftigung ferner dann ins Gewicht, wenn der bisherige Betrieb ganz wesentlich durch das **Know-how von Fachkräften** geprägt wurde, die nicht ohne weiteres ausgetauscht werden können. Für die konkrete betriebliche Wertschöpfung unverzichtbare Personen können bspw. sein der den Ruf eines Spezialitätenrestaurants begründende „Starkoch"[2], das fest angestellte Ensemble eines Theaters oder ein hochspezialisiertes Team von Softwareprogrammierern. Bei Handels- und Verkaufstätigkeiten hängt es von der Betriebsform ab, ob die fehlende Weiterbeschäftigung von Personal negative Indizfunktion im Hinblick auf das Vorliegen eines Betriebsübergangs hat[3]: Während in Selbstbedienungsgeschäften mit geringerem oder völlig fehlendem Beratungsanteil die tatsächliche Weiterbeschäftigung von Personal eher geringe indizielle Bedeutung hat, kommt ihr bei einem hochwertigen, beratungsintensiven Warensortiment im Hinblick auf die Fachkenntnisse einer eingearbeiteten Belegschaft zentrale Bedeutung zu, so dass ein Betriebsübergang iSv. § 613a ohne jegliche Übernahme von Personal nicht möglich ist[4].

155 **Keine** zwingend negative **Indizwirkung** hat der „Verzicht" auf jedwede Weiterbeschäftigung von Personal des bisherigen Betriebsinhabers dagegen bei solchen Betrieben, deren Organisation und Wertschöpfung **entscheidend** durch materielle Betriebsmittel bestimmt wird, wie dies jedenfalls bei bestimmten Arten von **Produktionsbetrieben** der Fall sein mag (s. bereits Rz. 116 ff.). Hier vertritt das BAG gleichsam spiegelbildlich zu den betriebsmittelarmen Tätigkeiten den Standpunkt, dass selbst der komplette Austausch der sog. Hauptbelegschaft einem Betriebsübergang nicht entgegenstehen müsse[5]. Denkbar erscheint auch dies nur, wenn die konkrete Betriebsorganisation durch die vorhandenen und weiter genutzten materiellen Betriebsmittel bestimmt wird und das zu ihrer Bedienung eingesetzte Personal leicht austauschbar ist. Diese Voraussetzung kann nicht nur bei Produktionstätigkeiten, sondern zB auch bei Auslieferungslagern oder Verkaufsstellen erfüllt sein, in denen die Ablauforganisation durch die konkrete Anordnung der Betriebsmittel determiniert wird und dem Verkaufspersonal nur relativ einfache Hilfsfunktionen obliegen. Kommt den **sächlichen** und **personellen Betriebsmitteln** dagegen ein (annähernd) **gleicher Rang** zu, kann die Nichtübernahme jeglichen Personals – entgegen den Aussagen des 8. Senats in dem „Flughafen-Urteil" v. 13.6.2006[6] – durchaus ein wesentliches Indiz dafür sein, dass die Identität der wirtschaftlichen Einheit nicht gewahrt wurde[7].

156 **ee) Etwaiger Übergang der Kundschaft (Merkmal 5).** Die Bedeutung dieses Merkmals ist in der bisherigen Rspr. des EuGH und des BAG eher unklar geblieben und hat dementsprechend zu verschiedenen Missdeutungen in der Lit. Anlass gegeben. Die Erhaltung des bisherigen Kundenstammes und dessen künftige Erweiterung ist Ziel und nicht Voraussetzung jeder marktwirtschaftl. Tätigkeit, weswegen es problematisch erscheinen mag, die Kundenbeziehungen selbst zu den (immateriellen) Betriebsmitteln zu zählen. Der Charakter eines Betriebsmittels kommt allerdings den sächlich-gegenständlichen **Voraussetzungen** zu, die erforderlich sind, um überhaupt **Zugang zu dem bisherigen Kundenkreis** des früheren Betriebsinhabers zu erlangen; dazu gehören zB eine umfangreiche, nicht jedermann zugängliche **Kundenkartei**[8], die ggf. auch nur in den Köpfen einiger Mitarbeiter gespeichert sein kann[9], aber auch die konkrete räumliche **Lage** eines Einzelhandelsgeschäfts, die den Zugang zu einem bestimmten Geschäftsumfeld und Kundenkreis eröffnet (s. bereits Rz. 101). Auch das Recht, ein bestimmtes Produkt eines Herstellers in einem bestimmten Gebiet zu vertreiben, kann zu den unverzichtbaren Zugangsvoraussetzungen zu dem bisherigen Kundenkreis gehören[10].

---

1 Ebenso *B. Gaul*, Betriebs- und Unternehmensspaltung, § 6 Rz. 158. | 2 Vgl. BAG v. 11.9.1997 – 8 AZR 555/95, EzA § 613a BGB Nr. 153 m. Anm. *Willemsen/Annuß* (Tausendundeine Nacht). Anders dagegen für das Personal einer Betriebskantine BAG v. 25.5.2000 – 8 AZR 337/99, nv. (Catering II). | 3 Vgl. BAG v. 2.12.1999 – 8 AZR 796/98, AP Nr. 188 zu § 613a BGB (Elektrohandel). | 4 BAG v. 2.12.1999 – 8 AZR 796/98, AP Nr. 188 zu § 613a BGB (Elektrohandel); ebenso bereits BAG v. 22.5.1997 – 8 AZR 101/96, AP Nr. 154 zu § 613a BGB (*Franzen*) (Modegeschäft). | 5 So insb. BAG v. 26.8.1999 – 8 AZR 588/98, nv. (Druckweiterverarbeitung); dazu *Willemsen* in Willemsen/Hohenstatt/Schweibert/Seibt, Rz. G 79 ff. | 6 BAG v. 13.6.2006 – 8 AZR 271/05, NZA 2006, 1102 Tz. 21. | 7 S. *Willemsen/Müntefering*, NZA 2006, 1185 (1190). | 8 Zur Übernahme einer Arztpraxis mit Patientenkartei LAG Düsseldorf v. 29.2.2000 – 3 Sa 1896/99, NZA-RR 2000, 353; zur Übernahme eines Zeitarbeitsunternehmens LAG Köln v. 15.1.1997 – 7 Sa 835/96, NZA 1998, 484, das zu Recht auf die Bedeutung der Unterlagen über die Beziehungen zu LeihArbN und Kunden hinweist; s. ferner BAG v. 26.7.2007 – 8 AZR 768/06, NZA 2008, 112 (Kundenkartei). | 9 Vgl. zu diesem Gesichtspunkt BAG v. 18.3.1999 – 8 AZR 306/98, NZA 1999, 706. | 10 Vgl. dazu EuGH v. 7.3.1996 – Rs. C-171/94 und Rs. C-172/94, EAS RL 77/187/EWG Nr. 11 m. zT abl. Anm. *Willemsen* = NZA 1996, 413 – Merckx, Neuhuys.

Von den für den Zugang zu einem bestimmten Kundenkreis erforderlichen Hilfsmitteln in dem soeben beschriebenen Sinne ist die **Beibehaltung des bisherigen Kundenkreises** als solche zu unterscheiden. Dieser kann – wiederum in Abhängigkeit von der Art des Unternehmens oder Betriebs (Merkmal 1, s. Rz. 100 ff.) – den Betrieb bzw. den Betriebsteil als solchen identifizieren und somit für die „Wahrung der wirtschaftlichen Einheit" von zentraler Bedeutung sein. Die „Adressierung" eines ganz bestimmten Kundenkreises kann nämlich den Betriebszweck insb. bei Handels- und Dienstleistungsbetrieben entscheidend prägen, so dass bei Ansprache eines gänzlich anderen Personenkreises ein Betriebsübergang fern liegt[1]. Wird dagegen derselbe Kundenkreis wie bisher angesprochen, kann es auf den wirtschaftl. **Erfolg** der entsprechenden Bemühung des neuen Inhabers nicht ankommen[2]. 157

(1) Positive Indizfunktion. Eine Indizfunktion kann der Beibehaltung des bisherigen Kundenkreises allerdings nur zukommen, soweit der in Rede stehende Betrieb bzw. Betriebsteil überhaupt über eine „eigene" Kundschaft verfügt. Daran fehlt es insb. dann, wenn eine Tätigkeit (zB durch einen Subunternehmer) lediglich für Rechnung eines Dritten ausgeführt wird, der seinerseits über eine eigene Kundschaft verfügen mag. Der Übernahme oder Nichtübernahme dieser Kundschaft kommt dann im Hinblick auf § 613a keine Bedeutung zu. Dies gilt zB bei der Bewirtschaftung einer Kantine durch einen **Caterer**, der hierdurch keine eigenen Geschäftsbeziehungen zu Beschäftigten der Auftraggeberin aufnimmt[3]. Hier kann es für die Beurteilung eines Betriebsübergangs folglich nicht darauf ankommen, ob der Auftragnehmer in die Geschäftsbeziehungen seines Auftraggebers zu Dritten eintritt. 158

Demgegenüber kann der Beibehaltung des Kundenkreises ausschlaggebende Bedeutung zukommen, wenn das in Rede stehende Unternehmen über solche eigenen Kundenbeziehungen verfügt *und* der Betriebszweck entscheidend durch die Tätigkeit gerade für diesen bzw. diese Kunden geprägt wird. Dies ist insb. bei Dienstleistungstätigkeiten oftmals der Fall. Diese können einen klaren **Objektbezug** aufweisen dergestalt, dass die Wahrung der wirtschaftl. Einheit nur bei Weiterführung dieser Tätigkeit für einen konkreten Auftraggeber denkbar erscheint. Ein solcher, die Betriebsidentität bestimmender Objekt- und damit auch Kundenbezug ist oftmals festzustellen bei **Reinigungs- und Bewachungsfunktionen**, wo die Zuordnung zu einem bestimmten Kundenobjekt sogar zur Abgrenzung des Betriebsteilbegriffs herangezogen wird (s. Rz. 38). Hier erscheint die Wahrung der wirtschaftl. Einheit dann – aber auch nur dann – vorstellbar, wenn der Bezug zum jeweiligen Kunden/Objekt auch beim „Nachfolger" gewahrt bleibt. Ist dies der Fall, kommt es für den Übergang der Kundenbeziehung nach der Rspr. sowohl des EuGH als auch des BAG nicht darauf an, dass diese einvernehmlich auf den Auftragsnachfolger übergeleitet wird; es ist also **keine vertragl. Überleitung** der Vertragsbeziehungen zwischen bisherigem und neuem Betriebsinhaber **erforderlich**. Vielmehr können die Voraussetzungen des § 613a in derartigen Konstellationen auch bei einem Auftragswechsel in einer Konkurrenzsituation erfüllt sein[4]. Entscheidend ist also in diesem Zusammenhang allein, dass der Auftrag tatsächlich am selben Objekt und für denselben Kunden ausgeführt wird. Hinzu kommen muss dann – jedenfalls bei sog. betriebsmittelarmen Tätigkeiten – allerdings noch die tatsächliche Übernahme der sog. organisierten Hauptbelegschaft, welche nach neuerer Rspr. ebenfalls keiner vertragl. Einigung mit dem bisherigen Auftragnehmer bedarf (s. Rz. 198 ff.). Dagegen kann es nicht zu einem Betriebsübergang führen, wenn ein Dritter vom bisherigen ArbGeb zwar die Kundenbeziehungen übernimmt, diese aber zugleich mit der Erledigung der entsprechenden Aufträge mittels der bisherigen Betriebsorganisation beauftragt[5]. 159

Eine besonders hohe Bedeutung für die Wahrung der Betriebsidentität kommt der Beibehaltung des Kundenkreises auch bei **Handelsunternehmen** zu. Nach Auffassung des BAG machen die Lieferanten- und Kundenbeziehungen das Substrat und den spezifischen Charakter des Einzelhandelsbetriebs aus[6]. Allerdings reicht es noch nicht aus, wenn der neue Inhaber auf denselben Kundenkreis zielt, selbst wenn dies am selben Ort und in denselben Räumlichkeiten wie unter dem Vorgänger geschieht[7]; er muss vielmehr auch die betriebsorganisatorischen Voraussetzungen für die Erreichung dieses Kundenkreises übernehmen und fortführen. Daran fehlt es jedenfalls dann, wenn die **Betriebsform** wesentlich geändert wird (zB bei Umstellung von persönlich-individueller Fachberatung auf Selbstbedienung[8]) oder bei einem (Mode-)Fachgeschäft, welches durch umfassende persönliche Beratung von Kunden geprägt ist, auf die Weiterbeschäftigung des bisherigen Personals (einschließlich Führungskräften oder Know-how-Trägern) vollständig verzichtet wird[9]. Hieran zeigt sich, dass dem tatsächlichen Übergang der Kund- 160

---

1 Vgl. hierzu (bei erhebl. Veränderung der räuml. Lage eines Einzelhandelsgeschäfts) BAG v. 2.12.1999 – 8 AZR 796/98, AP Nr. 188 zu § 613a BGB (Elektrohandel); zur prägenden Bedeutung des Kundenkreises vgl. auch *KR/Pfeiffer*, § 613a BGB Rz. 45. | 2 Insoweit zutr. LAG Köln v. 8.3.2004 – 4 Sa 1115/03, NZA-RR 2004, 464. | 3 Vgl. zu einer solchen Konstellation BAG v. 11.12.1997 – 8 AZR 426/94, AP Nr. 171 zu § 613a BGB (Catering I). | 4 So wörtlich BAG v. 11.12.1997 – 8 AZR 729/96, AP Nr. 172 zu § 613a BGB (Reinigung II); s. dazu, dass nach der Rspr. ein „Rechtsgeschäft" zwischen erstem und zweitem Auftragnehmer nicht erforderlich ist, auch unten Rz. 198 ff. | 5 BAG v. 14.8.2007 – 8 AZR 803/06, NZA 2007, 1428. | 6 BAG v. 2.12.1999 – 8 AZR 796/98, AP Nr. 188 zu § 613a BGB (Elektrohandel). | 7 So BAG v. 22.5.1997 – 8 AZR 101/96, AP Nr. 154 zu § 613a BGB (Modegeschäft). | 8 Vgl. BAG v. 2.12.1999 – 8 AZR 796/98, AP Nr. 188 zu § 613a BGB (Elektrohandel): Die im Wesentlichen unveränderte Beibehaltung von Warensortiment und Betriebsform ist „regelmäßig Voraussetzung, um einen Erhalt der wirtschaftlichen Einheit annehmen zu können". | 9 BAG v. 22.5.1997 – 8 AZR 101/96, AP Nr. 154 zu § 613a BGB (Modegeschäft).

schaft nicht allein, sondern nur in Verbindung mit anderen Kriterien des Sieben-Punkte-Katalogs eine positive Indizfunktion zufallen kann; bei einem alleinigen Abstellen auf dieses Merkmal wären nämlich die Grenzen zur – von § 613a nicht erfassten, vgl. Rz. 14, 91 und 172 – bloßen Funktionsnachfolge nicht mehr erkennbar. Entscheidend ist also, ob mittels der bisherigen Arbeitsorganisation[1] derselbe Kundenkreis erschlossen wird. Insoweit ist eine Gesamtwürdigung unter Einbeziehung aller Umstände erforderlich. An der Wahrung der bisherigen Betriebsorganisation kann es insb. fehlen, wenn der Übernehmer eines Geschäftslokals bereits an anderen Orten über eine Reihe von gleichartigen (Filial-)Geschäften verfügt und mit der neuen Filiale lediglich die bisherige Betriebstätigkeit erweitert wird[2].

161 **Umgekehrt** schließt bei einem Handelsgeschäft ein grundlegender Wechsel des angesprochenen Kundenkreises – zB auf Grund eines vollständig geänderten Warensortiments oder einer erheblichen räumlichen Verlagerung – einen Betriebsübergang selbst dann aus, wenn das bisherige Personal im Wesentlichen unverändert weiterbeschäftigt wird[3].

162 Daran zeigt sich, dass der konkret angesprochenen **Klientel** für den Betriebszweck eines Handelsgeschäfts individualisierende Bedeutung zukommt und die Wahrung der Betriebsidentität daher die beabsichtigte Beibehaltung dieses Kundenkreises voraussetzt; Entsprechendes gilt für andere Publikumsbetriebe, etwa im Bereich der Gastronomie[4] oder der Unterhaltungsbranche[5]. Allerdings handelt es sich dabei nur um eine notwendige, nicht um eine hinreichende Bedingung (s. Rz. 160). Grob unrichtig ist es deshalb, allein aus der Übertragung einer **Vertriebsberechtigung** für ein bestimmtes Gebiet auf den Übergang eines Betriebs bzw. Betriebsteils schließen zu wollen[6].

163 Soweit das BAG neben dem Eintritt in Kundenbeziehungen auch der Fortsetzung des Warenbezuges durch **dieselben Lieferanten** Bedeutung beimisst, hat es diesen Gesichtspunkt zugleich wieder relativiert: Sofern weitgehend die gleiche Ware wie bisher verkauft werde, komme es auf den mangelnden Eintritt in Lieferantenbeziehungen nicht an. Dies gelte jedenfalls dann, „wenn diese allgemein offen stehen und nicht ganz spezifische Markenware verkauft wird". Auch könne das im Wesentlichen gleiche Warensortiment oftmals von mehreren Lieferanten bezogen werden[7]. Eine betriebsindividualisierende Wirkung kommt den Lieferantenbeziehungen daher nur dann zu, wenn sie schwer zugänglich oder gar durch Exklusivitätsrechte geschützt sind.

164 Bei **Produktionsbetrieben** können Lieferantenbeziehungen unter denselben Voraussetzungen Bedeutung für die Wahrung der Betriebsidentität erlangen[8]. Auch hier kommt der Beibehaltung des Kundenstammes eine gewisse (positive) Bedeutung für die Beurteilung des Betriebsübergangs zu[9]. Allerdings erfordert hier die Art des Betriebs (Merkmal 1) wiederum gewisse Modifikationen: Handelt es sich um ein „klassisches" Produktionsunternehmen, steht nach dem Betriebszweck der zweckgerichtete Einsatz der Maschinen im Rahmen der (betrieblichen) Gesamtorganisation im Vordergrund. Der **Eintritt in laufende Aufträge** ist daher **nicht erforderlich**[10]. Der Fortsetzung von Kundenbeziehungen kommt für *diese* Aktivitäten daher idR keine ausschlaggebende Bedeutung zu. Dies gilt auch im umgekehrten Sinne: Bei fehlender Übernahme von Produktionseinrichtungen (s. Rz. 111) vermag der Eintritt in laufende Aufträge die Anwendung des § 613a nicht zu begründen[11]. Es liegt dann lediglich ein Fall der Funktionsnachfolge vor mit der Konsequenz, dass der Auftragsnachfolger „sein" Personal für die Produktion frei auswählen kann. Für den Vertriebsbereich eines Produktionsunternehmens, sofern er als eigenständiger Betriebsteil geführt wird (s. Rz. 31 ff.), kann der Eintritt in bestehende Kundenbeziehungen und laufende Verträge allerdings sehr wohl von erheblicher Bedeutung sein.

165 **(2) Negative Indizfunktion.** Aus dem vorstehend Ausgeführten folgt, dass der Nichteintritt in bestehende Kundenbeziehungen bei Betrieben, deren arbeitstechnischer Zweck maßgeblich durch einen derartigen fortlaufenden Kundenkontakt geprägt wird, ein ganz ausschlaggebendes Indiz („K.o.-Krite-

---

1 Auf die Bedeutung der Arbeitsorganisation in diesem Zusammenhang weisen BAG v. 22.5.1997 – 8 AZR 101/96, AP Nr. 154 zu § 613a BGB (Modegeschäft) und v. 2.12.1999 – 8 AZR 796/98, AP Nr. 188 zu § 613a BGB (Elektrohandel) besonders hin. | 2 Vgl. zu diesem Gesichtspunkt *Willemsen*, RdA 1991, 204 (211); ebenso BAG v. 22.5.1997 – 8 AZR 101/96, AP Nr. 154 zu § 613a BGB (Modegeschäft); kritisch insoweit Staudinger/*Annuß*, § 613a BGB Rz. 74. | 3 So zutr. BAG v. 2.12.1999 – 8 AZR 796/98, AP Nr. 188 zu § 613a BGB (Elektrohandel). | 4 IdS vor allem BAG v. 11.9.1997 – 8 AZR 555/95, EzA § 613a BGB Nr. 153 m. Anm. *Willemsen/Annuß* (Tausendundeine Nacht): Zieht ein Restaurant nach dem Pächterwechsel „Gäste mit anderem Geschmack und anderen Interessen an", fehlt es am Übergang des Kundenstamms. | 5 Vgl. dazu LAG Köln v. 8.3.2004 – 4 Sa 1115/03, NZA-RR 2004, 464 (Kino). | 6 So aber der EuGH in der *nach* EuGH v. 14.4.1994 – Rs. C-392/92, AP Nr. 106 zu § 613a BGB – Christel Schmidt und *vor* EuGH v. 11.3.1997 – Rs. C-13/95, AP Nr. 14 zu RL 77/187/EWG – Ayse Süzen – ergangenen Entscheidung EuGH v. 7.3.1996 – Rs. C-171/94 und Rs. C-172/94, EAS RL 77/187/EWG Nr. 11 m. zT abl. Anm. *Willemsen* – Merckx, Neuhuys. | 7 BAG v. 2.12.1999 – 8 AZR 796/98, AP Nr. 188 zu § 613a BGB (Elektrohandel). | 8 Vgl. dazu BAG v. 26.8.1999 – 8 AZR 588/98, nv. (Druckweiterverarbeitung); v. 10.12.1998 – 8 AZR 763/87, nv. (Zeitungsdruckerei); v. 25.5.2000 – 8 AZR 335/99, nv. (Armaturenhersteller). | 9 IdS zB BAG v. 18.3.1999 – 8 AZR 306/98, NZA 1999, 706 (Druckerei I); v. 10.12.1998 – 8 AZR 763/97, nv. (Zeitungsdruckerei). | **10** BAG v. 26.8.1999 – 8 AZR 588/98, nv. (Druckweiterverarbeitung), dazu *Willemsen* in Willemsen/Hohenstatt/Schweibert/Seibt, Rz. G 79 ff. | 11 Vgl. *Willemsen* in Willemsen/Hohenstatt/Schweibert/Seibt, Rz. G 81; idS wohl auch BAG v. 10.12.1998 – 8 AZR 763/97, nv. (Zeitungsdruckerei); v. 25.5.2000 – 8 AZR 335/99, nv. (Armaturenhersteller).

rium") gegen das Vorliegen eines Betriebsübergangs sein kann. Dies trifft insb. auf Handelsbetriebe, des Weiteren auf Betriebe des Gaststättengewerbes und jedenfalls idR auch auf Dienstleistungsunternehmen zu (s. bereits Rz. 159)[1]. So erscheint es nicht vorstellbar, dass zB eine Werbeagentur, eine Steuerberater- oder sonstige **freiberufliche Praxis** auf einen Dritten iSv. § 613a übergeht, ohne dass dieser zugleich den wesentlichen Kunden-/Mandanten- bzw. Patientenstamm „übernimmt". Insoweit kommt es nicht auf die (standes)rechtl. Zulässigkeit einer solchen „Übernahme", sondern darauf an, ob die notwendigen tatsächlichen Voraussetzungen für eine „nahtlose" Fortführung der bestehenden Geschäftsbeziehungen gegeben sind. Ist dies zu verneinen, werden also bspw. – im Falle einer Anwalts- oder Steuerberaterkanzlei – keine Mandatsakten oder – im Falle einer Arztpraxis – keine Patientenunterlagen übernommen, kann von einer „Nämlichkeit" der Praxis unter dem „Nachfolger" keine Rede sein[2]. Anders liegt es auch hier aus den (s. Rz. 164) genannten Gründen demgegenüber bei („echten") Produktionsbetrieben. Hier kommt dem Nichteintritt in bestehende Kundenbeziehungen und Lieferantenaufträge keine Ausschlusswirkung im Hinblick auf § 613a zu, wenn alle spezifischen Produktionseinrichtungen übernommen und zur Herstellung gleicher oder gleichartiger Produkte weitergenutzt werden (s. bereits Rz. 117)[3].

ff) Grad der Ähnlichkeit zwischen den vor und nach dem Übergang verrichteten Tätigkeiten (Merkmal 6). Dieses Merkmal hebt auf den (arbeitstechnischen) Zweck des jeweiligen Betriebs/Betriebsteils ab. Gemeins. mit der konkreten Betriebsorganisation stellt es die wesentliche Grundlage für die Beurteilung der Betriebsidentität dar (s. bereits Rz. 18). 166

(1) Fortführung des bisherigen bzw. eines gleichartigen Betriebszwecks. Seit der durch die Judikatur des EuGH erzwungenen Aufgabe der Theorie der Fortführungsmöglichkeit durch das BAG (s. Rz. 68 f.) ist die „tatsächliche Weiterführung oder Wiederaufnahme der Geschäftstätigkeit" durch den neuen Inhaber konstitutives und unverzichtbares Merkmal des Betriebsübergangs (s. Rz. 63 ff.). Es reicht nicht aus, dass der Nachfolger mit den übernommenen Betriebsmitteln irgendeine Geschäftstätigkeit ausübt, sondern es muss sich um dieselbe oder zumindest gleichartige Tätigkeit handeln[4]. Je ähnlicher der oder die Betriebszwecke vor und nach dem Inhaberwechsel sind, desto mehr spricht für das Vorliegen eines Betriebs(teil)übergangs. Dabei kommen grds. alle Betriebszwecke – gleich ob auf Gewinnerzielung gerichtet oder nicht – in Betracht (s. bereits Rz. 21 ff.). Werden in ein und demselben Betrieb verschiedene Zwecke ausgeübt, kann eine **gesonderte Prüfung** im Hinblick auf die einzelnen **Betriebsteile** erforderlich werden[5]. 167

Fest steht zunächst, dass eine Weiterführung der Geschäftstätigkeit iSd. nunmehr st. EuGH- und BAG-Rspr. nicht vorliegt, wenn der neue Inhaber keine gleiche oder zumindest ähnliche, sondern eine „im Wesentlichen andere Tätigkeit als der bisherige Inhaber ausübt"[6] (s. bereits Rz. 103 ff.). Eine solche wesentlich andersartige Tätigkeit kann zB in dem **Übergang von industrieller Massenfertigung auf handwerkliche Einzelfertigung** – und umgekehrt – liegen[7], bei einem Dienstleistungsbetrieb aber auch in der völligen Umgestaltung des Dienstleistungskonzepts sowie des angesprochenen (potenziellen) Kundenkreises[8]. **Weitere Beispiele aus der Rspr.:** Umbau eines Ferienzentrums des FDGB in einen Hotel- und Restaurationsbetrieb[9]; Umstellung eines gutbürgerlichen Lokals auf arabische Spezialitäten[10], „Umwandlung" eines bordellartigen Betriebs in einen „üblichen" Hotel- und Beherbergungsbetrieb; Änderung des Einkaufs- und Verkaufskonzepts eines Möbelhauses dahingehend, dass an Stelle 168

1 So zB ausdrückl. für einen Privatschulbetrieb BAG v. 18.2.1999 – 8 AZR 485/97, AP Nr. 5 zu § 325 ZPO (Privatschule II). | 2 Vgl. dazu LAG Hamm v. 21.9.2000 – 16 Sa 353/00, nv. (Kassenarztpraxis), das in diesem Zusammenhang auch zur ärztlichen Schweigepflicht Stellung nimmt. Besonderheiten gelten für das **Notariat**, weil hier bereits der höchstpersönliche Charakter der öffentlich-rechtlichen Befugnis dem Betriebsübergang entgegensteht; vgl. BAG v. 26.8.1999 – 8 AZR 827/98, AP Nr. 197 zu § 613a BGB. Dagegen ist bei **Apotheken** ein Betriebsübergang grds. möglich, vgl. BAG v. 19.3.1998 – 8 AZR 139/97, AP Nr. 177 zu § 613a BGB = NZA 1998, 750. Auch das Erfordernis einer **Kassenzulassung** für die Auslieferung medizinischer Hilfsmittel an Versicherte schließt die Annahme eines Betriebs(teil)übergangs nicht aus, vgl. BAG v. 18.12.2003 – 8 AZR 621/02, NZA 2004, 791. | 3 So ausdrückl. BAG v. 26.8.1999 – 8 AZR 588/98, nv. (Druckweiterverarbeitung). Unklar allerdings BAG v. 10.12.1998 – 8 AZR 763/97, nv. (Zeitungsdruckerei), wo es allerdings ohne jede weitere Vertiefung heißt, die Übernahme von Druckaufträgen spiele beim Übergang einer Druckerei „eine erhebliche Rolle". | 4 So bereits EuGH v. 18.3.1986 – Rs. 24/85, EAS RL 77/187/EWG Nr. 2 – Spijkers, Rz. 12: Es sei zu prüfen, ob eine noch bestehende wirtschaftliche Einheit veräußert worden sei, was sich ua. daraus ergebe, „dass der Betrieb von dem neuen Inhaber mit derselben oder einer gleichartigen Geschäftstätigkeit tatsächlich weitergeführt oder wieder aufgenommen wird"; seitdem st. Rspr. | 5 Zutr. *B. Gaul*, Betriebs- und Unternehmensspaltung, § 6 Rz. 111. | 6 So wörtlich BAG v. 16.5.2002 – 8 AZR 320/01, DB 2002, 2552 (Schuhproduktion); bestätigt durch BAG v. 13.7.2006 – 8 AZR 331/05, NZA 2006, 1357 Tz. 19; ebenso bereits BAG v. 18.3.1999 – 8 AZR 159/98, AP Nr. 189 zu § 613a BGB (Kfz-Handel) und v. 11.9.1997 – 8 AZR 555/95, EzA § 613a BGB Nr. 153 m. Anm. *Willemsen/Annuß* (Tausendundeine Nacht); ebenso *Willemsen*, RdA 1991, 204 (211). | 7 BAG v. 16.5.2002 – 8 AZR 320/01, DB 2002, 2552 (Schuhproduktion). | 8 Vgl. BAG v. 11.9.1997 – 8 AZR 555/95, EzA § 613a BGB Nr. 153 m. Anm. *Willemsen/Annuß* (Tausendundeine Nacht). | 9 BAG v. 16.7.1998 – 8 AZR 81/97, NZA 1998, 1233; dazu auch Rz. 105. | 10 BAG v. 11.9.1997 – 8 AZR 555/95, EzA § 613a BGB Nr. 153 m. Anm. *Willemsen/Annuß* (Tausendundeine Nacht).

eines Vollsortiments von Markenmöbeln nur noch sog. Abholmöbel zu Discountpreisen angeboten werden[1] (dazu auch Rz. 105)[2].

169 Die neuere Rspr. wirft die für die Praxis ebenso relevante wie schwierige Frage auf, wann eine **Änderung** des Betriebszwecks so **„wesentlich"** ist, dass von einer Fortführung des bisherigen Betriebs bzw. Betriebsteils nicht mehr die Rede sein kann. § 111 S. 2 Nr. 3 BetrVG und die hierzu ergangene Rspr. (s. die Komm. zu § 111 BetrVG) sind wegen der unterschiedlichen Schutzzwecke nicht ohne weiteres entsprechend anwendbar[3]. Zu richtigen Antworten verhilft auch hier nur eine Rückbesinnung auf den Normzweck des § 613a BGB (s. Rz. 9). Änderungen des Geschäftszwecks oder der Geschäftstätigkeit sind jedenfalls dann in dem vorstehenden Sinne erheblich, wenn sie eine (sofortige, s. Rz. 170) grundlegende Änderung der Betriebsorganisation, also der Verknüpfung (Kombination) materieller, immaterieller und personeller Ressourcen zu dem intendierten Betriebszweck, erforderlich machen (zur Bedeutung der Betriebsorganisation in diesem Zusammenhang vgl. die unter Rz. 9 aufgeführten BAG-Urteile)[4]. Ist es andererseits möglich, den Betriebszweck zu ändern, ohne dass dafür eine solche grundlegende Änderung der Organisationsstrukturen erfolgen muss, kann es sich nach dem Normzweck noch um eine „gleichartige" Tätigkeit handeln. Entscheidend ist insoweit nicht (wie im Wettbewerbsrecht) die Auffassung externer Marktkreise, sondern die Weiternutzung der bisherigen „Wertschöpfungsquelle" zu dem – wenn auch modifizierten – Wertschöpfungsprogramm. Kann also zB bei einem Produktionsbetrieb ein verändertes Produkt mit dem im Wesentlichen unveränderten Maschinenpark und derselben „eingespielten Belegschaft" hergestellt werden, bedarf es also keiner erheblichen eigenen Investition des neuen Inhabers in Bezug auf Material und Know-how, handelt es sich unter Umständen noch um eine gleichartige Tätigkeit, auch wenn die Absatzmärkte und -chancen für das neue Produkt durchaus anders zu beurteilen sind als für das Vorgängerprodukt. Bei Handels- und Dienstleistungstätigkeiten wird dagegen die Ansprache und Erschließung deutlich unterschiedlicher Kundenkreise in aller Regel gegen eine „Gleichartigkeit" der Tätigkeit sprechen (s. bereits Rz. 157). Entscheidend ist jeweils, ob sich der „Nachfolger" noch auf die vom Vorgänger geschaffenen betrieblichen Strukturen stützt oder damit ein nicht mehr vergleichbares, eigenes unternehmerisches Konzept verwirklicht wird (s. Rz. 105).

170 Eine grundlegende Änderung des Betriebszwecks in dem vorstehend beschriebenen Sinne schließt einen Betriebsübergang bzw. Betriebsteilübergang allerdings nur dann aus, wenn sie von dem Nachfolger **sogleich realisiert** wird. Gehört es von Anfang an zu dem Geschäftskonzept des Erwerbers, die Betriebsmittel zu einem anderen Betriebszweck neu zu „arrangieren", entfällt die Anwendung des § 613a BGB. Anders liegt es jedoch, wenn die temporäre Weiterführung des Betriebszwecks ein **notwendiges Durchgangsstadium** für die – letztendlich bezweckte – spätere Umstellung des Betriebs- oder Geschäftszwecks ist: Hier reicht die Gleichartigkeit der Tätigkeit unmittelbar nach dem Übergang aus, um dieses Merkmal im Rahmen des Sieben-Punkte-Katalogs zu bejahen; denn § 613a setzt nicht voraus, dass der Erwerber sich die vom Vorgänger geschaffene Organisation auf unbestimmte Dauer zunutze macht[5].

171 Ob trotz **nicht unerheblicher Ortsverlagerung** noch von einer gleichen oder gleichartigen Tätigkeit ausgegangen werden kann, hängt wiederum von der Art des Betriebs/Betriebsteils sowie der oben beschriebenen *ratio legis* ab (s. bereits Rz. 101). Grds. ausgeschlossen ist dies nicht[6]. Die wirtschaftl. Einheit kann trotz Ortsverlagerung gewahrt bleiben, wenn der Erwerber eines Produktionsbetriebs Betriebsmittel verlagert und an einem anderen Ort mit gleicher Arbeitsorganisation und gleichen Betriebsmethoden diese Produktion weiterführt. Entscheidend für die Wahrung der wirtschaftl. Einheit ist also nicht die Wahrung des Produktionsorts, sondern die unveränderte Fortführung der Organisation der übernommenen Produktion[7]. Daran kann es trotz Fortführung eines gleichen oder gleichartigen Betriebszwecks namentlich bei betriebsmittelarmen Tätigkeiten (zum Begriff Rz. 97 f.) fehlen, wenn die ArbN und dort vor allem die unverzichtbaren Know-how-Träger den Umzug nicht „mitmachen" (s. bereits Rz. 154). Bei Einzelhandelsunternehmen schließt eine erhebliche räumliche Verlagerung die Bejahung der Gleichartigkeit des Betriebszwecks idR aus, weil dieser maßgeblich durch die Kundschaft mitgeprägt wird und eine Weiterführung derselben organisatorischen Einheit an ganz anderer Stelle, von Spezialgeschäften und am Ort konkurrenzlosen Betrieben abgesehen, häufig fern liegt, weil der Kunde an die Lage des Geschäfts gewohnt ist[8].

---

1 BAG v. 13.7.2006 – 8 AZR 331/05, NZA 2006, 1357 (Möbelhandel). | 2 LAG Berlin v. 4.3.1998 – 13 Sa 159/97, EWiR 1999, 733 m. Anm. *Schlachter*. | 3 Ebenso *B. Gaul*, Betriebs- und Unternehmensspaltung, § 6 Rz. 117. | 4 Auch das BAG hat für die Relevanz einer Änderung des Betriebszwecks maßgeblich auf die damit einhergehende Änderung der Betriebsmethoden und damit der Arbeitsorganisation abgestellt; vgl. insb. BAG v. 11.9.1997 – 8 AZR 555/95, EzA § 613a BGB Nr. 153 m. Anm. *Willemsen/Annuß* (Tausendundeine Nacht). | 5 Vgl. *Willemsen/Annuß*, Anm. BAG v. 18.3.1999 – 8 AZR 159/98, AP Nr. 189 zu § 613a BGB (Kfz-Handel), Bl. 7/7R sowie Rz. 65 und 70. | 6 Vgl. BAG v. 2.12.1999 – 8 AZR 796/98, AP Nr. 188 zu § 613a BGB (Elektrohandel); s. dazu auch *Willemsen* in Willemsen/Hohenstatt/Schweibert/Seibt, Rz. G 120 mit Nachw. auch zur früheren Rspr. | 7 BAG v. 16.5.2002 – 8 AZR 320/01, DB 2002, 2552 (Schuhproduktion). Zweifelnd bei Verlagerung um mehrere hundert Kilometer allerdings BAG v. 25.5.2000 – 8 AZR 335/99, nv. (Armaturenfertigung). | 8 BAG v. 2.12.1999 – 8 AZR 796/98, AP Nr. 188 zu § 613a BGB (Elektrohandel).

(2) Notwendigkeit der Abgrenzung von der reinen Funktionsnachfolge (insbesondere im Falle des Outsourcing). Wie bereits an anderer Stelle (Rz. 14 u. 91) ausgeführt, kann das sechste Merkmal niemals für sich allein betrachtet zur Bejahung eines Betriebsübergangs bzw. Betriebsteilübergangs führen, weil ansonsten die Grenzen zur – von § 613a BGB nicht erfassten – reinen Funktionsnachfolge ignoriert würden. Selbst wenn die bisherige und künftige Tätigkeit einander noch so ähnlich sind, rechtfertigt dies allein, wie der EuGH mit der *Ayse Süzen*-Entscheidung vom 11.3.1997[1] mit aller Deutlichkeit herausgestellt hat, noch nicht die Schlussfolgerung, dass der Übergang einer wirtschaftl. Einheit vorliege. Eine Einheit dürfe nämlich nicht als bloße Tätigkeit verstanden werden. Ihre Identität ergebe sich vielmehr „auch aus anderen Merkmalen wie ihrem Personal, ihren Führungskräften, ihrer Arbeitsorganisation, ihren Betriebsmethoden und ggf. den ihr zur Verfügung stehenden Betriebsmitteln". Die Funktionsnachfolge zeichnet sich also im Vergleich zur Betriebsnachfolge dadurch aus, dass zwar dieselbe oder eine ähnliche Tätigkeit, jedoch im Rahmen einer neu geschaffenen oder beim Nachfolger bereits vorhandenen Betriebsorganisation wahrgenommen wird. Diese Differenzierung spielt in der Praxis eine zentrale Rolle. So kann zB eine **öffentl. Verwaltung** in einer Art und Weise **umstrukturiert** werden, dass trotz Übertragung bestimmter *Assets* und Wahrnehmung gleicher oder zumindest ähnlicher Aufgaben durch den künftigen Verwaltungsträger lediglich eine von § 613a nicht erfasste Funktionsnachfolge vorliegt[2]. Diese Überlegung gilt entsprechend auch bei **konzerninternen Umstrukturierungen** (vgl. auch Rz. 57)[3]. Bei der „Übernahme" eines **Notariats** handelt es sich nach Auffassung des BAG stets nur um eine Funktionsnachfolge, weil die Notarbefugnis als wesentliches Substrat infolge ihres höchstpersönlichen Charakters nicht übertragbar ist[4]. 172

Nicht minder relevant wird die Unterscheidung in den Fällen des sog. **Outsourcing**. Auch hier darf die wirtschaftl. Einheit nicht mit einer bloßen Tätigkeit gleichgesetzt werden. Es müssen vielmehr – wieder in Abhängigkeit von der Art des Betriebs/Unternehmens (Merkmal 1) – zusätzlich wesentliche Ressourcen materieller, immaterieller und/oder personeller Art sowie – vor allem – die Betriebsorganisation vom Erwerber übernommen und weitergeführt werden, wenn die Norm zur Anwendung gelangen soll. Insoweit ist auf die Kommentierung zu den übrigen Punkten des Katalogs zu verweisen. Keinesfalls ausreichend ist somit, dass ein (Dienstleistungs-)Unternehmen einen Auftrag verliert und ein anderes diesen in Zukunft fortführt[5]. 173

Diese Grundsätze gelten entsprechend im Falle der **erstmaligen Fremdvergabe** bislang durch das Personal des Auftraggebers ausgeübter Tätigkeiten[6]. So können zB bislang betriebsintern verrichtete Reinigungs- oder Wartungsarbeiten ohne Auslösung der Rechtsfolgen des § 613a auf einen externen Auftragnehmer übertragen werden, wenn dieser weder sächliche Betriebsmittel noch Personal des Auftraggebers übernimmt; bei dieser Betrachtung haben grds. diejenigen Betriebsmittel des Auftraggebers außer Betracht zu bleiben, *an* denen die jeweilige Dienst- oder Werkleistung zu erbringen ist (s. zu dem Aspekt der sog. „eigenwirtschaftlichen Nutzung" ausf. Rz. 51 ff.). In gleicher Weise liegt eine Betriebs(teil)stilllegung und kein Betriebs(teil)übergang vor, wenn eine Kaufhauskette in ihren Verkaufsstätten ihre technischen Kundendienstabteilungen schließt und die Kundendienste künftig zentral von einem Fremdunternehmen ausführen lässt, das weder Arbeitsmittel noch Personal übernimmt[7]. Damit ergeben sich in der Praxis erhebliche **Gestaltungsspielräume**[8], gegen die nicht der Einwand der Umgehung des § 613a oder gar des Rechts- bzw. Gestaltungsmissbrauchs erhoben werden kann[9]. Ob bei Beendigung eines Dienstleistungsauftrags ein „Rückfall" des Betriebs bzw. Betriebsteils des Auftragnehmers an den Auftraggeber iSv. § 613a stattfindet, ist ebenfalls unter dem Aspekt der Aufrechterhaltung der Betriebs- und Arbeitsorganisation zu entscheiden. 174

gg) Dauer einer eventuellen Unterbrechung der Tätigkeit (Merkmal 7). Während es für die Anwendung des § 613a grds. nicht darauf ankommt, für wie lange Zeit der Nachfolger die Betriebstätigkeit seines Vorgängers fortzusetzen gedenkt (s. bereits Rz. 72), entspricht es der inzwischen ganz hM in Rspr. und Lit., dass eine längere tatsächliche Unterbrechung der Betriebstätigkeit vor dem Eintritt des Erwerbers der Annahme eines Betriebs(teil)übergangs entgegenstehen kann (s. auch Rz. 78 f.)[10]. Dem- 175

1 EuGH v. 11.3.1997 – Rs. C-13/95, AP Nr. 14 zu RL 77/187/EWG – Ayse Süzen, Rz. 15. | 2 Vgl. BAG v. 26.6.1997 – 8 AZR 426/95, AP Nr. 165 zu § 613a BGB (Verwaltungs-Funktionsnachfolge). | 3 Dazu, dass § 613a grundsätzlich auch für Übertragungsvorgänge im Konzern gilt, vgl. BAG v. 12.11.1998 – 8 AZR 282/97, AP Nr. 186 zu § 613a BGB (Benetton/Einzelhandel). | 4 Vgl. BAG v. 26.8.1999 – 8 AZR 827/98, AP Nr. 197 zu § 613a BGB. | 5 Dass die Neuvergabe eines Dienstleistungsauftrags an einen Konkurrenten als solche noch keine Betriebsnachfolge darstellt, hat das BAG mit dieser Deutlichkeit erstmals im Urt. v. 11.12.1997 – 8 AZR 729/96, AP Nr. 172 zu § 613a BGB (Reinigung II) im Anschluss an EuGH v. 11.3.1997 – Rs. C-13/95, AP Nr. 14 zu RL 77/187/EWG – Ayse Süzen festgestellt. | 6 Ebenso ErfK/*Preis*, § 613a BGB Rz. 37. | 7 BAG v. 22.1.1998 – 8 AZR 243/95, AP Nr. 173 zu § 613a BGB (Technische Kundendienste). | 8 S. dazu im Einzelnen *Willemsen* in Willemsen/Hohenstatt/Schweibert/Seibt, Rz. G 134 ff.; kritisch ErfK/*Preis*, § 613a BGB Rz. 39 unter Hinw. auf den Normzweck des § 613a und der zugrunde liegenden Richtlinie, der allerdings nur zum Zuge kommt, wenn die tatbestandlichen Voraussetzungen erfüllt sind. | 9 Zutr. *Müller-Glöge*, NZA 1999, 449 (454), der auf die Notwendigkeit einer Unterscheidung zwischen der „Vermeidung" der Rechtsfolgen des § 613a und einem mit dem Normzweck unvereinbaren Gestaltungsmissbrauch hinweist. | 10 St. Rspr. – auch – des BAG seit EuGH v. 11.3.1997 – Rs. C-13/95, AP Nr. 14 zu RL 77/187/EWG – Ayse Süzen, wo (zum wiederholten Male!) seitens des EuGH festgestellt

gegenüber spreche bei „alsbaldiger" Wiedereröffnung des Betriebs oder bei „alsbaldiger" Wiederaufnahme der Produktion durch den Erwerber eine tatsächliche Vermutung gegen die ernsthafte Absicht, den Betrieb stillzulegen (dazu sowie zum Verhältnis zwischen Betriebsübergang einerseits und Betriebsstilllegung andererseits s. Rz. 74 ff.).

176 Damit sind in Wirklichkeit zwei verschiedene Gesichtspunkte angesprochen: Ein bereits endgültig stillgelegter Betrieb oder Betriebsteil kann nicht mehr nach § 613a übernommen werden (s. Rz. 75). Betriebsübergang und Betriebsstilllegung schließen sich also wechselseitig aus. Von einer solchen ordnungsgemäßen Stilllegung durch den Vorgänger kann indes die „Haftung" des Nachfolgers aus § 613a nicht abhängig gemacht werden. Entscheidend ist insoweit vielmehr allein, ob aus *seiner* Sicht trotz längeren Ruhens der Betriebstätigkeit bei tatsächlicher (!) späterer Wiederaufnahme eines gleichen oder gleichartigen Betriebs (Merkmal 6, s. Rz. 166 ff.) noch von einer (Weiter-)Nutzung der vom Vorgänger geschaffenen Betriebsorganisation für eigene betriebliche Zwecke gesprochen werden kann. Obwohl gerade hier seitens der Praxis im Interesse der **Rechtssicherheit** feste (Höchst- bzw. Mindest-)Fristen sicherlich wünschenswert wären, lehnt die Rspr. – zu Recht – eine Schematisierung ab und spricht stattdessen nur von einer **„wirtschaftlich erheblichen" Zeitspanne** der Unterbrechung der Betriebstätigkeit (s. Rz. 78 sowie die Nachw. in Rz. 178 ff.). Was „wirtschaftlich erheblich" ist, muss wiederum im Kontext des soeben erwähnten Normzwecks entschieden werden. Insoweit kommt es – insb. – auf die Art des Betriebs bzw. Unternehmens (Merkmal 1) und – jedenfalls bei Handels- und Dienstleistungsunternehmen – maßgeblich darauf an, ob trotz der Unterbrechung der Betriebstätigkeit der bisherige Kundenkreis (Merkmal 5) gehalten werden kann.

177 Einstweilen frei.

178 **Praktische Relevanz** erlangt die Thematik vor allem, wenn in den bisherigen oder hierzu nahe gelegenen Geschäftsräumen eine gleiche oder zumindest gleichartige Betriebstätigkeit ausgeübt wird, dazu noch ganz oder teilweise mit Personal des bisherigen Betriebsinhabers (Beispiele aus der Rspr.: Textileinzelhandelsunternehmen[1], Gastronomie- oder Hotelbetriebe[2], Filmtheater[3], Kindertagesstätte[4]). Es stellt sich dann die – uU schwierig zu beantwortende – Frage, ob der Nachfolger, der *de facto* über wesentliche Ressourcen seines Vorgängers verfügt, noch an die von diesem geschaffene Betriebsorganisation anknüpft oder damit eine neue, allein ihm zuzurechnende neue Betriebsorganisation aufgebaut hat. Da sowohl der EuGH als auch das BAG auf die „wirtschaftliche Erheblichkeit" einer eventuellen Betriebsunterbrechung abstellen, kommt es entscheidend darauf an, ob der neue Betriebsinhaber trotz dieser Unterbrechung den der Kombination aller relevanten betrieblichen Ressourcen innewohnenden wirtschaftl. Wert noch nutzen (realisieren) kann, ob er also noch über die bisherige „Wertschöpfungsquelle" verfügt oder sich eine neue erschlossen hat. Bei Produktionsunternehmen ist Ersteres grds. möglich, solange die Betriebsanlagen unverändert zur Verfügung stehen und die Betriebsorganisation – vor allem durch rechtsbeständige Entlassung der Belegschaft – noch nicht endgültig aufgelöst wurde[5]. Bei Betrieben, deren Identität maßgeblich durch die konkret bestehenden Kundenbeziehungen (genauer: die betriebl. Grundlagen derselben, s. Rz. 156) geprägt wird, liegt demgegenüber eine wirtschaftl. erhebliche Unterbrechung der Betriebstätigkeit dann vor, wenn der Zusammenhang zwischen den betrieblichen Grundlagen einerseits und den Kundenbeziehungen andererseits dauerhaft aufgelöst wurde. Je „flüchtiger" dann der Kundenkreis ist, desto schneller verlieren die betrieblichen Ressourcen (Geschäftsräume, -einrichtungen, Personal) ihre konkrete Widmung zu dem Zweck, gerade diesen Kundenkreis zu bedienen.

179 Vor diesem erneut als Richtschnur heranzuziehenden Gesichtspunkt hat die Rspr. als **„wirtschaftlich erhebliche Unterbrechung"** gewertet: Bei einem **Textileinzelhandelsunternehmen** eine umbaubedingte Unterbrechung von ca. neun Monaten (bei zumindest teilweisem Verlust von zwei umsatzstarken Verkaufsmonaten)[6]; bei einer **Gaststätte** eine mehr als fünfmonatige Schließung des Restaurants und Eröffnung mehr als sechs Monate nach Beginn der Betriebsruhe[7], erst recht bei noch längerer tatsächlicher Unterbrechung[8]; bei einem **Filmtheater** eine 10-monatige Einstellung[9].

180 Generell soll es nach Auffassung des 8. BAG-Senats für die Erheblichkeit einer Unterbrechungsphase sprechen, wenn diese **länger dauert als die** längste im konkreten Fall durch den bisherigen Betriebsin-

---

wurde, dass bei der Prüfung der Frage, ob eine wirtschaftliche Einheit übergegangen sei, die Dauer einer eventuellen Unterbrechung der betrieblichen Tätigkeit zu berücksichtigen sei; vgl. zB BAG v. 22.5.1997 – 8 AZR 101/96, AP Nr. 154 zu § 613a BGB (Modegeschäft); v. 11.9.1997 – 8 AZR 555/95, EzA § 613a BGB Nr. 153 m. Anm. *Willemsen/Annuß* (Tausendundeine Nacht); s. zum Ganzen auch *Moll*, RdA 2003, 129 (131). |1 BAG v. 22.5.1997 – 8 AZR 101/96, AP Nr. 154 zu § 613a BGB (Modegeschäft). |2 BAG v. 11.9.1997 – 8 AZR 555/95, EzA § 613a BGB Nr. 153 m. Anm. *Willemsen/Annuß* (Tausendundeine Nacht). |3 LAG Berlin v. 17.11.1986 – 9 Sa 77/86, LAGE § 1 KSchG – Betriebsbedingte Kündigung Nr. 9. |4 LAG Köln v. 2.10.1997 – 10 Sa 643/97, NZA-RR 1998, 290. |5 ErfK/*Preis*, § 613a Rz. 57. |6 BAG v. 22.5.1997 – 8 AZR 101/96, AP Nr. 154 zu § 613a BGB (Modegeschäft). |7 BAG v. 11.9.1997 – 8 AZR 555/95, EzA § 613a BGB Nr. 153 m. Anm. *Willemsen/Annuß* (Tausendundeine Nacht). |8 3/4 Jahr: BAG v. 27.4.1995 – 8 AZR 200/84, EzA § 1 KSchG – Betriebsbedingte Kündigung Nr. 83; 16 Monate: LAG Köln v. 10.4.1997 – 5 Sa 454/96, LAGE § 613a BGB Nr. 63. |9 LAG Berlin v. 17.11.1986 – 9 Sa 77/86, LAGE § 1 KSchG – Betriebsbedingte Kündigung Nr. 9.

haber einzuhaltende **gesetzl. Kündigungsfrist** (§ 622 II)[1]. Ausnahmen erscheinen allerdings in der Praxis denkbar, so insb. bei vor Ort „konkurrenzlosen" Betrieben (zB Dorfkneipe[2], einziges Bahnhofsrestaurant etc.).

Als **nicht relevante Unterbrechungszeiträume** wurden demgegenüber angesehen: Bei einem **Großhandel** eine 10-tägige Einstellung der Tätigkeit[3], bei einem **Hersteller von Möbelprofilen** eine (nur) 14-tägige Unterbrechung der Produktion[4]; bei einer **Bowlingbahn** die vorübergehende Stilllegung für vier Monate[5]. Betriebsunterbrechungen von relativ kurzer Dauer können insb. dann unerheblich sein, wenn sie auch der bisherige Inhaber – etwa wegen technischer **Überholungs- oder Austauschbedürftigkeit** von Betriebsanlagen – hätte vornehmen müssen[6]. **181**

Ohne einer unzulässigen Verallgemeinerung (s. Rz. 177) das Wort zu reden, lässt sich in der Rspr. eine gewisse Tendenz erkennen, eine wirtschaftl. relevante Unterbrechung der Betriebstätigkeit jedenfalls ab einer Dauer von **sechs Monaten** anzuerkennen. Dagegen sind Unterbrechungszeiträume unter drei Monaten nur in besonders gelagerten Fällen geeignet, einen Verlust der Betriebsidentität zu begründen[7]. Bei **Saisonbetrieben** können wiederum andere Maßstäbe gelten[8]. **182**

Anhang: Kasuistik. Die in der Kommentierung zum Tatbestand des Betriebsüberganges erwähnten **Entscheidungen des BAG** sowie die entsprechenden Rz. erschließen sich aus dem nachfolgenden **Fallindex**: **182a**

Auslieferungslager – 18.12.2003 – 8 AZR 621/02, Rz. 33, 37 f.; **Armaturenhersteller** – 25.5.2000 – 8 AZR 33599, Rz. 111, 118, 164, 171; **Benetton/Einzelhandel** – 12.11.1998 – 8 AZR 282/97, Rz. 9, 57, 64, 69, 172, 196, 202; **Berliner Bäder-Betriebe** – 25.1.2001 – 8 AZR 336/00, Rz. 25, 192, 194; **Bowlinganlage** – 2.7.1986 – 2 AZR 68/85, Rz. 62, 181, 197, 198; Bahn-**Bistrowagen** – 6.4.2006 – 8 AZR 249/04, Rz. 53a, 106, 128; **Buchhaltung** – 11.12.1997 – 8 AZR 699/96, Rz. 14; **Catering I** – 11.12.1997 – 8 AZR 426/94, Rz. 52, 95, 123, 125, 158; **Catering II** – 25.5.2000 – 8 AZR 337/99, Rz. 52, 154, 201; **Dachdeckerbetrieb** – 26.7.2006 – 8 AZR 769/06, Rz. 37, 64, 116, 156; **Druckerei I** – 18.3.1999 – 8 AZR 306/98, Rz. 144 ff., 164; **Druckerei II** – 15.12.2005 – 8 AZR 202/05, Rz. 46, 58, 207; **Druckerei eines Zeitungsverlages** – 10.12.1998 – 8 AZR 763/97, 114, 118, 125, 144 ff., 164; **Druckservice** – 6.4.2006 – 8 AZR 222/04, Rz. 53a; **Druckweiterverarbeitung** – 26.8.1999 – 8 AZR 588/98, Rz. 50, 116, 132, 137, 155, 164 f.; **EDV-Dienstleistung** – 24.4.1997 – 8 AZR 848/94, Rz. 3, 9, 78, 115, 128, 174; **Elektrohandel** – 2.12.1999 – 8 AZR 796/98, Rz. 69, 95, 97, 119, 133, 154, 157, 160 ff., 171; **Erzbistum Hamburg** 13.11.2002 – 4 AZR 73/01, Rz. 192; **FDGB – Ferienzentrum** – 16.7.1998 – 8 AZR 81/97, Rz. 75; **Frischelager** – 14.8.2007 – 8 AZR 803/06, Rz. 45, 159, 211; **Gefahrstofflager** – 22.7.2004 – 8 AZR 350/03, Rz. 98, 106, 116, 137; **Flughafen:** Personen- und Handgepäckkontrolle – 13.6.2006 – 8 AZR 271/05, Rz. 53a, 125; **Forschungsschiff** – 2.3.2006 – 8 AZR 147/05, Rz. 53a, 125; **Frauenhaus** – 4.5.2006 – 8 AZR 299/05, Rz. 105; **Getränkehandel** – 14.12.2000 – 8 AZR 220/00, Rz. 33; **Grundstücksverwaltung** – 18.3.1999 – 8 AZR 196/98, Rz. 47, 64, 68 f., 96; **Hol- und Bringdienst** – 10.12.1998 – 8 AZR 676/97, Rz. 9, 96, 106, 125, 142 ff., 152; **Hotelbetrieb** – 14.12.2000 – 8 AZR 694/99, Rz. 68; **Jugendwohnheim** – 23.9.1999 – 8 AZR 750/98, Rz. 66; **Kfz-Handel** – 18.3.1999 – 8 AZR 159/98, Rz. 46, 64 ff., 79 ff., 96, 106, 68 ff., 196, 202; **Kommissionierbetrieb** – 29.6.2000 – 8 AZR 520/99, Rz. 52, 122; **Kreiskrankenhaus** – 25.5.2000 – 8 AZR 416/99, Rz. 47, 188, 190; **Landesbetrieb Krankenhäuser Hamburg** – 8.5.2001 – 9 AZR 95/00, Rz. 26, 192, 194 f.; **Lastkraftwagen** – 26.8.1999 – 8 AZR 718/98, Rz. 33; ff.; **Metropol-Theater** – 23.9.1999 – 8 AZR 166/99, Rz. 64, 69, 96; **Modegeschäft** – 22.5.1997 – 8 AZR 101/96, Rz. 9, 103, 119, 154, 160, 175, 178 ff., 212; **Möbeleinzelhandel** – 13.7.2006 – 8 AZR 331/05, Rz. 105, 168; **Neuvergabe eines Bewachungsauftrags I** – 22.1.1998 – 8 AZR 775/96, Rz. 52, 59, 123 ff., 137, 142, 200 ff.; **Neuvergabe eines Bewachungsauftrages II** – 14.5.1998 – 8 AZR 418/98, Rz. 52, 59, 125, 142 ff., 151, 200 ff.; **Notariat** – 26.8.1999 – 8 AZR 827/98, Rz. 25; **Opern-/Operettenhaus** – s. Metropoltheater; **Privatschule I** – 21.1.1999 – 8 AZR 680/97, Rz. 92, 96, 105 f., 120 ff., 132, 145 ff.; **Privatschule II** – 18.2.1999 – 8 AZR 485/97, Rz. 105 f., 120, 125 f., 132, 137, 147 f., 165; **Reinigung I/Wiedereinstellung** – 13.11.1997 – 8 AZR 295/95, Rz. 75, 125, 137, 143 f., 200 ff.; **Reinigung II** – 11.12.1997 – 8 AZR 729/96, Rz. 9, 60, 125, 137, 143 ff., 152, 159, 173, 200 ff.; **Reinigung III** – 24.5.2005 – 8 AZR 333/04, Rz. 125, 142; **Restaurant** – s. „Tausendundeine Nacht"; **Schießplatz** – 25.9.2003 – 8 AZR 421/02, Rz. 22, 33; **Schlachthof** – 15.2.2007 – 8 AZR 431/06, Rz. 10, 46, 53a; **Schuhproduktion** – 16.5.2002 – 8 AZR 319/01, Rz. 37, 75, 77, 102, 106, 113, 168, 171; **Schutzrechte** – 22.2.1978 – 5 AZR 800/76, Rz. 129; **Sprachkurse für Ausländer und Asylanten** – 23.9.1999 – 8 AZR 614/98, Rz. 147 f.; **Stabsfunktion bei Betriebsteilübergang** – 13.11.1997 – 8 AZR 375/96, Rz. 31, 91, 134; **Tausendundeine Nacht** – 11.9.1997 – 8 AZR 555/95, Rz. 69, 78 f., 104 ff., 128, 134, 149, 153 f., 162, 168 f., 175, 200; **Technische Betriebsleitung/Facility Management** – 8 AZR 1043/06, Rz. 92, 152; **Technische Kundendienste** – 22.1.1998 – 8 AZR 243/95, Rz. 174, 214; **Tiernahrungsproduktion** – Verwaltung – 23.9.1999 –

---

1 BAG v. 22.5.1997 – 8 AZR 101/96, AP Nr. 154 zu § 613a BGB (Modegeschäft). | 2 So ErfK/*Preis*, § 613a BGB Rz. 36. | 3 LAG Thür. v. 14.11.2000 – 5 Sa 55/99, NZA-RR 2001, 121. | 4 BAG v. 22.5.1985 – 5 AZR 173/84, AP Nr. 43 zu § 613a BGB, dazu *Willemsen*, ZIP 1986, 477 (480 ff.). | 5 BAG v. 3.7.1986 – 2 AZR 68/85, AP Nr. 53 zu § 613a BGB m. Anm. *Loritz* (Austausch einer veralteten Bowlinganlage). | 6 So lag es im Falle BAG v. 3.7.1986 – 2 AZR 68/85, AP Nr. 53 zu § 613a BGB m. Anm. *Loritz* (Austausch einer veralteten Bowlinganlage). | 7 So zB LAG Köln v. 2.10.1997 – 10 Sa 643/97, NZA-RR 1998, 290 (Kindertagesstätte). | 8 Vgl. EuGH v. 17.12.1987 – Rs. 287/86, EAS RL 77/187/EWG Art. 1 Nr. 3 Rz. 20 – Ny Mølk kro, für den Fall eines nur in der Sommersaison betriebenen Restaurants.

8 AZR 650/98, Rz. 32, 39; **Trainerin** – 5.2.2004 – 8 AZR 639/02, Rz. 41; **Treuhandanstalt/Fortführung früherer Funktionen** – 24.8.2006 – 8 AZR 317/05, Rz. 128; **Truppenübungsplatz** – 27.4.2000 – 8 AZR 260/99, Rz. 23, 128, 192; **Universitätskrankenhaus Eppendorf** – 22.10.2003 – 3 AZR 629/01, Rz. 192; **Verbrauchermärkte – Stabsfunktion** – 17.6.2003 – 2 AZR 134/02, Rz. 31; **Verlagerung von Produktionsaktivitäten nach Lyon** – 20.4.1989 – 2 AZR 431/88, Rz. 102; **Verlagerung einer Schuhproduktion von Deutschland nach Österreich** – 16.5.2002 – 8 AZR 319/01, Rz. 102; **Vertriebsunternehmen** – 13.11.1997 – 8 AZR 52/96, Rz. 128; **Verwaltung einer Bohrgesellschaft** – 8.8.2002 – 8 AZR 583/01, Rz. 31, 37, 39, 42, 226; **Verwaltung** – 23.9.1999 – 8 AZR 650/98, Rz. 39; **Verwaltung/Buchhaltung** – 21.1.1999 – 8 AZR 298/98, Rz. 39; **Verwaltungs-Funktionsnachfolge** – 26.6.1997 – 8 AZR 426/95, Rz. 25, 91 f., 106, 128, 172; s. auch „Tiernahrungsproduktion"; **Warenauslieferung** – 23.4.1998 – 8 AZR 665/96, Rz. 14; **Wareneingang eines Lagers** – 17.4.2003 – 8 AZR 253/02, Rz. 128; **Warenzeichen** – 28.4.1988 – 2 AZR 623/87, Rz. 75, 129 ff.; **Zeitungsdruckerei** – 10.12.1998 – 8 AZR 763/87, Rz. 164 f.; **Zementhersteller** – 3.11.1998 – 3 AZR 484/97, Rz. 111 ff., 116, 150, 152.

182b Aus der Rspr. der **Landesarbeitsgerichte**: **Fleischbeschau** – LAG Nds. v. 31.8.2001 – 10 Sa 2899/98; **Flughafen: Fluggastkontrolle**: LAG Köln v. 12.8.2004 – 6 TaBV 42/04, Rz. 53; **Kassenarztpraxis** – LAG Hamm v. 21.9.2000 – 16 Sa 353/00, Rz. 165; **Kindertagesstätten** – LAG Köln v. 2.10.1997 – 10 Sa 643/97, Rz. 182; **Kino** – LAG Köln v. 8.3.2004 – 4 Sa 1115/03, Rz. 101, 105, 153, 162, 200; **Lokalredaktion** – LAG Rh.-Pf. v. 24.5.2007 – 11 Sa 55/07, Rz. 44; **Motoreninstandsetzung und Ersatzteilgeschäft** – LAG Hamm v. 20.7.2000 – 4 Sa 2148/99, Rz. 105.

183 **IV. Übergang durch Rechtsgeschäft.** Die BetriebsübergangsRL 77/187/EWG (jetzt 2001/23/EG) spricht in Art. 1 I von einem Übergang „durch vertragliche Übertragung oder durch Verschmelzung". Jedenfalls in der deutschen Übersetzung stimmen der Wortlaut der Richtlinie und der nationalen „Umsetzungsnorm" somit sachlich überein (zur Anwendbarkeit des § 613a bei Verschmelzung und in den sonstigen Umwandlungsfällen s. Rz. 187 ff.)[1]. **Transaktionsgrundlage** für den Übergang des Betriebs/Betriebsteils (zum Transaktionsansatz s. Rz. 55) muss also ein Rechtsgeschäft iS einer vertragl. Einigung sein.

184 Der Gesetzeswortlaut sagt nichts darüber aus, welchen **Inhalt** das zugrunde liegende Rechtsgeschäft haben (s. Rz. 196 ff.) noch dazu, **zwischen wem** es abgeschlossen werden muss. Zwar spricht vieles dafür, dass der Gesetzgeber von einem Rechtsgeschäft zwischen „altem" und „neuem" Inhaber ausgegangen ist; zwingend erscheint dies, worauf bereits *Seiter*[2] zutreffend aufmerksam gemacht hat, nicht. Schon früh wurde diese „Lücke" im Wortlaut sowohl des § 613a als auch der Betriebsübergangsrichtlinie von den für die Auslegung zuständigen Gerichten genutzt; im Hinblick auf den Schutzzweck der Norm und zur Vermeidung von Umgehungsgeschäften sollen auch **mittelbare Vertragsbeziehungen** („Dreiecksgeschäfte") ausreichen, an denen Veräußerer und Erwerber eines Betriebs/Betriebsteils nicht gleichzeitig als Vertragsparteien beteiligt sind (s. Rz. 198 ff.). Auch die Anforderungen an den Inhalt des Rechtsgeschäfts wurden inzwischen weitgehend minimalisiert[3] (s. Rz. 196 f.).

185 Während die positiven Voraussetzungen des Merkmals „durch Rechtsgeschäft" bis heute teilweise umstritten und von der Rspr. noch nicht abschließend und überzeugend geklärt sind, besteht über seine negative Abgrenzungsfunktion jedenfalls im Grundsatz weit gehende Einigkeit dahin gehend, dass ein Übergang „durch Rechtsgeschäft" jedenfalls nicht vorliegt, wenn sich die Überleitung der Arbeitsverhältnisse **unmittelbar kraft Gesetzes** vollzieht.

186 **1. Negative Abgrenzungsfunktion; Anwendung in Umwandlungs- und Privatisierungsfällen. a) Gesetzliche Erbfolge.** Die unmittelbare Anwendung (zur analogen Anwendung des § 613a bei unmittelbarer Überleitung von Arbeitsverhältnissen kraft Gesetzes s. Rz. 194 f.) der Norm scheidet demnach dann – und nur dann – aus, wenn der Übergang von Arbeitsverhältnissen direkt auf gesetzl. Grundlage (also außerhalb des § 613a) und ohne „Zwischenschaltung" eines (für den Betriebsübergang selbst konstitutiven) Rechtsgeschäfts erfolgt. Dies trifft jedenfalls bei der „ungeteilten" **Gesamtrechtsnachfolge** zu (Universalsukzession), die stets einer besonderen gesetzl. Grundlage bedarf. Daher geht im Erbfall ein Betrieb des Erblassers einschließlich der dazugehörigen Arbeitsverhältnisse (soweit diese nicht höchstpersönlichen Charakter haben[4]) auf den oder die gesetzl. oder testamentarischen Erben über. Selbst bei Vorliegen eines Testaments oder Erbvertrags (= Rechtsgeschäft) ist nicht dieses, sondern die gesetzl. Anordnung des § 1922 die eigentliche Grundlage für den Übergang der Arbeitsverhältnisse, so dass § 613a ausscheidet[5]. Anders liegt es dagegen bei einem **Vermächtnis**, zu dessen Erfüllung ein Betrieb

---

1 Zur Abweichung in der Übersetzung im englischen Recht vgl. *Willemsen* in Willemsen/Hohenstatt/Schweibert/Seibt, Rz. G 41. | 2 *Seiter*, Betriebsinhaberwechsel, 1980, S. 46. | 3 Vgl. *Willemsen* in Willemsen/Hohenstatt/Schweibert/Seibt, Rz. G 44; zust. ErfK/*Preis*, § 613a BGB Rz. 59. | 4 Vgl. zu derartigen Sonderfällen wie Privatsekretär, Krankenpfleger etc. *Seiter*, Betriebsinhaberwechsel, 1980, S. 142. | 5 Ebenso *Hergenröder*, AR-Blattei Betriebsinhaberwechsel II, 500.2 Rz. 8 u. 22; Staudinger/*Annuß*, § 613a BGB Rz. 121; wohl auch ErfK/*Preis*, § 613a BGB Rz. 58. Auch das BAG geht davon aus, dass Fälle der Gesamtrechtsnachfolge von § 613a nicht erfasst werden; vgl. BAG v. 25.2.1981 – 5 AZR 91/78, AP Nr. 24 zu § 613a BGB; v. 14.10.1982 – 2 AZR 811/79, AP Nr. 36 zu § 613a BGB.

oder ein Betriebsteil seitens der Erben auf einen Dritten (Vermächtnisnehmer) im Wege der Singularsukzession übertragen wird[1].

b) Anwendung bei Umwandlung nach UmwG und bei Anwachsung nach § 738 BGB. Um einen der gesetzl. Erbfolge durchaus ähnlichen Fall einer Universalsukzession handelt es sich auch bei der Verschmelzung (§ 2 ff. UmwG) und den sonstigen nunmehr im UmwG geregelten Fällen der sog. übertragenden Umwandlung[2] (Spaltung, §§ 123 ff.; Vermögensübertragung, §§ 174 ff. UmwG; nicht dazu gehört der Formwechsel gem. §§ 190 ff. UmwG, weil hier der Rechtsträger des Betriebs/Betriebsteils identisch bleibt). Ob § 613a auch auf diese, zT erstmals durch das UmwG mWz. 1.1.1995 geregelten Fälle der **gesellschaftsrechtl. Gesamtrechtsnachfolge** Anwendung findet, war bis zur Verabschiedung des Gesetzes Gegenstand einer höchst kontroversen Diskussion in der arbeitsrechtl. Lit.[3] Der deutsche Gesetzgeber hat mit **§ 324 UmwG** (der erst in einem späten Stadium des Verfahrens in das Gesetz eingefügt wurde) Spekulationen über die Geltung dieser Vorschrift – nicht nur im Hinblick auf ihren ersten Absatz, sondern die gesamte Norm des § 613a – ein Ende bereitet[4]. Auch das BAG hat sich mittlerweile eindeutig dahin gehend erklärt, dass § 613a auf Grund von § 324 UmwG in allen Fällen der übertragenden Umwandlung Anwendung findet[5]. Selbst wenn man also in den im UmwG geregelten Fällen der gesellschaftsrechtl. Gesamtrechtsnachfolge einen Übergang kraft Gesetzes und nicht durch Rechtsgeschäft annimmt, wird die negative Abgrenzungsfunktion des entsprechenden Tatbestandsmerkmals durch die eindeutige[6] gesetzl. Anordnung des § 324 UmwG wieder aufgehoben und damit die Anwendung des § 613a – auch im Hinblick auf seine Abs. 1 S. 2–4, Abs. 2–6 – ausdrücklich eröffnet[7]. 187

Hierin erschöpft sich allerdings die „konstitutive" Wirkung des § 324 UmwG. Er soll lediglich die Möglichkeit der Anwendung des § 613a eröffnen, nicht jedoch seine tatbestandlichen Voraussetzungen im Übrigen fingieren. Es handelt sich also, rechtstechnisch gesprochen, um eine Rechtsgrund-, nicht um eine Rechtsfolgenverweisung (s. auch § 324 UmwG Rz. 1)[8]. 188

In der Praxis sind die **Spaltung** und **Ausgliederung** (§ 123 I–III UmwG) sehr häufig, aber nicht zwangsläufig mit einem Betriebs(teil)übergang verbunden; insoweit hängt alles vom Inhalt des Spaltungs- bzw. Ausgliederungsvertrages ab (§ 125 UmwG iVm. § 4 UmwG; vgl. auch den Wortlaut des § 126 I Nr. 9 UmwG: „... genaue Bezeichnung der übergehenden Betriebe und Betriebsteile unter Zuordnung zu den übernehmenden Rechtsträgern"). Hinsichtlich der Voraussetzungen des § 613a, dh. in Bezug auf die Frage, ob die Spaltung oder Ausgliederung überhaupt einen Betriebs(teil)übergang zum Inhalt hat, gilt also ebenso wie bei der Übertragung durch Singularsukzession der Grundsatz der Privatautonomie, so dass in der Praxis weit reichende **Gestaltungsmöglichkeiten** bestehen. Bei der Verschmelzung gilt dies indes nicht: Verfügt der übertragende Rechtsträger über einen oder mehrere Betriebe, ist es wegen des Prinzips der ungeteilten Rechtsnachfolge gem. § 20 I Nr. 1 UmwG nicht möglich, lediglich einzelne Betriebsmittel unter „Zurücklassung" des Betriebs beim bisherigen Rechtsträger zu übertragen[9]. Der Eintritt des aufnehmenden Rechtsträgers in die bestehenden Arbeitsverhältnisse nach § 613a iVm. § 324 UmwG lässt sich solchenfalls nur durch eine vorherige Betriebsstilllegung und Beendigung der Arbeitsverhältnisse beim übertragenden Rechtsträger vermeiden (zum Verhältnis von Betriebsübergang und Betriebsstilllegung vgl. Rz. 75 ff.). 189

Auch die **Prüfung des „Rechtsgeschäfts"** wird im Falle der übertragenden Umwandlung durch die Rechtsgrundverweisung des § 324 UmwG keinesfalls entbehrlich. Zwar mag man den Verschmelzungs-, Spaltungs- bzw. Ausgliederungsvertrag ebenso wie die Vermögensübertragung durchaus als Rechtsgeschäft iSd. Norm auffassen. Dies schließt es jedoch nicht aus, dass (bereits) unabhängig hiervon, sogar **vor** dem endgültigen **Zustandekommen** eines Umwandlungsvertrages bzw. vor dessen **Wirksamwerden**, ein rechtsgeschäftlicher Betriebs(teil)übergang zu Stande kommt, etwa indem sich die beteiligten Rechtsträger für eine Zwischenphase über die Einräumung einer – für § 613a grds. ausreichenden, vgl. Rz. 196 f. – Nutzungsbefugnis verständigen[10]. Maßgeblich für die Auslösung der Rechtsfolgen des § 613a ist dann das jeweils frühere Rechtsgeschäft[11]. 190

---

1 Staudinger/*Annuß*, § 613a BGB Rz. 121. | 2 Zur Terminologie vgl. *Willemsen* in Willemsen/Hohenstatt/Schweibert/Seibt, Rz. B 69. | 3 Vgl. dazu nur *Hanau*, ZGR 1990, 515; *K. Schmidt*, AcP 191 (1991), 495 (516); *Willemsen*, RdA 1993, 133; Kallmeyer/*Willemsen*, § 324 UmwG Rz. 1 f.; vgl. dazu auch *Picot/Schnitker*, Teil I Rz. 8 ff. | 4 Vgl. *Neye* in Lutter, Umwandlungsrechtstage, S. 17. | 5 BAG v. 24.6.1998 – 4 AZR 208/97, AP Nr. 1 zu § 20 UmwG = SAE 2000, 162 m. Anm. *Boecken*. | 6 Allerdings hat auch die in der Tat missglückte Formulierung des § 324 UmwG ihrerseits wiederum zur Diskussion Anlass gegeben; die Gesetzesmaterialien – vgl. nur BT-Drs. 12/7850 v. 13.6.1994, S. 143 (145) sowie *Wlotzke*, DB 1995, 40 (42 f.) – sind insoweit eindeutig. | 7 IE nunmehr ganz hM; vgl. die Nachw. bei Kallmeyer/*Willemsen*, § 324 UmwG Rz. 2. | 8 Ebenso BAG v. 25.5.2000 – 8 AZR 416/99, AP Nr. 209 zu § 613a BGB = RdA 2001, 236 m. Anm. *Boecken* (Kreiskrankenhaus); Kallmeyer/*Willemsen*, § 324 UmwG Rz. 2; KR/*Friedrich*, §§ 322–324 UmwG Rz. 28; aA *Salje*, RdA 2000, 126: Rechtsfolgenverweisung. | 9 Vgl. Kallmeyer/*Willemsen*, § 324 UmwG Rz. 10. | 10 S. zu einer solchen, äußerst praxisrelevanten Konstellation BAG v. 25.5.2000 – 8 AZR 416/99, AP Nr. 209 zu § 613a BGB = RdA 2001, 236 m. Anm. *Boecken* (Kreiskrankenhaus). | 11 So iE auch BAG v. 25.5.2000 – 8 AZR 416/99, AP Nr. 209 zu § 613a BGB = RdA 2001, 236 m. Anm. *Boecken* (Kreiskrankenhaus).

191 Nicht von § 324 UmwG erfasst ist die gesellschaftsrechtl. Gesamtrechtsnachfolge im Wege der **Anwachsung** nach § 738. Geht ein Betrieb auf diese Weise auf den einzigen verbleibenden Gesellschafter über, erfordert eine richtlinienkonforme Auslegung zumindest die **analoge Anwendung** von § 613a[1].

192 **c) Anwendung bei Privatisierung/Umstrukturierung öffentlicher Rechtsträger.** Infolge der oben (Rz. 187) dargestellten „Korrektur" seitens des Gesetzgebers des Umwandlungsgesetzes übt das Merkmal „durch Rechtsgeschäft" seine negative Abgrenzungsfunktion außer bei der bereits behandelten gesetzl. Erbfolge heute nur noch in den – eher seltenen – Fällen aus, in denen sich die Überleitung der Arbeitsverhältnisse ausschließlich und unmittelbar **kraft Bundes- oder Landesgesetzes** vollzieht. Praktisch bedeutsam wird dies insb. bei der Umstrukturierung und/oder Privatisierung öffentl. Rechtsträger. Sowohl nach Auffassung des EuGH als auch des BAG kann es sich bei öffentl.-rechtl. organisierten Einheiten unter bestimmten Voraussetzungen (s. Rz. 22 ff.) zwar um Betriebe oder Betriebsteile iSv. § 613a handeln, wobei die Auffassungen beider Gerichte hinsichtlich der Einzelheiten teilweise differieren (s. Rz. 25 f.). Einigkeit besteht sowohl auf europäischer als auch auf nationaler Ebene jedoch darüber, dass die Richtlinie und § 613a auf **Hoheitsakte keine Anwendung** finden[2]. Dementsprechend hat das BAG festgestellt, dass bei Umstrukturierung öffentl. Rechtsträger kraft Gesetzes § 613a mangels Übergangs „durch Rechtsgeschäft" selbst dann keine Anwendung findet, wenn seine Voraussetzungen im Übrigen erfüllt wären[3]. Dass § 613a auf gesetzlich angeordnete Betriebsübergänge keine Anwendung findet und das **Widerspruchsrecht** nach Abs. 6 dann auch **nicht analog** gilt, hat der 8. Senat mit seiner Entscheidung zum Fall der „Stiftung Oper in Berlin" ausdrücklich bestätigt[4]. Entsprechendes soll auch für **staats(kirchen)rechtl. Verträge** gelten[5]. Sieht das entsprechende (Landes-)Gesetz allerdings ausdrücklich für die Umsetzung der Umstrukturierung den Abschluss eines Rechtsgeschäfts zwischen den beteiligten Rechtsträgern vor, soll § 613a direkt anwendbar sein[6]. Entsprechendes gilt, wenn die Umstrukturierung nicht kraft Gesetzes, sondern im Wege der **Verwaltungsvereinbarung** erfolgt, da auch diese ein „Rechtsgeschäft" iSd. Norm darstellt[7].

193 Die Anwendung des § 613a lässt sich somit – auch im Hinblick auf seine Abs. 1 S. 2–4, Abs. 2–6 – nur dann ausschließen, wenn das entsprechende Bundes- oder Landesgesetz, welches die Umstrukturierung oder Privatisierung des öffentl. Rechtsträgers regelt, selbst den Übergang der entsprechenden Arbeitsverhältnisse iS einer *cessio legis* anordnet[8]. Für eine Anwendung des § 613a ist dann nur insoweit Raum, als das entsprechende Gesetz dieses – etwa im Wege der ergänzenden Verweisung – vorsieht. Probleme der konkurrierenden Gesetzgebung (Art. 74 I Nr. 12 GG) bestehen insoweit nicht, weil § 613a für gesetzl. angeordnete Betriebsübergänge gerade nicht gilt und zudem **§ 168 UmwG** einen „Primat" des Bundes- oder Landesrechts auch im Hinblick auf die Ausgestaltung der Ausgliederung öffentl.-rechtl. Einheiten vorsieht[9]. In einem solchen Gesetz können daher die Rechtsfolgen im Hinblick auf die betroffenen Arbeitsverhältnisse eigenständig und damit auch abweichend von § 613a geregelt werden, ohne dass dies gegen das Gesetz oder die ihm zugrunde liegende Richtlinie verstieße.

194 **Abzulehnen** ist angesichts der dem jeweiligen (Bundes- oder Landes-)Gesetzgeber eingeräumten Autonomie die These, dass § 613a in den Fällen der Betriebsnachfolge kraft eines derartigen eigenständigen Gesetzes **analog anwendbar** sein soll[10]. Der 9. BAG-Senat hat derartigen Bestrebungen – anders als der 8. Senat[11] – mit Urt. v. 8.5.2001 zu Recht eine klare Absage erteilt[12].

195 Enthält also das entsprechende Gesetz bspw. keine Regelung zum **Widerspruchsrecht** der ArbN (s. Rz. 335 ff.), kann dies grds. auch nicht mittels Rekurses auf § 613a VI in das jeweilige Gesetz „implantiert" werden[13]. Lediglich soweit das entsprechende Gesetz erkennbar lückenhaft ist, es sich also nicht

1 LAG Schl.-Holst. v. 30.8.1999 – 2 Sa 48/99, nv.; LAG Köln v. 14.5.2001 – 2 Sa 1054/00, MDR 2001, 1175; ebenso *Trittin*, AiB 2001, 6 (8). | 2 Grundl. EuGH v. 15.10.1996 – Rs. C-298/94, NZA 1996, 1279 – Henke. | 3 BAG v. 8.5.2001 – 9 AZR 95/00, AP Nr. 219 zu § 613a BGB (Landesbetrieb Krankenhäuser Hamburg); dazu *Willemsen* in Willemsen/Hohenstatt/Schweibert/Seibt, Rz. G 94 ff.; v. 22.10.2003 – 3 AZR 629/01, nv. (Universitätskrankenhaus Eppendorf); aA LAG Nds. v. 31.8.2001 – 10 Sa 2899/98, NZA-RR 2002, 630. | 4 BAG v. 2.3.2006 – 8 AZR 147/05, NZA 2006, 1105; dazu *Kirmse*, NZA 2006, 3325; *Otto*, FS Richardi, 2007, S. 317 (318 ff.); *Willemsen*, NJW 2007, 2065 (2074 f.). | 5 BAG v. 13.11.2002 – 4 AZR 73/01, EzA § 613a BGB 2002 Nr. 4 (*Thüsing*) (Erzbistum Hamburg). | 6 BAG v. 25.1.2001 – 8 AZR 336/00, AP Nr. 215 zu § 613a BGB (Berliner Bäder-Betriebe), dazu *Willemsen* in Willemsen/Hohenstatt/Schweibert/Seibt, Rz. G 92 ff. | 7 So ausdrücklich BAG v. 7.9.1995 – 8 AZR 928/93, AP Nr. 131 zu § 613a BGB; v. 27.4.2000 – 8 AZR 260/99, nv. (Truppenübungsplatz); ebenso ErfK/*Preis*, § 613a BGB Rz. 62; *Picot/Schnitker*, Teil I Rz. 161; dazu *Willemsen* in Willemsen/Hohenstatt/Schweibert/Seibt, Rz. B 85e und G 87 ff. sowie zum Ganzen *Willemsen*, FS 50 Jahre BAG, 2004, S. 287 ff. | 8 So geschehen zB im Falle der Umstrukturierung und Privatisierung der Westdeutschen Landesbank, vgl. Gesetz v. 2.7.2002, GVBl. NW 2002, S. 284. | 9 Dazu näher *Willemsen* in Willemsen/Hohenstatt/Schweibert/Seibt, Rz. B 85 ff. | 10 Zumindest mit diesem Gedanken sympathisierend BAG v. 25.1.2001 – 8 AZR 336/00, AP Nr. 215 zu § 613a BGB (Berliner Bäder-Betriebe); generell eine Analogiefähigkeit der Bestimmung *verneinend* dagegen Staudinger/*Annuß*, § 613a BGB Rz. 111; KR/*Pfeiffer*, § 613a BGB Rz. 78; *Picot/Schnitker*, Teil I Rz. 161 u. 163; *bejahend* demgegenüber ErfK/*Preis*, § 613a BGB Rz. 62. | 11 BAG v. 25.1.2001 – 8 AZR 336/00, AP Nr. 215 zu § 613a BGB (Berliner Bäder-Betriebe). | 12 BAG v. 8.5.2001 – 9 AZR 95/00, AP Nr. 219 zu § 613a BGB (Landesbetrieb Krankenhäuser Hamburg); ebenso der 8. Senat, BAG v. 2.3.2006 – 8 AZR 147/05, NZA 2006, 1105 (Stiftung Oper in Berlin). | 13 BAG v. 8.5.2001 – 9 AZR 95/00, AP Nr. 219 zu § 613a BGB (Landesbetrieb Krankenhäuser Hamburg), auch zur verfassungsrechtlichen Zulässigkeit einer solchen landesgesetzlichen Regelung. Allerdings wies der zu ent-

um ein „beredtes Schweigen" des jeweiligen Gesetzgebers handelt, mag eine Lückenschließung durch – vorsichtige – Heranziehung einzelner Regelungen in § 613a (zB des Abs. 1 S. 2–4 im Hinblick auf kollektivrechtl. geregelte Arbeitsbedingungen) in Betracht kommen, soweit sich die entsprechenden Fragen nicht ohnehin nach den Grundsätzen der Gesamtrechtsnachfolge lösen lassen. Auch die **Haftungsgrundsätze** des § 613a (s. Rz. 291 ff.) finden auf den kraft Gesetzes angeordneten Betriebsübergang keine Anwendung[1].

2. Positive Abgrenzungsfunktion; inhaltliche und formale Anforderungen an das zugrunde liegende Rechtsgeschäft. a) Inhalt. Bereits in der „Frühzeit" des § 613a bestand in Rspr. und Lit. Einmütigkeit darüber, dass entsprechend dem arbeitsrechtl. Schutzzweck der Bestimmung (s. Rz. 5 ff.) das den Inhaberwechsel herbeiführende Rechtsgeschäft nicht auf die Übertragung der dinglichen Berechtigung hinsichtlich der einzelnen Betriebsmittel gerichtet zu sein braucht; die Betriebsveräußerung ist also nur *ein* möglicher Anwendungsfall der Norm[2]. Entscheidend ist nicht die zivilrechtl. Rechtsnatur des Vertrages, sondern ob er seinem Inhalt oder zumindest seinem Ergebnis nach darauf gerichtet ist, die Stellung des Betriebsinhabers iSd. obigen Erläuterungen (Rz. 45 ff.) auf einen Dritten zu übertragen. Es kommt also (nur) darauf an, ob das jeweilige Rechtsgeschäft dem neuen „Inhaber" die Verfügungsbefugnis über den betrieblichen Funktionszusammenhang vermittelt, ihm mithin als Resultat der rechtsgeschäftlichen Regelungen die Leitungs- und Organisationskompetenz für den jeweiligen Betrieb oder Betriebsteil zufällt; das BAG spricht in diesem Zusammenhang nunmehr regelmäßig von der **Ausübung betrieblicher Leitungsmacht** (s. Rz. 46). Allerdings bedarf es nach der Rspr. keiner ausdrücklichen oder gar gesonderten vertragl. Übertragung dieser Leitungskompetenz[3]; es genügt vielmehr, wenn das bzw. die abgeschlossene(n) Rechtsgeschäft(e) die notwendigen Voraussetzungen hierfür schaffen und der neue Inhaber hiervon auch tatsächlich Gebrauch macht (zum Erfordernis der tatsächlichen Betriebs(teil)fortführung s. Rz. 64 ff.). Dies ist namentlich der Fall bei allen Verträgen, die darauf gerichtet sind, einem Dritten, und sei es auch nur auf Zeit, die **Nutzung** des betrieblichen Funktionszusammenhangs **im eigenen Namen** (s. Rz. 47) zu ermöglichen, also insb. bei **Betriebsverpachtung**, Einräumung eines **Nießbrauchsrechts** und – erst recht – bei **Kauf**, Schenkung oder Vermächtnis[4]. Zur Frage, ob es sich um eine sog. eigenwirtschaftl. Nutzung handeln muss, s. Rz. 52 f. 196

Es braucht vor dem geschilderten Schutzzweck der Norm letztlich überhaupt kein „klassisches" Rechtsgeschäft vorzuliegen; im Grunde reicht es aus, „... wenn der Erwerber rechtstatsächlich im Einvernehmen mit dem Veräußerer in die Arbeitsorganisation des Betriebs oder Betriebsteils eintritt und damit deren Leitung nach außen übernimmt"[5]. Dies kann zB der Fall sein bei einem **Leasing-**[6], **Management-Buy-out-**[7] oder **Betriebsführungsvertrag**[8] (s. bereits Rz. 48). Die Praxis sei auch hier nochmals „gewarnt" durch den Hinweis darauf, dass nach der Rspr. die Übertragung der Betriebsinhaberschaft nicht eigentlicher oder gar ausdrücklicher Inhalt des „Rechtsgeschäft" zu sein braucht, sondern maßgeblich auf das tatsächliche **Ergebnis** einer solchen Transaktion abgestellt wird. Der EuGH hat dies mittlerweile auf den Punkt gebracht mit der nunmehr auch vom BAG übernommenen Formulierung, dass die Richtlinie (und damit auch § 613a) „... in allen Fällen anwendbar (ist), in denen die für den Betrieb des Unternehmens verantwortliche natürliche oder juristische Person, die die ArbGeb-Verpflichtung gegenüber den Beschäftigten des Unternehmens eingeht, **im Rahmen vertraglicher Beziehungen wechselt**[9]." Besondere **Vorsicht** ist auch bei der Übernahme lediglich einzelner **Betriebsteile** geboten: Hier muss der nur auf Betriebsteile beschränkte Erwerbswille gegenüber dem Veräußerer deutlich zum Ausdruck kommen, da andernfalls der Übergang sämtlicher Arbeitsverhältnisse droht[10]. Ausreichend ist demnach zB bereits die einvernehmliche Zusammenarbeit von zwei Leiharbeitsunternehmen mit dem Ziel der Überleitung der Tätigkeit für dieselben Kunden mit denselben ArbN[11]. 197

b) Verzicht auf das Vorliegen unmittelbarer Rechtsbeziehungen. Mit seiner denkbar weiten Formulierung will der EuGH und ihm folgend auch das BAG insb. auch diejenigen Fälle erfassen, in denen der Übergang der betrieblichen Leitungskompetenz das Resultat eines **Bündels verschiedener**, für den Außenstehenden unter Umständen schwer zu erfassender **Einzelrechtsgeschäfte** und/oder – praktisch be- 198

---

scheidende Fall einige Besonderheiten auf. Ebenso BAG v. 2.3.2006 – 8 AZR 147/05, NZA 2006, 1105 (Stiftung Oper in Berlin). |1 BAG v. 22.10.2002 – 3 AZR 629/01, nv. |2 Vgl. die Nachw. aus der früheren Rspr. bei *Seiter*, Betriebsinhaberwechsel, 1980, S. 44. |3 So ausdrücklich BAG v. 12.11.1998 – 8 AZR 282/97, AP Nr. 186 zu § 613a BGB (Benetton/Einzelhandel); v. 18.3.1999 – 8 AZR 159/98, AP Nr. 189 zu § 613a BGB (Kfz-Handel). |4 Ebenso *Seiter*, Betriebsinhaberwechsel, 1980, S. 44 f.; ErfK/*Preis*, § 613a BGB Rz. 59; Palandt/*Weidenkaff*, § 613a BGB Rz. 17; *B.* Gaul, Betriebs- und Unternehmensspaltung, § 7 Rz. 11 ff.; *Picot/Schnitker*, Teil I Rz. 156. |5 So zutr. Staudinger/*Annuß*, § 613a BGB Rz. 115. |6 BAG v. 12.2.1987 – 2 AZR 247/86, AP Nr. 167 zu § 613a BGB. |7 Vgl. *Schaub*, ZIP 1984, 272 (275). |8 Eingehend zu Betriebsführungsverträgen *Willemsen* in Willemsen/Hohenstatt/Schweibert/Seibt, Rz. G 109 ff.; zur parallelen Problematik im schweizerischen Recht (Art. 333 OR) *Wildhaber*, ZSR 2007, 463 (470 f.). |9 Vgl. EuGH v. 5.5.1998 – Rs. 144/87, 145/87, EAS RL 77/187, EWG-Artikel 3, Nr. 5, Tz. 19 – Berg und Busschers; v. 15.6.1988 – Rs. 101/87, EuGHE 1988, 3057 – Bork; v. 19.5.1992 – Rs. C-29/91, EAS RL 77/187/EWG Nr. 7 – Redmond Stichting, Tz. 11; vom BAG „adaptiert" zB mit Urt. v. 22.5.1985 – 5 AZR 173/84, AP Nr. 43 zu § 613a BGB; v. 3.7.1986 – 2 AZR 68/85, AP Nr. 53 zu § 613a BGB m. Anm. *Loritz* (Austausch einer veralteten Bowlinganlage); v. 27.4.1988 – 5 AZR 358/87, AP Nr. 71 zu § 613a BGB. |10 Vgl. BAG v. 10.12.1998 – 8 AZR 763/98, nv.; LAG Köln v. 2.3.2001 – 11 Sa 1386/00, NZA-RR 2002, 513. |11 EuGH v. 13.9.2007 – Rs. C-458/05, ZIP 2007, 2093 – Jouini ua.

sonders bedeutsam – von **Verträgen mit Dritten** ist, auf deren Inhalt der bisherige Betriebsinhaber jedenfalls erkennbar keinen Einfluss genommen hat. Zur Vermeidung von ansonsten drohenden „Umgehungsgeschäften" hat es die Rspr. des BAG bereits unabhängig vom EuGH für erforderlich gehalten, von dem Erfordernis unmittelbarer Rechtsbeziehung zwischen früherem und neuem Inhaber abzusehen, und es als ausreichend erachtet, wenn der Übergang durch ein oder mehrere Rechtsgeschäfte (auch) mit Dritten vermittelt wird[1].

199 Gemeint waren damit zunächst und in erster Linie Sachverhaltsgestaltungen, in denen der neue Betriebsinhaber sich die erforderlichen Betriebsmittel (Produktionsanlagen, Räumlichkeiten und gewerbliche Schutzrechte) durch ein „gezieltes" Bündel von Rechtsgeschäften mit verschiedenen Dritten (zB (Sicherungs-)Eigentümer[2], Vermieter, Lizenzrechtsinhaber etc.) verschafft hatte und nunmehr im Prozess geltend machte, dass es an einem „Rechtsgeschäft" iSv. § 613a fehle. Ebenso erfasst werden mit der Formulierung „im Rahmen vertraglicher Beziehungen" die bereits in anderem Zusammenhang (Rz. 66) behandelten Fälle des **Pächterwechsels** sowie des Rückfalls der Pachtsache an den Verpächter, allerdings stets mit der Maßgabe, dass die Rspr. zwar auf das Vorliegen unmittelbarer Rechtsbeziehung zwischen bisherigem und neuem Inhaber verzichtet, nicht jedoch darauf, dass letzterer auch tatsächlich den Betrieb fortführt (s. Rz. 64).

200 Besonders praxisrelevante **Beispiele aus der Rspr.** des EuGH und des BAG für den Verzicht auf das Vorliegen unmittelbarer vertragl. Beziehung zwischen bisherigem und neuem Inhaber sind: die Kündigung eines Restaurant-Pachtvertrags und der anschließende Abschluss eines neuen Pachtvertrags seitens des Verpächters mit einem anderen Betreiber[3]; die Kündigung eines Mietverhältnisses über Geschäftsräume und deren anschließender Verkauf durch den Eigentümer[4]; die vollständige und endgültige Beendigung der Tätigkeit einer juristischen Person infolge des Entzugs öffentl. Subventionen und die anschließende Gewährung dieser Subventionen an eine andere Person mit gleichartiger Zielsetzung[5]; die Übertragung der Vertriebsrechte für Kraftfahrzeuge in einem bestimmten Gebiet seitens der Herstellerin unmittelbar auf ein anderes Unternehmen ohne rechtsgeschäftliche Beteiligung des dort bisher tätigen Vertriebsunternehmens[6]; der Abschluss bzw. die Neubegründung eines Franchise-Vertrages[7]; die Neuvergabe einer Konzession für den Betrieb einer regionalen Buslinie[8] sowie die Neuvergabe eines Reinigungs-[9], Catering-[10] oder Bewachungsauftrags[11].

201 **c) Bedeutung des Willens des bisherigen Inhabers (insbesondere bei Konkurrenzsituationen).** Der Verzicht auf das Vorliegen unmittelbarer Rechtsbeziehungen zwischen bisherigem und neuem Inhaber führt unter Umständen dazu, dass es zum Betriebs(teil)übergang auf einen Dritten kommt, ohne dass der frühere ArbGeb dem zugestimmt hätte. Dieses „Risiko" ist besonders ausgeprägt bei den sog. betriebsmittelarmen Tätigkeiten (s. Rz. 140 ff.), wo bereits die tatsächliche Weiterbeschäftigung der „organisierten Hauptbelegschaft" des Vorgängers zur Bejahung des § 613a führen kann. Es hängt bei einer Auftragsneuvergabe ausschließlich von der Einigung zwischen dem bisherigen Personal des Auftragnehmers I einerseits und Auftragnehmer II andererseits ab, ob es zum Übergang einer „wirtschaftlichen Einheit" kommt, nicht jedoch von einer Zustimmung seitens des ersten Auftragnehmers. Das BAG hat dies inzwischen unmissverständlich klargestellt, indem es mit Urt. v. 11.12.1997 ausgeführt hat, für einen rechtsgeschäftl. Übergang bedürfe es keines Vertrages zwischen den beiden (im konkreten Fall: Reinigungs-)Unternehmen. Es genüge vielmehr die Ausführung der Reinigungsarbeiten auf vertragl. Grundlage in Verbindung mit der einvernehmlichen Weiterbeschäftigung der ArbN[12].

202 Diese Judikatur, mit der wiederum die Rspr. des EuGH nachvollzogen wird, wirft die Frage auf, inwieweit für einen Betriebs(teil)übergang überhaupt das **Einverständnis** des bisherigen Betriebsinhabers erforderlich ist[13]. Nach der für die Praxis maßgeblichen Rspr. ist jedenfalls klar, dass es einer

---

1 Grundl. BAG v. 22.5.1985 – 5 AZR 173/84, AP Nr. 43 zu § 613a BGB; dazu *Willemsen*, ZIP 1986, 477 (485); *Wank/Börgmann*, DB 1997, 1229 (1234); *Picot/Schnitker*, Teil I Rz. 157; vgl. ferner BAG v. 22.5.1998 – 5 AZR 30/84, AP Nr. 42 zu § 613a BGB; v. 3.7.1986 – 2 AZR 68/85, AP Nr. 53 zu § 613a BGB m. Anm. *Loritz* (Austausch einer veralteten Bowlinganlage); v. 27.4.1988 – 5 AZR 358/87, AP Nr. 71 zu § 613a BGB. | 2 BAG v. 22.5.1998 – 5 AZR 30/84, AP Nr. 42 zu § 613a BGB. | 3 EuGH v. 10.2.1988 – Rs. 324/86, EuGHE 1988, 739 – Daddy's Dancehall; vgl. auch BAG v. 11.9.1997 – 8 AZR 555/95, EzA § 613a BGB Nr. 153 m. Anm. *Willemsen/Annuß* (Tausendundeine Nacht); LAG Köln v. 8.3.2004 – 4 Sa 1115/03, NZA 2004, 464 (Kino). | 4 EuGH v. 15.6.1988 – Rs. 101/87, EuGHE 1988, 3057 – Bork. | 5 EuGH v. 19.5.1992 – Rs. C-29/91, NZA 1996, 207 – Redmond Stichting. | 6 EuGH v. 7.3.1996 – Rs. C-171/94 und Rs. C-172/94, EAS RL 77/187/EWG Nr. 11 m. zT abl. Anm. *Willemsen* – Merckx, Neuhuys; vgl. auch BAG v. 18.5.1995 – 8 AZR 741/94, EzA § 613a BGB Nr. 139. | 7 BAG v. 18.5.1995 – 8 AZR 741/94, EzA § 613a BGB Nr. 139. | 8 EuGH v. 25.1.2001 – Rs. C-172/99, AP Nr. 31 zu RL 77/187/EWG – Oy Liikenne AB. | 9 Grundl. für das europäische Recht insofern EuGH v. 11.3.1997 – Rs. C-13/95, AP Nr. 14 zu RL 77/187/EWG – Ayse Süzen, Tz. 11 f.; für das deutsche Recht BAG v. 11.12.1997 – 8 AZR 729/96, AP Nr. 172 zu § 613a BGB (Reinigung II); vgl. BAG v. 13.11.1997 – 8 AZR 295/95, AP Nr. 169 zu § 613a BGB = NZA 1998, 251 (Reinigung I/Wiedereinstellung). | 10 BAG v. 25.5.2000 – 8 AZR 337/99, nv. (Catering II). | 11 BAG v. 22.1.1998 – 8 AZR 775/96, AP Nr. 174 zu § 613a BGB und v. 14.5.1998 – 8 AZR 418/98, NZA 1999, 483 (Neuvergabe eines Bewachungsauftrags I und II). | 12 BAG v. 11.12.1997 – 8 AZR 729/96, AP Nr. 172 zu § 613a BGB (Reinigung II), LS 2. | 13 S. dazu insb. Staudinger/*Annuß*, § 613a BGB Rz. 113 ff. (bejahend); *Willemsen* in Willemsen/Hohenstatt/Schweibert/Seibt, Rz. G 44 ff. (Erfordernis der Einstellung der Betriebstätigkeit durch den bisherigen Inhaber) ebenso für das schweizerische Recht (Art. 333 OR) *Wildhaber*, ZSR 2007, 463 (470).

vertragl. Übertragung einer „irgendwie gearteten Leitungsmacht“[1] nicht bedarf. Gelingt es dem künftigen Inhaber (zB Konkurrenzunternehmen) also, sich die erforderlichen Ressourcen (Personal, Räumlichkeiten etc.) ohne Mitwirkung des bisherigen Inhabers zu verschaffen, steht dies nach Auffassung der Rspr. einem Betriebsübergang nicht entgegen. Das BAG hat denn auch bereits mehrfach festgestellt, § 613a könne auch bei einem Auftragswechsel in einer **Konkurrenzsituation** erfüllt sein[2]. Andererseits hat es aber in Übereinstimmung mit dem EuGH[3] auch darauf hingewiesen, dass der Verlust eines Auftrags an einen Mitbewerber für sich genommen keinen Betriebsübergang darstelle und dass in einem solchen Falle das zuvor beauftragte Unternehmen zwar einen Kunden verliere, aber weiterbestehe, ohne dass einer seiner Betriebe oder Betriebsteile auf einen neuen Betriebsinhaber übertragen werde[4]. Dieser tatsächliche oder vermeintliche Widerspruch lässt sich nur auflösen, wenn man zwar kein Einverständnis des bisherigen Betriebsinhabers mit dem Betriebs(teil)übergang als solchem verlangt, wohl aber eine faktisch-konsensuale Mitwirkung dergestalt, dass er seine eigene Tätigkeit in dem betreffenden Betrieb/Betriebsteil bewusst einstellt (s. zum Erfordernis des Erlöschens der Inhaberschaft des bisherigen Rechtsträgers bereits Rz. 58 ff.)[5]. Ob dies freiwillig oder unter dem Druck der wirtschaftl. Verhältnisse (zB nach Auftragsverlust) geschieht, ist ohne Belang. Bei **objektbezogenen** Aufträgen (zB Reinigung, Bewachung, s. auch Rz. 38) kann es somit eine Einstellung der wirtschaftl. Tätigkeit in dem betreffenden Betriebsteil bedeuten, wenn der Auftrag an einen Dritten (= Konkurrenten) verloren geht und der bisherige Auftragnehmer das dort eingesetzte Personal nicht anderweitig beschäftigen kann (s. bereits Rz. 58).

Eine besondere **Freigabe** der ArbN durch den bisherigen Betriebsinhaber ist dann nicht erforderlich; **203**
durch sie kann aber die Aufgabe des Betriebs/Betriebsteils durch ihn besonders manifestiert werden. Die Aufgabe der eigenen wirtschaftl. Tätigkeit durch den früheren Inhaber kann auch darin zum Ausdruck kommen, dass er allen in dem jeweiligen Betrieb/Betriebsteil beschäftigten ArbN kündigt[6] oder an seine bisherigen Kunden Schreiben richtet, in denen er sie über die eigene Geschäftsaufgabe unterrichtet und einen Wechsel zum nunmehrigen Inhaber der Vertriebsberechtigung bzw. des jeweiligen Dienstleistungsauftrags empfiehlt[7].

Dem Satz, dass ein Betriebs(teil)übergang „durch Rechtsgeschäft“ auch bei einem Auftragswechsel in **204**
einer Konkurrenzsituation vorliegen könne, ist somit nur mit der vorgenannten Einschränkung beizupflichten; fehlt es an einem ausdrücklichen Konsens des bisherigen Betriebsinhabers, ist jeweils zu prüfen, ob er in zurechenbarer Weise seinen Willen zur Beendigung der eigenen Inhaberstellung kundgetan hat. Diese Erklärung kann auch bereits im Vorhinein abgegeben werden, etwa durch Abschluss eines von vornherein **befristeten** oder jedenfalls **kündbaren Pachtvertrags**, womit sich das Vorhandensein einer rechtsgeschäftlichen Mitwirkung des Erstpächters im Falle des Pächterwechsels hinreichend darstellen lässt[8].

Fehlt es dagegen an einer zurechenbaren Mitwirkung des Betriebs(teil)inhabers, ist ein Entzug seiner **205**
Inhaberstellung und deren Überleitung auf einen Dritten selbst bei großzügiger Auslegung des Tatbestandmerkmals „durch Rechtsgeschäft“ nicht möglich. Wollte man anders entscheiden, hätte es bspw. der Vermieter der Betriebsräume und Sicherungseigentümer der Betriebsanlagen in der Hand, bei längerer (zB krankheitsbedingter) Abwesenheit des Betriebsinhabers einen Betriebsübergang auf einen Dritten (zB Konkurrenten) zu bewirken, indem er diesem Zugang zu den Betriebsräumen verschafft und die ArbN auffordert, neue Arbeitsverträge mit dem Dritten einzugehen. Ebenso wenig vermag selbst bei sog. betriebsmittelarmen Tätigkeiten das **gezielte Abwerben** der gesamten organisierten Hauptbelegschaft (s. Rz. 137) einen rechtsgeschäftlichen Betriebsübergang zu bewirken, zumal dadurch ein wettbewerbswidriges Verhalten[9] und der Vertragsbruch der ArbN gegenüber dem Betriebsinhaber sogar noch gesetzl. legitimiert würde. Ebenso wenig kann durch dauerhafte Betriebsbesetzung ein rechtsgeschäftlicher Betriebsübergang herbeigeführt werden.

---

1 So die wörtliche Formulierung in BAG v. 12.11.1998 – 8 AZR 282/97, AP Nr. 186 zu § 613a BGB (Benetton/Einzelhandel) und v. 18.3.1999 – 8 AZR 159/98, AP Nr. 189 zu § 613a BGB (Kfz-Handel). | 2 Grundl. BAG v. 11.12.1997 – 8 AZR 729/96, AP Nr. 172 zu § 613a BGB (Reinigung II). | 3 EuGH v. 11.3.1997 – Rs. C-13/95, AP Nr. 14 zu RL 77/187/EWG – Ayse Süzen, Tz. 16. | 4 BAG v. 11.12.1997 – 8 AZR 729/96, AP Nr. 172 zu § 613a BGB (Reinigung II); v. 22.1.1998 – 8 AZR 775/96, AP Nr. 174 zu § 613a BGB (Neuvergabe eines Bewachungsauftrags I); v. 14.5.1998 – 8 AZR 418/96, NZA 1999, 483 (Neuvergabe eines Bewachungsauftrags II). | 5 *Willemsen* in Willemsen/Hohenstatt/Schweibert/Seibt, Rz. G 44. Wie hier bereits BAG v. 12.11.1998 – 8 AZR 282/97, AP Nr. 186 zu § 613a BGB (Benetton/Einzelhandel) und v. 18.3.1999 – 8 AZR 159/98, AP Nr. 189 zu § 613a BGB (Kfz-Handel): „Der bisherige Inhaber muss seine wirtschaftliche Betätigung in dem Betrieb oder Betriebsteil einstellen.“ | 6 So lag es bei EuGH v. 11.3.1997 – Rs. C-13/95, AP Nr. 14 zu RL 77/187/EWG – Ayse Süzen, wo die bisherige Betriebsinhaberin nach Verlust des Reinigungsauftrags allen in dem betreffenden Objekt tätigen ArbN gekündigt hatte; ähnlich zB im Fall BAG v. 13.11.1997 – 8 AZR 295/95, AP Nr. 169 zu § 613a BGB (Reinigung I/Wiedereinstellung). | 7 Vgl. dazu EuGH v. 7.3.1996 – Rs. C-171/94 und Rs. C-172/94 – Merckx, Neuhuys sowie *Willemsen* in Willemsen/Hohenstatt/Schweibert/Seibt, Rz. G 44 Fn. 184 und G 45. | 8 IdS EuGH v. 5.5.1988 – Rs. C-144, 145/87, NZA 1990, 885; s. dazu *Willemsen* in Willemsen/Hohenstatt/Schweibert/Seibt, Rz. G 45; ErfK/*Preis*, § 613a BGB Rz. 60. | 9 S. dazu *Willemsen* in Willemsen/Hohenstatt/Schweibert/Seibt, Rz. G 44; ErfK/*Preis*, § 613a BGB Rz. 59.

206 Dies alles zeigt, dass § 613a einen **derivativen Erwerb**[1] der Betriebsinhaberstellung in dem Sinne verlangt, dass zwar kein direktes Rechtsgeschäft mit dem bisherigen Betriebsinhaber vorliegen, dieser aber jedenfalls konkludent durch Aufgabe der eigenen Betriebstätigkeit die notwendige Voraussetzung für den Betriebsinhaberwechsel (s. auch Rz. 57 ff.) in zurechenbarer Weise geschaffen haben muss[2].

207 **d) Rechtslage bei unwirksamem oder bedingtem Rechtsgeschäft.** Nach diesem Lösungsansatz ist auch zu entscheiden, wie es sich auswirkt, wenn zwar ein „echtes" Rechtsgeschäft (zB Betriebspachtvertrag) vorliegt, dieses sich aber (zB wegen Geschäftsunfähigkeit des Verpächters) als **nichtig** erweist. Da nicht die Betriebsführungsbefugnis selbst Gegenstand des Rechtsgeschäfts ist[3], es vielmehr genügt, dass die Inhaberschaft des bisherigen ArbGeb erlischt und ein Dritter auf rechtsgeschäftlicher Grundlage in diese Position eintritt, kann auch ein von Anfang an – etwa wegen Geschäftsunfähigkeit (§ 104 II) – oder nachträglich – insb. wegen Anfechtung (§ 142) – unwirksames Rechtsgeschäft zur Übertragung der Inhaberstellung führen[4]. Entsprechendes gilt auch bei Nichtigkeit infolge **Formmangels** nach § 125[5]. Die Rückabwicklung des unwirksamen Vertrags führt dann ihrerseits wiederum zu einem Betriebsübergang auf den bisherigen Inhaber[6], und zwar einschließlich zwischenzeitlich neu begründeter Arbeitsverhältnisse[7]. Beruht die Unwirksamkeit auf einem **Mangel der Geschäftsfähigkeit**, können die Grundsätze des Schutzes Geschäftsunfähiger allerdings Einschränkungen gebieten[8]. Die vorgenannten Grundsätze gelten entsprechend, wenn der Übertragungsvertrag mit einem **Rücktrittsrecht** versehen wurde[9]. Auch ein **bedingtes Rechtsgeschäft** kann Grundlage für einen Betriebsübergang sein[10].

208 **3. Einzel- und Sonderfälle. a) Zwangsversteigerung/Zwangsverwaltung.** Ein Betrieb oder Betriebsteil als solcher kann nicht Gegenstand der Zwangsversteigerung oder Zwangsverwaltung sein; vielmehr können sich die Vollstreckungsakte lediglich auf einzelne Teile des Betriebsvermögens (Grundstücke, bewegliches Anlagevermögen etc.) beziehen. Der Zuschlag in der Zwangsversteigerung ist im Übrigen ein staatlicher Hoheitsakt, mithin kein Rechtsgeschäft iSv. § 613a[11]. Zu einem rechtsgeschäftlichen Betriebs(teil)übergang kann es aber kommen, wenn der Ersteigerer durch **ergänzende Rechtsgeschäfte** mit dem Schuldner als bisherigem Betriebsinhaber oder – im Falle der Zwangsverwaltung nach dem ZVG – mit dem Zwangsverwalter weitere Gegenstände des Betriebsvermögens erwirbt, um mit diesen den Betrieb unverändert fortzuführen[12]. Geschieht dies nicht, scheidet ein Betriebsübergang aus, und zwar nicht nur wegen Fehlens eines Rechtsgeschäfts, sondern auch, weil die Zwangsversteigerung nicht zum Übergang eines Betriebs/Betriebsteils iS einer wirtschaftl. Organisationseinheit führt[13]. Auch eine analoge Anwendung des § 613a scheidet insoweit aus[14]. Es handelt sich dann um eine Neueröffnung durch den Ersteher bei gleichzeitiger Stilllegung des bisherigen Betriebs[15].

209 Führt der Zwangsverwalter den Betrieb während der Zwangsverwaltung fort, liegt dem notwendigerweise eine Vereinbarung mit dem Schuldner zugrunde, weil die Anordnung der Zwangsverwaltung nicht zur Beschlagnahme des Betriebs als solchem führt[16]. Dieses Rechtsgeschäft führt zu einem **Betriebsübergang auf den Zwangsverwalter** gem. § 613a[17]. Entsprechendes gilt, wenn der Zwangsverwalter den Betrieb an einen Dritten verpachtet[18].

210 **b) Insolvenz.** Durch die Eröffnung des Insolvenzverfahrens nach der InsO ändert sich an der Betriebsinhaberschaft des Gemeinschuldners nichts. Der Insolvenzverwalter kann zwar im Rahmen seiner Verwaltungspflicht nach §§ 80, 148, 159 InsO den Betrieb fortführen; er handelt dabei aber als gesetzl. Vertreter des Gemeinschuldners, dessen ArbGeb-Funktion er ausübt, ohne selbst in die Stellung des ArbGeb und Betriebsinhabers einzurücken[19]. Veräußert der Insolvenzverwalter den Betrieb oder einzelne abgrenzbare (s. Rz. 33 ff.) Betriebsteile im Rahmen der Masseverwertung an einen Dritten, liegt dem unzweifelhaft ein Rechtsgeschäft iSv. § 613a zugrunde. Den Besonderheiten des Insolvenzverfahrens ist

---

1 Vgl. *Willemsen*, ZIP 1986, 477 (486); zust. ErfK/*Preis*, § 613a BGB Rz. 59. | 2 Vgl. *Willemsen* in Willemsen/Hohenstatt/Schweibert/Seibt, Rz. G 44, 46. | 3 S. bereits Rz. 196 sowie Staudinger/*Annuß*, § 613a BGB Rz. 118. | 4 BAG v. 6.2.1985 – 5 AZR 411/83, AP Nr. 44 zu § 613a BGB; LAG Brandenburg v. 22.7.1999 – 8 Sa 102/99, LAGE § 613a BGB Nr. 77; Erman/*Edenfeld*, § 613a BGB Rz. 31. Anders allerdings, wenn der Betrieb infolge Nichtigkeit des Veräußerungsgeschäfts an den Betriebsveräußerer „zurückfällt", bevor die Einnahme der tatsächlichen Leitungsmacht durch den Erwerber abgeschlossen war; LAG Köln v. 7.12.2001 – 11 Sa 867/01, NZA-RR 2002, 514. | 5 ErfK/*Preis*, § 613a BGB Rz. 61. | 6 Staudinger/*Annuß*, § 613a BGB Rz. 119; *Seiter*, Betriebsinhaberwechsel, 1980, S. 48. | 7 Ebenso *Seiter*, Betriebsinhaberwechsel, 1980, S. 48. | 8 S. dazu MünchArbR/*Wank*, § 124 Rz. 95 mwN; KR/*Pfeiffer*, § 613a BGB Rz. 80; Staudinger/*Annuß*, § 613a BGB Rz. 119. | 9 BAG v. 15.12.2005 – 8 AZR 202/05, ZIP 2006, 1145 (Druckerei II), Tz. 47. | 10 BAG v. 15.12.2005 – 8 AZR 202/05, ZIP 2006, 1145 (Druckerei II), Tz. 47. | 11 Ebenso *Seiter*, Betriebsinhaberwechsel, 1980, S. 140; ErfK/*Preis*, § 613a BGB Rz. 64. | 12 BAG v. 14.10.1982 – 2 AZR 811/79, AP Nr. 36 zu § 613a BGB; Erman/*Edenfeld*, § 613a BGB Rz. 35; Staudinger/*Annuß*, § 613a BGB Rz. 128. | 13 Zutr. Staudinger/*Annuß*, § 613a BGB Rz. 128. | 14 Ebenso ErfK/*Preis*, § 613a BGB Rz. 64; *Seiter*, Betriebsinhaberwechsel, 1980, S. 140; Staudinger/*Annuß*, § 613a BGB Rz. 128. | 15 Ebenso *Seiter*, Betriebsinhaberwechsel, 1980, S. 140 und ErfK/*Preis*, § 613a BGB Rz. 64. | 16 Vgl. §§ 146, 148, 151 ZVG; BAG v. 9.1.1980 – 5 AZR 21/78, AP Nr. 19 zu § 613a BGB m. Anm. *Vollkommer*; *Richardi*, RdA 1976, 56 (60). | 17 BAG v. 9.1.1980 – 5 AZR 21/78, AP Nr. 19 zu § 613a BGB; v. 14.10.1982 – 2 AZR 811/79, AP Nr. 36 zu § 613a BGB. | 18 Staudinger/*Richardi*/*Annuß*, § 613a BGB Rz. 129. | 19 Vgl. BAG v. 30.1.1991 – 5 AZR 32/90, AP Nr. 18 zu § 630 BGB; ErfK/*Preis*, § 613a BGB Rz. 63; zum Ganzen (noch unter der Geltung der Konkursordnung) *Willemsen*, ArbN-Schutz bei Betriebsänderung im Konkurs, 1980, S. 50 ff.; aA im Hinblick auf § 80 InsO offenbar Staudinger/*Richardi*/*Annuß*, § 613a BGB Rz. 99.

solchenfalls nicht auf der Tatbestands-, sondern auf der Rechtsfolgenseite Rechnung zu tragen (s. Rz. 357 ff.)[1].

c) Sicherungsübertragung. Die Sicherungsübertragung Einzelner oder auch sämtlicher Gegenstände des Betriebsvermögens führt regelmäßig **nicht** zu einem **Betriebsübergang**, weil und solange die Befugnis zur Führung des Betriebs im eigenen Namen beim bisherigen Inhaber verbleibt, der Sicherungsnehmer also nicht in diese Position eintritt. Daran ändert sich auch dadurch nichts, dass sich der Betriebsinhaber im Innenverhältnis weit reichenden Mitspracherechten seiner Gläubiger (zB eines Bankenpools) unterwirft[2]. 211

d) Miet- und Pachtverträge. Die Verpachtung eines Betriebs stellt unzweifelhaft einen „Standardfall" der Betriebsübernahme durch Rechtsgeschäft dar, wofür bereits die Nutzungsüberlassung an den Gegenständen des Betriebsvermögens auf Zeit ausreicht (s. Rz. 46). Bei Mietverträgen bedarf es dagegen im Einzelfall sorgfältiger Prüfung, ob sie sich lediglich auf isolierte Einzelgegenstände (zB die „nackten" Geschäftsräume) beziehen (dann *kein* Fall des § 613a) oder ob ggf. im Verbund mit anderen Rechtsgeschäften eine komplette betriebliche Organisationsstruktur übergeht; auch der tatsächlichen Übernahme bzw. Weiterbeschäftigung von Personal kommt in diesem Zusammenhang erhebliche Bedeutung zu (s. Rz. 139 ff.)[3]. 212

Der (unmittelbare) Pächterwechsel stellt einen rechtsgeschäftlichen Betriebsübergang dar (s. Rz. 204). Auch der **Rückfall der Pachtsache** an den Verpächter kann sich als rechtsgeschäftlicher Betriebsübergang darstellen; allerdings nur, wenn der Verpächter den Betrieb auch tatsächlich fortführt (s. Rz. 66). 213

e) Auftragsvergabe und -nachfolge (insb. in den Fällen des „Outsourcing"). Die **erstmalige Vergabe** bislang innerbetrieblich ausgeführter Tätigkeiten (zB Reinigung, Bewachung, Wartung etc.) stellt unzweifelhaft ein Rechtsgeschäft dar; ob sie aber zu einem Betriebs(teil)übergang nach § 613a führt, hängt ausschließlich davon ab, ob mit der Auftragsvergabe der Übergang einer wirtschaftl. Einheit verbunden ist, was gerade in den Fällen des Outsourcing eine sorgfältige Prüfung anhand des Sieben-Punkte-Katalogs (s. Rz. 99 ff.) erfordert. Eindeutig ist nach der Rspr. sowohl des EuGH als auch des BAG, dass die Tätigkeit als solche noch keine wirtschaftl. Einheit ist (s. Rz. 14). Die Auftragsvergabe ohne Übertragung der für die Identität der betrieblichen Organisation maßgeblichen Ressourcen an den Auftragnehmer stellt somit lediglich einen Fall der – von § 613a nicht erfassten – Funktionsnachfolge dar (s. auch Rz. 172 ff.). Es ist also grds. weiterhin möglich, bestimmte Arbeiten, die bisher von eigenem Personal verrichtet wurden, auf ein Drittunternehmen zu übertragen („outzusourcen"), ohne dass dies die Rechtsfolgen des § 613a auslösen muss. Einen solchen Fall betraf zB das BAG-Urteil v. 22.1.1998[4], in dem eine Kaufhauskette ihre Abteilung „Technische Kundendienste" in sämtlichen Filialen aufgelöst und die dort bisher ausgeführten Reparatur- und Servicearbeiten einem Fremdunternehmen übertragen hatte, das weder Arbeitsmittel noch Personal übernahm. 214

Ob im Falle der **Auftragsneuvergabe** ein Betriebs(teil)übergang von dem ersten auf den zweiten Auftragnehmer stattfindet, ist ebenfalls keine Frage des „Rechtsgeschäfts", sondern hängt ausschließlich davon ab, ob der Auftragsnachfolger die die betriebliche Organisationsstruktur verkörpernden materiellen, immateriellen und – vor allem bei sog. betriebsmittelarmen Tätigkeiten – personellen Ressourcen seines „Vorgängers" übernimmt und für eigene betriebliche Zwecke weiternutzt. Auch hier lässt sich somit die Anwendung des § 613a durch bewusste Beschränkung auf eine „reine" Funktionsnachfolge vermeiden. 215

In den Fällen des Outsourcing – wie auch in den meisten sonstigen praktischen Fallgestaltungen – liegt somit der Schwerpunkt der Prüfung nicht bei der Frage des Vorliegens eines „Rechtsgeschäfts", sondern darin, ob überhaupt ein Betriebsübergang festzustellen ist[5]. 216

V. Abschließende Bewertung. Durch die Entscheidung des EuGH in Sachen *Ayse Süzen* vom 11.3.1997 (s. Rz. 3) und die hierdurch direkt ausgelöste Neuorientierung der Rspr. des BAG (s. Rz. 12 und 68 f.) ist die Abgrenzung des Tatbestandes von § 613a zwar um einiges rationaler geworden, zumal damit eine kontinuierliche Rückbesinnung auf den eigentlichen „Normkern" verbunden ist, zu der die Rspr. des BAG inzwischen erhebliche Beiträge geleistet hat. Der seither immer wieder herangezogene Sieben-Punkte-Katalog lässt jedoch eine hierarchische Strukturierung vermissen und überlässt den Gerichten wegen des nicht näher konkretisierten Erfordernisses einer „Gesamtbewertung" in der Praxis einen **erheblichen Beurteilungsspielraum**. Allerdings erlaubt es das mittlerweile recht umfangreiche Rspr.- 217

---

1 Grundl. BAG v. 17.1.1980 – 3 AZR 160/79, AP Nr. 18 zu § 613a BGB; *Wiedemann/Willemsen*, RdA 1980, 419 ff.; *Willemsen*, ZIP 1983, 411 (417 f.). | 2 Vgl. BAG v. 20.3.2003 – 8 AZR 312/02, BB 2003, 1793; v. 14.8.2007 – 8 AZR 803/06, NZA 2007, 1428 (Frischelager); *Willemsen*, Anm. zu BAG v. 20.11.1984 – 3 AZR 584/83, AP Nr. 38 zu § 613a BGB; zust. Staudinger/*Annuß*, § 613a BGB Rz. 124. | 3 Vgl. dazu insb. BAG v. 22.5.1997 – 8 AZR 101/96, AP Nr. 154 zu § 613a BGB (*Franzen*) (Modegeschäft). | 4 BAG v. 22.1.1998 – 8 AZR 243/95, AP Nr. 173 zu § 613a BGB (Technische Kundendienste). | 5 Ebenso Staudinger/*Richardi/Annuß*, § 613a BGB Rz. 120; ausf. zur Anwendung des § 613a in den Fällen der Fremdvergabe *Waas*, ZfA 2001, 377 ff.

Material, sich mittels klarer Positiv- und Negativfälle an die Lösung des konkreten Einzelfalls heranzutasten[1]. Durch die – in die Hand des **Experten** gehörende – Gestaltung auf der Tatbestandsebene lassen sich bei richtiger Anwendung und Bewertung der von der Rspr. entwickelten Kriterien die Rechtsfolgen des § 613a durchaus gezielt vermeiden, was **nichts** mit einer unzulässigen Gesetzesumgehung zu tun hat[2].

218 Wie bei allen zwingenden Normen, zu der auch § 613a gehört, erstreckt sich der Ausschluss der Parteidisposition auf die Rechtsfolgenseite (dazu nachfolgend Rz. 245), nicht jedoch auf die Auslösung der tatbestandlichen Voraussetzungen. Wo die ratio legis nicht betroffen ist (wie zB bei Verzicht auf jedwede Weiterbeschäftigung des Personals im Falle betriebsmittelarmer Tätigkeiten), kann im Hinblick auf § 613a auch nichts umgangen werden; für eine analoge Anwendung der Bestimmung ist solchenfalls kein Raum.

219 Soweit es um Fälle sog. **Gestaltungsmissbrauchs** geht, richten diese sich typischerweise gegen die Rechtsfolgen der Norm, etwa, wenn allen ArbN unmittelbar vor einem Betriebsübergang (uU sogar mit deren Einverständnis) gekündigt wird, damit sie anschließend vom Erwerber neu eingestellt werden (s. Rz. 306)[3].

220 Wenn die Rechtsfolgen des § 613a vermieden werden sollen, muss somit auf der Tatbestandsseite angesetzt werden; auf die damit verbundenen **Gestaltungsfragen** ist hier nicht im Einzelnen einzugehen[4]. Der Schwerpunkt liegt auch hier – ebenso wie bei der richterlichen Beurteilung bereits abgeschlossener Sachverhalte – bei dem Übergang des Betriebs/Betriebsteils als solchem, während das Merkmal „durch Rechtsgeschäft" infolge seiner sehr weiten Auslegung durch die Rspr. nur selten als Korrektiv in Betracht kommt.

221 **D. Rechtsfolgen des Betriebsübergangs. I. Übergang der Arbeitsverhältnisse. 1. Arbeitgeberwechsel.** Liegen die Voraussetzungen des § 613a I 1 vor, so tritt der neue Betriebsinhaber kraft Gesetzes „in die Rechte und Pflichten aus den im Zeitpunkt des Übergangs bestehenden Arbeitsverhältnissen ein". Der bisherige Betriebsinhaber scheidet aus dem Arbeitsverhältnis aus, bleibt aber im Umfang des Abs. 2 Haftungsschuldner. Es findet ein Vertragspartnerwechsel auf ArbGebSeite statt[5]. Der Einwilligung (Zustimmung oder Genehmigung) des ArbN bedarf es insoweit nicht[6]. Zum Widerspruchsrecht vgl. Rz. 355 ff.

222 **Erfasst** werden sämtliche dem übertragenen Betrieb oder Betriebsteil zuzuordnenden (vgl. Rz. 225 ff.) Arbeitsverhältnisse aktiver (zu Ruhestandsverhältnissen vgl. Rz. 236 ff.) ArbN unabhängig davon, ob es sich um **Arbeiter**, **Angestellte** oder **leitende Angestellte** iSd. § 5 III BetrVG[7] handelt. Auch **Teilzeitarbeitsverhältnisse** und **befristete Arbeitsverhältnisse** werden erfasst. Darauf, ob der Arbeitsvertrag wirksam ist, kommt es nicht an. Entscheidend ist das Bestehen eines Arbeitsverhältnisses. Auch **fehlerhafte Arbeitsverhältnisse** gehen deshalb auf den neuen Inhaber über[8]. Ebenso unerheblich ist, ob der ArbN im Zeitpunkt des Betriebsübergangs **Kündigungsschutz** genießt[9].

222a Eine **vorübergehende Suspendierung** der wechselseitigen Hauptpflichten aus dem Arbeitsverhältnis (**Mutterschutz, Elternzeit, Wehrdienst** etc.) steht dessen Übergang nicht entgegen. Wird das Arbeitsverhältnis für Zwecke einer befristeten **Auslandsentsendung** des ArbN ruhend gestellt, so tritt deshalb der Erwerber des Betriebs, in dem der ArbN für gewöhnlich beschäftigt wird, in das ruhende Arbeitsverhältnis ein[10]. **ATZ-Verhältnisse** sind Arbeitsverhältnisse und werden grds. erfasst[11]. Dies gilt nach zutreffendem Verständnis auch für im Blockmodell durchgeführte ATZ-Verhältnisse, wenn der Betriebsübergang in die Freistellungsphase fällt. Denn das ATZ-Verhältnis besteht während der Freistellungsphase fort; der ArbN ist lediglich in Vorleistung getreten und deshalb nicht mehr zur Arbeitsleistung verpflichtet[12].

222b Eine **Kündigung** des Arbeitsverhältnisses steht dem Übergang nicht entgegen, sofern die Kündigungsfrist im Zeitpunkt des Betriebsübergangs noch nicht abgelaufen ist[13]. Wird der ArbN noch nach Ablauf der Kündigungsfrist **weiterbeschäftigt**, so ist zu differenzieren. In den Fällen des **§ 102 V BetrVG** nimmt die hM an, das Arbeitsverhältnis bestehe auflösend bedingt durch die rechtskräftige Abweisung der

---

1 S. dazu die umfangreiche Darstellung bei *Willemsen* in Willemsen/Hohenstatt/Schweibert/Seibt, Rz. G 117 ff. | 2 Hierauf hat *Müller-Glöge*, selbst vormals Richter in dem für Fragen des § 613a zuständigen 8. Senats, zutr. hingewiesen (NZA 1999, 449, 454). Kritischer demgegenüber ErfK/*Preis*, § 613a BGB Rz. 39 sowie *Preis/Steffan*, DB 1998, 309 ff. | 3 Vgl. dazu BAG v. 20.7.1982 – 3 AZR 261/80, AP Nr. 31 zu § 613a BGB; v. 11.7.1995 – 3 AZR 154/95, AP Nr. 56 zu § 1 TVG – Tarifverträge: Einzelhandel. | 4 Vgl. stattdessen *Commandeur/Kleinbrink*, NZA-RR 2004, 449; *Hohenstatt/Grau*, NJW 2007, 29; *Lunk*, FS 25 Jahre Arbeitsgemeinschaft Arbeitsrecht im DAV, 2006, S. 645; *Willemsen* in Willemsen/Hohenstatt/Schweibert/Seibt, Rz. G 134 ff. | 5 BAG v. 22.2.1978 – 5 AZR 800/76, AP Nr. 11 zu § 613a BGB. | 6 BAG v. 30.10.1986 – 2 AZR 101/85, AP Nr. 55 zu § 613a BGB. | 7 BAG v. 22.2.1978 – 5 AZR 800/76, AP Nr. 11 zu § 613a BGB. | 8 Staudinger/*Richardi/Annuß*, § 613a BGB Rz. 138. | 9 Staudinger/*Richardi/Annuß*, § 613a BGB Rz. 137. | 10 BAG v. 14.7.2005 – 8 AZR 392/04, Pressemitteilung 44/05. | 11 BAG v. 19.10.2004 – 9 AZR 647/03, NZA 2005, 408 ff. | 12 Offen gelassen von BAG v. 19.10.2004 – 9 AZR 645/03, NZA 2005, 527 ff.; wie hier LAG Düsseldorf v. 22.10.2003 – 12 Sa 1202/03, ZIP 2004, 272 ff.; ErfK/*Preis*, § 613a BGB Rz. 67; aA *Hanau*, RdA 2003, 230 (231). | 13 BAG v. 22.2.1978 – 5 AZR 800/76, AP Nr. 11 zu § 613a BGB.

Arbeitsverhältnisses zu der übertragenen Einheit[1]. Darauf, ob der zurückbleibende Bereich infolge des Betriebs(teil)übergangs möglicherweise nicht mehr sinnvoll fortgeführt werden kann und den in diesem beschäftigten ArbN deshalb eine betriebsbedingte Kündigung droht, kommt es nicht an[2]. Nach zutreffendem Verständnis bleibt das Arbeitsverhältnis selbst dann beim bisherigen Betriebsinhaber zurück, wenn der ArbN innerhalb des nicht übertragenen Querschnittsbereichs ausschließlich für die übertragene Einheit tätig war[3]. Auch in diesen Fällen fehlt es hinsichtlich des zu betrachtenden Arbeitsverhältnisses an der Übernahme einer eingerichteten Arbeitsorganisation. Es liegt nicht anders als in den Fällen eines Auftragsverlusts (s. Rz. 214 f.). Widerspricht der ArbN im Falle eines Betriebsteilübergangs dem Übergang seines Arbeitsverhältnisses, bedarf es einer ausdrücklichen oder konkludenten Zuordnungsentscheidung des ArbGeb, wenn das Arbeitsverhältnis von einem weiteren Betriebsteilübergang erfasst werden soll[4].

227 Schwierigkeiten bereitet die Zuordnung der Arbeitsverhältnisse von ArbN, die **teils in übertragenen** Einheiten, **teils in nicht übertragenen Einheiten tätig** werden (zB Springer). Hier soll der Schwerpunkt der Tätigkeit darüber entscheiden, ob das Arbeitsverhältnis übergeht[5], wobei jedoch sowohl der Zeitraum der Betrachtung als auch das erforderliche Maß an Eindeutigkeit in der Schwerpunktbetrachtung unklar bleiben. Darüber hinaus ist unklar, was gilt, wenn ein eindeutiger Schwerpunkt des Arbeitsverhältnisses nicht feststellbar ist. Die vorgeschlagenen Lösungen reichen von einem Zurückbleiben des Arbeitsverhältnisses beim bisherigen Betriebsinhaber[6] über ein Wahlrecht des ArbGeb[7] bis hin zu einem Wahlrecht des ArbN[8]. Für die Praxis empfiehlt es sich, mit betriebs(teil)übergreifend tätigen ArbN eine Vereinbarung über den Übergang bzw. das Zurückbleiben ihres Arbeitsverhältnisses zu schließen. Derartige Vereinbarungen sind zulässig[9].

228 Für Betriebs(teil)übertragungen durch Umwandlung enthält **§ 323 II UmwG** eine **Sonderregelung** zur Zuordnung von Arbeitsverhältnissen (vgl. hierzu die Kommentierung zu § 323 UmwG).

229 **3. Eintritt in die Rechte und Pflichten aus dem Arbeitsverhältnis. a) Ansprüche des Arbeitnehmers.** Infolge des in Abs. 1 S. 1 angeordneten Parteiwechsels auf ArbGebSeite (Rz. 221) wird der neue Betriebsinhaber Schuldner sämtlicher **arbeitsvertragl. Ansprüche** der übergehenden ArbN. Er hat deshalb insb. die zwischen diesen und dem bisherigen Betriebsinhaber vereinbarten Löhne, Gehälter und Nebenleistungen (Gratifikationen etc.) zu zahlen. Der Schuldnerwechsel betrifft auch **rückständige Lohn- und Gehaltsansprüche**[10], was insb. in Fällen untertarifl. oder gegen Diskriminierungsverbote verstoßender Bezahlung eine bedeutsame Rolle spielen kann. Zur betrAV vgl. Rz. 236 ff.

230 Zu den übergehenden Ansprüchen gehören auch solche aus **betrieblicher Übung**[11]. Ist im Zeitpunkt des Betriebsübergangs noch keine Bindungswirkung eingetreten, so kann der neue Betriebsinhaber die Übung abbrechen und hierdurch das Entstehen individualvertragl. Ansprüche verhindern. Setzt der neue Betriebsinhaber die im Entstehen begriffene Übung demgegenüber fort, so muss er die vom bisherigen Inhaber gesetzten Vertrauenstatbestände gegen sich gelten lassen[12]. Werden ArbN übernommen, die Ansprüche aus einer in ihrem früheren Betrieb bestehenden betrieblichen Übung haben, erstreckt sich diese nicht ohne weiteres auf die Stammbelegschaft des Übernehmers[13].

231 Der neue Betriebsinhaber tritt nur in **Ansprüche aus dem Arbeitsverhältnis** ein. Abgrenzungsschwierigkeiten bestehen insoweit in Bezug auf Vertragsverhältnisse, die der bisherige Betriebsinhaber und der ArbN **außerhalb des Arbeitsverhältnisses** eingehen (ArbGebDarlehen, Wohnraummietverträge etc.) sowie in Bezug auf **Vertragsverhältnisse des ArbN mit Dritten** (Aktienoptionen oder Versorgungszusagen der Konzernobergesellschaft etc.). Derartige Vertragsbeziehungen gehen grds. nicht zusammen mit dem Arbeitsverhältnis auf den neuen Betriebsinhaber über[14]. Der neue Betriebsinhaber wird deshalb zB nicht Gläubiger eines zwischen dem bisherigen Betriebsinhaber und dem ArbN neben

---

1 Vgl. BAG v. 13.11.1997 – 8 AZR 375/96, AP Nr. 170 zu § 613a BGB (Stabsfunktion bei Betriebsteilübergang); *Müller/Thüsing*, ZIP 1997, 1869 (1875). | 2 BAG v. 13.11.1997 – 8 AZR 375/96, AP Nr. 170 zu § 613a BGB (Stabsfunktion bei Betriebsteilübergang); *Annuß*, BB 1998, 1582 (1586); *Müller-Glöge*, NZA 1999, 449 (453). | 3 EuGH v. 7.2.1985 – Rs. C-186/83, Slg. 1985, 519 – Botzen; BAG v. 8.8.2002 – 8 AZR 583/01, NZA 2003, 315; Staudinger/*Richardi/Annuß*, § 613a BGB Rz. 141 f.; *Willemsen* in Willemsen/Hohenstatt/Schweibert/Seibt, Rz. G 158; *Müller/Thüsing*, ZIP 1997, 1869 (1875); aA ErfK/*Preis*, § 613a BGB Rz. 72; KR/*Pfeiffer*, § 613a BGB Rz. 106. | 4 BAG v. 13.2.2003 – 8 AZR 102/02, AP Nr. 245 zu § 613a BGB; vgl. v. 25.9.2003 – 8 AZR 446/02, ArbRB 2003, 321. | 5 BAG v. 20.7.1982 – 3 AZR 261/80, AP Nr. 31 zu § 613a BGB; v. 25.6.1985 – 3 AZR 254/83, AP Nr. 23 zu § 7 BetrAVG; *Annuß*, BB 1998, 1582; *Kreitner*, NZA 1990, 429 (431); *Willemsen* in Willemsen/Hohenstatt/Schweibert/Seibt, Rz. G 158. | 6 *Kreitner*, NZA 1990, 429 (432); *Willemsen* in Willemsen/Hohenstatt/Schweibert/Seibt, Rz. G 159. | 7 *Annuß*, NZA 1998, 70 (77); *Bauer*, Unternehmensveräußerung und Arbeitsrecht (1983), S. 47. | 8 ErfK/*Preis*, § 613a BGB Rz. 72; *Müller/Thüsing*, ZIP 1997, 1869 (1873 f.). | 9 BAG v. 20.7.1982 – 3 AZR 261/80, AP Nr. 31 zu § 613a BGB; BAG v. 25.6.1985 – 3 AZR 254/83, AP Nr. 23 zu § 7 BetrAVG; *Kreitner*, NZA 1990, 429 (432). | 10 BAG v. 18.8.1976 – 5 AZR 95/75, AP Nr. 4 zu § 613a BGB. | 11 MünchArbR/*Richardi*, § 13 Rz. 1 ff.; *Schaub*, § 111 Rz. 1 ff. | 12 APS/*Steffan*, § 613a BGB Rz. 94; ErfK/*Preis*, § 613a BGB Rz. 74; *B. Gaul*, Betriebs- und Unternehmensspaltung, § 13 Rz. 3; MüKo/*Müller-Glöge*, § 613a BGB Rz. 95. | 13 BAG v. 14.11.2001 – 10 AZR 152/01, NZA 2002, 527. | 14 Ausf. *Willemsen*, FS Wiedemann, 2002, S. 646 ff.; vgl. auch *Moll*, FS BAG, 2004, S. 59 ff.

Kündigungsschutzklage fort[1]. Folgt man dem, so wird man annehmen müssen, dass der Betriebserwerber in das fortbestehende Arbeitsverhältnis eintritt[2]. In den Fällen der **freiwilligen Weiterbeschäftigung** wird entweder das gekündigte Arbeitsverhältnis fortgesetzt oder ein neues Arbeitsverhältnis begründet, und zwar jeweils auflösend bedingt durch die rechtskräftige Abweisung der Kündigungsschutzklage[3]. Im einen wie im anderen Fall liegt der Weiterbeschäftigung ein Arbeitsverhältnis zugrunde, in das der neue Inhaber auch bei Unterliegen des ArbN im Kündigungsschutzprozess eintritt[4]. An einer arbeitsvertragl. Grundlage fehlt es demgegenüber, wenn der ArbN auf Grund des **richterrechtl. entwickelten Weiterbeschäftigungsanspruchs** fortbeschäftigt wird. Damit fehlt auch jede Grundlage für einen Eintritt des neuen Inhabers in das gekündigte Arbeitsverhältnis. Allerdings richtet sich der Weiterbeschäftigungsanspruch ab dem Inhaberwechsel gegen den neuen Inhaber, weshalb dieser den ArbN während des Kündigungsschutzprozesses beschäftigen muss[5].

Die Arbeitsverhältnisse von **LeihArbN** iSd. § 1 I AÜG gehen gem. Abs. 1 S. 1 über, wenn der Verleiher seinen Betrieb auf einen neuen Inhaber überträgt[6], nicht jedoch im Falle einer Betriebsübertragung durch den Entleiher. Zu diesem stehen die überlassenen ArbN nicht in einem Arbeitsverhältnis. Anders verhält es sich, wenn zwischen dem LeihArbN und dem Entleiher kraft gesetzl. Fiktion gem. § 10 I AÜG ein Arbeitsverhältnis zu Stande gekommen ist[7]. Auf **Berufsausbildungsverhältnisse** findet § 613a gem. § 10 II BBiG entsprechende Anwendung[8]. Sind die Auszubildenden in einer zentralen Ausbildungseinheit zusammengefasst, so gehen ihre Berufsausbildungsverhältnisse gem. Abs. 1 S. 1 auf den neuen Inhaber über, wenn diese Einheit übertragen wird, nicht jedoch im Falle einer Übertragung des Betriebs(teils), in dem sie vorübergehend zum Zwecke ihrer Ausbildung eingesetzt werden[9]. 223

Nicht erfasst werden **Ruhestandsverhältnisse**, und zwar auch dann nicht, wenn der ArbN nach Eintritt des Versorgungsfalls im Rahmen eines neuen Arbeitsverhältnisses weiterbeschäftigt wird, ohne die Versorgungsleistungen in Anspruch zu nehmen (vgl. auch Rz. 236 ff.)[10]. **Provisionsansprüche** aus Arbeitsverhältnissen, die im Zeitpunkt des Betriebsübergangs bereits **beendet** sind, muss der neue Betriebsinhaber auch dann nicht erfüllen, wenn diese erst nach dem Betriebsübergang fällig werden[11]. Ebenfalls nicht erfasst werden **freie Dienstverhältnisse**. Insb. Dienstverträge mit freien Mitarbeitern, Beratern und Organmitgliedern[12] gehen nicht nach Abs. 1 S. 1 auf den neuen Betriebsinhaber über. Jedoch muss jeweils geprüft werden, ob nicht ein ruhendes Arbeitsverhältnis besteht, das übergehen kann. **Arbeitnehmerähnliche Personen** (§ 12a I TVG) sind den ArbN zwar in vielfacher Hinsicht gleichgestellt, nicht jedoch im Hinblick auf § 613a[13]. Auf **Heimarbeitsverhältnisse** findet § 613a keine, auch keine entsprechende Anwendung[14]. Auch **Beamtenverhältnisse** fallen nicht in den Anwendungsbereich der Vorschrift[15]. 224

2. Zuordnung der Arbeitsverhältnisse. Die Zuordnung der Arbeitsverhältnisse bereitet keine Schwierigkeiten, wenn sämtliche Betriebe des Unternehmens übertragen werden. In diesem Fall gehen alle im Zeitpunkt des Übergangs mit dem bisherigen Inhaber bestehenden Arbeitsverhältnisse auf den neuen Inhaber über. Wird demgegenüber lediglich einer von mehreren Betrieben oder ein Betriebsteil übertragen, so ist zu entscheiden, welche Arbeitsverhältnisse auf den neuen Inhaber übergehen und welche zurückbleiben. Nach zutreffendem Verständnis muss der ArbN dem übertragenen Betrieb(steil) angehören, damit sein Arbeitsverhältnis erfasst wird. Dies ist nur dann der Fall, wenn der ArbN *in* dem übertragenen Betrieb(steil) beschäftigt ist. Nicht ausreichend ist es demgegenüber, dass er als Beschäftigter einer nicht übertragenen Einheit Tätigkeiten *für* den übertragenen Betrieb(steil) verrichtet. 225

Die Arbeitsverhältnisse von ArbN aus nicht mitübertragenen **Querschnittsbereichen** (zentrale Buchhaltung, Werkskantine etc.) gehen deshalb nicht auf den neuen Inhaber über[16]. Dies gilt ohne weiteres, wenn der ArbN innerhalb des zurückbleibenden Querschnittsbereichs lediglich auch für den übertragenen Betrieb(steil) tätig war, denn in diesem Fall fehlt es bereits an einem hinreichend klaren Bezug des 226

1 BAG v. 12.9.1985 – 2 AZR 324/84, AP Nr. 7 zu § 102 BetrVG 1972 – Weiterbeschäftigung; KR/*Etzel*, § 102 BetrVG Rz. 215 mwN auch zur Gegenansicht. | 2 Staudinger/*Richardi/Annuß*, § 613a BGB Rz. 136. | 3 Vgl. BAG v. 22.10.2003 – 7 AZR 113/03, AP Nr. 6 zu § 14 TzBfG. | 4 Vgl. auch Staudinger/*Richardi/Annuß*, § 613a Rz. 136. | 5 Wohl ebenso Staudinger/*Richardi/Annuß*, § 613a BGB Rz. 136. | 6 Vgl. Art. 2 Ziff. 2c der BetriebsübergangsRL 2001/23/EG. | 7 ErfK/*Preis*, § 613a BGB Rz. 67. | 8 BAG v. 13.7.2006 – 8 AZR 382/05, NZA 2006, 1406. | 9 *Mehlich*, NZA 2002, 823 ff. | 10 BAG v. 18.3.2003 – 3 AZR 313/02, NZA 2004, 848 ff. | 11 BAG v. 11.11.1986 – 3 AZR 179/85, AP Nr. 60 zu § 613a BGB (Provisionsanspruch für vom Erwerber ausgeführtes Geschäft). | 12 BAG v. 13.2.2003 – 8 AZR 59/02, AP Nr. 249 zu § 613a BGB; für GmbH-Geschäftsführer BAG v. 13.2.2003 – 8 AZR 654/01, DB 2003, 942. | 13 ErfK/*Preis*, § 613a BGB Rz. 67. | 14 BAG v. 3.7.1980 – 3 AZR 1077/78, AP Nr. 23 zu § 613a BGB; v. 24.3.1998 – 9 AZR 218/97, AP Nr. 178 zu § 613a BGB; Staudinger/*Richardi/Annuß*, § 613a BGB Rz. 30; aA KR/*Pfeiffer*, § 613a BGB Rz. 13, 103. | 15 ErfK/*Preis*, § 613a BGB Rz. 67. | 16 EuGH v. 7.2.1985 – Rs. C-186/83, Slg. 1985, 519 – Botzen; BAG v. 11.9.1997 – 8 AZR 555/95, EzA § 613a BGB Nr. 153 m. Anm. *Willemsen/Annuß* (Tausendundeine Nacht); v. 13.11.1997 – 8 AZR 375/96, AP Nr. 170 zu § 613a BGB (Stabsfunktion bei Betriebsteilübergang); v. 21.1.1999 – 8 AZR 298/98, ZInsO 1999, 361; v. 8.8.2002 – 8 AZR 583/01, NZA 2003, 315; v. 13.2.2003 – 8 AZR 102/02, AP Nr. 245 zu § 613a BGB; v. 17.6.2003 – 2 AZR 134/02, AP Nr. 260 zu § 613a BGB; v. 25.9.2003 – 8 AZR 446/02, AP Nr. 256 zu § 613a BGB; v. 24.8.2006 – 8 AZR 556/05, AP Nr. 315 zu § 613a BGB; unklar ist, wie sich hierzu die Entscheidung BAG v. 22.7.2004 – 8 AZR 350/03, NZA 2004, 1383 verhält.

dem Arbeitsverhältnis geschlossenen Darlehensvertrages[1] oder Schuldner eines zwischen dem ArbN und der Konzernobergesellschaft des bisherigen Betriebsinhabers geschlossenen Aktienoptionsvertrages[2]. Auch aus einem sog. Carried Interest-Plan kann der ArbN keine Ansprüche gegen den Betriebserwerber herleiten, wenn Schuldner der Planleistungen nicht der bisherige Betriebsinhaber, sondern ein drittes Unternehmen war[3]. Anspruchsgegner des ArbN bleibt in diesen Fällen der bisherige Betriebsinhaber bzw. die Obergesellschaft des Veräußererkonzerns[4]. Es muss allerdings stets geprüft werden, ob dem Arbeitsverhältnis ein **Zuwendungselement**[5] (zB auf Verschaffung eines zinsvergünstigten Darlehens oder von Aktienoptionen) innewohnt, aus dem der neue Betriebsinhaber verpflichtet wird. Dies ist sowohl bedeutsam für die Frage, ob der neue Betriebsinhaber dem ArbN in der Zukunft entsprechende Leistungen gewähren muss wie auch für das Bestehen von Ausgleichsansprüchen im Verhältnis zum neuen Betriebsinhaber, wenn der ArbN Vergünstigungen aus der nicht arbeitsvertragl. Rechtsbeziehung mit dem bisherigen Betriebsinhaber infolge des Betriebsübergangs verliert (zB wegen einer Verfallklausel im Aktienoptionsplan). Wenn es sich um unternehmensspezifische Leistungen handelt, sind insoweit zusätzlich die in Rz. 232 dargestellten Grundsätze zu beachten. Einfacher ist die Lösung der Fälle, in denen der bisherige Betriebsinhaber und der ArbN **nicht zum unmittelbaren Austauschverhältnis gehörende** Rechtsbeziehungen eingehen, dies jedoch **im Arbeitsverhältnis** selbst. Hier geht die Rechtsbeziehung als Bestandteil des Arbeitsverhältnisses nach Abs. 1 S. 1 auf den neuen Betriebsinhaber über. Dies betrifft bspw. die Gewährung eines ArbGeb-Darlehens als Gehaltsvorschuss[6] oder die Überlassung einer Werkdienstwohnung gem. § 576b[7], nicht jedoch die Überlassung einer Werkmietwohnung gem. §§ 576, 576a, die nach den vorangehend dargestellten Grundsätzen zu behandeln ist[8].

Ansprüche des ArbN auf **unternehmensspezifische Leistungen** des bisherigen Betriebsinhabers (zB Freiflüge, verbilligter Bezug von Kfz) stehen idR unter dem zumindest konkludenten Vorbehalt, dass der ArbGeb die betreffenden Produkte selbst herstellt oder vergünstigt im Konzern beziehen kann[9]. Sie entfallen deshalb beim neuen Betriebsinhaber, wenn dieser nicht die entsprechenden Produktionsanlagen erwirbt[10]. Hierin liegt kein Verstoß gegen das Kontinuitätsgebot des § 613a. Der Anspruch entfällt nicht wegen des Inhaberwechsels, sondern weil die tatsächlichen Voraussetzungen für die Leistungserbringung fortfallen[11]. Aus diesem Grund sind auch sog. **Verfallklauseln** zulässig, die für den Fall eines Betriebsübergangs einen ersatzlosen Verlust noch nicht ausübungsreifer Aktienoptionen vorsehen[12]. Eine andere Frage ist, ob dem ArbN gegen den neuen Betriebsinhaber finanzielle Ausgleichansprüche zustehen. Das BAG verneint dies für bloße Nebenleistungen, verlangt aber einen Ausgleich, wenn es sich bei der fraglichen Leistung um Naturallohn und damit Arbeitsentgelt im engeren Sinne handelt (zB Dienstfahrzeug zur Privatnutzung, Deputate)[13]. Die hier erörterte Problematik darf nicht verwechselt werden mit der Frage nach den Auswirkungen eines Betriebsübergangs auf Leistungen, die zwar nicht tatbestandlich an das Fortbestehen bestimmter tatsächlicher Verhältnisse geknüpft sind, deren **Bemessungsgrundlage** aber auf die Verhältnisse beim bisherigen Betriebsinhaber abstellt. Dies betrifft insb. vom Unternehmensergebnis abhängige Tantiemen und Boni. Hier ist die Bemessungsgrundlage im Wege der ggf. ergänzenden Vertragsauslegung, hilfsweise über die Grundsätze zur Störung der Geschäftsgrundlage nach § 313 an die Verhältnisse beim neuen Inhaber anzupassen[14]. 232

Der Schuldnerwechsel betrifft nur Ansprüche des ArbN gegen den bisherigen Betriebsinhaber, nicht jedoch **Ansprüche Dritter** gegen den bisherigen Betriebsinhaber oder den ArbN. Der neue ArbGeb ist deshalb nicht zur Erfüllung rückständiger SozV-Beiträge verpflichtet. Bei diesen handelt es sich nicht 233

---

1 BAG v. 21.1.1999 – 8 AZR 373/97, juris; weitergehend LAG Köln v. 18.5.2000 – 10 Sa 50/00, juris (Übergang, wenn Darlehen mit dem Bestand des Arbeitsverhältnisses verknüpft). |2 BAG v. 12.2.2003 – 10 AZR 299/02, ZIP 2003, 682; *Nehls/Sudmeyer*, ZIP 2002, 201 (204); iE auch *Bauer/Göpfert/v. Steinau-Steinrück*, ZIP 2001, 1129 (1130); *Willemsen/Müller-Bonanni*, ZIP 2003, 1177 (1180); *Annuß/Lembke*, BB 2003, 2230 (2231); ErfK/*Preis*, § 613a BGB Rz. 73; aA *Tappert*, NZA 2002, 1188 (1192); *Lipinski/Melms*, BB 2003, 150 (154); diff. *Schnitker/Grau*, BB 2002, 2497 (2498 f.). |3 BAG v. 3.5.2006 – 10 AZR 310/05, NZA-RR 2006, S. 582. |4 *Moll*, FS BAG, 2004, S. 59 (61); *Nehls/Sudmeyer*, ZIP 2002, 201 (204); *Willemsen*, FS Wiedemann, 2002, S. 646. |5 Grundl. *Willemsen*, FS Wiedemann, 2002, S. 646. |6 BAG v. 21.1.1999 – 8 AZR 373/97, juris. |7 Staudinger/*Richardi/Annuß*, § 613a BGB Rz. 240; MüKo/*Müller-Glöge*, § 613a BGB Rz. 99; aA *Bauer/v. Steinau-Steinrück* in: Hölters, Unternehmenskauf, V Rz. 184. |8 Staudinger/*Richardi/Annuß*, § 613a BGB Rz. 240; MüKo/*Müller-Glöge*, § 613a BGB Rz. 99; vgl. auch *B. Gaul*, Betriebs- und Unternehmensspaltung, § 13 Rz. 73 f. |9 BAG v. 13.12.2006 – 10 AZR 792/05, NZA 2007, 325 (Flugvergünstigungen); BAG v. 7.9.2004 – 9 AZR 631/03, AP Nr. 17 zu § 611 BGB – Sachbezüge (Jahreswagen); vgl. auch BAG v. 11.12.1996 – 5 AZR 336/95, AP Nr. 5 zu § 611 BGB – Sachbezüge (Erdölprodukte). |10 BAG v. 7.9.2004 – 9 AZR 631/03, AP Nr. 17 zu § 611 BGB – Sachbezüge; *Moll*, FS BAG, 2004, S. 59 (68); *Willemsen*, FS Wiedemann, 2002, S. 645 (653); aA Hessisches LAG v. 19.4.2001 – 5 Sa 1160/00 (Flugvergünstigungen). |11 BAG v. 7.9.2004 – 9 AZR 631/03, AP Nr. 17 zu § 611 BGB – Sachbezüge; Staudinger/*Richardi/Annuß*, § 613a BGB Rz. 218; *Willemsen*, FS Wiedemann, 2002, S. 645 (653); *Moll*, FS BAG, 2004, S. 59 (68); *Willemsen/Müller-Bonanni*, ZIP 2003, 1177 (1182 f.). |12 *Bauer/Göpfert/von Steinau-Steinrück*, ZIP 2001, 1132; *Mechlem/Melms*, DB 2000, 1614 (1616); *Willemsen/Müller-Bonanni*, ZIP 2003, 1177 (1182 f.). |13 BAG v. 7.9.2004 – 9 AZR 631/03, AP Nr. 17 zu § 611 BGB – Sachbezüge; *Moll*, FS BAG, 2004, S. 59, 72 f.; Staudinger/*Richardi/Annuß*, § 613a BGB Rz. 217 halten das Bestehen von Schadenersatzansprüchen gem. § 280 I BGB für möglich. |14 *Willemsen* in Willemsen/Hohenstatt/Schweibert/Seibt, Rz. G 195; Staudinger/*Richardi/Annuß*, § 613a BGB Rz. 219.

um Ansprüche des ArbN, sondern um Ansprüche der SozV-Träger[1]. Ein durch den ArbN geschädigter Dritter kann ebenfalls aus Abs. 1 S. 1 keine Ansprüche gegen den neuen Betriebsinhaber herleiten. Er kann jedoch auf den Ausgleichsanspruch des ArbN, der diesem nach den Grundsätzen über den innerbetrieblichen Schadensausgleich[2] zusteht, zugreifen. Dieser Anspruch richtet sich ab dem Zeitpunkt des Betriebsübergangs gegen den neuen Inhaber.

234 **b) Sonstige Rechte des Arbeitnehmers.** Der Eintritt in die Rechte und Pflichten aus dem Arbeitsverhältnis umfasst auch die beim bisherigen Betriebsinhaber erworbene **Betriebszugehörigkeit** des ArbN. Der neue Betriebsinhaber muss diese deshalb bspw. im Rahmen der Wartefristen des § 1 I KSchG[3], des § 4 BUrlG sowie bei der Berechnung von Kündigungsfristen berücksichtigen. Dies soll auch dann gelten, wenn das Arbeitsverhältnis im Zeitpunkt des Betriebsübergangs kurzfristig unterbrochen war[4]. Bei der Bestimmung, ob die Voraussetzungen dienstzeitabhängiger Ansprüche (zB auf eine Jubiläumszahlung) erfüllt sind, muss der neue Inhaber die bei dem bisherigen Betriebsinhaber verbrachten Vordienstzeiten einbeziehen, sofern es sich um Ansprüche handelt, die dem ArbN bereits gegen den bisherigen Inhaber zustanden. Demgegenüber ist der neue Betriebsinhaber nicht verpflichtet, die bei dem bisherigen Inhaber zurückgelegten Betriebszugehörigkeitszeiten anzurechnen, soweit es sich um Leistungen handelt, die erst er dem ArbN gewährt[5]. Für den wichtigen Bereich der **betrAV** bedeutet dies, dass der neue Betriebsinhaber ohne Verstoß gegen § 613a oder den arbeitsrechtl. Gleichbehandlungsgrundsatz die bisherige Betriebszugehörigkeit des ArbN im Rahmen eines nur bei ihm bestehenden Versorgungssystems außer Betracht lassen darf[6]. Auch die Frist des § 1b I BetrAVG für die gesetzl. Unverfallbarkeit von Versorgungsanwartschaften beginnt für eine von dem neuen Betriebsinhaber erteilte Versorgungszusage erst mit der Zusage zu laufen. Soweit es nach § 1 I 1 BetrAVG aF[7] zusätzlich zu der Zusagedauer auch auf die Betriebszugehörigkeit des ArbN ankommt, sind demgegenüber auch die Vordienstzeiten des ArbN bei dem bisherigen Betriebsinhaber zu berücksichtigen[8]. Der im Arbeitsverhältnis mit dem Betriebsveräußerer auf Grund der Zahl der beschäftigten ArbN gem. **§ 23 I KSchG** bestehende **Kündigungsschutz** geht nicht auf den Betriebserwerber über. Der ArbN genießt nur dann auch beim Erwerber den gesetzl. Kündigungsschutz, wenn bei diesem ebenfalls der Schwellenwert des § 23 I KSchG erreicht wird[9].

235 Keine Bestandteile des Arbeitsverhältnisses sind die dem ArbN erteilten **Vollmachten** (Prokura, Handlungsvollmacht etc.). Sie beruhen auf einem gesonderten Rechtsakt und gehen deshalb nicht auf den Betriebserwerber über[10]. IdR sind sie überdies an den Fortbestand des Arbeitsverhältnisses mit dem bisherigen Betriebsinhaber gebunden und erlöschen deshalb bei diesem mit dem Übergang des Arbeitsverhältnisses automatisch[11]. Aus Gründen der Vorsorge empfiehlt sich gleichwohl ein ausdrücklicher Widerruf. Das Erlöschen der Prokura ist gem. § 53 III HGB eintragungspflichtig.

236 **c) Betriebliche Altersversorgung.** Zu den Rechtsfolgen des ArbGeb-Wechsels gehört, dass der neue Betriebsinhaber Schuldner der **Versorgungsanwartschaften** derjenigen ArbN wird, deren Arbeitsverhältnisse auf ihn übergehen, und zwar auch hinsichtlich der beim bisherigen Betriebsinhaber zurückgelegten Dienstzeiten[12]. Dies gilt unabhängig von dem gewählten Durchführungsweg, also unabhängig davon, ob es sich um Direktzusagen oder um Versorgungszusagen handelt, die über einen zwischengeschalteten Versorgungsträger (Versicherungsunternehmen, Unterstützungskasse, Pensionskasse, Pensionsfonds) durchgeführt werden. Auch in jenen Fällen besteht die Grundverpflichtung im Arbeitsverhältnis, wie § 1 I 3 BetrAVG ausdrücklich klarstellt. In diese tritt der neue Betriebsinhaber ein. Ebenfalls unerheblich ist, ob es sich um unverfallbare oder verfallbare Anwartschaften handelt[13]. Der neue Betriebsinhaber tritt jedoch nicht in die Versorgungsanwartschaften und -ansprüche der im Zeitpunkt des Betriebs(teil)übergangs bereits **ausgeschiedenen ArbN** ein. Abs. 1 S. 1 erfasst nur bestehende Arbeitsverhältnisse[14]. Nichts anderes gilt, wenn der ArbN nach Eintritt des Versorgungsfalls weiterhin im Rahmen eines geringfügigen Beschäftigungsverhältnisses für den Veräußerer tätig ist[15]. Weil Versor-

---

1 BayObLG v. 31.10.1974 – IU 2225/74, BB 1974, 1582; iE ebenso ErfK/*Preis*, § 613a BGB Rz. 81; RGRK/*Ascheid*, § 613a BGB Rz. 135. | 2 Hierzu MünchArbR/*Blomeyer*, § 59 Rz. 23 ff.; *Schaub*, § 52 Rz. 42 ff. | 3 Vgl. BAG v. 5.2.2004 – 8 AZR 639/02, NZA 2004, 845. | 4 BAG v. 18.9.2003 – 2 AZR 330/02, AP Nr. 62 zu § 622 BGB (Unterbrechung für eine „logische Sekunde"); v. 27.6.2002 – 2 AZR 270/01, AP Nr. 15 zu § 1 KSchG 1969 – Wartezeit (Unterbrechung über das Wochenende). | 5 Für den Anspruch auf einen Urlaubsgeldzuschlag aus einem nur bei dem neuen Inhaber geltenden TV LAG Düsseldorf v. 9.11.2000 – 13 Sa 1272/00, LAGE Nr. 80a zu § 613a BGB. | 6 BAG v. 24.7.2001 – 3 AZR 660/00, AP Nr. 18 zu § 1 BetrAVG – Betriebsveräußerung; v. 19.12.2000 – 3 AZR 45/99, AP Nr. 10 zu § 1 BetrAVG – Unverfallbarkeit; v. 8.12.1983 – 3 AZR 229/81, AP Nr. 35 zu § 613a BGB; v. 30.8.1979 – 3 AZR 58/78, AP Nr. 16 zu § 613a BGB. | 7 Der gem. § 30 f. BetrAVG noch übergangsweise fortgilt. | 8 BAG v. 19.4.2005 – 3 AZR 469/04, DB 2005, 1748; v. 24.7.2001 – 3 AZR 660/00, AP Nr. 18 zu § 1 BetrAVG – Betriebsveräußerung; v. 19.12.2000 – 3 AZR 45/99, AP Nr. 10 zu § 1 BetrAVG – Unverfallbarkeit; v. 8.12.1983 – 3 AZR 229/81, AP Nr. 35 zu § 613a BGB. | 9 BAG v. 15.2.2007 – 8 AZR 397/06, NZA 2007, 739. | 10 Staudinger/*Richardi*/*Annuß*, § 613a Rz. 209; ErfK/*Preis*, § 613a BGB Rz. 78; *B. Gaul*, Betriebs- und Unternehmensspaltung, § 13 Rz. 147; MüKo/*Müller-Glöge*, § 613a BGB Rz. 92. | 11 Staudinger/*Richardi*/*Annuß*, § 613a BGB Rz. 209; ErfK/*Preis*, § 613a BGB Rz. 78; aA *B. Gaul*, Betriebs- und Unternehmensspaltung, § 13 Rz. 147; MüKo/*Müller-Glöge*, § 613a BGB Rz. 92 (Widerruf erforderlich). | 12 BAG v. 24.3.1977 – 3 AZR 649/76, AP Nr. 6 zu § 613a BGB; v. 12.5.1992 – 3 AZR 247/91, EzA § 613a BGB Nr. 104, st. Rspr. | 13 BAG v. 12.5.1992 – 3 AZR 247/91, AP Nr. 14 zu § 1 BetrAVG – Betriebsveräußerung. | 14 BAG v. 24.3.1977 – 3 AZR 649/76, AP Nr. 6 zu § 613a BGB, st. Rspr. | 15 BAG v. 18.3.2003 – 3 AZR 313/02, AP Nr. 108 zu § 7 BetrAVG.

gungsverbindlichkeiten gegenüber ausgeschiedenen ArbN nicht erfasst werden, können diese Verbindlichkeiten ohne Verstoß gegen § 613a durch umwandlungsgesetzl. Spaltung übertragen werden[1].

In dem Umfang, in dem der neue Betriebsinhaber in die Versorgungsanwartschaften der ArbN eintritt, wird der bisherige Betriebsinhaber – vorbehaltlich des Abs. 2 (vgl. Rz. 293 f.) – von seiner Versorgungsverpflichtung frei[2]. 237

Eine in die Erfüllung der Versorgungsanwartschaften eingeschaltete **Unterstützungskasse** wird hinsichtlich der übergehenden Arbeitsverhältnisse ebenso nach den Regeln des Abs. 2 frei wie der bisherige Betriebsinhaber. Der neue Betriebsinhaber kann die auf ihn übergegangenen ArbN deshalb nicht an die Unterstützungskasse verweisen, es sei denn, er erwirbt diese oder wird ebenfalls Trägerunternehmen derselben[3].

Wird die Versorgung über eine **gemeins. Einrichtung** der TV-Parteien (§ 4 II TVG) durchgeführt und scheidet der übertragene Betrieb(steil) infolge des Übergangs aus dem Geltungsbereich des betreffenden TV aus, so dass die ArbN nicht mehr bei der gemeins. Einrichtung versichert werden können, muss der neue Betriebsinhaber im Versorgungsfall gleichwohl die auf ihn übergegangenen Versorgungsverpflichtungen erfüllen[4]. Entsprechendes gilt, wenn der übertragene Betrieb(steil) aus dem Geltungsbereich eines sonstigen Zusatzversorgungssystems, zB einer **kommunalen** oder **kirchlichen Zusatzversorgungskasse** (ZVK) oder der **Versorgungsanstalt des Bundes und der Länder** (VBL) ausscheidet[5]. Ob der neue Inhaber die Versorgung weiterhin über die ZVK bzw. die VBL durchführen kann, richtet sich nach der Satzung der jeweiligen Zusatzversorgungseinrichtung[6].

Eine **Vereinbarung zwischen bisherigem und neuem Betriebsinhaber**, wonach der bisherige Betriebsinhaber alleiniger Schuldner aller Versorgungsverpflichtungen bleibt, verstößt gegen Abs. 1 S. 1, bei unverfallbaren Anwartschaften auch gegen § 4 BetrAVG, und ist selbst dann nichtig, wenn die betroffenen ArbN zustimmen[7]. Änderungs- und Erlassverträge zwischen dem neuen Betriebsinhaber und den übergegangenen ArbN sollen nur bei Vorliegen ausreichender sachlicher Gründe wirksam sein[8] (vgl. aber Rz. 245). 238

d) Ansprüche des neuen Betriebsinhabers. Mit dem Betriebsübergang wird der neue Inhaber Gläubiger des Anspruchs auf **Arbeitsleistung** sowie **sämtlicher Nebenansprüche** aus dem Arbeitsverhältnis. Zu diesen gehören insb. Bereicherungsansprüche wegen überzahlter Vergütung und Schadenersatzansprüche, sofern diese auf einer Verletzung arbeitsvertragl. Pflichten beruhen[9]. Auch auf das Arbeitsverhältnis bezogene Gestaltungsrechte gehen auf den neuen Inhaber über. War der bisherige Betriebsinhaber zur Kündigung oder Anfechtung des Arbeitsverhältnisses berechtigt, so geht diese Befugnis auf den neuen Inhaber über, sofern die Kündigungs- bzw. Anfechtungslage im Zeitpunkt des Betriebsübergangs noch fortbesteht. Die Kenntnis des bisherigen Betriebsinhabers von dem zur Kündigung berechtigenden Sachverhalt muss sich der neue Inhaber im Rahmen der Zwei-Wochen-Frist des § 626 II zurechnen lassen[10]. Entsprechendes gilt für die Kenntnis des bisherigen Inhabers von einer Schwangerschaft der ArbN, was für den Sonderkündigungsschutz nach § 9 MuSchG bedeutsam ist[11]. 239

Das jedem Arbeitsvertrag immanente **Wettbewerbsverbot während der Vertragslaufzeit** analog § 60 HGB passt sich in seinem Umfang an die jeweiligen Verhältnisse im Unternehmen an[12]. Hierdurch kann eine vor dem Betriebs(teil)übergang erlaubte Nebentätigkeit mit dem Übergang zur unerlaubten Konkurrenztätigkeit werden[13]. Der ArbN ist in diesem Falle verpflichtet, die Nebentätigkeit innerhalb einer angemessenen Übergangsfrist einzustellen[14]. 240

Ein **nachvertragl. Wettbewerbsverbot** (§§ 74 ff. HGB) geht als Bestandteil des Arbeitsverhältnisses auf den neuen Betriebsinhaber über, wenn der ArbN nach dem Betriebsübergang ausscheidet. Der neue Betriebsinhaber wird hierdurch aus der Wettbewerbsabrede berechtigt und zur Zahlung der vereinbar- 241

1 BAG v. 22.2.2005 – 3 AZR 499/03, NZA 2005, 639; aA LG Hamburg v. 8.12.2005 – 417 T 16/05, ZIP 2005, 2331; hierzu *Hohenstatt/Seibt*, ZIP 2006, 546. | 2 BAG v. 24.3.1977 – 3 AZR 649/76, AP Nr. 6 zu § 613a BGB; v. 12.5.1992 – 3 AZR 247/91, EzA § 613a BGB Nr. 104, st. Rspr. | 3 BAG v. 15.3.1979 – 3 AZR 859/77, AP 15 zu § 613a BGB; *Höfer*, ART, Rz. 917 ff.; kritisch KR/*Pfeiffer*, § 613a BGB Rz. 139. | 4 BAG v. 5.10.1993 – 3 AZR 586/92, AP Nr. 42 zu § 1 BetrAVG – Zusatzversorgungskassen; vgl. auch BAG v. 18.9.2001 – 3 AZR 689/00, NZA 2002, 1391. | 5 Vgl. BAG v. 18.9.2001 – 3 AZR 689/00, NZA 2002, 1391; Staudinger/*Richardi/Annuß*, § 613a BGB Rz. 232. | 6 Näher *B. Gaul*, Betriebs- und Unternehmensspaltung, § 35 Rz. 67 ff. | 7 BAG v. 14.7.1981 – 3 AZR 517/80, AP Nr. 27 zu § 613a BGB. | 8 BAG v. 17.1.1980 – 3 AZR 160/79, AP Nr. 18 zu § 613a BGB (*Heinze*), hierzu ausf. unter Rz. 248. | 9 APS/*Steffan*, § 613a BGB Rz. 99; ErfK/*Preis*, § 613a BGB Rz. 79; *B. Gaul*, Betriebs- und Unternehmensspaltung, § 13 Rz. 75; MüKo/*Müller-Glöge*, § 613a BGB Rz. 100. | 10 MüKo/*Müller-Glöge*, § 613a BGB Rz. 100. | 11 KR/*Etzel*, § 9 MuSchG Rz. 39b. | 12 *D. Gaul*, NZA 1989, 697 (698); *Borngräber*, Betriebsübergang, S. 71; *B. Gaul*, Betriebs- und Unternehmensspaltung, § 13 Rz. 90; *Willemsen* in Willemsen/Hohenstatt/Schweibert/Seibt, Rz. G 200. | 13 *Willemsen* in Willemsen/Hohenstatt/Schweibert/Seibt, Rz. G 201; Staudinger/*Richardi/Annuß*, § 613a BGB Rz. 241. | 14 *Willemsen* in Willemsen/Hohenstatt/Schweibert/Seibt, Rz. G 201; Staudinger/*Richardi*/Annuß, § 613a BGB Rz. 242; MüKo/*Müller*-Glöge, § 613a BGB Rz. 101; aA Soergel/*Raab*, § 613a BGB Rz. 86; die Nebentätigkeit solle erlaubt bleiben, wenn der ArbN auf den Fortbestand der tatsächlichen Verhältnisse beim bisherigen Inhaber vertraut habe.

ten Karenzentschädigung verpflichtet[1]. Der Umfang des Wettbewerbsverbots ist im Wege der (ggf. ergänzenden) Auslegung an die Verhältnisse im Unternehmen des neuen Betriebsinhabers anzupassen[2]. Der bisherige Betriebsinhaber kann infolge des Übergangs aus der Wettbewerbsabrede keine Ansprüche mehr gegen den ArbN herleiten, was problematisch ist, wenn er weiterhin in seinem bisherigen Geschäftszweig tätig bleibt. Andererseits wird der bisherige Betriebsinhaber von der Pflicht zur Zahlung der Karenzentschädigung frei[3].

242 Ist das Arbeitsverhältnis im Zeitpunkt des Betriebs(teil)übergangs bereits beendet, findet Abs. 1 S. 1 auf das nachvertragliche Wettbewerbsverbot keine, auch keine analoge Anwendung[4]. Es empfiehlt sich deshalb, eine Rechtsnachfolgeklausel zu vereinbaren. Der neue Betriebsinhaber kann deshalb von dem ArbN keine Wettbewerbsenthaltung aus dem nachvertragl. Wettbewerbsverbot verlangen. Der bisherige Betriebsinhaber kann sich gegenüber dem ArbN auf das Wettbewerbsverbot berufen, sofern er in seinem bisherigen Geschäftszweig tätig bleibt. Ob er auch dann noch Ansprüche aus der Wettbewerbsabrede herleiten kann (insb. im Interesse des Erwerbers), wenn er infolge des Betriebs(teil)übergangs selbst nicht mehr in der gesperrten Branche tätig ist, erscheint wegen § 74 I 1 HGB (Erfordernis eines berechtigten Interesses an dem Wettbewerbsverbot) zweifelhaft. Jedoch schuldet der bisherige Betriebsinhaber auch in diesem Falle weiterhin die Karenzentschädigung[5].

243 Macht der ArbN von seinem Widerspruchsrecht gem. Abs. 6 Gebrauch, so verbleibt das Arbeitsverhältnis beim bisherigen Betriebsinhaber (vgl. Rz. 347). Ein mit dem ArbN vereinbartes nachvertragl. Wettbewerbsverbot geht in diesem Falle nicht auf den neuen Betriebsinhaber über[6]. Ist der bisherige Betriebsinhaber infolge des Betriebs(teil)übergangs nicht mehr in der bisherigen Branche tätig, so stellen sich die vorstehend unter Rz. 242 beschriebenen Schwierigkeiten.

244 **4. Gleichbehandlungsfragen.** Genießen die übernommenen ArbN günstigere individualvertragl. Arbeitsbedingungen als die Stammbelegschaft des Übernehmers, so kann der Übernehmer die Begünstigung nicht einseitig unter Berufung auf den arbeitsrechtl. Gleichbehandlungsgrundsatz beseitigen. Er kann jedoch versuchen, mit den übernommenen ArbN Änderungsvereinbarungen abzuschließen (zur Frage der Erforderlichkeit eines sachlichen Grundes vgl. Rz. 245). Der Ausspruch von Änderungskündigungen mit dem Ziel, die Begünstigung der übernommenen ArbN zu beenden, wird durch § 613a zwar nicht ausgeschlossen[7], ist jedoch an die (strengen) allgemeinen kündigungsschutzrechtl. Voraussetzungen gebunden. Der Gesichtspunkt der Gleichbehandlung vermag derartige Kündigungen für sich genommen nicht sozial zu rechtfertigen. Andererseits können die StammArbN des Übernehmers aus dem arbeitsrechtl. Gleichbehandlungsgrundsatz keine Anhebung des ihnen gewährten Leistungsniveaus auf dasjenige der übernommenen ArbN verlangen. Auch umgekehrt ergibt sich für die übernommenen ArbN aus dem arbeitsrechtl. Gleichbehandlungsgrundsatz kein Anspruch auf Verbesserung der ihnen gewährten Leistungen, wenn die Stammbelegschaft des Übernehmers günstigere Arbeitsbedingungen genießt[8]. Darauf, ob der neue Inhaber den übernommenen Betrieb(steil) als selbständige Einheit fortführt oder in einen bei ihm bereits bestehenden Betrieb integriert, kommt es in diesem Zusammenhang nicht an[9]. Ansprüche aus dem Gleichbehandlungsgrundsatz scheitern bereits daran, dass der ArbGeb nicht nach einer von ihm gesetzten Regel verfährt, sondern lediglich die Rechtsfolgen des Abs. 1 vollzieht. Der ArbGeb verstößt jedoch nicht gegen den Gleichbehandlungsgrundsatz, wenn er die Löhne und Gehälter der übernommenen ArbN und diejenigen der Stammbelegschaft zum Zweck der Herstellung einheitlicher Arbeitsbedingungen in unterschiedlichem Maße erhöht. Im Rahmen des notwendigen Gesamtvergleichs der Vergütungssysteme billigt die Rspr. dem ArbGeb einen Beurteilungsspielraum zu[10]. Die TV-Parteien verstoßen nicht gegen den allgemeinen Gleichheitssatz, wenn sie die übernommenen ArbN iS einer Besitzstandswahrung entsprechend ihrer bisherigen Vergütung eingruppieren und nicht der Stammbelegschaft gleichstellen[11]. Gewährt im Falle einer Verschmelzung der Rechtsnachfolger den übernommenen ArbN weiterhin die Arbeitsvergütung, die sie von ihrem früheren ArbGeb erhalten haben, verstößt er auch dann nicht gegen den arbeitsrechtl. Gleichbehandlungsgrundsatz, wenn dies zu einer unterschiedlichen Vergütung für vergleichbare Tätigkeiten führt[12]. Der ArbGeb verstößt nicht gegen den Gleichbehandlungsgrundsatz, wenn er im Vorfeld eines Betriebsteilübergangs ArbN,

---

1 BAG v. 27.11.1991 – 4 AZR 211/91, AP Nr. 22 zu § 4 TVG – Nachwirkung. | 2 *Willemsen* in Willemsen/Hohenstatt/Schweibert/Seibt, Rz. G 202. | 3 *Seiter*, Betriebsinhaberwechsel, 1980, S. 80; *Willemsen* in Willemsen/Hohenstatt/Schweibert/Seibt, Rz. G 202. | 4 LAG Hess. v. 3.5.1993 – 10 Sa Ga 345/93, NZA 1994, 1033 (1034); Staudinger/*Richardi/Annuß*, § 613a BGB Rz. 245; *D. Gaul*, NZA 1989, 697 (699); *Borngräber*, Betriebsübergang, S. 73; *Willemsen* in Willemsen/Hohenstatt/Schweibert/Seibt, Rz. G 202; aA ErfK/*Preis*, § 613a BGB Rz. 80; MüKo/*Müller-Glöge*, § 613a BGB Rz. 102; MünchArbR/*Wank*, § 12 Rz. 144 f.; KR/*Pfeiffer*, § 613a BGB Rz. 15; APS/*Steffan*, § 613a BGB Rz. 100; *Seiter*, Betriebsinhaberwechsel, 1980, S. 81. | 5 *Willemsen* in Willemsen/Hohenstatt/Schweibert/Seibt, Rz. G 203. | 6 Vgl. LAG Hess. v. 3.5.1993 – 10 Sa Ga 345/93, NZA 1994, 1033; *Willemsen* in Willemsen/Hohenstatt/Schweibert/Seibt, Rz. G 202; aA *Seiter*, Betriebsinhaberwechsel, 1980, S. 80 f. | 7 Vgl. zur BetriebsübergangsRL 2001/23/EG EuGH v. 14.9.2000 – C-343/98, EAS-Rl. 77/187/EWG Art. 1 Nr. 20 (Collino & Chiappero). | 8 BAG v. 31.8.2005 – 5 AZR 517/04, AP Nr. 288 zu § 613a BGB. | 9 *Hergenröder*, ArbR-Blattei, SD 500.1 Rz. 716; MüKo/*Müller-Glöge*, § 613a BGB Rz. 96; aA ErfK/*Preis*, § 613a BGB Rz. 75. | 10 BAG v. 14.3.2007 – 5 AZR 420/06, AP Nr. 204 zu § 242 BGB – Gleichbehandlung. | 11 BAG v. 29.8.2001 – 4 AZR 352/00, AP Nr. 291 zu Art. 3 GG. | 12 BAG v. 31.8.2005 – 5 AZR 517/04, AP Nr. 288 zu § 613a BGB.

deren Arbeitsverhältnis auf den Betriebserwerber übergeht, von der Zahlung eines Sonderbonus für besondere Restrukturierungsanstrengungen ausnimmt[1].

5. Unabdingbarkeit. § 613a enthält zwingendes Recht[2]. Der Übergang der Arbeitsverhältnisse kann deshalb weder durch Vereinbarung zwischen dem bisherigen und dem neuen Betriebsinhaber[3] noch durch BV oder TV[4] ausgeschlossen werden. Allerdings bleibt die Dispositionsfreiheit der ArbN über das Arbeitsverhältnis als Ganzes erhalten. Sie können deshalb sowohl mit dem bisherigen Betriebsinhaber als auch mit dem Erwerber einen Aufhebungsvertrag schließen (vgl. Rz. 307). Unter welchen Voraussetzungen mit den ArbN für diese nachteilige Änderungen ihrer individualvertragl. Arbeitsbedingungen vereinbart werden dürfen, ist nicht abschließend geklärt. Die Rspr. ließ derartige Vereinbarungen im zeitlich sachlichen Zusammenhang mit einem Betriebsübergang bislang nur bei Vorliegen eines **sachlichen Grundes** zu[5], wobei im Bereich der betrAV besonders strenge Maßstäbe angelegt werden[6]. In der Lit. stößt diese Rspr. zu Recht überwiegend auf Kritik[7]. In einer neuen Entscheidung zur Zulässigkeit einer individualvertraglichen Vergütungsabsenkung nach einem Betriebsübergang nimmt das BAG allerdings den Standpunkt ein, dass derartige Veräußerungen keiner sachlichen Rechtfertigung bedürfen[8]. 245

Der ArbN kann die Möglichkeit, sich auf den Übergang seines (ungekündigten) Arbeitsverhältnisses zu berufen, **verwirken**[9]. Für die Erfüllung des Zeitmoments hat das BAG erwogen, einen Zeitraum von nicht ganz fünf Monaten ausreichen zu lassen[10]. Wenn dem ArbN vor dem Betriebsübergang gekündigt wurde, muss der Übergang des Arbeitsverhältnisses unverzüglich geltend gemacht werden (vgl. Rz. 304). 245a

II. Fortgeltung von Betriebsvereinbarungen und Tarifverträgen. 1. Überblick. Die Fortgeltung von BV und TV richtet sich nach den Vorschriften des Abs. 1 S. 2–4. 246

Abs. 1 S. 2 bestimmt, dass die durch Rechtsnormen (vgl. § 77 IV 1 BetrVG, § 4 I 1 TVG) einer BV oder eines TV geregelten Rechte und Pflichten zum Inhalt der Arbeitsverhältnisse werden und vor Ablauf eines Jahres nach dem Betriebsübergang nicht zum Nachteil der ArbN geändert werden dürfen. Die Formulierung des Gesetzes („werden ... Inhalt des Arbeitsverhältnisses“) ist dabei ebenso missverständlich wie die Aussage, Abs. 1 S. 2 ordne eine „Transformation der Rechtsnormen aus BV und TV in Individualrecht“ an[11]. Die Fortgeltung von Rechtsnormen aus BV und TV nach Abs. 1 S. 2 ist von Rechtsbeziehungen, die durch einen privatautonom ausgehandelten Arbeitsvertrag geschaffen werden, grundlegend verschieden. Dies zeigt sich bereits in dem Verbot des Abs. 1 S. 2, den aufrechterhaltenen Norminhalt während der Jahresfrist auf individualrechtl. Wege zum Nachteil des ArbN zu ändern. Wie sich aus Abs. 1 S. 3 ergibt, gilt ferner das **Günstigkeitsprinzip** im Verhältnis zwischen den nach Abs. 1 S. 2 aufrechterhaltenen Regelungen und den beim neuen Betriebsinhaber geltenden BV und TV nicht (vgl. Rz. 269). Nach richtigem Verständnis enthält Abs. 1 S. 2 eine **Fortgeltungsanordnung *sui generis***, ähnlich der in § 77 VI BetrVG, § 4 V TVG geregelten Nachwirkung[12]. Nur auf der Grundlage dieses Verständnisses lässt sich der Regelungsgehalt des Abs. 1 S. 2 bis 4 zutreffend erfassen. 247

Abs. 1 S. 3 u. 4 knüpfen an die Regelung des Abs. 1 S. 2 an. Nach **Abs. 1 S. 3** findet die Fortgeltungsanordnung des Abs. 1 S. 2 keine Anwendung, soweit die übergegangenen Arbeitsverhältnisse bei dem neuen Betriebsinhaber durch BV oder TV zu denselben Regelungsgegenständen erfasst werden. Insoweit bestimmt sich der Inhalt der Arbeitsverhältnisse nach den beim neuen Betriebsinhaber geltenden Regelungen, und zwar auch dann, wenn diese aus der Sicht des ArbN im Vergleich zu den beim bisherigen Betriebsinhaber geltenden BV und TV ungünstiger sind (vgl. Rz. 269 ff.). Hierdurch wird dem Interesse des neuen Betriebsinhabers an einer Vereinheitlichung der Arbeitsbedingungen Rechnung getragen. 248

Abs. 1 S. 4 enthält zwei Ausnahmen von dem Verbot des Abs. 1 S. 2, die nach dieser Vorschrift aufrechterhaltenen Regelungen vor Ablauf der Jahresfrist auf individualrechtl. Wege zum Nachteil der ArbN zu ändern. Die erste Ausnahme betrifft den Fall, dass die zugrunde liegende BV bzw. der zugrunde liegende TV entweder bereits im Zeitpunkt des Betriebsübergangs nur noch kraft Nachwirkung gilt oder während der Jahresfrist des Abs. 1 S. 2 beendet und hierdurch in das Nachwirkungsstadium überführt wird. 249

---

1 BAG v. 14.2.2007, NZA 2007, 558. | 2 BAG v. 29.10.1975 – 5 AZR 444/74, AP Nr. 2 zu § 613a BGB; ErfK/*Preis*, § 613a BGB Rz. 82; Staudinger/*Richardi/Annuß*, § 613a BGB Rz. 32; *Willemsen* in Willemsen/Hohenstatt/Schweibert/Seibt, Rz. G 206. | 3 BAG v. 29.10.1975 – 5 AZR 444/74, AP Nr. 2 zu § 613a BGB. | 4 BAG v. 2.10.1974 – 5 AZR 504/73, AP Nr. 1 zu § 613a BGB. | 5 BAG v. 18.8.1976 – 5 AZR 95/75, AP Nr. 4 zu § 613a BGB; v. 26.1.1977 – 5 AZR 302/75, AP Nr. 5 zu § 613a BGB. | 6 BAG v. 17.1.1980 – 3 AZR 160/79, AP Nr. 18 zu § 613a BGB; v. 14.7.1981 – 3 AZR 517/80, AP Nr. 27 zu § 613a BGB; v. 17.3.1987 – 3 AZR 605/85, AP Nr. 4 zu § 4 BetrAVG. | 7 *Bauer/v. Steinau-Steinrück* in Hölters, Unternehmenskauf, Rz. V 215 ff.; Erman/*Edenfeld*, § 613a BGB Rz. 65; *Kraft*, FS BAG, 1979, S. 299 (312 ff.); *Seiter*, Anm. zu BAG v. 26.1.1977 – 5 AZR 302/75, AP Nr. 5 zu § 613a BGB; *Willemsen*, RdA 1987, 327 ff.; aA *Birk/Deffner*, Anm. zu EzA § 613a BGB Nr. 11; *Konzen*, ZfA 1978, 451. | 8 BAG v. 7.11.2007 – 5 AZR 1007/06, NJW 2008, 939. | 9 BAG v. 18.12.2003 – 8 AZR 621/02, AP Nr. 263 zu § 613a BGB; v. 8.8.2002 – 8 AZR 583/01, NZA 2003, 315 (316); Staudinger/*Richardi/Annuß*, § 613a BGB Rz. 211. | 10 BAG v. 18.12.2003 – 8 AZR 621/02, AP Nr. 263 zu § 613a BGB. | 11 *Hohenstatt* in Willemsen/Hohenstatt/Schweibert/Seibt, Rz. E 2. | 12 *Zöllner*, DB 1995, 1401 (1402); offen gelassen in BAG v. 21.2.2001 – 4 AZR 18/00, AP Nr. 20 zu § 4 TVG; die Nähe zu § 4 V TVG betont BAG v. 29.8.2001 – 4 AZR 332/00, AP Nr. 17 zu § 1 TVG – Bezugnahme auf TV.

Mit dem Eintritt in das Nachwirkungsstadium verlieren BV und TV ihre zwingende Wirkung (vgl. § 77 VI BetrVG, § 4 V TVG), so dass auch individualrechtl. Abweichungen zum Nachteil des ArbN zulässig werden. Abs. 1 S. 4 trägt dem Rechnung und gestattet bereits während der Jahresfrist des Abs. 1 S. 2 individualrechtl. Abweichungen von den nach dieser Vorschrift aufrechterhaltenen Rechtsnormen. Die Vorschrift verdeutlicht, dass Abs. 1 S. 2 bis 4 die arbeitsrechtl. Stellung der von einem Betriebsübergang betroffenen ArbN nicht verbessern, sondern lediglich aufrechterhalten will.

250 Die zweite in Abs. 1 S. 4 geregelte Ausnahme von der Sperrfrist des Abs. 1 S. 2 betrifft den Fall, dass der neue Betriebsinhaber und der ArbN arbeitsvertragl. die Anwendung eines anderen als des beim bisherigen Betriebsinhaber geltenden TV vereinbaren. Abs. 1 S. 4 verlangt für den Abschluss einer derartigen Vereinbarung, dass der in Bezug genommene TV nicht bereits kraft beiderseitiger Tarifgebundenheit (§ 3 I TVG) für die Parteien des Arbeitsverhältnisses gilt, jedoch liegt hierin keine einschränkende Tatbestandsvoraussetzung, sondern lediglich eine Klarstellung. Wo der TV bereits kollektivrechtl. gilt, bedarf es keiner individualvertragl. Bezugnahme auf denselben. Die nicht leicht verständliche Vorschrift will in erster Linie dem neuen Betriebsinhaber eine Möglichkeit eröffnen, mit übernommenen ArbN, die nicht Mitglied der zuständigen Gewerkschaft sind, die Anwendung des in seinem Unternehmen geltenden TV zu vereinbaren, um auf diese Weise die Arbeitsbedingungen zu vereinheitlichen.

251 Abs. 1 S. 2 und die an ihn anknüpfenden Sätze 3 und 4 enthalten nach hM lediglich eine **Auffangregelung** für den Fall, dass die beim bisherigen Betriebsinhaber bestehenden BV und TV nicht bereits nach den allgemeinen Regeln des Betriebsverfassungs- und Tarifvertragsrechts bei dem neuen Inhaber fortgelten[1].

252 **2. Kollektivrechtliche Fortgeltung von Betriebsvereinbarungen. a) Einzelbetriebsvereinbarungen.** EinzelBV werden in ihrer Geltung durch eine Übertragung des Betriebes (als Ganzes) grds. nicht berührt. Sie gelten im Anschluss an den Inhaberwechsel unverändert als Kollektivrecht fort[2]. Etwas anderes gilt, wenn infolge organisatorischer Maßnahmen im Zusammenhang mit dem Inhaberwechsel die **betriebsverfassungsrechtl. Identität** des Betriebes verloren geht. In diesem Falle wird der Inhalt der BV nach Abs. 1 S. 2–4 aufrechterhalten[3]. Nach welchen Kriterien sich beurteilt, ob die Betriebsidentität erhalten bleibt oder verloren geht, ist noch wenig geklärt[4]. Die jüngere Rspr. des BAG zum Betriebsbegriff im Allgemeinen legt es nahe, entscheidend auf den Gesichtspunkt der einheitlichen Leitung abzustellen[5]. Einigkeit besteht jedoch, dass die betriebsverfassungsrechtl. Identität des Betriebes jedenfalls dann verloren geht, wenn dieser derart in einen bereits vorhandenen Betrieb des neuen Inhabers organisatorisch eingegliedert wird, dass er in diesem aufgeht oder mit einem bereits vorhandenen Betrieb des neuen Inhabers organisatorisch zu einem neuen Betrieb zusammengeschlossen wird[6].

253 Nach der Ansicht des 1. Senats des BAG und einer im Vordringen befindlichen Auffassung in der Lit. gelten EinzelBV auch im Falle einer Übertragung von **Betriebsteilen** bei dem neuen Inhaber als Kollektivrecht fort, wenn dieser den übertragenen Betriebsteil als betriebsverfassungsrechtl. selbständigen Betrieb fortführt[7]. Mit dem Identitätspostulat (s. Rz. 252) ist diese Ansicht kaum zu vereinbaren, weil gerade eine neue betriebsverfassungsrechtl. Einheit entsteht. Auch aus der Regelung des § 21a lässt sich für die Fortgeltung von BV in verselbständigten Betriebsteilen nichts herleiten[8]. Das Übergangsmandat dient der Vermeidung vertretungsloser Zeiten; die Fortgeltung von BV lag bei der Einführung der Vorschrift außerhalb des Blickfeldes des Gesetzgebers[9]. Die Praxis wird sich allerdings darauf einstellen müssen, dass EinzelBV auch im Falle einer Übertragung von Betriebsteilen kollektivrechtl. fortgelten können, wenn der neue Betriebsinhaber diese als selbständigen Betrieb fortführt. Gliedert der neue Betriebsinhaber den übernommenen Betriebsteil demgegenüber in einen bei ihm bereits bestehenden Betrieb derart organisatorisch ein, dass der Betriebsteil in diesem aufgeht oder schließt er den übernommenen Betriebsteil mit einem bei ihm bereits vorhandenen Betrieb zu einem neuen Betrieb zusammen, so werden die bislang in dem Betriebsteil geltenden EinzelBV nur nach Abs. 1 S. 2–4 aufrechterhalten[10].

254 Für die Frage nach den Auswirkungen einer Übertragung von Betriebsteilen auf die EinzelBV im zurückbleibenden „Rumpfbetrieb" sollte es nach bislang einhelliger Auffassung ebenfalls auf den Erhalt

---

1 RGRK/*Ascheid*, § 613a BGB Rz. 182; MüKo/*Müller-Glöge*, § 613a BGB Rz. 129, 149; *Moll*, RdA 1996, 275 jeweils mwN. | 2 BAG v. 5.2.1991 – 1 ABR 32/90, AP Nr. 89 zu § 613a BGB; v. 27.7.1994 – 7 ABR 37/93, AP Nr. 118 zu § 613a BGB; GK-BetrVG/*Kreutz*, § 77 Rz. 391; MüKo/*Müller-Glöge*, § 613a BGB Rz. 149; Staudinger/*Richardi/Annuß*, § 613a BGB Rz. 256; *B. Gaul*, Betriebs- und Unternehmensspaltung, § 25 Rz. 6. | 3 BAG v. 5.2.1991 – 1 ABR 32/90, AP Nr. 89 zu § 613a BGB; v. 27.7.1994 – 7 ABR 37/93, AP Nr. 118 zu § 613a BGB; MüKo/*Müller-Glöge*, § 613a BGB Rz. 149; *Moll*, RdA 1996, 275; *Hohenstatt* in Willemsen/Hohenstatt/Schweibert/Seibt, Rz. E 20. | 4 Ausf. *Hohenstatt* in Willemsen/Hohenstatt/Schweibert/Seibt, Rz. D 83 ff.; *B. Gaul*, Betriebs- und Unternehmensspaltung, § 25 Rz. 12 ff. | 5 Vgl. BAG v. 28.6.1995 – 7 ABR 59/94, AP Nr. 8 zu § 4 BetrVG 1972; v. 13.6.2002 – 2 AZR 327/01, AP Nr. 29 zu § 23 KSchG 1969. | 6 *Hohenstatt* in Willemsen/Hohenstatt/Schweibert/Seibt, Rz. E 35; *Fitting*, § 77 BetrVG Rz. 170; MüKo/*Müller-Glöge*, § 613a BGB Rz. 149; *Moll*, RdA 1996, 275. | 7 BAG v. 18.9.2002 – 1 ABR 54/01, NZA 2003, 670; v. 18.11.2003 – 1 AZR 604/02, AP Nr. 15 zu § 77 BetrVG 1972 – Nachwirkung; *Fitting*, § 77 BetrVG Rz. 174; *Richardi*, § 77 BetrVG Rz. 217; GK-BetrVG/*Kreutz*, § 77 BetrVG Rz. 394; DKK/*Berg*, § 77 BetrVG Rz. 51. | 8 MüKo/*Müller-Glöge*, § 613a BGB Rz. 149; *Preis/Richter*, ZIP 2004, 925 (929); aA *Fitting*, § 77 BetrVG Rz. 174; GK-BetrVG/*Kreutz*, § 77 Rz. 394. | 9 Vgl. Begr., BT-Drs. 14/5741, S. 38 f. | **10** *Fitting*, § 77 BetrVG Rz. 173; GK-BetrVG/*Kreutz*, § 77 Rz. 394 aE.

bzw. Verlust der Betriebsidentität ankommen[1]. Umstritten war lediglich, ob im Falle eines Verlusts der Betriebsidentität § 77 VI BetrVG[2] oder Abs. 1 S. 2 analog[3] anzuwenden sei. Nach der Entscheidung des BAG vom 18.9.2002[4] dürfte demgegenüber stets von einer unveränderten Fortgeltung der EinzelBV im zurückbleibenden Rumpfbetrieb auszugehen sein, sofern nur der Betrieb betriebsratsfähig bleibt. Wenn es für die Fortgeltung von EinzelBV im übertragenen Betriebsteil nicht auf den Erhalt der betriebsverfassungsrechtl. Identität ankommt[5], kann für die Fortgeltung der BV im zurückbleibenden „Rumpfbetrieb" nichts anderes gelten.

b) Gesamt- und Konzernbetriebsvereinbarungen. GesamtBV bewahren im Falle einer organisatorisch unveränderten Übertragung mehrerer Betriebe nach der Auffassung der Rspr. bei dem neuen Betriebsinhaber ihren Rechtscharakter als solche. Entsprechendes soll im Falle einer Übernahme mehrerer Betriebsteile gelten, wenn der neue Betriebsinhaber diese als betriebsverfassungsrechtl. selbständige Betriebsteile fortführt. Nicht erforderlich sei, dass der neue Betriebsinhaber sämtliche Betriebe des bisherigen Betriebsinhabers übernehme. Entschieden ist dies für den Fall einer Übertragung von Betrieben und Betriebsteilen auf einen bis dahin arbeitnehmerlosen neuen Inhaber[6]. Nichts anderes kann in der Konsequenz dieser Entscheidung gelten, wenn der neue Inhaber im Zeitpunkt der Übernahme bereits über eigene Betriebe verfügt. Auch in diesem Fall müssen die von dem bisherigen Betriebsinhaber stammenden GesamtBV bei dem neuen Inhaber unverändert als solche fortgelten, jedoch nur in den übernommenen Betrieben und Betriebsteilen[7]. Zuständig für die Änderung und Kündigung der fortgeltenden GesamtBV muss der beim neuen Betriebsinhaber bestehende GBR, mangels eines solchen der infolge der Übernahme mehrerer Betriebe oder betriebsverfassungsrechtl. selbständige Betriebsteile gem. § 47 I BetrVG bei diesem zwingend zu bildende GBR sein[8]. Wird nur ein Betrieb übernommen, so bleiben die bis dahin in diesem geltenden GesamtBV nach der Auffassung des BAG als EinzelBV bestehen[9]. Für den Fall einer Übertragung nur eines Betriebsteils soll dies entsprechend gelten, wenn der neue Inhaber den Betriebsteil als betriebsverfassungsrechtl. selbständigen Betrieb fortführt[10]. Die Rspr. des BAG vermag nicht zu überzeugen, weil sie die Fortgeltung im Ergebnis unabhängig vom Fortbestand der betrieblichen Strukturen beurteilt[11]. 255

Die Geltungsweise von **KonzernBV** ist umstritten. Insb. ist nach wie vor ungeklärt, ob der KBR gemeins. mit der Konzernobergesellschaft ungeachtet der rechtl. Selbständigkeit der abhängigen Gesellschaften die Arbeitsbedingungen der in diesen beschäftigten ArbN durch BV regeln kann oder hierfür eine Beteiligung der abhängigen Gesellschaft an dem Abschluss der Vereinbarung erforderlich ist[12]. Folgt man der zweiten Sichtweise, so dürften im Hinblick auf die Fortgeltung von KonzernBV die vorstehend für GesamtBV dargestellten Grundsätze entsprechend gelten[13]. 256

c) Einzelfragen. Eine kollektivrechtl. Fortgeltung von Einzel-, Gesamt- und KonzernBV scheidet aus, soweit diese infolge des Betriebsinhaberwechsels **undurchführbar** werden[14]. Eine andere Frage ist, ob der neue Betriebsinhaber zur Kompensation der nach Abs. 1 S. 2 aufrechterhaltenen Ansprüche aus derartigen Regelungen verpflichtet ist. Insoweit gelten die Ausführungen zu Rz. 232 entsprechend. 257

Eine kollektivrechtl. Fortgeltung von Einzel-, Gesamt- und KonzernBV scheidet wegen § 118 II BetrVG ferner im Falle einer Übertragung von Betrieben oder Betriebsteilen auf **Religionsgemeinschaften** sowie deren karitative und erzieherische Einrichtungen aus[15]. Gleiches gilt wegen § 130 BetrVG im Falle einer Übernahme von Betrieben oder Betriebsteilen durch den **Bund**, ein **Land**, eine **Gemeinde** oder eine **Körperschaft, Anstalt** oder **Stiftung des öffentl. Rechts**[16]. 258

3. Kollektivrechtliche Fortgeltung von Tarifverträgen. Verbandstarifverträge gelten im Anschluss an einen Betriebsinhaberwechsel unverändert kollektivrechtl. fort, wenn der neue Betriebsinhaber kraft Mitgliedschaft im tarifschließenden ArbGebVerband oder kraft Allgemeinverbindlichkeit ebenso tarifgebunden ist wie der bisherige Betriebsinhaber und der übertragene Betrieb(steil) auch nach dem Inhaberwechsel dem (insb. fachlichen) Geltungsbereich des TV unterfällt[17]. Fehlt es an einer dieser Vor- 259

---

1 *Fitting*, § 77 BetrVG Rz. 172. | 2 So wohl *Rieble/Gutzeit*, NZA 2003, 233 (235). | 3 So *Hanau*, RdA 1989, 207 (211). | 4 BAG v. 18.9.2002 – 1 ABR 54/01, NZA 2003, 670. | 5 So BAG v. 18.9.2002 – 1 ABR 54/01, NZA 2003, 670. | 6 BAG v. 18.9.2002 – 1 ABR 54/01, NZA 2003, 670; zust. *Salamon*, RdA 2007, 103; *Bachner*, NJW 2003, 2861 (2862); kritisch *Hohenstatt/Müller-Bonanni*, NZA 2003, 766 (769 f.); *Preis/Richter*, ZIP 2004, 925 (931 ff.); *Rieble/Gutzeit* NZA 2003, 233 ff. | 7 Ebenso *Salamon*, RdA 2007, 103; *Bachner*, NJW 2003, 2861; krit. zur Entscheidung v. 18.9.2002 *Hohenstatt/Müller-Bonanni*, NZA 2003, 766 (769 ff.); *Preis/Richter*, ZIP 2004, 925 (931 ff.); *Rieble/Gutzeit* NZA 2003, 233 ff. | 8 BAG v. 18.9.2002 – 1 ABR 54/01, NZA 2003, 670. | 9 BAG v. 18.9.2002 – 1 ABR 54/01, NZA 2003, 670. | 10 BAG v. 18.9.2002 – 1 ABR 54/01, NZA 2003, 670. | 11 Zum Streitstand *Grobys*, BB 2003, 1391; *Hohenstatt/Müller-Bonanni*, NZA 2003, 766 ff.; *Preis/Richter*, ZIP 2004, 925 ff.; *Rieble/Gutzeit*, NZA 2003, 233 ff. | 12 Zum Streitstand *Fitting*, § 58 BetrVG Rz. 34 ff. | 13 Ebenso DKK/*Berg*, § 77 BetrVG Rz. 51; ErfK/*Preis*, § 613a BGB Rz. 115; *Picot/Schnitker*, Teil I Rz. 260; Staudinger/*Richardi/Annuß*, § 613a BGB Rz. 259; vgl. dazu auch *Hohenstatt* in Willemsen/Hohenstatt/Schweibert/Seibt, Rz. E 70 ff. | 14 ZB Regelungen über die Teilnahme an einem Aktienoptionsprogramm oder Ferienwerk des bisherigen Betriebsinhabers; kritisch *Bachner*, NJW 2003, 2861 (2863). | 15 Staudinger/*Richardi/Annuß*, § 613a BGB Rz. 260; RGRK/*Ascheid*, § 613a BGB Rz. 189; *Hohenstatt* in Willemsen/Hohenstatt/Schweibert/Seibt, Rz. E 13; KR/*Pfeiffer*, § 613a BGB Rz. 166. | 16 Staudinger/*Richardi/Annuß*, § 613a BGB Rz. 260; *Hohenstatt* in Willemsen/Hohenstatt/Schweibert/Seibt, Rz. E 11. | 17 BAG v. 5.2.1991 – 1 ABR 32/90, AP Nr. 89 zu § 613a BGB.

aussetzungen, so wird der Inhalt des TV nach Maßgabe des Abs. 1 S. 2 bis 4 aufrechterhalten[1]. **FirmenTV** gelten im Anschluss an einen Betriebsinhaberwechsel unverändert kollektivrechtl. fort, wenn der neue Betriebsinhaber mit der zuständigen Gewerkschaft eine Vertragsübernahme vereinbart oder einen inhaltsgleichen neuen FirmenTV abschließt[2]. Die zum Teil in der Lit. vertretene Auffassung, wonach die zur Fortgeltung von BV geltenden Grundsätze entsprechend heranzuziehen sein sollen[3], findet im Gesetz keine Stütze[4]. Etwas anderes gilt in den Fällen eines Betriebsinhaberwechsels durch **Gesamtrechtsnachfolge**. Für den Fall der Verschmelzung einer an einen FirmenTV gebundenen Gesellschaft mit einer bis dahin arbeitnehmerlosen Gesellschaft auf eine hierdurch neu gegründete Gesellschaft hat das BAG angenommen, die übernehmende Gesellschaft trete gem. § 20 I Nr. 1 UmwG in die Stellung der tarifgebundenen Gesellschaft als Partei des FirmenTV ein[5].

260 **4. Fortgeltung gem. Abs. 1 S. 2. a) Umfang der Fortgeltung.** Die Fortgeltungsanordnung (s. Rz. 247) des Abs. 1 S. 2 erfasst Rechtsnormen aus TV und BV unabhängig davon, ob es sich um einen Verbands- oder FirmenTV, um Einzel-, Gesamt- oder KonzernBV handelt[6]. Allerdings muss die Rechtsnorm im Zeitpunkt des Betriebsübergangs für das Arbeitsverhältnis als Kollektivrecht gegolten haben. Diesen Anforderungen genügen auch **nachwirkende TV und BV**[7]. Die Nachwirkung beseitigt lediglich die zwingende, nicht jedoch die unmittelbare Wirkung (Normwirkung) der Regelung. Eine bloß individualvertragl. Bezugnahme auf den TV fällt demgegenüber nicht unter Abs. 1 S. 2, sondern unter Abs. 1 S. 1 (ausf. zu Bezugnahmeklauseln Rz. 272 ff.). Ebenfalls nicht unter Abs. 1 S. 2 fallen sog. **Regelungsabreden** zwischen ArbGeb und BR[8]. Ihnen kommt keine Normwirkung zu. Allerdings muss jeweils sorgfältig geprüft werden, ob nicht die Durchführung der Regelungsabrede zu Ansprüchen der ArbN aus einer Gesamtzusage oder betrieblichen Übung geführt hat, in die der neue Betriebsinhaber gem. Abs. 1 S. 1 eintritt. Für **SprAuVereinbarungen** iSd. § 28 II 1 SprAuG gilt Abs. 1 S. 2 entsprechend[9].

261 Es muss sich um Rechtsnormen handeln, die „Rechte und Pflichten aus dem Arbeitsverhältnis" regeln. Abs. 1 S. 2 erfasst demnach in erster Linie **Inhaltsnormen**, also diejenigen Bestimmungen, die unmittelbar die wechselseitigen Rechte und Pflichten der Arbeitsvertragsparteien regeln[10]. **Abschlussnormen** regeln demgegenüber die Begründung von Arbeitsverhältnissen und werden deshalb von der Fortgeltungsanordnung grds. nicht erfasst. Abs. 1 S. 2 setzt nämlich ein im Zeitpunkt des Betriebsübergangs bestehendes Arbeitsverhältnis voraus (s. Rz. 222). Allerdings enthalten Abschlussnormen zT auch Vorschriften für Vertragsänderungen und die Eingehung von Nebenabreden. Insoweit regeln sie Rechte und Pflichten aus dem Arbeitsverhältnis und werden deshalb nach Abs. 1 S. 2 aufrechterhalten[11]. Ähnliches gilt für **Betriebsnormen**. Sie regeln vornehmlich das Miteinander im Betrieb, nicht den Inhalt des Arbeitsverhältnisses. Allerdings können auch Betriebsnormen Rechte und Pflichten im Arbeitsverhältnis begründen (zB Regelungen über Torkontrollen). Soweit sie dies tun, werden sie nach Abs. 1 S. 2 aufrechterhalten[12]. **Tarifnormen zu gemeins. Einrichtungen** (§ 4 II TVG) regeln vornehmlich die sog. Beitragsbeziehung zwischen dem ArbGeb und der gemeins. Einrichtung und die sog. Leistungsbeziehung zwischen der gemeins. Einrichtung und dem ArbN[13]. Sie können jedoch auch Rechte und Pflichten im Arbeitsverhältnis begründen und unterliegen insoweit der Regelung des Abs. 1 S. 2[14]. **Betriebsverfassungsrechtl. Normen** iSd. § 1 I TVG und Regelungen nach § 3 BetrVG haben keine Rechte und Pflichten aus dem Arbeitsverhältnis zum Gegenstand und werden deshalb nicht nach Abs. 1 S. 2 aufrechterhalten[15]. Entsprechendes gilt für die Regelungen aus dem **schuldrechtl. Teil** des TV. Sie betreffen lediglich die Rechtsbeziehungen zwischen den TV-Parteien[16]. Ob die vorstehend aufgezeigten Beschränkungen der Fortgeltung von TV und BV mit den Vorgaben des Art. 3 III der BetriebsübergangsRL 2001/23/EG vereinbar sind, ist nicht zweifelsfrei[17], jedoch hat dies in der Praxis der Gerichte bislang keine Rolle gespielt.

262 **b) Statische Wirkung der Fortgeltung.** Die Transformation nach Abs. 1 S. 2 wirkt statisch, dh. die von der Vorschrift erfassten Regelungen werden in dem Zustand aufrechterhalten, der im Zeitpunkt des

---

1 Vgl. BAG v. 1.4.1987 – 4 AZR 77/86, AP Nr. 64 zu § 613a BGB; ErfK/*Preis*, § 613a BGB Rz. 113. | 2 ErfK/*Preis*, § 613a BGB Rz. 109; MüKo/*Müller-Glöge*, § 613a BGB Rz. 130; RGRK/*Ascheid*, § 613a BGB Rz. 185; Wiedemann/*Oetker*, § 3 TVG Rz. 158 mwN. | 3 *Wiedemann*, FS Fleck, 1988, S. 447 (453); *Moll*, RdA 1996, 275; *Moll*, NJW 1993, 2016 (2020); vgl. zum Ganzen auch Wiedemann/*Oetker*, § 3 TVG Rz. 158. | 4 BAG v. 20.6.2001 – 4 AZR 295/00, AP Nr. 18 zu § 1 TVG – Bezugnahme auf TV; v. 29.8.2001 – 4 AZR 332/00, AP Nr. 17 zu § 1 TVG – Bezugnahme auf TV; MünchArbR/*Wank*, § 124 Rz. 182; ErfK/*Preis*, § 613a BGB Rz. 113; Wiedemann/*Oetker*, § 3 TVG Rz. 158. | 5 BAG v. 24.6.1998 – 4 AZR 208/97, AP Nr. 1 zu § 20 UmwG; obiter auch v. 29.8.2001 – 4 AZR 332/00, AP Nr. 17 zu § 1 TVG – Bezugnahme auf TV; ausf. hierzu *Däubler*, RdA 2002, 303 ff. | 6 ErfK/*Preis*, § 613a BGB Rz. 112; RGRK/*Ascheid*, § 613a BGB Rz. 200. | 7 BAG v. 27.11.1991 – 4 AZR 211/91, AP Nr. 22 zu § 4 TVG – Nachwirkung. | 8 ErfK/*Preis*, § 613a BGB Rz. 118. | 9 ErfK/*Preis*, § 613a BGB Rz. 115; APS/*Steffan*, § 613a BGB Rz. 118 mwN. | 10 MüKo/*Müller-Glöge*, § 613a BGB Rz. 135; RGRK/*Ascheid*, § 613a BGB Rz. 192; Soergel/*Raab*, § 613a BGB Rz. 109. | 11 MüKo/*Müller-Glöge*, § 613a BGB Rz. 135; Soergel/*Raab*, § 613a BGB Rz. 110; RGRK/*Ascheid*, § 613a BGB Rz. 193; aA Staudinger/*Richardi/Annuß*, § 613a BGB Rz. 263; *B. Gaul*, Betriebs- und Unternehmensspaltung, § 24 Rz. 25. | 12 MüKo/*Müller-Glöge*, § 613a BGB Rz. 135; RGRK/*Ascheid*, § 613a BGB Rz. 195; Soergel/*Raab*, § 613a BGB Rz. 112; aA Staudinger/*Richardi/Annuß*, § 613a BGB Rz. 263; *B. Gaul*, Betriebs- und Unternehmensspaltung, § 24 Rz. 25. | 13 MünchArbR/*Löwisch/Rieble*, § 263 Rz. 21 ff. | 14 BAG v. 5.10.1993 – 3 AZR 586/92, AP Nr. 42 zu § 1 BetrAVG – Zusatzversorgungskasten. | 15 MüKo/*Müller-Glöge*, § 613a BGB Rz. 135; ErfK/*Preis*, § 613a BGB Rz. 118. | 16 ErfK/*Preis*, § 613a BGB Rz. 118. | 17 *Zöllner*, DB 1995, 1401; *Hohenstatt* in Willemsen/Hohenstatt/Schweibert/Seibt, Rz. E 113.

Betriebsinhaberwechsels besteht[1]. An nachträglichen Änderungen der zugrunde liegenden BV und TV nehmen die übergegangenen Arbeitsverhältnisse nicht mehr teil. Dies gilt unabhängig davon, ob die Änderungen aus der Sicht der ArbN günstig oder ungünstig sind. Auch ein nach dem Betriebsübergang mit Rückwirkung auf einen Zeitpunkt vor dem Betriebsübergang geschlossener TV beeinflusst die bereits vollzogene „Transformation" nach Abs. 1 S. 2 nicht mehr[2]. Nimmt ein (Firmen-)TV auf einen anderen TV dyn. Bezug, so gehen auch die Regelungen des in Bezug genommenen TV in dem Zustand in die Arbeitsverhältnisse ein, der im Zeitpunkt des Betriebsübergangs bestand. Der verweisende und der in Bezug genommene TV sind insoweit als Einheit zu betrachten[3]. Entgegen der Ansicht des BAG ist richtigerweise ebenso zu entscheiden, wenn der TV selbst dyn. angelegt ist (zB eine Arbeitszeitverkürzung oder eine Entgeltanhebung in mehreren Schritten vorsieht). An die Tarifentwicklung nach dem Zeitpunkt des Inhaberwechsels ist der Erwerber nicht gebunden[4]. Die durch Abs. 1 S. 2 bewirkte Abkopplung von der Tarifentwicklung kann erheblichen Druck auf die ArbN erzeugen, sich – in den Grenzen des Abs. 1 S. 2–4 – auf nachteilige Änderungen ihrer Arbeitsbedingungen einzulassen. In der Praxis wird deshalb von Gewerkschaftsseite häufig versucht, den Abschluss eines FirmenTV oder den Beitritt des neuen Betriebsinhabers zum tarifschließenden ArbGebVerband durchzusetzen.

c) **Bedeutung der Veränderungssperre.** Die einjährige Veränderungssperre des Abs. 1 S. 2 ist in der Praxis Gegenstand zahlreicher Missverständnisse. Es kann deshalb nicht eindringlich genug betont werden, dass diese sich nur auf nach Abs. 1 S. 2 aufrechterhaltene **Regelungen aus BV und TV** bezieht[5]. Nach Abs. 1 S. 1 auf den Erwerber übergehende Rechte und Pflichten dürfen auch während des ersten Jahres nach dem Inhaberwechsel zum Nachteil der ArbN geändert werden. Allerdings fordert die Rspr. für Änderungsvereinbarungen, die den ArbN nachteilig sind, bislang das Vorliegen sachl. Gründe (vgl. aber Rz. 245)[6]. Die Jahressperre des Abs. 1 S. 2 bezieht sich darüber hinaus nur auf Änderungen der nach dieser Vorschrift aufrechterhaltenen Regelungen mit **individualrechtl. Mitteln**, also nur auf Änderungsvereinbarungen und Änderungskündigungen[7]. Durch verschlechternde BV und TV können die gem. Abs. 1 S. 2 aufrechterhaltenen Regelungen demgegenüber – nach näherer Maßgabe des Abs. 1 S. 3 – auch während der Jahresfrist zum Nachteil der ArbN abgeändert werden[8]. Weitere Ausnahmen von der Veränderungssperre des Abs. 1 S. 2 enthält Abs. 1 S. 4 (vgl. Rz. 277 ff.). Für die Berechnung der Frist des Abs. 1 S. 2 gelten die §§ 186 ff. (zum Zeitpunkt des Inhaberwechsels Rz. 82). 263

Nur wenig beleuchtet ist bislang, ob Abs. 1 S. 2 lediglich vor Ablauf der Jahresfrist wirksam werdende Verschlechterungen der Arbeitsbedingungen verbietet oder darüber hinausgehend auch den Abschluss nachteiliger Änderungsvereinbarungen, die erst nach Ablauf der Jahresfrist greifen. Die ganz hM in der Lit. interpretiert Abs. 1 S. 2 ohne nähere Begründung iS eines zeitlich befristeten Kontrahierungsverbots[9]. Ihrem Wortlaut nach lässt sich die Vorschrift demgegenüber auch als **zeitlich befristete Bestandsschutzgarantie** verstehen. Für die Annahme einer Bestandsschutzgarantie spricht, dass zB auch während der Phase der zwingenden Geltung des TV abweichende Individualvereinbarungen im Vorgriff auf die Nachwirkung gem. § 4 V TVG geschlossen werden können[10]. Die Zulässigkeit derartiger Vereinbarungen entspricht darüber hinaus dem dogmatischen Verständnis der Verbotsnorm des § 134 BGB[11]. Schließlich knüpft auch die RL 2001/23/EG die Jahresfrist in ihrem Art. 3 an die Aufrechterhaltung der Arbeitsbedingungen, nicht jedoch an den Zeitpunkt der Vereinbarung anderweitiger Abmachungen. Unter Zugrundelegung der – unzutreffenden – Rspr. zur beschränkten Zulässigkeit von Änderungsvereinbarungen im zeitlich sachlichen Zusammenhang mit dem Betriebsübergang (s. Rz. 245) bedürfen während der Jahresfrist geschlossene Vereinbarungen allerdings eines sachlichen Grundes[12]. 263a

Endet der nach Abs. 1 S. 2 aufrechterhaltene Kollektivvertrag während der Jahresfrist, **ohne Nachwirkung** zu entfalten, so endet auch die Fortgeltung nach Abs. 1 S. 2 (zu Abs. 1 S. 4 s. Rz. 277 ff.)[13]. 263b

5. Verhältnis zu Kollektivverträgen des Erwerbers (Abs. 1 S. 3). Gem. Abs. 1 S. 3 findet Abs. 1 S. 2 keine Anwendung („gilt nicht"), dh. die beim bisherigen Betriebsinhaber geltenden kollektivvertragl. Regelungen werden nicht gem. Abs. 1 S. 2 aufrechterhalten, soweit die Rechte und Pflichten aus dem Arbeits- 264

1 BAG v. 29.8.2001 – 4 AZR 332/00, NZA 2002, 513; v. 20.6.2001 – 4 AZR 295/00, NZA 2002, 517; v. 13.11.1985 – 4 AZR 309/84, AP Nr. 46 zu § 613a BGB; v. 13.9.1994 – 3 AZR 148/94, AP Nr. 11 zu § 1 TVG – Rückwirkung. | 2 BAG v. 13.9.1994 – 3 AZR 148/94, AP Nr. 11 zu § 1 TVG – Rückwirkung. | 3 BAG v. 29.8.2001 – 4 AZR 332/00, NZA 2002, 513; v. 20.6.2001 – 4 AZR 295/00, NZA 2002, 517. | 4 BAG v. 19.9.2007 – 4 AZR 711/06; *Lambrich*, FS Ehmann, 2005, S. 169 (193); Staudinger/*Richardi/Annuß*, § 613a BGB Rz. 266; ErfK/*Preis*, § 613a BGB Rz. 127; aA *Hohenstatt* in Willemsen/Hohenstatt/Schweibert/Seibt, Rz. E 129; wohl auch MüKo/*Müller-Glöge*, § 613a BGB Rz. 134. | 5 *Hohenstatt* in Willemsen/Hohenstatt/Schweibert/Seibt, Rz. E 132; *Picot/Schnitker*, Teil I Rz. 329. | 6 BAG v. 29.10.1985 – 5 AZR 444/74, AP Nr. 2 zu § 613a BGB; hiergegen mit Recht *Hohenstatt* in Willemsen/Hohenstatt/Schweibert/Seibt, Rz. E 233 f.; Soergel/*Raab*, § 613a BGB Rz. 91 f.; Erman/*Edenfeld*, § 613a BGB Rz. 65; *Moll*, NJW 1993, 2016 (2022). | 7 Erman/*Edenfeld*, § 613a BGB Rz. 83, 87; *Hohenstatt* in Willemsen/Hohenstatt/Schweibert/Seibt, Rz. E 133. | 8 ErfK/*Preis*, § 613a BGB Rz. 125; Erman/*Edenfeld*, § 613a BGB Rz. 87. | 9 ErfK/*Preis*, § 613a Rz. 119; KR/*Pfeiffer*, § 613a BGB Rz. 162; iE auch *Moll*, RdA 1996, 275 (279). | 10 BAG v. 23.2.2005 – 4 AZR 186/04; *Wiedemann/Wank*, § 4 TVG Rz. 59; *Löwisch/Rieble*, § 4 TVG Rz. 401. | 11 Staudinger/*Sack*, § 134 BGB Rz. 56. | 12 Zum Ganzen *Willemsen*, FS 25 Jahre Arbeitsgemeinschaft Arbeitsrecht im DAV, 2005, S. 1013 (1026 f.). | 13 *Hanau/Vossen*, FS Hilger/Stumpf, 1983, S. 271 (280); aA *Moll*, RdA 1996, 275 (284); diff. Staudinger/*Richardi/Annuß*, § 613a BGB Rz. 286.

verhältnis bei dem neuen Inhaber durch einen anderen TV oder eine andere BV geregelt werden. Die Vorschrift setzt die aktuelle Geltung der beim neuen Betriebsinhaber bestehenden Kollektivverträge für das Arbeitsverhältnis voraus („geregelt werden"). Für TV bedeutet dies, dass der neue Betriebsinhaber und der ArbN **kongruent tarifgebunden** (§ 3 I TVG) sein müssen. Die bloße Tarifgebundenheit des neuen Betriebsinhabers genügt nicht[1], und zwar auch dann nicht, wenn sowohl der bislang geltende TV als auch der ErwerberTV mit einer DGB-Gewerkschaft geschlossen wurde[2]. Auch die Grundsätze zur Tarifpluralität können bei lediglich einseitiger Tarifgebundenheit des neuen Betriebsinhabers nicht herangezogen werden[3]. Zu einer Ersetzung der beim bisherigen Betriebsinhaber geltenden TV durch die ErwerberTV kommt es nach alledem nur dann, wenn die ErwerberTV mit **derselben Gewerkschaft** geschlossen wurden wie die VeräußererTV[4], die ErwerberTV **allgemeinverbindlich** sind oder der ArbN der für den Erwerber **zuständigen Gewerkschaft** beitritt[5]. Hierzu kann ihn der neue Betriebsinhaber nicht zwingen. Auch auf den alternativ in Betracht kommenden Abschluss einer Bezugnahmevereinbarung auf die ErwerberTV gem. Abs. 1 S. 4 Alt. 2 muss sich der ArbN nicht einlassen. Der neue Betriebsinhaber wird zwar durch Abs. 4 S. 1 nicht daran gehindert, zur Durchsetzung derartiger Vereinbarungen eine Änderungskündigung auszusprechen[6]. Jedoch werden diese kaum jemals sozial gerechtfertigt iSd. §§ 1 II, 2 KSchG sein. Das bloße Interesse des neuen Betriebsinhabers an der Vereinheitlichung der Arbeitsbedingungen genügt insoweit jedenfalls nicht[7]. Der Abschluss einer BV, die inhaltlich die ErwerberTV übernimmt, scheitert an § 77 III BetrVG (vgl. Rz. 269).

265 **Betriebsvereinbarungen** (Einzel-, Gesamt- und KonzernBV) gelten, sofern in ihnen nichts Abweichendes bestimmt ist, für sämtliche betriebsangehörigen ArbN, und damit auch für ArbN, die im Zuge eines Betriebsinhaberwechsels nachträglich in den Betrieb eintreten[8]. Wird der übernommene Betrieb oder Betriebsteil nicht organisatorisch in einen bei dem neuen Betriebsinhaber bereits vorhandenen Betrieb eingegliedert, sondern als betriebsverfassungsrechtl. selbständige Einheit fortgeführt, so muss im Hinblick auf die Gesamt- und KonzernBV des Erwerbers jeweils geprüft werden, ob diese nachträglich zum Unternehmen bzw. Konzern hinzutretende Einheiten erfassen wollen. Dies ist eine Frage der Auslegung des Geltungsbereichs. Im Zweifel wird man davon ausgehen müssen, dass Gesamt- und KonzernBV auf den Unternehmens- bzw. Konzernbestand im Zeitpunkt ihres Abschlusses beschränkt sind[9]. **FirmenTV** wollen demgegenüber typischerweise auch nachträglich zum Unternehmen hinzutretende Teile erfassen[10].

266 Die ablösenden Regelungen müssen nicht notwendig bereits im Zeitpunkt des Betriebsinhaberwechsels bestehen. Auch **nachträglich abgeschlossene TV und BV** unterfallen Abs. 1 S. 3[11]. Die kongruente Tarifbindung kann ferner durch nachträgliche Verschmelzung von Gewerkschaften entstehen[12]. Der ablösende Kollektivvertrag kann aus ArbN-Sicht auch ungünstiger sein als die abgelösten Regelungen. Insoweit gilt nicht das **Günstigkeitsprinzip**, sondern das Ordnungsprinzip[13]. Auch im Rahmen des Abs. 1 S. 3 sind allerdings die allgemein für nachträgliche Eingriffe in erworbene Besitzstände geltenden Regeln zu beachten[14]. Für die Ablösung von Versorgungsordnungen durch BV bedeutet dies idR, dass zumindest der bis zum Betriebsübergang erdiente Versorgungsbesitzstand aufrechterhalten werden muss[15]. Andererseits stellt das in Abs. 1 S. 3 anerkannte Interesse des Betriebserwerbers an einer Vereinheitlichung der Versorgungsbedingungen einen sachlich-proportionalen Grund iSd. Drei-Stufen-Theorie dar und rechtfertigt damit einen Eingriff in künftige Versorgungszuwächse[16].

267 Die Ablösungswirkung nach Abs. 1 S. 3 tritt nur ein, soweit die beim neuen Betriebsinhaber geltenden Kollektivverträge **denselben Regelungsgegenstand** betreffen wie die Kollektivverträge des bisherigen Betriebsinhabers. Im Übrigen werden die von dem bisherigen Betriebsinhaber stammenden Regelun-

---

1 AA *Moll*, RdA 1996, 275 (280 ff.); *Bauer*, FS Schaub, 1998, S. 19 ff.; *Heinze*, FS Schaub, 1998, S. 275 ff.; *Henssler*, FS Schaub, 1998, S. 311 (319 ff.); *Hromadka*, DB 1996, 1872 (1876); *Zöllner*, DB 1995, 1401 (1403 ff.). | **2** BAG v. 21.2.2001 – 4 AZR 18/00, AP Nr. 20 zu § 4 TVG; zuvor bereits BAG v. 30.8.2000 – 4 AZR 581/99, AP Nr. 12 zu § 1 TVG – Bezugnahme auf TV; RGRK/*Ascheid*, § 613a BGB Rz. 220; ErfK/*Preis*, § 613a BGB Rz. 123; KR/*Pfeiffer*, § 613a BGB Rz. 170; MüKo/*Müller-Glöge*, § 613a BGB Rz. 139; MünchArbR/*Wank*, § 124 Rz. 193; Staudinger/*Richardi/Annuß*, § 613a BGB Rz. 281; aA *Hanau*, RdA 1998, 65 (70); *Kania*, DB 1996, 1921. | **3** BAG v. 21.2.2001 – 4 AZR 18/00, AP Nr. 20 zu § 4 TVG; ErfK/*Preis*, § 613a BGB Rz. 106; *Hergenröder*, FS BAG, 2004, S. 713 ff. | **4** BAG v. 11.5.2005 – 4 AZR 315/04, AP Nr. 30 zu § 4 TVG – Tarifkonkurrenz. | **5** Staudinger/*Richardi/Annuß*, § 613a BGB Rz. 280; *B. Gaul*, Betriebs- und Unternehmensspaltung, § 24 Rz. 42. | **6** Vgl. Staudinger/*Richardi/Annuß*, § 613a BGB Rz. 287. | **7** Vgl. Erman/*Edenfeld*, § 613a BGB Rz. 86 aE; ausf. *Schiefer*, DB 2003, 390 (392 ff.). | **8** *Hohenstatt* in Willemsen/Hohenstatt/Schweibert/Seibt, Rz. E 11 mwN. | **9** *Hohenstatt* in Willemsen/Hohenstatt/Schweibert/Seibt, Rz. E 64; *Sowka/Weiss*, DB 1991, 1518 ff. | **10** Krit. Erman/*Edenfeld*, § 613a BGB Rz. 91. | **11** BAG v. 11.5.2005 – 4 AZR 315/04, ZIP 2005, 1889; v. 16.5.1995 – 3 AZR 535/94, AP Nr. 15 zu § 4 TVG – Ordnungsprinzip; v. 20.4.1994, AP Nr. 108 zu § 613a BGB, ErfK/*Preis*, § 613a BGB Rz. 125; enger *Henssler*, NZA 1994, 913 (919) (erkennbarer zeitlicher Zusammenhang). | **12** BAG v. 11.5.2005 – 4 AZR 315/04, AP Nr. 30 zu § 4 TVG – Tarifkonkurrenz (ver.di). | **13** BAG v. 16.5.1995 – 3 AZR 535/94, AP Nr. 15 zu § 4 TVG – Ordnungsprinzip; v. 14.8.2001 – 1 AZR 619/00, AP Nr. 85 zu § 77 BetrVG 1972; v. 18.11.2003 – 1 AZR 604/02, AP Nr. 15 zu § 77 BetrVG 1972 – Nachwirkung. | **14** Staudinger/*Richardi/Annuß*, § 613a BGB Rz. 284; Erman/*Edenfeld*, § 613a BGB Rz. 90; ErfK/*Preis*, § 613a BGB Rz. 121; MüKo/*Müller-Glöge*, § 613a BGB Rz. 158. | **15** BAG v. 24.7.2001 – 3 AZR 660/00, NZA 2002, 520; ErfK/*Preis*, § 613a BGB Rz. 125; iE ebenso Erman/*Edenfeld*, § 613a BGB Rz. 90. | **16** BAG v. 29.7.2003 – 3 AZR 630/02, AP Nr. 45 zu § 1 BetrAVG – Ablösung.

gen nach Abs. 1 S. 2 aufrechterhalten[1]. Das Erfordernis der Identität des Regelungsgegenstandes bedeutet nicht, dass punktuelle Deckungsgleichheit bestehen müsste. Es genügt, wenn dieselbe Sachgruppe beim neuen Betriebsinhaber anders geregelt ist als bei dem bisherigen Inhaber[2]. Von einer anderweitigen Regelung kann demgegenüber nicht gesprochen werden, wenn sich der Kollektivvertrag des neuen Betriebsinhabers zu dem betreffenden Regelungsgegenstand ausschweigt[3]. Ob eine bloße Negativregelung die Ablösungswirkung herbeizuführen vermag, ist umstritten[4]. Entscheidend hierfür spricht, dass die Kollektivertragsparteien von ihnen eingeführte Leistungen grds. – in den Grenzen des Vertrauensschutzes – auch wieder beseitigen können. Da Abs. 1 S. 2 keine Besserstellung der ArbN im Vergleich zu der Situation ohne einen Betriebsübergang bezweckt, muss diese Möglichkeit auch im Rahmen des Abs. 1 S. 3 bestehen.

Bei dem neuen Betriebsinhaber lediglich **kraft Nachwirkung geltende TV** können die in Abs. 1 S. 3 beschriebenen Wirkungen nicht entfalten, weil sie die übergehenden Arbeitsverhältnisse nicht erfassen[5]. Dass Abs. 1 S. 3 einen weiter gehenden Geltungsbefehl enthielte, ist dem Gesetz nicht zu entnehmen. Anderes gilt für **nachwirkende BV**, weil diese auch für neu eintretende ArbN Geltung beanspruchen[6]. 268

Ob Abs. 1 S. 3 eine sog. „**Überkreuzablösung**" tarifvertragl. Regelungen durch BV zulässt, ist umstritten. Das BAG hat die Frage bislang offen gelassen, nimmt aber in der Tendenz eine eher ablehnende Haltung ein[7]. In der Tat dürfte Abs. 1 S. 3 wohl keine Durchbrechung des § 77 III BetrVG zu entnehmen sein[8]. Es ist andererseits nicht zu erkennen, dass die ansonsten bestehenden Regelungsbefugnisse der Betriebsparteien durch Abs. 1 eingeschränkt werden sollten. Eine „Überkreuzablösung" tarifvertragl. Regelungen durch BV muss deshalb jedenfalls in dem Umfang möglich sein, in dem der Tarifvorrang des § 77 III BetrVG nicht greift[9]. Dies betrifft vor allem die rechtl. Verselbständigung von Unternehmensbereichen, für die keine einschlägigen TV bestehen[10]. 269

FirmenTV können im Rahmen des Abs. 1 S. 3 auch **durch VerbandsTV** abgelöst werden[11]. Hierin liegt keine Abweichung von dem ansonsten für das Verhältnis von Firmen- zu VerbandsTV maßgeblichen Spezialitätsprinzip. Das Spezialitätsprinzip gilt für kollektivrechtl. miteinander konkurrierende Firmen- und VerbandsTV. Im Rahmen des Abs. 1 S. 3 geht es demgegenüber um das Verhältnis kraft gesetzl. Anordnung fortgeltender und originär kollektivrechtl. geltender Regelungen. 270

Fällt eine nach Abs. 1 S. 3 ablösende BV später ohne Nachwirkung fort, so hat dies nicht zur Folge, dass die „individualrechtliche" Position des ArbN aus Abs. 1 S. 2 **wieder auflebt**[12]. 270a

Bei **mehrfachen Betriebsübergängen** nimmt die Rspr. an, dass die zunächst nach Abs. 1 S. 2 aufrechterhaltenen Regelungen beim zweiten Inhaberwechsel nach Abs. 1 S. 1 übergehen[13]. Ob die Regelungen sodann nur noch durch Änderungskündigung oder den Abschluss von Änderungsvereinbarungen abgelöst werden können oder Abs. 1 S. 3 analog gilt, hat die Rspr. offen gelassen[14]. Versteht man Abs. 1 S. 2 zutreffend als normative Fortgeltungsanordnung (vgl. Rz. 247), werden die kollektivvertragl. Regelungen auch beim dritten Betriebsinhaber nach Abs. 1 S. 2 aufrechterhalten. Abs. 1 S. 3 findet dann unmittelbare Anwendung[15]. Die Jahresfrist des Abs. 1 S. 2 wird durch den weiteren Betriebsübergang nicht erneut ausgelöst. Sie bezieht sich allein auf originäres Kollektivrecht, nicht jedoch auf nach Abs. 1 S. 2 aufrechterhaltene Regelungen[16]. 271

6. Bezugnahmeklauseln[17]. Arbeitsvertragliche Bezugnahmeklauseln werfen komplexe Rechtsanwendungsfragen auf. Ihrem Inhalt nach lassen sich sog. kleine dyn. Bezugnahmeklauseln, große dyn. Bezug- 272

---

1 BAG v. 20.4.1994 – 4 AZR 342/93, AP Nr. 108 zu § 613a BGB; v. 19.11.1996 – 9 AZR 640/95, AP Nr. 153 zu § 613a BGB; v. 22.1.2003 – 10 AZR 227/02, AP Nr. 242 zu § 613a BGB; Erman/*Edenfeld*, § 613a BGB Rz. 90; Staudinger/*Richardi/Annuß*, § 613a BGB Rz. 275; *Hohenstatt* in Willemsen/Hohenstatt/Schweibert/Seibt, Rz. E 47. | 2 BAG v. 20.4.1994 – 4 AZR 342/93, AP Nr. 108 zu § 613a BGB; RGRK/*Ascheid*, § 613a BGB Rz. 224; Erman/*Edenfeld*, § 613a BGB Rz. 90; *Moll*, RdA 1996, 275 (284). | 3 BAG v. 20.4.1994 – 4 AZR 342/93, AP Nr. 108 zu § 613a BGB; RGRK/*Ascheid*, § 613a BGB Rz. 224; Erman/*Edenfeld*, § 613a BGB Rz. 90; *Moll*, RdA 1996, 275 (284). | 4 BAG v. 22.1.2003 – 10 AZR 227/02, AP Nr. 242 zu § 613a BGB; in Einzelfragen *Lambrich*, FS Ehmann, 2005, S. 169 (200 ff.). | 5 Vgl. zur Geltung nachwirkender TV für neu eintretende ArbN BAG v. 14.2.1991 – 8 AZR 166/90, AP Nr. 10 zu § 3 TVG; v. 13.7.1994 – 4 AZR 555/93, AP Nr. 14 zu § 3 TVG – Verbandszugehörigkeit. | 6 ErfK/*Preis*, § 613a BGB Rz. 126; zur Geltung nachwirkender BV für Neueintretende *Fitting ua.*, § 77 BetrVG Rz. 182. | 7 BAG v. 22.3.2005 – 1 ABR 64/03, AP Nr. 26 zu § 4 TVG Geltungsbereich; offener BAG v. 1.8.2001 – 4 AZR 82/00, AP Nr. 225 zu § 613a BGB; v. 29.8.2001 – 4 AZR 332/00, DB 2002, 431 (432). | 8 So aber offenbar RGKR/*Ascheid*, § 613a BGB Rz. 225; KR/*Pfeiffer*, § 613a BGB Rz. 72; ErfK/*Preis*, § 613a BGB Rz. 122. | 9 AA Staudinger/*Richardi/Annuß*, § 613a BGB Rz. 274; wohl auch *Fitting ua.*, § 1 BetrVG Rz. 142; wie hier MüKo/*Müller-Glöge*, § 613a BGB Rz. 143. | 10 Zweifelnd BAG v. 22.3.2005 – 1 ABR 64/03, AP Nr. 26 zu § 4 TVG – Geltungsbereich. | 11 BAG v. 16.10.2002 – 4 AZR 467/01, AP Nr. 22 zu § 1 TVG – Bezugnahme auf Tarifvertrag. | 12 BAG v. 18.11.2003 – 1 AZR 604/02, AP Nr. 15 zu § 77 BetrVG 1972 – Nachwirkung. | 13 BAG v. 20.4.1994 – 4 AZR 342/93, AP Nr. 108 zu § 613a BGB. | 14 BAG v. 20.4.1994 – 4 AZR 342/93, AP Nr. 108 zu § 613a BGB; für analoge Anwendung Soergel/*Raab*, § 613a BGB Rz. 125. | 15 Wie hier Staudinger/*Richardi/Annuß*, § 613a BGB Rz. 267. | 16 Staudinger/*Richardi/Annuß*, § 613a BGB Rz. 267; *Gussen/Dauck*, Weitergeltung, 2. Aufl. 1997, Rz. 172; aA KR/*Pfeiffer*, § 613a BGB Rz. 161. | 17 Überblick bei *Bauer/Günther*, NZA 2008, 6; *Heinlein*, NJW 2008, 321.

nahmeklauseln und statische Bezugnahmeklauseln unterscheiden. Kleine dyn. Bezugnahmeklauseln beinhalten die Anwendung eines bestimmten TV in seiner jeweils gültigen Fassung. Große dyn. Bezugnahmeklauseln haben die Anwendung der jeweils im Unternehmen geltenden TV in ihrer jeweils gültigen Fassung zum Gegenstand[1]. Statische Bezugnahmeklauseln lauten auf die Anwendung eines bestimmten TV in einer bestimmten Fassung. Sie sind selten, weil sie den Inhalt des Arbeitsverhältnisses dauerhaft auf einen bestimmten Tarifstand festlegen und deshalb Gefahr laufen, den wechselseitigen Bedürfnissen der Arbeitsvertragsparteien mit zunehmendem Zeitablauf nicht mehr gerecht zu werden.

273 Im Zentrum des Interesses stehen die **kleinen dyn. Bezugnahmeklauseln**. Die Diskussion betrifft zum einen die Frage, ob ArbN, deren Arbeitsvertrag eine derartige Klausel enthält, im Falle eines Betriebsinhaberwechsels im Vergleich zu (nur) tarifgebundenen ArbN insoweit günstiger stehen, als für letztere der Inhalt der bei dem bisherigen Betriebsinhaber geltenden TV gem. Abs. 1 S. 2 nur statisch aufrechterhalten wird (vgl. Rz. 262), während die Dynamik der Bezugnahmeklausel bei wortlautgetreuer Interpretation auch die nach dem Inhaberwechsel in Kraft tretenden Änderungen dieser TV umfasst. Darüber hinaus ist zu klären, ob ArbN, deren Arbeitsverhältnis eine kleine dyn. Bezugnahmeklausel enthält, im Falle eines Betriebsinhaberwechsels mit gleichzeitigem Tarifwechsel insoweit günstiger stehen als (nur) tarifgebundene ArbN, als letztere sich unter den Voraussetzungen des Abs. 1 S. 3 eine Ablösung der bislang für sie einschlägigen TV durch die ungünstigeren ErwerberTV gefallen lassen müssen, während aus der Bezugnahmeklausel ein Anspruch auf weitere Anwendung der beim bisherigen Betriebsinhaber geltenden TV gem. Abs. 1 S. 1 erwächst.

274 Nach der Auffassung der Rspr. kommt es für die Beantwortung dieser Fragen entscheidend darauf an, welchen Zweck die Arbeitsvertragsparteien mit der Vereinbarung einer kleinen dyn. Bezugnahmeklausel verfolgen. Eine sog. **Gleichstellungsabrede** soll lediglich widerspiegeln, was tarifrechtl. gilt bzw. bei Gewerkschaftszugehörigkeit des ArbN gelten würde. Überträgt ein tarifgebundener ArbGeb einen Betrieb oder Betriebsteil auf einen nicht tarifgebundenen ArbGeb, so nehmen deshalb ArbN, deren Arbeitsvertrag eine Gleichstellungsabrede enthält, ab dem Inhaberwechsel nicht mehr an der künftigen Tarifentwicklung teil. Denn auch für Gewerkschaftsmitglieder, deren Arbeitsvertrag keine Bezugnahmeklausel enthält, werden die bisherigen tarifvertragl. Arbeitsbedingungen durch Abs. 1 S. 2 nur statisch aufrechterhalten[2]. Überträgt ein tarifgebundener ArbGeb einen Betrieb oder Betriebsteil auf einen ArbGeb, der an einen TV gebunden ist, der mit einer anderen Gewerkschaft geschlossenen wurde, so finden auf die Arbeitsverhältnisse von ArbN, deren Arbeitsvertrag eine Gleichstellungsabrede enthält, weiterhin die bislang einschlägigen TV Anwendung, und zwar in der im Zeitpunkt des Inhaberwechsels geltenden Fassung. Denn auch für Gewerkschaftsmitglieder, deren Arbeitsvertrag keine Bezugnahmeklausel enthält, finden die bei dem neuen Betriebsinhaber geltenden TV nach Abs. 1 S. 3 nur dann Anwendung, wenn diese der nunmehr zuständigen Gewerkschaft beitreten[3]. Anders soll zu entscheiden sein, wenn der neue Betriebsinhaber zwar an einen anderen TV als der bisherige Betriebsinhaber gebunden ist, der TV jedoch mit derselben Gewerkschaft geschlossen wurde wie der TV des bisherigen Betriebsinhabers. In dieser Situation komme es auch für Gewerkschaftsmitglieder, deren Arbeitsvertrag keine Bezugnahmeklausel enthält, gem. Abs. 1 S. 3 zu einem Tarifwechsel, weshalb die Gleichstellungsabrede auch für nicht tarifgebundene ArbN zu einer Auswechslung der auf ihr Arbeitsverhältnis anwendbaren TV führe[4]. Verfolgt die Bezugnahmeklausel nicht den Zweck einer Gleichstellung der nicht tarifgebundenen mit den tarifgebundenen ArbN, sondern handelt es sich um eine **konstitutive Zusage der Anwendung eines bestimmten TV**, so ist der in Bezug genommene TV auch dann weiterhin auf das Arbeitsverhältnis anzuwenden, wenn der Betrieb oder Betriebsteil, in dem der ArbN beschäftigt ist, gem. § 613a auf einen Inhaber übertragen wird, der an einen anderen TV gebunden ist. Hierfür kommt es nicht darauf an, ob der bei dem neuen Betriebsinhaber geltende TV mit einer anderen oder derselben Gewerkschaft geschlossen wurde wie der TV des bisherigen Betriebsinhabers[5].

275 Ob es sich um eine Gleichstellungsabrede oder eine konstitutive Zusage der Anwendung eines bestimmten TV handelt, macht die Rspr. bei **formularmäßig vorformulierten Arbeitsverträgen**, die **vor dem 1.1.2002** geschlossen wurden, davon abhängig, ob der ArbGeb im Zeitpunkt des Abschlusses des Arbeitsvertrages tarifgebunden ist. In diesem Falle müsse ein verständiger ArbN davon ausgehen, dass der ArbGeb lediglich deklaratorisch wiedergeben wolle, was für die tarifgebundenen ArbN in seinem Unternehmen gelte[6]. Darauf, ob dem ArbN die Tarifbindung des ArbGeb bei Abschluss des Arbeits-

1 Beispiel bei BAG v. 16.10.2002 – 4 AZR, NZA 2003, 390. | 2 BAG v. 21.8.2002 – 4 AZR 263/01, NZA 2003, 442; v. 20.2.2002 – 4 AZR 123/01 NZA 2003, 933; v. 26.9.2001 – 4 AZR 544/00, AP Nr. 21 zu § 1 TVG – Bezugnahme auf TV; v. 29.8.2001 – 4 AZR 332/00, AP Nr. 17 zu § 1 TVG – Bezugnahme auf TV; v. 4.8.1999 – 5 AZR 642/98, AP Nr. 14 zu § 1 TVG – Tarifverträge: Papierindustrie. | 3 BAG v. 30.8.2000 – 4 AZR 581/99, AP Nr. 12 zu § 1 TVG – Bezugnahme auf TV. | 4 BAG v. 4.9.1996 – 4 AZR 135/95, AP Nr. 5 zu § 1 TVG – Bezugnahme auf TV; v. 16.10.2002 – 4 AZR 467/01, AP Nr. 22 zu § 1 TVG – Bezugnahme auf TV; ebenso LAG Düsseldorf v. 20.7.2006 – 15 (4) Sa 62/06; aA LAG Berlin v. 31.3.2006 – 6 Sa 2262/05 (ausdrückliche Tarifwechselklausel erforderlich). | 5 BAG v. 25.9.2002 – 4 AZR 294/01, NZA 2003, 393. | 6 BAG v. 4.9.1996 – 4 AZR 135/99, AP Nr. 5 zu § 1 TVG – Bezugnahme auf TV; v. 4.8.1999 – 5 AZR 642/98, AP Nr. 14 zu § 1 TVG – Tarifverträge: Papierindustrie; v. 30.8.2000 – 4 AZR 581/99, AP Nr. 12 zu § 1 TVG – Bezugnahme auf TV; v. 26.9.2001 – 4 AZR 544/00, AP Nr. 21 zu § 1 TVG Bezugnahme auf TV; v. 21.8.2002 – 4 AZR 263/01, RdA 2003, 303; v. 25.9.2002 – 4 AZR 294/01, AP Nr. 26 zu § 1 TVG – Bezugnahme auf TV;

vertrages bekannt war, soll es nicht ankommen[1]. Um eine konstitutive Zusage der Anwendung eines bestimmten TV handle es sich demgegenüber, wenn im Arbeitsvertrag auf einen branchenfremden TV Bezug genommen werde[2]. Insoweit genüge es jedoch nicht, wenn ein Unternehmen, das ArbN in mehreren Tarifbezirken beschäftige, in allen Arbeitsverträgen einheitlich auf die (für das Unternehmen einschlägigen) TV eines bestimmten Tarifbezirks verweise. Auch eine derartige Bezugnahme sei – Tarifgebundenheit des ArbGeb bei Abschluss des Arbeitsvertrages vorausgesetzt – als bloße Gleichstellungsabrede aufzufassen[3]. Eine Bezugnahmeklausel könne schließlich durch **betriebliche Übung** in das Arbeitsverhältnis gelangen. In diesen Fällen muss jedoch jeweils sorgfältig geprüft werden, ob die betriebliche Übung auf die Anwendung des gesamten Tarifwerks oder lediglich auf die Anwendung Einzelner tarifl. Bestimmungen gerichtet ist[4]. Eine vor dem 1.1.2002 durch betriebliche Übung geschaffene Bezugnahme wird man nach den vorstehend dargestellten Rspr.-Grundsätzen regelmäßig als Gleichstellungsabrede auffassen müssen.

Für Bezugnahmeklauseln, die **nach dem 31.12.2001** in Formulararbeitsverträgen vereinbart worden sind, hatte das BAG bereits im Jahr 2005 mit Blick auf § 305c II eine Abkehr von der vorstehend (Rz. 275) dargestellten Rspr. angekündigt[5]. Allerdings hat im Nachgang hierzu der EuGH die bisherigen Auslegungsgrundsätze gebilligt und zusätzlich festgehalten, dass eine dyn. Bindung des Erwerbers an die von ihm nicht legitimierten VeräußererTV kraft Bezugnahme die negative Koalitionsfreiheit des Erwerbers beeinträchtigen könne[6]. Mit Urt. v. 18.4.2007 hat das BAG sodann die angekündigte Rechtsprechungsänderung – zunächst außerhalb des Rechts des Betriebsübergangs – vollzogen[7]. Eine einzelvertraglich vereinbarte dynamische Bezugnahme auf die beim ArbGeb geltenden TV soll demnach nur dann nicht konstitutiv wirken, wenn der Fortbestand der Tarifbindung des ArbGeb in einer für den ArbN erkennbaren Weise zur auflösenden Bedingung für die Vereinbarung gemacht worden sei[8]. In seiner ersten Entscheidung zum Recht des Betriebsübergangs hat das BAG hieraus abgeleitet, im Fall eines Betriebsübergangs mit Branchenwechsel führe eine kleine dyn. Bezugnahmeklausel zu einer „zumindest statischen" Fortgeltung der in Bezug genommenen TV. Im Verhältnis zu den beim Erwerber kraft Allgemeinverbindlichkeit geltenden TV sei das Günstigkeitsprinzip (§ 4 Abs. 3 TVG) anzuwenden[9]. 276

7. Ausnahmen von der Veränderungssperre des Abs. 1 S. 2. Abs. 1 S. 4 regelt zwei Ausnahmen von dem Verbot des Abs. 1 S. 2, nach dieser Vorschrift aufrechterhaltene Regelungen aus Kollektivverträgen mit Wirkung vor Ablauf eines Jahres nach dem Betriebsübergang auf individualrechtl. Wege zum Nachteil der ArbN abzuändern (zur Zulässigkeit von Vereinbarung mit Wirkung für die Zeit nach Ablauf des Sperrjahres oben Rz. 263a). 277

Nach Abs. 1 S. 4 Alt. 1 dürfen die nach Abs. 1 S. 2 aufrechterhaltenen Regelungen bereits vor Ablauf der Jahresfrist durch Individualvereinbarung zum Nachteil der ArbN abgeändert werden, sobald der TV oder die BV, aus der die Regelung stammt, nicht mehr gilt. TV und BV gelten nicht mehr in diesem Sinne, wenn sie durch Ablauf der Zeit, für die sie eingegangen wurden, oder durch Kündigung enden und nur noch kraft Nachwirkung gem. §§ 4 V TVG, 77 VI BetrVG fortgelten[10]. Die Vollbeendigung der aufrechterhaltenen Regelung beendet demgegenüber auch die Fortgeltung nach Abs. 1 S. 2. Befand sich der zugrunde liegende TV bzw. die zugrunde liegende BV bereits im Zeitpunkt des Betriebsinhaberwechsels im Nachwirkungsstadium, so können Vereinbarungen nach Abs. 1 S. 4 Alt. 1 unmittelbar nach dem Übergang getroffen werden. In diesem Falle kann die Abweichung von dem TV bzw. der BV auch vor dem Betriebsinhaberwechsel vereinbart werden. Dies ergibt sich unmittelbar aus §§ 4 V TVG, 77 VI BetrVG. Eines sachlichen Grundes bedarf es insoweit nach zutreffendem Verständnis nicht (vgl. Rz. 245). Das Verlangen nach einem sachlichen Grund wäre mit der gesetzgeberischen Wertung des Abs. 1 S. 4 Alt. 1 unvereinbar. 278

Die zweite Ausnahme von der Sperrfrist des Abs. 1 S. 2 betrifft den Fall, dass der neue Betriebsinhaber und der ArbN individualvertragl. die Anwendung eines anderen als des bei dem bisherigen Betriebsinhaber geltenden TV vereinbaren. Nach Abs. 1 S. 4 Alt. 2 kann eine solche Vereinbarung nur bei „fehlender beiderseitiger Tarifgebundenheit" getroffen werden, jedoch liegt hierin keine einschränkende Tatbestandsvoraussetzung, sondern lediglich eine Klarstellung. Gilt der anderweitige TV bereits kraft bei- 279

---

v. 27.11.2002 – 4 AZR 663/01, AP Nr. 18 zu § 611 BGB – Rotes Kreuz; bestätigt durch BAG v. 14.12.2005 – 4 AZR 536/04, Pressemitteilung 77/05. | 1 BAG v. 19.3.2003 – 4 AZR 331/02, AP Nr. 33 zu § 1 TVG – Bezugnahme auf TV; diese Rspr. ist mit der Betriebsübergangsrichtlinie vereinbar, EuGH v. 9.3.2006 – C-499/04, DB 2006, 673. | 2 BAG v. 25.10.2000 – 4 AZR 506/99, AP Nr. 13 zu § 1 TVG – Bezugnahme auf TV; v. 28.5.1997, AP Nr. 6 zu § 1 TVG – Bezugnahme auf TV. | 3 BAG v. 21.8.2002 – 4 AZR 263/01, DB 2003, 1227. | 4 BAG v. 19.1.1999 – 1 AZR 606/98, AP Nr. 9 zu § 1 TVG – Bezugnahme auf TV. | 5 BAG v. 14.12.2005 – 4 AZR 536/04, AP Nr. 39 zu § 1 TVG – Bezugnahme auf Tarifvertrag. | 6 EuGH v. 9.3.2006 – C-499/04, DB 2006, 673 („Werhof"); hierauf gestützt eine erneute Rechtsprechungsänderung fordernd *Nicolai*, DB 2006, 670 (673); *Simon/Kock/Halbsgut*, ZIP 2006, 726 (727 f.); *Zerres*, NJW 2006, 3533 (3537); zurückhaltend *Thüsing*, NZA 2006, 473; *Sittard/Ulbrich*, ZTR 2006, 458. | 7 BAG v. 18.4.2007 – 4 AZR 652/05, NZA 2007, 965. | 8 BAG v. 18.4.2007 – 4 AZR 652/05, NZA 2007, 965. | 9 BAG v. 29.8.2007 – 4 AZR 765/06, PM. | 10 ErfK/*Preis*, § 613a BGB Rz. 121; MüKo/*Müller-Glöge*, § 613a BGB Rz. 157.

derseitiger Tarifgebundenheit, so bedarf es keiner Vereinbarung nach Abs. 1 S. 4 Alt. 2. Der TV löst bereits nach Abs. 1 S. 3 die von dem bisherigen Betriebsinhaber stammenden tarifvertragl. Regelungen ab. An einer beiderseitigen Tarifgebundenheit fehlt es deshalb bereits immer dann, wenn entweder der ArbGeb oder der ArbN nicht tarifgebunden iSd. § 3 I TVG ist[1]. In Bezug genommen werden kann nur ein für den neuen Betriebsinhaber von seinem – insb. fachlichen – Geltungsbereich her einschlägiger TV[2]. Der betreffende TV kann überdies nur insgesamt für das Arbeitsverhältnis zur Anwendung berufen werden. Abs. 1 S. 4 Alt. 2 eröffnet demgegenüber keine Möglichkeit, auf einzelne Regelungskomplexe des für den neuen Betriebsinhaber einschlägigen TV Bezug zu nehmen und es im Übrigen bei der Fortgeltung der für den bisherigen Betriebsinhaber geltenden TV nach Abs. 1 S. 2 zu belassen. Der Gesetzgeber geht in Abs. 1 S. 4 Alt. 2 davon aus, dass der ErwerberTV eine in sich ebenso ausgewogene Regelung der Arbeitsbedingungen enthält, wie der für den bisherigen Betriebsinhaber einschlägige TV („Richtigkeitsgewähr des TV"). Eine nur punktuelle Bezugnahme auf die für den neuen Betriebsinhaber einschlägigen TV liefe Gefahr, diese Ausgewogenheit zu beeinträchtigen[3]. Die Vereinbarung nach Abs. 1 S. 4 Alt. 2 muss nicht notwendig nach dem Zeitpunkt des Inhaberwechsels getroffen werden. Es genügt, wenn der Arbeitsvertrag des ArbN eine große dyn. Bezugnahmeklausel („Tarifwechselklausel") enthält, an die der neue Betriebsinhaber nach Abs. 1 S. 1 gebunden wird[4].

280 Welche Anforderungen an **Änderungskündigungen** zur Durchsetzung von Vereinbarungen nach Abs. 1 S. 4 Alt. 1 oder Abs. 1 S. 4 Alt. 2 zu stellen sind, ist bislang nicht geklärt. Für punktuelle Abweichungen von den nach Abs. 1 S. 2 aufrechterhaltenen TV und BV nach Abs. 1 S. 4 Alt. 1 dürften die allgemein für die Durchsetzung von Änderungskündigungen geltenden Regeln heranzuziehen sein. Dies bedeutet insb., dass Entgeltabsenkungen auf diesem Wege nur im Falle einer Existenzgefährdung erreicht werden können[5]. Die Durchsetzung einer Bezugnahme auf die beim neuen Betriebsinhaber geltenden TV nach Abs. 1 S. 4 Alt. 2 dürfte demgegenüber mit Rücksicht auf die von TV als Gesamtregelung ausgehende „Richtigkeitsgewähr" und das in Abs. 1 S. 4 Alt. 2 anerkannte Interesse des neuen Betriebsinhabers an einer Vereinheitlichung der Arbeitsbedingungen unter erleichterten Voraussetzungen möglich sein[6]. Jedoch vermag das bloße Vereinheitlichungsinteresse des neuen Betriebsinhabers für sich genommen den Ausspruch von Änderungskündigungen zur Durchsetzung von Vereinbarungen nach Abs. 1 S. 4 Alt. 2 nicht zu rechtfertigen[7]. Die bei dem neuen Betriebsinhaber geltenden TV können wegen § 77 III BetrVG auch nicht durch eine Bezugnahme in einer BV auf die übernommenen, nicht tarifgebundenen ArbN erstreckt werden[8].

281 **III. Betriebsverfassungsrechtliche Fragen. 1. Kontinuität der Arbeitnehmervertretungen.** Der BR wird durch eine Übertragung des **Betriebes (als Ganzes)**, für den er gebildet wurde, in seiner Amtsstellung grds. nicht berührt[9]. Das Amt des BR endet jedoch – wie es auch außerhalb des § 613a enden würde –, wenn der übertragene Betrieb infolge organisatorischer Maßnahmen im Zusammenhang mit dem Inhaberwechsel seine betriebsverfassungsrechtl. Identität verliert[10]. Zu einem solchen Identitätsverlust kommt es insb. dann, wenn der übertragene Betrieb derart organisatorisch in einen bereits vorhandenen Betrieb des neuen Inhabers eingegliedert wird, dass er in diesem aufgeht oder mit einem bereits vorhandenen Betrieb des neuen Inhabers organisatorisch zu einem neuen Betrieb zusammengefasst wird[11]. In beiden Fällen kann dem BR gem. §§ 21a II, 21b BetrVG ein Übergangs- und/oder Restmandat zukommen; die Einzelheiten sind umstritten[12].

282 Wird nur ein **Betriebsteil** übertragen, so kommt es für den Fortbestand des BR im zurückbleibenden Rumpfbetrieb auf den Erhalt der Betriebsidentität an[13]. Besteht diese fort, so bleibt der für diesen gebildete BR im Amt[14]. Hinsichtlich des übertragenen Betriebsteils kommt ihm gem. § 21a I BetrVG ein Übergangsmandat zu, sofern der Betriebsteil durch den neuen Inhaber als betriebsverfassungsrechtl. selbständiger Betrieb fortgeführt wird[15]. Gliedert der neue Inhaber den übernommenen Betriebsteil derart organisatorisch in einen bei ihm bereits bestehenden, größeren Betrieb ein, dass der übernom-

1 Staudinger/*Richardi/Annuß*, § 613a BGB Rz. 287; Soergel/*Raab*, § 613a Rz. 136; MünchArbR/*Wank*, § 124 Rz. 193. | 2 *Hohenstatt* in Willemsen/Hohenstatt/Schweibert/Seibt, Rz. E 149. | 3 ErfK/*Preis*, § 613a BGB Rz. 127; Staudinger/*Richardi/Annuß*, § 613a BGB Rz. 287. | 4 BAG v. 16.10.2002 – 4 AZR 467/01, NZA 2003, 390; Staudinger/*Richardi/Annuß*, § 613a BGB Rz. 287, 296; *Hanau*, NZA 2005, 489 (492); aA *Heinze*, FS Schaub, 1998, S. 275 (293); *Lambrich*, FS Ehmann, 2005, S. 169 (234). | 5 *Hohenstatt* in Willemsen/Hohenstatt/Schweibert/Seibt, Rz. E 243; *Hromadka/Maschmann/Wallner*, Tarifwechsel, Rz. 379; vgl. auch BAG v. 20.3.1986 – 2 AZR 294/85, AP Nr. 14 zu § 2 KSchG 1969. | 6 Vgl. ErfK/*Preis*, § 613a BGB Rz. 123; *Seiter*, Betriebsinhaberwechsel, 1980, S. 96. | 7 Erman/*Edenfeld*, § 613a BGB Rz. 93; *Kania*, DB 1994, 529 (531). | 8 ErfK/*Preis*, § 613a BGB Rz. 122; MüKo/*Müller-Glöge*, § 613a BGB Rz. 143; *Kania*, DB 1995, 626. | 9 BAG v. 5.2.1991 – 1 ABR 32/90, AP Nr. 89 zu § 613a BGB. | 10 ErfK/*Preis*, § 613a BGB Rz. 128; Erman/*Edenfeld*, § 613a BGB Rz. 79; MüKo/*Müller-Glöge*, § 613a BGB Rz. 71; vgl. auch BAG v. 19.11.2003 – 7 AZR 11/03, AP Nr. 19 zu § 1 BetrVG 1972 – Gemeinsamer Betrieb. | 11 ErfK/*Preis*, § 613a BGB Rz. 128; Erman/*Edenfeld*, § 613a BGB Rz. 79; MüKo/*Müller-Glöge*, § 613a BGB Rz. 71. | 12 Vgl. *Fitting*, § 21a BetrVG Rz. 28, 29, § 21b Rz. 13 einerseits sowie *Richardi/Thüsing*, § 21b Rz. 5 f. andererseits. | 13 *Hohenstatt* in Willemsen/Hohenstatt/Schweibert/Seibt, Rz. D 51 mwN. | 14 *Hohenstatt* in Willemsen/Hohenstatt/Schweibert/Seibt, Rz. D 51 mwN; vgl. auch BAG v. 19.11.2003 – 7 AZR 11/03, AP Nr. 19 zu § 1 BetrVG 1972 – Gemeinsamer Betrieb. | 15 ErfK/*Preis*, § 613a BGB Rz. 129; *Fitting*, § 21a BetrVG Rz. 7.

mene Betriebsteil in diesem aufgeht, so steht das Übergangsmandat nach § 21a I BetrVG dem BR des aufnehmenden Betriebes zu[1]. Hat die Übertragung des Betriebsteils für den zurückbleibenden Rumpfbetrieb den Verlust seiner betriebsverfassungsrechtl. Identität zur Folge, greift das Restmandat nach § 21b BetrVG ein[2]. Ob sich das Restmandat des BR des Ursprungsbetriebes in diesem Fall nur auf die zurückbleibende Einheit[3] oder, sofern dort noch kein BR besteht, auch auf die übertragene Einheit bezieht[4], ist umstritten.

Die Übertragung von Betriebsteilen kann wegen des damit verbundenen Absinkens der ArbN-Zahl oder des Ausscheidens von BR-Mitgliedern zu **BR-Neuwahlen** gem. § 13 II Nr. 1, 2 BetrVG zwingen. Wird der übertragene Betriebsteil organisatorisch in einen bereits vorhandenen Betrieb des neuen Inhabers eingegliedert, so können in diesem wegen des damit verbundenen Ansteigens der ArbN-Zahl Neuwahlen gem. § 13 II Nr. 1 BetrVG durchzuführen sein[5]. **283**

Ob der **GBR** im Falle einer organisatorisch unveränderten Übertragung sämtlicher Betriebe eines Unternehmens auf einen bis dahin arbeitnehmerlosen neuen Inhaber im Amt bleibt, hat das BAG offen gelassen[6]. Die herrschende Auffassung in der Lit. verneint dies mit dem Argument, der GBR sei in seinem Bestand an den Rechtsträger gebunden, für den er gebildet wurde[7]. Dies übersieht, dass der GBR nicht für ein bestimmtes Unternehmen, sondern lediglich auf der Ebene des Unternehmens[8] gebildet wird. Die Parallelität zum Fortbestand des BR bei Erhalt der Betriebsidentität spricht entscheidend für den Fortbestand des GBR in den genannten Fällen[9]. Ein „Übergang" des GBR scheidet demgegenüber idR aus, wenn nicht sämtliche Betriebe auf den neuen Inhaber übertragen werden oder dieser bereits über einen oder mehrere Betriebe verfügt[10]. **284**

Werden nur einzelne Betriebe oder Betriebsteile eines Unternehmens übertragen, so soll ein beim bisherigen Inhaber gebildeter GBR so lange im Amt bleiben, wie bei diesem die Errichtungsvoraussetzungen des § 47 I BetrVG erfüllt sind, der bisherige Betriebsinhaber also über mindestens zwei Betriebe mit je einem BR verfügt[11]. Bei dem neuen Betriebsinhaber sind die BR der übertragenen Betriebe und betriebsverfassungsrechtl. selbständigen Betriebsteile gem. § 47 II BetrVG zur Entsendung von Mitgliedern in einen dort bereits bestehenden GBR berechtigt[12]. Besteht bei dem neuen Inhaber noch kein GBR und werden infolge der Übertragung eines oder mehrerer Betriebe oder betriebsverfassungsrechtl. selbständiger Betriebsteile erstmals die Bildungsvoraussetzungen des § 47 I BetrVG erfüllt, so ist bei diesem zwingend ein GBR zu errichten[13]. Ein Übergangsmandat des GBR ist im Gesetz nicht vorgesehen[14]. **285**

Ist im Verhältnis zwischen dem bisherigen Betriebsinhaber und dem BR eine Verpflichtung des bisherigen Inhabers gegenüber dem BR rechtskräftig festgestellt worden, so wirkt die **Rechtskraft** dieser Entscheidung jedenfalls bei Erhalt der Betriebsidentität auch gegenüber dem Betriebsübernehmer[15]. **286**

2. **Betriebsänderung.** Ein Betriebsübergang ist als solcher keine Betriebsänderung iSd. **§ 111 BetrVG.** Erschöpft sich der Übergang jedoch nicht in einem bloßen Wechsel des Inhabers, sondern wird er mit Maßnahmen verbunden, die einen der Tatbestände des § 111 BetrVG erfüllen, so sind wegen dieser Maßnahmen die Beteiligungsrechte des BR nach §§ 111 ff. BetrVG zu wahren[16]. Ob sich die Beteiligungsrechte des BR in diesem Fall gegen den bisherigen oder gegen den neuen Betriebsinhaber richten, hängt davon ab, wer die Betriebsänderung plant und wer sie durchführt[17]. Verpachtet der bisherige Betriebsinhaber den Betrieb, damit der Pächter diesen stilllegt, so soll die in der Stilllegung liegende Betriebsänderung sowohl dem bisherigen Inhaber als auch dem Pächter zuzurechnen sein[18]. Wird ein Betrieb auf ein nach **§ 112a II BetrVG** von der **Sozialplanpflicht befreites** Unternehmen übertragen, so kann im Falle späterer Betriebsänderungen aus § 613a kein Anspruch auf Aufstellung eines Sozialplans abgeleitet werden. Die bloße Aussicht auf einen erzwingbaren Sozialplan beim Veräußerer ist kein „Recht" der ArbN, das dem Erwerber gegenüber fortbestünde[19]. **286a**

---

1 ErfK/*Preis*, § 613a BGB Rz. 129; iE ebenso *Fitting*, § 21a BetrVG Rz. 14. | 2 ErfK/*Preis*, § 613a BGB Rz. 129; vgl. auch *Fitting*, § 21b BetrVG Rz. 5, 10, 13. | 3 So *Feudner*, BB 1996, 1935 f.; *Hanau*, NJW 2001, 2513 (2514 f.). | 4 So *Richardi/Thüsing*, § 21b Rz. 6; idS wohl auch GK-BetrVG/*Kreutz*, § 21b Rz. 24. | 5 Zum Ganzen *Fitting*, § 13 BetrVG Rz. 13 ff.; GK-BetrVG/*Kreutz*, § 13 Rz. 36 ff. | 6 BAG v. 5.6.2002 – 7 ABR 17/01, NZA 2003, 336; abl. LAG Düsseldorf v. 14.2.2001 – 4 TaBV 67/00, NZA-RR 2001, 594. | 7 *Fitting*, § 47 BetrVG Rz. 18; GK-BetrVG/*Kreutz*, § 47 Rz. 43. | 8 Im Unterschied zur Betriebsebene. | 9 *Hohenstatt* in Willemsen/Hohenstatt/Schweibert/Seibt, Rz. D 101; *Hohenstatt/Müller-Bonanni*, NZA 2003, 766 (768); aA Staudinger/*Richardi/Annuß*, § 613a BGB Rz. 332; *Rieble/Gutzeit*, NZA 2003, 233 (237). | 10 BAG v. 5.6.2002 – 7 ABR 17/01, AP Nr. 11 zu § 47 BetrVG 1972. | 11 *Fitting*, § 47 BetrVG Rz. 18; Staudinger/*Richardi/Annuß*, § 613a BGB Rz. 332; diff. *Hohenstatt/Müller-Bonanni*, NZA 2003, 766 (767 ff.). | 12 *Fitting*, § 47 BetrVG Rz. 18. | 13 *Fitting*, § 47 BetrVG Rz. 18. | 14 GK-BetrVG/*Kreutz*, § 21a Rz. 11; für eine analoge Anwendung des § 21a BetrVG; DKK/*Trittin*, § 47 Rz. 11. | 15 BAG v. 5.2.1991 – 1 ABR 32/90, AP Nr. 89 zu § 613a BGB. | 16 BAG v. 4.12.1979 – 1 AZR 843/76, AP Nr. 6 zu § 111 BetrVG 1972; st. Rspr., zuletzt v. 25.1.2000 – 1 ABR 1/99, AP Nr. 137 zu § 112 BetrVG; ErfK/*Preis*, § 613a BGB Rz. 131; Erman/*Edenfeld*, § 613a BGB Rz. 78; MüKo/*Müller-Glöge*, § 613a BGB Rz. 74; *Moll*, RdA 2003, 129 ff. | 17 Richardi/*Annuß*, § 111 BetrVG Rz. 129 ff. | 18 BAG v. 17.3.1987 – 1 ABR 47/85, AP Nr. 18 zu § 111 BetrVG 1972. | 19 BAG v. 27.6.2006 – 1 ABR 18/05, NZA 2007, 106.

287 Auch in der Übertragung eines **Betriebsteils** liegt für sich genommen keine Betriebsänderung[1]. Allerdings geht die Übertragung von Betriebsteilen regelmäßig mit einer Betriebsspaltung iSd. § 111 S. 3 Nr. 3 BetrVG einher, wenn der Betriebsteil infolge der Übertragung der Leitung des neuen Inhabers unterstellt und hierdurch die bislang einheitliche Betriebsorganisation aufgeteilt wird[2]. Nach der Auffassung der Rspr. kommt es insoweit nicht darauf an, ob es sich bei der übertragenen Einheit um einen „wesentlichen" Betriebsteil handelt. Insb. sei nicht erforderlich, dass die Anzahl der in dem Betriebsteil beschäftigten ArbN die Schwellenwerte des § 17 KSchG erreiche[3]. Ob auch sog. Bagatelleausgründungen § 111 S. 3 Nr. 3 BetrVG unterfallen, hat das BAG offen gelassen[4]. Eine Betriebsspaltung bleibt aus, wenn sich der bisherige Inhaber und der Übernehmer des Betriebsteils zeitgleich mit der Übertragung zur Bildung eines **Gemeinschaftsbetriebes** mehrerer Unternehmen zusammenschließen[5]. Unter den in § 1 II Nr. 2 BetrVG genannten Voraussetzungen[6] wird das Bestehen eines Gemeinschaftsbetriebes zwischen dem bisherigen und dem neuen Inhaber vermutet. Die an den früheren § 322 I UmwG angelehnte Regelung gilt sowohl für durch Einzelübertragung als auch für durch Umwandlung vollzogene Betriebsteilübergänge[7]. Die Bestimmung in einem Sozialplan, die Ansprüche auf Abfindung wegen Verlusts des Arbeitsplatzes davon abhängig macht, dass der ArbN wegen eines möglicherweise vorliegenden Betriebsteilübergangs den vermuteten Betriebsteilerwerber erfolglos auf Feststellung des Übergangs seines Arbeitsverhältnisses verklagt hat, ist regelmäßig unwirksam[8].

288 **3. Unterrichtungspflichten.** Die Übertragung von Betrieben und Betriebsteilen auf einen anderen Inhaber ist eine wirtschaftl. Angelegenheit iSd. § 106 III Nr. 10 BetrVG[9]. Besteht in dem übertragenden Unternehmen ein **Wirtschaftsausschuss**, so ist dieser deshalb gem. § 106 II BetrVG rechtzeitig und umfassend sowie unter Vorlage der erforderlichen Unterlagen zu unterrichten. Gem. § 106 I 2 BetrVG ist die Übertragung mit dem Wirtschaftsausschuss ferner zu beraten. Entsprechendes gilt für den Übernehmer, sofern auch bei diesem ein Wirtschaftsausschuss besteht[10].

289 Besteht im Unternehmen **kein Wirtschaftsausschuss**, so stehen die Unterrichtungsansprüche nach § 106 II BetrVG **nicht** dem **BR oder GBR** zu[11]. Ein entsprechender Unterrichtungsanspruch ergibt sich auch nicht aus den §§ 2 I, 74 I BetrVG oder aus § 80 II BetrVG. In der Praxis ist es jedoch üblich und in der Sache empfehlenswert, bei Fehlen eines Wirtschaftsausschusses den BR auch dann über einen bevorstehenden Betriebsübergang zu unterrichten, wenn der Übergang nicht mit Maßnahmen verbunden ist, die Beteiligungsrechte des BR auslösen. Im Einzelfall kann ein Unterrichtungsanspruch aus § 92 I BetrVG bestehen[12].

290 Gegenüber dem **SprAu der leitenden Angestellten** besteht eine Unterrichtungspflicht gem. § 32 I SprAuG[13]. Ein Beratungsrecht steht dem SprAu anders als dem Wirtschaftsausschuss nicht zu[14]. Ein eventuell bestehender **EBR** ist gem. § 32 II Nr. 1 EBRG im Rahmen der jährlichen Unterrichtung unter Vorlage der erforderlichen Unterlagen zu unterrichten und anzuhören, sofern der Betriebs-(teil)übergang mindestens zwei Betriebe oder Unternehmen in verschiedenen Mitgliedstaaten betrifft[15]. Eine Pflicht zur vorherigen Unterrichtung nach § 33 I EBRG kommt nur in Betracht, wenn der Betriebs(teil)-übergang mit weiteren Maßnahmen verbunden wird[16]. Weiter gehende Unterrichtungs- und Beratungsrechte des EBR können sich – ebenso wie Einschränkungen der dargestellten Grundsätze – aus der jeweiligen Vereinbarung über die Errichtung des Gremiums ergeben[17].

291 **IV. Haftungssystem. 1. Haftung des neuen Betriebsinhabers.** Mit dem Betriebsübergang tritt der neue Inhaber gem. Abs. 1 S. 1 in die Rechte und Pflichten aus den im Zeitpunkt des Übergangs bestehenden Arbeitsverhältnissen ein. Er wird hierdurch **Schuldner sämtlicher Ansprüche aus den übergehenden Arbeitsverhältnissen** (vgl. ausf. Rz. 229 ff.). Dies gilt auch für Ansprüche, die bereits vor dem Zeitpunkt des Betriebsübergangs entstanden sind[18]. Auch darauf, ob der Anspruch bereits vor dem Inhaberwechsel fällig geworden ist, kommt es nicht an[19]. Der neue Betriebsinhaber muss deshalb bspw. rückständige

1 BAG v. 21.10.1980 – 1 AZR 145/79, AP Nr. 8 zu § 111 BetrVG 1972; v. 10.12.1996 – 1 ABR 32/96, AP Nr. 110 zu § 112 BetrVG 1972; MüKo/*Müller-Glöge*, § 613a BGB Rz. 74; ErfK/*Preis*, § 613a BGB Rz. 131; Erman/*Edenfeld*, § 613a BGB Rz. 78. | 2 BAG v. 10.12.1996 – 1 ABR 32/96, AP Nr. 110 zu § 112 BetrVG 1972; MüKo/*Müller-Glöge*, § 613a BGB Rz. 74; ErfK/*Preis*, § 613a BGB Rz. 131. | 3 BAG v. 10.12.1996 – 1 ABR 32/96, AP Nr. 110 zu § 112 BetrVG 1972; vgl. dazu auch *Lingemann/Göpfert*, NZA 1997, 1325. | 4 BAG v. 10.12.1996 – 1 ABR 32/96, AP Nr. 110 zu § 112 BetrVG 1972; dagegen *Willemsen*, NZA 1996, 791 (795 f.). | 5 Ebenso ErfK/*Hanau/Kania*, § 111 BetrVG Rz. 13; GK-BetrVG/*Fabricius/Oetker*, § 111 Rz. 100 f.; aA *Fitting*, § 111 BetrVG Rz. 85. | 6 Vgl. zu diesem ErfK/*Eisemann*, § 1 BetrVG Rz. 15 f. | 7 BT-Drs. 14/5741, S. 33; ErfK/*Eisemann*, § 1 BetrVG Rz. 15. | 8 BAG v. 22.7.2003 – 1 AZR 575/02, ZIP 2003, 2220. | 9 ErfK/*Preis*, § 613a BGB Rz. 132; Erman/*Edenfeld*, § 613a BGB Rz. 77. | 10 Ebenso ErfK/*Preis*, § 613a BGB Rz. 132; Erman/*Edenfeld*, § 613a BGB Rz. 77. | 11 BAG v. 5.2.1991 – 1 ABR 24/90, AP Nr. 10 zu § 106 BetrVG 1972; wohl aA *Fitting*, § 80 BetrVG Rz. 52. | 12 Erman/*Edenfeld*, § 613a BGB Rz. 77; ErfK/*Preis*, § 613a BGB Rz. 132. | 13 ErfK/*Preis*, § 613a BGB Rz. 132; allg. hierzu ErfK/*Oetker*, § 32 SprAuG Rz. 1 f., 5 ff. | 14 ErfK/*Oetker*, § 32 SprAuG Rz. 9. | 15 *Fitting*, Übersicht EBRG Rz. 67. | 16 *Fitting*, Übersicht EBRG Rz. 71. | 17 Vgl. allg. zum Vorrang freiwilliger Vereinbarungen im Rahmen des EBRG *Fitting*, Übersicht EBRG Rz. 51; *Blanke*, EBRG, § 21 Rz. 1 ff. | 18 BAG v. 18.8.1976 – 5 AZR 95/75, AP Nr. 4 zu § 613a BGB; v. 24.3.1977 – 3 AZR 649/76, AP Nr. 6 zu § 613a BGB; v. 22.6.1978 – 3 AZR 832/76, AP Nr. 12 zu § 613a BGB; *Willemsen* in Willemsen/Hohenstatt/Schweibert/Seibt, Rz. G 212. | 19 BAG v. 18.8.1976 – 5 AZR 95/75, AP Nr. 4 zu § 613a BGB; *Seiter*, Betriebsinhaberwechsel, 1980, S. 34 f.

Lohn- und Gehaltsansprüche[1] sowie offene Ansprüche aus einem Sozialplan[2] erfüllen. Darüber hinaus muss der neue Betriebsinhaber eine von dem bisherigen Inhaber versprochene betrAV im Versorgungsfall erbringen[3]. Der neue Betriebsinhaber haftet den übernommenen ArbN für vor dem Betriebsübergang entstandene Ansprüche **primär und unmittelbar**. Er kann die ArbN nicht auf eine vorherige Inanspruchnahme des bisherigen Betriebsinhabers verweisen[4]. Vereinbarungen mit den ArbN über einen Erlass rückständiger Ansprüche lässt die Rspr. ebenso wie Vereinbarungen über aus ArbN-Sicht nachteilige Änderungen der Arbeitsbedingungen im Umfeld eines Betriebsübergangs bislang nur bei Vorliegen sachlicher Gründe zu[5] (vgl. aber Rz. 245). In der Praxis ist der neue Betriebsinhaber deshalb regelmäßig darauf beschränkt, wegen der vor dem Betriebsübergang entstandenen Ansprüche **Ausgleichsvereinbarungen im Innenverhältnis** mit dem bisherigen Betriebsinhaber zu vereinbaren.

In die Ansprüche der im Zeitpunkt des Betriebsübergangs **bereits ausgeschiedenen ArbN** tritt der Übernehmer nicht ein (s. Rz. 222)[6]. Allerdings kann den Übernehmer nach anderen Haftungsnormen eine Einstandspflicht für Ansprüche bereits ausgeschiedener ArbN treffen, zB nach § 25 HGB[7]. 292

2. Haftung des bisherigen Betriebsinhabers. Ohne die Regelungen des Abs. 2 würde der bisherige Betriebsinhaber im Zeitpunkt des Betriebsübergangs von sämtlichen Verbindlichkeiten aus den übergehenden Arbeitsverhältnissen befreit. Die betroffenen ArbN könnten ihre Ansprüche fortan nur noch gegenüber dem neuen Betriebsinhaber verfolgen. Für bereits vor dem Übergang entstandene, unerfüllte Ansprüche wäre dies unbillig, weil der Erlös, den der bisherige Inhaber für die Übertragung des Betriebs(teils) erzielt, auch auf der Arbeitsleistung der übernommenen ArbN beruht[8]. Abs. 2 S. 1 ordnet deshalb an, dass der neue Inhaber für Ansprüche, die vor dem Betriebsübergang entstanden sind und innerhalb eines Jahres nach diesem Zeitpunkt fällig werden, gemeins. mit dem neuen Inhaber als **Gesamtschuldner** iSd. §§ 421 ff. haftet. Die gesamtschuldnerische Mithaftung des bisherigen Inhabers bezieht sich auch und erst recht auf Ansprüche, die bereits vor dem Betriebsübergang entstanden und fällig geworden sind[9]. Im Ergebnis haftet der bisherige Inhaber nicht für Verbindlichkeiten, die nach dem Betriebsübergang entstehen und fällig werden, und nicht für Verbindlichkeiten, die zwar vor dem Betriebsübergang entstanden sind, aber später als ein Jahr nach diesem Zeitpunkt fällig werden[10]. 293

Für vor dem Betriebsübergang entstandene Ansprüche, die innerhalb der Jahresfrist fällig werden, haftet der bisherige Inhaber gem. Abs. 2 S. 2 „nur in dem Umfang, der dem im Zeitpunkt des Übergangs abgelaufenen Teil ihres Bemessungszeitraums entspricht". Die nicht leicht verständliche Regelung zielt auf eine **zeitanteilige Haftung** des bisherigen Inhabers für die in Rede stehenden Ansprüche. Der bisherige Inhaber soll nicht für die Vergütung von Leistungen der ArbN haften, die erst nach dem Betriebsübergang erbracht werden[11]. Für Einmalzahlungen, die teilweise vor und teilweise nach dem Betriebsübergang erdient werden, muss nach Abs. 2 S. 2 eine zeitanteilige Quotelung des Gesamtanspruchs vorgenommen werden. Wird also bspw. ein Betrieb zum 1. Juli eines Jahres auf einen neuen Inhaber übertragen, so haftet der bisherige Inhaber für eine auf das gesamte Jahr bezogene Weihnachtsgratifikation nur zur Hälfte[12]. 294

Neben Abs. 2 S. 2 können ferner **Ausschlussfristen** die Haftung gegenüber den ArbN begrenzen. Nach der Ansicht des BAG beginnen derartige Fristen, wenn sie wie üblich an das Ausscheiden aus dem Arbeitsverhältnis anknüpfen, mit dem Zeitpunkt des Betriebsübergangs. Der Betriebsübergang beende zwar nicht das Arbeitsverhältnis, jedoch die arbeitsvertragl. Beziehung des ArbN mit dem bisherigen Inhaber[13]. Das vermag zwar für den konkret vom BAG entschiedenen Fall einer vom bisherigen Betriebsinhaber als Ausgleich für eine mit dem Betriebsübergang verbundene Einkommensverschlechterung versprochene Abfindung zu überzeugen, ist jedoch kaum verallgemeinerungsfähig[14]. Ausschlussfristen hindern anders als der Ablauf der Verjährungsfrist nicht nur die Durchsetzung des Anspruchs, sondern bringen diesen zum Erlöschen[15]. Versäumt der ArbN die Ausschlussfrist, so kann er den Anspruch des- 295

1 BAG v. 18.8.1976 – 5 AZR 95/75, AP Nr. 4 zu § 613a BGB. |2 MüKo/*Müller-Glöge*, § 613a BGB Rz. 160. |3 BAG v. 24.3.1977 – 3 AZR 649/76, AP Nr. 6 zu § 613a BGB; v. 22.6.1978 – 3 AZR 832/76, AP Nr. 12 zu § 613a BGB; ausf. Rz. 237 ff. |4 Staudinger/*Richardi/Annuß*, § 613a BGB Rz. 300; *Willemsen* in Willemsen/Hohenstatt/Schweibert/Seibt, Rz. G 213. |5 BAG v. 18.8.1976 – 5 AZR 95/75, AP Nr. 4 zu § 613a BGB; v. 26.1.1977 – 5 AZR 302/75, AP Nr. 5 zu § 613a BGB; v. 29.10.1985 – 3 AZR 485/83, AP Nr. 4 zu § 1 BetrAVG – Betriebsveräußerung; zur Kritik vgl. *Willemsen* in Willemsen/Hohenstatt/Schweibert/Seibt, Rz. G 210 ff. |6 BAG v. 24.3.1977 – 3 AZR 649/76, AP Nr. 6 zu § 613a BGB; v. 24.3.1987 – 3 AZR 384/85, AP Nr. 1 zu § 26 HGB; Staudinger/*Richardi/Annuß*, § 613a BGB Rz. 134. |7 BAG v. 24.3.1977 – 3 AZR 649/76, AP Nr. 6 zu § 613a BGB; v. 24.3.1987 – 3 AZR 384/85, AP Nr. 1 zu § 26 HGB; ausf. zum Verhältnis zu anderen Haftungsnormen s. Rz. 300 ff. Zur eingeschränkten Haftung des Betriebserwerbers im Falle einer Übernahme in der Insolvenz s. Rz. 368 ff. |8 Erman/*Edenfeld*, § 613a BGB Rz. 95; ErfK/*Preis*, § 613a BGB Rz. 133. |9 Soergel/*Raab*, § 613a BGB Rz. 165; *Seiter*, Betriebsinhaberwechsel, 1980, S. 102; Staudinger/*Richardi/Annuß*, § 613a BGB Rz. 301; *Willemsen* in Willemsen/Hohenstatt/Schweibert/Seibt, Rz. G 215. |10 Staudinger/*Richardi/Annuß*, § 613a BGB Rz. 301. |11 BT-Drs. 6/2729, S. 35 (Begründung des BT-Ausschusses für Arbeit und Sozialordnung); Staudinger/*Richardi/Annuß*, § 613a BGB Rz. 301. |12 *Seiter*, Betriebsinhaberwechsel, 1980, S. 103; Staudinger/*Richardi/Annuß*, § 613a BGB Rz. 301. |13 BAG v. 10.8.1994 – 10 AZR 937/93, AP Nr. 126 zu § 4 TVG – Ausschlussfristen; zust. Staudinger/*Richardi/Annuß*, § 613a BGB Rz. 303. |14 AA Staudinger/*Richardi/Annuß*, § 613a BGB Rz. 303. |15 BAG v. 30.3.1973 – 4 AZR 259/72, AP Nr. 4 zu § 390 BGB; ErfK/*Preis*, §§ 194 bis 218 BGB Rz. 33.

halb weder gegenüber dem bisherigen Betriebsinhaber, noch gegenüber dem neuen Inhaber verfolgen. Diese scharfe Rechtsfolge ist nur dann gerechtfertigt, wenn es sich, wie in dem vom BAG entschiedenen Fall, um Leistungen handelt, die von dem bisherigen Betriebsinhaber aus Anlass des Betriebsübergangs versprochen werden. Im Übrigen (zB wegen rückständiger Lohn- und Gehaltsansprüche) darf sich der ArbN darauf berufen, dass sein Arbeitsverhältnis gem. Abs. 1 S. 1 ohne Unterbrechung fortbesteht. Vermag der ArbN den Betriebsübergang nicht zu erkennen, so kann nach der Ansicht des BAG die Berufung auf die Ausschlussfrist treuwidrig sein[1].

295a **3. Innenverhältnis zwischen bisherigem und neuem Betriebsinhaber.** Die ArbN können wegen der unter Abs. 2 fallenden Ansprüche gem. § 421 S. 1 nach Belieben entweder den bisherigen oder den neuen Betriebsinhaber in Anspruch nehmen. Wer die Schuld im Innenverhältnis zu tragen hat, richtet sich in erster Linie nach den getroffenen Vereinbarungen, also den der Übertragung zugrunde liegenden Verträgen. Nur für den Fall, dass sich diesen nichts entnehmen lässt und sich auch aus den Umständen[2] nichts ergibt, bestimmt § 426 I 1, dass der bisherige und der neue Inhaber im Verhältnis zueinander zu gleichen Anteilen verpflichtet sind. Typischerweise wird man davon ausgehen können, dass Ansprüche, die bereits vor dem Betriebsübergang entstanden und fällig geworden sind, intern ausschließlich von dem bisherigen Betriebsinhaber getragen werden sollen[3]. Für Ansprüche, die bereits vor dem Betriebsübergang entstanden sind, aber erst innerhalb des Jahreszeitraums des Abs. 2 S. 1 fällig werden, enthält Abs. 2 S. 2 idR auch für das Innenverhältnis eine angemessene Regelung[4]. Hat der neue Betriebsinhaber den Urlaubsanspruch des ArbN durch Gewährung bezahlter Freistellung erfüllt, so kann er von dem bisherigen Inhaber anteiligen Ausgleich in Geld verlangen, soweit der Urlaubsanspruch vor dem Betriebsübergang entstanden ist[5].

296 **4. Verhältnis zu anderen Haftungsgrundlagen.** Neben Abs. 1 S. 1 kommen als Grundlage für die Geltendmachung von Ansprüchen gegen den neuen Inhaber insb. **§ 25 HGB** (Firmenfortführung) und **§ 28 HGB** (Eintritt in das Geschäft eines Einzelkaufmanns) in Betracht[6]. Bedeutung kommt dem vor allem für Ansprüche von ArbN zu, die im Zeitpunkt des Übergangs bereits aus dem Arbeitsverhältnis ausgeschieden waren, also zB für Versorgungsansprüche von Betriebsrentnern und mit unverfallbarer Anwartschaft ausgeschiedenen ArbN. Nach Abs. 1 S. 1 ist der neue Inhaber insoweit nicht einstandspflichtig, wohl jedoch nach §§ 25, 28 HGB[7]. Für Betriebsübergänge aus der Zeit vor dem 1.1.1999 kommt ferner eine Haftung aus Vermögensübernahme nach dem zu diesem Zeitpunkt durch Art. 33 Nr. 16 EG InsO aufgehobenen **§ 419** in Betracht.

297 **5. Verhältnis zum Umwandlungsrecht (Abs. 3).** Abs. 3 ist in mehrfacher Hinsicht missglückt: Zum einen, weil er etwas Selbstverständliches ausdrückt, dass nämlich ein erloschener Rechtsträger nicht mehr haften kann. Zum anderen gibt der Wortlaut des Abs. 3 Anlass zu dem Missverständnis, dass Abs. 2 in den Fällen der Unternehmensumwandlung, die nicht zum Erlöschen des übertragenden Rechtsträgers führen (also insb. in den Fällen der Abspaltung und Ausgliederung gem. § 123 II, III UmwG) uneingeschränkt Anwendung finde. Nach zutreffendem Verständnis verdrängen demgegenüber die **spezialgesetzl. Haftungsregelungen der §§ 133, 134 UmwG** in ihrem Anwendungsbereich die Bestimmungen des Abs. 2[8]. Es ist nichts dafür ersichtlich, dass der Gesetzgeber mit der Novellierung des Abs. 3 im Zuge der Bereinigung des Umwandlungsrechts[9] eine Benachteiligung der ArbN im Vergleich zu anderen Umwandlungsgläubigern intendiert hätte[10]. Der wesentliche Unterschied zwischen der Haftung des bisherigen Betriebsinhabers gem. §§ 133, 134 UmwG und der Haftung nach Abs. 2 liegt in dem deutlich längeren Nachhaftungszeitraum nach dem Umwandlungsrecht (fünf bzw. zehn [für Ansprüche auf betrAV] Jahre im Unterschied zu einem Jahr) (ausf. hierzu die Komm. zu § 324 UmwG).

298 Sowohl die ArbN, deren Arbeitsverhältnisse übergehen, als auch die ArbN des übernehmenden Rechtsträgers können gem. § 22 UmwG (ggf. iVm. § 125 UmwG) unter den dort genannten Voraussetzungen **Sicherheitsleistung** für ihre im Zeitpunkt des Wirksamwerdens der Verschmelzung bereits entstandenen, aber noch nicht fälligen[11] Ansprüche verlangen[12]. Der Anspruch auf Sicherleistung ist allerdings gem. § 22 II UmwG ausgeschlossen, sofern den Umwandlungsgläubigern im Falle der Insolvenz ein Recht auf vorzugsweise Befriedigung aus einer Deckungsmasse haben, die nach gesetzl. Vorschriften zu

1 BAG v. 13.2.2003 – 8 AZR 236/02, AP Nr. 244 zu § 613a BGB; v. 1.12.2004 – 7 AZR 37/04, AP Nr. 12 zu § 1 TVG – Tarifverträge: Maler. |2 Palandt/*Heinrichs*, § 426 BGB Rz. 8. |3 Staudinger/*Richardi*/*Annuß*, § 613a BGB Rz. 305; ErfK/*Preis*, § 613a BGB Rz. 137; aA Erman/*Edenfeld*, § 613a BGB Rz. 101. |4 Staudinger/*Richardi*/*Annuß*, § 613a BGB Rz. 305; so wohl auch BGH v. 4.7.1985 – IX ZR 172/84, AP Nr. 50 zu § 613a BGB. |5 BGH v. 4.7.1985 – IX ZR 172/84, AP Nr. 50 zu § 613a BGB. |6 BAG v. 23.1.1990 – 3 AZR 171/88, AP Nr. 56 zu § 7 BetrAVG;MüKo/*Müller-Glöge*, § 613a BGB Rz. 171 ff.; ErfK/*Preis*, § 613a BGB Rz. 141. |7 Vgl. zu § 28 HGB BAG v. 23.1.1990 – 3 AZR 171/88, AP Nr. 56 zu § 7 BetrAVG. |8 Kallmeyer/*Kallmeyer*, § 133 UmwG Rz. 11; Lutter/*Joost*, § 324 UmwG Rz. 36; Kallmeyer/*Willemsen*, vor § 322 UmwG Rz. 95; *Wlotzke*, DB 1995, 40 (43); Staudinger/*Richardi*/*Annuß*, § 613a Rz. 307; Soergel/*Raab*, § 613a BGB Rz. 179; aA zu § 133 UmwG *Boecken*, Unternehmensumwandlungen, Rz. 228 mwN. |9 Vgl. Art. 2 UmwBerG, BGBl. I 1994 S. 3210. |10 *Willemsen* in Willemsen/Hohenstatt/Schweibert/Seibt, Rz. G 217 f.; wohl im Ergebnis aA *Boecken*, Unternehmensumwandlungen, Rz. 323. |11 *Boecken*, Unternehmensumwandlung, Rz. 215 f.; *Willemsen* in Willemsen/Hohenstatt/Schweibert/Seibt, Rz. G 220. |12 Zur entsprechenden Geltung des § 22 UmwG für Spaltungsvorgänge Kallmeyer/*Kallmeyer*, § 125 UmwG Rz. 32.

ihrem Schutz errichtet und staatlich überwacht ist. Eine solche besondere Deckungsmasse bildet das Vermögen des **Pensionssicherungsvereins**[1]. Ob wegen des Anspruchs auf Anpassung laufender Versorgungsleistungen (§ 16 BetrAVG) Sicherheitsleistung verlangt werden kann, ist umstritten[2]. Die besseren Gründe sprechen hiergegen[3].

Eine Sonderregelung enthält schließlich **§ 45 UmwG** für den Fall einer Übertragung von Vermögen einer Personenhandelsgesellschaft auf eine Kapitalgesellschaft. Sofern die Übertragung mit einem Erlöschen des übertragenden Rechtsträgers einhergeht (also insb. in den Fällen der Verschmelzung gem. § 2 UmwG und der Aufspaltung gem. § 123 I UmwG) ordnet die Vorschrift eine fünfjährige Nachhaftung für die Verbindlichkeiten dieses Rechtsträgers an[4]. Der Anspruch richtet sich gegen die (ehemaligen) **Gesellschafter** der erlöschenden Personenhandelsgesellschaft. Auch aus diesem Grunde besteht keine Konkurrenz zu Abs. 2, der die Haftung des bisherigen Betriebsinhabers, nicht die Haftung der Gesellschafter des früheren Betriebsinhabers betrifft. Die ArbN einer verschmolzenen oder durch Aufspaltung erloschenen Personenhandelsgesellschaft können deshalb auch nach Ablauf der Jahresfrist des Abs. 2 wegen ihrer offenen Ansprüche aus dem Arbeitsverhältnis unter den in § 45 UmwG genannten Voraussetzungen Rückgriff gegen die nachhaftenden Gesellschafter nehmen[5]. 299

V. Verbot der Kündigung wegen des Betriebsübergangs. 1. Zweck der Regelung. Der Zweck des Abs. 1 S. 1, die Kontinuität der Arbeitsverhältnisse zu sichern (vgl. Rz. 8), liefe leer, wenn diese wegen des Betriebsübergangs gekündigt werden könnten. Abs. 4 S. 1 kommt insoweit eine **Komplementärfunktion**[6] zu Abs. 1 S. 1 zu. Er stellt zunächst klar, dass der Inhaberwechsel als solcher kein dringendes betriebliches Erfordernis iSd. § 1 II 1 KSchG ist. Darüber hinaus enthält die Vorschrift ein **eigenständiges Kündigungsverbot** iSd. §§ 13 III KSchG, 134[7]. Auf die Unwirksamkeit einer Kündigung nach Abs. 4 S. 1 können sich deshalb auch ArbN berufen, die keinen Kündigungsschutz genießen, weil sie entweder die Wartezeit des § 1 I KSchG noch nicht erfüllt haben oder in dem Betrieb, in dem sie tätig sind, nicht mehr als fünf (zehn) ArbN iSd. § 23 I 2, 3 KSchG beschäftigt werden. Aus der Qualität des Abs. 4 S. 1 als eigenständiges Kündigungsverbot ergab sich bislang ferner, dass Verstöße gegen die Vorschrift bis zur Grenze der Verwirkung auch noch nach Ablauf der Klagefrist des § 4 S. 1 KSchG geltend gemacht werden konnten[8]. Seit der Neufassung des § 4 S. 1 KSchG zum 1.1.2004 besteht diese Möglichkeit nicht mehr. Auch ein Verstoß gegen Abs. 4 S. 1 muss nunmehr innerhalb der Drei-Wochen-Frist des § 4 S. 1 KSchG geltend gemacht werden[9]. Abs. 4 S. 2 stellt klar, dass die Möglichkeit, Arbeitsverhältnisse aus anderen Gründen als wegen des Betriebsübergangs zu kündigen, durch Abs. 4 S. 1 nicht beschränkt wird. Dies betrifft insb. den Ausspruch betriebsbedingter Kündigungen im Rahmen von Umstrukturierungen vor oder nach dem Inhaberwechsel (ausf. Rz. 309 ff.). 300

2. Kündigung „wegen" des Betriebsübergangs. Eine Kündigung ist nur dann nach Abs. 4 S. 1 iVm. § 134 unwirksam, wenn sie „wegen" eines Betriebs(teil)übergangs ausgesprochen wird. Dies ist (nur) dann der Fall, wenn der Betriebsübergang der **tragende Grund** (das Motiv), nicht nur der äußere Anlass für die Kündigung ist. So liegt es bspw., wenn der bisherige Betriebsinhaber die Kündigung damit begründet, der neue Betriebsinhaber habe die Übernahme des ArbN abgelehnt, weil dieser „ihm zu teuer sei"[10]. Keine Kündigung wegen eines Betriebsübergangs liegt demgegenüber vor, wenn es neben dem Betriebsübergang Gründe gibt, die „aus sich heraus" die Kündigung zu rechtfertigen vermögen[11]. Die Vorschrift schützt nicht vor Risiken, die sich jederzeit unabhängig von dem Betriebsübergang aktualisieren können. 301

Für die soziale Rechtfertigung der Kündigung iSd. § 1 II KSchG ist der ArbGeb **darlegungs- und beweispflichtig** (vgl. Rz. 366). Misslingt der Nachweis, so ist der Kündigungsschutzklage stattzugeben, ohne dass es der Feststellung bedarf, die Kündigung beruhe tragend auf dem Betriebsübergang[12]. Hin- 302

---

1 Vgl. BT-Drs. 12/6699, S. 92 (Begr. RegE zum UmwG); *Boecken*, Unternehmensumwandlungen, Rz. 219 f.; Kallmeyer/*Marsch-Barner*, § 22 UmwG Rz. 10; *Hill*, BetrAVG 1995, S. 114, 117; *Willemsen* in Willemsen/Hohenstatt/Schweibert/Seibt, Rz. G 220; dort jeweils auch zu der Frage, ob wegen des Anpassungsanspruchs nach § 16 BetrAVG gemäß § 22 UmwG Sicherheitsleistung verlangt werden kann. | 2 Befürwortend Staudinger/*Richardi/Annuß*, § 613a BGB Rz. 307. | 3 *Willemsen* in Willemsen/Hohenstatt/Schweibert/Seibt, Rz. G 220 mwN. | 4 Zur entsprechenden Geltung des § 45 UmwG für Aufspaltungen Kallmeyer/*Kallmeyer*, § 125 UmwG Rz. 49; dort auch zum Konkurrenzverhältnis zu § 133 UmwG. | 5 Näher *Boecken*, Unternehmensumwandlungen, Rz. 223. | 6 *Willemsen*, ZIP 1983, 413; *Willemsen* in Willemsen/Hohenstatt/Schweibert/Seibt, Rz. H 89. | 7 BAG v. 31.1.1985 – 2 AZR 530/83, AP Nr. 40 zu § 613a BGB; v. 5.12.1985 – 2 AZR 3/85, AP Nr. 47 zu § 613a BGB; *Stahlhacke/Preis/Vossen*, Rz. 977; ErfK/*Preis*, § 613a BGB Rz. 149. | 8 BAG v. 31.1.1985 – 2 AZR 530/83, AP Nr. 40 zu § 613a BGB; v. 5.12.1985 – 2 AZR 3/85, AP Nr. 47 zu § 613a BGB; *Willemsen* in Willemsen/Hohenstatt/Schweibert/Seibt, Rz. H 90; so iE auch Erman/*Edenfeld*, § 613a BGB Rz. 106. | 9 Vgl. hierzu *Bader*, NZA 2004, 65 (67 f.) mit Verweis auf die Gesetzesbegründung in BT-Drs. XV/1204, S. 13, welche § 613a IV explizit nennt. | 10 BAG v. 26.5.1983 – 2 AZR 477/81, AP Nr. 34 zu § 613a BGB. | 11 Grundl. BAG v. 26.5.1983 – 2 AZR 477/81, AP Nr. 34 zu § 613a BGB; v. 31.1.1985 – 2 AZR 530/83, AP Nr. 40 zu § 613a BGB; v. 5.12.1985 – 2 AZR 3/85, AP Nr. 47 zu § 613a BGB, st. Rspr.; zuletzt BAG v. 28.10.2004 – 8 AZR 391/03, NZA 2005, 285; so bereits *Willemsen*, ZIP 1983, 411 (413); s.a. *Lipinski*, NZA 2002, 75 (77 f.); *Stahlhacke/Preis/Vossen*, Rz. 978. | 12 BAG v. 5.12.1985 – 2 AZR 3/85, AP Nr. 47 zu § 613a BGB; v. 9.2.1994 – 2 AZR 666/93, AP Nr. 105 zu § 613a BGB; v. 16.5.2002 – 8 AZR 319/01, AP Nr. 237 zu § 613a BGB; ErfK/*Preis*, § 613a BGB Rz. 178; MüKo/*Müller-Glöge*, § 613a BGB Rz. 213; *Stahlhacke/Preis/Vossen*, Rz. 983.

gegen liegt die Darlegungs- und Beweislast für einen Verstoß gegen Abs. 4 S. 1 beim ArbN. Er muss sowohl das Vorliegen eines Betriebs(teil)übergangs als auch den Umstand, dass die Kündigung wesentlich durch diesen bedingt ist, darlegen und bei Bestreiten des ArbGeb beweisen[1].

303 Die Vermischung von objektiven (Vorliegen eines Betriebsübergangs) und subjektiven (Betriebsübergang als wesentliches Kündigungsmotiv) Elementen im Tatbestand des Abs. 4 S. 1 erschwert bisweilen die Bestimmung, ob eine Kündigung „wegen" eines Betriebsübergangs vorliegt. Zu zutreffenden Ergebnissen gelangt man, wenn man entsprechend den allgemeinen Grundsätzen des Kündigungsrechts auf die Verhältnisse im **Zeitpunkt des Ausspruchs der Kündigung** abstellt[2]. Kommt es trotz einer im Zeitpunkt des Ausspruchs der Kündigung als endgültig geplanten und bereits eingeleiteten Betriebsstilllegung später noch zu einem Betriebsinhaberwechsel, so berührt dies die Wirksamkeit der Kündigung nicht. Eine Kündigung „wegen" des Betriebsübergangs liegt bereits deshalb nicht vor, weil der ArbGeb bei Ausspruch der Kündigung von dem späteren Inhaberwechsel noch keine Kenntnis hatte, so dass die Kündigung auch nicht wesentlich durch diesen bedingt sein konnte[3]. Umgekehrt wird eine Kündigung, die von dem ArbGeb wegen eines von diesem geplanten und bereits eingeleiteten Betriebsübergangs ausgesprochen wird, nicht dadurch „geheilt", dass der Inhaberwechsel später scheitert[4].

304 Härten für die betroffenen ArbN versucht die Rspr. über die Einräumung eines **Fortsetzungs- bzw. Wiedereinstellungsanspruchs** auszugleichen. Die dogmatische Grundlage dieses Anspruchs ist ebenso wie seine nähere zeitliche Eingrenzung noch nicht abschließend geklärt[5]. Nach der Ansicht des BAG steht dem ArbN ein Wiedereinstellungsanspruch zu, wenn sich die Prognose des ArbGeb zum Wegfall der Beschäftigungsmöglichkeit noch während des Laufs der Kündigungsfrist als falsch erweist, der ArbGeb mit Rücksicht auf die Wirksamkeit der Kündigung noch keine Dispositionen getroffen hat und ihm die unveränderte Fortsetzung des Arbeitsverhältnisses zumutbar ist[6]. Eine den Wiedereinstellungsanspruch ausschließende anderweitige Disposition über den Arbeitsplatz kann dabei insb. darin liegen, dass der ArbGeb diesen zwischenzeitlich im guten Glauben neu besetzt hat[7]. Steht nach dem Wegfall des Kündigungsgrundes nur noch eine begrenzte Anzahl von Arbeitsplätzen zur Verfügung (etwa wegen einer zwischenzeitlich durchgeführten Betriebsänderung), so hat der ArbGeb bei der Auswahl der wiedereinzustellenden ArbN soziale Gesichtspunkte (Alter, Betriebszugehörigkeit, Unterhaltspflichten etc.) zu berücksichtigen[8]. Der Wiedereinstellungsanspruch kann sich sowohl gegen den bisherigen als auch gegen den neuen Betriebsinhaber richten, je nach dem ob der Betriebsübergang bereits stattgefunden hat[9]. Streit besteht über die Frage, ob ein Wiedereinstellungsanspruch auch dann noch in Betracht kommt, wenn sich die Prognose des ArbGeb zum Wegfall der Beschäftigungsmöglichkeit erst nach dem Ablauf der Kündigungsfrist als unzutreffend erweist. Der 8. Senat des BAG hat dies für den Sonderfall eines durch Übernahme der Hauptbelegschaft ausgelösten Betriebsübergang bejaht und im Übrigen offen gelassen[10]. Der 2. Senat des Gerichts hat die Frage insgesamt offen gelassen[11], während der 7. Senat sie verneint hat[12]. Wird dem ArbN im Rahmen eines Insolvenzverfahrens gekündigt, verneint auch der 8. Senat des BAG einen Wiedereinstellungsanspruch nach Ablauf der Kündigungsfrist[13]. Hiervon zu unterscheiden ist die Frage, innerhalb welcher Frist der ArbN das Wiedereinstellungsbegehren geltend machen muss. Nach der Ansicht der Rspr. muss dies unverzüglich nachdem der ArbN Kenntnis von den Umständen erlangt, die den Betriebsübergang ausmachen, geschehen, wobei unverzüglich in Anlehnung an die §§ 4, 7 KSchG iSv. innerhalb von drei Wochen zu verstehen ist (zur Geltendmachung des Übergangs bei ungekündigtem Arbeitsverhältnis oben Rz. 245a)[14]. Ist der ArbN durch Aufhebungsvertrag ausgeschieden (bspw., um in eine BQG überzutreten), so hat er keinen Einstellungsanspruch

---

1 BAG v. 5.12.1985 – 2 AZR 3/85, AP Nr. 47 zu § 613a BGB; v. 9.2.1994 – 2 AZR 666/93, AP Nr. 105 zu § 613a BGB; v. 16.5.2002 – 8 AZR 319/91, AP Nr. 237 zu § 613a BGB; *Willemsen* in Willemsen/Hohenstatt/Schweibert/Seibt, Rz. H 94; ErfK/*Preis*, § 613a BGB Rz. 179; abw. MüKo/*Müller-Glöge*, § 613a BGB Rz. 212. | 2 So auch BAG v. 28.4.1988 – 2 AZR 623/87, AP Nr. 74 zu § 613a BGB; *Stahlhacke/Preis/Vossen*, Rz. 983. | 3 BAG v. 28.4.1988 – 2 AZR 623/87, AP Nr. 74 zu § 613a BGB; v. 16.5.2002 – 8 AZR 319/01, AP Nr. 237 zu § 613a BGB; allerdings kann dem ArbN in diesen Fällen ein Wiedereinstellungsanspruch gegen den neuen Betriebsinhaber zustehen. | 4 BAG v. 19.5.1988 – 2 AZR 596/87, AP Nr. 75 zu § 613a BGB; v. 16.5.2002 – 8 AZR 319/01, AP Nr. 237 zu § 613a BGB. | 5 *Annuß*, BB 1998, 1582 (1586 f.); *Müller-Glöge*, NZA 1999, 449 (455 f.); *Langenbucher*, ZfA 1999, 299 (306 ff.); *Elz*, Der Wiedereinstellungsanspruch des ArbN nach Wegfall des Kündigungsgrundes (2002). | 6 BAG v. 27.2.1997 – 2 AZR 160/96, AP Nr. 1 zu § 1 KSchG 1969 – Wiedereinstellung; v. 28.6.2000 – 7 AZR 904/98, AP Nr. 6 zu § 1 KSchG 1969 – Wiedereinstellung. | 7 BAG v. 28.6.2000 – 7 AZR 904/98, AP Nr. 6 zu § 1 KSchG 1969 – Wiedereinstellung. | 8 BAG v. 4.12.1997 – 2 AZR 140/97, AP Nr. 4 zu § 1 KSchG 1969 – Wiedereinstellung; v. 28.6.2000 – 7 AZR 904/98, AP Nr. 6 zu § 1 KSchG 1969 – Wiedereinstellung. | 9 ErfK/*Preis*, § 613a BGB Rz. 163 ff.; zu prozessualen Fragen s. Rz. 376 ff. | 10 BAG v. 13.11.1997 – 8 AZR 295/95, AP Nr. 5 zu § 1 KSchG 1969 – Wiedereinstellung. | 11 BAG v. 4.12.1997 – 2 AZR 140/97, AP Nr. 4 zu § 1 KSchG 1969. | 12 BAG v. 6.8.1997 – 7 AZR 557/96, AP Nr. 2 zu § 1 KSchG – Wiedereinstellung; v. 28.6.2000 – 7 AZR 904/96, AP Nr. 6 zu § 1 KSchG 1969 – Wiedereinstellung; zust. *Stahlhacke/Preis/Vossen*, Rz. 979. | 13 BAG v. 13.5.2004 – 8 AZR 198/03, AP Nr. 264 zu § 613a BGB; BAG v. 28.10.2004 – 8 AZR 199/04, NZA 2005, 405; generell gegen einen Wiedereinstellungs-/Fortsetzungsanspruch bei insolvenzbedingten Kündigungen *Hanau*, ZIP 1998, 1817 (1820); *Hanau*, ZIP 1999, 324. | 14 BAG v. 12.11.1998 – 8 AZR 265/97, AP Nr. 5 zu § 1 KSchG 1969 – Wiedereinstellung; noch offen gelassen von BAG v. 13.11.1997 – 8 AZR 295/95, AP Nr. 169 zu § 613a BGB (Reinigung I/Wiedereinstellung).

gegen den Erwerber, solange die Wirkung des Aufhebungsvertrages nicht durch Anfechtung etc. beseitigt wird[1].

3. Reichweite des Kündigungsverbots. Das Verbot der Kündigung wegen des Betriebsübergangs betrifft **sämtliche Kündigungsarten**. Es können also ordentl. wie auch außerordentl. Kündigungen, betriebsbedingte, personenbedingte wie auch verhaltensbedingte Kündigungen wegen eines Verstoßes gegen Abs. 4 S. 1 unwirksam sein[2]. Auch Änderungskündigungen werden erfasst[3]. Ebenfalls unerheblich ist, ob die Kündigung durch den bisherigen Betriebsinhaber oder den neuen Betriebsinhaber ausgesprochen wird[4]. Schließlich sind auch Kündigungen, die der **Insolvenzverwalter** wegen eines Betriebsübergangs ausspricht, nach Abs. 4 S. 1 unwirksam[5]. Zwar werden die sich aus § 613a ergebenden Haftungsfolgen im Rahmen des Insolvenzverfahrens eingeschränkt. Hinsichtlich seiner Bestandsschutzfunktion beansprucht § 613a jedoch auch im Insolvenzverfahren uneingeschränkte Geltung (vgl. Rz. 357). 305

An Abs. 4 S. 1 scheitern ferner Gestaltungen, die darauf abzielen, den durch § 613a bezweckten Bestandsschutz zu **unterlaufen**. Dies betrifft bspw. Befristungen[6] und auflösende Bedingungen[7], die im Vorfeld eines Betriebsübergangs vereinbart werden, um die Fortsetzung des Arbeitsverhältnisses oder bestimmter Arbeitsbedingungen zu vereiteln (zu unternehmensspezifischen Leistungen oben Rz. 232). Ebenfalls mit Abs. 1 S. 1, Abs. 4 S. 1 unvereinbar ist es, dass der bisherige Betriebsinhaber dem ArbN kündigt, damit der neue Betriebsinhaber den ArbN zu geänderten Arbeitsbedingungen einstellen kann[8]. Entsprechendes gilt für das sog. Lemgoer Modell, bei dem die ArbN durch das Einstellungsversprechen des Betriebserwerbers zum Ausspruch von Eigenkündigungen gegenüber dem bisherigen Betriebsinhaber oder zum Abschluss von Aufhebungsverträgen mit diesem veranlasst werden[9]. Die Kontinuität der Arbeitsbedingungen kann schließlich nicht dadurch beseitigt werden, dass die ArbN dem Übergang ihres Arbeitsverhältnisses gem. Abs. 6 S. 1 widersprechen, um anschließend zu geänderten Bedingungen ein Arbeitsverhältnis mit dem neuen Betriebsinhaber einzugehen[10]. 306

Zulässig ist demgegenüber nach der zutreffenden Auffassung der Rspr. der Abschluss von **Aufhebungsverträgen** im Zusammenhang mit einem Betriebsübergang, wenn die Vereinbarung auf das endgültige Ausscheiden des ArbN aus dem Betrieb gerichtet ist. Eines sachlichen Grundes bedarf der Abschluss von Aufhebungsverträgen in diesem Falle nicht[11]. In der Praxis kommt dem Abschluss von Aufhebungsverträgen erhebliche Bedeutung im Zusammenhang mit der Überleitung von Arbeitsverhältnissen auf **Beschäftigungs- und Qualifizierungsgesellschaften (BQG)** zu. Der Erwerber eines Not leidenden Betriebes ist zur Übernahme häufig nur unter der Voraussetzung bereit, dass der bisherige Betriebsinhaber gezielt Personal abbaut. U.a. um Sozialauswahlprobleme zu entschärfen, wird in derartigen Situationen häufig eine BQG gegründet und denjenigen ArbN, die zu übernehmen der potenzielle Erwerber nicht bereit ist, die Aufhebung ihres bisherigen Arbeitsverhältnisses unter gleichzeitigem Angebot der Eingehung eines neuen Arbeitsverhältnisses mit der betreffenden Gesellschaft angeboten. Für die ArbN kann die Annahme dieses Angebots im Vergleich zu der Inkaufnahme des Risikos einer betriebsbedingten Kündigung insb. dann vorteilhaft sein, wenn sich für sie durch die Inanspruchnahme von (Transfer-)Kug in der BQG die Bezugsdauer von Lohnersatzleistungen verlängert. Die gegen derartige Gestaltungen in der Lit. geäußerte Kritik[12] ist unbegründet. Wie bereits Abs. 6 S. 1 erhellt, steht es dem ArbN frei, sein Arbeitsverhältnis mit dem neuen Betriebsinhaber fortzusetzen oder auf die Fortsetzung zu verzichten[13]. Allerdings sind Aufhebungsverträge wegen objektiver Gesetzesumgehung nichtig, wenn sie lediglich die Beseitigung der Kontinuität des Arbeitsverhältnisses bei gleichzeitigem Erhalt des Arbeitsplatzes bezwecken. Dies ist der Fall, wenn gleichzeitig mit dem Abschluss des Aufhebungsvertrages ein neues Arbeitsverhältnis mit dem Betriebsübernehmer vereinbart oder ein solches zumindest verbindlich in Aussicht gestellt wird[14]. Aus der Sicht des Erwerbsinteressenten empfiehlt es sich daher, die Kommunikation zwischen dem Veräußerer und den zu entlassenen ArbN abzustimmen. Eine Umgehung von § 613a kann ferner vorliegen, wenn die Beschäftigungsgesellschaft zum Schein vorgeschoben oder offensichtlich bezweckt wird, die Sozialauswahl zu umgehen[15]. Ist ein Aufhebungsvertrag nach den vorstehend dargestellten Grundsätzen wegen Umgehung 307

---

1 BAG v. 23.11.2006 – 8 AZR 349/06. | 2 ErfK/*Preis*, § 613a BGB Rz. 153; MüKo/*Müller-Glöge*, § 613a BGB Rz. 187. | 3 ErfK/*Preis*, § 613a BGB Rz. 158; RGRK/*Ascheid*, § 613a BGB Rz. 251; MüKo/*Müller-Glöge*, § 613a BGB Rz. 187. | 4 RGRK/*Ascheid*, § 613a BGB Rz. 251. | 5 BAG v. 26.5.1983 – 2 AZR 477/81, AP Nr. 34 zu § 613a BGB; *Picot/Schnitker*, Teil I Rz. 381. | 6 BAG v. 15.2.1995 – 7 AZR 680/94, AP Nr. 166 zu § 620 BGB – Befristeter Arbeitsvertrag; v. 2.12.1998 – 7 AZR 579/97, AP Nr. 207 zu § 620 BGB – Befristeter Arbeitsvertrag. | 7 Erman/*Edenfeld*, § 613a BGB Rz. 64; ErfK/*Preis*, § 613a BGB Rz. 157. | 8 BAG v. 20.7.1982 – 3 AZR 261/80, AP Nr. 31 zu § 613a BGB. | 9 BAG v. 28.4.1987 – 3 AZR 75/86, AP Nr. 5 zu § 1 BetrAVG – Betriebsveräußerung; v. 11.7.1995 – 3 AZR 154/95, AP Nr. 56 zu § 1 TVG – Tarifverträge: Einzelhandel. | 10 ErfK/*Preis*, § 613a BGB Rz. 158; *Ende*, NZA 1994, 494 (495). | 11 BAG v. 23.11.2006 – 8 AZR 349/06, AP Nr. 1 zu § 613a BGB – Wiedereinstellung; BAG v. 18.8.2005 – 8 AZR 532/04, DB 2006, 107; v. 10.12.1998 – 8 AZR 324/97, AP Nr. 185 zu § 613a BGB; v. 28.4.1987 – 3 AZR 75/86, AP Nr. 5 zu § 1 BetrAVG – Betriebsveräußerung; vgl. auch bereits v. 29.10.1975 – 5 AZR 444/74, AP Nr. 2 zu § 613a BGB; abw. LAG Bremen v. 26.8.2004, BB 2005, 665. | 12 ErfK/*Preis*, § 613a BGB Rz. 159; APS/*Steffan*, § 613a BGB Rz. 195 f. | 13 *Willemsen* in Willemsen/Hohenstatt/Schweibert/Seibt, Rz. G 208 f. | 14 BAG v. 10.12.1998 – 8 AZR 324/97, AP Nr. 185 zu § 613a BGB. | 15 BAG v. 23.11.2006 – 8 AZR 349/06, AP Nr. 1 zu § 613a BGB – Wiedereinstellung.

der Abs. 1 S. 1, Abs. 4 S. 1 nichtig, so entfällt der Anspruch auf eine in dem Vertrag vereinbarte **Abfindung**. Dem ArbGeb ist es insoweit nicht nach § 242 verwehrt, sich auf die Nichtigkeit des Aufhebungsvertrages zu berufen[1]. Der Aufhebungsvertrag kann gem. § 123 I angefochten werden, wenn der ArbGeb dem ArbN bei Abschluss des Vertrages vorspiegelt, der Betrieb solle geschlossen werden, in Wahrheit jedoch ein (Teil-)Betriebsübergang geplant ist[2].

308 Beabsichtigt der ArbGeb, einen Teil des Betriebs stillzulegen und einen anderen Teil nach § 613a zu übertragen, so soll nach der Auffassung des BAG eine **Sozialauswahl** zwischen den im stillzulegenden Betriebsteil beschäftigten ArbN und den ArbN vorzunehmen sein, die im zu übertragenden Betriebsteil beschäftigt sind. Abs. 1 S. 4 stehe der Sozialauswahl nicht entgegen, weil Grund für den eventuellen Ausspruch von Kündigungen gegenüber ArbN in dem zu übertragenden Betriebsteil nicht der Betriebsteilübergang, sondern der Wegfall von Beschäftigungsmöglichkeiten im gesamten Betrieb sei[3]. Kein Raum bleibt für eine Sozialauswahl, wenn im Zeitpunkt des Ausspruchs der betriebsbedingten Kündigungen der Betriebsteil bereits auf den neuen Inhaber übertragen und organisatorisch aus dem Gesamtbetrieb herausgelöst ist.

309 **4. Rationalisierungs- und Sanierungskündigungen.** Der Betriebsinhaber wird durch Abs. 4 S. 1 nicht gehindert, Rationalisierungs- bzw. Sanierungskündigungen auszusprechen, um auf diese Weise die Chancen für eine Veräußerung des Betriebes zu verbessern[4]. Derartige Kündigungen müssen – wie auch sonst – den allgemeinen Anforderungen des Kündigungsrechts, im Anwendungsbereich des KSchG also insb. den Anforderungen des § 1 KSchG, genügen. Um Kündigungen „wegen" eines Betriebsübergangs handelt es sich selbst dann nicht, wenn die Durchführung des zugrunde liegenden Rationalisierungs- bzw. Sanierungskonzepts dem Wunsch eines Erwerbsinteressenten entspricht oder von diesem gar zur Voraussetzung für die Übernahme des Betriebs gemacht wird, sofern nur das betreffende Konzept auch unabhängig von dem Betriebsübergang von dem Veräußerer durchgeführt werden könnte[5]. Die Kündigungen müssen in diesem Sinne einem **eigenen betrieblichen Erfordernis** des Veräußerers entsprechen. Ob der Veräußerer für den Fall eines Scheiterns des Betriebsübergangs die Absicht hat, den Betrieb in der geänderten Form fortzuführen, ist demgegenüber unerheblich[6].

310 Hiervon zu unterscheiden ist die Frage, ob bereits der Veräußerer Kündigungen aussprechen kann, deren Rechtfertigung sich erst daraus ergibt, dass man die beim Erwerber bestehenden betrieblichen Verhältnisse in die Betrachtung mit einbezieht (sog. **Veräußererkündigung auf Erwerberkonzept**). Die Rspr. ließ Veräußererkündigungen auf Erwerberkonzept früher nicht zu und beschränkte den Veräußerer darauf, nur „sich selbst tragende"[7] Rationalisierungs- bzw. Sanierungskonzepte im Vorfeld eines Betriebsübergangs umzusetzen. Nach der neueren Rspr. sind Veräußererkündigungen auf Erwerberkonzept demgegenüber zulässig, setzen aber eine rechtsverbindliche Vereinbarung sowohl über den Betriebsübergang als auch das Rationalisierungs- bzw. Sanierungskonzept des Erwerbers voraus, dessen Umsetzung im Zeitpunkt des Zugangs der Kündigungserklärung bereits greifbare Formen angenommen haben muss[8]. Ausdrücklich entschieden ist dies zwar nur für den Sonderfall einer Übernahme in der Insolvenz. Es sind aber keine zwingenden Gründe erkennbar, Veräußererkündigungen auf Erwerberkonzept außerhalb der Insolvenz nicht zuzulassen[9]. Noch keine Rspr. liegt zur Frage der Sozialauswahl und der Pflicht zum Anbieten freier Arbeitsplätze Stellung vor. Nach richtigem Verständnis muss jedoch der Veräußerer bei Ausspruch der Kündigungen nicht nur die in seinem Unternehmen, sondern auch die im Unternehmen des Erwerbers bestehenden freien Arbeitsplätze und Versetzungsmöglichkeiten mitberücksichtigen[10]. Sieht das Erwerberkonzept einen Zusammenschluss des zu veräußernden Betriebes mit einem Betrieb des Erwerbers vor, so muss der Veräußerer die ArbN des Erwerberbetriebes in die Sozialauswahl einbeziehen[11]. Dies ist nicht dahin zu verstehen, dass der Veräußerer befugt wäre, freie Arbeitsplätze des Erwerbers mit eigenen ArbN zu besetzen oder ArbN des Erwerbers zu kündigen; diese Befugnis steht ausschließlich dem Erwerber zu. Eine Kündigung gegenüber eigenen ArbN des Veräußerers scheitert jedoch an § 1 II, III KSchG, wenn in dem Betrieb des Erwerbers ein geeigneter freier Arbeitsplatz vorhanden ist oder – den Zusammenschluss von Betrieben vorausgesetzt – der Erwerber einen

1 BAG v. 11.7.1995 – 3 AZR 154/95, AP Nr. 56 zu § 1 TVG – Tarifverträge: Einzelhandel. | 2 BAG v. 23.11.2006 – 8 AZR 349/06, AP Nr. 1 zu § 613a BGB – Wiedereinstellung. | 3 BAG v. 28.10.2004 – 8 AZR 391/03, NZA 2005, 285. | 4 BAG v. 20.9.2006 – 6 AZR 249/05, AP Nr. 316 zu § 613a BGB; v. 18.7.1996 – 8 AZR 127/94, AP Nr. 147 zu § 613a BGB; Erman/*Edenfeld*, § 613a BGB Rz. 111 ff.; ErfK/*Preis*, § 613a BGB Rz. 167. | 5 BAG v. 26.5.1983 – 2 AZR 477/81, AP Nr. 34 zu § 613a BGB; v. 18.7.1996 – 8 AZR 127/94, AP Nr. 147 zu § 613a BGB; *Willemsen* in Willemsen/Hohenstatt/Schweibert/Seibt, Rz. H 96 ff.; *Willemsen*, ZIP 1983, 411 (416); ErfK/*Preis*, § 613a BGB Rz. 169; Erman/*Edenfeld*, § 613a BGB Rz. 113. | 6 Deutlich: BAG v. 18.7.1996 – 8 AZR 127/94, AP Nr. 147 zu § 613a BGB. | 7 Begriff: *Willemsen* in Willemsen/Hohenstatt/Schweibert/Seibt, Rz. H 110. | 8 BAG v. 20.9.2006 – 6 AZR 249/05, AP Nr. 316 zu § 613a BGB; v. 20.3.2003 – 8 AZR 97/02, DB 2003, 1907; zust. *Annuß/Stamer*, NZA 2003, 1247; *Gaul/Bonanni/Naumann*, DB 2003, 1902; abl. LAG Köln v. 17.6.2003 – 9 Sa 443/03, ZIP 2003, 2042. | 9 Staudinger/*Richardi/Annuß*, § 613a BGB Rz. 357; *Annuß/Stamer*, NZA 2003, 1247 (1247 f.); *Gaul/Bonanni/Naumann*, DB 2003, 1902 (1904). | 10 Staudinger/*Richardi/Annuß*, § 613a BGB Rz. 356; *Willemsen* in Willemsen/Hohenstatt/Schweibert/Seibt, Rz. H 116; *Gaul/Bonanni/Naumann*, DB 2003, 1902 (1904); aA offenbar *Sieger/Hasselbach*, DB 1999, 430 (434). | 11 *Gaul/Bonanni/Naumann*, DB 2003, 1902 (1904); vgl. auch *Willemsen* in Willemsen/Hohenstatt/Schweibert/Seibt, Rz. H 116 f. mwN.

vergleichbaren, aber sozial weniger schutzwürdigen ArbN beschäftigt[1]. Die Situation ist insoweit derjenigen im Gemeinschaftsbetrieb mehrerer Unternehmen vergleichbar[2].

VI. Information der Arbeitnehmer. 1. Entstehungsgeschichte und Normzweck. § 613a wurde durch Art. 4 des Gesetzes zur Änderung des Seemannsgesetzes[3] mit Wirkung zum 1.4.2002 um die Abs. 5 und 6 ergänzt. Mit Abs. 5 sollte Art. 7 VI der BetriebsübergangsRL 2001/23/EG[4] umgesetzt werden, dem zufolge die Mitgliedstaaten verpflichtet sind, eine Regelung zur Information der von einem Betriebsübergang betroffenen ArbN über den Zeitpunkt, den Grund und die Folgen des Übergangs sowie die in Aussicht genommenen Maßnahmen zu treffen, wenn unabhängig vom Willen der ArbN im Betrieb oder Unternehmen keine ArbN-Vertretung besteht[5]. In der Lit. war verschiedentlich geltend gemacht worden, in Deutschland bestehe ein Umsetzungsdefizit[6]. 311

Die Unterrichtung gem. Abs. 5 soll dem ArbN eine ausreichende Wissensgrundlage für die Entscheidung verschaffen, ob er sein Widerspruchsrecht ausübt. Diese **Zwecksetzung** ist Leitlinie für die Interpretation des Norminhalts[7]. Die Erfahrungen der Praxis zeigen demgegenüber, dass die Unterrichtungspflicht nicht nur die Unternehmen vor kaum zu bewältigende rechtl. Aufgaben stellt, sondern darüber hinaus bei den betroffenen ArbN vornehmlich Verunsicherung hervorruft. Die geforderten Informationen werden wegen ihrer rechtl. Komplexität von Laien kaum verstanden. 312

2. Geltungsbereich. Abs. 5 ist am **1.4.2002 ohne Übergangsregelung in Kraft getreten**[8]. Er gilt folglich für alle Betriebs(teil)übergänge ab diesem Stichtag. Maßgeblich ist der Zeitpunkt des Übergangs der Arbeitsverhältnisse.Die Unterrichtungspflicht besteht **unabhängig von der Betriebsgröße** und unabhängig davon, ob in dem betreffenden Betrieb ein **BR existiert**[9]. Sie tritt neben die sonstigen Unterrichtungspflichten gegenüber den zuständigen ArbN-Vertretungen, insb. neben die Unterrichtungspflichten nach §§ 106 III Nr. 10, 111 S. 1 BetrVG[10]. Nach dem durch Art. 5 des Gesetzes zur Änderung des Seemannsgesetzes und anderer Gesetze ebenfalls angepassten § 324 UmwG gilt Abs. 5 auch für Betriebs(teil)übertragungen durch **Umwandlung**. 313

3. Parteien des Unterrichtungsanspruchs. Die Unterrichtungspflicht trifft den bisherigen und den neuen Betriebsinhaber als **Gesamtschuldner** iSd. § 421[11]. Im Innenverhältnis steht ihnen nach den Grundsätzen von Treu und Glauben wechselseitig ein Auskunftsanspruch hinsichtlich der für die Unterrichtung bedeutsamen Tatsachen zu[12]. In der Praxis empfiehlt es sich, die wechselseitige Auskunftserteilung ebenso wie die Frage der Haftung für eine unrichtige oder unvollständige Auskunftserteilung im Unternehmenskaufvertrag zu regeln. 314

Unterrichtet werden muss nach dem Eingangssatz des Abs. 5 jeder **„von dem Übergang betroffene"** ArbN. Gemeint sind nur ArbN, deren Arbeitsverhältnis – vorbehaltlich eines Widerspruchs nach Abs. 6 – gem. Abs. 1 S. 1 auf den neuen Betriebsinhaber übergeht[13], obwohl selbstverständlich auch die „zurückbleibenden" ArbN und die ArbN des Übernehmers von dem Übergang betroffen werden (zB durch eine Änderung der Basis für die Sozialauswahl). Dies ergibt sich aus der Verknüpfung der Unterrichtungspflicht nach Abs. 5 mit dem Widerspruchsrecht aus Abs. 6. 315

Trotz der Pflicht zur individuellen Unterrichtung muss **nicht individualbezogen** unterrichtet werden. Es bedarf insb. keiner Einzeldarstellung der sich für den jeweiligen Empfänger der Unterrichtung aus dem Übergang ergebenden Folgen[14]. Zugleich betont die Rspr. allerdings, dass eine standardisierte Information Besonderheiten des Arbeitsverhältnisses erfassen müsse[15]. Wie diese beiden Aussagen miteinander in Einklang zu bringen sind, ist noch nicht geklärt. Am überzeugensten erscheint es, eine abstrakte Darstellung genügen zu lassen, aus der die ArbN die sich für sie ergebenden Konsequenzen im Wege der Subsumtion ermitteln können[16]. Ergeben sich für verschiedene Gruppen von ArbN unterschiedliche Rechtsfolgen (zB für tarifl. im Unterschied zu außertarifl. ArbN oder bei der Veräußerung von Betriebsteilen an unterschiedliche Erwerber) so müssen diese (abstrakt) dargestellt werden; der Empfänger der Unterrichtung muss darauf hingewiesen werden, zu welcher Gruppe er gehört. 316

---

1 AA *Sieger/Hasselbach*, DB 1999, 430 (434). |2 Zur Zuständigkeit des BR und der Bemessung eines Sozialplans vgl. *Willemsen* in Willemsen/Hohenstatt/Schweibert/Seibt, Rz. H 118 ff. |3 BGBl. I S. 1163. |4 ABl. EG Nr. L 82, S. 16. |5 BT-Drs. 14/7760, S. 19. |6 Ausf. zum Streitstand EAS/*Oetker*, B 8300 Rz. 335 ff.; *Willemsen* in Willemsen/Hohenstatt/Schweibert/Seibt, Rz. G 225; zur Richtlinienkonformität des Abs. 5 *Grau*, ZfA 2005, 647 ff. |7 BAG v. 13.7.2006 – 8 AZR 305/05, AP Nr. 312 zu § 613a BGB; BAG v. 14.12.2006 – 8 AZR 763/05, AP Nr. 318 zu § 613a BGB; zuvor schon *Staudinger/Richardi/Annuß*, § 613a BGB Rz. 155. |8 BGBl. I S. 1163. |9 BT-Drs. 14/7760, S. 19; der deutsche Gesetzgeber geht damit weit über die europarechtlichen Vorgaben hinaus; s. dazu *Willemsen* in Willemsen/Hohenstatt/Schweibert/Seibt, Rz. G 225. |10 *Willemsen/Lembke*, NJW 2002, 1159 (1161). |11 *Willemsen/Lembke*, NJW 2002, 1159 (1161); *Grau*, Unterrichtung und Widerspruchsrecht (2005), S. 88 ff. |12 Staudinger/*Richardi/Annuß*, § 613a BGB Rz. 151; APS/*Steffan*, § 613a BGB Rz. 203; KR/*Pfeiffer*, § 613a BGB Rz. 108h; *Willemsen/Lembke*, NJW 2002, 1159 (1161). |13 *Willemsen/Lembke*, NJW 2002, 1159 (1161); *Grau*, Unterrichtung und Widerspruchsrecht (2005), S. 38 ff. |14 BAG v. 13.7.2006 – 8 AZR 305/05, AP Nr. 312 zu § 613a BGB; v. 14.12.2006 – 8 AZR 763/05, AP Nr. 318 zu § 613a BGB. |15 BAG v. 13.7.2006 – 8 AZR 305/05, AP Nr. 312 zu § 613a BGB; v. 14.12.2006 – 8 AZR 763/05, AP Nr. 318 zu § 613a BGB. |16 *Hohenstatt/Grau*, NZA 2007, 13 (14); wohl auch Staudinger/*Richardi/Annuß*, § 613a BGB Rz. 168.

317 **4. Form und Zeitpunkt der Unterrichtung.** Die Unterrichtung bedarf der **Textform** iSd. § 126b[1]. Sie muss dem ArbN in dieser Form zugehen, weshalb ein bloßer **Aushang** im Betrieb nicht genügt[2].

Die Unterrichtung wird zweckmäßigerweise **spätestens einen Monat vor dem Zeitpunkt des Betriebs(teil)übergangs** vorgenommen, weil die Frist für den Widerspruch gegen den Übergang des Arbeitsverhältnisses einen Monat beträgt und erst mit der ordnungsgemäßen Unterrichtung gem. Abs. 5 zu laufen beginnt (vgl. Rz. 340). Eine Unterrichtung **nach** dem **Betriebsübergang** ist jedoch möglich[3]. Die Widerspruchsfrist beginnt dann wie auch sonst erst mit dem Zugang des Unterrichtungsschreibens[4]. Wird das Widerspruchsrecht erst nach dem Betriebsübergang ausgeübt, so wirkt es auf den Zeitpunkt des Betriebsübergangs zurück. (Rz. 347)[5].

318 **5. Gegenstand der Unterrichtung. a) Zeitpunkt des Übergangs.** Nr. 1 verpflichtet zur Unterrichtung der ArbN über den Zeitpunkt bzw., wenn dieser noch nicht feststeht, den geplanten Zeitpunkt des Übergangs[6]. Mit „Übergang" ist der Übergang des Arbeitsverhältnisses gemeint. Dieser findet in dem Zeitpunkt statt, in dem der neue Betriebsinhaber im eigenen Namen die betriebliche Leitungsmacht über den veräußerten Betrieb(steil) übernimmt (Rz. 82).

319 **b) Grund für den Übergang.** Nr. 2 verpflichtet zur Angabe des Grundes für den Übergang des Arbeitsverhältnisses. Mitzuteilen sind die rechtsgeschäftliche Grundlage des Betriebsübergangs (zB „... durch Pachtvertrag vom ...") und die zu Grunde liegenden unternehmerischen Erwägungen, soweit sie Bedeutung für die Widerspruchsentscheidung des ArbN haben können (zB ist mitzuteilen, wenn der bisherige Inhaber beabsichtigt, die zurückbleibenden Unternehmensteile im Anschluss an den Übergang stillzulegen). Für beides genügen schlagwortartige Angaben[7].

320 **c) Rechtliche, wirtschaftliche und soziale Folgen des Übergangs.** Die rechtl., wirtschaftl. und sozialen Folgen des Übergangs iSd. Nr. 3 ergeben sich nach der Begründung des Regierungsentwurfs „vor allem aus den ... Regelungen der Abs. 1 bis 4". Das betreffe die Fragen der Weitergeltung oder Änderung der bisherigen Rechte und Pflichten aus dem Arbeitsverhältnis, der Haftung des bisherigen ArbGeb und des neuen Inhabers gegenüber dem ArbN sowie des Kündigungsschutzes[8]. Es muss also **zumindest eine Aussage zu den** in **Abs. 1 bis 4** geregelten Materien getroffen werden. Eine schlichte Wiedergabe des Gesetzeswortlauts genügt insoweit nicht. Die Rechtsfolgen des Betriebsübergangs müssen **korrekt** dargestellt werden[9]. Eine fehlerhafte Unterrichtung über Rechtsfragen soll aber unschädlich sein, wenn der Unterrichtungspflichtige die Rechtslage gewissenhaft geprüft und einen **vertretbaren Rechtsstandpunkt** eingenommen hat[10]. Da die Frage der Vertretbarkeit von Rechtsstandpunkten bei offenen Rechtsfragen nicht sicher prognostizierbar ist, kann der Unternehmenspraxis nur empfohlen werden, in solchen Fällen den Streitstand offen zu legen. Im Einzelnen gilt:

321 Zunächst ist anzugeben, **dass und auf wen** das Arbeitsverhältnis übergeht. Dem ArbN ist Klarheit über die Identität des Erwerbers zu verschaffen. Bei juristischen Personen sind die Firma, der Sitz der Gesellschaft und die Anschrift mitzuteilen[11]. Zweckmäßig ist die Angabe der Registernummer. Darüber hinaus ist der **Gegenstand des Betriebsübergangs**, also welcher Betrieb oder Betriebsteil übertragen wird, zu beschreiben[12]. Mit diesen Angaben wird zweckmäßigerweise die Aussage verbunden, dass sich der Übergang gem. Abs. 1 S. 1 mit allen Rechten und Pflichten aus dem Arbeitsverhältnis vollzieht und die beim bisherigen Betriebsinhaber verbrachten Zeiten der Betriebszugehörigkeit angerechnet werden. Auch der Übergang der Versorgungsanwartschaften der aktiven ArbN ist in diesem Zusammenhang anzusprechen[13]. Allerdings ergibt sich aus Abs. 5 kein Anspruch auf Auskunft über die Höhe der im Zeitpunkt des Übergangs bestehenden Versorgungsanwartschaft[14].

322 Mit Blick auf **BV und TV** ist anzugeben, ob diese bei dem neuen Inhaber unverändert kollektivrechtl. fortgelten, gem. Abs. 1 S. 2 aufrecht erhalten oder gem. Abs. 1 S. 3 durch BV oder TV des Erwerbers abgelöst werden[15]. Im Falle eines Tarifwechsels genügt ein Hinweis, dass und welchen anderen TV das Arbeitsverhältnis vom Zeitpunkt des Übergangs an unterliegt. Einer Einzeldarstellung der Konsequen-

---

1 Vgl. hierzu die Spezialkommentierungen zu § 126b BGB. | 2 *Grau*, Unterrichtung und Widerspruchsrecht (2005), S. 201; Staudinger/*Richardi/Annuß*, § 613a BGB Rz. 153. | 3 BAG v. 13.7.2006 – 8 AZR 305/05, AP Nr. 312 zu § 613a BGB; v. 14.12.2006 – 8 AZR 763/05, AP Nr. 318 zu § 613a BGB; ErfK/*Preis*, § 613a BGB Rz. 92; *Willemsen/Lembke*, NJW 2002, 1159 (1163); BT-Drs. 14/7760, S. 20; aA *Bauer/v. Steinau-Steinrück*, ZIP 2002, 457 (458). | 4 BAG v. 13.7.2006 – 8 AZR 305/05, AP Nr. 312 zu § 613a BGB; v. 14.12.2006 – 8 AZR 763/05, AP Nr. 318 zu § 613a BGB. | 5 Vgl. BAG v. 13.7.2006 – 8 AZR 305/05, AP Nr. 312 zu § 613a BGB; v. 13.7.2006 – 8 AZR 382/05, AP Nr. 1 zu § 613a BGB – Widerspruch. | 6 ErfK/*Preis*, § 613a BGB Rz. 87; *B. Gaul*, Betriebs- und Unternehmensspaltung, § 11 Rz. 13; Staudinger/*Richardi/Annuß*, § 613a BGB Rz. 157 f. | 7 BAG v. 13.7.2006 – 8 AZR 305/05, AP Nr. 312 zu § 613a BGB; v. 14.12.2006 – 8 AZR 763/05, AP Nr. 318 zu § 613a BGB; zu Einzelfragen *Hohenstatt/Grau*, NZA 2006, 1273. | 8 BT-Drs. 14/7760, S. 19. | 9 BAG v. 13.7.2006 – 8 AZR 305/05, AP Nr. 312 zu § 613a BGB; v. 13.7.2006 – 8 AZR 303/05, AP Nr. 311 zu § 613a BGB. | 10 BAG v. 13.7.2006 – 8 AZR 303/05, AP Nr. 311 zu § 613a BGB. | 11 BAG v. 13.7.2006 – 8 AZR 305/05, AP Nr. 312 zu § 613a BGB; v. 14.12.2006 – 8 AZR 763/05, AP Nr. 318 zu § 613a BGB. | 12 BAG v. 13.7.2006 – 8 AZR 305/05, AP Nr. 312 zu § 613a BGB; v. 14.12.2006 – 8 AZR 763/05, AP Nr. 318 zu § 613a BGB. | 13 *Willemsen* in Willemsen/Hohenstatt/Schweibert/Seibt, Rz. G 231. | 14 BAG v. 22.5.2007 – 3 AZR 834/05, NZA 2007, 1283. | 15 BAG v. 14.12.2006 – 8 AZR 763/05, AP Nr. 318 zu § 613a BGB; v. 13.7.2006 – 8 AZR 305/05, AP Nr. 312 zu § 613a BGB.

zen des Tarifwechsels bedarf es nicht. Dem ArbN ist es zumutbar, sich insoweit selbst ein Bild zu machen, ggf. unter Inanspruchnahme von Rechtsrat[1]. Auch einer detaillierten Bezeichnung einzelner BV bedarf es nicht[2].

Zur Unterrichtung über die Rechtsfolgen des Übergangs gehört auch eine Darstellung der **Haftung des bisherigen und des neuen Betriebsinhabers** für die Ansprüche der übergehenden ArbN, insb. also der Regelungen der Abs. 2 und 3[3]. Sind darüber hinaus spezialgesetzl. Haftungsvorschriften einschlägig (zB §§ 133, 134 UmwG), so sind auch diese zu erläutern. Die wirtschaftl. Lage des Erwerbers muss nach zutreffendem Verständnis nicht dargestellt werden[4]. Wenn hierzu dennoch Angaben gemacht werden, müssen diese aber zutreffen[5]. Auf eine konkrete Insolvenzgefährdung muss hingewiesen werden[6]. 323

Jedenfalls dann, wenn Kündigungen im Raum stehen[7] oder sich Änderungen in der kündigungsschutzrechtl. Situation ergeben (zB die Mindestbetriebsgröße des § 23 Abs. 1 KSchG unterschritten wird)[8], ist darauf einzugehen, ob die Arbeitsverhältnisse auch beim Erwerber dem KSchG unterliegen und die Unzulässigkeit von Kündigungen wegen des Betriebsübergangs anzusprechen[9]. In Umwandlungsfällen ist gegebenenfalls § 323 I UmwG darzustellen[10]. 324

Über die sich unmittelbar im Wege der Subsumtion unter Abs. 1–4 ergebenden Rechtsfolgen hinaus ist auch über die **mittelbaren Folgen** des Betriebsinhaberwechsels zu unterrichten[11]. Weder dem Gesetz selbst noch den Gesetzesmaterialien lässt sich insoweit jedoch eine klare Leitlinie entnehmen, wie weit die Pflicht zur Unterrichtung über mittelbare Folgen reicht. Der funktionale Zusammenhang zwischen der Unterrichtungspflicht nach Abs. 5 und dem Widerspruchsrecht nach Abs. 6 spricht dafür, dass zumindest auf solche Gesichtspunkte einzugehen ist, die nach der früheren Rspr. des BAG kündigungsschutzrechtl. als **sachliche Gründe für einen Widerspruch** gegen den Übergang des Arbeitsverhältnisses in Betracht kamen (vgl. Rz. 351). Dies betrifft insb. den **Fortfall der Sozialplanpflicht** wegen Unterschreitens der Mindestbeschäftigtenzahl des § 111 I 1 BetrVG[12] oder nach § 112a II BetrVG[13], sofern sozialplanpflichtige Maßnahmen im Zeitpunkt des Übergangs geplant sind; dass es irgendwann einmal zu Betriebsänderungen kommen könnte, genügt insoweit nicht[14]. Unzulässig ist demgegenüber der Gegenschluss, dass über Umstände, die einen Widerspruch gegen den Übergang des Arbeitsverhältnisses nicht rechtfertigen können[15], nicht nach Abs. 5 informiert werden müsste. Eine derartige teleologische Reduktion des Abs. 5 wäre mit dem europarechtl. Hintergrund der Vorschrift (s. Rz. 311 f.) unvereinbar. 325

Ob über den **Fortbestand des BR** und sonstiger ArbN-Vertretungen zu unterrichten ist, erscheint zweifelhaft. Hiergegen spricht ein Vergleich mit den umwandlungsrechtl. Unterrichtungspflichten aus §§ 5 I Nr. 9, 126 I Nr. 11 UmwG, in denen die Folgen für die ArbN „und ihre Vertretungen" ausdrücklich angesprochen sind, während ein entsprechender Passus in Abs. 5 fehlt[16]. Auch Art. 7 VI der BetriebsübergangsRL 2001/23/EG lässt sich nicht mit dem erforderlichen Maß an Klarheit entnehmen, dass eine dahin gehende Unterrichtung geboten wäre[17]. Da die Frage einstweilen offen ist, sollte vorsorglich auch über den Fortbestand des BR und der übrigen ArbN-Vertretungen informiert werden. 326

Die Rspr. nimmt an, dass auch über das Widerspruchsrecht zu informieren ist[18]. Darüber hinaus sollen auch die sich im Fall eines Widerspruchs ergebenden Konsequenzen darzustellen sein, zB ob der ArbN an einem beim Veräußerer bestehenden Sozialplan teilnimmt[19]. Das vermag nicht zu überzeugen. Eine 327

1 BAG v. 13.7.2006 – 8 AZR 305/05, AP Nr. 312 zu § 613a BGB; v. 14.12.2006 – 8 AZR 763/05, AP Nr. 318 zu § 613a BGB; enger Staudinger/*Richardi/Annuß*, § 613a BGB Rz. 163; *Jaeger*, ZIP 2004, 433 (440) (Vorlage der TV erforderlich). | 2 BAG v. 13.7.2005 – 8 AZR 305/05, AP Nr. 312 zu § 613a BGB; v. 14.12.2006 – 8 AZR 763/05, AP Nr. 318 zu § 613a BGB. | 3 Vgl. insb. BAG v. 14.12.2006 – 8 AZR 763/05, AP Nr. 318 zu § 613a BGB. | 4 *Grosjean/Biester*, DB 2007, 1466; *Grobys*, BB 2002, 726 (728); *Willemsen* in Willemsen/Hohenstatt/Schweibert/Seibt, Rz. G 231a; aA ErfK/*Preis*, § 613a BGB Rz. 88. | 5 LAG Köln v. 4.6.2007 – 14 Sa 1225/06, n.rkr. | 6 *Lindemann/Wolter-Roßtentscher*, BB 2007, 938 (942); *Worzalla*, NZA 2002, 353 (355); *Willemsen* in Willemsen/Hohenstatt/Schweibert/Seibt, Rz. G 231a. | 7 Mit diesem „Vorbehalt" BAG v. 13.7.2006 – 8 AZR 305/05, AP Nr. 312 zu § 613a BGB Tz. 32; vgl. auch *Hohenstatt/Grau*, NZA 2007, 13 (16). | 8 Vgl. hierzu BAG v. 15.2.2007 – 8 AZR 397/06, NZA 2007, 739. | 9 Stets Pflichtangabe: *Gaul*, Betriebs- und Unternehmensspaltung, § 11 Rz. 15; *Franzen*, RdA 2002, 258 (265); ErfK/*Preis*, § 613a BGB Rz. 88. | 10 Zu § 323 I UmwG *Willemsen* in Willemsen/Hohenstatt/Schweibert/Seibt, Rz. H 150. | 11 BAG v. 13.7.2006 – 8 AZR 303/05, AP Nr. 311 zu § 613a BGB; v. 13.7.2006 – 8 AZR 305/05, AP Nr. 312 zu § 613a BGB; *Willemsen* in Willemsen/Hohenstatt/Schweibert/Seibt, Rz. G 231; *Grau*, Unterrichtung und Widerspruchsrecht (2005), S. 144 ff.; aA Staudinger/*Richardi/Annuß*, § 613a BGB Rz. 160. | 12 LAG Hamm v. 21.6.1994 – 6 Sa 30/94, NZA 1995, 471; LAG Berlin v. 26.5.1997 – 9 Sa 19/97, MDR 1997, 948. | 13 Staudinger/*Richardi/Annuß*, § 613a BGB Rz. 163; aA *Lunk*, NZA 1995, 711 (716 f.). | 14 Vgl. KR/*Pfeiffer*, § 613a BGB Rz. 119; Staudinger/*Richardi/Annuß*, § 613a BGB Rz. 194; LAG Hamm v. 21.6.1994 – 6 Sa 30/94, NZA 1995, 471; LAG Berlin v. 26.5.1997 – 9 Sa 19/97, MDR 1997, 948. | 15 ZB ein Tarifwechsel, vgl. BAG v. 5.2.1997 – 10 AZR 553/96 AP Nr. 112 zu § 112 BetrVG 1972. | 16 *B. Gaul*, Betriebs- und Unternehmensspaltung § 11 Rz. 17; *Willemsen/Lembke*, NJW 2002, 1159 (1162); hiergegen *Franzen*, RdA 2002, 258 (265); Staudinger/*Richardi/Annuß*, § 613a BGB Rz. 161; aA ErfK/*Preis*, § 613a BGB Rz. 88. | 17 Art. 7 VI RL 2001/23/EG muss insoweit im gesamten Kontext der Regelung des Art. 7 RL insbesondere mit Blick auf Art. 7 I u. II gesehen werden; dazu auch *Franzen*, RdA 2002, 258 (259). | 18 BAG v. 13.7.2006 – 8 AZR 305/05, AP Nr. 312 zu § 613a BGB; v. 14.12.2006 – 8 AZR 763/05, AP Nr. 318 zu § 613a BGB. | 19 BAG v. 13.7.2006 – 8 AZR 303/05, AP Nr. 311 zu § 613a BGB; vgl. a. BAG v. 14.12.2006 – 8 AZR 763/05, AP Nr. 318 zu § 613a BGB; aA zum Sozialplan LAG Düsseldorf v. 1.4.2005 – 18 Sa 1950/04, DB 2005, 1741.

solche Pflicht zur Darstellung der mittelbaren Folgen eines Widerspruchs findet im Gesetz keine Stütze und lässt sich kaum sinnvoll einzugrenzen[1]. Hiervon unabhängig empfiehlt es sich, darauf hinzuweisen, dass sich der ArbN durch einen Widerspruch dem Risiko einer betriebsbedingten Kündigung aussetzt. Ebenfalls zweckmäig ist der Hinweis, dass der Widerspruch der Schriftform (§ 126) bedarf und für die Wahrung der Monatsfrist des Abs. 6 der Zugang der Widerspruchserklärung beim Empfänger maßgeblich ist, nicht deren Abgabe.

328 **d) In Aussicht genommene Maßnahmen.** Zu den hinsichtlich der ArbN in Aussicht genommenen Maßnahmen iSd. Nr. 4 gehören insb. **Versetzungen** und **Entlassungen** sowie **Betriebsänderungen** iSd. § 111 BetrVG[2]. Nach der Begründung des Regierungsentwurfs sollen auch **Weiterbildungsmaßnahmen** hierher gehören[3].

329 In Betracht kommen nur Maßnahmen **des neuen Betriebsinhabers**. Über Maßnahmen, die der bisherige Betriebsinhaber im Vorfeld des Betriebs(teil)übergangs plant, muss nicht nach Abs. 5 unterrichtet werden. Abs. 5 steht in einem inneren Zusammenhang mit dem Widerspruchsrecht aus Abs. 6; Maßnahmen des bisherigen Betriebsinhabers kann sich der ArbN mithilfe des Widerspruchsrechts nicht entziehen.

330 Es muss sich um im Zeitpunkt der Unterrichtung „**in Aussicht genommene**" Maßnahmen handeln. Hiervon kann nur gesprochen werden, wenn das Stadium **konkreter Planungen** erreicht ist[4]. Liegen bereits ein Interessenausgleich und Sozialplan vor, so kann auf diese Bezug genommen werden. Bloße Eventualitäten genügen nicht.

331 **6. Folgen unrichtiger, unvollständiger oder verspäteter Unterrichtung.** Eine unrichtige oder unvollständige Unterrichtung hat nach Ansicht der Rspr. zur Folge, dass die **Monatsfrist des Abs. 6** für die Ausübung des Widerspruchsrechts **nicht zu laufen beginnt**[5]. Der ArbN kann sein Widerspruchsrecht in diesen Fällen deshalb theoretisch zeitlich unbegrenzt ausüben. Allerdings können der bisherige und der neue Betriebsinhaber jederzeit eine Berichtigung in der Form des Abs. 5 vornehmen und hierdurch den Lauf der Widerspruchsfrist in Gang setzen. Darüber hinaus kann das Widerspruchsrecht verwirkt werden (Rz. 341). An der früheren Rspr., derzufolge der ArbN sein Widerspruchsrecht nur unverzüglich ausüben konnte, nachdem er von dem Betriebsübergang Kenntnis erlangt hatte[6], kann nicht mehr festgehalten werden. Der Ansatz der Rspr. verursacht in Fällen, in denen die Unterrichtung äußerlich vollständig und in sich schlüssig, gleichwohl aber materiell fehlerhaft (zB in der rechtl. Bewertung) oder unvollständig (zB in sachlich nachrangigen Teilaspekten) ist, unangemessene Härten. Überzeugender wäre es, in diesen Fällen Schadenersatzansprüche wegen Schlechterfüllung (§ 280 BGB) zu gewähren. Auf diese Weise ließen sich auch Kausalitätsaspekte berücksichtigen, während die Rspr. das Widerspruchsrecht auch dann zubilligt, wenn die Unrichtigkeit oder Unvollständigkeit der Unterrichtung für den ArbN erkennbar keine Bedeutung hat[7].

332 Eine unrichtige oder unvollständige Darstellung der Folgen des Betriebs(teil)übergangs bringt im Übrigen nicht den Unterrichtungsanspruch aus Abs. 5 zum Erlöschen, so dass der ArbN weiterhin **Erfüllung** verlangen kann. Abs. 5 statuiert nicht lediglich eine Obliegenheit[8], sondern eine Rechtspflicht des bisherigen und des neuen Betriebsinhabers, mit dem ein Rechtsanspruch des ArbN auf Unterrichtung korrespondiert[9]. Der ArbN kann seinen Unterrichtungsanspruch gerichtlich im Wege der Leistungsklage verfolgen[10].

Dem ArbN können im Falle einer unrichtigen oder unvollständigen Unterrichtung **Schadenersatzansprüche** aus § 280 I – gegen den bisherigen Betriebsinhaber – oder §§ 280 I, 311 Nr. 3, 241 II – gegen den neuen Betriebsinhaber – zustehen[11]. Voraussetzung hierfür ist, dass den in Anspruch Genommenen ein

1 Ausführlich *Hohenstatt/Grau*, NZA 2007, 13 (16 f.) |2 *Gaul/Otto*, DB 2002, 634 (635); aA *Bauer/v. Steinau-Steinrück*, ZIP 2002, 457 (463). |3 BT-Drs. 14/7760, S. 19. |4 BAG v. 13.7.2006 – 8 AZR 303/05, AP Nr. 311 zu § 613a BGB; Staudinger/*Richardi/Annuß*, § 613a BGB Rz. 167; *Schnitker/Grau*, BB 2005, 2238, 2241; *Willemsen/Lembke*, NJW 2002, 1159 (1163); ErfK/*Preis*, § 613a BGB Rz. 89; iE ebenso ErfK/*Preis*, § 613a BGB Rz. 85; *Franzen*, RdA 2002, 258 (265); *Grau*, Unterrichtung und Widerspruchsrecht (2005), S. 188 f.; *Grobys*, BB 2002, 726 (728); wohl auch: LAG Düsseldorf v. 1.4.2005 – 18 Sa 1950/04, DB 2005, 1741 („objektive Konkretisierung und hinreichend verfestigte subjektive Absicht" erforderlich); weiter gehend Staudinger/*Richardi/Annuß*, § 613a BGB Rz. 167. |5 BAG v. 14.12.2006 – 8 AZR 763/05, AP Nr. 318 zu § 613a BGB; v. 13.7.2006 – 8 AZR 305/05, AP Nr. 312 zu § 613a BGB; v. 13.7.2006 – 8 AZR 303/05, AP Nr. 311 zu § 613a BGB; v. 24.5.2005 – 8 AZR 398/04, AP Nr. 284 zu § 613a BGB; *Gaul/Otto*, DB 2002, 634 (638); *Willemsen/Lembke*, NJW 2002, 1159 (1164); Staudinger/*Richardi/Annuß*. § 613a BGB Rz. 170. |6 BAG v. 22.4.1993 – 2 AZR 50/92, AP Nr. 103 zu § 613a BGB; v. 30.10.1986 – 2 AZR 101/85, AP Nr. 55 zu § 613a BGB; vgl. auch *Franzen*, RdA 2002, 258 (266); *Cord Meyer*, AuA 2002, 159 (163); *Grau*, Unterrichtung und Widerspruchsrecht (2005), S. 301. |7 Ausf. *Willemsen*, NJW 2007, 2065 (2070 ff.); *Willemsen*, FS Küttner, 2006, S. 417, 426 ff.; *Willemsen* in Willemsen/Hohenstatt/Schweibert/Seibt, Rz. G 236 a; vgl. auch *Pröpper*, DB 2003, 2011 (2012). |8 BAG v. 13.7.2006 – 8 AZR 382/05, AP Nr. 1 zu § 613a BGB Widerspruch; aA (Obliegenheit) *Bauer/v. Steinau-Steinrück*, ZIP 2002, 457 (458); *Grobys*, BB 2002, 726. |9 BAG v. 13.7.2006 – 8 AZR 305/05, AP Nr. 312 zu § 613a BGB. |10 Staudinger/*Richardi/Annuß*, § 613a BGB Rz. 173; *Grau*, Unterrichtung und Widerspruchsrecht (2005), S. 82 f. |11 BAG v. 13.7.2006 – 8 AZR 382/05, AP Nr. 1 zu § 613a BGB – Widerspruch; eingehend *Gaul/Otto*, DB 2005, 2465 (2468 ff.).

Verschulden an der fehlerhaften oder unvollständigen Unterrichtung trifft; im Verschulden eines Gesamtschuldners liegt nicht automatisch auch ein Verschulden des anderen Gesamtschuldners[1]. Schwierigkeiten wird häufig der Nachweis eines Schadens bereiten. Im Rahmen der haftungsbegründenden Kausalität muss der ArbN darlegen und beweisen, dass die eingetretene Vermögensminderung im Falle ordnungsgemäßer Unterrichtung ausgeblieben wäre. Hierzu muss er den Nachweis erbringen, dass er dem Übergang seines Arbeitsverhältnisses widersprochen hätte, wenn er zutreffend und vollständig unterrichtet worden wäre. Im Rahmen der haftungsausfüllenden Kausalität muss der ArbN darlegen und beweisen, dass der geltend gemachte Schaden im Falle eines Widerspruchs ausgeblieben wäre. Der in Anspruch Genommene wird dem jedoch häufig entgegenhalten können, dass dem ArbN im Falle eines Widerspruchs betriebsbedingt gekündigt worden wäre. Eine Verletzung der Unterrichtungspflicht nach Abs. 5 begründet auch unter Berücksichtigung des Grundsatzes von Treu und Glauben **kein Kündigungsverbot**[2].

7. Nachträgliche Veränderungen. Maßgeblich für die Beurteilung der Richtigkeit und Vollständigkeit der Information des ArbN ist die Sachlage im Zeitpunkt der Unterrichtung[3]; nachträglich eintretende Änderungen machen eine ursprünglich zutreffende Unterrichtung nicht unrichtig. Eine **Pflicht zur Nachbesserung** besteht deshalb im Falle nachträglich eintretender Veränderungen nicht[4]. Allenfalls dann, wenn es sich nicht mehr um denselben Betriebsübergang handelt, bspw. weil der Betrieb auf einen anderen Erwerber übergeht, kann sich ein Anspruch auf Nachbesserung ergeben[5]. 333

Ob die Unterrichtung ordnungsgemäss ist und die Tatsachen korrekt dargestellt sind, kann von den Gerichten überprüft werden. Der Veräußerer und der Erwerber sind für die Erfüllung der Unterrichtungspflicht darlegungs- und beweispflichtig. Genügt die Unterrichtung jedoch zunächst formal den Anforderungen des Abs. 5 und ist sie nicht offensichtlich fehlerhaft, ist es Sache des ArbN im Wege der abgestuften Darlegungs- und Beweislast, einen Mangel darzulegen[6]. 334

VII. Widerspruchsrecht. 1. Entwicklung. Seit seiner ersten veröffentlichten Entscheidung zu § 613a hat das BAG in st. Rspr. die Auffassung vertreten, der von einem Betriebs(teil)übergang betroffene ArbN müsse dem Übergang seines Arbeitsverhältnisses mit Rücksicht auf die durch **Art. 12 I GG** verbürgte Berufsfreiheit und den Schutz des allgemeinen Persönlichkeitsrechts durch **Art. 1, 2 I GG** widersprechen können. Mache er von diesem Recht Gebrauch, so gehe sein Arbeitsverhältnis nicht auf den neuen Inhaber über, sondern verbleibe beim bisherigen Betriebsinhaber[7]. In der Lit. wurde diese Rspr. zum Teil heftig bekämpft[8]. Durch eine Entscheidung des EuGH war zwischenzeitlich zweifelhaft geworden, ob das Widerspruchsrecht mit Art. 3 I der § 613a zugrunde liegenden BetriebsübergangsRL 21/2001/EG[9] vereinbar ist[10]. In zwei Folgeentscheidungen hat der EuGH sodann klargestellt, dass das Widerspruchsrecht nicht nur mit der BetriebsübergangsRL vereinbar, sondern die Einräumung eines solchen sogar gemeinschaftsrechtl. geboten sei. Allerdings verlange das Gemeinschaftsrecht nicht, dass infolge des Widerspruchs das Arbeitsverhältnis zu dem bisherigen Betriebsinhaber fortgesetzt werde[11]. 335

Der mit Wirkung zum 1.4.2002 in das Gesetz eingefügte Abs. 6 kodifiziert im Wesentlichen die frühere Rspr. des BAG[12], die daher für das Verständnis und die Auslegung der Vorschrift weiterhin bedeutsam bleibt. Zum Teil wird die Rspr. des BAG durch Abs. 6 modifiziert oder überholt. 336

2. Rechtsnatur des Widerspruchsrechts. Seiner Rechtsnatur nach ist das Widerspruchsrecht ein **Gestaltungsrecht**[13]. Als solches ist es **bedingungsfeindlich**[14]. Ein Widerspruch für den Fall, dass der neue Betriebsinhaber ungünstigere Arbeitsbedingungen gewähren sollte als der bisherige Inhaber, ist daher nicht möglich. Ebenso wenig kann der Widerspruch unter den Vorbehalt gestellt werden, dass der bisherige Betriebsinhaber keine betriebsbedingte Kündigung des Arbeitsverhältnisses in Betracht 337

1 Vgl. Palandt/*Heinrichs*, § 276 BGB Rz. 3 und § 425 BGB Rz. 4, 124. | 2 BAG v. 24.5.2005 – 8 AZR 398/04, AP Nr. 284 zu § 613a BGB. | 3 BAG v. 13.7.2006 – 8 AZR 303/05, AP Nr. 311 zu § 613a BGB; v. 13.7.2006 – 8 AZR 305/05, AP Nr. 312 zu § 613a BGB; BAG v. 14.12.2006 – 8 AZR 763/05, AP Nr. 318 zu § 613a BGB. | 4 LAG Düsseldorf v. 1.4.2005 – 18 Sa 1950/04, DB 2005, 1741; in der Sache auch LAG München v. 12.5.2005 – 2 Sa 1098/04; Staudinger/*Richardi/Annuß*, § 613a BGB Rz. 169; *B. Gaul*, Betriebs- Unternehmensspaltung, § 11 Rz. 22; aA *Jaeger*, ZIP 2004, 433 (438). | 5 BAG v. 13.7.2006 – 8 AZR 303/05, AP Nr. 311 zu § 613a BGB; Staudinger/*Richardi/Annuß*, § 613a BGB Rz. 169; *Hohenstatt/Grau*, NZA 2007, 13 (17 f.). | 6 BAG v. 14.12.2006 – 8 AZR 763/05, AP Nr. 318 zu § 613a BGB; v. 13.7.2006 – 8 AZR 305/05, AP Nr. 312 zu § 613a BGB. | 7 BAG v. 2.10.1974 – 5 AZR 504/73, AP Nr. 1 zu § 613a BGB, st. Rspr.; aus der Lit. Staudinger/*Richardi/Annuß*, § 613a BGB Rz. 175; kritisch zum grundrechtlichen Begründungsansatz der früheren Rspr. jüngst BAG v. 25.1.2001 – 8 AZR 336/00, AP Nr. 215 zu § 613a BGB; v. 8.5.2001 – 9 AZR 95/00, AP Nr. 219 zu § 613a BGB. | 8 Vgl. nur *Bauer*, NZA 1990, 881; *Bauer*, NZA 1991, 139; *Commandeur*, NJW 1996, 2537 (2538); *Meilicke*, DB 1990, 1170. | 9 Damals: 77/187/EWG. | 10 EuGH v. 5.5.1988 – Rs. C-144, 145/87, NZA 1990, 885 – Berg/Busschers; hierzu *Bauer*, NZA 1991, 139 (140). | 11 EuGH v. 16.12.1992 – C-132/91 ua, AP Nr. 97 zu § 613a BGB – Katsikas; v. 7.3.1996 – Rs. C-171/94 und Rs. C-172/94, AP Nr. 9 zu RL 77/187/EWG – Merckx, Neuhuys; Staudinger/*Richardi/Annuß*, § 613a BGB Rz. 385; *Willemsen* in Willemsen/Hohenstatt/Schweibert/Seibt, Rz. G 171. | 12 Vgl. die Begr. RegE BT-Drs. 14/77/60, S. 19. | 13 BAG v. 30.10.1986 – 2 AZR 101/85, AP Nr. 55 zu § 613a BGB; v. 22.4.1993 – 2 AZR 50/92, AP Nr. 103 zu § 613a BGB, st. Rspr.; Staudinger/*Richardi/Annuß*, § 613a BGB Rz. 179; ErfK/*Preis*, § 613a BGB Rz. 97; *Franzen*, RdA 2002, 258 (263). | 14 BAG v. 24.5.2005 – 8 AZR 398/04.

zieht[1]. Ein vorsorglicher Widerspruch für den Fall, dass ein Betriebsübergang vorliegen sollte (Rechtsbedingung), ist aber zulässig[2]. Ist die Widerspruchserklärung wirksam abgegeben und dem Erklärungsempfänger zugegangen, kann sie **nicht** mehr einseitig **zurückgenommen** werden[3]. Eine allein zwischen dem bisherigen Inhaber und dem ArbN vereinbarte Aufhebung des Widerspruchs ist dem neuen Inhaber gegenüber unwirksam[4]. Möglich ist aber eine **Anfechtung** gem. §§ 119 ff.[5], wenn der Widerspruch auf einer bewusst unrichtigen Unterrichtung beruht, auch gem. § 123 I[6].

338 **3. Anwendungsbereich des Widerspruchsrechts.** Das Widerspruchsrecht besteht zunächst in sämtlichen Fällen eines rechtsgeschäftlichen Betriebsinhaberwechsels iSd. Abs. 1 S. 1. Darüber hinaus gilt Abs. 6 kraft Verweisung in § 324 UmwG auch für Betriebsinhaberwechsel im Rahmen des UmwG (zur Frage des Widerspruchsrechts in den Fällen des Erlöschens des übertragenden Rechtsträgers Rz. 348)[7]. In den Fällen der **gesellschaftsrechtl. Anwachsung** besteht kein Widerspruchsrecht, weil der übertragende Rechtsträger erlischt[8] (vgl. Rz. 347).

339 In Fällen eines **landesgesetzl. geregelten Betriebsinhaberwechsels** kommt den betroffenen ArbN nach der Auffassung des BAG ein Widerspruchsrecht gegen den Übergang ihrer Arbeitsverhältnisse zu, sofern der Inhaberwechsel auf einem Rechtsgeschäft beruht. Dies gelte auch, wenn der Abschluss des Rechtsgeschäfts[9] gesetzl. angeordnet sei[10]. Anders soll zu entscheiden sein, wenn der Inhaberwechsel auf einer landesgesetzl. geregelten Ausgliederung (außerhalb des UmwG) von einem öffentl.-rechtl. organisierten Rechtsträger auf einen anderen öffentl.-rechtl. organisierten Rechtsträger ohne das Hinzutreten eines Rechtsgeschäfts beruhe. In diesen Fällen sei der Landesgesetzgeber nicht verpflichtet, den ArbN ein Widerspruchsrecht gegen den landesgesetzl. Übergang ihrer Arbeitsverhältnisse einzuräumen[11].

340 **4. Ausübung des Widerspruchsrechts.** Gem. Abs. 6 S. 1 kann der ArbN dem Übergang seines Arbeitsverhältnisses innerhalb eines Monats nach der Unterrichtung gem. Abs. 5 widersprechen. Für den Beginn der **Monatsfrist** kommt es auf den Zugang der Unterrichtung an[12]. Der Zugang richtet sich nach den für Willenserklärungen geltenden Regeln der §§ 130–132[13]. Für die Berechnung der Monatsfrist gelten die §§ 187 ff.[14]. Das Ende der Widerspruchsfrist kann sowohl vor als auch nach dem Zeitpunkt des Inhaberwechsels liegen, je nachdem, wann dem ArbN die Unterrichtung nach Abs. 5 zugeht[15]. Nur eine ordnungsgemäße Unterrichtung in der Form und mit dem Inhalt des Abs. 5 setzt die Widerspruchsfrist in Gang[16] (zur Kritik Rz. 331).

341 Allerdings kann der ArbN sein Widerspruchsrecht im Falle einer unterbliebenen oder fehlerhaften Unterrichtung nicht zeitlich unbegrenzt ausüben. Vorschläge für eine generelle zeitliche Höchstgrenze[17] haben sich im Gesetzgebungsverfahren nicht durchsetzen können. Das Widerspruchsrecht kann aber wegen **Verwirkung** ausgeschlossen sein (zum Verzicht auf das Widerspruchsrecht unten Rz. 356). Die Rspr. stellt insoweit freilich strenge Anforderungen. Umstands- und Zeitmoment stehen zueinander in einer Wechselbeziehung. Maßgeblich sind die Umstände des Einzelfalls[18]. Die bloße Weiterarbeit beim Erwerber erfüllt für sich genommen das Umstandsmoment nicht[19]. Nach dem Ende des Arbeitsverhältnisses ist ein Widerspruch allerdings nicht mehr möglich. Es fehlt an einem Rechtsverhältnis, das gestaltet werden könnte[20]. Die frühere Rspr., derzufolge der ArbN nur unverzüglich widersprechen konnte, nachdem er von dem Betriebsübergang Kenntnis erlangt hatte[21], ist obsolet.

342 Der Widerspruch bedarf der **Schriftform** (§ 126). Ein ohne Beachtung dieser Form erklärter Widerspruch (mündlich, Telefax) ist gem. § 125 S. 1 nichtig[22]; er kann nur innerhalb der Frist des Abs. 6 S. 1

---

1 ErfK/*Preis*, § 613a BGB Rz. 92; *Seiter*, Betriebsinhaberwechsel, 1980, S. 74; *Grau*, Unterrichtung und Widerrufsrecht (2005), S. 271. | 2 BAG v. 13.7.2006 – 8 AZR 382/05, AP Nr. 1 zu § 613a BGB – Widerspruch Tz. 26. | 3 BAG v. 30.10.2003 – 8 AZR 491/02, AP Nr. 262 zu § 613a BGB. | 4 BAG v. 30.10.2003 – 8 AZR 491/02, NZA 2004, 481; aA *Staudinger/Richardi/Annuß*, § 613a BGB Rz. 207. | 5 BAG v. 15.2.2007 – 8 AZR 310/06, AP Nr. 2 zu § 613a BGB Tz. 20. | 6 *Willemsen/Lembke*, NJW 2002, 1159, 1164. | 7 BAG v. 25.5.2000 – 8 AZR 416/99, AP Nr. 209 zu § 613a BGB (Ausgliederung); offen gelassen für Verschmelzungen von BAG v. 6.10.2005 – 2 AZR 316/04, DB 2006, 567. | 8 BAG v. 21.2.2008 – 8 AZR 157/07, PM. | 9 Im Anlassfall: Pachtvertrag. | 10 BAG v. 25.1.2001 – 8 AZR 336/00, AP Nr. 215 zu § 613a BGB; vgl. Rz. 192. | 11 BAG v. 8.5.2001 – 9 AZR 95/00, AP Nr. 219 zu § 613a BGB; vgl. a. BAG v. 2.3.2006 – 8 AZR 124/05, NZA 2006, 848; v. 28.9.2006 – 8 AZR 441/05, AP Nr. 26 zu § 419 BGB – Funktionsnachfolge; vgl. Rz. 192. | 12 ErfK/*Preis*, § 613a BGB Rz. 100; Palandt/*Putzo*, § 613a BGB Rz. 51. | 13 ErfK/*Preis*, § 613a BGB Rz. 100; Palandt/*Putzo*, § 613a BGB Rz. 51. | 14 ErfK/*Preis*, § 613a BGB Rz. 100; Palandt/*Putzo*, § 613a BGB Rz. 51; *Willemsen/Lembke*, NJW 2002, 1159 (1160). | 15 *Gaul/Otto*, DB 2002, 634 (637); ErfK/*Preis*, § 613a BGB Rz. 100. | 16 BAG v. 13.7.2006 – 8 AZR 303/05, AP Nr. 311 zu § 613a BGB; v. 13.7.2006 – 8 AZR 305/05, AP Nr. 312 zu § 613a BGB; ErfK/*Preis*, § 613a BGB Rz. 100; *Bauer/v. Steinau-Steinrück*, ZIP 2002, 457 (469). | 17 Vgl. BT-Drs. 831/1/01 S. 2; BT-Drs. 14/8128 S. 4. | 18 BAG v. 13.7.2006 – 8 AZR 382/05, AP Nr. 1 zu § 613a BGB – Widerspruch Tz. 31 (Widerspruchsrecht nach einem Jahr nicht verwirkt); s. aber auch BAG v. 15.2.2007 – 8 AZR 431/06, AP Nr. 320 zu § 613a BGB Rz. 42 (Widerspruchsrecht nach mehr als einem Jahr verwirkt); MüKo/*Müller-Glöge*, § 613a BGB Rz. 121 mwN. | 19 *Löwisch/Göpfert/Siegrist*, DB 2007, 2538 (2539 ff.). | 20 *Willemsen*, NJW 2007, 2065 (2073); *Willemsen* in Willemsen/Hohenstatt/Schweibert/Seibt, Rz. G 173; *Rieble*, NZA 2004, 1 ff.; aA LAG München v. 23.11.2006 – 3 Sa 644/06; LAG Düsseldorf v. 20.12.2006 – 7 (1) Sa 763/06. | 21 Vgl. BAG v. 30.10.1986 – 2 AZR 101/85, AP Nr. 55 zu § 613a BGB; v. 22.4.1993 – 2 AZR 313/92, AP Nr. 102 zu § 613a BGB. | 22 *Worzalla*, NZA 2002, 353 (356 f.); *Willemsen/Lembke*, NJW 2002, 1159 (1160); *Grau*, Unterrichtung und Widerspruchsrecht (2005), S. 240 ff.

nachgeholt werden[1]. Das Schriftformerfordernis soll dem ArbN die Bedeutung des Widerspruchs bewusst machen (Warnfunktion) und den beteiligten ArbGeb die Beweisführung darüber, ob der ArbN tatsächlich widersprochen hat, erleichtern (Beweisfunktion)[2]. Ein konkludenter Widerspruch, wie er vor Inkrafttreten des Abs. 6 S. 1 für möglich gehalten wurde (zB durch die Weigerung, für den neuen Inhaber zu arbeiten)[3], kommt damit grds. nicht mehr in Betracht[4]. Allerdings gelten auch im Rahmen des Abs. 6 die allgemeinen Auslegungsgrundsätze der §§ 133, 157, insbesondere die Grundsätze der sog. Andeutungstheorie. Es genügt daher, wenn der Widerspruchswille des ArbN in einer formgerechten Urkunde (zB einer beglaubigten Schriftsatzabschrift) einen andeutungsweisen Ausdruck gefunden hat[5]. Das Wort Widerspruch muss nicht verwendet werden[6]. Ob der Empfänger der Widerspruchserklärung verpflichtet ist, den ArbN auf die Formunwirksamkeit seines Widerspruchs hinzuweisen, wenn der Widerspruch noch nachgeholt werden kann, ist unsicher[7]. Um dieser Unsicherheit zu entgehen, empfiehlt es sich, den ArbN bereits im Rahmen der Unterrichtung nach Abs. 5 auf das Schriftformerfordernis – mit einer Erläuterung, was Schriftform iSd. § 126 bedeutet – hinzuweisen.

Der Widerspruch kann nach Abs. 6 S. 2 sowohl gegenüber dem **bisherigen** als auch gegenüber dem 343
neuen Betriebsinhaber erklärt werden[8]. Eine Einschränkung dahin gehend, dass der Widerspruch stets gegenüber demjenigen erklärt werden müsste, der die Unterrichtung nach Abs. 5 vorgenommen hat, ist dem Gesetz nicht zu entnehmen[9]. Wegen der weit reichenden Konsequenzen eines Widerspruchs auch für den bisherigen und den neuen Betriebsinhaber empfiehlt es sich, im Unternehmenskaufvertrag eine Pflicht zur wechselseitigen Benachrichtigung über eventuelle Widersprüche zu vereinbaren.

Die Ausübung des Widerspruchsrechts ist **nicht an das Vorliegen sachlicher Gründe** gebunden[10]. 344
Infolge dessen bedarf auch die Widerspruchserklärung keiner Begründung[11]. Seit der Neufassung des § 1 III KSchG wirkt sich das Fehlen sachlicher Gründe im Falle einer betriebsbedingten Kündigung durch den bisherigen Betriebsinhaber für den ArbN auch nicht mehr nachteilig im Rahmen der Sozialauswahl aus (vgl. Rz. 351). Ein willkürlicher Widerspruch kann jedoch den Verlust von Sozialplanansprüchen oder einer tarifvertragl. Entlassungsentschädigung nach sich ziehen (vgl. Rz. 355).

5. Kollektive Ausübung des Widerspruchsrechts. Die Ausübung des Widerspruchsrechts kann gegen 345
Treu und Glauben (§ 242) verstoßen und deshalb unbeachtlich sein[12]. Ein Fall des **Rechtsmissbrauchs** liegt insb. vor, wenn das Widerspruchsrecht von einer Gruppe von ArbN koordiniert (kollektiv) zu Zwecken ausgeübt wird, die sich nicht in der Beibehaltung des bisherigen ArbGeb und der Sicherung des arbeitsvertragl. Status quo erschöpfen[13]. Allerdings ist die kollektive Ausübung des Widerspruchsrechts nicht *per se* unzulässig. Hinzukommen muss vielmehr eine im vorstehend dargestellten Sinne mit Treu und Glauben unvereinbare Motivation[14]. Diese kann bspw. in dem Bestreben liegen, den Betriebsübergang insgesamt zu verhindern (insb. bei „betriebsmittelarmen" Tätigkeiten, bei denen es auf die Übernahme eines nach Zahl und Sachkunde wesentlichen Teils der Belegschaft ankommt[15]) oder Vergünstigungen zu erzielen, auf die kein Rechtsanspruch besteht (zB eine Standortgarantie)[16].

Andererseits liegt ein Verstoß gegen Treu und Glauben nicht bereits darin, dass das Widerspruchs- 346
recht massenhaft ausgeübt wird, und zwar selbst dann nicht, wenn die ArbN dem Übergang ihres Arbeitsverhältnisses aus Gründen widersprechen, die hinzunehmen ihnen das Gesetz zumutet. Der bisherige Betriebsinhaber kann hierdurch in die Lage geraten, eine gem. §§ 111 ff. BetrVG interessenausgleich- und sozialplanpflichtige **Massenentlassung** durchführen zu müssen. Im Rahmen der Ermittlung, ob die für das Vorliegen einer Betriebsänderung maßgeblichen Schwellenwerte erreicht werden, sind auch die widersprechenden ArbN mitzuzählen[17]. Zu Sozialplanansprüchen unten Rz. 355.

**6. Rechtsfolgen des Widerspruchs. a) Verhinderung des Übergangs; Fortbestand des Arbeitsverhält- 347
nisses mit dem bisherigen Betriebsinhaber.** Die Ausübung des Widerspruchsrechts ist mit einer doppelten Rechtsfolge verbunden. Wird das Widerspruchsrecht wie üblich vor dem Zeitpunkt des Inhaber-

---

1 ErfK/*Preis*, § 613a BGB Rz. 98. |2 BT-Drs. 14/7760, S. 20. |3 BAG v. 21.7.1977 – 3 AZR 703/75, AP Nr. 8 zu § 613a BGB; v. 27.4.1995 – 8 AZR 197/94, AP Nr. 128 zu § 613a BGB. |4 ErfK/*Preis*, § 613a BGB Rz. 93; *Gaul/Otto*, DB 2002, 634 (636 f.); *Worzalla*, NZA 2002, 353 (356). |5 BAG v. 13.7.2006 – 8 AZR 382/05, AP Nr. 1 zu § 613a BGB – Widerspruch Tz. 23; v. 15.2.2007 – 8 AZR 431/06, AP Nr. 320 zu § 613a BGB Rz. 36. |6 *Willemsen/Lembke*, NJW 2002, 353, 356. |7 Abl. Staudinger/*Richardi/Annuß*, § 613a BGB Rz. 181. |8 BAG v. 30.9.2004 – 8 AZR 462/03, AP Nr. 275 zu § 613a BGB; ErfK/*Preis*, § 613a BGB Rz. 95; MüKo/*Müller-Glöge*, § 613a BGB Rz. 115; Soergel/*Raab*, § 613a BGB Rz. 153; *Grau*, Unterrichtung und Widerspruchsrecht (2005), S. 243. |9 *Worzalla*, NZA 2002, 353 (356); *Willemsen/Lembke*, NJW 2002, 1159 (1160). |10 Zuletzt BAG v. 30.9.2004 – 8 AZR 462/03, NZA 2005, 43 mwN; ausf. *Franzen*, RdA 2002, 258 (264 f.). |11 BAG v. 19.3.1998 – 8 AZR 139/97, AP Nr. 177 zu § 613a BGB; ErfK/*Preis*, § 613a BGB Rz. 99; Staudinger/*Richardi*/Annuß, § 613a BGB Rz. 180. |12 BAG v. 30.9.2004 – 8 AZR 462/03, AP Nr. 275 zu § 613a BGB; v. 19.3.1998 – 8 AZR 139/97, AP Nr. 177 zu § 613a BGB; aA *Rieble*, NZA 2005, 1 (7 ff.) (Widerspruch wirksam, aber Schadenersatz). |13 BAG v. 30.9.2004 – 8 AZR 462/03, AP Nr. 275 zu § 613a BGB; Staudinger/*Richardi/Annuß*, § 613a BGB Rz. 206; MünchArbR/*Wank*, § 124 Rz. 103; Erman/*Edenfeld*, § 613a BGB Rz. 55. |14 BAG v. 30.9.2004 – 8 AZR 462/03, AP Nr. 275 zu § 613a BGB; Staudinger/*Richardi/Annuß*, § 613a BGB Rz. 206. |15 *Willemsen* in Willemsen/Hohenstatt/Schweibert/Seibt, Rz. G 177. |16 Vgl. BAG v. 30.9.2004 – 8 AZR 462/03, AP Nr. 275 zu § 613a BGB; Staudinger/*Richardi/Annuß*, § 613a BGB Rz. 206. |17 BAG v. 10.12.1996 – 1 AZR 290/96, AP Nr. 32 zu § 113 BetrVG 1972.

wechsels ausgeübt, verhindert es den Übergang des Arbeitsverhältnisses auf den neuen Betriebsinhaber[1]. Das BAG spricht in diesem Zusammenhang von einem „Rechtsfolgenverweigerungsrecht"[2]. Die zweite Folge des Widerspruchs ist, dass das Arbeitsverhältnis bei dem bisherigen Betriebsinhaber verbleibt[3]. Wird das Widerspruchsrecht in zulässiger Weise erst nach dem Inhaberwechsel ausgeübt (zu dieser Möglichkeit Rz. 317), wirkt der Widerspruch auf diesen Zeitpunkt zurück[4]. Die dogmatische Erklärung dieser Rückwirkung ist umstritten[5]. Im Ergebnis besteht jedoch Einigkeit, dass auch im Falle eines zulässigen nachträglichen Widerspruchs das Arbeitsverhältnis zu keinem Zeitpunkt auf den neuen Betriebsinhaber übergeht[6]. Seine zwischenzeitliche Arbeitsleistung bei dem neuen Betriebsinhaber erbringt der ArbN auf der Grundlage eines **faktischen Arbeitsverhältnisses**[7]. Der Vergütungsanspruch des ArbN richtet sich primär gegen den neuen Betriebsinhaber, bei dem er seine Arbeitsleistung erbringt. Gegen den bisherigen Inhaber können dem ArbN für die Zeit zwischen Betriebsübergang und Widerspruch Ansprüche aus § 615 S. 1 oder § 280 I zustehen[8]. Das ist insbesondere dann bedeutsam, wenn der Betriebserwerber den Vergütungsanspruch des ArbN nicht (voll) erfüllt, das Vergütungsniveau beim Erwerber hinter demjenigen beim Veräußerer zurückbleibt (zB auf Grund eines Tarifwechsels) sowie für dienstzeitabhängige Ansprüche (zB betrAV). Widerspricht der ArbN nicht, setzen Ansprüche aus § 615 S. 1 oder § 280 I allerdings den Nachweis voraus, dass der ArbN bei zutreffender Unterrichtung rechtzeitig widersprochen hätte und der finanzielle Nachteil in diesem Fall ausgeblieben wäre. Die Darlegungs- und Beweislast hierfür liegt beim ArbN. Zur Frage der **Zuordnung des Arbeitsverhältnisses** zu den zurückbleibenden Betriebsteilen im Falle eines weiteren Betriebsteilübergangs vgl. Rz. 226.

348 Ein Verbleib des Arbeitsverhältnisses beim bisherigen Betriebsinhaber scheidet denkgesetzl. aus, wenn der **bisherige Inhaber** im Zeitpunkt des Betriebsübergangs **erlischt**, was namentlich in den Fällen der umwandlungsgesetzl. Verschmelzung, Aufspaltung und vollständigen Vermögensübertragung bedeutsam wird. Ein Teil des Schrifttums will das Widerspruchsrecht deshalb in diesen Fällen iS eines außerordentl. Lösungsrechts interpretieren[9]. Dies übersieht jedoch, dass die erste Rechtsfolge des Widerspruchsrechts, die anfängliche Verhinderung des Übergangs des Arbeitsverhältnisses, in den Fällen des Erlöschens des bisherigen Betriebsinhabers sinnvollerweise nicht eingreifen kann. Verschmelzung, Aufspaltung und Vermögensvollübertragung haben gem. §§ 20 I Nr. 1, 2; 131 I Nr. 1, 2; 176 I iVm. 20 I Nr. 1, 2 UmwG das Erlöschen des übertragenden Rechtsträgers unter Auflösung ohne Abwicklung zur Folge[10]. Da das Widerspruchsrecht auf die Negierung jeglicher Vertragsbeziehung mit dem Rechtsnachfolger zielt, würde mit seiner Ausübung jedwede Rechtsgrundlage für vertragl. Nachwirkungen des Arbeitsverhältnisses entfallen (zB für nachvertragl. Geheimhaltungs- und Treuepflichten). Zugleich würde das Widerspruchsrecht dem ArbN die Möglichkeit eröffnen, sich durch einseitige Erklärung von einem nachvertragl. Wettbewerbsverbot zu lösen. Eine anfängliche Verhinderung des Übergangs des Arbeitsverhältnisses stünde schließlich in einem kaum auflösbaren Spannungsverhältnis zur Gesamtkonzeption des UmwG, das – wie ua. die zwischenzeitliche Aufhebung des § 132 UmwG[11] zusätzlich belegt – auf eine Überwindung von Zustimmungsvorbehalten und sonstigen Sukzessionshindernissen abzielt[12]. Abs. 6 kann deshalb in den Fällen des Erlöschens des bisherigen Betriebsinhabers keine Anwendung finden[13]. Andererseits geht es mit Rücksicht auf die Verwurzelung des Widerspruchsrechts in den Grundrechten und im europäischen Gemeinschaftsrecht (vgl. Rz. 335) nicht an, die ArbN in diesen Fällen auf ihr Recht zur ordentl. Kündigung des Arbeitsverhältnisses zu verweisen. Am besten wird man den Interessen der Beteiligten wohl durch die Einräumung eines **außerordentl. Kündigungsrechts** zu

---

1 BAG v. 30.10.1986 – 2 AZR 101/85, AP Nr. 55 zu § 613a BGB; v. 22.4.1993 – 2 AZR 50/92, AP Nr. 103 zu § 613a BGB; Staudinger/*Richardi/Annuß*, § 613a BGB Rz. 185. | 2 BAG v. 22.4.1993 – 2 AZR 50/92, AP Nr. 103 zu § 613a BGB. | 3 BAG v. 30.10.1986 – 2 AZR 101/85, AP Nr. 55 zu § 613a BGB; v. 22.4.1993 – 2 AZR 50/92, AP Nr. 103 zu § 613a BGB; Erman/*Edenfeld*, § 613a BGB Rz. 56; ErfK/*Preis*, § 613a BGB Rz. 101. | 4 St. Rspr., zB BAG v. 13.7.2006 – 8 AZR 305/05, AP Nr. 312 zu § 613a BGB; v. 13.7.2006 – 8 AZR 382/05, AP Nr. 1 zu § 613a BGB – Widerspruch; BAG v. 22.4.1993 – 2 AZR 50/92, AP Nr. 103 zu § 613a BGB; zur Kritik und Folgefragen *Rieble*, NZA 2004, 1; *Willemsen*, NJW 2007, 2065 (2072 ff.), jew. mit umfangr. w.N. | 5 BAG v. 13.7.2006 – 8 AZR 382/05, AP Nr. 1 zu § 613a BGB – Widerspruch; BAG v. 22.4.1993 – 2 AZR 50/92, AP Nr. 103 zu § 613a BGB: Rückwirkende Beseitigung der Rechtsfolgen des Abs. 1 S. 1; Staudinger/*Richardi/Annuß*, § 613a BGB Rz. 186: Aufschiebend bedingter Übergang des Arbeitsverhältnisses bis zum Ablauf der Widerspruchsfrist. | 6 BAG v. 22.4.1993 – 2 AZR 50/92, AP Nr. 103 zu § 613a BGB; Staudinger/*Richardi/Annuß*, § 613a BGB Rz. 186; *Gaul/Otto*, DB 2002, 634 (638); *Worzalla*, NZA 2002, 353 (357). | 7 ErfK/*Preis*, § 613a BGB Rz. 105; Staudinger/*Richardi/Annuß*, § 613a BGB Rz. 188; *Worzalla*, NZA 2002, 353 (357 f.). | 8 BAG v. 13.7.2006 – 8 AZR 382/05, AP Nr. 1 zu § 613a BGB Widerspruch; kritisch *Grau*, Unterrichtung und Widerspruchsrecht, 2005, S. 381; *Schneider/Sittard*, BB 2007, 2230. | 9 *Boecken*, Unternehmensumwandlungen Rz. 84 f.; *Bauer/Lingemann*, NZA 1994, 1057 (1061); Lutter/*Joost*, § 324 UmwG Rz. 36; Soergel/*Raab*, § 613a BGB Rz. 177; Staudinger/*Richardi/Annuß*, § 613a BGB Rz. 187; ebenso ArbG Münster v. 14.4.2000 – 3 Ga 13/00, DB 2000, 1182; in der Tendenz auch BAG v. 25.5.2000 – 8 AZR 416/99, AP Nr. 209 zu § 613a BGB. | 10 Kallmeyer/*Marsch-Barner*, § 20 UmwG Rz. 28; Kallmeyer/*Kallmeyer*, § 131 UmwG Rz. 10. | 11 Durch das zweite Gesetz zur Änderung des UmwG v. 19.4.2007, BGBl. I, 542. | 12 *Willemsen* in Willemsen/Hohenstatt/Schweibert/Seibt, Rz. G 179. | 13 Ebenso die Begr. RegE zu Abs. 6, in der es heißt: „Keinen Ansatz für ein Widerspruchsrecht gibt es, wenn das übertragende Unternehmen infolge der Umwandlung erlischt, also in den Fällen der Verschmelzung, Aufspaltung und vollständigen Vermögensübertragung." (BT-Drs. 14/7760, S. 20); offen gelassen von BAG v. 6.10.2005 – 2 AZR 316/04; DB 2006, 567; für die gesellschaftsrechtl. Anwachsung jetzt ebenso BAG v. 21.2.2008 – 8 AZR 157/07, PM.

Gunsten der ArbN entsprechend § 626 gerecht, für dessen Ausübung es keines wichtigen Grundes bedarf[1].

b) Annahmeverzug des bisherigen Betriebsinhabers. Kann der bisherige Betriebsinhaber den widersprechenden ArbN infolge des Betriebs(teil)übergangs nicht beschäftigen, so gerät er in **Annahmeverzug** (zu Ansprüchen des ArbN für die Zeit zwischen Betriebsübergang und Widerspruch oben Rz. 347). Bietet jedoch der neue Betriebsinhaber dem ArbN eine Weiterbeschäftigung auf seinem bisherigen (übergegangenen) Arbeitsplatz an, so muss sich der ArbN gem. § 615 S. 2 auf seinen Annahmeverzugslohnanspruch idR anrechnen lassen, was er bei dem neuen Betriebsinhaber zu erwerben böswillig unterlässt, wenn er dieses Angebot ablehnt[2]. Die Weiterarbeit beim neuen Betriebsinhaber ist dem ArbN idR zumutbar. Der bloße Umstand, dass er von seinem Widerspruchsrecht wirksam Gebrauch gemacht hat, schließt die Zumutbarkeit nicht aus[3]. Auch die Geltung eines ungünstigeren TV beim neuen Inhaber soll die Erzielung von Zwischenerwerb bei diesem nicht unzumutbar machen[4]. In der Praxis empfiehlt es sich, im Unternehmenskaufvertrag eine Verpflichtung des Erwerbers zu begründen, widersprechenden ArbN eine Weiterbeschäftigung auf ihrem bisherigen Arbeitsplatz anzubieten. 349

c) Kündigungsschutzrechtliche Folgen. Mit einem Widerspruch gegen den Übergang seines Arbeitsverhältnisses setzt sich der ArbN dem **Risiko einer betriebsbedingten Kündigung** aus, weil ihn der bisherige Betriebsinhaber infolge des Betriebsübergangs häufig nicht mehr beschäftigen kann. Eine solche Kündigung scheitert nicht an Abs. 4 S. 1[5]. Die Wirksamkeit einer betriebsbedingten Kündigung gegenüber widersprechenden ArbN beurteilt sich im Ausgangspunkt nach den allgemeinen Grundsätzen des Kündigungsrechts. Insb. muss der frühere Betriebsinhaber vor dem Ausspruch einer betriebsbedingten Kündigung gem. § 1 II KSchG freie Arbeitsplätze im Unternehmen anbieten. Nach der Ansicht des BAG ist der frühere Betriebsinhaber sogar verpflichtet, zumutbare und geeignete freie **Arbeitsplätze** auf die bloße Möglichkeit hin, dass ArbN dem Übergang ihres Arbeitsverhältnisses widersprechen, **freizuhalten**. Dies gelte zumindest[6] während des Laufs der Widerspruchsfrist des Abs. 6 S. 1; denn während dieses Zeitraums müsse der bisherige Inhaber damit rechnen, dass ArbN von ihrem Widerspruchsrecht Gebrauch machen. Besetze der bisherige Inhaber während dieser Zeit einen bis dahin freien Arbeitsplatz neu, so handele er treuwidrig und könne sich gegenüber einem widersprechenden ArbN nach dem Rechtsgedanken des § 162 nicht auf das Fehlen einer anderweitigen Beschäftigungsmöglichkeit berufen[7]. Richtigerweise wird man den Vorwurf der Treuwidrigkeit allenfalls erheben können, wenn der ArbGeb konkret mit einem Widerspruch rechnen musste, zB deshalb, weil der ArbN ihn „angekündigt" hatte[8]. Findet der Betriebs-(teil)übergang innerhalb eines Gemeinschaftsbetriebs mehrerer Unternehmen (§ 1 II BetrVG) statt, entfällt für den widersprechenden ArbN nach Ansicht des BAG nicht der Beschäftigungsbedarf, weil der bisheringe Inhaber kraft seiner Beteiligung an der Leitungsmacht die Weiterbeschäftigung des ArbN durchsetzen könne[9]. 350

Weitere Schwierigkeiten ergeben sich im Hinblick auf die nach § 1 III KSchG durchzuführende **Sozialauswahl**. Nach der bisherigen Rspr. des BAG sollten im Rahmen der Sozialauswahl die Gründe, die den ArbN zu seinem Widerspruch bewogen haben, zu berücksichtigen sein. Je geringer die Unterschiede in der sozialen Schutzbedürftigkeit zwischen dem widersprechenden ArbN und demjenigen ArbN waren, auf dessen Arbeitsplatz sich der widersprechende ArbN berief, desto gewichtiger mussten nach diesem Ansatz die Gründe für den Widerspruch sein[10]. An dieser Rspr. konnte nach der Neufassung des § 1 III KSchG zum 1.1.2004 nicht mehr festgehalten werden. Die Sozialauswahl ist nunmehr ausschließlich anhand der im Gesetz genannten Kriterien vorzunehmen, zu denen die Gründe des ArbN für seinen Widerspruch nicht gehören[11]. Mit Urt. v. 31.5.2007[12] hat das BAG demgemäß seine frühere Rspr. aufgegeben und nimmt nunmehr den Standpunkt ein, dass der widersprechende ArbN im Rahmen der Sozial- 351

---

1 Im Ergebnis ebenso ErfK/*Preis*, § 613a BGB Rz. 180; *Hennrichs*, BB 1995, 925 (930); *Kreßel*, BB 1995, 925 (930); *Wlotzke*, DB 1995, 40 (43). | 2 BAG v. 5.2.1997 – 10 AZR 553/96, AP Nr. 112 zu § 112 BetrVG 1972; v. 19.3.1998 – 8 AZR 139/97, AP Nr. 177 zu § 613a BGB. | 3 BAG v. 19.3.1998 – 8 AZR 139/97, AP Nr. 177 zu § 613a BGB; ErfK/*Preis*, § 613a BGB Rz. 101. | 4 BAG v. 5.2.1997 – 10 AZR 553/96, AP Nr. 112 zu § 112 BetrVG 1972. | 5 ErfK/*Preis*, § 613a BGB Rz. 102; ausf. dazu *Willemsen* in Willemsen/Hohenstatt/Schweibert/Seibt, Rz. G 181 ff. | 6 Ob diese Pflicht auch bereits vor Beginn der Frist des Abs. 6 S. 1 oder nach dem Ablauf dieser Frist bestehen könne, hat der Senat ausdrücklich offen gelassen, vgl. BAG v. 15.8.2002 – 2 AZR 195/01, ZIP 2003, 365. | 7 BAG v. 15.8.2002 – 2 AZR 195/01, ZIP 2003, 365; hiergegen Staudinger/*Richardi*/*Annuß*, § 613a BGB Rz. 192; *Franzen*, Anm. zu BAG AP Nr. 241 zu § 613a BGB; *Lunk*/*Möller*, NZA 2004, 9 (10 ff.); *Pomberg*, DB 2003 2177 (2178); *Cord Meyer*, NZA 2005, 9 (10). | 8 Ähnlich: Staudinger/*Richardi*/*Annuß*, § 613a BGB Rz. 192 (Treuwidrigkeit bei anderweitiger Besetzung trotz Widerspruchs); *Franzen*, Anm. zu BAG AP Nr. 241 zu § 613a BGB (Kein treuwidriges Verhalten vor Ausübung des Widerspruchsrechts); *Lunk*/*Möller*, NZA 2004, 9 (14) (Pflicht des ArbGeb zum Angebot der Weiterbeschäftigung erst ab Zugang des Widerspruchs). | 9 BAG v. 15.2.2007 – 8 AZR 310/06, AP Nr. 2 zu § 613a BGB – Widerspruch. | 10 BAG v. 18.3.1999 – 8 AZR 190/98, AP Nr. 41 zu § 1 KSchG 1969 – Soziale Auswahl; v. 21.3.1996 – 2 AZR 559/95, AP Nr. 81 zu § 102 BetrVG 1972; anders noch v. 7.4.1993 – 2 AZR 449/91 (B), AP Nr. 22 zu § 1 KSchG 1969 – Soziale Auswahl: keine Sozialauswahl bei Fehlen eines sachlichen Grundes für den Widerspruch; vgl. dazu ErfK/*Preis*, § 613a BGB Rz. 104; *Franzen*, RdA 2002, 258 (268); *Stahlhacke*/*Preis*/*Vossen*, Rz. 1067 ff.; *Picot*/*Schnitker*, Teil I Rz. 383. | 11 MüKo/*Müller-Glöge*, § 613a BGB Rz. 128; zust. Staudinger/*Richardi*/*Annuß*, § 613a BGB Rz. 193; vgl. auch *Lunk*/*Möller*, NZA 2004, 9 (13 f.); aA *B. Gaul*, NZA 2005, 730 (733). | 12 BAG v. 31.5.2007 – 2 AZR 218/06.

auswahl so zu stellen sei, als habe der Betriebsübergang nicht stattgefunden. Ob der ArbN sachliche Gründe für seinen Widerspruch anführen kann, spielt demnach keine Rolle mehr.

352 Bedeutung hat die frühere Rspr. des BAG zur sachlichen Rechtfertigung des Widerspruchs auch weiterhin für die Reichweite der Unterrichtungspflicht gem. Abs. 5 (vgl. Rz. 325). Allerdings war umstritten, welche **Gründe** außer den vom BAG in seiner Entscheidung vom 18.3.1999 genannten[1] einen Widerspruch rechtfertigen können. Der Verlust des Kündigungsschutzes dürfte genügen, jedoch nur dann, wenn der bisherige Betriebsinhaber auch nach dem Inhaberwechsel noch dem KSchG unterfällt[2], ebenso eine Insolvenzgefährdung des neuen Inhabers[3]. Nach der Ansicht des LAG Düsseldorf[4] soll auch das Interesse des ArbN, seine Mitgliedschaft im BR fortzusetzen, einen Widerspruch sachlich rechtfertigen können[5]. Nach LAG Hamm[6] und LAG Berlin[7] soll ausreichen, dass das Arbeitsverhältnis in einen Betrieb übergeht, der nicht der Sozialplanpflicht unterliegt[8]. Das LAG Hamm[9] meint sogar, dass bereits weitere Anfahrtswege als sachlicher Grund für einen Widerspruch in Betracht kommen. Dass bei dem neuen Betriebsinhaber ein ungünstigerer TV gilt als beim bisherigen Betriebsinhaber, genügt jedenfalls nicht. Das Gesetz mutet dem ArbN in Abs. 1 S. 3 derartige Nachteile zu[10].

353 Bei tarifvertragl. oder auf Grund individualvertragl. Vereinbarung **„unkündbaren" ArbN** muss der ArbGeb nach Ansicht der Rspr. vor dem Ausspruch einer außerordentl. betriebsbedingten Kündigung wie auch sonst alle zumutbaren, eine Weiterbeschäftigung ermöglichenden Mittel ausschöpfen. Der Widerspruch des ArbN gegen einen Übergang seines Arbeitsverhältnisses führe nicht zu einer Schmälerung seiner Rechtsstellung. Darauf, ob der ArbN für seinen Widerspruch sachliche Gründe vorbringen kann, komme es insoweit nicht an[11].

354 **d) Sonstige Folgen.** Mit dem Widerspruch gegen den Übergang des Arbeitsverhältnisses ist das Risiko einer **Sperrzeit** beim Bezug von Alg gem. **§ 144 SGB III** verbunden[12]. Widerspricht ein Mitglied der Personalvertretung dem Übergang seines Arbeitsverhältnisses, so scheidet es mit dem Betriebsübergang aus dem beim neuen Inhaber fortbestehenden Personalrat aus. Dieser ist bei einer Kündigung des Arbeitsverhältnisses durch den bisherigen Inhaber auch dann nicht zu beteiligen, wenn der betreffende ArbN in dem übergegangenen Betrieb im Wege der AÜ weiterbeschäftigt wird[13].

355 Die TV-Parteien dürfen ArbN, die dem Übergang ihres Arbeitsverhältnisses ohne sachlichen Grund widersprechen, von einer Abfindungsregelung für den Fall des Verlusts des Arbeitsplatzes ausnehmen[14]. Die Einigungsstelle ist verpflichtet, solche ArbN in entsprechender Anwendung des § 112 V 2 Nr. 2 BetrVG von Sozialplanansprüchen auszuschließen[15]; die Betriebspartner können einen solchen Leistungsausschluss vereinbaren, müssen dies jedoch nach der Auffassung der Rspr. nicht[16]. Eine Sozialplanregelung, der zufolge ArbN, die einen ihnen angebotenen, zumutbaren Arbeitsplatz ablehnen, keine Sozialplanleistungen beanspruchen können, enthält idR konkludent einen Ausschluss von Sozialplanleistung für grundlos wiedersprechende ArbN[17].

356 **7. Verzicht auf das Widerspruchsrecht.** Der ArbN kann in Zusammenhang mit einem konkret bevorstehenden Betriebsübergang auf sein Widerspruchsrecht verzichten[18]. Ein „Blanko-Verzicht" für der Fall, dass es irgendwann einmal zu einem Betriebsübergang kommen sollte, ist hingegen nicht möglich[19]. Ebenso wenig kann das Widerspruchsrecht durch BV oder TV ausgeschlossen werden[20]. Der Verzicht

---

1 Risiko eines alsbaldigen Verlustes des Arbeitsplatzes oder einer alsbaldigen wesentlichen Verschlechterung der Arbeitsbedingungen. | 2 ErfK/*Preis*, § 613a BGB Rz. 104; *Stahlhacke/Preis/Vossen*, Rz. 1068. | 3 So auch *obiter* LAG Hamm v. 21.6.1994 – 6 Sa 30/94, NZA 1995, 471 (473); nicht jedoch das dieser nicht „über die nötige Bonität" verfügt oder als „unzuverlässig bekannt ist", so ErfK/*Preis*, § 613a BGB Rz. 104. | 4 LAG Düsseldorf v. 25.11.1997 – 8 Sa 1358/97, LAGE § 15 KSchG Nr. 16. | 5 Zu Recht abl. *Annuß*, DB 1999, 798; zur Frage des Erhalts des Sonderkündigungsschutzes nach § 15 KSchG in diesen Fällen *Willemsen* in Willemsen/Hohenstatt/Schweibert/Seibt, Rz. G 184 mwN. | 6 LAG Hamm v. 21.6.1994 – 6 Sa 30/94, NZA 1995, 471. | 7 LAG Berlin v. 26.5.1997 – 9 Sa 19/97, MDR 1997, 948. | 8 Zust. Staudinger/*Richardi/Annuß*, § 613a BGB Rz. 194; abl. *Lunk*, NZA 1995, 711 (716 f.). | 9 LAG Hamm v. 28.1.1999 – 8 Sa 2395/97, ZInsO 1999, 422. | 10 BAG v. 5.2.1997 – 10 AZR 553/96, AP Nr. 112 zu § 112 BetrVG 1972. | 11 BAG v. 29.3.2007 – 8 AZR 538/06, AP Nr. 322 zu § 613a BGB; v. 17.9.1998 – 2 AZR 419/97, AP Nr. 148 zu § 626 BGB; zust. KR/*Pfeiffer*, § 613a BGB Rz. 123; aA Staudinger/*Richardi/Annuß*, § 613a BGB Rz. 195. | 12 Vgl. *Commandeur*, NJW 1996, 2537 (2544); *Willemsen* in Willemsen/Hohenstatt/Schweibert/Seibt, Rz. G 171; diff. *Altenburg/Leister*, NZA 2005, 15 (23). | 13 BAG v. 29.3.2007 – 8 AZR 538/06, AP Nr. 322 zu § 613a BGB; v. 17.9.1998 – 2 AZR 419/97, AP Nr. 148 zu § 626 BGB. | 14 BAG v. 10.11.1993 – 4 AZR 184/93, AP Nr. 43 zu § 1 TVG – Tarifverträge: Einzelhandel. | 15 Staudinger/*Richardi/Annuß*, § 613a BGB Rz. 198 („von Leistungen, die wegen des Arbeitsplatzverlustes gewährt warden"); wohl ebenso BAG v. 5.2.1997 – 10 AZR 553/96, AP Nr. 112 zu § 112 BetrVG 1972; v. 15.12.1998 – 1 AZR 332/98, AP Nr. 126 zu § 112 BetrVG 1972. | 16 BAG v. 5.2.1997 – 10 AZR 553/96, AP Nr. 112 zu § 112 BetrVG 1972; v. 15.12.1998 – 1 AZR 332/98, AP Nr. 126 zu § 112 BetrVG 1972; kritisch Staudinger/*Richardi/Annuß*, § 613a BGB Rz. 198. | 17 BAG v. 5.2.1997 – 10 AZR 553/96, AP Nr. 112 zu § 112 BetrVG 1972. | 18 BAG v. 19.3.1998 – 8 AZR 139/97, AP Nr. 177 zu § 613a BGB; v. 15.2.1984 – 5 AZR 123/82, AP Nr. 37 zu § 613a BGB; v. 22.2.1978 – 5 AZR 800/76, AP Nr. 10 zu § 613a BGB; Staudinger/*Richardi/Annuß*, § 613a BGB Rz. 200; *Gaul/Otto*, DB 2002, 634 (638); MüKo/*Müller-Glöge*, § 613a BGB Rz. 115; Soergel/*Raab*, § 613a BGB Rz. 162. | 19 ErfK/*Preis*, § 613a BGB Rz. 102; Soergel/*Raab*, § 613a BGB Rz. 162; Staudinger/*Richardi/Annuß*, § 613a BGB Rz. 201. | 20 BAG v. 2.10.1974 – 5 AZR 504/73, AP Nr. 1 zu § 613a BGB; Soergel/*Raab*, § 613a BGB Rz. 162; Staudinger/*Richardi/Annuß*, § 613a BGB Rz. 200.

setzt nicht voraus, dass der ArbN zuvor gem. Abs. 5 unterrichtet wurde[1]. Eine dahingehende Einschränkung der Vertragsfreiheit des ArbN lässt sich Abs. 5 nicht entnehmen. Nach zutreffendem Verständis bedarf der Verzicht auch nicht der Schriftform[2]. Anders als seine Ausübung gefährdet der Verzicht auf das Widerspruchsrechts das Arbeitsverhältnis nicht, so dass es der Warnfunktion der Schriftform nicht bedarf. Der Verzicht auf das Widerspruchsrecht kann deshalb auch konkludent erklärt werden. Verständigt sich der ArbN mit dem bisherigen oder dem neuen Inhaber darüber, dass sein Arbeitsverhältnis übergehen soll, so liegt hierin regelmäßig ein konkludenter Verzicht auf das Widerspruchsrecht[3]. Ob an der früheren Rspr. festgehalten werden kann, derzufolge ein konkludenter Verzicht auf das Widerspruchsrecht auch in einer widerspruchslosen Fortsetzung der Tätigkeit beim Betriebserwerber gesehen werden konnte[4], erscheint angesichts der strengen Anforderungen, die das BAG an die Annahme einer Verwirkung des Widerspruchsrechts stellt (vgl. Rz. 341) allerdings zweifelhaft[5].

VIII. Betriebsübergang in der Insolvenz. 1. Eingeschränkte Geltung. § 613a findet nach der st. Rspr. des BAG auf die Übernahme eines Betriebes oder Betriebsteils vom Insolvenzverwalter im Grundsatz Anwendung[6]. Europarechtl. ist die Anwendung des § 613a im Insolvenzverfahren zwar nicht geboten, aber zulässig[7]. Mit § 128 InsO und dem zum 1.1.2004 wieder außer Kraft getretenen § 113 II InsO hat auch der Gesetzgeber die grds. Geltung des § 613a im Insolvenzverfahren anerkannt und die damit früher heftig umkämpfte Streitfrage[8] beantwortet[9]. Allerdings findet § 613a im Rahmen des Insolvenzverfahrens **keine uneingeschränkte Anwendung**. Die sich aus ihm ergebenden Haftungsfolgen werden durch die Vorschriften der Insolvenzordnung verdrängt (ausf. Rz. 359). Schlagwortartig lässt sich formulieren, dass die Bestandsschutzregelungen des § 613a im Insolvenzverfahren uneingeschränkt anwendbar, die Haftungsanordnungen der Vorschrift jedoch unanwendbar sind. Im Einzelnen gilt Folgendes: 357

2. Übergang und Inhalt der Arbeitsverhältnisse. Wer einen Betrieb oder Betriebsteil durch Rechtsgeschäft vom Insolvenzverwalter übernimmt, tritt in die bestehenden Arbeitsverhältnisse ein[10]. Ebenso wird der Erwerber nach näherer Maßgabe des Abs. 1 S. 2–4 an die im Betrieb bestehenden Kollektivverträge gebunden[11]. Die Unterrichtungspflicht nach Abs. 5 und das Widerspruchsrecht nach Abs. 6 bestehen auch im Insolvenzverfahren. Beim Ausspruch von Kündigungen ist der Insolvenzverwalter an die Vorschriften des KSchG ebenso gebunden wie an das Verbot der Kündigung wegen des Betriebsübergangs gem. Abs. 4 S. 1[12]. 358

3. Haftung des Betriebserwerbers. Träte der Erwerber auch im Falle einer Übernahme aus der Insolvenz im vollen Umfang gem. Abs. 1 S. 1 in alle rückständigen Ansprüche aus den übergehenden Arbeitsverhältnissen ein, so würden die übernommenen ArbN im Vergleich zu sämtlichen übrigen Gläubigern entgegen dem Grundsatz der gleichmäßigen Gläubigerbefriedigung (*par conditio creditorum*) privilegiert. Der Erwerber würde die zu erwartenden Belastungen ferner als Abzugsposten bei der Kaufpreisfindung geltend machen, was eine zusätzliche Benachteiligung der übrigen Gläubiger zur Folge hätte, weil der Gegenwert, welcher der Masse für die Betriebsveräußerung zufließt, entsprechend geschmälert würde. § 613a ist deshalb dahin gehend **teleologisch zu reduzieren**, dass der Übernehmer jedenfalls nicht für solche Ansprüche einzustehen hat, die im Zeitpunkt der Eröffnung des Insolvenzverfahrens bereits entstanden waren[13]. Nach dem **Grundsatz der gleichmäßigen Gläubigerbefriedigung** müsste den Regelungen der Insolvenzordnung auch für Ansprüche der ArbN, die in der Zeit zwischen Insolvenzeröffnung und Betriebsübergang entstehen, Vorrang vor den Rechtsfolgen des § 613a beigemessen werden[14], je- 359

1 ErfK/*Preis*, § 613a BGB Rz. 102. | 2 Staudinger/*Richardi/Annuß*, § 613a BGB Rz. 204; aA ErfK/*Preis*, § 613a BGB Rz. 102; MüKo/*Müller-Glöge*, § 613a BGB Rz. 12; *Franzen*, RdA 2002, 258 (268); *Gaul/Otto*, DB 2002, 634 (638); *Grau*, Unterrichtung und Widerspruchsrecht (2005), S. 354 ff. | 3 BAG v. 19.3.1998 – 8 AZR 139/97, AP Nr. 177 zu § 613a BGB; v. 15.2.1984 – 5 AZR 123/82, AP Nr. 37 zu § 613a BGB; vgl. a. BAG v. 22.2.1978 – 5 AZR 800/76, AP Nr. 10 zu § 613a BGB. | 4 Ablehnend *Sieg/Maschmann*, Unternehmensumstrukturierung, 2005, Rz. 139. | 5 BAG v. 17.11.1977, AP Nr. 10 zu § 613a BGB. | 6 Grundl. BAG v. 17.1.1980 – 3 AZR 160/79, AP Nr. 18 zu § 613a BGB; v. 20.11.1984 – 3 AZR 584/83, AP Nr. 38 zu § 613a BGB; v. 4.12.1986 – 2 AZR 246/86, AP Nr. 56 zu § 613a BGB; v. 16.2.1993 – 3 AZR 347/92, AP Nr. 15 zu § 1 BetrAVG – Betriebsveräußerung; für die InsO v. 20.6.2002 – 8 AZR 459/01, NZA 2003, 318; aus der Lit. *Willemsen* in Willemsen/Hohenstatt/Schweibert/Seibt, Rz. G 152 ff.; ErfK/*Preis*, § 613a BGB Rz. 146 ff. | 7 EuGH v. 7.2.1985 – Rs. C-135/83, Slg. 1985, 457; v. 25.7.1991 – C 362/89, AP Nr. 1 zu RL 77/187/EWG; v. 12.3.1998 – C-319/94, AP Nr. 19 zu RL 77/187/EWG. Art. 5 Ziff. 1 der RL 2001/23/EG stellt es den Mitgliedstaaten nunmehr ausdrücklich frei, die Art. 3 und 4 der Richtlinie auf Betriebsübernahmen aus der Insolvenz anzuwenden. | 8 Zum damaligen Meinungsstand KR/*Pfeiffer*, 4. Aufl. 1996, § 613a BGB Rz. 50. | 9 LAG Hamm v. 4.4.2000 – 4 Sa 1220/99, ZInsO 2000, 292. | 10 Vgl. nur BAG v. 16.2.1993 – 3 AZR 347/92, AP Nr. 15 zu § 1 BetrAVG – Betriebsveräußerung mwN. | 11 Für Betriebsvereinbarungen (Sozialplan) jüngst BAG v. 15.1.2002 – 1 AZR 58/01, BB 2002, 1967 mit Anm. *Hess*. | 12 BAG v. 16.9.1982 – 2 AZR 271/80, AP Nr. 4 zu § 22 KO; ErfK/*Preis*, § 613a BGB Rz. 151; Staudinger/*Richardi/Annuß*, § 613a BGB Rz. 360. | 13 BAG v. 17.1.1980 – 3 AZR 160/79, AP Nr. 18 zu § 613a BGB; v. 20.11.1984 – 3 AZR 584/83, AP Nr. 38 zu § 613a BGB; v. 4.12.1986 – 2 AZR 246/86, AP Nr. 56 zu § 613a BGB; v. 13.11.1986 – 2 AZR 771/85, AP Nr. 57 zu § 613a BGB; v. 20.6.2002 – 8 AZR 459/01, NZA 2003, 318, st. Rspr.; vgl. nur ErfK/*Preis*, § 613a BGB Rz. 146; *Willemsen* in Willemsen/Hohenstatt/Schweibert/Seibt, Rz. G 152 jeweils mwN; zur Frage des Zeitpunkts des Inhaberwechsels s. Rz. 82. | 14 *Willemsen*, Anm. zu BAG v. 4.12.1986 – 2 AZR 246/86, AP Nr. 56 zu § 613a BGB.

doch lehnt die Rspr. dies ab[1]. Der Erwerber soll demgemäß für **Annahmeverzugslohnansprüche** der übernommenen ArbN (§ 615 S. 1) aus der Zeit nach der Eröffnung des Insolvenzverfahrens in vollem Umfang einstehen müssen[2]. Jedenfalls unter der Geltung der Konkursordnung sollte der Übernehmer jedoch nicht für Ansprüche aus einem vom Insolvenzverwalter geschlossenen **Sozialplan** einstandspflichtig sein[3]. Ob dies auch unter der Insolvenzordnung gilt, hat das BAG offen gelassen[4]. Eine **tarifl. Sonderzahlung**, die erst nach dem Betriebsübergang fällig wird, soll der Übernehmer auch dann in voller Höhe leisten müssen, wenn während des laufenden Bemessungszeitraums ein Insolvenzverfahren eröffnet wurde[5]. **Urlaubsansprüche** soll der Betriebserwerber voll erfüllen müssen, weil diese nicht zeitanteilig verdient würden und deshalb eine Zuordnung zu einem bestimmten Zeitraum vor oder nach der Insolvenzeröffnung nicht möglich sei[6]. § 25 HGB findet auf Betriebsübernahmen vom Insolvenzverwalter keine Anwendung[7].

360 In die **Versorgungsanwartschaften** der ArbN tritt der Übernehmer zwar ein, und zwar unabhängig davon, ob es sich um verfallbare oder um unverfallbare Anwartschaften handelt[8]. Er schuldet im Versorgungsfall jedoch nicht die volle Betriebsrente, sondern nur den Teil der Leistung, den der ArbN **seit Insolvenzeröffnung** erdient hat[9]. Ist die Versorgungsanwartschaft im Zeitpunkt der Insolvenzeröffnung bereits unverfallbar, so haftet für die bis zu diesem Zeitpunkt erdienten Anwartschaftsteile der Pensionssicherungsverein gem. § 7 II BetrAVG[10]. War die Versorgungsanwartschaft bei Insolvenzeröffnung noch nicht unverfallbar, so können die vor diesem Zeitpunkt erdienten Anwartschaftsteile nur im Insolvenzverfahren geltend gemacht werden[11].

360a Für **ATZ-Verhältnisse**, die im Blockmodell durchgeführt werden, ist nach der Rspr. wie folgt zu differenzieren. Die vor Insolvenzeröffnung erdienten Wertguthaben sind lediglich Insolvenzforderungen, für die der Erwerber nicht einzustehen braucht. Die nach Insolvenzeröffnung erdienten Ansprüche sind demgegenüber Masseforderungen und demgemäß vom neuen Inhaber voll zu erfüllen. Dies gilt auch für die nach Insolvenzeröffnung erdienten Aufstockungsbeträge[12].

361a Die vorstehend beschriebenen Haftungsbeschränkungen bleiben auch bestehen, wenn das Insolvenzverfahren später gem. § 207 InsO **mangels Masse** eingestellt wird[13]. Wird hingegen die Eröffnung des Insolvenzverfahrens von vornherein mangels Masse abgelehnt, so findet § 613a uneingeschränkt Anwendung[14]. Wollen der Veräußerer und der Erwerber vor diesem Hintergrund zunächst abwarten, ob das Insolvenzverfahren eröffnet wird, so können sie den Betriebsübergang unter die **aufschiebende Bedingung der Eröffnung des Insolvenzverfahrens** stellen. Hierin liegt keine Umgehung des § 613a[15]. Ob der Pensionssicherungsverein bei einer solchen Gestaltung für die im Zeitpunkt der Insolvenzeröffnung bereits unverfallbaren Versorgungsanwartschaften einstehen muss, hat das BAG allerdings offen gelassen[16]. Jedenfalls bedarf es der sorgfältigen Vertragsgestaltung, weil die Rspr. dem Inhalt des Unternehmenskaufvertrages im Rahmen der Bestimmung des Zeitpunkts des Übergangs besondere Bedeutung beimisst[17].

362 **IX. Prozessuales. 1. Passivlegitimation.** Hat der bisherige Inhaber das Arbeitsverhältnis vor dem Betriebsübergang gekündigt, so ist für eine gegen die Kündigung gerichtete Kündigungsschutzklage (§ 4 KSchG) ausschließlich dieser passivlegitimiert[18]. Ob der in der Kündigung vorgesehene Beendigungszeitpunkt vor oder nach dem Zeitpunkt des Betriebsübergangs liegt, ist insoweit unerheblich[19]. Auch

---

1 BAG v. 4.12.1986 – 2 AZR 246/86, AP Nr. 56 zu § 613a BGB; v. 11.10.1995 – 10 AZR 984/94, AP Nr. 132 zu § 613a BGB; v. 18.11.2003 – 9 AZR 347/03, AP Nr. 271 zu § 613a BGB; v. 19.10.2004 – 9 AZR 647/03, NZA 2005, 408; v. 19.10.2004 – 9 AZR 645/03, NZA 2005, 527; einschr. BAG v. 19.5.2005 – 3 AZR 649/03, ZIP 2005, 1706 (bloße Möglichkeit der Masseunzulänglichkeit reicht nicht aus). | 2 BAG v. 4.12.1986 – 2 AZR 246/86, AP Nr. 56 zu § 613a BGB. | 3 BAG v. 15.1.2002 – 1 AZR 58/01, NZA 2002, 1034. | 4 Hierfür Staudinger/*Richardi/Annuß*, § 613a BGB Rz. 327; *Hess*, Anm. zu BAG v. 15.1.2002 – 1 AZR 58/01, BB 2002, 1968 f. | 5 BAG v. 11.10.1995 – 10 AZR 984/94, AP Nr. 132 zu § 613a BGB. | 6 BAG v. 18.11.2003 – 9 AZR 347/03, AP Nr. 271 zu § 613a BGB. | 7 BAG v. 20.9.2006 – 6 AZR 215/06, NJW 2007, 942. | 8 BAG v. 17.1.1980 – 3 AZR 160/79, AP Nr. 18 zu § 613a BGB; v. 29.10.1985 – 3 AZR 485/83, AP Nr. 4 zu § 1 BetrAVG – Betriebsveräußerung. | 9 BAG v. 17.1.1980 – 3 AZR 160/79, AP Nr. 18 zu § 613a BGB; v. 29.10.1985 – 3 AZR 485/83, AP Nr. 4 zu § 1 BetrAVG – Betriebsveräußerung; v. 11.2.1992 – 3 AZR 117/91, AP Nr. 13 zu § 1 BetrAVG – Betriebsveräußerung; v. 19.5.2005 – 3 AZR 649/03, ZIP 2005, 1706; s. auch Rz. 368. | 10 BAG v. 11.2.1992 – 3 AZR 117/91, AP Nr. 13 zu § 1 BetrAVG – Betriebsveräußerung. | 11 BAG v. 29.10.1985 – 3 AZR 485/83, AP Nr. 4 zu § 1 BetrAVG – Betriebsveräußerung; Staudinger/*Richardi/Annuß*, § 613a BGB Rz. 324; *Wiedemann/Willemsen*, RdA 1979, 418 (426 f.). | 12 BAG v. 19.10.2004 – 9 AZR 647/03, NZA 2005, 408; v. 19.10.2004 – 9 AZR 645/03, NZA 2005, 527; v. 19.12.2006 – 9 AZR 230/06, AP Nr. 19 ATG. | 13 BAG v. 11.2.1992 – 3 AZR 117/91, AP Nr. 13 zu § 1 BetrAVG – Betriebsveräußerung. | 14 BAG v. 20.11.1984 – 3 AZR 584/83, AP Nr. 38 zu § 613a BGB, unter Aufgabe von BAG v. 3.7.1980 – 3 AZR 751/79, AP Nr. 22 zu § 613a BGB. | 15 BAG v. 4.7.1989 – 3 AZR 756/87, AP Nr. 10 zu § 1 BetrAVG – Betriebsveräußerung. | 16 BAG v. 23.7.1991 – 3 AZR 366/90, AP Nr. 11 zu § 1 BetrAVG – Betriebsveräußerung; dies bejaht LAG Köln v. 29.6.1990 – 2 Sa 35/90, ZIP 1990, 1283. | 17 BAG v. 16.2.1993 – 3 AZR 347/92, AP Nr. 15 zu § 1 BetrAVG – Betriebsveräußerung; v. 26.3.1996 – 3 AZR 965/94, AP Nr. 148 zu § 613a BGB. | 18 BAG v. 26.5.1983 – 2 AZR 477/81, AP Nr. 34 zu § 613a BGB; v. 27.9.1984 – 2 AZR 309/83, AP Nr. 39 zu § 613a BGB; v. 18.3.1998 – 8 AZR 306/98, AP Nr. 44 zu § 4 KSchG 1969; v. 24.5.2005 – 8 AZR 246/04, AP Nr. 282 zu § 613a BGB; kritisch RGRK/*Ascheid*, § 613a BGB Rz. 292 ff.; *Löwisch/Neumann*, DB 1996, 474. | 19 ErfK/*Preis*, § 613a BGB Rz. 174.

darauf, ob die Klage vor oder nach dem Zeitpunkt des Betriebsübergangs erhoben wird, kommt es nicht an[1]. Das im Kündigungsschutzprozess ergehende Urteil wirkt in **entsprechender Anwendung der §§ 265, 325 ZPO** grds. auch für und gegen den neuen Betriebsinhaber[2]. Dies gilt jedoch dann nicht, wenn die Kündigungsschutzklage erst nach dem Betriebsübergang erhoben wird, weil der neue Betriebsinhaber in diesem Falle nicht, wie von § 325 ZPO gefordert, nach, sondern bereits vor Rechtshängigkeit „Rechtsnachfolger" des bisherigen Inhabers wird[3]. Der ArbGeb, der eine Kündigung vor einem Betriebsübergang ausgesprochen hat und gegen den der Kündigungsschutzprozess deshalb weitergeführt wird, ist trotz des Verlusts der ArbGebStellung jedenfalls dann befugt, einen **Auflösungsantrag** gem. §§ 9, 10 KSchG zu stellen, wenn der Auflösungszeitpunkt zeitlich vor dem Betriebsübergang liegt[4].

Ist der ArbN über das Vorliegen oder den Zeitpunkt eines Betriebsübergangs im Zweifel, so kann es sich empfehlen, gegen den bisherigen Betriebsinhaber gem. § 4 KSchG Kündigungsschutzklage und gegen den tatsächlichen oder vermeintlichen neuen Betriebsinhaber gem. **§ 256 ZPO Feststellungsklage** mit dem Antrag zu erheben, festzustellen, dass das mit dem bisherigen Inhaber begründete Arbeitsverhältnis mit jenem zu unveränderten Bedingungen fortbestehe[5]. In diesem Falle sind der bisherige und der neue Betriebsinhaber zwar keine notwendigen Streitgenossen iSd. § 62 ZPO[6]. Es kann aber gleichwohl nach § 36 Nr. 3 ZPO ein gemeins. Gerichtsstand bestimmt werden[7]. In jedem Fall muss sowohl die Kündigungsschutzklage als auch die Feststellungsklage unbedingt erhoben werden. Eine eventuelle subjektive Klagenhäufung ist unzulässig[8]. 363

Eine Kündigungsschutzklage gegen den bisherigen Betriebsinhaber, die allein auf die Behauptung gestützt wird, der Betrieb sei bereits vor der Kündigung des Arbeitsverhältnisses übergegangen, ist unbegründet[9]. Der Erfolg im Kündigungsschutzprozess setzt voraus, dass im Kündigungszeitpunkt noch ein Arbeitsverhältnis bestand. Stützt der ArbN seine Klage auch auf andere Unwirksamkeitsgründe, so kann er sich das Vorbringen des Bekl., ein Betriebsübergang habe nicht stattgefunden, hilfsweise zu Eigen machen[10]. Ein mit dem Betriebsveräußerer geschlossener **Beendigungsvergleich** wirkt jedenfalls dann für und gegen den Betriebserwerber, wenn dieser den Vergleich ausdrücklich oder konkludent genehmigt hat[11]. 364

2. Beweislastfragen. Die allgemeinen Grundsätze zur Darlegungs- und Beweislastverteilung, denen zufolge jede Partei die Voraussetzungen der ihr günstigen Norm darlegen und bei Bestreiten der Gegenseite zu beweisen hat, gelten auch im Rahmen des § 613a. Für die Frage nach dem Vorliegen eines Betriebsübergangs soll der ArbN sich auf den Beweis des ersten Anscheins berufen können, wenn er darlegt, dass der in Anspruch Genommene nach einer Einstellung des Geschäftsbetriebes durch den bisherigen Inhaber die wesentlichen Betriebsmittel verwendet, um einen gleichartigen Geschäftsbetrieb zu führen[12]. Es soll ferner eine tatsächliche Vermutung gegen das Bestehen einer ernsthaften und endgültigen Stilllegungsabsicht des bisherigen Betriebsinhabers sprechen, wenn der Betrieb alsbald nach der Einstellung der Betriebstätigkeit wieder eröffnet wird[13] oder es noch innerhalb der Kündigungsfrist zu einem Betriebsübergang kommt[14]. 365

Wendet sich der ArbN gegen die Wirksamkeit einer im Zusammenhang mit dem Betriebsübergang ausgesprochene Kündigung, so muss danach unterschieden werden, ob er sich zur Begründung seiner Klage allein auf einen Verstoß gegen Abs. 4 S. 1 oder darüber hinaus auch auf das Fehlen einer sozialen Rechtfertigung der Kündigung iSd. § 1 KSchG beruft. Macht der ArbN ausschließlich einen Verstoß gegen Abs. 4 S. 1 geltend, so muss er darlegen und bei Bestreiten des ArbGeb beweisen, dass die Kündigung „wegen" des Betriebsübergangs ausgesprochen wurde, der Betriebsübergang also den tragenden Grund für die Kündigung (das Motiv) bildet[15]. Entgegen der Auffassung des LAG Köln kann sich der ArbN insoweit nicht auf den Beweis des ersten Anscheins berufen, wenn er aus dem zeitlichen und funktionalen Zusammenhang zwischen der Kündigung und dem Betriebsübergang genügend Tatsachen nachweist, die die erforderliche Kausalität mit hinreichender Wahrscheinlichkeit ergeben[16]. Es gibt keinen Erfahrungssatz, dass Kündigungen, die im zeitlich funktionalen Zusammenhang mit einem Betriebsübergang ausgesprochen werden, in diesem ihren tragenden Grund finden. Beruft sich der ArbN neben Abs. 4 S. 1 auch auf einen Verstoß gegen § 1 KSchG, so ist es Sache des ArbGeb, die soziale 366

---

1 BAG v. 18.3.1999 – 8 AZR 306/98, AP Nr. 44 zu § 4 KSchG 1969. | **2** BAG v. 4.3.1993 – 2 AZR 507/92, AP Nr. 101 zu § 613a BGB; kritisch KR/*Pfeiffer*, § 613a BGB Rz. 206. | **3** BAG v. 18.3.1999 – 8 AZR 306/98, AP Nr. 44 zu § 4 KSchG 1969. | **4** BAG v. 24.5.2005 – 8 AZR 246/04, AP Nr. 282 zu § 613a BGB. | **5** BAG v. 18.4.2002 – 8 AZR 346/01, AP Nr. 232 zu § 613a BGB; *Müller-Glöge*, NZA 1999, 449, 456. | **6** BAG v. 4.3.1993 – 2 AZR 507/92, AP Nr. 101 zu § 613a BGB. | **7** BAG v. 25.4.1996 – 5 AS 1/96, AP Nr. 1 zu § 59 ZPO. | **8** BAG v. 11.12.1997 – 8 AZR 729/96, AP Nr. 172 zu § 613a BGB (Reinigung II). | **9** BAG v. 15.12.2005 – 8 AZR 202/05, AP Nr. 294 zu § 613a BGB; BAG v. 24.5.2005 – 8 AZR 398/04; v. 18.4.2002 – 8 AZR 346/01, AP Nr. 232 zu § 613a BGB; v. 18.3.1999 – 8 AZR 306/98, AP Nr. 44 zu § 4 KSchG 1969. | **10** BAG v. 15.12.2005 – 8 AZR 202/05, AP Nr. 294 zu § 613a BGB. | **11** BAG v. 24.8.2006 – 8 AZR 574/05, AP Nr. 314 zu § 613a BGB. | **12** BAG v. 15.5.1985 – 5 AZR 276/84, AP Nr. 41 zu § 613a BGB. | **13** BAG v. 3.7.1986 – 2 AZR 68/85, AP Nr. 53 zu § 613a BGB. | **14** BAG v. 27.9.1984 – 2 AZR 309/83, AP Nr. 39 zu § 613a BGB. | **15** BAG v. 5.12.1985 – 2 AZR 3/85, AP Nr. 47 zu § 613a BGB; v. 9.2.1994 – 2 AZR 666/93, AP Nr. 105 zu § 613a BGB. | **16** So LAG Köln 3.3.1997 – 3 Sa 1063/96, LAGE Nr. 59 zu § 613a BGB; zust. ErfK/*Preis*, § 613a BGB Rz. 178.

Rechtfertigung der Kündigung darzulegen und zu beweisen. Gelingt dieser Nachweis dem ArbGeb nicht, so ist der Kündigungsschutzklage stattzugeben, ohne dass es der Feststellung bedarf, der Betriebsübergang sei für die Kündigung der tragende Beweggrund[1].

367 **3. Sonstige prozessuale Fragen.** Obwohl für eine Kündigungsschutzklage gegen eine von dem bisherigen Inhaber vor dem Übergang ausgesprochene Kündigung ausschließlich dieser passiv legitimiert ist (vgl. Rz. 362), kann der ArbN einen **Auflösungsantrag** gem. §§ 9, 10 KSchG ab dem Zeitpunkt des Betriebsübergangs mit Erfolg nur in einem Prozess gegen den ihm bekannten Betriebserwerber stellen. Mit dem Betriebsübergang endet die arbeitsvertragl. Beziehung zum bisherigen Betriebsinhaber, so dass diesem gegenüber das Auflösungsurteil die Rechtslage nicht mehr gestalten kann[2]. Will der ArbN den neuen Betriebsinhaber nicht in den Prozess einbeziehen, so muss er dem Übergang seines Arbeitsverhältnisses rechtzeitig widersprechen. Ob auf einen vor dem Betriebsübergang rechtshängig gemachten Auflösungsantrag § 265 ZPO anwendbar ist, hat das BAG offen gelassen[3].

368 Rechte und Pflichten des ArbGeb aus dem **Betriebsverfassungsrecht** bestehen für und gegen den jeweiligen Betriebsinhaber. Ist im Verhältnis zwischen dem BR und dem bisherigen Inhaber eine Verpflichtung desselben gegenüber dem Betriebsrat rechtskräftig festgestellt, so wirkt die Rechtskraft dieser Entscheidung deshalb auch gegenüber dem neuen Betriebsinhaber jedenfalls dann, wenn die Identität des Betriebes erhalten bleibt[4].

369 **X. Internationales Privatrecht.** § 613a gilt nur für im Inland gelegene Betriebe[5]. Die Rechtsfolgen der Übernahme eines im Ausland gelegenen Betriebes bestimmen sich nach ausländischem Recht, innerhalb der EU nach den am Ort des Betriebssitzes geltenden nationalen Umsetzungsvorschriften zur RL 2001/23/EG. Die Anwendung des § 613a setzt nach der zutreffenden Auffassung der Rspr. und hM in der Lit. ferner voraus, dass das Arbeitsverhältnis deutschem Recht unterliegt; § 613a ist keine Eingriffsnorm iSd. Art. 34 EGBGB[6]. Allerdings gehört § 613a zu den zwingenden Bestimmungen des deutschen Arbeitsrechts, deren Geltung gem. Art. 30 I EGBGB nicht durch Rechtswahl abbedungen werden kann, wenn das Arbeitsverhältnis ohne eine solche Rechtswahl nach Art. 30 II EGBGB deutschem Recht unterläge[7].

370 Praktisch bedeutet dies: Übernimmt ein ausländischer Erwerber einen im Inland gelegenen Betrieb(steil), so wird er ungeachtet seiner ausländischen Nationalität an die Rechtsfolgen des § 613a gebunden. Er wird kraft Gesetzes ArbGeb sämtlicher ArbN, die dem übernommenen Betrieb(steil) im Zeitpunkt des Übergangs angehören, sofern deren Arbeitsverhältnisse entweder deutschem Recht unterliegen oder, im Falle einer Rechtswahl zu Gunsten ausländischen Rechts, ohne diese Rechtswahl deutschem Recht unterlägen (zur Frage des Vorliegens eines Betriebs(teil)übergangs bei gleichzeitiger räumlicher Verlegung des Betriebs(teils) in das Ausland s. Rz. 102). Letzteres wird gem. Art. 30 II Nr. 1 EGBGB ganz regelmäßig auf alle ArbN zutreffen, deren gewöhnlicher Arbeitsort im Inland liegt.

614 *Fälligkeit der Vergütung*

Die Vergütung ist nach der Leistung der Dienste zu entrichten. Ist die Vergütung nach Zeitabschnitten bemessen, so ist sie nach dem Ablauf der einzelnen Zeitabschnitte zu entrichten.

1 **I. Normzweck und Inhalt. 1. Grundsätzliche Bedeutung.** § 614 regelt den Zeitpunkt der **Fälligkeit der Arbeitsvergütung**. Danach tritt die Fälligkeit grds. erst nach der Leistung der Dienste ein. Die Vorschrift weicht damit von § 271 ab, indem sie den Grundsatz der Vorleistungspflicht des ArbN statuiert. Hierin liegt keine Stundung der Entgeltpflicht im Rechtssinne. Anspruchsgrundlage für die Entrichtung der Vergütung ist weiterhin § 611 I und nicht § 614.

2 Aus § 614 ergibt sich nicht der Grundsatz „ohne Arbeit kein Lohn"[8]. Vielmehr folgt dieser unbestrittene Rechtssatz aus der **synallagmatischen Verknüpfung von Arbeitsleistung und Entgelt**[9]. Demgegenüber enthält § 614 lediglich eine Bestimmung der Leistungszeit.

3 **2. Zahlungszeit der Vergütung.** Nach § 614 S. 1 ist die Vergütung grds. erst nach der Leistung der gesamten Dienste zu entrichten. Für Arbeitsverhältnisse wichtiger ist die Regelung in S. 2. Das Ar-

1 BAG v. 5.12.1985 – 2 AZR 3/85, AP Nr. 47 zu § 613a BGB; v. 9.2.1994 – 2 AZR 666/93, AP Nr. 105 zu § 613a BGB; ErfK/*Preis*, § 613a BGB Rz. 178; *Stahlhacke/Preis/Vossen*, Rz. 983. | 2 BAG v. 20.3.1997, AP Nr. 30 zu § 9 KSchG 1969; KR/*Pfeiffer*, § 613a BGB Rz. 208. | 3 BAG v. 20.3.1997, AP Nr. 30 zu § 9 KSchG 1969; hier für KR/*Pfeiffer*, § 613a BGB Rz. 208: dagegen *Löwisch/Neumann*, DB 1996, 474 (475). | 4 BAG v. 5.2.1991 – 1 ABR 32/90, AP Nr. 89 zu § 613a BGB. | 5 KR/*Pfeiffer*, § 613a BGB Rz. 211. | 6 BAG v. 29.10.1992 – 2 AZR 267/92, AP Nr. 31 zu Internationales Privatrecht – Arbeitsrecht; *Däubler*, BB 1998, 1850 f.; *Gamillscheg*, Internationales Arbeitsrecht (1959), S. 237; Staudinger/*Richardi/Annuß*, § 613a BGB Rz. 39; aA KR/*Pfeiffer*, § 613a BGB Rz. 211; MünchArbR/*Birk*, § 20 Rz. 184 f. | 7 BAG v. 29.10.1992 – 2 AZR 267/92, AP Nr. 31 zu Internationales Privatrecht – Arbeitsrecht; Staudinger/*Richardi/Annuß*, § 613a BGB Rz. 39; KR/*Weigand*, Internationales Arbeitsrecht, Rz. 27. | 8 So aber BAG v. 21.3.1958 – 1 AZR 555/56, AP Nr. 1 zu § 614 BGB. | 9 Soergel/*Kraft*, § 614 BGB Rz. 1; *Schliemann* in ArbR-BGB § 614 Rz. 3; ebenso BT-Drs. 14/6857, S. 47 f.

beitsentgelt ist nämlich üblicherweise nach Zeitabschnitten bemessen. In einem solchen Fall ist die Vergütung im Grundsatz **nach Ablauf der einzelnen Zeitabschnitte** zu zahlen. Bei einer Berechnung nach Monaten ist der Zahlungsanspruch somit am ersten Tag des Folgemonats fällig. Handelt es sich hierbei um einen Sonnabend, Sonntag oder gesetzl. Feiertag, verschiebt sich die Fälligkeit gemäß § 193 auf den darauf folgenden Werktag[1]. Bei einer Bemessung nach Tagen oder Stunden ist die Vergütung aber – entgegen dem Wortlaut von S. 2 – regelmäßig erst am Ende der Arbeitswoche zu entrichten[2]. Die Erteilung einer Rechnung oder Abrechnung ist für die Fälligkeit im Allgemeinen nicht erforderlich[3]. Endet das Arbeitsverhältnis während einer laufenden Abrechnungsperiode, tritt bei laufenden Entgelten sofortige Fälligkeit ein[4], während bei Jahresleistungen der Fälligkeitszeitpunkt unverändert bleibt[5]. Beim Akkord wird die Vergütung nicht nach Zeitabschnitten berechnet, so dass nicht S. 2, sondern S. 1 anwendbar ist. Der Akkordlohn wird deshalb grds. erst nach Feststellung des Arbeitsergebnisses fällig[6]. Sofern keine besondere Vereinbarung getroffen worden ist, ist monatsweise abzurechnen. Im Übrigen entspricht es der Verkehrssitte, dass der ArbGeb noch vor der endgültigen Berechnung des Akkordlohns Abschlagszahlungen (Rz. 19 ff.) zu leisten hat.

§ 614 setzt voraus, dass dem ArbN für wirklich geleistete Arbeit ein Vergütungsanspruch zusteht. Von 4
diesem Grundsatz gibt es aber **zahlreiche Ausnahmen**: zB Annahmeverzug des ArbGeb (§ 615), vorübergehende Verhinderung des ArbN (§ 616), Entgeltfortzahlung im Krankheitsfall (§§ 3 ff. EFZG), bezahlter Erholungsurlaub (§ 1 BUrlG). In allen diesen Fällen einer Vergütung ohne Arbeitsleistung wird der Entgeltanspruch nach dem Prinzip des § 614 fällig, also erst dann, wenn die Arbeit vollständig erbracht worden wäre[7]. Anders ist dies nur gemäß § 11 II BUrlG beim Urlaubsentgelt (Rz. 10).

3. Abdingbarkeit. § 614 ist abdingbar. Da dies bei Arbeitsverhältnissen vielfach geschieht, hat die Vor- 5
schrift im Arbeitsrecht nur eine **geringe praktische Bedeutung**. Ein von § 614 abweichender Zahlungstermin wird vielfach in TV (zB § 24 I TVöD-AT) oder in BV festgelegt. Nach § 87 I Nr. 4 BetrVG hat der BR über die Zeit der Entgeltzahlung mitzubestimmen. Das MitbestR bezieht sich sowohl auf die Festlegung der Zeitabschnitte, für die jeweils das Entgelt zu leisten ist, als auch auf die Festlegung des Zahlungszeitpunkts nach Tag und Stunde[8]. Mit der Regelung lediglich der Zahlungsperiode nicht zu verwechseln ist die Frage, nach welchen Grundsätzen die Vergütung selbst (Stundenlohn, Monatslohn, Leistungslohn etc.) zu bemessen ist. Im Übrigen erstreckt sich das MitbestR nicht auf die Beseitigung der Vorleistungspflicht des ArbN[9]. Ausdrückliche oder stillschweigende Abweichungen von § 614 können sich ferner aus Einzelvertrag, betriebl. Übung, der Verkehrssitte oder aus der Art der Vergütung (zB Unterkunft, Verpflegung, Firmenwagen zur privaten Nutzung) ergeben.

Neben schlichten Fälligkeitsregelungen finden sich in der Praxis zunehmend Modelle einer **Entkoppe- 6
lung von Arbeitszeit und Fälligkeit des Entgelts**, denen § 614 ebenfalls nicht im Wege steht[10]. Zu nennen sind insb. Arbeitszeitkonten mit langfristigen Ausgleichszeiträumen, die mit einem verstetigten, in kürzeren Abständen fälligen (vorläufigen[11]) Entgelt verknüpft sind, so dass je nach dem Stand des Zeitkontos entweder der ArbN oder der ArbGeb vorleistet[12] und bei Kontenabschluss durch bezahlte Freistellungen oder Nachzahlungen bzw. durch unbezahlte Nacharbeit bzw. Rückzahlungen (Rz. 23 ff.) ein Ausgleich zu erfolgen hat. Möglich ist ferner ein umfassender Aufschub der Vergütung durch ATZ im Blockmodell. Demgegenüber stellt die Entgeltumwandlung iSd. § 1 II Nr. 3 BetrAVG keine Fälligkeitsregelung, sondern eine Subsitution des ursprünglichen Entgeltanspruchs durch eine Versorgungsanwartschaft dar[13]. Ein reines Hinauszögern der Fälligkeit bereits verdienter Bezüge durch allgemeine Arbeitsbedingungen ist gemäß §§ 307, 310 IV freilich grds. unwirksam.

II. Arbeitsrechtliche Sonderregeln zu § 614. Für einzelne Gruppen von ArbN und für bestimmte Ent- 7
geltformen gelten Sonderregeln.

Für **Handlungsgehilfen** (§ 59 HGB) ordnet § 64 S. 1 HGB an, dass die Gehaltszahlung am Schluss jedes 8
Monats zu erfolgen hat. Gemeint ist damit an sich nicht der Kalendermonat, sondern der Zeitmonat nach Arbeitsbeginn bzw. letzter Zahlung[14]. Eine Umstellung auf Kalendermonatsbezug ist aber üblich. Fällt der letzte Tag des Monats auf einen Sonnabend, Sonn- oder Feiertag, tritt an die Stelle dieses Tages der nächste Werktag (§ 193). Eine Vereinbarung, nach der die Zahlung des Gehalts später erfolgen

---

1 BAG v. 15.5.2001 – 1 AZR 672/00, BAGE 98, 1. | 2 ErfK/*Preis*, § 614 BGB Rz. 5; Staudinger/*Richardi*, § 614 BGB Rz. 12. | 3 BAG v. 8.8.1985 – 2 AZR 459/84, DB 1986, 2337. | 4 MünchArbR/*Hanau*, § 65 Rz. 3 Fn. 5; aA *Schliemann* in ArbR-BGB, § 614 Rz. 4. | 5 BAG v. 8.11.1978 – 5 AZR 358/77, DB 1979, 505; v. 12.10.1972 – 5 AZR 227/72, DB 1973, 285. | 6 Staudinger/*Richardi*, § 614 BGB Rz. 13. | 7 Soergel/*Kraft*, § 614 BGB Rz. 1; Staudinger/*Richardi*, § 614 BGB Rz. 9. | 8 BAG v. 15.1.2002 – 1 AZR 165/01, EzA § 614 BGB Nr. 1 (Vergütung eines Zeitguthabens erst nach einem Jahr); v. 26.1.1983 – 4 AZR 206/80, BAGE 41, 297; *Fitting*, § 87 BetrVG Rz. 181 f.; GK-BetrVG/*Wiese*, § 87 Rz. 427. | 9 MünchArbR/*Hanau*, § 65 Rz. 9; *Richardi*, § 87 BetrVG Rz. 415. | 10 Einzelheiten bei Erman/*Belling*, § 614 BGB Rz. 11 ff.; *Schliemann* in ArbR-BGB, § 614 Rz. 17 ff. | 11 Zur Maßgeblichkeit des Arbeitszeitkontos für den endgültigen Vergütungsanspruch BAG v. 5.9.2002 – 9 AZR 244/01, NZA 2003, 726; v. 14.8.2002 – 5 AZR 417/01, DB 2003, 155; v. 13.2.2002 – 5 AZR 470/00, NZA 2002, 683. | 12 BAG v. 13.12.2000 – 5 AZR 334/99, NZA 2002, 390. | 13 *Blomeyer*, NZA 2000, 281 (283); zur zivilrechtlichen Konstruktion siehe auch *Rieble*, BetrAV 2001, 584 (585 f.). | 14 MüKoBGB/*Müller-Glöge*, § 614 Rz. 4; *Schliemann* in ArbR-BGB, § 614 Rz. 3.

soll, ist gemäß § 64 S. 2 HGB nichtig. Das Verbot gilt nur für die festen, laufenden Bezüge, nicht aber für sonstige Einkünfte wie Gratifikationen oder Gewinnbeteiligungen[1]. Kürzere Zahlungsperioden wie auch eine Vorverlegung der Fälligkeit können vereinbart werden. Im Übrigen ist eine Stundung des Gehalts nach dessen Fälligkeit zulässig[2]. Der Anspruch auf Provision wird am letzten Tag des Monats fällig, in dem über ihn nach § 87c I HGB abzurechnen ist (§§ 65, 87a IV HGB). Der ArbGeb hat über die Provision grds. monatlich abzurechnen. Der Abrechnungszeitraum kann auf höchstens drei Monate verlängert werden (§ 87c I 1 HGB). Die Abrechnung muss unverzüglich erfolgen, spätestens aber bis zum Ende des nächsten Monats (§ 87c I 2 HGB). Abweichende Vereinbarungen zu Lasten des ArbN sind unzulässig (§§ 65, 87c V HGB). Der Anspruch auf Gewinnbeteiligung (Tantieme) wird fällig, sobald die Bilanz aufgestellt ist oder bei ordnungsgemäßem Geschäftsgang hätte aufgestellt werden können[3]. Bei Umsatzbeteiligungen ist auf den Kontenabschluss abzustellen[4]. Scheidet der ArbN im Laufe des Geschäftsjahres aus, muss der ArbGeb ohne eine entsprechende Vereinbarung keine Zwischenbilanz aufstellen. Abrechnungsgrundlage bleibt vielmehr die Jahresbilanz, deren Zeitpunkt somit auch für die Fälligkeit maßgeblich ist. Allerdings mindert sich der Gewinnanteil des ArbN entsprechend seiner Beschäftigungszeit[5]. Für die Bemessung und Fälligkeit der Heuer von **Seeleuten** gelten die §§ 32 ff. SeemG. ArbN auf **Binnenschiffen** ist der Lohn am Schluss jeder zweiten Woche auszuzahlen, sofern nichts anderes vereinbart ist (§ 24 BinSchG).

9 Die **Ausbildungsvergütung** bemisst sich nach Monaten und ist für den laufenden Kalendermonat spätestens am letzten Arbeitstag des Monats zu zahlen (§ 18 I und II BBiG). Diese Regelung ist zwingend (§ 25 BBiG).

10 Das **Urlaubsentgelt** ist vor Antritt des Urlaubs auszuzahlen (§ 11 II BUrlG). Eine Abweichung zu Ungunsten des ArbN ist nur in TV statthaft, ansonsten unzulässig (§ 13 I BUrlG). Der in der Praxis häufige Verstoß gegen diese Fälligkeitsregelung hat nicht die Unwirksamkeit der Urlaubserteilung zur Folge[6]. Nicht unmittelbar unter § 11 BUrlG fällt die Gewährung eines zusätzlichen Urlaubsgeldes. Sofern keine abweichende Vereinbarung besteht, kann die Fälligkeitsregel des § 11 II BUrlG aber – als dispositives Recht – analog angewendet werden.

11 **III. Einzelfragen. 1. Schuldnerverzug des Arbeitgebers.** Soweit die Vergütung nach Zeitabschnitten bemessen ist, liegt eine **kalendermäßig bestimmte Leistungszeit** vor. Zahlt der ArbGeb nicht rechtzeitig, gerät er daher gemäß § 286 II Nr. 1 iVm. § 187 I auch ohne eine Mahnung regelmäßig in Verzug[7]. Der ArbN kann die Zahlung von Verzugszinsen bei Nichtleistung daher ab dem Tag nach dem ersten Kalendertag des jeweiligen Folgemonats verlangen, in den Fällen des § 193 ab dem übernächsten Werktag[8]. Bei Provisionsansprüchen ist nunmehr[9] ein Verzugseintritt am ersten Tag nach Ablauf des Monats, in dem abzurechnen ist, nach § 286 II Nr. 2 zu bejahen[10]. Eine Ausnahme gilt gemäß § 286 IV bei mangelndem Vertretenmüssen wie bspw. im Fall unverschuldeten Rechtsirrtums[11]. Unterlässt der ArbGeb die Leistung der Vergütung mit Rücksicht auf eine von ihm ausgesprochene Kündigung, kommt es darauf an, ob er unter Anwendung der erforderlichen Sorgfalt auf die Wirksamkeit seiner Kündigung vertrauen durfte[12]. Ein solches Vertrauen kann durch den Verlauf eines Kündigungsrechtsstreits seine Berechtigung mit der Folge verlieren, dass nunmehr Verzug eintritt[13]. Im Übrigen kann aus dem Nichtbestehen eines Anspruchs auf Weiterbeschäftigung während des Kündigungsschutzprozesses kein verzugsausschließendes Recht zur Verweigerung der Weiterzahlung abgeleitet werden[14].

12 Die **Verzugszinsen** sind nach Ansicht des Großen Senats des BAG auf den Bruttobetrag des Arbeitsentgelts zu entrichten, also einschließlich Steuern und ArbN-Anteil des GesamtSoz-Beitrags[15]. Leistet der ArbGeb bei Fälligkeit keine Zahlungen, kann er sich im Verhältnis zum ArbN nicht darauf berufen, dass die Pflicht zur Abführung der LSt grds. erst später als das Nettoentgelt fällig wird (§ 41a EStG)[16]. Dasselbe gilt für den ArbN-Anteil des GesamtSoz-Beitrags, soweit dieser auf Grund der Neufassung des § 23 I SGB IV zum 1.1.2006 nicht ohnehin früher als das Arbeitsentgelt fällig ist. Die Höhe des Zinses bemisst sich nach § 288 I (5% über dem Basiszinsatz gemäß § 247). § 288 II mit seinem um weitere 3%

---

1 ErfK/*Preis*, § 614 BGB Rz. 8; Staudinger/*Richardi*, § 614 BGB Rz. 41. | 2 LAG Mannheim v. 28.4.1949 – Sa 44/49, AP 1951 Nr. 165; MüKoBGB/*Müller-Glöge*, § 614 Rz. 4. | 3 LAG Berlin v. 7.10.1975 – 4 Sa 62/75, DB 1976, 636; LAG BW v. 31.3.1969 – 4 Sa 4/69, DB 1969, 1023. | 4 BAG v. 10.12.1973 – 3 AZR 318/73, DB 1974, 538. | 5 BAG v. 3.6.1958 – 2 AZR 406/55, BAGE 5, 317. | 6 BAG v. 18.12.1986 – 8 AZR 481/84, NZA 1987, 633; v. 1.12.1983 – 6 AZR 299/80, NZA 1984, 194. | 7 BAG v. 12.10.2004 – 3 AZR 557/03, NZA 2005, 580. | 8 BAG v. 15.5.2001 – 1 AZR 672/00, DB 2002, 273. | 9 Anders zu § 284 II aF MünchArbR/*Hanau*, § 68 Rz. 39. | 10 Ungenau *Gotthardt*, Schuldrechtsreform, Rz. 186. | 11 BAG v. 12.11.1992 – 8 AZR 503/91, NZA 1993, 500 (Berufung auf höchstrichterliche Entscheidung). | 12 BAG v. 17.7.2003 – 8 AZR 486/02, AP Nr. 27 zu § 611 BGB – Haftung des Arbeitgebers Nr. 27; v. 14.5.1998 – 8 AZR 634/96, NZA-RR 1999, 511; insoweit großzügig LAG Köln v. 6.2.1998 – 11 Sa 1044/97, LAGE § 284 BGB Nr. 1; LAG Rh.-Pf. v. 31.10.1996 – 7 Sa 229/96, LAGE § 285 BGB Nr. 1; siehe auch BAG v. 17.2.1994 – 8 AZR 275/92, NZA 1994, 693 (unwirksame Eigenkündigung des ArbN); krit. *Lenz*, AuR 2002, 87 (88 f.). | 13 BAG v. 20.6.2002 – 8 AZR 488/01, NZA 2003, 268; v. 13.6.2002 – 2 AZR 391/01, NZA 2003, 44 (mit Vermengung von Schuldner- und Gläubigerverzug). | 14 MünchArbR/*Hanau*, § 65 Rz. 13; aA LAG Köln v. 6.2.1998 – 11 Sa 1044/97, LAGE § 284 BGB Nr. 1. | 15 BAG (GS) v. 7.3.2001 – GS 1/00, NZA 2001, 1195. | 16 BAG (GS) v. 7.3.2001 – GS 1/00, NZA 2001, 1195.

erhöhten Verzugszins ist nicht anwendbar, was sich für die hM aus der von ihr bejahten Verbrauchereigenschaft des ArbN[1], jedenfalls aber aus einer teleologischen Reduktion ergibt[2]. Im Übrigen können verspätete Zahlungen beim ArbN insb. zu Steuerprogressionsschäden führen, die ebenfalls auszugleichen sind (§§ 280 I und II, 286)[3]. Hierzu gehören allerdings nicht Einbußen, die dadurch entstehen, dass der Steuerbefreiungstatbestand des § 3b EStG (Sonntags-, Feiertags- und Nachtarbeit) nicht angewendet wird[4].

2. Zurückbehaltungsrecht des Arbeitnehmers. Die Ausübung eines Zurückbehaltungsrechts durch den ArbN ist nicht von vornherein ausgeschlossen, obwohl die Leistungsverweigerung grds. nicht nur zu einem zeitweisen Leistungsaufschub, sondern infolge des Fixschuldcharakters der Arbeit bzw. auf Grund der Regelung in § 615 S. 1 zu einer endgültigen Nichtleistung führt (§ 615 Rz. 6 ff.). Sofern die allgemeinen Voraussetzungen für eine Zurückbehaltung der Arbeitsleistung vorliegen, kann vom ArbN nämlich nicht erwartet werden, dem ArbGeb uneingeschränkten Kredit zu gewähren. Erst recht kann der ArbN nicht darauf verwiesen werden, selbst zu kündigen. Das Recht zur Zurückbehaltung der Arbeitsleistung wird daher im Grundsatz zutreffend anerkannt[5]. Es ist regelmäßig nicht durch AGB abdingbar (§§ 309 Nr. 2, 310 IV)[6]. Beruft sich der ArbN zu Recht auf ein Zurückbehaltungsrecht, bleibt der Vergütungsanspruch aufrechterhalten (§ 615 Rz. 48). Der ArbN muss allerdings deutlich machen, dass er die Arbeitsleistung wegen des Zahlungsverzugs des ArbGeb verweigert. Hat der ArbN seine Leistungsverweigerung darauf gestützt, es sei ihm nicht nachgewiesen, dass er krankenversichert sei, so kann er sich später nicht darauf berufen, er habe das Zurückbehaltungsrecht tatsächlich wegen bestehender Lohnzahlungsrückstände ausgeübt[7]. 13

Soweit der **ArbN vorleistungspflichtig** ist, steht ihm wegen der noch nicht erhaltenen Vergütung die Einrede des nichterfüllten Vertrages (§ 320 I) nicht zu. Wenn nach Vertragsschluss erkennbar wird, dass der Entgeltanspruch infolge mangelnder Leistungsfähigkeit des ArbGeb gefährdet ist, kann der ArbN aber die Unsicherheitseinrede des § 321 erheben[8]. Insoweit genügt freilich nicht der bloße Anschein[9], so dass eine Fehleinschätzung zu Lasten des ArbN geht. 14

Kündigt der an sich leistungsfähige ArbGeb eine unberechtigte, nicht unerhebliche **Entgeltkürzung** an, entfällt die Vorleistungspflicht des ArbN unter dem Aspekt einer endgültigen – teilweisen – Erfüllungsverweigerung. Der ArbN kann dann die Einrede des § 320 I geltend machen[10]. Soweit sich der ArbGeb mit dem Entgelt für zurückliegende Zeitabschnitte im Rückstand befindet, gestehen die Rspr. und Teile der Lit. dem ArbN nur das allgemeine Zurückbehaltungsrecht des § 273 zu[11]. Eine zunehmende Ansicht hält dagegen mit Recht § 320 für anwendbar[12]. Die von den Arbeitsvertragsparteien gegenseitig geschuldeten Leistungen stehen nämlich insgesamt in einem synallagmatischen Verhältnis. Zudem hätte eine Einordnung unter § 273 den praktisch bedeutsamen Nachteil, dass der ArbGeb die Einrede durch Sicherheitsleistung abwenden könnte. Der ArbN muss aber ein Druckmittel haben, um die geschuldete Gegenleistung selbst zu erlangen. 15

Die Einrede des nicht erfüllten Vertrages unterliegt dem **Grundsatz von Treu und Glauben**. Es darf sich daher weder um einen verhältnismäßig geringfügigen Entgeltrückstand (§ 320 II) noch um eine nur kurzfristige Zahlungsverzögerung handeln[13]. Ein Rückstand mit 60 % eines Monatsgehalts ist aber nicht mehr als geringfügig anzusehen[14]. Weiter entfällt das Zurückbehaltungsrecht, wenn dem ArbGeb ein unverhältnismäßiger Schaden droht oder wenn der Lohnanspruch hinreichend gesichert ist[15]. Allerdings wird das Leistungsverweigerungsrecht nicht durch einen etwaigen Anspruch auf Insolvenzgeld (§§ 183 ff. SGB III) ausgeschlossen[16]. Im Übrigen beziehen sich die Einschränkungen nur auf die Ausübung des Zurückbehaltungsrechts. Zu einer Stundung ist der ArbN auch bei einer wirtschaftl. Krise des ArbGeb nicht verpflichtet[17]. 16

Ist ausnahmsw. eine **Vorleistungspflicht des ArbGeb** vereinbart, kann der ArbN die Arbeitsleistung bis zur Entgeltzahlung nach § 320 verweigern. 17

---

1 Vgl. BAG v. 25.5.2005 – 5 AZR 572/04, NZA 2005, 1111; ebenso BVerfG v. 23.11.2006 – 1 BvR 1909/06, NZA 2007, 85 (86). | 2 *Bauer/Kock*, DB 2002, 42 (46); *Henssler*, RdA 2002, 129 (135); *Richardi*, NZA 2002, 1004 (1009); im Erg. ebenso BAG v. 23.2.2005 – 10 AZR 602/03, NZA 2005, 694. | 3 BAG v. 20.6.2002 – 8 AZR 488/01, NZA 2003, 268; v. 19.10.2000 – 8 AZR 20/00, NZA 2001, 598. | 4 BAG v. 19.10.2000 – 8 AZR 20/00, NZA 2001, 598. | 5 BAG v. 9.5.1996 – 2 AZR 387/95, NZA 1996, 1085; v. 25.10.1984 – 2 AZR 417/83, NZA 1985, 355; MünchArbR/*Blomeyer*, § 49 Rz. 52; *Otto*, AR-Blattei, SD 1880 Rz. 46 mwN. | 6 *Gotthardt*, Schuldrechtsreform, Rz. 274. | 7 LAG Schl.-Holst. v. 21.9.2004 – 2 Sa 243/04, BeckRS 2004/41751. | 8 Vgl. LAG BW v. 20.4.1983 – 2 Sa 170/82, BB 1984, 785 (zu § 321 BGB aF). | 9 BT-Drs. 14/6040 v. 14.5.2001, S. 179. | 10 *Otto*, AR-Blattei, SD 1880 Rz. 62 ff. | 11 BAG v. 25.10.1984 – 2 AZR 417/83, NZA 1985, 355; LAG Thür. v. 19.1.1999 – 5 Sa 895/97, LAGE § 273 BGB Nr. 1; ErfK/*Preis*, § 614 BGB Rz. 17; Staudinger/*Richardi*, § 614 BGB Rz. 17 f. | 12 MünchArbR/*Blomeyer*, § 47 Rz. 53; *Otto*, AR-Blattei, SD 1880 Rz. 47; *Söllner*, ZfA 1973, 1 (7 ff.). | 13 LAG Schl.-Holst. v. 23.11.2004 – 5 Sa 202/04, LAGE § 273 BGB 2002 Nr. 1. | 14 LAG Thür. v. 19.1.1999 – 5 Sa 895/97, LAGE § 273 BGB Nr. 1; ferner LAG BW v. 20.4.1983 – 2 Sa 170/82, BB 1984, 785 (786): 90 % eines Monatsverdienstes ausreichend. | 15 LAG Thür. v. 19.1.1999 – 5 Sa 895/97, LAGE § 273 BGB Nr. 1; MünchArbR/*Hanau*, § 65 Rz. 1. | 16 BAG v. 25.10.1984 – 2 AZR 417/83, NZA 1985, 355; MünchArbR/*Blomeyer*, § 49 Rz. 58; *Otto*, AR-Blattei, SD 1880 Rz. 61. | 17 LAG München v. 6.5.1997 – 4 Sa 736/95, LAGE § 242 BGB – Lohnstundung Nr. 1.

18 **3. Kündigungsrecht des Arbeitnehmers.** Gerät der ArbGeb mit einem nicht nur unerheblichen Teil des Entgelts in Rückstand oder zahlt er das Gehalt mehrfach unpünktlich, ist der ArbN – idR nach vergeblicher Abmahnung – zur **außerordentl. Kündigung aus wichtigem Grund** berechtigt[1]. Dies gilt auch dann, wenn den ArbGeb kein Verschulden an der Verzögerung trifft[2].

19 **4. Vorschuss und Abschlagszahlungen. a) Rechtlicher Charakter. Vorschüsse** sind Vorauszahlungen des ArbGeb auf das noch nicht verdiente Entgelt[3]. Hierzu kann es etwa infolge flexibler Arbeitszeitregelungen kommen, die dem ArbN die Möglichkeit eines negativen Guthabens auf einem Arbeitszeitkonto einräumen[4]. Unter **Abschlagszahlungen** versteht man dagegen Geldleistungen auf das bereits verdiente, aber noch nicht berechnete Entgelt[5]. Vorschüsse und Abschlagszahlungen sind von **Darlehen** abzugrenzen. Die Unterscheidung richtet sich nicht (allein) nach der gewählten Bezeichnung, sondern nach objektiven Merkmalen[6]. Maßgebend ist, ob sich die Parteien über die vorweggenommene Tilgung einer künftig fälligen Forderung einig sind oder ob eine vom Arbeitsentgelt losgelöste Verbindlichkeit des ArbN entstehen soll. Von einem Vorschuss ist auszugehen, wenn eine demnächst fällige Entgeltzahlung für kurze Zeit vorverlegt wird, damit der ArbN seinen normalen Lebensunterhalt bis zur regulären Fälligkeit bestreiten kann. Für eine Darlehenshingabe spricht dagegen, wenn der gewährte Betrag das jeweilige Arbeitsentgelt erheblich übersteigt und er zu einem Zweck gegeben wird, der mit den normalen Bezügen nicht oder nicht sofort erreicht werden kann und zu dessen Befriedigung auch sonst üblicherweise Kredit in Anspruch genommen wird[7]. Um ein Verbraucherdarlehen iSd. §§ 491 ff. handelt es sich nur, wenn der versprochene Zins nicht unter den marktüblichen Sätzen liegt (§ 491 II Nr. 2).

20 **b) Vorschusszahlungen.** Handlungsgehilfen, die auf Provisionsbasis tätig sind, haben einen **gesetzl. Vorschussanspruch** (§§ 65, 87a I 2 HGB). Dieses Recht kann nicht zu ihren Ungunsten abbedungen werden[8]. Im Übrigen hat der ArbN ohne besondere einzel- oder kollektivvertragl. Vereinbarungen grds. keinen Anspruch auf einen Vorschuss. Allerdings leitet man für Notfälle aus der Fürsorgepflicht des ArbGeb einen Anspruch auf Gewährung eines Vorschusses ab[9]. Ein solcher Anspruch ist an die voraussichtliche Einbringlichkeit des Vorschusses für den Fall zu knüpfen, dass der ArbN das Entgelt wider Erwarten nicht durch Weiterarbeit verdient[10]. Vom ArbGeb kann auch in Notsituationen nicht verlangt werden, dem ArbN einen von vornherein verlorenen Zuschuss zu gewähren.

21 Vorschüsse sind als **vorweggenommene Forderungstilgungen** bei der nächsten Entgeltabrechnung in Abzug zu bringen. Hierbei handelt es sich um eine Verrechnung, nicht um eine Aufrechnung iSd. §§ 387 ff.[11]. Der ArbGeb muss deshalb nicht die Aufrechnung erklären. Ferner ist er nicht über § 394 an die Pfändungsgrenzen gebunden, sondern kann den Vorschuss auch auf den unpfändbaren Teil der fällig werdenden Vergütung verrechnen[12]. Allerdings ist dem ArbN der zur Deckung seines notwendigen Lebensbedarfs iSd. § 850d I ZPO erforderliche Betrag zu belassen[13].

22 **c) Abschlagszahlungen.** Spezialgesetzlich ist ein Anspruch auf einen Abschlag nur für Seeleute in § 34 III SeemG geregelt. Auch den übrigen ArbN ist ein solcher **Anspruch** aber zuzubilligen[14]. Im Übrigen unterliegt die Festlegung von Abschlagszahlungen der Mitbest. des BR gemäß § 87 I Nr. 4 BetrVG[15]. Abschläge werden bei der Vergütungsabrechnung ebenfalls verrechnet, ohne dass eine Aufrechnung erforderlich ist.

23 **d) Rückgewähr von Vorschüssen und Abschlagszahlungen.** Bei einer Annahme eines Geldbetrages als Vorschuss ist der ArbN verpflichtet, dem ArbGeb die erhaltene Summe zurückzuzahlen, wenn und soweit ein Entgeltanspruch nicht oder nicht zeitgerecht entsteht. Der Rückzahlungsanspruch folgt aus der Vorschussvereinbarung und hat somit **vertragl. Charakter**[16]. Dasselbe gilt im Falle eines negativen Guthabens auf einem Arbeitszeitkonto, so dass der ArbN auch ohne eine dahin gehende explizite Abrede bei einer Beendigung des Vertragsverhältnisses einen finanziellen Ausgleich zu leisten hat, falls er

---

1 BAG v. 8.8.2002 – 8 AZR 574/01, NZA 2002, 1323; v. 17.1.2002 – 2 AZR 494/00, EzA § 628 BGB Nr. 20; LAG Köln v. 23.9.1993 – 10 Sa 587/93, LAGE § 626 BGB Nr. 73. | 2 LAG BW v. 5.11.1959 – IV Sa 82/59, BB 1960, 289. | 3 BAG v. 8.12.1998 – 9 AZR 623/97, NZA 1999, 989; v. 11.2.1987 – 4 AZR 144/86, NZA 1987, 485. | 4 BAG v. 13.12.2000 – 5 AZR 334/99, NZA 2002, 390. | 5 BAG v. 11.2.1987 – 4 AZR 144/86, NZA 1987, 485. | 6 Eingehend *Jesse/Schellen*, Arbeitgeberdarlehen und Vorschuss (1990), S. 15 ff. | 7 LAG Bremen v. 21.12.1960 – 1 Sa 147/60, DB 1961, 243; LAG Düsseldorf v. 14.7.1955 – 2a Sa 158/55, DB 1955, 1020; für eine Zweifelsregel zu Gunsten einer Vorschusszahlung MünchArbR/*Hanau*, § 71 Rz. 9; aA aber LAG München v. 28.9.1989 – 4 Sa 241/89, LAGE § 362 BGB Nr. 2. | 8 BAG v. 16.2.1962 – 5 AZR 211/61, DB 1962, 543. | 9 MünchArbR/*Hanau*, § 65 Rz. 8; Soergel/*Kraft*, § 614 BGB Rz. 10; einschr. Staudinger/*Richardi*, § 614 BGB Rz. 25; *Schliemann* in ArbR-BGB, § 614 Rz. 26 (nur bei arbeitsverhältnisbedingten Notlagen). | 10 Insoweit restriktiver Erman/*Belling*, § 614 BGB Rz. 6: Gesicherte Einbringlichkeit. | 11 BAG v. 13.12.2000 – 5 AZR 334/99, NZA 2002, 390; unklar *Staudinger/Richardi*, § 614 BGB Rz. 27. | 12 BAG v. 25.9.2002 – 10 AZR 7/02, NZA 2003, 617; v. 13.12.2000 – 5 AZR 334/99, NZA 2002, 390; v. 11.2.1987 – 4 AZR 144/86, NZA 1987, 485; aA MüKoBGB/*Müller-Glöge*, § 614 Rz. 19. | 13 Erman/*Belling*, § 614 BGB Rz. 9; Schaub/*Linck*, ArbRHdb, § 70 Rz. 14, § 90 Rz. 36; aA LAG Hess. v. 4.9.1995 – 16 Sa 215/95, NZA 1996, 482. | 14 Ebenso ErfK/*Preis*, § 614 BGB Rz. 22; aA Soergel/*Kraft*, § 614 BGB Rz. 10. | 15 *Fitting*, § 87 BetrVG Rz. 181; MünchArbR/*Matthes*, § 336 Rz. 6; GK-BetrVG/*Wiese*, § 87 Rz. 427; aA *Richardi*, § 87 BetrVG Rz. 415. | 16 BAG v. 20.6.1989 – 3 AZR 504/87, NZA 1989, 843; v. 28.6.1965 – 3 AZR 86/65, EzA § 87 HGB Nr. 1.

allein darüber entscheiden kann, ob und in welchem Umfang ein negatives Guthaben entsteht[1]. Ebenso ist bei Abschlagszahlungen zu verfahren, wenn die endgültige Vergütungsabrechnung ergibt, dass der ausgezahlte Betrag das verdiente Entgelt übersteigt.

Da der Rückgewähranspruch des ArbGeb auf der getroffenen Vereinbarung und nicht auf Bereicherungsrecht beruht, kann sich der ArbN **nicht auf den Entreicherungseinwand** des § 818 III berufen[2]. 24
Wegen der für den ArbN ungünstigeren Rechtsfolgen ist deshalb grds. eine Einigung der Arbeitsvertragsparteien darüber erforderlich, dass es sich bei der Zahlung um einen Vorschuss bzw. um einen Abschlag im Rechtssinne handeln soll[3]. Die im Rahmen der Schuldrechtsreform mehrfach geäußerte Ansicht, durch § 326 IV verschlechtere sich die Rechtsstellung des ArbN, weil dieser Vorauszahlungen bei späterer Unmöglichkeit nun nach Rücktrittsrecht und nicht mehr nach Bereicherungsrecht zurückgewähren müsse[4], betrifft daher von vornherein nur die seltenen Fälle, dass eine solche Zahlung ohne die gleichzeitige konkludente Einigung auf eine etwaige vertragl. Rückerstattung erfolgt. In diesen Gestaltungen wird man allerdings § 326 IV teleologisch zu reduzieren und § 818 III analog anzuwenden haben[5]. Ansonsten würde es zu einer wenig einleuchtenden Differenzierung zwischen der Rückgewähr von Vorschüssen und von Abschlagszahlungen kommen, weil sich bei einem Abschlag, der sich im Nachhinein als zu hoch herausstellt, die Rückabwicklung beim Fehlen einer entsprechenden vertragl. Abrede stets nur nach Bereicherungsrecht vollzieht.

Diese Grundsätze wirken sich auch auf kollektivvertragl., insb. **tarifl. Vorschussregelungen** aus. Wenn 25
in einem TV festgelegt ist, dass bestimmte Bezüge „bis auf weiteres vorschussweise" gezahlt werden, muss der ArbGeb diese Bezüge zahlen, braucht sie aber nur als Vorschuss zu gewähren. Eine solche Tarifklausel hat jedoch nicht zur Folge, dass auf Grund des TV geleistete Zahlungen ohne weiteres auch dann als Vorschuss zu beurteilen sind, wenn der ArbGeb bei der Auszahlung nichts darüber erklärt. Ansonsten würde man dem ArbN die Einrede des Wegfalls der Bereicherung (§ 818 III) nehmen, obwohl die bloße Existenz der Tarifklausel ihn nicht bösgläubig iSv. § 819 macht[6]. Etwas anderes gilt aber, sofern der TV bereits selbst eine Rückzahlungspflicht des ArbN vorsieht. In diesem Fall beruht der Rückgewähranspruch auf der tarifl. Regelung. Das Bereicherungsrecht und damit auch der Entreicherungseinwand sind dann nicht anwendbar[7]. Hingegen kann ein TV eine aus anderen Gründen erfolgte Leistung (überzahlte Urlaubsvergütung) bei einem vorzeitigen Ausscheiden des Beschäftigten nicht nachträglich als Vorschuss deklarieren und ihn dadurch des Aufrechnungsschutzes (§ 394) berauben[8].

Möglich ist ferner, dass eine länger andauernde Gewährung überhöhter Vorschüsse oder Abschläge als 26
Garantievergütung auszulegen ist[9]. Verfolgt der ArbGeb mit der Überzahlung das Ziel, bei einem Ausscheiden des ArbN einen Rückforderungsanspruch entstehen zu lassen, um ihn an einem Arbeitsplatzwechsel zu hindern, handelt es sich nicht um einen Vorschuss oder Abschlag. Vielmehr wird ein erhöhtes Arbeitsentgelt unter der auflösenden Bedingung gewährt, dass der ArbN nicht oder nicht vor einem vom ArbGeb für angemessen gehaltenen Zeitpunkt ausscheidet. Eine solche Zusatzklausel ist gemäß § 138 BGB iVm. Art. 12 GG unter dem Aspekt einer unzulässigen Kündigungserschwerung nichtig, ohne dass die Unwirksamkeit die Abrede über das erhöhte Entgelt als solche ergreift[10].

5. Vorschuss- und Abschlagszahlungen bei Lohnpfändungen. Bei einer einem **Vorschuss nachfolgen-** 27
den Lohnpfändung ist für die Berechnung des pfändbaren Lohnteils vom gesamten vertragl. vereinbarten Arbeitseinkommen ohne Rücksicht auf bereits geleistete Zahlungen auszugehen. Die bereits erfolgten Vorschusszahlungen werden zunächst auf den pfändungsfreien Teil angerechnet, so dass der Gläubiger durch eine Vorauszahlung, die den unpfändbaren Betrag nicht übersteigt, nicht beeinträchtigt wird[11]. Lediglich solche Vorschüsse, die den pfändungsfreien Betrag übersteigen, muss der Gläubiger gegen sich gelten lassen. Nach anderer Ansicht soll der pfändbare Lohnteil nur nach dem noch verbleibenden Arbeitseinkommen unter vorherigem Abzug des Vorschusses berechnet werden[12]. Teilweise wird auch eine vorrangige Anrechnung der Vorschusszahlung auf den pfändbaren Lohnteil bejaht[13]. Für die hM spricht, dass der ArbN nicht verlangen kann, neben dem der Existenzsicherung

1 BAG v. 13.12.2000 – 5 AZR 334/99, NZA 2002, 390; aA LAG Hamm v. 22.2.2001 – 16 Sa 1328/00, LAGE § 611 BGB – Arbeitszeitkonto Nr. 1. | 2 BAG v. 25.3.1976 – 3 AZR 331/75, AP Nr. 9 zu § 65 HGB; ebenso für eine tarifliche Vorschussregelung BAG v. 25.2.1993 – 6 AZR 334/91, NZA 1994, 705; offen lassend BAG v. 20.6.1989 – 3 AZR 504/87, NZA 1989, 843. | 3 BAG v. 31.3.1960 – 5 AZR 441/57, DB 1960, 612. | 4 *Gotthardt*, Schuldrechtsreform, Rz. 146; *Joussen*, NZA 2001, 745 (750); *Lindemann*, AuR 2002, 81 (83); *Löwisch*, NZA 2001, 465 (467). | 5 *Canaris*, JZ 2001, 499 (509); aA *Gotthardt*, Schuldrechtsreform, Rz. 146; *Henssler* in Dauner-Lieb/Konzen/K. Schmidt, Das neue Schuldrecht (2003), S. 615 (622); *Lindemann*, AuR 2002, 81 (83). | 6 BAG v. 11.7.1961 – 3 AZR 216/60, DB 1961, 1231. | 7 BAG v. 25.2.1993 – 6 AZR 334/91, NZA 1994, 705. | 8 BAG v. 9.2.1956 – 1 AZR 329/55, BAGE 2, 322. | 9 ArbG Bochum v. 12.11.1969 – 1 Ca 584/69, DB 1970, 1326 (1327); Staudinger/*Richardi*, § 614 BGB Rz. 32. | 10 IdS auch ArbG Bochum v. 1.4.1970 – 1 Ca 265/70, DB 1970, 1545 f.; Staudinger/*Richardi*, § 614 BGB Rz. 34; einschr. ErfK/*Preis*, § 614 BGB Rz. 28: lediglich Leistungsverweigerungsrecht des ArbN. | 11 BAG v. 11.2.1987 – 4 AZR 144/86, NZA 1987, 485; LAG Bremen v. 21.12.1960 – 1 Sa 147/60, DB 1961, 243; Stein/Jonas/*Brehm*, § 850e ZPO Rz. 15 f.; *Denck*, BB 1979, 480 (482); MüKoZPO/*Smid*, § 850e Rz. 6 f. | 12 ArbG Hannover v. 22.3.1967 – 5 Ca 55/67, BB 1967, 587; *Bengelsdorf*, NZA 1996, 176 (180); Zöller/*Stöber*, § 850e ZPO Rz. 2; *Stöber*, Anm. zu BAG, AP Nr. 11 zu § 850 ZPO. | 13 *Larenz*, Anm. zu LAG Düsseldorf, AP Nr. 1 zu § 614 BGB – Gehaltsvorschuss.

dienenden Vorschuss am Ende des Abrechungszeitraums zusätzlich den pfändungsfreien Lohnteil zu Lasten des Gläubigers zu erhalten. Dies läuft dem Schutzzweck der §§ 850 ff. ZPO nicht zuwider[1]. Allerdings ist dem ArbN der notwendige Lebensbedarf iSd. § 850d ZPO zu belassen[2]. Bei Abschlagszahlungen gelten für die Berechnung des pfändbaren Arbeitseinkommens im Prinzip dieselben Grundsätze wie bei Vorschüssen. Allerdings ist zu berücksichtigen, dass der Entgeltanspruch durch einen Abschlag vor der Pfändung bereits teilweise erloschen ist (§ 362), so dass er insoweit von der Pfändung nicht erfasst wird[3].

28 Vorschuss- und Abschlagszahlungen, die **nach der Lohnpfändung** erfolgen, müssen die Gläubiger nicht gegen sich gelten lassen. Der ArbGeb kann derartige Leistungen nur mit dem unpfändbaren Lohnteil verrechnen[4].

615 *Vergütung bei Annahmeverzug und bei Betriebsrisiko*

Kommt der Dienstberechtigte mit der Annahme der Dienste in Verzug, so kann der Verpflichtete für die infolge des Verzugs nicht geleisteten Dienste die vereinbarte Vergütung verlangen, ohne zur Nachleistung verpflichtet zu sein. Er muss sich jedoch den Wert desjenigen anrechnen lassen, was er infolge des Unterbleibens der Dienstleistung erspart oder durch anderweitige Verwendung seiner Dienste erwirbt oder zu erwerben böswillig unterlässt. Die Sätze 1 und 2 gelten entsprechend in den Fällen, in denen der Arbeitgeber das Risiko des Arbeitsausfalls trägt.

1 **I. Allgemeines. 1. Grundsätzliche Bedeutung der Norm.** Die Vorschrift regelt die Folgen einer **Störung der Arbeitspflicht**. Aus ihr ergibt sich, dass der ArbN seine Dienstpflicht nicht schon dadurch erfüllt, dass er dem ArbGeb seine Dienste anbietet[5]. Ansonsten wäre § 615 überflüssig, weil der ArbN dann ohne weiteres seinen Erfüllungsanspruch (§ 611 I) geltend machen könnte[6].

2 Die Bestimmung legt zu Gunsten des Beschäftigten zwei Rechtsfolgen fest. Zum einen regelt § 615, dass der ArbN unter bestimmten Voraussetzungen sein **Entgelt** auch dann erhält, wenn er **tatsächlich**

---

1 Stein/Jonas/*Brehm*, § 850e ZPO Rz. 16. |2 *Denck*, BB 1979, 480 (481); offen lassend BAG v. 11.2.1987 – 4 AZR 144/86, NZA 1987, 485; aA MüKoBGB/*Müller-Glöge*, § 614 Rz. 19. |3 Stein/Jonas/*Brehm*, § 850e ZPO Rz. 15; zu Unrecht eine Erfüllung verneinend BAG v. 11.2.1987 – 4 AZR 144/86, NZA 1987, 485. |4 Stein/Jonas/*Brehm*, § 850e ZPO Rz. 18; Zöller/*Stöber*, § 850e ZPO Rz. 2. |5 Vgl. Motive, Bd. II, S. 461; BAG v. 8.2.1957 – 1 AZR 338/55, DB 1957, 718; v. 21.12.1954 – 2 AZR 5/53, BAGE 1, 241; MünchArbR/*Blomeyer*, § 48 Rz. 4; Staudinger/*Richardi*, § 611 BGB Rz. 386; aA MüKoBGB/*Müller-Glöge*, § 611 Rz. 156; *v. Stebut*, RdA 1985, 66 (69 ff.). |6 MüKoBGB/*Henssler*, § 615 Rz. 5; Staudinger/*Richardi*, § 615 BGB Rz. 25.

nicht gearbeitet hat. Die Norm geht damit über das Gläubigerverzugsrecht hinaus, das dem Schuldner lediglich einen Anspruch auf Ersatz von Mehraufwendungen zubilligt (§ 304). Vielmehr enthält die Vorschrift eine Ausnahme vom Grundsatz „ohne Arbeit kein Lohn“. Sie trägt hierdurch dem Umstand Rechnung, dass der ArbN auf kontinuierliche Einkünfte aus dem Arbeitsverhältnis zur Sicherung seines Lebensunterhalts angewiesen ist. Soweit der ArbGeb die Annahme der Dienste ablehnt, weil er sie für seine Zwecke nicht gebrauchen kann, kommt in der Bestimmung zugleich der allgemeine Grundsatz zum Ausdruck, dass den Gläubiger das Verwendungsrisiko trifft.

Zum anderen ordnet die Vorschrift an, dass der ArbN auch dann **nicht zur Nachleistung verpflichtet** 3
ist, wenn die Dienste **an sich nachholbar** wären. Dadurch wird eine Schmälerung künftiger Verdienstmöglichkeiten bzw. eine Aufopferung von Freizeit vermieden, die dem ArbN bei einem vom ArbGeb ausgehenden Hindernis nicht zuzumuten ist[1]. Zudem wäre eine Nachleistung aus der Perspektive des Schuldners auch bei einer nachholbaren Dienstpflicht eine andere als die geschuldete Leistung[2].

§ 615 S. 1 stellt **keine eigene Anspruchsgrundlage** dar, sondern hält lediglich den Vergütungsanspruch 4
aus dem Arbeitsvertrag aufrecht[3]. Da es sich um den ursprünglichen Erfüllungsanspruch und nicht um einen Schadensersatzanspruch handelt[4], ist § 254 nicht zu Lasten des ArbN anwendbar[5].

2. Abgrenzung zur Unmöglichkeit. Die Abgrenzung von Annahmeverzug (§ 615) und Unmöglichkeit 5
(§ 326[6]) ist in Rspr. und Lit. seit langem umstritten. Die Entwicklung klarer Grundsätze wird durch mehrere Umstände erschwert: Erstens ist zweifelhaft, ob das für Sachleistungsschulden geltende Dogma der Alternativität von Annahmeverzug und Unmöglichkeit auf dauerhaft geschuldete Dienstleistungen übertragen werden kann sowie nach welchen Grundsätzen ggf. eine Abgrenzung vorzunehmen ist. Damit zusammenhängend ist zweitens unklar, ob und unter welchen Voraussetzungen die Arbeitspflicht eine absolute Fixschuld darstellt. Drittens handelte es sich gleich beim ersten einschlägigen Fall, über den das RG zu entscheiden hatte, um eine arbeitskampfrechtl. Gestaltung[7] und damit um eine Konstellation, die richtigerweise nicht nach leistungsstörungsrechtl. Grundsätzen, sondern nach arbeitskampfrechtl. Sonderregeln zu beurteilen ist. Der durch die Schuldrechtsmodernisierung eingeführte S. 3 hat einige der in diesem Zusammenhang diskutierten Fragen gelöst, ohne die Problematik aber abschließend zu klären. Zum Verständnis der Neuregelung ist es deshalb erforderlich, auf die wichtigsten der früher vertretenen Positionen in aller Kürze einzugehen. Hierbei empfiehlt sich eine Aufgliederung in drei Fallgruppen.

a) Unmöglichkeit durch Verstreichen der vorgesehenen Leistungszeit. Die Arbeitsleistung hat nach 6
überwiegender Ansicht grds. den Charakter einer **absoluten Fixschuld**[8]. Wird die Arbeit nicht zum festgesetzten Zeitpunkt erbracht, tritt danach Unmöglichkeit (genau genommen zeitanteilige Teilunmöglichkeit gemäß § 275 I Alt. 2) ein[9]. Begrifflich liegt daher bei Nichtannahme der Dienste durch den ArbGeb stets ein Fall des § 326 I bzw. II vor[10]. Große Teile der Lehre haben aus der Fixschuldthese auf der Grundlage des allgemeinen zivilrechtl. Alternativitätsdogmas bislang den Schluss gezogen, einen Annahmeverzug regelmäßig abzulehnen und § 615 somit nur in den Gestaltungen (unmittelbar) anzuwenden, in denen die Arbeitsleistung nicht zeitlich absolut fixiert, sondern nachholbar ist[11]. Demgegenüber geht die arbeitsgerichtl. Rspr.[12] regelmäßig ohne nähere Begründung schon seit langem davon aus, dass der Fixschuldcharakter von Arbeitsleistungen für sich allein einer Anwendung von § 615 nicht entgegensteht[13], was sich insb. an der stereotypen Heranziehung der Norm nach einer unwirksamen ArbGebKündigung zeigt[14]. Andere Teile des Schrifttums vertreten dieselbe Auffassung[15]. Zur Unmöglichkeit kommt es danach nicht bei bloßer Annahmeunwilligkeit, sondern erst dann, wenn die Arbeit auch bei unterstellter Annahmebereitschaft nicht geleistet werden könnte (Abstrahierungsformel)[16].

---

1 *Beuthien*, RdA 1972, 20. | 2 *Beuthien*, Zweckerreichung und Zweckstörung im Schuldverhältnis (1969), S. 247 f. | 3 BAG v. 18.9.2002 – 1 AZR 668/01, DB 2003, 1121; v. 22.3.2001 – 8 AZR 536/00, AR-Blattei ES 250 Nr. 56; v. 19.10.2000 – 8 AZR 20/00, NZA 2001, 598; Palandt/*Weidenkaff*, § 615 BGB Rz. 3; jetzt auch Staudinger/*Richardi*, § 615 BGB Rz. 8. | 4 BAG v. 5.9.2002 – 8 AZR 702/01, NZA 2003, 973. | 5 BAG v. 7.11.2002 – 2 AZR 650/00, AP Nr. 98 zu § 615 BGB; v. 16.5.2000 – 9 AZR 203/99, NZA 2001, 26; BGH v. 14.11.1966 – VII ZR 112/64, NJW 1967, 248 (250). | 6 Früher §§ 323, 324. | 7 RG v. 6.2.1923 – III 93/32, RGZ 106, 272 ff. (Kieler Straßenbahn). | 8 BAG v. 13.2.2002 – 5 AZR 470/00, NZA 2002, 683; v. 3.8.1999 – 1 AZR 735/98, NZA 2000, 487; v. 24.11.1960 – 5 AZR 545/59, DB 1961, 102; *Beuthien*, RdA 1972, 20 (22); MünchArbR/*Boewer*, § 78 Rz. 1, § 79 Rz. 15; *Ehmann*, NJW 1987, 401 (406); *Huber*, Leistungsstörungen, Bd. I (1999), S. 164; Staudinger/*Richardi*, § 611 BGB Rz. 543. | 9 Ebenso BT-Drs. 14/6040, S. 129; im Grundsatz für das neue Schuldrecht auch *Gotthardt*, Schuldrechtsreform, Rz. 90; *Henssler* in Dauner-Lieb/Konzen/K. Schmidt, Das neue Schuldrecht, S. 615 (616, 623). | 10 Zur Anwendbarkeit von §§ 323, 324 aF auf Arbeitsverträge BAG v. 24.11.1960 – 5 AZR 545/59, DB 1961, 102. | 11 *Beuthien*, RdA 1972, 20 (22 f.); *Ehmann*, NJW 1987, 401 (406); Soergel/*Wiedemann*, vor § 293 BGB Rz. 16. | 12 BAG v. 24.11.1960 – 5 AZR 545/59, DB 1961, 102. | 13 Eingehend *Sommer*, Die Nichterfüllung der Arbeitspflicht (1996), S. 132 ff. | 14 Siehe nur BAG v. 11.1.2006 – 5 AZR 98/05, NZA 2006, 314; v. 7.11.2002 – 2 AZR 650/00, AP Nr. 98 zu § 615 BGB; v. 19.1.1999 – 9 AZR 679/97, NZA 1999, 925; BAG (GS) v. 27.2.1985 – GS 1/84, NZA 1985, 702; ausdrückliche Ablehnung von § 324 aF in BAG v. 9.8.1984 – 2 AZR 374/83, NZA 1985, 119. | 15 MünchArbR/*Boewer*, § 78 Rz. 1; *Huber*, Leistungsstörungen, Bd. I (1999), S. 260; Soergel/*Kraft*, § 615 Rz. 5; *Picker*, FS Kissel (1994), S. 813 (821 ff.); *Ramrath*, SAE 1992, 56 (57). | 16 BAG v. 24.11.1960 – 5 AZR 545/59, DB 1961, 102.

7 Für diese Ansicht sprach schon bisher, dass bereits der **ursprüngliche Gesetzgeber** im Fixschuldcharakter der Dienstleistungspflicht kein Hindernis für die Anwendung von § 615 sah[1]. Bestätigt wird das durch den neu eingeführten S. 3. Wenn durch die Neuregelung die sogleich zu schildernde Betriebsrisikolehre umfassend in § 615 verankert werden soll und hierzu auch nicht nachholbare Arbeitsausfälle gehören[2], muss dies erst recht in den Gestaltungen gelten, in denen die Unmöglichkeit allein auf der Weigerung des ArbGeb beruht, die vom ArbN angebotenen Dienste anzunehmen[3].

8 Die **Verringerung der Gesamtarbeitszeit** sowie vor allem die zunehmende **Arbeitszeitflexibilisierung** (Teilzeit-, Gleitzeit-, Vertrauensarbeitszeitmodelle) sprechen allerdings dafür, mit einer zunehmenden Strömung die These vom absoluten Fixschuldcharakter der Arbeitspflicht zurückzudrängen und eine solche Einordnung bei kurzfristigen Arbeitsversäumnissen nur noch ausnahmsw. anzunehmen[4], zumal auch tarifl. Regelungen in diesen Fällen Nachleistungspflichten vorsehen[5]. Durch diese Entwicklung würde sich der Anwendungsbereich von § 615 zu Lasten des Unmöglichkeitsrechts selbst dann erweitern, wenn man die Norm auf nachholbare Arbeitsleistungen beschränken würde.

9 **b) Von niemandem zu vertretende Annahmeunmöglichkeit.** Zweitens geht es um die Fälle, in denen der ArbGeb aus tatsächlichen (zB Stromausfall) oder rechtl. Gründen (zB behördliche Untersagung der Betriebsfortführung) daran **gehindert** wird, die **Arbeitsleistung entgegenzunehmen**, ohne dass dies von einer der beiden Vertragsparteien zu vertreten ist. Die Rspr.[6] und große Teile der Lit.[7] gingen lange Zeit davon aus, dass diese Gestaltung im BGB nicht geregelt ist, sondern insoweit eine Regelungslücke besteht. Um diese vermeintliche Lücke zu schließen, wurden die Betriebsrisikolehre und die Sphärentheorie entwickelt[8]. Danach hat der ArbGeb das Risiko der Unmöglichkeit der Arbeitsleistung aus Gründen, die im betriebl. Bereich liegen, mit der Folge zu tragen, dass er zur Entgeltzahlung verpflichtet bleibt[9]. Nach einer im Schrifttum vertretenen Lehre, die zunehmende Verbreitung gefunden hat, sind die Fälle der Annahmeunmöglichkeit dagegen unmittelbar unter § 615 als besondere Gefahrtragungsregel zu fassen[10]. Dieses Verständnis entspricht dem Willen des ursprünglichen Gesetzgebers. So lässt sich der Entstehungsgeschichte des § 615 mit hinreichender Deutlichkeit entnehmen, dass die Substratgefahr auf den Dienstgeber übergewälzt werden sollte[11]. In der InstanzRspr. ist die neuere Lehre teilweise auf Zustimmung gestoßen[12], während das BAG zuletzt offen gelassen hat, ob es sich dieser Sichtweise anschließt[13].

10 Mit der Einfügung von S. 3 hat der Schuldrechtsmodernisierungsgesetzgeber die von der Rspr. entwickelte **Betriebsrisikolehre** aufgegriffen und **in das Gesetz integriert**[14]. Die Betriebsrisikofälle sind somit nunmehr ausdrücklich in § 615 geregelt, ohne dass es darauf ankommt, ob der Arbeitsausfall nachgeholt werden kann oder nicht. Allerdings ordnet S. 3 nur die entsprechende Anwendung von S. 1 an. Daraus ist der Umkehrschluss zu ziehen, dass sich S. 1 nicht (mehr) unmittelbar auf die Fälle der Substratgefahr bezieht[15]. Der Gesetzgeber hat sich demnach in der Sache die These von der ursprünglichen Lückenhaftigkeit des BGB als Ausgangspunkt seiner Normsetzung zu Eigen gemacht. Im Übrigen entbindet auch die Neuregelung den Rechtsanwender nicht davon, diejenigen Kriterien herauszuarbeiten, die eine Risikotragung durch den ArbGeb im Einzelfall rechtfertigen (dazu Rz. 116 ff.).

11 **c) Vom Arbeitgeber zu vertretende Unmöglichkeit.** In der dritten Fallgruppe beruhen die tatsächlichen oder rechtl. Gründe, die zur Unmöglichkeit der Arbeitsleistung führen, auf Umständen, für die der **ArbGeb iSd. § 326 II 1 Alt. 1 verantwortlich** ist. Rspr. und Lit. haben die Gestaltungen, in denen der ArbGeb die Störung im technischen Sinne zu vertreten hat, bislang unter § 324 I aF gefasst[16]. Ein solches Vertretenmüssen kann auch infolge der Zurechnung des Verhaltens von anderen ArbN in entsprechender Anwendung von § 278 jedenfalls dann vorliegen, wenn ihnen ArbGebFunktionen übertragen worden sind[17]. Die weite Fassung des § 615 S. 3 legt es zwar auf den ersten Blick nahe, die Regelung als eine § 326 II insgesamt verdrängende Spezialvorschrift anzusehen, soweit es um den Wegfall des Leistungssubstrats geht[18]. Tatsächlich ist die explizite Feststellung einer Verantwortlichkeit des ArbGeb iSd.

---

1 Motive, Bd. II, S. 461. | 2 *Hellfeier*, Die Leistungszeit im Arbeitsverhältnis (2003), S. 102. | 3 IdS auch *Richardi*, NZA 2002, 1004 (1008). | 4 MünchArbR/*Blomeyer*, § 57 Rz. 10 ff.; *Hellfeier*, Leistungszeit, S. 19 ff., 145 f.; *Sommer*, Nichterfüllung, S. 109 ff., 283 f.; *v. Stebut*, RdA 1985, 66 ff.; s. auch BAG v. 30.3.2000 – 6 AZR 680/98, NZA 2001, 111; v. 17.3.1988 – 2 AZR 576/87, NZA 1989, 261. | 5 Vgl. BAG v. 30.1.1991 – 4 AZR 338/90, NZA 1991, 519. | 6 RG v. 6.2.1923 – III 93/23, RGZ 106, 272 ff.; RAG v. 20.6.1928 – RAG 72/28, ARS 3, 116 ff.; BAG v. 8.2.1957 – 1 AZR 338/55, DB 1957, 718. | 7 *Hueck/Nipperdey*, ArbR, Bd. I, § 44 IV 2 a, S. 350; *Kalb*, Rechtsgrundlage und Reichweite der Betriebsrisikolehre (1977), S. 97 ff. | 8 Zur Entwicklung eingehend Staudinger/*Richardi*, § 615 BGB Rz. 185 ff. | 9 BAG v. 30.1.1991 – 4 AZR 338/90, NZA 1991, 519; v. 9.3.1983 – 4 AZR 301/80, DB 1983, 1496. | 10 Grdl. *Picker*, JZ 1979, 285 (290 ff.); *Picker*, JZ 1985, 693 (698 ff.); *Picker*, FS Kissel (1994), S. 813 (816 ff.); zust. Erman/*Belling*, § 615 BGB Rz. 1; MünchArbR/*Boewer*, § 79 Rz. 14 ff.; *Huber*, Leistungsstörungen, Bd. I (1999), S. 280 f.; für bestimmte Fälle bereits BGH v. 11.4.1957 – VII ZR 280/56, BGHZ 24, 91 (96). | 11 Motive, Bd. II, S. 462. | 12 LAG Nds. v. 23.7.1993 – 3 Sa 1369/92, LAGE § 615 BGB Nr. 40. | 13 BAG v. 18.5.1999 – 9 AZR 13/98, NZA 1999, 1166. | 14 BT-Drs. 14/6857, S. 48; BT-Drs. 14/7052, S. 204. | 15 Ähnlich *Auktor*, ZTR 2002, 464 (465); aA (zu S. 3) *Picker*, FS Huber (2006), S. 497, 533: „inhaltsleere Gestaltung"; Staudinger/*Richardi*, § 615 BGB Rz. 6: „überflüssig". | 16 BAG v. 3.3.1964 – 1 AZR 209/63, DB 1964, 592; MünchArbR/*Blomeyer*, § 49 Rz. 44; Staudinger/*Otto*, § 324 BGB Rz. 29. | 17 BAG v. 17.12.1968 – 5 AZR 149/68, BAGE 21, 263. | 18 So *Gotthardt*, Schuldrechtsreform, Rz. 131; *Junker*, Arbeitsrecht, Rz. 272.

§ 326 II 1 Alt. 1 entbehrlich, wenn er ohnehin schon gemäß § 615 S. 3 iVm. S. 1 zur Fortzahlung der Vergütung verpflichtet ist. Außerdem spielt es für § 615 S. 3 keine Rolle, ob die Arbeitsleistung nachholbar ist oder nicht, während § 326 nur dann eingreift, wenn die Leistungspflicht ausgeschlossen ist. § 326 II 1 Alt. 1 wird hierdurch im Arbeitsverhältnis aber nicht funktionslos. Zum einen muss der ArbN im Anwendungsbereich dieser Norm nicht die Annahmeverzugsvoraussetzungen erfüllen. Zum anderen spielt es für die Kontrolle abweichender Vereinbarungen eine Rolle, ob der ArbGeb von der Gegenleistungsgefahr bei im technischen Sinne zu vertretenden Störungen oder nur bei solchen Hindernissen entlastet werden soll, die unterhalb der Schwelle des Vertretenmüssens in seinen Risikobereich fallen.

II. Voraussetzungen des Annahmeverzugs. 1. Erfüllbares Arbeitsverhältnis. Grundvoraussetzung für die Erhaltung des Vergütungsanspruchs gemäß § 615 ist, dass der **ArbN zur Arbeitsleistung verpflichtet** und der **ArbGeb zu deren Annahme berechtigt** ist[1]. Hauptanwendungsfall ist neben dem unstr. bestehenden Arbeitsverhältnis die Situation nach einer unwirksamen Beendigung durch Kündigung, Befristung oÄ bzw. einer unwirksamen Änderungskündigung (vgl. § 8 KSchG). Weiter kann es hierzu kraft einer rückwirkenden Änderung des Arbeitsvertrages kommen[2]. Die Regelung gilt für sämtliche Arbeitsverhältnisse, also auch für kurzzeitige Aushilfsarbeitsverhältnisse[3]. Auf Berufsausbildungsverhältnisse ist § 615 ebenso anwendbar (§ 10 II BBiG)[4]. Ein in Vollzug gesetztes fehlerhaftes Arbeitsverhältnis ist bis zur Anfechtung bzw. Lossagung grds. wie ein erfüllbares Arbeitsverhältnis zu behandeln, so dass der ArbGeb in Annahmeverzug geraten kann[5]. Entsprechend der neueren Judikatur zur Rückwirkung einer Anfechtung wegen arglistiger Täuschung auf den Zeitpunkt der tatsächlichen Arbeitseinstellung[6] kann einem bereits eingetretenen Gläubigerverzug aber nachträglich die Grundlage entzogen werden. Im Übrigen kann in der Nichtannahme der Dienste zugleich die Berufung auf die Fehlerhaftigkeit des Arbeitsverhältnisses liegen. Bei Massenentlassungen ging das BAG bislang davon aus, dass ein ArbN bei unterlassener Anzeige nach § 17 KSchG trotz privatrechtlich wirksamer Kündigung nicht entlassen werden darf und der ArbGeb deshalb in Annahmeverzug geraten kann[7]. Sofern man nach der Junk-Entscheidung des EuGH[8] dagegen annimmt, dass ein Verstoß gegen § 17 KSchG schon nach geltendem Recht wie jeder andere Unwirksamkeitsgrund zu behandeln ist[9], liegt bereits aus diesem Grund ein erfüllbares Arbeitsverhältnis vor. Im **Arbeitnehmerentsenderecht** findet § 615 zu Lasten des Bürgen allerdings keine Anwendung. Die Bürgenhaftung des § 1a AEntG bezieht sich nur auf den Mindestlohn für tatsächliche erbrachte Arbeitsleistungen, nicht aber auf den Annahmeverzugslohn[10]. 12

Bei **flexiblen Arbeitszeitmodellen** kommt es darauf an, ob dem ArbN oder dem ArbGeb das Bestimmungsrecht über die konkrete Lage der Arbeitszeit zusteht. Sofern der **ArbN bestimmungsberechtigt** ist (Gleitzeit außerhalb der Kernarbeitszeit, variable Gleitzeit, Vertrauensgleitzeit) hält ein Teil der Lit. § 615 für unanwendbar, weil die Arbeitszeit erst mit tatsächlicher Arbeitsaufnahme fixiert werde, zu der es aber nicht komme[11]. Hierdurch würde indes das Wirtschaftsrisiko in unzulässiger Weise auf den ArbN verlagert werden. Es ist daher Annahmeverzug in Höhe des gesamten vereinbarten Arbeitszeitdeputats anzunehmen, wenn innerhalb des Bezugszeitraums infolge ausbleibender Beschäftigungsmöglichkeiten keine vertragsgemäße Arbeit aufgenommen werden kann und die sonstigen Voraussetzungen gegeben sind. Entsprechendes gilt bei einem teilweisen Unterschreiten der Sollarbeitszeit, das auf einer Annahmeunwilligkeit des ArbGeb beruht[12]. Allerdings muss der ArbN bei der Festlegung der konkreten Arbeitszeiten auf die betriebl. Belange Rücksicht nehmen[13] und darf den Arbeitsbeginn daher nicht bewusst stets auf solche Zeiten legen, in denen nur wenig zu tun ist. Ansonsten ist die Bestimmung unwirksam, so dass es an einer Arbeitspflicht als Voraussetzung für einen Gläubigerverzug fehlt. 13

Wenn der **ArbGeb bestimmungsberechtigt** ist (Arbeit auf Abruf iSd. § 12 TzBfG), findet § 615 ohne weiteres in den Fällen Anwendung, in denen der ArbGeb die Arbeitszeit durch Abruf bereits fixiert hat und dann nicht annimmt[14]. Erfolgt während des gesamten Bezugszeitraums kein Abruf, tritt Annahmeverzug in Höhe des jeweils vereinbarten Arbeitszeitdeputats ein, sofern auch die übrigen Anforderungen erfüllt sind[15]. Dasselbe gilt, wenn der ArbGeb eine Arbeitsaufnahme dadurch unterbindet, dass er 14

---

1 BAG v. 12.9.1985 – 2 AZR 324/84, NZA 1986, 424. | 2 BAG v. 24.9.2003 – 5 AZR 282/02, NZA 2003, 1332. | 3 Erman/*Belling*, § 615 BGB Rz. 2. | 4 BAG v. 13.7.2006 – 8 AZR 382/05, NZA 2006, 1406 (1410); v. 15.3.2000 – 5 AZR 622/98, NZA 2001, 214 (216). Siehe auch § 19 I Nr. 2 lit. a BBiG. | 5 MünchArbR/*Boewer*, § 78 Rz. 13; Soergel/*Kraft*, § 615 Rz. 11; ErfK/*Preis*, § 615 BGB Rz. 9; aA LAG BW v. 26.11.1971 – 7 Sa 121/71, DB 1972, 193. | 6 BAG v. 3.12.1998 – 2 AZR 754/97, NZA 1999, 584; anders noch BAG v. 20.2.1986 – 2 AZR 244/85, NZA 1986, 739. | 7 BAG v. 18.9.2003 – 2 AZR 79/02, NZA 2004, 375; v. 11.3.1999 – 2 AZR 461/98, NZA 1999, 761. | 8 EuGH v. 27.1.2005 – C-188/03, NZA 2005, 213. | 9 So ArbG Berlin v. 1.3.2005 – 36 Ca 19726/02, NZA 2005, 585; abl. etwa LAG Hamm v. 8.7.2005 – 7 Sa 512/05, NZA-RR 2005, 578; offen gelassen von BAG v. 13.7.2006 – 6 AZR 198/06, NZA 2007, 25; v. 23.3.2006 – 2 AZR 343/05, NZA 2006, 971. | 10 BAG v. 12.1.2005 – 5 AZR 279/01, EzAÜG § 1a AEntG Nr. 7. | 11 *Boemke/Föhr*, Arbeitsformen der Zukunft (1999), Rz. 120; *Reichold*, NZA 1988, 393 (398); in diese Richtung auch *Picker*, FS Kissel (1994), S. 813 (822). | 12 *Hellfeier*, Leistungszeit, S. 139. | 13 *Schüren*, AuR 1996, 381 (384). | 14 *Buschmann* in Buschmann/Dieball/Stevens-Bartol, TZA, § 12 TzBfG Rz. 57; idS auch BAG v. 5.9.2002 – 9 AZR 244/01, NZA 2003, 726 – Fünf-Tage-Woche. Eine einseitige Änderung des Abrufs ist nicht zulässig: vgl. Annuß/Thüsing/*Jacobs*, § 12 TzBfG Rz. 40; MünchArbR/*Schüren*, Erg-Bd., § 166 Rz. 44; aA ErfK/*Preis*, § 12 TzBfG Rz. 32 f. | 15 *Hanau*, RdA 1987, 25 (29); Annuß/Thüsing/*Jacobs*, § 12 TzBfG Rz. 44; MünchArbR/*Schüren*, Erg.-Bd., § 166 Rz. 33.

einem ArbN die Möglichkeit verwehrt, sich in einen Schichtplan einzutragen[1]. Ferner gerät der ArbGeb in Annahmeverzug, wenn er dem zum Ausgleich seines Arbeitszeitkontos verpflichteten ArbN keine Arbeit zuweist[2].

15 Wird ein ArbN unter Verstoß gegen das **Maßregelungsverbot** iSd. § 612a bzw. gegen den **Gleichbehandlungsgrundsatz** nicht zu **Mehrarbeit** herangezogen, soll ihm ein Anspruch aus Annahmeverzug zustehen[3]. In einer solchen Konstellation fehlt es vor der Anordnung von Mehrarbeit aber an einer erfüllbaren Arbeitspflicht. Darin liegt der Unterschied zu den Fällen, in denen der ArbGeb zum Zwecke der Maßregelung eine geringere als die geschuldete Arbeitsmenge zuweist[4]. Überzeugender erscheint daher eine Lösung über das Schadensersatzrecht. Insoweit gilt dasselbe wie in der vergleichbaren Konstellation einer gegen § 9 TzBfG verstoßenden Weigerung des ArbGeb, die Arbeitszeit eines Teilzeitbeschäftigten zu verlängern. Vor einer Verlängerung besteht hinsichtlich der zusätzlichen Arbeitszeit kein erfüllbares Arbeitsverhältnis, so dass nur ein Schadensersatzanspruch, nicht aber ein Anspruch aus Gläubigerverzug in Betracht kommt[5]. Dementsprechend kann der ArbN nicht dadurch Annahmeverzug herbeiführen, dass er nach einem wirksamen Abbau von Überstunden dem ArbGeb weiterhin Überstunden anbietet[6]. Hingegen kann im umgekehrten Fall einer Verringerung der Arbeitszeit nach dem TzBfG Gläubigerverzug eintreten, indem sich der ArbGeb zu Unrecht über die entsprechend den Wünschen des ArbN gemäß § 8 V 3 TzBfG festgelegte Verteilung der Arbeitszeit hinwegsetzt.

16 Steht dem ArbN ein **Einstellungs-** bzw. ein **Wiedereinstellungsanspruch** zu, kann er vor der Begründung eines Arbeitsverhältnisses keine Rechte aus Gläubigerverzug geltend machen[7]. Bei einer Weigerung des ArbGeb kann das entgangene Entgelt aber ggf. im Wege des Schadensersatzes aus Verzug bzw. Unmöglichkeit verlangt werden[8]. Wird ein Arbeitsverhältnis mit einem Auszubildenden nach § 78a II BetrVG begründet, kann es dagegen auch dann zum Annahmeverzug kommen, wenn dieses später wieder mit Wirkung ex nunc gemäß § 78a IV 1 Nr. 2 BetrVG aufgelöst wird[9].

17 Bei einem **Betriebsübergang** (§ 613a) muss der Erwerber den gegenüber dem früheren Inhaber eingetretenen Annahmeverzug gegen sich gelten lassen[10]. Ferner sind dem Übernehmer die Vorgänge zuzurechnen, die als Tatbestandsmerkmale für spätere Rechtsfolgen von Bedeutung sind, wie etwa das Angebot des ArbN gegenüber dem früheren Betriebsinhaber. Sofern ein ArbN dem Übergang seines Arbeitsverhältnisses erst nach einem Betriebsübergang wirksam widerspricht (§ 613a VI), gerät der Veräußerer unabhängig von der Frage, ob man einem solchen Widerspruch Rückwirkung beilegt, dagegen nicht rückwirkend in Gläubigerverzug[11]. Dies ist auch bei einer nicht ordnungsgemäßen Unterrichtung iSv. § 613a V anzunehmen[12]. Allerdings kann dem betroffenen ArbN ein Schadensersatzanspruch aus § 280 I zustehen[13].

18 Nimmt der ArbGeb im Einvernehmen mit dem ArbN eine **Kündigung zurück**, so gehen die Parteien mangels einer abweichenden Regelung vom Fortbestand des Arbeitsverhältnisses mit der Folge aus, dass § 615 anwendbar ist[14]. Ein Anspruch auf Weiterbeschäftigung während des Kündigungsschutzprozesses auf der Grundlage des von der Rspr. entwickelten **allgemeinen Beschäftigungsanspruchs** führt für sich allein aber nicht dazu, dass das gekündigte Arbeitsverhältnis bis zur rechtskräftigen Entscheidung über die Kündigungsschutzklage auflösend bedingt fortbesteht[15]. Eine vergleichbare Rechtslage besteht bei einem Streit über die Wirksamkeit einer Befristung. Im Grundsatz kann der ArbGeb somit bei Ablehnung der Weiterbeschäftigung nicht in Annahmeverzug geraten[16]. Dies gilt auch bei einer rechtskräftigen Verurteilung des ArbGeb zu einer Beschäftigung des ArbN[17]. Vorbehaltlich eines Weiterbeschäftigungsanspruchs nach § 102 V BetrVG (Rz. 21) kann es zum Gläubigerverzug nur bei einer der Kündigungsschutzklage rechtskräftig stattgebenden Entscheidung oder einer Vereinbarung über die Fortsetzung des Arbeitsverhältnisses bzw. den Abschluss eines neuen Arbeitsvertrages bis zum Ende des Kündigungsschutzprozesses[18] kommen. Dabei ist es für den Anspruch aus § 615 unschädlich, wenn

---

1 BAG v. 12.6.1996 – 5 AZR 960/94, NZA 1997, 191. | 2 LAG Hess. v. 2.6.2005 – 11 Sa 1207/04, NZA-RR 2006, 127. | 3 BAG v. 7.11.2002 – 2 AZR 742/00, NZA 2003, 1139; LAG Hess. v. 12.9.2001 – 8 Sa 1122/00, NZA-RR 2002, 348. | 4 Dazu BAG v. 21.11.2000 – 9 AZR 665/99, NZA 2001, 1093. | 5 BAG v. 25.10.1994 – 3 AZR 987/93, AuR 2001, 146 (147 f.); *Hanau*, NZA 2001, 1168 (1174); Annuß/Thüsing/*Jacobs*, § 9 TzBfG Rz. 44; *Schüren*, AuR 2001, 321 (322 f.); nicht überzeugend daher BAG v. 10.2.2004 – 9 AZR 401/02, NZA 2004, 606 (611); Annahmeverzug bei Altersteilzeitvereinbarung. | 6 BAG v. 25.10.1977 – 1 AZR 452/74, DB 1978, 403. | 7 BAG v. 12.11.1997 – 7 AZR 422/96, NZA 1998, 1013; *Boewer*, NZA 1999, 1177 (1181). | 8 Näher BAG v. 28.6.2000 – 7 AZR 904/98, NZA 2000, 1097; v. 12.11.1997 – 7 AZR 422/96, NZA 1998, 1013; v. 14.10.1997 – 7 AZR 298/96, NZA 1998, 775. | 9 LAG Nürnberg v. 25.2.2000 – 8 Sa 128/99, NZA-RR 2001, 197. | 10 BAG v. 21.3.1991 – 2 AZR 577/90, NZA 1991, 726. | 11 LAG Köln v. 11.6.2004 – 12 Sa 374/04, ZIP 2005, 591; Soergel/*Kraft*, § 613a Rz. 157; *Rieble*, NZA 2004, 1 (7); aA KDZ/*Zwanziger*, § 613a Rz. 49a; grds. auch *Franzen*, RdA 2002, 258 (271). | 12 Tendenziell aA BAG v. 13.7.2006 – 8 AZR 382/05, NZA 2006, 1406 (1411) unter Heranziehung von § 162. | 13 *Schneider/Sittard*, BB 2007, 2230 ff. | 14 BAG v. 17.4.1986 – 2 AZR 308/85, NZA 1987, 17. | 15 BAG v. 17.1.1991 – 8 AZR 483/89, NZA 1991, 769; v. 10.3.1987 – 8 AZR 146/84, NZA 1987, 373; aA LAG Nds. v. 10.3.1989 – 3 Sa 362/88, DB 1989, 2234. | 16 BAG v. 17.6.1999 – 2 AZR 608/98, NZA 1999, 1154. | 17 BAG v. 12.9.1985 – 2 AZR 324/84, NZA 1986, 424; aA offenbar LAG Hamm v. 11.5.1989 – 17 Sa 1879/88, DB 1989, 1577. | 18 BAG v. 17.1.1991 – 8 AZR 483/89, NZA 1991, 769; v. 4.9.1986 – 8 AZR 636/84, NZA 1987, 376; dazu auch BAG v. 15.1.1986 – 5 AZR 237/84, NZA 1986, 561.

die Kündigungsschutzklage erst infolge einer nachträglichen Zulassung (§ 5 KSchG[1]) oder auf Grund einer Restitutionsklage[2] erfolgreich ist. Dasselbe gilt für die rechtskräftige Abweisung einer Weiterbeschäftigungsklage, sofern die Kündigungsschutzklage bzw. die Entfristungsklage letztlich erfolgreich ist[3]. Soweit der ArbN infolge rechtskräftiger Abweisung der Kündigungsschutzklage keinen Anspruch aus Annahmeverzug hat, kann ihm nach Ansicht des BAG aber derselbe Betrag als Schadensersatzanspruch unter dem Aspekt einer vom ArbGeb zu vertretenden Unmöglichkeit der Pflicht zur allgemeinen Weiterbeschäftigung zustehen (näher Rz. 104 ff.)[4].

Eigenständige Fragen ergeben sich aus dem **Zusammenspiel von Arbeitsvertragsrecht und betrieblicher Mitbest.** Bei **sozialen Angelegenheiten** kann die von der st. Rspr. vertretene These, dass arbeitgeberseitige Maßnahmen, die unter Verletzung von MitbestR des BR erfolgen, individuelle Rechtspositionen der betroffenen ArbN nicht schmälern[5], den Boden für einen Anspruch aus Gläubigerverzug bereiten. Dies betrifft etwa die Rückkehr von Wechselschicht zur Normalarbeitszeit (§ 87 I Nr. 2 BetrVG[6]) oder die Anordnung von Kurzarbeit (§ 87 I Nr. 3 BetrVG)[7]. Entsprechendes gilt, wenn die Mitbest. durch eine Regelungsabrede an Stelle einer normativ wirkenden BV ausgeübt worden ist und es deshalb an einer auch gegenüber den einzelnen ArbN wirksamen Einführung von Kurzarbeit fehlt[8]. 19

Bei **personellen Einzelmaßnahmen** iSd. § 99 I BetrVG führt die fehlende Zustimmung des BR nach Ansicht des BAG nicht zur Unwirksamkeit der arbeitsvertragl. Maßnahme. Vielmehr ergibt sich lediglich ein Beschäftigungsverbot, sofern der BR die Aufhebung der personellen Maßnahme gemäß § 101 BetrVG verlangt[9]. Für die Rspr. ergibt sich daraus sowohl bei der Einstellung[10] als auch bei der Versetzung[11] grds. die Anwendbarkeit der Regeln über den Annahmeverzug[12]. Demgegenüber hat das BAG bei der mitbestimmungswidrigen Übertragung einer höherwertigen Tätigkeit (§ 75 I Nr. 2 BPersVG) auf das Unmöglichkeitsrecht zurückgegriffen[13]. In der Lit. wird bei der Einstellung ebenfalls für eine Anwendung von § 326 II plädiert, um dem ArbGeb nicht das Risiko einer nicht zu vertretenden Zustimmungsverweigerung seitens des BR aufzuerlegen[14]. Tatsächlich spricht am meisten für eine Heranziehung von § 615 S. 3. Dem ArbGeb ist eher als dem einzelnen ArbN das Risiko eines Vetos des BR zuzurechnen. Zum einen kann der ArbGeb durch entsprechende Maßnahmen im Vorfeld die Wahrscheinlichkeit einer Zustimmungsverweigerung verringern. Zum anderen kann er durch eine geeignete Vertragsgestaltung dafür sorgen, von den Lasten des Annahmeverzugs verschont zu bleiben. So kann der ArbGeb das Arbeitsverhältnis unter die aufschiebende Bedingung der Zustimmung des BR bzw. der gerichtl. Zustimmungsersetzung stellen[15]. Dementsprechend ist in diesem Fall eine Abdingung des § 615 als zulässig anzusehen[16]. Wenn eine Versetzung nicht durch den ArbGeb angeordnet, sondern vom schwerbehinderten ArbN nach Maßgabe von § 81 IV 1 Nr. 1 SGB IX angestrebt wird, hindert das Fehlen der nach § 99 BetrVG erforderlichen Zustimmung des BR aber den Eintritt von Annahmeverzug[17]. 20

Macht der ArbN den **vorläufigen Bestandsschutz nach § 102 V BetrVG** wirksam geltend, wird das bisherige Arbeitsverhältnis kraft Gesetzes auflösend bedingt durch die rechtskräftige Abweisung der Kündigungsschutzklage fortgesetzt[18]. Der ArbGeb gerät bei unterlassener Beschäftigung daher auch dann in Gläubigerverzug, wenn er im Kündigungsschutzprozess obsiegt[19]. Wird der ArbGeb gemäß § 102 V 2 BetrVG von der Weiterbeschäftigungspflicht entbunden, endet der vorläufige Bestandsschutz ex nunc. Damit wird ein Annahmeverzug im Rahmen des Weiterbeschäftigungsverhältnisses vom Zeitpunkt der rechtskräftigen Entbindungsentscheidung an ausgeschlossen, während bis dahin entstandene Ansprüche unberührt bleiben[20]. Im Hinblick auf das ursprüngliche Beschäftigungsverhältnis bleibt ein Annahmeverzug aber weiterhin möglich. Sofern der ArbN in einem Kündigungsschutzprozess obsiegt, hat er deshalb auch bei Entbindung des ArbGeb von der Weiterbeschäftigungspflicht für die Dauer des Kündigungsrechtsstreits einen Anspruch auf Annahmeverzugslohn[21]. 21

Bei **Heimarbeitsverhältnissen** verdrängt der Entgeltschutz nach § 29 VII bzw. VIII HAG die Regelung des § 615[22]. Der schwächere Schutz von Heimarbeitern gegenüber ArbN beruht auf einer bewussten Entscheidung des Gesetzgebers, die auf dem nach wie vor stark von werkvertragl. Elementen geprägten Charakter des Heimarbeitsverhältnisses beruht. Für eine Anwendung von § 615 ist daher kein Raum. Bei 22

---

1 BAG v. 24.11.1994 – 2 AZR 179/94, NZA 1995, 263. | 2 LAG Düsseldorf v. 13.2.1998 – 9 (13) Sa 1726/97, MDR 1998, 784 f. | 3 LAG Hamm v. 12.9.1997 – 5 Sa 2446/96, LAGE § 615 BGB Nr. 55. | 4 BAG v. 12.9.1985 – 2 AZR 324/84, NZA 1986, 424. | 5 Siehe nur BAG v. 11.6.2002 – 1 AZR 390/01, NZA 2003, 570 mwN. | 6 BAG v. 18.9.2002 – 1 AZR 668/01, DB 2003, 1121. | 7 BAG v. 13.7.1977 – 1 AZR 336/75, DB 1977, 2235. | 8 BAG v. 14.2.1991 – 2 AZR 415/90, NZA 1991, 607. | 9 Vgl. BAG v. 5.4.2001 – 2 AZR 580/99, NZA 2001, 893. | 10 BAG v. 2.7.1980 – 5 AZR 56/79 und 5 AZR 1241/79, SAE 1982, 149 und SAE 1982, 154; idS auch BAG v. 25.6.1987 – 2 AZR 541/86, NZA 1988, 391. | 11 BAG v. 17.2.1998 – 9 AZR 130/97, NZA 1999, 33. | 12 Ebenso MünchArbR/*Boewer*, § 78 Rz. 15; GK-BetrVG/*Kraft*, § 99 Rz. 124. | 13 BAG v. 16.1.1991 – 4 AZR 301/90, NZA 1991, 490. | 14 ErfK/*Kania*, § 99 BetrVG Rz. 45. | 15 ErfK/*Kania*, § 99 BetrVG Rz. 45; s.a. BAG v. 17.2.1983 – 2 AZR 208/81, BAGE 41, 381 (Zulässigkeit auflösender Bedingung). | 16 Zu alledem *Miersch*, Die Rechtsfolgen mitbestimmungswidriger Maßnahmen für das Arbeitsverhältnis (1998), S. 197 ff. | 17 BAG v. 3.12.2002 – 9 AZR 481/01, NZA 2003, 1215. | 18 BAG v. 12.9.1985 – 2 AZR 324/84, NZA 1986, 424. | 19 BAG v. 7.3.1996 – 2 AZR 432/95, NZA 1996, 930; v. 12.9.1985 – 2 AZR 324/84, NZA 1986, 424. | 20 BAG v. 7.3.1996 – 2 AZR 432/95, NZA 1996, 930. | 21 LAG Rh.-Pf. v. 11.1.1980 – (7) 6 Sa 657/79, BB 1980, 415; Staudinger/*Richardi*, § 615 BGB Rz. 105; MünchArbR/*Wank*, § 121 Rz. 44. | 22 BAG v. 13.9.1983 – 3 AZR 270/81, NZA 1984, 42.

einer durch langjähriges Verhalten erfolgten Konkretisierung auf ein bestimmtes Arbeitsvolumen kann die einseitige Kürzung der Auftragsmängel aber mit der Folge vertragswidrig sein, dass dem Heimarbeiter ein Schadensersatzanspruch zusteht[1].

23 Wenn der ArbN rechtswirksam von der **Arbeitspflicht befreit** ist, etwa durch Freizeitausgleich, Urlaubserteilung oder einvernehmliche Freistellung nach erfolgter Kündigung, scheidet ein Annahmeverzug aus (zur Anrechnung von Zwischenverdienst s. Rz. 86)[2]. Dasselbe gilt bei einer wirksamen Suspendierung des Arbeitsverhältnisses, die zu einem Ruhen der beiderseitigen Hauptleistungspflichten führt[3].

24 Eine vergleichbare Rechtslage besteht bei zulässiger Einführung von **Kurzarbeit**. Da sich hierdurch die Arbeitspflicht des ArbN verringert, kann der ArbGeb insoweit nicht in Gläubigerverzug geraten[4]. Entsprechendes gilt für eine durch die Einführung der Sommerzeit bedingte Verkürzung der Arbeitszeit[5]. Die Bewilligung von Kug (§§ 169 ff. SGB III) ist keine Wirksamkeitsvoraussetzung für die Anordnung von Kurzarbeit. Außerdem ist es zu pauschal, den ArbGeb zur Zahlung der Vergütung in Höhe des Kug zu verpflichten, wenn die AA wider Erwarten keinen Zuschuss gewährt[6]. Vielmehr kommt es darauf an, ob die Rechtsgrundlage für die Einführung der Kurzarbeit den Entgeltanspruch in Höhe des zu erwartenden Kug zunächst unberührt lässt oder von vornherein umfassend absenkt. Im letzteren Fall kann die für die ArbN durch eine Versagung der Sozialleistung entstehende Deckungslücke nur durch eine etwaige Schadensersatzpflicht des ArbGeb geschlossen werden[7].

25 **2. Angebot der Arbeitsleistung. a) Grundsätzliches.** Der Gesetzgeber hat die Aufrechterhaltung des Vergütungsanspruchs bewusst an die **Erfüllung der Annahmeverzugsvoraussetzungen** geknüpft[8]. Es bedarf somit grds. eines Angebots der Dienste durch den ArbN (§ 293), dessen Voraussetzungen sich in jeder Phase des Arbeitsverhältnisses nach den §§ 294 ff. richten. Eine Beschränkung der Anwendbarkeit dieser Vorschriften auf den erstmaligen Antritt der Arbeit[9] ist abzulehnen. Allerdings sind hierbei die Besonderheiten des Arbeitsverhältnisses als eine auf die kontinuierliche Erbringung personengebundener Dienste gerichtete Rechtsbeziehung zu berücksichtigen.

26 Das vom ArbN grds. zu fordernde Angebot verfolgt nach überwiegender Ansicht zum einen das Ziel, die **Leistungsbereitschaft des Schuldners klarzustellen**. Zum anderen soll der **Zeitpunkt** eindeutig festgelegt werden, in dem der **Gläubigerverzug beginnt**[10]. Es darf jedoch nicht außer Acht gelassen werden, dass der primäre Zweck des § 615 darin besteht, den Dienstpflichtigen vor einem nutzlosen Vorhalten seiner Arbeitskraft zu bewahren. Die konstruktive Anbindung an den Gläubigerverzug dient lediglich dazu, die Voraussetzungen festzulegen, unter denen ein solches Vorhalten der Dienste anzunehmen ist. Die gesetzgeberische Wertung ist daher stärker aus der Sicht des Schuldners und weniger des Gläubigers der Dienste vorgenommen worden. Dies muss sich auf die Interpretation der §§ 294 ff. auswirken[11].

27 **b) Tatsächliches Angebot.** Gemäß § 294 ist grds. ein tatsächliches Angebot des ArbN erforderlich. Die Rspr. hält hieran für das ungekündigte Arbeitsverhältnis fest[12]. Dies steht allerdings im Widerspruch zu den erleichterten Voraussetzungen, unter denen das BAG seit Mitte der achtziger Jahre den Gläubigerverzug im gekündigten Arbeitsverhältnis bejaht, indem § 296 angewendet wird (dazu Rz. 34, 37). Im Übrigen verzichtet die Rspr. auf die Einhaltung des § 294 schon seit langem in den Fällen, in denen der ArbGeb gegenüber einer größeren Gruppe von ArbN die Annahme der Dienste verweigert, wie bspw. bei der unwirksamen Rückkehr von Wechselschicht zur Normalarbeitszeit[13] oder Einführung von Kurzarbeit[14]. Das tatsächliche Angebot ist ein **Realakt**, auf den die Vorschriften über die Willenserklärung nicht anwendbar sind. Insb. ist kein Zugang iSd. § 130 erforderlich. Ein ordnungsgemäßes tatsächliches Angebot liegt vor, wenn der ArbN dem ArbGeb seine Arbeitskraft in eigener Person (dazu auch Rz. 55), am rechten Ort, zur rechten Zeit[15] und in der rechten Weise anbietet[16]. Da sich das Angebot im Rahmen eines Arbeitsverhältnisses auf Dienste in eigener Person beziehen muss, genügt es nicht, wenn der ArbN dem ArbGeb eine Ersatzkraft stellt, mag diese zu einer Aufgabenerledigung auch geeignet sein[17].

28 In **räumlicher Hinsicht** muss sich der ArbN grds. am Erfüllungsort einfinden. Dies ist regelmäßig der konkrete Arbeitsplatz im Betrieb. Daran ändert sich nichts, wenn der ArbGeb einen Werkbus zur Verfü-

---

1 BAG v. 13.9.1983 – 3 AZR 270/81, NZA 1984, 42. | 2 BAG v. 19.3.2002 – 9 AZR 16/01, NZA 2002, 1055; v. 23.1.2001 – 9 AZR 26/00, NZA 2001, 597; v. 23.1.1996 – 9 AZR 554/93, NZA 1996, 1101; *Krause*, NZA 2005, Beil. 1, S. 51 (55); aA offenbar BAG v. 6.9.2006 – 5 AZR 703/05, NZA 2007, 36. | 3 BAG v. 10.1.2007 – 5 AZR 84/06, NZA 2007, 384. | 4 BAG v. 7.4.1970 – 2 AZR 201/69, DB 1970, 1134. | 5 BAG v. 11.9.1986 – 7 AZR 276/83, DB 1986, 1780. | 6 So aber BAG v. 11.7.1990 – 5 AZR 557/89, NZA 1991, 67; MünchArbR/*Boewer*, § 78 Rz. 32; ErfK/*Preis*, § 615 BGB Rz. 15. | 7 *Krause*, SAE 1993, 174 ff. | 8 Motive, Bd. II, S. 462 f. | 9 *Nikisch*, RdA 1967, 241 (242 ff.); ebenso *Beitzke*, SAE 1970, 4. | 10 BAG v. 9.8.1984 – 2 AZR 374/83, NZA 1985, 119; *Blomeyer*, Anm. zu BAG, AP Nr. 26 zu § 615 BGB; ErfK/*Preis*, § 615 BGB Rz. 16. | 11 Im Grundsatz auch Soergel/*Kraft*, § 615 BGB Rz. 13. | 12 BAG v. 25.4.2007 – 5 AZR 504/06, NZA 2007, 801; v. 13.7.2006 – 8 AZR 382/05, NZA 2006, 1406 (1411); v. 29.10.1992 – 2 AZR 250/92, EzA § 615 BGB Nr. 77; LAG Hess. v. 21.8.2006 – 19 (11) Sa 2008/05, NZA-RR 2007, 186; s. aber auch BAG v. 15.6.2004 – 9 AZR 483/03, NZA 2005, 462. | 13 BAG v. 18.9.2002 – 1 AZR 668/01, DB 2003, 1121. | 14 BAG v. 27.1.1994 – 6 ARZ 541/93, NZA 1995, 134; v. 10.7.1969 – 5 AZR 323/68, DB 1969, 1512. | 15 Dazu LAG Köln v. 12.4.2002 – 11 Sa 1327/01, NZA-RR 2003, 128. | 16 BAG v. 29.10.1992 – 2 AZR 250/92, EzA § 615 BGB Nr. 77. | 17 Staudinger/*Richardi*, § 615 BGB Rz. 49; s. auch LAG Köln v. 19.5.1993 – 8 Sa 60/93, LAGE § 615 BGB Nr. 37; LAG Schl.-Holst. v. 16.6.1986 – 4 (5) Sa 684/85, NZA 1987, 669 (670).

gung stellt, der die ArbN von ihrem Wohnort zum Arbeitsplatz befördert, und dieser Bus wegen Eisglätte ausnahmsw. nicht verkehren kann[1].

In **zeitlicher Hinsicht** muss der ArbN seine Leistung grds. zu Dienstbeginn anbieten. Bei flexiblen Arbeitszeiten setzt Gläubigerverzug somit voraus, dass der ArbN zu dem Zeitpunkt erscheint, auf den die Arbeit konkret gelegt worden ist. Verspätet sich der ArbN, kann es auch für den Rest des Arbeitstages an einem ordnungsgemäßen Angebot fehlen. Dies ist dann der Fall, wenn ausnahmsw. keine sinnvolle Arbeit mehr geleistet werden kann, zB weil der Werksbus zu einer weiter entfernten Baustelle bereits abgefahren ist und es für den zurückgebliebenen ArbN keine anderweitige Verwendung gibt. Wird während eines Arbeitskampfes der Zugang zum Betrieb durch Streikposten versperrt, liegt kein tatsächliches Angebot vor, wenn sich ein Arbeitswilliger bei der Gewerkschaft meldet[2]. In gleicher Weise genügt es nicht, wenn sich Arbeitswillige in eine vom ArbGeb ausgelegte Liste eintragen[3]. **29**

LeihArbN haben ihre Dienste grds. dem Verleiher als Gläubiger der Arbeitsleistung anzubieten. Nach einhelliger Ansicht genügt aber ein Angebot gegenüber dem Entleiher[4]. Verweigert der LeihArbN seine Arbeitsleistung beim Entleiher gemäß § 11 V AÜG, weil dieser von einem Arbeitskampf unmittelbar betroffen ist, muss er seine Dienste dem Verleiher anbieten[5]. **30**

Inhaltlich setzt der Annahmeverzug voraus, dass der ArbN die konkret geschuldeten Dienste anbietet. Wenn der ArbGeb die lediglich rahmenmäßig umschriebene Arbeitsleistung durch eine Weisung näher bestimmt hat, kann der ArbN den Gläubigerverzug also nicht dadurch herbeiführen, dass er eine von der Weisung nicht umfasste Arbeit anbietet[6]. Überschreitet der ArbGeb dagegen sein Direktionsrecht, liegt ein ordnungsgemäßes Angebot vor, wenn der ArbN die ursprünglich vereinbarten und weiterhin geschuldeten Dienste anbietet[7]. Im Übrigen hat es das BAG für möglich gehalten, die Verletzung der Pflicht zum Nachweis einer mitgeteilten Schwangerschaft durch eine werdende Mutter in der Weise zu sanktionieren, dass ein ordnungsgemäßes Angebot und hierdurch ein Annahmeverzug (vorübergehend) verneint wird[8]. Schließlich liegt ein ordnungsgemäßes Angebot auch dann nicht vor, wenn der ArbN seine Tätigkeit unter Verletzung arbeitsschutzrechtl. Verhaltenspflichten erbringen will, indem er sich etwa weigert, eine vorgeschriebene Schutzkleidung anzuziehen[9]. **31**

c) Wörtliches Angebot. § 295 S. 1 lässt in zwei Gestaltungen ein wörtliches Angebot an Stelle eines tatsächlichen Angebots genügen. Dies ist erstens der Fall, wenn der ArbGeb erklärt hat, dass er die Dienste nicht annehmen werde, und zum anderen, wenn der ArbGeb eine erforderliche Mitwirkungshandlung unterlässt. Der Zweck der Vorschrift liegt darin, den **Schuldner von unnötigen bzw. sinnlosen Handlungen zu entlasten**[10]. Das Erfordernis eines wörtlichen Angebots dient, wie sich im Umkehrschluss aus § 296 ergibt, weniger der Dokumentation der Leistungsfähigkeit des Schuldners als vielmehr der Festlegung einer Leistungszeit, von der an Gläubigerverzug vorliegt[11]. **32**

aa) Ablehnungserklärung. Die Ablehnungserklärung des ArbGeb ist eine **geschäftsähnliche Handlung**, die dem ArbN entsprechend § 130 zugehen muss[12]. Die Ablehnung kann ausdrücklich oder konkludent erfolgen. Sie liegt in jeder einseitigen – vollständigen oder teilweisen – Suspendierung der Arbeitspflicht, insb. in der (rechtswidrigen) Einführung von Freischichten oder Kurzarbeit[13] sowie in jeder – ordentlichen oder außerordentlichen – Kündigung[14]. Ein Ablehnungswille kommt auch in der Weigerung des ArbGeb zum Ausdruck, den ArbN während eines Arbeitskampfes bzw. nach dessen Ende zu beschäftigen. **33**

bb) Mitwirkungshandlung. Mitwirkungshandlungen sind diejenigen Maßnahmen, die der Gläubiger vornehmen muss, damit der **Schuldner seine Leistung erbringen** kann. Dies kann beispielsweise eine Mitteilung über den Arbeitsort und die Arbeitszeit sein[15]. Von § 296 S. 2 unterscheidet sich § 295 S. 1 Alt. 2 lediglich dadurch, dass die vom Gläubiger vorzunehmende Handlung nicht kalendermäßig bestimmt ist. Die Rspr.[16] und Teile der Lit.[17] sehen in der Schaffung der arbeitstechnischen Voraussetzungen, nämlich der **Einrichtung eines funktionsfähigen Arbeitsplatzes** und der **Zuweisung von Arbeit**, eine für die Dienstleistung des ArbN erforderliche **Mitwirkungshandlung des ArbGeb iSd. §§ 295, 296**. Das BAG stuft die Mitwirkungsobliegenheit des ArbGeb darüber hinaus als kalendermäßig bestimmt ein, um auf diesem Wege über § 296 S. 1 zu einer Entbehrlichkeit sogar des wörtlichen Angebots zu gelangen. Allerdings hat das BAG diese Sichtweise bislang auf die unberechtigte Suspendierung ganzer ArbN-Grup- **34**

---

1 BAG v. 8.12.1982 – 4 AZR 134/80, DB 1983, 395. | 2 LAG Bremen v. 19.5.1980 – 3 Sa 172/79, BB 1980, 1472. | 3 LAG Hamm v. 1.3.1995 – 18 Sa 1274/94, DB 1995, 1818. | 4 Erman/*Belling*, § 615 BGB Rz. 9; MünchArbR/*Boewer*, § 78 Rz. 17; ErfK/*Preis*, § 615 Rz. 20. | 5 ErfK/*Preis*, § 615 BGB Rz. 20. | 6 BAG v. 13.6.2007 – 5 AZR 564/06, NZA 2007, 974; v. 27.4.1960 – 4 AZR 584/58, DB 1960, 846. | 7 Vgl. BAG v. 7.2.2007 – 5 AZR 422/06, NZA 2007, 561; v. 21.4.1999 – 5 AZR 174/98, NZA 1999, 1044; v. 3.12.1980 – 5 AZR 477/78, DB 1981, 799. | 8 BAG v. 6.6.1974 – 2 AZR 278/73, DB 1974, 2355. | 9 *Wlotzke*, FS Hilger/Stumpf (1983), S. 723 (766). | 10 Motive, Bd. II, S. 70 f. | 11 Soergel/*Wiedemann*, § 295 BGB Rz. 1. | 12 Soergel/*Wiedemann*, § 295 BGB Rz. 14. | 13 ErfK/*Preis*, § 615 BGB Rz. 26. | 14 Siehe nur BAG v. 12.7.2006 – 5 AZR 277/06, NZA 2006, 1094. | 15 LAG Hess. v. 21.8.2008 – 19 (11) Sa 2008/05, NZA-RR 2007, 186. | 16 Grdl. BAG v. 9.8.1984 – 2 AZR 374/83, NZA 1985, 119; v. 10.7.1969 – 5 AZR 323/68, DB 1969, 1512. | 17 Grdl. *Eisemann*, ArbRGegw 19 (1982), 33 (46 f.); ebenso MünchArbR/*Boewer*, § 78 Rz. 23; *Ramrath*, SAE 1992, 56 (59 f.); Staudinger/*Richardi*, § 615 BGB Rz. 61 ff.

pen[1] sowie die unwirksame Kündigung[2] beschränkt. Für das ungestörte Arbeitsverhältnis hält die Rspr. demgegenüber grds. am Erfordernis eines tatsächlichen Angebots iSd. § 294 fest[3] und bezieht diesen Grundsatz auch auf den Fall einer unwirksamen Festlegung flexibler Arbeitszeiten[4]. Ein Teil des Schrifttums lehnt es für alle Gestaltungen ab, die für die Erbringung der Arbeit erforderlichen Maßnahmen des ArbGeb als Mitwirkungshandlungen iSd. §§ 295, 296 zu qualifizieren[5]. Die organisatorischen Vorkehrungen des ArbGeb sowie die Ausübung des Direktionsrechts lassen sich aber nicht als eine schlichte Annahme der Dienste begreifen. Vielmehr handelt es sich um Mitwirkungshandlungen, die der ArbGeb vornehmen muss, damit der ArbN zur Leistung im Stande ist.

35 Diese Einordnung führt aber **nicht zwangsläufig** dazu, dass alle Fälle der Nichtannahme unter § 295 S. 1 Alt. 2 oder § 296 S. 1 zu fassen wären und damit für § 294 **kein Anwendungsbereich** mehr bliebe. Zumindest in einem ungestörten Arbeitsverhältnis setzen die Mitwirkungsobliegenheiten des ArbGeb nämlich erst in dem Augenblick ein, in dem der ArbN im Betrieb erscheint und seine Arbeit tatsächlich anbietet[6]. Unter § 295 S. 1 Alt. 2 fallen deshalb nur die seltenen Gestaltungen, in denen der ArbGeb eine Handlung bereits vor dem Erscheinen der ArbN im Betrieb vornehmen muss, ohne dass diese jedoch bezogen auf das einzelne Arbeitsverhältnis kalendermäßig fixiert ist. Zu nennen ist etwa die Benachrichtigung der ArbN über die Wiederaufnahme der Arbeit nach Ende einer Schlechtwetterperiode[7].

36 **cc) Anforderungen an das wörtliche Angebot.** Das wörtliche Angebot ist eine **geschäftsähnliche Handlung**, die dem ArbGeb entsprechend § 130 zugehen muss[8]. Inhaltlich muss sich das Angebot auf die gesamte geschuldete Arbeitsleistung beziehen[9]. Lehnt der ArbGeb lediglich die Annahme eines Teils der Arbeitsleistung rechtswidrig ab, muss der ArbN daher verdeutlichen, dass er in bestimmtem Umfang über die angeordnete Arbeitszeit hinaus arbeiten wolle. Das schlichte Erscheinen am Arbeitsplatz sowie die Erbringung der Arbeitsleistung in dem vom ArbGeb gewünschten Umfang stellen im Hinblick auf den überschießenden Teil der Arbeitszeit weder ein wörtliches noch gar ein tatsächliches Angebot dar[10]. In zeitlicher Hinsicht kann das wörtliche Angebot nur nach der Ablehnungserklärung seitens des ArbGeb erfolgen[11]. Die in der früheren Rspr. vertretene Auffassung, nach der das Angebot bei ungekündigtem Arbeitsverhältnis in der bisherigen Dienstleistung zu erblicken war[12], ist daher abzulehnen. Im Falle einer Kündigung hat allerdings auch die ältere Judikatur die bislang erbrachte Arbeit nicht als Angebot iSd. § 295 genügen lassen, sondern darüber hinaus einen Widerspruch gegen die Kündigung gefordert[13]. Ein hinreichend deutlicher Protest wurde früher vorzugsweise in der Erhebung der Kündigungsschutzklage gesehen[14]. Hierbei wurde ein gleichzeitig gestellter Auflösungsantrag iSd. § 9 KSchG als für das Angebot unschädlich angesehen[15]. Ein Abstellen auf die Kündigungsschutzklage hätte an sich zur Folge, dass Annahmeverzug erst ab deren Zugang beim ArbGeb eintritt[16]. Das BAG ist insoweit allerdings nicht immer konsequent gewesen und hat im Falle einer fristlosen Kündigung eine Rückwirkung des Arbeitsangebots bis zur tatsächlichen Entlassung ohne jegliche Begründung bejaht[17]. Zudem entsteht bei einer während der Kündigungsfrist erhobenen Klage das Problem, dass auch ein wörtliches Angebot an sich erst zur vereinbarten Leistungszeit erfolgen kann[18]. Diejenige Arbeitszeit, um deren Annahmeverzug es in dieser Gestaltung geht, wird aber erst für die Zeit nach dem Ablauf der Kündigungsfrist geschuldet. Mit der von der Rspr. seit vielen Jahren in einer Reihe von Konstellationen befürworteten Heranziehung von § 296, die zur Entbehrlichkeit auch eines wörtlichen Angebots führt (Rz. 37), verringern sich zumindest für die Praxis die aus einer Anwendung von § 295 folgenden Probleme. Die hierfür geltenden Grundsätze sind damit nur für die nicht von § 296 erfassten Fälle bedeutsam.

37 **d) Entbehrlichkeit eines wörtlichen Angebots.** Nach § 296 S. 1 ist selbst ein wörtliches Angebot entbehrlich, wenn für eine **Mitwirkungshandlung** des Gläubigers iSd. § 295 S. 1 Alt. 2 eine **Zeit nach dem Kalender bestimmt** ist und der Gläubiger diese **Handlung nicht rechtzeitig vornimmt**. Die Rspr. hat sich für den Annahmeverzug des ArbGeb zunehmend auf diese Norm gestützt. Das BAG sieht die dem

---

1 Zuletzt BAG v. 27.1.1994 – 6 AZR 541/93, NZA 1995, 134. | 2 Zuletzt BAG v. 5.11.2003 – 5 AZR 562/02, AP Nr. 106 zu § 615 BGB. | 3 BAG v. 29.10.1992 – 2 AZR 250/92, EzA § 615 BGB Nr. 77; LAG Hess. v. 21.8.2006 – 19 (11) Sa 2008/05, NZA-RR 2007, 186. | 4 BAG v. 25.4.2007 – 5 AZR 504/06, NZA 2007, 801. | 5 *Löwisch*, Anm. zu BAG, EzA § 615 BGB Nr. 66; *Stahlhacke*, AuR 1992, 8 (9 f.). | 6 Eingehend *Konzen*, Gem. Anm. zu BAG, AP Nr. 34 und Nr. 35 zu § 615 BGB; *Schwarze*, Anm. zu BAG, EzA § 615 BGB Nr. 78. | 7 BAG v. 14.3.1961 – 4 AZR 146/61, DB 1962, 775; LAG Düsseldorf v. 20.12.1968 – 4 Sa 750/68, BB 1969, 1479. | 8 BAG v. 21.3.1985 – 2 AZR 201/84, NZA 1985, 778; ErfK/*Preis*, § 615 BGB Rz. 24; Staudinger/*Richardi*, § 615 BGB Rz. 54. | 9 *Kraft*, Anm. zu BGH, EzA § 615 BGB Nr. 55. | 10 BAG v. 25.4.2007 – 5 AZR 504/06, NZA 2007, 801; zum teilweisen Annahmeverzug s. auch BAG v. 7.11.2002 – 2 AZR 742/00, NZA 2003, 1139. | 11 *Blomeyer*, Anm. zu BAG, AP Nr. 31 zu § 615 BGB; insoweit sehr restriktiv BGH v. 20.1.1988 – IVa ZR 128/86, EzA § 615 BGB Nr. 55 (Angebot nach Zugang der Kündigung erforderlich). | 12 BAG v. 7.12.1962 – 1 AZR 134/61, DB 1963, 591; v. 14.3.1961 – 4 AZR 146/61, DB 1962, 775. | 13 BAG (GS) v. 26.4.1956 – GS 1/56, BAGE 3, 66. | 14 BAG v. 14.8.1974 – 5 AZR 497/73, DB 1975, 212; v. 26.8.1971 – 2 AZR 301/70, DB 1971, 1971; v. 10.4.1963 – 4 AZR 95/62, DB 1963, 802. | 15 BAG v. 18.1.1963 – 5 AZR 200/62, DB 1963, 554. | 16 So für den Protest gegen die unzulässige Einführung von Kurzarbeit BAG v. 15.12.1961 – 1 AZR 207/59, BB 1962, 220; ferner *Blomeyer*, Anm. zu BAG, AP Nr. 31 zu § 615 BGB; *Eisemann*, ArbRGegw 19 (1982), 33 (34 f.). | 17 BAG 18.6.1965 – 5 AZR 351/64, DB 1965, 1405; v. 18.1.1963 – 5 AZR 200/62, DB 1963, 554; idS für eine nach Ablauf der Kündigungsfrist erhobene Kündigungsschutzklage auch BAG v. 10.4.1963 – 4 AZR 95/62, DB 1963, 802. | 18 Soergel/*Kraft*, § 615 BGB Rz. 17.

ArbGeb als Gläubiger der Arbeitsleistung obliegende Mitwirkungshandlung darin, dass dieser dem ArbN einen funktionsfähigen Arbeitsplatz zur Verfügung stellen und ihm konkrete Arbeit zuweisen muss. Danach ist es Sache des ArbGeb, dem ArbN die Leistungserbringung dadurch zu ermöglichen, dass er dessen Arbeitseinsatz fortlaufend plant und konkretisiert. Die kalendermäßige Bestimmung soll sich daraus ergeben, dass es sich um eine mit dem Kalender synchron laufende Daueraufgabe handele[1]. Ihren Anfang hat diese Judikatur in den Fällen der unberechtigten Suspendierung ganzer ArbN-Gruppen gefunden[2]. Mit zwei grundlegenden Entscheidungen aus den achtziger Jahren hat das BAG diese Grundsätze dann auf die fristlose[3] und die ordentl. Kündigung für die Zeit nach dem Ende der Kündigungsfrist[4] ausgedehnt. Die Rspr. hat an diesen Regeln in der Folgezeit festgehalten und sie auf weitere Fallgruppen erstreckt. So wird § 296 auch bei einer wirksamen Kündigung, deren Kündigungsfrist zu kurz bemessen ist, angewendet[5]. Gleiches soll bei einer unwirksamen Befristung gelten[6]. Im ungekündigten Arbeitsverhältnis ist § 296 auf den Fall einer unzulässigen Dienstenthebung angewendet worden[7]. Auf die anfängliche Ausnahmeregel, dass es bei berechtigten Zweifeln des ArbGeb an der Leistungswilligkeit des ArbN bei der Notwendigkeit einer Aufforderung durch den Beschäftigten bleiben solle[8], ist das BAG soweit ersichtlich nicht zurückgekommen.

Das Umschwenken der Rspr. auf die Lösung über § 296 ist in der **Literatur überwiegend positiv aufgenommen** worden[9]. Teilweise wird das wichtigste Ergebnis gebilligt, nämlich die Entbehrlichkeit eines ArbN-Angebots bei einer vom ArbGeb erklärten Kündigung, hierfür aber eine andere Begründung geliefert. So wird selbst ein wörtliches Angebot unter den Gesichtspunkten der Nutzlosigkeit[10], der Unzumutbarkeit[11] bzw. des Verstoßes gegen die Leistungstreuepflicht[12] für verzichtbar gehalten[13]. Eine durchaus beachtliche Anzahl von Stimmen verweigert dem BAG auch im Ergebnis die Gefolgschaft und hält jedenfalls ein wörtliches Angebot der Arbeitsleistung für unentbehrlich[14]. 38

Ein **generelles Vorgehen über § 296** erscheint in der Tat **nicht möglich**. Der ArbGeb muss zwar die organisatorischen Voraussetzungen dafür schaffen, dass der ArbN in die Lage versetzt wird, seine Arbeitsleistung zu erbringen. Diese Mitwirkungshandlungen sind aber nicht kalendermäßig bestimmt. Vielmehr obliegen dem ArbGeb entsprechende Handlungen erst in dem Augenblick, in dem der ArbN im Betrieb erscheint. Dies wird auch vom BAG zugestanden, wenn es im Rahmen eines ungestörten Arbeitsverhältnisses am Erfordernis eines tatsächlichen Leistungsangebotes für den Gläubigerverzug festhält (Rz. 27). Der ArbGeb gerät daher in einem solchen Fall nicht allein deshalb in Annahmeverzug, weil er infolge eines Auftragsmangels nicht in der Lage ist, dem ArbN konkrete Arbeit zuzuweisen. 39

Soweit der ArbGeb **im Rahmen eines unstreitig bestehenden Arbeitsverhältnisses die Arbeitsleistung einseitig zu Unrecht ablehnt**, ändert sich dagegen die Situation. In einem solchen Fall ist es dem ArbN im Allgemeinen nicht möglich, seine Arbeitskraft anderweitig zu verwerten. Es besteht somit die Gefahr, dass der ArbN seine Arbeitskraft ohne eine entsprechende Gegenleistung zu Gunsten des ArbGeb vorhält. Genau davor will § 615 den ArbN bewahren. Ein wörtliches Angebot ist in einer derartigen Gestaltung somit verzichtbar[15]. Der Wortlaut von § 295 steht deshalb nicht entgegen, weil der Zweck des wörtlichen Angebots, nämlich die exakte Festlegung des Beginns des Gläubigerverzugs in diesen Fällen bereits dadurch gewahrt wird, dass die Arbeitsleistung zeitlich fixiert ist. Bei alledem kommt es nicht darauf an, ob sich die unberechtigte Suspendierung auf eine größere Gruppe von ArbN oder lediglich auf ein einzelnes Arbeitsverhältnis bezieht. Dasselbe gilt, wenn ein ArbGeb (Arzt) den Betrieb (Praxis) urlaubsbedingt vorübergehend schließt und es dadurch einem ArbN nicht möglich ist, einer sinnvollen Beschäftigung nachzugehen[16]. Bei einer ausdrücklichen – widerruflichen oder unwiderruflichen – **Freistellung** kann sogar von einer Vereinbarung über die Entbehrlichkeit des Angebots ausgegangen werden, sofern es nicht infolge einer Beseitigung der Arbeitspflicht schon an der Grundvoraussetzung für 40

---

1 BAG v. 15.6.2004 – 9 AZR 483/03, NZA 2005, 462; v. 19.1.1999 – 9 AZR 679/97, NZA 1999, 925; v. 24.11.1994 – 2 AZR 179/94, NZA 1995, 263; v. 21.1.1993 – 2 AZR 309/92, NZA 1993, 550. | 2 BAG v. 10.7.1969 – 5 AZR 323/68, DB 1969, 1512; ebenso BAG v. 27.1.1994 – 6 AZR 541/93, NZA 1995, 134. | 3 BAG v. 9.8.1984 – 2 AZR 374/83, NZA 1985, 119. | 4 BAG v. 21.3.1985 – 2 AZR 201/84, NZA 1985, 778. | 5 BAG v. 9.4.1987 – 2 AZR 280/86, NZA 1988, 541; LAG Schl.-Holst. v. 10.12.2003 – 3 Sa 395/03, MDR 2004, 516; aA LAG Düsseldorf v. 17.7.1997 – 5 Sa 642/97, LAGE § 615 BGB Nr. 51. | 6 LAG Hamburg v. 8.11.1994 – 3 Sa 37/94, LAGE § 615 BGB Nr. 44, das allerdings zusätzlich darauf abstellt, ob der ArbN den Fortbestand des Arbeitsverhältnisses geltend gemacht hat. | 7 LAG Hamm v. 20.5.1988 – 17 Sa 2045/87, LAGE § 615 BGB Nr. 16. | 8 BAG v. 21.3.1985 – 2 AZR 201/84, NZA 1985, 778 (779). | 9 Erman/*Belling*, § 615 BGB Rz. 21; MünchArbR/*Boewer*, § 78 Rz. 23; ErfK/*Preis*, § 615 BGB Rz. 30; *Ramrath*, SAE 1992, 56 (59 f.); Staudinger/*Richardi*, § 615 Rz. 61 ff.; KR/*Spilger*, § 11 KSchG Rz. 12 ff.; der Sache nach ebenso *Konzen*, Anm. zu BAG, AP Nr. 34 und Nr. 35 zu § 615 BGB; zuvor bereits *Eisemann*, ArbRGegw 19 (1982), 33 (46 f.). | 10 *Schäfer*, JuS 1988, 265 (266). | 11 *Schwarze*, Anm. zu BAG, EzA § 615 BGB Nr. 78. | 12 *Waas*, NZA 1994, 151 (153 ff.). | 13 Zu älteren Lösungsversuchen *Eisemann*, ArbRGegw 19 (1982), 33 (36 ff.); ferner *Blomeyer*, Anm. zu BAG, AP Nr. 26 zu § 615 BGB, der sich selbst für eine teleologische Reduktion von § 295 ausspricht. | 14 *Kaiser*, Anm. zu BAG, EzA, § 615 BGB Nr. 70; Soergel/*Kraft*, § 615 Rz. 22; *Löwisch*, Anm. zu BAG, EzA § 615 BGB Nr. 66; *Stahlhacke*, AuR 1992, 9 (9 f.); *Wiedemann/Wonneberger*, Anm. zu BAG, AP Nr. 45 zu § 615 BGB. | 15 IdS auch BAG v. 6.9.2006 – 5 AZR 703/05, NZA 2007, 36 für den Fall der Freistellung. | 16 LAG Köln v. 1.8.1997 – 11 (7) Sa 152/97, NZA-RR 1998, 393.

einen Annahmeverzug fehlt (Rz. 23)[1]. Sofern der ArbGeb die Arbeitsleistung gegenüber dem betroffenen ArbN allerdings nicht eindeutig ablehnt, bleibt es beim Erfordernis eines tatsächlichen Angebots[2].

41 Bei einer **(unwirksamen) arbeitgeberseitigen Kündigung bzw. Befristungsabrede** entsteht eine andere Ausgangslage. In diesen Gestaltungen ist der ArbN grds. frei, seine Arbeitskraft anderweitig einzusetzen. Die Gefahr einer vergütungslosen Bindung besteht nicht. Es kann daher vom ArbN erwartet werden, dass er sich gegen den Beendigungstatbestand erkennbar zu Wehr setzt. Ein solches Verhalten ist auch bei einer fristlosen Kündigung nicht unzumutbar. Zudem wird dem ArbGeb hierdurch vor Augen geführt, was auf dem Spiel steht, wenn er an der Wirksamkeit der Auflösung des Arbeitsverhältnisses festhält. Den Besonderheiten des Arbeitsverhältnisses kann dadurch Rechnung getragen werden, dass man die Kündigungsschutzklage bzw. die Feststellungsklage nach § 17 TzBfG als hinreichendes Arbeitsangebot einstuft und dem ArbN die volle Ausschöpfung der Klagefrist ohne Nachteile zubilligt, indem man dem Angebot Rückwirkung beilegt[3]. Für diese Lösung spricht nicht zuletzt, dass es bei ArbN, die ihre Tätigkeit weitgehend selbst organisieren, entsprechend der Judikatur des BGH zu freien Dienstverträgen[4] an hinreichend konkreten Mitwirkungsobliegenheiten des ArbGeb fehlt, deren Unterlassen zur Verzichtbarkeit eines Angebots führen könnte[5].

42 Ferner passt die vom BAG entwickelte Sichtweise von vornherein nicht für die Fälle, in denen die **Initiative** zur (unwirksamen) Auflösung des Arbeitsverhältnisses vom **ArbN** ausgeht. Dies betrifft unwirksame Eigenkündigungen[6] ebenso wie unwirksame Aufhebungsverträge auf Wunsch des ArbN. Darüber hinaus ist bei Aufhebungsverträgen ganz generell eine Entbehrlichkeit des Angebots abzulehnen. Selbst wenn der ArbGeb den Aufhebungsvertrag angeregt hat, kann von einem zustimmenden ArbN erwartet werden, dass er gegenüber dem ArbGeb den Willen eindeutig zum Ausdruck bringt, am Arbeitsverhältnis fest zu halten[7].

43 Für eine Anwendung von § 296 ist somit nur dann Raum, wenn der ArbGeb eine Mitwirkungshandlung unterlässt, die den ArbN bereits daran hindert, am **Arbeitsplatz zu erscheinen**. Dies ist bspw. der Fall, wenn der ArbGeb einen Montagearbeiter nicht an der vorgesehenen Stelle abholt[8]. Gleiches gilt, wenn der ArbGeb den ArbN davon abhält, sich in einen Schichtplan einzutragen, so dass es dem Beschäftigten nicht möglich ist, zu einer bestimmten Zeit am Arbeitsplatz zu erscheinen[9].

44 Weiterhin kann selbst ein wörtl. Angebot in Ausnahmesituationen wegen **offenkundiger Nutzlosigkeit** entbehrlich sein. Dies ist etwa bei einem Hausverbot anzunehmen[10]. Im Übrigen ist insoweit aber Zurückhaltung geboten, um die gestuften Anforderungen der §§ 294 ff. nicht auszuhöhlen[11].

45 **3. Leistungswille und Leistungsfähigkeit. a) Allgemeines.** Der ArbGeb gerät nicht in Annahmeverzug, wenn der ArbN nicht leistungswillig oder leistungsfähig ist[12]. Für diesen unbestrittenen Grundsatz wird teilweise § 297 angeführt[13]. Diese Vorschrift hat aber nur eine begrenzte Bedeutung. Soweit ein tatsächliches Angebot iSd. § 294 erforderlich ist, gehören die Leistungsbereitschaft und der Leistungswille bereits zu den Erfordernissen eines ordnungsgemäßen Angebots[14]. Des Weiteren scheidet ein Annahmeverzug auch in den Fällen der §§ 295, 296 ohne Rücksicht auf § 297 dann von vornherein aus, wenn ein fehlender Leistungswille bzw. eine fehlende Leistungsfähigkeit des ArbN zur Unmöglichkeit führt. § 297 setzt als Teil der Gläubigerverzugsvorschriften eine Nachholbarkeit der Leistung voraus[15]. Der Zweck der Norm besteht darin, bei einem nicht dem Unmöglichkeitsrecht zugehörigen zeitweiligen Leistungshindernis den Eintritt des Annahmeverzugs auszuschließen[16]. § 297 greift daher nur dann ein, wenn die Arbeitsleistung nicht den Charakter einer absoluten Fixschuld hat und ihre Versäumung somit nicht zur zeitanteiligen Unmöglichkeit führt. Unabhängig von der konkreten Reichweite dieser Regelung geht es in der Sache darum, zwischen den Fällen abzugrenzen, in denen die Nichtannahme der Arbeit ausschließlich auf dem Willen des ArbGeb beruht, so dass er gemäß § 615 S. 1 zur Fortzahlung des Entgelts verpflichtet ist, und den Konstellationen, in denen mangels Leistungsbereitschaft oder Leistungsfähigkeit des ArbN kein Vergütungsanspruch auf Annahmeverzug besteht. Scheidet Gläubigerverzug aus, kann sich ein Entgeltanspruch allerdings aus anderen Bestimmungen ergeben (zB bei Krankheit nach § 3 EFZG).

---

1 *Schwarze*, RdA 2007, 300 (301 f.). |2 LAG Köln v. 5.12.2006 – 9 Sa 937/06, NZA-RR 2007, 289. |3 IdS auch *Wiedemann/Wonneberger*, Anm. zu BAG, AP Nr. 45 zu § 615 BGB. |4 BGH v. 20.1.1988 – IVa 128/86, EzA § 615 BGB Nr. 55; v. 13.3.1986 – IX ZR 65/85, DB 1986, 1332. |5 MünchArbR/*Boewer*, § 78 Rz. 24; ErfK/*Preis*, § 615 BGB Rz. 33. |6 Vgl. BAG v. 16.1.2003 – 2 AZR 653/01, AP Nr. 2 zu § 67 SeemG; für den Fall eines Formverstoßes gem. § 623 ebenso: *Caspers*, RdA 2001, 28 (29 f.); Staudinger/*Preis*, § 623 BGB Rz. 72; *Schaub*, NZA 2000, 344 (347). |7 Insoweit auch BAG v. 7.12.2005 – 5 AZR 19/05, NZA 2006, 435; ferner *Caspers*, RdA 2001, 28 (33); Staudinger/*Preis*, § 623 BGB Rz. 72; *Richardi/Annuß*, NJW 2000, 1231 (1233). |8 ErfK/*Preis*, § 615 BGB Rz. 42; *Schaub*, ZIP 1981, 347 (349). |9 BAG v. 12.6.1996 – 5 AZR 960/94, NZA 1997, 191. |10 BAG v. 20.3.1986 – 2 AZR 295/85, EzA § 615 BGB Nr. 48; v. 11.11.1976 – 2 AZR 457/75, DB 1977, 1190. |11 Sehr großzügig BAG v. 18.9.2002 – 1 AZR 668/01, DB 2003, 1121; v. 21.4.1999 – 5 AZR 174/98, NZA 1999, 1044. Zur früheren Sonderregelung im Bereich der Leiharbeit gemäß § 10 IV AÜG aF vgl. 2. Aufl. |12 BAG v. 19.5.2004 – 5 AZR 434/03, AP Nr. 108 zu § 615 BGB. |13 BAG v. 19.5.2004 – 5 AZR 434/03, AP BGB § 615 Nr. 108; v. 10.5.1973 – 5 AZR 493/72, DB 1973, 1604; ErfK/*Preis*, § 615 BGB Rz. 43. |14 *Nierwetberg*, BB 1982, 995 (996). |15 BAG v. 23.1.2001 – 9 AZR 287/99, NZA 2001, 1020; *Ramrath*, SAE 1992, 56 (63). |16 Soergel/*Wiedemann*, § 297 BGB Rz. 2.

b) Leistungswille. Der ArbN muss leistungswillig sein. Fehlt es an der Leistungsbereitschaft, so setzt er sich **außer Stande, die geschuldete Leistung zu bewirken**. Der Leistungswille muss zum Zeitpunkt des Angebots bzw. der Fälligkeit der Arbeitsleistung vorliegen[1]. Ein späterer Fortfall ursprünglich vorhandener Leistungsbereitschaft beendet den Gläubigerverzug[2]. Der Wille muss ernstlich sein und sich inhaltlich darauf beziehen, die Arbeitsleistung im geschuldeten zeitlichen Umfang zu erbringen[3]. Ein tatsächliches Angebot belegt grds. den ernsthaften Leistungswillen[4]. Dasselbe ist bei einem wörtlichen Angebot anzunehmen[5]. Der erforderliche Leistungswille wird durch die Erhebung einer Kündigungsschutzklage aber nicht ersetzt[6]. Ferner muss der ArbN auch in den Fällen, in denen ein Angebot gemäß § 296 entbehrlich ist, seine Leistungsbereitschaft nicht nachweisen. Vielmehr ist es Sache des ArbGeb, den fehlenden Leistungswillen darzutun[7]. Allerdings lässt sich die Leistungsbereitschaft des ArbN im Allgemeinen nur für solche Zeiträume feststellen, die vor der letzten mündlichen Verhandlung über Ansprüche aus § 615 liegen[8]. 46

Das Hauptproblem besteht darin, welche Umstände den **Schluss auf einen fehlenden Leistungswillen des ArbN** erlauben. Die Leistungsbereitschaft wird von vornherein nicht dadurch ausgeschlossen, dass der ArbN keine Kündigungsschutzklage erhebt oder keinen Weiterbeschäftigungsanspruch stellt[9]. Dasselbe gilt bei einem Antrag auf Auflösung des Arbeitsverhältnisses gemäß § 9 KSchG[10]. Ein Auslandsaufenthalt lässt für sich allein ebenfalls nicht den Schluss zu, dass der ArbN nicht leistungsbereit ist[11]. Entsprechendes gilt bei einem vehementen Protest gegen eine geplante Versetzung, solange der ArbGeb den ArbN nicht zur Aufnahme der Arbeit am neuen Arbeitsort konkret aufgefordert hat[12]. Demgegenüber dokumentiert der ArbN durch die Inanspruchnahme von Elternzeit oder das Eingehen eines neuen Arbeitsverhältnisses ohne Wissen des bisherigen ArbGeb seine Leistungsunwilligkeit[13]. Gibt der ArbN zu verstehen, dass er dem ArbGeb infolge einer Beendigung des Arbeitsverhältnisses keine Arbeitsleistung mehr schulde, fehlt es gleichfalls am Leistungswillen[14]. Ebenso verhält es sich bei Abschluss eines Aufhebungsvertrages, selbst wenn dieser mangels Schriftform nichtig ist. § 623 will den ArbN vor dem Verlust der Arbeitsplatzes, nicht jedoch vor jeglichen nachteiligen Folgen seiner Erklärung schützen[15]. Die Leistungswilligkeit kann jedoch trotz der einverständlichen formunwirksamen Beendigung des Arbeitsverhältnisses angenommen werden, wenn der ArbN erklärt, er brauche die Arbeit[16]. Schließlich soll es an der Leistungsbereitschaft fehlen, wenn der ArbN die Arbeitsaufnahme im Rahmen einer sog. Prozessbeschäftigung unter die Bedingung stellt, dass der ArbGeb die Kündigung zurücknimmt[17], wodurch die hohen Anforderungen, welche die Rspr. an die Beendigung des Annahmeverzugs stellt (vgl. Rz. 70), freilich unterlaufen werden. 47

Steht dem ArbN ein **Leistungsverweigerungsrecht** zu und ist er deshalb nicht leistungswillig, muss er zumindest bereit sein, die geschuldete Leistung zu bewirken, sobald das Hindernis entfällt[18]. Dies kann bei Entgeltrückständen zum Tragen kommen (dazu auch Rz. 64, 75 sowie § 614 Rz. 13 ff.) sowie dann, wenn der ArbGeb gegen Arbeitsschutzbestimmungen verstößt (vgl. § 618 Rz. 35) oder eine feindliche Arbeitsumgebung schafft bzw. unter Verstoß gegen seine Fürsorgepflicht duldet (Mobbing)[19]. Sofern der ArbN seine Weiterarbeit im Betrieb allerdings definitiv ausschließt, fehlt es an der erforderlichen Leistungsbereitschaft[20]. 48

c) Leistungsfähigkeit. Der ArbN muss leistungsfähig sein. Bei einem objektiven **Leistungsunvermögen scheidet Gläubigerverzug aus**. Vielmehr liegt dann Unmöglichkeit vor. Bezugspunkt der Leistungsfähigkeit ist die geschuldete Arbeit. Kann der ArbN die aktuell ausgeübte Arbeit insbesondere krankheitsbedingt nicht mehr wahrnehmen, kommt es zunächst darauf an, ob es eine andere innerhalb des vertragl. Rahmens liegende Arbeit gibt, die der ArbN trotz seiner Einschränkungen leisten kann. Wenn dies der Fall ist, trifft den ArbGeb aus § 106 GewO die Obliegenheit, den ArbN leidensgerecht zu beschäftigen[21]. Weist er dem ArbN keine entsprechende Arbeit zu, gerät er in Annahmeverzug[22]. Dies kann auch 49

---

1 BAG v. 7.6.1973 – 5 AZR 563/72, DB 1973, 1605. |2 BAG v. 27.3.1974 – 5 AZR 258/73, DB 1974, 1167. |3 BAG v. 18.12.1974 – 5 AZR 66/74, DB 1975, 892. |4 BAG v. 10.5.1973 – 5 AZR 493/72, DB 1973, 1604. |5 AA ErfK/*Preis*, § 615 BGB Rz. 113. |6 BAG v. 19.5.2004 – 5 AZR 434/03, AP Nr. 108 zu § 615 BGB. |7 LAG Köln v. 25.5.2005 – 7 (11) Sa 1347/04, NZA-RR 2006, 181. |8 BAG v. 18.12.1974 – 5 AZR 66/74, DB 1975, 892. |9 ErfK/*Preis*, § 615 BGB Rz. 47. |10 BAG v. 18.1.1963 – 5 AZR 200/62, DB 1963, 554; siehe aber auch BAG v. 24.9.2003 – 5 AZR 591/02, NZA 2003, 1387 (1388). |11 LAG Hamm v. 18.10.1985 – 16 Sa 386/85, LAGE § 615 BGB Nr. 6; LAG Berlin v. 19.12.1983 – 12 Sa 124/83, NZA 1984, 125 L; *Stahlhacke*, AuR 1992, 8 (13). |12 LAG Köln v. 25.5.2005 – 7 (11) Sa 1347/04, NZA-RR 2006, 181. |13 BAG v. 19.5.2004 – 5 AZR 434/03, AP Nr. 108 zu § 615 BGB. |14 LAG Köln v. 28.2.1984 – 1 Sa 1443/83, EzA § 615 BGB Nr. 42; s. auch LAG Köln v. 28.11.1990 – 10 Sa 503/90, LAGE § 615 BGB Nr. 24. |15 LAG Thür. v. 27.1.2004 – 5 Sa 131/02. |16 LAG Nds. v. 11.10.2004 – 5 Sa 1360/03, AuR 2005, 236 LS. |17 BAG v. 13.7.2005 – 5 AZR 578/04, NZA 2005, 1348. |18 BAG v. 7.6.1973 – 5 AZR 563/72, DB 1973, 1605; aA LAG Thür. v. 19.1.1999 – 5 Sa 895/97, LAGE § 273 BGB Nr. 1, das stattdessen § 326 II 1 Alt. 1 (früher § 324 I) heranzieht. |19 Dazu LAG Nds. v. 3.5.2000 – 16a Sa 1391/99, LAGE § 273 BGB Nr. 2; *Rieble/Klumpp*, ZIP 2002, 369 (380). |20 IdS auch BAG v. 7.6.1973 – 5 AZR 563/72, DB 1973, 1605; großzügiger offenbar LAG Nürnberg v. 20.10.1992 – 2 (4) Sa 123/91, LAGE § 615 BGB Nr. 38; ErfK/*Preis*, § 615 BGB Rz. 47. |21 BAG v. 8.11.2006 – 5 AZR 51/06, ZTR 2007, 204. |22 BAG v. 4.10.2005 – 9 AZR 632/04, NZA 2006, 442 (443); v. 24.9.2003 – 5 AZR 282/02, NZA 2003, 1332; *Rieble*, Anm. zu LAG Köln, LAGE § 615 BGB Nr. 23. IdS auch LAG Sa.-Anh. v. 22.11.2000 – 3 Sa 130/00, LAGE § 14 SchwbG 1986 Nr. 3.

bei einem berechtigten Hausverbot der Fall sein, sofern dieses auf einen von mehreren Betrieben beschränkt ist[1]. Dabei hat der ArbGeb etwaige Versetzungsklauseln zu berücksichtigen.

50 Wenn der ArbN zur geschuldeten Arbeitsleistung nicht mehr fähig ist, aber eine andere Tätigkeit ausüben könnte, stellt sich die Frage, ob der ArbGeb ihm – ggf. vorübergehend – eine **Weiterarbeit zu geänderten Vertragsbedingungen** anbieten muss, um einen Gläubigerverzug zu vermeiden. Teilweise wird dies insb. unter Berufung auf das kündigungsschutzrechtl. Ultima-ratio-Prinzip bejaht, wonach der ArbGeb zunächst eine Änderungskündigung auszusprechen habe, bevor er zu einer Beendigungskündigung schreitet[2]. Demgegenüber spricht mehr dafür, einen Anspruch auf Annahmeverzugslohn in diesen Gestaltungen zu verneinen. Eine automatische Änderung des Vertragsinhalts ist abzulehnen[3].

51 Dies gilt auch dann, wenn einem **schwerbehinderten Beschäftigten** die Arbeit aus Gesundheitsgründen unmöglich wird[4]. Der Schutzzweck der kündigungsrechtl. Beschränkungen zu Gunsten von schwerbehinderten ArbN (§§ 85 ff. SGB IX) wie auch der sonstigen kündigungsschutzrechtl. Vorschriften ist dadurch zu verwirklichen, dass man dem ArbN unter Berücksichtigung von § 81 IV SGB IX einen Anspruch auf Weiterbeschäftigung zu geänderten Vertragsbedingungen zubilligt[5]. Kommt der ArbGeb diesem Anspruch nicht nach, kann er sich schadensersatzpflichtig machen[6]. Der Schaden besteht aber nur in der Höhe des Entgelts, das bei einer hypothetischen Vertragsänderung erzielt worden wäre[7].

52 Kann der ArbN infolge gesundheitlicher Einbußen die **vertragl. geschuldete Tätigkeit nur noch in einem zeitlich verringerten Umfang** ausüben, ist ein der Teilarbeitsfähigkeit entsprechender Annahmeverzug nur zu bejahen, wenn und soweit der ArbN berechtigt wäre, eine Verringerung seiner Arbeitszeit gemäß § 8 TzBfG zu verlangen. Außerhalb dieser Regelung trifft den ArbGeb keine Obliegenheit, eine Teilleistung anzunehmen[8].

53 Sofern **werdende Mütter** infolge eines Beschäftigungsverbotes gehindert sind, die vertragl. geschuldete Arbeitsleistung zu erbringen, kann der ArbGeb ihnen im Rahmen billigen Ermessens eine sonstige Tätigkeit zuweisen[9]. Diese Befugnis wirkt allerdings nur zu Gunsten des ArbGeb. Die werdende Mutter selbst kann daraus keine Rechte herleiten, so dass sie den ArbGeb nicht durch das Angebot einer nicht geschuldeten Tätigkeit in Annahmeverzug setzen kann[10]. Der Entgeltschutz wird stattdessen durch § 11 MuSchG gewährleistet.

54 Das Leistungsvermögen des ArbN kann aus tatsächlichen oder rechtl. Gründen entfallen. **Tatsächliche Gründe** sind neben der Krankheit (hierzu noch Rz. 57 ff.) auch etwa eine Alkoholisierung bei einem Maschinenarbeiter[11]. Dabei kann die objektive Leistungsunfähigkeit nicht durch die subjektive Einschätzung des ArbN beseitigt werden, gleichwohl einen Arbeitsversuch zu unternehmen[12]. Umgekehrt kann der ArbGeb ohne besondere Rechtsgrundlage von einem nach einer Krankheit objektiv wieder leistungsfähigen ArbN nicht die Vorlage einer „Gesundschreibung verlangen", weil dies der gesetzl. Beweislastverteilung widerspräche (dazu Rz. 108)[13]. Wenn ein Arzt zwar nicht Arbeitsunfähigkeit attestiert, einen Arbeitsplatzwechsel aus gesundheitlichen Gründen jedoch dringend anrät, kann der ArbGeb zwecks Vermeidung von Haftungsrisiken das Angebot der Tätigkeit ablehnen, ohne in Annahmeverzug zu geraten[14]. Die Zuerkennung einer Erwerbsunfähigkeitsrente (§ 44 SGB VI) steht einem Gläubigerverzug aber nicht entgegen[15].

55 **Rechtliche Gründe** bestehen beim Vorliegen eines gesetzl. Beschäftigungsverbotes, wie etwa beim Fehlen der ärztlichen Approbation[16], der ärztlichen Unbedenklichkeitsbescheinigung iSv. § 2 I 1 GesBergV[17] bzw. einer erforderlichen Genehmigung für ausländische Beschäftigte gemäß § 284 SGB III bzw. nach Maßgabe des AufenthG (früher § 19 AFG[18]) oder innerhalb der Schutzfristen nach §§ 3 II, 6 I MuSchG. Das Gleiche gilt beim Entzug der Fahrerlaubnis eines Kraftfahrers[19]. Kann ein Außendienst-

---

1 LAG Hess. v. 26.4.2000 – 13 SaGa 3/00, NZA-RR 2000, 633. | 2 LAG Hamm v. 11.12.1986 – 4 Sa 2166/85, LAGE § 615 BGB Nr. 11; *Stahlhacke*, AuR 1992, 8 (15); in diese Richtung auch BAG v. 18.12.1986 – 2 AZR 34/86, NZA 1987, 377; anders aber BAG v. 25.3.1959 – 4 AZR 236/56, BAGE 7, 321; abl. auch LAG Köln v. 21.1.1993 – 5 Sa 949/92, LAGE § 615 BGB Nr. 32. | 3 *Boecken*, Anm. zu BAG, EzA § 615 BGB Nr. 69; ErfK/*Preis*, § 615 BGB Rz. 44. | 4 BAG v. 23.1.2001 – 9 AZR 287/99, NZA 2001, 1020; v. 13.5.1992 – 5 AZR 437/91, EzA § 14 SchwbG 1986 Nr. 3; aA LAG Köln v. 28.5.1990 – 6 Sa 213/00, LAGE § 615 BGB Nr. 23 bis zur Grenze völliger Arbeitsunfähigkeit schwerbehinderter Beschäftigter. | 5 *Rieble*, Anm. zu LAG Köln, LAGE § 615 BGB Nr. 23; zu Einzelheiten BAG v. 10.5.2005 – 9 AZR 230/04, NZA 2006, 155; v. 28.4.1998 – 9 AZR 348/97, NZA 1999, 152 mwN. | 6 BAG v. 4.10.2005 – 9 AZR 632/04, NZA 2006, 442 (444); v. 3.12.2002 – 9 AZR 462/01, NZA 2004, 1219. | 7 MünchArbR/*Boewer*, § 78 Rz. 26; ErfK/*Preis*, § 615 BGB Rz. 44. | 8 Im Ansatz großzügiger LAG Berlin v. 1.3.2002 – 2 Sa 2316/01, LAGE § 615 BGB Nr. 64. | 9 BAG v. 15.11.2000 – 5 AZR 365/99, AP Nr. 7 zu MuSchG 1968. | 10 AA offenbar BAG v. 5.3.1957 – 1 AZR 72/55, SAE 1957, 128. | 11 LAG Schl.-Holst. v. 28.11.1988 – 4 Sa 382/88, LAGE § 615 BGB Nr. 17. | 12 BAG v. 29.10.1998 – 2 AZR 666/97, NZA 1999, 377; aA *Gotthardt/Greiner*, DB 2002, 2106 (2107 ff.) für die von ihnen § 275 III an Stelle von § 275 I zugeordneten Fälle bloßer „krankheitsbedingter Unzumutbarkeit" der Arbeitsleistung; unklar BT-Drs. 14/6857, S. 47. | 13 LAG Düsseldorf v. 17.7.2003 – 11 Sa 183/03, NZA-RR 2004, 65 (67). | 14 LAG Hamm v. 8.9.1995 – 5 Sa 462/95, LAGE § 615 BGB Nr. 48. | 15 LAG Hamm v. 23.10.1987 – 17 (9) 549/87, LAGE § 615 BGB Nr. 14. | 16 BAG v. 6.3.1974 – 5 AZR 313/73, DB 1974, 1168. | 17 BAG v. 15.6.2004 – 9 AZR 483/03, NZA 2005, 462. | 18 BAG v. 13.1.1977 – 2 AZR 423/75, DB 1977, 917. | 19 BAG v. 18.12.1986 – 2 AZR 34/86, NZA 1987, 377.

mitarbeiter seine Vermittlungstätigkeit nur mit Hilfe eines Kraftfahrzeugs ordnungsgemäß erfüllen, kann der ArbN bei einem Entzug der Fahrerlaubnis die Unmöglichkeit nicht dadurch vermeiden, dass er sich von einem Dritten fahren lässt (s. auch Rz. 27)[1].

Annahmeverzug setzt **nicht** voraus, dass sich der ArbN **ständig abrufbereit** hält[2]. Ein Auslandsaufenthalt schließt Gläubigerverzug daher nicht zwangsläufig aus[3]. Der Aufbau einer neuen wirtschaftl. Existenz beendet den Annahmeverzug nicht, falls es dem ArbN ohne weiteres möglich ist, seine Tätigkeit wieder aufzugeben[4]. Entsprechendes gilt, wenn der ArbN eine neue abhängige Beschäftigung aufnimmt. Aus § 615 S. 2 ergibt sich, dass eine anderweitige Verwendung der Arbeitsleistung nur zu einer Anrechnung des Entgelts, nicht aber zu einer Beendigung des Gläubigerverzugs führt[5]. Bis zum Ablauf der Kündigungsfrist im neuen Arbeitsverhältnis besteht zwar ein Leistungshindernis für das bisherige Beschäftigungsverhältnis. Dieses beruht aber auf dem Annahmeverzug und kann den ArbGeb daher nicht entlasten[6]. Beim Vollzug einer Freiheitsstrafe entfällt Gläubigerverzug. Eine Ausnahme gilt allerdings für den Fall, dass es der ArbN nur wegen der Annahmeverweigerung seitens des ArbGeb unterlassen hat, die Strafe im Wochenendvollzug abzuleisten[7]. Im Übrigen ist die Berufung des ArbGeb auf ein Unvermögen des ArbN immer dann rechtsmissbräuchlich (§ 162), wenn er dieses Unvermögen selbst herbeigeführt hat[8]. Sofern der ArbN wegen Verletzung des MitbestR bei dessen Einstellung oder Versetzung nicht beschäftigt werden darf, ist § 615 S. 3 anzuwenden (Rz. 20). 56

d) Anzeige wiederhergestellter Leistungsfähigkeit. Fraglich ist, ob ein zunächst leistungsunfähiger ArbN dem ArbGeb sein wiedergewonnenes Leistungsvermögen anzeigen muss, um ihn in Annahmeverzug zu setzen. Dies betrifft insb. Arbeitsunfähigkeit infolge Erkrankung, kann aber auch in anderen Fällen relevant werden (zB vorübergehender Entzug der Fahrerlaubnis). 57

Das **BAG ging zunächst generell davon aus**, dass ein zum Zeitpunkt des Angebots arbeitsunfähig erkrankter ArbN dem ArbGeb seine Wiedergenesung anzuzeigen und seine Dienste anzubieten habe[9]. Für das gekündigte Arbeitsverhältnis hat das BAG die Anforderungen schrittweise abgesenkt. So hat das BAG zunächst für den Fall, dass der ArbN zum Kündigungstermin befristet arbeitsunfähig krank war, auf die Anzeige der wiederhergestellten Arbeitsfähigkeit verzichtet und den ArbGeb zumindest dann in Gläubigerverzug geraten lassen, wenn der ArbN seine weitere Leistungsbereitschaft durch Erhebung einer Kündigungsschutzklage oder auf sonstige Weise deutlich gemacht hat[10]. In der Folgezeit wurde diese Judikatur auf die mehrfach befristete[11] und schließlich auf die unbefristete Arbeitsunfähigkeit ausgedehnt[12]. Dabei will das BAG in jenen Fällen nunmehr offenkundig auf das Erfordernis einer früheren Anzeige der Leistungsbereitschaft des ArbN verzichten[13]. Zur Begründung verweist das BAG darauf, dass der ArbGeb dem ArbN kalendertäglich einen funktionsfähigen Arbeitsplatz zur Verfügung zu stellen habe. § 296 lasse den Gläubiger über die Leistungsfähigkeit des Schuldners sowieso im Unklaren. Die Konsequenz aus der Einstufung des Bereitstellens eines funktionsfähigen Arbeitsplatzes als kalendermäßig bestimmte Mitwirkungshandlung iSd. § 296 hat die Rspr. allerdings nicht von vornherein gezogen. Anfangs wurde nämlich noch auf die Erkennbarkeit der wiederhergestellten Leistungsfähigkeit des ArbN abgestellt[14]. Im Übrigen verweist das BAG darauf, dass der ArbN von den ihm sonst obliegenden Anzeige- und Nachweispflichten gemäß § 5 EFZG befreit sei[15]. In der Lit. ist die neuere Rspr. teilweise zustimmend aufgenommen worden[16], während sie insb. in den Fällen der unbefristeten Arbeitsunfähigkeit des ArbN auch auf Ablehnung gestoßen ist[17]. 58

Entsprechend den obigen Ausführungen (Rz. 40) kann auf ein wörtliches Angebot bei einem (unwirksam) gekündigten Arbeitsverhältnis **grds. nicht verzichtet** werden. Dies gilt jedenfalls dann, wenn der ArbGeb infolge einer Arbeitsunfähigkeit des ArbN nicht weiß, zu welchem Zeitpunkt er einen funktionsfähigen Arbeitsplatz zur Verfügung zu stellen hat. Allerdings wird man in der Führung eines Kündigungsschutzprozesses ein dauerhaftes Angebot sehen können, durch das der ArbN seine Leistungsbereitschaft für den Zeitpunkt der Wiederherstellung der Arbeitsfähigkeit dokumentiert[18]. Der ArbGeb wird dadurch hinreichend geschützt, dass er den ArbN vorsorglich zu einer Anzeige der Wiederherstellung seiner Arbeitsfähigkeit auffordern kann. Kommt der ArbN dieser Aufforderung nicht nach, kann er 59

---

1 LAG Köln v. 19.5.1993 – 8 Sa 60/93, LAGE § 615 BGB Nr. 37. | 2 BAG v. 18.8.1961 – 4 AZR 132/60, DB 1961, 1360. | 3 BAG v. 11.7.1985 – 2 AZR 106/84, AP Nr. 35a zu § 615 BGB; LAG Hamm v. 18.10.1985 – 16 Sa 386/85, LAGE § 615 BGB Nr. 6. | 4 BAG v. 18.1.1963 – 5 AZR 200/62, DB 1963, 554. | 5 BAG v. 5.11.2003 – 5 AZR 562/02, AP Nr. 106 zu § 615 BGB; ErfK/*Preis*, § 615 BGB Rz. 50; Staudinger/*Richardi*, § 615 BGB Rz. 79. | 6 OLG Frankfurt/M. v. 7.5.1997 – 21 U 83/96, NZA-RR 1998, 433 (434); ErfK/Preis, § 615 BGB Rz. 73. | 7 BAG v. 18.8.1961 – 4 AZR 132/60, AP Nr. 20 zu § 615 BGB. | 8 ErfK/*Preis*, § 615 BGB Rz. 50. | 9 BAG v. 26.8.1971 – 2 AZR 301/70, DB 1971, 1971; v. 27.1.1975 – 5 AZR 404/74, DB 1975, 1082; v. 20.3.1986 – 2 AZR 295/85, EzA § 615 BGB Nr. 48. | 10 BAG v. 19.4.1990 – 2 AZR 591/89, NZA 1991, 228. | 11 BAG v. 24.10.1991 – 2 AZR 112/91, NZA 1992, 403. | 12 BAG v. 24.11.1994 – 2 AZR 179/94, NZA 1995, 263. | 13 BAG v. 24.11.1994 – 2 AZR 179/94, NZA 1995, 263; ebenso offenbar BAG v. 18.1.2000 – 9 AZR 932/98, NJW 2001, 92. | 14 BAG v. 9.8.1984 – 2 AZR 374/83, NZA 1985, 119; v. 21.3.1985 – 2 AZR 201/84, NZA 1985, 778. | 15 BAG v. 24.11.1994 – 2 AZR 179/94, NZA 1995, 263. | 16 MünchArbR/*Boewer*, § 78 Rz. 28; ErfK/*Preis*, § 615 BGB Rz. 54; ebenso LAG BW v. 15.11.1990 – 13 Sa 33/90, LAGE § 615 BGB Nr. 28. | 17 *Misera*, SAE 1995, 189 (190 ff.); *Ramrath*, Anm. zu BAG, AP Nr. 60 zu § 615 BGB; *Stahlhacke*, AuR 1992, 8 (12). | 18 BAG v. 24.10.1991 – 2 AZR 112/91, NZA 1992, 403; LAG Hamburg v. 15.12.1992 – 3 Sa 65/92, LAGE § 615 BGB Nr. 33.

grds. keine Rechte aus Annahmeverzug herleiten. Im Übrigen ist ein Angebot des ArbN entbehrlich, wenn der ArbGeb nicht nur kündigt, sondern darüber hinaus eindeutig erklärt, auf die Dienste des ArbN ohne Rücksicht auf dessen Leistungsfähigkeit zu verzichten.

60 **4. Nichtannahme der Arbeitsleistung. a) Grundsätzliches.** Weitere Voraussetzung für den Gläubigerverzug ist die Nichtannahme der Arbeitsleistung durch den ArbGeb. Nichtannahme ist zunächst jedes **Verhalten, das den Erfüllungseintritt verhindert**[1]. Damit ist auf jeden Fall die Annahmeunwilligkeit des ArbGeb erfasst. Teile der Lit. wollen darüber hinaus die Annahmeunmöglichkeit in den Tatbestand des § 615 S. 1 einbeziehen (vgl. Rz. 9). Dies korrespondiert mit der Ansicht des ursprünglichen Gesetzgebers, nach der die „nackte Tatsache der Nichtannahme" ausreiche[2]. Da der Reformgesetzgeber diese Fälle der Annahmeunfähigkeit des ArbGeb aber nunmehr in S. 3 lokalisiert und lediglich eine entsprechende Anwendung von S. 1 angeordnet hat, muss man diese Gestaltungen aus dem unmittelbaren Einzugsbereich von S. 1 ausklammern (vgl. Rz. 113). S. 1 erfasst bei genauer Betrachtung daher nur die Fälle, in denen der ArbGeb die angebotene Arbeitsleistung nicht annehmen will[3]. Sofern der ArbGeb die Leistung infolge eines von ihm nicht zu vertretenden Umstandes nicht annehmen kann, handelt es sich gemäß S. 3 lediglich um eine entsprechende Anwendung des Tatbestandsmerkmals der Nichtannahme.

61 Die Nichtannahme muss **weder ausdrücklich noch konkludent** erklärt werden. Sie stellt weder eine geschäftsähnliche Handlung noch einen ablehnenden Realakt dar. Vielmehr genügt das reine Unterlassen der Annahme der an sich möglichen Arbeitsleistung. Ein Verschulden des ArbGeb ist nicht erforderlich. Ein Irrtum des ArbGeb über die tatsächlichen oder rechtl. Voraussetzungen des Gläubigerverzugs ist deshalb unerheblich. Dies gilt insb. für eine Fehleinschätzung der Arbeitsfähigkeit des ArbN[4]. Erst recht hindern insoweit bestehende Zweifel nicht den Eintritt von Annahmeverzug[5]. Daran ändert auch eine Weigerung des ArbN nichts, sich zur Klärung seiner Arbeitsfähigkeit einer ärztlichen Untersuchung zu unterziehen[6].

62 **b) Einzelne Fälle.** Eine Nichtannahme liegt bei allen **rechtswidrigen Ablehnungserklärungen** innerhalb unbestritten bestehender Arbeitsverhältnisse vor. Hierunter fällt etwa eine unwirksame Verlegung der Arbeitszeit[7]. Das Gleiche gilt bei einer unberechtigten Arbeitsfreistellung (Suspendierung[8]) sowie bei der unwirksamen Einführung von Kurzarbeit[9]. Eine unberechtigte Suspendierung liegt auch vor, wenn der ArbGeb Urlaub gewähren will, bei der Freistellung von der Arbeit aber nicht hinreichend deutlich macht, dass er damit den Urlaubsanspruch erfüllen will[10]. Nichtannahme ist ferner dann gegeben, wenn ein arbeitsbereiter, aber noch nicht urlaubsberechtigter ArbN während der Betriebsferien nicht beschäftigt wird, obwohl dies möglich wäre (zur Abgrenzung von der Unmöglichkeit siehe Rz. 6 ff.)[11]. Entsprechendes gilt bei einer vom ArbGeb einseitig angeordneten Betriebsfeier[12]. Nichtannahme liegt auch bei einer rechtswidrigen Aussperrung vor[13].

63 Von einer Nichtannahme ist weiter dann auszugehen, wenn der ArbGeb dem ArbN eine **nicht geschuldete Tätigkeit zuweist**[14]. Dementsprechend führt eine unwirksame Änderungskündigung zum Annahmeverzug. Gemäß § 8 KSchG wird nämlich rückwirkend der Zustand wiederhergestellt, der ohne die Änderung der Arbeitsbedingungen vorhanden gewesen wäre[15]. Dies gilt auch dann, wenn der ArbN das Änderungsangebot unter Vorbehalt angenommen hat, weil er sich auch in diesem Fall weiterhin für die ursprünglich geschuldete Leistung bereithält. Als Annahmeverzugslohn wird allerdings nur die Entgeltdifferenz geschuldet[16]. Bei einer Beendigungskündigung kann es auch dann zu einem Annahmeverzug hinsichtlich der bisherigen Tätigkeit kommen, wenn die Kündigung nur wegen des aus dem Ultima-ratio-Prinzip folgenden Vorrangs einer Änderungskündigung unwirksam ist. Eine unwirksame Beendigungskündigung entfaltet keine Rechtswirkungen. Weder kommt es zu einer automatischen Änderung der Arbeitsbedingungen noch wird das Ultima-ratio-Prinzip durch einen Gläubigerverzug im Hinblick auf die ursprüngliche Tätigkeit überdehnt. Der ArbGeb hätte dem Risiko des Annahmeverzugs durch den Ausspruch einer Änderungskündigung entgehen können[17].

64 Der ArbGeb gerät auch dann in Gläubigerverzug, wenn er zwar die angebotene Arbeitsleistung anzunehmen bereit ist, die vom ArbN verlangte **Zug um Zug** zu erbringende Gegenleistung aber nicht anbietet (§ 298). Dies betrifft insb. rückständiges Entgelt, aber auch abweichend von § 614 vereinbarte Vorschüsse[18].

---

1 MünchArbR/*Boewer*, § 78 Rz. 31; ErfK/*Preis*, § 615 BGB Rz. 55. | 2 Motive, Bd. II, S. 69. | 3 IdS auch BAG v. 7.2.2007 – 5 AZR 422/06, NZA 2007, 561. | 4 BAG v. 10.5.1973 – 5 AZR 493/72, DB 1973, 1604; LAG Düsseldorf v. 20.12.1989 – 4 Sa 1150/89, LAGE § 615 BGB Nr. 21. | 5 BAG v. 21.1.1993 – 2 AZR 309/92, NZA 1993, 550 (552); v. 19.4.1990 – 2 AZR 591/89, NZA 1991, 228 (230). | 6 LAG Düsseldorf v. 8.4.1993 – 12 Sa 74/93, LAGE § 615 BGB Nr. 39. | 7 BAG v. 3.3.1964 – 1 AZR 209/63, DB 1964, 592. | 8 BAG v. 19.8.1976 – 3 AZR 173/75, DB 1976, 2308; v. 4.6.1964 – 2 AZR 310/63, NJW 1964, 1918. | 9 BAG v. 14.2.1991 – 2 AZR 415/90, NZA 1991, 607; ErfK/*Preis*, § 615 BGB Rz. 58. | 10 IdS auch BAG v. 25.1.1994 – 9 AZR 312/92, NZA 1994, 652. | 11 BAG v. 30.6.1976 – 5 AZR 246/75, BB 1976, 1419; v. 2.10.1974 – 5 AZR 507/73, DB 1975, 157. | 12 ErfK/*Preis*, § 615 BGB Rz. 58. | 13 BAG v. 11.8.1992 – 1 AZR 103/92, NZA 1993, 39. | 14 BAG v. 7.2.2007 – 5 AZR 422/06, NZA 2007, 561; v. 3.12.1980 – 5 AZR 477/78, DB 1981, 799; v. 10.4.1963 – 4 AZR 95/62, DB 1963, 802. | 15 MünchArbR/*Boewer*, § 78 Rz. 39; APS/*Künzl*, § 8 KSchG Rz. 10; KR/*Rost*, § 8 KSchG Rz. 11. | 16 MünchArbR/*Boewer*, § 78 Rz. 39. | 17 ErfK/*Preis*, § 615 BGB Rz. 59; aA Erman/*Belling*, § 615 BGB Rz. 5. | 18 ErfK/*Preis*, § 615 BGB Rz. 61.

Bei einer **vorübergehenden Annahmeverhinderung** gerät der ArbGeb unter den Voraussetzungen des § 299 nicht in Gläubigerverzug. Dies ist etwa dann der Fall, wenn der ArbGeb nach dem Ende eines Arbeitskampfes infolge erforderlicher Vorbereitungsmaßnahmen die wieder antretenden ArbN nicht sofort wirtschaftl. sinnvoll einsetzen kann[1]. 65

c) Unzumutbarkeit der Annahme. Nach Ansicht der Rspr. kann der ArbGeb berechtigt sein, die Dienste des ArbN mit der Folge **abzulehnen**, dass er nicht in Gläubigerverzug gerät. Dies soll dann der Fall sein, wenn dem ArbGeb jede Weiterbeschäftigung des ArbN unzumutbar ist[2]. Dies betrifft insb. Fälle, in denen eine außerordentl. Kündigung wegen eines behördlichen oder betrieblichen Mitwirkungsverfahrens verzögert wird oder infolge von Versäumnissen sogar unwirksam ist. Ein Abstellen auf allgemeine Zumutbarkeitserwägungen ist jedoch bedenklich, wenn auf diese Weise im Rahmen der Annahmeverzugsvorschriften die Folgen einer außerordentl. Kündigung herbeigeführt werden können, ohne dass diese bereits wirksam ausgesprochen werden könnte. Es ist daher überzeugender, bei einem gegenwärtigen unzumutbaren Verhalten des ArbN schon ein ordnungsgemäßes Angebot abzulehnen, so dass der ArbGeb aus diesem Grunde nicht in Gläubigerverzug gerät. Sofern das Angebot der Dienste dagegen ordnungsgemäß ist, ist der ArbGeb nicht als berechtigt anzusehen, die Annahme unter Berufung auf ein früheres Verhalten des ArbN abzulehnen, mit dem die außerordentl. Kündigung gerechtfertigt sein soll[3]. 66

An einem ordnungsgemäßen Angebot fehlt es, wenn die Arbeit unter **Beschimpfungen und Drohungen** angeboten wird[4]. Dasselbe gilt bei fortdauernden politischen Provokationen, durch die der Betriebsablauf oder der Betriebsfrieden konkret gestört wird[5]. Im Übrigen laufen die Kriterien der neueren Rspr. für die Unzumutbarkeit der Annahme im praktischen Ergebnis darauf hinaus, dass bei ihrem Vorliegen auch ein ordnungsgemäßes Angebot zu verneinen ist. So wird gefordert, dass bei einer Annahme der Leistung Rechtsgüter des ArbGeb, seiner Angehörigen oder anderer ArbN gefährdet würden, deren Schutz Vorrang vor den Verdienstinteressen des ArbN habe[6]. Abgelehnt wurde dies bei einem schweren Diebstahl durch einen Betriebsleiter ohne konkrete Wiederholungsgefahr[7] sowie bei der falschen Bestrahlung von Patienten durch einen Chefarzt[8]. Gleiches gilt, wenn der ArbGeb die zweiwöchige Ausschlussfrist des § 626 II versäumt[9]. Demgegenüber hat die Rspr. den dringenden Verdacht des sexuellen Missbrauchs von Kleinkindern in einer Kindertagesstätte durch einen Erzieher genügen lassen[10]. 67

5. Beendigung des Annahmeverzugs. a) Allgemeines. Die Beendigung des Gläubigerverzugs ist nicht gesetzl. geregelt. Der Annahmeverzug des ArbGeb endet für die Zukunft (ex nunc), wenn eine seiner Voraussetzungen fortfällt. Bereits eingetretene Rechtsfolgen bleiben bestehen[11]. Der Annahmeverzug endet in erster Linie mit der Annahme der angebotenen Arbeitsleistung als Erfüllung (Rz. 69 ff.) oder mit der Beendigung des Arbeitsverhältnisses (Rz. 72 ff.). Daneben führt auch eine nachträgliche Unmöglichkeit dazu, dass der Gläubigerverzug sein Ende findet. Erfasst werden hiervon allerdings nur die Fälle eines nachträglichen Leistungsunvermögens des ArbN[12] sowie eine vom ArbGeb zu vertretende Unmöglichkeit. Eine allein durch Zeitablauf eintretende Unmöglichkeit ist irrelevant (s.o. Rz. 6 ff.). Bei einer nachträglichen Annahmeunmöglichkeit, die in den Risikobereich des ArbGeb fällt, ist auf § 615 S. 3 umzuschwenken. 68

b) Annahme der Arbeitsleistung. Der Gläubigerverzug endet, wenn der ArbGeb die angebotene Leistung als vertragsgemäße Erfüllung der geschuldeten Dienste annimmt[13]. Dabei genügt es inhaltlich für die Annahme einer beachtlichen Mitwirkungshandlung seitens des ArbGeb nicht, auf die Existenz „eines" Arbeitsplatzes zu verweisen und im Übrigen zum Ausdruck zu bringen, man werde den ArbN schon „irgendwie" beschäftigen. Die zugewiesene Arbeit ist zu konkretisieren, damit der ArbN überprüfen kann, ob der ArbGeb sein Weisungsrecht zulässig ausübt[14]. Besonders problematisch sind die Fälle, in denen infolge einer Kündigung oder einer Befristung Ungewissheit über den Fortbestand des Arbeitsverhältnisses besteht. Bietet der ArbGeb dem ArbN bereits vor dem möglichen Ende des Dienstverhältnisses eine unmittelbar anschließende Weiterbeschäftigung an, geht es allerdings nicht um eine Beendigung des Annahmeverzugs. Vielmehr stellt sich in einer solchen Konstellation von vornherein die Frage, ob überhaupt Gläubigerverzug eintritt[15]. 69

---

1 MünchArbR/*Boewer*, § 76 Rz. 33; MüKoBGB/*Henssler*, § 615 Rz. 42. | 2 BAG (GS) v. 26.4.1956 – GS 1/56, BAGE 3, 66; BAG v. 11.11.1976 – 2 AZR 457/75, DB 1977, 1190; v. 29.10.1987 – 2 AZR 144/87, NZA 1988, 465; ebenso MünchArbR/*Boewer*, § 78 Rz. 34; Erman/*Belling*, § 615 BGB Rz. 13; anders (aber nicht überzeugend) LAG Bremen v. 24.8.2000 – 4 Sa 68/00, LAGE § 615 BGB Nr. 61, das bei einem vom ArbGeb zu Recht verhängten Hausverbot eine vom ArbN zu vertretende Unmöglichkeit annimmt; abl. LAG München v. 5.12.1986 – 2 (3) Sa 617/86, LAGE § 615 BGB Nr. 8. | 3 *Konzen/Weber*, Anm. zu BAG, AP Nr. 42 zu § 615 BGB; Soergel/*Kraft*, § 615 BGB Rz. 39; ErfK/*Preis*, § 615 BGB Rz. 62. | 4 BAG (GS) v. 26.4.1956 – GS 1/56, BAGE 3, 66. | 5 BAG v. 9.12.1982 – 2 AZR 620/80, DB 1983, 2578. | 6 BAG v. 18.1.2000 – 9 AZR 932/98, NJW 2001, 92; v. 29.10.1987 – 2 AZR 144/87, NZA 1988, 465. | 7 BAG v. 29.10.1987 – 2 AZR 144/87, NZA 1988, 465; strenger LAG Hamm v. 15.1.1987 – 10 Sa 1651/86, LAGE § 615 BGB Nr. 9. | 8 LAG Hamm v. 18.7.1991 – 17 Sa 827/91, LAGE § 615 BGB Nr. 29. | 9 BAG v. 11.11.1976 – 2 AZR 457/55, BAGE 5, 221. | 10 LAG Berlin v. 27.11.1995 – 9 Sa 85/95, LAGE § 615 BGB Nr. 46. | 11 ErfK/*Preis*, § 615 BGB Rz. 65; Staudinger/*Richardi*, § 615 BGB Rz. 109, 113. | 12 BAG v. 18.8.1961 – 4 AZR 132/60, DB 1961, 1360. | 13 BAG v. 14.11.1985 – 2 AZR 98/84, NZA 1986, 637; Soergel/*Kraft*, § 615 BGB Rz. 41. | 14 LAG Schl.-Holst. v. 10.12.2003 – 3 Sa 395/03, MDR 2004, 516 (517). | 15 Soergel/*Kraft*, § 615 BGB Rz. 40.

70 Eine Annahme der Dienste als Erfüllung liegt nach Ansicht der Rspr. und großer Teile der Lit. bei einem Streit über die Wirksamkeit einer Kündigung nur dann vor, wenn der ArbGeb unmissverständlich **klarstellt**, dass er **zu Unrecht gekündigt** habe[1] (s. aber auch Rz. 47 aE). Es genügt somit nicht, wenn sich der ArbGeb lediglich bereit erklärt, den ArbN im Rahmen eines jederzeit beendbaren faktischen Arbeitsverhältnisses „zur Vermeidung von Verzugslohn" weiter zu beschäftigen[2]. Dasselbe gilt für den Fall, dass der ArbGeb dem ArbN ein bis zur erstinstanzlichen Entscheidung befristetes oder durch den rechtskräftigen Abschluss des Rechtsstreits auflösend bedingtes Arbeitsverhältnis anbietet[3]. Durch diese Gestaltungen würde ein zusätzliches Arbeitsverhältnis mit einem eigenen Beendigungstatbestand geschaffen. Damit liegt keine Bereitschaft zur Annahme der ursprünglich geschuldeten Dienste vor. Mit der hL und gegen die Rspr. ist dies aber anders zu bewerten, wenn der ArbGeb die Weiterbeschäftigung unter der auflösenden Bedingung der rechtskräftigen Abweisung der Kündigungsschutzklage anbietet[4]. In diesem Fall nimmt der ArbGeb die Leistung nämlich als Erfüllung des gekündigten Dienstvertrages an. Dies zeigt sich daran, dass die Bedingung nicht eintritt, wenn die Kündigung unwirksam ist. Von einem auf den ArbN unzulässigerweise ausgeübten Zwang zur Vertragsänderung kann keine Rede sein. Vielmehr steht der ArbN genauso da, als wenn der ArbGeb eine Gestaltungsklage auf Auflösung des Arbeitsverhältnisses erheben müsste. Wenn sich der ArbGeb zu einer solchen Verbesserung der Rechtsstellung des ArbN bereit erklärt, muss dies honoriert werden.

71 Eine Annahme der Arbeitsleistung als Erfüllung liegt ferner dann nicht vor, wenn der ArbGeb **nur eine Weiterbeschäftigung nach § 102 V BetrVG anbietet**. Diese Vorschrift räumt dem ArbN ein einseitiges Gestaltungsrecht ein, will ihn aber auch nicht mittelbar einem Kontrahierungszwang aussetzen[5]. Wenn der ArbN gemäß § 102 V BetrVG tatsächlich weiterbeschäftigt wird, endet dagegen der Gläubigerverzug[6]. Offeriert der ArbGeb eine Weiterbeschäftigung nach Maßgabe des allgemeinen Weiterbeschäftigungsanspruchs, ist dies ebenfalls keine Annahme der Arbeit als Erfüllung. Insoweit geht es nämlich nicht um eine Fortsetzung des ursprünglichen Arbeitsverhältnisses, sondern um eine zumindest nach Ansicht der Rspr. rein tatsächliche Beschäftigung ohne rechtl. Grundlage, die ggf. nach Bereicherungsrecht abgewickelt werden muss[7]. Wenn der ArbN in diesem Rahmen tatsächlich weiterbeschäftigt wird, endet der Gläubigerverzug ausnahmsw. nicht. Relevant wird dies, wenn der ArbN in dem unwirksam gekündigten Arbeitsverhältnis höhere Entgeltansprüche als im Weiterbeschäftigungsverhältnis hat. Nach dem Obsiegen im Kündigungsschutzprozess kann er trotz zwischenzeitlicher tatsächlicher Tätigkeit die Entgeltdifferenz geltend machen[8].

72 **6. Beendigung des Arbeitsverhältnisses.** Der Annahmeverzug endet für die Zukunft mit der rechtl. Beendigung des Arbeitsverhältnisses. Dies ist in erster Linie bei einer wirksamen Kündigung der Fall. Dabei wird eine rückwirkende Heilung nach § 7 KSchG auch hinsichtlich des Annahmeverzugs durch eine nachträgliche Klagezulassung gemäß § 5 KSchG verhindert[9]. Zu einer Beendigung des Arbeitsverhältnisses kommt es auch infolge einer Auflösung gemäß § 9 KSchG. Die gerichtliche Festsetzung des Auflösungszeitpunktes nach § 9 II KSchG lässt einen etwaigen Entgeltanspruch aus Annahmeverzug rückwirkend entfallen[10], ohne dass dies durch die nach § 10 KSchG festzusetzende Abfindung stets kompensiert würde. Dies ist mit dem GG vereinbar[11]. Wenn eine unwirksame außerordentl. Kündigung gemäß § 140 BGB in eine wirksame ordentl. Kündigung umgedeutet werden kann, endet der Annahmeverzug zum Zeitpunkt des nächsten zulässigen Kündigungstermins[12].

73 Kündigt der ArbN wegen der unberechtigten Entlassung seinerseits, endet der Gläubigerverzug mit dem **Wirksamwerden dieser Kündigung**. Macht der ArbN von seinem Sonderkündigungsrecht nach § 12 S. 1 KSchG Gebrauch, befindet sich der alte ArbGeb gemäß § 12 S. 4 nur bis zum Eintritt in das neue Arbeitsverhältnis in Annahmeverzug[13]. Will der ArbN dagegen am alten Arbeitsverhältnis festhalten, kann trotz vorübergehender Leistungsunfähigkeit Annahmeverzug eintreten (Rz. 56).

74 Wenn das Arbeitsverhältnis auf Grund einer gerichtlichen Entscheidung oder einer Vereinbarung fortbesteht, soll der Annahmeverzug nach Ansicht der Rspr. erst dann enden, wenn der ArbGeb dem ArbN **erneut Arbeit zuweist**[14]. Eine derart umfassende Verlagerung der Initiativlast auf den ArbGeb kann jedoch nur für die Fälle einer gerichtlichen Entscheidung überzeugen. In diesen Konstellationen kann vom ArbGeb Klarheit darüber verlangt werden, ob er sich dem gerichtlichen Ausspruch beugt und den

---

1 BAG v. 5.11.2003 – 5 AZR 562/02, AP Nr. 106 zu § 615 BGB; v. 7.11.2002 – 2 AZR 650/00, AP Nr. 98 zu § 615 BGB; v. 14.11.1985 – 2 AZR 98/84, NZA 1986, 637; MünchArbR/*Boewer*, § 78 Rz. 37; Staudinger/*Richardi*, § 615 BGB Rz. 91 ff.; *Peter*, DB 1982, 488 ff. | 2 BAG v. 21.5.1981 – 2 AZR 95/79, DB 1981, 2496; aA *Opolony*, DB 1998, 1714 (1716). | 3 BAG v. 24.9.2003 – 5 AZR 500/02, NZA 2004, 90; v. 14.11.1985 – 2 AZR 98/84, NZA 1986, 637. Zum Schriftformerfordernis gemäß § 14 IV TzBfG BAG v. 22.10.2003 – 7 AZR 113/03, NZA 2004, 1275; zust. *Sittard/Ulbrich*, RdA 2006, 218 (219 ff.). | 4 *D. Gaul*, Anm. zu BAG, EzA § 615 BGB Nr. 46; *Löwisch*, DB 1986, 2433 ff. | 5 BAG v. 14.11.1985 – 2 AZR 98/84, NZA 1986, 637; Staudinger/*Richardi*, § 615 BGB Rz. 104. | 6 Soergel/*Kraft*, § 615 BGB Rz. 44. | 7 BAG v. 12.2.1992 – 5 AZR 297/90, NZA 1993, 177; v. 10.3.1987 – 8 AZR 146/84, NZA 1987, 373. | 8 Soergel/*Kraft*, § 615 BGB Rz. 44. | 9 BAG v. 24.11.1994 – 2 AZR 179/94, NZA 1995, 263. | 10 BAG v. 18.1.1963 – 5 AZR 200/62, DB 1963, 554. | 11 BVerfG v. 29.1.1990 – 1 BvR 42/82, NZA 1990, 535 f.; BAG v. 16.5.1984 – 7 AZR 280/82, NZA 1985, 60. | 12 Staudinger/*Richardi*, § 615 BGB Rz. 114. | 13 BAG v. 19.7.1978 – 5 AZR 748/77, DB 1978, 2417. | 14 BAG v. 18.1.2000 – 9 AZR 932/98, NZA 2000, 1157; v. 19.1.1999 – 9 AZR 679/97, NZA 1999, 925.

ArbN wieder zur Arbeit zulässt. Umgekehrt hat der ArbN durch seine Klage klargestellt, dass er seine Arbeitskraft zur Verwendung im umstrittenen Arbeitsverhältnis weiter vorhält. Bei einer einvernehmlichen Fortsetzung des Beschäftigungsverhältnisses liegt dagegen ein im Ergebnis wieder ungestörtes Arbeitsverhältnis vor. Entsprechend allgemeinen Grundsätzen muss der ArbN seine Dienste daher tatsächlich anbieten, um den ArbGeb in Gläubigerverzug zu setzen (Rz. 27). Dasselbe gilt bei einem Prozessvergleich, in dem sich die Parteien darüber einigen, dass die streitbefangene Kündigung unwirksam ist und das Arbeitsverhältnis fortgesetzt wird[1]. Etwas anderes gilt dann, wenn die Parteien in einem Vergleich vereinbaren, dass an die Stelle einer außerordentl. Kündigung eine lediglich befristete Fortsetzung des Arbeitsverhältnisses treten soll. Wenn der ArbGeb während dieser Frist Wert auf die Dienste des ArbN legt, muss er dies zum Ausdruck bringen. Ansonsten kann der ArbN weiterhin davon ausgehen, dass der ArbGeb an seiner grds. Ablehnung der Dienste festhält und das im Protest gegen den Beendigungstatbestand liegende wörtliche Angebot somit genügt[2].

Zu einer einvernehmlichen Fortsetzung des Arbeitsverhältnisses kommt es **nicht** schon dann, wenn der **ArbGeb die Kündigung einseitig zurücknimmt**. Vielmehr bedarf das darin liegende Angebot der besonderen Annahme durch den ArbN. In der Erhebung der Kündigungsschutzklage liegt keine antizipierte Zustimmung des ArbN zur Rücknahme der Kündigung durch den ArbGeb[3]. Aus diesem vertragl. Mechanismus kann jedoch nicht geschlossen werden, dass der Annahmeverzug erst dann endet, wenn sich der ArbN mit der Rücknahme der Kündigung einverstanden erklärt[4]. Sofern der ArbGeb die Annahme der Dienste anbietet und dabei zugleich die Rechtswidrigkeit der ausgesprochenen Kündigung einräumt, nimmt er damit die Leistung als Erfüllung des Vertrages an (vgl. Rz. 70). Den aufgelaufenen Zwischenverdienst muss der ArbGeb nicht von sich aus anbieten. Allerdings kann der ArbN die Wiederaufnahme der Tätigkeit von einer Nachzahlung mit der Folge abhängig machen, dass sich der ArbGeb im Weigerungsfalle weiterhin im Gläubigerverzug befindet (vgl. Rz. 48). 75

III. Rechtsfolgen des Annahmeverzugs. 1. Keine Nachleistung der Dienste. Die erste Rechtsfolge des Annahmeverzugs besteht darin, dass der ArbN grds. nicht verpflichtet ist, die ausgefallenen Dienste nachzuleisten. Soweit die Arbeitsleistung im Einzelfall als absolute Fixschuld einzuordnen ist, ergibt sich diese Rechtsfolge bereits hieraus. Eine Nachleistungspflicht entfällt aber auch dann, wenn die Dienste an sich nachholbar sind. Auf diese Weise wird der ArbN davor bewahrt, auf einen anderen Teil seiner Arbeitskraft zurückgreifen zu müssen, den er ansonsten zum Zwecke des anderweitigen Erwerbs hätte einsetzen können[5]. 76

Nebenpflichten bleiben während des Annahmeverzugs dagegen bestehen. So ist eine ArbNin verpflichtet, dem ArbGeb, der sich infolge einer unwirksamen Kündigung in Gläubigerverzug befindet, das vorzeitige Ende der Schwangerschaft mitzuteilen. Der ArbGeb kann den Annahmeverzugslohn bei einer Verletzung dieser Pflicht aber nicht als Schaden geltend machen[6]. 77

2. Vergütungsanspruch. a) Rechtlicher Charakter. Die zweite Rechtsfolge liegt darin, dass der Vergütungsanspruch des ArbN für die Dauer des Annahmeverzugs aufrechterhalten bleibt. Hierbei handelt es sich um den originären vertragl. Erfüllungsanspruch aus dem Arbeitsvertrag. § 615 enthält weder einen besonders gearteten Vergütungsanspruch noch gar einen Schadensersatzanspruch. Daher ist § 254 nicht anwendbar (Rz. 4). Aus dem Charakter als Erfüllungsanspruch folgt, dass der Annahmeverzugslohn den steuer- und sozialversicherungsrechtl. Abzügen unterliegt[7]. Dasselbe gilt für die Pfändungsschutzvorschriften der §§ 850 ff. ZPO sowie die daraus folgende Einschränkung bei Aufrechnung (§ 394) und Abtretung (§ 400). Der Anspruch ist hinsichtlich des Zeitraums nach der Eröffnung des Insolvenzverfahrens Masseverbindlichkeit iSd. § 55 I Nr. 2 InsO[8]. 78

b) Umfang des Anspruchs. Die Höhe des Vergütungsanspruchs richtet sich nach dem **Lohnausfallprinzip**. Der ArbN ist so zu stellen, als wenn er während des Annahmeverzugs weitergearbeitet hätte[9]. Insoweit gelten die gleichen Grundsätze wie bei der Entgeltfortzahlung im Krankheitsfall[10]. 79

Bei einem nach **Zeitlohn vergüteten ArbN** kommt es regelmäßig nur darauf an, für welchen Zeitraum der ArbGeb in Gläubigerverzug geraten ist. Wenn der ArbN während dieser Zeit Überstunden geleistet hätte, ist dies beim Verzugslohn zu berücksichtigen[11]. Hierfür ist es nach Ansicht des BAG unerheblich, ob die ausgefallene Arbeitszeit die Grenzen der §§ 3 ff. ArbZG überschritten hätte[12]. Bei einer leistungs- oder erfolgsabhängigen Vergütung ist der hypothetische Verdienst während des Gläubigerverzugs ge- 80

1 LAG Rh.-Pf. v. 3.11.1992 – 7 Sa 562/92, LAGE § 615 BGB Nr. 34. | 2 In der Begründung zu weit gehend LAG Bbg. v. 26.9.1996 – 3 Sa 341/96, LAGE § 615 BGB Nr. 50. | 3 BAG v. 19.8.1982 – 2 AZR 230/80, DB 1983, 663; näher *Thüsing*, AuR 1996, 245 ff. | 4 LAG Düsseldorf v. 6.8.1968 – 8 Sa 262/68, DB 1968, 2136; aA LAG Hamm v. 29.9.1997 – 19 Sa 589/97, LAGE § 615 BGB Nr. 54. | 5 *Beuthien*, Zweckerreichung und Zweckstörung im Schuldverhältnis (1969), S. 247. | 6 BAG v. 13.11.2001 – 9 AZR 590/99, ZTR 2002, 495; v. 18.1.2000 – 9 AZR 932/98, NZA 2000, 1157. | 7 BAG v. 19.10.2000 – 8 AZR 20/00, NZA 2001, 598; MünchArbR/*Boewer*, § 78 Rz. 45. | 8 BAG v. 6.9.2006 – 5 AZR 703/05, NZA 2007, 36; LAG Köln v. 30.7.2001 – 2 Sa 1457/00, NZA-RR 2002, 181; MüKoInsO/*Hefermehl*, § 55 Rz. 168. | 9 BAG v. 7.11.2002 – 2 AZR 742/00, NZA 2003, 1139; v. 18.9.2001 – 9 AZR 307/00, NZA 2002, 268; ErfK/*Preis*, § 615 BGB Rz. 76; Staudinger/*Richardi*, § 615 BGB Rz. 120. | 10 BAG v. 23.6.1994 – 6 AZR 853/93, NZA 1995, 468. | 11 MünchArbR/*Boewer*, § 78 Rz. 46. | 12 BAG v. 18.9.2001 – 9 AZR 307/00, NZA 2002, 268.

mäß § 287 II ZPO zu schätzen[1]. In die Schätzung kann der Durchschnittsverdienst der letzten drei Monate einfließen[2]. Leitlinie ist aber stets das Lohnausfallprinzip. Daher kommen dem ArbN zwischenzeitliche Entgelterhöhungen zugute, an denen er bei tatsächlicher Arbeit ohne weiteres partizipiert hätte, während er umgekehrt auch etwa einen durch Kurzarbeit bedingten hypothetischen Entgeltausfall hinzunehmen hat[3].

81 Zum Verzugslohn zählen **sämtliche Leistungen, die Entgeltcharakter** haben. Hierzu gehört nicht nur das Entgelt im engeren, sondern auch im weiteren Sinne[4]. Unter § 615 fallen daher Leistungszulagen, Zeitzuschläge, Sozialzulagen, Gratifikationen, Tantiemen uÄ[5]. Zum Verzugslohn gehören dagegen nicht Zahlungen, deren Zweck darin besteht, Aufwendungen des ArbN abzugelten, die infolge der unterbliebenen Arbeit nicht entstanden sind[6]. Hierunter fallen etwa Fahrtkostenersatz, Verpflegungszuschüsse und Einsatzzulagen für Auslandsmitarbeiter[7]. Soweit Aufwandsentschädigungen dagegen pauschal gezahlt werden und in der Sache der Anhebung des allgemeinen Lebensstandards des ArbN dienen, gehören sie zum Arbeitsentgelt iSd. § 615[8]. Zu vergüten ist auch der Wert von Sachbezügen sowie von sonstigen Vorteilen, die als Entgelt für die Arbeitsleistung zu charakterisieren sind. Der Entzug eines Dienstwagens, der auch privat genutzt werden kann, führt aber nicht nur zu einem Anspruch auf Annahmeverzugslohn[9]. Vielmehr löst er regelmäßig auch eine Schadensersatzpflicht aus, weil der ArbGeb insoweit eine Überlassungspflicht verletzt[10]. Soweit ein vertragl. vereinbartes Liquidationsrecht für Nebentätigkeiten eines Arztes Teil seiner Vergütung ist, sind die daraus erzielten Einkünfte bei einer unwirksamen Kündigung nach § 615 weiterzuzahlen. Schuldet der ArbGeb die Liquidationsbefugnis dagegen nur als Nebenpflicht, ist eine unwirksame Entziehung nach schadensersatzrechtl. Grundsätzen zu behandeln[11].

82 c) **Zahlungsmodalitäten.** Der aus Annahmeverzug begründete Entgeltanspruch wird zu demselben Zeitpunkt **fällig**, wie er bei Leistung der Arbeit fällig geworden wäre[12]. Relevant ist dies für die Verjährung sowie für Ausschlussfristen. Die Verjährungsfrist beträgt gemäß § 195 nunmehr drei Jahre. Sie beginnt nach § 199 I mit dem Schluss des Jahres, in dem der Anspruch entstanden ist und der Gläubiger von den anspruchsbegründenden Umständen sowie der Person des Schuldners Kenntnis erlangt oder infolge grober Fahrlässigkeit nicht erlangt hat. Für eine Hemmung der Verjährung bedarf es gemäß § 204 I Nr. 1 der Erhebung einer Zahlungs- oder Feststellungsklage. Eine Kündigungsschutzklage bzw. eine Klage auf Feststellung des Fortbestehens des Arbeitsverhältnisses genügt nach st. Rspr. dagegen nicht[13].

83 Bei **tarifl. bzw. einzelvertragl. Ausschlussfristen** gelten teilweise andere Grundsätze[14]. Verlangt eine sog. einstufige Ausschlussfrist nur eine formlose oder schriftl. Geltendmachung von Ansprüchen, so genügt regelmäßig eine fristgerecht erhobene Kündungsschutzklage, um den Anspruch aus Annahmeverzugslohn geltend zu machen, soweit dieser vom Ausgang des Kündigungsschutzprozesses abhängt und während dessen Dauer fällig wird[15]. Aus der Kündigungsschutzklage ergibt sich für den ArbGeb mit hinreichender Deutlichkeit, dass der ArbN für den Fall seines Obsiegens im Kündigungsschutzprozess auch die Vergütung für die Zwischenzeit verlangen will. Bei einer sog. zweistufigen Ausschlussfrist lässt die Rspr. eine Kündigungsschutzklage auf der zweiten Stufe dagegen nicht genügen. Vielmehr ist danach auch für Ansprüche auf Annahmeverzugslohn eine gesonderte Zahlungsklage erforderlich[16]. Für den Beginn der zweiten Stufe genügt der Klageabweisungsantrag des ArbGeb im Kündigungsschutzprozess, wenn die Verfallklausel nur eine schriftl. Ablehnung verlangt[17]. Eine tarifl. Regelung, wonach der Lauf einer Ausschlussfrist für Entgeltansprüche bei Erhebung einer Kündigungsschutzklage erst mit

1 BAG v. 19.8.1976 – 3 AZR 173/75, DB 1976, 2308; LAG Schl.-Holst. v. 10.1.2006 – 2 Sa 307/05, NZA-RR 2006, 301. Zum Umfang bei arbeitnehmerähnlichen Personen BAG v. 16.3.1999 – 9 AZR 314/98, AP Nr. 84 zu § 615 BGB. | 2 Vgl. BAG v. 29.9.1971 – 3 AZR 164/71, DB 1972, 442; ErfK/*Preis*, § 615 BGB Rz. 77. | 3 LAG Frankfurt/M. v. 27.12.1955 – IV LA 377/55, BB 1956, 305. | 4 Staudinger/*Richardi*, § 615 BGB Rz. 121. | 5 BAG v. 18.9.2002 – 1 AZR 668/01, DB 2003, 1121 (Spät- und Nachtzuschläge); v. 21.11.2000 – 9 AZR 665/99, NZA 2001, 1093 (Umsatzbeteiligung); v. 19.5.1983 – 2 AZR 171/81, DB 1984, 298 (Tantieme); v. 18.1.1963 – 5 AZR 200/62, DB 1963, 554 (Weihnachtsgratifikation); v. 18.6.1958 – 4 AZR 590/55, AP Nr. 6 zu § 615 BGB (Gefahrenzulage). | 6 LAG Hamm v. 11.5.1989 – 17 Sa 1879/88, DB 1989, 1577. | 7 BAG v. 30.5.2001 – 4 AZR 249/00, EzA § 615 BGB Nr. 104; v. 18.6.1958 – 4 AZR 590/55, AP Nr. 6 zu § 615 BGB. | 8 OLG Stuttgart v. 1.8.1986 – 2 U 13/86, BB 1986, 2419 L; siehe auch BAG v. 10.3.1988 – 8 AZR 188/85, NZA 1989, 111; v. 10.2.1988 – 7 AZR 36/87, NZA 1989, 112; v. 24.9.1986 – 4 AZR 543/85, NZA 1987, 315 (tarifliche Nahauslösung). | 9 Dazu *Meier*, NZA 1999, 1083 ff.; ErfK/*Preis*, § 615 BGB Rz. 78; offen gelassen in BAG v. 5.9.2002 – 8 AZR 702/01, NZA 2003, 973. | 10 Vgl. BAG v. 16.11.1995 – 8 AZR 240/95, NZA 1996, 415; v. 23.6.1994 – 8 AZR 537/92, DB 1994, 2239. | 11 BAG v. 22.3.2001 – 8 AZR 536/00, AR-Blattei ES 250 Nr. 56. | 12 BAG v. 7.11.2007 – 5 AZR 910/06, DB 2008, 301; v. 13.2.2003 – 8 AZR 236/02, AP Nr. 244 zu § 613a BGB; v. 7.11.1991 – 2 AZR 159/91, NZA 1992, 1025. | 13 Vgl. BAG v. 7.11.2002 – 2 AZR 297/01, NZA 2003, 963; v. 7.11.1991 – 2 AZR 159/91, NZA 1992, 1025; MünchArbR/*Boewer*, § 78 Rz. 51; *Grunsky*, FS Kissel (1994), S. 281 (294 f.); aA KR/*Friedrich*, § 4 KSchG Rz. 32 ff. mwN. | 14 Eingehend *Krause*, RdA 2004, 106 (112 ff.). | 15 BAG v. 7.11.1991 – 2 AZR 34/91, NZA 1992, 521; v. 9.8.1990 – 2 AZR 579/89, NZA 1991, 226; v. 10.4.1963 – 4 AZR 95/62, DB 1963, 802; für höhere Anforderungen im öffentlichen Dienst BAG v. 21.6.1978 – 5 AZR 144/77, AP Nr. 65 zu § 4 TVG – Ausschlussfristen; anders jetzt BAG v. 26.2.2003 – 5 AZN 757/02, AP Nr. 101 zu § 615 BGB; insgesamt krit. *Groeger*, NZA 2000, 793 (796 f.). | 16 BAG v. 21.3.1991 – 2 AZR 577/90, NZA 1991, 726; v. 24.3.1988 – 2 AZR 630/87, NZA 1989, 101; MünchArbR/*Boewer*, § 78 Rz. 51; aA ErfK/*Preis*, §§ 194–218 BGB Rz. 64. | 17 BAG v. 26.4.2006 – 5 AZR 403/05, NZA 2006, 845; aA BAG v. 11.12.2002 – 9 AZR 510/00, NZA 2002, 816.

dem rechtskräftigen Abschluss des Kündigungsschutzprozesses beginnt, gilt nicht für den Fall einer allgemeinen Feststellungsklage auf Fortbestehen des Arbeitsverhältnisses[1].

d) Verzicht. Der ArbN kann grds. auf seinen Verzugslohn verzichten. Gewisse Beschränkungen ergeben sich allerdings, wenn der Vergütungsanspruch auf einem Kollektivvertrag beruht und deshalb gemäß den §§ 4 TVG, 77 BetrVG an sich unverzichtbar ist. In diesem Fall ist nur ein Tatsachenvergleich, nicht aber ein Rechtsfolgenvergleich zulässig[2]. Darüber hinaus gelten rückwirkende Dispositionen der Arbeitsvertragsparteien über den Anspruch auf Annahmeverzugslohn nicht gegenüber der BA, soweit der Entgeltanspruch als Folge einer cessio legis (§§ 143 III SGB III, 115 SGB X) bereits auf sie übergegangen ist[3]. 84

3. Anrechnung. a) Allgemeines. Gemäß § 615 S. 2 erfolgt eine Anrechnung dessen, was der ArbN infolge des Unterbleibens der Dienste erspart oder durch andere Verwendung der Dienste erworben oder zu erwerben böswillig unterlassen hat. Der Zweck der Vorschrift besteht darin, dass der ArbN aus dem Annahmeverzug **keinen finanziellen Vorteil** zieht. Er soll nicht mehr als bei ordnungsgemäßer Abwicklung des Arbeitsverhältnisses erhalten und nicht auf Kosten des ArbGeb einen Gewinn machen[4]. Die Anrechnung ist Ausdruck eines allgemeinen Rechtsgedankens, wie er sich auch in anderen Regelungen findet (§§ 326 II 2 BGB, 74c I 1 HGB, 11 KSchG)[5]. Die Anrechnung erfolgt im Wege einer automatischen Kürzung des Annahmeverzugslohns. Es bedarf keiner Anrechnungserklärung des ArbGeb[6]. Auf die Kürzung sind die Pfändungsgrenzen der §§ 850 ff. ZPO nicht anwendbar, weil der ArbN die entsprechenden Leistungen bereits erhalten hat[7]. Falls der ArbGeb erst nach der Zahlung des Annahmeverzugslohns von einem anzurechnenden Zwischenverdienst des ArbN erfährt, steht ihm ein bereicherungsrechtl. Rückgewährungsanspruch gemäß § 812 I zu[8]. Dieser Anspruch wird nicht dadurch ausgeschlossen, dass der ArbGeb rechtskräftig zur Zahlung der Vergütung verurteilt wurde[9]. 85

Wird der ArbN **einvernehmlich von der Arbeit freigestellt**, wie es nach einer Kündigung häufig vorkommt, ist es eine Frage der (ergänzenden) Vertragsauslegung, ob und inwieweit § 615 S. 2 anwendbar ist. Hierbei spricht vieles dafür, entgegen einer vielfach vertretenen Ansicht[10] für den Regelfall[11] eine Anrechnung tatsächlich erzielten anderweitigen Entgelts zu bejahen[12], während eine Berücksichtigung unterlassener Erwerbsmöglichkeiten zu verneinen ist. 86

b) Verhältnis zu § 11 KSchG. Unterfällt das Arbeitsverhältnis dem Kündigungsschutz nach dem KSchG, ist bei einer Unwirksamkeit der Kündigung die Anrechnung gemäß § 11 KSchG vorzunehmen. Insoweit handelt es sich um eine **Sonderregelung**, die § 615 S. 2 verdrängt[13]. Die Vorschrift erfasst allerdings nur das Arbeitsentgelt, das der ArbGeb dem ArbN für die Zeit nach der Entlassung schuldet[14]. § 11 KSchG unterscheidet sich in mehrfacher Hinsicht von § 615 S. 2. Erstens sind ersparte Aufwendungen des ArbN nicht zu berücksichtigen. Der Gesetzgeber hat auf die Anrechnung dieser regelmäßig geringen Aufwendungen bewusst verzichtet[15]. Zweitens sieht § 11 S. 1 Nr. 3 KSchG ausdrücklich die Anrechnung öffentl.-rechtl. Sozialleistungen einschließlich etwaiger ArbN-Anteile zur SozV[16] vor, sofern es sich um Leistungen infolge Arbeitslosigkeit handelt[17]. Dies gilt im Grundsatz allerdings auch für § 615 S. 2[18]. Die Anrechnung von Sozialleistungen hat wegen des in § 115 SGB X vorgesehenen gesetzl. Forderungsübergangs auf den Sozialleistungsträger aber keine praktische Bedeutung mehr[19]. Drittens schließlich kann § 11 KSchG anders als § 615 S. 2 (dazu Rz. 107) nicht durch erweiterte Anrechnungsregelungen zu Lasten des ArbN verschärft werden. 87

c) Umfang der Anrechnung. aa) Ersparte Aufwendungen. Anzurechnen sind zunächst ersparte Aufwendungen, die in einem unmittelbaren Zusammenhang mit der zu erbringenden Arbeitsleistung stehen. Hierzu zählen etwa entfallene Fahrtkosten sowie Kosten für die Anschaffung oder Reinigung von Berufskleidung. 88

---

1 BAG v. 8.8.2000 – 9 AZR 418/99, NZA 2000, 1236; v. 24.8.1999 – 9 AZR 804/98, NZA 2000, 818. | 2 MünchArbR/*Boewer*, § 78 Rz. 53. | 3 BAG v. 17.4.1986 – 2 AZR 308/85, NZA 1987, 17. | 4 BAG v. 6.9.1990 – 2 AZR 165/90, NZA 1991, 221; v. 14.11.1985 – 2 AZR 98/84, NZA 1986, 637. | 5 BAG v. 6.2.1964 – 5 AZR 93/63, BB 1964, 552. | 6 BAG v. 24.9.2003 – 5 AZR 500/02, NZA 2004, 90. | 7 MünchArbR/*Boewer*, § 78 Rz. 61; Staudinger/*Richardi*, § 615 BGB Rz. 136. | 8 BAG v. 29.7.1993 – 2 AZR 110/93, NZA 1994, 116; v. 6.2.1964 – 5 AZR 93/63, AP Nr. 24 zu § 615 BGB; Staudinger/*Richardi*, § 615 BGB Rz. 136. | 9 BAG v. 29.7.1993 – 2 AZR 110/93, NZA 1994, 116. | 10 LAG Bbg. v. 17.3.1998 – 2 Sa 670/97, MDR 1998, 1417; LAG Hamm v. 11.10.1996 – 10 Sa 104/96, NZA-RR 1997, 287; LAG BW v. 21.6.1994 – 8 Sa 33/94, LAGE § 615 BGB Nr. 41; *Nägele*, BB 2003, 45 (46). | 11 Anders bei Freistellung unter Anrechnung auf einen noch bestehenden Urlaubsanspruch; vgl. BAG v. 19.3.2002 – 9 AZR 16/01, BB 2002, 1703. | 12 BAG v. 2.8.1971 – 3 AZR 121/71, BB 1971, 1412; v. 6.2.1964 – 5 AZR 93/63, AP Nr. 24 zu § 615 BGB; LAG Thür. v. 21.11.2000 – 5 Sa 352/99, LAGE § 615 BGB Nr. 62; LAG Schl.-Holst. v. 20.2.1997 – 4 Sa 567/96, NZA-RR 1997, 286; *Bauer/Baeck*, NZA 1989, 784 (785 f.). | 13 BAG v. 11.10.2006 – 5 AZR 754/05, NJW 2007, 2060; 16.6.2004 – 5 AZR 508/03, NZA 2004, 1155; v. 6.9.1990 – 2 AZR 165/90, NZA 1991, 221; KR/*Spilger*, § 11 KSchG Rz. 31. | 14 ErfK/*Preis*, § 615 BGB Rz. 84. | 15 Vgl. RdA 1951, 58 (64); die Verfassungskonformität im Hinblick auf Art. 3 GG anzweifelnd MüKoBGB/*Henssler*, § 615 Rz. 65. | 16 LAG Nürnberg v. 24.6.2003 – 6 Sa 424/02, ZTR 2004, 46 LS. | 17 BAG v. 24.9.2003 – 5 AZR 282/02, NZA 2003, 1332 unter dementsprechender Ablehnung der Anrechung einer Berufsunfähigkeitsrente. Für eine Anrechnung von Überbrückungsgeld iSv. § 57 III SGB III LAG Köln v. 15.10.2003 – 7 Sa 163/03, NZA-RR 2004, 612 (613). | 18 MünchArbR/*Boewer*, § 78 Rz. 56. | 19 ErfK/*Preis*, § 615 BGB Rz. 85.

89 **bb) Anderweitiger Erwerb.** Grundvoraussetzung für die Anrechnung anderweitigen Verdienstes ist, dass dieser kausal durch **Freiwerden der Arbeitskraft** ermöglicht worden ist. Der ArbN muss den Erwerb gerade durch denjenigen Teil seiner Arbeitskraft erzielt haben, welchen er dem ArbGeb zur Verfügung zu stellen verpflichtet war[1]. Der anderweitige Verdienst ist nach hM gemäß dem Prinzip der Gesamtberechnung zu berücksichtigen. Dies bedeutet, dass der Erwerb auf die Vergütung für die gesamte Dauer des Annahmeverzugs und nicht nur auf das Entgelt für den Zeitabschnitt anzurechnen ist, in dem es erzielt worden ist[2]. Die Gegenansicht will eine Anrechnung nach einzelnen Zeitabschnitten vornehmen[3]. Zur Begründung wird darauf verwiesen, dass der ArbN für jeden Zeitabschnitt einen selbständigen Lohnanspruch und keinen Gesamtanspruch erlange. Außerdem erfolge im Rahmen des § 74c HGB ebenfalls keine Gesamtabrechnung[4]. Eine generelle Abrechnung nach Zeitabschnitten sieht das Gesetz jedoch nicht vor. Solange der Annahmeverzug andauert, will das BAG die Zeitabschnittsbezogenheit der Vergütung dadurch berücksichtigen, dass zunächst lediglich eine Anrechnung auf das für die jeweilige Zahlungsperiode geschuldete Entgelt erfolgt. Hierdurch soll erreicht werden, dass dem ArbN in jedem Monat zumindest eine dem pfändungsfreien Betrag entsprechende Leistung (Annahmeverzugslohn oder anderweitiger Erwerb) zur Verfügung steht[5]. Diese zwischenzeitliche Beschränkung der Anrechnung ändert jedoch nichts daran, dass es nach dem Ende des Gläubigerverzugs zu einer Gesamtberechnung und in deren Rahmen ggf. zu einem Rückzahlungsanspruch des ArbGeb kommt[6].

90 Bei der Frage, ob ein anderweitiger Verdienst kausal durch das Freiwerden von der bisherigen Arbeitsleistung ermöglicht wurde, sind sowohl **objektive wie subjektive Umstände** zu berücksichtigen. Nebeneinnahmen sind daher anrechnungsfrei, wenn der ArbN sie nicht in der Zeit erzielt, in der er an sich seine arbeitsvertragl. Pflichten erfüllt hätte[7]. Dementsprechend ist die Vergütung von Überstunden aus der Anrechnung auszuklammern, wenn die anderweitige Arbeit in der eigentlich freien Zeit geleistet worden ist[8]. In diesem Fall fehlt es zwar nicht an der Kausalität zwischen Annahmeverzug und anderweitigem Erwerb. Der ArbN hat insoweit aber gerade nicht den Teil seiner Arbeitskraft verwertet, der durch den Gläubigerverzug freigesetzt worden ist. Bei Teilzeitkräften kann daher nicht allein darauf abgestellt werden, ob eine später aufgenommene Tätigkeit auch bei Erfüllung der ursprünglichen Vertragspflichten möglich gewesen wäre[9]. Vielmehr kommt es allein darauf an, ob die sonstige Beschäftigung gerade auf dem Freiwerden der Arbeitskraft beruht[10]. Für die Anrechnung spielt es keine Rolle, ob der anderweitige Verdienst durch eine gleichartige oder andersartige Arbeit erzielt wird. Für eine Ausklammerung von Einkünften aus einer geringerwertigen Tätigkeit[11] besteht kein Anlass. Dabei kann es sich um unselbständige wie auch um selbständige Erwerbsarbeit handeln[12]. Ggf. muss der durch eine selbständige Tätigkeit erzielte Gewinn gemäß § 287 ZPO geschätzt werden[13]. Sofern Einkünfte erst nach der Beendigung des Annahmeverzugs anfallen, ist darauf abzustellen, ob sie auf einer Tätigkeit beruhen, die erst durch das Freiwerden der Arbeitskraft während des Gläubigerverzugs ermöglicht wurde[14]. Dies kann insb. bei Provisionen[15], aber auch bei Vorbereitungshandlungen für eine neue Tätigkeit der Fall sein[16]. Aufwendungen, die der ArbN tätigen musste, um den Zwischenverdienst zu erzielen, sind abzuziehen. Die Anrechnung soll den ArbN nicht schlechter stellen, als wenn er ordnungsgemäß weitergearbeitet hätte[17]. Da nur solche Leistungen anrechnungsfähig sind, die auf der Verwertung der frei gewordenen Arbeitskraft beruhen, sind Kapitalerträge grds. nicht zu berücksichtigen[18]. Sofern die Verwaltung des eigenen Vermögens den ArbN aber vollständig auslastet, wird man die Erträge anrechnen müssen[19].

91 Zu einer Beschränkung der Anrechnung anderweitigen Verdienstes kommt es, wenn der ArbN während eines Kündigungsschutzprozesses ein **neues Arbeitsverhältnis** eingegangen ist und er nach gewonnenem Prozess die Fortsetzung des ursprünglichen Arbeitsverhältnisses gegenüber dem bisherigen ArbGeb gemäß § 12 S. 1 KSchG verweigert, so dass dieses nach § 12 S. 3 KSchG erlischt. Da der ArbN in einem solchen Fall gemäß § 12 S. 4 KSchG nur für die Zeit zwischen der Entlassung und dem Tag des Eintritts in das neue Arbeitsverhältnis Annahmeverzugslohn verlangen kann (Rz. 73), ist auch nur der in diesem Zeitraum erzielte Erwerb zu berücksichtigen. Lohnzahlungspflichtiger Zeitraum und Anrechnungszeitraum sind identisch[20].

---

1 BAG v. 6.9.1990 – 2 AZR 165/90, DB 1991, 496. | 2 BAG v. 22.11.2005 – 1 AZR 407/04, NZA 2006, 736; v. 24.8.1999 – 9 AZR 804/98, DB 2000, 983; v. 29.7.1993 – 2 AZR 110/93, DB 1993, 2437; MünchArbR/*Boewer*, § 78 Rz. 60; Soergel/*Kraft*, § 615 BGB Rz. 54. | 3 LAG Düsseldorf v. 1.9.2005 – 5 Sa 212/05, DB 2005, 2825; *Boecken*, NJW 1995, 3218 (3219 ff.); *Nübold*, RdA 2004, 31 (32 ff.); ErfK/*Preis*, § 615 BGB Rz. 92. | 4 Vgl. BAG v. 16.5.1969 – 3 AZR 137/68, DB 1970, 257. | 5 BAG v. 24.8.1999 – 9 AZR 804/98, DB 2000, 983. | 6 BAG v. 24.8.1999 – 9 AZR 804/98, DB 2000, 983. | 7 BAG v. 14.8.1974 – 5 AZR 497/73, DB 1975, 212. | 8 Vgl. BAG v. 8.3.1958 – 2 AZR 533/55, BAGE 5, 217; aA *Matthes* in ArbR-BGB, § 615 Rz. 86. | 9 So aber offenbar ErfK/*Preis*, § 615 BGB Rz. 91. | 10 BAG v. 6.9.1990 – 2 AZR 165/90, DB 1991, 496. | 11 So *Bayreuther*, NZA 2003, 1365 (1368 f.). | 12 Staudinger/*Richardi*, § 615 BGB Rz. 147. | 13 LAG Düsseldorf v. 23.6.1956 – 5 Sa 100/56, DB 1956, 920. | 14 BAG v. 16.6.2004 – 5 AZR 508/03, DB 2004, 2166. | 15 LAG Düsseldorf v. 5.3.1970 – 3 Sa 533/69, DB 1970, 1277 (1278). | 16 OLG Düsseldorf v. 30.12.1971 – 8 U 160/71, DB 1972, 181; LAG Düsseldorf v. 22.5.1968 – 3 Sa 73/68, DB 1968, 1182; ErfK/*Preis*, § 615 BGB Rz. 91; restriktiver offenbar Staudinger/*Richardi*, § 615 BGB Rz. 147. | 17 ErfK/*Preis*, § 615 BGB Rz. 90. | 18 MünchArbR/*Boewer*, § 78 Rz. 59. | 19 ErfK/*Preis*, § 615 BGB Rz. 91; eine unzulässige Rechtsausübung erwägend BAG v. 27.3.1974 – 5 AZR 258/73, DB 1974, 1167. | 20 BAG v. 19.7.1978 – 5 AZR 748/77, DB 1978, 2417.

Der **unentgeltliche Einsatz der Arbeitskraft** im eigenen Haushalt oder im Rahmen von Nachbarschaftshilfe führt nicht zu einer Anrechnung[1]. Eine hierfür gewährte maßvolle Anerkennung ist ebenfalls nicht zu berücksichtigen. Eine Weiterleitung des Pflegegeldes (§ 37 SGB XI) übersteigt jedoch den hierdurch getroffenen Rahmen. Die einschränkende Wertung des § 3 S. 2 SGB VI kann nicht auf die Frage der Anrechnung nach § 615 S. 2 übertragen werden. 92

cc) Böswillig unterlassener Erwerb. Anzurechnen ist schließlich dasjenige, was der ArbN zu erwerben böswillig unterlassen hat. Hierfür ist in objektiver Hinsicht erforderlich, dass der ArbN arbeitsfähig war[2], eine Arbeits**möglichkeit** bestand und die Tätigkeit dem ArbN unter Berücksichtigung aller Umstände des Einzelfalls **zumutbar** war. In subjektiver Hinsicht ist es notwendig, aber auch ausreichend, dass der ArbN in Kenntnis der objektiven Umstände untätig geblieben ist oder die Aufnahme einer Arbeit verhindert hat[3]. Einerseits setzt Böswilligkeit keine Schädigungsabsicht voraus[4]. Andererseits genügt nicht einmal eine grobe Fahrlässigkeit des ArbN[5]. 93

Zentrales Merkmal ist die **Zumutbarkeit der anderweitigen Arbeit**, die in § 11 S. 1 Nr. 2 KSchG ausdrücklich angesprochen wird, im Rahmen von § 615 S. 2 aber ebenso gilt. Dabei geht es im Grundsatz um eine Abwägung zwischen der Berufsfreiheit des ArbN nach Art. 12 GG einerseits[6] und seiner Treuepflicht andererseits, aus dem Annahmeverzug keinen Gewinn zu ziehen und den Schaden des ArbGeb möglichst gering zu halten[7]. Hierbei kommt es auf alle Umstände des Einzelfalls an[8]. Kriterien sind Ort, Zeit und Inhalt (Gefährlichkeit) der anderen möglichen Tätigkeit, Vergütungsform, Art und Umfang von Sozialleistungen[9]. Der Maßstab des § 121 SGB III ist nicht übertragbar, weil er sich auf die Abwägung der Interessen des Arbl. mit denen der Versichertengemeinschaft bezieht, während es im Rahmen von § 615 S. 2 bzw. § 11 KSchG um einen zivilrechtl. Konflikt zwischen ArbN und ArbGeb geht[10]. Vor Ablauf der Kündigungsfrist ist die Zumutbarkeit besonders restriktiv zu handhaben. Aus dem vom ArbGeb zu tragenden Wirtschaftsrisiko ergibt sich aber nicht, dass der ArbN in dieser Zeit prinzipiell nicht auf eine Tätigkeit bei einem anderen ArbGeb verwiesen werden kann[11]. 94

In Betracht kommt zunächst eine **Beschäftigungsmöglichkeit beim bisherigen ArbGeb**. Eine solche Tätigkeit ist nicht von vornherein unzumutbar. Vielmehr kann sie gerade für die Fälle von Bedeutung sein, in denen das Angebot des ArbGeb zur Weiterarbeit für eine Beendigung des Annahmeverzugs nicht ausreicht (dazu Rz. 70 f.)[12]. Soweit der Bestand des Arbeitsverhältnisses nicht umstritten ist, billigte die frühere Rspr. dem ArbN das Recht zu, die Zuweisung einer die Grenzen des Direktionsrechts überschreitenden Tätigkeit abzulehnen, weil er sich insoweit lediglich auf eine vertragl. Rechtsposition berufe[13]. Die neuere Judikatur unterscheidet dagegen strikt zwischen der Arbeitspflicht und der Obliegenheit zur Rücksichtnahme gegenüber dem ArbGeb und hält dementsprechend auch eine nicht vertragsgemäße Arbeit im Einzelfall für zumutbar[14]. Allerdings muss der ArbN eine deutliche Verschlechterung seiner Arbeitsbedingungen nicht akzeptieren, solange er berechtigte Aussichten hat, eine günstigere Arbeit zu finden[15]. Beim Angebot einer Arbeit an einem anderen Arbeitsort kommt es auf den erforderlichen Zeitaufwand für die Anfahrt sowie das Verhältnis zur Arbeitszeit an[16]. Im Übrigen kann von einem böswilligen Handeln nicht gesprochen werden, wenn der ArbN ein Arbeitsangebot ablehnt, das ohne die nach § 99 BetrVG erforderliche Beteiligung des BR erfolgt ist[17]. 95

Bei einem Arbeitsverhältnis, dessen Bestand streitig ist, kommt es für die Zumutbarkeit der angebotenen Arbeit wesentlich auf das **vorangegangene Verhalten des ArbGeb** an, das den Annahmeverzug herbeigeführt hat. Hierzu hat das BAG folgende Leitlinien aufgestellt: Bei einer betriebs- oder krankheitsbedingten Kündigung ist dem ArbN die vorläufige Weiterbeschäftigung idR zumutbar. Bei einer verhaltensbedingten, insb. einer außerordentl. Kündigung liegt regelmäßig Unzumutbarkeit vor[18]. Wenn der ArbN einen Weiterbeschäftigungsantrag stellt, gibt er damit aber auch bei einer verhaltensbedingten 96

---

1 MünchArbR/*Boewer*, § 78 Rz. 59. | 2 BAG v. 24.3.2004 – 5 AZR 355/03, AP Nr. 22 zu § 3 EntgeltFG. | 3 BAG v. 16.5.2000 – 9 AZR 203/99, DB 2001, 154; v. 18.6.1965 – 5 AZR 351/64, DB 1965, 1405; v. 18.10.1958 – 2 AZR 291/58, BAGE 6, 306. | 4 BAG v. 10.4.1963 – 4 AZR 95/62, DB 1963, 802. | 5 BAG v. 18.10.1958 – 2 AZR 291/58, BAGE 6, 306; siehe auch LAG Köln v. 5.7.2002 – 11 Sa 559/01, NZA-RR 2003, 308. | 6 BAG v. 11.10.2006 – 5 AZR 754/05, NJW 2007, 2060; v. 9.8.1974 – 3 AZR 350/73, DB 1974, 2262. | 7 BAG v. 18.6.1965 – 5 AZR 351/64, DB 1965, 1405; v. 10.4.1963 – 4 AZR 95/62, DB 1963, 802. | 8 BAG v. 14.11.1985 – 2 AZR 98/84, NZA 1986, 637. | 9 ErfK/*Preis*, § 615 BGB Rz. 97. | 10 BAG v. 7.2.2007 – 5 AZR 422/06, NZA 2007, 561; v. 16.6.2004 – 5 AZR 508/03, NZA 2004, 1155; MünchArbR/*Boewer*, § 78 Rz. 66. | 11 AA *Schirge*, DB 2000, 1278 (1280); einschr. auch *Bayreuther*, NZA 2003, 1365 (1368). | 12 BAG v. 22.2.2000 – 9 AZR 194/99, NZA 2000, 817; v. 14.11.1985 – 2 AZR 98/84, NZA 1986, 637; v. 10.4.1963 – 4 AZR 95/62, DB 1963, 802; Staudinger/*Richardi*, § 615 BGB Rz. 157. | 13 BAG v. 3.12.1980 – 5 AZR 477/78, DB 1981, 799. | 14 BAG v. 7.2.2007 – 5 AZR 422/06, NZA 2007, 561; aA *Schulze*, NZA 2006, 1145 (1146). | 15 BAG v. 7.2.2007 – 5 AZR 422/06, NZA 2007, 561. | 16 Vgl. LAG Köln v. 21.6.2005 – 13 (5) Sa 179/05, NZA-RR 2006, 14 (Fahrtzeit von 2 Stunden je Hin- und Rückfahrt zumutbar); LAG Hess. v. 21.8.2006 – 19 (11) Sa 2008/05, NZA-RR 2007, 186 (Anfahrtszeit von 4,5 Stunden bei einer Arbeitszeit von 1,5 Stunden unzumutbar). | 17 BAG v. 7.11.2002 – 2 AZR 650/00, AP Nr. 98 zu § 615 BGB. | 18 BAG v. 13.7.2005 – 5 AZR 578/04, NZA 2005, 1348; v. 7.11.2002 – 2 AZR 650/00, AP Nr. 98 zu § 615 BGB; v. 14.11.1985 – 2 AZR 98/84, NZA 1986, 637; s. aber auch LAG Hamm v. 4.11.2004 – 8 Sa 1322/04, NZA-RR 2005, 416 (418): Arbeitslosmeldung statt Weiterarbeit bei betriebsbedingter Kündigung kein böswilliges Unterlassen, wenn ArbGeb mit haltlosen Schadensersatzforderungen droht.

Kündigung zu erkennen, dass ihm eine vorläufige Weiterarbeit auf seinem früheren Arbeitsplatz zumutbar ist[1]. Keinesfalls kann der ArbN seine Weigerung zur vorläufigen Weiterarbeit allein darauf stützen, keine zusätzliche schriftl. Vereinbarung unterzeichnen zu wollen[2]. Auf ein Angebot zur Weiterarbeit zu geänderten Arbeitsbedingungen (etwa gegen eine geringere Vergütung[3]) muss sich der ArbN dann einlassen, wenn ihm eine entsprechende Arbeit bei einem anderen ArbGeb zumutbar wäre. Dies gilt auch, wenn der ArbGeb eine Änderungskündigung ausgesprochen und der ArbN das Änderungsangebot nicht gemäß § 2 KSchG unter Vorbehalt angenommen hat. Insoweit wird das „Wahlrecht" des § 2 KSchG faktisch durch § 11 S. 1 Nr. 2 KSchG eingeschränkt[4]. Dagegen folgt die Zumutbarkeit der veränderten Arbeitsbedingungen nicht schon daraus, dass die Kündigung gerichtlich überprüft wird[5]. Im Übrigen muss sich der ArbN nicht auf eine dauerhafte Änderung des Arbeitsvertrags einlassen, weil § 11 S. 1 Nr. 2 KSchG nur die Obliegenheit zum Erwerb von Zwischenverdienst begründet[6]. Bei einer Änderungskündigung genügt deshalb nicht das mit ihr verbundene Änderungsangebot. Vielmehr bedarf es eines eigenständigen Angebots zur Weiterbeschäftigung während des Prozesses[7].

97 Wenn der ArbN bei einem **Betriebsübergang sein Widerspruchsrecht wirksam ausgeübt** hat und der Veräußerer infolgedessen in Annahmeverzug gerät, ist es nicht generell unzumutbar, den ArbN auf eine vorläufige Weiterarbeit zu unveränderten Bedingungen beim Betriebserwerber zu verweisen[8]. Hierdurch wird das Widerspruchsrecht nicht ausgehöhlt, weil der ArbN nicht daran gehindert wird, den Fortbestand seines Arbeitsverhältnisses zum Veräußerer geltend zu machen[9].

98 Böswilligkeit ist zu verneinen, wenn der ArbN durch die Aufnahme einer bestimmten Tätigkeit **vertragl. Rechtspositionen aufgeben oder beeinträchtigen** würde. Dies gilt etwa für den Fall, dass der ArbN wegen Entgeltrückständen sein Leistungsverweigerungsrecht geltend gemacht und die Arbeit eingestellt hat[10]. Weiter ist es dem ArbN nicht zumutbar, ein anderes Dauerarbeitsverhältnis zu begründen, wenn ihm hierdurch die Rückkehr an den bisherigen Arbeitsplatz erschwert würde[11]. Der ArbGeb kann dieses Hindernis ausräumen, indem er erklärt, aus dem Verhalten des ArbN keine nachteiligen Folgen zu ziehen[12]. Da die Zumutbarkeit objektiv zu beurteilen ist, ist eine entsprechende Äußerung des ArbGeb aber nicht zwingend erforderlich. Ferner darf der ArbN sein bisheriges Arbeitsverhältnis ohne Anrechnung der daraus erzielbaren Einnahmen auch dann kündigen, wenn ein neuer ArbGeb, gegen den aus Annahmeverzug vorgegangen wird, noch vor Dienstbeginn die Arbeitsaufnahme ablehnt[13]. Der Verlust eines Mandats (BR-Amt) kann ebenfalls die Ablehnung eines Arbeitsangebots legitimieren[14]. Direkte Streikarbeit muss nicht übernommen werden[15]. Schließlich liegt kein böswilliges Unterlassen vor, wenn der ArbN ein an sich zumutbares Angebot, das er zuvor mit billigender Kenntnisnahme des ArbGeb abgelehnt hat, nicht von sich aus wieder aufgreift[16].

99 Die **tatsächliche Aufnahme einer anderweitigen Tätigkeit** kann grds. nicht als böswillig gewertet werden, auch wenn der ArbN hierdurch weniger verdient als bei einer anderen möglichen und zumutbaren Beschäftigung. Insoweit verdient die freie Entscheidung des ArbN über seinen künftigen beruflichen Werdegang den Vorrang[17]. Dasselbe gilt für die Vorbereitung bzw. Aufnahme einer selbständigen Tätigkeit[18]. Der ArbGeb kann in einer solchen Konstellation nicht das fiktive Alg anrechnen[19]. Ein böswilliges Unterlassen ist nur bei einem völlig unrealistischen Vorhaben gegeben, das der ArbN nur mit Rücksicht auf das Vorhandensein eines Anspruchs auf Annahmeverzugslohn und damit auf Kosten des ArbGeb unternimmt[20]. Ein vorübergehender Auslandsaufenthalt stellt nur dann ein böswilliges Unterlassen dar, wenn hierdurch zumutbare Arbeitsmöglichkeiten nicht genutzt werden konnten[21]. Die Aufnahme eines Studiums ist ebenfalls nicht als böswilliges Unterlassen einzuordnen[22]. Etwas anderes gilt lediglich bei einem sinn- oder planlosen Studium[23].

100 Soweit es um eine **Beschäftigung beim bisherigen ArbGeb** geht, muss der ArbN nicht von sich aus aktiv werden. Vielmehr liegt die Initiativlast beim ArbGeb[24]. Den ArbN trifft daher nicht der Vorwurf

1 BAG v. 24.9.2003 – 5 AZR 500/02, NZA 2004, 90; *Spirolke*, NZA 2001, 707 (710). | 2 LAG Nds. v. 30.9.2003 – 13 Sa 570/03, NZA-RR 2004, 194. | 3 Vgl. LAG Nds. v. 18.1.2006 – 6 Sa 1533/04, NZA-RR 2006, 349 (Gehaltsabsenkung von 12–15 % bei „Besserverdienenden" zumutbar). | 4 BAG v. 26.9.2007 – 5 AZR 870/06, DB 2008, 67; v. 16.6.2004 – 5 AZR 508/03, NZA 2004, 1155; aA MünchArbR/*Boewer*, § 78 Rz. 67; idS auch BAG v. 27.1.1994 – 2 AZR 584/93, NZA 1994, 840. | 5 BAG v. 16.6.2004 – 5 AZR 508/03, NZA 2004, 1155. | 6 BAG v. 11.1.2006 – 5 AZR 98/05, NZA 2006, 314. | 7 *Schulze*, NZA 2006, 1146 (1147); aA offenbar LAG Köln v. 21.6.2005 – 13 (5) Sa 179/05, NZA-RR 2006, 14. | 8 BAG v. 19.3.1998 – 8 AZR 139/97, NZA 1998, 750; v. 17.11.1977 – 5 AZR 618/76, DB 1978, 1083. | 9 Ähnlich LAG Nürnberg v. 16.6.1987 – 6 Sa 102/86, LAGE § 615 BGB Nr. 13. | 10 BAG v. 21.5.1981 – 2 AZR 95/79, DB 1981, 2496. | 11 BAG v. 18.6.1965 – 5 AZR 351/64, DB 1965, 1405. | 12 Vgl. BAG v. 17.11.1977 – 5 AZR 618/76, DB 1978, 1083 hinsichtlich einer Weiterarbeit bei einem Betriebserwerber nach einem Widerspruch gegen den Übergang des Arbeitsverhältnisses. | 13 BAG v. 2.11.1973 – 5 AZR 147/73, DB 1974, 540. | 14 LAG Frankfurt/M. v. 17.1.1980 – 9 Sa 558/79, BB 1980, 1050 f. | 15 Vgl. BAG v. 25.7.1957 – 1 AZR 194/56, DB 1958, 572. | 16 LAG Köln v. 25.3.1993 – 10 Sa 1121/92, LAGE § 615 BGB Nr. 36. | 17 BAG v. 23.1.1967 – 3 AZR 253/66, DB 1967, 779; Staudinger/*Richardi*, § 615 BGB Rz. 155. | 18 BAG v. 16.6.2004 – 5 AZR 508/03, NZA 2004, 1155. | 19 BAG v. 2.6.1987 – 3 AZR 626/85, NZA 1988, 130. | 20 Ansatzweise BAG v. 18.1.1963 – 5 AZR 200/62, DB 1963, 554. | 21 BAG v. 11.7.1985 – 2 AZR 106/84, AP Nr. 35a zu § 615 BGB; LAG Hamm v. 18.10.1985 – 16 Sa 386/85, DB 1986, 1394. | 22 BAG v. 13.2.1996 – 9 AZR 931/94, NZA 1996, 1039. | 23 BAG v. 8.2.1974 – 3 AZR 519/73, SAE 1975, 207. | 24 BAG v. 11.1.2006 – 5 AZR 98/05, NZA 2006, 314.

böswilligen Unterlassens, wenn er von einem Weiterbeschäftigungsverlangen gemäß § 102 V 1 BetrVG abgesehen hat. Diese Norm will die Rechtsstellung des ArbN verbessern, legt ihm aber keine Obliegenheit auf, die er zur Vermeidung von Entgeltnachteilen wahrnehmen muss[1]. Dasselbe gilt für den von der Rspr. entwickelten allgemeinen Weiterbeschäftigungsanspruch. Der ArbN ist nicht gehalten, ihn geltend zu machen[2]. Ferner stellt es kein böswilliges Unterlassen dar, wenn der ArbN davon Abstand nimmt, ein entsprechendes Urteil gegen den ArbGeb zu vollstrecken[3].

Böswilligkeit ist zu verneinen, wenn sich der ArbN bei der **AA gemeldet** hat. Es ist dann Sache der AA, dem ArbN zumutbare Stellenangebote zu übermitteln[4]. Zu sonstigen aktiven Bemühungen ist der ArbN im Rahmen der zivilrechtl. Risikoverteilung zwischen ihm und dem im Annahmeverzug befindlichen ArbGeb nicht verpflichtet. § 2 V Nr. 3 SGB III lassen sich keine weiter gehenden Anforderungen entnehmen. Das BAG geht darüber sogar noch hinaus und verneint eine Obliegenheit des ArbN, sich bei der AA zu melden und die Vermittlungsdienste in Anspruch zu nehmen[5]. Hierdurch wird das Merkmal der Böswilligkeit aber zu restriktiv gehandhabt. Vielmehr gebietet es die Rücksichtnahme auf die Interessen des ArbGeb, der AA zumindest die Chance zu eröffnen, eine zumutbare Arbeit anzubieten[6]. Dafür sprechen auch die verschärften Meldeobliegenheiten gemäß §§ 37b, 140 SGB III[7]. Eine Anrechnung entfällt allerdings, wenn dem ArbN ohnehin keine zumutbare Tätigkeit unterbreitet worden wäre. Sachlich geht es also lediglich um eine angemessene Verteilung der Darlegungs- und Beweislast. Im Übrigen kann der ArbN auf eine Meldung bei der AA verzichten, muss dann aber eigene Bewerbungsaktivitäten entfalten[8]. 101

Die **unterlassene Inanspruchnahme öffentl.-rechtl. Leistungen** kann Böswilligkeit darstellen[9]. Eine solche Bewertung ist aber dann nicht gerechtfertigt, wenn es der ArbN ablehnt, sich im Wege der Vertragsänderung auf eine Kurzarbeitsregelung einzulassen und es hierdurch nicht zur Gewährung von Kug (§§ 169 ff. SGB III) kommt[10]. Liegen sowohl § 11 S. 1 Nr. 2 als auch Nr. 3 KSchG vor, ist in einem ersten Schritt der böswillig unterlassene Erwerb und in einem zweiten Schritt derjenige Teil des Alg anzurechnen, der dem Anteil der Bruttovergütung entspricht, den der ArbGeb nach der Anrechnung des unterlassenen Verdienstes zu zahlen hat[11]. 102

4. Sonstige Ansprüche. Die in den §§ 300 ff. geregelten **sonstigen Rechtsfolgen** des Gläubigerverzugs laufen bei einem Arbeitsverhältnis regelmäßig leer. Sofern der ArbN die ausgefallenen Dienste nicht nachholt, hat er entgegen der Regelung des § 304 keinen Anspruch auf Ersatz der Aufwendungen für das erfolglose Angebot. Die Vorschrift basiert auf der Überlegung, dass der Sachleistungsschuldner bei einem erfolgreichen Zweitangebot die Kosten für das Angebot nicht zweimal tragen soll. Würde man dem ArbN auch dann einen Aufwendungsersatzanspruch zubilligen, wenn er die Dienste nicht nachzuholen hat, stünde er bei einem Annahmeverzug des ArbGeb besser als ohne die Leistungsstörung da. Er würde dann nämlich über den Annahmeverzugslohn hinaus etwa seine Fahrtkosten ersetzt bekommen, die er bei regulärer Arbeit aus seinem Verdienst aufbringen müsste[12]. 103

Neben den Vorschriften über den Gläubigerverzug kommt nach Ansicht des BAG eine **Schadensersatzpflicht des ArbGeb** unter dem Blickwinkel einer Verletzung der ihn treffenden Beschäftigungspflicht in Betracht. Das BAG hat einen Anspruch des ArbN auf Schadensersatz statt der Leistung (früher: Schadensersatz wegen Nichterfüllung) in einem Fall bejaht, in dem der ArbGeb zur allgemeinen Weiterbeschäftigung während des Kündigungsschutzprozesses verurteilt worden war, was für sich genommen keine Grundlage für einen Anspruch aus Annahmeverzug bildet (Rz. 18). Nach Ansicht des BAG beruht die Schadensersatzpflicht darauf, dass der ArbGeb mit der Verurteilung zur Weiterbeschäftigung auch ohne eine zusätzliche Mahnung in Schuldnerverzug gerät und die geschuldete Leistung infolge des Fixschuldcharakters der Arbeit während des Verzugs unmöglich wird[13]. Dabei soll der Schaden im entgangenen Verdienst bestehen. 104

Diese Sichtweise ist auf der Grundlage der Konzeption der Rspr. zum Beschäftigungs- bzw. zum allgemeinen Weiterbeschäftigungsanspruch indes **nicht stimmig**: Geht man davon aus, dass beide Ansprüche lediglich den ideellen Persönlichkeitsinteressen des ArbN dienen sollen[14], liegt das entgangene Entgelt nicht innerhalb des Schutzbereichs der verletzten Pflicht[15]. Dem entspricht es, wenn das BAG den Erhalt von Steuervorteilen nicht als Zweck der Weiterbeschäftigungspflicht ansieht[16]. Soweit es um den allgemeinen Weiterbeschäftigungsanspruch geht, kommt hinzu, dass die Weiterbeschäftigung lediglich 105

1 MünchArbR/*Boewer*, § 78 Rz. 68. | 2 So auch LAG Schl.-Holst. v. 10.1.2006, NZA-RR 2006, 301. | 3 BAG v. 22.2.2000 – 9 AZR 194/99, NZA 2000, 817; ErfK/*Preis*, § 615 BGB Rz. 102. | 4 LAG Köln v. 5.7.2002 – 11 Sa 559/01, NZA-RR 2003, 308; ErfK/*Preis*, § 615 BGB Rz. 101. | 5 BAG v. 16.5.2000 – 9 AZR 203/99, NZA 2001, 26. | 6 Erman/*Belling*, § 615 BGB Rz. 46; KR/*Spilger*, § 1 KSchG Rz. 40; *Spirolke*, NZA 2001, 707 (711 f.). | 7 *Bayreuther*, NZA 2003, 1365 (1366 f.); *Hanau*, ZIP 2003, 1573 (1575). | 8 *Spirolke*, NZA 2001, 707 (711 f.); siehe auch BAG v. 23.1.1967 – 3 AZR 253/66, DB 1967, 779. | 9 Erman/*Belling*, § 615 BGB Rz. 44. | 10 LAG Rh.-Pf. v. 7.10.1996 – 9 Sa 703/96, LAGE § 615 BGB – Kurzarbeit Nr. 2. | 11 BAG v. 11.1.2006 – 5 AZR 125/05, NZA 2006, 313 (314). | 12 AA offenbar ErfK/*Preis*, § 615 BGB Rz. 104. | 13 BAG v. 12.9.1985 – 2 AZR 324/84, NZA 1986, 424. | 14 Vgl. BAG (GS) v. 27.2.1985 – GS 1/84, NZA 1985, 702. | 15 IdS auch *Bengelsdorf*, SAE 1987, 254 (264 f.); Erman/*Edenfeld*, § 611 BGB Rz. 383; *Wank*, RdA 1987, 129 (158). | 16 BAG v. 19.10.2000 – 8 AZR 20/00, NZA 2001, 598.

zu einem tatsächlichen Arbeitsverhältnis ohne rechtl. Grund führen soll[1]. Fehlt es aber an einer materiellrechtl. Leistungspflicht, kann der ArbGeb insoweit auch keine Pflicht als Basis für einen Schadensersatzanspruch verletzen.

106 Im Übrigen geht es beim Anspruch auf Schadensersatz statt der Leistung um den Ersatz gerade des Schadens, der dem ArbN dadurch entsteht, dass die **Pflicht des ArbGeb zur tatsächlichen Beschäftigung verletzt** ist. Wenn der ArbN auch ohne tatsächliche Beschäftigung unter dem Gesichtspunkt des Annahmeverzugs sein Entgelt erhält, erleidet er insoweit keinen Verdienstausfall[2]. Mangels eines Schadens kann er daher auch keinen Schadensersatzanspruch geltend machen.

107 **5. Abdingbarkeit.** Für den Bereich der **gewerblichen AÜ** ordnet § 11 IV 2 AÜG ausdrücklich die Unabdingbarkeit des Vergütungsanspruchs des LeihArbN bei Annahmeverzug des Verleihers aus § 615 S. 1 an. Im Übrigen ist § 615 im Grundsatz dispositiv[3]. Dies ergibt sich im Umkehrschluss aus § 619, der nach wie vor nur die §§ 617, 618 für unabdingbar erklärt. Voraussetzung für einen Ausschluss des Vergütungsanspruchs ist zunächst eine klare und eindeutige Regelung. Eine Klausel, dass nur geleistete Arbeit bezahlt wird, schließt regelmäßig lediglich den Entgeltanspruch aus § 616 aus[4]. Des Weiteren kann § 615 nicht beliebig abbedungen werden, ohne dass die Grenzen der Dispositivität bislang endgültig ausgelotet worden sind. Eine Schranke ergibt sich zum einen aus dem kündigungsrechtl. Beendigungsschutz. So ist eine Klausel als nichtig anzusehen, die den Annahmeverzug auch bei einer unwirksamen Kündigung ausschließt[5]. Eine zweite Grenze bildet der vertragl. Inhaltsschutz sowie der Grundsatz, dass der ArbGeb nicht das Wirtschaftsrisiko auf den ArbN abwälzen darf[6]. Eine Abdingung von § 615 S. 1 ist daher grds. nur in bestimmten Einzelfällen zulässig[7]. Bei allgemeinen Arbeitsbedingungen ist infolge der Angemessenheitskontrolle gemäß §§ 307, 310 IV ein noch strengerer Maßstab anzulegen[8].

108 **IV. Durchsetzung des Anspruchs auf Annahmeverzugslohn. 1. Darlegungs- und Beweislast.** Der **ArbN** hat die Voraussetzungen des Annahmeverzugs darzulegen und zu beweisen[9]. Hierzu gehören das Bestehen eines erfüllbaren Arbeitsverhältnisses, das Angebot der Arbeitsleistung bzw. die Voraussetzungen, unter denen das Angebot entbehrlich ist, sowie die Nichtannahme der Dienste durch den ArbGeb. Der ArbN muss weiter die Voraussetzungen des Leistungsverweigerungsrechts gemäß § 298 sowie die Höhe des Annahmeverzugslohns darlegen und beweisen. Demgegenüber trifft den ArbGeb die Darlegungs- und Beweislast für den fehlenden Leistungswillen des ArbN (dazu auch Rz. 46 f.)[10]. Dasselbe gilt für das Leistungsunvermögen des ArbN[11]. Hierbei kann sich der ArbGeb grds. nicht auf einen Anscheinsbeweis stützen[12]. Weiter ist der ArbGeb für die Anrechnung gemäß § 615 S. 2 darlegungs- und beweispflichtig. Dies gilt sowohl für die Anrechnung anderweitigen Verdienstes[13] als auch für einen böswillig unterlassenen Erwerb[14].

109 **2. Auskunftsrecht.** Der ArbGeb ist über die näheren Umstände der anrechenbaren Bezüge regelmäßig nicht informiert. Um eine Überforderung des insoweit darlegungs- und beweispflichtigen ArbGeb zu verhindern, billigt ihm die hM in analoger Anwendung von § 74c II HGB ein Recht auf Auskunft über die Höhe des anzurechnenden anderweitigen Verdienstes zu. Die rechtl. Natur dieser Auskunftspflicht ist umstritten. Teilweise nimmt man an, dass es sich um eine bloße Obliegenheit handele[15]. Das BAG geht demgegenüber von einem echten einklagbaren Anspruch aus[16]. Dies ist insb. dann unabweisbar, wenn es um einen Rückzahlungsanspruch in Höhe des nicht angerechneten Zwischenverdienstes gemäß § 812 geht, sollte aber auch sonst bejaht werden. Der ArbGeb muss nach hM zunächst greifbare Anhaltspunkte für eine anderweitige Erwerbstätigkeit bzw. für den Erhalt von SozV-Leistungen darlegen und ggf. beweisen. Erst dann hat er einen Anspruch auf Auskunft über die Höhe der sonstigen Einnahmen[17].

---

1 BAG v. 12.2.1992 – 5 AZR 297/90, NZA 1993, 177; v. 10.3.1987 – 8 AZR 146/84, NZA 1987, 373; BAG (GS) v. 27.2.1985 – GS 1/84, NZA 1985, 702. | 2 Ebenso *Sommer*, Nichterfüllung, S. 262. | 3 BAG v. 10.1.2007 – 5 AZR 84/06, NZA 2007, 384; v. 5.9.2002 – 8 AZR 702/01, NZA 2003, 973; Erman/*Belling*, § 615 BGB Rz. 3; Soergel/*Kraft*, § 615 BGB Rz. 8; ErfK/*Preis*, § 615 BGB Rz. 8; zur früheren Betriebsrisikolehre ebenso BAG v. 4.7.1958 – 1 AZR 559/57, AP Nr. 5 zu § 615 BGB – Betriebsrisiko. | 4 BAG v. 9.3.1983 – 4 AZR 301/80, DB 1983, 1496; v. 8.3.1961 – 4 AZR 223/59, DB 1961, 747; Staudinger/*Richardi*, § 615 BGB Rz. 12; einschr. auch BAG v. 4.7.1958 – 1 AZR 559/57, AP Nr. 5 zu § 615 BGB – Betriebsrisiko. | 5 MünchArbR/*Boewer*, § 78 Rz. 5; ErfK/*Preis*, § 615 BGB Rz. 8. | 6 LAG Nürnberg v. 30.5.2006 – 6 Sa 111/06, NZA-RR 2006, 511; LAG Hamm v. 16.10.1989 – 19 (12) Sa 1510/88, ZIP 1990, 880 (884 ff.); MünchArbR/*Boewer*, § 78 Rz. 6. | 7 Staudinger/*Richardi*, § 615 BGB Rz. 14; zur funktional vergleichbaren Festlegung einer unbezahlten Freistellung ebenso BAG v. 13.8.1989 – 5 AZR 296/78, DB 1981, 479; v. 30.6.1976 – 5 AZR 246/75, BB 1976, 1419. | 8 Vgl. BAG v. 7.12.2005 – 5 AZR 535/04, NZA 2006, 423 (Umfang der Arbeit auf Abruf darf nicht mehr als 25 % der vereinbarten Mindestarbeitszeit betragen). | 9 ErfK/*Preis*, § 615 BGB Rz. 107; Staudinger/*Richardi*, § 615 BGB Rz. 71. | 10 MünchArbR/*Boewer*, § 78 Rz. 74; für eine unwiderlegliche Vermutung im Falle eines tatsächlichen Angebots offenbar BAG v. 10.5.1973 – 5 AZR 493/72, DB 1973, 1604. | 11 BAG v. 5.11.2003 – 5 AZR 562/02, AP Nr. 106 zu § 615 BGB; v. 19.4.1990 – 2 AZR 591/89, NZA 1991, 228; v. 2.8.1968 – 3 AZR 219/67, DB 1968, 2134. | 12 LAG Düsseldorf v. 8.4.1993 – 12 Sa 74/93, ZTR 1994, 73. | 13 BAG v. 29.7.1993 – 2 AZR 110/93, NZA 1994, 116. | 14 BAG v. 14.8.1974 – 5 AZR 497/73, DB 1975, 212; v. 18.6.1965 – 5 AZR 351/64, DB 1965, 1405. | 15 MünchArbR/*Boewer*, § 78 Rz. 63; *Herschel*, Anm. zu BAG, AP Nr. 16 zu § 242 BGB – Auskunftspflicht. | 16 BAG v. 19.3.2002 – 9 AZR 16/01, BB 2002, 1703; v. 29.7.1993 – 2 AZR 110/93, NZA 1994, 116; ebenso *Koller*, SAE 1979, 135 (138); *Matthes* in ArbR-BGB, § 626 Rz. 97. | 17 BAG v. 19.7.1978 – 5 AZR 748/77, DB 1978, 2417; MünchArbR/*Boewer*, § 78 Rz. 74; ErfK/*Preis*, § 615 BGB Rz. 111.

Dagegen kann der ArbGeb keine Auskunft über die Vorfrage verlangen, ob der ArbN überhaupt andere Einkünfte erzielt hat[1]. Soweit es um die erforderliche Kausalität zwischen dem Freiwerden von der bisherigen Arbeitsleistung und dem anderweitigen Erwerb geht, muss der ArbGeb Indizien vortragen, die für das Vorliegen eines dahin gehenden Zusammenhanges sprechen[2].

Solange der ArbN die Auskünfte pflichtwidrig nicht erteilt, kann der ArbGeb die Zahlung des Annahmeverzugslohns verweigern. Eine Klage ist daher als **zurzeit unbegründet** abzuweisen[3]. Die Grundlage für das Leistungsverweigerungsrecht ist nicht in § 320[4], sondern in § 273 zu sehen[5]. Bei Zweifeln über die Richtigkeit der Angaben des ArbN kann der ArbGeb entsprechende Belege verlangen[6]. Weigert sich der ArbN in diesem Zusammenhang etwa, die Finanzbehörden vom Steuergeheimnis zu entbinden, ist dies bei der Würdigung des Sachverhalts zu berücksichtigen[7]. Bestehen Anhaltspunkte dafür, dass der ArbN unvollständige Angaben gemacht hat, kann er in entsprechender Anwendung von § 260 II zur Abgabe einer eidesstattlichen Versicherung gezwungen werden[8]. 110

3. Klageantrag. Der ArbN muss die anzurechnenden Beträge bei seinem Klagebegehren **von vornherein berücksichtigen**. Er muss im Klageantrag genau angeben, in welcher Höhe er Zahlung verlangt und in welcher Höhe anzurechnende Leistungen abgezogen werden. Ein Antrag auf Zahlung des Bruttolohns „abzüglich erhaltenen Arbeitslosengeldes" ist zu unbestimmt und deshalb unzulässig[9]. Grds. unzulässig ist ferner ein isolierter Antrag auf Feststellung des Annahmeverzugs, da es sich bei diesem um kein Rechtsverhältnis iSd. § 256 ZPO, sondern lediglich um eine Vorfrage zu einem solchen handelt[10]. 111

V. Betriebsrisikotragung. 1. Grundlagen. Beim **Betriebsrisiko** geht es um die Frage, ob und unter welchen Voraussetzungen der ArbGeb das Entgelt auch dann zu bezahlen hat, wenn er aus tatsächlichen oder rechtl. Gründen zur Beschäftigung der Belegschaft nicht in der Lage ist, ohne dass dies von einer der beiden Seiten zu vertreten ist. Das Betriebsrisiko ist vom **Wirtschaftsrisiko** abzugrenzen. In den Fällen des Wirtschaftsrisikos ist die Arbeitsleistung betriebstechnisch weiterhin möglich, die Fortsetzung des Betriebs wegen eines Auftrags- oder Absatzmangels aber wirtschaftl. sinnlos. In diesen Konstellationen ist der ArbGeb uneingeschränkt zur Entgeltzahlung verpflichtet[11]. Dies beruht darauf, dass der ArbGeb wie jeder andere Gläubiger eines Austauschvertrages das Verwendungsrisiko für die Leistung trägt. Beim Wirtschaftsrisiko fehlt es für sich genommen bereits am Tatbestand einer Leistungsstörung, so dass sich die Frage nach dem Schicksal der Gegenleistung erst gar nicht stellt[12]. Zu einer Leistungsstörung kommt es erst dann, wenn der ArbGeb den mangelnden Nutzen zum Anlass nimmt, die ihm angebotene Arbeitsleistung abzulehnen, wodurch er bereits gemäß S. 1 in Annahmeverzug gerät[13]. Für einen Rückgriff auf S. 3 besteht kein Anlass[14]. Demgegenüber handelt es sich beim Betriebsrisiko um Leistungsstörungsfälle, so dass die Frage auftritt, wer die Gegenleistungsgefahr zu tragen hat. 112

In diesem Zusammenhang stellen sich zwei Probleme: Erstens geht es darum, ob die Gefahrtragungsregeln im Grundsatz **im Gesetz oder außerhalb des Gesetzes verankert** sind. Zweitens ist klärungsbedürftig, nach welchen **Sachkriterien** sich die Verteilung der Gegenleistungsgefahr richtet. Wie eingangs bereits erwähnt (Rz. 9), vertraten Rspr. und hL lange Zeit die Ansicht, dass die Fälle der Annahmeunmöglichkeit im BGB nicht geregelt seien und es deshalb einer außergesetzlichen Rechtsfortbildung bedürfe. Im neueren Schrifttum hatte sich dagegen die Ansicht durchgesetzt, dass diese Gestaltungen unmittelbar unter § 615 S. 1 zu fassen seien. Mit der im Zuge der Schuldrechtsreform erfolgten Einfügung von § 615 S. 3 hat die Betriebsrisikolehre nunmehr Eingang in den Gesetzestext gefunden. Die Regelung soll nach dem Willen des Gesetzgebers die bisherige Rechtslage sicherstellen, wobei die Konkretisierung des Grundsatzes weiterhin als eine Aufgabe der Rspr. angesehen wird[15]. Die unmittelbare Allokation der Betriebsrisikolehre im Gesetz führt zunächst dazu, dass sich die These von der Lückenhaftigkeit des BGB erledigt hat[16]. Zugleich ist aus der Aufnahme in eine eigenständige Regelung der Umkehrschluss zu ziehen, dass § 615 S. 1 die Fälle der Substratgefahrtragung nicht mehr unmittelbar erfasst. Des Weiteren muss auch nach der Gesetzesnovellierung auf die ältere Judikatur zurückgegriffen werden, um die exakte Reichweite des vom ArbGeb zu tragenden Betriebsrisikos zu ermitteln. Immerhin sind die von der Rspr. erzielten Ergebnisse vom Gesetzgeber sanktioniert worden. 113

Zur Legitimation der Gefahrverlagerung auf den ArbGeb verweist der Gesetzgeber auf den Gedanken der **sozialen Arbeits- und Betriebsgemeinschaft** von Unternehmer und Belegschaft[17]. Von diesem an- 114

1 AA *Klein*, NZA 1998, 1208 (1210). | 2 BAG v. 6.9.1990 – 2 AZR 165/90, NZA 1991, 221. | 3 BAG v. 24.8.1999 – 9 AZR 804/98, NZA 2000, 818. | 4 So aber BAG v. 19.7.1978 – 5 AZR 748/77, DB 1978, 2417; v. 27.3.1974 – 5 AZR 258/73, DB 1974, 1167. | 5 MünchArbR/*Boewer*, § 78 Rz. 64; *Koller*, SAE 1979, 135 (138). | 6 BAG v. 2.6.1987 – 3 AZR 626/85, NZA 1988, 130. | 7 BAG v. 14.8.1974 – 5 AZR 497/73, DB 1975, 212. | 8 BAG v. 29.7.1993 – 2 AZR 110/93, NZA 1994, 116. | 9 BAG v. 15.11.1978 – 5 AZR 199/77, DB 1979, 702; MünchArbR/*Boewer*, § 78 Rz. 70. | 10 LAG Berlin v. 20.1.2005 – 13 Sa 2210/04, LAGE § 256 ZPO 2002 Nr. 1. | 11 BAG v. 7.12.2005 – 5 AZR 535/04, NZA 2006, 423 (427); v. 23.6.1994 – 6 AZR 853/93, NZA 1995, 468; v. 11.7.1990 – 5 AZR 557/89, NZA 1991, 67. | 12 *Ballerstedt*, AuR 1966, 225 (227). | 13 ErfK/*Preis*, § 615 BGB Rz. 121. | 14 So aber *Hellfeier*, Leistungszeit, S. 83 Fn. 319. | 15 BT-Drs. 14/6857, S. 48. | 16 *Feuerborn*, JR 2003, 177 (181); *Gotthardt*, Schuldrechtsreform, Rz. 135. | 17 BT-Drs. 14/6857, S. 48.

fangs vom RG[1] und RAG[2] vertretenen Ansatz hat sich das BAG aber schon seit langem verabschiedet. Das BAG stellt stattdessen schon seit langem die Überlegung in den Vordergrund, dass der ArbGeb den Betrieb organisiert und leitet sowie die Erträge aus dem betriebl. Geschehen zieht[3]. Das Beherrschbarkeitskriterium kann die Gefahrabwälzung auf den ArbGeb aber nur eingeschränkt erklären, weil ihm auch solche Risiken angelastet werden, die nicht seinem Einflussbereich unterliegen (Beispiel: Verbot der Beschäftigung einer Tanzkapelle wegen angeordneter Landestrauer[4]). Demgegenüber ist das Ertragsargument aussagekräftiger. Hinzu kommt, dass der ArbGeb die Kosten besser als der einzelne ArbN absorbieren kann, indem er sie in sein betriebswirtschaftl. Rechenwerk einkalkulieren[5], auf seine Abnehmer streuen sowie ggf. versichern kann.

115 **2. Bisherige Entwicklung.** Da die Neuregelung auf der früheren Judikatur aufbaut, ist es erforderlich, die bisherige Entwicklung zu skizzieren. Die Rspr. hat sich zunächst am Sphärengedanken orientiert und für die Gefahrtragung danach unterschieden, ob die Störung der ArbN- oder der ArbGebSphäre zuzuordnen ist. Zum Gefahrenkreis der ArbN sollten zum einen Störungen zählen, die auf dem Verhalten der Arbeitnehmerschaft als gesellschaftlicher Gruppe auch unabhängig von einer Beteiligung der Belegschaft selbst beruhen. Hierdurch wurden insb. Drittwirkungen von Arbeitskämpfen den ArbN zugeordnet. Weiter sollten in die ArbN-Sphäre solche Ereignisse fallen, die nicht die Führung, sondern den Bestand des Betriebes betreffen, wozu insb. externe Ursachen gezählt wurden. Zur Sphäre des ArbGeb wurden die Umstände gerechnet, die sich nicht auf den Bestand, sondern auf die Führung des Betriebes beziehen[6]. Das BAG hat an diese Grundsätze zunächst angeknüpft, wobei es das vom ArbGeb zu tragende Betriebsrisiko aber auch auf solche Umstände ausgedehnt hat, die von außen auf den Betrieb einwirken. Anfang der 80er Jahre hat das BAG die Sphärentheorie aufgegeben und eine strikte Trennung zwischen den Fällen des Arbeitskampfrisikos, also den Konstellationen, in denen die Störung Folge eines Arbeitskampfes ist, und den Fällen des allgemeinen Betriebs- und Wirtschaftsrisikos vorgenommen[7]. Hierbei sind die Grundsätze über Verteilung des Arbeitskampfrisikos erheblich modifiziert worden. Demgegenüber hat das BAG die Regeln über das allgemeine Betriebs- und Wirtschaftsrisiko im Wesentlichen unverändert fortgeführt.

116 **3. Einzelfälle.** Zu den anerkannten Fällen des Betriebsrisikos gehören **technische Störungen**, die zur Unmöglichkeit der Arbeitsleistung führen. Hierzu zählt vor allem das Versagen von Maschinen. Es ist deshalb nicht überzeugend, wenn das BAG in einer frühen Entscheidung die für die regelmäßige Überholung von Maschinen erforderliche zeitweilige Stilllegung des gesamten Betriebs nicht als einen Fall des Betriebsrisikos eingestuft hat[8]. Zum Betriebsrisiko gehören weiter Produktionsstockungen infolge des Mangels an Rohstoffen bzw. Betriebsstoffen[9]. Gleiches gilt für den Ausfall der Energieversorgung (Strom, Gas), wobei es nicht darauf ankommt, ob die Störung auf betriebsinternen oder externen Umständen beruht[10]. Unter das Betriebsrisiko des ArbGeb fallen auch solche Geschehnisse, die von außen auf typische Betriebsmittel (zB Maschinen, Fabrikgebäude, Heizungsanlagen) einwirken und sich für ihn als ein Fall höherer Gewalt darstellen. Dazu zählen Unglücke wie Brände[11], extreme Witterungsverhältnisse[12] sowie Naturkatastrophen (zB Überschwemmungen[13], Erdbeben). Demgegenüber gehören allgemeine Gefahrenlagen bei Auslandseinsätzen durch Kriege, Unruhen, Terroranschläge etc. nicht hierher, wenn sie nicht die Funktionsfähigkeit des auswärtigen Betriebs beeinträchtigen, sondern lediglich zur Unzumutbarkeit der Arbeitsleistung führen[14]. Entsprechendes gilt für Epidemien. Vom Betriebsrisiko umfasst sind dagegen ferner die Fälle, in denen öffentl.-rechtl. Vorschriften und Anordnungen zu einem Betriebsstillstand führen. Hierzu zählt etwa die Unmöglichkeit der Arbeitsleistung infolge einer vorgeschriebenen Inventur[15]. Dasselbe gilt, wenn es die Eigenart des Betriebs mit sich bringt, dass er von einer behördlichen Maßnahme in besonderer Weise betroffen wird, so etwa beim Verbot öffentl. Lustbarkeiten wegen Landestrauer, wodurch eine engagierte Tanzkappelle nicht auftreten kann[16]. Wird wegen Smogalarms ein Betriebsverbot angeordnet, gehört dies ebenfalls zum Risikobereich des ArbGeb[17]. Weiter wird man auch Störungen, die auf einem nicht arbeitskampfbedingten Verhalten der übrigen Belegschaft beruhen, zum Betriebsrisiko zu rechnen haben[18]. Schließlich gehören hierher die

---

1 RG v. 6.2.1923 – III 93/23, RGZ 106, 272 ff. | 2 RAG v. 20.6.1928 – RAG 72/28, ARS 3, 116 ff. | 3 Siehe etwa BAG v. 9.3.1983 – 4 AZR 301/80, DB 1983, 1496; v. 7.12.1962 – 1 AZR 134/61, DB 1963, 591. | 4 BAG v. 30.5.1963 – 5 AZR 282/62, DB 1963, 836. | 5 So bereits BAG v. 30.5.1963 – 5 AZR 282/62, DB 1963, 836. | 6 RG v. 6.2.1923 – III 93/22, RGZ 106, 272 ff.; RAG v. 20.6.1928 – RAG 72/28, ARS 3, 116 ff. | 7 BAG v. 22.12.1980 – 1 ABR 2/79 und 1 ABR 76/79, AP Nr. 70 u. 71 zu Art. 9 GG – Arbeitskampf. | 8 BAG v. 21.12.1954 – 2 AZR 5/53, BAGE 1, 241. | 9 ErfK/*Preis*, § 615 BGB Rz. 131. | 10 Vgl. BAG v. 30.1.1991 – 4 AZR 338/90, NZA 1991, 519 (Kurzschluss in der betriebseigenen Trafostation als Folge einer Störung in der Schwerpunktstation des Elektrizitätswerkes). | 11 BAG v. 28.9.1971 – 2 AZR 506/71, DB 1973, 187; LAG Schl.-Holst. v. 15.6.1989 – 4 Sa 628/88, LAGE § 615 BGB – Betriebsrisiko Nr. 5. | 12 BAG v. 18.5.1999 – 9 AZR 13/98, NZA 1999, 1166; v. 9.3.1983 – 4 AZR 301/80, DB 1983, 1496 (Ausfall der Ölheizung wegen Paraffinierung des Heizöls auf Grund eines plötzlichen Kälteeinbruchs). | 13 *Bauer/Opolony*, NJW 2002, 3503 (3507). | 14 *Diller/Winzer*, DB 2001, 2093 (2096). | 15 BAG v. 7.12.1962 – 1 AZR 134/61, DB 1963, 591. | 16 BAG v. 30.5.1963 – 5 AZR 282/62, DB 1963, 836. | 17 *Richardi*, NJW 1987, 1231 (1235); aA *Ehmann*, NJW 1987, 401 (410), unter grds. Ablehnung der Betriebsrisikolehre. | 18 ZB Arbeitsruhe am Rosenmontag auf Initiative der Belegschaftsmehrheit; aA BAG v. 8.10.1959 – 2 AZR 503/56, RdA 1960, 159 noch auf der Grundlage der Sphärentheorie.

Fälle, in denen ein ArbN wegen einer Verletzung des MitbestR bei personellen Einzelmaßnahmen (§ 99 BetrVG) nicht beschäftigt werden kann (näher Rz. 20). Nicht zum Betriebsrisiko zählt es hingegen, wenn ein Arzt einem ArbN uU zu Unrecht keine Unbedenklichkeitsbescheinigung iSv. § 2 I 1 GesBergV ausgestellt hat[1].

Vom Betriebsrisiko ist das **Wegerisiko** zu unterscheiden. Der ArbN trägt das Risiko, dass er aus von ihm nicht zu vertretenden Gründen nicht in der Lage ist, den Ort zu erreichen, an dem er seine Arbeitsleistung zu erfüllen hat. Gelangt der ArbN etwa wegen Eisglätte oder Überschwemmungen[2] nicht zur Arbeitsstätte, handelt es sich nicht um ein Betriebsrisiko des ArbGeb. Dies gilt auch dann, wenn der ArbGeb einen Werksverkehr zwischen dem Wohnort des ArbN und dem Betrieb eingerichtet hat[3]. Sofern wegen Smogalarms nicht nur ein Betriebsverbot, sondern ein allgemeines Fahrverbot angeordnet wird, liegt ein Fall des vom ArbN zu tragenden Wegerisikos vor[4]. Entsprechendes gilt, wenn ein Außendienstmitarbeiter durch Witterungseinflüsse oder behördliche Maßnahmen bedingt außer Stande ist, Kunden aufzusuchen. Bei TeleArbN ist der Ausfall der Kommunikationsverbindungen zum ArbGeb dagegen zum Betriebsrisiko und nicht zum Wegerisiko zu rechnen, wenn sich der ArbN an dem Ort einfindet, an dem er zur Dateneingabe verpflichtet ist. 117

An der Grenze von Betriebs- und Wirtschaftsrisiko stehen die Fälle, in denen **ArbN in Fremdbetrieben** arbeiten. Das BAG hat sowohl für den Bereich der AÜ[5] als auch für den Fremdfirmeneinsatz von Montagearbeitern[6] ausgesprochen, dass Störungen beim aufnehmenden Betrieb (in concreto Arbeitskampf) zum allgemeinen Wirtschaftsrisiko des ArbGeb zählen[7]. Dies ist wegen des über den konkreten Arbeitsort hinausgehenden vertragl. Einsatzfeldes zutreffend, angesichts der identischen Rechtsfolgen für das Ergebnis aber unerheblich. Eindeutig in den Bereich des Wirtschaftsrisikos gehören die Gestaltungen, in denen die Arbeit technisch möglich, wegen eines Absatzmangels aber wirtschaftl. sinnlos ist. Bei einer aus diesem Grunde eingelegten Freischicht handelt es sich daher nicht um einen Fall des Betriebsrisikos[8]. Das BAG hat hierzu auch die Konstellation gerechnet, dass ein Schlachthof eingestellt wird, wodurch die Fortsetzung des Betriebs eines dort unterhaltenen Fleischhygieneamtes sinnlos wird[9]. Für diese Einordnung spricht, dass der Abnehmer für die vom ArbGeb angebotene Leistung weggefallen ist. Allerdings fehlt es hierdurch zugleich an Objekten für eine Begutachtung. Eine solche Gestaltung steht daher den Fällen des Betriebsrisikos in Form von Rohstoffmangel zumindest nahe. 118

Nicht unter § 615 S. 3, sondern unter § 326 II sind die Fälle zu fassen, in denen der **ArbGeb die zur Unmöglichkeit der Arbeit führende Störung zu vertreten** hat (Rz. 11). Dies ist etwa dann anzunehmen, wenn die Arbeitsstätte durch einen Brand zerstört wird, und der ArbGeb sich schuldhaftes Fehlverhalten des Aufsichtspersonals über § 278 zurechnen lassen muss[10]. Vereinzelt hat das BAG die unberechtigte Nichtbeschäftigung eines ArbN wegen einer vom ArbGeb bewusst angeordneten Betriebspause als eine von ihm zu vertretende Unmöglichkeit eingestuft[11]. Wenn eine Maßnahme im Verhältnis zu jedem einzelnen ArbN aber an sich nur als Annahmeverzug zu werten ist, spricht alles dafür, sie insgesamt in diesem Sinne zu qualifizieren, auch wenn der ArbN nur im Zusammenwirken mit den übrigen Belegschaftsmitgliedern seine Arbeit erbringen kann. In diesem Sinne hat das BAG auch in anderen vergleichbaren Konstellationen nicht auf Unmöglichkeitsrecht zurückgegriffen, sondern Annahmeverzugsrecht angewendet[12]. 119

4. Existenzgefährdung als Zurechnungsgrenze. Die Rspr. vertritt seit jeher die Ansicht, dass die Grundsätze über die Betriebsrisikotragung durch den ArbGeb dann **nicht anwendbar** sind, wenn die Entgeltzahlung die Existenz des Betriebs gefährden würde[13]. Das BAG hat diesen Vorbehalt allerdings noch niemals durchgreifen lassen und ihn zudem auf die Fälle beschränkt, in denen nicht nur der einzelne Betrieb, sondern das gesamte Unternehmen gefährdet ist. Dementsprechend hat es die völlige Zerstörung einer einzelnen Produktionsstätte nicht ausreichen lassen, um das Betriebsrisiko ganz oder auch nur teilweise auf die ArbN abzuwälzen[14]. Die neuere Lit. lehnt diesen Ausnahmetatbestand nahezu durchgängig ab[15]. Eine tragfähige Begründung für eine generelle Einschränkung der Betriebsrisikotra- 120

---

1 BAG v. 15.6.2004 – 9 AZR 483/03, NZA 2005, 462. | 2 *Bauer/Opolony*, NJW 2002, 3503 (3507). | 3 BAG v. 8.12.1982 – 4 AZR 134/80, DB 1983, 395. | 4 *Ehmann*, NJW 1987, 401 (403); *Richardi*, NJW 1987, 1231 f. | 5 BAG v. 1.2.1973 – 5 AZR 382/72, DB 1973, 827. | 6 BAG v. 7.11.1975 – 5 AZR 61/75, DB 1976, 776. | 7 Im Erg. ebenso LAG Nds. v. 4.9.1998 – 3 Sa 2299/97, LAGE § 615 BGB Nr. 58 (Hausverbot durch Auftraggeber für ArbN eines Bewachungsunternehmens). | 8 BAG v. 8.3.1961 – 4 AZR 223/59, DB 1961, 747. | 9 BAG v. 23.6.1994 – 6 AZR 853/93, NZA 1995, 468. | 10 BAG v. 17.12.1978 – 5 AZR 149/68, NJW 1969, 766. | 11 BAG v. 3.3.1964 – 1 AZR 209/63, DB 1964, 592. | 12 BAG v. 30.6.1976 – 5 AZR 246/75, BB 1976, 1419; v. 2.10.1974 – 5 AZR 507/73, DB 1975, 157 (jeweils Anordnung von Betriebsferien); v. 8.3.1961 – 4 AZR 223/59, DB 1961, 747 (Einlegung einer Feierschicht); so letztlich auch LAG Düsseldorf v. 5.6.2003 – 11 Sa 1464/02, LAGE § 615 BGB 2002 Nr. 1 (vorübergehende Schließung von Sportstätten). | 13 BAG v. 23.6.1994 – 6 AZR 853/93, NZA 1995, 468; v. 9.3.1983 – 4 AZR 301/80, DB 1983, 1496; v. 30.5.1963 – 5 AZR 282/62, DB 1963, 836. | 14 BAG v. 28.9.1972 – 2 AZR 506/71, DB 1973, 187. | 15 Grdl. *Biedenkopf*, Die Betriebsrisikolehre als Beispiel richterlicher Rechtsfortbildung (1970), S. 16; ebenso MünchArbR/*Boewer*, § 79 Rz. 21; Soergel/*Kraft*, § 615 BGB Rz. 69; ErfK/*Preis*, § 615 BGB Rz. 127; Staudinger/*Richardi*, § 615 BGB Rz. 214.

gung durch den ArbGeb ist nicht ersichtlich. Insb. genügt es nicht, dass der Gesetzgeber von einer Fortsetzung der bisherigen Rechtsprechungsgrundsätze ausgeht und in diesem Zusammenhang den Gedanken der sozialen Arbeits- und Betriebsgemeinschaft von Unternehmer und Belegschaft wiederbelebt[1]. Eine Ausnahme kann nur für die Gestaltungen anerkannt werden, in denen die ArbN infolge eines (gesellschaftsrechtl.) Mitentscheidungsrechts für den Umstand mitverantwortlich sind, der zur späteren Betriebsstörung führt.

121 **5. Sonstige Voraussetzungen und Rechtsfolgen.** Die in § 615 S. 3 nunmehr enthaltene Verweisung ist dahin zu interpretieren, dass nunmehr auch in den Betriebsrisikofällen die **allgemeinen Voraussetzungen des § 615 S. 1** vorliegen müssen, damit der ArbN seinen Entgeltanspruch behält[2]. Entgegen der älteren Judikatur[3] kann also nicht von vornherein auf ein Angebot der Arbeitsleistung verzichtet werden. Dies gilt umso mehr, als es bei Störungen der Rohstoff- bzw. Energieversorgung fraglich sein kann, ob nicht doch noch Arbeitsmöglichkeiten bestehen. Sofern das betriebl. Geschehen aber unter keinen Umständen aufgenommen werden kann (bspw. wegen eines behördlichen Verbots), wäre ein Angebot eine nutzlose Förmelei, so dass sich der ArbGeb gemäß § 242 nicht auf dessen Fehlen berufen kann. Weiter muss die Betriebsstörung die einzige Ursache für den Ausfall der Arbeit sein. Wenn der ArbN etwa wegen einer Krankheit objektiv nicht zur Leistung imstande ist, kann er sich für seinen Entgeltanspruch nicht auf § 615 S. 3 stützen. Für den Umfang des Zahlungsanspruchs sowie die Anrechnung anderweitigen oder böswillig unterlassenen Erwerbs gelten die geschilderten allgemeinen Grundsätze (Rz. 79 ff., 85 ff.).

122 **6. Abdingbarkeit.** § 615 S. 3 enthält ebenso wie S. 1 **kein zwingendes Recht**. Dies ergibt sich im Umkehrschluss aus § 619. In diesem Sinne werden die Grundsätze über das Betriebsrisiko schon seit langem als abdingbar angesehen[4]. Von vornherein bedenkenfrei möglich ist eine Abdingung durch TV. Allerdings muss eine solche Regelung hinreichend klar und deutlich zum Ausdruck kommen[5]. Dabei stellt das BAG sehr hohe Anforderungen. Wird in einem TV festgelegt, dass der ArbGeb bei zu vertretenden Umständen die ausfallende Arbeitszeit zu vergüten hat, während er bei höherer Gewalt frei wird, stuft das BAG die Betriebsrisikofälle als vom ArbGeb zu vertretende Ereignisse ein[6]. Die TV-Parteien müssen also eine Abweichung deutlich vereinbaren, wobei sie sowohl eine Nacharbeitspflicht wie auch einen Fortfall der Risikotragung durch den ArbGeb regeln können. Einer Abdingung durch allgemeine Arbeitsbedingungen stehen die §§ 307, 310 IV entgegen[7]. Gegen eine abweichende Regelung durch BV ist dagegen nichts einzuwenden, weil sie einer Rechtskontrolle standhält und eine allgemeine Billigkeitskontrolle abzulehnen ist[8]. Dasselbe gilt bei einem echten Einzelvertrag. Die Schutzpflichtdimension der Grundrechte reicht nicht so weit, dass man etwa der mit einem Spezialisten frei vereinbarten Abrede die Anerkennung versagen müsste[9].

123 **7. Beendigung des Arbeitsverhältnisses.** Der ArbGeb kann sich den Grundsätzen über die Betriebsrisikotragung **nicht durch eine außerordentl. Kündigung entziehen**. Die Belastung mit der Zahlungspflicht stellt im Allgemeinen keinen wichtigen Grund für eine fristlose Kündigung dar[10]. Bei langfristigen betriebl. Störungen kommt aber eine ordentl. betriebsbedingte Kündigung in Betracht[11]. Im Übrigen ist bei einem Ausschluss der ordentl. Kündigung ausnahmsw. eine außerordentl. Kündigung aus betriebl. Gründen denkbar[12].

616 *Vorübergehende Verhinderung*

Der zur Dienstleistung Verpflichtete wird des Anspruchs auf die Vergütung nicht dadurch verlustig, dass er für eine verhältnismäßig nicht erhebliche Zeit durch einen in seiner Person liegenden Grund ohne sein Verschulden an der Dienstleistung verhindert wird. Er muss sich jedoch den Betrag anrechnen lassen, welcher ihm für die Zeit der Verhinderung aus einer auf Grund gesetzlicher Verpflichtung bestehenden Kranken- oder Unfallversicherung zukommt.

1 BT-Drs. 14/6857, S. 48. | 2 Erman/*Belling*, § 615 BGB Rz. 76; *Gotthardt*, Schuldrechtsreform, Rz. 139; aA *Auktor*, ZTR 2002, 464 (465): Rechtsfolgenverweisung; unklar *Luke*, NZA 2004, 244 (246). | 3 BAG v. 7.12.1962 – 1 AZR 134/61, DB 1963, 591. | 4 BAG v. 6.11.1968 – 4 AZR 186/68, DB 1969, 399; v. 4.7.1958 – 1 AZR 559/57, AP Nr. 5 zu § 615 BGB – Betriebsrisiko; Erman/*Belling*, § 615 BGB Rz. 73; ErfK/*Preis*, § 615 BGB Rz. 130; aA *Kalb*, Rechtsgrundlagen und Reichweite der Betriebsrisikolehre, S. 148 ff. | 5 BAG v. 18.5.1999 – 9 AZR 13/98, NZA 1999, 1166; v. 4.7.1958 – 1 AZR 559/57, AP Nr. 5 zu § 615 BGB – Betriebsrisiko. | 6 BAG v. 30.1.1991 – 4 AZR 338/90, NZA 1991, 519; v. 9.3.1983 – 4 AZR 301/80, DB 1983, 1496. | 7 ErfK/*Preis*, §§ 305–310 Rz. 49; ebenso wohl *Gotthardt*, ZIP 2001, 277 (286). | 8 AA MünchArbR/*Boewer*, § 79 Rz. 76; zweifelnd auch *Lieb*, FS 25 Jahre BAG (1979), S. 327 (347). | 9 Im Erg. auch BAG v. 9.3.1983 – 4 AZR 301/80, DB 1983, 1496. Einschr. MünchArbR/*Boewer*, § 79 Rz. 76, der nur nach Eintritt eines Betriebsrisikoereignisses eine einvernehmliche Suspendierung unter Fortfall der Entgeltzahlungspflicht zulassen will. | 10 BAG v. 28.9.1972 – 2 AZR 506/71, DB 1973, 187; *Matthes* in ArbR-BGB, § 615 BGB Rz. 24; ErfK/*Preis*, § 615 BGB Rz. 137. | 11 MünchArbR/*Boewer*, § 79 Rz. 28. | 12 MünchArbR/*Boewer*, § 79 Rz. 28.

I. Allgemeines. 1. Grundsätzliche Bedeutung der Vorschrift. Die Norm regelt den **Fortbestand des Vergütungsanspruchs** für den Fall einer vorübergehenden Verhinderung des Dienstverpflichteten. Sie enthält eine weitere Ausnahme von dem Grundsatz „ohne Arbeit kein Lohn". Systematisch handelt es sich daher um eine Durchbrechung der allgemeinen Regel des § 326 I[1]. Die Bestimmung wird vielfach als eine Ausprägung der Fürsorgepflicht des Dienstberechtigten angesehen[2]. Für diese Ansicht sprechen die Motive, nach denen die Vorschrift auf „sozialpolitischen Rücksichten" und „Gründen der Humanität" beruht[3]. Eine solche Ableitung kann jedoch nicht erklären, warum § 616 auch für freie Dienstverträge gilt, obwohl die Fürsorgepflicht eine nur auf Arbeitsverhältnisse anwendbare Rechtsfigur ist. Weiter ist die Abdingbarkeit des § 616 (dazu Rz. 49 f.) nur schwer mit einer Rückführung auf die Fürsorgepflicht vereinbar[4]. Stattdessen ist davon auszugehen, dass personengebundene Tätigkeiten immer das Risiko des Ausfalls in sich bergen und unerhebliche Verhinderungen im Allgemeinen bereits in das Entgelt einkalkuliert sind[5]. Das entsprechend niedrigere Entgelt kann als Beitrag begriffen werden, durch den sich der ArbN beim ArbGeb gegen bestimmte Risiken versichert. 1

§ 616 S. 1 enthält **keine eigenständige Anspruchsgrundlage**[6]. Vielmehr hält die Norm lediglich den vertragl. Vergütungsanspruch bei einem persönlichen Leistungshindernis aufrecht[7]. Dabei regelt diese Vorschrift nur das Schicksal des Entgeltanspruchs. Ob und in welcher Weise das Hindernis die Arbeitspflicht entfallen lässt, ergibt sich nicht aus § 616[8], sondern aus anderen Bestimmungen (näher Rz. 13 ff.)[9]. 2

§ 616 bezieht sich nur auf **beiderseits nicht zu vertretende Verhinderungen** des Dienstverpflichteten. Hat der ArbN das Hindernis zu vertreten, muss er gemäß §§ 280, 283 Schadensersatz leisten. Ist der ArbGeb ausnahmsw. allein oder weit überwiegend für das Leistungshindernis verantwortlich, behält der ArbN bereits nach § 326 II 1 Alt. 1 seinen Entgeltanspruch. Dies gilt auch dann, wenn das Hindernis auf einem Arbeitsunfall beruht. § 104 SGB VII schließt nur Schadensersatzansprüche, nicht aber den vertragl. Vergütungsanspruch aus[10]. 3

2. Normgeschichte. Die Vorschrift weist gegenwärtig die Form auf, die sie bereits beim **Inkrafttreten des BGB** hatte. Zwischen 1930 und 1992 waren durch mehrfache Änderungen die Absätze 2 und 3 hinzugefügt worden. Diese Modifikationen betrafen die Entgeltfortzahlungen im Krankheitsfall[11]. 1994 wurden diese Ergänzungen aufgehoben und durch die Regelungen des Entgeltfortzahlungsgesetzes (EFZG) ersetzt. 4

3. Sonderregelungen. Es gibt eine Reihe von Sondervorschriften zur Vergütungsfortzahlung bei persönlichen Leistungshindernissen, die nach ihrem Sinn und Zweck für den von ihnen erfassten Lebenssachverhalt einen **Rückgriff auf** die Generalklausel des **§ 616 ausschließen**. Für Auszubildende gilt die ebenfalls generalklauselartig formulierte Norm des § 19 I Nr. 2b BBiG. Die Regelung geht weit über § 616 hinaus, indem sie eine Aufrechterhaltung des Vergütungsanspruchs bis zu einer Dauer von sechs Wochen vorsieht. Sie ist auch auf vergleichbare Vertragsverhältnisse anwendbar (§ 26 BBiG), tritt aber hinter noch speziellere Vorschriften zurück. Eine abschließende Sonderregelung für den Fall der Krankheit enthalten die Vorschriften des EFZG[12]. Zweifelhaft ist allerdings die konkrete Reichweite des Vor- 5

1 BAG v. 19.3.1965 – 5 AZR 107/64, DB 1965, 744; BGH v. 20.6.1974 – III ZR 27/73, BGHZ 62, 380 (384); *Matthes* in ArbR-BGB, § 616 Rz. 2; Staudinger/*Oetker*, § 616 BGB Rz. 18. | 2 BAG (GS) v. 17.12.1959 – GS 2/59, NJW 1960, 738; v. 11.6.1957 – 2 AZR 15/57, BAGE 4, 189; MünchArbR/*Boewer*, § 80 Rz. 1; Soergel/*Kraft*, § 616 BGB Rz. 2. | 3 Motive, Bd. II, S. 463. | 4 Staudinger/*Oetker*, § 616 BGB Rz. 12 f. | 5 Staudinger/*Oetker*, § 616 BGB Rz. 17; *Schwerdtner*, ZfA 1979, 1 (20); *Wiedemann*, Das Arbeitsverhältnis als Austausch- und Gemeinschaftsverhältnis (1966), S. 16 f. | 6 Anders offenbar BAG v. 18.1.2001 – 6 AZR 492/99, NZA 2002, 47. | 7 Erman/*Belling*, § 616 BGB Rz. 10; Staudinger/*Oetker*, § 616 BGB Rz. 20 ff. | 8 *Gotthardt*, Schuldrechtsreform, Rz. 117; *Reichold*, ZTR 2002, 202 (208); anders *Sommer*, Die Nichterfüllung der Arbeitspflicht (1996), S. 159 ff.; offenbar auch LAG Hamm v. 18.1.2002 – 5 Sa 1782/01, NZA 2002, 675. | 9 Erman/*Belling*, § 616 BGB Rz. 1a. | 10 BGH v. 13.3.1984 – VI ZR 204/82, NJW 1985, 2133 (2134); *Matthes* in ArbR-BGB, § 616 Rz. 96; *Neumann-Duesberg*, DB 1969, 305 (306 ff.); aA *Löwisch*, ArbR, Rz. 1087; Staudinger/*Oetker*, § 616 BGB Rz. 19. | 11 Zur gesetzlichen Entwicklung eingehend Staudinger/*Oetker*, § 616 BGB Rz. 164 ff. | 12 ErfK/*Dörner*, § 616 BGB Rz. 7; *Matthes* in ArbR-BGB, § 616 Rz. 57; Staudinger/*Oetker*, § 616 BGB Rz. 26; siehe auch §§ 48, 52a SeemG.

rangverhältnisses (dazu Rz. 20 f.). Weitere verdrängende Sonderbestimmungen betreffen den Gesundheitsschutz des ArbN (§§ 3, 11, 16 MuSchG, § 43 JArbSchG), die Wahrnehmung betriebsverfassungsrechtl. Aufgaben (§§ 20 III 2, 37 II, VI und VII BetrVG), Tätigkeiten auf dem Gebiet der Arbeitssicherheit (§§ 2 III, 5 III ASiG), die Aus- und Fortbildung (§§ 15, 19 I Nr. 1 BBiG, §§ 9, 10 JArbSchG, landesrechtl. Bildungsurlaubsgesetze), die Erfüllung öffentl.-rechtl. Pflichten (§§ 1 II, 14 I ArbPlSchG) sowie den Bereich des Katastrophenschutzes[1].

6 Andere Vorschriften sind gegenüber § 616 **subsidiär**, indem sie eine Entschädigung durch einen Dritten bei einem Arbeitsausfall nur dann vorsehen, wenn der ArbN wegen desselben Ereignisses keinen Anspruch auf Weitergewährung seiner Vergütung hat. Hierzu zählt der Fall der erforderlichen Betreuung eines erkrankten und versicherten Kindes iSd. § 45 SGB V[2]. Der ArbN hat nur dann einen Anspruch auf unbezahlte Freistellung von der Arbeit und Gewährung von Krankengeld, soweit ihm nicht aus dem gleichen Grund ein Anspruch auf bezahlte Freistellung zusteht (§§ 45 III 1, 49 I Nr. 1 SGB V)[3]. Subsidiären Charakter hat auch die Entschädigung von ehrenamtl. Richtern (§§ 15 ff. JVEG)[4], Zeugen (§§ 19 ff. JVEG[5]) und Dritten iSd § 23 JVEG. Dasselbe gilt für die Entschädigung im Falle eines seuchenpolizeilichen Tätigkeitsverbotes (§ 56 V IfSG)[6]. Dagegen gewährt der neu geschaffene § 2 PflegeZG dem ArbN einen eigenständigen Anspruch auf kurzzeitige Arbeitsbefreiung, um die Pflege von nahen Angehörigen zu organisieren bzw. sicherzustellen, während die Frage der Vergütungsfortzahlung § 616 bzw. sonstigen Regelungen überlassen wird.

7 Sofern die persönliche Leistungsverhinderung nicht unter § 616 fällt und dem ArbN daher kein Anspruch auf Fortzahlung der Vergütung zusteht, ist es immer noch denkbar, dass der ArbN **wegen Unzumutbarkeit von der Erbringung der Arbeitsleistung bei Fortfall des Entgelts befreit** ist. Diese Gestaltungen sind nunmehr ausdrücklich in § 275 III geregelt, wobei die Vorschrift als Leistungsverweigerungsrecht ausgestaltet ist. Demgegenüber ist die vergleichbare Konstellation der erforderlichen Betreuung eines erkrankten Kindes gemäß § 45 III 1, IV 3 bzw. V SGB V als Anspruch auf Freistellung und nicht als Einrede ausgeformt. Unter § 275 III würde etwa die achtwöchige Ausbildung in einer Klinik an einem Heimdialysegerät fallen, um dem schwer kranken Ehepartner bei der Heimdialyse helfen zu können[7]. Dasselbe gilt für den Fall der zweimonatigen Ableistung des Wehrdienstes durch einen ausländischen ArbN, dem bei einer Verweigerung drakonische Sanktionen drohen[8].

8 **II. Anspruchsvoraussetzungen. 1. Dienstverhältnis.** § 616 ist auf **sämtliche Arbeitsverhältnisse** anwendbar. Dauer und Umfang spielen grds. keine Rolle. Dies ergibt sich im Umkehrschluss aus § 617 I 1 sowie aus der Entstehungsgeschichte[9]. Erfasst werden damit auch kurzfristige Aushilfsarbeitsverhältnisse sowie geringfügige Beschäftigungen. Die Vorschrift gilt weiter für arbeitnehmerähnliche Personen sowie für freie Mitarbeiter[10]. Organmitglieder werden unabhängig davon erfasst, ob ihr Anstellungsvertrag als Arbeitsvertrag oder als freier Dienstvertrag zu qualifizieren ist[11]. Bei typengemischten Verträgen kommt es auf das Vorhandensein eines dienstvertragl. Elementes an[12]. Auszubildende und gleichgestellte Personen unterfallen ausschließlich § 19 BBiG (Rz. 5). Auf Heimarbeitsverhältnisse ist § 616 ebenfalls nicht anwendbar. Diese Vorschrift wird durch § 10 EFZG nicht nur für den Krankheitsfall, sondern für sämtliche personenbedingte Verhinderungsgründe verdrängt[13].

9 Bei **flexibilisierten Arbeitszeitregelungen** ist wie folgt zu unterscheiden: Steht das **Bestimmungsrecht über die Lage der Arbeitszeit dem ArbN** zu (Gleitzeit außerhalb der Kernarbeitszeit, variable Gleitzeit, Vertrauensgleitzeit), führt eine Nichtaufnahme bzw. eine vorzeitige Beendigung der Tätigkeit infolge eines persönlichen Leistungshindernisses jedenfalls regelmäßig dazu, dass für die Dauer des Hindernisses keine Arbeitspflicht besteht. Mangels einer Leistungsstörung ist § 616 daher erst gar nicht anwendbar[14]. Einen Zeitausgleich kann der ArbN nicht verlangen[15]. Anders als im Annahmeverzugsrecht geht es insoweit nicht um eine Abwälzung des Wirtschaftsrisikos auf den ArbN. Vielmehr führt der Zuwachs an Zeitsouveränität notwendigerweise zu einer gewissen Rückverlagerung personenbedingter Risiken auf den ArbN.

10 Bei einem **Bestimmungsrecht des ArbGeb** (Arbeit auf Abruf iSd. § 12 TzBfG) ist § 616 grds. erst dann anwendbar, wenn er die Arbeitsleistung abgerufen und dadurch die Arbeitszeit fixiert hat[16]. Hierbei ist der ArbGeb berechtigt, von einem Abruf mit Rücksicht auf ein ihm bekanntes persönliches Leistungs-

---

1 Nachweise bei *Bauer/Opolony*, NJW 2002, 3503 (3505). | 2 LAG Köln v. 11.8.1994 – 6 Sa 90/94, BB 1995, 625 L; *Greiner*, NZA 2007, 490 (493). | 3 Dazu BAG v. 31.7.2002 – 10 AZR 578/01, DB 2002, 2493. | 4 LAG Bremen v. 14.6.1990 – 3 Sa 132/89, AiB 1992, 50. | 5 BGH v. 30.11.1978 – III ZR 43/77, BGHZ 73, 16 (26). | 6 BGH v. 30.11.1979 – III ZR 43/77, BGHZ 73, 16 (23 ff.). | 7 Vgl. BAG v. 20.7.1977 – 5 AZR 325/76, DB 1977, 2332. | 8 BAG v. 20.5.1988 – 2 AZR 682/87, NZA 1989, 464; v. 22.12.1982 – 2 AZR 282/82, DB 1983, 1602; siehe auch BT-Drs. 14/6040, S. 130. | 9 Staudinger/*Oetker*, § 616 BGB Rz. 2, 38. | 10 BGH v. 6.4.1995 – VII ZR 36/94, NJW 1995, 2629; ErfK/*Dörner*, § 616 BGB Rz. 2; Staudinger/*Oetker*, § 616 BGB Rz. 30. | 11 Soergel/*Kraft*, § 616 BGB Rz. 7. | 12 Vgl. BAG v. 19.4.1956 – 2 AZR 416/54, AP Nr. 5 zu § 616 BGB (Heuerlingsvertrag). | 13 Erman/*Belling*, § 616 BGB Rz. 9; Staudinger/*Oetker*, § 616 BGB Rz. 36. | 14 *Boemke/Föhr*, Arbeitsformen der Zukunft (1999), Rz. 120; *Reichold*, NZA 1998, 393 (398); *Schüren*, AuR 1996, 381 (385). | 15 BAG v. 16.12.1993 – 6 AZR 236/93, NZA 1994, 854; LAG Hamm v. 11.12.2001 – 11 Sa 247/01, LAGE § 4 TVG – Metallindustrie Nr. 28. | 16 Staudinger/*Oetker*, § 616 BGB Rz. 35; idS auch BAG v. 5.9.2002 – 9 AZR 244/01, NZA 2003, 726.

hindernis des Beschäftigten abzusehen, so dass keine Entgeltfortzahlungspflicht besteht. Ein hypothetisch bleibendes Arbeitsverlangen ist unerheblich[1]. Unterlässt der ArbGeb während des gesamten Bezugszeitraums einen Abruf der Arbeitsleistung, ist § 616 zwar anwendbar. Dabei muss man es dem ArbGeb verwehren, sich auf die fehlende Kausalität zwischen persönlichem Hinderungsgrund des ArbN und unterbliebener Arbeitsleistung zu berufen. Dies dürfte sich aber nur in den seltenen Fällen auswirken, in denen der ArbN während des Bezugszeitraums kurzfristig verhindert ist, ohne dass er den ArbGeb im Übrigen in Annahmeverzug gesetzt hat. Liegt Gläubigerverzug vor, steht dem ArbN bereits aus diesem Grunde das vertragl. Entgelt in Höhe des gesamten vereinbarten Arbeitszeitdeputats zu (§ 615 Rz. 14). Auf § 616 kommt es dann nicht mehr an. Die Anwendung der §§ 615 und 616 kann jedenfalls nicht dazu führen, dass der ArbN eine höhere Vergütung erhält, als wenn der ArbGeb im Bezugszeitraum das gesamte Arbeitszeitdeputat abgerufen hätte.

§ 616 gilt nur für die **Dauer des Dienstverhältnisses**. Mit dessen Beendigung entfällt die Aufrechterhaltung des Vergütungsanspruchs auch dann, wenn der Verhinderungsgrund fortbesteht[2]. Der Rechtsgedanke des § 8 EFZG, der in bestimmten Fällen zu einem Fortbestand des Entgeltanspruchs über das Ende des Arbeitsverhältnisses hinaus führt[3], ist auf andere persönliche Hinderungsgründe nicht übertragbar[4]. Auch aus § 162 lässt sich zumindest grds. kein anderes Ergebnis herleiten. Liegt der Verhinderungsgrund bereits beim Abschluss des Arbeitsvertrages vor und dauert er bis zum Zeitpunkt der vereinbarten Arbeitsaufnahme an, ist § 616 unter Schutzzweckgesichtspunkten nicht anwendbar[5]. Im Falle eines in Vollzug gesetzten fehlerhaften Arbeitsverhältnisses will die hL § 616 bis zu dessen Beendigung anwenden[6]. Dies gilt entsprechend der neueren Judikatur zur Rückwirkung einer Anfechtung wegen arglistiger Täuschung auf den Zeitpunkt der tatsächlichen Arbeitseinstellung[7] aber dann nicht, wenn nach der Beseitigung des Hindernisses die Arbeit nicht wieder aufgenommen worden ist. 11

Bei einer **Weiterbeschäftigung während des Kündigungsschutzprozesses** kommt es auf die Rechtsgrundlage der Tätigkeit an. Erfolgt die Weiterbeschäftigung im Rahmen von § 102 V BetrVG, besteht das Arbeitsverhältnis jedenfalls bis zum rechtskräftigen Abschluss des Kündigungsschutzprozesses fort, so dass § 616 ohne weiteres anwendbar ist[8]. Dasselbe gilt, wenn sich die Parteien auf die Fortsetzung des Arbeitsverhältnisses bzw. den Abschluss eines neuen Arbeitsvertrags bis zum Ende des Kündigungsschutzprozesses einigen. Hierfür bedarf es keines Rückgriffs auf die für das fehlerhafte Arbeitsverhältnis geltenden Grundsätze[9]. Sofern lediglich eine tatsächliche Weiterbeschäftigung ohne vertragl. Grundlage erfolgt, findet bei einer rechtskräftigen Abweisung der Kündigungsschutzklage nach hM lediglich eine bereicherungsrechtl. Rückabwicklung statt[10]. Bei dieser Konzeption erhält der ArbN nur für tatsächl. erbrachte Arbeitsleistungen einen Geldersatz. Folgerichtig ist § 616 nicht anwendbar[11]. 12

2. Personenbedingter Verhinderungsgrund. a) Arbeitsverhinderung. § 616 setzt zunächst voraus, dass der ArbN an der Dienstleistung verhindert ist. Hierzu zählen zum einen die Fälle der tatsächlichen Unmöglichkeit (zB vorübergehende Festnahme)[12]. Die Erkrankung des ArbN ist allerdings auszuklammern (Rz. 5). Unter den Begriff der Dienstverhinderung sind nach einhelliger Ansicht zum anderen diejenigen Gestaltungen zu fassen, in denen dem Verpflichteten die Arbeit wegen einer Kollision mit höherrangigen rechtl. oder sittlichen Pflichten unzumutbar ist[13]. Diese im Grundsatz schon seit langem anerkannte weite Interpretation des § 616 wird nunmehr durch die Regelungen der §§ 275 III, 326 I gestützt. So führt etwa die gerichtliche Vorladung während der Arbeitszeit gemäß § 275 III zu einem Leistungsverweigerungsrecht des ArbN[14], dessen Ausübung an sich nach § 326 I ein Entfallen des Vergütungsanspruchs zur Folge hat, wenn nicht ganz ausnahmsweise der ArbGeb für das Leistungshindernis verantwortlich ist[15]. 13

Auf diesen Regeln aufbauend, ordnet § 616 unter bestimmten Voraussetzungen die **Aufrechterhaltung des Entgeltanspruchs** an. Aus diesem systematischen Zusammenhang ergibt sich, dass die Anforderungen an den Verhinderungstatbestand in den Fällen einer Pflichtenkollision im Rahmen von § 616 keinesfalls geringer als bei der Anwendung von § 275 III sein können. Sofern eine umfassende Güter- und Interessenabwägung zur Unzumutbarkeit iSd. § 275 III führt, bedarf es aber keiner zusätzlichen Abwägung, ob dem ArbGeb eine Belastung mit der Gegenleistungspflicht ebenfalls grds. zuzumuten ist. Diese 14

---

1 AA für die Feiertagsvergütung BAG v. 24.10.2001 – 5 AZR 245/00, DB 2002, 1110; v. 3.5.1983 – 3 AZR 100/81, DB 1983, 2784. | 2 Soergel/*Kraft*, § 616 BGB Rz. 11. | 3 Dazu BAG v. 17.4.2002 – 5 AZR 2/01, NZA 2002, 899. | 4 Staudinger/*Oetker*, § 616 BGB Rz. 41. | 5 MünchArbR/*Boewer*, § 80 Rz. 10; siehe auch BAG v. 26.7.1989 – 5 AZR 491/88, NZA 1990, 141. | 6 Erman/*Belling*, § 616 BGB Rz. 18; *Matthes* in ArbR-BGB, § 616 Rz. 8; Staudinger/*Oetker*, § 616 BGB Rz. 42. | 7 BAG v. 3.12.1998 – 2 AZR 754/97, NZA 1999, 584; anders noch BAG v. 20.2.1986 – 2 AZR 244/85, NZA 1986, 739. | 8 MünchArbR/*Boewer*, § 80 Rz. 10; Soergel/*Kraft*, § 616 BGB Rz. 7. | 9 Anders aber BAG v. 15.1.1986 – 5 AZR 237/84, NZA 1986, 561; MünchArbR/*Boewer*, § 80 Rz. 10; wie hier BAG v. 4.9.1986 – 8 AZR 636/84, NZA 1987, 376. | 10 Siehe BAG v. 12.2.1992 – 5 AZR 297/90, NZA 1993, 177; v. 10.3.1987 – 8 AZR 146/84, NZA 1987, 373; aA MünchArbR/*Wank*, § 121 Rz. 103 ff. | 11 *Bengelsdorf*, SAE 1987, 254 (265); Staudinger/*Oetker*, § 616 BGB Rz. 44; *Walker*, DB 1988, 1596 (1599). | 12 MünchArbR/*Boewer*, § 80 Rz. 13. | 13 BAG v. 19.4.1978 – 5 AZR 834/76, DB 1978, 1595; v. 25.10.1973 – 5 AZR 156/73, DB 1974, 343; MünchArbR/*Boewer*, § 80 Rz. 13; ErfK/*Dörner*, § 616 BGB Rz. 3; *Matthes* in ArbR-BGB, § 616 Rz. 9. | 14 BT-Drs. 14/6040, S. 130. | 15 Vgl. BAG v. 13.6.2007 – 5 AZR 564/06, NZA 2007, 974 (976).

Frage ist durch § 616 prinzipiell in einem positiven Sinne entschieden[1]. Die Interessen des ArbGeb sind erst beim nachrangigen Kriterium der Dauer der Arbeitsverhinderung, bei dem es sich um einen verhältnismäßig nicht erheblichen Zeitraum handeln muss, zu berücksichtigen. Es muss also klar unterschieden werden zwischen der Zulässigkeit der Arbeitsverweigerung, bei der eine etwaige Aufrechterhaltung des Vergütungsanspruchs außer Betracht zu bleiben hat, und dem Fortbestand der Entgeltzahlungspflicht, für den es nur auf die Dauer der Verhinderung ankommt[2].

15 Eine Unzumutbarkeit iSd. § 275 III kann nur bejaht werden, wenn den ArbN **konkurrierende Pflichten** treffen, denen bei einer umfassenden Abwägung gegenüber der vertragl. übernommenen Dienstpflicht der **Vorrang** einzuräumen ist[3]. Die bloße Ausübung grundrechtl. geschützter Positionen kann demgegenüber nicht ausreichen[4]. Erst recht können Interessen, die aus der privaten Lebensführung des ArbN resultieren, keine Arbeitsbefreiung wegen Unzumutbarkeit rechtfertigen. Die hierfür erforderliche Zeit hat sich der ArbN durch die Inanspruchnahme von Erholungsurlaub zu verschaffen. In Ausnahmefällen kommt auch ein Anspruch auf unbezahlte Freistellung aus der Fürsorgepflicht des ArbGeb in Betracht. Mit einer Unzumutbarkeit der Dienstleistung wegen höherrangiger rechtl. oder sittlicher Pflichten hat dies nichts zu tun.

16 **b) Unvermeidbarkeit der Arbeitsverhinderung.** Weitere Voraussetzung ist die Unvermeidbarkeit der Arbeitsverhinderung. Der ArbN muss sich nach Kräften um eine Vermeidung oder Verhinderung des Arbeitsausfalls bemühen[5]. Der ArbN kann somit nicht die Vorteile des § 616 für sich in Anspruch nehmen, wenn es ihm möglich gewesen wäre, das Leistungshindernis abzuwenden, etwa eine behördl. Vorladung auf einen arbeitsfreien Tag zu legen. Hierbei handelt es sich rechtstechnisch aber nicht um eine Pflicht gegenüber dem ArbGeb, sondern um eine Obliegenheit[6]. Kann der ArbN die Lage der Arbeitszeit selbst bestimmen, wird eine Kollision zwischen Arbeitspflicht und persönlichem Leistungshindernis bereits im Vorfeld ausgeschlossen, so dass sich erst gar nicht die Frage stellt, ob es dem ArbN möglich gewesen wäre, durch entsprechende Bemühungen eine Arbeitsverhinderung zu vermeiden (vgl. Rz. 9).

17 **c) Persönliche Gründe.** Die Aufrechterhaltung des Vergütungsanspruchs setzt einen **in der Person des Dienstverpflichteten liegenden Grund** voraus. Hierzu zählen zunächst persönliche Eigenschaften des ArbN. Darüber hinaus ist anerkannt, dass es ausreicht, wenn das Hindernis in den persönlichen Verhältnissen des ArbN begründet ist[7]. Von diesen subjektiven Verhinderungsgründen sind **objektive Leistungshindernisse** abzugrenzen, die weder mit der Person noch mit der Sphäre des ArbN zusammenhängen und die ganz allgemein der Erbringung der Arbeitsleistung entgegenstehen[8]. Gegen eine Ausdehnung auf allgemeine Leistungshindernisse sprechen der Wortlaut sowie die Entstehungsgeschichte der Norm[9]. Die teilweise befürwortete Ausdehnung auf objektive Leistungshindernisse[10] verkennt, dass es sich bei § 616 nicht um eine allgemeine Gefahrtragungsregel handelt, die alle Gestaltungen erfassen will, die nicht bereits unter § 615 fallen. Der ArbGeb würde zu stark belastet, wenn er für sämtliche Hindernisse die Gegenleistungsgefahr unabhängig davon tragen würde, ob sie in den persönlichen Verhältnissen des ArbN oder in allgemeinen Umständen wurzeln[11]. Allgemeine Störungen gehören nicht zu den vom ArbGeb einzukalkulierenden und daher versicherten Risiken.

18 Die **Grenze** zwischen subjektiven und objektiven Leistungshindernissen ist allerdings **unscharf**. Anerkannt ist, dass die Anzahl der betroffenen ArbN lediglich ein Indiz dafür bildet, ob ein personenbedingter oder allgemeiner Verhinderungsgrund vorliegt[12]. Sofern sich ein objektives Leistungshindernis in besonderer Weise auf die persönlichen Verhältnisse eines ArbN auswirkt, ist § 616 demgegenüber wieder anwendbar[13]. Nicht unter § 616 fallen schließlich solche Hindernisse, die zwar in der Person des ArbN liegen, aber eine notwendige Voraussetzung für die Ausübung der Tätigkeit bilden, wie etwa ein Gesundheitszeugnis oder eine Arbeitserlaubnis[14].

19 **d) Einzelne Fälle.** Im Laufe der Zeit haben sich mehrere verschiedene **Fallgruppen** herausgebildet. Dabei hatte es die Rspr. häufig nicht unmittelbar mit § 616, sondern mit tarifvertragl. Vorschriften zu tun, die die gesetzl. Generalklausel konkretisiert oder substituiert haben. Derartige Regelungen sind nach allgemeiner Ansicht zulässig und schließen eine zusätzliche Anwendung von § 616 aus[15]. Die folgen-

1 AA MüKoBGB/*Henssler*, § 616 Rz. 9 f. | 2 IdS bereits *Herschel*, Anm. zu BAG, AP Nr. 48 zu § 616 BGB; anders offenbar MünchArbR/*Boewer*, § 80 Rz. 13. | 3 Dazu eingehend *Gotthardt*, Schuldrechtsreform, Rz. 97 ff. | 4 LAG Schl.-Holst. v. 18.1.1995 – 3 SA 568/94, AP Nr. 17 zu § 611 BGB – Abmahnung; Staudinger/*Oetker*, § 616 BGB Rz. 49; aA *Kempen*, ArbRGegw 25 (1988), S. 75 (86 ff.). | 5 BAG v. 19.4.1978 – 5 AZR 834/76, DB 1978, 1595; v. 25.4.1960 – 1 AZR 16/58, DB 1960, 699; MünchArbR/*Boewer*, § 80 Rz. 14. | 6 Ungenau *Matthes* in ArbR-BGB, § 616 Rz. 9. | 7 BAG v. 8.12.1982 – 4 AZR 134/80, DB 1983, 395; v. 19.4.1978 – 5 AZR 834/76, DB 1978, 1595; Soergel/*Kraft*, § 616 BGB Rz. 9; MüKoBGB/*Henssler*, § 616 Rz. 17. | 8 Ganz hM: BAG v. 8.12.1982 – 4 AZR 134/80, DB 1983, 395; v. 8.9.1982 – 5 AZR 283/80, DB 1983, 397; Erman/*Belling*, § 616 BGB Rz. 33; *Matthes* in ArbR-BGB, § 616 Rz. 10. | 9 MünchArbR/*Boewer*, § 80 Rz. 12; Staudinger/*Oetker*, § 616 BGB Rz. 74. | 10 *Moll*, RdA 1980, 138 (150 ff.). | 11 MünchArbR/*Boewer*, § 80 Rz. 12. | 12 BAG v. 8.9.1982 – 5 AZR 283/80, DB 1983, 397; MünchArbR/*Boewer*, § 80 Rz. 12; Staudinger/*Oetker*, § 616 BGB Rz. 76. | 13 BAG v. 24.3.1982 – 5 AZR 1209/79, BB 1982, 1547 (1548); v. 8.9.1982 – 5 AZR 283/80, DB 1983, 397; Staudinger/*Oetker*, § 616 BGB Rz. 77. | 14 Vgl. BAG v. 13.1.1977 – 2 AZR 423/75, DB 1977, 917; *Matthes* in ArbR-BGB, § 616 Rz. 11. | 15 BAG v. 13.12.2001 – 6 AZR 30/01, NZA 2002, 1105; v. 18.1.2001 – 6 AZR 492/99, NZA 2002, 47; v. 20.6.1995 – 3 AZR 857/94, NZA 1996, 383; Staudinger/*Oetker*, § 616 BGB Rz. 146.

den Aussagen beziehen sich daher teilweise auf entsprechende tarifvertragl. Bestimmungen. Sie können damit nur unter Vorbehalt verallgemeinert werden, weil es für die Aufrechterhaltung des Vergütungsanspruchs vielfach auf die genaue Formulierung des TV ankommt.

aa) Krankheit und Arztbesuche. Krankheiten bilden zwar grds. einen in der Person liegenden Verhinderungsgrund. Der **Vorrang des EFZG** (Rz. 5) steht einer Anwendbarkeit von § 616 aber weitgehend entgegen. Die Heranziehung von § 616 hängt damit vom persönlichen und sachlichen Anwendungsbereich des EFZG ab. Uneingeschränkt greift diese Norm bei freien Mitarbeitern ein[1]. Im Übrigen ist entscheidend, ob die Erkrankung zur Arbeitsunfähigkeit iSd. EFZG führt. Wenn dies der Fall ist, können die Einschränkungen des EFZG nicht durch einen Rekurs auf § 616 überspielt werden. Dies betrifft die Begrenzung auf die Sechs-Wochen-Frist sowie insb. das Erfordernis des Ablaufs der vierwöchigen Wartefrist gemäß § 3 III EFZG[2]. 20

Bei **Arztbesuchen während der Arbeitszeit** muss differenziert werden. Wenn der ArbN arbeitsunfähig erkrankt ist, ist nur das EFZG anwendbar. Aus der Notwendigkeit, während der Arbeitszeit einen Arzt aufzusuchen, folgt aber nicht zwingend das Bestehen von Arbeitsunfähigkeit[3]. Ein persönlicher Verhinderungsgrund liegt vor, wenn akute Beschwerden eine unmittelbare ärztliche Versorgung erforderlich machen, ohne dass Arbeitsunfähigkeit besteht[4]. Allgemeine Untersuchungs- bzw. Behandlungstermine können ebenfalls den Fortbestand des Entgelts auslösen. Dies ist dann der Fall, wenn für den ArbN keine Möglichkeit besteht, den Arzt außerhalb der Arbeitszeit aufzusuchen. Dabei muss sich der ArbN grds. um einen Arzttermin bemühen, durch den eine Kollision mit seiner Arbeitspflicht vermieden wird. Wenn der Arzt dem Terminwunsch nicht nachkommen kann oder will, liegt aber ein persönliches Leistungshindernis vor[5]. Der ArbN kann nicht darauf verwiesen werden, dass ein anderer Arzt zur Untersuchung oder Behandlung außerhalb der Arbeitszeit bereit wäre. Insoweit genießt die freie Arztwahl des ArbN Vorrang vor den Interessen des ArbGeb[6]. 21

Ein persönliches Leistungshindernis liegt weiter dann vor, wenn das Gesundheitsamt eine **ärztliche Untersuchung** von Beschäftigten in Lebensmittelbetrieben auf Infektionen anordnet oder ein **Tätigkeitsverbot** verhängt[7]. Sehen tarifl. Regelungen eine Vergütungspflicht bei Arztbesuchen vor, gilt dies grds. nur für die Fälle, in denen der ArbN nicht arbeitsunfähig ist und seine Arbeit nach dem Arztbesuch alsbald wieder aufnimmt[8]. 22

bb) Pflege naher Angehöriger. Die Pflege erkrankter Angehöriger kann nach allgemeiner Ansicht einen persönlichen Verhinderungsgrund darstellen[9]. Für die Unzumutbarkeit der Arbeitsleistung kommt es zunächst auf das Näheverhältnis des ArbN zum erkrankten Angehörigen an. Eine gegenüber der Dienstleistung vorrangige Pflicht zur Pflege kommt in erster Linie bei Kindern in Betracht (§ 1627 BGB)[10]. Hierbei kann die Altersobergrenze des § 45 IV SGB V (vollendetes 12. Lebensjahr) als Richtwert angesehen werden, ohne indes eine starre Grenze zu bilden[11]. Die frühere Obergrenze des § 185c RVO (vollendetes 8. LJ) spielt jedenfalls keine Rolle mehr[12]. Ein persönlicher Verhinderungsgrund kann darüber hinaus bei der Erkrankung des Ehepartners[13], aber auch von Eltern oder Geschwistern vorliegen[14]. Gleiches gilt bei Lebenspartnern iSd. LPartG, mangels gesetzl. Beistandspflicht nicht aber bei sonstigen Lebenspartnern[15]. Der Angehörige muss im Allgemeinen in den Haushalt des ArbN integriert sein, ohne dass dies aber zwingend ist[16]. 23

Weiter ist erforderlich, dass der erkrankte Angehörige auf die Pflege durch den ArbN **angewiesen** ist. Dies setzt voraus, dass eine Beaufsichtigung, Betreuung oder Pflege geboten ist und andere geeignete Personen hierfür nicht zur Verfügung stehen[17]. Sofern es sich nicht um Kleinkinder handelt, ist die Arbeitsleistung schon dann zumutbar, wenn eine außerhalb des Haushalts lebende Person zur Pflege imstande und bereit ist. Sind beide Eltern berufstätig, können sie grds. selbst darüber entscheiden, wer von ihnen die Pflege eines erkrankten Kindes übernimmt[18]. Die Leistungsbefreiung nach § 275 III und der Anspruch aus § 616 genießen Vorrang gegenüber dem Anspruch auf unbezahlte Freistellung bei Erkrankung eines Kindes gemäß § 45 III SGB V[19], der bei schwerstkranken Kindern mit begrenzter 24

1 BGH v. 6.4.1995 – VII ZR 36/94, NJW 1995, 2629. | 2 Staudinger/*Oetker*, § 616 BGB Rz. 290. | 3 BAG v. 29.2.1984 – 5 AZR 455/81, DB 1984, 1687; *Brill*, NZA 1984, 281 (282); aA *Schulin*, ZfA 1978, 215 (253). | 4 BAG v. 29.2.1984 – 5 AZR 455/81, DB 1984, 1687; ErfK/*Dörner*, § 616 BGB Rz. 7; s. auch LAG Hamm v. 25.6.1986 – 1 (9) Sa 160/86, LAGE § 616 BGB Nr. 2. | 5 BAG v. 27.6.1990 – 5 AZR 365/89, NZA 1990, 894; *Brill*, NZA 1984, 281 (282 f.). | 6 BAG v. 29.2.1984 – 5 AZR 92/82, DB 1984, 1405. | 7 LG Düsseldorf v. 18.5.1966 – 11 b S 43/66, AP Nr. 39 zu § 616 BGB; *Matthes* in ArbR-BGB, § 616 Rz. 30. | 8 BAG v. 7.3.1990 – 5 AZR 189/89, DB 1990, 1469. | 9 BAG v. 20.6.1979 – 5 AZR 479/77, DB 1979, 1946; v. 19.4.1978 – 5 AZR 834/76, DB 1978, 1595; ErfK/*Dörner*, § 616 BGB Rz. 8; *Löwisch*, DB 1979, 209 (211). | 10 Zuletzt BAG v. 31.7.2002 – 10 AZR 578/01, DB 2002, 2493. | 11 Staudinger/*Oetker*, § 616 BGB Rz. 57. | 12 AA *Sowka*, RdA 1993, 34 f. | 13 Vgl. BAG v. 20.7.1977 – 5 AZR 325/76, DB 1977, 2332. | 14 Staudinger/*Oetker*, § 616 BGB Rz. 57. | 15 Staudinger/*Oetker*, § 616 BGB Rz. 57. | 16 Strenger ErfK/*Dörner*, § 616 BGB Rz. 8; tendenziell auch MüKoBGB/*Henssler*, § 616 Rz. 30. | 17 BAG v. 19.4.1978 – 5 AZR 834/76, DB 1978, 1595; LAG Düsseldorf v. 20.3.2007 – 3 Sa 30/07, ZTR 2007, 496; sehr streng LAG Nds. v. 26.10.1977 – 2 (3) Sa 1506/76, DB 1978, 214 (215). | 18 BAG v. 20.6.1979 – 5 AZR 361/78, BB 1979, 1452; einschr. *Löwisch*, DB 1979, 209 (211). | 19 LAG Köln v. 11.8.1994 – 6 Sa 90/94, BB 1995, 625 L; *Greiner*, NZA 2007, 490 (493); *Kießling/Jünemann*, DB 2005, 1684 (1686).

Lebenserwartung nicht mehr zeitlich limitiert ist (IV) und nunmehr auch nichtversicherten ArbN zusteht (V). Auf § 45 SGB V muss der ArbN nur dann zurückgreifen, wenn die Voraussetzungen des § 616 nicht erfüllt sind oder die Vorschrift wirksam ausgeschlossen ist (zur Abdingbarkeit s. Rz. 49 f.). Außerdem sind Regelungen zulässig, die einen Anspruch auf bezahlte Freistellung nur für den Fall vorsehen, dass der ArbN keinen Anspruch auf Krankengeld (§ 44 SGB V) hat[1]. Europarechtl. abgesichert ist lediglich das Fernbleiberecht des ArbN bei Erkrankung von nahen Angehörigen, nicht aber das Fortbestehen des Entgeltanspruchs[2]. Bei akuter Pflegebedürftigkeit von nahen Angehörigen iSd. neuen PflegeZG folgt der Anspruch auf kurzzeitige Arbeitsbefreiung aus § 2 PflegeZG, während § 616 nur die Frage der Vergütungsfortzahlung regelt[3]. Im Übrigen kann ein Anspruch aus § 616 auch dann bestehen, wenn Kinder infolge eines **Streiks in einem Kindergarten** von einem arbeitenden Elternteil unvorhergesehen betreut werden müssen[4].

25 **cc) Familiäre Ereignisse.** Herausragende familiäre Ereignisse können ebenfalls einen persönlichen Hinderungsgrund darstellen. Hierzu zählt zunächst die eigene Hochzeit, wobei darunter sowohl die bürgerliche als auch die kirchliche Eheschließung zu verstehen ist[5]. Wenn ein TV hierfür eine bestimmte Anzahl von Tagen mit Entgeltfortzahlung vorsieht, hat der ArbN diesen Anspruch auch dann, wenn die Hochzeit selbst an einem arbeitsfreien Tag stattfindet[6]. Ein weiterer Fall ist die Niederkunft der eigenen Ehefrau[7]. Auch insoweit kommt es bei einer entsprechenden tarifl. Regelung nicht darauf an, dass der Tag der Arbeitsverhinderung mit dem Tag der Niederkunft zusammenfällt[8]. Auf Grund der sittlichen Beistandspflicht liegt ein Leistungshindernis auch bei der Niederkunft der Partnerin in einer nichtehelichen Lebensgemeinschaft vor[9]. Die TV-Parteien können aber eine abweichende Regelung treffen[10].

26 Bei **Todesfällen und Begräbnissen** kommt es auf die Nähebeziehung des ArbN zum Verstorbenen an. Soweit es um Eltern, Kinder oder den Lebenspartner geht, ist eine Unzumutbarkeit der Arbeitsleistung zu bejahen. Bei sonstigen Angehörigen ist dies nur bei im Haushalt lebenden Personen anzunehmen[11]. Sonstige familiäre Ereignisse fallen nur dann unter § 616, wenn sie einen herausragenden Charakter haben. Dies kann bei Konfirmation bzw. Kommunion sowie der Hochzeit der Kinder angenommen werden[12]. Hierzu gehört nach Ansicht des BAG auch die goldene Hochzeit der Eltern[13]. Die TV-Parteien können hiervon aber auch abweichen, ohne gegen Art. 6 GG zu verstoßen[14]. Im Übrigen sind familiäre Ereignisse dem Bereich der privaten Lebensführung des ArbN zuzuordnen, die nicht auf den ArbGeb abgewälzt werden können. Dies betrifft vor allem Geburtstage des ArbN sowie von Angehörigen. Bei einem Umzug kann dagegen ein Leistungshindernis bejaht werden[15]. Allerdings ist hier ein besonders strenger Maßstab bei der Vermeidbarkeit der Arbeitsversäumnisse anzulegen[16]. Im Übrigen werden gerade diese Ereignisse häufig in TV geregelt. Dabei verhält sich das BAG unterschiedlich großzügig hinsichtlich der Frage, ob eine bezahlte Freistellung auch dann in vollem Umfang verlangt werden kann, wenn das Ereignis selbst auf einen arbeitsfreien Tag fällt[17]. Verlangt ein TV eine vorherige Zustimmung des ArbGeb zur Freistellung, kann diese grds. nicht nachgeholt werden, so dass der ArbN keinen Anspruch auf Entgeltfortzahlung hat[18].

27 **dd) Öffentliche Pflichten, ehrenamtliche Tätigkeiten uÄ.** Die Wahrnehmung **amtlicher Termine** kann ebenfalls zu einem persönlichen Hinderungsgrund führen. Dies ist dann der Fall, wenn der ArbN einer gerichtl.[19] oder behördl. Vorladung nur während der Arbeitszeit nachkommen kann[20]. Hiervon ist allerdings dann eine Ausnahme zu machen, wenn das gerichtl. oder behördl. Verfahren der Durchsetzung eigener Rechte dient. So kann sich der ArbN nicht auf § 616 berufen, wenn er in einem gegen seinen ArbGeb geführten Prozess einen Gerichtstermin wahrnehmen muss[21]. Allgemeine staatsbürgerliche Pflichten, die zu einem persönlichen Verhinderungsgrund führen, können weiter sein die Tätigkeit als Wahlhelfer bei öffentl. Wahlen oder als amtlich bestellter Betreuer[22], aber auch die Wartepflicht bzw. die Leistung von erster Hilfe nach einem Verkehrsunfall[23].

28 Bei der Kollision mit Pflichten aus **ehrenamtlicher Tätigkeit** ist zu differenzieren: Die Betätigung als ehrenamtlicher Richter fällt unter § 616[24]. Dies gilt auch für die Zeit eines erforderlichen Aktenstu-

---

1 So Staudinger/*Oetker*, § 616 BGB Rz. 59 für Tarifverträge. | 2 Vgl. § 3 Rahmenvereinbarung von UNICE, CEEP und EGB zur RL 96/34/EG. | 3 Vgl. BT-Drs. 16/7439, S. 92. | 4 *Diller/Krieger*, FS Leinemann (2006), S. 65 ff. | 5 BAG v. 27.4.1983 – 4 AZR 506/80, DB 1983, 2201. | 6 BAG v. 14.12.1962 – 4 AZR 37/61, DB 1962, 575. | 7 BAG v. 12.12.1973 – 4 AZR 75/73, DB 1975, 1179. | 8 BAG v. 26.2.1964 – 4 AZR 257/63, DB 1964, 664. | 9 ErfK/*Dörner*, § 616 BGB Rz. 4; Staudinger/*Oetker*, § 616 BGB Rz. 63; *Matthes* in ArbR-BGB, § 616 Rz. 22. | 10 BAG v. 18.1.2001 – 6 AZR 492/99, NZA 2002, 47; v. 25.2.1987 – 8 AZR 430/84, NZA 1987, 667. | 11 ErfK/*Dörner*, § 616 BGB Rz. 4; ähnlich Staudinger/*Oetker*, § 616 BGB Rz. 61. | 12 Vgl. BAG v. 11.2.1993 – 6 AZR 98/92, NZA 1993, 1003; ErfK/*Dörner*, § 616 BGB Rz. 4. | 13 BAG v. 25.10.1973 – 5 AZR 156/73, DB 1974, 343; abl. Erman/*Belling*, § 616 BGB Rz. 26. | 14 BAG v. 25.8.1982 – 4 AZR 1064/79, DB 1982, 2574. | 15 *Matthes* in ArbR-BGB, § 616 Rz. 22. | 16 BAG v. 25.4.1960 – 1 AZR 16/58 DB 1960, 699. | 17 Befürwortend BAG v. 19.7.1961 – 4 AZR 69/60, DB 1961, 1230 (Niederkunft der Ehefrau); abl. BAG v. 11.2.1993 – 6 AZR 98/92, NZA 1993, 1003 (Erstkommunion). | 18 BAG v. 17.10.1985 – 6 AZR 571/82, DB 1986, 438. | 19 BAG v. 13.12.2001 – 6 AZR 30/01, NZA 2002, 1105. | 20 Staudinger/*Oetker*, § 616 BGB Rz. 64. | 21 BAG v. 4.9.1985 – 7 AZR 249/83, AP Nr. 1 zu § 29 BMT-G II; *Matthes* in ArbR-BGB, § 616 Rz. 25. | 22 *Matthes* in ArbR-BGB, § 616 Rz. 31. | 23 MünchArbR/*Boewer*, § 80 Rz. 15; Erman/*Belling*, § 616 BGB Rz. 25. | 24 MünchArbR/*Boewer*, § 80 Rz. 15; ErfK/*Dörner*, § 616 BGB Rz. 5; *Matthes* in ArbR-BGB, § 616 Rz. 31.

diums[1], nicht aber für Schulungsveranstaltungen[2]. Die Wahrnehmung anderer Ehrenämter stellt dagegen keinen persönlichen Verhinderungsgrund dar. Der ArbGeb muss die vom ArbN aus freien Stücken übernommenen Pflichten nicht finanzieren. Dies gilt etwa für die Tätigkeit als ehrenamtlicher Bürgermeister[3] und als Mitglied in einem Beirat für Landespflege[4]. Im Falle einer Kandidatur für ein Bundestagsmandat billigt Art. 48 I GG den Bewerbern zwar einen Wahlvorbereitungsurlaub zu. § 3 AbgG schließt für diesen bis zu zwei Monate dauernden Urlaub einen Anspruch auf Fortzahlung der Bezüge aber ausdrücklich aus. Entsprechendes gilt für die Bewerber um einen Sitz im Europaparlament bzw. in den Landesparlamenten[5]. Bei der Wahrnehmung von Aufgaben in den Verwaltungsorganen der SozV-Träger liegt dagegen ein persönlicher Verhinderungsgrund vor[6].

Gewerkschaftliche Betätigungen und die Wahrnehmung von Aufgaben in **privaten Vereinen** lösen ebenfalls keinen Anspruch auf Entgeltzahlungen aus. TV sehen für Gewerkschaftsangelegenheiten aber vielfach abweichende Regelungen vor[7]. 29

Bei ArbN, die sich als **Katastrophenschutzhelfer** betätigen, sehen die bundes- und landesrechtl. Katastrophenschutzgesetze für die Dauer der Teilnahme an Einsätzen oder Ausbildungsveranstaltungen vielfach einen Anspruch auf Freistellung unter Weitergewährung des Arbeitsentgelts vor[8]. Für ArbN, die Mitglieder einer freiwilligen Feuerwehr sind, gelten in einigen Bundesländern vergleichbare gesetzl. Regelungen[9]. In anderen Bundesländern haben die ArbN einen unmittelbaren Anspruch auf Ersatz des Verdienstausfalls gegen die jeweilige Gemeinde, so dass ein Anspruch gegen den ArbGeb entfällt[10]. Für Rote-Kreuz-Helfer fehlt es an spezialgesetzlichen Vorschriften. Bei einem Einsatz in einem akuten Unglücksfall ist § 616 anwendbar, nicht aber bei allgemeinen Einsätzen und Übungen[11]. 30

Bei **Prüfungen** ist danach zu differenzieren, ob sie in einem inneren Zusammenhang mit der Berufsausbildung stehen. Sofern dies der Fall ist, liegt eine Dienstverhinderung iSd. § 616 vor[12]. Bei einer Berufsausbildung iSd. BBiG wird § 616 im Bereich der Prüfungsfreistellung durch §§ 15 S. 1, 19 I Nr. 1 BBiG verdrängt. Beruht eine Prüfung auf rein privaten Interessen und Vorlieben des ArbN, besteht kein Anspruch[13]. Dem ArbN kann zugemutet werden, Urlaub zu nehmen oder sich unbezahlt freistellen zu lassen[14]. 31

Erlittene **Untersuchungshaft** ist ein persönlicher Verhinderungsgrund iSd. § 616[15]. Das notwendige Korrektiv liegt im Erfordernis fehlenden Verschuldens (dazu Rz. 44). 32

ee) Religiöse Pflichten und Gewissenskonflikte. Die Erfüllung einer religiösen Pflicht kann zu einem subjektiven Leistungshindernis iSd. § 616 führen[16]. Hiervon zu unterscheiden sind religiös motivierte gesellschaftliche Aktivitäten des ArbN, die keine Unzumutbarkeit der Arbeitsleistung begründen[17]. Führt ein sich auf die Arbeitsleistung selbst beziehender Gewissenskonflikt des ArbN zu einem Leistungsverweigerungsrecht iSd. § 275 III[18], ist die Anwendbarkeit von § 616 aber abzulehnen, weil sich die Vorschrift nur auf generelle persönliche Arbeitshindernisse bezieht, die mit der konkreten Dienstleistung nichts zu tun haben[19]. 33

ff) Meldung als arbeitsuchend, Stellensuche uÄ. Gemäß § 629 hat der ArbN nach der Kündigung eines dauernden Dienstverhältnisses einen Anspruch auf Freistellung zum Zwecke der Stellensuche. Diese Norm wird durch § 2 II 2 Nr. 3 SGB III ergänzt, der den ArbGeb verpflichtet, den ArbN für die Suche nach einer anderen Beschäftigung, für die jetzt unverzüglich nach der Kündigung vorgeschriebene Meldung als arbeitsuchend (§ 37b SGB III) sowie für Qualifizierungsmaßnahmen von der Arbeitspflicht zu befreien. Die erforderliche Freizeit (vgl. § 122 SGB III) kann ein persönliches Leistungshindernis iSd. des § 616 bilden[20]. Allerdings lässt der zum 1.5.2007 neu eingefügte S. 3 in § 37b SGB III eine telefonische Meldung ausreichen, wenn die persönliche Meldung nach Terminvereinbarung nachgeholt wird, so dass 34

1 LAG Bremen v. 14.6.1990 – 3 Sa 132/89, AiB 1992, 50. | 2 BAG v. 25.8.1982 – 4 AZR 1147/79, DB 1983, 183. | 3 BAG v. 20.6.1995 – 3 AZR 857/94, NZA 1996, 383. | 4 BAG v. 9.3.1983 – 4 AZR 62/80, AP Nr. 60 zu § 616 BGB. | 5 Einzelheiten bei MünchArbR/*Boewer*, § 80 Rz. 39 ff. | 6 ErfK/*Dörner*, § 616 BGB Rz. 5. | 7 BAG v. 3.11.2004 – 4 AZR 543/03, ZTR 2005, 418; v. 11.9.1985 – 4 AZR 134/84, AP Nr. 7 § 1 – Tarifverträge: Banken; v. 11.9.1985 – 4 AZR 147/85, BAGE 49, 334. Siehe aber auch BAG v. 19.7.1983 – 1 AZR 307/81, DB 1983, 2695 (kein Anspruch auf bezahlte Freistellung zur Beobachtung von Warnstreiks im Tarifgebiet). | 8 Nachweise bei *Bauer/Opolony*, NJW 2002, 3503 (3505). | 9 Vgl. BAG v. 13.2.1996 – 9 AZR 900/93, NZA 1996, 1104. | 10 Näher dazu *Matthes* in ArbR-BGB, § 616 Rz. 36 f. | 11 *Matthes* in ArbR-BGB, § 616 Rz. 39. | 12 Zu eng ErfK/*Dörner*, § 616 BGB Rz. 3. | 13 Großzügiger Staudinger/*Oetker*, § 616 BGB Rz. 65. | 14 Erman/*Belling*, § 615 BGB Rz. 25. | 15 BAG v. 11.8.1988 – 8 AZR 721/85, NZA 1989, 54; ErfK/*Dörner*, § 616 BGB Rz. 4; Staudinger/*Oetker*, § 616 BGB Rz. 66; offen lassend BAG v. 16.3.1967 – 2 AZR 64/66, BB 1967, 630. | 16 BAG v. 27.4.1983 – 4 AZR 506/80, DB 1983, 2201; *Henssler*, AcP 190 (1990), 538 (567 f.); *Kempen*, ArbRGegw 25 (1988), S. 75 (89); Staudinger/*Oetker*, § 616 BGB Rz. 68; enger *Otto*, Personale Freiheit und soziale Bindung (1978), S. 129: nur bei unvorhersehbaren Gewissenskonflikten. | 17 MünchArbR/*Boewer*, § 80 Rz. 13. | 18 Zur str. Anwendbarkeit von § 275 Abs. 3 auf Gewissenskonflikte *Henssler*, RdA 2002, 129 (131 f.). | 19 *Kothe*, NZA 1989, 161 (167); Staudinger/*Oetker*, § 616 BGB Rz. 69; abl. auch *Gotthardt*, Schuldrechtsreform, Rz. 117; zurückhaltend aber *Henssler* in Dauner-Lieb/Konzen/K. Schmidt, Das neue Schuldrecht, S. 615 (621); Soergel/*Kraft*, § 616 BGB Rz. 14; aA offenbar *Richardi*, NZA 2002, 1004 (1007). | 20 BAG v. 13.11.1969 – 4 AZR 35/69, DB 1970, 211; v. 11.6.1957 – 2 AZR 15/57, BAGE 4, 189; Erman/*Belling*, § 616 BGB Rz. 27; *Sibben*, DB 2003, 826 ff.

nunmehr auch eine außerhalb der Arbeitszeit liegende persönliche Meldung problemlos möglich ist. Die Voraussetzungen der Regelungen sind aber nicht deckungsgleich. Zum einen erhält § 616 den Entgeltanspruch nur für einen verhältnismäßig nicht unerheblichen Zeitraum aufrecht, während der Freistellungsanspruch nach § 629 bzw. § 2 II 2 Nr. 3 SGB III weiter reichen kann[1]. Zum anderen ist § 616 im Gegensatz zu den Freistellungsvorschriften kein zwingendes Recht (näher Rz. 49 f.).

35 **gg) Unwetter, Verkehrsstörungen uÄ.** § 616 ist nicht auf objektive Leistungshindernisse anwendbar (Rz. 17 f.). Kann der ArbN seinen Arbeitsplatz witterungsbedingt nicht erreichen, besteht kein Anspruch auf Entgeltfortzahlung[2]. Entscheidend ist insoweit, dass es sich um ein Ereignis handelt, das mit der Person des Dienstverpflichteten nichts zu tun hat, sondern jeden anderen ebenso treffen kann. Ob tatsächlich mehrere ArbN verhindert sind, spielt dagegen keine Rolle. Weitere objektive Leistungshindernisse sind allgemeine Verkehrsstörungen, behördliche Fahrverbote (Smog-Alarm)[3], aber auch Landestrauer und Demonstrationen[4] sowie allgemeine Gefahrenlagen bei Auslandseinsätzen durch Kriege, Unruhen, Terroranschläge, Epidemien etc., auf Grund derer die Arbeitsleistung generell unzumutbar wird[5].

36 **3. Kausalität.** Die unterbliebene Arbeitsleistung muss kausal auf dem persönlichen Leistungshindernis beruhen. Dies ist nur dann der Fall, wenn der in der Person liegende Grund die **alleinige Ursache** für die Arbeitsverhinderung bildet[6]. Wenn der ArbN auch beim Hinwegdenken des persönlichen Leistungshindernisses auf Grund eines tatsächlich vorliegenden anderen Umstandes nicht gearbeitet hätte, verschafft ihm § 616 keinen Entgeltanspruch[7]. Rein hypothetisch bleibende Ursachen stehen einem Anspruch aber nicht entgegen[8]. Entscheidend ist demnach, welchem Leistungshindernis zeitliche Priorität zukommt. Dies gilt insb., wenn mehrere Gründe zusammentreffen, die zu einer Entgeltfortzahlung trotz Nichtleistung der Arbeit führen. Die einzelnen Voraussetzungen richten sich dann nach dem zuerst eingetretenen Grund[9].

37 **4. Dauer der Verhinderung.** Der Anspruch auf Entgeltfortzahlung setzt weiter voraus, dass die Arbeitsverhinderung nur eine **verhältnismäßig nicht erhebliche Zeit** dauert. Wenn das Leistungshindernis die Verhältnismäßigkeitsgrenze überschreitet, entfällt der Vergütungsanspruch vollständig und nicht nur hinsichtlich des unverhältnismäßigen Teils[10]. Dies ergibt sich zum einen aus dem Wortlaut der Vorschrift, nach dem das zeitliche Element auf der tatbestandlichen Seite und nicht auf der Rechtsfolgenseite angesiedelt ist[11]. Zum anderen sprechen auch die Entstehungsgeschichte und der Zweck für diese Interpretation. Die Vorschrift will nämlich lediglich das Risiko unbedeutender personenbedingter Verhinderungen auf den ArbGeb verlagern, ihn aber nicht in jedem Falle bis zur Grenze der Verhältnismäßigkeit belasten[12].

38 Demgegenüber ist die für **Auszubildende** und vergleichbare Vertragsverhältnisse geltende Bestimmung des § 19 BBiG anders aufgebaut, indem sie eine Aufrechterhaltung des Vergütungsanspruchs bis zu einer Dauer von sechs Wochen vorsieht. Wenn ein Ereignis diese zeitliche Grenze überschreitet, führt dies somit nicht zu einem völligen Verlust, sondern nur zu einer Limitierung des Entgeltfortzahlungsanspruchs.

39 Im Übrigen bewirken die Grundsätze über die Konkretisierung der **Zumutbarkeit** der Arbeitsleistung, dass der jeweilige Störungstatbestand (etwa die Versorgung von erkrankten Angehörigen) von vornherein auf einen verhältnismäßig nicht erheblichen Zeitraum begrenzt wird. Bleibt der ArbN der Arbeit für eine längere Zeit eigenmächtig fern, begeht er einen Vertragsbruch. An der Berechtigung, die Arbeit anlässlich des Ereignisses für kurze Zeit zu verweigern, vermag dieses nachträgliche Verhalten nichts zu ändern. Demgemäß bleibt auch der Entgeltanspruch nach § 616 aufrecht, sofern die berechtigte Leistungsverweigerung selbst nur einen verhältnismäßig unerheblichen Zeitraum dauert.

40 Die hM vertritt in der Frage, welcher Zeitraum als verhältnismäßig noch unerheblich angesehen werden kann, eine **belastungsbezogene Betrachtungsweise**. Danach soll auf die gesamten Umstände des Einzelfalles abgestellt werden. Insb. soll es auf das Verhältnis zwischen der Dauer der Verhinderung und der Länge der bisherigen Beschäftigung ankommen[13]. Zum Teil bietet das Schrifttum ausdrücklich

---

1 BAG v. 13.11.1969 – 4 AZR 35/69, DB 1970, 211; Staudinger/*Oetker*, § 616 BGB Rz. 72. | 2 BAG v. 8.12.1982 – 4 AZR 134/80, DB 1983, 395 (Eisglätte); v. 8.9.1982 – 5 AZR 283/80, DB 1983, 397 (Schneeverwehungen); zu Überschwemmungen *Bauer/Opolony*, NJW 2002, 3503 (3506 f.). | 3 *Ehmann*, NJW 1987, 401 ff.; *Richardi*, NJW 1987, 1231 ff. | 4 MünchArbR/*Boewer*, § 80 Rz. 15. | 5 *Diller/Winzer*, DB 2001, 2094 (2095). | 6 MünchArbR/*Boewer*, § 80 Rz. 11; Soergel/*Kraft*, § 616 BGB Rz. 8; Staudinger/*Oetker*, § 616 BGB Rz. 85. | 7 Erman/*Belling*, § 616 BGB Rz. 35; idS auch BAG v. 11.1.1966 – 5 AZR 383/65, AP Nr. 1 zu § 1 BUrlG – Nachurlaub. | 8 Erman/*Belling*, § 616 BGB Rz. 36; aA BAG v. 20.3.1985 – 5 AZR 229/83, NZA 1986, 193 (Arbeitsunwilligkeit). | 9 MünchArbR/*Boewer*, § 80 Rz. 11; Staudinger/*Oetker*, § 616 BGB Rz. 88; dazu allgemein *Reinecke* DB 1991, 1168 ff. | 10 Grdl. BAG (GS) v. 18.12.1959 – GS 8/58, NJW 1960, 741; ferner BAG v. 11.8.1988 – 8 AZR 721/85, NZA 1989, 54; BGH v. 30.11.1978 – III ZR 43/77, BGHZ 73, 16 (27); MünchArbR/*Boewer*, § 80 Rz. 19; *Matthes* in ArbR-BGB, § 616 Rz. 18; aA noch BAG v. 24.2.1955 – 2 AZR 10/54, BAGE 1, 338. | 11 Staudinger/*Oetker*, § 616 BGB Rz. 92. | 12 Motive, Bd. II, S. 464; MünchArbR/*Boewer*, § 80 Rz. 19; Staudinger/*Oetker*, § 616 BGB Rz. 92. | 13 BAG v. 13.11.1969 – 4 AZR 35/69, DB 1970, 211; BAG (GS) v. 17.12.1959 – GS 2/59, NJW 1960, 738; Soergel/*Kraft*, § 616 BGB Rz. 22; *Löwisch*, DB 1979, 209 (210).

Richtwerte an. So werden bei einer Dauer des Arbeitsverhältnisses von bis zu sechs Monaten drei Tage, von sechs bis zwölf Monaten eine Woche und ab einem Jahr zwei Wochen für verhältnismäßig unerheblich gehalten[1]. Nach Ansicht des BAG ist ein Verhinderungszeitraum von mehr als sechs Wochen idR keine verhältnismäßig nicht erhebliche Zeit mehr[2]. Dagegen hat das BAG bei sechs vorgesehenen Aufführungen eines Bühnenkünstlers die Verhinderung an einer Aufführung als unerheblich angesehen[3]. Die Grundlage einer belastungsbezogenen Konkretisierung der Verhältnismäßigkeit bildet die Rückführung von § 616 auf die Fürsorgepflicht des ArbGeb. Bei einer solchen Sicht liegt es in der Tat nahe, die dem ArbGeb auferlegten Lasten mit der Dauer der Beschäftigung wachsen zu lassen.

In der neueren Lit. wird dagegen zunehmend für eine **ereignisbezogene Sicht** plädiert[4]. Hierfür spricht neben dem Wortlaut der Vorschrift, der keinen Bezug zur Dauer des Arbeitsverhältnisses erkennen lässt, deren Zweck, dass geringfügige personenbedingte Verhinderungen die Kontinuität der Entgeltzahlung nicht beeinträchtigen sollen (s. Rz. 1). Zudem dient eine auf das jeweilige Ereignis begrenzte Prüfung unter Ausklammerung sonstiger Umstände der Rechtssicherheit. Ferner spielt für die einschlägigen tarifl. Regelungen, in denen die Vorstellungen der beteiligten Berufskreise zum Ausdruck kommen, die Dauer der Betriebszugehörigkeit für die Entgeltfortzahlung in Verhinderungsfällen ebenfalls keine Rolle. Schließlich hat auch das BAG der Dauer der bisherigen Beschäftigung in mehreren Fällen keine Bedeutung beigemessen[5]. Folgerichtig kommt es allein auf den Verhinderungsgrund selbst sowie darauf an, ob mit einer dadurch bedingten Nichtleistung von Arbeit üblicherweise zu rechnen ist, so dass der ArbGeb den Ausfall einzukalkulieren hat. Als verhältnismäßig nicht erhebliche Zeit ist daher auch bei schwerwiegenden Ereignissen nur eine Dauer von wenigen Tagen anzusehen[6]. 41

Bei der **Pflege erkrankter Angehöriger** ist eine Obergrenze von 5 Tagen anzunehmen[7]. Die durch § 45 SGB V gegenüber der früheren Regelung in § 185c RVO erfolgte erhebliche Ausdehnung der zeitlichen Dauer des Krankengeldanspruchs kann die Interpretation von § 616 nicht präjudizieren[8]. Hierfür spricht nicht zuletzt die Privilegierung Alleinerziehender in § 45 II 2 SGB V, für die es in § 616 keine Anhaltspunkte gibt. Zudem sehen selbst die Gewerkschaften in fünf bezahlten Arbeitstagen pro pflegebedürftiger Person und Kalenderjahr eine angemessene Obergrenze[9]. Sofern der ArbN seinen darüber hinaus gehenden Anspruch auf unbezahlte Freistellung nach § 45 III, IV oder V SGB V geltend macht, lässt dies seinen Entgeltfortzahlungsanspruch gemäß § 616 aber unberührt. Insoweit muss die Regel, dass bei einem nicht nur unerhebliche Zeit dauernden Leistungshindernis der Vergütungsanspruch vollständig und nicht nur hinsichtlich des unverhältnismäßigen Teils erlischt, eingeschränkt werden. Anderenfalls würde sich die durch § 45 SGB V intendierte Verbesserung der Rechtstellung des ArbN im Hinblick auf die Entgeltfortzahlung für ihn nachteilig auswirken. Entsprechendes gilt für den neu geschaffenen § 2 PflegeZG, der ArbN das Recht gibt, bis zu 10 Tage der Arbeit fernzubleiben, wenn dies erforderlich ist, um die Pflege von akut pflegebedürftigen nahen Angehörigen zu organisieren bzw. sicherzustellen. 42

Bei **mehrfachen Verhinderungsfällen** erfolgt jedenfalls dann keine Zusammenrechnung, wenn sie auf unterschiedlichen Ursachen beruhen[10]. Handelt es sich um dieselbe Ursache, so befürwortet ein Teil der Lit. eine Zusammenrechnung sowie eine Pflicht des ArbN zur Rückerstattung einer bereits erhaltenen Vergütung[11]. Sofern von vornherein absehbar ist, dass ein personenbedingtes Ereignis eine mehrfache Arbeitsverhinderung zur Folge hat, ist dem zuzustimmen. Wenn der ArbN in einer solchen Konstellation geeignete Vorkehrungen unterlassen hat, das Hindernis auszuräumen, kann außerdem die Unzumutbarkeit der Arbeit zu verneinen sein[12]. Im Übrigen ist eine Zusammenrechnung von Unterbrechungstatbeständen jedoch abzulehnen. 43

5. Verschulden. Letzte Voraussetzung für die Aufrechterhaltung des Vergütungsanspruchs ist, dass den Dienstverpflichteten **kein Verschulden** trifft. Insoweit handelt es sich um ein negatives Tatbestandsmerkmal. Bezugspunkt des Verschuldens ist nicht die Dienstverhinderung als solche, sondern der dazu führende Grund[13]. Das Erfordernis fehlenden Verschuldens findet sich auch in den §§ 3 I 1 EFZG, 19 I Nr. 2b BBiG und ist in allen Entgeltfortzahlungsvorschriften übereinstimmend auszulegen[14]. Gemeins. dogmatische Grundlage ist der Rechtsgedanke von § 254 und damit letztlich das Verbot des 44

---

1 Erman/*Belling*, § 616 BGB Rz. 48. | 2 BAG v. 11.8.1988 – 8 AZR 721/85, NZA 1989, 54; v. 20.7.1977 – 5 AZR 325/76, DB 1977, 2332. | 3 BAG v. 7.2.2007 – 5 AZR 270/06, NZA 2007, 1072. | 4 MünchArbR/*Boewer*, § 80 Rz. 18; Schaub/*Linck*, ArbRHdb, § 97 Rz. 25; Staudinger/*Oetker*, § 616 BGB Rz. 96 f.; in diese Richtung ferner ErfK/*Dörner*, § 616 BGB Rz. 10; *Matthes* in ArbR-BGB, § 616 Rz. 17. | 5 Vgl. BAG v. 19.4.1978 – 5 AZR 834/76, DB 1978, 1595; v. 20.7.1977 – 5 AZR 325/76, DB 1977, 2332; v. 25.10.1973 – 5 AZR 156/73, DB 1974, 343. | 6 ErfK/*Dörner*, § 616 BGB Rz. 10; Staudinger/*Oetker*, § 616 BGB Rz. 97. | 7 BAG v. 19.4.1978 – 5 AZR 834/76, DB 1978, 1595; Staudinger/*Oetker*, § 616 BGB Rz. 99; für eine Analogie zu § 3 EFZG bei der Erkrankung von Kindern dagegen *Kießling/Jünemann*, DB 2005, 1684 (1687 ff.); zu Recht abl. *Greiner*, NZA 2007, 490 (494 f.); *Schulz*, DB 2006, 838 (839 ff.). | 8 ErfK/*Dörner*, § 616 BGB Rz. 10; *Erasmy*, NZA 1992, 921 (922 f.); *B. Gaul*, NZA 2000, Sonderbeilage Nr. 3, S. 51 (61); *Sowka*, RdA 1993, 34 f. | 9 Vgl. § 59 des DGB-Entwurfs zum Arbeitsverhältnisrecht v. 5.4.1977, RdA 1977, 166 (172). | 10 MünchArbR/*Boewer*, § 80 Rz. 20; Staudinger/*Oetker*, § 616 BGB Rz. 11; unklar Erman/*Belling*, § 616 BGB Rz. 53. | 11 Staudinger/*Oetker*, § 616 BGB Rz. 101; gegen ein Entfallen der Entgeltfortzahlung aber Erman/*Belling*, § 616 BGB Rz. 53. | 12 *Löwisch*, DB 1979, 209 (211). | 13 BAG v. 11.8.1988 – 8 AZR 721/85, NZA 1989, 54; MünchArbR/*Boewer*, § 80 Rz. 16; Staudinger/*Oetker*, § 616 BGB Rz. 103. | 14 Vgl. BAG v. 19.10.1983 – 5 AZR 195/81, DB 1984, 411.

venire contra factum proprium[1]. Wegen der einschneidenden Rechtsfolge des vollständigen Anspruchsausschlusses muss das „Verschulden gegen sich selbst" eine gewisse Schwere erreichen. Dies ist nach st. Rspr. dann der Fall, wenn der ArbN gröblich gegen das von einem verständigen Menschen im eigenen Interesse zu erwartende Verhalten verstoßen hat[2]. Die im Schrifttum verbreitete Ansicht, nach der es darauf ankommt, ob der ArbN den Hinderungsgrund vorsätzlich oder grob fahrlässig herbei geführt hat[3], führt in der Sache zum selben Ergebnis[4]. Die Vermeidbarkeit einer Kollision der Arbeitspflicht mit anderen Pflichten bzw. Terminen ist allerdings nicht erst eine Frage des Verschuldens[5]. Vielmehr führt die Vermeidbarkeit einer Überschneidung (etwa die mögliche Verlegung eines Arzttermins oder die Pflege eines Angehörigen durch eine andere Person) dazu, dass es bereits an der Unzumutbarkeit der Arbeit und damit an einem Leistungshindernis fehlt[6].

45 **6. Anzeige- und Nachweispflicht.** Den ArbN trifft nach Treu und Glauben die unselbst. Nebenpflicht, dem ArbGeb **Grund und Dauer der Arbeitsverhinderung anzuzeigen**. Die Information ist grds. so frühzeitig zu erteilen, dass sich der Dienstberechtigte auf den Arbeitsausfall einstellen kann[7]. Sofern der ArbN hierzu außer Stande ist, hat er die Mitteilung unverzüglich nachzuholen[8]. Die Verletzung der Anzeigepflicht lässt den Entgeltanspruch aus § 616 unberührt. Ein schuldhafter Verstoß verpflichtet aber gemäß § 280 I zum Schadensersatz[9]. Außerdem kommt bei wiederholten Verstößen eine ordentl. oder sogar eine außerordentl. Kündigung in Betracht[10]. Einen Nachweis des Verhinderungsgrundes kann der ArbGeb erst bei Anhaltspunkten für Unregelmäßigkeiten verlangen[11]. § 5 I 2 und 3 EFZG können nicht analog angewendet werden. Deshalb scheidet auch ein Leistungsverweigerungsrecht entsprechend § 7 I Nr. 1 EFZG aus[12].

46 **III. Rechtsfolgen.** Wenn die Voraussetzungen des § 616 S. 1 vorliegen, hat der ArbN einen **Entgeltfortzahlungsanspruch**. Insoweit handelt es sich um den ursprünglichen vertragl. Erfüllungsanspruch und nicht um einen Schadensersatzanspruch. Es gilt das sog. Lohnausfallprinzip. Der ArbN ist so zu stellen, als wenn er durchgehend gearbeitet hätte[13]. Für die Einzelheiten kann demzufolge auf die Ausführungen zu § 615 verwiesen werden (§ 615 Rz. 79 ff.). Bei tarifl. Regelungen kommt es allerdings stets auf die konkrete Formulierung bzw. den Kontext an[14].

47 Gemäß § 616 S. 2 muss sich der ArbN **Leistungen der gesetzl. Kranken- oder Unfallversicherung** anrechnen lassen. Die Vorschrift hat infolge ihrer engen Fassung für die nicht auf einer Krankheit beruhenden Fälle der persönlichen Leistungsverhinderung keine praktische Bedeutung. Das bei der Erkrankung eines Kindes gemäß § 45 SGB V in Betracht kommende Krankengeld scheidet als Anrechnungsgegenstand aus, weil es nach § 49 I Nr. 1 SGB V seinerseits gegenüber dem Arbeitsentgeltanspruch subsidiär ist. Im Übrigen erstreckt sich die Anrechnungsbefugnis nicht auf Leistungen aus einer vom Dienstberechtigten freiwillig abgeschlossenen Versicherung oder auf Zahlungen, die Dritte im Hinblick auf den Arbeitsausfall gewähren[15].

48 Wenn der ArbN gegen einen Dritten wegen des Leistungshindernisses einen **Schadensersatzanspruch** hat, was außerhalb der von § 616 nicht erfassten Sachverhalte der Krankheit und des Unfalls aber nur selten vorkommen dürfte, wird der Anspruch durch die vom ArbGeb geschuldete Fortzahlung der Vergütung nicht berührt. Dies ist für den Bereich der Entgeltfortzahlung im Krankheitsfalle in der Rspr. seit langem anerkannt[16] und liegt auch der Regelung in § 6 I EFZG zugrunde[17]. Insoweit handelt es sich um einen normativen Schaden des ArbN[18]. Die Fortzahlung der Vergütung nach § 616 bezweckt den Schutz des ArbN, nicht aber eine Entlastung des Schädigers. Dies rechtfertigt eine Durchbrechung der Differenzhypothese. Auf die Rechtsfigur der Drittschadensliquidation muss in diesem Zusammenhang nicht zurückgegriffen werden[19]. Der Schadensersatz umfasst die Bruttovergütung des ArbN[20]. Der Schadensersatzanspruch des ArbN geht nicht auf Grund einer Legalzession auf den ArbGeb über. § 6 I EFZG ist weder unmittelbar noch analog anwendbar[21]. Der ArbN ist aber zu einer Abtretung des Anspruchs an

---

1 *Hofmann*, ZfA 1979, 275 (288 ff.); *Wiedemann*, Das Arbeitsverhältnis als Austausch- und Gemeinschaftsverhältnis (1966), S. 52 ff. | 2 BAG v. 11.8.1988 – 8 AZR 721/85, NZA 1989, 54; v. 19.10.1983 – 5 AZR 195/81, DB 1984, 411. | 3 *Hofmann*, ZfA 1979, 275 (298 ff.). | 4 MünchArbR/*Boewer*, § 80 Rz. 16; Staudinger/*Oetker*, § 616 BGB Rz. 109. | 5 Zutr. Erman/*Belling*, § 616 BGB Rz. 44. | 6 IdS auch BAG v. 21.5.1992 – 2 AZR 10/92, NZA 1993, 115; unklar MünchArbR/*Boewer*, § 80 Rz. 14, 16. | 7 MünchArbR/*Boewer*, § 80 Rz. 21; Soergel/*Kraft*, § 616 BGB Rz. 26; Schaub/*Linck*, ArbRHdb, § 97 Rz. 26. | 8 MünchArbR/*Boewer*, § 80 Rz. 21; Staudinger/*Oetker*, § 616 BGB Rz. 113. | 9 MünchArbR/*Boewer*, § 80 Rz. 21; *Matthes* in ArbR-BGB, § 616 Rz. 47. | 10 Vgl. BAG v. 15.1.1986 – 7 AZR 128/83, NZA 1987, 93. | 11 Staudinger/*Oetker*, § 616 BGB Rz. 115; aA MünchArbR/*Boewer*, § 80 Rz. 21. | 12 Staudinger/*Oetker*, § 616 BGB Rz. 117; aA MünchArbR/*Boewer*, § 80 Rz. 21. | 13 MünchArbR/*Boewer*, § 80 Rz. 22; Soergel/*Kraft*, § 616 BGB Rz. 28; siehe auch BAG v. 6.12.1995 – 5 AZR 237/94, NZA 1996, 640. | 14 Siehe etwa BAG v. 3.11.2004 – 4 AZR 543/03, ZTR 2005, 418 f.: Ausschluss von Nachtzuschlägen. | 15 Staudinger/*Oetker*, § 616 BGB Rz. 125 f. | 16 BGH v. 27.4.1965 – VI ZR 124/64, BGHZ 43, 378 (381 ff.); v. 22.6.1956 – VI ZR 140/55, BGHZ 21, 112 (116 ff.); v. 19.6.1952 – III ZR 295/51, BGHZ 7, 30 (48 ff.). | 17 Vgl. BGH v. 20.6.1974 – III ZR 27/73, BGHZ 62, 380 (386). | 18 BGH v. 27.4.1965 – VI ZR 124/64, BGHZ 43, 378 (381). | 19 Zu den dogmatischen Grundlagen eingehend Staudinger/*Oetker*, § 616 BGB Rz. 132 ff. | 20 BGH v. 15.11.1994 – VI ZR 194/93, BGHZ 127, 391 (395); v. 27.4.1965 – VI ZR 124/64, BGHZ 43, 378 (382). | 21 Zur Ablehnung einer entsprechenden Anwendbarkeit des früheren § 4 LFZG siehe BGH v. 23.5.1989 – VI ZR 284/88, BGHZ 107, 325 (328 ff.).

den ArbGeb verpflichtet. Hierbei handelt es sich um eine unselbst. Nebenpflicht aus dem Arbeitsvertrag, die eine Analogie zu den §§ 255, 285 entbehrlich macht[1]. Bis zur Abtretung des Schadensersatzanspruchs steht dem ArbGeb ein Zurückbehaltungsrecht hinsichtlich der Vergütung nach § 273 zu[2].

IV. Abdingbarkeit. § 616 ist kein zwingendes, sondern **dispositives Recht**[3]. Dies folgt im Umkehrschluss aus § 619, der nur die §§ 617, 618 für unabdingbar erklärt. Abweichungen zu Ungunsten der ArbN können sich auf die Gründe, die zu einer Entgeltfortzahlung führen, sowie auf den Umfang der zu leistenden Vergütung beziehen. Auch ein vollständiger Ausschluss der Regelung ist grds. möglich. Eine sachliche Rechtfertigung durch die Besonderheiten des Betriebs- oder Wirtschaftszweiges ist nicht zu verlangen[4]. TV beschränken sich meist nicht auf einen Ausschluss des § 616, sondern enthalten genauere Bestimmungen über die Fälle und Zeiträume einer Entgeltfortzahlung bei persönlichen Leistungshindernissen (zB § 29 TVöD-AT). Hierbei handelt es sich regelmäßig um abschließende Normen, die einen Rückgriff auf § 616 ausschließen[5]. Die tarifl. Regelung kann aber auch lediglich einen beispielhaften oder ergänzenden Charakter haben, so dass sie einem Rekurs auf § 616 nicht entgegensteht[6]. 49

§ 616 kann auch durch eine **echte einzelvertragl. Abrede** abbedungen werden[7]. Eine einzelvertragl. ausgehandelte Klausel, nach der nur die tatsächlich geleistete Arbeit bezahlt wird, ist nicht zu beanstanden[8]. Bei einem Ausschluss durch allgemeine Arbeitsbedingungen ist nunmehr gemäß den §§ 307 I, 310 IV eine Inhaltskontrolle durchzuführen. Danach ist eine flächendeckende Abdingung der Entgeltfortzahlung unwirksam, wenn sie nicht durch besondere betriebl. Gründe legitimiert ist[9]. Die spezielle Entgeltfortzahlungsnorm des § 19 I Nr. 2b BBiG hat gemäß § 25 BBiG einen einseitig zwingenden Charakter. Abweichungen sind nur zu Gunsten des Auszubildenden zulässig. 50

617 *Pflicht zur Krankenfürsorge*

(1) Ist bei einem dauernden Dienstverhältnis, welches die Erwerbstätigkeit des Verpflichteten vollständig oder hauptsächlich in Anspruch nimmt, der Verpflichtete in die häusliche Gemeinschaft aufgenommen, so hat der Dienstberechtigte ihm im Falle der Erkrankung die erforderliche Verpflegung und ärztliche Behandlung bis zur Dauer von sechs Wochen, jedoch nicht über die Beendigung des Dienstverhältnisses hinaus, zu gewähren, sofern nicht die Erkrankung von dem Verpflichteten vorsätzlich oder durch grobe Fahrlässigkeit herbeigeführt worden ist. Die Verpflegung und ärztliche Behandlung kann durch Aufnahme des Verpflichteten in eine Krankenanstalt gewährt werden. Die Kosten können auf die für die Zeit der Erkrankung geschuldete Vergütung angerechnet werden. Wird das Dienstverhältnis wegen der Erkrankung von dem Dienstberechtigten nach § 626 gekündigt, so bleibt die dadurch herbeigeführte Beendigung des Dienstverhältnisses außer Betracht.

(2) Die Verpflichtung des Dienstberechtigten tritt nicht ein, wenn für die Verpflegung und ärztliche Behandlung durch eine Versicherung oder durch eine Einrichtung der öffentlichen Krankenpflege Vorsorge getroffen ist.

I. Normzweck und Inhalt. Die Vorschrift **ergänzt die Pflicht des ArbGeb zur Entgeltfortzahlung im Krankheitsfalle**. Sie will ausweislich der Subsidiaritätsklausel des Abs. 2 eine Versorgungslücke schließen, indem sie dem ArbGeb auferlegt, die erforderliche Krankenpflege des ArbN sicherzustellen[10]. Angesichts der umfassenden Versorgung von ArbN und anderen Dienstnehmern durch Krankenversicherungen ist die praktische Bedeutung von § 617 heutzutage gering[11]. 1

Die Norm statuiert eine privatrechtl. Pflicht des ArbGeb, die im Arbeitsverhältnis wurzelt. Sie stellt eine gesetzl. Konkretisierung der **allgemeinen Fürsorgepflicht**[12] bzw. der aus § 242 abzuleitenden **gesteigerten Interessenwahrnehmungspflicht des ArbGeb**[13] dar[14]. Der Anspruch auf Krankenpflege ist nicht 2

1 Ebenso Staudinger/*Oetker*, § 616 BGB Rz. 138; ferner BGH v. 23.5.1989 – VI ZR 284/88, BGHZ 107, 325, 329, der aber zusätzlich den Rechtsgedanken des § 255 heranzieht. | 2 Erman/*Belling*, § 616 BGB Rz. 77, 82; MünchArbR/*Boewer*, § 80 Rz. 24; *Grunsky*, JZ 1989, 800. | 3 BAG v. 20.6.1995 – 3 AZR 857/94, NZA 1996, 383; v. 25.8.1982 – 4 AZR 1064/79, DB 1982, 2574; v. 25.10.1973 – 5 AZR 156/73, DB 1974, 343; BAG (GS) v. 17.12.1959 – GS 2/59, NJW 1960, 738; BAG v. 6.12.1956 – 2 AZR 192/56, BAGE 3, 190; MünchArbR/*Boewer*, § 80 Rz. 8; ErfK/*Dörner*, § 616 BGB Rz. 13. | 4 Soergel/*Kraft*, § 616 BGB Rz. 4; Staudinger/*Oetker*, § 616 BGB Rz. 144; aA Schaub/*Linck*, ArbRHdb, § 97 Rz. 29. | 5 Vgl. BAG v. 13.12.2001 – 6 AZR 30/01, NZA 2002, 1105; v. 20.6.1995 – 3 AZR 857/94, NZA 1996, 383; v. 7.3.1990 – 5 AZR 189/89, DB 1990, 1469; abweichende Grundtendenz aber BAG v. 13.11.1969 – 4 AZR 35/69, DB 1970, 211. | 6 BAG v. 27.6.1990 – 5 AZR 365/89, NZA 1990, 894; v. 29.2.1984 – 5 AZR 92/82, DB 1984, 1405; v. 25.10.1973 – 5 AZR 156/73, DB 1974, 343. | 7 BAG v. 25.10.1973 – 5 AZR 156/73, DB 1974, 343; v. 25.4.1960 – 1 AZR 16/58, DB 1960, 699; BAG (GS) v. 17.12.1959 – GS 2/59, DB 1960, 353; offen lassend BAG v. 20.6.1979 – 5 AZR 479/77, DB 1979, 1946. | 8 Erman/*Belling*, § 616 BGB Rz. 15; ErfK/*Dörner*, § 616 BGB Rz. 13; Staudinger/*Oetker*, § 616 BGB Rz. 148; aA MünchArbR/*Boewer*, § 80 Rz. 9. | 9 *Gotthardt*, Schuldrechtsreform, Rz. 321; großzügiger *Sibben*, DB 2003, 826 (827); s. auch BAG v. 7.2.2007 – 5 AZR 270/06, NZA 2007, 1072 (Ausschluss bei Gastvertrag eines Bühnenkünstlers zulässig). | 10 *Matthes* in ArbR-BGB, § 617 Rz. 1. | 11 ErfK/*Dörner*, § 617 BGB Rz. 1; Staudinger/*Oetker*, § 617 BGB Rz. 4. | 12 Soergel/*Kraft*, § 617 BGB Rz. 1; *Matthes* in ArbR-BGB, § 617 Rz. 3. | 13 Staudinger/*Oetker*, § 617 BGB Rz. 5. | 14 Zur Dogmatik der Nebenpflichten *Krause*, AR-Blattei, SD 220.2.1 Rz. 198 ff.

Teil der dem ArbN geschuldeten Vergütung. Vielmehr handelt es sich um eine selbständige vertragl. Nebenpflicht[1]. Der Anspruch aus § 617 hat keinen schadensersatzrechtl. Charakter. Sofern die Erkrankung auf einem Arbeitsunfall beruht, wird der Anspruch deshalb nicht durch § 104 SGB VII ausgeschlossen[2].

3 Der Anspruch kann **nicht** zum Nachteil des Berechtigten **abbedungen** werden (§ 619). Ferner ist er an die Person des ArbN gebunden, so dass er nach § 399 nicht abgetreten und nach § 851 ZPO nicht gepfändet werden kann[3].

4 **II. Anspruchsvoraussetzungen. 1. Dienstverhältnis.** Der Anspruch auf Krankenfürsorge setzt zunächst das Vorliegen eines Dienstverhältnisses voraus. Erfasst sind Arbeitsverträge, aber auch freie Dienstverträge[4]. Dabei genügt grds. das Vorliegen eines fehlerhaften Vertragsverhältnisses[5], solange dieses nicht mit Rückwirkung beseitigt wird (vgl. § 616 Rz. 11).

5 Weiter muss das Dienstverhältnis als „dauernd" zu charakterisieren sein. Die überwiegende Meinung interpretiert dieses Merkmal **zeitlich**. Danach ist ein Dienstverhältnis dann dauernd, wenn es rechtl. oder faktisch auf längere Zeit angelegt ist bzw. schon längere Zeit andauert. Hiervon sind vorübergehende Tätigkeitsverhältnisse abzugrenzen[6]. Dabei wird die Grenze häufig bei einem Zeitraum von mehr als 6 Monaten gezogen[7]. Nach anderer Ansicht sollen lediglich solche Dienstverhältnisse ausgeklammert werden, bei denen einmalige oder sich mehrmalig wiederholende Einzelleistungen erbracht werden sollen[8]. Der mit § 617 verbundenen Belastung des ArbGeb wird man durch eine zeitliche Grenzziehung aber besser gerecht. Eine kurzfristige Aushilfstätigkeit, die nicht einbezogen werden sollte, muss sich nämlich nicht in der Erbringung von Einzelleistungen erschöpfen.

6 Das Dienstverhältnis muss die **Erwerbstätigkeit des ArbN vollständig oder doch hauptsächlich in Anspruch nehmen**. In diesem Fall kann typischerweise davon ausgegangen werden, dass der Dienstverpflichtete keine hinreichende Möglichkeit zur Eigenvorsorge besitzt[9]. Entscheidend ist die zeitliche Inanspruchnahme durch das Arbeitsverhältnis, nicht die Intensität der Tätigkeit oder die Höhe der Vergütung[10]. Hierbei kommt es auf die rechtl. Bindung des Dienstverpflichteten an, so dass Zeiten einer Arbeitsbereitschaft zu berücksichtigen sind, weil sie die Fähigkeit zur Eigenvorsorge einschränken[11]. Bezugspunkt der vollständigen oder hauptsächlichen Inanspruchnahme des ArbN ist nach dem Wortlaut der Norm die tatsächlich ausgeübte Erwerbstätigkeit. Danach würde eine noch so geringe Stundenzeit genügen, sofern der Dienstverpflichtete keiner anderen Erwerbstätigkeit nachkommt[12]. Der Aspekt, ob dem ArbN durch das Dienstverhältnis die Fähigkeit zur Eigenvorsorge genommen wird, spricht aber dafür, ein gewisses Mindestvolumen der Tätigkeit zu fordern. Demgemäß ist eine Beschäftigungsdauer von mindestens 15 Stunden wöchentlich nötig[13].

7 **2. Häusliche Gemeinschaft.** Der ArbN muss in die häusliche Gemeinschaft des ArbGeb aufgenommen sein. Hierfür ist regelmäßig erforderlich, dass der ArbN im **Haushalt des ArbGeb verpflegt wird und dort wohnt**[14]. Der ArbN muss im Hause des Dienstberechtigten zumindest eine Hauptmahlzeit einnehmen[15]. Nicht genügend ist die alleinige Verpflegung oder das ausschließliche Bereitstellen einer Schlafstätte[16]. Wenn eine juristische Person ArbGeb ist, kommt es darauf an, ob der ArbN in die häusliche Gemeinschaft von Organmitgliedern aufgenommen ist[17].

8 Die noch überwiegende Meinung dehnt den Begriff der häuslichen Gemeinschaft unter Berufung auf eine Entscheidung des BAG zu § 618 II[18] auf die Fälle aus, in denen der ArbGeb eine **Gemeinschaftsunterkunft mit Gemeinschaftsverpflegung** für ArbN bereitstellt[19]. In diesen Gestaltungen fehlt es jedoch an der engen personalen Verbundenheit von ArbGeb und ArbN, die den Grund für die gesteigerten Pflichten bildet, so dass vom Erfordernis einer häuslichen Gemeinschaft mit dem Dienstberechtigten nicht abgesehen werden kann[20].

9 **3. Erkrankung.** Der Anspruch aus § 617 setzt weiter eine Erkrankung des ArbN voraus. Hierfür kann grds. auf das im **Entgeltfortzahlungsrecht entwickelte Begriffsverständnis** zurückgegriffen werden[21]. Es kommt darauf an, ob durch die Erkrankung eine medizinische Behandlung erforderlich ist[22]. Anders als

---

1 Soergel/*Kraft*, § 617 BGB Rz. 1; Staudinger/*Oetker*, § 617 BGB Rz. 7. | **2** *Matthes* in ArbR-BGB, § 617 Rz. 6. | **3** Erman/*Belling*, § 617 BGB Rz. 3; Soergel/*Kraft*, § 617 BGB Rz. 1. | **4** ErfK/*Dörner*, § 617 BGB Rz. 2; Soergel/*Kraft*, § 617 BGB Rz. 1. | **5** *Matthes* in ArbR-BGB, § 617 Rz. 12; Staudinger/*Oetker*, § 617 BGB Rz. 15. | **6** Erman/*Belling*, § 617 BGB Rz. 4; Soergel/*Kraft*, § 617 BGB Rz. 22. | **7** ErfK/*Dörner*, § 617 BGB Rz. 2; *Matthes* in ArbR-BGB, § 617 Rz. 9. | **8** Staudinger/*Oetker*, § 617 BGB Rz. 18 f. | **9** Staudinger/*Oetker*, § 617 BGB Rz. 20; MüKoBGB/*Henssler*, § 617 Rz. 6. | **10** Erman/*Belling*, § 617 BGB Rz. 5; MüKoBGB/*Henssler*, § 617 Rz. 6. | **11** Erman/*Belling*, § 617 BGB Rz. 5; Staudinger/*Oetker*, § 617 BGB Rz. 22. | **12** IdS Staudinger/*Oetker*, § 617 BGB Rz. 21. | **13** Etwas strenger: ErfK/*Dörner*, § 617 BGB Rz. 2 (mehr als die Hälfte der üblichen wöchentlichen Arbeitszeit); *Matthes* in ArbR-BGB, § 617 Rz. 11 (wöchentlich 18 oder mehr Stunden). | **14** Soergel/*Kraft*, § 617 BGB Rz. 4; *Matthes* in ArbR-BGB, § 617 Rz. 13. | **15** MüKoBGB/*Henssler*, § 617 Rz. 7. | **16** Staudinger/*Oetker*, § 617 BGB Rz. 24. | **17** Staudinger/*Oetker*, § 617 BGB Rz. 29. | **18** BAG v. 8.6.1955 – 2 AZR 200/54, BB 1956, 692. | **19** ErfK/*Dörner*, § 617 BGB Rz. 2; *Matthes* in ArbR-BGB, § 617 Rz. 14. | **20** Erman/*Belling*, § 617 BGB Rz. 6; Staudinger/*Oetker*, § 617 BGB Rz. 28. | **21** Erman/*Belling*, § 617 BGB Rz. 7; Soergel/*Kraft*, § 617 BGB Rz. 5. | **22** *Matthes* in ArbR-BGB, § 617 Rz. 17.

im Entgeltfortzahlungsrecht ist es nicht nötig, dass die Erkrankung zur Arbeitsunfähigkeit des Dienstverpflichteten führt[1]. Eine Krankheit löst nur dann einen Anspruch aus, wenn sie nach dem Beginn des Arbeitsverhältnisses und der Aufnahme in die häusliche Gemeinschaft eingetreten ist[2].

4. Ausschluss des Anspruchs. a) Schuldhafte Herbeiführung der Erkrankung. Der Anspruch aus § 617 ist ausgeschlossen, wenn der Dienstverpflichtete die Erkrankung **vorsätzlich oder durch grobe Fahrlässigkeit** verursacht hat. Die ganz überwiegende Ansicht zieht insoweit trotz des abweichenden Wortlauts zutreffend dieselben Maßstäbe wie bei der Entgeltfortzahlung im Krankheitsfalle heran[3]. 10

b) Bestehender Versicherungsschutz. Der Anspruch entfällt gemäß Abs. 2 weiter dann, wenn die Verpflegung und die ärztliche Behandlung des ArbN durch eine Versicherung oder anderweitige Vorsorge gewährleistet sind. Hierunter fällt zunächst die **gesetzl. KV** gemäß dem SGB V. Wie sich in einem Umkehrschluss aus § 616 ergibt, sind aber auch **private Versicherungen** einbezogen[4]. Für den Anspruchsausschluss kommt es nicht darauf an, wer die Versicherung finanziert hat. Insb. entfällt der Anspruch auch dann, wenn der ArbN die Beiträge allein aufgebracht hat[5]. Da es bei § 617 um die Schließung von Lücken in der KV geht, entfällt der Anspruch, sofern der ArbN versicherungsfrei ist (§ 6 I Nr. 4–6 SGB V), dafür aber einen Anspruch auf Krankenfürsorge und Beihilfe im Krankheitsfalle hat[6]. Soweit der erkrankte ArbN in der häuslichen Gemeinschaft verbleibt und aus diesem Grunde keine Versicherungsleistungen erhält, bleibt der Anspruch aus § 617 bestehen[7]. 11

III. Rechtsfolgen. 1. Sachlicher Inhalt des Anspruchs. In inhaltlicher Hinsicht schuldet der ArbGeb zunächst die **erforderliche Verpflegung**. Hierzu zählt zum einen die Nahrung, die unter Umständen der Krankheit angepasst werden muss[8]. Zum anderen gehört dazu über den Wortlaut der Norm hinaus in Anlehnung an die krankenversicherungsrechtl. Vorschriften (§§ 31 ff. SGB V) die Versorgung mit Arznei- und Verbandsmitteln sowie Heilmitteln[9]. Hilfsmittel werden dagegen nur umfasst, wenn sie zur Genesung erforderlich sind[10]. Weiter hat der ArbGeb eine erforderliche ärztliche Behandlung zu gewähren. Hierbei ist die Behandlung durch einen approbierten Arzt oder Facharzt geschuldet[11]. Das Auswahlrecht hinsichtlich der Person des Arztes steht dem ArbGeb zu. Allerdings muss der ArbGeb wegen der erforderlichen Vertrauensbeziehung zwischen Patient und Arzt gemäß § 315 auf die Wünsche des ArbN Rücksicht nehmen[12]. 12

Der ArbGeb kann die erforderliche Krankenfürsorge auch dadurch gewähren, dass er eine **Aufnahme des Dienstverpflichteten in eine öffentl. oder private Krankenanstalt** veranlasst, die zu einer geeigneten stationären Behandlung in der Lage ist (§ 617 I 2). Rechtstechnisch handelt es sich hierbei nicht um eine Wahlschuld[13], sondern um eine Ersetzungsbefugnis des ArbGeb[14]. Wenn der ArbN die Aufnahme in ein geeignetes Krankenhaus verweigert, soll der Anspruch nach teilweise vertretener Ansicht entfallen[15]. Demgegenüber spricht mehr für die Qualifikation der Weigerung als Annahmeverzug, so dass der Anspruch für die Zukunft fortbesteht[16]. 13

2. Zeitliche Dauer. Der Anspruch auf Krankenfürsorge besteht längstens **für sechs Wochen**. Die Frist beginnt nicht bereits mit der Erkrankung, sondern erst mit der tatsächlichen Erbringung der erforderlichen Leistungen[17]. Eine erneute Erkrankung löst einen neuen Sechs-Wochen-Zeitraum aus. Eine Einschränkung bei Wiederholungserkrankungen analog § 3 I 2 EFZG ist mangels Gesetzeslücke nicht angezeigt[18]. Der Anspruch endet ohne Rücksicht auf den Ablauf der Sechs-Wochen-Frist grds. mit der Beendigung des Arbeitsverhältnisses. Gemäß S. 4 bleibt die Pflicht zur Krankenfürsorge ausnahmsw. aufrechterhalten, wenn das Dienstverhältnis wegen der Erkrankung vom ArbGeb außerordentl. gekündigt wird. Da eine außerordentl. Kündigung aus diesem Grunde aber regelmäßig unzulässig ist, hat die Vorschrift kaum praktische Bedeutung[19]. Der Fall der ordentl. Kündigung wird von der Norm dagegen nicht erfasst. Einer entsprechenden Anwendung von § 8 EFZG[20] steht der klare Wortlaut des Gesetzes entgegen[21]. 14

3. Kostentragung. Der ArbGeb hat die Krankenfürsorge in Form von **Sachleistungen** zu erbringen und muss daher die hierfür erforderlichen Kosten zunächst aufbringen. Dem ArbN steht aber kein Anspruch 15

---

1 Staudinger/*Oetker*, § 617 BGB Rz. 31. |2 Soergel/*Kraft*, § 617 BGB Rz. 5; *Matthes* in ArbR-BGB, § 617 Rz. 17. |3 Erman/*Belling*, § 617 BGB Rz. 8; Soergel/*Kraft*, § 617 BGB Rz. 7; Staudinger/*Oetker*, § 617 BGB Rz. 35. |4 Soergel/*Kraft*, § 617 BGB Rz. 9; *Matthes* in ArbR-BGB, § 617 Rz. 21. |5 Soergel/*Kraft*, § 617 BGB Rz. 9; Staudinger/*Oetker*, § 617 BGB Rz. 39. |6 *Matthes* in ArbR-BGB, § 617 Rz. 22. |7 *Matthes* in ArbR-BGB, § 617 Rz. 23. |8 *Matthes* in ArbR-BGB, § 617 Rz. 24. |9 Erman/*Belling*, § 617 BGB Rz. 12; ErfK/*Dörner*, § 617 BGB Rz. 3. |10 Staudinger/*Oetker*, § 617 BGB Rz. 44. |11 Erman/*Belling*, § 617 BGB Rz. 11; MüKoBGB/*Henssler*, § 617 Rz. 17. |12 Staudinger/*Oetker*, § 617 BGB Rz. 47. |13 *Matthes* in ArbR-BGB, § 617 Rz. 28. |14 Erman/*Belling*, § 617 BGB Rz. 12; Staudinger/*Oetker*, § 617 BGB Rz. 48. |15 MüKoBGB/*Henssler*, § 617 Rz. 20. |16 ErfK/*Dörner*, § 617 BGB Rz. 3; Staudinger/*Oetker*, § 617 BGB Rz. 52; ähnlich *Matthes* in ArbR-BGB, § 617 Rz. 28. |17 Soergel/*Kraft*, § 617 BGB Rz. 9; aA Erman/*Belling*, § 617 BGB Rz. 14; *Matthes* in ArbR-BGB, § 617 Rz. 29: ab Erforderlichkeit krankheitsbedingter Fürsorge. |18 Erman/*Belling*, § 617 BGB Rz. 7; Staudinger/*Oetker*, § 617 BGB Rz. 34; aA *Matthes* in ArbR-BGB, § 617 Rz. 30. |19 *Matthes* in ArbR-BGB, § 617 Rz. 31. |20 *Matthes* in ArbR-BGB, § 617 Rz. 31; MüKoBGB/*Henssler*, § 617 Rz. 24. |21 ErfK/*Dörner*, § 617 BGB Rz. 4; Staudinger/*Oetker*, § 617 BGB Rz. 60.

auf kostenlose Krankenfürsorge zu. Der ArbGeb ist gemäß § 617 I 3 nämlich berechtigt, alle Aufwendungen auf die von ihm geschuldete Vergütung anzurechnen. Eine Anrechnung ist nur auf die Vergütung zulässig, die auf den Zeitraum entfällt, für den der ArbGeb tatsächlich Krankenfürsorge geleistet hat. Auch das Entgelt für andere Zahlungsperioden darf nicht angerechnet werden[1]. Die Kosten für Leistungen, die der ArbN auch ohne seine Erkrankung hätte beanspruchen können (zB Kost und Logis), sind nicht verrechenbar[2]. Soweit die anzurechnenden Kosten die Vergütung übersteigen, verbleiben sie beim ArbGeb[3]. Die Anrechnung erfolgt nicht kraft Gesetzes, sondern bedarf einer Gestaltungserklärung. Mangels einer Gegenforderung handelt es sich aber nicht um eine Aufrechnung, so dass die Pfändungsschutzvorschriften nicht anwendbar sind[4]. Sofern die Anrechnung unterblieben ist, kann der ArbGeb sie nachholen und die bereits gewährte Vergütung kondizieren[5].

16 **IV. Sonderregeln.** Wenn der ArbGeb einen **Jugendlichen** in die häusliche Gemeinschaft aufgenommen hat, trifft § 30 I Nr. 2 JArbSchG eine in mehrfacher Hinsicht abweichende Bestimmung, die § 617 vorgeht[6]. Für Seeleute enthalten die §§ 42 ff. SeemG ausführliche Sonderregelungen über die Krankenfürsorge des ArbGeb (Reeders)[7].

618 *Pflicht zu Schutzmaßnahmen*

(1) Der Dienstberechtigte hat Räume, Vorrichtungen oder Gerätschaften, die er zur Verrichtung der Dienste zu beschaffen hat, so einzurichten und zu unterhalten und Dienstleistungen, die unter seiner Anordnung oder seiner Leitung vorzunehmen sind, so zu regeln, dass der Verpflichtete gegen Gefahr für Leben und Gesundheit soweit geschützt ist, als die Natur der Dienstleistung es gestattet.

(2) Ist der Verpflichtete in die häusliche Gemeinschaft aufgenommen, so hat der Dienstberechtigte in Ansehung des Wohn- und Schlafraums, der Verpflegung sowie der Arbeits- und Erholungszeit diejenigen Einrichtungen und Anordnungen zu treffen, welche mit Rücksicht auf die Gesundheit, die Sittlichkeit und die Religion des Verpflichteten erforderlich sind.

(3) Erfüllt der Dienstberechtigte die ihm in Ansehung des Lebens und der Gesundheit des Verpflichteten obliegenden Verpflichtungen nicht, so finden auf seine Verpflichtung zum Schadensersatz die für unerlaubte Handlungen geltenden Vorschriften der §§ 842 bis 846 entsprechende Anwendung.

1 **I. Grundlagen. 1. Normzweck.** Die Vorschrift bezweckt den **Schutz des Dienstpflichtigen** vor den bei der Erfüllung der Dienstleistungen drohenden Gefahren für Leben und Gesundheit[8]. Weiter besteht im Ergebnis Einigkeit darüber, dass der ArbGeb für die Aufrechterhaltung der guten Sitten und des Anstandes innerhalb des Betriebs zu sorgen hat. Ein Teil der Lit. stützt dies trotz des insoweit von § 62 I HGB abweichenden Wortlauts, der diese Schutzrichtung ausdrücklich einschließt, auf eine erweiternde Auslegung von § 618 I[9]. Demgegenüber spricht mehr dafür, insoweit auf die allgemeine Fürsorgepflicht des ArbGeb zurückzugreifen[10]. Der ArbGeb kann nach der Aufhebung des früheren § 120b GewO weniger denn je als sittlich-moralische Anstalt angesehen werden. Vielmehr ist heutzutage von einer allgemeinen Pflicht des ArbGeb zum Schutz der ArbN-Persönlichkeit auszugehen, in der die gebotene Rücksichtnahme auf die sittlichen Empfindungen der Beschäftigten aufgeht[11]. Innerhalb seines Regelungsbe-

1 Staudinger/*Oetker*, § 617 BGB Rz. 64. | 2 Erman/*Belling*, § 617 BGB Rz. 13; ErfK/*Dörner*, § 617 BGB Rz. 5. | 3 MüKoBGB/*Henssler*, § 617 Rz. 25. | 4 Staudinger/*Oetker*, § 617 BGB Rz. 65 f.; MüKoBGB/*Henssler*, § 617 Rz. 25. | 5 *Matthes* in ArbR-BGB, § 617 Rz. 34. | 6 Näher dazu MüKoBGB/*Henssler*, § 617 Rz. 29 ff. | 7 Einzelheiten bei *Matthes* in ArbR-BGB, § 617 Rz. 46 ff.; MüKoBGB/*Henssler*, § 617 Rz. 35 ff. | 8 LAG Berlin v. 4.4.1986 – 14 Sa 9/86, NZA 1986, 609; *Friedrich* in ArbR-BGB, § 618 Rz. 1; MüKoBGB/*Lorenz*, § 618 Rz. 1. | 9 MüKoBGB/*Lorenz*, § 618 Rz. 2. | 10 Ebenso Erman/*Belling*, § 618 BGB Rz. 1; Staudinger/*Oetker*, § 618 BGB Rz. 127. | 11 MünchArbR/*Blomeyer*, § 96 Rz. 1; ähnlich Staudinger/*Oetker*, § 618 BGB Rz. 127.

reichs ist § 618 jedoch abschließend, so dass insoweit nicht auf die Fürsorgepflicht rekurriert werden kann[1].

Das in den Betrieb eingebrachte **ArbN-Eigentum** wird nach allgemeiner Ansicht nicht durch § 618 geschützt. Eine analoge Anwendung scheidet ebenfalls aus[2]. Der ArbGeb ist aber auf Grund seiner allgemeinen Interessenwahrungspflicht gehalten, für einen Schutz eingebrachter Sachen des Beschäftigten zu sorgen (§ 611 Rz. 264 ff.). Außerdem kann ihn unter bestimmten Voraussetzungen eine verschuldensunabhängige Einstandspflicht für Schäden an Gegenständen des ArbN treffen (§ 619a Rz. 73 ff.). 2

§ 618 statuiert eine **Pflicht des ArbGeb**. Ein **Kündigungsrecht** für den Fall, dass sich der Gesundheitszustand des ArbN bei einer Fortsetzung des Arbeitsverhältnisses verschlimmert, lässt sich aus dieser Vorschrift **nicht herleiten**[3]. 3

2. Sondervorschriften. Eine nahezu inhaltsgleiche Schutzbestimmung enthält § 62 HGB für **Handlungsgehilfen** und § 80 SeemG für Seeleute. Inhaltlich weiter gehende Vorschriften finden sich für Jugendliche in den §§ 28 ff. JArbSchG, für werdende Mütter in § 2 MuSchG, für schwerbehinderte Menschen in § 81 IV SGB IX und für in Heimarbeit Beschäftigte in § 12 HAG (s.a. § 22 JArbSchG). 4

3. Stellung der Vorschrift im Rechtssystem. § 618 statuiert eine privatrechtl. Pflicht des Dienstgebers[4]. Nach verbreiteter Ansicht handelt es sich um eine **Ausprägung der allgemeinen Fürsorgepflicht** des ArbGeb[5]. Dieser Ansatz ist dahin zu konkretisieren, dass es bei § 618 vornehmlich um die Verantwortlichkeit für die Abwehr von Gefahren eines räumlich-gegenständlichen Bereichs und damit um einen mit der Dogmatik der Verkehrssicherungspflichten verwandten Gedanken geht[6]. 5

§ 618 ist eng mit dem **öffentl.-rechtl. Arbeitsschutzrecht** verknüpft. Hierunter ist die Gesamtheit aller Vorschriften zu verstehen, die dem ArbGeb zur Gewährleistung der Sicherheit und des Gesundheitsschutzes der Beschäftigten Pflichten gegenüber dem Staat bzw. den gesetzl. Unfallversicherungsträgern auferlegen. Die Verzahnung zeigt sich darin, dass die öffentl.-rechtl. Arbeitsschutznormen nach einhelliger Auffassung den Inhalt der vertragl. Pflichten des ArbGeb gegenüber dem ArbN bestimmen (**Doppelwirkung**)[7]. Dabei gestalten die öffentl.-rechtl. Pflichten das Arbeitsverhältnis nicht originär[8], sondern werden über § 618 auf die vertragl. Ebene projiziert[9]. Voraussetzung für die Transformation öffentl.-rechtl. Arbeitsschutznormen ist nach allgemeiner Ansicht, dass sie dem Inhalt nach geeignet sind, den Gegenstand einer arbeitsvertragl. Vereinbarung zu bilden[10]. Damit werden solche Ordnungs- und Organisationsvorschriften ausgeklammert, deren Einhaltung dem ArbGeb lediglich gegenüber der Aufsichtsbehörde obliegt (zB Aufzeichnungs- und Aushangpflichten)[11]. Bei arbeitsschutzrechtl. Solidarnormen, deren Zweck primär im Schutz der gesamten Belegschaft oder von ArbN-Gruppen liegt, kommt es darauf an, ob sie auch dem einzelnen ArbN einen Erfüllungsanspruch einräumen wollen[12]. 6

Die Entwicklung des öffentl.-rechtl. Arbeitschutzrechts hat aus verschiedenen Gründen zu einem **Bedeutungsverlust** von § 618 geführt: Erstens erfolgt die Konkretisierung von § 618 wie dargelegt durch die einschlägigen öffentl.-rechtl. Normen, deren ungeheure Fülle praktisch keinen Raum mehr für eine eigenständige Auslegung dieser Vorschrift lässt. Zweitens erfolgt die Durchsetzung des öffentl.-rechtl. Arbeitsschutzes durch die Gewerbeaufsichtsämter sowie die Berufsgenossenschaften (§§ 14 ff. SGB VII). Dazu kommen die arbeitsschutzbezogenen Befugnisse der BR (§§ 80 I Nr. 1, 87 I Nr. 7, 88 Nr. 1, 91 BetrVG). Drittens ist der durch § 618 III geregelte Schadensersatzanspruch gegen den ArbGeb bei einer Verletzung von Arbeitsschutzpflichten regelmäßig gemäß § 104 SGB VII ausgeschlossen. 7

4. Struktur des öffentlich-rechtlichen Arbeitsschutzes. Der öffentl.-rechtl. Arbeitsschutz wird üblicherweise in den **technischen Arbeitsschutz** und den **sozialen Arbeitsschutz** unterteilt[13]. Der technische Arbeitsschutz umfasst im Kern den Schutz der Beschäftigten vor den mit der Arbeitsleistung verbunde- 8

---

1 LAG Hess. v. 13.6.1994 – 10 Sa 1019/93, LAGE § 618 BGB Nr. 7; Erman/*Belling*, § 618 BGB Rz. 1; aA LAG BW v. 9.12.1977 – 7 Sa 163/77, DB 1978, 213; *Börgmann*, RdA 1993, 275 (283). | 2 BAG v. 1.7.1965 – 5 AZR 264/64, DB 1965, 1485; v. 5.3.1959 – 2 AZR 268/56, DB 1959, 833; Erman/*Belling*, § 618 BGB Rz. 1; MüKoBGB/*Lorenz*, § 618 Rz. 3. | 3 *Berkowsky*, NZA-RR 2001, 393 (401); *K. Gamillscheg*, SAE 1998, 17 (18); missverständlich BAG v. 28.2.1990 – 2 AZR 401/89, NZA 1990, 727; dazu auch BAG v. 12.7.1995 – 2 AZR 762/94, NZA 1995, 1100. | 4 MünchArbR/*Blomeyer*, § 96 Rz. 1; Staudinger/*Oetker*, § 618 BGB Rz. 10; ErfK/*Wank*, § 618 BGB Rz. 3. | 5 BAG v. 10.3.1976 – 5 AZR 34/75, VersR 1977, 147; BGH v. 7.11.1960 – VII ZR 148/59, BGHZ 33, 247 (249); Soergel/*Kraft*, § 618 BGB Rz. 1; MüKoBGB/*Lorenz*, § 618 Rz. 1. | 6 IdS auch Erman/*Belling*, § 618 BGB Rz. 1; Staudinger/*Oetker*, § 618 BGB Rz. 11. | 7 BAG v. 11.7.2006 – 9 AZR 519/05, NZA 2007, 155; v. 16.3.2004 – 9 AZR 93/03, NZA 2004, 927; v. 10.3.1976 – 5 AZR 34/75, VersR 1977, 147; MünchArbR/*Blomeyer*, § 96 Rz. 6; *Herschel*, RdA 1978, 69 (72); MüKoBGB/*Lorenz*, § 618 Rz. 6; ErfK/*Wank*, § 618 BGB Rz. 4. | 8 *Herschel*, RdA 1964, 44 (45); *Wlotzke*, FS Hilger/Stumpf (1983), S. 723 (738 f.). | 9 Staudinger/*Oetker*, § 618 BGB Rz. 15 f. | 10 BAG v. 21.8.1985 – 7 AZR 199/83, NZA 1986, 324; MünchArbR/*Blomeyer*, § 96 Rz. 8; Staudinger/*Oetker*, § 618 BGB Rz. 19; ErfK/*Wank*, § 618 BGB Rz. 5. | 11 *Friedrich* in ArbR-BGB, § 618 Rz. 47; MünchArbR/*Wlotzke*, § 209 Rz. 19. | 12 MünchArbR/*Blomeyer*, § 96 Rz. 8; ErfK/*Wank*, § 618 BGB Rz. 5; insoweit großzügig *Friedrich* in ArbR-BGB, § 618 Rz. 47; MüKoBGB/*Lorenz*, § 618 Rz. 7; von vornherein weiter *Wlotzke*, FS Hilger/Stumpf (1983), S. 723 (743 f.). | 13 Staudinger/*Oetker*, § 618 BGB Rz. 23; MünchArbR/*Wlotzke*, § 207 Rz. 4.

nen Gefahren für Leben und Gesundheit. Demgegenüber betrifft der soziale Arbeitsschutz den Arbeitszeitschutz (Umfang und Lage der Arbeitszeit) sowie den Schutz für besonders schutzbedürftige Beschäftigtengruppen (Mütter, Jugendliche, schwerbehinderte Menschen, in Heimarbeit Beschäftigte). Die erwähnte Transformationswirkung des § 618 I bezieht sich in erster Linie auf die dem technischen Arbeitsschutz zugehörigen Vorschriften. Darüber hinaus werden aber auch diejenigen Normen des sozialen Arbeitsschutzes erfasst, die der Abwehr von Gesundheitsgefahren für den ArbN dienen. Dies gilt insb. für den Arbeitszeitschutz[1]. Für eine vollständige Ausklammerung des sozialen Arbeitsschutzes aus dem Anwendungsbereich des § 618 und eine ausschließliche Transformation mittels der allgemeinen Interessenwahrungspflicht des ArbGeb[2] besteht kein Anlass.

9 Der technische Arbeitsschutz speist sich aus einer **Vielzahl nationaler sowie internationaler und supranationaler Rechtsquellen**, die zu einer erheblichen Unübersichtlichkeit der Materie führen. Auf der Ebene des nationalen Rechts besteht traditionell ein duales System von Arbeitsschutznormen. Auf der einen Seite steht das staatliche Recht, wobei die einschlägigen Gesetze entweder den technischen Arbeitsschutz selbst regeln oder die Ermächtigungsgrundlage für den Erlass entsprechender RechtsVO enthalten. Auf der anderen Seite existieren die von den Trägern der gesetzl. Unfallversicherung (§ 114 I SGB VII) auf Grund der allgemeinen Ermächtigungsnorm des § 15 I SGB VII erlassenen Unfallverhütungsvorschriften. Das staatliche Arbeitsschutzrecht lässt sich inhaltlich in den betriebl. Arbeitsschutz und den vorgreifenden produktbezogenen Gefahrenschutz unterteilen[3]. Die relevanten Gesetze weisen aber vielfach Überschneidungen auf.

10 In inhaltlicher Hinsicht ist als Erstes das **Arbeitsschutzgesetz** (ArbSchG) zu nennen, das als „Grundgesetz" des Arbeitsschutzes einen Rahmen aufspannt, in dem es allgemeine Rechte und Pflichten regelt[4]. Die organisatorischen Bestimmungen des ArbSchG werden durch das Arbeitssicherheitsgesetz (ASiG) sowie § 22 SGB VII ergänzt, wonach der ArbGeb Betriebsärzte, Fachkräfte für Arbeitssicherheit und Sicherheitsbeauftragte zu bestellen bzw. zu verpflichten sowie einen Arbeitsschutzausschuss zu bilden hat[5]. Die Anforderungen an die Räumlichkeiten werden durch die vor einiger Zeit umgestaltete Arbeitsstättenverordnung (ArbStättV)[6] konkretisiert[7]. Ergänzend treten Vorschriften über den Schutz an bestimmten Arbeitsplätzen bzw. bei bestimmten Tätigkeiten hinzu, unter denen vor allem die Bildschirmarbeitsverordnung (BildscharbV) zu nennen ist. Auf den Schutz der Beschäftigten vor den Gefahren technischer Arbeitsmittel und besonders gefährlicher Anlagen zielt das Geräte- und Produktsicherheitsgesetz (GPSG) als Nachfolger des Gerätesicherheitsgesetzes (GSG) ab, zu dem eine Fülle konkretisierender VO erlassen worden ist. Ferner gehört in diesen Zusammenhang die VO über Sicherheit und Gesundheitsschutz bei der Bereitstellung und Benutzung von Arbeitsmitteln sowie beim Betrieb überwachungsbedürftiger Anlagen (BetrSichV), welche die frühere Arbeitsmittelbenutzungsverordnung (AMBV) abgelöst hat. Den Schutz der ArbN vor gefährdenden Arbeitsstoffen bezwecken insb. das Chemikaliengesetz (ChemG) sowie die darauf beruhende zum 1.1.2005 novellierte Gefahrstoffverordnung (GefStoffV). Zu nennen sind ferner die Biostoffverordnung (BioStoffV) sowie das Gentechnikgesetz (GenTG) und die Gentechnik-Sicherheitsverordnung (GenTSV)[8]. Bei den das staatliche Recht ergänzenden Unfallverhütungsvorschriften der Berufsgenossenschaften (Berufsgenossenschaftliche Vorschriften = BGV) handelt es sich um autonome öffentl.-rechtl. Normen[9]. Demgegenüber sind die von den Berufsgenossenschaften herausgegebenen Durchführungsanweisungen, Richtlinien, Sicherheitsregeln und Merkblätter keine Rechtsvorschriften[10].

11 Das nationale technische Arbeitsschutzrecht wird schon seit langem durch **internationales** und zunehmend auch durch **supranationales europäisches Recht** überlagert. Die einschlägigen gemeinschaftsrechtl. Regelungen beruhen auf zwei verschiedenen Strömungen. Einmal geht es um Harmonisierungsrichtlinien auf der Grundlage der Art. 94, 95 EG, die der Beseitigung von Handelshemmnissen für technische Erzeugnisse und gefährliche Stoffe dienen. Da in den Bereichen Gesundheit und Sicherheit gemäß Art. 95 III EG ein hohes Schutzniveau anzustreben ist, sind diese Richtlinien auch für den technischen Arbeitsschutz bedeutsam[11]. Erheblich wichtiger sind die auf Art. 137 EG gestützten Richtlinien, die unmittelbar auf den technischen Arbeitsschutz abzielen. Das Kernstück bildet die als Rahmenrichtlinie konzipierte Arbeitsschutz-Richtlinie 89/391/EWG v. 12.6.1989[12]. Zu deren Ausfüllung ist bislang eine große Anzahl von Einzelrichtlinien erlassen worden, die sich etwa auf die Anforderungen an Arbeitsstätten, an die Benutzung von Arbeitsmitteln und an die Arbeit an Bildschirmgeräten beziehen[13].

1 BAG v. 16.3.2004 – 9 AZR 93/03, NZA 2004, 927; Staudinger/*Oetker*, § 617 BGB Rz. 26; MünchArbR/*Wlotzke*, § 209 Rz. 16. | 2 So MüKoBGB/*Lorenz*, § 618 Rz. 21 f. | 3 MünchArbR/*Wlotzke*, § 207 Rz. 9. | 4 Umfassend dazu MünchArbR/*Wlotzke*, § 211 Rz. 1 ff. | 5 Zu den organisationsrechtlichen Anforderungen ausf. MünchArbR/*Wlotzke*, § 210 Rz. 30 ff., 44 ff. | 6 Dazu *Kohte/Faber*, DB 2005, 224 ff.; *Schurig*, ZTR 2004, 626 ff. | 7 Daneben fordern auch baurechtliche Vorschriften vielfach ausdrücklich gesunde Arbeitsverhältnisse. | 8 Hierzu MünchArbR/*Wlotzke*, § 215 Rz. 18 ff., 39 ff. | 9 Siehe etwa BSG v. 1.3.1989 – 2 RU 51/88, NZA 1989, 575; MünchArbR/*Wlotzke*, § 207 Rz. 32. | 10 Staudinger/*Oetker*, § 618 BGB Rz. 31, 86; MünchArbR/*Wlotzke*, § 207 Rz. 42 ff. | 11 Siehe etwa die Maschinen-Richtlinie 89/392/EWG v. 14.6.1989, ABl. EG Nr. L 183, S. 9 ff. | 12 ABl. EG Nr. L 183, S. 1 ff. | 13 Auflistung bei Staudinger/*Oetker*, § 617 BGB Rz. 54; MünchArbR/*Wlotzke*, § 206 Rz. 96.

Diesen vielfach sehr detaillierten Vorgaben wird das deutsche Arbeitsschutzrecht nicht immer gerecht[1].

Eine weitere Rechtsquelle für das internationale Arbeitsschutzrecht bilden schließlich die **Übereinkommen der Internationalen Arbeitsorganisation (IAO)**, soweit diese von der Bundesrepublik Deutschland ratifiziert und in innerstaatliches Recht transformiert worden sind. Die große Anzahl der einschlägigen Regelungen hat jedoch nur geringe Relevanz, weil das deutsche Arbeitsschutzrecht den jeweiligen Vorgaben bereits entsprochen hat[2]. 12

II. Anwendungsbereich. Soweit keine Sondervorschriften eingreifen (Rz. 4), ist § 618 **auf sämtliche Arbeits- und Dienstverhältnisse anwendbar**. Wie sich im Umkehrschluss aus § 617 ergibt, muss es sich nicht um ein dauerndes Beschäftigungsverhältnis handeln[3]. Die Regelung gilt weiter analog für Werkverträge, wenn der Unternehmer in den Räumen des Bestellers tätig wird[4], hat insoweit aber keinen zwingenden Charakter[5]. 13

Bei einem **Leiharbeitsverhältnis** treffen den Verleiher als Vertragspartner die Pflichten aus § 618 in vollem Umfang. Insoweit fungiert der Entleiher als Erfüllungsgehilfe des Verleihers[6]. Daneben ist der Entleiher für die Einhaltung des Arbeitsschutzes verantwortlich. Eine entsprechende öffentl.-rechtl. Pflicht ergibt sich aus § 11 VI 1 AÜG. In der privatrechtl. Beziehung des Entleihers zum LeihArbN ist § 618 mangels eines Arbeitsvertrages zwar nicht unmittelbar anwendbar[7]. Die Eingliederung des LeihArbN in den Organisationsbereich des Entleihers rechtfertigt aber eine analoge Heranziehung dieser Norm. Eine bloße Einbeziehung des LeihArbN in den Schutzbereich des zwischen dem Verleiher und dem Entleiher bestehenden Vertrags[8] kann zu Schutzlücken führen. Ein eigenständiger Schutz nach vertragl. Grundsätzen verleiht zudem Art. 8 RL 91/383/EWG über die Verbesserung des Gesundheitsschutzes ua. von LeihArbN[9] größere Wirksamkeit. Dieselben Grundsätze gelten bei einem mittelbaren Arbeitsverhältnis, so dass sowohl der Mittelsmann als Vertragspartner wie auch der mittelbare ArbGeb privatrechtl. für die Einhaltung des Arbeitsschutzes verantwortlich sind[10]. § 618 gilt auch für Arbeitsverhältnisse im öffentl. Dienst. Anders als das ArbSchG erfasst diese Vorschrift zwar nicht Beamte. Die beamtenrechtl. Fürsorgepflicht des Dienstherren (vgl. §§ 79 BBG, 48 BRRG) führt aber zu einem vergleichbaren Integritätsschutz[11]. 14

III. Inhalt und Umfang der Schutzpflicht. 1. Allgemeines. a) Gesundheits- und Gefahrbegriff. Unter dem durch § 618 geschützten Rechtsgut der Gesundheit ist die **körperliche und psychische Integrität des Dienstnehmers** zu verstehen. Der weiter gehende Gesundheitsbegriff der Weltgesundheitsorganisation (WHO), wonach Gesundheit „ein Zustand völligen körperlichen, seelischen und sozialen Wohlbefindens" ist[12], spielt für diese Norm keine Rolle[13]. Die menschengerechte Gestaltung der Arbeit ist damit nicht Thema von § 618. Es spricht aber vieles dafür, die in einer Reihe von Einzelvorschriften angesprochene menschengerechte Arbeitsgestaltung (§§ 2 I ArbSchG, 6 I ASiG, 19 I ChemG, 28 JArbSchG, 90, 91 BetrVG) als Inhalt einer allgemeinen Rechtspflicht des ArbGeb anzusehen[14]. Rechtliche Grundlage ist § 75 II BetrVG bzw. die allgemeine Interessenwahrungspflicht (Fürsorgepflicht) des ArbGeb[15]. Eine Pflichtverletzung ist allerdings nur bei einem Verstoß gegen gesicherte arbeitswissenschaftliche Erkenntnisse anzunehmen. 15

Für § 618 bedarf es einer **Gefahr**. Hierunter ist die auf objektiv feststellbaren Tatsachen gegründete Besorgnis zu verstehen, dass bei ungehindertem Geschehensablauf ein Schaden eintritt[16]. Je schwerwiegender die drohende Einbuße ist, desto geringer ist der zu fordernde Grad an Wahrscheinlichkeit[17]. Die Wirkungszusammenhänge beurteilen sich nach arbeitsmedizinischen Erkenntnissen. 16

b) Bedeutung des technischen Arbeitsschutzrechts. Die Vorschriften des technischen Arbeitsschutzes konkretisieren die vertragl. Pflicht des ArbGeb aus § 618 im Allgemeinen **abschließend**. Dies bedeutet zum einen, dass sie zu Gunsten des ArbN ein Mindestschutzniveau etablieren[18]. Zum anderen wirken sie zum Vorteil des ArbGeb, weil der ArbN grds. keinen höheren Sicherheitsstandard verlangen kann[19]. 17

1 Vgl. EuGH v. 28.10.2004 – C-16/04, DB 2005, 233; weitere Richtlinienverstöße monierend *Kohte/Faber*, DB 2005, 224 (226 f.). | 2 MünchArbR/*Wlotzke*, § 206 Rz. 101 mit einer Auflistung der arbeitsschutzbezogenen Übereinkommen der IAO. | 3 Soergel/*Kraft*, § 618 BGB Rz. 3; ErfK/*Wank*, § 618 BGB Rz. 1. | 4 BGH (GS) v. 5.2.1952 – GSZ 4/51, BGHZ 5, 62 (65 ff.). | 5 BGH v. 15.6.1971 – VI ZR 262/69, BGHZ 56, 269 (274 f.). | 6 Soergel/*Kraft*, § 618 BGB Rz. 3; Staudinger/*Oetker*, § 618 BGB Rz. 95. | 7 So aber BAG v. 5.5.1988 – 8 AZR 484/85, NZA 1989, 340; v. 23.2.1978 – 3 AZR 695/76, DB 1978, 1504; *Friedrich* in ArbR-BGB, § 618 Rz. 12; Soergel/*Kraft*, § 618 BGB Rz. 3. | 8 So Staudinger/*Oetker*, § 618 BGB Rz. 95. | 9 ABl. EG Nr. L 206, S. 19 ff. | 10 *Friedrich* in ArbR-BGB, § 618 Rz. 13; unter Berufung auf die Rechtsfigur des Vertrags mit Drittschutzwirkung ebenso Soergel/*Kraft*, § 618 BGB Rz. 3; Staudinger/*Oetker*, § 618 BGB Rz. 95 f. | 11 BVerwG v. 25.1.1993 – 2 C 14.91, DVBl. 1993, 955; v. 13.9.1984 – 2 C 33.82, NJW 1985, 876 (877); MüKoBGB/*Lorenz*, § 618 Rz. 9. | 12 Vgl. Präambel der Satzung der WHO, BGBl. 1974 II S. 45. | 13 Erman/*Belling*, § 618 BGB Rz. 9; *Friedrich* in ArbR-BGB, § 618 Rz. 21; Staudinger/*Oetker*, § 618 BGB Rz. 142 f.; idS auch BAG v. 14.12.2006 – 8 AZR 628/05, NZA 2007, 262; v. 6.12.1983 – 1 ABR 43/81, DB 1984, 775. | 14 Grdl. *Zöllner*, RdA 1973, 212 (214 f.). | 15 *Friedrich* in ArbR-BGB, § 618 Rz. 23. | 16 *Friedrich* in ArbR-BGB, § 618 Rz. 22; siehe auch BT-Drs. 13/3540, S. 16. | 17 Vgl. BT-Drs. 13/3540, S. 16 (zu § 4 ArbSchG). | 18 Erman/*Belling*, § 618 BGB Rz. 7; ErfK/*Wank*, § 618 BGB Rz. 4; MünchArbR/*Wlotzke*, § 209 Rz. 17. | 19 MüKoBGB/*Lorenz*, § 618 Rz. 57; Staudinger/*Oetker*, § 618 BGB Rz. 146.

Bei ArbN, die auf Grund ihrer gesundheitlichen Disposition besonders anfällig sind, kann der ArbGeb im Rahmen von § 618 aber nach ganz überwiegender Ansicht zu besonderen Schutzmaßnahmen verpflichtet sein[1]. Ihre Grenze findet diese Pflicht zur besonderen Rücksichtnahme auf schwächere Mitarbeiter an der Möglichkeit und Zumutbarkeit entsprechender Maßnahmen[2].

18 **c) Relativität des Arbeitsschutzes.** Der durch § 618 vorgeschriebene Schutz ist nicht absolut, sondern relativ, indem er seine **Grenze in der Natur der Dienstleistung** findet. Der ArbN muss ein akzeptables Risiko hinnehmen. Der ArbGeb ist nicht zur Beseitigung derjenigen Gefahren verpflichtet, die mit den Besonderheiten der Dienstleistung untrennbar verbunden sind und nach dem jeweiligen Stand der Technik nicht vermieden werden können[3]. Der ArbN kann keine Maßnahmen des Gesundheitsschutzes verlangen, die zur Veränderung einer an sich erlaubten unternehmerischen Tätigkeit führen würde[4]. Eine weitere Grenze ist die Zumutbarkeit gefahrabwendender Maßnahmen für den ArbGeb. Die Kosten für Schutzvorkehrungen, die dem Stand der Technik entsprechen, begründen im Allgemeinen aber keine Unzumutbarkeit. Soweit der ArbGeb eine Gefahrenquelle nicht ausschalten muss, ist er zur Unterweisung der ArbN verpflichtet, um ihnen ein gefahrenminimierendes Verhalten zu ermöglichen (§§ 12 I ArbSchG, 81 I 2 BetrVG, 9 BetrSichV).

19 **2. Gegenständlicher Inhalt der Schutzpflicht. a) Räume.** Die Schutzpflicht des Dienstberechtigten erstreckt sich zunächst auf Räume. Entsprechend dem Normzweck der Gefahrabwendung ist der Begriff **weit auszulegen**. Er umfasst über die eigentliche Arbeitsstätte hinaus sämtliche Örtlichkeiten, die der ArbN im Zusammenhang mit seiner betriebl. Tätigkeit aufsuchen muss[5]. Zu den Räumen gehören etwa Arbeitsstätten in Gebäuden, Arbeitsplätze im Freien[6], Pausenräume, Sanitärräume und innerbetriebl. Verkehrswege[7]. Der Begriff des Raumes deckt sich im Wesentlichen mit dem Begriff der Arbeitsstätte iSd. ArbStättV[8]. Die Schutzpflicht des ArbGeb bezieht sich nicht auf öffentl. Wege, auf denen der ArbN zum Betrieb gelangt[9]. Ausgeklammert sind ferner Räumlichkeiten, deren Betreten dem ArbN ausdrücklich oder konkludent untersagt ist[10].

20 Das für die Konkretisierung heranzuziehende neue Arbeitsstättenrecht ist durch ein dreistufiges Regelungskonzept gekennzeichnet. Die ArbStättV selbst enthält **keine Detailbestimmungen** mehr, sondern stellt nur noch **Schutzziele** und **allgemein gehaltene Verhaltensvorgaben** auf[11]. Die Anforderungen an die Einrichtung und die Unterhaltung der Räume im Einzelnen sind nunmehr im Anhang zur ArbStättV niedergelegt. Dieser Anhang ist als Teil des Normtextes unmittelbar verbindliches und zwingendes Recht[12]. In diesem Anhang sind allgemeine Fragen, wie etwa die Beleuchtung von Arbeitsstätten, die Raumtemperaturen und die Lüftung sowie der Schutz vor Lärm geregelt. Darüber hinaus finden sich Vorschriften über die Abmessung von Arbeitsstätten und die Gestaltung von Sanitär-, Pausen- und Bereitschafts- sowie Erste-Hilfe-Räumen. Zu deren Ausfüllung dienen die zunächst gemäß § 8 II ArbStättV weiter bestehenden Arbeitsstätten-Richtlinien (ASR). Diese Richtlinien sind selber keine Rechtsnormen. Sie haben aber erhebliche praktische Bedeutung, indem sie als dokumentierte, allgemein anerkannte Regeln bzw. gesicherte arbeitswissenschaftliche Erkenntnisse angesehen werden können, wenn und soweit keine Anhaltspunkte für eine Fehlbeurteilung vorliegen[13]. Die ASR regeln detailliert etwa die Lüftung, die Raumtemperaturen und die Beleuchtung von Arbeitsstätten[14]. Die ASR werden künftig durch technische Regeln ersetzt, die vom Ausschuss für Arbeitsstätten ermittelt und vom BMWA bekannt gemacht werden (vgl. § 7 ArbStättV) und die vom ArbGeb gemäß § 3 I 2 ArbStättV zu berücksichtigen sind. Bei Einhaltung dieser Regeln ist davon auszugehen, dass der ArbGeb sowohl die Anforderungen der ArbStättV (vgl. § 3 I 3 ArbStättV) als auch seine Pflicht nach § 618 BGB erfüllt[15]. Dem ArbGeb ist es aber nach wie vor freigestellt, vom technischen Regelwerk abzuweichen, sofern er durch andere Maßnahmen die gleiche Sicherheit und den gleichen Gesundheitsschutz erreicht (§ 3 I 4 ArbStättV)[16].

21 Außerhalb der ArbStättV existieren **weitere spezielle Arbeitsschutzvorschriften**, die sich auf die Einrichtung und Unterhaltung von Arbeitsstätten beziehen und dadurch die Schutzpflicht des ArbGeb gemäß § 618 konkretisieren[17]. Ferner enthalten die von den Berufsgenossenschaften erlassenen BGV zusätzliche Anforderungen an die Einrichtung und Unterhaltung von Arbeitsstätten.

---

1 BAG v. 17.1.1998 – 9 AZR 84/97, NZA 1998, 1231; v. 8.5.1996 – 5 AZR 315/95, NZA 1997, 86; *Börgmann*, RdA 1993, 275 (283); *Friedrich* in ArbR-BGB, § 618 Rz. 20; MüKoBGB/*Lorenz*, § 618 Rz. 57; aA offenbar *Kort*, NZA 1996, 854. | 2 LAG München v. 27.11.1990 – 2 Sa 542/90, LAGE § 618 BGB Nr. 5. | 3 Staudinger/*Oetker*, § 618 BGB Rz. 231. | 4 BAG v. 8.5.1996 – 5 AZR 971/94, NZA 1996, 927; Soergel/*Kraft*, § 618 BGB Rz. 8. | 5 *Friedrich* in ArbR-BGB, § 618 Rz. 64; ErfK/*Wank*, § 618 BGB Rz. 7. | 6 BGH v. 20.2.1958 – VII ZR 76/57, BGHZ 26, 365 (370 f.). | 7 Einzelheiten bei Staudinger/*Oetker*, § 618 BGB Rz. 114. | 8 Soergel/*Kraft*, § 618 BGB Rz. 12; MüKoBGB/*Lorenz*, § 618 Rz. 29. | 9 BGH v. 20.2.1958 – VII ZR 76/57, BGHZ 26, 365 (370); Staudinger/*Oetker*, § 618 BGB Rz. 115. | 10 Staudinger/*Oetker*, § 618 BGB Rz. 118; ErfK/*Wank*, § 618 BGB Rz. 7. | 11 MüKoBGB/*Lorenz*, § 618 Rz. 28. | 12 *Kohte/Faber*, DB 2005, 224 (225). | 13 BVerwG v. 31.1.1997 – 1 C 20.95, NZA 1997, 482 (484); MünchArbR/*Wlotzke*, § 212 Rz. 22. | 14 Abdruck der ASR in *Nipperdey* II, Arbeitssicherheit, Textsammlung, Nr. 201. | 15 MüKoBGB/*Lorenz*, § 618 Rz. 28. | 16 Zur Beweislast für die Gleichwertigkeit vgl. *Kohte/Faber*, DB 2005, 224 (228) einerseits und *Taeger/Rose*, DB 2005, 1852 ff. andererseits. | 17 Einzelheiten bei MüKoBGB/*Lorenz*, § 618 Rz. 34.

b) Vorrichtungen und Gerätschaften. Die dem ArbGeb durch § 618 auferlegte Schutzpflicht bezieht sich auch auf Vorrichtungen und Gerätschaften. Entsprechend dem Schutzzweck ist der Begriff ebenfalls **weit auszulegen.** Einbezogen sind sämtliche Gegenstände, mit denen der ArbN anlässlich seiner Tätigkeit in Berührung kommt[1]. Gemeint sind damit sämtliche Arbeitsmittel wie Maschinen, Werkzeuge, Anlagen und Schutzausrüstungen sowie Gefahrstoffe wie Rohstoffe und Hilfsstoffe. Für den Bereich der Geräte-, Maschinen- und Anlagensicherheit kann zur Konkretisierung der Schutzpflicht des ArbGeb aus § 618 neben der BetrSichV auf das GPSG zurückgegriffen werden. Das GPSG ist zwar nicht unmittelbar an den ArbGeb adressiert, sondern bezweckt einen vorgreifenden produktbezogenen Gefahrenschutz, indem es dem Hersteller, Importeur und Händler bestimmte Pflichten auferlegt. Soweit es um die sicherheitsgerechte **Beschaffenheit von technischen Arbeitsmitteln** geht, kann aber angenommen werden, dass der ArbGeb im Allgemeinen seiner Schutzpflicht nachkommt, wenn die von ihm eingesetzten Arbeitsmittel den Anforderungen des GPSG entsprechen[2]. Hiervon ist die vom GPSG nicht thematisierte sichere **Verwendung von technischen Arbeitsmitteln** zu unterscheiden, hinsichtlich derer den ArbGeb eine eigenständige Schutzpflicht trifft (vgl. § 1 IV GPSG[3]). Im Übrigen spricht einiges für eine Pflicht des ArbGeb, nur solche technischen Arbeitsmittel einzusetzen, die den Bestimmungen des GPSG genügen[4]. 22

Das GPSG wird durch eine Reihe von **Verordnungen konkretisiert**, unter denen vor allem die MaschinenVO hervorzuheben ist, die derzeit neu gefasst wird, um sie den Anforderungen der neuen Maschinen-RL 2006/42/EG anzupassen[5]. Soweit es um die sichere Verwendung von Arbeitsmitteln geht, ist auf die BetrSichV zurückzugreifen[6]. Für den ArbGeb, der mit Gefahrstoffen umgeht, enthält die auf dem ChemG beruhende GefStoffV umfangreiche Vorgaben, die zur Konkretisierung der Schutzpflicht aus § 618 herangezogen werden können. Die in § 8 I 2 GefStoffV in Bezug genommenen Regeln und Erkenntnisse werden vom Ausschuss für Gefahrstoffe (§ 21 III GefStoffV) ermittelt und vom BMA als technische Regeln für Gefahrstoffe (TRGS) bekannt gemacht (§§ 8 I 2, 21 IV GefStoffV). Diese Regeln sind für sich genommen keine Rechtsnormen, sind aber bei der Interpretation von § 8 GefStoffV zugrunde zu legen, sofern keine Anhaltspunkte für eine Fehleinschätzung bestehen[7]. Das Pflichtenprogramm des ArbGeb im Hinblick auf technische Arbeitsmittel und Gefahrstoffe wird weiter durch die von den Berufsgenossenschaften erlassenen UVV ergänzt, die teilw. aber wieder auf die gesetzl. Regelungen Bezug nehmen[8]. 23

c) Regelung der Dienstleistungen. Der ArbGeb muss ferner die unter seiner Anordnung oder seiner Leitung vorzunehmenden Dienstleistungen in einer Gefahr vermeidenden Weise regeln. Anders als im Bereich der Sicherheit im Hinblick auf Arbeitsstätten, technische Arbeitsmittel und Gefahrstoffe existieren nur vergleichsweise **wenige öffentl.-rechtl. Arbeitsschutzvorschriften**, die sich mit der Regelung der Dienstleistungen befassen. Zudem handelt es sich bei den einschlägigen Pflichten des ArbGeb gemäß den §§ 3 ff. ArbSchG, dem ASiG und den BGV zumeist um Organisationsnormen, die keiner Transformation in das privatrechtl. Einzelarbeitsverhältnis zugänglich sind[9]. Den ArbGeb trifft zunächst eine allgemeine Pflicht, die Beschäftigten über den Unfall und Gesundheitsschutz zu informieren (§§ 12 I ArbSchG, 81 I 2 BetrVG, 9 BetrSichV.) Die Unterweisung muss vor dem ersten Einsatz des ArbN an einem neuen Arbeitsplatz erfolgen und bei einer späteren Veränderung der Gefahrensituation angepasst bzw. regelmäßig wiederholt werden. Die Belehrung muss so erfolgen, dass der ArbN zu einer eigenverantwortlichen Gefahrenvermeidung befähigt wird[10]. Für bestimmte Bereiche bestehen weitere spezielle Unterweisungspflichten (zB §§ 8, 9 ArbSchG, § 29 JArbSchG, § 14 GefStoffV). 24

Zahlreiche Normen verpflichten den ArbGeb dazu, unter bestimmten Voraussetzungen **persönliche Körperschutzausrüstungen** zur Verfügung zu stellen (§§ 9 V, 11 III, 13 III GefStoffV, BGV). Diese Regelungen führen zugleich zu einer entsprechenden privatrechtl. Verpflichtung des ArbGeb gegenüber dem ArbN[11]. Die für persönliche Körperschutzausrüstungen aufzuwendenden Kosten hat der ArbGeb zu tragen. Eine Abwälzung auf die Beschäftigten ist grds. nicht zulässig (vgl. § 3 III ArbSchG). Dies gilt auch für Reinigungskosten[12]. Eine Kostenbeteiligung kann nur für den Fall vereinbart werden, dass die ArbN die Schutzkleidung auch im privaten Bereich gebrauchen wollen[13]. Beschafft der ArbN persönliche Schutzgegenstände, für die der ArbGeb aufzukommen hat, auf eigene Kosten, steht ihm ein Aufwendungsersatzanspruch zu[14]. Diese Grundsätze gelten aber nicht für eine Arbeitskleidung, die nicht dem Gesundheitsschutz dient, auch wenn es sich um eine einheitliche Dienstkleidung handelt[15]. 25

---

1 Erman/*Belling*, § 618 BGB Rz. 11; MünchArbR/*Blomeyer*, § 96 Rz. 14; ErfK/*Wank*, § 618 BGB Rz. 11. | 2 Staudinger/*Oetker*, § 618 BGB Rz. 157; ErfK/*Wank*, § 618 BGB Rz. 12. | 3 MünchArbR/*Wlotzke*, § 213 Rz. 7. | 4 So Staudinger/*Oetker*, § 618 BGB Rz. 158; aA ErfK/*Wank*, § 618 BGB Rz. 12. | 5 Auflistung bei *Nipperdey* II, Arbeitssicherheit, Textsammlung, Nr. 301 ff. | 6 Einzelheiten bei MünchArbR/*Wlotzke*, § 213 Rz. 61 ff. | 7 MünchArbR/*Wlotzke*, § 214 Rz. 51; Auflistung der TRGS bei *Nipperdey* II, Arbeitssicherheit, Textsammlung, Nr. 431 ff. | 8 Vgl. MünchArbR/*Wlotzke*, § 214 Rz. 49. | 9 MüKoBGB/*Lorenz*, § 618 Rz. 43; ErfK/*Wank*, § 618 BGB Rz. 13. | 10 Vgl. *Friedrich* in ArbR-BGB, § 618 Rz. 105. | 11 BAG v. 18.8.1982 – 5 AZR 493/80, DB 1983, 234; v. 17.2.1998 – 9 AZR 84/97, NZA 1998, 1231. | 12 LAG Nds. v. 11.6.2002 – 13 Sa 53/02, LAGE § 618 BGB Nr. 11; LAG Düsseldorf v. 26.4.2001 – 13 Sa 1804/00, NZA-RR 2001, 409. | 13 BAG v. 21.8.1985 – 7 AZR 199/83, NZA 1986, 324. | 14 BAG v. 14.2.1996 – 5 AZR 978/94, NZA 1996, 883; v. 21.8.1985 – 7 AZR 199/83, NZA 1986, 324. | 15 BAG v. 19.5.1998 – 9 AZR 307/96, NZA 1999, 38 (Smoking in Spielbank).

26 Weiter ist der ArbGeb aus § 618 verpflichtet, den ArbN vor **gesundheitsbeeinträchtigenden Überanstrengungen** zu bewahren. So muss der ArbGeb etwa der Gesundheitsschädigung eines leitenden Angestellten durch Überarbeitung entgegenwirken[1]. Eine pflichtwidrige Überforderung kann auch schon dann vorliegen, wenn sich die Mehrarbeit noch im Rahmen des öffentl.-rechtl. Arbeitszeitrechts hält. Diese Regelungen dienen dem vorgelagerten allgemeinen Arbeitsschutz, enthalten aber keine Sperrwirkung hinsichtlich der Abwehr konkreter Gesundheitsgefahren[2]. Ferner kann der ArbGeb gehalten sein, dafür zu sorgen, dass ein leitender Angestellter den ihm zustehenden Urlaub nimmt[3].

27 Der ArbGeb hat den ArbN anerkanntermaßen vor einer **Ansteckung durch erkrankte Arbeitskollegen** zu schützen[4]. Der Schutz erstreckt sich auch auf eine **Infektion durch Dritte**, mit denen der ArbN auf Grund seiner betriebl. Tätigkeit in Berührung kommt. Dies ist vor einiger Zeit für die Gefahr einer Ansteckung durch den Aids-Virus intensiv diskutiert worden[5]. Wenn infolge der Eigenart der Tätigkeit die konkrete Möglichkeit einer Infektion besteht, wie es insb. im medizinischen Bereich der Fall ist, muss der ArbGeb zu geeigneten Gegenmaßnahmen greifen, insb. den ArbN über das bestehende Risiko aufklären. Fehlt es an einer konkreten arbeitsbedingten Gefährdung, sind vorbeugende Aktivitäten aber nicht geboten. Insb. besteht keine Pflicht zur Reihenuntersuchung von Mitarbeitern, um Ansteckungen durch außerbetriebl. Kontakte der Beschäftigten vorzubeugen[6].

28 **3. Nichtraucherschutz.** Ein schon seit langem diskutiertes Problem ist der Schutz von ArbN vor dem **Passivrauchen am Arbeitsplatz**. Insoweit fehlte es früher an einer umfassenden Regelung. Von vornherein irrelevant sind arbeitsschutzrechtl. Verbote, deren Ziel in der Verhinderung von Brand- und Explosionsgefahren und nicht im Nichtraucherschutz liegt (zB § 65 I BGV-B5). Im Übrigen schrieb § 32 ArbStättV aF zwar einen ausdrücklichen Schutz von Nichtrauchern vor, beschränkte sich aber räumlich auf Pausen-, Bereitschafts- und Liegeräume. Nunmehr statuiert der bereits 2002 als § 3a ArbStättV eingeführte und in die novellierte ArbStättV wortgleich übernommene § 5 ArbStättV eine sich auf sämtliche Arbeitsstätten erstreckende Pflicht des ArbGeb zum Schutz nicht rauchender Beschäftigter. Die Vorschrift verdrängt in ihrem Anwendungsbereich Nr. 3.6 des Anhangs zur ArbStättV, die dem ArbGeb allgemein gebietet, für gesundheitlich zuträgliche Atemluft zu sorgen. Da hierunter nur gesundheitsunschädliche und nicht gesundheitsfördernde Atemluft zu verstehen ist[7], entsteht dadurch indes keine Schutzlücke[8].

29 § 5 ArbStättV verpflichtet den ArbGeb zu einem **wirksamen Schutz vor den Gesundheitsgefahren durch Tabakrauch**. Durch diese Regelung wird klargestellt, dass Passivrauchen per se gesundheitsschädlich ist[9]. Würde man zwischen Gesundheitsgefahren und nicht von § 5 ArbStättV erfassten bloßen Belästigungen differenzieren, würde die Aufhebung von § 32 ArbStättV, der sich ausdrücklich auch auf den Schutz vor Belästigungen erstreckte, einen Rückschritt darstellen. Zudem soll der durch § 5 ArbStättV gewährte Nichtraucherschutz nach dem Willen seiner Initiatoren inhaltlich nicht hinter § 32 ArbStättV zurückstehen[10]. Die früher umstrittene Frage, ob Passivrauchen langfristig zu Gesundheitsbeeinträchtigungen führt[11], ist damit verbindlich in einem positiven Sinne entschieden.

30 In welcher Weise der ArbGeb seine Schutzpflicht erfüllt, ist grds. in sein **Ermessen** gestellt. Allerdings legt der zum 1.9.2007 neu eingefügte S. 2 ein – allgemeines oder auf einzelne Bereiche beschränktes – Rauchverbot nahe. In Betracht kommen ansonsten bauliche und lüftungstechnische Maßnahmen sowie organisatorische Vorkehrungen (getrennte Arbeitsräume für Raucher und Nichtraucher).

31 Die Schutzpflicht des ArbGeb vor den Gefahren des Passivrauchens findet ihre **Grenze in Arbeitsstätten mit Publikumsverkehr** gemäß § 5 II ArbStättV an der „Natur des Betriebs" und der „Art der Beschäftigung". Der ArbN kann keine Maßnahmen verlangen, die zur grundlegenden Veränderung einer an sich erlaubten unternehmerischen Betätigung führen würde. Wenn sich ein Unternehmen im Rahmen der neueren landesgesetzl. Regelungen zum Nichtraucherschutz für die Einrichtung von Raucherzonen für Gäste/Kunden entschieden hat, kann ein ArbN nicht unter Berufung auf eine Beeinträchtigung seiner Gesundheit ein allgemeines Rauchverbot fordern[12]. Dagegen entbinden technische bzw. organisatorische Aspekte bzw. die wirtschaftl. Belastungen den ArbGeb nicht von seiner Schutzpflicht, weil ein allgemeines betriebl. Rauchverbot stets möglich bleibt[13]. Einen Anspruch darauf, dass an seinem Arbeitsplatz auch außerhalb seiner Dienstzeiten nicht geraucht wird, hat ein ArbN aller-

1 BAG v. 13.3.1967 – 2 AZR 133/66, NJW 1967, 1631. | 2 *Friedrich* in ArbR-BGB, § 618 Rz. 119. | 3 BAG v. 27.1.1970 – 1 AZR 258/69, SAE 1971, 100. | 4 *Friedrich* in ArbR-BGB, § 618 Rz. 117. | 5 Vgl. *Haesen*, RdA 1988, 158 (159 ff.); *Löwisch*, DB 1987, 936 (937 ff.); *Richardi*, NZA 1988, 73 (77 f.). | 6 *Löwisch*, DB 1987, 936 (937). | 7 So zur Vorgängerregelung *Börgmann*, RdA 1993, 275 (278); ErfK/*Wank*, § 618 BGB Rz. 17. | 8 Anders *Buchner*, BB 2002, 2382 (2383), der offenbar beide (früheren) Vorschriften nebeneinander anwenden will. | 9 BT-Drs. 14/3231, S. 4; *Bergwitz*, NZA-RR 2004, 169 (171); *Buchner*, BB 2002, 2382 (2383 f.); *Lorenz*, DB 2003, 721 (722 f.). | 10 BT-Drs. 14/3231, S. 5. | 11 Bejahend: BAG v. 19.1.1999 – 1 AZR 499/98, NZA 1999, 546; *Binz/Sorg*, BB 1994, 1709; *Künzl*, BB 1999, 2187 f.; ErfK/*Wank*, § 618 BGB Rz. 18; verneinend: OLG Hamm v. 1.3.1982 – 7 Vollz (Ws) 225/81, MDR 1982, 779 (780); *Löwisch*, DB 1979, Beilage 1, S. 1 (5 f.); *Zapka*, BB 1992, 1847 (1848 f.). | 12 Vgl. *Wellenhofer-Klein*, RdA 2003, 155 (158); so bereits BAG v. 8.5.1996 – 5 AZR 971/94, NZA 1996, 927 (Flugbegleiter). | 13 *Buchner*, BB 2002, 2382 (2385).

dings grds. (noch) nicht[1]. Von der Pflicht zum Nichtraucherschutz zu unterscheiden ist die Befugnis des ArbGeb bzw. der Betriebsparteien, ein generelles Rauchverbot zum Schutz von Nichtrauchern zu erlassen[2].

4. Erweiterung der Pflichten gemäß Abs. 2. Sofern der Dienstberechtigte den Dienstpflichtigen in die **häusliche Gemeinschaft** aufgenommen hat, ordnet Abs. 2 zusätzliche Pflichten an. Der Begriff der häuslichen Gemeinschaft ist nach ganz herrschender Ansicht weit zu verstehen. Danach bedarf es keines engen Zusammenlebens mit dem ArbGeb. Vielmehr genügt das Bestehen einer vom ArbGeb geschaffenen Wohn- und Verpflegungsgemeinschaft mit anderen ArbN[3]. Begründet wird dies mit den seit dem Inkrafttreten des BGB erheblich geänderten wirtschaftl. und sozialen Verhältnissen. Eine solche Erweiterung des Pflichtenkreises auf Gemeinschaftsunterkünfte ist im Ergebnis zutreffend, methodisch aber besser durch eine analoge Anwendung von Abs. 2 zu bewältigen, die sich auf den Aspekt einer vergleichbaren Organisationsgewalt stützen[4]. Die dem ArbGeb auferlegte Schutzpflicht wurde hinsichtlich der Wohn- und Schlafräume früher durch § 40a ArbStättV aF konkretisiert. Im neuen § 6 V ArbStättV wird nunmehr lediglich die Bereitstellung von Unterkünften für ArbN auf Baustellen geregelt[5]. Die Verpflegung muss gesundheitlich unbedenklich sein[6]. Auf Essgewohnheiten einzelner ArbN muss nur eingeschränkt Rücksicht genommen werden[7]. Soweit es um die Arbeits- und Erholungszeiten geht, muss der ArbGeb in erster Linie den öffentl.-rechtl. Arbeitszeitschutz einhalten. Darüber hinaus ist insb. auf die religiösen Bedürfnisse des ArbN Rücksicht zu nehmen. So ist etwa der Besuch eines Gottesdienstes zu ermöglichen[8]. 32

IV. Rechtsfolgen bei Pflichtverletzung. 1. Erfüllungsanspruch. Wenn der ArbGeb seine Pflichten aus § 618 I oder II nicht oder nicht ordnungsgemäß erfüllt, steht dem ArbN ein **Erfüllungsanspruch** auf Herstellung eines arbeitsschutzkonformen Zustandes zu[9]. Der Erfüllungsanspruch lässt sich im Grundsatz als Bestandteil des allgemeinen Beschäftigungsanspruchs begreifen[10]. Der ArbN hat danach kraft seines Vertrages grds. einen Anspruch auf gefahrlose Beschäftigung. Die Schutzpflicht des Dienstberechtigten greift aber darüber hinaus, indem sie auch in den Fällen besteht, in denen der Dienstpflichtige ohne einen Beschäftigungsanspruch im Rahmen eines Vertragsverhältnisses tatsächlich beschäftigt wird und hierdurch den betriebl. Gefahren ausgesetzt ist[11]. Der vertragl. Erfüllungsanspruch wird durch § 104 SGB VII nicht berührt, weil sich diese Norm nur auf Schadensersatzansprüche bezieht[12]. In inhaltlicher Hinsicht kommt es darauf an, zu was die in das Einzelarbeitsverhältnis transformierte öffentl.-rechtl. Arbeitsschutznorm den ArbGeb verpflichtet. Wird dem ArbGeb eine konkrete Maßnahme vorgeschrieben, kann der ArbN grds. deren Erfüllung verlangen. Legt die fragliche Bestimmung dagegen nur ein Schutzziel fest, hat der ArbN lediglich einen Anspruch darauf, dass der ArbGeb sein Ermessen fehlerfrei ausübt und eine geeignete Arbeitsschutzmaßnahme trifft[13]. Eine bestimmte Maßnahme kann der ArbN dann nicht fordern. 33

Weiter kann der Erfüllungsanspruch durch die **betriebl. Mitbest.** beschränkt sein. Wenn die erforderlichen Maßnahmen der Mitbest. des BR gemäß § 87 I Nr. 1 bzw. Nr. 7 BetrVG unterliegen, kann der ArbN nach ganz herschender Ansicht nur verlangen, dass der ArbGeb die Initiative ergreift, um zu einer entsprechenden Regelung, sei es durch Einigung mit dem BR oder durch Anrufung der Einigungsstelle, zu gelangen[14]. Bei einer konkreten Gefahr für Leib oder Leben des betroffenen ArbN ist der ArbGeb dagegen berechtigt und verpflichtet, die erforderlichen Maßnahmen sofort zu treffen[15]. Insoweit ist dem Arbeitsschutz gegenüber der betriebl. Mitbest. der Vorrang einzuräumen[16]. Der Erfüllungsanspruch zielt regelmäßig auf ein positives Tun, kann ausnahmsw. aber auch auf ein Unterlassen gerichtet sein[17]. Eine große Bedeutung hat der Erfüllungsanspruch in der Praxis allerdings nicht[18]. 34

2. Leistungsverweigerungsrecht. a) Zurückbehaltungsrecht gemäß § 273 Abs. 1. Wenn der ArbGeb seiner Schutzpflicht aus § 618 I oder II nicht nachkommt, kann der ArbN nach heute ganz herrschender Ansicht seine Arbeitsleistung gemäß § 273 I **zurückbehalten**[19]. Die Geltendmachung eines Zurückbehal- 35

---

1 LAG Berlin v. 18.3.2005 – 6 Sa 2585/04, BB 2005, 1576 LS. | 2 Zu Betriebsvereinbarungen vgl. BAG v. 19.1.1999 – 1 AZR 499/98, NZA 1999, 546; dazu *Ahrens*, NZA 1999, 686 ff. | 3 BAG v. 8.6.1955 – 2 AZR 200/54, BB 1956, 692; Erman/*Belling*, § 618 BGB Rz. 20; MünchArbR/*Blomeyer*, § 96 Rz. 23. | 4 Staudinger/*Oetker*, § 618 BGB Rz. 237 ff. | 5 MüKo/*Lorenz*, § 618 BGB Rz. 60. | 6 Soergel/*Kraft*, § 618 BGB Rz. 19; ErfK/*Wank*, § 618 BGB Rz. 23. | 7 Ähnlich Erman/*Belling*, § 618 BGB Rz. 20; Staudinger/*Oetker*, § 618 BGB Rz. 246. | 8 Erman/*Belling*, § 618 BGB Rz. 20; Staudinger/*Oetker*, § 618 BGB Rz. 247. | 9 BAG v. 17.2.1998 – 9 AZR 84/97, NZA 1998, 1231; Erman/*Belling*, § 618 BGB Rz. 21; Soergel/*Kraft*, § 618 BGB Rz. 21; ErfK/*Wank*, § 618 BGB Rz. 24; *Wlotzke*, FS Hilger/Stumpf (1983), S. 723 (744 f.); aA *Zöllner/Loritz*, ArbR, § 29 II 2, S. 343. | 10 MüKoBGB/*Lorenz*, § 618 Rz. 77; Staudinger/*Oetker*, § 618 BGB Rz. 251. | 11 Soergel/*Kraft*, § 618 BGB Rz. 21; MüKoBGB/*Lorenz*, § 618 Rz. 77. | 12 BGH v. 13.3.1984 – VI ZR 204/82, NJW 1985, 2133 (2134); *Friedrich* in ArbR-BGB, § 618 Rz. 198. | 13 *Friedrich* in ArbR-BGB, § 618 Rz. 199; MünchArbR/*Wlotzke*, § 209 Rz. 22. | 14 ErfK/*Wank*, § 618 BGB Rz. 24; MünchArbR/*Wlotzke*, § 209 Rz. 22; aA *Fuchs*, BB 1977, 299 (301); nunmehr auch MüKoBGB/*Lorenz*, § 618 Rz. 75. | 15 *Fitting*, BetrVG, § 87 Rz. 289; *Friedrich* in ArbR-BGB, § 618 Rz. 200 ff.; ErfK/*Wank*, § 618 BGB Rz. 24. | 16 MünchArbR/*Wlotzke*, § 209 Rz. 22; offenbar enger GK-BetrVG/*Wiese*, § 87 Rz. 641. | 17 Staudinger/*Oetker*, § 618 BGB Rz. 255 f.; MünchArbR/*Wlotzke*, § 209 Rz. 23. | 18 MüKoBGB/*Lorenz*, § 618 BGB Rz. 4; ErfK/*Wank*, § 618 BGB Rz. 24. | 19 BAG v. 8.5.1996 – 5 AZR 315/95, NZA 1997, 86; Erman/*Belling*, § 618 BGB Rz. 23; Soergel/*Kraft*, § 618 BGB Rz. 22.

tungsrechts ist nicht deshalb entbehrlich, weil die Leistungspflicht des Beschäftigten bei einem Verstoß des ArbGeb gegen seine Schutzpflicht aus § 618 automatisch entfällt[1]. Die Einhaltung der Arbeitsschutzvorschriften kann nämlich nicht generell als immanente Voraussetzung für die Pflicht zur Arbeitsleistung angesehen werden[2]. Grundlage des Zurückbehaltungsrechts ist § 273 und nicht § 320, weil die Schutzpflicht aus § 618 regelmäßig keine mit der Arbeitspflicht synallagmatisch verknüpfte Hauptleistungspflicht darstellt[3]. Das Zurückbehaltungsrecht des § 273 I zielt darauf ab, den ArbGeb zur Einhaltung seiner Schutzpflicht aus § 618 zu veranlassen. Da es sich um ein Recht des ArbN handelt, kann der ArbGeb den Beschäftigten nicht von sich aus unter Berufung auf die gesundheitliche Gefährlichkeit der Arbeitsbedingungen zurückweisen[4]. Die Befugnis nach § 273 I ist vom Recht zur Arbeitseinstellung gemäß § 9 III 1 ArbSchG zu unterscheiden, das eine besondere gesetzl. Ausprägung der nunmehr in § 275 III geregelten Unzumutbarkeit der Leistung darstellt[5].

36 Anders als das soeben genannte Recht zur Arbeitseinstellung setzt § 273 wegen seiner Zweckrichtung **keine unmittelbare Gefahr für Leben oder Gesundheit** des ArbN voraus[6]. Inhaltlich hängt das Zurückbehaltungsrecht vom jeweiligen Erfüllungsanspruch ab, dessen Durchsetzung es dient. Dies bedeutet zum einen, dass die Schutzpflichtverletzung objektiv und nicht nur nach der Einschätzung des ArbN feststehen muss[7]. Zum anderen ist der ArbN in den Fällen, in denen der ArbGeb einen Ermessensspielraum bei der Erfüllung der Arbeitsschutznorm hat bzw. auf die Mitwirkung des BR angewiesen ist, nur so lange zur Leistungsverweigerung berechtigt, bis der ArbGeb initiativ geworden ist[8]. Weiter wird das Zurückbehaltungsrecht durch Treu und Glauben (§ 242) begrenzt. Geringfügige Pflichtverstöße ohne die Gefahr nachhaltiger Schäden berechtigen den ArbN daher nicht zur Leistungsverweigerung[9]. Ferner ist der ArbGeb nach allgemeiner Ansicht nicht berechtigt, die Ausübung des Zurückbehaltungsrechtes durch Sicherheitsleistung nach § 273 III abzuwenden, weil dies dem Zweck der Schutzpflicht zuwiderlaufen würde[10].

37 **b) Entfernungsrecht gemäß § 9 Abs. 3 ArbSchG.** Nach § 9 III 1 ArbSchG hat der ArbGeb Maßnahmen zu treffen, die es den Beschäftigten bei **unmittelbarer erheblicher Gefahr** ermöglichen, sich durch sofortiges Entfernen in Sicherheit zu bringen. Diese Vorschrift beruht inhaltlich auf dem Gedanken der mittlerweile in § 275 III geregelten Unzumutbarkeit[11]. Sie stellt in der Sache eine Verallgemeinerung der vormals in § 21 VI 2 GefStoffV enthaltenen und in die neue GefStoffV nicht übernommenen besonderen Befugnis des ArbN dar, die Arbeit zu verweigern, wenn es durch die Überschreitung bestimmter Grenzwerte zu einer unmittelbaren Gefahr für Leben oder Gesundheit kam. Die früher von § 21 VI 2 GefStoffV erfassten Fälle werden deshalb nunmehr von § 9 III ArbSchG abgedeckt. Das Entfernungsrecht steht selbständig neben dem allgemeinen Zurückbehaltungsrecht aus § 273. § 9 III ArbSchG setzt eine objektiv bestehende Gefahrenlage voraus. Die irrtümliche Annahme einer Gefahr genügt auch dann nicht, wenn der ArbN gutgläubig ist[12]. Im Übrigen ist das Erfordernis einer erheblichen Gefahr europarechtskonform dahin auszulegen, dass lediglich die Gefahr bloß geringfügiger Beeinträchtigungen ausgeklammert bleibt[13].

38 **3. Fortbestand des Vergütungsanspruchs.** Beruft sich der ArbN gegenüber dem ArbGeb berechtigterweise auf sein allgemeines Zurückbehaltungsrecht nach § 273 I, gerät der ArbGeb in **Annahmeverzug**, wenn die sonstigen Voraussetzungen des Gläubigerverzugs ebenfalls vorliegen (§ 615 Rz. 12 ff.)[14]. Insoweit kann die Herstellung eines arbeitsschutzkonformen Zustandes als Mitwirkungshandlung iSd. § 295 gesehen werden[15]. Indem der ArbN das Zurückbehaltungsrecht geltend macht, bringt er zugleich zum Ausdruck, dass er seine Arbeitsleistung für den Fall der Erfüllung der Schutzpflicht anbietet[16]. Eine Heranziehung von § 298 genügt für sich genommen nicht[17], weil diese Vorschrift nur die Voraussetzung an die Nichtannahme durch den Gläubiger absenkt, das Angebot der Leistung aber nicht für entbehrlich erklärt. Bei einer Arbeitsverweigerung gemäß § 9 III 1 ArbSchG bleibt der Vergütungsanspruch bereits auf Grund des Benachteiligungsverbots nach § 9 III 2 ArbSchG aufrechterhalten. Auf die Annahmeverzugsvoraussetzungen kommt es in diesen Fällen nicht an. Wenn der Beschäftigte seine Tätigkeit ohne die Gefahr einer Gesundheitsverschlechterung infolge einer besonderen Anfälligkeit allerdings nur bei

---

1 So aber *Herschel*, RdA 1978, 69 (73); *Herschel*, RdA 1964, 44 (45). | 2 Staudinger/*Oetker*, § 618 BGB Rz. 260; MünchArbR/*Wlotzke*, § 209 Rz. 25. | 3 Erman/*Belling*, § 618 BGB Rz. 23; *Otto*, AR-Blattei SD 1880 Rz. 73; *Söllner*, ZfA 1973, 1 (15 ff.); ErfK/*Wank*, § 618 BGB Rz. 28. | 4 BAG v. 17.2.1998 – 9 AZR 130/97, NZA 1999, 33. | 5 Staudinger/*Oetker*, § 618 BGB Rz. 268; MünchArbR/*Wlotzke*, § 209 Rz. 29, 33. | 6 Staudinger/*Oetker*, § 618 BGB Rz. 269; *Wlotzke*, FS Hilger/Stumpf (1983) S. 723 (748); aA MünchArbR/*Blomeyer*, § 96 Rz. 29. | 7 Staudinger/*Oetker*, § 618 BGB Rz. 264; MünchArbR/*Wlotzke*, § 209 Rz. 26. | 8 *Löwisch*, DB 1979, Beilage Nr. 1, S. 1 (13); ErfK/*Wank*, § 618 BGB Rz. 27. | 9 MünchArbR/*Blomeyer*, § 96 Rz. 29; Soergel/*Kraft*, § 618 BGB Rz. 22; MüKoBGB/*Lorenz*, § 618 Rz. 79. | 10 Erman/*Belling*, § 618 BGB Rz. 23; MüKoBGB/*Lorenz*, § 618 Rz. 82; MünchArbR/*Wlotzke*, § 209 Rz. 26. | 11 Staudinger/*Oetker*, § 618 BGB Rz. 276; MünchArbR/*Wlotzke*, § 209 Rz. 33. | 12 *Kittner/Pieper*, ArbSchR, § 9 ArbSchG Rz. 11; ErfK/*Wank*, § 9 ArbSchG Rz. 1. | 13 Vgl. Art. 8 Abs. 3 u. 4 RL 89/391/EWG; Staudinger/*Oetker*, § 618 BGB Rz. 278. | 14 LAG Köln v. 22.1.1993 – 12 Sa 872/92, AiB 1993, 393. | 15 Soergel/*Kraft*, § 618 BGB Rz. 22; *Otto*, AR-Blattei SD 1880 Rz. 69; *Wlotzke*, FS Hilger/Stumpf (1983), S. 723 (731). | 16 Soergel/*Kraft*, § 618 BGB Rz. 22; *Söllner*, ZfA 1973, 1 (16); idS auch BAG v. 7.6.1973 – 5 AZR 563/72, AP Nr. 28 zu § 615 BGB. | 17 So aber offenbar Erman/*Belling*, § 618 BGB Rz. 24; Staudinger/*Oetker*, § 618 BGB Rz. 282.

sichtlich der Kausalität handelt es sich um eine echte Umkehr der Beweislast und nicht nur um einen Fall des Anscheinsbeweises[1], was über die Grundregel des § 280 I hinausgeht.

44 b) **Deliktische Ansprüche.** Neben dem vertragl. Anspruch aus § 618 kann grds. auch ein Anspruch aus **unerlaubter Handlung** vorliegen. Allerdings hat das Deliktsrecht durch die Einbeziehung des Schmerzensgeldes in das Vertragshaftungsrecht an Bedeutung verloren. In Betracht kommt zum einen ein Anspruch aus § 823 I. Hierbei stellen die Schutzpflichten aus § 618 I und II zumeist auch deliktische Verkehrssicherungspflichten dar[2]. Zum anderen ist ein Anspruch aus § 823 II in Verbindung mit einem Schutzgesetz denkbar. Vorschriften des staatlichen Arbeitsschutzrechts sind dann Schutzgesetze, wenn sie zumindest auch den Zweck verfolgen, Leben und Gesundheit des ArbN zu schützen[3]. Schutzgesetzcharakter weisen auch die Generalklauseln des technischen Arbeitsschutzrechts auf, die zu ihrer Konkretisierung auf technische Regeln verweisen (zB § 3 I ArbStättV, § 8 I 2 GefStoffV)[4]. Die technischen Normen selbst sind als außerrechtl. Phänomen allerdings keine Schutzgesetze[5]. Eindeutig keine Schutzgesetzeigenschaft haben auch diejenigen staatlichen Arbeitsschutzvorschriften, die lediglich die innerbetriebl. Organisation betreffen (zB ASiG)[6]. Demgegenüber sind die UVV der Berufsgenossenschaften gegen die noch hM[7] mit einer im Vordringen befindlichen Ansicht im Hinblick auf Leben und Gesundheit der betroffenen ArbN[8] zu den Schutzgesetzen zu zählen, weil sie zumindest auch den Schutz des einzelnen Beschäftigten bezwecken[9]. Allerdings können die deliktischen Verkehrssicherungspflichten über das von einer UVV gebotene Schutzniveau hinausgehen[10]. § 618 selbst ist entgegen einem neueren obiter dictum des BAG[11] nicht als Schutzgesetz anzusehen[12]. Zum einen will die Norm lediglich vertragl. Verhaltenspflichten konkretisieren. Zum anderen wäre die Verweisung in § 618 III überflüssig, wenn jeder Verstoß gegen § 618 I oder II zugleich eine Schutzgesetzverletzung bedeuten würde[13].

45 c) **Haftungsausschluss.** Die **praktische Bedeutung** des § 618 ist im Arbeitsrecht nur **gering**, weil die Haftung des ArbGeb bei Personenschäden des ArbN zumeist gemäß § 104 SGB VII ausgeschlossen ist. Dies ist im Grundsatz dann der Fall, wenn der Schaden durch einen Versicherungsfall (Arbeitsunfall oder Berufskrankheit gemäß §§ 7 ff. SGB VII) verursacht worden ist. Der Ausschluss bezieht sich auch auf das Schmerzensgeld, was selbst bei schwersten körperlichen Verletzungen verfassungsgemäß ist[14]. An die Stelle des ausgeschlossenen Schadensersatzanspruches gegen den ArbGeb tritt ein Anspruch des ArbN gegen die zuständige Berufsgenossenschaft (Prinzip der Haftungsersetzung durch Versicherungsschutz). Zu einer unmittelbaren Haftung des ArbGeb kommt es nur dann, wenn er den Versicherungsfall vorsätzlich oder auf einem nach § 8 II Nr. 1–4 SGB VII versicherten Weg herbeigeführt hat[15]. Falls ein Schadensereignis ausnahmsw. nicht vom Haftungsausschluss erfasst wird (zB dauerhafte Einwirkung gesundheitsschädlicher Reinigungsmittel), ist eine Ersatzpflicht des ArbGeb aber durchaus denkbar[16].

46 5. **Kündigungsrecht.** Bei einer schwerwiegenden Verletzung von Arbeitsschutzvorschriften kann der ArbN zur **außerordentl. Kündigung** berechtigt sein[17]. Allerdings ist die Kündigung regelmäßig erst nach einer erfolglosen Abmahnung zulässig (§ 314 IV 1). Dem ArbN kann gemäß § 628 II ein Anspruch auf Ersatz des Auflösungsschadens zustehen[18].

47 6. **Beschwerderecht.** Besteht ein arbeitsschutzwidriger Zustand, kann sich der ArbN zunächst gemäß §§ 84, 85 BetrVG an die zuständigen innerbetriebl. Stellen bzw. den BR wenden. Darüber hinaus räumt ihm § 17 II 1 ArbSchG unter bestimmten Voraussetzungen ein **außerbetriebl. Beschwerderecht** ein.

---

1 Soergel/*Kraft*, § 618 BGB Rz. 29; für einen bloßen Prima-facie-Beweis dagegen BAG v. 8.6.1955 – 2 AZR 200/54, BB 1956, 692; Staudinger/*Oetker*, § 618 BGB Rz. 311 ff.; grds. auch Erman/*Belling*, § 618 BGB Rz. 29. | 2 Staudinger/*Oetker*, § 618 BGB Rz. 316. | 3 *Friedrich* in ArbR-BGB, § 618 Rz. 219; MünchArbR/*Wlotzke*, § 209 Rz. 37; eingehend *Herschel*, RdA 1964, 7 ff., 44 f. | 4 *Friedrich* in ArbR-BGB, § 618 Rz. 220; MünchArbR/*Wlotzke*, § 209 Rz. 37; aA Staudinger/*Oetker*, § 618 BGB Rz. 318. | 5 *Herschel*, RdA 1978, 69 (71); *Marburger*, Die Regeln der Technik im Recht (1979), S. 475 f.; Staudinger/*Oetker*, § 618 BGB Rz. 319. | 6 *Friedrich* in ArbR-BGB, § 618 Rz. 219; MünchArbR/*Wlotzke*, § 209 Rz. 37. | 7 BayObLG v. 10.9.2001 – 5 Z RR 209/00, NJW-RR 2002, 1249 (1251); OLG Stuttgart v. 12.3.1999 – 2 U 74/98, NJW-RR 2000, 752 (753); OLG Düsseldorf v. 6.2.1981 – 22 U 154/80, VersR 1982, 501; offen gelassen in BGH v. 20.9.1983 – VI 248/81, NJW 1984, 360 (362). | 8 Nicht hinsichtlich anderer Personen/Interessen; vgl. BGH v. 2.6.1969 – VII ZR 76/67, VersR 1969, 827 (828); BGH v. 10.10.1967 – VI ZR 50/66, NJW 1968, 641 (642). | 9 *Herschel*, RdA 1978, 69 (72); Staudinger/*Oetker*, § 618 BGB Rz. 319; MüKoBGB/*Wagner*, § 823 Rz. 324 f.; MünchArbR/*Wlotzke*, § 207 Rz. 36. Siehe auch BGH v. 11.3.1980 – VI ZR 66/79, NJW 1980, 1745 (1746). | 10 OLG Düsseldorf v. 29.6.2001 – 22 U 204/00, NJW-RR 2002, 1318 (1319). | 11 BAG v. 25.4.2001 – 5 AZR 368/99, NZA 2002, 1211 (1214). | 12 Erman/*Belling*, § 618 BGB Rz. 30; *Friedrich* in ArbR-BGB, § 618 Rz. 221; Soergel/*Kraft*, § 618 BGB Rz. 7; aA *Herschel*, RdA 1978, 69 (72); *Wlotzke*, FS Hilger/Stumpf (1983), S. 723 (735); anders aber MünchArbR/*Wlotzke*, § 209 Rz. 37. | 13 Staudinger/*Oetker*, § 618 BGB Rz. 320. | 14 Grdl. BVerfG v. 7.11.1972 – 1 BvL 4/71, 17/71 u. 10/72, 1 BvR 355/71, BVerfGE 34, 118 (128 ff.); bestätigt in BVerfG v. 8.2.1995 – 1 BvR 753/94, NJW 1995, 1607. | 15 Umfassende Darstellung etwa bei *Friedrich* in ArbR-BGB, § 618 Rz. 225 ff.; Staudinger/*Oetker*, § 618 BGB Rz. 324 ff. Zu Zweck und Gegenstand des Haftungsausschlusses eingehend *Otto/Schwarze*, Die Haftung des Arbeitnehmers (1998), Rz. 520 ff. | 16 LAG Schl.-Holst. v. 2.6.2005 – 2 Ta 31/05; so bereits *Wlotzke*, FS Hilger/Stumpf (1983), S. 723 (737). | 17 Erman/*Belling*, § 618 BGB Rz. 32; *Friedrich* in ArbR-BGB, § 618 Rz. 224; MünchArbR/*Wlotzke*, § 209 Rz. 39. | 18 Vgl. BAG v. 26.7.2001 – 8 AZR 739/00, EzA § 628 BGB Nr. 19 m. Anm. *Krause*.

Vornahme von solchen Schutzmaßnahmen weiter ausüben kann, die dem ArbGeb nicht möglich oder nicht zumutbar sind, liegt kein Gläubigerverzug, sondern Unmöglichkeit vor, die den ArbGeb ggf. zu einer Kündigung berechtigt[1].

4. Schadensersatzansprüche. a) Vertragliche Ansprüche. Wenn der ArbGeb seine Schutzpflicht aus § 618 I oder II verletzt, kann dem ArbN ein Schadensersatzanspruch zustehen. Rechtsgrundlage des Anspruchs ist nicht § 618 III, weil diese Norm lediglich eine Rechtsfolgenverweisung darstellt, die das Bestehen eines Schadensersatzanspruchs voraussetzt. Vielmehr gründet sich die Ersatzpflicht auf § 280 I[2]. Obwohl § 618 III auf einige Vorschriften aus dem Deliktsrecht verweist, handelt es sich um einen vertragl. Schadensersatzanspruch[3]. Da § 618 II die Schutzpflicht auch auf die Bereiche der Sittlichkeit und der Religion erstreckt, kann es auch außerhalb einer Beeinträchtigung von Leben oder Gesundheit des ArbN zu einem Schadensersatzanspruch kommen[4], was freilich nur theoretisch bleiben dürfte. Der Schadensersatzanspruch setzt neben einer objektiven Pflichtverletzung und einem adäquaten Kausalzusammenhang zwischen Verstoß und Schaden ein Verschulden voraus. Für eine verschuldensunabhängige Gefährdungshaftung des ArbGeb ist im Rahmen von § 618 kein Raum[5]. Ein daneben stehender, verschuldensunabhängiger Anspruch gemäß § 670 analog zum Ausgleich sämtlicher gesundheitlicher Beeinträchtigungen des ArbN, die auf die Arbeitsbedingungen zurückgeführt werden können[6], ist abzulehnen. Nach allgemeinen Grundsätzen sind Gesundheitsschäden im Anwendungsbereich von § 670 zwar ersatzfähig[7]. Die Zuerkennung eines Anspruchs würde die Funktion der gesetzl. Unfallversicherung als Haftpflichtversicherung des Unternehmers insb. im Hinblick auf Berufskrankheiten (§ 9 SGB VII) aber konterkarieren[8]. 39

Der ArbGeb muss nach § 278 auch für das **Verschulden von Erfüllungsgehilfen** einstehen. Erfüllungsgehilfe ist jede Person, die auf Grund ihrer Stellung im Betrieb oder infolge besonderer Anweisung für den Gefahrenschutz im Hinblick auf den geschädigten ArbN verantwortlich ist[9]. Selbständige Unternehmer können ebenfalls Erfüllungsgehilfe sein, wenn sie vom ArbGeb in den Gefahrenschutz eingeschaltet worden sind[10]. 40

Der Schadensersatzanspruch kann durch ein **Mitverschulden des ArbN** gemindert sein (§ 254). Bei der Annahme von Mitverschulden ist Zurückhaltung geboten, weil die Hauptverantwortung für Räume, Anlagen und Maschinen grds. den ArbGeb trifft, der ArbN die Gefahrensituation häufig nicht selbst beurteilen kann und er sich vielfach in einer Zwangslage befindet, gefährliche Arbeiten wider besseren Wissens zu übernehmen[11]. Ein Mitverschulden ist hingegen vor allem bei vorsätzlichen Verstößen des Beschäftigten gegen seine allgemeinen Pflichten gemäß den §§ 15, 16 ArbSchG bzw. gegen spezielle BGV zu bejahen. Dasselbe gilt, wenn es der ArbN unterlässt, den ArbGeb über eine nur dem Beschäftigten bekannte Gefahrenquelle zu informieren[12]. Ferner kann ein Mitverschulden darin liegen, dass ein ArbN eine Stelle übernimmt, der er gesundheitlich nicht gewachsen ist, bzw. darin, dass er sich nicht um eine Entlastung bemüht[13]. 41

Der Ersatzanspruch umfasst grds. den **gesamten entstandenen Schaden**. Insb. sind auch etwaige Nichtvermögensschäden zu ersetzen, sofern dies im Wege der Naturalrestitution möglich ist[14]. Die Verweisung in § 618 III auf die §§ 842–846 hat zunächst zur Folge, dass der Geschädigte bei einer Beeinträchtigung der Erwerbsfähigkeit oder einer Vermehrung seiner Bedürfnisse eine Geldrente oder eine Kapitalabfindung verlangen kann, was sich allerdings im Wesentlichen schon aus den §§ 249 ff. ergeben würde[15]. Wichtiger ist, dass den in den §§ 844, 845 genannten Dritten ein eigener Schadensersatzanspruch insb. wegen verloren gegangener Unterhaltsansprüche zusteht. Infolge der Neuregelung des § 253 kann der ArbN abweichend von der früheren Rechtslage[16] nunmehr auch im Rahmen des vertragl. Anspruchs nach § 618 Schmerzensgeld verlangen[17]. 42

Aus dem Schutzzweck des § 618 folgt, dass der ArbN neben dem Schaden nur einen objektiv ordnungswidrigen Zustand **darlegen und beweisen** muss, der generell geeignet ist, den konkret eingetretenen Schaden zu verursachen. Der ArbGeb muss dann den Gegenbeweis führen, dass der ordnungswidrige Zustand für den Schaden nicht kausal gewesen ist oder dass ihn daran kein Verschulden trifft[18]. Hin- 43

1 LAG München v. 27.11.1990 – 2 Sa 542/90, LAGE § 618 BGB Nr. 5. | 2 Vgl. Erman/*Belling*, § 618 BGB Rz. 26; MüKoBGB/*Lorenz*, § 618 Rz. 83; ErfK/*Wank*, § 618 BGB Rz. 31; MünchArbR/*Wlotzke*, § 209 Rz. 36. | 3 Soergel/*Kraft*, § 618 BGB Rz. 23; für eine stärkere Anlehnung an das Deliktsrecht MünchArbR/*Blomeyer*, § 94 Rz. 14, § 96 Rz. 31. | 4 Staudinger/*Oetker*, § 618 BGB Rz. 286. | 5 BAG (GS) v. 10.11.1961 – GS 1/60, DB 1962, 169; *Kort*, NZA 1996, 854 (855 ff.); Soergel/*Kraft*, § 618 BGB Rz. 24; Staudinger/*Oetker*, § 618 BGB Rz. 288. | 6 So *Däubler*, JuS 1986, 425 (430); *Kothe*, AuR 1986, 251 (255). | 7 BGH v. 10.10.1984 – IVa ZR 167/82, BGHZ 92, 270 (271). | 8 *Friedrich* in ArbR-BGB, § 618 Rz. 261 f.; *Seewald*, BG 1990, 232 f. | 9 Erman/*Belling*, § 618 BGB Rz. 26; Soergel/*Kraft*, § 618 BGB Rz. 26. | 10 Soergel/*Kraft*, § 618 BGB Rz. 26; Staudinger/*Oetker*, § 618 BGB Rz. 295. | 11 Vgl. *Friedrich* in ArbR-BGB, § 618 Rz. 215; *Wlotzke*, FS Hilger/Stumpf (1983), S. 723 (750). | 12 MüKoBGB/*Lorenz*, § 618 Rz. 89. | 13 BAG v. 13.3.1967 – 2 AZR 133/66, NJW 1967, 1631. | 14 Staudinger/*Oetker*, § 618 BGB Rz. 302. | 15 BGH (GS) v. 5.2.1952 – GSZ 4/51, BGHZ 5, 62 (63). | 16 Zum früheren Recht vgl. Staudinger/*Oetker*, § 618 BGB Rz. 305. | 17 BAG v. 14.12.2006 – 8 AZR 628/05, NZA 2007, 262. | 18 BAG v. 8.5.1996 – 5 AZR 315/95, NZA 1997, 86; v. 27.1.1970 – 1 AZR 258/69, SAE 1971, 100; v. 8.6.1955 – 2 AZR 200/54, BB 1956, 692 BGB; ebenso BGH v. 14.4.1958 – II ZR 45/57, BGHZ 27, 79 (84).

Hierfür ist zunächst erforderlich, dass konkrete Anhaltspunkte für unzureichende Maßnahmen zur Gewährleistung von Sicherheit und Gesundheitsschutz vorliegen. Dabei stellt das Gesetz auf die subjektive Einschätzung des Beschäftigten ab[1]. Weiter muss der ArbN zunächst vom ArbGeb erfolglos Abhilfe verlangt haben. Eine umfassende Ausschöpfung sämtlicher innerbetriebl. Möglichkeiten ist dagegen nicht nötig[2]. Schließlich darf sich der ArbN bei seiner außerbetriebl. Beschwerde nur an die zuständige Behörde wenden. Dies sind die örtlich zuständige Arbeitsschutzbehörde sowie der für den ArbGeb zuständige Unfallversicherungsträger[3]. Polizei, Staatsanwaltschaft, Gewerkschaften oder die Presse dürfen dagegen nicht angerufen werden[4].

§ 17 II 2 ArbSchG ordnet ein **Nachteilsverbot** an. Wenn sich ein ArbN im aufgezeigten Rahmen hält, 48
darf der ArbGeb nicht mit einer Kündigung oder Abmahnung reagieren. Für eine Entgeltfortzahlung bei einer Arbeitsversäumnis bietet die Vorschrift dagegen keine Handhabe[5]. Allerdings kann sich ein Anspruch aus § 615 ergeben (Rz. 38).

619 *Unabdingbarkeit der Fürsorgepflichten*

Die dem Dienstberechtigten nach den §§ 617, 618 obliegenden Verpflichtungen können nicht im Voraus durch Vertrag aufgehoben oder beschränkt werden.

Gemäß § 619 sind die dem Dienstberechtigten nach den §§ 617, 618 auferlegten Pflichten **zwingendes** 1
Recht[6]. Hierdurch soll der durch diese Normen bezweckte Schutz gegen abweichende Vereinbarungen gesichert werden. § 619 bezieht sich auf sämtliche einzelvertragl. und kollektivvertragl. Vereinbarungen. Darüber hinaus sind auch einseitige Anordnungen[7] bzw. Verzichtserklärungen erfasst. Der Verbotstatbestand bezieht sich auf sämtliche Abreden, die zu einer unmittelbaren oder auch nur mittelbaren Einschränkung der Pflichten des ArbGeb aus den §§ 617, 618 führen[8]. Insb. ist eine Abwälzung der Kosten für eine Schutzausrüstung, die vom ArbGeb zu beschaffen ist, auf den ArbN grds. unzulässig. Eine Kostenbeteiligung ist nur statthaft, wenn der Beschäftigte aus den Schutzgegenständen freiwillig private Vorteile ziehen kann (näher § 618 Rz. 25).

§ 619 untersagt nur solche Vereinbarungen, durch die **im Voraus** Pflichten abbedungen werden sollen. 2
Dies bezieht sich grds. auf sämtliche Vereinbarungen vor und während des Arbeitsverhältnisses sowie nach dessen Beendigung[9]. Alle dahin gehenden Absprachen sind nach § 134 nichtig[10], ohne dass die Wirksamkeit des übrigen Vertrages berührt wird[11]. Zulässig sind dagegen Vereinbarungen, die einen bereits entstandenen Ersatzanspruch betreffen[12]. Hierbei kommt es nicht darauf an, ob die Abrede erst nach oder noch während des Arbeitsverhältnisses getroffen wird[13]. Ein Erlass bzw. ein Vergleich muss aber den allgemeinen Wirksamkeitsanforderungen standhalten[14].

619a *Beweislast bei Haftung des Arbeitnehmers*

Abweichend von § 280 Abs. 1 hat der Arbeitnehmer dem Arbeitgeber Ersatz für den aus der Verletzung einer Pflicht aus dem Arbeitsverhältnis entstehenden Schaden nur zu leisten, wenn er die Pflichtverletzung zu vertreten hat.

1 Staudinger/*Oetker*, § 618 BGB Rz. 387; MünchArbR/*Wlotzke*, § 209 Rz. 42. | 2 Staudinger/*Oetker*, § 618 BGB Rz. 392; MünchArbR/*Wlotzke*, § 209 Rz. 43 (dort auch zur Vereinbarkeit mit Art. 11 VI RL 89/391 EWG). | 3 Staudinger/*Oetker*, § 618 BGB Rz. 394. | 4 MünchArbR/*Wlotzke*, § 209 Rz. 45. Zur Problematik des „whistleblowing" siehe ferner BAG v. 3.7.2003 – 2 AZR 235/02, NZA 2004, 427. | 5 AA MünchArbR/*Wlotzke*, § 209 Rz. 46. | 6 BAG v. 16.3.2004 – 9 AZR 93/03, NZA 2004, 927. | 7 Vgl. BAG v. 21.8.1985 – 7 AZR 199/83, NZA 1986, 324. | 8 Staudinger/*Oetker*, § 619 BGB Rz. 17. | 9 ErfK/*Wank*, § 619 BGB Rz. 2. | 10 Gegen einen Rekurs auf § 134 Erman/*Belling*, § 619 BGB Rz. 4. | 11 Staudinger/*Oetker*, § 619 BGB Rz. 23; MüKoBGB/*Lorenz*, § 619 Rz. 13. | 12 Erman/*Belling*, § 619 BGB Rz. 2. | 13 Staudinger/*Oetker*, § 619 BGB Rz. 21. | 14 *Friedrich* in ArbR-BGB, § 619 Rz. 5.

1 **I. Normzweck.** Die Vorschrift ist auf Vorschlag des Rechtsausschusses[1] als Teil des **Gesetzes zur Modernisierung des Schuldrechts** in das BGB eingefügt worden. Mit ihr soll der im Vorfeld geäußerten Befürchtung[2] entgegengetreten werden, dass die neu geschaffene Regelung des § 280 I 2, nach der der Schuldner bei jeder Verletzung einer Pflicht aus einem Schuldverhältnis sein Nichtvertretenmüssen nachzuweisen hat, zu einer Verschlechterung der zuvor für ArbN geltenden Grundsätze führt. Während der BGH die frühere, nur für die Unmöglichkeit der Leistung geltende Regelung des § 282, nach der es Sache des Schuldners war, das Nichtvertretenmüssen der Unmöglichkeit nachzuweisen, vielfach auf Fälle der pVV angewendet hatte oder doch eine sachlich im Ergebnis übereinstimmende Beweislastverteilung nach Gefahrenbereichen vertrat, hat das BAG eine entsprechende Heranziehung dieser Norm stets abgelehnt, soweit dadurch das ArbN-Haftungsprivileg unterlaufen worden wäre[3]. Durch § 619a soll erreicht werden, dass sich an dieser für den ArbN günstigen Verteilung der Beweislast nichts ändert[4]. Die Vorschrift regelt damit nur ein Detailproblem aus dem Gesamtkomplex der ArbN-Haftung, die im Folgenden im Zusammenhang erläutert werden soll.

2 **II. Haftungsgrundlagen.** Da der Gesetzgeber auf eine eigenständige Regelung des Rechts der Leistungsstörungen im Arbeitsverhältnis verzichtet hat, gelten für die Haftung des ArbN im **Ausgangspunkt die allgemeinen Grundsätze**. Mit dem Gesetz zur Modernisierung des Schuldrechts ist die einheitliche Anspruchsgrundlage der schuldhaften Pflichtverletzung gemäß § 280 I geschaffen worden, die für bestimmte Schadensarten durch die §§ 281–286 ergänzt wird und der für anfängliche Leistungshindernisse § 311a II als Sonderregel vorgeht (s. auch Rz. 64).

3 Eine **Pflichtverletzung** kann zunächst in der Weise vorkommen, dass der ArbN seine **Dienste nicht erfüllt**, indem er seine Arbeit erst gar nicht antritt, sie unterbricht oder dauerhaft abbricht. Soweit es sich bei der Arbeitsleistung um eine absolute Fixschuld handelt (dazu § 615 Rz. 6 ff.), haben alle diese Verhaltensweisen des ArbN grds. zur Folge, dass der Anspruch des ArbGeb auf die Arbeitsleistung selbst nach § 275 I sofort untergeht. Der Anspruch gegen den Beschäftigten auf Ersatz des Erfüllungsinteresses (Schadensersatz statt der Leistung) beruht dann regelmäßig auf den §§ 280 I und III, 283. Lediglich bei einem bereits bei Vertragsschluss bestehenden Leistungshindernis ist die Sondervorschrift des § 311a II anzuwenden. Diese Norm bezieht sich allerdings nur auf die Fälle, in denen die Arbeitspflicht gemäß § 275 ausgeschlossen ist. Leidet bereits der Vertragsschluss selbst an einem Wirksamkeitsmangel (zB Gesetzesverstoß iSd. § 134 BGB)[5], haftet der ArbN nicht nach § 311a II auf das Erfüllungsinteresse, sondern allenfalls gemäß §§ 280 I, 241 II, 311 II auf Vertrauensschadensersatz unter dem Aspekt der Verletzung einer vorvertragl. Aufklärungspflicht[6].

4 Wenn die Arbeit an sich zu einem bestimmten Zeitpunkt erbracht werden soll, arbeitsvertragl. aber eine **Nachholbarkeit** vorgesehen ist (vgl. § 615 Rz. 8), gerät der ArbN bei einer zu vertretenden Nichtleistung jedenfalls zunächst nur in Schuldnerverzug, ohne dass es hierfür einer Mahnung bedarf (§ 286 II Nr. 1). Neben dem bis auf weiteres fortbestehenden Erfüllungsanspruch hat der ArbGeb einen Anspruch auf Ersatz für den durch die Leistungsverzögerung entstandenen Schaden, der auf den §§ 280 I und II, 286 beruht. Sofern sich die Arbeitsvertragsparteien auf die Möglichkeit zur Nachholung einer objektiv verzögerten Arbeit geeinigt haben, ohne hierfür Detailregelungen getroffen zu haben, kann der ArbGeb dem ArbN nach § 281 I eine angemessene Frist zur Nachleistung setzen, um die Voraussetzungen für einen Anspruch auf Schadensersatz statt der Leistung (§ 280 III) zu schaffen, falls man eine Fristsetzung nicht sogar für entbehrlich hält (§ 281 II)[7].

5 Soweit der ArbN wegen Vertragsbruchs das Erfüllungsinteresse zu ersetzen hat, kann er sich allerdings auf eine etwaige **Möglichkeit zur ordentl. Eigenkündigung** berufen. In diesem Falle muss er nur für den durch die vorzeitige Arbeitseinstellung entstandenen Schaden („Verfrühungsschaden") aufkommen (s. aber auch Rz. 10)[8].

1 BT-Drs. 14/7072, S. 64, 204. | 2 *Löwisch*, NZA 2001, 465 (466). | 3 BAG v. 17.9.1998 – 8 AZR 175/97, NZA 1999, 141; v. 13.3.1968 – 1 AZR 362/67, DB 1968, 1227; v. 30.8.1966 – 1 AZR 456/65, DB 1967, 45. | 4 BT-Drs. 14/7052 v. 9.10.2001, S. 204. | 5 Zur Abgrenzungsproblematik siehe auch MüKoBGB/*Ernst*, § 311a Rz. 25; *Rieble* in Dauner-Lieb/Konzen/K. Schmidt, Das neue Schuldrecht, S. 137 (149 f.). | 6 BT-Drs. 14/6040, S. 165; *Däubler*, NZA 2001, 1329 (1332); *Gotthardt*, Schuldrechtsreform, Rz. 164; *Löwisch*, FS Wiedemann (2002), S. 311 (325 f.). | 7 *Hellfeier*, Die Leistungszeit im Arbeitsverhältnis (2003), S. 133 f. | 8 BAG v. 23.3.1984 – 7 AZR 37/81, NZA 1984, 122; v. 26.3.1981 – 3 AZR 485/78, DB 1981, 1832.

Nimmt der ArbGeb die schuldhafte Nichtleistung des ArbN zum Anlass, sich seinerseits durch eine außerordentl. Kündigung vom Arbeitsverhältnis zu lösen, gewährt ihm die **spezielle Vorschrift des § 628 II** einen Anspruch auf Ersatz des Auflösungsschadens (s. § 628 Rz. 38 ff.). 6

Von der Nichtleistung ist die **Schlechtleistung ieS** zu unterscheiden, die darin besteht, dass der ArbN die von ihm zugesagten Dienste nicht wie geschuldet erbringt[1]. Hierunter fallen neben Qualitätsmängeln auch Quantitätsmängel (passive Resistenz)[2]. Dabei gilt ein subjektiver Leistungsmaßstab[3], was sonstige Sanktionen (Abmahnung, Kündigung) bei objektiver Schlechtleistung freilich nicht ausschließt[4]. Soweit die Arbeit Fixschuldcharakter hat (vgl. § 615 Rz. 6 ff.), scheidet eine Nacherfüllung schon aus diesem Grunde aus. Der ArbN ist aber auch bei objektiv möglicher Nacherfüllung nicht dazu verpflichtet, auf eigene Kosten nachzuleisten, weil dies auf eine im Dienstvertragsrecht nicht vorgesehene Minderung wegen mangelhafter Leistung[5] hinauslaufen würde. Der ArbGeb kann ihn zwar anweisen, die Folgen der Schlechtleistung zu beseitigen. Hierzu muss der ArbN ggf. an sich nicht geschuldete Überstunden erbringen. Diese Überarbeit muss indes eigens bezahlt werden, damit im wirtschaftl. Ergebnis keine Entgeltminderung eintritt[6]. 7

Besteht somit kein (echter) Nacherfüllungsanspruch, kommt grds. auch in diesen Gestaltungen sogleich ein **Anspruch auf Schadensersatz statt der Leistung** gemäß §§ 280 I und III, 283 in Betracht. Als Schadensersatz kann in einem solchen Falle zwar nicht die ordnungsgemäße Nachleistung der Dienste verlangt werden[7], weil der Anspruch auf Schadensersatz statt der Leistung zumindest regelmäßig nicht auf Naturalrestitution gerichtet ist[8]. Ein Schaden kann aber in dem Arbeitsentgelt liegen, das der ArbGeb an sich an den betroffenen ArbN zahlen muss, wenn er berechtigterweise Überstunden anordnet, um die Folgen der Schlechtleistung zu beheben. Entsprechendes gilt bei der Beauftragung eines Dritten, etwa eines Kollegen[9], oder bei eigenen überobligationsmäßigen Anstrengungen des ArbGeb selbst[10]. 8

Denkbar ist schließlich, das für die schlecht geleistete Arbeit gezahlte **Entgelt als vergebliche Aufwendung** anzusehen, deren Ersatz nach Maßgabe von § 284 verlangt werden kann. Dabei ist in allen diesen Fällen darauf zu achten, dass grds. nur auf den in der Mangelhaftigkeit der Arbeit liegenden Schaden abgestellt werden darf. Eine Ausdehnung auf die gesamte im Zusammenhang mit der Schlechtleistung erbrachte Arbeit ist nur unter eingeschränkten Voraussetzungen zulässig (§§ 283 S. 2, 281 I 2). Die Differenz zwischen ordnungsgemäßer und mangelhafter Arbeit stellt für sich genommen allerdings keine konkrete Vermögenseinbuße des ArbGeb dar[11]. Zwar erlaubt § 284 dem ArbGeb, an Stelle des Schadensersatzes statt der Leistung den Ersatz des nutzlos aufgewendeten Arbeitsentgelts zu verlangen. Die Vergütung darf aber nicht vollständig, sondern nur im Hinblick auf die Minderleistung als frustrierte Aufwendung angesehen werden. Eine genaue Bezifferung des Minderwertes einer nicht ordnungsgemäß erbrachten Arbeit ist freilich kaum möglich[12]. Fehlt es an einem Vermögensfolgeschaden des ArbGeb, der etwa in den aufzuwendenden Kosten für die Beseitigung einer Minderleistung liegen kann, bleibt die Schlechtleistung des ArbN schadensrechtl. sanktionslos. Dies ist hinnehmbar, weil dem ArbGeb genügend andere Instrumente zur Verfügung stehen, mit denen er auf eine mangelhafte Arbeitsleistung des Beschäftigten reagieren kann (Abmahnung, Kündigung)[13]. Eine restriktive Haltung in der Schadensersatzfrage korrespondiert zudem mit der durch § 326 I 2 noch einmal gestützten Entscheidung des Gesetzgebers[14], im Dienstvertragsrecht keine Minderung wegen mangelhafter Leistung zuzulassen. 9

Von der Schlechtleistung ieS ist die Verletzung von **Schutz- und Rücksichtnahmepflichten iSd. § 241 II** abzugrenzen. Hierbei geht es darum, dass der ArbN die zugesagten Dienste als solche zwar ordnungsgemäß erbringt, aber Integritätsinteressen des ArbGeb verletzt, indem er etwa Arbeitsmittel beschädigt, Betriebsgeheimnisse preisgibt oder durch sein Verhalten eine Haftung des ArbGeb gegenüber Dritten verursacht. In diese Rubrik gehört auch die Verletzung von vertragl. Informationspflichten. Dies betrifft etwa den Fall, dass der ArbN den ArbGeb nicht rechtzeitig über seine Absicht unterrichtet, eine Arbeitsstelle vertragswidrig nicht antreten zu wollen[15]. Dasselbe gilt für den Verstoß einer ArbNin gegen die Pflicht, das vorzeitige Ende einer mitgeteilten Schwangerschaft anzuzeigen, wobei sich das BAG in der 10

---

1 *Richardi*, NZA 2002, 1004 (1010 f.). | 2 *Otto/Schwarze*, Die Haftung des Arbeitnehmers (1998), Rz. 95, 104; einer Einordnung von passiver Resistenz als (partieller) Nichtleistung zuneigend BAG v. 17.7.1970 – 3 AZR 423/69, DB 1970, 2226. | 3 BAG v. 21.5.1992 – 2 AZR 551/91, NZA 1992, 1028; v. 17.3.1988 – 2 AZR 576/87, NZA 1989, 261. | 4 Vgl. BAG v. 11.12.2003 – 2 AZR 667/02, NZA 2004, 784; v. 26.9.1991 – 2 AZR 132/91, NZA 1992, 1073. | 5 Siehe BAG v. 18.7.2007 – 5 AZN 610/07, BB 2007, 1903; BGH v. 15.7.2004 – IX ZR 256/03, NJW 2004, 2817; v. 7.3.2002 – III ZR 12/01, NJW 2002, 1571 (1572); v. 24.2.1982 – IVa ZR 296/80, NJW 1982, 1532; BAG v. 6.6.1972 – 1 AZR 438/71, DB 1972, 1731. | 6 *Beuthien*, RdA 1972, 20 (23 Fn. 18); *Dietz/Wiedemann*, JuS 1961, 116 (119) Fn. 20. | 7 So aber *Richardi*, NZA 2002, 1004 (1011). | 8 MüKoBGB/*Ernst*, Vor § 281 Rz. 8 f.; idS bereits *Beuthien*, RdA 1972, 20 (23). | 9 Vgl. BAG v. 24.4.1970 – 3 AZR 324/69, DB 1970, 1645; allg. auch BAG v. 6.6.1972 – 1 AZR 438/71, DB 1972, 1731. | 10 Vgl. BAG v. 24.8.1967 – 5 AZR 59/67, DB 1967, 1944. | 11 MünchArbR/*Blomeyer*, § 58 Rz. 23; *Lindemann*, AuR 2002, 81 (84); idS auch BAG v. 6.6.1972 – 1 AZR 438/71, DB 1972, 1731; aA *Beuthien*, ZfA 1972, 73 (76 ff.). | 12 Ebenso MünchArbR/*Blomeyer*, § 58 Rz. 18; *Otto/Schwarze*, Haftung, Rz. 109. | 13 So auch (im Zusammenhang mit der Frage einer Lohnminderung wegen fahrlässiger Schlechtleistung) MünchArbR/*Blomeyer*, § 58 Rz. 18. | 14 BT-Drs. 14/6040, S. 189; ebenso *Gotthardt*, Schuldrechtsreform, Rz. 190; ErfK/*Preis*, § 619a BGB Rz. 7. | 15 BAG v. 14.9.1984 – 7 AZR 11/82, NZA 1985, 25.

Frage des ersatzfähigen Schadens allerdings sehr restriktiv verhält[1]. Anspruchsgrundlage ist in allen diesen Gestaltungen § 280 I. Insoweit gilt ein objektiver Sorgfaltsmaßstab[2]. Für einen Anspruch auf Schadensersatz statt der Leistung gemäß §§ 280 I und III, 282 bleibt praktisch kein Raum. Wenn dem ArbGeb die Leistung durch den ArbN nicht mehr zuzumuten ist, wird er nämlich zur außerordentl. Kündigung greifen, so dass § 628 II einschlägig ist. Bei der Verletzung vorvertragl. Rücksichtnahmepflichten (§§ 241 II, 311 II) durch den ArbN gründet sich ein Schadensersatzanspruch ebenfalls auf § 280 I[3]. Neben vertragl. Ansprüchen kann der ArbN dem ArbGeb nach Deliktsrecht (§§ 823 I und II, 826) sowie nach Spezialtatbeständen (§ 17 UWG) verantwortlich sein. Im Verhältnis zu Arbeitskollegen und außenstehenden Dritten kommt nur eine Schadensersatzpflicht nach deliktischen Grundsätzen in Betracht.

11 **III. Einschränkung der Haftung des Arbeitnehmers gegenüber dem Arbeitgeber.** Die Grundentscheidung des BGB, bei jedem Verschulden eine Pflicht des Schuldners zum Ersatz des gesamten Schadens anzuordnen, die nur bei einem echten Mitverschulden reduziert wird (§ 254), wird hinsichtlich der Haftung des ArbN gegenüber dem ArbGeb schon seit Jahrzehnten als **sozial unbefriedigend** empfunden. Zu einer umfassenden gesetzl. Regelung ist es in der Vergangenheit trotz wiederholter Ansätze nicht gekommen. Daran hat auch das Gesetz zur Modernisierung des Schuldrechts nichts geändert. Es ist daher nach wie vor Sache der Rspr., die für die Innenhaftung des ArbN geltenden Grundsätze herauszuarbeiten.

12 **1. Sachliche Begründung der Haftungsprivilegierung.** Die im Prinzip heutzutage unstreitige[4] Beschränkung der Innenhaftung des ArbN lässt sich im Wesentlichen auf **zwei Grundgedanken** zurückführen[5]: Zum einen geht es um den allgemeinen zivilrechtl. Gedanken einer Berücksichtigung des betriebl. Risikopotentials, zum anderen um den spezifisch arbeitsrechtl. Aspekt des Sozialschutzes von ArbN.

13 Das BAG geht schon seit längerem[6] vom Begriff des **Betriebsrisikos** aus und versteht darunter den Umstand, dass der ArbGeb den Betrieb organisiert und die Arbeitsbedingungen ausgestaltet. Indem der ArbGeb die ArbN in die von ihm geschaffene und gesteuerte betriebl. Organisation eingliedert, verursacht und beeinflusst er Schadensrisiken, denen die ArbN nicht ausweichen können und die sich der ArbGeb als haftungsmindernder Faktor zurechnen lassen muss[7]. Soweit der ArbGeb durch den von ihm organisierten Betriebsablauf erhöhte Risiken schafft, die sich bei einem schuldhaften Fehlverhalten des ArbN im Schaden niederschlagen, ist dieser Begründung ohne weiteres zuzustimmen. Beschränkt sich der Verursachungsanteil des ArbGeb dagegen darauf, dem ArbN durch die Zuweisung von Arbeit die Möglichkeit einer Schädigung eröffnet zu haben, bedarf es eines weiteren Zurechnungselements, das in der Fremdnützigkeit der Arbeitsleistung zu sehen ist. Indem der ArbGeb die Tätigkeit des ArbN in seinen betriebl. Leistungsprozess integriert und daraus Vorteile zieht, macht er sich die Arbeitskraft in wirtschaftl. Hinsicht zunutze, so dass es gerechtfertigt ist, ihn auch das mit der Leistung menschlicher Arbeit notwendiger Weise verbundene Risiko des Versagens tragen zu lassen[8]. Außerdem fehlt dem ArbN im Gegensatz zum Unternehmer regelmäßig der Freiraum für eine autonome Gefahrsteuerung als ungeschriebene Prämisse der zivilrechtl. Verschuldenshaftung[9]. Des Weiteren kann der ArbGeb vielfach besser als der einzelne ArbN die wirtschaftl. Sinnhaftigkeit von Präventionsmaßnahmen beurteilen, weil er durch eine gesamtbetriebl. Perspektive flächendeckend Informationen gewinnen und Größenvorteile nutzen kann. Schließlich kann der ArbGeb die Schadensrisiken regelmäßig besser als der ArbN absorbieren, weil er sie über den Markt abwälzen und häufig auch versichern kann.

14 Der **Sozialschutz des ArbN** als weiterer eine Haftungsprivilegierung legitimierender Grundgedanke hat zwei Teilausprägungen. Erstens geht es um das Missverhältnis zwischen Entlohnung und Haftungsrisiko[10]. Zweitens ist der Beschäftigte vor einer Existenzgefährdung durch eine ruinöse Ersatzpflicht zu bewahren[11].

15 Der Große Senat des BAG hat darüber hinaus auf **verfassungsrechtl. Überlegungen** zurückgegriffen. Danach stelle eine unbeschränkte Schadenshaftung des ArbN einen unverhältnismäßigen Eingriff in sein Recht auf freie Entfaltung seiner Persönlichkeit (Art. 2 I GG) und in sein Recht auf freie Berufsausübung (Art. 12 I GG) dar[12]. In einer weiteren Entscheidung wurde die Schutzpflichtentheorie des

---

1 BAG v. 13.11.2001 – 9 AZR 590/99, ZTR 2002, 495; v. 18.1.2000 – 9 AZR 932/98, NZA 2000, 1157. | 2 ErfK/*Preis*, § 611 Rz. 647. | 3 Die Möglichkeit einer Haftung aus §§ 280 I, 241 II, 311 II *neben* einer etwaigen Verantwortlichkeit gemäß § 311a II bejahend *Rieble* in Dauner-Lieb/Konzen/K. Schmidt, Das neue Schuldrecht, S. 137 (152); verneinend Huber/*Faust*, Schuldrechtsmodernisierung (2002), Kap. 7 Rz. 17; für den Regelfall ebenso MüKoBGB/*Ernst*, § 311a Rz. 21. | 4 Zur Frage der gewohnheitsrechtlichen Verfestigung *Otto/Schwarze*, Haftung, Rz. 63 f. | 5 Zum Folgenden eingehend *Krause*, NZA 2003, 577 (578 ff.); *Otto/Schwarze*, Haftung, Rz. 26 ff. | 6 BAG v. 28.4.1970 – 1 AZR 146/69, DB 1970, 1547; v. 7.7.1970 – 1 AZR 505/69, BB 1970, 1349; v. 3.11.1970 – 1 AZR 228/70, DB 1971, 342. | 7 BAG (GS) v. 12.6.1992 – GS 1/89, NZA 1993, 547; v. 27.9.1994 – GS 1/89 (A), NZA 1994, 1083; zuletzt BAG v. 18.4.2002 – 8 AZR 348/01, NZA 2003, 37. | 8 *Otto/Schwarze*, Haftung, Rz. 37. | 9 *Otto/Schwarze*, Haftung, Rz. 38. | 10 *Otto/Schwarze*, Haftung, Rz. 42. | 11 *Otto/Schwarze*, Haftung, Rz. 42. | 12 BAG v. 12.6.1992 – GS 1/89, NZA 1993, 547.

BVerfG herangezogen[1], wonach der Staat bei einem strukturellen Ungleichgewicht zwischen den Vertragsparteien, das zu einer unzumutbar belastenden Vereinbarung geführt hat, schützend eingreifen muss, um einen angemessenen Ausgleich der Grundrechtspositionen beider Vertragspartner zu ermöglichen[2]. Die grundrechtl. Vorgaben sind indes wenig konkret, um aus ihnen klare Anhaltspunkte für eine Enthaftung des ArbN herleiten zu können[3].

Auch wenn das Gesetz zur Modernisierung des Schuldrechts die Einschränkung der Haftung von ArbN nicht ausdrücklich geregelt hat, soll die von der Rspr. entwickelte Privilegierung nach dem Willen des Gesetzgebers doch **bestätigt** werden[4], so dass diese Judikatur eine zusätzliche Legitimation erfahren hat. 16

2. **Dogmatische Umsetzung.** Hinsichtlich der dogmatischen Umsetzung der für eine Haftungsprivilegierung sprechenden Wertungen sind im Laufe der Zeit verschiedenartige haftungsgrund- und haftungsfolgenorientierte Lösungen angeboten worden. In der Rspr.[5] und in der Lit.[6] dominiert die Vorstellung, dass die Reduktion der ArbN-Haftung auf eine **analoge Anwendung von § 254** zu stützen sei. Die Organisation des Betriebs und die Gestaltung der Arbeitsbedingungen durch den ArbGeb wird als ein verschuldensunabhängiger Zurechnungsfaktor angesehen, der entsprechend § 254 eine Milderung der Haftung des ArbN rechtfertige. 17

Der Schuldrechtsreformgesetzgeber meint, dass es die **Veränderung von § 276 I 1** erlaube, die Haftungsprivilegierung in dieser Norm zu verankern, weil sich eine mildere Haftung nunmehr auch aus dem Inhalt des Schuldverhältnisses ergeben könne. Die Rspr. sei daher nicht mehr gezwungen, auf den an sich nicht passenden § 254 auszuweichen[7]. Die Haftungsreduktion würde danach im Haftungstatbestand und nicht mehr auf der Ebene der Haftungsfolgen angesiedelt sein. Gegen diese Sichtweise spricht jedoch, dass ein Rekurs auf das Vertretenmüssen nur eine Alles-oder-Nichts-Lösung erlaubt und daher allenfalls eine umfassende Freistellung im Bereich der leichten Fahrlässigkeit rechtfertigt. Eine Schadensteilung, wie sie von der Rspr. vor allem in den Fällen mittlerer Fahrlässigkeit (Rz. 34 ff.), teilweise aber auch bei grober Fahrlässigkeit (Rz. 32 f.) vorgenommen wird, lässt sich mit diesem Ansatz nicht begründen[8]. In diesem Sinne hat das BAG in neueren Urteilen seine bisherige Linie fortgeschrieben, ohne die Überlegungen der Gesetzesverfasser zu erwähnen[9]. 18

Tatsächlich ist eine **Kombination** zu befürworten. Soweit sich besondere betriebl. Risiken im Schaden realisiert haben, ist dies dem ArbGeb analog § 254 zuzurechnen. Soweit es um die Verantwortlichkeit des ArbGeb für allgemeine Tätigkeitsrisiken sowie den Sozialschutz des ArbN geht, ist ein ungeschriebener Rechtssatz anzunehmen, der die allgemeinen Haftungsvorschriften zu Gunsten des ArbN überlagert[10]. 19

IV. Einzelvoraussetzungen der Haftungsreduktion. 1. Begünstigter Personenkreis. Die Haftungsprivilegierung gilt zunächst für **sämtliche ArbN**[11]. Hierzu zählen grds. auch leitende Angestellte[12]. Der BGH hat seine anfänglich ablehnende Judikatur[13] mittlerweile aufgegeben[14]. Eine vollständige Ausklammerung ist nicht gerechtfertigt, weil nicht in jedem Fall davon ausgegangen werden kann, dass der leitende Angestellte das Schadensrisiko selbständig steuern kann bzw. das vereinbarte Arbeitsentgelt eine hinreichende Risikoprämie enthält[15]. Allerdings sind an leitende Angestellte höhere Sorgfaltsanforderungen zu richten. Außerdem kann es infolge ihrer besonderen Kenntnisse und Fähigkeiten geboten sein, das Verhalten eines leitenden Angestellten eher als bei einem einfachen ArbN als grobe Fahrlässigkeit einzustufen[16]. Die Haftungsreduktion erstreckt sich gemäß § 10 II BBiG weiter auf Auszubildende[17], führt dort aber nicht zu einer weiter gehenden Haftungsfreistellung[18]. Die Enthaftungsregeln gelten ferner nicht nur für die Rechtsbeziehungen des LeihArbN zum Verleiher, sondern auch zum Entleiher[19]. 20

1 BAG (GS) v. 27.9.1994 – GS 1/89 (A), NZA 1994, 1083. |2 BVerfG v. 19.10.1993 – 1 BvR 567 u. 1044/89, BVerfGE 89, 214 (232 ff.). |3 Dazu eingehend *Otto/Schwarze*, Haftung, Rz. 52 ff. Siehe auch BVerfG v. 12.11.1997 – 1 BvR 479/92, BVerfG 96, 357 (393): Verfassungsrechtliche Unbedenklichkeit des zivilen Vertrags- und Deliktsrecht (insb. §§ 611, 276, 249 BGB sowie §§ 823 I, 847 BGB aF). |4 BT-Drs. 14/6857, S. 48; BT-Drs. 14/7052, S. 204. |5 BAG v. 18.4.2002 – 8 AZR 348/01, NZA 2003, 37; BAG (GS) v. 27.9.1994 – GS 1/89 (A), NZA 1994, 1083; v. 12.6.1992 – GS 1/89, NZA 1993, 547. |6 MünchArbR/*Blomeyer*, § 59 Rz. 34; *Canaris*, RdA 1966, 41 (46 f.); MüKoBGB/*Henssler*, § 619a Rz. 11. |7 BT-Drs. 14/6857, S. 48; idS auch BT-Drs. 14/7052, S. 204. |8 *Gotthardt*, Schuldrechtsreform, Rz. 195; *Henssler*, RdA 2002, 129 (133); *Herbert/Oberrath*, NJW 2005, 3745 (3748 f.); *Krause*, NZA 2003, 577 (581). |9 BAG v. 5.2.2004 – 8 AZR 91/03, NZA 2004, 649; v. 18.4.2002 – 8 AZR 348/01, NZA 2003, 37. |10 *Otto/Schwarze*, Haftung, Rz. 84. |11 MünchArbR/*Blomeyer*, § 59 Rz. 68; *Peifer*, ZfA 1996, 69 (76 ff.). |12 *Brox/Walker*, DB 1985, 1469 (1476 f.); MüKoBGB/*Henssler*, § 619a Rz. 15; *Joussen*, RdA 2006, 129 (131 ff.); *Otto/Schwarze*, Haftung, Rz. 128. |13 BGH v. 25.2.1969 – VI ZR 223/67, NJW 1970, 34 (35); BGH v. 7.10.1969 – VI ZR 223/67, DB 1969, 2224 (Justitiar eines Unternehmens); siehe auch BGH v. 14.2.1985 – IX ZR 145/83, VersR 1985, 693 (696) (Geschäftsführer einer Innungskrankenkasse). |14 BGH v. 25.6.2001 – II ZR 38/99, BGHZ 148, 167 (172); für den Fall einer Schadenszufügung bei einer für einen leitenden Angestellten nicht charakteristischen Tätigkeit ebenso bereits BAG v. 11.11.1976 – 3 AZR 266/75, DB 1977, 454 (Bauleiter). |15 So aber *Kaiser*, AR-Blattei SD 70.2 Rz. 216 ff.; diff. *Peifer*, ZfA 1996, 69 (77). |16 *Krause*, NZA 2003, 577 (581 f.); *Otto/Schwarze*, Haftung, Rz. 128. |17 BAG v. 18.4.2002 – 8 AZR 348/01, NZA 2003, 37; v. 7.7.1970 – 1 AZR 507/69, DB 1970, 1886. |18 BAG v. 20.9.2006 – 10 AZR 439/05, NZA 2007, 977. |19 BGH v. 22.5.1978 – II ZR 111/76, VersR 1978, 819; v. 10.7.1973 – VI ZR 66/72, NJW 1973, 2020; OLG Frankfurt/M. v. 5.7.1995 – 19 U 63/93, VersR 1996, 1403 (1405).

Entscheidend ist insoweit, dass der Entleiher den LeihArbN wie einen eigenen Beschäftigten in den von ihm organisierten und gesteuerten Arbeitsprozess einbindet[1]. Bei arbeitnehmerähnlichen Personen ist die Haftung entgegen der Rspr.[2] ebenfalls zu reduzieren, weil sich dieser Personenkreis in einer vergleichbaren Schutzbedürftigkeit befindet[3]. Bei freien Mitarbeitern ist darauf abzustellen, inwieweit das übernommene Risiko außer Verhältnis zum Entgelt steht[4]. Schließlich gilt die Haftungsprivilegierung auch für berufliche Rehabilitanden (§ 36 S. 3 SGB IX).

21 **2. Betriebliche Tätigkeit.** Die Enthaftung setzt weiter voraus, dass der ArbN den Schaden im Vollzug einer betriebl. Tätigkeit verursacht hat[5]. Der Große Senat des BAG ist damit einer schon seit langem erhobenen Forderung des Schrifttums[6] gefolgt und hat die jahrzehntelange Beschränkung der Haftungsreduktion auf gefahrgeneigte Tätigkeiten[7] aufgegeben. Die Gefahrgeneigtheit der Tätigkeit ist demnach nicht mehr Einstiegsvoraussetzung für das Haftungsprivileg, kann für die Frage der konkreten Schadensverteilung aber nach wie vor eine erhebliche Rolle spielen[8]. Betriebl. (betrieblich veranlasste) Tätigkeiten sind grds. alle Tätigkeiten, die dem ArbN arbeitsvertragl. übertragen worden sind oder die er im Interesse des ArbGeb für den Betrieb ausführt[9]. Hierdurch sollen – ebenso wie beim Ersatz von Eigenschäden des Beschäftigten (Rz. 76 ff.) – betriebl. Risiken von allgemeinen Lebensrisiken des ArbN abgegrenzt werden[10]. Der Begriff stimmt damit zumindest im Wesentlichen mit der betriebl. Tätigkeit als Voraussetzung für den Haftungsausschluss zwischen Arbeitskollegen gemäß § 105 I SGB VII überein. Die Unwirksamkeit des Arbeitsvertrages steht der Anwendbarkeit der Grundsätze über den innerbetriebl. Schadensausgleich nicht entgegen[11].

22 Zur betriebl. Tätigkeit gehören zunächst alle Handlungen, die der ArbN zur **Erfüllung der geschuldeten Arbeitsleistung** vornimmt. Entscheidend sind insoweit der arbeitsvertragl. Rahmen sowie konkretisierende Weisungen des ArbGeb. Zur geschuldeten Leistung zählt etwa auch die Verwahrung von Arbeitsmitteln und Gegenständen des ArbGeb, soweit sich der ArbN auf übliche Aufbewahrungsmaßnahmen beschränkt[12]. Dementsprechend gehört die Rückgabe von Arbeitsmaterialien, soweit diese nicht privat genutzt worden sind, zur betriebl. Tätigkeit[13]. Nicht ausreichend ist ein schlichter räumlicher und zeitlicher Zusammenhang zwischen Schädigung und Arbeit (Anwesenheit im Betrieb, eigenmächtige Nutzung von Betriebsmitteln)[14]. Nicht zur betriebl. Tätigkeit gehört ferner der Weg zur Arbeitsstätte[15]. Dies gilt auch dann, wenn der ArbGeb einen Dienstwagen zur Verfügung gestellt hat[16]. Dient eine Tätigkeit betriebl. Interessen, so verliert sie ihren Charakter nicht dadurch, dass der ArbN Verhaltenspflichten verletzt[17]. Anders ist dies nur dann, wenn der ArbN von vornherein nicht in der Lage ist, die geschuldete Tätigkeit sinnvoll auszuüben (zB bei schwerer Alkoholisierung)[18]. Die gleichzeitige Verfolgung eigener Interessen durch den ArbN schließt den inneren Zusammenhang mit dem betriebl. Geschehen nicht aus. Haben sich im Schaden dagegen Risiken realisiert, die der ArbN im Eigeninteresse eingegangen ist, greift die Haftungsprivilegierung nicht ein[19]. Auch eine vermeintlich privaten Zielen dienende Handlung kann aber betriebl. Interessen nützen und damit als betriebl. Tätigkeit zu charakterisieren sein[20].

23 Das Erfordernis einer betriebl. Tätigkeit führt dazu, dass alle Pflichtverletzungen, die auf der **Nichterbringung der Arbeitsleistung** beruhen, **nicht privilegiert** sind. Beruht die Nichtleistung auf einer Krankheit, gilt zur Vermeidung von Wertungswidersprüchen allerdings der Verschuldensmaßstab des § 3 EFZG[21]. Die Schlechtleistung im Sinne unzureichender Arbeitsqualität stellt dagegen eine betriebl. Tätigkeit dar. Von der Haftungsreduktion ist jedoch der Schaden auszunehmen, der ausschließlich darin besteht, dass die zugesagten Dienste nicht ordnungsgemäß erbracht worden sind (vgl. Rz. 7 f.)[22]. Hiervon zu unterscheiden sind Integritätsverletzungen, die auf einer Schlechtleistung ieS oder einer Verletzung von Rücksichtnahmepflichten iSd. § 241 II beruhen. Das Haftungsprivileg entfällt erst dann, wenn die Integritätsverletzung nicht mehr mit dem betriebl. Geschehen zusammenhängt.

24 Wenn der ArbN eigenmächtig eine Aufgabe übernimmt, die außerhalb seines vertragl. Einsatzfeldes liegt, ist eine betriebl. Tätigkeit für den Fall zu bejahen, dass die Wahrnehmung dem **objektiven Inter-**

---

1 *Otto/Schwarze*, Haftung, Rz. 130. | 2 LAG Berlin v. 29.10.1990 – 9 Sa 67/90, AfP 1990, 336. | 3 *Zeuner*, RdA 1975, 84 (86 f.). | 4 Gegen eine Haftungsmilderung aber BGH v. 1.2.1963 – VI ZR 271/61, NJW 1963, 1100; MünchArbR/*Blomeyer*, § 59 Rz. 68; ErfK/*Preis*, § 619a BGB Rz. 19; einschr. auch *Waltermann*, RdA 2005, 98 (100 ff.). | 5 BAG (GS) v. 27.9.1994 – GS 1/89 (A), NZA 1994, 1083. | 6 *Brox/Walker*, DB 1985, 1469 (1473); *Mayer-Maly*, FS Hilger/Stumpf (1983), S. 467 (469 ff.); *Otto* in Gutachten 56. DJT (1986), S. E 52 ff. | 7 Grdl. BAG (GS) v. 25.9.1957 – GS 4/56 (GS 5/56), AP Nr. 4 zu §§ 898, 899 RVO. | 8 BAG (GS) v. 27.9.1994 – GS 1/89 (A), NZA 1994, 1083. | 9 BAG v. 18.4.2002 – 8 AZR 348/01, NZA 2003, 37; BAG (GS) v. 27.9.1994 – GS 1/89 (A), NZA 1994, 1083. | 10 BAG v. 20.9.2006 – 10 AZR 439/05, NZA 2007, 977. | 11 *Otto/Schwarze*, Haftung, Rz. 135. | 12 *Otto/Schwarze*, Haftung, Rz. 138. | 13 Undeutlich LAG Rh.-Pf. v. 8.5.1996 – 2 Sa 74/95, NZA-RR 1999, 163 L. | 14 BAG v. 18.4.2002 – 8 AZR 348/01, NZA 2003, 37. | 15 Zur Abgrenzung von Arbeitsweg und Betriebsweg iSv. § 8 SGB IV BGH v. 25.10.2005 – VI ZR 334/04, VersR 2006, 221. | 16 LAG Köln v. 15.9.1998 – 13 Sa 367/98, MDR 1999, 684 (685); LAG Köln v. 24.6.1994 – 13 Sa 37/94, NZA 1995, 1163. | 17 BAG v. 18.4.2002 – 8 AZR 348/01, NZA 2003, 37. | 18 *Otto/Schwarze*, Haftung, Rz. 139. | 19 BAG v. 21.10.1983 – 7 AZR 488/80, NZA 1984, 83. | 20 Vgl. BAG v. 21.10.1983 – 7 AZR 488/80, NZA 1984, 83 (häuslicher Zwischenaufenthalt eines Kraftfahrers zur Erhaltung der Arbeitsfähigkeit); LAG München v. 24.8.1988 – 7 (8) Sa 763/86, NZA 1989, 218 (Umweg zur Umgehung eines Staus). | 21 MünchArbR/*Blomeyer*, § 57 Rz. 24; *Otto/Schwarze*, Haftung, Rz. 98. | 22 *Richardi*, NZA 2002, 1004 (1011).

esse des ArbGeb entspricht. Sofern dies nicht zutrifft, ist der ArbN nur dann privilegiert, wenn er ohne Verschulden eine Sachlage annimmt, die ihn zu einem Eingreifen berechtigt[1]. Die Grundsätze über den innerbetriebl. Schadensausgleich gelten nur für die Durchführung, nicht aber für die Übernahme einer betriebl. Tätigkeit. Wenn ein wesentlicher Grund der Haftungsreduktion in der Organisationsgewalt des ArbGeb liegt, kann derjenige ArbN nicht begünstigt werden, der sich selbst auf schuldhafte Weise eine ihm nicht zustehende Kompetenz anmaßt[2]. Demgegenüber ist das Haftungsprivileg anwendbar, wenn der ArbN zwar keine Arbeitsaufgabe wahrnimmt, sich bei der Schädigung aber in einer dem Betrieb dienlichen Weise im Herrschaftsbereich des ArbGeb bewegt[3].

Bei **vorvertragl. Pflichtverletzungen** hängt die Begünstigung des ArbN davon ab, ob er bereits in das 25
betriebl. Geschehen integriert worden ist[4].

Die Grundsätze über die beschränkte ArbN-Haftung gelten sowohl für **vertragl. Ansprüche** als auch für 26
gleichzeitig verwirklichte **deliktische Schadensersatzansprüche**[5].

3. Schadensverteilung nach dem Verschuldensgrad. a) Grundlagen. Seit der Entscheidung des Gro- 27
ßen Senats des BAG vom 25.9.1957[6] herrscht Einigkeit darüber, dass die Enthaftung des ArbN vom **Maß seines Verschuldens** abhängt. Während es der Große Senat noch dabei beließ, von einer „nicht schweren Schuld" als Voraussetzung für eine Haftungsmilderung zu sprechen, kristallisierte sich in der Folgezeit ein dreistufiges Haftungsmodell heraus, nach dem zwischen Vorsatz/grober Fahrlässigkeit, mittlerer Fahrlässigkeit und geringer (leichtester) Fahrlässigkeit zu unterscheiden ist[7]. In den 80er Jahren kam es zwischenzeitlich zu einer Änderung, indem das BAG eine zweistufige Konzeption entwickelte und den ArbN nur noch für Vorsatz und grobe Fahrlässigkeit haften lassen wollte[8]. Schon wenige Jahre später ist das BAG jedoch zur dreistufigen Haftung zurückgekehrt[9]. Hieran hat der Große Senat in seiner Entscheidung vom 27.9.1994[10] nichts geändert, so dass im Grundsatz weiterhin das Dreistufenmodell gilt. Da es sich bei der Einteilung um Rechtsbegriffe handelt, sind diese durch die Revision nachprüfbar. Allerdings steht dem Tatsachenrichter ein erheblicher Beurteilungsspielraum bei der Bestimmung des Verschuldensgrades zu[11].

Zweifelhaft ist, ob das **Verschulden nur auf die Pflichtverletzung oder auch auf** die **Rechtsgutverlet-** 28
zung bzw. den eingetretenen Schaden zu beziehen ist. Während die frühere Rspr. uneinheitlich war[12], hat sich das BAG nunmehr ausdrücklich dazu bekannt, den Bezugspunkt des Verschuldens auf den Schaden zu erstrecken, was insb. bei einem vorsätzlichen Verstoß des ArbN gegen eine Weisung des ArbGeb relevant wird[13]. Das Schrifttum vertritt überwiegend dieselbe Ansicht[14]. Zutreffend erscheint es dagegen, das Verschulden lediglich auf die Pflichtverletzung zu beziehen. Hierfür spricht neben dem Wortlaut des § 619a[15] die Überlegung, es auf diese Weise dem ArbGeb zu ermöglichen, durch konkrete Weisungen das Schadensrisiko in seinem Betrieb zu steuern[16]. Zudem muss sich auch der Vorsatz iSd. §§ 105 I, 110 I SGB VII nicht auf den Schaden, sondern nur auf das den Versicherungsfall verursachende Handeln oder Unterlassen einschließlich des Verletzungserfolges beziehen[17]. Eine restriktivere arbeitsrechtl. Sichtweise könnte ansonsten in bestimmten Fällen kraft eines Freistellungsanspruchs des ArbN zu einer systemwidrigen Verlagerung des Schadens auf den ArbGeb führen[18].

b) Vorsatz. Der ArbN handelt entsprechend allgemeinen Grundsätzen dann vorsätzlich, wenn er eine 29
konkrete vertragl. oder gesetzl. Verhaltenspflicht **wissentlich und willentlich** verletzt. Sofern er auch den Schaden vorsätzlich verursacht, ihn also als möglich voraussieht und billigend in Kauf nimmt, scheidet eine Haftungsprivilegierung aus. Beschränkt sich der Vorsatz dagegen auf die Pflichtverletzung, kommt es zwar regelmäßig ebenfalls nicht zu einer Haftungsreduktion, weil sich in einem solchen Falle nicht das vom ArbGeb zu tragende Betriebsrisiko realisiert hat. Ein besonders hoher, existenzgefährdender Schaden kann aber aus sozialen Gründen eine Ermäßigung der Schadenslast rechtfertigen[19].

---

1 BAG v. 11.9.1975 – 3 AZR 561/74, DB 1975, 2375. | 2 IdS auch *Otto/Schwarze*, Haftung, Rz. 145. | 3 Vgl. LAG Nürnberg v. 22.9.1992 – 2 (4) Sa 505/91, NZA 1994, 1089: Verkehrsunfall auf Werksgelände (zu § 637 Abs. 1 RVO). | 4 BAG v. 24.1.1974 – 3 AZR 488/72, DB 1974, 779 (Probefahrt mit LKW). | 5 BAG v. 30.8.1966 – 1 AZR 456/65, DB 1967, 45; v. 12.5.1960 – 2 AZR 78/58, AP Nr. 16 zu § 611 BGB – Haftung des Arbeitnehmers; MünchArbR/*Blomeyer*, § 59 Rz. 67. | 6 BAG (GS) v. 25.9.1957 – GS 4/56 (GS 5/56), AP Nr. 4 zu §§ 898, 899 RVO. | 7 Grdl. BAG v. 19.3.1959 – 2 AZR 402/55, DB 1959, 948. | 8 BAG v. 23.3.1983 – 7 AZR 391/79, DB 1983, 1207. | 9 BAG v. 24.11.1987 – 8 AZR 524/82, NZA 1988, 579. | 10 BAG (GS) v. 27.9.1994 – GS 1/89 (A), NZA 1994, 1083. | 11 BAG v. 4.5.2006 – 8 AZR 311/05, NZA 2006, 1429. | 12 Siehe die Analyse bei *Otto/Schwarze*, Haftung, Rz. 168. | 13 BAG v. 18.4.2002 – 8 AZR 348/01, NZA 2003, 37; ebenso BAG v. 18.1.2007 – 8 AZR 250/06, NZA 2007, 1230; v. 10.10.2002 – 8 AZR 103/02, NZA 2003, 436. | 14 MünchArbR/*Blomeyer*, § 59 Rz. 41; *Däubler* NJW 1986, 867 (870); *Deutsch*, RdA 1996, 1 (3); Staudinger/*Richardi*, § 611 BGB Rz. 612; *Waltermann*, RdA 2005, 98 (105 f.). | 15 Siehe aber Staudinger/*Oetker*, § 619a BGB Rz. 8. | 16 *Otto/Schwarze*, Haftung, Rz. 167; ebenso *Heinze*, NZA 1986, 546 (552); in diesem Sinne auch LAG Köln v. 19.6.1998 – 11 Sa 1581/97, LAGE § 611 BGB – Arbeitnehmerhaftung Nr. 24. | 17 LAG Köln v. 30.10.2000 – 8 Sa 496/00, LAGE § 105 SGB VII Nr. 4; v. 11.8.2000 – 4 Sa 553/00, MDR 2001, 160; *Otto/Schwarze*, Haftung, Rz. 587, 601; ErfK/*Rolfs*, § 104 SGB VII Rz. 20, § 105 SGB VII Rz. 6; zu den §§ 104, 105 SGB VII aA BGH v. 11.2.2003 – VI ZR 34/02, BGHZ 154, 11 (13 ff.); BAG v. 10.10.2002 – 8 AZR 103/02, NZA 2003, 436. | 18 *Krause*, NZA 2003, 577 (583); *Schwarze*, Anm. zu BAG, AP Nr. 1 zu § 104 SGB VII. | 19 *Otto/Schwarze*, Haftung, Rz. 201.

30 **c) Grobe Fahrlässigkeit.** Bei grober Fahrlässigkeit muss der ArbN idR den gesamten Schaden tragen[1]. Grobe Fahrlässigkeit liegt nach allgemeiner Ansicht dann vor, wenn der ArbN die im Verkehr erforderliche Sorgfalt nach den gesamten Umständen **in ungewöhnlich hohem Maße verletzt und unbeachtet lässt, was im gegebenen Fall jedem hätte einleuchten müssen**[2], wenn also schon einfachste, ganz nahe liegende Überlegungen nicht angestellt wurden[3]. Neben einem objektiv schwerwiegenden Pflichtverstoß muss auch ein subjektiv schlechthin unentschuldbares Verhalten vorliegen[4], wobei die individuellen Fähigkeiten des Schädigers zu berücksichtigen sind[5].

31 Als **Beispiele für grobe Fahrlässigkeit** sind zu nennen: Einschlafen am Steuer eines Fahrzeugs wegen Übermüdung[6]; Überholen vor Rechtskurve bei Nebel[7]; Missachten einer auf „Rot" geschalteten Ampel[8]; Fahren mit einem Rest Blutalkoholwert von 1,1 Promille nach durchzechter Nacht[9]; unverschlossenes Zurücklassen von Kellnereinnahmen in einem Restaurantwagen[10], Nichtbeachtung von Stop-Loss-Order im Wertpapierhandel[11]. Wegen der beim Vorwurf grober Fahrlässigkeit erforderlichen subjektiven Komponente können die konkreten Umstände des Einzelfalles entlastend wirken. Berücksichtigungsfähig sind aber nur solche Momente, die mit dem Unfallgeschehen in einem Zusammenhang stehen und geeignet sind, auf dieses einzuwirken[12]. So kann etwa eine dem ArbGeb zuzurechnende Drucksituation oder Übermüdung entlastend wirken[13]. Das BAG kleidet diesen Aspekt zuweilen in die ungenaue Formel, dass sich der ArbGeb in einem solchen Falle nicht auf die grobe Fahrlässigkeit des ArbN berufen könne[14].

32 Das BAG spricht sich seit einigen Jahren dezidiert für die **Möglichkeit einer Haftungserleichterung auch bei grober Fahrlässigkeit** aus, wobei es entscheidend darauf ankommen soll, dass der Verdienst des ArbN in einem deutlichen Missverhältnis zum Schadensrisiko der Tätigkeit steht[15]. Zur Begründung stützt sich das BAG neben dem Schutz der Persönlichkeit des ArbN wesentlich auf das vom ArbGeb zu tragende Betriebsrisiko[16]. Mit dem Betriebsrisiko im Sinne einer Verantwortung des ArbGeb für den technisch-organisatorischen Betriebsablauf hat eine Haftungsreduktion bei grober Fahrlässigkeit indes nur wenig zu tun. Vielmehr geht es zumindest primär um eine Rücksichtnahme auf die soziale Schutzbedürftigkeit des ArbN, mit der dem Missverhältnis zwischen Schaden und Entgelt sowie der Existenzgefährdung des Beschäftigten Rechnung getragen werden soll[17].

33 Soweit es um das **konkrete Ausmaß der Haftungsmilderung** bei grober Fahrlässigkeit geht, hat das BAG summenmäßige Festlegungen abgelehnt[18]. Liegt der zu ersetzende Schaden unterhalb der Grenze von drei Bruttomonatsgehältern, kommt eine Reduktion regelmäßig nicht in Betracht[19]. Darüber hinaus hat das BAG eine Verurteilung zu einem Schadensersatz in Höhe von mehr als fünf Bruttomonatsgehältern gebilligt (20 000 DM bei einem Bruttoverdienst von 3500 DM und einem Schaden von 150 000 DM)[20]. Die Möglichkeit einer Haftungsreduktion will das BAG aber dann wieder ausschließen, wenn der ArbN mit besonders grober (gröbster) Fahrlässigkeit gehandelt hat[21]. Es ist jedoch zweifelhaft, ob das BAG ebenso entschieden hätte, wenn die im konkreten Fall betroffene ArbNin nicht haftpflichtversichert gewesen wäre[22]. Eine dem ArbGeb mögliche Versicherung ist (nur) dann zu berücksichtigen, wenn der Rückgriff gegen den ArbN ausgeschlossen ist[23].

34 **d) Mittlere Fahrlässigkeit.** Bei mittlerer Fahrlässigkeit, die gemäß § 276 II dann vorliegt, wenn der ArbN die im Verkehr objektiv erforderliche Sorgfalt außer Acht gelassen hat, erfolgt nach dem dreistufigen Haftungsmodell der Rspr. eine **Schadensteilung**. Dabei soll eine Abwägung der Gesamtumstände, insb. von Schadensanlass und Schadensfolgen, nach Billigkeit- und Zumutbarkeitsgesichtspunkten erfolgen[24]. Die vom BAG in diesem Zusammenhang aufgelisteten Kriterien lassen sich danach unterscheiden, ob sie die Schadensentstehung, die arbeitsvertragl. Austauschgerechtigkeit, die persön-

---

1 BAG v. 25.9.1997 – 8 AZR 288/96, NZA 1998, 310; BAG (GS) v. 27.9.1994 – GS 1/89 (A), NZA 1994, 1083. | 2 BAG v. 15.11.2001 – 8 AZR 95/01, NZA 2002, 612; v. 12.11.1998 – 8 AZR 221/97, NZA 1999, 263; MünchArbR/*Blomeyer*, § 59 Rz. 14; Staudinger/*Richardi*, § 611 BGB Rz. 614. | 3 BAG v. 28.5.1960 – 2 AZR 548/59, DB 1960, 1043. | 4 BAG v. 23.3.1983 – 7 AZR 391/79, DB 1983, 1207. | 5 BAG v. 18.1.2007 – 8 AZR 250/06, NZA 2007, 1230; v. 4.5.2006 – 8 AZR 311/05, NZA 2006, 1429. | 6 BAG v. 29.6.1964 – 1 AZR 434/63, DB 1964, 1741. | 7 BAG v. 22.2.1972 – 1 AZR 223/71, DB 1972, 1442. | 8 BAG v. 12.11.1998 – 8 AZR 221/97, NZA 1999, 263; v. 12.10.1989 – 8 AZR 276/88, NZA 1990, 97. | 9 BAG v. 23.1.1997 – 8 AZR 893/95, NZA 1998, 140. | 10 BAG v. 15.11.2001 – 8 AZR 95/01, NZA 2002, 612. | 11 BAG v. 18.1.2007 – 8 AZR 250/06, NZA 2007, 1230. | 12 BAG v. 24.1.1974 – 3 AZR 488/72, DB 1974, 779; v. 22.2.1972 – 1 AZR 223/71, DB 1972, 1442. | 13 *Otto/Schwarze*, Haftung, Rz. 175 f. | 14 BAG v. 18.1.1972 – 1 AZR 125/71, DB 1972, 780; ähnlich BAG v. 18.4.2002 – 8 AZR 348/01, NZA 2003, 37 (40): Weisung eines Vorgesetzten zu gefährlichem Tun als Milderungsgrund. | 15 BAG v. 12.10.1989 – 8 AZR 276/88, NZA 1990, 97; v. 23.1.1997 – 8 AZR 893/95, NZA 1998, 140 f.; v. 25.9.1997 – 8 AZR 288/96, NZA 1998, 310; v. 18.4.2002 – 8 AZR 348/01, NZA 2003, 37. | 16 BAG v. 18.1.2007 – 8 AZR 250/06, NZA 2007, 1230; v. 18.4.2002 – 8 AZR 348/01, NZA 2003, 37; v. 12.10.1989 – 8 AZR 276/88, NZA 1990, 97. | 17 *Otto/Schwarze*, Haftung, Rz. 199 ff.; gegen jegliche Berücksichtigung *Annuß*, NZA 1998, 1089 (1094). | 18 BAG v. 12.10.1989 – 8 AZR 276/88, NZA 1990, 97. | 19 BAG v. 12.11.1998 – 8 AZR 221/97, NZA 1999, 263; v. 15.11.2001 – 8 AZR 95/01, NZA 2002, 612; Analyse der uneinheitlichen Instanzjudikatur bei *Hübsch*, NZA-RR 1999, 393 (396). | 20 BAG v. 23.1.1997 – 8 AZR 893/95, NZA 1998, 140 f. | 21 BAG v. 25.9.1997 – 8 AZR 288/96, NZA 1998, 310. | 22 Ebenso *Otto/Schwarze*, Haftung, Rz. 201. | 23 BAG v. 18.1.2007 – 8 AZR 250/06, NZA 2007, 1230. | 24 BAG v. 18.4.2002 – 8 AZR 348/01, NZA 2003, 37; BAG (GS) v. 27.9.1994 – GS 1/89 (A), NZA 1994, 1083.

lichen Verhältnisse des ArbN oder die Schadensvorsorge durch den ArbGeb betreffen[1]. Hinsichtlich der Schadensentstehung geht es einmal um die Gefahrneigung der Tätigkeit, die somit zwar nicht mehr die Eingangsvoraussetzung für eine mögliche Enthaftung bildet, im Rahmen der konkreten Abwägung bei mittlerer Fahrlässigkeit aber nach wie vor eine erhebliche Rolle spielt. Weiter gehören hierher diejenigen Aspekte, die für das konkrete Ausmaß des ArbN-Verschuldens relevant sind, wie etwa Arbeitsüberlastung, das Bestehen einer Konfliktsituation oder fehlende berufliche Erfahrung. In den Bereich der Austauschgerechtigkeit fällt in erster Linie das Verhältnis zwischen Arbeitsentgelt und eingetretenem Schaden.

Bei der vom BAG aufgezeigten Möglichkeit, dass der Verdienst eine Risikoprämie enthält, ist aber **Zurückhaltung** geboten. Auch eine vergleichsweise hohe Vergütung kann nicht ohne deutliche Inhaltspunkte in eine Grundvergütung und einen Risikozuschlag aufgespalten werden. Ein bedeutsamer Faktor ist dagegen die Stellung des ArbN im Betrieb. Auch wenn die Haftungsprivilegierung bei leitenden Angestellten nicht von vornherein ausgeschlossen ist (Rz. 20), muss der größere Freiraum zu eigenverantwortlicher Gefahrsteuerung doch zu Lasten dieses Personenkreises berücksichtigt werden. Ferner ist erheblich, ob der ArbN über einen langen Zeitraum schadensfrei gearbeitet hat, weil der ArbGeb dann bereits umfassend von den Diensten des Beschäftigten profitiert hat. 35

Zu den berücksichtigungsfähigen persönlichen Verhältnissen des ArbN zählt das BAG die **Dauer der Betriebszugehörigkeit, das Lebensalter sowie die Familienverhältnisse**. Da diese Umstände keinen Bezug zum Schadensereignis haben, sind sie richtiger Ansicht nach grds. außer Betracht zu lassen[2]. Dies gilt erst recht für das Kriterium der langjährigen Mitgliedschaft im BR[3]. Eine Ausnahme gilt lediglich für Unterhaltslasten, weil hiervon die finanzielle Leistungsfähigkeit des ArbN abhängt[4]. Die zwischenzeitlich vom BAG vertretene generelle Enthaftung des ArbN unterhalb der Schwelle grober Fahrlässigkeit (Rz. 27) wird von großen Teilen des Schrifttums bereits de lege lata postuliert[5]. Eine solche Fortentwicklung des Haftungsmodells hat sich bislang aber nicht durchsetzen können[6]. Im Hinblick auf die vom ArbGeb zu erwartende Schadensvorsorge schließlich geht es vor allem um Versicherungsmöglichkeiten (dazu Rz. 38 ff.). 36

e) Leichteste Fahrlässigkeit. Bei leichtester Fahrlässigkeit soll die **Haftung** des ArbN nach traditioneller Sichtweise **vollständig entfallen**[7]. Gemeint sind damit Fälle eines am Rande des Verschulden liegenden Versehens. Da eine Abgrenzung zwischen mittlerer und leichtester Fahrlässigkeit weder dem BGB bekannt noch praktikabel ist[8], sollte von dieser Begriffsbildung Abstand genommen werden. Soweit man an einer Haftung des ArbN unterhalb der Schwelle grober Fahrlässigkeit festhält, ist das Ausmaß des Verschuldens des ArbN besser generell als Abwägungsfaktor und nicht als möglicher Ausschlussgrund anzusehen[9]. 37

4. Bedeutung bestehenden oder möglichen Versicherungsschutzes. Wenn der eingetretene Schaden durch eine Versicherung gedeckt ist oder versicherbar war, kann es zu komplizierten Folgefragen kommen. Die vom ArbGeb genommene Kfz-Haftpflichtversicherung bezieht angestellte Fahrer und Beifahrer in den Versicherungsschutz ein (§ 2 II Nr. 3 und 4 KfzPflVV, § 10 IIc und d AKB). Begleicht der Versicherer einen aus dem Gebrauch des Fahrzeugs resultierenden Schaden, findet somit kein Regress gegen den ArbN nach § 67 I 1 VVG statt. Bei einem gestörten Versicherungsverhältnis wird der ArbN durch verschiedene Mechanismen vor einer umfassenden Leistungsfreiheit des Versicherers geschützt (vgl. § 158i VVG, §§ 5 f. KfzPflVV)[10]. Beruht die Störung auf einem Verschulden des ArbGeb, fallen die daraus resultierenden Nachteile im Innenverhältnis zum ArbN ausschließlich dem ArbGeb zur Last. Die Fürsorgepflicht gebietet es dem ArbGeb nämlich, sich so zu verhalten, dass der aus Pflichtversicherungen für ArbN folgende Deckungsschutz auch tatsächlich besteht[11]. Ergibt sich die Leistungsfreiheit dagegen aus einem vorsätzlichen Verhalten des ArbN, ist ein unbeschränkter Regress des Versicherers möglich[12]. Eine generelle Pflicht des ArbGeb, eine Betriebshaftpflichtversicherung abzuschließen, die auch ArbN in ihren weit gehenden Schutz (vgl. § 152 VVG) einbezieht, besteht nicht[13]. Demgegenüber 38

---

1 Eingehend *Otto/Schwarze*, Haftung, Rz. 183 ff. | 2 LAG Köln v. 20.2.1991 – 7 Sa 706/90, LAGE § 611 BGB – Gefahrgeneigte Arbeit Nr. 9; *Annuß*, NZA 1998, 1089 (1094); MünchArbR/*Blomeyer*, § 59 Rz. 56; *Hanau/Preis*, JZ 1988, 1072 (1075); *Joussen*, AuR 2005, 432 (433 f.); *Otto*, AuR 1995, 72 (76). | 3 LAG Bremen v. 26.7.1999 – 4 Sa 116/99, NZA-RR 2000, 126 (127); *Walker*, JuS 2002, 736 (738). | 4 *Otto/Schwarze*, Haftung, Rz. 186. | 5 *Däubler*, NJW 1986, 867 (870 f.); *Gamillscheg*, AuR 1983, 317 (318); *Hanau*, FS Hübner (1984), S. 467 (481 ff.); *Otto/Schwarze*, Haftung, Rz. 192 ff.; *Preis*, AuR 1986, 360 (365 f.). | 6 Abl. *Brox/Walker*, DB 1985, 1469 (1475); *Dütz*, NJW 1986, 1779 (1782 ff.); *Heinze*, NZA 1986, 545 (551); *Richardi*, JZ 1986, 796 (803 ff.); *Zöllner*, Anm. zu BAG, EzA § 611 BGB – Gefahrgeneigte Arbeit Nr. 14. | 7 BAG (GS) v. 27.9.1994 – GS 1/89 (A), NZA 1994, 1083; BAG v. 19.3.1959 – 2 AZR 402/55, DB 1959, 948; MüKoBGB/*Henssler*, § 619a Rz. 28; ErfK/*Preis*, § 619a BGB Rz. 13. | 8 *Larenz*, SAE 1959, 189; *Mayer-Maly*, AcP 163 (1963), 114 (118 ff.). | 9 In diese Richtung auch BGH v. 11.3.1996 – II ZR 230/94, DB 1996, 1242; MünchArbR/*Blomeyer*, § 59 Rz. 47; siehe ferner *Otto/Schwarze*, Haftung, Rz. 190 f. Für ein Nichtvertretenmüssen des ArbN von culpa levissima durch eine Subjektivierung des Fahrlässigkeitsmaßstabes Staudinger/*Richardi*, § 611 BGB Rz. 601 f., 607. | 10 Einzelheiten bei *Otto/Schwarze*, Haftung, Rz. 223 ff. | 11 BAG v. 23.6.1988 – 8 AZR 300/85, NZA 1989, 181; BGH v. 20.1.1971 – IV ZR 42/69, BGHZ 55, 281, 285. | 12 LAG Düsseldorf v. 12.2.2003 – 12 Sa 1345/02, VersR 2004, 103 (Unfallflucht). | 13 BAG v. 1.12.1988 – 8 AZR 65/84, NZA 1989, 796.

ist eine Obliegenheit, eine solche Versicherung zu marktüblichen Konditionen zu nehmen, angesichts ihres hohen Verbreitungsgrades zu bejahen[1].

39 Eine vom **ArbN abgeschlossene gesetzl. vorgeschriebene Haftpflichtversicherung** (insb. KFZ-Haftpflichtversicherung) ist nach Ansicht der Rspr. zu Lasten des ArbN zu berücksichtigen[2]. Teile der Lit. wollen eine vom ArbN genommene Versicherung dagegen generell unberücksichtigt lassen[3]. Überzeugender ist es indes, danach zu differenzieren, ob der ArbGeb oder ein Dritter geschädigt worden ist und dem ArbGeb im letzteren Fall den Schaden anzulasten, der auf das ihm zuzurechnende betriebl. Risikopotenzial entfällt[4]. Eine freiwillige Berufshaftpflichtversicherung des ArbN ist grds. nicht zu seinen Lasten zu berücksichtigen[5]. Neben dem versicherungsrechtl. Trennungsprinzip spricht hierfür, dass der ArbN durch die von ihm aufgebrachten Versicherungsprämien letztlich den ArbGeb von betriebl. Risiken entlasten würde. Wenn eine Enthaftung des ArbN dagegen nur aus sozialen Gründen geboten wäre, um ihn vor einem ruinösen Schadensersatz zu bewahren, lässt ein Versicherungsschutz ausnahmsw. die Privilegierung entfallen[6]. Eine abweichende Beurteilung ist auch bei einer D&O-Versicherung wegen ihres speziellen Zwecks als Instrument der unternehmerischen Schadensvorsorge geboten[7].

40 Der **ArbGeb** ist gegenüber dem ArbN **nicht zum Abschluss einer Kfz-Kaskoversicherung verpflichtet**, auch wenn eine solche Versicherung den Beschäftigten auf Grund der Regressbeschränkung nach § 15 II AKB schützen würde[8]. Den ArbGeb trifft aber eine generelle Obliegenheit zum Abschluss einer Fahrzeugversicherung, weil es dem ArbN nicht zum Nachteil gereichen darf, wenn der ArbGeb aus wirtschaftl. Gründen auf eine hinreichende Eigenvorsorge verzichtet[9]. Allerdings kann eine angemessene Selbstbeteiligung vereinbart werden[10].

41 **5. Mitverschulden des Arbeitgebers.** Die Schadensersatzpflicht des ArbN kann weiter durch ein **konkretes Mitverschulden** des ArbGeb gemindert sein (§ 254). Ein echtes Mitverschulden ist erst zu berücksichtigen, nachdem vorab eine generelle Schadensverteilung nach den Grundsätzen über den innerbetriebl. Schadensausgleich erfolgt ist. Soweit danach in einem ersten Schritt eine Quotelung erfolgt ist, muss ggf. in einem zweiten Schritt eine weitere Quotelung des Schadens vorgenommen werden[11]. Hierbei ist darauf zu achten, dass das betriebl. Risiko nicht zweimal in Rechnung gestellt wird. Auf der zweiten Stufe sind daher nur echte Obliegenheitsverletzungen in Rechnung zu stellen. Insoweit muss sich der ArbGeb nicht nur das eigene Fehlverhalten, sondern auch Fehler anderer ArbN, die zu dem Schaden beigetragen haben, gemäß § 254 iVm. § 278 zurechnen lassen[12]. Der ArbN kann sich aber nicht auf das Fehlverhalten von ihm unterstellten Mitarbeitern berufen[13].

42 Im Einzelnen trifft den ArbGeb die Obliegenheit, nur einen grds. **geeigneten ArbN** mit einer Aufgabe zu betrauen[14]. Weiter muss der ArbN ordnungsgemäß eingewiesen werden[15]. Die zur Verfügung gestellten Arbeitsmittel müssen fehlerfrei sein und eine hinreichende Schadensvorsorge ermöglichen[16]. Schließlich ist der ArbGeb gehalten, den betriebl. Prozess so zu organisieren, dass zumindest nahe liegende Schäden vermieden werden. Hierzu kann eine Kontrolle zur Eindämmung besonderer Gefahrenquellen gehören[17]. Darüber hinaus kann das Mitverschulden ganz generell in einem Organisationsverschulden bestehen[18]. Ein Mitverschulden kann ferner auch in einem Verstoß gegen die Schadensminderungsobliegenheit gemäß § 254 II liegen[19]. Fehlender Versicherungsschutz kann eine Obliegenheitsverletzung, aber auch die Verletzung einer Rechtspflicht darstellen (dazu Rz. 38 ff.).

43 **6. Darlegungs- und Beweislast.** Nach dem neu eingeführten § 619a hat der ArbGeb nicht nur die objektive Pflichtverletzung, sondern auch das **Vertretenmüssen des ArbN** darzulegen und ggf. zu beweisen. Mit dieser Sondervorschrift soll erreicht werden, dass der ArbN nicht der allgemeinen Beweislastumkehr hinsichtlich des Vertretenmüssens gemäß § 280 I 2 unterliegt. Obwohl der Wortlaut weiter reicht, ist der Anwendungsbereich von § 619a auf die Fälle zu beschränken, in denen der ArbN den Schaden durch eine betriebl. Tätigkeit herbeigeführt hat[20]. Die Verbesserung der beweisrechtl. Situation

---

1 *Otto/Schwarze*, Haftung, Rz. 232; siehe zur Reichweite der Obliegenheit auch LAG Köln v. 7.5.1992 – 5 Sa 448/91, NZA 1992, 1032. | 2 BAG v. 25.9.1997 – 8 AZR 288/96, NZA 1998, 310; BGH v. 3.12.1991 – VI ZR 378/90, BGHZ 116, 200, 207 ff. | 3 *Annuß*, NZA 1998, 1089 (1095); MünchArbR/*Blomeyer*, § 59 Rz. 57; *Gick*, JuS 1980, 393 (401); *Hübsch*, BB 1998, 690 (691). | 4 Eingehend *Otto/Schwarze*, Haftung, Rz. 218 f. | 5 BAG v. 25.9.1997 – 8 AZR 288/96, NZA 1998, 310; v. 14.10.1993 – 8 AZR 242/92, EzA § 611 BGB – Gefahrgeneigte Arbeit Nr. 28. | 6 *Otto/Schwarze*, Haftung, Rz. 214 ff. mit weiteren Details. | 7 Näher *Otto*, FS 50 Jahre BAG (2004), S. 97 (114 ff.); aA *Hanau*, FS E. Lorenz (2004), S. 283 (288 ff.); *Waltermann*, RdA 2005, 98 (108). | 8 BAG v. 24.11.1987 – 8 AZR 66/82, NZA 1988, 584. | 9 *Otto/Schwarze*, Haftung, Rz. 239; sehr weit gehend LAG Köln v. 22.12.2004 – 7 Sa 859/04, LAGE § 611 BGB 2002 Arbeitnehmerhaftung Nr. 1, das diesen Schutz auch auf Schäden bei Privatfahrten sowie durch Familienangehörige ausdehnen will. | 10 BAG v. 24.11.1987 – 8 AZR 66/82 u. 8 AZR 524/82, AP Nr. 92 u. 93 zu § 611 BGB – Haftung des Arbeitnehmers. | 11 BAG v. 3.11.1970 – 1 AZR 228/70, DB 1971, 342; tendenziell anders aber BAG v. 18.1.2007 – 8 AZR 250/06, NZA 2007, 1230. | 12 BAG v. 11.9.1975 – 3 AZR 561/74, DB 1975, 2375; v. 26.11.1969 – 1 AZR 200/69, DB 1970, 402. | 13 BAG v. 25.9.1997 – 8 AZR 288/96, NZA 1998, 310. | 14 Vgl. BAG v. 18.1.1972 – 1 AZR 125/71, DB 1972, 780. | 15 BAG v. 3.2.1970 – 1 AZR 188/69, DB 1970, 736. | 16 BAG v. 18.12.1970 – 1 AZR 171/70, VersR 1971, 553. | 17 BAG v. 16.2.1995 – 8 AZR 493/93, NZA 1995, 565; v. 18.12.1970 – 1 AZR 177/70, DB 1971, 634. | 18 BAG v. 18.1.2007 – 8 AZR 250/06, NZA 2007, 1230. | 19 Vgl. BAG v. 18.12.1970 – 1 AZR 177/70, DB 1971, 634 (unter IV). | 20 *Gotthardt*, Schuldrechtsreform, Rz. 197; *Henssler*, RdA 2002, 129 (132); *Oetker*, BB 2002, 43 (44).

des Beschäftigten dient nämlich lediglich dazu, die Haftungsprivilegierung nicht zu unterlaufen. Die Darlegungs- und Beweislast hinsichtlich der betriebl. Tätigkeit als Grundvoraussetzung für die Haftungsreduktion trifft allerdings den ArbN[1].

Für eine Heranziehung von § 619a bei einer Verletzung der Arbeitspflicht durch **Unmöglichkeit oder Verzug** besteht **kein Anlass**, weil die Ursache insoweit nicht im Organisations- und Gefahrenbereich des ArbGeb liegt. Soweit man verlangt, dass sich das Vertretenmüssen des ArbN nicht nur auf die Pflichtverletzung, sondern auch auf den hierdurch herbeigeführten Schaden beziehen muss (Rz. 28), ist § 619a auf diesen Aspekt des subjektiven Tatbestandes ebenfalls anzuwenden[2]. Eine Differenzierung würde dem Ziel der Vorschrift zuwiderlaufen, ein Aushebeln der Haftungsbeschränkung zu verhindern. Falls sich der ArbGeb auf grobe Fahrlässigkeit des ArbN beruft, muss er die diesen Vorwurf tragenden Tatsachen darlegen und ggf. beweisen[3]. Auf einen Anscheinsbeweis kann er sich wegen der erforderlichen subjektiven Umstände zumindest regelmäßig nicht stützen[4]. Wenn die belastenden Momente den Schluss auf eine grobe Fahrlässigkeit des ArbN zulassen, ist es dessen Sache, entlastende Momente darzutun und zu beweisen[5]. Hinsichtlich des Vorwurfs mittlerer Fahrlässigkeit liegt die Darlegungs- und Beweislast ebenfalls beim ArbGeb, wenngleich in diesem Bereich ein Anscheinsbeweis eher möglich ist[6]. Für deliktische Ansprüche des ArbGeb gegen den ArbN bleibt es bei den allgemeinen Grundsätzen, die von § 619a aber nicht abweichen[7]. Im Übrigen hindert § 619a die Rspr. nicht daran, die Position des ArbGeb mit Hilfe eines Anscheinsbeweises oder einer abgestuften Darlegungs- und Beweislast zu erleichtern[8]. 44

Bei **Gruppenarbeit** wollte das BAG bislang jedenfalls für den Fall, dass ein Gruppenakkord vereinbart worden ist, die beweisrechtl. Situation für den ArbGeb verbessern[9]. Danach sollte es ausreichen, wenn der geschädigte ArbGeb nachweist, dass sein Schaden durch eine Schlechtleistung der Gruppe verursacht worden ist. Steht die Schlechtleistung der Gruppe fest, soll es Sache des einzelnen Gruppenmitgliedes sein, sich hinsichtlich der individuellen Pflichtverletzung bzw. des individuellen Vertretenmüssens zu entlasten. Auch wenn § 619a diese Konstellation nicht erfasst, gebietet diese Norm doch eine gewisse Zurückhaltung bei Beweiserleichterungen zu Gunsten des ArbGeb. Diese sind nur dann gerechtfertigt, wenn die Tätigkeit der ArbN erfolgsbezogen ist oder sie eine besondere Einstandspflicht für das Verhalten ihrer Kollegen übernommen haben[10]. 45

7. Abdingbarkeit. Die Regeln über den innerbetriebl. Schadensausgleich sind nach Ansicht des BAG einseitig **zwingendes ArbN-Schutzrecht**[11]. Von ihnen kann weder einzel- noch kollektivvertragl. zu Lasten des ArbN abgewichen werden[12]. Diese Charakterisierung schließt allerdings abweichende Vereinbarungen nicht aus, sofern das generelle Schutzniveau hierdurch nicht zu Lasten des ArbN unterschritten wird[13]. Relevant wird dies praktisch ausschließlich bei Mankoabreden (dazu Rz. 51 ff.). Ob sich an diesen Grundsätzen durch die Schuldrechtsreform etwas geändert hat, ist bislang ungeklärt. Eine Ansicht will aus der Vorstellung des Gesetzgebers, die Haftungsprivilegierung nunmehr auf § 276 I 1 zu stützen[14], den Schluss ziehen, dass der innerbetriebl. Schadensausgleich nicht mehr zum zwingenden Recht gehöre[15], konnte sich damit aber nicht durchsetzen[16]. 46

V. Mankohaftung. Die Mankohaftung[17] ist eine besondere Form der Schadenshaftung, die sich dadurch auszeichnet, dass der Schaden in einem **Fehlbestand von Geldbeträgen oder anvertrauten Gegenständen** besteht[18]. 47

1. Gesetzliche Mankohaftung. Haben die Parteien keine spezielle Mankoabrede getroffen, kommen die Grundsätze über die gesetzl. Mankohaftung zur Anwendung. Hinsichtlich der Anspruchsgrundlage muss auch nach der Schuldrechtsreform zwischen den Fällen unterschieden werden, in denen der ArbGeb Schadensersatz statt der Leistung bei Ausschluss der Leistungspflicht nach §§ 280 I und III, 283 verlangt, und den Fällen, in denen es lediglich um den Ersatz von Begleitschäden infolge einer Schlechtleistung gemäß § 280 I 1 geht. Entsprechend der neueren Judikatur[19] ist eine Haftung nach §§ 280 I und 48

---

1 BAG v. 18.4.2002 – 8 AZR 348/01, NZA 2003, 37. | 2 Staudinger/*Oetker*, § 619a BGB Rz. 8; *Oetker*, BB 2002, 43 (45). | 3 BAG v. 22.2.1972 – 1 AZR 223/71, DB 1972, 1442. | 4 BAG v. 20.3.1973 – 1 AZR 337/72, DB 1973, 1405. | 5 BAG v. 22.2.1972 – 1 AZR 223/71, DB 1972, 1442. | 6 LAG Köln v. 22.1.1999 – 11 Sa 1015/98, NZA-RR 1999, 408. | 7 *Oetker*, BB 2002, 43 (44). | 8 BT-Drs. 14/7052, S. 204; *Oetker*, BB 2002, 43 (44). | 9 BAG v. 24.4.1974 – 5 AZR 480/73, DB 1974, 1820. | 10 Eingehend *Otto/Schwarze*, Haftung, Rz. 316 ff.; gegen eine Beweislastumkehr bei einfacher Gruppenarbeit auch LAG Sa.-Anh. v. 26.2.2004 – 6 Sa 474/03; LAG Berlin v. 30.10.1989 – 9 Sa 66/89, LAGE § 611 BGB – Arbeitnehmerhaftung Nr. 13. | 11 BAG v. 2.12.1999 – 8 AZR 386/98, NZA 2000, 715; v. 17.9.1998 – 8 AZR 175/97, NZA 1999, 141. | 12 BAG v. 5.2.2004 – 8 AZR 91/03, NZA 2004, 649. | 13 Einzelheiten bei *Krause*, NZA 2003, 577 (585) mwN. Siehe auch BAG v. 5.2.2004 – 8 AZR 91/03, NZA 2004, 649: Keine Kompensation der Haftung für leichteste Fahrlässigkeit durch private Nutzungsmöglichkeit von Dienstwagen. | 14 BT-Drs. 14/6857, S. 48. | 15 *Gotthardt*, Schuldrechtsreform, Rz. 195; ErfK/*Preis*, § 619a Rz. 11. | 16 Abl. Erman/*Belling*, § 619a BGB Rz. 11; MüKoBGB/*Henssler*, § 619a Rz. 12; *Krause*, NZA 2003, 577 (585); *Waltermann*, RdA 2005, 98 (108 f.). | 17 Zur Mankohaftung ausf. *Deinert*, RdA 2000, 22 ff.; *Stoffels*, AR-Blattei SD 870.2 Rz. 1 ff. | 18 Zu den einzelnen Fallgruppen s. MünchArbR/*Blomeyer*, § 59 Rz. 72; *Otto/Schwarze*, Haftung, Rz. 271; *Reinecke*, ZfA 1976, 215 (216 f.). | 19 BAG v. 2.12.1999 – 8 AZR 386/98, NZA 2000, 715; v. 17.9.1998 – 8 AZR 175/97, NZA 1999, 141.

III, 283 unter dem Gesichtspunkt einer wegen Unmöglichkeit ausgeschlossenen Leistungspflicht nur dann anzunehmen, wenn der ArbN unmittelbaren Alleinbesitz an den überlassenen Gegenständen hatte. Entgegen der Ansicht des BAG genügt es hierfür jedoch nicht, dass der ArbN hinsichtlich der Sache wirtschaftl. Überlegungen (Betriebsbemühungen, Preiskalkulation) anzustellen hat. Vielmehr kann von einem Alleinbesitz nur dann die Rede sein, wenn der ArbN im Hinblick auf die überlassenen Gegenstände keinem Weisungsrecht mehr unterliegt, wie es etwa bei einem Dienstwagen der Fall sein kann, der auch zu privaten Zwecken genutzt werden darf[1]. In allen anderen Konstellationen ist der ArbN dagegen als Besitzdiener iSd. § 855 anzusehen. Kommt es im Rahmen seiner Tätigkeit zu einem Schaden in Form eines Fehlbestandes, ist ein Anspruch daher auf den Aspekt einer einfachen Pflichtverletzung zu stützen[2]. Dementsprechend genügt es erst recht nicht, wenn der ArbN erst im Begriff ist, eine eingeschränkte Sachherrschaft anzutreten[3].

49 Die Grundsätze über den **innerbetriebl. Schadensausgleich** sind auch auf die allgemeine Mankohaftung **anwendbar**[4]. Die frühere, anders lautende Judikatur ist mit der Aufgabe des Kriteriums der Gefahrneigung der Tätigkeit obsolet geworden.

50 Im Rahmen der allgemeinen Mankohaftung trägt der ArbGeb gemäß § 619a die **Darlegungs- und Beweislast** für die objektive Pflichtverletzung sowie das Vertretenmüssen des ArbN. Wenn und soweit das schädigende Ereignis näher am ArbN als am ArbGeb gelegen hat, kann dem ArbGeb durch eine abgestufte Darlegungs- und Beweislast entgegengekommen werden[5].

51 **2. Vertragliche Mankohaftung.** Die Praxis kennt seit langem Mankoabreden, deren Zweck darin besteht, die haftungs- bzw. beweisrechtl. Situation des ArbGeb im Vergleich zur gesetzl. Lage zu verbessern. Eine Veränderung der Rechtslage zu Lasten des ArbN setzt zunächst eine klare und eindeutige Vereinbarung voraus[6]. Sodann sind Mankoabsprachen im Ausgangspunkt als Ausdruck der Vertragsfreiheit zulässig. Sie dürfen jedoch nicht das von der Rspr. entwickelte Schutzniveau unterschreiten. Insoweit handelt es sich bei den Grundsätzen über den innerbetriebl. Schadensausgleich nach Ansicht des BAG um einseitig zwingendes ArbN-Schutzrecht[7]. Dies ist im Grundsatz ein strengerer Maßstab als die zuvor praktizierte Inhaltskontrolle nach Maßgabe der §§ 138, 242.

52 Eine Mankoabrede ist nach der neueren Judikatur nur dann wirksam, wenn der ArbN ein **zusätzliches Mankoentgelt** erhält und die Haftung auf die Summe der in einem bestimmten Zeitraum gezahlten Mankogelder beschränkt ist[8]. Der Bezugszeitraum ist auf ein Jahr zu begrenzen. Ob es neben der erforderlichen wirtschaftl. Kompensation für die Risikoverlagerung auf den ArbN weiterer Voraussetzungen für eine wirksame Mankovereinbarung bedarf, ist noch ungeklärt. Die jüngere Rspr. erweckt im Gegensatz zu älteren Aussagen den Eindruck, als könnten dem ArbN auch nicht voll beherrschbare Risiken auferlegt werden[9]. Dem ist mit der Maßgabe zuzustimmen, dass eine Abwälzung von Risiken, die dem Einflussbereich des ArbN völlig entzogen sind, als unzulässig anzusehen ist[10].

53 Vertragl. Regelungen, nach denen der **ArbN die Beweislast** für an sich vom ArbGeb zu beweisende Umstände **zu tragen hat**, sind entsprechend bisherigen Grundsätzen[11] als **zulässig** anzusehen. Dabei darf es allerdings nur um solche Tatsachen gehen, die aus einem vom Beschäftigten grds. beherrschbaren Bereich stammen[12]. Außerdem muss gewährleistet sein, dass der vom ArbN auf Grund dieser Abrede zu tragende Schaden nicht höher als die Summe der in einem Jahr gezahlten Mankogelder ist. Unter diesen Voraussetzungen liegt auch bei formularmäßigen Verträgen kein Verstoß gegen die gemäß §§ 310 IV, 309 Nr. 12 vorzunehmende Inhaltskontrolle vor[13]. Wenn eine verschuldensunabhängige Einstandspflicht unter bestimmten Voraussetzungen zulässig ist, können an dieselben Voraussetzungen geknüpfte Beweislastvereinbarungen, die den ArbN im Ergebnis sogar noch etwas besser stellen, nicht unwirksam sein[14]. § 619a steht abweichenden Dispositionen ohnehin nicht entgegen, weil diese Norm nicht in § 619 aufgenommen worden ist[15]. Unzulässig sind dagegen Abreden, die dem ArbN die Berufung auf ein von ihm nicht beherrschbares Mitverschulden des ArbGeb (§ 254) abschneiden wollen[16].

54 Unabhängig von der Frage des Schutzniveaus der allgemeinen Mankohaftung ist eine Klausel dann gemäß § 138 sittenwidrig und damit nichtig, wenn sie den ArbN durch ihren Inhalt dazu anreizt, **Dritte**

---

1 Näher dazu *Krause*, Anm. zu BAG, AP BGB § 611 – Mankohaftung Nr. 1 u. 3. | 2 *Krause*, Anm. zu BAG, AP Nr. 1 u. 3 zu § 611 BGB – Mankohaftung; ebenso *Boemke/Müller*, SAE 2000, 6 (7 f.); *Preis/Kellermann*, SAE 1998, 133 (134 f.). | 3 LAG Nürnberg v. 23.6.1998 – 2 Sa 444/95, LAGE § 611 BGB – Arbeitnehmerhaftung Nr. 25. | 4 BAG v. 17.9.1998 – 8 AZR 175/97, NZA 1999, 141; MünchArbR/*Blomeyer*, § 59 Rz. 86; MüKoBGB/*Henssler*, § 619a Rz. 32; ErfK/*Preis*, § 619a BGB Rz. 33. | 5 BAG v. 2.12.1999 – 8 AZR 386/98, NZA 2000, 715; v. 17.9.1998 – 8 AZR 175/97, NZA 1999, 141. | 6 BAG v. 13.2.1974 – 4 AZR 13/73, SAE 1975, 230. | 7 BAG v. 2.12.1999 – 8 AZR 386/98, NZA 2000, 715; v. 17.9.1998 – 8 AZR 175/97, NZA 1999, 141. | 8 BAG v. 2.12.1999 – 8 AZR 386/98, NZA 2000, 715; abl. *Schwirtzek*, NZA 2005, 437 (438 ff.). | 9 BAG v. 2.12.1999 – 8 AZR 386/98, NZA 2000, 715. | 10 Näher dazu *Krause*, Anm. zu BAG, AP Nr. 3 zu § 611 BGB – Mankohaftung. | 11 BAG v. 29.1.1985 – 3 AZR 570/82, NZA 1986, 23; v. 13.2.1974 – 4 AZR 13/73, SAE 1975, 230. | 12 *Otto/Schwarze*, Haftung, Rz. 302. | 13 Pauschal abl. dagegen *Lingemann*, NZA 2002, 181 (192); *Thüsing* AGB-Kontrolle im Arbeitsrecht (2007), Rz. 175. | 14 So aber *Stoffels*, AR-Blattei SD 870.2 Rz. 137 f.; ihm zust. *Deinert*, RdA 2000, 22 (35). | 15 Staudinger/*Oetker*, § 619a BGB Rz. 3; unklar *Däubler*, NZA 2001, 1329 (1331 mit Fn. 26). | 16 MünchArbR/*Blomeyer*, § 59 Rz. 79; *Otto/Schwarze*, Haftung, Rz. 304.

zu benachteiligen. Dies ist etwa der Fall, wenn der ArbN ein festgestelltes Manko mit einem späteren Überschuss verrechnen kann[1].

Liegt eine wirksame Mankovereinbarung vor, ist der ArbGeb nicht daran gehindert, sich für die Geltendmachung eines **über die Summe der Mankogelder hinausgehenden Schadens** auf die Grundsätze über die allgemeine Mankohaftung zu stützen. Die vertragl. Absprache ist zumindest regelmäßig dahin auszulegen, dass sie die Haftung des ArbN erweitern, seine Verantwortlichkeit aber bei nachgewiesenem Verschulden nicht auf einen bestimmten Betrag begrenzen soll. 55

Sofern eine Mankovereinbarung die Zulässigkeitsgrenzen überschreitet, ist sie insgesamt unwirksam. Eine **geltungserhaltende Reduktion ist** entsprechend allgemeinen Grundsätzen[2] **abzulehnen**[3]. Die schadensrechtl. Verantwortlichkeit des ArbN richtet sich dann nach den Grundsätzen über die allgemeine Mankohaftung[4]. 56

VI. Haftung gegenüber anderen Arbeitnehmern. Schädigt der ArbN einen Kollegen, gelten an sich die allgemeinen zivilrechtl. Grundsätze[5]. Die zumeist aus § 823 I bzw. II folgende deliktische Verantwortlichkeit wird bei Personenschäden jedoch durch die §§ 105, 106 SGB VII überlagert (hierzu eingehend die Erl. dort). 57

VII. Haftung gegenüber Dritten. Außerhalb des Anwendungsbereichs der §§ 105, 106 SGB VII richtet sich die Haftung des ArbN bei einer Schädigung Dritter im Ausgangspunkt nach **allgemeinen zivilrechtl. Grundsätzen**. Der ArbN kann daher neben § 18 StVG vor allem nach § 823 I verantwortlich sein. Dabei ist im Falle mittelbarer Schädigungen problematisch, unter welchen Voraussetzungen der ArbN Träger von Verkehrs- bzw. Verkehrssicherungspflichten ist. Die Rspr. ist uneinheitlich[6]. Im Ausgangspunkt sind die Verkehrspflichten beim Unternehmensträger anzusiedeln, der das betriebl. Geschehen steuert und daraus seinen Nutzen zieht. Eigene Verkehrspflichten des ArbN sind dann zu bejahen, wenn er besondere Gefahrenquellen schafft (zB Entfernung von Schutzeinrichtungen) oder er für eine bestimmte Verkehrssicherung speziell zuständig ist (zB Schwimmmeister). Eine Übernahme von arbeitgeberbezogenen Verkehrspflichten durch den ArbN ist nur dann anzunehmen, wenn der ArbN einen außerordentl. weiten Entscheidungsspielraum zur Gefahrsteuerung hat und der ArbGeb berechtigterweise von eigenen Kontrollmaßnahmen absehen kann[7]. 58

In einer Reihe von Fällen wirken sich **gesetzl. und vertragl. Haftungsprivilegierungen** des Unternehmers auch zu Gunsten des Beschäftigen in seinem Verhältnis zum geschädigten Dritten aus[8]. Außerhalb dieser speziellen Konstellationen hat sich die im Schrifttum vereinzelt geforderte[9] allgemeine Beschränkung der Außenhaftung des ArbN bislang nicht durchsetzen können[10]. 59

Handelt es sich bei dem außenstehenden Dritten um einen **Betriebsmittelgeber** (Leasing, Eigentumsvorbehalt, Sicherungseigentum, Betriebspacht), sprechen die überwiegenden Gründe dafür, die Grundsätze des innerbetriebl. Schadensausgleichs auch auf den Ersatzanspruch des Dritten gegen den ArbN anzuwenden[11]. Der Betriebsmittelgeber begibt sich bewusst in eine Sphäre erhöhter Schadensanfälligkeit und kann die damit verbundenen Risiken häufig durch bestimmte Vereinbarungen zumindest beeinflussen. Darüber hinaus zieht er aus der Überlassung einen wirtschaftl. Nutzen, indem der ArbGeb durch den Einsatz im Produktionsprozess überhaupt erst in die Lage versetzt wird, seinen finanziellen Verpflichtungen (Leasing-Raten, Kreditrückzahlung etc.) nachzukommen. Der Eigentümer macht sich damit die wirtschaftl. Effizienz der vom ArbGeb geschaffenen und gesteuerten Arbeitsorganisation zunutze[12]. 60

Wenn ein **ArbN** einem Kollegen einen **privaten Gegenstand (Kfz) zur betriebl. Nutzung überlässt**, bleibt es im Schadensfalle dagegen bei den allgemeinen zivilrechtl. Grundsätzen[13]. Ansonsten würde das 61

---

1 MünchArbR/*Blomeyer*, § 59 Rz. 79; *Otto/Schwarze*, Haftung, Rz. 299. | 2 BAG v. 25.5.2005 – 5 AZR 572/04, NZA 2005, 1111; v. 4.3.2004 – 8 AZR 196/03, NZA 2004, 727. | 3 ErfK/*Preis*, § 619a BGB Rz. 46. | 4 MünchArbR/*Blomeyer*, § 59 Rz. 81; *Otto/Schwarze*, Haftung, Rz. 306. | 5 Zur Haftung wegen eines auf Beleidigungen und Nötigungen bzw. auf falscher Verdächtigung beruhenden Arbeitsplatzverlustes BAG v. 18.1.2007 – 8 AZR 234/06, AP Nr. 17 zu § 823 BGB; OLG Koblenz v. 23.1.2003 – 5 U 13/03, NZA 2003, 438 f.; LAG Hamm v. 30.11.2000 – 8 Sa 878/00, LAGE § 824 BGB Nr. 1. | 6 Bejahend etwa BGH v. 28.4.1987 – VI ZR 127/86, NJW 1988, 48 (49) (Geräte auf Spielplatz); verneinend BGH v. 16.6.1987 – IX ZR 74/86, NJW 1987, 2510 f. (Wachmann). | 7 Näher dazu Soergel/*Krause*, § 823 BGB Anh. II Rz. 72 f.; *Otto/Schwarze*, Haftung, Rz. 461 ff.; *Spindler*, Unternehmensorganisationspflichten (2001), S. 927 ff. | 8 Einzelheiten bei *Krause*, VersR 1995, 752 (753 ff.); *Otto/Schwarze*, Haftung, Rz. 500 ff. | 9 *Brüggemeier*, AcP 191 (1991), 33 (62 f.); *Däubler*, NJW 1986, 867 (872). | 10 BGH v. 26.1.1995 – VII ZR 240/93, NJW-RR 1995, 659; v. 13.12.1994 – VI ZR 283/93, NJW 1995, 1150 (1151); v. 21.12.1993 – VI ZR 103/93, DB 1994, 634; v. 19.9.1989 – VI ZR 349/88, BGHZ 108, 305 (308 ff.); BAG (GS) v. 25.9.1957 – GS 4/56 (5/56), NJW 1959, 2194; *Krause*, VersR 1995, 742 (756); *Otto/Schwarze*, Haftung, Rz. 473; Staudinger/*Richardi*, § 611 BGB Rz. 617. | 11 LAG BW v. 4.11.1986 – 14 Sa 42/86, LAGE § 611 BGB – Arbeitnehmerhaftung Nr. 8; *Gamillscheg*, AuR 1990, 167 (168); *Krause*, VersR 1995, 752 (756 ff.); *Otto/Schwarze*, Haftung, Rz. 493 ff. | 12 Gegen eine Rechtsfortbildung aber BGH v. 19.9.1989 – VI ZR 349/88, BGHZ 108, 305 (313 ff.); MünchArbR/*Blomeyer*, § 60 Rz. 11; *Katzenstein*, RdA 2003, 346 (351 f.). | 13 AA LAG Düsseldorf v. 25.9.1996 – 11 Sa 967/96, NZA-RR 1997, 241.

Risiko der Insolvenz des ArbGeb vom schuldhaft handelnden auf den geschädigten Beschäftigten verlagert werden, wofür kein Anlass besteht.

62 Wenn der ArbN einem außenstehenden Dritten haftet, hat er nach allgemeiner Ansicht gegen den ArbGeb in dem Umfang einen **Anspruch auf Freistellung** von seiner Ersatzpflicht, in dem der ArbGeb einen erlittenen Eigenschaden selbst tragen müsste[1]. Der Freistellungsanspruch ist nicht auf die Fürsorgepflicht des ArbGeb zu stützen[2]. Haften der ArbGeb und der ArbN im Außenverhältnis gesamtschuldnerisch, erfolgt der Ausgleich über § 426. Die Schadensverteilung im Innenverhältnis richtet sich nach den Grundsätzen über den innerbetriebl. Schadensausgleich. § 840 II, der bei einer Außenhaftung des ArbGeb gemäß § 831 zu einer alleinigen Verantwortlichkeit des ArbN im Innenverhältnis führen würde, wird durch die arbeitsrechtl. Haftungsprivilegierung überlagert[3]. Bei einer alleinigen Haftung des ArbN im Außenverhältnis beruht der Freistellungsanspruch auf § 670 analog[4]. Hat der ArbN den geschädigten Dritten noch nicht befriedigt, kann er Befreiung von der Verbindlichkeit verlangen (§ 257). Wenn der ArbN an den Dritten mehr geleistet hat, als er im Innenverhältnis zum ArbGeb tragen muss, wandelt sich der Freistellungsanspruch in einen Erstattungsanspruch um[5]. Der geschädigte Dritte kann sich den Freistellungsanspruch vom ArbN abtreten lassen bzw. ihn pfänden[6]. In einem solchen Fall verwandelt sich der Freistellungsanspruch in einen Zahlungsanspruch[7].

63 **VIII. Anhang: Die Haftung des Arbeitgebers. 1. Allgemeines.** Der ArbGeb kann aus den **unterschiedlichsten Gründen** verpflichtet sein, einen vom ArbN erlittenen Schaden zu ersetzen. Im Vordergrund stehen dabei die verschiedenen Formen der verschuldensabhängigen Haftung des ArbGeb. Daneben besteht unter bestimmten Voraussetzungen eine verschuldensunabhängige Einstandspflicht für ArbN-Schäden. Soweit der Schaden auf einem Versicherungsfall iSd. § 7 SGB VII (Arbeitsunfall oder Berufskrankheit) beruht, wird die Ersatzpflicht des ArbGeb durch § 104 I SGB VII aber weitgehend ausgeschlossen.

64 **2. Verschuldensabhängige Haftung. a) Allgemeine Grundsätze der leistungsstörungsrechtlichen Haftung.** Mangels einer eigenständigen Regelung der Leistungsstörungen im Arbeitsverhältnis gelten für die Haftung des ArbGeb die allgemeinen Grundsätze. Regelmäßige Anspruchsgrundlage bei der Verletzung von Pflichten aus einem Schuldverhältnis ist nunmehr § 280 I. Für bestimmte Schadensarten müssen allerdings zusätzliche Voraussetzungen erfüllt sein, in denen sich die tradierten unterschiedlichen Leistungsstörungsformen teilweise fortsetzen. Einen Verzögerungsschaden kann der ArbN nur im Verzugsfalle verlangen (§§ 280 II, 286). Für den Anspruch auf Schadensersatz statt der Leistung (§ 280 III) kommt es darauf an, ob der ArbGeb die fällige Leistung verzögert oder nicht wie geschuldet erbringt (§ 281), eine Rücksichtnahmepflicht iSd. § 241 II verletzt (§ 282) oder ob die Leistungspflicht nach § 275 ausgeschlossen ist (§ 283). Sofern das die Leistungspflicht ausschließende Hindernis bereits bei Vertragsschluss vorliegt, haftet der ArbGeb nach Maßgabe der Spezialvorschrift des § 311a. Veranlasst der ArbGeb durch ein vertragswidriges Verhalten den ArbN zu einer außerordentl. Kündigung, gründet sich die Pflicht zum Ersatz des Auflösungsschadens auf § 628 II.

65 Grundvoraussetzung für eine Haftung des ArbGeb aus § 280 I ist eine **Pflichtverletzung**. Insoweit kommt neben einer Verletzung von Leistungs- oder Leistungstreuepflicht vor allem eine Verletzung von Schutzpflichten sowie von Aufklärungs- und Auskunftspflichten in Betracht.

66 Die Schadensersatzhaftung des ArbGeb wegen Pflichtverletzung ist nach § 280 I 2 ausgeschlossen, wenn er die **Pflichtverletzung nicht zu vertreten** hat. Gemäß § 276 I 1 hat der ArbGeb grds. Vorsatz und Fahrlässigkeit zu vertreten. Der ArbGeb handelt fahrlässig, wenn er die im Verkehr erforderliche Sorgfalt außer Acht lässt (§ 276 II). Hierbei gilt ein objektiver Sorgfaltsmaßstab[8]. Das Vertretenmüssen kann durch einen unverschuldeten Rechtsirrtum ausgeschlossen sein[9]. Dies ist etwa dann der Fall, wenn der ArbGeb bei unklarer Rechtslage von der Wirksamkeit tarifl. Regelungen ausgeht (s. auch § 614 Rz. 11)[10]. Andererseits genügt es nicht, dass die Rechtslage zweifelhaft ist und der ArbGeb sich auf eine ihm günstige Ansicht im Schrifttum berufen kann[11].

67 Der ArbGeb muss sich nach § 278 S. 1 das Verhalten von **Erfüllungsgehilfen** zurechnen lassen. Erfüllungsgehilfe ist, wer vom ArbGeb willentlich in die Erfüllung einer Verbindlichkeit gegenüber dem ArbN eingeschaltet wird[12]. Eine Zurechnung hat jedenfalls dann zu erfolgen, wenn der ArbGeb dem schuldhaft

---

1 BAG v. 23.6.1988 – 8 AZR 300/85, NZA 1989, 181; v. 18.1.1966 – 1 AZR 247/63, DB 1966, 826s; BAG (GS) v. 25.9.1957 – GS 4/56 (5/56), NJW 1959, 2194; MünchArbR/*Blomeyer*, § 60 Rz. 15. | 2 So aber BAG v. 23.6.1988 – 8 AZR 300/85, NZA 1989, 181. | 3 *Otto/Schwarze*, Haftung, Rz. 477; Staudinger/*Richardi*, § 611 BGB Rz. 619. | 4 MünchArbR/*Blomeyer*, § 60 Rz. 15; *Otto/Schwarze*, Haftung, Rz. 478; ErfK/*Preis*, § 619a BGB Rz. 26. | 5 BAG v. 24.8.1983 – 7 AZR 670/79, DB 1983, 2781; BAG (GS) v. 25.9.1957 – GS 4/56 (5/56), NJW 1959, 2194; ErfK/*Preis*, § 619a BGB Rz. 26. | 6 BGH v. 24.11.1975 – II ZR 53/74, BGHZ 66, 1 (4). | 7 BAG v. 11.2.1969 – 1 AZR 280/68, DB 1969, 841; v. 18.1.1966 – 1 AZR 247/63, DB 1966, 826. | 8 BAG v. 17.2.1994 – 8 AZR 275/92, NZA 1994, 693; MüKoBGB/*Grundmann*, § 276 Rz. 55 f. | 9 BAG v. 17.7.2003 – 8 AZR 486/02, AP Nr. 27 zu § 611 BGB – Haftung des Arbeitgebers; v. 3.12.2000 – 9 AZR 481/01, DB 2003, 1230; v. 12.11.1992 – 8 AZR 503/91, NZA 1993, 500 (Berufung auf höchstrichterliche Entscheidung). | 10 BAG v. 14.12.1999 – 3 AZR 713/98, NZA 2000, 1348. | 11 BAG v. 14.10.1997 – 7 AZR 298/96, NZA 1998, 775. | 12 MüKoBGB/*Grundmann*, § 278 Rz. 20, 42.

handelnden ArbN eine Vorgesetztenstellung eingeräumt hat[1]. Soweit es um die Verletzung von Schutzpflichten geht, hat der ArbGeb für solche Personen einzustehen, denen er eine konkrete Schutzaufgabe übertragen hat[2] oder die zumindest eine auf den ArbN bezogene Tätigkeit ausüben[3]. Werden Dritte nur ganz allgemein im Auftrag des ArbGeb tätig und schädigen sie dabei eher zufällig Rechtsgüter des ArbN, sind sie keine Erfüllungsgehilfen[4].

b) Vertragliches Pflichtenprogramm. Vertragl. Schadensersatzansprüche kommen hinsichtlich der gesamten Bandbreite der vertragl. Pflichten des ArbGeb in Betracht. In zeitlicher Hinsicht reichen sie vom **vorvertragl. Anbahnungsverhältnis** (§ 311 II) über das **Stadium der Vertragsdurchführung** bis zum **nachvertragl. Zeitraum**. Inhaltlich geht es im Entgelt- und Tätigkeitssektor im Wesentlichen um die **Vergütungspflicht**, den Anspruch auf **Beschäftigung und Weiterbeschäftigung** sowie den **Urlaubsanspruch**, im Bereich der sonstigen ArbN-Interessen um den **Schutz von Leben und Gesundheit**, den **Persönlichkeitsschutz**, den **Schutz von ArbN-Eigentum** sowie den **Schutz sonstiger Vermögensbelange** (s. im Einzelnen die Erl. zu § 611 Rz. 85 ff., 168 ff. u. 239 ff.). 68

c) Deliktische Ansprüche. Eine Haftung des ArbGeb kann sich weiter aus deliktischen Grundsätzen ergeben. Allerdings sind Ansprüche wegen der Verletzung von Körper oder Gesundheit des ArbN regelmäßig durch § 104 SGB VII ausgeschlossen (dazu eingehend die Erl. dort). Für Eigentumsverletzungen iSd. § 823 I gelten die allgemeinen Regeln. Insb. trifft den ArbGeb, wenn er auf seinem Werksgelände einen Verkehr eröffnet (etwa einen Parkplatz einrichtet), eine deliktische Verkehrssicherungspflicht, deren schuldhafte Verletzung einen Ersatzanspruch des geschädigten ArbN zur Folge hat[5]. 69

Ferner hat der ArbGeb das als sonstiges Recht iSd. § 823 I anerkannte **allgemeine Persönlichkeitsrecht** zu beachten. Eine zunehmende Bedeutung kommt dabei der Fallgruppe des Mobbing zu[6]. Insoweit trifft den ArbGeb nicht nur eine Unterlassungspflicht. Vielmehr hat er sich durch entsprechende Maßnahmen auch schützend vor betroffene Mitarbeiter zu stellen[7]. Eine schuldhafte Verletzung kann einen Anspruch auf Schmerzensgeld rechtfertigen, wobei es keine Rolle spielt, dass zugleich eine Vertragsverletzung vorliegt[8]. Die Neufassung des § 253 steht der Zuerkennung eines Schmerzensgeldes wegen einer Verletzung des Persönlichkeitsrechts nicht entgegen[9]. Damit unterscheidet sich die deliktische von der vertragl. Haftung, bei der auch nach der Einführung von § 253 II im Falle von Persönlichkeitsrechtsverletzungen kein Schmerzensgeld gewährt werden kann. Allerdings ist ein Anspruch auf Schmerzensgeld auch im Deliktsrecht auf gravierende Eingriffe in das allgemeine Persönlichkeitsrecht beschränkt. Die unbefugte Weitergabe von Personalakten[10] und selbst die Veröffentlichung eines unzutreffenden Diebstahlsvorwurfes[11] reichen im Allgemeinen nicht aus. Einen Sonderfall bildet die Verletzung des allgemeinen Persönlichkeitsrechts wegen einer geschlechtsbezogenen Diskriminierung im Bewerbungsverfahren[12]. 70

Ein **Recht** des ArbN **am eigenen Arbeitsplatz** als sonstiges Recht iSd. § 823 I, mit dem das BAG ursprünglich noch geliebäugelt hatte[13], ist jedenfalls im Verhältnis zum ArbGeb dagegen **nicht anzuerkennen**[14]. Das Vertragsrecht sowie insb. das KSchG regeln abschließend, wie stark das Interesse des ArbN am Bestand und am Inhalt seines Arbeitsverhältnisses gegenüber Maßnahmen des ArbGeb geschützt ist. 71

Der ArbGeb kann weiter infolge einer **Schutzgesetzverletzung iSd. § 823 II** zum Schadensersatz verpflichtet sein. Schutzgesetze sind solche Rechtsnormen, die ein bestimmtes Verhalten gebieten oder verbieten und hierdurch zumindest auch die Interessen Einzelner vor einer Verletzung schützen wollen. Als Schutzgesetz fungieren anerkanntermaßen § 263 StGB (Betrug)[15] sowie § 266a StGB, der die Vorenthaltung von SozV-Beiträgen unter Strafe stellt[16]. Die Rspr. ordnet das Verbot der Diskriminierung von 72

---

1 BAG v. 17.12.1968 – 5 AZR 149/68, NJW 1969, 766; LAG Frankfurt/M. v. 12.3.1990 – 10/2 Sa 890/89, DB 1991, 552. | 2 BAG v. 16.5.2007 – 8 AZR 709/06, NZA 2007, 1154 (1162); ErfK/*Preis*, § 619a BGB Rz. 64. | 3 BAG v. 25.5.2000 – 8 AZR 518/99, NZA 2000, 1052; *Kamanabrou*, NJW 2001, 1187 f. | 4 BAG v. 25.5.2000 – 8 AZR 518/99, NZA 2000, 1052; tendenziell weiter BGH v. 14.11.1989 – X ZR 106/88, NJW-RR 1990, 308 (309); v. 22.9.1977 – III ZR 146/75, VersR 1978, 38 (40); v. 1.12.1964 – VI ZR 39/64, VersR 1965, 240 (241); v. 20.5.1964 – VIII ZR 242/62, LM § 278 BGB Nr. 39. | 5 BAG v. 25.6.1975 – 5 AZR 260/74, DB 1975, 1992; v. 16.3.1966 – 1 AZR 340/65, DB 1966, 1056. | 6 Dazu etwa *Benecke*, NZA-RR 2003, 225 ff.; *Rieble/Klumpp*, ZIP 2002, 369 ff.; siehe auch LAG Berlin v. 1.11.2002 – 19 Sa 940/02, NZA-RR 2003, 232 ff.; LAG Hamm v. 25.6.2002 – 18 (11) Sa 1295/01, NZA-RR 2003, 8. | 7 LAG Thür. v. 10.4.2001 – 5 Sa 403/00, DB 2001, 1204. | 8 BAG v. 25.10.2007 – 8 AZR 593/06, NZA 2008, 223; v. 21.2.1979 – 5 AZR 568/77, DB 1979, 1513. Zu den Voraussetzungen ferner LAG BW v. 5.3.2001 – 15 Sa 106/00, AP Nr. 2 zu § 611 BGB – Mobbing; restriktiv LAG Sachs. v. 17.2.2005 – 2 Sa 751/03, BB 2005, 1576 LS. | 9 BT-Drs. 14/7752, S. 24 f.; *Benecke*, NZA-RR 2003, 225 (230); *Wagner*, NJW 2002, 2049 (2056). | 10 BAG v. 18.12.1984 – 3 AZR 389/83, NZA 1985, 811. | 11 BAG v. 21.2.1979 – 5 AZR 568/77, DB 1979, 1513; siehe auch LAG Hamm v. 3.9.1997 – 14 Sa 433/97, LAGE § 847 BGB Nr. 3. | 12 BAG v. 14.3.1989 – 8 AZR 351/86 u. 8 AZR 447/87, AP Nr. 6 u. Nr. 5 zu § 611a BGB. | 13 BAG v. 30.9.1970 – 1 AZR 535/69, DB 1971, 101. | 14 Generell abl. OLG Koblenz v. 23.8.2003 – 5 U 13/03, NZA 2003, 438 (439); ErfK/*Preis*, § 619a BGB Rz. 56; *Riesenhuber*, JZ 1999, 711 (715 f.); skeptisch auch BAG v. 4.6.1998 – 8 AZR 786/96, DB 1998, 2617; offen lassend BAG v. 18.1.2007 – 8 AZR 234/06, AP Nr. 17 zu § 823 BGB. | 15 BAG v. 13.2.2007 – 9 AZR 106/06 u. 207/06, AP Nr. 40 zu § 611 BGB – Haftung des Arbeitgebers u. NZA 2007, 878 (Täuschung über unterlassene Insolvenzsicherung bei Altersteilzeit im Blockmodell). | 16 BGH v. 9.1.2001 – VI ZR 407/99, NZA 2001, 392; v. 16.5.2000 – VI ZR 90/99, BGHZ 144, 311 (313 f.).

Teilzeitkräften (§ 4 I TzBfG, früher § 2 I BeschFG) ebenfalls als Schutzgesetz ein[1]. Diese Qualifikation dient allerdings im Ergebnis lediglich dazu, tarifl. Ausschlussfristen zu überspielen und kann nicht überzeugen. Als Schutzgesetz wird weiter das Verbot, Personalratsmitglieder zu benachteiligen (§§ 8, 46 BPersVG) angesehen[2]. Der Schutzgesetzcharakter von § 2 NachwG[3] sowie von § 8 TVG[4] ist dagegen zutreffend verneint worden. Dasselbe ist hinsichtlich der Pflicht zur Ausschreibung freier Stellen auch als Teilzeitarbeitsplätze (§ 7 I TzBfG)[5] bzw. der Pflicht zum Hinweis auf die Meldung als arbeitsuchend nach § 2 II 2 Nr. 3 SGB III[6] anzunehmen. Nicht unter § 823 II fallen ferner solche Normen, die lediglich kollektiven ArbN-Interessen dienen sollen. Hierzu zählt etwa § 15 KSchG[7].

73 **3. Verschuldensunabhängige Haftung des Arbeitgebers.** Der ArbGeb muss nach einhelliger Ansicht unter bestimmten Voraussetzungen auch ohne ein Vertretenmüssen für Schäden des ArbN aufkommen. Die verschuldensunabhängige Haftung beruht im Kern auf denselben Wertungen, die zur eingeschränkten Haftung des ArbN führen. Rechtssystematisch gehört sie daher zum innerbetriebl. Schadensausgleich[8].

74 **a) Dogmatische Grundlage.** Die Rspr. stützt die Ersatzpflicht des ArbGeb schon seit langem auf eine **Analogie zu § 670**. Neben der grds. anerkannten Anwendbarkeit dieser Vorschrift auf den Arbeitsvertrag besteht der zentrale Gedanke darin, Eigenschäden als unfreiwillige Vermögenseinbußen unter bestimmten Voraussetzungen den Aufwendungen als freiwillige Vermögenseinbußen gleichzusetzen[9]. Große Teile des Schrifttums befürworten dagegen den Gedanken einer verschuldensunabhängigen schadensrechtl. Risikohaftung bei Tätigkeit in fremdem Interesse[10]. Eine zunehmende Ansicht in der Lit. plädiert zutreffend für eine Verbindung beider Argumentationslinien. Danach ist die analoge Anwendung von § 670 als Anknüpfungspunkt für eine Überwälzung des ArbN-Schadens auf den ArbGeb beizubehalten. Die Vorschrift ist aber durch Risikozurechnungsgesichtspunkte zu ergänzen[11]. Maßgebend ist in erster Linie die Eingliederung des ArbN in eine vom ArbGeb geschaffene und gesteuerte betriebl. Organisation. Hinzu kommt, dass der ArbGeb wirtschaftl. Nutznießer der Tätigkeit des ArbN ist und die mit der Arbeit verbundenen Eigenschäden des Beschäftigten besser absorbieren kann.

75 **b) Einzelvoraussetzungen des Erstattungsanspruchs. aa) Schaden.** Der ArbN muss eine Einbuße an seinen Vermögensgütern erlitten haben. Hierzu zählen neben **Sachschäden**[12] auch **reine Vermögensschäden**[13]. Die Grundsätze über eine verschuldensunabhängige Haftung des ArbGeb beziehen sich dagegen nicht auf Personenschäden (näher § 618 Rz. 39 ff.).

76 **bb) Verwirklichung eines betrieblichen Risikos.** Der vom ArbN erlittene Eigenschaden muss sich als Verwirklichung eines betriebl. Risikos darstellen. In der Sache geht es darum, die vom ArbGeb zu tragenden Risiken von denjenigen abzugrenzen, die der ArbN entschädigungslos hinzunehmen hat. Diesem Zweck dienen verschiedene Konkretisierungen.

77 Grundvoraussetzung ist, dass der ArbN den **Schaden in Ausübung einer betriebl. Tätigkeit erlitten** hat[14]. Genauer gesagt ist erforderlich, dass das Schadensereignis kausale Folge einer betrieblich veranlassten Tätigkeit des geschädigten ArbN ist[15]. Hierdurch sollen die Schäden von vornherein ausgeklammert werden, die der ArbN durch die Verfolgung privater Interessen erleidet[16]. Sachlich wird damit der Anschluss an Grundsätze über die Enthaftung des ArbN hergestellt, bei denen dieselbe Voraussetzung vorliegen muss. Eine gefährliche Tätigkeit ist dementsprechend nicht mehr erforderlich[17].

78 Weiter ist erforderlich, dass der Schaden dem **Betätigungsbereich des ArbGeb** und **nicht dem Lebensbereich des ArbN** zuzurechnen ist[18]. Im Schaden muss sich ein tätigkeitsspezifisches Risiko verwirklicht haben. Dabei hat die Rspr. die anfängliche Begrenzung auf außergewöhnliche Schäden[19] in der Sache fallen gelassen.

79 **cc) Einzelfälle.** Reine **Verschleißschäden** an Kleidung und anderen Gegenständen, die vom ArbN auch ohne die Tätigkeit ständig gebraucht werden, sind seinem Lebensrisiko zuzuordnen[20]. Dasselbe gilt für den Diebstahl von persönlichen Wertgegenständen auf einer Dienstreise[21]. Ausnahmsw. kann sich insoweit aber auch ein tätigkeitsspezifisches Risiko verwirklichen. Dies ist etwa der Fall, wenn die Kleidung

---

1 BAG v. 24.10.2001 – 5 AZR 32/00, NZA 2002, 209; v. 25.4.2001 – 5 AZR 368/99, NZA 2002, 1211; v. 12.6.1996 – 5 AZR 960/94, NZA 1997, 191. | 2 BAG v. 31.10.1986 – 6 AZR 129/83, AP Nr. 5 zu § 46 BPersVG. | 3 BAG v. 17.4.2002 – 5 AZR 89/01, NZA 2002, 1096. | 4 BAG v. 23.1.2002 – 4 AZR 56/01, NZA 2002, 800. | 5 *Herbert/Hix*, DB 2002, 2377 (2380); Annuß/Thüsing/*Mengel*, § 7 TzBfG Rz. 5. | 6 BAG v. 29.9.2005 – 8 AZR 571/04, NZA 2005, 1406. | 7 BAG v. 14.2.2002 – 8 AZR 175/01, NZA 2002, 1027. | 8 *Langenbucher*, ZfA 1997, 523 (547 ff.); *Otto/Schwarze*, Haftung, Rz. 620. | 9 Grdl. BAG (GS) v. 10.11.1961 – GS 1/60, DB 1962, 169; ebenso etwa BAG v. 17.7.1997 – 8 AZR 480/95, NZA 1997, 1346. | 10 *Canaris*, RdA 1966, 41 (43, 47 f.); *Gamillscheg*, Arbeitsrecht I, S. 396 f.; *Larenz*, JuS 1965, 373 (375 f.). | 11 MünchArbR/*Blomeyer*, § 96 Rz. 68; *Müller-Glöge*, FS Dieterich (1999) S. 387 (391 ff.); *Otto/Schwarze*, Haftung, Rz. 622; *Reichold*, NZA 1994, 488 (491 f.). | 12 BAG v. 20.4.1989 – 8 AZR 632/87, NZA 1990, 27. | 13 BAG v. 11.8.1988 – 8 AZR 721/85, NZA 1989, 54. | 14 BAG v. 16.3.1995 – 8 AZR 260/94, NZA 1995, 836. | 15 *Otto/Schwarze*, Haftung, Rz. 626. | 16 ErfK/*Preis*, § 619a BGB Rz. 81. | 17 Anders noch BAG (GS) v. 10.11.1961 – GS 1/60, DB 1962, 169. | 18 BAG v. 17.7.1997 – 8 AZR 480/95, NZA 1997, 1346; v. 20.4.1989 – 8 AZR 632/87, NZA 1990, 27. | 19 BAG (GS) v. 10.11.1961 – GS 1/60, DB 1962, 169. | 20 BAG v. 8.5.1980 – 3 AZR 82/79, DB 1981, 115; *Müller-Glöge*, FS Dieterich (1999), S. 387 (398); *Otto/Schwarze*, Haftung, Rz. 632 f. | 21 BAG v. 8.5.1980 – 3 AZR 213/79, VersR 1981, 990.

des ArbN durch chemische Substanzen beschädigt wird, mit denen der Beschäftigte umzugehen hat[1]. Dasselbe gilt, wenn ein Patient in einer psychiatrischen Klinik die Brille eines Pflegers zerbricht[2].

Erleidet der ArbN an seinem **eigenen PKW einen Schaden**, kommt es darauf an, ob das Fahrzeug **mit Billigung des ArbGeb in dessen Betätigungsbereich eingesetzt** worden ist. Um einen Einsatz im Betätigungsbereich des ArbGeb handelt es sich, wenn der ArbGeb ansonsten ein eigenes Fahrzeug einsetzen und das hiermit verbundene Unfallrisiko tragen müsste[3]. Die bloße Genehmigung der Benutzung eines privaten Kraftfahrzeugs auf einer Dienstreise genügt dagegen nicht[4]. Anders ist es aber, wenn der ArbGeb dem Beschäftigten die Arbeit so zuteilt, dass diesem nichts anderes übrig bleibt, als sein eigenes Fahrzeug einzusetzen[5]. Ferner entfällt eine betriebl. Tätigkeit nicht dadurch, dass ein Unfall allein auf der Verkehrsuntauglichkeit des vom ArbN eingesetzten Fahrzeugs beruht[6]. Wird ein Privatfahrzeug noch vor dem Diensteinsatz beschädigt, hat sich kein betriebl. Risiko verwirklicht[7]. Demgegenüber fällt es nach Ansicht des BAG in den betriebl. Risikobereich, wenn das Fahrzeug des ArbN zwischen zwei am selben Tage durchzuführenden Dienstfahrten beschädigt wird[8]. Dies gilt erst recht, wenn der Schaden auf einem Parkplatz zugefügt wird, den der ArbGeb dem ArbN für sein auch zu Dienstfahrten verwendetes Privatfahrzeug zugewiesen hat, damit es jederzeit verfügbar ist[9]. Ein durch den ständigen Einsatz eines eigenen Kfz für betriebl. Zwecke entstandener Motorschaden zählt ebenfalls zum Risiko des ArbGeb[10]. 80

c) Abgeltung und Ausschluss der Haftung. Der ArbN hat keinen Ersatzanspruch, wenn er für das Schadensrisiko eine **angemessene Abgeltung** erhalten hat. Kleinere Schäden, mit denen üblicherweise zu rechnen ist, sind bereits durch die Arbeitsvergütung abgegolten[11]. Für die Abgeltung größerer Schäden, die außer Verhältnis zur Grundvergütung stehen, ist dagegen ein besonderes Entgelt erforderlich. Bei Zulagen ist stets darauf zu achten, welchen Zweck sie verfolgen und ob sie den geltend gemachten Schaden abdecken wollen. 81

Das **Kilometergeld** deckt grds. nur Verschleißschäden, nicht aber Unfallschäden am Kfz des ArbN ab[12]. Zahlt der ArbGeb eine eigenständige Kfz-Pauschale, mit der eine Kaskoversicherung finanziert werden könnte, muss er Unfallschäden dagegen nicht begleichen[13]. Im Übrigen werden mit der Zahlung der Kilometerpauschale grds. auch Rückstufungen in der Haftpflichtversicherung abgegolten[14]. Eine Ersatzpflicht des ArbGeb wird weiter nicht dadurch ausgeschlossen, dass er mit dem ArbN einen Mietvertrag über dessen Privatfahrzeug schließt[15]. Gefahren- und Schmutzzulagen decken die regelmäßigen Schäden an der Arbeitskleidung ab[16]. Eine Erschwerniszulage für das Pflegepersonal in psychiatrischen Krankenhäusern soll die besonderen seelischen Belastungen abgelten, nicht dagegen Sachschäden, die auf einem Handeln der Patienten beruhen[17]. 82

Ob die Pflicht des ArbGeb zum Ersatz von Eigenschäden des ArbN auch **ohne eine Kompensation ausgeschlossen** werden kann, hat das BAG offen gelassen[18]. Eine Haftungsbegrenzung durch vorformulierte Arbeitsbedingungen würde in jedem Falle gem. §§ 307, 310 IV unwirksam sein[19]. Legt man die Rspr. zur ArbN-Haftung zugrunde (Rz. 46), dürfte die Risikoverteilung darüber hinaus als insgesamt einseitig zwingendes ArbN-Schutzrecht anzusehen sein[20]. 83

d) Umfang des Ersatzanspruchs. Der ArbGeb hat nach Ansicht der Rspr. nicht Schadensersatz, sondern lediglich **Wertersatz** zu leisten[21]. Auf der Grundlage der Risikohaftungslehre hat der ArbN dagegen einen echten Schadensersatzanspruch[22]. Die Anknüpfung an § 670 analog legitimiert allerdings nur eine analoge Anwendung der §§ 249 ff. mit dem Ziel einer angemessenen Schadloshaltung[23]. Dementsprechend ist zwar etwa der merkantile Minderwert einer beschädigten Sache zu ersetzen[24], nicht aber ein entgangener Gewinn. Ein Ersatz des abstrakten Nutzungsausfallschadens ist abzulehnen[25]. Eine den ArbN begünstigende Vereinbarung ist aber ohne weiteres zulässig[26]. 84

1 Anders noch BAG (GS) v. 10.11.1961 – GS 1/60, DB 1962, 169. | 2 Offen gelassen von BAG v. 20.4.1989 – 8 AZR 632/87, NZA 1990, 27; anders für die Beschädigung der Brille einer Turnlehrerin beim Turnunterricht LAG Frankfurt/M. v. 20.9.1978 – 9/2 Sa 846/78, AR-Blattei D Haftung des Arbeitgebers Nr. 50. | 3 BAG v. 23.11.2006 – 8 AZR 701/05, NZA 2007, 870; BAG v. 17.7.1997 – 8 AZR 480/95, NZA 1997, 1346; v. 14.12.1995 – 8 AZR 875/94, NZA 1996, 417. | 4 BAG v. 16.11.1978 – 3 AZR 258/77, DB 1979, 1091. | 5 Offen gelassen von BAG v. 16.11.1978 – 3 AZR 258/77, DB 1979, 1091. | 6 BAG v. 23.11.2006 – 8 AZR 701/05, NZA 2007, 870. | 7 BVerwG v. 18.1.1996 – 2 C 28.94, ZTR 1997, 48. | 8 BAG v. 14.12.1995 – 8 AZR 875/94, NZA 1996, 417; ebenso LAG BW v. 29.6.1983 – 6 Sa 145/82, AR-Blattei D Haftung des Arbeitgebers Nr. 55; einschr. *Otto/Schwarze*, Haftung, Rz. 628. | 9 LAG Düsseldorf v. 12.8.1994 – 9 Sa 901/94, MDR 1995, 476. | 10 LAG Frankfurt/M. v. 13.11.1983 – 10 Sa 42/85, LAGE § 670 BGB Nr. 5. | 11 *Otto/Schwarze*, Haftung Rz. 639. | 12 *Franzen*, ZTR 1996, 305 (307); aA LAG Bremen v. 20.8.1985 – 4 Sa 57 u. 128/85, LAGE § 670 BGB Nr. 3. | 13 LAG BW v. 17.9.1991 – 7 Sa 44/91, NZA 1992, 458. | 14 BAG v. 30.4.1992 – 8 AZR 409/91, NZA 1993, 262. Im Ergebnis ebenso BVerwG v. 27.1.1994 – 2 C 6.93, NJW 1995, 411 (412); aA LAG Köln v. 3.7.1991 – 5 Sa 305/91, LAGE § 670 BGB Nr. 10. | 15 BAG v. 17.7.1997 – 8 AZR 480/95, NZA 1997, 1346. | 16 BAG (GS) v. 10.11.1961 – GS 1/60, DB 1962, 169. | 17 BAG v. 20.4.1989 – 8 AZR 632/87, NZA 1990, 27. | 18 BAG v. 27.1.2000 – 8 AZR 876/98, NZA 2000, 727. | 19 ErfK/*Preis*, § 619a BGB Rz. 94. | 20 *Müller-Glöge*, FS Dieterich (1999), S. 387 (411); *Otto/Schwarze*, Haftung, Rz. 638. | 21 BAG v. 20.4.1989 – 8 AZR 632/87, NZA 1990, 27; BAG (GS) v. 10.11.1961 – GS 1/60, DB 1962, 169. | 22 *Larenz*, JuS 1965, 373 (375). | 23 *Otto/Schwarze*, Haftung, Rz. 642. | 24 BAG v. 17.9.1987 – 6 AZR 522/84, NJW 1988, 932. | 25 AA *Müller-Glöge*, FS Dieterich (1999), S. 387 (404); ErfK/*Preis*, § 619a BGB Rz. 98. | 26 BAG v. 7.9.1995 – 8 AZR 515/94, NZA 1986, 32 (33).

85 **e) Mitverschulden des Arbeitnehmers.** Das BAG geht schon seit längerem davon aus, dass ein Mitverschulden des ArbN den Ersatzanspruch nicht völlig ausschließt[1]. Ein Mitverschulden ist aber in entsprechender Anwendung von § 254 zu berücksichtigen. Insoweit sind die Grundsätze über die beschränkte ArbN-Haftung anwendbar[2]. Damit wird auch an dieser Stelle deutlich, dass die Einstandspflicht des ArbGeb für Eigenschäden des ArbN zum innerbetriebl. Schadensausgleich gehört.

620 *Beendigung des Dienstverhältnisses*

(1) Das Dienstverhältnis endigt mit dem Ablauf der Zeit, für die es eingegangen ist.

(2) Ist die Dauer des Dienstverhältnisses weder bestimmt noch aus der Beschaffenheit oder dem Zwecke der Dienste zu entnehmen, so kann jeder Teil das Dienstverhältnis nach Maßgabe der §§ 621 bis 623 kündigen.

(3) Für Arbeitsverträge, die auf bestimmte Zeit abgeschlossen werden, gilt das Teilzeit- und Befristungsgesetz.

1 **I. Zweck und Anwendungsbereich.** Die Vorschrift gilt für Dienst- und Arbeitsverträge. Sie enthält die Grundregel, dass Dienst- und Arbeitsverhältnisse **auf bestimmte Zeit** abgeschlossen und gekündigt werden können. Von der Beendigung des Dienst- oder Arbeitsverhältnisses infolge einer Befristung oder einer Kündigung ist das Ruhen des Dienst- oder Arbeitsverhältnisses zu unterscheiden. In diesem Falle besteht das Dienst- oder Arbeitsverhältnis fort, ohne dass gegenseitig die arbeitsvertragl. Leistungen nach § 611 geschuldet werden (zur gleichwohl eintretenden Beendigung eines Beschäftigungsverhältnisses iSd. § 7 SGB IV, s. die dortige Komm.).

Abs. 3 ist durch Art. 2 Nr. 1 des Gesetzes vom 21.12.2000 (BGBl. I S. 1966) angefügt worden und seit dem 1.1.2001 in Kraft. Infolgedessen beschränkt sich der Anwendungsbereich des Abs. 1 auf den sog. **selbständigen oder freien Dienstvertrag**, während für befristete Arbeitsverhältnisse in Umsetzung der RL 1999/70/EG Abs. 3 ausdrücklich auf das TzBfG verweist. Dagegen ist Abs. 2 sowohl auf unbefristete Dienstverträge wie auch auf Arbeitsverhältnisse anwendbar. Unbefristete Dienstverträge können gem. Abs. 2 mit den Kündigungsfristen aus § 621 bzw. bei nicht oder unwesentlich am Kapital beteiligten Organmitgliedern aus § 622 gekündigt werden. Für Arbeitsverhältnisse gilt der in Abs. 2 enthaltene Verweis auf die §§ 622, 623.

2 Vor dem 1.1.2001 war § 620 I auch Grundnorm für **befristete Arbeitsverhältnisse**. Infolge der Begründung eines Kündigungsschutzes mit dem KSchG aus dem Jahre 1951 und der Ausbildung des Bestandsschutzes von Arbeitsverhältnissen ergab sich jedoch ein Widerspruch zu der auf dem Prinzip der Vertragsfreiheit beruhenden generellen Zulässigkeit befristeter Arbeitsverträge. Seit dem grundlegenden Beschluss des Großen Senats des BAG vom 12.10.1960[3] hält deshalb das BAG befristete Arbeitsverträge für unzulässig, wenn objektiv eine Umgehung zwingender Bestimmungen des Kündigungsschutzrechts vorliegt. Befristete Arbeitsverträge bedurften deshalb grds. eines sachlichen Grundes für die Befristung. Durch das am 1.1.2001 in Kraft getretene **„Gesetz über Teilzeitarbeit und befristete Arbeitsverträge"** (TzBfG) sind für Arbeitsverhältnisse neben der Einführung eines Anspruchs auf Teilzeitarbeit allgemein die gesetzl. Voraussetzungen für befristete Arbeitsverträge normiert worden. Während die auflösende Bedingung in Abs. 2 nicht genannt wird, ergibt sich aus dem TzBfG, dass Arbeitsverhältnisse nicht nur zeitlich und zweckbefristet werden können, sondern auch durch Vereinbarung einer auflösenden Bedingung enden können. Das TzBfG löste das ohnehin zeitlich befristete Beschäftigungsförderungsgesetz (BeschFG) vom 26.4.1985 ab. Die Befristung von Arbeitsverträgen ist nur rechtswirksam, wenn sie den Anforderungen des TzBfG genügt. Neben dem TzBfG bestehen weitere spezialgesetzl. Regelungen zur Befristung von Arbeitsverträgen, wie zB in § 21 BEEG, §§ 2 ff. WissZeitVG (mit dem Gesetz zur Änderung arbeitsrechtlicher Vorschriften in der Wissenschaft – Wissenschaftszeitvertragsgesetz – v. 12.4.2007[4] sind die bislang im Hochschulbereich gem. §§ 57a–f HRG geltenden Befristungsregelungen abgelöst worden), § 8 III ATZG.

3 **II. Dienstverhältnis. 1. Selbständiger Dienstvertrag.** Ein **freier, selbständiger oder unabhängiger Dienstvertrag** liegt vor, wenn der Dienstverpflichtete seine Tätigkeit im Wesentlichen frei gestalten und seine Arbeitszeit selbst bestimmen kann (vgl. § 84 I 2 HGB)[5]. Hierzu zählen Selbständige, freie Mitarbeiter und gesetzl. Vertreter (§ 14 I KSchG, § 5 I 3 ArbGG). Nicht als ArbN gelten auch sog. arbeitnehmerähnl. Personen, die in persönlich selbständiger, aber wirtschaftl. abhängiger Stellung arbeiten.

4 **2. Befristung des Dienstverhältnisses (Abs. 1). a) Befristung.** Das Dienstverhältnis endet gem. Abs. 1 **mit Ablauf der vereinbarten Zeit** (zur ggf. zu beachtenden Meldepflicht gegenüber der AA vor der Beendigung siehe § 37b SGB III). Dies ist eine kalendermäßige Befristung, wie sie § 15 I TzBfG für das

1 BAG v. 8.5.1980 – 3 AZR 82/79, DB 1981, 115. | 2 BAG v. 23.11.2006 – 8 AZR 701/05, NZA 2007, 870; v. 27.1.2000 – 8 AZR 876/98, NZA 2000, 727; v. 17.7.1997 – 8 AZR 480/95, NZA 1997, 1346. | 3 BAG v. 12.10.1960 – 3 AZR 65/59, AP Nr. 16 zu § 620 BGB – Befristeter Arbeitsvertrag. | 4 BGBl. I S. 506 ff. | 5 Im Unterschied dazu siehe die für Arbeitsverhältnisse nach § 6 II GewO geltende Regelung des § 106 GewO.

Arbeitsverhältnis definiert. Kalendermäßig ist eine Befristung, wenn sie kalendermäßig bestimmt (vom 1.4.2008 bis 30.9.2008) bzw. durch Nennung eines bloßen Beendigungstermins oder bestimmbar ist (ab 1.4.2008 für ein Jahr); siehe zum Arbeitsverhältnis die Kommentierung zu § 3 I TzBfG. Eine Befristung kann auch nachträglich, also während eines bereits befristeten Dienstverhältnisses vereinbart werden.

Um keine Befristung handelt es sich, wenn eine **Verlängerung** um einen bestimmten Zeitraum vorgesehen wird für den Fall, dass das Vertragsverhältnis nicht vor einem vereinbarten Zeitpunkt gekündigt wird. Hier ist nur die Kündigungsmöglichkeit eingeschränkt, indem sie nur zu einem bestimmten Zeitpunkt ermöglicht wird. Im Bühnenbereich bedeutet die dort tarifl. vielfach vorgesehene **Nichtverlängerungsmitteilung** des ArbGeb eine Beendigung des Arbeitsverhältnisses, das sich ansonsten automatisch um eine Spielzeit verlängern würde. Für eine Nichtverlängerungsmitteilung sind nach den jeweiligen TV bestimmte Fristen und die vorherige Anhörung des betroffenen Bühnenkünstlers zu beachten. 5

Wie sich aus Abs. 2 ergibt, kann das Dienstverhältnis auch **zweckbefristet** sein. Die Zweckbefristung steht danach der kalendermäßigen Befristung gleich. Ein zweckbefristeter Arbeitsvertrag liegt vor, wenn sich die Dauer des befristeten Arbeitsverhältnisses aus der Art, der Beschaffenheit oder dem Zweck der Dienstleistung ergibt (zB Erstellen eines Gutachtens). Zweckbefristungen sind somit auch bei Dienstverhältnissen nur möglich, wenn ein Sachgrund vorliegt. Die vorgesehene Beendigung folgt aus dem Sachgrund, wird also durch den Zweck erst gekennzeichnet. Die Zweckbefristung ist daher nur zulässig, wenn der Zeitpunkt der Zweckerfüllung für den Dienstverpflichteten voraussehbar ist und in überschaubarer Zeit liegt. Die Zweckerreichung muss objektiv bestimmbar sein (bei vorformulierten Vertragsbedingungen gem. § 305 ist dies gem. § 307 geboten). Ist die Zweckerreichung nur von dem Dienstgeber erkennbar, so muss er den Dienstverpflichteten darauf rechtzeitig hinweisen. Um eine unangemessene Benachteiligung des Dienstverpflichteten zu vermeiden, ist deshalb in entsprechender Anwendung des § 15 II TzBfG der Dienstverpflichtete zwei Wochen zuvor über den Zeitpunkt der Zweckerreichung und die Beendigung des Dienstverhältnisses zu unterrichten. 6

b) Grund. Die Befristungsvereinbarung bedarf **keines Sachgrundes**. Dies folgt bereits daraus, dass der Kündigungsschutz zwar die Zulässigkeit befristeter Arbeitsverträge begrenzt, jedoch der Dienstnehmer eines selbständigen Dienstvertrages nicht dem Kündigungsschutz eines ArbN unterliegt. § 14 I 1 TzBfG gilt daher nur für Arbeitsverträge. 7

c) Dauer der Befristung und ihr Grund. Grundsätzlich ist der **Dauer der Befristung** keine Mindest- und Höchstgrenze gesetzt. Bei einer Zweckbefristung muss der Zeitpunkt der Zweckerfüllung aber in überschaubarer Zeit liegen. Der vertragl. Bindung ist in § 624 bzw. für Arbeitsverträge in § 15 V TzBfG eine zeitliche Obergrenze gesetzt. Die Begrenzung ergibt sich hier aus der Kündigungsmöglichkeit des § 624 für den Dienstverpflichteten bzw. § 15 IV TzBfG für den ArbN. Bei Verträgen über mehr als fünf Jahre kann der Dienstverpflichtete nach dem Ablauf von fünf Jahren mit einer Kündigungsfrist von sechs Monaten kündigen. Wenn man nicht in § 624 eine die Dienstleistungen eine Dienstverpflichteten (zB Geschäftsführer) regelnde Sondernorm sieht, in der der Dienstnehmer die wirtschaftl. abhängige Vertragspartei ist, kann bei vorformulierten Dienstverträgen (§ 305) darüber hinaus gem. § 309 Nr. 9a und b eine Begrenzung der Laufzeit auf zwei Jahre bzw. eine Verlängerungsbeschränkung auf jeweils ein Jahr bestehen. 8

Da die Befristung selbst keines Sachgrundes bedarf, bedarf auch die Dauer der Befristung **keines Grundes**. Dagegen wird die Dauer des befristeten Dienstvertrages bei der Zweckbefristung und auch bei der Vereinbarung einer Bedingung durch die Zweckerreichung bzw. den Eintritt der Bedingung selbst bestimmt, so dass der Zweck bzw. die Bedingung zugleich auch die Dauer bestimmen. 9

Für **Vorstände von Aktiengesellschaften** ist ohnehin die gem. § 84 AktG zu beachtende Höchstdauer einer Bestellung zu berücksichtigen.

Um trotz Zweckverfehlung oder Nichteintritts der Bedingung (s. Rz. 23) auf jeden Fall eine Beendigung des Dienstverhältnisses zu erreichen, empfiehlt sich eine **Kombination von Zeit- und Zweckbefristung** bzw. auflösender Bedingung (**„Doppelbefristung“**), etwa wie folgt:

Der Dienstnehmer wird wegen Verhinderung der/des erkrankten Frau/Herrn ... befristet in der Tätigkeit eines ... eingesetzt. Das Dienstverhältnis endet mit Ablauf des ... (Datum); bei früherer Wiederaufnahme der Tätigkeit durch die/den verhinderte/n Frau/Herrn ... an diesem Tag.

d) Form. Die Vereinbarung eines befristeten Dienstvertrages unterliegt **keiner gesetzl. Form**. Dagegen bedarf die Befristung eines Arbeitsverhältnisses der Schriftform (§ 14 IV TzBfG sowie § 2 I 2 Nr. 3 NachwG). Dies gilt bei Arbeitsverträgen nur für die Befristungsabrede selbst, nicht aber für den für die Befristung maßgeblichen Grund. Anders verhält es sich bei auflösenden Bedingungen und Zweckbefristungen, da in diesen Fällen die vorgesehene Beendigung aus dem Sachgrund folgt, also durch den Zweck oder die auflösende Bedingung der Beendigungstatbestand erst gekennzeichnet wird. Dieser Gesichtspunkt ist auch bei der Befristung von Dienstverhältnissen zu beachten. 10

e) Unwirksame Befristung. Ist die Befristung unwirksam (zB wegen unzureichender Bestimmbarkeit der Zweckerreichung) besteht das Dienstverhältnis auf unbestimmte Zeit. Da § 16 TzBfG dem ArbN- 11

Schutz dient, ist dieser auf freie Dienstverhältnisse nicht anwendbar. Hierfür gilt die bisherige Rspr., dass die Vertragsparteien die Mindestdauer auch ohne die vereinbarte, aber unwirksame Befristung gewollt haben, so dass eine ordentl. Kündigung vor Ablauf der vorgesehenen Zeit sowohl durch den Dienstgeber als auch durch den Dienstverpflichteten grds. ausgeschlossen ist[1].

12 f) **Kündigungsmöglichkeit.** Ein befristetes Dienstverhältnis endet erst mit dem Ende der Befristungsdauer, dem vereinbarten Zeitpunkt oder der Zweckerreichung. Während des Laufes der Befristung ist das Recht zur ordentl. **Kündigung ausgeschlossen.** Dies ergibt sich aus dem Verhältnis des Abs. 1 zu Abs. 2. Dagegen bleiben unter den jeweils gesetzl. genannten Voraussetzungen die außerordentl. Kündigung nach § 626 und die Kündigung nach § 627 möglich. Es kann jedoch ausdrücklich oder konkludent eine vorzeitige ordentl. Kündigung des Dienstverhältnisses **vereinbart** werden.

13 **Beispiel einer sog. Höchstbefristung:**

Das Dienstverhältnis wird befristet bis zum ...

Während der Dauer des Dienstverhältnisses kann es beiderseits mit einer Frist von .../nach Maßgabe der gesetzlichen Kündigungsfristen sowie bei Vorliegen eines wichtigen Grundes fristlos gekündigt werden.

14 Auch ohne Kündigungsvorbehalt und ohne Rücksicht auf eine vereinbarte Vertragsdauer kann **im Insolvenzverfahren** der Insolvenzverwalter gem. § 113 S. 1 InsO befristete und auflösungsbedingte Dienstverhältnisse jederzeit mit einer Kündigungsfrist von maximal drei Monaten zum Monatsende kündigen.

15 **Hinweise:** Für wirtschaftl. abhängige Organmitglieder (wie zB Fremdgeschäftsführer) bedeutet die Möglichkeit der jederzeitigen ordentl. Kündigung durch den Dienstgeber wegen fehlenden Kündigungsschutzes (§ 14 KSchG) ein erhebliches Risiko.

Sofern man nicht in § 624 eine spezielle, die Dienstleistungen eines einzelnen Dienstverpflichteten (zB Organmitgliedes) regelnde Norm sieht, in denen der Dienstnehmer die wirtschaftl. abhängige Vertragspartei ist, gilt es umgekehrt für Dienstgeber bei der Verwendung von vorformulierten Dienstverträgen (§ 305) die Regelung des § 309 Nr. 9a zu beachten.

16 g) **Darlegungs- und Beweislast.** Da die Berufung auf das Ende eines Dienstverhältnisses durch Fristablauf einer dem materiellen Recht folgenden rechtsvernichtenden Einwendung gleichkommt, hat nach den allgemeinen Grundsätzen die Partei die tatsächlichen Voraussetzungen darzulegen und unter Beweis zu stellen, die sich auf die für sie günstigere Rechtsfolge des (früheren) Erlöschens der Vertragsverpflichtung, nämlich die der Befristung, beruft. Auch bezüglich der Dauer des befristeten Dienstverhältnisses trägt nach den allgemeinen Grundsätzen derjenige die Darlegungs- und Beweislast, der sich auf die vorzeitige Beendigung des Dienstverhältnisses beruft[2].

17 h) **Diskriminierungsverbot.** Das zu Gunsten befristet beschäftigter ArbN geltende Diskriminierungsverbot des § 4 II TzBfG ist ebenso wenig auf Dienstverhältnisse anwendbar, wie die dieser gesetzl. Regelung zugrundeliegende Rahmenvereinbarung über befristete Arbeitsverträge (RL 1999/70/EG). Da es sich aber im Ergebnis um eine Konkretisierung des in Art. 3 I GG enthaltenen Gleichbehandlungsgrundsatzes handelt, kann sich auch ein nach Abs. 1 befristet beschäftigter Dienstverpflichteter gegen eine Ungleichbehandlung wenden, sofern hierfür keine sachlichen Gründe vorliegen. Weitere Ansprüche können sich aus dem AGGergeben, § 2 I Nr. 1 AGG.

18 **III. Beendigung unbefristeter Dienst- und Arbeitsverhältnisse (Abs. 2).** Unbefristete, also auf unbestimmte Zeit abgeschlossene Dienstverhältnisse können gem. Abs. 2 nach Maßgabe des § 621 ordentl. und nach §§ 626, 627 fristlos **gekündigt** werden. Für Arbeitsverhältnisse gelten gem. Abs. 2 die Bestimmung des § 622 für ordentl. Kündigungen und die des § 626 für fristlose Kündigungen. Beide Kündigungen bedürfen bei Arbeitsverhältnissen der Schriftform des § 623.

19 Für **Organmitglieder**, die am Kapital der Gesellschaft nicht oder nur in unerheblichem Umfang beteiligt sind, gilt § 622 entsprechend, auch die Verlängerung der Kündigungsfrist nach § 622 II (s. § 622 Rz. 28). Wird der Vorstand oder Geschäftsführer abberufen und gekündigt, ist in der AG jeweils ein Beschluss des Aufsichtsrats, in der GmbH jeweils ein Beschluss der Gesellschafterversammlung (soweit die Satzung oder der Dienstvertrag nichts Abweichendes bestimmt) erforderlich[3].

20 Einer außerordentl. Kündigung von Organmitgliedern muss nach Auffassung der Rspr. keine **Abmahnung** vorausgehen[4]. Dies folgt daraus, dass organschaftliche Vertreter ArbGeb-Funktionen wahrnehmen. Diese Funktionszuweisung ist ein besonderer Umstand iSv. § 323 II Nr. 3, auf den § 314 II 2 verweist.

---

1 BAG v. 19.6.1980 – 2 AZR 660/78, AP Nr. 55 zu § 620 BGB – Befristeter Arbeitsvertrag. | 2 BAG v. 12.10.1994 – 7 AZR 745/93, AP Nr. 165 zu § 620 BGB – Befristeter Arbeitsvertrag. | 3 Zur Bestellung eines GmbH-Geschäftsführers unter einer auflösenden Bedingung s. BGH v. 24.10.2005 – II ZR 55/04, BB 2006, 14. | 4 BGH v. 10.9.2001 – II ZR 14/00, ZIP 2001, 1957; v. 2.7.2007 – II ZR 71/06, DB 2007, 1865; aA *Koch*, ZIP 2005, 1621.

Wegen der näheren Einzelheiten zur rechtl. Bedeutung einer Kündigung als einseitige Willenserklärung, der für die Kündigung erforderlichen Voraussetzungen, des notwendigen Erklärungsinhalts, der Erscheinungsform einer Kündigung, des Zugangs einer Kündigung und der Kündigung durch einen Vertreter wird auf die **Kommentierung zum KSchG** verwiesen. 21

Von einer Kündigung ist eine **Freistellung** bzw. **Suspendierung** zu unterscheiden. In derartigen Fällen besteht das Dienst- bzw. Arbeitsverhältnis fort. Es ruhen jedoch die beiderseitigen Verpflichtungen aus dem Vertragsverhältnis. In derartigen Fällen kann trotz des rechtl. Fortbestands des Vertragsverhältnisses das versicherungspflichtige Beschäftigungsverhältnis (§ 7 SGB IV) vorzeitig enden. Dies ist der Fall, wenn es zu einer unwiderruflichen Freistellung von der Arbeitsleistung kommt und daher aufseiten des ArbGeb das Weisungsrecht endet. Dem steht nicht entgegen, dass dem ArbN in derartigen Fällen gleichwohl bis zum rechtl. Ende des Arbeitsverhältnisses das geschuldete Arbeitsentgelt fortgezahlt wird. 22

IV. Weitere Beendigungstatbestände. 1. Auflösende Bedingung (§ 158 Abs. 2). Obwohl die auflösende Bedingung als Beendigungstatbestand eines befristeten Dienstverhältnisses in Abs. 2 nicht genannt wird, kann sie im Rahmen der Vertragsfreiheit vereinbart werden[1]. Wird ein Dienstverhältnis unter einer auflösenden Bedingung (weil der Eintritt des zukünftigen Ereignisses ungewiss ist) abgeschlossen, so endet es gem. § 158 II bei Eintritt des vertragl. vorgesehenen Ereignisses. Die gewählte Bedingung muss so umschrieben sein, dass der Eintritt des Ereignisses, an das die Beendigung des Dienstverhältnisses geknüpft wird, objektiv erkennbar ist. Die auflösende Bedingung kennzeichnet den Beendigungstatbestand. Der Unterschied zu einem zweckbefristeten Dienstverhältnis besteht darin, dass bei Letzterem nur der Zeitpunkt des Eintritts der Zweckerreichung und damit der Zeitpunkt des Endes des Dienstverhältnisses ungewiss ist. 23

Für Arbeitsverhältnisse ist die auflösende Bedingung ausdrücklich in § 21 TzBfG geregelt. Dort wird sie im Wesentlichen dem mit Sachgrund befristeten Arbeitsverhältnis gleichgestellt.

2. Anfechtung. Der Dienstvertrag unterliegt den allgemeinen Anfechtungsregeln der §§ 119, 123. Unter den gesetzl. Voraussetzungen kann er wegen Irrtums, arglistiger Täuschung oder Drohung angefochten werden. Abweichend von § 142 wirkt die nach Arbeitsaufnahme erklärte Anfechtung nur für die Zukunft. Im Ergebnis kommt die Anfechtung einer außerordentl. Kündigung gleich. Jedoch gelten unterschiedliche Voraussetzungen. Für die außerordentl. Kündigung nach § 626 I kommt es auf die Umstände im Zeitpunkt des Ausspruchs an. Demgegenüber stellt der Anfechtungsgrund auf die Sachlage bei Abgabe der zum Arbeitsvertrag führenden Willenserklärung ab, ist also vergangenheitsbezogen. 24

Hinsichtlich der Voraussetzungen und Folgen einer derartigen Anfechtung wird Bezug genommen auf die Komm. zu §§ 119 ff.

3. Rücktritt. Bis zum Beginn des Dienst-/Arbeitsverhältnisses kann der Rücktritt nach § 346 vorbehalten werden. Bis dahin kann auch das gesetzl. Rücktrittsrecht des § 323 ausgeübt werden. Nach Beginn des Dienst-/Arbeitsverhältnisses ist ein Rücktritt stets ausgeschlossen und wird durch das Kündigungsrecht ersetzt[2]. 25

4. Nichtigkeit. Wegen der Voraussetzungen, die zur **Nichtigkeit eines Dienstverhältnisses** führen können, wird auf die Komm. zu § 611 Rz. 70 verwiesen. 26

5. Unmöglichkeit. Entgegen der bisherigen rechtl. Situation (bis zum 31.12.2001) führt die **anfängliche Unmöglichkeit** der Erfüllung der Pflichten aus dem Dienstvertrag nicht zur Nichtigkeit. Wie bei einem Leistungsverweigerungsrecht gem. § 275 III bleibt der Vertrag wirksam. Die Rechtsfolgen ergeben sich aus § 311a II. Die **nachträgliche Unmöglichkeit** der Erbringung der Dienstleistung führt als solche ebenfalls nicht zur Beendigung des Dienstverhältnisses. Es bedarf dazu stets einer ordentl. oder außerordentl. Kündigung. 27

6. Störung (Wegfall) **der Geschäftsgrundlage (§ 313).** Die Störung (der Wegfall) der Geschäftsgrundlage führt nicht zu einem selbständigen Beendigungsgrund oder einer Rücktrittsmöglichkeit. Vielmehr sieht § 313 III 2 ausdrücklich für Dauerschuldverhältnisse nur das Recht zur Kündigung vor. 28

7. Aufhebungs-/Auflösungsvertrag. Das Dienstverhältnis kann durch Aufhebungsvertrag mit sofortiger Wirkung oder zu einem bestimmten zukünftigen Zeitpunkt beendet werden. Eine rückwirkende Aufhebung des Vertragsverhältnisses kommt nur dann in Betracht, wenn tatsächlich das Arbeitsverhältnis bereits außer Vollzug gesetzt war[3]. Im Gegensatz zum Arbeitsvertrag (§ 623) bedarf die Aufhebung/Auflösung eines Dienstverhältnisses zu ihrer Wirksamkeit nicht der Schriftform. Einigen sich die Vertragspartner in dem Aufhebungsvertrag auf eine Beendigung zu einem späteren Zeitpunkt, so kann der Aufhebungsvertrag noch durch Ausspruch einer zeitlich nachfolgenden außerordentl. Kündigung gegenstandslos werden. 29

---

1 Zur Bestellung eines GmbH-Geschäftsführers unter einer auflösenden Bedingung s. BGH v. 24.10.2005 – II ZR 55/04, BB 2006, 14. | 2 Palandt/*Weidenkaff*, Vorbem. vor § 620 BGB Rz. 8. | 3 BAG v. 10.12.1998 – 8 AZR 324/97, NZA 1999, 422.

30 Die vertragl. Vereinbarung der Hinnahme einer Kündigung unter gleichzeitiger Regelung der Modalitäten der Vertragsauflösung wird als **Abwicklungsvertrag** bezeichnet. Der ArbN kann sich für den Abschluss des Abwicklungsvertrags auf einen wichtigen Grund iSd. § 144 I 1 SGB III grds. nur berufen, wenn die ArbGebKündigung objektiv rechtmäßig war. Die Hinnahme einer arbeitgeberseitigen Kündigung reicht also für sich genommen nicht aus, um eine Sperrfrist zu vermeiden[1].

31 Auch wenn der Arbeitsvertrag als ein **Verbrauchervertrag** zu qualifizieren und der ArbN als ein Verbraucher iSd. § 13 zu definieren ist[2], steht ihm **kein Widerrufsrecht** nach §§ 355, 312 zu, selbst wenn der Aufhebungsvertrag am Arbeitsplatz oder im Bereich seiner Privatwohnung verhandelt worden sein sollte[3].

Wegen der Einzelheiten eines einen Dienst- oder Arbeitsvertrag auflösenden Vertrages und die dabei zu berücksichtigenden Gesichtspunkte (zB steuerliche Folgen) wird auf die besondere **Kommentierung des Aufhebungsvertrages** verwiesen (Anh. zu § 9 KSchG).

32 **8. Tod.** Durch den **Tod des Dienstverpflichteten bzw. ArbN** endet das Vertragsverhältnis. Dies folgt auch aus § 613 S. 1. Noch nicht erfüllte fällige Ansprüche werden vererbt, soweit sie nicht höchstpersönlicher Natur sind.

Dagegen berührt der **Tod des Dienstgebers bzw. ArbGeb** grds. nicht den Bestand des Vertragsverhältnisses. Die Dienst- bzw. ArbGebStellung geht auf die Erben über, soweit keine diesbezügliche besondere Vereinbarung besteht.

33 **9. Auflösung durch Urteil des Arbeitsgerichts.** Auf Antrag des ArbN oder auch des ArbGeb kann unter den Voraussetzungen des § 9 KSchG durch das Gericht ein Arbeitsverhältnis aufgelöst werden, ggf. gegen Zahlung einer Abfindung gem. § 10 KSchG. Auch kann der ArbN nach § 12 KSchG das Arbeitsverhältnis dadurch beenden, dass er nach Vorliegen eines die Fortsetzung des Arbeitsverhältnisses feststellenden Urteils innerhalb einer Woche nach Rechtskraft des Urteils durch Erklärung gegenüber dem ArbGeb die Fortsetzung des Arbeitsverhältnisses bei diesem verweigert, sofern er inzwischen über ein neues Arbeitsverhältnis verfügt.

34 **V. Befristete Arbeitsverträge (Abs. 3).** Für befristete Arbeitsverträge verweist Abs. 3 ausdrücklich auf das seit dem 1.1.2001 geltende TzBfG. Auf befristete **Arbeitsverhältnisse** ist somit § 620 nicht anwendbar. Diese Vorschrift war in ihrer Anwendbarkeit auf Arbeitsverhältnisse infolge der Begründung eines Kündigungsschutzes mit dem KSchG aus dem Jahre 1951 durch den grundlegenden Beschluss des Großen Senats des BAG vom 12.10.1960[4] wesentlich eingeschränkt worden. Arbeitsverträge konnten danach nur wirksam befristet werden, wenn dafür ein sachlich rechtfertigender Grund vorliegt.

Gem. **§ 14 I TzBfG** bedarf die Befristung eines Arbeitsvertrages eines Sachgrundes. Die Regelung gilt auch für Kleinbetriebe ohne Kündigungsschutz sowie vom ersten Tage des Arbeitsverhältnisses an, also auch für kurzfristige Arbeitsverträge. Die in § 14 I aufgeführten Sachgründe sind nicht erschöpfend. Die Befristungsabrede selbst bedarf gem. § 14 IV TzBfG der Schriftform, nicht aber der der Befristung zugrundeliegende Grund. Anders verhält es sich dagegen bei auflösenden Bedingungen und Zweckbefristungen, da sich hier die Beendigung erst aus der Bedingung bzw. den Zweck selbst ergibt. Nachdem bereits das Beschäftigungsförderungsgesetz sachgrundlose Befristungen zuließ, können Arbeitsverträge auch ohne Sachgrund unter den Voraussetzungen und unter den Einschränkungen des § 14 II, IIa und III TzBfG vereinbart werden. Wegen der Einzelheiten wird auf die Komm. zu § 14 TzBfG verwiesen.

35 Neben dem TzBfG bleiben die die Befristungen von Arbeitsverhältnissen betreffenden **Sonderregelungen** gem. § 23 TzBfG unberührt. Es sind dies die Befristungen im Rahmen einer Vertretung für die Dauer der Beschäftigungsverbote nach dem MuSchG oder für die Dauer der Elternzeit gem. § 21 BEEG, die Befristungen im Hochschulbereich gem. §§ 2 ff. WissZeitVG und die Befristungen für Verträge mit Ärzten in der Weiterbildung gem. § 1 ÄArbVtrG. Im Einzelnen sind diese Befristungsregelungen zu § 23 TzBfG kommentiert.

36 **VI. Meldung bei der Arbeitsagentur.** Sofern Alg beansprucht werden kann, besteht gem. § 37b SGB III die Verpflichtung, sich spätestens drei Monate vor der Beendigung des Vertragsverhältnisses persönlich bei der AA **arbeitsuchend zu melden.** Beträgt die Kündigungsfrist oder die Befristungsdauer weniger als drei Monate, muss die Meldung innerhalb von drei Tagen nach Kenntnis des Beendigungszeitpunktes erfolgen. Diese Pflicht zur Meldung besteht auch bei einem auf weniger als drei Monate befristeten Vertrag. In diesem Falle muss sich der ArbN bzw. der der ArbIV Unterliegende bereits innerhalb von drei Tagen nach Abschluss eines solchen befristeten Arbeitsvertrages arbeitsuchend melden. Diese Meldepflicht besteht unabhängig davon, ob eine Fortsetzung des Vertragsverhältnisses über den vertragl. vereinbarten Beendigungszeitpunkt schon in Aussicht gestellt wurde oder der Fortbestand des Vertragsverhältnisses gerichtlich geltend gemacht wird. Wird diese Meldepflicht nicht beachtet, drohen

1 BSG v. 18.12.2003 – B 11 AL 35/03 R, NZA 2004, 661. | 2 BAG v. 25.5.2005 – 5 AZR 572/04, NZA 2005, 1111; aA *Tschöpe/Pirscher*, RdA 2004, 385. | 3 BAG v. 27.11.2003 – 2 AZR 135/03, NZA 2004, 598. | 4 BAG v. 12.10.1960 – 3 ZR 65/59, AP Nr. 16 zu § 620 BGB – Befristeter Arbeitsvertrag.

hinsichtlich des Arbeitslosengeldes eine Sperrzeit von einer Woche (§ 144 VI SGB III) sowie eine dem entsprechende Minderung der Anspruchsdauer (§ 128 I Nr. 3 SGB III). Der ArbGeb wird durch § 2 II 2 Nr. 3 SGB III verpflichtet, frühzeitig vor Beendigung des Arbeitsverhältnisses den ArbN über die Pflicht zu Eigenbemühungen für einen neuen Arbeitsplatz sowie zur unverzüglichen Meldung bei der AA **zu informieren**. Eine Verletzung der Informationsobliegenheit führt aber zu keiner Schadensersatzpflicht des ArbGeb. Die Informationspflicht des ArbGeb bezweckt die Verbesserung des Zusammenwirkens von ArbGeb, ArbN und der AA. Sie dient nicht dem Schutz des Vermögens des ArbN. Der ArbGeb wird zur Mitwirkung veranlasst, um den Eintritt der Arbeitslosigkeit iSd. Solidargemeinschaft möglichst zu vermeiden bzw. die Dauer eingetretener Arbeitslosigkeit einzugrenzen[1].

Für den arbeitgeberseitigen Hinweis sind folgende Formulierungen geeignet: 37

Hinweis in einer Kündigung eines unbefristeten Arbeitsverhältnisses:

Zur Aufrechterhaltung ungekürzter Ansprüche auf Arbeitslosengeld sind Sie verpflichtet, sich innerhalb von drei Tagen nach Kenntnis dieses Schreibens/spätestens drei Monate vor der Vertragsbeendigung bei der Agentur für Arbeit arbeitsuchend zu melden. Weiterhin wird auf die Pflicht zur eigenen aktiven Beschäftigungssuche hingewiesen.

Hinweis im Vertrag bei zeitlich befristetem Arbeitsverhältnis:

Zur Aufrechterhaltung ungekürzter Ansprüche auf Arbeitslosengeld ist der ArbN verpflichtet, sich drei Monate vor Ablauf des Vertragsverhältnisses persönlich bei der Agentur für Arbeit arbeitsuchend zu melden. Sofern dieses Arbeitsverhältnis für eine kürzere Dauer als drei Monate befristet ist, besteht diese Verpflichtung innerhalb von drei Tagen ab Vertragsschluss. Weiterhin wird auf die Pflicht zur eigenen aktiven Beschäftigungssuche hingewiesen.

Hinweis in schriftlicher Mitteilung über die Zweckerreichung bzw. den Eintritt der auflösenden Bedingung:

Zur Aufrechterhaltung ungekürzter Ansprüche auf Arbeitslosengeld sind Sie verpflichtet, sich innerhalb von drei Tagen nach Kenntnis dieses Schreibens persönlich bei der Agentur für Arbeit arbeitsuchend zu melden. Weiterhin wird auf die Pflicht zur eigenen aktiven Beschäftigungssuche hingewiesen.

621 *Kündigungsfristen bei Dienstverhältnissen*

Bei einem Dienstverhältnis, das kein Arbeitsverhältnis im Sinne des § 622 ist, ist die Kündigung zulässig,

1. wenn die Vergütung nach Tagen bemessen ist, an jedem Tag für den Ablauf des folgenden Tages;

2. wenn die Vergütung nach Wochen bemessen ist, spätestens am ersten Werktag einer Woche für den Ablauf des folgenden Sonnabends;

3. wenn die Vergütung nach Monaten bemessen ist, spätestens am 15. eines Monats für den Schluss des Kalendermonats;

4. wenn die Vergütung nach Vierteljahren oder längeren Zeitabschnitten bemessen ist, unter Einhaltung einer Kündigungsfrist von sechs Wochen für den Schluss eines Kalendervierteljahrs;

5. wenn die Vergütung nicht nach Zeitabschnitten bemessen ist, jederzeit; bei einem die Erwerbstätigkeit des Verpflichteten vollständig oder hauptsächlich in Anspruch nehmenden Dienstverhältnis ist jedoch eine Kündigungsfrist von zwei Wochen einzuhalten.

I. Inhalt und Zweck. § 621 regelt die Kündigungsfristen beim **unabhängigen** (selbstständigen oder freien) **Dienstverhältnis**, § 622 die Kündigungsfristen beim abhängigen Arbeitsverhältnis. Die Abgrenzung der beiden Vorschriften erfolgt anhand des arbeitsrechtl. ArbN-Begriffs; zur Abgrenzung vor § 611 Rz. 19 ff. Auf das Vorliegen oder Nichtvorliegen einer Beschäftigung iSd. SozV-Rechts (§ 7 I SGB IV) kommt es nicht an. Ist der Dienstverpflichtete ArbN, ist § 621 unanwendbar. 1

Die Kündigungsfristen des § 621 sollen es beiden Parteien erleichtern, **sich** auf das Ende der Dienstzeit **einzustellen**. Die Vorschrift sieht bei vereinbartem Zeitlohn vor, das Dienstverhältnis jeweils zum Ablauf eines Vergütungsabschnitts zu beenden, um angebrochene Vergütungszeiträume im beiderseitigen Interesse zu vermeiden und den Dienstverpflichteten vor finanziellen Einbußen zu schützen[2]. 2

Der selbständige Dienstvertrag genießt **keinen Bestandsschutz**. Beschränkungen des Kündigungsrechts ergeben sich lediglich aus § 138 und § 242[3]. Die Kündigung bedarf keiner besonderen Form. § 623 ist unanwendbar. 3

II. Entstehungsgeschichte. § 621 wurde ebenso wie § 622 durch das **Erste Arbeitsrechtsbereinigungsgesetz** zum 1.9.1969[4] neu gefasst, § 623 aF aufgehoben und der Sache nach in § 621 Nr. 5 übernommen. Gleichzeitig wurden Sonderbestimmungen über die Kündigung selbständiger Dienstleister in verschie- 4

1 BAG v. 29.9.2005 – 8 AZR 571/04, NZA 2005, 1406. | 2 ErfK/*Müller-Glöge*, § 621 BGB Rz. 1. | 3 RGRK/*Röhsler*, § 621 BGB Rz. 21. | 4 Vom 14.8.1969, BGBl. I S. 1106.

denen Einzelgesetzen aufgehoben. Geblieben sind nur die Sondervorschriften § 29 HAG (Heimarbeiter) und §§ 89, 89a HGB (Handelsvertreter), § 63 SeemG (Seeleute)[1].

5 **III. Anwendungsbereich.** § 621 gilt für die **ordentl. Kündigung**[2] aller **unabhängigen Dienstverhältnisse,** die nicht Arbeitsverhältnisse (dazu § 622 Rz. 23) sind und deren Dauer weder bestimmt noch aus der Art oder dem Zweck der Dienste zu entnehmen ist[3]. Für die außerordentl. Kündigung des unabhängigen Dienstverhältnisses gilt § 626, bei einer besonderen Vertrauensstellung des Dienstnehmers § 627[4].

6 § 621 gilt für alle selbstständigen und **freiberuflich tätigen Dienstleister** (Ärzte, Rechtsanwälte, Steuerberater, Steuerbevollmächtigte, Wirtschaftsprüfer, ausnahmsw. auch für Architekten[5]).

7 Auch auf **arbeitnehmerähnliche Personen ohne Tarifbindung** findet § 621 Anwendung[6]. Die in § 29 HAG vorgesehenen speziellen Mindestfristen sind auf andere arbeitnehmerähnliche Personen als in Heimarbeit Beschäftigte nicht analog anzuwenden[7].

8 Im Rahmen des § 12a TVG können für **tarifgebundene arbeitnehmerähnliche Personen** Kündigungsfristen abweichend von § 621 festgelegt werden.

9 § 621 ist nur auf Dienstverhältnisse anzuwenden, deren **Dauer weder bestimmt noch aus der Beschaffenheit oder dem Zweck der Dienste zu entnehmen** ist[8]. Hat ein für eine bestimmte Zeit abgeschlossener Dienstvertrag eine für den Dienstnehmer unangemessen lange Laufzeit, handelt es sich gleichwohl um einen Vertrag auf bestimmte Dauer, auf den § 621 keine Anwendung findet. Ein Kündigungsrecht kann sich hier im Wege ergänzender Vertragsauslegung aus §§ 242, 257 ergeben; entgegenstehende AGB können nach § 307 (früher § 9 AGBG) nichtig sein.

10 Die **instanzgerichtliche Rspr.** lässt allerdings mit teilweise unterschiedlicher Begründung bei befristeten selbstständigen Dienstverträgen mit unangemessen langer Laufzeit, auch wenn keine zusätzliche Kündbarkeit vereinbart ist, unter den Voraussetzungen des § 9 bzw. § 11 Nr. 12 AGBG (jetzt § 307 bzw. § 309 Nr. 9), in Anlehnung an § 621 eine ordentl. Kündigung zu[9].

11 Auf **vertretungsberechtigte Organmitglieder** einer GmbH (Geschäftsführer, § 35 I GmbHG) sowie einer GmbH & Co. KG findet § 621, regelmäßig § 621 Nr. 3, nach hM nur im Falle des **beherrschenden Gesellschafter-Geschäftsführers** Anwendung[10]. Im Übrigen wendet die Rspr. auf Anstellungsverträge mit vertretungsberechtigten Organmitgliedern § 622 analog an[11]. Gleiches muss für die vertretungsberechtigten Organmitglieder einer Genossenschaft (Vorstand, § 24 I GenG) gelten. Inhaltlich gerechtfertigt wird die analoge Anwendung des § 622 damit, dass der Geschäftsführer ebenso wie der ArbN der Gesellschaft seine Arbeitskraft hauptberuflich zur Verfügung stelle und von ihr je nach der Höhe seines Gehalts mehr oder weniger wirtschaftl. abhängig sei. Auch wird eine für den Analogieschluss notwendige planwidrige Gesetzeslücke angenommen.

12 Zwar sind die **vertretungsberechtigten Organmitglieder** keine ArbN, so dass eigentlich § 621 einschlägig ist. Die Rspr. zur Anwendung des § 622 stützt sich jedoch darauf, dass bis zum Ersten Arbeitsrechtsbereinigungsgesetz GmbH-Geschäftsführer unter § 622 aF fielen und dem Gesetzgeber ein zweifaches Redaktionsversehen unterlaufen sei. Bei der **Neufassung des § 622** durch das **Erste Arbeitsrechtsbereinigungsgesetz 1969** habe der Gesetzgeber nicht bedacht, dass die höhere Dienste leistenden GmbH-Geschäftsführer, die bis zum 1.9.1969 als Angestellte unter § 622 aF fielen, keine ArbN seien. Wegen dieses Redaktionsversehens liege keine bewusste Entscheidung des Gesetzgebers gegen die Anwendung des § 622 vor[12]. Auch bei der **Neufassung des § 622** durch das **Gesetz zur Vereinheitlichung der Kündigungsfristen von Arbeitern und Angestellten 1993**[13] habe der Gesetzgeber die Kündigungsfristen für Organmitglieder nicht gesondert geregelt. Es sei daher anzunehmen, dass der BGH § 622 BGB nF, auch die verlängerten Fristen des § 622 II, auf Dienstverhältnisse mit abhängigen vertretungsberechtigten Organmitgliedern (GmbH-Geschäftsführer, Vorstandsmitglieder) anwenden werde[14]. Dies gilt nach

---

1 Dazu KR/*Weigand*, Kd. im SeearbeitsR, Rz. 85 ff. |2 Zur außerordentlichen Kündigung § 626. |3 BGH v. 4.11.1992 – VIII ZR 235/91, BGHZ 120, 108 = NJW 1993, 326. |4 RGRK/*Röhsler*, § 621 BGB Rz. 17. |5 OLG Hamm v. 11.10.1994 – 28 U 26/94, NJW-RR 1995, 400. |6 ErfK/*Müller-Glöge*, § 621 BGB Rz. 3; *Herschel*, Film und Recht, 1977, 290 (292), der allerdings außerdem § 622 V BGB aF (dem § 622 VI BGB der jetzigen Fassung entspricht), analog anwenden will. |7 Staudinger/*Preis*, § 621 BGB Rz. 10; MüKo/*Hesse*, § 621 BGB Rz. 9; aA *Herschel*, Film und Recht, 1977, 290 (292); offen gelassen bei ErfK/*Müller-Glöge*, § 621 BGB Rz. 3. |8 BGH v. 4.11.1992 – VIII ZR 235/91, BGHZ 120, 108 (Tanzausbildungsvertrag); v. 8.3.1984 – IX ZR 144/83, BGHZ 90, 280 (Direktunterrichtsvertrag). |9 OLG Frankfurt v. 6.1.1987 – 14 U 166/85, NJW-RR 1987, 438; OLG Karlsruhe v. 10.5.1984 – 9 U 87/83, MDR 1985, 57; OLG Köln v. 16.6.1982, 13 U 20/82 – NJW 1983, 1002; OLG Frankfurt (Kassel) v. 12.5.1981 – 14 U 15/80, NJW 1981, 2760; LG Berlin v. 11.2.1986 – 55 S 83/85, NJW-RR 1986, 989; RGRK/*Röhsler*, § 621 BGB Rz. 3. |10 BGH v. 9.3.1987 – II ZR 132/86, NJW 1987, 2073 = GmbHR 1987, 264; *Bauer*, BB 1994, 855, (856); zust. *Löwisch*, FS Kraft, S. 375 (379). |11 BGH v. 26.3.1984 – II ZR 120/83, BGHZ 91, 217; v. 9.3.1987 – II ZR 132/86, NJW 1987, 2073. |12 BGH v. 29.1.1981 – II ZR 92/80, BGHZ 79, 291 zum GmbH-Geschäftsführer; ebenso schon *Bauer*, DB 1979, 2178. |13 KündigungsfristenG vom 7.10.1993, BGBl. I S. 1668. |14 *Bauer*, BB 1994, 855 (856); ErfK/*Müller-Glöge*, § 621 BGB Rz. 6; Staudinger/*Preis*, § 622 BGB Rz. 14; aA *Löwisch*, FS Kraft, S. 375 (380).

Auffassung des OLG Düsseldorf sogar dann, wenn der Geschäftsführer einer GmbH maßgeblich an der Gesellschaft beteiligt ist[1].

Für die **Vorstandsmitglieder einer AG** und die **Vorstandsmitglieder eines VVaG** stellt sich die Frage regelmäßig nicht, weil wegen § 84 I AktG, § 34 VAG ihre Anstellungsverträge idR befristet abgeschlossen werden. Ist dies ausnahmsw. einmal nicht der Fall, gilt nach ganz hM für sie das Gleiche wie für GmbH-Geschäftsführer, auch hinsichtlich der verlängerten Kündigungsfristen. Denn mit Wegfall des AngKSchG, das nur die GmbH-Geschäftsführer, nicht aber Vorstandsmitglieder einer AG erfasste, sei der Grund für eine Ungleichbehandlung entfallen[2]. Gegen die gewundene Argumentation mit dem zweifachen Redaktionsversehen des Gesetzgebers spricht das mangelnde Schutzbedürfnis von Vorstandsmitgliedern einer AG, hinsichtlich der Kündigungsfristen wie ArbN behandelt zu werden (s. auch § 622 Rz. 29). 13

Die Zulässigkeit von Kündigungen von Verträgen über **Direktunterricht** bestimmt sich nach § 621. Dies gilt für nach Schuljahren oder durch das Ausbildungsziel befristeten Verträgen aber nur, wenn zusätzlich die Kündbarkeit des Vertrages vereinbart wurde[3]. Verträge über Fernunterricht unterliegen dagegen ausschließlich dem unabdingbaren Kündigungsrecht nach § 5 FernUSG. Diese Bestimmung ist auf Verträge über Direktunterricht weder unmittelbar noch analog anwendbar[4]. 14

IV. Sonderregelungen. Der **Handelsvertreter** ist selbständiger Gewerbetreibender. Auf die ordentl. Kündigung des Handelsvertretervertrages findet § 89 HGB Anwendung, auf die außerordentl. Kündigung § 89a HGB. Diese Vorschriften sind analog anwendbar auf den Vertragshändler[5] und den Franchisenehmer[6]. 15

Für **Heimarbeiter** und ihnen Gleichgestellte gilt § 29 HAG. Für die übrigen arbeitnehmerähnlichen Personen, insb. die freien Mitarbeiter im künstlerischen und im Medienbereich oder etwa Frachtführer mit eigenem Fahrzeug und einem ständigen Auftraggeber, gibt es keine vergleichbare Sonderregelung. § 29 HAG ist auch nicht entsprechend anwendbar. Für sie gilt daher § 621[7]. 16

In der Insolvenz des Dienstberechtigten garantiert § 113 S. 1 InsO das **Recht zur Kündigung des Dienstverhältnisses ohne Rücksicht auf eine vereinbarte Vertragsdauer** für beide Seiten. Die kürzeren Fristen des § 621 gehen der Dreimonatsfrist des § 113 S. 2 InsO grds. vor. Noch nicht höchstrichterlich entschieden ist, ob das auch dann gilt, wenn für auf Zeit eingegangene Dienstverträge keine vorherige Kündigungsmöglichkeit vereinbart ist. Das entspräche der Position des BAG im Hinblick auf Arbeitsverhältnisse[8]. Gegen eine Anwendbarkeit des § 113 S. 2 InsO auf den unabhängigen Dienstvertrag in diesem Fall spricht jedoch, dass damit die Kündigungsfrist in der Insolvenz gegenüber der sonst einschlägigen gesetzl. Kündigungsfrist regelmäßig verlängert würde, obwohl es Zweck des § 113 InsO ist, die Insolvenzmasse zu entlasten[9]. 17

V. Fristberechnung und Fristen. Die Kündigungsfristen des § 621 richten sich nach der **Bemessung** der Vergütung, nicht nach dem Auszahlungsmodus. Wird zB der Lohn nach Tagessätzen bemessen, aber wöchentlich ausgezahlt, handelt es sich um einen Tageslohn iSd. Nr. 1. Erhält der Dienstverpflichtete nebeneinander verschiedene Vergütungsformen, ist die Hauptform maßgeblich[10]. 18

Für die **Berechnung der Fristen** gelten die §§ 186 ff. Der Tag des Zugangs der Kündigung wird nach § 187 I nicht in die Frist eingerechnet. § 193 ist unanwendbar, weil die Kündigungsfristen dem Gekündigten zu seinem Schutz unverkürzt zur Verfügung stehen müssen[11]. 19

Die Kündigung kann in den Fällen des § 621 Nr. 2–5 auch **vor** dem Tag ausgesprochen werden, an dem sie spätestens zu erfolgen hat, wirkt aber erst zum gesetzl. vorgesehenen Termin. 20

Die Kündigung kann auch bereits **vor Dienstantritt** ausgesprochen werden. Sie braucht nicht begründet zu werden. 21

Nr. 1: Ist die Vergütung **nach Tagen** bemessen, so kann das Dienstverhältnis nach Nr. 1 an jedem Tag zum Ablauf des folgenden Tages gekündigt werden. Die Kündigung kann auch an Sonn- und Feiertagen und zu Sonn- und Feiertagen erfolgen. Unbeachtlich ist, ob an dem Tag der Kündigung oder dem Tag, zu dem gekündigt wird, eine Dienstleistung geschuldet wird. 22

1 OLG Düsseldorf v. 14.4.2000 – 16 U 109/99, NZG 2000, 1044 f. = DStZ 2000, 839. | 2 *Bauer*, BB 1994, 855 (856). | 3 ErfK/*Müller-Glöge*, § 621 BGB Rz. 7. | 4 BGH v. 8.3.1984 – IX ZR 144/83, BGHZ 90, 280 (Direktunterrichtsvertrag); v. 4.11.1992 – VIII ZR 235/91, BGHZ 120, 108 (Tanzausbildungsvertrag). | 5 RGRK/*Röhsler*, § 621 BGB Rz. 14; MüKo/*Hesse*, § 621 BGB Rz. 14. | 6 RGRK/*Röhsler*, § 621 BGB Rz. 15. | 7 BAG v. 8.5.2007 – 9 AZR 777/06; Staudinger/*Preis* § 621 BGB Rz. 10; MüKo/*Hesse* § 621 BGB Rz. 9; RGRK/*Röhsler*, § 621 BGB Rz. 11; aA *Herschel*, Film und Recht, 1977, S. 290 (292); für eine analoge Anwendung der § 622 BGB, § 29 HAG auf arbeitnehmerähnliche Frachtführer LAG Köln v. 20.5.2006 – 14 (5) Sa 1343/05 m. umfassenden Nachw. zur Gegenmeinung. | 8 BAG v. 6.7.2000 – 2 AZR 695/99, AP Nr. 6 zu § 113 InsO = SAE 2001 185 m. abl. Anm. *Caspers*. | 9 MüKoInsO/*Löwisch/Caspers*, § 113 Rz. 81; *Caspers*, SAE 2001, 185 (189). | 10 RAG v. 10.9.1930 – RAG 199/30, ARS 10, 40. | 11 BGH v. 28.9.1972 – VII ZR 186/71, BGHZ 59, 265.

23 Nicht geregelt ist die Vergütung **nach Stunden** (zB Rechtsanwälte). Die hL hält hier eine Kündigung wie beim Tageslohn nach Nr. 1 zum Ablauf des nächsten Tages für zulässig[1].

24 **Nr. 2:** Ist ein **Wochenlohn** vereinbart, so ist nach Nr. 2 die Kündigung spätestens am 1. Werktag einer Woche zum Ablauf des folgenden Sonnabends zulässig. Die Erklärung muss spätestens am 1. Werktag zugehen. Das ist grds. der Montag, verlagert sich aber auf spätere Wochentage, wenn auf den Sonntag gesetzl. Feiertage folgen. Die Frist ist dann kürzer.

25 **Nr. 3:** Ist ein **Monatslohn** vereinbart, muss spätestens am fünfzehnten eines Monats zum Schluss dieses Kalendermonats gekündigt werden. Das gilt auch dann, wenn der fünfzehnte des Monats ein Sonn- oder Feiertag ist. Eine Frist von zwei Wochen ist regelmäßig nicht ausreichend[2]. Eine Kündigung mit einer Frist von zwei Wochen an einem 15. Februar in einem Schaltjahr wird man als fristgerechte Kündigung zum Monatsende deuten können.

26 **Nr. 4:** Ist die Vergütung **nach Vierteljahren oder längeren Zeitabschnitten** bemessen, so ist die ordentl. Kündigung des Dienstverhältnisses unter Einhaltung einer Kündigungsfrist von sechs Wochen zum Schluss eines Kalendervierteljahres zulässig.

27 **Nr. 5:** Ist die Vergütung **nicht nach Zeitabschnitten** bemessen, so kann das Dienstverhältnis jederzeit gekündigt werden. Nimmt das Dienstverhältnis die Erwerbstätigkeit des Verpflichteten vollständig oder hauptsächlich in Anspruch, ist eine Kündigungsfrist von zwei Wochen einzuhalten. Auf den absoluten Umfang der Dienstzeit kommt es nicht an. Wer allein für einen Dienstberechtigten, wenn auch nur in geringfügigem Umfang arbeitet, wird vollständig in Anspruch genommen. Die Kündigung mit einer Frist von zwei Wochen kann zu jedem Termin erfolgen.

28 Bemisst sich die Vergütung nach dem **Arbeitserfolg**, liegt idR ein Arbeitsvertrag (Akkord), Werkvertrag oder Handelsvertretervertrag (Provision) vor. § 621 ist dann unanwendbar. Erfolgsabhängige Vergütungen kommen beim unabhängigen Dienstvertrag kaum vor[3].

29 **VI. Abdingbarkeit.** Die Kündigungsfristen und -termine des § 621 sind abdingbar. Die Parteien können die Fristen der Parteien beliebig **verkürzen** und in den Grenzen des § 624 BGB **verlängern**. Sie können die ordentl. Kündigung auch entfristen, die Kündigung vor Dienstantritt oder ganz ausschließen. Auch die Vereinbarung unterschiedlich langer Kündigungsfristen für beide Vertragsteile ist zulässig[4].

30 Die Parteien können auch besondere **Kündigungsgründe**, besondere Kündigungstermine oder die Einhaltung einer bestimmten Form vereinbaren.

31 Die von § 621 abweichende Vereinbarung kann **ausdrückl.** oder **stillschweigend** erfolgen, etwa durch Übernahme einer ständigen Übung, eines Ortsbrauchs oder tarifl. Bestimmungen nach § 12a TVG[5].

32 Lediglich die Vereinbarung in AGB unterliegt der Grenze der §§ 307, 309 Nr. 9[6]. Eine Unwirksamkeit nach § 309 Nr. 9 kann bereits vorliegen, wenn die Vergütung bei Vertragsschluss fällig ist, die Dienstpflicht aber erst später beginnt und Wartezeit und Dienstleistung zusammen zwei Jahre übersteigen[7]. Auch ohne dass die zweijährige Höchstbindungsfrist des § 309 Nr. 9 erreicht wird, ist der Ausschluss der ordentl. Kündigung am Maßstab des § 307 zu kontrollieren[8].

33 **VII. Darlegungs- und Beweislast.** Für die Darlegungs- und Beweislast gelten die **allgemeinen Regeln**. Deshalb trägt derjenige die Darlegungs- und Beweislast, der Ansprüche gestützt auf § 621 oder auf eine von der gesetzl. Regelung abweichende Vereinbarung geltend macht[9]

34 **VIII. Prozessuales.** Ein den Rechtsweg zu den ArbG begründender sog. Sic-non-Fall liegt vor, wenn der geltend gemachte Zahlungsanspruch nur in einem Arbeitsverhältnis gegeben sein kann, weil ein Dienstvertrag wegen der kürzeren Kündigungsfrist des § 621 BGB bereits wirksam beendet gewesen wäre[10].

622 *Kündigungsfristen bei Arbeitsverhältnissen*

(1) Das Arbeitsverhältnis eines Arbeiters oder eines Angestellten (Arbeitnehmers) kann mit einer Frist von vier Wochen zum Fünfzehnten oder zum Ende eines Kalendermonats gekündigt werden.

(2) Für eine Kündigung durch den Arbeitgeber beträgt die Kündigungsfrist, wenn das Arbeitsverhältnis in dem Betrieb oder Unternehmen

1 ErfK/*Müller-Glöge*, § 621 BGB Rz. 9; Erman/*Belling*, § 621 BGB Rz. 7; MüKo/*Hesse*, § 621 BGB Rz. 20. | 2 ErfK/*Müller-Glöge*, § 621 BGB Rz. 11; MüKo/*Hesse*, § 621 BGB Rz. 22. | 3 Staudinger/*Preis*, § 621 BGB Rz. 26; MüKo/*Hesse*, § 621 BGB Rz. 27. | 4 RGRK/*Röhsler*, § 621 BGB Rz. 41; Erman/*Belling*, § 621 BGB Rz. 4; aA *Herschel*, Film und Recht, 1977, 290 (292). | 5 Staudinger/*Preis*, § 621 BGB Rz. 12; ebenso RGRK/*Röhsler*, § 621 BGB Rz. 41; MüKo/*Hesse*, § 621 BGB Rz. 30. | 6 Näher Staudinger/*Preis*, § 621 BGB Rz. 13; MüKo/*Hesse*, § 621 BGB Rz. 31 ff. | 7 OLG Köln v. 16.6.1982 – 13 U 20/82, NJW 1983, 1002 zu § 11 Nr. 12 AGBG (Direktunterrichtsvertrag). | 8 BGH v. 8.3.1984 – IX ZR 144/83, BGHZ 90, 280 (Direktunterrichtsvertrag); MüKo/*Hesse*, § 621 BGB Rz. 32 mit zahlreichen Rspr.-Nachw. | 9 RGRK/*Röhsler*, § 621 BGB Rz. 43. | 10 LAG Köln v. 24.9.2003 – 2 Ta 227/03.

1. zwei Jahre bestanden hat, einen Monat zum Ende eines Kalendermonats,

2. fünf Jahre bestanden hat, zwei Monate zum Ende eines Kalendermonats,

3. acht Jahre bestanden hat, drei Monate zum Ende eines Kalendermonats,

4. zehn Jahre bestanden hat, vier Monate zum Ende eines Kalendermonats,

5. zwölf Jahre bestanden hat, fünf Monate zum Ende eines Kalendermonats,

6. 15 Jahre bestanden hat, sechs Monate zum Ende eines Kalendermonats,

7. 20 Jahre bestanden hat, sieben Monate zum Ende eines Kalendermonats.

Bei der Berechnung der Beschäftigungsdauer werden Zeiten, die vor der Vollendung des 25. Lebensjahrs des Arbeitnehmers liegen, nicht berücksichtigt.

(3) Während einer vereinbarten Probezeit, längstens für die Dauer von sechs Monaten, kann das Arbeitsverhältnis mit einer Frist von zwei Wochen gekündigt werden.

(4) Von den Absätzen 1 bis 3 abweichende Regelungen können durch Tarifvertrag vereinbart werden. Im Geltungsbereich eines solchen Tarifvertrags gelten die abweichenden tarifvertraglichen Bestimmungen zwischen nicht tarifgebundenen Arbeitgebern und Arbeitnehmern, wenn ihre Anwendung zwischen ihnen vereinbart ist.

(5) Einzelvertraglich kann eine kürzere als die in Absatz 1 genannte Kündigungsfrist nur vereinbart werden,

1. wenn ein Arbeitnehmer zur vorübergehenden Aushilfe eingestellt ist; dies gilt nicht, wenn das Arbeitsverhältnis über die Zeit von drei Monaten hinaus fortgesetzt wird;

2. wenn der Arbeitgeber in der Regel nicht mehr als 20 Arbeitnehmer ausschließlich der zu ihrer Berufsbildung Beschäftigten beschäftigt und die Kündigungsfrist vier Wochen nicht unterschreitet.

Bei der Feststellung der Zahl der beschäftigten Arbeitnehmer sind teilzeitbeschäftigte Arbeitnehmer mit einer regelmäßigen wöchentlichen Arbeitszeit von nicht mehr als 20 Stunden mit 0,5 und nicht mehr als 30 Stunden mit 0,75 zu berücksichtigen. Die einzelvertragliche Vereinbarung längerer als der in den Absätzen 1 bis 3 genannten Kündigungsfristen bleibt hiervon unberührt.

(6) Für die Kündigung des Arbeitsverhältnisses durch den Arbeitnehmer darf keine längere Frist vereinbart werden als für die Kündigung durch den Arbeitgeber.

I. Inhalt und Zweck. § 622 schränkt die Vertragsbeendigungsfreiheit ein und gewährt einen **zeitlich beschränkten Kündigungsschutz**, indem er die ordentl. Kündigung an Fristen und Termine bindet[1]. 1
§ 622 erleichtert dem ArbN den Arbeitsplatzwechsel möglichst ohne wirtschaftl. Nachteile und schützt die Personalplanung des ArbGeb.

Abs. 1 enthält eine **Grundkündigungsfrist für ArbGeb und ArbN**. Abs. 2 verlängert die Kündigungsfris- 2
ten gegenüber Abs. 1 für eine Kündigung durch den ArbGeb. Die Norm sieht eine Staffelung der Kündigungsfristen und -termine nach der Dauer der Betriebszugehörigkeit vor. Die für die ArbGebKündigung verlängerten Fristen gelten bereits nach zweijähriger Betriebszugehörigkeit des ArbN mit einer Frist von einem Monat zum Monatsende.

1 BAG v. 18.4.1985 – 2 AZR 197/84, AP Nr. 20 zu § 622 BGB; Erman/*Belling*, § 621 BGB Rz. 2; Staudinger/*Preis*, § 622 BGB Rz. 9.

3 Bei der **Berechnung der Betriebszugehörigkeit** werden nur Zeiten nach der Vollendung des 25. Lebensjahres des ArbN berücksichtigt. Diese Regelung geht zu Lasten weniger qualifizierter ArbN, deren Betriebseintrittsalter auf der ersten Arbeitsstelle niedriger liegt als das von ArbN mit höherer Schul- und Hochschulqualifikation. Jüngeren ArbN wird der Vorteil verlängerter Kündigungsfristen vorenthalten[1]. Das LAG Bln.-Bbg.[2] erklärt § 622 II 2 daher wegen Verstoßes gegen das europarechtl. Verbot der Diskriminierung wegen des Alters für unanwendbar bei der Berechnung der maßgeblichen Kündigungsfrist, ohne dass es einer Vorlage an den EuGH bedürfe.

4 Auch bei **Ausschluss der ordentl. Kündigung** wendet das BAG in Fällen der Beendigungskündigung die Kündigungsfrist, die gelten würde, wenn die ordentl. Kündigung nicht ausgeschlossen wäre, als vom ArbGeb einzuhaltende soziale Auslauffrist an[3]. Im Falle einer außerordentl. betriebsbedingten Änderungskündigung besteht nach geänderter Rspr. für eine solche fiktive Anwendung der Kündigungsfristen kein Bedürfnis[4].

5 Abs. 1 legt für ordentl. Kündigungen feste **Kündigungstermine** fest. Die Beendigungswirkung der Kündigung kann unabhängig von der im konkreten Fall geltenden Frist nur zu den im Gesetz festgesetzten Zeitpunkten eintreten. Das sind der Fünfzehnte eines Monats oder das Monatsende.

6 **Einzelvertragl.** kann nach Abs. 5 Nr. 2 nur von ArbGeb mit idR nicht mehr als 20 ArbN ein davon abweichender Kündigungstermin vereinbart werden. Für den ArbN birgt eine solche Vereinbarung ein gewisses Risiko der Arbeitslosigkeit, weil sich das Einstellungsverhalten anderer ArbGeb an den gesetzl. Terminen orientiert[5].

7 **II. Entstehungsgeschichte. 1. Gesetz zur Vereinheitlichung der Kündigungsfristen von Arbeitern und Angestellten.** Das Gesetz zur Vereinheitlichung der Kündigungsfristen von Arbeitern und Angestellten vom 7.10.1993 (**Kündigungsfristengesetz**) mWz. 15.10.1993[6] hat die Kündigungsfristen für Arbeiter und Angestellte sowie für die ArbN in den alten und den neuen Bundesländern vereinheitlicht.

8 Die **Neuregelung** war notwendig geworden, um den Schwebezustand zu beenden, der durch die Entscheidung des BVerfG vom 30.5.1990[7] entstanden war, das § 622 aF wegen Art. 3 I GG insoweit für verfassungswidrig und unanwendbar erklärt hatte, als diese Vorschrift für Arbeiter kürzere Kündigungsfristen vorsah als für Angestellte. Auch hatte das BAG[8] den Ausschluss der Angestellten von den längeren Kündigungsfristen bei ArbGeb mit nicht mehr als zwei Angestellten für verfassungswidrig gehalten und die Regelung des AngKSchG dem BVerfG nach Art. 100 I GG zur Überprüfung vorgelegt.

9 Die **Altregelung** sah eine verlängerte Kündigungsfrist nicht schon ab zweijähriger Betriebszugehörigkeit des ArbN, sondern Kündigungstermine zum Quartal vor, die für Angestellte allgemein sowie für Arbeiter nach zwanzigjähriger Betriebszugehörigkeitszeit galten. Die Neuregelung bezweckt demgegenüber auf Drängen der BA auch die Vermeidung den Arbeitsmarkt belastender vierteljährlicher und schubweiser Entlassungen[9].

10 Für **Arbeiter** brachte die Neuregelung im Vergleich zur früheren Regelung erhebliche Verbesserungen. So verlängerte sich die Kündigungsfrist nach zwei Jahren Betriebszugehörigkeit im Durchschnitt auf das dreifache und verdoppelte sich nach fünf Jahren Betriebszugehörigkeit. Ganz neu waren für Arbeiter die bis dahin Angestellten vorbehaltenen Fristen ab der Vier-Monats-Frist.

11 Für **Angestellte** brachte die Neuregelung einerseits eine Verschlechterung durch Umstellung von Quartals- auf Monatskündigungstermin und durch das um zwei bzw. drei Jahre verzögerte Erreichen einer Steigerungsstufe. Andererseits verbesserte sich die Position langjährig beschäftigter Angestellte durch Verlängerung der Höchstfrist von früher sechs auf nunmehr sieben Monate; außerdem ist gesetzl. Verlängerung nicht mehr an das Erfordernis der Beschäftigung durch einen ArbGeb mit regelmäßig mehr als zwei Angestellten gebunden (so § 2 I 1 AngKG)[10].

12 Seit dem Inkrafttreten des Arbeitsrechtl. BeschFG am 1.10.1996[11] werden **teilzeitbeschäftigte ArbN** bei der Bestimmung der Beschäftigtenzahl im Rahmen der Kleinbetriebsklausel des Abs. 5 Nr. 2 je nach regelmäßiger wöchentlicher Arbeitszeit anteilig bis zu 0,75 gezählt. Zum 1.1.1999 wurde die Regelung nochmals geändert, indem auch ArbN mit einer wöchentlichen Arbeitszeit unter 20 Stunden mit 0,5 zu berücksichtigen sind[12].

13 Mit der Neuregelung wurden auch die Kündigungsfristen im SeemG und im HAG geändert und § 622 angeglichen. Das AngKSchG und § 55 AGB-DDR 1990 wurden aufgehoben[13].

---

1 Krit. *Löwisch*, FS Schwerdtner, S. 769, 771; *Schleusener*, NZA 2007, 358; *Preis*, NZA 2006, 401 (406); *Annuß*, BB 2006, 325,326; ErfK/*Müller-Glöge*, § 622 BGB Rz. 2. | 2 LG Bln.-Bbg. v. 24.7.2007 – 7 Sa 561/07. | 3 BAG v. 28.3.1985 – 2 AZR 113/84, AP Nr. 86 zu § 626 BGB. | 4 BAG v. 21.6.1995 – 2 ABR 28/94, AP Nr. 36 zu § 15 KSchG 1969 gegen BAG v. 6.3.1986 – 2 ABR 15/85, BAGE 51, 200 = AP Nr. 19 zu § 15 KSchG. | 5 *Kehrmann*, AiB 1993, 746; ErfK/*Müller-Glöge*, § 622 BGB Rz. 4. | 6 BGBl. I S. 1668. | 7 BVerfG v. 30.5.1990 – 1 BvL 2/83 ua., AP Nr. 28 zu § 622 BGB. | 8 BAG v. 16.1.1992 – 2 AZR 657/87, AP Nr. 12 zu § 2 AngKSchG. | 9 BT-Drs. 12/4902, S. 7; ErfK/*Müller-Glöge*, § 622 BGB Rz. 5; APS/*Linck*, § 622 BGB Rz. 12. | 10 Staudinger/*Preis*, § 622 BGB Rz. 8. | 11 BGBl. I S. 1476. | 12 Art. 6a des Gesetzes zu Korrekturen in der Sozialversicherung und zur Sicherung der Arbeitnehmerrechte vom 19.12.1998 (BGBl. I S. 3843). | 13 ErfK/*Müller-Glöge*, § 622 BGB Rz. 8.

Nach dem am 28.7.1995 in Kraft getretenen **NachwG**[1] sind die Fristen für die Kündigung des Arbeitsverhältnisses in die Arbeitsvertragsniederschrift aufzunehmen (§ 2 I Nr. 9, § 1 NachwG). Die Angabe kann durch einen Hinweis nach § 2 III NachwG ersetzt werden. 14

2. Übergangsvorschrift des Art. 222 EGBGB für Altfälle. Für Kündigungen, die **seit dem 15.10.1993** ausgesprochen wurden, gilt die durch das Kündigungsfristengesetz eingefügte Neufassung des § 622. Für Kündigungen, die **vor dem 15.10.1993** zugegangen sind, gilt die Übergangsregelung des Art. 222 EGBGB[2]. 15

Einstweilen frei. 16–19

Auf **vor dem 15.10.1993 begründete und noch bestehende Arbeitsverhältnisse** findet § 622 nF Anwendung. Allerdings wollte der Gesetzgeber ausdrücklich nicht in bestehende tarifvertragl. oder einzelvertragl. Regelungen eingreifen[3]. Es ist deshalb in jedem Fall zu prüfen, ob konstitutive oder deklaratorische tarif- oder individualvertragl. Regelungen vorgehen. 20

Unterliegt das Arbeitsverhältnis einer wirksamen, also auch verfassungskonformen, **konstitutiven tarifvertragl. Regelung** der Kündigungsfristen, geht diese dem Gesetz vor (Abs. 4). Eine solche konstitutive tarifvertragl. Regelung kann auch rückwirkend die früheren, von § 622 nF abweichenden, gesetzl. Kündigungsfristen des AngKSchG für maßgeblich erklären[4]. Im Falle einer bloß deklaratorischen Regelung fehlt es an einer tarifl. Regelung, so dass § 622 nF Anwendung findet. 21

Haben die Arbeitsvertragsparteien **individualvertragl.** die **Kündigungsfristen konkret geregelt**, gilt das Vereinbarte fort. Es handelt sich dann um eine **konstitutive** Regelung, auch wenn diese in der Sache mit der alten Gesetzeslage übereinstimmt[5]. Liegt dagegen eine bloß deklaratorische Verweisung auf die „gesetzl. Bestimmungen" vor, ist damit in aller Regel das Gesetz in seiner jeweils gültigen Fassung gemeint (dyn. Verweisung)[6]. 22

III. Anwendungsbereich. § 622 ist auf **Arbeitsverträge** anwendbar, auch auf solche von Teilzeitbeschäftigten und geringfügig Beschäftigten, nicht dagegen auf die Verträge arbeitnehmerähnlicher Personen und auf unabhängige Dienstverträge. 23

Auf **befristete** und **auflösend bedingte Arbeitsverträge** ist § 622 nach §§ 15 III, 21 TzBfG unanwendbar, wenn nicht die Möglichkeit der ordentl. Kündigung einzelvertragl. oder im anwendbaren TV vereinbart ist[7]. Gleiches galt auch schon vor Inkrafttreten des TzBfG für vor dem 1.1.2001 befristet oder auflösend bedingt vereinbarte Arbeitsverhältnisse[8]. 24

Auf **Hausangestellte** und Hausgehilfen findet die Grundkündigungsfrist des § 622 I Anwendung. Die verlängerten Kündigungsfristen des Abs. 2 gelten jedoch nicht, weil der Haushalt kein Betrieb oder Unternehmen iS dieser Regelung ist[9]. 25

§ 622 gilt mit einer Einschränkung auch für **Leiharbeitsverhältnisse**. Nach § 11 IV 1 AÜG findet § 622 V Nr. 1 keine Anwendung auf Leiharbeitsverhältnisse. Deshalb können kürzere als die in § 622 I geregelten Kündigungsfristen für LeihArbN in Aushilfsarbeitsverhältnissen nur tarifvertragl. oder durch Bezugnahme auf einen TV festgelegt werden[10]. Nach § 11 I 2 Nr. 5 AÜG sind die Fristen für die Kündigung des Arbeitsverhältnisses in eine besondere Urkunde aufzunehmen (s. § 11 AÜG Rz. 16). 26

Die Fristen und Termine des § 622 gelten auch für ordentl. **Änderungskündigungen**[11], nicht aber fiktiv als Auslauffrist für außerordentl. betriebsbedingte Änderungskündigungen[12]. 27

§ 622 findet nach ganz hM **entsprechende Anwendung** auf die **Kündigung von nicht herrschenden GmbH-Geschäftsführern**, die am Kapital der Gesellschaft nicht oder nur in unerheblichem Umfang beteiligt sind[13], nach Auffassung des OLG Düsseldorf auch dann, wenn der Geschäftsführer einer GmbH maßgeblich an der Gesellschaft beteiligt ist[14]. Diese Organmitglieder stellen wie ArbN der Gesellschaft 28

---

1 BGBl. I S. 946. | **2** Näher hierzu 1. Aufl., § 622 BGB Rz. 15 ff. | **3** BT-Drs. 12/4902; ErfK/*Müller-Glöge*, § 622 BGB Rz. 128; MüKo/*Hesse*, § 622 BGB Rz. 116. | **4** BAG v. 18.9.1997 – 2 AZR 614/96, RzK I 3e Nr. 67. | **5** Näher zur Auslegung Staudinger/*Preis*, § 622 BGB Rz. 98 f.; ErfK/*Müller-Glöge*, § 622 BGB Rz. 130. | **6** Näher zur Auslegung Staudinger/*Preis*, § 622 BGB Rz. 95 ff.; ErfK/*Müller-Glöge*, § 622 BGB Rz. 129 ff.; *Kramer*, ZIP 1994, 937; *Worzalla*, NZA 1994, 150. | **7** MünchArb/*Wank*, § 116 Rz. 264 f., 54 ff. | **8** BAG v. 19.6.1980 – 2 AZR 660/78, AP Nr. 55 zu § 620 BGB – Befristeter Arbeitsvertrag; MünchArbR/*Wank*, § 116 Rz. 54 ff. | **9** *Bauer*/*Rennpferdt*, AR-Blattei-SD 1010.5 Rz. 26; ErfK/*Müller-Glöge*, § 622 BGB Rz. 11. | **10** ErfK/*Müller-Glöge*, § 622 BGB Rz. 12, 117; *Voss*, NZA 1994, 57 f. | **11** BAG v. 12.1.1994 – 4 AZR 152/93, AP Nr. 43 zu § 622 BGB. | **12** BAG v. 21.6.1995 – 2 ABR 28/94, AP Nr. 36 zu § 15 KSchG 1969 gegen BAG v. 6.3.1986 – 2 ABR 15/85, AP Nr. 19 zu § 15 KSchG. | **13** BGH v. 29.1.1981 – II ZR 92/80, BGHZ 79, 291; v. 29.5.1981 – II ZR 126/80, WM 1981, 759; v. 26.3.1984 – II ZR 120/83, BGHZ 91, 217; *Reiserer*, DB 1994, 1822 (1823); *Bauer*, BB 1994, 855 f.; ErfK/*Müller-Glöge*, § 622 BGB Rz. 14, § 621 BGB Rz. 6; aA *Hümmerich*, NJW 1995, 1177, (1178 ff.); einschr. LAG Berlin – 9 Sa 43/97, AP Nr. 41 zu § 5 ArbGG. | **14** OLG Düsseldorf v. 14.4.2000 – 16 U 109/99, DStZ 2000, 839. Eine Mindermeinung zählt auch Organmitglieder juristischer Personen zu den ArbN: *Wehemeyer*, Die arbeitsrechtliche Einordnung der Organe juristischer Personen, 1988; *Schaub*, ArbRHdb § 14 I 2 Rz. 4 ff.; *Miller*, ZIP 1981, 578.

ihre Arbeitskraft zur Verfügung und sind vom Fortbestehen des Anstellungsverhältnisses abhängig. Diese Begründung spricht dafür, auch die verlängerten Fristen des § 622 II anzuwenden[1]. § 622 ist auch bei der Vereinbarung sog. Koppelungsklauseln, die die Abberufung als Geschäftsführer mit der Beendigung des Anstellungsvertrages verknüpfen, zu beachten[2]. Für die vertretungsberechtigten Organmitglieder einer Genossenschaft (Vorstand, § 24 I GenG) gilt Entsprechendes (s. § 621 Rz. 11).

29 Für die **Vorstandsmitglieder einer AG** und die **Vorstandsmitglieder eines VVaG** stellt sich die Frage einer analogen Anwendung des § 622 regelmäßig nicht, weil wegen § 84 I AktG, § 34 VAG ihre Anstellungsverträge idR befristet abgeschlossen werden. Ist dies ausnahmsw. nicht der Fall, ist nach ganz hM auch auf sie § 622 anwendbar, auch hinsichtlich der verlängerten Kündigungsfristen des Abs. 2[3] (s. § 621 Rz. 13). Damit wird Vorstandsmitgliedern einer AG ein Schutz zuteil, der arbeitnehmerähnlichen Personen versagt wird; eine Wertung, die nicht in jedem Fall einleuchtet.

30 **IV. Gesetzliche Kündigungsfristen und -termine nach Abs. 1 und 2.** § 622 I regelt die **Grundkündigungsfrist** für ArbN und ArbGeb. Danach kann das Arbeitsverhältnis eines ArbN mit einer Frist von vier Wochen zum Fünfzehnten oder zum Ende eines Kalendermonats gekündigt werden. Vier Wochen sind 28 Kalendertage, nicht ein Monat[4].

31 Die **verlängerten Kündigungsfristen** des Abs. 2 gelten allein für die **arbeitgeberseitige** Kündigung. Die Arbeitsvertragsparteien können aber durch eine sog. Gleichbehandlungsabrede vereinbaren, dass die verlängerten Fristen auch für die Kündigung durch den ArbN gelten sollen. Abs. 5 schließt nur die Fristverkürzung aus. Abs. 5 S. 2 stellt klar, dass eine Fristverlängerung sogar über die in Abs. 2 genannten Fristen hinaus gehen kann[5].

32 Die für eine ArbGebKündigung verlängerten Fristen gelten ab **zweijähriger Dauer der Beschäftigung**. Abs. 2 Nr. 1–7 staffelt die Kündigungsfrist nach Betriebszugehörigkeit von einer Frist von **einem Monat** bis zu einer Frist von **sieben Monaten** zum Ende des Kalendermonats. Für die Betriebszugehörigkeit zählen nach Abs. 2 S. 2 nur Zeiten nach der Vollendung des 25. Lebensjahres des ArbN. Diese Bestimmung verstößt gegen das Verbot der Altersdiskriminierung und ist daher nach LAG Bln.-Bbg. unanwendbar bei der Berechnung der maßgeblichen Kündigungsfrist, ohne dass es einer Vorlage an den EuGH bedarf (s. auch Rz. 3)[6].

33 Die maßgebliche **Dauer der Beschäftigung** bemisst sich nach dem Zeitpunkt des **Zugangs** der Kündigung, nicht nach dem Kündigungstermin. Es kommt auf die Dauer des rechtl. Bestandes des gekündigten Arbeitsverhältnisses an. Tatsächliche Unterbrechungen der Beschäftigung sind hierauf ohne Einfluss[7].

34 Beschäftigungszeiten aus **früheren Arbeitsverhältnissen** mit demselben ArbGeb werden nur dann berücksichtigt, wenn zwischen den Beschäftigungsverhältnissen ein **enger zeitlicher und sachlicher Zusammenhang** besteht. Für die Frage, wann ein solcher vorliegt, kann auf die Rspr. des BAG zu den parallelen Fragen der Wartezeiten in § 1 KSchG[8] und des § 3 III EFZG[9] zurückgegriffen werden[10]. Ein enger zeitlicher und sachlicher Zusammenhang ist jedenfalls gegeben, wenn mehrere Arbeitsverträge unmittelbar aufeinander folgend geschlossen werden, auch wenn sich der Inhalt des Arbeitsverhältnisses ändert. Die Gründe für die Auflösung des früheren Arbeitsverhältnisses spielen bei unmittelbar aufeinander folgenden Arbeitsverhältnissen keine Rolle[11].

35 Zeiten eines **freien Mitarbeiterverhältnisses** sind dann mitzuzählen, wenn sich durch die Übernahme in ein Arbeitsverhältnis die Art der bisherigen Tätigkeit nicht änderte[12]. Wird der Auszubildende im Anschluss an ein Berufsausbildungsverhältnis in ein Arbeitsverhältnis übernommen, zählt die Dauer der Ausbildung nach Vollendung des 25. Lebensjahres für die Dauer des Beschäftigungsverhältnisses[13]. Zeiten eines betrieblichen Praktikums, das nicht im Rahmen eines Arbeitsverhältnisses abgeleistet wurde, sind dagegen nicht anzurechnen[14].

36 War dem Arbeitsverhältnis ein **Eingliederungsvertrag** gem. §§ 229–234 SGB III[15] vorgeschaltet, rechnet dieser Zeitraum bei der Ermittlung der für die verlängerte Kündigungsfrist maßgeblichen Beschäftigungsdauer nicht mit, weil während dieser Zeit (noch) kein Arbeitsverhältnis der Arbeitsvertragsparteien bestanden hat[16].

---

1 ErfK/*Müller-Glöge*, § 622 BGB Rz. 14; § 621 BGB Rz. 6; aA *Grobys*, NJW Spezial 2005, 513. | 2 Näher *Hillmann-Stadtfeld*, GmbHR 2004, 1457 (1458 ff.). | 3 *Bauer*, BB 1994, 855 (856); ErfK/*Müller-Glöge*, § 622 BGB Rz. 14; APS/*Linck*, § 622 BGB Rz. 22; MüKo/*Hesse*, § 621 BGB Rz. 12 f. | 4 *Hromadka*, BB 1993, 2372 (2373); ErfK/*Müller-Glöge*, § 622 BGB Rz. 15; MüKo/*Hesse*, § 622 BGB Rz. 22. | 5 *Preis/Kramer*, DB 1993, 2125 (2128); *Bauer*, NZA 1993, 495. | 6 LAG Bln.-Bbg. v. 24.7.2007 – 7 Sa 561/07. | 7 *Wank*, NZA 1993, 961 (965); ErfK/*Müller-Glöge*, § 622 BGB Rz. 19. | 8 ZB BAG v. 10.5.1989 – 7 AZR 450/88, AP Nr. 7 zu § 1 KSchG 1969 – Wartezeit. | 9 ZB BAG v. 2.3.1983 – 5 AZR 194/80, AP Nr. 51 zu § 1 LohnFZG; ErfK/*Dörner*, § 3 EFZG Rz. 94. | 10 ErfK/*Müller-Glöge*, § 622 BGB Rz. 20. | 11 BAG v. 23.9.1976 – 2 AZR 309/75, AP Nr. 1 zu § 1 KSchG 1969 – Wartezeit; v. 4.2.1993 – 2 AZR 416/92, AP Nr. 2 zu § 21 SchwbG 1986. | 12 BAG v. 6.12.1978 – 5 AZR 545/77, AP Nr. 7 zu § 2 AngKSchG. | 13 BAG v. 2.12.1999 – 2 AZR 139/99, AP Nr. 57 zu § 622 BGB. | 14 BAG v. 18.11.1999 – 2 AZR 89/99, AP Nr. 11 zu § 1 KSchG 1969 – Wartezeit. | 15 Bis 31.12.1997: §§ 54a–54c AFG. | 16 *Hanau*, DB 1997, 1278 (1280).

V. Besondere gesetzliche Kündigungsfristen und -termine. 1. Vereinbarte Probezeit (Abs. 3). Nach Abs. 3 beträgt bei einer vereinbarten Probezeit von maximal sechs Monaten die Kündigungsfrist **zwei Wochen**. Damit wird im Erprobungszeitraum, in dem der ArbN wegen der Wartezeit des § 1 I KSchG noch keinen allgemeinen Kündigungsschutz genießt, eine kurzfristige Vertragsbeendigung möglich. Das gilt sowohl für eine Kündigung durch den ArbGeb wie durch den ArbN[1]. Ein Kündigungstermin ist nicht einzuhalten. 37

Abs. 3 enthält keine gesetzliche Vorgabe über eine bestimmte Dauer der Probezeit[2]. Wird (ausnahmsw.) eine **längere Probezeit** vereinbart, gilt **nach Ablauf des sechsten Beschäftigungsmonats** die allgemeine Grundkündigungsfrist von vier Wochen (Abs. 1). Dabei ist auf den Ausspruch der Kündigung, nicht auf das Ende der Kündigungsfrist abzustellen. Dem ArbN kann daher auch noch am letzten Tage der ersten sechs Beschäftigungsmonate mit der Frist von zwei Wochen gekündigt werden[3]. 38

Die Probezeit kann einzelvertragl. vereinbart sein oder sich aus einem TV ergeben[4]. **Im Zweifel** liegt ein **unbefristetes Arbeitsverhältnis** vor, das nach Ablauf der Probezeit in ein normales Arbeitsverhältnis übergeht, wenn es nicht zuvor gekündigt wird[5]. In diesem Fall gilt die verkürzte Kündigungsfrist des Abs. 3 kraft Gesetzes für die vereinbarte Dauer der Probezeit, längstens für sechs Monate. 39

Haben die Vertragsparteien dagegen ein – jetzt nach § 14 I Nr. 5 TzBfG zulässiges – **befristetes Probearbeitsverhältnis** begründet, das mit Ablauf der vereinbarten Frist endet, ist die ordentl. Kündigung innerhalb der Frist des Abs. 3 nur zulässig, wenn die Kündbarkeit ausdrücklich vereinbart wurde[6]. 40

Eine **längere** Kündigungsfrist innerhalb der Probezeit kann einzelvertragl. und tarifvertragl. vereinbart werden (Abs. 4 S. 1, Abs. 5 S. 2) 41

Eine **kürzere** Kündigungsfrist kann tarifvertragl. (Abs. 4 S. 1), einzelvertragl. nur im Geltungsbereich eines TV durch Bezugnahme auf diesen (Abs. 4 S. 2) vereinbart werden. 42

2. Berufliche Bildung (§ 22 BBiG). Ein Ausbildungsverhältnis kann **während der Probezeit** von jeder Vertragspartei jederzeit entfristet ordentl. gekündigt werden, § 22 I BBiG. Die ordentl. Kündigung kann unter Einhaltung einer Auslauffrist ausgesprochen werden, deren Länge jedoch nicht zu einer unzumutbaren Verlängerung des Berufsausbildungsvertrages führen darf[7]. 43

Nach der Probezeit kann das Berufsausbildungsverhältnis nur noch aus wichtigem Grund ohne Einhalten einer Kündigungsfrist (§ 22 II Nr. 1 BBiG) oder durch den Auszubildenden mit einer Kündigungsfrist von vier Wochen, wenn er die Berufsausbildung aufgeben oder sich für eine andere Berufstätigkeit ausbilden lassen will, gekündigt werden (§ 22 II Nr. 2 BBiG). 44

3. Schutz schwerbehinderter Arbeitnehmer (§ 86 SGB IX). § 86 SGB IX (früher § 16 SchwbG) sieht eine **Mindestkündigungsfrist von vier Wochen** für das Arbeitsverhältnis mit einem schwerbehinderten Menschen vor, das im Zeitpunkt des Zugangs der Kündigungserklärung ohne Unterbrechung länger als sechs Monate besteht, § 90 I Nr. 1 SGB IX (früher § 20 I Nr. 1 SchwbG). 45

Wird dem schwerbehinderten ArbN noch während seiner **Probezeit** gekündigt, gilt die Zwei-Wochen-Frist des Abs. 3, nicht die Kündigungsfrist von vier Wochen des § 86 SGB IX. Denn die tatbestandlichen Voraussetzungen dieser Bestimmung – mindestens sechsmonatiges Bestehen des Arbeitsverhältnisses – sind nicht gegeben[8]. 46

Diese Frist kann **zu Lasten des schwerbehinderten ArbN** weder einzelvertragl. noch tarifvertragl. verkürzt werden. Längere gesetzl., tarif- oder einzelvertragl. Fristen zu Gunsten des schwerbehinderten ArbN gehen nach dem Günstigkeitsprinzip dagegen vor[9]. 47

Für die **Kündigung durch einen schwerbehinderten ArbN** gilt § 86 SGB IX nicht. 48

4. Elternzeit (§ 19 BEEG). Nach dieser Bestimmung (vgl. § 19 BEEG Rz. 1 ff.) kann der die Elternzeit in Anspruch nehmende ArbN das Arbeitsverhältnis **zum Ende der Elternzeit** nur unter Einhaltung einer Kündigungsfrist von **drei Monaten** kündigen. 49

Ein tarif- oder einzelvertragl. **Ausschluss** des Sonderkündigungsrechts des ArbN ist **unwirksam**. Eine Vereinbarung, wonach bei Ausübung des Sonderkündigungsrechts wirtschaftl. Nachteile drohen, ist im Hinblick auf § 19 BErzGG zumindest bedenklich[10]. 50

---

1 APS/*Linck*, § 622 BGB Rz. 82; MüKo/*Hesse*, § 622 BGB Rz. 29. |2 LAG Hamm v. 13.6.2007 – 3 Sa 514/07. |3 BAG v. 21.4.1966 – 2 AZR 264/65, AP Nr. 1 zu § 53 BAT; *Gumpert*, BB 1969, 1278 (1280); Staudinger/*Preis*, § 622 BGB Rz. 36. |4 *Preis/Kliemt*, AR-Blattei SD 1270 Rz. 40 f. |5 BAG v. 29.7.1958 – 3 AZR 49/56, AP Nr. 3 zu § 620 – Probearbeitsverhältnis; *Schaub*, ArbRHdb, § 40 I 4 Rz. 10. |6 BAG v. 30.9.1981 – 7 AZR 789/78, AP Nr. 61 zu § 620 BGB – Befristeter Arbeitsvertrag. |7 BAG v. 10.11.1988 – 2 AZR 26/88, AP Nr. 8 zu 15 BBiG; ErfK/*Müller-Glöge*, § 622 BGB Rz. 113. |8 APS/*Linck*, § 622 BGB Rz. 98; KR/*Etzel*, §§ 15–20 SchwbG Rz. 37. |9 BAG v. 25.2.1981 – 7 AZR 25/79, AP Nr. 2 zu § 17 SchwbG. |10 BAG v. 16.10.1991 – 5 AZR 35/91, AP Nr. 1 zu § 19 BErzGG.

51 **5. Heimarbeit (§ 29 HAG).** Die Kündigungsfristen für Heimarbeiter sind seit dem KündigungsfristenG in § 29 III, IV HAG inhaltsgleich mit § 622 I–III geregelt[1]. Im Übrigen findet § 622 IV–VI Anwendung.

52 **6. Seeleute (§§ 63, 78 SeemG).** Die Kündigungsfristen für die Beendigung von **Heuerverhältnissen** von Besatzungsmitgliedern ist in § 63 SeemG, eines Kapitäns in § 78 SeemG geregelt[2].

53 **7. Insolvenzverfahren (§ 113 InsO).** In der Insolvenz des ArbGeb (aber noch nicht im Insolvenzeröffnungsverfahren[3], vgl. § 113 InsO Rz. 2) garantiert § 113 S. 1 InsO das Recht zur Kündigung des Arbeitsverhältnisses ohne Rücksicht auf eine vereinbarte Vertragsdauer für beide Seiten. Die kürzeren Fristen des § 622 I, II Nr. 1 und 2 gehen der Drei-Monats-Frist des § 113 S. 2 InsO grds. vor, diese ist keine Regel, sondern eine Höchstfrist[4] (§ 113 InsO Rz. 8).

54 Nach **Ansicht des BAG** kann auch ein unter Ausschluss der Möglichkeit zur ordentl. Kündigung befristetes Arbeitsverhältnis nur mit der in § 113 S. 1 InsO vorgesehenen Höchstkündigungsfrist von drei Monaten gekündigt werden, nicht etwa mit der kürzeren fiktiven Kündigungsfrist des § 622, die anwendbar wäre, wenn die Parteien ohne ausdrückliche Regelung einer Frist die ordentl. Kündigung zugelassen hätten, nur begrenzt durch die Drei-Monats-Frist[5] (§ 113 InsO Rz. 8).

55 Nach dieser Rspr. kann der Insolvenzverwalter ein **Berufsausbildungsverhältnis** nach der Probezeit bei Wegfall der Ausbildungsmöglichkeit nur außerordentl. (§ 22 II Nr. 1 BBiG) und unter Einhaltung der Kündigungsfrist des § 113 S. 1 InsO kündigen[6].

56 Auch ein **tarifl. Ausschluss der ordentl. Kündigung** für ältere, langjährig beschäftigte ArbN wird bei einer Kündigung durch den Insolvenzverwalter durch die Höchstfrist des § 113 InsO verdrängt. Diese Regelung verstößt nicht gegen Art. 9 III GG[7].

57 **VI. Benachteiligungsverbot des Abs. 6.** Nach Abs. 6 darf für die **Kündigung** des Arbeitsverhältnisses **durch den ArbN** keine längere Frist vereinbart werden als für die Kündigung durch den ArbGeb. Dieses Benachteiligungsverbot gilt für einzelvertragl. wie tarifvertragl. Vereinbarungen. Es erfasst auch die Kündigungstermine[8].

58 Umgekehrt können für die **Kündigung durch den ArbGeb** längere Kündigungsfristen als für die Kündigung durch den ArbN vereinbart werden[9].

59 Aus Abs. 6 wird der allgemeine Grundsatz abgeleitet, dass über die Regelung von Fristen und Terminen hinaus, die ordentl. Kündigung durch den ArbN im Vergleich zu der des ArbGeb nicht erschwert werden darf. Deshalb sind auch **faktische Kündigungshindernisse**, die den zur Kündigung Berechtigten von einem Entschluss zur Kündigung abhalten können, unzulässig, wenn sie einseitig zu Lasten des ArbN wirken[10].

60 Eine **Vertragsstrafe** darf nicht einseitig für den Fall der fristgemäßen Kündigung durch den ArbN vereinbart werden[11]. Abs. 6 verbietet eine einseitige Vereinbarung, wonach der ArbN für den Fall der fristgemäßen Kündigung durch ihn dem ArbGeb eine **Abfindung** zu zahlen habe[12].

61 Auch **Rückzahlungspflichten** des ArbN, die an eine von ihm erklärte fristgemäße Kündigung anknüpfen, können seine Kündigung gegenüber der des ArbGeb unzulässig einseitig erschweren[13]. Das kann zB zurückzuzahlende Gratifikationen, Urlaubsgeld, Prämien oder Rückverkaufsverpflichtungen in Mitarbeiterkapitalbeteiligungsmodellen[14] betreffen. Die Zulässigkeit der Verpflichtung zur Zurückzahlung von Ausbildungshilfen beurteilt das BAG ausschließlich nach § 242 BGB iVm. Art. 12 GG[15].

62 Auch der Verfall einer vom ArbN gestellten **Kaution** kann nicht an dessen fristgerechte Kündigung geknüpft werden[16]. Eine **Provisionszusage** mit Jahressollvorgabe beschränkt den ArbN in seinem Kündigungsrecht, wenn er ohne erhebliche Verdiensteinbußen nur zum Ablauf des Jahres, nicht schon des Halbjahres kündigen kann[17]. Eine verdiente, aber erst im Folgejahr auszuzahlende **Umsatzbeteiligung**

---

1 ErfK/*Müller-Glöge*, § 622 BGB Rz. 118. | **2** Näher KR/*Weigand*, Kd. im Seearbeitsrecht, Rz. 85 ff., 150 ff.; Staudinger/*Preis*, § 622 BGB Rz. 21. | **3** BAG v. 20.1.2005 – 2 AZR 134/04, ZIP 2005, 1289. | **4** *Berscheid*, FS Schwerdtner, 517, 525. | **5** BAG v. 6.7.2000 – 2 AZR 695/99, AP Nr. 6 zu § 113 InsO = SAE 2001 185 m. abl. Anm. *Caspers*. | **6** So ErfK/*Müller-Glöge*, § 622 BGB Rz. 114; § 113 InsO Rz. 6; aA *Caspers*, Personalabbau und Betriebsänderung im Insolvenzverfahren, Rz. 329: unter Einhaltung der (fiktiven) ordentlichen Kündigungsfrist des § 622. Zur alten Rechtslage BAG v. 27.5.1993 – 2 AZR 601/92, AP Nr. 9 zu § 22 KO. | **7** BAG v. 19.1.2000 – 4 AZR 70/99, NZA 2000, 658. | **8** *Preis/Kramer*, DB 1993, 2125 (2128); ErfK/*Müller-Glöge*, § 622 BGB Rz. 100. | **9** Staudinger/*Preis*, § 622 BGB Rz. 54; ErfK/*Müller-Glöge*, § 622 BGB Rz. 100. | **10** ZB BAG v. 6.9.1989 – 5 AZR 586/88, AP Nr. 27 zu § 622 BGB. | **11** BAG v. 9.3.1972 – 5 AZR 246/71, AP Nr. 12 zu § 622 BGB. | **12** BAG v. 6.9.1989 – 5 AZR 586/88, AP Nr. 27 zu § 622 BGB. Zu Rückzahlungsklauseln, die den ArbN verpflichten, Gratifikationen, Urlaubsgeld, Umzugskosten oder Prämien zurückzuzahlen: ErfK/*Müller-Glöge*, § 622 BGB Rz. 104. | **13** BAG v. 6.9.1989 – 5 AZR 586/88, AP Nr. 27 zu § 622 BGB; LAG Hamm 26.8.1988 – 16 Sa 525/88, LAGE § 622 BGB Nr. 10; BAG 16.3.1994 – 5 AZR 339/92, AP Nr. 18 zu § 611 BGB – Ausbildungshilfe. | **14** *Lembke*, BB 2001, 1469 (1472 ff.): Auch Verfallklauseln bei Aktienoptionen; einschr. *Binder*, Bindungsklauseln, S. 77, 226 (nur im Falle von Basisvergütung). | **15** ZB BAG v. 16.3.1994 – 5 AZR 447/92, AP Nr. 68 zu § 611 BGB. | **16** BAG v. 11.3.1971 – 5 AZR 349/70, AP Nr. 9 zu § 622 BGB. | **17** BAG v. 20.8.1996 – 9 AZR 471/95, AP Nr. 9 zu § 87 HGB.

darf in ihrem rechtl. Bestand nicht davon abhängig gemacht werden, ob der ArbN das Arbeitsverhältnis ordentl. kündigt[1].

Über das Benachteiligungsverbot des Abs. 6 und das Grundrecht auf freie Wahl des Arbeitsplatzes aus § 242 BGB iVm. Art. 12 GG hinausgehend ergibt sich aus der **AGB-Kontrolle** von Arbeitsverträgen kein noch strengerer Kontrollmaßstab für Kündigungserschwerungen. Vielmehr ist wegen der zu berücksichtigenden Besonderheiten des Arbeitsrechts (§ 310 IV 2 BGB) dieses Schutzniveau auch der Maßstab der AGB-Kontrolle[2]. 63

Sieht ein TV oder ein Arbeitsvertrag entgegen Abs. 6 **längere Kündigungsfristen zu Lasten des ArbN** vor, tritt an die Stelle dieser unwirksamen Regelung nicht die gesetzl. Frist. Vielmehr gilt in Analogie zu § 89 II 2 HGB die längere der vereinbarten Fristen für beide Parteien[3]. Ebenso gilt bei Vereinbarung unterschiedlich vieler Kündigungstermine zu Lasten des ArbN diejenige Regelung, die weniger Kündigungstermine vorsieht[4]. 64

VII. Tarifvertragliche Regelung. 1. Allgemeines. Nach der Tariföffnungsklausel des Abs. 4 S. 1 sind alle Kündigungsfristen des § 622 **tarifdispositiv**. Sowohl eine Verkürzung als auch eine Verlängerung der Fristen durch TV ist möglich. Damit kann den Besonderheiten einzelner Wirtschaftsbereiche und Beschäftigungsgruppen Rechnung getragen werden[5]. 65

Für die **Auslegung** tarifl. Kündigungsregelungen gelten die allgemeinen Regeln. Wie bei der Gesetzesauslegung ist auch bei der Tarifauslegung über den reinen Tarifwortlaut hinaus der wirkliche Wille der TV-Parteien zu berücksichtigen, wie er in den tarifl. Normen und im tarifl. Gesamtzusammenhang seinen Niederschlag gefunden hat. Tarifgeschichte, praktische Tarifübung und Entstehungsgeschichte des TV können zur Auslegung herangezogen werden[6]. 66

Die Auslegung muss insb. ergeben, ob die TV-Parteien eine eigenständige, **konstitutive** Regelung der Kündigungsfristen getroffen haben oder nur klarstellend, **deklaratorisch** gesetzl. Bestimmungen in den TV übernommen haben. Von Bedeutung ist diese Unterscheidung vor allem dann, wenn die übernommenen gesetzl. Bestimmungen geändert werden oder sich als verfassungswidrig herausstellen. Zu den Rechtsfolgen unten Rz. 93. 67

Eine konstitutive, dh. in ihrer normativen Wirkung vom Gesetz unabhängige, eigenständige Tarifregelung liegt vor, wenn die TV-Parteien eine **im Gesetz nicht oder anders gestaltete Bestimmung** treffen oder eine gesetzl. Regelung übernehmen, die von Gesetzes wegen auf die betroffenen Arbeitsverhältnisse nicht anwendbar wäre. Für eine deklaratorische Regelung spricht dagegen, wenn einschlägige gesetzl. Vorschriften **wörtlich oder zumindest inhaltlich unverändert** in den TV übernommen werden. Die wörtliche Übernahme dient idR nur dazu, die Tarifgebundenen über die zu beachtenden Rechtsnormen zu unterrichten[7]. 68

Die TV-Parteien können ihre tarifl. Kündigungsfristenregelung auch in einen konstitutiven und einen deklaratorischen Teil **aufspalten**. Denn sie können selbst bestimmen, in welchem Umfang sie von ihrem Recht zu tarifautonomer Normsetzung Gebrauch machen[8]. Ein TV kann daher zB nur kürzere als die gesetzl. Grundkündigungsfristen oder nur für Arbeitsverhältnisse bis zum 25. Lebensjahr eine vom Gesetz abweichende Regelung vorsehen, im Übrigen aber deklaratorisch die Gesetzeslage übernehmen[9]. 69

Durch Tarifnorm können auch **rückwirkend** vom Gesetz abweichende, verlängerte Kündigungsfristen in Kraft treten[10]. 70

Für die **Tarifbindung** gelten die Vorschriften der §§ 3, 4 und 5 TVG. Auf die Einhaltung der in einem für allgemeinverbindlich erklärten TV geregelten Kündigungsfrist kann ein ArbN wegen § 4 IV TVG nicht wirksam einseitig verzichten[11]. 71

2. Weiter Gestaltungsspielraum. Die TV-Parteien haben eine weiten Gestaltungsspielraum. Sie können die ordentl. Kündigung **erschweren**, indem sie eine ordentl. entfristete Kündigung von tarifl. be- 72

---

1 BAG v. 8.9.1988 – 2 AZR 103/88, AP Nr. 6 zu § 87a HGB. | 2 Für Verschärfung *Däubler*, NZA 2001, 1329 (1336); abl. *Lingemann*, NZA 2002, 181 (192); offen gelassen von *Hümmerich/Holthausen*, NZA 2002, 173 (180). | 3 BAG v. 2.6.2005 – 2 AZR 296/04, NZA 2005, 1176. *Schaub*, ArbRHdb § 124 Rz. 44; KR/*Spilger* § 622 BGB Rz. 202 (ergänzende Vertragsauslegung); *Preis/Kramer*, DB 1993, 2125 (2128); ErfK/*Müller-Glöge*, § 622 BGB Rz. 80, 100. | 4 Staudinger/*Preis*, § 622 BGB Rz. 58; ErfK/*Müller-Glöge*, § 622 BGB Rz. 80. | 5 BT-Drs. 12/4902, S. 7 und 9. | 6 Grundl. BAG v. 12.9.1984 – 4 AZR 336/82, AP Nr. 135 zu § 1 TVG – Auslegung m. Anm. *Pleyer*; speziell zur Auslegung tariflicher Kündigungsfristen BAG v. 14.2.1996 – 2 AZR 166/95, AP Nr. 21 zu § 1 TVG – Tarifverträge: Textilindustrie m. Anm. *Kamanabrou*; v. 12.11.1998 – 2 AZR 80/98, NZA 1999, 489. | 7 BAG v. 4.3.1993 – 2 AZR 355/92, AP Nr. 40 zu § 622 BGB m. zust. Anm. *Hergenröder*; v. 5.10.1995 – 2 AZR 1028/94, AP Nr. 48 zu § 622 BGB; v. 18.9.1997 – 2 AZR 615/96, nv.; *Hromadka*, BB 1993, 2372 (2375); *Müller-Glöge*, FS Schaub, 1998, S. 497, 504 f. | 8 BAG v. 14.2.1996 – 2 AZR, 166/95, AP Nr. 21 zu § 1 TVG – Tarifverträge: Textilindustrie; v. 29.1.1997 – 2 AZR 370/96, AP Nr. 22 zu § 1 TVG – Tarifverträge: Textilindustrie m. Anm. *Kamanabrou*. | 9 BAG v. 18.9.1997 – 2 AZR 614/96, RzK I 3e Nr. 67; APS/*Linck*, § 622 BGB Rz. 120. | 10 BAG v. 18.9.1997 – 2 AZR 614/96, RzK I 3e Nr. 67; APS/*Linck*, § 622 BGB Rz. 107. | 11 BAG v. 18.11.1999 – 2 AZR 147/99, AP Nr. 18 zu § 4 TVG.

zeichneten Kündigungsgründen abhängig machen, die den Voraussetzungen des § 626 nicht zu entsprechen brauchen[1].

73 In einem TV kann auch der **Ausschluss der ordentl. Kündigung** vereinbart werden. Regelmäßig wird dieser Status der „Unkündbarkeit" an eine bestimmte Beschäftigungszeit und das Erreichen eines bestimmten Lebensalters geknüpft, vgl. etwa § 53 BAT, § 58 MTB II, § 58 MTL II. Eine ordentl. Kündigung, die gegen ein tarifl. Kündigungsverbot verstößt, ist nach § 134 BGB iVm. Art. 2 EGBGB unwirksam[2].

74 Der tarifl. Ausschluss der ordentl. Kündigung erfasst im Zweifel auch ordentl. **Änderungskündigungen**[3].

75 Die TV-Parteien können die Kündigung **erleichtern**, auch eine sofortige ordentl. Kündbarkeit (Entfristung) vereinbaren[4]. Die tarifl. Entfristung macht die Kündigung nicht zu einer außerordentl. Eine ordentl. entfristete Kündigung kann auch von tarifl. bezeichneten Kündigungsgründen abhängig gemacht werden, die nicht als „wichtiger Grund" iSd. § 626 einzustufen sind[5].

76 Ist die tarifl. entfristete Auflösung des Arbeitsverhältnisses sachlich eine **ordentl. Kündigung**, greift das für die ordentl. Kündigung geltende Mitbestimmungs- oder Mitwirkungsrecht des BR oder Personalrats ein[6]. Auch § 1 KSchG findet Anwendung[7].

77 Die TV-Parteien sind nach Abs. 6 ausdrücklich an das **Benachteiligungsverbot** zu Lasten der ArbN gebunden[8]. Deshalb dürfen die Kündigungsfristen für den ArbN nicht länger sein als für den ArbGeb. Das gilt ausnahmslos[9]. In der Tarifpraxis sind gleiche Kündigungsfristen für ArbGeb und ArbN nicht unüblich[10].

78 **3. Verfassungsrechtliche Grenzen tarifautonomer Gestaltung.** Der durch die verfassungsrechtl. garantierte Tarifautonomie (Art. 9 III GG) den Tarifpartnern gewährte Gestaltungsspielraum ist nicht grenzenlos. Abs. 4 ermächtigt die Tarifpartner insb. nicht, Regelungen zu treffen, die dem Gesetzgeber selbst verboten sind[11]. Deshalb sind die Tarifpartner ebenso wie der Gesetzgeber an den Gleichheitssatz des Art. 3 I GG gebunden[12].

79 **Art. 3 I GG** verbietet es den Tarifpartnern, in einem TV gleiche Sachverhalte unterschiedlich zu behandeln. Gegenüber Art. 3 I GG genießt das Grundrecht aus Art. 9 III GG keinen Vorrang. Die Prüfung tarifl. Kündigungsfristen ist daher nicht auf eine Willkürkontrolle beschränkt. Die Vermutung, dass tarifl. Regelungen den Interessen beider Seiten gerecht werden und keiner Seite ein unzumutbares Übergewicht vermitteln, gilt für die Sachgerechtigkeit differenzierender Kündigungsfristenregelungen nur eingeschränkt[13].

80 Die Entscheidung des BVerfG vom 30.5.1990[14] zur Verfassungswidrigkeit kürzerer Kündigungsfristen für **Arbeiter** als für **Angestellte** ist auch für die Tarifpartner als Normsetzer bindend. Pauschale Differenzierungen für die Gruppe der Arbeiter und Angestellten sind mit Art. 3 I GG unvereinbar[15].

81 Nach der Rspr. des BAG macht es allerdings einen Unterschied, ob der Gesetzgeber für die Großgruppen aller Arbeiter und Angestellten oder die Tarifparteien nur für die ArbN einer bestimmten Branche Regelungen treffen. Es müsse den Tarifpartnern auch überlassen bleiben, in eigener Verantwortung Zugeständnisse in einer Hinsicht mit Vorteilen in anderer Hinsicht auszugleichen[16].

82 Eine verbotene Ungleichbehandlung seitens der Tarifpartner liegt vor, wenn sich für die gewählte Differenzierung kein **sachlich vertretbarer Grund**[17] oder **sachlich einleuchtender Grund** ergibt[18]. Unterschiedliche tarifl. Grundkündigungsfristen von Arbeitern und Angestellten und Kündigungsfristen auf

---

1 ErfK/*Müller-Glöge*, § 622 BGB Rz. 42 f.; *Hueck/v. Hoyningen-Huene*, § 13 Rz. 7; aA *Gamillscheg*, Arbeitsrecht I (PdW), Nr. 199; *Wenzel*, MDR 1969, 968 (971). |2 ErfK/*Müller-Glöge*, § 622 BGB Rz. 106. |3 BAG v. 10.3.1982 – 4 AZR 158/79, AP Nr. 2 zu § 2 KSchG 1969; ErfK/*Müller-Glöge*, § 622 BGB Rz. 108. |4 BAG v. 2.8.1978 – 4 AZR 46/77, AP Nr. 1 zu § 55 MTL II; ErfK/*Müller-Glöge*, § 622 BGB Rz. 43; Erman/*Belling*, § 622 BGB Rz. 13. |5 Hueck/*v. Hoyningen-Huene*, § 13 Rz. 7; ErfK/*Müller-Glöge*, § 622 BGB Rz. 43; aA *Gamillscheg*, Arbeitsrecht I (PdW), Nr. 199; *Wenzel*, MDR 1969, 968 (971). |6 BAG v. 2.8.1978 – 4 AZR 46/77, AP Nr. 1 zu § 55 MTL II. |7 BAG v. 4.6.1987 – 4 AZR 416/86, AP Nr. 16 zu § 1 KSchG 1969 – Soziale Auswahl. |8 Anders die Altregelung, vgl. ErfK/*Müller-Glöge*, § 622 BGB Rz. 44. |9 ErfK/*Müller-Glöge*, § 622 BGB Rz. 44; KR/*Spilger*, § 622 BGB Rz. 206. |10 KR/*Spilger*, § 622 BGB Rz. 215. |11 St. Rspr. seit BAG v. 15.1 1955 – 1 AZR 305/54, AP Nr. 4 zu Art. 3 GG; v. 28.1.1988 – 2 AZR 296/87, AP Nr. 24 zu § 622 BGB; s. auch *Buchner*, NZA 1991, 41 (47); *Marschollek*, DB 1991, 1069 (1071). |12 BAG v. 16.9.1993 – 2 AZR 697/92, AP Nr. 42 zu § 622 BGB. |13 BAG v. 16.9.1993 – 2 AZR 697/92, AP Nr. 42 zu § 622 BGB. |14 BVerfG v. 30.5.1990 – 1 BvL 2/83 ua., AP Nr. 28 zu § 622 BGB. |15 BAG v. 21.3.1991 – 2 AZR 616/90, AP Nr. 31 zu § 622 BGB; v. 16.9.1993 – 2 AZR 697/92, AP Nr. 42 zu § 622 BGB. |16 BAG v. 16.9.1993 – 2 AZR 697/92, AP Nr. 42 zu § 622 BGB unter Berufung auf BVerfG v. 30.5.1990 – 1 BvL 2/83 ua., AP Nr. 28 zu § 622 BGB. |17 BAG v. 23.6.1994 – 6 AZR 911/93, AP Nr. 13 zu § 1 TVG – Tarifverträge: DDR; BVerfG v. 15.10.1985 – 2 BvL 4/83, BVerfGE 71, 39 (58). |18 BAG v. 24.3.1993 – 4 AZR 265/92, AP Nr. 106 zu § 242 BGB – Gleichbehandlung; BVerfG v. 15.10.1985 – 2 BvL 4/83, BVerfGE 71, 39 (58); zur Bindung des Gesetzgebers aus jüngerer Zeit BVerfG v. 26.3.1980 – 1 BvR 121/76, 1 BvR 122/76, AP Nr. 116 zu Art. 3 GG; v. 6.3.2002 – 2 BvL 17/99, DB 2002, 557.

der ersten Erhöhungsstufe sind daher mit Art. 3 I GG unvereinbar, wenn nicht **branchen- oder gruppenspezifische Besonderheiten** die Ungleichbehandlung sachlich rechtfertigen[1].

Zu vergleichen sind die jeweils **im konkreten Fall maßgeblichen Kündigungsfristen** und -termine. Es ist keine Gesamtbetrachtung der tarifl. Regelung aller Kündigungsfristen für Arbeiter und Angestellte vorzunehmen[2]. 83

Die Ungleichbehandlung und der rechtfertigende Grund müssen in einem **angemessenen Verhältnis** zueinander stehen[3]. Der große Unterschied der Kündigungsfristen von zwei Wochen ohne Termin für Arbeiter im Vergleich zu sechs Wochen zum Quartalsende für Angestellte mag deshalb überhaupt nicht mehr zu rechtfertigen sein[4]. 84

Je nach Branche können produkt-, mode-, witterungs- oder saisonbedingte Auftragsschwankungen ein **erhöhtes Bedürfnis nach erhöhter personalwirtschaftl. Flexibilität** im produktiven Bereich begründen und damit im Zusammenhang stehende unterschiedliche Kündigungsfristen und -termine für Arbeiter, wenn diese im Gegensatz zu den Angestellten ganz überwiegend nur in der Produktion tätig sind, sachlich rechtfertigen[5]. Ein **ganz überwiegender Anteil von Arbeitern** in der Produktion wird jedenfalls bei einem Anteil von 75 % angenommen[6]. 85

Auch **gruppenspezifische Schwierigkeiten bestimmter ArbN**, etwa höher- und hoch qualifizierter ArbN, die überwiegend zur Gruppe der Angestellten gehören, können bei der Stellensuche durch längere Kündigungsfristen gemildert werden[7]. 86

Ist bei Arbeitern einer Branche eine gegenüber den Angestellten **erhöhte Fluktuation** festzustellen, kann dies, insb. in den ersten sechs Monaten des Beschäftigungsverhältnisses, kürzere Kündigungsfristen rechtfertigen[8]. Auf den Grund der erhöhten Fluktuation kommt es nicht an[9]. 87

Mit der Zulassung einer gruppenspezifischen Anknüpfung an die Arbeiter- bzw. Angestellteneigenschaft nimmt das BAG es in Kauf, dass eine, wenn auch „nur verhältnismäßig kleine Gruppe" von ArbN „nicht intensiv" benachteiligt wird, zB Arbeiter, die eben nicht in der Produktion, sondern in der Verwaltung eingesetzt sind[10]. 88

Mit **zunehmendem Alter und zunehmender Betriebszugehörigkeit** verlieren alle denkbaren Differenzierungsgründe an Gewicht, weil einer Ungleichbehandlung ein höheres Schutzbedürfnis der betroffenen ArbN entgegensteht und auch im Hinblick auf die von beiden ArbN-Gruppen unterschiedslos erbrachte Betriebstreue Gründe für deren unterschiedliche Behandlung nivelliert werden[11]. Bei Arbeitern mit längerer Betriebszugehörigkeit wird sich daher eine Differenzierung gegenüber Angestellten mit gleichlanger Betriebszugehörigkeit sachlich nicht rechtfertigen lassen[12]. 89

Da die früher charakteristischen Merkmale zur Unterscheidung der Gruppe der Arbeiter und der Angestellten sich heute weitgehend überschneiden[13], wird die Tarifpolitik sich mehr und mehr von dieser Unterscheidung lösen. Die **differenzierende Rspr. des BAG** zur Annahme sachlicher Gründe zur Rechtfertigung einer Ungleichbehandlung von Arbeitern und Angestellten[14] wird aber als Maßstab sachlich vertretbarer oder sachlich einleuchtender Gründe für unterschiedlich lange Kündigungsfristen für über diese Gründe definierte ArbN-Gruppen gleichwohl Gewicht behalten. Diese Gründe müssen dann in der differenzierenden tarifl. Regelung zum Ausdruck kommen und die kürzeren Kündigungsfristen etwa an den Einsatz der ArbN-Gruppe in der von der Auftragslage besonders abhängigen Produktion anknüpfen[15]. 90

Art. 3 I GG erfordert keine Gleichheit der Regelungen in **verschiedenen persönlichen, räumlichen und sachlichen Geltungsbereichen** von TV. Tarifl. Kündigungsfristen müssen in ein und derselben Branche für verschiedene räumliche Bereiche oder in ein und derselben Region in verschiedenen Branchen nicht gleich sein. Auch Kündigungsfristen in TV für denselben räumlichen und sachlichen Geltungsbereich, die von verschiedenen Gewerkschaften abgeschlossen werden, müssen nicht gleich sein[16]. 91

---

1 BAG v. 18.1.2001 – 2 AZR 619/99, EzA § 622 nF BGB Nr. 62 zum Friseurhandwerk; v. 16.9.1993 – 2 AZR 697/92, AP Nr. 42 zu § 622 BGB. | 2 BAG v. 6.11.1997 – 2 AZR 707/96, nv. | 3 BAG v. 10.3.1994 – 2 AZR 605/93, AP Nr. 117 zu § 1 TVG – Tarifverträge: Metallindustrie unter Berufung auf BVerfG v. 30.5.1990 – 1 BvL 2/83 ua., AP Nr. 28 zu § 622 BGB. | 4 Für die Zukunft offen gelassen in BAG v. 10.3.1994 – 2 AZR 605/93, AP Nr. 117 zu § 1 TVG – Tarifverträge: Metallindustrie. | 5 BAG v. 21.3.1991 – 2 AZR 616/90, AP Nr. 31 zu § 622 BGB; v. 23.1.1992 – 2 AZR 470/91, AP Nr. 37 zu § 622 BGB; v. 16.9.1993 – 2 AZR 697/92, AP Nr. 42 zu § 622 BGB. | 6 BAG v. 4.3.1993 – 2 AZR 355/92, AP Nr. 40 zu § 622 BGB. | 7 BAG v. 21.3.1991 – 2 AZR 616/90, AP Nr. 31 zu § 622 BGB. | 8 BAG v. 2.4.1992 – 2 AZR 516/91, AP Nr. 38 zu § 622 BGB; v. 21.11.1996 – 2 AZR 171/96, nv.; v. 29.10.1998 – 2 AZR 683/97, nv. | 9 BAG v. 23.1.1992 – 2 AZR 470/91, AP Nr. 37 zu § 622 BGB. | 10 BAG v. 23.1.1992 – 2 AZR 466/91, AP Nr. 36 zu § 622 BGB; v. 6.11.1997–2 AZR 707/96, nv. | 11 BAG v. 23.1.1992 – 2 AZR 470/91, AP Nr. 37 zu § 622 BGB; v. 29.8.1991 – 2 AZR 220/91 (A), AP Nr. 32 zu § 622 BGB; v. 21.3.1991 – 2 AZR 323/84, AP Nr. 29 zu § 622 BGB; v. 6.11.1997 – 2 AZR 707/96, nv. | 12 So ErfK/*Müller-Glöge*, § 622 BGB Rz. 70. | 13 BT-Drs. 14/5741, S. 23 f. zum Wegfall der im Betriebsverfassungsrecht früher für den Gruppenschutz zentralen Unterscheidung von Arbeitern und Angestellten. | 14 Krit., weil als zu weitgehend betrachtet *Preis/Kramer*, DB 1993, 2125 (2129); aA *Worzalla*, NZA 1994, 145 (148); *Wank*, NZA 1993, 961 (966); ErfK/*Müller-Glöge*, § 622 BGB Rz. 71. | 15 *Hromadka*, BB 1993, 2372 (2378); ErfK/*Müller-Glöge*, § 622 BGB Rz. 66, 67. | 16 BAG v. 8.9.1999 – 5 AZR 451/98, AP Nr. 15 zu § 1 TVG – Tarifverträge: Papierindustrie.

92 Schließen **dieselben Tarifpartner verschiedene TV** für Arbeiter und Angestellte, so kann sich nicht schon aus diesem Umstand, sondern nur aus inhaltlichen Gründen eine Rechtfertigung sachlicher Unterschiede ergeben[1].

93 **4. Rechtsfolgen verfassungswidriger Regelungen.** Sind **konstitutive** tarifl. Kündigungsfristen verfassungswidrig, ist die entstandene Tariflücke durch **Anwendung des § 622** zu schließen[2]. Das gilt nach der ihrerseits verfassungsgemäßen Übergangsvorschrift des Art. 222 EGBGB auch für Fälle, in denen noch ein Rechtsstreit über diese Fragen anhängig gewesen ist[3].

94 Für eine Lückenschließung durch **ergänzende Vertragsauslegung** fehlt es in aller Regel an einem feststellbaren mutmaßlichen Willen der TV-Parteien[4].

95 An die Stelle einer verfassungswidrigen **deklaratorischen Regelung** tritt automatisch die gesetzl. Regelung des § 622[5]. Das war insb. in Fällen der tarifvertragl. Übernahme des Wortlauts des § 622 aF bei Inkrafttreten der Neuregelung von Belang.

96 **VIII. Einzelvertragliche Regelung (Abs. 5). 1. Grenzen individualvertraglicher Gestaltung.** Die gesetzl. **Grundkündigungsfrist** des Abs. 1 von vier Wochen ist eine grds. **unabdingbare Mindestkündigungsfrist** sowohl für die Kündigung durch den ArbN als auch durch den ArbGeb. Für Aushilfsarbeitsverhältnisse und Arbeitsverhältnisse in Kleinbetrieben gelten nach Abs. 5 S. 1, für eine vereinbarte Probezeit nach Abs. 3 Besonderheiten. Auch durch einzelvertragl. Bezugnahme auf einen TV ist nach Abs. 4 S. 2 eine Verkürzung der Frist möglich.

97 Die **verlängerten Kündigungsfristen des Abs. 2 S. 1** für die Kündigung durch den ArbGeb sind **einseitig zwingend**. Von dieser Regelung kann zu Lasten des ArbN, also verkürzend durch Individualvereinbarung nicht abgewichen werden. Auch die einzelvertragl. Vereinbarung zusätzlicher oder anderer Kündigungstermine, selbst wenn sie sich zu Gunsten des ArbN auswirkt, ist unwirksam[6].

98 Die **einzelvertragl. Verlängerung** der Fristen der Abs. 1–3 ist, wie Abs. 5 S. 3 klarstellt, möglich[7]. Eine solche einzelvertragl. Verlängerung kann auch durch eine **Gleichbehandlungsabrede** erfolgen, welche die für die arbeitgeberseitige Kündigung verlängerten Fristen des Abs. 2 auf die Kündigung durch den ArbN erstreckt[8].

99 Die einzelvertragl. Verlängerung der gesetzl. Kündigungsfristen ist nicht uneingeschränkt zulässig. Grenzen für Einschränkungen der freien Arbeitsplatzwahl und der Mobilität ergeben sich aus der fünfeinhalbjährigen Höchstbindung des **§ 15 IV TzBfG** (bis 1.1.2001: § 624 BGB) und darüber hinaus aus Art. 39 EGV, Art. 12 GG und § 138 BGB[9]. Wegen der unabdingbaren Möglichkeit zur außerordentl. Kündigung werden aber auch sehr lange Kündigungsfristen, zB ein Jahr zum Ablauf eines Fünfjahresvertrages, im Einzelfall als wirksam angesehen[10]. Zur Inhaltskontrolle einer formularvertragsmäßigen Vereinbarung.

100 Die **Beschränkung der Zahl der gesetzl. Kündigungstermine** ist grds. möglich. Das ist der Fall bei einzelvertragl. vereinbarten **Quartalskündigungsfristen** und solchen zum Halbjahres- oder Jahresende. Sie lassen sich auch als Termine zum Ende eines bestimmten Kalendermonats formulieren und stehen daher insoweit im Einklang mit den Kündigungsfristen zum Ende eines Kalendermonats der Abs. 1 und 2. Ob sie nach Abs. 5 S. 2 zulässig sind, richtet sich danach, ob sie gegenüber dem Gesetz die Gesamtbindungsdauer verlängern[11].

101 Das Recht zur **ordentl. Kündigung** kann individualvertragl. **ausgeschlossen** oder eingeschränkt werden. Die ordentl. Kündigung eines befristeten Arbeitsverhältnisses ist ausgeschlossen, wenn die Parteien sich nicht das Recht zur ordentl. Kündigung vorbehalten haben[12]. Das Kündigungsrecht kann auch durch schuldrechtl. Vereinbarung der Arbeitsvertragsparteien an bestimmte Voraussetzungen geknüpft werden[13]. Die Zusage einer Lebensstellung bedeutet idR nicht den Ausschluss der ordentl. Kündigung. Die Auslegung kann aber auch etwas anderes ergeben[14] (s. auch § 15 IV TzBfG, § 624 BGB Rz. 10).

---

1 BAG v. 23.1.1992 – 2 AZR 389/91, AP Nr. 35 zu § 622 BGB. | **2** BAG v. 10.3.1994 – 2 AZR 323/84 (C), AP Nr. 40 zu § 622 BGB; *Kramer*, ZIP 1994, 929 (935); aA *Hromadka*, BB 1993, 2372 (2378); *Kehrmann*, AiB 1993, 746 (748). | **3** BAG v. 10.3.1994 – 2 AZR 323/84 (C), AP Nr. 40 zu § 622 BGB. | **4** ErfK/*Müller-Glöge*, § 622 BGB Rz. 76; zu den Voraussetzungen ergänzender Vertragsauslegung bei TV BAG v. 21.3.1991 – 2 AZR 323/84 (A), AP Nr. 29 zu § 622 BGB. | **5** Allg. M., statt aller ErfK/*Müller-Glöge*, § 622 BGB Rz. 77 mwN. | **6** MüKo/*Hesse*, § 622 BGB Rz. 72; ErfK/*Müller-Glöge*, § 622 BGB Rz. 79. | **7** *Wank*, NZA 1993, 961 (965); ErfK/*Müller-Glöge*, § 622 BGB Rz. 95. | **8** *Kramer*, Kündigungsvereinbarungen im Arbeitsvertrag, S. 143; ErfK/*Müller-Glöge*, § 622 BGB Rz. 96. | **9** Zu Art. 12 GG und § 138 BGB Staudinger/*Preis*, § 622 BGB Rz. 50; MüKo/*Hesse*, § 622 BGB Rz. 88 f.; *Schaub*, ArbRHdb, § 124 Rz. 40; BAG v. 17.10.1969 – 3 AZR 442/68, AP Nr. 7 zu § 611 BGB – Treuepflicht m. Anm. *Canaris*. | **10** BAG v. 19.12.1991 – 2 AZR 363/91, AP Nr. 2 zu § 624 BGB; ErfK/*Müller-Glöge*, § 622 BGB Rz. 98; MüKo/*Hesse*, § 622 BGB Rz. 89. | **11** *Diller*, NZA 2000, 293 (295 ff.); ErfK/*Müller-Glöge*, § 622 BGB Rz. 97. | **12** BAG v. 19.6.1980 – 2 AZR 660/78, AP Nr. 55 zu § 620 BGB – Befristeter Arbeitsvertrag; MünchArbR/*Wank*, § 116 Rz. 54 ff. | **13** BAG v. 8.10.1959 – 2 AZR 501/56, AP Nr. 1 zu § 620 – Schuldrechtliche Kündigungsbeschränkungen. | **14** KR/*Fischermeier*, § 624 BGB Rz. 15; ErfK/*Müller-Glöge*, § 622 BGB Rz. 112; *Kramer*, Kündigungsvereinbarungen im Arbeitsvertrag, S. 43 f.

Individualvertragl. Vereinbarungen über Kündigungsfristen- und termine sind stets daraufhin zu prüfen, ob sie **konstitutiven** oder **deklaratorischen** Charakter haben. Bei deklaratorischen Regelungen gilt die Gesetzeslage, bei Gesetzesänderungen die veränderte Gesetzeslage. Bei konstitutiven Regelungen ist die Zulässigkeit anhand des jeweils geltenden Gesetzes zu prüfen. Konstitutiv sind in jedem Fall Quartalskündigungsfristen mit Arbeitern, aber auch mit Angestellten, sofern deren Arbeitsvertrag nach 1993 abgeschlossen wurde[1]. 102

Individualvertragl. Kündigungserschwerungen zu Lasten des ArbN können als **Allgemeine Geschäftsbedingung** unwirksam sein, wenn die §§ 13, 310 III und IV Anwendung finden. Ist der ArbN Verbraucher iSd. § 13[2], unterliegt auch der vom ArbGeb nur zur einmaligen Verwendung bestimmte, vorformulierte Arbeitsvertrag der AGB-Kontrolle, etwa der Unklarheitenregel des § 305c II und dem Transparenzgebot des § 307 I 2. 103

2. Günstigkeitsvergleich zwischen einzelvertraglicher und tariflicher Regelung (§ 4 Abs. 3 TVG). Der tarifgebundene ArbGeb kann mit einem tarifgebundenen ArbN individualvertragl. **untergesetzl.**, aber **gegenüber dem TV günstigere** Kündigungsfristenregelungen vereinbaren. Tarifl. Regelungen über Kündigungsfristen sind Beendigungsnormen iSv. §§ 1 I, 4 IV TVG, die unmittelbar und zwingend wirken. Für den ArbN günstigere individualvertragl. Vereinbarungen gehen aber vor, weil insoweit das Günstigkeitsprinzip des § 4 III TVG greift[3]. 104

Bei der Prüfung, ob die einzelvertragl. Vereinbarung günstiger ist als die tarifl., ist die einzelvertragl. Vereinbarung von Kündigungsfristen **und -terminen** mangels anderer Anhaltspunkte regelmäßig[4] als Einheit zu betrachten. Für den Günstigkeitsvergleich zwischen vertragl. und gesetzl. Regelung ist daher ein **Sachgruppen-** oder **Gesamtvergleich** „Kündigungsregelungen" vorzunehmen[5]. Das bedeutet etwa bei Vereinbarung von Quartalskündigungsfristen, dass die vertragl. vereinbarten Quartalstermine, die gegenüber den gesetzl. Monatsterminen idR günstiger sind, nicht mit den längeren gesetzl. Kündigungsfristen zu kombinieren sind[6]. Ausschlaggebend ist die aus dem Zusammenspiel von Kündigungsfrist und -termin sich ergebende **Gesamtbindungsdauer** wie sie sich bei Vertragsschluss darstellt[7]. Bei der Vereinbarung von Quartalskündigungsfristen kommt es darauf an, ob diese oder die gesetzl. Monatsfristen während der jeweils längeren Zeit des Jahres eine längere Gesamtbindungsdauer ergeben[8]. 105

Dass im Regelfall eine längere Gesamtbindungsdauer für den ArbN günstiger ist als eine kürzere, ergibt sich daraus, dass bei der gebotenen abstrakten, nicht auf den konkreten Fall abstellenden Betrachtung ex ante[9] für den ArbN regelmäßig das **Bestandsschutz- das Mobilitätsinteresse** überwiegt. Insbesondere bei jungen, hoch qualifizierten ArbN kann es aber auch anders liegen[10]. Lässt sich ein überwiegendes Interesse und damit die Günstigkeit der einzelvertragl. Regelung nicht feststellen (günstigkeitsneutrale Regelung), gilt nach § 4 III TVG die tarifl. Regelung[11]. 106

3. Rechtsfolgen unzulässiger individualvertraglicher Gestaltung. An die Stelle **unzulässig kurzer** und damit unwirksamer Kündigungsfristen oder unzulässig vieler Kündigungstermine tritt die gesetzl. Regelung der Abs. 1 und 2. Das gilt auch bei Unwirksamkeit von Kündigungsregelungen in Allgemeinen Geschäftsbedingungen. 107

Vereinbaren die Arbeitsvertragsparteien entgegen Abs. 6 **längere Kündigungsfristen zu Lasten des ArbN**, gilt in Analogie zu § 89 II 2 HGB die längere der vereinbarten Fristen für beide Parteien[12]. Bei Vereinbarung unterschiedlich vieler Kündigungstermine zu Lasten des ArbN gilt diejenige Regelung, die weniger Kündigungstermine vorsieht[13]. 108

4. Aushilfsarbeitsverhältnis (Abs. 5 Nr. 1). Ein Aushilfsarbeitsverhältnis wird idR **befristet** abgeschlossen. Wird mit der Befristung zugleich die **ordentl. Kündbarkeit** vereinbart[14], sind die Abkürzungsmög- 109

1 *Diller*, NZA 2000, 293 (297). | 2 Die Verbrauchereigenschaft des ArbN bejahend BAG v. 25.5.2005 – 5 AZR 572/04, NZA 2005, 1111; *Gotthardt*, ZIP 2002, 277 (278), *Boemke*, BB 2002, 96 f.; *Däubler*, NZA 2001, 1329 (1336); verneinend *Lingemann*, NZA 2002, 181 (192); *Bauer/Koch*, DB 2002, 42 (44); *Berkowsky*, AuA 2002, 11 (15). | 3 Staudinger/*Preis*, § 622 BGB Rz. 86; ErfK/*Müller-Glöge*, § 622 BGB Rz. 91; MüKo/*Hesse* § 622 Rz. 90. | 4 Anders wenn mit dem vereinbarten Kündigungstermin über die Bestimmung der Bindungsdauer hinaus andere Zwecke verfolgt werden, *Diller*, NZA 2000, 293, 297; MüKo/*Hesse*, § 622 BGB Rz. 95. | 5 BAG v. 4.7.2001 – 2 AZR 469/00, DB 2002, 96; LAG Nürnberg v. 13.4.1999 – 6 (5) Sa 182/98, NZA-RR 2000, 80; aA LAG Hamm v. 1.2.1996 – 4 Sa 913/95, LAGE § 622 BGB Nr. 38; *Diller*, NZA 2000, 293 (295 f.): „Ensemble-Vergleich". | 6 *Diller*, NZA 2000, 293 (297); MüKo/*Hesse*, § 622 BGB Rz. 95. | 7 *Kramer*, Kündigungsvereinbarungen im Arbeitsvertrag, § 6 B II 4, S. 122 ff.; Staudinger/*Preis*, § 622 BGB Rz. 87; MüKo/*Hesse*, § 622 BGB Rz. 95; ErfK/*Müller-Glöge*, § 622 BGB Rz. 92. | 8 *Diller*, NZA 2000, 193 (297). | 9 *Löwisch/Rieble*, § 4 TVG Rz. 214; MüKo/*Hesse*, § 622 BGB Rz. 90. | 10 Staudinger/*Preis*, § 622 BGB Rz. 88; MüKo/*Hesse* § 622 BGB Rz. 90; zur nachträglichen Feststellung *Adomeit/Thau*, NJW 1994, 11 (14). | 11 BAG v. 12.4.1972 – 4 AZR 211/71, AP Nr. 13 zu § 4 TVG – Günstigkeitsprinzip; Staudinger/*Preis*, § 622 BGB Rz. 89; aA *Joost*, ZfA 1984, 173 (183): Einschätzungsautonomie des ArbN hinsichtlich der Günstigkeit. | 12 *Schaub*, ArbRHdb, § 124 Rz. 44; KR/*Spilger*, § 622 BGB Rz. 202 (ergänzende Vertragsauslegung); *Preis/Kramer*, DB 1993, 2123 (2128); ErfK/*Müller-Glöge*, § 622 BGB Rz. 80, 100. | 13 Staudinger/*Preis*, § 622 BGB Rz. 58; ErfK/*Müller-Glöge*, § 622 BGB Rz. 80. | 14 Das ist möglich: BAG v. 30.9.1981 – 7 AZR 789/78, AP Nr. 61 zu § 620 – Befristeter Arbeitsvertrag.

lichkeiten nach Abs. 5 S. 1 Nr. 1 eröffnet, solange das Arbeitsverhältnis nicht über die Dauer von drei Monaten hinaus fortgesetzt wird. Vor dieser zeitlichen Grenze kann eine Verkürzung auch dann vereinbart werden, wenn von Anfang an feststeht, dass sich die Aushilfstätigkeit auf eine längere Zeit als drei Monate erstrecken wird.

110 Eine **Mindestkündigungsfrist** ist nicht vorgesehen. Die Parteien können daher auch eine ordentl. fristlose Kündigung und von Abs. 1 abweichende Kündigungstermine vereinbaren, da die Zulässigkeit der Vereinbarung einer entfristeten Kündigung die gesetzl. Terminsregelungen ihrer Schutzfunktion beraubt[1]. Wegen Abs. 6 darf aber für den ArbN keine längere Frist vorgesehen werden als für den ArbGeb.

111 Die Kündigung muss **innerhalb des Drei-Monats-Zeitraums zugehen**, das Ende der Kündigungsfrist kann außerhalb dieses Zeitraums liegen[2]. Wird das Aushilfsarbeitsverhältnis über die Dauer von drei Monaten hinaus fortgesetzt, werden die gesetzl. Kündigungsfristen und -termine wirksam.

112 Haben die Parteien ein Aushilfsarbeitsverhältnis ausdrücklich vereinbart, eine **Regelung über die Kündigungsfrist** aber **nicht getroffen**, kann allein aus dem Zweck des Vertrages nicht auf eine bestimmte Abkürzung der Kündigungsfrist oder gar eine Entfristung geschlossen werden[3]. Im Regelfall bleibt es daher bei der gesetzl. Grundkündigungsfrist des Abs. 1.

113 Nach 11 IV 1 AÜG findet Abs. 5 S. 1 Nr. 1 keine Anwendung auf **Leiharbeitsverhältnisse**, vgl. § 11 AÜG Rz. 22. Kürzere als die in Abs. 1 geregelten Fristen können daher für LeihArbN in Aushilfsarbeitsverhältnissen nur tarifvertragl. bzw. durch Bezugnahme auf einen einschlägigen TV festgelegt werden[4].

114 **5. Kleinbetriebe (Abs. 5 Nr. 2).** Abs. 5 S. 1 Nr. 2 ermöglicht ArbGeb in Kleinbetrieben, eine **vierwöchige Kündigungsfrist** ohne Bindung an die festen Kündigungstermine des Abs. 1 zu vereinbaren. Von den verlängerten Kündigungsfristen des Abs. 2 darf nicht abgewichen werden[5].

115 Bei der Berechnung der **Beschäftigtenzahl** nach Abs. 5 S. 1 Nr. 2 ist auf die Zahl der idR beschäftigten ArbN ausschließlich der zu ihrer Berufsausbildung Beschäftigten im Unternehmen abzustellen[6].

116 **Teilzeitbeschäftigte** ArbN zählen bei der Berechnung der Beschäftigtenzahl nicht voll. Sie werden gem. Abs. 5 S. 2 bei einer regelmäßigen wöchentlichen Arbeitszeit von maximal 20 Stunden mit 0,5, bei einer regelmäßigen wöchentlichen Arbeitszeit von maximal 30 Stunden mit 0,75 berücksichtigt.

117 **IX. Einzelvertragliche Bezugnahme auf tarifliche Kündigungsfristen (Abs. 4 S. 2).** Durch Abs. 4 S. 2 wird es nicht tarifgebundenen Arbeitsvertragsparteien ermöglicht, im Geltungsbereich eines TV die – für den ArbN ggf. ungünstigere – tarifl. Kündigungsfristenregelung durch individualvertragl. Vereinbarung zu übernehmen. Die vereinbarte tarifl. Regelung hat gegenüber den gesetzl. Mindestbedingungen den gleichen Vorrang wie der TV selbst. Im Übrigen bleiben die in Bezug genommenen Ansprüche aber vertragl. Ansprüche, was Bedeutung vor allem für die Unabdingbarkeit, den Verzicht und die Verwirkung hat[7].

118 Wird die tarifl. Regelung durch eine andere ersetzt, entfällt die Vorrangwirkung, die arbeitsvertragl. Bezugnahme geht ins Leere. Dies wird vermieden, wenn die **jeweils geltende** TV-Regelung in Bezug genommen wird[8].

119 Eine Bezugnahme auf den TV ist nur im Rahmen seines **räumlichen, sachlichen und persönlichen Geltungsbereichs** zulässig. Damit ist eine Umgehung gesetzl. Vorschriften durch Bezugnahme auf einen branchen- oder gebietsfremden TV ausgeschlossen[9]. Eine solche Bezugnahme auf einen fremden TV löst nicht die Vorrangwirkung des Abs. 4 S. 2 aus, kann aber als individualvertragl. Abrede unter den Voraussetzungen des Abs. 5 Wirkung entfalten[10].

120 Die Bezugnahme kann sich sowohl auf den **gesamten TV** als auch lediglich auf die **Vorschriften über die Kündigung** oder auch nur eine bestimmte Kündigungsfrist des TV erstrecken. Es ist aber unzulässig, nur einen Teil der Kündigungsfristenregelung ggf. unter Abänderung von Fristen und Terminen zu übernehmen[11].

---

1 BAG v. 22.5.1986 – 2 AZR 392/85, AP Nr. 23 zu § 622 BGB; Erman/*Belling*, § 622 BGB Rz. 9; *Preis/Kramer*, DB 1993, 2125 (2126); *Hromadka*, BB 1993, 2272 (2274); aA *Monjau* BB 1970, 39 (41). | 2 ErfK/*Müller-Glöge*, § 622 BGB Rz. 34; Erman/*Belling*, § 622 BGB Rz. 9; *Preis/Kramer*, DB 1993, 2125 (2126). | 3 KR/*Spilger*, § 622 BGB Rz. 165; ErfK/*Müller-Glöge*, § 622 BGB Rz. 37. | 4 ErfK/*Müller-Glöge*, § 622 BGB Rz. 12, 117; Staudinger/*Preis*, § 622 BGB Rz. 19; *Voss*, NZA 1994, 57. | 5 *Adomeit/Thau*, NJW 1994, 11 (13 f.); ErfK/*Müller-Glöge*, § 622 BGB Rz. 41; Staudinger/*Preis*, § 622 BGB Rz. 48. | 6 Näher ErfK/*Müller-Glöge*, § 622 BGB Rz. 38–40. | 7 *Löwisch/Rieble*, TVG § 3 Rz. 104; Staudinger/*Preis*, § 622 BGB Rz. 42. | 8 ErfK/*Müller-Glöge*, § 622 BGB Rz. 86. | 9 MüKo/*Hesse*, § 622 BGB Rz. 66; Staudinger/*Preis*, § 622 BGB Rz. 44; ErfK/*Müller-Glöge*, § 622 BGB Rz. 82; generell zu unwirksamen Vereinbarungen KR/*Spilger*, § 622 BGB Rz. 151. | 10 MüKo/*Hesse*, § 622 BGB Rz. 66; *Dietz*, DB 1974, 1770 (1771); *Richardi*, ZfA 1971, 73 f.; ErfK/*Müller-Glöge*, § 622 BGB Rz. 94; nach BAG v. 10.6.1965 – 5 AZR 432/64, AP Nr. 13 zu § 9 TVG jedenfalls dann, wenn die eigene Gewerkschaft des ArbN keinen TV abgeschlossen hat. | 11 *Bauer/Rennpferdt*, AR-Blattei-SD 1010.5 Rz. 70; KR/*Spilger*, § 622 BGB Rz. 185; Staudinger/*Preis*, § 622 BGB Rz. 45; MüKo/*Hesse*, § 622 BGB Rz. 67.

Die Vereinbarung kann einen **geltenden** oder **nachwirkenden** TV betreffen[1]. Für die arbeitsvertragl. Bezugnahme auf einen nachwirkenden TV reicht es nicht aus, auf den „den ArbGeb bindenden" TV zu verweisen[2]. 121

Soweit der in Bezug genommene TV gegen **höherrangiges Recht**, insb. Art. 3 I GG, verstößt, gilt die gesetzl. Regelung[3]. 122

Die Vereinbarung ist nicht an eine Form gebunden. Sie kann **ausdrücklich** oder **stillschweigend** und auch durch **betriebliche Übung**[4] erfolgen. Aus der Gewährung bestimmter Leistungen nach dem einschlägigen TV kann allerdings nicht in jedem Fall geschlossen werden, dass der TV insgesamt einschließlich der Kündigungsregelungen anzuwenden ist, da die einzelvertragl. Bezugnahme sich auf Teile des TV beschränken kann[5]. 123

Eine Vereinbarung durch **BV** scheidet aus, es sei denn der TV enthält eine entsprechende Öffnungsklausel (§ 77 II BetrVG)[6]. 124

Die durch **Bezugnahme** vereinbarten tarifl. Kündigungsbestimmungen können jederzeit vertragl. **aufgehoben** oder abgeändert werden. Es gelten dann die gesetzl. Grenzen für einzelvertragl. Vereinbarungen zu Lasten des ArbN[7]. 125

X. Fristberechnung. Für die Berechnung der Kündigungsfristen gelten die §§ 186 ff., nicht aber § 193. Die Kündigungsfrist beginnt nach § 187 mit dem Zugang der ordentl. Kündigung. Nach § 187 I wird der Tag, an dem die Kündigung zugeht, nicht in die Berechnung der Kündigungsfrist einbezogen. Der Fristlauf beginnt erst am folgenden Tag. Eine Vereinbarung, dass der Tag der Absendung des Kündigungsschreibens als Tag der Erklärung gelten soll, ist unwirksam[8]. 126

§ 193 ist auf Kündigungsfristen weder unmittelbar noch entsprechend anwendbar[9], weil dem Gekündigten die gesetzl. Kündigungsfrist in jedem Fall voll gewahrt bleiben muss. Es ist daher unerheblich, ob der letzte Tag, an dem noch gekündigt werden kann, auf einen Samstag, Sonntag oder Feiertag fällt. Es spielt auch keine Rolle, wenn der letzte Tag des Arbeitsverhältnisses auf einen Samstag, Sonntag oder Feiertag fällt. 127

Bei einer Frist, die **ohne festen Kündigungstermin** lediglich nach Wochen bestimmt ist (zB gesetzl. nach § 622 III, § 86 SGB IX, einzelvertragl. im Rahmen des § 622 V Nr. 1), endet die Kündigungsfrist und damit das Arbeitsverhältnis nach § 188 II BGB mit Ablauf desjenigen Tages der letzten Woche, der durch seine Bezeichnung (zB „Montag") demjenigen Tag entspricht, an dem die Kündigung zugegangen ist. 128

In den Fällen, in denen das Gesetz einen **Kündigungstermin** bestimmt (zB § 622 I und II: Fünfzehnter oder das Ende des Monats; § 19 BerzGG: Ende der Elternzeit), steht es dem Kündigenden frei, freiwillig eine längere als die gesetzl. Kündigungsfrist einzuhalten. Er muss nicht mit dem Ausspruch der Kündigung bis zum Beginn der Frist bis zum nächstmöglichen Termin warten. 129

Wird die Kündigungsfrist **nicht eingehalten**, ist die Kündigung im Zweifel in eine Kündigung zum nächsten zulässigen Termin umzudeuten[10]. 130

XI. Prozessuales. Für die Darlegungs- und Beweislast gelten die **allgemeinen Regeln**. Deshalb trägt derjenige die Darlegungs- und Beweislast, der Ansprüche aus der Geltung gegenüber § 622 verlängerter Kündigungsfristen herleitet oder auf eine andere von der gesetzl. Regelung abweichende Vereinbarung stützt[11]. Die Nichteinhaltung der Kündigungsfrist kann auch im Anwendungsbereich des KSchG auch außerhalb der Klagefrist des § 4 KSchG geltend gemacht werden[12]. 131

Wird die **Verfassungswidrigkeit tarifl. Kündigungsfristen** im Kündigungsschutzprozess von einer Partei ausgesprochen oder vom Gericht erwogen, muss das ArbG nach § 293 ZPO **von Amts wegen** die näheren Umstände ermitteln, die für die unterschiedlichen Kündigungsfristen sprechen[13]. 132

---

1 Entschieden für § 13 BUrlG durch BAG v. 27.6.1978 – 6 AZR 59/77, AP Nr. 12 zu § 13 BUrlG; MüKo/*Hesse*, § 622 BGB Rz. 66. | 2 BAG v. 18.8.1982 – 5 AZR 281/80, nv.; ErfK/*Müller-Glöge*, § 622 BGB Rz. 85. | 3 *Worzalla*, NZA 1994, 145 (150); ErfK/*Müller-Glöge*, § 622 BGB Rz. 86. | 4 BAG v. 19.1.1999 – 1 AZR 606/98, AP Nr. 9 zu § 1 TVG – Bezugnahme auf Tarifvertrag; aA BAG v. 3.7.1996 – 2 AZR 469/95, RzK I 3 e Nr. 62; diff. *Annuß*, BB 1999, 2558 (2562). | 5 BAG v. 19.1.1999 – 1 AZR 606/98, AP Nr. 9 zu § 1 TVG – Bezugnahme auf Tarifvertrag; ErfK/*Müller-Glöge*, § 622 BGB Rz. 88. | 6 Staudinger/*Preis*, § 622 BGB Rz. 47. | 7 Ähnlich ErfK/*Müller-Glöge*, § 622 BGB Rz. 87; MüKo/*Hesse*, § 622 BGB Rz. 66. | 8 BAG v. 13.10.1976 – 5 AZR 638/75, AP Nr. 9 zu § 130 BGB. | 9 BAG v. 5.3.1970 – 2 AZR 112/69, AP Nr. 1 zu § 193 BGB; BGH v. 28.9.1972 – VII ZR 186/71, AP Nr. 2 zu § 193 BGB; *Hromadka*, BB 1993, 2372 (2373). | 10 BAG v. 18.4.1985 – 2 AZR 197/84, AP Nr. 20 zu § 622 BGB; LAG Köln v. 26.9.2006 – 9 Ta 347/06; *Hromadka*, BB 1993, 2372 (2373); *Schaub*, ArbRHdb, § 124 III 3 b Rz. 28; ErfK/*Müller-Glöge*, § 622 BGB Rz. 26. | 11 ErfK/*Müller-Glöge*, § 622 BGB Rz. 124; KR/*Spilger*, § 622 BGB Rz. 141. | 12 BAG v. 6.7.2006 – 2 AZR 215/05, AP Nr. 57 zu § 4 KSchG. | 13 BAG v. 4.3.1993 – 5 AZR 451/92, AP Nr. 40 zu § 622 BGB m. Anm. *Hergenröder*; v. 16.9.1993 – 2 AZR 697/92, AP Nr. 42 zu § 622 BGB; v. 29.10.1998 – 2 AZR 683/97, EzA-SD 1999, Nr. 2, 3–5.

623 *Schriftform der Kündigung*
Die Beendigung von Arbeitsverhältnissen durch Kündigung oder Auflösungsvertrag bedürfen zu ihrer Wirksamkeit der Schriftform; die elektronische Form ist ausgeschlossen.

1 **I. Inhalt und Zweck.** § 623 enthält ein **konstitutives Schriftformerfordernis.** Die Schriftform ist für die genannten Beendigungstatbestände Wirksamkeitserfordernis[1] und soll der **Rechtssicherheit** für die Vertragspartner dienen[2]. Im Streitfall erleichtert die Schriftform den Beweis darüber, ob eine Kündigung ausgesprochen, eine Befristungsabrede getroffen oder ein Auflösungsvertrag geschlossen wurde. Außerdem hat die Schriftform **Warnfunktion** für die Parteien und schützt vor Übereilung[3]. Ob mit der Vorschrift auch wie beabsichtigt eine **Entlastung der ArbG** erreicht werden kann, war schon im Gesetzgebungsverfahren umstritten[4], und ist wohl zu verneinen. Zwar werden Spontankündigungen die Gerichte seltener beschäftigen, das trägt aber nur unwesentlich zu Ihrer Entlastung bei. Dafür wird der Streit um die Erfüllung der Schriftform und den Zugang der Willenserklärung die Gerichte beschäftigen[5].

2 Umstritten ist, ob § 623 auch **arbeitnehmerschützende Funktion** hat[6]. Die Gesetzesbegründung erwähnt den ArbN-Schutzgedanken nicht. Der Streit wird insb. bei den Rechtsfolgen einer formwidrigen Befristung bei Vertragsschluss relevant.

3 **II. Entstehungsgeschichte.** § 623 wurde eingefügt durch Art. 2 des ArbGerBeschleunigungsgesetzes vom 30.3.2000 und ist **am 1.5.2000 in Kraft** getreten[7]. Die Bestimmung füllt eine seit 1969 im Gesetz bestehende Leerstelle.

4 In seiner **bis zum 31.12.2001 geltenden Fassung** lautet die Bestimmung:
„Die Beendigung von Arbeitsverhältnissen durch Kündigung oder Auflösungsvertrag sowie die Befristung bedürfen zu ihrer Wirksamkeit der Schriftform."
Durch Artikel 2 Nr. 2 des **am 1.1.2001 in Kraft getretenen Teilzeit- und Befristungsgesetzes** (TzBfG) vom 21.12.2000[8] sind die Worte „sowie die Befristung" weggefallen. Für neue Befristungen ab dem 1.1.2001 ist § 14 IV TzBfG anzuwenden, wonach die Befristung eines Arbeitsvertrages zu ihrer Wirksamkeit der Schriftform bedarf. Diese Änderung erfolgte aus gesetzessystematischen Gründen und bezweckte keine inhaltliche Korrektur[9].

5 **§ 623 Hs. 2** wurde angefügt durch Art. 1 des am 1.8.2001 in Kraft getretenen Gesetzes zur Anpassung der Formvorschriften des Privatrechts und anderer Vorschriften an den modernen Rechtsgeschäftsverkehr vom 13.7.2001[10].

6 **III. Anwendungsbereich. 1. Zeitlicher Anwendungsbereich. a) Kündigung und Auflösungsvertrag.** § 623 ist nur auf Kündigungen anwendbar, die seit dem Inkrafttreten der Vorschrift am 1.5.2000 nach Maßgabe der §§ 130–132 BGB wirksam geworden, insb. also zugegangen sind[11], und auf Auflösungsverträge, die seit dem 1.5.2000 zu Stande gekommen sind[12].

7 **Vor dem 1.5.2000** dem Erklärungsempfänger zugegangene Kündigungen werden von § 623 nicht erfasst[13]. Mündlich vereinbarte Vertragsauflösungen vor diesem Zeitpunkt sind wirksam, auch wenn der Beendigungszeitpunkt des Arbeitsverhältnisses nach diesem Zeitpunkt liegt[14].

8 **b) Befristung.** Wegen des zum 1.1.2001 in Kraft getretenen TzBfG gilt § 623 nur für **Befristungen**, die **vom 1.5.2000 bis einschließlich zum 31.12.2000** vereinbart wurden. Das gilt auch, wenn der Arbeitsvertrag nur nachträglich befristet worden ist; hier muss die nachträgliche Befristung in den genannten Zeitraum fallen. Für Befristungen **ab dem 1.1.2001** gilt § 14 TzBfG[15] (s. dort). Für Befristungen **vor dem 1.5.2000** gilt das Schriftformerfordernis des § 623 nicht, auch wenn der Vertragsbeendigungszeitpunkt nach diesem Zeitpunkt liegt[16].

9, 10 Einstweilen frei.

11 **2. Persönlicher Anwendungsbereich.** § 623 ist nur auf **Arbeitsverhältnisse** (auch solche mit Aushilfskräften und geringfügig Beschäftigten) anwendbar[17], nicht auf Dienstverhältnisse arbeitnehmerähnlicher Personen iSv. § 5 I 2 ArbGG, § 12a TVG[18] und auch nicht auf Umschulungsverhältnisse iSv. §§ 1 IV, 47 BBiG[19]. Erst recht sind andere unabhängige Dienstnehmer von § 623 nicht erfasst[20]. Auf die Anstel-

1 APS/*Preis*, § 623 BGB Rz. 3, 11. | 2 ErfK/*Müller-Glöge*, § 623 BGB Rz. 2. | 3 ErfK/*Müller-Glöge*, § 623 BGB Rz. 3. | 4 *Böhm*, NZA 2000, 561 ff. | 5 *Richardi/Annuß*, NJW 2000, 1231 f. | 6 Bejahend: *Richardi/Annuß*, NJW 2000, 1231 (1232 Fn. 14, 1234); *Preis/Gotthardt*, NZA 2000, 348 (356, 360); verneinend: *Caspers*, RdA 2001, 28 (33 f.); KR/*Spilger*, § 623 BGB Rz. 20 (gleicher Übereilungsschutz für ArbGeb und ArbN). | 7 BGBl. I S. 333. | 8 BGBl. I S. 1966. | 9 Vgl. BT-Drs. 14/4625, S. 13, 21; *Kliemt*, NZA 2001, 296 (391); KR/*Spilger*, § 623 BGB Rz. 14. | 10 BGBl. I S. 1542. | 11 BAG v. 6.7.2000 – 2 AZR 513/99, AP Nr. 16 zu § 125 BGB. | 12 KR/*Spilger*, § 623 BGB Rz. 33 f. | 13 BAG v. 16.5.2000 – 9 AZR 245/99 – MDR 2000, 1253; v. 6.7.2000 – 2 AZR 513/99, NZA 2001, 718. | 14 *Kiel/Koch*, Die betriebsbedingte Kündigung, Vorb. Rz. 7; ErfK/*Müller-Glöge*, § 623 BGB Rz. 18. | 15 KR/*Spilger*, § 623 BGB Rz. 37. | 16 *Kiel/Koch*, Die betriebsbedingte Kündigung, Vorb. Rz. 7. | 17 BAG v. 19.1.2006 – 6 AZR 638/04, AP Nr. 7 zu § 623 BGB. | 18 *Richardi/Annuß*, NJW 2000, 1231. | 19 BAG v. 19.1.2006 – 6 AZR 638/04, AP Nr. 7 zu § 623 BGB. | 20 *Gaul*, DStR 2000, 691; *Richardi/Annuß*, NJW 2000, 1231 (1232); ErfK/*Müller-Glöge*, § 623 BGB Rz. 4.

lungsverträge von Organmitgliedern (GmbH-Geschäftsführer und AG-Vorstände) ist § 623 damit unanwendbar[1], es sei denn, sie sind ausnahmsw. ArbN[2].

12 Für **Berufsausbildungsverträge**enthält ab 1.4.2005 § 22 III BBiG eine § 623 BGB verdrängende Sonderregelung. Nach dieser muss die Kündigung schriftl. und nach der Probezeit unter Angabe der Kündigungsgründe erfolgen[3]. Die elektronische Form ist in § 22 III BBiG nicht ausgeschlossen worden. „Die einvernehmliche Aufhebung eines Berufsausbildungsverhältnisses unterfällt dem Schriftformerfordernis des § 623.

13 Nach §§ 62 I, 68a, 78 II und III SeemG kann das **Heuerverhältnis der Seeleute**, das auf unbestimmte Zeit begründet worden ist, nur schriftl. gekündigt werden. Die elektronische Form ist wie in § 623 BGB ausgeschlossen[4]. Für Aufhebungsverträge der Seeleute gilt unmittelbar § 623 BGB[5].

14 Konstitutive Schriftformerfordernisse in Sondergesetzen verdrängen nach dem Spezialitätsgrundsatz § 623[6]. So muss nach **§ 9 III 2 MuSchG** die Kündigung schriftl. erfolgen. Offen ist, ob auch die Angabe des „zulässigen Kündigungsgrundes", also des Grundes, der die für den Arbeitsschutz zuständige oberste Landesbehörde veranlasst hat, die beabsichtigte Kündigung für zulässig zu erklären, konstitutive Bedeutung hat[7] (s. § 9 MuSchG Rz. 14).

15 **3. Sachlicher Anwendungsbereich.** § 623 erfasst seinem Wortlaut nach die Kündigung und den Auflösungsvertrag, in der Praxis meist Aufhebungsvertrag genannt. Außerdem gilt § 623 für vom 1.5.2000 bis 31.12.2000 vereinbarte Befristungen des Arbeitsverhältnisses.

16 § 623 gilt auch im **Insolvenzverfahren**[8].

17 **a) Kündigung.** Die Kündigung iS des § 623 ist ein einseitiges gestaltendes Rechtsgeschäft, mit dem ein Arbeitsverhältnis für die Zukunft beendet werden soll. § 623 gilt für Kündigung seitens des ArbGeb und des ArbN und für jede Art der Kündigung (ordentl., außerordentl., befristete, entfristete), auch für die Änderungskündigung und eine vorsorgliche Kündigung. Der Begriff „Kündigung" muss nicht benutzt werden; es reicht, dass die Auslegung unter Berücksichtigung auch außerhalb der Urkunde liegender Umstände ergibt, dass der Kündigende das Arbeitsverhältnis einseitig lösen will[9]. Das gesetzliche Schriftformerfordernis erfasst nicht die Angabe des Kündigungsgrundes (s. aber Rz. 12 u. 14 zu gesetzl. Spezialregelungen)[10].

18 Bei der **Änderungskündigung** erstreckt sich, weil Kündigung und Änderungsangebot eine innere Einheit bilden[11], das zwingende Schriftformerfordernis nach hM nicht nur auf die Kündigung, sondern auch auf das Änderungsangebot, nicht aber auf die Annahmeerklärung[12].

19 Dagegen ist die **Teilkündigung** auf die Ablösung einzelner Vertragsbestimmungen gerichtet, nicht auf die Beendigung des Arbeitsverhältnisses. § 623 findet daher keine Anwendung[13].

20 Die **Nichtfortsetzungserklärung des ArbN** nach § 12 S. 1 KSchG ist als rechtsgestaltende Erklärung eine Kündigung iSv. § 623[14]. Denn der die Lossagung erklärende ArbN macht von seinem **Sonderkündigungsrecht** Gebrauch und bewirkt einseitig die Beendigung seines Arbeitsverhältnisses. Während das Schiftformerfordernis sich aus § 623 ergibt, enthält § 12 KSchG eine eigenständige Regelung über die Rechtzeitigkeit der Abgabe der Erklärung[15].

21 **b) Auflösungsvertrag.** Auflösungsvertrag – in der Praxis: **Aufhebungsvertrag**[16] – ist jeder Vertrag, durch den ein Arbeitsverhältnis einvernehmlich beendet wird. Darunter fällt auch eine rückwirkende Beendigung des Arbeitsverhältnisses, insb. eine Beendigung im Wege des Vergleichs (§ 779) bei vorangegangener Kündigung, über deren Wirksamkeit gestritten wurde. Eine nach § 278 VI 1 Alt. 2 ZPO zustande gekommene Vereinbarung wahrt die Schriftform[17]. Auch die Umwandlung eines Arbeitsverhältnisses in ein freies Dienstverhältnis unterliegt § 623 BGB[18]. Mit Abschluss eines Vorstands- bzw. Geschäfts-

1 *Zimmer*, BB 2003, 1175 ff. |2 MüKo/*Henssler* § 623 BGB Rz. 6. |3 MüKo/*Henssler* § 623 BGB Rz. 10 zur Vorläuferbestimmung des § 15 Abs. 3 BBiG. |4 MüKo/*Henssler* § 623 BGB Rz. 9. |5 MüKo/*Henssler* § 623 BGB Rz. 9. |6 *Richardi/Annuß*, NJW 2000, 1231 (1232). |7 *Preis*, NZA 1997, 1256 (1260); ErfK/*Müller-Glöge*, § 623 BGB Rz. 6. |8 ErfK/*Müller-Glöge*, § 623 BGB Rz. 4; MüKo/*Henssler*, § 623 BGB Rz. 12. |9 BAG v. 20.9.2006 – 6 AZR 82/06, AP Nr. 19 zu § 174 BGB. |10 *Kramer*, DB 2006, 502 (507). |11 BAG v. 7.6.1973 – 2 AZR 450/72, AP Nr. 1 zu § 626 BGB – Änderungskündigung. |12 BAG v. 16.9.2004 – 2 AZR 628/03, AP Nr. 78 zu § 2 KSchG 1969 m. abl. Anm. *Löwisch*; *Preis/Gotthardt*, NZA 2000, 348 (351); APS/*Preis*, § 623 BGB Rz. 23; MüKo/*Henssler*, § 623 BGB Rz. 30; *Richardi/Annuß*, NJW 2000, 1231 (1233): einheitliche Urkunde erforderlich; *Kramer*, DB 2006, 507; aA *Caspers*, RdA 2001, 28 (31); *Löwisch/Spinner* KSchG § 2 Rz. 8, 13; KR/*Spilger* § 623 Rz. 136. |13 *Richardi/Annuß*, NJW 2000, 1231 (1233); *Däubler*, AiB 2000, 188 (192); *Appel/Kaiser*, AuR 2000, 281 (284); *Müller-Glöge/von Senden*, AuA 2000, 199; *Preis/Gotthardt*, NZA 2000, 348 (349); Palandt/*Weidenkaff* § 623 BGB Rz. 4; aA *Kiel/Koch*, Die betriebsbedingte Kündigung, 2000, Vorb. Rz. 5. |14 *Müller-Glöge/von Senden*, AuA 2000, 199; *Preis/Gotthardt*, NZA 2000, 348 (350); aA BBDW/*Bader*, § 623 BGB Rz. 11. |15 *Preis/Gotthardt*, NZA 2000, 348 (350); *Richardi/Annuß*, NJW 2000, 1231 (1232): analoge Anwendung. |16 ErfK/*Müller-Glöge*, § 623 BGB Rz. 12. |17 BAG v. 23.11.2006 – 6 AZR 394/06, AP Nr. 8 zu § 623 BGB unter Berufung auf § 127a BGB analog. |18 BAG v. 25.1.2007 – 5 AZB 49/06, NZA 2007, 580.

führervertrages kann ein zuvor bestehender Arbeitsvertrag auch konkludent dann formwirksam aufgehoben werden[1], wenn der für die Bestellung zuständige Aufsichtsrat bzw. der Gesellschafter oder die Gesellschafterversamlung für die Beendigung von Arbeitsverträgen zuständig ist[2]. Vgl. hierzu auch die Komm. zu Anh. § 9 KSchG – Aufhebungsverträge.

22 Ein bloßer **Abwicklungsvertrag** nach einer zuvor ausgesprochenen (schriftl.) Kündigung fällt nicht unter § 623[3]. Wendete man nämlich § 623 an, bliebe zwar die zuvor ausgesprochene schriftl. Kündigung bestehen, der ArbN könnte sich aber etwa auf eine formwidrig zugesagte Abfindung wegen der Nichtigkeitsfolge des § 125 nicht berufen[4]. Das ist durch den Gesetzeszweck, für Rechtssicherheit hinsichtlich der Vertragsbeendigung zu sorgen, nicht gedeckt. Ist allerdings die vorausgehende Kündigung unwirksam, muss der Abwicklungsvertrag § 623 beachten, um die Auflösung des Arbeitsverhältnisses herbeizuführen[5].

23 Auch die **Aufhebung einzelner Arbeitsbedingungen** unterliegt nicht dem Formerfordernis des § 623[6].

24 **c) Im Zeitraum 1.5.2000 bis 31.12.2000 vereinbarte Befristung.** Für diesen Zeitraum erfasst § 623 **jede**, auch die nachträglich durch Änderungsvertrag vorgenommene Befristung iSd. § 620. § 623 betrifft die Befristung des Arbeitsverhältnisses als Ganzes. Die Befristung **einzelner Arbeitsbedingungen** ist formfrei[7]. § 623 sieht die Schriftform nur für die **Befristungsabrede** des Arbeitsvertrages vor. Der **Grund** für eine Befristung muss grds. **nicht schriftl.** angegeben werden[8]. Etwas anderes kann spezialgesetzl. angeordnet sein (zB nach dem WissZeitVG und seiner Übergangsregelung zum HRG) oder sich wie bei der Zweckbefristung[9] oder bei der analogen Anwendung des § 623 auf die auflösende Bedingung[10], bei der Sachgrund und Bedingung identisch sind, notwendigerweise ergeben[11]; für Befristungen und auflösende Bedingungen ab 1.1.2001 siehe §§ 14 und 21 TzBfG.

25, 26 Einstweilen frei.

27 **d) Ungenannte Beendigungstatbestände.** Einen **Eingliederungsvertrag**, der durch eine **Auflösungserklärung** als Beendigungstatbestand eigener Art beendet wird (§ 232 II SGB III aF)[12], gibt es nicht mehr. Eine Förderung nach § 229 SGB III setzt den Abschluss eines Arbeitsverhältnisses voraus[13], auf dessen Kündigung § 623 BGB und auf dessen Befristung § 14 IV TzBfG anzuwenden ist.

28 Einstweilen frei.

29 § 623 ist **unanwendbar** auf die **Anfechtung** einer auf den Abschluss des Arbeitsvertrages gerichteten Willenserklärung nach §§ 119 ff.[14]. Auch die Beendigung eines **fehlerhaften Arbeitsverhältnisses** durch einseitige Erklärung ist keine Kündigung und fällt damit nicht unter § 623[15]. Das Gleiche gilt für den (vertragl. vorbehaltenen) **Widerruf** einzelner Arbeitsbedingungen und den **Widerspruch** nach § 625[16].

30 § 623 ist unanwendbar auf die **Nichtverlängerungsmitteilung des ArbGeb** vor oder bei Ablauf eines befristeten Arbeitsverhältnisses[17]. Diese Wissenserklärung ist nicht auf die Beendigung des Arbeitsverhältnisses gerichtet, gestaltet dieses nicht wie eine Kündigung, sondern soll den ArbN über die kraft Befristung eintretende Auflösung des Arbeitsverhältnisses informieren. Das Gleiche gilt für die Nichtverlängerungsmitteilung nach dem TV über die Mitteilungspflicht vom 23.11.1977 betreffend künstlerische Bühnenmitglieder, die erforderlich ist, weil es sich bei Schweigen automatisch verlängern würde[18].

31 **IV. Schriftform.** § 623 begründet ein konstitutives Schriftformerfordernis. Dem gesetzl. Schriftformerfordernis ist nur genügt, wenn die gesamte formbedürftige Erklärung einschließlich etwaiger Neben-

1 Zum Geschäftsführervertrag BAG v. 19.7.2007 – 6 AZR 774/06, ZIP 2007, 1917. | 2 Für eine Annexkompetenz der Gesellschafterversammlung *Langner*, DStR 2007 535 (537) mwN; aA *Gravenhorst* Anm. zu LAG Berlin v. 15.2.2006 – 13 Ta 170/06, LAGE § 623 BGB 2002 Nr. 5. | 3 BAG v. 23.11.2006 – 6 AZR 394/06, AP Nr. 8 zu § 623 BGB; LAG Köln v. 21.4.2005 – 6 Sa 87/05; *Rolfs*, NJW 2000, 1228; *Däubler*, AiB 2000, 188 (191); *Hümmerich*, NZA 2001, 1280; *Bauer*, NZA 2002, 169 (170, 173); ErfK/*Müller-Glöge*, § 623 BGB Rz. 14; *Preis/Gotthardt*, NZA 2000, 348 (354); APS/*Preis*, § 623 BGB Rz. 9; aA *Richardi*, NZA 2001, 57, (61); *Schaub*, NZA 2000, 344 (347). | 4 *Bauer*, NZA 2002, 169 (170). | 5 ErfK/*Müller-Glöge*, § 623 BGB Rz. 14. | 6 *Preis/Gotthardt*, DB 2001, 145 (150); *Däubler*, ZIP 2001, 217 (224); *Richardi/Annuß*, NJW 2000, 1231. | 7 *Däubler*, AiB 2000, 188 (192); *Gaul*, DStR 2000, 691 (693); *Preis/Gotthardt*, NZA 2000, 348 (358); ErfK/*Müller-Glöge*, § 14 TzBfG Rz. 145; aA *Trittin/Backmeister*, DB 2000, 618 (621); *Sander/Siebert*, BuW 2000, 424 (425). | 8 KR/*Lipke*, § 14 TzBfG Rz. 368; *Richardi/Annuß*, NJW 2000, 1231 (1234); *Lakies*, BB 2000, 667. | 9 *Preis/Gotthardt*, NZA 2000, 348 (359); *Rolfs*, NJW 2000, 1227 (1228). | 10 *Rolfs*, NJW 2000, 1227 (1228); *Richardi/Annuß*, NJW 2000, 1231 (1232); für direkte Anwendung: *Preis/Gotthardt*, NZA 2000, 348 (359 f.); *Däubler*, AiB 2000, 188 (192); *Lakies*, BB 2000, 667; aA *Löwisch*, KSchG § 1 Rz. 504a; *Gaul*, DstR 2000, 691 (693): keine planwidrige Regelungslücke; *Müller-Glöge/von Senden*, AuA 2000, 199 (200). | 11 KR/*Lipke*, § 14 TzBfG Rz. 368; *Kliemt*, NZA 2001, 296 (301); *Preis/Hausch*, NJW 2002, 927 (928). | 12 Hierzu 1. Aufl., § 623 Rz. 28. | 13 Niesel/*Brandts*, § 229 SGB III Rz. 12. | 14 ErfK/*Müller-Glöge*, § 623 BGB Rz. 11; *Rolfs*, NJW 2000, 1227, 1228; *Richardi/Annuß*, NJW 2000, 1231, (1233); *Gaul*, DStR 2000, 691 (693); aA *Sander/Siebert*, BuW 2000, 424 (425): § 623 analog; *Däubler*, AiB 2000, 188 (190). | 15 *Preis/Gotthardt*, NZA 2000, 348 (350); ErfK/*Müller-Glöge*, § 623 BGB Rz. 11. | 16 *Richardi/Annuß*, NJW 2000, 1231 (1233); ErfK/*Müller-Glöge*, § 623 BGB Rz. 11. | 17 *Germelmann*, ZfA 2000, 149 (156); ErfK/*Müller-Glöge*, § 623 BGB Rz. 8. | 18 BAG v. 3.11.1999 – 7 AZR 898/98, AP Nr. 54 zu § 611 – Bühnenengagementvertrag; *Opolony*, NJW 2000, 2371.

abreden in einer **einheitlichen Urkunde** verkörpert ist und von den Parteien unterzeichnet wird. Der Grundsatz der Einheitlichkeit der Urkunde ist gewahrt, wenn die Zusammengehörigkeit der einzelnen Schriftstücke für einen unbefangenen Betrachter erkennbar ist, etwa durch körperliche Verbindung, fortlaufende Nummerierung, einheitliche grafische Gestaltung oder durch inhaltlichen Zusammenhang des Textes[1].

Eine durch **Telefax** oder **Telegramm**[2] oder E-Mail ausgesprochene Kündigung genügt dem Schrift- 32
formerfordernis des § 623 nicht. Die gesetzl. Schriftform erfordert, dass dem Empfänger die Willenserklärung im Original zugeht[3].

Für die Vereinbarung einer **Befristung** und den Abschluss eines **Aufhebungsvertrages** ist nach § 126 II 33
erforderlich, dass beide **Originalunterschriften in derselben Urkunde** enthalten sind oder bei zwei identischen Vertragsausfertigungen jede Partei die für die andere Partei bestimmte Urkunde im Original unterzeichnet[4]. Macht der ArbGeb ein Angebot und unterschreibt es und erklärt der ArbN auf derselben Urkunde darunter die Annahme dieses Angebots und unterschreibt seine Annahmeerklärung, liegt ein formgültiger Vertrag vor, da Angebot und Annahme auf derselben Urkunde fixiert sind[5]. Ein Briefwechsel der Partien reicht dagegen nicht[6].

Die **notarielle Beurkundung** ersetzt die Schriftform (§ 126 IV). 34

Ein nach den Vorschriften der ZPO protokollierter **Prozessvergleich**, der einen Auflösungsvertrag zum 35
Inhalt hat, wahrt die Schriftform nach §§ 127a, 126 IV[7]. Eine in der mündlichen Verhandlung zu Protokoll erklärte Kündigung wahrt die Schriftform dagegen nicht[8].

Die **elektronische Form** (§ 126a) ist durch Hs. 2 ausgeschlossen. 36

Bedient sich eine der beiden Seiten eines **rechtsgeschäftlichen Vertreters**, so bedarf nur die vom Ver- 37
treter selbst abgegebene Willenserklärung der Form des § 623. Wird die Kündigung durch einen Vertreter unterschrieben, muss dies in der Kündigung durch einen das Vertretungsverhältnis anzeigenden Zusatz hinreichend deutlich zum Ausdruck kommen[9]. Die Vollmachtserteilung kann nach § 167 II formlos erfolgen.

Einstweilen frei. 38

V. Unabdingbarkeit. § 623 ist zwingend und unabdingbar[10]. **Strengere Formvorschriften** können in TV, 39
BV[11] und einzelvertragl.[12] vorgesehen werden.

Formvorschriften finden sich vor allem in **TV** für den öffentl. Dienst[13]. Tarifvertragl. Formerfordernisse 40
für die Kündigung gelten über den 1.5.2000 hinaus, wenn sie keine geringeren Anforderungen an die Form stellen als § 623. Andernfalls werden sie durch das zwingende und strengere Gesetz verdrängt. Gleiches gilt für Formvorschriften in freiwilligen BV nach § 88 BetrVG[14].

Haben die Parteien vor dem Inkrafttreten des § 623 am 1.5.2000 **einzelvertragl. Schriftform vereinbart** 41
für Änderungen des Arbeitsvertrages sowie Nebenabreden, so ist damit nicht die Schriftform für die Abgabe einer Kündigungserklärung vereinbart[15]. Bezieht sich eine einzelvertragl. Vereinbarung dagegen ausdrücklich auf die Form von Kündigung oder Aufhebungsvertrag, so hat sie nach dem 1.5.2000 nur noch Bedeutung, wenn sie eine **strengere** als die in § 623 vorgeschriebene Form vorsieht[16]. Die Form die Kündigung durch den ArbN darf wegen § 622 VI BGB nicht strenger sein als für die Kündigung durch den ArbGeb (vgl. § 622 Rz. 57.

In **Formulararbeitsverträgen** ist die Vereinbarung einer strengeren Form oder das Aufstellen besonde- 42
rer Zugangserfordernisse nach §§ 310 IV, 309 Nr. 13 unwirksam[17]. Das Gleiche gilt für individualvertragl. Abreden, wenn der ArbGeb den Arbeitsvertrag vorformuliert, auch wenn dieser nur zur einmaligen Verwendung bestimmt ist, denn der ArbN **ist Verbraucher** iSd. § 13[18].

§ 623 ist zwingend iSv. **Art. 30 I EGBGB**[19], aber nicht zwingend iSd. Art. 34 EGBGB, setzt sich also 43
nicht im Wege der Sonderanknüpfung gegenüber einem gewählten ausländischen Recht durch. Ob über

---

1 BGH v. 24.9.1997 – XII ZR 234/95, BGHZ 136, 357, 361. | 2 ArbG Frankfurt v. 9.1.2001 – 8 CA 5663/00, ArbN 2001, 36. | 3 *Rolfs*, NJW 2000, 1227 (1228); *Richardi/Annuß*, NJW 2000, 1231 (1232). | 4 *Kliemt*, NZA 2001, 296 (301). | 5 BGH v. 16.2.2000 – XII ZR 162/98, NJW-RR 2000, 1108; zust. *Bauer*, NZA 2002, 170. | 6 *Richardi/Annuß*, NJW 2000, 1231 (1232); *Kliemt*, NZA 2001, 296 (301). | 7 KR/*Spilger*, § 623 BGB Rz. 144, 156; ErfK/*Müller-Glöge*, § 623 BGB Rz. 21 und § 14 TzBfG Rz. 149. | 8 Ähnlich APS/*Preis*, § 623 BGB Rz. 25. | 9 Zur Kündigung durch eine GbR BAG v. 21.4.2005 – 2 AZR 162/04, NZA 2005, 865. | 10 *Richardi*, NZA 2001, 57 (60); KR/*Spilger*, § 623 BGB Rz. 30; APS/*Preis*, § 623 BGB Rz. 11; ErfK/*Müller-Glöge*, § 623 BGB Rz. 19. | 11 APS/*Preis* § 623 BGB Rz. 11; ErfK/*Müller-Glöge*, § 623 BGB Rz. 19. | 12 APS/*Preis* § 623 BGB Rz. 11; ErfK/*Müller-Glöge*, § 623 BGB Rz. 20; anders die hM zu der oft vergleichsweise herangezogenen Vorschrift des § 568 BGB, Palandt/*Weidenkaff*, § 568 BGB Rz. 3. | 13 ErfK/*Müller-Glöge*, § 623 BGB Rz. 19. | 14 So auch ErfK/*Müller-Glöge*, § 623 BGB Rz. 19. | 15 BAG v. 16.5.2000 – 9 AZR 245/99 – MDR 2000, 1253; v. 6.7.2000 – 2 AZR 513/99, AP Nr. 16 zu § 125 BGB. | 16 ErfK/*Müller-Glöge*, § 623 BGB Rz. 20. | 17 APS/*Preis*, § 623 BGB Rz. 11; *Preis*, Vertragsgestaltung, S. 412 f.; *Kliemt*, Formerfordernisse im Arbeitsverhältnis, S. 431. | 18 BAG v. 25.5.2005 – 5 AZR 572/04, AP Nr. 1 zu § 310 BGB. | 19 KR/*Spilger*, § 623 BGB Rz. 31.

Art. 11 EGBGB auch das Recht des Staates der Vornahme einer Kündigungserklärung zum Zuge kommen kann, ist zweifelhaft[1].

44 **VI. Rechtsfolgen eines Verstoßes gegen das Schriftformerfordernis. 1. Kündigung.** Ist die Kündigung des Arbeitsverhältnisses nach § 125 S. 1 **nichtig**, besteht das Arbeitsverhältnis fort. Eine Heilung der Formnichtigkeit scheidet aus[2]. Es kommt allein die formgerechte Wiederholung der Kündigung in Betracht, im Falle einer außerordentl. Kündigung innerhalb der Zwei-Wochen-Frist des § 626 II BGB[3]. Entsprechendes gilt für besondere Erklärungsfristen, zB §§ 88 III, 91 V SGB IX.

45 Der ArbN ist auch im Anwendungsbereich des KSchG **nicht** an die **Klagefrist** des § 4 S. 1 KSchG gebunden, weil diese Bestimmung nach der Neufassung zum 1.1.2004 auf den Zugang der schriftl. Kündigung abstellt[4]. Das gilt wegen der Aufhebung des § 113 II InsO auch im Insolvenzverfahren[5]. Bei längerfristigem Zuwarten kann je nach den Umständen allerdings **Verwirkung** eintreten[6].

46 Eine gegen § 623 verstoßende **außerordentl. Kündigung** kann, wenn der Kündigungsgrund schon vor oder bei Abschluss des Arbeitsvertrages vorgelegen hat, in eine formlos mögliche Anfechtungserklärung **umgedeutet** werden. Eine Umdeutung in eine ordentl. Kündigung oder den Antrag auf Abschluss eines Aufhebungsvertrages scheidet dagegen aus, weil diese ebenfalls dem konstitutiven Schriftformerfordernis unterliegen[7].

47 Die Berufung auf den Formmangel kann in Ausnahmefällen gegen **Treu und Glauben** (§ 242) verstoßen[8]. So kann es liegen, wenn ein ArbN eine Eigenkündigung trotz Vorhaltung des ArbGeb mehrmals ernsthaft formnichtig ausspricht[9]. Eine allgemeine Fürsorgepflicht des ArbGeb, den ArbN über die Formbedürftigkeit zu belehren, besteht nicht[10]. Nimmt der Erklärungsempfänger eine formnichtige Kündigung widerspruchslos entgegen und beruft sich erst später auf die Nichtigkeit, stellt dies noch keinen Verstoß gegen Treu und Glauben dar[11].

48 Arbeitet der ArbN auf Grund der vermeintlich wirksamen Kündigung nicht weiter, so gelten die allgemeinen Grundsätze für den Annahmeverzug (§ 615) bei unwirksamen Kündigungen[12] (vgl. dort).

49 **2. Auflösungsvertrag.** Hält der Aufhebungsvertrag die Anforderungen der §§ 623, 126 II nicht ein, ist er nach §§ 125 I, 139 **insgesamt nichtig** und das Arbeitsverhältnis besteht über den vereinbarten Zeitpunkt seiner Beendigung hinaus fort. Eine Teilnichtigkeit entspricht idR nicht dem Parteiwillen[13].

50 Wurde der Aufhebungsvertrag bereits vollzogen, ist er **nach Bereicherungsrecht rückabzuwickeln**[14]. Dem ArbGeb, der die gezahlte Abfindung nach § 812 I 1 Alt. 1 zurückfordert, schadet nach § 814 nur Kenntnis, nicht aber verschuldete Unkenntnis davon, dass er keine Abfindung schuldete[15].

51 Für die Zeit, in der der ArbN wegen der vermeintlich wirksamen Auflösung des Arbeitsverhältnisses nicht gearbeitet hat, schuldet der ArbGeb eine Vergütung, wenn er sich in **Annahmeverzug** befand. Dazu muss der ArbN seine Leistung tatsächlich oder zumindest wörtlich anbieten. Denn da er an der vermeintlichen Beendigung des Arbeitsverhältnisses durch den Abschluss des Aufhebungsvertrages beteiligt war, hat der ArbGeb keinen Anlass anzunehmen, der ArbN sei weiterhin leistungsbereit. Die Rspr. des BAG zur unwirksamen ArbGebKündigung, wonach der ArbGeb nach Ablauf der Kündigungsfrist nach § 296 sofort in Annahmeverzug gerät[16], passt hier nicht[17].

52 Zu den **Rechtsfolgen im Zeitraum 1.5.2000 bis 31.12.2000 vereinbarter Befristungen** vgl. 1. Aufl., Rz. 51 ff.

53 **VII. Darlegungs- und Beweislast.** Die Darlegungs- und Beweislast für die Einhaltung der Schriftform hat grds. die Partei zu tragen, die aus der von der Einhaltung der Form abhängigen **Rechtswirksamkeit eines Rechtsgeschäfts** Rechte herleitet, also die Partei, die sich auf die Vertragsbeendigung beruft[18].

54 Die Einhaltung der Form ist nicht von Amts wegen zu prüfen. Wird der **Formmangel** von keiner Partei angesprochen, ist daher auch Parteivortrag zu berücksichtigen, aus dem auf die Einhaltung der Form nicht geschlossen werden kann[19].

---

1 Näher MüKo/*Henssler*, § 623 BGB Rz. 40; Staudinger/*Magnus*, Art. 30 EGBGB Rz. 178 ff. | 2 BAG v. 10.2.1999 – 2 AZR 176/98, AP Nr. 2 zu § 54 BMT-G II (tarifvertragliche Formvorschrift). | 3 ErfK/*Müller-Glöge*, § 623 BGB Rz. 24. | 4 MüKo/*Henssler*, § 623 BGB Rz. 33; ErfK/*Müller-Glöge*, § 623 BGB Rz. 24. | 5 MüKo/*Henssler*, § 623 BGB Rz. 33. | 6 BAG v. 2.12.1999 – 8 AZR 890/98, AP Nr. 6 zu § 242 BGB – Prozessverwirkung; ausf. zur Verwirkung MüKo/*Henssler*, § 623 BGB Rz. 37. | 7 *Preis/Gotthardt*, NZA 2000, 348 (352); *Müller-Glöge/von Senden*, AuA 2000, 199 (203); ErfK/*Müller-Glöge*, § 623 BGB Rz. 25. | 8 BAG v. 16.9.2004 – 2 AZR 659/03, AP Nr. 1 zu § 623 BGB; ausf. *Henssen*, DB 2006, 1613 ff.; APS/*Preis*, § 623 BGB Rz. 39 ff.; KR/*Spilger*, § 623 BGB Rz. 200 ff. | 9 BAG v. 4.12.1997 – 2 AZR 799/96, AP Nr. 141 zu § 626 BGB; aA *Henssen*, DB 2006, 1613 (1614 f.). | 10 *Henssen*, DB 2006, 1613 (1616); *Müller-Glöge/von Senden*, AuA 2000, 199 (203); *Preis/Gotthard*, NZA 2000, 348 (354); ErfK/*Müller-Glöge*, § 623 BGB Rz. 26. | 11 *Henssen*, DB 2006, 1613 (1615); *Preis/Gotthardt*, NZA 2000, 348 (353); ErfK/*Müller-Glöge*, § 623 BGB Rz. 26. | 12 MüKo/*Henssler*, § 623 BGB Rz. 34. | 13 *Caspers*, RdA 2001, 28 (33). | 14 *Richardi/Annuß*, NJW 2000, 1231 (1233); *Caspers*, RdA 2001, 28 (33); ErfK/*Müller-Glöge*, § 623 BGB Rz. 27. | 15 *Caspers*, RdA 2001, 28 (33). | 16 St. Rspr. seit BAG v. 9.8.1984 und v. 21.3.1985, AP Nr. 34 und 35 zu § 615 BGB. | 17 *Caspers*, RdA 2001, 28 (33). | 18 *Gaul*, DStR 2000, 691 (693); ErfK/*Müller-Glöge*, § 623 BGB Rz. 28; KR/*Spilger*, § 623 BGB Rz. 226; MüKo/*Henssler*, § 623 BGB Rz. 39. | 19 KR/*Spilger*, § 623 BGB Rz. 224 f.

624 *Kündigungsfrist bei Verträgen über mehr als fünf Jahre*
Ist das Dienstverhältnis für die Lebenszeit einer Person oder für längere Zeit als fünf Jahre eingegangen, so kann es von dem Verpflichteten nach dem Ablauf von fünf Jahren gekündigt werden. Die Kündigungsfrist beträgt sechs Monate.

I. Inhalt und Zweck. § 624 dient dem **Schutz der Freiheit und Mobilität des Dienstverpflichteten**[1]. Hat der Dienstverpflichtete ein Dienstverhältnis auf Lebenszeit oder auf mehr als fünf Jahre abgeschlossen, so kann er nach dem Ablauf von fünf Jahren kündigen. Eine längere Bindung würde seine persönliche und damit auch wirtschaftl. Freiheit übermäßig beschränken[2]. Das einseitige Sonderkündigungsrecht des Dienstverpflichteten vermeidet die Nichtigkeit von Dienstverträgen nach § 138 wegen übermäßiger Vertragsbindungsdauer[3]. 1

Dem **Dienstberechtigten** steht keine entsprechende Kündigungsbefugnis zu. Längere Kündigungsfristen oder der Ausschluss der ordentl. Kündigung sind für ihn innerhalb der Grenzen der §§ 138 I, 242 bindend. 2

§ 624 ist **verfassungsrechtl.** unbedenklich[4]. Das Sonderkündigungsrecht aus § 624 ist auch im Einklang mit der europäischen Grundfreiheit der positiven Dienstleistungsfreiheit, insofern es den Dienstverpflichteten vor einer übermäßigen Beschränkung grenzüberschreitender Mobilität schützt. 3

II. Anwendungsbereich. § 624 gilt für alle **selbstständigen Dienstverhältnisse.** Bis zum 31.12.2000 galt die Bestimmung auch für alle Arbeitsverhältnisse. Im Interesse einer zusammenhängenden Regelung der **befristeten Arbeitsverhältnisse** ist § 624 wörtlich in **§ 15 IV TzBfG** übernommen worden. Die Arbeitsverhältnisse sind damit seit dem 1.1.2001 aus dem Anwendungsbereich des § 624 herausgenommen[5]. 4

Die Vorschrift gilt ausnahmslos für **alle Arten von Beschäftigungen außerhalb von Arbeitsverhältnissen**[6] und unabhängig davon, ob die Dienstleistung in einem Betrieb oder Haushalt, im In- oder Ausland erbracht wird[7]. Auch die Art der Vergütung und die Modalitäten der Zahlung spielen keine Rolle. Ebenso wenig kommt es darauf an, ob der zur Dienstleistung Verpflichtete nicht nur rechtl., sondern nach seinen wirtschaftl. und organisatorischen Möglichkeiten auch tatsächlich die Dienste durch Dritte erledigen lassen kann, solange nur überhaupt eine personenbezogene Dienstleistung zu erbringen ist[8]. 5

§ 624 ist auf **Handelsvertreterverträge** anwendbar[9]. Ist bei einem Handelsvertretervertrag die ordentl. Kündigung durch den Unternehmer mit § 624 vereinbar[10] ausgeschlossen, ergeben sich die Grenzen seiner langfristigen Bindung allein aus §§ 138 I, 242[11]. 6

Auf **typengemischte Verträge** findet § 624 zumindest entsprechende Anwendung[12], wenn wegen der Personenbezogenheit der Dienstleistungserbringung das dienstvertragl. Element überwiegt. 7

Die Rspr. hat § 624 **analog** angewandt auf **dienstvertragsähnliche Verhältnisse**[13]. Der **Rechtsgedanke** des § 624 ist bei der Kontrolle vertragl. Vereinbarungen, die faktisch zu einer überlangen Bindung des Dienstverpflichteten führen, zu berücksichtigen. Sowohl § 138 als auch § 307 erlauben eine flexiblere Kontrolle vertragl. Bindungen[14]. Soweit allerdings eine übermäßig lange Bindung des zur Dienstleistung Berechtigten in Rede steht, greift der Rechtsgedanke des § 624 nicht. Maßstab der Zulässigkeit einer Bindung durch AGB ist hier § 309 Nr. 9a[15]. 8

III. Voraussetzungen. 1. Anstellung auf Lebenszeit. Für die Lebenszeit einer Person ist ein Dienstverhältnis eingegangen, wenn auf die Lebensdauer des Dienstberechtigten, des Dienstverpflichteten oder einer dritten Person (zB Anstellung zur Pflege eines Familienangehörigen) abgestellt wird. Eine Anstellung auf Lebenszeit ist im Arbeitsleben **äußerst selten.** Sie ist nur anzunehmen, wenn die Vereinbarung der Parteien unter Berücksichtigung aller Begleitumstände eindeutig ist[16]. 9

Die Anstellung für die Lebenszeit einer Person iSd. § 624 ist nicht ohne weiteres gleichzusetzen mit der Zusage einer **Lebens- oder Dauerstellung**[17]. Im Falle einer solchen Zusage ist vielmehr durch Auslegung 10

1 Motive II S. 466: unzulässige Fesselung des Dienstverpflichteten. | 2 BAG v. 19.12.1991 – 2 AZR 363/91, AP Nr. 2 zu § 624 BGB; v. 24.10.1996 – 2 AZR 845/95, AP Nr. 37 zu § 256 ZPO 1977; KR/*Fischermeier*, § 624 BGB Rz. 1. | 3 BGH v. 31.3.1982 – I ZR 56/80, AP Nr. 1 zu § 624 BGB; Erman/*Belling*, § 624 BGB Rz. 1. | 4 Näher Staudinger/*Preis*, § 624 BGB Rz. 2. | 5 BT-Drs. 14/4374, S. 20 zu Art. 1 § 15 Abs. 4 TzBfG; MüKo/*Henssler*, § 624 BGB Rz. 3. | 6 Keine Ausnahme für künstlerische oder wissenschaftliche Tätigkeiten: RG v. 25.10.1912 – Rep. III 197/12, RGZ 80, 277 f. | 7 KR/*Fischermeier*, § 624 BGB Rz. 4. | 8 Wie hier: KR/*Fischermeier*, § 624 BGB Rz. 4; ähnlich Staudinger/*Preis*, § 624 BGB Rz. 3; aA *Duden*, NJW 1962, 1326 ff.; APS/*Backhaus*, § 624 BGB Rz. 4; Soergel/*Kraft*, § 624 BGB Rz. 2. | 9 KR/*Rost*, Arbeitnehmerähnliche Personen, Rz. 214; MüKo/*Henssler*, § 624 BGB Rz. 4; nur für arbeitnehmerähnliche Handelsvertreter KR/*Fischermeier*, § 624 BGB Rz. 5; aA *Rittner*, NJW 1964, 225. | 10 MüKo/*Henssler*, § 624 BGB Rz. 2, 11. | 11 BGH v. 26.4.1995 – VIII ZR 124/94, NJW 1995, 2350. | 12 BGH v. 25.5.1993 – X ZR 79/92, NJW-RR 1993, 1460; Staudinger/*Preis*, § 624 BGB Rz. 5. | 13 RG v. 27.2.1912 – Rep. III 314/11, RGZ 78, 421 (424); RG v. 7.2.1930 – II 247/29, RGZ 128, 1 (17); BGH v. 25.5.1993 – X ZR 79/82, NJW-RR 1993, 1460 (Wäschereivertrag). | 14 BGH v. 31.3.1982 – I ZR 56/80, AP Nr. 1 zu § 624 BGB (Tankstellen-Stationärvertrag); v. 10.4.1990 – IX ZR 177/89, AP Nr. 2 zu § 611 BGB – Zeitungsausträger; Staudinger/*Preis*, § 624 BGB Rz. 6; APS/*Backhaus*, § 624 BGB Rz. 7. | 15 MüKo/*Henssler*, § 624 BGB Rz. 6. | 16 *Neumann*, DB 1956, 571; ausf. Staudinger/*Preis*, § 624 BGB Rz. 13 ff. | 17 KR/*Fischermeier*, § 624 BGB Rz. 13; aA *Kramer*, Kündigungsvereinbarungen, S. 43.

zu ermitteln, ob das Recht zur ordentl. Kündigung auf Dauer oder nur vorübergehend ausgeschlossen sein soll, ob verlängerte Kündigungsfristen oder sofortiger Kündigungsschutz gelten sollen oder ob nur rechtl. unverbindlich der Erwartung eines langen Bestehens des Dienstverhältnisses Ausdruck verliehen wird[1]. Relevant ist diese Frage wohl am ehesten für Arbeitsverhältnisse im Anwendungsbereich des § 15 IV TzBfG.

11–13 Einstweilen frei.

14 **2. Dienstverhältnis für länger als fünf Jahre.** Ein Dienstverhältnis ist für längere Zeit als fünf Jahre eingegangen, wenn das Dienstverhältnis entsprechend **zeitlich befristet** wurde, aber auch wenn es **auflösend bedingt** oder **zweckbefristet** wurde und die Bedingung oder Zweckerreichung erst nach mehr als fünf Jahren eintreten[2].

15 In Fällen der zeitlichen Befristung setzt § 624 voraus, dass das Vertragsverhältnis **von vornherein** auf mehr als fünf Jahre eingegangen wird. Die Vorschrift findet daher keine Anwendung, wenn Verträge über jeweils fünf Jahre abgeschlossen werden. Das gilt nach hM auch dann, wenn der Anschlussvertrag „angemessene Zeit" vor Ablauf des ersten Vertrages abgeschlossen wird[3]. Angemessen ist ein Zeitpunkt vor Ablauf des ersten Vertrages, wenn der Dienstverpflichtete bereits alle Umstände übersehen kann, die für seinen Entschluss von Bedeutung sind, das Dienstverhältnis zu kündigen oder fortzusetzen[4].

16 § 624 ist auch dann **unanwendbar**, wenn ein Dienstverhältnis zunächst für die Dauer von fünf Jahren vereinbart wird und sich nur dann um weitere fünf Jahre **verlängert**, falls es nicht zuvor vom Dienstnehmer mit einer angemessenen Kündigungsfrist gekündigt worden ist[5]. Im Fall einer solchen individualvertragl. vereinbarten Verlängerungsklausel hält die arbeitsgerichtl. Rspr. eine **einjährige Kündigungsfrist** zum Ablauf des Fünf-Jahres-Zeitraums noch für angemessen[6]. Die Frist kann den Parteien dazu dienen, innerhalb eines überschaubaren Zeitraumes eine berufliche Veränderung aufseiten des Dienstnehmers bzw. die Nachfolge des Ausscheidenden aufseiten des Dienstgebers vorzubereiten. Besteht ein wichtiger Grund, kann unabdingbar außerordentl. gekündigt werden. Ob eine noch längere Kündigungsfrist mit dem Schutzzweck des § 624 und Art. 12 GG vereinbar ist, ist vom BAG für Arbeitsverhältnisse, die jetzt dem wortgleichen § 15 IV TzBfG unterliegen, offen gelassen worden[7].

17 Findet sich die Fristvereinbarung in **vorformulierten Vertragsbedingungen** eines Dienstvertrages, kann die AGB-Kontrolle ergeben, dass es sich um eine unangemessene Benachteiligung handelt (§ 307)[8]. Das Gleiche gilt wegen § 310 IV auch für Fristvereinbarungen in Formulararbeitsverträgen (§ 15 IV TzBfG).

18 **IV. Kündigungszeitpunkt und -frist.** Der Dienstverpflichtete kann das Dienstverhältnis **nach Ablauf von fünf Jahren** kündigen. Die Fünf-Jahres-Frist berechnet sich nach hM nicht ab Vertragsschluss, sondern erst ab Vollzug des Vertrages[9]. Entsprechendes gilt für den ArbN nach § 15 IV 1 TzBfG.

19 Die **Kündigungsfrist** beträgt sechs Monate. Sie läuft frühestens ab dem Zeitpunkt, zu dem das Kündigungsrecht entsteht, also mit dem Ablauf von fünf Jahren. Eine vor diesem Zeitpunkt ausgesprochene Kündigung setzt die Kündigungsfrist erst von diesem Zeitpunkt ab in Lauf[10]. Entsprechendes gilt für den ArbN nach § 15 IV 2 TzBfG.

20 Ist das Kündigungsrecht entstanden, kann es **jederzeit ausgeübt** werden. Eine Präklusionsfrist besteht nicht[11]; eine Verwirkung scheidet aus[12].

21 **V. Unabdingbarkeit. § 624 S. 1** ist zwingend und unabdingbar. Das Kündigungsrecht des Dienstnehmers nach dem Ablauf von fünf Jahren kann vertragl. nicht ausgeschlossen werden. Für ArbN gilt nach § 15 IV TzBfG, dass sein Kündigungsrecht weder durch Individualvertrag noch durch TV ausgeschlossen werden kann[13].

---

1 Erman/*Belling*, § 624 BGB Rz. 3; KR/*Fischermeier*, § 624 BGB Rz. 13 ff. | 2 Soergel/*Kraft*, § 624 BGB Rz. 6; Erman/*Belling*, § 624 BGB Rz. 4. | 3 RG v. 25.10.1912 – Rep. III 197/12, RGZ 80, 277 (280); Erman/*Belling*, § 624 BGB Rz. 4; KR/*Fischermeier*, § 624 BGB Rz. 24. | 4 KR/*Fischermeier*, § 624 BGB Rz. 24. | 5 Zum Arbeitsverhältnis: BAG v. 1.10.1970 – 2 AZR 542/69, AP Nr. 59 zu § 626 BGB; v. 19.12.1991 – 2 AZR 363/91, AP Nr. 2 zu § 624 BGB. | 6 BAG v. 19.12.1991 – 2 AZR 363/91, AP Nr. 2 zu § 624 BGB; aA KDZ/*Zwanziger*, § 624 BGB Rz. 5: Anwendung von § 624 S. 2; Staudinger/*Preis*, § 622 BGB Rz. 51, prognostiziert, dass das BAG auch Kündigungsfristen von weit über einem Jahr anerkennen werde. | 7 Zum Arbeitsverhältnis: BAG v. 19.12.1991 – 2 AZR 363/91, AP Nr. 2 zu § 624 BGB. | 8 Staudinger/*Preis*, § 624 BGB Rz. 21; *Preis*, Grundfragen, S. 237 ff. | 9 KR/*Fischermeier*, § 624 BGB Rz. 27 (Aktualisierung des Dienstverhältnisses); Erman/*Belling*, § 624 BGB Rz. 5; aA HaKo/*Pfeiffer*, Anh. zu § 1 § 624 BGB Rz. 8; einschr. APS/*Backhaus*, § 15 TzBfG Rz. 41: Ab vereinbartem Vertragsbeginn. | 10 MüKo/*Henssler*, § 624 BGB Rz. 9; KR/*Fischermeier*, § 624 BGB Rz. 27; aA KG v. 1.7.1911 – 24. ZS, Recht 1911 Nr. 2858, das den Ausspruch der Kündigung erst nach Ablauf von fünf Jahren für möglich hält. | 11 Erman/*Belling*, § 624 BGB Rz. 5. | 12 MüKo/*Henssler*, § 624 BGB Rz. 9; Erman/*Belling*, § 624 BGB Rz. 5. | 13 RG v. 25.10.1912 – Rep. III, 197/12, RGZ 80, 277 ff.; KR/*Fischermeier*, § 624 BGB Rz. 7; Erman/*Belling*, § 624 BGB Rz. 1; KR/*Fischermeier*, § 624 BGB Rz. 7.

Der **Dienstberechtigte** kann sich auf Lebenszeit, oder für länger als fünf Jahre binden[1], ohne dass dem Dienstberechtigten ein Kündigungsrecht zusteht. Handelt es sich um eine juristische Person, gilt das Gleiche für eine Bindung für die Zeit ihres Bestehens. Das Recht des Dienstberechtigten zur außerordentl. Kündigung bleibt unberührt[2]. 22

Ein Vertrag, der auf **Lebenszeit des Dienstnehmers** abgeschlossen ist, diesem aber ein Kündigungsrecht schon vor dem Ablauf von fünf Jahren gewährt, verstößt nicht schon wegen dieses einseitigen Kündigungsrechts gegen die guten Sitten[3]. 23

§ 624 S. 2 ist insoweit zwingend, als zwar kürzere, nicht aber längere Kündigungsfristen vereinbart werden können[4]. Das Recht zur außerordentl. Kündigung nach § 626 I bleibt unberührt. 24

Auf ein einmal **entstandenes Kündigungsrecht** kann der Dienstnehmer **verzichten**, allerdings nur für einen Zeitraum von fünf Jahren[5]. 25

VI. Darlegungs- und Beweislast. Der **Dienstnehmer**, der die Rechtsstellung des § 624 für sich in Anspruch nimmt, hat unabhängig von seiner prozessualen Stellung die tatbestandlichen Voraussetzungen der Norm darzulegen und zu beweisen[6]. 26

625 *Stillschweigende Verlängerung*

Wird das Dienstverhältnis nach dem Ablauf der Dienstzeit von dem Verpflichteten mit Wissen des anderen Teiles fortgesetzt, so gilt es als auf unbestimmte Zeit verlängert, sofern nicht der andere Teil unverzüglich widerspricht.

I. Inhalt und Zweck. § 625 regelt die **stillschweigende unbefristete Verlängerung** von Dienstverhältnissen **kraft gesetzl. Fiktion**[7]. § 625 vermeidet damit den Eintritt eines vertragslosen Zustands[8], wenn das Dienstverhältnis ohne ausdrückliche oder stillschweigende Vereinbarung über die Vertragsverlängerung über das zunächst vorgesehene Vertragsende hinaus fortgesetzt wird. Ein tatsächlich nicht vorliegender Tatbestand – die einvernehmliche **unbefristete** Vertragsverlängerung – wird als gegeben fingiert[9]. 1

Die **Rspr.** ist unentschieden. Einerseits sieht sie in § 625 einen Tatbestand des schlüssigen Verhaltens kraft gesetzl. Fiktion[10]. Andererseits interpretiert die Rspr. § 625 als **unwiderlegliche Vermutung**[11] der Vertragsverlängerung. § 625 beruhe auf der Erwägung, die Fortsetzung der Arbeitsleistung durch den ArbN mit Wissen des ArbGeb sei im Regelfall der Ausdruck eines stillschweigenden Willens der Parteien zur Verlängerung des Arbeitsverhältnisses[12]. Dieser Regelfall werde vermutet auch für den Fall, dass eine Vertragsverlängerung tatsächlich nicht erfolgt ist. Soweit in § 625 sowohl eine gesetzl. Fiktion als auch eine unwiderlegliche gesetzl. Vermutung gesehen wird, ist dies **widersprüchlich**[13], weil bei einer Fiktion als bestehend fingiert wird, was tatsächlich nicht vorliegt, während es bei der unwiderleglichen Vermutung nicht darauf ankommt, was tatsächlich vorliegt[14]. 2

Wird indessen das Dienstverhältnis durch **ausdrückliche oder stillschweigende Vereinbarung** auf bestimmte oder unbestimmte Dauer verlängert, gibt es keinen Grund, warum die Vermutung einer Verlängerung auf unbestimmte Zeit greifen und an die Stelle des wirklichen, im Falle einer Verlängerung auf bestimmte Dauer auch abweichenden Parteiwillens treten soll. Deshalb ist auch für die Fiktion des § 625, also die Unterstellung der Vertragsverlängerung, die so tatsächlich nicht vorliegt, kein Raum, wenn es vor oder nach dem Auslaufen des Vertrages zu einer Vereinbarung über die Verlängerung des Dienstverhältnisses kommt[15]. Kann der Dienstverpflichtete eine Verlängerungsabrede beweisen, ist er auf die Fiktionswirkung des § 625 nicht angewiesen. 3

Dementsprechend hat die Bedeutung des § 625 abgenommen[16], seitdem die Rspr. für eine Willenserklärung auf ein tatsächlich bestehendes **Erklärungsbewusstsein** ausnahmsw. verzichtet, wenn der Erklärende bei Anwendung der im Verkehr erforderlichen Sorgfalt hätte erkennen und vermeiden können, 4

1 KR/*Fischermeier*, § 624 BGB Rz. 25; Staudinger/*Preis*, § 624 BGB Rz. 26. | 2 BGH v. 22.4.1986 – X ZR 59/85, NJW-RR 1986, 982; Staudinger/*Preis*, § 624 BGB Rz. 26. | 3 RAG v. 9.3.1935 – RAG 201/34, ARS 23, 190. | 4 KR/*Fischermeier*, § 624 BGB Rz. 8; MüKo/*Henssler*, § 624 BGB Rz. 12. | 5 KR/*Fischermeier*, § 624 BGB Rz. 28; MüKo/*Henssler*, § 624 BGB Rz. 9. | 6 KR/*Fischermeier*, § 624 BGB Rz. 30; Staudinger/*Preis*, § 624 BGB Rz. 27; MüKo/*Henssler*, § 624 BGB Rz. 13. | 7 BAG v. 1.12.1960 – 3 AZR 588/58, AP Nr. 1 zu § 625 BGB; v. 18.9.1991 – 7 AZR 364/90, nv.; KR/*Fischermeier*, § 625 BGB Rz. 1; MüKo/*Henssler*, § 625 BGB Rz. 1. | 8 ErfK/*Müller-Glöge*, § 625 BGB Rz. 1. | 9 Vgl. etwa § 1923 Abs. 2 BGB. Zur Fiktion *Larenz*, Methodenlehre der Rechtswissenschaft, 6. Aufl. S. 261 ff. | 10 RAG v. 2.11.1932 – RAG 328/32, ARS 16, 284; BAG v. 1.12.1960 – 3 AZR 588/58, AP Nr. 1 zu § 625 BGB. Ähnlich KR/*Fischermeier*, § 625 BGB Rz. 4. | 11 BAG v. 13.8.1987 – 2 AZR 122/87, nv.; v. 18.9.1991 – 7 AZR 364/90, nv.; dem BAG folgend Staudinger/*Preis*, § 625 BGB Rz. 7 f.; Erman/*Belling*, § 625 BGB Rz. 1. | 12 BAG 1.12.1960 – 3 AZR 588/58, AP Nr. 1 zu § 625 BGB. | 13 So BAG v. 13.8.1987 – 2 AZR 122/87, nv.; v. 18.9.1991 – 7 AZR 364/90, nv.; dem BAG folgend Staudinger/*Preis*, § 625 BGB Rz. 7 f.; ähnlich ErfK/*Müller-Glöge*, § 625 BGB Rz. 1. | 14 Beispiele für – seltene – unwiderlegliche Vermutungen sind etwa §§ 1566, 1943, 2. Hs. BGB. | 15 BAG v. 11.11.1966 – 3 AZR 214/65, AP Nr. 117 zu § 242 BGB – Ruhegehalt; ErfK/*Müller-Glöge*, § 625 BGB Rz. 2; MüKo/*Henssler*, § 625 BGB Rz. 1. | 16 ErfK/*Müller-Glöge*, § 625 BGB Rz. 2.

dass seine Äußerung nach Treu und Glauben und der Verkehrssitte als Willenserklärung aufgefasst werden durfte, und wenn der Empfänger sie auch tatsächlich so verstanden hat[1].

5 Eine **Mindermeinung** sieht in § 625 eine Fiktion allerdings nur hinsichtlich der Dauer der Fortsetzung und verlangt im Übrigen eine rechtsgeschäftliche Einigung über die Fortsetzung des Dienstverhältnisses[2]. Für eine solche Regelung besteht aber kein Bedürfnis, da eine rechtsgeschäftliche Vertragsverlängerung ohne Einigung über die Dauer der Verlängerung kaum vorkommen wird; vereinbaren die Parteien keine Befristung, ist eine Verlängerung auf unbestimmte Dauer gewollt.

6 **II. Anwendungsbereich.** § 625 erfasste bis zum 31.12.2000 sowohl unabhängige (selbständige oder freie) Dienstverhältnisse[3] als auch Arbeitsverhältnisse. Auf **Dienstverträge** Selbständiger ist § 625 auch nach Inkrafttreten des TzBfG weiterhin uneingeschränkt anwendbar.

7 Für **Arbeitsverhältnisse** ist mit Inkrafttreten des TzBfG in § 15 V TzBfG eine teilweise mit § 625 inhaltsgleiche Regelung[4] übernommen worden. § 15 V TzBfG erfasst allerdings nur Beendigungen des Arbeitsverhältnisses durch **Zeitablauf** oder **Zweckerreichung**, also Fälle der Zeitbefristung, Zweckbefristung und der auflösenden Bedingung (§ 21 TzBfG). Insoweit wird § 625 für Arbeitsverhältnisse seit dem 1.1.2001 verdrängt. Vgl. § 15 TzBfG Rz. 1, 21 ff.

8 Setzt der ArbN das Arbeitsverhältnis jedoch nach **Kündigung, Anfechtung** oder **Aufhebungsvertrag** tatsächlich über den Endzeitpunkt mit Wissen des ArbGeb hinaus fort, ist § 15 V TzBfG unanwendbar. Eine Vertragsverlängerung kommt hier nur nach § 625 in Betracht[5].

9 Wird eine zweckbefristetes Arbeitsverhältnis über den Zeitpunkt der Zweckerreichung fortgesetzt, so gilt es nach § 15 V TzBfG als unbefristetes Arbeitsverhältnis[6]. Auf **Zweckbefristungen** des **Dienstverhältnisses** ist § 625 dagegen **nicht** (mehr) anwendbar wie ein Umkehrschluss aus dem abweichenden Wortlaut des § 15 V TzBfG für Arbeitsverhältnisse ergibt[7]. Setzen die Parteien ihr Dienstverhältnis zunächst nur vorläufig fort, um über die Bedingungen der endgültigen Fortsetzung zu verhandeln, und scheitern diese Verhandlungen, endet deshalb das vorläufige Dienstverhältnis wegen Zweckerreichung durch einfache Erklärung, ohne dass es einer ordentl. Kündigung bedarf[8].

10 Nach der Sondervorschrift des **§ 24 BBiG** gilt ein Arbeitsverhältnis als auf unbestimmte Zeit begründet, wenn der Auszubildende im Anschluss an das Berufsausbildungsverhältnis weiterbeschäftigt wird, und die Parteien hierüber ausdrücklich nichts vereinbart haben. § 625 ist auch nicht analog anwendbar, denn es geht nicht um die Fortsetzung zu unveränderten Bedingungen[9].

11 Hat der ArbN nach einer **Änderungskündigung** das Änderungsangebot unter dem Vorbehalt des § 2 KSchG angenommen[10], ist § 15 V TzBfG schon deshalb unanwendbar, weil die Vorschrift nur Beendigungen des Arbeitsverhältnisses durch Zeitablauf oder Zweckerreichung erfasst. Auch § 625 greift nicht, weil die kündigungsschutzrechtl. Bestimmungen als leges speciales vorgehen[11]. Die bisherigen Arbeitsbedingungen gelten nur weiter, wenn die Änderungskündigung sich als unwirksam herausstellt (§ 8 KSchG)[12].

12 Der **Anstellungsvertrag des Vorstandes einer AG** verlängert sich ohne gleichzeitige Verlängerung der Organstellung nicht nach § 625 über die Fünfjahresfrist des § 84 I 1 AktG hinaus[13], weil andernfalls der Aufsichtsrat in seiner Bestellungsentscheidung nicht mehr frei wäre.

13 **Öffentl.-rechtl. Lehraufträge** begründen kein Dienstverhältnis iSd. § 625[14].

14 **III. Voraussetzungen der Verlängerung. 1. Ablauf der Dienstzeit.** Die Dienstzeit des zwischen den Parteien abgeschlossenen Vertrages muss abgelaufen sein. Das Dienst- oder Arbeitsverhältnis muss als Ganzes enden[15]. Auf die Art des Beendigungstatbestandes kommt es grds. nicht an. IdR kommen **Befristung** oder **Kündigung** in Betracht.

---

1 BGH v. 7.6.1984 – IX ZR 66/83, BGHZ 91, 324; aufgenommen in BAG v. 4.9.1985 – 7 AZR 262/83, AP Nr. 22 zu § 242 BGB – Betriebliche Übung. | 2 MüKo/*Schwerdtner* (1997), § 625 BGB Rz. 11 ff. dagegen etwa KR/*Fischermeier*, § 625 BGB Rz. 5; APS/*Backhaus*, § 625 BGB Rz. 2. | 3 BT-Drs. 14/4374, S. 21 zu Art. 1 § 15 Abs. 5. | 4 MünchArbR/*Wank*, § 116 Rz. 268 ff. | 5 APS/*Backhaus*, § 625 BGB Rz. 4; MünchArbR/*Wank*, § 116 Rz. 269; ErfK/*Müller-Glöge*, § 625 BGB Rz. 6. | 6 Zum Probearbeitsverhältnis jetzt §§ 14 I 2 Nr. 5, 15 V TzBfG; dazu noch unter der Geltung des § 625: LAG Düsseldorf v. 9.11.1965 – 8 Sa 283/65, BB 1966, 741; Staudinger/*Preis*, § 625 BGB Rz. 16 mwN. | 7 MüKo/*Henssler*, § 625 BGB Rz. 8. | 8 BBDW/*Bader*, Rz. 24; ErfK/*Müller-Glöge*, § 625 BGB Rz. 21. | 9 BAG v. 30.11.1984 – 7 AZR 539/83, AP Nr. 1 zu § 22 MTV – Ausbildung; Staudinger/*Preis*, § 625 BGB Rz. 5; MüKo/*Henssler*, § 625 BGB Rz. 5 noch zu § 17 BBiG. | 10 ErfK/*Müller-Glöge*, § 625 BGB Rz. 4. | 11 LAG Nds. v. 27.2.2006 – 11Sa 842/05; ErfK/*Müller-Glöge*, § 625 BGB Rz. 4; Staudinger/*Preis*, § 625 BGB Rz. 3; KR/*Fischermeier*, § 625 BGB Rz. 3. | 12 MüKo/*Henssler*, § 625 BGB Rz. 4; aA für die Änderungskündigung eines (Teil-)Betriebsveräußerers (§ 613a), der eine Änderungskündigung ausspricht, um die Zuordnung eines ArbN zum Übernehmer klarzustellen, wenn der ArbN auch nach Ablauf der Kündigungsfrist auf seinem alten Arbeitsplatz weiterarbeitet: *Commandeur/Kleinebrink*, NJW 2005, 634. | 13 *Krieger*, Personalentscheidungen des Aufsichtsrats, 1981, § 8 II 3b, S. 171; ErfK/*Müller-Glöge*, § 625 BGB Rz. 5; MüKo/*Henssler*, § 625 BGB Rz. 4. | 14 ErfK/*Müller-Glöge*, § 625 BGB Rz. 3; MüKo/*Henssler*, § 625 BGB Rz. 3. | 15 MüKo/*Henssler*, § 625 BGB Rz. 3; ErfK/*Müller-Glöge*, § 625 BGB Rz. 7.

§ 625 ist unanwendbar, wenn das Dienstverhältnis wegen **Zweckerreichung** endet[1]. Denn in diesem Fall müssten sich die Parteien über die Fortsetzung des Dienstverhältnisses mit einer neuen Aufgabe einigen. Demgegenüber ordnet § 15 V TzBfG jetzt auch die Vertragsverlängerung an, wenn das Arbeitsverhältnis nach Zweckerreichung durch die eine oder andere Partei mit Wissen des ArbGeb fortgesetzt wird. Im Umkehrschluss ist aus dem Fehlen einer solchen Regelung im Bereich des § 625 auf dessen Unanwendbarkeit in Fällen der Zweckerreichung zu schließen. 15

Auch wenn das Dienst- oder Arbeitsverhältnis wegen eines **Aufhebungsvertrages** endet, scheidet eine Anwendung des § 625 idR aus, weil in diesem Fall regelmäßig eine Vereinbarung der Parteien vorliegen wird, so dass für die Fiktion des § 625 kein Raum ist[2]. 16

Wird **während** eines **Kündigungsschutzprozesses** der ArbN tatsächlich **vorläufig weiterbeschäftigt**, liegt im Zweifel nur eine Weiterbeschäftigung unter der auflösenden Bedingung des für den ArbGeb erfolgreichen rechtskräftigen Abschlusses des Prozesses vor[3]. Die Vereinbarung der vorläufigen Weiterbeschäftigung des ArbN nach Erhebung einer Kündigungsschutzklage unterliegt als auflösende Bedingung dem Schriftformerfordernis der §§ 14 IV, 21 TzBfG[4]. Erst eine tatsächliche Weiterbeschäftigung über den Bedingungseintritt hinaus, löst die Folge der §§ 15 V, 21 TzBfG aus[5]. Steht die vorläufige Weiterbeschäftigung ausnahmsw. nicht unter der auflösenden Bedingung, kann die Fiktion des § 625 greifen, wenn der ArbN nach Ablauf der Kündigungsfrist während eines anhängigen Kündigungsschutzprozesses weiterarbeitet[6]. Gleiches würde für andere Dienstverhältnisse gelten, für die die Frage aber ohne praktische Relevanz ist[7]. 17

In Betracht kommt auch eine Beendigung des Arbeitsverhältnisses **kraft Gesetzes**, wie sie etwa Art. 2 des SGB VI ÄndG vorsah[8]. 18

Die Vereinbarung über die Beendigung des Dienst- oder Arbeitsverhältnisses bei Erreichen einer **Altersgrenze** oder des Rentenalters (hierzu § 14 TzBfG Rz. 62 ff.) enthält nach nach zutreffender Ansicht eine Befristung[9]. Wird das Arbeitsverhältnis mit Wissen des ArbGeb und ohne dessen unverzüglichen Widerspruch über die Altersgrenze hinaus fortgesetzt, so greift die Rechtsfolge des § 15 V TzBfG; wenn man der Ansicht folgt, es handele sich um eine auflösende Bedingung: iVm. § 21 TzBfG[10]; bei einem Dienstverhältnis greift § 625. 19

Auf den Beginn des **Ruhens eines Dienst- oder Arbeitsverhältnisses** ist § 625 nicht entsprechend anwendbar. Das Dienst- oder Arbeitsverhältnis besteht hier gerade fort[11]. 20

2. Fortsetzung des Dienstverhältnisses. Die Fiktion der Fortsetzung des Dienstverhältnisses knüpft an die bewusste tatsächliche Fortführung der bisherigen Dienste durch den Dienstverpflichteten an[12]. Der ArbN kann seine Dienste auch an einem anderen Arbeitsplatz für denselben ArbGeb fortführen[13]. Demgegenüber stellt § 15 V TzBfG allgemein auf die Fortsetzung des Arbeitsverhältnisses ab, erfasst also anders als § 625 auch Fälle der Fortsetzung durch den ArbGeb[14]. In der **Entgeltfortzahlung** an einen arbeitsunfähig erkrankten ArbN[15] oder die Bewilligung von Erholungsurlaub über das Vertragsende hinaus[16] ist daher im Anwendungsbereich des § 15 V TzBfG, nicht aber des § 625 eine Fortsetzung des Arbeitsverhältnisses durch den ArbGeb zu sehen[17]. 21

Die Fortsetzung des Dienstverhältnisses muss **willentlich** und im **unmittelbaren Anschluss** an den Ablauf der Vertragszeit erfolgen. Eine sechsmonatige Unterbrechung steht der Annahme einer „Fortsetzung" iSv. § 625 entgegen[18]. Im Falle des § 15 V TzBfG darf der ArbGeb die Vergütung nicht nur versehentlich fortgezahlt haben[19]. 22

---

1 MüKo/*Henssler*§ 625 BGB Rz. 8; KR/*Fischermeier* § 625 BGB Rz. 21 und KR/*Lipke*, § 15 TzBfG Rz. 27; aA APS/*Backhaus* § 625 BGB Rz. 8; ErfK/*Müller-Glöge*, § 625 BGB Rz. 6. |2 MüKo/*Henssler*, § 625 BGB Rz. 7; ErfK/*Müller-Glöge*, § 625 BGB Rz. 6. |3 BAG v. 4.9.1986 – 8 AZR 636/84, AP Nr. 22 zu § 611 – Beschäftigungspflicht; Staudinger/*Preis*, § 625 BGB Rz. 37; KR/*Fischermeier*, § 625 BGB Rz. 34. |4 ErfK/*Müller-Glöge*, § 21 TzBfG Rz. 3, 10; aA KR/*Fischermeier*, § 625 BGB Rz. 25; Schriftformerfordernis offen lassend APS/*Backhaus*, § 625 BGB Rz. 41. |5 Zu § 625 BGB LAG Hamm v. 8.8.1985 – 10 Sa 265/85, RzK 12 Nr. 3 zur Weiterbeschäftigung über den selbst gesetzten Termin (Tag der streitigen Verhandlung vor dem ArbG) hinaus. |6 So LAG Frankfurt/M v. 5.5.1976 – 10/2 Sa 696/75, AuR 1977, 89; Staudinger/*Preis*, § 625 BGB Rz. 19. |7 MüKo/*Henssler*, § 625 BGB Rz. 7. |8 ErfK/*Müller-Glöge*, § 625 BGB Rz. 8; hierzu BVerfG v. 8.11.1994 – 1 BvR 1814/94, AP Nr. 5 zu § 41 SGB VI. |9 *Belling*, Anm. zu AP Nr. 9 zu § 620 BGB – Bedingung; *Joost*, Anm. zu AP Nr. 2 zu § 620 BGB – Altergrenze; Staudinger/*Preis*, § 620 Rz. 139; BAG v. 14.8.2002 – 7 AZR 469/01, DB 2003, 394. |10 Noch zu § 625: LAG Berlin v. 28.11.1991 – 7 Sa 53/91, LAGE § 625 BGB Nr. 2; ArbG Bremerhaven v. 19.11.1954 – Ca 601/54, DB 1955, 123. |11 BAG v. 23.9.1993 – 8 AZR 268/92, AP Nr. 4 zu Art. 13 – Einigungsvertrag; ErfK/*Müller-Glöge*, § 625 BGB Rz. 9. |12 Staudinger/*Preis*, § 625 BGB Rz. 19; MüKo/*Henssler*, § 625 BGB Rz. 11. |13 BAG v. 11.11.1966 – 3 AZR 214/65, AP Nr. 117 zu § 242 BGB – Ruhegehalt. |14 APS/*Backhaus*, § 15 TzBfG Rz. 62 f.; MünchArbR/*Wank*, § 116 Rz. 270. |15 LAG Hamm v. 5.9.1990 – 15 Sa 1038/90, LAGE § 625 BGB Nr. 1. |16 LAG Hamm v. 3.2.1992 – 19 Sa 1664/91, LAGE § 625 BGB Nr. 3; aA ArbG Passau v. 27.7.1988 – 1 Ca 384/88, ARST 1989,1. |17 MünchArbR/*Wank*, § 116 Rz. 270; APS/*Backhaus*, § 15 TzBfG Rz. 62 ff. |18 BAG v. 24.9.1997 – 7 AZR 654/96, nv.; MüKo/*Henssler*, § 625 BGB Rz. 7. |19 Zu § 625: LAG Hamm v. 5.9.1990 – 15 Sa 1038/90, LAGE § 625 BGB Nr. 1; Staudinger/*Preis*, § 625 BGB Rz. 20.

23 Der Dienstverpflichtete muss **geschäftsfähig** iSd. §§ 104 ff. sein, da er so behandelt wird, als habe er eine rechtsgeschäftliche Erklärung zur Fortsetzung des Dienstverhältnisses abgegeben[1]. Das Gleiche muss bei Fortsetzung des Arbeitsverhältnisses durch den ArbGeb im Rahmen des § 15 V TzBfG für den ArbGeb gelten.

24 Eine **Anfechtung** der Fortsetzung des Dienst- oder Arbeitsverhältnisses durch den Dienstverpflichteten wegen Irrtums scheidet aus. § 625 und § 15 V TzBfG knüpfen die Fiktionswirkung an einen tatsächlichen Vorgang, die Fortsetzung der Dienstleistung in Kenntnis des Ablaufs der Dienstzeit, nicht an die Abgabe einer Willenserklärung[2].

25 **3. Kenntnis des Dienstberechtigten.** Der Dienstberechtigte muss **von den weiteren Dienstleistungen** wissen[3]. Das Einverständnis des Dienstberechtigten mit der Fortsetzung der Dienstleistungen braucht aber nicht vorzuliegen[4].

26 Ob der Dienstberechtigte auch Kenntnis **von der Beendigung des Dienstverhältnisses** haben muss, ist streitig[5]. Sowohl bei § 625 wie auch bei § 15 V TzBfG gibt es ohne Kenntnis oder zumindest Kennenmüssen des Dienstberechtigten von der Vertragsbeendigung keinen hinreichenden Grund, dem Verhalten des Dienstberechtigten kraft gesetzl. Fiktion Erklärungswert beizumessen und ihn so zu behandeln, als habe er der Verlängerung des Vertrages zugestimmt.

27 Unausgesprochen hat auch das BAG das **Wissen oder Wissenmüssen des ArbGeb** von der Vertragsbeendigung zur Anwendung des § 625 für **erforderlich** erachtet in einem Fall, indem ein ArbN seine Arbeitsleistung fortsetzte, obwohl das Arbeitsverhältnis mit Ablauf des Monats, in welchem dem ArbN ein Rentenbescheid über eine Erwerbsunfähigkeitsrente zuging, endete und der ArbGeb von der Vertragsbeendigung nichts erfuhr, weil der ArbN seiner Mitteilungspflicht nicht nachkam. Das BAG wandte hier § 625 nicht an und erklärte auch die Grundsätze über das faktische Arbeitsverhältnis für unanwendbar[6]; es hätte aber § 625 anwenden müssen, wenn die Bestimmung auch bei unverschuldeter Unkenntnis von der Vertragsbeendigung griffe.

28 Die Regeln über die **Stellvertretung** sind grds. anwendbar[7], so dass es für das Wissen oder Wissenmüssen von der Vertragsbeendigung und der Weiterarbeit nach § 166 auf die Person des Vertreters ankommt[8]. Maßgeblich ist die Kenntnis oder das Kennenmüssen des (geschäftsfähigen) Dienstberechtigten bzw. ArbGeb oder seines Vertreters, der den Dienstberechtigten bzw. ArbGeb durch eine entsprechende vertragl. Abrede binden könnte. Unzureichend ist es, wenn lediglich Kollegen des Dienstverpflichteten bzw. ArbN über dessen weiteres Verbleiben am Arbeitsplatz unterrichtet sind[9].

29 Irren beide Vertragsparteien über den Zeitpunkt des Ablaufs der Dienstzeit und wird daher der Dienstverpflichtete über diesen Ablauf hinaus von dem Dienstberechtigten beschäftigt, greift bis zu dem fälschlicherweise angenommenen Endpunkt des Dienstverhältnisses die Fiktion des § 625 BGB nach allgemeiner Meinung nicht[10].

30 **4. Kein unverzüglicher Widerspruch des Dienstberechtigten.** Ist der Dienstberechtigte mit der ihm bekannten Fortsetzung der Arbeitsleistungen nicht einverstanden, kann er den Eintritt der Rechtsfolgen des § 625 durch einen unverzüglichen Widerspruch vermeiden. Gleiches gilt im Anwendungsbereich des § 15 V TzBfG.

31 Der Widerspruch ist eine einseitige empfangsbedürftige Willenserklärung (§ 130) und als solche unter den Voraussetzungen der §§ 119 ff. **anfechtbar**. Die Willenserklärung kann ausdrücklich oder konkludent erfolgen, zB durch Aushändigung der Arbeitspapiere[11] oder Klagabweisungsantrag[12]. Auch der Antrag des ArbGeb auf Abschluss eines befristeten Dienstvertrages ist ein konkludenter Widerspruch[13]. Denn durch dieses macht der ArbGeb klar, dass durch die Weiterbeschäftigung kein Arbeitsverhältnis auf unbestimmte Zeit begründet werden soll. Nimmt der ArbN dieses Angebot nicht an, kommt es weder zu einer befristeten noch zu einer unbefristeten Fortsetzung des Arbeitsverhältnisses.

---

1 Erman/*Belling*, § 625 BGB Rz. 4; ErfK/*Müller-Glöge*, § 625 BGB Rz. 10. | 2 ErfK/*Müller-Glöge*, § 625 BGB Rz. 10; Staudinger/*Preis*, § 625 BGB Rz. 13. | 3 BAG v. 1.12.1960 – 3 AZR 588/58, AP Nr. 1 zu § 625 BGB; v. 30.11.1984 – 7 AZR 539/83, AP Nr. 1 zu § 22 MTV – Ausbildung (zu § 17 BBiG). | 4 BAG v. 30.11.1984 – 7 AZR 539/83, AP Nr. 1 zu § 22 MTV – Ausbildung (zu § 17 BBiG). | 5 Bejahend: ErfK/*Müller-Glöge*, § 625 BGB Rz. 11; BAG v. 30.11.1984 – 7 AZR 539/83, AP Nr. 1 zu § 22 MTV – Ausbildung (zu § 17 BBiG); verneinend: Münchkomm/*Henssler* § 625 BGB Rz. 9; *Kramer*, NZA 1993, 1115 (1116); KR/*Fischermeier*, § 625 BGB Rz. 28; APS/*Backhaus*, § 15 TzBfG Rz. 67; LAG Bremen v. 30.3.1955 – 1 Sa 79/54, BB 1955, 510. | 6 BAG v. 30.4.1997 – 7 AZR 122/96, AP Nr. 20 zu § 625 BGB. | 7 BAG v. 1.12.1960 – 3 AZR 588/58, AP Nr. 1 zu § 625 BGB. | 8 Staudinger/*Preis*, § 625 BGB Rz. 11; APS/*Backhaus* § 625 BGB Rz. 27. | 9 APS/*Backhaus* § 625 BGB Rz. 27; ErfK/*Müller-Glöge*, § 625 BGB Rz. 12. | 10 BAG v. 21.12.1957 – 2 AZR 61/55, AP Nr. 5 zu § 4 TVG; Staudinger/*Preis* § 625 BGB Rz. 22; Soergel/*Kraft*, § 625 BGB Rz. 5; KR/*Fischermeier* § 625 BGB Rz. 10. | 11 ErfK/*Müller-Glöge*, § 625 BGB Rz. 14. | 12 LAG Köln v. 10.3.1995 – 13 Sa 842/94, NZA-RR 1996, 202. | 13 BAG v. 8.3.1962 – 2 AZR 497/61, AP Nr. 22 zu § 620 BGB – Befristeter Arbeitsvertrag; v. 23.4.1980 – 5 AZR 49/78, AP Nr. 8 zu § 15 KSchG 1969; APS/*Backhaus*, § 625 BGB Rz. 21 u. § 15 TzBfG Rz. 71.

Der Widerspruch schließt die Fiktionswirkung des § 625 nur aus, wenn er **kurz vor**[1] oder **unverzüglich** (§ 121) **nach** Ablauf des Dienstverhältnisses erklärt wird. Der ArbN muss durch die Umstände bedingte Verzögerungen hinnehmen, sofern nur der ArbGeb die im Verkehr erforderliche Sorgfalt gewahrt hat[2]. 32

Erklärt sich der Dienstberechtigte zu einer **vorläufigen Weiterbeschäftigung** mit dem Hinweis bereit, er sei dazu nur aus sozialen Gründen oder bis zur endgültigen Klärung der künftigen Vertragsbeziehungen bereit, kann darin ein Widerspruch iSd. § 625 liegen[3]; gleiches gilt im Anwendungsbereich des § 15 V TzBfG (zur vorläufigen Weiterbeschäftigung während eines Kündigungsschutzverfahrens Rz. 17). 33

Die **Frist** des § 121 **beginnt** erst mit der **Kenntnis** des Dienstberechtigten bzw. ArbGeb von den für die Entscheidung über das Fortbestehen des Dienst- bzw. Arbeitsverhältnisses maßgebenden Umständen, also auch der Tatsache des Vertragsendes[4] (vgl. Rz. 26 f.). Ein Zögern des ArbGeb ist nicht schuldhaft, wenn er zunächst den Versuch einer Einigung über Dauer und Form einer Weiterbeschäftigung anstrebt oder den Einwand des BR überprüft, der ArbN befinde sich bereits in einem unbefristeten Arbeitsverhältnis[5]. 34

Ist ein ArbN nach Ablauf eines befristeten Arbeitsverhältnisses im Betrieb des ArbGeb auf einem **anderen Arbeitsplatz** weiterbeschäftigt worden, so hat der ArbGeb durch die Zuweisung des neuen Arbeitsplatzes einen besonderen Vertrauenstatbestand gesetzt. An das Merkmal der Unverzüglichkeit sind daher **verschärfte Anforderungen** zu stellen[6]. 35

IV. Fiktionswirkung. Das Dienst- bzw. Arbeitsverhältnis wird auf Grund der Fiktion auf unbestimmte Zeit verlängert mit dem **alten Vertragsinhalt**, insb. der alten Vergütungsregelung[7], auch wenn der Umfang der Dienstleistung vermindert ist[8]. Nur die der gesetzl. Rechtsfolge des Bestehens eines unbefristeten Dienstverhältnisses entgegenstehenden Vereinbarungen der Parteien verlieren ihre Geltung. Dies gilt vor allem für eine etwaige Befristung. 36

Einzelvertragl. wirksam **vereinbarte Kündigungsfristen** werden grds. durch die gesetzl. Kündigungsfristen verdrängt[9]. Das soll nach Auffassung des BAG aber zumindest dann nicht gelten, wenn die vereinbarte Kündigungsregelung auf Grund der Auslegung des ursprünglichen Vertrages auch auf den Fall der Fortsetzung des Arbeitsverhältnisses zu beziehen ist, oder die Parteien bei Fortsetzung der Arbeit eine entsprechende – konkludente – Vereinbarung getroffen haben[10]. Die gesetzl. Kündigungsfristen ergeben sich je nachdem, ob es sich um ein unabhängiges Dienstverhältnis oder ein Arbeitsverhältnis handelt, aus §§ 620 II, 621 oder §§ 620 II, 622. 37

Bei **Streit über die Dauer der Befristung** gilt im Zweifel bei entsprechender Anwendung des § 625 das Dienstverhältnis nur bis zur späteren Frist, nicht auf unbestimmte Zeit verlängert[11]. 38

Ein nach § 625 fingiertes Arbeitsverhältnis ist ein **vorhergehender unbefristeter Arbeitsvertrag** iSd. § 1 III 1 Alt. 1 BeschFG idF des Arbeitsrechtl. Beschäftigungsförderungsgesetzes vom 26.9.1996 und begründet ein **Anschlussverbot** nach dieser Vorschrift[12]. Auf der Grundlage des verschärften Anschlussverbots des § 14 II 2 TzBfG[13] stellt das fingierte Arbeitsverhältnis ein vorheriges Arbeitsverhältnis mit demselben ArbGeb iS dieser Vorschrift dar und schließt damit eine Befristung aus. 39

V. Abdingbarkeit. Nach ganz hM ist § 625 abdingbar[14]: Den Parteien steht es frei, die Rechtsfolgen des § 625 auszuschließen. Werden von der Rechtsfolgeregelung des § 625 abweichende Vereinbarungen über die Weiterbeschäftigung nach Vertragsende getroffen, greift die Bestimmung schon tatbestandlich nicht ein. 40

In der Praxis werden Vereinbarungen über den Ausschluss der Verlängerung oder die Verlängerung auf bestimmte Zeit oder zur Fortsetzung zu anderen Bedingungen vor Ablauf des Dienst-/Arbeitsverhältnisses und auch schon zu Vertragsbeginn getroffen[15]. 41

Die **Ausschlussvereinbarung** ist grds. ausdrücklich oder stillschweigend möglich[16]. Wird eine Verlängerung eines durch einen anderen Umstand als Befristung oder auflösende Bedingung beendeten Arbeits- 42

---

1 BAG v. 8.3.1962 – 2 AZR 497/61, AP Nr. 22 zu § 620 BGB – Befristeter Arbeitsvertrag; MüKo/*Henssler*, § 625 BGB Rz. 12. | **2** BAG v. 1.12.1960 – 3 AZR 588/58, AP Nr. 1 zu § 625 BGB. | **3** ErfK/*Müller-Glöge*, § 625 BGB Rz. 16. | **4** MüKo/*Henssler*, § 625 BGB Rz. 12; Staudinger/*Preis*, § 625 BGB Rz. 24; aA APS/*Backhaus*, § 625 BGB Rz. 24 mwN. | **5** BAG v. 13.8.1987 – 2 AZR 122/87, nv. | **6** BAG v. 11.11.1966 – 3 AZR 214/65, AP Nr. 117 zu § 242 BGB – Ruhegehalt. | **7** Staudinger/*Preis*, § 625 BGB Rz. 29. Zu Vertragsstrafeversprechen LAG Hamm 15.9.1997 – 19 Sa 979/97, NZA 1999, 1050. | **8** RG v. 24.6.1910 – II 487/09, Recht 1910, Nr. 3335; MüKo/*Henssler*, § 625 BGB Rz. 14; KR/*Fischermeier*, § 625 BGB Rz. 40. | **9** RAG 22.3.1939 – RAG 173/38, ARS 36, 7; LAG Hamburg v. 27.9.1956 – 2 Sa 153/56, BB 1957, 78; Erman/*Belling*, § 625 BGB Rz. 9; MüKo/*Schwerdtner*, § 625 BGB Rz. 15; KR/*Fischermeier*, § 625 BGB Rz. 40. | **10** BAG v. 11.8.1988 – 2 AZR 53/88, AP BGB § 625 Nr. 5; Soergel/*Kraft*, § 625 BGB Rz. 10; Staudinger/*Preis*, § 625 BGB Rz. 31 ff.; ErfK/*Müller-Glöge*, § 625 BGB Rz. 18. | **11** LAG Hamm v. 9.3.1995 – 12 Sa 2036/94, NZA-RR 1996, 145 (nach alter Rechtslage zum Arbeitsverhältnis). | **12** BAG v. 26.7.2000 – 7 AZR 256/99, AP Nr. 3 zu § 1 BeschFG. | **13** Hierzu KR/*Lipke*, § 14 TzBfG Rz. 296 ff.; MünchArbR/*Wank*, § 116 Rz. 186 ff. | **14** BGH v. 6.11.1963 – Ib ZR 41/62 u. 40/63, NJW 1964, 350; Staudinger/*Preis*, § 625 BGB Rz. 34; *Kramer*, Kündigungsvereinbarungen, 1994, 149 (151 f.); KR/*Fischermeier*, § 625 BGB Rz. 11; ErfK/*Müller-Glöge*, § 625 BGB Rz. 20; in der Begründung anders MüKo/*Henssler*, § 625 BGB Rz. 14. | **15** Eine Abdingbarkeit des § 15 V TzBfG im befristeten oder auflösend bedingten Ursprungsvertrag ist dagegen zu verneinen APS/*Backhaus*, § 625 BGB Rz. 89 mwN. | **16** ErfK/*Müller-Glöge*, § 625 BGB Rz. 20.

vertrages auf **bestimmte Zeit** vereinbart, ist für diese Befristungsabrede im Arbeitsvertrag Schriftform erforderlich, § 14 IV TzBfG.

43 Eine Verlängerungsausschlussvereinbarung ist auch durch **Formularvertrag** möglich[1]. Sie hält auch der **AGB-Inhaltskontrolle** stand, die gem. § 310 IV auch für Arbeitsverträge nach den §§ 305 ff. BGB stattzufinden hat (zur AGB-Kontrolle bei zur einmaligen Verwendung vom ArbGeb vorformulierten Vertragsbedingungen vgl. § 622 Rz. 103). Dafür spricht insb. § 309 Nr. 9b, der die stillschweigende Verlängerung als atypisch ansieht. Die Abbedingung der Fortsetzung des Dienstverhältnisses kraft gesetzl. Fiktion stellt bei an sich regulär endenden Dienstverhältnissen auch keine unangemessene Benachteiligung der anderen Seite iSd. § 307 II Nr. 1 dar[2].

44 Ein **arbeitsvertragl.** oder **tarifvertragl. Schriftformerfordernis** schließt die Anwendbarkeit von § 625 nicht aus[3]. Die Fiktionswirkung knüpft an ein tatsächliches Verhalten an, das keinen Schriftformerfordernissen unterliegen kann.

45 Die einzelvertragl. Vereinbarung einer von § 625 abweichenden Verlängerungsausschlussklausel schließt die Annahme eines (neuen) **Vertragsschlusses kraft konkludenten Verhaltens** nicht aus, wenn der Dienstberechtigte die Dienste eine gewisse Zeit lang widerspruchslos entgegennimmt[4].

46 **VI. Darlegungs- und Beweislast.** Macht der **Dienstverpflichtete** die Rechtsfolgen des § 625 geltend, muss er im Streitfall darlegen und ggf. beweisen, dass das Dienstverhältnis mit Wissen des Dienstberechtigten von der Vertragsbeendigung durch den Dienstverpflichteten fortgesetzt worden ist[5]. Für einen unverzüglich erklärten Widerspruch ist der Dienstberechtigte beweispflichtig[6].

626 *Fristlose Kündigung aus wichtigem Grund*

(1) Das Dienstverhältnis kann von jedem Vertragsteil aus wichtigem Grund ohne Einhaltung einer Kündigungsfrist gekündigt werden, wenn Tatsachen vorliegen, auf Grund derer dem Kündigenden unter Berücksichtigung aller Umstände des Einzelfalles und unter Abwägung der Interessen beider Vertragsteile die Fortsetzung des Dienstverhältnisses bis zum Ablauf der Kündigungsfrist oder bis zu der vereinbarten Beendigung des Dienstverhältnisses nicht zugemutet werden kann.

(2) Die Kündigung kann nur innerhalb von zwei Wochen erfolgen. Die Frist beginnt mit dem Zeitpunkt, in dem der Kündigungsberechtigte von den für die Kündigung maßgebenden Tatsachen Kenntnis erlangt. Der Kündigende muss dem anderen Teil auf Verlangen den Kündigungsgrund unverzüglich schriftlich mitteilen.

1 *Kramer*, NZA 1993, 1115 (1118 f.); Staudinger/*Preis*, § 625 BGB Rz. 40. | 2 Staudinger/*Preis*, § 625 BGB Rz. 40. | 3 ErfK/*Müller-Glöge*, § 625 BGB Rz. 20. | 4 *Kramer*, NZA 1993, 1115 (1119). | 5 BAG v. 30.11.1984 – 7 AZR 539/83, AP Nr. 1 zu § 22 MTV – Ausbildung (zu § 17 BBiG); ErfK/*Müller-Glöge* § 625 BGB Rz. 23; aA MüKo/*Henssler* § 625 BGB Rz. 10. | 6 KR/*Fischermeier*, § 625 BGB Rz. 41.

I. Normzweck. Seit 1.1.2002 ist § 626 nunmehr eine spezielle Ausprägung des in § 314 enthaltenen Rechtsgrundsatzes, dass jede Vertragspartei eines Dauerschuldverhältnisses dieses fristlos kündigen kann, sofern ein wichtiger Grund vorliegt, der ihr das Festhalten am Vertrag (bis zum Ablauf der Kündigungsfrist oder bis zur vereinbarten Beendigung) unzumutbar macht. 1

Als Sonderregelung des Rechts zur außerordentl. Kündigung bei Vorliegen eines wichtigen Grundes für den Bereich der Dienst- und Arbeitsverträge verdrängt § 626 in seinem Anwendungsbereich § 314. § 626 ist als Ausnahmetatbestand vom Grundsatz der Vertragstreue eng auszulegen[1]. 2

1 APS/*Dörner*, § 626 BGB Rz. 6 aE (sowie Rz. 24): Staudinger/*Preis*, § 626 BGB Rz. 5; aA MüKo/*Henssler*, § 626 BGB Rz. 1.

3 **II. Geltungsbereich. 1. Allgemeines.** Das Recht zur außerordentl. Kündigung aus wichtigem Grund gem. § 626 besteht sowohl bei befristeten als auch bei unbefristeten[1] Dienstverträgen einschl. der Arbeitsverträge und erfasst sowohl die Kündigung von Seiten des ArbGeb als auch von Seiten des ArbN.

4 Grds. ist der selbständige Dienstvertrag leichter auflösbar als das Arbeitsverhältnis. Dies zeigt sich zB an §§ 621, 627, die nur für den Dienstvertrag gelten, am zum Teil fehlenden Abmahnungserfordernis[2] sowie am Schutz des ArbN nach dem KSchG[3]. Stammen die Gründe für die Vertragsauflösung aber aus der Sphäre des Unternehmens (zB Betriebsstilllegung, Unternehmensveräußerung [§ 613a gilt für Vorstandsmitglieder nicht]), gelten jedenfalls keine geringeren Anforderungen[4]. Das Unternehmen ist, soweit möglich, auf eine ordentliche Kündigung zu verweisen. Ebenso reicht zB eine Druckkündigung, die von einem GmbH-Geschäftsführer nicht verschuldet wurde, für eine außerordentl. Kündigung des Anstellungsvertrags nicht aus[5].

5 **2. Sonderregelungen. a) Arbeitsbeschaffungsmaßnahmen.** § 270 SGB III gewährt im Rahmen von Arbeitsbeschaffungsmaßnahmen für beide Arbeitsvertragsparteien ein zusätzliches, dh. neben § 626 bestehendes, fristloses Kündigungsrecht. Für den ArbN besteht dieses Kündigungsrecht, wenn er eine Ausbildung oder Arbeit aufnehmen kann, wenn er an einer Berufs- oder Weiterbildung teilnehmen kann oder wenn ihn die AA abberuft. Dem ArbGeb steht das Kündigungsrecht nur im Fall der Abberufung zu[6]. Zum Recht der AA, den ArbN abzuberufen, siehe § 269 SGB III.

6 **b) Berufsausbildungs- und Umschulungsverhältnisse.** Die Beendigung eines Berufsausbildungsverhältnisses durch Kündigung ist abschließend in § 22 BBiG geregelt. Danach kann ein Berufsausbildungsverhältnis nach Ablauf der Probezeit gem. § 22 II Nr. 1 BBiG vom ArbGeb nur noch außerordentl. gekündigt werden. § 22 IV BBiG bestimmt für die Ausübung des Kündigungsrechts ebenso wie § 626 II eine Zweiwochenfrist ab Kenntnis der kündigungsrelevanten Tatsachen. Nach § 22 III BBiG hat die Kündigung schriftl. und in den Fällen des § 22 II BBiG unter Angabe der Kündigungsgründe zu erfolgen.

7 Voraussetzung für das Kündigungsrecht ist gem. § 22 II Nr. 1 BBiG das Vorliegen eines wichtigen Grundes. Der Begriff des wichtigen Grundes entspricht dem in § 626 BGB, jedoch mit der Maßgabe, dass die Konkretisierung des Begriffs sich vorrangig am Zweck des Ausbildungsverhältnisses orientieren muss. Ein Sachverhalt, der bei einem ArbN einen wichtigen Grund darstellt, liefert also nicht unbedingt auch einen wichtigen Grund für die Kündigung gegenüber einem Auszubildenden[7]. Entscheidend für die Rechtswirksamkeit der außerordentl. Kündigung ist zudem die zurzeit der Kündigung zurückgelegte Ausbildungszeit im Verhältnis zur Gesamtdauer der Ausbildung[8].

8 Die außerordentl. Kündigung eines Umschulungsverhältnisses gem. §§ 1 V, 58 ff. BBiG richtet sich nach § 626[9], da die Vorschriften über das Berufsausbildungsverhältnis nicht anwendbar sind[10].

9 **c) Dienstordnungsangestellte.** Dienstordnungsangestellte sind Bedienstete der SozV-Träger. Deren außerordentl. Kündigung nach § 626 ist zu unterscheiden von ihrer fristlosen Dienstentlassung als Disziplinarmaßnahme[11]. Beide sind voneinander unabhängig und in ihren Voraussetzungen und Rechtsfolgen selbständig. Die fristlose Entlassung von Dienstordnungsangestellten, richtet sich nach den auf der Grundlage der §§ 351 ff. RVO, 144 ff. SGB VII aufgestellten Dienstordnungsvorschriften. Nach den gesetzl. Grundlagen für den Erlass solcher Dienstordnungen, §§ 352 RVO, 145 SGB VII, haben die Dienstordnungen auch Fragen der Kündigung des ArbN zu regeln. Dies führt ua. zur Verdrängung des § 626 II[12]. Im Bereich der KV gilt die Dienstordnung aber nur für ArbN, die schon vor dem 1.1.1993 beschäftigt wurden (vgl. § 358 RVO).

10 **d) Handelsvertreter.** § 89a HGB enthält eine abschließende und zwingende Sonderregelung der außerordentl. Kündigung eines Handelsvertreters[13]. Die Regelung ist bezogen auf den Handelsvertretervertrag inhaltsgleich mit § 626 I[14]. An die Stelle der Zweiwochenfrist des § 626 II tritt nach st. Rspr. des BGH[15] eine „Frist mit idR nicht mehr als zwei Monaten".

11 **e) Arbeitnehmer im öffentlichen Dienst in den neuen Bundesländern.** Der Einigungsvertrag enthält (in Anlage I Kap. XIX A III Nr. 1 V) eine eigenständige und abschließende Sonderregelung über das Recht zur außerordentl. Kündigung im öffentl. Dienst der neuen Bundesländer[16]. Weder bedarf es einer Interessenabwägung iSd. § 626 I noch gilt die Frist des § 626 II.

---

1 AllgM: APS/*Dörner*, § 626 BGB Rz. 3; *Ascheid*, Rz. 93. | 2 BGH v. 14.2.2000 – II ZR 218/98, AP Nr. 16 zu § 611 BGB – Organvertreter. | 3 So Staudinger/*Preis*, § 626 BGB Rz. 18. | 4 *Bauer*, DB 1992, 1413 (1415). | 5 OLG Frankfurt v. 12.12.1997 – 10 U 188/96, DStR 1999, 1537 mit Anm. *Goette*. | 6 Niesel/*Düe*, § 270 SGB III Rz. 3. | 7 ErfK/*Müller-Glöge*, § 626 BGB Rz. 22. | 8 BAG v. 10.5.1973 – 2 AZR 328/72, AP Nr. 3 zu § 15 BBiG. | 9 BAG v. 15.3.1991 – 2 AZR 516/90, AP Nr. 2 zu § 47 BBiG. | 10 ErfK/*Müller-Glöge*, § 626 BGB Rz. 22. | 11 BAG v. 25.2.1998 – 2 AZR 256/97, AP Nr. 69 zu § 611 BGB – Dienstordnungs-Angestellte. | 12 BAG v. 3.2.1972 – 2 AZR 170/71, AP Nr. 32 zu § 611 BGB – Dienstordnungs-Angestellte. | 13 KR/*Fischermeier*, § 626 BGB Rz. 11. | 14 KR/*Fischermeier*, § 626 BGB Rz. 11; Staudinger/*Preis*, § 626 BGB Rz. 28. | 15 BGH v. 15.12.1993 – VIII ZR 157/92, NJW 1994, 722 (723, mwN); Erman/*Belling*, § 626 BGB Rz. 4. | 16 BAG v. 11.6.1992 – 8 AZR 537/91, AP Nr. 1 zu Einigungsvertrag Anlage I Kap. XIX (A II a).

In der Anlage I Kap. XIX A III Nr. 1 V heißt es wie folgt: 12

„(5) Ein wichtiger Grund für eine außerordentliche Kündigung ist insbesondere dann gegeben, wenn der Arbeitnehmer

1. gegen die Grundsätze der Menschlichkeit oder Rechtsstaatlichkeit verstoßen hat, insbesondere die im Internationalen Pakt über bürgerliche und politische Rechte vom 19. Dezember 1966 gewährleisteten Menschenrechte oder die in der Allgemeinen Erklärung der Menschenrechte vom 10. Dezember 1948 enthaltenen Grundsätze verletzt hat oder

2. für das frühere Ministerium für Staatssicherheit/Amt für nationale Sicherheit tätig war und deshalb ein Festhalten am Arbeitsverhältnis unzumutbar erscheint."

Die Regelung ist auch dann anwendbar, wenn der Beschäftigte zum Zeitpunkt des Wirksamwerdens 13 des Beitritts dem öffentl. Dienst der ehemaligen DDR angehörte und das zu kündigende Arbeitsverhältnis mit bzw. nach dem Wirksamwerden des Beitritts infolge der Überführung der Beschäftigungseinrichtung auf den neuen ArbGeb des öffentl. Dienstes übergegangen oder durch Weiterverwendung des ArbN, ggf. in einem anderen Verwaltungsbereich, neu begründet worden ist[1]. Keine Anwendung findet die Regelung auf Arbeitsverträge, die erst nach dem Wirksamwerden des Beitritts geschlossen wurden[2].

Maßgeblich ist im Gegensatz zu § 626 I, ob ein Festhalten am Arbeitsverhältnis überhaupt zumutbar 14 erscheint (nicht: bis Ablauf der Kündigungsfrist). Auch wenn demnach in der Regelung keine Interessenabwägung vorgesehen ist, hält das BAG eine Einzelfallprüfung für geboten[3].

§ 626 II ist weder unmittelbar noch analog anzuwenden, jedoch kann nach der Rspr. des BAG[4] der 15 wichtige Grund entfallen, wenn der Kündigungsberechtigte die Kündigung trotz Kenntnis des Kündigungsgrundes hinauszögert (ohne dass die Voraussetzungen einer Verwirkung vorliegen müssten).

f) Seeschifffahrt. Im Bereich der Seeschifffahrt existieren abschließende Sonderregelungen für die 16 Kündigung im SeemG. Diese verdrängen als leges speciales § 626. §§ 64–69 SeemG regeln die Kündigung von Heuerverträgen mit Besatzungsmitgliedern, § 78 SeemG die Kündigung des Vertrages mit dem Kapitän. Zudem enthält das SeemG in den §§ 70 ff. besondere Rechtsfolgen für die außerordentl. Kündigung auf Grund der besonderen Erfordernisse der Seeschifffahrt.

Voraussetzung für die außerordentl. Kündigung ist nach §§ 65, 78 III SeemG das Vorliegen eines wich- 17 tigen Grundes. In § 64 I Nr. 1–3 und 5 SeemG (Kündigung des Heuervertrages mit dem Besatzungsmitglied durch den Reeder) und § 67 SeemG (Kündigung des Heuervertrages durch das Besatzungsmitglied) sind einzelne Tatbestände als wichtige Gründe aufgeführt, ohne dass auf die Zumutbarkeit abgestellt wird (anders bei § 64 I Nr. 4 SeemG). Es handelt sich dabei um absolute Kündigungsgründe, bei denen eine Interessenabwägung zur Ermittlung der Zumutbarkeit der Weiterbeschäftigung entfällt[5]. Davon abzugrenzen ist eine ältere Entscheidung[6], wonach eine Kündigung eines Besatzungsmitglieds trotz Vorliegens der Voraussetzungen des § 67 I Nr. 3 SeemG rechtsmissbräuchlich sein kann, dem Besatzungsmitglied ein Festhalten am Arbeitsvertrag also zumindest vorübergehend zumutbar ist, wenn er gewusst hat, dass seine Interessen nicht verletzt werden.

III. Abgrenzung zu sonstigen Beendigungstatbeständen sowie Tatbeständen, die zum Wegfall der 18 **Leistungspflicht führen. 1. Sonstige Beendigungstatbestände. a) Kündigung nach § 314:** § 626 ist Spezialregelung zu § 314, so dass letztere verdrängt wird. Nach verbreiteter Auffassung[7] soll der Rückgriff auf § 314 II ebenso möglich wie zwingend sein. Ein verstärktes Abmahnungserfordernis ist hieraus wegen der Verweisung in § 314 II 2 auf § 323 II (Nr. 3) nicht herzuleiten (str.).

b) Rücktritt. Um Schwierigkeiten bei einer Rückabwicklung von Dauerschuldverhältnissen zu vermei- 19 den, tritt dort an die Stelle eines Rücktrittsrechts (§§ 323, 324, 326 V) als lex specialis das Recht zur außerordentl. Kündigung[8] (vgl. auch § 314 IV als Parallelvorschrift zu § 325).

Selbst bei einer Beendigung des Dienstvertrages vor Dienstantritt ist die Kündigung statthaft, so dass 20 auch dort nicht auf Rücktrittsrecht zurückgegriffen werden muss[9]. Wird fälschlicherweise ein „Rücktritt vom Arbeitsvertrag" erklärt, kann eine schriftl. Erklärung idR als außerordentl. Kündigung ausgelegt oder in eine solche umgedeutet werden[10].

c) Wegfall der Geschäftsgrundlage. Nach der Kodifizierung des Rechtsinstitutes der Störung/des 21 Wegfalls der Geschäftsgrundlage in § 313 durch das Gesetz zur Modernisierung des Schuldrechts sind

---

1 BAG v. 20.1.1994 – 8 AZR 274/93, AP Nr. 10 zu Art. 20 Einigungsvertrag. | 2 BAG v. 20.1.1994 – 8 AZR 502/93, AP Nr. 11 zu Art. 20 Einigungsvertrag. | 3 BAG v. 11.6.1992 – 8 AZR 537/91, AP Nr. 1 zu Einigungsvertrag Anlage I Kap. XIX. Nähere Erläuterungen der Regelung bei ErfK/*Müller-Glöge*, § 626 BGB Rz. 16–21. | 4 BAG v. 28.4.1994 – 8 AZR 157/93, AP Nr. 13 zu Art. 20 Einigungsvertrag; Staudinger/*Preis*, § 626 BGB Rz. 36. | 5 BAG v. 30.11.1978 – 2 AZR 145/77, AP Nr. 1 zu § 64 SeemG; ErfK/*Müller-Glöge*, § 626 BGB Rz. 8. | 6 BAG v. 8.11.1973 – 2 AZR 570/72, AP Nr. 1 zu § 67 SeemG. | 7 MüKo/*Henssler*, § 626 BGB Rz. 44; *Schlachter*, NZA 2005, 433 (437). | 8 *Ascheid*, Rz. 92; ErfK/*Müller-Glöge*, § 626 BGB Rz. 6; MüKo/*Henssler*, § 626 BGB Rz. 43; Staudinger/*Preis*, § 626 BGB Rz. 13. | 9 KR/*Fischermeier*, § 626 BGB Rz. 40. Näher *G. Schmidt*, AR-Blattei Kündigung I C, Kündigung vor Dienstantritt. | 10 KR/*Fischermeier*, § 626 BGB Rz. 41; *Stahlhacke/Preis/Vossen*, Rz. 151.

zwei Problemfelder zu unterscheiden: Zum einen die Frage, ob sich ein Kündigungsrecht auf Grund eines Wegfalls der Geschäftsgrundlage ergibt, und zum anderen die Frage, ob auf Grund des Wegfalls der Geschäftsgrundlage eine Vertragsbeendigung unmittelbar, also ohne Kündigungserklärung eintreten kann.

22 Grds. gilt, dass bei Vertragsänderungen und -beendigungen die Kündigungsvorschriften das insoweit nur subsidär anwendbare Institut des Wegfalls der Geschäftsgrundlage (§ 313) verdrängen[1]. Ein Rückgriff auf § 313 verbietet sich demnach, wenn nach den gesetzl. oder vertragl. Bestimmungen die Möglichkeit zur fristlosen Kündigung eines Vertrages besteht[2]. Auch werden die Kündigungsrechte durch die Grundsätze über den Wegfall der Geschäftsgrundlage nicht erweitert.

23 Trotzdem kommt die Auflösung eines Dienstvertrages ohne gestaltende Kündigungserklärung allein wegen Wegfalls der Geschäftsgrundlage in Betracht, wenn die Störungen des Arbeitsverhältnisses zudem dazu geführt haben, dass (1) der Kündigungsberechtigte keine Kündigung aussprechen konnte oder aber der Zugang der Kündigung an den anderen Teil unmöglich geworden ist, und (2) der Zweck des Arbeitsverhältnisses, für beide Parteien erkennbar, endgültig oder doch für unabsehbare Zeit unerreichbar geworden ist[3]. In einem solchen Fall ist die Berufung eines ArbN auf das Fehlen einer Kündigung unbeachtlich[4].

24 Von vornherein nicht um das Konkurrenzverhältnis zwischen § 626 und § 313 geht es, wenn die Parteien sich gegenseitig bei Wegfall oder Änderung der Geschäftsgrundlage ein Bestimmungsrecht zur Anpassung des Vertrages eingeräumt haben. Derartige Möglichkeiten zur Abänderung des Arbeitsvertrags stellen keine Änderungs- oder Teilkündigung dar. Sie sind aber im Rahmen einer vertragl. Inhaltskontrolle daraufhin zu überprüfen, ob die dadurch ermöglichte Abänderung der Billigkeit (§ 109 III GewO) entspricht[5].

25 **d) Ordentliche Kündigung.** Die außerordentl. Kündigung ist im Gegensatz zur ordentl. Kündigung im Normalfall auf die sofortige Beendigung des Dienst- bzw. Arbeitsverhältnisses gerichtet; sie bewirkt also idR eine fristlose Kündigung. Ebenso wie eine ordentl. Kündigung ausnahmsw. eine fristlose/entfristete sein kann (vgl. zB § 22 I BBiG), ist die außerordentl. Kündigung in Ausnahmefällen befristet. Das Charakteristische der außerordentl. Kündigung im Gegensatz zur ordentl. Kündigung ist somit nicht die Fristlosigkeit, sondern die Rechtfertigung durch einen wichtigen Grund.

26 **e) Anfechtung.** Die Anfechtung (§§ 119 ff.) der arbeitsvertragl. Willenserklärung beseitigt wie die außerordentl. Kündigung den Arbeitsvertrag mit sofortiger Wirkung. Ist das Arbeitsverhältnis bereits in Vollzug und noch nicht wieder (zB wegen Krankheit[6]) außer Vollzug gesetzt, führt die Anfechtung in Abweichung zu § 142 I BGB im Normalfall nur zu einer Beendigung (Nichtigkeit) des Arbeitsverhältnisses ex nunc[7]. Weder wird das Kündigungsrecht durch eine Anfechtung ausgeschlossen noch ist die vor der Anfechtung ausgesprochene Kündigung des Arbeitsverhältnisses eine Bestätigung desselben nach § 144[8].

27 Die Anfechtung ist primär vergangenheitsbezogen, da sie einen Anfechtungsgrund bereits bei Abschluss des Arbeitsvertrages voraussetzt. Die außerordentl. Kündigung ist wegen der erforderlichen Interessenabwägung in die Zukunft gerichtet. Dementsprechend ist bei der Anfechtung die Abgabe der angefochtenen Willenserklärung maßgeblicher zeitlicher Bezugspunkt, bei der außerordentl. Kündigung dagegen der Zeitpunkt der Abgabe der Kündigungserklärung. Auch diesbezüglich werden die Anfechtungsregeln jedoch arbeitsrechtl. modifiziert. Das BAG[9] nimmt eine Unwirksamkeit der Anfechtung des Arbeitsvertrages wegen § 242 an, wenn der Anfechtungsgrund zurzeit der Abgabe der Anfechtungserklärung bedeutungslos für die weitere Durchführung des Arbeitsvertrages geworden ist.

28 Auf Grund der nicht deckungsgleichen Schutzzwecke (Freiheit der Willensbildung/Auflösung eines unzumutbaren Arbeitsverhältnisses) sind § 626 und die Anfechtungsregeln nebeneinander anwendbar[10]. Das heißt, dass derselbe Sachverhalt im Einzelfall sowohl zur außerordentl. Kündigung als auch zur Anfechtung berechtigen kann, wenn der Sachverhalt, der den Anfechtungsgrund liefert, zeitlich noch so weit nachwirkt, dass er einen wichtigen Grund für eine Kündigung abgibt[11].

---

1 BAG v. 25.3.2004 – 2 AZR 153/03, AP Nr. 60 zu § 138 BGB. | 2 BAG v. 5.3.1957 – 1 AZR 420/56, AP Nr. 1 zu § 1 TVG – Rückwirkung; v. 6.3.1986 – 2 ABR 15/85, AP Nr. 19 zu § 15 KSchG 1969; KR/*Fischermeier*, § 626 BGB Rz. 42. | 3 BAG v. 3.10.1961 – 3 AZR 138/60 und v. 12.3.1963 – 3 AZR 60/62, AP Nr. 4 und 5 zu § 242 BGB – Geschäftsgrundlage. | 4 BAG v. 21.5.1963 – 3 AZR 138/62 und v. 24.8.1995 – 8 AZR 134/94, AP Nr. 6 und 17 zu § 242 BGB – Geschäftsgrundlage. | 5 BAG v. 10.12.1992 – 2 AZR 269/92, AP Nr. 27 zu § 611 BGB – Arzt-Krankenhaus-Vertrag; KR/*Fischermeier*, § 626 BGB Rz. 42. | 6 BAG v. 3.12.1998 – 2 AZR 754/94, ZIP 1999, 458 (459 f.). | 7 St. Rspr. ua. BAG v. 16.9.1982 – 2 AZR 228/80 und v. 20.5.1999 – 2 AZR 320/98, AP Nr. 24 und 50 zu § 123 BGB. | 8 BAG v. 16.12.2004 – 2 AZR 148/04, AP Nr. 64 zu § 123 BGB. | 9 BAG v. 18.9.1987 – 7 AZR 507/86 und v. 6.7.2000 – 2 AZR 543/99, AP Nr. 32 und 58 zu § 123 BGB. | 10 BAG v. 21.2.1991 – 2 AZR 449/90, AP Nr. 35 zu § 123 BGB. | 11 BAG v. 28.3.1974 – 2 AZR 92/73 und 14.12.1979 – 7 AZR 38/78, AP Nr. 3 und 4 zu § 119 BGB; *Ascheid*, Rz. 100.

Nach dem BAG[1] lässt die in § 626 II geregelte Frist § 124 unberührt; im Rahmen der Prüfung der Unverzüglichkeit iSv. § 122 ist § 626 II dagegen analog heranzuziehen, so dass Unverzüglichkeit jedenfalls innerhalb eines Zeitraums von 2 Wochen gegeben ist[2]. 29

Nach dem BAG[3] kann eine unwirksame ordentl. Kündigung nicht nach § 140 in eine Anfechtung umgedeutet werden, da diese rechtl. weitergeht. Dagegen ist eine außerordentl. Kündigung in eine Anfechtung umdeutbar[4] und umgekehrt[5]. 30

f) cic (§ 311 Abs. 2). Insb. im Fall einer Anfechtung nach § 123 ist auch an einen Schadensersatzanspruch aus § 311 II iV mit § 249 I gerichtet auf Vertragsauflösung zu denken. Das Institut der cic ist weder durch die Möglichkeit der Anfechtung noch durch § 626 ausgeschlossen[6]. Auf Grund der im Arbeitsrecht geltenden Grundsätze des faktischen Arbeitsverhältnisses ergeben sich aber gegenüber den Rechtsfolgen einer Anfechtung keine Besonderheiten. 31

g) Aufhebungsvertrag. Ein Aufhebungsvertrag kann das Dienst- bzw. Arbeitsverhältnis grds. zu einem beliebigen Zeitpunkt beenden. Bei einer rückwirkenden Vertragsaufhebung ist aber auf die Gefahr einer Umgehung sozialversicherungsrechtl. Bestimmungen hinzuweisen, da die Beitragspflicht entsteht, sobald die im Gesetz bestimmten Voraussetzungen vorliegen, vgl. § 22 SGB IV. Lediglich über streitbefangene Entgeltansprüche kann der ArbN auch mit Wirkung für die SozV-Träger disponieren. Das BAG[7] bringt dies nur unvollkommen zum Ausdruck, wenn es eine rückwirkende Aufhebung des Arbeitsverhältnisses jedenfalls und immer dann für möglich hält, soweit das Arbeitsverhältnis bereits außer Vollzug gesetzt war. 32

Der Abschluss eines Aufhebungsvertrags ist nicht per se Umgehung zwingenden Kündigungsschutzrechts[8], so dass es dafür keines wichtigen Grundes iSd. § 626 oder der Einhaltung der allgemeinen Kündigungsschutzbestimmungen des § 1 KSchG bedarf. Auch eine BR-Anhörung analog § 102 BetrVG gibt es nicht[9]. Eine unzulässige Umgehung des § 626 liegt jedoch vor, wenn ein (aufschiebend) bedingter Aufhebungsvertrag als Ersatz für die sonst erforderliche außerordentl. Kündigung geschlossen wird oder bei sonstigen Vertragsgestaltungen, die den Kündigungsgrund antizipieren (auflösend bedingter Dienst- bzw. Arbeitsvertrag)[10]. So wurde eine automatische Auflösung des Arbeitsverhältnisses für unzulässig gehalten bei Urlaubsüberziehung[11], einer bestimmten Note im Berufsschulzeugnis[12], Rückfall eines alkoholabhängigen ArbN[13], Überschreitung bestimmter Anzahl krankheitsbedingter Fehltage[14]. Ebenso besteht die Gefahr der Umgehung von Kündigungsbestimmungen, wenn das Arbeitsverhältnis mit gleichzeitig bedingter Wiedereinstellungszusage aufgelöst wird[15]. Dagegen werden keine schutzwürdigen Interessen des ArbN verletzt, wenn der Abschluss des Arbeitsverhältnisses davon abhängig gemacht wird, ob der ArbN für die vereinbarte Arbeitsleistung nach einem amtsärztlichen Attest tauglich ist[16]. 33

Die Geschäftsgrundlage für einen aus betrieblichen Gründen geschlossenen Aufhebungsvertrag mit Abfindung fällt nicht ohne weiteres weg, wenn nach dessen Abschluss zum gleichen Auflösungszeitpunkt auch noch eine verhaltensbedingte ordentl. Kündigung ausgesprochen wird. Der Auflösungsvertrag steht aber unter der konkludenten aufschiebenden Bedingung, dass das Arbeitsverhältnis bis zum vereinbarten Ende fortbesteht und nicht vorher auf Grund einer außerordentl. Kündigung endet[17]. 34

h) Widerruf der Organstellung (§§ 84 AktG, 38 GmbHG)/Ausschluss als Betriebsrats- oder Personalratsmitglied (§§ 23 BetrVG, 28 BPersVG). Bei Organen einer Gesellschaft, insb. bei Vorstandsmitgliedern einer Aktiengesellschaft sowie GmbH-Geschäftsführern, ist zwischen der Ebene des Anstellungsvertrages und der Bestellung zum Organ zu unterscheiden, vgl. § 84 I 1, 5 und III 1, 5 AktG (Trennungsprinzip). Die Kündigung des Anstellungsvertrages lässt demnach die Organstellung grds. unberührt und umgekehrt[18]. Entsprechendes gilt für den Ausschluss von Amtsträgern nach §§ 23 BetrVG, 28 BPersVG. 35

Bei den Organmitgliedern einer Gesellschaft besteht zwischen Anstellungs- und Bestellungsverhältnis aber eine tatsächliche und rechtl. Verbundenheit[19]. So kann ein Organmitglied die Vergütung allein auf 36

1 BAG v. 19.5.1983 – 2 AZR 171/81, AP Nr. 25 zu § 123 BGB; ErfK/*Müller-Glöge*, § 626 BGB Rz. 30. | 2 BAG v. 14.12.1979 – 7 AZR 38/78, AP Nr. 4 zu § 119 BGB; *Hönn*, ZfA 1987, 61, 87 f.; aA *Picker*, ZfA 1981, 1, 108 ff. | 3 BAG v. 14.10.1975 – 2 AZR 365/74, AP Nr. 4 zu § 9 MuSchG 1968. | 4 BAG v. 6.10.1962 – 2 AZR 360/61, AP Nr. 24 zu § 9 MuSchG; ErfK/*Müller-Glöge*, § 626 BGB Rz. 31; KR/*Fischermeier*, § 626 BGB Rz. 45; teilw. aA MüKo/*Henssler*, § 626 BGB Rz. 40; Staudinger/*Preis*, § 626 BGB Rz. 10. | 5 BGH v. 27.2.1975 – II ZR 77/73, NJW 1975, 1700. | 6 MüKo/*Henssler*, § 626 BGB Rz. 41. | 7 BAG v. 10.12.1998 – 8 AZR 324/97, EzA § 613a BGB Nr. 175. | 8 *Bengelsdorf*, NZA 1994, 193 (196 ff.). | 9 KR/*Fischermeier*, § 626 BGB Rz. 47. | 10 Staudinger/*Preis*, § 626 BGB Rz. 11. | 11 BAG v. 19.12.1974 – 2 AZR 565/73, AP Nr. 3 zu § 620 BGB – Bedingung. | 12 BAG v. 5.12.1985 – 2 AZR 61/85, AP Nr. 10 zu § 620 BGB – Bedingung. | 13 LAG München v. 29.10.1987 – 4 Sa 783/87, BB 1988, 348. | 14 LAG BW v. 15.10.1990 – 15 Sa 92/90, DB 1991, 918. | 15 BAG v. 13.12.1984 – 2 AZR 294/83 und v. 25.6.1987 – 2 AZR 541/86, AP Nr. 8, 14 zu § 620 BGB – Bedingung. | 16 LAG Berlin v. 16.7.1990 – 9 Sa 43/90, LAGE § 620 BGB – Bedingung Nr. 2. | 17 BAG v. 29.1.1997 – 2 AZR 292/96, AP Nr. 131 zu § 626 BGB; KR/*Fischermeier*, § 626 BGB Rz. 49b. | 18 BGH v. 20.10.1954 – II ZR 280/53, BGHZ 15, 71, 74; v. 21.6.1999 – II ZR 27/98, ZIP 1999, 1669; ErfK/*Müller-Glöge*, § 626 BGB Rz. 26. | 19 BGH v. 24.11.1980 – II ZR 182/79, BGHZ 79, 38, 41 f.; v. 14.11.1983 – II ZR 33/83, BGHZ 89, 48, 52 f.

der Grundlage des Anstellungsvertrags verlangen; er wird deshalb sein Amt niederlegen, soweit es an einem wirksamen Anstellungsvertrag fehlt. Umgekehrt kann ein unberechtigter Widerruf der Organstellung das Organmitglied auch zur außerordentl. Kündigung berechtigen. Obwohl auf Grund der Trennung von Anstellungs- und Bestellungsverhältnis § 139 nicht gilt, ergibt sich insoweit eine rechtl. Verbundenheit, als der Inhalt des Anstellungsverhältnisses allgemein den Rechten und Pflichten des Vorstands im Rahmen des Bestellungsverhältnisses nicht zuwiderlaufen darf[1]. Auch können Gründe für eine Beendigung des Anstellungsverhältnisses für eine Abberufung herangezogen werden und umgekehrt. So ist zB bei der Aktiengesellschaft bei einer Beendigung des einen Rechtsverhältnisses auf Grund der gleichzeitigen Zuständigkeit des Aufsichtsrats für die Beendigung des anderen Rechtsverhältnisses immer zu prüfen, ob nicht auch eine konkludente Beendigung des anderen Rechtsverhältnisses (dh. der Anstellung oder Bestellung) gewollt war[2].

37 Der Widerruf der Organstellung oder die Abberufung aus „wichtigem Grund" rechtfertigt aber nicht per se die Kündigung des Anstellungsvertrages nach Maßgabe des § 626[3]. So ist zB bei der Aktiengesellschaft eine Abberufung eines Vorstandsmitglieds auch bei einem Vertrauensentzug durch die Hauptversammlung zulässig, sollte diese nicht ausnahmsw. aus offenbar unsachlichen Gründen erfolgt sein, vgl. § 84 III AktG. Im Falle einer GmbH ist die hM[4] – sollte eine Abberufung des Geschäftsführers vertragl. nur aus wichtigem Grund zulässig sein – sogar noch etwas strenger, da insoweit eine sachliche Begründung des Vertrauensverlusts verlangt wird. Wie bei der Abberufung eines Vorstandsmitglieds spielen bei der Interessenabwägung aber die Belange der Gesellschaft eine maßgebliche Rolle[5].

38 Trotz Maßgabe des § 626 für eine Kündigung eines Vorstands der Aktiengesellschaft ist die Koppelung der Beendigung des Anstellungsvertrages an den Widerruf der Organbestellung im Wege der auflösenden Bedingung zulässig[6]. Die Grenze für eine Erleichterung der Kündigung ist erst erreicht, wenn mit Hilfe des Anstellungsvertrags die Bestimmungen des Organschaftsverhältnisses ausgehebelt werden könnten, zB weil die Anforderungen für eine Kündigung die Anforderungen des § 84 III 1 AktG unterschreiten. Im Übrigen nimmt § 84 III 5 AktG auf § 626 als Maßstab für eine Kündigung Bezug.

39 Während bei der Abberufung nach § 84 III AktG die Belange der Gesellschaft im Vordergrund stehen, sind bei der Kündigung des Anstellungsverhältnisses eines Vorstandsmitglieds einer Aktiengesellschaft nach § 626 die Belange von Gesellschaft und Vorstandsmitglied grds. gleichwertig. Dies rechtfertigt es, bei der Kündigung des Anstellungsvertrags in weitaus stärkerem Maß soziale Erwägungen sowie die Verdienste des Vorstandsmitglieds für die Gesellschaft in der Vergangenheit zu berücksichtigen. Den Belangen des Vorstandsmitglieds sind bei einer verhaltensbedingten Kündigung[7] die Schwere der Pflichtverletzung, der Grad des Verschuldens, die Auswirkungen für das Unternehmen sowie die Wahrscheinlichkeit der Wiederholung der Pflichtverletzung gegenüberzustellen. Bei einer Kündigung aus personenbedingten Gründen (zB § 76 III 1 AktG) kommt es in erster Linie auf die Erheblichkeit des personenbedingten Mangels sowie seine Ursache an. Im Falle einer betriebsbedingten Kündigung[8] kommt es maßgeblich darauf an, inwieweit der Gesellschaft alternative Handlungsmöglichkeiten offen stehen, um ihre Unternehmerentscheidung umzusetzen. In Betracht kommt schließlich auch eine Verdachtskündigung, wenn durch den Verdacht das Vertrauensverhältnis zerstört und deshalb der Gesellschaft eine Fortsetzung des Vertragsverhältnisses unzumutbar ist[9] (vgl. Rz. 4, 45).

40 **i) Nichtfortsetzungserklärung gem. § 12 KSchG.** Fällt das Gericht im Kündigungsschutzprozess die Entscheidung, dass das Arbeitsverhältnis fortbesteht, gibt § 12 S. 1 KSchG dem ArbN, der inzwischen ein neues Arbeitsverhältnis eingegangen ist, das Recht, binnen einer Woche nach der Rechtskraft des Urteils durch Erklärung gegenüber seinem alten ArbGeb die Fortsetzung des Arbeitsverhältnisses zu verweigern. Mit dem Zugang der Erklärung erlischt das Arbeitsverhältnis nach § 12 S. 3 KSchG.

41 Die Frage nach einem außerordentl. Kündigungsrecht nach § 626 BGB stellt sich dann, wenn der ArbN das alte Arbeitsverhältnis weder nach § 12 S. 1 KSchG auflöst noch, trotz Aufforderung zur Arbeit, die Arbeit beim alten ArbGeb wieder aufnimmt. Das LAG Köln[10] hat in diesem Fall ein außerordentl. Kündi-

---

1 BGH v. 29.5.1989 – II ZR 220/88, NJW 1989, 2683 re. Sp. | **2** Vgl. für den Fall der Abberufung eines Vorstandsmitglieds BGH v. 24.2.1954 – II ZR 88/53, BGHZ 12, 337 (340); v. 26.10.1955 – VI ZR 90/54, BGHZ 18, 334; *Hüffer*, AktG, 6. Aufl., § 84 Rz. 24; für den Fall der Kündigung des Anstellungsvertrags Münch. Hdb. Ges. IV/*Wiesner*, 2. Aufl., § 20 Rz. 15 aE für die GmbH bei einer Abberufung aus wichtigem Grund: BGH v. 21.9.1981 – II ZR 1004/80, NJW 1982, 383 (384); *Roth/Altmeppen*, GmbHG, 4. Aufl., § 6 Rz. 18, 89 ff. | **3** APS/*Dörner*, § 626 BGB Rz. 5; *Eckardt*, Die Beendigung der Vorstands- und Geschäftsführerstellung in Kapitalgesellschaften (1989), 76 ff., 110 mwN. | **4** BGH v. 25.1.1960 – II ZR 207/57, NJW 1960, 628; v. 14.10.1968 – II ZR 84/67, LM Nr. 4 zu § 38 GmbHG; v. 17.8.1972 – 2 AZR 415/71, AP Nr. 65 zu § 626 BGB; *Baumbach/Hueck/Zöllner*, GmbHG, 17. Aufl., § 38 Rz. 8; aA (enger) *Lutter/Hommelhoff*, GmbHG, 16. Aufl., § 38 Rz. 22; aA (großzügiger) Scholz/*Schneider*, GmbHG, 10. Aufl., § 38 Rz. 52. | **5** Vgl. *Hüffer*, AktG, 6. Aufl., § 84 Rz. 26; Münch. Hdb. Ges. IV/*Wiesner*, 2. Aufl., § 20 Rz. 41, 43. | **6** BGH v. 29.5.1989 – II ZR 220/88, NJW 1989, 2683; krit. allerdings *Bauer/Diller*, GmbHR 1998, 809. | **7** Dazu BGH v. 13.7.1998 – II ZR 131/97, AG 1998, 519. | **8** Dazu BGH v. 21.4.1975 – II ZR 2/73, WM 1975, 761. | **9** BGH v. 13.7.1956 – VI ZR 88/55, AP Nr. 1 zu § 242 BGB – Wiedereinstellung; v. 2.7.1984 – II ZR 16/84, ZIP 1984, 1113; OLG Düsseldorf v. 8.12.1983 – 8 U 234/82, ZIP 1984, 86 (87). | **10** LAG Köln v. 13.2.1991 – 7 Sa 48/90, LAGE § 626 BGB Nr. 57; gehalten durch BAG v. 16.10.1991 – 2 AZR 197/91, nv.; Staudinger/*Preis*, § 626 BGB Rz. 17.

gungsrecht verneint, weil der Annahmeverzug des ArbGeb durch den mangelnden Rückkehrwillen des ArbN weggefallen sei, so dass Ersterem auch ein Festhalten am Arbeitsverhältnis bis zum Ablauf der ordentl. Kündigungsfrist zumutbar ist.

j) Sonstige Beendigungsgründe. Als Gründe, die im Ergebnis ebenfalls zur sofortigen Beendigung des Arbeitsverhältnisses führen, sind zu nennen: der Tod des ArbN[1], die lösende Aussperrung[2], § 613a I 1 in der Beziehung zum alten ArbGeb[3], die Abkehrerklärung des ArbN bei einer suspendierenden Aussperrung[4]. 42

2. Andere Tatbestände, die zum Wegfall der Leistungspflicht führen. a) Unmöglichkeit. Die anfängliche objektive Unmöglichkeit der Leistungserbringung führt nicht zur Unwirksamkeit des Vertrages. § 275 I stellt nunmehr klar, dass in allen Fällen der Unmöglichkeit der Leistung der Anspruch auf die Leistung ausgeschlossen ist, ohne dass deswegen die Wirksamkeit des Vertrages entfällt, § 311a I. 43

b) Suspendierung. Suspendierung meint ein vorläufiges Ruhen/Aussetzen der Hauptleistungspflicht(en) aus dem Arbeitsverhältnis. Eine Suspendierung sämtlicher Hauptleistungspflichten tritt nach hM im Fall eines rechtmäßigen Streiks bzw. einer rechtmäßigen Aussperrung durch die einseitige empfangsbedürftige Willenserklärung des ArbN bzw. ArbGeb, nicht arbeiten bzw. nicht beschäftigen zu wollen, ein. 44

Die Suspendierung weist nicht nur eine andere Rechtsfolge, sondern auch eine andere Zielrichtung auf als die Kündigung. Sie bezweckt die Unterbindung der Tätigkeit des ArbN, nicht die Beendigung des Arbeitsverhältnisses[5]. Da die Suspendierung gegenüber der Kündigung ein milderes Mittel darstellt, kommt sie als Mittel zur (vorübergehenden) Verhinderung einer fristlosen Entlassung in Betracht, wobei der praktische Hauptanwendungsfall in den Bereichen der Verdachtskündigung liegt[6]. 45

An ein einseitiges (Gestaltungs-)Recht des ArbGeb, den ArbN von seiner Arbeitspflicht zu suspendieren, sind auf Grund des Beschäftigungsanspruches des ArbN hohe Anforderungen zu stellen. Nach der Rspr. des BAG[7] darf der ArbGeb den ArbN suspendieren, wenn seine schützenswerten Interessen das Interesse des ArbN an der Weiterbeschäftigung überwiegen. Schützenswerte Interessen des ArbGeb bestehen insb., wenn bei Weiterbeschäftigung des ArbN Schäden drohen, wie der Verrat von Betriebsgeheimnissen oder unzumutbare wirtschaftl. Belastungen des ArbGeb. Sie bestehen auch, wenn dem ArbGeb die Weiterbeschäftigung wegen des Verdachts einer strafbaren Handlung bzw. wegen einer schwerwiegenden Pflichtverletzung des ArbN unzumutbar ist. 46

IV. Unabdingbarkeit. 1. § 626 Abs. 1 als zweiseitig zwingendes Recht. a) Keine einzel- und tarifvertragliche Abdingbarkeit. § 626 ist für beide Vertragsteile zwingendes Recht. Das außerordentl. Kündigungsrecht ist unabdingbar[8]. Es kann weder einzelvertragl. noch kollektivvertragl. beseitigt oder eingeschränkt werden[9]. Eine entsprechende Vereinbarung ist unwirksam[10]. 47

§ 626 ist Bestandteil der Berufsausübungsfreiheit (Art. 12 GG), die ohne eine entsprechende Regelung massiv berührt wäre, da dann einer der Arbeitvertragsparteien uU Unzumutbares abverlangt werden könnte[11]. Konkret geht es um die Frage eines im Rahmen von grundrechtl. Schutzpflichten zulässigen (Teil-)Verzichts über Grundrechtspositionen[12]. Erweiterungen des § 626 wiederum tangieren den gesetzl. Kündigungsschutz nach dem KSchG und unterlaufen die gesetzl. festgelegten Kündigungsfristen (§ 622 IV)[13]. 48

Die Unabdingbarkeit des Rechts zur außerordentl. Kündigung gilt auch für tarifvertragl. Regelungen. Daraus ergibt sich zB, dass eine tarifvertragl. vereinbarte Unkündbarkeit von ArbN allein die ordentl. Kündigung, nicht jedoch die außerordentl. Kündigung betrifft[14]. 49

b) Abgrenzung zum zulässigen Verzicht und zur zulässigen Verzeihung. Von dem (vorherigen) Ausschluss des Kündigungsrechts ist der nachträgliche **Verzicht** auf die Kündigungsbefugnis zu unterscheiden. Der Kündigungsberechtigte kann zwar nicht von vornherein verzichten, das Arbeitsverhältnis beim Vorliegen eines wichtigen Grundes außerordentl. zu kündigen[15]. Er kann aber davon absehen, ein auf 50

---

1 KR/*Fischermeier*, § 626 BGB Rz. 56. | 2 BAG v. 21.4.1971 – GS 1/68, AP Nr. 43 zu Art. 9 GG – Arbeitskampf; KR/*Fischermeier*, § 626 BGB Rz. 56. | 3 ErfK/*Müller-Glöge*, § 626 BGB Rz. 23. | 4 BAG v. 21.4.1971 – GS 1/68, AP Nr. 43 zu Art. 9 GG – Arbeitskampf; KR/*Fischermeier*, § 626 BGB Rz. 56; aA (ArbN kann Arbeitsverhältnis nur unter den Voraussetzungen des § 626 fristlos beenden) *Zöllner/Loritz*, § 41 IV 3, S. 478. | 5 ErfK/*Müller-Glöge*, § 626 BGB Rz. 25. | 6 Staudinger/*Preis*, § 626 BGB Rz. 15. | 7 BAG v. 15.6.1972 – 2 AZR 345/71, AP Nr. 7 zu § 628 BGB; v. 27.2.1985 – GS 1/84, AP Nr. 14 zu § 611 BGB – Beschäftigungspflicht; *Gahlen*, Die Suspendierung eines Arbeitnehmers, Diss. Gießen 1990, S. 75 f. | 8 BAG v. 6.11.1956 – 3 AZR 42/55 und v. 11.7.1958 – 1 AZR 366/55, AP Nr. 14 und 27 zu § 626 BGB; KR/*Fischermeier*, § 626 BGB Rz. 57. | 9 BAG v. 8.8.1963 – 5 AZR 395/62, AP Nr. 2 zu § 626 BGB – Kündigungserschwerung; v. 25.6.1987, AP Nr. 8 zu § 620 BGB; v. 15.3.1991, AP Nr. 2 zu § 47 BBiG. | 10 BAG v. 18.12.1961 – 5 AZR 104/61, AP Nr. 1 zu § 626 BGB – Kündigungserschwerung; *Ascheid*, § 626 BGB Rz. 109. | 11 APS/*Dörner*, § 626 BGB Rz. 9; *Ascheid*, Rz. 109; *Papier*, RdA 1989, 140. | 12 Vgl. KR/*Fischermeier*, § 626 BGB Rz. 58. | 13 MüKo/*Henssler*, § 626 BGB Rz. 48. | 14 BAG v. 18.12.1980, AP Nr. 4 zu § 174 BGB; v. 5.2.1998 – 2 AZR 227/97, AP Nr. 143 zu § 626 BGB. | 15 BAG v. 28.10.1971 – 2 AZR 15/71, AP Nr. 62 zu § 626 BGB; ErfK/*Müller-Glöge*, § 626 BGB Rz. 237.

bestimmte Gründe gestütztes und bereits konkret bestehendes Kündigungsrecht auszuüben[1]. Entsprechendes gilt für die Verzeihung (vgl. Rz. 69 ff.).

51 **2. Verbot der unzumutbaren Erschwerung/Einschränkung des Kündigungsrechts.** Aus der Unabdingbarkeit des außerordentl. Kündigungsrechts folgt auch die Unzulässigkeit von Kündigungserschwerungen, die in der Wirkung einem Ausschluss des Kündigungsrechts gleichkommen, also Regelungen, die bei Vorliegen der Voraussetzungen des § 626 die Kündigung unzumutbar erschweren[2].

52 **a) Arbeitsvertrag. aa)** Der prinzipielle Unterschied zwischen einer (unzulässigen) Einschränkung und einer (uU zulässigen) Erschwerung des Kündigungsrechts liegt darin, dass eine Einschränkung zu einem partiellen Ausschluss der Kündigungsmöglichkeit führt. Dagegen lassen sich Erschwerungen mit dem nötigen Aufwand überwinden. Einschränkungen und Erschwerungen überschneiden sich in der Praxis, wenn es nur eine Frage des finanziellen Einsatzes ist, ob das Arbeitsverhältnis aufgelöst werden kann. Dann tendiert die Rspr.[3] ungeachtet der soeben gemachten Diffenzierung dazu, diese Frage als Abgrenzungsproblem zwischen einer unzulässigen unzumutbaren und einer zulässigen zumutbaren Erschwerung des Kündigungsrechts zu behandeln.

53 So sei es grds. unzumutbar, die Ausübung des außerordentl. Kündigungsrechts durch die Vereinbarung einer Vertragsstrafe, die Verpflichtung zur Zahlung von Abfindungssummen, die Verpflichtung zur Fortzahlung des Gehalts oder zur Rückzahlung von Urlaubsentgelt und Urlaubsgeld zu erschweren[4]. Dagegen ist trotz des zwingenden Charakters des außerordentl. Kündigungsrechts eine Vereinbarung des Inhalts zulässig, dass nur der ArbGeb persönlich (also kein Vertreter) das außerordentl. Kündigungsrecht ausüben darf[5]. Zulässig ist auch die Übernahme eines erhöhten Betriebsrisikos durch den ArbGeb (Arbeitsvertrag auf Lebenszeit des ArbGeb, trotz voraussehbarem Wegfall des Arbeitsbedarfs[6]; befristete Einstellung für eine Saison/Jahr[7]) oder die Erweiterung des Kündigungsschutzes auf den Konzern (unten Rz. 232).

54 **bb)** Eine unzumutbare Kündigungserschwerung ergibt sich nicht schon aus internen Regelungen des ArbGeb, zB wenn interne gesellschaftsrechtl. Bindungen bestehen bzw. solche arbeitsvertragl. modifiziert werden. So kann im Arbeitsvertrag zwischen einer GmbH und einem Gesellschafter, der zugleich deren ArbN ist, wirksam vereinbart werden, dass zu seiner Kündigung die vorherige Zustimmung der Gesellschafterversammlung erforderlich ist[8].

55 Überschritten ist die Grenze der zulässigen Kündigungserschwernisse erst, wenn die Kündigung von der Zustimmung eines Dritten und damit nicht nur von einer gesellschaftsinternen Mitwirkung anderer Gesellschafter abhängig gemacht wird. Eine solche unzulässige Abhängigkeit von einer dritten Stelle besteht aber nicht, wenn deren Entscheidung nachfolgend von einer Schiedsstelle überprüft und die Versagung der Zustimmung ersetzt werden kann[9].

56 **cc)** Soweit es sich um eine zulässige interne Bindung des ArbGeb handelt, ist deren Verletzung im Rahmen eines Kündigungsschutzprozesses zu beachten.

57 **b) Gesetz.** Erschwerungen des außerordentl. Kündigungsrechts sind zulässig, soweit durch Gesetz vorgesehen, zB § 9 III MuSchG, 85, 91 SGB IX sowie § 102 VI BetrVG 1972. Zwar spricht § 102 VI BetrVG nur allgemein von der Möglichkeit, eine Kündigung von der Zustimmung des BR abhängig zu machen. Schon vor Inkrafttreten des BetrVG 1972 hat das BAG[10] anerkannt, dass davon bei entsprechender Vereinbarung auch außerordentl. Kündigungen betroffen sein können. Dem BR kann ein solches MitbestR nicht nur durch BV, sondern auch durch TV eingeräumt werden.

58 **c) Tarifvertrag.** Soweit sich die Erschwerung des außerordentl. Kündigungsrechts aus einem TV ergeben soll, ist jeweils genau darauf zu achten, ob sich diese auf eine in ihren Auswirkungen bewusste und freie Willensbildung zurückführen lässt. Nur wenn dies der Fall ist wird man eine solche Regelung als zulässig erachten können. Einer einzelvertragl. Regelung ist insoweit auf Grund ihrer Eigenständigkeit und Individualität größeres Gewicht beizumessen als tarifvertragl. Bindungen dieser Art[11].

59 **aa)** Teilweise behilft man sich mit einer restriktiven Auslegung des TV. Ebenso wie eine pauschale tarifl. Regelung, die den ArbN für unkündbar erklärt, die außerordentl. Kündigung nicht erfasst (vgl. Rz. 49), schließt eine tarifl. Regelung, die eine außerordentl. Kündigung des ArbN explizit nur „aus wichtigen, in seiner Person und seinem Verhalten liegenden Gründen" vorsieht, eine betriebsbedingte

---

1 BAG v. 5.5.1977 – 2 AZR 297/76, AP Nr. 11 zu § 626 BGB – Ausschlussfrist; *Ascheid*, Rz. 106. | 2 BAG v. 18.12.1961 – 5 AZR 104/61 und v. 8.8.1963 – 5 AZR 395/62, AP Nr. 1 und 2 zu § 626 BGB – Kündigungserschwerung; KR/*Fischermeier*, § 626 BGB Rz. 64 ff. | 3 Vgl. BAG v. 8.8.1963 – 5 AZR 395/62, AP Nr. 2 zu § 626 BGB – Kündigungserschwerung. | 4 BAG v. 18.12.1961 – 5 AZR 104/61, AP Nr. 1 zu § 626 BGB – Kündigungserschwerung; v. 6.9.1989 – 5 AZR 586/86, AP Nr. 27 zu § 622 BGB. | 5 BAG v. 9.10.1975 – 2 AZR 332/74, AP Nr. 8 zu § 626 BGB – Ausschlussfrist. | 6 BAG v. 25.3.2004 – 2 AZR 153/03, AP Nr. 60 zu § 138 BGB. | 7 BAG v. 7.3.2002 – 2 AZR 173/01, NZA 2002, 963. | 8 BAG v. 28.4.1994 – 2 AZR 730/93 und v. 11.3.1998 – 2 AZR 287/97, AP Nr. 117 und 144 zu § 626 BGB. | 9 BAG v. 6.11.1956 – 3 AZR 42/55, AP Nr. 14 zu § 626 BGB. | 10 BAG v. 6.11.1956 – 3 AZR 42/55, AP Nr. 14 zu § 626 BGB; KR/*Fischermeier*, § 626 BGB Rz. 64. | 11 BAG v. 25.3.2004 – 2 AZR 153/03, AP Nr. 60 zu § 138 BGB.

außerordentl. Kündigung mit Auslauffrist aus[1]. Unberührt bleibt, dass dann nicht jede Unternehmerentscheidung die Unzumutbarkeit der Weiterbeschäftigung zu begründen vermag, da sonst eine Vertragspartei einseitig die ordentl. Unkündbarkeit des Vertragsverhältnisses beseitigen könnte[2].

bb) Des Weiteren kann eine unzumutbare Erschwerung des Rechts zur außerordentl. Kündigung darin bestehen, dass in Arbeits- oder TV abschließend festgelegt wird, welche bestimmten Gründe zur außerordentl. Kündigung berechtigen sollen[3]. Soweit damit negativ eine außerordentl. Kündigung in anderen als den vorgesehenen Fällen ausgeschlossen werden soll, fehlt es am Hinweis auf eine hinreichend bewusste Willensbildung. 60

cc) Weiter kann ein ArbN auch nicht in besonderen Situationen von seinen arbeitsvertragl. (Neben-) Pflichten befreit werden. So sind Tarifklauseln, die bereits im Hinblick auf künftige Arbeitskämpfe spätere Kündigungen ohne Differenzierung auch beim Vorliegen eines wichtigen Grundes ausschließen wollen, wegen Verletzung des § 626 unwirksam[4]. 61

d) § 55 Abs. 2 BAT. Speziell zu § 55 II BAT gibt es eine inzwischen gefestigte Rspr.[5], wonach § 55 II BAT in Extremfällen eine unzumutbare Erschwerung einer betriebsbedingten Beendigungskündigung bewirkt. So wenn das Arbeitsverhältnis durch die Veränderungen als Austauschverhältnis auf Dauer sinnentleert ist, weil die Arbeitsleistung nicht erbracht werden kann und deshalb die Vergütung ohne Gegenleistung unzumutbar lange Zeit gezahlt werden müsste. Das BAG hat hierbei betont, dass die Anforderungen an eine solche außerordentl. betriebsbedingte Beendigungskündigung erheblich über die Anforderungen des § 1 II KSchG hinausgehen. Vgl. demgegenüber § 34 II 1 TVöD. 62

§ 55 II BAT bewirkt damit die an ein Beamtenverhältnis angenäherte Bindung zwischen ArbGeb und ArbN. Als Mindestvoraussetzung für die Wirksamkeit einer derartigen Kündigung seien die Grundsätze nach dem TV über den Rationalisierungsschutz für Angestellte vom 9.1.1997 (TV Rat) heranzuziehen. Auch treffen den ArbGeb für eine solche außerordentl. Kündigung verschärfte Anforderungen an seine Darlegungslast. Hierzu gehört insbsondere, dass der ArbGeb mit allen zumutbaren Mitteln versucht hat, dem ArbN einen gleichwertig geeigneten Arbeitsplatz zu besorgen. Weder eine dazu notwendige Umorganisation noch die Tatsache, dass sich ein solcher Arbeitsplatz bei einem anderen ArbGeb des öffentl. Dienstes befindet, steht dem entgegen. Der ArbGeb muss deshalb den Vorstellungen des ArbN betreffend seine Weiterbeschäftigung jeweils substantiiert bzgl. Möglich- und Zumutbarkeit entgegentreten. 63

3. Erweiterungen des Rechts zur außerordentlichen Kündigung. Erweiterungen des außerordentl. Kündigungsrechts durch Arbeits- oder TV sind unzulässig, soweit sie den Begriff des wichtigen Grundes an sich (vgl. Rz. 151 ff.) betreffen[6]. Solche Regelungen können aber auf die Interessenabwägung Einfluss haben (vgl. Rz. 68). Soweit speziell in einem TV solche Regelungen enthalten sind, kann es sich zudem um zulässige Regelungen der ordentl. Kündigungsmöglichkeit handeln. 64

a) Arbeitsvertrag. Das Recht zur außerordentl. Kündigung kann im Arbeitsvertrag nicht über das gesetzl. Maß hinaus erweitert werden[7], da die Festlegung bestimmter Tatbestände als wichtige Gründe über den durch § 626 gesetzten Rahmen hinaus eine Umgehung der in § 622 zwingend festgelegten Mindestkündigungsfristen ermöglichen würde. 65

b) Tarifvertrag. Regelungen in TV können für eine außerordentl. Kündigung an sich nicht geeignete Entlassungstatbestände nicht zum wichtigen Grund iSd. § 626 erheben[8]. Da die TV-Parteien jedoch gem. § 622 IV unter Berücksichtigung des § 622 VI nicht an die gesetzl. Mindestfristen gebunden sind und daher auch entfristete (ordentliche) Kündigungen vereinbaren können, ist es zulässig, im TV besondere Kündigungsgründe, sog. minder wichtige Gründe für Kündigungen festzulegen, die entfristet oder mit kürzeren Kündigungsfristen erfolgen können[9]. Bei einer tarifl. vorgesehenen „außerordentlichen" Kündigung von an sich unkündbaren ArbN aus bestimmten „wichtigen Gründen" kann es sich in der Sache also um eine ausnahmsw. zulässige entfristete oder befristete ordentl. Kündigung handeln[10]. 66

Obwohl eine solche Interpretation des TV dazu führen würde, der tarifvertragl. Regelung und damit auch der Tarifautonomie (Art. 9 III GG) uneingeschränkt Geltung zu verschaffen, verlangt das BAG[11] zudem, dass die TV-Parteien in ihrer Regelung auch zum Ausdruck gebracht haben, dass sie den ver- 67

---

1 BAG v. 17.9.1998 – 2 AZR 419/97, AP Nr. 148 zu § 626 BGB; ErfK/*Müller-Glöge*, § 626 BGB Rz. 242. | 2 *Preis*/*Hamacher*, FS 50 Jahre Arbeitsgerichtsbarkeit Rh.-Pf., 1999, S. 245, 253 ff. | 3 KR/*Fischermeier*, § 626 BGB Rz. 66. | 4 ErfK/*Müller-Glöge*, § 626 BGB Rz. 236; *Konzen*, ZfA 1980, 77, 114; KR/*Fischermeier*, § 626 BGB Rz. 60. | 5 BAG v. 27.6.2002 – 2 AZR 367/01, AP Nr. 4 zu § 55 BAT; v. 24.6.2004 – 2 AZR 215/03, AP Nr. 278 zu § 613a BGB; s. dagegen noch BAG v. 19.1.1973 – 2 AZR 103/72, AP Nr. 5 zu § 626 BGB – Ausschlussfrist; v. 31.1.1996 – 2 AZR 158/95, AP Nr. 13 zu § 626 BGB – Druckkündigung. | 6 BAG v. 24.6.2004 – 2 AZR 656/02, ZTR 2005, 260. | 7 BAG v. 17.4.1956 – 2 AZR 340/55 und v. 22.11.1973 – 2 AZR 580/72, AP Nr. 8 und 67 zu § 626 BGB; Erman/*Belling*, § 626 BGB Rz. 19. | 8 BAG v. 12.4.1978 – 4 AZR 580/76, AP Nr. 13 zu § 626 BGB – Ausschlussfrist (zu § 626 II BGB); ErfK/*Müller-Glöge*, § 626 BGB Rz. 238. | 9 BAG v. 19.1.1973 – 2 AZR 103/72, AP Nr. 5 zu § 626 BGB – Ausschlussfrist. | 10 KR/*Fischermeier*, § 626 BGB Rz. 70 f. | 11 BAG v. 12.9.1974 – 2 AZR 535/73, AP Nr. 1 zu § 44 TV AL II; v. 29.8.1991 – 2 AZR 59/91, AP Nr. 58 zu § 102 BetrVG 1972.

wendeten Begriff des „wichtigen Grundes" nicht iSd. § 626 verstanden haben, mithin also keine Modifikation der außerordentl., sondern eine Regelung der ordentl. Kündigung treffen wollten. Sollte es daran fehlen, seien die spezifizierten wichtigen Gründe am Maßstab des § 626 zu messen.

68 **c) Auswirkungen auf die Interessenabwägung.** Arbeitsvertragl. Vereinbarungen über die Anerkennung von bestimmten Gründen als wichtige Gründe für eine außerordentl. Kündigung haben im Rahmen der Interessenabwägung Bedeutung. Mit einer solchen Regelung geben die Parteien zu erkennen, dass ihnen diese Umstände unter Berücksichtigung der Eigenart des jeweiligen Arbeitsverhältnisses als Gründe für die vorzeitige Beendigung besonders wichtig erscheinen[1]. Dann ist im Rahmen der Interessenabwägung – vorbehaltlich grundrechtl. Schutzpflichten (vgl. Rz. 48) – nicht mehr zu prüfen, ob dem Kündigenden eine Fortsetzung des Arbeitsverhältnisses bis zum Ablauf der ordentl. Kündigungsfrist oder des Sonderkündigungsschutzes zumutbar ist.

69 **4. Verzicht und Verzeihung. a) Verzicht.** Ein Verzicht auf das Recht zur außerordentl. Kündigung im Voraus ist nicht zulässig[2]. Der Kündigungsberechtigte darf aber bei Kenntnis des Sachverhalts, der den wichtigen Grund ausmacht, also nach Entstehung des Kündigungsrechts, auf sein Kündigungsrecht verzichten[3]. Der Verzicht muss ausdrücklich oder konkludent durch eine empfangsbedürftige Willenserklärung des Kündigungsberechtigten erfolgen[4]. So wird auf eine außerordentl. Kündigung konkludent verzichtet, wenn gestützt auf den betreffenden Sachverhalt nur eine ordentl. Kündigung oder eine (die Sache abschließende) Abmahnung ausgesprochen wird[5].

70 **b) Verzeihung.** Vom Verzicht wird die Verzeihung unterschieden. Eine Verzeihung liegt vor, wenn der Kündigungsberechtigte ausdrücklich oder konkludent zu erkennen gibt, dass er einen bestimmten Sachverhalt nicht zum Anlass einer Kündigung nehmen will. Es handelt sich dann nicht um ein Rechtsgeschäft, sondern ein tatsächliches Verhalten, das den Kündigungsgrund entfallen lässt. Es gilt dann das Verbot widersprüchlichen Verhaltens[6].

71 Entgeltfortzahlung seitens des ArbGeb trotz Verdachts vorgetäuschter Arbeitsunfähigkeit stellt keine Verzeihung dar[7]. Ein betriebsbedingter Grund kann allenfalls verwirkt werden[8].

72 Da das BAG[9] für die Annahme einer Verzeihung bzw. eines Verzichts vor Ablauf der Frist des § 626 II verlangt, dass der Kündigungsberechtigte seine Bereitschaft zur Fortsetzung des Arbeitsverhältnisses eindeutig zu erkennen gibt und das Kündigungsrecht mit Ablauf der Frist des § 626 II ohnehin verwirkt wird, haben weder Verzicht noch Verzeihung im Bereich der außerordentl. Kündigung größere Bedeutung.

73 **V. Vorliegen eines „wichtigen Grundes". 1. Allgemeines. a) Unbestimmter Rechtsbegriff.** Der Begriff des „wichtigen Grundes" in § 626 I stellt einen unbestimmten Rechtsbegriff dar, § 626 ist eine Generalklausel[10]. Dies begegnet einerseits verfassungsrechtl. Bedenken auf Grund Unbestimmtheit, andererseits eröffnet dies aber die Möglichkeit, den Grundrechten Geltung im Privatrecht zu verschaffen. Die außerordentl. Kündigung tangiert die Berufsfreiheiten (Art. 12 I GG) des ArbN und des privaten ArbGeb, zwischen denen praktische Konkordanz herzustellen ist[11].

74 **b) Zwei-Stufen-Prüfung.** Nach der Rspr. des BAG[12] ist das Vorliegen eines wichtigen Grundes in einer zweistufigen Prüfung zu bestimmen. Der Sachverhalt muss zunächst an sich geeignet sein, einen wichtigen Grund zur Kündigung abzugeben. Sodann wird in einer konkreten Interessenabwägung anhand der Umstände des Einzelfalles (und des Prinzips der Verhältnismäßigkeit) geprüft, ob die Kündigung gerechtfertigt ist.

75 Die gedankliche Trennung zweier Stufen ermöglicht auf der ersten Ebene die Bildung von Fallgruppen hinsichtlich generell geeigneter Fälle. Sie hat aber nichts mit der beschränkt revisiblen Überprüfung der individuellen Zumutbarkeitsprüfung zu tun. Auch das BAG überprüft anhand aller Einzelheiten (Tatsachen), ob der festgestellte Lebenssachverhalt sich mit dem Tatbestandssachverhalt deckt und damit „in abstracto" einen wichtigen Grund bilden kann[13].

---

1 BAG v. 22.11.1973 – 2 AZR 580/72, AP Nr. 67 zu § 626 BGB; BGH v. 7.7.1988 – I ZR 78/87, EzA § 626 BGB nF Nr. 117; ErfK/*Müller-Glöge*, § 626 BGB Rz. 239. | 2 BAG v. 28.10.1971 – 2 AZR 15/71, AP Nr. 62 zu § 626 BGB; ErfK/*Müller-Glöge*, § 626 BGB Rz. 83. | 3 BAG v. 5.5.1977 – 2 AZR 297/76, AP Nr. 11 zu § 626 BGB – Ausschlussfrist; *Ascheid*, Rz. 106. | 4 KR/*Fischermeier*, § 626 BGB Rz. 62. | 5 BAG v. 31.7.1986 – 2 AZR 559/85, RzK I 8c Nr. 10; v. 6.3.2003 – 2 AZR 128/02, NZA 2003, 1388; *Ascheid*, Rz. 106; KR/*Fischermeier*, § 626 BGB Rz. 62; aA (Abmahnung sperrt Kündigung nicht) *v. Hase*, NJW 2002, 2278, 2280. Kein Verzicht liegt vor, wenn der ArbGeb nur in Verkennung eines (tarif-)vertraglichen Ausschlusses der ordentlichen Kündigung fristgerecht kündigen wollte: BAG v. 5.2.1998 – 2 AZR 227/97, AP Nr. 143 zu § 626 BGB. | 6 LAG BW v. 12.4.1967 – 4 Sa 29/67, DB 1967, 999. | 7 BAG v. 6.9.1990 – 2 AZR 162/90, EzA § 1 KSchG – Verdachtskündigung Nr. 1. | 8 BAG v. 25.2.1988 – 2 AZR 500/87, RzK I 5c Nr. 26. | 9 BAG v. 28.10.1971 – 2 AZR 15/71, AP Nr. 62 zu § 626 BGB; KR/*Fischermeier*, § 626 BGB Rz. 62. | 10 APS/*Dörner*, § 626 BGB Rz. 21; *Ascheid*, Kündigungsschutzrecht, Rz. 113 spricht von § 626 BGB als Blankettnorm. | 11 ErfK/*Müller-Glöge*, § 626 BGB Rz. 33. | 12 BAG v. 17.5.1984 – 2 AZR 3/83, AP Nr. 14 zu § 626 BGB – Verdacht strafbarer Handlung; v. 2.3.1989 – 2 AZR 280/88, AP Nr. 101 zu § 626 BGB; ErfK/*Müller-Glöge*, § 626 BGB Rz. 34; *Dütz*, NJW 1990, 2025, 2030 f.; krit. *Ascheid*, Rz. 125 ff.; MünchArbR/*Wank*, § 120 Rz. 37; *Rüthers*, NJW 1998, 1433 ff. | 13 *Ascheid*, Rz. 124.

Neben der zweistufigen Prüfung hat der Begriff der Unzumutbarkeit keinen eigenen Regelungsgehalt, er geht in der Güter- und Interessenabwägung auf und kennzeichnet das Ergebnis der Abwägung[1]. 76

c) **Kein absoluter Kündigungsgrund.** Es gibt im Rahmen des § 626 keine absoluten, dh. unbedingten Kündigungsgründe[2]. Bestimmte Sachverhalte können also nicht stets als wichtiger Grund iSd. § 626 angesehen werden. Dies ergibt sich aus dem Erfordernis, die Besonderheiten des Einzelfalles umfassend zu berücksichtigen[3]. Deshalb muss auch bei einem als wichtiger Grund grds. geeigneten Umstand stets eine Abwägung aller für und gegen die Auflösung des Arbeitsverhältnisses sprechenden Umstände erfolgen[4]. 77

d) **Gebot der Rechtssicherheit.** Das Erfordernis, alle Umstände des Einzelfalles zu berücksichtigen und die jeweiligen Interessen beider Vertragsteile abzuwägen, dient der Einzelfallgerechtigkeit und beeinträchtigt zwangsläufig die Rechtssicherheit. Trotz Fallgruppenbildung gelangt das BAG damit nicht über eine Systematisierung des Einzelfalls hinaus[5]. Erst aus der Zusammenschau der Rspr. ergeben sich klarere, wenn auch kaum abstrakt fassbare Richtlinien. 78

e) **Stufenverhältnis zur ordentlichen Kündigung.** Eine abstrakte Konkretisierung des Merkmals des „wichtigen Grundes“ ergibt sich aus dem Stufenverhältnis zur ordentl. Kündigung. Deshalb muss eine außerordentl. Kündigung jedenfalls dann unwirksam sein, wenn sie, als ordentl. Kündigung gedacht, gegen die Bestimmungen des KSchG verstoßen würde[6]. 79

Eine solche Hilfserwägung kann aber nur in einfachen Fällen und nur dann zu einer Entscheidungserleichterung führen, wenn die Unwirksamkeit der Kündigung festgestellt werden soll. Unabdingbar bleibt in jedem Fall eine eigenständige Interessenabwägung[7]. Noch weniger geeignet sind die Kriterien für eine ordentl. Kündigung zur Bestimmung eines geeigneten Grundes im Rahmen der außerordentl. Kündigung. 80

f) **Prognoseprinzip.** Eine weitere Konkretisierung der anzuwendenden Kriterien ergibt sich durch das Prognoseprinzip[8]. Danach kann ein Sachverhalt nur dann einen wichtigen Grund für die außerordentl. Kündigung abgeben, wenn er sich künftig konkret nachteilig auf das Arbeitsverhältnis auswirkt[9]. 81

Zumeist unproblematisch ist dabei das Erfordernis der konkreten Beeinträchtigung. Diese ergibt sich grds. bei jeder Verletzung einer vertragl. Haupt- oder Nebenpflicht, da mit ihr regelmäßig auch eine Störung des arbeitsrechtl. Austauschverhältnisses einhergeht[10]. 82

Dagegen ist die Frage, ob eine Auswirkung auch in Zukunft zu befürchten ist, komplexer. Allgemein wird sich eine negative Zukunftsprognose bei einer verhaltensbedingten Kündigung ergeben, wenn eine Wiederholungsgefahr besteht oder das vergangene Ereignis sich auch künftig belastend auswirkt[11]. Eine Wiederholungsgefahr resultiert dabei regelmäßig aus der Nichtbeachtung einer Abmahnung[12]. Eine unabhängig von einer Wiederholungsgefahr bestehende negative Prognose ergibt sich, wenn die Grundlage für eine Fortsetzung des Arbeitsverhältnisses unwiderruflich zerstört ist[13]. 83

Treten die nachteiligen Auswirkungen zwar nicht sofort ein, sind aber deren Eintritt zu einem bestimmten späteren Zeitpunkt vor einer möglichen ordentl. Beendigung des Arbeitsverhältnisses absehbar, muss die außerordentl. Kündigung schon vorab in der Frist des § 626 II BGB ausgesprochen werden. Die Kündigung wirkt dann erst zu dem besagten späteren Zeitpunkt[14]. 84

g) **Problem mehrerer Kündigungssachverhalte. aa) Gruppenbildung.** Nach ganz hM[15] können gleichartige Gründe zu einem wichtigen Grund zusammengefasst werden. Dh., die Kündigungssachverhalte sind wie bei einer ordentl. Kündigung in personenbedingte, verhaltensbedingte und betriebsbedingte Gründe einzuteilen. Nur wenn bereits ein einzelner Grund die Fortsetzung des Arbeitsverhältnisses unzumutbar werden lässt[16], erübrigt sich eine Gesamtbetrachtung. 85

---

1 APS/*Dörner*, § 626 BGB Rz. 21 und 23; *Ascheid*, Rz. 113. | 2 BAG v. 30.5.1978 – 2 AZR 630/76 und v. 15.11.1984 – 2 AZR 613/83, AP Nr. 70 und 87 zu § 626 BGB; ErfK/*Müller-Glöge*, § 626 BGB Rz. 61. | 3 APS/*Dörner*, § 626 BGB Rz. 56. | 4 KR/*Fischermeier*, § 626 BGB Rz. 81. | 5 Vgl. einerseits ErfK/*Müller-Glöge*, § 626 BGB Rz. 34; KR/*Fischermeier*, § 626 BGB Rz. 82; andererseits (krit.) MüKo/*Henssler*, § 626 BGB Rz. 76 ff. | 6 BAG v. 20.1.2000 – 2 ABR 40/99, AP Nr. 40 zu § 103 BetrVG 1972; *Herschel*, BB 1982, 253 f. | 7 KR/*Fischermeier*, § 626 BGB Rz. 101. | 8 APS/*Dörner*, § 626 BGB Rz. 26; ErfK/*Müller-Glöge*, § 626 BGB Rz. 38; abl. *Rüthers*, NJW 1998, 1433 ff. | 9 BAG v. 9.3.1995 – 2 AZR 497/94 und v. 21.11.1996 – 2 AZR 357/95, AP Nr. 123, 130 zu § 626 BGB; *Bitter/Kiel*, RdA 1995, 2635; *Preis*, Prinzipien, S. 224 ff.; aA *Adam*, ZTR 1999, 297; *Heinze*, FS für Söllner, 1990, S. 63, 69. | 10 BAG v. 17.1.1991 – 2 AZR 375/90, AP Nr. 25 zu § 1 KSchG – Verhaltensbedingte Kündigung; KR/*Fischermeier*, § 626 BGB Rz. 110. | 11 BAG v. 10.11.1988 – 2 AZR 215/88 und v. 16.8.1991 – 2 AZR 604/90, AP Nr. 3, 27 zu § 1 KSchG 1969 – Abmahnung; v. 21.11.1996 – 2 AZR 357/95, AP Nr. 130 zu § 626 BGB; APS/*Dörner*, § 626 BGB Rz. 26. | 12 *Bengelsdorf*, SAE 1992, 136; Erman/*Belling*, § 626 BGB Rz. 47; KR/*Fischermeier*, § 626 BGB Rz. 111. | 13 APS/*Dörner*, § 626 BGB Rz. 27; *Preis*, Prinzipien S. 336; *Willemsen*, Anm. zu BAG EzA § 626 BGB nF Nr. 116. | 14 BAG v. 14.3.1968 – 2 AZR 197/67, AP Nr. 2 zu § 72 HGB; v. 13.4.2000 – 2 AZR 259/99, AP Nr. 9 zu § 1 TVG – Tarifverträge: Bühnen. | 15 BAG v. 10.12.1992 – 2 AZR 271/92, AP Nr. 41 zu Art. 140 GG; *Ascheid*, Rz. 225; ErfK/*Müller-Glöge*, § 626 BGB Rz. 40; *Wank*, RdA 1993, 79 (88). | 16 BAG v. 22.7.1982 – 2 AZR 30/81, AP Nr. 5 zu § 1 KSchG 1969 – Verhaltensbedingte Kündigung; v. 10.12.1992 – 2 AZR 271/92, AP Nr. 41 zu Art. 140 GG; KR/*Fischermeier*, § 626 BGB Rz. 246.

86 Darüber hinaus kann nur in Ausnahmefällen von der isolierten Betrachtung der Gruppen von Kündigungsgründen abgewichen werden. So ist es in der Lit.[1] umstritten und vom BAG[2] noch nicht entschieden, ob eine Gesamtbetrachtung zumindest dann anzustellen ist, wenn die Voraussetzungen für eine verhaltensbedingte Kündigung geringfügig verfehlt werden und zudem die Erfordernisse für eine personen- oder betriebsbedingte Kündigung „nur knapp" nicht erfüllt sind. Hier bietet sich insoweit ein Mittelweg an, als man eine Bündelung der aus der Sphäre des ArbN stammenden personen- und verhaltensbedingten Gründe für zulässig hält[3]. Keinen zusätzlichen Ausschlag können dagegen betriebsbedingte Gründe geben, da es der ArbGeb ansonsten in der Hand hätte, durch eine entsprechende Unternehmerentscheidung die Anforderungen an eine außerordentl. Kündigung zu manipulieren.

87 **bb) Einhaltung der Frist zum Ausspruch der Kündigung.** Massive Einschränkungen der sachgruppenbezogenen bzw. sachgruppenübergreifenden Gesamtbetrachtung der Kündigungssachverhalte ergeben sich daraus, dass das BAG[4] eine Einbeziehung bekannter, älterer Kündigungsgründe nur zulässt, wenn zwischen verfristeten (§ 626 II!) und nichtverfristeten Sachverhalten ein „enger sachlicher (innerer) Zusammenhang" besteht. Dh., der neuerliche, noch nicht verfristete Kündigungsanlass muss ein letztes Glied in einer Kette gleichartiger Kündigungssachverhalte bilden. Gleiches gilt für verziehene oder verwirkte Kündigungsgründe[5].

88 Der hieran geübten Kritik[6] ist zuzugeben, dass das Erfordernis des inneren Zusammenhangs zu übermäßigen Einschränkungen führt. Die Ausschlussfrist des § 626 II bezieht sich nicht auf den einzelnen Kündigungsgrund, sondern auf die Ausübung des Gestaltungsrechts. Dagegen ist der Rspr. darin zuzustimmen, dass die Frist des § 626 II Makulatur wäre, wenn jeder unerhebliche Grund zum Wiederaufleben sämtlicher früherer Verfehlungen des ArbN führen könnte. Richtschnur sollte deshalb sein, dass die neuerlichen Gründe umso schwerer wiegen müssen, je weiter sie sich von verfristeten Gründen unterscheiden, um mit letzteren zusammen einen wichtigen Grund für die Auflösung des Arbeitsverhältnisses zu begründen.

89 **h) Mischtatbestände.** Kann ein einheitlicher Kündigungssachverhalt nicht eindeutig und zweifelsfrei dem Tatbestand einer verhaltens-, personen- oder betriebsbedingten Kündigung zugeordnet werden, spricht man von einem sog. Mischtatbestand[7]. Denkbar ist dies zB in dem Fall, dass ein ArbN durch schuldhaftes Verhalten einen Brand im Betrieb verursacht und dadurch ua. auch sein Arbeitsplatz vernichtet wird[8].

90 Das BAG[9] hat zuletzt offen gelassen, ob derartige Sachverhalte immer ausschließl. einem der drei gesetzl. geregelten Gruppen von Kündigungstatbeständen zugerechnet werden müssen[10], je nachdem, aus welchem Bereich die Störung primär stammt, bzw. danach, was als wesentliche Ursache anzusehen ist.

91 *Fischermeier*[11] hat in diesem Zusammenhang darauf hingewiesen, dass das BAG die Einteilung in personen-, verhaltens- und betriebsbedingte Gründe selbst nicht immer konsequent umsetzt. So wurde bei der Kündigung eines Lehrers wegen fehlender Lehrbefugnis trotz Annahme eines betriebsbedingten Grundes eine der personenbedingten Kündigung entsprechende Interessenabwägung verlangt[12]. Auch eine Druckkündigung soll alternativ als verhaltens-, personen- oder betriebsbedingte Kündigung zu prüfen sein[13].

92 **2. Relevante Faktoren bei der Rechtfertigung der außerordentlichen Kündigung. a) Interessenabwägung.** aa) Ist ein Sachverhalt an sich geeignet, einen wichtigen Grund zur Kündigung abzugeben, gelangt man im Rahmen der von der Rspr. vertretenen zweistufigen Prüfung (vgl. Rz. 74) zu einer umfassenden Abwägung des Interesses des ArbGeb an der Auflösung sowie des Interesses des ArbN an der Aufrechterhaltung des Arbeitsverhältnisses. Die Interessenabwägung erstreckt sich auf alle vernünftigerweise in Betracht zu ziehenden Umstände des Einzelfalles[14].

93 **bb)** Dieser weite Prüfungsmaßstab hat in der Lit. berechtigterweise Kritik hervorgerufen, da gar nicht mehr oder nur oberflächlich geprüft werde, ob und inwieweit die Kriterien bei der Interessenabwägung

---

1 Dafür HAS/*Popp*, § 19 B Rz. 241; dagegen *Rüthers/Henssler*, ZfA 1988, 33; HAS/*Preis*, § 19 f. Rz. 21, 31 ff. |2 Offen gelassen von BAG v. 10.12.1992 – 2 AZR 271/92, AP Nr. 41 zu Art. 140 GG. |3 *v. Hoyningen-Huene/Linck*, § 1 KSchG Rz. 169 ff.; KR/*Fischermeier*, § 626 BGB Rz. 248; *Wank*, RdA 1993, 88. |4 BAG v. 10.4.1975 – 2 AZR 113/74, AP Nr. 7 zu § 626 BGB – Ausschlussfrist; v. 10.12.1992 – 2 ABR 32/92, AP Nr. 4 zu § 87 ArbGG 1979; MüKo/*Henssler*, § 626 BGB Rz. 86. |5 KR/*Fischermeier*, § 626 BGB Rz. 250. |6 APS/*Dörner*, § 626 BGB Rz. 123; *Stahlhacke/Preis/Vossen*, Rz. 605. |7 BAG v. 17.5.1984 – 2 AZR 109/83, AP Nr. 21 zu § 1 KSchG 1969 – Betriebsbedingte Kündigung; v. 21.11.1985 – 2 AZR 21/85, AP Nr. 12 zu § 1 KSchG 1969; KR/*Fischermeier*, § 626 BGB Rz. 159. |8 Beispiel nach *Rüthers/Henssler*, ZfA 1988, 42. |9 BAG v. 6.11.1997 – 2 AZR 94/97, AP Nr. 42 zu § 1 KSchG 1969. |10 So noch BAG v. 17.5.1984 – 2 AZR 109/83, AP Nr. 21 zu § 1 KSchG 1969 – Betriebsbedingte Kündigung; v. 21.11.1985 – 2 AZR 21/85, AP Nr. 12 zu § 1 KSchG 1969. |11 KR/*Fischermeier*, § 626 BGB Rz. 162 ff. |12 BAG v. 17.5.1984 – 2 AZR 109/83, AP Nr. 21 zu § 1 KSchG 1969 – Betriebsbedingte Kündigung. |13 BAG v. 31.1.1996 – 2 AZR 158/95, AP Nr. 13 zu § 626 BGB – Druckkündigung. |14 BAG v. 17.5.1984 – 2 AZR 3/83, AP Nr. 14 zu § 626 BGB – Verdacht strafbarer Handlung; v. 2.3.1989 – 2 AZR 280/88, AP Nr. 101 zu § 626 BGB; *Dütz*, NJW 1990, 2025, 2030 f.; Soergel/*Kraft*, § 626 BGB Rz. 33; krit. *Ascheid*, Rz. 125 ff.; *Rüthers*, NJW 1998, 1433 ff.; *Stahlhacke/Preis/Vossen*, Rz. 615.

überhaupt rechtl. bedeutsam sind. So wird ua. gefordert, den Prüfungsmaßstab normativ zu strukturieren[1] bzw. nur vertragsbezogene Interessen als berücksichtigungsfähiges Abwägungsmaterial anzuerkennen[2]. In die gleiche Richtung geht die Ansicht[3], eine relative Gewichtung der einzelnen Umstände in Bezug auf ihre „Nähe zum Arbeitsvertrag“ vorzunehmen. Entferntere Umstände können dann ohnehin nur Gewicht erlangen, wenn noch Zweifel an der Rechtmäßigkeit der Kündigung bestehen. Kommt man bereits auf Grund der primär für den Arbeitsvertrag relevanten Interessen zu einem eindeutigen Ergebnis, sind weitere Gesichtspunkte zu vernachlässigen[4].

Vertragsbezogene Interessen des ArbGeb ergeben sich aus den betrieblichen Erfordernissen. Die Berücksichtigungsfähigkeit personenbezogener Umstände des ArbN richtet sich dagegen nach dem jeweiligen Kündigungssachverhalt bzw. der Verbindung zwischen schutzwürdigen Interessen und dem Zweck der Kündigung[5]. Ergibt sich damit im Falle einer Pflichtverletzung des ArbN eine konkrete Störung des Betriebsablaufes oder eine Schädigung des Produktionszwecks, ist dies ohne weiteres beachtlich. Demgegenüber treten die Interessen des ArbN, die aus seinem Lebensalter, seinen Unterhaltsverpflichtungen, der Lage auf dem Arbeitsmarkt sowie den sonstigen Faktoren, die seine soziale Schutzbedürftigkeit begründen, resultieren, regelmäßig zurück[6]. 94

cc) Nicht vertragsbezogen und daher grds. nicht zu berücksichtigen sind: 95

- die allgemeine wirtschaftl. Lage des ArbN sowie
- die allgemeine schlechte Lage am Arbeitsmarkt[7]. Die Arbeitsmarktchancen können allenfalls individuell berücksichtigt werden[8]. Nach umstrittener Ansicht des BAG[9] ist dagegen die wirtschaftl. Lage des Unternehmens berücksichtigungsfähig.
- die diskriminierende Wirkung einer außerordentl. Kündigung kann in aller Regel nicht berücksichtigt werden, da sie typische Folge ist[10].

dd) Dagegen zählen zu den bei einer Interessenabwägung zu beachtenden Faktoren: 96

(1) Gewichtung bei den Interessen des ArbGeb

- Art und Schwere der Verfehlung.
- Umfang des verursachten Schadens[11].
- Wiederholungsgefahr.
- Beharrlichkeit des pflichtwidrigen Verhaltens[12].
- herausgehobene Stellung des ArbN im Betrieb.
- Grad des Verschuldens. Dieser ist wesentlicher Gesichtspunkt der Abwägung bei verhaltensbedingten Gründen[13]. Dementsprechend wirkt ein vorsätzliches Verhalten uneingeschränkt gegen den ArbN. Eine einmalige bloß fahrlässige Pflichtverletzung rechtfertigt eine außerordentl. Kündigung erst dann, wenn der ArbN besondere Verantwortung trägt und durch sein Verschulden einen hohen Schaden verursacht hat[14], uU sogar bei einmaligem Versagen ohne vorherige Abmahnung. Entlastend dagegen wirkt die Entschuldbarkeit eines Verbotsirrtums[15].
- wirtschaftl. Lage des Unternehmens[16].

(2) Gewichtung bei den Interessen des ArbN 97

- die Dauer der Betriebszugehörigkeit des ArbN ist wesentliches Kriterium, das seinen Ursprung im Arbeitsverhältnis selbst hat[17]. Dies gilt insb. wenn der ArbN eine tadelsfreie Beschäftigungszeit vorweisen kann. Vertragstreues Verhalten, bisherige Leistungen und Bewährung im Betrieb sind zu Gunsten des ArbN zu berücksichtigen[18]. Hat aber die vermeintliche Betriebstreue des ArbN den Arb-

1 APS/*Dörner*, § 626 BGB Rz. 111; ErfK/*Müller-Glöge*, § 626 BGB Rz. 62 ff. | 2 Dh. Umstände und Verhaltensweisen, die sich auf das Arbeitsverhältnis auswirken können. *Ascheid*, Rz. 137; KR/*Fischermeier*, § 626 BGB Rz. 94; *Preis*, Prinzipien, S. 224 f. | 3 KR/*Fischermeier*, § 626 BGB Rz. 238. | 4 Vgl. BAG v. 27.2.1997 – 2 AZR 302/96, AP Nr. 36 zu § 1 KSchG 1969 – Verhaltensbedingte Kündigung. | 5 APS/*Dörner*, § 626 BGB Rz. 113; *Preis*, DB 1990, 630 ff. | 6 APS/*Dörner*, § 626 BGB Rz. 112; KR/*Etzel*, § 1 KSchG Rz. 549; großzügiger KR/*Fischermeier*, § 626 BGB Rz. 241. | 7 ErfK/*Müller-Glöge*, § 626 BGB Rz. 70; *Preis*, Prinzipien, S. 232 sowie 239. | 8 BAG v. 29.1.1997 – 2 AZR 292/96, AP Nr. 131 zu § 626 BGB; ErfK/*Müller-Glöge*, § 626 BGB Rz. 69. | 9 BAG v. 22.2.1980 – 7 AZR 295/78, AP Nr. 6 zu § 1 KSchG 1969; aA APS/*Dörner*, § 626 BGB Rz. 114; *Preis*, Prinzipien, S. 232. | 10 ErfK/*Müller-Glöge*, § 626 BGB Rz. 69. | 11 BAG v. 12.8.1999 – 2 AZR 923/98, AP Nr. 28 zu § 626 BGB – Verdacht strafbarer Handlung; v. 27.4.2006 – 2 AZR 415/05, NZA 2006, 1033. | 12 BAG v. 21.1.1999 – 2 AZR 665/98, AP Nr. 151 zu § 626 BGB. | 13 BAG v. 25.4.1991 – 2 AZR 624/90, AP Nr. 104 zu § 626 BGB; v. 14.2.1996 – 2 AZR 274/95, AP Nr. 26 zu § 626 BGB – Verdacht strafbarer Handlung; v. 21.1.1999 – 2 AZR 665/98, AP Nr. 151 zu § 626 BGB; ErfK/*Müller-Glöge*, § 626 BGB Rz. 64. | 14 BAG v. 4.7.1991 – 2 AZR 79/91, RzK I 6a Nr. 73. | 15 BAG v. 14.2.1996 – 2 AZR 274/95, AP Nr. 26 zu § 626 BGB – Verdacht strafbarer Handlung; APS/*Dörner*, § 626 BGB Rz. 106. | 16 BAG v. 22.2.1980 – 7 AZR 295/78, AP Nr. 6 zu § 1 KSchG 1969; aA APS/*Dörner*, § 626 BGB Rz. 114; KR/*Fischermeier*, § 626 BGB Rz. 241; *Preis*, Prinzipien, S. 232. | 17 BAG v. 13.12.1984 – 2 AZR 454/83, AP Nr. 81 zu § 626 BGB; ErfK/*Müller-Glöge*, § 626 BGB Rz. 66; KR/*Fischermeier*, § 626 BGB Rz. 241; aA *Tschöpe*, NZA 1985, 588, 590. | 18 ErfK/*Müller-Glöge*, § 626 BGB Rz. 66; *Preis*, DB 1990, 630 ff.

Geb dazu veranlasst, dem betreffenden ArbN größeres Vertrauen zu schenken, wird durch einen Vertrauensbruch seitens des ArbN die Vertrauensgrundlage besonders stark erschüttert[1].

- Lebensalter des ArbN ist berücksichtigungsfähig[2]. Verfehlt ist es aber, die Anforderung an eine außerordentl. Kündigung proportional zum Alter des ArbN anzuheben. Die Berücksichtigungsfähigkeit des Lebensalters korrespondiert mit den aus der Dauer der Betriebszugehörigkeit resultierenden ArbN-Interessen und verstärkt diese ggf. Dies gilt insb. bei einer personenbedingten Kündigung.
- Folgen der Auflösung des Arbeitsverhältnisses[3]. Auf Grund der finanziellen Folgen des Arbeitsplatzverlustes sind Unterhaltspflichten des ArbN berücksichtigungsfähig[4], wenn auch nicht immer zwingend berücksichtigungspflichtig. Wird die Kündigung zB auf ein vorsätzliches Vermögensdelikt zum Nachteil des ArbGeb gestützt, können Unterhaltspflichten des ArbN allenfalls dann für die Interessenabwägung Bedeutung gewinnen, wenn die Tat wesentlich auf eine durch eine Unterhaltspflicht verursachte schlechte Vermögenslage zurückzuführen ist[5]. Im Übrigen ist noch weitgehend ungeklärt, welche wirtschaftl. Folgen der außerordentl. Kündigung im Rahmen der Interessenabwägung zu berücksichtigen sind. Maßgebliches Kriterium wird sein, inwieweit eine realisierbare Aussicht des ArbN besteht, eine andere Anstellung zu finden[6] (vgl. § 112 V Nr. 2 BetrVG).
- Größe des Betriebes.
- guter Glaube des ArbN, fehlender Eigennutz und fehlende Eigeninitiative[7].
- sozialer Besitzstand des ArbN hat hohen Stellenwert[8].

98 **ee)** Die Gewichtung der einzelnen Umstände im Rahmen der Interessenabwägung hat vorwiegend nach ihrer arbeitsvertragl. Relevanz zu erfolgen. Diese kann je nach Fall unterschiedlich sein. Damit ist auch nicht ausgeschlossen, dass andere, oben nicht genannte Umstände Bedeutung erlangen[9].

99 **b) Unzumutbarkeit der Fortsetzung bis zum Fristablauf/Prüfungsmaßstab. aa) Kriterium der Zumutbarkeit.** Im Rahmen der anzustellenden Interessenabwägung kommt es maßgeblich auf die Zumutbarkeit der Fortsetzung des Arbeitsverhältnisses bis zum Ablauf der Kündigungsfrist oder bis zur vereinbarten Beendigung des Arbeitsverhältnisses an. Bei der Prüfung, ob ein wichtiger Grund vorliegt, ist ein objektiver Maßstab anzulegen. Es müssen Umstände gegeben sein, die nach verständigem Ermessen die Fortsetzung des Arbeitsverhältnisses nicht zumutbar erscheinen lassen[10].

100 **bb) Probleme beim Ausschluss der ordentlichen Kündigung.** (1) Ist die ordentl. Kündigung des ArbN (durch Einzel- oder Kollektivvertrag) ausgeschlossen, so ist grds. nicht auf eine fiktive ordentl. Kündigungsfrist abzustellen, sondern auf die tatsächliche künftige Vertragsbindung (dazu nachfolgend (2))[11]. Etwaige Wertungswidersprüche werden durch die Rspr. mittels einer Übernahme der Rechtsfolgen für eine ordentl. Kündigung kompensiert. So muss der ArbGeb ua. das Arbeitsverhältnis zumindest für einen Übergangszeitraum bis zum Ablauf einer fiktiven ordentl. Kündigungsfrist aufrecht erhalten (dazu nachfolgend (3)).

101 Nur ausnahmsw. ist im Rahmen der Unzumutbarkeitsprüfung auf eine fiktive ordentl. Kündigungsfrist abzustellen, wenn und soweit sich aus einem gesetzl. (zB § 15 KSchG) oder tarifvertragl. Sonderkündigungsschutz ergibt, dass eine außerordentl. Kündigung aus wichtigem Grund nur dann zulässig sein soll, falls der ArbGeb zu einer Kündigung ohne Einhaltung einer Kündigungsfrist berechtigt ist (dazu nachfolgend (4)).

102 (2) Durch das Eingreifen eines Sonderkündigungsschutzes kommt es mithin im Regelfall zu einer Verschiebung des Maßstabs für eine Unzumutbarkeitsprüfung. Diese Verschiebung kann sich für die Anerkennung eines wichtigen Grundes erleichternd und/oder erschwerend auswirken, je nachdem wie die Umstände des Einzelfalles gelagert sind[12]. Auf der einen Seite lässt sich ein wichtiger Grund eher bejahen, da dem ArbGeb die Fortsetzung des Arbeitsverhältnisses umso eher unzumutbar wird, je länger er trotz Kündigungsgrund am Vertrag festgehalten wird[13]. Zudem muss der ArbN uU nur eine Kündigung mit sozialer Auslauffrist hinnehmen. Auf der anderen Seite wirkt sich ein Sonderkündi-

---

1 BAG v. 16.10.1986 – 2 AZR 695/85, RzK I 6d Nr. 5; *Bengelsdorf*, SAE 1992, 121, 140; KR/*Fischermeier*, § 626 BGB Rz. 235 ff. |2 BAG v. 22.2.1980 – 7 AZR 295/78, AP Nr. 6 zu § 1 KSchG 1969 – Krankheit; v. 15.11.1995 – 2 AZR 974/94, AP Nr. 73 zu § 102 BetrVG 1972; ErfK/*Müller-Glöge*, § 626 BGB Rz. 67; zurückhaltend KR/*Fischermeier*, § 626 BGB Rz. 241; *Preis*, Prinzipien, S. 232. |3 BAG v. 11.3.1999 – 2 AZR 507/98, AP Nr. 149 zu § 626 BGB. |4 BAG v. 15.11.1995 – 2 AZR 974/94, AP Nr. 73 zu § 102 BetrVG 1972; v. 11.3.1999 – 2 AZR 507/98, AP Nr. 149 zu § 626 BGB. |5 BAG v. 2.3.1989 – 2 AZR 280/88, AP Nr. 101 zu § 626 BGB; v. 11.3.1999 – 2 AZR 507/98, AP Nr. 149 zu § 626 BGB. |6 KR/*Fischermeier*, § 626 BGB Rz. 243. |7 BAG v. 27.4.2006 – 2 AZR 415/05, NZA 2006, 1033. |8 BAG v. 7.6.1973 – 2 AZR 450/72, AP Nr. 1 zu § 626 BGB – Änderungskündigung. |9 *Ascheid*, Rz. 214 ff.; KR/*Fischermeier*, § 626 BGB Rz. 245. |10 BAG v. 3.11.1955 – 2 AZR 39/54, AP Nr. 4 zu § 626 BGB mit Anm. *A. Hueck*; KR/*Fischermeier*, § 626 BGB Rz. 109. |11 BAG v. 14.11.1984 – 7 AZR 474/83, AP Nr. 83 zu § 626 BGB; v. 28.3.1985 – 2 AZR 113/84, AP Nr. 86 zu § 626 BGB; ErfK/*Müller-Glöge*, § 626 BGB Rz. 74; KR/*Fischermeier*, § 626 BGB Rz. 301; aA MünchArbR/*Wank*, § 120 Rz. 20. |12 APS/*Dörner*, § 626 BGB Rz. 36; KR/*Fischermeier*, § 626 BGB Rz. 299. |13 BAG v. 22.7.1992 – 2 AZR 84/92, EzA § 626 BGB nF Nr. 141; v. 12.1.2006 – 2 AZR 242/05, AP Nr. 13 zu § 626 BGB – Krankheit.

gungsschutz aber bei der erforderlichen Interessenabwägung zumindest insoweit zu Gunsten des ArbN aus, als hier von Seiten des ArbGeb erhöhte Anstrengungen erwartet werden, den ArbN einen anderweitigen Arbeitsplatz zu beschaffen[1]. Auch kann der ArbGeb bei entsprechender vertraglicher Regelung ein erhöhtes Betriebsrisiko zu tragen haben (s. oben Rz. 53).

103 (3) Gelangt man nach dem anzulegenden Maßstab zu dem Ergebnis, dass einem ArbN nur deshalb außerordentl. gekündigt werden kann, weil dessen ordentl. Kündigung als milderes Mittel ausgeschlossen ist, muss der damit einhergehende Wertungswiderspruch dadurch aufgelöst werden, dass zu Gunsten des ArbN im Wege der sachgerechten Auslegung des gesetzl. oder tarifl. Sonderkündigungsschutzes die Einhaltung der gesetzl. oder tarifl. ordentl. Kündigungsfrist (sog. [soziale] Auslauffrist) verlangt wird[2]. Dies ist nur dann entbehrlich, wenn dem ArbGeb auch bei unterstellter Kündbarkeit des ArbN die Einhaltung einer Kündigungsfrist unzumutbar gewesen wäre[3]. Die reguläre ordentl. Kündigungsfrist ist weiter einzuhalten, wenn eine außerordentl. Kündigung nur möglich ist, weil die ordentl. Kündigung an die Einhaltung einer verlängerten Kündigungsfrist gebunden ist[4].

104 Diese Grundsätze wurden vom BAG[5] ursprünglich zur betriebsbedingten Kündigung entwickelt (dazu noch Rz. 229 ff.). Es spricht aber nichts dagegen, gleiches für eine personen- oder verhaltensbedingte Kündigung zu fordern, wenn ansonsten dem betreffenden ArbN bei fiktiver ordentl. Kündbarkeit nur fristgerecht gekündigt hätte werden können[6]. Darin liegt entgegen der geübten Kritik[7] keine Anerkennung eines minderwichtigen Grundes, da auch hier der Maßstab der Unzumutbarkeit gilt. Lediglich die Rechtsfolgen werden gemindert.

105 In den betreffenden Fällen einer außerordentl. Kündigung kann der ArbN aber nicht nur die Einhaltung der Frist einer fiktiven ordentl. Kündigung verlangen, er hat auch Anspruch auf die sonstigen „Vorteile“ einer ordentl. Kündigung. Insb. gelten für die BR- bzw. PersR-Beteiligung die Regeln einer ordentl. Kündigung, soweit diese für den ArbN günstiger sind. Deshalb kann zB statt einer bloßen Anhörung (die normalerweise bei einer außerordentl. Kündigung genügt), die Zustimmung des PersR erforderlich werden, sollte diese bei einer ordentl. Kündigung vorgeschrieben sein[8].

106 (4) Nach dem Wortlaut des § 15 KSchG ist bei einer gegenüber einem BR-Mitglied ausgesprochenen Kündigung im Rahmen der Zumutbarkeitsprüfung auf die fiktive Kündigungsfrist abzustellen[9]. Dies ist in dieser Allgemeinheit aber nicht mehr zutreffend.

107 Für den Fall einer betriebsbedingten Änderungskündigung hat das BAG[10] inzwischen abweichend Stellung bezogen und insoweit auf die Dauer des Sonderkündigungsschutzes abgestellt, weil in einem solchen Fall eine Verletzung des Schutzzwecks des § 15 KSchG nicht zu befürchten sei. So ist es möglich, § 15 IV und V KSchG die Entscheidung des Gesetzgebers zu entnehmen, dass der erhöhte Bestandsschutz der BR-Mitglieder nicht über der verfassungsrechtl. verankerte Unternehmerfreiheit steht[11]. Insoweit können BR-Mitglieder gegenüber anderen ordentl. unkündbaren ArbN keine Sonderbehandlung verlangen[12].

108 Es ist deshalb zu überlegen, ob bei der außerordentl. Kündigung mit sozialer Auslauffrist eines BR-Mitglieds nicht auch bei einer Kündigung aus verhaltens- oder personenbedingten Gründen auf das Ende des Sonderkündigungsschutzes abgestellt werden sollte. Das BAG[13] hat diese Frage in neueren Urteilen angesprochen, konnte sie aber jeweils offen lassen. Anlass sind Stimmen in der Lit.[14], wonach die Besserstellung der BR-Mitglieder auch bei einer verhaltens- oder personenbedingten Kündigung gegen § 78 II BetrVG sowie den Gedanken des § 626 I verstoße, weshalb dort ebenfalls eine erleichterte außerordentl. Kündigung mit Auslauffrist zuzulassen sei[15].

---

1 BAG v. 13.4.2000 – 2 AZR 259/99, NZA 2001, 277; kritisch (aus unterschiedlichen Erwägungen) APS/*Dörner*, § 626 BGB Rz. 40; KR/*Fischermeier*, § 626 BGB Rz. 301; *Stahlhacke/Preis/Vossen*, Rz. 796.
2 BAG v. 28.3.1985 – 2 AZR 113/84, EzA § 626 BGB nF Nr. 96; v. 5.2.1998 – 2 AZR 227/97, EzA § 626 BGB – Unkündbarkeit Nr. 2; v. 11.3.1999 – 2 AZR 427/98, EzA § 626 BGB nF Nr. 177; v. 21.6.2001 – 2 AZR 30/00, EzA Nr. 7 zu § 626 BGB Unkündbarkeit.
3 BAG v. 12.8.1999 – 2 AZR 923/98, EzA § 626 BGB – Verdacht strafbarer Handlung Nr. 8 (*Walker*); v. 13.4.2000 – 2 AZR 259/99, EzA § 626 BGB nF Nr. 180.
4 KR/*Fischermeier*, § 626 BGB Rz. 304.
5 BAG v. 4.6.1964 – 2 AZR 346/63, AP Nr. 3 zu § 133b GewO; LAG Hamm v. 22.1.1987 – 17 Sa 1377/87, LAGE § 626 BGB – Unkündbarkeit Nr. 1; KR/*Fischermeier*, § 626 BGB Rz. 305.
6 BAG v. 11.3.1999 – 2 AZR 427/98, AP Nr. 150 zu § 626 BGB; v. 21.6.2001 – 2 AZR 30/00, EzA Nr. 7 zu § 626 BGB – Unkündbarkeit; KR/*Fischermeier*, § 626 BGB Rz. 305.
7 MüKo/*Henssler*, § 626 BGB Rz. 120 unter Verweis auf BAG v. 4.6.1964 – 2 AZR 346/63, AP Nr. 3 zu § 133b GewO.
8 BAG v. 5.2.1998 – 2 AZR 227/97, AP Nr. 143 zu § 626 BGB; v. 18.1.2001 – 2 AZR 616/99, AP Nr. 1 zu § 28 LPVG Nds.; KR/*Fischermeier*, § 626 BGB Rz. 306.
9 BAG v. 8.8.1968 – 2 AZR 348/67, v. 14.11.1984 – 7 AZR 474/83 und v. 17.3.1988 – 2 AZR 576/87, AP Nr. 57, 83, 99 zu § 626 BGB; v. 6.3.1986 – 2 ABR 15/85, v. 18.2.1993 – 2 AZR 526/92 und v. 10.2.1999 – 2 ABR 31/98, AP Nr. 19, 35 und 42 zu § 15 KSchG 1969; ErfK/*Müller-Glöge*, § 626 BGB Rz. 76; aA KR/*Etzel*, § 15 KSchG Rz. 22 ff., der auf die Amtszeit und die Zeit des nachwirkenden Kündigungsschutzes des BR-Mitglieds abstellen will.
10 BAG v. 21.6.1995 – 2 ABR 28/94, AP Nr. 36 zu § 15 KSchG 1969 mit Anm. *Preis*; ErfK/*Müller-Glöge*, § 626 BGB Rz. 76.
11 KR/*Fischermeier*, § 626 BGB Rz. 133.
12 MüKo/*Henssler*, § 626 BGB Rz. 113; *Stahlhacke/Preis/Vossen*, Rz. 1631 f.
13 BAG v. 10.2.1999 – 2 ABR 31/98, AP Nr. 42 zu § 15 KSchG 1969; v. 27.9.2001 – 2 AZR 487/00, EzA § 15 KSchG nF Nr. 54.
14 KR/*Etzel*, § 15 KSchG Rz. 23.
15 ErfK/*Müller-Glöge*, § 626 BGB Rz. 76; KR/*Etzel*, § 15 KSchG Rz. 22; kritisch APS/*Dörner*, § 626 BGB Rz. 47; aA KR/*Fischermeier*, § 626 BGB Rz. 133; *Stahlhacke/Preis/Vossen*, Rz. 1648 f.

109 **c) Verhältnismäßigkeitsprinzip. aa) Grundsatz an sich.** (1) Da auch für die außerordentl. Kündigung der Grundsatz der Verhältnismäßigkeit gilt, ist diese nur zulässig, wenn sie unausweichlich, wenn sie das Letzte Mittel ist[1]. Im Einzelnen muss die außerordentl. Kündigung geeignet sein zur Beseitigung der Störung des Vertragsverhältnisses, sie muss erforderlich, dh. der geringstmögliche Eingriff (sog. Ultima-ratio-Prinzip) zur (vollständigen) Beseitigung der Störung sein und sie muss verhältnismäßig ieS sein, dh. es muss eine angemessene Mittel/Zweck-Relation zwischen der außerordentl. Kündigung und der Störung des Vertragsverhältnisses bestehen.

110 (2) Die ordentl. Kündigung hat als milderes Mittel gegenüber der außerordentl. Kündigung Vorrang[2]. Sie schließt aber eine außerordentl. Kündigung nur aus, wenn mit ihr eine adäquate Beseitigung der Störung erreicht werden kann und/oder die außerordentl. Kündigung deswegen nicht mehr verhältnismäßig im engeren Sinne erscheint. Kein milderes Mittel ist eine ordentl. Kündigung verbunden mit sofortiger (unbezahlter) Freistellung[3]. Eine bezahlte Freistellung wäre ungeeignet, da allein schon die Entgeltfortzahlung unzumutbar ist. Eine unbezahlte Freistellung stellt kein milderes Mittel dar, da zum Bestand des Arbeitsverhältnisses auch der Beschäftigungsanspruch des ArbN gehört[4].

111 (3) Andere neben einer Kündigung nach den konkreten Umständen zu erwägende mildere Mittel (insb. Abmahnung, Versetzung und Änderungskündigung) müssen bereits bei der ordentl. Kündigung daraufhin überprüft werden, ob sie objektiv möglich und geeignet sind[5].

112 Falls eine anderweitige Beschäftigung des ArbN möglich und zumutbar ist, stellt diese ein milderes Mittel dar, das gegenüber der außerordentl. Kündigung vorrangig ist[6]. Aus Sicht des ArbGeb ist dies der Fall, wenn durch die sofortige anderweitige Beschäftigung des ArbN der Kündigungsgrund entfällt oder zumindest insoweit abgeschwächt wird, dass nur noch eine ordentliche Kündigung erforderlich ist. Was dem ArbN zumutbar ist, entscheidet dieser weitgehend selbst. Nur wenn das Angebot beleidigend wäre, kann es unterbleiben. Nimmt der ArbN das Angebot des ArbGeb nicht an, kann der ArbGeb nur dann zur sofortigen Beendigungskündigung übergehen, wenn die Ablehnung durch den ArbN, trotz Drohung mit einer Beendigung des Arbeitsverhältnisses, vorbehaltlos und unter Berücksichtigung eines möglichen Vorbehalts entsprechend § 2 KSchG erfolgte[7]. Ansonsten ist – auch zB wenn sich der ArbN zum Angebot des ArbGeb nicht geäußert hat – eine Änderungskündigung vorrangig.

113 Kein gleich geeignetes und milderes Mittel gegenüber einer außerordentl. Kündigung sind die in einer betrieblichen Ordnung vorgesehenen Maßnahmen (Betriebsbußen). Weder sind Betriebsbußen in ihrer Rechtsfolge mit einer Kündigung vergleichbar, noch unterliegen sie als kollektiv rechtl. mitbestimmte Sanktionsmaßnahmen den Anforderungen an eine außerordentl. Kündigung. Sie sind oftmals an strengere Voraussetzungen gebunden als die Kündigung selbst[8].

114 **bb) Abmahnung. (1) Grundlagen.** Durch eine Abmahnung bringt der ArbGeb seine Missbilligung für ein vertragswidriges Verhalten des ArbN zum Ausdruck (Hinweis-, Ermahnungs- und Dokumentationsfunktion) und droht dem ArbN negative Rechtsfolgen für den Fall an, dass dieser sein Verhalten nicht ändert. Wird mit der Abmahnung die Kündigung angedroht, besteht eine Androhungs- und Warnfunktion[9].

115 Das Erfordernis einer Abmahnung folgt unabhängig von § 314 I aus dem Verhältnismäßigkeitsgrundsatz[10]. Die (außerordentl.) Kündigung ist idR erst dann gerechtfertigt, wenn zuvor wegen eines gleichen oder ähnlichen Verstoßes erfolglos abgemahnt wurde[11], weil zumeist erst dann vermutet werden kann, dass der ArbN sein Verhalten auch in Zukunft nicht auf die betrieblichen Bedürfnisse einstellen wird. Damit gehört die Abmahnung zur sachlichen Begründetheit der Kündigung[12], sollte nicht ausnahmsw. eine Abmahnung nach §§ 314 II 2, 323 II entbehrlich sein (dazu Rz. 134 ff.).

116 Für eine verhaltensbedingte Kündigung ist eine Abmahnung nach dem BAG[13] nicht nur im Leistungsbereich, sondern auch im Vertrauensbereich (zB Straftaten; unzulässige Manipulationen) erforderlich,

---

1 BAG v. 30.5.1978 – 2 AZR 630/76, AP Nr. 70 zu § 626 BGB; zusammenfassend BAG v. 9.7.1998 – 2 AZR 201/98, EzA § 626 BGB – Krankheit Nr. 1; ErfK/*Müller-Glöge*, § 626 BGB Rz. 44. | 2 KR/*Fischermeier*, § 626 BGB Rz. 252; *Stahlhacke/Preis/Vossen*, Rz. 613. | 3 BAG v. 11.3.1999 – 2 AZR 507/98, AP Nr. 149 zu § 626 BGB; ErfK/*Müller-Glöge*, § 626 BGB Rz. 60; aA LAG Düsseldorf v. 5.6.1998 – 11 Sa 2062/97, LAGE § 626 BGB Nr. 120. | 4 APS/*Dörner*, § 626 BGB Rz. 89. | 5 KR/*Griebeling*, § 1 KSchG Rz. 214 ff. | 6 BAG v. 30.5.1978 – 2 AZR 630/76, AP Nr. 70 zu § 626 BGB; v. 22.7.1982 – 2 AZR 30/81, AP Nr. 5 zu § 1 KSchG 1969 – Verhaltensbedingte Kündigung; v. 10.11.1994 – 2 AZR 242/94, AP Nr. 65 zu § 1 KSchG – Betriebsbedingte Kündigung. | 7 BAG v. 21.4.2005 – 2 AZR 132, 244/04, NZA 2005, 1289 (1294); v. 21.9.2006 – 2 AZR 607/05, NZA 2007, 431. | 8 Vgl. BAG v. 17.1.1991 – 2 AZR 375/90, AP Nr. 25 zu § 1 KSchG 1969 – Verhaltensbedingte Kündigung; 17.10.1989 – 1 ABR 100/88, AP Nr. 12 zu § 87 BetrVG – Betriebsbuße; ErfK/*Müller-Glöge*, § 626 BGB Rz. 57; aA *Gräfl*, Außerordentliche Kündigung, LzK 240 Rz. 55. | 9 ErfK/*Müller-Glöge*, § 626 BGB Rz. 45. | 10 BAG v. 12.7.1984 – 2 AZR 320/83, AP Nr. 32 zu § 102 BetrVG 1972; v. 21.2.2001 – 2 AZR 579/99, AP Nr. 32 zu § 611 BGB – Kirchendienst; *Schaub*, NZA 1997, 1185 ff. | 11 BAG v. 19.6.1967 – 2 AZR 287/66, AP Nr. 1 zu § 124 GewO; v. 8.8.1968 – 2 AZR 348/67, AP Nr. 57 zu § 626 BGB; v. 17.2.1994 – 2 AZR 616/93, AP Nr. 116 zu § 626 BGB. | 12 BAG v. 21.2.2001, AP Nr. 32 zu § 611 BGB – Kirchendienst; *Adam*, AuR 2001, 41; *Ascheid*, Rz. 66. | 13 BAG v. 4.6.1997 – 2 AZR 526/96, AP Nr. 137 zu § 626 BGB nF; v. 11.3.1999 – 2 AZR 427/98, AP Nr. 150 zu § 626 BGB.

wenn der Verstoß erstens nicht so schwerwiegend ist, dass er das Vertrauensverhältnis grundlegend erschüttert hat, zweitens eine Kündigung ohne Abmahnung nicht gerechtfertigt wäre (zB bloßes Bagatelldelikt) und es sich drittens um ein steuerbares Verhalten des ArbN handelt, da dann angenommen werden kann, dass der ArbN nach Abmahnung sein Verhalten ändern wird und so das Vertrauen wieder hergestellt werden kann.

Bei einer personenbedingten Kündigung ist eine Abmahnung nur ausnahmsw., nämlich dann erforderlich, wenn der ArbN den Kündigungsgrund durch ein steuerbares Verhalten (zB Fortbildung) beseitigen kann[1]. **117**

Das Abmahnungserfordernis gilt auch für eine außerordentl. Kündigung durch den ArbN[2]. **118**

(2) **Inhalt und Wirksamkeit.** (a) Eine Abmahnung zur Vorbereitung einer Kündigung muss Hinweis- und Warnfunktion haben. Sie ist deshalb nur wirksam, wenn sie hinreichend bestimmt in „Tatbestand“ und „Rechtsfolge“ ist. Eine „Abmahnung“ ohne Warnfunktion taugt nur in sehr beschränktem Umfang zur Vorbereitung einer Kündigung. Es liegt aber im Belieben des ArbGeb, wenn dieser sich in Ausübung seines vertragl. Rügerechts dem Grundsatz der Verhältnismäßigkeit entsprechend mit einer solchen milderen „Sanktion“ zufrieden geben will[3]. **119**

Es ist deshalb von der „echten“ Abmahnung mit Warnfunktion die „Abmahnung ohne Warnfunktion“ als Verwarnung, Ermahnung oder Beanstandung zu unterscheiden[4]. **120**

Eine Abmahnung zur Vorbereitung einer eventuellen späteren Kündigung ist in ihrem Tatbestand konkret, wenn der ArbGeb das Fehlverhalten des ArbN hinreichend deutlich bezeichnet und individualisiert. Die Rechtsfolge wird dann ausreichend beschrieben, wenn der ArbGeb diese Leistungs- oder Verhaltensmängel mit dem Hinweis verbindet, dass bei zukünftigen gleichartigen Vertragsverletzungen der Inhalt oder Bestand des Arbeitsverhältnisses auf dem Spiel steht[5]. **121**

(b) Das Recht des ArbGeb zur Abmahnung folgt aus seiner Gläubigerstellung, dem allgemeinen vertragl. Rügerecht, welches jedem Vertragspartner gestattet, den anderen auf Vertragsverletzungen und sich daraus ergebende Rechtsfolgen hinzuweisen[6]. Zur Abmahnung ist der ArbGeb schon dann berechtigt, wenn ein objektiv vertragswidriges Verhalten des ArbN vorliegt[7], auch wenn die Vertragsverletzung auf einer Gewissensentscheidung beruht[8]. **122**

(c) Die Abmahnung ist ihrer Rechtsnatur nach eine empfangsbedürftige geschäftsähnliche Handlung, auf die die Vorschriften über Willenserklärungen zum Teil entsprechend anzuwenden sind. Überdies setzt die Wirksamkeit der Abmahnung neben dem Zugang grds. auch die Kenntnis des Empfängers vom Inhalt voraus[9]. Ein Schriftformerfordernis besteht nicht. **123**

Berechtigt zum Ausspruch der Abmahnung ist nicht nur der kündigungsberechtigte Vorgesetzte, sondern jeder Vorgesetzte, der verbindliche Anweisungen hinsichtlich Ort, Zeit sowie der Art und Weise der arbeitsvertragl. geschuldeten Arbeitsleistung erteilen kann[10]. Eine Zurückweisung nach § 174 ist möglich, führt aber nur zur erneuten Abmahnung bzw. provoziert eventuell sogar eine Kündigung. Wird eine Abmahnung ausgesprochen, begründet dies zugleich einen konkludenten Verzicht auf eine Kündigung wegen dieses Sachverhalts[11]. **124**

(d) Eine frühere unwirksame Kündigung kann eine Abmahnung ersetzen, wenn sie die notwendige Warnfunktion erfüllt. Dies ist der Fall, wenn der Kündigungssachverhalt feststeht, die Kündigung aber **125**

---

1 BAG v. 7.12.2000 – 2 AZR 459/99, AP Nr. 23 zu § 1 KSchG 1969 – Personenbedingte Kündigung; KR/*Fischermeier*, § 626 BGB Rz. 259; *Rüthers/Henssler*, ZfA 1988, 31 (41); aA *Adam*, AuR 2001, 41 (44); APS/*Dörner*, § 1 KSchG Rz. 375; *v. Hoyningen-Huene*, RdA 1990, 199 (201 ua.). | 2 BAG v. 25.7.1963 – 2 AZR 510/62, AP Nr. 1 zu § 448 ZPO; v. 19.6.1967 – 2 AZR 287/66, AP Nr. 1 zu § 124 GewO; v. 28.10.1971 – 2 AZR 15/71, EzA § 626 BGB nF Nr. 9; ErfK/*Müller-Glöge*, § 626 BGB Rz. 56. | 3 BAG v. 10.11.1988 – 2 AZR 215/88, AP Nr. 3 zu § 1 KSchG 1969 – Abmahnung. | 4 *v. Hoyningen-Huene*, RdA 1990, 199; *Kammerer*, Rz. 304; KR/*Fischermeier*, § 626 BGB Rz. 272; *Peterek*, Anm. zu BAG EzA § 611 BGB – Abmahnung Nr. 18. | 5 BAG v. 17.2.1994 – 2 AZR 616/93, AP Nr. 116 zu § 626 BGB; KR/*Fischermeier*, § 626 BGB Rz. 273; aA (Kündigungsandrohung ist entbehrlich) *v. Hase*, NJW 2002, 2278, 2280. | 6 BAG v. 22.2.1978 – 5 AZR 801/76, AP Nr. 84 zu § 611 BGB – Fürsorgepflicht; v. 17.1.1991 – 2 AZR 375/90, AP Nr. 25 zu § 1 KSchG 1969 – Verhaltensbedingte Kündigung; *Heinze*, FS Söllner, 1990, S. 63 (65). | 7 BAG v. 12.1.1988 – 1 AZR 219/86, AP Nr. 90 zu Art. 9 GG – Arbeitskampf; v. 21.4.1993 – 5 AZR 413/92, EzA § 543 ZPO Nr. 8; KR/*Fischermeier*, § 626 BGB Rz. 254; aA KDZ/*Kittner*, Einl. Rz. 86. | 8 LAG Frankfurt v. 20.12.1994 – 7 Sa 560/94, AP Nr. 18 zu § 611 BGB – Abmahnung; KR/*Fischermeier*, § 626 BGB Rz. 254. | 9 BAG v. 9.8.1984 – 2 AZR 400/83, AP Nr. 12 zu § 1 KSchG 1969 – Verhaltensbedingte Kündigung; KR/*Fischermeier*, § 626 BGB Rz. 269. | 10 BAG v. 18.1.1980 – 7 AZR 75/78, AP Nr. 3 zu § 1 KSchG 1969 – Verhaltensbedingte Kündigung; *Ascheid*, Rz. 84; ErfK/*Müller-Glöge*, § 626 BGB Rz. 51; *v. Hoyningen-Huene*, RdA 1990, 206; *Schaub*, NZA 1997, 1185 ff.; aA *Adam*, AuR 2001, 41 (43); HK/*Dorndorf*, § 1 Rz. 641; *Kammerer*, Rz. 353 f. (Beschränkung auf Personalleiter und -referenten); Kittner/Zwanziger/*Appel*, § 97 Rz. 8; *Koffka*, S. 111 f. | 11 BAG v. 10.11.1988 – 2 AZR 215/88, AP Nr. 3 zu § 1 KSchG 1969 – Abmahnung; ErfK/*Müller-Glöge*, § 626 BGB Rz. 53. Dies gilt nicht für eine Abmahnung ohne Warnfunktion: BAG v. 9.3.1995 – 2 AZR 644/94, NZA 1996, 875.

aus anderen Gründen unwirksam ist[1]. Auch eine auf Grund fehlender Anhörung des ArbN nach § 13 II 1 BAT (ohne Entsprechung im TVöD) formunwirksame Abmahnung hat Warnfunktion und wahrt daher die Verhältnismäßigkeit[2]. Reicht der Sachverhalt für die Kündigung nicht aus und ist der Kündigungsversuch deshalb erfolglos, kann wegen dieses Sachverhalts später noch eine Abmahnung ausgesprochen werden[3]. § 626 II ist auf die Abmahnung nicht entsprechend anwendbar[4]. Das Abmahnungsrecht wegen eines bestimmten Vorfalls kann aber verwirkt werden[5].

126 (e) Bedenklich ist es, wenn das BAG[6] von einer Abschwächung der Warnfunktion ausgeht, falls der ArbGeb es trotz mehrmaliger gleichartiger Pflichtverletzungen des ArbN jeweils bei einer Abmahnung belassen hat. Der ArbGeb soll dann bei einem erneuten Pflichtverstoß nur kündigen dürfen, wenn er die letzte Abmahnung vor Ausspruch der Kündigung besonders eindringlich gestaltet[7]. Damit aber hätte der ArbGeb mit der letzten (nicht eindringlich formulierten) Abmahnung nicht nur auf ein entstandenes, sondern auf ein künftiges Kündigungsrecht zumindest zum Teil verzichtet (s. dagegen oben Rz. 51).

127 (f) Zeitlich wirkt eine Abmahnung, sobald der ArbGeb dem ArbN (soweit nach Treu und Glauben notwendig) einen hinreichenden Zeitraum für die Korrektur der gerügten Leistungs- oder Verhaltensmängel eingeräumt hat[8]. Abgemahnte Leistungs- oder Verhaltensmängel behalten für den Fall späterer Verfehlungen ihre kündigungsrechtl. Bedeutung. Es wird aber oftmals eine erneute Abmahnung gefordert, wenn der durch eine Abmahnung erfasste Sachverhalt länger zurückliegt und/oder es sich um eine geringfügige Pflichtverletzung handelt[9]. Für den Fall einer $3^1/_2$ Jahre alten Abmahnung hat das BAG[10] deren Verwertbarkeit im Rahmen der Interessenabwägung bejaht. Etwas anderes gelte nur, wenn der ArbN wegen späterer Vorkommnisse im Unklaren sein konnte, was von ihm erwartet bzw. was sein ArbGeb noch tolerieren wird.

128 (g) Da das Abmahnungserfordernis aus dem Verhältnismäßigkeitsgrundsatz hergeleitet wird, muss nach dem BAG[11] eine Abmahnung selbst verhältnismäßig im engeren Sinne sein. Eine wirksame Abmahnung liegt damit nur vor, wenn ein vertretbares Verhältnis zwischen Fehlverhalten und Abmahnung besteht. Soweit die Abmahnung eine Kündigung vorbereiten soll, ist sie auf Pflichtverstöße zu beschränken, die nach einer Abmahnung geeignet sein könnten, eine Kündigung zu rechtfertigen[12]. Maßgeblich ist dabei die Sicht eines verständigen ArbGeb. Dieser muss den betreffenden Pflichtverstoß im Wiederholungsfall ernsthaft für kündigungsrelevant halten dürfen[13].

129 (h) Für den ArbN besteht weder eine Nebenpflicht noch eine Obliegenheit, gegen eine Abmahnung vorzugehen. Er kann sich also darauf beschränken, die Abmahnung zunächst hinzunehmen und ihre Richtigkeit in einem möglichen späteren Kündigungsschutzprozess zu bestreiten[14]. Eine schriftl. Abmahnung begründet weder einen Beweis noch eine Vermutung für den Wahrheitsgehalt der Abmahnung.

130 Der ArbN kann durch eine Abmahnung aber insoweit in seinen Rechten beeinträchtigt sein, als diese erstens Vorstufe zur Kündigung sein kann, sie zweitens zur Personalakte genommen und drittens das Persönlichkeitsrecht des ArbN beeinträchtigt wird[15]. Der ArbN kann damit auf Entfernung der Abmahnung aus der Personalakte und auf Widerruf der unberechtigten Abmahnung klagen[16]. Für den Anspruch auf Entfernung aus der Personalakte genügt schon, dass ein in der Abmahnung erhobener Vorwurf unzutreffend ist[17]. Selbst nach Entfernung der Abmahnung aus der Personalakte ist der ArbN nach dem BAG[18] nicht gehindert, einen Anspruch auf Widerruf der in der Abmahnung enthaltenen Erklärung einzuklagen. Inwieweit eine durchgeführte gerichtliche Überprüfung der Abmahnung für eine

---

1 BAG v. 31.8.1989 – 2 AZR 13/89, AP Nr. 23 zu § 1 KSchG 1969 – Verhaltensbedingte Kündigung; *v. Hoyningen-Huene*, RdA 1990, 193, 208. | **2** BAG v. 21.5.1992 – 2 AZR 551/91, AP Nr. 28 zu § 1 KSchG 1969 – Verhaltensbedingte Kündigung. | **3** BAG v. 7.9.1988 – 5 AZR 625/87, AP Nr. 2 zu § 611 BGB – Abmahnung. | **4** BAG v. 12.1.1988 – 1 AZR 219/86, AP Nr. 90 zu Art. 9 GG – Arbeitskampf; ErfK/*Müller-Glöge*, § 626 BGB Rz. 51; aA *Brill*, NZA 1985, 110. | **5** LAG Köln v. 28.3.1988 – 5 Sa 90/88, RzK I 1 Nr. 29; KDZ/*Kittner*, Einl. Rz. 138. | **6** BAG v. 15.11.2001 – 2 AZR 609/00, DB 2002, 689. | **7** Abl. auch *Buchner*, SAE 2003, 270. | **8** Hess. LAG v. 26.4.1999 – 16 Sa 1409/98, LAGE § 1 KSchG – Verhaltensbedingte Kündigung Nr. 71. | **9** LAG Hamm v. 25.9.1997 – 8 Sa 557/97, LAGE § 1 KSchG – Verhaltensbedingte Kündigung Nr. 59; *v. Hoyningen-Huene*, RdA 1990, 208; aA *Adam*, AuR 2001, 41 (42). | **10** BAG v. 10.10.2002 – 2 AZR 418/01, AP Nr. 180 zu § 626 BGB. | **11** BAG v. 13.11.1991 – 5 AZR 74/91, AP Nr. 7 zu § 611 BGB – Abmahnung; v. 30.5.1996 – 6 AZR 537/95, AP Nr. 2 zu § 611 BGB – Nebentätigkeit; *Adam*, AuR 2001, 41, 42; *Hromadka/Maschmann*, § 6 Rz. 162; aA LAG Hamm v. 16.4.1992 – 4 Sa 83/92, LAGE § 611 BGB – Abmahnung Nr. 32; *Berkowsky*, NZA-RR 2001, 57, 74; *Heinze*, FS Söllner 1990, S. 63, 86; krit. ErfK/*Müller-Glöge*, § 626 BGB Rz. 54. | **12** KR/*Fischermeier*, § 626 BGB Rz. 279; aA *Heinze*, FS Söllner, S. 63, 86; ErfK/*Müller-Glöge*, § 626 BGB Rz. 54. | **13** Vgl. BAG v. 16.1.1992 – 2 AZR 412/91, EzA § 123 BGB Nr. 36; KR/*Fischermeier*, § 626 BGB Rz. 279. | **14** BAG v. 13.3.1987 – 7 AZR 601/85, AP Nr. 18 zu § 1 KSchG 1969 – Verhaltensbedingte Kündigung; KR/*Fischermeier*, § 626 BGB Rz. 263; aA *Nägele* in Tschöpe, 3 D Rz. 173. | **15** BAG v. 15.1.1986 – 5 AZR 70/84, AP Nr. 96 zu § 611 BGB – Fürsorgepflicht; KR/*Fischermeier*, § 626 BGB Rz. 282. | **16** BAG v. 13.4.1988 – 5 AZR 537/86, AP Nr. 100 zu § 611 BGB – Fürsorgepflicht; v. 9.8.1992 – 5 AZR 531/91 und v. 15.4.1999 – 7 AZR 716/97, AP Nr. 8, 22 zu § 611 BGB – Abmahnung. | **17** BAG v. 13.3.1991 – 5 AZR 133/90, AP Nr. 5 zu § 611 BGB – Abmahnung. | **18** BAG v. 15.4.1999 – 7 AZR 716/97, AP Nr. 22 zu § 611 BGB – Abmahnung.

spätere (berichtigte) Abmahnung oder in einem späteren Kündigungsschutzprozess zu beachten ist, richtet sich nach der Reichweite der Rechtskraft des erstrittenen Urteils.

(i) Begeht der ArbN trotz der Abmahnung erneut eine vergleichbare[1] bzw. gleichartige[2] Pflichtverletzung, die in einem engen inneren sachlichen Zusammenhang mit einer bereits abgemahnten Pflichtverletzung steht[3], ergibt sich daraus (im Rahmen der anzustellenden Prognose für die künftige Entwicklung des Arbeitsverhältnisses) der nachhaltige Wille, den vertragl. Verpflichtungen nicht oder nicht ordnungsgemäß nachkommen zu wollen[4]. Der nachhaltige Wille ergibt sich daraus, dass der ArbN einen solchen Pflichtverstoß begeht, obwohl ihm gerade bezüglich eines derartigen Verhaltens eine Kündigung angedroht wurde. 131

Die Problematik liegt dabei darin, dass der Begriff der „Gleichartigkeit" bzw. der der „Vergleichbarkeit" in der Rspr. bislang nicht hinreichend präzisiert bzw. nur kasuistisch bestimmt worden ist[5]. Einig ist man sich dabei insoweit, dass der ArbN die „gleiche Störungshandlung" nicht wiederholen muss[6]. Es ist also „kein strenger formaler Maßstab anzulegen"[7]. Nicht immer genügt es, dass die Pflichtverletzungen des ArbN einfach dem selben Verhaltensbereich zugeordnet werden können. Erforderlich, aber auch genügend ist ein enger innerer sachlicher Zusammenhang zwischen den einzelnen Pflichtverletzungen (zB alle Formen der Verspätung bzw. des unentschuldigten Fehlens am Arbeitsplatz)[8]. Damit weitgehend deckungsgleich ist die Forderung, dass die Pflichtverstöße unter einem einheitlichen Kriterium zusammengefasst werden können müssen[9]. Bei Verhaltensweisen, die geeignet waren, das Ansehen des ArbGeb zu schädigen (ua. grobe Unhöflichkeiten gegenüber Kunden), hat das BAG[10] einen engen sachlichen Zusammenhang mit fachlichen Fehlleistungen verneint. 132

(j) Die Abmahnung unterliegt nicht der betrieblichen Mitbest. Dies gilt selbst dann, wenn sie sich auf eine die betriebliche Ordnung berührende Vertragspflichtverletzung bezieht. Die Abmahnung ist insoweit als Ausübung eines Gläubigerrechts rein individualrechtl. zu beurteilen[11]. Etwas anderes gilt im Fall einer Betriebsbuße. Sie hat Sanktionscharakter und kann deshalb nur auf Grundlage einer mitbestimmungspflichtigen Betriebsbußenordnung verhängt werden. Für die Abgrenzung zwischen einer Abmahnung und einer Betriebsbuße ist darauf abzustellen, wie der ArbN die Maßnahme des ArbGeb unter Berücksichtigung der Begleitumstände verstehen musste[12]. 133

(3) Ausnahmen vom Abmahnungserfordernis. (a) Eine Abmahnung ist ausnahmsw. nicht erforderlich, wenn sie nicht erfolgversprechend ist, dh., wenn nicht angenommen werden kann, dass sich der ArbN auf Grund der Abmahnung in Zukunft vertragsgemäß verhalten wird[13]. Dies ist der Fall, wenn der ArbN erkennbar nicht in der Lage oder gewillt ist, sich vertragsgerecht zu verhalten[14]. Dann muss der ArbGeb trotz Abmahnung mit weiteren Pflichtverletzungen rechnen[15]. 134

(b) Keinen Erfolg verspricht die Abmahnung einer Pflichtverletzung im Leistungsbereich, wenn es sich um eine besonders grobe Pflichtverletzung handelt und dem ArbN die Pflichtwidrigkeit seines Verhaltens ohne weiteres erkennbar war, so dass er mit der Billigung seines Verhaltens durch den ArbGeb nicht rechnen konnte[16] (entspricht in etwa dem wichtigen Grund iSd. § 626 I[17]). Eine besonders grobe Pflichtverletzung liegt vor, wenn es entweder um schwere Pflichtverletzungen geht, deren Rechtswidrigkeit dem ArbN ohne weiteres erkennbar war und er deshalb nicht mit der Hinnahme seines Verhaltens rechnen konnte[18] oder wenn eine Vertragsverletzung hartnäckig oder uneinsichtig begangen wird, so dass eine vertrags- und gesetzmäßige Abwicklung des Arbeitsvertrages nicht mehr zu erwarten ist[19]. 135

---

1 BAG v. 10.11.1988 – 2 AZR 215/88, AP Nr. 3 zu § 1 KSchG 1969 – Abmahnung; v. 16.1.1992 – 2 AZR 412/91, EzA § 123 BGB Nr. 36; ErfK/*Müller-Glöge*, § 626 BGB Rz. 45; aA (gegen das Erfordernis der Gleichartigkeit) *Heinze*, FS Söllner, 1990, S. 63, 83 ff.; *Walker*, NZA 1995, 601, 606. | 2 BAG v. 24.3.1988 – 2 AZR 680/87, RzK I 5i Nr. 35; KR/*Fischermeier*, § 626 BGB Rz. 281. | 3 BAG v. 16.1.1992 – 2 AZR 412/91, EzA § 123 BGB Nr. 36; v. 10.12.1992 – 2 ABR 32/92, AP Nr. 4 zu § 87 ArbGG 1979. | 4 BAG v. 10.11.1988 – 2 AZR 215/88, AP Nr. 3 zu § 1 KSchG 1969 – Abmahnung. | 5 KR/*Fischermeier*, § 626 BGB Rz. 281; *Sibben*, NZA 1993, 583 (584). | 6 *Ascheid*, Rz. 83. | 7 KR/*Fischermeier*, § 626 BGB Rz. 281. | 8 BAG v. 10.12.1992 – 2 ABR 32/92, AP Nr. 4 zu § 87 ArbGG 1979; ErfK/*Müller-Glöge*, § 626 BGB Rz. 45. | 9 *v. Hoyningen-Huene*, RdA 1990, 208. | 10 BAG v. 10.12.1992 – 2 ABR 32/92, AP Nr. 4 zu § 87 ArbGG 1979. | 11 BAG v. 30.1.1979 – 1 AZR 342/76, AP Nr. 2 zu § 87 BetrVG 1972 – Betriebsbuße; v. 17.10.1989 – 1 ABR 100/88, AP Nr. 12 zu § 87 BetrVG 1972 – Betriebsbuße; KR/*Fischermeier*, § 626 BGB Rz. 278; krit. *Kittner*, AuR 1993, 250. | 12 BAG v. 30.1.1979 – 1 AZR 342/76 und 7.11.1979 – 5 AZR 962/77, AP Nr. 2 und 3 zu § 87 BetrVG 1972 – Betriebsbuße; vgl. weiter zur Abgrenzung zwischen Abmahnung und Betriebsbuße; *Heinze*, NZA 1990, 169 ff.; *v. Hoyningen-Huene*, RdA 1990, 203 ff.; KR/*Fischermeier*, § 626 BGB Rz. 278. | 13 BAG v. 17.2.1994 – 2 AZR 616/93, AP Nr. 116 zu § 626 BGB. | 14 BAG v. 12.7.1984 – 2 AZR 320/83, AP Nr. 32 zu § 102 BetrVG 1972; *v. Hoyningen-Huene/Linck*, § 1 KSchG Rz. 285. | 15 BAG v. 18.5.1994 – 2 AZR 626/93, AP Nr. 3 zu § 108 BPersVG; ErfK/*Müller-Glöge*, § 626 BGB Rz. 48. | 16 BAG v. 27.4.1997 – 2 AZR 268/96, AP Nr. 27 zu § 611 BGB – Kirchendienst; v. 11.3.1999 – 2 AZR 507/98, AP Nr. 149 zu § 626 BGB. | 17 BAG v. 13.9.1995 – 2 AZR 587/94, AP Nr. 25 zu § 626 BGB – Verdacht strafbarer Handlungen. | 18 BAG v. 31.3.1993 – 2 AZR 492/92, AP Nr. 32 zu § 626 BGB – Ausschlussfrist; v. 26.8.1993 – 2 AZR 154/93, AP Nr. 112 zu § 626 BGB; KR/*Fischermeier*, § 626 BGB Rz. 268. | 19 BAG v. 28.10.1971 – 2 AZR 15/71, AP Nr. 62 zu § 626 BGB (betrifft Kündigung durch ArbN); v. 18.5.1994 – 2 AZR 626/93, AP Nr. 3 zu § 108 BPersVG; APS/*Dörner*, § 626 BGB Rz. 84.

136 (c) Die für ein Entfallen des Abmahnungserfordernisses im Leistungsbereich entwickelten Grundsätze gelten auch für ein pflichtwidriges Verhalten im Vertrauensbereich[1]. Keiner vorherigen Abmahnung bedarf es demnach, wenn der ArbN von vornherein mit der Missbilligung seines Verhaltens durch den ArbGeb rechnen musste, er aber gleichwohl seinen Arbeitsplatz riskiert hat[2]. Umgekehrt ist eine Abmahnung erforderlich, wenn der ArbN aus vertretbaren Gründen annehmen konnte, sein Verhalten sei nicht vertragswidrig oder werde vom ArbGeb zumindest nicht als ein erhebliches, den Bestand des Arbeitsverhältnisses gefährdendes Verhalten angesehen[3]. Dies korrespondiert mit der gleichfalls verwendeten Formulierung, dass eine Abmahnung nur notwendig ist, wenn es sich um ein steuerbares Verhalten des ArbN handelt und zudem Tatsachen vorliegen, die eine Wiederherstellung des Vertrauens erwarten lassen[4]. Entscheidend ist im Vertrauens- wie im Leistungsbereich das Gewicht der Pflichtverletzung, denn bei schwerwiegenden Verstößen wird sich weder die Wiederherstellung des Vertrauens begründen lassen[5] noch der Erfolg einer Abmahnung im Leistungsbereich.

137 (d) Die fristlose Kündigung eines GmbH-Geschäftsführers setzt wegen des der Anstellung zugrunde liegenden und erforderlichen besonderen Vertrauensverhältnisses grds. keine vorherige Abmahnung voraus[6].

138 **d) Anhörung.** Früher hatte das BAG[7] angenommen, die Fürsorgepflicht des ArbGeb gebiete die Anhörung des ArbN vor Ausspruch einer außerordentl. Kündigung, wenn nicht auszuschließen sei, dass dieser sich dabei entlasten könne. Dies führte zu Schwierigkeiten bei der Frage, welche Rechtsfolgen sich bei fehlender Anhörung ergeben. Deshalb hat das BAG später klargestellt, dass die Anhörung keine Wirksamkeitsvoraussetzung der außerordentl. Kündigung ist[8], es sei denn es handelt sich um eine Verdachtskündigung[9]. Auch für eine Druckkündigung ist keine Anhörung erforderlich[10]. Grund hierfür ist, dass die Anhörung am objektiven Tatbestand des wichtigen Grundes nichts ändern kann. Sie ist lediglich eine Obliegenheit, denn wenn der Kündigende keine Anhörung durchführt, läuft er Gefahr, einen späteren Kündigungsprozess aus Gründen zu verlieren, die er bei der Anhörung erfahren hätte. Unnötig ist es demgegenüber anzunehmen, der ArbGeb oder der ArbN könne unter besonderen Umständen auf Grund der Fürsorge- oder Treuepflicht zu einer Anhörung verpflichtet sein bzw. sich bei Unterlassung der Anhörung ggf. schadensersatzpflichtig machen, was im Wege der Naturalrestitution zur Fortsetzung des Arbeitsverhältnis führen würde. Soweit der Gekündigte nachweisen kann, die Kündigung wäre bei Durchführung einer Anhörung nicht erklärt worden, kann dies nur damit begründet werden, dass ein wichtiger Grund objektiv nicht vorgelegen hat[11]. Eine unberechtigte Kündigung führt aber bei rechtzeitiger Erhebung der Kündigungsschutzklage grds. nur zur Fortsetzung des Arbeitsverhältnisses und nicht zu einem Schadensersatzanspruch.

139 **e) Der wichtige Grund als objektives Tatbestandsmerkmal.** aa) Das Vorliegen eines wichtigen Grundes bestimmt sich nach ganz hM[12] anhand objektiver Kriterien, dh. der wichtige Grund wird allein auf Grund der objektiv vorliegenden Tatsachen bestimmt, die an sich geeignet sind, die Fortsetzung des Arbeitsverhältnisses unzumutbar zu machen. Weder enthält der Begriff ein subjektives Element noch ist ein Verschulden für das Vorliegen eines wichtigen Grundes erforderlich.

140 bb) Erst im Rahmen der erforderlichen Interessenabwägung (2. Stufe) wird die Frage des Verschuldens relevant. Insoweit wird ein wichtiger Grund idR[13] nur bei (rechtswidrigem und[14]) schuldhaftem Verhalten bejaht werden können[15], wobei allerdings auch Fahrlässigkeit ausreichen kann[16]. Die Frage, ob bei einem besonders schweren Fall einer schuldlosen Vertragspflichtverletzung ausnahmsw. eine verhaltensbedingte Kündigung in Betracht kommen kann, wird kontrovers diskutiert. Sie wird vom BAG in einer neueren Entscheidung sowie von Teilen der Lit. bejaht[17]. Das Anliegen der Gegenansicht[18],

---

1 BAG v. 4.6.1997 – 2 AZR 526/96, AP Nr. 137 zu § 626 BGB; v. 11.3.1999 – 2 AZR 427/98, AP Nr. 150 zu § 626 BGB; *Gerhards*, BB 1996, 794. | 2 BAG v. 10.2.1999 – 2 ABR 31/98, AP Nr. 42 zu § 15 KSchG 1969. | 3 BAG v. 7.10.1993 – 2 AZR 226/93, AP Nr. 114 zu § 626 BGB; v. 14.2.1996 – 2 AZR 274/95, AP Nr. 26 zu § 626 BGB – Verdacht strafbarer Handlung. | 4 BAG v. 4.6.1997 – 2 AZR 526/96, AP Nr. 137 zu § 626 BGB. | 5 ErfK/*Müller-Glöge*, § 626 BGB Rz. 49. | 6 BGH v. 14.2.2000 – II ZR 218/98, AP Nr. 16 zu § 611 BGB – Organvertreter; KR/*Fischermeier*, § 626 BGB Rz. 268; aA MüKo/*Henssler*, § 626 BGB Rz. 101. | 7 BAG v. 14.7.1960 – 2 AZR 64/59, AP Nr. 13 zu § 123 BGB; KR/*Fischermeier*, § 626 BGB Rz. 31. | 8 BAG v. 23.3.1972 – 2 AZR 226/71, AP Nr. 63 zu § 626 BGB (Leitsatz); v. 10.2.1977 – 2 ABR 80/76, AP Nr. 9 zu § 103 BetrVG 1972; KR/*Fischermeier*, § 626 BGB Rz. 31. | 9 BAG v. 23.3.1972 – 2 AZR 226/71, AP Nr. 63 zu § 626 BGB; v. 10.2.1977 – 2 ABR 80/76, AP Nr. 9 zu § 103 BetrVG 1972; *Stahlhacke/Preis/Vossen*, Rz. 762. | 10 BAG v. 4.10.1990 – 2 AZR 201/90, AP Nr. 12 zu § 626 BGB – Druckkündigung; Erman/*Belling*, § 626 BGB Rz. 27; aA ErfK/*Müller-Glöge*, § 626 BGB Rz. 71; *Gaul*, Arbeitsrecht im Betrieb II, L II Rz. 153. | 11 KR/*Fischermeier*, § 626 BGB Rz. 33 (mit Nachw. zur abw. Ansicht). | 12 BAG v. 17.8.1972 – 2 AZR 415/71, AP Nr. 65 zu § 626 BGB; v. 10.3.1977 – 2 AZR 79/76, EzA § 1 KSchG – Krankheit Nr. 4; v. 18.1.1980 – 7 AZR 260/78, AP Nr. 1 zu § 626 BGB – Nachschieben von Gründen; KR/*Fischermeier*, § 626 BGB Rz. 105. | 13 Anders in der Entscheidung BAG v. 21.1.1999 – 2 AZR 665/98, AP Nr. 151 zu § 626 BGB. | 14 KR/*Fischermeier*, § 626 BGB Rz. 139. | 15 BAG v. 14.12.1996 – 2 AZR 274/95, AP Nr. 26 zu § 626 BGB – Verdacht strafbarer Handlung; ErfK/*Müller-Glöge*, § 626 BGB Rz. 43. | 16 BAG v. 16.3.1961 – 2 AZR 539/59, AP Nr. 2 zu § 1 KSchG – Verhaltensbedingte Kündigung; v. 25.4.1991 – 2 AZR 624/90, AP Nr. 104 zu § 626 BGB. | 17 BAG v. 21.1.1999 – 2 AZR 665/98, AP Nr. 151 zu § 626 BGB; *Rüthers/Henssler*, ZfA 1988, 45. | 18 BAG v. 14.2.1996 – 2 AZR 274/95, AP Nr. 26 zu § 626 BGB – Verdacht strafbarer Handlung; KR/*Fischermeier*, § 626 BGB Rz. 139.

eine möglichst griffige Abgrenzung zur personenbedingten Kündigung zu gewährleisten, greift demgegenüber nicht durch. Das BAG[1] hat zu Recht darauf hingewiesen, dass zum einen § 628 I gegen eine solche Differenzierung spricht und zum anderen die Grenzziehung zwischen beiden Kündigungsgründen anhand der Begriffe „Verhalten“ und „Eignung“ stattzufinden hat. Der Gegensatz „schuldhaft“ oder „schuldlos“ stimmt mit dieser Differenzierung nicht überein. Man würde die Abgrenzung deshalb an anderer Stelle wieder verwischen oder müsste – was nicht hingenommen werden kann – Lücken beim Recht der außerordentl. Kündigung in Kauf nehmen.

cc) Der Kündigende muss bei Ausspruch der Kündigung die (gesamten) Tatsachen, die den wichtigen Grund begründen, nicht notwendigerweise kennen. Das Motiv der Kündigung ist zumindest idR unerheblich. Deshalb spielt es keine Rolle, dass der Kündigungsentschluss weniger durch die Vertragsverletzung als vielmehr durch die Abneigung gegenüber dem Gekündigten bestimmt wird. Es kommt allein darauf an, ob genügend Tatsachen für eine außerordentl. Kündigung aus wichtigem Grund vorliegen. Das Motiv hat nur Bedeutung, wenn ein widersprüchliches Verhalten vorliegt oder der Kündigende in verwerflicher Gesinnung handelt[2]. 141

f) Besonderheiten bei Eigengruppen. Im Falle einer Eigengruppe, dh. Arbeitsverhältnissen, bei denen sich eine selbständig gebildete Personenmehrheit in ihrer Gesamtheit zur Erbringung der Arbeitsleistung verpflichtet hat (Bsp.: Musikkapelle, Maurergruppe[3]), ist dem ArbGeb eine Einflussnahme auf die Zusammensetzung der Gruppe versagt. Dies führt zu kündigungsrechtl. Besonderheiten, da dem ArbGeb ein Zugriff auf den einzelnen ArbN verwehrt ist. Will der ArbGeb abmahnen oder kündigen, kann er dies nur gegenüber der ganzen Gruppe, nicht gegenüber einem einzelnen Mitglied der Eigengruppe[4]. 142

Dabei ist aber sehr genau darauf zu achten, ob überhaupt eine Eigengruppe vorliegt oder ob es sich lediglich um ein mittelbares Arbeitsverhältnis (wenn einer der ArbN als Repräsentant auftritt und auch die Anweisungen seitens des ArbGeb empfängt) oder ein selbständiges Dienstverhältnis handelt[5]. Weiter gilt beim „job-sharing“ für die (Beendigungs-)Kündigung eines ArbN § 13 II 1 TzBfG. Danach ist die Kündigung des Arbeitsverhältnisses eines ArbN durch den ArbGeb wegen des Ausscheidens eines anderen ArbN aus der Arbeitsplatzteilung unwirksam. 143

Zusätzliche Probleme entstehen, wenn einzelne Mitglieder einem Sonderkündigungsschutz unterfallen[6]. Hier wird man darauf abzustellen haben, ob das Mitglied der Eigengruppe, das den wichtigen Grund für eine außerordentl. Kündigung gesetzt hat, selbst einen Sonderkündigungsschutz in Anspruch nehmen kann. Ist dies nicht der Fall, gelten für die Kündigung aller Gruppenmitglieder keine Besonderheiten (str.). 144

g) Zeitpunkt der Entstehung des wichtigen Grundes. aa) Zeitlicher Bezugspunkt für die Prüfung des wichtigen Grundes ist der „Ausspruch“, dh. der Zugang (vgl. § 130 I 1[7]) der Kündigungserklärung[8]. Die außerordentl. Kündigung kann auf alle zum Zeitpunkt des Ausspruches der Kündigung objektiv vorhandenen Gründe gestützt werden. Dies gilt auch für bereits vor Beginn des Arbeitsverhältnisses eingetretene Gründe, soweit diese das Arbeitsverhältnis weiterhin erheblich belasten und dem Kündigenden bei Vertragsabschluss noch nicht bekannt waren[9]. Auch die Frage, wann der Grund entstanden ist, spielt grds. keine Rolle[10]. Soweit § 626 II als materiell-rechtl. Grenze zu beachten ist, gilt das oben (vgl. Rz. 87 f.) Gesagte. § 626 II bezieht sich nur auf den Zeitpunkt der Ausübung des Kündigungsrechts, nicht aber auf den Zeitpunkt der Entstehung des Kündigungsgrundes[11] (vgl. Rz. 402 ff.). Erst die Kenntnis vom Kündigungsgrund setzt die Frist in Lauf. Dementsprechend steht § 626 II dem Nachschieben nachträglich bekannt gewordener Gründe (nach bereits erfolgter Kündigung) nicht entgegen[12]. Zur prozessualen Seite des Nachschiebens von Gründen vgl. Rz. 458 ff. 145

bb) Einschränkungen für das ergänzende Heranziehen früher gesetzter Gründe bestehen, wenn auf Grund einer konstitutiven Formvorschrift die Kündigungsgründe schriftl. mitgeteilt werden müssen[13]. Weiter können Sachverhalte, die erst nach dem Zugang der Kündigungserklärung entstanden sind, eine bereits ausgesprochene Kündigung nicht rechtfertigen. Sie können nur zum Gegenstand einer neuen 146

---

1 BAG v. 21.1.1999 – 2 AZR 665/98, AP Nr. 151 zu § 626 BGB. |2 BAG v. 2.6.1960 – 2 AZR 91/58, AP Nr. 42 zu § 626 BGB; *A. Hueck*, Anm. zu AP Nr. 42 zu § 626 BGB; KR/*Fischermeier*, § 626 BGB Rz. 106 f. |3 KR/*Fischermeier*, § 626 BGB Rz. 423. |4 Zur Kündigung BAG v. 9.2.1960 – 2 AZR 585/57, AP Nr. 39 zu § 626 BGB; LAG Düsseldorf v. 6.9.1956 – 2a Sa 162/56, AP Nr. 12 zu § 626 BGB; ErfK/*Müller-Glöge*, § 626 BGB Rz. 72; *Rüthers*, ZfA 1977, 1 ff.; zur Abmahnung LAG Sa.-Anh. v. 8.3.2000 – 6 Sa 921/99, NZA-RR 2000, 528. |5 Für den Bereich des Mutterschutzes *Buchner/Becker*, 7. Aufl. 2003, § 1 MuSchG Rz. 40. |6 BAG v. 21.10.1971 – 2 AZR 17/71, AP Nr. 1 zu § 611 BGB – Gruppenarbeitsverhältnis; für einen Vorrang des Sonderkündigungsschutzes: ErfK/*Müller-Glöge*, § 626 BGB Rz. 72. |7 APS/*Dörner*, § 626 BGB Rz. 48; aA *Herschel*, Anm. zu BAG AP Nr. 39 zu § 1 KSchG. |8 BAG v. 27.2.1997 – 2 AZR 160/96, AP Nr. 1 zu § 1 KSchG 1969 – Wiedereinstellung; v. 29.4.1999 – 2 AZR 431/98, AP Nr. 36 zu § 1 KSchG 1969 – Krankheit. |9 BAG v. 17.8.1972 – 2 AZR 415/71, AP Nr. 65 zu § 626 BGB; v. 5.4.2001 – 2 AZR 159/00, AP Nr. 171 zu § 626 BGB. |10 BGH v. 5.5.1958 – II ZR 245/56, BAG v. 30.1.1963 – 2 AZR 143/62 und v. 17.8.1972 – 2 AZR 415/71, AP Nr. 26, 50, 65 zu § 626 BGB. |11 BAG v. 4.6.1997 – 2 AZR 362/96, AP Nr. 5 zu § 626 BGB – Nachschieben von Gründen. |12 BAG v. 17.8.1972 – 2 AZR 415/71, AP Nr. 65 zu § 626 BGB; v. 18.1.1980 – 7 AZR 260/78, AP Nr. 1 zu § 626 BGB – Nachschieben von Gründen. |13 BAG v. 25.11.1976 – 2 AZR 751/75, AP Nr. 4 zu § 15 BBiG; KR/*Fischermeier*, § 626 BGB Rz. 174.

Kündigung gemacht werden[1], bei der aber die alten Gründe ggf. ergänzend herangezogen werden können. Daraus ergibt sich, dass sowohl Gründe, die der ArbGeb bei Ausspruch der Kündigung nicht kannte, als auch solche, die er zwar kannte, aber dem ArbN nicht mitgeteilt hat, grds. nachgeschoben werden können[2].

147 cc) Darüber hinaus können nachträglich entstandene Sachverhalte zur Beurteilung der früheren Umstände herangezogen werden[3], nicht als Kündigungsgrund, aber als später erlangte Erkenntnisse, die eine bessere Würdigung der Tatsachen, die als Kündigungsgründe genannt werden, ermöglichen. Nach *Dörner*[4] muss zwischen den neuen Vorgängen und den vor der Kündigung entstandenen Gründen eine enge Beziehung bestehen. Das Nichtbeachten der neuerlichen Gründe muss dem Zerreißen eines einheitlichen Lebensvorgangs gleichstehen.

148 **3. Außerordentliche Kündigung durch den Arbeitgeber. a) Allgemeines.** aa) Der nachfolgend unter Rz. 151 ff. zusammengestellte Katalog der „wichtigen Gründe an sich" (1. Stufe) präzisiert die bisher gebildeten Fallgruppen (vgl. Rz. 85 ff.). Er ersetzt nicht die notwendige Einzelfallprüfung auf der 2. Stufe, sondern kann nur Anhaltspunkte für die Prüfung konkreter Sachverhalte geben. Soweit es aber um die Berücksichtigung der jeweils konkreten betrieblichen oder wirtschaftl. Auswirkungen einer bestimmten Störung des Arbeitsverhältnisses geht, sind diese bereits Teil des Kündigungsgrundes und nicht erst und ausschließlich bei der Interessenabwägung zu berücksichtigen[5].

149 bb) Ausgangspunkt der Fallgruppenbildung waren die früheren, inzwischen aufgehobenen gesetzl. Regelungen von Gründen für eine Kündigung aus wichtigem Grund (§§ 71, 72 HGB aF, 123, 124, 133c, d GewO aF). In diesen Vorschriften wurden als wichtige Gründe genannt:

- Anstellungsbetrug,
- beharrliche Arbeitsverweigerung oder Arbeitsvertragsbruch,
- dauernde oder anhaltende Unfähigkeit zur Arbeitsleistung,
- grobe Verletzung der Treuepflicht,
- Verstöße gegen das Wettbewerbsverbot,
- Dienstverhinderung durch eine längere Freiheitsstrafe des ArbN,
- erhebliche Ehrverletzung oder Tätlichkeiten des ArbN gegen den ArbGeb bzw. dessen Vertreter und umgekehrt,
- fehlende Zahlung des Arbeitsentgelts.

150 Das BAG[6] hatte sich darauf festgelegt, dass diese (inzwischen aufgehobenen) gesetzl. Regelungen Hinweise für typische Sachverhalte geben, die an sich geeignet sind, einen wichtigen Grund iSd. § 626 BGB abzugeben. Dennoch begründet das Vorliegen eines dieser Gründe noch keine tatsächliche Vermutung für die Unzumutbarkeit der Fortsetzung des Arbeitsverhältnisses. Dem Gekündigten steht es frei, im Rahmen der Interessenabwägung eine konkrete Beeinträchtigung des Arbeitsverhältnisses zu bestreiten[7].

151 **b) Katalog der an sich geeigneten Kündigungsgründe.** Der nachfolgende alphabetisch geordnete Katalog der Kündigungsgründe verzichtet auf eine weitere **Systematisierung**, da diese vom Blickwinkel abhängt, unter der die Kündigungsgründe betrachtet werden. Zur Prüfung, ob ein wichtiger Grund vorliegt, sind personen-, betriebs- und verhaltensbedingten Störungen[8] jeweils isoliert zu betrachten (dazu Rz. 85 f.). Eingeschränkt wird dies, soweit auch verfristete Gründe mit einbezogen werden sollen. Dann muss der durch die Störung betroffene Bereich des Arbeitsverhältnisses noch genauer ermittelt werden[9] (vgl. Rz. 87 f.), so dass eine weitere Differenzierung in einen Leistungsbereich, den Bereich der betrieblichen Verbundenheit aller Mitarbeiter, den persönlichen Vertrauensbereich sowie einen Unternehmensbereich notwendig ist.

152 • **Abkehrwille:** Der bloße Abkehrwille des ArbN, dh. seine Absicht, das Arbeitsverhältnis demnächst zu beenden, um sich selbständig zu machen oder eine andere Arbeitsstelle anzutreten, ist idR kein wichti-

1 BAG v. 11.12.1975 – 2 AZR 426/74, AP Nr. 1 zu § 15 KSchG 1969; BGH v. 28.4.1960 – VII ZR 218/59, AP Nr. 41 zu § 626 BGB; KR/*Fischermeier*, § 626 BGB Rz. 176. | 2 BAG v. 17.8.1972 – 2 AZR 415/71, AP Nr. 65 zu § 626 BGB; v. 18.1.1980 – 7 AZR 260/78, AP Nr. 1 zu § 626 BGB – Nachschieben von Gründen; Erman/*Belling*, § 626 BGB Rz. 31; KR/*Fischermeier*, § 626 BGB Rz. 178; aA *Neumann*, ArbR Ggw. Bd.7 (1970), S. 23, 40; *Birk*, Anm. zu AP Nr. 65 zu § 626 BGB. | 3 BAG v. 14.9.1994 – 2 AZR 164/94, AP Nr. 24 zu § 626 BGB – Verdacht strafbarer Handlung; RGRK/*Corts*, § 626 BGB Rz. 35. | 4 APS/*Dörner*, § 626 BGB Rz. 54. | 5 BAG v. 15.11.1984 – 2 AZR 613/83, AP Nr. 87 zu § 626 BGB. | 6 BAG v. 15.11.1984 – 2 AZR 613/83 und v. 17.3.1988 – 2 AZR 576/87, AP Nr. 87, 99 zu § 626 BGB; ErfK/*Müller-Glöge*, § 626 BGB Rz. 86; *Hromadka/Maschmann*, § 10 Rz. 109; kritisch KR/*Fischermeier*, § 626 BGB Rz. 87; aA KDZ/*Däubler* Rz. 2; HAS/*Popp*, § 19 B Rz. 175; Erman/*Belling*, § 626 BGB Rz. 34. | 7 KR/*Fischermeier*, § 626 BGB Rz. 87. | 8 *Ascheid*, Rz. 132; Erman/*Belling*, § 626 BGB Rz. 52; *Hromadka/Maschmann*, § 10 Rz. 111; KR/*Fischermeier*, § 626 BGB Rz. 128. | 9 BAG v. 6.2.1969 – 2 AZR 241/68, v. 3.12.1970 – 2 AZR 110/70 und v. 21.11.1996 – 2 AZR 357/95, AP Nr. 58, 60, 130 zu § 626 BGB.

ger Grund[1]. Er kann wegen des Schriftformerfordernisses der Kündigung (§ 623 BGB) auch nicht zur Verwirkung des allgemeinen Kündigungsschutzes führen[2]. Die Belange des ArbGeb können aber berührt sein, wenn der ArbN für ein Konkurrenzunternehmen tätig wird oder tätig werden will[3].

● **Abwerbung:** Nach hM liegt eine vertragswidrige Abwerbung durch einen ArbN vor, wenn dieser auf andere ArbN einwirkt, ihr Arbeitsverhältnis aufzugeben, um für den Abwerbenden oder einen anderen ArbGeb tätig zu werden. Damit die Abwerbung einen wichtigen Grund liefert, muss sie mit einer gewissen Ernsthaftigkeit und Beharrlichkeit betrieben werden[4]. Die beiläufige oder aus einer momentanen Situation heraus entstandene Frage eines leitenden Angestellten an einen ihm unterstellten Mitarbeiter, ob er mit ihm gehe, wenn er sich selbständig mache, ist noch keine Abwerbung[5]. Nicht erforderlich ist dagegen der Einsatz unlauterer Mittel oder dass die Abwerbung in verwerflicher Weise betrieben wird[6]. Will aber der ArbN ihm nachgeordnete Mitarbeiter zum Vertragsbruch verleiten, ist der neue ArbGeb ein Konkurrenzunternehmen oder zahlt das Konkurrenzunternehmen eine Vergütung für die Abwerbung, dann ist eine besondere Schwere der Pflichtverletzung gegeben[7]. Die Abgrenzung hat auch danach zu erfolgen, inwieweit der ArbN eigene verfassungsrechtl. geschützte (Art. 12 I GG) Interessen wahrnimmt (vgl. dazu auch § 75f HGB) und inwieweit der ArbN gegen ein vertragl. oder nachvertragl. Wettbewerbsverbot (siehe auch dort) verstößt. 153

● **Anzeige des ArbN gegen den ArbGeb:** Erstattet der ArbN gegen seinen ArbGeb bei einer staatlichen Stelle eine Anzeige, kann dies ein wichtiger Grund für eine Kündigung sein[8]. Entscheidend für eine Abgrenzung ist, aus welcher Motivation die Anzeige erfolgte, ob der ArbN mit der Anzeige eigene berechtigte Interessen verfolgt und ob letztlich in der Anzeige eine verhältnismäßige Reaktion des ArbN auf das Verhalten des ArbGeb gesehen werden kann[9]. Ein wichtiger Grund für eine Kündigung ist dann gegeben, wenn der in der Anzeige mitgeteilte Sachverhalt unwahr bzw. die Anzeige objektiv nicht gerechtfertigt ist[10]. Dies gilt insb., falls der ArbN zumindest leichtfertig, mit Schädigungsabsicht oder aus Rache handelt. Erstattet ein ArbN dagegen Strafanzeige, weil er von seinem ArbGeb (tatsächlich) beleidigt wurde, ist dies kein wichtiger Grund[11]. Ebenso darf ein ArbN, der die Verantwortung für die Sicherheit einer betrieblichen Anlage hat (zB Kernforschungsanlage), Sicherheitsbedenken bei den zuständigen Stellen in gehöriger Form erheben[12]. 154

Darüber hinaus hat das BAG[13] ein Kündigungsrecht auch dann für gegeben erachtet, wenn der ArbN kein eigenes Interesse an einem staatlichen Einschreiten hatte (hier Strafanzeige eines ArbN gegen den Geschäftsführer seines ArbGeb wegen behaupteter Verkehrsverstöße anlässlich einer gemeins. Dienstreise, um die Entziehung der Fahrerlaubnis zu erreichen). Anknüpfungspunkt hierfür ist die Zerstörung der Vertrauensgrundlage. Entsprechendes gilt für die heimliche Mitnahme von Geschäftsunterlagen zur Vorbereitung einer Strafanzeige[14]. Das BAG[15] hält den ArbN selbst dann nicht für berechtigt, Strafanzeige zu stellen, wenn der ArbN aufgefordert wurde, sich an den Gesetzesverstößen zu beteiligen, er aber die Möglichkeit hatte, sich einer Beteiligung zu entziehen. 155

Die im letzten Absatz dargestellten Urteile sind durch eine Entscheidung des BVerfG[16] vom 2.7.2001 zum Teil überholt. Danach ist es mit rechtsstaatlichen Grundsätzen nicht zu vereinbaren, wenn ein Verhalten des ArbN sanktioniert wird, mit dem er seinen Pflichten im Rechtsstaat, insb. der Zeugenpflicht als allgemeiner Staatsbürgerpflicht, nachkommt. Zivilrechtl. Nachteile sollen ihm nur dann drohen, wenn er wissentlich unwahre oder leichtfertig falsche Angaben macht. Selbst wenn der ArbN „freiwillig" zur Staatsanwaltschaft gegangen sein sollte, dort Aussagen gemacht und auf Grund eigenen Antriebs Unterlagen übergeben haben sollte, wäre der verfassungsrechtl. Aspekt zu beachten, dass er nur von der Rechtsordnung aufgestellte Pflichten erfüllt hat. Eine zivilrechtl. Entscheidung, die dieses 156

---

1 LAG BW v. 31.5.1961 – 4 Sa 70/60, DB 1961, 951 und v. 24.2.1969 – 4 Sa 114/68, BB 1969, 536; APS/*Dörner*, § 626 BGB Rz. 181. | 2 Anders BAG v. 22.10.1964 – 2 AZR 515/63, AP Nr. 16 zu § 1 KSchG – Betriebsbedingte Kündigung. | 3 LAG Hamm v. 14.12.1968 – 8 (5) Sa 37/68, BB 1969, 797 (798); ErfK/*Müller-Glöge*, § 626 BGB Rz. 119. | 4 LAG Rh.-Pf. v. 7.2.1992 – 6 Sa 528/91, LAGE § 626 BGB Nr. 64; LAG BW v. 30.9.1970 – 4 Sa 21/70, DB 1970, 2325; aA (bloße Abwerbung ist nicht vertragswidrig) APS/*Dörner*, § 626 BGB Rz. 294; *v. Hoyningen-Huene/Linck*, § 1 KSchG Rz. 308. | 5 LAG Stuttgart v. 30.9.1970 – 4 Sa 21/70, BB 1970, 1538; KR/*Fischermeier*, § 626 BGB Rz. 406. | 6 LAG Schl.-Holst. v. 6.7.1989 – 4 Sa 601/88, LAGE § 626 BGB Nr. 42; ErfK/*Müller-Glöge*, § 626 BGB Rz. 87. | 7 LAG Tübingen v. 31.3.1969 – 4 Sa 2/69, BB 1969, 789; LAG Düsseldorf v. 15.10.1969 – 6 Sa 117/69, BB 1969, 1542; KR/*Fischermeier*, § 626 BGB Rz. 406. | 8 BAG v. 5.2.1959 – 2 AZR 60/56, AP Nr. 2 zu § 70 HGB; v. 7.12.2006 – 2 AZR 400/05. | 9 BAG v. 18.6.1970 – 2 AZR 369/69, AP Nr. 82 zu § 1 KSchG; v. 4.7.1991 – 2 AZR 80/91, RzK I 6a Nr. 74; *Ascheid*, Rz. 461; krit. KR/*Fischermeier*, § 626 BGB Rz. 408. | 10 BAG v. 3.7.2003 – 2 AZR 235/02, NZA 2004, 427; aA (enger; allein wenn ArbN wissentlich oder leichtfertig falsche Angaben gemacht hat) LAG Düsseldorf v. 17.1.2001 – 11 Sa 1422/01, DB 2002, 1612; LAG Frankfurt v. 12.2.1987 – 12 Sa 1249/86, LAGE § 626 BGB Nr. 28. | 11 LAG Tübingen v. 29.6.1964 – 4 Sa 12/64, DB 1964, 1451; KR/*Fischermeier*, § 626 BGB Rz. 408. | 12 BAG v. 14.12.1972 – 2 AZR 115/72, AP Nr. 8 zu § 1 KSchG – Verhaltensbedingte Kündigung. | 13 BAG v. 18.12.1980 – 2 AZR 980/78, AP Nr. 4 zu § 174 BGB. | 14 LAG Düsseldorf v. 21.2.1953, BB 1953, 532; KR/*Fischermeier*, § 626 BGB Rz. 408. | 15 BAG v. 5.2.1959 – 2 AZR 60/56, AP Nr. 2 zu § 70 HGB; KR/*Fischermeier*, § 626 BGB Rz. 408; krit. *Preis/Reinfeld*, AuR 1989, 361 ff.; *Söllner*, FS Herschel, S. 389, 404; abl. APS/*Dörner*, § 626 BGB Rz. 191; MüKo/*Henssler*, § 626 BGB Rz. 167. | 16 BVerfG v. 2.7.2001 – 1 BvR 2049/00, AP Nr. 170 zu § 626 BGB; hierzu *Müller*, NZA 2002, 424.

im Rahmen eines Kündigungsschutzprozesses verkennt oder missachtet, verletzt den betroffenen Bürger in seinem Grundrecht aus Art. 2 I GG iVm. dem Rechtsstaatsprinzip. Das BAG will dem nun durch einen umfassenden Abwägungsprozess, bei dem aber nach wie vor auch die Motive und alternative Handungsmöglichkeiten des ArbN eine Rolle spielen, nachkommen[1].

157 Zur Drohung mit Strafanzeige oder Veröffentlichungen in der Presse s. unter *Strafbare Handlungen* Gliederungspunkt *Nötigung/Erpressung*.

158 • **Arbeitsbeschaffungsmaßnahme:** Gem. § 270 II SGB III (vgl. Rz. 5) kann das Arbeitsverhältnis im Rahmen einer Arbeitsbeschaffungsmaßnahme außerordentl. gekündigt werden, wenn die AA den ArbN abberuft.

159 • **Arbeitserlaubnis, fehlende:** Die fehlende, aber notwendige Arbeitserlaubnis eines ausländischen ArbN nach §§ 284 ff. SGB III kann einen personenbedingten Grund zur Kündigung darstellen[2].

160 Von vornherein kein wirksames Arbeitsverhältnis wird begründet, wenn den Beteiligten das Fehlen der Arbeitserlaubnis von Anfang an bewusst war, das Arbeitsverhältnis aber dennoch ohne Genehmigung durchgeführt werden sollte, § 134. Läuft dagegen die Arbeitserlaubnis ab oder zerschlägt sich die Erwartung der Beteiligten auf baldige Erteilung einer Arbeitserlaubnis, obliegt es dem ArbGeb zu kündigen[3]. Ist die Erteilung der Arbeitserlaubnis (ggf. nach Einlegung von Rechtsmitteln) noch möglich, ist eine Kündigung gerechtfertigt, falls bei objektiver Betrachtung mit der Erteilung der Erlaubnis nicht zu rechnen war und der Arbeitsplatz für den ArbN nicht ohne erhebliche betriebliche Beeinträchtigung frei gehalten werden kann[4]. Wirkt der ArbGeb selbst (arglistig) der Erteilung der Arbeitserlaubnis entgegen, kann er sich im Kündigungsschutzprozess nicht auf das hierdurch herbeigeführte Beschäftigungsverbot berufen.

161 Der ArbN ist grds. verpflichtet, sich selbst um die Verlängerung der Arbeitserlaubnis zu bemühen. Den ArbGeb trifft insoweit keine Hinweispflicht[5]. Kommt der ArbN seiner vertragl. Nebenpflicht, sich rechtzeitig um Erteilung bzw. Verlängerung der Arbeitserlaubnis zu bemühen, nicht nach, kann eine verhaltensbedingte Kündigung gerechtfertigt sein[6]. Abweichendes gilt, wenn der ArbN nur auf Grund von Krankheit an der Beantragung der Verlängerung seiner Arbeitserlaubnis verhindert war[7]. Ob der ArbGeb außerordentl. oder nur ordentl. kündigen kann, hängt von den Umständen des Einzelfalls, insb. der Dauer der Kündigungsfrist sowie der Dringlichkeit der Stellenneubesetzung ab[8]. Das Verschweigen des Wegfalls einer Aufenthalts- bzw. Arbeitserlaubnis stellt einen wichtigen Grund dar[9].

162 • **Arbeitskampf: Rechtmäßiger Streik:** Ein von einer Gewerkschaft organisierter rechtmäßiger Streik zur Verbesserung der Arbeitsbedingungen führt zu einer Suspendierung der Hauptleistungspflichten. Der bestreikte ArbGeb ist deshalb nicht berechtigt, den Streik mit einer Kündigung zu beantworten. Er kann insoweit nur zum Mittel der Aussperrung greifen, die im Allgemeinen nur suspendierende Wirkung hat[10].

163 **Rechtswidriger von der Gewerkschaft organisierter Streik:** Soweit der Streik von einer Gewerkschaft organisiert ist, kann dem ArbN seine Teilnahme auch dann nicht vorgeworfen werden, wenn der Streik rechtswidrig ist. Der ArbN muss sich insoweit auf die rechtl. Einschätzung durch seine Gewerkschaft verlassen können[11]. Entschieden wurde dies vom BAG[12] für einen von der Gewerkschaft geführten, auf drei Tage befristeten Streik, bei dem die ArbN zwar mit der Möglichkeit der Unzuständigkeit ihrer Gewerkschaft rechnen mussten, dieses aber letztlich auf Grund der Komplexität der damit verbundenen Rechtsfragen für die ArbN nicht aufklärbar war. Besondere Pflichtverletzungen wie zB eine Teilnahme an einer Fabrikbesetzung rechtfertigt dies allerdings nicht[13].

164 **Wilder Streik; rechtswidrige Arbeitsniederlegung:** Wird der Streik von der zuständigen Gewerkschaft weder gebilligt noch nachträglich genehmigt, handelt es sich um einen wilden Streik. Eine Beteiligung an einem solchen Streik stellt einen wichtigen Grund für eine Kündigung dar, wenn die ArbN trotz wiederholter Aufforderung durch den ArbGeb die Arbeit nicht wieder aufnehmen[14]. Hierbei ist vorrangig

1 BAG v. 3.7.2004 – 2 AZR 235/02, AP Nr. 45 zu § 1 KSchG – Verhaltensbedingte Kündigung. |2 BAG v. 16.12.1976 – 3 AZR 716/75 und v. 13.1.1977 – 2 AZR 66/75, AP Nr. 4 und 2 zu § 19 AFG; v. 7.2.1990 – 2 AZR 359/89, AP Nr. 14 zu § 1 KSchG 1969 – Personenbedingte Kündigung; ErfK/*Müller-Glöge*, § 626 BGB Rz. 190; KR/*Fischermeier*, § 626 BGB Rz. 130; aA *Stahlhacke/Preis/Vossen*, Rz. 751, 1207. |3 BAG v. 13./19.1.1977 und v. 16.12.1976 – 2 AZR 423/75, 3 AZR 66/75 und 716/75, AP Nr. 2, 3 und 4 zu § 19 AFG. |4 BAG v. 7.2.1990 – 2 AZR 359/89, AP Nr. 14 zu § 1 KSchG 1969 – Personenbedingte Kündigung. |5 BAG v. 26.6.1996 – 5 AZR 872/94, AP Nr. 2 zu § 3 EFZG; ErfK/*Müller-Glöge*, § 626 BGB Rz. 190. |6 *Stahlhacke/Preis/Vossen*, Rz. 1207. |7 Vgl. BAG v. 26.6.1996 – 5 AZR 872/94, AP Nr. 2 zu § 3 EFZG. |8 BAG v. 13.1.1977 – 2 AZR 423/75, AP Nr. 2 zu § 19 AFG; KR/*Fischermeier*, § 626 BGB Rz. 130. |9 LAG Nürnberg v. 21.9.1994 – 3 Sa 1176/93, NZA 1995, 228; ErfK/*Müller-Glöge*, § 626 BGB Rz. 190. |10 BAG v. 28.1.1955 – GS 1/54, v. 21.4.1971 – GS 1/68 und v. 17.12.1976 – 1 AZR 605/75, AP Nr. 1, 43, 51 zu Art. 9 GG – Arbeitskampf. |11 ErfK/*Müller-Glöge*, § 626 BGB Rz. 118. |12 BAG v. 29.11.1983 – 1 AZR 469/82, AP Nr. 78 zu § 626 BGB. |13 BAG v. 17.12.1976 – 1 AZR 605/75 und v. 14.2.1978 – 1 AZR 76/76, AP Nr. 51, 58 zu Art. 9 GG – Arbeitskampf. |14 BAG v. 20.12.1963 – 1 AZR 428/62 und v. 21.10.1969 – 1 AZR 93/68, AP Nr. 32, 41 zu Art. 9 GG – Arbeitskampf; ErfK/*Müller-Glöge*, § 626 BGB Rz. 115; aA ArbG Gelsenkirchen v. 13.3.1998 – 3 Ca 3173/97, EzA Art. 9 GG – Arbeitskampf Nr. 130; KDZ/*Däubler*, Rz. 67.

den Initiatoren zu kündigen. Ansonsten ist im Rahmen der Interessenabwägung zu Gunsten des ArbN von einer psychologischen Drucksituation, resultierend aus der Solidarität mit den Arbeitskollegen auszugehen. Im Übrigen ist sorgfältig zu prüfen, ob sich die ArbN in einem unverschuldeten Rechtsirrtum befunden haben. Dies gilt insb., wenn die Gewerkschaft zwar nicht als Organisatorin aufgetreten ist, diese aber hinter der Belegschaft stand und eine breite Öffentlichkeit Sympathie mit der Arbeitsniederlegung bekundet hat[1].

Verleitet ein ArbN seine Kollegen zu gleichzeitigen und gleichartigen Änderungskündigungen, um höhere Akkordlöhne zu erzwingen, obwohl die Gewerkschaften und der BR noch über die erstrebte Lohnerhöhung verhandeln, stellt dies eine Aufforderung zum illegalen Arbeitskampf dar[2]. Ebenso ist die Organisation oder Teilnahme an einer Besetzung des Betriebsgeländes oder der Verwaltungsgebäude des Betriebes als wichtiger Grund an sich geeignet[3]. Besteht dagegen zu Gunsten der ArbN ein Zurückbehaltungsrecht, handeln die ArbN auch dann vertragsgemäß, wenn dieses kollektiv ausgeübt wird[4]. 165

• **Arbeitspapiere:** Den ArbN trifft eine vertragl. Verpflichtung, dem ArbGeb auf Verlangen die Arbeitspapiere über seinen beruflichen Werdegang vorzulegen. Ignoriert der ArbN mehrere solcher Aufforderungen, stellt dies eine beharrliche Pflichtverletzung dar, die den ArbGeb zur fristlosen Entlassung berechtigt[5]. 166

• **Arbeitspflichtverletzung, Arbeitsverweigerung: Formen der Pflichtverletzung:** Die klarste Form der Pflichtverletzung ist der Vertragsbruch durch Nichterbringung der Arbeit. Dann ist es dem ArbGeb regelmäßig unzumutbar, das Arbeitsverhältnis auch nur kurzfristig fortzusetzen. Der Vertragsbruch liegt in der einseitigen, faktischen Vertragsauflösung, indem die Arbeit nicht aufgenommen oder das Vertragsverhältnis vorzeitig beendet wird[6]. 167

Ein solcher Vertragsbruch ist auch in der Form denkbar, dass sich ein ArbN, nachdem er krank gewesen und wieder arbeitsfähig geschrieben worden ist, nicht wieder zur Arbeit erscheint. Gleiches gilt, wenn der ArbN eigenmächtig einen nicht genehmigten Urlaub antritt oder trotz Ablehnung durch den ArbGeb seinen Urlaub verlängert[7] (s. *Selbstbeurlaubung*). 168

Eine Arbeitsverweigerung liegt ferner vor, wenn der ArbN ihm übertragene Arbeiten nicht unter angemessener Anspannung seiner Kräfte und Fähigkeiten erbringt oder ihm mögliche Arbeitsleistungen bewusst zurückhält (Abmahnung aus Beweisgründen erforderlich) oder infolge der Fehlleistung erheblicher Schaden entsteht (s. *Schlechtleistung*) und bei Fortsetzung des Arbeitsverhältnisses ähnliche Fehlleistungen zu befürchten sind[8]. Dabei ist zunächst festzustellen, welche Arbeitsleistung nach dem Vertrag geschuldet ist. Der ArbN hat im Zweifel diejenigen Dienste oder diejenige Arbeit zu leisten, die er bei angemessener Anspannung seiner geistigen und körperlichen Kräfte auf Dauer ohne Gefährdung seiner Gesundheit zu leisten imstande ist (subjektiver Leistungsmaßstab)[9]. 169

Weitere Formen der Arbeitspflichtverletzungen sind Verspätungen sowie das Überziehen von Pausen (s. *Unpünktlichkeit*). Da nicht von vornherein gesagt werden kann, dass der ArbN damit den Bestand seines Arbeitsverhältnisses aufs Spiel setzen will, bedarf es vor einer Kündigung einer oder mehrerer erfolgloser Abmahnungen. Im Rahmen der Interessenabwägung wirkt es sich für den ArbN nachteilig aus, wenn seine Verspätungen darüber hinaus auch zu konkreten Störungen des Betriebsablaufs geführt haben[10]. 170

Weigert sich der ArbN, zu einer Aussprache über eine das Arbeitsverhältnis betreffende Frage zu erscheinen, kann dies nach erfolgloser Abmahnung ein wichtiger Grund sein[11]. Unberührt bleibt aber das Recht des ArbN nach §§ 81 ff. BetrVG zu einer solchen Unterredung eine Vertrauensperson hinzuzuziehen. 171

Zum Abmahnungserfordernis: Normalerweise setzt eine als wichtiger Grund zu wertende, beharrliche, dh. wiederholte, bewusste und nachhaltige Verletzung der Arbeitspflicht grds. eine vorherige erfolglose Abmahnung voraus[12]. Eine Abmahnung ist aber ausnahmsw. entbehrlich, wenn bereits die einmalige Vertragsverletzung den nachhaltigen Willen erkennen lässt (Prognoseprinzip!), den arbeitsvertragl. Pflichten nicht nachkommen zu wollen[13]. Dabei ist zu unterscheiden zwischen der Aufforderung zur 172

1 BAG v. 14.2.1978 – 1 AZR 76/76, AP Nr. 58 zu Art. 9 GG – Arbeitskampf. | 2 BAG v. 28.4.1966 – 2 AZR 176/65, AP Nr. 37 zu Art. 9 GG – Arbeitskampf; KR/*Fischermeier*, § 626 BGB Rz. 410; aA KDZ/*Däubler*, Rz. 68. | 3 BAG v. 7.4.1978 – 5 AZR 144/76, AP Nr. 14 zu § 611 BGB – Lehrer, Dozenten. | 4 KR/*Griebeling*, § 1 KSchG Rz. 429. | 5 LAG Düsseldorf v. 23.2.1961 – 2 Sa 3/61, BB 1961, 677; KR/*Fischermeier*, § 626 BGB Rz. 411. | 6 BAG v. 18.9.1991 – 5 AZR 650/90, AP Nr. 14 zu § 339 BGB. | 7 BAG v. 20.1.1994 – 2 AZR 521/93, AP Nr. 115 zu § 626 BGB; v. 16.3.2000 – 2 AZR 75/99, AP Nr. 114 zu § 102 BetrVG 1972. | 8 BAG v. 20.3.1969 – 2 AZR 283/68, AP Nr. 27 zu § 123 GewO; KR/*Fischermeier*, § 626 BGB Rz. 442. | 9 BAG v. 14.1.1986 – 1 ABR 75/83, AP Nr. 10 zu § 87 BetrVG 1972 – Ordnung des Betriebes. | 10 BAG v. 27.2.1997 – 2 AZR 302/96, AP Nr. 36 zu § 1 KSchG 1969 – Verhaltensbedingte Kündigung. | 11 ErfK/*Müller-Glöge*, § 626 BGB Rz. 114. | 12 BAG v. 14.2.1978 – 1 AZR 76/76, AP Nr. 58 zu Art. 9 GG – Arbeitskampf; v. 21.11.1996 – 2 AZR 357/95, AP Nr. 130 zu § 626 BGB; v. 6.2.1997 – 2 AZR 38/96, AuR 1997, 210. | 13 BAG v. 12.1.1956 – 2 AZR 117/54, AP Nr. 5 zu § 123 GewO; v. 31.1.1985 – 2 AZR 486/83, AP Nr. 6 zu § 8a MuSchG 1968; v. 17.6.1992 – 2 AZR 568/91, RzK I 6a Nr. 90.

Leistung und der Abmahnung, wobei Abmahnung der Hinweis auf einen vergangenen Pflichtenverstoß bei gleichzeitiger Androhung der Kündigung im Wiederholungsfall ist. Damit von einer beharrlichen Arbeitsverweigerung gesprochen werden kann, muss vorbehaltlich § 242 beides vorliegen. Eine Leistungsaufforderung ist aber nicht notwendig, wenn der ArbN eine Leistung erbringen soll, die er üblicherweise auch erbringt, denn dann ist ihm bereits bewusst, dass er diese (Art der) Leistung schuldet. Eine Abmahnung ist entbehrlich, wenn der ArbN durch sein Verhalten den Bestand des Arbeitsverhältnisses bewusst aufs Spiel setzt. Letzteres richtet sich nach den berechtigten Interessen des ArbN, des Betriebes und der Dauer der unentschuldigten Fehlzeit[1].

173 **Direktionsrecht des ArbGeb:** Da im Arbeitsvertrag die Arbeitspflicht meist nur allgemein umschrieben ist, kann der ArbGeb diese im Rahmen seines Direktionsrechts näher bestimmen (§ 106 GewO). Das Direktionsrecht wird begrenzt durch das Arbeitsschutzrecht, TV, BV sowie den Arbeitsvertrag. Es sind die Grundsätze der Billigkeit zu beachten[2]. Das Direktionsrecht kann durch TV oder Einzelvertrag erweitert sein[3] bzw. in Notfällen den eigentlichen Rahmen überschreiten[4]. In jedem Fall gilt die Grenze der Zumutbarkeit[5]. Soweit sich der ArbGeb im Rahmen seines Direktionsrechts bewegt, hat der ArbN den Anweisungen Folge zu leisten. Eine Überschreitung des Direktionsrechts nach Art, Zeit oder Ort berechtigt den ArbN dagegen zur Verweigerung[6].

174 Lehnt der ArbN zulässig angeordnete Überstunden ab, kann dies, jedenfalls nach erfolgloser Abmahnung, wichtiger Grund sein[7]. Voraussetzung für die Zulässigkeit der Anordnung von Überstunden ist, dass Mehrarbeit nach dem Arbeitsvertrag oder der Betriebsüblichkeit rechtl. geschuldet ist. Der Umfang der Arbeitspflicht als Hauptleistungspflicht unterliegt nicht per se dem Direktionsrecht des ArbGeb[8]. Mehrarbeit, die gegen das Arbeitszeitrecht verstößt, darf verweigert werden. Bei einseitiger Anordnung von Überstunden ist eine angemessene Ankündigungsfrist zu wahren, sofern nicht deutlich überwiegende betriebliche Interessen vorliegen. Deshalb entspricht eine Anordnung von Überstunden für denselben Tag nur bei unvorhersehbaren, gewichtigen betrieblichen Erfordernissen billigem Ermessen[9].

175 **Zurückbehaltungsrecht des ArbN:** Wenn der ArbN ein (ihm zustehendes) Zurückbehaltungsrecht hinsichtlich seiner Arbeitsleistung ausübt, besteht keine Arbeitspflicht, so dass eine Kündigung unzulässig ist[10]. Dies ist insb. der Fall, wenn der ArbGeb seine Lohnzahlungspflicht in mehr als nur geringfügigem Umfang nicht erfüllt und der Lohnanspruch auch nicht in anderer Weise gesichert ist[11].

176 Nach dem BAG[12] darf der ArbGeb in verfassungskonformer Auslegung des § 315 BGB (§ 106 GewO) iVm. Art. 4 GG dem ArbN keine Arbeit zuweisen, die diesen in einen vermeidbaren **Gewissenskonflikt** bringt. Es ist insoweit eine Interessenabwägung nötig, bei der zu berücksichtigen ist, ob der ArbN bereits bei Eingehung des Arbeitsverhältnisses mit dem Gewissenskonflikt rechnen musste, ob der ArbGeb aus betrieblichen Erfordernissen auf der Arbeitsleistung bestehen muss, ob dem ArbN eine andere Arbeit zugewiesen werden kann und ob künftig mit zahlreichen weiteren Gewissenskonflikten zu rechnen ist[13]. Es gilt der subjektive Gewissensbegriff. Gewissensentscheidung ist danach jede ernstliche sittliche Entscheidung, die der Einzelne in einer bestimmten Lage als für sich innerlich bindend und unbedingt verpflichtend erfährt und gegen die er nicht ohne ernste Gewissensnot handeln könnte[14]. Ein solcher Gewissenskonflikt liegt zB vor, wenn Ärzte oder Laborgehilfen sich aus ernsthafter Gewissensnot weigern, an der Entwicklung eines Medikaments mitzuwirken, das insb. auch dazu bestimmt ist, im Atomkrieg eingesetzt zu werden[15].

177 Ein Gewissenskonflikt kann im Einzelfall eine personenbedingte Kündigung rechtfertigen, wenn der ArbGeb dem ArbN keine anderen Aufgaben übertragen kann, deren Erfüllung den ArbN nicht in einen Gewissenskonflikt stürzen würde, der ArbN mithin auf Dauer unfähig ist, die vertragl. geschuldete Leistung zu erbringen[16]. IdR wird aber insoweit nur eine ordentl. Kündigung nach entsprechender Abmahnung in Betracht kommen[17]. Dies gilt auch, wenn ein ArbN an den Feiertagen seiner Religionsgemein-

---

1 Dazu auch BAG v. 21.11.1996 – 2 AZR 357/95, Nr. 130 zu § 626 BGB; MüKo/*Henssler*, § 626 BGB Rz. 156 ff. | **2** BAG v. 23.6.1993 – 5 AZR 337/92, AP Nr. 42 zu § 611 BGB – Direktionsrecht; v. 19.4.2007 – 2 AZR 78/06. | **3** BAG v. 16.10.1965 – 5 AZR 55/65, AP Nr. 20 zu § 611 BGB – Direktionsrecht. | **4** MüKo/*Henssler*, § 626 BGB Rz. 136; *Stahlhacke/Preis/Vossen*, Rz. 642. | **5** BAG v. 25.7.1957 – 1 AZR 194/56, AP Nr. 3 zu § 615 BGB – Betriebsrisiko (keine Verpflichtung des Arbeitnehmers zur Leistung von Streikarbeit); ErfK/*Müller-Glöge*, § 626 BGB Rz. 106. | **6** BAG v. 12.4.1973 – 2 AZR 291/72, AP Nr. 24 zu § 611 BGB – Direktionsrecht; KR/*Fischermeier*, § 626 BGB Rz. 412. | **7** LAG Köln v. 27.4.1999 – 13 Sa 1380/98, LAGE § 626 BGB Nr. 126; ErfK/*Müller-Glöge*, § 626 BGB Rz. 113. | **8** BAG v. 12.12.1984 – 7 AZR 509/83, AP Nr. 6 zu § 2 KSchG 1969; *Hromadka*, RdA 1992, 234, 236. | **9** ArbG Frankfurt/M v. 26.11.1998 – 2 Ca 4267/98, LAGE § 626 BGB Nr. 125; ErfK/*Müller-Glöge*, § 626 BGB Rz. 113. | **10** BAG v. 25.10.1984 – 2 AZR 417/83, v. 9.5.1996 – 2 AZR 387/96, AP Nr. 3 und 5 zu § 273 BGB. | **11** BAG v. 9.5.1996 – 2 AZR 387/96, AP Nr. 5 zu § 273 BGB. | **12** BAG v. 20.12.1984 – 2 AZR 436/82, AP Nr. 27 zu § 611 BGB – Direktionsrecht; eingehend *Henssler*, AcP 190 (1990), S. 358 ff. | **13** BAG v. 20.12.1984 – 2 AZR 436/82, AP Nr. 27 zu § 611 BGB – Direktionsrecht; v. 24.5.1989 – 2 AZR 285/88, AP Nr. 1 zu § 611 BGB – Gewissensfreiheit. | **14** APS/*Dörner*, § 626 BGB Rz. 201. | **15** BAG v. 24.5.1989 – 2 AZR 285/88, AP Nr. 1 zu § 611 BGB – Gewissensfreiheit. | **16** BAG v. 24.5.1989 – 2 AZR 285/88, NZA 1990, 144; *Kothe*, NZA 1989, 161 ff. | **17** LAG Frankfurt v. 21.6.2001 – 3 Sa 1448/00, AP Nr. 2 zu § 611 BGB – Gewissensfreiheit.

schaft die Arbeitsleistung verweigert, obwohl diese im betreffenden Bundesland keine gesetzl. Feiertage sind. In einem solchen Fall besteht kein Zurückbehaltungsrecht[1].

Nimmt der ArbN irrtümlich eine Berechtigung zur Arbeitsverweigerung an, liegt kein wichtiger Grund vor, wenn der **Rechtsirrtum unverschuldet bzw. entschuldbar** war. Dies ist der Fall, wenn der ArbN, insb. bei zweifelhafter Rechtslage, diese sorgfältig prüft oder sich über diese zuverlässig erkundigt und er daraufhin die Überzeugung gewinnen durfte, nicht zur Arbeit verpflichtet zu sein[2]. Nicht ausreichend ist eine Erkundigung beim BR, da die Erteilung von Rechtsauskünften nicht zu dessen gesetzl. Aufgabenkreis gehört[3]. 178

Kollidiert die Arbeitspflicht mit der Pflicht zur Leistung des abgekürzten türkischen **Wehrdienstes** kann sich nach dem BAG[4] ein Leistungsverweigerungsrecht ergeben. Dies schließt aber eine personenbedingte Kündigung dann nicht aus, wenn der ArbGeb durch den Ausfall in eine betriebliche Zwangslage gerät[5]. Dauert der nicht unter das ArbPlSchG fallende ausländische Wehrdienst länger als zwei Monate und sind dem ArbGeb keine Überbrückungsmaßnahmen zumutbar, besteht schon kein Zurückbehaltungsrecht[6]. Da es sich aber in diesem Fall um eine nicht steuerbare Kollision zwischen Arbeits- und Wehrpflicht handelt, kommt nur eine personenbedingte Kündigung in Betracht[7]. 179

Bleibt der ArbN wegen notwendiger **Kinderbetreuung** der Arbeit fern, hat er insoweit grds. ein Zurückbehaltungsrecht (§ 616 BGB, § 45 SGB V). Der ArbN muss aber hinreichend versucht haben, die Kinderbetreuung anderweitig zu regeln. Ansonsten ist eine verhaltensbedingte Kündigung möglich, wenn die betrieblichen Notwendigkeiten und Dispositionen auch nicht zeitweise zurückgestellt werden können[8]. 180

Beharrliche Arbeitsverweigerung nach Tätigkeitswechsel: Nach dem BAG[9] liegt eine Arbeitsverweigerung vor, wenn ein ArbN, der sich im Rahmen einer betriebsbedingten Versetzung mit einer Änderung der Eingruppierung einverstanden erklärt und die Arbeit am neuen Arbeitsplatz auch zunächst aufgenommen hat, sich später nach einigen Tagen trotz Androhung einer außerordentl. Kündigung weigert, die Arbeit an diesem Arbeitsplatz wieder aufzunehmen, da er sich für die Ausübung dieser Tätigkeit für ungeeignet hält. 181

Im Fall eines 55-jährigen und seit 23 Jahren beim ArbGeb beschäftigten ArbN, der sich gesprächsweise bereit erklärt hatte, die Abwesenheitsvertretung eines anderen ArbN zu übernehmen, dann aber trotzdem seine Einarbeitung in diese Tätigkeit ablehnte, hielt das BAG[10] eine Abmahnung für entbehrlich, da konkrete Einzelfallumstände vorlagen, auf Grund derer eine Abmahnung nicht als erfolgversprechend angesehen werden konnte. 182

● **Arbeitsschutz- und Sicherheitsvorschriften/Kündigung wegen Sicherheitsbedenken:** Verstößt der ArbN gegen **Arbeitsschutz- und Sicherheitsvorschriften**, kann dies nach erfolgloser Abmahnung ein wichtiger Grund sein[11]. Sind die **Sicherheitsinteressen** des ArbGeb gesetzl. festgelegt, zB im AtomG, reicht für eine außerordentl. Kündigung uU bereits die Gefährdung dieser Interessen durch in der Person oder im Verhalten des ArbN liegende belegbare Mängel. Das Vorliegen eines wichtigen Grundes ist dann abhängig vom Gefahrenpotenzial[12]. 183

Bei **Sicherheitsbedenken** genügt die allgemeine Besorgnis auch dann nicht, wenn ein Unternehmen für terroristische Anschläge besonders anfällig ist. Es ist vielmehr stets zu prüfen, ob und wie stark das Arbeitsverhältnis durch bestimmte Tatsachen belastet wird[13]. 184

● **Arbeitsunfähigkeit/Krankheit: Nichtanzeige der Arbeitsunfähigkeit:** Die Verletzung der Pflicht aus § 5 I 1 EFZG, dem ArbGeb die Arbeitsunfähigkeit und deren voraussichtliche Dauer unverzüglich mitzuteilen, ist wichtiger Grund, wenn es sich um eine wiederholte Nichtanzeige handelt und dieses Verhalten vor der Kündigung erfolglos abgemahnt wurde. Bei einer einmaligen Verletzung der Anzeigepflicht kann ein wichtiger Grund nur angenommen werden, wenn sich aus den Umständen der eindeutige Wille des ArbN ergibt, auch in Zukunft so zu verfahren[14]. 185

---

1 LAG Düsseldorf v. 14.2.1963 – 7 Sa 581/62, DB 1963, 522; KR/*Fischermeier*, § 626 BGB Rz. 144; krit: *Stahlhacke/Preis/Vossen*, Rz. 634. | 2 BAG v. 12.4.1973 – 2 AZR 291/72, AP Nr. 24 zu § 611 BGB – Direktionsrecht; v. 12.11.1992 – 8 AZR 503/91, AP Nr. 1 zu § 285 BGB. | 3 APS/*Dörner*, § 626 BGB Rz. 219. | 4 BAG v. 22.12.1982 – 2 AZR 282/82, AP Nr. 23 zu § 123 BGB; v. 7.9.1983 – 7 AZR 433/82, AP Nr. 7 zu § 1 KSchG 1969 – Verhaltensbedingte Kündigung. | 5 KR/*Fischermeier*, § 626 BGB Rz. 142. | 6 BAG v. 20.5.1988 – 2 AZR 682/87, AP Nr. 9 zu § 1 KSchG – Personenbedingte Kündigung. | 7 KR/*Fischermeier*, § 626 BGB Rz. 142. | 8 BAG v. 31.1.1985 – 2 AZR 486/83, AP Nr. 6 zu § 8a MuSchG 1968; v. 21.5.1992 – 2 AZR 10/92, AP Nr. 29 zu § 1 KSchG 1969 – Verhaltensbedingte Kündigung. | 9 BAG v. 21.11.1996 – 2 AZR 357/95, AP Nr. 130 zu § 626 BGB. | 10 BAG v. 18.5.1994 – 2 AZR 626/93, AP Nr. 3 zu § 108 BPersVG. | 11 MüKo/*Henssler*, § 626 BGB Rz. 215. | 12 ErfK/*Müller-Glöge*, § 626 BGB Rz. 88; *Meyer*, Die Kündigung wegen Sicherheitsbedenken, 1997, S. 196 ff., 214 ff. | 13 BAG v. 26.10.1978 – 2 AZR 24/77 und v. 20.7.1989 – 2 AZR 114/87, AP Nr. 1, 2 zu § 1 KSchG 1969 – Sicherheitsbedenken. | 14 BAG v. 15.1.1986 – 7 AZR 128/83, AP Nr. 93 zu § 626 BGB; v. 16.8.1991 – 2 AZR 604/90, AP Nr. 27 zu § 1 KSchG 1969 – Verhaltensbedingte Kündigung.

186 Strengere Maßstäbe bei Arbeitsunfähigkeit gelten bei einer herausgehobenen Stellung des ArbN (zB Betriebsleiter). Dann kann erwartet werden, dass dieser für den Fall seiner krankheitsbedingten Abwesenheit – soweit möglich – konkrete Vertretungsregelungen trifft[1].

187 **Nichtvorlage der Arbeitsunfähigkeitsbescheinigung:** Die Weigerung des ArbN zur Vorlage (des Originals) der Arbeitsunfähigkeitsbescheinigung (Pflicht gem. § 5 I 2 EFZG) ist ein wichtiger Grund, wenn zuvor erfolglos abgemahnt wurde[2]. Betrifft der Vorfall lediglich einen Krankheitszeitraum, gilt dies nur dann, wenn der ArbN durch sein Verhalten schuldhaft den begründeten Verdacht erweckt, er sei gar nicht krank, sondern verweigere grundlos die Arbeit[3].

188 **Vortäuschen/Ankündigung der Arbeitsunfähigkeit:** Das „Krankfeiern" und die damit verbundene ungerechtfertigte Entgeltfortzahlung im Krankheitsfall bilden einen typischen wichtigen Grund. Der (ggf. versuchte) Betrug zum Nachteil des ArbGeb verletzt das Vertrauensverhältnis in seinem Kern, so dass eine vorherige Abmahnung entbehrlich ist. Hat sich der ArbN die Arbeitsunfähigkeitsbescheinigung durch weitere Täuschungshandlungen erschlichen, ist dies bei der Interessenabwägung zu berücksichtigen.

189 Dabei ist zwischen dem Vortäuschen der Krankheit und einer vorsätzlichen Verzögerung des Genesungsprozesses zu unterscheiden. Ein Vortäuschen der Krankheit kann nur angenommen werden, wenn es dem ArbGeb gelingt, den Beweiswert der Arbeitsunfähigkeitsbescheinigung zu erschüttern. Dies kann sich zB aus der Intensität einer während der bescheinigten Dauer der Arbeitsunfähigkeit ausgeübten Nebenbeschäftigung ergeben[4]. Auch dann besteht aber noch die Möglichkeit, dass der ArbN Tatsachen vorträgt, die seine Arbeitsunfähigkeit belegen[5]. Eine Verdachtskündigung wiederum setzt voraus, dass der ArbN vorher angehört wurde.

190 Deshalb empfiehlt es sich, alternativ auf eine mögliche Verzögerung des Genesungsprozesses abzustellen. Nach der Rspr.[6] hat der ArbN alles zu unterlassen, was den Genesungsprozess beeinträchtigen könnte. Teilweise verlangt man darüber hinaus eine ernsthafte Gefährdung des Heilungsprozesses[7] oder noch weiter, dass der ArbGeb eine konkrete Verletzung seiner Interessen darlegen und beweisen kann[8]. Letzteres wird jedenfalls dann gelingen, wenn der ArbN Aktivitäten entwickelt, die in ihrer körperlichen Belastung mit der geschuldeten Arbeitsleistung vergleichbar sind. Dann verstößt der ArbN nicht nur gegen seine Leistungspflicht, sondern zerstört auch das Vertrauen des ArbGeb in seine Redlichkeit[9]. Dagegen hat der Besuch eines Restaurants oder Kinos eher selten indizielle Wirkung. Es kommt auf die Art der Erkrankung an. So stellt bei Kreislaufbeschwerden und nervlichen Störungen ein einmaliger nächtlicher Barbesuch keine schwerwiegende Verletzung der Treuepflicht dar[10].

191 Der Verdacht des „Krankfeierns" liegt vor allem nahe, wenn der ArbN den alsbaldigen Eintritt seiner Arbeitsunfähigkeit in Reaktion auf ein bestimmtes Verhalten des ArbGeb oder anderer ArbN angekündigt hatte, zB als Reaktion auf eine verweigerte Arbeitsbefreiung oder Urlaubsgewährung. Die Ankündigung der Krankmeldung ist dann geeignet, den Beweiswert später vorgelegter Arbeitsunfähigkeitsbescheinigungen zu erschüttern[11].

192 Ggf. genügt in diesem Fall schon die Ankündigung für die Annahme eines wichtigen Grundes, unabhängig davon, ob der ArbN später tatsächlich erkrankt[12]. Ein solches Verhalten beeinträchtigt das Vertrauensverhältnis zum ArbGeb, weil es in ihm den berechtigten Verdacht aufkommen lassen muss, der ArbN missbrauche notfalls seine Rechte aus den Entgeltfortzahlungsbestimmungen, um einen unberechtigten Vorteil zu erreichen. Dies begründet sowohl eine Verletzung der arbeitsvertragl. Rücksichtnahmepflicht als auch eine Beschädigung des Vertrauensverhältnisses[13].

193 Behindert ein ordentl. unkündbarer ArbN eine ärztliche Begutachtung seiner Gesundheit durch beharrliche Verweigerung des Einverständnisses zur Beiziehung der Befunde behandelnder Ärzte (entbindet er sie also nicht von der Schweigepflicht), kann dies (nach Abmahnung) ein wichtiger Grund sein[14].

194 **Krankheit:** Eine das Arbeitsverhältnis negativ beeinträchtigende Krankheit rechtfertigt grds. keine außerordentl. Kündigung des ArbN, da es dem ArbGeb zugemutet werden kann, die Kündigungsfrist

1 BAG v. 30.1.1976 – 2 AZR 518/74, AP Nr. 2 zu § 626 BGB – Krankheit. | 2 BAG v. 15.1.1986 – 7 AZR 128/83, AP Nr. 93 zu § 626 BGB; LAG Hess. v. 13.7.1999 – 9 Sa 206/99, AuR 2000, 75. | 3 Vgl. auch APS/*Dörner*, § 626 BGB Rz. 243. | 4 BAG v. 26.8.1993 – 2 AZR 154/93, AP Nr. 112 zu § 626 BGB. | 5 Zur Verteilung der Darlegungs- und Beweislast in diesem Fall: BAG v. 26.8.1993 – 2 AZR 154/93, AP Nr. 112 zu § 626 BGB; v. 7.12.1995 – 2 AZR 849/94, RzK I 10h Nr. 37. | 6 BAG v. 13.11.1979 – 6 AZR 934/77, AP Nr. 5 zu § 1 KSchG 1969 – Krankheit; v. 26.8.1993 – 2 AZR 154/93, AP Nr. 112 zu § 626 BGB; weiter LAG Hamm v. 28.8.1991 – 15 Sa 437/91, LAGE § 1 KSchG – Verhaltensbedingte Kündigung Nr. 34 (grds. Geeignetheit zur Beeinträchtigung genügt); LAG München v. 9.9.1982 – 6 Sa 96/82, DB 1983, 1931 (alles was der Genesung hinderlich ist). | 7 APS/*Dörner*, § 626 BGB Rz. 244. | 8 KR/*Fischermeier*, § 626 BGB Rz. 429. | 9 BAG v. 2.3.2006 – 2 AZR 53/05, NZA-RR 2006, 636. | 10 LAG Düsseldorf v. 28.1.1970 – 6 Sa 275/69, DB 1970, 936; KR/*Fischermeier*, § 626 BGB Rz. 429. | 11 LAG Köln v. 17.4.2002 – 7 Sa 462/01, NZA-RR 2003, 15,17; ErfK/*Müller-Glöge*, § 626 BGB Rz. 142. | 12 BAG v. 5.11.1992 – 2 AZR 147/92, AP Nr. 4 zu § 626 BGB – Krankheit; LAG Köln v. 14.9.2000 – 6 Sa 850/00, NZA-RR 2001, 246. | 13 APS/*Dörner*, § 626 BGB Rz. 186. | 14 BAG v. 6.11.1997 – 2 AZR 801/96, AP Nr. 142 zu § 626 BGB.

einzuhalten[1]. Ein wichtiger Grund liegt allerdings ausnahmsw. vor, wenn der ArbN ordentl. unkündbar ist, eine dauernde Leistungsunfähigkeit oder langandauernde Erkrankung vorliegt und auch eine Weiterbeschäftigung auf einem anderen freien Arbeitsplatz nicht möglich ist. Dabei steht die Ungewissheit der Wiederherstellung der Arbeitsfähigkeit einer dauernden Leistungsunfähigkeit gleich, wenn in den nächsten 24 Monaten mit keiner anderen Prognose gerechnet werden kann[2]. Ist die Leistungsfähigkeit des ArbN lediglich gemindert, muss der ArbGeb einen ordentl. unkündbaren ArbN weiterbeschäftigen, soweit dies durch organisatorische Maßnahmen, wie eine Änderung des Arbeitsablaufes, eine Umgestaltung des Arbeitsplatzes oder eine Umverteilung der Aufgaben ermöglicht werden kann[3].

Auch ordentl. kündbare ArbN können uU außerordentl. gekündigt werden, wenn sie von vornherein (schon bei Vertragsschluss) die Arbeit aus gesundheitlichen Gründen dauerhaft nicht erbringen konnten oder ihre Eignung zumindest erheblich beeinträchtigt ist[4]. Gleiches gilt, wenn der ArbN die Mitwirkung zur ärztlichen Untersuchung verweigert, um dadurch seine Rentenantragstellung hinauszuzögern[5]. 195

Im Übrigen gelten nach BAG[6] für die außerordentl. krankheitsbedingte Kündigung eines ordentl. unkündbaren ArbN die zur ordentl. Kündigung entwickelten Grundsätze unter Berücksichtigung der Besonderheit des § 626. Dh., es erfolgt auch im Bereich der außerordentl. Kündigung eine Drei-Stufen-Prüfung (vgl. § 1 KSchG Rz. 102 ff.), wobei dem ArbGeb zudem die Fortsetzung des Arbeitsverhältnisses bis zum Ablauf der Kündigungsfrist bzw. bis zum sonst maßgeblichen Ende nicht zumutbar sein darf. 196

Der ArbN kann diese Wertung nicht dadurch beeinflussen, dass er erklärt, er wolle und könne wieder arbeiten, wenn sein Gesundheitszustand bei Ausspruch der Kündigung derart schlecht ist, dass objektiv feststeht, dass er die vertragl. geschuldete Arbeitsleistung nicht mehr erbringen kann[7]. Auch die Zweiwochenfrist des § 626 II bereitet regelmäßig keine Probleme, da die Krankheit einen Dauertatbestand darstellt[8]. 197

• **Außerdienstliches Verhalten:** Das außerdienstliche Verhalten des ArbN wird erst dann kündigungsrelevant, wenn es sich auf die vertragl. Beziehungen der Arbeitsvertragsparteien konkret innerbetrieblich auswirkt[9]. Grds. keine Auswirkungen hat deshalb ein Verhalten, das nur die Privatsphäre betrifft, wie zB besondere sexuelle Neigungen und Veranlagungen[10]. Im Übrigen ist jeweils genau zu prüfen, ob durch das außerdienstliche Verhalten die Eignung des ArbN für seinen Arbeitsplatz betroffen ist (dann ggf. personenbedingte Kündigung) oder der ArbN eventuell gegen seine arbeitsvertragl. Nebenpflicht verstößt, sein Arbeitsverhältnis nicht durch ein steuerbares Verhalten konkret zu beeinträchtigen (dann ggf. verhaltensbedingte Kündigung)[11]. 198

Der wiederholte Besuch einer Spielbank durch den Leiter einer kleinen Bankfiliale[12] oder unmäßiger Alkoholgenuss und Teilnahme am großstädtischen Nachtleben durch einen Angestellten[13] können für sich genommen eine außerordentl. Kündigung idR nicht rechtfertigen. Einen wichtigen Grund kann ein solches Verhalten nur abgeben, wenn der ArbN deshalb seine Dienstpflichten vernachlässigt und/oder das Vertrauen des ArbGeb in die Eignung des Angestellten schwer erschüttert wird[14]. Besondere Relevanz hat auch ein ArbN-Verhalten in der Freizeit, wenn es sich gegen den ArbGeb richtet, zB weil der ArbN öffentl. gegen den ArbGeb agitiert oder sich an Aktionen gegen ihn beteiligt. Der ArbN kann sich dann nicht auf seine Meinungsäußerungsfreiheit und sowie auf seine Freiheit zur politischen Betätigung berufen, da er sich damit in fundamentalen Gegensatz zu den Produkten, den Leistungen oder anderen Aspekten des Unternehmens als seinem ArbGeb stellt[15]. Entsprechendes gilt für eine Steuerhinterziehung durch einen Angestellten der Finanzverwaltung[16]. 199

Ist der ArbN in einem Tendenzbetrieb iSd. § 118 BetrVG (zB kirchliche Einrichtung; s. *Kirche*) beschäftigt, hat er sein außerdienstliches Verhalten in weit stärkerem Maße an den Interessen und Ansichten seines ArbGeb auszurichten. Die Anforderungen an den ArbN nehmen dabei noch zu, je näher seine betriebliche Tätigkeit mit der Tendenz des ArbGeb verknüpft ist[17]. 200

---

1 BAG v. 9.9.1992 – 2 AZR 190/92, AP Nr. 3 zu § 626 BGB – Krankheit; LAG Köln v. 4.9.2002 – 7 Sa 415/02, NZA-RR 2003, 360 (häufige Kurzerkrankungen). |2 BAG v. 4.2.1993 – 2 AZR 469/92, EzA § 626 BGB nF Nr. 144; v. 29.4.1999 – 2 AZR 431/98, AP Nr. 36 zu § 1 KSchG – Krankheit; v. 18.10.2000 – 2 AZR 627/99, AP Nr. 9 zu § 626 BGB – Krankheit. |3 BAG v. 12.7.1995 – 2 AZR 762/94, AP Nr. 7 zu § 626 BGB – Krankheit. |4 BAG v. 28.3.1974 – 2 AZR 92/73, AP Nr. 3 zu § 119 BGB. |5 BAG v. 7.11.2002 – 2 AZR 475/01, AP Nr. 19 zu § 620 BGB – Kündigungserklärung. |6 BAG v. 9.9.1992 – 2 AZR 190/92, AP Nr. 3 zu § 626 BGB – Krankheit. |7 BAG v. 29.10.1998 – 2 AZR 666/97, AP Nr. 77 zu § 615 BGB. |8 BAG v. 21.3.1996 – 2 AZR 455/95, AP Nr. 8 zu § 626 BGB – Krankheit. |9 *Dudenbostel/Klas*, AuR 1979, 296; ErfK/*Müller-Glöge*, § 626 BGB Rz. 122; *Wisskirchen*, Außerdienstliches Verhalten von Arbeitnehmern, 1999, S. 74 (103 f.). |10 BAG v. 23.6.1994 – 2 AZR 617/93, AP Nr. 9 zu § 242 BGB – Kündigung = SAE 1995, 103 m. Anm. *Sandmann*. |11 BAG v. 28.9.1989 – 2 AZR 317/86, AP Nr. 24 zu § 1 KSchG 1969 – Verhaltensbedingte Kündigung; v. 20.11.1997 – 2 AZR 643/96, AP Nr. 43 zu § 1 KSchG 1969; KR/*Fischermeier*, § 626 BGB Rz. 137; aA *Stahlhacke/Preis/Vossen*, Rz. 748 (auf Grund abweichender Abgrenzung zwischen personen- und verhaltensbedingten Kündigungsgründen). |12 LAG Hamm v. 14.1.1998 – 3 Sa 1087/97, LAGE § 626 BGB Nr. 119. |13 LAG BW v. 3.4.1967 – 4 Sa 13/67, BB 1967, 757. |14 Vgl. *Dudenbostel/Klas*, AuR 1979, 296, 298; KR/*Fischermeier*, § 626 BGB Rz. 414. |15 *Buchner*, ZfA 1979, 335 (352 f.); ErfK/*Müller-Glöge*, § 626 BGB Rz. 123. |16 BAG v. 21.6.2001 – 2 AZR 325/00, AP Nr. 5 zu § 54 BAT. |17 *Buchner*, ZfA 1979, 335; ErfK/*Müller-Glöge*, § 626 BGB Rz. 124.

201 Kündigungsrechtl. Relevanz kann auch ein außerdienstliches Verhalten während eines ruhenden Arbeitsverhältnisses haben (zB § 1 I ArbPlSchG). Dies gilt insb. dann, wenn das außerdienstliche Verhalten direkte Rückschlüsse auf das dienstliche Verhalten bzw. die Eignung des ArbN zulässt[1].

202 • **Beleidigung** (s. *Straftaten/Ehrverletzungsdelikte*)

203 • **Beschwerderechte:** Soweit der ArbN von seinen Beschwerderechten nach §§ 84, 85 BetrVG Gebrauch macht, kann dies wegen des Maßregelungsverbots nach § 612a weder eine außerordentl. noch eine ordentl. Kündigung rechtfertigen[2].

204 • **Betriebliche Ordnung/Wahrung des Betriebsfriedens:** Eine konkrete, nicht aber eine bloß abstrakte Störung der betrieblichen Ordnung oder des Betriebsfriedens kann wichtiger Grund sein, wenn der ArbN zuvor erfolglos abgemahnt wurde[3]. Soweit die betriebliche Ordnung in einer Arbeitsordnung niedergelegt ist, ergibt sich die Pflichtverletzung direkt aus dem Arbeitsvertrag. Darüber hinaus gehört es aber auch zu den aus § 242 abzuleitenden Nebenpflichten des ArbN, Störungen des Betriebsfriedens oder des Betriebsablaufes zu vermeiden[4].

205 **Politische Betätigung/politische Meinungsäußerung im Betrieb:** Die Betätigung in einer verbotenen oder verfassungsfeindlichen Partei sowie eine radikale und provozierende politische Meinungsäußerung kann dann kündigungsrechtl. erheblich sein, wenn sie konkret das Arbeitsverhältnis beeinträchtigt[5]. Ausgangspunkt ist die Rücksichtnahme- und Interessenwahrungspflicht der ArbN, die es gebietet, eine provozierende parteipolitische oder sonstige radikale Betätigung **im Betrieb** zu unterlassen, sollte dadurch der Betriebsfrieden oder Arbeitsablauf konkret gestört oder die Arbeitspflicht des Störers beeinträchtigt werden[6].

206 Wann hier die zulässige Grenze überschritten ist, entscheidet sich auf Grund einer Abwägung der grundrechtl. geschützten Interessen im Rahmen des § 242. Dabei muss der Meinungsfreiheit des ArbN gebührendes Gewicht beigemessen werden. So ist die bloße Äußerung einer politischen Meinung im Betrieb grds. von der Meinungsfreiheit gedeckt[7]. Die Meinungsfreiheit des ArbN findet aber ihre Schranken in den Grundregeln des Arbeitsverhältnisses[8], die allgemeine Gesetze iSd. Art. 5 II GG darstellen. Zwar sind auch diese Gesetze im Lichte des Art. 5 I GG auszulegen (Wechselwirkung). Dies führt aber dazu, dass andere ArbN und auch der ArbGeb unter dem Schutz ihrer Grundrechte sich gegen ihren Willen keiner nachhaltigen Agitation oder Provokation aussetzen müssen, der sie sich zudem im betrieblichen Bereich während der Arbeitszeit nicht ohne weiteres entziehen können[9]. Für die Überschreitung der Grenze zwischen zulässiger und unzulässiger Meinungsäußerung genügt nach Auffassung des BAG[10] nicht nur eine Gefährdung des Betriebsfriedens oder die Besorgnis bzw. Wahrscheinlichkeit, dass eine bestimmte Aktion oder politische Äußerung erfahrungsgemäß geeignet ist, Störungen innerhalb der Belegschaft auszulösen, vielmehr muss in den Beziehungen der Betriebsangehörigen eine tatsächliche Störung des Betriebsablaufs eingetreten sein[11].

207 Beispiele für konkrete Störungen des Betriebsfriedens bzw. -ablaufs sind ständige Angriffe auf die politische Überzeugung oder religiöse Einstellung der Kollegen oder auf die Gewerkschaften, die zu erheblicher Unruhe in der Belegschaft führen. Bei einer hinreichend provokativen Hartnäckigkeit kann das Tragen einer auffälligen Plakette während der Arbeitszeit genügen[12].

208 Verstößt ein BR-Mitglied gegen das Verbot der innerbetrieblichen parteipolitischen Betätigung nach § 74 II 3 BetrVG, so kann darin ggf. auch eine Verletzung der arbeitsvertragl. Pflichten liegen (sog. Simultantheorie)[13]. Insoweit ist die innerbetriebliche parteipolitische Betätigung (insb. mit verfassungsfeindlicher Zielsetzung) pflichtwidrig und kann die fristlose Entlassung eines BR-Mitglieds rechtfertigen, wenn sie zu Störungen im Leistungsbereich oder in der betrieblichen Verbundenheit führt, wofür eine konkrete Gefährdung des Betriebsfriedens ausreicht[14].

209 Eine bloße **außerbetriebliche politische Betätigung** rechtfertigt als solche grds. weder die außerordentl. noch die ordentl. Kündigung.

210 Kommt es wegen der Teilnahme des ArbN an einer außerhalb des Betriebes, aber während der Arbeitszeit stattfindenden politischen Demonstration zu einem unentschuldigten Fehlen des ArbN, gelten

1 BAG v. 17.2.1982 – 7 AZR 663/79; KR/*Fischermeier*, § 626 BGB Rz. 127. | 2 ErfK/*Müller-Glöge*, § 626 BGB Rz. 192. | 3 BAG v. 17.3.1988 – 2 AZR 576/87, AP Nr. 99 zu § 626 BGB. | 4 KR/*Fischermeier*, § 626 BGB Rz. 116 aE; zurückhaltend *Stahlhacke/Preis/Vossen*, Rz. 717, 728. | 5 BAG v. 6.6.1984 – 7 AZR 456/82 und v. 28.9.1989 – 2 AZR 317/86, AP Nr. 11 und 24 zu § 1 KSchG – Verhaltensbedingte Kündigung. | 6 BAG v. 9.12.1982 – 2 AZR 620/80, AP Nr. 73 zu § 626 BGB mwN. | 7 *Buchner*, ZfA 1982, 49 (72); *Kissel*, NZA 1988, 145 (151); KR/*Fischermeier*, § 626 BGB Rz. 116. | 8 BAG v. 23.2.1959 – 3 AZR 583/57, AP Nr. 1 zu Art. 5 I GG – Meinungsfreiheit; v. 9.12.1982 – 2 AZR 620/80, AP Nr. 73 zu § 626 BGB; KR/*Fischermeier*, § 626 BGB Rz. 117; krit. *Preis/Stoffels*, RdA 1996, 210 (212). | 9 BVerfG v. 2.3.1977 – 2 BvR 1319/76, BVerfGE 44, 197; BAG v. 9.12.1982 – 2 AZR 620/80, AP Nr. 73 zu § 626 BGB. | 10 BAG v. 9.12.1982 – 2 AZR 620/80, AP Nr. 73 zu § 626 BGB. | 11 BAG v. 17.3.1988 – 2 AZR 576/87, AP Nr. 99 zu § 626 BGB; KR/*Fischermeier*, § 626 BGB Rz. 116; aA *Lansnicker/Schwirtzek*, DB 2001, 865 ff.; *Söllner*, FS Herschel, S. 389 (399 f.). | 12 BAG v. 9.12.1982 – 2 AZR 620/80, AP Nr. 73 zu § 626 BGB. | 13 Vgl. BAG v. 31.8.1994 – 7 AZR 893/93, AP Nr. 98 zu § 37 BetrVG 1972. | 14 BAG v. 3.12.1954 – 1 AZR 150/54, AP Nr. 2 zu § 13 KSchG und v. 9.12.1982 – 2 AZR 620/80, AP Nr. 73 zu § 626 BGB.

keine Besonderheiten. Insb. wird durch diesen Anlass das Gewicht der Pflichtverletzung nicht erhöht. Eine Kündigung ist demnach trotz vorheriger Androhung der Entlassung nicht gerechtfertigt, falls es sich um ein singuläres Ereignis gehandelt hat. Anders wäre zu entscheiden, wenn sich die politische Betätigung auch gegen den ArbGeb richtet[1].

Weitere Einschränkungen der außerbetrieblichen politischen Betätigungsfreiheit können sich aus einem bestehenden Tendenzschutz ergeben. So hielt es das BAG[2] für den DGB nicht für zumutbar, einen Rechtssekretär weiterzubeschäftigen, nachdem dieser dem „Kommunistischen Bund Westdeutschland“ beigetreten ist, obwohl dieser vom DGB als „scharfer politischer Gegner“ angesehen wurde. 211

Besondere Grundsätze gelten im öffentl. Dienst. Nach § 8 BAT/§ 41 S. 2 TVöD BT-V sind die ArbN des öffentl. Dienstes verpflichtet, sich durch ihr gesamtes Verhalten zur freiheitlich demokratischen Grundordnung zu bekennen. Dies führt nach der Rspr. des BAG[3] unter Berücksichtigung der Grundrechte der ArbN (Art. 5 I, 21 I GG) zu einer abgestuften politischen Treuepflicht je nach dem, in welchem Umfang dem betreffenden ArbN hoheitliche Aufgaben übertragen werden. 212

Speziell bei erzieherischen Aufgaben (Lehrer, Sozialpädagogen, Sozialarbeiter) fordert das BAG[4] ein positives Verhältnis zu den Grundwerten der Verfassung und ein aktives Eintreten für diese Wertordnung. Es ist einem Lehrer auch nicht erlaubt, seine natürliche Autorität gegenüber den Schülern dazu zu nutzen, für eine bestimmte politische Partei oder Ansicht zu werben[5]. 213

Für ArbN, zu deren Tätigkeit es nicht gehört, politische Grundwerte zu vermitteln, gilt lediglich die Pflicht, politische Zurückhaltung zu üben. Ihnen kann deshalb allenfalls nach einer erfolglosen Abmahnung fristlos gekündigt werden[6]. 214

Verbreitet ein Angehöriger des öffentl. Dienstes außerhalb des Dienstes ausländerfeindliche Pamphlete und verletzt dadurch das in § 8 BAT/vgl. § 41 S. 2 TVöD BT-V niedergelegte Gebot achtungswürdigen Verhaltens, liegt ein wichtiger Grund vor[7]. 215

Soweit sich die politische Meinung in einem störenden betrieblichen Verhalten des ArbN niederschlägt, liegt der Schwerpunkt des Vorwurfs im Verhalten des ArbN. Bei einer außerdienstlichen politischen Betätigung kommt dagegen sowohl eine verhaltens- als auch eine personenbedingte Kündigung in Betracht. Zwar wäre bei einem personenbedingten Kündigungsgrund eine Abmahnung theoretisch entbehrlich, letztlich wird aber auch bei Verletzungen der Pflicht zur Verfassungstreue erst nach Abmahnung Gewissheit bestehen, ob ein dauernder und nicht behebbarer Eignungsmangel vorliegt[8]. 216

Ausländerfeindliche Äußerungen: Nach einhelliger Meinung[9] kann die Verbreitung ausländerfeindlicher Parolen auch ohne vorherige Abmahnung eine außerordentl. Kündigung rechtfertigen. Hierbei ist allerdings zu differenzieren. Werden durch die ausländerfeindlichen Äußerungen Arbeitskollegen konkret angegriffen, dann gelten für eine außerordentl. Kündigung die Beurteilungsmaßstäbe einer Beleidigung (s. *Strafbare Handlungen/Ehrverletzung*). Hält sich die ausländerfeindliche Äußerung im Rahmen einer vertretbaren politischen Meinungsäußerung, gelten die dort niedergelegten Grundsätze. Eine bloße politische Meinungsäußerung liegt aber dann nicht mehr vor, wenn durch diese Äußerungen Ausländer herabgewürdigt werden sollen und damit verfassungsrechtl. Grundsätze tangieren. Erregt dieses Verhalten im Betrieb Anstoß, liegt darin auch eine Störung des Betriebsfriedens und -ablaufs[10]. 217

Alkoholverbot, Drogenverbot, Rauchverbot: Ein wiederholter Verstoß gegen ein wirksam erlassenes betriebliches Alkoholverbot (§ 87 I Nr. 1 BetrVG) ist ggf. auch ohne vorherige erfolglose Abmahnung geeignet, einen wichtigen Grund abzugeben[11]. Führte der Verstoß zu einer konkreten Gefährdung erheblicher Rechtsgüter, kann bereits ein einmaliger Verstoß genügen[12]. Dann spielt es auch keine Rolle, wenn der ArbN wegen Alkoholismus nicht schuldhaft gehandelt hat[13]. 218

Von einem Verstoß gegen ein betriebliches Alkoholverbot sind als weitere Kündigungsgründe zu unterscheiden *Trunkenheit/Alkoholismus* (s. dort) sowie Alkoholkonsum als *Arbeitspflicht- bzw. Nebenpflichtverletzung* (s. dort). 219

---

1 BAG v. 23.10.1984 – 1 AZR 126/81, AP Nr. 82 zu Art. 9 GG – Arbeitskampf. | 2 BAG v. 6.12.1979 – 2 AZR 1055/77, AP Nr. 2 zu § 1 KSchG 1969 – Verhaltensbedingte Kündigung. | 3 BAG v. 6.6.1984 – 7 AZR 456/82, AP Nr. 11 zu § 1 KSchG 1969 – Verhaltensbedingte Kündigung. | 4 BAG v. 12.3.1986 – 7 AZR 20/83, AP Nr. 13 zu Art. 33 GG. | 5 BAG v. 2.3.1982 – 1 AZR 694/79, AP Nr. 8 zu Art. 5 I GG – Meinungsfreiheit. | 6 BAG v. 12.3.1986 – 7 AZR 468/81, RzK I 1 Nr. 10; KR/*Fischermeier*, § 626 BGB Rz. 118. | 7 BAG v. 9.3.1995 – 2 AZR 644/94, NZA 1996, 875; v. 14.2.1996 – 2 AZR 274/95, AP Nr. 26 zu § 626 BGB – Verdacht strafbarer Handlung. | 8 BAG v. 12.3.1986 – 7 AZR 468/81, RzK I 1 Nr. 10; KR/*Fischermeier*, § 626 BGB Rz. 119. | 9 BAG v. 14.2.1996 – 2 AZR 274/95, AP Nr. 26 zu § 626 BGB – Verdacht strafbarer Handlung; v. 1.7.1999 – 2 AZR 676/98, AP Nr. 11 zu § 15 BBiG. | 10 Zu den Formen ausländerfeindlichen Verhaltens und Reaktionsmöglichkeiten *Korinth*, AuR 1993, 105. | 11 LAG Sachs. v. 26.5.2000 – 2 Sa 995/99, NZA-RR 2001, 472. | 12 LAG Hamm v. 23.8.1990 – 16 Sa 293/90, LAGE § 626 BGB Nr. 52 (Kranführer im untertägigen Steinkohlebergbau); KR/*Fischermeier*, § 626 BGB Rz. 407. | 13 ErfK/*Müller-Glöge*, § 626 BGB Rz. 98.

220 Wirkt ein Erzieher an einem Canabiskonsum eines Heiminsassen mit, anstatt das bestehende generelle Drogenverbot durchzusetzen, ist dies als wichtiger Grund an sich geeignet[1].

221 Ebenso rechtfertigt ein wiederholter, erfolglos abgemahnter Verstoß gegen ein wirksam erlassenes (§ 87 I Nr. 1 BetrVG) Rauchverbot eine außerordentl. Kündigung[2]. Dies gilt ohne weiteres bei einer konkreten Gefährdung von Leben oder Gesundheit anderer oder erheblicher Sachwerte, wie zB beim Verstoß gegen ein Rauchverbot in einem Holz verarbeitendem Betrieb mit akuter Brandgefahr[3].

222 Im Übrigen kann die besondere Relevanz des ArbN-Verhaltens auch aus dem Schutz nichtrauchender Arbeitskollegen oder Kunden („Passivrauchen") folgen[4].

223 **Mobbing:** Eine Störung des Betriebsfriedens und damit eine Rechtfertigung einer außerordentl. Kündigung kann sich aus diversen Erscheinungsformen des Mobbings gegenüber Untergebenen und anderen Arbeitskollegen ergeben[5].

224 **Sexuelle Belästigung:** Das BAG[6] sah in den Bestimmungen des früheren § 2 BeschSchG eine Klarstellung und keine Änderung der kündigungsrechtl. Lage. Dies gilt wegen § 2 IV AGG grds. auch für die §§ 3 IV, 7 III, 12 III AGG. § 3 III AGG enthält aber gegenüber dem früheren § 2 II BeschSchG eine erweiterte Legaldefinition der sexuellen Belästigung[7], die auch im Rahmen des Kündigungsrechts zu beachten ist[8]. Eine sexuelle Belästigung am Arbeitsplatz stellt eine Verletzung der arbeitsvertragl. Pflichten dar, § 7 I, III AGG. Der ArbGeb hat in einem solchen Fall nicht nur das Recht, sondern nach § 12 III AGG die Pflicht, eine im Einzelfall angemessene arbeitsrechtl. Maßnahme wie Abmahnung, Umsetzung, Versetzung oder Kündigung zu ergreifen[9]. Dabei wird nur eine nach Umfang und/oder Intensität schwerwiegende sexuelle Belästigung am Arbeitsplatz ohne vorherige Abmahnung eine außerordentl. Kündigung rechtfertigen[10].

225 Strengere Maßstäbe können sich aus der besonderen Arbeitsplatzsituation oder einschlägigen tarifl. Bestimmungen ergeben. So kann bei Beschäftigten einer psychiatrischen Einrichtung der sexuelle Kontakt mit einem Patienten die außerordentl. Kündigung rechtfertigen[11]. Im öffentl. Dienst ergibt sich ein strenger(er) Maßstab wegen der in § 8 BAT/§ 41 S. 2 TVöD BT-V festgelegten Pflicht zu achtungswürdigem Verhalten. Insoweit wurde die Verbreitung Menschen verachtender, sexistischer oder rassistischer Witze über ein betriebliches Verteilungssystem als wichtiger Grund für eine Kündigung angesehen[12].

226 **Tätlichkeiten/Bedrohung:** Eine ernstliche Störung des Betriebsfriedens, der betrieblichen Ordnung oder des reibungslosen Betriebsablaufs liegt vor, wenn ein ArbN einen Vorgesetzten tätlich angreift, es zu einer vorsätzlichen Körperverletzung unter Arbeitskollegen oder gegenüber dem ArbGeb und dessen Familienangehörigen kommt. Eine außerordentl. Kündigung ist dann idR auch ohne vorherige Abmahnung gerechtfertigt[13]. Gleiches gilt für Tätlichkeiten gegenüber Kunden oder Geschäftspartnern des ArbGeb. Liegen aber Tatsachen vor, die einen Rechtfertigungs-, Entschuldigungs- oder Schuldausschließungsgrund begründen, fehlt es an einem wichtigen Grund. Ein Eintritt in die Interessenabwägung erübrigt sich dann.

227 Besondere Sachverhaltslagen ergeben sich bei professionell betriebenen Mannschaftssportarten[14].

228 Auch die mehrfache oder massive Bedrohung des ArbGeb, eines Vorgesetzten oder von Arbeitskollegen kann ein wichtiger Grund sein[15]. Bei einer Bedrohung der Vorgesetzten ergibt sich dies schon aus der damit verbundenen Untergrabung der Autorität. Im Einzelfall kann auch eine abstrakte Bedrohung genügen, die von der Person des ArbN ausgeht. So hielt das BAG[16] die außerordentl. Kündigung eines ArbN für gerechtfertigt, mit dem die Arbeitskollegen deshalb nicht mehr zusammen arbeiten wollten, weil er im Zustand der Schuldunfähigkeit Frau und Kind erschossen und anschließend einen Selbstmordversuch unternommen hatte.

229 • **Betriebsstillegung/Betriebseinschränkung/Betriebsstockung:** Aus § 1 KSchG, dem Ultima-ratio-Prinzip sowie dem Grundsatz, dass der ArbGeb sein Wirtschaftsrisiko (vgl. § 615 S. 3) nicht auf den ArbN

---

1 BAG v. 18.10.2000 – 2 AZR 131/00, AP Nr. 169 zu § 626 BGB. | 2 LAG München v. 18.1.1961 – 5 Sa 233/60 N, BB 1961, 1325; ErfK/*Müller-Glöge*, § 626 BGB Rz. 97; zum wirksamen Erlass BAG v. 15.12.1961 – 1 ABR 6/60, AP Nr. 3 zu § 56 BetrVG 1952 – Ordnung des Betriebes. | 3 LAG BW v. 23.10.1951, DB 1952, 232; ArbG Husum v. 1.9.1964 – 1 Ca 101/64, DB 1964, 1596; KR/*Fischermeier*, § 626 BGB Rz. 440. | 4 BAG v. 8.5.1996 – 5 AZR 971/94, AP Nr. 20 zu § 618 BGB. | 5 LAG Thür. v. 15.2.2001 – 5 Sa 102/2000, NZA-RR 2001, 577; *Benecke*, NZA-RR 2003, 225, 231. | 6 BAG v. 8.6.2000, AP Nr. 3 zu § 2 BeschSchG mwN. | 7 Zum Begriff nach altem Recht BAG v. 25.3.2004 – 2 AZR 341/03, AP Nr. 189 zu § 626 BGB. | 8 KR/*Pfeiffer*, AGG Rz. 8. | 9 Vgl. hierzu auch APS/*Dörner*, § 626 BGB Rz. 264; *Linde*, BB 1994, 2412 ff. | 10 LAG Hamm v. 22.10.1996 – 6 Sa 730/96, LAGE § 4 BeschSchG Nr. 1; Sächs. LAG v. 10.3.2000 – 2 Sa 635/99, LAGE § 626 BGB Nr. 130; KR/*Fischermeier*, § 626 BGB Rz. 443. | 11 LAG Frankfurt/M. v. 10.1.1984 – 7 Sa 739/83, ArbuR 1984, 346; ErfK/*Müller-Glöge*, § 626 BGB Rz. 94. | 12 LAG Köln v. 14.12.1998 – 12 Sa 896/98, LAGE § 626 BGB Nr. 124; v. 10.8.1999 – 13 Sa 220/99, EzA-SD 2000, Nr. 9, 13; aA LAG Köln v. 7.7.1999 – 7 Sa 22/99, RzK I 8c Nr. 44. | 13 BAG v. 12.7.1984 – 2 AZR 320/83 und v. 12.3.1987 – 2 AZR 176/86, AP Nr. 32 und 47 zu § 102 BetrVG 1972; v. 31.3.1993 – 2 AZR 492/92, AP Nr. 32 zu § 626 BGB – Ausschlussfrist. | 14 BAG v. 17.1.1979 – 5 AZR 498/77, AP Nr. 2 zu § 611 BGB – Berufssport. | 15 BAG v. 12.1.1995 – 2 AZR 456/94, RzK I 6g Nr. 22; KR/*Fischermeier*, § 626 BGB Rz. 449. | 16 BAG v. 10.3.1977 – 4 AZR 675/75, AP Nr. 9 zu § 313 ZPO.

abwälzen darf[1], folgt, dass dringende betriebliche Gründe regelmäßig kein wichtiger Grund sind, gleich ob auf unternehmerischer Entscheidung des ArbGeb beruhend oder zwangsläufig eingetreten[2].

Anderes gilt, wenn die ordentl. Kündigung ausgeschlossen und selbst unter Aufwendung aller zumutbaren Mittel kein anderweitiger Einsatz des ArbN möglich ist, sprich also der ArbGeb gezwungen wäre, ein sinnentleertes Arbeitsverhältnis allein durch Gehaltszahlungen ohne Beschäftigungsmöglichkeit aufrechtzuerhalten. Dem ArbGeb kann dann wegen Art. 12 GG weder die Entgeltfortzahlung noch der Verzicht auf die unternehmerische Entscheidung (zB Betriebsstilllegung) angesonnen werden[3]. Zum gleichen Ergebnis kommen Teile der Lit.[4], die in diesen Fällen ungeachtet der tarifl. Unkündbarkeitsklausel ohnehin die ordentl. Kündigung zulassen. Bei einer solchen außerordentl. Kündigung sind nicht nur die einzel- oder tarifvertragl. ordentl. Kündigungsfristen einzuhalten, sondern es gelten im Übrigen auch die im Einzelfall strengeren Anforderungen an ein ordentl. Kündigungsrecht, wie zB die Notwendigkeit einer Sozialauswahl entsprechend § 1 III, IV KSchG[5] oder eine verlängerte Frist für die BR-Anhörung[6]. 230

Im Falle einer außerordentl. betriebsbedingten Kündigung trifft den ArbGeb in einem gegenüber einer ordentl. Kündigung erhöhten Maße die Pflicht, sämtliche Möglichkeiten einer anderweitigen Beschäftigung des ArbN zu prüfen. Für den ArbGeb gehört das Nichtvorliegen anderweitiger Beschäftigungsmöglichkeiten zum wichtigen Grund[7]. Für den ArbN genügt es, dass er sagt, wie er sich eine anderweitige Beschäftigung vorstellt. Im Gegenzug muss der ArbGeb im Rahmen einer gesteigerten Darlegungs- und Beweislast eingehend erläutern, aus welchem Grund eine Beschäftigung des gegen seine (Änderungs-) Kündigung klagenden ArbN auf einem entsprechenden Arbeitsplatz nicht möglich ist[8]. 231

Zu beachten ist, dass bei Vorliegen einer entsprechenden, hinreichend eindeutigen, den Fall einer Betriebsstilllegung erfassenden vertragl. Vereinbarung dem ArbGeb auch ein Festhalten am Vertrag über die gesetzl. ordentl. Kündigungsfristen hinaus zumutbar sein kann. Es kommt auf die besondere Ausgestaltung des Sonderkündigungsschutzes an. So ist nach § 622 V 2 (Einzelvertrag) bzw. § 622 IV (TV) eine Verlängerung der Kündigungsfristen möglich. Der ArbGeb kann insoweit auch das Risiko übernehmen, das Arbeitsverhältnis ohne Beschäftigungsmöglichkeit fortsetzen zu müssen[9]. So ist die Kündigung des ArbN trotz Betriebsstilllegung unzulässig, wenn sich der ArbGeb zur Verschaffung eines Arbeitsplatzes im Konzern verpflichtet hat und insoweit eine Beschäftigung nicht ausgeschlossen ist[10]. 232

Eine Betriebsstockung stellt idR keinen wichtigen Grund dar, da es dem ArbGeb zumutbar ist, die nicht beschäftigten ArbN für die Dauer der ordentl. Kündigungsfrist weiter zu entlohnen[11]. Manche TV sehen aber für den Fall einer infolge Brandschadens eingetretenen Betriebsruhe die Möglichkeit ordentl. entfristeter Kündigungen verbunden mit späteren Wiedereinstellungsansprüchen vor[12]. 233

• **Betriebs- und Geschäftsgeheimnisse/Datenschutz:** Der ArbN ist verpflichtet, Betriebs- oder Geschäftsgeheimnisse zu wahren[13]. Einer besonderen Vereinbarung bedarf es hierfür nicht[14]. Die schuldhafte Verletzung der Verschwiegenheitspflicht des ArbN ist wichtiger Grund für eine außerordentl. Kündigung[15]. Betriebsgeheimnisse sind Tatsachen im Zusammenhang mit einem Geschäftsbetrieb, die nur einem begrenzten Personenkreis bekannt, nicht offenkundig sind und die nach dem ausdrücklichen oder konkludent erklärten Willen des Betriebsinhabers auf Grund berechtigten wirtschaftl. Interesses geheim gehalten werden sollen[16]. 234

Eine vertragliche Ausdehnung der Verschwiegenheitspflicht auf „alle betrieblichen Belange" findet ihre Grenze in §§ 134, 138 BGB, Art. 5 I GG sowie dem Verhältnismäßigkeitsprinzip. Sie ist nur gerechtfertigt, soweit sie durch betriebliche Interessen des ArbGeb begründet werden kann[17]. Wird hiergegen verstoßen, bedarf es einer vorherigen erfolglosen Abmahnung. 235

---

1 KR/*Fischermeier*, § 626 BGB Rz. 155 ff. | 2 BAG v. 7.3.2002 – 2 AZR 173/01, NZA 2002, 963. | 3 BAG v. 7.6.1984 – 2 AZR 602/82, AP Nr. 5 zu § 22 KO; v. 28.3.1985 – 2 AZR 113/84 und v. 5.2.1998 – 2 AZR 227/97, AP Nr. 86 und 143 zu § 626 BGB; v. 12.8.1999 – 2 AZR 748/98, AP Nr. 7 zu § 21 SchwbG; v. 13.6.2002 – 2 AZR 391/01, AP Nr. 97 zu § 615 BGB; v. 8.4.2003 – 2 AZR 355/02, AP Nr. 181 zu § 626 BGB; v. 30.9.2004 – 8 AZR 462/03, AP Nr. 275 zu § 613a BGB; *Kiel*, NZA Beilage 1/2005, 18 ff.; KR/*Fischermeier*, § 626 BGB Rz. 158. | 4 *Adam*, NZA 1999, 846 ff.; *Bröhl*, FS Schaub, S. 55 ff.; *Oetker*, ZfA 2001, 336 ff.; aA KR/*Fischermeier*, § 626 BGB Rz. 158. | 5 BAG v. 28.3.1985 – 2 AZR 113/84 und v. 5.2.1998 – 2 AZR 227/97, AP Nr. 86, 143 zu § 626 BGB. | 6 BAG v. 12.1.2006 – 2 AZR 242/05. | 7 BAG v. 8.4.2003 – 2 AZR 355/02, AP Nr. 181 zu § 626 BGB. | 8 BAG v. 17.9.1998 – 2 AZR 419/97, AP Nr. 148 zu § 626 BGB; v. 2.3.2006 – 2 AZR 64/05, NZA 2006, 985. | 9 Offen gelassen von BAG v. 22.7.1992 – 2 AZR 84/92, EzA § 626 BGB nF Nr. 141; vgl. auch LAG Rh.-Pf. v. 19.9.1997 – 3 Sa 278/97, LAGE § 2 KSchG Nr. 31; KR/*Fischermeier*, § 626 BGB Rz. 158. | 10 BAG v. 10.5.2007 – 2 AZR 626/05, AP Nr. 1 zu § 626 BGB – Unkündbarkeit m. Anm. *Sandmann*. | 11 BAG v. 28.9.1972 – 2 AZR 506/71, AP Nr. 28 zu § 615 BGB – Betriebsrisiko. | 12 Dazu BAG v. 16.6.1987 – 1 AZR 528/85, AP Nr. 20 zu § 111 BetrVG 1972. | 13 BAG v. 16.3.1982 – 3 AZR 83/79, AP Nr. 1 zu § 611 BGB – Betriebsgeheimnis. | 14 BAG v. 4.4.1974 – 2 AZR 452/73, AP Nr. 1 zu § 626 BGB – Arbeitnehmervertreter im Aufsichtsrat; *Stahlhacke/Preis/Vossen*, Rz. 745. | 15 BAG v. 4.4.1974 – 2 AZR 452/73, AP Nr. 1 zu § 626 BGB – Arbeitnehmervertreter im Aufsichtsrat; v. 26.9.1990 – 2 AZR 602/89, RzK I 8c Nr. 20 (bzgl. Verdachtskündigung); ErfK/*Müller-Glöge*, § 626 BGB Rz. 99. | 16 MünchArbR/*Blomeyer*, § 53 Rz. 56. | 17 APS/*Dörner*, § 626 BGB Rz. 273; *Preis/Reinfeld*, AuR 1989, 361, 364.

236 Neben Betriebs- oder Geschäftsgeheimnissen hat der ArbN über ihm dienstlich bekannt gewordene Tatsachen, die die Person des ArbGeb oder eines anderen ArbN in besonderem Maße berühren, Verschwiegenheit zu bewahren[1].

237 Verstöße gegen den Datenschutz geben einen wichtigen Grund ab, falls das für die Fortsetzung des Arbeitsverhältnisses notwendige Vertrauen zerstört wurde. Dies ist der Fall, wenn der ArbN für ihn gesperrte Daten mit Personenbezug oder über Betriebsgeheimnisse abfragt[2] oder ohne Erlaubnis dienstliche Daten auf private Datenträger kopiert[3]. Letzteres ist einem Diebstahl vergleichbar.

238 • **Ehrenämter:** Die Übernahme eines öffentl. Ehrenamtes (Gemeinderat, Kreistag usw.) stellt keinen wichtigen Grund zur Kündigung dar. Vielmehr sind in den Gemeinde- und Landkreisordnungen in Anlehnung an Art. 48 II 2 GG ausdrückliche Kündigungsverbote vorgesehen. Danach sind üblicherweise Kündigungen verboten, deren Gründe im Zusammenhang mit der Ausübung des Ehrenamtes stehen[4].

239 Private Ehrenämter hat der ArbN grds. in seiner Freizeit auszuüben[5], sofern keine besonderen kollektiv- oder einzelvertragl. Regelungen eingreifen[6]. Treten auf Grund der Ausübung eines privaten Ehrenamtes durch den ArbN betriebliche Störungen auf, so kommt nach vorheriger Abmahnung idR nur eine ordentl. Kündigung in Betracht.

240 • **Fahrerlaubnisentziehung/Fahrverbot:** Der Entzug der Fahrerlaubnis bzw. die Verhängung eines Fahrverbots ist unter dem Gesichtspunkt der verhaltensbedingten Kündigung zu prüfen, wenn die Maßnahme auf Grund einer im Dienst unternommenen Fahrt erfolgte (s. *Trunkenheit*).

241 Wurde die Maßnahme dagegen auf Grund einer in der Freizeit unternommenen Privatfahrt verhängt, kommt eine personenbedingte Kündigung in Betracht, sollte eine Weiterbeschäftigung zu geänderten Bedingungen nicht möglich und mit dem Wegfall des Hindernisses in absehbarer Zeit nicht zu rechnen sein[7]. Die Verhängung eines (kurzfristigen) Fahrverbots ist deshalb idR kein wichtiger Grund. Gleiches gilt gegenüber ArbN, die zur Erfüllung ihrer Arbeitspflicht zwar auf die Fahrerlaubnis angewiesen sind, jedoch nicht als Kraftfahrer beschäftigt werden, vorausgesetzt dem ArbGeb ist die nur unvollständige Erfüllung der Hauptleistungspflicht für die Dauer der Kündigungsfrist zumutbar. Überdies kann es von Bedeutung sein, dass der ArbN von sich aus anbietet, seine Mobilität durch persönliche Maßnahmen auf eigene Kosten (zB Einsatz eines privaten Ersatzfahrers) zu sichern[8].

242 Insb. bei einem Fahrerlaubnisentzug wegen Trunkenheit können sich auf Grund früherer Vorfälle sowie bei einer besonders verantwortungsvollen Tätigkeit wie der eines Busfahrers aber auch Zweifel an dessen charakterlicher Integrität ergeben, die zu einem wichtigen (personenbedingten) Grund führen können[9]. Bejaht wurde dies ua. für einen Sachverst. im Kraftfahrzeugwesen, der mit 1,9 Promille einen Unfall mit Fahrerflucht verursacht hat und dem daraufhin die Fahrerlaubnis entzogen wurde[10]. Dies muss erst recht gelten, wenn die Trunkenheit auf Alkoholismus zurückzuführen ist[11].

243 Ggf. ist eine Selbstbindung des ArbGeb zu berücksichtigen, wenn der ArbGeb zB in einer Dienstanweisung bestimmt, dass bei Entzug der betrieblichen Fahrerlaubnis eine Nachschulung vor deren Wiedererteilung durchzuführen ist. Dann kommt eine Kündigung des Arbeitsverhältnisses vor Durchführung einer Nachschulung nicht in Betracht[12].

244 • **Geschäfts- und Rufschädigung:** Eine bewusste und gewollte Geschäftsschädigung ist wichtiger Grund für eine Kündigung[13]. Sie kann zB in der Aufforderung an Kollegen oder Dritte liegen, den ArbGeb (außerhalb eines rechtmäßigen Arbeitskampfes) zu schädigen. Bei nur bedingtem Vorsatz oder Fahrlässigkeit sind die Gesamtumstände entscheidend. In leitender Position gelten für den ArbN erhöhte Anforderungen[14].

---

1 ErfK/*Müller-Glöge*, § 626 BGB Rz. 99. | 2 LAG Köln v. 29.9.1982 – 5 Sa 514/82, DB 1983, 124; LAG Schl.-Holst. v. 15.11.1989 – 5 Sa 335/89, DB 1990, 635; LAG Saarl. v. 1.12.1993 – 2 Sa 154/92, RDV 1995, 81; KR/*Fischermeier*, § 626 BGB Rz. 418. | 3 Sächs. LAG v. 14.7.1999 – 2 Sa 34/99, LAGE § 626 BGB Nr. 129; KR/*Fischermeier*, § 626 BGB Rz. 418. | 4 BAG v. 30.6.1994 – 8 AZR 94/93, AP Nr. 2 zu Art. 9 – Einigungsvertrag. | 5 ErfK/*Müller-Glöge*, § 626 BGB Rz. 184; KR/*Fischermeier*, § 626 BGB Rz. 412. | 6 BAG v. 11.9.1985 – 4 AZR 147/85, AP Nr. 67 zu § 616 BGB; KR/*Fischermeier*, § 626 BGB Rz. 412. | 7 BAG v. 30.5.1978 – 2 AZR 630/76 und v. 4.6.1997 – 2 AZR 526/96, AP Nr. 70 und 137 zu § 626 BGB; weiter v. 31.1.1996 – 2 AZR 68/95, AP Nr. 17 zu § 1 KSchG 1969 – Personenbedingte Kündigung. | 8 LAG Rh.-Pf. v. 11.8.1989 – 6 Sa 297/89, LAGE § 626 BGB Nr. 43; KR/*Fischermeier*, § 626 BGB Rz. 407; aA LAG Schl.-Holst. v. 16.6.1986 – 4 (5) Sa 684/85, RzK I 6a Nr. 21: ArbGeb braucht die Ehefrau als Fahrerin nicht zu akzeptieren; offen gelassen von BAG v. 14.2.1991 – 2 AZR 525/90, RzK I 6a Nr. 70. | 9 BAG v. 22.8.1963 – 2 AZR 114/63 und v. 30.5.1978 – 2 AZR 630/76, AP Nr. 51 und Nr. 70 zu § 626 BGB. Anders ist zu entscheiden, wenn es sich nur um eine einmalige Entgleisung handelt, vgl. BAG v. 4.6.1997 – 2 AZR 526/96, AP Nr. 137 zu § 626 BGB. | 10 LAG Köln v. 25.8.1988 – 8 Sa 1334/87, LAGE § 626 BGB Nr. 34; KR/*Fischermeier*, § 626 BGB Rz. 407. | 11 Vgl. BAG v. 4.6.1997 – 2 AZR 526/96, AP Nr. 137 zu § 626 BGB. | 12 BAG v. 25.4.1996 – 2 AZR 74/95, AP Nr. 18 zu § 1 KSchG 1969 – Personenbedingte Kündigung. | 13 BAG v. 17.6.1992 – 2 AZR 568/92, RzK I 6a Nr. 90; v. 6.2.1997 – 2 AZR 38/96, RzK I 6a Nr. 146. | 14 LAG Nürnberg v. 13.1.1993 – 3 Sa 304/92, LAGE § 626 BGB Nr. 67; ErfK/*Müller-Glöge*, § 626 BGB Rz. 144.

● **Insolvenzverfahren:** Die Eröffnung des Insolvenzverfahrens über das Vermögen des ArbGeb stellt keinen wichtigen Grund dar, vgl. § 108 InsO. Wichtiger Grund für die Kündigung eines GmbH-Geschäftsführers aber ist die durch diesen verursachte Insolvenzverschleppung[1]. 245

● **Kirche:** Tendenzschutz (vgl. § 118 I BetrVG) und kirchliches Selbstbestimmungsrecht (Art. 137 III WRV iVm. Art. 140 GG) erlauben es der Kirche, von ihren ArbN inner- und außerhalb der betrieblichen Tätigkeit besondere Loyalität zu verlangen[2]. Nach dem BVerfG[3] steht den Kirchen im Rahmen ihres verfassungsrechtl. garantierten Selbstbestimmungsrechts das Recht zu, Maßstäbe zu setzen und so über die Inhalte und Abstufungen der besonderen Loyalitätsbindungen ihrer kirchlichen Mitarbeiter zu entscheiden[4]. Die Grenze ist erst erreicht, wenn die kirchlichen Einrichtungen in Einzelfällen unannehmbare Anforderungen an die Loyalität ihrer ArbN stellen. Dabei sind neben dem Selbstbestimmungsrecht der Kirche auch die hiermit kollidierenden Grundrechtspositionen des ArbN ua. aus Art. 4 I u. II GG zu berücksichtigen[5]. 246

Die Überprüfung einer außerordentl. Kündigung kirchlicher Mitarbeiter bedarf daher zwar einer konkreten Interessenabwägung[6], der festgestellte Loyalitätsverstoß ist aber jeweils in seiner Schwere und Tragweite besonders zu würdigen. Deshalb können die generellen kirchlichen Vorgaben so strikt sein, dass ein Überwiegen der ArbN-Interessen im Einzelfall nur noch schwer vorstellbar ist[7]. Dies entspricht auch der Linie des BAG[8], welches sich in seiner Rspr. dem BVerfG ausdrücklich angeschlossen hat[9]. 247

Als Einzelfälle, die eine außerordentl. Kündigung rechtfertigen können, sind zu nennen: 248

- Kirchenaustritt einer Gymnastiklehrerin an einer katholischen Privatschule oder eines in einem katholischen Krankenhaus beschäftigten Assistenzarztes[10],
- Ehebruch des Gebietsdirektors einer Mormonenkirche[11] oder eines Organisten und Chorleiters[12],
- Standesamtliche Heirat nach Scheidung[13]: Lehrerin an einer kirchlichen Berufsfachschule heiratet geschiedenen katholischen Mann[14]. Graduierte Religionspädagogin heiratet geschiedenen Mann; ihr wird daraufhin die Lehrbefugnis entzogen[15]. Geschiedene Angestellte einer Caritas-Geschäftsstelle heiratet erneut[16].
- Standesamtliche Eheschließung einer Leiterin des Pfarrkindergartens einer katholischen Kirchengemeinde mit einem (noch nicht laisierten) Priester[17],
- Eintreten für andere Glaubensrichtung: ArbN eines evangelischen Kindergartens verbreitet öffentl. Lehren der „Universalen Kirche“, die von evangelischen Glaubenssätzen erheblich abweichen[18],
- Schwangerschaftsabbruch: Öffentl. Ablehnung des von der Kirche vertretenen absoluten Verbotes des Schwangerschaftsabbruches durch einen in einem katholischen Krankenhaus beschäftigten Arzt[19],
- Anwendung einer gegen tragende Grundsätze des geltenden Kirchenrechts verstoßenden Behandlungsmethode durch Chefarzt eines kath. Krankenhauses (hier: homologe Insemination)[20]. Konnten die Beteiligten allerdings noch keine endgültige Klärung herbeiführen, welche Behandlungsmethoden zulässig sind, fehlt es nicht per se an der Bereitschaft des Arztes, sich nach einen endgültigen Verbot der Behandlungsmethode bzw. nach Abmahnung an dieses Verbot zu halten[21],
- Homosexualität: Homosexuelle Praxis eines im Dienst des Diakonischen Werkes einer evangelischen Landeskirche stehenden Konfliktberaters nach vorheriger Abmahnung, da homosexuell veranlagte Mitarbeiter im kirchlichen Dienst nach kirchlichen Vorschriften nur tragbar sind, sofern diese darauf verzichten, ihre Veranlagung zu praktizieren[22],

---

1 BGH v. 20.6.2005 – II ZR 18/03, NZA 2005, 1415. | 2 KR/*Fischermeier*, § 626 BGB Rz. 121; *Buchner*, ZfA 1979, 335 (346 f.) („Tendenzförderungspflicht“). | 3 BVerfG v. 4.6.1985 – 2 BvR 1703/83, 1718/83, 856/84, AP Nr. 24 zu Art. 140 GG. | 4 KR/*Fischermeier*, § 626 BGB Rz. 123; *Richardi*, Arbeitsrecht in der Kirche, § 7 Rz. 12 ff.; *Rüthers*, NJW 1986, 356 f.; *Spengler*, NZA 1987, 833 f.; *Thüsing*, NZA-RR 1999, 561 (563). | 5 BVerfG v. 7.3.2002 – 1 BvR 1962/01, NZA 2002, 609. | 6 ErfK/*Müller-Glöge*, § 626 BGB Rz. 186; KR/*Fischermeier*, § 626 BGB Rz. 123; aA („enger“) *Dütz*, NJW 1990, 2025 ff.; aA *Spengler*, NZA 1987, 833 (835). | 7 KR/*Fischermeier*, § 626 BGB Rz. 123. | 8 BAG v. 18.11.1986 – 7 AZR 274/85 und v. 25.5.1988 – 7 AZR 506/87, AP Nr. 35, 36 zu Art. 140 GG. | 9 Kritisch zur Entwicklung des kirchlichen Arbeitsrechts *Däubler*, RdA 2003, 204 ff.; *Geck/Schimmel*, AuR 1995, 177 ff.; *Struck*, NZA 1991, 249 f.; *Zachert*, PersR 1992, 443. | 10 BAG v. 4.3.1980 – 1 AZR 1151/78, AP Nr. 4 zu Art. 140 GG; v. 12.12.1984 – 7 AZR 418/83, AP Nr. 21 zu Art. 140 GG. | 11 BAG v. 24.4.1997 – 2 AZR 268/96, AP Nr. 27 zu § 611 BGB – Kirchendienst. | 12 BAG v. 16.9.1999 – 2 AZR 712/98, AP Nr. 1 zu Art. 4 GrO – kath. Kirche. | 13 ErfK/*Müller-Glöge*, § 626 BGB Rz. 186. | 14 BAG v. 18.11.1986 – 7 AZR 274/85, AP Nr. 35 zu Art. 140 GG. | 15 BAG v. 25.5.1988 – 7 AZR 506/87, AP Nr. 36 zu Art. 140 GG. | 16 BAG v. 14.10.1980 – 1 AZR 1274/79, AP Nr. 7 zu Art. 140 GG. | 17 BAG v. 4.3.1980 – 1 AZR 125/78, AP Nr. 3 zu Art. 140 GG. | 18 BAG v. 21.2.2001 – 2 AZR 139/00, AP Nr. 29 zu § 611 BGB – Kirchendienst. | 19 BAG v. 15.1.1986 – 7 AZR 545/85, nv. (betrifft ordentl. Kündigung); KR/*Fischermeier*, § 626 BGB Rz. 123. | 20 BAG v. 7.10.1993 – 2 AZR 226/93, AP Nr. 114 zu § 626 BGB. | 21 BAG v. 7.10.1993 – 2 AZR 226/93, AP Nr. 114 zu § 626 BGB. | 22 BAG v. 30.6.1983 – 2 AZR 524/81, AP Nr. 15 zu Art. 140 GG.

249 Dagegen sollte an der früheren Ansicht des BAG[1] (vor der Grundsatzentscheidung des BVerfG) nicht festgehalten werden, wonach schon die bloße standesamtliche Heirat eines bei einer katholischen Kirchengemeinde beschäftigten Anstreichers eine schwere Pflichtverletzung darstelle. Handelt es sich um einen rein handwerklich tätigen ArbN, kann von diesem keine besondere Loyalität verlangt werden[2]. Für das Verhältnis des kirchlichen Arbeitsrechts zum AGG s. § 9 AGG.

250 • **Konkurrenztätigkeit** s. *Wettbewerbsverbot*

251 • **Krankheit** s. *Arbeitsunfähigkeit*

252 • **Mitteilungs- und Berichtspflichten:** Der ArbN unterliegt jedenfalls dann Mitteilungs- und Anzeigepflichten, wenn er innerhalb seines Aufgabenbereichs eingetretene oder drohende Schäden feststellt[3]. Ihm kann dann uU ohne vorherige Abmahnung gekündigt werden. Für drohende Schäden außerhalb seines Wirkungsbereichs ist dies jeweils anhand einer Interessenabwägung festzustellen[4]. Je nach Grad und Bedeutung der Anzeigepflicht kann deren Verletzung einen wichtigen Grund darstellen.

253 Bejaht wurde ein wichtiger Grund bei Nichtanzeige eines Diebstahls[5] sowie der Anfertigung von Aufzeichnungen über Betriebsgeheimnisse[6] durch einen Arbeitskollegen. Noch weiter gehende Berichtspflichten treffen leitende Angestellte. Sie haben auch ihnen erteilte Aufträge auf ihre Zweckmäßigkeit zu überprüfen und erforderlichenfalls den ArbGeb über Bedenken zu informieren[7].

254 • **Nebentätigkeit:** Übt der ArbN während seiner Arbeitszeit eine nicht genehmigte Nebentätigkeit aus, stellt dies einen wichtigen Grund für eine Kündigung dar[8], soweit nicht ausnahmsw. eine Interessenkollision zwischen beiden Tätigkeiten ausgeschlossen ist.

255 Überschneidet sich die Arbeitszeit der Nebentätigkeit nicht mit der der Haupttätigkeit, liegt wegen der Berufsfreiheit des ArbN (Art. 12 I GG) nur dann eine Pflichtverletzung vor, wenn durch diese die berechtigten Interessen des ArbGeb beeinträchtigt werden. Weiter gehende einzel-[9] oder tarifvertragl.[10] Nebenbeschäftigungsverbote können nur eine Anzeige- bzw. Erlaubnispflicht begründen[11], nie aber ein Verbot. Bestehen Anhaltspunkte für unzulässige Nebentätigkeiten, so hat der ArbN über diese Auskunft zu geben. Sind darüber hinaus die Interessen des ArbGeb bedroht, hat der ArbN eine zukünftige Nebenbeschäftigung von sich aus anzuzeigen[12].

256 Eine Beeinträchtigung des Arbeitsverhältnisses liegt vor, wenn der ArbN durch eine anstrengende oder ihn zeitlich überfordernde Nebenbeschäftigung (Tanzkapelle/Taxifahrer) seine arbeitsvertragl. Pflichten wegen Übermüdung oder Konzentrationsschwäche nicht mehr richtig erfüllen kann und sich damit seine Arbeitsleistung spürbar verschlechtert[13]. Neben Einbußen bei der Arbeitsleistung kann die Nebentätigkeit aber auch dann mit den Interessen des ArbGeb kollidieren, weil sie das öffentl. Ansehen des ArbGeb schädigt, mit dem Gemeinwohl nicht zu vereinbaren ist[14] oder eine unerlaubte Konkurrenztätigkeit (s. *Wettbewerbsverbot*) darstellt[15]. Zum Fall, dass der ArbN während ärztlich attestierter Arbeitsunfähigkeit eine Nebentätigkeit ausübt, s. *Arbeitsunfähigkeit/Vortäuschen der Arbeitsunfähigkeit*.

257 • **Politische Betätigung** s. *Betriebliche Ordnung/Wahrung des Betriebsfriedens*

258 • **Private Telefongespräche, Surfen im Internet:** Private Telefongespräche sind wichtiger Grund, wenn dem ArbN solche Telefongespräche auf Kosten des ArbGeb untersagt sind[16]. Bei nur geringem Umfang bedarf es aber einer vorherigen Abmahnung. Auch wenn eine private Nutzung grds. erlaubt ist, muss der ArbN ua. – soweit dies vorgesehen ist –, private Gespräche durch eine entsprechende Vorwahl kennzeichnen. Geschieht dies nicht, ist bei einer großen Anzahl von Telefonaten eine Kündigung auch ohne vorherige Abmahnung möglich[17]. Darüber hinaus darf der ArbN von der privaten Nutzung nur insoweit Gebrauch machen, als dies anzunehmender Weise noch von der Zustimmung des ArbGeb gedeckt ist, sonst kann ihm nach Abmahnung gekündigt werden[18]. Entsprechendes gilt für das Anfertigen privater Kopien oder das private Surfen im Internet. Besucht der ArbN überdies pornographische Webseiten und/oder lädt er Daten aus zweifelhaften Quellen herunter, kommt wegen möglicher Rufschädigung des

---

1 BAG v. 31.1.1956 – 3 AZR 67/54, AP Nr. 15 zu § 1 KSchG; zust. ua. *Buchner*, ZfA 1979, 335 (348). |2 *Dütz*, Anm. AP Nr. 20 zu Art. 140 GG; KR/*Fischermeier*, § 626 BGB Rz. 124; *Rüthers*, NJW 1986, 356 f. |3 BAG v. 11.3.1999 – 2 AZR 427/98, AP Nr. 150 zu § 626 BGB. |4 Vgl. allg. MünchArbR/*Blomeyer*, § 54 Rz. 6 ff. |5 LAG Hamm v. 29.7.1994 – 18 Sa 2016/93, RzK I 5i Nr. 95; KR/*Fischermeier*, § 626 BGB Rz. 433. |6 LAG Frankfurt v. 6.4.1955 – II LA 649/54, SAE 1956 Nr. 91; KR/*Fischermeier*, § 626 BGB Rz. 433. |7 BAG v. 26.5.1962 – 2 AZR 430/60, AP Nr. 1 zu § 628 BGB. |8 ErfK/*Müller-Glöge*, § 626 BGB Rz. 131. |9 BAG v. 26.8.1976 – 2 AZR 377/75, AP Nr. 68 zu § 626 BGB. |10 BAG v. 24.6.1999 – 6 AZR 605/97, AP Nr. 5 zu § 611 BGB – Nebentätigkeit. |11 BAG v. 11.12.2001 – 9 AZR 464/00, AP Nr. 8 zu § 611 BGB Nebentätigkeit. |12 BAG v. 18.1.1996 – 6 AZR 314/95, AP Nr. 25 zu § 242 BGB – Auskunftspflicht. |13 BAG v. 7.9.1972 – 2 AZR 486/71, AP Nr. 7 zu § 60 HGB. |14 BAG v. 21.1.1982 – 2 AZR 761/79, nv. |15 BAG v. 16.8.1990 – 2 AZR 113/90, AP Nr. 10 zu § 611 BGB – Treuepflicht. |16 LAG Düsseldorf v. 14.2.1963 – 7 Sa 507/62, BB 1963, 732; LAG Halle v. 23.11.1999 – 8 Ta BV 6/99, NZA-RR 2000, 476. |17 ArbG Würzburg v. 16.12.1997 – 1 Ca 1326/97, BB 1989, 1318; *Ernst*, NZA 2002, 585. |18 LAG Nürnberg v. 6.8.2002 – 6 (5) Sa 472/01, NZA-RR 2003, 191.

ArbGeb bzw. der Gefahr der Vireninfizierung auch eine außerordentl. Kündigung ohne vorherige Abmahnung in Betracht[1].

259 • **Schlechtleistung:** Der ArbN schuldet bezüglich Arbeitsqualität und -quantität allein sein Bemühen (s. *Arbeitspflichtverletzung*), seine Arbeit entsprechend seinen Fähigkeiten zu erledigen. Dies ergibt sich aus dem Wesen des Dienst- und damit auch des Arbeitsvertrages, wonach der Leistungserbringer gerade keinen Erfolg schuldet, sondern nur sein Bemühen, die ihm aufgetragene Arbeit sorgfältig zu erfüllen. Ob der ArbN sich entsprechend bemüht, hängt von seiner individuellen Leistungsfähigkeit ab, die zB krankheitsbedingt in einer gewissen Bandbreite schwanken kann[2]. Hat der ArbGeb einen ArbN eingestellt, der nicht dazu in der Lage ist, die ihm übertragenen Arbeiten mit der notwendigen Schnelligkeit und Sorgfalt zu erledigen, fällt dies grds. unter das Beschäftigungsrisiko des ArbGeb. Insoweit ist vorrangig an eine ordentl. Kündigung seitens des ArbGeb nach vorheriger Abmahnung zu denken. Etwas anderes gilt dann, wenn der ArbN bei Eingehung des Arbeitsverhältnisses Angaben gemacht hat, die seine Bewerbung als „Hochstapelei“ erscheinen lassen. Hier kommt neben einer Anfechtung des Arbeitsvertrags nach §§ 119, 123, einem Schadensersatzanspruch nach § 311a II auch eine außerordentl. Kündigung wegen fehlender Eignung in Betracht[3].

260 Bei besonders verantwortungsvollen Tätigkeiten eines gehobenen Angestellten kann bereits eine einmalige fahrlässige Pflichtverletzung eine fristlose Kündigung rechtfertigen, soweit die Verletzung der Arbeitspflicht geeignet ist, einen besonders schweren Schaden herbeizuführen und der ArbGeb das Seine getan hat, um die Möglichkeit eines solchen Versehens und dessen Folgen einzuschränken[4]. Dies gilt umso eher, wenn dem ArbN ein wiederholtes grob fahrlässiges Verhalten vorzuwerfen ist[5]. Ähnlich gewichtig ist eine mehrfache Missachtung der im Innenverhältnis bestehenden Vollmachtsbeschränkung eines leitenden Angestellten[6] oder eine einzelne Vollmachtsüberschreitung bei gleichzeitiger gravierender Vermögensgefährdung[7].

261 • **Schmiergeldverbot (Forderung/Annahme von Schmiergeldern):** Ein ArbN, der von einem Dritten Schmiergeld annimmt, verstößt idR gegen § 299 I StGB und verletzt die Loyalitätspflichten gegenüber seinem ArbGeb (vgl. auch § 10 BAT). Er zerstört damit das Vertrauen in seine Zuverlässigkeit und Redlichkeit[8]. Ein Verstoß gegen das sog. Schmiergeldverbot liegt vor, wenn der ArbN für sich oder einen ihm nahe stehenden Dritten Vorteile fordert, sich versprechen lässt oder entgegennimmt, so dass beim Zahlenden die Erwartung entsteht oder verstärkt wird, dass er damit die Ausführung der arbeitsvertragl. Aufgaben in seinem Sinne und damit zum Nachteil des ArbGeb beeinflussen kann. Sozialadäquate Gelegenheitsgeschenke oder übliche Trinkgelder fallen nicht darunter[9].

262 Eine Schädigung des ArbGeb ist nicht erforderlich. IdR wird das Vertrauensverhältnis bereits durch die Schmiergeldannahme soweit zerstört, dass ein wichtiger Kündigungsgrund gegeben ist[10]. Ein eingetretener Schaden kann diesen nur verstärken bzw. einen weiteren wichtigen Grund darstellen. Nur ausnahmsw., wenn der ArbGeb keinen Schaden erlitten hat, keine Wiederholungsgefahr besteht und hinreichende Überwachungsmöglichkeiten bestehen, scheidet eine außerordentl. Kündigung aus[11].

263 Zu kritisieren ist, wenn das BAG in dem Fall, in dem ein ArbN von einem anderen ArbN für die Vermittlung seiner Einstellung eine Provision gefordert und kassiert hat, eine Kündigung ablehnt, da weder das Vertrauensverhältnis noch der Betriebsfrieden konkret gestört worden sei[12]. Weder aber kann es dem ArbN erlaubt sein, über die Abweisung geeigneter Bewerber zu entscheiden, noch darf er sich wissentlich für einen ungeeigneten Bewerber einsetzen.

264 • **Schwarzarbeit:** Schwarzarbeit ist dann wichtiger Grund für eine außerordentl. Kündigung, wenn sie als (s.) *Nebentätigkeit* oder als Konkurrenztätigkeit anzusehen ist (s. *Wettbewerbsverbot*).

265 • **Scientology:** Nach der Rspr. des BAG[13] fällt die Scientology-„Kirche“ nicht unter den Schutz der Art. 4, 140 GG, 137 WRV. Sie kann sich deshalb auch nicht auf einen Tendenzschutz berufen.

266 Besteht in einer gemeinnützigen Einrichtung der Jugendarbeit die Gefahr, dass eine dort tätige Betreuerin Jugendliche einseitig iSd. Scientology-Bewegung beeinflusst, kann dies einen wichtigen Grund

---

1 BAG v. 7.7.2005 – 2 AZR 581/04, NZA 2006, 98; v. 27.4.2006 – 2 AZR 386/05, NZA 2006, 977; s. aber auch BAG v. 31.5.2007 – 2 AZR 200/06, Tz. 19–30. | 2 BAG v. 20.3.1969 – 2 AZR 283/68 und v. 17.7.1979 – 3 AZR 423/69, AP Nr. 27 zu § 123 GewO und AP Nr. 3 zu § 11 MuSchG 1969; zu Einarbeitungsschwierigkeiten nach Erziehungsurlaub LAG Nürnberg v. 8.3.1999 – 6 Sa 259/97, NZA 2000, 263. | 3 KR/*Fischermeier*, § 626 BGB Rz. 442. | 4 BAG v. 14.10.1965 – 2 AZR 466/64, AP Nr. 27 zu § 66 BetrVG; OLG Düsseldorf v. 15.1.1987 – 8 U 239/85, DB 1987, 1099. | 5 BAG v. 4.7.1991 – 2 AZR 79/91, RzK I 6a Nr. 73; APS/*Dörner*, § 626 BGB Rz. 259. | 6 BAG v. 26.11.1964 – 2 AZR 211/63, AP Nr. 53 zu § 626 BGB. | 7 BAG v. 11.3.1999 – 2 AZR 51/98, RzK I 10g Nr. 10. | 8 BAG v. 15.11.1995 – 2 AZR 974/97, AP Nr. 73 zu § 102 BetrVG 1972; v. 21.6.2001 – 2 AZR 30/00, EzA § 626 BGB – Unkündbarkeit Nr. 7; v. 17.3.2005 – 2 AZR 245/04, NZA 206, 101. | 9 KR/*Fischermeier*, § 626 BGB Rz. 447; *Stahlhacke/Preis/Vossen*, Rz. 734 f. | 10 BAG v. 17.8.1972 – 2 AZR 415/71, AP Nr. 65 zu § 626 BGB; v. 15.11.1995 – 2 AZR 974/97, AP Nr. 73 zu § 102 BetrVG 1972; v. 21.6.2001 – 2 AZR 30/00, EzA Nr. 7 zu § 626 BGB – Unkündbarkeit. | 11 ArbG Hagen v. 2.3.1967 – 2 Ca 93/67, BB 1967, 922; KR/*Fischermeier*, § 626 BGB Rz. 447. | 12 BAG v. 24.9.1987 – 2 AZR 26/87, AP Nr. 19 zu § 1 KSchG 1969 – Verhaltensbedingte Kündigung; aA KR/*Fischermeier*, § 626 BGB Rz. 447. | 13 BAG v. 22.3.1995 – 5 AZB 21/94, AP Nr. 21 zu § 5 ArbGG 1979.

an sich ergeben[1]. Gleiches gilt für ein BR-Mitglied, das den Betriebsfrieden nachhaltig und konkret gestört hat, indem es bei zahlreichen Kollegen innerhalb und außerhalb der Arbeitszeit aktiv für Scientology geworben hat[2].

267 Ob die bloße Mitgliedschaft in der Scientology-Organisation einen wichtigen Grund darstellen kann, wurde vom LAG Berlin[3] offen gelassen. Richtigerweise ist dies abzulehnen, solange keine betrieblichen Auswirkungen gegeben sind[4].

268 • **Selbstbeurlaubung/Urlaubsüberschreitung:** Tritt der ArbN gegen den Willen des ArbGeb einen Urlaub an (**Selbstbeurlaubung**), liegt ein wichtiger Grund vor[5]. Eine vorherige Abmahnung ist idR entbehrlich[6]. Die Vertragsverletzung ergibt sich daraus, dass dem ArbN ein umfassender Rechtsschutz zur Durchsetzung seines Urlaubsanspruchs zur Verfügung steht. Ein wichtiger Grund scheidet deshalb zB dann aus, wenn gerichtliche Hilfe nicht rechtzeitig erlangt werden kann (zB bei Arbeit auf einer Baustelle in Indonesien) und ein Verfall der Urlaubsansprüche droht[7]. Ein Selbstbeurlaubungsrecht entsteht aber nicht schon allein deshalb, weil dem ArbN ordentl. gekündigt wurde und die Kündigungsfrist bereits läuft[8].

269 Bislang noch nicht entschieden wurde, ob dem ArbN während der Kündigungsfrist ein **Zurückbehaltungsrecht** (§ 273) zusteht, falls der ArbGeb dem ArbN grundlos Resturlaubsansprüche verweigert[9]. Verschiedene LAG und Teile der Lit. halten eine Selbstbeurlaubung des ArbN während der Kündigungsfrist nach den Grundsätzen der Selbsthilfe (§§ 229, 230 BGB) und des Zurückbehaltungsrechts dann für zulässig, wenn der ArbGeb es versäumt, dem ArbN noch während der Kündigungsfrist Urlaub zu gewähren[10]. Vereinzelt wird weiter gehend ein generelles Selbstbeurlaubungsrecht bei grundloser Urlaubsverweigerung bejaht[11].

270 Im Rahmen der Interessenabwägung ist zu berücksichtigen, ob der ArbGeb das Urlaubsbegehren des ArbN zu Recht abgelehnt hat und ob der Betrieb überhaupt so organisiert ist, dass die Urlaubsansprüche des ArbN nach den gesetzl. Vorschriften erfüllt werden können[12].

271 Eine **Urlaubsüberschreitung** kommt als Kündigungsgrund nur in Betracht, wenn sie verschuldet ist[13]. Im Übrigen kommt es darauf an, ob die Urlaubsüberschreitung die Qualität einer beharrlichen (s.) *Arbeitsverweigerung* erreicht. Kurzzeitige, allein den Leistungsbereich berührende Urlaubsüberschreitungen genügen dafür nicht[14]. Bei einer längeren Urlaubsüberschreitung ist ein wichtiger Grund auch dann gegeben, wenn der ArbN während des Urlaubs erkrankt ist und er deshalb seinen Urlaub um die Anzahl der wegen Krankheit nicht gewährten Urlaubstage verlängert hat (vgl. Rz. 168).

272 Hat der ArbN bereits vor Urlaubsantritt eine Urlaubsüberschreitung ankündigt, gilt das zum Gliederungspunkt *Arbeitsunfähigkeit/Vortäuschen* Gesagte.

273 • **Sexuelle Belästigung** s. *Betriebliche Ordnung* Unterpunkt *Sexuelle Belästigung*

274 • **Sicherheitsbedenken** s. *Arbeitsschutz- und Sicherheitsvorschriften*

275 • **Strafbare Handlungen: Allgemeines**[15]: Ob Straftaten des ArbN einen wichtigen Grund abgeben, hängt von der Relevanz der Straftat für das Arbeitsverhältnis ab. Erst wenn durch die Straftat arbeitsvertragl. Pflichten verletzt werden und dem ArbGeb infolgedessen die Fortsetzung des Arbeitsverhältnisses unzumutbar geworden ist, liegt ein wichtiger Grund vor. Dementsprechend ist ua. entscheidend, gegen wen sich die Straftat richtet (ArbGeb, andere ArbN oder Dritte), und um welche Art von Straftat es sich handelt (Eigentums- und Vermögensdelikte, Beleidigung, Körperverletzung). Die strafrechtl. Bewertung bildet nur einen Teilaspekt[16], der die Verletzung arbeitsvertragl. Pflichten nicht entbehrlich macht[17]. Deshalb muss das ArbG die Strafakten nach pflichtgemäßem Ermessen zum Zweck der Sachaufklärung beiziehen, sollte Art und Ausgang des Strafverfahrens für die eigene Entscheidung von

---

1 LAG Berlin v. 11.6.1997 – 13 Sa 19/97, NZA-RR 1997, 422; *Bauer/Baeck/Merten*, DB 1997, 2534. | 2 ArbG Ludwigshafen v. 12.5.1993 – 3 Ca 3165/92, AiB 1994, 754; APS/*Dörner*, § 626 BGB Rz. 261. | 3 LAG Berlin v. 11.6.1997 – 13 Sa 19/97, DB 1997, 2542. | 4 APS/*Dörner*, § 626 BGB Rz. 262. | 5 BAG v. 20.1.1994 – 2 AZR 521/93, AP Nr. 115 zu § 626 BGB; v. 16.3.2000 – 2 AZR 75/99, AP Nr. 114 zu § 102 BetrVG 1972; ErfK/*Müller-Glöge*, § 626 BGB Rz. 175; diff. *Otto*, AR-Blattei SD 1880 Rz. 79. Vgl. auch LAG Hamm v. 13.6.2000 – 19 Sa 2246/99, NZA-RR 2001, 134. | 6 KR/*Fischermeier*, § 626 BGB Rz. 452; aA HK-KSchG/*Dorndorf*, § 1 Rz. 840. | 7 BAG v. 20.1.1994 – 2 AZR 521/93, AP Nr. 115 zu § 626 BGB. | 8 BAG v. 26.4.1960 – 1 AZR 134/58, AP Nr. 58 zu § 611 BGB – Urlaubsrecht. | 9 Vgl. BAG v. 20.1.1994 – 2 AZR 521/93, AP Nr. 115 zu § 626 BGB. | 10 LAG Hamm v. 21.10.1997 – 4 Sa 707/97, NZA-RR 1999, 76; LAG Rh.-Pf. v. 25.1.1991 – 6 Sa 829/90, LAGE § 7 BUrlG Nr. 27. | 11 APS/*Dörner*, § 626 BGB Rz. 232; *Neumann/Fenski*, BUrlG, § 7 Rz. 43 f.; dagegen MünchArbR/*Leinemann*, § 89 Rz. 78. | 12 BAG v. 20.1.1994 – 2 AZR 521/93, AP Nr. 115 zu § 626 BGB; v. 16.3.2000 – 2 AZR 75/99, AP Nr. 114 zu § 102 BetrVG 1972. | 13 ErfK/*Müller-Glöge*, § 626 BGB Rz. 177. | 14 LAG Düsseldorf v. 29.11.1993 – 12 TaBV 82/93, BB 1994, 793 (Überschreitung um einen Tag). | 15 KR/*Fischermeier*, § 626 BGB Rz. 446 aE; *Otto*, Personale Freiheit und soziale Bindung, S. 66 ff. | 16 BAG v. 27.1.1977 – 2 ABR 77/76, AP Nr. 7 zu § 103 BetrVG 1972; v. 20.8.1997 – 2 AZR 620/96, AP Nr. 27 zu § 626 BGB – Verdacht strafbarer Handlung; v. 1.7.1999 – 2 AZR 676/98, AP Nr. 11 zu § 15 BBiG. | 17 BAG v. 12.8.1999 – 2 AZR 832/98, AP Nr. 51 zu § 123 BGB.

rechtl. Bedeutung und die Ausführungen der Prozessparteien darüber widersprüchlich und entstellend sein[1].

Allgemein gilt, dass umso eher ein wichtiger Grund vorliegt, je gravierender die Tat und je größer der arbeitsrechtl. Bezug ist. Insb. wenn sich die Straftat des ArbN gegen den ArbGeb richtet (zB Diebstahl oder sonstige Vermögensdelikte (vgl. Rz. 284 ff.), rechtfertigt dies idR eine außerordentl. Kündigung ohne Abmahnung[2]. Auch kann die gegenüber Dritten verlautbarte Absicht, in einem vom ArbGeb geführten Rechtsstreit vorsätzlich falsch zum Nachteil des ArbGeb auszusagen, das Vertrauen so nachhaltig zerstören, dass ein wichtiger Grund vorliegt[3]. 276

Zur Frage, ob die Arbeitsverhinderung auf Grund der Verbüßung von Strafhaft die außerordentl. Kündigung rechtfertigt, s. *Strafhaft/Untersuchungshaft*. 277

Straftaten gegen Dritte: Bei Straftaten, die sich nicht gegen den ArbGeb oder Arbeitskollegen richten, kommt ein wichtiger Grund nur dann in Betracht, wenn sich ein Bezug zum Arbeitsverhältnis herstellen lässt. ZB weil die Straftat ernsthafte Zweifel an der Zuverlässigkeit oder Eignung des ArbN für die von ihm verrichtete Tätigkeit begründet. Für die Beurteilung kommt es auf die Qualität der Straftat und die Stellung des ArbN an. 278

Hat der ArbN Zugriff auf Gelder des ArbGeb können Vermögensdelikte auf fehlende Vertrauenswürdigkeit schließen lassen und damit die Fortsetzung des Arbeitsverhältnisses unzumutbar machen[4]. Wird ein Lehrer oder Erzieher wegen eines Körperverletzungs- oder Sittlichkeitsdeliktes gegenüber einem Kind verurteilt, ist ein wichtiger Grund gegeben[5]. Bei Sittlichkeitsdelikten eines Schulhausmeisters[6] oder Bauleiters[7] muss dagegen der Bezug zum Arbeitsverhältnis gesondert festgestellt werden, dazu noch unten Sittlichkeitsdelikte. 279

Darüber hinaus kann im öffentl. Dienst auch bei im Privatbereich begangenen Straftaten ein wichtiger Grund vorliegen[8]. 280

Ehrverletzungen: Eine üble Nachrede oder Verleumdung zum Nachteil des ArbGeb, seiner Repräsentanten oder anderer Arbeitskollegen ist grds. geeignet, eine außerordentl. Kündigung zu rechtfertigen[9]. Für Beleidigungen gilt dies nur, wenn sie grob, dh. besonders schwer sind und den Angesprochenen kränken. So bei einer bewussten und gewollten Ehrenkränkung aus gehässigen Motiven[10]. Eine Abmahnung ist dann entbehrlich. Beispiele sind die Gleichstellung eines Vorgesetzten mit einem der Hauptverantwortlichen des NS-Staates für die Massenvernichtung jüdischer Menschen[11], Vergleich der betrieblichen Verhältnisse mit den „Zuständen während der NS-Zeit"[12] oder der ausgeschmückte Vergleich des Unternehmens mit einem „Narrenschiff"[13]. Ebenso „Du altes A ..."[14] oder Beschimpfung des ArbGeb als Betrüger, Gauner und Halsabschneider bei einer Geburtstagsfeier vor der versammelten Belegschaft[15]. 281

Äußert sich ein ArbN in einem Gespräch unter Kollegen unwahr und ehrenrührig über seinen ArbGeb oder dessen Repräsentanten, liegt kein wichtiger Grund vor, wenn der ArbN nicht damit rechnen musste, dass seine Äußerungen dem ArbGeb mitgeteilt werden. Dies ist dann der Fall, wenn der Gesprächspartner die Vertraulichkeit der Unterhaltung ohne vernünftigen Grund missachtet[16]. Davon darf der ArbN aber dann nicht mehr ausgehen, wenn das Treffen unter den Arbeitskollegen einen dienstlichen Bezug hatte[17] oder wenn diese Äußerungen gegenüber der Geschäftsleitung gemacht wird, weil diese angeprangerten „Missständen" nachgehen muss[18]. Weiter ist der ArbN nicht schutzwürdig, wenn er sich gegenüber betriebsfremden Personen oder einer größeren Zahl von Belegschaftsmitgliedern, die nicht zu seinen engeren Mitarbeitern gehören, abfällig über ArbGeb oder Vorgesetzte äußert[19]. Eine negative Zukunftsprognose ist dabei nur auszuschließen, wenn die nachteiligen Auswirkungen auf das Arbeitsverhältnis Folge einer für den Gekündigten unerwarteten Entwicklung sind[20]. 282

---

1 BAG v. 10.3.1977 – 4 AZR 675/75, AP Nr. 9 zu § 313 ZPO. | 2 KR/*Fischermeier*, § 626 BGB Rz. 445; *Stahlhacke/Preis/Vossen*, Rz. 739 f. | 3 BAG v. 16.10.1986 – 2 ABR 71/85, AP Nr. 95 zu § 626 BGB. | 4 ErfK/*Müller-Glöge*, § 626 BGB Rz. 150. | 5 LAG Berlin v. 15.12.1989 – 2 Sa 29/89, LAGE § 626 BGB Nr. 45. | 6 LAG Nds. v. 27.6.1989 – 6 Sa 1407/88, AuR 1990, 130; ErfK/*Müller-Glöge*, § 626 BGB Rz. 150. | 7 BAG v. 26.3.1992 – 2 AZR 519/91, AP Nr. 23 zu § 626 BGB – Verdacht strafbarer Handlung. | 8 Zur außerordentl. Kündigung BAG v. 8.6.2000 – 2 AZR 638/99, AP Nr. 163 zu § 626 BGB; zur ordentl. Kündigung BAG v. 20.11.1997 – 2 AZR 643/96, AP Nr. 43 zu § 1 KSchG 1969. | 9 BAG v. 21.1.1999 – 2 AZR 665/98, AP Nr. 151 zu § 626 BGB; v. 17.2.2000 – 2 AZR 927/98, RzK I 6e Nr. 20; v. 10.10.2002 – 2 AZR 418/01, AP Nr. 180 zu § 626 BGB. | 10 BAG v. 18.7.1957 – 2 AZR 121/55, AP Nr. 1 zu § 124a GewO; v. 17.10.1980 – 7 AZR 687/78, nv.; v. 22.5.1982 – 7 AZR 155/80, nv.; v. 1.7.1999 – 2 AZR 676/98, AP Nr. 11 zu § 15 BBiG. | 11 LAG Berlin v. 17.11.1980 – 9 Sa 69/80, AP Nr. 72 zu § 626 BGB; APS/*Dörner*, § 626 BGB Rz. 226. | 12 BAG v. 9.8.1990 – 2 AZR 623/89, nv.; KR/*Fischermeier*, § 626 BGB Rz. 415. | 13 ArbG Wiesbaden v. 2.5.2001 – 3 Ca 33/01, NZA-RR 2001, 639. | 14 ArbG Frankfurt v. 10.8.1998 – 15 Ca 9661/97, NZA-RR 1999, 85; APS/*Dörner*, § 626 BGB Rz. 226; aA (vorherige Abmahnung oder Vermittlungsversuch nötig) LAG Köln v. 4.7.1996 – 10 Sa 337/96, NZA-RR 1997, 171. | 15 BAG v. 6.2.1997 – 2 AZR 38/96, AuR 1997, 210; KR/*Fischermeier*, § 626 BGB Rz. 415. | 16 BAG v. 30.11.1972 – 2 AZR 79/72, AP Nr. 66 zu § 626 BGB; v. 23.5.1985 – 2 AZR 290/84, RzK I 6e Nr. 4. | 17 BAG v. 17.2.2000 – 2 AZR 927/98, RzK I 6e Nr. 20; ErfK/*Müller-Glöge*, § 626 BGB Rz. 153; aA LAG Köln v. 18.4.1997 – 11 Sa 995/96, LAGE § 626 BGB Nr. 111. | 18 BAG v. 10.10.2002 – 2 AZR 418/01, AP Nr. 180 zu § 626 BGB. | 19 BAG v. 6.2.1997 – 2 AZR 38/96, RzK I 6a Nr. 146. | 20 KR/*Fischermeier*, § 626 BGB Rz. 112.

283 Kommt es im Zusammenhang mit einer Scheidung zu „unbedachten Äußerungen" gegenüber dem ArbGeb-Ehegatten, rechtfertigt dies idR noch keine außerordentl. Kündigung[1]. Erst recht ist die Zerrüttung oder Scheidung der Ehe für sich genommen kein wichtiger Grund zur Kündigung durch den ArbGeb-Ehegatten[2].

284 **Eigentumsdelikte:** Ein Diebstahl des ArbN zum Nachteil des ArbGeb ist nach st. Rspr. ein wichtiger Grund[3]. Gleiches gilt, wenn der ArbN bei Gelegenheit eines Kundenbesuchs einen Kunden des ArbGeb bestiehlt[4] oder wenn der ArbN den Diebstahl außerhalb des Beschäftigungsbetriebes und der Arbeitszeit in einem anderen Betrieb des ArbGeb begeht[5].

285 Sekundär ist der Wert der entwendeten Sachen (Stück Bienenstich, Lippenstift etc.)[6], da eine Abgrenzung zwischen geringfügigen unbeachtlichen und beachtlichen Pflichtverletzungen kaum möglich ist. Vielmehr ist dies eine vom Einzelfall abhängende Wertungsfrage, ob eine bestimmte Vertragsverletzung und die daraus folgende Störung des Arbeitsverhältnisses eine Kündigung ohne vorherige Abmahnung rechtfertigt[7]. Dementsprechend können Verschuldensgrad und Schadenshöhe erst im Rahmen der Interessenabwägung berücksichtigt werden, wobei auch hier ein strenger Maßstab gilt. So kann die Entwendung von Sachen im Wert von 8 Euro auch ohne Abmahnung für eine außerordentl. Kündigung genügen, wenn diese dem ArbN anvertraut wurden[8], da der ArbN in einem solchen Fall nicht mit der Billigung seines Verhaltens rechnen konnte (vgl. Rz. 134 ff.). Die Mitnahme von Essen im Wert von ca. 5 Euro durch eine Küchenhilfe zum Eigenverbrauch ist zwar an sich wichtiger Grund, dem ArbGeb kann aber die Einhaltung der Kündigungsfrist zumutbar sein, wenn die Essensreste nicht weiterverwertet werden sollten und damit für den ArbGeb wirtschaftl. wertlos waren[9].

286 Begeht der ArbN in seiner Freizeit einen Diebstahl zu Lasten eines mit seinem ArbGeb im Konzern verbundenen Unternehmens, kann dies ein wichtiger Grund sein, sofern das Arbeitsverhältnis durch dieses Delikt zB insofern konkret beeinträchtigt wird, als der ArbGeb seinen ArbN für Einkäufe bei diesem Unternehmen einen Personalrabatt eingeräumt hat[10].

287 Führt der ArbGeb Ehrlichkeitskontrollen durch, indem er eine „Verführungssituation" schafft, sind die so ermittelten Tatsachen im Kündigungsschutzprozess verwertbar. Dem steht weder das Persönlichkeitsrecht des ArbN noch ein MitbestR des BR entgegen[11].

288 Entnimmt eine Kassenführerin in mehreren Fällen der Kasse Beträge iHv. 10 bis 15 Euro, um für Kollegen private Auslagen zu tätigen, und legt sie die Beträge nach ca. 2 Stunden wieder zurück, wird ein wichtiger Grund wegen Vertrauensverlustes nicht anzunehmen sein, soweit unredliche Absichten der Kassenführerin ausgeschlossen werden können[12].

289 **Vermögensdelikte, falsche Abrechnung:** Vermögensdelikte wie Betrug oder Untreue des ArbN zum Nachteil des ArbGeb sind typische wichtige Gründe[13]. Als solche kommen ua. in Betracht:

- Manipulationen an der Kontrolluhr oder anderer Zeiterfassung: Diese sind jedenfalls dann wichtiger Grund, wenn sie zu einer unberechtigten Vergütung führen[14], so beim Verstellen der Kontrolluhr oder dem heimlichen Verlassen des Betriebes nach dem Abstempeln[15]. Gleiches gilt für das Abstempeln der Anwesenheitskarte eines Kollegen, der zunächst noch seinen Pkw abstellen will, insb. dann, wenn sich durch die Verspätung des Kollegen der Betriebsablauf verzögert hat[16]. Dem gleichgestellt sind Veränderung der Zeitangaben auf der Stempelkarte[17] oder die Manipulation von Gleitzeitformularen[18].
- Benutzt ein ArbN einen Betriebs-Lkw/Pkw trotz ausdrücklichen Verbots zu privaten Zwecken, stellt der unbefugte Gebrauch des Kfz, § 248b StGB, einen wichtigen Grund dar[19].

---

1 ArbG Passau v. 14.9.1995 – 2 Ca 77/95 D, RzK I 6a Nr. 130; KR/*Fischermeier*, § 626 BGB Rz. 415. |2 BAG v. 9.2.1995, EzA § 1 KSchG – Personenbedingte Kündigung Nr. 12. |3 BAG v. 10.2.1999 – 2 ABR 31/98, AP Nr. 42 zu § 15 KSchG 1969. |4 LAG Köln v. 11.8.1998 – 3 Sa 100/98, LAGE § 626 BGB Nr. 121; ErfK/*Müller-Glöge*, § 626 BGB Rz. 154. |5 BAG v. 20.9.1984 – 2 AZR 633/82, AP Nr. 80 zu § 626 BGB. |6 BAG v. 17.5.1984 – 2 AZR 3/83, v. 3.4.1986 – 2 AZR 324/85 und v. 12.8.1999 – 2 AZR 923/98, AP Nr. 14, 18, 28 zu § 626 BGB – Verdacht strafbarer Handlung; krit. LAG Köln v. 30.9.1999 – 5 Sa 872/99, nv. (Briefumschläge im Wert von 0,03 DM). |7 *Schlachter*, NZA 2005, 433 (435 ff.). |8 BAG v. 12.8.1999 – 2 AZR 923/98, AP Nr. 28 zu § 626 BGB – Verdacht strafbarer Handlung; KR/*Fischermeier*, § 626 BGB Rz. 281; aA ArbG Hamburg v. 21.9.1998 – 21 Ca 154/98, EzA § 1 KSchG – Verhaltensbedingte Kündigung Nr. 54; *Zuber*, NZA 1999, 1144. |9 LAG Köln v. 24.8.1995 – 5 Sa 504/95, LAGE § 626 BGB Nr. 86 bei einer Betriebszugehörigkeit von knapp 2 Jahren und zweiwöchiger Kündigungsfrist; APS/*Dörner*, § 626 BGB Rz. 281. |10 BAG v. 20.9.1984 – 2 AZR 233/83, AP Nr. 13 zu § 1 KSchG 1969 – Verhaltensbedingte Kündigung. |11 BAG v. 18.11.1999 – 2 AZR 743/98, AP Nr. 32 zu § 626 BGB – Verdacht strafbarer Handlung. Anders ist ggf. zu entscheiden, wenn unter Verletzung der Mitbestimmungsrechte technische Einrichtungen iSd. § 87 I Nr. 6 BetrVG eingesetzt werden (dazu BAG v. 27.3.2003 – 2 AZR 51/02, NZA 2003, 1193). Auch ist § 6b BDSG zu beachten. |12 LAG Halle v. 29.9.1998 – 8 Sa 902/97, NZA-RR 1999, 473; ErfK/*Müller-Glöge*, § 626 BGB Rz. 155. |13 BAG v. 12.8.1999 – 2 AZR 923/98, AP Nr. 28 zu § 626 BGB – Verdacht strafbarer Handlung. |14 BAG v. 12.8.1999 – 2 AZR 832/98, AP Nr. 51 zu § 123 BGB. |15 BAG v. 27.1.1977 – 2 ABR 77/76, AP Nr. 7 zu § 103 BetrVG 1972. |16 BAG v. 23.1.1963 – 2 AZR 278/62, AP Nr. 8 zu § 124a GewO. |17 LAG Hamm v. 20.2.1986 – 4 Sa 1288/85, DB 1986, 1338. |18 BAG v. 13.8.1987 – 2 AZR 629/86, RzK I 5 i Nr. 31; ArbG Frankfurt v. 24.7.2001 – 5 Ca 6603/00, NZA-RR 2002, 133. |19 BAG v. 9.3.1961 – 2 AZR 129/60, AP Nr. 26 zu § 123 GewO.

- (Versuchter) Prozessbetrug des ArbN ggü. ArbGeb (im Kündigungsrechtsstreit) durch unwahren Tatsachenvortrag[1].
- Spesenbetrug[2]: In einem solchen Fall bedarf es idR keiner Abmahnung, da der ArbN in diesem spezifischen Vertrauensbereich im Allgemeinen keinen Anlass zur Annahme hat, sein Handeln werde gebilligt[3].

Körperverletzungen s. *Betriebliche Ordnung/Tätlichkeiten.* 290

Nötigung, Erpressung: In der Nötigung/Erpressung des ArbGeb durch den ArbN ist zugleich eine schwere Verletzung der Pflichten aus dem Arbeitsverhältnis zu sehen. 291

So stellt die Drohung mit einer Presseveröffentlichung zur „Luxemburg“-Praxis einer Bank, um die Rücknahme einer Versetzung zu erreichen, nach BAG[4] einen wichtigen Grund für eine außerordentl. Kündigung dar (vgl. aber auch Rz. 156). Nichts anderes gilt für den Versuch, den ArbGeb zur Zurücknahme einer Abmahnung zu veranlassen, durch den nicht näher belegten Vorwurf, der ArbGeb habe schwerwiegende Fehlleistungen seines Chefarztes „hingenommen“, ergänzt durch den „Hinweis“ auf mögliche strafrechtl. Konsequenzen[5]. Erst recht ist es dem ArbN verwehrt, damit zu drohen, die Presse auf angebliche Missstände aufmerksam zu machen, obwohl keine gesetzwidrigen Zustände vorliegen und der ArbN dies durch rechtskundige Beratung hätte erkennen können[6]. 292

Sittlichkeitsdelikte: Im dienstlichen Bereich begangene Sittlichkeitsdelikte sind in aller Regel wichtiger Grund, ohne dass eine vorherige Abmahnung nötig wäre. 293

Bei im Privatbereich begangenen Sittlichkeitsdelikten kommt es dagegen auf die dadurch entstandenen Beeinträchtigungen des Arbeitsverhältnisses an[7]. Bei Lehrern, Erziehern und anderen Pädagogen lassen solche Delikte meist Rückschlüsse auf deren (fehlende) Eignung zu[8] (vgl. bereits Rz. 279). So kann einem Kindergartenleiter außerordentl. gekündigt werden, wenn bei ihm kinderpornographische Bilddateien gefunden werden[9]. 294

● **Strafhaft/Untersuchungshaft:** Hat der ArbN eine **Strafhaft** zu verbüßen, so kommt eine ordentl. oder außerordentl. personenbedingte Kündigung in Betracht. Ein wichtiger Grund liegt vor, wenn die Arbeitsverhinderung nach Art und Ausmaß für den ArbGeb unzumutbare, konkret nachteilige betriebl. Auswirkungen zeitigt[10] und diese nicht durch zumutbare Überbrückungsmaßnahmen beseitigt werden können[11]. Da der ArbGeb durch die Arbeitsverhinderung nicht per se wirtschaftl. belastet wird, weil der ArbN die Unmöglichkeit der Arbeitsleistung zu vertreten hat, schafft auch eine längere Strafhaft keine Vermutung für das Bestehen betriebl. Auswirkungen. Letztere sind vom ArbGeb vielmehr jeweils konkret darzulegen. Soweit die Straftat selbst keine Auswirkungen auf das Arbeitsverhältnis hat (s. *Strafbare Handlung*), kommt praktisch nur in Betracht, dass der ArbGeb auf eine sofortige Besetzung des Arbeitsplatzes angewiesen ist und ihm kurzfristige Überbrückungsmaßnahmen nicht möglich sind[12]. 295

Der ArbGeb hat dabei das Seinige zur Vermeidung betrieblicher Auswirkungen zu tun. Die ihm zumutbaren Anstrengungen sind zwar nicht so groß wie bei einer krankheitsbedingten Abwesenheit des ArbN, dennoch soll der ArbGeb zB verpflichtet sein, dem ArbN durch einen Beschäftigungsnachweis zur Erlangung eines Freigängerstatuses zu verhelfen[13]. Dies gilt allerdings nur, wenn keine gegenwärtigen und zukünftigen Störungen zu besorgen sind. Dieser Umstand wird bei schwerwiegenden Straftaten schon auf Grund etwaiger negativer Reaktionen der anderen ArbN aber nur selten gegeben sein[14]. 296

Sitzt der ArbN in **Untersuchungshaft**, kann ein wichtiger Grund nur gegeben sein, wenn der ArbN durch diese bereits bei Ausspruch der Kündigung eine verhältnismäßig erhebliche Zeit an der Arbeit verhindert war[15]. Auch müssen sich wie oben bei der Strafhaft konkrete Auswirkungen auf das Arbeitsverhältnis ergeben[16]. Ob eine verhältnismäßig erhebliche Zeit vorliegt, richtet sich nach der Dauer der Betriebszugehörigkeit. Eine Abwesenheit von einem Monat ist in jedem Fall erheblich. Umgekehrt sind bei schwerwiegenden strafrechtl. Vorwürfen betriebliche Auswirkungen nicht deshalb ausgeschlossen, weil das Verfahren mangels Beweises eingestellt wird[17]. 297

● **Streikteilnahme** s. *Arbeitspflichtverletzung/Arbeitsverweigerung.* 298

---

1 BAG v. 8.11.2007 – 2 AZR 528/06, Tz. 17, 18. |2 BAG v. 2.6.1960 – 2 AZR 91/58, AP Nr. 42 zu § 626 BGB; v. 22.11.1962 – 2 AZR 42/62, AP Nr. 49 zu § 626 BGB; ErfK/*Müller-Glöge*, § 626 BGB Rz. 157. |3 LAG Nds. v. 11.8.1977 – 6 Sa 1038/76, DB 1978, 749; APS/*Dörner*, § 626 BGB Rz. 278. |4 BAG v. 11.3.1999 – 2 AZR 507/98, AP Nr. 149 zu § 626 BGB. |5 BAG v. 14.11.1984 – 7 AZR 133/83, AP Nr. 89 zu § 626 BGB. |6 LAG Köln v. 10.6.1994 – 13 Sa 237/94, LAGE § 626 BGB Nr. 78; *v. Hoyningen-Huene/Linck*, § 1 KSchG Rz. 313a. |7 BAG v. 26.3.1992 – 2 AZR 519/91, AP Nr. 23 zu § 626 BGB – Verdacht strafbarer Handlung. |8 BAG v. 23.9.1976 – 2 AZR 309/75, AP Nr. 1 zu § 1 KSchG 1969 – Wartezeit. |9 ArbG Braunschweig v. 22.1.1999 – 3 Ca 370/98, NZA-RR 1999, 192; ErfK/*Müller-Glöge*, § 626 BGB Rz. 162. |10 BAG v. 15.11.1984 – 2 AZR 613/83, AP Nr. 87 zu § 626 BGB; v. 22.9.1994, AP Nr. 25 zu § 1 KSchG 1969. |11 BAG v. 9.3.1995 – 2 AZR 497/94, AP Nr. 123 zu § 626 BGB. |12 BAG v. 15.11.1984 – 2 AZR 613/83, AP Nr. 87 zu § 626 BGB. |13 BAG v. 9.3.1995 – 2 AZR 497/94, AP Nr. 123 zu § 626 BGB. |14 Vgl. APS/*Dörner*, § 626 BGB Rz. 317. |15 BAG v. 10.6.1965 – 2 AZR 339/64, AP Nr. 17 zu § 519 ZPO. |16 BAG v. 20.11.1997 – 2 AZR 805/96, RzK I 6a Nr. 154. |17 LAG Nürnberg v. 23.5.1958 – Sa 68/58/VN, DB 1958, 1188; KR/*Fischermeier*, § 626 BGB Rz. 451.

299 ● **Tod des ArbGeb:** Der Tod des ArbGeb berührt den Bestand des Arbeitsverhältnisses nicht, wenn nicht ausnahmsw. die Arbeitsleistung am ArbGeb (zB Krankenpfleger) zu erbringen ist[1]. Dh. für die Erben ergibt sich aus dem Todesfall idR. kein außerordentl. Kündigungsgrund[2]. Etwas anderes gilt bei einem „Nur"-Notar[3], da hier das Arbeitsverhältnis untrennbar mit der höchstpersönlichen Befugnis zur Ausübung des Amtes verbunden ist.

300 ● **Trunkenheit/Rausch/Alkoholismus: Alkoholmissbrauch:** Ein nicht auf Alkoholismus beruhender Alkoholkonsum rechtfertigt nur bei Vorliegen besonderer Umstände eine außerordentl. Kündigung. Davon unberührt bleibt, dass der ArbN eine Nebenpflichtverletzung begeht, wenn er sich in einen Zustand versetzt, in dem er die geschuldete Arbeitsleistung nicht mehr erbringen kann. Dann schafft er zumindest einen verhaltensbedingten Grund für eine ordentl. Kündigung. Insb. bei in sicherheitsrelevanten Bereichen tätigen ArbN begründet schon eine sehr geringe Alkoholmenge eine solche Nebenpflichtverletzung[4].

301 Für eine außerordentl. Kündigung muss der ArbGeb folglich nicht nur darlegen und beweisen, dass der ArbN alkoholbedingt nicht mehr in der Lage war, seine arbeitsvertragl. Verpflichtungen ordnungsgemäß zu erfüllen[5], sondern auch, dass die alsbaldige Beendigung des Arbeitsverhältnisses unverzichtbar erscheint. Solche Umstände sind gegeben bei Uneinsichtigkeit des ArbN nach früheren Vorfällen und vergeblichen Abmahnungen, bei unverantwortlichen Handlungen im alkoholisierten Zustand sowie bei besonderen betrieblichen Gefahrenlagen[6]. Daher ist bei Berufskraftfahrern Trunkenheit am Steuer während einer beruflich veranlassten Fahrt wichtiger Grund[7]. Auch leitende Angestellte unterliegen auf Grund ihrer Vorbildfunktion erhöhten Anforderungen. Ihnen kann auch ohne vorherige Abmahnung außerordentl. gekündigt werden, wenn sie einem Alkoholverbot zuwider handeln oder wenn sie während der Bürozeiten in für die übrigen Betriebsangehörigen auffälligem Umfang Alkohol zu sich nehmen, so dass diese daran Anstoß nehmen[8].

302 Dagegen begründet bei einem Zeitungszusteller (BR-Mitglied) auch der mehrfache Konsum von Haschisch keinen wichtigen Grund, wenn dieser keine nachteiligen Auswirkungen auf die Arbeitsleistung hat[9].

303 Schwierigkeiten kann der Nachweis der Alkoholisierung bereiten. Aus Art. 2 II 1 GG ergibt sich, dass der ArbN nicht zu einem Alkoholtest gezwungen werden kann. Weigert sich der ArbN aber, an einem Alkoholtest mitzuwirken, um den Verdacht der Alkoholisierung auszuräumen, ist es nach § 286 ZPO ausreichend, dass der ArbGeb die Indizien der Alkoholisierung wie zB Alkoholfahne, lallende Sprache, schwankender Gang, aggressives Verhalten, darlegen und beweisen kann[10].

304 **Alkoholismus:** Alkoholismus ist der zur Trunksucht gesteigerte Alkoholkonsum. Dieser ist als Krankheit anzusehen und unterliegt den Grundsätzen der krankheitsbedingten, sprich personenbedingten Kündigung[11]. Danach kommt eine außerordentl. Kündigung nur ausnahmsw. in Betracht, insb. wenn der ArbN ordentl. unkündbar ist (s. *Arbeitsunfähigkeit/Krankheit*). Es können sich für den ArbGeb aber unzumutbare betriebliche Störungen ergeben, falls durch die Beschäftigung des ArbN das äußere Erscheinungsbild des Unternehmens leidet[12]. Darüber hinaus stellt es einen verhaltensbedingten wichtigen Grund dar, wenn ein ArbN nach erfolgreicher Entziehungskur erneut rückfällig wird und es zudem zu alkoholbedingten Störungen des Arbeitsverhältnisses kommt[13].

305 ● **Unentschuldigtes Fehlen:** Unentschuldigtes Fehlen ist ein wichtiger Grund, wenn es nach erfolgloser Abmahnung den Grad einer beharrlichen Arbeitsverweigerung erreicht[14] (s. *Arbeitspflichtverletzung/Arbeitsverweigerung* sowie *Selbstbeurlaubung/Urlaubsüberschreitung*).

306 Das Erschleichen einer Arbeitsbefreiung durch Täuschung tangiert den Vertrauensbereich (s. *Strafbare Handlung/Vermögensdelikte*).

307 ● **Unpünktlichkeit:** Unpünktlichkeit des ArbN stellt einen wichtigen Grund dar, soweit die Verspätungen den Grad einer beharrlichen Arbeitsverweigerung erreichen. Dies ist der Fall, wenn das Zuspätkom-

---

1 KR/*Fischermeier*, § 626 BGB Rz. 151. | 2 ErfK/*Müller-Glöge*, § 626 BGB Rz. 191. | 3 BAG v. 2.5.1958 – 2 AZR 607/57, AP Nr. 20 zu § 626 BGB; vgl. auch BAG v. 26.8.1999 – 8 AZR 827/98, AP Nr. 197 zu § 613a BGB. | 4 BAG v. 26.1.1995 – 2 AZR 649/94, AP Nr. 34 zu § 1 KSchG – Verhaltensbedingte Kündigung. | 5 Insoweit zur Darlegungs- und Beweislast: BAG v. 26.1.1995 – 2 AZR 649/94, AP Nr. 34 zu § 1 KSchG 1969 – Verhaltensbedingte Kündigung. | 6 ErfK/*Müller-Glöge*, § 626 BGB Rz. 165. | 7 BAG v. 12.1.1956 – 2 AZR 117/54; AP Nr. 5 zu § 123 GewO; v. 23.9.1986 – 1 AZR 83/85, AP Nr. 20 zu § 75 BPersVG; LAG Nürnberg v. 17.12.2002 – 6 Sa 480/01, NZA-RR 2003, 301 (0,46 ‰ bei Unfall). | 8 LAG Düsseldorf v. 20.12.1955 – 4 Sa 591/55, DB 1956, 332; ErfK/*Müller-Glöge*, § 626 BGB Rz. 164. | 9 LAG BW v. 19.10.1993 – 11 TaBV 9/93, LAGE § 626 BGB Nr. 76; KR/*Fischermeier*, § 626 BGB Rz. 407. | 10 BAG v. 26.1.1995 – 2 AZR 649/94, AP Nr. 34 zu § 1 KSchG – Verhaltensbedingte Kündigung. | 11 BAG v. 14.11.1984 – 7 AZR 174/83, AP Nr. 88 zu § 626 BGB; v. 9.4.1987 – 2 AZR 210/86, AP Nr. 18 zu § 1 KSchG 1969 – Krankheit; v. 16.9.1999 – 2 AZR 123/99, AP Nr. 159 zu § 626 BGB. | 12 BAG v. 30.4.1987 – 6 AZR 644/84, AP Nr. 2 zu § 1 TVG – Ausbildungsverhältnis. | 13 BAG v. 7.12.1989 – 2 AZR 134/89, AiB 1991, 278; KR/*Fischermeier*, § 626 BGB Rz. 134; aA LAG Hamm v. 15.1.1999 – 10 Sa 1235/98, NZA 1999, 1221. | 14 BAG v. 24.11.1983 – 2 AZR 327/82, AP Nr. 76 zu § 626 BGB; v. 16.3.2000 – 2 AZR 75/99, AP Nr. 114 zu § 102 BetrVG 1972.

men trotz Abmahnung wiederholt erfolgt und sich daraus der nachhaltige Wille des ArbN ergibt, den vertragl. Verpflichtungen nicht oder nicht ordnungsgemäß nachkommen zu wollen[1].

Keine notwendige Voraussetzung ist, dass neben der Unpünktlichkeit noch konkrete negative Beeinträchtigungen des Arbeitsverhältnisses festgestellt wurden. Bereits der Verzug des ArbN mit seiner Arbeitspflicht führt zu einer entsprechenden Störung des Arbeitsverhältnisses im Leistungsbereich, da der ArbN die geschuldete Arbeitsleistung jedenfalls nicht zur rechten Zeit (§ 271) erbringt[2]. Deshalb ist es auch unerheblich, wenn der ArbGeb im Rahmen der BR-Anhörung nach § 102 BetrVG nicht eigens auf die betriebstypischen Störungen des Zuspätkommens hingewiesen hat[3]. Bestehen aber über den Leistungsbereich hinausgehende Störungen der betrieblichen Verbundenheit (Betriebsordnung, Betriebsfrieden, Betriebsgefährdungen oder -ablaufstörungen), dann ist dies bei der Interessenabwägung im Rahmen des § 626 zu Lasten des ArbN zu berücksichtigen. **308**

Zu Manipulationen bei der Arbeitszeiterfassung s. *Strafbare Handlung/Vermögensdelikte*. **309**

● **Verschuldung des ArbN:** Schulden des ArbN und dadurch bedingte Lohnpfändungen stellen nur dann einen wichtigen Grund dar, wenn dieses außerdienstliche Verhalten Auswirkungen auf das Arbeitsverhältnis hat, insb. weil bei einem ArbN in einer besonderen Vertrauensstellung Zweifel an dessen persönlicher Eignung entstehen[4] (s. *Außerdienstliches Verhalten*). **310**

● **Verschwiegenheitspflicht** s. *Betriebs- und Geschäftsgeheimnisse*. **311**

● **Vertrauensverlust:** Der bloße subjektive aus Sicht des ArbGeb eingetretene Vertrauensverlust ist kein objektives Kriterium, das eine außerordentl. Kündigung rechtfertigen könnte[5]. **312**

● **Wettbewerbsverbot:** Aus der Rücksichtnahme- bzw. Treuepflicht des ArbN ergibt sich, dass das in § 60 I HGB enthaltene Wettbewerbsverbot für alle ArbN einschließlich der Auszubildenden und Mitarbeiter in freien Berufen analog gilt[6]. Danach ist dem ArbN jede Tätigkeit verboten, die für den ArbGeb Konkurrenz bedeutet[7], entweder weil der ArbN im Handelszweig des ArbGeb ein Handelsgewerbe betreibt oder weil er im Handelszweig des ArbGeb für eigene oder fremde Rechnung Geschäfte macht[8]. Sollte der ArbN gegen ein Wettbewerbsverbot verstoßen, stellt dies idR einen wichtigen Grund dar[9], wenn nicht ausnahmsw. der ArbN aus vertretbaren Gründen annehmen durfte, sein Verhalten sei nicht vertragswidrig bzw. werde vom ArbGeb jedenfalls nicht als erhebliches, den Bestand des Arbeitsverhältnisses gefährdendes Fehlverhalten angesehen. Dann bedarf es einer vorherigen Abmahnung[10]. **313**

Als unzulässige Konkurrenztätigkeit wurde zB der Handel eines beim Autohersteller beschäftigten ArbN mit Jahreswagen angesehen, weil der Autohersteller über sein Vertriebsnetz ebenfalls im Gebrauchtwagenhandel tätig war[11]. Ebenso unzulässig ist die Tätigkeit einer Reisekauffrau, die neben ihrer Tätigkeit als ArbN in einem Reisebüro gewerblich eigene Reisen vermittelt und dafür in der Tagespresse öffentl. wirbt[12]. Auch darf der ArbN nicht bei seinem ArbGeb beschäftigte Mitarbeiter[13] oder Kunden[14] abwerben, um im Zusammenwirken mit einem Dritten einen Konkurrenzbetrieb zum Unternehmen seines ArbGeb aufzubauen. Gleiches gilt, wenn man einem vertragsbrüchig gewordenen Arbeitskollegen (als potenziellem neuen ArbGeb) bei seiner konkurrierenden Tätigkeit hilft[15]. **314**

Keine Konkurrenztätigkeit stellen dagegen Geschäfte dar, die der ArbN (als Anbieter oder Abnehmer) mit dem ArbGeb abschließt, da diese sich nicht (auf gleicher Stufe) im Wettbewerb vollziehen[16]. **315**

Von einem Verstoß gegen das Wettbewerbsverbot ist eine noch zulässige Vorbereitungshandlung für eine erst zukünftige Konkurrenztätigkeit nach einer späteren Beendigung des Arbeitsverhältnisses abzugrenzen. Besteht nicht ausnahmsw. ein nachvertragl. Wettbewerbsverbot (§ 74 HGB) sind demnach Vorbereitungshandlungen zulässig, durch die zunächst nur die formalen und organisatorischen Voraussett- **316**

---

1 BAG v. 17.3.1988 – 2 AZR 576/87, AP Nr. 99 zu § 626 BGB. | **2** BAG v. 17.3.1988 – 2 AZR 576/87, AP Nr. 99 zu § 626 BGB; v. 17.1.1991 – 2 AZR 375/90, AP Nr. 25 zu § 1 KSchG 1969 – Verhaltensbedingte Kündigung. | **3** BAG v. 27.2.1997 – 2 AZR 302/96, AP Nr. 36 zu § 1 KSchG 1969 – Verhaltensbedingte Kündigung. | **4** BAG v. 29.8.1980 – 7 AZR 726/77, nv.; v. 4.11.1981 – 7 AZR 264/79, AP Nr. 4 zu § 1 KSchG 1969 – Verhaltensbedingte Kündigung; v. 15.10.1992 – 2 AZR 188/92, EzA § 1 KSchG – Verhaltensbedingte Kündigung Nr. 45. | **5** MüKo/*Henssler*, § 626 BGB Rz. 129; aA (soweit objektivierbar) Erman/*Belling*, § 626 BGB Rz. 134. | **6** BAG v. 16.1.1975 – 3 AZR 72/74, AP Nr. 8 zu § 60 HGB; v. 16.6.1976 – 3 AZR 73/75, AP Nr. 8 zu § 611 BGB – Treuepflicht; v. 21.11.1996 – 2 AZR 852/95, EzA § 626 BGB nF Nr. 162. | **7** BAG v. 25.5.1970 und v. 24.4.1970 – 3 AZR 324 und 384/69, AP Nr. 5 und 4 zu § 60 HGB; v. 26.1.1995 – 2 AZR 355/94, RzK I 6a Nr. 116. | **8** BAG v. 25.5.1970 – 3 ARZ 384/69 und v. 7.9.1972 – 2 AZR 486/71, AP Nr. 4 und 7 zu § 60 HGB. | **9** BAG v. 26.8.1976 – 2 AZR 377/75 und v. 6.8.1987 – 2 AZR 226/87, AP Nr. 68 und 97 zu § 626 BGB; v. 21.11.1996 – 2 AZR 852/95, EzA § 626 BGB nF Nr. 162; BGH v. 19.10.1987 – II ZR 97/87, AP Nr. 33 zu § 611 BGB – Konkurrenzklausel. | **10** BAG v. 16.8.1990 – 2 AZR 113/90, AP Nr. 10 zu § 611 BGB – Treuepflicht; v. 7.10.1993 – 2 AZR 226/93, AP Nr. 114 zu § 626 BGB; v. 14.2.1996 – 2 AZR 274/95, AP Nr. 26 zu § 626 BGB – Verdacht strafbarer Handlung. | **11** BAG v. 15.3.1990 – 2 AZR 484/89, RzK I 5i Nr. 60; ErfK/*Müller-Glöge*, § 626 BGB Rz. 127. | **12** LAG Rh.-Pf. v. 1.12.1997 – 9 Sa 949/97, NZA-RR 1998, 496; APS/*Dörner*, § 626 BGB Rz. 291. | **13** BAG v. 30.1.1963 – 2 AZR 319/62, AP Nr. 3 zu § 60 HGB. | **14** BAG v. 24.4.1970 – 3 AZR 324/69, EzA § 60 HGB Nr. 3; KR/*Fischermeier*, § 626 BGB Rz. 460. | **15** BAG v. 16.1.1975 – 3 AZR 72/74, AP Nr. 8 zu § 60 HGB; v. 21.11.1996 – 2 AZR 852/95, EzA § 626 BGB nF Nr. 162; KR/*Fischermeier*, § 626 BGB Rz. 460. | **16** BAG v. 3.5.1983 – 3 AZR 62/81, AP Nr. 10 zu § 60 HGB; ErfK/*Müller-Glöge*, § 626 BGB Rz. 127.

zungen für das geplante eigene Handelsunternehmen geschaffen werden. Durch solche interne Maßnahmen wird noch nicht in die Geschäfts- oder Wettbewerbsinteressen des ArbGeb eingegriffen[1]. Entscheidend hierfür ist vielmehr, dass der Wille, dem ArbGeb später Konkurrenz zu machen, nach außen gegenüber den Geschäftspartnern des ArbGeb hervorgetreten ist. Kündigungsrechtl. relevant ist demnach das Vorfühlen bei Kunden, die Beteiligung und damit verbundene Förderung eines Konkurrenzunternehmens sowie jede weitere konkurrierende Tätigkeit im eigenen oder fremden Namen[2]. Erlaubt dagegen sind zB das Abschließen eines neuen Arbeitsvertrags für die Zeit nach dem Ausscheiden oder das Anmieten von Räumen für das noch zu gründende Unternehmen[3]. Ebenfalls noch Vorbereitungshandlung ist der Abschluss eines Franchisevertrages zwischen dem ArbN und einem Konkurrenten des ArbGeb[4].

317 Das Wettbewerbsverbot besteht für die rechtl. Dauer des Arbeitsverhältnisses und endet nicht vorzeitig durch Suspendierung[5]. Der ArbN ist selbst dann noch an das Wettbewerbsverbot gebunden, wenn der ArbGeb eine unwirksame außerordentl. Kündigung ausspricht, deren Wirksamkeit der ArbN bestreitet[6]. Der ArbGeb verhält sich insoweit nicht widersprüchlicher als der ArbN, der den Fortbestand des Arbeitsverhältnisses behauptet, gleichzeitig aber für sich in Anspruch nimmt, nicht gegen das Wettbewerbsverbot zu verstoßen. Der ArbN läuft dann Gefahr einen wichtigen Grund für eine weitere außerordentl. Kündigung zu geben, wenn ihm unter Berücksichtigung der besonderen Umstände des konkreten Einzelfalles ein Verschulden anzulasten ist.

318 **4. Ursache des wichtigen Grundes.** Herkömmlicherweise werden drei Kündigungsgründe unterschieden: Die personen-, verhaltens- und betriebsbedingte Kündigung. Hinzu kommen die Verdachts- und die Druckkündigung. Bei der Verdachtskündigung (vgl. Rz. 323 ff.) ist strittig, ob diese eine verhaltens- oder personenbedingte Kündigung oder eine solcher eigener Art darstellt[7]. Die Druckkündigung (vgl. Rz. 337 ff.) wiederum kann ihre Ursache in personen-, verhaltens- oder betriebsbedingten Gründen haben[8].

319 **a) Personenbedingte Kündigung.** Eine personenbedingte Kündigung ist möglich, wenn in der Person des Gekündigten liegende Umstände dessen Fähigkeit oder Eignung zur Erfüllung des Arbeitsvertrages entfallen lassen oder erheblich mindern, so dass sie eine außerordentl. Kündigung rechtfertigen[9]. Ob die Gründe von der Vertragspartei verschuldet oder zu vertreten sind, ist unerheblich[10]. Allerdings sind hier die Anforderungen sehr hoch. Wie bei der verhaltensbedingten Kündigung ist Voraussetzung, dass es zu einer konkreten Störung des Arbeitsverhältnisses gekommen ist[11].

320 **b) Verhaltensbedingte Kündigung.** Eine verhaltensbedingte Kündigung setzt ein vertragswidriges Verhalten des Gekündigten in Form einer Verletzung der arbeitsvertragl. Pflichten voraus. Fehlt es an einem vertragswidrigen Verhalten, kommt nur eine personenbedingte Kündigung in Betracht. Ein wichtiger Grund setzt weiter voraus, dass das objektiv vertragswidrige Verhalten auch rechtswidrig und schuldhaft ist[12]. Der Grad des Verschuldens ist nur für die Interessenabwägung von Bedeutung[13]. Deshalb kann auch ein unverschuldetes Verhalten eine Kündigung rechtfertigen, wenn auf Grund objektiver Umstände mit wiederholten Pflichtverletzungen des ArbN zu rechnen ist[14] (vgl. Rz. 140).

321 Schon die Verletzung einer Haupt- oder Nebenpflicht ist eine hinreichende Störung des Arbeitsverhältnisses. Eine weiter gehende konkrete Störung des Arbeitsablaufs, der Arbeitsorganisation oder des Betriebsfriedens ist nicht erforderlich[15]. Bei einer bloßen Nebenpflichtverletzung muss das geringere Gewicht dieser Pflichtverletzung aber durch erschwerende Umstände verstärkt werden, so dass dann für einen wichtigen Grund regelmäßig eine vorherige Abmahnung erforderlich ist[16].

322 **c) Betriebsbedingte Kündigung.** Vgl. Rz. 229 ff. und Rz. 100 ff., 368 ff., 414.

---

1 BAG v. 30.5.1978 – 2 AZR 598/76, AP Nr. 9 zu § 60 HGB. | 2 BAG v. 16.1.1975 – 3 AZR 72/74, AP Nr. 8 zu § 60 HGB = DB 1975, 1705; v. 28.9.1989 – 2 AZR 97/89, RzK I 6a Nr. 58; LAG Köln v. 19.1.1996 – 11 (13) Sa 907/95, LAGE § 626 BGB Nr. 93; APS/*Dörner*, § 626 BGB Rz. 292. | 3 BAG v. 12.5.1972 – 3 AZR 401/71, AP Nr. 6 zu § 60 HGB = DB 1972, 1831; ErfK/*Müller-Glöge*, § 626 BGB Rz. 128. | 4 BAG v. 30.5.1978 – 2 AZR 598/76, AP Nr. 9 zu § 60 HGB = NJW 1979, 335. | 5 BAG v. 17.10.1969 – 3 AZR 442/68, AP Nr. 7 zu § 611 BGB – Treuepflicht; v. 30.5.1978 – 2 AZR 598/76, AP Nr. 9 zu § 60 HGB. | 6 BAG v. 25.4.1991 – 2 AZR 624/90, AP Nr. 104 zu § 626 BGB; KR/*Fischermeier*, § 626 BGB Rz. 462; aA (nur wenn ArbGeb Karenzentschädigung zahlt, analog §§ 74 II, 75 HGB) LAG Köln v. 4.7.1995 – 9 Sa 484/95, LAGE § 60 HGB Nr. 4; *Hoß*, DB 1997, 1818 ff. | 7 Näher KR/*Fischermeier*, § 626 BGB Rz. 211. | 8 BAG v. 31.1.1996 – 2 AZR 158/95, AP Nr. 13 zu § 626 BGB – Druckkündigung; aA MünchArbR/*Berkowsky*, § 143 Rz. 16 ff. | 9 BAG v. 15.11.1984 – 2 AZR 613/83, AP Nr. 87 zu § 626 BGB; *Wank*, RdA 1993, 86. | 10 BAG v. 3.11.1955 – 2 AZR 39/54, AP Nr. 4 zu § 626 BGB; v. 10.3.1977 – 4 AZR 675/75, AP Nr. 9 zu § 323 ZPO. | 11 APS/*Dörner*, § 626 BGB Rz. 83; aA *Rüthers/Henssler*, ZfA 1988, 43. | 12 BAG v. 16.3.1961 – 2 AZR 539/59, AP Nr. 2 zu § 1 KSchG – Verhaltensbedingte Kündigung; v. 25.4.1991 – 2 AZR 624/90, AP Nr. 104 zu § 626 BGB; v. 14.2.1996 – 2 AZR 274/95, AP Nr. 26 zu § 626 BGB – Verdacht strafbarer Handlung. | 13 BAG v. 10.12.1992 – 2 AZR 271/92, AP Nr. 41 zu Art. 140 GG; v. 14.2.1996 – 2 AZR 274/95, AP Nr. 26 zu § 626 BGB – Verdacht strafbarer Handlung. | 14 BAG v. 16.2.1989 – 2 AZR 287/88, RzK I 6a Nr. 49; v. 21.1.1999 – 2 AZR 665/98, AP Nr. 151 zu § 626 BGB; KR/*Etzel*, § 1 KSchG Rz. 400; *Rüthers/Henssler*, ZfA 1988, 45; aA KDZ/*Däubler*, § 626 BGB Rz. 32; KR/*Fischermeier*, § 626 BGB Rz. 139. | 15 BAG v. 16.8.1991 – 2 AZR 604/90, AP Nr. 27 zu § 1 KSchG 1969 – Verhaltensbedingte Kündigung gegen BAG v. 7.12.1988 – 7 AZR 122/88, AP Nr. 26 zu § 1 KSchG 1969 – Verhaltensbedingte Kündigung. | 16 BAG v. 15.1.1986 – 7 AZR 128/83, AP Nr. 93 zu § 626 BGB; APS/*Dörner*, § 626 BGB Rz. 76.

d) Verdachtskündigung. aa) Verdacht als eigener Kündigungsgrund. Steht eine Vertragspartei im dringenden Verdacht, eine Straftat oder schwerwiegende Pflichtverletzung begangen zu haben, kann dies nach hM[1] – unabhängig vom Tatnachweis – bereits eine außerordentl. Kündigung rechtfertigen. Die Unschuldsvermutung des Art. 6 II MRK steht der Zulässigkeit einer Verdachtskündigung nicht entgegen, da es sich hier um eine Sanktion außerhalb der Strafverfolgung ohne Strafcharakter handelt[2]. Eine außerordentl. Verdachtskündigung ist auch noch möglich, wenn der ArbN bereits unwiderruflich bezahlt freigestellt wurde[3]. 323

Die Verdachtskündigung ist als eigenständiger Tatbestand von der Tatkündigung zu unterscheiden[4]. 324
Bei einer Tatkündigung ist unabdingbare Voraussetzung, dass die kündigende Partei von der Tat des anderen Teils überzeugt und ihr die Fortsetzung des Arbeitsverhältnisses aus diesem Grund unzumutbar ist[5]. Da eine Tatkündigung weiter auch den Nachweis der Tat voraussetzt, sollte vorsorglich geprüft und ggf. geltend gemacht werden, dass schon allein der Tatverdacht das zur Fortsetzung des Arbeitsverhältnisses notwendige Vertrauen in die Redlichkeit der anderen Vertragspartei zerstört und zu einer unerträglichen Belastung des Arbeitsverhältnisses geführt hat[6]. Dh., neben der Tat- ist vorsorglich eine Verdachtskündigung auszusprechen. Der jeweilige Tatvorwurf enthält nicht zwangsläufig auch den Verdacht der strafbaren oder vertragswidrigen Handlung[7].

Zwar muss die Kündigungserklärung – wie auch bei anderen Kündigungsgründen – nicht als Verdachtskündigung deklariert werden[8], dh. der Kündigende kann sich noch im Arbeitsgerichtsprozess auf den Verdacht als Kündigungsgrund stützen[9]. Speziell bei der Anhörung des BR hat sich der ArbGeb aber wegen § 102 I BetrVG schon zuvor darüber zu erklären, ob er wegen der Tat und/oder wegen des Verdachts kündigen will[10]. Verweist der ArbGeb lediglich auf eine rechtskräftige Verurteilung des ArbN, dann wird damit idR der Vorwurf der Tat und nicht nur der bloße Verdacht zum Ausdruck gebracht[11]. 325

Wird eine Verdachtskündigung rechtskräftig für unwirksam erklärt, hindert dies den ArbGeb nicht, später nach Abschluss des gegen den ArbN eingeleiteten Strafverfahrens eine auf die Tatbegehung gestützte außerordentl. Kündigung auszusprechen[12]. § 626 II steht dem nicht entgegen, solange der ArbGeb noch keine jeden vernünftigen Zweifel ausschließende sichere Kenntnis der Tatbegehung hatte. 326

bb) Anforderungen an die Beschaffenheit des Verdachts. Der Verdacht muss dringend sein. Dh., es muss eine hohe, zumindest überwiegende Wahrscheinlichkeit dafür bestehen, dass die gekündigte Vertragspartei die Straftat bzw. schwerwiegende Pflichtverletzung begangen hat[13]. Dafür muss der Verdacht objektiv durch Tatsachen, die einen verständigen und gerecht abwägenden ArbGeb zum Ausspruch der Kündigung veranlassen können, begründbar sein[14]. Nicht ausreichend ist, dass die Staatsanwaltschaft Anklage erhoben hat bzw. bereits die Eröffnung des Hauptverfahrens beschlossen wurde, da die Anklageerhebung nur einen hinreichenden und nicht zwingend einen dringenden Tatverdacht voraussetzt[15]. 327

Weiter muss der auf der Partei lastende Verdacht so schwerwiegend sein, dass dem Kündigenden die Fortsetzung des Dienstverhältnisses nicht zugemutet werden kann[16]. Beispiele hierfür sind: Spesenbetrug gegenüber ArbGeb[17], illegale verfassungsfeindliche Tätigkeit im öffentl. Dienst[18], Manipulationen der Stempelkarte[19], sexuelle Belästigung am Arbeitsplatz[20], Verrat von Geschäftsgeheimnissen[21], Versicherungsbetrug durch Prokuristen[22] sowie Veruntreuungen eines Filialleiters[23]. 328

---

1 BAG v. 26.3.1992 – 2 AZR 519/91, v. 14.9.1994 – 2 AZR 164/94, v. 13.9.1995 – 2 AZR 587/94 und v. 18.11.1999 – 2 AZR 743/98, AP Nr. 23, 24, 25 und 32 zu § 626 BGB – Verdacht strafbarer Handlung; *Busch*, MDR 1995, 217, 223; ErfK/*Müller-Glöge*, § 626 BGB Rz. 208; *Lücke*, BB 1997, 1842, 1847; krit. *Grunsky*, ZfA 1977, 167; abl. auch *Dörner*, NZA 1992, 865. | 2 BVerfG v. 29.5.1990 – 2 BVR 1343/88, BVerfGE 82, 106, 117; BAG v. 14.9.1994 – 2 AZR 164/94, AP Nr. 24 zu § 626 BGB – Verdacht strafbarer Handlung; *Belling*, FS Kissel, 1994, S. 11, 25 mwN. | 3 BAG v. 5.4.2001 – 2 AZR 217/00, AP Nr. 34 zu § 626 BGB – Verdacht strafbarer Handlungen. | 4 BAG v. 13.9.1995 – 2 AZR 587/94 und v. 12.8.1999 – 2 AZR 923/98, AP Nr. 25 und 28 zu § 626 BGB – Verdacht strafbarer Handlung. | 5 BAG v. 26.3.1992 – 2 AZR 519/91, AP Nr. 23 zu § 626 BGB – Verdacht strafbarer Handlung; v. 18.9.1997 – 2 AZR 36/97, AP Nr. 138 zu § 626 BGB. | 6 BAG v. 3.4.1986 – 2 AZR 324/85, AP Nr. 18 zu § 626 BGB – Verdacht strafbarer Handlung; v. 26.3.1992 – 2 AZR 519/91, AP Nr. 23 zu § 626 BGB – Verdacht strafbarer Handlung. | 7 BAG v. 13.9.1995 – 2 AZR 587/94, AP Nr. 25 zu § 626 BGB – Verdacht strafbarer Handlung. | 8 BAG v. 21.6.1995 – 2 AZR 735/94 – insoweit nv.; ErfK/*Müller-Glöge*, § 626 BGB Rz. 216. | 9 BAG v. 29.1.1997 – 2 AZR 292/96, AP Nr. 131 zu § 626 BGB. | 10 BAG v. 3.4.1986 – 2 AZR 324/85, AP Nr. 18 zu § 626 BGB – Verdacht strafbarer Handlung. | 11 APS/*Dörner*, § 626 BGB Rz. 347. | 12 BAG v. 12.12.1984 – 7 AZR 575/83, AP Nr. 19 zu § 626 BGB – Ausschlussfrist. | 13 BAG v. 4.6.1964 – 2 AZR 310/63 und v. 12.8.1999 – 2 AZR 923/98, AP Nr. 13 und 28 zu § 626 BGB – Verdacht strafbarer Handlung. | 14 BAG v. 4.6.1964 – 2 AZR 310/63 und v. 14.9.1994 – 2 AZR 164/94, AP Nr. 13 und 24 zu § 626 BGB – Verdacht strafbarer Handlung. | 15 BAG v. 29.11.2007 – 2 AZR 724/06 (Tz. 40); APS/*Dörner*, § 626 BGB Rz. 358. | 16 BAG v. 23.2.1961 – 2 AZR 187/59, v. 4.6.1964 – 2 AZR 310/63 und v. 14.9.1994 – 2 AZR 164/94, AP Nr. 9, 13 und 24 zu § 626 BGB – Verdacht strafbarer Handlung; v. 5.4.2001 – 2 AZR 217/00, AP Nr. 34 zu § 626 BGB – Verdacht strafbarer Handlung. | 17 BAG v. 3.11.1955 – 2 AZR 86/54, AP Nr. 5 zu § 626 BGB. | 18 BAG v. 23.2.1961 – 2 AZR 187/59, AP Nr. 9 zu § 626 BGB – Verdacht strafbarer Handlung. | 19 BAG v. 9.8.1990 – 2 AZR 127/90, nv. | 20 BAG v. 8.6.2000 – 2 ABR 1/00, AP Nr. 3 zu § 2 BeschSchG. | 21 BAG v. 26.9.1990 – 2 AZR 602/89, RzK I 8c Nr. 20. | 22 BAG v. 15.5.1986 – 2 AZR 397/85, RzK I 8c Nr. 9. | 23 BAG v. 17.4.1956 – 2 AZR 340/55, AP Nr. 8 zu § 626 BGB.

329 **cc) Aufklärung des Sachverhalts und Anhörung des Arbeitnehmers.** Der ArbGeb muss vor Ausspruch der Kündigung alle zumutbaren Anstrengungen zur Aufklärung des Sachverhalts unternommen haben. Dazu gehört auch, den ArbN vor Ausspruch der Kündigung zu dem gegen ihn bestehenden Verdacht zu hören. Unterlässt der ArbGeb dies schuldhaft, dh. obwohl ihm eine Anhörung möglich und zumutbar war, führt dies zur Unwirksamkeit der Kündigung[1]. Die Anhörungspflicht entfällt nur, wenn der ArbN von vornherein nicht bereit ist, sich auf die Vorwürfe einzulassen. Im Übrigen ist der ArbGeb aber weder verpflichtet, den verdächtigen ArbN mit Belastungszeugen zu konfrontieren[2] noch muss er die Staatsanwaltschaft zur Durchführung weiterer Ermittlungen einschalten[3].

330 Will oder kann der ArbGeb den Sachverhalt nicht selbst aufklären, ist es ihm möglich, bis zum Abschluss des Strafverfahrens mit der Kündigung zu warten[4]. Die Ergebnisse des Strafverfahrens können dann nach den allgemeinen Beweisregeln verwertet werden[5]. Eine Bindung für den Kündigungsschutzprozess tritt dadurch weder im positiven noch im negativen Sinne ein[6].

331 **dd) Spätere Erkenntnisse und Wiedereinstellungsanspruch.** Für die Wirksamkeit der Kündigung kommt es allein darauf an, dass zum Zeitpunkt des Zugangs der Kündigung objektiv Tatsachen vorgelegen haben, die einen dringenden Verdacht begründeten. Dies schließt es nicht aus, dass nach Ausspruch der Kündigung zu Tage getretene Tatsachen, die den ArbN be- oder entlasten, bis zum Schluss der letzten mündlichen Verhandlung in der Tatsacheninstanz zu berücksichtigen sind[7]. Für den ArbGeb ergibt sich dies daraus, dass es ihm möglich ist, durch das Nachschieben von Tatsachen den zunächst unzureichenden Verdacht zu erhärten. Für den ArbN folgt dies aus Art. 12 I GG, wonach dieser vor einem unberechtigten Verlust seines Arbeitsplatzes zu schützen ist. Dem entsprechend hat das Gericht das Vorbringen des ArbN, das dieser zu seiner Entlastung vorträgt, vollständig aufzuklären[8].

332 Unbeachtlich sind lediglich Tatsachen, die erst nach Ausspruch der Kündigung entstanden sind, wie weitere Vorfälle der Art, die den Verdacht begründeten oder umgekehrt eine Verhaltensänderung des ArbN, die erneute Vertrauensstörungen unwahrscheinlich machen.

333 Dem ArbN erwächst ein Wiedereinstellungsanspruch, wenn sich später seine Unschuld herausstellt oder nachträgliche Umstände bekannt werden, die den bestehenden Verdacht beseitigen[9]. Dies gilt nach hL[10] schon während des laufenden Kündigungsschutzprozesses sowie nach hM dann, wenn der Kündigungsschutzprozess bereits rechtskräftig zu Lasten des ArbN entschieden worden ist oder der ArbN in Anbetracht der gegen ihn sprechenden Verdachtsmomente davon abgesehen hat, Kündigungsschutzklage zu erheben. Dogmatische Grundlage für einen Wiedereinstellungsanspruch sind die Fürsorgepflicht des ArbGeb aus einer Nachwirkung der vertragl. Bindungen[11] sowie die Grundsätze der Vertrauenshaftung[12].

334 Zweckmäßigerweise ist während eines laufenden Kündigungsschutzprozesses der Unwirksamkeit der Kündigung Vorrang einzuräumen. Ist die Kündigungsschutzklage bereits rechtskräftig abgewiesen worden, stehen mE die Bestimmungen über die Restitutionsklage (§§ 580 ff. ZPO) dem Wiedereinstellungsanspruch entgegen[13].

335 Hält man einen Wiedereinstellungsanspruch für möglich, ist es Frage des Einzelfalls, wann der Verdacht ausgeräumt ist. Die Einstellung des Ermittlungsverfahrens nach § 170 II 1 StPO genügt nicht[14].

336 **ee) Besonderheiten für die Frist des Abs. 2.** Die Frist nach § 626 II beginnt mit Bekanntwerden derjenigen Tatsachen, die den ArbGeb in die Lage versetzen, eine abschließende Bewertung der Verdachtsgründe und des dadurch ausgelösten Vertrauenswegfalls vorzunehmen[15]. Hierzu gehören auch die den

---

1 BAG v. 11.4.1985 – 2 AZR 239/84, AP Nr. 39 zu § 102 BetrVG 1972; v. 30.4.1987 – 2 AZR 283/86, v. 13.9.1995 – 2 AZR 587/94 und v. 26.9.2002 – 2 AZR 424/01 AP Nr. 19, 25 und 37 zu § 626 BGB – Verdacht strafbarer Handlung; KR/*Fischermeier*, § 626 BGB Rz. 230; abl. *Ascheid*, Rz. 163; *Preis*, DB 1988, 1444 (1448 f.). | 2 BAG v. 26.2.1987 – 2 AZR 170/86, RzK I 8c Nr. 13; v. 18.9.1997 – 2 AZR 36/97, AP Nr. 138 zu § 626 BGB. | 3 BAG v. 28.9.1989 – 2 AZR 111/89, nv.; ErfK/*Müller-Glöge*, § 626 BGB Rz. 214. | 4 BAG v. 11.3.1976 – 2 AZR 29/75, EzA § 626 BGB nF Nr. 46; v. 26.3.1992 – 2 AZR 519/91 und v. 14.2.1996 – 2 AZR 274/95, AP Nr. 23 und 26 zu § 626 BGB – Verdacht strafbarer Handlung. | 5 BAG v. 26.3.1992 – 2 AZR 519/91, AP Nr. 23 zu § 626 BGB – Verdacht strafbarer Handlung. | 6 BAG v. 20.8.1997 – 2 AZR 620/96, AP Nr. 27 zu § 626 BGB – Verdacht strafbarer Handlung. | 7 BAG v. 24.4.1975 – 2 AZR 118/74, EzA § 103 BetrVG 1972 Nr. 8; v. 14.9.1994 – 2 AZR 164/94, AP Nr. 24 zu § 626 BGB – Verdacht strafbarer Handlung; ErfK/*Müller-Glöge*, § 626 BGB Rz. 217; aA *Grunsky*, ZfA 1977, 170 f.; *Moritz*, NJW 1978, 403; RGRK/*Corts*, § 626 BGB Rz. 171. | 8 BAG v. 18.11.1999 – 2 AZR 743/98, AP Nr. 32 zu § 626 BGB – Verdacht strafbarer Handlung. | 9 BAG v. 4.6.1964 – 2 AZR 310/63, AP Nr. 13 zu § 626 BGB – Verdacht strafbarer Handlung; BGH v. 13.7.1956 – VI ZR 88/55, AP Nr. 2 zu § 611 BGB – Fürsorgepflicht. | 10 *Ascheid*, Rz. 165; KR/*Fischermeier*, § 626 BGB Rz. 234; MünchArbR/*Berkowsky*, § 144 Rz. 18. | 11 BGH v. 13.7.1956 – VI ZR 88/55, AP Nr. 2 zu § 611 BGB – Fürsorgepflicht; BAG v. 14.12.1956 – 1 AZR 29/55, AP Nr. 3 zu § 611 BGB – Fürsorgepflicht. | 12 BAG v. 15.3.1984 – 2 AZR 24/84, AP Nr. 2 zu § 1 KSchG 1969 – Soziale Auswahl. | 13 Vgl. APS/*Dörner*, § 626 BGB Rz. 373; vgl. auch BAG v. 22.1.1997 – 2 AZR 455/97, NZA 1998, 726. | 14 BAG v. 20.8.1997 – 2 AZR 620/96, AP Nr. 27 zu § 626 BGB – Verdacht strafbarer Handlung. | 15 LAG Köln v. 18.2.1997 – 13 (10) Sa 618/96, NZA-RR 1998, 65; LAG Berlin v. 30.6.1997 – 9 Sa 43/97, AP Nr. 41 zu § 5 ArbGG 1979; APS/*Dörner*, § 626 BGB Rz. 125, 361.

ArbN entlastenden Umstände, so dass eine Anhörung des ArbN innerhalb einer Woche den Fristablauf hemmt[1].

e) Druckkündigung. aa) Begriff. Erfolgt die Kündigung eines ArbN auf Grund des Verlangens Dritter (anderer ArbN, des BR (s. auch § 104 BetrVG), der Gewerkschaft oder Geschäftspartner des ArbGeb), um hierdurch erhebliche angedrohte Nachteile abzuwenden, spricht man von einer Druckkündigung[2]. 337

Die Druckkündigung ist verhaltens- oder personenbedingte Kündigung, wenn das Verlangen des Dritten objektiv durch ein Verhalten oder in der Person des ArbN liegende Umstände gerechtfertigt war. Die Drucksituation dient dann nicht als Kündigungsgrund, sie kann aber als Abwägungsgesichtspunkt berücksichtigt werden. Fehlt es an personen- oder verhaltensbedingten Gründen oder reichen diese nicht aus, dann kann die Druckkündigung noch als betriebsbedingte Kündigung wirksam sein[3]. Wichtiger Grund (bzw. soziale Rechtfertigung bei der ordentl. Kündigung) ist dann die Drucksituation als solche[4]. Aber auch hier können vom gekündigten ArbN gesetzte Ursachen in die Interessenabwägung einfließen, zB wenn es um die Frage geht, inwieweit sich der ArbGeb schützend vor seinen ArbN stellen muss. 338

Die angedrohten erheblichen Nachteile können sein: Arbeitsniederlegung, Streik, Verweigerung der weiteren Zusammenarbeit mit dem betroffenen ArbN, die Androhung von Eigenkündigungen durch Mitarbeiter, geschäftlicher Druck wie der Entzug von Aufträgen, Liefersperren, Abbruch der Geschäftsbeziehungen etc.[5]. 339

Ob eine außerordentl. oder nur eine ordentl. Kündigung gerechtfertigt ist, hängt von Art und Ausmaß des jeweiligen Drucks ab. Kann der ArbGeb dem Druck bereits durch eine ordentl. Kündigung begegnen oder diesen auf ein erträgliches Maß reduzieren, dann darf er keine außerordentl. Kündigung aussprechen[6]. 340

bb) Voraussetzungen. Eine außerordentl. betriebsbedingte Druckkündigung ist gerechtfertigt, wenn dem ArbGeb ein schwerer wirtschaftl. Schaden angedroht wird, sollte er den betreffenden ArbN auch nur für die Zeit der Kündigungsfrist bzw. des Sonderkündigungsschutzes weiterbeschäftigen. Der ArbGeb darf die Drohung dabei nicht tatenlos hinnehmen, sondern muss sich zunächst schützend vor seinen ArbN stellen und versuchen, die andere Seite von ihrer Drohung abzubringen. Dies muss der ArbGeb selbst dann, wenn er verpflichtet ist, dem Verlangen Folge zu leisten[7]. Abweichendes gilt, wenn der ArbGeb keine Möglichkeit mehr hat, die andere Seite von ihrer Drohung abzubringen[8]. 341

Das Gewicht und die Ursachen der gegen den betreffenden ArbN erhobenen Vorwürfe stehen in Wechselwirkungen zu den Anstrengungen, die ein ArbGeb auf sich nehmen muss, um eine Kündigung zu vermeiden[9]. Der ArbGeb hat den Sachverhalt aufzuklären und unberechtigten Vorwürfen entgegen zu treten. Dies gilt auch dann, wenn die Entlassung des ArbN vom BR verlangt wird. Dieser ist auf das Verfahren nach § 104 S. 2 BetrVG zu verweisen[10]. Ebenso sind vom ArbGeb erhöhte Anstrengungen zu erbringen, wenn das Kündigungsverlangen aus sachfremden Gründen erfolgt, insb. solchen, die gegen Benachteiligungs- oder Diskriminierungsverbote verstoßen[11]. Der ArbGeb darf sich dann nicht auf die Drucksituation berufen, wenn er sie selbst in vorwerfbarer Weise herbeigeführt hat[12]. 342

Von Seiten des ArbN wiederum ist zu verlangen, dass er ebenfalls versucht, unzumutbare Nachteile von seinem ArbGeb abzuwenden. So muss er uU bereit sein, in eine Versetzung einzuwilligen, wenn dadurch der Druck entfällt oder gemindert werden kann[13]. 343

cc) Schadensersatz. Im Fall einer betriebsbedingten Druckkündigung hat der gekündigte ArbN gegen den Dritten unter den Voraussetzungen der §§ 824, 826 einen Schadensersatzanspruch. § 823 I kommt als Anspruchsgrundlage nur in Betracht, wenn das Kündigungsverlangen gleichzeitig einen Eingriff in das allgemeine Persönlichkeitsrecht darstellt. Ein absolut geschütztes Recht am Erhalt des Arbeitsplatzes gibt es nicht[14]. Soweit man hier anderer Ansicht ist, bedarf es jedenfalls einer vertieften Auseinandersetzung mit der Frage der Rechtswidrigkeit. Diese ist nicht schon deshalb gegeben, weil die vom betreffenden ArbN gesetzten Gründe keine Kündigung nach § 626 I BGB oder § 1 II KSchG hätten 344

---

1 APS/*Dörner*, § 626 BGB Rz. 362; *Stahlhacke/Preis/Vossen*, Rz. 841. | 2 BAG v. 31.1.1996 – 2 AZR 158/95, AP Nr. 13 zu § 626 BGB – Druckkündigung; KR/*Fischermeier*, § 626 BGB Rz. 204 mwN. | 3 BAG v. 31.1.1996 – 2 AZR 158/95, AP Nr. 13 zu § 626 BGB – Druckkündigung; KR/*Fischermeier*, § 626 BGB Rz. 205. | 4 BAG v. 18.9.1975 – 2 AZR 311/74, AP Nr. 10 zu § 626 BGB – Druckkündigung; v. 19.6.1986 – 2 AZR 563/85, AP Nr. 33 zu § 1 KSchG 1969 – Betriebsbedingte Kündigung; v. 10.12.1992 – 2 AZR 271/92, AP Nr. 41 zu Art. 140 GG. | 5 APS/*Dörner*, § 626 BGB Rz. 337. | 6 BAG v. 10.3.1977 – 4 AZR 675/75, AP Nr. 9 zu § 313 ZPO; ErfK/*Müller-Glöge*, § 626 BGB Rz. 221. | 7 BAG v. 19.6.1986 – 2 AZR 563/85, AP Nr. 33 zu § 1 KSchG 1969 – Betriebsbedingte Kündigung; APS/*Dörner*, § 626 BGB Rz. 339. | 8 BAG v. 10.12.1992 – 2 AZR 271/92, AP Nr. 41 zu Art. 140 GG. | 9 BAG v. 26.1.1962 – 2 AZR 244/61, AP Nr. 8 zu § 626 BGB – Druckkündigung. | 10 KR/*Fischermeier*, § 626 BGB Rz. 207. | 11 Vgl. KR/*Fischermeier*, § 626 BGB Rz. 206. | 12 BAG v. 26.1.1962 – 2 AZR 244/61, AP Nr. 8 zu § 626 BGB – Druckkündigung; KR/*Fischermeier*, § 626 BGB Rz. 208. | 13 BAG v. 11.2.1960 – 5 AZR 210/58, AP Nr. 3 zu § 626 BGB – Druckkündigung; MüKo/*Henssler*, § 626 BGB Rz. 255. | 14 MüKo/*Henssler*, § 626 BGB Rz. 256; vgl. auch BAG v. 4.6.1998 – 8 AZR 786/96, EzA § 823 BGB Nr. 9 (offen gelassen bzgl. § 823 BGB); aA KR/*Fischermeier*, § 626 BGB Rz. 209 (auch Anspruch aus § 823 BGB).

rechtfertigen können, sondern erst, wenn der Dritte nicht mehr aus objektiv begründeten berechtigten Interessen gehandelt hat[1].

345 Teile der Lit.[2] gewähren dem ArbN analog § 904 BGB iVm. den Grundsätzen über den Aufopferungsanspruch auch einen Schadensersatzanspruch gegen den ArbGeb. In diesem Fall hat im Innenverhältnis ArbGeb/Dritter der Dritte den Schaden als Verursacher allein zu tragen. Der ArbGeb würde deshalb im Falle seines Eintritts den Schadensersatzanspruch des ArbN gegen den Dritten erwerben[3].

346 **f) Entlassungsverlangen des Betriebsrats nach § 104 BetrVG.** Vgl. Komm. zu § 104 BetrVG.

347 **5. Gleichbehandlungsgrundsatz/Diskriminierung.** Nach ganz hM[4] kann der Gleichbehandlungsgrundsatz im Bereich von Kündigungen nur beschränkte Auswirkungen haben (sog. mittelbare Wirkung), da es wegen des Gebots der umfassenden Abwägung der Umstände des jeweiligen Einzelfalles kaum Kündigungssachverhalte gibt, die völlig identisch sind[5]. Selbst bei identischen Kündigungsgründen wird zumindest die individuelle Betroffenheit der ArbN unterschiedlich sein. Deshalb hängt es auch bei einem gleichartigen Kündigungsgrund von den bei jeder Kündigung zu berücksichtigenden Besonderheiten (zB Arbeitsleistung, Dauer der Betriebszugehörigkeit) ab, ob die Kündigung aller ArbN berechtigt ist oder nicht[6].

348 Dennoch muss der Gleichbehandlungsgrundsatz zumindest in die umfassende Einzelfallabwägung miteinfließen. Insb. bei sog. homogenen Kündigungssachverhalten (gleichartige Arbeitspflichtverletzung durch mehrere ArbN) oder wenn der ArbGeb bei gleicher Ausgangslage nach einer selbst gesetzten Regel verfährt, ist es vom ArbGeb zu verlangen, dass er darlegen kann, warum er – sollte dies der Fall sein – die ArbN unterschiedlich behandelt[7]. Ebenso müssen sich bei der Interessenabwägung die einfließenden Kriterien an den Bestimmungen des AGG messen lassen[8].

349 **6. Außerordentliche Kündigung durch den Arbeitnehmer. a) Allgemeines.** Für die Rechtfertigung einer außerordentl. Kündigung durch den ArbN gelten die gleichen Grundsätze wie für die Kündigung seitens des ArbGeb[9]. Daher ist uU auch für die Kündigung durch den ArbN eine vorherige Abmahnung erforderlich[10]. Dies ergibt sich daraus, dass der ArbN an den Grundsatz „pacta sunt servanda" ebenso gebunden ist wie der ArbGeb. Zwar ist der ArbGeb aus sozialen Gründen in seinem ordentl. Kündigungsrecht beschränkt. Aus der sozialen Schutzbedürftigkeit folgt aber nicht die Notwendigkeit, dem ArbN zu gestatten, sich über vertragl. Vereinbarungen hinwegzusetzen.

350 Der ArbGeb kann die Unwirksamkeit der Kündigung durch Feststellungsklage gem. § 256 ZPO geltend machen. Ein Rechtsschutzinteresse dafür ist idR zu bejahen[11].

351 Der ArbGeb kann die unmissverständliche, definitive außerordentl. Kündigung des ArbN aber auch akzeptieren. In diesen Fall handelt der ArbN rechtsmissbräuchlich, will er sich später selbst auf die Unwirksamkeit seiner Kündigung berufen (venire contra factum proprium)[12].

352 **b) Einzelne Fallgruppen (in alphabetischer Reihenfolge)**

353 • **Äquivalenzstörung:** UU kann eine Äquivalenzstörung einen wichtigen Grund abgeben. So wenn das überwiegend aus Provisionen gespeiste Einkommen eines Handlungsreisenden trotz unvermindertem Arbeitseinsatz auf Grund geändertem ArbGebVerhalten (Werbung) dermaßen zurückgeht, dass der ArbN damit seinen Lebensunterhalt nicht mehr bestreiten kann und der ArbGeb eine angemessene Anpassung trotz Abmahnung verweigert[13].

354 • **Arbeitsplatzwechsel:** Der Wunsch des ArbN, sich beruflich zu verändern, stellt keinen wichtigen Grund dar, der es rechtfertigt, das Arbeitsverhältnis vor Ablauf der ordentl. Kündigungsfrist zu beenden[14]. Der ArbGeb muss auch keiner vorzeitigen Vertragsauflösung zustimmen, nur weil der ArbN bei

---

1 BAG v. 4.6.1998 – 8 AZR 786/96, EzA § 823 BGB Nr. 9; APS/*Dörner*, § 626 BGB Rz. 344. |2 APS/*Dörner*, § 626 BGB Rz. 344; KR/*Fischermeier*, § 626 BGB Rz. 209; aA KR/*Etzel*, § 104 BetrVG Rz. 74: Anspruch nur bei Verletzung der Fürsorgepflicht durch den ArbGeb. MüKo/*Henssler*, § 626 BGB Rz. 256 stimmt der Auffassung im Kern zu, will aber nicht auf den Aufopferungsanspruch zurückgreifen, sondern auf eine Analogie zu §§ 9, 10 KSchG. |3 KR/*Fischermeier*, § 626 BGB Rz. 209. |4 BAG v. 21.10.1969 – 1 AZR 93/68, AP Nr. 41 zu Art. 9 GG – Arbeitskampf; v. 22.2.1979 – 2 AZR 115/78, EzA § 103 BetrVG 1972 Nr. 23. |5 BAG v. 14.10.1965 – 2 AZR 466/64, AP Nr. 27 zu § 66 BetrVG; v. 28.4.1982 – 7 AZR 1139/79, AP Nr. 3 zu § 2 KSchG 1969; KR/*Fischermeier*, § 626 BGB Rz. 307; krit. *Preis*, Prinzipien, S. 384. |6 ZB BAG v. 25.3.1976 – 2 AZR 163/75, AP Nr. 6 zu § 103 BetrVG 1972. |7 Vgl. *Buchner*, RdA 1970, 161 (168); *Preis*, Prinzipien, S. 387 ff. |8 KR/*Pfeiffer*, AGG Rz. 20. |9 BAG v. 25.7.1963 – 2 AZR 510/62, AP Nr. 1 zu § 448 ZPO; v. 19.6.1967 – 2 AZR 287/66, AP Nr. 1 zu § 124 GewO; ErfK/*Müller-Glöge*, § 626 BGB Rz. 193; aA (ArbN-Kündigung unterliegt geringeren Anforderungen) Erman/*Belling*, § 626 BGB Rz. 85; KDZ/*Däubler*, Rz. 177. |10 BAG v. 19.6.1967 – 2 AZR 287/66, EzA § 124 GewO Nr. 1; v. 9.9.1992 – 2 AZR 142/92, insoweit nv.; ErfK/*Müller-Glöge*, § 626 BGB Rz. 193. |11 BAG v. 20.3.1986 – 2 AZR 296/85, AP Nr. 9 zu § 256 ZPO 1977; v. 24.10.1996 – 2 AZR 845/95, AP Nr. 37 zu § 256 ZPO 1977. |12 BAG v. 4.12.1997 – 2 AZR 799/96, AP Nr. 141 zu § 626 BGB; v. 5.12.2002 – 2 AZR 478/01, AP Nr. 63 zu § 123 BGB; KR/*Fischermeier*, § 626 BGB Rz. 463; aA LAG Berlin v. 23.3.1989 – 14 Sa 10/89, BB 1989, 1121; *Singer*, NZA 1998, 1309 ff. |13 LAG BW v. 24.7.1969 – 4 Sa 42/69, BB 1969, 1312; ErfK/*Müller-Glöge*, § 626 BGB Rz. 195. |14 BAG v. 17.10.1969 – 3 AZR 442/68, AP Nr. 7 zu § 611 BGB – Treuepflicht; v. 1.10.1970 – 2 AZR 542/69, AP Nr. 59 zu § 626 BGB; KR/*Fischermeier*, § 626 BGB Rz. 152.

einem neuen ArbGeb seine beruflichen Stellung und/oder sein Einkommen verbessern kann[1]. Nur unter ganz außergewöhnlichen Umständen, wenn keine erheblichen Belange des ArbGeb auf dem Spiel stehen, kann Letzteres nach Treu und Glauben anders sein[2]. Entsprechendes gilt für die eilige Annahme eines kurzfristig gemachten Studienplatzangebots, auch wenn der ArbN ansonsten auf den Studienplatz verzichten müsste[3].

• **Arbeitsschutz:** Missachtet der ArbGeb zwingende Arbeitsschutzbestimmungen, dann stellt dies einen wichtigen Grund dar, falls der ArbGeb erfolglos abgemahnt wurde. Eine Abmahnung ist entbehrlich, wenn der ArbGeb von vornherein zu erkennen gegeben hat, dass er seine Praxis nicht ändern will. Ein wichtiger Grund ist ua. gegeben, wenn der ArbGeb wiederholt Mehrarbeit über die zulässigen Grenzen des Arbeitszeitrechts hinaus verlangt. Dies gilt auch, soweit der ArbN zunächst den Anordnungen des ArbGeb nachgekommen ist[4]. 355

• **Beschäftigungspflicht, Versetzung, Umsetzung:** Verletzt der ArbGeb schuldhaft seine Pflicht zur Beschäftigung des ArbN zB durch eine unberechtigte Suspendierung, dann kann der ArbN sein Arbeitsverhältnis nach erfolgloser Abmahnung aus wichtigem Grund kündigen[5]. Eventuell genügt hierfür schon der Entzug wesentlicher Aufgaben (Teilsuspendierung), wenn die Anordnung des ArbGeb für den ArbN kränkend ist[6]. 356

• **Eheschließung:** Eine beabsichtigte Eheschließung kann keine außerordentl. Kündigung begründen[7]. Dies gilt auch, wenn die Eheschließung mit einem sofortigen Umzug verbunden werden soll[8]. Dass die Entwicklung für den ArbN nicht voraussehbar war und er deswegen in einen unzumutbaren Interessenkonflikt geraten kann[9], ist kaum vorstellbar[10]. 357

• **Ehrverletzung:** Grobe Beleidigungen durch den ArbGeb stellen einen wichtigen Grund dar. Hierfür genügt es, wenn der ArbGeb eine ordentl. Kündigung in beleidigender Weise begründet. Auch eine unberechtigte Verdächtigung kann abhängig von den Umständen des Einzelfalls eine außerordentl. Kündigung begründen, selbst dann wenn für den Verdacht gewisse Anhaltspunkte sprachen[11]. 358

• **Krankheit des ArbN:** Eine zur Arbeitsunfähigkeit führende Krankheit des ArbN kann idR keine außerordentl. Kündigung rechtfertigen, da dem ArbN mangels Arbeitspflicht zugemutet werden kann, die ordentl. Kündigungsfrist einzuhalten. Lediglich wenn für den ArbN eine Rückkehr auf den Arbeitsplatz aus gesundheitlichen Gründen objektiv ausgeschlossen ist und der ArbGeb dem ArbN keine andere Arbeit anbieten kann, ist ein außerordentl. Kündigungsrecht gegeben[12]. 359

• **Lohnrückstände:** Gerät der ArbGeb mit der Zahlung des Arbeitsentgelts zeitlich oder dem Betrag nach erheblich in Verzug, stellt dies einen wichtigen Grund dar[13]. Grds. entfällt der wichtige Grund, sobald das rückständige Gehalt gezahlt wird. Wiederholt sich aber der Verzug jeden Monat über eine längere Zeit, kann der ArbN ggf. nach Abmahnung fristlos kündigen[14]. Ebenso ist die Nichtabführung der LSt- und SozV-Beiträge wichtiger Grund, jedenfalls wenn dies über einen Zeitraum von einem Jahr geschieht[15]. 360

• **Prokura/Geschäftsführerbestellung:** Lehnt der ArbGeb es vertragswidrig ab, einem ArbN Prokura zu erteilen oder eine widerrufene Prokura zu erneuern, nachdem der Anlass ihrer Entziehung weggefallen ist, rechtfertigt dies allein noch keine außerordentl. Kündigung. Eine solche kann aber begründet sein, wenn es dem Angestellten nach den besonderen Umständen des Einzelfalles unzumutbar ist, das Arbeitsverhältnis ohne Prokura fortzusetzen[16]. Ggf. kann der ArbN nach § 628 II Schadensersatz verlangen[17]. Entsprechendes gilt für eine vertragswidrig unterlassene Bestellung zum Geschäftsführer[18]. 361

• **Urlaub, Freistellungen:** Verweigert der ArbGeb dem ArbN entgegen § 7 BUrlG wiederholt Urlaub, stellt dies einen wichtigen Grund dar, wenn der ArbGeb zuvor abgemahnt wurde. Die Abmahnung ist 362

1 BAG v. 17.10.1969 – 3 AZR 442/68, AP Nr. 7 zu § 611 BGB – Treuepflicht; ErfK/*Müller-Glöge*, § 626 BGB Rz. 194. | 2 KR/*Fischermeier*, § 626 BGB Rz. 152; offen gelassen von BAG v. 1.10.1970 – 2 AZR 542/69, AP Nr. 59 zu § 626 BGB. | 3 ErfK/*Müller-Glöge*, § 626 BGB Rz. 202; aA KR/*Fischermeier*, § 626 BGB Rz. 153. | 4 BAG v. 28.10.1971 – 2 AZR 15/71, AP Nr. 62 zu § 626 BGB; KR/*Fischermeier*, § 626 BGB Rz. 466. | 5 ErfK/*Müller-Glöge*, § 626 BGB Rz. 197. Zur Beschäftigungspflicht BAG v. 27.2.1985 – GS 1/84, AP Nr. 14 zu § 611 BGB – Beschäftigungspflicht. | 6 BAG v. 15.6.1972 – 2 AZR 345/71, AP Nr. 7 zu § 628 BGB; ErfK/*Müller-Glöge*, § 626 BGB Rz. 197. | 7 LAG Düsseldorf v. 5.6.1962 – 8 Sa 132/62, DB 1962, 1216; KR/*Fischermeier*, § 626 BGB Rz. 153. | 8 KR/*Fischermeier*, § 626 BGB Rz. 153. | 9 In diesem Fall einen wichtigen Grund anerkennend ErfK/*Müller-Glöge*, § 626 BGB Rz. 203. | 10 KR/*Fischermeier*, § 626 BGB Rz. 153. | 11 BAG v. 24.2.1964 – 5 AZR 201/63, AP Nr. 1 zu § 607 BGB; ErfK/*Müller-Glöge*, § 626 BGB Rz. 196. | 12 BAG v. 2.2.1973 – 2 AZR 172/72, AP Nr. 1 zu § 626 BGB – Krankheit; KR/*Fischermeier*, § 626 BGB Rz. 153 f. | 13 LAG Köln v. 23.9.1993 – 10 Sa 587/93, LAGE § 626 BGB Nr. 73; LAG Hamm v. 29.9.1999 – 18 Sa 118/99, NZA-RR 2000, 242, 243. | 14 LAG BW v. 5.11.1959 – 4 Sa 82/59, BB 1960, 289; KR/*Fischermeier*, § 626 BGB Rz. 467. | 15 LAG BW v. 30.5.1968 – 4 Sa 27/68, DB 1968, 1407; ErfK/*Müller-Glöge*, § 626 BGB Rz. 200. | 16 BAG v. 17.9.1970 – 2 AZR 439/69, AP Nr. 5 zu § 628 BGB; v. 26.8.1986 – 3 AZR 94/85, AP Nr. 1 zu § 52 HGB; KR/*Fischermeier*, § 626 BGB Rz. 469. | 17 BAG v. 11.2.1981 – 7 AZR 12/79, AP Nr. 8 zu § 4 KSchG 1969; ErfK/*Müller-Glöge*, § 626 BGB Rz. 201. | 18 BAG v. 8.8.2002 – 8 AZR 547/01, AP Nr. 14 zu § 628 BGB.

entbehrlich, wenn der ArbGeb erkennen lässt, den Urlaubsanspruch ohnehin nicht erfüllen zu wollen[1]. Entsprechendes gilt für andere Freistellungen, auf die der ArbN einen Anspruch hat (zB §§ 616, 629).

363 • **Werkswohnung:** Der nicht vertragsgemäße Zustand einer Werkswohnung ist dann relevant, wenn die Werkswohnung einen Teil der Vergütung darstellt und die Mängel so erheblich sind, dass im Ergebnis ein erheblicher Zahlungsverzug (s. *Lohnrückstände*) vorliegt. Gleiches gilt, wenn ein untrennbarer Zusammenhang zwischen der Erfüllung des Arbeitsvertrages und der Nutzung der Werkswohnung besteht und die Wohnverhältnisse unzumutbar sind[2].

364 Weist ein ArbGeb seinen ausländischen ArbN nach einer Beanstandung beim Einzug und der Zusage der Abhilfe keine vertragsgemäße Unterkunft zu, bedarf es vor einer von den ArbN ausgesprochenen fristlosen Kündigung grds. einer Abmahnung[3].

365 Eine Teilkündigung der arbeitsvertragl. Pflicht, eine Werkdienstwohnung zu bewohnen, unter Fortbestand des Arbeitsverhältnisses ist nur zulässig, wenn und soweit die Arbeitsvertragsparteien die Teilkündigungsmöglichkeit vertragl. vereinbart haben[4].

366 **VI. Zeitpunkt der Beendigung des Arbeitsverhältnisses.** 1. Grds. führt eine außerordentl. Kündigung zur sofortigen, dh. fristlosen Beendigung des Arbeitsverhältnisses unmittelbar im Zeitpunkt des Zugangs der Kündigung (Grundsatz der entfristeten Kündigung). Dies gilt auch, wenn die außerordentl. Kündigung bereits vor dem Dienstantritt erklärt wird[5]. Wegen der Unabdingbarkeit der außerordentl. Kündigung (vgl. Rz. 47 ff.) kann eine Kündigung vor Dienstantritt auch nicht ausgeschlossen werden.

367 2. Als ein auf die Zukunft bezogenes Gestaltungsrecht kann die Kündigung das Arbeitsverhältnis nicht rückwirkend, dh. zu einem Termin vor Zugang der Kündigung auflösen. Weder spielt es eine Rolle, zu welchem Zeitpunkt der Kündigungsgrund objektiv gegeben war noch kommt es auf den Zeitpunkt des Kündigungsentschlusses an[6].

368 3. Die außerordentl. Kündigung kann, auch wenn dies in § 626 I nicht vorgesehen ist, mit einer Frist verbunden werden (sog. außerordentl. befristete Beendigungskündigung). Bietet der ArbGeb dem ArbN eine solche soziale Auslauffrist an, kann er frei darüber entscheiden, wie lange diese dauern soll. Es tritt keine Bindung an die gesetzl., tarifl. oder vereinbarte ordentl. Kündigungsfrist ein. Dies gilt selbst dann, wenn die Auslauffrist nur den Interessen des Kündigenden dienen soll[7].

369 Nur bei einem tarifvertragl. Ausschluss der ordentl. Kündigung ist die Kündigungsfrist als Auslauffrist einzuhalten, die gelten würde, wenn die ordentl. Kündigung nicht ausgeschlossen wäre[8]. Gleiches gilt, abhängig vom Kündigungsgrund, auch bei einem einzelvertragl. Ausschluss der ordentl. Kündigung[9] (vgl. Rz. 100 ff.).

370 Im Übrigen sind bei der Gewährung einer sozialen Auslauffrist folgende Punkte zu beachten:

371 a) Zunächst ist wichtig, dass der ArbGeb klarstellt, dass er aus wichtigem Grund kündigen will. Zwar verliert die Kündigung nicht ihren Charakter als außerordentl. Kündigung, nur weil dem ArbN eine soziale Auslauffrist gewährt wurde. Der ArbN wird aber ohne eine entsprechende Klarstellung die Kündigung ggf. als ordentl. Lösung des Arbeitsverhältnisses verstehen dürfen[10].

372 b) Bei einer außerordentl. Kündigung mit sozialer Auslauffrist besteht das Arbeitsverhältnis ununterbrochen bis zum Kündigungstermin fort. Nach hM[11] hat der ArbN auf Grund der außerordentl. Kündigung seinerseits ein außerordentl. Kündigungsrecht, sollte dieses Verlangen nicht ausnahmsw. rechtsmissbräuchlich sein. Macht der ArbN von dieser Option keinen Gebrauch, besteht das Arbeitsverhältnis bis zum Ablauf der Frist fort. Es besteht also kein fortwährendes außerordentl. Lossagungsrecht. Dies ist zB dann misslich, wenn einem ordentl. unkündbaren ArbN außerordentl. mit einer sozialen Auslauffrist von 7 Monaten gekündigt wird, ihm aber nach 3 Monaten eine andere Beschäftigung angeboten wird, die er nur am Ersten des folgenden Monats annehmen kann.

373 Die von der hM gewählte Konstruktion scheint deshalb, insb. weil § 628 II einer Reaktion des ArbN enge Fesseln anlegt, unvollständig. Als Lösung würde sich anbieten, dem ArbN unabhängig von länge-

1 ErfK/*Müller-Glöge*, § 626 BGB Rz. 206. | 2 LAG Düsseldorf v. 24.3.1964 – 8 Sa 53/64, DB 1964, 1032; ErfK/*Müller-Glöge*, § 626 BGB Rz. 204. | 3 BAG v. 19.6.1967 – 2 AZR 287/66, AP Nr. 1 zu § 124 GewO; ErfK/*Müller-Glöge*, § 626 BGB Rz. 204. | 4 BAG v. 4.2.1958 – 3 AZR 110/56, AP Nr. 1 zu § 620 BGB – Teilkündigung; v. 23.8.1989 – 5 AZR 569/88, AP Nr. 3 zu § 565e BGB; KR/*Fischermeier*, § 626 BGB Rz. 472; krit. *Stahlhacke/Preis/Vossen*, Rz. 782. | 5 BAG v. 22.8.1964 – 1 AZR 64/64, AP Nr. 1 zu § 620 BGB; ErfK/*Müller-Glöge*, § 626 BGB Rz. 224. | 6 BGH v. 28.4.1960 – VII ZR 218/59, AP Nr. 41 zu § 626 BGB; KR/*Fischermeier*, § 626 BGB Rz. 22, 24. | 7 BAG v. 9.2.1960 – 2 AZR 585/57, AP Nr. 39 zu § 626 BGB m. zust. Anm. *Hueck*; v. 15.3.1973 – 2 AZR 255/72, AP Nr. 3 zu § 63 SeemG; KR/*Fischermeier*, § 626 BGB Rz. 29. | 8 BAG v. 28.3.1985 – 2 AZR 113/84, AP Nr. 86 zu § 626 BGB; v. 11.3.1999 – 2 AZR 427/98, AP Nr. 150 zu § 626 BGB; *Schwerdtner*, FS Kissel, 1994, S. 1077 (1091). | 9 *Koppenfels*, Die außerordentliche arbeitgeberseitige Kündigung bei einzel- und tarifvertraglich unkündbaren Arbeitnehmern, 1998, S. 230 f. | 10 BAG v. 23.1.1958 – 2 AZR 206/55, AP Nr. 50 zu § 1 KSchG; v. 16.7.1959 – 1 AZR 193/57, AP Nr. 31 zu § 626 BGB; ErfK/*Müller-Glöge*, § 626 BGB Rz. 226. | 11 KR/*Fischermeier*, § 626 BGB Rz. 29; ErfK/*Müller-Glöge*, § 626 BGB Rz. 228.

ren Fristen nach Treu und Glauben einen Anspruch auf vorzeitige Vertragsauflösung in der Frist des § 622 I zu gewähren. Begründung für diesen Anspruch wäre, dass der ArbGeb, wenn auch berechtigterweise, das mit dem Ausschluss der ordentl. Kündigung verbundene soziale Schutzverhältnis aufgekündigt hat.

Umgekehrt muss es damit dem ArbGeb, auch wenn dies höchstrichterlich bislang noch nicht entschie- 374
den ist, von sich aus möglich sein, die außerordentl. Kündigung als fristlose auszusprechen und damit ein Angebot zur befristeten Fortsetzung für die Dauer der ordentl. Kündigungsfrist zu verbinden[1].

c) Ist der ArbGeb aus freien Stücken bereit, dem ArbN eine soziale Auslauffrist einzuräumen und 375
stellt er den ArbN während dieser Zeit nicht frei, besteht die Gefahr, dass er damit zum Ausdruck bringt, dass ihm die Fortsetzung des Arbeitsverhältnisses jedenfalls für die Dauer dieser Auslauffrist nicht unzumutbar ist[2]. Zwar stellt die Wahl der Auslauffrist keinen Verzicht auf das Recht zur außerordentl. Kündigung dar[3]. Eine solche Frist kann aber zur Unwirksamkeit der Kündigung führen, wenn eine ordentl. Kündigung oder eine Umdeutung in eine solche nicht möglich ist. Gleichwohl besteht hier kein Automatismus. Es kommt für die Interessenabwägung darauf an, für welche Dauer und aus welchem Grund die tatsächliche Beschäftigung nach Ausspruch der Kündigung erfolgen soll[4]. ZB kann es für den ArbGeb besser sein, eine schlecht musizierende Kapelle bis zum Engagement einer neuen Kapelle kurzfristig weiterspielen zu lassen[5]. Ebenso wird die Kündigung durch die Beschäftigung mit Abschluss- und Übergabearbeiten nicht in Frage gestellt.

VII. Außerordentliche Änderungskündigung. 1. Eine außerordentl. Kündigung kann auch zur Ände- 376
rung der vertragl. Arbeitsbedingungen eingesetzt werden[6]. Wegen des im Kündigungsrecht geltenden Verhältnismäßigkeitsgrundsatzes muss der ArbGeb zwingend zur außerordentl. Änderungskündigung greifen, falls hierdurch die Notwendigkeit einer außerordentl. Beendigungskündigung entfällt. Sie ist nur dann entbehrlich, wenn der ArbN schon im Vorfeld in Kenntnis einer drohenden Beendigungskündigung und eines analog § 2 KSchG möglichen Vorbehalts das Änderungsangebot des ArbGeb vollständig abgelehnt hat[7].

a) Ein wichtiger Grund für eine außerordentl. Änderungskündigung liegt vor, wenn dem Kündigenden 377
die Fortsetzung der Bedingungen, deren Änderung er anstrebt, nicht mehr zumutbar ist[8]. Die vorgesehenen Änderungen müssen einerseits für den Kündigenden unabweisbar notwendig[9] und andererseits dem ArbN zumutbar sein[10], insb. dürfen sie ihn nicht stärker als zur Vermeidung einer Beendigungskündigung unumgänglich belasten[11]. Wegen der vertragl. Risikoverteilung wird eine sofortige Änderung der Arbeitsbedingungen selten unabweisbar notwendig sein. Die außerordentl. Änderungskündigung setzt deshalb meist die ordentl. Unkündbarkeit voraus[12].

b) Dagegen müssen die Voraussetzungen einer Beendigungskündigung nicht zwingend gegeben sein, 378
da nicht die Fortsetzung des gesamten, sondern nur einzelner Bestimmungen des Arbeitsvertrages unzumutbar geworden ist[13]. Dies gilt jedenfalls dann, wenn durch die Änderungskündigung eine sonst wirksame Beendigungskündigung vermieden wird, wobei man allerdings vom ArbGeb verlangt, dass er im Einzelnen darlegen kann, dass ohne die Änderungskündigung eine Beendigungskündigung tatsächlich unumgänglich und gerechtfertigt wäre[14]. In einem solchen Fall ist im Rahmen der Interessenabwägung positiv zu verbuchen, dass sich der ArbGeb aus sozialen Erwägungen mit einer Änderungskündigung statt einer Beendigungskündigung begnügt[15].

c) Verschärft werden die Anforderungen, wenn der ArbGeb ein Bündel von Maßnahmen umsetzen 379
will. Dann ist für jede einzelne Regelung zu prüfen, ob deren Fortsetzung unzumutbar geworden ist. Die daneben gleichfalls vorzunehmende Gesamtabwägung ersetzt diese vorrangige Prüfung nicht. Doch kann die Gesamtabwägung der beiderseitigen Interessen ergeben, dass entweder der ArbN eine an sich unzumutbare einzelne Änderung hinnehmen muss oder der ArbGeb eine an sich berechtigte Änderungskündigung nicht durchsetzen kann, weil eine besonders gewichtige einzelne Änderung für den ArbN unannehmbar ist[16].

1 ErfK/*Müller-Glöge*, § 626 BGB Rz. 228. | 2 ErfK/*Müller-Glöge*, § 626 BGB Rz. 229; *Schwerdtner*, FS Kissel, 1994, S. 1077 (1091). | 3 BAG v. 2.12.1954 – 1 AZR 150/54, AP Nr. 2 zu § 13 KSchG; ErfK/*Müller-Glöge*, § 626 BGB Rz. 229. | 4 BAG v. 6.2.1997 – 2 AZR 38/96, AuR 1997, 210. | 5 BAG v. 9.2.1960 – 2 AZR 585/57, AP Nr. 39 zu § 626 BGB. | 6 BAG v. 7.6.1973 – 2 AZR 450/72, AP Nr. 1 zu § 626 BGB – Änderungskündigung; v. 21.6.1995 – 2 ABR 28/94, AP Nr. 36 zu § 15 KSchG 1969. | 7 BAG v. 21.4.2005 – 2 AZR 132/04, NZA 2005, 1289; v. 21.9.2006 – 2 AZR 607/05, NZA 2007, 431. | 8 BAG v. 6.3.1986 – 2 ABR 15/85, AP Nr. 19 zu § 15 KSchG 1969; v. 21.6.1995 – 2 ABR 28/94, AP Nr. 36 zu § 15 KSchG 1969. | 9 BAG v. 21.6.1995 – 2 ABR 28/94, AP Nr. 36 zu § 15 KSchG 1969; v. 20.1.2000 – 2 ABR 40/99, AP Nr. 40 zu § 103 BetrVG 1972; *Fischermeier*, NZA 2000, 737. | 10 BAG v. 6.3.1986 – 2 ABR 15/85, AP Nr. 19 zu § 15 KSchG 1969; *Ascheid*, Rz. 171 ff.; *Hromadka*, RdA 1992, 234 (257). | 11 BAG v. 21.1.1993 – 2 AZR 330/92, AP Nr. 1 zu § 52 MitbestG Schl.-Holst. | 12 *Hromadka*, RdA 1992, 257; KR/*Fischermeier*, § 626 BGB Rz. 201. | 13 BAG v. 7.6.1973 – 2 AZR 450/72, EzA § 626 BGB nF Nr. 29; *Hromadka*, RdA 1992, 252; KR/*Fischermeier*, § 626 BGB Rz. 199; aA *Berkowsky*, NZA 1999, 296 ff.; *Boewer*, BB 1996, 2620. | 14 BAG v. 12.11.1998 – 2 AZR 91/98, AP Nr. 51 zu § 2 KSchG 1969; v. 20.1.2000 – 2 ABR 40/99, AP Nr. 40 zu § 103 BetrVG 1972. | 15 *Koller*, ZfA 1980, 592; KR/*Fischermeier*, § 626 BGB Rz. 202. | 16 BAG v. 7.6.1973 – 2 AZR 450/72, EzA § 626 BGB nF Nr. 29.

380 d) Sehr streng wird bei einer beabsichtigten Entgeltkürzung durch Änderungskündigung verfahren. Hier liegt ein wichtiger Grund in Form eines dringenden betrieblichen Erfordernisses nur vor, wenn sonst die Arbeitsplätze der ArbN, zB auf Grund einer Existenzgefährdung für das Unternehmen, auf dem Spiel stehen[1]. Eine anderweitige Rechtfertigung, wie zB das Ziel, die Wettbewerbsfähigkeit des Unternehmens herzustellen oder eine Gleichbehandlung mit anderen ArbN herbeizuführen, wird nicht akzeptiert[2]. Die normalen Anforderungen gelten aber, wenn die Änderung der Arbeitsbedingungen primär die Gestaltung der Arbeit oder der Arbeitszeit betrifft, so dass die Absenkung des Arbeitsentgelts lediglich Folge, wenn auch unmittelbare, dieser Änderungen ist[3].

381 2. Die Rechtsfolgen der außerordentl. Änderungskündigung ergeben sich aus einer entsprechenden Anwendung des § 2 KSchG. Will der ArbN die Änderung nur unter Vorbehalt annehmen, dann hat er die Unwirksamkeit der Änderungskündigung entsprechend § 4 S. 2 KSchG gerichtlich geltend zu machen[4]. Weiter muss die Annahme unter Vorbehalt dem ArbGeb gegenüber unverzüglich, im Falle einer sozialen Auslauffrist innerhalb von drei Wochen erklärt werden[5]. Solange der Vorbehalt noch erklärt werden kann, ist die widerspruchslose Weiterarbeit nicht als konkludente Annahme des Änderungsangebotes zu werten. Bleibt die Änderungskündigungsschutzklage erfolglos, besteht das Arbeitsverhältnis mit dem geänderten Inhalt weiter. Die Wirksamkeit der Änderung der Arbeitsbedingungen wird nicht dadurch berührt, dass der ArbGeb sein Ziel anstatt mit Hilfe der Änderungskündigung bereits durch die Ausübung seines Direktionsrechts hätte erreichen können[6]. Unverhältnismäßig wäre nur die dann nicht mehr in Betracht kommende Rechtsfolge der Beendigung des Arbeitsverhältnisses[7].

382 **VIII. Ausschlussfrist (Abs. 2). 1. Normzweck.** Nach § 626 II muss die außerordentl. Kündigung innerhalb von zwei Wochen ausgesprochen werden, nachdem der Kündigungsberechtigte von den für die Kündigung maßgebenden Tatsachen Kenntnis erlangt hat. Die kurze Frist dient dem Gebot der Rechtssicherheit und -klarheit. Es darf nicht unangemessen lange ungewiss bleiben, ob ein bestimmter Umstand kündigungsrechtl. Folgen nach sich zieht[8]. Der Kündigungsberechtigte soll sich keinen Kündigungsgrund aufsparen, um damit den Vertragsgegner unter Druck setzen zu können[9].

383 Die Frist des § 626 II soll den Kündigungsberechtigten aber auch nicht veranlassen, voreilig zu kündigen. Deshalb genügt erst die vollständige positive Kenntnis der für die Kündigung maßgebenden Tatsachen, um die Frist in Gang zu setzen. Dem Kündigungsberechtigten muss eine (überlegte) Gesamtwürdigung möglich sein, die auch beinhaltet, dass er genügend Tatsachen kennt, um seiner Behauptungs- und Beweislast im Prozess nachkommen zu können[10].

384 **2. Anwendungsbereich.** Die zweiwöchige Ausschlussfrist des § 626 II gilt für alle Varianten der außerordentl. Kündigung iSd. § 626 I.

385 a) Insb. gilt § 626 II ebenso für eine Kündigung durch den ArbN[11] sowie für die außerordentl. Kündigung von selbstständigen/freien Dienstverhältnissen[12].

386 § 626 II gilt darüber hinaus auch für die Genehmigung einer durch einen Vertreter ohne Vertretungsmacht ausgesprochenen Kündigung. Auch wenn diese Kündigung vom Kündigungsempfänger nicht zurückgewiesen wurde, wird diese nach den §§ 180, 177 nur wirksam, wenn der Kündigungsberechtigte sie binnen zwei Wochen ab Kenntniserlangung genehmigt[13].

387 b) § 626 II findet auch im Falle einer außerordentl. Änderungskündigung Anwendung[14]. Die Ausschlussfrist ist sogar dann zu beachten, wenn die ordentl. Kündigung ausgeschlossen und die außerordentl. Kündigung durch eine dem § 626 entsprechende tarifvertragl. Regelung ersetzt wurde[15].

388 Dagegen findet § 626 II weder unmittelbare noch entsprechende Anwendung auf das Nachschieben von Kündigungstatsachen, die zwar im Zeitpunkt der Kündigung vorlagen, dem Kündigenden aber erst nachträglich bekannt wurden[16].

389 c) § 626 II enthält – anders als § 626 I – keinen allgemeinen Rechtsgedanken, der es gebieten würde, die Zweiwochenfrist auch auf andere gesetzl. Tatbestände außerordentl. Kündigungen von Dienstverträgen

---

1 BAG v. 20.8.1998 – 2 AZR 84/98, AP Nr. 50 zu § 2 KSchG 1969; v. 20.1.2000 – 2 ABR 40/99, AP Nr. 40 zu § 103 BetrVG 1972. |2 BAG v. 20.1.2000 – 2 ABR 40/99, AP Nr. 40 zu § 103 BetrVG 1972. |3 BAG v. 21.6.1995 – 2 ABR 28/94, AP Nr. 36 zu § 15 KSchG 1969; v. 27.3.2003 – 2 AZR 74/02, NZA 2003, 1030. |4 BAG v. 19.6.1986 – 2 AZR 565/85, AP Nr. 16 zu § 2 KSchG 1969. |5 BAG v. 27.3.1987 – 7 AZR 790/85, AP Nr. 20 zu § 2 KSchG 1969. |6 BAG v. 26.1.1995 – 2 AZR 371/94, AP Nr. 36 zu § 2 KSchG 1969; v. 16.1.1997 – 2 AZR 240/96, RzK I 7a Nr. 37; *Fischermeier*, NZA 2000, 739 f.; ähnlich *Hromadka*, NZA 1996, 10; aA *Berkowsky*, NZA 1999, 296 ff.; KR/*Rost*, § 2 KSchG Rz. 106a ff. |7 BAG v. 6.9.2007 – 2 AZR 368/06, Tz. 19–24. |8 BAG v. 4.6.1997 – 2 AZR 362/96, AP Nr. 5 zu § 626 BGB – Nachschieben von Kündigungsgründen. |9 BAG v. 25.2.1983 – 2 AZR 298/81, AP Nr. 14 zu § 626 BGB – Ausschlussfrist; ErfK/*Müller-Glöge*, § 626 BGB Rz. 246. |10 BAG v. 15.11.1995 – 2 AZR 974/94, AP Nr. 73 zu § 102 BetrVG 1972; HAS/*Popp*, § 19 B Rz. 259. |11 BAG v. 17.8.1972 – 2 AZR 359/71, AP Nr. 4 zu § 626 BGB – Ausschlussfrist; KR/*Fischermeier*, § 626 BGB Rz. 311; aA *Gamillscheg*, FS BAG, S. 117, 125. |12 BGH v. 19.11.1998 – III ZR 261/97, NJW 1999, 355. |13 BAG v. 26.3.1986 – 7 AZR 585/84, AP Nr. 2 zu § 180 BGB; v. 4.2.1987 – 7 AZR 583/85, AP Nr. 24 zu § 626 BGB – Ausschlussfrist. |14 BAG v. 25.3.1976 – 2 AZR 127/75, AP Nr. 10 zu § 626 BGB – Ausschlussfrist. |15 BAG v. 25.3.1976 – 2 AZR 127/75, AP Nr. 10 zu § 626 BGB – Ausschlussfrist; ErfK/*Müller-Glöge*, § 626 BGB Rz. 248. |16 BAG v. 4.6.1997 – AP Nr. 5 zu § 626 BGB – Nachschieben von Kündigungsgründen.

anzuwenden[1]. Dies ergibt sich schon aus dem Wortlaut, der systematischen Stellung und der Normengeschichte des § 626, vgl. jetzt auch § 314 III.

Andere Bestimmungen über außerordentl. Kündigungen sehen teilweise eine eigene Ausschlussfrist vor (so § 22 IV BBiG), teilweise fehlt eine Bestimmung (so § 89a HGB[2], § 64 SeemG und Kap. XIX Sachgebiet A Abschn. III Nr. 1 Abs. 5 der Anlage 1 zum EVertr.). Soweit eine Frist fehlt, heißt dies nur, dass sich dort eine starre Regelung verbietet. Eine analoge Anwendung des § 626 II BGB ist nicht nur unnötig, sondern sogar falsch[3]. 390

Dennoch darf auch beim Fehlen einer gesetzl. Ausschlussfrist mit dem Ausspruch der Kündigung nicht beliebig lange zugewartet werden. Dies ergibt sich aus dem Verbot widersprüchlichen Verhaltens und dem Umstand, dass der Staat wegen Art. 12 I GG einen gewissen Mindestkündigungsschutz zur Verfügung stellen muss[4]. Auch außerhalb des Anwendungsbereichs von § 626 II BGB kann daher der wichtige Grund durch bloßen Zeitablauf entfallen, ohne dass die weiter gehenden Voraussetzungen der allgemeinen Verwirkung, wie das Vorliegen des Umstandsmoments, erfüllt sein müssten. Eine feste Zeitgrenze für das Entfallen des Kündigungsgrundes besteht nicht. Maßgebend sind die konkreten Umstände des Einzelfalls, insb. der Grund des Zuwartens und das Gewicht der Kündigungsgründe[5]. 391

d) Im Übrigen gilt die Ausschlussfrist des § 626 II ebenso wenig für das Verfahren nach § 78a IV 1 Nr. 2 BetrVG wie die Frist des § 22 IV BBiG[6]. Gleiches gilt für die Verhängung der Dienstentlassung als Dienststrafe gegen einen Dienstordnungsangestellten[7]. 392

3. Fristbeginn und -ablauf. Der Lauf der Frist des § 626 II beginnt mit dem Zeitpunkt, in dem der Kündigungsberechtigte von den für die Kündigung maßgebenden Tatsachen Kenntnis erlangt. 393

a) **Kündigungsberechtigung.** aa) Kündigungsberechtigter ist diejenige natürliche Person, der im gegebenen Fall das Recht zur Erklärung der außerordentl. Kündigung zusteht[8]. Hat diese Kenntnis von den Kündigungstatsachen, dann beginnt die Frist des § 626 II zu laufen. 394

Daneben muss sich der ArbGeb auch die Kenntnis von Personen zurechnen lassen, die eine ähnlich selbständige Stellung wie ein gesetzl. oder rechtsgeschäftlicher Vertreter haben und in dieser Eigenschaft nicht nur zur Meldung, sondern vorab auch zur Feststellung der für eine außerordentl. Kündigung maßgebenden Tatsachen verpflichtet sind[9]. Dies wurde nach Treu und Glauben auf die Kenntnis anderer ArbN erweitert, wenn deren Stellung im Betrieb den Umständen nach erwarten lässt, dass sie den Kündigungsberechtigten über den Kündigungssachverhalt unterrichten. Dem Kündigungsberechtigten ist im Rahmen des § 626 II ein Verweis auf seine Unkenntnis verwehrt, wenn diese auf einer fehlerhaften betrieblichen Organisation beruht, eine andere Organisation aber sachgemäß und zumutbar gewesen wäre[10]. Beide Voraussetzungen (Kenntnis der betreffenden Personen und Verzögerung der Kenntniserlangung durch fehlerhafte Organisation) müssen kumulativ vorliegen. Es genügt nicht, dass dem ArbGeb das persönliche Fehlverhalten dieser Personen entsprechend § 278 zugerechnet wird[11], es kommt zudem darauf an, dass die fehlerhafte Organisation für die Verzögerung der Kenntniserlangung kausal war[12]. 395

bb) Nicht möglich ist es, durch vertragl. Vereinbarung den Fristbeginn von der Kenntnis einer intern am Kündigungsvorgang beteiligten Stelle abhängig zu machen. Soweit der ArbGeb nach einer entsprechenden Vereinbarung die Kündigung nur persönlich aussprechen kann (vgl. Rz. 53), ist es eine Frage der ergänzenden Vertragsauslegung, ob eine solche Kündigungsbeschränkung auch dann fortwirkt, wenn es zu einer nicht bedachten längeren Verhinderung des ArbGeb an der Ausübung seines Kündigungsrechts kommt[13]. Hat der ArbGeb sich nur intern, im Innenverhältnis gegenüber anderen Kündigungsberechtigten das Recht zur außerordentl. Kündigung gegenüber bestimmten ArbN vorbehalten, bleibt die nach außen bestehende Vertretungsbefugnis der an sich Kündigungsberechtigten bestehen. Es ist dann (auch) auf deren Tatsachenkenntnis abzustellen[14]. 396

---

1 BGH v. 3.7.1986 – I ZR 171/84, AP Nr. 23 zu § 626 BGB – Ausschlussfrist; BAG v. 11.6.1992 – 8 AZR 537/91, AP Nr. 1 zu Einigungsvertrag Anlage 1 Kap. XIX. | 2 APS/*Dörner*, § 626 BGB Rz. 118. | 3 BGH v. 3.7.1986 – I ZR 171/84, AP Nr. 23 zu § 626 BGB – Ausschlussfrist; BAG v. 11.6.1992 – 8 AZR 537/91, AP Nr. 1 zu Einigungsvertrag Anlage 1 Kap. XIX; v. 11.9.1997 – 8 AZR 14/96, RzK I 8m ee Nr. 50. | 4 BVerfG v. 21.4.1994 – 1 BvR 14/93, EzA Art. 20 Einigungsvertrag Nr. 32; v. 24.4.1991 – 1 BvR 1341/90, AP Nr. 70 zu Art. 12 GG. | 5 BAG v. 28.4.1994 – 8 AZR 157/93, AP Nr. 13 zu Art. 20 Einigungsvertrag. | 6 BAG v. 15.12.1983 – 6 AZR 60/83, AP Nr. 12 zu § 78a BetrVG 1972; ErfK/*Müller-Glöge*, § 626 BGB Rz. 254. | 7 BAG v. 3.2.1972 – 2 AZR 170/71, AP Nr. 32 zu § 611 BGB – Dienstordnungs-Angestellte; *Wenzel*, MDR 1977, 985, 986. | 8 BAG v. 6.7.1972 – 2 AZR 386/71, AP Nr. 3 zu § 626 BGB – Ausschlussfrist; ErfK/*Müller-Glöge*, § 626 BGB Rz. 256; *Stahlhacke/Preis/Vossen*, Rz. 850. | 9 BAG v. 28.10.1971 – 2 AZR 32/71, AP Nr. 1 zu § 626 BGB – Ausschlussfrist; ErfK/*Müller-Glöge*, § 626 BGB Rz. 256. | 10 BAG v. 5.5.1977 – 2 AZR 297/76, AP Nr. 11 zu § 626 BGB – Ausschlussfrist; v. 26.11.1987 – 2 AZR 312/87, RzK I 6g Nr. 13; v. 18.5.1994 – 2 AZR 930/93, AP Nr. 33 zu § 626 BGB – Ausschlussfrist. | 11 Dies betonen KR/*Fischermeier*, § 626 BGB Rz. 355 und HAS/*Popp*, § 19 B Rz. 313. | 12 BAG v. 7.9.1983 – 7 AZR 196/82, NZA 1994, 228. | 13 BAG v. 9.10.1975 – 2 AZR 332/76, AP Nr. 8 zu § 626 BGB – Ausschlussfrist; ErfK/*Müller-Glöge*, § 626 BGB Rz. 257. | 14 KR/*Fischermeier*, § 626 BGB Rz. 346.

397 cc) Im Falle eines Betriebsübergangs gem. § 613a kommt es zur kontinuierlichen Fortsetzung des Arbeitsverhältnisses. Der neue ArbGeb kann deshalb seine Kündigung auf Gründe stützen, die bereits beim alten ArbGeb entstanden waren. Da sich der neue ArbGeb aber ein etwaiges Wissen des bisherigen Inhabers anrechnen lassen muss, wird die Frist des § 626 II auch nicht gehemmt[1].

398 dd) Wird der ArbN bei einem rechtsfähigen Verein, einer GmbH, einer AG oder einer eingetragenen Genossenschaft beschäftigt, dann müssen grds. alle Mitglieder des Vorstandes bzw. alle Geschäftsführer gemeins. handeln (Gesamtvertretungsmacht: vgl. § 26 II BGB, § 35 II GmbHG, § 78 II AktG, § 24 I GenG), sollte die Satzung nichts anderes vorsehen. Soll eine nur von einem der Gesamtvertreter ausgesprochene Kündigung von den übrigen Vertretern nach §§ 180 S. 2, 177 genehmigt werden, muss dies innerhalb der zweiwöchigen Ausschlussfrist des § 626 II geschehen[2].

399 Die Wissenszurechnung richtet sich dagegen nach den Regelungen zur passiven Stellvertretung (vgl. § 28 II BGB, § 78 II 2 AktG, § 35 II 3 GmbHG, 25 I 3 GenG), so dass bereits die Kenntnis eines Gesamtvertreters genügen kann, um die Frist des § 626 II in Gang zu setzen[3].

400 ee) Abweichendes gilt, wenn die Kündigungsentscheidung durch ein Kollegialorgan zu erfolgen hat[4]. Dann ist grds. auf die Kenntniserlangung durch das zuständige Organ abzustellen, da die juristische Person durch dieses gegenüber der Außenwelt vertreten wird. Erst wenn das zuständige Organ seinen Pflichten nicht nachkommt, zB weil die Organmitglieder trotz Sachverhaltskenntnis nicht tätig werden, muss sich die Gesellschaft so behandeln lassen, als wäre das zuständige Organ zusammengetreten[5]. Nur noch für die Frage, wann alle Mitglieder des zuständigen Organs Kenntnis von den Kündigungstatsachen haben, kann auf die Regeln über die passive Stellvertretung (vgl. § 28 II BGB, § 78 II 2 AktG, § 35 II 3 GmbHG, 25 I 3 GenG) abgestellt werden. Die Kenntnis aller Mitglieder des Organs genügt aber, von einer unangemessenen Verzögerung abgesehen, für die Ingangsetzung der Frist des § 626 II noch nicht. Das Organ als solches soll trotz der gebotenen Eile ausreichend Zeit haben, sich über die Kündigung Gedanken zu machen. Liegt ein Beschluss des Organs vor, ist eine Stellvertretung oder Beauftragung als Bote möglich[6].

401 ff) Die Grundsätze für eine Kündigung durch ein Kollegialorgan gelten auch für juristische Personen des öffentl. Rechts. Obliegt die Kündigungsberechtigung ausnahmsw. nicht dem Bürgermeister, sondern einem Kollegialorgan, kommt es auf dessen Kenntnis an. Der Bürgermeister hat dieses Gremium alsbald zu unterrichten. Ist die Kündigungsbefugnis einem Ausschuss übertragen und tagt dieser Ausschuss im Monatsrhythmus, so wird die Ausschlussfrist der §§ 54 II BAT (ohne Entsprechung im TVöD), 626 II BGB regelmäßig auch dann gewahrt, wenn die fristlose Kündigung eines ArbN der Gemeinde in der nächsten ordentl. Ausschusssitzung beschlossen wird, nachdem der Erste Bürgermeister von dem Kündigungssachverhalt Kenntnis erlangt hat[7].

402 **b) Kenntnis der für die Kündigung maßgebenden Tatsachen.** Die Frist des § 626 II wird in Lauf gesetzt, sobald der Kündigungsberechtigte eine zuverlässige und möglichst vollständige Kenntnis der Tatsachen hat, die er zur Grundlage seiner Entscheidung darüber macht, ob ihm die Fortsetzung des Arbeitsverhältnisses unzumutbar ist[8]. Erheblich ist allein die positive Kenntnis der maßgeblichen Tatsachen. Eine grob fahrlässige Unkenntnis genügt nicht[9].

403 Ob der ArbGeb die Frist eingehalten hat, richtet sich zunächst danach, welcher Sachverhalt überhaupt zum Anlass für die Kündigung genommen wird. Wird zB einem ArbN im öffentl. Dienst gekündigt, weil er rechtskräftig wegen Volksverhetzung verurteilt wurde, ist allein die Kenntniserlangung von der Verurteilung maßgeblich. Dem ArbGeb schadet es nicht, wenn ihm schon vorher bekannt war, dass der betreffende ArbN ausländerfeindlicher Pamphlete verbreitet hat; auch dann nicht, wenn dieser Vorgang Grund für die Verurteilung war[10].

404 Selbst wenn die Kündigungstatsachen schon mehr als zwei Wochen vorher bekannt waren, ist weiter zu berücksichtigen, dass der Kündigungsberechtigte das Recht hatte, den Sachverhalt weiter aufzuklären. Solange die aus Sicht eines verständigen Vertragspartners zur genaueren Sachverhaltsermittlung

1 ErfK/*Müller-Glöge*, § 626 BGB Rz. 262; *Finken*, Ausschlussfrist des § 626 II BGB, 1988, S. 126; KR/*Fischermeier*, § 626 BGB Rz. 357. | 2 BAG v. 26.3.1986 – 7 AZR 585/84, AP Nr. 2 zu § 180 BGB; v. 4.2.1987 – 7 AZR 583/85, AP Nr. 24 zu § 626 BGB – Ausschlussfrist. | 3 BAG v. 20.9.1984 – 2 AZR 73/83, AP Nr. 1 zu § 28 BGB; *Stahlhacke/Preis/Vossen*, Rz. 851; einschr. (Kenntnis muss in „amtlicher Eigenschaft" erworben sein) *Reuter*, Anm. AP Nr. 1 zu § 28 BGB; aA (Kenntnis aller Mitglieder erforderlich) *Densch/Kahlo*, DB 1987, 581 f. | 4 Vgl. BAG v. 25.2.1998 – 2 AZR 297/97, AP Nr. 195 zu § 620 BGB – Befristeter Arbeitsvertrag; BGH v. 15.6.1998 – II ZR 318/96, AP Nr. 41 zu § 626 BGB – Ausschlussfrist. | 5 BAG v. 11.3.1998 – 2 AZR 287/97, AP Nr. 144 zu § 626 BGB; BGH v. 15.6.1998 – II ZR 318/96, AP Nr. 41 zu § 626 BGB – Ausschlussfrist. | 6 BAG v. 18.12.1980 – 2 AZR 980/78, AP Nr. 4 zu § 174 BGB; KR/*Fischermeier*, § 626 BGB Rz. 346. | 7 BAG v. 18.5.1994 – 2 AZR 930/93, AP Nr. 33 zu § 626 BGB – Ausschlussfrist. | 8 BAG v. 28.10.1971 – 2 AZR 32/71 und v. 10.6.1988 – 2 AZR 25/88, AP Nr. 1 und 27 zu § 626 BGB – Ausschlussfrist; BGH v. 26.2.1996 – II ZR 114/95, AP Nr. 34 zu § 626 BGB – Ausschlussfrist. | 9 BAG v. 11.3.1976 – 2 AZR 29/75, AP Nr. 9 zu § 626 BGB – Ausschlussfrist; v. 16.8.1993 – 2 AZR 113/90, AP Nr. 10 zu § 611 BGB – Treuepflicht. | 10 Vgl. BAG v. 14.2.1996 – 2 AZR 274/95, AP Nr. 26 zu § 626 BGB – Verdacht strafbarer Handlung; ebenso v. 18.11.1999 – 2 AZR 852/98, AP Nr. 160 zu § 626 BGB.

tatsächlich erforderlichen Maßnahmen zügig durchgeführt werden, ist die Ausschlussfrist gehemmt[1]. Dies gilt auch, wenn gegen die Kündigung sprechende Umstände ermittelt werden sollten. Das tatsächliche Ergebnis der Ermittlungen ist für den Fristbeginn bedeutungslos[2].

Die Anhörung des ArbN gehört regelmäßig zur Aufklärung des Kündigungssachverhalts[3], und ist deshalb geeignet, den Fristablauf zu hemmen. Dies gilt ungeachtet des Umstands, dass die Anhörung nur bei der Verdachtskündigung Wirksamkeitsvoraussetzung der außerordentl. Kündigung ist[4] und ebenso ungeachtet einer etwaigen schriftl. Stellungnahme des ArbN. Die Frist des § 626 II beginnt dann erst mit der mündlichen Anhörung, sofern sie innerhalb einer kurz zu bemessenden Frist nach Eingang der schriftl. Stellungnahme erfolgt[5]. Hat dagegen der ArbN die ihm zur Last gelegten Pflichtverletzungen eingeräumt, wird es zumeist keiner weiteren Sachaufklärung bedürfen. 405

Lediglich geplante, aber tatsächlich nicht durchgeführte Ermittlungen sind nicht geeignet, den Lauf der Frist des § 626 II zu hemmen[6]. 406

Die erforderlichen Ermittlungen müssen mit der gebotenen Eile innerhalb einer kurz bemessenen Frist erfolgen[7], die hinsichtlich der Anhörung des Verdächtigten idR nicht über eine Woche hinausgehen darf. Wird diese Regelfrist ohne erheblichen Grund[8] überschritten, beginnt die Ausschlussfrist mit dem Ende der Regelfrist[9]. Für die Durchführung anderer Ermittlungen lässt sich keine Regelfrist angeben[10]. 407

Die Zeit, die der Kündigungsberechtigte benötigt, um sich darüber zu informieren, ob die bereits bekannten Tatsachen eine Kündigung rechtfertigen, hemmt den Fristlauf nicht[11]. 408

c) Zur **Einbeziehung verfristeter Kündigungsgründe** bei neuen Umständen vgl. Rz. 87 f. 409

d) Dauertatbestände. aa) Ein Dauertatbestand liegt vor, wenn ein kündigungsrelevantes Verhalten fortgesetzt verwirklicht wird (zB unentschuldigtes Fehlen) oder ein nicht abgeschlossener, länger andauernder Zustand vorliegt, der einen Kündigungsgrund abgibt (zB langandauernde Krankheit). In diesem Fall beginnt die Ausschlussfrist erst mit Abschluss des Dauertatbestands zu laufen[12]. Jeder frühere Fristbeginn würde den ArbGeb nur zwingen, möglichst frühzeitig zu kündigen. Zudem lässt sich der Zeitpunkt, ab dem das Vorliegen eines wichtigen Grundes angenommen werden kann, in vielen Fällen nicht exakt bestimmen. Dennoch ist der ArbGeb nicht gehindert, bereits vorher zu kündigen, sobald sich der Dauertatbestand zu einem wichtigen Grund verdichtet hat. Nur weil der ArbGeb mit der Kündigung möglichst lange zuwartet, muss sich seine kündigungsrechtl. Position nicht verbessern. Insb. kann sich zB die Zukunftsprognose ändern oder betriebliche Beeinträchtigungen können wegfallen. 410

Können mehrere Pflichtverletzungen zu einem Dauertatbestand oder einem Gesamtverhalten zusammengefasst werden, beginnt die Ausschlussfrist erst mit dem letzten Vorfall als weiteres und letztes Glied in der Kette der Ereignisse zu laufen, die zum Anlass für die Kündigung genommen werden[13]. Zudem wird der gesamte Dauertatbestand bzw. das Gesamtverhalten zum Gegenstand der Kündigung gemacht. Selbst wenn also Teile des Verhaltens länger als zwei Wochen zurückliegen, gelten sie insoweit als nicht verfristet und können als solche zur Unterstützung der Kündigung geltend gemacht werden[14]. 411

In Abgrenzung zum bisher Gesagten soll ausnahmsw. dann kein Dauertatbestand vorliegen, wenn zwar eine länger anhaltende Beeinträchtigung vorliegt, sich deren Auswirkungen vom ArbGeb aber von Anfang an genau abschätzen lassen. Die Frist beginnt in diesen Fällen bereits mit der genauen Kenntnis der zu erwartenden Beeinträchtigungen. Dies gilt zB wenn einem Berufskraftfahrer vorübergehend die Fahrerlaubnis entzogen wird[15] oder wenn auf Grund einer Krankheit des ArbN dessen dauernde Arbeitsunfähigkeit feststeht[16]. Geht der ArbGeb aber zunächst davon aus, die Beeinträchtigung durch entsprechende Maßnahmen ausgleichen zu können, beginnt die Frist erst, wenn sich herausstellt, dass diese 412

1 BAG v. 12.2.1973 – 2 AZR 116/72, AP Nr. 6 zu § 626 BGB – Ausschlussfrist; v. 10.6.1988 – 2 AZR 25/88, AP Nr. 27 zu § 626 BGB – Ausschlussfrist; v. 31.3.1993 – 2 AZR 492/92, AP Nr. 32 zu § 626 BGB – Ausschlussfrist. | 2 Vgl. zB BAG v. 14.11.1984 – 7 AZR 133/83, AP Nr. 89 zu § 626 BGB. | 3 BAG v. 14.11.1984 – 7 AZR 133/83, AP Nr. 89 zu § 626 BGB; ErfK/*Müller-Glöge*, § 626 BGB Rz. 266. | 4 BAG v. 23.3.1972 – 2 AZR 226/71, AP Nr. 63 zu § 626 BGB; v. 10.2.1977 – 2 ABR 80/76, AP Nr. 9 zu § 103 BetrVG 1972. | 5 BAG v. 12.2.1973 – 2 AZR 116/72, AP Nr. 6 zu § 626 BGB – Ausschlussfrist; *Mennemeyer/Dreymüller*, NZA 2005, 382, 385 f. | 6 BAG v. 28.4.1994 – 2 AZR 730/93, AP Nr. 117 zu § 626 BGB. | 7 BAG v. 15.11.1995 – 2 AZR 974/94, AP Nr. 73 zu § 102 BetrVG 1972. | 8 Besteht ein hinreichender Grund (zB weil der ArbGeb noch keine detaillierten Kenntnisse hat, mit denen er den ArbN konfrontieren kann), ist auch eine Überschreitung von einem Monat zulässig, vgl. LAG Köln v. 8.8.2000 – 5 Sa 452/00, NZA-RR 2001, 185. | 9 BAG v. 6.7.1972 – 2 AZR 386/71, AP Nr. 3 zu § 626 BGB – Ausschlussfrist; v. 12.2.1973 – 2 AZR 116/72, AP Nr. 6 zu § 626 BGB – Ausschlussfrist; KR/*Fischermeier*, § 626 BGB Rz. 331. | 10 BAG v. 10.6.1988 – 2 AZR 25/88, AP Nr. 27 zu § 626 BGB – Ausschlussfrist. | 11 LAG Hamm v. 1.10.1998 – 8 Sa 969/98, LAGE § 626 BGB – Ausschlussfrist Nr. 10; APS/*Dörner*, § 626 BGB Rz. 129. | 12 BAG v. 21.3.1996 – 2 AZR 455/95, AP Nr. 8 zu § 626 BGB – Krankheit. | 13 BAG v. 25.2.1983 – 2 AZR 298/81 und v. 22.1.1998 – 2 ABR 19/97, AP Nr. 14 und 38 zu § 626 BGB – Ausschlussfrist; *Stahlhacke/Preis/Vossen*, Rz. 843 f.; aA *Gerauer*, BB 1980, 1332 und BB 1988, 2032. | 14 BAG v. 17.8.1972 – 2 AZR 359/71, AP Nr. 4 zu § 626 BGB – Ausschlussfrist. | 15 Vgl. KR/*Fischermeier*, § 626 BGB Rz. 328. | 16 BAG v. 12.4.1978 – 4 AZR 580/76, AP Nr. 13 zu § 626 BGB – Ausschlussfrist; Erman/*Belling*, § 626 BGB Rz. 96; *Stahlhacke/Preis/Vossen*, Rz. 845.

Anstrengungen ungenügend sind und deshalb das Bedürfnis besteht, dem ArbN zu kündigen, um den Arbeitsplatz anderweitig zu besetzen[1].

413 Kein Dauertatbestand (mehr), sondern das bloße Fortwirken eines früheren (Dauer-)Tatbestands liegt vor, wenn das vertragswidrige Verhalten des ArbN bereits abgeschlossen ist[2], die Beeinträchtigung mithin nur noch in der Nachwirkung, wie zB einem fortwirkenden Vertrauensverlust beim ArbGeb besteht. Die Frist des § 626 II beginnt bereits mit Abschluss der tatsächlichen Vorgänge, die die Kündigung begründen[3]. Ein etwaiger daraus resultierender Vertrauensverlust gehört hierzu nicht. Er kann zwar im Rahmen der Interessenabwägung die Kündigung erst rechtfertigen, er ist aber bloße Folge des ArbN-Verhaltens und damit keine für den Fristbeginn maßgebende Tatsache[4].

414 bb) Zudem ist in den nachfolgenden Kündigungsarten für den Fristbeginn zu beachten: (1) Die **betriebsbedingte außerordentl. (Beendigungs-)Kündigung** wegen Rationalisierungsmaßnahmen oder wegen Betriebsstilllegung beruht idR auf einem echten Dauergrund im oben genannten Sinne[5]. Die Kündigung muss sich am Termin der Betriebsstilllegung orientieren. Es wäre deshalb unsinnig, wenn tarifl. unkündbare ArbN ungeachtet dessen binnen zwei Wochen ab Kenntniserlangung von der drohenden Betriebsschließung gekündigt werden müssten. Deshalb wurde zunächst darauf abgestellt, dass der wichtige Grund für die außerordentl. Kündigung in der Unzumutbarkeit der Weiterbeschäftigung trotz der definitiven Unmöglichkeit, dem ArbN eine Arbeit anbieten zu können, liegt. Dementsprechend begann die Ausschlussfrist erst mit dem Tage, an dem der ArbN nicht mehr weiterbeschäftigt werden konnte[6]. Tatsächlich wächst die Unzumutbarkeit aber auch noch nach Wegfall der Beschäftigungsmöglichkeit an, so dass hierdurch der Dauertatbestand bestehen bleibt, ein Fristbeginn also nicht ausgelöst wird[7]. Entsprechendes muss für die betriebsbedingte außerordentl. **Änderungskündigung** gelten, so dass auch hier mit der definitiven Kenntnis des ArbGeb von der Notwendigkeit der Änderungskündigungen kein Fristbeginn ausgelöst wird[8]. Unberührt bleibt, dass der ArbGeb schon vorher außerordentl. auf den Zeitpunkt kündigen kann, zu dem die Beschäftigungsmöglichkeit voraussichtlich entfallen wird[9].

415 (2) Bei einer **außerordentl. Verdachtskündigung** begründet weder der Verdacht strafbarer Handlungen noch eine begangene Straftat einen Dauertatbestand, der es dem ArbGeb erlauben würde, bis zur strafrechtl. Verurteilung des ArbN zu irgendeinem beliebigen Zeitpunkt eine fristlose Kündigung auszusprechen. Der ArbGeb kann aber darüber entscheiden, wann er die Verdachtsmomente für ausreichend hält. Sind diese Anforderungen nach seinem Kenntnisstand erfüllt, muss er binnen zwei Wochen kündigen[10]. Gerade für einen zurückhaltend handelnden ArbGeb wird die Zweiwochenfrist damit erst sehr spät beginnen. So kann die Frist für eine Tat-, hilfsweise Verdachtskündigung auch erst mit der Kenntniserlangung von der strafrechtl. Verurteilung beginnen, wenn der ArbGeb meint, vorher keine ausreichende Sicherheit für die Tatbegehung zu haben[11]. Gleiches gilt, wenn der Kündigungsberechtigte erst das Ergebnis des Ermittlungsverfahrens der Staatsanwaltschaft abwarten will[12].

416 Des Weiteren kann der Fristbeginn hinausgeschoben sein, wenn der Kündigungsberechtigte auf Grund eines Anfangsverdachts selbst weitere Ermittlungen durchführen will. Er muss dies aber zügig tun. Speziell eine unverzüglich, idR innerhalb einer Woche, veranlasste Anhörung des ArbN schiebt den Beginn der Frist hinaus[13]. Dagegen genügt es nicht, wenn der ArbGeb spontan, ohne dass dies durch neue Tatsachen veranlasst war, Ermittlungen aufnimmt, um dann innerhalb zweier Wochen nach Abschluss dieser Ermittlungen zu kündigen[14].

417 (3) Bei einer **außerordentl. Druckkündigung** ist für den Fristbeginn auf den Zeitpunkt abzustellen, in dem der Kündigende alle Umstände kennt, aus denen geschlossen werden kann, dass die Drucksituation allein durch Ausspruch einer außerordentl. Kündigung beseitigt werden kann[15]. Das bloße Verlangen der Belegschaft, den ArbN zu entlassen genügt hierfür noch nicht, da der ArbGeb damit noch nicht weiß, ob er dem Druck nicht durch andere Mittel begegnen kann. Dies gilt auch bei einer verhaltens- oder personenbedingten Druckkündigung.

---

1 KDZ/*Däubler*, Rz. 215; DLW/*Dörner*, D Rz. 514; KR/*Fischermeier*, § 626 BGB Rz. 326. | 2 BAG v. 25.3.1976 – 2 AZR 127/75, AP Nr. 10 zu § 626 BGB – Ausschlussfrist; APS/*Dörner*, § 626 BGB Rz. 133; KR/*Fischermeier*, § 626 BGB Rz. 324. | 3 BAG v. 25.2.1983 – 2 AZR 298/81, AP Nr. 14 zu § 626 BGB – Ausschlussfrist; ErfK/*Müller-Glöge*, § 626 BGB Rz. 268. | 4 BAG v. 17.8.1972 – 2 AZR 359/71 und v. 25.2.1983 – 2 AZR 298/81, AP Nr. 4 und 14 zu § 626 BGB – Ausschlussfrist; KR/*Fischermeier*, § 626 BGB Rz. 328. | 5 BAG v. 5.2.1998 – 2 AZR 227/97 und v. 17.9.1998 – 4 AZR 419/97, AP Nr. 143 und 148 zu § 626 BGB. | 6 BAG v. 28.3.1985 – 2 AZR 113/84, AP Nr. 86 zu § 626 BGB; v. 5.10.1995 – 2 AZR 25/95, RzK I 6g Nr. 26; ErfK/*Müller-Glöge*, § 626 BGB Rz. 276. | 7 BAG v. 5.2.1998 – 2 AZR 227/97 und v. 17.9.1998 – 4 AZR 419/97, AP Nr. 143 und 148 zu § 626 BGB. | 8 So aber noch BAG v. 25.3.1976 – 2 AZR 127/75, AP Nr. 10 zu § 626 BGB – Ausschlussfrist; ErfK/*Müller-Glöge*, § 626 BGB Rz. 277. | 9 BAG v. 8.10.1957 – 3 AZR 136/55, AP Nr. 16 zu § 626 BGB; v. 22.7.1992 – 2 AZR 84/92, EzA § 626 BGB nF Nr. 141. | 10 BAG v. 29.7.1993 – 2 AZR 90/93, AP Nr. 31 zu § 626 BGB – Ausschlussfrist; v. 28.4.1994 – 2 AZR 730/93, AP Nr. 117 zu § 626 BGB. | 11 BAG v. 18.11.1999 – 2 AZR 852/98, AP Nr. 160 zu § 626 BGB. | 12 BAG v. 12.5.1955 – 2 AZR 77/53, AP Nr. 1 zu § 626 BGB – Verdacht strafbarer Handlung; v. 18.11.1999 – 2 AZR 852/98, AP Nr. 160 zu § 626 BGB v. 17.3.2005 – 2 AZR 245/04, NZA 2006, 101. | 13 BAG v. 6.7.1972 – 2 AZR 381/71, AP Nr. 3 zu § 626 BGB – Ausschlussfrist; ErfK/*Müller-Glöge*, § 626 BGB Rz. 274; vgl. auch oben Rz. 336. | 14 BAG v. 29.7.1993 – 2 AZR 90/93, AP Nr. 31 zu § 626 BGB – Ausschlussfrist. | 15 ErfK/*Müller-Glöge*, § 626 BGB Rz. 271.

Ist der ArbGeb aber untätig und unternimmt nichts, um den Druck abzuwenden, soll die Frist bereits mit dem Entlassungsverlangen der Belegschaft beginnen[1]. Dagegen ist einzuwenden, dass der Druck durch die Untätigkeit des ArbGeb idR nicht verschwindet, im Gegenteil oft sogar noch anwachsen wird, was für einen echten Dauertatbestand spricht. Umgekehrt kann ein „Aussitzen" des Problems unter Umständen aber auch ein sinnvoller Weg sein, um (zunächst) den „Druck" herauszunehmen. Insoweit stellt die Reaktion des ArbGeb auf den Druck lediglich eine bei der Interessenabwägung zu berücksichtigende Größe dar. Durch bloßes Abwarten, wird die Frist des § 626 II deshalb nicht in Gang gesetzt. 418

e) **Fristberechnung.** Die Berechnung der Ausschlussfrist erfolgt nach §§ 187 ff. Es handelt sich um eine Ereignisfrist iSd. § 187 I, so dass der Tag der Kenntniserlangung noch nicht in die Frist fällt. Diese beginnt erst mit dem Tag nach der Kenntniserlangung und endet nach § 188 II Hs. 1 zwei Wochen später mit Ablauf desjenigen Tages, der durch seine Benennung dem Tag entspricht, an dem die Kenntnis erlangt wurde. Erfährt also der Kündigungsberechtigte von den Kündigungsgründen an einem Freitag, endet die Ausschlussfrist zwei Wochen später am Freitag. § 193 findet Anwendung, so dass eine Ausschlussfrist, die nach § 188 II an einem Samstag, Sonntag oder einem gesetzl. Feiertag abläuft, erst mit Ablauf des nächsten Werktags endet[2]. 419

Die Ausschlussfrist ist gewahrt, wenn die Kündigung beim Adressaten noch innerhalb der Frist iSd. § 130 zugeht[3]. 420

Vom Grundsatz, dass der Kündigende das Beförderungsrisiko trägt, wird analog § 206 dann eine Ausnahme gemacht, wenn die Beförderung durch „höhere Gewalt" vereitelt oder verzögert wird. Diese ist aber nur bei einer ungewöhnlichen Verzögerung der Beförderung gegeben, der der Absender machtlos gegenübersteht[4]. Die bloße Verzögerung der Zustellung bei der Post über die üblichen Postlaufzeiten hinaus genügt hierfür nicht[5]. 421

4. Unabdingbarkeit. Die Ausschlussfrist des § 626 II ist eine zwingende gesetzl. Regelung, die durch Parteivereinbarung weder ausgeschlossen noch abgeändert werden kann[6]. Dies muss zumindest insoweit gelten, als die Schutzfunktion des § 626 II zu Gunsten des ArbN reicht. Diese liegt im Schutz vor übereilten Kündigungen sowie im Schutz des angesichts des Zeitablaufs entstandenen Vertrauens (vgl. Rz. 426 ff.). Ebenso verbietet sich eine abweichende Regelung durch TV[7]. 422

5. Rechtsfolgen des Fristablaufs und Korrektur. a) Mit Ablauf der Ausschlussfrist des § 626 II kommt es zur unwiderlegbaren gesetzl. Vermutung, dass der Kündigungsgrund seine Bedeutung als „wichtiger Grund" verloren hat. § 626 II ist damit eine materielle Ausschlussfrist, die zur Verfristung des Kündigungsrechts durch Zeitablauf führt. Die danach ausgesprochene außerordentl. Kündigung ist unwirksam[8]. 423

Unberührt bleibt, dass der nach § 626 II verwirkte Kündigungsgrund eine an den Maßstäben des KSchG zu messende ordentl. Kündigung sozial rechtfertigen kann. Dies kann ggf. auch im Wege der Umdeutung der Kündigung (vgl. Rz. 450 ff.) geschehen, sofern dem nicht der Wille nur außerordentl. kündigen zu wollen bzw. eine fehlende BR-Anhörung entgegensteht. 424

b) Da es sich um eine materielle Ausschlussfrist handelt, ist eine Wiedereinsetzung in den vorigen Stand gem. §§ 233 ff. ZPO nicht möglich[9]. Will der Gekündigte sich auf die Unwirksamkeit der außerordentl. Kündigung wegen Fristversäumnis berufen, muss dies durch fristgerechte Feststellungsklage gem. §§ 13, 4, 7 KSchG geschehen[10]. 425

c) Im Einzelfall kann aber die Berufung auf den Ablauf der Ausschlussfrist nach § 242 rechtsmissbräuchlich sein, wenn diese zu groben Unbilligkeiten führt[11], insb. weil der Gekündigte den Kündigungsberechtigten durch unredliches Verhalten von der Einhaltung der Ausschlussfrist abgehalten hat. 426

1 BAG v. 18.9.1975 – 2 AZR 311/74, AP Nr. 10 zu § 626 BGB – Druckkündigung; ErfK/*Müller-Glöge*, § 626 BGB Rz. 272; aA KR/*Fischermeier*, § 626 BGB Rz. 327; *Rahmstorf*, S. 80 ff. | 2 AllgM: KR/*Fischermeier*, § 626 BGB Rz. 356; *Stahlhacke/Preis/Vossen*, Rz. 848. | 3 BAG v. 9.3.1978 – 2 AZR 529/76, AP Nr. 12 zu § 626 BGB – Ausschlussfrist; ErfK/*Müller-Glöge*, § 626 BGB Rz. 278; KR/*Fischermeier*, § 626 BGB Rz. 358. | 4 KR/*Fischermeier*, § 626 BGB Rz. 360; *Stahlhacke/Preis/Vossen*, Rz. 849; aA HAS/*Popp*, § 19B Rz. 292, der sich gegen eine Hemmung des Fristlaufs ausspricht, uU aber einen Rechtsmissbrauch bejaht. | 5 BAG v. 7.2.1973 – 2 AZB 30/72, AP Nr. 63 zu § 233 ZPO; APS/*Dörner*, § 626 BGB Rz. 144; KR/*Fischermeier*, § 626 BGB Rz. 359, *Herschel*, Anm. AP Nr. 9 zu § 626 BGB – Ausschlussfrist. | 6 BAG v. 12.2.1973 – 2 AZR 116/72, AP Nr. 6 zu § 626 BGB – Ausschlussfrist; v. 12.4.1978 – 4 AZR 580/76, AP Nr. 13 zu § 626 BGB – Ausschlussfrist; KR/*Fischermeier*, § 626 BGB Rz. 317; aA (Verlängerungsmöglichkeit nach Eintritt der Kündigungssituation) *Hanau/Adomeit*, Rz. 900 Fn. 55. | 7 BAG v. 19.1.1973 – 2 AZR 103/72, AP Nr. 5 zu § 626 BGB – Ausschlussfrist; v. 12.4.1978 – 4 AZR 580/76, AP Nr. 13 zu § 626 BGB – Ausschlussfrist; ErfK/*Müller-Glöge*, § 626 BGB Rz. 280; aA *Gamillscheg*, Arbeitsrecht I, S. 442 f. | 8 BAG v. 6.7.1972 – 2 AZR 386/71 und v. 17.8.1972 – 2 AZR 359/71, AP Nr. 3 und 4 zu § 626 BGB – Ausschlussfrist; *Ascheid*, Rz. 149 f. | 9 BAG v. 28.10.1971 – 2 AZR 32/71, AP Nr. 1 zu § 626 BGB – Ausschlussfrist; KR/*Fischermeier*, § 626 BGB Rz. 314. | 10 BAG v. 6.7.1972 – 2 AZR 386/71, AP Nr. 3 zu § 626 BGB – Ausschlussfrist; ErfK/*Müller-Glöge*, § 626 BGB Rz. 282. | 11 BGH v. 5.6.1975 – II ZR 131/73, EzA § 626 BGB nF Nr. 36; APS/*Dörner*, § 626 BGB Rz. 154.

427 Dazu gehört auch der Fall, dass ein ArbGeb innerhalb der Frist des § 91 II SGB IX die Zustimmung des Integrationsamtes zur Kündigung beantragt, weil der ArbN einen Antrag auf Feststellung der Schwerbehinderteneigenschaft gestellt hat. Stellt sich hier später heraus, dass der ArbN tatsächlich nicht schwerbehindert ist, kann er sich nach Treu und Glauben nicht auf die Versäumnis der Kündigungserklärungsfrist berufen[1].

428 Entsprechendes gilt, wenn die Ausschlussfrist nur deshalb versäumt wurde, weil die Parteien in zeitlich fest begrenzten Verhandlungen nach einer Möglichkeit gesucht haben, das Arbeitsverhältnis schnellstmöglich auf eine andere Weise als durch außerordentl. Kündigung zu beenden[2].

429 Liegt der Grund für die Versäumnis der Ausschlussfrist dagegen in der Sphäre des Kündigungsberechtigten (Krankheit, Geschäftsreise etc.), dann ist der Einwand des Rechtsmissbrauchs nur ausnahmsw. gerechtfertigt. Es muss sich hier um eine unverschuldete kurzfristige oder unerwartete Verhinderung handeln, bei der es nicht möglich war oder als überflüssig erscheinen musste, für eine Vertretung zu sorgen[3].

430 **6. Ausschlussfrist und Beteiligung des Betriebsrats/Personalrats.** Nach § 102 I BetrVG ist der BR vor jeder Kündigung anzuhören. Soll einem Mitglied eines BR bzw. einer gleichgestellten Vertretung gekündigt werden, bedarf die Kündigung zudem der Zustimmung des BR, § 103 BetrVG. Von Letzterem ist der ArbGeb bei einer ordentl. Kündigung nach § 15 IV, V KSchG enthoben[4].

431 a) Eine ohne Anhörung des BR ausgesprochene Kündigung ist nach § 102 I 3 BetrVG unwirksam. Entsprechendes gilt im öffentl. Dienst für die Beteiligung des Personalrats (§ 79 III BPersVG). Die jeweils erforderliche Anhörung muss rechtzeitig vor Ablauf der Ausschlussfrist eingeleitet werden. Da dem BR eine Bearbeitungsfrist von bis zu drei Tagen zusteht und hierdurch die Anhörungsfrist nicht verlängert wird, muss der ArbGeb somit spätestens am zehnten Tag nach Kenntnis der für die Kündigung maßgebenden Tatsachen die Anhörung des BR einleiten, um noch am folgenden letzten Tag der Ausschlussfrist die Kündigung aussprechen zu können[5].

432 b) Bedarf der ArbGeb für seine Kündigung der Zustimmung des BR oder Personalrats, ist diese erst zulässig, wenn die Zustimmung erteilt oder durch rechtskräftige Entscheidung des Gerichts ersetzt wurde. Die Ausschlussfrist des § 626 II ist insoweit zu beachten, als dem BR drei Tage für seine Entscheidung über den Zustimmungsantrag nach § 103 BetrVG eingeräumt werden müssen, ohne dass hierdurch der Fristablauf gehemmt oder neu beginnen würde[6]. Wird die Zustimmung verweigert bzw. gibt der BR keine Stellungnahme ab, muss der ArbGeb entsprechend § 91 II SGB IX noch innerhalb der Frist bei Gericht den Antrag auf Ersetzung der Zustimmung stellen[7].

433 Fristwahrend soll dabei nur ein zulässiger gerichtlicher Zustimmungsersetzungsantrag sein, so dass zB ein vor der Verweigerung durch den BR gestellter Antrag die Ausschlussfrist des § 626 II nicht wahrt[8]. Dies entspricht aber weder der Problembehandlung bei der Verjährung[9] noch kann man vom ArbGeb verlangen, dass er die Entscheidung des bereits angerufenen BR abwartet, wenn Verfristung droht. Dies wird durch keinen der Schutzzwecke des § 626 II gerechtfertigt.

434 Wird die Zustimmung rechtskräftig ersetzt, muss der ArbGeb die außerordentl. Kündigung in entsprechender Anwendung des § 91 V SGB IX unverzüglich aussprechen, die Frist des § 626 II beginnt nicht neu zu laufen[10]. Gleiches gilt bei Durchführung eines personalvertretungsrechtl. Zustimmungsverfahrens[11]. Erst mit der Rechtskraft entfaltet der gerichtliche Beschluss die notwendige Gestaltungs- oder Vollstreckungswirkung[12]. Ist aber die gegen den bereits zugestellten Zustimmungsersetzungsbeschluss des LAG nach § 92a ArbGG erhobene Nichtzulassungsbeschwerde zum BAG offensichtlich aussichtslos, dann reicht bereits eine derartige „Unanfechtbarkeit" des Beschlusses zum Ausspruch der Kündi-

1 BAG v. 27.2.1987 – 7 AZR 632/85, AP Nr. 26 zu § 626 BGB – Ausschlussfrist; ErfK/*Müller-Glöge*, § 626 BGB Rz. 284. |2 BGH v. 5.6.1975 – II ZR 131/73, EzA § 626 BGB nF Nr. 36; KR/*Fischermeier*, § 626 BGB Rz. 361. |3 APS/*Dörner*, § 626 BGB Rz. 156; KR/*Fischermeier*, § 626 BGB Rz. 363. |4 BAG v. 18.9.1997 – 2 ABR 15/97, AP Nr. 35 zu § 103 BetrVG 1972 (§ 103 BetrVG gilt nur für eine außerordentliche, nicht für eine ausnahmsweise zulässige ordentliche Kündigung eines BR-Mitglieds). |5 BAG v. 18.8.1977 – 2 ABR 19/77, AP Nr. 10 zu § 103 BetrVG 1972; v. 8.4.2003 – 2 AZR 515/02, NZA 2003, 961; KR/*Fischermeier*, § 626 BGB Rz. 332; aA *Meisel*, DB 1974, 138; *Müller*, DB 1975, 1363. |6 BAG v. 18.8.1977 – 2 ABR 19/77, AP Nr. 10 zu § 103 BetrVG 1972; KR/*Fischermeier*, § 626 BGB Rz. 333; *Stahlhacke/Preis/Vossen*, Rz. 1669; aA *Weisemann*, DB 1974, 2476, 2478. |7 BAG v. 24.10.1996 – 2 AZR 3/96, AP Nr. 32 zu § 103 BetrVG 1972; v. 7.5.1986 – 2 ABR 27/85, AP Nr. 18 zu § 103 BetrVG 1972; APS/*Dörner*, § 626 BGB Rz. 147; ErfK/*Müller-Glöge*, § 626 BGB Rz. 286; aA *Gamillscheg*, FS BAG, 1979, S. 117 (126 f.). |8 BAG v. 24.10.1996 – 2 AZR 3/96, AP Nr. 32 zu § 103 BetrVG 1972. |9 Vgl. Palandt/*Heinrichs*, 64. Aufl., § 204 BGB Rz. 5. |10 BAG v. 24.4.1975 – 2 AZR 118/74, AP Nr. 3 zu § 103 BetrVG 1972; v. 9.7.1998 – 2 AZR 142/98, AP Nr. 36 zu § 103 BetrVG 1972; KR/*Etzel*, § 103 BetrVG Rz. 136; *Stahlhacke/Preis/Vossen*, Rz. 1669 f.; aA (2 Wochen) *Fitting*, § 103 BetrVG Rz. 29. |11 BAG v. 21.10.1983 – 7 AZR 281/81, AP Nr. 16 zu § 626 BGB – Ausschlussfrist; v. 8.6.2000 – 2 AZR 375/99, AP Nr. 164 zu § 626 BGB. |12 BAG v. 25.1.1979 – 2 AZR 983/77, AP Nr. 12 zu § 103 BetrVG; APS/*Dörner*, § 626 BGB Rz. 149.

gung. Dem ArbGeb steht es aber frei, die Rechtskraft abzuwarten, um danach unverzüglich die Kündigung zu erklären[1].

Entsprechend früher ist zu kündigen, wenn der BR die zunächst verweigerte Zustimmung noch während des anhängigen Beschlussverfahrens erteilt[2]. Ebenso ist der Weg für eine Kündigung frei, wenn das BR-Mitglied während des laufenden Verfahrens zB auf Grund einer Neuwahl aus dem BR ausscheidet. Dann ist auch keine erneute BR-Anhörung erforderlich[3]. 435

7. Ausschlussfrist und Verwaltungsverfahren. In den Fällen der § 9 III MuSchG, § 18 I BEEG sowie §§ 85, 91 SGB IX kann eine Kündigung nur mit vorheriger Zustimmung der zuständigen Behörde erfolgen. Bestandskraft bzw. Rechtskraft des Beschlusses ist nicht erforderlich[4]. 436

a) Jeweils ausreichend, aber auch erforderlich ist es, dass die Zustimmung innerhalb der zweiwöchigen Frist bei der zuständigen Behörde beantragt wird[5]. Wird die Zustimmung erteilt, muss der ArbGeb die Kündigung unverzüglich nach Zustellung des Bescheides aussprechen, § 91 V SGB IX (analog)[6]. Ist die Frist des § 626 II dagegen noch nicht abgelaufen, kann sie trotz bereits vorliegender Zustimmung noch voll ausgeschöpft werden[7]. 437

Es genügt die mündliche oder fernmündliche Bekanntgabe der Zustimmung; einer vorherigen Zustellung des Bescheides bedarf es nicht[8]. 438

Soll einem Schwerbehinderten gekündigt werden, muss die Einleitung des Verfahrens innerhalb der Frist des § 91 II SGB IX erfolgen[9]. Die Zustimmung gilt auch als erteilt, wenn die Behörde innerhalb der zwei Wochen keine Entscheidung getroffen hat, § 91 III 2 SGB IX. Da auch hier die Kündigung unverzüglich zu erklären ist, § 91 V SGB IX, eine Entscheidung der Behörde aber bereits dann vorliegt, wenn sie innerhalb der Frist zur Post gebracht wurde[10], sollte sich der ArbGeb sofort nach Ablauf der Frist durch einen Anruf bei der Behörde rückversichern. 439

Ist dem ArbGeb die Schwerbehinderteneigenschaft und damit die Zustimmungsbedürftigkeit nicht bekannt, läuft die Antragsfrist des § 91 II SGB IX nicht. Der ArbGeb muss aber dann die aus seiner Sicht geltende Ausschlussfrist des § 626 II einhalten[11]. 440

b) Ist der schwerbehinderte ArbN BR- oder PersR-Mitglied, kann die Kündigung erst, dann aber unverzüglich ausgesprochen werden, wenn die Zustimmung des BR und des Integrationsamts vorliegt, § 103 BetrVG, § 91 V SGB IX. Ausreichend hierfür ist, dass der Antrag rechtzeitig beim Integrationsamt gestellt, § 91 II 1 SGB IX, und danach die Zustimmung des BR unverzüglich beantragt wurde[12]. 441

IX. Mitteilung der Kündigungsgründe (Abs. 2 S. 3). 1. Inhalt. Nach § 626 II 3 hat der Kündigende auf Verlangen des Gekündigten den Kündigungsgrund soweit bekannt unverzüglich schriftl. mitzuteilen. Dies ist bereits dann der Fall, wenn der Kündigungsempfänger zu erkennen gibt, er wolle wissen, warum die Kündigung erfolgt sei. 442

Weder hat die rechtzeitige Mitteilung aber Auswirkungen auf das Vorliegen eines wichtigen Grundes noch ist sie sonstige Wirksamkeitsvoraussetzung der außerordentl. Kündigung (vgl. Rz. 446 ff.), sollte nicht ausnahmsw. die Angabe des Kündigungsgrundes durch eine konstitutive Formabrede in einem TV, einer BV, im Arbeitsvertrag oder im Gesetz (zB §§ 22 III BBiG, 9 III 2 MuSchG) vorgeschrieben sein. 443

2. Grenze. Da § 626 II 3 keine Frist für das Mitteilungsverlangen vorschreibt, ergibt sich eine zeitliche Grenze erst aus dem Gesichtspunkt der Verwirkung. Die Versäumnis der Dreiwochenfrist der § 13 I 2, § 4 S. 1 KSchG ist hierfür erhebliches Indiz, ohne dass deswegen zwingend Verwirkung anzunehmen ist[13]. 444

3. Form und Umfang der Begründung. Die Mitteilung der Kündigungsgründe hat schriftl. zu erfolgen, § 626 II 3. Die Gründe sind hierbei vollständig und wahrheitsgemäß anzugeben. Insb. sind die Tatsachen mitzuteilen, auf die der Kündigende seinen Kündigungsentschluss gestützt hat. Wertungen und Schlussfolgerungen reichen nicht aus. 445

---

1 BAG v. 9.7.1998 – 2 AZR 142/98, AP Nr. 36 zu § 103 BetrVG 1972; Zur Bindungswirkung der Zustimmungsersetzung für die Frage des Vorliegens eines wichtigen Grundes BAG v. 15.8.2002 – 2 AZR 214/01, AP Nr. 48 zu § 103 BetrVG 1972. | 2 BAG v. 23.6.1993 – 2 ABR 58/92, AP Nr. 2 zu § 83a ArbGG 1979. | 3 BAG v. 19.9.1991 – 2 ABR 14/91, RzK II 3 Nr. 20; v. 8.6.2000 – 2 AZR 276/00, AP Nr. 41 zu § 103 BetrVG 1972. | 4 BAG v. 19.6.2007 – 2 AZR 226/06, Tz. 14; APS/*Dörner*, § 626 BGB Rz. 152. | 5 KR/*Fischermeier*, § 626 BGB Rz. 357. | 6 Vgl. BAG v. 11.9.1979 – 6 AZR 753/78, AP Nr. 6 zu § 9 MuSchG 1968; *Stahlhacke/Preis/Vossen*, Rz. 1404. | 7 BAG v. 15.11.2001 – 2 AZR 380/00, DB 2002, 1509. | 8 BAG v. 15.11.1990 – 2 AZR 255/90, EzA § 21 SchwbG 1986 Nr. 3; v. 9.2.1994 – 2 AZR 720/93 und v. 12.8.1999 – 2 AZR 748/98, AP Nr. 3 und 7 zu § 21 SchwbG 1986. | 9 Zum Verhältnis § 91 II SGB IX/§ 626 II: BAG v. 1.2.2007 – 2 AZR 333/06; *Sandmann*, SAE 2007, 215. | 10 BAG v. 9.2.1994 – 2 AZR 720/93, AP Nr. 3 zu § 21 SchwbG 1986. | 11 BAG v. 23.2.1978 – 2 AZR 462/76, EzA § 12 SchwbG Nr. 5; v. 14.5.1982 – 7 AZR 1221/79, AP Nr. 4 zu § 18 SchwbG; KR/*Fischermeier*, § 626 BGB Rz. 341 f. | 12 KR/*Fischermeier*, § 626 BGB Rz. 341. Zur Kombination der Verfahren bei schwerbehinderten Mitgliedern des BR BAG v. 22.1.1987 – 2 ABR 6/86, AP Nr. 24 zu § 103 BetrVG 1972. | 13 APS/*Dörner*, § 626 BGB Rz. 160 f.; KR/*Fischermeier*, § 626 BGB Rz. 35; aA (Verwirkung tritt mit Ablauf der Klagefrist ein) MünchArbR/*Wank*, § 120 Rz. 113.

446 **4. Rechtsfolge bei Verletzung der Mitteilungspflicht.** a) Anders als bei § 22 III BBiG[1] oder § 9 III 2 MuSchG[2] ist die Wirksamkeit der außerordentl. Kündigung nicht von der Mitteilung der Kündigungsgründe abhängig[3]. Eine spätere Verletzung der Mitteilungspflicht führt nicht zur Nichtigkeit der Kündigung[4].

447 Ein TV, eine BV oder der Arbeitsvertrag können aber ein entsprechendes konstitutives Schriftformerfordernis (§ 125 S. 2) begründen. So muss der ArbGeb nach § 54 BMT-G II in der schriftl. Kündigung die Gründe hinreichend genau bezeichnen, damit der Kündigungsempfänger hinreichend klar erkennen kann, auf welchen Lebenssachverhalt die Kündigung gestützt wird, so dass dies im Prozess nicht mehr ernsthaft streitig sein kann. Die Bezugnahme auf den Inhalt eines Gesprächs, die Verwendung von Werturteilen oder Schlagworten, wie „betriebsbedingt", genügt nicht[5]. Fehlt es insoweit am Schriftformerfordernis, ist die Kündigung unheilbar nichtig[6].

448 b) Kommt der Kündigende seiner Mitteilungspflicht nicht nach, führt dies zur Verletzung einer Nebenpflicht, ohne dass der Kündigende deswegen daran gehindert wäre, die Kündigungsgründe in den Prozess einzuführen[7]. Dem Gekündigten kann aber ein Schadensersatzanspruch erwachsen, wenn er im Vertrauen darauf (§ 254!), dass kein wichtiger Grund vorlag, Kündigungsschutzklage erhoben hat[8]. Der Einwand eines rechtmäßigen Alternativverhaltens ist allerdings möglich, wenn der Gekündigte nach Offenlegung der Kündigungsgründe die Kündigungsschutzklage nicht unverzüglich zurücknimmt.

449 c) Eine Verletzung der Mitteilungspflicht nach § 626 II 3 durch den ArbGeb ist auch in der Form möglich, dass dieser entgegen der Wahrheit Gründe vorschiebt und publik macht, so dass der ArbN deswegen nachweisbar keine neue Anstellung findet. Dies gilt einmal, wenn gar kein wichtiger Grund für eine Kündigung vorlag sowie dann, wenn zwar ein wichtiger Grund gegeben ist, dieser aber einer Beschäftigung des ArbN bei einem anderen ArbGeb nicht entgegen gestanden hätte[9]. Eine solche Schadensersatzpflicht resultiert allein aus der Verletzung der Mitteilungspflicht und der daraus resultierenden Schwierigkeit des ArbN, eine andere Arbeitsstelle zu finden. Sie hat mit der Frage der Wirksamkeit der Kündigung nur indirekt etwas zu tun.

450 **X. Umdeutung in eine außerordentliche Kündigung mit Auslauffrist, in eine ordentliche Kündigung oder in einen Antrag auf Abschluss eines Aufhebungsvertrages.** Wie andere Rechtsgeschäfte kann auch eine unwirksame außerordentl. Kündigung nach § 140 in ein anderes Rechtsgeschäft umgedeutet werden, das dem mutmaßlichen Willen des Kündigenden entspricht und keine weiter gehenden Rechtsfolgen als eine außerordentl. Kündigung zeitigt.

451 1. Eine Umdeutung in eine ordentl. Kündigung zum nächstzulässigen Beendigungszeitpunkt kommt in Betracht[10], soweit für den Gekündigten aus der Kündigungserklärung oder sonstigen Umständen bereits im Zeitpunkt des Zugangs der Kündigung erkennbar war, dass der Kündigende das Arbeitsverhältnis in jedem Fall beenden will[11]. Für die Ermittlung des hypothetischen Willens des Kündigenden ist in erster Linie auf die wirtschaftl. Ziele des Kündigenden im Zeitpunkt des Kündigungszugangs abzustellen[12]. Man wird damit idR zu einem umfassenden Beendigungswillen des Kündigenden gelangen. Auch wenn § 140 von Amts wegen zu beachten ist, muss der Kündigende aber durch Tatsachenvortrag klarstellen, dass er zum Zeitpunkt des Zugangs der Kündigungserklärung auch eine hilfsweise ordentl. Beendigung des Arbeitsverhältnisses wollte. Die dazu erforderlichen Tatsachen werden ebenso wenig von Amts wegen ermittelt, wie der Beklagte sich explizit auf eine „Umdeutung" berufen muss[13].

452 Ist der BR nach § 102 BetrVG allein zu der zunächst ausgesprochenen außerordentl. Kündigung angehört worden, steht dies einer Umdeutung der unwirksamen außerordentl. Kündigung in eine ordentl. Kündigung zumeist entgegen, da dann die ordentl. Kündigung nach § 102 I 3 BetrVG unwirksam wäre. Dies gilt auch, wenn eine außerordentl. fristlose Kündigung in eine außerordentl. Kündigung mit Auslauffrist umgedeutet werden soll[14]. Etwas anderes soll dann gelten, wenn der BR der außerordentl. Kündigung ausdrücklich und vorbehaltlos zugestimmt hat und auch aus sonstigen Umständen nicht ersichtlich ist, dass er einer ordentl. Kündigung entgegengetreten wäre[15].

---

1 Dazu BAG v. 22.2.1972 – 2 AZR 205/71, AP Nr. 1 zu § 15 BBiG. | 2 Dazu *Buchner/Becker*, MuSchG, 7. Aufl., § 9 Rz. 254 f. | 3 *Adomeit/Spinti*, AR-Blattei 1010.9 Rz. 22. | 4 BAG v. 17.8.1972 – 2 AZR 415/71, AP Nr. 65 zu § 626 BGB; ErfK/*Müller-Glöge*, § 626 BGB Rz. 300. | 5 BAG v. 10.2.1999 – 2 AZR 848/98, AP Nr. 3 zu § 54 BMT-G II. | 6 BAG v. 25.8.1977 – 3 AZR 705/75, AP Nr. 2 zu § 54 BMT-G II; ErfK/*Müller-Glöge*, § 626 BGB Rz. 300. | 7 KR/*Fischermeier*, § 626 BGB Rz. 37. | 8 BAG v. 17.8.1972 – 2 AZR 415/71, AP Nr. 65 zu § 626 BGB; *Adomeit/Spinti*, AR-Blattei 1010.9 Rz. 29; ErfK/*Müller-Glöge*, § 626 BGB Rz. 300. | 9 APS/*Dörner*, § 626 BGB Rz. 163; KR/*Fischermeier*, § 626 BGB Rz. 38. | 10 Nicht aber umgekehrt die Umdeutung einer ordentl. Kündigung in eine außerordentliche: BAG v. 12.9.1974 – 2 AZR 535/73, AP Nr. 1 zu § 44 TVAL II. | 11 BAG v. 18.9.1975 – 2 AZR 311/74, AP Nr. 10 zu § 626 BGB – Druckkündigung; v. 20.9.1984 – 2 AZR 633/82, AP Nr. 80 zu § 626 BGB; *Hager*, BB 1989, 693, 695. | 12 BAG v. 13.8.1987 – 2 AZR 599/86, AP Nr. 3 zu § 6 KSchG 1969. | 13 BAG v. 13.8.1987 – 2 AZR 599/86, AP Nr. 3 zu § 6 KSchG 1969; *Stahlhacke/Preis/Vossen*, Rz. 476; aA *Schmidt*, NZA 1989, 661, 664 in der Annahme, die notwendigen Tatsachen seien stets zu ermitteln. | 14 BAG v. 18.10.2000 – 2 AZR 627/99, AP Nr. 9 zu § 626 BGB – Krankheit. | 15 BAG v. 16.3.1978 – 2 AZR 424/76, AP Nr. 15 zu § 102 BetrVG 1972; ErfK/*Müller-Glöge*, § 626 BGB Rz. 294.

2. Möglich ist auch die Umdeutung der unwirksamen außerordentl. Kündigung in einen Antrag auf Abschluss eines Aufhebungsvertrages, wenn es dem mutmaßlichen Willen des Kündigenden entspricht, das Arbeitsverhältnis unter allen Umständen sofort zu beenden. 453

Ein solcher Antrag kann bei Arbeitsverhältnissen nach § 623 nur schriftl. angenommen werden. Bei sonstigen Dienstverhältnissen bedarf es für eine konkludente Aufhebung des Dienstverhältnisses, dass der Gekündigte zu erkennen gibt, dass er das Dienstverhältnis ungeachtet der Wirksamkeit der Kündigung sofort beenden will. In der bloßen Hinnahme der Kündigung kann ein solcher Geschäftswille noch nicht gesehen werden[1]. 454

XI. Sonderkündigungsschutz. Zum Kündigungsschutz nach dem ArbPlSchG, dem MuSchG, dem SGB IX und § 15 KSchG vgl. die dortigen Erläuterungen. 455

XII. Verfahrensfragen. 1. Klagen. a) Kündigungsschutzklage. Nach § 13 I 2, § 4 KSchG muss die Rechtsunwirksamkeit einer außerordentl. Kündigung innerhalb von drei Wochen nach Zugang der Kündigung durch eine Klage auf Feststellung geltend gemacht werden[2]. Ansonsten gilt die Kündigung gem. §§ 7, 13 KSchG als von Anfang an rechtswirksam. Nach § 4 S. 1 KSchG sind sämtliche Mängel der Kündigung innerhalb der Dreiwochenfrist gerichtlich geltend zu machen (einheitliche Klagefrist für alle Unwirksamkeitsgründe). Dies gilt selbst dann, wenn der Anwendungsbereich des KSchG (§§ 1, 23) nicht eröffnet ist[3]. Für die aus sonstigen Gründen unwirksamen Kündigungen gelten die Vorschriften der §§ 1–14 KSchG nicht, „mit Ausnahme der §§ 4 bis 7" KSchG (§ 13 III KSchG). So kann zB ein Verstoß gegen § 9 I MuSchG nach wie vor auch dann geltend gemacht werden, wenn das Arbeitsverhältnis nach § 1 I KSchG noch keine 6 Monate bestanden hat[4]. Die Anwendung des § 4 KSchG setzt lediglich voraus, dass es sich um die Kündigung eines ArbN durch den ArbGeb handelt und dass die Kündigung schriftl. (§ 623) erfolgte[5]. 456

b) Richtiger Klageantrag. Eine Kündigungsschutzklage nach § 4 KSchG aF iVm. § 13 I 2 KSchG war weder erforderlich noch zulässig, soweit das Arbeits- oder Dienstverhältnis nicht dem allgemeinen Kündigungsschutz des KSchG unterfiel[6]. Nach § 4 S. 1, 13 I 2 KSchG gilt § 4 S. 1 KSchG nun für alle Kündigungen, unabhängig von der Anwendbarkeit des KSchG im Übrigen. Richtiger Klageantrag beim Vorgehen gegen eine Kündigung kann also nur der Antrag auf Feststellung sein, dass das Arbeitsverhältnis durch eine bestimmte Kündigung nicht aufgelöst wird bzw. wurde. Für einen allgemeinen Feststellungsantrag, dass das Arbeitsverhältnis besteht, fehlt es neben § 4 KSchG an einem Feststellungsinteresse, sollte nicht ausnahmsw. die Gefahr weiterer Kündigungen bestehen[7]. 457

2. Nachschieben von Kündigungsgründen. a) Das Nachschieben von Kündigungsgründen ist zunächst von einem stets zulässigen Erläutern der Kündigungsgründe zu unterscheiden. Bei Letzterem trägt der ArbGeb im Prozess zwar neue Tatsachen vor, diese lassen aber den dem BR mitgeteilten Kündigungssachverhalt im Wesentlichen unverändert. Die mitgeteilten Kündigungsgründe werden lediglich näher konkretisiert[8]. 458

Zur materiellen Seite des Nachschiebens von Gründen vgl. bereits Gliederungspunkt „Zeitpunkt des Entstehens des wichtigen Grundes" (Rz. 145 ff.). 459

b) Die **prozessuale Problematik** des Nachschiebens von Kündigungsgründen im gerichtlichen Verfahren ergibt sich aus der erforderlichen **BR-Anhörung** vor Ausspruch der Kündigung gem. § 102 BetrVG. 460

aa) Im Idealfall hat der ArbGeb dem BR sämtliche zum damaligen Zeitpunkt objektiv gegebenen Gründe vorzutragen, die die außerordentl. Kündigung rechtfertigen. 461

(1) Hält der ArbGeb ihm bereits bekannte Gründe zurück, verletzt er das Mitwirkungsrecht des BR mit der Folge, dass die nicht mitgeteilten Gründe im Kündigungsschutzprozess nicht mehr verwertbar sind[9]. Die spätere nach Ausspruch der Kündigung erfolgte Mitteilung solcher Kündigungsgründe vermag hieran ebenso wenig etwas zu ändern wie eine vorbehaltlose Zustimmung des BR zur Kündigung[10]. 462

Dh. allerdings nicht, dass in diesem Falle die gesamte BR-Anhörung fehlerhaft sein muss. Für den ArbGeb genügt es insoweit, dass er dem BR diejenigen Kündigungstatsachen mitteilt, die ihn zum Ausspruch der Kündigung veranlasst haben, sog. subjektive Determination. Da ein ArbGeb den BR wohl 463

---

1 Zum gesamten Punkt 2: BAG v. 13.4.1972 – 2 AZR 243/71, AP Nr. 64 zu § 626 BGB. | 2 KR/*Fischermeier*, § 626 BGB Rz. 371. | 3 BAG v. 28.6.2007 – 6 AZR 873/06, NZA 2007, 972. | 4 So BT-Drs. 15/1587, S. 27. BAG v. 8.6.1972 – 2 AZR 336/71, AP Nr. 1 zu § 13 KSchG 1969; ErfK/*Müller-Glöge*, § 626 BGB Rz. 290; KR/*Fischermeier*, § 626 BGB Rz. 371 mwN. | 5 *Bader*, NZA 2004, 65 (67 aE); näher *Raab*, RdA 2004, 321 ff. | 6 BAG v. 17.8.1972 – 2 AZR 415/71, AP Nr. 65 zu § 626 BGB; v. 31.5.1979 – 2 AZR 473/77, AP Nr. 50 zu § 256 ZPO; KR/*Fischermeier*, § 626 BGB Rz. 373; aA *v. Hoyningen-Huene/Linck*, § 13 Rz. 29 ff. | 7 *Löwisch*, § 4 KSchG Rz. 90 aE, 91. | 8 BAG v. 11.4.1985 – 2 AZR 239/84, AP Nr. 39 zu § 102 BetrVG 1972; v. 27.2.1997 – 2 AZR 302/96, AP Nr. 36 zu § 1 KSchG 1969 – Verhaltensbedingte Kündigung. | 9 BAG v. 18.12.1980 – 2 AZR 1006/78, AP Nr. 22 zu § 102 BetrVG 1972; v. 3.4.1986 – 2 AZR 324/85, AP Nr. 18 zu § 626 BGB – Verdacht strafbarer Handlung. | 10 BAG v. 2.4.1987 – 2 AZR 418/86, AP Nr. 96 zu § 626 BGB; v. 26.9.1991 – 2 AZR 132/91, AP Nr. 28 zu § 1 KSchG 1969 – Krankheit.

selten bewusst unzureichend anhören will, wird die BR-Anhörung damit zumindest soweit, als eine Anhörung erfolgt ist, wirksam sein. Der ArbGeb trägt aber das Risiko, dass die dem BR vorgetragenen Kündigungsgründe die Kündigung im Prozess (noch) nicht rechtfertigen. Stellt sich später heraus, dass dem BR wesentliche, bekannte Teile des Sachverhalts nicht mitgeteilt wurden, lassen sich diese nicht mitgeteilten Tatsachen auch nicht mehr in den Prozess einführen.

464 (2) Anders verhält es sich, wenn der ArbGeb von bestehenden Kündigungsgründen selbst erst nach Ausspruch der Kündigung erfährt. Solche Kündigungsgründe können in das gerichtliche Verfahren eingeführt werden, wenn die erste BR-Anhörung nicht unwirksam war und der BR in einer weiteren Anhörung über die neuen Kündigungsgründe informiert wird. Insoweit schadet es nicht, dass die zweite BR-Anhörung erst nach Ausspruch der Kündigung erfolgt. Dies ergibt sich nach hM[1] aus einer am Sinn und Zweck der Vorschrift orientierten entsprechenden Anwendung des § 102 I BetrVG.

465 (3) Erfährt der ArbGeb von weiteren Kündigungsgründen während bzw. nach der BR-Anhörung, aber vor Ausspruch der Kündigung, dann hat er vorrangig die Beteiligung des BR um diese Gründe zu erweitern bzw., soweit notwendig, ein erneutes Anhörungsverfahren einzuleiten. Nur wenn der ArbGeb durch diese Verzögerungen Gefahr läuft, die zweiwöchige Ausschlussfrist des § 626 II 1 zu überschreiten, ist ihm zu raten, zunächst auf der Grundlage der ersten BR-Anhörung zu kündigen. Nach Durchführung der zweiten Anhörung ist vorsorglich eine zweite Kündigung auszusprechen. Stellt sich dann heraus, dass die erste Kündigung nicht hinreichend begründet war, konnten die ihr zugrunde liegenden Tatsachen auch nicht die Zweiwochenfrist in Gang setzen. Die Gründe für die erste Kündigung können damit unter Beachtung des in Rz. 85 ff. Gesagten auch für die zweite Kündigung verwertet werden. Sie treten dann neben die später bekannt gewordenen Kündigungsgründe.

466 bb) Ein BR oder Personalrat ist nur dann zu beteiligen, wenn er bei Ausspruch der Kündigung bereits im Amt war. Wurde er erst später gebildet, bedarf es keiner nachträglichen Beteiligung zu solchen Kündigungsgründen, die bereits bei Ausspruch der Kündigung vorgelegen haben. Wechselt aber der ArbGeb die Kündigungsgründe völlig aus oder reichert er sie erst nachträglich soweit an, bis ein wichtiger Grund gegeben ist, kommt dies einem neuen Kündigungsentschluss gleich. Die neue ArbN-Vertretung ist dann zuvor anzuhören[2].

467 c) Hat der ArbGeb das Zustimmungsersetzungsverfahren nach § 103 II BetrVG in Gang gesetzt, kann er während dieses Verfahrens ungeachtet vom Zeitpunkt der Kenntniserlangung neue Gründe vorbringen. Er muss diese Gründe jedoch vorab innerhalb der Frist des § 626 II dem BR mitteilen, damit dieser seine Entscheidung anhand der neuen Fakten überdenken kann[3]. Lässt sich der BR dadurch nicht umstimmen, kann der ArbGeb die Gründe in das Beschlussverfahren einführen. Die Zweiwochenfrist muss nach hM[4] dann nicht mehr beachtet werden, da es insoweit zu keiner Verzögerung der Kündigung kommt.

468 d) Zur Problematik bei mehreren Kündigungssachverhalten vgl. Rz. 85 ff.

469 **3. Darlegungs- und Beweislast. a) Vorliegen eines wichtigen Grundes.** Der Kündigende muss im Prozess umfassend darlegen und beweisen können, dass ihm die Fortsetzung des Dienstverhältnisses unzumutbar ist. Er ist damit für alle Umstände darlegungs- und beweisbelastet, die das Vorliegen eines wichtigen Grundes ergeben[5].

470 aa) Hierzu gehört auch die Darlegung und ggf. der Beweis, dass sich der andere Teil rechtswidrig verhalten hat. Anders als im Schadensersatzrecht wird damit die Darlegungs- und Beweislast nicht danach aufgeteilt, dass der Kündigende allein die objektiven Merkmale für einen Kündigungsgrund und die bei der Interessenabwägung für den Gekündigten ungünstigen Umstände vorzutragen und zu beweisen hat, während der Gekündigte seinerseits Rechtfertigungsgründe und sonstige für ihn entlastende Umstände vorbringen muss. Insb. bei einer Arbeitsversäumnis kann nicht ohne weiteres auf eine Arbeitspflichtverletzung durch den ArbN geschlossen werden. Da anders als im Deliktsrecht eine objektive Pflichtverletzung im Vertragsrecht nicht schon das Vorliegen eines rechtswidrigen Verhaltens indiziert, muss der ArbGeb ggf. auch Gegentatsachen vortragen und beweisen, die einen Rechtfertigungs- oder Entschuldigungsgrund für das Verhalten des ArbN ausschließen[6].

471 bb) Nach allgemeinen Regeln hat die kündigende Vertragspartei die Darlegungs- und Beweislast für die konkret eingetretenen betriebl. oder wirtschaftl. Folgen der (näher zu bezeichnenden) Störung des Arbeitsverhältnisses zu tragen. Dies gehört bereits zum Vortrag des Kündigungsgrundes an sich. Ledig-

1 BAG v. 11.4.1985 – 2 AZR 239/84, AP Nr. 39 zu § 102 BetrVG 1972; KR/*Etzel*, § 102 BetrVG Rz. 188. | 2 BAG v. 20.1.1994 – 8 AZR 613/92; v. 11.5.1995 – 2 AZR 265/94, DStR 1995, 1280; ErfK/*Müller-Glöge*, § 626 BGB Rz. 82. | 3 BAG v. 27.1.1977 – 2 ABR 77/79, AP Nr. 7 zu § 103 BetrVG 1972. | 4 BAG v. 22.8.1974 – 2 ABR 17/74, AP Nr. 1 zu § 103 BetrVG 1972; GK-BetrVG/*Kraft*, 6. Aufl., § 103 Rz. 49; aA KR/*Etzel*, § 103 BetrVG Rz. 124; KR/*Fischermeier*, § 626 BGB Rz. 185. | 5 BAG v. 24.11.1983 – 2 AZR 327/82 und v. 6.8.1987 – 2 AZR 226/87, AP Nr. 76 und 97 zu § 626 BGB; *Reinecke*, NZA 1989, 577, 584 ff. | 6 BAG v. 24.11.1983 – 2 AZR 327/82 und v. 6.9.1987 – 2 AZR 226/87, AP Nr. 76 und 97 zu § 626 BGB; *Stahlhacke/Preis/Vossen*, Rz. 620.

lich bei einer verhaltensbedingten Kündigung wird eine Störung des Arbeitsvertrages ohne weiteres angenommen[1].

cc) Eine Begrenzung der Darlegungs- und Beweislast des Kündigenden wird dadurch erreicht, dass dessen schlüssiger Vortrag nur insoweit substantiiert werden muss, wie sich der Gekündigte auch auf die Kündigungsgründe einlässt. Nicht notwendig ist es deshalb, dass der ArbGeb von vornherein alle denkbaren Rechtfertigungsgründe des ArbN ausräumt[2]. Es genügt ein Eingehen auf die vom ArbN substantiiert vorgetragenen Tatsachen[3]. 472

Hat also der ArbGeb dem ArbN gekündigt, weil dieser nicht zur Arbeit erschienen ist, dann muss er einen substantiierten Sachvortrag des ArbN ausräumen, dass das Fehlen auf Krankheit beruhte[4]. Ausreichend substantiiert ist der Vortrag des ArbN aber bei fehlender ärztlicher Bescheinigung nur, wenn der ArbN die Ursache der Krankheit und deren Auswirkungen im Einzelnen ausführt[5]. Entsprechendes gilt für eine Verteidigung des ArbN gegen die Kündigung, die Fehlzeit sei vom ArbGeb billigend hingenommen worden[6], die Behauptung, einen Arbeitskollegen in Notwehr verletzt[7] oder eine Erlaubnis des ArbGeb für die ausgeübte Konkurrenztätigkeit zu haben[8]. Will sich der Gekündigte auf einen für ihn unvermeidbaren Rechtsirrtum berufen, muss er die dafür maßgebenden, in seiner Sphäre liegenden Tatsachen darlegen und ggf. beweisen[9]. 473

b) Ausschlussfrist des Abs. 2. aa) Nach heute ganz hM hat der Kündigende darzulegen und ggf. zu beweisen, dass er von den die Kündigung tragenden Gründen erst innerhalb der letzten zwei Wochen vor Ausspruch der Kündigung Kenntnis erlangt hat[10]. Diese Beweislastverteilung folgt zum einen aus dem engen Sachzusammenhang der Ausschlussfrist des § 626 II mit dem Erfordernis des wichtigen Grundes sowie zum anderen aus der Tatsache, dass der Kündigende am ehesten darüber Auskunft geben kann, wann und unter welchen Umständen er von den Kündigungsgründen Kenntnis erhalten hat[11]. 474

bb) Der Kündigende muss nicht schon in der Klageerwiderung im Einzelnen darlegen, dass die Ausschlussfrist eingehalten wurde. Dies ist erst erforderlich, wenn sich diese Frage auf Grund des zeitlichen Abstandes zwischen den behaupteten Kündigungsgründen und dem Ausspruch der Kündigung ergibt oder wenn seitens des Klägers die Verfristung der Kündigungsgründe geltend gemacht wird[12]. Dann gehört zur Darlegungslast, dass der Tag der Kenntniserlangung möglichst genau bezeichnet wird. Eine vage Bezeichnung, wie Kenntniserlangung am „Ende des Vormonats", bei einer am Vierten eines Monats zugegangenen Kündigung genügt nicht, da damit nicht zweifelsfrei gesagt wird, dass die Ausschlussfrist eingehalten wurde[13]. Will sich der Kündigende auf Umstände berufen, die den Fristlauf gehemmt haben, hat er auch hierfür die notwendigen Tatsachen vorzutragen[14]. 475

cc) Kontrovers diskutiert wird, ob der Gekündigte den Zeitpunkt der Kenntniserlangung des ArbGeb auch mit Nichtwissen (§ 138 IV ZPO) bestreiten darf. Die wohl hM[15] lässt dies zu, wenn der Gekündigte nicht ausnahmsw. an diesem zeitlich näher konkretisierten Vorgang beteiligt war. Allein die Behauptung, dass der Gekündigte am Vorgang der Kenntniserlangung beteiligt war, zB weil er damals unmittelbar mit den Vorwürfen konfrontiert wurde, zwingt diesen zu einem substantiierten Bestreiten. Er hat mittels eines substantiierten Gegenvortrags einen früheren Zeitpunkt der Kenntniserlangung darzulegen. Dies ist dann, soweit erheblich, durch den Kündigenden ebenso zu widerlegen. 476

Beruft sich der Kündigende dagegen auf einen internen Vorgang, an dem der Gekündigte weder beteiligt war noch diesen wahrgenommen hat, besteht die Möglichkeit des Bestreitens mit Nichtwissen. Der Kündigende hat dann über die genaue Entwicklung seiner Kenntnis vom Kündigungssachverhalt Auskunft zu geben. Dies wird ohne weiteres möglich sein, wenn neben dem Kündigenden Dritte an der Kenntniserlangung beteiligt waren oder diese wahrgenommen haben. Kaum darstellbar und vor allem beweisbar ist aber, wenn sich beim Kündigungsberechtigten die Kenntnis von den kündigungsrelevanten Tatsachen erst aus einer (grob-)fahrlässigen Unkenntnis heraus entwickelt hat (vgl. Rz. 402 ff.). 477

1 BAG v. 17.1.1991 – 2 AZR 375/90, AP Nr. 25 zu § 1 KSchG – Verhaltensbedingte Kündigung; KR/*Fischermeier*, § 626 BGB Rz. 110. | 2 BAG v. 24.11.1983 – 2 AZR 327/82 und v. 6.9.1987 – 2 AZR 226/87, AP Nr. 76 und 97 zu § 626 BGB. | 3 BAG v. 26.8.1993 – 2 AZR 154/93, AP Nr. 112 zu § 626 BGB. | 4 BAG v. 26.8.1993 – 2 AZR 154/93, AP Nr. 112 zu § 626 BGB; ErfK/*Müller-Glöge*, § 626 BGB Rz. 303; *Stahlhacke/Preis/Vossen*, Rz. 620 ff. | 5 BAG v. 27.5.1993 – 2 AZR 631/92, nv.; ErfK/*Müller-Glöge*, § 626 BGB Rz. 303. | 6 BAG v. 18.10.1990 – 2 AZR 204/90, RzK I 10 h Nr. 30. | 7 BAG v. 31.5.1990 – 2 AZR 535/89, RzK I 10 h Nr. 28. | 8 BAG v. 6.9.1987 – 2 AZR 226/87, AP Nr. 97 zu § 626 BGB. | 9 BAG v. 14.2.1978 – 1 AZR 76/76, AP Nr. 58 zu Art. 9 GG – Arbeitskampf; ErfK/*Müller-Glöge*, § 626 BGB Rz. 304; *Stahlhacke/Preis/Vossen*, Rz. 623. | 10 BAG v. 17.8.1972 – 2 AZR 359/71, AP Nr. 4 zu § 626 BGB – Ausschlussfrist; v. 28.3.1985 – 2 AZR 113/84, AP Nr. 86 zu § 626 BGB; APS/*Dörner*, § 626 BGB Rz. 168; *Ascheid*, Beweislastfragen, S. 203 f.; ErfK/*Müller-Glöge*, § 626 BGB Rz. 305; *Stahlhacke/Preis/Vossen*, Rz. 856; krit. *Zöllner/Loritz*, § 22 III 4a; aA *Picker*, ZfA 1981, 161. | 11 KR/*Fischermeier*, § 626 BGB Rz. 385; Staudinger/*Preis*, § 626 BGB Rz. 295; *Stahlhacke/Preis/Vossen*, Rz. 856. | 12 BAG v. 28.3.1985 – 2 AZR 113/84, AP Nr. 86 zu § 626 BGB; KR/*Fischermeier*, § 626 BGB Rz. 388. | 13 BAG v. 25.9.1972 – 2 AZR 29/72, nv.; APS/*Dörner*, § 626 BGB Rz. 169; KR/*Fischermeier*, § 626 BGB Rz. 386. | 14 KR/*Fischermeier*, § 626 BGB Rz. 386. | 15 *Ascheid*, Beweislastfragen S. 206; ErfK/*Müller-Glöge*, § 626 BGB Rz. 307; KR/*Fischermeier*, § 626 BGB Rz. 387; aA *Oetker*, Anm. LAGE Art. 20 EinigungsV Nr. 1.

Zwar ist dies keine unbeweisbare, „negative Tatsache", da damit im Falle des Scheiterns keine frühere Kenntniserlangung bewiesen ist. Es ist aber sorgsam zu prüfen, ob die Kenntniserlangung nicht an einer nach außen zu Tage getretenen Tatsache festgemacht werden kann.

478 **4. Rechtskräftige Ersetzung der Zustimmung nach § 103 BetrVG.** Soweit der ArbGeb zur Kündigung eines BR-Mitglieds das Zustimmungsersetzungsverfahren nach § 103 III BetrVG beschreiten muss, ist die Kündigung erst nach rechtskräftiger Zustimmungsersetzung möglich[1] (vgl. Rz. 430 ff.). Dafür hat der Beschluss aber auch präjudizielle Wirkung für einen späteren Kündigungsschutzprozess[2]. Dh. es wird bzgl. der geprüften Punkte keine abweichende Entscheidung im Kündigungsschutzverfahren geben. Lediglich später eintretende Ereignisse, wie zB eine fehlende Zustimmung des Integrationsamts, können noch zu einer abweichenden Entscheidung führen[3].

479 Stellt das Gericht im Verfahren nach § 103 BetrVG in den Fällen des § 15 IV, V KSchG rechtskräftig fest, dass es keiner Zustimmung des BR zur Kündigung bedarf, präjudiziert diese Entscheidung (insoweit) den Kündigungsschutzprozess[4]. Die Zweiwochenfrist des § 626 II wurde in solchen Fällen nicht versäumt, da die betriebsbedingten Gründe einen Dauertatbestand darstellen (vgl. Rz. 414).

480 **5. Fortbestand der Parteifähigkeit.** Die passive Parteifähigkeit einer juristischen Person (GmbH, AG) bleibt auch dann bestehen, wenn sie während des Rechtsstreits liquidiert und im Handelsregister gelöscht wird[5].

481 **6. Revision/Revisibilität des wichtigen Grundes.** Nach st. Rspr.[6] kann die Anwendung des § 626 I vom Revisionsgericht nur eingeschränkt überprüft werden. Geprüft wird nur, ob in der letzten Tatsacheninstanz der Begriff des wichtigen Grundes als solcher richtig erkannt wurde, dh. ob ein bestimmter Sachverhalt unabhängig von den besonderen Umständen des Einzelfalles an sich geeignet ist, einen wichtigen Grund zu bilden, und in die Interessenabwägung alle vernünftigerweise in Betracht kommenden Umstände des Einzelfalles einbezogen worden sind. Das BAG gesteht dabei der Tatsacheninstanz bei der Bewertung der festgestellten Tatsachen im Rahmen der Interessenabwägung einen Beurteilungsspielraum zu[7].

482 Trotz des Beurteilungsspielraumes findet aber eine Überprüfung insoweit statt, als das LAG bei seiner Subsumtion keine Denkgesetze oder allgemeinen Erfahrungssätze verletzt haben darf und alle vernünftigerweise in Betracht kommenden Umstände, die für oder gegen die außerordentl. Kündigung sprechen, widerspruchsfrei zu beachten hat[8].

483 Hat das Berufungsgericht die Grenzen seines Beurteilungsspielraums überschritten, setzt das BAG seine Würdigung an die Stelle des Berufungsgerichts, wenn alle abwägungsrelevanten Tatsachen festgestellt wurden bzw. eine weitere Sachverhaltsaufklärung nicht zu erwarten ist. Dies liegt vor allem dann nahe, wenn sich das BAG der erstinstanzlichen Würdigung anschließen kann[9].

484 **7. Umfang der Rechtskraft/Präklusion.** a) Wurde durch den Kündigungsrechtsstreit rechtskräftig entschieden, dass das Arbeitsverhältnis durch eine bestimmte Kündigung nicht aufgelöst worden ist, so besteht Einigkeit darüber, dass der ArbGeb eine erneute Kündigung nicht auf Kündigungsgründe stützen kann, die er schon erfolglos zur Begründung der ersten Kündigung vorgebracht hat. Entsprechendes gilt, wenn die mit identischen Gründen versehene, zweite Kündigung noch kurz vor der rechtkräftigen Feststellung der Unwirksamkeit der ersten Kündigung erfolgt (sog. Wiederholungskündigung)[10].

485 Zwar muss der gekündigte ArbN wegen §§ 4, 7, 13 KSchG auch gegen die zweite Kündigung rechtzeitig Klage erheben. Der Klage ist aber ohne weiteres stattzugeben, da die Entscheidung im ersten Kündigungsschutzverfahren, bezogen auf die geltend gemachten Kündigungsgründe, präjudiziell für das zweite Kündigungsschutzverfahren ist. Das BAG[11] begründet dieses Ergebnis sowohl materiellrechtl. aus der Rechtsnatur der Kündigung als Gestaltungserklärung, indem es darauf hinweist, dass bei der ersten

1 BAG v. 9.7.1998 – 2 AZR 142/98, AP Nr. 36 zu § 103 BetrVG 1972. | 2 BAG v. 10.12.1992 – 2 ABR 32/92, AP Nr. 4 zu § 87 ArbGG 1979; ErfK/*Müller-Glöge*, § 626 BGB Rz. 311; aA *Ascheid*, FS für Hanau, 1999, S. 685, 700 (Nebeninterventionswirkung gem. § 103 II 2 BetrVG). | 3 BAG v. 11.5.2000 – 2 AZR 276/99, AP Nr. 42 zu § 103 BetrVG 1972. | 4 BAG v. 18.9.1997 – 2 ABR 15/97, AP Nr. 35 zu § 103 BetrVG 1972. | 5 BAG v. 9.2.1978 – 3 AZR 260/76, AP Nr. 7 zu § 286 ZPO; v. 11.9.1980 – 3 AZR 544/79, EzA § 7 BetrAVG Nr. 7; v. 9.7.1981 – 2 AZR 329/79, AP Nr. 4 zu § 50 ZPO; KR/*Fischermeier*, § 626 BGB Rz. 377; aA BGH v. 5.4.1979 – II ZR 73/78, BGHZ 74, 212. | 6 Ua. BAG v. 5.11.1992, AP Nr. 4 zu § 626 BGB – Krankheit; v. 5.2.1998 – 2 AZR 227/97 und v. 21.1.1999 – 2 AZR 665/98, AP Nr. 143 und 151 zu § 626 BGB; *Ascheid*, Rz. 61; KR/*Fischermeier*, § 626 BGB Rz. 390; Soergel/*Kraft*, § 626 BGB Rz. 46; krit. *Adam*, ZTR 2001, 349 ff.; *Preis*, Prinzipien S. 478 ff.; aA *Müller*, ZfA 1982, 501. | 7 BAG v. 16.3.2000 – 2 AZR 75/99, AP Nr. 114 zu § 102 BetrVG 1972. | 8 BAG v. 18.11.1999 – 2 AZR 743/98, AP Nr. 32 zu § 626 BGB – Verdacht strafbarer Handlung; krit. Erman/*Belling*, § 626 BGB Rz. 91: Das BAG prüfe auch, ob die in Betracht kommenden Umstände und Interessen überhaupt rechtlich geschützt sind und ob der Tatrichter ein Interesse rechtlich zutr. im konkreten Fall in Ansatz gebracht hat; insoweit bestehe kein Beurteilungsspielraum. | 9 BAG v. 21.1.1999 – 2 AZR 665/98, AP Nr. 151 zu § 626 BGB; v. 12.8.1999 – 2 AZR 923/98, AP Nr. 28 zu § 626 BGB – Verdacht strafbarer Handlung. | 10 BAG v. 26.8.1993 – 2 AZR 159/93, AP Nr. 113 zu § 626 BGB; v. 25.3.2004 – 2 AZR 399/03, NZA 2004, 1216. | 11 BAG v. 26.8.1993 – 2 AZR 133/69, AP Nr. 113 zu § 626 BGB.

Kündigung das Gestaltungsrecht verbraucht wurde, wie auch prozessrechtl. mit der Rechtskraft des ersten Urteils.

b) Soweit der ArbGeb damit eine erneute Kündigung aussprechen will, kann dies unter Verwendung der alten Kündigungsgründe nur Erfolg haben, wenn er sich zudem auf neue Tatsachen stützen kann, die den bisherigen Kündigungssachverhalt verändern oder ergänzen[1], oder er sich auf Gründe beruft, mit denen sich das erste Urteil aus formalen Gründen[2] (zB auf Grund fehlender BR-Anhörung; Nichteinhaltung der Schriftform) oder aus sonstigen Gründen eindeutig und ausdrücklich nicht befasst hat[3]. Unbenommen bleibt es ihm zudem, neue Kündigungsgründe geltend zu machen oder anstatt fristlos nunmehr ordentl. zu kündigen. 486

Gegen die Rechtskraft des ersten Urteils verstößt es idR, wenn der Kündigende sich in einem zweiten Prozess darauf beruft, dass die rechtskräftig für unwirksam erklärte Kündigung in eine ordentl. Kündigung umzudeuten gewesen wäre[4]. Abweichungen gibt es nur, wenn der Streitgegenstand im ersten Prozess durch einen entsprechenden Feststellungsantrag auf die Unwirksamkeit der angegriffenen außerordentl. Kündigung begrenzt war[5], oder wenn das Gericht, trotz Erörterung dieser Frage, deren Beantwortung eindeutig und ausdrücklich ausgeklammert hat[6]. 487

c) Mit der Rechtskraft des der Klage stattgebenden Urteils wird zudem festgestellt, dass das Arbeitsverhältnis zu dem betreffenden Termin nicht aufgelöst worden ist[7]. Daraus folgt zum einen, dass es dem ArbGeb auf Grund der Rechtskraft des ersten Urteils verwehrt ist, sich später darauf zu berufen, dass zwischen den Parteien gar kein Arbeitsverhältnis zu Stande gekommen sei[8]. Zum anderen hat dies Auswirkungen, wenn der ArbGeb nur bezüglich einer von zwei erfolgreichen Kündigungsschutzklagen Berufung einlegt. Damit wird rechtskräftig festgestellt, dass durch die nicht weiter verfolgte Kündigung das Arbeitsverhältnis zum Kündigungszeitpunkt bestanden hat. Der ArbGeb kann damit mit seiner Berufung keinen Erfolg haben, wenn die weiterverfolgte Kündigung das Arbeitsverhältnis vor der rechtskräftig für unwirksam erklärten Kündigung beendet haben soll. Dem ArbGeb bleibt deshalb nichts anderes übrig als auch bezüglich der von ihm für unwirksam erachteten Kündigung Aussetzung zu beantragen oder Rechtsmittel einzulegen[9]. 488

627 *Fristlose Kündigung bei Vertrauensstellung*

(1) Bei einem Dienstverhältnis, das kein Arbeitsverhältnis im Sinne des § 622 ist, ist die Kündigung auch ohne die in § 626 bezeichnete Voraussetzung zulässig, wenn der zur Dienstleistung Verpflichtete, ohne in einem dauernden Dienstverhältnis mit festen Bezügen zu stehen, Dienste höherer Art zu leisten hat, die auf Grund besonderen Vertrauens übertragen zu werden pflegen.

(2) Der Verpflichtete darf nur in der Art kündigen, dass sich der Dienstberechtigte die Dienste anderweit beschaffen kann, es sei denn, dass ein wichtiger Grund für die unzeitige Kündigung vorliegt. Kündigt er ohne solchen Grund zur Unzeit, so hat er dem Dienstberechtigten den daraus entstehenden Schaden zu ersetzen.

I. Normzweck. § 627 erleichtert gegenüber § 626 die Möglichkeit der fristlosen Kündigung bei Dienstverträgen, die Dienste höherer Art zum Gegenstand haben und auf Grund besonderen Vertrauens übertragen werden, sofern das Dienstverhältnis kein dauerndes mit festen Bezügen ist[10]. 1

Grund für diese erleichterte Lösungsmöglichkeit ist, dass solche Dienstverhältnisse zum einen stärker auf persönlichem Vertrauen beruhen und zum anderen wegen der Gerichtetheit auf eine nur vorübergehende Tätigkeit nur eine entsprechend lose Verbindung begründen[11]. 2

II. Verhältnis zum Rücktrittsrecht und zu § 626. Das Dienstverhältnis iSd. § 627 muss nicht notwendig Dauerschuldverhältnis (nicht zu verwechseln mit dauerndem Dienstverhältnis iSd. § 627, vgl. Rz. 6 f.) sein[12]. Ist es dies, dann verdrängt § 627 bei bereits in Vollzug gesetzten Dienstverhältnissen ein etwaiges Rücktrittsrecht gem. §§ 323, 326 V[13]. Die Berechtigung, Schadensersatz nach §§ 280–283 zu verlangen, 3

1 *Ascheid*, FS Stahlhacke, S. 10 f.; KR/*Fischermeier*, § 626 BGB Rz. 403; RGRK/*Corts*, § 626 BGB Rz. 260. | 2 KR/*Fischermeier*, § 626 BGB Rz. 403; *Stahlhacke/Preis/Vossen*, Rz. 1903. | 3 BAG v. 12.10.1954 – 2 AZR 36/53, AP Nr. 5 zu § 3 KSchG; v. 12.4.1956 – 2 AZR 247/54, AP Nr. 11 zu § 626 BGB; KR/*Fischermeier*, § 626 BGB Rz. 403. | 4 BAG v. 19.2.1970 – 2 AZR 133/69, AP Nr. 12 zu § 11 KSchG; v. 14.8.1974 – 5 AZR 497/73, EzA § 615 BGB Nr. 26; KR/*Fischermeier*, § 626 BGB Rz. 396; *Löwisch*, § 13 KSchG Rz. 35; aA *Vollkommer*, Anm. zu BAG AP Nr. 3 zu § 13 KSchG 1969. | 5 BAG v. 26.2.1975 – 2 AZR 144/74, nv.; KR/*Fischermeier*, § 626 BGB Rz. 396. | 6 BAG v. 19.2.1970 – 2 AZR 133/69, AP Nr. 12 zu § 11 KSchG; *v. Hoyningen-Huene/Linck*, § 4 KSchG Rz. 90a; KR/*Fischermeier*, § 626 BGB Rz. 396. | 7 BAG v. 12.6.1986 – 2 AZR 426/85, AP Nr. 17 zu § 4 KSchG 1969. | 8 BAG v. 12.1.1977 – 5 AZR 593/75, AP Nr. 3 zu § 4 KSchG 1969; v. 12.6.1986 – 2 AZR 426/85, AP Nr. 17 zu § 4 KSchG 1969; v. 5.10.1995 – 2 AZR 909/94, EzA § 519 ZPO Nr. 8; *Habscheid*, RdA 1989, 88 ff.; KR/*Fischermeier*, § 626 BGB Rz. 393; *Schaub*, NZA 1990, 85 f.; aA *Boemke*, RdA 1995, 211 f.; *Schwerdtner*, NZA 1987, 263. | 9 KR/*Fischermeier*, § 626 BGB Rz. 394; krit. *Schwerdtner*, NZA 1987, 263. | 10 Vgl. Mugdan II, 1256; ErfK/*Müller-Glöge*, § 627 BGB Rz. 1. | 11 APS/*Dörner*, § 627 BGB Rz. 2; MüKo/*Henssler*, § 627 BGB Rz. 2; Staudinger/*Preis*, § 627 BGB Rz. 4. | 12 BGH v. 1.2.1989 – IVa ZR 354/87, NJW 1989, 1479. | 13 RG v. 5.2.1918, RGZ 92, 158, 160; ErfK/*Müller-Glöge*, § 627 BGB Rz. 2.

wird durch die Kündigung jedoch nicht ausgeschlossen. Grund hierfür ist, dass die Geltendmachung des durch die Nichterfüllung entstehenden Schadens nicht davon abhängt, dass der Gläubiger zugleich die Kündigung des Dienstverhältnisses erklärt[1].

4 Ist das Dienstverhältnis nach § 627 Dauerschuldverhältnis, gelten die Kündigungsrechte des § 627 und § 626 nebeneinander[2], vgl. auch § 314.

5 **III. Kündigungsberechtigter.** Kündigungsberechtigt sind sowohl der Dienstberechtigte als auch der Dienstverpflichtete.

6 **IV. Voraussetzungen der Kündigung. 1. Kein dauerndes Dienstverhältnis.** § 627 ist nicht anwendbar, wenn der Dienstverpflichtete in einem dauernden Dienstverhältnis steht. Das Dienstverhältnis darf nicht auf längere Dauer angelegt sein oder tatsächlich bereits eine längere Zeitspanne bestanden haben. § 627 ist unanwendbar, wenn die Dienstpflicht für ein Jahr eingegangen worden ist[3]. Dies gilt jedenfalls dann, wenn es sich um ständige oder langfristige Aufgaben handelt und die Vertragspartner von der Möglichkeit und Zweckmäßigkeit einer Verlängerung ausgegangen sind[4].

7 § 627 bezieht sich ausweislich seines Wortlauts nicht auf Arbeitsverhältnisse iSd. Arbeitsrechts, sondern allein auf freie Dienstverträge. Dies ergibt sich auch daraus, dass Arbeitsverhältnisse typischerweise auf Dauer angelegt sind und hierfür feste Bezüge vereinbart werden[5].

8 **2. Keine festen Bezüge.** Der Dienstverpflichtete darf keine festen Bezüge für seine Tätigkeit erhalten. Entscheidend für die Annahme fester Bezüge ist, ob sich der Dienstverpflichtete darauf verlassen kann, dass ihm auf längere Sicht bestimmte, von vornherein festgelegte Beträge als Dienstbezüge in einem Umfang zufließen werden, die die Grundlage eines wirtschaftl. Daseins bilden können, insb. weil sie von außervertragl. Entwicklungen unabhängig und deshalb der Höhe nach konstant sind[6].

9 **3. Dienste höherer Art.** Dienste höherer Art setzen ein überdurchschnittliches Maß an Fachkenntnis, Kunstfertigkeit oder wissenschaftlicher Bildung, eine hohe geistige Phantasie oder Flexibilität voraus[7] und verleihen eine herausgehobene Stellung. Hierzu gehören zB die Tätigkeiten des Arztes, des Rechtsanwaltes[8], des Rechtsbeistandes, des Wirtschaftsprüfers, des Werbeberaters, des Schiedsrichters, des Steuerberaters[9], des Inkassounternehmers[10] und des Ehe- oder Partnerschaftsvermittlers[11].

10 **4. Übertragung auf Grund besonderen Vertrauens.** Es muss sich um Dienste handeln, die aus besonderem Vertrauen übertragen werden. Dieses Merkmal tritt selbständig neben das der Dienste höherer Art, es handelt sich nicht lediglich um eine Erläuterung des anderen Tatbestandsmerkmals[12]. Es muss sich **objektiv** um Dienste handeln, die **im Allgemeinen** aus besonderem Vertrauen übertragen werden. Ob sie im Einzelfall tatsächlich aus diesem Grund übertragen wurden, ist irrelevant[13].

11 Verträge mit Institutionen können nicht auf ein besonderes Vertrauen zurückgeführt werden, da sich das Vertrauen auch auf die Person des Vertragspartners erstrecken muss[14]. Etwas anderes gilt für Unterrichtsverträge, soweit der Vertragspartner ein Unterrichtsinstitut ist (VHS, Spracheninstitut usw.) und die Bestimmung der Person des Lehrers dem Institut obliegt[15]. Auch besteht zwischen dem Lehrer an einer Privatschule und dem Schulträger ein Vertrauensverhältnis iSd. § 627[16].

12 **V. Rechtsfolgen.** § 627 gewährt ein außerordentl. Kündigungsrecht[17], dh. eine Kündigungsfrist muss nicht eingehalten werden, eine Befristung ist jedoch zulässig[18].

13 **VI. Kündigung zur Unzeit.** Grds. darf nach § 627 jederzeit gekündigt werden. § 627 II schränkt dies für die Kündigung durch den Dienstverpflichteten insoweit ein, dass dieser nicht „zur Unzeit" kündigen darf. Dies entspricht einem allgemeinen Rechtsgedanken bei Schuldverhältnissen, die auf einem besonderen Vertrauen aufbauen[19], vgl. §§ 671 II, 712 II, 723 II, 2226. Der Dienstberechtigte kann dagegen jederzeit kündigen.

14 Die Kündigung ist unzeitig, wenn der Dienstberechtigte daraufhin nicht in der Lage ist, sich die Dienste rechtzeitig anderweitig zu beschaffen, § 627 II 1. Maßgeblich ist der Zeitpunkt der tatsächlichen

---

1 MüKo/*Henssler*, § 627 BGB Rz. 5; MünchArbR/*Blomeyer*, § 57 Rz. 4. | 2 ErfK/*Müller-Glöge*, § 627 BGB Rz. 2; Palandt/*Putzo*, § 627 BGB Rz. 6. | 3 BGH v. 31.3.1967 – VI ZR 288/64, AP Nr. 1 zu § 627 BGB („Ein Jahr kann in diesem Sinne durchaus eine längere Zeit darstellen".); ErfK/*Müller-Glöge*, § 627 BGB Rz. 4. | 4 BGH v. 8.3.1984 – IX ZR 144/83, BGHZ 90, 280, 282; v. 19.11.1992 – IX ZR 77/92, WM 1993, 515. | 5 ErfK/*Müller-Glöge*, § 627 BGB Rz. 5; Erman/*Belling*, § 627 BGB Rz. 2. | 6 BGH v. 13.1.1993 – VIII ZR 112/92, WM 1993, 795. | 7 ArbG Köln v. 3.3.1993 – 113 C 549/92, NJW-RR 1993, 1207; APS/*Dörner*, § 627 BGB Rz. 6. | 8 BGH v. 16.10.1986 – II ZR 67/85, AP Nr. 4 zu § 628 BGB – Teilvergütung. | 9 BGH v. 11.5.2006 – IX ZR 63/05. | 10 BGH v. 3.2.2005 – III ZR 268/04. | 11 BGH v. 5.11.1998 – III ZR 226/97, NJW 1999, 276; Palandt/*Putzo*, § 627 BGB Rz. 2 mit weiteren Beispielen aus der Rspr. | 12 BGH v. 18.10.1984 – IX ZR 14/84, NJW 1986, 373; ErfK/*Müller-Glöge*, § 627 BGB Rz. 8. | 13 APS/*Dörner*, § 627 BGB Rz. 7; *van Venrooy*, JZ 1981, 53. | 14 APS/*Dörner*, § 627 BGB Rz. 9; Staudinger/*Preis*, § 627 BGB Rz. 22 („in aller Regel"). | 15 BGH v. 8.3.1984 – IX ZR 144/83, BGHZ 90, 282; APS/*Dörner*, § 627 Rz. 9. | 16 BAG v. 29.11.1962 – 2 AZR 176/62, AP Nr. 6 zu § 419 BGB – Betriebsnachfolge; APS/*Dörner*, § 627 Rz. 9. | 17 BGH v. 5.11.1998 – III ZR 226/97, NJW 1999, 276. | 18 Palandt/*Putzo*, § 627 BGB Rz. 6. | 19 ErfK/*Müller-Glöge*, § 627 BGB Rz. 9; *van Venrooy*, JZ 1981, 53.

Beendigung des Dienstverhältnisses. Dementsprechend darf ein Rechtsanwalt sein Mandat idR nicht im oder unmittelbar vor einem Termin zur mündlichen Verhandlung oder kurz vor dem Ablauf wichtiger Fristen niederlegen[1].

Eine unzeitige Kündigung ist ausnahmsw. zulässig, wenn ein rechtfertigender Grund vorliegt[2]. Ist sogar ein wichtiger Grund gegeben, kann auch nach § 626 gekündigt werden. 15

VII. Rechtsfolge der Kündigung zur Unzeit. Auch die Kündigung zur Unzeit ist rechtswirksam. Der Dienstverpflichtete macht sich aber gem. § 627 II schadensersatzpflichtig[3]. Der Schadensersatzanspruch richtet sich nur auf das negative Interesse, dh. den Vertrauensschaden, der Höhe nach begrenzt auf das positive Interesse[4], da der Dienstberechtigte grds. nur vor der Auflösung zur Unzeit, nicht aber allgemein vor der Auflösung des Dienstverhältnisses zu schützen ist. 16

VIII. Abdingbarkeit. Das Kündigungsrecht aus § 627 ist einzelvertragl. abdingbar[5], nicht aber durch AGB[6]. Nach denselben Regeln kann die Einhaltung einer Kündigungsfrist[7] oder einer vorherigen Ankündigung vorgeschrieben werden[8]. 17

Möglich ist es zudem, einzelvertragl. die volle Vergütung auch für den Fall zu vereinbaren, dass die Dienstleistungen durch Ausübung des Kündigungsrechts ein vorzeitiges Ende finden. Eine solche Vereinbarung in AGB verstößt gegen § 308 Nr. 7a, wenn der Umfang der bisher geleisteten Dienste bei der Bemessung des Vergütungsanspruchs überhaupt nicht berücksichtigt wird, der volle Vergütungsanspruch also auch dann bestehen soll, wenn noch gar keine oder nur eine ganz geringfügige Tätigkeit entfaltet wurde[9]. 18

Ähnliches gilt für die Vereinbarung einer Laufzeitverlängerungsklausel. In ihr liegt zwar kein Ausschluss des Kündigungsrechts, jedoch ist eine solche Klausel unangemessen iSd. § 307, wenn sie den Eindruck einer festen vertragl. Bindung erweckt und daher den Kunden davon abhalten kann, von seinem Recht auf jederzeitige Kündigung nach § 627 Gebrauch zu machen[10]. 19

IX. Darlegungs- und Beweislast. Der Kündigende trägt die Darlegungs- und Beweislast für die Voraussetzungen des § 627 I. 20

Macht der Dienstberechtigte gem. § 627 II Schadensersatz geltend, muss er die Umstände darlegen, die die Kündigung zu einer „unzeitigen" machen und seinen Schaden begründen. Der Dienstverpflichtete trägt die Darlegungs- und Beweislast für die Tatsachen, die eine Kündigung zur Unzeit rechtfertigen[11]. 21

628 *Teilvergütung und Schadensersatz bei fristloser Kündigung*

(1) Wird nach dem Beginn der Dienstleistung das Dienstverhältnis auf Grund des § 626 oder des § 627 gekündigt, so kann der Verpflichtete einen seinen bisherigen Leistungen entsprechenden Teil der Vergütung verlangen. Kündigt er, ohne durch vertragswidriges Verhalten des anderen Teiles dazu veranlasst zu sein, oder veranlasst er durch sein vertragswidriges Verhalten die Kündigung des anderen Teiles, so steht ihm ein Anspruch auf die Vergütung insoweit nicht zu, als seine bisherigen Leistungen infolge der Kündigung für den anderen Teil kein Interesse haben. Ist die Vergütung für eine spätere Zeit im Voraus entrichtet, so hat der Verpflichtete sie nach Maßgabe des § 346 oder, wenn die Kündigung wegen eines Umstands erfolgt, den er nicht zu vertreten hat, nach den Vorschriften über die Herausgabe einer ungerechtfertigten Bereicherung zurückzuerstatten.

(2) Wird die Kündigung durch vertragswidriges Verhalten des anderen Teiles veranlasst, so ist dieser zum Ersatz des durch die Aufhebung des Dienstverhältnisses entstehenden Schadens verpflichtet.

1 ErfK/*Müller-Glöge*, § 627 BGB Rz. 10; Erman/*Belling*, § 627 BGB Rz. 9. | 2 Palandt/*Putzo*, § 627 BGB Rz. 7; aA (wichtiger Grund erforderlich) ErfK/*Müller-Glöge*, § 627 BGB Rz. 11. | 3 BGH v. 24.6.1987 – IVa ZR 99/86, NJW 1987, 2808; MüKo/*Henssler*, § 627 BGB Rz. 25; aA *van Venrooy* JZ 1981, 53. | 4 ErfK/*Müller-Glöge*, § 627 BGB Rz. 11; RGRK/*Corts*, § 627 BGB Rz. 18; unklar (Schadensersatz wegen Nichterfüllung) Soergel/*Kraft*, § 627 BGB Rz. 10. | 5 BGH v. 5.11.1998 – III ZR 226/97, NJW 1999, 276; ErfK/*Müller-Glöge*, § 627 BGB Rz. 12. | 6 BGH v. 9.6.2005 – III ZR 436/04. | 7 Erman/*Belling*, § 627 BGB Rz. 10. | 8 ErfK/*Müller-Glöge*, § 627 BGB Rz. 12. | 9 BGH v. 3.2.2005 – III ZR 268/04; ErfK/*Müller-Glöge*, § 627 BGB Rz. 12. | 10 BGH v. 5.11.1998 – III ZR 226/97, NJW 1999, 276. | 11 *Baumgärtel*, Rz. 2; ErfK/*Müller-Glöge*, § 627 BGB Rz. 13.

1 **I. Normzweck.** § 628 regelt die Abwicklung von Dienst- und Arbeitsverhältnissen, die nach §§ 626, 627 gekündigt wurden. § 628 begreift das gekündigte Arbeitsverhältnis als reines Abwicklungsverhältnis, das keine persönliche Leistungspflichten mehr zum Gegenstand hat, sondern nur noch bestehende gegenseitige finanzielle Ansprüche ausgleichen soll[1].

2 **II. Anwendungsbereich.** § 628 gilt vorbehaltlich bestehender Sonderregelungen für alle Dienst- und Arbeitsverhältnisse[2]. Erfasst wird auch der Fall der Kündigung vor Dienstantritt[3].

3 Bei Berufsausbildungsverhältnissen ist die abschließende Sonderregelung des § 23 BBiG zu beachten[4], die erhebliche Unterschiede zu § 628 aufweist. Da das Berufsausbildungsverhältnis kein Arbeitsverhältnis ist, folglich auch kein Anspruch auf Arbeitsentgelt besteht, kann der Auszubildende bei vorzeitigem Abbruch der Ausbildung den Differenzbetrag zwischen dem Wert der von ihm geleisteten Arbeit und der Ausbildungsvergütung weder als Schadensersatz noch aus anderen Gründen verlangen[5].

4 Für Handelsvertreter gilt § 89a II HGB. Dieser entspricht inhaltlich § 628 II[6].

5 Für Seeleute gelten §§ 66, 70 SeemG[7]. Die Kündigung des Heuerverhältnisses durch ein Besatzungsmitglied und die Geltendmachung der Abtrittsheuer schließen jedoch weiteren Schadensersatz gem. § 628 II nicht aus, § 70 S. 2 SeemG.

6 RVG und StBGebV schließen die Anwendung des § 628 I 1 mangels abschließender Regelung nicht aus[8]. Zu beachten sind aber § 15 IV RVG, § 12 IV StBGebV[9].

7 **III. Abdingbarkeit.** Prinzipiell ist § 628 abdingbar, so dass zB an Stelle der Rechtsfolgen des § 628 I die des § 649 vereinbart werden können[10]. Eine Abbedingung des § 628 wird aber begrenzt durch den grundlegenden Gerechtigkeitsgehalt der Vorschrift, der auch durch eine abweichende Regelung nicht vereitelt werden darf[11], sowie durch daneben bestehendes zwingendes Gesetzesrecht, wie Kündigungsfristen, vgl. § 622 IV, VI BGB[12], die Bestimmungen des BUrlG, des EFZG oder des MuSchG. Dies führt in vielen Fällen zu einer faktischen Unabdingbarkeit (zumindest) der Teilvergütungsregelung[13]. Insoweit ist auch § 308 Nr. 7a zu beachten.

8 Hinsichtlich der Regelung des Schadensersatzanspruchs wird vertreten, dass lediglich der einseitige Ausschluss bzw. die einseitige Beschränkung des Schadensersatzanspruches durch AGB wegen Verstoßes gegen § 307 I 1 unwirksam ist[14]. ME ergibt sich für den Klauselverwender eine weitere Beschränkung aus § 309 Nr. 7b[15].

9 Speziell bei der Pauschalierung von Schadensersatzansprüchen ist § 309 Nr. 5 (§ 310 IV 2) zu beachten[16]. Danach sind Schadenspauschalierungen nur zulässig, wenn die Pauschale nach dem gewöhnlichen Lauf der Dinge den zu erwartenden Schaden nicht übersteigt und dem anderen Vertragsteil ausdrücklich der Nachweis gestattet wird, dass kein bzw. nur ein wesentlich geringerer Schaden entstanden ist. Unzulässig dagegen sind Schadenspauschalierungen in Berufsausbildungsverhältnissen, § 12 II Nr. 4 BBiG.

1 So auch ErfK/*Müller-Glöge*, § 628 BGB Rz. 1 und KR/*Weigand*, § 628 BGB Rz. 1. |2 Erman/*Belling*, § 628 BGB Rz. 1; MüKo/*Henssler*, § 628 BGB Rz. 2. |3 KR/*Weigand*, § 628 BGB Rz. 3; Staudinger/*Preis*, § 628 BGB Rz. 2. |4 BAG v. 17.7.1997 – 8 AZR 257/96, AP Nr. 2 zu § 16 BBiG; ErfK/*Müller-Glöge*, § 628 BGB Rz. 3. |5 LAG Düsseldorf v. 26.6.1984 – 8 Sa 617/84, DB 1985, 180 (181); APS/*Rolfs*, § 628 BGB Rz. 29. |6 Vgl. BGH v. 3.3.1993 – VIII ZR 101/92, EzA § 89a HGB Nr. 1; *Baumbach/Hopt*, § 89a HGB Rz. 4. |7 ErfK/*Müller-Glöge*, § 628 BGB Rz. 6; KR/*Weigand*, § 628 BGB Rz. 3. |8 BGH v. 16.10.1986 – III ZR 67/85, AP Nr. 4 zu § 628 BGB – Teilvergütung; näher MüKo/*Henssler*, § 628 BGB Rz. 3. |9 MüKo/*Henssler*, § 628 BGB Rz. 3, 11, 16 ff., 21. |10 BGH v. 28.6.1952 – II ZR 263/51, LM Nr. 3 zu § 611 BGB; v. 16.10.1986 – III ZR 67/85, AP Nr. 4 zu § 628 BGB – Teilvergütung. |11 BGH v. 4.6.1970 – VII ZR 187/68, BGHZ 54, 106; ErfK/*Müller-Glöge*, § 628 BGB Rz. 116. |12 ErfK/*Müller-Glöge*, § 628 BGB Rz. 116; Staudinger/*Preis*, § 628 BGB Rz. 35. |13 APS/*Rolfs*, § 628 BGB Rz. 4; vgl. auch KR/*Weigand*, § 628 BGB Rz. 2. |14 ErfK/*Müller-Glöge*, § 628 BGB Rz. 117; Erman/*Belling*, § 628 BGB Rz. 19. |15 Beachte aber auch BAG v. 25.5.2005 – 5 AZR 572/04, NZA 2005, 1111. |16 KR/*Weigand*, § 628 BGB Rz. 2.

Bei in vorformulierten Arbeitsverträgen enthaltenen Vertragsstraferegelungen gilt wegen § 310 IV 2 nicht § 309 Nr. 6, sondern § 307 I 1. Das BAG[1] verlangt zum einen, dass die die Vertragsstrafenregelungen auslösende Pflichtverletzung im Einzelnen beschrieben wird. Überdies darf es zu keinem möglichen Missverhältnis zwischen der Schwere der Pflichtverletzung und der Höhe der Vertragsstrafe kommen. 10

IV. Anspruch auf Teilvergütung nach Abs. 1. 1. Allgemeines. § 628 I 1 gibt den allgemeinen Rechtsgrundsatz wieder, wonach bei der Beendigung von Dauerschuldverhältnissen dem vorleistungspflichtigen Vertragspartner eine seinen bereits erbrachten Leistungen entsprechende Vergütung gebührt. Der ArbN ist gem. § 614 regelmäßig vorleistungspflichtig. Kündigt der ArbN selbst, ohne dass dies durch ein vertragswidriges Verhalten des ArbGeb veranlasst war, oder provoziert er selbst durch vertragswidriges Verhalten die Kündigung durch den ArbGeb, behält er nach § 628 I 2 seinen Vergütungsanspruch nur insoweit, als die erbrachten Leistungen für den ArbGeb auch von Interesse sind. 11

2. Umfang und Berechnung des Anspruchs aus Abs. 1 S. 1. Bei § 628 I 1 kommt es anders als in den Fällen des § 628 I 2 nicht darauf an, welchen Wert die erbrachten Leistungen für den Dienstberechtigten haben oder ob die Dienstleistung für den Dienstberechtigten noch von Interesse ist. 12

Zu vergüten sind nur die bisherigen Leistungen, die der Dienstnehmer im Voraus für den Dienstberechtigten erbracht hat. Der Vergütungsanteil bemisst sich entsprechend der tatsächlichen Arbeitsleistung gegenüber der ursprünglich gedachten Gesamtleistung[2]. Insb. nach § 2 EFZG abzugeltende Feiertage zählen zu den bisherigen bis zur wirksamen Kündigung erbrachten Leistungen[3]. Gleiches gilt für Bereitschaftsdienstvergütungen und Zulagen wegen besonderer Schwierigkeit oder Gefährlichkeit der Tätigkeit[4]. 13

Bei vereinbartem **Stundenlohn** berechnet sich die Teilvergütung als Produkt von Lohnsatz und Stundenzahl. Ist ein Pauschalhonorar vereinbart, wie etwa beim Anwaltsvertrag, so ist dieses bei vorzeitiger Beendigung (im entschiedenen Fall nach § 627) auf den Teil herabzusetzen, der der bisherigen Tätigkeit des Rechtsanwalts entspricht[5]. 14

Bei vereinbartem **Monatslohn** empfiehlt sich die konkrete Berechnungsmethode, soweit keine klarstellenden kollektiv- oder einzelvertragl. Regelungen eingreifen. Dh., das Monatsgehalt ist durch die Summe der Arbeits- und Feiertage des konkreten Kalendermonats zu teilen und mit der Summe der bereits abgeleisteten Arbeits- und bisherigen Feiertage zu multiplizieren[6]. Alternativ ist es aber auch zulässig, die Vergütung pauschal auf der Grundlage von 30 Kalendertagen zu berechnen, wobei die im betreffenden Monat tatsächlich anfallenden Kalender-, Werk- und Arbeitstage unberücksichtigt bleiben. Diese Methode wird vom BAG[7] ebenfalls anerkannt und führt mit Ausnahme des Monats Februar eher zu einer Begünstigung der ArbN[8]. 15

Erfolgt die Vergütung im **Akkordlohn**, ist nach dem erzielten Akkordergebnis abzurechnen. Die zur wirksamen Beendigung des Vertragsverhältnisses erbrachte tatsächliche (Stück-)Leistung ist quantitativ zu bestimmen und entsprechend zu vergüten[9]. 16

Gewinnbeteiligungen bleiben erhalten und stehen dem Dienstverpflichteten anteilig zu, sie können in aller Regel jedoch erst am Ende des Geschäftsjahres errechnet und damit fällig werden[10]. 17

Ein Anspruch auf **Provisionszahlung** besteht auch dann, wenn der Tätigkeitserfolg erst nach Beendigung des Dienstverhältnisses eintritt[11]. Die insoweit für Handlungsgehilfen geltenden Vorschriften der §§ 65, 87 III, 87a HGB sind auf alle ArbN entsprechend anzuwenden[12]. 18

Sonderzuwendungen wie ein 13. Monatsgehalt, die fest in das Vergütungsgefüge eingebaut sind, stehen dem ArbN als Entgelt anteilig zu seiner Beschäftigungszeit am Arbeitsjahr auch dann zu, wenn er im Zeitpunkt der Fälligkeit bereits aus dem Beschäftigungsverhältnis ausgeschieden ist[13]. Dagegen entfallen Sondervergütungen anlässlich betrieblicher Ereignisse oder von Festtagen in vollem Umfang mit Ausscheiden des ArbN vor dem Stichtag, wenn mit der Gratifikation die Betriebstreue für den gesamten Bezugszeitraum honoriert werden soll, also gerade an den weiteren Bestand des Beschäftigungsverhältnisses angeknüpft wird[14]. 19

---

1 BAG v. 4.3.2004 – 8 AZR 196/03, AP Nr. 3 zu § 309 BGB; v. 21.4.2005 – 8 AZR 425/04, NZA 2005, 1053. | 2 KR/*Weigand*, § 628 BGB Rz. 10. | 3 ArbG Marburg v. 1.7.1963 – Ca 229/63, BB 1963, 1376; ErfK/*Müller-Glöge*, § 628 BGB Rz. 13. | 4 APS/*Rolfs*, § 628 BGB Rz. 5 aE; ErfK/*Müller-Glöge*, § 628 BGB Rz. 13; Staudinger/*Preis*, § 628 BGB Rz. 17. | 5 BGH 16.10.1986 – II ZR 67/85, AP Nr. 4 zu § 628 BGB – Teilvergütung. | 6 BAG v. 14.8.1985 – 5 AZR 384/84, EzA § 63 HGB Nr. 38; KR/*Weigand*, § 628 BGB Rz. 12. | 7 BAG v. 28.2.1975 – 5 AZR 213/74, AP Nr. 1 zu § 628 BGB – Teilvergütung. | 8 ErfK/*Müller-Glöge*, § 628 BGB Rz. 15. | 9 KR/*Weigand*, § 628 BGB Rz. 12. | 10 APS/*Rolfs*, § 628 BGB Rz. 8 und Staudinger/*Preis*, § 628 BGB Rz. 21. | 11 BGH v. 14.11.1966 – VII ZR 112/64, AP Nr. 4 zu § 628 BGB; RAG v. 29.1.1930, ARS 26, 121; KR/*Weigand*, § 628 BGB Rz. 13. | 12 ErfK/*Müller-Glöge*, § 628 BGB Rz. 17. | 13 BAG v. 8.11.1978 – 5 AZR 358/77, AP Nr. 100 zu § 611 BGB – Gratifikation; KR/*Weigand*, § 628 BGB Rz. 13; Staudinger/*Preis*, § 628 BGB Rz. 21; aA Erman/*Belling*, § 628 BGB Rz. 6. | 14 BAG v. 27.10.1978 – 5 AZR 139/77, AP Nr. 96 zu § 611 BGB – Gratifikation; KR/*Weigand*, § 628 BGB Rz. 13.

20 Da der Anspruch aus der Zeit resultiert, in der das Arbeitsverhältnis bestanden hat, umfasst er auch die **Natural- und Nebenvergütungen**. Zu den Leistungen gehören demnach vorbereitende oder sonst mit den eigentlichen Diensten verbundene Maßnahmen und Aufwendungen[1] (zB Reisekosten[2]). Geleistete Auslagen sind voll zu ersetzen[3].

21 **3. Herabsetzung der Vergütung gem. Abs. 1 S. 2. a) Regelungsinhalt.** Kündigt der Dienstverpflichte ohne Fremdveranlassung oder schafft er durch sein vertragswidriges Verhalten den Grund für eine außerordentl. Kündigung seitens des Dienstberechtigten, besteht ein Vergütungsanspruch nur noch insoweit, als die bis dato erbrachten Leistungen für den Dienstberechtigten von Interesse sind. Wegen des Zusammenspiels mit § 628 I 1 gilt dies aber nur für noch nicht abgerechnete Zeiträume[4]. Vollständig abgerechnete Vergütungsperioden werden nicht wegen Interessenwegfalls rückabgewickelt[5].

22 **b) Wirksamkeit der Kündigung keine Voraussetzung.** Nach dem Sinn und Zweck der Vorschrift und im Wege eines Erst-recht-Schlusses ist die Vergütung entgegen dem Wortlaut des § 628 I auch herabzusetzen, wenn die außerordentl. Kündigung des Dienstverpflichteten nicht wirksam ist. Berechtigen den Dienstverpflichteten zB persönliche Gründe, wie Krankheit, zur außerordentl. Kündigung und kommt es deswegen nach § 628 I 2 zur Herabsetzung der Vergütung, muss dies auch dann gelten, wenn es an einem wichtigen Grund iSd. § 626 oder einem Fall des § 627 fehlt[6]. Dies muss zumindest dann gelten, wenn die Parteien die Kündigung de facto als wirksam behandeln und von Seiten des Dienstberechtigten wegen der unwirksamen Kündigung keine Schadensersatzforderungen nach §§ 280, 283 gegen den Dienstverpflichteten geltend gemacht werden[7], § 242.

23 **c) Analoge Anwendung des Abs. 1 S. 2 bei Aufhebungsvertrag.** Entsprechendes gilt, wenn anlässlich einer unwirksamen außerordentl. Kündigung des ArbN ein Aufhebungsvertrag geschlossen wird[8]. Nur insoweit ist § 628 I 2 analog auf Aufhebungsverträge anzuwenden.

24 **d) Keine analoge Anwendung des Abs. 1 bei ordentlicher Kündigung.** Schon der Wortlaut des § 628 I 2 verbietet seine Anwendung auf ordentl. Kündigungen. Eine analoge Anwendung scheidet mangels Regelungslücke und weil es nicht Absicht des Gesetzes ist, das Recht zur ordentl. Kündigung zu erschweren, aus[9].

25 **e) Kündigung „ohne Veranlassung" iSd. Abs. 1 S. 2, 1. Alt.** Die Kündigung ist durch den ArbGeb/Dienstberechtigten nur dann veranlasst, wenn ihm ein schuldhaft vertragswidriges Verhalten vorgeworfen werden kann bzw. er sich ein entsprechendes vertragswidriges Verhalten zurechnen lassen muss[10], §§ 276, 278. Zudem muss zwischen Kündigung und vertragswidrigem Verhalten ein adäquater Kausalzusammenhang bestehen[11]. Als Beispiele sind zu nennen: Der Ausspruch einer unwirksamen fristlosen Kündigung, wenn der ArbGeb die Unwirksamkeit der Kündigung oder die ungehörigen Begleitumstände kannte oder bei gehöriger Sorgfalt hätte erkennen müssen[12] sowie eine den ArbN kränkende Teilsuspendierung, insb. weil der ArbN dadurch von wesentlichen Aufgaben entbunden wurde[13].

26 Eine Kürzung des Teilvergütungsanspruches wird aber nicht schon deshalb ausgeschlossen, weil der ArbN das Dienstverhältnis fristlos aus wichtigem Grund wirksam beendet. Insb. objektive oder aus der Sphäre des Dienstverpflichteten stammende Gründe schließen die Kürzung der anteiligen Vergütung nicht aus, und auch Kündigungsgründe aus der Sphäre des Dienstberechtigten sind unerheblich, solange sie kein vertragswidriges Verhalten darstellen[14].

27 Ist beiden Vertragsparteien ein schuldhaftes vertragswidriges Verhalten vorzuwerfen und liegen die weiteren Voraussetzungen des § 628 I 2 vor, ist § 254 analog anzuwenden, dh. die zeitanteilige Vergütung ist nur zum Teil, entsprechend den Verursachungsanteilen der Parteien, zu kürzen.

28 **f) Veranlassung der Kündigung durch vertragswidriges Verhalten des Arbeitnehmers (Abs. 1 S. 2, 2. Alt.).** Der anteilige Vergütungsanspruch nach § 628 I 1 ist auch dann herabzusetzen, wenn der ArbN durch sein vertragswidriges Verhalten die vom ArbGeb ausgesprochene außerordentl. Kündigung schuldhaft (§§ 276, 278) veranlasst hat[15]. Darunter fallen schuldhafte Vertragsverletzungen, wie zB eine

---

1 APS/*Rolfs*, § 628 BGB Rz. 6; Erman/*Belling*, § 628 BGB Rz. 8. | 2 BGH v. 29.5.1991 – IV ZR 187/90, LM Nr. 10 zu § 628 BGB. | 3 ErfK/*Müller-Glöge*, § 628 BGB Rz. 10; KR/*Weigand*, § 628 BGB Rz. 10. | 4 BGH v. 17.10.1996 – IX ZR 37/96, NJW 1997, 188. | 5 ErfK/*Müller-Glöge*, § 628 BGB Rz. 22. | 6 BAG v. 21.10.1983 – 7 AZR 285/82, AP Nr. 2 zu § 628 BGB – Teilvergütung; ErfK/*Müller-Glöge*, § 628 BGB Rz. 18; Erman/*Belling*, § 628 BGB Rz. 3; *Hanau*, ZfA 1984, 453 (578); KR/*Weigand*, § 628 BGB Rz. 14; Staudinger/*Preis*, § 628 BGB Rz. 22; aA *Weitnauer*, Anm. BAG v. 21.10.1983 – 7 AZR 285/82, aaO. | 7 Vgl. ArbG Köln v. 3.2.2000 – 1 Ca 8005/99, ArbuR 2000, 473; KR/*Weigand*, § 628 BGB Rz. 21. | 8 ErfK/*Müller-Glöge*, § 628 BGB Rz. 20; aA MüKo/*Henssler*, § 628 BGB Rz. 6; Soergel/*Kraft*, § 628 BGB Rz. 4. | 9 BGH v. 26.1.1994 – VIII ZR 39/93, NJW 1994, 1069 (1070); ErfK/*Müller-Glöge*, § 628 BGB Rz. 21. | 10 ErfK/*Müller-Glöge*, § 628 BGB Rz. 25; Staudinger/*Preis*, § 628 BGB Rz. 24. | 11 BGH v. 12.6.1963 – VII ZR 272/61, BGHZ 40, 13, 14; OLG Koblenz v. 28.4.1975 – 1 U 292/74, MDR 1976, 44; ErfK/*Müller-Glöge*, § 628 BGB Rz. 28. | 12 BAG v. 24.10.1974 – 3 AZR 488/73, AP Nr. 2 zu § 276 BGB – Vertragsverletzung. | 13 BAG v. 15.6.1972 – 2 AZR 345/71, AP Nr. 7 zu § 628 BGB; ErfK/*Müller-Glöge*, § 628 BGB Rz. 26. | 14 KR/*Weigand*, § 628 BGB Rz. 15; MüKo/*Henssler*, § 628 BGB Rz. 12; Staudinger/*Preis*, § 628 BGB Rz. 23. | 15 ErfK/*Müller-Glöge*, § 628 BGB Rz. 29; Staudinger/*Preis*, § 628 BGB Rz. 25.

unwirksame fristlose Kündigung seitens des ArbN[1], oder bei entsprechender Vereinbarung (im Rahmen der zulässigen Abdingbarkeit, vgl. Rz. 7 ff.) uU bereits eine unverschuldete Vertragswidrigkeit[2].

g) Wegfall des Interesses. Eine Herabsetzung der anteiligen Vergütung nach § 628 I 2 setzt voraus, dass die bisherigen Leistungen für den anderen Teil (dh. den ArbGeb) kein Interesse haben. Interesse meint Vorteil oder Wert der Leistung für den ArbGeb[3]. Die Leistungen sind für den ArbGeb dann nicht von Interesse, wenn sie für ihn wirtschaftl. nutzlos sind[4], so dass bei völliger Wertlosigkeit der Vergütungsanspruch auch ganz entfallen kann[5]. 29

Voraussetzung ist aber, dass das Interesse an der bisher erbrachten Leistung gerade infolge der tatsächlichen Beendigung der Tätigkeit des Dienstverpflichteten entfallen ist[6]. Dies wird bei normalen Arbeitsverhältnissen eher selten der Fall sein, da die erbrachte Leistung, auch sofern sie nur in einer Teilleistung bestand, von anderen ArbN fortgeführt werden kann und deshalb ihren eigenständigen wirtschaftl. Wert für den ArbGeb behält[7]. Erst wenn dem ArbGeb wegen der Fortführung durch einen anderen ArbN besondere Unkosten entstehen, kann er diese in Abzug bringen. So nimmt das Interesse an der erbrachten Leistung ab oder entfällt, wenn die Arbeiten an einem Projekt wegen des Ausscheidens des ArbN unterbrochen werden bzw. eine Ersatzkraft die Arbeit völlig neu beginnen muss oder zumindest nur mit zeitlicher Verzögerung fortsetzen kann[8]. 30

Hat der ArbN während seines Urlaubs gekündigt, kann der ArbGeb die Urlaubsvergütung nicht mit der Begründung verweigern, er habe an der Ferienzeit des ArbN kein Interesse. Dem Wegfall des Interesses steht entgegen, dass der ArbN im Urlaub nicht zur Erbringung von Leistungen verpflichtet ist[9]. 31

Besondere Behandlung erfährt der (Teil-)Vergütungsanspruch des Rechtsanwalts, da nach dem RVG der volle Gebührenanspruch schon sehr früh entsteht und nach § 15 IV RVG die Gebühr für eine Teilleistung grunsätzlich ebenso hoch ist wie für die ganze Leistung[10]. Beschränkungen ergeben sich insb. aus § 628 I 2. Hat zB die Aufgabe der Zulassung durch einen Rechtsanwalt zur Folge, dass der Mandant dem neuen Prozessbevollmächtigten noch einmal die gleichen Gebühren zahlen muss, so verliert der erste Anwalt seinen Vergütungsanspruch nach § 628 I 2[11]. Anderes gilt nur, wenn der Mandant bei der Übernahme des Mandats auf den (baldigen) Verlust der Zulassung ausdrücklich hingewiesen wurde[12]. 32

Ist die Höhe der Kürzung streitig, kann im Rechtsstreit § 287 II ZPO zur Anwendung kommen und das Gericht den Wert schätzen[13]. 33

4. Vorausgezahlte Vergütung (Abs. 1 S. 3). Sollte der ArbGeb entgegen der Regel des § 614 die Vergütung im Voraus gezahlt haben, kann sich wegen § 628 I 2 aus § 628 I 3 ein Rückforderungsanspruch ergeben. § 628 I 3 ist eigene Anspruchsgrundlage, so dass der Verweis auf das Rücktrittsrecht („§ 346") einerseits bzw. auf die Vorschriften über die ungerechtfertigte Bereicherung andererseits nur noch die rechtshindernden Einwendungen bzgl. der Herausgabe des erlangten Geldbetrages betrifft. 34

Hat der ArbN den Kündigungsgrund nicht zu vertreten, schuldet er im Fall der Gutgläubigkeit nur die Herausgabe der (im Zeitpunkt der Kündigung[14]) noch verbleibenden Bereicherung[15] (einschließlich der Nutzungen[16]), § 818 III, während er im Fall einer ausnahmsw. bestehenden Bösgläubigkeit in vollem Umfang zur Rückgewähr verpflichtet ist, §§ 818 IV, 819 I. 35

Hat der ArbN die Kündigung durch sein vertragswidriges Verhalten veranlasst (vgl. Rz. 28), schuldet er Rückgewähr nach den Vorschriften über den Rücktritt. § 628 I 3 (nF) nimmt dabei nur § 346 nicht aber § 347 in Bezug. Demnach besteht eine Verzinsungspflicht nur, wenn und soweit der ArbN tatsächlich Zinsen erzielt hat[17]. 36

Ob sich nach § 628 I 3 iVm. § 346 bzw. § 812 I 1, 1. Alt. ein Rückzahlungsanspruch ergibt richtet sich nach dem Leistungszeitraum, der mit der gezahlten Vergütung abgedeckt worden ist. So sind Sonderzahlungen nicht zurückzuzahlen, wenn der ArbN seine Leitung bereits erbracht hat. Auf Grund 37

1 BAG v. 24.10.1974 – 3 AZR 488/73, AP Nr. 2 zu § 276 BGB – Vertragsverletzung; Staudinger/*Preis*, § 628 BGB Rz. 25. | 2 KR/*Weigand*, § 628 BGB Rz. 16; Soergel/*Kraft*, § 628 BGB Rz. 7. | 3 BGH v. 7.6.1984 – III ZR 37/83, LM Nr. 7 zu § 628 BGB; KR/*Weigand*, § 628 BGB Rz. 17. | 4 BGH v. 7.6.1984 – III ZR 37/83, NJW 1985, 41; APS/*Rolfs*, § 628 BGB Rz. 14. | 5 ErfK/*Müller-Glöge*, § 628 BGB Rz. 32; Palandt/*Putzo*, § 628 BGB Rz. 4. | 6 BAG v. 21.10.1983 – 7 AZR 285/82, AP Nr. 2 zu § 628 BGB – Teilvergütung; ErfK/*Müller-Glöge*, § 628 BGB Rz. 31. | 7 KR/*Weigand*, § 628 BGB Rz. 17. | 8 ErfK/*Müller-Glöge*, § 628 BGB Rz. 36; Staudinger/*Preis*, § 628 BGB Rz. 27 f. | 9 BAG v. 21.10.1983 – 7 AZR 285/82, AP Nr. 2 zu § 628 BGB – Teilvergütung; APS/*Rolfs*, § 628 BGB Rz. 16; KR/*Weigand*, § 628 BGB Rz. 17 vgl. dazu auch *Hanau*, ZfA 1984, 578. | 10 Dazu näher *Henssler/Deckenbrock*, NJW 2005, 1 ff. | 11 BGH v. 30.3.1995 – IX ZR 182/94, NJW 1995, 1954; OLG Hamburg v. 27.3.1981 – 8 W 72/81, MDR 1981, 767; KR/*Weigand*, § 628 BGB Rz. 17; aA (Kürzung nur, wenn RA Verlust der Zulassung zu vertreten hat) BGH v. 27.5.1957 – VII ZR 286/56, MDR 1958, 32. | 12 BGH v. 27.2.1978 – AnwSt (R) 9/77, NJW 1978, 2304; KR/*Weigand*, § 628 BGB Rz. 17 aE. | 13 ErfK/*Müller-Glöge*, § 628 BGB Rz. 33; Palandt/*Putzo*, § 628 BGB Rz. 4. | 14 ErfK/*Müller-Glöge*, § 628 BGB Rz. 39; KR/*Weigand*, § 628 BGB Rz. 18. | 15 Palandt/*Putzo*, § 628 BGB Rz. 5 (auch § 818 BGB ist anzuwenden). | 16 ErfK/*Müller-Glöge*, § 628 BGB Rz. 39; KR/*Weigand*, § 628 BGB Rz. 18. | 17 Palandt/*Grüneberg*, § 346 BGB Rz. 6; aA MüKo/*Henssler*, § 628 BGB Rz. 22.

einer Rückzahlungsklausel wegen vorzeitigen Ausscheiden sind aber Ansprüche möglich (vgl. § 611 Rz. 110 ff.). Vereinbarungen sind auch denkbar betreffend Aus- und Weiterbildungskosten[1]. Keine Zurückzahlungspflicht kann es wegen § 12 II Nr. 1 BBiG dagegen bei Berufsausbildungsverhältnissen geben.

38 **V. Schadensersatz gem. Abs. 2. 1. Allgemeines.** § 628 II verpflichtet die Vertragspartei, welche die Kündigung des Dienst- bzw. Arbeitsverhältnisses durch vertragswidriges Verhalten veranlasst hat, zum Ersatz des dadurch entstandenen Schadens. Je nach Fallgestaltung kann die Schadensersatzpflicht gem. § 628 II beide Vertragsparteien treffen. Die Vorschrift ist damit Ausdruck des in § 314 IV enthaltenen allgemeinen Rechtsgrundsatzes und stellt einen speziell gesetzl. geregelten Fall des § 280 I ggf. iVm. § 241 II (= pFV[2]) dar, weshalb trotz des fehlenden Hinweises im Gesetzeswortlaut die außerordentl. Kündigung durch ein schuldhaftes vertragswidriges Verhalten veranlasst sein muss (sog. Auflösungsverschulden; vgl. Rz. 49 ff.)[3]. In diesem Fall soll der durch den Vertragsbruch zur außerordentl. Kündigung veranlasste Vertragsteil die Vermögenseinbußen ersetzt bekommen, die darauf beruhen, dass infolge der Kündigung das Arbeitsverhältnis vorzeitig endet[4]. Vor Vertragsauflösung entstandene Schäden sind nach den allgemeinen Regeln der §§ 280 ff. zu ersetzen[5].

39 Der Schadensersatzanspruch nach § 628 II ist von der Verwirkung einer Vertragsstrafe abzugrenzen (zu deren Zulässigkeit in AGB s. Rz. 10). Eine individualvertragl. vereinbarte Vertragsstrafe wegen Vertragsbruchs erfasst die vom ArbN schuldhaft veranlasste vorzeitige Beendigung des Arbeitsverhältnisses nur, wenn dies ausdrücklich vereinbart wird, denn im Allgemeinen meint Vertragsbruch allein die Fälle, in denen der ArbN vorsätzlich und rechtswidrig die Arbeit nicht aufnimmt oder das Arbeitsverhältnis vor Ablauf der vereinbarten Vertragszeit oder ohne Einhaltung der Kündigungsfrist ohne wichtigen Grund beendet[6]. Treten beide Ansprüche nebeneinander, gilt der Rechtsgedanke des § 340 II.

40 Zum Verhältnis des Anspruchs aus § 628 II BGB zu § 61 II ArbGG vgl. Rz. 87 ff.

41 **2. Kündigung iSd. Abs. 2. a) Anwendung auf andere Arten der Vertragsbeendigung.** Nach Wortlaut und systematischer Stellung gilt § 628 für außerordentl. Kündigungen nach § 626 bzw. § 627. Rspr.[7] und Schrifttum[8] wenden § 628 II jedoch auch an, wenn das Arbeitsverhältnis auf andere Weise als durch eine fristlose Kündigung beendet wurde, sofern nur der andere Vertragsteil durch sein vertragswidriges schuldhaftes Verhalten einen wichtigen Grund iSd. § 626 für die Beendigung gegeben hat[9] (vgl. Rz. 49 ff.). Für den auf § 628 II gestützten Schadensersatzanspruch kommt es also nicht auf die Form der Vertragsbeendigung, sondern auf ihren Anlass an. Ansonsten käme es zu Wertungswidersprüchen, wenn ein ArbGeb, der ebenso wirksam außerordentl. kündigen könnte, im Interesse des ArbN einen Aufhebungsvertrag schließt.

42 Zu beachten bleibt, dass die Geltendmachung eines Schadensersatzanspruches ausgeschlossen ist, wenn die Parteien eine Abgeltungsklausel hinsichtlich finanzieller Ansprüche in den Aufhebungsvertrag aufgenommen haben. Zudem entnimmt man dem Verzicht auf die außerordentl. Kündigung einen konkludenten Verzicht auf etwaige Schadensersatzansprüche wegen des Auflösungsverschuldens[10]. Der andere Teil muss sich also derartige Ansprüche ausdrücklich vorbehalten, will er diese trotz einvernehmlicher Beendigung des Arbeitsverhältnisses noch durchsetzen. Ob aber eine solche „Auslegungsregel", wonach der Aufhebungsvertrag im Zweifel zugleich einen Verzichtsvertrag enthält, berechtigt ist, darf bezweifelt werden[11].

43 § 628 II ist im Übrigen auch anwendbar, wenn wegen eines schuldhaften vertragswidrigen Verhaltens mit dem Gewicht eines wichtigen Grundes lediglich ordentl. oder außerordentl. mit Auslauffrist gekündigt wird[12]. Der ArbGeb wird dann aber kaum einen Schadensersatzanspruch haben (s. Rz. 66 ff.).

44 Als außerordentl. Beendigung des Arbeitsverhältnisses ist auch die Auflösung des Arbeitsverhältnisses durch das Gericht nach § 13 I 3–5 KSchG anzusehen. Durch die zuerkannte Abfindung wird aber der Rechtswidrigkeitszusammenhang zwischen dem Auflösungsverschulden und dem Schaden in Form

1 Dazu BAG v. 21.7.2005 – 6 AZR 452/04, AP Nr. 37 zu § 611 BGB – Ausbildungsbeihilfe. | 2 BAG v. 12.6.2003 – 8 AZR 341/02, BB 2003, 2747. | 3 BAG v. 11.2.1981 – 7 AZR 12/79, AP Nr. 8 zu § 4 KSchG 1969 mit Anm. *Wolf*; KR/*Weigand*, § 628 BGB Rz. 7, 19. | 4 BAG v. 9.5.1975 – 3 AZR 352/74, AP Nr. 8 zu § 628 BGB; v. 23.8.1988 – 1 AZR 276/87, AP Nr. 17 zu § 113 BetrVG 1972. | 5 Vgl. *Heinze*, NZA 1994, 244; KR/*Weigand*, § 628 BGB Rz. 19. | 6 BAG v. 18.9.1991 – 5 AZR 650/90, AP Nr. 14 zu § 339 BGB; KR/*Weigand*, § 628 BGB Rz. 5. | 7 BAG v. 10.5.1971 – 3 AZR 126/70, AP Nr. 6 zu § 628 BGB; v. 11.2.1981 – 7 AZR 12/79, AP Nr. 8 zu § 4 KSchG 1969; v. 22.6.1989 – 8 AZR 164/88, AP Nr. 11 zu § 628 BGB. | 8 ErfK/*Müller-Glöge*, § 628 BGB Rz. 43; Erman/*Belling*, § 628 BGB Rz. 23, KR/*Weigand*, § 628 BGB Rz. 20; *Stahlhacke/Preis/Vossen*, Rz. 858; aA Palandt/*Putzo*, § 628 BGB Rz. 1. | 9 BAG v. 11.2.1981 – 7 AZR 12/79, AP Nr. 8 zu § 4 KSchG 1969; v. 22.6.1989 – 8 AZR 164/88, AP Nr. 11 zu § 628 BGB; v. 20.11.1996 – 5 AZR 518/95, AP Nr. 12 zu § 611 BGB – Berufssport; v. 26.7.2001 – 8 AZR 739/00, AP Nr. 13 zu § 628 BGB; v. 8.8.2002 – 8 AZR 574/01, AP Nr. 14 zu § 628 BGB; Soergel/*Kraft*, § 628 BGB Rz. 11. | 10 BAG v. 10.5.1971 – 3 AZR 126/70, AP Nr. 6 zu § 628 BGB m. insg. abl. Anm. *Canaris*; ErfK/*Müller-Glöge*, § 628 BGB Rz. 56; Erman/*Belling*, § 628 BGB Rz. 23; KR/*Weigand*, § 628 BGB Rz. 20; aA (auch) RGRK/*Corts*, § 628 BGB Rz. 36. | 11 *Canaris*, Anm. zu BAG v. 10.5.1971, AP Nr. 6 zu § 628 BGB. | 12 BAG v. 11.2.1981 – 7 AZR 12/79, AP Nr. 8 zu § 4 KSchG 1969; ErfK/*Müller-Glöge*, § 628 BGB Rz. 57.

entgangenen Gehalts unterbrochen[1]. Andere Schäden (zB Umzugskosten) sind dagegen ersatzfähig, wenn sie durch das Auflösungsverschulden verursacht wurden.

Nach obsiegendem Urteil im Kündigungsschutzprozess kann der ArbN innerhalb einer Wochenfrist das Arbeitsverhältnis nach § 12 S. 1 KSchG durch Gestaltungserklärung beenden. § 628 II ist auf diesen Fall anwendbar, wenn die Entscheidung des ArbN durch ein schuldhaftes vertragswidriges Verhalten des ArbGeb bedingt wurde[2]. Fraglich ist, ob der Wortlaut des § 12 S. 4 KSchG weiter gehende ersatzfähige Schäden, wie für den Verlust des nach dem KSchG geschützten Arbeitsplatzes ausschließt[3]. Liegen aber die Voraussetzungen des § 628 II vor (beachte auch Rz. 42), ist dies nicht anzunehmen. 45

In der Lit.[4] umstritten ist, ob Schadensersatz nach § 628 II auch verlangt werden kann, wenn ein befristetes Arbeitsverhältnis nur deshalb nicht von beiden Seiten widerspruchslos fortgesetzt wird, weil es zu von einer Seite verschuldeten Vertragsverletzungen gekommen ist. Dagegen aber spricht der Schutzzweck der Norm, da § 628 II nur erlittene Nachteile bis zur (unabhängig davon) vereinbarten Auflösung des Arbeitsverhältnisses ausgleicht. 46

Hat der Kündigende ausnahmsw. selbst schuldhaft und vertragswidrig eine Lage geschaffen, die ihn zur außerordentl. Kündigung berechtigte, so kann der andere Teil Schadensersatz analog § 628 II verlangen[5]. 47

b) Keine Anwendung des Abs. 2 bei unwirksamer Kündigung. Der Schadensersatzanspruch nach § 628 II setzt (anders als § 628 I) die Wirksamkeit der außerordentl. Kündigung voraus. Ist die Kündigung mangels Vorliegens eines wichtigen Grundes iSd. § 626 I unwirksam, entfällt auch der Anspruch aus § 628 II[6]. Eine wirksame Kündigung in diesem Sinne liegt auf Grund der Verknüpfung der §§ 626 und 628 nur vor, wenn auch die Frist des § 626 II eingehalten wurde[7]. Letztere ist auch bei anderen Arten der Vertragsbeendigung (oben Rz. 41 ff.) zu beachten. 48

3. Auflösungsverschulden. Das Recht zur außerordentl. Kündigung muss auf einem **schuldhaften vertragswidrigen Verhalten** des anderen Vertragsteils beruhen[8]. Erforderlich ist erstens, dass das Auflösungsverschulden das Gewicht eines wichtigen Grundes iSd. § 626 I erreicht, so dass der Anspruchsteller wirksam fristlos kündigen konnte[9]. Zweite Voraussetzung des § 628 II ist, dass der Anspruchsgegner die Vertragsverletzung iSd. §§ 276, 278 zu vertreten hat[10]. Auf Grund des Verschuldenserfordernisses ist § 628 II in seinem Anwendungsbereich enger als § 626 I. Er ist aber auch enger als § 280 I, da nicht jede geringfügige Vertragsverletzung, die Anlass für eine Beendigung des Arbeitsverhältnisses gewesen ist, die schwerwiegende Folge des § 628 II auslöst[11]. Voraussetzung ist vielmehr ein Auflösungsverschulden vom Gewicht eines wichtigen Grundes (vgl. Rz. 41). Dies gilt auch für eine Kündigung nach § 627[12]. 49

Ein **Rechtsirrtum** (hinsichtlich des vertragswidrigen Verhaltens) lässt das Verschulden nicht entfallen, wenn dieser seinerseits auf Fahrlässigkeit beruhte[13]. War die Rechtslage dagegen objektiv zweifelhaft und wurde sie vom Schuldner sorgfältig geprüft, ist der Rechtsirrtum entschuldbar, so dass Fahrlässigkeit ausscheidet[14]. 50

Besteht auf **beiden Seiten** ein **Auflösungsverschulden**, so dass es als Zufall anzusehen ist, welche Seite das Dienstverhältnis durch fristlose Kündigung aufgelöst hat, entfallen die wechselseitigen Schadensersatzansprüche aus § 628 II wegen vertragswidrigem Verhalten[15]. Auf einen inneren Zusammenhang der wechselseitigen Kündigungsgründe kommt es dabei nicht an[16]. Der Grund für das Entfallen der Schadensersatzpflicht ergibt sich aus dem Schutzzweck der Norm[17], da auch der in Anspruch genommene Teil einen Grund für die frist- und entschädigungslose Beendigung des Arbeitsverhältnisses gehabt hätte. 51

---

1 BAG v. 15.2.1973 – 2 AZR 16/72, AP Nr. 2 zu § 9 KSchG 1969 = DB 1973, 1559; v. 22.4.1971 – 2 AZR 205/70, AP Nr. 24 zu § 7 KSchG; APS/*Rolfs*, § 628 BGB Rz. 43; KR/*Weigand*, § 628 BGB Rz. 24; aA *Gumpert*, BB 1971, 960, 961. | 2 ErfK/*Müller-Glöge*, § 628 BGB Rz. 59. | 3 In diese Richtung tendierend ErfK/*Müller-Glöge*, § 628 BGB Rz. 59. | 4 Für einen Schadensersatzanspruch Erman/*Belling*, § 628 BGB Rz. 23; KR/*Weigand*, § 628 BGB Rz. 20; dagegen ErfK/*Müller-Glöge*, § 628 BGB Rz. 60; *Gessert*, Schadensersatz nach Kündigung, 1987, S. 86. | 5 ErfK/*Müller-Glöge*, § 628 BGB Rz. 54; *Gessert*, Schadensersatz nach Kündigung, 1987, S. 82; MüKo/*Henssler*, § 628 BGB Rz. 49. | 6 BAG v. 25.5.1962 – 2 AZR 430/60, AP Nr. 1 zu § 628 BGB; v. 15.6.1972 – 2 AZR 345/71, AP Nr. 7 zu § 628 BGB; KR/*Weigand*, § 628 BGB Rz. 19, 21. | 7 BAG v. 22.6.1989 – 8 AZR 164/88, AP Nr. 11 zu § 628 BGB. | 8 BAG v. 11.2.1981 – 7 AZR 12/79, AP Nr. 8 zu § 4 KSchG 1969; *Stahlhacke/Preis/Vossen*, Rz. 858. | 9 St. Rspr.: BAG v. 11.2.1981 – 7 AZR 12/79, AP Nr. 8 zu § 4 KSchG 1969; v. 22.6.1989 – 8 AZR 164/88, AP Nr. 11 zu § 628 BGB; v. 20.11.1996 – 5 AZR 518/95, AP Nr. 12 zu § 611 BGB – Berufssport; v. 26.7.2001 – 8 AZR 739/00, AP Nr. 13 zu § 628 BGB; v. 8.8.2002 – 8 AZR 574/01, AP Nr. 14 zu § 628 BGB. | 10 BGH v. 7.6.1984 – III ZR 37/83, LM Nr. 5 zu § 627 BGB; v. 30.3.1995 – X ZR 182/94, LM Nr. 13 zu § 628 BGB; BAG v. 24.2.1964 – 5 AZR 201/63, AP Nr. 1 zu § 607 BGB. | 11 St. Rspr.: BAG v. 11.2.1981 – 7 AZR 12/79, AP Nr. 8 zu § 4 KSchG 1969; v. 26.7.2001 – 8 AZR 739/00, NZA 2002, 325. | 12 MüKo/*Henssler*, § 628 BGB Rz. 41. | 13 BAG v. 12.11.1992 – 8 AZR 503/91, AP Nr. 1 zu § 285 BGB. | 14 BAG v. 12.11.1992 – 8 AZR 503/91, AP Nr. 1 zu § 285 BGB (I 1). | 15 BGH v. 29.11.1965 – VII ZR 202/63, AP Nr. 3 zu § 628 BGB; v. 12.5.1966 – 2 AZR 308/65, AP Nr. 9 zu § 70 HGB; KR/*Weigand*, § 628 BGB Rz. 31; Soergel/*Kraft*, § 628 BGB Rz. 12. | 16 BAG v. 12.5.1966 – 2 AZR 308/65, AP Nr. 9 zu § 70 HGB; ErfK/*Müller-Glöge*, § 628 BGB Rz. 78. | 17 ErfK/*Müller-Glöge*, § 628 BGB Rz. 78; *Hanau*, Kausalität der Pflichtwidrigkeit, 1971, S. 160.

52 **4. Veranlassung der Vertragsbeendigung.** Zwischen der Vertragsverletzung und der Beendigung muss ein unmittelbarer Zusammenhang (Kausalität) bestehen[1]. Dies bereitet im Fall der außerordentl. Kündigung in aller Regel keine Probleme. Beweisschwierigkeiten kann es aber bei anderen Formen der Vertragsbeendigung geben, da autonome Entscheidungen einer Vertragspartei oder Dritter den Kausalverlauf beeinflusst haben können.

53 **5. Ersatzfähiger Schaden. a) Grundsatz.** Nach dem Wortlaut des § 628 II ist der „durch die Aufhebung des Dienstverhältnisses entstehende Schaden" zu ersetzen. Der Schadensumfang bestimmt sich nach §§ 249 ff. Dieser Schadensersatz erfasst nur (vgl. § 253) den Ersatz von Vermögensschäden. Diese sind nach der sog. Differenzmethode zu ermitteln. Ersatzfähig ist damit der Schaden aus der Differenz zwischen der tatsächlichen durch die Kündigung eingetretenen Vermögenslage und der hypothetischen Vermögenslage ohne die Kündigung als schädigendes Ereignis[2]. Der Anspruch richtet sich auf das Erfüllungsinteresse. Der Anspruchsteller ist damit so zu stellen wie er bei Fortbestand des Dienstverhältnisses (bis zu dessen ordnungsgemäßer Abwicklung) gestanden hätte[3].

54 **b) Schaden des Arbeitnehmers.** Der ArbGeb hat dem ArbN nach § 628 II den Schaden zu ersetzen, den dieser durch die auf Grund der Vertragsverletzung des ArbGeb schuldhaft verursachte Auflösung des Arbeitsverhältnisses erlitten hat. Darunter fallen nach §§ 249, 252 alle Vergütungsansprüche einschließlich der Nebenleistungen[4]. Insb. entgangene Provisionen, Gewinnanteile, Tantiemen[5], entstandene Ruhegeldansprüche, Sonderzuwendungen und Gratifikationen können zum ersatzfähigen Schaden gehören[6].

55 Der ArbGeb hat dem ArbN auch die Aufwendungen (zB Umzugskosten) zu ersetzen, die ihm auf Grund der verfrühten Suche nach einem neuen Arbeitsplatz entstehen, soweit diese ohne die vorzeitige Beendigung des Arbeitsverhältnisses nicht entstanden wären[7]. So hat das BAG[8] in dem ungewöhnlichen Fall eines Profi-Eishockey-Spielers, der nach Ausspruch einer außerordentl. Kündigung wegen vertragswidrigen Verhaltens seines alten Vereins eine Darlehensverbindlichkeit eingegangen war, um sich von diesem alten Verein die nach der Spielordnung des Deutschen Eishockey- Bundes für den Vereinswechsel erforderliche Freigabe „erkaufen" zu können, die Darlehensverbindlichkeit als auszugleichenden Schaden angesehen.

56 Nach den Grundsätzen der Vorteilsausgleichung muss sich der ArbN ersparte Aufwendungen anrechnen lassen[9]. Dazu zählen insb. die Fahrtkosten zur Arbeitsstätte, Verpflegungsmehraufwendungen und Bekleidungskosten. Gleiches gilt für anderweitig erzielten Verdienst, §§ 13 I 5, 11 KSchG. Zweifelhaft dagegen ist, dass sich der ArbN nach § 254 II auch entgegen halten lassen muss, er habe eine anderweitige Verwendung seiner Arbeitskraft schuldhaft unterlassen, ohne dass Böswilligkeit iSd. § 615 S. 2 gegeben sein muss[10]. Dies führt zu strengeren Anforderungen an den ArbN als beim Annahmeverzug, obwohl der Annahmeverzug nur eine Obliegenheitsverletzung des ArbGeb darstellt, während das Auflösungsverschulden einen echten Vertragsbruch begründet.

57 Besonderheiten sind bei einer Gegenkündigung des ArbN als Reaktion auf eine unberechtigte außerordentl. Kündigung des ArbGeb zu beachten. Die Berechtigung des ArbN zur Gegenkündigung und damit zur Geltendmachung von Schadensersatz nach § 628 II ist gegeben, wenn die unberechtigte Kündigung des ArbGeb als grob vertragswidriges Verhalten und damit als wichtiger Grund iSd. § 626 I angesehen werden kann (dazu oben § 626 Rz. 358: *Ehrverletzung*). Es besteht auch kein Vorrang der Kündigungsschutzklage in dem Sinne, dass der ArbN nach Erhalt einer unwirksamen außerordentl. Kündigung des ArbGeb nicht mehr mit einer außerordentl. Gegenkündigung reagieren dürfte und ihm somit ein Schadensersatzanspruch nach § 628 II abgeschnitten wird[11]. Die Geltendmachung eines Schadensersatzanspruches nach § 628 II durch den ArbN setzt allerdings voraus, dass das Arbeitsverhältnis nicht bereits durch die Kündigung des ArbGeb beendet wurde. Dem ArbN ist deshalb zu raten, gegen diese Kündigung Kündigungsschutzklage zu erheben und daneben Schadensersatz nach § 628 II zu beantragen[12]. Alternativ dazu kann sich der ArbN aber auch darauf beschränken, neben der Kündigungsschutzklage einen Auflösungsantrag nach §§ 9, 10, 13 I 3 KSchG zu stellen (vgl. § 9 KSchG

---

1 BAG v. 5.10.1962 – 1 AZR 51/61, AP Nr. 2 zu § 628 BGB; v. 27.1.1972 – 2 AZR 172/71, AP Nr. 2 zu § 252 BGB; BGH v. 12.6.1963 – VII ZR 272/61, AP Nr. 2 zu § 89b HGB; *Gessert*, Schadensersatz nach Kündigung, 1987, S. 11; KR/*Weigand*, § 628 BGB Rz. 25. | 2 BAG v. 20.11.1996 – 5 AZR 518/95, AP Nr. 12 zu § 611 BGB – Berufssport; BGH v. 9.7.1986 – GSZ 1/86, AP Nr. 26 zu § 249 BGB; ErfK/*Müller-Glöge*, § 628 BGB Rz. 64. | 3 BAG v. 5.10.1962 – 1 AZR 51/61, AP Nr. 2 zu § 628 BGB; v. 20.11.1996 – 5 AZR 518/95, AP Nr. 12 zu § 611 BGB – Berufssport; Palandt/*Putzo*, § 628 BGB Rz. 8. | 4 LAG Hamm v. 12.6.1984 – 7 Sa 2264/83, NZA 1985, 159; KR/*Weigand*, § 628 BGB Rz. 37. | 5 ErfK/*Müller-Glöge*, § 628 BGB Rz. 96; KR/*Weigand*, § 628 BGB Rz. 37–39. | 6 Erman/*Belling*, § 628 BGB Rz. 32: Soweit diese auch bei nächstmöglicher ordnungsgemäßer Auflösung des Arbeitsverhältnisses angefallen wären. | 7 BAG v. 11.8.1987 – 8 AZR 93/85, AP Nr. 1 zu § 16 BBiG; KR/*Weigand*, § 628 BGB Rz. 41; MüKo/*Henssler*, § 628 BGB Rz. 61. | 8 BAG v. 20.11.1996 – 5 AZR 518/95, AP Nr. 12 zu § 611 BGB – Berufssport. | 9 KR/*Weigand*, § 628 BGB Rz. 42. | 10 Vgl. BGH v. 14.11.1966 – VII ZR 112/64, AP Nr. 4 zu § 628 BGB; BAG v. 17.9.1970 – 2 AZR 439/69, AP Nr. 5 zu § 628 BGB; MüKo/*Henssler*, § 628 BGB Rz. 68; *Stahlhacke/Preis/Vossen*, Rz. 859. | 11 BAG v. 22.4.1971 – 2 AZR 205/70, AP Nr. 24 zu § 7 KSchG; ErfK/*Müller-Glöge*, § 628 BGB Rz. 103. | 12 Vgl. ErfK/*Müller-Glöge*, § 628 BGB Rz. 103.

Rz. 3 ff.). Letzterer ist an geringere Anforderungen geknüpft, er führt aber auch zu keiner Entschädigung für die Nichteinhaltung der ordentlichen Kündigungsfrist, sondern nur für die Auflösung des ArbVerh.

c) **Begrenzung des Arbeitnehmeranspruchs.** Nach § 628 II wird nur der nach Beendigung des Arbeitsverhältnisses entstandene Schaden ersetzt. Vorher eingetretene Schäden sind nach § 280 I ggf. in Verbindung mit § 241 II geltend zu machen[1]. 58

Dagegen ist umstritten, ob der Schadensersatzanspruch aus § 628 II mit Blick auf die Zeit nach Beendigung des Arbeitsverhältnisses einer zeitlichen Begrenzung unterliegt[2]. Nach st. Rspr. des BGH[3] zu § 89a II HGB bzw. zu § 628 II BGB ist der Schadensersatzanspruch zeitlich bis zum Ablauf der Kündigungsfrist, zu der der andere Vertragspartner ordentl. kündigen könnte bzw. bis zum vereinbarten Vertragsende durch den Schutzzweck der Norm begrenzt, da es Sinn und Zweck der Norm sei, dem Kündigenden die Fortsetzung eines unzumutbar gewordenen Vertragsverhältnisses bis zum Ablauf der ordentl. Kündigungsfrist bzw. des Eintritts der vereinbarten Beendigung zu ersparen[4]. In gleicher Weise begrenzt das BAG[5] die Schadensersatzpflicht nach § 628 II, wenn der ArbN seine Kündigung durch den ArbGeb schuldhaft veranlasst hat. Insoweit stellt § 628 II den Kündigenden lediglich so, als wäre das Arbeitsverhältnis ordnungsgemäß durch eine fristgemäße Kündigung beendet worden[6]. 59

Teile der Lit.[7] vertreten im Gegensatz dazu eine zeitlich unbeschränkte Schadensersatzpflicht über die Dauer der ordentl. Kündigungsfrist hinaus (sog. Endlosschaden bzw. Endloshaftung). Dies müsse zumindest dann gelten, wenn der Geschädigte in einem unbefristeten Arbeitsverhältnis gestanden hat, für das das KSchG galt. Der ArbN soll sich darauf berufen können, dass es ohne das vertragswidrige Verhalten des anderen Teiles zu keiner, auch nicht zu einer ordentl. Auflösung des Arbeitsverhältnisses gekommen wäre. Der ArbGeb hat dann nur die Möglichkeit unter den Voraussetzungen der §§ 323, 767 ZPO den Wegfall des Ersatzanspruchs wegen nachträglich eingetretener Tatsachen, die eine Kündigung sozial rechtfertigen, geltend zu machen[8]. 60

Der Kritik ist zuzugeben, dass eine Orientierung des Schadensersatzes an der ordentl. Kündigungsfrist nur dann richtig ist, wenn eine solche Kündigungsmöglichkeit zweifelsfrei bestanden hat. Das BAG[9] hat deshalb in Übereinstimmung mit der überwiegenden Lit.[10] den Schutzzweck des § 628 II für den Fall neu bestimmt, dass die außerordentl. Kündigung durch den ArbN seitens des ArbGeb schuldhaft veranlasst wurde. Indem der Ansprüche aus § 628 II herleitende ArbN das Arbeitsverhältnis seinerseits gekündigt (oder gleichwertig aufgelöst) hat, verzichtete er selbst auf den Bestand des Arbeitsverhältnisses und den Schutz durch Gesetze, die ihm allgemeinen oder besonderen Kündigungsschutz gewähren. Insb. der Bestandsschutz nach § 1 KSchG kann nicht mehr gewährleistet werden. Da die Auflösung aber durch den ArbGeb schuldhaft veranlasst wurde, ist die Situation mit einem Auflösungsantrag und Abfindungsbegehren des ArbN nach § 13 I 3–5 KSchG vergleichbar. Der Schadensersatzanspruch ist damit zwar einerseits zu Gunsten des ArbGeb beschränkt, der ArbGeb darf andererseits aber auch nicht besser gestellt werden als bei einer (unberechtigten) außerordentl. Kündigung und einem vom ArbN berechtigterweise gestellten Auflösungsantrag nach § 13 I 3–5, § 10 KSchG. 61

Neben den Ersatz des Vergütungsausfalls für den Zeitraum der fiktiven ordentl. Kündigungsfrist tritt damit ein Ersatzanspruch für den Verlust des Bestandsschutzes entsprechend §§ 13, 10 KSchG. Beide Schadenspositionen (Vergütungsausfall und Abfindung) können im Rahmen des § 628 II nebeneinander beansprucht werden, wenn der betreffende ArbN in der als Vergleichsfall herangezogenen Situation auch beide Leistungen beanspruchen könnte, dh. wenn der Auflösungsantrag des ArbN bei unberechtigter außerordentl. Kündigung des ArbGeb zum Kündigungstermin einer (umgedeuteten) ordentl. Kündigung hätte gestellt werden können[11]. 62

Im Ergebnis kann ein ArbN, der Kündigungsschutz nach dem KSchG genießt, Ersatz der entgangenen Vergütung bis zum Ablauf der Kündigungsfrist einer (fiktiven alsbaldigen) ArbGebKündigung und 63

---

1 Vgl. *Heinze*, NZA 1994, 244; KR/*Weigand*, § 628 BGB Rz. 32. | 2 Zum Meinungsstand: *Krause*, JuS 1995, 291 ff.; *Stoffels*, Vertragsbruch, S. 134 ff.; *Weiß*, JuS 1985, 593 ff. | 3 BGH v. 12.6.1985 – VIII ZR 148/84, BGHZ 95, 39 (47 ff.); v. 28.4.1988 – III ZR 57/87, BGHZ 104, 337, 342; v. 3.3.1993 – VIII ZR 101/92, BGHZ 122, 9. | 4 BGH v. 3.3.1993 – VIII ZR 101/92, BGHZ 122, 9. | 5 BAG v. 27.1.1972 – 2 AZR 172/71, AP Nr. 2 zu § 252 BGB; v. 9.5.1975 – 3 AZR 352/74, AP Nr. 8 zu § 628 BGB; SAE 1976, 216 (219) m. zust. Anm. *Hadding*; v. 23.8.1988 – 1 AZR 276/87, AP Nr. 17 zu § 113 BetrVG 1972. | 6 BAG v. 9.5.1975 – 3 AZR 352/74, AP Nr. 8 zu § 628 BGB; ErfK/*Müller-Glöge*, § 628 BGB Rz. 67; KR/*Weigand*, § 628 BGB Rz. 34. | 7 *Roeper*, DB 1970, 1489; Soergel/*Kraft*, § 628 BGB Rz. 16: Begrenzung lediglich aus § 254 II BGB; *Stahlhacke/Preis/Vossen*, Rz. 859. | 8 So Erman/*Belling*, § 628 BGB Rz. 30; RGRK/*Corts*, § 628 BGB Rz. 50. | 9 BAG v. 26.7.2001 – 8 AZR 739/00, AP Nr. 13 zu § 628 BGB. Beachte dagegen BAG v. 23.8.1988 – 1 AZR 276/87, AP Nr. 17 zu § 113 BetrVG 1972 (keine Abfindung nach §§ 9, 10 KSchG für den Fall einer ansonsten gem. § 1 KSchG sozial gerechtfertigten Kündigung wegen Betriebsstilllegung). | 10 APS/*Rolfs*, § 628 BGB Rz. 55; ErfK/*Müller-Glöge*, § 628 BGB Rz. 71 ff., 101; *Gessert*, Schadensersatz nach Kündigung, S. 59 ff., 136 ff., 172; *Stahlhacke/Preis/Vossen*, Rz. 859; *Weiß*, JuS 1985, 593 (595 f.); aA RGRK/*Corts*, § 628 BGB Rz. 51. | 11 BAG v. 26.7.2001 – 8 AZR 739/00, NZA 2002, 325 ff.; ErfK/*Müller-Glöge*, § 628 BGB Rz. 74; *Weiß*, JuS 1985, 593 (596); aA LAG Hamm v. 12.6.1984 – 7 Sa 2264/83, NZA 1985, 159. Vgl. weiter BAG v. 26.8.1993 – 2 AZR 159/93, AP Nr. 113 zu § 626 BGB; *Stahlhacke/Preis/Vossen*, Rz. 1994.

daneben eine Abfindung für den Verlust des Arbeitsplatzes verlangen[1]. Ein konkreter Schadensnachweis hinsichtlich der Höhe ist dann nicht mehr notwendig. Auch ist der Anspruch aus §§ 13 III, 10 KSchG nicht an ein Auflösungsverschulden iSd. § 628 II BGB geknüpft. Insoweit reicht ein objektiv rechtswidriges Verhalten des ArbGeb aus[2]. Darüber hinausgehende Vergütungsansprüche werden vom Schutzzweck des § 628 II nicht umfasst und sind deshalb nicht zu ersetzen[3]. Ebenso werden weiter gehende Schadensersatzansprüche mit der Geltendmachung des Abfindungsanspruchs ausgeschlossen[4]. Besteht seitens des ArbGeb ausnahmsw. selbst ein Kündigungsgrund (zB wegen Betriebsstilllegung), kann die Abfindung nur beansprucht werden, wenn sie auch ohne die Kündigung (zB auf Grund Sozialplans) dem ArbN zusteht[5].

64 Das BAG[6] hat offen gelassen, ob diese Grundsätze auch für ArbN mit besonderem Kündigungsschutz nach TV oder den §§ 85, 91 SGB IX, § 9 MuSchG, § 15 KSchG, § 18 BEEG gelten. Letztlich gelten die Abfindungshöchstgrenzen des § 10 KSchG auch in diesen Fällen, so dass ebenfalls nur ein Abfindungsanspruch zur Abgeltung des Bestandsinteresses besteht[7]. Der Verlust des besonderen Kündigungsschutzes muss auch nicht zwangsläufig durch eine höhere Abfindung ausgeglichen werden. Dies ist nur der Fall, wenn sich aus dem besonderen Kündigungsschutz Rückschlüsse auf verminderte Chancen des ArbN am Arbeitsmarkt ergeben.

65 Die dargestellten Grundsätze gelten zudem, wenn der ArbN leitender Angestellter iSd. § 14 II KSchG ist[8].

66 **d) Begrenzung des Arbeitgeberanspruchs.** Nach heute ganz hM[9] erfasst § 628 II nur Schäden, die nicht auch bei einem rechtmäßigen Alternativverhalten entstanden wären. Damit ist der ersatzfähige Schaden auf den Betrag beschränkt, der auf der vorzeitigen Vertragsbeendigung beruht und bei Einhaltung der vertragl. Kündigungsfrist nicht entstanden wäre[10]. Ersatzfähig ist also allein der sog. Verfrühungsschaden[11], ohne dass es darauf ankäme, ob von einem bestehenden Auflösungsrecht tatsächlich Gebrauch gemacht worden wäre[12].

67 Ersatzfähig ist damit in erster Linie der Schaden aus einem Produktionsausfall, der durch die vorzeitige Vertragsbeendigung entstanden ist. Hat der ArbGeb wegen des Ausfalls des ArbN gegenüber seinen Kunden nicht fristgerecht leisten können, gehören die adäquat kausal verursachten Verzugsschäden und evtl. verwirkte Vertragsstrafen zum ersatzfähigen Schaden und sind vom ArbN zu tragen[13].

68 Weiter zählt hierzu der Schadensersatz für entgangenen Gewinn[14], sollten sich durch das Ausscheiden des ArbN Verdiensteinbußen ergeben. § 252 BGB und § 287 ZPO helfen insoweit mit Erleichterungen bei der Darlegung und dem Beweis sowohl für den Eintritt des Schadens (dh. für die Annahme der sog. haftungsausfüllenden Kausalität) als auch für die Höhe des Schadens, da sich der Gewinnausfall nicht einfach durch Vorlage der Geschäftsbücher ermitteln lassen wird. Einfacher darzustellen sind dagegen nutzlos aufgewendete Fixkosten wie der Mietzins für die vom ausgeschiedenen ArbN bediente Maschine[15].

69 Im Übrigen wird sich der Schaden – auch auf Grund einer Schadensminderungspflicht des ArbGeb nach § 254 II 1, letzter Hs. – vor allem aus notwendigen Mehrausgaben des ArbGeb ergeben, um die vom ausgeschiedenen ArbN erbrachten Arbeiten fortführen zu können[16]. Dazu gehören Entgeltzuschläge für ArbN, die durch Überstunden die Arbeit des ausgeschiedenen ArbN verrichten[17]. Musste eine Ersatzkraft zu einem höheren Lohn eingestellt werden, ist die Lohndifferenz auszugleichen, soweit die Ersatz-

1 ErfK/*Müller-Glöge*, § 628 BGB Rz. 75; *Weiß*, JuS 1985, 593 (596); aA in einem obiter dictum BAG v. 22.4.1971 – 2 AZR 205/70, AP Nr. 24 zu § 7 KSchG = DB 1971, 1531. | 2 KR/*Weigand*, § 628 BGB Rz. 40. | 3 ErfK/*Müller-Glöge*, § 628 BGB Rz. 75. | 4 KR/*Weigand*, § 628 BGB Rz. 40. | 5 BAG v. 23.8.1988 – 1 AZR 276/87, AP Nr. 17 zu § 113 BetrVG 1972; v. 26.7.2007 – 8 AZR 796/06, Tz. 33; Erman/*Belling*, § 628 BGB Rz. 22. | 6 BAG v. 26.7.2001 – 8 AZR 739/00, AP Nr. 13 zu § 628 BGB. | 7 ErfK/*Müller-Glöge*, § 628 BGB Rz. 76; KR/*Weigand*, § 628 BGB Rz. 35. | 8 ErfK/*Müller-Glöge*, § 628 BGB Rz. 76; MüKo/*Henssler*, § 628 BGB Rz. 60; aA Staudinger/*Preis*, § 628 BGB Rz. 48. | 9 Seit BAG v. 26.3.1981 – 3 AZR 485/78, AP Nr. 7 zu § 276 BGB – Vertragsbruch; APS/*Rolfs*, § 628 BGB Rz. 45; ErfK/*Müller-Glöge*, § 628 BGB Rz. 80; aA die ältere Rspr.: BAG v. 18.12.1969 – 2 AZR 80/69 und v. 14.11.1975 – 5 AZR 534/74, AP Nr. 3 und 5 zu § 276 BGB – Vertragsbruch. | 10 BAG v. 26.3.1981 – 3 AZR 485/78, AP Nr. 7 zu § 276 BGB – Vertragsbruch; dazu *Stoffels*, AR-Blattei SD, Arbeitsvertragsbruch, S. 135 ff. | 11 BAG nimmt in Entsch. v. 26.3.1981 – 3 AZR 485/78, AP Nr. 7 zu § 276 BGB – Vertragsbruch auf diese von *Medicus* in Anm. zu BAG v. 14.11.1975 – 5 AZR 534/74, AP Nr. 5 zu § 276 BGB – Vertragsbruch verwendete Bezeichnung Bezug; weiter BAG v. 23.3.1983 – 7 AZR 37/81, AP Nr. 8 zu § 276 BGB – Vertragsbruch Nr. 8. | 12 BGH v. 29.11.1965 – VII ZR 202/63, AP Nr. 3 zu § 628 BGB; BAG v. 23.3.1983 – 7 AZR 37/81, AP Nr. 8 zu § 276 BGB – Vertragsbruch; ErfK/*Müller-Glöge*, § 628 BGB Rz. 81. | 13 LAG Düsseldorf [Köln] v. 19.10.1967 – 2 Sa 354/67, DB 1968, 90; ErfK/*Müller-Glöge*, § 628 BGB Rz. 95; *Gessert*, Schadensersatz nach Kündigung, 1987, S. 85; Staudinger/*Preis*, § 628 BGB Rz. 49. | 14 BAG v. 5.10.1962 – 1 AZR 51/61, AP Nr. 2 zu § 628 BGB; v. 27.1.1972 – 2 AZR 172/71, AP Nr. 2 zu § 252 BGB; ErfK/*Müller-Glöge*, § 628 BGB Rz. 93. | 15 ErfK/*Müller-Glöge*, § 628 BGB Rz. 88; *Frey*, BB 1959, 744; *Schaub/Linck*, ArbRHdb, § 51 Rz. 16. | 16 LAG Berlin v. 27.9.1973 – 7 Sa 59/73, DB 1974, 538; ErfK/*Müller-Glöge*, § 628 BGB Rz. 84; KR/*Weigand*, § 628 BGB Rz. 45. | 17 LAG Düsseldorf v. 19.10.1967 – 2 Sa 354/67, DB 1968, 90; LAG BW v. 21.12.1960 – 4 Sa 60/60, BB 1961, 529; ErfK/*Müller-Glöge*, § 628 BGB Rz. 84; KR/*Weigand*, § 628 BGB Rz. 45; *Wuttke*, DB 1967, 2227.

kraft nur zu diesen Bedingungen zum Abschluss eines Arbeitsvertrages bereit war[1]. Gleiches gilt, wenn der Ersatzkraft Aufwendungen zu ersetzen sind, die dieser auf Grund der kurzfristigen Übernahme der Arbeiten entstanden sind (zB Reisekosten, Hotelunterkunft).

Allein die höhere Beanspruchung anderer ArbN auf Grund der anfallenden Mehrarbeit ist dagegen kein ausgleichsfähiger Schaden. Durch den überobligatorischen Einsatz der anderen ArbN wird ein Schaden gerade vermieden. Da es insoweit an einem eigenen Einsatz des ArbGeb fehlt, lässt sich auch mit normativen Erwägungen kein anderes Ergebnis begründen[2]. Etwas anderes kann aber gelten, wenn ein ArbN einer anderen Filiale des gleichen Betriebes auf den frei gewordenen Arbeitsplatz abgeordnet und dessen Arbeitsleistung wiederum durch Mehrleistungen anderer ArbN ausgeglichen wird[3]. 70

Verrichtet der ArbGeb die Arbeit des ausgeschiedenen ArbN selbst, weil er keine Ersatzkraft gefunden hat und Geschäftseinbußen verhindern will, kann der ArbGeb den potenziellen Schaden, den er nur auf Grund der eigenen überobligatorischen Anstrengungen (Vorteilsausgleichung) nicht erlitten hat, ersetzt verlangen[4]. Der Anspruch ist allerdings auf die Differenz zwischen der Entgelthöhe des ersatzpflichtigen ArbN und dem Wert der Eigenleistung des ArbGeb zu beschränken[5]. 71

Theoretisch ersatzfähig sind Vorhaltekosten, die einem ArbGeb auf Grund einer Personalreserve für Fälle des Vertragsbruches erwachsen[6]. Deren Geltendmachung und Durchsetzung verlangt aber eine kaum zu leistende Substantiierung betreffend Kosten und Kausalität[7]. 72

Ein zu ersetzender Schaden des ArbGeb ergibt sich, wenn dieser durch die vorzeitige Vertragsbeendigung den Konkurrenzschutz nach § 60 HGB verliert. In diesem Fall muss der ArbN, der die Auflösung des Arbeitsverhältnisses verschuldet hat, für die dadurch verursachten Vermögenseinbußen des ArbGeb zumindest in der Höhe aufkommen, wie sie bei Vereinbarung eines nachvertragl. Wettbewerbsverbotes zulässigerweise vermieden worden wären[8]. Der Anspruch ist auf die Dauer der ordentl. Kündigungsfrist beschränkt. Wurde dagegen ein nachvertragl. Wettbewerbsverbot vereinbart, beginnt dieses unmittelbar im Anschluss an das Ausscheiden des ArbN und nicht erst mit Ablauf der ordentl. Kündigungsfrist[9]. 73

Zu differenzieren ist bei der Geltendmachung von Kosten für Zeitungsinserate, um einen Nachfolger für den ausgeschiedenen ArbN zu suchen. Diese können nur verlangt werden, wenn sie bei einer ordentl. Beendigung des Arbeitsverhältnisses zB auf Grund innerbetrieblicher Stellenausschreibung vermeidbar gewesen wären[10]. Ein Nachweis, dass der ArbN von der vertragl. eingeräumten Kündigungsmöglichkeit fristgemäß Gebrauch gemacht hätte, braucht nicht geführt werden[11], da es sich insoweit um eine Begrenzung der Schadensersatzpflicht durch den Schutzzweck der verletzten Norm handelt. Werden zusätzliche Zeitungsinserate notwendig, muss sich der Werbeaufwand in angemessenen Grenzen halten. Angesprochen ist hier das Verhältnis von Bedeutung des Arbeitsplatzes und Anzeigenkosten[12], die Größe des Inserats[13] sowie die Häufigkeit, mit der eine Stellenanzeige in derselben Zeitung wiederholt wird[14]. 74

Für die Vorstellungskosten des Nachfolgers eines vertragsbrüchigen ArbN ist ein „Verfrühungsschaden" in aller Regel zu verneinen, da (so BAG) sie mit dem Zeitpunkt der Kündigung eines Arbeitsverhältnisses nichts zu tun haben[15]. 75

e) Kausalität. § 628 II setzt zum einen voraus, dass die schuldhafte Vertragsverletzung die Veranlassung für die Auflösung gewesen ist, zum anderen muss der eingetretene Schaden gerade auf die Beendigung des Dienstverhältnisses zurückzuführen sein. Soweit der Ersatz von Schäden beansprucht wird, die nicht durch die vorzeitige Beendigung des Dienstverhältnisses verursacht worden sind (zB Kosten der Rechtsberatung), scheidet § 628 II als Anspruchsgrundlage aus (vgl. Rz. 38). 76

f) Mitverschulden. Von einer schuldhaften Veranlassung der Kündigung durch einen Vertragsteil (vgl. Rz. 49 ff.) kann nur gesprochen werden, wenn einer der Parteien ein überwiegendes vertragswidriges 77

1 LAG Berlin v. 27.9.1973 – 7 Sa 59/73, DB 1974, 538; LAG Schl.-Holst. v. 13.4.1972 – 3 Sa 76/72, BB 1972, 1229; ErfK/*Müller-Glöge*, § 628 BGB Rz. 84; KR/*Weigand*, § 628 BGB Rz. 45. | 2 ErfK/*Müller-Glöge*, § 628 BGB Rz. 86; *Stoffels*, AR-Blatei SD, Arbeitsvertragsbruch, S. 152 f.; *Schaub/Linck*, ArbRHdb, § 51 Rz. 16. | 3 Vgl. BAG v. 24.4.1970 – 3 AZR 324/69, AP Nr. 5 zu § 60 HGB; ErfK/*Müller-Glöge*, § 628 BGB Rz. 87. | 4 BAG v. 24.8.1967 – 5 AZR 59/67, AP Nr. 7 zu § 249 BGB; vgl. dazu auch *C. Becker*, BB 1976, 746; ErfK/*Müller-Glöge*, § 628 BGB Rz. 94. | 5 Erman/*Belling*, § 628 BGB Rz. 23; KR/*Weigand*, § 628 BGB Rz. 51; Staudinger/*Preis*, § 628 BGB Rz. 51. | 6 BGH v. 18.5.1971 – VI ZR 52/70, AP Nr. 14 zu § 249 BGB; ErfK/*Müller-Glöge*, § 628 BGB Rz. 85. | 7 BAG v. 23.5.1984 – 4 AZR 129/82, AP Nr. 9 zu § 339 BGB; *Stoffels*, AR-Blattei SD, Arbeitsvertragsbruch, S. 153. | 8 BAG v. 9.5.1975 – 3 AZR 352/74, AP Nr. 8 zu § 628 BGB; v. 23.2.1977 – 3 AZR 620/75, AP Nr. 6 zu § 75 HGB; KR/*Weigand*, § 628 BGB Rz. 45. | 9 ErfK/*Müller-Glöge*, § 628 BGB Rz. 89. | 10 BAG v. 26.3.1981 – 3 AZR 485/78, AP Nr. 7 zu § 276 BGB – Vertragsbruch; v. 23.3.1983 – 7 AZR 37/81, AP Nr. 8 zu § 276 BGB – Vertragsbruch; ErfK/*Müller-Glöge*, § 628 BGB Rz. 91. | 11 BAG v. 23.3.1983 – 7 AZR 37/81, AP Nr. 8 zu § 276 BGB – Vertragsbruch; KR/*Weigand*, § 628 BGB Rz. 47. | 12 BAG v. 18.12.1969 – 2 AZR 80/69, AP Nr. 3 zu § 276 BGB – Vertragsbruch. | 13 BAG v. 30.6.1961 – 1 AZR 206/61, AP Nr. 1 zu § 276 BGB – Vertragsbruch. | 14 BAG v. 14.11.1975 – 5 AZR 534/74, AP Nr. 5 zu § 276 BGB – Vertragsbruch. | 15 BAG v. 26.3.1981 – 3 AZR 485/78, AP Nr. 7 zu § 276 BGB – Vertragsbruch; *Berkowsky*, DB 1982, 1772; KR/*Weigand*, § 628 BGB Rz. 48.

Verhalten vorzuwerfen ist. Aber auch dann ist die Schadensersatzpflicht gem. § 628 II nach § 254 I zu mindern, falls ein Mitverschulden des Kündigenden vorliegt[1], insb. wenn der Kündigungsberechtigte das vertragswidrige schuldhafte Verhalten (zB Beleidigungen, Tätlichkeiten) selbst durch ein vertragswidriges schuldhaftes Verhalten provoziert hat[2].

78 Ferner kann der Anspruch gem. § 254 II 1 ganz oder teilweise entfallen, wenn es der Kündigungsberechtigte schuldhaft unterlassen hat, den entstehenden Schaden gering zu halten oder gänzlich abzuwenden (vgl. Rz. 56).

79 **6. Rechtliche Behandlung der Schadensersatzleistung. a) Steuerrecht.** Der Schadensersatzanspruch unterliegt grds. der Einkommensbesteuerung[3]. In den Grenzen des § 3 Nr. 9 EStG aF ist der Schadensersatz als Abfindung bis Ende 2005/2006 steuerfrei[4]. Soweit keine Steuerbefreiung besteht, liegt eine Entlassungsentschädigung iSd. § 24 Nr. 1a EStG vor[5], so dass es sich nach § 34 II Nr. 2 iVm. I EStG um außerordentl. Einkünfte handeln kann, für die dann ein ermäßigter Steuersatz gilt. S. dazu auch die Komm. zum EStG.

80 **b) Sozialversicherungsrecht.** SozV-Beiträge sind auf die Ersatzleistung für die entgangene Vergütung nicht zu entrichten (§ 14 SGB IV, § 342 SGB III), da der Schadensersatz nach § 628 II für Zeiten nach Beendigung des Dienstverhältnisses gezahlt wird und daher keine „Einnahme aus einer Beschäftigung"/ Arbeitsentgelt nach § 14 SGB IV darstellt[6].

81 IdR wird der Schadensersatz nach § 628 II zu einem Ruhen des Alg, zumindest für die Dauer der ordentl. Kündigungsfrist, ggf. aber auch darüber hinaus, führen, siehe dazu § 143a SGB III. Der Schadensersatz nach § 628 II und eine außerdem gezahlte Abfindung sind dabei zu einer nach § 143a SGB III zu berücksichtigenden „Gesamtabfindung" zusammenzurechnen[7].

82 Der frühere ArbGeb ist gem. § 249 I verpflichtet, dem ArbN (zumindest) bis zum Ablauf der ordentl. Kündigungsfrist seinen sozialversicherungsrechtl. Status umfassend zu erhalten, also einen entsprechenden kranken- und rentenversicherungsrechtl. Schutz zu finanzieren[8].

83 **c) Insolvenz des Arbeitgebers.** Ein Schadensersatzanspruch nach § 628 II ist nur dann eine sonstige Masseverbindlichkeit gem. § 55 I InsO, wenn er durch eine Handlung des Insolvenzverwalters begründet wurde. In allen anderen Fällen ist der Schadensersatzanspruch nicht privilegiert, sondern stellt eine Insolvenzforderung gem. § 38 InsO dar[9]. Zu beachten ist die besondere Kündigungsmöglichkeit nach § 113 InsO (s. ebenda).

84 Fällt der ArbN mit seinem Schadensersatzanspruch wegen Insolvenz des ArbGeb aus, kann er diesbezüglich auch kein Insolvenzgeld (§§ 183 ff. SGB III) verlangen. Der Anspruch ist nicht insolvenzgeldfähig, vgl. § 184 I Nr. 1 SGB III[10].

85 **d) Verjährung.** Der Schadensersatzanspruch nach § 628 II unterliegt der regelmäßigen dreijährigen Verjährung, beginnend mit dem nachfolgenden Jahr, in dem der Anspruch entstanden ist, §§ 195, 199. Ist der Anspruch schon vor dem 1.1.2002 entstanden, ist Art. 229 § 6 EGBGB zu beachten.

86 **e) Pfändung und Abtretung.** Der Schadensersatzanspruch unterliegt als Lohnersatz bzw. als Abfindung nach §§ 13, 10 KSchG dem Pfändungsschutz für Arbeitseinkommen, § 850i ZPO[11]. Insoweit werden auch eine Aufrechnung (§ 394) und Abtretung (§ 400) beschränkt[12]. Wird das Arbeitseinkommen gepfändet, erstreckt sich die Pfändung auch auf den Schadensersatzanspruch als unselbständiges Nebenrecht iSd. § 832 ZPO[13].

87 **7. Entschädigung gem. § 61 Abs. 2 ArbGG.** § 61 II ArbGG erleichtert vor allem dem ArbGeb die Durchsetzung eines dem Grunde nach bestehenden Anspruches aus § 628 II[14], ohne dass es der konkreten Feststellung der Höhe des eingetretenen Schadens bedürfte. Voraussetzung ist, dass der ArbGeb den

---

1 BGH v. 2.10.1990 – VI ZR 14/90, NJW 1991, 165; ErfK/*Müller-Glöge*, § 628 BGB Rz. 104; KR/*Weigand*, § 628 BGB Rz. 30; Staudinger/*Preis*, § 628 BGB Rz. 39. | 2 BGH v. 29.11.1965 – VII ZR 202/63, AP Nr. 3 zu § 628 BGB; v. 14.11.1966 – VII ZR 112/64, AP Nr. 4 zu § 628 BGB; BAG v. 17.9.1970 – 2 AZR 439/69, AP Nr. 5 zu § 628 BGB; Staudinger/*Preis*, § 628 BGB Rz. 39. | 3 BFH v. 28.2.1975 – VI R 29/72, BFHE 115, 251; *Gessert*, Schadensersatz nach Kündigung, 1987, S. 219 f. | 4 BFH v. 13.10.1978 – VI R 91/77, BFHE 126, 399. | 5 *Schmidt/Seeger*, EStG, § 24 Anm. 5a. | 6 Einnahmen, die „im Zusammenhang" mit der beitragspflichtigen Beschäftigung erzielt werden, sind nur dann beitragspflichtig, wenn sie sich zeitlich der versicherungspflichtigen Beschäftigung zuordnen lassen, dh. auf die Zeit der Beschäftigung und der Versicherungspflicht entfallen, BSG v. 21.2.1990 – 12 RK 20/88, NJW 1990, 2274. | 7 BSG v. 13.3.1990 – 11 RAr 69/89, NZA 1990, 829; KR/*Weigand*, § 628 BGB Rz. 56. | 8 Siehe Erman/*Belling*, § 628 BGB Rz. 38; KR/*Weigand*, § 628 BGB Rz. 55; RGRK/*Corts*, § 628 BGB Rz. 56, die diesen Anspruch auch über die Zeit der ordentlichen Kündigungsfrist hinaus gewähren und auch auf entgangenes Alg erstrecken. | 9 BAG v. 22.10.1998 – 8 AZR 73/98, nv.; ErfK/*Müller-Glöge*, § 628 BGB Rz. 109; KR/*Weigand*, § 628 BGB Rz. 57; *Hauser/Hawelka*, ZIP 1998, 1261 (1262); *Uhlenbruck*, KTS 1994, 169 (182); aA *Wiester*, ZInsO 1998, 99 (103 f.). | 10 KR/*Weigand*, § 628 BGB Rz. 57; MünchArbR/*Peters-Lange*, § 77 Rz. 22. | 11 *Baumbach/Hartmann*, § 850i Rz. 4; ErfK/*Müller-Glöge*, § 628 BGB Rz. 113. | 12 KR/*Weigand*, § 628 BGB Rz. 54; Staudinger/*Preis*, § 628 BGB Rz. 57 f. | 13 So Erman/*Belling*, § 628 BGB Rz. 36. | 14 § 61 II ArbGG ist also keine eigene Anspruchsgrundlage: GMPM, § 61 ArbGG Rz. 36; KR/*Weigand*, § 628 BGB Rz. 8.

ArbN auf Erbringung der Arbeitsleistung verklagt und gleichzeitig beantragt, den ArbN bei Nichtbefolgung zur Zahlung einer vom ArbG nach freiem Ermessen ähnlich § 287 ZPO festzusetzenden Entschädigung zu verurteilen.

Umgekehrt kann aber auch der ArbN einen von ihm klageweise geltend gemachten Beschäftigungsanspruch mit einem Antrag auf Entschädigung gem. § 61 II ArbGG verbinden[1]. 88

Bei der Bemessung der Schadenshöhe sind ua. die Länge der vertragsgemäßen Kündigungsfrist, die Aufwendungen für eine Ersatzkraft, die Kosten für die Suche nach Ersatz und weitere Schäden auf Grund des Vertragsbruches zu berücksichtigen. Wurde über einen Antrag auf Entschädigung gem. § 61 II ArbGG rechtskräftig entschieden, schließt die Rechtskraft dieser Entscheidung die Geltendmachung weiter gehender Schadensersatzansprüche aus, sofern die Entschädigung nicht einschränkend als Teilbetrag eingeklagt wurde[2]. 89

VI. Darlegungs- und Beweislast. Zur Geltendmachung einer Teilvergütung nach § 628 I 1 (vgl. Rz. 11 ff.) muss der Dienstverpflichtete darlegen und beweisen, welche Dienstleistungen er bis zur Auflösung des Dienstverhältnisses erbracht hat und welchem Teil der vereinbarten Vergütung diese Leistungen entsprechen[3]. 90

Die Voraussetzungen des § 628 I 2 (vgl. Rz. 21 ff.) hat der Dienstberechtigte darzulegen und zu beweisen[4]. Der Dienstberechtigte muss vortragen, dass entweder der Dienstverpflichtete ohne Veranlassung durch vertragswidriges Verhalten des Dienstberechtigten gekündigt hat oder ihm wegen vertragswidrigen Verhaltens gekündigt worden ist und an den erbrachten Leistungen infolge der Kündigung kein Interesse besteht[5]. Hinsichtlich des Verschuldens hat sich der Anspruchsgegner gemäß der allgemeinen Regel über vertragl. Schadensersatzansprüche zu entlasten[6], § 280 I 2. Soll die Vergütung nach § 628 I 2 gekürzt werden, kann das Gericht den Wert der erbrachten Arbeitsleistung gem. § 287 II ZPO schätzen[7]. 91

Macht der Dienstberechtigte einen Rückzahlungsanspruch nach § 628 I 3 geltend (vgl. Rz. 34 ff.), muss er die Zahlung eines Vorschusses darlegen und beweisen. Beruft sich der Dienstberechtigte darauf, dass der Dienstverpflichtete die Kündigung des Vertragsverhältnisses veranlasst hat, muss er dessen pflichtwidriges Verhalten darlegen und beweisen. Beruft sich der Dienstverpflichtete auf den Ausschlusstatbestand nach § 346 III (Nr. 3), trifft ihn die Beweispflicht. 92

Im Rechtsstreit wegen eines Schadensersatzanspruches gem. § 628 II muss der Anspruchsteller das schuldhaft vertragswidrige Verhalten des anderen Teiles und seinen dadurch adäquat kausal verursachten Schaden in der geltend gemachten Höhe darlegen und beweisen. Für die Frage der haftungsausfüllenden Kausalität wie auch die Höhe des Schadens ergeben sich Beweiserleichterungen aus § 252 BGB und § 287 ZPO. Dabei erleichtert § 287 ZPO nicht nur die Beweisführung, sondern auch die Darlegung[8]. 93

Macht der in Anspruch genommene Teil geltend, dass er seinerseits dass Vertragsverhältnis wegen schuldhaft vertragswidrigem Verhalten des Kündigenden hätte beenden können, muss er die dafür notwendigen Tatsachen vortragen und beweisen[9]. Gleiches gilt für Tatsachen, die zu einer Minderung des Schadensersatzanspruchs führen können[10]. 94

629 *Freizeit zur Stellungssuche*

Nach der Kündigung eines dauernden Dienstverhältnisses hat der Dienstberechtigte dem Verpflichteten auf Verlangen angemessene Zeit zum Aufsuchen eines anderen Dienstverhältnisses zu gewähren.

1 **I. Normzweck.** Ist ein dauerndes Dienstverhältnis gekündigt worden, so ist der Dienstberechtigte nach § 629 verpflichtet, dem Dienstverpflichteten zum Zwecke der Stellensuche bezahlte Freistellung von der Beschäftigung zu gewähren. Damit soll der Beschäftigte in die Lage versetzt werden, möglichst ohne finanzielle Einbußen unmittelbar nach Beendigung des alten Dienstverhältnisses eine neue Beschäftigung anzutreten. Die Pflicht des Dienstherrn, Freizeit zur Stellensuche zu gewähren, ist Ausdruck der allgemeinen Fürsorgepflicht des Dienstherrn[11]. Den Dienstverpflichteten stattdessen auf seinen Ur-

---

1 ErfK/*Müller-Glöge*, § 628 BGB Rz. 120; KR/*Weigand*, § 628 BGB Rz. 8; RGRK/*Corts*, § 628 BGB Rz. 26; aA ArbG Wetzlar v. 8.12.1986 – 1 Ca 343/86, NZA 1987, 536. | 2 So BAG v. 20.2.1997 – 8 AZR 121/95, AP Nr. 4 zu § 611 BGB – Haftung des Arbeitgebers; ErfK/*Müller-Glöge*, § 628 BGB Rz. 120. | 3 Ebenso KR/*Weigand*, § 628 BGB Rz. 53. | 4 BGH v. 8.10.1981 – III ZR 190/79, NJW 1982, 437; v. 17.10.1996 – IX ZR 37/96, NJW 1997, 188; ErfK/*Müller-Glöge*, § 628 BGB Rz. 122. | 5 *Baumgärtel*, Rz. 1; ErfK/*Müller-Glöge*, § 628 BGB Rz. 122. | 6 BGH v. 17.10.1996 – IX ZR 37/96, NJW 1997, 188; BAG v. 5.10.1962 – 1 AZR 51/61, AP Nr. 2 zu § 628 BGB. | 7 ErfK/*Müller-Glöge*, § 628 BGB Rz. 122; Palandt/*Putzo*, § 628 BGB Rz. 4. | 8 BGH v. 13.11.1997 – III ZR 165/96, AP Nr. 12 zu § 628 BGB; BAG v. 27.1.1972 – 2 AZR 172/71, AP Nr. 2 zu § 252 BGB. | 9 *Baumgärtel*, Rz. 3; ErfK/*Müller-Glöge*, § 628 BGB Rz. 128. | 10 BGH v. 15.11.1994 – VI ZR 194/93, AP Nr. 35 zu § 249 BGB; BAG v. 10.3.1992 – 3 AZR 81/91, AP Nr. 34 zu § 1 BetrAVG – Zusatzversorgungskassen. | 11 Erman/*Belling*, § 629 BGB Rz. 1; Staudinger/*Preis*, § 629 BGB Rz. 2.

laubsanspruch zu verweisen, würde nicht nur Probleme bereiten, wenn der Urlaubsanspruch bereits vollständig erfüllt ist, sondern würde nach Ansicht des BAG[1] auch dem Zweck des Erholungsurlaubs widersprechen.

2 **II. Anspruchsvoraussetzungen. 1. Dauerndes Dienstverhältnis.** Die Vorschrift gilt für alle „dauernden" Dienst- und Arbeitsverhältnisse. Das Gesetz verwendet den Begriff „dauernden" in §§ 617 I 1, 627 I, 630 S. 1. Seine Auslegung richtet sich nach dem Normzweck, der zumindest in den §§ 617, 629 der Gleiche ist[2]. Mit diesem Tatbestandsmerkmal soll verhindert werden, dass ein Freistellungsanspruch auch dann besteht, wenn schon von vornherein mit einem baldigen Stellenwechsel zu rechnen war[3].

3 Dauernd ist ein Dienstverhältnis dann, wenn es rechtl. oder faktisch auf eine bestimmte längere Zeit angelegt ist, wenn es von unbestimmter Dauer sein sollte oder wenn es faktisch bereits längere Zeit bestanden hat[4]. Entscheidend ist, dass sich erst aus der intendierten bzw. faktischen erheblichen Dauer des Dienstverhältnisses und des damit zum Ausdruck gekommenen Näheverhältnisses die gesteigerte Rücksichtnahmepflicht des § 629 ergibt[5].

4 Aushilfsarbeitsverhältnisse scheiden demnach aus dem Anwendungsbereich aus[6]. Ebenso wenig werden nur kurzfristig angelegte Dienstverhältnisse vom Normzweck des § 629 erfasst[7]. Dagegen ist § 629 bei Kündigung eines unbefristeten Arbeitsverhältnisses während der Probezeit anwendbar[8], da dann das Vertragsverhältnis bereits auf Dauer angelegt war.

5 Auf Ausbildungsverhältnisse ist § 629 BGB gem. § 10 II BBiG anzuwenden[9]. Teilzeitbeschäftigte ArbN können von der Anwendbarkeit des § 629 nicht ausgenommen werden, § 4 I TzBfG. Einer bezahlten Freistellung bedarf es aber nur, wenn die Stellensuche allein während der Arbeitszeit erfolgen kann[10].

6 **2. Kündigung.** Voraussetzung für die Freistellung ist eine Kündigung, unabhängig von welcher Partei diese ausgesprochen wurde. Der Anspruch kann mit Zugang der Kündigung bis zum Ablauf der Kündigungsfrist geltend gemacht werden. Bei einer wirksamen außerordentl. fristlosen Kündigung ist § 629 obsolet. Eine Änderungskündigung genügt, wenn der andere Teil das Änderungsangebot nicht, auch nicht unter Vorbehalt seiner sozialen Rechtfertigung annimmt[11]. Der Freistellungsanspruch entfällt nicht, weil die Kündigung mit einer Wiedereinstellungszusage verbunden wurde[12].

7 Auch ohne bzw. vor einer Kündigung ist dem Dienstverpflichteten Freizeit zur Stellensuche zu gewähren, wenn der ArbGeb eine Kündigung oder eine einvernehmliche Aufhebung gegen eine Abfindung in Aussicht gestellt und dem ArbN empfohlen hat, sich nach einem anderen Arbeitsplatz umzusehen[13]. Die bloße Absicht des Dienstverpflichteten, sich beruflich zu verändern, begründet jedoch keinen Freistellungsanspruch[14].

8 Nach verbreiteter Meinung[15] ist § 629 bei einer Auflösung des Arbeitsverhältnisses wegen Befristung oder auflösender Bedingung analog anzuwenden. Gleiches gilt bei einer einvernehmlichen Beendigung des Dienstverhältnisses durch Aufhebungsvertrag[16]. Der Freistellungsanspruch kann frühestens ab dem Zeitpunkt des Laufs der fiktiven Kündigungsfrist geltend gemacht werden[17]. Erfährt der ArbN erst später von der nahenden Beendigung des Arbeitsverhältnisses, geht dies zu seinen Lasten[18].

9 **3. „Verlangen".** Der Dienstberechtigte hat die Freistellung zur Stellensuche nur auf Verlangen des Dienstverpflichteten zu gewähren. Den ArbGeb trifft keine Pflicht, den ArbN auf den Freistellungsanspruch hinzuweisen. Dh. einerseits, dass der ArbGeb die Freistellung nicht von sich aus anbieten, der ArbN sie sich aber auch nicht aufdrängen lassen muss und andererseits, dass der ArbN der Arbeit nicht einfach fernbleiben darf. Wie beim Erholungsurlaub tritt Fälligkeit des Anspruchs auf Freistellung mit dem Verlangen des ArbN ein. Fälligkeit der Freistellung selbst ist aber erst bei Gewährung der Freistellung durch den ArbGeb gegeben[19]. Der Dienstverpflichtete hat bei seinem Verlangen den Grund und die voraussichtliche Dauer der benötigten Freistellung anzugeben. Dagegen braucht er nicht den Na-

1 BAG v. 26.10.1956 – 1 AZR 248/55, AP Nr. 14 zu § 611 BGB – Urlaubsrecht; Staudinger/*Preis*, § 629 BGB Rz. 2. | 2 MünchArbR/*Richardi*, § 44 Rz. 21; MüKo/*Henssler*, § 629 Rz. 6; Staudinger/*Preis*, § 629 BGB Rz. 8. | 3 Erman/*Belling*, § 629 BGB Rz. 2. | 4 RGRK/*Eisemann*, § 629 BGB Rz. 4; näher Staudinger/*Oetker*, § 617 Rz. 16 ff. | 5 Staudinger/*Preis*, § 629 BGB Rz. 7. | 6 ErfK/*Müller-Glöge*, § 629 BGB Rz. 4; *Schaub*, ArbRHdb, § 26 Rz. 1; aA *Vogt*, DB 1968, 264. | 7 MüKo/*Henssler*, § 629 BGB Rz. 8. | 8 ErfK/*Müller-Glöge*, § 629 BGB Rz. 5; aA *Schaub*, ArbRHdb, § 26 Rz. 1; *Vogt*, DB 1968, 264. | 9 ErfK/*Müller-Glöge*, § 629 BGB Rz. 6; Erman/*Belling*, § 629 BGB Rz. 2; RGRK/*Eisemann*, § 629 BGB Rz. 5; aA *Brill*, AuR 1970, 8 (9). | 10 ErfK/*Müller-Glöge*, § 629 BGB Rz. 7; Erman/*Belling*, § 629 BGB Rz. 2. | 11 MüKo/*Henssler*, § 629 BGB Rz. 9. | 12 ErfK/*Müller-Glöge*, § 629 BGB Rz. 9; *Vogt*, DB 1968, 264. | 13 ErfK/*Müller-Glöge*, § 629 BGB Rz. 12; Erman/*Belling*, § 629 BGB Rz. 3. | 14 LAG Düsseldorf v. 15.3.1967 – 3 Sa 40/67, DB 1967, 1227 (1228); ErfK/*Müller-Glöge*, § 629 BGB Rz. 12. | 15 ErfK/*Müller-Glöge*, § 629 BGB Rz. 10; MünchArbR/*Richardi*, § 43 Rz. 42; Staudinger/*Preis*, § 629 BGB Rz. 11. | 16 ErfK/*Müller-Glöge*, § 629 BGB Rz. 12; Erman/*Belling*, § 629 BGB Rz. 2; *Schaub*, ArbRHdb, § 26 Rz. 1; aA Soergel/*Kraft*, § 629 BGB Rz. 2. | 17 ErfK/*Müller-Glöge*, § 629 BGB Rz. 10; *Schaub*, ArbRHdb, § 26 Rz. 1; *Steinwedel*, DB 1964, 1481 (1484); *Vogt*, DB 1968, 264. | 18 Für befristete Arbeitsverhältnisse ist auf § 15 II TzBfG hinzuweisen. | 19 Vgl. LAG Düsseldorf v. 15.3.1967 – 3 Sa 40/67, DB 1967, 1227; v. 11.1.1973 – 3 Sa 521/72, DB 1973, 676; ErfK/*Müller-Glöge*, § 629 BGB Rz. 16.

men des ArbGeb preiszugeben, bei dem er sich beworben hat. Das Verlangen muss so rechtzeitig erfolgen, dass der ArbGeb nach Möglichkeit den Betriebsablauf entsprechend planen kann[1].

Wurde dem ArbN für die Zeit bis zum Ablauf der Kündigungsfrist Erholungsurlaub gewährt, kann der ArbN verlangen, dass ihm an Stelle des Urlaubs eine Freistellung nach § 629 gewährt wird, sollten die Voraussetzungen des § 629 erfüllt sein[2]. Dies sollte auch dann noch gelten, wenn der ArbN nach Zugang der Kündigung mit dem ArbGeb bereits die Gewährung von Erholungsurlaub vereinbart hat, da der ArbN nicht überschauen kann, wann er eine Freistellung nach § 629 benötigt[3]. Gewährter und bereits genommener Erholungsurlaub kann jedoch nicht nachträglich, also ohne dass der ArbN zuvor den Anspruch aus § 629 geltend gemacht hatte, in Freizeit zur Stellensuche umgewandelt werden, mit der Folge, dass dann zusätzlich eine Urlaubsabgeltung zu leisten ist[4]. 10

Vom Freistellungsanspruch erfasst sind insb. Vorsprachen bei einem neuen ArbGeb, der AA oder einer gewerblichen Arbeitsvermittlung, aber auch die erforderliche oder vom zukünftigen ArbGeb gewünschte Vervollständigung der Bewerbungsunterlagen durch Eignungstests oder Untersuchungen[5]. 11

III. Rechtsfolgen. Liegen die Voraussetzungen des § 629 vor, hat der Dienstberechtigte dem Dienstverpflichteten hinsichtlich Zeitpunkt und Dauer eine angemessene Zeit zur Stellensuche zu gewähren. Die Bestimmung des Zeitpunkts und der Dauer der Freistellung erfolgt nach § 109 GewO durch einseitige Leistungsbestimmung des Dienstberechtigten. Was billigem Ermessen entspricht, ist unter Berücksichtigung der Interessen beider Parteien zu ermitteln. Der ArbGeb kann den Zeitpunkt der Freistellung grds. nach seinen betrieblichen Interessen ausrichten. Ist der ArbN aber zum persönlichen Vorstellungsgespräch eingeladen und stellt er ein entsprechendes Freistellungsverlangen, entspricht es idR nicht mehr billigem Ermessen, dem ArbN Freizeit nur zu einem anderen Zeitpunkt zu gewähren[6]. 12

Bezüglich der Dauer der Freistellung genügt es nicht, dem ArbN nur die unbedingt und zwingend geringstmögliche Zeit zu geben. Angemessen ist die dem Zweck des Aufsuchens entsprechende Zeit[7]. Der Begriff der Angemessenheit kann einzel- oder kollektivvertragl. konkretisiert werden. Existiert eine tarifvertragl. Regelung, dann beschreibt diese idR auch für nicht tarifgebundene Parteien die angemessene Dauer der Freizeitgewährung[8]. 13

IV. Vergütungsanspruch. Da § 629 die Frage der Vergütungspflicht ungeregelt lässt, ist insoweit auf § 616 zurückzugreifen[9]. Der Vergütungsanspruch bleibt damit erhalten, soweit die zur Stellensuche benötigte Freistellung nur eine verhältnismäßig unerhebliche Zeit in Anspruch nimmt[10]. Damit sind Fälle denkbar, in denen die begehrte Freistellung zwar noch „angemessen" iSd. § 629 ist, die vergütungspflichtige Grenze des § 616 aber überschritten wird[11]. Entsprechend hat das BAG[12] für die Dauer einer mehrtägigen Vorstellungsreise entschieden. 14

Ebenso kann § 616 anders als § 629 einzel- oder kollektivvertragl. abbedungen bzw. die Vergütungspflicht für die Zeit einer nach § 629 geschuldeten Freistellung kann konkretisiert werden[13]. 15

Ist in einer einzel- oder tarifvertragl. Regelung der Vergütungsfortzahlung zu § 616 die Stellensuche nicht ausdrücklich erwähnt, ist es Frage der Auslegung, ob § 616 damit tatsächlich für den Fall der Freizeitgewährung zur Stellensuche abbedungen ist. Nach dem BAG[14] schließt nicht jede Aufzählung von Verhinderungsfällen iSd. § 616, die den Fall der Entgeltfortzahlung wegen Stellensuche nicht nennt, auch tatsächlich einen Anspruch auf Entgeltfortzahlung in den Fällen des § 629 aus, da die Bedeutung des § 616 im Rahmen des § 629 häufig übersehen wird. 16

Neben dem Vergütungsanspruch gegen den alten ArbGeb aus § 616 hat der Bewerber, der vom neuen potenziellen ArbGeb zur persönlichen Vorstellung aufgefordert wurde, einen Anspruch auf Erstattung seiner notwendigen Aufwendungen, §§ 670, 662[15]. Der Aufwendungsersatzanspruch (§ 670) entsteht allerdings nicht schon, wenn der Bewerber ohne Aufforderung allein auf Grund einer Stellenanzeige bzw. 17

---

1 ArbG Düsseldorf v. 9.6.1959 – 3 Ca 204/59, BB 1959, 777; ErfK/*Müller-Glöge*, § 629 BGB Rz. 14; MünchArbR/*Richardi*, § 43 Rz. 43. | 2 Vgl. BAG v. 26.10.1956 – 1 AZR 248/55, AP Nr. 14 zu § 611 BGB – Urlaubsrecht; ErfK/*Müller-Glöge*, § 629 BGB Rz. 17. | 3 AA MüKo/*Henssler*, § 629 BGB Rz. 16; Staudinger/*Preis*, § 629 BGB Rz. 13. | 4 LAG Düsseldorf v. 11.1.1973 – 3 Sa 521/72, DB 1973, 676; Erman/*Belling*, § 629 BGB Rz. 4. | 5 ArbG Essen v. 31.8.1961 – 4 Ca 1516/61, BB 1962, 560; ErfK/*Müller-Glöge*, § 629 BGB Rz. 18; MüKo/*Henssler*, § 629 BGB Rz. 13 ff. | 6 ErfK/*Müller-Glöge*, § 629 BGB Rz. 19 f.; Erman/*Belling*, § 629 BGB Rz. 5. | 7 Staudinger/*Preis*, § 629 BGB Rz. 17; *Steinwedel*, DB 1964, 1481, 1484. | 8 ErfK/*Müller-Glöge*, § 629 BGB Rz. 21; Erman/*Belling*, § 629 BGB Rz. 5. | 9 BAG v. 11.6.1957 – 2 AZR 15/57, AP Nr. 1 zu § 629 BGB; v. 13.11.1969 – 4 AZR 35/69, AP Nr. 41 zu § 616 BGB; ErfK/*Müller-Glöge*, § 629 BGB Rz. 25; Staudinger/*Oetker*, § 616 Rz. 72; aA (Vergütungspflicht bleibt ohne weiteres bestehen) Jauernig/*Schlechtriem*, Anm. 3. | 10 ErfK/*Müller-Glöge*, § 629 BGB Rz. 25; *Schaub*, ArbRHdb, § 26 Rz. 3. | 11 ErfK/*Müller-Glöge*, § 629 BGB Rz. 25; Staudinger/*Preis*, § 629 BGB Rz. 21. | 12 BAG v. 13.11.1969 – 4 AZR 35/69, AP Nr. 41 zu § 616 BGB; MünchArbR/*Richardi*, § 45 Rz. 46. | 13 BAG v. 11.6.1957 – 2 AZR 15/57, AP Nr. 1 zu § 629 BGB; *Brill*, AuR 1970, 8 (15); ErfK/*Müller-Glöge*, § 629 BGB Rz. 26; MünchArbR/*Richardi*, § 45 Rz. 46. | 14 BAG v. 13.11.1969 – 4 AZR 35/69, AP Nr. 41 zu § 616 BGB; MüKo/*Henssler*, § 629 BGB Rz. 29. | 15 BGH v. 29.6.1988 – 5 AZR 433/87, NZA 1989, 468; BAG v. 14.2.1977 – 5 AZR 171/76, AP Nr. 8 zu § 196 BGB.

eines Hinweises der AA vorspricht[1], der ArbGeb nur in eine vom Bewerber erbetene Vorstellung eingewilligt[2] oder der Bewerber sich das Bewerbungsgespräch durch eine vorgetäuschte Qualifikation erschlichen hat. Auch, wenn grds. eine Kostenübernahmepflicht besteht, kann der neue ArbGeb eine solche ausschließen, wenn er dies rechtzeitig, dh. idR mit der Aufforderung zur Vorstellung[3], unmissverständlich zum Ausdruck bringt[4]. Das bloße „anheim geben" sich vorzustellen oder die Aufforderung zur „unverbindlichen Rücksprache" schließt den Kostenerstattungsanspruch nicht aus.

18 Erstattet werden die objektiv erforderlichen Aufwendungen sowie die Aufwendungen, die der ArbN nach sorgfältiger, nach den Umständen des Falles gebotener Prüfung für erforderlich halten durfte[5]. Dies erstreckt sich auf Fahrt-, Verpflegungs- und Unterbringungskosten. Erstattungsfähig sind die Kosten, die gewöhnlich für einen Arbeitssuchenden in der betreffenden Situation anfallen würden. Nicht ohne weiteres richten sich die erforderlichen und erstattungsfähigen Kosten nach den für diese Stelle geltenden Bestimmungen über Dienstreisen bzw. nach der für diese Stelle gezahlten Vergütung[6]. Die Kosten der Benutzung des eigenen Kraftfahrzeugs sind in jedem Falle bis zur Höhe der Kosten eines öffentl. Verkehrsmittels erstattungsfähig. Im Zweifel richtet sich die Erstattungshöhe nach steuerlichen Grundsätzen[7]. Gleiches gilt für die Verpflegung. Übernachtungskosten sind zu ersetzen, wenn dem Stellenbewerber die Hin- und Rückreise mit einem öffentl. Verkehrsmittel oder Auto am gleichen Tag wegen der schlechten Verkehrsverbindungen nicht zumutbar sind[8]. Wenn eine besondere Vereinbarung getroffen wurde oder unvorhersehbare Ereignisse eintreten, können auch höhere Kosten erstattungsfähig sein[9].

19 Hat der Bewerber für die Dauer der Freistellung gegen seinen bisherigen ArbGeb keinen Anspruch auf Entgeltfortzahlung nach § 616, ist sein Verdienstausfall vom einladenden ArbGeb zu ersetzen, vorausgesetzt, der Bewerber durfte die zum Zwecke der Vorstellung in Anspruch genommene Freistellung den Umständen nach für erforderlich halten[10]. Nicht erheblich ist, ob der potenzielle ArbGeb auch mit einem Verdienstausfall gerechnet hat[11]. Will sich der neue ArbGeb vor unliebsamen Überraschungen schützen, muss er den Aufwendungsersatz zuvor ausschließen oder zumindest entsprechend einschränken.

20 **V. Durchsetzung des Anspruchs.** Wird dem Dienstverpflichteten die Freistellung unberechtigterweise vom Dienstberechtigten verweigert, erwächst ihm daraus kein Selbstbeurlaubungsrecht[12]. Er ist deshalb grds. darauf verwiesen, seinen Freistellungsanspruch im Wege des einstw. Rechtsschutzes durchzusetzen[13].

21 Umstritten ist, ob der ArbN notfalls seinen Anspruch nach § 629 durch Ausübung eines Zurückbehaltungsrechts nach § 273 durchsetzen kann[14]. Dagegen wird vor allem eingewandt, dass das Zurückbehaltungsrecht nicht zur Erfüllung des Anspruchs führen dürfe[15]. Eine solche Erfüllung ist aber nicht zu befürchten, da die Ausübung eines Zurückbehaltungsrechts nur eine Suspendierung der arbeitsvertragl. Pflichten bewirkt[16] und nicht auch automatisch einen Entgeltfortzahlungsanspruch nach sich zieht[17]. Der ArbN ist dann darauf verwiesen, seinen Entgeltanspruch als Schadensersatz einzuklagen. Er trägt zudem das Risiko, zu Unrecht von seinem Zurückbehaltungsrecht Gebrauch und sich ua. deshalb nach § 280 I und 3, § 283 schadensersatzpflichtig gemacht zu haben. Zu gleichen Ergebnissen gelangt *Henssler*[18], wenn er in Notfällen – soweit einstw. Rechtsschutz nicht zu erreichen ist – ein Leistungsverweigerungsrecht nach § 275 III zubilligt.

22 Erkennt man ein Zurückbehaltungsrecht für die Dauer der begehrten Freistellung an, besteht kein Bedürfnis, ein außerordentl. Kündigungsrecht des Beschäftigten anzuerkennen, weil der ArbGeb den Freistellungsanspruch nicht erfüllt hat[19].

---

1 ErfK/*Müller-Glöge*, § 629 BGB Rz. 27; *Müller*, ZTR 1990, 237, 240. |2 Vgl. aber LAG Nürnberg v. 25.7.1995 – 2 Sa 73/94, LAGE § 670 BGB Nr. 12; ErfK/*Müller-Glöge*, § 629 BGB Rz. 27. |3 ErfK/*Müller-Glöge*, § 629 BGB Rz. 27; *Schaub*, ArbRHdb, § 26 Rz. 5. |4 ArbG Kempten v. 12.4.1994 – 4 Ca 720/94, BB 1994, 1504; ErfK/*Müller-Glöge*, § 629 BGB Rz. 27. |5 BAG v. 14.2.1977 – 5 AZR 171/76, AP Nr. 8 zu § 196 BGB; v. 16.3.1995 – 8 AZR 260/94, AP Nr. 12 zu § 611 BGB – Gefährdungshaftung des Arbeitgebers. |6 ArbG Hamburg v. 2.11.1994 – 13 Ca 24/94, NZA 1995, 428 (Flugkosten idR nur bei besonderer Erstattungszusage); *Müller*, ZTR 1990, 237, 240 (immer 2. Klasse); aA (großzügiger) ErfK/*Müller-Glöge*, § 629 BGB Rz. 28. |7 ErfK/*Müller-Glöge*, § 629 BGB Rz. 28. |8 ErfK/*Müller-Glöge*, § 629 BGB Rz. 28; RGRK/*Eisemann*, § 629 BGB Rz. 22. |9 Großzügig ErfK/*Müller-Glöge*, § 629 BGB Rz. 28; aA LAG Nürnberg v. 25.7.1995 – 2 Sa 73/94, LAGE § 670 BGB Nr. 12 (Steuerpauschale für Dienstreisen). |10 ErfK/*Müller-Glöge*, § 629 BGB Rz. 29; *Müller*, ZTR 1990, 237, 241; aA *Rothe*, DB 1968, 1906 (1907). |11 ErfK/*Müller-Glöge*, § 629 BGB Rz. 29; aA Staudinger/*Preis*, § 629 BGB Rz. 25. |12 ErfK/*Müller-Glöge*, § 629 BGB Rz. 22; aA LAG BW v. 11.4.1967 – 7 Sa 15/67, EzA § 133b GewO Nr. 3. |13 *Dütz*, DB 1976, 1480 (1481); ErfK/*Müller-Glöge*, § 629 BGB Rz. 22; *Vogt*, DB 1968, 264, 266. |14 LAG Düsseldorf v. 15.3.1967 – 3 Sa 40/67, EzA § 123 GewO Nr. 6; ErfK/*Müller-Glöge*, § 629 BGB Rz. 22; Erman/*Belling*, § 629 BGB Rz. 6; *Hoppe*, BB 1970, 399, 400; *Schaub*, ArbRHdb, § 26 Rz. 4 (auf Grund § 320 BGB); diff. *Otto*, AR-Blattei SD 1880, Rz. 79 (nur in Extremfällen); aA Palandt/*Putzo*, § 629 BGB Rz. 2 (kein eigenmächtiges Verlassen oder Fernbleiben); MüKo/*Henssler*, § 629 BGB Rz. 17 (wg. mangelnder Fälligkeit). |15 *Dütz*, DB 1976, 1480. |16 BAG v. 9.5.1996 – 2 AZR 387/95, AP Nr. 5 zu § 273 BGB. |17 BAG v. 7.6.1973 – 5 AZR 563/72, AP Nr. 28 zu § 615 BGB; v. 21.5.1981 – 2 AZR 95/79, AP Nr. 32 zu § 615 BGB; ErfK/*Müller-Glöge*, § 629 BGB Rz. 23. |18 MüKo/*Henssler*, § 629 BGB Rz. 17. |19 AA ErfK/*Müller-Glöge*, § 629 BGB Rz. 24; *Schaub*, ArbRHdb, § 26 Rz. 4; Soergel/*Kraft*, § 629 BGB Rz. 12.

VI. Abdingbarkeit. § 629 ist nicht abdingbar[1]. Lediglich eine Konkretisierung des Begriffs der angemessenen Freizeit nach Dauer, Zeit und Häufigkeit ist im Rahmen billigen Ermessens zulässig[2]. Dieser Rahmen ist überschritten, wenn die Vereinbarung praktisch zu einem Ausschluss des Freistellungsanspruchs zur Stellensuche oder dessen unangemessener Beschränkung führt. Da § 616 dispositiv ist, kann die Vergütungspflicht während der gewährten Freizeit eingeschränkt oder ausgeschlossen werden[3]. 23

VII. Darlegungs- und Beweislast. Der Dienstverpflichtete hat als Anspruchsteller die Anspruchsvoraussetzungen darzulegen und ggf. zu beweisen. Welche Freistellung nach Lage und Dauer angemessen iSd. § 629 ist, setzt das Gericht nach Maßgabe des § 106 III GewO fest. 24

630 *Pflicht zur Zeugniserteilung*

Bei der Beendigung eines dauernden Dienstverhältnisses kann der Verpflichtete von dem anderen Teil ein schriftliches Zeugnis über das Dienstverhältnis und dessen Dauer fordern. Das Zeugnis ist auf Verlangen auf die Leistungen und die Führung im Dienst zu erstrecken. Die Erteilung des Zeugnisses in elektronischer Form ist ausgeschlossen. Wenn der Verpflichtete ein Arbeitnehmer ist, findet § 109 der Gewerbeordnung Anwendung.

S. 3 eingefügt durch Gesetz zur Anpassung der Formvorschriften des Privatrechts und anderer Vorschriften an den modernen Rechtsgeschäftsverkehr v. 13.7.2001, BGBl. I S. 1542. S. 4 eingefügt durch Art. 4 des Dritten Gesetz zur Änderung der Gewerbeordnung und sonstiger gewerberechtlicher Vorschriften v. 24.8.2002, BGBl. I S. 3412.

Bis zum 31.12.2002 war § 630 die zentrale Vorschrift des Zeugnisrechts für ArbN. Parallelregelungen bestanden für gewerbliche ArbN in § 113 GewO und für Handlungsgehilfen in § 73 HGB. Durch das Dritte Gesetz zur Änderung der Gewerbeordnung und sonstiger gewerberechtl. Vorschriften v. 24.8.2002[4] ist § 630 durch einen S. 4 ergänzt worden, wonach für ArbN § 109 GewO Anwendung findet. § 73 HGB ist aufgehoben worden. Damit soll § 630 nach dem Willen des Gesetzgebers nur noch auf dauernde Dienstverträge mit Selbständigen Anwendung finden[5]. 1

Indes ist der Anspruch auf ein Zeugnis nach wie vor auf solche Selbständige zu beschränken, die einem ArbN sozial vergleichbar sind. Dies folgt aus der Funktion des Zeugnisses als Bewerbungsunterlage. Selbständige Dienstverpflichtete, die kein Zeugnis für ihr berufliches Fortkommen benötigen (zB Angehörige der freien Berufe, Personalberater), zählen daher nicht zum Kreis der Anspruchsberechtigten[6]. Einen Zeugnisanspruch nach dieser Vorschrift haben hingegen 2

- die einem ArbN vergleichbar sozial abhängigen **arbeitnehmerähnlichen Personen** (§ 5 I 2 ArbGG)[7],
- **Heimarbeiter**[8]
- **Einfirmenvertreter** (§ 92a HGB[9]) und
- **GmbH-Geschäftsführer**, die **nicht zugleich Gesellschafter** sind[10].

Keinen Anspruch auf Erteilung eines Zeugnisses haben **selbständige Handelsvertreter**[11], sofern sie nicht als sog. **„kleine" Handelsvertreter** (§ 84 II HGB) anzusehen sind[12].

Der Zeugnisanspruch setzt voraus, dass das Dienstverhältnis von vorneherein auf eine gewisse **Dauer** angelegt war[13], nicht notwendigerweise auch, dass es bei Beendigung bereits eine längere Zeit bestanden hat[14]. Voraussetzung ist nur, dass das Dienstverhältnis überhaupt in Vollzug gesetzt worden ist[15], dass also Dienste geleistet worden sind. War das Dienstverhältnis in diesem Sinne ein dauerndes, ist es auf Wunsch des Dienstverpflichteten auf Führung und Leistung zu erstrecken (**qualifiziertes Zeugnis**). Eine Differenzierung, wonach ein einfaches Zeugnis ohne Führungs- und Leistungsbeurteilung bei jedem Dienstverhältnis, ein qualifiziertes Zeugnis aber nur bei solchen von einiger Dauer verlangt werden kann[16], ist weder mit dem Wortlaut des § 630 S. 1 in Einklang zu bringen, noch besteht insoweit ein sozialpolitisches Bedürfnis. 3

Im Übrigen gelten die Ausführungen zu § 109 GewO. Auch wenn § 630 im Gegensatz zu § 109 GewO nicht ausdrücklich festschreibt, dass das Zeugnis klar und verständlich formuliert sein muss und keine Merkmale oder Formulierungen enthalten darf, die den Zweck haben, eine andere als aus der äußeren Form oder aus dem Wortlaut ersichtliche Aussage über den ArbN zu treffen, gilt dieser Grundsatz ebenfalls bei § 630. 4

---

1 RAG v. 2.5.1928, ARS 3, 21, 23; ErfK/*Müller-Glöge*, § 629 BGB Rz. 30; Erman/*Belling*, § 629 BGB Rz. 1. | 2 Erman/*Belling*, § 629 BGB Rz. 1; Staudinger/*Preis*, § 629 BGB Rz. 4. | 3 ErfK/*Müller-Glöge*, § 629 BGB Rz. 30; Erman/*Belling*, § 629 BGB Rz. 7. | 4 BGBl. I S. 3412. | 5 BT-Drs. 14/8796, S. 29. | 6 MüKo/*Henssler*, § 630 BGB Rz. 9. | 7 Erman/*Belling*, § 630 BGB Rz. 3. | 8 MüKo/*Henssler*, § 630 BGB Rz. 9. | 9 Erman/*Belling*, § 630 BGB Rz. 3. | 10 BGH v. 9.11.1967 – II ZR 64/67, BGHZ 49, 30 = NJW 1968, 396. | 11 OLG Celle v. 23.5.1967 – 11 U 270/66, AR-Blattei, ES 880.3 Nr. 90. | 12 RGRK/*Eisemann*, § 630 BGB Rz. 9; Staudinger/*Preis*, § 630 BGB Rz. 3; PWW/*Lingemann*, § 630 BGB Rz. 1. | 13 Küttner/*Reinecke*, Personalbuch 2007, Zeugnis Rz. 4. | 14 LAG Düsseldorf v. 14.5.1963 – 8 Sa 177/63, DB 1963, 1260; LAG Köln v. 30.3.2001 – Sa 1485/00, BB 2001, 1959. | 15 RGRK/*Eisemann*, § 60 BGB Rz. 8 („praktiziert"). | 16 So MüKo/*Henssler*, § 630 BGB Rz. 11.

Mindesturlaubsgesetz für Arbeitnehmer (Bundesurlaubsgesetz)

vom 8.1.1963 (BGBl. I S. 2), zuletzt geändert durch Gesetz vom 7.5.2002 (BGBl. I S. 1529)

1 *Urlaubsanspruch*

Jeder Arbeitnehmer hat in jedem Kalenderjahr Anspruch auf bezahlten Erholungsurlaub.

1 **I. Zweck des Gesetzes und des Urlaubsanspruchs.** Das Gesetz regelt die **Voraussetzungen und die Höhe des gesetzl. Mindestanspruchs** der ArbN. Die urlaubsrechtl. Grundsätze, die das BUrlG aufstellt (Entstehung, Fälligkeit, Übertragung, Abgeltung, Höhe der Urlaubsvergütung, Unabdingbarkeit), beziehen sich unmittelbar nur auf den gesetzl. Mindesturlaubsanspruch. Für darüber hinausgehende tarifvertragl. oder einzelvertragl. Urlaubsansprüche können die Tarif- bzw. Arbeitsvertragsparteien Voraussetzungen und inhaltliche Ausgestaltung frei vereinbaren. Soweit eigenständige Regelungen im Tarif- oder Einzelarbeitsvertrag nicht bestehen, gelten die Grundsätze des BUrlG auch für die den gesetzl. Mindesturlaub übersteigenden tarifl. oder vertragl. Ansprüche[1]. Eine von den Parteien gewollte Ausnahme muss sich deutlich aus dem Tarif- bzw. Arbeitsvertrag ablesen lassen[2]; arbeitsvertragl. Abweichungen unterliegen ggf. der Inhaltskontrolle gem. § 307 I, II Ziff. 1 BGB.

2 Neben den Vorschriften des BUrlG ist ein **Rückgriff auf ungeschriebene Regeln** des Arbeitsrechts wie die Fürsorgepflicht oder auf ein Gewohnheitsrecht („hergebrachte Grundsätze des Urlaubsrechts") nicht mehr statthaft[3]. Es gelten jedoch für den Anspruch auf Urlaub als privatrechtl. Anspruch – insb. für die Fragen der Erfüllung sowie der Leistungsstörungen – die Bestimmungen des bürgerlichen Rechts über Schuldverhältnisse (§ 7 Rz. 3 ff., 133 ff.).

3 Weitere gesetzl. Urlaubsregelungen finden sich im HAG, im JArbSchG und in § 125 SGB IX (s. § 3 Rz. 45).

4 Zweck des Urlaubs nach dem BUrlG ist die gesetzl. gesicherte Möglichkeit für einen ArbN, die ihm eingeräumte **Freizeit selbstbestimmt zur Erholung** zu nutzen[4]. Der Urlaubsanspruch eröffnet dem ArbN in den Grenzen von § 8 die freie Verfügbarkeit über seine Urlaubszeit. Ein wie auch immer definierter Urlaubszweck ist jedoch nicht Tatbestandsmerkmal des Urlaubsanspruchs. Für das Entstehen, den Bestand und die Erteilung des Urlaubs kommt es auf ein konkretes Erholungsbedürfnis des ArbN und die Art der Gestaltung seiner Freizeit nicht an[5]. Das Gesetz stellt vielmehr eine unwiderlegliche Vermutung dahingehend aus, dass ein ArbN bei Fälligkeit seines Anspruchs erholungsbedürftig ist[6]. Deshalb gehört eine auch nur geringfügige Arbeitsleistung im Urlaubsjahr nicht zu den Voraussetzungen des Urlaubsanspruchs[7]. Auch unter Hinweis auf Treu und Glauben kann einem ArbN, der während des ganzen Kalenderjahres nicht gearbeitet hat, der Urlaub nicht versagt werden[8].

5 **II. Inhalt des Urlaubsanspruchs. 1. Begriff.** Der Urlaubsanspruch des ArbN richtet sich darauf, vom ArbGeb von der nach dem Arbeitsvertrag bestehenden **Arbeitspflicht befreit** zu werden, ohne dass dadurch die Pflicht zur Zahlung des Arbeitsentgelts berührt wird[9]. Der Anspruch richtet sich auf zeitliche Festlegung des Urlaubs und auf Freistellung von der Arbeitspflicht im festgelegten Urlaubszeitraum, wobei in der zeitlichen Festlegung zugleich die Freistellung von der Arbeitspflicht liegt.

6 Mit der Gewährung des Urlaubs entsteht **kein neuer Entgeltanspruch**. Der ArbN behält vielmehr seinen vertragl. Anspruch auf die regelmäßige Vergütung, deren Höhe sich nach § 11 richtet. Die Formulierung vom bezahlten Erholungsurlaub stellt somit lediglich sicher, dass die Rechtsfolgen des § 326 I 1 BGB für den Urlaubszeitraum nicht eintreten[10]. Die frühere Rspr. des BAG[11], der Urlaubsanspruch nach dem BUrlG sei ein **Einheitsanspruch**, der aus den Wesenselementen Freizeitgewährung und Zahlung

1 BAG v. 18.10.1990 – 8 AZR 490/89, AP Nr. 56 zu § 7 BUrlG – Abgeltung. | 2 BAG v. 7.9.2004 – 9 AZR 587/03, EzA § 7 BUrlG – Abgeltung Nr. 12. | 3 BAG v. 8.3.1984 – 6 AZR 600/82, AP Nr. 14 zu § 3 BUrlG – Rechtsmissbrauch; aA *Neumann/Fenski*, § 1 BUrlG Rz. 3 f. | 4 BAG v. 8.3.1984 – 6 AZR 600/82, AP Nr. 14 zu § 3 BUrlG – Rechtsmissbrauch; v. 20.6.2000 – 9 AZR 405/99, AP Nr. 28 zu § 7 BUrlG; *Leinemann/Linck*, § 1 BUrlG Rz. 3; ErfK/*Dörner*, § 1 BUrlG Rz. 9. | 5 BAG v. 28.1.1982 – 6 AZR 571/79, NJW 1982, 1548; ErfK/*Dörner*, § 1 BUrlG Rz. 10; aA *Beckerle*, RdA 1985, 352. | 6 *Leinemann/Linck*, § 1 BUrlG Rz. 5. | 7 BAG v. 8.3.1984 – 6 AZR 442/83, AP Nr. 15 zu § 13 BUrlG. | 8 BAG v. 28.1.1982 – 6 AZR 571/79, NJW 1982, 1548. | 9 St. Rspr. des BAG seit 1982; BAG v. 13.5.1982 – 6 AZR 360/80, DB 1982, 2193; v. 8.3.1984 – 6 AZR 600/82, AP Nr. 14 zu § 3 BUrlG – Rechtsmissbrauch; v. 25.1.1994 – 9 AZR 312/92, AP Nr. 16 zu § 7 BUrlG; aA *Neumann/Fenski*, § 1 BUrlG Rz. 69. | 10 BAG v. 8.3.1984 – 6 AZR 600/82, AP Nr. 14 zu § 3 BUrlG – Rechtsmissbrauch. | 11 BAG v. 3.6.1960 – 1 AZR 251/59, AP Nr. 73 zu § 611 BGB – Urlaubsrecht.

eines Urlaubsentgelts bestehe, ist damit überholt; die gleichwohl in der Arbeitsrechtspraxis anzutreffende Auffassung von der Doppelnatur des Urlaubsanspruchs ist nicht mehr vertretbar.

Aus der Rechtsnatur des Freistellungsanspruchs folgt, dass Urlaub nicht zu einer Zeit gewährt werden kann, in der der ArbN arbeitsvertraglich nicht zur Arbeitsleistung verpflichtet ist[1] oder diese wegen Arbeitsunfähigkeit nicht erbringen kann[2]. 7

2. Abgrenzung zur Freistellung aus anderen Gründen. a) Gesetzliche Freistellungsansprüche. Neben dem Urlaubsanspruch gibt es eine Reihe weiterer gesetzl. Freistellungsansprüche mit und ohne Auswirkungen auf den Entgeltanspruch. Gesetzl. Freistellungsansprüche sind zB geregelt in §§ 15, 16 BEEG (Elternzeit), § 616 BGB (persönliche Verhinderung), § 629 BGB (Freistellung zur Stellensuche), den Bildungsurlaubsgesetzen der Länder, §§ 9, 10, 16, 17, 18, 43 JArbSchG, § 37 BetrVG. 8

b) Suspendierung von der Arbeitspflicht. Die Weigerung des ArbGeb, den ArbN vertragsgemäß zu beschäftigen („Suspendierung", Hausverbot etc. nach Ausspruch einer Kündigung), ist regelmäßig keine Erfüllung des Urlaubsanspruchs[3]. Es fehlt an der für die Erfüllung nötigen Leistungshandlung[4]. Soll während der Zeit der Suspendierung der Urlaubsanspruch erfüllt werden, muss der ArbGeb hinreichend deutlich Urlaub erteilen. 9

Stellt ein ArbGeb einen ArbN unter **Anrechnung auf offene Urlaubsansprüche** unwiderruflich von der Arbeitsleistung frei, ist dies regelmäßig so zu verstehen, dass der ArbGeb sich vorbehaltslos zur Fortzahlung des Entgeltes im Freistellungszeitraum verpflichten will und der ArbN über seine Arbeitsleistung frei verfügen kann. Denn einer nicht näher bestimmten Urlaubsfestlegung kann der ArbN entnehmen, dass der ArbGeb es ihm überlässt, die zeitliche Lage seines Urlaubs innerhalb des Freistellungszeitraumes festzulegen. Der Urlaubsanspruch wird damit erfüllt, sofern der ArbN mindestens im zeitlichen Umfang des Urlaubs arbeitsfähig ist[5]. 10

Eine während der Freistellung erklärte rechtsunwirksame fristlose Kündigung des ArbGeb lässt die Arbeitsbefreiung unberührt[6]. 11

3. Unabdingbarkeit. Der **gesetzl. Mindesturlaubsanspruch** ist unabdingbar und unverzichtbar. Gem. § 13 I 1 können §§ 1 und 2 nicht, § 3 I nur zu Gunsten der ArbN durch TV geändert werden. Das bedeutet, dass der gesetzl. Mindesturlaub sowie der Anspruch auf Urlaubsabgeltung[7] nicht unterschritten werden dürfen. Soweit die TV-Parteien nach § 13 I 1 die Befugnis haben, auch ungünstigere Regelungen zu treffen, darf dies nicht dazu führen, dass mittelbar in die unantastbaren Rechte des ArbN nach § 1, § 2 und § 3 I eingegriffen wird[8]. Die Unverzichtbarkeit gilt auch für (gerichtl. und außergerichtl.) Vergleiche, tarifl. und vertragl. Ausschlussfristen, Ausgleichsquittungen, Rückrufvorbehalte uÄ (s. § 13). 12

III. Entstehung des Urlaubsanspruchs. 1. Bestand eines Arbeitsverhältnisses. Nach § 1 sind alle ArbN anspruchsberechtigt. Anspruchsvoraussetzungen sind daher nur der rechtl. Bestand eines Arbeitsverhältnisses und – für den Vollurlaub – der **Ablauf der Wartezeit** des § 4. Eine tatsächlich erbrachte Arbeitsleistung – in welchem Umfang auch immer – wird vom Gesetz nicht verlangt. Damit ist der Urlaubsanspruch nicht wegen Rechtsmissbrauchs ausgeschlossen, wenn ein ArbN im Urlaubsjahr oder im Übertragungszeitraum wegen Krankheit nicht gearbeitet hat[9]. 13

Das Arbeitsverhältnis muss **wenigstens einen vollen Monat** bestanden haben, um einen (Teil-)Urlaubsanspruch zu begründen, § 5 I (s. dort). Bei kürzerem Bestand entsteht kein Teilanspruch. 14

Unerheblich ist, welche rechtl. Qualität das Arbeitsverhältnis hat. Ein Urlaubsanspruch kann daher in einem **Teilzeitarbeitsverhältnis** unabhängig von der Verteilung der Arbeitszeit (zur Berechnung der Urlaubsdauer s. § 3) und auch bei geringfügiger Beschäftigung, § 8 SGB IV, erworben werden[10]. Anspruchsberechtigt sind weiterhin studentische Hilfskräfte unter der Voraussetzung, dass sie in einem Dauerarbeitsverhältnis stehen[11]; anders ist es bei unregelmäßiger Beschäftigung, wenn stets ein neues befristetes Arbeitsverhältnis (für weniger als einen Monat) geschlossen wird, es sei denn, die Parteien vereinbaren ein einheitliches Arbeitsverhältnis auf Abruf gem. § 12 TzBfG. Auch Reinigungskräfte in einem Haushalt, die zB nur einmal in der Woche arbeiten, haben einen Urlaubsanspruch[12]. **Ein-Euro-Jobber** gem. § 16 III SGB II haben kraft ausdrücklicher gesetzl. Anordnung einen Anspruch auf Freistellung von der Arbeitsgelegenheit, obwohl sie nicht in einem ArbVerh. zum Träger der Maßnahme stehen. 15

---

1 BAG v. 19.4.1994 – 9 AZR 462/92, AP Nr. 2 zu § 74 SGB V. | 2 BAG v. 8.2.1994 – 9 AZR 332/92, AP Nr. 17 zu § 47 BAT. | 3 BAG v. 25.1.1994 – 9 AZR 312/92, AP Nr. 16 zu § 7 BUrlG. | 4 BAG v. 28.2.1991 – 8 AZR 196/90, AP Nr. 4 zu § 6 BUrlG; v. 31.5.1990 – 8 AZR 132/89, AP Nr. 13 zu § 13 BUrlG – Unabdingbarkeit; v. 9.6.1998 – 9 AZR 43/97, NZA 1999, 80. | 5 BAG v. 19.3.2002 – 9 AZR 16/01, BB 2002, 1703. | 6 BAG v. 23.1.1996 – 9 AZR 554/93, AP Nr. 10 zu § 5 BUrlG; v. 23.1.2001 – 9 AZR 26/00, NZA 2001, 597. | 7 BAG v. 30.11.1977 – 5 AZR 667/76, AP Nr. 4 zu § 13 BUrlG – Unabdingbarkeit = DB 1978, 847. | 8 BAG v. 10.2.1966 – 5 AZR 408/65, AP Nr. 1 zu § 13 BUrlG – Unabdingbarkeit = DB 1966, 708. | 9 St. Rspr. des BAG seit 28.1.1982 – 6 AZR 571/79, NJW 1982, 1548; v. 8.3.1984 – 6 AZR 442/83, AP Nr. 14 zu § 3 BUrlG – Rechtsmissbrauch und ganz hM im Schrifttum (*Leinemann/Linck*, § 1 BUrlG Rz. 81 ff.; ErfK/*Dörner*, § 1 BUrlG Rz. 26). | 10 BAG v. 19.1.1993 – 9 AZR 53/92, AP Nr. 20 zu § 1 BUrlG. | 11 BAG v. 23.6.1992 – 9 AZR 57/91, AP Nr. 22 zu § 1 BUrlG. | 12 ErfK/*Dörner*, § 1 BUrlG Rz. 23.

16 Ohne Bedeutung für den Urlaubsanspruch ist, ob es sich um ein befristetes, unbefristetes oder auflösend bedingtes (§ 21 TzBfG) Arbeitsverhältnis handelt oder ob der ArbN noch in weiteren Arbeitsverhältnissen steht. In jedem Arbeitsverhältnis ist gesondert die Entstehung eines Urlaubsanspruchs zu prüfen, auch wenn der ArbN mit der Eingehung eines zweiten Arbeitsverhältnisses einen Pflichtverstoß gegenüber dem ersten ArbGeb begangen hat oder wenn er gegen die Schutzvorschriften des ArbZG verstößt[1].

17 Ein (durch die rechtskräftige Entscheidung über die Kündigungsschutzklage auflösend bedingtes) Arbeitsverhältnis, das Urlaubsansprüche begründen kann, besteht auch, wenn der ArbN gem. § 102 V BetrVG nach Ablauf der Kündigungsfrist **vorläufig weiterbeschäftigt** wird[2].

18 Zum **urlaubsrechtl. ArbN-Begriff** s. § 2.

19 **2. Wartezeit.** Der Urlaubsanspruch entsteht gem. § 4 erstmalig nach dem Ablauf der Wartezeit von sechs Monaten. Die Wartezeit ist **Anspruchsvoraussetzung** (Einzelheiten s. § 4). Die Wartezeit muss nur **einmal** bei Beginn des Arbeitsverhältnisses erfüllt werden; in den darauf folgenden Jahren entsteht der Urlaubsanspruch jeweils am Beginn des Urlaubsjahres. Zur Berechnung der Wartezeit s. § 4.

20 **IV. Fälligkeit.** Da das BUrlG keine Fälligkeitsregelung enthält, kann der ArbN gem. § 271 I BGB die Leistung **sofort verlangen**, der ArbGeb sie sofort bewirken, wenn eine Leistungszeit weder bestimmt noch aus den Umständen zu entnehmen ist. Der Urlaub kann daher nach einmaliger Erfüllung der Wartezeit bereits mit Beginn der Arbeitspflicht im jeweiligen Kalenderjahr verlangt bzw. gewährt werden[3].

21 **V. Urlaubsdauer.** Nach § 3 I beträgt der gesetzl. Mindesturlaubsanspruch **24 Werktage** (= 4 Wochen). Tarifl. oder einzelvertragl. Bestimmungen gehen oft darüber hinaus, teilweise verbunden mit besonderen Regelungen zu Entstehung, Übertragung und Verfall (s. §§ 3, 7 und 13).

22 **VI. Übertragung auf Dritte. 1. Vererblichkeit.** Der **Urlaubsanspruch (Freistellungsanspruch)** kann nicht vererbt werden. Die Arbeitspflicht ist gem. § 613 BGB an die Person des ArbN gebunden. Deshalb kann auch nur der ArbN, nicht aber sein Erbe freigestellt werden[4]. Das gilt auch für den **Abgeltungsanspruch** nach § 7 IV, da der Abgeltungsanspruch Surrogat des Urlaubsanspruchs ist (Einzelheiten bei § 7) und deshalb nicht weitergehen kann als der mit dem Tod erloschene Urlaubsanspruch[5]. Anders sind hingegen **Schadensersatzansprüche** zu beurteilen: Sind sie bei Lebzeiten des ArbN entstanden, so können sie vererbt werden[6]. Der Urlaubsentgeltanspruch ist wie jeder Vergütungsanspruch vererblich.

23 **2. Abtretung, Pfändung.** Auch hier ist streng zu trennen zwischen dem Urlaubsanspruch (= Freistellungsanspruch) und dem Vergütungsanspruch. Der Urlaubsanspruch kann nur in der (praktisch wohl nicht vorkommenden) Weise abgetreten bzw. gepfändet werden, dass der Neugläubiger Freistellung des ArbN verlangen kann[7]. Das **Urlaubsentgelt** kann hingegen – wie sonstiges Entgelt – in den Grenzen der §§ 850 ff. ZPO gepfändet[8] und abgetreten werden, mit ihm und gegen ihn kann aufgerechnet werden[9]. Vollstreckungsrechtl. Besonderheiten gelten für das zusätzliche Urlaubsgeld; es ist nach Maßgabe des § 850a Nr. 2 ZPO unpfändbar und damit nicht abtretbar.

24 Gleiches gilt für die **Urlaubsabgeltung**. Der Kündigungssenat des BAG hat zwar unter Berufung auf ein Urteil des BAG aus der Zeit vor der grds. Änderung der Urlaubsrechtsprechung entschieden, dass insoweit Abtretung, Aufrechnung oder Pfändung nicht zulässig seien[10]. Dem kann jedoch nicht gefolgt werden, da die Abgeltung Surrogat des Urlaubsanspruchs ist und daher ein weiterer Schutz als beim Urlaubsanspruch nicht in Betracht kommt[11].

25 **VII. Erlöschen. 1. Erfüllung.** Der Urlaubsanspruch wird dadurch erfüllt, dass der ArbGeb die geschuldete Freistellungserklärung abgibt (**Leistungshandlung**) und der ArbN sodann den Urlaub antritt, dh. seine Arbeitsleistung nicht erbringt (**Leistungserfolg**), § 362 BGB. Erfüllung tritt daher nur ein, wenn der ArbGeb eine § 7 I entsprechende Freistellungserklärung abgibt, die Freistellungserklärung vor dem Fernbleiben des ArbN vom Arbeitsplatz erfolgt und der Freistellungserklärung entnommen werden kann, dass der ArbGeb gerade zur Erfüllung des Urlaubsanspruchs freistellen will (s. § 7).

26 **2. Befristung.** Aus § 1 und § 7 III 1 ergibt sich, dass der Urlaubsanspruch **auf das jeweilige Kalenderjahr** bzw. – wenn die gesetzl. Voraussetzungen in § 7 III erfüllt sind – bis zum **Ende des Übertragungszeitraums** befristet ist[12]. Das bedeutet, dass der Anspruch mit Ablauf des Kalenderjahrs bzw. im Falle der

---

1 ErfK/*Dörner*, § 1 BUrlG Rz. 24. | 2 BAG v. 12.9.1985 – 2 AZR 324/84, AP Nr. 7 zu § 102 BetrVG 1972 – Weiterbeschäftigung; v. 10.3.1987 – 8 AZR 146/84, AP Nr. 1 zu § 611 BGB – Weiterbeschäftigung; *Leinemann/Linck*, § 1 BUrlG Rz. 72. | 3 HM; vgl. *Leinemann/Linck*, § 1 BUrlG Rz. 70 ff.; ErfK/*Dörner*, § 1 BUrlG Rz. 27; aA *Neumann/Fenski*, § 7 BUrlG Rz. 1; *Künzl*, BB 1991, 1630. | 4 BAG v. 23.6.1992 – 9 AZR 111/91, AP Nr. 59 zu § 7 BUrlG – Abgeltung. | 5 BAG v. 22.10.1991 – 9 AZR 433/90, AP Nr. 57 zu § 7 BUrlG – Abgeltung. | 6 BAG v. 19.11.1996 – 9 AZR 376/95, AP Nr. 71 zu § 7 BUrlG – Abgeltung. | 7 MünchArbR/*Leinemann*, § 87 Rz. 17; *Leinemann/Linck*, § 1 BUrlG Rz. 111 ff.; ErfK/*Dörner*, § 1 BUrlG Rz. 30; *Pfeifer*, NZA 1996, 738. | 8 BAG v. 20.6.2000 – 9 AZR 405/99, AP Nr. 28 zu § 7 BUrlG. | 9 ErfK/*Dörner*, § 11 BUrlG Rz. 51; *Leinemann/Linck*, § 11 BUrlG Rz. 102. | 10 BAG v. 21.1.1988 – 2 AZR 581/86, NZA 1988, 651; v. 12.2.1959 – 1 AZR 43/56, AP Nr. 42 zu § 611 BGB – Urlaubsrecht = DB 1959, 350. | 11 *Leinemann/Linck*, § 7 BUrlG Rz. 201; ErfK/*Dörner*, § 7 BUrlG Rz. 107. | 12 BAG v. 13.5.1982 – 6 AZR 360/80, DB 1982, 2193.

Übertragung am 31.3. des Folgejahres erlischt, § 275 I BGB. Dies gilt auch, wenn der ArbN den Urlaub rechtzeitig verlangt, der ArbGeb jedoch nicht gewährt. Auch während eines laufenden Kündigungsrechtsstreits erlischt der Urlaubsanspruch mit Ende des jeweiligen Jahres[1]. Tarifl. Urlaubsansprüche erlöschen in gleicher Weise, wenn nicht der TV eine eigenständige Befristungsregelung erhält[2]. Statt des Urlaubsanspruchs kann dem ArbN ein Schadensersatzanspruch gem. §§ 283, 280 I, 249 BGB zustehen (s. § 7).

3. Tod des Arbeitnehmers. Da Urlaubs- und Abgeltungsanspruch nicht vererblich sind, **erlöschen** sie mit dem Tod des ArbN[3]. Dies gilt nicht für Schadensersatzansprüche, die vor dem Tod des ArbN entstanden und deshalb vererblich sind (s. § 7 Rz. 148 ff.). 27

VIII. Besondere Fallgestaltungen. 1. Arbeitskampf. Da der Urlaubsanspruch ein Freistellungsanspruch ist und deshalb die Arbeitspflicht des ArbN voraussetzt, kann während der Teilnahme an einem Streik oder bei Aussperrung des ArbN der Urlaubsanspruch nicht erfüllt werden. Denn während der Teilnahme an einem rechtmäßigen Streik sind die beiderseitigen Rechte und Pflichten aus den Arbeitsverhältnissen suspendiert[4]. 28

Im Übrigen gilt Folgendes: 29

- Beteiligt sich der ArbN nicht am Streik und wird er nicht ausgesperrt, sondern tritt den Urlaub wie gewährt an, so wird der Urlaubsanspruch unabhängig vom Arbeitskampf ordnungsgemäß erfüllt. Eventuelle streikbedingte Vergütungsausfälle während des Referenzzeitraums vor dem Urlaubsantritt werden bei der Berechnung des Urlaubsentgelts nicht berücksichtigt, § 11 I 3[5].
- Beteiligt sich der ArbN am Streik und beantragt er während der Dauer des Streiks Urlaub, ist eine Erfüllung grds. nicht möglich, da durch den Streik die Arbeitspflicht suspendiert ist; es ist aber zu prüfen, ob in dem Urlaubsantrag gleichzeitig die Erklärung des ArbN zu sehen ist, er wolle mit dem beantragten Urlaubsbeginn seine Streikteilnahme beenden.
- Erklärt der ArbN nach beantragtem und gewährtem Urlaub, sich während der Zeit des Urlaubs an dem Streik beteiligen zu wollen, so ist dies urlaubsrechtl. unerheblich. Der ArbN kann den Urlaub nicht „zurückgeben", um sich dann am Streik beteiligen zu können[6]. Eine Nachgewährung von Urlaub kommt nur in Betracht, wenn sich die Parteien darauf verständigen oder durch ein tarifl. Maßregelungsverbot ein neuer Anspruch begründet wird[7].
- Hat der streikende ArbN vor Streikbeginn keinen Urlaub beantragt und dauert der Streik über den 31.12. des Urlaubsjahres bzw. den 31.3. des Folgejahres (Verfallzeitpunkt) hinaus an, so erlischt der Urlaubsanspruch. Ein Schadensersatzanspruch entsteht nur, wenn der ArbN seine Beteiligung am Streik aufgibt und Urlaub verlangt, der ArbGeb aber den Urlaub verweigert und dadurch in Verzug gerät (s. § 7)[8].

2. Insolvenz. Für die mit dem Urlaub zusammenhängenden **Zahlungsansprüche** (Urlaubsentgelt, zusätzliches Urlaubsgeld, Urlaubsabgeltung) gelten die §§ 35 ff. InsO. Hinsichtlich des eigentlichen Urlaubs-(= Freistellungs-)Anspruchs wird der Insolvenzverwalter Schuldner. Im Übrigen berührt die Eröffnung des Insolvenzverfahrens den Anspruch auf Freistellung nach dem BUrlG nicht[9]. Der Urlaubsanspruch ist **Masseforderung**, selbst wenn er vor Insolvenzeröffnung entstanden und fällig geworden ist. Das gilt auch für übertragene oder durch Vereinbarung begründete Restansprüche aus dem Vorjahr[10]. Wenn das Arbeitsverhältnis nach Eröffnung des Insolvenzverfahrens beendet worden ist, ist der Urlaubsabgeltungsanspruch nach § 7 IV **Masseverbindlichkeit** iSv. § 55 I Nr. 2 Alt. 2 InsO. Für die Einordnung als Masseverbindlichkeit ist es unerheblich, ob die Zeit nach Eröffnung des Insolvenzverfahrens bis zur Beendigung des Arbeitsverhältnisses ausgereicht hätte, den Urlaubsanspruch durch Freistellung von der Arbeitspflicht zu erfüllen[11]. Wird der ArbN vom Insolvenzverwalter nach Anzeige der **Masseunzulänglichkeit** zur Arbeitsleistung herangezogen, so hat der Insolvenzverwalter noch offene Urlaubsansprüche nach Maßgabe des § 7 I durch Freistellung von der Arbeitspflicht ohne jede Einschränkung zu erfüllen. Für den von ihm gewährten Urlaub gilt, dass der Anspruch auf Urlaubsentgelt nur anteilig als **Neumasseverbindlichkeit** iSv. § 209 II Nr. 3 iVm. I Nr. 2 InsO zu berichtigen ist. Zur Berechnung ist der in Geld ausgedrückte Jahresurlaub des ArbN ins Verhältnis zu der Dauer der nach Anzeige der Masseunzulänglichkeit erbrachten Arbeitsleistung zu setzen. Gleiches gilt für den Anspruch auf Urlaubsabgeltung[12]. Maßgeblich ist das Verhältnis der möglichen Arbeitstage im Jahr zu den vom ArbN nach Anzeige der Masseunzulänglichkeit geleisteten Arbeitstagen. Hierfür ist bei einem in der 5-Tage-Woche beschäftigten ArbN das für den gesamten Jahresurlaub zustehende Urlaubsentgelt durch 260 (= regelmäßig 30

---

1 BAG v. 17.1.1995 – 9 AZR 664/93, AP Nr. 66 zu § 7 BUrlG – Abgeltung. | 2 BAG v. 24.9.1996 – 9 AZR 364/95, NZA 1997, 507. | 3 ErfK/*Dörner*, § 1 BUrlG Rz. 33. | 4 BAG v. 22.3.1994 – 1 AZR 622/93, AP Nr. 130 zu GG Art. 9 – Arbeitskampf. | 5 *Leinemann/Linck*, § 11 BUrlG Rz. 81; ErfK/*Dörner*, § 11 BUrlG Rz. 42 f. | 6 ErfK/*Dörner*, § 1 BUrlG Rz. 48. | 7 ErfK/*Dörner*, § 1 BUrlG Rz. 48. | 8 BAG v. 24.9.1996 – 9 AZR 364/95, AP Nr. 22 zu § 7 BUrlG; ErfK/*Dörner*, § 1 BUrlG Rz. 49. | 9 BAG v. 18.12.1986 – 8 AZR 481/84, AP Nr. 19 zu § 11 BUrlG. | 10 BAG v. 18.11.2003 – 9 AZR 95/03, NZA 2004, 651. | 11 BAG v. 25.3.2003 – 9 AZR 174/02, NZA 2004, 43. | 12 BAG v. 21.11.2006 – 9 AZR 97/06, NZA 2007, 696.

anfallende Jahresarbeitstage) zu dividieren und mit den nach der Anzeige der Masseunzulänglichkeit geleisteten Arbeitstagen einschließlich entschuldigter Fehlzeiten zu multiplizieren. Bei einer auf mehr oder weniger Arbeitstage in der Woche verteilten Arbeitszeit erhöht oder verringert sich der Divisor entsprechend. Eine Neumasseverbindlichkeit wird dagegen nicht begründet, wenn der Insolvenzverwalter den ArbN unwiderruflich „unter Anrechnung auf offenen Urlaub" von jeder Arbeitsleistung freistellt[1].

31 **3. Kündigung.** Trotz wirksamer Kündigung kann nach Ablauf der Kündigungsfrist ein Urlaubsanspruch entstehen, wenn die Parteien das Arbeitsverhältnis bis zur Beendigung eines darüber geführten Rechtsstreits einvernehmlich fortführen[2] oder wenn die Weiterbeschäftigung auf Grund eines Widerspruchs des BR nach § 102 IV BetrVG erfolgt[3]. Hingegen entsteht mangels Bestand eines Arbeitsverhältnisses kein neuer Urlaubsanspruch, wenn ein ArbN auf Grund einer Verurteilung zur vorläufigen Weiterbeschäftigung nach Ablauf der Kündigungsfrist beschäftigt wird und diese Beschäftigung während der Rechtsmittelverfahren zur Abwendung der Zwangsvollstreckung erfolgt[4]. Zur Urlaubserteilung im Kündigungsfall s. § 7 Rz. 36.

32 **4. Betriebsübergang.** Im Falle des Betriebsübergangs tritt der **Erwerber** gem. § 613a I 1 BGB in die Rechte und Pflichten aus den im Zeitpunkt des Übergangs bestehenden Arbeitsverhältnissen und damit **auch in die Urlaubsansprüche** ein. Der bisherige ArbGeb haftet neben dem neuen Inhaber nach § 613a II BGB als Gesamtschuldner, soweit Ansprüche vor dem Zeitpunkt des Übergangs entstanden sind und vor Ablauf von einem Jahr nach diesem Zeitpunkt fällig werden. Aus diesen Grundsätzen folgt:

33 • Der **Betriebserwerber** wird Schuldner des noch nicht erteilten Urlaubs. Das gilt auch für übertragene Urlaubsansprüche und für Ansprüche auf Ersatz verfallenen Urlaubs. Geht ein Betrieb in der Insolvenz über, hat der Betriebserwerber für die Erfüllung bestehender Urlaubsansprüche einzutreten[5]. Der Veräußerer haftet nach dem Betriebsübergang nicht mehr für den noch offenen Urlaub, da er nicht mehr von der Arbeitsleistung freistellen kann[6].

34 • Erlischt der Urlaubsanspruch nach dem Zeitpunkt des Betriebsübergangs durch Zeitablauf, so **haftet der Veräußerer** nicht auf Schadensersatz, weil der Schadensersatzanspruch erst nach dem Betriebsübergang entstanden ist. Der Erwerber hingegen muss es sich zurechnen lassen, wenn der Veräußerer mit der Erfüllung des Urlaubsanspruchs in Verzug geraten ist, weil er ohne Leistungsverweigerungsrecht nach § 7 I dem Urlaubsverlangen des ArbN nicht entsprochen hat; das Arbeitsverhältnis geht dann im Stadium des Schuldnerverzugs über, so dass der Erwerber mit dem Erlöschen des Urlaubsanspruchs durch Zeitablauf die Unmöglichkeit gem. § 287 BGB zu vertreten hat, auch wenn er von Urlaubsantrag und Ablehnung durch den Veräußerer keine Kenntnis erhielt.

35 • Für Zahlungsansprüche (Urlaubsentgelt, Abgeltung, zusätzliches Urlaubsgeld, Schadensersatz) kommt eine **gesamtschuldnerische Haftung** unter den Voraussetzungen des § 613a II BGB in Betracht.

36 • Hat der Veräußerer Urlaub für einen Zeitraum nach dem Übergang gewährt, bleibt der Erwerber daran gebunden[7].

37 • Setzt ein ArbN nach einem Betriebsübergang das Arbeitsverhältnis trotz wirksamer Kündigung des Veräußerers mit dem Erwerber fort, kann der ArbN nicht etwa Urlaubsabgeltung vom Veräußerer, sondern Erfüllung des Urlaubsanspruchs vom Erwerber verlangen; eine Beendigung des Arbeitsverhältnisses als Voraussetzung für einen Abgeltungsanspruch liegt nicht vor[8].

2 *Geltungsbereich*

Arbeitnehmer im Sinne des Gesetzes sind Arbeiter und Angestellte sowie die zu ihrer Berufsausbildung Beschäftigten. Als Arbeitnehmer gelten auch Personen, die wegen ihrer wirtschaftlichen Unselbständigkeit als arbeitnehmerähnliche Personen anzusehen sind; für den Bereich der Heimarbeit gilt § 12.

1 **I. Normzweck.** § 2 regelt, wer als **ArbN iSd. Urlaubsrechts** gilt, ohne den arbeitsrechtl. ArbN-Begriff selbst zu definieren. Zweck der Vorschrift ist es, den Kreis der Anspruchsberechtigten über die ArbN im engen Sinne auf die zu ihrer Berufsausbildung Beschäftigten sowie die arbeitnehmerähnl. Personen auszudehnen.

2 **II. Arbeitnehmerbegriff. 1. Allgemeine Definition.** Der urlaubsrechtl. ArbN-Begriff wird in § 2 dahin bestimmt, dass hierunter neben Arbeitern und Angestellten (= ArbN iSd. allgemeinen Arbeitsrechts) auch die zu ihrer Berufsausbildung Beschäftigten sowie arbeitnehmerähnl. Personen fallen.

---

1 BAG v. 15.6.2004 – 9 AZR 431/03, BAGE 111, 80. |2 BAG v. 15.1.1986 – 5 AZR 237/84, AP Nr. 66 zu § 1 LohnFG. |3 ErfK/*Dörner*, § 1 BUrlG Rz. 35. |4 BAG v. 17.1.1991 – 8 AZR 483/89, AP Nr. 8 zu § 611 BGB – Weiterbeschäftigungspflicht. |5 BAG v. 18.11.2003 – 9 AZR 95/03, NZA 2004, 651. |6 BAG v. 2.12.1999 – 8 AZR 774/98, AP Nr. 202 zu § 613a BGB; *Leinemann/Linck*, § 1 BUrlG Rz. 141. |7 *Leinemann/Linck*, § 1 BUrlG Rz. 146. |8 BAG v. 2.12.1999 – 8 AZR 774/98, AP Nr. 202 zu § 613a BGB.

2. Arbeitnehmer. Der allgemeine arbeitsrechtl. ArbN-Begriff ist im BUrlG nicht definiert. Es gelten daher die Grundsätze der st. Rspr. des BAG[1]: ArbN ist danach der Beschäftigte, der nach dem Inhalt des Vertrages und der tatsächlichen Gestaltung der Vertragsbeziehung seine Arbeit in **persönlicher Abhängigkeit** leistet. Zu den Einzelheiten s. vor § 611 BGB Rz. 19 ff. 3

3. Zur Berufsausbildung Beschäftigte. Bei den zur Berufsausbildung Beschäftigten handelt es sich um die Auszubildenden gem. §§ 10 ff. BBiG. Weiterhin gehören hierzu: Krankenpflegeschüler nach dem Krankenpflegegesetz[2]; Volontäre[3]; Praktikanten, sofern sie nicht nur einen Betrieb kennen lernen wollen und aus Gefälligkeit vorübergehend beschäftigt werden; Umschüler. 4

Schüler, deren weitere berufliche Bildung ausschließlich oder überwiegend in einer Schule vorgenommen wird, werden nicht zu ihrer Berufsausbildung iSd. § 2 beschäftigt und erwerben daher auch keinen Urlaubsanspruch[4]. Erfolgt die Schulausbildung aber als Teil einer betrieblichen Ausbildung oder sogar eines Arbeitsverhältnisses, gehört der Schüler zum Geltungsbereich des BUrlG. 5

4. Arbeitnehmerähnliche Personen. Die Abgrenzung zwischen arbeitnehmerähnl. Person iSv. § 2 S. 2 und einem Selbständigen bestimmt sich nach den allgemeinen Merkmalen. § 12a TVG ist nicht unmittelbar heranzuziehen. Die Vorschrift enthält keine gesetzl. Definition für alle arbeitsrechtl. Vorschriften, die auf das Rechtsverhältnis einer arbeitnehmerähnl. Person anzuwenden sind; jedoch können die in § 12a I Nr. 1a u. b TVG genannten Zeit- und Verdienstrelationen herangezogen werden[5]. An die Stelle der das Arbeitsverhältnis prägenden persönl. Abhängigkeit tritt bei arbeitnehmerähnl. Personen die wirtschaftl. Abhängigkeit. Wirtschaftl. Abhängigkeit ist regelmäßig gegeben, wenn der Betroffene auf die Verwertung seiner Arbeitskraft und die Einkünfte aus der Dienstleistung zur Sicherung seiner Existenzgrundlage angewiesen ist. Insb. bei der Tätigkeit für nur einen Auftraggeber kann das der Fall sein. Vorausgesetzt wird weiter eine gewisse Dauerbeziehung. Der Beschäftigte muss außerdem seiner gesamten sozialen Stellung nach einem ArbN vergleichbar schutzbedürftig sein. Das ist gegeben, wenn das Maß der Abhängigkeit nach der Verkehrsanschauung einen solchen Grad erreicht, wie er im Allgemeinen nur in einem Arbeitsverhältnis vorkommt, und die geleisteten Dienste nach ihrer soziologischen Typik mit denen eines ArbN vergleichbar sind. Maßgebend ist eine Gesamtwürdigung aller Umstände des Einzelfalls[6]. 6

5. Einzelheiten 7

- **Arbeitsbeschaffung, Eingliederungsverhältnis:** Gem. §§ 260 ff. SGB III (Arbeitsbeschaffungsmaßnahme) Beschäftigte sind ArbN in einem Arbeitsverhältnis und erwerben wie jeder andere ArbN einen Urlaubsanspruch nach den §§ 1, 3–5 BUrlG. Durch den Eingliederungsvertrag, § 231 SGB III, entsteht zwar kein Arbeitsverhältnis iSd. Arbeitsrechts, sondern nur ein sozialversicherungsrechtl. Beschäftigungsverhältnis, auf das aber die Grundsätze des Arbeitsrechts und damit auch das Urlaubsrecht anzuwenden sind[7].
- **Aushilfen:** In kurzfristigen Aushilfsarbeitsverhältnissen (tage- oder stundenweise Beschäftigung) wird ein Urlaubsanspruch nur erworben, wenn sich bei wiederholter Beschäftigung nicht nur eine Vielzahl von Eintagsarbeitsverhältnissen, sondern nach der vertragl. Vereinbarung ein einheitliches Arbeitsverhältnis von mindestens einem Monat ergibt[8].
- **Dienstordnungsangestellte:** Für Dienstordnungsangestellte gelten die urlaubsrechtl. Vorschriften der jeweiligen Dienstordnung (zB die VO über den Erholungsurlaub des Bundesbeamten und Richter im Bundesdienst), die das BUrlG verdrängen[9].
- **Ein-Euro-Job:** Ein-Euro-Beschäftigte gem. § 16 III SGB II haben kraft ausdrücklicher gesetzl. Anordnung einen Anspruch auf Freistellung von der Arbeitsgelegenheit, obwohl sie nicht in einem Arbeitsverhältnis zum Träger der Maßnahme stehen. Zum Urlaubsentgelt s. § 11 Rz. 26.
- **Familienangehörige:** Bei Familienangehörigen ist danach zu differenzieren, ob sie ohne arbeitsvertragl. Grundlage allein wegen ihrer familiären Bindung (§§ 1353, 1356 II, 1619 BGB) tätig sind oder ob sie in einem Arbeitsverhältnis mit einem anderen Familienmitglied stehen; nur in letzterem Fall haben sie Ansprüche aus dem BUrlG[10].
- **Ferienarbeiter, Studenten:** §§ 1 und 2 unterscheiden nicht nach haupt- oder nebenberufl. Tätigkeit, auch nicht danach, ob Schüler oder Studenten regelmäßig oder nur während der Ferien arbeiten. Da diese Personengruppen regelmäßig ArbN sind, kommt es für den Urlaubsanspruch nur darauf an, ob es sich um kurzfristige Aushilfsarbeitsverhältnisse (tage- oder stundenweise Beschäftigung) oder um ein einheitliches Arbeitsverhältnis von mindestens einem Monat handelt.

---

1 ZB BAG v. 12.9.1996 – 5 AZR 1066/94, AP Nr. 1 zu § 611 BGB – Freier Mitarbeiter. | 2 BAG v. 14.11.1984 – 5 AZR 443/80, AP Nr. 9 zu § 611 BGB – Ausbildungsverhältnis. | 3 *Leinemann/Linck*, § 2 BUrlG Rz. 17. | 4 BAG v. 16.10.1974 – 5 AZR 575/73, AP Nr. 1 zu § 1 BBiG = DB 1975, 262. | 5 BAG v. 17.1.2006 – 9 AZR 61/05, EzA § 2 BUrlG Nr. 6. | 6 BAG v. 17.1.2006 – 9 AZR 61/05, EzA § 2 BUrlG Nr. 6. | 7 Vgl. ErfK/*Preis* § 611 BGB Rz. 41; *Hanau*, DB 1997, 1279. | 8 BAG v. 19.1.1993 – 9 AZR 53/92, AP Nr. 20 zu § 1 BUrlG. | 9 BAG v. 21.9.1993 – 9 AZR 258/91, AP Nr. 68 zu § 611 BGB – Dienstordnungsangestellte. | 10 *Leinemann/Linck*, § 2 BUrlG Rz. 39 mwN.

- **Franchisenehmer** sind nur dann ArbN, wenn sie durch eine vertragl. Vereinbarung vollständig in die Organisation des Franchisegebers einbezogen sind und dadurch nicht die Möglichkeit haben, ihre Tätigkeit frei zu gestalten[1]. Regelmäßig sind sie jedoch selbständig und haben daher keine Ansprüche aus dem BUrlG[2].
- **Fußballspieler:** Berufsfußballer (Lizenzspieler) sind ArbN[3] und haben daher gesetzl. Urlaubsansprüche[4]. Vertragsamateure sind zwar keine ArbN, jedoch regelmäßig von ihrem Verein wirtschaftl. abhängig und deshalb arbeitnehmerähnlich[5].
- **gesetzliche Vertreter juristischer Personen** sind weder ArbN noch arbeitnehmerähnlich[6]. Sie haben auch dann keinen gesetzl. Urlaubsanspruch, wenn ihr früheres Angestelltenverhältnis nicht gekündigt worden ist, sondern für die Dauer der gesetzl. Vertretung ruht. Leitende Angestellte sind hingegen ArbN, auch wenn sie ihre Arbeitsleistung als Geschäftsführer einer Niederlassung oder einer Konzerntochter erbringen[7].
- **Heimarbeiter:** § 12 BUrlG enthält Sonderregelungen für diese ArbN-Gruppe (s. dort).
- **Helfer in einem freiwilligen sozialen Jahr** haben nach § 15 des Gesetzes zur Förderung des freiwilligen sozialen Jahres Ansprüche nach dem BUrlG, obwohl sie weder ArbN noch Auszubildende sind[8].
- **Journalisten:** Diese Berufsgruppe ist statusrechtl. und damit urlaubsrechtl. problematisch, weil Journalisten als ArbN, arbeitnehmerähnlich oder freiberuflich tätig sein können. Hierzu gibt es eine reichhaltige Kasuistik sowohl des BAG wie auch des BVerfG[9]. Für arbeitnehmerähnl. Personen im Presse- und Rundfunkwesen gibt es TV mit urlaubsrechtl. Bestimmungen.
- **Lehrkräfte** an allgemein bildenden Schulen, auch an Abendgymnasien, sind auch in nebenberufl. Tätigkeit regelmäßig ArbN, da sie durch Lehrpläne und sonstige Eingliederung in den Unterrichtsbetrieb persönlich abhängig sind[10]. Volkshochschuldozenten, die außerhalb schulischer Lehrgänge unterrichten, sowie Dozenten an Musikschulen, die nicht als ArbN (zB als sog. Fachbereichsleiter) eingestellt wurden, sind hingegen regelmäßig freie Mitarbeiter[11]; ihnen steht der gesetzl. Urlaubsanspruch nur zu, wenn sie arbeitnehmerähnlich sind[12].
- **nebenberufliche Tätigkeiten:** §§ 1 und 2 unterscheiden nicht nach haupt- oder nebenberufl. Tätigkeit. Ist ein ArbN in mehreren Arbeitsverhältnissen tätig, hat er gegen jeden ArbGeb, also auch in der Nebentätigkeit, Urlaubsansprüche[13]. Der Umstand, dass der ArbN in mehreren Arbeitsverhältnissen tätig ist, kann bei der Wahl des Urlaubszeitpunkts von Bedeutung werden[14], führt jedoch nicht zur Übertragung des Urlaubs bei dem einen ArbGeb, wenn der andere zu Recht den Urlaubswunsch des ArbN abgelehnt hat[15].
- **Telearbeiter** sind regelmäßig ArbN, wenn Abrufarbeit geleistet wird, kürzere Ankündigungs- und Erledigungsfristen bestehen und eine Anbindung an den Zentralrechner erfolgt[16].
- **Wiedereingliederungsverhältnis:** Nimmt ein arbeitsunfähiger ArbN zum Zweck der Wiedereingliederung in das Erwerbsleben gem. § 74 SGB V auf Veranlassung des Arztes die Tätigkeit teilweise wieder auf, so ruhen während dieser Zeit im Allgemeinen die arbeitsvertragl. Hauptleistungspflichten. Der Beschäftigte bleibt zwar ArbN, erbringt seine Tätigkeit aber nicht im Rahmen eines Arbeitsverhältnisses, sondern im Rahmen einer therapeutischen Maßnahme. Während dieses Wiedereingliederungsverhältnisses ist der Urlaubsanspruch nicht erfüllbar, da der ArbGeb wegen des Ruhens der Hauptleistungspflichten den ArbN nicht von der Arbeitspflicht befreien kann[17].

---

1 BAG v. 16.7.1997 – 5 AZB 29/96, AP Nr. 37 zu § 5 ArbGG 1979; *Leinemann/Linck*, § 2 BUrlG Rz. 22 mwN. | 2 BAG v. 24.4.1980 – 3 AZR 911/77, DB 1980, 2039. | 3 BAG v. 8.12.1998 – 9 AZR 623/97, AP Nr. 15 zu § 611 BGB – Berufssport. | 4 BAG v. 23.4.1996 – 9 AZR 856/94, AP Nr. 40 zu § 11 BUrlG. | 5 BAG v. 3.5.1994 – 9 AZR 235/92, nv. | 6 Vgl. BAG v. 26.5.1999 – 5 AZR 664/98, AP Nr. 10 zu § 35 GmbHG. | 7 *Leinemann/Linck*, § 2 BUrlG Rz. 37. | 8 BAG v. 12.2.1992 – 7 ABR 42/91, AP Nr. 52 zu § 5 BetrVG 1972. | 9 Vgl. BVerfG v. 3.12.1992 – 1 BvR 1462/88, AP Nr. 5 zu GG Art. 5 I – Rundfunkfreiheit; BAG v. 16.2.1994 – 5 AZR 402/93, AP Nr. 15 zu § 611 BGB – Rundfunk; für den pauschal bezahlten Bildberichterstatter, der einer Zeitungsredaktion monatlich eine bestimmte Zahl von Bildern zu liefern hatte, BAG v. 29.1.1992 – 7 ABR 25/91, AP Nr. 47 zu § 5 BetrVG 1972; zum Status eines Lektors in einem Buchverlag BAG v. 27.3.1991 – 5 AZR 194/90, AP Nr. 53 zu § 611 BGB – Abhängigkeit; zum Status eines Pressefotografen BAG v. 3.5.1989 – 5 AZR 158/88, BB 1990, 779. | 10 BAG v. 14.1.1982 – 2 AZR 245/80, AP Nr. 65 zu § 620 BGB – Befristeter Arbeitsvertrag; v. 12.9.1996 – 5 AZR 104/95, AP Nr. 122 zu § 611 BGB – Lehrer, Dozenten. | 11 BAG v. 12.9.1996 – 5 AZR 104/95, AP Nr. 122 zu § 611 BGB – Lehrer, Dozenten. | 12 BAG v. 17.1.2006 – 9 AZR 61/05, EzA § 2 BUrlG Nr. 6. | 13 BAG v. 19.6.1959 – 1 AZR 565/57, AP Nr. 1 zu § 611 BGB – Doppelarbeitsverhältnis = NJW 1959, 2036; *Leinemann/Linck*, § 1 BUrlG Rz. 66. | 14 Vgl. *Leinemann/Linck*, § 1 BUrlG Rz. 67. | 15 ErfK/*Dörner*, § 7 BUrlG Rz. 74. | 16 *Leinemann/Linck*, § 2 BUrlG Rz. 33. | 17 BAG v. 19.4.1994 – 9 AZR 462/92, NJW 1995, 1636.

3 *Dauer des Urlaubs*

(1) Der Urlaub beträgt jährlich mindestens 24 Werktage.

(2) Als Werktage gelten alle Kalendertage, die nicht Sonn- oder gesetzliche Feiertage sind.

I. Allgemeines. 1. Entstehungsgeschichte. Nach § 3 I beträgt der gesetzl. Mindesturlaubsanspruch seit dem 1.1.1995 **bundeseinheitlich 24 Werktage**. Zu dieser Neuregelung war der Bundesgesetzgeber durch die RL 93/104 des Rates der EU vom 23.11.1993 gezwungen. 1

Bei Inkrafttreten des Gesetzes **1963** wurde der **Grundurlaub mit 15 Werktagen** festgelegt; eine Erhöhung auf 18 Tage war erst mit der Vollendung des 35. Lebensjahres oder einer fünfjährigen Dauer des Arbeitsverhältnisses vorgesehen. Eine **Erhöhung** des gesetzl. Mindesturlaubs auf **18 Werktage** musste im Zusammenhang mit der Ratifizierung des Übereinkommens Nr. 132 der Internationalen Arbeitsorganisation (IAO) vom 24.6.1970 erfolgen, da dieses einen Mindesturlaub von 3 Wochen forderte. Bei dieser Gesetzeslage blieb es in den alten Bundesländern bis zum 31.12.1994, während in den neuen Bundesländern und im Ostteil von Berlin das Urlaubsrecht der DDR fortgalt mit der Maßgabe, dass der gesetzl. Urlaub in der Zeit vom 3.10.1990 bis 31.12.1994 mindestens 20 Arbeitstage betrug, wobei von 5 Arbeitstagen in der Woche auszugehen war (§ 3 I iVm. der Anlage I Kapitel VIII Sachgebiet A Abschnitt III Nr. 5a Einigungsvertrag). 2

Die Umsetzung der RL 93/104 brachte dann die **Rechtsvereinheitlichung** zwischen alten und neuen Bundesländern; allerdings gilt die Regelung über den Erholungsurlaub der Kämpfer gegen den Faschismus und Verfolgte des Faschismus in § 8 der VO über den Erholungsurlaub vom 28.9.1978 (GBl. I S. 365) weiter. Dieser Personenkreis hat einen Urlaubsanspruch von 27 Arbeitstagen. 3

2. Normzweck. Die Vorschrift hat zwei Regelungszwecke: Zum einen stellt sie eine unwiderlegliche Vermutung über den **jährlichen Mindesterholungsbedarf** der ArbN auf, zum anderen bestimmt sie, dass der Urlaubsanspruch in Werktagen zu berechnen ist. Abs. 2 definiert für das Urlaubsrecht den Begriff „Werktag". 4

§ 3 berechnet den **Urlaubsanspruch in (Werk-)Tagen**. Urlaub kann daher nicht stundenweise berechnet und regelmäßig auch nicht stundenweise gewährt werden[1]. Auch die Befreiung an Teilen eines Tages wie an einem halben Tag oder einem Vierteltag ist zu Urlaubszwecken nicht statthaft, solange der ArbN noch wenigstens Anspruch auf einen Tag Urlaub hat[2]. Hingegen können sich bei der Umrechnung des gesetzl. Urlaubsanspruchs von Werk- in Arbeitstage und bei der Berechnung von Teilurlaubsansprüchen nach § 5 Bruchteile von Tagen ergeben, so dass der ArbGeb stundenweise Freistellung schuldet (zu Teilurlaubsansprüchen s. § 5 Rz. 34 ff.). 5

In TV können andere Prinzipien vereinbart werden, solange der gesetzl. Mindesturlaub nicht unterschritten wird[3]. 6

II. Berechnung des Urlaubsanspruchs. 1. Allgemeines. § 3 I, der zur Berechnung des Urlaubsanspruchs von Werktagen ausgeht, beruht auf der bei Inkrafttreten des Gesetzes (1963) selbstverständlichen **6-Tage-Arbeitswoche**. Der Begriff „Werktag" wird in § 3 II dahin legaldefiniert, dass hierunter alle Kalendertage außer Sonn- und Feiertagen fallen. In einer feiertagsfreien Woche sind also die Tage Montag bis Samstag Werktage. Hingegen werden tarifvertragl. Urlaubsansprüche häufig in Arbeits- oder Urlaubstagen bestimmt. Sie sind dann regelmäßig auf die Verteilung der tarifl. Vollzeitarbeit (häufig die Fünf-Tage-Woche) bezogen. 7

Berechnungsprobleme ergeben sich beim gesetzl. Urlaubsanspruch, wenn – wie inzwischen weitgehend üblich – in der Woche **weniger Arbeits- als Werktage** anfallen. Es gilt der Grundsatz, dass bei der Bemessung der Urlaubsdauer Arbeitstage und Werktage zueinander rechnerisch in Beziehung zu setzen sind, da der in Werktagen ausgedrückte gesetzl. Urlaubsanspruch der konkreten Arbeitsverpflichtung des ArbN anzupassen ist. 8

Dieser Grundsatz gilt in allen Fällen, in denen die Urlaubsdauer sich auf eine bestimmte Normalverteilung der Arbeitszeit bezieht, die individuelle Dauer der Arbeitszeit bzw. deren Verteilung jedoch hiervon abweicht (unregelmäßige Verteilung der Arbeitszeit in Schichtsystemen oÄ; Teilzeitarbeit). Der Bestimmung der Urlaubsdauer muss daher stets die Klärung vorausgehen, an welchen Tagen eine Verpflichtung des ArbN zur Arbeitsleistung besteht. Wird die geschuldete regelmäßige Arbeitszeit auf eine unterschiedlich große Anzahl von Wochentagen verteilt, so ergibt sich zur Sicherung einer gleichwertigen Urlaubsdauer die Notwendigkeit einer entsprechenden Umrechnung. Das Erfordernis der Umrechnung ist für den Zusatzurlaub der Schwerbehinderten in § 125 S. 1 Hs. 2 SGB IX gesetzl. anerkannt worden. Dort ist geregelt, dass sich entsprechend der Anzahl der Wochentage mit Arbeitspflicht die Anzahl der Urlaubstage erhöht oder vermindert. Arbeitet zB ein ArbN an sechs Tagen in der Woche, erhöht sich sein Freistellungsanspruch, der auf eine Fünf-Tage-Woche bezogen ist, auf 6/5[4]. 9

---

1 ErfK/*Dörner*, § 3 BUrlG Rz. 9. | 2 ErfK/*Dörner*, § 3 BUrlG Rz. 9. | 3 BAG v. 22.10.1991 – 9 AZR 621/90, AP Nr. 6 zu § 3 BUrlG. | 4 BAG v. 8.9.1998 – 9 AZR 161/97, AP Nr. 216 zu § 1 TVG – Tarifverträge: Bau.

10 **2. Fünf-Tage-Woche.** Bei einer Verteilung der Arbeitszeit auf die Wochentage von **Montag bis Freitag** stellt sich das Problem der Berücksichtigung des arbeitsfreien Samstags.

11 Das BAG[1] hat früher arbeitsfreie Samstage als Urlaubstage „gezählt", um das rechnerisch richtige Ergebnis – 4 (früher 3) Wochen Jahresurlaub zu erzielen[2]. Diese Methode musste versagen, wenn ein ArbN immer nur tageweise Urlaub nahm, so dass kein freier Samstag im Urlaubszeitraum lag. Sie ist auch mit der Rechtsnatur des Urlaubsanspruchs nicht zu vereinbaren; da der Urlaubsanspruch ein Freistellungsanspruch ist, kann er nur erfüllt werden, wenn ansonsten die Verpflichtung zur Arbeitsleistung besteht. Ein arbeitsfreier Tag kann daher denklogisch nicht als Urlaubstag „gezählt" werden.

12 Nach der neueren st. Rspr. des BAG[3] ist die Dauer des gesetzl. Urlaubsanspruchs den tatsächlichen Arbeitstagen anzupassen. Das geschieht durch **Umrechnung**, die das Anliegen des Gesetzgebers wahrt, dem ArbN 4 Wochen Urlaub zuzusprechen. Dabei werden die im Gesetz genannten Werktage zu den vom ArbN geschuldeten Arbeitstage rechnerisch zueinander in Beziehung gesetzt. Die im Gesetz genannte Dauer des Urlaubs wird durch 6 (Werktage in der Woche) geteilt und mit der Anzahl der Arbeitstage multipliziert, an denen in der Woche eine Arbeitsverpflichtung besteht.

Beispiel: 24 (Werktage gesetzl. Anspruch) : 6 (Werktage pro Woche) × 5 (Arbeitstage pro Woche) = 20 (Arbeitstage, an denen freizustellen ist)

Diese Berechnung führt bei einer regelmäßigen Verteilung der Arbeitszeit auf die Tage von Montag bis Freitag zu einem Anspruch von 20 Urlaubstagen, die bei einer Fünf-Tage-Arbeitswoche 4 Wochen Urlaub entsprechen[4].

13 Diese Umrechnungsregel ist auch bei **Urlaubsansprüchen aus TV oder BV** (sofern solche nach § 77 III BetrVG überhaupt wirksam vereinbart werden können) anzuwenden, wenn keine abweichende Umrechnungsregelung besteht[5]. Anderweitige tarifl. Umrechnungsregelungen sind zulässig, sofern nicht der gesetzl. Mindesturlaubsanspruch verkürzt wird[6].

14 **Sonn- und Feiertage** werden gem. § 3 II nicht auf den Urlaub angerechnet; sie sind nach § 9 I ArbZG regelmäßig arbeitsfrei, so dass an diesen Tagen eine Freistellung zur Erfüllung des Urlaubsanspruchs nicht erfolgen könnte.

15 Bei nicht bundeseinheitlichen gesetzl. Feiertagen (Allerheiligen, Buß- und Bettag, Fronleichnam, Heilige Drei Könige, Mariä Himmelfahrt, Reformationstag) gilt grds. das Feiertagsrecht am Sitz des Betriebes, nicht am Arbeitsort[7]. Montagearbeiter, die an einen solchen Feiertag an ihrem Arbeitsort frei haben wollen, müssen daher einen Urlaubstag nehmen, wenn der Tag am Ort des Betriebssitzes Werktag ist. Bieten sie hingegen ihre Arbeitsleistung an, die wegen des örtlichen Feiertags nicht angenommen wird, haben sie nach § 615 BGB einen Vergütungsanspruch[8].

16 Davon zu unterscheiden ist ein Arbeitszeitsystem, in dem an **Sonn- und Feiertagen gearbeitet** wird (zB bei der kontinuierlichen Wechselschicht oder in den Fällen des § 10 I ArbZG). Soweit ein ArbN in einem geplanten Urlaubszeitraum an einem Sonn- oder Feiertag arbeiten müsste, bedarf es einer Freistellung von der Arbeitspflicht auch an diesem Tag; er zählt daher als Urlaubstag.

17 Zwar gelten Sonn- und Feiertage gem. § 3 II nicht als Werktage. Daraus folgt jedoch nicht, dass die Sonn- und Feiertage bei der Berechnung der Urlaubsdauer unberücksichtigt bleiben müssen[9]. Aus der Überlegung, dass dem ArbN 4 Wochen Urlaub zustehen sollen, folgt, dass der ArbN in einer Fünf-Tage-Woche an 5 Arbeitstagen von der Arbeit freizustellen ist, auch wenn einige dieser Tage Sonn- oder Feiertage sind. Gesetzl. Feiertage und Sonntage sind daher bei der Bestimmung der individuellen Urlaubsmenge als Werktage anzusehen, wenn an ihnen regelmäßig gearbeitet wird[10]. Der ArbN erhält hierfür auch das regelmäßige Arbeitsentgelt nach den Maßstäben des § 11[11].

Beispiel: Ein ArbN in einem Verkehrsbetrieb, der regelmäßig von Mittwoch bis Sonntag arbeitet, hat – unbeschadet der Wirksamkeit der Arbeitszeitverteilung – Anspruch auf 20 (Arbeits-)Tage Urlaub wie sein von Montag bis Freitag arbeitender Kollege. Bliebe der Sonntag bei der Berechnung unberück-

---

1 BAG v. 4.7.1963 – 5 AZR 53/62, AP Nr. 7 zu § 611 BGB – Urlaub und Fünf-Tage-Woche. | 2 In der Lit. wird diese Auffassung zT immer noch vertreten: vgl. *Neumann/Fenski*, § 3 BUrlG Rz. 30 ff.; *Natzel*, § 3 BUrlG Rz. 25 f.; *Zmarzlik/Zipperer/Viethen*, § 17 BErzGG Rz. 9. | 3 BAG v. 27.1.1987 – 8 AZR 579/84, AP Nr. 30 zu § 13 BUrlG; v. 25.2.1988 – 8 AZR 596/85, AP Nr. 3 zu § 8 BUrlG; v. 9.8.1994 – 9 AZR 384/92, AP Nr. 19 zu § 7 BUrlG; v. 18.2.1997 – 9 AZR 738/95, AP Nr. 13 zu § 1 TVG – Tarifverträge: Chemie; hM auch in der Lit.: *Leinemann/Linck*, § 3 BUrlG Rz. 13 ff.; ErfK/*Dörner*, § 3 BUrlG Rz. 16 ff.; MünchArbR/*Leinemann*, § 87 Rz. 60; KassHdb/*Schütz*, 2. 4 Rz. 176. | 4 BAG v. 27.1.1987 – 8 AZR 579/84, AP Nr. 30 zu § 13 BUrlG; v. 18.2.1997 – 9 AZR 738/95, AP Nr. 13 zu § 1 TVG – Tarifverträge: Chemie. | 5 BAG v. 18.2.1997 – 9 AZR 738/95, AP Nr. 13 zu § 1 TVG – Tarifverträge: Chemie; v. 8.5.2001 – 9 AZR 240/00, AP Nr. 1 zu § 1 TVG – Tarifverträge: Blumenbinder. | 6 Vgl. BAG v. 18.2.1997 – 9 AZR 738/95, AP Nr. 13 zu § 1 TVG – Tarifverträge: Chemie. | 7 *Leinemann/Linck*, § 3 BUrlG Rz. 22 mwN. | 8 *Leinemann/Linck*, § 3 BUrlG Rz. 23. | 9 AA früher BAG v. 14.5.1964, AP Nr. 94 zu § 611 BGB – Urlaubsrecht; *Neumann/Fenski*, § 3 BUrlG Rz. 27; *Natzel*, § 3 BUrlG Rz. 28. | 10 BAG v. 11.8.1998 – 9 AZR 111/97, nv.; *Leinemann/Linck*, § 3 BUrlG Rz. 27; ErfK/*Dörner*, § 3 BUrlG Rz. 21. | 11 ErfK/*Dörner*, § 3 BUrlG Rz. 21.

sichtigt, ergäbe sich nur ein Urlaubsanspruch von 16 Arbeitstagen, obwohl eine fünftägige Arbeitsverpflichtung besteht[1].

3. Ungleichmäßige Verteilung der Arbeitszeit. Ist die regelmäßige Arbeitszeit eines ArbN auf einen Zeitraum verteilt, der **mit einer Kalenderwoche nicht übereinstimmt**, muss für die Umrechnung des Urlaubsanspruchs auf Arbeitstage auf längere Zeitabschnitte als eine Woche, ggf. auf ein Kalenderjahr, abgestellt werden[2]. Kürzere Berechnungszeiträume (zB 3 oder 6 Monate) sind für die Umrechnung geeignet, wenn die Verteilung der Arbeitszeit sich jeweils in diesen Zeiträumen wiederholt[3]. Entscheidend ist, dass in solchen Fällen der Urlaubsanspruch mit dem derjenigen ArbN, deren Arbeitszeit regelmäßig verteilt ist, zeitlich gleichwertig sein muss. 18

In **rollierenden Arbeitszeitsystemen**, die insb. im Einzelhandel verbreitet sind, kommt es regelmäßig zu einer Abfolge von 4-, 5- oder 6-Tage-Wochen. Ist der Tarifurlaub nach Werktagen bemessen oder richtet sich der Urlaubsanspruch nach dem Gesetz, so ist er in Arbeitstage umzurechnen, weil die Arbeitszeit im Rahmen des rollierenden Arbeitszeitsystems nicht auf alle Werktage einer Woche gleichmäßig verteilt ist. Dazu sind Arbeitstage und Werktage zueinander rechnerisch in Beziehung zu setzen. Da die Arbeitszeit nicht regelmäßig auf eine Woche verteilt ist, sondern auf 4, auf 5 oder 6 Tage in der Woche, ist die Berechnung auf den kompletten Rollierzyklus, ggf. auf das Jahr zu beziehen[4]. Dabei ist von der konkreten Anzahl der Wochen mit zB 4, 5 oder 6 Arbeitstagen im Jahr auszugehen. Die Zahl der Urlaubstage ist durch die Zahl der Werktage im Umrechnungszeitraum zu teilen und sodann mit der ermittelten Zahl der Arbeitstage desselben Zeitraums zu multiplizieren[5]. 19

Beispiel: Ein ArbN arbeitet regelmäßig in der 1. Woche des Zyklus an 4 Tagen, in der 2. Woche an 5 Tagen und in der 3. Woche an 6 Tagen. Danach beginnt wieder ein neuer Zyklus mit einer 4-Tage-Woche. Der Umrechnungszeitraum beträgt hier 3 Wochen. In dieser Zeit arbeitet der ArbN an (4 + 5 + 6 =) 15 Tagen. Diese sind mit den 18 Werktagen dieses Zeitraums in Beziehung zu setzen. Bei einem Jahresurlaubsanspruch von 24 Werktagen ergibt sich folgende Berechnung der Urlaubstage: 24 (Werktage) : 18 Werktage × 15 Arbeitstage = 20 Arbeitstage Freistellungsanspruch. Nimmt der ArbN seinen Urlaub immer nur in einer „kurzen" Woche, so kommt er auf 5 Wochen Urlaub, da er in einer kurzen Woche nur 4 Urlaubstage „verbraucht"; nimmt er den Urlaub nur in „langen" Wochen, ergeben sich nur 2 Wochen und 2 Tage. Das ist die Konsequenz der Rechtsnatur des Urlaubs als Freistellungsanspruch.

Weiteres Beispiel: Ein ArbN arbeitet im Kalenderjahr 14 Wochen mit je 4 Arbeitstagen und 38 Wochen mit je 5 Arbeitstagen. Es ergibt sich folgender Berechnungsweg:

24 (Werktage) : 312 Jahreswerktage × (14 × 4 = 56 + 38 × 5 = 190; 56 + 190 = 246) 246 Jahresarbeitstage = 18,92 Arbeitstage. Der Bruchteil von 0,92 Arbeitstagen ist nicht nach § 5 II aufzurunden, weil es sich nicht um einen Teilurlaubsanspruch nach § 5 I handelt, es sei denn, eine Rundungsregelung zu Gunsten des ArbN ist (tarifl. oder einzelvertragl.) vereinbart.

In **Wechselschichtsystemen**, in denen es durch die Schichtpläne zu einer ungleichmäßigen Anzahl von Arbeitstagen in der Woche kommt, ist entsprechend zu verfahren. 20

Beispiel: In einem Wechselschichtsystem wird an 2 bis 6 Tagen in der Woche gearbeitet. Innerhalb von 20 Wochen wird nach dem Schichtplan die geschuldete Arbeitszeit an 90 Arbeitstagen erbracht. Die durchschnittliche regelmäßige Arbeitszeit der in Normalschicht Beschäftigten beträgt 5 Tage pro Woche. Für die Normalschicht ist ein Urlaubsanspruch von 30 Arbeitstagen vereinbart.

Als maßgeblicher Zeitraum für die Berechnung der Urlaubstage ist der Rhythmus von 20 Wochen zugrunde zu legen. Während dieser Zeit hat der regelmäßig an fünf Tagen in der Woche beschäftigte ArbN eine Arbeitspflicht an (5 Tage × 20 Wochen =) 100 Arbeitstagen, während der Wechselschichtarbeiter nur an 90 Arbeitstagen zur Arbeit verpflichtet ist. Das Verhältnis von 100 Arbeitstagen zu 90 Arbeitstagen entspricht dem Verhältnis von 30 Urlaubstagen bei Normalschicht zu 27 Urlaubstagen bei Wechselschicht, so dass der Schichtarbeiter Freistellung nur an 27 Arbeitstagen verlangen kann[6]. Das entspricht dem Prinzip, dass für ArbN, deren Arbeitszeit regelmäßig auf mehr als fünf Tage einer Woche verteilt ist, sich eine größere Zahl von Urlaubstagen ergibt, während entsprechend die Dauer des Urlaubsanspruchs geringer ist, wenn der ArbN an weniger als fünf Tagen zu arbeiten hat[7].

Wiederholt sich ein Arbeitsrhythmus nicht innerhalb eines Jahres, so muss eine Berechnung nach der Arbeitsverpflichtung eines jeden Kalenderjahrs festgestellt werden[8]. Hierfür ist von einer Arbeitsverpflichtung an 260 Tagen in der Fünf-Tage-Woche (52 × 5) und von 312 Werktagen in der Sechs-Tage-Woche auszugehen[9]. Dabei spielt es keine Rolle, ob das Urlaubsjahr ein Schaltjahr ist. Gesetzl. Wochenfeiertage bleiben unberücksichtigt, da für Feiertage gesetzl. Sonderregelungen sowohl hinsichtlich der 21

---

1 Vgl. ErfK/*Dörner*, § 3 BUrlG Rz. 21. | **2** BAG v. 22.10.1991 – 9 AZR 621/90, AP Nr. 6 zu § 3 BUrlG. | **3** BAG v. 3.5.1994 – 9 AZR 165/91, AP Nr. 13 zu § 3 BUrlG – Fünf-Tage-Woche. | **4** Vgl. BAG v. 14.1.1992 – 9 AZR 148/91, AP Nr. 5 zu § 3 BUrlG. | **5** Vgl. BAG v. 19.4.1994 – 9 AZR 478/92, AP Nr. 3 zu § 1 BUrlG – Treueurlaub. | **6** Vgl. BAG v. 3.5.1994 – 9 AZR 165/91, AP Nr. 13 zu § 3 BUrlG – Fünf-Tage-Woche. | **7** BAG v. 22.10.1991 – 9 AZR 621/90, AP Nr. 6 zu § 3 BUrlG. | **8** BAG v. 22.10.1991 – 9 AZR 621/90, AP Nr. 6 zu § 3 BUrlG. | **9** BAG v. 19.4.1994 – 9 AZR 478/92, AP Nr. 3 zu § 1 BUrlG – Treueurlaub.

Arbeitsbefreiung als auch der Vergütung und ihrer Berechnung bestehen. Im Übrigen fallen gesetzl. Feiertage gleichermaßen für ArbN im Schichtdienst wie für andere ArbN an[1]. Zu diesen 260 Arbeitstagen sind die nach den Schichtplänen möglichen Arbeitstage des Schichtarbeiters rechnerisch in Beziehung zu setzen. Unerheblich ist, dass die von einem ArbN im Schichtdienst zu erbringende Arbeitszeit ggf. im Verhältnis zu der Arbeitszeit anderer ArbN unterschiedlich lang auf die Arbeitstage des Schichtarbeiters verteilt ist oder ob die Arbeitszeit des Schichtarbeiters an einem Arbeitstag beginnt und erst am nächsten endet. Für den Urlaubsanspruch ist nur darauf abzustellen, ob an einem Wochentag der ArbN zur Arbeit verpflichtet ist. Die Dauer der jeweiligen Verpflichtung zur Arbeit ist nicht Inhalt des Anspruchs.

Beispiel: Ein ArbN hat einen tarifl. Grundurlaub von 30 „Urlaubstagen" – bezogen auf eine Fünf-Tage-Woche – sowie einen Zusatzanspruch von 3 „Urlaubstagen" für die Beschäftigung in Wechselschicht. Er leistet in einem Kalenderjahr 182 reguläre Schichten sowie 3 Zusatzschichten.

Die Zahl der Schichten, an denen er Freistellung verlangen kann, ist wie folgt zu berechnen: 33 (Urlaubstage) : 260 Arbeitstage eines in Fünf-Tage-Woche Beschäftigten × 185 Schichten = 23,48 Schichten (Urlaubstage)[2].

22 Dies gilt entsprechend auch für Teilzeitbeschäftigte mit wechselnden Arbeitszeiten[3].

23 In **Freischichtmodellen** ist zu beachten, dass die Freischichttage keine Arbeitstage sind und deshalb an diesen Tagen keine Freistellung zur Urlaubsgewährung erfolgen kann. Regelt ein TV die Urlaubsdauer und -berechnung nur für den Fall der üblichen Fünf-Tage-Woche (zB 30 Urlaubstage), muss der Urlaub entsprechend der jeweiligen Arbeitsverpflichtung im Schichtsystem umgerechnet werden[4].

24 **Beispiel:**[5] In einem TV ist bestimmt, dass die durchschnittliche wöchentl. Arbeitszeit von 38 Stunden in einem Zeitraum von 12 Monaten zu erreichen ist. Tarifl. sind 30 Urlaubstage vorgesehen.

Zunächst ist die Zahl der Jahresarbeitsstunden zu ermitteln: 38 x 52 = 1976. Sodann ist die Zahl der jährlich zu leistenden Schichten zu berechnen. Sie ergibt sich aus dem Quotienten von Jahresarbeitsstunden und Schichtdauer. Beträgt die Schichtdauer zB 11,25 Stunden, sind bei einer Jahresarbeitszeit von 1976 Stunden (1976 : 11,25 =) 175,64 Schichten zu leisten. Schließlich ist die Zahl der Jahresschichten ins Verhältnis zu den Jahresarbeitstagen der in Fünf-Tage-Woche Arbeitenden zu setzen: 175,64 Schichten : 260 Jahresarbeitstage × 30 Urlaubstage = 20,27 Tage, an denen der Schichtarbeiter Freistellung verlangen kann. Kontrollüberlegung: An 30 Arbeitstagen (= 6 Wochen) arbeitet ein ArbN in der Fünf-Tage-Woche 228 Stunden (38 × 6); ein Schichtarbeiter leistet in dieser Zeit 20,27 Schichten (175,64 : 52 × 6) zu je 11,25 Stunden, insgesamt also 228 Stunden. Die Freistellung des Schichtarbeiters an 20,27 Tagen ist also zeitlich gleichwertig mit der des in Fünf-Tage-Woche Arbeitenden.

25 **4. Arbeitsfreie Tage, Arbeitsausfall.** Für die Berechnung der **individuellen Gesamturlaubsdauer in Arbeitstagen** sind sonstige arbeitsfreie Tage ebenso ohne Bedeutung wie gesetzl. Feiertage. Aus § 3 II ergibt sich nicht, dass diese Tage den Urlaubsanspruch verkürzen würden. Der Arbeitsausfall aus sonstigen Gründen (Freistellungen nach Brauchtum [Rosenmontag], Betriebsausflug, Jubiläum) ist erst bei der Erfüllung des Urlaubsanspruchs zu beachten. An Tagen, an denen der ArbN ohnehin keine Arbeitsverpflichtung hat, kann nicht noch einmal die Arbeitspflicht suspendiert werden. Das ist letztlich der Inhalt der Aussage in § 3 II[6].

26 Entsteht nach Erteilung des Urlaubs im Urlaubszeitraum ein **sonstiger arbeitsfreier Tag**, tritt hinsichtlich dieses Tags nachträglich Unmöglichkeit ein, § 275 I BGB; der ArbGeb wird deshalb von der Leistung frei[7].

Beispiel: A wird im Februar für Juni Urlaub erteilt, im März wird ein Betriebsausflug an einem Tag im Juni festgelegt. Der ArbGeb hat mit der Urlaubserteilung das zur Leistung seinerseits Erforderliche getan, § 243 II BGB. Durch diese Konkretisierung beschränkt sich die Schuld des ArbGeb, den ArbN von der Arbeit freizustellen, auf den beantragten Zeitraum im Juni. Die Erfüllung dieser konkretisierten Schuld ist durch den Wegfall der Arbeitspflicht am Tag des Betriebsausflugs unmöglich geworden, da zur Erfüllung des Urlaubsanspruchs nur freigestellt werden kann, wenn ansonsten Arbeitspflicht bestünde. Der ArbGeb wird regelmäßig auch nicht zum Schadensersatz verpflichtet sein, da ihn ein Verschulden auch dann nicht trifft, wenn er den Betriebsausflug initiiert hat.

27 Ebenso wenig haben **unentschuldigte Fehltage** Auswirkungen auf die Urlaubsberechnung. Entgegen einer in der Praxis weit verbreiteten Übung können sie weder durch einseitige Erklärung des ArbGeb noch durch Vereinbarung der Arbeitsvertragsparteien nachträglich auf den gesetzl. Urlaubsanspruch angerechnet werden[8].

---

1 BAG v. 22.10.1991 – 9 AZR 621/90, AP Nr. 6 zu § 3 BUrlG. | 2 BAG v. 22.10.1991 – 9 AZR 621/90, AP Nr. 6 zu § 3 BUrlG. | 3 BAG v. 19.4.1994 – 9 AZR 713/92, AP Nr. 7 zu § 1 TVG – Gebäudereinigung. | 4 BAG v. 3.5.1994 – 9 AZR 165/91, AP Nr. 13 zu § 3 BUrlG – Fünf-Tage-Woche. | 5 Nach BAG v. 28.2.1997 – 9 AZR 738/95, AP Nr. 13 zu § 1 TVG – Tarifverträge: Chemie. | 6 ErfK/*Dörner*, § 3 BUrlG Rz. 14, 33; *Leinemann*/*Linck*, § 3 BUrlG Rz. 57 f. | 7 Vgl. BAG v. 15.6.1993 – 9 AZR 65/90, AP Nr. 3 zu § 1 BildungsurlaubsG NRW. | 8 BAG v. 25.10.1994 – 9 AZR 339/93, AP Nr. 20 zu § 7 BUrlG.

5. Teilzeit. Die Umrechnungsformel des BAG gilt in gleicher Weise, wenn die Arbeitszeit des ArbN auf **regelmäßig weniger als 5 Arbeitstage** in der Woche verteilt ist (Teilzeitarbeit, Vollzeitarbeit in flexiblen Arbeitszeitsystemen). Das bedeutet: Teilzeitbeschäftigte ArbN, die regelmäßig an weniger Arbeitstagen einer Woche als ein vollzeitbeschäftigter ArbN beschäftigt sind, haben entsprechend der Zahl der für sie maßgeblichen Arbeitstage ebenso Anspruch auf Erholungsurlaub wie vollzeitbeschäftigte ArbN[1]. 28

Beispiel: A ist an einem Tag in der Woche mit 8 Stunden und einen weiteren Tag mit 4 Stunden beschäftigt. Da der Urlaub tage- und nicht stundenweise berechnet wird[2], ist von einem Verhältnis von 6 Werktagen zu 2 Arbeitstagen auszugehen. A kann daher an (24 : 6 × 2 =) 8 Arbeitstagen Freistellung verlangen. Kontrollüberlegung: 8 Arbeitstage entsprechen 4 Wochen = 24 Werktagen.

Begehrt ein ArbN in diesem Falle ausschließlich oder überwiegend für seine „langen" Tage Urlaub, kann dem der ArbGeb nur über die Vorschriften zur Urlaubserteilung (§ 7 I 1 und II) begegnen[3]. Arbeitszeiten mit unterschiedlichen langen Arbeitstagen berechtigen insb. nicht zur Berechnung des Urlaubsanspruchs nach Stunden[4]. 29

Die **Umrechnungsformel für Teilzeitkräfte** gilt grds. auch für tarifl. Urlaubsregelungen[5]. Ergeben sich bei der Umrechnung des Urlaubsanspruchs für Teilzeitbeschäftigte nach der obigen Formel Bruchteile von Arbeitstagen, hat der ArbN Anspruch auf Gewährung in diesem Umfang, es sei denn, der TV regelt dies ausdrücklich anders. 30

Beispiel: Der Tarifurlaub bei einer Fünf-Tage-Woche beträgt 28 Arbeitstage. A, der an 2 Tagen in der Woche 8 Stunden und an einem Tag 4 Stunden arbeitet, hat einen Anspruch auf (28 : 5 × 3 =) 16,8 Urlaubstage. Am letzten Urlaubstag ist A daher an 6 Stunden und 24 Minuten bzw. 3 Stunden und 12 Minuten, je nachdem ob es sich um einen „langen" oder „kurzen" Tag handelt, freizustellen. Der letzte Urlaubstag wird nicht aufgerundet, da § 5 II keine Anwendung findet (s. § 5 Rz. 34)[6].

Bei **bedarf- oder kapazitätsorientierter variabler Arbeitszeit** („KAPOVAZ"; vgl. § 12 TzBfG) ist zunächst ein repräsentativer Durchschnittswert der Jahresarbeitstage im Verhältnis zu den Jahreswerktagen zu bilden und der ArbN in dem errechneten Umfang von der geplanten Arbeit freizustellen. Ist dies nicht möglich, so ist der ArbN unabhängig von seinem Arbeitszeitdeputat für die Dauer des gesetzl. Mindesturlaubs von 24 Werktagen (vier Wochen) bzw. nach etwaigen tarifl. Regelungen für die dort vorgesehene Dauer von der Arbeit freizustellen, wenn der gesamte Urlaub zusammenhängend genommen wird. Für diese Zeit kann er nicht zur Arbeitsleistung in Anspruch genommen werden[7]. Wird der Urlaub tage- oder wochenweise beantragt, ist mangels anderer Anhaltspunkte auf § 12 I 3 und 4 TzBfG abzustellen. Danach gilt mindestens eine tägl. Arbeitszeit von 3 und eine wöchentl. von 10 Stunden als vereinbart. Hieraus ergibt sich, dass der ArbN an 3 Tagen pro Woche Arbeitsbefreiung verlangen kann. Ist hingegen wenigstens festgestellt worden, dass der ArbN bei einem Einsatz wenigstens 5 Stunden täglich beschäftigt wurde, ist aber eine durchschnittliche wöchentl. Arbeitszeit nicht zu ermitteln, so hat der ArbN – ausgehend von der gesetzl. Mindestarbeitszeit von 10 Stunden wöchentlich – Freistellung an 2 Tagen je Woche zu verlangen[8]. 31

Von der Berechnung des Urlaubsanspruchs bei Bedarfsarbeit ist die Erfüllbarkeit im konkreten Fall zu unterscheiden. Beantragt der ArbN für einen bestimmten Zeitraum Urlaub, muss der ArbGeb erklären, an wie vielen Tagen bzw. Stunden der ArbN ohne den Urlaub gearbeitet hätte; denn nur durch eine Freistellungserklärung – die sich in einem solchen Fall konkret auf bestimmte, zur Arbeitsleistung an sich vorgesehene Tage beziehen muss – kann eine Erfüllung des Urlaubsanspruchs erfolgen. Teilt der ArbGeb auf den Urlaubswunsch mit, der ArbN sei in diesem Zeitraum nicht zur Arbeitsleistung vorgesehen, tritt keine Erfüllung des Urlaubsanspruchs ein[9]. 32

6. Änderung der Arbeitszeit. Streitig ist die Berechnung der Urlaubsdauer, wenn sich die Dauer der Arbeitszeit (oder genauer: die Zahl der Arbeitstage, an denen in der Woche Arbeit zu leisten ist) im Laufe des Urlaubsjahrs bzw. im Übertragungszeitraum ändert. 33

Nach der **Rspr. des BAG** gilt auch hier der Grundsatz, dass der gesetzl. Urlaub in Werktagen bemessen ist und sich deshalb die individuelle Dauer des einem ArbN zustehenden Urlaubs nach der im Urlaubszeitraum für den ArbN jeweils maßgeblichen Arbeitszeitverteilung richtet[10]. Das gilt entsprechend für den Übertragungszeitraum, so dass sich die Zahl der Urlaubs(Arbeits-)tage nach den Verhältnissen im Übertragungszeitraum und nicht im Entstehungszeitraum richtet[11]. 34

---

1 BAG v. 14.2.1991 – 8 AZR 97/90, AP Nr. 1 zu § 3 BUrlG – Teilzeit; v. 20.6.2000 – 9 AZR 309/99, AP Nr. 15 zu § 3 BUrlG – Fünf-Tage-Woche. | 2 BAG v. 28.11.1989 – 1 ABR 94/88, AP Nr. 5 zu § 77 BetrVG 1972 – Auslegung. | 3 ErfK/*Dörner*, § 3 BUrlG Rz. 24. | 4 Vgl. BAG v. 28.11.1989 – 1 ABR 94/88, AP Nr. 5 zu § 77 BetrVG 1972 – Auslegung; v. 8.5.2001 – 9 AZR 240/00, AP Nr. 1 zu § 1 TVG – Tarifverträge: Blumenbinder; ErfK/*Dörner*, § 3 BUrlG Rz. 24; *Leinemann*/*Linck*, § 3 BUrlG Rz. 33; KassHdb/*Schütz*, 2.4 Rz. 134; aA *Danne*, DB 1990, 1965, 1971. | 5 BAG v. 14.2.1991 – 8 AZR 97/90, AP Nr. 1 zu § 3 BUrlG – Teilzeit. | 6 BAG v. 14.2.1991 – 8 AZR 97/90, AP Nr. 1 zu § 3 BUrlG – Teilzeit; *Leinemann*/*Linck*, § 3 BUrlG Rz. 38. | 7 GK-TzA/*Mikosch*, Art. 1 § 4 Rz. 111; teilw. abw. *Leinemann*/*Linck*, § 3 BUrlG Rz. 35. | 8 Vgl. *Leinemann*/*Linck*, § 3 BUrlG Rz. 35. | 9 *Leinemann*/*Linck*, § 3 BUrlG Rz. 37. | 10 BAG v. 28.4.1998 – 9 AZR 314/97, AP Nr. 7 zu § 3 BUrlG; aA ErfK/*Dörner*, § 3 BUrlG Rz. 26. | 11 BAG v. 28.4.1998 – 9 AZR 314/97, AP Nr. 7 zu § 3 BUrlG; aA ErfK/*Dörner*, § 7 BUrlG Rz. 65.

Beispiel: A arbeitet vom 1.1. eines Jahres bis zum 30.6. an 3 Tagen, vom 1.7. bis zum 31.12. desselben Jahres an 5 Tagen und vom 1.1. des nächsten Jahres bis zu seinem Ausscheiden im Januar an 2 Tagen in der Woche.

Wenn er im Oktober des ersten Jahres Urlaub erhält, kann er an 20 Arbeitstagen Freistellung verlangen, obwohl er in ersten Halbjahr nur an 3 Tagen in der Woche gearbeitet hat, da 24 Werktage im konkreten Urlaubszeitraum 20 Arbeitstagen entsprechen. Die Dauer des Urlaubsanspruchs ist nicht davon abhängig, ob vor dem Urlaubszeitraum Voll- oder Teilzeit geleistet wurde oder wie die Arbeitszeit vor dem Urlaubszeitraum verteilt war.

Wenn A im Januar des zweiten Jahres ausscheidet und der Urlaub des ersten Jahres übertragen wurde, kann A hingegen nur für 8 Arbeitstage Abgeltung verlangen. Das ergibt sich aus folgender Berechnung des Urlaubsanspruchs:

Da übertragener Urlaub sich nach den Verhältnissen im Übertragungszeitraum berechnet, entsprechen 24 Werktage Jahresurlaub für das erste Jahr im Januar des Folgejahres 8 Arbeitstagen (24 Werktage pro Jahr : 6 Werktage pro Woche × 2 Arbeitstage pro Woche = 8 Urlaubstage; Kontrollüberlegung: 20 Arbeitstage im Oktober des ersten Jahres entsprechen ebenso 4 Wochen wie 8 Arbeitstage im Januar des Folgejahres).

35 In der **Literatur** wird dagegen eine gesonderte Berechnung der Urlaubsdauer nach den einzelnen Abschnitten für zulässig und erforderlich gehalten[1]. Im Falle einer Änderung des Umfangs der wöchentl. Arbeitspflicht am Anfang eines Jahres soll die Neuberechnung für den Umfang des Urlaubs nur für den Urlaub des laufenden Jahres vorzunehmen sein, nicht aber für den übertragenen Urlaub aus dem Vorjahr[2].

36 Die Auffassung des BAG erscheint auf der Grundlage der Rechtsnatur des Urlaubsanspruchs als Freistellungsanspruch konsequenter. Die individuelle Dauer des einem ArbN zustehenden Urlaubs richtet sich nicht nach bereits erbrachten Arbeitsleistungen oder nach bereits erledigten Verteilungen der Arbeitszeit. Freistellen kann der ArbGeb immer nur an den Tagen, an denen der ArbN im Urlaubszeitraum hätte arbeiten müssen. Der gesetzl. Urlaubsanspruch von vier Wochen wird erfüllt, wenn der ArbN im Urlaubszeitraum zB an zwei Tagen pro Woche arbeitet und an insgesamt acht Arbeitstagen freigestellt wird; dies gilt unabhängig davon, ob er im Verlauf des Jahres an mehr oder weniger Tagen gearbeitet hat bzw. arbeiten wird. Auch hier gilt, dass der ArbN bei längerfristig vereinbarter Änderung der Arbeitszeit durch geschickte Urlaubsplanung den materiellen Wert des Urlaubs beeinflussen kann; dem kann der ArbGeb nur durch Ausübung seines Leistungsverweigerungsrechts (§ 7 I 1) entgegentreten.

37 Die Rspr. des BAG zur Berechnung der Urlaubsdauer im Übertragungszeitraum ist ebenfalls konsequent, da der Urlaubsanspruch im Übertragungszeitraum – abgesehen von einer weiteren Befristung sowie dem Entfallen der besonderen Ausnahmetatbestände nach § 7 II 1 – mit dem Urlaubsanspruch im Urlaubsjahr identisch ist. Eine Ungleichbehandlung zwischen Freistellungsanspruch und Urlaubsabgeltung tritt dann nicht ein, wenn bei der Berechnung des Abgeltungsbetrags die Surrogatstheorie des BAG (s. § 7 Rz. 93) konsequent angewandt, der Abgeltungsanspruch also nach den Verhältnissen zum Beendigungszeitpunkt ermittelt wird.

38 **7. Besonderheiten. a) Kurzarbeit.** Wird infolge Kurzarbeit an einigen Tagen der Woche überhaupt nicht gearbeitet, ist zwischen der Berechnung der Urlaubsdauer und der Erfüllung des Urlaubsanspruchs während der Zeit der Kurzarbeit zu trennen.

39 Für die Berechnung der **Urlaubsdauer** ist Kurzarbeit wie eine Verkürzung der Arbeitszeit (Rz. 28) zu behandeln. Das bedeutet, der gesetzl., auf die 6-Tage-Woche bezogene Urlaubsanspruch von 24 Werktagen ist zu den Tagen in Beziehung zu setzen, an denen während der Dauer der Kurzarbeit tatsächlich gearbeitet wird[3].

Beispiel: Im Betrieb wird an 3 statt bisher an 5 Tagen in der Woche gearbeitet. Der ArbN, der den gesamten Jahresurlaub während der Dauer der Kurzarbeit nimmt, kann an (24 [Werktagen] : 6 [Werktage pro Woche] × 3 [Arbeitstage während der Kurzarbeit] =) 12 Tagen Freistellung verlangen.

40 Hat der ArbN vor der Zeit der Kurzarbeit bereits Urlaub erhalten oder nimmt er während der Kurzarbeit nur einen Teil seines Urlaubs, ist die Phase der Kurzarbeit gesondert zu bewerten.

Beispiel: Der ArbN hat einen Resturlaubsanspruch von 6 Werktagen. Nimmt er ihn während der Kurzarbeit (3 Arbeitstage pro Woche), ist zu rechnen: 6 (Werktage Resturlaub) : 6 (Werktage pro Woche) × 3 (Arbeitstage während der Kurzarbeit) = 3 Tage Freistellungsanspruch.

Weiteres Beispiel: Während der Kurzarbeit (3 Tage pro Woche) nimmt der ArbN die Hälfte seines Jahresurlaubs (zwei Wochen); die zweite Hälfte beantragt er für die Zeit nach Rückkehr zur Normal-

---

1 ErfK/*Dörner*, § 3 BUrlG Rz. 26. | 2 ErfK/*Dörner*, § 7 BUrlG Rz. 65. | 3 *Leinemann/Linck*, § 3 BUrlG Rz. 62 ff.; ErfK/*Dörner*, § 3 BUrlG Rz. 35.

arbeit (Fünf-Tage-Woche). Für die erste Urlaubshälfte benötigt er 6 Tage Freistellung; der Resturlaubsanspruch (zwei Wochen) in der Zeit der Normalarbeit beträgt 10 Arbeitstage, da sich die Zahl der zu beanspruchenden Urlaubstage nach der Zahl der Arbeitstage pro Woche während der Urlaubszeit richtet.

Wird Kurzarbeit während des Urlaubs nach dem Zeitpunkt der Urlaubserteilung eingeführt, so ist die Arbeitsbefreiung an den durch die Kurzarbeit ausfallenden Arbeitstagen nicht möglich, da der ArbN bereits wegen der Kurzarbeit nicht arbeiten müsste. Der ArbGeb wird daher von der Leistung frei, § 275 I BGB[1]. 41

Beispiel: Dem ArbN, der in der Fünf-Tage-Woche tätig ist, werden entsprechend seinem Wunsch im Februar für August 3 Wochen Urlaub (15 Urlaubstage) erteilt. Im Juni wird für August Kurzarbeit (3 Arbeitstage pro Woche) vereinbart. Der ArbN kann in dieser Zeit nur an 3 Tagen in der Woche von der Arbeit freigestellt werden. Für die weiteren zwei Wochentage ist der Freistellungsanspruch gem. § 275 I BGB ausgeschlossen. Da es für den Fall der Kurzarbeit keine dem § 9 entsprechende Vorschrift gibt, muss der ArbGeb diese Urlaubstage auch nicht nachleisten (zur Berechnung des Urlaubsentgelts vgl. § 11 BUrlG Rz. 44 ff.)[2].

b) Arbeitskampf. Die Berechnung des Urlaubsanspruchs wird durch die Teilnahme des ArbN nicht beeinflusst[3]. Auch bei einem rechtswidrigen Streik darf der ArbGeb die ausgefallenen Arbeitstage nicht auf den Urlaub anrechnen; dies entspricht der Rechtslage bei einer sonstigen rechtswidrigen Verletzung der Arbeitspflicht (s. Rz. 27). 42

Da während des Arbeitskampfs die **Hauptleistungspflichten im Arbeitsverhältnis suspendiert** sind, kann der ArbN, der an einem Streik teilnimmt oder von einer Aussperrung betroffen ist, nicht zur Erfüllung des Urlaubsanspruchs freigestellt werden. Tritt der ArbN hingegen den Urlaub vor Beginn des Arbeitskampfs an, ist regelmäßig davon auszugehen, dass er vom Arbeitskampf nicht betroffen ist, so dass Erfüllung eintreten kann (s. § 1 Rz. 29). 43

III. Unabdingbarkeit. Die **gesetzl. Urlaubsdauer** von 24 Werktagen kann weder einzelvertraglich noch durch Tarifrecht verkürzt werden, § 13 I 1. Soweit die TV-Parteien nach § 13 I 1 die Befugnis haben, auch ungünstigere Regelungen zu treffen, darf dies nicht dazu führen, dass mittelbar in die unantastbaren Rechte des ArbN nach § 1, § 2 und § 3 I eingegriffen wird[4]. Allein der vertragl. oder tarifl. Mehrurlaub steht zur Disposition. Eine Verkürzung des gesetzl. Mindesturlaubs darf insb. nicht durch eine Kürzung des Urlaubsanspruchs im Austrittsjahr pro rata temporis erfolgen[5]. 44

Beispiel: A hat einen tarifl. Urlaubsanspruch von 36 Werktagen. Der TV bestimmt, dass im Austrittsjahr für jeden vollen Monat des Bestehens des Arbeitsverhältnisses 1/12 des Jahresurlaubs zu gewähren sind. A scheidet zum 31.7. aus.

Nach dem TV könnte A für (36 : 12 × 7 =) 21 Werktage Urlaub verlangen. Damit wird der gesetzl. Mindesturlaub unterschritten. A kann daher Urlaub für 24 Werktage beanspruchen. Wirksamkeit behielte die Tarifbestimmung, wenn A nach dem 31.8. ausgeschieden wäre: Bei Beendigung des Arbeitsverhältnisses zum 31.10. hätte A einen gekürzten tarifl. Anspruch von 30 Werktagen, womit der gesetzl. Mindestanspruch erfüllt ist.

IV. Zusatzurlaub für Schwerbehinderte. Schwerbehinderte haben einen Anspruch auf Zusatzurlaub von 5 Arbeitstagen im Jahr, § 125 SGB IX. Das Gesetz geht von einem Normalarbeitsverhältnis mit 5 Arbeitstagen in der Woche aus und bestimmt deshalb in § 125 S. 1 Hs. 2, dass im Falle einer Abweichung der Arbeitszeit sich die Zahl der Zusatzurlaubstage entsprechend erhöht oder vermindert; als Kontrollüberlegung gilt auch hier: Der Zusatzurlaub muss unabhängig von der jeweiligen Arbeitszeit eine Woche betragen. Der Anspruch auf Zusatzurlaub tritt dem – individuellen – Urlaubsanspruch hinzu, den der Beschäftigte ohne Berücksichtigung seiner Schwerbehinderung verlangen kann. Hat zB ein ArbN einen arbeitsvertraglich vereinbarten Erholungsurlaub von 29 Arbeitstagen in einer 5-Tage-Woche, so wird nicht lediglich der gesetzl. Mindesturlaub nach § 3 BUrlG (24 Werktage = 20 Arbeitstage) aufgestockt mit der Folge, dass § 125 SGB IX den Gesamturlaubsanspruch dieses ArbN nicht erhöhen würde; vielmehr verlängert sich die Dauer des Urlaubs, den der ArbN ohne Behinderung beanspruchen könnte, um die Dauer des Zusatzurlaubs auf insgesamt 34 Arbeitstage (Gesamturlaub)[6]. 45

Der Anspruch besteht bei objektivem Vorliegen der Schwerbehinderteneigenschaft. Die förmliche Anerkennung ist anders als im Falle des Sonderkündigungsschutzes nach §§ 85 ff. SGB IX nicht erforderlich. Der ArbN muss lediglich den Anspruch unter Berufung auf seine Schwerbehinderteneigenschaft geltend machen[7]. Das BAG weist in diesem Zusammenhang zutreffend darauf hin, dass der Bescheid nach § 69 SGB IX lediglich deklaratorische Bedeutung hat. 46

1 *Leinemann/Linck*, § 3 BUrlG Rz. 68. | 2 Vgl. BAG v. 9.8.1994 – 9 AZR 384/92, AP Nr. 19 zu § 7 BUrlG. | 3 *Leinemann/Linck*, § 3 BUrlG Rz. 73; ErfK/*Dörner*, § 3 BUrlG Rz. 34. | 4 BAG v. 10.2.1966 – 5 AZR 408/65, AP Nr. 1 zu § 13 BUrlG – Unabdingbarkeit = DB 1966, 708. | 5 BAG v. 8.3.1984 – 6 AZR 442/83, AP Nr. 15 zu § 13 BUrlG. | 6 BAG v. 24.10.2006 – 9 AZR 669/05, NZA 2007, 330. | 7 BAG v. 28.1.1982 – AP Nr. 3 zu § 44 SchwbG.

47 Der Zusatzurlaub folgt den Regeln des Erholungsurlaubs nach dem BUrlG. Deshalb ist auch für den vollen Zusatzurlaub die Wartezeit des § 4 zurückzulegen. Auch im Übrigen unterliegt der Anspruch auf Zusatzurlaub den allgemeinen Grundsätzen des Urlaubsrechts, soweit nicht in § 125 SGB IX etwas Besonderes bestimmt ist. § 125 II 1 SGB IX enthält eine § 5 BUrlG ähnelnde Teilurlaubsregelung für die Fälle, in denen die Schwerbehinderung erst im Verlauf des Urlaubsjahres entsteht; der schwerbehinderte Mensch kann dann nur ein Zwölftel des Zusatzurlaubs für jeden vollen Monat der im Beschäftigungsverhältnis vorliegenden Schwerbehinderteneigenschaft verlangen. Nicht eindeutig ist die Neufassung des § 125 SGB IX im Falle des Ausscheidens des Schwerbehinderten im laufenden Kalenderjahr. Wortlaut („kann bei einem nicht im ganzen Kalenderjahr bestehenden Beschäftigungsverhältnis nicht erneut gemindert werden“) und Gesetzesbegründung des § 125 II 3 Hs. 2 legen die Auslegung nahe, dass – wie nach der bis zum 31.3.2004 geltenden Fassung[1] – ein in der zweiten Jahreshälfte nach Erfüllung der urlaubsrechtlichen Wartezeit ausscheidender ArbN, der im gesamten Kalenderjahr schwerbehindert war, Anspruch auf den vollen Zusatzurlaub hat; eine Kürzung des Vollurlaubsanspruchs erfolgt nur im Falle des § 5 I Buchst. c bei Ausscheiden in der ersten Jahreshälfte[2]. Damit wirkt sich das Zwölftelungsprinzip in § 125 II SGB IX nur im Jahr der Entstehung der Schwerbehinderung aus. Bei Ausscheiden innerhalb eines Kalenderjahres bleibt der Zusatzurlaub von einer etwaigen tarifvertragl. Zwölftelungsregelung unberührt, da es sich hier um einen gesetzl. Urlaubsanspruch handelt, dessen Gehalt durch TV nicht geändert werden kann[3].

48 § 125 III SGB IX regelt, dass im Falle einer rückwirkenden Feststellung der Schwerbehinderteneigenschaft für die Übertragbarkeit des Zusatzurlaubs die allgemeinen urlaubsrechtl. Vorschriften gelten. Diese Neuregelung ist missglückt. Eine Übertragung des Zusatzurlaubs allein wegen des Laufs des Feststellungsverfahrens wäre auch ohne die Neuregelung nicht erfolgt; die Ungewissheit über das Ergebnis des Feststellungsverfahrens ist kein in der Person des ArbN liegender Übertragungsgrund[4]. Der in der Gesetzesbegründung genannte Regelungszweck, bei einem sich über mehrere Jahre hinziehenden Feststellungsverfahren solle der Schwerbehinderte den Zusatzurlaub aus den vorvergangenen Jahren nicht beanspruchen können, wird nicht erreicht, wenn der ArbN den Zusatzurlaub sofort nach Antragstellung beim ArbGeb geltend macht. In diesem Falle entsteht nach allgemeinem Urlaubs- bzw. Leistungsstörungsrecht mit dem Erlöschen des Zusatzurlaubsanspruchs durch Zeitablauf ein Schadensersatzanspruch (Ersatzurlaub), der durch § 125 III SGB IX nicht berührt ist.

4 *Wartezeit*

Der volle Urlaubsanspruch wird erstmalig nach sechsmonatigem Bestehen des Arbeitsverhältnisses erworben.

1 **I. Dauer der Wartezeit.** Der Urlaubsanspruch entsteht gem. § 4 erstmalig nach dem Ablauf der Wartezeit von sechs Monaten. Der Gesetzgeber hat damit zum Ausdruck gebracht, dass die wechselseitigen Beziehungen im Arbeitsverhältnis bis dahin so locker sind, dass die Lasten einer umfangreichen Freistellung vom ArbGeb noch nicht verlangt werden können[5].

2 Die Wartezeit ist **Anspruchsvoraussetzung**. Vor ihrem Ablauf kann der ArbN vom ArbGeb keine, auch keine anteilige Befreiung von der Arbeitspflicht verlangen. Während der Wartezeit entsteht weder eine **Anwartschaft** auf den Vollurlaub[6] noch sukzessive für jedem vollen Monat der Dauer des Arbeitsverhältnisses ein Teilurlaubsanspruch. Nur in den gesetzl. besonders geregelten Fällen (§ 5) können Teilurlaubsansprüche entstehen; sie unterliegen anderen Regeln bei der Erteilung und Übertragung.

3 Die Wartezeit steht im **Einklang mit EG-Recht**. Zwar hat der EuGH entschieden, dass Art. 7 I der RL 93/104/EG des Rates vom 23.11.1993 über bestimmte Aspekte der Arbeitszeitgestaltung einem Mitgliedstaat nicht erlaubt, eine Regelung zu erlassen, nach der ein ArbN einen Anspruch auf bezahlten Jahresurlaub erst dann erwirbt, wenn er eine ununterbrochene Mindestbeschäftigungszeit von 13 Wochen bei demselben ArbGeb zurückgelegt hat[7]. Dem steht § 4 nicht entgegen, da dem ArbN aus den ersten Monaten des Arbeitsverhältnisses im Falle einer Beendigung vor Ablauf der Wartezeit nach § 5 I ein Teilurlaubsanspruch zusteht[8]. Zur Frage der Vereinbarkeit des § 5 I mit der o.g. RL s. § 5 Rz. 11.

4 In TV findet sich im Gegensatz hierzu häufig eine Bestimmung, wonach im Eintrittsjahr – ohne Rücksicht auf die Erfüllung der gesetzl. Wartezeit – ein Urlaubsanspruch nur **pro rata temporis** – meist 1/12 des Jahresurlaubs für jeden vollendeten Monat des Bestehens des Arbeitsverhältnisses – entsteht. Solche Quotelungsregelungen sind gem. § 13 I 1 nur wirksam, soweit dadurch in den ersten sechs Monaten des Eintrittsjahrs ein übergesetzl. Teilurlaubsanspruch entsteht. Denn der gesetzl. Mindesturlaub steht auch nicht in der Weise zur Disposition der TV-Parteien, dass ein nach dem Gesetz entstandener Vollurlaubsanspruch durch tarifl. Regelungen teilweise wieder entzogen werden könnte[9].

---

1 BAG v. 8.3.1994 – 9 AZR 49/93, NZA 1994, 1095. | 2 BAG v. 8.3.1994 – 9 AZR 49/93, NZA 1994, 1095. | 3 BAG v. 8.3.1994 – 9 AZR 49/93, NZA 1994, 1095. | 4 BAG v. 21.2.1995 – 9 AZR 746/93, NZA 1995, 1008. | 5 ErfK/*Dörner*, § 4 BUrlG Rz. 1. | 6 *Leinemann/Linck*, § 4 BUrlG Rz. 2; ErfK/*Dörner*, § 4 BUrlG Rz. 2. | 7 EuGH v. 26.6.2001 – Rs. C-173/99, AP Nr. 3 zu EWG-Richtlinie Nr. 93/104. | 8 ErfK/*Dörner*, § 4 BUrlG Rz. 2. | 9 BAG v. 8.3.1984 – 6 AZR 442/83, AP Nr. 15 zu § 13 BUrlG.

Die Wartezeit selbst kann durch **TV verkürzt oder verlängert** werden; § 4 ist nicht nach § 13 I 1 unabdingbar. Eine Wartezeit von 12 Monaten ist allerdings nicht zulässig. Sie könnte zur Folge haben, dass ein das ganze Jahr arbeitender ArbN im Kalenderjahr keinen Vollurlaubsanspruch erwirbt. Das wäre mit § 1 nicht vereinbar[1]. Durch Einzelarbeitsvertrag oder durch BV kann von § 4 hingegen nur zu Gunsten der ArbN abgewichen werden, § 13 I 3. 5

II. Beginn der Wartezeit. Für die Berechnung der Wartezeit gelten die **§§ 187, 188 BGB.** 6

Die Wartezeit beginnt regelmäßig mit dem Tag des **vereinbarten rechtl. Beginns des Arbeitsverhältnisses**; sie kann auch an einem Sonn- oder Feiertag beginnen oder enden[2]. Der erste Tag des Arbeitsverhältnisses wird gem. § 187 II BGB bei der Berechnung mitgezählt, auch wenn die Arbeitsaufnahme erst im Laufe des Tages erfolgt[3]. Wird ausnahmsw. als Beginn des Arbeitsverhältnisses nicht nur ein bestimmter Kalendertag, sondern dazu eine Uhrzeit im Laufe dieses Kalendertages (oder eine vergleichbare Zeitangabe, zB: „Beginn der Frühschicht") vereinbart, wird der „erste" Tag nicht mitgezählt, § 187 I BGB[4]. Das gilt auch, wenn der ArbN am selben Tag, an dem er den Arbeitsvertrag schließt, die Arbeit aufnimmt[5]. 7

Beispiel: Ein Arbeitsverhältnis beginnt am Freitag, dem 1.5. und endet am Sonntag, dem 1.11. Der ArbN hat die Wartezeit erfüllt. Der Umstand, dass sowohl der erste Tag des Arbeitsverhältnisses (Feiertag) wie auch der letzte (Sonntag) arbeitsfrei waren, ist unerheblich, da es nur auf den rechtl. Bestand des Arbeitsverhältnisses ankommt. § 193 BGB findet keine Anwendung (s. Rz. 10), so dass die Wartezeit mit Ablauf des letzten Tags des Monats Oktober erfüllt war, § 188 II Alt. 2 BGB. Der ArbN kann daher den vollen Jahresurlaub (bzw. dessen Abgeltung) verlangen.

Da für die Erfüllung der Wartezeit **allein der rechtl. Bestand** des Arbeitsverhältnisses maßgeblich ist und es einer Arbeitsleistung des ArbN nicht bedarf, sind weder Erwerbs- oder Arbeitsunfähigkeit eines ArbN noch verschuldetes Fernbleiben von der Arbeit für das Entstehen und das Bestehen urlaubsrechtl. Ansprüche von Bedeutung[6]. 8

III. Ende der Wartezeit. Im Regelfall des **Fristbeginns nach § 187 II BGB** endet die Wartezeit gem. § 188 II Alt. 2. BGB mit Ablauf des letzten Tages im 6. Monat nach Beginn des Arbeitsverhältnisses. 9

Beispiel: Das Arbeitsverhältnis beginnt am 15.3. Die Wartezeit endet mit Ablauf des 14.9., so dass der ArbN am 15.9. den vollen Urlaub verlangen kann. Beginnt hingegen das Arbeitsverhältnis rechtl. mit der Arbeitsaufnahme im Laufe des 15.3. (§ 187 I BGB), so ist die Wartezeit gem. § 188 II Alt. 1 BGB erst mit Ablauf des 15.9. erfüllt.

§ 193 BGB findet keine Anwendung, da es weder um die Abgabe einer Willenserklärung noch um die Bewirkung einer Leistung geht[7]. Tatsächliche Unterbrechungen des Arbeitsverhältnisses (Suspendierung, Streik, langandauernde Erkrankung) sind für den Fristablauf ohne Bedeutung. 10

Die Wartezeit kann über **zwei Kalenderjahre verteilt** sein (zB Beginn 1.10.2007, Ende 31.3.2008)[8]. 11

Uneinheitlich wird die Frage beantwortet, wann die Wartezeit in einem Arbeitsverhältnis erfüllt ist, das am **1.7. beginnt**[9]. Da der Zeitpunkt des Ablaufs eines Tages rechtl. noch zu diesem Tag und damit zu der Frist gehört, in die der Tag fällt[10], endet die Wartezeit erst mit Ablauf des 31.12., so dass der ArbN erst im nächsten Jahr den Vollurlaub beanspruchen kann. Im Eintrittsjahr entsteht in diesem Fall nur ein Teilurlaubsanspruch nach § 5 I Buchst. a[11]. Die Auffassung, die den vollen Urlaubsanspruch bereits mit dem 31.12. als entstanden ansieht[12], ist weder mit dem Wortlaut der Norm noch mit der Fristenberechnung nach §§ 187 f. BGB zu vereinbaren[13]. 12

Ist die Wartezeit erfüllt, hat der ArbN Anspruch auf den **vollen Jahresurlaub**, auch wenn das Arbeitsverhältnis nicht während des ganzen Kalenderjahres bestanden hat. 13

Beispiel: Das Arbeitsverhältnis beginnt am 1.6. Am 1.12. kann der ArbN 24 Werktage Urlaub verlangen. Wenn der ArbN für dieses Jahr bereits Urlaub von seinem vorigen ArbGeb erhalten hat, ist jedoch § 6 zu beachten.

Die Wartezeit muss **nur im ersten Jahr** des Arbeitsverhältnisses erfüllt werden; in den folgenden Jahren entsteht der volle Urlaubsanspruch jeweils mit dem ersten Tage eines Kalenderjahres in voller Höhe und ist zu diesem Zeitpunkt auch fällig[14]. 14

Scheidet der ArbN während oder mit dem Ablauf der Wartezeit aus dem Arbeitsverhältnis aus, entsteht kein Vollurlaubsanspruch; er hat jedoch Anspruch auf Teilurlaub nach Maßgabe von § 5. 15

---

1 ErfK/*Dörner*, § 13 BUrlG Rz. 23. | 2 *Leinemann/Linck*, § 4 BUrlG Rz. 8; ErfK/*Dörner*, § 4 BUrlG Rz. 7. | 3 ErfK/*Dörner*, § 4 BUrlG Rz. 5; KassHdb/*Schütz*, 2. 4 Rz. 132 f. | 4 ErfK/*Dörner*, § 4 BUrlG Rz. 5. | 5 *Leinemann/Linck*, § 4 BUrlG Rz. 6. | 6 *Leinemann/Linck*, § 4 BUrlG Rz. 7; ErfK/*Dörner*, § 4 BUrlG Rz. 6. | 7 ErfK/*Dörner*, § 4 BUrlG Rz. 8. | 8 *Leinemann/Linck*, § 4 BUrlG Rz. 9. | 9 Zum Streitstand s. ErfK/*Dörner*, § 5 BUrlG Rz. 13 mwN. | 10 Vgl. BAG v. 16.6.1966 – 5 AZR 521/65, AP Nr. 4 zu § 5 BUrlG = NJW 1966, 2081. | 11 ErfK/*Dörner*, § 5 BUrlG Rz. 13; *Leinemann/Linck*, § 4 BUrlG Rz. 19; MünchArbR/*Leinemann*, § 89 Rz. 42; *Natzel*, § 5 BUrlG Rz. 21. | 12 *Neumann/Fenski*, § 5 BUrlG Rz. 6. | 13 *Leinemann/Linck*, § 4 BUrlG Rz. 19; ErfK/*Dörner*, § 5 BUrlG Rz. 13. | 14 BAG v. 18.12.1986 – 8 AZR 502/84, AP Nr. 10 zu § 7 BUrlG.

16 **IV. Unterbrechung des Arbeitsverhältnisses.** Schließt sich das Arbeitsverhältnis nahtlos an ein vorhergehendes Ausbildungsverhältnis oder ein Beschäftigungsverhältnis als arbeitnehmerähnl. Person (§ 2) an, so werden diese Zeiten auf die Wartezeit **angerechnet**[1]. Denn § 2 ist zu entnehmen, dass Beschäftigungen im Arbeits- bzw. Ausbildungsverhältnis sowie als arbeitnehmerähnl. Person urlaubsrechtl. einheitlich zu betrachten sind[2].

17 Kurzfristige **rechtl. Unterbrechungen** des Arbeitsverhältnisses sind – anders als im Kündigungsrecht – dagegen auch dann erheblich, wenn ein enger sachlicher Zusammenhang zwischen früherem und neuerem Arbeitsverhältnis besteht[3]. Eine Zusammenrechnung rechtl. unterbrochener Arbeitsverhältnisse lässt sich weder mit dem Gesetzeswortlaut vereinbaren noch trüge dies zur Rechtssicherheit bei. Ein Bedürfnis, wie im Falle des § 1 KSchG zu prüfen, ob ein enger sachlicher Zusammenhang zwischen beiden rechtl. getrennten Arbeitsverhältnissen besteht, ist im Urlaubsrecht nicht anzuerkennen, da bei Nichterfüllung der Wartezeit ein Teilurlaubsanspruch besteht.

18 **Tatsächliche Unterbrechungen** des Arbeitsverhältnisses sind für den Ablauf der Wartezeit ohne Belang. Dies gilt auch, wenn das Arbeitsverhältnis längere Zeit ruht (zB während eines Arbeitskampfs, wegen unbezahlten Urlaubs, eines Beschäftigungsverbots nach dem MuSchG, im Wehrdienst und während der Elternzeit nach §§ 15 ff. BEEG)[4].

19 Ein **Verzicht auf die Wartezeit** kann arbeitsvertraglich vereinbart werden, bedarf aber einer eindeutigen Regelung[5].

20 Ein zwischenzeitlicher **Betriebsübergang** beeinflusst den Lauf der Wartefrist des § 4 BUrlG nicht, § 613a I 1 BGB. Der in das Arbeitsverhältnis eintretende Betriebsnachfolger muss den Urlaubsanspruch nach Ablauf der Wartezeit erfüllen[6].

5 *Teilurlaub*

(1) Anspruch auf ein Zwölftel des Jahresurlaubs für jeden vollen Monat des Bestehens des Arbeitsverhältnisses hat der Arbeitnehmer

a) für Zeiten eines Kalenderjahres, für die er wegen Nichterfüllung der Wartezeit in diesem Kalenderjahr keinen vollen Urlaubsanspruch erwirbt;

b) wenn er vor erfüllter Wartezeit aus dem Arbeitsverhältnis ausscheidet;

c) wenn er nach erfüllter Wartezeit in der ersten Hälfte eines Kalenderjahres aus dem Arbeitsverhältnis ausscheidet.

(2) Bruchteile von Urlaubstagen, die mindestens einen halben Tag ergeben, sind auf volle Urlaubstage aufzurunden.

(3) Hat der Arbeitnehmer im Falle des Absatzes 1 Buchstabe c bereits Urlaub über den ihm zustehenden Umfang hinaus erhalten, so kann das dafür gezahlte Urlaubsentgelt nicht zurückgefordert werden.

1 **I. Allgemeines.** §§ 3 und 4 regeln nur die Voraussetzungen und den Umfang des Vollurlaubsanspruchs. Da während des Laufs der Wartezeit keine Anwartschaft entsteht (s. § 4 Rz. 2), bedurfte es einer **Sonderregelung über Entstehung und Umfang von Teilurlaubsansprüchen**, um der allgemeinen Aussage in § 1 Rechnung zu tragen. § 5 berücksichtigt, dass der ArbN auch in den dort geregelten Fällen Freistellung von der Arbeit zur Erholung benötigt, der ArbGeb aber nicht in dem Umfang belastet werden soll wie in einem bereits länger bestehenden Arbeitsverhältnis[7].

2 § 5 I sieht eine **Zwölftelung des Urlaubsanspruchs** in drei unterschiedl. Fällen vor. § 5 I Buchst. a und b begründen einen Teilurlaubsanspruch, während Buchst. c einen nachträglich gekürzten Vollurlaub vorsieht. Der ArbN, der im laufenden Urlaubsjahr wegen Nichterfüllung der Wartezeit keinen vollen Urlaubsanspruch erwirbt (§ 5 I Buchst. a), vor erfüllter Wartezeit (§ 5 I Buchst. b) oder nach erfüllter Wartezeit in der ersten Hälfte eines Kalenderjahres (§ 5 I Buchst. c) aus dem Arbeitsverhältnis ausscheidet, hat Anspruch auf ein Zwölftel des Jahresurlaubs für jeden vollen Monat des Bestehens des Arbeitsverhältnisses.

3 In Abs. 2 hat der Gesetzgeber die **Aufrundung** für den Fall, dass sich bei der Berechnung des gesetzl. Teilurlaubs auf Grund des Zwölftelungsprinzips ein Teilurlaubstag von wenigstens einem halben Tag ergibt, angeordnet. Die Vorschrift gilt nur für die dort genannten Fälle.

---

1 ErfK/*Dörner*, § 4 BUrlG Rz. 15; KassHdb/*Schütz*, 2. 4 Rz. 152. | 2 BAG v. 29.11.1984 – 6 AZR 238/82, AP Nr. 22 zu § 7 BUrlG – Abgeltung. | 3 *Leinemann/Linck*, § 4 BUrlG Rz. 13 ff.; ErfK/*Dörner*, § 4 BUrlG Rz. 10; aA *Hohmeister*, § 4 BUrlG Rz. 10; *Neumann/Fenski*, § 4 BUrlG Rz. 43. | 4 *Leinemann/Linck*, § 4 BUrlG Rz. 12; ErfK/*Dörner*, § 4 BUrlG Rz. 12; KassHdb/*Schütz*, 2.4 Rz. 157. | 5 *Leinemann/Linck*, § 4 BUrlG Rz. 15; ErfK/*Dörner*, § 4 BUrlG Rz. 11. | 6 ErfK/*Dörner*, § 4 BUrlG Rz. 15; *Leinemann/Lipke*, DB 1988, 1217. | 7 ErfK/*Dörner*, § 5 BUrlG Rz. 1.

Abs. 3 sieht ein **Rückforderungsverbot** für zu viel gezahltes Urlaubsentgelt im Falle eines nach Abs. 1 Buchst. c (nachträglich) gekürzten Vollurlaubs vor; die Bestimmung ist eine Ausnahmevorschrift zu § 812 BGB. 4

II. Teilurlaub gem. Abs. 1 Buchst. a. 1. Entstehung. Der Anspruch nach dieser Vorschrift entsteht mit dem **Beginn des Arbeitsverhältnisses**, wenn zu diesem Zeitpunkt feststeht, dass der ArbN dauerhaft beschäftigt werden soll, die sechsmonatige Wartezeit aber im ersten Jahr nicht mehr erfüllen kann, mithin in allen Arbeitsverhältnissen, die mit Beginn[1] oder im Laufe des 1. Juli eines Jahres oder danach anfangen[2] und für eine Dauer von mehr als 6 Monaten geplant sind. Wenn das Arbeitsverhältnis vor dem 1.7. begonnen hat, entsteht ein Vollurlaubsanspruch. Endet ein vor dem 1.7. begonnenes Arbeitsverhältnis planwidrig vor Ablauf der Wartezeit, richtet sich der Teilurlaubsanspruch nach Buchst. b; Gleiches gilt für Befristungen für weniger als 6 Monate[3]. 5

Der Teilurlaub nach Buchst. a entsteht entsprechend der Dauer des Arbeitsverhältnisses insgesamt, nicht sukzessive mit Beginn eines jeden Monats. Das folgt aus dem Teilungsverbot in § 7 II[4]. 6

Beispiel: Ein ArbN beginnt am 1.9. ein Arbeitsverhältnis. Am 1.9. ist für dieses Kalenderjahr ein Teilurlaubsanspruch von (24 Werktagen jährlich : 12 Monate × 4 Monate =) 8 Werktagen entstanden.

Scheidet der ArbN planwidrig vor Ablauf des Kalenderjahres aus, richtet sich die Höhe des Urlaubsanspruchs nach Buchst. b. Hat der ArbGeb bereits (zuviel) Urlaub nach Buchst. a erteilt, kann er den überschießenden Teil seiner Freistellungserklärung kondizieren; ist der Urlaubs bereitsgenommen und das Entgelt gezahlt, kann er die überzahlte Urlaubsvergütung zurückfordern. Abs. 3 findet auf diese Fallgestaltung keine Anwendung[5].

2. Fälligkeit. Der Anspruch wird mit seinem Entstehen auch fällig[6]. Der ArbN, dessen Arbeitsverhältnis im Laufe des 2. Halbjahrs beginnt, kann – rein rechtl. gesehen – seinen Teilurlaubsanspruch mit Beginn des Arbeitsverhältnisses verlangen. Der ArbGeb muss erfüllen und kann allenfalls die in § 7 I genannten Leistungsverweigerungsrechte geltend machen, nicht aber einwenden, er schulde wegen der kurzen Dauer des Arbeitsverhältnisses keine oder eine geringere Freistellung von der Arbeitsverpflichtung[7]. Ob ein Urlaubsverlangen am Beginn des Arbeitsverhältnisses im Hinblick auf die gesetzl. Probezeit nach § 1 I KSchG ratsam ist, steht auf einem anderen Blatt. 7

3. Höhe des Teilurlaubsanspruchs. Der ArbN hat Anspruch auf ein Zwölftel des Jahresurlaubs für jeden **vollen Monat** (nicht: Kalendermonat) des Bestehens des Arbeitsverhältnisses bis zum 31.12. des Eintrittsjahres. Maßgebend ist der rechtl. Bestand des Arbeitsverhältnisses. Die Zahl der vollen Monate wird nach §§ 187, 188 BGB berechnet. Für die Frage, ob der erste Arbeitstag in einem Arbeitsverhältnis als erster Tag des Monats mitzählt, kommt es darauf an, ob ein Fall des § 187 I oder II BGB vorliegt. Es gelten dieselben Grundsätze wie bei § 4 (s. § 4 Rz. 7). 8

Beispiel: Ein Arbeitsverhältnis mit 40-Stunden-Woche (Montag–Freitag) in Wechselschicht beginnt mit Schichtbeginn um 6.00 Uhr am 1.10.

Der ArbGeb schuldet Teilurlaub für (24 Werktage : 6 × 5 Arbeitstage = 20 Urlaubstage Vollurlaub : 12 × 2 volle Monate =) 3,33 Arbeitstage. Der 1.10. wird bei der Berechnung der Monatsfrist gem. § 187 I BGB nicht mitgerechnet, weil das Arbeitsverhältnis rechtl. nach der vertragl. Vereinbarung im Laufe des 1.10. beginnt. Danach würde gem. § 188 II Alt. 2 BGB der dritte Monat des Bestehens des Arbeitsverhältnisses erst mit Ablauf des 1.1. des Folgejahres enden. Bei Ablauf des 31.12. bestand das Arbeitsverhältnis also erst zwei volle Monate.

Fehlen an einem vollen Beschäftigungsmonat Tage, an denen bei Bestehen des Arbeitsverhältnisses **keine Arbeitspflicht** bestanden hätte (gesetzl. Feiertag, Samstag, Sonntag, freier Tag im Rahmen eines rollierenden Arbeitszeitsystems), entsteht für den nicht vollendeten Monat kein Urlaubsanspruch[8]. Denn es gibt keine gesetzl. Grundlage dafür, Tage vor Beginn bzw. nach Beendigung des Arbeitsverhältnis der Zeit des rechtl. Bestandes des Arbeitsverhältnisses hinzuzurechnen, nur weil sie arbeitsfrei gewesen wären. Es ist auch grds. nicht rechtsmissbräuchlich, einen Arbeitsvertrag so abzuschließen, dass das Arbeitsverhältnis mit dem ersten Arbeitstag eines Monats beginnt[9]. 9

Beispiel: Ein Arbeitsverhältnis mit 40-Stunden-Woche (Montag–Freitag) beginnt am 4.10. Der 1. und 2.10. (Samstag und Sonntag) wären ebenso arbeitsfrei gewesen wie der 3.10. (Feiertag). Der ArbGeb schuldet Teilurlaub in Höhe von (24 Werktage : 6 × 5 Arbeitstage = 20 Urlaubstage Vollurlaub : 12 × 2 volle Monate =) 3,33 ... Arbeitstage.

Ergeben sich bei der Berechnung des Teil- oder des gekürzten Vollurlaubs **Bruchteile von Urlaubstagen**, die mindestens einen halben Tag ergeben, sind sie gem. § 5 II auf volle Urlaubstage aufzurunden. Bruchteile von Urlaubstagen nach § 5 I, die nicht nach Abs. 2 aufgerundet werden müssen, sind dem 10

1 Vgl. zu diesem Problem § 4 BUrlG Rz. 11. | 2 *Leinemann/Linck*, § 5 BUrlG Rz. 22 f. | 3 ErfK/*Dörner*, § 5 BUrlG Rz. 7. | 4 *Leinemann/Linck*, § 5 BUrlG Rz. 6. | 5 ErfK/*Dörner*, § 5 BUrlG Rz. 11. | 6 *Leinemann/Linck*, § 5 BUrlG Rz. 11; ErfK/*Dörner*, § 5 BUrlG Rz. 10. | 7 ErfK/*Dörner*, § 5 BUrlG Rz. 10. | 8 BAG v. 26.1.1989 – 8 AZR 730/87, AP Nr. 13 zu § 5 BUrlG. | 9 *Leinemann/Linck*, § 5 BUrlG Rz. 18 f.

ArbN entsprechend ihrem Umfang durch (stundenweise) Befreiung von der Arbeitspflicht zu gewähren oder nach dem Ausscheiden aus dem Arbeitsverhältnis abzugelten; eine Abrundung findet nicht statt[1].

11 Zweifelhaft ist, ob § 5 I **mit Art. 7 I RL 93/104/EG vereinbar** ist, wenn das Arbeitsverhältnis vor Ablauf eines vollen Monats endet und deshalb ein Teilurlaubsanspruch nicht entsteht. Der EuGH[2] hat entschieden, dass die Richtlinie einem Mitgliedstaat nicht erlaubt, eine Regelung zu erlassen, nach der ein ArbN einen Anspruch auf bezahlten Jahresurlaub erst dann erwirbt, wenn er eine ununterbrochene Mindestbeschäftigungszeit bei demselben ArbGeb zurückgelegt hat. Der EuGH weist darauf hin, dass Mindestbeschäftigungszeiten als Voraussetzung für den Urlaubsanspruch Anlass zu Missbräuchen geben, weil die ArbGeb versucht sein können, die Verpflichtung, den jedem ArbN zustehenden bezahlten Jahresurlaub zu gewähren, dadurch zu umgehen, dass sie häufiger auf kurzfristige Arbeitsverhältnisse zurückgreifen. Die RL 93/104 sei folglich dahin auszulegen, dass sie es den Mitgliedstaaten verwehrt, den allen ArbN eingeräumten Anspruch auf bezahlten Jahresurlaub dadurch einseitig einzuschränken, dass sie eine Voraussetzung für diesen Anspruch aufstellen, die bewirkt, dass bestimmte ArbN von diesem Anspruch ausgeschlossen sind. Zu erwägen ist, ob § 5 I richtlinienkonform dahin ausgelegt werden kann, dass auch für Beschäftigungszeiten von weniger als einem Monat ein Teilurlaubsanspruch entsteht.

12 **4. Erfüllung, Abgeltung und Übertragung. a) Erfüllung und Abgeltung.** Für die Erfüllung und die Abgeltung gelten die gleichen Grundsätze wie für den Vollurlaub[3]. Das bedeutet: Der ArbN darf den Zeitpunkt des Urlaubs bestimmen, es sei denn, der ArbGeb hat ein Leistungsverweigerungsrecht nach § 7 I 1. Abgeltung des Teilurlaubsanspruchs kann nur unter den Voraussetzungen des § 7 IV verlangt werden. Ist der Teilurlaubsanspruch nach § 7 III 2 oder 4 übertragen worden, ist der Teilurlaubsanspruch mit dem Urlaubsanspruch des nächsten Jahres abzugelten.

13 **b) Übertragung.** Der nach § 5 I Buchst. a entstandene Teilurlaubsanspruch kann auf zweierlei Weise übertragen werden: zum einen von Gesetzes wegen nach § 7 III 2, zum anderen nach § 7 III 4 auf Verlangen des ArbN. Die Übertragung des Teilurlaubsanspruchs **von Gesetzes wegen gem. § 7 III 2** erfolgt, wenn die Übertragungsvoraussetzungen – dringende betriebl. oder in der Person des ArbN liegende Gründe – vorliegen (s. § 7 Rz. 81)[4]. Eines Übertragungsverlangens bedarf es daher nicht. Zu beachten ist ebenfalls, dass der nach § 7 III 2 übertragene Teilurlaubsanspruch wie ein übertragener Vollurlaub mit Ablauf des 31.3. des Folgejahres erlischt.

14 Daneben gibt es für die Übertragung des Teilurlaubsanspruchs in § 7 III 4 eine Sonderregelung. Nach dieser Vorschrift kann der ArbN allein durch die **Äußerung seines Übertragungswunsches** den Urlaub übertragen. Im Gegensatz zur Übertragung nach § 7 III 2 hängt diese Erweiterung der Anspruchsdauer also von einer entsprechenden Erklärung gegenüber dem ArbGeb ab[5]. Das Verlangen ist eine empfangsbedürftige Willenserklärung; der ArbN muss daher den Zugang nachweisen. Der Übertragungswunsch muss bis zum 31.12. des Eintrittsjahres geltend gemacht werden. Er ist nicht an die Voraussetzungen des Abs. 3 S. 2 geknüpft, an keine Form gebunden und bedarf keiner Begründung. An das Verlangen sind nur geringe Anforderungen zu stellen. Es muss nicht ausdrücklich erklärt werden; es genügt ein Verhalten des ArbN, das unter Anwendung des § 133 BGB als Verlangen iSd. Gesetzes zu verstehen ist. Damit reicht jede Handlung des ArbN aus, die seinen Wunsch, den Urlaub erst im nächsten Jahr zu nehmen, deutlich macht (zB Urlaubsantrag hinsichtlich des Teilurlaubs für einen Zeitraum im Folgenden Jahr). Das Schweigen des ArbN wird allerdings regelmäßig nicht als konkludenter Übertragungswunsch angesehen werden können[6].

15 Wird der Teilurlaubsanspruch auf Grund des Verlangens des ArbN nach § 7 III 4 übertragen, so geht er auf das **gesamte Folgejahr**, nicht nur auf das erste Quartal über. Ist weder ein allgemeiner Übertragungstatbestand (§ 7 III 2) gegeben noch eine Übertragung des Teilurlaubs auf Verlangen des ArbN zu Stande gekommen, so **erlischt** der Teilurlaubsanspruch am Jahresende.

16 **5. Abdingbarkeit.** Der Teilurlaubsanspruch nach Buchst. a ist **tarifdispositiv**, da durch § 5 ein eigenständiger Anspruch begründet wird, § 13 I 1 aber nur den Vollurlaub nach § 3 schützt. Der Teilurlaub kann daher auch einer **tarifl. Ausschlussfrist** unterfallen[7]. Ein genereller tarifl. Ausschluss eines Teilurlaubsanspruchs dürfte aber mit der RL 93/104/EG nicht vereinbar sein (s. Rz. 11).

17 **III. Teilurlaub gem. Abs. 1 Buchst. b. 1. Entstehung und Fälligkeit.** Im Gegensatz zum Teilurlaubsanspruch nach § 5 I Buchst. a entsteht der Anspruch nach Buchst. b nicht in jedem Fall bereits mit Beginn des Arbeitsverhältnisses, sondern erst wenn **feststeht**, dass das Arbeitsverhältnis enden wird und die Wartezeit deshalb nicht erreicht werden kann. Die Entstehung des Anspruchs hängt deshalb davon ab, wie das Arbeitsverhältnis endet. Ist von Anfang an eine Befristung vereinbart, auf Grund derer das Arbeitsverhältnis vor Ablauf der Wartezeit endet, entsteht der Anspruch nach Buchst. b bereits mit Beginn des Arbeitsverhältnisses. Endet es hingegen durch Kündigung oder Aufhebungsvertrag, ent-

---

1 BAG v. 26.1.1989 – 8 AZR 730/87, AP Nr. 13 zu § 5 BUrlG. | 2 EuGH v. 26.6.2001 – C 173/99, AP Nr. 15 zu EWG-Richtlinie Nr. 93/104. | 3 BAG v. 25.8.1987 – 8 AZR 118/86, AP Nr. 15 zu § 7 BUrlG. | 4 BAG v. 25.8.1987 – 8 AZR 118/86, AP Nr. 15 zu § 7 BUrlG. | 5 BAG v. 25.8.1987 – 8 AZR 118/86, AP Nr. 15 zu § 7 BUrlG. | 6 BAG v. 29.7.2003 – 9 AZR 270/02, NZA 2004, 385. | 7 *Leinemann/Linck*, § 13 Rz. 53 f.

steht der Anspruch erst zu diesem Zeitpunkt, weil vorher nicht feststeht, dass der ArbN vor Ablauf der Wartezeit ausscheiden wird.

Besteht zwischen den Parteien Streit über die Wirksamkeit der Beendigung des Arbeitsverhältnisses, ist für die Frage, ob dem ArbN Voll- oder Teilurlaub zusteht, allein die **rechtl. Beendigung** (und damit die Wirksamkeit des Beendigungstatbestands) entscheidend, nicht aber das tatsächliche Ausscheiden aus dem Betrieb[1] (s. § 7 Rz. 142 ff., 146). 18

Mit seiner Entstehung wird der Anspruch auch **fällig**, so dass der ArbGeb ihn erteilen bzw. der ArbN ihn verlangen kann[2]. Hinsichtlich der Erfüllung und Abgeltung gelten die Ausführungen zu Buchst. a (s. Rz. 12 ff.) entsprechend. 19

2. Berechnung des Teilurlaubsanspruchs. Für die Berechnung der **Dauer des Teilurlaubs** nach Buchst. b gelten die Ausführungen zu § 5 I Buchst. a (Rz. 8 bis 10) entsprechend. So entsteht auch bei Buchst. b kein Vollurlaub, sondern nur ein Teilurlaub in Höhe von 6/12, wenn das Arbeitsverhältnis mit dem Tag des Ablaufs der Wartezeit endet[3]. 20

Zu beachten ist, dass ein **einheitlicher Teilurlaub** nach Buchst. b für das Arbeitsverhältnis auch dann entsteht, wenn es sich über die Jahreswende erstreckt hat[4]. Eine getrennte Berechnung des Teilurlaubsanspruchs nach Buchst. a im Eintrittsjahr und Buchst. b im Folgejahr kommt nicht in Betracht, da sich die in den Buchst. a bzw. b geregelten Fälle gegenseitig ausschließen[5]. 21

Beispiel: Beginn des Arbeitsverhältnisses am 15.10., Ende am 14.3. des Folgejahres. Der ArbN hat die Wartezeit für den Vollurlaub nicht erfüllt, da er mit und nicht nach Ablauf der Wartezeit ausscheidet; er erlangt einen einheitlichen Teilurlaubsanspruch von 6/12, nicht für das erste Jahr 2/12 und für das Folgejahr 2/12.

3. Übertragung. Die besondere Übertragungsvorschrift in § 7 III 4 (Übertragung auf Verlangen des ArbN, Übertragungszeitraum bis 31.12. des Folgejahres) gilt nach dem eindeutigen Gesetzeswortlaut nur für den Fall des § 5 I Buchst. a. Teilurlaubsansprüche nach Buchst. b werden nur unter den Voraussetzungen des § 7 III 2 und 3 übertragen. Es muss daher ein **gesetzl. Übertragungstatbestand** vorliegen; das Verlangen des ArbN reicht nicht. Zudem ist der Übertragungszeitraum auf das erste Quartal des Folgejahres beschränkt[6]. 22

Kann der zB nach Ausspruch einer Kündigung entstandene Teilurlaubsanspruch aus Zeitgründen vor Ablauf des 31.12. des Urlaubsjahres nicht mehr oder nur zum Teil genommen werden, liegt ein Übertragungstatbestand nach § 7 III 2 (Grund in der Person des ArbN) vor[7]. 23

Beispiel: Das Arbeitsverhältnis beginnt am 1.10. Der ArbGeb kündigt am 31.12. zum 31.1. des Folgejahres. Mit Zugang der Kündigung ist der Teilurlaubsanspruch in Höhe von (4/12 von 24 =) 8 Werktagen entstanden und fällig geworden. Er würde nach § 7 III 1 mit dem 31.12. erlöschen, ohne dass der ArbN die Möglichkeit gehabt hätte, den Urlaub zu nehmen. Es ist daher gerechtfertigt, hier den Übertragungstatbestand „Grund in der Person des ArbN" iSd. § 7 III 2 anzunehmen. Der ArbN kann den übertragenen Urlaub im Januar des Folgejahres nehmen oder nach Beendigung des Arbeitsverhältnisses Abgeltung verlangen.

4. Abdingbarkeit. Der Anspruch nach Buchst. b ist wie der nach Buchst. a **tarifdispositiv** (s. Rz. 16). 24

IV. Gekürzter Vollurlaub nach Abs. 1 Buchst. c. 1. Voraussetzungen. Entgegen der Überschrift der Norm handelt es sich bei Buchst. c nicht um den dritten Fall eines Teilurlaubsanspruchs, sondern um die gesetzl. angeordnete **Kürzung des bereits entstandenen Vollurlaubs**. Dieser Urlaubsanspruch unterscheidet sich von dem Urlaubsanspruch nach § 3 I nur dadurch, dass er nachträglich kraft Gesetzes in seiner Höhe beschränkt wird. Buchst. c enthält damit hinsichtlich des Mindesturlaubsanspruchs eine auflösende Bedingung für denjenigen Teil des Urlaubs, der infolge des vorzeitigen Ausscheidens des ArbN nicht mehr durch ein bestehendes Arbeitsverhältnis gedeckt wird. Buchst. c begründet daher – anders als Buchst. a und b – nicht einen eigenen Anspruch, sondern modifiziert den Anspruch aus §§ 1, 3[8]. 25

Die Kürzung des Vollurlaubs tritt ein, wenn der ArbN nach erfüllter Wartezeit in der **ersten Hälfte eines Kalenderjahres** ausscheidet. Diese Voraussetzung ist auch erfüllt, wenn das Arbeitsverhältnis mit Ablauf des 30.6. endet. Denn aus §§ 186, 188 II BGB ergibt sich, dass der Ablauf des in § 188 II BGB genannten Tages zu diesem Tag gerechnet wird und damit Teil der Frist (hier: des ersten Halbjahres) ist[9]. 26

---

1 ErfK/*Dörner*, § 5 BUrlG Rz. 19. | 2 *Leinemann/Linck*, § 5 BUrlG Rz. 11; ErfK/*Dörner*, § 5 BUrlG Rz. 20. | 3 *Leinemann/Linck*, § 5 BUrlG Rz. 28; ErfK/*Dörner*, § 5 BUrlG Rz. 22. | 4 BAG v. 9.10.1969 – 5 AZR 501/68, AP Nr. 7 zu § 5 BUrlG = DB 1970, 66; *Leinemann/Linck*, § 5 BUrlG Rz. 26; ErfK/*Dörner*, § 5 BUrlG Rz. 21. | 5 *Leinemann/Linck*, § 5 BUrlG Rz. 20, 26. | 6 *Leinemann/Linck*, § 5 BUrlG Rz. 30; ErfK/*Dörner*, § 5 BUrlG Rz. 23. | 7 *Leinemann/Linck*, § 5 BUrlG Rz. 32. | 8 BAG v. 18.6.1980 – 6 AZR 328/78, DB 1980, 2197; *Leinemann/Linck*, § 5 BUrlG Rz. 35. | 9 BAG v. 16.6.1966 – 5 AZR 521/65, AP Nr. 4 zu § 5 BUrlG; ErfK/*Dörner*, § 5 BUrlG Rz. 25; *Leinemann/Linck*, § 5 BUrlG Rz. 33.

27 Die Kürzung vollzieht sich **kraft Gesetzes**, sofern die Voraussetzungen vorliegen. Einer Kürzungserklärung des ArbGeb bedarf es daher nicht[1].

28 Der Vollurlaub wird erst in dem Moment gekürzt, in dem **feststeht**, dass das Arbeitsverhältnis in der ersten Kalenderjahreshälfte enden wird. Bei einer Befristung ist das bereits mit Beginn des Arbeitsverhältnisses der Fall, ansonsten erst mit dem Entstehen des Beendigungstatbestands (Zugang der Kündigung, Abschluss des Aufhebungsvertrags). Der ArbN kann daher den Vollurlaub auch dann verlangen, wenn er bei Beantragung oder Antritt des Urlaubs bereits vor hat, das Arbeitsverhältnis noch im ersten Halbjahr zu beenden. Ebenso muss der ArbGeb den Vollurlaub gewähren, wenn er die Beendigung im ersten Halbjahr plant, aber aus Rechtsgründen (zB §§ 111, 112 BetrVG, §§ 85 ff. SGB IX) sich daran gehindert sieht, die Kündigung alsbald zu erklären.

29 Durch den **Eintritt der Bedingung** (Entstehen eines Beendigungstatbestands) wird der bei Jahresanfang in voller Höhe bereits entstandene Urlaubsanspruch nur für den Fall teilweise ausgeschlossen, dass der Urlaubsanspruch bei Ausscheiden aus dem Arbeitsverhältnis noch nicht voll erfüllt ist[2]. Hat der ArbN zu diesem Zeitpunkt bereits mehr Urlaub erhalten, als ihm nach Buchst. c zustehen würde, verbleibt es dabei; eine Rückabwicklung ist ausgeschlossen, § 5 III.

30 **2. Inhalt des Anspruchs.** Der Vollurlaub wird auf so viele **Zwölftel gekürzt**, wie das Arbeitsverhältnis bei seiner Beendigung im Urlaubsjahr volle Monate bestanden hat. Die Berechnung erfolgt wie bei Buchst. a und b (s. Rz. 8 ff.).

Beispiel: Ein Arbeitsverhältnis beginnt 2002 und endet am 15.4.2008. Für 2008 kann der ArbN den gekürzten Vollurlaub in Höhe von (24 Werktagen : 12 Monate × 3 volle Monate Bestand des Arbeitsverhältnisses in 2008 =) 6 Werktagen verlangen.

31 Für die **Erteilung und die Abgeltung** finden dieselben Grundsätze wie bei den Buchst. a und b Anwendung (s. Rz. 12 ff.).

32 Eine **Übertragung** des Teilurlaubsanspruchs nach Buchst. c ist nicht denkbar, da sich der bei Beendigung des Arbeitsverhältnisses in der ersten Jahreshälfte noch offene Urlaubsanspruch mit der Beendigung in einen Abgeltungsanspruch umwandelt. Der Abgeltungsanspruch kann dagegen unter den Voraussetzungen des § 7 III 2 und 3 übertragen werden.

33 **3. Unabdingbarkeit.** Der **gekürzte Vollurlaubsanspruch** unterliegt dem Schutz der Unabdingbarkeit nach § 13 I 1[3]. Es handelt sich bei Anspruch nach Buchst. c der Sache nach um den Urlaubsanspruch iSv. § 3 I, § 4, da der Vollurlaub nur nachträglich verringert wird, nicht aber ersatzweise ein Teilurlaubsanspruch entsteht. Ist aber der Entstehungstatbestand des Anspruchs in § 3 I, § 4 zu sehen, kann dieser (gekürzte) Anspruch durch Tarifrecht nicht weiter eingeschränkt oder ausgeschlossen werden als der nach § 13 I 1 tariffeste Vollurlaub. Damit unterliegt er auch nicht einer tarifl. Ausschlussfrist (s. § 13 Rz. 24).

34 **V. Bruchteile von Urlaubstagen (Abs. 2). 1. Anwendungsbereich.** Die **Aufrundungsregelung** in Abs. 2 ist nur anzuwenden auf die Berechnung des Teilurlaubs nach § 5 I. Abs. 2 enthält kein allgemeines Prinzip für sonstige Teilurlaubsansprüche (zB § 4 ArbPlSchG, § 17 BEEG, § 19 JArbSchG, § 125 SGB IX).

35 Ebenso wenig werden Bruchteile eines Urlaubstages nach dieser Vorschrift aufgerundet, wenn sie bei der Berechnung des Vollurlaubs auf Grund **individueller urlaubsrechtl. Besonderheiten** entstehen. Das ist insb. dann der Fall, wenn die Arbeit nicht an allen Werktagen der Woche geleistet wird und der Urlaubsanspruch deshalb in Arbeitstage umzurechnen ist (zB bei der Fünf-Tage-Woche – s. § 3 Rz. 9 ff. – oder bei Teilzeitarbeit[4], bei ungleichmäßig verteilter Arbeitszeit[5] und bei der Berechnung eines übergesetzl. Zusatzurlaubs[6]). In diesen Fällen ist die Dauer des letzten bzw. ersten Urlaubstags stunden- oder minutengenau auszurechnen und dementsprechend freizustellen; der ArbN kann zB an seinem letzten Arbeitstag früher die Arbeit beenden[7].

36 **2. Aufrundung.** Wird die Arbeit regelmäßig an weniger als 6 Tagen in der Woche geleistet oder ist sie unregelmäßig verteilt, können sich bei der Berechnung des Teilurlaubs nach Buchst. a und b sowie des gekürzten Vollurlaubs nach Buchst. c auf Grund des **Zwölftelungsprinzips** Bruchteile von Urlaubstagen ergeben. Bruchteile von mindestens 0,5 sind auf einen vollen Urlaubstag aufzurunden.

Beispiel: Ein Arbeitsverhältnis besteht vom 1.3. bis zum 30.7.; gearbeitet wird in der Fünf-Tage-Woche. Der ArbN kann für (24 Werktage : 6 Werktage × 5 Arbeitstage : 12 Monate × 4 volle Monate Bestand des Arbeitsverhältnisses =) 6,67 Tage Freistellung verlangen. Der Bruchteil von 0,67 ist aufzurunden, so dass der ArbN 7 Urlaubstage zu beanspruchen hat.

---

1 ErfK/*Dörner*, § 5 BUrlG Rz. 27. | 2 BAG v. 18.6.1980 – 6 AZR 328/78, DB 1980, 2197. | 3 BAG v. 18.6.1980 – 6 AZR 328/78, DB 1980, 2197; v. 9.6.1998 – 9 AZR 43/97, AP Nr. 23 zu § 7 BUrlG. | 4 BAG v. 14.2.1991 – 8 AZR 97/90, AP Nr. 1 zu § 3 BUrlG – Teilzeit. | 5 *Leinemann/Linck*, § 3 BUrlG Rz. 46. | 6 BAG v. 19.4.1994 – 9 AZR 478/92, AP Nr. 3 zu § 1 BUrlG – Treueurlaub. | 7 *Leinemann/Linck*, § 5 BUrlG Rz. 40.

3. Bruchteile von weniger als einem halben Tag. Nach der Rspr. des BAG[1] werden Bruchteile von weniger als einem halben Tag **nicht abgerundet**. Sie sind entsprechend ihrem Umfang dem ArbN durch Befreiung von der Arbeitspflicht zu gewähren oder nach dem Ausscheiden aus dem Arbeitsverhältnis abzugelten. § 5 II enthält nämlich keinen Kürzungstatbestand für Bruchteile bis zu einem halben Tag, sondern eine Anspruchsgrundlage für die Aufrundung von Bruchteilen von mindestens einem halben Tag. 37

Die Erfüllung von Bruchteilen eines Urlaubstags bereitet in der Praxis keine Schwierigkeiten und widerspricht auch nicht dem **Erholungszweck**[2]. Bei der Berechnung des Urlaubsanspruchs wird sich ein Teil eines Urlaubstags nur einmal pro Jahr ergeben. Die stundenweise Freistellung wird regelmäßig am Anfang oder am Ende des Urlaubs erfolgen, so dass dieser Bruchteil eines Urlaubstags den Erholungszweck nicht beeinträchtigt. 38

VI. Rückforderungsverbot (Abs. 3). 1. Allgemeines. Da nach erfüllter Wartezeit der volle Urlaubsanspruch am Anfang eines jeden Kalenderjahres entsteht und fällig wird (s. § 4 Rz. 14), kann dem ArbN im Falle der Beendigung des Arbeitsverhältnisses in der ersten Jahreshälfte bereits mehr Urlaub erteilt worden sein, als ihm nach dem Zwölftelungsprinzip gem. § 5 I Buchst. c zusteht. Die ohne Rechtsgrund erfolgte Freistellungserklärung kann der ArbGeb kondizieren, so lange die Freistellung noch nicht tatsächlich erfolgt ist; die Urlaubsvergütung verringert sich dementsprechend, vor Urlaubsantritt geleistete Zahlungen können gem. § 812 I 2 BGB zurückgefordert werden[3]. Nach tatsächlicher Freistellung kommt zwar eine Kondiktion der Erklärung nicht mehr in Betracht; der ArbN ist aber um das zu viel erhaltene Urlaubsentgelt **ungerechtfertigt bereichert**, so dass er an sich nach § 812 I 2 BGB dem ArbGeb zur Rückzahlung verpflichtet wäre. § 5 III schließt einen solchen Anspruch des ArbGeb aus; die Vorschrift ist daher eine Sonderregelung zu § 812 BGB. 39

Abs. 3 enthält hingegen keine besondere **Anspruchsgrundlage** für die Zahlung von Entgelt für die Zeit einer Freistellung, die sich nachträglich als urlaubsrechtl. nicht geschuldet erweist[4]. Der ArbGeb, der entgegen § 11 das Urlaubsentgelt nicht vor dem Urlaubsantritt leistet, ist daher nicht zur Zahlung verpflichtet, auch wenn der ArbN den Urlaub tatsächlich genommen hat[5]. 40

2. Voraussetzungen des Rückforderungsverbots. Abs. 3 erfasst den Fall, dass dem ArbN nur der nach Abs. 1 Buchst. c gekürzte Vollurlaub zusteht, er aber bereits mehr Urlaub sowie die entsprechende Urlaubsvergütung erhalten hat. Voraussetzung ist daher zunächst, dass dem ArbN der Urlaub nicht nur erteilt wurde, sondern dass der ArbN den Urlaub auch genommen hat, indem er der Arbeit ferngeblieben ist. Zudem muss der ArbGeb zum Zeitpunkt der Kürzung des Vollurlaubs (s. Rz. 25 f.) das Urlaubsentgelt bereits geleistet haben. Das Rückforderungsverbot gilt auch dann, wenn der ArbN die Beendigung des Arbeitsverhältnisses herbeigeführt hat, sogar bei einer Kündigung unmittelbar vor oder aus dem Urlaub[6]. 41

3. Vom Rückforderungsverbot nicht erfasste Fälle. Abs. 3 enthält kein allgemeines Rückforderungsverbot[7]. Sind die Voraussetzungen des Abs. 3 nicht erfüllt, kommt ein Bereicherungsanspruch des ArbGeb insb. in folgenden Fällen in Betracht: 42

- Gewährt der ArbGeb Urlaub, obwohl der Anspruch noch nicht entstanden ist (zB während des Laufs der Wartezeit oder als „**Vorschuss**“ für das kommende Urlaubsjahr) und endet das Arbeitsverhältnis danach vorzeitig, hat der ArbN das ohne Rechtsgrund gezahlte Urlaubsentgelt (den Bruttobetrag[8]) gem. § 812 I 1 BGB zurückzuzahlen. Er kann aber ggf. die Einwendung der Kenntnis der Nichtschuld (§ 814 BGB) oder die Einrede der Entreicherung (§ 818 III BGB) geltend machen[9]. 43

- Hat der ArbGeb vor Entstehung des Kürzungstatbestands nach Buchst. c Urlaub gewährt, soll der Urlaub aber erst **danach angetreten** werden, so kann der ArbGeb den Teil der Freistellungserklärung, der über das nach Buchst. c Geschuldete hinausgeht, nach § 812 I 2 zurückverlangen. In diesem Fall ist der ArbN verpflichtet, seine Arbeitsleistung zu erbringen[10]; eine Weigerung des ArbN, einer damit verbundenen Aufforderung des ArbGeb zur Arbeitsaufnahme Folge zu leisten, kann ggf. eine außerordentliche Kündigung rechtfertigen. Die Kondiktion der Freistellungserklärung ist nicht zu verwechseln mit der Frage, ob der ArbGeb gewährten Urlaub widerrufen darf (s. § 7 Rz. 43). 44

- Wird dem ArbN Urlaub gewährt und die Vergütung nach § 11 II vor Beginn des Urlaubs ausgezahlt, entsteht der Kürzungstatbestand aber noch **bevor der Urlaub vollständig genommen** wurde, kann der ArbGeb den Teil der Freistellungserklärung, der nach Buchst. c nicht mehr geschuldet wird und noch 45

1 BAG v. 26.1.1989 – 8 AZR 730/87, AP Nr. 13 zu § 5 BUrlG. | 2 *Leinemann/Linck*, § 5 BUrlG Rz. 45 ff. | 3 BAG v. 23 4.1996 – 9 AZR 317/95, AP Nr. 140 zu § 1 TVG – Tarifverträge: Metallindustrie; ErfK/*Dörner*, § 5 BUrlG Rz. 30. | 4 BAG v. 23.4.1996 – 9 AZR 317/95, AP Nr. 140 zu § 1 TVG – Tarifverträge: Metallindustrie. | 5 BAG v. 23.1.1996 – 9 AZR 554/93, AP Nr. 10 zu § 5 BUrlG; *Leinemann/Linck*, § 5 BUrlG Rz. 58. | 6 ErfK/*Dörner*, § 5 BUrlG Rz. 33. | 7 *Leinemann/Linck*, § 5 BUrlG Rz. 59 mwN. | 8 BAG v. 24.10.2000 – 9 AZR 610/99, AP Nr. 19 zu § 5 BUrlG. | 9 *Leinemann/Linck*, § 5 BUrlG Rz. 59 f. | 10 BAG v. 23.4.1996 – 9 AZR 317/95, AP Nr. 140 zu § 1 TVG – Tarifverträge: Metallindustrie; *Leinemann/Linck*, § 5 BUrlG Rz. 54.

nicht durch tatsächliche Freistellung erledigt ist, kondizieren und in diesem Umfang Rückzahlung der Urlaubsvergütung verlangen[1].

46 Stellt der ArbGeb über das gem. Buchst. c Geschuldete hinaus frei und nimmt der ArbN den gewährten Urlaub auch vollständig, zahlt der ArbGeb jedoch entgegen § 11 II (rechtmäßig – zB wegen einer abweichenden tarifl. Regelung – oder rechtswidrig) **nicht vor Urlaubsantritt**, so kommt mangels eines Bereicherungstatbestandes das Rückforderungsverbot nicht zum Tragen. Andererseits kann der ArbN für die Zeit der nicht geschuldeten Freistellung keine Vergütung aus Abs. 3 verlangen, da die Vorschrift keine eigenständige Anspruchsgrundlage enthält. Auch ein Schadensersatzanspruch des ArbN aus §§ 280 I, 286 BGB dürfte nicht in Betracht kommen. Zwar gerät der ArbGeb in Verzug, wenn er das Urlaubsentgelt nicht vor Beginn des Urlaubs zahlt[2]. Zwischen dem Verzug und dem Wegfall des Vergütungsanspruchs auf Grund der Kürzung des Vollurlaubs besteht aber kein Rechtswidrigkeitszusammenhang, da § 5 III nicht den Schutzzweck hat, dem ArbN den Lebensunterhalt während der Zeit des Urlaubs zu sichern, sondern es dem ArbN zu ersparen, der Forderung des ArbGeb mit dem Einwand der Entreicherung begegnen zu müssen[3].

47 **4. Abdingbarkeit.** Abs. 3 steht zur **Disposition der TV-Parteien**. In TV kann daher geregelt werden, dass der ArbN erhaltenes Urlaubsentgelt zurückzahlen muss, wenn der Vollurlaub wegen vorzeitigen Ausscheidens nachträglich gekürzt wird[4]. Durch die Rückforderung wird der gesetzl. Mindesturlaub nicht eingeschränkt, da es um die Vergütung für Urlaubsteile geht, die dem ArbN nach Abs. 1 Buchst. c nicht zustehen. Ein Ausschluss des Rückforderungsverbots durch BV oder Arbeitsvertrag ist hingegen nicht zulässig, § 13 I 3[5].

6 *Ausschluss von Doppelansprüchen*

(1) Der Anspruch auf Urlaub besteht nicht, soweit dem Arbeitnehmer für das laufende Kalenderjahr bereits von einem früheren Arbeitgeber Urlaub gewährt worden ist.

(2) Der Arbeitgeber ist verpflichtet, bei Beendigung des Arbeitsverhältnisses dem Arbeitnehmer eine Bescheinigung über den im laufenden Kalenderjahr gewährten oder abgegoltenen Urlaub auszuhändigen.

1 **I. Allgemeines. 1. Zweck der Vorschrift.** Das Entstehen und die Fälligkeit des Vollurlaubsanspruchs nach erfüllter Wartezeit jeweils mit dem ersten Tage eines Kalenderjahres könnte dazu führen, dass der gesetzl. Urlaubsanspruch im selben Kalenderjahr zweimal entsteht.

Beispiel: A ist seit 1998 bei Fa. A beschäftigt. Im Februar 2005 verlangt und erhält er seinen gesamten Jahresurlaub. Das Arbeitsverhältnis wird im März zum 30.4. gekündigt. Am 1.6.2005 beginnt er ein Arbeitsverhältnis bei Fa. B.

§ 6 I verhindert in dieser Situation, dass der ArbN für dasselbe Kalenderjahr zweimal Urlaub verlangen kann. Durch die Vorschrift wird der Anspruch im neuen Arbeitsverhältnis ganz oder teilweise ausgeschlossen, soweit Urlaubsansprüche des ArbN bereits im früheren Arbeitsverhältnis erfüllt worden sind und auch im neuen Arbeitsverhältnis kein Urlaubsanspruch auf eine höhere Zahl von Urlaubstagen als im früheren Arbeitsverhältnis entsteht[6].

2 **2. Rechtsnatur, Geltungsbereich.** Bei dem Ausschluss von Doppelansprüchen handelt es sich um eine **rechtshindernde Einwendung**, für die der ArbGeb grds. die Darlegungs- und Beweislast trägt[7]; zur Bedeutung der Urlaubsbescheinigung in diesem Zusammenhang s. Rz. 24.

3 Abs. 1 gilt grds. für das **gesamte Urlaubsrecht**. Die Vorschrift ist daher auch für den gesetzl. Zusatzurlaub der Schwerbehinderten (§ 125 SGB IX) und der Jugendlichen (§ 19 JArbSchG) anzuwenden. Ist in TV nichts Abweichendes geregelt, unterliegt auch ein tarifl. Zusatzurlaub dem Ausschlusstatbestand. Entsprechendes gilt für Mehrurlaubsansprüche, die in einer BV oder im Arbeitsvertrag vorgesehen sind[8].

4 § 6 I betrifft nur das Entstehen von **Urlaubsansprüchen**, nicht von anderen gesetzl., tarifl. oder vertragl. Freistellungen (zB „Sonderurlaub“ aus persönlichem Anlass).

5 Ist beim früheren ArbGeb **Urlaub aus dem Vorjahr übertragen** worden, wird insoweit der beim neuen ArbGeb entstehende Urlaubsanspruch nicht berührt; nur der aus dem laufenden Kalenderjahr gewährte Urlaub hindert das Entstehen von Ansprüchen beim neuen ArbGeb[9].

---

1 BAG v. 24.10.2000 – 9 AZR 610/99, AP Nr. 19 zu § 5 BUrlG; *Leinemann/Linck*, § 5 BUrlG Rz. 56 mwN. | 2 BAG v. 18.12.1986 – 8 AZR 481/84, AP Nr. 19 zu § 11 BUrlG. | 3 BAG v. 23.4.1996 – 9 AZR 317/95, AP Nr. 140 zu § 1 TVG – Tarifverträge: Metallindustrie. | 4 BAG v. 23.1.1996 – 9 AZR 554/93, AP Nr. 10 zu § 5 BUrlG; *Leinemann/Linck*, § 13 BUrlG Rz. 66; ErfK/*Dörner*, § 13 BUrlG Rz. 30; aA *Neumann/Fenski*, § 5 BUrlG Rz. 49. | 5 *Leinemann/Linck*, § 13 BUrlG Rz. 67. | 6 BAG v. 28.2.1991 – 8 AZR 196/90, AP Nr. 4 zu § 6 BUrlG. | 7 *Leinemann/Linck*, § 6 BUrlG Rz. 31 f.; ErfK/*Dörner*, § 6 BUrlG Rz. 3. | 8 *Leinemann/Linck*, § 6 BUrlG Rz. 3; ErfK/*Dörner*, § 6 BUrlG Rz. 1. | 9 ErfK/*Dörner*, § 6 BUrlG Rz. 5.

II. Voraussetzungen für den Ausschluss. 1. Zwei aufeinander folgende Arbeitsverhältnisse. § 6 I ist nur anwendbar, wenn in zwei aufeinander folgenden Arbeitsverhältnissen **im selben Kalenderjahr** bereits für den Zeitraum des Kalenderjahrs, für das ein weiteres Arbeitsverhältnis begründet worden ist, vom vorherigen ArbGeb der gesetzl. Urlaub gewährt wurde. Entstehen hingegen in zwei aufeinander folgenden Arbeitsverhältnisses zwei Teilurlaubsansprüche (weil in beiden Arbeitsverhältnissen die Wartezeit nicht erfüllt wurde), gilt § 6 I nicht, auch wenn durch die Aufrundung von Bruchteilen eines Urlaubstags gem. § 5 II der Jahresurlaub insgesamt höher ist als 24 Werktage[1]. Denn Voraussetzung des Ausschlusses ist, dass sich der vom ersten ArbGeb gewährte Urlaub rechnerisch auch auf einen Zeitraum desselben Urlaubsjahres bezieht, in dem der zweite ArbGeb ebenfalls Urlaub gewähren müsste. 6

Beispiel: Der ArbN arbeitet vom 1.1. bis 30.6. bei A und vom 1.7. bis 31.12. bei B. Ihm steht in beiden Arbeitsverhältnissen ein Tarifurlaub von 27 Arbeitstagen zu. Im ersten Arbeitsverhältnis kann der ArbN einen Teilurlaub gem. § 5 I Buchst. a in Höhe von 14 Arbeitstagen verlangen (27 : 12 × 6 = 13,5, aufgerundet gem. § 5 III auf 14 Tage). Im zweiten Arbeitsverhältnis errechnet sich ein Teilurlaubsanspruch gem. § 5 I Buchst. b in derselben Höhe, so dass der ArbN in diesem Jahr auf insgesamt 28 Urlaubstage kommt; B kann den einen Tag nicht nach § 6 I kürzen.

§ 6 I ist nicht anwendbar, wenn zwei Arbeitsverhältnisse nebeneinander bestehen (sog. **Doppelarbeitsverhältnis**); in diesem Fall entstehen in beiden Arbeitsverhältnissen unabhängig voneinander Urlaubsansprüche[2]. 7

Im Falle eines **Betriebsübergangs** bedarf es des Rückgriffs auf § 6 I nicht. Da das Arbeitsverhältnis nach § 613a I 1 BGB fortbesteht, indem der Betriebsübernehmer in die Rechte und Pflichten des Arbeitsvertrags eintritt, kann dieser sich ohne weiteres auf die Erfüllung des Urlaubsanspruchs durch den Betriebsveräußerer berufen. 8

§ 6 I ist ebenfalls nicht anwendbar, wenn ein **Auszubildender** beim selben ArbGeb nahtlos in ein Arbeitsverhältnis übernommen wird; urlaubsrechtl. ist dann von einem einheitlichen Arbeitsverhältnis auszugehen[3]. 9

2. Gewährung des Urlaubs durch den ersten Arbeitgeber. § 6 I setzt weiterhin voraus, dass der frühere ArbGeb dem ArbN bereits Urlaub für den Zeitraum gewährt hat, in dem das nachfolgende Arbeitsverhältnis bestand. Der Urlaubsanspruch muss also durch **Freistellung oder Abgeltung tatsächlich erfüllt** worden sein. Hat der frühere ArbGeb nur anteilig (nach dem Zwölftelungsprinzip) oder gar nicht erfüllt, muss der neue ArbGeb den im nachfolgenden Arbeitsverhältnis entstandenen Urlaubsanspruch voll erfüllen[4]. Er kann sich insb. nicht darauf berufen, der ArbN müsse zunächst den früheren ArbGeb in Anspruch nehmen. Dies gilt sogar dann, wenn der ArbN bereits gegen den früheren ArbGeb auf Urlaubsabgeltung klagt[5]. Erst wenn der ArbN die Abgeltung erhält, verringert sich der Anspruch gegen den neuen ArbGeb gem. § 6 I. 10

Erfüllt der frühere ArbGeb den Urlaubs-(abgeltungs-)anspruch, nachdem der neue ArbGeb den Urlaub ohne Kürzung nach § 6 I gewährt hat, reduziert sich nachträglich der gegen den neuen ArbGeb entstandene Urlaubsanspruch. Der neue ArbGeb hat den gem. § 6 I zu viel gewährten Urlaub ohne Rechtsgrund gewährt, so dass er das für diesen Zeitraum gezahlte Urlaubsentgelt **kondizieren** kann[6]. 11

III. Umfang der Kürzung. Der **Urlaubsanspruch beim neuen ArbGeb** entsteht in dem Umfang nicht, wie der frühere ArbGeb Urlaubsansprüche für den Zeitraum gewährt hat, für den beim neuen ArbGeb ohne die Vorschrift des § 6 I ebenfalls Urlaubsansprüche entstehen würden. 12

Sind die Urlaubsansprüche in beiden Arbeitsverhältnissen **unterschiedlich hoch**, ist zu beachten, dass ein übergesetzl. Mehrurlaub, den der frühere ArbGeb geleistet hat (zB auf Grund tarifl. oder arbeitsvertragl. Regelung), das Entstehen eines Anspruchs beim neuen ArbGeb nicht hindert. 13

Beispiel: Arbeitsverhältnis 1 bestand vom 1.1. bis 30.4. in Fünf-Tage-Woche. Der ArbGeb schuldete einen Tarifurlaub von 30 Arbeitstagen im Jahr, von dem er anteilig (30 : 12 × 4 =) 10 Arbeitstage gewährte. Im Arbeitsverhältnis 2, das vom 1.5. bis 31.12. besteht, erhält der ArbN nur den gesetzl. Urlaub. Beim neuen ArbGeb ist an sich der volle Urlaub entstanden, da der ArbN am 1.11. die Wartezeit erfüllt hat. Der Urlaubsanspruch reduziert sich jedoch um 4/12, da der ArbN für vier Monate bereits Urlaub erhalten hat. Da der neue ArbGeb nur den gesetzl. Urlaub leistet, hat er für (24 : 12 × 8 = 16 Werktage = 16 : 6 x 5 =) 13,33 Arbeitstage Freistellung zu gewähren.

Schuldet der neue ArbGeb **mehr Urlaub** als der frühere, verringert sich der Urlaubsanspruch beim neuen ArbGeb nur um die Urlaubstage, die der ArbN tatsächlich erhalten hat. 14

Beispiel: Der neue ArbGeb hat einen Jahresurlaub von 30 Arbeitstagen zu leisten, während beim früheren ArbGeb nur der gesetzl. Urlaub gewährt wurde. Hat der ArbN beim früheren ArbGeb den

---

1 *Leinemann/Linck*, § 6 BUrlG Rz. 24; ErfK/*Dörner*, § 6 BUrlG Rz. 7. | 2 BAG v. 19.6.1959 – 1 AZR 565/57, AP Nr. 1 zu § 611 BGB – Doppelarbeitsverhältnis; *Leinemann/Linck*, § 6 BUrlG Rz. 11 mwN. | 3 BAG v. 29.11.1984 – 6 AZR 238/82, AP Nr. 22 zu § 7 BUrlG – Abgeltung. | 4 BAG v. 28.2.1991 – 8 AZR 196/90, AP Nr. 4 zu § 6 BUrlG. | 5 BAG v. 25.11.1982 – 6 AZR 1254/79, DB 1983, 1155. | 6 ErfK/*Dörner*, § 6 BUrlG Rz. 12.

gesamten Jahresurlaub erhalten und wird das neue Arbeitsverhältnis am 1.10. begründet, steht dem ArbN aus diesem Arbeitsverhältnis ein Freistellungsanspruch in Höhe von (30 : 12 × 3 = 7,5, aufgerundet gem. § 5 II = 8 Arbeitstagen; verringert um den vom früheren ArbGeb gewährten Urlaubsanteil für Oktober bis Dezember: 24 Werktage : 12 × 3 = 6 Werktage, umgerechnet in Arbeitstage: 6 : 6 × 5 = 5 Arbeitstage; 8 – 5 =) 3 Arbeitstagen gegen den neuen ArbGeb zu.

15 **IV. Rechtsposition des früheren Arbeitgebers.** Aus § 6 I folgt **keine Kürzungsbefugnis** des früheren ArbGeb für seine noch nicht erfüllte Schuld[1]. Der ArbN ist auch nicht verpflichtet, zunächst den neuen ArbGeb in Anspruch zu nehmen. Bei Zusammentreffen von Urlaubsansprüchen gegen den früheren und gegen den neuen ArbGeb hat der Freizeitanspruch gegen den neuen ArbGeb keinen Vorrang. Danach kann der frühere ArbGeb, der auf Abgeltung in Anspruch genommen wird, den ArbN nicht auf den Urlaubsanspruch gegen den neuen ArbGeb verweisen[2].

16 Zwischen den ArbGeb gibt es **keinen Ausgleich** der an den ArbN gewährten Leistungen. Die ArbGeb können hinsichtlich des Urlaubsanspruchs nicht Gesamtschuldner sein, da der Freistellungsanspruch nicht gesamtschuldfähig ist[3].

17 **V. Urlaubsbescheinigung (Abs. 2). 1. Inhalt.** Bei der **tatsächlichen Beendigung** des Arbeitsverhältnisses (also auch dann, wenn über die Wirksamkeit des Beendigungstatbestands zwischen den Parteien in einem Kündigungsschutzverfahren gestritten wird) hat der ArbGeb dem ArbN eine Bescheinigung zu erteilen, aus der sich ergibt

- der volle Namen, ggf. auch das Geburtsdatum des Adressaten der Bescheinigung,
- das Kalenderjahr, für das sie ausgestellt worden ist,
- der Zeitraum, in dem das Arbeitsverhältnis bestanden hat,
- die Höhe des in diesem Kalenderjahr entstandenen gesetzl. Mindest- bzw. tarifl. Mehrurlaubsanspruchs,
- die Angabe des Zeitraums, in dem Urlaub gewährt und genommen worden ist und/oder
- die Anzahl der Tage, für die eine Abgeltung gezahlt worden ist[4].

18 **2. Erfüllung des Anspruchs.** Die Bescheinigung ist **schriftlich** zu erteilen. Eine mündliche Auskunft an den ArbN oder den nachfolgenden ArbGeb genügt nicht[5]. Die Urlaubsbescheinigung kann nicht in einem qualifizierten Zeugnis enthalten sein[6]. Str. ist, ob sie in einem einfachen Zeugnis (Arbeitsbescheinigung) erteilt werden kann[7]. Da die Angaben in der Urlaubsbescheinigung nicht identisch sind mit denen im einfachen Zeugnis (es bedarf in der Urlaubsbescheinigung nicht der Darstellung der vom ArbN geleisteten Tätigkeiten), der ArbN die Urlaubsbescheinigung zur Vermeidung von Rechtsnachteilen dem neuen ArbGeb aber auch dann vorlegen wird, wenn dieser keinen Wert auf ein Zeugnis legt, erscheint es richtiger, die Ausstellung der Urlaubsbescheinigung in einer gesonderten Urkunde zu verlangen.

19 Der ArbGeb muss die Bescheinigung am **letzten Tag des Arbeitsverhältnisses** unaufgefordert dem ArbN zur Abholung zur Verfügung stellen. Geschieht dies nicht, wird die Pflicht zur Aushändigung zur Schickschuld[8]. Dem ArbGeb steht hinsichtlich der Urlaubsbescheinigung – wie bei sonstigen Arbeitspapieren – kein **Zurückbehaltungsrecht** zu[9].

20 **3. Gerichtliche Durchsetzung des Anspruchs.** Der ArbN kann eine **Leistungsklage** auf Herstellung und Herausgabe der Bescheinigung erheben. Besteht zwischen den Parteien kein Streit über den Inhalt der Bescheinigung, ist der Antrag hinreichend bestimmt, wenn ohne näheren Daten auf Erteilung der Bescheinigung geklagt wird. Hingegen muss der Antrag den Wortlaut der geforderten Bescheinigung enthalten, wenn gerade deren Inhalt (zB Zahl der geschuldeten oder gewährten Urlaubstage) zwischen den Parteien streitig ist.

21 Die **Vollstreckung** erfolgt nach § 888 ZPO, da der ArbGeb zur Erteilung einer Wissenserklärung und nicht zur Abgabe einer Willenserklärung verurteilt wird[10].

22 Der ArbN kann auch auf **Ergänzung und Berichtigung** klagen, wenn die Bescheinigung unzutreffende Angaben oder überflüssige, die Rechte des ArbN beeinträchtigende Informationen enthält[11].

23 **4. Rechtsposition des neuen Arbeitgebers.** § 6 II verpflichtet den ArbN nicht, die Urlaubsbescheinigung dem neuen ArbGeb vorzulegen[12]. § 6 II begründet daher – anders als im Entgeltfortzahlungsrecht bei Nichtvorlage der Arbeitsunfähigkeitsbescheinigung, § 7 I Ziff. 1 EFZG – auch kein **Leistungsverweige-**

---

1 BAG v. 28.2.1991 – 8 AZR 196/90, AP Nr. 4 zu § 6 BUrlG. | 2 BAG v. 28.2.1991 – 8 AZR 196/90, AP Nr. 4 zu § 6 BUrlG (Aufgabe der früheren Rspr.); *Leinemann/Linck*, § 6 BUrlG Rz. 25 ff. | 3 *Leinemann/Linck*, § 6 BUrlG Rz. 30 mwN. | 4 ErfK/*Dörner*, § 6 BUrlG Rz. 14. | 5 *Leinemann/Linck*, § 6 BUrlG Rz. 39; ErfK/*Dörner*, § 6 BUrlG Rz. 15. | 6 ErfK/*Dörner*, § 6 BUrlG Rz. 15; *Leinemann/Linck*, § 6 BUrlG Rz. 40. | 7 Bejahend ErfK/*Dörner*, § 6 BUrlG Rz. 15; *Neumann/Fenski*, § 6 BUrlG Rz. 17; abl. *Leinemann/Linck*, § 6 BUrlG Rz. 40. | 8 *Leinemann/Linck*, § 6 BUrlG Rz. 42 mwN. | 9 *Leinemann/Linck*, § 6 BUrlG Rz. 43; ErfK/*Dörner*, § 6 BUrlG Rz. 16. | 10 *Leinemann/Linck*, § 6 BUrlG Rz. 45 mwN. | 11 ErfK/*Dörner*, § 6 BUrlG Rz. 17. | 12 *Leinemann/Linck*, § 6 BUrlG Rz. 46; ErfK/*Dörner*, § 6 BUrlG Rz. 18.

rungsrecht des neuen ArbGeb hinsichtlich der Urlaubsansprüche des ArbN, bis er die Urlaubsbescheinigung vorlegt.

Es kann sich allerdings auf die Verteilung der **Darlegungs- und Beweislast** auswirken, wenn der ArbN die Urlaubsbescheinigung nicht vorlegt. Da § 6 I eine rechtshindernde Einwendung ist, hat grds. der ArbGeb vorzutragen und zu beweisen, dass die Voraussetzungen des Ausschlusstatbestandes vorliegen. Den ArbN trifft aber hinsichtlich der Höhe des bereits erhaltenen Urlaubs eine prozessuale Mitwirkungspflicht, die er durch Vorlage der Bescheinigung erfüllen kann[1]. Verweigert der neue ArbGeb gegenüber dem ArbN, der eine Urlaubsbescheinigung nicht vorlegt, die Erfüllung des bei ihm entstehenden Urlaubs mit der Begründung, der ArbN habe bereits den vollen Urlaub für das Kalenderjahr erhalten, und legt der ArbN die Urlaubsbescheinigung auch im Rechtsstreit nicht vor, kann das unter dem Gesichtspunkt des Verbots der Beweisvereitelung nach § 286 ZPO gewürdigt werden[2]. Dies setzt freilich voraus, dass der ArbN eine Urlaubsbescheinigung erhalten hat; hierfür trägt der neue ArbGeb die Beweislast. Eine die Umkehr der Beweislast rechtfertigende Vermutung, ArbGeb würden immer ordnungsgemäß Urlaubsbescheinigungen erteilen, kann nicht aufgestellt werden. 24

7 *Zeitpunkt, Übertragbarkeit und Abgeltung des Urlaubs*

(1) Bei der zeitlichen Festlegung des Urlaubs sind die Urlaubswünsche des Arbeitnehmers zu berücksichtigen, es sei denn, dass ihrer Berücksichtigung dringende betriebliche Belange oder Urlaubswünsche anderer Arbeitnehmer, die unter sozialen Gesichtspunkten den Vorrang verdienen, entgegenstehen. Der Urlaub ist zu gewähren, wenn der Arbeitnehmer dies im Anschluss an eine Maßnahme der medizinischen Vorsorge oder Rehabilitation verlangt.

(2) Der Urlaub ist zusammenhängend zu gewähren, es sei denn, dass dringende betriebliche oder in der Person des Arbeitnehmers liegende Gründe eine Teilung des Urlaubs erforderlich machen. Kann der Urlaub aus diesen Gründen nicht zusammenhängend gewährt werden, und hat der Arbeitnehmer Anspruch auf Urlaub von mehr als zwölf Werktagen, so muss einer der Urlaubsteile mindestens zwölf aufeinander folgende Werktage umfassen.

(3) Der Urlaub muss im laufenden Kalenderjahr gewährt und genommen werden. Eine Übertragung des Urlaubs auf das nächste Kalenderjahr ist nur statthaft, wenn dringende betriebliche oder in der Person des Arbeitnehmers liegende Gründe dies rechtfertigen. Im Fall der Übertragung muss der Urlaub in den ersten drei Monaten des folgenden Kalenderjahres gewährt und genommen werden. Auf Verlangen des Arbeitnehmers ist ein nach § 5 Abs. 1 Buchstabe a entstehender Teilurlaub jedoch auf das nächste Kalenderjahr zu übertragen.

(4) Kann der Urlaub wegen Beendigung des Arbeitsverhältnisses ganz oder teilweise nicht mehr gewährt werden, so ist er abzugelten.

1 ErfK/*Dörner*, § 6 BUrlG Rz. 19. | 2 Nach *Leinemann/Linck*, § 6 BUrlG Rz. 33 geht die Darlegungs- und Beweislast hinsichtlich der beim früheren ArbGeb erhaltenen Urlaubstage in diesem Fall auf den ArbN über.

1 **I. Bedeutung der Vorschrift.** Die Vorschrift enthält für die Anwendung des Urlaubsrechts besonders wichtige **Grundregeln.** In den Abs. 1 und 2 finden sich die Grundsätze zur Erfüllung des Urlaubsanspruchs, in Abs. 3 zu dessen Befristung und Übertragung und in Abs. 4 zur Abgeltung. Insb. die Befristung des Urlaubsanspruchs, Voraussetzungen und Verfahren der Übertragung sowie die Rechtsnatur der Abgeltung sind von großer praktischer Bedeutung und waren häufig Gegenstand der Rspr. des BAG.

2 **II. Erfüllung des Urlaubsanspruchs. 1. Allgemeines.** Der ArbGeb erfüllt den Urlaubsanspruch dadurch, dass er den ArbN von der **Arbeitsleistung freistellt** (s. § 1 Rz. 5). Erfüllung tritt ein, wenn der ArbGeb eine Erklärung abgibt, mit der er den ArbN für eine bestimmte Zeit von der vertraglich geschuldeten Arbeitsleistung befreit (Leistungshandlung), und wenn der ArbN den Urlaub „antritt", also auf Grund der Freistellungserklärung der Arbeit fernbleibt (Leistungserfolg). Der ArbGeb ist daher der Schuldner des Anspruchs, den er durch Abgabe der Freistellungserklärung zu erfüllen hat. Weitere Handlungen des ArbGeb verlangt das Gesetz nicht. Mit der Freistellungserklärung hat er die von ihm geschuldete Handlung vorgenommen[1].

3 **2. Freistellungserklärung. a) Rechtsnatur.** Die Urlaubserteilung ist eine **Willenserklärung**, für die die allgemeinen Grundsätze der §§ 104 ff. BGB, insb. die Bestimmungen über den Zugang, die Auslegung und die Grundsätze der Beweislastverteilung gelten[2].

4 Die Erfüllung des Urlaubsanspruchs kann nur eintreten, wenn aus der Freistellungserklärung **hinreichend deutlich** hervorgeht, dass eine Befreiung von der Arbeitspflicht gerade zur Urlaubserteilung erfolgen soll[3]. Der ArbGeb muss daher zum Ausdruck bringen, dass er als Schuldner des Urlaubsanspruchs die von ihm geschuldete Leistung erbringt und nicht als Gläubiger der Arbeitsleistung auf deren Annahme verzichtet[4]. Denkbar ist ebenfalls, dass der ArbGeb mit der Freistellungserklärung andere Freistellungsansprüche (zB Bildungsurlaub, tarifl. Sonderurlaub[5], Freizeitausgleich wegen Mehrarbeit, in einem gerichtl. Vergleich vereinbarte Freistellung während der Kündigungsfrist[6]) erfüllen will[7].

5 Dieses **Bestimmtheitserfordernis** führt in der Praxis immer wieder zu Schwierigkeiten, wenn ArbGeb ArbN mit Ausspruch einer Kündigung für die Zeit der Kündigungsfrist von der Arbeit freistellen. Allein in der Freistellung von der Arbeit ist auch dann nicht ohne weiteres die Urlaubsgewährung zu sehen, wenn der ArbGeb den ArbN im Kündigungsschreiben (oder in einem Vergleich in der Güteverhandlung des Kündigungsschutzprozesses) unwiderruflich und unter Fortzahlung der Vergütung freistellt[8]. Um eine Erfüllung der Urlaubsansprüche zu bewirken, bedarf es einer besonderen Erklärung des ArbGeb, aus der der ArbN entnehmen muss, dass er unter Anrechnung auf seinen Urlaubsanspruch von seiner Arbeitspflicht befreit ist (zB: „Mit der Freistellung werden etwa noch offene Urlaubsansprüche sowie ggf. ein während der Kündigungsfrist entstehender Teilurlaubsanspruch erfüllt")[9].

6 Auch **sonstige Freistellungserklärungen** (zB Hausverbot, Freistellung einer Schwangeren während eines Beschäftigungsverbots gem. § 3 I MuSchG mit der Begründung, der ArbGeb könne ihr keine andere Tätigkeit anbieten[10], „Suspendierung" oÄ) stellen allein eine Weigerung der Annahme der Arbeitsleistung dar, nicht aber eine Erfüllungshandlung nach § 7 I.

7 Aus den allgemeinen Grundsätzen der Rechtsgeschäftslehre ergibt sich, dass **Schweigen des ArbGeb** auf einen Urlaubsantrag des ArbN regelmäßig nicht als Urlaubserteilung angesehen werden kann[11], mit

1 ErfK/*Dörner*, § 7 BUrlG Rz. 5. | 2 BAG v. 23.1.1996 – 9 AZR 554/93, AP Nr. 10 zu § 5 BUrlG. | 3 BAG v. 18.12.1986 – 8 AZR 481/84, AP Nr. 19 zu § 11 BUrlG; v. 9.6.1998 – 9 AZR 43/97, AP Nr. 23 zu § 7 BUrlG. | 4 BAG v. 25.1.1994 – 9 AZR 312/92, AP Nr. 16 zu § 7 BUrlG; *Leinemann/Linck*, § 7 BUrlG Rz. 5. | 5 BAG v. 1.10.1991 – 9 AZR 290/90, AP Nr. 12 zu § 7 BUrlG. | 6 BAG v. 31.5.1990 – 8 AZR 132/89, AP Nr. 13 zu § 13 BUrlG – Unabdingbarkeit. | 7 ErfK/*Dörner*, § 7 BUrlG Rz. 8. | 8 *Leinemann/Linck*, § 7 BUrlG Rz. 10. | 9 BAG v. 18.12.1986 – 8 AZR 481/84, AP Nr. 19 zu § 11 BUrlG; *Leinemann/Linck*, § 7 BUrlG Rz. 10. | 10 BAG v. 25.1.1994 – 9 AZR 312/92, AP Nr. 16 zu § 7 BUrlG. | 11 BAG v. 24.9.1996 – 9 AZR 364/95, AP Nr. 16 zu § 7 BUrlG.

der Folge, dass der ArbN, der den angemeldeten Urlaub antritt, in kündigungsrechtl. relevanter Weise seine Hauptpflicht verletzt. Die Anmeldung des Urlaubswunsches in einer vom ArbGeb herumgegebenen Urlaubsliste oder das Ausfüllen eines formularmäßigen Urlaubsantrags stellen daher grds. auch dann keine Urlaubserteilung dar, wenn der ArbGeb nicht innerhalb einer bestimmten Frist reagiert[1]. Nur ausnahmsw. kann dem Schweigen des ArbGeb rechtsgeschäftl. Erklärungswert dahingehend beigemessen werden, dass im Betrieb üblicherweise der beantragte – zB in eine Urlaubsliste eingetragene – Urlaub als „genehmigt" gilt, wenn der ArbGeb dem Urlaubsantrag nicht widerspricht[2].

Die Freistellungserklärung kann vom ArbGeb nicht wirksam mit einem **Vorbehalt** oder einer ähnlichen Einschränkung versehen werden. Zwar kann eine Leistung unter Vorbehalt eine ordnungsgemäße Erfüllung sein, wenn der Schuldner lediglich die Wirkung des § 814 BGB ausschließen und sich Bereicherungsansprüche offen halten will, soweit nachträglich das Nichtbestehen einer Forderung auf die erbrachte Leistung festgestellt wird. Ein solcher Vorbehalt bei der Urlaubserteilung scheitert daran, dass die tatsächliche Freistellung von der Arbeitspflicht nicht rückabgewickelt werden und daher einem Anspruch nach § 812 I BGB nicht unterliegen kann[3]. Hat der ArbGeb die Freistellungserklärung mit einem Widerrufsvorbehalt versehen, ist eine zur Erfüllung des Urlaubsanspruchs geeignete Befreiungserklärung nicht gegeben. Die Unwiderruflichkeit ist Voraussetzung einer wirksamen Urlaubserteilung[4]. 8

Eine einseitige „**Umwidmung**" der gewährten Freistellung (zB Sonderurlaub in Erholungsurlaub) ist rechtl. nicht möglich. Hat der ArbGeb als Schuldner des Urlaubsanspruchs seine Erfüllungshandlung erbracht, ist ihm verwehrt, später die Anspruchsgrundlagen für die getilgte Leistung mit einem anderen vom Gläubiger nicht geforderten Anspruch auszutauschen. Die Tilgungsbestimmung hat bei der Leistung und nicht nach der Leistung zu erfolgen (§ 366 I BGB)[5]. 9

b) Zugang. Für die Urlaubsgewährung bedarf es des Zugangs der Freistellungserklärung (§ 130 BGB)[6]. Dies kann bedeutsam werden, wenn der ArbGeb gegenüber einer größeren Anzahl von ArbN gleichförmig (zB durch Erklärung auf einer Betriebsversammlung oder Aushang am schwarzen Brett) Urlaub erteilt, einzelne ArbN aber davon keine Kenntnis erlangen. 10

c) Zeitpunkt. Da der Urlaubsanspruch auf das Urlaubsjahr bezogen ist, kommt zur Erfüllung nur eine Urlaubsgewährung in Betracht, die im Urlaubsjahr oder im Übertragungsfall im gesetzlich oder tarifvertraglich zugelassenen Übertragungszeitraum zu einer Befreiung von der Arbeitspflicht führt. Denn Urlaubsgewährung ist nach § 7 I die Befreiung von der Arbeitspflicht für einen bestimmten **zukünftigen Zeitraum**. Da der Urlaubsanspruch nach erfüllter Wartezeit jeweils mit Beginn des Urlaubsjahres entsteht, ist eine Erfüllung außerhalb des Urlaubsjahres mit Ausnahme des auf das Folgejahr zulässigerweise übertragenen Urlaubs ausgeschlossen. So wenig wie eine Urlaubsgewährung im laufenden Jahr im Vorgriff auf das nächste Urlaubsjahr zulässig ist, kann zuviel gewährter Urlaub des Vorjahres auf den Urlaubsanspruch des nächsten Jahres angerechnet werden[7]. Unzulässig ist es – entgegen einer weit verbreiteten Übung – daher, **unentschuldigte Fehltage mit dem Urlaub zu „verrechnen"**. Denn die Freistellungserklärung kann nicht nach der Leistung erfolgen[8]. Die Freistellungserklärung kann jedoch bereits abgegeben werden, **bevor der Urlaub** entstanden und fällig geworden ist, falls der Erfolg erst nach Entstehung des Anspruchs eintreten soll (Urlaubserteilung im Dezember für die Zeit ab dem 7.1. des Folgejahres)[9]. 11

d) Leistungsbestimmung. Kann der ArbN tarifl. und/oder arbeitsvertragl. **Mehrurlaub** verlangen oder stehen ihm neben dem Urlaub weitere Freistellungsansprüche zu (zB Sonderurlaub, Überstundenausgleich), stellt sich uU die Frage, welche dieser Ansprüche der ArbGeb erfüllen will bzw. erfüllt hat. 12

Als Schuldner des Urlaubsanspruchs obliegt es dem ArbGeb nach § 7 I, auf Antrag des ArbN den **Urlaubszeitraum** festzulegen. Kommen für die vom ArbN begehrte Freistellung von der Arbeitspflicht unterschiedliche Urlaubsansprüche in Betracht, hat der ArbGeb nicht nur zu entscheiden, ob er dem Freistellungsantrag entspricht, sondern auch zu bestimmen, welchen Anspruch des ArbN er erfüllen will[10]. 13

Nimmt der ArbGeb keine Leistungsbestimmung vor, ist die **Auslegungsregel des § 366 II BGB** anzuwenden, wenn es um unterschiedliche Freistellungsansprüche (Erholungsurlaub, Sonderurlaub, Überstundenausgleich) geht. Hingegen kann auf § 366 II BGB nicht unmittelbar zurückgegriffen werden, wenn es nicht um unterschiedliche Forderungen, sondern um einen einheitlichen Urlaubsanspruch geht, der aus einem gesetzl. und einem tarifl. und/oder arbeitsvertragl. Teil besteht[11]. Mangels anderer Anhaltspunkte ist aber der Rechtsgedanke des § 366 II BGB entsprechend heranzuziehen. Es ist daher 14

---

1 BAG v. 24.9.1996 – 9 AZR 364/95, AP Nr. 16 zu § 7 BUrlG. | 2 ErfK/*Dörner*, § 7 BUrlG Rz. 10; *Leinemann/Linck*, § 7 BUrlG Rz. 17. | 3 BAG v. 1.10.1991 – 9 AZR 290/90, AP Nr. 12 zu § 7 BUrlG. | 4 BAG v. 14.3.2006 – 9 AZR 11/05, AP Nr. 32 zu § 7 BUrlG. | 5 BAG v. 1.10.1991 – 9 AZR 290/90, AP Nr. 12 zu § 7 BUrlG. | 6 BAG v. 23.1.1996 – 9 AZR 554/93, AP Nr. 10 zu § 5 BUrlG. | 7 BAG v. 11.7.2006 – 9 AZR 535/05, nv. | 8 BAG v. 25.10.1994 – 9 AZR 339/93, AP Nr. 20 zu § 7 BUrlG. | 9 BAG v. 23.1.1996 – 9 AZR 554/93, AP Nr. 10 zu § 5 BUrlG. | 10 BAG v. 1.10.1991 – 9 AZR 290/90, AP Nr. 12 zu § 7 BUrlG. | 11 *Leinemann/Linck*, § 7 BUrlG Rz. 15.

im Regelfall davon auszugehen, dass der ArbGeb zunächst den Teil des Anspruchs erfüllt hat, der unabdingbar ist. Das bedeutet, dass idR zuerst der gesetzl., dann der tarifl. und schließlich der arbeitsvertragl. Teil des Urlaubsanspruchs erfüllt wird[1].

15 **3. Leistungserfolg/Erfüllbarkeit.** Der Leistungs-(Erfüllungs-)Erfolg tritt ein, wenn der ArbN auf Grund der Freistellungserklärung der **Arbeit fernbleibt**. Der Leistungserfolg kann jedoch nicht eintreten, wenn der ArbN zum Zeitpunkt des geplanten Urlaubsbeginns bereits aus anderen Gründen, die nach der Gewährung des Urlaubs entstanden sind, von der Arbeitspflicht befreit ist. Denn aus dem Verständnis des Urlaubsanspruchs als Freistellungsanspruch ergibt sich, dass Erfüllung nur möglich ist, wenn der ArbN ohne die Urlaubsgewährung arbeiten müsste. Ist er bereits aus anderen Gründen an der Arbeitsleistung gehindert bzw. von ihr befreit, ist eine Urlaubserteilung unmöglich iSd. § 275 I BGB (s. Rz. 139)[2]. In Betracht kommen: Arbeitsunfähigkeit (s. § 9)[3], Beschäftigungsverbot nach dem MuSchG[4], Gewährung einer Freischicht oder eines freien Tages im Rahmen flexibler oder rollierender Arbeitszeitmodelle[5], Kurzarbeit null[6], Streikteilnahme (s. § 1 Rz. 28 ff.) oÄ. Nach § 38 BetrVG freigestellten Betriebsräten kann Urlaub gewährt werden. Die Befreiung von der Pflicht zur Arbeitsleistung wird bei ihnen durch die Befreiung von der Pflicht ersetzt, sich innerhalb der betriebsüblichen Arbeitszeit den Aufgaben eines BR zu widmen. Da niemand wegen seines betriebsverfassungsrechtl. Amtes besser oder schlechter gestellt werden darf (§ 78 S. 2 BetrVG), ist ein freigestelltes BR-Mitglied urlaubsrechtlich so zu behandeln, als ob es nicht freigestellt worden wäre[7]. Zur Frage der Nachgewährung bzw. eines Schadensersatzanspruchs s. Rz. 139 ff.

16 **4. Selbstbeurlaubung.** Nimmt der ArbN **eigenmächtig** Urlaub, fehlt es an einer Leistungshandlung des ArbGeb. Deshalb erlischt durch eine Selbstbeurlaubung nicht der Urlaubsanspruch. Der ArbGeb ist nicht berechtigt, die Fehlzeit – ebenso wenig wie einen unentschuldigten Fehltag – nachträglich als gewährten Erholungsurlaub zu bezeichnen und die Erfüllung des vollen Jahresurlaubs zu verweigern. Es kann auch nicht nachträglich die Erfüllung des gesetzl. oder tarifl. Urlaubsanspruchs vereinbart werden, da Urlaubsgewährung die Befreiung von der Arbeitspflicht für einen bestimmten zukünftigen Zeitraum ist[8]. Eine solche „Anrechnungsvereinbarung" stellt sich demnach als Verzicht des ArbN auf die Urlaubsgewährung dar, die hinsichtlich des gesetzl. Mindesturlaubs gem. § 13 I BUrlG und des tarifl. Mehrurlaubs nach § 4 IV TVG unwirksam ist. Allein auf einen arbeitsvertragl. Mehrurlaubsanspruch kann wirksam verzichtet werden. Der ArbN kann daher weiterhin Urlaub – nach Beendigung des Arbeitsverhältnisses Abgeltung – verlangen.

17 Da durch die Selbstbeurlaubung der Urlaubsanspruch nicht erfüllt wird, steht dem ArbN für diesen Zeitraum **kein Urlaubsentgelt** zu. Mangels Arbeitsleistung schuldet der ArbGeb auch kein Arbeitsentgelt, § 326 I BGB; bereits gezahlte Vergütung kann bei Zahlung vor der Selbstbeurlaubung gem. § 326 IV iVm. § 346 bzw. – bei Zahlung danach – gem. § 812 I BGB zurückgefordert werden[9].

18 Die Selbstbeurlaubung des ArbN ist unzulässig und grds. als **Kündigungsgrund** geeignet[10]. Das gilt auch, wenn das Urlaubsjahr abläuft, das Ende des Übertragungszeitraums bevorsteht oder das Arbeitsverhältnis gekündigt ist und nur noch die Dauer der Kündigungsfrist für eine Urlaubsgewährung zur Verfügung steht[11]. Der ArbN kann sich auch in diesen Fällen nicht auf die Vorschriften des Selbsthilferechts nach §§ 229 ff. BGB und des Zurückbehaltungsrechts nach § 273 BGB berufen, da § 7 I und II als Spezialregelung anzusehen sind[12]. Daneben kann sich der ArbN aus §§ 275 I, 280 I, 283 BGB schadensersatzpflichtig machen.

19 **5. Zeitliche Festlegung des Urlaubs. a) Allgemeines.** Der ArbGeb hat den Zeitpunkt des Urlaubs nach Maßgabe des § 7 I und II festzulegen. Hierbei steht dem ArbGeb **kein Leistungsbestimmungsrecht** nach § 315 BGB oder Direktionsrecht zu. Denn ein Leistungsbestimmungs- oder Weisungsrecht kann der ArbGeb als Gläubiger der Arbeitsleistung ausüben, wogegen er hinsichtlich des Urlaubsanspruchs Schuldner ist[13].

20 Maßgeblich für die zeitliche Festlegung ist nach § 7 I 1 zunächst der **Urlaubswunsch** des ArbN; nur unter den Voraussetzungen des § 7 I 1 Hs. 2 kann der ArbGeb sich dem Wunsch des ArbN verweigern. Dem ArbGeb steht hierbei kein Ermessen oder Beurteilungsspielraum zu.

---

1 Im Ergebnis ebenso *Leinemann/Linck*, § 7 BUrlG Rz. 15; diese Regel wendet auch das BAG (v. 12.1.1989 – 8 AZR 404/87, AP Nr. 13 zu § 47 BAT; v. 24.11.1992 – 9 AZR 564/91, AP Nr. 34 zu § 11 BUrlG; v. 22.1.2002 – 9 AZR 601/00, DB 2002, 1835) an, ohne § 366 BGB zu erwähnen. | 2 BAG v. 10.2.1987 – 8 AZR 529/84, AP Nr. 12 zu § 13 BUrlG – Unabdingbarkeit. | 3 BAG v. 10.2.1987 – 8 AZR 529/84, AP Nr. 12 zu § 13 BUrlG – Unabdingbarkeit. | 4 BAG v. 9.8.1994 – 9 AZR 384/92, AP Nr. 19 zu § 7 BUrlG. | 5 BAG v. 5.6.1993 – 9 AZR 65/90, AP Nr. 3 zu § 1 BildungsurlaubsG NRW. | 6 ErfK/*Dörner*, § 11 BUrlG Rz. 38. | 7 BAG v. 20.8.2002 – 9 AZR 261/01, AP Nr. 27 zu § 38 BetrVG 1972. | 8 BAG v. 25.10.1994 – 9 AZR 339/93, AP Nr. 20 zu § 7 BUrlG. | 9 MüKoBGB/*Ernst*, § 326 Rz. 99. | 10 BAG v. 20.1.1994 – 2 AZR 521/93, AP Nr. 115 zu § 626 BGB; v. 31.1.1996 – 2 AZR 282/95, nv.; KR/*Etzel*, § 1 KSchG Rz. 462 mwN. | 11 BAG v. 20.1.1994 – 2 AZR 521/93, AP Nr. 115 zu § 626 BGB; ErfK/*Dörner*, § 7 BUrlG Rz. 12. | 12 ErfK/*Dörner*, § 7 BUrlG Rz. 12; *Leinemann/Linck*, § 7 BUrlG Rz. 22 ff. | 13 BAG v. 18.12.1986 – 8 AZR 502/84, AP Nr. 10 zu § 7 BUrlG; v. 31.1.1996 – 2 AZR 282/95, EzA § 1 KSchG – Verhaltensbedingte Kündigung Nr. 47; ErfK/*Dörner*, § 7 BUrlG Rz. 15; *Leinemann/Linck*, § 7 BUrlG Rz. 28 ff. mwN.

Mit der Festsetzung der Arbeitsbefreiung zum Zwecke des Erholungsurlaubs nimmt der ArbGeb die ihm als Schuldner obliegende erforderliche **Leistungshandlung** iSd. § 243 II BGB vor; geschieht dies unter Beachtung der in Abs. 1 und 2 geregelten Grundsätze, konkretisiert sich der Urlaubsanspruch des ArbN auf diesen Zeitraum mit der Folge, dass der ArbN Änderungswünsche nicht mehr geltend machen und den gewährten Urlaub nicht „zurückgeben" kann. Weiterhin bewirkt die Konkretisierung, dass nach Erteilung des Urlaubs eintretende Leistungshindernisse keinen Anspruch auf Neufestlegung des Urlaubs auslösen, wenn nicht die Voraussetzungen des § 9 erfüllt sind. 21

b) Urlaubswunsch des Arbeitnehmers. Die Äußerung des Urlaubswunsches geschieht üblicherweise durch Eintragung in eine zu Beginn des Jahres umlaufende **Urlaubsliste** oder durch das Stellen von „Urlaubsanträgen". Beantragt der ArbN keinen Urlaub, so darf der ArbGeb den Urlaubszeitraum zunächst **selbst bestimmen**. Die Erklärung stellt im Grundsatz eine ordnungsgemäße Erfüllung der Schuld dar. Ein „Urlaubsantrag" oder die Äußerung eines Urlaubswunsches ist nicht Voraussetzung für die Erfüllung des Urlaubsanspruchs[1]. Akzeptiert der ArbN die Leistungshandlung des ArbGeb und geht er daraufhin in Urlaub, so ist der Anspruch erfüllt[2]. Andererseits ist der ArbGeb nicht verpflichtet, dem ArbN, der keinen Urlaubsanspruch geltend macht, Urlaub zu erteilen; der ArbGeb darf das Erlöschen des Urlaubsanspruchs durch Zeitablauf (s. Rz. 70) abwarten[3]. 22

Der ArbN verliert aber mit seinem **Schweigen** nicht das Recht, auch noch nach der ihm nicht genehmen Festlegung durch den ArbGeb seine Wünsche zu äußern; er kann hinsichtlich der Urlaubserteilung für den vom ArbGeb bestimmten Zeitpunkt ein **Annahmeverweigerungsrecht** geltend machen[4]. Dies ergibt sich aus den Rechtsgedanken der §§ 293 ff. BGB[5]. Danach gerät der Gläubiger nicht in Annahmeverzug, wenn der Schuldner die Leistung nicht so anbietet, wie sie geschuldet ist. Nach § 7 I 1 nimmt der ArbGeb seine Leistungshandlung nur dann ordnungsgemäß vor, wenn er den Urlaub nach den Wünschen des ArbN festlegt. 23

Der ArbN ist mit seinem **nachträglich geäußerten Urlaubswunsch** so frei wie am Beginn des Urlaubsjahres. Er muss keinen wichtigen, sachlichen oder in seiner Person liegenden Grund (§ 7 III 2) geltend machen[6]. Der Vorrang des Urlaubswunsches in § 7 I 1 ist nach dem klaren Gesetzeswortlaut nicht darauf beschränkt, dass der ArbN den Urlaubsantrag stellt, bevor der ArbGeb den Urlaubszeitraum festlegt. Der ArbGeb kann auch den nachträglichen Urlaubswunsch nur ablehnen, wenn die Voraussetzungen des Leistungsverweigerungsrechts gem. § 7 I 1 Hs. 2 vorliegen. Ist dies der Fall, so muss sich der ArbN entscheiden, ob er sein Annahmeverweigerungsrecht aufgibt und den zuerst angebotenen Urlaub des ArbGeb annimmt oder ob er seinen Urlaubswunsch für einem dritten Zeitpunkt rechtzeitig vor dem Ende des Urlaubsjahrs anmelden will[7]. 24

Zur Urlaubserteilung in der Kündigungsfrist s. Rz. 36. 25

c) Leistungsverweigerungsrecht des Arbeitgebers. § 7 I 1 Hs. 2 und II 1 regeln abschließend die Gründe, die eine **Ablehnung des Urlaubswunsches** durch den ArbGeb rechtfertigen können. Danach kann der ArbGeb dringende betriebl. Belange, vorrangige Urlaubswünsche anderer ArbN oder den gesetzl. Vorrang des zusammenhängenden Urlaubs (§ 7 II 1) geltend machen. Hierbei handelt es sich um Leistungsverweigerungsrechte des ArbGeb als Schuldner des Urlaubsanspruchs[8]. Solange der ArbGeb hiervon zu Recht Gebrauch macht, ist der Urlaubsanspruch nicht durchsetzbar; der ArbGeb gerät mit der Urlaubsgewährung nicht in Verzug[9]. Das Leistungsverweigerungsrecht kann bis zum Ablauf des Urlaubsjahres ausgeübt werden; erst im Übertragungszeitraum besteht kein Leistungsverweigerungsrecht mehr, § 7 III 3. Macht der ArbGeb von seinem Leistungsverweigerungsrecht Gebrauch, so ist der vom ArbN genannte Urlaubswunsch hinfällig. Der ArbGeb ist frei, einen anderen Urlaubszeitraum festzulegen, der ArbN ist frei, einen anderen Wunsch zu äußern. 26

Dringende betriebliche Belange liegen nicht bereits dann vor, wenn **personelle Engpässe** oder sonstige Störungen des Betriebsablaufs zu besorgen sind. Dem ArbGeb ist zuzumuten, die regelmäßig durch Urlaub zu erwartenden Engpässe einzukalkulieren und dementsprechend Personal vorzuhalten. Dringend sind daher betriebl. Belange nur dann, wenn **nicht vorhersehbare Umstände** (zB Krankheit) zu Personalmangel führen und dem ArbGeb eine zusätzliche Belastung durch urlaubsbedingte Ausfälle nicht zugemutet werden kann. Anzuerkennen sind auch besondere Gegebenheiten beim ArbGeb (zB Saisonarbeit), die einer Urlaubserteilung zuzeiten besonderer Personalknappheit entgegenstehen[10]. Auch sonstige Eigenarten der Branche (zB besonders verkaufsstarke Zeiten im Einzelhandel, Vorle-

---

1 BAG v. 22.9.1992 – 9 AZR 483/91, AP Nr. 13 zu § 7 BUrlG; *Leinemann/Linck*, § 7 BUrlG Rz. 34. | 2 BAG v. 23.1.2001 – 9 AZR 26/00, AP Nr. 93 zu § 615 BGB; ErfK/*Dörner*, § 7 BUrlG Rz. 16. | 3 BAG v. 23.6.1992 – 9 AZR 57/91, AP Nr. 22 zu § 1 BUrlG. | 4 ErfK/*Dörner*, § 7 BUrlG Rz. 17; *Leinemann/Linck*, § 7 BUrlG Rz. 52 beschränken das Annahmeverweigerungsrecht auf Gründe in der Person des ArbN gem. § 7 III 2; ohne diese Einschränkung BAG v. 23.1.2001 – 9 AZR 26/00, AP Nr. 93 zu § 615 BGB. | 5 ErfK/*Dörner*, § 7 BUrlG Rz. 18. | 6 ErfK/*Dörner*, § 7 BUrlG Rz. 19; aA *Leinemann/Linck*, § 7 BUrlG Rz. 52. | 7 ErfK/*Dörner*, § 7 BUrlG Rz. 19. | 8 BAG v. 18.12.1986 – 8 AZR 502/84, AP Nr. 10 zu § 7 BUrlG. | 9 *Leinemann/Linck*, § 7 BUrlG Rz. 37. | 10 ErfK/*Dörner*, § 7 BUrlG Rz. 23 f.; *Leinemann/Linck*, § 7 BUrlG Rz. 38 ff.

sungs- bzw. Unterrichtszeiten in Bildungseinrichtungen, Zeiten besonders starker Inanspruchnahme im Gesundheitswesen – Grippeepidemie[1]) können ein Leistungsverweigerungsrecht begründen.

28 **Betriebsurlaub** kann abweichenden individuellen Urlaubswünschen entgegenstehen, soweit die Anordnung des Betriebsurlaubs selbst betriebsnotwendig ist. Nach Auffassung des 1. Senats des BAG ist eine mitbestimmte BV über Betriebsferien hierfür grds. ausreichend. Die Einführung von Betriebsferien ist danach nicht nur dann zulässig, wenn dafür dringende betriebl. Belange sprechen, vielmehr begründen rechtswirksam eingeführte Betriebsferien solche Belange, hinter denen nach § 7 I die individuellen Urlaubswünsche der ArbN zurückstehen müssen[2]. Ob dies auch in betriebsratslosen Betrieben gilt, ist sehr zweifelhaft. Wegen der zu unterstellenden Verhandlungsparität der Betriebsparteien bzw. der Unparteilichkeit eines Einigungsstellenvorsitzenden spricht bei einer mitbestimmten, normativ wirkenden BV über Betriebsferien die Vermutung dafür, dass betriebliche Notwendigkeiten den Betriebsurlaub rechtfertigen. Diese Vermutung kann für vom ArbGeb einseitig angeordnete Betriebsferien nicht gelten. Als Faustregel gilt, dass mindestens die Hälfte des Gesamturlaubs zur freien Verfügung stehen muss.

29 Allerdings liegen dringende betriebliche Belange nicht erst dann vor, wenn dem ArbGeb durch die Urlaubserteilung im gewünschten Zeitraum ein **Schaden** entstehen würde[3].

30 **Urlaubswünsche eines anderen ArbN** stehen einem Urlaubswunsch nur entgegen, wenn der ArbGeb wegen dringender betriebl. Belange nicht beiden ArbN gleichzeitig Urlaub erteilen kann (hierfür gelten die eben dargestellten Grundsätze) und die Wünsche des anderen aus sozialen Gründen den Vorrang haben. Der Begriff „soziale Gründe" ist nicht identisch mit § 1 III KSchG; die Betriebszugehörigkeit ist daher bei der Urlaubserteilung grds. unbeachtlich[4]. Soziale Gesichtspunkte können sich insb. aus familiären Umständen (Schulkinder, Urlaub des Partners) ergeben, aber auch aus einem besonderen Erholungsbedürfnis zu einem bestimmten Zeitpunkt (zB aus gesundheitl. Erwägungen).

31 Zu den **„sozialen Gründen"** können auch allgemeine Gerechtigkeitserwägungen und der Gleichbehandlungsgrundsatz gehören. So kann ein allein stehender oder kinderloser ArbN geltend machen, nicht immer im November in den Urlaub gehen zu müssen, insb. wenn Fernreisen in die südliche Hemisphäre aus finanziellen Gründen nicht in Betracht kommen. Der Urlaub in den Sommerferien ist daher nicht generell Eltern mit Schulkindern vorbehalten.

32 Der ArbGeb darf bestimmte soziale Kriterien nicht schematisch anwenden; er hat auch keinen **Beurteilungsspielraum**, denn anders als bei § 1 III KSchG sind soziale Gesichtspunkte bei der Urlaubserteilung nicht nur „ausreichend", sondern objektiv richtig zu berücksichtigen.

33 Die sich hieraus ergebenden Risiken für den ArbGeb bei der Urlaubserteilung können durch eine **mitbestimmte Urlaubsregelung** verringert werden. Nicht nur die kollektive Verteilung des Urlaubs auf das Urlaubsjahr, insb. die Aufstellung allgemeiner Urlaubsgrundsätze, die Aufstellung eines Urlaubsplans und die Einführung eines Betriebsurlaubs, sondern auch die Festsetzung der zeitlichen Lage des Urlaubs für einzelne ArbN, wenn zwischen dem ArbGeb und den beteiligten ArbN kein Einverständnis erzielt wird, unterliegt der Mitbest. des BR, § 87 I Nr. 5 BetrVG. Zwar sind auch die Betriebsparteien an die Grundsätze des § 7 I gebunden; trotz einer für den ArbN ungünstigen Einigung der Betriebspartner bzw. eines ungünstigen Einigungsstellenspruchs kann deshalb der ArbN auf Erteilung des Urlaubs für einen bestimmten Zeitraum unter Berufung auf § 7 I im Urteilsverfahren klagen[5]. Jedoch dürfte in der arbeitsgerichtl. Praxis für eine mitbestimmte Urlaubsregelung auch im Einzelfall die Vermutung der Richtigkeit sprechen.

34 Aus § 7 II ergibt sich mittelbar das Recht des ArbGeb, die Gewährung des Urlaubs nach den Wünschen des ArbN zu verweigern, wenn der Grundsatz der **zusammenhängenden Urlaubsgewährung** missachtet würde[6]. Der ArbGeb kann ein eigenes Interesse an zusammenhängender Urlaubsgewährung haben, weil eine Urlaubserteilung, die nicht den Grundsätzen des § 7 II 1 entspricht, keine ordnungsgemäße Erfüllung des Urlaubsanspruchs ist[7].

35 **d) Urlaub im Anschluss an medizinische Rehabilitation (Abs. 1 S. 2).** Begehrt der ArbN im Anschluss an eine Maßnahme der medizinischen Vorsorge oder Rehabilitation (s. § 10) Erholungsurlaub, so steht dem ArbGeb nach Abs. 1 S. 2 **kein Leistungsverweigerungsrecht** zu[8]. Damit erschöpft sich der Regelungsgehalt dieser Vorschrift. Insb. begründet Abs. 1 S. 2 keinen besonderen Urlaubsanspruch und hebt auch nicht die Befristung des Urlaubs gem. § 7 III auf[9]. Der ArbN kann also nur dann Urlaub im Anschluss an eine derartige Maßnahme verlangen, wenn er zu diesem Zeitpunkt noch einen erfüllbaren Urlaubsanspruch hat. Der ArbGeb muss den noch bestehenden Urlaub im **unmittelbaren Anschluss** an die Maßnahme gewähren, wenn der ArbN das wünscht. Eine Selbstbeurlaubung kommt auch dann

---

1 ErfK/*Dörner*, § 7 BUrlG Rz. 24. | 2 BAG v. 28.7.1981 – 1 ABR 79/79, AP Nr. 2 zu § 87 BetrVG 1972 – Urlaub. | 3 ErfK/*Dörner*, § 7 BUrlG Rz. 23; *Leinemann/Linck*, § 7 BUrlG Rz. 38. | 4 ErfK/*Dörner*, § 7 BUrlG Rz. 25 f.; *Leinemann/Linck*, § 7 BUrlG Rz. 43 ff. | 5 ErfK/*Kania*, § 87 BetrVG Rz. 46. | 6 ErfK/*Dörner*, § 7 BUrlG Rz. 27. | 7 ErfK/*Dörner*, § 7 BUrlG Rz. 40. | 8 ErfK/*Dörner*, § 7 BUrlG Rz. 31; *Leinemann/Linck*, § 7 BUrlG Rz. 48. | 9 ErfK/*Dörner*, § 7 BUrlG Rz. 30.

nicht in Betracht, wenn der ArbGeb den Urlaub zu Unrecht verweigert[1]; allerdings dürfte ein Antrag auf Erlass einer einstw. Verfügung in diesen Fällen regelmäßig Erfolg haben.

e) **Urlaubserteilung im Kündigungsfall.** Ist der Urlaubszeitpunkt bereits vor Beendigung des Arbeitsverhältnisses auf einen Zeitpunkt nach Ablauf der Kündigungsfrist gelegt, ist zu unterscheiden, ob die Kündigung gerichtlich angegriffen wird oder nicht. Steht die **Beendigung fest**, ist die Urlaubserteilung hinfällig, da wegen der Beendigung eine Freistellung nicht mehr erfolgen kann. Der Urlaub ist neu festzulegen für einen Zeitraum innerhalb der Kündigungsfrist oder abzugelten. Erteilt der ArbGeb den Urlaub neu für die Zeit der Kündigungsfrist, kann der ArbN ggf. ein Annahmeverweigerungsrecht (s. Rz. 23) geltend machen, wenn dieser Urlaubszeitpunkt für ihn unzumutbar ist[2]. Es entsteht dann mit Beendigung des Arbeitsverhältnisses ein Abgeltungsanspruch. Allerdings ist zu beachten, dass der ArbN die Annahme regelmäßig nicht verweigern kann, wenn die Kündigungsfrist so kurz bemessen ist, dass der Urlaub nur in dem vom ArbGeb bestimmten Zeitraum gewährt werden kann. Denn der ArbN hat kein Annahmeverweigerungsrecht, um die Urlaubserteilung überhaupt zu verhindern und um in den Genuss einer Abgeltung zu kommen. Insoweit verdrängt der urlaubsrechtl. Grundsatz des Vorrangs der Erfüllung durch Freistellung vor der Abgeltung (§ 7 IV) die Annahmeverweigerungsregelung des BGB, es sei denn, der ArbN kann geltend machen, er habe im Vertrauen auf den Bestand des Arbeitsverhältnisses bereits Dispositionen für einen Urlaub nach Ablauf der Kündigungsfrist getroffen[3]. 36

Wird dagegen ein **Bestandsschutzstreit** geführt, gelten die allgemeinen Grundsätze. Insb. hat der ArbGeb nicht das Recht, den vor Ausspruch der Kündigung für die Zeit nach Ablauf der Kündigungsfrist festgelegten Urlaub in die Kündigungsfrist zu „verlegen". Ein Rechtssatz, wonach eine Kündigung des ArbGeb eine zuvor bereits gewährte Arbeitsbefreiung „hinfällig" macht, besteht nicht[4]. Zu beachten ist aber, dass der Urlaubsanspruch im Falle eines Kündigungsrechtsstreites das Schicksal der Kündigung teilt: 37

Ist die **Kündigung rechtswirksam**, so endet das Arbeitsverhältnis; damit hat sich auch die Freistellung für die Zeit nach Ablauf der Kündigungsfrist erledigt. Freistellungsansprüche, die zu diesem Zeitpunkt nicht erfüllt sind, sind dann ggf. abzugelten, § 7 IV[5]; der Abgeltungsanspruch muss vor seinem Erlöschen gesondert geltend gemacht werden, um Schadensersatzansprüche zu begründen (s. Rz. 145 f.) 38

Erweist sich die **Kündigung** als **rechtsunwirksam**, besteht das Arbeitsverhältnis unverändert fort. Damit steht dem ArbN für die (ursprünglich vorgesehene) Urlaubszeit das Entgelt nach § 11 zu. Bis zum Ende des Freistellungszeitraumes kommen dagegen Annahmeverzugsansprüche nicht in Betracht[6]. 39

Ist der Urlaub nach Erklärung einer fristgerechten Kündigung **noch nicht erteilt**, kann der ArbGeb Urlaub in der Kündigungsfrist erteilen, um Abgeltungsansprüche zu vermeiden. Allerdings kann dem ArbN ein Annahmeverweigerungsrecht zustehen (s. Rz. 36). Erfüllt werden kann auch durch unwiderrufl. Freistellung während der Kündigungsfrist „unter Anrechnung auf den Urlaubsanspruch"[7]. 40

f) **Nachträgliche Änderung des Urlaubszeitraums.** ArbN und ArbGeb sind an den Zeitraum des ordnungsgemäß erteilten Urlaubs **gebunden**; eine einseitige Änderung ist grds. nicht möglich. Denn durch die vom ArbGeb erklärte Freistellung ist eine Konkretisierung des Urlaubsanspruchs auf diesen Zeitraum eingetreten, so dass es einer Vereinbarung der Arbeitsvertragsparteien zur Neubegründung eines Urlaubsanspruchs zu einem anderen Zeitpunkt bedarf. 41

Daher hat der ArbN unter keinem rechtl. Gesichtspunkt einen Anspruch auf **Neuerteilung** des Urlaubs zu einem anderen Zeitpunkt. Der ArbN kann den Urlaub auch nicht „abbrechen" oder „zurückgeben" und seine Arbeit anbieten[8]; der ArbGeb, der ein solches Angebot nicht annimmt, gerät nicht in Annahmeverzug. 42

Entgegen einer in der Praxis weit verbreiteten Auffassung steht dem ArbGeb ein **„Widerrufsrecht"** hinsichtlich des erteilten Urlaubs nicht zu. Nach dem BUrlG besteht kein Anspruch des ArbGeb gegen den ArbN, den gewährten Urlaub abzubrechen oder zu unterbrechen[9]. Hat der ArbGeb die Leistungszeit bestimmt, in der der Urlaubsanspruch des ArbN iSv. § 362 I BGB erfüllt werden soll, und sie dem ArbN auch mitgeteilt, hat er als Schuldner des Urlaubsanspruchs die für die Erfüllung dieses Anspruchs erforderliche Leistungshandlung iSv. § 7 I vorgenommen. An den Inhalt dieser Erklärung ist er gebunden. Insb. kann aus § 242 BGB (Treuepflicht) nicht eine Verpflichtung des ArbN, bei Personalengpässen den Urlaub zu verschieben oder gar den Urlaub zu unterbrechen oder abzubrechen, hergeleitet werden[10]. Ob in **echten Notfällen** etwas anderes gilt, hat der Urlaubssenat des BAG bisher ausdrücklich offen gelassen[11]. Dem ArbGeb dürften die allgemeinen Beseitigungsrechte des BGB (Anfechtung, Anpassung we- 43

1 ErfK/*Dörner*, § 7 BUrlG Rz. 31. | 2 BAG v. 14.8.2007 – 9 AZR 934/06, nv. | 3 ErfK/*Dörner*, § 7 BUrlG Rz. 20. | 4 BAG v. 23.1.2001 – 9 AZR 26/00, AP Nr. 93 zu § 615 BGB. | 5 BAG v. 23.1.2001 – 9 AZR 26/00, AP Nr. 93 zu § 615 BGB. | 6 Vgl. BAG v. 23.1.2001 – 9 AZR 26/00, AP Nr. 93 zu § 615 BGB. | 7 BAG v. 14.8.2007 – 9 AZR 934/06, nv. | 8 *Leinemann/Linck*, § 7 BUrlG Rz. 58. | 9 BAG v. 9.8.1994 – 9 AZR 384/92, AP Nr. 19 zu § 7 BUrlG; v. 20.6.2000 – 9 AZR 405/99, AP Nr. 28 zu § 7 BUrlG; v. 14.3.2006 – 9 AZR 11/05, AP Nr. 32 zu § 7 BUrlG. | 10 BAG v. 20.6.2000 – 9 AZR 405/99, AP Nr. 28 zu § 7 BUrlG. | 11 BAG v. 20.6.2000 – 9 AZR 405/99, AP Nr. 28 zu § 7 BUrlG.

gen Wegfalls der Geschäftsgrundlage [§ 313 BGB], Kondiktion) zur Verfügung stehen, mit deren Hilfe sich auch Notfälle lösen lassen[1].

44 Eine **Vereinbarung**, in der sich der ArbN verpflichtet, den gesetzl. Mindesturlaub im Bedarfsfall abzubrechen, verstößt gegen § 13 I und ist deshalb nichtig[2]. Dem ArbN ist nach § 1 uneingeschränkt zu ermöglichen, an Stelle der geschuldeten Arbeitsleistung die ihm auf Grund des Urlaubsanspruchs zustehende Freizeit selbstbestimmt zu nutzen. Das ist dann nicht gewährleistet, wenn der ArbN trotz der Freistellung ständig damit rechnen muss, zur Arbeit abgerufen zu werden. Hierfür ist unerheblich, ob der Urlaub von vornherein im Einvernehmen mit dem ArbN unter Vorbehalt gewährt wird oder ob er zunächst vorbehaltlos bewilligt wird und sich der ArbN erst zeitlich später – vor Urlaubsantritt – verpflichtet, dem ArbGeb auf dessen Verlangen zur Arbeitsleistung zur Verfügung zu stehen. In beiden Fällen bewirkt das vereinbarte Recht des ArbGeb zum Rückruf des ArbN aus dem Urlaub, dass der ArbN für die Dauer der Freistellung entgegen § 1 nicht uneingeschränkt von seiner Arbeitspflicht befreit wird[3].

45 **6. Zusammenhängende Urlaubsgewährung** (Abs. 2). a) **Inhalt und Zweck.** Der Erholungsurlaub soll den **gesundheitspolitischen Zweck** erfüllen, dem ArbN die Wiederherstellung und Auffrischung der Arbeitskraft zu ermöglichen[4]. Der Vorschrift des Abs. 2 liegt weiterhin die medizinische Erkenntnis zugrunde, dass dem Erholungszweck nur bei einem möglichst zusammenhängenden Urlaub Rechnung getragen werden kann.

46 Zusammenhängend ist nicht nur der **Vollurlaub**, sondern auch ein **Teilurlaub** nach § 5 I zu erteilen[5]. Hingegen bezieht sich Abs. 2 nicht auf übertragenen Urlaub des Vorjahres; eine Verbindung mit dem im laufenden Jahr entstandenen Urlaubsanspruch kann der ArbN nicht verlangen[6].

47 Wird der Urlaub entgegen Abs. 2 in kleineren Einheiten gewährt, steht dem ArbN ein **Annahmeverweigerungsrecht** zu. Selbst wenn der ArbN der Aufspaltung des Urlaubs nicht widerspricht, wird der Urlaubsanspruch des ArbN nicht ordnungsgemäß erfüllt. Er könnte noch einmal verlangt werden[7].

48 Abs. 2 verbietet auch – entgegen einer weit verbreiteten Praxis – die Gewährung von **Bruchteilen eines Urlaubstags**, soweit sie sich nicht nach der Umrechnung bei einer vom Gesetz abweichenden Verteilung der Arbeitszeit ergeben (s. § 5 Rz. 34). Die Arbeitsbefreiung für halbe Tage oder einige Stunden ist keine Erfüllung des gesetzl. Urlaubs. Darüber können die Arbeitsvertragsparteien auch keine Vereinbarung treffen[8].

49 **b) Leistungsverweigerungsrecht des Arbeitgebers.** Gegenüber dem Anspruch des ArbN auf ungeteilten Urlaub des laufenden Urlaubsjahrs in voller Höhe steht dem ArbGeb ein Leistungsverweigerungsrecht aus betriebl. oder in der Person des ArbN liegenden Gründen zu, Abs. 2 S. 1 Hs. 1. Hinsichtlich der betriebl. Gründe gelten die Erläuterungen zu § 7 I (Rz. 26 ff.) entsprechend; für die persönlichen Gründe sind nicht Urlaubswünsche anderer ArbN maßgeblich, sondern nur Belange im persönlichen Bereich des ArbN[9].

50 Das Leistungsverweigerungsrecht steht dem ArbGeb nach dem klaren Wortlaut nur soweit zu, wie die Teilung des Urlaubs aus den in der Norm genannten Gründen **erforderlich** ist. Der ArbGeb darf daher nicht bei Gelegenheit eines dringenden betriebl. Grundes, der der zusammenhängenden Urlaubsgewährung entgegensteht, den Urlaub gegen den Willen des ArbN in mehr oder kleinere Bruchteile aufspalten, als durch den dringenden betriebl. Grund gerechtfertigt ist.

51 Macht der ArbGeb zu Recht von seinem Leistungsverweigerungsrecht Gebrauch und erteilt er den Urlaub in zwei oder mehr Teilen, so muss einer dieser Urlaubsteile **mindestens 12 Werktage** (= zwei Wochen) umfassen, Abs. 2 S. 2. Beachtet der ArbGeb bei der Urlaubserteilung diese Vorschrift nicht, kann der ArbN einen zweiwöchigen zusammenhängenden Urlaub nachfordern.

52 **c) Abdingbarkeit.** Von der Pflicht des ArbGeb in § 7 II 1, den gesetzl. Mindesturlaub grds. zusammenhängend zu gewähren, kann weder durch TV noch einzelvertraglich abgewichen werden[10]. Abweichende Vereinbarungen sind daher unwirksam, wenn der ArbGeb kein Leistungsverweigerungsrecht nach Abs. 2 S. 1 Hs. 2 hat.

53 Für den Fall, dass der ArbGeb nach Abs. 2 S. 1 Hs. 2 den Urlaub in mehreren Teilen gewährt, kann von der Pflicht gem. Abs. 2 S. 2, wenigstens 12 Werktage zusammenhängend zu erteilen, sowohl durch TV wie auch durch Einzelvereinbarung zuungunsten des ArbN abgewichen werden, § 13 I 3. Damit ermög-

1 ErfK/*Dörner*, § 7 BUrlG Rz. 43; *Leinemann/Linck*, § 7 BUrlG Rz. 55; unklar (ohne Erörterung der schuldrechtlichen Probleme des Urlaubsrechts) BAG v. 19.12.1991 – 2 AZR 367/91, ArbuR 1992, 221. | 2 BAG v. 20.6.2000 – 9 AZR 405/99, AP Nr. 28 zu § 7 BUrlG. | 3 BAG v. 20.6.2000 – 9 AZR 405/99, AP Nr. 28 zu § 7 BUrlG. | 4 BAG v. 8.3.1984 – 6 AZR 600/82, AP Nr. 14 zu § 3 BUrlG – Rechtsmissbrauch. | 5 BAG v. 10.3.1966 – 5 AZR 498/65, AP Nr. 2 zu § 59 KO = DB 1966, 788. | 6 ErfK/*Dörner*, § 7 BUrlG Rz. 39; *Leinemann/Linck*, § 7 BUrlG Rz. 101. | 7 BAG v. 9.7.1965 – 5 AZR 380/64, AP Nr. 1 zu § 7 BUrlG = NJW 1965, 2174; ErfK/*Dörner*, § 7 BUrlG Rz. 40. | 8 BAG v. 9.7.1965 – 5 AZR 380/64, AP Nr. 1 zu § 7 BUrlG = NJW 1965, 2174. | 9 ErfK/*Dörner*, § 7 BUrlG Rz. 38. | 10 *Leinemann/Linck*, § 7 BUrlG Rz. 107.

licht der Gesetzgeber eine Atomisierung des Urlaubsanspruchs, wenn der ArbGeb den Urlaub aus dringenden betriebl. oder Gründen in der Person des ArbN nicht zusammenhängend gewähren muss[1].

III. Gerichtliche Durchsetzung. Der ArbN ist zur Durchsetzung seines Urlaubsanspruchs auf gerichtl. Hilfe angewiesen, da er kein Recht zur Selbstbeurlaubung hat. In Betracht kommen die Leistungsklage mit und ohne bestimmte Zeitangabe sowie in eiligen Fällen der Antrag auf Erlass einer einstw. Verfügung. 54

1. Leistungsklage mit Zeitangabe. Da die Urlaubserteilung nicht im Ermessen des ArbGeb liegt, kann der ArbN durch Leistungsklage seinen Anspruch auf Urlaubserteilung in einem bestimmten Zeitraum gerichtlich durchsetzen. Der ArbGeb als Schuldner des Urlaubs ist nach § 7 I verpflichtet, den ArbN nach seinen Wünschen für die Dauer des Urlaubs von der Arbeitspflicht zu befreien. Seiner Verpflichtung zur Urlaubserteilung kann sich der ArbGeb im Urlaubsjahr nur und nur so lange entziehen, wie ein Leistungsverweigerungsrecht nach § 7 I besteht. Ein solches Leistungsverweigerungsrecht kann im Urteilsverfahren nur auf Einrede des beklagten ArbGeb berücksichtigt werden. Eine Gestaltungsklage nach § 315 III 2 BGB wäre dagegen fehlerhaft, da der ArbGeb kein Leistungsbestimmungsrecht hat[2]. 55

Antrag: Die Beklagte wird verurteilt, den Kläger vom 5. bis zum 23.7.200x von der Arbeitsleistung zu befreien.

Die **Vollstreckung** richtet sich in diesem Fall nach § 894 ZPO. Die Freistellungserklärung des ArbGeb gilt daher erst mit Rechtskraft der Entscheidung als abgegeben[3]. Damit ergibt sich häufig das Problem, dass der Anspruch zurzeit des Eintritts der Rechtskraft nicht mehr erfüllbar wäre. Die Klage wird aber unzulässig, wenn vor der letzten mündlichen Verhandlung (ggf. in der Berufungsinstanz) der beantragte Urlaubszeitraum verstrichen ist. 56

Zulässig und meist empfehlenswert sind daher Klagen mit dem **Hilfsantrag**, den ArbGeb zu verurteilen, dem ArbN × Tage Urlaub zu gewähren. 57

Antrag: Die Beklagte wird verurteilt, den Kläger vom 5. bis zum 18.7.200x von der Arbeitsleistung zu befreien; hilfsweise: Die Beklagte wird verurteilt, den Kläger an 12 aufeinander folgenden Werktagen von der Arbeitsleistung zu befreien.

2. Leistungsklagen ohne Zeitangabe. Das BAG hält Klagen auf Urlaubsgewährung ohne Zeitangabe in st. Rspr. für **zulässig**[4]. Dem ist zuzustimmen. Bedenken wegen der **hinreichenden Bestimmtheit** eines solchen Antrags (§ 253 II Ziff. 2 ZPO[5]) sind nicht gerechtfertigt. Der ArbGeb hat gem. § 7 I als Schuldner die Konkretisierungsbefugnis bei der Erteilung des Urlaubs. Die gerichtl. Anordnung, diese Konkretisierung in dem vom Gericht bestimmten Umfang vorzunehmen, ist hinreichend bestimmt, da zwischen den Parteien regelmäßig nur darüber Streit besteht, ob dem ArbN überhaupt noch Urlaub (ggf. als Schadensersatz) zusteht; der ArbGeb erfüllt die ihm vom Gericht auferlegte Pflicht, wenn er den Urlaub nach den Grundsätzen des § 7 I gewährt. 58

Auch aus dem **Vollstreckungsrecht** können Bedenken gegen Klagen auf Urlaubsgewährung ohne Zeitangabe nicht hergeleitet werden. Insb. hat ein entsprechendes Urteil einen vollstreckungsfähigen Inhalt. Vollstreckt wird in diesem Fall nach § 888 ZPO[6]. Zwar wird vom ArbGeb die Abgabe einer Willenserklärung verlangt; § 894 ZPO passt jedoch nicht, da diese Vorschrift voraussetzt, dass der Inhalt der abzugebenden Willenserklärung im Urteil selbst bestimmt ist, so dass mit Rechtskraft ohne weiteres die Fiktion der Abgabe eintreten kann. Hingegen wird der ArbGeb nach § 888 ZPO zur Vornahme der Handlung „Freistellungserklärung" mit einem vom ArbGeb jedenfalls teilweise zu bestimmenden Inhalt (Zeitpunkt des Urlaubs nach Maßgabe des § 7 I) angehalten. Dass § 894 ZPO in jedem Fall lex specialis zu § 888 ZPO sei[7], ist für den Fall der konkretisierungsbedürftigen Willenserklärung nicht zwingend. Zu der von Verfassungs wegen gebotenen **Effektivität des Rechtsschutzes** gehört auch, eine zwangsweise Durchsetzung der gerichtl. Erkenntnis zu ermöglichen. Die sich für konkretisierungsbedürftige Willenserklärungen zwischen §§ 888 und 894 ZPO ergebende Rechtsschutzlücke ist daher verfassungskonform dadurch zu schließen, dass § 888 ZPO als Auffangnorm im Vollstreckungsrecht zu behandeln ist. Ggf. kann der ArbN im Vollstreckungsverfahren mit dem Antrag nach § 888 ZPO die Erteilung des Urlaubs für einen bestimmten Zeitraum verlangen. 59

3. Feststellungsklagen. Nicht zu empfehlen sind Feststellungsklagen. Auch soweit sie im Zusammenhang mit dem Bestehen eines Urlaubsanspruchs für zulässig gehalten werden[8], helfen sie im Fall des Obsiegens häufig nicht, da nicht vollstreckt werden kann. Unzulässig sind Feststellungsklagen in jedem Fall, soweit sie sich auf einen in der Vergangenheit liegenden Zeitraum beziehen, es sei denn, es ergeben sich aus der begehrten Feststellung Folgen für die Gegenwart oder Zukunft[9]. 60

1 Krit. *Leinemann/Linck*, § 7 BUrlG Rz. 99. |2 BAG v. 18.12.1986 – 8 AZR 502/84, AP Nr. 10 zu § 7 BUrlG. |3 BAG v. 12.10.1961 – 5 AZR 294/60, AP Nr. 83 zu § 611 BGB – Urlaubsrecht = NJW 1962, 270; krit. *Leinemann/Linck*, § 7 BUrlG Rz. 85 ff. |4 ZB BAG v. 25.11.1982 – 6 AZR 1254/79, AP Nr. 3 zu § 6 BUrlG = DB 1983, 1155; v. 21.2.1995 – 9 AZR 746/93, AP Nr. 8 zu § 47 SchwbG 1986. |5 Vgl. *Leinemann/Linck*, § 7 BUrlG Aufl. 1 Rz. 63. |6 Str.; wie hier ErfK/*Dörner*, § 7 BUrlG Rz. 50; aA *Leinemann/Linck*, § 7 BUrlG Rz. 84 ff. |7 *Leinemann/Linck*, § 7 BUrlG Rz. 84 mwN aus dem zivilprozessualen Schrifttum. |8 Vgl. BAG v. 23.7.1987 – 8 AZR 20/86, DB 1987, 2471; diff. ErfK/*Dörner*, § 7 BUrlG Rz. 52. |9 BAG v. 22.9.1992 – 9 AZR 404/90, AP Nr. 17 zu § 256 ZPO 1977.

61 **4. Einstweilige Verfügung.** Hat der ArbGeb den Urlaubszeitpunkt trotz Urlaubsantrags noch nicht festgelegt, bleibt dem ArbN zur Vermeidung einer Abmahnung oder Kündigung (s. Rz. 18) nur der Antrag auf Erlass einer einstw. Verfügung. In der Lit. ist streitig, ob und in welchen Fällen eine einstw. Verfügung statthaft ist[1]; die arbeitsgerichtl. Praxis ist uneinheitlich[2].

62 **a) Statthaftigkeit.** Gegen die Statthaftigkeit einer einstw. Verfügung wird insb. geltend gemacht, dass die Verpflichtung zur Abgabe einer Willenserklärung wegen der besonderen Vollstreckungsregelung in **§ 894 ZPO** grds. nicht Gegenstand einer einstw. Verfügung sein könne[3]. Außerdem werde durch eine solche einstw. Verfügung der Urlaubsanspruch erfüllt und damit die Hauptsache endgültig erledigt[4].

63 Diesen Bedenken kann ohne Einbuße der Effektivität des Rechtsschutzes dadurch Rechnung getragen werden, dass Gegenstand der richterlichen Anordnung gem. **§ 938 ZPO** nicht die Verpflichtung des ArbGeb zur Freistellung in einem bestimmten Zeitraum ist; es ist hinreichend, wenn das Gericht dem ArbGeb aufgibt, es zu dulden, dass der ArbN von der Arbeit fernbleibt. Eine solche Anordnung wirft keine vollstreckungsrechtl. Probleme auf. Sie erfüllt auch den Zweck, den der ArbN im Wege des vorläufigen Rechtsschutzes erreichen will: Dem ArbN, der die einstw. Verfügung mit zutreffenden Tatsachenangaben erwirkt hat, kann nicht der Vorwurf der Pflichtverletzung gemacht werden, wenn er nunmehr in den Urlaub fährt[5]. Einer Zurückweisung des Antrags im Übrigen bedarf es auch dann nicht, wenn der ArbN „Erteilung des Urlaubs" oder „Freistellung" verlangt.

64 **b) Verfügungsanspruch.** Der Verfügungsanspruch ist der **materielle Anspruch**, dessen Vereitelung oder Gefährdung durch Zeitablauf die einstw. Verfügung verhindern soll. Der Verfügungsanspruch ist im Urlaubsrecht regelmäßig unproblematisch, da der Urlaubsanspruch nach Erfüllung der Wartezeit mit Jahresbeginn entsteht und fällig wird (s. § 1 Rz. 13). Der ArbN legt also den Verfügungsanspruch schlüssig dar, wenn er die persönlichen Voraussetzungen des Urlaubsanspruchs (s. § 1 Rz. 13 ff.) sowie die Erfüllung der Wartezeit behauptet; der Urlaub steht ihm wegen § 7 I (Maßgeblichkeit des Urlaubswunsches, s. Rz. 20) zu dem von ihm gewünschten Zeitpunkt zu. Den Urlaubswunsch – dh. den im Antrag angegebenen Zeitraum des beabsichtigten Fernbleibens – muss der ArbN im Rahmen des Vortrags zum Verfügungsanspruch nicht begründen.

65 Der ArbGeb kann regelmäßig allein Erfüllung einwenden oder von seinem Leistungsverweigerungsrecht aus § 7 I (s. Rz. 26 ff.) Gebrauch machen. In diesem Falle hat er die Voraussetzungen des Leistungsverweigerungsrechts darzulegen und glaubhaft zu machen. Der ArbN hingegen muss in seiner Antragsschrift nicht behaupten (und glaubhaft machen), dem ArbGeb stehe kein Leistungsverweigerungsrecht zu.

66 **c) Verfügungsgrund.** In der gerichtl. Praxis werden häufig **zu hohe Anforderungen** an den Verfügungsgrund gestellt; dies beruht meist auf der Annahme, dass durch den Erlass der einstw. Verfügung die Hauptsache vorweggenommen werde. Eilbedürftig ist die Sache immer schon dann, wenn ohne Erlass der einstw. Verfügung die Hauptsache allein wegen Zeitablaufs keinen Erfolg mehr haben könnte.

67 Allerdings ist bei dem Erlass einer einstw. Verfügung auch ohne **Vorwegnahme der Hauptsache** – über die Erfüllung des Urlaubsanspruchs wird bei richtiger Tenorierung nicht entschieden (Rz. 63) – stets zu beachten, dass dem ArbGeb erhebliche Nachteile entstehen können. Es ist deshalb neben der Prüfung der Erfolgsaussichten in der Hauptsache eine sorgfältige Interessenabwägung erforderlich, die ohne mündliche Verhandlung kaum denkbar ist.

68 Anders liegt der Fall, wenn der ArbGeb den Urlaub bereits **„genehmigt"**, dann aber widerrufen hat. Da ein Widerruf regelmäßig nicht zulässig ist (s. Rz. 43), ist kaum vorstellbar, dass die rechtl. geschützten Interessen des ArbGeb die des ArbN am Erlass der einstw. Verfügung überwiegen; auch die Erfolgsaussichten in einem Hauptsacheverfahren werden eindeutig zu Gunsten des ArbN einzuschätzen sein. Macht der ArbN einen Verfügungsgrund geltend und glaubhaft (zB alsbald bevorstehende, gebuchte Urlaubsreise), ist in einem solchen Fall die einstw. Verfügung zu erlassen.

69 Mit Erlass der einstw. Verfügung bleibt der ArbN berechtigt der Arbeit fern, so dass auch bei einer anderweitigen Beurteilung der Rechtslage in Nachhinein keine (kündigungsrechtl. relevante) **Vertragspflichtverletzung** angenommen werden kann.

Antrag: Der Verfügungsbeklagten wird aufgegeben, es zu dulden, dass der Verfügungskläger vom 5. bis zum 23.7.200x der Arbeit fernbleibt.

---

1 Vgl. ErfK/*Dörner*, § 7 BUrlG Rz. 55; MüKoZPO/*Heinze* § 935 Rz. 42 f. einerseits; *Leinemann/Linck*, § 7 BUrlG Rz. 93 ff.; *Corts* NZA 1998, 357; MünchArbR/*Leinemann*, § 89 Rz. 135 andererseits. | 2 Vgl. LAG Hamburg v. 15.9.1989 – 3 Ta 17/89, LAGE § 7 BUrlG Nr. 26; LAG Hamm v. 2.1.1990 – 3 Sa 1900/89, MDR 1990, 657; LAG Berlin v. 20.5.1985 – 9 Sa 38/85, LAGE § 7 BUrlG Nr. 9; LAG Hamm v. 19.6.1970 – 8 Ta 35/70, DB 1970, 1396; ArbG Bielefeld v. 24.2.1999 – 4 (3) Ga 3/99, AiB 1999, 479; ArbG Hanau v. 10.7.1997 – 2 Ga 8/97, AiB 1998, 57; ArbG Hamm v. 10.5.1983 – 1 Ga 7/83, DB 1983, 1553. | 3 *Stein/Jonas/Grunsky* vor § 935 ZPO Rz. 51. | 4 Vgl. *Corts*, NZA 1998, 357. | 5 Vgl. hierzu BAG v. 20.1.1994 – 2 AZR 521/93, AP Nr. 115 zu § 626 BGB; KR/*Etzel*, § 1 KSchG Rz. 462 mwN.

IV. Befristung und Übertragung (Abs. 3). 1. Befristung des Urlaubsanspruchs. a) Grundsatz. Gegen teilweise heftige Kritik im Schrifttum[1] und einer Kammer des LAG Düsseldorf[2] vertritt das BAG seit 1982 in st. Rspr[3]. die Auffassung, der gesetzl. Urlaubsanspruch sei auf die **Dauer des Kalenderjahres**, in dem er entstanden ist, befristet, wenn nicht die Voraussetzungen für die Übertragung vorliegen. Dies leitet des BAG aus der gesetzl. Regelung in § 1 und § 7 III ab: Danach hat jeder ArbN in jedem Kalenderjahr Anspruch auf bezahlten Erholungsurlaub (§ 1). Nach § 7 III muss der Urlaubs im laufenden Kalenderjahr gewährt und genommen werden. Der Urlaubsanspruch bestehe deshalb im Urlaubsjahr, nicht für das Urlaubsjahr. 70

Der Auffassung des BAG ist zu folgen. Das Hauptargument der Kritik, das BUrlG gebe nichts her für die Annahme, dass der Urlaubsanspruch mit Ablauf des Kalenderjahres untergeht, trägt nicht, da es bei einer Befristung eines Anspruchs keiner weiteren Vorschrift über das Erlöschen bedarf. Dass die Befristung der Vorstellung des Gesetzgebers entspricht, ergibt sich auch aus **systematischen Überlegungen**. Die Vorschrift des § 7 III 2 und 3 (Übertragung nur aus den genannten Gründen und nur im genannten Zeitraum) wäre überflüssig, wenn der Urlaub beliebig und ohne zeitliche Begrenzung nach Ablauf des jeweiligen Urlaubsjahres verlangt werden könnte. Auch die Ausnahmetatbestände in § 4 II ArbPlSchG und § 17 II BEEG setzen die Befristung des Urlaubsanspruchs voraus, da sie den Zeitraum der Befristung für die Sonderfälle Grundwehrdienst bzw. Elternzeit verlängern. 71

Die Rspr. des BAG zur Befristung des Urlaubsanspruchs steht im Einklang mit Art. 9 I des **Übereinkommens Nr. 132 der Internationalen Arbeitsorganisation** vom 24.6.1970[4]. Mit der Ratifizierung des IAO-Übereinkommens Nr. 132 haben die ArbN keinen unmittelbaren Anspruch auf Bestand ihres Urlaubsanspruchs über das Urlaubsjahr oder den Übertragungszeitraum hinaus erhalten. Die Vorschriften des IAO-Übereinkommens gebieten auch nicht eine Auslegung des BUrlG, dass der Urlaubsanspruch nicht am Ende des Urlaubsjahres oder des Übertragungszeitraumes verfällt. Art. 3 III und Art. 9 I des Übereinkommens enthalten Regelungen über die Höhe des Urlaubsanspruchs und legen den Beginn der Frist fest, innerhalb derer der Urlaubsanspruch zu erfüllen ist, sagen aber nichts über dessen zeitlichen Bestand aus[5]. 72

b) Ausnahmen. Durch die Sonderregelungen in **§ 4 II ArbPlSchG, § 17 II BEEG und § 17 S. 2 MuSchG** (s. die Komm. dort) wird der Urlaub in den dort genannten Fällen zum Ablauf des auf die Beendigung des Grundwehrdienstes, der Elternzeit bzw. der Schutzfrist folgenden Jahres befristet. Der Gesetzgeber will damit sicherstellen, dass die Heranziehung zum Grundwehrdienst das Beschäftigungsverbot bzw. die Inanspruchnahme von Elternzeit nicht zum Verfall des Erholungsurlaubs führt. Sie geht daher als gesetzl. Sonderregelung der Verfallvorschrift des § 7 III (und ggf. entsprechenden tarifl. Bestimmungen) vor. Allerdings ist diese Verlängerung der Befristung abschließend[6]. Eine sich an die Elternzeit etwa anschließende Arbeitsunfähigkeit wegen Krankheit oder die Suspendierung der Arbeitspflicht einer ArbNin auf Grund eines Beschäftigungsverbots nach dem MuSchG ändert daran nichts[7]. 73

Das BUrlG selbst sieht zwei Ausnahmen von der Regel der Befristung auf das Kalenderjahr vor: § 7 III 2 bestimmt die **Übertragung** des Urlaubs unter den dort genannten Voraussetzungen auf das erste Quartal des Folgejahres, verlängert also die Befristung des Urlaubsanspruchs um drei Monate. § 7 III 4 gibt dem ArbN die Möglichkeit, einen nach § 5 I Buchst. a entstandenen Teilurlaubsanspruch durch sein Verlangen auf das gesamte folgende Kalenderjahr zu übertragen (s. § 5 Rz. 13). Dieser Anspruch ist dann bis zu diesem Zeitpunkt befristet. 74

c) Rechtsfolgen. Die Befristung des Urlaubs hat zur Folge, dass der Anspruch – vorbehaltlich der Sonderregelungen – nur **im laufenden Kalenderjahr** erfüllt werden kann. Mit Ablauf der Befristung erlischt der zu diesem Zeitpunkt noch nicht erfüllte Urlaubsanspruch[8]. Das bedeutet, dass der Urlaub vollständig im Urlaubsjahr gewährt und genommen werden muss, um ein Erlöschen zu vermeiden. Entgegen einer weit verbreiteten Praxis genügt es nicht, den Urlaub im laufenden Kalenderjahr nur „anzutreten"[9]. 75

---

1 GK-BUrlG/*Bachmann*, § 7 Rz. 120 ff.; *Boldt* Anm. zu AP Nr. 4 zu § 7 BUrlG – Übertragung; *Kohte*, BB 1984, 609, 614; *Künzl*, BB 1991, 1630; *Staudinger/Richardi*, BGB § 611 Rz. 901. | 2 Zuletzt LAG Düsseldorf 17.6.1998 – 12 Sa 520/98, LAGE § 7 BUrlG – Abgeltung Nr. 10. | 3 Grundl. BAG v. 13.5.1982 – 6 AZR 360/80, DB 1982, 2193; v. 20.6.2000 – 9 AZR 405/99, NZA 2001, 100; der überwiegende Teil der Lit. hat sich (inzwischen) der Auffassung des BAG angeschlossen: vgl. ErfK/*Dörner*, § 7 BUrlG Rz. 56 f.; *Leinemann/Linck*, § 7 BUrlG Rz. 90. | 4 BAG v. 28.11.1990 – 8 AZR 570/89, AP Nr. 18 zu § 7 BUrlG – Übertragung; v. 7.12.1993 – 9 AZR 683/92, AP Nr. 15 zu § 7 BUrlG; v. 19.4.1994 – 9 AZR 462/92, NJW 1995, 1636; v. 9.5.1995 – 9 AZR 552/93, AP Nr. 22 zu § 7 BUrlG – Übertragung; v. 24.9.1996 – 9 AZR 364/95, AP Nr. 16 zu § 7 BUrlG. | 5 BAG v. 7.12.1993 – 9 AZR 683/92, AP Nr. 15 zu § 7 BUrlG. | 6 ErfK/*Dörner*, § 7 BUrlG Rz. 59. | 7 BAG v. 23.4.1996 – 9 AZR 165/95, AP Nr. 6 zu § 17 BErzGG. | 8 BAG v. 13.5.1982 – 6 AZR 360/80, DB 1982, 2193; v. 20.6.2000 – 9 AZR 405/99, AP Nr. 28 zu § 7 BUrlG; ErfK/*Dörner*, § 7 BUrlG Rz. 60. | 9 *Leinemann/Linck*, § 7 BUrlG Rz. 115. TV sehen zT andere Regelungen vor, zB § 47 VII 1 BAT: „Der Urlaub ist spätestens bis zum Ende des Urlaubsjahres anzutreten"; vgl. *Böhm/Spiertz*, § 47 BAT Rz. 100; BAG v. 18.3.2003 – 9 AZR 190/02, AP Nr. 17 zu § 3 BUrlG – Rechtsmissbrauch; anders jetzt § 26 IIa TVÖD.

76 Der Urlaubsanspruch **erlischt** auch, wenn der ArbN Urlaub verlangt, der ArbGeb ihn aber rechtswidrig verweigert hat. Das gilt sogar, wenn der ArbN den Urlaubsanspruch rechtzeitig gerichtlich geltend macht. An die Stelle des erloschenen Urlaubsanspruchs kann dann jedoch ein Schadensersatzanspruch treten (s. Rz. 142 ff.).

77 Aus der Befristung des Urlaubs folgt auch, dass es keinen „**Vorschuss**" auf noch nicht entstandene Ansprüche gibt. Der Urlaubsanspruch kann vor Beginn des jeweiligen Urlaubsjahres (Kalenderjahres) nicht rechtswirksam erfüllt werden, sogar dann nicht, wenn eine BV einen „Urlaub im Vorgriff" für die Zeit einer Betriebskrise vorsieht. Die im Vorgriff gewährten Urlaubstage kann der ArbN im Folgenden Urlaubsjahr noch einmal fordern, ohne zur Zurückgewähr des bereits gezahlten Urlaubsentgelts verpflichtet zu sein[1].

78 Ist der Urlaub übertragen worden, kann er aber bis zum 31.3. des Folgejahres nicht genommen werden, **erlischt er ersatzlos**. Das gilt auch, wenn ein ArbN infolge lang dauernder Arbeitsunfähigkeit gehindert war, den Urlaub vor Ablauf des Übertragungszeitraums zu nehmen[2].

79 **d) Einzelvertragliche Abweichungen.** In der betriebl. Praxis wird dem ArbN vom ArbGeb häufig **zugesagt**, dass der ihm zustehende (Rest-)Urlaub nicht am Jahresende verfalle, in das nächste Jahr übertragen werde (ohne dass ein gesetzl. Übertragungstatbestand vorliegt), dem Urlaubskonto für das nächste Jahr gutgeschrieben werde, zu einem bestimmten Zeitpunkt im nächsten Jahr genommen werden könne uÄ. Eine derartige Zusage bzw. Vereinbarung hindert nicht das Erlöschen des gesetzl. oder tarifl. Urlaubs durch Ablauf der Befristung. Jedoch entsteht dann statt des gesetzl. (oder tarifl.) ein einzelvertragl. Urlaubsanspruch. Eine **Übertragungsvereinbarung** kann auch **konkludent** erfolgen, zB wenn ein ArbGeb über längere Zeit in den Lohnabrechnungen des laufenden Jahres den noch nicht erfüllten Urlaub aus dem Vorjahr aufführt und für die gewährten Urlaubstage zuerst den „alten" Urlaub heranzieht. Solche Vereinbarungen sind zulässig. § 13 I 3 steht nicht entgegen. Die Regelung ist für den ArbN günstiger als eine auf den 31.3. des Folgejahres befristete Übertragung. Sie verletzt auch nicht das in §§ 1, 7 III festgelegte Gebot zeitnaher Erfüllung des Urlaubsanspruchs[3]. Von der Auslegung der Vereinbarung hängt es ab, welchen Inhalt dieser Anspruch haben soll, insb. ob er im Falle der Beendigung des Arbeitsverhältnisses abzugelten ist[4]. Kann der ArbN die Freistellung von seiner Arbeitspflicht bis zum 31.12. des Folgejahres beanspruchen, so schließt eine solche Regelung regelmäßig die Verpflichtung des ArbGeb ein, den Urlaub abzugelten, wenn das Arbeitsverhältnis vor Ablauf des vertraglichen Übertragungszeitraumes endet[5]. In Betracht kommt auch eine entsprechende **Betriebsübung** oder ein Anspruch aus dem arbeitsrechtl. **Gleichbehandlungsgrundsatz.** Beruft sich der ArbN auf eine Betriebsübung, bedarf es der konkreten Darlegung, wann und wem vom ArbGeb in der Vergangenheit Urlaub des Vorjahres im Folgejahr gewährt worden ist. Die ArbN sind namentlich zu bezeichnen und hierauf bezogen die Jahre anzugeben, in denen Urlaub des Vorjahres nach dem 31.3. des Folgejahres gewährt und genommen wurde. Das Vorbringen muss den ArbGeb in die Lage versetzen, mögliche Ausschlusstatbestände vorzutragen. Dazu gehört beispielhaft der Einwand, dass er einen vom ArbN verlangten Urlaub entgegen § 7 I rechtsgrundlos abgelehnt hat und er deshalb zur unbefristeten Nachgewährung dieses Urlaubs nach den Vorschriften über den Schuldnerverzug verpflichtet war[6].

80 **2. Übertragung. a) Allgemeines.** Unter den Voraussetzungen des § 7 III 2 erlischt der Urlaubsanspruch nicht bereits am 31.12. des jeweiligen Urlaubsjahres, sondern erst am 31.3. des Folgejahres. Durch die Übertragung des Urlaubs wird also die Befristung in § 7 I um drei Monate **verschoben.** Wird der Urlaub auch im Übertragungszeitraum nicht genommen, verfällt er[7].

81 **b) Voraussetzungen.** Voraussetzungen der Urlaubsübertragung sind gem. § 7 III 2 entweder dringende betriebl. oder in der Person des ArbN liegende Gründe. Für die **betrieblichen Gründe** gelten grds. dieselben Voraussetzungen wie im Falle des § 7 I 1 (vgl. Rz. 27); dh., die Interessen des ArbGeb an einer Gewährung von Urlaub im Übertragungszeitraum an Stelle des im Urlaubsjahr zu gewährenden Urlaubs müssen das Interesse des ArbN an der fristgerechten Inanspruchnahme des Urlaubs noch innerhalb des Kalenderjahrs objektiv überwiegen (zB Auftragslage, Urlaub anderer ArbN)[8]. Für den ArbN ergibt sich hieraus uU das Dilemma, dass er nicht beurteilen kann, ob die betriebl. Verhältnisse einer Urlaubserteilung im (restlichen) Jahr entgegenstehen. Wenn der ArbGeb mit dieser Begründung den Urlaub im jeweiligen Urlaubsjahr verweigert und der ArbN das Leistungsverweigerungsrecht um des Arbeitsfriedens willen nicht infrage stellt, wird sich der ArbGeb gem. § 242 BGB im Folgejahr nicht darauf berufen können, es habe objektiv kein Übertragungstatbestand vorgelegen.

---

1 BAG v. 17.1.1974 – 5 AZR 380/73, AP Nr. 3 zu § 1 BUrlG = DB 1974, 783. | 2 BAG v. 13.5.1982 – 6 AZR 360/80, DB 1982, 2193; v. 7.12.1993 – 9 AZR 683/92, AP Nr. 15 zu § 7 BUrlG. | 3 BAG v. 21.6.2005 – 9 AZR 200/04, AP Nr. 89 zu § 7 BUrlG – Abgeltung. | 4 Vgl. BAG v. 25.8.1987 – 8 AZR 124/85, DB 1987, 2524. | 5 BAG v. 21.6.2005 – 9 AZR 200/04, AP Nr. 89 zu § 7 BUrlG – Abgeltung. | 6 BAG v. 21.6.2005 – 9 AZR 200/04, AP Nr. 89 zu § 7 BUrlG – Abgeltung. | 7 BAG v. 25.8.1987 – 8 AZR 118/86, AP Nr. 15 zu § 7 BUrlG – Übertragung. | 8 ErfK/*Dörner*, § 7 BUrlG Rz. 67.

Persönliche Gründe liegen vor bei Arbeitsunfähigkeit[1] und Beschäftigungsverboten[2]. Daneben kommen die Erkrankung eines nahen Angehörigen und ähnliche Annahmeverweigerungsgründe in Betracht[3]. Der Wunsch des ArbN, den Urlaub im nächsten Jahr zu nehmen, genügt hingegen nicht[4]. Ebenso wenig rechtfertigen lange vorhersehbare Urlaubshindernisse eine Übertragung, wenn der Urlaub noch im Urlaubsjahr zu einem anderen Zeitpunkt genommen werden kann[5]. 82

Zu beachten ist, dass der Grund in der Person **ursächlich** dafür sein muss, dass der Urlaub nicht mehr im laufenden Kalenderjahr genommen werden kann. Wird der ArbN so rechtzeitig wieder arbeitsfähig, dass er bis zum Ende des Kalenderjahres seinen noch offenen Urlaub nehmen kann, ist ihm Urlaub zu gewähren; eine Übertragung findet nicht statt. Wird der ArbN so spät im Laufe des Kalenderjahrs gesund, dass er nur einen Teil seines Urlaubs bis zum Jahresende gewährt bekommen kann, wird dieser Teil ebenfalls nicht übertragen. Nutzt der ArbN die verbleibende Zeit des Urlaubsjahres nicht für seinen Urlaub, verfällt er insoweit; er geht nur in Höhe des Teils über, den er wegen der Krankheit bis zum Jahresende nicht nehmen konnte[6]. Auch hier gilt, dass der Wunsch des ArbN, den Urlaub nicht im Anschluss an seine Arbeitsunfähigkeit oder zum Jahresende zu nehmen, die Übertragung nicht rechtfertigt. Anders ist es, wenn nunmehr betriebliche Gründe für die Übertragung des Teils vorliegen, der noch verwirklicht werden könnte[7]. 83

Häufig sehen **TV** abweichende, für ArbN günstigere Übertragungsregelungen vor. 84

Im Unterschied zu § 7 I 1 trägt für das Vorliegen der Übertragungsvoraussetzungen der ArbN, der sich darauf beruft, dass sein Urlaub nicht am 31.12. des jeweiligen Urlaubsjahrs erloschen sei, die **Darlegungs- und Beweislast**. Da jedoch der ArbN regelmäßig die betriebl. Belange des ArbGeb nicht übersehen kann, wird es ausreichen, wenn der ArbN darlegt (und ggf. beweist), dass ihm unter Hinweis auf betriebl. Belange im Urlaubsjahr kein Urlaub gewährt worden sei. 85

c) Übertragungsvorgang. Für die Übertragung des Urlaubs kommt es allein auf das **Vorliegen der Merkmale** nach § 7 III 2 an. Es bedarf keiner weiteren Handlungen (Antrag, Vereinbarung) von ArbGeb oder ArbN, um die Übertragung zu bewirken. Das folgt daraus, dass der Gesetzgeber die Wirkungen der Befristung des Urlaubsanspruchs nicht eintreten lassen wollte, wenn die Voraussetzungen nach § 7 III 2 vorliegen. Damit hängt die Übertragung des Urlaubs am Jahresende allein davon ab, ob der Urlaub im Kalenderjahr aus den Gründen des § 7 III 2 nicht genommen werden konnte. Die Urlaubsübertragung ist demnach einem „Übertrag" in einer laufenden Rechnung vergleichbar[8]. 86

Der Übergang kraft Gesetzes vollzieht sich auch im Falle des § 17 BEEG[9] sowie des § 17 S. 2 MuSchG. 87

d) Urlaub im Übertragungszeitraum. § 7 III 3 bestimmt, dass der Urlaub im Übertragungszeitraum nicht nur **gewährt**, sondern auch **genommen** werden muss. Kann bis zum 31.3. (zB wegen Arbeitsunfähigkeit) nur noch ein Teil des übertragenen Urlaubs genommen werden, so erlischt der Rest[10]. 88

Beispiel: A ist vom 1.1.2007 bis zum 15.3.2008 arbeitsunfähig krank. Am 16.3.2008 erscheint er im Betrieb und begehrt den Urlaub für 2007. A kann für die Zeit vom 16.3. bis 31.3. 14 Werktage Urlaub verlangen. Die restlichen 10 Werktage verfallen.

Soweit in der betriebl. Praxis gelegentlich davon abgewichen und der gesamte übertragene Urlaub gewährt wird, wenn er nur bis zum 31.3. angetreten werden kann, kommt eine **konkludente Vereinbarung** übergesetzl. Urlaubs in Betracht (s. Rz. 79). 89

Während des Übertragungszeitraums ist der Urlaub entsprechend dem **Wunsch des ArbN** zu gewähren; ein Leistungsverweigerungsrecht gem. § 7 I 1 steht dem ArbGeb nach dem klaren Wortlaut des § 7 III 3 im Übertragungszeitraum nicht zu. Hat der ArbN den Urlaub im Übertragungszeitraum rechtzeitig geltend gemacht, wird er aber nicht gewährt, kann er wiederum Schadensersatz gem. §§ 283, 280 I BGB verlangen (s. Rz. 142 ff.). 90

Gewährt der ArbGeb im Übertragungszeitraum Urlaub, trifft er aber keine **Leistungsbestimmung** („alter" oder „neuer" Urlaub), so wird gem. § 366 II BGB zunächst der übertragene („alte") Urlaubsanspruch erfüllt[11]. Beantragt der ArbN Gewährung des übertragenen Urlaubs, erteilt der ArbGeb aber ausdrücklich für diesen Zeitraum Urlaub zur Erfüllung des Anspruchs aus dem laufenden Kalenderjahr, steht dies einer Verweigerung des übertragenen Urlaubs gleich, so dass der ArbN nach dem Ablauf des Übertragungszeitraums und dem damit verbundenen Erlöschen des übertragenen Anspruchs Schadensersatz verlangen kann. 91

---

1 BAG v. 13.5.1982 – 6 AZR 360/80, DB 1982, 2193; v. 5.12.1995 – 9 AZR 871/94, AP Nr. 70 zu § 7 BUrlG – Abgeltung. | 2 ErfK/*Dörner*, § 7 BUrlG Rz. 72. | 3 *Leinemann/Linck*, § 7 BUrlG Rz. 120, 53. | 4 ErfK/*Dörner*, § 7 BUrlG Rz. 66; *Leinemann/Linck*, § 7 BUrlG Rz. 121. | 5 Vgl. ErfK/*Dörner*, § 7 BUrlG Rz. 72 (Beispiele: Schulpflicht der Kinder, Niederkunft der Ehefrau). | 6 BAG v. 24.11.1992 – 9 AZR 549/91, NZA 1993, 423. | 7 ErfK/*Dörner*, § 7 BUrlG Rz. 71. | 8 BAG v. 25.8.1987 – 8 AZR 118/86, AP Nr. 15 zu § 7 BUrlG – Übertragung; v. 24.11.1992 – 8 AZR 140/87, AP Nr. 41 zu § 7 BUrlG – Abgeltung; v. 9.8.1994 – 9 AZR 384/92, AP Nr. 19 zu § 7 BUrlG; ErfK/*Dörner*, § 7 BUrlG Rz. 64; *Leinemann/Linck*, § 7 BUrlG Rz. 124. | 9 BAG v. 25.1.1994 – 9 AZR 312/92, AP Nr. 16 zu § 7 BUrlG. | 10 BAG v. 13.5.1982 – 6 AZR 360/80, DB 1982, 2193; v. 7.12.1993 – 9 AZR 683/92, AP Nr. 15 zu § 7 BUrlG. | 11 *Leinemann/Linck*, § 7 BUrlG Rz. 129.

92 **e) Übertragung von Teilurlaub nach § 5 Abs. 1 Buchst. a.** Der Anspruch kann nach Abs. 3 S. 2 von Gesetzes wegen oder nach der Sonderregelung in Abs. 3 S. 4 auf Antrag des ArbN übertragen werden. Wegen der Einzelheiten s. § 5 Rz. 13 f.

93 **V. Abgeltung. 1. Rechtsnatur.** Nach st. Rspr. des BAG entsteht der Urlaubsabgeltungsanspruch mit Beendigung des Arbeitsverhältnisses nicht als Abfindungsanspruch, für den es auf weitere Merkmale nicht ankommt, sondern als **Surrogat** (Ersatz) für den wegen Beendigung des Arbeitsverhältnisses nicht mehr erfüllbaren Anspruch auf Befreiung von der Arbeitspflicht, der – abgesehen von der Beendigung des Arbeitsverhältnisses – an die gleichen Voraussetzungen gebunden ist wie im Übrigen vorher der Urlaubsanspruch[1].

94 Diese Rspr. stößt nach wie vor auf **Kritik**[2]. Einzuräumen ist, dass die tragende Säule der Rspr., die Abgeltung sei keine „Abfindung", sondern setze – hypothetisch – die Erfüllbarkeit des Urlaubsanspruchs voraus, wenn das Arbeitsverhältnis fortgesetzt worden wäre, nicht zwingend dem Gesetz entnommen werden kann. In der grundlegenden Entscheidung vom 23.6.1983[3] begründet das BAG seine Auffassung damit, dass auch der Abgeltungsanspruch dazu dienen soll, dem ArbN Freizeit zur Erholung zu ermöglichen; ob aber der ArbN zur Ermöglichung der Erholung nach Beendigung des Arbeitsverhältnisses arbeitsfähig sein muss (es geht nicht um einen Freistellungs-, sondern um einen Geldanspruch zur Finanzierung der Erholung), kann bezweifelt werden. Auch sind die praktischen Schwierigkeiten, die sich aus der Rspr. des BAG mit der Abwicklung des Arbeitsverhältnisses nach seiner Beendigung ergeben, nicht zu übersehen (so kann im Falle der Arbeitsunfähigkeit zum Beendigungszeitpunkt ggf. erst nach Ablauf des Übertragungszeitraums – uU mehr als ein Jahr nach Beendigung des Arbeitsverhältnisses – entschieden werden ob der Anspruch erfüllbar war; die Tatsachenfeststellung ist häufig problematisch – s. Rz. 106 f. zur Unterscheidung zwischen Arbeits- und Erwerbsunfähigkeit). Schließlich sind einige der Ergebnisse, die bei konsequenter Beachtung der vom BAG aufgestellten Grundsätze erzielt werden, kaum vermittelbar (s. Rz. 104 ff., 117).

95 Gleichwohl empfiehlt es sich, der **Rspr. des BAG zu folgen**. Das BAG hat auch in seinen letzten Entscheidungen zu dieser Frage[4] nicht zu erkennen gegeben, dass es eine Änderung seiner seit 22 Jahren st. Rspr. erwäge. Dem BAG ist auch zuzugeben, dass die Argumente der abweichenden Meinung ebenfalls nicht absolut zwingend sind. Der kritisierte Begriff des Surrogats ist zwar missverständlich und hat zur Verwechslung mit der schuldrechtl. und dinglichen **Surrogation** des BGB – die in der Tat mit der urlaubsrechtl. Problematik nichts zu tun hat – geführt; das hat das BAG inzwischen klargestellt[5]. Richtig verstanden steht die Theorie von der Abgeltung als Ersatz („Surrogat") des Urlaubsanspruchs nicht im Widerspruch zu § 7 IV; der Wortlaut dieser Vorschrift lässt auch die Deutung zu, dass die Abgeltung nur soweit anordnet wird, wie ein Urlaubsanspruch besteht, dh. als solcher erfüllbar wäre. Den folgenden Erläuterungen ist daher die Surrogatstheorie des BAG zugrunde gelegt.

96 Vom originären Abgeltungsanspruch nach § 7 IV ist der **Schadenersatzanspruch** nach § 249 S. 1 BGB zu unterscheiden, der einem ArbN zusteht, wenn der Abgeltungsanspruch wegen Zeitablaufs untergegangen ist (s. Rz. 113) und der ArbGeb in Verzug gesetzt wurde (s. Rz. 134).

97 **2. Anspruchsvoraussetzungen. a) Beendigung des Arbeitsverhältnisses.** Der Abgeltungsanspruch entsteht mit der Beendigung des Arbeitsverhältnisses; die Art der Beendigung (Kündigung[6], Aufhebungsvertrag[7], Ablauf der Befristung, Eintritt der Bedingung[8], Anfechtung des Arbeitsvertrages[9], Erreichen der Altersgrenze[10]) ist nicht erheblich[11]. Das gilt auch, wenn das Arbeitsverhältnis im Anschluss an die Elternzeit nicht fortgesetzt wird[12]. Wenn das Arbeitsverhältnis nach Eröffnung des Insolvenzverfahrens beendet worden ist, ist der Urlaubsabgeltungsanspruch nach § 7 IV Masseverbindlichkeit iSv. § 55 I Nr. 2 Alt. 2 InsO[13].

98 Im **bestehenden Arbeitsverhältnis** kann der Urlaubsanspruch nicht wirksam abgegolten werden; dieses Verbot ist § 7 IV zu entnehmen[14]. Die Möglichkeit einer grundlosen Umwandlung des Urlaubs-

---

1 BAG v. 26.5.1983 – 6 AZR 273/82, DB 1983, 2522; v. 20.4.1989 – 8 AZR 621/87, AP Nr. 48 zu § 7 BUrlG – Abgeltung; v. 5.12.1995 – 9 AZR 871/94, AP Nr. 70 zu § 7 BUrlG – Abgeltung; v. 20.1.1998 – 9 AZR 812/96, AP Nr. 45 zu § 13 BUrlG. | 2 Ausf. LAG Düsseldorf 17.6.1998 – 12 Sa 520/98, LAGE § 7 BUrlG – Abgeltung Nr. 10; *Birk*, Anm. zu BAG AP Nr. 21 zu § 7 BUrlG; GK-BUrlG/*Bachmann*, § 7 Rz. 151, 175 mwN; *Kothe*, BB 1984, 609 (622 f.); *Rummel*, NZA 1986, 383 f.; *Kraft*, Anm. zu AP Nr. 18 zu § 7 BUrlG – Abgeltung; *Schäfer*, NZA 1993, 204 ff., *Weber*, RdA 1995, 233 f., *Leege*, Das Verhältnis von Urlaubs- und Urlaubsabgeltungsanspruch, 1996, S. 154 ff. | 3 BAG v. 23.6.1983 – 6 AZR 180/80, DB 1983, 2523. | 4 Vgl. BAG v. 7.9.2004 – 9 AZR 587/03, EzA § 7 BUrlG – Abgeltung Nr. 12. | 5 BAG v. 20.4.1989 – 8 AZR 621/87, AP Nr. 48 zu § 7 BUrlG – Abgeltung. | 6 Zur rechtswidrigen außerordentlichen Eigenkündigung eines ArbN hat das BAG v. 18.6.1980 – 6 AZR 328/78, NJW 1981, 141 – entschieden, dass für den Abgeltungsanspruch allein die tatsächliche Beendigung des Arbeitsverhältnisses maßgeblich sei. | 7 ErfK/*Dörner*, § 7 BUrlG Rz. 93. | 8 BAG v. 18.10.1990 – 8 AZR 490/89, AP Nr. 56 zu § 7 BUrlG – Abgeltung. | 9 ErfK/*Dörner*, § 7 BUrlG Rz. 93. | 10 BAG v. 21.4.1966 – 5 AZR 510/65, AP Nr. 3 zu § 7 BUrlG = DB 1966, 1199. | 11 ErfK/*Dörner*, § 7 BUrlG Rz. 90 mwN; KassHdb/*Schütz*, 2.4. Rz. 404; *Leinemann*/*Linck*, § 7 BUrlG Rz. 196 f. | 12 BAG v. 23.4.1996 – 9 AZR 165/95, AP Nr. 6 zu § 17 BErzGG. | 13 BAG v. 25.3.2003 – 9 AZR 174/02, NZA 2004, 43. | 14 BAG v. 22.10.1987 – 8 AZR 171/86, AP Nr. 38 zu § 7 BUrlG – Abgeltung.

anspruchs in einen Abgeltungsanspruch verstieße daneben mittelbar gegen § 1, weil es sich dabei im Ergebnis nur um den „**Abkauf**" von Urlaub handeln würde; sie ist gem. § 13 I 1 daher auch durch TV nicht zulässig, soweit der gesetzl. Mindesturlaub betroffen ist[1]. Zahlt der ArbGeb gleichwohl einen Geldbetrag, statt den ArbN freizustellen, wird der Urlaubsanspruch nicht erfüllt; der ArbN kann also weiterhin Freistellung verlangen[2]. Das gilt wegen § 13 I 3 auch, wenn der ArbN mit dieser Verfahrensweise zunächst einverstanden war. Die Geltendmachung des Freistellungsanspruchs nach Abschluss einer solchen Abgeltungsvereinbarung und Auszahlung des Abgeltungsbetrags ist auch dann nicht rechtsmissbräuchlich, wenn dem ArbGeb die Rückforderung der ohne Rechtsgrund geleisteten Abgeltung gem. §§ 814, 817 S. 2 BGB nicht möglich ist[3].

Zulässig ist es hingegen, im laufenden Arbeitsverhältnis durch Tarif- oder Arbeitsvertrag **nach Ende des Übertragungszeitraums** einen Abgeltungsanspruch an Stelle des Urlaubsanspruchs zu schaffen. 99
Hierdurch wird der ArbN im Vergleich zur gesetzl. Regelung besser gestellt, da ansonsten der Urlaubsanspruch (zB wegen andauernder Arbeitsunfähigkeit) ersatzlos untergehen würde[4]. Eine tarifvertragl. Regelung im Baugewerbe, nach der an Stelle eines Anspruchs auf Urlaubsabgeltung der Anspruch auf Entschädigung durch eine gemeins. Einrichtung der TV-Parteien tritt, ist ebenfalls wirksam; sie weicht nicht zuungunsten der ArbN von der gesetzl. Bestimmung des § 7 IV ab[5].

Darüber hinaus kann **tarifl. Mehrurlaub** durch TV und einzelvertragl. Mehrurlaub durch arbeitsver- 100
tragl. Vereinbarung auch im bestehenden Arbeitsverhältnis abgegolten werden. Auf einen tarifl. Anspruch kann hingegen nach § 4 IV 1 TVG grds. nicht verzichtet werden. Eine Vereinbarung, den tarifl. Urlaubsanspruch im bestehenden Arbeitsverhältnis abzugelten, ist daher unwirksam[6].

Endet das Arbeitsverhältnis durch **Tod des ArbN**, entsteht kein Abgeltungsanspruch. Mit dem Tod 101
des ArbN erlischt zugleich mit der Beendigung des Arbeitsverhältnisses der Urlaubsanspruch, da eine Freistellung nicht mehr möglich ist. Ein Abgeltungsanspruch kann daher nicht mehr entstehen[7].

b) Bestehen eines Urlaubsanspruchs. Ein Abgeltungsanspruch entsteht nur, wenn der ArbN bei der 102
Beendigung des Arbeitsverhältnisses einen noch **nicht erfüllten Urlaubsanspruch** hat. Das ist zB nicht der Fall, wenn der ArbN mit dem Ende des Urlaubsjahrs oder des Übertragungszeitraums ausscheidet und der nicht genommene Urlaub wegen Fristablaufs erlischt[8].

c) Erfüllbarkeit. Nach der Surrogatstheorie des BAG (s. Rz. 93) ist Voraussetzung des Abgeltungs- 103
anspruchs, dass entweder im Zeitpunkt der Beendigung des Arbeitsverhältnisses oder danach der Urlaubsanspruch **hätte erfüllt werden können**, wenn das Arbeitsverhältnis nicht beendet worden wäre. Demzufolge hat das BAG einen Abgeltungsanspruch verneint, wenn ein ArbN nach dauernder Arbeitsunfähigkeit aus dem Arbeitsverhältnis ausscheidet, ohne die Arbeitsfähigkeit wieder zu erlangen. Dann erlischt mit Ablauf des Urlaubsjahres bzw. mit dem Ende des Übertragungszeitraums wie der Urlaubsanspruch im bestehenden Arbeitsverhältnis auch der Abgeltungsanspruch. Die Erfüllung des Abgeltungsanspruchs während der fortdauernden Arbeitsunfähigkeit scheitert nach dem Verständnis der Abgeltung als Urlaubsersatz daran, dass dem ArbN auch bei fortbestehendem Arbeitsverhältnis wegen der Arbeitsunfähigkeit keine Freistellung hätte gewährt werden können[9].

Anspruchsvoraussetzung ist allerdings nicht, dass der ArbN zum Zeitpunkt der Beendigung des Ar- 104
beitsverhältnisses **arbeitsfähig** ist. Wenn der ArbN nach langdauernder Krankheit und nach dem Ausscheiden aus dem Arbeitsverhältnis im Urlaubsjahr, für das der Urlaubsanspruch entstanden ist, oder im Übertragungszeitraum wieder arbeitsfähig wird, ist der Abgeltungsanspruch erfüllbar; das Leistungshindernis ist beseitigt[10].

Beispiel: A wird am 15.12.2007 zum 31.3.2008 gekündigt. Er ist während der gesamten Kündigungsfrist arbeitsunfähig krank. Erst am 1.12.2008 wird A wieder arbeitsfähig.

A erlangt noch vor Ende des Urlaubsjahres 2008 wieder seine Arbeitsfähigkeit. Der Urlaub könnte in einem bestehenden Arbeitsverhältnis vor Ablauf der Befristung noch gewährt werden; daher ist ein entsprechender Abgeltungsanspruch ebenfalls erfüllbar. A kann also am 1.12.2008 Abgeltung von 6 Werktagen (§§ 5 I Buchst. c, 7 IV) verlangen. Soll über diesen Anspruch vor dem 1.12.2008 gerichtlich entschieden werden, müsste die Klage als „derzeit unbegründet" abgewiesen werden.

Erfüllbar ist der Abgeltungsanspruch immer dann, wenn der ArbN bei Fortdauer des Arbeitsverhält- 105
nisses eine vertraglich geschuldete Arbeitsleistung hätte erbringen können[11]. Die Arbeitsfähigkeit bestimmt sich nicht zwingend nach dem **zuletzt eingenommenen Arbeitsplatz**. Vielmehr ist der Urlaubs-

1 ErfK/*Dörner*, § 13 BUrlG Rz. 38; *Leinemann/Linck*, § 13 BUrlG Rz. 85. |2 *Leinemann/Linck*, § 7 BUrlG Rz. 198. |3 KassHdb/*Schütz*, 2.4. Rz. 445. |4 BAG v. 3.5.1994 – 9 AZR 522/92, AP Nr. 64 zu § 7 BUrlG – Abgeltung. |5 BAG v. 26.6.2001 – 9 AZR 347/00, DB 2002, 383. |6 KassHdb/*Schütz*, 2.4. Rz. 448. |7 BAG v. 23.6.1992 – 9 AZR 111/91, AP Nr. 59 zu § 7 BUrlG; ErfK/*Dörner*, § 7 BUrlG Rz. 91; *Leinemann/Linck*, § 7 BUrlG Rz. 217. |8 BAG v. 7.12.1993 – 9 AZR 683/92, AP Nr. 15 zu § 7 BUrlG. |9 BAG v. 28.6.1984 – 6 AZR 521/81, AP Nr. 18 zu § 7 BUrlG – Abgeltung; v. 26.5.1992 – 9 AZR 172/91, AP Nr. 58 zu § 7 BUrlG – Abgeltung. |10 BAG v. 28.6.1984 – 6 AZR 521/81, AP Nr. 18 zu § 7 BUrlG. |11 BAG v. 14.5.1986 – 8 AZR 604/84, AP Nr. 26 zu § 7 BUrlG – Abgeltung.

abgeltungsanspruch schon dann zu erfüllen, wenn der ArbN bei Fortdauer des Arbeitsverhältnisses jedenfalls für die Dauer seines Urlaubsanspruchs jede andere vertraglich geschuldete Arbeit hätte erbringen können[1].

106 Ist der ArbN nur **eingeschränkt arbeitsfähig**, kommt es darauf an, ob es im Betrieb des ArbGeb Arbeitsplätze gab, die der ArbN trotz seiner eingeschränkten Arbeitsfähigkeit hätte ausfüllen können, und ob der ArbGeb nach der arbeitsvertraglich vereinbarten Tätigkeit verpflichtet gewesen wäre, dem ArbN einen solchen Arbeitsplatz anzubieten[2].

107 **Erwerbsunfähigkeit** schließt die Erfüllbarkeit nicht ohne weiteres aus. Die volle Erwerbsminderung (die an die Stelle der Erwerbsunfähigkeit in § 1247 II RVO getreten ist) setzt nicht voraus, dass der ArbN eine bisher vertraglich geschuldete Tätigkeit überhaupt nicht mehr ausüben kann. Nach § 43 II 2 SGB VI sind voll erwerbsgemindert Versicherte, die wegen Krankheit oder Behinderung auf nicht absehbare Zeit außer Stande sind, unter den üblichen Bedingungen des allgemeinen Arbeitsmarktes mindestens drei Stunden täglich erwerbstätig zu sein. Es ist somit nicht ausgeschlossen, dass ein ArbN voll erwerbsgemindert und dennoch (wenigstens für den Zeitraum, der abzugelten ist) arbeitsfähig ist[3].

108 Die **Beweislast** für die Erfüllbarkeit liegt beim ArbN[4]. Er macht seinen Erfüllungsanspruch geltend; die Arbeitsfähigkeit muss als personenbedingtes Tatbestandsmerkmal positiv feststehen, um den Anspruch erfüllbar zu machen[5].

109 **d) Entstehung von Gesetzes wegen.** Der noch nicht erfüllte Urlaubsanspruch des ArbN wandelt sich mit der Beendigung des Arbeitsverhältnisses in den Abgeltungsanspruch um, ohne dass es **weiterer Handlungen** des ArbGeb oder des ArbN bedarf[6].

110 Der Anspruch auf Abgeltung des gesetzl. **Zusatzurlaubs für Schwerbehinderte** entsteht auch ohne vorherige Geltendmachung des Freistellungsanspruches bei Beendigung des Arbeitsverhältnisses. Das gilt auch, wenn der Schwerbehinderte erstmals nach Beendigung des Arbeitsverhältnisses auf seine Schwerbehinderung hinweist[7].

111 **3. Inhalt des Abgeltungsanspruchs. a) Allgemeines.** § 7 IV ist ein im BUrlG besonders geregelter Fall der **Leistungsstörung**[8]; die Norm verdrängt die bürgerl.-rechtl. Vorschriften, die ansonsten bei Unmöglichwerden von Leistungen eingreifen. Die Erfüllung des eigentlichen Urlaubsanspruchs durch Freistellung ist wegen der Beendigung des Arbeitsverhältnisses nicht mehr möglich. An dessen Stelle tritt als Sekundäranspruch die Abgeltung. Der wegen Beendigung des Arbeitsverhältnisses unmöglich werdende Anspruch auf Arbeitsbefreiung wird nicht abgefunden, sondern in einen Abgeltungsanspruch umgewandelt[9].

112 Daraus ergibt sich, dass dem ArbN Urlaubsabgeltung nur dann und nur insoweit zusteht, wie die Erfüllung des Freistellungsanspruchs **allein** durch die Beendigung des Arbeitsverhältnisses **unmöglich** geworden ist. Das bedeutet: Wäre die Erfüllung des Urlaubsanspruchs auch im Falle des Fortbestands des Arbeitsverhältnisses (wegen der Befristung auf das Urlaubsjahr bzw. den Übertragungszeitraum) unmöglich geworden, weil der ArbN durchgehend arbeitsunfähig war, kann auch der Abgeltungsanspruch nicht erfüllt werden[10]. Leistet der ArbGeb gleichwohl (zB in der Annahme, der ArbN sei wieder arbeitsfähig), so erfolgt diese Leistung ohne Rechtsgrund iSv. § 812 I 1 Alt. 1 BGB.

113 **b) Befristung.** In der Konsequenz der Surrogatstheorie des BAG muss der Abgeltungsanspruch das Schicksal des Urlaubsanspruchs auch hinsichtlich des Erlöschens durch die gesetzl. Befristung teilen. Das bedeutet: Der Abgeltungsanspruch **erlischt durch Zeitablauf** mit dem 31.12. des jeweiligen Urlaubsjahres (dh. des Jahres, in dem der ArbN ausgeschieden ist)[11]. Das gilt wie beim Urlaubsanspruch (s. Rz. 76) unabhängig davon, ob der ArbN die Abgeltung verlangt oder sogar eingeklagt hat. In diesen Fällen tritt dann an die Stelle des erloschenen Abgeltungsanspruchs allerdings ein Schadensersatzanspruch (s. Rz. 145).

114 Wie beim Urlaubsanspruch wird das Erlöschen durch Zeitablauf um drei Monate bis zum 31.3. des Folgejahres **verschoben**, wenn die Voraussetzungen des § 7 III 2 vorliegen, also ein Urlaubsanspruch bei Fortbestand des Arbeitsverhältnisses **übertragen** worden wäre.

1 BAG v. 20.1.1998 – 9 AZR 812/96, AP Nr. 45 zu § 13 BUrlG. | 2 BAG v. 14.5.1986 – 8 AZR 604/84, AP Nr. 26 zu § 7 BUrlG – Abgeltung. | 3 BAG v. 14.5.1986 – 8 AZR 604/84, AP Nr. 26 zu § 7 BUrlG – Abgeltung zu § 1247 RVO; v. 27.5.1997 – 9 AZR 337/95, AP Nr. 74 zu § 7 BUrlG – Abgeltung zu § 44 Abs. 2 SGB VI aF; *Leinemann/Linck*, § 7 BUrlG Rz. 213. | 4 BAG v. 20.4.1989 – 8 AZR 621/87, AP Nr. 48 zu § 7 BUrlG – Abgeltung; v. 27.5.1997 – 9 AZR 337/95, AP Nr. 74 zu § 7 BUrlG – Abgeltung; v. 20.1.1998 – 9 AZR 812/96, AP Nr. 45 zu § 13 BUrlG. | 5 Vgl. BAG v. 20.4.1989 – 8 AZR 621/87, AP Nr. 48 zu § 7 BUrlG – Abgeltung. | 6 BAG v. 19.1.1993 – 9 AZR 8/92, AP Nr. 63 zu § 7 BUrlG – Abgeltung; v. 17.1.1995 – 9 AZR 664/93, AP Nr. 66 zu § 7 BUrlG – Abgeltung. | 7 BAG v. 25.6.1996 – 9 AZR 182/95, AP Nr. 11 zu § 47 SchwbG 1986; ErfK/*Dörner*, § 7 BUrlG Rz. 94. | 8 ErfK/*Dörner*, § 7 BUrlG Rz. 96; *Leinemann/Linck*, § 7 BUrlG Rz. 207. | 9 BAG v. 25.6.1996 – 9 AZR 182/95, AP Nr. 11 zu § 47 SchwbG 1986. | 10 BAG v. 7.12.1993 – 9 AZR 683/92, AP Nr. 15 zu § 7 BUrlG; v. 3.5.1994 – 9 AZR 522/92, AP Nr. 64 zu § 7 BUrlG – Abgeltung; v. 20.1.1998 – 9 AZR 812/96, AP Nr. 45 zu § 13 BUrlG. | 11 BAG v. 28.6.1984 – 6 AZR 521/81, AP Nr. 18 zu § 7 BUrlG; v. 5.12.1995 – 9 AZR 871/94, AP Nr. 70 zu § 7 BUrlG – Abgeltung; ErfK/*Dörner*, § 7 BUrlG Rz. 97; *Leinemann/Linck*, § 7 BUrlG Rz. 209 f.

Beispiel: Das Arbeitsverhältnis endet am 31.3.2007. Der ArbN ist vom 1.3.2007 bis zum 28.2.2008 arbeitsunfähig krank. Der Abgeltungsanspruch ist nicht mit dem 31.12.2007 erloschen, da der Übertragungstatbestand „in der Person des ArbN liegende Gründe" gegeben ist. Im Übertagungszeitraum hat der ArbN seine Arbeitsfähigkeit wiedererlangt, so dass das Leistungshindernis rechtzeitig vor dem Erlöschen durch Zeitablauf (31.3.2008) beseitigt wurde, der Anspruch also erfüllbar geworden ist.

Für die Übertragung des Abgeltungsanspruchs gelten dieselben Regeln wie für den Urlaub (s. Rz. 80 ff.). 115

c) Berechnung. Die Berechnung des Abgeltungsbetrags für jeden abzugeltenden Urlaubstag richtet sich nach **§ 11** (s. § 11 Rz. 3 ff.). Er entspricht dem Arbeitsentgelt, das dem ArbN während einer urlaubsbedingten Freistellung im Falle des Fortbestands des Arbeitsverhältnisses fortzuzahlen gewesen wäre[1]. 116

Streitig ist die Berechnung des Abgeltungsanspruchs, wenn sich die Dauer der **Arbeitszeit** (genauer: Die Zahl der Arbeitstage, an denen in der Woche Arbeit zu leisten ist) im Laufe des Urlaubsjahrs bzw. im Übertragungszeitraum **geändert** hat. Es gilt auch hier der Grundsatz, dass der gesetzl. Urlaub in Werktagen bemessen ist und sich deshalb die individuelle Urlaubsdauer nicht nach bereits erbrachten Arbeitsleistungen oder nach bereits erledigten Verteilungen der Arbeitszeit, sondern nach der im Urlaubs- bzw. Abgeltungszeitraum **maßgeblichen Arbeitszeitverteilung**, also der vom ArbN an seinen Arbeitstagen zu erbringenden Arbeitsleistung, richtet (s. ausf. § 3 Rz. 9)[2]. Das gilt entsprechend für den Übertragungszeitraum, so dass sich die Zahl der Urlaubs(Arbeits-)tage nach den Verhältnissen im Übertragungszeitraum richtet[3]. 117

4. Vererblichkeit, Pfändbarkeit, Abtretung und Aufrechnung. Abgeltungsansprüche sind ebenso wenig **vererblich** wie Urlaubsansprüche. Endet das Arbeitsverhältnis durch Tod des ArbN, entsteht kein Abgeltungsanspruch, da der Urlaubs-(Freistellungs-)anspruch nicht mehr erfüllbar wäre[4]. 118

Ein bereits entstandener Abgeltungsanspruch erlischt mit dem **Tod des ArbN**[5]; auch in diesem Fall könnte ein Urlaubsanspruch nicht mehr erfüllt werden. Das gilt sowohl für den gesetzl. als auch für einen tarifl. Abgeltungsanspruch, sofern der TV keine abweichenden Regelungen zur Abgeltung enthält. 119

Stellt dagegen die **tarifl. Abgeltungsregelung** nicht darauf ab, ob der ArbN bei Ausscheiden oder danach arbeitsfähig und arbeitsbereit ist, so schuldet der ArbGeb ohne Rücksicht auf die Erfüllbarkeit des Urlaubsanspruchs eine Geldzahlung („Abfindung"), die mit Ausscheiden des ArbN aus dem Arbeitsverhältnis fällig wird. Eine solche Erweiterung der Abgeltungspflicht ist im Hinblick auf § 13 I BUrlG wirksam, da durch sie eine für den ArbN günstigere Regelung geschaffen wird. Verstirbt der ArbN, nachdem der Anspruch entstanden ist, geht diese Geldforderung nach § 1922 I BGB auf die Erben über[6]. 120

In einem TV kann statt der Abgeltung auch eine **Ersatzleistung** an die Hinterbliebenen für einen mit dem Tode des ArbN erloschenen Urlaubsanspruch vorgesehen werden. Dies ist der Fall, wenn die tarifl. Leistung gerade an den Tod des ArbN und in diesem Zeitpunkt noch nicht erfüllte Urlaubsansprüche anknüpft[7]. 121

Zur Vererblichkeit eines Schadensersatzanspruchs s. Rz. 148 ff. 122

Für **Abtretung, Aufrechnung und Pfändung** gelten dieselben Grundsätze wie für den Urlaubsentgeltanspruch. Es sind daher nur die Grenzen des § 850c ZPO zu beachten[8]. Für die Berechnung des pfändungsfreien Betrags gilt, dass der Abgeltungsbetrag mit seinem Entstehen und seiner Erfüllbarkeit insgesamt fällig wird, auch wenn die Abgeltung für einen über eine Woche hinausgehenden Zeitraum zu gewähren ist (zB: Es sind drei Wochen Urlaub abzugelten); damit kommt eine Aufteilung des unpfändbaren Betrags auf kürzere Berechnungseinheiten nicht in Betracht[9]. 123

5. Verjährung, Verfall, Abdingbarkeit. a) Verjährung. Da der gesetzl. Abgeltungsanspruch auf des Urlaubsjahr bzw. den Übertragungszeitraum befristet ist und deshalb vor Ablauf einer denkbaren Verjährungsfrist erlischt, kommt eine Verjährung nicht in Betracht[10]. 124

b) Ausschlussfristen. Eine tarifl. Ausschlussfrist, die die **Geltendmachung aller Ansprüche** aus dem Arbeitsverhältnisse binnen einer bestimmten Frist fordert, ist regelmäßig so auszulegen, dass sie auf Ansprüche, die wie Urlaubs- und Urlaubsabgeltungsansprüche befristet für einen bestimmten Zeitraum bestehen und deren Erfüllung während dieser Zeit stets verlangt werden kann, keine Anwendung findet. 125

---

1 BAG v. 17.11.1985 – 6 AZR 202/83, AP Nr. 24 zu § 7 BUrlG – Abgeltung. | 2 BAG v. 28.4.1998 – 9 AZR 314/97, AP Nr. 7 zu § 3 BUrlG; aA ErfK/*Dörner*, § 3 BUrlG Rz. 26. | 3 BAG v. 28.4.1998 – 9 AZR 314/97, AP Nr. 7 zu § 3 BUrlG; aA ErfK/*Dörner*, § 7 BUrlG Rz. 65. | 4 BAG v. 23.6.1992 – 9 AZR 111/91, AP Nr. 59 zu § 7 BUrlG – Abgeltung. | 5 BAG v. 22.10.1991 – 9 AZR 433/90, AP Nr. 57 zu § 7 BUrlG – Abgeltung. | 6 BAG v. 18.7.1989 – 8 AZR 44/88, AP Nr. 49 zu § 7 BUrlG – Abgeltung; v. 26.4.1990 – 8 AZR 517/89, AP Nr. 53 zu § 7 BUrlG – Abgeltung. | 7 BAG v. 26.4.1990 – 8 AZR 517/89, AP Nr. 53 zu § 7 BUrlG – Abgeltung. | 8 ErfK/*Dörner*, § 7 BUrlG Rz. 107; *Leinemann/Linck*, § 7 BUrlG Rz. 222 mwN; im Ergebnis ebenso BAG v. 28.8.2001 – 9 AZR 611/99, AP Nr. 80 zu § 7 BUrlG – Abgeltung. | 9 *Leinemann/Linck*, § 7 BUrlG Rz. 224. | 10 ErfK/*Dörner*, § 7 BUrlG Rz. 112; *Leinemann/Linck*, § 7 BUrlG Rz. 233.

Das folgt aus der Ausgestaltung der Urlaubsvorschriften im Gesetz (§ 7 III 1 und 2), die den ArbN lediglich zwingen, seine Ansprüche rechtzeitig vor Ablauf des Urlaubsjahres oder des Übertragungszeitraumes zu verlangen. Wäre daneben außerdem die tarifl. Ausschlussfrist anzuwenden, müssten die ArbN im Januar jeden Jahres ihre Urlaubsansprüche geltend machen, wollten sie deren Verfall verhindern. Das entspricht regelmäßig nicht den Vorstellungen der TV-Parteien über Bestand und Erlöschen von Urlaubs- und Urlaubsabgeltungsansprüchen[1].

126 Ergibt die Auslegung des TV, dass der Abgeltungsanspruch einer Ausschlussfrist unterliegen soll, ist zu unterscheiden: Hinsichtlich des **gesetzl. Mindesturlaubs** ist eine tarifl. Ausschlussfrist mit § 1 nicht zu vereinbaren. § 1 ist gem. § 13 I 1 durch TV nicht zuungunsten des ArbN abdingbar. § 13 I 1 iVm. § 1 garantiert dem ArbN, dass ihm der gesetzl. Urlaubsanspruch während der in § 7 III genannten Fristen unbeschränkt zur Verfügung steht[2]. Der Urlaubsabgeltungsanspruch nach § 7 IV ist ebenso wie der Urlaubsanspruch ein gesetzl. Anspruch nach dem BUrlG; er ist Surrogat des Urlaubsanspruchs. Daher unterliegt auch er den Änderungsbeschränkungen nach § 13 I; er ist unabdingbar[3]. Eine tarifl. Ausschlussklausel ist insoweit unwirksam[4].

127 Im Umfang des **tarifl. Mehrurlaubsanspruchs** können TV-Parteien hingegen für den Abgeltungsanspruch Ausschlussfristen wirksam vereinbaren[5].

128 Durch **einzelvertraglich vereinbarte Ausschlussfristen** werden gesetzl. oder tarifl. Abgeltungsansprüche nicht berührt, § 13 I 3 bzw. § 4 IV TVG[6].

129 Für **Schadensersatzansprüche** können tarifl. Ausschlussfristen gelten (s. Rz. 153).

130 **c) Abdingbarkeit.** Da Abweichungen von den Regelungen des BUrlG **zu Gunsten der ArbN** gem. § 13 I zulässig sind, dürfen die Arbeits- und TV-Parteien Urlaubsabgeltungsregelungen vereinbaren, nach denen nicht gewährter Urlaub unabhängig der Erfüllbarkeit eines Urlaubsanspruchs abzugelten ist[7] (s. auch Rz. 99 f. und § 13 Rz. 50). Die entsprechende tarifl. oder vertragl. Regelung muss jedoch eindeutig sein[8]. Die gesetzl. Regelung ist auch für die TV-Parteien zu Gunsten des ArbN unabdingbar iSv. § 13 I 1[9]. Zum **Nachteil der ArbN** kann daher von der Bestimmung des § 7 IV in TV nicht abgewichen werden.

131 Eine tarifl. Regelung, nach der Abgeltungsansprüche nur entstehen, wenn der Urlaub vor Beendigung des Arbeitsverhältnisses aus **betrieblichen Gründen** nicht gewährt werden konnte, ist unwirksam, soweit durch sie der Urlaubsabgeltungsanspruch im Umfange des gesetzl. Urlaubs nach §§ 1, 3 gemindert wird[10].

132 Durch eine tarifl. Regelung kann der gesetzl. Urlaubsabgeltungsanspruch eines ArbN, der **nach erfüllter Wartefrist** unberechtigt vorzeitig aus dem Arbeitsverhältnis ausscheidet, nicht ausgeschlossen werden; das gilt auch dann, wenn der ArbN nach erfüllter Wartefrist in der ersten Hälfte eines Kalenderjahres aus dem Arbeitsverhältnis ausscheidet[11].

133 **VI. Leistungsstörungen, Schadensersatz. 1. Übersicht.** Auf Leistungsstörungen im Urlaubsrecht (Verzug, Unmöglichkeit) findet grds. das **allgemeine Schuldrecht** des BGB Anwendung. § 7 III 2 und insb. § 9 enthalten jedoch Sonderregelungen.

134 **a) Verzug.** Da der Urlaubsanspruch mit Ablauf der Wartezeit entstanden und fällig ist bzw. mit Beginn des jeweiligen Urlaubsjahres entsteht und fällig wird (s. § 1 Rz. 13), gerät der ArbGeb, der den beantragten Urlaub ohne Leistungsverweigerungsrecht nicht gewährt, gem. § 286 I BGB in **Schuldnerverzug**. Die Aufforderung des ArbN an den ArbGeb, ihm für einen bestimmten Zeitraum Urlaub zu gewähren („Urlaubsantrag"), ist eine Mahnung iSv. § 286 I BGB[12]. Hieran fehlt es, wenn der ArbN nur die „Abrechnung" seines Anspruchs verlangt[13]. Durch die Erhebung einer **Kündigungsschutzklage** wird der ArbGeb hinsichtlich des Urlaubsanspruchs ebenfalls nicht in Verzug gesetzt[14].

135 Der ArbGeb gerät nicht bereits deshalb in Verzug, weil er nicht von sich aus Urlaub gewährt oder zumindest angeboten hat. Der ArbGeb als Schuldner des Urlaubsanspruchs kann zwar seine Verpflichtung auch ohne Mahnung des ArbN erfüllen. Er muss den Anspruch aber nicht erfüllen, bevor er vom ArbN als Gläubiger des Freistellungsanspruchs dazu aufgefordert worden ist[15].

---

1 BAG v. 24.11.1992 – 9 AZR 549/91, AP Nr. 23 zu § 1 BUrlG; ErfK/*Dörner*, § 7 BUrlG Rz. 112; *Leinemann/Linck*, § 7 BUrlG Rz. 232. | 2 ErfK/*Dörner*, § 7 BUrlG Rz. 110; *Leinemann/Linck*, § 7 BUrlG Rz. 229. | 3 BAG v. 5.4.1984 – 6 AZR 443/81, AP Nr. 16 zu § 13 BUrlG. | 4 BAG v. 23.4.1996 – 9 AZR 165/95, AP Nr. 6 zu § 17 BErzGG. | 5 BAG v. 25.8.1992 – 9 AZR 329/91, AP Nr. 60 zu § 7 BUrlG – Abgeltung. | 6 BAG v. 5.4.1984 – 6 AZR 443/81, AP Nr. 16 zu § 13 BUrlG. | 7 BAG v. 26.5.1992 – 9 AZR 172/91, AP Nr. 58 zu § 7 BUrlG – Abgeltung; v. 9.11.1999 – 9 AZR 797/98, AP Nr. 1 zu § 33 TVAL II. | 8 BAG v. 9.8.1994 – 9 AZR 346/92, AP Nr. 65 zu § 7 BUrlG – Abgeltung; v. 26.5.1992 – 9 AZR 172/91, AP Nr. 58 zu § 7 BUrlG – Abgeltung; v. 9.11.1999 – 9 AZR 797/98, AP Nr. 1 zu § 33 TVAL II. | 9 BAG v. 5.12.1995 – 9 AZR 871/94, AP Nr. 70 zu § 7 BUrlG – Abgeltung; v. 27.5.1997 – 9 AZR 337/95, AP Nr. 74 zu § 7 BUrlG – Abgeltung. | 10 BAG v. 10.2.1987 – 8 AZR 529/84, AP Nr. 16 zu § 13 BUrlG – Unabdingbarkeit. | 11 BAG v. 18.6.1980 – 6 AZR 328/78, DB 1980, 2197. | 12 Vgl. BAG v. 24.9.1996 – 9 AZR 364/95, AP Nr. 22 zu § 7 BUrlG. | 13 BAG v. 19.4.1994 – 9 AZR 671/92, nv. | 14 BAG v. 17.1.1995 – 9 AZR 664/93, AP Nr. 66 zu § 7 BUrlG – Abgeltung; v. 21.9.1999 – 9 AZR 705/98, DB 2000, 2611; v. 18.9.2001 – 9 AZR 571/00, nv. | 15 BAG v. 23.6.1992 – 9 AZR 57/91, AP Nr. 22 zu § 1 BUrlG; aA *Natzel*, § 7 BUrlG Rz. 140; *Künzl*, BB 1991, 1630 (1633).

Wenn ein ArbN erstmals **Zusatzurlaub** nach § 125 SBG IX verlangt, muss er ihn gegenüber dem ArbGeb ausdrücklich geltend machen, dh. er muss sich auf seine Schwerbehinderteneigenschaft berufen und außerdem verlangen, dass der ArbGeb ihm Zusatzurlaub gewährt, und zwar für ein bestimmtes Urlaubsjahr[1]. 136

Will ein **streikender ArbN** mit seinem Urlaubsbegehren den ArbGeb in Verzug setzen, muss er nicht nur erklären, dass er für die Dauer der gewünschten Urlaubsfestsetzung nicht mehr am Streik teilnehmen, sondern auch die während des Streiks suspendierte Arbeitspflicht wieder erfüllen wird[2]. 137

b) Unmöglichkeit. Wegen der **gesetzl. Befristung** des Urlaubsanspruchs auf das Kalenderjahr bzw. den Übertragungszeitraum (s. Rz. 70 ff.) erlischt der Urlaubsanspruch mit Ablauf der Befristung; seine Erfüllung wird damit rechtl. unmöglich iSv. § 275 I BGB. Hat der ArbGeb die Unmöglichkeit zu vertreten, kann der ArbN Schadensersatz gem. § 280 I und III, § 283 BGB verlangen. 138

2. Von keiner Vertragspartei zu vertretende Unmöglichkeit. a) Arbeitsunfähigkeit. Ist wirksam Urlaub gewährt worden, wird der ArbN aber danach vor oder während des Urlaubs arbeitsunfähig krank, kann der **Leistungserfolg** nicht eintreten; Arbeitsunfähigkeit und Urlaub schließen sich gegenseitig aus, da der ArbN bereits wegen der Arbeitsunfähigkeit seine Arbeitsleistung nicht erbringen muss und deshalb nicht zur Erfüllung des Urlaubsanspruchs von der Arbeitsleistung freigestellt werden kann. Soweit der ArbGeb die Arbeitsunfähigkeit nicht zu vertreten hat, würde er gem. § 275 I BGB von der Leistung frei. Für die auf krankheitsbedingter Arbeitsunfähigkeit beruhender Unmöglichkeit enthält jedoch **§ 9 eine Sonderregelung** zu § 275 I BGB. Legt der ArbN ein ärztliches Attest vor, entsteht nach § 9 ein Anspruch auf Nachgewährung des Urlaubs im laufenden Kalenderjahr bzw. im Übertragungszeitraum. Der ArbGeb wird wieder Schuldner des nicht erfüllten Anspruchs und muss ihn nach den Regeln des § 7 I und II erneut erteilen (§ 9 Rz. 15 ff.)[3]. 139

Wird der ArbN krank, **bevor Urlaub erteilt** worden ist, kann der Urlaub während der Zeit der Arbeitsunfähigkeit nicht wirksam verlangt oder gewährt werden. Bleibt der ArbN bis zum Ablauf des Urlaubsjahres krank, wird der Urlaub gem. § 7 III übertragen. Gesundet er auch bis zum Ablauf des Übertragungszeitraums – 31.3. des Folgejahres – nicht, so erlischt der Urlaubsanspruch ersatzlos[4]. 140

b) Sonstige Fälle der nicht zu vertretenden Unmöglichkeit. Kommt es nach der Urlaubsgewährung, aber vor dem Antritt des Urlaubs aus anderen Gründen zu einer **Befreiung von der Arbeitspflicht**, kann der Leistungserfolg ebenso wenig eintreten. Da der Urlaubsanspruch sich auf den Zeitraum, für den er erteilt wurde, konkretisiert, § 243 II BGB, wird der ArbGeb von der Pflicht zur Urlaubsgewährung nach § 275 I BGB frei, dh. der Urlaubsanspruch geht ersatzlos unter[5]. Dies gilt zB für den Fall, dass nach Urlaubserteilung in den Urlaubszeitraum durch BV eine **Freischicht** gelegt wird[6], **Kurzarbeit null** stattfindet – sofern der ArbGeb die Kurzarbeit nicht zu vertreten hat (zur Berechnung der Urlaubsvergütung s. § 11 Rz. 44) – oder dass während der vorgesehenen Urlaubszeit ein schwangerschaftsbedingtes **Beschäftigungsverbot** besteht[7]. Eine entsprechende Anwendung von § 9 ist in diesen Fällen nicht möglich. Grds. fallen die urlaubsstörenden Ereignisse in den Risikobereich des ArbN. Nur wenn besondere Vorschriften wie § 9 andere Rechtsfolgen anordnen, gilt die allgemeine Gefahrtragungsregelung nicht, so dass der Urlaub nachgewährt werden muss[8]. Eine derartige Sonderregelung enthält § 3 THW-Helferrechtsgesetz: Zur Vermeidung einer Benachteiligung sind die Tage, an denen ein ehrenamtlicher Helfer des THW während der Dauer seines Erholungsurlaubs zu einem Einsatz herangezogen wird, nicht auf den Urlaubsanspruch anzurechnen. Der herangezogene Helfer hat gegen seinen ArbGeb Anspruch auf erneute Gewährung[9]. 141

3. Vom Arbeitgeber zu vertretende Unmöglichkeit. a) Urlaub. Wegen der Befristung des Urlaubs tritt die rechtl. Unmöglichkeit der Erfüllung des Urlaubsanspruchs auch dann ein, wenn der ArbN den Urlaub verlangt bzw. gerichtlich geltend gemacht hat. Allerdings gerät der ArbGeb durch die Geltendmachung nach § 286 I BGB in Verzug. Tritt im **Stadium des Schuldnerverzugs** Unmöglichkeit ein, so haftet der ArbGeb gem. § 287 S. 2 BGB auch ohne eigenes Verschulden[10]. Grundsätzlich ist die verzugsbegründende wirksame Geltendmachung eines Urlaubsanspruches nur möglich, wenn dieser bereits entstanden ist. Eine Geltendmachung von Urlaubsansprüchen für spätere Jahre durch eine Kündigungsschutzklage ist danach untauglich, weil der Urlaubsanspruch zum Zeitpunkt der Klageerhebung noch nicht entstanden war[11]. Anders ist es jedoch, wenn ein ArbN seinen Jahresurlaub beantragt, im unmittelbaren 142

1 BAG v. 26.6.1986 – 8 AZR 75/83, AP Nr. 5 zu § 44 SchwbG. | 2 BAG v. 24.9.1996 – 9 AZR 364/95, AP Nr. 22 zu § 7 BUrlG. | 3 BAG v. 19.3.1996 – 9 AZR 67/95, AP Nr. 13 zu § 9 BUrlG; ErfK/*Dörner*, § 9 BUrlG Rz. 18. | 4 BAG v. 3.5.1982 – 6 AZR 360/80, DB 1982, 2193. | 5 BAG v. 9.8.1994 – 9 AZR 384/92, AP Nr. 19 zu § 7 BUrlG. | 6 BAG v. 15.6.1993 – 9 AZR 65/90, AP Nr. 3 zu § 1 BildungsurlaubsG NRW. | 7 BAG v. 9.8.1994 – 9 AZR 384/92, AP Nr. 19 zu § 7 BUrlG. | 8 BAG v. 9.6.1988 – 8 AZR 755/85, AP Nr. 10 zu § 9 BUrlG; v. 9.8.1994 – 9 AZR 384/92, AP Nr. 19 zu § 7 BUrlG; ErfK/*Dörner*, § 7 BUrlG Rz. 36. | 9 BAG v. 10.5.2005 – 9 AZR 251/04, AP Nr. 4 zu § 8 BUrlG. | 10 BAG v. 7.11.1985 – 6 AZR 169/84, AP Nr. 16 zu § 3 BUrlG – Rechtsmissbrauch; v. 24.9.1996 – 9 AZR 364/95, AP Nr. 22 zu § 7 BUrlG; ErfK/*Dörner*, § 7 BUrlG Rz. 61; *Leinemann/Linck*, § 7 BUrlG Rz. 159 ff.; aA *Künzl*, BB 1991, 1630; *Plüm*, NZA 1988, 716. | 11 BAG v. 1.12.1983 – 6 AZR 299/80, NZA 1984, 194.

Anschluss daran neuen Erholungsurlaub begehrt und sich diese beantragte Gesamturlaubszeit über die Jahreswende erstreckt[1].

143 Nach §§ 280 I und III, 283, 275 I BGB steht dem ArbN statt des erloschenen Urlaubsanspruchs ein Schadensersatzanspruch zu. Nach § 249 BGB schuldet der ArbGeb Naturalrestitution wie bei der Erfüllung durch Befreiung von der Arbeitspflicht; an die Stelle des ursprünglichen Urlaubsanspruchs tritt ein **(Ersatz-)Urlaubsanspruch** in gleicher Höhe, so dass sich nur der Rechtsgrund, nicht aber der Inhalt des Anspruchs verändert[2]. Der Schadensersatzanspruch unterliegt weder der gesetzl. noch einer etwaigen tarifl. Befristung[3].

144 Kann Urlaub, der als Schadenersatz für verfallenen Urlaub geschuldet wird, wegen Beendigung des Arbeitsverhältnisses nicht mehr gewährt werden, ist der ArbN **in Geld zu entschädigen**[4].

145 **b) Urlaubsabgeltung.** Wie beim Urlaubsanspruch kommt auch an Stelle des erloschenen Abgeltungsanspruchs ein Schadensersatzanspruch in Betracht. Für einen solchen Anspruch ist erforderlich, dass der aus dem Arbeitsverhältnis ausgeschiedene ArbN jedenfalls für die Dauer des ihm ursprünglich zustehenden Urlaubsanspruchs arbeitsfähig war und den Abgeltungsanspruch gegenüber seinem früheren ArbGeb ohne Erfolg geltend gemacht, ihn also **in Verzug gesetzt** hat. Die danach spätestens mit Ablauf des Übertragungszeitraums entstandene Unmöglichkeit der Erfüllung eines Urlaubsabgeltungsanspruchs hat in einem solchen Fall der ArbGeb nach § 287 S. 2 BGB zu vertreten, ohne dass es auf sein Verschulden ankommt, so dass er den Abgeltungsbetrag als Schadensersatz schuldet, §§ 283, 280 I, 275 I, 249 S. 1 BGB[5].

146 **c) Schadensersatz im Kündigungsfall.** Da die Grundsätze der Befristung des Urlaubsanspruchs auch gelten, wenn in einem **Kündigungsrechtsstreit** über den Bestand des Arbeitsverhältnisses gestritten wird, muss der ArbN seinen Urlaubsanspruch für Zeiten nach Ablauf der Kündigungsfrist während des Rechtsstreits geltend machen, um im Falle des Obsiegens Schadensersatz fordern zu können. Die **Erhebung der Kündigungsschutzklage** beinhaltet nicht die Geltendmachung des Urlaubsanspruchs und begründet keinen Schuldnerverzug[6]. Das Erlöschen des Urlaubs- bzw. Abgeltungsanspruchs tritt unabhängig vom Ausgang des Kündigungsschutzprozesses mit Ablauf des Urlaubsjahres (ggf. des Übertragungszeitraums) ein. Einigen sich die Parteien nach Erhebung einer Kündigungsschutzklage des ArbN in einem Vergleich über eine rückwirkende Auflösung des Arbeitsverhältnisses, ist der Abgeltungsanspruch bereits mit dem vereinbarten Ende des Arbeitsverhältnisses entstanden. Sofern die Parteien keine abweichende Regelung getroffen haben, bestehen keine Schadenersatzansprüche des ArbN für den infolge Fristablaufs erloschenen Urlaubsabgeltungsanspruch, wenn sich der ArbGeb nicht mit der Gewährung des Urlaubs in Verzug befunden hat[7].

147 Der ArbGeb kann das Entstehen von **Schadensersatzansprüchen** in dieser Situation **vermeiden**, indem er den verlangten Urlaub „erteilt", dh. eine Freistellungserklärung für den Fall des Fortbestandes des Arbeitsverhältnisses abgibt, mit der Zahlung der Urlaubsvergütung aber wartet, bis über die Wirksamkeit der Kündigung entschieden wurde[8].

148 **4. Vererblichkeit des Schadensersatzanspruchs.** Streitig ist, in welchen Fällen ein Schadensersatzanspruch vererblich ist.

149 Das BAG[9] hat angenommen, der ArbGeb sei nach § 280 I BGB verpflichtet, den durch die Nichterfüllung des Urlaubsabgeltungsanspruchs entstehenden Schaden zu ersetzen, wenn der später verstorbene ArbN die Abgeltung verlangt habe. Durch die Geltendmachung des Abgeltungsanspruchs gerate der ArbGeb in Schuldnerverzug. Gehe der Abgeltungsanspruch während des Schuldnerverzugs durch den Tod des ArbN unter, habe der ArbN Anspruch auf Schadenersatz wegen Nichterfüllung des Urlaubsabgeltungsanspruchs nach § 280 I, § 283, § 286 I, § 287 S. 2 BGB. Dieser Anspruch gehe nach § 1922 I BGB auf den Erben über. Denn der infolge des Schuldnerverzugs entstandene Schadenersatzanspruch falle in den Nachlass, wenn der Erblasser den ArbGeb in Verzug gesetzt habe; die mit dem Tod eintretende Unmöglichkeit der Urlaubsfreistellung sei wie ein noch zu Lebzeiten des Erblassers eingetretener Schaden zu bewerten, weil der ArbGeb auch bei Fortleben des Erblassers spätestens mit Ablauf des Übertragungszeitraums für die verzugsbedingte Nichterfüllung des Abgeltungsanspruchs Schadenersatz hätte leisten müssen.

Beispiel: Das Arbeitsverhältnis endet am 30.6. A hat zu diesem Zeitpunkt noch einen Urlaubstag zu beanspruchen. Mit einer am 23.8. erhobenen Klage verlangt A Abgeltung des einen Tages. Am 16.10. stirbt A. Der Erbe begehrt Schadensersatz in Höhe der ursprünglich verlangten Urlaubsabgeltung[10].

---

1 BAG v. 11.4.2006 – 9 AZR 523/05, AP Nr. 28 zu § 7 BUrlG – Übertragung. | 2 BAG v. 7.11.1985 – 6 AZR 169/84, AP Nr. 16 zu § 3 BUrlG – Rechtsmissbrauch; ErfK/*Dörner*, § 7 BUrlG Rz. 61. | 3 BAG v. 11.4.2006 – 9 AZR 523/05, AP Nr. 28 zu § 7 BUrlG – Übertragung. | 4 BAG v. 26.6.1986 – 8 AZR 75/83, AP Nr. 5 zu § 44 SchwbG. | 5 BAG v. 22.10.1991 – 9 AZR 433/90, AP Nr. 57 zu § 7 BUrlG – Abgeltung; v. 17.1.1995 – 9 AZR 664/93, AP Nr. 66 zu § 7 BUrlG – Abgeltung. | 6 BAG v. 17.1.1995 – 9 AZR 664/93, AP Nr. 66 zu § 7 BUrlG – Abgeltung; v. 18.9.2001 – 9 AZR 571/00, nv. | 7 BAG v. 21.9.1999 – 9 AZR 705/98, DB 2000, 2611. | 8 *Leinemann/Linck*, § 1 BUrlG Rz. 75. | 9 BAG v. 19.11.1996 – 9 AZR 376/95, AP Nr. 71 zu § 7 BUrlG – Abgeltung. | 10 Nach BAG v. 19.11.1996 – 9 AZR 376/95, AP Nr. 71 zu § 7 BUrlG – Abgeltung.

Diese Entscheidung ist auf **berechtigte Kritik** gestoßen, weil das BAG seine Vorgaben missachtet hat, dass der Abgeltungsanspruch kein einfacher, an keine weiteren Voraussetzungen gebundener Geldanspruch sei, vielmehr nur verwirklicht werden könne, wenn der ArbN bei Fortdauer seines Arbeitsverhältnisses seine vertraglich geschuldete Leistung noch erbringen könnte[1]. 150

Ein Schadensersatzanspruch kann allerdings vererbt werden, wenn der Abgeltungsanspruch allein **wegen Fristablaufs unerfüllbar** geworden ist und zum Zeitpunkt des Todes des ArbN ein **Schadensersatzanspruch bereits entstanden** war[2]. 151

Beispiel: Das Arbeitsverhältnis endet am 31.10.2007. Im November 2007 macht A seinen Anspruch auf Urlaubsabgeltung geltend. Am 15.1.2008 stirbt A.

In diesem Fall tritt Unmöglichkeit der Abgeltung wegen Ablaufs des Urlaubsjahrs bereits zu **Lebzeiten des ArbN** ein. Da sich der ArbGeb zu diesem Zeitpunkt im Verzug befand, entsteht ein Schadensersatzanspruch nach § 280 I BGB. Dieser zu Lebzeiten entstandene Schadensersatzanspruch ist vererblich.

5. Verjährung, Verfall, Abdingbarkeit des Schadensersatzanspruchs. a) Verjährung. Schadensersatzansprüche statt des Urlaubs oder der Abgeltung unterliegen der **regelmäßigen Verjährung** nach § 195 iVm. § 199 BGB (3 Jahre ab Schluss des Jahres, in dem der Anspruch entstanden ist, wenn der ArbN die anspruchsbegründenden Umstände kennt oder grob fahrlässig nicht kennt)[3]. 152

b) Verfall. Tarifl. Ausschlussfristen können Schadensersatzansprüche statt des Urlaubs oder der Abgeltung umfassen[4]. § 13 I 1 steht dem nicht entgegen, da es sich nicht um einen Anspruch aus dem BUrlG handelt, sondern um einen **Sekundäranspruch** aus dem Leistungsstörungsrecht des BGB. 153

Zur Wahrung einer **ein- oder zweistufigen Ausschlussfrist** genügt regelmäßig die schriftl. Aufforderung (und anschließende Klage) des ArbN, Urlaub bzw. Abgeltung zu gewähren. Der Schadensersatzanspruch muss nicht noch einmal als solcher nach seiner Entstehung geltend gemacht werden. Wird der Schuldner einmal gemahnt und damit darauf hingewiesen, dass er zukünftig mit einer Forderung rechnen muss, genügt die Mahnung oder Klage auf Erfüllung von Urlaub den Anforderungen an die tarifl. Ausschlussfrist auch im Bezug auf Ersatzansprüche[5]. 154

c) Abdingbarkeit. Da Schadensersatzansprüche nicht von § 13 I erfasst sind, kann auf sie rechtswirksam **verzichtet** werden. Sie können also – anders als die Primäransprüche auf Urlaub bzw. Abgeltung – insb. Gegenstand einer allgemeinen Ausgleichsklausel in einem **gerichtlichen Vergleich** sein. Dies gilt regelmäßig auch für tarifl. Mehrurlaubsansprüche; von § 4 IV TVG wird nur der Urlaubs- bzw. Abgeltungsanspruch erfasst, nicht aber der Sekundäranspruch auf Schadensersatz. Das bedeutet für die arbeitsgerichtl. Praxis, dass zum Zeitpunkt des Vergleichsschlusses darauf geachtet werden muss, ob der Primäranspruch bereits durch Zeitablauf erloschen ist und deshalb nur noch ein Schadensersatzanspruch in Betracht kommt. 155

8 *Erwerbstätigkeit während des Urlaubs*

Während des Urlaubs darf der Arbeitnehmer keine dem Urlaubszweck widersprechende Erwerbstätigkeit leisten.

I. Zweck der Vorschrift, Anwendungsbereich. Durch § 8 wird dem ArbN eine gesetzl. bedingte Pflicht aus seinem Arbeitsverhältnis auferlegt, während des Urlaubs jedenfalls **urlaubszweckwidrige Tätigkeiten gegen Entgelt** zu unterlassen, gleichgültig, ob sie in einem Arbeits- oder einem anderen Vertragsverhältnis ausgeübt werden[6]. Der ArbN soll während der Freizeit dem Erholungszweck entsprechend seine Kräfte auffrischen und nicht seine Arbeitskraft anderweitig „vermarkten". Zugunsten des ArbGeb soll gewährleistet werden, dass die kostenträchtige Freistellung wirklich dem Urlaubszweck dient und nicht die Leistungsfähigkeit des ArbN beeinträchtigt[7]. 1

§ 8 bezieht sich auf den im bestehenden Arbeitsverhältnis gewährten **Erholungsurlaub**, auch wenn er nach Ausspruch einer Kündigung in der Kündigungsfrist erteilt wird[8]. Hingegen bezieht sich das Verbot nicht auf den mit Beendigung des Arbeitsverhältnisses entstehenden Urlaubsabgeltungsanspruch. Der ArbN kann daher trotz Zahlung einer Urlaubsabgeltung im Anschluss an das bisherige Arbeitsverhältnis sofort ein neues Arbeitsverhältnis eingehen[9]. 2

---

1 ErfK/*Dörner*, § 7 BUrlG Rz. 106. | 2 ErfK/*Dörner*, § 7 BUrlG Rz. 106. | 3 BAG v. 11.4.2006 – 9 AZR 523/05, AP Nr. 28 zu § 7 BUrlG – Übertragung. | 4 *Leinemann/Linck*, § 7 BUrlG Rz. 234; BAG v. 16.3.1999 – 9 AZR 428/98, AP Nr. 25 zu § 7 BUrlG – Übertragung = DB 1999, 2167 prüft die Einhaltung der Ausschlussfrist, ohne sich grds. zu dem Problem zu äußern. | 5 BAG v. 24.11.1992 – 9 AZR 549/91, AP Nr. 23 zu § 1 BUrlG; v. 16.3.1999 – 9 AZR 428/98, AP Nr. 25 zu § 7 BUrlG – Übertragung = DB 1999, 2167. | 6 BAG v. 25.2.1988 – 8 AZR 596/85, AP Nr. 3 zu § 8 BUrlG = NZA 1988, 607. | 7 BT-Drs. IV/785; ErfK/*Dörner*, § 8 BUrlG Rz. 1. | 8 Vgl. BAG v. 25.2.1988 – 8 AZR 596/85, AP Nr. 3 zu § 8 BUrlG; *Leinemann/Linck*, § 8 BUrlG Rz. 9. | 9 ErfK/*Dörner*, § 8 BUrlG Rz. 9; KassHdb/*Schütz*, 2.4. Rz. 601 mwN; *Leinemann/Linck*, § 8 BUrlG Rz. 10.

3 § 8 findet keine Anwendung, wenn der ArbN **berechtigterweise** auch sonst während des Arbeitsverhältnisses einer anderweitigen Erwerbstätigkeit nachgeht, zB in einem (weiteren) Teilzeitarbeitsverhältnis oder in einer Nebenerwerbslandwirtschaft[1].

4 Von dem Verbot des § 8 ist nur eine Erwerbstätigkeit während der Freistellung zur **Erfüllung des Urlaubsanspruchs** erfasst. Ist der ArbN aus anderen Gründen freigestellt und geht er während dieser Zeit einer Erwerbstätigkeit nach, kann § 8 auch nicht analog angewandt werden[2].

5 **II. Inhalt der Vorschrift. 1. Erwerbstätigkeit.** § 8 untersagt dem ArbN eine dem **Urlaubszweck widersprechende Erwerbstätigkeit.** Als Erwerbstätigkeit ist jede gegen Entgelt ausgeübte Tätigkeit anzusehen ohne Rücksicht darauf, ob sie in einem Arbeitsverhältnis, freien Dienstverhältnis oder Werkvertragsverhältnis ausgeübt wird[3]. Auf die Art der Tätigkeit (körperliche oder geistige Arbeit, selbständig oder unselbständig) kommt es nicht an[4]. Gegen Entgelt wird eine Tätigkeit ausgeübt, wenn eine dem Wert der Arbeit entsprechende Gegenleistung in Geld oder Sachwerten versprochen ist oder regelmäßig erwartet wird[5].

6 Keine Erwerbstätigkeit iSd. § 8 liegt daher vor, wenn ein ArbN während des Urlaubs (in der Kündigungsfrist) eine Berufsausbildung nach dem BBiG beginnt und Ausbildungsvergütung bezieht[6]. Er darf zu seinem Nutzen an seinem Eigentum (Garten, Haus) arbeiten[7], Gefälligkeitstätigkeiten bei Verwandten, Nachbarn oder karitativen Einrichtungen (auch gegen Kost und Logis) durchführen oder auf Grund familienrechtl. und öffentl.-rechtl. Verpflichtung gegen eine Aufwandsentschädigung tätig sein[8].

7 **2. Zweckwidrigkeit.** Untersagt ist nach § 8 nicht jede, sondern nur eine dem Urlaubszweck widersprechende Erwerbstätigkeit. Eine Erwerbstätigkeit widerspricht nur dann dem Urlaubszweck, wenn sie die für die Fortsetzung des Arbeitsverhältnisses notwendige **Auffrischung der Arbeitskräfte** des ArbN verhindert[9]. Das ist nach den subjektiven und objektiven Umständen des Einzelfalls zu beurteilen. Maßgebend sind Schwere, Art und Dauer der Erwerbstätigkeit[10].

8 Die Tätigkeit eines ArbN auf seinem Arbeitsgebiet gegen Entgelt muss nicht zweckwidrig sein, wenn sie nur **gelegentlich** (stundenweise an wenigen Tagen) erfolgt. Dagegen wird die Beschäftigung über die volle tägliche Arbeitszeit regelmäßig zweckwidrig sein[11].

9 Auch bei einer Tätigkeit in einem **anderen Berufsfeld** ist zu differenzieren: Die schwere, andauernde körperlicher Arbeit eines Büroangestellten (zB auf einer Baustelle) widerspricht dem Urlaubszweck, während gelegentliche Hilfe in der Landwirtschaft ein erholungsfördernder körperlicher Ausgleich sein kann[12].

10 **III. Rechtsfolgen eines Verstoßes gegen § 8. 1. Zweckwidriger Vertrag.** § 8 enthält nur eine Regelung über eine **vertragl. Pflicht** des ArbN, bestimmte Erwerbstätigkeiten während des Urlaubs zu unterlassen. Das für die Urlaubsdauer pflichtwidrig vereinbarte Rechtsverhältnis ist nicht nach § 134 BGB nichtig, da § 8 ein gesetzl. Verbot iS dieser Vorschrift nicht entnommen werden kann[13].

11 **2. Urlaubsanspruch.** Eine nach § 8 unzulässige Erwerbstätigkeit **berührt nicht** den Urlaubsanspruch des ArbN. Weder lebt die suspendierte Arbeitspflicht wieder auf (der ArbGeb kann also nicht den Abbruch des Urlaubs und die Wiederaufnahme der Arbeit bei sich verlangen), noch steht die Erwerbstätigkeit dem Erlöschen des erteilten Urlaubsanspruchs durch Erfüllung entgegen (der ArbN kann also nicht mit der Begründung, er habe keinen „richtigen" Urlaub gehabt, erneut Urlaub verlangen). Das Gesetz stellt den Urlaubsanspruch oder seine Erfüllung nicht unter den Vorbehalt, dass das Verbot des § 8 beachtet werde[14].

12 **3. Urlaubsentgelt.** Eine zweckwidrige Erwerbstätigkeit lässt den Anspruch auf das **Entgelt** jedenfalls für den gesetzl. Mindesturlaub nicht entfallen[15]. § 8 kann nicht entnommen werden, dass im Falle einer unerlaubten Erwerbstätigkeit der ArbGeb berechtigt sei, das Urlaubsentgelt zu kürzen, oder dass der Anspruch auf Zahlung des Urlaubsentgelts in einem solchen Fall von selbst entfalle.

13 Da § 8 die Rechtsgrundlage für den Anspruch auf Urlaubsentgelt nicht entfallen lässt, kommt ein Anspruch des ArbGeb, der das Urlaubsentgelt bereits vor Urlaubsantritt gezahlt hat, auf **Rückzahlung** der Vergütung nach § 812 I 2 Alt. 1 BGB nicht in Betracht[16].

14 Während des Urlaubs **anderweitig erzielter Verdienst** ist nicht auf das vom ArbGeb geschuldete Arbeitsentgelt anzurechnen[17].

---

1 KassHdb/*Schütz*, 2.4. Rz. 602. | 2 ErfK/*Dörner*, § 8 BUrlG Rz. 8. | 3 Vgl. BAG v. 20.10.1983 – 6 AZR 590/80, AP Nr. 5 zu § 47 BAT = DB 1984, 1306. | 4 *Leinemann/Linck*, § 8 BUrlG Rz. 5. | 5 ErfK/*Dörner*, § 8 BUrlG Rz. 3. | 6 BAG v. 20.10.1983 – 6 AZR 590/80, AP Nr. 5 zu § 47 BAT = DB 1984, 1306. | 7 ErfK/*Dörner*, § 8 BUrlG Rz. 3; *Leinemann/Linck*, § 8 BUrlG Rz. 3. | 8 ErfK/*Dörner*, § 8 BUrlG Rz. 3; *Leinemann/Linck*, § 8 BUrlG Rz. 3. | 9 ErfK/*Dörner*, § 8 BUrlG Rz. 5. | 10 ErfK/*Dörner*, § 8 BUrlG Rz. 6; *Leinemann/Linck*, § 8 BUrlG Rz. 7. | 11 ErfK/*Dörner*, § 8 BUrlG Rz. 6. | 12 ErfK/*Dörner*, § 8 BUrlG Rz. 7; *Leinemann/Linck*, § 8 BUrlG Rz. 7. | 13 BAG v. 25.2.1988 – 8 AZR 596/85, AP Nr. 3 zu § 8 BUrlG. | 14 ErfK/*Dörner*, § 8 BUrlG Rz. 11; aA *Neumann/Fenski*, § 8 BUrlG Rz. 11. | 15 BAG v. 25.2.1988 – 8 AZR 596/85, AP Nr. 3 zu § 8 BUrlG. | 16 BAG v. 25.2.1988 – 8 AZR 596/85, AP Nr. 3 zu § 8 BUrlG. | 17 BAG v. 19.3.2002 – 9 AZR 16/01, BB 2002, 1703.

In **TV** kann für den tarifl. Mehrurlaub Abweichendes vereinbart werden (s. Rz. 19). 15

4. Ansprüche und Kündigungsrecht des Arbeitgebers. Mit dem Verstoß gegen § 8 begeht der ArbN eine **Pflichtverletzung** im Arbeitsverhältnis. Der ArbGeb kann bei unmittelbar bevorstehender oder noch andauernder unzulässiger Erwerbstätigkeit Unterlassung (ggf. im Wege der einstw. Verfügung) verlangen. Theoretisch kommt auch ein Schadensersatzanspruch des ArbGeb in Betracht; jedoch wird der ArbGeb regelmäßig nur dann einen Schaden haben, wenn der ArbN während der Erwerbstätigkeit einen Unfall erleidet und hierdurch dem ArbGeb zusätzliche Kosten entstehen[1]. 16

Wegen der Pflichtverletzung kann der ArbGeb **abmahnen** und ggf. **kündigen**. Zweckwidrige Urlaubsarbeit stellt einen Grund iSd. § 1 II KSchG dar, der unter Beachtung des Verhältnismäßigkeitsgrundsatzes (vorherige Abmahnung) und nach Abwägung der beiderseitigen Interessen eine ordentl. (verhaltensbedingte) Kündigung sozial rechtfertigen kann[2]. 17

IV. Abdingbarkeit. Der gesetzl. Urlaubs- und Urlaubsentgeltanspruch steht nicht zur Disposition der TV-Parteien. Sie sind daher nicht befugt, eine Regelung zu treffen, nach der ArbN, die ohne Erlaubnis während des Urlaubs gegen Entgelt arbeiten, hierdurch den **Anspruch auf die Urlaubsvergütung** für die Tage der Erwerbstätigkeit verlieren (s. zB § 47 VIII BAT)[3]. 18

Dagegen bestehen gegen derartige Tarifbestimmungen keine rechtl. Bedenken, soweit sie Urlaubsansprüche betreffen, die **über den gesetzl.** Urlaub hinaus tarifl. gewährt werden. TV-Parteien sind durch § 13 I nicht daran gehindert, tarifl. Mehrurlaubsansprüche an Bedingungen oder Vorbehalte zu knüpfen oder sie auch inhaltlich abweichend vom gesetzl. Urlaubsanspruch auszugestalten[4]. 19

9 *Erkrankung während des Urlaubs*

Erkrankt ein Arbeitnehmer während des Urlaubs, so werden die durch ärztliches Zeugnis nachgewiesenen Tage der Arbeitsunfähigkeit auf den Jahresurlaub nicht angerechnet.

I. Zweck der Vorschrift. § 9 ist eine **Sonderbestimmung** zum allgemeinen Leistungsstörungsrecht (§ 275 I bzw. III BGB). 1

Beim **Zusammentreffen von bewilligtem Erholungsurlaub und Erkrankung** kann der mit der Festsetzung des Urlaubs bezweckte Leistungserfolg, die Befreiung des ArbN von der Arbeitspflicht für die Dauer des Urlaubs, nicht eintreten, weil die Arbeitspflicht bereits auf Grund Arbeitsunfähigkeit wegen Krankheit entfallen ist; die Urlaubserfüllung wird damit unmöglich[5]. Nach dem allgemeinen Leistungsstörungsrecht des BGB würde die Bestimmung des Urlaubszeitpunkts durch den ArbGeb zur Beschränkung seiner Pflicht zur Erteilung des Urlaubs und bei Unmöglichkeit der Leistung zu deren Untergang führen (§ 243 II, § 275 I bzw. III, § 300 II BGB). 2

§ 9 soll demgegenüber verhindern, dass der ArbN durch krankheitsbedingte Arbeitsunfähigkeit seinen **Urlaubsanspruch verliert**[6]. Die Vorschrift bewirkt, dass die Erfüllung des Urlaubsanspruchs zeitlich innerhalb der gesetzl. oder tarifl. Befristung nachgefordert werden kann, gleichgültig, ob der ArbN im Urlaub erkrankt war (§ 9) oder den Urlaub wegen Arbeitsunfähigkeit nicht hat antreten können. 3

II. Arbeitsunfähigkeit während des Urlaubs. 1. Arbeitsunfähigkeit. Der Begriff der Arbeitsunfähigkeit entspricht dem in **§ 3 EFZG**[7]. Krankheit und Arbeitsunfähigkeit sind nicht deckungsgleich. Arbeitsunfähigkeit liegt nur vor, wenn der ArbN allein wegen der Erkrankung seine vertraglich geschuldete Tätigkeit objektiv nicht ausüben kann oder objektiv nicht ausüben sollte, weil die Heilung nach ärztlicher Prognose verhindert oder verzögert wird[8]. 4

Nach § 3 II EFZG gilt als Arbeitsunfähigkeit auch eine Arbeitsverhinderung, die infolge einer nicht rechtswidrigen **Sterilisation** oder eines nicht rechtswidrigen **Abbruchs der Schwangerschaft** eintritt. Dies gilt auch für § 9; wird die Sterilisation oder der Schwangerschaftsabbruch im Urlaub vorgenommen, so kann deshalb Nachgewährung des Urlaubs beansprucht werden[9]. 5

§ 9 greift auch dann, wenn die Arbeitsunfähigkeit vom ArbN **verschuldet** iSv. § 3 EFZG war[10]. Eine Beschränkung auf unverschuldete Arbeitsunfähigkeit ist dem Wortlaut nicht zu entnehmen und auch nach dem Gesetzeszweck nicht erforderlich. Der ArbGeb wird dadurch vor Missbrauch geschützt, dass dem ArbN bei selbst verschuldeter Arbeitsunfähigkeit kein Entgeltfortzahlungsanspruch zusteht[11]. 6

1 Vgl. KassHdb/*Schütz*, 2.4. Rz. 607. | 2 BAG v. 25.2.1988 – 8 AZR 596/85, AP Nr. 3 zu § 8 BUrlG. | 3 BAG v. 25.2.1988 – 8 AZR 596/85, AP Nr. 3 zu § 8 BUrlG. | 4 BAG v. 25.2.1988 – 8 AZR 596/85, AP Nr. 3 zu § 8 BUrlG. | 5 BAG v. 9.6.1988 – 8 AZR 755/85, AP Nr. 10 zu § 9 BUrlG; v. 15.6.1993 – 9 AZR 65/90, AP Nr. 3 zu § 1 BildungsurlaubsG NRW. | 6 BT-Drs. IV/785; ErfK/*Dörner*, § 9 BUrlG Rz. 1. | 7 ErfK/*Dörner*, § 9 BUrlG Rz. 8; *Leinemann/Linck*, § 9 BUrlG Rz. 6. | 8 BAG v. 26.7.1989 – 5 AZR 491/88, AP Nr. 86 zu § 1 LohnFG; v. 7.8.1991 – 5 AZR 410/90, AP Nr. 94 zu § 1 LohnFG. | 9 ErfK/*Dörner*, § 9 BUrlG Rz. 11; *Kanzlsperger*, ArbuR 1997, 192. | 10 ErfK/*Dörner*, § 9 BUrlG Rz. 9; *Leinemann/Linck*, § 9 BUrlG Rz. 7. | 11 ErfK/*Dörner*, § 9 BUrlG Rz. 9; *Leinemann/Linck*, § 9 BUrlG Rz. 7.

7 Dem ArbN ist es auch nach dem Rechtsgedanken des **§ 162 BGB** nicht verwehrt, die Nachgewährung des Urlaubs gem. § 9 zu verlangen, wenn er die Arbeitsunfähigkeit durch eine medizinisch nicht gebotene Entscheidung, sich während des gewährten Urlaubs einer Operation zu unterziehen, herbeigeführt hat[1]. § 9 stellt keine Rechtspflicht für den ArbN auf, bei der Festlegung des Zeitpunktes der Operation auf den gewährten Urlaub Rücksicht zu nehmen.

8 Nach dem klaren Gesetzeswortlaut ist es unerheblich, ob sich der ArbN trotz der Erkrankung **erholen kann** oder nicht. Das gilt sowohl für den Fall, dass trotz Erkrankung Arbeitsfähigkeit besteht, der Erholungszweck aber nicht erreicht werden kann (dann erlischt der Urlaubsanspruch durch Erfüllung), als auch bei Arbeitsunfähigkeit, wenn diese dem Erholungszweck nicht entgegenstehen würde (dann ist nach § 9 der Urlaub nachzugewähren). Die Vereitelung des Erholungszwecks ist nicht Tatbestandsmerkmal dieser Vorschrift[2].

9 § 9 gilt nur im Falle der krankheitsbedingten Arbeitsunfähigkeit; die Vorschrift ist **nicht analogiefähig**. § 9 enthält keinen allgemeinen urlaubsrechtl. Grundsatz, dass stets im Falle des Zusammentreffens von Urlaub und einem anderen Tatbestand, aus dem sich die Beseitigung der Arbeitspflicht des ArbN ergibt, der ArbGeb den Urlaub nachgewähren muss[3].

10 **2. Während des Urlaubs.** Die zur Arbeitsunfähigkeit führende Erkrankung muss nach dem Gesetzeswortlaut während des Urlaubs, dh. während des Zeitraums der Freistellung von der Arbeit gem. §§ 1, 3 eingetreten sein. Die Formulierung „während des Urlaubs" erfasst zum einen den Fall, dass der ArbN im Urlaub krank wird. Gemeint ist aber auch die Erkrankung, die bereits vor Urlaubsbeginn eintritt und während des festgelegten Freistellungszeitraums andauert; auch dann ist der ArbN während des Urlaubs erkrankt[4].

11 **3. Nachweis der Arbeitsunfähigkeit.** Voraussetzung für die erneute Gewährung des wegen Krankheit nicht erfüllten Urlaubs ist die Vorlage eines **ärztl. Zeugnisses** über die Dauer und den Zeitraum der Arbeitsunfähigkeit. Die Vorlage des ärztlichen Attests ist nicht nur Ordnungsmaßnahme; ohne Attest besteht kein Anspruch auf erneute Urlaubserteilung[5].

12 Aus der ärztl. Bescheinigung muss hervorgehen, dass der ausstellende Arzt den **Unterschied zwischen Arbeitsunfähigkeit und Krankheit** kennt. Das gilt insb. für Atteste aus dem Ausland[6]. Dem genügt nicht ein Attest, das die Erkrankung (Verletzung) beschreibt, aber keine Angaben zu den Folgen der Erkrankung für die Arbeitsfähigkeit macht[7].

13 Die Pflicht zur Vorlage des ärztl. Attestes ist – anders als bei § 5 EFZG – **nicht fristgebunden**. § 5 EFZG ist auch nicht entsprechend anwendbar[8]. Da die Vorlage der Bescheinigung Anspruchsvoraussetzung ist, darf der ArbGeb jedoch so lange die Nachgewährung des Urlaubs verweigern, bis der ArbN das Attest vorlegt[9]. Versäumt der ArbN die Fristen, innerhalb derer der Urlaubsanspruch besteht (31.12.; im Übertragungsfall 31.3. des Folgejahres), erlischt der Anspruch auf Nachgewährung[10].

14 **III. Rechtsfolgen. 1. Schuldrechtliche Bedeutung.** Für die Zeit der nachgewiesenen Arbeitsunfähigkeit wird der ArbGeb nicht von der Leistung (Urlaubsgewährung) frei. Da Erfüllung auf Grund des Urlaubsanspruchs in Zeiten der Arbeitsunfähigkeit nicht eintreten kann, bleibt der **Urlaubsanspruch bestehen**; der ArbN kann ihn nach seiner Genesung erneut verlangen. Damit erschöpft sich der Regelungsgehalt der Vorschrift. Insb. gelten für den nachzugewährenden Urlaub die sonstigen Vorschriften des BUrlG unverändert.

15 **2. Nachgewährung.** Der ArbGeb hat den gem. § 9 nicht erloschenen Urlaub nach Maßgabe des § 7 zu gewähren, wenn der ArbN dies geltend macht. Allerdings steht dann dem ArbGeb ggf. das **Leistungsverweigerungsrecht** aus § 7 I zur Seite.

16 Auch für den nachzugewährenden Urlaub gilt, dass der ArbN nicht befugt ist, sich **selbst zu beurlauben**; er darf ohne Zustimmung des ArbGeb also nicht den krankheitshalber ausgefallenen Urlaub an die Zeit der Arbeitsunfähigkeit anhängen[11]. Beantragt der ArbN dies noch während der Erkrankung, wird dem ArbGeb, der die pünktliche Rückkehr des ArbN aus dem Urlaub in den Betriebsablauf eingeplant hat, häufig ein Leistungsverweigerungsrecht aus betriebl. Gründen zustehen.

---

1 *Leinemann/Linck*, § 9 BUrlG Rz. 8; aA LAG Köln 28.8.1996 – 2 Sa 132/96 – LAGE § 7 BUrlG Nr. 34 = NZA-RR 1997, 83. Das LAG Köln sieht die Treuwidrigkeit (§ 162 BGB) darin, dass der ArbN ohne medizinische Not die Operation in dem einverständlich festgelegten Urlaubszeitraum vornehmen ließ. Dabei verkennt das LAG, dass das Einverständnis des ArbN mit dem Urlaubszeitraum urlaubsrechtlich ohne Bedeutung ist und deshalb die Treuwidrigkeit nicht begründen kann. | 2 ErfK/*Dörner*, § 9 BUrlG Rz. 10; *Leinemann/Linck*, § 9 BUrlG Rz. 9; aA GK-BUrlG/*Stahlhacke*, § 9 Rz. 7. | 3 BAG v. 9.8.1994 – 9 AZR 384/92, AP Nr. 19 zu § 7 BUrlG unter Aufgabe der früheren Rspr.; ErfK/*Dörner*, § 9 BUrlG Rz. 4; *Leinemann/Linck*, § 9 BUrlG Rz. 6; aA *Kanzlsperger*, ArbuR 1997, 192. | 4 ErfK/*Dörner*, § 9 BUrlG Rz. 7; *Leinemann/Linck*, § 9 BUrlG Rz. 5. | 5 ErfK/*Dörner*, § 9 BUrlG Rz. 13. | 6 BAG v. 15.12.1987 – 8 AZR 647/86, AP Nr. 9 zu § 9 BUrlG = DB 1988, 1555. | 7 BAG v. 15.12.1987 – 8 AZR 647/86, AP Nr. 9 zu § 9 BUrlG = DB 1988, 1555. | 8 ErfK/*Dörner*, § 9 BUrlG Rz. 16; *Leinemann/Linck*, § 9 BUrlG Rz. 14. | 9 ErfK/*Dörner*, § 9 BUrlG Rz. 16; *Leinemann/Linck*, § 9 BUrlG Rz. 14. | 10 ErfK/*Dörner*, § 9 BUrlG Rz. 16. | 11 ErfK/*Dörner*, § 9 BUrlG Rz. 18; *Leinemann/Linck*, § 9 BUrlG Rz. 16.

Der nach § 9 nicht erloschene Urlaubsanspruch unterliegt der **Befristungsregelung** in § 7 III 1 und wird nach Maßgabe des § 7 III 2 übertragen[1]. Der wegen Krankheit im Urlaubszeitraum nicht erfüllte Urlaubsanspruch muss nur nachgewährt werden, wenn die für den Anspruch maßgebliche Befristung (31.12. des Kalenderjahres bzw. – im Fall der Übertragung – 31.3. des Folgejahres) noch nicht erreicht ist. Ist bis zum Ende des Übertragungszeitraums wegen andauernder Arbeitsunfähigkeit eine Urlaubsgewährung nicht möglich, erlischt der Anspruch. § 9 stellt keine Ausnahmevorschrift von § 7 III 1 dar[2]. 17

Ist bis zum Ablauf der gesetzl. Befristung die Freistellung nur für einen Teil des nachzugewährenden Urlaubs möglich, so **erlischt** der verbleibende Teil. 18

Eine nachträgliche Urlaubserteilung **außerhalb des Übertragungszeitraums** kommt nur in Betracht, wenn TV-Parteien oder die Arbeitsvertragsparteien eindeutige Regelungen für eine Nachgewährung getroffen haben[3]. 19

3. Teilweise Nachgewährung. Ist der ArbN nur während **eines Teiles** des Urlaubs arbeitsunfähig krank, erlischt der Urlaubsanspruch nur hinsichtlich dieser Tage nicht; im Übrigen tritt Erfüllung ein. Der ArbN hat daher keinen Anspruch auf Nachgewährung des gesamten Urlaubs. Das gilt auch, wenn der ArbN vor dem Urlaubsantritt erkrankt und absehbar ist, dass er nur einen Teil des festgelegten Zeitraums arbeitsunfähig sein wird. Denn das Gesetz enthält keinen Anhaltspunkt dafür, dass etwaige Schwierigkeiten des ArbN bei der Verwirklichung seiner Urlaubspläne maßgeblich sein sollen; es stellt allein auf die nachgewiesenen Tage der Arbeitsunfähigkeit ab[4]. 20

Allerdings darf die Nachgewährung eines Teils des Urlaubs nicht dazu führen, dass entgegen § 7 II 2 kein Teil des Jahresurlaubs **mindestens 12 Werktage** beträgt. In diesem Fall kann der ArbN die Annahme des nicht von der Arbeitsunfähigkeit betroffenen Urlaubsteils verweigern und die Neufestsetzung dieses Urlaubsblocks verlangen[5]. 21

IV. Abdingbarkeit. § 9 wird in § 13 I 1 nicht erwähnt und ist damit **tarifdispositiv**. Allerdings ist zu beachten, dass durch eine Tarifvorschrift, die § 9 abändert, nicht mittelbar der gesetzl. Mindesturlaub verkürzt werden darf (s. § 13). 22

10 *Maßnahmen der medizinischen Vorsorge oder Rehabilitation*

Maßnahmen der medizinischen Vorsorge oder Rehabilitation dürfen nicht auf den Urlaub angerechnet werden, soweit ein Anspruch auf Fortzahlung des Arbeitsentgelts nach den gesetzlichen Vorschriften über die Entgeltfortzahlung im Krankheitsfall besteht.

I. Gesetzesgeschichte. Die derzeit geltende Gesetzesfassung wurde mWv. 1.6.1994 durch Art. 57 PflegeVG (BGBl. I S. 1014, 1068) in das Gesetz eingefügt. In der Zeit vom 1.10.1996 (Inkrafttreten des sog. **Arbeitsrechtl. Beschäftigungsförderungsgesetzes** vom 25.9.1996) bis zum 31.12.1998 galt eine sprachlich und inhaltlich völlig abweichende Version. Seit Inkrafttreten der **Korrekturgesetze** vom 19.12.1998 (BGBl. I S. 3843) am 1.1.1999 gilt § 10 wieder in der Fassung des Gesetzes vom 1.6.1994. 1

Einstweilen frei. 2, 3

II. Gesetzeszweck. § 10 **ergänzt** § 9 für Maßnahmen der medizinischen Vorsorge oder Rehabilitation. Während § 9 für den Fall der Arbeitsunfähigkeit infolge Krankheit bestimmt, dass der Urlaubsanspruch nicht nach § 275 I BGB erlischt (s. § 9 Rz. 2 f.), sieht § 10 diese Rechtsfolge für die genannten Maßnahmen, die nicht zugleich Arbeitsunfähigkeit iSd. § 3 EFZG begründen, vor. Hieraus folgt, dass nicht § 10, sondern § 9 Anwendung findet, wenn der ArbN während der Maßnahme zugleich arbeitsunfähig krank ist[6]. 4

III. Anwendungsbereich. 1. Maßnahmen der medizinischen Vorsorge oder Rehabilitation. Bei diesen Maßnahmen handelt es sich um die bis 1994 sog. **Kuren und Heilverfahren**. Sie sind nunmehr im SGB V geregelt. Die Begriffe sind inhaltsgleich mit denen in § 9 EFZG. 5

Medizinische Vorsorgeleistungen sollen eine Schwächung der Gesundheit beseitigen, die in absehbarer Zeit voraussichtlich zu einer Krankheit führen würde. Reichen für die Beseitigung der Schwächung Arznei-, Verband-, Heil- und Hilfsmittel (§ 23 I Nr. 1 SGB V) bzw. eine ambulante Vorsorgekur (§ 23 II SGB V) nicht aus, kann die Krankenkasse eine Behandlung mit Unterbringung und Verpflegung erbringen, § 23 IV SGB V. Daneben kommt eine Vorsorgekur nach § 24 I SGB V in Betracht. 6

Als Leistung der Krankenkasse im Rahmen der Krankenbehandlung (§§ 27 ff. SGB V) kann die **medizinische Rehabilitation** mit Unterbringung und Verpflegung erbracht werden (§ 40 II SGB V), wenn Maß- 7

---

1 BAG v. 9.6.1988 – 8 AZR 755/85, AP Nr. 10 zu § 9 BUrlG; v. 21.1.1997 – 9 AZR 791/95, AP Nr. 15 zu § 9 BUrlG = NZA 1997, 889. |2 ErfK/*Dörner*, § 9 BUrlG Rz. 21. |3 BAG v. 19.3.1996 – 9 AZR 67/95, AP Nr. 13 zu § 9 BUrlG. |4 ErfK/*Dörner*, § 9 BUrlG Rz. 23; *Leinemann*/*Linck*, § 9 BUrlG Rz. 5 mwN; aA *Neumann*/*Fenski*, § 9 BUrlG Rz. 2. |5 ErfK/*Dörner*, § 9 BUrlG Rz. 23. |6 ErfK/*Dörner*, § 10 BUrlG Rz. 3; MünchArbR/*Leinemann*, § 91 Rz. 60.

nahmen wie ambulante Krankenbehandlung einschließlich ambulanter Rehabilitationsmaßnahmen nicht genügen, um die Ziele der Krankenbehandlung zu erreichen, § 40 I SGB V.

8 Medizinische Rehabilitationsleistungen können von den **RV-Trägern** gem. § 15 SGB VI erbracht werden. Leistungen der Unfallversicherungsträger erfolgen im Rahmen der Heilbehandlung nach Eintritt eines Versicherungsfalls gem. §§ 27, 33, 34 SGB VII. Vgl. die Komm. zu § 9 EFZG.

9 Die Maßnahmen müssen **medizinisch notwendig** sein. Damit fallen Maßnahmen der beruflichen oder sozialen Rehabilitation nicht unter diese Vorschrift.

10 Für die Notwendigkeit der Maßnahme spricht eine vom ArbGeb **zu widerlegende Vermutung**, wenn ein **Bewilligungsbescheid** der öffentl.-rechtl. Leistungsträger oder eine ärztliche VO vorliegt. Der ArbGeb kann dem mit der von ihm zu beweisenden Behauptung, es liege eine Täuschungshandlung des ArbN und/oder des behandelnden Arztes vor oder der Arzt bzw. die SozV habe die sozialrechtl. Voraussetzungen völlig verkannt, entgegentreten. Die Erfolgsaussichten sind aber regelmäßig gering[1].

11 **2. Schonzeit.** Ärztlich angeordnete Schonungszeiten im Anschluss an eine Maßnahme fallen nicht unter § 10.

12 Seit der Änderung der sozialrechtl. Vorschriften über Kuren und Heilverfahren durch Art. 57 PflegeVG im Jahre 1994 sind die Schonzeiten aus dem **sozialrechtl. Maßnahmekatalog gestrichen**. Die zeitgleich in das Gesetz (§ 7 I 2) eingeführte Verpflichtung des ArbGeb, Urlaub unmittelbar nach einer Maßnahme gewähren zu müssen (s. § 7 Rz. 35) soll als Kompensation für den Wegfall der Entgeltfortzahlungspflicht für ärztlich verordnete Schonzeiten gelten und dem ArbN im Anschluss an eine Maßnahme für eine gewisse Zeit die Möglichkeit der Erholung, allerdings zu Lasten seines Urlaubsanspruchs, geben[2]. Deshalb kann ein ArbN auch nicht nach § 616 BGB Freistellung und Vergütung wegen Schonungsbedürftigkeit zwischen Beendigung der Maßnahme und Arbeitsbeginn verlangen[3].

13 Ist der ArbN während der Schonzeit **arbeitsunfähig krank**, greift § 9. Urlaub kann daher in dieser Zeit nicht wirksam erteilt und auch nicht nach § 7 I 2 verlangt werden; bereits vor Beginn der Schonzeit für diesen Zeitraum erteilter Urlaub ist nachzugewähren. Dies gilt unabhängig davon, ob ein Entgeltfortzahlungsanspruch unter den weiteren Voraussetzungen des § 3 EFZG besteht[4].

14 **3. Entgeltfortzahlungsanspruch. a) Gesetzlicher Entgeltfortzahlungsanspruch.** Voraussetzung für die Anwendung des § 10 ist, dass ein Anspruch auf Fortzahlung des Arbeitsentgelts nach den gesetzl. Vorschriften über die Entgeltfortzahlung im Krankheitsfall (§ 9 EFZG) besteht. Vgl. die Komm. zu § 9 sowie § 3 EFZG.

15 **b) Tariflicher Entgeltfortzahlungsanspruch.** § 10 erfasst nicht den Fall, dass durch TV (oder einzelvertragl. Reglung) ein über das Gesetz hinausgehender Entgeltfortzahlungsanspruch (für mehr als sechs Wochen) besteht. Sieht der Tarif- oder Arbeitsvertrag keine § 10 entsprechende Regelung vor, kommen allgemeine urlaubsrechtl. Grundsätze zur Anwendung. Danach kann der Urlaubsanspruch während der Zeit der Maßnahme nicht erfüllt werden. Bereits erteilter Urlaub erlischt, § 275 BGB, und muss nicht nachgewährt werden.

16 **c) Maßnahmen ohne Entgeltfortzahlungsanspruch.** Hat der ArbN während der Dauer der medizinischen Maßnahme keinen Entgeltfortzahlungsanspruch (mehr), weil entweder der Sechs-Wochen-Zeitraum des § 3 I 1 EFZG abgelaufen ist oder die Maßnahme nicht die Voraussetzungen des § 9 I EFZG erfüllt, (zB Erholungs- oder Badekuren), kommt § 10 ebenfalls nicht zur Anwendung.

17 Hinsichtlich der **Folgen für die Urlaubserteilung** ist zu differenzieren: Ist der ArbN auch ohne Entgeltfortzahlungsanspruch zur Durchführung der Maßnahme von der Arbeitsleistung befreit, weil die sozialrechtl. Voraussetzungen erfüllt sind, kann der Urlaubsanspruch nicht erfüllt werden[5]. Dasselbe gilt, wenn der ArbGeb auf Grund Tarifrechts (zB § 50 II BAT[6]) verpflichtet ist, den ArbN zur Durchführung einer Kur, die nicht die sozialrechtl. Voraussetzungen erfüllt, freizustellen. In diesen Fällen kann der ArbN auch zur finanziellen Absicherung für die fortdauernde Maßnahme der medizinischen Vorsorge und Rehabilitation seinen ihm noch zustehenden Erholungsurlaub nicht einsetzen. Denn zu dieser Zeit besteht immer noch keine Arbeitspflicht, von welcher der ArbGeb den ArbN befreien könnte[7].

18 Ist der ArbGeb hingegen nicht verpflichtet, den ArbN von der Arbeit freizustellen, kann der ArbN seine Kur nur antreten, wenn er **Sonderurlaub** bekommt oder aber seinen gesetzl., tarifl. und/oder vertragl. Urlaub hierfür benutzt. Dabei handelt es sich nicht um einen Fall des § 10. Deshalb geht es nicht um

---

1 ErfK/*Dörner*, § 9 EFZG Rz. 5 mwN aus der Rspr. | 2 S. BT-Drs. 12/5263 S. 15. | 3 ErfK/*Dörner*, § 9 EFZG Rz. 5; MüKo/*Müller-Glöge* § 611 BGB 393; *Schmitt*, § 9 EFZG Rz. 80; aA *Leinemann/Linck*, § 10 BUrlG Rz. 35; zur Rechtslage vor 1994 s. BAG v. 11.3.1971 – 5 AZR 398/70, AP Nr. 10 zu § 10 BUrlG – Schonzeit = NJW 1971, 1231. | 4 KassHdb/*Schütz*, 2.4. Rz. 389. | 5 ErfK/*Dörner*, § 10 BUrlG Rz. 12. | 6 Vgl. hierzu *Böhm/Spiertz/Sponer/Steinherr*, § 50 BAT Rz. 36. | 7 ErfK/*Dörner*, § 10 BUrlG Rz. 18; aA KassHdb/*Schütz*, 2.4 Rz. 396 im Widerspruch zu den sonstigen Ausführungen zur Unmöglichkeit zweifacher Arbeitsbefreiung.

„Anrechnung" auf den Urlaub, sondern um Vorbringen eines Urlaubswunsches und der Erfüllung des Anspruchs durch Erteilung nach Maßgabe des § 7 I 1[1].

Stellt sich nach Durchführung der Maßnahme heraus, dass der ArbN keinen Entgeltfortzahlungsanspruch nach § 9 I, §§ 3, 4 EFZG hatte, weil die sozialrechtl. Voraussetzungen nicht gegeben waren, und erweist sich die vom ArbGeb zur Durchführung der Maßnahme gewährte Freistellung damit als **rechtsgrundlos**, kann der ArbGeb die für den Freistellungszeitraum gezahlte Vergütung ggf. nach §§ 812 ff. BGB zurückverlangen[2]. Eine nachträgliche Urlaubserteilung für einen Zeitraum, für den entweder ein anderer Befreiungstatbestand bestanden hat oder in dem der ArbN ohne Berechtigung von der Arbeit fern geblieben ist, ist jedenfalls urlaubsrechtl. nicht möglich[3]. 19

IV. Rechtsfolge. Die gesetzl. Rechtsfolgenanordnung („dürfen nicht auf den Urlaub angerechnet werden") ist missverständlich. Eine **Anrechnungsbefugnis** dergestalt, dass Zeiten einer Maßnahme nachträglich als Erfüllung des Urlaubsanspruch bestimmt werden, stünde dem ArbGeb – auch ohne die Vorschrift des § 10 – in keinem Falle zu, da die Leistungshandlung (Freistellungserklärung) oder Zweckbestimmung nicht nach dem Eintritt des Erfüllungserfolgs geschehen kann (s. § 7 Rz. 11). 20

Die Vorschrift enthält **zwei Komponenten**. Zum einen erfasst sie den Fall, dass der Urlaub zum Zeitpunkt der Bewilligung der Maßnahme noch nicht festgelegt wurde. Insoweit gibt die Vorschrift den allgemeinen urlaubsrechtl. Grundsatz wieder, dass medizinische Maßnahme und Urlaub sich für denselben Zeitraum gegenseitig ausschließen, da eine Urlaubsfreistellung des bereits zur Durchführung der Maßnahme von der Arbeitspflicht befreiten ArbN rechtl. unmöglich ist[4]. 21

Zum anderen hat sie **schuldrechtl. Bedeutung**, wenn Urlaub bereits vor Bewilligung der Maßnahme für denselben Zeitraum gewährt, die Schuld des ArbGeb also auf diesen Zeitabschnitt konkretisiert war. Ohne die Bestimmung des § 10 würde der Urlaubsanspruch ersatzlos erlöschen, da der ArbGeb mit der Freistellungserklärung das seinerseits Erforderliche zur Erfüllung des Urlaubsanspruchs getan und die Unmöglichkeit des Eintritts des Erfüllungserfolgs nicht zu vertreten hat. § 10 bewirkt, dass die Rechtsfolge des § 275 I BGB nicht eintritt, der ArbN also nach Beendigung der Maßnahme (erneut) die Erfüllung seines Urlaubsanspruchs verlangen kann[5]. 22

Gem. § 7 I 2 kann der ArbN den nach § 10 nachzugewährenden Urlaub **im unmittelbaren Anschluss** an die Maßnahme verlangen; dem ArbGeb steht ein Leistungsverweigerungsrecht aus betriebl. Gründen oder wegen der Urlaubswünsche anderer ArbN nicht zu. Allerdings darf sich der ArbN auch in diesem Fall nicht selbst beurlauben; er ist ggf. darauf angewiesen, eine einstw. Verfügung zu beantragen (s. § 7 Rz. 18). 23

11 *Urlaubsentgelt*

(1) Das Urlaubsentgelt bemisst sich nach dem durchschnittlichen Arbeitsverdienst, das der Arbeitnehmer in den letzten dreizehn Wochen vor dem Beginn des Urlaubs erhalten hat, mit Ausnahme des zusätzlich für Überstunden gezahlten Arbeitsverdienstes. Bei Verdiensterhöhungen nicht nur vorübergehender Natur, die während des Berechnungszeitraums oder des Urlaubs eintreten, ist von dem erhöhten Verdienst auszugehen. Verdienstkürzungen, die im Berechnungszeitraum infolge von Kurzarbeit, Arbeitsausfällen oder unverschuldeter Arbeitsversäumnis eintreten, bleiben für die Berechnung des Urlaubsentgelts außer Betracht. Zum Arbeitsentgelt gehörende Sachbezüge, die während des Urlaubs nicht weitergewährt werden, sind für die Dauer des Urlaubs angemessen in bar abzugelten.

(2) Das Urlaubsentgelt ist vor Antritt des Urlaubs auszuzahlen.

I. Zweck der Vorschrift. Entgegen einer in der arbeitsrechtl. Praxis weit verbreiteten Einschätzung ist § 11 nicht die Anspruchsgrundlage für den Vergütungsanspruch während des Urlaubs, sondern allein eine **Berechnungsvorschrift**. 1

Der Anspruch auf die Urlaubsvergütung dem Grunde nach rechtfertigt sich aus § 611 BGB iVm. § 1 BUrlG. Mit der Gewährung des Urlaubs entsteht kein neuer Entgeltanspruch. Der ArbN behält vielmehr seinen vertragl. Anspruch auf die regelmäßige Vergütung, deren Höhe sich nach § 11 richtet. Der Urlaubsentgeltanspruch ist nicht Element eines einheitlichen Urlaubsanspruch, sondern hat nur die Funktion, den während der Freistellung gem. § 326 BGB an sich entfallenden Vergütungsanspruch aufrechtzuerhalten[6]. Kann Urlaub mangels bestehender Arbeitspflicht nicht gewährt werden, besteht auch kein Anspruch auf Urlaubsentgelt[7]. 2

1 ErfK/*Dörner*, § 10 BUrlG Rz. 16. | 2 MünchArbR/*Leinemann*, § 91 Rz. 68 ff. | 3 BAG v. 1.10.1991 – 9 AZR 290/90, AP Nr. 12 zu § 7 BUrlG; ErfK/*Dörner*, § 10 BUrlG Rz. 15. | 4 ErfK/*Dörner*, § 10 BUrlG Rz. 9 und *Leinemann/Linck*, § 10 BUrlG Rz. 16 messen § 10 insoweit nur deklaratorische Bedeutung zu. | 5 *Leinemann/Linck*, § 10 BUrlG Rz. 13 ff.; s. auch ErfK/*Dörner*, § 10 BUrlG Rz. 9. | 6 BAG v. 8.3.1984 – 6 AZR 600/82, AP Nr. 14 zu § 3 BUrlG – Rechtsmissbrauch; v. 24.11.1992 – 9 AZR 564/91, AP Nr. 34 zu § 11 BUrlG; v. 9.11.1999 – 9 AZR 771/98, AP Nr. 47 zu § 11 BUrlG; ErfK/*Dörner*, § 11 BUrlG Rz. 1; *Leinemann/Linck*, § 11 BUrlG Rz. 1; MünchArbR/*Leinemann*, § 90 Rz. 1. | 7 BAG v. 19.4.1994 – 9 AZR 713/92, AP Nr. 7 zu § 1 TVG – Tarifverträge: Gebäudereinigung.

3 **II. Grundsätze der Berechnung. 1. Allgemeines.** Der als Urlaubsvergütung zu zahlende Betrag ist das Produkt aus dem Geldfaktor, der anhand der Daten in der Vergangenheit errechnet wird, und der in der Zukunft liegenden Arbeitszeit (Zeitfaktor), die im Urlaub ausfallen wird[1]. Bei der Berechnung des Urlaubsentgelts gelangt sowohl das Referenzprinzip (Berechnung nach einem in der Vergangenheit liegenden Zeitraum) als auch das Lohnausfallprinzip (Berechnung der – hypothetischen – Vergütung, die gezahlt worden wäre, wenn der ArbN gearbeitet hätte) zur Anwendung. Das tägliche Urlaubsentgelt berechnet sich nach dem Geldwert und der Anzahl der am konkreten Urlaubstag ausgefallenen Stunden.

4 Zunächst ist der **Geldfaktor** nach dem in § 11 geregelten und modifizierten **Referenzprinzip** zu ermitteln. § 11 I sagt nur etwas über den Geldfaktor aus; der Zeitfaktor wird in der Vorschrift nicht erwähnt.

5 Sodann ist die Zahl der durch den Urlaub konkret ausfallenden Tage (bzw. Stunden bei unterschiedlich langen Arbeitstagen) zu berechnen (**Lohnausfallprinzip**) und mit dem Geldfaktor zu multiplizieren. Dieser **Zeitfaktor** ergibt sich aus der Rechtsnatur des Urlaubs als Anspruch auf Freistellung von der Arbeit (s. § 1 Rz. 5 f.). Auf die Arbeitszeit im Bezugszeitraum kommt es nicht an; freigestellt werden kann nur von der während des Urlaubs an sich zu leistenden Arbeit[2].

6 Keine Unterschiede zwischen Referenz- und Lohnausfallprinzip ergeben sich bei gleich bleibender Arbeitszeit im Referenz- und Urlaubszeitraum, so dass in diesen Fällen während des Urlaubs die gleich bleibende Vergütung weitergezahlt wird; erhebliche Differenzen können sich aber bei veränderlichen Arbeitszeiten errechnen.

7 Entgegen einigen noch immer in der Lit. anzutreffenden Meinungen[3] spielt das sog. **Lebensstandardprinzip** bei der Berechnung der Urlaubsvergütung keine Rolle[4]; das BAG hat diesen Gedanken bereits 1989 aufgegeben[5].

8 **2. Berechnung des Geldfaktors. a) Grundsatz.** Der Geldfaktor ist der Gesamtarbeitsverdienst der letzten 13 Wochen vor Urlaubsbeginn (§ 11 I 1). Es sind die Arbeitsvergütungsbestandteile zugrunde zu legen, die der ArbN im Referenzzeitraum jeweils als Gegenleistung für seine Tätigkeit in den maßgeblichen Abrechnungszeiträumen erhalten hat[6]. Dabei sind alle Entgeltbestandteile zu berücksichtigen, die der ArbN gesetzl. oder vertragl. zu erhalten hatte. Vereinbarte oder vom ArbGeb einseitig veranlasste Zahlungsverzögerungen mindern das Urlaubsentgelt nicht[7].

9 **b) Vergütungsbestandteile.** Als Entgelt sind die Vergütungsbestandteile zugrunde zu legen, die der ArbN im Referenzzeitraum als Gegenleistung für seine Tätigkeit in den maßgeblichen Abrechnungszeiträumen erhalten hat[8]. Dazu gehören auch schwankende Verdienstbestandteile wie etwa Akkordlohn, Provisionen oder andere Formen des Leistungslohnes unabhängig davon, ob sie regelmäßig anfallen oder nicht[9]. Zu Überstundenvergütungen s. Rz. 27.

10 Dagegen bleiben Aufwendungsersatz und solche Lohnbestandteile, die dem ArbN zwar auf Grund seines Arbeitsvertrages zufließen, mit denen aber nicht die Arbeitsleistung in durch die Referenzzeiträume bestimmten Abrechnungsabschnitten abgegolten werden, außer Betracht. Das trifft insb. auf Einmalleistungen wie Gratifikationen, Tantiemen und Gewinnbeteiligungen, Jubiläumsgelder sowie beihilfenähnliche Leistungen zu. Diese erhält der ArbN unabhängig davon, ob er Urlaub nimmt oder nicht[10]. Maßgebend ist damit, ob mit einer Zahlung eine auf einen bestimmten Zeitabschnitt entfallende Arbeitsleistung vergütet wird[11].

11 Zum Arbeitsverdienst gehören danach das allgemein geschuldete Entgelt (Lohn oder Gehalt), unabhängig davon, in welchen Zeitabschnitten (Stunden, Tage, Wochen, Monat oder Jahr) es berechnet wird[12], der tatsächlich verdiente Leistungs-(Akkord- oder Prämien)lohn[13] sowie zusätzliche Vergütung (Prämien) für im Referenzzeitraum erbrachte und bezahlte besondere Leistungen (Teilbeträge einer gestaffelten Jahresprämie für Berufsfußballer)[14]. Feiertage und bezahlte Krankheitstage fließen ein und sind nicht abzuziehen[15]. Dasselbe gilt für Urlaubstage, die im Referenzzeitraum gewährt und genommen sind[16]. Maßgeblich ist insoweit allein das Urlaubsentgelt; ein zusätzliches Urlaubsgeld wird nicht einbezogen[17].

12 Sieht ein TV **bezahlte Pausen** vor, ist diese Vergütung im Rahmen des § 11 I beim Geldfaktor zu berücksichtigen, wenn der TV keine anderweitige Regelung enthält. Es handelt sich trotz fehlender Ar-

1 ErfK/*Dörner*, § 11 BUrlG Rz. 4. | **2** BAG v. 7.7.1988 – 8 AZR 472/86, AP Nr. 22 zu § 11 BUrlG; v. 9.11.1999 – 9 AZR 771/98, AP Nr. 47 zu § 11 BUrlG; ErfK/*Dörner*, § 11 BUrlG Rz. 5; *Leinemann/Linck*, § 11 BUrlG Rz. 7, 74 ff. | **3** *Neumann/Fenski*, § 11 BUrlG Rz. 10. | **4** ErfK/*Dörner*, § 11 BUrlG Rz. 6; *Leinemann/Linck*, § 11 BUrlG Rz. 10. | **5** BAG v. 12.1.1989 – 8 AZR 404/87, AP Nr. 13 zu § 47 BAT. | **6** BAG v. 17.1.1991 – 8 AZR 644/89, AP Nr. 30 zu § 11 BUrlG. | **7** BAG v. 11.4.2000 – 9 AZR 266/99, AP Nr. 48 zu § 11 BUrlG. | **8** BAG v. 17.1.1991 – 8 AZR 644/89, AP Nr. 30 zu § 11 BUrlG. | **9** BAG v. 24.11.1992 – 9 AZR 564/91, AP Nr. 34 zu § 11 BUrlG. | **10** BAG v. 17.1.1991 – 8 AZR 644/89, AP Nr. 30 zu § 11 BUrlG. | **11** BAG v. 21.7.1988 – 8 AZR 331/86, AP Nr. 24 zu § 11 BUrlG. | **12** ErfK/*Dörner*, § 11 BUrlG Rz. 8. | **13** ErfK/*Dörner*, § 11 BUrlG Rz. 9. | **14** BAG v. 23.4.1996 – 9 AZR 856/94, AP Nr. 40 zu § 11 BUrlG. | **15** BAG v. 24.11.1992 – 9 AZR 564/91, AP Nr. 34 zu § 11 BUrlG. | **16** ErfK/*Dörner*, § 11 BUrlG Rz. 18; *Leinemann/Linck*, § 11 BUrlG Rz. 19. | **17** ErfK/*Dörner*, § 11 BUrlG Rz. 18; *Leinemann/Linck*, § 11 BUrlG Rz. 19.

beitsleistung um Arbeitsverdienst, weil mit einer solchen Leistung regelmäßig besondere Belastungen (zB Wechselschichtbetrieb) abgegolten werden sollen[1].

Einmalige jahresbezogene Prämien, die keine laufende Arbeitsleistung honorieren (zB Meisterschafts-, Nichtabstiegsprämien im Sport), bleiben unberücksichtigt[2]. 13

Provisionen sind Arbeitsverdienst iSv. § 11. Das gilt sowohl für Provisionen als einziger Gegenleistung des ArbGeb als auch für solche, die neben einem Fixum bezahlt werden[3]. Einzubeziehen sind auch an die jeweilige Arbeitsleistung anknüpfende Umsatzbeteiligungen. Für die Berechnung des Verdienstes sind alle Provisionsleistungen zu berücksichtigen, die ein Handlungsgehilfe für die Vermittlung oder den Abschluss von Geschäften vertragsgemäß erhält. Auch bei stark schwankenden Provisionen sind allein die letzten 13 Wochen vor Urlaubsbeginn maßgeblich[4]. Für den Geldfaktor ist es ohne Bedeutung, dass während des Urlaubs weiterhin Provisionen fällig werden. Diese Provisionen beruhen auf anderen Geschäften. Das Urlaubsentgelt gleicht einen Rückgang des erfolgsbestimmten Provisionseinkommens für die Zeit aus, in der der ArbN urlaubsbedingt keine Geschäfte vermitteln konnte[5]. 14

Unberücksichtigt bleiben Vorschüsse: maßgeblich sind die nach der endgültigen Abrechnung in den letzten drei vollen Kalendermonaten vor Urlaubsbeginn tatsächlich verdienten Provisionen[6]. 15

Dagegen sind im Bezugszeitraum fällige Ansprüche auf Bezirksprovision iSv. § 87 II HGB (oder Super-, Fremd-, Gebietsprovisionen), die auch für solche Geschäfte anfallen, die ohne Mitwirkung des Handelsvertreters geschlossen werden, für die Durchschnittsberechnung nicht zu berücksichtigen. Sie sind nicht Gegenleistung für eine konkret im Berechnungszeitraum erbrachte Arbeitsleistung[7]. Dasselbe gilt für Umsatzprovisionen (Tantiemen), die von einer Arbeitsleistung gerade im Referenzzeitraum unabhängig sind[8]. 16

Bedienungsgelder im Gaststättengewerbe, die neben einem Garantiebetrag den persönlichen Umsatz eines ArbN honorieren, gehören zu den regelmäßigen Gegenleistungen und sind bei der Berechnung der Urlaubsvergütung zu berücksichtigen. Trinkgelder, die persönlich vom Gast zugewendet werden, sind keine Leistungen des ArbGeb und gehören deshalb nicht zum Arbeitsverdienst[9]. 17

Bei einem Troncsystem kommt es auf dessen einzelvertragl. oder betriebl. Ausgestaltung an. Wird dem Tronc das regelmäßige Entgelt für die Mitarbeiter entnommen, so sind die Zahlungen daraus Arbeitsvergütung; ist der Tronc nur Sammelstelle für alle Trinkgelder, die danach aufgeteilt werden, so handelt es sich nicht um Entgelt für erbrachte Arbeitsleistung, sondern um nicht berücksichtigungsfähige Leistungen Dritter[10]. 18

Sachbezüge, die während des Urlaubs nicht weiterbezahlt werden, sind nach § 11 I 4 angemessen abzugelten. Dabei ist auf die Sätze zurückzugreifen, die in der Beitragsbemessung zur SozV festgesetzt sind[11]. 19

Vermögenswirksame Leistungen gehören zwar nicht zum Arbeitsverdienst[12]; sie werden aber unabhängig von einer Arbeitsleistung gewährt und deshalb regelmäßig auch im Urlaub weitergezahlt. 20

Vergütungen für **Bereitschaftsdienst**, **Rufbereitschaft**, **Hintergrunddienste**, **Notdienstpauschalen** uÄ fließen in den Geldfaktor ein. Derartige Dienste sind keine Überstunden iSv. § 11 I 1[13]. Bei einer Notdienstpauschale handelt es sich nicht um Aufwendungsersatz, sondern um Arbeitsentgelt für eine besondere Leistung des ArbN, nämlich für die Verpflichtung, sich außerhalb der regelmäßigen Arbeitszeit für den Arbeitseinsatz zur Verfügung zu halten[14]. 21

Zulagen und Zuschläge im Referenzzeitraum sind Arbeitsentgelt iSv. § 11, es sei denn, sie werden allein als Ausgleich für konkrete Aufwendungen des ArbN (§ 670 BGB) gezahlt. 22

In die Berechnung des Geldfaktors sind daher einzubeziehen: Zuschläge für Nacht-, Sonn- und Feiertagsarbeit[15], sonstige Zulagen (zB Erschwernis- oder Gefahrenzuschläge; Schichtzulagen; Schmutzzulagen, die für unangenehme Arbeitsbedingungen gezahlt werden; um Aufwendungsersatz handelt es sich dagegen, wenn und soweit konkret zusätzliche Reinigungskosten ausgeglichen werden sollen)[16]. Zu 23

---

1 BAG v. 23.1.2001 – 9 AZR 4/00, AP Nr. 22 zu § 1 TVG – Tarifverträge: Holz. | 2 BAG v. 19.9.1985 – 6 AZR 460/83, AP Nr. 21 zu § 13 BUrlG; v. 23.4.1996 – 9 AZR 856/94, AP Nr. 40 zu § 11 BUrlG; *Leinemann/Linck*, § 11 BUrlG Rz. 23. | 3 BAG v. 11.4.2000 – 9 AZR 266/99, AP Nr. 48 zu § 11 BUrlG; ErfK/*Dörner*, § 11 BUrlG Rz. 22; *Leinemann/Linck*, § 11 BUrlG Rz. 26; aA *Neumann/Fenski*, § 11 BUrlG Rz. 24. | 4 BAG v. 11.4.2000 – 9 AZR 266/99, AP Nr. 48 zu § 11 BUrlG; ErfK/*Dörner*, § 11 BUrlG Rz. 22; *Leinemann/Linck*, § 11 BUrlG Rz. 26; aA *Neumann/Fenski*, § 11 BUrlG Rz. 24. | 5 BAG v. 11.4.2000 – 9 AZR 266/99, AP Nr. 48 zu § 11 BUrlG. | 6 BAG v. 11.4.2000 – 9 AZR 266/99, AP Nr. 48 zu § 11 BUrlG. | 7 BAG v. 11.4.2000 – 9 AZR 266/99, AP Nr. 48 zu § 11 BUrlG. | 8 ErfK/*Dörner*, § 11 BUrlG Rz. 15; *Leinemann/Linck*, § 11 BUrlG Rz. 25. | 9 ErfK/*Dörner*, § 11 BUrlG Rz. 16; *Leinemann/Linck*, § 11 BUrlG Rz. 35 f. | 10 ErfK/*Dörner*, § 11 BUrlG Rz. 16. | 11 ErfK/*Dörner*, § 11 BUrlG Rz. 19; *Leinemann/Linck*, § 11 BUrlG Rz. 38. | 12 BAG v. 17.1.1991 – 8 AZR 644/89, AP Nr. 30 zu § 11 BUrlG. | 13 BAG v. 24.10.2000 – 9 AZR 634/99, AP Nr. 50 zu § 11 BUrlG. | 14 BAG v. 21.3.1995 – 9 AZR 953/93, nv. | 15 BAG v. 12.1.1989 – 8 AZR 404/87, AP Nr. 13 zu § 47 BAT unter Aufgabe der früheren Rspr. | 16 *Leinemann/Linck*, § 11 BUrlG Rz. 33 mwN.

beachten ist, dass die Vergütung im Referenzzeitraum geleistet sein muss. Wird sie erst später fällig, so kann sie nicht eingerechnet werden[1].

24 **Gratifikationen** und sonstige einmalige Zahlungen (zB Weihnachtsgeld, 13. Gehalt, Urlaubsgeld, Jubiläumszuwendung) sind weder anteilig noch dann zu berücksichtigen, wenn sie im Referenzzeitraum ausgezahlt werden, da diese Leistungen auf Grund der Gesamtarbeitszeit geleistet werden oder keinen Bezug zur erbrachten Arbeitsleistung haben[2].

25 **Einmalige tarifl. Ausgleichszahlungen** sind nur dann für die Berechnung der Urlaubsvergütung heranzuziehen, wenn sie wegen ihrer zeitlichen Zuordnung dem Entgelt des ArbN im Bezugszeitraum hinzuzurechnen sind. Dem TV müssen konkrete Anhaltspunkte dafür zu entnehmen sein, dass die Ausgleichszahlung deshalb auf den Referenzzeitraum zu verteilen ist, weil sie als anteilige Lohnerhöhung für diese Zeit gewährt werden soll[3].

26 **Aufwendungsersatz** (insb. Spesen und Fahrgeld, auch in pauschalierter Form) ist regelmäßig kein Arbeitsentgelt und kann deshalb das Urlaubsentgelt nicht erhöhen[4]. Das gilt auch für Fernauslösungen[5]. Nahauslösungen können im Einzelfall pauschales, zu versteuerndes und damit berücksichtigungsfähiges Entgelt sein[6]. Mehraufwandsentschädigungen nach § 16 III SGB II (zum Urlaubsanspruch bei dieser Personengruppe s. § 2 Rz. 7) sind Entgelt iSv. § 11, wenn sie pauschaliert gezahlt werden und mehr sind als reiner Aufwendungsersatz[7].

27 **c) Mehrarbeit (Abs. 1 S. 1 Hs. 2).** Bei der Einbeziehung der Mehrarbeit in die Urlaubsvergütung ist nach der Gesetzesänderung vom 25.9.1996 (Einfügung des § 11 I 1 Hs. 2) zwischen Geld- und Zeitfaktor zu unterscheiden.

28 Hinsichtlich des **Zeitfaktors** ist die Verpflichtung des ArbGeb nach § 1, das Entgelt für alle infolge der Arbeitsbefreiung ausfallenden Arbeitsstunden einschließlich der Überstunden zu vergüten[8], unberührt geblieben. § 11 I 1 Hs. 2 will verhindern, dass ein ArbN durch gezielte Leistung von Überstunden im Bezugszeitraum ein höheres Urlaubsentgelt erlangen kann. An dem Grundsatz, dass der ArbN nach § 1 Anspruch hat auf Fortzahlung des Entgelts für die Zeit, die er gearbeitet hätte, wenn er nicht urlaubsbedingt von der Arbeit freigestellt wäre, hat sich durch die Neufassung des § 11 nichts geändert. Dieses Ergebnis entspricht auch der Gesetzesbegründung[9]; danach ist Regelungsziel „die im Bezugszeitraum anfallenden Überstunden" herauszunehmen. Mit dem Hinweis auf den Bezugszeitraum ist allein der Geldfaktor, nicht aber der Zeitfaktor angesprochen.

29 Die Auswirkungen der gesetzl. Neuregelung auf den **Geldfaktor** sindhöchstrichterlich noch nicht eindeutig geklärt. In einer Entscheidung hat das BAG ausgeführt, der ArbN verliere nur die als Zuschläge bezeichneten Zusatzleistungen, nicht jedoch den Anspruch, dass ihm die ausfallenden Überstunden in gleicher Weise wie die sonstigen ausfallenden Arbeitsstunden zu vergüten sind[10].

30 In der Lit. wird überwiegend die Auffassung vertreten, der Betrag, den der ArbN für Überstunden bekommen hat, bleibe grds. unberücksichtigt, und zwar nicht nur der Überstundenzuschlag, sondern auch der Grundbetrag[11]. Dies wird mit der grammatikalischen Auslegung der Vorschrift (Stellung des Wortes „zusätzlich" im angefügten Hs.) begründet. Hätte nur der Zuschlag entfallen sollen, hätte das Wort „zusätzlich" zwischen den Worten „Überstunden" und „gezahlten" eingeordnet werden müssen[12].

31 Der letzteren Auffassung ist zuzustimmen. Das Urt. des BAG v. 9.11.1999 enthält zwar die Aussage, der ArbN habe durch die Neuregelung des § 11 nur den Anspruch auf Berücksichtigung der Überstundenzulagen verloren. Für diese Stellungnahme findet sich aber weder eine Begründung noch trägt sie die Entscheidung. Sie bleibt letztlich auch unklar, weil das BAG sich zuvor nur zur Frage der Berücksichtigung der Überstunden bei der Berechnung des Zeitfaktors verhalten hat[13]. Auch die Entscheidung des BAG v. 22.2.2000[14] bringt zu diesem Problem keinen Erkenntnisgewinn, da das BAG unter Hinweis auf das Urt. v. 9.11.1999 allein die (zutreffende) Auffassung vertritt, die Neufassung des § 11 I 1 habe den „gesetzlichen" Zeitfaktor unberührt gelassen. Zur Berücksichtigung von Überstunden im Referenzzeitraum für die Berechnung des Geldfaktors sagt die Entscheidung nichts.

32 Für die in der Lit. überwiegende Meinung spricht neben der grammatikalischen Auslegung auch Sinn und Zweck der Neuregelung sowie die Gesetzesgeschichte. § 11 I 1 ist geändert worden, um zu verhin-

1 Vgl. BAG v. 13.2.1996 – 9 AZR 798/93, AP Nr. 19 zu § 47 BAT; ErfK/*Dörner*, § 11 BUrlG Rz. 14. | 2 BAG v. 17.1.1991 – 8 AZR 644/89, AP Nr. 30 zu § 11 BUrlG; ErfK/*Dörner*, § 11 BUrlG Rz. 17; *Leinemann/Linck*, § 11 BUrlG Rz. 39. | 3 BAG v. 21.7.1988 – 8 AZR 331/86, AP Nr. 24 zu § 11 BUrlG. | 4 ErfK/*Dörner*, § 11 BUrlG Rz. 21; *Leinemann/Linck*, § 11 BUrlG Rz. 34. | 5 Vgl. BAG v. 28.1.1982 – 6 AZR 911/78, DB 1982, 1331; v. 15.6.1983 – 5 AZR 598/80, NJW 1984, 1838; ErfK/*Dörner*, § 11 BUrlG Rz. 17; *Leinemann/Linck*, § 11 BUrlG Rz. 39. | 6 ErfK/*Dörner*, § 11 BUrlG Rz. 17. | 7 *Düwell* FA 2006, 2; ErfK/*Dörner*, § 11 BUrlG Rz. 21. | 8 Vgl. BAG v. 7.7.1988 – 8 AZR 472/86, AP Nr. 22 z § 11 BUrlG; v. 7.7.1988 – 8 AZR 198/88, AP Nr. 23 zu § 11 BUrlG = NZA 1989, 65. | 9 BT-Drs. 13/4612 S. 15. | 10 BAG v. 9.11.1999 – 9 AZR 771/98, AP Nr. 47 zu § 11 BUrlG. | 11 ErfK/*Dörner*, § 11 BUrlG Rz. 12; KassHdb/*Schütz*, 2. 4 Rz. 468. | 12 ErfK/*Dörner*, § 11 BUrlG Rz. 12. | 13 So auch ErfK/*Dörner*, § 11 BUrlG Rz. 12. | 14 BAG v. 22.2.2000 – 9 AZR 107/99, AP Nr. 171 zu § 1 TVG – Tarifverträge: Metallindustrie.

dern, dass ein ArbN durch gezielte Leistung von Überstunden im Bezugszeitraum ein höheres Urlaubsentgelt erlangen kann[1]. Diesem Anliegen des Gesetzgebers würde man nur zum (kleineren) Teil gerecht, wenn die Grundvergütung für im Referenzzeitraum geleistete Überstunden in die Berechnung der Urlaubsvergütung einflösse. Auch die amtliche Begründung ist in diesem Punkt eindeutig. Als Regelungsziel ist genannt, „die im Bezugszeitraum anfallenden Überstunden" herauszunehmen; da davon ausgegangen werden darf, dass dem Gesetzgeber der Unterschied zwischen Grundvergütung für Überstunden und Zuschlägen bekannt war, spricht die nicht weiter qualifizierte Ausnahme „der Überstunden" dafür, dass auch die Grundvergütung gemeint ist.

Anders ist es bei **Ausgleichszahlungen nach § 37 III 2 BetrVG**, die wie Mehrarbeit zu berechnen sind. 33
Sie gehören zum Arbeitsverdienst iSd. § 11 I[2]. Die Rechtslage hat sich durch die Gesetzesänderung vom 25.9.1996 nicht geändert[3]. Die Ausgleichszahlung erfolgt nicht für geleistete Überstunden; vielmehr wird die für BR-Tätigkeit aufgewendete Zeit, die nicht durch Freizeit ausgeglichen werden kann, als Mehrarbeit fingiert. Dem Sinn der Neuregelung, eine Erhöhung des Urlaubsverdienstes durch gezielte Mehrarbeit im Referenzzeitraum zu verhindern, steht die Berücksichtigung der Ausgleichszahlungen nicht entgegen; auch verstößt sie nicht gegen das Begünstigungsverbot des § 78 S. 2 BetrVG. Denn die BR-Mitglieder können auf solche Zahlungsansprüche keinen Einfluss nehmen. Eine zusätzliche Vergütung erhalten sie nur, wenn betriebsbedingte Gründe eine BR-Tätigkeit außerhalb der Arbeitszeit erzwungen haben und ein Freizeitausgleich aus betriebl. Gründen objektiv unmöglich ist. Damit liegt es nicht in den Händen des BR-Mitglieds, einseitig die Rechtsfolge des § 37 III 2 BetrVG herbeizuführen[4].

d) Berechnungszeitraum. Das Urlaubsentgelt bemisst sich nach dem durchschnittlichen Arbeitsver- 34
dienst, den der ArbN in den letzten 13 Wochen vor dem Beginn des Urlaubs erhalten hat. Das Gesetz stellt also nicht auf den Arbeitsverdienst ab, den der ArbN für die im Bezugszeitraum erbrachte Leistung zu erhalten hatte, sondern auf den Arbeitsverdienst, der dem ArbN im Bezugszeitraum ausgezahlt wurde bzw. – bei Zahlungsverzug – fällig geworden ist. Zugrunde zu legen sind die Arbeitsvergütungen, die der ArbN im Referenzzeitraum jeweils als Gegenleistung für seine Tätigkeit erhalten hat, auch wenn damit zeitlich früher liegende Arbeitsleistungen vergütet werden[5].

Beispiel: Der ArbN macht vom 20.4. bis 17.5. Urlaub. Die Vergütung wird vereinbarungsgemäß jeweils am 10. des Folgemonats gezahlt. Das Märzgehalt zahlt der ArbGeb wegen eines zeitweisen Liquiditätsproblems erst am 22.4. – Die Urlaubsvergütung berechnet sich nach dem für die Monate Januar, Februar und März gezahlten (bzw. für März geschuldeten) Entgelt. Im Referenzzeitraum (21.1. bis 21.4.) sind die Gehälter für Januar, Februar und März fällig geworden. Dass mit dem Januargehalt auch Tage außerhalb des Referenzzeitraums (1. bis 20.1.) abgegolten wurden, ist nach dem Gesetzeswortlaut unbeachtlich. Auch die sich für die Zeit vom 1. bis 21.4. errechnende Vergütung ist irrelevant, da das Aprilgehalt erst nach Urlaubsbeginn fällig wird.

Für die Arbeitsvertragsparteien ist der Referenzzeitraum von 13 Wochen in jedem Fall verbindlich; sie 35
können auch bei Schwierigkeiten der Berechnung nicht zum Nachteil des ArbN kürzere oder längere Zeiträume zugrunde legen. Das gilt insb. für stark schwankende Bezügen wie Provisionen (zur Abdingbarkeit s. Rz. 68)[6].

e) Berechnung des durchschnittlichen Verdienstes. Der für den Referenzzeitraum errechnete Ge- 36
samtbetrag muss im Regelfall auf einen Tagesverdienst umgerechnet werden, da Urlaub nicht stunden-, sondern tageweise gewährt wird[7]. Dazu ist der Gesamtbetrag der 13 Wochen durch die Zahl der Tage zu teilen, an denen der jeweilige ArbN im Referenzzeitraum zur Arbeit verpflichtet war (Divisor). Feiertage und bezahlte Krankheitstage sind nicht abzuziehen[8]. Dasselbe gilt für Urlaubstage, die im Referenzzeitraum gewährt und genommen sind (s. Rz. 11).

Bei gleich bleibender Arbeitszeit (zB Fünf-Tage-Woche) ergibt sich daraus folgende Formel: Gesamt- 37
verdienst im Referenzzeitraum : (13 Wochen × 5 Tage pro Woche =) 65 = Vergütung pro Urlaubstag. Bei Teilzeitkräften (zB 2-Tage-Woche) lautet die Formel dementsprechend: Gesamtverdienst : (13 × 2 =) 26 = Vergütung pro Urlaubstag.

In **flexiblen Arbeitszeitsystemen** gilt die Formel entsprechend, wenn nicht im TV zulässigerweise 38
(s. Rz. 68) eine andere Berechnung vorgeschrieben ist. Ist die Arbeitszeit an einzelnen Tagen unterschiedlich, so muss die Berechnung des Zeit- wie des Geldfaktors ggf. stundenweise erfolgen[9].

3. Berechnung des Zeitfaktors. Für den Zeitfaktor ist die Arbeitszeit zu ermitteln, die konkret dadurch 39
ausgefallen ist, dass der ArbN von der Arbeitsleistung befreit wurde. Hierbei sind auch die **Überstunden**

---

1 Insoweit zutr. BAG v. 9.11.1999 – 9 AZR 771/98, AP Nr. 47 zu § 11 BUrlG. | 2 BAG v. 11.1.1995 – 7 AZR 543/94, AP Nr. 103 zu § 37 BetrVG 1972. | 3 ErfK/*Dörner*, § 11 BUrlG Rz. 13. | 4 BAG v. 11.1.1995 – 7 AZR 543/94, AP Nr. 103 zu § 37 BetrVG 1972. | 5 BAG v. 24.11.1992 – 9 AZR 564/91, AP Nr. 34 zu § 11 BUrlG. | 6 ErfK/*Dörner*, § 11 BUrlG Rz. 22; *Leinemann/Linck*, § 11 BUrlG Rz. 49. | 7 ErfK/*Dörner*, § 11 BUrlG Rz. 25. | 8 BAG v. 24.11.1992 – 9 AZR 564/91, AP Nr. 34 zu § 11 BUrlG; ErfK/*Dörner*, § 11 BUrlG Rz. 26. | 9 *Leinemann/Linck*, § 11 BUrlG Rz. 56; KassHdb/*Schütz*, 2. 4 Rz. 497; *Busch*, NZA 1996, 1246; vgl. auch BAG v. 7.7.1988 – 8 AZR 198/88, AP Nr. 23 zu § 11 BUrlG.

zu berücksichtigen, die der ArbN geleistet hätte, wenn er nicht freigestellt worden wäre[1] (s. Rz. 28). Bei gleich bleibender Arbeitszeit und fester regelmäßiger Vergütung ergeben sich keine Berechnungsprobleme, da das laufende Entgelt weitergezahlt wird.

40 Bei **flexiblen Arbeitszeitmodellen** sind – falls nicht tarifl. Regelungen bestehen – wie bei der Berechnung der Urlaubstage (vgl. § 3 Rz. 18 ff.) nur die Tage zu bewerten, an denen der ArbN tatsächlich hätte arbeiten müssen. Tage, in denen ArbN nicht zur Arbeit verpflichtet sind (Freischichten, Rolliertage uÄ) werden daher nicht berücksichtigt[2]; das gilt auch dann, wenn die Freischichten dadurch „verdient" wurden, dass in vorherigen Wochen eine höhere Arbeitsleistung erbracht worden ist[3]. Wäre die Arbeitszeit an den einzelnen Urlaubstagen unterschiedlich gewesen, ist die Zahl der ausfallenden Stunden zu berechnen[4].

41 **4. Verdiensterhöhungen und -kürzungen. a) Verdiensterhöhungen.** Nach § 11 I 2 sind abweichend vom Referenzprinzip Verdiensterhöhungen nicht nur vorübergehender Natur, die während des Berechnungszeitraums oder des Urlaubs eintreten, bei der Berechnung des Urlaubsentgelts zu berücksichtigen. Damit sind nur Gehaltserhöhungen (durch Änderung eines TV, Höhergruppierung, dauerhafte Zahlung einer Zulage, Wechsel vom Ausbildungs- in ein Arbeitsverhältnis[5] oÄ) gemeint[6]. Verdiensterhöhungen aus Mehrarbeitsstunden fallen nicht hierunter, auch wenn die häufig geleistet werden; sie bleiben „vorübergehend", weil sie nicht zur regelmäßigen Arbeitszeit gehören[7]. Eine dauerhafte Erhöhung der Arbeitszeit (zB Übergang von Teilzeit- zu Vollzeitarbeit) betrifft nicht den Geld-, sondern den Zeitfaktor[8].

42 Nach dem eindeutigen Wortlaut des § 11 I 2 wirken die während des Referenzzeitraums oder während des Urlaubs eintretenden Verdiensterhöhungen auf den Beginn des Referenzzeitraums zurück[9]. Für die Berechnung der Arbeitsvergütung ist daher auch dann für den gesamten Berechnungszeitraum von dem erhöhten Verdienst auszugehen, wenn die Verdiensterhöhung erst während des Urlaubs erfolgt; in diesem Fall ist das Urlaubsentgelt neu zu berechnen und der erhöhte Betrag ggf. nachzuzahlen.

43 **b) Verdienstkürzungen.** Durch § 11 I 3 wird das Referenzprinzip weiter zu Gunsten des ArbN modifiziert; Verdienstkürzungen, die während des Berechnungszeitraums eintreten, bleiben unberücksichtigt, wenn sie auf Kurzarbeit, Arbeitsausfällen oder unverschuldeter Arbeitsversäumnis beruhen. Allerdings gilt diese Regelung – anders als S. 2 – nur für den Berechnungszeitraum, nicht für die Zeit des Urlaubs. Kurzarbeit während des Urlaubs ist daher von S. 3 nicht erfasst. Die in S. 3 genannten Tatbestände – Kurzarbeit, unverschuldete Arbeitsversäumnis und Arbeitsausfälle – sind abschließend aufgezählt; Verdienstkürzungen aus anderen Gründen sind in die Feststellung des Geldfaktors nicht einzuberechnen[10].

44 **aa) Kurzarbeit.** Leistet der ArbN im Referenzzeitraum Kurzarbeit, würde dies ohne die Vorschrift des S. 3 den Tagesdurchschnitt des Geldfaktors mindern, weil das Kug nach §§ 169 ff. SGB III nicht Arbeitsverdienst iSd. § 11 I 1 ist. Die Norm bewirkt, dass die infolge Kurzarbeit ausgefallenen Arbeitstage nicht abgezogen werden, sondern der ArbN so zu stellen ist, als hätte er voll gearbeitet. Dabei sind die Kurzarbeitstage mit dem Geldbetrag zu berücksichtigen, den der ArbN ohne Kurzarbeit erhalten hätte. So wird für den späteren Urlaub ein Entgelt zugrunde gelegt, als hätte es den Kürzungstatbestand nicht gegeben[11].

45 Wird Kurzarbeit während des Urlaubs durchgeführt, ist nach der Art der Kurzarbeit zu unterscheiden. Fällt die Arbeit an einem oder mehreren Tagen während des Urlaubs kurzarbeitsbedingt völlig aus (Kurzarbeit null), kann an diesen Tagen keine Freistellung und damit keine Urlaubserfüllung erfolgen. Der ArbN erhält für diese Tage kein Urlaubsentgelt, sondern die Leistungen der BA (ggf. zuzüglich des in einer BV vorgesehenen Aufstockungsbetrags des ArbGeb)[12].

46 Wird die Kurzarbeit null vor Gewährung des Urlaubs angeordnet, bleiben dem ArbN die auf die Kurzarbeitszeit entfallenden Urlaubstage erhalten, da ein Erlöschen durch Erfüllung nicht möglich und eine Konkretisierung noch nicht eingetreten ist[13]. Allerdings ist zu beachten, dass die Kurzarbeitstage bei der Berechnung der Urlaubsdauer in der Kurzarbeitsperiode berücksichtigt werden müssen (zur Berechnung s. § 3 Rz. 38 f.).

47 Ist hingegen der Urlaub vor Anordnung der Kurzarbeit bereits festgelegt und damit auf einen bestimmten Zeitraum konkretisiert, so wird die Erfüllung an den Tagen der Kurzarbeit null unmöglich.

---

1 BAG v. 9.11.1999 – 9 AZR 771/98, AP Nr. 47 zu § 11 BUrlG; v. 22.2.2000 – 9 AZR 107/99, AP Nr. 171 zu § 1 TVG – Tarifverträge: Metallindustrie; insoweit zust. ErfK/*Dörner*, § 11 BUrlG Rz. 31. | 2 BAG v. 18.11.1988 – 8 AZR 238/88, AP Nr. 27 zu § 11 BUrlG. | 3 BAG v. 8.11.1994 – 9 AZR 477/91, AP Nr. 122 zu § 1 TVG – Tarifverträge Metallindustrie; ErfK/*Dörner*, § 11 BUrlG Rz. 32. | 4 S. BAG v. 7.7.1988 – 8 AZR 198/88, AP Nr. 23 zu § 11 BUrlG; *Leinemann/Linck*, § 11 BUrlG Rz. 76. | 5 *Leinemann/Linck*, § 11 BUrlG Rz. 58. | 6 ErfK/*Dörner*, § 11 BUrlG Rz. 34; *Leinemann/Linck*, § 11 BUrlG Rz. 58. | 7 ErfK/*Dörner*, § 11 BUrlG Rz. 34; *Leinemann/Linck*, § 11 BUrlG Rz. 57. | 8 *Leinemann/Linck*, § 11 BUrlG Rz. 58; vgl. dazu BAG v. 28.4.1998 – 9 AZR 314/97, AP Nr. 7 zu § 3 BUrlG. | 9 *Leinemann/Linck*, § 11 BUrlG Rz. 59 f.; KassHdb/*Schütz*, 2. 4 Rz. 500; MünchArbR/*Leinemann*, § 90 Rz. 24; aA *Neumann/Fenski*, § 11 BUrlG Rz. 15. | 10 ErfK/*Dörner*, § 11 BUrlG Rz. 36. | 11 ErfK/*Dörner*, § 11 BUrlG Rz. 38; *Leinemann/Linck*, § 11 BUrlG Rz. 62. | 12 ErfK/*Dörner*, § 11 BUrlG Rz. 39; *Leinemann/Linck*, § 11 BUrlG Rz. 63 ff. | 13 ErfK/*Dörner*, § 3 BUrlG Rz. 35; *Leinemann/Linck*, § 3 BUrlG Rz. 62 ff.; aA *Neumann/Fenski*, § 3 BUrlG Rz. 48; s. auch § 3 BUrlG Rz. 29 ff.

Der Urlaubsanspruch geht unter; eine Nachgewährungspflicht nach § 9 trifft den ArbGeb nicht (s. § 7 Rz. 141)[1].

Verringert sich nur die Arbeitszeit pro Arbeitstag, wird der Urlaubsanspruch erfüllt, der Entgeltanspruch aber entsprechend gekürzt, da sich der Zeitfaktor um die Kurzarbeitsstunden verringert[2]. 48

bb) Unverschuldete Arbeitsversäumnis liegt bei Arbeitsunfähigkeit ohne Entgeltfortzahlungsanspruch, Freistellung (Sonderurlaub) ohne Vergütungsanspruch, Wahrnehmung ehrenamtl. Tätigkeiten, sonstigen Fällen der nicht verschuldeten Unzumutbarkeit iSv. § 275 III BGB uÄ vor. 49

Zeiten verschuldeter Arbeitsversäumnis mindern dagegen den Geldfaktor; der Divisor (Rz. 36) wird nicht um die Fehltage verringert, in den Gesamtbetrag der Vergütung wird das für die Fehltage nicht geschuldete Entgelt nicht aufgenommen. 50

cc) Arbeitsausfälle im Referenzzeitraum ohne Vergütungsanspruch würden ebenfalls den Geldfaktor mindern; dies will § 11 I 3 verhindern. Diese Zeiten werden bei der Berechnung des Geldfaktors wie Arbeitstage mit Entgeltanspruch behandelt[3]. Für Arbeitsausfälle, die den Vergütungsanspruch unberührt lassen (s. § 615 S. 3 BGB – Betriebsrisiko des ArbGeb), ist S. 3 nicht erforderlich, da in diesen Fällen keine Verdienstkürzung eintritt[4]. 51

Ein Arbeitsausfall iSd. S. 3 ist die Teilnahme an einem **rechtmäßigen Streik** oder die Betroffenheit von einer rechtmäßigen **Aussperrung** im Referenzzeitraum (zu den Auswirkungen eines Arbeitskampfes auf den Urlaubsanspruch s. § 1 Rz. 28 ff.; § 3 Rz. 42 ff.). Durch Streik oder rechtmäßige Aussperrung entfällt der Vergütungsanspruch; für das Urlaubsentgelt wird der ArbN so gestellt, als hätte er gearbeitet. 52

Durch eine **rechtswidrige Aussperrung** wird der Vergütungsanspruch nicht gemindert; eines Rückgriffs auf S. 3 bedarf es daher nicht. Nimmt der ArbN an einem rechtswidrigen Streik teil, ist die Urlaubsvergütung wie im Falle verschuldeter Arbeitsversäumnis zu kürzen[5]. 53

III. Fälligkeit (Abs. 2). § 11 II bestimmt die Fälligkeit der Urlaubsvergütung auf den Beginn des Urlaubs. Diese Abweichung von der gesetzl. Fälligkeitsregelung in § 614 BGB hat auf die Wirksamkeit der Urlaubserteilung keinen Einfluss. Sie bedeutet nur, dass der ArbGeb sich mit der ihm obliegenden Lohnzahlungsverpflichtung in Verzug befindet, wenn er nicht vor Urlaubsantritt das für die Urlaubszeit weiterzugewährende Entgelt auszahlt; Voraussetzung dafür, dass der Urlaubsanspruch erfüllt wird, ist die Zahlung des Entgelts vor Urlaubsantritt jedoch nicht[6]. Ein Annahmeverweigerungsrecht des ArbN hinsichtlich der Urlaubserteilung ergibt sich aus einer verspäteten Zahlung der Urlaubsvergütung nicht[7]. 54

Dem ArbN kann daraus, dass der ArbGeb erst später den Lohnanspruch des ArbN erfüllt, allenfalls ein Schadenersatzanspruch wegen Verzuges entstehen. Die in der Praxis häufig zu beobachtende Verletzung dieser Vorschrift bleibt damit weitgehend folgenlos. 55

IV. Zusätzliches Urlaubsgeld. Ein Anspruch auf ein zusätzliches Urlaubsgeld ergibt sich nicht aus dem Gesetz. Anspruchsgrundlage kann ein TV, in den Grenzen des § 77 III BetrVG eine BV, der Arbeitsvertrag, eine betriebl. Übung oder der arbeitsrechtl. Gleichbehandlungsgrundsatz sein. Auch die Begriffe sind nicht einheitlich; gelegentlich ist von Urlaubsgratifikation, 13. Gehalt oÄ die Rede. 56

Die Parteien der Zusage über das zusätzliche Urlaubsgeld sind im Rahmen des geltenden höherrangigen Rechts frei, Inhalt und Umfang der zusätzlichen Leistung zu bestimmen[8]. Insb. sind die Diskriminierungsverbote des EG-Rechts, des GG, des TzBfG und des AGG zu beachten[9]. Wird ein ArbN unter Verletzung höherrangigen Rechts vom Bezug eines zusätzlichen Urlaubsgeldes ausgenommen, so ist nicht die Zusage insgesamt, sondern nur die Ausschlussnorm nichtig. Der ArbN ist so zu behandeln, als sei er nicht ausgenommen worden[10]. 57

In TV finden sich die unterschiedlichsten Ausgestaltungen der anspruchsbegründenden Tatsachen, Rückzahlungsbestimmungen und Ausschlussklauseln. Das BAG hat hierzu eine Reihe von Auslegungsgrundsätzen aufgestellt: Wird das Urlaubsgeld als Teil oder Aufschlag zum Urlaubsentgelt zugesagt, ist es Teil einer aus Urlaubsentgelt und zusätzlichem Urlaubsgeld bestehenden Urlaubsvergütung. Im Zweifel gelten für den einheitlichen Betrag dieselben Regeln über Entstehung[11], Inhalt und Umfang[12]. Ist 58

1 ErfK/*Dörner*, § 3 BUrlG Rz. 35 f.; *Leinemann/Linck*, § 3 BUrlG Rz. 67 ff. | 2 ErfK/*Dörner*, § 11 BUrlG Rz. 39; *Leinemann/Linck*, § 11 BUrlG Rz. 66. | 3 ErfK/*Dörner*, § 11 BUrlG Rz. 42. | 4 *Leinemann/Linck*, § 11 BUrlG Rz. 67; unklar *Neumann/Fenski*, § 11 BUrlG Rz. 53. | 5 ErfK/*Dörner*, § 11 BUrlG Rz. 43; *Leinemann/Linck*, § 11 BUrlG Rz. 69; aA *Neumann/Fenski*, § 11 BUrlG Rz. 54. | 6 BAG v. 18.12.1986 – 8 AZR 481/84, AP Nr. 19 zu § 11 BUrlG. | 7 ErfK/*Dörner*, § 11 BUrlG Rz. 45; *Leinemann/Linck*, § 11 BUrlG Rz. 82; aA *Neumann/Fenski*, § 11 BUrlG Rz. 80. | 8 BAG v. 6.9.1994 – 9 AZR 92/93, AP Nr. 50 zu § 1 TVG – Tarifverträge: Einzelhandel. | 9 Vgl. BAG v. 23.4.1996 – 9 AZR 696/94, AP Nr. 7 zu § 17 BErzGG; v. 15.11.1990 – 8 AZR 283/89, AP Nr. 11 zu § 2 BeschFG 1985. | 10 BAG v. 23.4.1996 – 9 AZR 696/94, AP Nr. 7 zu § 17 BErzGG. | 11 BAG v. 14.8.1996 – 10 AZR 70/96, AP Nr. 19 zu § 15 BErzGG; v. 21.10.1997 – 9 AZR 255/96, AP Nr. 5 zu § 1 TVG – Tarifverträge: Schuhindustrie. | 12 BAG v. 28.7.1992 – 9 AZR 340/91, AP Nr. 3 zu § 17 BErzGG.

das zusätzliche Urlaubsgeld so ausgestaltet, dass darauf unabhängig vom gewährten Urlaub ein Anspruch besteht, kann der Anspruch auf das volle Urlaubsgeld begründet sein, obwohl der Urlaubsanspruch wegen Elternzeit nach § 17 I BEEG gekürzt werden darf[1]. Findet sich keine abweichende Regelung, so fällt das Urlaubsgeld auch für den gesetzl. Zusatzurlaub an[2].

59 Das Urlaubsgeld kann uneingeschränkt einer tarifl. Ausschlussfrist unterliegen[3].

60 **V. Vererbbarkeit, Abtretung, Pfändung.** Ansprüche auf Urlaubsentgelt für genommenen Urlaub sowie auf zusätzliches Urlaubsgeld können vererbt werden[4].

61 Das Urlaubsentgelt unterliegt als normaler Vergütungsanspruch der Vorschrift des § 850c ZPO; insoweit kann gepfändet, abgetreten und aufgerechnet werden[5]. Das zusätzliche Urlaubsgeld ist nach Maßgabe des § 850a Nr. 2 ZPO unpfändbar und damit nicht abtretbar[6]. Bei einem Anspruch auf eine einheitliche Urlaubsvergütung, die aus Urlaubsentgelt und Urlaubsgeld besteht, muss der unpfändbare Teil abgezogen werden, bevor der pfändbare Nettobetrag aus dem Urlaubsentgelt errechnet werden kann[7].

62 **VI. Verlust der Ansprüche. 1. Verzicht.** Wegen § 13 I kann auf das Urlaubsentgelt nicht verzichtet werden. § 13 I iVm. § 1 („bezahlter Erholungsurlaub") schützt das Urlaubsentgelt für den gesetzl. Mindesturlaub, § 4 IV TVG dasjenige für den tarifl. Mehrurlaub in besonderer Weise. Der ArbN kann daher auf seinen Entgeltanspruch weder vorab noch nach Erhalt des Urlaubs verzichten; das gilt gleichermaßen für einen Erlassvertrag, ein negatives Schuldanerkenntnis oder einen Vergleich[8]. Ebenso unwirksam sind einzelvertragl. Vereinbarungen vor Begründung des Anspruchs, wonach ein ArbN während des Urlaubs eine geringere Vergütung erhält als das Gesetz vorschreibt[9].

63 Das zusätzliche Urlaubsgeld ist von § 13 I nicht erfasst; deshalb kann insoweit ein Vergleich oder eine Ausgleichsquittung wirksam sein, wenn es sich nicht um tarifl. Ansprüche handelt (hier ist wiederum § 4 IV TVG zu beachten)[10].

64 **2. Verwirkung und Verjährung.** Ansprüche auf Urlaubsentgelt und Urlaubsgeld unterliegen grds. wie andere Ansprüche der Verwirkung (§ 242 BGB), wenn Zeitmoment und Umstandsmoment (schutzwertes Vertrauen darauf, dass der ArbN diese Ansprüche nicht mehr geltend machen werde) vorliegen. In der arbeitsgerichtl. Praxis scheitert der Einwand der Verwirkung regelmäßig daran, dass der ArbGeb besondere Umstände, die das schutzwürdige Vertrauen begründen könnten, nicht darlegt.

65 Die Ansprüche verjähren gem. § 195 BGB nach drei Jahren; die Verjährungsfrist beginnt im Regelfall mit dem Schluss des Jahres, in dem der Anspruch entstanden ist, § 199 I BGB, da der ArbN regelmäßig von den anspruchsbegründenden Tatsachen Kenntnis haben wird (§ 199 I Ziff. 2 BGB); Unkenntnis der Rechtslage ist unerheblich[11].

66 **3. Verfall.** Tarifl. Ausschlussklauseln können den Urlaubsentgeltanspruch – auch soweit er für den gesetzl. Mindesturlaub geschuldet ist – erfassen[12]. Dem steht die Rspr. des BAG (s. § 7 Rz. 125 f.) zur Unwirksamkeit tarifl. Ausschlussklauseln, soweit sie den gesetzl. Mindesturlaub erfassen, nicht entgegen. Denn der Anspruch auf Urlaubsentgelt ist der während der Urlaubsgewährung weiterbestehende Anspruch auf Arbeitsentgelt nach § 611 BGB. Er unterscheidet sich deshalb hinsichtlich der Anwendbarkeit von Ausschlussfristen nicht von sonstigen Entgeltansprüchen nach § 611 BGB. Er kann somit – obwohl es sich um einen gesetzl. geregelten unabdingbaren Anspruch handelt – verfallen[13].

67 Für die Frage, ob und wieweit eine tarifl. Ausschlussklausel den Urlaubsentgelt- oder -geldanspruch erfasst, hat das BAG einige Auslegungsgrundsätze aufgestellt: Haben die TV-Parteien den Anspruch auf ein zusätzliches Urlaubsgeld geregelt, so ist im Zweifel anzunehmen, dass innerhalb der für tarifl. Geldansprüche vereinbarten Verfallfrist alle mit der Berechnung und Zahlung des Urlaubsgelds zusammenhängenden Fragen geklärt werden sollen. Dazu gehören insb. Streitigkeiten über die zutreffende Forderungshöhe. Nach Ablauf der Ausschlussfrist ist sowohl die Geltendmachung einer nicht vollständigen Erfüllung des Anspruchs als auch einer Überzahlung ausgeschlossen[14]. Ist in einer tarifl. Bestimmung der Verfall der Urlaubs- und Urlaubsabgeltungsansprüche geregelt und wird weder zwischen Urlaubsentgelt und Urlaubsgeld noch zwischen bereits erhaltenen und noch offenem Urlaub unterschieden (s. zB § 8 Nr. 8 BRTV Bau), betrifft sie alle Ansprüche, die mit dem Erholungsurlaub in Zusammenhang

---

1 BAG v. 6.9.1994 – 9 AZR 92/93, AP Nr. 50 zu § 1 TVG – Tarifverträge: Einzelhandel; v. 14.8.1996 – 10 AZR 70/96, AP Nr. 19 zu § 15 BErzGG. | 2 BAG v. 23.1.1996 – 9 AZR 891/94, AP Nr. 9 zu § 47 SchwbG 1986. | 3 BAG v. 9.8.1994 – 9 AZR 557/93 nv.; ErfK/*Dörner*, § 11 BUrlG Rz. 49. | 4 ErfK/*Dörner*, § 11 BUrlG Rz. 50; *Leinemann/Linck*, § 11 BUrlG Rz. 95. | 5 BAG v. 11.1.1990 – 8 AZR 440/88, AP Nr. 11 zu § 4 TVG – Gemeinsame Einrichtungen; v. 20.6.2000 – 9 AZR 405/99, AP Nr. 28 zu § 7 BUrlG; ErfK/*Dörner*, § 11 BUrlG Rz. 51; aA *Neumann/Fenski*, § 1 BUrlG Rz. 76. | 6 S. *Pfeifer*, NZA 1996, 738 (739). | 7 ErfK/*Dörner*, § 11 BUrlG Rz. 52; *Leinemann/Linck*, § 11 BUrlG Rz. 97. | 8 BAG v. 20.1.1998 – 9 AZR 812/96, AP Nr. 45 zu § 13 BUrlG; ErfK/*Dörner*, § 11 BUrlG Rz. 53; *Leinemann/Linck*, § 11 BUrlG Rz. 99. | 9 BAG v. 31.5.1990 – 8 AZR 132/89, AP Nr. 11 zu § 13 BUrlG – Unabdingbarkeit. | 10 ErfK/*Dörner*, § 11 BUrlG Rz. 54. | 11 Anwaltkommentar Schuldrecht/*Mansel*, § 199 BGB Rz. 46 mwN. | 12 BAG v. 22.1.2002 – 9 AZR 601/00, DB 2002, 1835; ErfK/*Dörner*, § 11 BUrlG Rz. 57; *Leinemann/Linck*, § 11 BUrlG Rz. 103. | 13 BAG v. 22.1.2002 – 9 AZR 601/00, DB 2002, 1835. | 14 BAG v. 19.1.1999 – 9 AZR 637/97, AP Nr. 34 zu § 1 TVG – Tarifverträge: Druckindustrie.

stehen, also auch Urlaubsvergütung und zusätzliches Urlaubsgeld. Eine kürzere allgemeine tarifl. Ausschlussfrist (zB § 16 BRTV Bau) wird verdrängt[1].

VII. Abdingbarkeit. Nach § 13 I 1 können TV von § 11 auch zuungunsten der ArbN abweichen. Allerdings ist zu beachten, dass Abweichungen von §§ 1, 2 und § 3 I zuungunsten der ArbN unzulässig sind. § 1 enthält nicht nur den Grundsatz des „bezahlten Erholungsurlaubs", sondern erhält auch dem ArbN den Vergütungsanspruch trotz Nichtleistung der Arbeit während des Urlaubs. Daraus folgt, dass der Anspruch des ArbN auf Vergütung und Abgeltung der während des Mindesturlaubs ausfallenden Arbeitsstunden von dem in § 13 I 1 iVm. § 1 enthaltenen Abweichungsverbot erfasst wird. Eine Tarifvorschrift, die im Urlaubszeitraum zu leistende Überstunden bei der Berechnung des Zeitfaktors unberücksichtigt lässt, ist daher unwirksam[2]. Hinsichtlich des tarifl. Mehrurlaubs sind die TV-Parteien an die gesetzl. Vorgaben nicht gebunden. 68

Die TV-Parteien machen von ihrer Gestaltungsfreiheit bei der Berechnung des Geldfaktors und des Zeitfaktors regelmäßig Gebrauch; hierzu gibt es eine umfangreiche Kasuistik des BAG[3]. Zu den Einzelheiten s. § 13 Rz. 56. 69

12 *Urlaub im Bereich der Heimarbeit*

Für die in Heimarbeit Beschäftigten und die ihnen nach § 1 Abs. 2 Buchstaben a bis c des Heimarbeitsgesetzes Gleichgestellten, für die die Urlaubsregelung nicht ausdrücklich von der Gleichstellung ausgenommen ist, gelten die vorstehenden Bestimmungen mit Ausnahme der §§ 4 bis 6, 7 Abs. 3 und 4 und § 11 nach Maßgabe der folgenden Bestimmungen:

1. **Heimarbeiter (§ 1 Abs. 1 Buchstabe a des Heimarbeitsgesetzes) und nach § 1 Abs. 2 Buchstabe a des Heimarbeitsgesetzes Gleichgestellte erhalten von ihrem Auftraggeber oder, falls sie von einem Zwischenmeister beschäftigt werden, von diesem bei einem Anspruch auf 24 Werktage ein Urlaubsentgelt von 9,1 vom Hundert des in der Zeit vom 1. Mai bis zum 30. April des folgenden Jahres oder bis zur Beendigung des Beschäftigungsverhältnisses verdienten Arbeitsentgelts vor Abzug der Steuern und Sozialversicherungsbeiträge ohne Unkostenzuschlag und ohne die für den Lohnausfall an Feiertagen, den Arbeitsausfall infolge Krankheit und den Urlaub zu leistenden Zahlungen.**
2. **War der Anspruchsberechtigte im Berechnungszeitraum nicht ständig beschäftigt, so brauchen unbeschadet des Anspruches auf Urlaubsentgelt nach Nummer 1 nur so viele Urlaubstage gegeben zu werden, wie durchschnittliche Tagesverdienste, die er in der Regel erzielt hat, in dem Urlaubsentgelt nach Nummer 1 enthalten sind.**
3. **Das Urlaubsentgelt für die in Nummer 1 bezeichneten Personen soll erst bei der letzten Entgeltzahlung vor Antritt des Urlaubs ausgezahlt werden.**
4. **Hausgewerbetreibende (§ 1 Abs. 1 Buchstabe b des Heimarbeitsgesetzes) und nach § 1 Abs. 2 Buchstaben b und c des Heimarbeitsgesetzes Gleichgestellte erhalten von ihrem Auftraggeber oder, falls sie von einem Zwischenmeister beschäftigt werden, von diesem als eigenes Urlaubsentgelt und zur Sicherung der Urlaubsansprüche der von ihnen Beschäftigten einen Betrag von 9,1 vom Hundert des an sie ausgezahlten Arbeitsentgelts vor Abzug der Steuern und Sozialversicherungsbeiträge ohne Unkostenzuschlag und ohne die für den Lohnausfall an Feiertagen, den Arbeitsausfall infolge Krankheit und den Urlaub zu leistenden Zahlungen.**
5. **Zwischenmeister, die den in Heimarbeit Beschäftigten nach § 1 Abs. 2 Buchstabe d des Heimarbeitsgesetzes gleichgestellt sind, haben gegen ihren Auftraggeber Anspruch auf die von ihnen nach den Nummern 1 und 4 nachweislich zu zahlenden Beträge.**
6. **Die Beträge nach den Nummern 1, 4 und 5 sind gesondert im Entgeltbeleg auszuweisen.**
7. **Durch Tarifvertrag kann bestimmt werden, dass Heimarbeiter (§ 1 Abs. 1 Buchstabe a des Heimarbeitsgesetzes), die nur für einen Auftraggeber tätig sind und tariflich allgemein wie Betriebsarbeiter behandelt werden, Urlaub nach den allgemeinen Urlaubsbestimmungen erhalten.**
8. **Auf die in den Nummern 1, 4 und 5 vorgesehenen Beträge finden die §§ 23 bis 25, 27 und 28 und auf die in den Nummern 1 und 4 vorgesehenen Beträge außerdem § 21 Abs. 2 des Heimarbeitsgesetzes entsprechende Anwendung. Für die Urlaubsansprüche der fremden Hilfskräfte der in Nummer 4 genannten Personen gilt § 26 des Heimarbeitsgesetzes entsprechend.**

I. Zweck der Vorschrift. Die urlaubsrechtl. Sonderregelungen in § 12 sollen den tatsächl. und rechtl. Verhältnissen der Heimarbeit Rechnung tragen. 1

Bei der Definition der urlaubsberechtigten ArbN hat der Gesetzgeber in § 2 S. 2 letzter Hs. die Heimarbeiter ausgenommen und stattdessen für diesen Personenkreis ein besondere Vorschrift geschaffen. 2

1 BAG v. 28.4.1998 – 9 AZR 164/97, AP Nr. 211 zu § 1 TVG – Tarifverträge: Bau. | 2 BAG v. 22.2.2000 – 9 AZR 107/99, AP Nr. 171 zu § 1 TVG – Tarifverträge: Metallindustrie. | 3 S. die Auflistung bei *Leinemann/Linck*, § 11 BUrlG Rz. 108 f. und § 13 BUrlG Rz. 105 ff.

3 **II. Persönlicher Geltungsbereich.** § 12 gilt für die in Heimarbeit Beschäftigten iSd. Legaldefinition des § 1 I HAG und die ihnen nach § 1 II Buchst. a–c Gleichgestellten.

4 **Heimarbeiter** ist gem. § 2 I HAG, wer in selbstgewählter Arbeitsstätte (eigener Wohnung oder selbstgewählter Betriebsstätte) allein oder mit den in § 2 V HAG genannten Familienangehörigen im Auftrag von Gewerbetreibenden oder Zwischenmeistern erwerbsmäßig arbeitet, jedoch die Verwertung der Arbeitsergebnisse dem unmittelbar oder mittelbar auftraggebenden Gewerbetreibenden überlässt. Dem steht nicht entgegen, dass der Heimarbeiter die Roh- und Hilfsstoffe selbst beschafft.

5 **Hausgewerbetreibender** iSd. HAG ist, wer in eigener Arbeitsstätte (eigener Wohnung oder Betriebsstätte) mit nicht mehr als zwei fremden Hilfskräften oder Heimarbeitern im Auftrag von Gewerbetreibenden oder Zwischenmeistern Waren herstellt, bearbeitet oder verpackt, wobei er selbst wesentlich am Stück mitarbeitet, jedoch die Verwertung der Arbeitsergebnisse dem unmittelbar oder mittelbar auftraggebenden Gewerbetreibenden überlässt. Für Hausgewerbetreibende mit mehr als zwei Hilfskräften gilt § 12 nicht unmittelbar, sondern nur nach Gleichstellung gem. § 1 IV HAG, wenn die Urlaubsregelungen nicht von der Gleichstellung ausgenommen sind.

6 **Heimarbeiterähnliche Personen**, Hausgewerbetreibende mit mehr als zwei Hilfskräften sowie Lohngewerbetreibende (§ 1 II Buchst. a–c HAG) können Heimarbeitern gleichgestellt werden, wenn sie entsprechend schutzbedürftig sind. Von der Gleichstellung können aber die Urlaubsregelungen in § 12 ausgenommen werden, § 12 Eingangssatz. Für gleichgestellte Zwischenmeister (§ 1 II Buchst. d) gilt die Sonderregelung in § 12 Nr. 5.

7 **III. Inhalt der Vorschrift.** Nach § 12 Einleitungssatz sind die Bestimmungen der §§ 4–6, 7 III und IV und § 11 für die in Heimarbeit Beschäftigten nicht anzuwenden; die übrigen Vorschriften des BUrlG gelten mit den Maßgaben der Nrn. 1–8.

8 **1. Nicht anwendbares Urlaubsrecht.** Die starre sechsmonatige Wartezeit nach § 4 gilt für Heimarbeiter nicht. Allerdings kann Urlaub erst nach Ablauf des Berechnungszeitraums am 30.4. eines Jahres verlagt werden; die Höhe richtet sich nach den bis dahin angesammelten Einkünften (§ 12 Nr. 1 u. 3)[1]. Durch TV oder bindende Festsetzungen ist abweichend regelmäßig die Zahlung des Urlaubsentgelts als Zuschlag zur Vergütung vorgesehen.

9 Da § 5 für Heimarbeiter nicht anwendbar ist, entsteht nach Ablauf des Abrechnungszeitraums unabhängig von der Dauer der Beschäftigung ein Vollurlaubsanspruch, der nach Maßgabe des § 12 Nr. 1 zu berechnen ist[2].

10 Der Ausschluss von § 7 III bedeutet nicht, dass der Urlaubsanspruch im Bereich der Heimarbeit unbefristet sei. Denn die Befristung folgt bereits aus § 1. Im Zusammenhang mit § 12 Nr. 1 ergibt sich eine Befristung bis zum 30.4. des Folgejahres[3]. Eine Übertragung (Hinausschieben des Erlöschenszeitpunkts um weitere 3 Monate) erfolgt nicht[4].

11 Nach der eindeutigen Regelung in § 12 Eingangssatz gibt es für Heimarbeiter keinen Abgeltungsanspruch. Endet das Beschäftigungsverhältnis, ohne das der Heimarbeiter Urlaub bzw. Urlaubsentgelt verlangt hat, erlischt der Urlaubsanspruch[5]. Unter den Voraussetzungen der §§ 280, 283, 275 BGB kann allerdings ein Schadensersatzanspruch in Betracht kommen (s. § 7 Rz. 142)

12 Für die Berechnung des Urlaubsentgelts gilt nicht § 11, sondern § 12 Nr. 1–4.

13 **2. Anwendbare Vorschriften mit Maßgaben. a) Urlaubsanspruch.** Heimarbeiter können wie ArbN Freistellung von der Pflicht zur Dienst- oder Werkleistung beanspruchen. Ständig Beschäftigte haben einen Freistellungsanspruch iHv. 24 Werktagen; für nicht ständig Beschäftigte gilt die Berechnungsmethode in § 12 Nr. 2[6].

14 Da Heimarbeiter in der Gestaltung der Arbeitszeit grds. frei sind, kann die Urlaubserteilung nicht durch Befreiung von der Arbeitspflicht in einem bestimmten Zeitraum vorgenommen werden. Urlaub wird deshalb nur nominell – ggf. mit der Folge der Verlängerung einer Ablieferungsfrist – erteilt, ohne dass der Heimarbeiter seinen Arbeitsrhythmus ändert. Gleichwohl ist auch im Bereich der Heimarbeit Urlaub die Freistellung der Heimarbeiter von der Bearbeitung von Aufträgen. Es bedarf einer Freistellungserklärung (Urlaubserteilung), die unter Beachtung des § 7 I und II zu erfolgen hat; eine Selbstbeurlaubung ist nicht statthaft[7].

15 **b) Urlaubsentgelt.** § 12 Nr. 1 bestimmt für Heimarbeiter und nach § 1 II HAG Gleichgestellte ein Urlaubsentgelt von 9,1 % des in der Zeit vom 1.5. bis zum 30.4. des folgenden Jahres oder bis zur Beendi-

---

1 ErfK/*Dörner*, § 12 BUrlG Rz. 29; *Leinemann/Linck*, § 12 BUrlG Rz. 19 (str.; zum Meinungsstand s. *Fenski*, Außerbetriebliche Arbeitsverhältnisse, Rz. 158, 202). | 2 ErfK/*Dörner*, § 12 BUrlG Rz. 30; *Leinemann/Linck*, § 12 BUrlG Rz. 21. | 3 ErfK/*Dörner*, § 12 BUrlG Rz. 32. | 4 ErfK/*Dörner*, § 12 BUrlG Rz. 32; *Leinemann/Linck*, § 12 BUrlG Rz. 23. | 5 ErfK/*Dörner*, § 12 BUrlG Rz. 33; *Leinemann/Linck*, § 12 BUrlG Rz. 24. | 6 S. die Beispiele bei ErfK/*Dörner*, § 12 BUrlG Rz. 17. | 7 ErfK/*Dörner*, § 12 BUrlG Rz. 16; *Leinemann/Linck*, § 12 BUrlG Rz. 26 f.

gung des Beschäftigungsverhältnisses verdienten Arbeitsentgelts vor Abzug der Steuern und SozV-Beiträge ohne Unkostenzuschlag und ohne die für den Lohnausfall an Feiertagen, den Arbeitsausfall infolge Krankheit und den Urlaub zu leistenden Zahlungen.

Der Gesetzeswortlaut hinsichtlich des Berechnungszeitraums ist unklar. Denkbar ist, dass Berechnungszeitraum das Zeitjahr vom 1.5. bis 30.4. sein soll, das dem Urlaubszeitpunkt voranging[1]. Diese Berechnungsmethode hätte den Vorteil, dass das tatsächlich verdiente Arbeitsentgelt berücksichtigt werden kann und nicht Vermutungen über zukünftige Verdienste angestellt werden müssen. Andererseits spricht die Formulierung „folgendes Jahr" eher dafür, dass der Gesetzgeber den Zeitraum 1.5. des laufenden Jahres bis 30.4. des nächsten Jahres gemeint hat[2]. In der Praxis hat der Streit regelmäßig keine Bedeutung, da TV und bindende Festsetzungen zumeist einen festen Zuschlag zur Vergütung vorsehen[3]. 16

Hausgewerbetreibende und ihnen nach § 1 II Buchst. b und c HAG Gleichgestellte erhalten gem. § 12 Ziff. 4 ebenfalls 9,1 % des Arbeitsentgelts als eigenes Urlaubsentgelt und zur Sicherung der Urlaubsansprüche der von ihnen Beschäftigten; Schuldner ist ihr Auftraggeber oder ihr Zwischenmeister. Für den Berechnungszeitraum dürfte § 12 Nr. 1 entsprechend gelten. 17

Zwischenmeister haben auch dann keinen eigenen Urlaubsanspruch, wenn sie gleichgestellt sind. In diesem Fall können sie nach § 12 Nr. 5 jedoch von ihrem Auftraggeber Erstattung in Höhe der Urlaubsentgeltbeträge, die sie an die von ihnen Beschäftigten geleistet haben, verlangen. 18

IV. Abdingbarkeit. § 12 ist in § 13 I 1 nicht erwähnt und ist deshalb abdingbar. Hiervon wird in der Praxis häufig Gebrauch gemacht. Als abweichende Regelungen kommen TV nach § 12 Nr. 7 sowie § 17 HAG in Betracht, aber auch bindende Festsetzungen nach § 19 HAG; diese haben die Wirkung eines allgemeinverbindlichen TV, § 19 III HAG. 19

Die Befugnis zur Änderung der gesetzl. Urlaubsregelungen entspricht der in § 13 I; gegen §§ 1 und 3 I darf daher auch nicht mittelbar verstoßen werden[4]. 20

13 *Unabdingbarkeit*

(1) Von den vorstehenden Vorschriften mit Ausnahme der §§ 1, 2 und 3 Abs. 1 kann in Tarifverträgen abgewichen werden. Die abweichenden Bestimmungen haben zwischen nichttarifgebundenen Arbeitgebern und Arbeitnehmern Geltung, wenn zwischen diesen die Anwendung der einschlägigen tariflichen Urlaubsregelung vereinbart ist. Im Übrigen kann, abgesehen von § 7 Abs. 2 Satz 2, von den Bestimmungen dieses Gesetzes nicht zuungunsten des Arbeitnehmers abgewichen werden.

(2) Für das Baugewerbe oder sonstige Wirtschaftszweige, in denen als Folge häufigen Ortswechsels der von den Betrieben zu leistenden Arbeit Arbeitsverhältnisse von kürzerer Dauer als einem Jahr in erheblichem Umfange üblich sind, kann durch Tarifvertrag von den vorstehenden Vorschriften über die in Absatz 1 Satz 1 vorgesehene Grenze hinaus abgewichen werden, soweit dies zur Sicherung eines zusammenhängenden Jahresurlaubs für alle Arbeitnehmer erforderlich ist. Absatz 1 Satz 2 findet entsprechende Anwendung.

(3) Für den Bereich der Deutsche Bahn Aktiengesellschaft sowie einer gemäß § 2 Abs. 1 und § 3 Abs. 3 des Deutsche Bahn Gründungsgesetzes vom 27. Dezember 1993 (BGBl. I S. 2378, 2386) ausgegliederten Gesellschaft und für den Bereich der Nachfolgeunternehmen der Deutschen Bundespost kann von der Vorschrift über das Kalenderjahr als Urlaubsjahr (§ 1) in Tarifverträgen abgewichen werden.

I. Zweck der Vorschrift. § 13 I 1 erklärt die grundlegenden Bestimmungen über den Urlaubsanspruch selbst, über den persönlichen Geltungsbereich sowie über die Mindestdauer des Urlaubs (§§ 1, 2 und 3 I) für tariffest. Damit wird den TV-Parteien für einen großen Teil der Vorschriften Gestaltungsfreiheit eingeräumt. Allerdings darf durch abweichende Tarifregelungen nicht – auch nicht mittelbar – in den Anspruch des ArbN auf den gesetzl. Mindesturlaub eingegriffen werden[5]. Durch die Unabdingbarkeit der in § 13 I 1 genannten urlaubsrechtl. Kernvorschriften ist die Regelungsmacht der TV-Parteien hinsichtlich des gesetzl. Mindesturlaubs erheblich enger, als es zT in der Tarifpraxis angenommen wird; das BAG hat denn auch immer wieder tarifl. Urlaubsregelungen für unwirksam erachtet. Von einem „tarifvertragl. Vorrangprinzip" zu reden, wie es im Schrifttum zT noch immer geschieht[6], ist daher nicht nur irreführend, sondern auch wenig hilfreich für die Beurteilung der Rechtswirksamkeit tarifl. Urlaubsnormen[7]. 1

Abweichende Tarifvorschriften zu Gunsten der ArbN sind an sich unproblematisch; allerdings enthalten TV häufig komplexe Urlaubsregelungen, die nicht zwischen gesetzl. und tarifl. Urlaub differenzieren 2

1 So ErfK/*Dörner*, § 12 BUrlG Rz. 24. | 2 So *Leinemann/Linck*, § 12 BUrlG Rz. 30 mwN; KassHdb/*Hauck*, 2. 4 Rz. 731. | 3 *Leinemann/Linck*, § 12 BUrlG Rz. 31. | 4 ErfK/*Dörner*, § 12 BUrlG Rz. 37. | 5 BAG v. 8.3.1984 – 6 AZR 442/83, AP Nr. 15 zu § 13 BUrlG. | 6 *Neumann/Fenski*, § 13 BUrlG Rz. 11 ff.; KassHdb/*Schütz*, 2.4 Rz. 792. | 7 ErfK/*Dörner*, § 13 BUrlG Rz. 3; *Leinemann/Linck*, § 13 BUrlG Rz. 5.

und zum Teil günstiger, zum Teil aber auch ungünstiger sind als das BUrlG. In diesen Fällen stellt sich die oft schwierige Frage des Günstigkeitsvergleichs (s. Rz. 11 ff.)

3 Uneingeschränkt zulässig hingegen sind Tarifregelungen zuungunsten der ArbN auch hinsichtlich der Urlaubsdauer, soweit sie sich auf den tarifl. Mehrurlaub beziehen; Anspruchsvoraussetzungen, Berechnung der Urlaubsvergütung sowie Ausschlussfristen können ohne Rücksicht auf das BUrlG ausgestaltet werden[1]. So ist eine Tarifvorschrift wirksam, die bestimmt, der ArbN verwirke den übergesetzl. Urlaubsanspruch, wenn er das Arbeitsverhältnis unbegründet ohne Einhaltung der Kündigungsfrist auflöse[2]. Dasselbe gilt für einen einzelvertraglich vereinbarten zusätzlichen Urlaubsanspruch.

4 Durch Abs. 1 S. 2 ist nicht organisierten ArbN und ArbGeb die Möglichkeit eingeräumt worden, durch Einzelvertrag tarifvertragl. Regelungen zu übernehmen, auch wenn sie zuungunsten des ArbN von den Vorschriften der §§ 4 ff. BUrlG abweichen.

5 **II. Abweichende tarifliche Regelungen. 1. Regelungsbefugnis.** Im Rahmen der ihnen durch Art. 9 III GG gewährten Tarifautonomie haben die TV-Parteien grds. auch auf dem Gebiet des Urlaubsrechts die Normsetzungsbefugnis. Sie ist allerdings zulässigerweise zum Schutz der ArbN durch § 13 I 1 in der Weise eingeschränkt worden, dass die TV-Parteien nicht über den gesetzl. Urlaubsanspruch dem Grunde und der Höhe nach verfügen können.

6 Unzulässig sind auch ungünstigere Tarifnormen, die sich vordergründig mit Materien in den abdingbaren Vorschriften der §§ 4 ff. befassen (zB Abgeltung, § 7 IV), aber mittelbar in die unantastbaren Rechte des ArbN nach § 1, § 2 und § 3 I eingreifen. So ist der Anspruch auf Urlaubsabgeltung eine andere Erscheinungsform des Urlaubsanspruchs (nach § 1 und § 3 I) und kann deshalb nicht durch Tarifrecht verschlechtert werden[3]. Deshalb ist bei jeder ungünstigeren Tarifnorm zu prüfen, ob unabdingbare Ansprüche betroffen sind[4].

7 Machen die TV-Parteien von ihrer Rechtsetzungsmacht Gebrauch, so stellt sich die Frage nach dem Verhältnis zwischen tarifl. und gesetzl. Regelung. Dabei ist zu unterscheiden:

8 Haben die TV-Parteien die Bestimmungen des BUrlG wirksam ausgeschlossen und will die Tarifregelung das gesamte Urlaubsrecht erfassen, so gilt nur der TV. Das Gesetz kann auch nicht ergänzend oder unterstützend zur Auslegung herangezogen werden[5].

9 Haben die TV-Parteien es unterlassen, vom BUrlG in dem für sie eröffneten Rahmen abweichende Regelungen zu treffen oder haben sie kein eigenes abschließendes Regelwerk geschaffen, ist von der gesetzl. Regelung auch für den tarifl. Urlaubsanspruch auszugehen[6]. Ein Schweigen der TV-Parteien ist deshalb keine Tariflücke; eine analoge Anwendung einer anderen Tarifvorschrift oder des Gesetzes kommt nicht in Betracht, da das BUrlG bei lückenhaften Tarifnormen immer ergänzend anwendbar ist[7]. So sind zB die sich aus § 7 III für die Befristung und die Erfüllbarkeit des Urlaubsanspruchs ergebenden Merkmale auch auf tarifvertragl. Urlaubsansprüche anzuwenden, wenn im TV hiervon nicht abgewichen worden ist. Entsprechendes gilt für den Abgeltungsanspruch[8].

10 Ist die Tarifvorschrift unwirksam, weil sie in die unabdingbaren Ansprüche des ArbN eingreift, so findet an ihrer Stelle die entsprechende Norm des BUrlG Anwendung[9].

11 **2. Günstigkeitsvergleich.** § 13 I 3 verbietet, dass von den Bestimmungen des BUrlG, auch von den Vorschriften der §§ 1, 2 und 3 I, zuungunsten der ArbN durch TV, BV und Einzelvertrag abgewichen wird. Anders als § 4 III TVG verlangt § 13 I 3 jedoch nicht, dass die abweichende Regelung günstiger ist; sie ist auch dann wirksam, wenn sie nicht ungünstiger ist als die gesetzl. Regelung. Deshalb sind sog. neutrale – also abweichende, aber nicht ungünstigere – Regelungen, zB die Ausdehnung des Referenzzeitraums des § 11 I auf ein Jahr, zulässig[10].

12 Trifft ein TV eine urlaubsrechtl. Regelung, die vom BUrlG abweicht, und kann diese Regelung nach § 13 I 1 nur dann Bestand haben, wenn sie nicht ungünstiger ist als das Gesetz, so ist zur Lösung der Regelungskollision ein Günstigkeitsvergleich vorzunehmen.

13 Der Günstigkeitsvergleich darf nicht zwischen der tarifl. Regelung insgesamt und dem Gesetz vorgenommen werden. Es ist also nicht zu prüfen, ob die Urlaubsregelungen des TV insgesamt günstiger sind als die gesetzl. Regelung oder ob dies jedenfalls für eine Gruppe in einem inneren Zusammenhang stehender Regelungen gilt (sog. Gruppenvergleich). Vielmehr sind nach dem Wortlaut des § 13 I 1, der

1 BAG v. 25.8.1992 – 9 AZR 329/91, AP Nr. 60 zu § 7 BUrlG – Abgeltung. |2 BAG v. 10.2.2004 – 9 AZR 116/03, AP Nr. 27 zu § 7 BUrlG – Übertragung = NZA 2004, 986. |3 BAG v. 30.11.1977, AP Nr. 4 zu § 13 BUrlG – Unabdingbarkeit. |4 ErfK/*Dörner*, § 13 BUrlG Rz. 10. |5 ErfK/*Dörner*, § 13 BUrlG Rz. 14. |6 BAG v. 18.10.1990 – 8 AZR 490/89, AP Nr. 56 zu § 7 BUrlG – Abgeltung; v. 28.4.1998 – 9 AZR 314/97, AP Nr. 7 zu § 3 BUrlG. |7 BAG v. 28.4.1998 – 9 AZR 314/97, AP Nr. 7 zu § 3 BUrlG; ErfK/*Dörner*, § 13 BUrlG Rz. 15; *Leinemann/Linck*, § 13 BUrlG Rz. 3. |8 BAG v. 18.10.1990 – 8 AZR 490/89, AP Nr. 56 zu § 7 BUrlG – Abgeltung. |9 BAG v. 8.3.1984 – 6 AZR 442/83, AP Nr. 15 zu § 13 BUrlG; ErfK/*Dörner*, § 13 BUrlG Rz. 15; KassHdb/*Schütz*, 2.4 Rz. 624. |10 *Leinemann/Linck*, § 13 BUrlG Rz. 30 f.; KassHdb/*Schütz*, 2.4 Rz. 627.

sich auf gesetzl. Vorschriften und davon abweichende Vorschriften bezieht, die Auswirkungen der jeweils betroffenen Normen miteinander zu vergleichen. Die unzulässige Benachteiligung eines ArbN durch die Verminderung des gesetzl. Anspruchs wird nicht dadurch aufgehoben, dass der TV ihm Ansprüche einräumt, die im BUrlG nicht vorgesehen sind. So kann eine tarifl. Kürzung der Bemessungsgrundlagen für die Urlaubsvergütung nicht durch eine gegenüber dem gesetzl. Mindesturlaubsanspruch höhere Anzahl von Urlaubstagen oder ein zusätzliches Urlaubsgeld ausgeglichen werden[1].

Der Günstigkeitsvergleich ist individuell – objektiv vorzunehmen, dh. Maßstab ist die Sicht des jeweils betroffenen ArbN unter Berücksichtigung seiner objektiven Interessenlage[2]; die Deutungshoheit hat im Streitfall das Gericht, nicht der ArbN. 14

Erweist sich die abweichende Regelung als ungünstiger und ist nach § 13 I die Verschlechterung unzulässig, tritt an ihre Stelle die gesetzl. Regelung. Dies kann dazu führen, dass ArbN die jeweils günstigeren Vorschriften aus TV und Gesetz beanspruchen können[3]. 15

III. Abänderung durch Arbeitsvertrag. 1. Bezugnahme auf Tarifvertrag. § 13 I 2 gestattet den Arbeitsvertragsparteien, auch zuungunsten des ArbN vom Gesetz abweichende Bestimmungen einer tarifl. Urlaubsregelung durch vertragl. Vereinbarung zu übernehmen. Dies kann ausdrücklich, durch konkludentes Handeln beider Vertragsparteien, Betriebsübung oder Gesamtzusage geschehen[4]. Die Bezugnahme muss eindeutig und bestimmt sein, anderenfalls ist das Gesetz maßgeblich[5]. 16

Die Vereinbarung muss konkret auf den einschlägigen (dh. nach dem zeitlichen, räumlichen, fachlichen und persönlichen Anwendungsbereich zutreffenden) TV Bezug nehmen. Zulässig ist eine dyn. Verweisung („es gelten die Urlaubsregelungen des TV für die ...industrie in der jeweiligen Fassung“); im Falle einer Tarifänderung bedarf es dann zur Geltung der geänderten Tarifnormen keiner weiteren einzelvertragl. Umsetzung[6]. Durch Vereinbarung eines nicht einschlägigen TV kann nicht zum Nachteil des ArbN vom BUrlG abgewichen werden. Ergibt der Günstigkeitsvergleich, dass die abweichende Regelung nicht ungünstiger ist, so ist die einzelvertragl. Regelung wirksam, ansonsten gilt die gesetzl. Regelung[7]. 17

Nach § 13 I 2 ist Wirksamkeitsvoraussetzung für einzelvertragl. Abweichungen vom BUrlG, dass die Parteien wenigstens die tarifl. Urlaubsregelung insgesamt übernehmen[8]. Werden nur einzelne Bestimmungen der tarifl. Urlaubsregelung übernommen, ist die Abweichung nur wirksam, soweit sie sich als günstiger erweist. Ggf. ist durch Auslegung zu ermitteln, ob auf die gesamte tarifl. Urlaubsregelung Bezug genommen werden soll. Der ArbN muss das Angebot des ArbGeb auf Abschluss eines Formulararbeitsvertrages mit einer Klausel, bei der sich der Urlaub nach den Bestimmungen eines TV richtet, regelmäßig als Verweisung auf den gesamten tarifl. Regelungskomplex „Urlaub“ verstehen. Dieser Auslegung der Bezugnahmeklausel steht nicht die Unklarheitenregel nach § 305c II BGB entgegen[9]. Eine Inhaltskontrolle der in Bezug genommenen Tarifvorschriften gem. § 307 BGB scheidet nach § 310 IV 1 BGB aus. 18

§ 13 I 2 erlaubt auch die arbeitsvertragl. Vereinbarung nachwirkender Normen einer tarifl. Urlaubsregelung[10]. 19

2. Originäre Abweichung im Arbeitsvertrag. § 13 I 3 verbietet hinsichtlich des gesetzl. Mindesturlaubs eine Abweichung zuungunsten des ArbN durch originäre einzelvertragl. Regelung mit Ausnahme der Bestimmung des § 7 II 2. Günstigere Reglungen sind zulässig; ob die abweichende Vereinbarung ungünstiger ist als das Gesetz, ist durch einen Günstigkeitsvergleich zu bestimmen, der nach den oben (Rz. 13 f.) dargestellten Grundsätzen anzustellen ist. 20

Hinsichtlich der einzelvertraglich vereinbarten Mehrurlaubsansprüche sind die Arbeitsvertragsparteien nicht an das BUrlG gebunden. Sie können Voraussetzungen, Inhalt und Ausgestaltung des Anspruchs frei bestimmen, soweit nicht höherrangiges Recht (zB verfassungsrechtl. oder europarechtl. Diskriminierungsverbote) entgegensteht. Dieser Teil des Urlaubsanspruchs kann daher abbedungen, auf ihn kann verzichtet oder für seine Geltendmachung eine Ausschlussfrist vereinbart werden[11]. Formularmäßige Vertragsbestimmungen, die von den Grundsätzen des BUrlG abweichen, unterliegen jedoch einer Inhaltskontrolle nach § 307 BGB. 21

IV. Abweichungen durch Betriebsvereinbarung. Die Betriebsparteien dürfen nur in dem Umfang von den Bestimmungen des BUrlG zuungunsten der ArbN abweichen, wie dies den Arbeitsvertragsparteien 22

---

1 BAG v. 22.2.2000 – 9 AZR 107/99, AP Nr. 171 zu § 1 TVG – Tarifverträge: Metallindustrie; v. 22.1.2002 – 9 AZR 601/00, DB 2002, 1835; ErfK/*Dörner*, § 13 BUrlG Rz. 11; *Leinemann/Linck*, § 13 BUrlG Rz. 33 f.; KassHdb/*Schütz*, 2. 4 Rz. 628. | 2 ErfK/*Dörner*, § 13 BUrlG Rz. 13; *Leinemann/Linck*, § 13 BUrlG Rz. 29. | 3 ErfK/*Dörner*, § 13 BUrlG Rz. 12; *Leinemann/Linck*, § 13 BUrlG Rz. 33. | 4 ErfK/*Dörner*, § 13 BUrlG Rz. 53; *Leinemann/Linck*, § 13 BUrlG Rz. 17. | 5 BAG v. 5.12.1995, AP Nr. 70 zu § 7 BUrlG – Abgeltung. | 6 ErfK/*Dörner*, § 13 BUrlG Rz. 53. | 7 *Leinemann/Linck*, § 13 BUrlG Rz. 19; KassHdb/*Schütz*, 2.4 Rz. 634. | 8 BAG v. 17.11.1998 – 9 AZR 584/97, AP Nr. 10 zu § 1 TVG – Bezugnahme auf Tarifvertrag; ErfK/*Dörner*, § 13 BUrlG Rz. 54; *Leinemann/Linck*, § 13 BUrlG Rz. 18 mwN; KassHdb/*Schütz*, 2.4 Rz. 635. | 9 BAG v. 17.1.2006 – 9 AZR 41/05, NZA 2006, 923. | 10 BAG v. 27.6.1978 – 6 AZR 59/77, AP Nr. 12 zu § 13 BUrlG = DB 1978, 2226; ErfK/*Dörner*, § 13 BUrlG Rz. 55; *Leinemann/Linck*, § 13 BUrlG Rz. 23. | 11 KassHdb/*Schütz*, 2.4 Rz. 641.

gestattet ist; damit steht allein § 7 II 2 zur Disposition der Betriebsparteien. Auch eine BV, zu der die Betriebsparteien nach § 77 III 2 BetrVG durch Tariföffnungsklausel ermächtigt wurden, vermag die Vorschriften des BUrlG nicht zuungunsten der ArbN abzuändern; denn nur den TV-Parteien ist durch § 13 I 1 die Kompetenz eingeräumt worden, von den §§ 4 ff. abzuweichen.

23 Günstigere BV zum Urlaubsrecht scheitern nicht an § 13 I 3. Einer konstitutiven Übernahme tarifl. Urlaubsbestimmungen in einem nicht tarifgebundenen Betrieb wird aber regelmäßig § 77 III BetrVG entgegenstehen. § 77 III BetrVG schließt auch eine bloße Aufstockung tarifl. Leistungen durch BV aus. Das gilt auch für die Gewährung allgemeiner, nicht an besondere Voraussetzungen gebundener Zusatzleistungen. Eine solche Konkurrenz stellen auch betriebl. Regelungen dar, welche eine tarifl. Leistung lediglich durch gleichartige Ansprüche aufbessert. Eine BV kann dagegen zusätzliche Leistungen vorsehen, die an besondere Voraussetzungen gebunden sind, welche vom TV nicht berücksichtigt werden, oder andersartige Ansprüche begründen[1]. Damit können nicht im TV geregelte zusätzliche Urlaubsleistungen (zB Zusatzurlaub aus persönlichen Gründen oder wegen langjähriger Betriebstreue[2]; zusätzliches Urlaubsgeld, wenn die Zahlung eines Urlaubsgeldes im TV nicht vorgesehen ist) Gegenstand einer BV sein.

24 **V. Einzelfragen. 1. Anspruch auf bezahlten Urlaub (§ 1).** In TV kann nicht wirksam vereinbart werden, dass

- der Urlaubsanspruch von der Erbringung einer bestimmten (Mindest-)Arbeitsleistung abhängt, da der Urlaubsanspruch nach dem BUrlG nicht an Arbeitsleistungen des ArbN gebunden ist[3];
- ArbN statt der Freistellung eine Abfindung erhalten[4];
- der Urlaubsanspruch in der gesetzl. Höhe einer tarifl. Ausschlussfrist unterliegt[5].

25 Der Anspruch eines ArbN auf bezahlten Urlaub im Kalenderjahr darf auch nicht mittelbar ausgeschlossen werden, indem eine tarifl. Regelung von §§ 3 II–XII abweicht, wenn dadurch zugleich der gesetzl. Urlaubsanspruch verringert wird. Daher ist eine Tarifvorschrift unwirksam, durch die die Urlaubsvergütung verringert wird, wenn der ArbN ohne Erlaubnis während des Urlaubs gegen Entgelt arbeitet[6].

26 Der ArbN kann auch in einem gerichtl. oder außergerichtl. **Vergleich** auf den Mindesturlaub nicht verzichten. Weder eine in Vergleichen in Kündigungsprozessen häufig zu lesende allgemeine Ausgleichsklausel noch die ausdrückliche Vereinbarung eines negativen Schuldanerkenntnisses (zB eine sog. Ausgleichsquittung[7]) verwehren es dem ArbN, nach Beendigung des Rechtsstreits den Urlaubsanspruch geltend zu machen[8]. Dies ist in solchen Fällen auch regelmäßig nicht treuwidrig[9]. Ein Verzicht ist dagegen rechtl. unbedenklich, soweit er Urlaubsansprüche betrifft, die über dem gesetzl. Mindesturlaub nach § 1 und § 3 liegen. Beim Verzicht auf Tarifurlaub ist bei beiderseitiger Tarifgebundenheit bzw. Allgemeinverbindlichkeit § 4 IV TVG zu beachten.

27 Grds. zulässig ist ein Vergleich, in dem die Parteien sich darauf einigen, dass der ArbN den ihm zustehenden Urlaub bereits erhalten habe oder sonstige tatsächliche Anspruchsvoraussetzungen nicht vorlägen (sog. **Tatsachenvergleich**)[10].

Beispiel: Die Parteien sind sich darüber einig, dass der (Rest-)Urlaubsanspruch des Klägers für das Jahr 2007 (in Höhe von 10 Arbeitstagen) durch Freistellung vom 1. bis zum 12.12.2007 erfüllt ist.

28 Allerdings ist zu beachten, dass ein Tatsachenvergleich nach § 779 BGB eine Ungewissheit zwischen den Parteien voraussetzt, die im Wege gegenseitigen Nachgebens beseitigt werden soll. Wenn im Streitfall nicht festgestellt werden kann, dass zwischen den Parteien zum Zeitpunkt des Vergleichsschlusses Streit über die Anzahl noch nicht gewährten und damit noch offenen Urlaubstage bestand, wird der insoweit beweisbelastete ArbGeb sich nicht auf den Vergleich berufen können[11].

29 **2. Urlaubsdauer (§ 3).** TV-Parteien dürfen die gesetzl. Mindestdauer des Urlaubs nicht von besonderen Tatbeständen wie dem Lebensalter oder Betriebszugehörigkeit abhängig machen, wohl aber zusätzliche Urlaubsansprüche[12]. Nicht um eine unzulässige Kürzung des Urlaubsanspruchs, sondern um die Anpassung des Urlaubsanspruchs an besondere Arbeitszeitgestaltungen handelt es sich, wenn bei Teilzeit oder flexibler Arbeitszeitverteilung die Urlaubsdauer entsprechend der tatsächlichen Arbeitszeit errechnet wird (s. § 3 Rz. 7 ff.).

---

1 Vgl. zu einer übertariflichen Lohnzulage BAG v. 9.12.1997 – 1 AZR 319/97, AP Nr. 11 zu § 77 BetrVG 1972 – Tarifvorbehalt. |2 BAG v. 19.4.1994 – 9 AZR 478/92, AP Nr. 3 zu § 1 BUrlG – Treueurlaub. |3 BAG v. 8.3.1984 – 6 AZR 442/83, AP Nr. 14 zu § 3 BUrlG – Rechtsmissbrauch. |4 ErfK/*Dörner*, § 13 BUrlG Rz. 17; *Leinemann/Linck*, § 13 BUrlG Rz. 39. |5 BAG v. 24.11.1992 – 9 AZR 549/91, AP Nr. 23 zu § 1 BUrlG. |6 BAG v. 25.2.1988 – 8 AZR 596/85, AP Nr. 3 zu § 8 BUrlG. |7 BAG v. 5.4.1984 – 6 AZR 443/81, AP Nr. 16 zu § 13 BUrlG. |8 BAG v. 31.5.1990, AP Nr. 13 zu § 13 BUrlG – Unabdingbarkeit; v. 20.1.1998 – 9 AZR 812/96, AP Nr. 45 zu § 13 BUrlG. |9 BAG v. 20.1.1998 – 9 AZR 812/96, AP Nr. 45 zu § 13 BUrlG. |10 BAG v. 5.11.1997 – 4 AZR 682/95, AP Nr. 17 zu § 4 TVG; v. 20.8.1980 – 5 AZR 955/78, AP Nr. 12 zu § 6 LohnFG. |11 BAG v. 20.1.1998 – 9 AZR 812/96, AP Nr. 45 zu § 13 BUrlG. |12 Vgl. BAG v. 19.11.1996 – 9 AZR 712/95, AP Nr. 1 zu § 1 TVG – Tarifverträge: Krankenanstalten.

Rechtsunwirksam ist eine tarifl. Regelung, die den gesetzl. Mindesturlaubsanspruch nach erfüllter Wartezeit bei einem Ausscheiden des ArbN 30

- auf Grund vertragswidriger Auflösung des Arbeitsverhältnisses ausschließt[1];
- in der zweiten Kalenderhälfte eines Kalenderjahres nach dem Zwölftelungsprinzip mindert, da die Urlaubsdauer durch eine derartige Regelung ebenfalls unzulässig verkürzt wird[2];
- im ersten Kalenderhalbjahr mehr als nach § 5 I Buchst. c zulässig kürzt[3].

Der gesetzl. Zusatzurlaub nach § 125 SGB IX bleibt von tarifvertragl. Zwölftelungsvorschriften ebenfalls unberührt[4]. 31

3. Wartezeit (§ 4). Die Dauer der Wartezeit kann gegenüber dem Gesetz durch TV verlängert werden. Allerdings darf die Tarifregelung nicht dazu führen, dass in einem Arbeitsverhältnis, das während des ganzen Jahres besteht, kein Vollurlaubsanspruch begründet wird; dies wäre ein Verstoß gegen § 1[5]. Eine Verlängerung der Wartezeit durch BV oder Arbeitsvertrag ist hingegen nicht zulässig, § 13 I 3. 32

4. Teilurlaub (§ 5). a) Teilurlaub (§ 5 Abs. 1 Buchst. a und b). Buchst. a und b begründen einen eigenständigen Anspruch außerhalb von §§ 1 und 3; diese Teilurlaubsansprüche können daher zu Lasten des ArbN durch TV verändert werden. Sowohl das Entstehen wie die Fälligkeit von Teilurlaubsansprüchen kann abweichend vom Gesetz geregelt werden[6]. Scheidet ein ArbN vor Fälligkeit eines solchen Anspruchs aus dem Arbeitsverhältnis aus, steht ihm der Anspruch nicht zu. Teilurlaubsansprüche können auch einer tarifl. Ausschlussfrist unterliegen[7]. 33

b) Gekürzter Vollurlaub (§ 5 Abs. 1 Buchst. c). Der nach § 5 I Buchst. c gekürzte Vollurlaub ist nicht tarifdispositiv, obgleich diese Vorschrift in § 13 I 1 nicht genannt wird. § 13 I 1 schützt den gekürzten Vollurlaub mittelbar, da es sich hierbei um den Anspruch aus §§ 1, 3 I handelt; § 5 I Buchst. c begründet nicht einen Urlaubsanspruch außerhalb von §§ 1, 3, sondern kürzt diesen Anspruch von Gesetzes wegen[8]. Durch TV kann daher weder über die Zwölftelungsregelung in Buchst. c hinaus gekürzt noch darf der gesetzl. Urlaub bei einem Ausscheiden in der zweiten Jahreshälfte überhaupt verringert werden[9]. 34

c) Aufrundung (§ 5 Abs. 2). Hinsichtlich des Teilurlaubsanspruchs gem. § 5 I Buchst. a und b sind die TV-Parteien frei, die Aufrundungsregel in § 5 II abzubedingen oder Bruchteile von Urlaubstagen sogar abzurunden[10]. Die Arbeitsvertragsparteien dürfen von § 5 II nicht zuungunsten des ArbN abweichen. Bei dem gekürzten Vollurlaub nach § 5 I Buchst. c ist hingegen die Aufrundungsregelung nicht tarifdispositiv; anderenfalls wäre der gesetzl. Mindesturlaub betroffen[11]. 35

d) Rückforderungsverbot (§ 5 Abs. 3). § 5 III ist nicht tariffest. In einem TV kann daher geregelt werden, dass der ArbN im Falle einer Kürzung seines Vollurlaubsanspruchs bei Ausscheiden in der ersten Jahreshälfte das zu viel erhaltene Urlaubsentgelt zurückzuzahlen hat[12]. Durch eine derartige Tarifbestimmung wird nicht mittelbar gegen §§ 1, 3 verstoßen, da dem ArbN der zu viel gewährte Urlaub nicht zusteht; gesetzl. Mindesturlaub ist nur der nach § 5 I Buchst. c auf 1/12 pro vollem Monat gekürzte Urlaubsanspruch[13]. Durch BV oder Arbeitsvertrag kann § 5 III nicht abbedungen werden. 36

5. Doppelansprüche (§ 6). Im Falle eines ArbGebWechsels kürzt § 6 den Urlaubsanspruch in einem späteren Arbeitsverhältnis ganz oder teilweise, soweit Urlaubsansprüche des ArbN in demselben Kalenderjahr bereits im früheren Arbeitsverhältnis erfüllt worden sind[14]. Eine weiter gehende Verringerung des Urlaubsanspruchs beim späteren oder beim früheren ArbGeb darf durch TV nicht bestimmt werden, soweit der gesetzl. Mindesturlaub verkürzt würde. 37

6. Erteilung, Befristung, Übertragung und Abgeltung (§ 7). a) Erteilung (§ 7 Abs. 1). § 7 I 1 ist tarifdispositiv. Daher darf in einem TV eine von § 7 I 1 abweichende Bestimmung hinsichtlich des Zeitraums getroffen werden, in dem Urlaub gewährt und genommen werden kann. So ist zB eine Tarifregelung nicht zu beanstanden, die einen angestellten Lehrer verpflichtet, seinen Urlaub während der unterrichtsfreien Zeit zu nehmen[15]. 38

---

1 BAG v. 18.6.1980 – 6 AZR 328/78, AP Nr. 6 zu § 13 BUrlG – Unabdingbarkeit = DB 1980, 2197. | 2 BAG v. 8.3.1984 – 6 AZR 442/83, AP Nr. 15 zu § 13 BUrlG; ErfK/*Dörner*, § 13 BUrlG Rz. 22; *Leinemann/Linck*, § 13 BUrlG Rz. 49; aA *Neumann/Fenski*, § 5 BUrlG Rz. 33. | 3 BAG v. 18.6.1980 – 6 AZR 328/78, AP Nr. 6 zu § 13 BUrlG – Unabdingbarkeit = DB 1980, 2197. | 4 BAG v. 8.3.1994 – 9 AZR 49/93, AP Nr. 5 zu § 47 SchwbG 1986. | 5 ErfK/*Dörner*, § 13 BUrlG Rz. 23; *Leinemann/Linck*, § 13 BUrlG Rz. 51. | 6 BAG v. 15.12.1983 – 6 AZR 606/80, AP Nr. 14 zu § 13 BUrlG = DB 1984, 1305; v. 25.10.1984 – 6 AZR 41/82, AP Nr. 17 zu § 13 BUrlG. | 7 BAG v. 3.12.1970 – 5 AZR 202/70, AP Nr. 9 zu § 5 BUrlG = NJW 1971, 723; ErfK/*Dörner*, § 13 BUrlG Rz. 25; *Leinemann/Linck*, § 13 BUrlG Rz. 54. | 8 BAG v. 18.6.1980 – 6 AZR 328/78, AP Nr. 6 zu § 13 BUrlG – Unabdingbarkeit = DB 1980, 2197; v. 31.5.1990 – 8 AZR 132/89, AP Nr. 13 zu § 13 BUrlG – Unabdingbarkeit Nr. 13; v. 9.6.1998 – 9 AZR 43/97, AP Nr. 23 zu § 7 BUrlG. | 9 BAG v. 8.3.1984 – 6 AZR 442/83, AP Nr. 15 zu § 13 BUrlG = NZA 1984, 160; v. 24.10.2000 – 9 AZR 610/99, AP Nr. 19 zu § 5 BUrlG. | 10 ErfK/*Dörner*, § 13 BUrlG Rz. 29; *Leinemann/Linck*, § 13 BUrlG Rz. 65. | 11 ErfK/*Dörner*, § 13 BUrlG Rz. 29; *Leinemann/Linck*, § 13 BUrlG Rz. 65. | 12 BAG v. 23.1.1996 – 9 AZR 554/93, AP Nr. 10 zu § 5 BUrlG; ErfK/*Dörner*, § 13 BUrlG Rz. 30; aA *Neumann/Fenski*, § 5 BUrlG Rz. 49. | 13 *Leinemann/Linck*, § 13 BUrlG Rz. 66. | 14 BAG v. 28.2.1991 – 8 AZR 196/90, AP Nr. 4 zu § 6 BUrlG. | 15 BAG v. 13.2.1996 – 9 AZR 79/95, AP Nr. 12 zu § 47 SchwbG 1968 (zu BAT Anlage 2 l II/Sonderregelungen für Angestellte als Lehrkräfte an Musikschulen im Bereich der VKA – SR 2 l II BAT).

39 Zulässig ist die Einführung von Betriebsurlaub durch BV; hierbei handelt es sich nicht um eine Abweichung von § 7 I 1 (s. § 7 Rz. 28)[1].

40 Nicht zu beanstanden sind auch sonstige kollektive oder arbeitsvertragl. Vereinbarungen, wonach nicht der ArbGeb als Schuldner des Urlaubsanspruchs den Urlaub zu erteilen hat, sondern Urlaub nur im Einvernehmen der Parteien oder auf Grund BV verabredet wird oder der ArbN die Lage des Urlaubs bestimmen darf[2]. Durch TV können auch die Leistungsverweigerungsrechte des ArbGeb erweitert oder die einzelnen Gründe anders gewichtet werden[3].

41 **b) Zusammenhängende Gewährung (Abs. 2).** Eine Tarifregelung, nach der Urlaub stets und ohne die im Gesetz genannten Gründe geteilt gewährt werden darf, ist unwirksam[4].

42 Liegen die Voraussetzungen des § 7 II 1 für die Aufteilung des Urlaubs vor, so kann durch TV, BV und individuelle Abrede von der Verteilungsregelung in § 7 II 2 zuungunsten des ArbN abgewichen werden, § 13 I 3. Allerdings besteht die Teilungsmöglichkeit nicht grenzenlos. Eine „Atomisierung" des Erholungsurlaubs mit Zustimmung oder sogar auf Wunsch des ArbN verstieße mittelbar gegen § 1, da in diesem Falle die gesundheitspolitische Zielsetzung des § 1 unterlaufen würde[5].

43 Eine Aufteilung des Erholungsurlaubs in einzelne Halbtags- und Stundenteile auf Grund einer Vereinbarung zwischen ArbGeb und ArbN ist entgegen einer weit verbreiteten Praxis unzulässig; sie stellt keine wirksame Erfüllung des Anspruchs des ArbN auf den gesetzl. Mindesturlaub dar[6].

44 **c) Befristung und Übertragung.** Von der gesetzl. Befristung des Urlaubsanspruchs bis zum 31.12. des jeweiligen Kalenderjahres wird in TV häufig abgewichen. Auf die Befristung kann überhaupt oder in bestimmten Fällen verzichtet werden; ebenso kann der Befristungszeitraum verlängert werden[7].

45 Durch TV kann die Übertragung des Urlaubs ausgeschlossen werden. Dadurch wird der gesetzl. Urlaub nicht mittelbar beeinträchtigt, da § 1 den Urlaubsanspruch nur im laufenden Jahr garantiert[8].

46 Eine Übertragung ohne oder unter erleichterten Voraussetzungen oder für einen längeren Zeitraum ist durch TV zulässig[9]. Von § 13 I 1 gedeckt ist auch eine Tarifregelung wie im öffentl. Dienst, nach der es ausreicht, dass der Urlaub innerhalb des Übertragungszeitraums angetreten und damit teilweise außerhalb des Übertragungszeitraums erfüllt wird[10].

47 Zulässig ist es, durch TV die Geltendmachung des Urlaubs (den „Urlaubsantrag") während des Übertragungszeitraums der Schriftform zu unterwerfen. Dies hat zur Folge, dass der Urlaub mit dem Ende des Übertragungszeitraums ersatzlos erlischt, wenn ihn der ArbN nicht vorher schriftl. geltend gemacht hat[11]. Hierdurch wird der Urlaubsanspruch nicht berührt; Rechtsfolge einer solchen Regelung ist, dass der ArbGeb durch eine formlose Geltendmachung nicht in Verzug gesetzt wird, so dass ein Schadensersatzanspruch mit Ablauf des Übertragungszeitraums nicht entsteht.

48 **d) Abgeltung.** § 7 IV ist nicht tarifdispositiv. Zwar ist § 7 IV in § 13 I 1 nicht genannt. Jedoch genießt die Abgeltung als Surrogat des Urlaubsanspruchs denselben Unabdingbarkeitsschutz des § 1 wie der gesetzl. Urlaubsanspruch selbst[12]. Ein TV kann daher nach erfüllter Wartezeit die Abgeltung weder im Falle eines rechtswidrigen vorzeitigen Ausscheidens (Vertragsbruch) noch nach wirksamer außerordentl. Kündigung des ArbGeb ausschließen[13]. Ebenso sind die Abgeltung des gesetzl. Zusatzurlaub nach dem SGB IX[14] und des gekürzten Vollurlaubs unabdingbar[15].

49 Der Abgeltungsanspruch im Umfang des gesetzl. Mindesturlaubs wird von tarifl. Ausschlussfristen nicht erfasst. Er ist wie der Urlaubsanspruch gesetzl. befristet und kann daher uneingeschränkt bis zum Ende des Kalenderjahres, ggf. bis zum Ablauf des Übertragungszeitraums verlangt werden. Lediglich hinsichtlich des tarifvertragl. Mehrurlaubs kann die Abgeltung einer tarifvertragl. Ausschlussfrist unterliegen[16].

50 Zugunsten der ArbN ist eine Änderung des § 7 IV uneingeschränkt zulässig. So kann die Abgeltung als reine Geldabfindung ausgestaltet werden, indem sie von keinen weiteren Voraussetzungen als der Be-

---

1 BAG v. 28.7.1981 – 1 ABR 79/79, AP Nr. 2 zu § 87 BetrVG 1972 – Urlaub. | 2 BAG v. 27.1.1987 – 8 AZR 579/84, AP Nr. 30 zu § 13 BUrlG. | 3 ErfK/*Dörner*, § 13 BUrlG Rz. 32; *Leinemann/Linck*, § 13 BUrlG Rz. 70 ff. | 4 ErfK/*Dörner*, § 13 BUrlG Rz. 33; *Leinemann/Linck*, § 13 BUrlG Rz. 74 mwN. | 5 ErfK/*Dörner*, § 13 BUrlG Rz. 34; zur gesundheitspolitische Zielsetzung s. *Leinemann/Linck*, § 7 BUrlG Rz. 97 mwN. | 6 BAG v. 9.7.1965 – 5 AZR 380/64, AP Nr. 1 zu § 7 BUrlG = NJW 1965, 2174; *Leinemann/Linck*, § 13 BUrlG Rz. 74. | 7 ErfK/*Dörner*, § 13 BUrlG Rz. 35. | 8 *Leinemann/Linck*, § 13 BUrlG Rz. 81. | 9 BAG v. 7.11.1985 – 6 AZR 62/84, AP Nr. 8 zu § 7 BUrlG – Übertragung; v. 9.5.1995 – 9 AZR 552/93, AP Nr. 22 zu § 7 BUrlG – Übertragung; v. 20.8.1996 – 9 AZR 22/95, AP Nr. 144 zu § 1 TVG – Tarifverträge: Metallindustrie. | 10 BAG v. 31.5.1990 – 8 AZR 184/89, AP Nr. 12 zu § 9 BUrlG; v. 19.3.1996 – 9 AZR 67/95, AP Nr. 13 zu § 9 BUrlG; v. 21.1.1997 – 9 AZR 791/95, AP Nr. 15 zu § 9 BUrlG = NZA 1997, 889. | 11 BAG v. 14.6.1994 – 9 AZR 284/93, AP Nr. 21 zu § 7 BUrlG – Übertragung. | 12 BAG v. 18.6.1980 – 6 AZR 328/78, AP Nr. 6 zu § 13 BUrlG – Unabdingbarkeit; v. 10.2.1987 – 8 AZR 529/84, AP Nr. 12 zu § 13 BUrlG – Unabdingbarkeit; v. 31.5.1990 – 8 AZR 132/89, AP Nr. 13 zu § 13 BUrlG – Unabdingbarkeit. | 13 BAG v. 18.6.1980 – 6 AZR 328/78, AP Nr. 6 zu § 13 BUrlG – Unabdingbarkeit = NJW 1981, 141. | 14 BAG v. 10.2.1987 – 8 AZR 529/84, AP Nr. 12 zu § 13 BUrlG – Unabdingbarkeit. | 15 BAG v. 8.3.1984 – 6 AZR 442/83, AP Nr. 15 zu § 13 BUrlG. | 16 BAG v. 23.4.1996 – 9 AZR 165/95, AP Nr. 6 zu § 17 BErzGG.

endigung des Arbeitsverhältnisses abhängt und damit ohne Rücksicht auf die hypothetische Erfüllbarkeit des Urlaubsanspruchs geschuldet wird[1]. Der Wille der TV-Parteien, an Stelle einer Urlaubsabgeltung nach gesetzl. Vorbild eine Abfindung der noch offenen Urlaubsansprüche zu gestatten, muss aber in der Norm seinen eindeutig erkennbaren Niederschlag finden; anderenfalls gelten die gesetzl. Regeln insb. zur Erfüllbarkeit[2].

Sieht ein TV entgegen § 7 IV die Abgeltung des Urlaubsanspruchs im laufenden Arbeitsverhältnis vor, ist zu unterscheiden: Eine Regelung, die nach Ablauf des Übertragungszeitraums einen Abgeltungsanspruch an Stelle des Urlaubsanspruchs im laufenden Arbeitsverhältnis vorsieht, wenn der Urlaubsanspruch (zB wegen andauernder Arbeitsunfähigkeit) ansonsten ersatzlos untergehen würde, ist für den ArbN günstiger und damit zulässig[3]. Dagegen verstößt eine Tarifnorm, die die Abgeltung im bestehenden Arbeitsverhältnis zulässt, obwohl der Urlaubsanspruch noch durch Freistellung erfüllt werden könnte, mittelbar gegen § 1; eine solche Vorschrift würde im Ergebnis nur den „Abkauf" des Urlaubs gestatten[4]. 51

7. Erwerbstätigkeit während des Urlaubs (§ 8). § 8 ist grds. tarifdispositiv. Soweit allerdings ein TV bestimmt, dass ein ArbN, der in seinem Urlaub einer dem Urlaubszweck zuwider laufenden Erwerbstätigkeit nachgeht, das Urlaubsentgelt zurückzahlen muss (zB § 47 VIII BAT), liegt darin ein mittelbarer Verstoß gegen § 1[5]. 52

8. Erkrankung während des Urlaubszeitraums (§ 9). § 9 hat als Sonderregelung zu § 275 I bzw. III BGB die Funktion, das Erlöschen des Urlaubsanspruchs wegen der durch die Arbeitsunfähigkeit bedingten Unmöglichkeit der Freistellung zu verhindern (s. § 9 Rz. 14). Daher würde eine Tarifnorm, die entweder eine Kürzung des gesetzl. Urlaubsanspruchs für Zeiten der Arbeitsunfähigkeit oder ein Erlöschen des erteilten Urlaubs wegen der Erkrankung bestimmt, mittelbar gegen § 1 verstoßen[6]. Zulässig sind derartige Kürzungsvorschriften für den tarifl. oder arbeitsvertragl. Mehrurlaub. 53

Das BAG hat eine Tarifregelung, nach der ein Arbeiter seine im Urlaub aufgetretene Erkrankung unverzüglich anzeigen muss, wenn er erreichen will, dass die Tage der Arbeitsunfähigkeit nicht auf den Urlaub angerechnet werden (§ 23 XVII 1 TV für die Arbeiter der Deutschen Bundespost vom 6.1.1955), auch insoweit für wirksam angesehen, wie die Anzeigepflicht sich auf den gesetzl. Mindesturlaub bezieht[7]. Das überzeugt nicht. Die in § 9 nicht vorgesehene Anzeigepflicht kann dazu führen, dass der ArbN in dem betreffenden Urlaubsjahr keinen Urlaub erhält, wenn er während der gesamten in Aussicht genommenen Urlaubszeit tatsächlich krank war und nur wegen der verspäteten Anzeige der Nachgewährsanspruch des § 9 nicht entsteht. Damit wäre § 1 verletzt[8]. 54

9. Maßnahmen der medizinischen Vorsorge oder Rehabilitation (§ 10). Von dieser Vorschrift kann in TV auch zuungunsten der ArbN abgewichen werden, soweit der gesetzl. Mindesturlaub nicht verkürzt wird. So ist es zulässig, Zeiten medizinischer Maßnahmen auf den tarifl. Mehrurlaub anzurechnen, auch wenn hierfür noch ein Entgeltfortzahlungsanspruch besteht[9]. 55

10. Urlaubsentgelt (§ 11). § 11 ist in § 13 I 1 nicht genannt. Die TV-Parteien sind allerdings nicht befugt, für den gesetzl. Mindesturlaub von der nach § 1 fortbestehenden Lohnzahlungspflicht abzuweichen. Mit Rücksicht auf die in § 1 festgeschriebene Lohnfortzahlungspflicht sind tarifl. Regelungen, die von § 11 I abweichen, nur zulässig, wenn gewährleistet ist, dass für den gesetzl. Mindesturlaub der Lohnanspruch des ArbN in dem durch § 11 I gegebenen Rahmen erhalten bleibt[10]. Die Gestaltungsfreiheit der TV-Parteien beschränkt sich daher darauf, von der Berechnungsmethode für die Urlaubsvergütung abzuweichen, die in § 11 (teilweise) geregelt ist. Das mit der in Art. 9 III GG garantierten Tarifautonomie vereinbar[11]. 56

Bei der Prüfung, ob sich eine abweichende tarifl. Regelung noch in dem zulässigen Rahmen hält oder mittelbar gegen §§ 1, 3 I verstößt, ist zwischen der Berechnung des Geld- und des Zeitfaktors zu unterscheiden. 57

Der **Geldfaktor** kann durch TV nach dem Lohnausfallprinzip bestimmt werden[12]. § 11 I 2 und 3 finden in diesem Fall mit der Maßgabe Anwendung, dass Berechnungszeitraum und Urlaub in dieselbe Zeit 58

1 BAG v. 26.5.1992 – 9 AZR 172/91, AP Nr. 58 zu § 7 BUrlG – Abgeltung; v. 3.5.1994 – 9 AZR 522/92, AP Nr. 64 zu § 7 BUrlG – Abgeltung; v. 27.5.1997 – 9 AZR 337/95, AP Nr. 74 zu § 7 BUrlG – Abgeltung. | 2 BAG v. 26.5.1992 – 9 AZR 172/91, AP Nr. 58 zu § 7 BUrlG – Abgeltung; v. 9.8.1994, AP Nr. 65 zu § 7 BUrlG – Abgeltung = NZA 1995, 174. | 3 BAG v. 26.5.1983 – 6 AZR 273/82, AP Nr. 12 zu § 7 BUrlG – Abgeltung; v. 13.11.1986 – 8 AZR 68/83, AP Nr. 26 zu § 13 BUrlG; v. 3.5.1994 – 9 AZR 522/92, AP Nr. 64 zu § 7 BUrlG – Abgeltung. | 4 ErfK/*Dörner*, § 13 BUrlG Rz. 38; *Leinemann/Linck*, § 13 BUrlG Rz. 85. | 5 BAG v. 25.2.1988 – 8 AZR 596/85, AP Nr. 3 zu § 8 BUrlG. | 6 ErfK/*Dörner*, § 13 BUrlG Rz. 43; *Leinemann/Linck*, § 13 BUrlG Rz. 96. | 7 BAG v. 15.12.1987 – 8 AZR 647/86, AP Nr. 9 zu § 9 BUrlG = DB 1988, 1555; zust. *Leinemann/Linck*, § 13 BUrlG Rz. 97; KassHdb/*Schütz*, 2. 4 Rz. 383. | 8 ErfK/*Dörner*, § 13 BUrlG Rz. 42. | 9 *Leinemann/Linck*, § 13 BUrlG Rz. 99. | 10 BAG v. 25.2.1988 – 8 AZR 596/85, AP Nr. 3 zu § 8 BUrlG. | 11 BAG v. 22.1.2002 – 9 AZR 601/00, DB 2002, 1835. | 12 BAG v. 19.9.1985 – 6 AZR 460/83, AP Nr. 21 zu § 13 BUrlG.

fallen[1]. Bei ungleichmäßig verteilter Arbeitszeit kann sich der Wechsel der Berechnungsmethode für den ArbN im Einzelfall ungünstig auswirken; das ist von § 13 I 1 gedeckt[2].

59 Durch TV kann der Referenzzeitraum verlängert[3] oder verkürzt werden[4]; das Entgelt kann auch nach den letzten Abrechnungszeiträumen (3 Monate oder 13 Wochen) berechnet werden[5]. Auch andere abweichende Tarifregelungen (insb. zur Vereinfachung der Berechnung durch Pauschalierung von variablen Lohnbestandteilen) sind zulässig, selbst wenn im Einzelfall eine Verringerung des Entgeltanspruchs eintreten kann[6]. Nicht zur Disposition der TV-Parteien bei der Berechnung des Geldfaktors stehen allerdings einzelne Entgeltbestandteile[7]. So dürfen zB Zuschläge für Nacht-, Sonn- oder Feiertagsarbeit, die im Berechnungszeitraum verdient sind, bei der Vergütung für den gesetzl. Mindesturlaub nicht außer Acht gelassen werden[8]. Urlaubsgratifikationen können – ebenso wie sonstige nicht im BUrlG vorgesehene Leistungen – nicht zur Bestimmung dessen, was tarifl. Urlaubsentgelt ist, herangezogen werden[9].

60 Da die Mehrarbeitsvergütung einschließlich des Zuschlags bereits gem. § 11 I 1 nicht mitgerechnet wird (s. § 11 Rz. 27 ff.), können die TV-Parteien hierüber frei verfügen.

61 § 11 I 3 (Nichtberücksichtigung von Verdienstkürzungen) ist unabdingbar, da ansonsten der Verdienst iSd. §§ 1, 11 I 1 geschmälert würde[10].

62 Der **Zeitfaktor** kann von den TV-Parteien nicht zu Lasten der ArbN verändert werden. Die durch den Urlaub ausfallende Zeit gehört zum unabdingbaren Teil des Anspruchs auf bezahlten Urlaub, §§ 1, 3 I. Daher darf ein TV nicht eine geringere Stundenzahl für die Berechnung der Urlaubsvergütung bestimmen, als während des Urlaubszeitraums tatsächlich angefallen wäre[11]; während des Urlaubes ansonsten zu leistende Überstunden müssen demnach berücksichtig werden[12].

63 Der Anspruch auf Zahlung von Urlaubsentgelt kann einer tarifl. Ausschlussklausel unterliegen (s. § 11 Rz. 66).

64 **VI. Besonderheiten in der Bauwirtschaft (Abs. 2).** Die Regelungen des BUrlG würden im Baugewerbe und sonstigen Wirtschaftszweigen, in denen wegen eines häufigen Ortswechsels der von den Betrieben zu leistenden Arbeit Arbeitsverhältnisse von kürzerer Dauer als einem Jahr in erheblichem Umfang üblich sind, zu erheblichen Schwierigkeiten führen. Insb. käme es häufig nicht zur Entstehung eines Vollurlaubsanspruchs, da die Wartezeit des § 4 oft nicht erfüllt wird. Deshalb ist es den TV-Parteien gem. § 13 II erlaubt, von den ansonsten unabdingbaren Vorschriften des BUrlG abzuweichen, soweit das zur Sicherung eines zusammenhängenden Jahresurlaubs für alle ArbN erforderlich ist. Von dieser Ermächtigung haben neben der Baubranche insb. das Gerüstbauergewerbe und das Maler- und Lackierergewerbe Gebrauch gemacht.

65 Im Baugewerbe finden sich dazu detaillierte Vorschriften in den Rahmen-TV (s. § 8 BRTV-Bau) sowie in den TV zu einer Gemeinsamen Einrichtung „Urlaubskasse" (s. den TV über das Sozialkassenverfahren im Baugewerbe – VTV). Die TV sind im gewerblichen Bereich allgemeinverbindlich.

66 Die Sonderregelungen in der Bauwirtschaft zeichnen sich im Wesentlichen dadurch aus, dass maßgeblich für die Dauer des Urlaubsanspruchs nicht der Bestand eines bestimmten Arbeitsverhältnisses, sondern die Tätigkeit im gesamten Baugewerbe ist; die Beschäftigungszeiten eines ArbN aus allen Arbeitsverhältnissen, die dem BRTV-Bau unterliegen, werden für den Urlaubsanspruch zusammengerechnet. Der Urlaubsanspruch wird aus dem während dieser Zeit verdienten Bruttolohn errechnet. Die in einem Arbeitsverhältnis angesammelten, nicht erfüllten Urlaubsansprüche nimmt der ArbN im Falle eines ArbGebWechsels mit; der neue ArbGeb hat so Urlaub zu gewähren, als hätte das Arbeitsverhältnis dauerhaft zu ihm bestanden. Der erforderliche Ausgleich der ArbGeb wird über die Urlaubskasse vorgenommen. Ist der ArbN längere Zeit nicht im Geltungsbereich des BRTV-Bau tätig, entstehen Abgeltungsansprüche[13].

67 **VII. Besonderheiten bei Bahn und Post (Abs. 3).** Im Bereich der privatisierten (Bundes-)Bahn und (Bundes-)Post ist den TV-Parteien nur eine – den dortigen Gepflogenheiten entsprechende – Veränderungsmöglichkeit gegenüber § 1 eingeräumt worden: Das Urlaubsjahr muss nicht mit dem Kalenderjahr übereinstimmen.

1 ErfK/*Dörner*, § 13 BUrlG Rz. 47. | 2 ErfK/*Dörner*, § 13 BUrlG Rz. 47. | 3 BAG v. 17.1.1991 – 8 AZR 644/89, AP Nr. 30 zu § 11 BUrlG. | 4 ErfK/*Dörner*, § 13 BUrlG Rz. 48. | 5 BAG v. 18.5.1999 – 9 AZR 515/98, AP Nr. 223 zu § 1 TVG – Tarifverträge: Bau; v. 12.12.2000 – 9 AZR 508/99, AP Nr. 27 zu § 1 TVG – Tarifverträge: Textilindustrie. | 6 BAG v. 22.1.2002 – 9 AZR 601/00, DB 2002, 1835. | 7 BAG v. 22.1.2002 – 9 AZR 601/00, DB 2002, 1835. | 8 BAG v. 9.6.1998 – 9 AZR 502/97, nv.; v. 22.1.2002 – 9 AZR 601/00, DB 2002, 1835; ErfK/*Dörner*, § 13 BUrlG Rz. 48; *Leinemann/Linck*, § 13 BUrlG Rz. 103. | 9 BAG v. 22.1.2002 – 9 AZR 601/00, DB 2002, 1835. | 10 ErfK/*Dörner*, § 13 BUrlG Rz. 49; *Leinemann/Linck*, § 13 BUrlG Rz. 104; offen gelassen in BAG v. 2.6.1987 – 8 AZR 17/85, AP Nr. 20 zu § 11 BUrlG. | 11 ErfK/*Dörner*, § 13 BUrlG Rz. 50. | 12 BAG v. 22.2.2000 – 9 AZR 107/99, AP Nr. 171 zu § 1 TVG – Tarifverträge: Metallindustrie. | 13 Zu den Einzelheiten s. *Leinemann/Linck*, § 13 BUrlG Rz. 121 ff.

Eine § 13 I 2 und II 2 entsprechende Regelung, wonach mit nicht tarifgebundenen ArbN die Regelungen der TV einzelvertraglich übernommen werden dürfen, fehlt. Streitig ist, ob es sich hier um ein unbeachtliches Redaktionsversehens des Gesetzgebers handelt[1]. In der Praxis hat diese Frage bisher keine Rolle gespielt, da für alle ArbN gleichermaßen von dem tarifl. bestimmten Urlaubsjahr ausgegangen wird. 68

14 *Berlin-Klausel*
(gegenstandslos)

Seit dem Inkrafttreten des Gesetzes zur Überleitung von Bundesrecht nach Berlin (West) – (Sechstes Überleitungsgesetz) vom 25.9.1990 (BGBl. I S. 2106) am 3.10.1990 ist die Vorschrift gegenstandslos. Danach gilt Bundesrecht, das in Berlin (West) auf Grund alliierter Vorbehaltsrechte bisher nicht oder nicht in vollem Umfang galt, uneingeschränkt in Berlin (West). 1

Seit dem 1.1.1995 gilt das Gesetz uneingeschränkt auch im ehemaligen Ostberlin; die Maßgaben des Einigungsvertrages sind nicht mehr anzuwenden[2]. 2

15 *Änderung und Aufhebung von Gesetzen*

(1) Unberührt bleiben die urlaubsrechtlichen Bestimmungen des Arbeitsplatzschutzgesetzes vom 30. März 1957 (Bundesgesetzbl. I S. 293), geändert durch Gesetz vom 22. März 1962 (Bundesgesetzbl. I S. 169), des Neunten Buches Sozialgesetzbuch, des Jugendarbeitsschutzgesetzes vom 9. August 1960 (Bundesgesetzbl. I S. 665), geändert durch Gesetz vom 20. Juli 1962 (Bundesgesetzbl. I S. 449), und des Seemannsgesetzes vom 26. Juli 1957 (Bundesgesetzbl. II S. 713), geändert durch Gesetz vom 25. August 1961 (Bundesgesetzbl. II S. 1391), jedoch wird

a) in § 19 Abs. 6 Satz 2 des Jugendarbeitsschutzgesetzes der Punkt hinter dem letzten Wort durch ein Komma ersetzt und folgender Satzteil angefügt: „und in diesen Fällen eine grobe Verletzung der Treuepflicht aus dem Beschäftigungsverhältnis vorliegt.";

b) § 53 Abs. 2 des Seemannsgesetzes durch folgende Bestimmung ersetzt: „Das Bundesurlaubsgesetz vom 8. Januar 1963 (Bundesgesetzbl. I S. 2) findet auf den Urlaubsanspruch des Besatzungsmitglieds nur insoweit Anwendung, als es Vorschriften über die Mindestdauer des Urlaubs enthält."

(2) Mit dem Inkrafttreten dieses Gesetzes treten die landesrechtlichen Vorschriften über den Erholungsurlaub außer Kraft. In Kraft bleiben jedoch die landesrechtlichen Bestimmungen über den Urlaub für Opfer des Nationalsozialismus und für solche Arbeitnehmer, die geistig oder körperlich in ihrer Erwerbsfähigkeit behindert sind.

I. Sonstige bundesrechtliche Urlaubsregelungen. Neben dem BUrlG gab es zum Zeitpunkt des Inkrafttretens eine Reihe von besonderen urlaubsrechtl. Bestimmungen; sie blieben und bleiben durch das BUrlG unberührt. 1

1. Arbeitsplatzschutzgesetz. §§ 4 u. 7 ArbPlSchG enthalten Bestimmungen über die Kürzung, Gewährung, Übertragung und Abgeltung des im Arbeitsverhältnis entstandenen Urlaubs sowie einen Hinweis auf den Urlaub im Wehrdienst. Die Bestimmung gilt für Zivildienstleistende entsprechend, § 78 ZDG. 2

2. Schwerbehindertenrecht. An die Stelle des seinerzeit geltenden Schwerbeschädigtengesetzes ist in der Zwischenzeit das SGB IX getreten. Schwerbehinderte haben danach einen Anspruch auf Zusatzurlaub von 5 Arbeitstagen im Jahr, § 125 SGB IX. Zu den Einzelheiten s. § 3 Rz. 45. 3

Einstweilen frei. 4–7

3. Jugendarbeitsschutzgesetz. § 19 JArbSchG enthält in den Abs. 2 und 3 eine eigenständige, das BUrlG teilweise ergänzende Urlaubsregelung für Jugendliche, die Vorrang vor den Bestimmungen des BUrlG hat. Die Ergänzung betrifft im Wesentlichen die Dauer des Urlaubs, die für Jugendliche abweichend von § 3 I BUrlG bestimmt wird. 8

4. Seemannsgesetz. Für Schiffsbesatzungen gilt die Mindestdauer des Urlaubs in § 3. Ansonsten ist das Urlaubsrecht der Seeleute in den §§ 53–60 SeemG geregelt. Es ist Spezialgesetz gegenüber dem BUrlG. 9

5. Bundeselterngeldgesetz. Das BEEG ist in § 15 nicht genannt, da es erst nach Erlass des BUrlG geschaffen wurde. § 17 BEEG ergänzt das BUrlG; die Vorschrift enthält Regelungen über die Kürzung, Gewährung, Übertragung und Abgeltung von Erholungsurlaub für diejenigen ArbNinnen und ArbN, die Elternzeit nach dem BEEG in Anspruch nehmen. § 17 BEEG ist gegenüber dem BUrlG Spezialvorschrift. 10

1 Vgl. ErfK/*Dörner*, § 13 BUrlG Rz. 65 einerseits, *Leinemann/Linck*, § 13 BUrlG Rz. 143 andererseits. | 2 Art. 20 Arbeitszeitrechtsgesetz vom 6.6.1994, BGBl. I S. 1170.

11 **II. Landesrechtliche Urlaubsregelungen.** Vom BUrlG unberührt bleiben landesrechtl. Bestimmungen über die Opfer des Nationalsozialismus und für solche ArbN, die geistig oder körperlich in ihrer Erwerbsfähigkeit behindert sind. Dort geregelte Zusatzurlaubsansprüche treten neben die des BUrlG.

12 Von erheblicher praktischer Bedeutung sind landesrechtl. Bildungsurlaubsgesetze. Sie stehen neben den Ansprüchen auf Erholungsurlaub nach dem BUrlG und sind von diesem wesensverschieden[1]. Dasselbe gilt hinsichtlich der in einigen Bundesländern geltenden Gesetze über Sonderurlaub für Jugendleiter und andere Mitarbeiter in der Jugendpflege.

15a *Übergangsvorschrift*

Befindet sich der Arbeitnehmer von einem Tag nach dem 9. Dezember 1998 bis zum 1. Januar 1999 oder darüber hinaus in einer Maßnahme der medizinischen Vorsorge oder Rehabilitation, sind für diesen Zeitraum die seit dem 1. Januar 1999 geltenden Vorschriften maßgebend, es sei denn, dass diese für den Arbeitnehmer ungünstiger sind.

1 Die durch Art. 8 Nr. 2 des Korrekturgesetzes vom 19.12.1998 neu gefasste Vorschrift bewirkt, dass der ArbGeb von den Anrechnungsmöglichkeiten, die er nach § 10 aF bei Maßnahmen der medizinischen Vorsorge oder Rehabilitation hatte, bereits seit dem 10.12.1998 keinen Gebrauch mehr machen durfte.

16 *Inkrafttreten*

Dieses Gesetz tritt mit Wirkung vom 1. Januar 1963 in Kraft.

1 Seit dem 1.1.1995 gilt das BUrlG bundeseinheitlich in der jeweiligen Fassung. Nach den Bestimmungen des Einigungsvertrags galt das BUrlG in den neuen Bundesländern ab dem 3.10.1990 mit den in der Anlage I Kapitel VIII Sachgebiet A Abschnitt III Nr. 5 des Einigungsvertrags (BGBl. II S. 889) genannten Maßgaben. Die Maßgaben des Einigungsvertrages wurden durch Art. 20 Arbeitszeitrechtsgesetz vom 6.6.1994 (BGBl. I S. 1170) aufgehoben.

1 Vgl. BVerfG v. 15.12.1987 – 1 BvR 563/85, AP Nr. 6 zu GG Art. 12 = NJW 1988, 1899.

Gesetz über die Drittelbeteiligung der Arbeitnehmer im Aufsichtsrat (Drittelbeteiligungsgesetz – DrittelbG)

vom 18.5.2004 (BGBl. I S. 974), geändert durch Gesetz vom 14.8.2006 (BGBl. I S. 1911)

Vorbemerkungen

1 Das Drittelbeteiligungsgesetz (DrittelbG) ist Teil des Zweiten Gesetzes zur Vereinfachung der Wahl der Arbeitnehmervertreter in den Aufsichtsrat, mit dem die auch nach Inkrafttreten des BetrVG 1972 fortgeltenden Bestimmungen des BetrVG 1952 abgelöst werden, und stellt die bis zum 1.7.2004 in den §§ 76–87a BetrVG 1952 geregelte drittelparitätische Mitbest. von ArbN im AR auf eine neue Grundlage, ohne den bisherigen Rechtszustand grundlegend zu verändern (s. synoptische Darstellung DrittelbG/BetrVG 1952 unter Rz. 3). Mit dem DrittelbG verfolgt der Gesetzgeber eine dreifache Zielsetzung: (1) Zuvörderst soll eine **redaktionelle Neufassung und Systematisierung** des unübersichtlichen Regelungsrests im BetrVG 1952 erreicht werden. Insofern behalten die Erkenntnisse in Rspr. und Lit. zu den §§ 76 ff. BetrVG 1952 grds. ihre Gültigkeit. (2) Daneben sollen Regelungslücken in Anlehnung sachlich vergleichbarer Bestimmungen im MitbestG und nach Maßgabe der geltenden Rspr. und herrschenden Literaturauffassung geschlossen werden. Materiellrechtl. Änderungen des bisherigen Rechtszustands werden nur in Ausnahmefällen geregelt. (3) Schließlich soll das Wahlverfahren unter Berücksichtigung der Ergebnisse des Unternehmensmitbestimmungs-Arbeitskreises modernisiert werden.

2 Der Referentenentwurf vom 20.8.2003 wurde vom Bundeskabinett am 17.10.2003 beschlossen und am 2.1.2004 als Regierungsentwurf in den Bundesrat eingebracht[1]. Nachdem der Bundesrat in seiner Stellungnahme vom 13.1.2004 gegen den Gesetzesentwurf keine Einwände erhoben hatte, wurde der Entwurf am 4.3.2004 durch den Bundestag an den Ausschuss für Wirtschaft und Arbeit überwiesen, der den Gesetzesentwurf mit zwei Änderungen am 25.3.2004 einstimmig verabschiedete[2]. Nachdem der Bundesrat am 14.5.2004 keinen Einspruch gegen das Gesetz eingelegt hatte[3], konnte dieses als Art. 1 des Zweiten Gesetzes zur Vereinfachung der Wahl der Arbeitnehmervertreter in den Aufsichtsrat am 1.7.2004 in Kraft treten. Zugleich traten an diesem Tag die §§ 76–87a BetrVG 1952 außer Kraft. Parallel dazu erließ die Bundesregierung am 23.6.2004 die VO zum zweiten Gesetz zur Vereinfachung der Wahl der Arbeitnehmervertreter in den Aufsichtsrat. Diese enthält als Art. 1 die in § 13 vorgesehene VO zur Wahl der Aufsichtsratsmitglieder der ArbN nach dem Drittelbeteiligungsgesetz (WODrittelbG), welche die WO 1953 ersetzt.

3 **Synoptische Darstellung DrittelbG/BetrVG 1952**

DrittelbG	Regelungsgegenstand	BetrVG 1952	Kodifikation (K)/Änderung (Ä)
§ 1 I 1 Nr. 1	Anwendbarkeit auf AG; Familiengesellschaft	§ 76 I 1. Fall § 76 VI 1 und II	K
§ 1 I 1 Nr. 2	Anwendbarkeit auf KGaA; Familiengesellschaft	§ 76 I 2. Fall, § 76 VI 3	K
§ 1 I 1 Nr. 3	Anwendbarkeit auf GmbH	§ 77 I	(K/Ä) (Verweis auf § 125 IV, § 170 AktG str.)
§ 1 I 1 Nr. 4	Anwendbarkeit auf VVaG	§ 77 II	K
§ 1 I 1 Nr. 5	Anwendbarkeit auf eG	§ 77 III	Ä (Sitzungsfrequenz)
§ 1 II 1 Nr. 1	Vorrangregelung MitbestG, MontanMitbestG, MitbestG	§ 85 II	K
§ 1 II 1 Nr. 2	Tendenzschutz bei politischer Ausrichtung etc.	§ 81 I	K (Anpassung an § 1 IV MitbestG)
§ 1 II 2	Tendenzschutz bei Religionsgemeinschaften etc.	§ 81 II	K
§ 1 III	Vorrangregelung GenG	§ 85 I	K

1 BR-Drs. 10/04 v. 2.1.2004 (RegE bzw. DrittelbG-RegE). |2 Beschlussempfehlung und Bericht des Ausschusses für Wirtschaft und Arbeit vom 23.3.2004, BT-Drs. 15/2739. Die in der Beschlussfassung aufgenommenen Änderungen beruhten auf den Änderungsanträgen der Fraktion der SPD und Bündnis 90/Die Grünen vom 9.3.2004, Ausschuss-Drs. 15 (9) 1057. |3 BR-Drs. 286/04 v. 14.5.2004.

DrittelbG	Regelungsgegenstand	BetrVG 1952	Kodifikation (K)/Änderung (Ä)
§ 2 I	Wahlberechtigung im Konzern	§ 76 IV 1	Ä (Wegfall der Delegiertenwahl; Einbeziehung der Vermutungsregelung in § 18 I 3 AktG)
§ 2 II	Zurechnung von Konzernunternehmen	§ 77a	K
§ 3 I	ArbN-Begriff	./.	K
§ 3 II	Betriebsbegriff	./.	K (Anpassung an § 3 II MitbestG)
§ 3 III	Schiffsflotte als Betrieb	./.	K (Anpassung an § 34 I und II MitbestG)
§ 4 I	Drittelparitätische Zusammensetzung des AR	§ 76 I	K
§ 4 II	Anteil von Betriebsbeschäftigten unter ArbN-Vertretern	§ 76 II 2 und 3	K
§ 4 III	Voraussetzungen der passiven Wahlberechtigung	§ 76 II 5	Ä (Anpassung an § 7 III MitbestG: Anwendbarkeit von § 8 BetrVG)
§ 4 IV	Anteil von Frauen unter ArbN	§ 76 II 4	Ä (Proportionalitätsregelung)
§ 5 I	Wahlgrundsätze	§ 76 II 1	K
§ 5 II	Voraussetzungen der aktiven Wahlberechtigung	§ 76 II 1	K (Anpassung an § 71 III MitbestG)
§ 6	Wahlvorschlagsrecht	§ 76 III	K
§ 7	Ersatzmitglieder	./. (§ 101 III 2 AktG)	K (Anpassung an § 17 MitbestG)
§ 8	Bekanntmachung der AR-Mitglieder	./. (§ 106 AktG)	Ä (Erweiterung der Bekanntmachungspflicht)
§ 9	Benachteiligungsverbot	§ 76 II 5	K (Anpassung an § 18 MitbestG)
§ 10 I und II	Verbot der Wahlbehinderung	./.	K
§ 10 III	Übernahmepflicht von Wahlkosten	./.	K
§ 11 I	Anfechtungsvoraussetzungen	./.	K (Anpassung an § 22 I MitbestG)
§ 11 II 1	Anfechtungsberechtigung	./.	K
§ 11 II 2	Anfechtungsfrist	./.	Ä (Anpassung an § 22 II 2 MitbestG)
§ 12 I	Abberufung	§ 76 V	K
§ 12 II	Abberufung von Ersatzmitgliedern	./.	K

Teil 1. Geltungsbereich

1 *Erfasste Unternehmen*

(1) Die Arbeitnehmer haben ein Mitbestimmungsrecht im Aufsichtsrat nach Maßgabe dieses Gesetzes in

1. einer Aktiengesellschaft mit in der Regel mehr als 500 Arbeitnehmern. Ein Mitbestimmungsrecht im Aufsichtsrat besteht auch in einer Aktiengesellschaft mit in der Regel weniger als 500 Arbeitnehmern, die vor dem 10. August 1994 eingetragen worden ist und keine Familiengesellschaft ist. Als Familiengesellschaften gelten solche Aktiengesellschaften, deren Aktionär eine einzelne natürliche Person ist oder deren Aktionäre untereinander im Sinne von § 15 Abs. 1 Nr. 2 bis 8, Abs. 2 der Abgabenordnung verwandt oder verschwägert sind;

2. einer Kommanditgesellschaft auf Aktien mit in der Regel mehr als 500 Arbeitnehmern. Nummer 1 Satz 2 und 3 gilt entsprechend;

3. einer Gesellschaft mit beschränkter Haftung mit in der Regel mehr als 500 Arbeitnehmern. Die Gesellschaft hat einen Aufsichtsrat zu bilden; seine Zusammensetzung sowie seine Rechte und Pflichten bestimmen sich nach § 90 Abs. 3, 4, 5 Satz 1 und 2, nach den §§ 95 bis 114, 116, 118 Abs. 2, § 125 Abs. 3 und 4 und nach den §§ 170, 171, 268 Abs. 2 des Aktiengesetzes;

4. einem Versicherungsverein auf Gegenseitigkeit mit in der Regel mehr als 500 Arbeitnehmern, wenn dort ein Aufsichtsrat besteht;

5. einer Genossenschaft mit in der Regel mehr als 500 Arbeitnehmern. § 96 Abs. 2 und die §§ 97 bis 99 des Aktiengesetzes sind entsprechend anzuwenden. Die Satzung kann nur eine durch drei teilbare Zahl von Aufsichtsratsmitgliedern festsetzen. Der Aufsichtsrat muss zwei Sitzungen im Kalenderhalbjahr abhalten.

(2) Dieses Gesetz findet keine Anwendung auf

1. die in § 1 Abs. 1 des Mitbestimmungsgesetzes, die in § 1 des Montan-Mitbestimmungsgesetzes und die in den §§ 1 und 3 Abs. 1 des Montan-Mitbestimmungsergänzungsgesetzes bezeichneten Unternehmen;

2. Unternehmen, die unmittelbar und überwiegend

a) politischen, koalitionspolitischen, konfessionellen, karitativen, erzieherischen, wissenschaftlichen oder künstlerischen Bestimmungen oder

b) Zwecken der Berichterstattung oder Meinungsäußerung, auf die Artikel 5 Abs. 1 Satz 2 des Grundgesetzes anzuwenden ist,

dienen.

Dieses Gesetz ist nicht anzuwenden auf Religionsgemeinschaften und ihre karitativen und erzieherischen Einrichtungen unbeschadet deren Rechtsform.

(3) Die Vorschriften des Genossenschaftsgesetzes über die Zusammensetzung des Aufsichtsrats sowie über die Wahl und die Abberufung von Aufsichtsratsmitgliedern gelten insoweit nicht, als sie den Vorschriften dieses Gesetzes widersprechen.

I. Anwendungsbereich. 1. Allgemeines. Ein AR mit Drittelbeteiligung der ArbN ist grds. in allen Unternehmen in der Rechtsform einer AG, KGaA, GmbH, VVaG oder Genossenschaft (Rz. 50) zu bilden, die idR mehr als 500 ArbN beschäftigen und nicht als Tendenzbetriebe (dazu Abs. 2 Nr. 2 und Abs. 2 S. 2) zu charakterisieren sind. Durch Abs. 1 Nr. 2 wird klargestellt, dass auch KGaA, die im Handelsregister nach dem 9.8.1994 eingetragen worden sind, nur dann der Verpflichtung zur Besetzung des AR mit ArbN-Vertretern unterliegen, wenn das Unternehmen mehr als 500 ArbN beschäftigt[1]. Bei Altgesellschaften in der Rechtsform einer AG oder KGaA, dh. Gesellschaften die vor dem 10.8.1994 in das Handelsregister eingetragen worden sind, sind unabhängig von der ArbN-Zahl $^1/_3$ des AR mit ArbN-Vertretern zu besetzen, es sei denn, es handelt sich um eine Familiengesellschaft (Abs. 1 Nr. 1) (Rz. 14 ff.). Sind die Voraussetzungen für eine Beteiligung von ArbN im AR einer AG bzw. KGaA nicht erfüllt, so sind sämtliche AR-Mitglieder nach § 101 I AktG (iVm. § 278 III AktG für die KGaA) von der Hauptversammlung zu wählen bzw. werden nach § 101 II AktG (iVm. § 278 III AktG für die KGaA) entsandt. 1

2. Ausländische Gesellschaften. Das DrittelbG findet wegen des **völkerrechtl. Territorialitätsprinzips** nur auf inländische Unternehmen Anwendung, dh. nur auf Unternehmen mit tatsächlichem Verwaltungssitz im Inland[2]. Dies gilt auch, wenn das ausländische Unternehmen rechtlich unselbständige Betriebe in Deutschland hat. 2

Für im EU-Ausland wirksam gegründete Gesellschaften, die ihren tatsächlichen Verwaltungssitz nach Deutschland verlegt haben, gilt nach der **EuGH-Rspr.** die **Gründungstheorie**, wonach alle EU-Mitgliedstaaten diese als Gesellschaft des Gründungsstaates anzuerkennen haben[3]. Eine Anwendung der deutschen Bestimmungen der Unternehmensmitbest. auf solche EU-Kapitalgesellschaften im Wege der Sonderanknüpfung verstieße gegen die von Art. 43, 48 EGV gewährleistete Niederlassungsfreiheit[4]. Zu Einzelheiten s. § 1 MitbestG Rz. 8 f. 3

Ebenso wenig anwendbar sind die Regeln über die deutsche Unternehmensmitbest. auf **nach US-amerikanischem Recht gegründete Gesellschaften**. Dies folgt aus Art. XXV Abs. 5 S. 2 des Freundschafts-, Handels- und Schifffahrtsvertrages zwischen der Bundesrepublik Deutschland und den USA 4

---

1 So zu § 76 BetrVG 1952 1. Aufl., § 76 BetrVG Rz. 11; MünchArbR/*Wißmann*, 2. Aufl. (2000), § 383 Rz. 4; aA *Mengel*, Umwandlung im Arbeitsrecht. S. 429. | 2 ErfK/*Oetker*, Einl. DrittelbG Rz. 3 f.; *Fitting*, § 76 BetrVG 52 Rz. 33; MünchArbR/*Wißmann*, § 383 Rz. 1. | 3 EuGH v. 5.11.2002 – Rs. C-208/00, NJW 2002, 3614 (3615) – Überseering; v. 30.9.2003 – Rs. C-167/01, ZIP 2003, 1885 ff. – Inspire Art. | 4 *Eidenmüller*, ZIP 2002, 2233 (2242); *Forsthoff*, DB 2002, 2471 (2477); *Kallmeyer*, DB 2002, 2521 (2522); *Schulz/Sester*, EWS 2002, 545 (551); *Ulmer*, JZ 1999, 662 (663); wohl auch *Ziemons*, ZIP 2003, 1913 (1918).

vom 29.10.1954, demzufolge der Status einer Gesellschaft, die in dem Gebiet eines Vertragsteils nach dessen Gesetzen und Vorschriften rechtmäßig gegründet worden ist, in dem Gebiet des anderen Staates anzuerkennen ist[1].

5 Auf in einem **EWR-Staat** wirksam gegründete Gesellschaften, die ihren tatsächlichen Verwaltungssitz nach Deutschland verlegt haben, sind die vom EuGH in der Überseering-Entscheidung entwickelten Rechtsgedanken (Rz. 3) auf der Grundlage des EWR-Abkommens entsprechend anzuwenden[2]. Danach sind solche Gesellschaften nach der **Gründungstheorie** unabhängig von ihrem tatsächlichen Verwaltungssitz als Gesellschaft des Gründungsstaates anzuerkennen und eine Anwendung der deutschen Bestimmungen der Unternehmensmitbest. auf solche Gesellschaften verstieße gegen Art. 31 EWR (der der im Wesentlichen gleich lautenden Vorschrift des Art. 43 EG entspricht).

6 **II. Rechtsform 1. AG/KGaA.** Bei einer AG oder KGaA ist zwingend ein AR zu bilden (§§ 95 ff., §§ 278 III, 287 AktG). Nach § 4 I muss der AR einer AG oder KGaA zu 1/3 aus Vertretern der ArbN bestehen.

7 Besteht bei der AG oder KGaA ein AR, der entgegen der gesetzl. Regelung in § 4 I besetzt ist, ist ein **Statusverfahren** nach §§ 97 ff. AktG durchzuführen (hierzu § 6 MitbestG Rz. 2 ff.). Dies gilt – über eine entsprechende Anwendung von § 6 II MitbestG iVm. §§ 97 ff. AktG bzw. über die Vorschriften zur Bildung des ersten AR gem. §§ 30, 31 AktG – auch für die (erstmalige) Bildung eines AR[3].

8 **a) Gründungsstadium.** Der AR einer AG oder KGaA im Gründungsstadium muss auf Grund ausdrücklicher gesetzl. Regelung grds. nicht zu ? aus Vertretern der ArbN bestehen (§ 30 II AktG). Diese Regelung rechtfertigt sich aus der Überlegung, dass die Amtszeit des ersten AR zeitlich eng begrenzt ist und die noch in Gründung befindliche Gesellschaft archetypisch sehr wenige oder gar keine ArbN beschäftigt[4]. § 30 II AktG gilt aber auch dann, wenn die Gesellschaft im Einzelfall tatsächlich schon eine große Anzahl von ArbN eingestellt hat[5]. Bei einer **Sachgründung**, bei der die Sacheinlage oder Sachübernahme in der Einbringung eines Unternehmens oder eines Teil eines solchen besteht, ist demgegenüber bei der Bestellung des ersten AR durch die Gründer § 4 I zu berücksichtigen (§ 31 AktG). Die Gründer bestellen gem. § 31 I 1 AktG die Zahl von AR-Mitgliedern, die bei Anwendung der gesetzl. Vorschriften, die nach ihrer Ansicht für die Zusammensetzung des AR maßgeblich sind, von der Hauptversammlung ohne Bindung an Wahlvorschläge bestellt werden könnten, dh. im Fall von § 4 I 2/3 der AR-Mitglieder. Zur Sicherung der Funktionsfähigkeit des ersten AR haben die Gründer indes alle AR-Mitglieder zu bestellen, sofern der AR nach Gesetz oder Satzung nur aus drei Mitgliedern besteht (§ 31 I 2 AktG; § 95 I 1 AktG iVm. § 4 I)[6]. Die Vervollständigung des ersten AR mit ArbN-Vertretern wird durch Durchführung eines Statusverfahrens entsprechend §§ 97–99 AktG mit anschließender Ergänzung (Ergänzungswahl nach §§ 5, 6 und 2 I; ggf. gerichtl. Ersatzbestellung gem. § 104 AktG) oder durch Neuwahl des gesamten AR erreicht (§ 31 III AktG)[7].

9 Bei der **formwechselnden Umwandlung in die AG oder KGaA** gilt Folgendes: Besitzt das Unternehmen in der Ausgangsrechtsform bereits einen AR, bleiben die Mitglieder des AR entweder gem. § 203 UmwG im Amt oder der AR muss neu gewählt werden, wenn die Bildung und Zusammensetzung des AR sich durch den Formwechsel ändert[8]. Besteht hingegen beim Unternehmen in der Ausgangsrechtsform kein AR (zB Personengesellschaft) ist § 197 S. 2 UmwG auf Formwechsel von Gesellschaften mit bereits bestehenden Aufsichtsräten zu beschränken und § 31 AktG (analog) anzuwenden[9]. Ferner ist § 31 AktG über § 197 S. 1 UmwG auch beim Formwechsel einer gesetzeswidrig nicht mit einem mitbestimmten AR versehenen Gesellschaft in eine AG oder KGaA entsprechend anzuwenden[10].

10 **b) Neu-Gesellschaften.** AG und KGaA, die im Handelsregister nach dem 9.8.1994 eingetragen worden sind, unterliegen nur dann der Verpflichtung zur Besetzung des AR mit ArbN-Vertretern, wenn das Unternehmen idR mehr als 500 ArbN beschäftigt (Abs. 1 Nr. 1 und Nr. 2).

---

1 Zu diesem Vertrag und zur Anerkennung nach US-amerikanischem Recht gegründeter Gesellschaften in Deutschland BGH v. 29.1.2003 – VIII ZR 155/02, IPrax 2003, 265 ff.; v. 13.10.2004 – I ZR 245/01, NZG 2005, 44; v. 5.7.2004 – II ZR 389/02, NZG 2004, 1001; vgl. auch *Drouven/Mödl*, NZG 2007, 7 (9 f.). |2 BGH v. 19.9.2005 – II ZR 372/03, NJW 2005, 3351; vgl. auch *Meilicke*, GmbHR 2003, 793 (798); *Forsthoff*, DB 2002, 2471; *Wisskirchen/Bissels/Dannhorn*, DB 2007, 2258 (2260). |3 Vgl. *Willemsen/Seibt*, Unternehmensumstrukturierung, F 144; *Göz*, ZIP 1998, 1523 (1524); Baumbach/Hueck/*Zöllner/Noack*, § 52 GmbHG Rz. 15; aA *Hachenburg/Raiser*, § 52 GmbHG Rz. 161; Lutter/*Hommelhoff*, § 52 GmbHG Rz. 22; *Fitting*, § 77 BetrVG 52 Rz. 12. |4 Der Verweis auf § 41 AktG mit der Behauptung, eine bis zu ihrer Eintragung in das Handelsregister nicht bestehende Gesellschaft könne keine Betriebe haben (so *Dietz/Richardi*, § 76 BetrVG 52 Rz. 37; *Fitting*, § 76 BetrVG 52 Rz. 115) geht allerdings fehl, da auch eine Vorgesellschaft als eigenständige Organisationsform Betriebe führen kann. |5 GroßKommAktG/*Röhricht*, § 30 Rz. 7. |6 *Bayer*, in K. Schmidt/Lutter, § 31 AktG Rz. 9; *Hüffer*, § 31 AktG Rz. 4. |7 Hierzu *Oetker*, ZGR 2000, 19 (40 ff.); *Bayer*, in K. Schmidt/Lutter, § 31 AktG Rz. 17 ff.; *Hüffer*, § 31 AktG Rz. 7 ff.; MüKoAktG/*Pentz*, § 31 Rz. 30. |8 *Willemsen/Seibt*, Unternehmensumstrukturierung, F 66; *Joost*, FS Claussen, S. 187, 195 ff.; *Raiser*, § 1 MitbestG Rz. 24; iE auch *Henssler*, ZfA 2000, 241 (257 f.). |9 *Willemsen/Seibt*, Unternehmensumstrukturierung, F 66; *Joost*, FS Claussen, S. 187, 195 ff.; *Raiser*, § 1 MitbestG Rz. 24; iE auch *Henssler*, ZfA 2000, 241 (257 f.); aA *Eigenbeis/Ueckert*, FA 2002, 167 (189 f.) (für Formwechsel in GmbH). |10 *Willemsen/Seibt*, Unternehmensumstrukturierung, F 66a.

Für die Feststellung der ArbN-Zahl kommt es auf den **regelmäßigen Beschäftigungsstand im Unternehmen** an[1]. Mit diesem Erfordernis der Regelmäßigkeit wird dem dyn. Charakter des Beschäftigungsstandes Rechnung getragen, und es wird damit ein wiederholter Wechsel von Mitbestimmungsstatuten verhindert. In zeitlicher Hinsicht ist das Merkmal der Regelmäßigkeit nicht nur durch eine Rückschau in die Vergangenheit zu konturieren, sondern vor allem ist eine Prognose zur zukünftigen ArbN-Entwicklung erforderlich[2]. Die Prognoseentscheidung der Geschäftsleitung muss nachvollziehbar sein (ggf. unterlegt durch konkrete Beschlüsse der zuständigen Gesellschaftsorgane) und für die Prognose ist ein Referenzzeitraum von 18 bis 24 Monaten angemessen[3]. 11

c) Alt-Gesellschaften. Bei AG bzw. KGaA, die vor dem 10.8.1994 in das Handelsregister eingetragen worden sind, hängt die Besetzung des AR mit ArbN-Vertretern nicht von einer bestimmten ArbN-Zahl ab, sofern mindestens fünf ArbN ständig beschäftigt oder zugerechnet werden[4] und es sich nicht um eine Familiengesellschaft (dazu Rz. 14 ff.) handelt. Bei einer AG ohne ArbN iSv. § 3 I ist kein AR nach Maßgabe des DrittelbG zu bilden[5]. 12

d) Formwechsel. Für die Qualifikation eines Unternehmens als Neu-Gesellschaft (Rz. 10) oder Alt-Gesellschaft (Rz. 12) ist im Falle eines Formwechsels eines Rechtsträgers in die Rechtsform der AG oder KGaA der **Zeitpunkt der Eintragung der neuen Rechtsform in das Handelsregister maßgeblich** (§ 202 I UmwG). Wird demnach ein zB 1990 nicht dem BetrVG 1952 unterfallendes Unternehmen (zB Personengesellschaft) 1996 in die Rechtsform einer AG formgewechselt, so qualifiziert das Unternehmen trotz des geltenden Identitätsprinzips (vgl. § 202 I Nr. 1 UmwG) als Neu-Gesellschaft und hat den ggf. neu zu bildenden AR nur dann mit ArbN-Vertretern zu besetzen, wenn es mehr als 500 ArbN beschäftigt. Eine Mitbestimmungsbeibehaltungsregelung, wie sie bei § 325 UmwG für die Fälle der Abspaltung oder Ausgliederung gilt, hat der Gesetzgeber für den Formwechsel nicht verankert; eine entsprechende Anwendung des § 325 I UmwG auf Fälle des Mitbestimmungsverlusts durch Formwechsel kommt wegen des insoweit eindeutigen Wortlauts dieser Bestimmung und der Gesetzgebungsgeschichte der Norm nicht in Betracht[6]. Dieselben Grundsätze gelten auch beim sog. **Rück-Formwechsel**: Wird zB ein 1990 in der Rechtsform gegründetes Unternehmen der AG zunächst 1995 in die Rechtsform der GmbH formgewechselt, um hiernach 1997 wieder in die Rechtsform der AG rück-formzuwechseln, so qualifiziert das Unternehmen auch als Neu-Gesellschaft, selbst wenn hierdurch die Unternehmensmitbest. weggefallen sein sollte. Nur in extremen Einzelfällen wird das Registergericht unter Verweis auf das Rechtsinstitut des Rechtsmissbrauchs die Eintragung des Rück-Formwechsels in das Handelsregister versagen dürfen[7]. 13

e) Familiengesellschaft (Abs. 1 Nr. 1 S. 3). Als Familiengesellschaft zu qualifizierende Alt-Gesellschaften haben ihren AR nicht mit ArbN-Vertretern zu besetzen, sofern sie weniger als 500 ArbN beschäftigen (oder ihnen zugerechnet werden). Ist die Familiengesellschaft Konzernobergesellschaft, so sind die ArbN abhängiger Unternehmen unter den Voraussetzungen des § 2 II hinzuzurechnen. 14

Als Familiengesellschaften gelten zunächst diejenigen Unternehmen, deren alleiniger Aktionär eine einzelne natürliche Person ist (Einpersonengesellschaft; Abs. 1 Nr. 1 Var. 1). Eigene Aktien der Gesellschaft sind unschädlich und bleiben für Abs. 1 Nr. 1 außer Betracht. Eine Familiengesellschaft liegt auch vor, wenn alle Aktionäre untereinander iSv. § 15 I Nr. 2–8, II AO miteinander verwandt oder verschwägert sind (Abs. 1 Nr. 1 Var. 2). Alle Aktien müssen sich in der Hand dieser Personen befinden; eine Mehrheitsbeteiligung reicht nicht aus[8]. Es müssen indes nicht alle Aktionäre miteinander verwandt oder verschwägert sein, sondern es ist ausreichend, dass ein Aktionär jeweils mit mindestens einem anderen verwandt oder verschwägert ist, der wiederum in dieser Beziehung zu einem weiteren Aktionär steht, so dass letztlich alle Aktionäre durch familienrechtliche Verhältnisse miteinander verbunden sind (sog. Verwandtschaftskette)[9]. 15

---

1 *Willemsen/Seibt*, Unternehmensumstrukturierung, F 16a; ErfK/*Oetker*, § 1 DrittelbG Rz. 33; *Fitting*, § 76 BetrVG 52 Rz. 10; MünchArbR/*Wißmann*, § 383 Rz. 3. | 2 Vgl. OLG Düsseldorf v. 9.12.1994 – 19 W 2/94, AG 1995, 328 f.; *Willemsen/Seibt*, Unternehmensumstrukturierung, F 16a; *Oetker*, ZGR 2000, 19 (29); *Raiser*, § 1 MitbestG Rz. 18; *Ulmer*, FS Heinsius, S. 855, 859 ff., 862 ff. | 3 *Willemsen/Seibt*, Unternehmensumstrukturierung, F 16a; vgl. auch OLG Düsseldorf v. 9.12.1994 – 19 W 2/94, AG 1995, 328 (329) – Milchwerke Köln/Wuppertal eG: 17–20 Monate; ErfK/*Oetker*, § 1 MitbestG Rz. 6: 17–20 Monate; *Rittner*, AG 1983, 99 (102 f.): 18 Monate; *Köstler/Kittner/Zachert/Müller*, Aufsichtsratspraxis, Rz. 145: 18 Monate; abweichend *Ulmer*, FS Heinsius, S. 855, 864: 6–12 Monate; *Theisen*, AG 1998, 153 (157): 3–5 Jahre. | 4 So LG Frankfurt v. 4.11.1955 – 3/1 T 2/50, NJW 1956, 598; OLG Zweibrücken v. 18.10.2005 – 3 W 136/05, NZG 2006, 31 (32); *Willemsen/Seibt*, Unternehmensumstrukturierung, F 3; *Dietz/Richardi*, § 76 BetrVG 52 Rz. 8 f.; *Richardi*, FS Zeuner, S. 147 ff.; GK-BetrVG/*Kraft*, § 76 BetrVG 52 Rz. 5 ff.; MünchGesR/*Hoffmann-Becking*, Bd. 4: AG, § 28 Rz. 5 und 9; *Rüthers*, BB 1977, 605 (606); *Röder/Gneiting*, DB 1993, 1618 (1619); aA MünchArbR/*Wißmann*, § 373 Rz. 2; *Fitting*, § 76 BetrVG 52 Rz. 55 f.; *Köstler/Kittner/Zachert/Müller*, Aufsichtsratspraxis, Rz. 158. | 5 OLG Zweibrücken v. 18.10.2005 – 3 W 136/05, NZG 2006, 31 (32); UHH/*Habersack*, § 1 DrittelbG Rz. 17. | 6 Vgl. *Willemsen/Seibt*, Unternehmensumstrukturierung, F 68a; *Lutter/Joost*, § 325 UmwG Rz. 14; *Henssler*, ZfA 2000, 241 (255); *Oetker*, ZGR 2000, 19 (38 f.). | 7 Vgl. *Willemsen/Seibt*, Unternehmensumstrukturierung, F 68a; *Henssler*, ZfA 2000, 241 (259). | 8 ErfK/*Oetker*, § 1 DrittelbG Rz. 10; *Dietz/Richardi*, § 76 BetrVG 52 Rz. 214; MünchArbR/*Wißmann*, § 383 Rz. 6. | 9 ErfK/*Oetker*, § 1 DrittelbG Rz. 11; GK-BetrVG/*Kraft*, § 76 BetrVG 52 Rz. 146; *Dietz/Richardi*, § 76 BetrVG 52 Rz. 221; MünchArbR/*Wißmann*, § 383 Rz. 6; MüKoAktG/*Gach*, § 76 BetrVG 1952 Rz. 13.

16 Eine AG ist ferner Familiengesellschaft, wenn deren sämtliche Aktien einer Persongesellschaft oder Kapitalgesellschaft gehören, die ihrerseits Familiengesellschaft ist[1]. Ausreichend ist es auch, wenn in einer AG außer den miteinander verwandten oder verschwägerten Personen iSv. § 15 I Nr. 2–8, II AO eine Gesellschaft beteiligt ist, deren Aktionäre ausschließlich dem gleichen Verwandtenkreis wie diese Person angehören[2]; eine Mehrheitsbeteiligung reicht nicht aus[3].

17 Bei der KGaA müssen neben den Kommanditaktionären auch die persönlich haftenden Komplementäre in die familienrechtl. Verbindungen einbezogen sein, um sie als Familiengesellschaft zu qualifizieren[4].

18 **f) Binnenorganisation und Aufgaben des Aufsichtsrats (AG/KGaA). aa) Binnenorganisation.** Die Binnenorganisation des AR wird durch die §§ 107–110 AktG geregelt. Danach hat der AR einen **Vorsitzenden** und mindestens einen Stellvertreter zu wählen (§ 107 I AktG). Dem Vorsitzenden können und – entsprechend den Empfehlungen und Anregungen des DCGK – sollen neben den vom Gesetz zugewiesenen Aufgaben weitere Kompetenzen (zB Beratung des Vorstandes im Hinblick auf die Strategie, die Geschäftsentwicklung und das Risikomanagement des Unternehmens) insb. durch Geschäftsordnung übertragen werden (s. auch § 27 MitbestG Rz. 8)[5]. Die Satzung bzw. die Geschäftsordnung können dem Vorsitzenden insb. das Recht der Stichentscheidung bei Stimmengleichheit[6] oder – trotz des Kollegialitätsprinzips und anders wegen § 33 MitbestG als bei Aufsichtsräten, die dem MitbestG unterfallen – ein aufschiebendes oder sogar endgültiges Vetorecht[7] einräumen.

19 Der AR kann nach § 107 III AktG **Ausschüsse** bestellen und dies entspricht auch guter Unternehmensführung, um die Effizienz der AR-Tätigkeit zu erhöhen[8]. Über die Einrichtung und Besetzung von Ausschüssen entscheidet der AR autonom, wobei idR die Geschäftsordnung des AR Besetzungsregelungen enthält. Nach zutreffender hM gibt es kein Paritätsgebot, demzufolge die drittelparitätische Besetzung mit ArbN-Vertretern im AR-Plenum in den Ausschüssen in gleicher Weise abgebildet werden müsste. Vielmehr darf nach Aufgabe des Ausschusses und Befähigung der in Betracht kommenden Personen differenziert werden, solange nur sachwidrige Differenzierungen nach Gruppenzugehörigkeit der AR-Mitglieder unterbleiben (Grundsatz des allgemeinen Diskriminierungsverbots)[9]. Auch der DCGK empfiehlt keine Beachtung des Paritätsgebots[10]. Im Regelfall wird allerdings zur Gewährleistung eines ausreichenden Informationsflusses an die ArbN-Vertreter in jeden AR-Ausschuss mindestens ein ArbN-Vertreter zu wählen sein[11]. Für den mitbestimmungsrechtlich besonders wichtigen Personalausschuss des AR hat der BGH dies ausdrücklich so entschieden[12]. Erfolgen die Wahlen zu AR-Ausschüssen entgegen den vorgenannten Grundsätzen, so sind diese nichtig[13].

20 Ziff. 3.6 S. 1 DCGK regt als Maßnahme guter Unternehmensführung an, dass die Vertreter der Anteilseigner und der ArbN die Sitzung des AR jeweils gesondert, ggf. mit den Vorstandsmitgliedern, vorbereiten[14] (Ziff. 3.6 S. 1 DCGK). Diese Anregung soll ebenso wie die Empfehlung der jährlichen Effizienzprüfung der AR-Tätigkeit (Ziff. 5.6 DCGK)[15], periodische in camera Sitzungen des AR ohne Vorstand (Ziff. 3.6 S. 2 DCGK) oder gruppenpsychologische Maßnahmen wie Fortbildungskurse, gemeins. Ausflüge etc. der Schaffung einer offenen und vertrauensvollen Diskussionskultur dienen.

21 **bb) Mitbestimmungsvereinbarungen.** Bei der AG sind wegen des dort geltenden Grundsatzes der Satzungsstrenge (§ 23 V AktG) sog. statusändernde Mitbestimmungsvereinbarungen regelmäßig unzulässig und nichtig[16]. Allerdings kann die Hauptversammlung faktisch Mitbestimmungsvereinbarungen

---

1 BAG v. 6.4.1955 – 1 ABR 25/54, AP Nr. 5 zu § 76 BetrVG 1955; ErfK/*Oetker*, § 1 DrittelbG Rz. 12; GK-BetrVG/*Kraft*, § 76 BetrVG 52 Rz. 147; *Dietz/Richardi*, § 76 BetrVG 52 Rz. 223; MünchArbR/*Wißmann*, § 383 Rz. 6; MüKo-AktG/*Gach*, § 76 BetrVG 1952 Rz. 16. |2 ErfK/*Oetker*, § 1 DrittelbG Rz. 12; *Dietz/Richardi*, § 76 BetrVG 52 Rz. 223. |3 *Köstler/Kittner/Zachert/Müller*, Aufsichtsratspraxis, Rz. 159; aA *Fiegle*, BB 1953, 594. |4 ErfK/*Oetker*, § 1 DrittelbG Rz. 13; GK-BetrVG/*Kraft*, § 76 BetrVG 52 Rz. 148; *Dietz/Richardi*, § 76 BetrVG 52 Rz. 222; MünchArbR/*Wißmann*, § 383 Rz. 6; MüKoAktG/*Gach*, § 76 BetrVG 52 Rz. 15. |5 Hierzu Ziff. 5.2 DCGK; vgl. auch *Seibt/Wilde* in Hommelhoff/Hopt/v. Werder, Handbuch Corporate Governance, S. 377, 388 ff.; *Kremer* in Ringleb/Kremer/Lutter/v. Werder, DCGK, 2. Aufl., Rz. 664 ff.; *Semler*, Arbeitshandbuch für Aufsichtsratsmitglieder, F 1 ff. |6 GK-BetrVG/*Kraft*, § 76 BetrVG 52 Rz. 35. |7 Vgl. *Hüffer*, § 77 AktG Rz. 12 f. |8 Hierzu zB Ziff. 5.3 DCGK; *Lutter*, ZGR 2001, 224 (229); *Semler*, Arbeitshandbuch für Aufsichtsratsmitglieder, G 1 ff. |9 BGH v. 17.5.1993 – II ZR 89/92, BGHZ 122, 342 (354 ff.) – Hamburg-Mannheimer (zu MitbestG); OLG Hamburg v. 29.9.1995 – 11 U 20/95, AG 1996, 84 ff. – Volksfürsorge Deutsche Lebensversicherung (zu MitbestG); OLG München v. 27.1.1995 – 23 U 4282/94, AG 1995, 466 (467) – Voigt Elektronik (zu BetrVG 1952); LG Frankfurt/M. v. 19.12.1995 – 2/14 O 183/95, ZIP 1996, 1661 – Deutsche Börse (zu BetrVG 1952; Vergleich vor OLG Frankfurt); *Hüffer*, § 107 AktG Rz. 21; *Brandes*, WM 1994, 2177 (2182); *Mertens*, AG 1981, 113 (131); *Zöllner*, AG 1981, 13 (15); UHH/*Ulmer/Habersack*, § 25 MitbestG Rz. 127; aA (Paritätsgebot) GK-MitbestG/*Naendrup*, § 25 MitbestG Rz. 35; *Nagel*, DB 1979, 1799 (1801); *Henssler*, FS BGB II, S. 387, 395 ff. |10 Zutr. *Kremer* in Ringleb/Kremer/Lutter/von Werder, DCGK, 2. Aufl., Rz. 684 und 696. |11 *Willemsen/Seibt*, Unternehmensumstrukturierung, F 57; *Seibt*, DB 2002, 529 (531) (zum sog. Übernahmeausschuss; § 27 I WpÜG). |12 BGH v. 17.5.1993 – II ZR 89/92, BGHZ 122, 342, 358 ff. – Hamburg-Mannheimer. |13 BGH v. 17.5.1993 – II ZR 89/92, BGHZ 122, 342, 354 ff. – Hamburg-Mannheimer; *Willemsen/Seibt*, Unternehmensumstrukturierung, F 57. |14 Hierzu *von Werder* in Ringleb/Kremer/Lutter/von Werder, DCGK, 2. Aufl., Rz. 288 ff. |15 Hierzu ausf. *Seibt*, DB 2003, 2107 ff. |16 Vgl. *Willemsen/Seibt*, Unternehmensumstrukturierung, F 14; *Seibt*, AG 2005, 413 (415); *Hüffer*, § 96 AktG Rz. 3; KölnKommAktG/*Mertens*, § 96 Rz. 14 ff.; *Ihrig/Schlitt*, NZG 1999, 333 (334); *Henssler*, ZfA 2000, 241 (262 ff.).

zur Geltung verhelfen, indem sie im Rahmen der Wahl der Anteilseignervertreter der ArbN-Seite nahe stehende Personen wählen[1]; die in dieser Weise hinzugewählten „ArbN-Vertreter“ bleiben allerdings formal Vertreter der Anteilseigner, so dass diese jederzeit mit der Satzungsmehrheit abgerufen werden können (§ 103 I AktG). Nach zutreffender Ansicht sind Satzungsregelungen, die für die Wahl der Anteilseignervertreter im AR den ArbN-Status im Unternehmen als persönliche Voraussetzung (§ 100 IV AktG) festsetzen, als Umgehungstatbestände des Schutzes der Wahlfreiheit der Aktionäre unzulässig[2]. Zur Zulässigkeit privatautonomer Mitbestimmungsvereinbarungen zur einvernehmlichen Klärung zweifelhafter Rechts- und Sachfragen, bei denen die Voraussetzungen eines Vergleichs iSv. § 779 BGB erfüllt sind, sowie zur Vereinfachung oder Anpassung gesetzl. Mitbestimmungsregelungen (insb. zum Wahlverfahren) an Einzelfallumstände des betroffenen Unternehmens s. § 1 MitbestG Rz. 20.

cc) Rechte, Pflichten und Kompetenzen des Aufsichtsrates. Die Rechte, Pflichten und Kompetenzen des AR ergeben sich ausschließlich aus dem Aktienrecht. Dem **AR der AG** kommt hiernach zwingend die **Personalkompetenz** über den Vorstand zu (dh. Bestellung und Abberufung der Vorstandsmitglieder sowie Abschluss, Änderung und Beendigung der Vorstands-Anstellungsverträge). Des Weiteren ist der AR verpflichtet, den **Vorstand zu überwachen** (vgl. § 111 I AktG). Hierzu kommen dem AR eine Vielzahl von Informations- und Untersuchungsrechten zu, die entsprechend den Grundsätzen guter Unternehmensführung in einer Informationsordnung zusammengefasst sein sollten[3]. Schließlich kommen dem AR der AG eine Reihe von **Mitentscheidungsrechten** zu, namentlich (1) Zustimmungsvorbehalte bei bestimmten Geschäftsführungsmaßnahmen (vgl. § 111 IV AktG), (2) Feststellung des Jahresabschlusses und Billigung des Konzernabschlusses (vgl. § 171 II 3–5, § 172 I AktG) sowie (3) Gewinnverwendung durch Einstellung in die Rücklagen (vgl. § 58 II AktG). 22

Bei der **KGaA** sind die Kompetenzen des AR kraft Gesetzes deutlich schwächer ausgestaltet als bei der AG. So kommt dem AR bei der KGaA keine Personalkompetenz über den Komplementär zu[4]. Ferner gilt bei der KGaA die Verpflichtung nicht, dass in der Satzung Zustimmungsvorbehalte für bestimmte Geschäftsführungsmaßnahmen zu Gunsten des AR vorgesehen sein müssen (vgl. § 278 II AktG). Vielmehr können die Komplementäre die gewöhnlichen Geschäfte allein ausführen, während zu den außergewöhnlichen Geschäften die Zustimmung der Hauptversammlung notwendig ist (§ 278 II AktG iVm. §§ 116, 164 HGB). Allerdings ist die Zuständigkeitsverteilung bei der KGaA dispositives Recht, so dass die Satzung (nicht allerdings der AR autonom) dem AR zB die Rechte nach § 111 IV 2 AktG oder sogar weiter gehende Geschäftsführungs- und Weisungsbefugnisse gegenüber den Komplementären einräumen kann[5]. Schließlich obliegt die Feststellung des Jahresabschlusses bei der KGaA der Hauptversammlung mit Zustimmung der Komplementäre (§ 286 I AktG). 23

dd) Rechtsstellung der Aufsichtsratsmitglieder. Die Rechtsstellung der AR-Mitglieder bestimmt sich nach den aktienrechtl. Vorschriften. Danach haben die Mitglieder des AR, gleich ob Anteilseigner- oder ArbN-Vertreter, die gleichen Rechte und Pflichten, insb. stehen ihnen die gleichen Mitwirkungs-, Informations- und Stimmrechte sowie Vergütungs- und Erstattungsansprüche zu, sind aber andererseits auch in gleichem Maße zur Amtsausübung verpflichtet und gegenüber der Gesellschaft haftungsrechtlich verantwortlich[6]. 24

Jedes AR-Mitglied hat dafür zu sorgen, dass die dem AR übertragenen Zuständigkeiten und Aufgaben mit der Sorgfalt eines ordentl. Überwachers und Beraters wahrgenommen werden (**Grundsatz der Gesamtverantwortung**; § 116 AktG). Der Grundsatz der Gesamtverantwortung schließt jedoch nicht aus, dass bestimmte AR-Aufgaben einzelnen AR-Mitgliedern oder einem Ausschuss zugewiesen werden. Bei ernsthaften Zweifeln an der sachgemäßen Erledigung der Aufgaben hat indes jedes AR-Mitglied die Pflicht, der Zuweisung zu widersprechen und den Aufgabenbereich oder die Einzelentscheidung in das Gesamtgremium zurückzuholen. Das einzelne AR-Mitglied haftet nicht für Fehler des betrauten AR-Mitglieds oder der Ausschussmitglieder, wenn er sich auf eine zweckgerechte Erfüllung der Aufgaben verlassen konnte. Er haftet nur bei fehlerhafter Zuweisung, mangelhafter Überwachung, unterlassener Zurückholung in das Gesamtgremium sowie bei versäumter Information der Gesellschafter bzw. Einl. von rechtl. Schritten gegen Organmitglieder[7]. 25

---

1 Vgl. BGH v. 3.7.1975 – II ZR 35/73, NJW 1975, 1657; *Willemsen/Seibt*, Unternehmensumstrukturierung, F 14; KölnKommAktG/*Mertens*, § 96 Rz. 15; *Hommelhoff*, ZHR 1984, 118 (133); *Ihrig/Schlitt*, NZG 1999, 333 (334); aA *Hüffer*, § 251 AktG Rz. 2. | 2 So Geßler/Hefermehl/Eckart/Kropff/*Geßler*, § 96 AktG Rz. 43; MünchGesR/*Hoffmann-Becking*, Bd. 4: AG, § 28 Rz. 36; *Seibt*, AG 2005, 413 (415); UHH/*Ulmer/Habersack*, § 1 MitbestG Rz. 21 (anders noch Voraufl.); aA *Hoffmann/Lehmann/Weinmann*, § 6 MitbestG Rz. 18, § 7 MitbestG Rz. 42; *Henssler*, ZfA 2000, 241 (263 f.); offen gelassen bei BGH v. 3.7.1975 – II ZR 35/73, NJW 1975, 1657 (1658); *Ihrig/Schlitt*, NZG 1999, 333 (335). | 3 Hierzu *Seibt/Wilde* in Hommelhoff/Hopt/von Werder, Handbuch Corporate Governance, S. 377, 390 ff.; *Lutter*, ZGR 2001, 224 (232); vgl. auch Ziff. 3.4 DCGK. | 4 *Hüffer*, § 278 Rz. 15; *Kallmeyer*, ZGR 1983, 57 (66). | 5 GroßKommAktG/*Assmann/Sethe*, § 287 Rz. 44 f.; *Kallmeyer*, ZGR 1983, 57 (69); *Raiser*, § 25 Rz. 85. | 6 Vgl. BGH v. 25.2.1982 – II ZR 123/81, BGHZ 83, 106, 112 f. – Siemens; v. 15.12.1986 – II ZR 18/86, BGHZ 99, 211, 216; v. 15.11.1993 – II ZR 235/92, BGHZ 124, 111, 127; *Lutter/Krieger*, Rechte und Pflichten des Aufsichtsrats, Rz. 279; MünchGesR/*Hoffmann-Becking*, Bd. 4: AG, § 33 Rz. 1 f. | 7 Vgl. KölnKommAktG/*Mertens*, § 107 Rz. 161; Scholz/*U. H. Schneider*, § 52 GmbHG Rz. 334a; UHH/*Ulmer/Habersack*, § 25 Rz. 120.

26 Die **Verschwiegenheitsverpflichtung nach § 116 S. 2 AktG** gilt für alle AR-Mitglieder in gleicher Weise und zwar gegenüber jedermann, namentlich gegenüber einzelnen Großaktionären, Mitglieder von Betriebsverfassungsorganen oder einzelnen ArbN. Eine telelogische Reduktion von § 116 S. 2 AktG insoweit, als AR-Mitglieder Mitglieder des BR oder des Wirtschaftsausschusses informieren[1], kommt nicht in Betracht[2], da sich aus § 79 I 4 BetrVG (argumentum e contrario) ergibt, dass zwar eine Information von AR-Mitgliedern durch Mitglieder des BR erlaubt ist, aber eben der umgekehrte Informationsweg durch § 116 S. 2 AktG versperrt wird, um das Vertrauensverhältnis im AR sowie dasjenige zwischen Vorstand und AR zu schützen. Darüber hinaus sind die betriebsverfassungsrechtl. Informationspflichten des Vorstandes gegenüber BR und Wirtschaftsausschuss scharf zu trennen von den aktienrechtl. Informationspflichten des Vorstandes gegenüber dem AR.

27 Auch bei den **Empfehlungen und Anregungen des DCGK** ist nicht zwischen Anteilseigner- und ArbN-Vertretern zu differenzieren. ArbN-Vertreter genießen insb. keine Sonderstellung im Hinblick auf die Kodex-Bestimmungen zur Vergütung (Ziff. 5.4.5 S. 4 und 5 DCGK), sowie zum Selbstbehalt bei D&O-Versicherungen (Ziff. 3.8 S. 3 DCGK), zur Offenlegung und Behandlung von Interessenkonflikten (Ziff. 5.5.2, 5.5.3 S. 1 DCGK) sowie zur Effizienzprüfung der AR-Tätigkeit (Ziff. 5.6 DCGK; zB Zulässigkeit der Beurteilung der einzelnen AR-Mitglieder[3])[4].

28 **g) Europäische Aktiengesellschaft.** Die SE ist vom sachlichen Anwendungsbereich des DrittelbG nicht erfasst. Zur Unternehmensmitbest. bei der Europäischen Aktiengesellschaft (Societas Europaea; SE) siehe SEBG und § 1 MitbestG Rz. 5 f.

29 **2. GmbH. a) Allgemeines.** In Abs. 1 Nr. 3 wird bestimmt, dass in allen Unternehmen mit der Rechtform einer GmbH ein zu $^1/_3$ mit ArbN-Vertretern zu besetzender AR zu bilden ist, sofern sie mindestens 500 ArbN beschäftigen und nicht als Tendenzbetriebe (dazu Abs. 2 Nr. 2 und Abs. 2 S. 2) zu qualifizieren sind.

30 **b) Anwendungsbereich.** Bei einer GmbH ist abweichend von § 52 GmbHG dann zwingend ein AR zu bilden, wenn das Unternehmen idR mehr als 500 ArbN beschäftigt (Abs. 1 Nr. 3). Die Verpflichtung zur AR-Bildung ergibt sich unmittelbar aus Abs. 1 Nr. 3, ohne dass hierfür eine satzungsrechtl. Grundlage oder ein Gesellschafterbeschluss erforderlich wäre[5]. Zu mit der GmbH vergleichbaren Unternehmen ausländischer Rechtform, die ihren tatsächlichen Verwaltungssitz im Inland haben siehe Rz. 3 ff.

31 **c) Gründungsstadium.** Die errichtete, aber noch nicht in das Handelsregister eingetragene Vor-GmbH unterliegt nach hM nicht Abs. 1 Nr. 3, so dass keine Pflicht zur Bildung eines mitbestimmten AR besteht[6]. Dies gilt auch für den Fall, dass im Rahmen der Sachgründung ein Unternehmen oder Unternehmensteil in die Gesellschaft eingebracht wird. Daher kommt auch eine gerichtliche Bestellung von AR-Mitgliedern entsprechend § 104 II AktG in solchen Fällen nicht in Betracht[7]. Werden im Rahmen einer Sachgründung Betriebe mit mehr als 500 ArbN eingebracht, findet jedoch § 31 AktG entsprechend Anwendung[8], mit der Folge, dass auch eine gerichtl. Bestellung der ArbN-Vertreter bis zur Durchführung der Wahlen möglich ist.

32 **d) Formwechsel.** Bei der formwechselnden Umwandlung in die GmbH gilt Folgendes: Besitzt das Unternehmen in der Ausgangsrechtsform einen AR und findet Abs. 1 Nr. 3 Anwendung, bleiben die Mitglieder des AR nach § 203 UmwG im Amt. Besteht hingegen beim Unternehmen in der Ausgangsrechtsform kein AR (zB Personengesellschaft) ist § 197 S. 2 UmwG auf den Formwechsel von Gesellschaften mit bereits bestehenden Aufsichtsräten zu beschränken und § 31 AktG (analog) anzuwenden (Rz. 9). Wird eine Alt-Gesellschaft in der Rechtsform der AG/KGaA iSv. Abs. 1 Nr. 1 S. 2 DrittelbG mit idR weniger als 501 ArbN in die Rechtsform der GmbH formgewechselt, so erlöschen die Ämter der bisherigen AR-Mitglieder kraft Gesetzes mit Eintragung des Formwechsels im Handelsregister (vgl. auch § 6

---

1 So *Nagel*, BB 1979, 1799 (1803); *Spieker*, NJW 1965, 1937 (1941); *Köstler/Kittner/Zachert/Müller*, Aufsichtsratspraxis, Rz. 547; einschr. WWKK/*Koberski*, § 25 MitbestG Rz. 105; rechtspolitisch auch GK-MitbestG/*Naendrup*, § 25 MitbestG Rz. 205. | 2 *Richardi/Dietz*, § 76 BetrVG 1952 Rz. 166; *Raiser*, § 25 MitbestG Rz. 132; UHH/*Ulmer/Habersack*, § 25 MitbestG Rz. 101 (allerdings mit „Nothilferecht" Rz. 110); *Richardi/Thüsing*, § 79 BetrVG Rz. 29; *Lutter/Krieger*, Rz. 249 ff.; MüKoAktG/*Semler*, § 116 AktG Rz. 413; MünchHdbGesR/*Hoffmann-Becking*, Bd. 4: AG, § 33 Rz. 52; *Edenfeld/Neufang*, AG 1999, 47 (52); *Hueck*, RdA 1975, 35 (41 f.). | 3 Hierzu *Seibt*, DB 2003, 2107 (2109). | 4 Hierzu *Seibt*, AG 2003, 465 (476). | 5 Vgl. Scholz/*U. H. Schneider*, § 52 GmbHG Rz. 8 und 26; ErfK/*Oetker*, § 1 DrittelbG Rz. 15; *Dietz/Richardi*, § 77 BetrVG 52 Rz. 10. | 6 Vgl. BayObLG v. 9.6.2000 – 3 Z BR 92/00, BB 2000, 1538 ff.; Baumbach/Hueck/*Fastrich*, § 6 GmbHG Rz. 24; *Hachenburg/Ulmer*, § 11 GmbHG Rz. 32; *Scholz/K. Schmidt*, § 11 GmbHG Rz. 52; Scholz/*Winter*, § 8 GmbHG Rz. 18; UHH/*Ulmer/Habersack*, § 6 MitbestG Rz. 7; *Eisenbeis/Ueckert*, FA 2002, 168 (169); aA *Hachenburg/Raiser*, § 52 GmbHG Rz. 160; *Rowedder/Koppensteiner*, § 52 GmbHG Rz. 22; *Joost*, FS Claussen, S. 187, 196 (§ 31 AktG analog); *Lutter/Joost*, § 218 UmwG Rz. 16 (§ 31 AktG analog); Scholz/*U. H. Schneider*, § 52 GmbHG Rz. 35 (§ 31 AktG analog). | 7 So ausdrücklich BayObLG v. 9.6.2000 – 3 Z BR 92/00, BB 2000, 1538 (1539). | 8 *Willemsen/Seibt*, Unternehmensumstrukturierung, F 39; Baumbach/Hueck/*Zöllner/Fastrich*, § 52 GmbHG Rz. 143; Scholz/*U. H. Schneider*, § 52 GmbHG Rz. 35; *Rowedder/Rittner/Schmidt-Leithoff*, § 11 GmbHG Rz. 51; aA *Deutler*, Betrieb 1969, 691 (693).

MitbestG Rz. 3)[1]; wegen der automatischen Beendigung der AR-Mandate ist kein Statusverfahren nach §§ 97 ff. AktG (analog) durchzuführen[2].

e) Binnenorganisation und Aufgaben des Aufsichtsrats (GmbH). aa) Zahl der Aufsichtsratsmitglieder. Nach § 4 I iVm. § 1 I Nr. 3 besteht der AR zu 1/3 aus Vertretern der ArbN. Für die zwingend durch drei teilbare Gesamtzahl der AR-Mitglieder ist wegen Abs. 1 Nr. 3 iVm. § 95 AktG das Aktiengesetz und die Satzung maßgeblich. 33

bb) Mitbestimmungsvereinbarung. Da die Gesellschafter einer GmbH – anders als bei der AG (§ 23 V AktG) – eine weit gehende Satzungsfreiheit genießen (§ 45 GmbHG)[3], können hier in bestimmten Grenzen privatautonome Mitbestimmungsvereinbarungen zur Frage der AR-Zusammensetzung geschlossen werden. Allerdings kann wegen der zwingenden Natur von Abs. 1 Nr. 3 von den dortigen Regelungen nicht zu Lasten der ArbN abgewichen werden[4]. So sind bei der GmbH sowohl Vereinbarungen über die Einrichtung eines mitbestimmten AR zulässig, die an sich nicht Abs. 1 Nr. 3 unterfallen[5], als auch über die Anhebung des mitbestimmungsrechtl. Niveaus (zB Ersetzung der drittelparitätischen Mitbest. nach § 4 I durch paritätische Mitbest. nach MitbestG; Regelung von Mindestbefugnissen des AR, insb. der Personalkompetenz; Besetzung von AR-Ausschüssen mit ArbN-Vertretern)[6]. Es sind indes solche Vereinbarungen nichtig, die gegen zwingende gesellschaftsrechtl. Vorschriften (zB Bestimmung ausschließlicher Zuständigkeit der Anteilseignerversammlung) verstoßen[7]. Eine „Überparität" zu Gunsten der ArbN-Vertreter im AR kann wegen Verstoß gegen Art. 14 I GG vertragl. nicht zulässig geregelt werden[8]. Die Zuständigkeit zum Abschluss statusändernder Mitbestimmungsvereinbarungen für die Gesellschaft kommt alleine der Gesellschafterversammlung (Beschluss mit satzungsändernder Mehrheit) zu, ansonsten den Geschäftsführern[9]; auf ArbN-Seite kommt mangels ausdrücklicher gesetzl. Regelung den im Unternehmen vertretenden Gewerkschaften und des zuständigen BR, hilfsweise der Unternehmensbelegschaft in ihrer Gesamtheit, eine konkurrierende Regelungskompetenz zu[10]. 34

Zur Zulässigkeit privatautonomer Mitbestimmungsvereinbarungen zur einvernehmlichen Klärung zweifelhafter Rechts- und Sachfragen, bei denen die Voraussetzungen eines Vergleichs iSv. § 779 BGB erfüllt sind, sowie zur Vereinfachung oder Anpassung gesetzl. Mitbestimmungsregelungen (insb. zum Wahlverfahren) an Einzelfallumständen des betroffenen Unternehmens s. § 1 MitbestG Rz. 20. 35

cc) Änderung der Mitgliederzahl. Hier gelten die unter § 4 Rz. 3 f. aufgeführten Grundsätze. 36

dd) Beschlussfähigkeit der Aufsichtsrat und Mehrheitsquoren. Über Abs. 1 Nr. 3 gilt § 108 AktG (dazu § 4 Rz. 6 ff.). Im Hinblick auf die Beschlussquoren gelten die unter § 4 Rz. 9 aufgeführten Grundsätze. 37

ee) Binnenorganisation. Die Binnenorganisation des AR wird über Abs. 1 Nr. 3 nach den §§ 107 ff. AktG bestimmt (dazu Rz. 18 ff.). 38

ff) Rechte, Pflichten und Kompetenzen des Aufsichtsrats. Im Gegensatz zur AG oder KGaA richten sich die Rechte, Pflichten und Kompetenzen des drittelparitätisch mitbestimmten AR einer GmbH nur nach bestimmten, in Abs. 1 Nr. 3 in Bezug genommenen aktienrechtl. Vorschriften. Gegenüber der Vorgänger-Regelung in § 77 I 2 BetrVG 1952 wird nun zusätzlich auf § 125 IV AktG (Recht auf Mitteilung der auf Gesellschafterversammlungen gefassten Beschlüsse) sowie auf § 170 AktG (Pflicht zur Vorlage des Jahresabschlusses) verwiesen. Weiterhin ist bei der Anwendung der aktienrechtl. Vorschriften die gegenüber der AG bei der GmbH andere Kompetenzstruktur (mit der Gesellschafterversammlung als originärem Entscheidungszentrum für alle unternehmensleitenden Entscheidungen) zu berücksichtigen[11]. 39

---

1 Vgl. *Lutter/Decher*, § 203 UmwG Rz. 3 und 8 ff.; *Kallmeyer/Meister/Klöcker*, § 197 UmwG Rz. 65, § 203 UmwG Rz. 2; *Semler/Stengel/Simon*, § 203 UmwG Rz. 2; *Buchner/Schlobach*, GmbHR 2004, 1 (3); *Krause-Ablaß/Link*, GmbHR 2005, 731 f. | 2 *Willemsen/Seibt*, Unternehmensumstrukturierung, F 68; *Raiser*, § 6 MitbestG Rz. 19; aA *Lutter/Decher*, § 203 UmwG Rz. 14; *Kallmeyer/Meister/Klöcker*, § 203 UmwG Rz. 15; *Krause-Ablaß/Link*, GmbHR 2005, 731 f. | 3 Zur Satzungsfreiheit bei der GmbH zB *Lutter/Hommelhoff*, § 45 GmbHG Rz. 3 ff. | 4 Vgl. *Ihrig/Schlitt*, NZG 1999, 333 (334). | 5 *Willemsen/Seibt*, Unternehmensumstrukturierung, F 14; *Seibt*, AG 2005, 413 (420). | 6 *Willemsen/Seibt*, Unternehmensumstrukturierung, F 14; *Seibt*, AG 2005, 413 (420 f.); *Hommelhoff*, ZHR 1984, 118 (133); *Ihrig/Schlitt*, NZG 1999, 333 (336); *Henssler*, ZfA 2000, 241 (265); aA ErfK/*Oetker*, § 1 DrittelbG Rz. 17 ff.; GK-BetrVG/*Kraft*, § 77 BetrVG 52 Rz. 16. | 7 *Willemsen/Seibt*, Unternehmensumstrukturierung, F 14. | 8 Vgl. *Willemsen/Seibt*, Unternehmensumstrukturierung, F 13; *Lutter*, ZGR 1977, 194 (202 f.); diff. *Henssler*, ZfA 2000, 241 (261 f.); für den Sonderfall von Stimmbindungsverträgen bei öffentlich-rechtlichen Unternehmen wurde deren Zulässigkeit wegen des Demokratieprinzips nur für den Fall anerkannt, dass die öffentliche Hand (= Anteilseigner) ihren „letztentscheidenden Einfluss" auf das Unternehmen behält; vgl. OLG Bremen v. 22.3.1977 – 2 W 102/75, NJW 1977, 1153 (1156) – Bremerhavener Versorgungs- und Verkehrsgesellschaft. | 9 Vgl. *Willemsen/Seibt*, Unternehmensumstrukturierung, F 15a; *Seibt*, AG 2005, 413 (417); KölnKomm/*Mertens*, § 96 AktG Rz. 18; *Konzen*, AG 1983, 289 (294); *Beuthien*, ZfA 1983, 152; *Henssler*, ZfA 2000, 241 (265); MünchArbR/*Wißmann*, § 365 Rz. 20; aA MüKo/*Semler*, § 96 AktG Rz. 63. | 10 Ausf. *Seibt*, AG 2005, 413 (418); *Willemsen/Seibt*, Unternehmensumstrukturierung, F 15a; ähnlich UHH/*Ulmer/Habersack*, § 5 MitbestG Rz. 76; abweichend (nur Gewerkschaften) *Mertens*, AG 1982, 141 (150); hiergegen MüKo/*Semler*, § 96 AktG Rz. 64. | 11 Vgl. ErfK/*Oetker*, § 1 DrittelbG Rz. 18; Scholz/*U. H. Schneider*, § 52 GmbHG Rz. 45 f.; *Lutter/Hommelhoff*, § 52 GmbHG Rz. 2; Baumbach/Hueck/*Zöllner/Noack*, § 52 GmbHG Rz. 147.

40 Nach dem Gesetzesstatut verbleibt die **Personalkompetenz** (Bestellung der Geschäftsführer) bei der Gesellschafterversammlung (§ 46 Nr. 5 GmbHG), da Abs. 1 Nr. 3 nicht auf § 84 AktG verweist[1]. Die Gesellschafterversammlung ist auch im Rahmen einer Annexkompetenz für den Abschluss, die Änderung und die Beendigung von Anstellungsverträgen mit den Geschäftsführern zuständig[2]. Allerdings kann die Zuständigkeit zur Bestellung und arbeitsrechtl. Anstellung der Geschäftsführer statutarisch auch auf den AR übertragen werden[3], der dann die Gesellschaft gegenüber den Geschäftsführern vertritt[4]. Auch über die Gewährung von Krediten an Geschäftsführer bestimmt – anders als bei der AG (vgl. § 89 AktG) – im Normalstatut die Gesellschafterversammlung, sofern sie im Zusammenhang mit der Anstellung steht[5]; bei unabhängig von der Anstellung gewährten Krediten kommt die Kompetenz hierüber den Geschäftsführern zu, es sei denn, das Kreditgeschäft ist eine ungewöhnliche Maßnahme und erfordert daher einen Gesellschafterbeschluss gem. §§ 37, 49 II GmbHG[6]. Allerdings kann die Satzung auch eine andere Kompetenzzuordnung, zB zum AR festlegen[7].

41 Im Hinblick auf die **Überwachungskompetenz** des AR gilt Folgendes: Nach dem Gesetzesstatut ist die Geschäftsführung nur verpflichtet, auf Anforderung des mitbestimmten AR oder einzelner AR-Mitglieder Berichte über Angelegenheiten der Gesellschaft und die mit ihnen verbundenen Unternehmen vorzulegen (Abs. 1 Nr. 3 iVm. § 90 III, IV, V 1 und 2 AktG). Eine Verpflichtung der Geschäftsführer zu einer periodischen Berichterstattung besteht gesetzl. nicht (Abs. 1 Nr. 3 verweist nicht auf § 90 I und II AktG), kann allerdings durch Regelung in der Satzung oder in der Geschäftsordnung für die Geschäftsführung verankert werden[8]. Darüber hinaus bestehen zu Gunsten des AR und seiner Mitglieder weitere gesetzl. Informationsrechte, insb. das Recht auf Einsichtnahme in die Bücher und Schriften der Gesellschaft (Abs. 1 Nr. 3 iVm. § 111 II AktG), das Teilnahmerecht der AR-Mitglieder an Gesellschafterversammlungen (§ 118 II AktG analog)[9], das Recht auf Mitteilung der Tagesordnung der Gesellschafterversammlung (Abs. 1 Nr. 3 iVm. § 125 III AktG) sowie auf Mitteilung der dort gefassten Beschlüsse (Abs. 1 Nr. 3 iVm. § 125 IV AktG)[10]. Obgleich Abs. 1 Nr. 3 auch auf die aktienrechtliche Generalnorm der Geschäftsführungsüberwachung (§ 111 I AktG) verweist, gelten die aktienrechtl. Grundsätze wegen der bei der GmbH anderen Kompetenzstruktur nur mit folgenden Einschränkungen: Der mitbestimmte AR hat seine Überwachungspflicht nach § 111 I AktG gegenüber den Geschäftsführern nur dann auszuüben, soweit diesen überhaupt Maßnahmen der Geschäftsführung zustehen. Unterliegen Geschäftsführungsmaßnahmen der Gesellschafterversammlung (zB wegen eines in der Satzung geregelten Zustimmungskatalogs, einer Ad hoc-Unterstellung oder weil es sich am ungewöhnliche oder im Gesellschafterkreis streitig behandelte Maßnahmen handelt), gilt § 46 Nr. 6 GmbHG und dem AR kommt keine Überwachungskompetenz zu[11]. Allerdings kann der nach § 111 IV 2 AktG zwingend vorzusehende Zustimmungskatalog für bestimmte Geschäftsführungsmaßnahmen zu Gunsten des AR[12] nicht durch Satzung verbindlich festgeschrieben oder ausgeschlossen werden; Abs. 1 Nr. 3 enthält anders als § 52 I GmbHG keinen entsprechenden Satzungsvorbehalt[13]. Aus der Kompetenzstruktur der GmbH folgt indes weiterhin, dass die Gesellschafterversammlung nach § 37 GmbHG (1) eine Geschäftsführungsmaßnahme untersagen kann, die die Zustimmung des AR erhalten hatte[14], wie auch (2) einen Veto-Beschluss des AR gegen eine Geschäftsführungsmaßnahme nicht nur auf Verlangen der Geschäftsführer überwinden kann (§ 111 IV 3 und 4 AktG analog), sondern auch auf eigene Initiative durch einen mit einfacher Mehrheit

1 Vgl. Scholz/*U. H. Schneider*, § 35 GmbHG Rz. 2; *Lutter/Hommelhoff*, § 52 GmbHG Rz. 47; ErfK/*Oetker*, § 1 DrittelbG Rz. 19; *Deilmann*, BB 2004, 2253. |2 Vgl. Scholz/*U. H. Schneider*, § 52 GmbHG Rz. 98; Baumbach/Hueck/*Zöllner/Noack*, § 52 GmbHG Rz. 107; *Rowedder/Schmidt-Leithoff/Koppensteiner*, § 35 GmbHG Rz. 17; *Lutter/Hommelhoff*, § 52 GmbHG Rz. 47; ErfK/*Oetker*, § 1 DrittelbG Rz. 19; *Dietz/Richardi*, § 77 BetrVG 52 Rz. 22; GK-BetrVG/*Kraft*, § 77 BetrVG 52 Rz. 34; *Deilmann*, BB 2004, 2253; vgl. auch BGH v. 3.7.2000 – II ZR 282/98, ZIP 2000, 1442 (1443). |3 Vgl. BGH v. 17.2.1997 – II ZR 278/95, WM 1997, 1015; OLG Rostock v. 28.2.2001 – 6 U 227/99, NZG 2001, 813 (Bestätigung der Bestellung durch Gesellschafterversammlung); *Scholz/U. H. Schneider*, § 52 GmbHG Rz. 99; *Lutter/Hommelhoff*, § 52 GmbHG Rz. 47; Baumbach/Hueck/*Zöllner/Noack*, § 52 GmbHG Rz. 229. |4 Vgl. BGH v. 17.2.1997 – II ZR 278/95, WM 1997, 1015; *Scholz/U. H. Schneider*, § 52 GmbHG Rz. 99a. |5 Vgl. Scholz/*U. H. Schneider*, § 43a GmbHG Rz. 20. |6 Scholz/*U. H. Schneider*, § 43a GmbHG Rz. 24 ff.; *Lutter/Hommelhoff*, § 43a GmbHG Rz. 2. |7 Vgl. Scholz/*U. H. Schneider*, § 37 GmbHG Rz. 20. |8 Vgl. Scholz/*U. H. Schneider*, § 52 GmbHG Rz. 67b aE. |9 Vgl. ErfK/*Oetker*, § 1 DrittelbG Rz. 22; GK-BetrVG/*Kraft*, § 77 BetrVG 52 Rz. 38; *Rowedder/Schmidt-Leithoff/Koppensteiner*, § 52 GmbHG Rz. 49; *Hachenburg/Raiser*, § 52 GmbHG Rz. 225; Baumbach/Hueck/*Zöllner/Noack*, § 52 GmbHG Rz. 240. |10 Vgl. ErfK/*Oetker*, § 1 DrittelbG Rz. 22; GK-BetrVG/*Kraft*, § 77 BetrVG 52 Rz. 38; Baumbach/Hueck/*Zöllner/Noack*, § 52 GmbHG Rz. 241; *Hachenburg/Raiser* § 52 GmbHG Rz. 226. |11 Scholz/*U. H. Schneider*, § 52 GmbHG Rz. 60; *Lutter/Hommelhoff*, § 52 GmbHG Rz. 12; Baumbach/Hueck/*Zöllner/Noack*, § 52 GmbHG Rz. 220; *Deilmann*, BB 2004, 2253 (2255); ErfK/*Oetker*, § 1 DrittelbG Rz. 18; *Dietz/Richardi*, § 77 BetrVG 52 Rz. 24; GK-BetrVG/*Kraft*, § 77 BetrVG 52 Rz. 31; aA *Bergmann*, NJW 1953, 81 (82 f.). |12 Die Verpflichtung zur Regelung von Zustimmungsvorbehalten (Änderung von § 111 IV 2 AktG) wurde eingefügt durch das TraPuG v. 19.7.2002 (BGBl. I, 2681); hierzu *Lange*, DStR 2003, 376 ff.; *Otto*, GmbHR 2003, 6 ff. |13 Vgl. Scholz/*U. H. Schneider*, § 52 GmbHG Rz. 78; *Rowedder/Schmidt-Leithoff/Koppensteiner*, § 52 GmbHG Rz. 47; Baumbach/Hueck/*Zöllner/Noack*, § 52 GmbHG Rz. 231; ErfK/*Oetker*, § 1 DrittelbG Rz. 20; GK-BetrVG/*Kraft*, § 77 BetrVG 52 Rz. 36; *Hommelhoff*, ZGR 1978, 119 (150 ff.); *Deilmann*, BB 2004, 2253 (2254); aA *Säcker*, DB 1977, 1845 (1848); *Hölters*, BB 1978, 640 (643); die Möglichkeit der Einschränkung bejaht *Lutter/Hommelhoff*, § 52 GmbHG Rz. 29. |14 Scholz/*U. H. Schneider*, § 52 GmbHG Rz. 84; *Deilmann*, BB 2004, 2253 (2256).

gefassten entsprechenden Weisungsbeschluss[1]. Schließlich bestehen gesetzl. Zustimmungsvorbehalte bei Verträgen mit AR-Mitgliedern (Abs. 1 Nr. 3 iVm. § 114 AktG), nicht jedoch bei Kreditgewährungen an AR-Mitglieder (Abs. 1 Nr. 3 verweist nicht auf § 115 AktG)[2].

Im Hinblick auf die **Handlungs- und Mitentscheidungsrechte** des AR gilt Folgendes: Der mitbestimmte AR vertritt die GmbH gegenüber den Geschäftsführern (Abs. 1 Nr. 3 iVm. § 112 AktG)[3]. Dies gilt insb. im Hinblick auf Prozesse der Gesellschaft gegen ihre (jetzigen und ehemaligen) Geschäftsführer (§ 46 Nr. 8 GmbHG gilt insofern nicht)[4]. Der AR ist auch für die Prüfung des Jahresabschlusses, des Lageberichts und des Ergebnisverwendungsvorschlags (sowie ggf. des Konzernabschlusses und Konzernlageberichts) zuständig (Abs. 1 Nr. 3 iVm. § 171 AktG). Durch den Verweis auf § 170 AktG stellt Abs. 1 Nr. 3 nunmehr klar, dass hierzu auch die dort genannten Vorlage- und Einsichtsrechte zählen, ohne die der AR seiner Prüfungspflicht nicht in sachgerechter Weise nachkommen kann[5]; die Verweisungsauslassung in § 77 I 2 BetrVG 1952 war als Redaktionsversehen zu werten, und dem AR bei der dem BetrVG 1952 unterfallenden GmbH waren die entsprechenden Rechte durch analoge Anwendung der aktienrechtl. Vorschrift zuzubilligen[6]. Demgegenüber bleibt es für die Feststellung des Jahresabschlusses bei der Zuständigkeit der Gesellschafterversammlung nach § 46 Nr. 1 GmbH (Abs. 1 Nr. 3 verweist nicht auf § 172 AktG), soweit die Satzung keine abweichende, für den AR rechtsbegründende Regelung enthält[7]. Gesetzl. besteht bei der GmbH auch keine Kompetenz von Geschäftsführung und mitbestimmtem AR, ohne Beschluss der Gesellschafterversammlung die Hälfte des Jahresüberschusses in Rücklagen einzustellen Abs. 1 Nr. 3 verweist nicht auf § 58 II AktG); allerdings kann auch dies durch die Satzung geregelt werden[8]. 42

Die zwingenden Kompetenzen und Rechte des drittelparitätisch besetzten AR in der GmbH lassen sich wie folgt zusammenfassen: 43

Zwingende Kompetenzen und Rechte des AR	§ 1 I Nr. 3	
	ja	nein
Personalkompetenz		
• Bestellung und Abberufung Geschäftsführer (§ 84 AktG)		+
• Abschluss, Änderung, Aufhebung Anstellungsvertrag (Annexkompetenz zu § 84 AktG)		+
• Kreditgewährungen an Vorstandmitglieder (§ 89 AktG)		+
Überwachungskompetenz		
• Vorstandspflicht zu Periodenberichten (§ 90 I, II AktG)		+
• Vorstandspflicht zu Anforderungsberichten (§ 90 III, IV, V 1 und 2 AktG)		+
• Informationsrechte (§ 125 III, IV, § 118 II AktG)	+	
• Überwachung der Geschäftsführung (§ 111 I AktG)	[+]	§ 46 Nr. 6 GmbHG
• Einsichts- und Prüfungsrechte (§ 111 II AktG)	+	
• Zustimmungsvorbehalte bei Geschäftsführungsmaßnahmen (§ 111 IV AktG)	[+]	§ 37 GmbHG
• Zustimmungsvorbehalte bei Verträgen mit AR-Mitgliedern (§ 114 AktG)	+	

1 Scholz/*U. H. Schneider*, § 52 GmbHG, Rz. 80 und 83; Baumbach/Hueck/*Zöllner/Noack*, § 52 GmbHG Rz. 232; *Lutter/Hommelhoff*, § 52 GmbHG Rz. 29; *Michalski/Heyder*, § 52 GmbHG Rz. 234; *Roth/Altmeppen*, § 52 GmbHG Rz. 20; *Rowedder/Schmidt-Leithoff/Koppensteiner*, § 52 GmbHG Rz. 13; *Deilmann*, BB 2004, 2253 (2256); *Redlich*, Kompetenzen von Gesellschafterversammlung und Aufsichtsrat, 2003, S. 82 ff.; ErfK/*Oetker*, § 1 DrittelbG Rz. 20; GK-BetrVG/*Kraft*, § 77 BetrVG 52 Rz. 37; *Zöllner*, ZGR 1977, 319 (327); abweichend (3/4-Beschlussmehrheit): UHH/*Ulmer/Habersack*, § 25 MitbestG Rz. 62; *Hachenburg/Raiser*, § 52 GmbHG Rz. 287; *Raiser*, § 25 Rz. 80; *Hommelhoff*, ZGR 1978, 119 (153); *Säcker*, DB 1977, 1845 (1848). |2 Vgl. *Rowedder/Schmidt-Leithoff/Koppensteiner*, § 52 GmbHG Rz. 49 aE; Baumbach/Hueck/*Zöllner/Noack*, § 52 GmbHG Rz. 184; *Fitting*, § 77 BetrVG 52 Rz. 19. |3 Scholz/*U. H. Schneider*, § 52 GmbHG Rz. 107; *Rowedder/Schmidt-Leithoff/Koppensteiner*, § 52 GmbHG Rz. 49, 14; *Hachenburg/Raiser*, § 52 GmbHG Rz. 223; ErfK/*Oetker*, § 1 DrittelbG Rz. 19. |4 Scholz/*U. H. Schneider*, § 46 GmbHG Rz. 165; Baumbach/Hueck/*Zöllner/Noack*, § 52 GmbHG Rz. 228; ErfK/*Oetker*, § 1 DrittelbG Rz. 19; GK-BetrVG/*Kraft*, § 77 BetrVG 52 Rz. 34. |5 Vgl. Reg.-Begr., BT-Drs. 15/2542 S. 11; *Seibt*, NZA 2004, 767 (771); *Boewer/Gaul/Otto*, GmbHR 2004, 1065 (1066). |6 Vgl. *Seibt*, NZA 2004, 767 (771). |7 Scholz/*U. H. Schneider*, § 52 GmbHG Rz. 91; *Rowedder/Schmidt-Leithoff/Pentz*, § 29 GmbHG Rz. 48; Baumbach/Hueck/*Zöllner/Noack*, § 52 Rz. 225; ErfK/*Oetker*, § 1 DrittelbG Rz. 21; *Dietz/Richardi*, § 77 BetrVG 52 Rz. 23; GK-BetrVG/*Kraft*, § 77 BetrVG 52 Rz. 32. |8 Scholz/*U. H. Schneider*, § 29 GmbHG Rz. 62.

Zwingende Kompetenzen und Rechte des AR	§ 1 I Nr. 3	
● Zustimmungsvorbehalte bei Kreditgewährungen an AR-Mitglieder (§ 115 AktG)		+
Mitentscheidungsrechte		
● Vertretung der Gesellschaft gegenüber Geschäftsführern (§ 112 AktG)	+	
● Prüfung Jahresabschluss (§ 171 AktG)	+	
● Feststellung Jahresabschluss (§ 172 AktG)		+
● Verwendung Jahresüberschuss (§ 58 II)		+

44 **gg) Rechtsstellung der Aufsichtsratsmitglieder.** S. Rz. 24 ff.

45 **hh) Schutz der Tätigkeit der Arbeitnehmervertreter.** Auch für die ArbN-Vertreter im mitbestimmten AR der GmbH gilt das Behinderungs-, Benachteiligungs- und Bevorzugungsverbot des § 9 nunmehr unmittelbar.

46 **f) Wahl der Arbeitnehmervertreter und Amtszeit.** Für die Wahl der ArbN-Vertreter einer mitbestimmten GmbH und ihre Amtszeit gelten die §§ 5 ff. Die Mitgliedschaft in einem Beirat der GmbH schließt die Wählbarkeit für den AR nicht aus[1].

47 **3. VVaG.** Die Frage nach der zwingenden Bildung eines AR bei der VVaG ist davon abhängig, ob der Wirkungskreis der VVaG nach seiner Satzung in sachlicher, örtlicher oder personeller Hinsicht beschränkt ist (sog. kleine VVaG), oder ob dies nicht der Fall ist (sog. große VVaG). Große VVaG haben zwingend einen AR zu bilden (§ 35 VAG), während bei kleinen VVaG die Bildung eines AR fakultativ ist (§ 53 III VAG).

48 Beschäftigt ein kleiner VVaG regelmäßig mehr als 500 ArbN und ist ein AR gebildet worden, so findet auf diesen § 4 I Anwendung (Abs. 1 Nr. 4). Bildet ein kleiner VVaG keinen AR, so folgt unabhängig von der Beschäftigtenzahl aus Abs. 1 Nr. 4 kein mitbestimmungsrechtl. Zwang zur Einrichtung eines AR.

49 Beschäftigt ein großer VVaG regelmäßig mehr als 500 ArbN, so muss der (zwingend zu bildende) AR nach Abs. 1 Nr. 4 den Anforderungen des § 4 I genügen. Das Gleiche gilt, wenn im Unternehmen regelmäßig mehr als 2000 ArbN beschäftigt werden, da § 1 I Nr. 1 MitbestG die Rechtsform des VVaG nicht erfasst.

50 **4. Genossenschaft.** Bei eingetragenen Genossenschaften ist die Bildung eines AR zwingend vorgeschrieben (§ 9 I GenG). Beschäftigt eine eingetragene Genossenschaft regelmäßig mehr als 500 ArbN, so muss dieser den Anforderungen des § 4 I genügen. Allerdings gelten für die Kompetenzen und Rechte des AR die §§ 36–41 GenG, soweit nicht das DrittelbG zwingend etwas anderes vorschreibt.

51 **III. Vorrang anderer Mitbestimmungsgesetze.** Entsprechend der früheren Rechtslage nach dem BetrVG 1952 (dort § 85 II) grenzt Abs. 2 Nr. 1 den Anwendungsbereich des DrittelbG zu den anderen Mitbestimmungsgesetzen ab. Für eine Übersicht der Anwendungsvoraussetzungen der einzelnen gesetzl. Mitbestimmungsregime s. § 1 MitbestG Rz. 18. Eine Vorrangregelung bezüglich des Genossenschaftsgesetzes findet sich nunmehr in Abs. 3 (bisher § 85 I BetrVG 1952).

52 **IV. Tendenzschutz. 1. Regelungsinhalt.** Die bisher in § 81 BetrVG 1952 bestehenden Ausnahmeregelungen für Tendenzunternehmen sind mit Abs. 2 S. 1 Nr. 2 und Abs. 2 S. 2 redaktionell neugefasst worden, ohne dass hierdurch eine inhaltliche Änderung herbeigeführt wird[2]. Vor dem Hintergrund der verfassungsrechtl. Gewährleistungen (Art. 4, 140 GG iVm. Art. 137 III WRV, Art. 5 I 2, Art. 5 III, Art. 21, Art. 9 III GG) entfällt eine Beteiligung der ArbN in AR bei Tendenzunternehmen (Abs. 2 S. 1) und Religionsgemeinschaften sowie deren karikativen und erzieherischen Einrichtungen (Abs. 2 S. 1), wenn die Unternehmen diesen Zwecken unmittelbar und überwiegend dienen[3]. Einen inhaltlich vergleichbaren Tendenzschutz enthält § 1 IV MitbestG (dazu § 1 MitbestG Rz. 13) sowie § 118 BetrVG für die betriebl. Mitbest. (dazu § 118 BetrVG). In sprachlicher Anlehnung an § 1 IV MitbestG und in Übereinstimmung mit der überwiegenden Literaturauffassung[4] ist nun das Erfordernis ausdrücklich verankert worden, dass die Unternehmen Tendenzschutzzwecken „unmittelbar und überwiegend dienen" müssen. Unmittelbarkeit liegt dabei vor, wenn die geschützte Tendenz im statutarischen Unternehmenszweck enthalten ist und die im Unternehmen ablaufenden Arbeits- und Produktionszwecke darauf ausgerichtet sind; nicht ausreichend ist alleine die Gewinnverwendung für einen unter den Tendenzschutz fallenden Zweck (dazu § 1 MitbestG Rz. 13). Der Tendenzzweck wird überwiegend verfolgt, wenn der geistig

---

1 Baumbach/Hueck/*Zöllner/Noack*, § 52 GmbHG Rz. 154; Scholz/*U. H. Schneider*, § 52 GmbHG, Rz. 161; ErfK/*Oetker*, § 1 DrittelbG Rz. 23; GK-BetrVG/*Kraft*, § 77 BetrVG Rz. 19. | 2 Vgl. Begr. zu § 1 II DrittelbG-RegE, BR-Drs. 10/04, S. 21; *Seibt*, NZA 2004, 767 (769); *Boewer/Gaul/Otto*, GmbHR 2004, 1065 (1066). | 3 Abweichend für eine wortlautgestützte Privilegierung von Religionsgemeinschaften (S. 2) *Thüsing*, ZTR 2002, 56 (64). | 4 Vgl. 1. Aufl., § 81 BetrVG 1952 Rz. 1; MünchArbR/*Wißmann*, § 383 Rz. 8.

ideelle Zweck dem Unternehmen im Hinblick auf seine Zielsetzung und seine Tätigkeit das Gepräge gibt (sog. Geprägetheorie), wobei quantitative Gesichtspunkte nach zutreffender Ansicht nicht entscheidend sind (dazu § 1 MitbestG Rz. 13).

2. Tendenzschutz im Konzern. a) Tendenzschutz abhängiger Tendenzunternehmen. Abhängige Tendenzunternehmen genießen Tendenzschutz nach Abs. 2 S. 1 Nr. 2. Aus dem verfassungsrechtlich zwingend gebotenen Tendenzschutz folgt eine Beschränkung der Konzernleitungsmacht des ggf. mitbestimmten AR der Konzernobergesellschaft[1]. Allerdings sind die ArbN des abhängigen Konzernunternehmens an der Wahl zum AR des herrschenden Unternehmens zu beteiligen (§ 2 I)[2]. 53

b) Tendenzschutz des herrschenden Unternehmens. Auch eine Konzernobergesellschaft genießt dann Tendenzschutz des Abs. 2 S. 1 Nr. 2, wenn sie selbst ein Tendenzunternehmen mit operativem Geschäftsbereich ist[3]. Aus dem Tendenzschutz für das herrschende Unternehmen folgt allerdings nicht automatisch auch die Mitbestimmungsfreiheit von Aufsichtsräten bei abhängigen Konzernunternehmen, sondern diese müssen selbst Tendenzunternehmen iSv. Abs. 2 S. 1 Nr. 2 sein[4]. 54

c) Holding bei Mischkonzernen. Für Holdinggesellschaften (einschließlich Religionsgemeinschaften iSv. Abs. 2 S. 2) bei Mischkonzernen, bei denen ein Teil der abhängigen Unternehmen Tendenzunternehmen sind, ein anderer Teil jedoch nicht, kommt es nach zutreffender hM auf eine Gesamtbeurteilung des Konzerns an (sog. Gesamtgepräge)[5]. Der Konzernobergesellschaft kommt dann Tendenzschutz zu, wenn das dem Gesamtgepräge des Konzerns im Hinblick auf seine Zielsetzung und seine Tätigkeit entspricht; dabei sind quantitative Gesichtspunkte, wie etwa der Umsatz oder die Beschäftigtenzahl der einzelnen Konzernunternehmen, nicht entscheidend[6]. 55

2 *Konzern*

(1) An der Wahl der Aufsichtsratsmitglieder der Arbeitnehmer des herrschenden Unternehmens eines Konzerns (§ 18 Abs. 1 des Aktiengesetzes) nehmen auch die Arbeitnehmer der übrigen Konzernunternehmen teil.

(2) Soweit nach § 1 die Beteiligung der Arbeitnehmer im Aufsichtsrat eines herrschenden Unternehmens von dem Vorhandensein oder der Zahl von Arbeitnehmern abhängt, gelten die Arbeitnehmer eines Konzernunternehmens als solche des herrschenden Unternehmens, wenn zwischen den Unternehmen ein Beherrschungsvertrag besteht oder das abhängige Unternehmen in das herrschende Unternehmen eingegliedert ist.

I. Überblick. Bei Konzernstrukturen stellen sich im Unternehmensmitbestimmungsrecht zwei strikt voneinander zu trennende Fragen, nämlich (1) nach der aktiven und passiven Wahlberechtigung von in Konzernunternehmen beschäftigten ArbN (hierzu § 2 I; Rz. 2) sowie (2) nach der Einbeziehung der bei Konzerngesellschaften beschäftigten ArbN bei der Bestimmung der AR-Zusammensetzung (hierzu § 2 II; Rz. 10). Die Regeln sind gesetzesspezifisch ausgestaltet. 1

II. Wahl zum Aufsichtsrat eines herrschenden Konzernunternehmens (Abs. 1). 1. Grundsatz der Konzernzurechnung. § 76 IV BetrVG 1952 ging im Grundsatz davon aus, dass die ArbN aller Konzernunternehmen eine einheitliche Konzernbelegschaft bilden, die ihre Vertreter in den AR des herrschenden Unternehmens wählen und verwies für den Konzernbegriff auf § 18 I 1 und 2 AktG (Definition des sog. Unterordnungskonzerns). Zwar verwendet auch § 2 I keinen eigenen Konzernbegriff, verweist aber jetzt umfassend auf § 18 I AktG, bezieht somit auch die Konzernvermutung in § 18 I 3 AktG mit ein und stellt – in gleicher Weise wie § 5 I MitbestG – den faktischen Unterordnungskonzern dem Vertragskonzern des § 18 I 2 AktG in jeder Hinsicht gleich[7]. Allerdings ist auch im Rahmen des § 2 I ist die Vermutung nach § 17 II, § 18 I 3 AktG widerlegbar, wobei entsprechend dem *Telos* der Unternehmensmitbest. in Konzernen der Gegenstand der Widerlegung der Umstand ist, dass das herrschende Unternehmen eine ein- 2

1 Hierzu *Loritz*, ZfA 1985, 497 (515, 519 ff.); *Willemsen/Seibt*, Unternehmensumstrukturierung, F 29. | 2 ErfK/*Oetker*, § 1 DrittelbG Rz. 39; GK-BetrVG/*Kraft*, § 81 Rz. 15; *Fitting*, § 76 BetrVG 52 Rz. 103. | 3 BAG v. 30.6.1981 – 1 ABR 30/79, AP Nr. 20 zu § 118 BetrVG 1972; LG Hamburg v. 24.6.1999 – 321 T 86/98, NZA-RR 2000, 209 (210) – Stella; *Willemsen/Seibt*, Unternehmensumstrukturierung, F 29; *Loritz*, ZfA 1985, 497 (501 f.); aA GK-MitbestG/*Schneider*, § 5 Rz. 18. | 4 Vgl. ErfK/*Oetker*, § 1 DrittelbG Rz. 38; vgl. auch BAG v. 30.6.1981 – 1 ABR 30/79, AP Nr. 20 zu § 118 BetrVG 1972; BVerfG v. 29.4.2005 – I BuR 62/99, NJW 2003, 3189 (3190) (Zustellunternehmen für Tageszeitung). | 5 OLG Hamburg v. 22.1.1980 – 11 W 38/79, NJW 1980, 1803 f. – Polygram; LG Hamburg v. 24.6.1999 – 321 T 86/98, NZA-RR 2000, 209 (210 f.) – Stella; *Willemsen/Seibt*, Unternehmensumstrukturierung, F 30; *Loritz*, ZfA 1985, 497 (504 ff.); MünchArbR/*Wißmann*, § 367 Rz. 35; aA KölnKommAktG/*Mertens*, Anh. § 96 Rz. 12; *Sieling/Wendeling*, AuR 1977, 240 (241); *Wiedemann*, BB 1978, 5 (9 f.). | 6 OLG Hamburg v. 22.1.1980 – 11 W 38/79, NJW 1980, 1803 f. – Polygram; *Willemsen/Seibt*, Unternehmensumstrukturierung, F 30; aA MünchArbR/*Wißmann*, § 367 Rz. 31. | 7 Vgl. BT-Drs. 15/2739, S. 3 (zu Art. 1 § 2 I): „Der Konzernbegriff soll in den Mitbestimmungsgesetzen einheitlich geregelt werden. (...) Mit der Verweisung auf den gesamten Absatz des § 18 Aktiengesetz wird eine Angleichung an § 5 Mitbestimmungsgesetz und § 54 Betriebsverfassungsgesetz vollzogen"; *Seibt*, NZA 2004, 767 (770); *Boewer/Gaul/Otto*, GmbHR 2004, 1065 (1066); *Deilmann*, NZG 2005, 659 (663).

heitliche Leitung nicht ausübt[1]. Zur Widerlegung der Vermutung muss der Nachweis erbracht sein, dass das herrschende Unternehmen die Mittel, welche die Ausübung einer einheitlichen Leitung möglich machen, nicht zu diesem Zweck einsetzt, und dass die Bereiche, in denen die einheitliche Leitung üblicherweise sichtbar wird, ausschließlich und nachhaltig nach dem uneingeschränkten Eigeninteresse des abhängigen Unternehmens gesteuert werden, wobei vereinzelte Einflussnahmen der herrschenden Gesellschaft der Widerlegung nicht entgegenstehen[2]. Die Konzernvermutung nach § 18 I 3 AktG kann zB durch den Abschluss eines sog. Entherrschungsvertrages zwischen dem herrschenden und dem bzw. den abhängigen Unternehmen widerlegt werden[3].

3 **2. Konzerntatbestand. a) Abhängiges Unternehmen.** Abhängige Unternehmen sind rechtlich selbständige Unternehmen, auf die ein anderes Unternehmen (herrschendes Unternehmen) unmittelbar oder mittelbar einen beherrschenden Einfluss ausüben kann (§ 17 I AktG). Abs. 1 kann dabei auf jede rechtlich besonders organisierte Vermögenseinheit ohne Rücksicht auf Rechtsform oder Geschäftsbetrieb oder BR-Fähigkeit Anwendung finden[4]. Dies gilt selbst dann, wenn das abhängige Unternehmen ein Tendenzbetrieb iSv. § 1 II 1 Nr. 2 ist, dh. die ArbN der Tendenzbetriebe können gleichwohl an der Wahl der ArbN-Vertreter zum AR des herrschenden Unternehmens teilnehmen[5].

4 **b) Herrschendes Unternehmen.** Im Rahmen des Abs. 1 ist für die Annahme eines herrschenden Unternehmens vorausgesetzt, dass dieses in der Rechtsform der AG, KGaA, GmbH, VVaG oder Erwerbs- und Wirtschaftsgenossenschaft geführt und bei ihm ein AR nach § 1 I zu bilden ist. Demzufolge entfällt eine Beteiligung der ArbN der (abhängigen) Konzernunternehmen an der Wahl von ArbN-Vertretern des AR des herrschenden Unternehmens, wenn das herrschende Unternehmen weniger als fünf ArbN beschäftigt[6].

5 **c) Konzernierung. aa) Konzernbegriff.** Zwischen dem herrschenden und dem oder den abhängigen Unternehmen muss ein Konzern iSv. § 18 I 1 AktG bestehen, dh. das oder die abhängigen Unternehmen müssen unter einer einheitlichen Leitung zusammengefasst sein (Leitungsmacht). Beim Vertragskonzern beruht die gesetzl. anerkannte Leitungsmacht (§ 308 AktG) des herrschenden Unternehmens auf dem Beherrschungsvertrag (§ 291 I 1, 1. Fall AktG), beim Eingliederungskonzern steht die gesetzl. anerkannte Leitungsmacht der Hauptgesellschaft zu (§ 323 AktG) und beim faktischen Konzern basiert die Leitungsmacht auf einer Mehrheitsbeteiligung und/oder sonstigen Gründen[7]. Allerdings muss für Abs. 1 die einheitliche Leitung tatsächlich ausgeübt werden, die Potenzialität der Ausübung einheitlicher Leitung reicht nicht aus[8]. Zur Konzernvermutung und ihrer Widerlegung Rz. 2.

6 **bb) Sonderfall: Vermögensholding.** Eine einheitliche Leitung ist zB nicht anzunehmen, wenn es sich bei der Konzernobergesellschaft um eine reine Vermögens-Holding handelt, die sich, ohne Führungsaufgaben in den Tochtergesellschaften wahrzunehmen, auf die bloße Verwaltung ihrer Beteiligung, einschließlich der damit verbundenen Finanzierungs- und Verwaltungsaufgaben beschränkt. Dabei wird die Annahme einer Vermögens-Holding nicht allein dadurch ausgeschlossen, dass sie die Überwachung der Geschäftsführung in den Tochterunternehmen über von ihr gewählte Aufsichtsratsmitglieder durchführt[9]. Ferner kann die Ausübung einheitlicher Leitung auch durch Abschluss eines sog. Entherrschungsvertrages zwischen dem herrschenden Unternehmen und dem bzw. den abhängigen Unternehmen ausgeschlossen werden[10].

7 **cc) Sonderfall: Konzern im Konzern.** In mehrstufigen Konzernen stellt sich die Frage, ob auch zwischen nachgeordneten Konzernstufen ein Konzern iSd. Abs. 1 iVm. § 18 I AktG bestehen kann und ob insoweit eine Teilung der „einheitlichen" Leitung des Konzerns zwischen Konzernobergesellschaft und Teilkonzernspitze(n) möglich ist (Problem des Konzern im Konzern). Die hM in der arbeits- und mitbestimmungsrechtl. Lit. bejaht zu Recht die Möglichkeit eines Konzerns im Konzern, jedenfalls dann, wenn die Konzernobergesellschaft Leitungsbefugnis in vollem Umfang an eine Zwischenholdinggesellschaft abgegeben hat (s. auch § 5 MitbestG Rz. 8)[11]. Allerdings sind in Übereinstimmung mit der Rspr.

---

1 Vgl. BayObLG v. 6.3.2002 – 3 Z BR 343/00, NZG 2002, 579 (581) – Walter Holding II (zu § 5 MitbestG); *Willemsen/Seibt*, Unternehmensumstrukturierung, F 35a; GroßKommAktG/*Oetker*, § 5 MitbestG Rz. 4; GroßkommAktG/*Windbichler*, § 18 Rz. 36 und 38. | 2 Vgl. BayObLG v. 6.3.2002 – 3 Z BR 343/00, NZG 2002, 579 (581) – Walter Holding II (zu § 5 MitbestG); *Willemsen/Seibt* in Unternehmensumstrukturierung, F 35a. | 3 Vgl. GroßKommAktG/*Windbichler*, § 17 Rz. 76; *Seibt*, NZA 2004, 767 (770); *Willemsen/Seibt*, Unternehmensumstrukturierung, F 35a. | 4 ErfK/*Oetker*, § 2 DrittelbG Rz. 4; GK-BetrVG/*Kraft*, § 76 BetrVG 52 Rz. 157. | 5 ErfK/*Oetker*, § 2 DrittelbG Rz. 5; GK-BetrVG/*Kraft*, § 76 BetrVG 52 Rz. 162; MünchArbR/*Wißmann*, § 383 Rz. 17. | 6 Vgl. auch BAG v. 24.5.1957 – 1 ABR 4/56, AP Nr. 7 zu § 76 BetrVG 1952; ErfK/*Oetker*, § 2 DrittelbG Rz. 7; GK-BetrVG/*Kraft*, § 76 BetrVG 52 Rz. 153; aA *Fitting*, § 76 BetrVG 52 Rz. 107; MünchArbR/*Wißmann*, § 383 Rz. 4 f. | 7 Vgl. *Hüffer*, § 18 AktG Rz. 3. | 8 ErfK/*Oetker*, § 2 DrittelbG Rz. 8; *Frisinger/Lehmann*, DB 1972, 2337 (2338). | 9 Vgl. *Willemsen/Seibt*, Unternehmensumstrukturierung, F 35; BayObLG v. 24.3.1998, NZA 1998, 956 (957) – Walter Holding I. | 10 *Willemsen/Seibt*, Unternehmensumstrukturierung, F 35a; folgend *Deilmann*, NZG 2005, 659 (664). | 11 Vgl. OLG Düsseldorf v. 30.1.1979 – 19 W 17/78, AG 1979, 318 (319) – Hoechst/Herberts; OLG Zweibrücken v. 9.11.1983 – 3 W 25/83, AG 1984, 80 (81) – Hochtief/Streif; OLG Frankfurt/M. v. 10.11.1986 – 20 W 27/86, WM 1987, 237 (238) – VDM; LG München I v. 25.9.1995 – O 21794/93, AG 1996, 186 (187) – RWE/Lech-Elektrizitätswerke; LG Hamburg v. 26.6.1995 – 321 T 61/94, AG 1996, 89 f. – ANB/Volksfürsorge; *Willemsen/Seibt*, Unternehmensumstrukturierung, F 46; ErfK/*Oetker*, § 2 DrittelbG Rz. 9; *Bayer*, ZGR 1977,

ordentl. Gerichte[1] strenge Anforderungen an die Subsumtion zu stellen, ob die Zwischen-Holding tatsächlich **eigenverantwortlich einen Konzernteil führt** und es sich eben nicht nur um eine von der Konzernobergesellschaft delegierte, abgeleitete Leitung handelt. Eine eigenverantwortliche Leitung des Konzernteils durch eine Zwischenholding wird bspw. durch einen Beherrschungsvertrag zwischen der Konzernobergesellschaft der Zwischen-Holding mit zahlreichen Zustimmungsvorbehalten zu Gunsten der Konzernleitung ausgeschlossen[2]. Auch die Personalunion der Führungspersonen in Konzernobergesellschaft und nachgeordneten Gesellschaften oder die Konzernsteuerung mithilfe dafür eingesetzter zentraler Gremien ist ein starkes Indiz für eine fehlende eigenverantwortliche Führung durch eine Zwischen-Holding[3]; das Gleiche gilt bei einem zentralisierten Berichtswesen und Controlling[4]. Diese zum Konzern im Konzern ausgeführten Grundsätze gelten entsprechend für den Fall, dass bei dem herrschenden Unternehmen wegen der Rechtsform oder des Sitzes im Ausland kein Aufsichtsrat mit ArbN-Vertretern nach dem DrittelbG gebildet werden kann[5]; insofern gilt der Rechtsgedanke des § 5 III MitbestG entsprechend.

dd) Gemeinschaftsunternehmen. Wird die einheitliche Leitung durch zwei oder mehrere Gesellschaften gemeins. ausgeübt (sog. Gemeinschaftsunternehmen), so liegt ein Konzernverhältnis iSd. § 18 I 1 AktG mit sämtlichen Untergesellschaften vor. In diesem Fall nehmen die ArbN des Gemeinschaftsunternehmens an der Wahl der ArbN-Vertreter in den Aufsichtsräten aller Obergesellschaften teil[6]. Dabei sind an das **Erfordernis einer dauerhaften einheitlichen Leitung** durch mehrere Konzernmütter strenge Anforderungen zu stellen, so dass das Bestehen einer 50 : 50-Beteiligung ohne weitere Absprachen hierfür jedenfalls nicht ausreicht[7]. Vielmehr bedarf es besonderer satzungsrechtl. oder vertragl. Gestaltungen, wie des Abschlusses eines Konsortial-, Stimmenpool- oder sonstigen Koalitionsvertrages, um eine einheitliche Leitung herzustellen und auf Dauer zu gewährleisten; die bloße Personenidentität der Geschäftsleitungsorgane der gemeins. mehrheitsbeteiligten Unternehmen reicht ebenso wenig aus (s. auch § 5 MitbestG Rz. 10)[8], wie eine bloße Interessenparallelität im Hinblick auf die Unternehmenspolitik[9]. 8

3. Wahlrecht der Arbeitnehmer der abhängigen Gesellschaften. Nach 2 Abs. 1 sind die ArbN des abhängigen Unternehmens ebenso wie die ArbN des herrschenden Unternehmens im Hinblick auf die Wahl der ArbN-Vertreter in den AR des herrschenden Unternehmens aktiv und passiv wahlberechtigt. Dabei ist den ArbN des herrschenden Unternehmens keine bestimmte Anzahl von Sitzen vorbehalten[10]. 9

III. Zurechnung von Arbeitnehmern (Abs. 2). 1. Allgemeines. Bei der Frage nach der Zurechnung von ArbN abhängiger Konzernunternehmen zum herrschenden Unternehmen, also für die Frage nach dem Überschreiten der regelmäßigen Beschäftigungszahl von 500 ArbN nach § 1 I, führt die Regelung in Abs. 2 zu keiner Änderung gegenüber dem bisherigen Rechtszustand nach § 77a BetrVG 1952[11]. Eine Zurechnung (dh. Zählung) von ArbN von Konzernunternehmen zur herrschenden Konzernobergesellschaft erfolgt *ausschließlich* dann, wenn (1) zwischen den Unternehmen ein Beherrschungsvertrag besteht oder (2) das abhängige Unternehmen in das herrschende Unternehmen eingegliedert (§§ 319 ff. AktG) ist. ArbN sonstiger abhängiger Konzernunternehmen iSv. § 18 I 1 und 2 AktG bleiben für Zwecke der ArbN-Zurechnung, also anders als bei der Frage nach der Bestimmung des Wahlkörpers (§ 2 I), außer Betracht[12]. Von einer umfassenden Konzernbetrachtung und ArbN-Zurechnung im Konzern hatte bereits der Gesetzgeber des BetrVG 1952 bewusst abgesehen[13]; der Gesetzgeber des DrittelbG hat diese Grundentscheidung nicht ändern wollen. Insbesondere kann weder § 4 MitbestG noch § 1 I Nr. 3 auf **Kapitalgesellschaften & Co. KG** entsprechend angewendet werden, die weniger als 2000 ArbN 10

173 (182); GK-BetrVG/*Kraft*, § 76 BetrVG 52 Rz. 153; aA *Dietz/Richardi*, § 76 BetrVG 52 Rz. 186; GK-BetrVG/*Kraft*, § 76 BetrVG 52 Rz. 159 f. | 1 Zu einer Analyse der Rspr. zB *Richardi*, FS Zeuner, 1994, S. 147, 155; *Oetker*, ZGR 2000, 19 (32 ff.). | 2 Vgl. OLG Zweibrücken v. 9.11.1983 – 3 W 25/83, AG 1984, 80 (81) – Hochtief/Streif; OLG Frankfurt/Main v. 10.11.1986 – 20 W 27/86, WM 1987, 237 (238) – VDM; *Willemsen/Seibt*, Unternehmensumstrukturierung, F 46. | 3 Vgl. LG Hamburg v. 26.6.1995 – 321 T 61/94, AG 1996, 89 (90) – AMB/Volksfürsorge; *Willemsen/Seibt*, Unternehmensumstrukturierung, F 46. | 4 Vgl. OLG Düsseldorf v. 27.12.1996 – 19 W 4/96 AktE, AG 1997, 129 (130); LG München I v. 25.9.1995 – O 21794/93, AG 1996, 186 (187) – RWE/Lech-Elektrizitätswerke; *Willemsen/Seibt*, Unternehmensumstrukturierung, F 46. | 5 ErfK/*Oetker*, § 2 DrittelbG Rz. 9. | 6 BAG v. 18.6.1970 – 1 ABR 3/70, AP Nr. 20 zu § 76 BetrVG 1952; ErfK/*Oetker*, § 2 DrittelbG Rz. 10; *Fitting*, § 76 BetrVG 52 Rz. 98; aA GK-BetrVG/*Kraft*, § 76 BetrVG 52 Rz. 162 ff. | 7 *Willemsen/Seibt*, Unternehmensumstrukturierung, F 51; GK-BetrVG/*Kraft*, § 76 BetrVG 52 Rz. 162 ff.; *Böttcher/Haakon*, NZG 2003, 701 (703); aA ErfK/*Oetker*, § 5 MitbestG Rz. 11. | 8 Vgl. BAG v. 16.8.1995 – 7 ABR 57/94, AG 1996, 367 (368 f.) = AP Nr. 30 zu § 76 BetrVG 1952 m. zust. Anm. *Hueck* = EWiR § 76 BetrVG 1/96, 151 (krit. *Oetker*); *Willemsen/Seibt*, Unternehmensumstrukturierung, F 51. | 9 Wohl aA BAG v. 13.10.2004 – 7 ABR 56/03, NZG 2005, 512 (514) (zu § 54 BetrVG). | 10 BAG v. 24.11.1981 – 1 ABR 80/79, AP Nr. 24 zu § 76 BetrVG 1952; BAG v. 8.12.1981 – 1 ABR 71/79, AP Nr. 25 zu § 76 BetrVG 1952; ErfK/*Oetker*, § 2 DrittelbG Rz. 12; GK-BetrVG/*Kraft*, § 76 BetrVG 52 Rz. 166 f.; MünchArbR/*Wißmann*, § 383 Rz. 16. | 11 *Seibt*, NZA 2004, 767 (770); *Deilmann*, NZG 2005, 659 (600); abweichend *Boewer/Gaul/Otto*, GmbHR 2004, 1065 (1067) („redaktionelles Versehen"). | 12 Vgl. OLG Zweibrücken v. 18.10.2005 – 3 W 136/05, NZG 2006, 31 (32); KG v. 7.6.2007 – 2 W 8/07, AG 2007, 671 f.; *Deilmann*, NZG 2005, 659; *Lutter/Hommelhoff*, § 52 GmbHG Rz. 23; *Baumbach/Hueck/Zöllner/Noack*, § 52 GmbHG Rz. 139; zweifelnd *Boewer/Gaul/Otto*, GmbHR 2004, 1065 (1067). | 13 BayObLG v. 10.12.1992 – 3 Z BR 130/92, NJW 1993, 1804 (1805); *Willemsen/Seibt*, Unternehmensumstrukturierung, F 32; KölnKommAktG/*Mertens*, Anh. § 117E BetrVG 1952 Rz. 16; *Deilmann*, NZG 2005, 659 (660).

beschäftigten, unabhängig davon, ob die Komplementär-Kapitalgesellschaft die KG tatsächlich beherrscht[1].

11 **2. Beherrschungsvertrag.** Nach zutreffender hM greift der Zurechnungstatbestand des Beherrschungsvertrages in Abs. 2 über den aktienrechtl. Begriff iSv. § 291 AktG hinaus und umfasst **alle gesellschaftsrechtl. Organisationsverträge, durch die der Gesellschaftszweck eines Unternehmens dem Konzerninteresse eines anderen Unternehmens unterworfen wird**[2]. Solchermaßen qualifizierte gesellschaftsrechtl. Organisationsverträge können sowohl mit GmbH[3] als auch mit Personenhandelsgesellschaften[4] als herrschendem Unternehmen bestehen. Allerdings muss die Rechtsbeziehung unmittelbar zwischen der Konzernobergesellschaft und dem abhängigen Unternehmen bestehen, dessen ArbN zugerechnet werden sollen[5]. Das Zurechnungsmerkmal des Beherrschungsvertrages ist jedoch nicht erfüllt, wenn eine Konzernobergesellschaft eine nachgeordnete GmbH lediglich kraft Mehrheit der Stimmen und Weisungsrecht nach § 37 I GmbHG beherrscht[6]. Dies gilt selbst dann, wenn darüber hinaus zwischen den Gesellschaften ein (isolierter) Ergebnisabführungsvertrag[7] oder eine (teilweise) Personenidentität von Geschäftsleitungsorganen beim herrschenden und beim abhängigen Unternehmen besteht[8]. Die Beendigung eines Beherrschungsvertrages zur Vermeidung der ArbN-Zurechnung nach Abs. 2 ist anzuerkennen und nicht wegen Rechtsmissbrauchs oder Gesetzesumgehung unbeachtlich[9].

12 **3. Eingliederung.** Das Zurechnungsmerkmal der Eingliederung des abhängigen in das herrschende Unternehmen verweist auf die rechtsformspezifischen Vorschriften der §§ 319 ff. AktG. Eine entsprechende Anwendung auf ähnliche Sachverhalte, in denen Gesellschaften in anderer Rechtsform als AG in eine Hauptgesellschaft „eingegliedert“, dh. zwar als rechtlich selbständige Gesellschaft, jedoch wirtschaftl. als bloße Betriebsabteilung geführt werden, kommt wegen des eindeutigen Wortlauts nicht in Betracht[10].

3 *Arbeitnehmer, Betrieb*

(1) Arbeitnehmer im Sinne dieses Gesetzes sind die in § 5 Abs. 1 des Betriebsverfassungsgesetzes bezeichneten Personen mit Ausnahme der in § 5 Abs. 3 des Betriebsverfassungsgesetzes bezeichneten leitenden Angestellten.

(2) Betriebe im Sinne dieses Gesetzes sind solche des Betriebsverfassungsgesetzes. § 4 Abs. 2 des Betriebsverfassungsgesetzes ist anzuwenden.

(3) Die Gesamtheit der Schiffe eines Unternehmens gilt für die Anwendung dieses Gesetzes als ein Betrieb. Schiffe im Sinne dieses Gesetzes sind Kauffahrteischiffe, die nach dem Flaggenrechtsgesetz die Bundesflagge führen. Schiffe, die in der Regel binnen 48 Stunden nach dem Auslaufen an den Sitz eines Landbetriebs zurückkehren, gelten als Teil dieses Landbetriebs.

1 Im Gegensatz zum BetrVG 1952 enthält das DrittelbG mit § 3 Legaldefinitionen der Begriffe „Arbeitnehmer“ (Abs. 1) und „Betrieb“ (Abs. 2 und 3).

2 **Arbeitnehmer** iSd. DrittelbG sind – in Übereinstimmung mit der überwiegenden Auffassung zum BetrVG 1952[11] – die in § 5 I BetrVG bezeichneten Personen, mit Ausnahme der in § 5 III BetrVG bezeichneten **leitenden Angestellten**[12]. Demnach sind alle in § 5 I BetrVG bezeichneten Personen bei der Bestimmung des Schwellenwertes zu berücksichtigen, unabhängig von der Beschäftigungsdauer und Arbeitszeit. Einzurechnen sind teilzeitbeschäftigte ArbN[13], nicht aber ArbN in der Freistellungsphase ihrer

---

1 *Fitting*, § 77 BetrVG 52 Rz. 7. |2 Vgl. BayObLG v. 10.12.1992 – 3 Z BR 130/92, NJW 1993, 1804 (1805); *Willemsen/Seibt*, Unternehmensumstrukturierung, F 33; *Rowedder/Rittner/Schmidt-Leithoff*, GmbHG, Einl. Rz. 233; *Dietz/Richardi*, § 77a BetrVG 52 Rz. 3; GK-BetrVG/*Kraft*, § 77a BetrVG 52 Rz. 7; MünchArbR/*Wißmann*, § 383 Rz. 7; *Deilmann*, NZG 2005, 659 (660). |3 Vgl. *Willemsen/Seibt*, Unternehmensumstrukturierung, F 33; Baumbach/Hueck/*Zöllner/Noack*, § 52 GmbHG Rz. 138; *Rowedder/Rittner/Schmidt-Leithoff*, GmbHG, Einl. Rz. 233. |4 Vgl. BayObLG v. 10.12.1992 – 3 Z BR 130/92, NJW 1993, 1804 (1805); *Deilmann*, NZG 2005, 659 (660). |5 Vgl. *Deilmann*, NZG 2005, 659 (660). |6 OLG Zweibrücken v. 18.10.2005 – 3 W 136/05, NZG 2006, 31 (32) – Eckes; *Willemsen/Seibt*, Unternehmensumstrukturierung, F 33; ErfK/*Oetker*, § 2 DrittelbG Rz. 16 und 18. |7 OLG Düsseldorf v. 27.12.1996 – 19 W 4/96 AktE, NZA-RR 1997, 213 (215); BayObLG v. 10.12.1992 – 3 Z BR 130/92, NJW 1993, 1804 (1805); *Willemsen/Seibt*, Unternehmensumstrukturierung, F 33; *Seibt*, NZA 2004, 767 (770); ErfK/*Oetker*, § 2 DrittelbG Rz. 16; *Dietz/Richardi*, § 77a BetrVG 52 Rz. 3; GK-BetrVG/*Kraft*, § 77a BetrVG 52 Rz. 5; *Deilmann*, NZG 2005, 659 (660). |8 Vgl. *Willemsen/Seibt*, Unternehmensumstrukturierung, F 33. |9 OLG Zweibrücken v. 18.10.2005 – 3 W 136/05, NZG 2006, 31 (32) – Eckes. |10 Vgl. BayObLG v. 10.12.1992 – 3 Z BR 130/92, NJW 1993, 1804 (1805); OLG Düsseldorf v. 27.12.1996 – 19 W 4/96 AktE, NZA-RR 1997, 213, 215); OLG Zweibrücken v. 18.10.2005 – 3 W 136/05, NZG 2006, 31 (32) – Eckes; *Willemsen/Seibt*, Unternehmensumstrukturierung, F 34; ErfK/*Oetker*, § 2 DrittelbG Rz. 17; *Dietz/Richardi*, § 77a BetrVG 52 Rz. 3; GK-BetrVG/*Kraft*, § 77a BetrVG 52 Rz. 8; Baumbach/Hueck/*Zöllner/Noack*, § 52 GmbHG Rz. 139 aE; MünchArbR/*Wißmann*, § 383 Rz. 7; *Oetker*, ZGR 2000, 19 (37). |11 1. Aufl., § 76 BetrVG 1952 Rz. 3; GK-BetrVG/*Kraft*, § 76 BetrVG 52 Rz. 145 und § 77 BetrVG Rz. 10; Baumbach/Hueck/*Zöllner/Noack*, § 52 GmbHG Rz. 133 ff.; MünchArbR/*Wißmann*, § 383 Rz. 2; aA *Fitting*, § 76 BetrVG 1952 Rz. 12. |12 OLG Zweibrücken v. 18.10.2005 – 3 W 136/05, NZG 2006 31 (32); ErfK/*Oetker*, § 3 DrittelbG Rz. 2; GK-BetrVG/*Kraft*, § 76 BetrVG 52 Rz. 150. |13 ErfK/*Oetker*, § 1 DrittelbG Rz. 31; GK-BetrVG/*Kraft*, § 76 BetrVG 52 Rz. 151.

ATZ[1]. **Leitende Angestellte** sind demgegenüber – wie jetzt durch die Neuregelung in Abs. 1 klargestellt – nicht zu berücksichtigen[2]. **Leiharbeitnehmer** sind selbst dann nicht bei der Ermittlung der Unternehmensgröße mit einzubeziehen, wenn sie gem. § 5 II 2 iVm. § 7 II BetrVG an der Wahl der ArbN-Vertreter in den AR teilnehmen können; § 14 I AÜG stellt nämlich ausdrücklich klar, dass die LeihArbN auch während ihres Aufenthalts im Entleiherbetrieb betriebsverfassungsrechtl. Angehörige des Verleiherbetriebes bleiben[3].

Grundsätzlich muss mit dem ArbN eine arbeitsvertragl. Verbindung zum Unternehmen bestehen[4]. Bestehen daher Doppelarbeitsverhältnisse eines ArbN mit mehr als einem Unternehmen, was durchaus in Konzernen nicht selten vorkommt, ist der ArbN für die Frage nach dem Erfüllen der Mindestarbeitnehmerzahl bei allen Unternehmen mitzuzählen, zu dem eine arbeitsvertragl. Beziehung besteht[5]. Bei Gemeinschaftsbetrieben ist eine Zurechnung der ArbN zu allen Trägerunternehmen des Gemeinschaftsbetriebes allerdings unabhängig vom Vorliegen arbeitsvertragl. Bindungen anzunehmen, jedenfalls insoweit, als das betreffende Trägerunternehmen die Leitung über den Gemeinschaftsbetrieb mit den anderen Unternehmen gemeins. ausübt[6]. Dies ergibt sich aus dem Telos des DrittelbG, die Beteiligung der ArbN in Organen der Unternehmen zu ermöglichen, in denen die für die ArbN wesentlichen Entscheidungen gefällt werden. 3

Es sind nur die ArbN zu berücksichtigen, die **in inländischen Rechtsträgern beschäftigt** sind; keine Berücksichtigung finden darüber hinaus solche ArbN, die in unselbständigen Niederlassungen im Ausland tätig sind[7]. Zur Zurechnung von ArbN von Konzernunternehmen s. § 2 II Rz. 10 ff. 4

Im Übrigen kann auf die Erläuterungen zu § 5 I BetrVG verwiesen werden. § 3 I verzichtet auf die Klarstellung des § 3 I 2 MitbestG, dass die in § 5 II BetrVG genannten Personen nicht zu den ArbN zählen. Eine sachliche Abweichung ist hiermit jedoch nicht verbunden, was sich daraus ergibt, dass Abs. 1 eine abschließende Definition des ArbN-Begriffs mit Verweis auf § 5 I BetrVG enthält[8]. 5

Die Regelung des **Betriebsbegriffs** in Abs. 2 entspricht § 3 II MitbestG (dort Rz. 2). Wegen der Unternehmensbezogenheit des DrittelbG[9] ist der Betriebsbegriff nur ausnahmsw. von Bedeutung, nämlich im Zusammenhang mit der Durchführung der Wahlen und bei der Bekanntmachung der Mitglieder des Aufsichtsrats (§ 6 I). Entsprechend der bisherigen Rechtslage findet das DrittelbG auch auf **Schifffahrtsunternehmen** Anwendung (Abs. 3). Abs. 3 übernimmt die gleich lautende Regelung in § 34 I und II MitbestG, die ihrerseits § 114 III und IV BetrVG entspricht. 6

Teil 2. Aufsichtsrat

4 *Zusammensetzung*

(1) Der Aufsichtsrat eines in § 1 Abs. 1 bezeichneten Unternehmens muss zu einem Drittel aus Arbeitnehmervertretern bestehen.

(2) Ist ein Aufsichtsratsmitglied der Arbeitnehmer oder sind zwei Aufsichtsratsmitglieder der Arbeitnehmer zu wählen, so müssen diese als Arbeitnehmer im Unternehmen beschäftigt sein. Sind mehr als zwei Aufsichtsratsmitglieder der Arbeitnehmer zu wählen, so müssen mindestens zwei Aufsichtsratsmitglieder als Arbeitnehmer im Unternehmen beschäftigt sein.

(3) Die Aufsichtsratsmitglieder der Arbeitnehmer, die Arbeitnehmer des Unternehmens sind, müssen das 18. Lebensjahr vollendet haben und ein Jahr dem Unternehmen angehören. Auf die einjährige Unternehmensangehörigkeit werden Zeiten der Angehörigkeit zu einem anderen Unternehmen, dessen Arbeitnehmer nach diesem Gesetz an der Wahl von Aufsichtsratsmitgliedern des Unternehmens teil-

---

1 Vgl. LAG Düsseldorf v. 31.10.2002 – 5 TaBV 42/02, AP Nr. 6 zu § 7 BetrVG 1972 (zu § 9 BetrVG). |2 So zum BetrVG 1952 ErfK/*Oetker*, § 76 BetrVG 1952 Rz. 8; *Fitting*, § 76 BetrVG 52 Rz. 10; aA GK-BetrVG/*Kraft*, § 76 BetrVG 52 Rz. 150; MünchArbR/*Wißmann*, § 383 Rz. 2. |3 BAG v. 16.4.2003 – 7 ABR 53/02, AP Nr. 7 zu § 9 BetrVG 1972; OLG Düsseldorf v 12.5.2004 – I 19 W 2/04 AktE, GmbHR 2004, 1081 (1082) m. zust. Anm. *Kowanz*; LAG Düsseldorf v. 31.10.2002 – 5 TaBV 42/02, AP Nr. 6 zu § 7 BetrVG 1972 (zu § 9 BetrVG); ErfK/*Oetker*, § 1 DrittelbG Rz. 31; *Deilmann*, NZG 2005, 659 (664); iE abweichend MünchArb/*Schaub*, § 260 Rz. 3. |4 *Willemsen/Seibt*, Unternehmensumstrukturierung, F 16a; GK-MitbestG/*Rumpff*, § 1 Rz. 15; *Zöllner* FS Semler, S. 995, 1012. |5 *Willemsen/Seibt*, Unternehmensumstrukturierung, F 16a. |6 *Willemsen/Seibt*, Unternehmensumstrukturierung, F 16a; GK-MitbestG/*Rumpff*, § 1 Rz. 15; ähnlich WWKK/*Wißmann*, § 10 MitbestG Rz. 10 f. (anders noch Voraufl., § 10 MitbestG Rz. 13); *Zöllner*, FS Semler, S. 995, 1012 ff.; UHH/*Henssler*, § 10 MitbestG Rz. 7 (anders noch Voraufl.); aA ErfK/*Oetker*, § 1 DrittelbG Rz. 32; *Hanau*, ZfA 1990, 115 (127); *Hjort*, NZA 2001, 696 (699); *Däubler*, FS Zeuner, S. 19, 31. |7 *Willemsen/Seibt*, Unternehmensumstrukturierung, F 123; ErfK/*Oetker*, Einl. DrittelbG Rz. 3; *Raiser*, § 1 Rz. 13; *Birk*, RIW 1975, 594; kritisch *Staudinger/Großfeld*, Internationales Gesellschaftsrecht, Rz. 515 ff.; *Großfeld/Erlinghagen*, JZ 1993, 221 ff. |8 ErfK/*Oetker*, § 3 DrittelbG Rz. 3. |9 Zur Unternehmensbezogenheit der Unternehmensmitbestimmungsgesetze *Willemsen/Seibt*, Unternehmensumstrukturierung, F 2.

nehmen, angerechnet. Diese Zeiten müssen unmittelbar vor dem Zeitpunkt liegen, ab dem die Arbeitnehmer zur Wahl von Aufsichtsratsmitgliedern des Unternehmens berechtigt sind. Die weiteren Wählbarkeitsvoraussetzungen des § 8 Abs. 1 des Betriebsverfassungsgesetzes müssen erfüllt sein.

(4) Unter den Aufsichtsratsmitgliedern der Arbeitnehmer sollen Frauen und Männer entsprechend ihrem zahlenmäßigen Verhältnis im Unternehmen vertreten sein.

1 **I. Zusammensetzung des Aufsichtsrates 1. Zahl der Aufsichtsratsmitglieder. a) Allgemeines.** Bei der Zusammensetzung des nach dem DrittelbG zu bildenden AR ergeben sich gegenüber dem Rechtszustand nach dem BetrVG 1952 keine wesentlichen Änderungen. Nach Abs. 1 besteht der AR zu einem Drittel aus Vertretern der ArbN (sog. Drittelparität). Für die Gesamtzahl der AR-Mitglieder sind das Aktiengesetz und die Satzung maßgeblich. Sie muss durch drei teilbar sein (§ 95 I 3 AktG). Für die AG sowie die KGaA ergibt sich dies unmittelbar aus § 95 I 3 AktG, und für die GmbH gilt Entsprechendes wegen § 1 I Nr. 3, für die VVaG folgt das aus § 35 I 3 VAG und für Genossenschaften bestimmt § 1 I Nr. 5 ausdrücklich (§ 36 I GenG enthält keine Regelung), dass das Statut nur eine durch drei teilbare Zahl von AR-Mitgliedern festsetzen kann. Soweit die Satzung keine höhere Zahl festsetzt, besteht der AR aus drei Mitgliedern. Die durch Satzung festlegbare zulässige Höchstzahl von AR-Mitgliedern richtet sich nach der Höhe des Grundkapitals der Gesellschaft (§ 95 AktG):

Höhe Grundkapital	Höchstzahl AR-Mitglieder
= 1,5 Mio. Euro	9
> 1,5 Mio. Euro	15
> 10,0 Mio. Euro	21

2 In den durch § 95 AktG vorgegebenen Grenzen muss die Satzung eine genau bestimmte Zahl von Mitgliedern festsetzen; die Bestimmung einer Mindest- und/oder Höchstzahl reicht nicht aus[1]. Verstöße gegen § 95 S. 1 oder S. 3 AktG führen zur Nichtigkeit entsprechender Satzungsbestimmungen; bei Verstößen gegen § 95 S. 2 oder S. 4 AktG gilt die gesetzl. Regelung an Stelle der Satzung[2]. Eine Satzungsbestimmung, der zufolge bei Ausscheiden eines Mitglieds der AR für den Rest der Amtszeit nur aus den verbleibenden Mitgliedern besteht, widerspricht § 95 S. 1–3 AktG und ist unwirksam[3].

3 **b) Änderung der Mitgliederzahl.** Eine Erhöhung der Zahl der AR-Mitglieder durch Satzungsänderung ist im Rahmen des § 95 AktG möglich. Dabei ist eine umfassende Neuwahl aller AR-Mitglieder nicht erforderlich, sondern es reicht eine Ergänzung durch Nachwahl oder gerichtl. Bestellung[4]. Die Zuwahl der Anteilseignervertreter durch die Hauptversammlung kann gleichzeitig mit dem Änderungsbeschluss, die Zuwahl der ArbN-Vertreter aus Praktikabilitätsgründen sogar hiervor erfolgen, wenn mit hinreichender Wahrscheinlichkeit die Satzungsänderung beschlossen wird[5]. Bis zur Handelsregistereintragung können die zukünftigen Organmitglieder als Gäste an den AR-Sitzungen teilnehmen (Ausnahme zu § 109 I AktG)[6]. Die Amtszeit beginnt jedoch erst mit Eintragung der Satzungsänderung in das Handelsregister (vgl. § 181 III AktG)[7]. Wird die Regelung einer höheren Mitgliederzahl durch Kapitalerhöhung zulässig, so ändert sich hierdurch die Mitgliederzahl im AR nicht, solange die Satzung nicht entsprechend geändert wird[8]. Eine Verkleinerung des AR durch **Satzungsänderung** gilt nach hM erst mit Ablauf der regulären Amtszeit des AR[9]. Allerdings ist es zulässig, dass die AR-Mitglieder freiwillig aus dem AR ausscheiden[10].

4 Die Durchführung eines **Statusverfahrens** nach §§ 97 ff. AktG ist weder bei einer Vergrößerung noch bei einer Verkleinerung des AR durch Satzungsänderung erforderlich (hierzu § 6 MitbestG Rz. 4).

---

1 *Hüffer*, § 95 AktG Rz. 3; ErfK/*Oetker*, § 4 DrittelbG Rz. 3; GK-BetrVG/*Kraft*, § 76 BetrVG 52 Rz. 11; *Dietz/Richardi*, § 76 BetrVG 52 Rz. 11; MünchArbR/*Wißmann*, § 383 Rz. 10. | 2 *Hüffer*, § 95 AktG Rz. 7. | 3 BAG v. 3.10.1989 – 1 ABR 12/88, AP Nr. 28 zu § 76 BetrVG 1952; ErfK/*Oetker*, § 4 DrittelbG Rz. 4; *Dietz/Richardi*, § 76 BetrVG 52 Rz. 11; GK-BetrVG/*Kraft*, § 76 BetrVG 52 Rz. 12; MünchArbR/*Wißmann*, § 383 Rz. 10. | 4 Vgl. *Willemsen/Seibt*, Unternehmensumstrukturierung, F 150; KölnKommAktG/*Mertens*, § 95 Rz. 24; *Hüffer*, § 97 AktG Rz. 5; *Raiser*, § 7 MitbestG Rz. 5; UHH/*Henssler*, § 7 MitbestG Rz. 29; ErfK/*Oetker*, § 4 DrittelbG Rz. 6; *Dietz/Richardi*, § 76 BetrVG 52 Rz. 126. | 5 Vgl. *Willemsen/Seibt*, Unternehmensumstrukturierung, F 150. | 6 *Jüngst*, BB 1984, 1583 (1584 f.); *Janberg/Oesterlink*, AG 1960, 240 (242); aA KölnKomm AktG-*Mertens*, § 109 Rz. 15; *Lutter*, ZIP 1984, 645 (651 f.). | 7 Vgl. *Hüffer*, § 95 AktG Rz. 5; Geßler/Hefermehl/Eckhardt/Kropff/*Geßler*, § 95 AktG Rz. 33. | 8 *Hüffer*, § 95 AktG Rz. 5. | 9 OLG Dresden v. 18.2.1997 – 14 W 1396/96, ZIP 1997, 589 (591); OLG Hamburg v. 26.8.1988 – 11 W 53/88, AG 1989, 64 (65 f.); LAG Düsseldorf v. 18.12.1987 – 10 Ta BV 132/87, AG 1989, 66 (67 f.) – Alexanderwerk (von BAG v. 3.10.1989 – 1 ABR 12/88, WM 1990, 633 ff. offen gelassen); KölnKommAktG/*Mertens*, § 95 Rz. 26; *Hüffer*, § 95 AktG Rz. 5, § 97 AktG Rz. 3; MünchGesR/*Hoffmann-Becking*, Bd. 4: AG, § 28 Rz. 54; ErfK/Oetker, § 4 Rz. 5; GK-BetrVG/*Kraft*, § 76 BetrVG 52 Rz. 26; MünchArbR/*Wißmann*, § 383 Rz. 3; aA (automatisches Ausscheiden bei Satzungsänderung) *Dietz/Richardi*, § 76 BetrVG 52 Rz. 125. | 10 Vgl. LAG Düsseldorf v. 18.12.1987 – 10 Ta BV 132/87, AG 1989, 66 (67 f.) – Alexanderwerk; *Willemsen/Seibt*, Unternehmensumstrukturierung, F 148; *Hoffmann/Lehmann/Weinmann*, § 7 MitbestG Rz. 53; *Fuchs/Köstler*, Handbuch zur Aufsichtsratswahl, Rz. 64.

c) Ergänzungen des Aufsichtsrats. Fällt ein ArbN während der Amtszeit weg, so wird die Vakanz primär durch Nachrücken des entsprechenden Ersatzmitglieds gefüllt; ansonsten hat eine Nachwahl zu erfolgen (arg. § 104 V AktG)[1]. Eine solche ist ausnahmsw. nicht notwendig (in der Praxis ist dies allerdings die Regel), wenn ihre Durchführung zB wegen der zeitlichen Nähe zur nächsten turnusmäßigen AR-Wahl oder wegen hoher Kosten unzumutbar wäre (Grundsatz der Verhältnismäßigkeit). In solchen Fällen kommt eine Ersatzbestellung durch Gericht gem. § 104 AktG (das nach freiem Ermessen und ohne Bindung an Anträge entscheidet) in Betracht[2]. 5

d) Beschlussfähigkeit des Aufsichtsrats und Mehrheitsquoren. Die Beschlussfähigkeit des AR beurteilt sich nach der entsprechenden Satzungsregelung, sofern keine vorrangige gesetzl. Vorschrift eingreift (§ 108 II AktG). Zwingend ist die Untergrenze von drei Mitgliedern bei der Teilnahme an der Beschlussfassung (§ 108 III 3 AktG); zwei Mitglieder eines dreiköpfigen AR genügen also nicht[3]. Nach einer jüngeren Rspr. ist ein dreiköpfiger AR beschlussunfähig, wenn ein AR-Mitglied einem Stimmrechtsausschluss unterliegt, was bei der Fassung von Zustimmungsbeschlüssen nach § 114 I AktG der Fall wäre[4]. Richtigerweise führt die Betroffenheit eines AR von einem Beschlussgegenstand iSv. § 34 BGB (zB bei Fassung eines Zustimmungsbeschlusses nach § 114 I AktG) nur zu einer Pflicht zur Stimmenthaltung, so dass auch in einem dreiköpfigen AR trotz § 108 II 2 AktG ein gültiger Beschluss gefasst werden kann[5]. 6

Die Satzung kann insb. vorsehen, dass alle AR-Mitglieder (oder jede Art der einfachen oder qualifizierten Mehrheit) an der Beschlussfassung teilnehmen müssen[6]. Bezugsgröße für die mindestens erforderliche Teilnehmerzahl an der Beschlussfassung ist im Zweifel die satzungsmäßige Gesamtmitgliederzahl, nicht die Zahl der sich tatsächlich im Amt befindenden AR-Mitglieder[7]; allerdings kann statutarisch für die Beschlussfähigkeit auch auf die tatsächlich im Amt befindlichen AR-Mitglieder abgestellt werden[8]. Teilnahme ist auch die schriftl. Stimmenabgabe (einschließlich Stimmenthaltung), aber nicht bloße Anwesenheit[9]. Ferner kann die Satzung bestimmen, dass eine gleichgroße Zahl von Vertretern der Anteilseigner und der ArbN-Vertreter anwesend sein muss[10]. Demgegenüber ist nach hM eine Satzungsbestimmung wegen Verstoßes gegen den Gleichheitsgrundsatz nichtig, welche die Beschlussfähigkeit von der Anwesenheit eines bestimmten AR-Mitglieds oder ausschließlich von einer bestimmten Zahl von Vertretern der Anteilseigner abhängig macht[11]. 7

Bei fehlender Satzungsregelung zur Beschlussfähigkeit ist der AR beschlussfähig, wenn mindestens die Hälfte seiner Mitglieder an der Abstimmung teilnimmt (§ 108 II 2 AktG). Die Unterbesetzung des AR führt nicht zur Beschlussunfähigkeit, auch wenn die Gruppenparität nicht gewahrt ist (§ 108 II 4 AktG); dies gilt selbst dann, wenn dem AR überhaupt keine ArbN-Vertreter angehören oder einer Beschlussfassung teilnehmen[12]. Auch eine gesetzes- oder satzungswidrige Besetzung des AR führt nicht zur Beschlussunfähigkeit. Allerdings ist die Untergrenze von drei Mitgliedern in jedem Fall zu beachten (§ 108 II 3 AktG). 8

Für Beschlüsse des AR genügt grds. die einfache Mehrheit der abgegebenen Stimmen[13]. Die Satzung kann vorsehen, dass bei Stimmengleichheit der Vorsitzende oder das Los entscheidet[14]. Ist eine solche Satzungsregelung nicht vorgesehen, so darf der Vorsitzende oder das Los nur dann den Ausschlag geben, wenn alle AR-Mitglieder damit einverstanden sind. Unzulässig ist eine Satzungsbestimmung, der zufolge die positive Beschlussfassung von der Stimme eines einzelnen AR-Mitgliedes abhängt oder einem einzelnen Mitglied ein Vetorecht einräumt. Ebenso wenig ist es zulässig, die Zustimmung von der Teilnahme des Vorsitzenden des AR oder von der Mitwirkung eines AR-Mitgliedes jeder Gruppe an der Beschlussfassung abhängig zu machen[15]. 9

---

1 Vgl. LAG Köln v. 30.6.2000 – 12 (4) Ta BV 11/00, NZA-RR 2001, 317 f. – Deutsche Telekom (zum MitbestG). | 2 Vgl. LAG Köln v. 30.6.2000 – 12 (4) Ta BV 11/00, NZA-RR 2001, 317 f. – Deutsche Telekom (zum MitbestG); OLG Karlsruhe v. 10.12.1985 – 8 U 107/85, NJW-RR 1986, 710 (711); BayObLG v. 20.8.1997 – 3 Z BR 193/97, AG 1998, 36 f. (zum MitbestG); WWKK/*Wißmann*, § 16 MitbestG Rz. 15; MünchArbR/*Wißmann*, § 368 Rz. 48; UHH/*Henssler*, § 22 MitbestG Rz. 20: *Fuchs/Köstler*, Handbuch zur Aufsichtsratswahl, Rz. 592; *Scholz/U. H. Schneider*, § 52 GmbHG Rz. 150. | 3 LG Karlsruhe, v. 5.5.1993 – O 177/92 KFH III, AG 1994, 87; LG Düsseldorf v. 13.8.1998 – 30 O 104/97, AG 1999, 134 (135); *Hüffer*, § 108 AktG Rz. 11. | 4 So BayObLG v. 28.3.2003 – 3 Z BR 199/02, NZG 2003, 691 (692); zust. *Keusch/Rotter*, NZG 2003, 671, 672; OLG Frankfurt/M. v. 21.9.2005 – 1 U 14/05, NZG 2006, 29 (31) (obiter dictum). | 5 Zutr. *Stadler/Berner*, AG 2004, 27 (28); vgl. auch *Duden*, BB 1950, 803 (zu § 4 I HRBG); KölnKommAktG/*Mertens*, § 108 Rz. 57. | 6 *Hüffer*, § 108 AktG Rz. 10; *Fitting*, § 76 BetrVG 52 Rz. 141. | 7 BGH v. 15.12.1951 – II ZR 137/51, BGHZ 4, 224, 228; GK-BetrVG/*Kraft*, § 76 BetrVG 52 Rz. 15; *Dietz/Richardi*, § 76 BetrVG 52 Rz. 16. | 8 Vgl. Geßler/Hefermehl/Eckhardt/Kropff/*Geßler*, § 108 AktG Rz. 34. | 9 *Hüffer*, § 108 AktG Rz. 10. | 10 GK-BetrVG/*Kraft*, § 76 BetrVG 52 Rz. 16; *Fitting*, § 76 BetrVG 52 Rz. 141. | 11 BGH v. 25.2.1982 – II ZR 145/80, BGHZ 83, 151 ff. – Bilfinger & Berger (zu MitbestG); *Drygala* in K. Schmidt/Lutter, § 108 AktG Rz. 11; GK-BetrVG/*Kraft*, § 76 BetrVG 52 Rz. 16; *Dietz/Richardi*, § 76 BetrVG 52 Rz. 17; aA AG Detmold v. 11.11.1981 – 17 HRB 0013, AG 1983, 24 ff. | 12 GK-BetrVG/*Kraft* § 76 Rz. 14; *Dietz/Richardi*, § 76 BetrVG 52 Rz. 19. | 13 *Hüffer*, § 108 AktG Rz. 6. | 14 Geßler/Hefermehl/Eckhardt/Kropff/*Geßler*, § 108 Rz. 20; aA (für die Zulässigkeit des Loses) *Godin/Wilhelmi*, § 108 Anm. 4. | 15 Geßler/Hefermehl/Eckhardt/Kropff/*Geßler*, § 108 Rz. 21; KölnKommAktG/*Mertens*, § 108 Rz. 47.

10 **2. Zusammensetzung der Arbeitnehmervertreter.** Für die **Zusammensetzung der ArbN-Vertreter im AR** gilt zwingend Folgendes (besondere Wählbarkeitsvoraussetzung): Sind nur ein oder zwei ArbN-Vertreter in den AR zu wählen, müssen diese ArbN eines Betriebs des Unternehmens sein (Abs. 2 S. 1). Sind demgegenüber mehr als zwei ArbN-Vertreter zu wählen, so müssen von ihnen mindestens zwei ArbN eines Betriebs des Unternehmens sein (Abs. 2 S. 2). Solche zu einem Betrieb des Unternehmens angehörende ArbN müssen gem. § 3 I ArbN iSv. § 5 I BetrVG sein, so dass leitende Angestellte ausscheiden[1]. Ferner müssen die ArbN im Unternehmen beschäftigt sein, was zu verneinen ist, wenn sich die ArbN in ATZ befinden und feststeht, dass sie für das Unternehmen keine Arbeitsleistung mehr erbringen werden[2]. Eine Aufteilung der den unternehmensangehörigen ArbN vorbehaltenen Sitze auf Arbeiter und Angestellte ist nicht notwendig. Hinsichtlich der weiteren AR-Mitglieder bestehen keine besonderen Voraussetzungen. Sie müssen weder Angehörige des Unternehmens, noch ArbN mit einer bestimmten Gruppenzugehörigkeit sein[3].

11 **II. Voraussetzungen der Wählbarkeit. 1. Passive Wählbarkeit.** Die persönlichen Wählbarkeitsvoraussetzungen der unternehmensangehörigen ArbN, sind – neben den anwendbaren aktienrechtl. Bestimmungen – nun in Anlehnung an § 7 III MitbestG in Abs. 3 bestimmt. Danach sind unternehmensangehörige ArbN als ArbN-Vertreter in den AR wählbar, wenn sie (1) das 18. Lebensjahr vollendet haben, (2) ein Jahr dem Unternehmen angehören und (3) – dies in Abweichung zur bisher überwiegenden Literaturauffassung[4] – die weiteren Wählbarkeitsvoraussetzungen des § 8 I BetrVG erfüllen. Die Voraussetzung der einjährigen Unternehmensangehörigkeit ist dann erfüllt, wenn ein ArbN ein Jahr lang (1) in dem Unternehmen, dessen AR neu gewählt wird, auf Grund einer arbeitsvertragl. Verpflichtung tätig ist oder (2) einem anderen Unternehmen angehört, dessen ArbN nach § 2 II an der AR-Wahl teilnehmen dürfen. Ein Prokurist (§ 48 HGB) oder ein zum gesamten Geschäftsbetrieb ermächtigter Handlungsbevollmächtigter der Gesellschaft (§ 54 I HGB) kann nicht zugleich AR-Mitglied der Gesellschaft sein (§ 105 I AktG); die Ausnahmevorschrift des § 6 II 1 MitbestG findet im Rahmen des BetrVG 1952 keine entsprechende Anwendung[5]. Leitende Angestellte iSv. § 5 III und IV BetrVG können auch als Vertreter der ArbN AR-Mitglied werden, es sei denn, sie fallen unter § 105 I AktG[6].

12 **2. Persönliche Eigenschaften.** Die gesetzl. geregelten persönlichen Voraussetzungen für die AR-Mitgliedschaft (§ 100 I, II AktG) gelten auch für ArbN-Vertreter. Hingegen kann die Satzung weitere persönliche Voraussetzungen für die ArbN-Vertreter nicht vorsehen (§ 100 IV AktG)[7]. Allerdings gelten die Empfehlungen und Anregungen des DCGK zur Zusammensetzung des AR (Ziff. 5.4.1 bis 5.4.3) auch für die ArbN-Vertreter[8].

13 **3. Wahlberechtigung bei Unternehmenskäufen.** Bei den Wahlen zum Aufsichtsrat sind grds. alle ArbN eines Unternehmens (oder eines Konzernverbundes) wahlberechtigt, die in diesem Unternehmen (oder einem Konzernunternehmen) zum Zeitpunkt der Wahl beschäftigt (wobei es bei mehrtägigen Wahlzeiten genügend ist, wenn die Wahlberechtigung am letzten Tag der Abstimmung oder Wahl gegeben ist[9]) und die in der Wählerliste eingetragen sind. Die Wählerliste ist zu berichtigen oder zu ergänzen, wenn ein ArbN in den Betrieb eintritt oder aus ihm ausscheidet oder wenn sich in sonstiger Weise die Voraussetzungen ändern, auf denen eine Eintragung in der Wählerliste beruht. Hieraus folgt der verallgemeinerungsfähige Grundsatz, dass auch bei Unternehmenskäufen und -verkäufen Änderungen hinsichtlich des zur Wahl der ArbN-Vertreter für den AR zuzulassenden Kreises von ArbN nach Einl. des Wahlverfahrens soweit wie möglich zu berücksichtigen sind. Dabei bedarf es für eine Berücksichtigung des Unternehmenskaufs, dass das Erwerberunternehmen über die Kaufgesellschaft eine gesellschaftsrechtlich vermittelte Einflussmöglichkeit hat[10]. Etwaige bereits abgeschlossene Wahlabschnitte brauchen nicht wiederholt zu werden[11]. Für die in Abs. 3 statuierte Voraussetzung der einjährigen Unternehmenszugehörigkeit kommt es nicht darauf an, dass das Unternehmen, in dem die Person beschäftigt ist, bereits seit einem Jahr dem Konzernverbund angehört. Vielmehr werden die Zeiten der Angehörigkeit zu dem in den Konzernverbund eintretenden Unternehmen angerechnet, sofern diese unmittelbar vor dem Zeitpunkt liegen, an dem die ArbN zur Wahl von AR-Mitgliedern bei der Konzernmutter berechtigt sind (Abs. 3 S. 3 u. 4)[12]. Dies ergab sich zwar bislang nicht aus einer ausdrücklichen Bestimmung im BetrVG 1952, entsprach aber vielfältiger Unternehmenspraxis[13].

---

1 LAG Bremen v. 15.7.1959 – 1 Sa B1/59, AP Nr. 9 zu § 76 BetrVG 1952; ErfK/*Oetker*, § 4 DrittelbG Rz. 8; GK-BetrVG/*Kraft*, § 76 BetrVG 52 Rz. 45; *Dietz/Richardi*, § 76 BetrVG 52 Rz. 74. | 2 BAG v. 25.1.2000 – 7 ABR 18/00, AP Nr. 32 zu § 76 BetrVG 1952; ErfK/*Oetker*, § 4 DrittelbG Rz. 8. | 3 ErfK/*Oetker*, § 4 DrittelbG Rz. 11; *Dietz/Richardi*, § 76 BetrVG 52 Rz. 78. | 4 Voraufl., § 76 Rz. 40; ErfK/*Oetker*, 4. Aufl., § 76 BetrVG 52 Rz. 31; GK-BetrVG/*Kraft*, § 76 BetrVG 52 Rz. 45. | 5 GK-BetrVG/*Kraft*, § 76 BetrVG 52 Rz. 48; *Dietz/Richardi*, § 76 BetrVG 52 Rz. 70; MünchArbR/*Wißmann*, § 383 Rz. 25. | 6 GK-BetrVG/*Kraft*, § 76 BetrVG 52 Rz. 41; *Dietz/Richardi*, § 76 BetrVG 52 Rz. 78; MünchArbR/*Wißmann*, § 383 Rz. 25. | 7 BGH v. 21.2.1963 – II ZR 76/62, AP Nr. 12 zu § 76 BetrVG 1952; *Fitting*, § 76 BetrVG 52 Rz. 59. | 8 Hierzu *Seibt*, AG 2003, 465 (476). | 9 Vgl. UHH/*Henssler*, § 10 MitbestG Rz. 17 und § 18 MitbestG Rz. 5; WWKK/*Wißmann*, § 10 MitbestG Rz. 27. | 10 *Willemsen/Seibt*, Unternehmensumstrukturierung, F 71; *Raiser*, § 5 MitbestG Rz. 10. | 11 *Willemsen/Seibt*, Unternehmensumstrukturierung, F 72; *Hoffmann/Lehmann/Weinmann*, § 9 MitbestG Rz. 87. | 12 *Seibt*, NZA 2004, 767 (771). | 13 Hierzu 1. Aufl., § 76 BetrVG 52 Rz. 44; *Willemsen/Seibt*, Unternehmensumstrukturierung, F 71 f.

III. Geschlechterverhältnis. Entsprechend der bisherigen Rechtslage zielt Abs. 4 darauf ab, eine Vertretung von Männern und Frauen entsprechend ihrem zahlenmäßigen Verhältnis im Unternehmen zu erreichen. Während § 76 II BetrVG 1952 bislang regelte, dass mindestens eine Frau im Aufsichtsrat als ArbN-Vertreter vertreten sein soll, wenn mehr als die Hälfte der ArbN im Unternehmen Frauen sind, sieht nun Abs. 4 eine Proportionalitätsregelung vor, der zufolge Frauen und Männer unter den AR-Mitgliedern der ArbN entsprechend ihrem zahlenmäßigen Verhältnis im Unternehmen vertreten sein sollen. Diese Bestimmung ist eine Sollvorschrift, deren Verletzung keine Auswirkungen (insb. keine Anfechtbarkeit der Wahlen) zeitigt[1]. 14

5 *Wahl der Aufsichtsratsmitglieder der Arbeitnehmer*

(1) Die Aufsichtsratsmitglieder der Arbeitnehmer werden nach den Grundsätzen der Mehrheitswahl in allgemeiner, geheimer, gleicher und unmittelbarer Wahl für die Zeit gewählt, die im Gesetz oder in der Satzung für die von der Hauptversammlung zu wählenden Aufsichtsratsmitglieder bestimmt ist.

(2) Wahlberechtigt sind die Arbeitnehmer des Unternehmens, die das 18. Lebensjahr vollendet haben. § 7 Satz 2 des Betriebsverfassungsgesetzes gilt entsprechend.

I. Wahl der Arbeitnehmervertreter. 1. Wahlgrundsätze. Die ArbN-Vertreter werden durch die Gesamtheit der wahlberechtigten ArbN der Betriebe des Unternehmens gewählt. Ihre Wahl erfolgt einheitlich für das Unternehmen und nicht getrennt nach einzelnen Betrieben[2]. Die Wahl muss allgemein, gleich, geheim und unmittelbar sein (Abs. 1). Alle wahlberechtigten ArbN haben das Recht, sich an der Wahl zu beteiligen und jede Stimme ist gleichgewichtig in die Auswertung der abgegebenen Stimmen einzubeziehen. Entsprechend § 20 I und II BetrVG (und § 20 I und II MitbestG) ist eine Wahlbehinderung verboten[3]. 1

2. Wahlverfahren. Das Wahlverfahren regelt die auf der Grundlage von § 13 erlassene VO zur Wahl der Aufsichtsratsmitglieder der ArbN nach dem Drittelbeteiligungsgesetz (WODrittelbG) vom 23.6.2004 (BGBl. I, 1393). Diese hat die Erste RechtsVO zur Durchführung des BetrVG vom 18.3.1953 (WO 1953) zum 1.7.2004 abgelöst. Die WODrittelbG ist in vier Teile gegliedert, nämlich in Vorschriften zur Wahl der ArbN-Vertreter (Teil 1), Vorschriften zur Abberufung der ArbN-Vertreter (Teil 2), Sondervorschriften bei Seebetrieben (Teil 3) sowie Schlussbestimmungen (Teil 4). Bei den Vorschriften zur Wahl der ArbN-Vertreter sind in Kapitel 1 Regelungen zur Wahl durch ArbN eines Betriebes und in Kapitel 2 (ergänzende) Bestimmungen zur Wahl durch ArbN mehrerer Betriebe oder mehrerer Unternehmen enthalten. Das Wahlverfahren bleibt gleich strukturiert, es sind nur Fristenänderungen und die Zulassung moderner Informations- und Kommunikationsmittel und -geräte vorgesehen. 2

Das Wahlverfahren wird weiterhin eingeleitet durch eine Benachrichtigung des Vertretungsorgans gegenüber dem BR oder – falls ein solcher nicht besteht – den ArbN (zB durch (E-Mail) Rundschreiben oder Anschlag am Schwarzen Brett), wie viele ArbN-Vertreter in den AR zu entsenden sind und wann deren Amtszeit beginnt[4]. In der Phase der Vorgesellschaft sind die Gründer zu dieser Benachrichtigung verpflichtet, soweit die ArbN bereits an der Bildung des ersten Aufsichtsrats zu beteiligen sind (§ 31 AktG; hierzu Rz. 8)[5]. Dabei gilt jetzt eine Mindest- und Regeldauer des Wahlverfahrens von insgesamt 14 Wochen von der Mitteilung bis zum Beginn der Amtszeit der zu wählenden Aufsichtsratsmitglieder, wobei diese Mindestdauer unabhängig davon gilt, ob die Wahl der Aufsichtsratsmitglieder durch ArbN eines Betriebs, mehrerer Betriebe oder mehrerer Unternehmen erfolgt. Hieraufhin hat der BR oder – falls ein solcher nicht besteht – eine Betriebsversammlung unverzüglich – idR mindestens zehn Wochen vor Beginn der Amtszeit der AR-Mitglieder einen Wahlvorstand einzusetzen, der idR aus drei Mitgliedern besteht[6]. Der (Betriebs-)Wahlvorstand stellt unverzüglich nach seiner Bildung eine Wählerliste auf, wobei er sich hier jetzt der im Betrieb vorhandenen Informations- und Kommunikationstechnik bedienen kann[7]. Die Einspruchsfrist gegen die Wählerliste beträgt eine Woche (bisher 12 Arbeitstage)[8]. Neu eingeführt ist die Einspruchsmöglichkeit gegen die Berichtigung und Ergänzung der Wählerliste innerhalb einer weiteren Woche[9]. Der (Betriebs-)Wahlvorstand hat spätestens sechs Wochen vor dem ersten Tag der Stimmabgabe das Wahlausschreiben zu erlassen[10], wodurch die Wahl eingeleitet ist. 3

Besteht das **Unternehmen aus mehreren Betrieben**, so erfolgt die Wahl zwar in einem einheitlichen Verfahren es gelten allerdings aber einige Besonderheiten im Hinblick auf die Stellung und die Zuständigkeit des Wahlvorstands sowie der Fristen[11]. 4

3. Wahlsystem. Die Wahl erfolgt grds. als Mehrheits-, nicht als Verhältniswahl. Es findet in keinem Fall eine nach den Gruppen der Arbeiter oder Angestellten getrennte, sondern insofern immer eine **gemeins.** 5

1 Zur Charakterisierung als Sollvorschrift ErfK/*Oetker*, § 4 DrittelbG Rz. 14; GK-BetrVG/*Kraft*, § 76 BetrVG 52 Rz. 45 und 50; *Dietz/Richardi*, § 76 BetrVG 52 Rz. 79; *Huke/Prinz*, BB 2004, 2633 (2635). | 2 GK-BetrVG/*Kraft*, § 76 BetrVG 52 Rz. 57. | 3 GK-BetrVG/*Kraft*, § 76 BetrVG 52 Rz. 74. | 4 § 1 WODrittelbG. | 5 Vgl. *Fitting*, § 76 BetrVG 52 Rz. 68. | 6 § 2 I und II WODrittelbG. | 7 § 4 WODrittelbG. | 8 § 6 I WODrittelbG. | 9 § 6 I S. 2 WODrittelbG. | 10 § 5 WODrittelbG. | 11 Hierzu zB *Fitting*, § 76 BetrVG 52 Rz. 81 ff.

Wahl statt[1]. Besonderes ergibt sich nur für das Merkmal der Unternehmenszugehörigkeit, das hinsichtlich des einzigen bzw. von mindestens zwei AR-Mitgliedern der ArbN zu beachten ist (§ 4 II).

6 Das Wahlergebnis hat der (Betriebs-)Wahlvorstand in einer Niederschrift festzustellen[2], und die gewählten AR-Mitglieder sind im Betrieb durch Aushang bekannt zu geben sowie dem Vertretungsorgan der Gesellschaft schriftl. mitzuteilen[3]. Eine Abschrift der Wahlniederschrift ist dem Unternehmen und den im Betrieb vertretenen Gewerkschaften zu übersenden (§ 18 III BetrVG analog). Die vom (Betriebs-)Wahlvorstand an das Unternehmen zu übergebenden Wahlakten sind dort mindestens für die Dauer von fünf Jahren aufzubewahren[4].

7 **II. Voraussetzungen der aktiven Wahlberechtigung.** Gemäß Abs. 2 sind aktiv wahlberechtigt alle ArbN des Unternehmens, die das 18. Lebensjahr vollendet haben. LeihArbN besitzen das aktive Wahlrecht nach dreimonatiger Einsatzzeit[5]. Hinsichtlich der Beteiligung der ArbN von Konzernunternehmen wird Abs. 2 von § 2 I ergänzt. Abs. 2 betrifft jedoch ausschließlich das aktive Wahlrecht, stellt aber nicht mehr pauschal auf die Regeln zur BR-Wahl ab (so noch § 76 II 1 BetrVG 1952). Vielmehr trifft Abs. 2 eine eigenständige Regelung, die inhaltlich § 18 MitbestG entspricht (s. dort Rz. 22). Formell richtet sich die Wahlberechtigung nach der Eintragung in der Wählerliste (vgl. § 4 V WODrittelbG).

8 **III. Amtszeit der Arbeitnehmervertreter.** Die ArbN-Vertreter werden für die Zeit gewählt, die das Gesetz oder die Satzung des Unternehmens bestimmt (Abs. 1). Die gesetzl. und maximale Amtszeit für AR-Mitglieder dauert bis zur Beendigung der Hauptversammlung, die über die Entlastung für das vierte Geschäftsjahr nach dem Beginn der Amtszeit beschließt, wobei das Geschäftsjahr, in dem die Amtszeit beginnt, nicht mitgerechnet wird (§ 102 I AktG; Ausnahme: Amtszeit des ersten Aufsichtsrats, § 30 III 1 AktG). Sind die ArbN-Vertreter in einem anderen Geschäftsjahr als die Vertreter der Anteilseigner gewählt worden, so ist der Zeitpunkt der Hauptversammlungswahl maßgeblich, weil die Amtszeit aller AR-Mitglieder im Zweifel zeitgleich sein soll[6]. Die Satzung kann unterschiedliche Amtszeiten für die AR-Mitglieder festlegen[7]. Allerdings kann eine gespaltene Amtszeitregelung, die für die Länge der Amtszeit danach differenziert, ob es sich um einen Anteilseigner- oder ArbN-Vertreter handelt, durch Satzungsregelung nicht wirksam geregelt werden[8]. Demgegenüber ist eine Satzungsbestimmung zulässig, die gleich lange, jedoch gestaffelte Amtszeiten (sog. staggered boards) vorsieht[9].

9 Die Amtszeit des AR-Mitglieds beginnt frühestens und regelmäßig mit der Annahme der Wahl[10]. Dabei kann die Annahme auch zuvor aufschiebend bedingt durch die Wahlfeststellung erklärt werden[11]. Die als AR-Mitglied gewählte Person hat sich innerhalb angemessener Frist über die Annahme der Wahl zu erklären[12]. Werden ArbN-Vertreter wie im Regelfall zeitlich früher als die Anteilseignervertreter gewählt, so beginnt ihr Amt erst mit Ablauf der Hauptversammlung, die die Anteilseignervertreter wählt[13]. Mit der Satzung kann weiterhin zulässigerweise vorgeschrieben werden, dass die AR-Mitglieder turnusmäßig nach einer Amtszeit aus dem AR ausscheiden; auch hier ist eine Differenzierung zwischen Anteilseigner- und ArbN-Vertreter nicht zulässig[14]. Wird nach Bestellung zum AR durch Satzungsänderung die Amtszeit aller AR-Mitglieder verkürzt, so gilt dies auch für die ArbN-Vertreter[15]. Demgegenüber soll nach hM die durch Satzungsänderung vorgenommene Verringerung der Zahl der AR-Mitglieder die Amtsstellung und Amtszeit der ArbN-Vertreter nicht berühren, so dass wegen der weiterhin geltenden Paritätsregeln eine AR-Verkleinerung nur mit Zustimmung der betroffenen AR-Mitglieder (Amtsniederlegung) oder zum Ende der laufenden Amtszeit der ArbN-Vertreter realisiert werden kann[16]. Das überzeugt nicht, vielmehr ist in beiden Fällen ist der **Satzungsautonomie der Hauptversammlung Vorrang vor der Amtsstellung der AR-Mitglieder** einzuräumen, solange keine Differenzierung zwischen Anteilseigner- und ArbN-Vertreter vorgenommen wird.

1 BAG v. 8.12.1970 – 1 ABR 23/70, AP Nr. 21 zu § 76 BetrVG 1952; ErfK/*Oetker*, § 5 DrittelbG Rz. 3; vgl. § 53 I WO 1953. | 2 § 20 WODrittelbG. | 3 § 21 II WODrittelbG. | 4 § 22 I WODrittelbG. | 5 Vgl. § 7 S. 2 BetrVG; ErfK/*Oetker*, § 5 DrittelbG Rz. 9; GK-BetrVG/*Kraft*, § 76 BetrVG 52 Rz. 10. | 6 ErfK/*Oetker*, § 5 DrittelbG Rz. 13; GK-BetrVG/*Kraft*, § 76 BetrVG 52 Rz. 91; *Fuchs/Köstler*, Handbuch zur Aufsichtsratswahl, Rz. 241. | 7 BGH v. 15.12.1986 – II ZR 18/86, BGHZ 99, 211 (215); OLG Frankfurt v. 19.11.1985 – 5 U 30/85, AG 1987, 159, 160; *Hüffer*, § 102 AktG Rz. 4; Geßler/Hefermehl/Eckhardt/Kropff/*Geßler*, § 102 AktG Rz. 13. | 8 Vgl. *Hüffer*, § 102 AktG Rz. 4; *Drygala* in K. Schmidt/Lutter, § 102 AktG Rz. 7. | 9 Vgl. MünchGesR/*Hoffmann-Becking*, Bd. 4: AG, § 30 Rz. 41; *Harrer/Grabowski*, DStR 1992, 1326 (1329); *Schaefer/Eichner*, NZG 2003, 150 (152); Großkomm AktG/*Hopt/Roth/Peddinghaus*, § 102 Rz. 28 f., 60; aus der Praxis: § 9 I 4 der Satzung der Deutsche Bank AG. – Nach Ziff. 5.4.4 DCGK ist die Regelung von staggered boards sogar eine Anregung guter Unternehmenspraxis; hierzu zB *Kremer* in Ringleb/Kremer/Lutter/von Werder, DCGK, Rz. 738 f. | 10 *Hüffer*, § 102 AktG Rz. 3; ErfK/*Oetker*, § 5 DrittelbG Rz. 11; GK-BetrVG/*Kraft*, § 76 BetrVG 52 Rz. 88; MüKoAktG/*Gach*, § 76 BetrVG 1952 Rz. 49. | 11 Vgl. *Hüffer*, § 101 AktG Rz. 7 aE. | 12 Vgl. KölnKommAktG/*Mertens*, § 101 Rz. 29. | 13 ErfK/*Oetker*, § 5 DrittelbG Rz. 11; MüKoAktG/*Gach*, § 76 BetrVG 1952 Rz. 49; *Geßler*, DB 1957, 214; MünchGesR/*Hoffmann-Becking*, Bd. 4: AG, § 30 Rz. 42. | 14 Vgl. ErfK/*Oetker*, § 5 DrittelbG Rz. 14; GK-BetrVG/*Kraft*, § 76 BetrVG 52 Rz. 92; *Fuchs/Köstler*, Handbuch zur Aufsichtsratswahl, Rz. 239. | 15 So auch ErfK/*Oetker*, § 5 DrittelbG Rz. 12; GK-BetrVG/*Kraft*, § 76 BetrVG 52 Rz. 90; *Dietz/Richardi*, § 76 BetrVG 52 Rz. 124; MüKoAktG/*Gach*, § 76 BetrVG 1952 Rz. 50; aA MünchArbR/*Wißmann*, § 383 Rz. 15. | 16 Hierzu OLG Hamburg v. 26.8.1988 – 11 W 53/88, AG 1989, 64 (66); *Willemsen/Seibt*, Unternehmensumstrukturierung, F 148.

6 *Wahlvorschläge*
Die Wahl erfolgt auf Grund von Wahlvorschlägen der Betriebsräte und der Arbeitnehmer. Die Wahlvorschläge der Arbeitnehmer müssen von mindestens einem Zehntel der Wahlberechtigten oder von mindestens 100 Wahlberechtigten unterzeichnet sein.

Die Wahl erfolgt auf Grund von Wahlvorschlägen, die innerhalb von zwei Wochen (bisher zwölf Arbeitstage) nach Erlass des (Betriebs-)Wahlausschreibens schriftl. beim Wahlvorstand einzureichen sind[1]. Der Wahlvorschlag soll doppelt so viele Bewerber aufweisen, wie ArbN-Vertreter in den AR zu wählen sind[2]. Die vom (Betriebs-)Wahlvorstand geprüften und ggf. nachträglich von Mängeln befreiten Wahlvorschläge sind von diesem eine Woche (bisher sechs Arbeitstage) vor dem ersten Tag der Stimmabgabe in gleicher Weise wie das Wahlausschreiben bekannt zu machen[3]. 1

Jeder BR eines Betriebs des Unternehmens kann Wahlvorschläge machen (S. 1); das Gleiche gilt für den GBR in Unternehmen mit mehreren Betrieben[4]. Der KBR kann nur dann einen Wahlvorschlag unterbreiten, wenn ArbN abhängiger Konzernunternehmen nach § 2 I an der Wahl teilnehmen dürfen[5]. Die BR des Unternehmens müssen sich nicht auf einen gemeins. Wahlvorschlag einigen[6]. Der für die Ausübung des Vorschlagsrechts erforderliche Beschluss des BR ersetzt funktional das Erfordernis einer Mindestunterstützung. Kein Wahlvorschlagsrecht haben die Gesellschaft oder die Gewerkschaften[7]. 2

Wahlvorschläge aus Kreisen der Wahlberechtigten müssen mindestens von 1/10 der wahlberechtigten ArbN der Betriebe des Unternehmens oder mindestens von 100 wahlberechtigten ArbN unterzeichnet werden (S. 2). Obwohl der ehemals ein Quorum gleicher Höhe fordernde § 12 I 2 MitbestG für verfassungswidrig erklärt wurde (Grundsatz der Wahlgleichheit) (vgl. § 12 MitbestG)[8], sind die Entscheidungsgründe nicht auf § 6 II DrittelbG übertragbar, da sich die hier vorgesehenen Wahlvorschläge nicht auf eine Delegiertenversammlung, sondern auf die Wahl der ArbN-Vertreter in den AR beziehen. Jeder, der nach § 5 II wahlberechtigt ist, kann einen Wahlvorschlag unterzeichnen und einreichen; er muss zur Rechtsausübung in der Wählerliste eingetragen sein (vgl. § 4 V WODrittelbG). 3

7 *Ersatzmitglieder*
(1) In jedem Wahlvorschlag kann zusammen mit jedem Bewerber für diesen ein Ersatzmitglied des Aufsichtsrats vorgeschlagen werden. Ein Bewerber kann nicht zugleich als Ersatzmitglied vorgeschlagen werden.

(2) Wird ein Bewerber als Aufsichtsratsmitglied gewählt, so ist auch das zusammen mit ihm vorgeschlagene Ersatzmitglied gewählt.

Im Unterschied zu § 76 BetrVG 1952 enthält das DrittelbG nun eine ausdrückliche Bestimmung über die Wahl von Ersatzmitgliedern, die sich an § 17 MitbestG orientiert. Für die Wahl von Ersatzmitgliedern bestehen keine besonderen Wählbarkeitsvoraussetzungen. Zusammen mit jedem Bewerber kann für diesen ein Ersatzmitglied vorgeschlagen werden[9]. Die Bestellung muss allerdings gleichzeitig mit der AR-Wahl erfolgen; sie kann nicht nachgeholt werden[10]. 1

Bei Ausscheiden eines Mitglieds rückt nicht der Bewerber mit der nächsthöheren Stimmenzahl automatisch nach, sofern er nicht als Ersatzmitglied gewählt worden war[11]. Das Ersatzmitglied rückt nur dann in den AR nach, wenn die nach § 4 II erforderliche Mindestrepräsentanz der unternehmensangehörigen ArbN gewahrt bleibt[12]. 2

8 *Bekanntmachung der Mitglieder des Aufsichtsrats*
Das zur gesetzlichen Vertretung des Unternehmens befugte Organ hat die Namen der Mitglieder und der Ersatzmitglieder des Aufsichtsrats unverzüglich nach ihrer Bestellung in den Betrieben des Unternehmens bekannt zu machen und im elektronischen Bundesanzeiger zu veröffentlichen. Nehmen an der Wahl der Aufsichtsratsmitglieder des Unternehmens auch die Arbeitnehmer eines anderen Unternehmens teil, so ist daneben das zur gesetzlichen Vertretung des anderen Unternehmens befugte Organ zur Bekanntmachung in seinen Betrieben verpflichtet.

1 § 7 I 2 WODrittelbG. | 2 § 7 II 1 WODrittelbG. | 3 § 12 WODrittelbG. | 4 ErfK/*Oetker*, § 6 DrittelbG Rz. 3; GK-BetrVG/*Kraft*, § 76 BetrVG 52 Rz. 63; *Fitting*, § 76 BetrVG 52 Rz. 74; *Dietz/Richardi*, § 76 BetrVG 52 Rz. 88; MünchArbR/*Wißmann*, § 383 Rz. 27; MüKoAktG/*Gach*, § 76 BetrVG 1952 Rz. 39. | 5 ErfK/*Oetker*, § 6 DrittelbG Rz. 3. | 6 Hierzu ErfK/*Oetker*, § 6 DrittelbG Rz. 3; *Dietz/Richardi*, § 76 BetrVG 52 Rz. 88; MünchArbR/*Wißmann*, § 383 Rz. 27; MüKoAktG/*Gach*, § 76 BetrVG 1952 Rz. 39. | 7 ErfK/*Oetker*, § 6 DrittelbG Rz. 1; GK-BetrVG/*Kraft*, § 76 BetrVG 52 Rz. 57 und 61; *Dietz/Richardi*, § 76 BetrVG 52 Rz. 90. | 8 BVerfG v. 12.10.2004 – 1 BvR 2130/98, NZA 2004, 1395. | 9 Zur Aufnahme von Ersatzmitgliedern in einen Wahlvorschlag s. § 8 WODrittelbG. | 10 Vgl. *Hüffer*, § 101 AktG Rz. 12; Geßler/Hefermehl/Eckhardt/Kropff/*Geßler*, § 101 AktG Rz. 116; KölnKommAktG/*Mertens*, § 101 Rz. 74. | 11 BAG v. 21.12.1965 – I ABR 12/65, AP Nr. 14 zu § 76 BetrVG 1952. | 12 Vgl. ErfK/*Oetker*, § 7 DrittelbG Rz. 2.

1 Die Vorschrift entspricht – dem in Bezug auf § 25 S. 1 AktG nF ebenfalls angepassten – § 19 MitbestG (Erl. dort) und verdrängt für die GmbH die allgemeine Regelung des § 52 II 2 GmbHG. Die Bekanntmachung nach § 8 ist von der Bekanntmachung des Wahlergebnisses zu unterscheiden, die nach §§ 21 I, 31 IV 2 WODrittelbG dem Wahlvorstand obliegt.

9 *Schutz von Aufsichtsratsmitgliedern vor Benachteiligung*

Aufsichtsratsmitglieder der Arbeitnehmer dürfen in der Ausübung ihrer Tätigkeit nicht gestört oder behindert werden. Sie dürfen wegen ihrer Tätigkeit im Aufsichtsrat nicht benachteiligt oder begünstigt werden. Dies gilt auch für ihre berufliche Entwicklung.

1 Nach § 9 (der § 26 MitbestG entspricht; Erl. dort) gilt für die ArbN-Vertreter im Aufsichtsrat ein **Behinderungs-, Benachteiligungs- und Bevorzugungsverbot**. Der ArbN, der gleichzeitig AR-Mitglied ist, darf in seiner beruflichen Entwicklung nicht anders als die übrigen ArbN behandelt werden. Allerdings steht den ArbN-Vertretern im AR kein besonderer Kündigungsschutz zu; § 15 KSchG und § 103 BetrVG sind nicht entsprechend auf die ArbN-Vertreter im AR anzuwenden[1]. Unberührt bleibt selbstverständlich der Kündigungsschutz des ArbN in seiner ggf. gleichzeitigen Eigenschaft als BR-Mitglied[2]. Ausnahmsw. kann allerdings eine Kündigung unwirksam sein, die mit dem Ziel erfolgt, die Tätigkeit des ArbN im AR unmöglich zu machen oder diesem wegen seiner AR-Tätigkeit zu maßregeln. In diesen Fällen folgt aus § 9 ein relativer Kündigungsschutz (s. auch § 26 MitbestG Rz. 6)[3].

10 *Wahlschutz und Wahlkosten*

(1) Niemand darf die Wahl der Aufsichtsratsmitglieder der Arbeitnehmer behindern. Insbesondere darf niemand in der Ausübung des aktiven und passiven Wahlrechts beschränkt werden.

(2) Niemand darf die Wahlen durch Zufügung oder Androhung von Nachteilen oder durch Gewährung oder Versprechen von Vorteilen beeinflussen.

(3) Die Kosten der Wahlen trägt das Unternehmen. Versäumnis von Arbeitszeit, die zur Ausübung des Wahlrechts oder der Betätigung im Wahlvorstand erforderlich ist, berechtigt nicht zur Minderung des Arbeitsentgelts.

1 Mit § 10 enthält das DrittelbG nun eine ausdrückliche Regelung über die Kostentragungspflicht für die Durchführung der Wahl der ArbN-Vertreter in den AR, die inhaltlich mit § 20 MitbestG bzw. § 20 BetrVG identisch ist. Gemäß Abs. 3 sind die Kosten, die für die dem Gesetz entsprechende Durchführung der Wahl nach pflichtgemäßem Ermessen des Wahlvorstands in angemessener Höhe anfallen, durch das Unternehmen zu tragen, dessen AR zu wählen ist[4]. Diese Kostentragungspflicht des Unternehmens erstreckt sich auch auf die Kosten einer Wahlanfechtung oder eines Verfahrens zur Feststellung der Nichtigkeit der Wahl, es sei denn, die Verfahrenseinleitung war offensichtlich unbegründet[5].

11 *Anfechtung der Wahl von Aufsichtsratsmitgliedern der Arbeitnehmer*

(1) Die Wahl eines Aufsichtsratsmitglieds oder eines Ersatzmitglieds der Arbeitnehmer kann beim Arbeitsgericht angefochten werden, wenn gegen wesentliche Vorschriften über das Wahlrecht, die Wählbarkeit oder das Wahlverfahren verstoßen worden und eine Berichtigung nicht erfolgt ist, es sei denn, dass durch den Verstoß das Wahlergebnis nicht geändert oder beeinflusst werden konnte.

(2) Zur Anfechtung berechtigt sind

1. mindestens drei Wahlberechtigte,

2. die Betriebsräte,

3. das zur gesetzlichen Vertretung des Unternehmens befugte Organ.

Die Anfechtung ist nur binnen einer Frist von zwei Wochen, vom Tag der Veröffentlichung im elektronischen Bundesanzeiger an gerechnet, zulässig.

1 **I. Allgemeines. 1. Regelungsinhalt.** Die Möglichkeit einer Anfechtung der Wahl der ArbN-Vertreter in den AR ist in der Rspr. und Lit. anerkannt, war aber im BetrVG 1952 nicht ausdrücklich geregelt. Diese Lücke war durch analoge Anwendung von § 19 BetrVG zu schließen[6]. Die Neuregelung in § 11 orientiert

---

1 ErfK/*Oetker*, § 26 MitbestG Rz. 7; GK-BetrVG/*Kraft*, § 76 BetrVG 52 Rz. 134; *Dietz/Richardi*, § 76 BetrVG 52 Rz. 177; MünchArbR/*Wißmann*, § 384 Rz. 10, § 380 Rz. 85; aA *Naendrup*, AuR 1979, 204 ff. | 2 BAG v. 4.4.1974 – 2 AZR 452/73, AP Nr. 1 zu § 626 BGB – Arbeitnehmervertreter im AR; GK-BetrVG/*Kraft*, § 76 BetrVG 52 Rz. 134. | 3 ErfK/*Oetker*, § 26 MitbestG Rz. 7; GK-BetrVG/*Kraft*, § 76 BetrVG 52 Rz. 134; *Dietz/Richardi*, § 76 BetrVG 52 Rz. 177. | 4 Vgl. GK-BetrVG/*Kraft*, § 76 BetrVG 52 Rz. 85; *Dietz/Richardi*, § 76 BetrVG 52 Rz. 120. | 5 GK-BetrVG/*Kraft*, § 76 BetrVG 52 Rz. 86; *Dietz/Richardi*, § 76 BetrVG 52 Rz. 120; *Fuchs/Köstler*, Handbuch zur Aufsichtsratswahl, Rz. 579; *Kuhlendahl*, BB 1963, 690 (691). | 6 BAG v. 21.12.1965 – 1 ABR 12/65, AP BetrVG 1952 § 76 Nr. 14; ErfK/*Oetker*, 4. Aufl., § 76 BetrVG 52 Rz. 46; GK-BetrVG/*Kraft*, § 76 BetrVG 52 Rz. 75; *Dietz/Richardi*, § 76 BetrVG 52 Rz. 111; MünchArbR/*Wißmann*, § 383 Rz. 36.

sich an den entsprechenden Regelungen in § 22 MitbestG und den von der Rspr. und Lit. herausgearbeiteten Grundsätzen[1].

2. Gegenstand der Wahlanfechtung. Gegenstand der Wahlanfechtung kann die Wahl eines ArbN-Vertreters bzw. eines Ersatzmitglieds oder die Gesamtheit der ArbN-Vertreter im AR sein[2]. 2

II. Anfechtungsberechtigung. Abs. 2 enthält eine abschließende Aufzählung der zur Anfechtung berechtigten Personen. Danach sind anfechtungsberechtigt (1) mindestens drei Wahlberechtigte, (2) die Betriebsräte oder (3) das zur gesetzl. Vertretung des Unternehmens befugte Organ, dh. der Vorstand einer AG, die Komplementäre einer KGaA sowie die Geschäftsführer einer GmbH. Wahlberechtigt iSv. Abs. 2 S. 1 Nr. 1 ist, wer in der Wählerliste eingetragen ist (§ 4 V WODrittelbG). Entsprechend der bisherigen Rspr. und korrespondierend mit dem Wahlvorschlagsrecht (§ 6 S. 1) sind auch die (G)BR bzw. die (K)BR anfechtungsberechtigt[3]. Im Anfechtungsverfahren sind nur die Personen zu beteiligen, denen das Gesetz ein Antragsrecht zuerkennt oder deren Rechtsposition durch die gerichtl. Entscheidung beeinträchtigt werden kann[4]. Im Betrieb vertretene Gewerkschaften[5] sowie die Betriebsräte[6] sind nur zu beteiligen, wenn sie selbst den Anfechtungsantrag gestellt haben. 3

III. Anfechtungsfrist. Die Anfechtungsfrist beträgt zwei Wochen, berechnet vom Tag der Veröffentlichung im elektronischen Bundesanzeiger (Abs. 2 S. 2). Diese gesetzl. Regelung des Beginns der zweiwöchigen Anfechtungsfrist weicht von der bisherigen Rspr. insoweit ab, als als Fristbeginn bislang die Bekanntgabe des Wahlergebnisses galt[7]. Da die Veröffentlichung der Namen der AR-Mitglieder (vgl. § 8) in der Praxis mindestens zwei Wochen nach Feststellung des Wahlergebnisses erfolgen dürfte, führt dies zu einer (geringfügig) längeren Rechtsunsicherheit über die Verbindlichkeit der AR-Wahlen. 4

IV. Materielle Voraussetzungen. Die Anfechtung der Wahl setzt materiell voraus, dass bei ihrer Durchführung gegen wesentliche Vorschriften über das Wahlrecht, die Wählbarkeit, das Wahlverfahren oder gegen Wahlgrundsätze verstoßen wurde, keine Berichtigung erfolgt ist und der Verstoß für das ermittelte Wahlergebnis ursächlich war[8]. 5

V. Rechtsfolgen der Anfechtung. Mit einer der Anfechtung stattgebenden rechtskräftigen Entscheidung endet das Amt der von der Anfechtung betroffenen AR-Mitglieder[9]. An die Stelle der ausscheidenden AR-Mitglieder rücken primär die Ersatzmitglieder (vgl. § 7), andernfalls die Bewerber mit der nächsthöchsten Stimmenzahl nach, sofern diese die persönlichen Voraussetzungen des ursprünglich Gewählten erfüllen, andernfalls wird eine Nachwahl erforderlich[10]. 6

Bis zu einer rechtskräftigen Entscheidung, die der Wahlanfechtung stattgibt, stehen dem AR-Mitglied alle Rechte und Pflichten zu. Im Falle einer stattgebenden rechtskräftigen Entscheidung über die Anfechtung bleiben die **Beschlüsse des AR wirksam.** 7

VI. Nichtigkeit der Wahl. Die Wahl der ArbN-Vertreter ist nichtig, wenn die Voraussetzungen einer Wahl nicht vorlagen oder derart gegen fundamentale Wahlgrundsätze verstoßen wurde, dass nicht einmal mehr der Anschein einer Wahl gegeben ist[11]. Die Nichtigkeit kann jederzeit, von jedermann und in jedem Verfahren geltend gemacht werden[12]. 8

12 *Abberufung von Aufsichtsratsmitgliedern der Arbeitnehmer*

(1) Ein Aufsichtsratsmitglied der Arbeitnehmer kann vor Ablauf der Amtszeit auf Antrag eines Betriebsrats oder von mindestens einem Fünftel der Wahlberechtigten durch Beschluss abberufen werden. Der Beschluss der Wahlberechtigten wird in allgemeiner, geheimer, gleicher und unmittelbarer Abstimmung gefasst; er bedarf einer Mehrheit von drei Vierteln der abgegebenen Stimmen. Auf die Beschlussfassung findet § 2 Abs. 1 Anwendung.

(2) Absatz 1 ist für die Abberufung von Ersatzmitgliedern entsprechend anzuwenden.

---

1 Hierzu 1. Aufl., § 76 BetrVG 1952 Rz. 52 ff.; MünchArbR/*Wißmann*, § 383 Rz. 36 f. | 2 BAG v. 30.8.1966 – 1 ABR 1/66, AP Nr. 15 zu § 76 BetrVG 1952; v. 26.11.1968 – 1 ABR 7/68, AP Nr. 18 zu § 76 BetrVG 1952; v. 12.8.1970 – 1 ABR 23/70, AP Nr. 21 zu § 76 BetrVG 1952; GK-BetrVG/*Kraft*, § 76 BetrVG 52 Rz. 82. | 3 Vgl. BAG v. 27.1.1993 – 7 ABR 37/92, AP Nr. 29 zu § 76 BetrVG 1952; ErfK/*Oetker*, § 11 DrittelbG Rz. 3; GK-BetrVG/*Kraft*, § 76 BetrVG 52 Rz. 76. | 4 ErfK/*Oetker*, § 11 DrittelbG Rz. 6; GK-BetrVG/*Kraft*, § 76 BetrVG 52 Rz. 78. | 5 BAG v. 27.1.1993 – 7 ABR 37/92, AP Nr. 29 zu § 76 BetrVG 1952; aA BAG v. 20.7.1982 – 1 ABR 19/81, AP Nr. 26 zu § 76 BetrVG 1952. | 6 BAG v. 12.2.1985 – 7 ABR 11/84, AP Nr. 27 zu § 76 BetrVG 1952; ErfK/*Oetker*, § 11 DrittelbG Rz. 6. | 7 Vgl. BAG v. 3.12.1954 – 1 ABR 23/54, AP Nr. 3 zu § 76 BetrVG 1952; v. 15.7.1960 – 1 ABR 3/59, AP Nr. 10 zu § 76 BetrVG 1952; ErfK/*Oetker*, 4. Aufl., § 76 BetrVG 1952 Rz. 49; GK-BetrVG/*Kraft*, § 76 BetrVG 52 Rz. 80; *Dietz/Richardi*, § 76 BetrVG 52 Rz. 111. | 8 BAG v. 20.7.1982 – 1 ABR 19/81, AP Nr. 26 zu § 76 BetrVG 1952; v. 27.1.1993 – 7 ABR 37/92, AP Nr. 29 zu § 76 BetrVG 1952; GK-BetrVG/*Kraft*, § 76 BetrVG 52 Rz. 81. | 9 ErfK/*Oetker*, § 11 DrittelbG Rz. 7; GK-BetrVG/*Kraft*, § 76 BetrVG 52 Rz. 83; *Dietz/Richardi*, § 76 BetrVG 52 Rz. 118; MünchArbR/*Wißmann*, § 383 Rz. 37. | 10 BAG v. 21.12.1965 – 12/65, AP Nr. 14 zu § 76 BetrVG 1952; ErfK/*Oetker*, § 11 DrittelbG Rz. 7; GK-BetrVG/*Kraft*, § 76 BetrVG 52 Rz. 83. | 11 ErfK/*Oetker*, § 11 DrittelbG Rz. 8; GK-BetrVG/*Kraft*, § 76 BetrVG 52 Rz. 84; *Dietz/Richardi*, § 76 BetrVG 52 Rz. 119. | 12 ErfK/*Oetker*, § 11 DrittelbG Rz. 8; GK-BetrVG/*Kraft*, § 76 BetrVG 52 Rz. 84.

1 **I. Allgemeines.** Die Regelung der Abberufung von AR-Mitgliedern in § 12 entspricht im Wesentlichen der bisherigen Rechtslage nach § 76 V BetrVG 1952. Die Einzelheiten des Abberufungsverfahrens sind in den §§ 32–41 WODrittelbG geregelt. Der Verzicht auf einen Abberufungsgrund entspricht der Regelung in § 103 I AktG und rechtfertigt sich durch den in dem qualifizierten Mehrheitsbeschluss der Wahlberechtigten zum Ausdruck kommenden Vertrauensentzug[1]. Entsprechend der ausdrücklichen Regelung zur Wahl von Ersatzmitgliedern in § 7 bestimmt § 12 II die Abberufung von Ersatzmitgliedern enthalten.

2 **II. Abberufung.** Die ArbN-Vertreter können vor Ablauf ihrer Amtszeit durch Beschluss der wahlberechtigten ArbN des Unternehmens abberufen werden (Abs. 1). Eine Abberufung durch die Hauptversammlung ist demgegenüber nicht möglich[2]. Die Abberufung bezieht sich zwar nach dem Wortlaut des Abs. 1 nur auf *ein* AR-Mitglied, allerdings ist ein Antrag auf Abberufung aller ArbN-Vertreter im AR ebenfalls zulässig[3].

3 Der Beschluss über den Bestellungswiderruf kann nur auf Antrag der Betriebsräte (wobei jeder BR einschließlich GBR oder KBR[4] auf der Grundlage eines entsprechenden Beschlusses [§ 32 I 2 WODrittelbG, § 33 I 1 BetrVG] einzeln antragsberechtigt ist[5]) oder von mindestens $^{1}/_{5}$ der Wahlberechtigten gefasst werden. Der Beschluss zur Abberufung erfordert eine Mehrheit von mindestens $^{3}/_{4}$ der abgegebenen Stimmen der Wahlberechtigten (Abs. 1 S. 2); ungültige Stimmen sind nicht zu berücksichtigen[6]. Für die Beschlussfassung gelten die gleichen Grundsätze wie für die Wahl der ArbN-Vertreter in den AR (vgl. § 2 Rz. 2 ff.).

4 Das Amt des durch Beschluss abberufenen AR-Mitglieds endet mit der Mitteilung des Abstimmungsergebnisses durch den Wahlvorstand an das betreffende Mitglied (§ 37 II WODrittelbG iVm. § 21 II WODrittelbG)[7]. An die Stelle des abberufenen AR-Mitglieds tritt das für ihn gewählte Ersatzmitglied, sofern dieses auch die ggf. wegen § 4 II erforderlichen Wählbarkeitsvoraussetzungen des § 4 III erfüllt (§ 7 Rz. 2)[8]; andernfalls hat primär eine Nachwahl, ansonsten eine gerichtliche Bestellung nach § 104 AktG zu erfolgen (vgl. § 4 Rz. 5). Der Beschluss über die Abberufung eines ArbN-Vertreters im AR kann unter den gleichen Voraussetzungen wie dessen Wahl im Beschlussverfahren nach § 2a ArbGG angefochten werden[9].

5 **III. Vorzeitige Beendigung der Amtszeit. 1. Wegfall des Aufsichtsrats bzw. von Voraussetzungen der Unternehmensmitbestimmung.** Fällt die Gesellschaft weg, bei der der AR bestand (zB Vollbeendigung; Verschmelzung), so erlöschen auch die Ämter sämtlicher AR-Mitglieder[10]; das Gleiche gilt bei einem Formwechsel in eine Rechtsform, die im Normalstatut keinen mitbestimmten AR kennt (zB Personenhandelsgesellschaft). Demgegenüber führen weder Auflösung(sbeschluss[11]) noch Insolvenz[12] zum Amtszeitende. Änderungen der wirtschaftl. oder rechtl. Parameter (zB Rechtsform, Aktionärskreis, Tendenzcharakter, Unternehmensgegenstand, inländischer Sitz des Unternehmens, ArbN-Zahl, Höhe des Gesellschaftskapitals), die für die Anwendbarkeit von Unternehmensmitbestimmungsgesetzen beachtlich sind, können zur Folge haben, dass das Unternehmen daraufhin einem anderen oder keinem Mitbestimmungsstatut (mehr) unterliegt[13]. Vorbehaltlich der Sonderregelungen beim Formwechsel (§ 203 UmwG) sowie bei der Abspaltung oder Ausgliederung (§ 325 UmwG, § 1 MitbestBeiG), ist bei einem Statutwechsel das sog. **Statusverfahren** nach § 97 AktG einzuleiten (hierzu ausf. § 6 MitbestG Rz. 2 ff.)[14]. Damit erlischt das Amt der AR-Mitglieder spätestens mit Ablauf von sechs Monaten nach der Bekanntmachung des Vorstandes über die neue AR-Zusammensetzung bzw. spätestens sechs Monate nach Rechtskraft einer gerichtl. Entscheidung.

6 **2. Niederlegung.** Das Amt eines AR-Mitglieds endet durch dessen Niederlegung. Die Niederlegungserklärung ist eine zugangsbedürftige Gestaltungserklärung und als solche unanfechtbar und unwiderruflich[15]. Sie ist an die Gesellschaft, vertreten durch den Vorstand zu richten[16] und beendet vorbehaltlich abweichender Satzungsregelung (in der Praxis finden sich häufig Niederlegungsfristen) das Organver-

---

1 Vgl. ErfK/*Oetker*, § 12 DrittelbG Rz. 2. | 2 ErfK/*Oetker*, § 12 DrittelbG Rz. 2; *Dietz/Richardi*, § 76 BetrVG 52 Rz. 138. | 3 ErfK/*Oetker*, § 12 DrittelbG Rz. 3; *Dietz/Richardi*, § 76 BetrVG 52 Rz. 144. | 4 ErfK/*Oetker*, § 12 DrittelbG Rz. 4; *Dietz/Richardi*, § 76 BetrVG 52 Rz. 141; MünchArbR/*Wißmann*, § 383 Rz. 41; aA *Fitting*, § 76 BetrVG 52 Rz. 128; GK-BetrVG/*Kraft*, § 76 BetrVG 52 Rz. 106. | 5 ErfK/*Oetker*, § 12 DrittelbG Rz. 4; GK-BetrVG/*Kraft*, § 76 BetrVG 52 Rz. 106, *Dietz/Richardi*, § 76 BetrVG 52 Rz. 140; aA *Fitting*, § 76 BetrVG 52 Rz. 128. | 6 ErfK/*Oetker*, § 12 DrittelbG Rz. 7; MünchArbR/*Wißmann*, § 383 Rz. 41. | 7 ErfK/*Oetker*, § 12 DrittelbG Rz. 8; GK-BetrVG/*Kraft*, § 76 BetrVG 52 Rz. 104; *Dietz/Richardi*, § 76 BetrVG 52 Rz. 148; *Fuchs/Köstler*, Handbuch zur Aufsichtsratswahl, Rz. 556. | 8 ErfK/*Oetker*, § 12 DrittelbG Rz. 8; *Fitting*, § 76 BetrVG 52 Rz. 135. | 9 GK-BetrVG/*Kraft*, § 76 BetrVG 52 Rz. 107; *Dietz/Richardi*, § 76 BetrVG 52 Rz. 149; MünchArbR/*Wißmann*, § 383 Rz. 41. | 10 ErfK/*Oetker*, § 12 DrittelbG Rz. 10; GK-BetrVG/*Kraft*, § 76 BetrVG 52 Rz. 93; *Dietz/Richardi*, § 76 BetrVG 52 Rz. 128. | 11 Vgl. BGH v. 10.3.1960 – II ZR 56/59, BGHZ 32, 114, 117; *Hüffer*, § 102 AktG Rz. 1, § 103 AktG Rz. 16. | 12 Vgl. *Hüffer*, § 102 AktG Rz. 1 und § 103 AktG Rz. 16. | 13 Hierzu ausf. *Willemsen/Seibt*, Unternehmensumstrukturierung, F 16 und 16b. | 14 *Willemsen/Seibt*, Unternehmensumstrukturierung, F 140 ff. | 15 ErfK/*Oetker*, § 12 DrittelbG Rz. 11; GK-BetrVG/*Kraft*, § 76 BetrVG 52 Rz. 96; *Dietz/Richardi*, § 76 BetrVG 52 Rz. 132. | 16 *Hüffer*, § 103 AktG Rz. 17; *Geßler/Hefermehl/Eckhardt/Kropff-Geßler*, § 102 AktG Rz. 34.

hältnis bei Zugang mit sofortiger Wirkung[1]. Nach zutreffender hM ist die Amtsniederlegung auch ohne wichtigem Grund wirksam, sofern sie nicht zur Unzeit erfolgt[2].

3. Wegfall der Wählbarkeit. Das AR-Amt endet mit dem Wegfall einer Voraussetzung für seine Wählbarkeit[3]. Die Wählbarkeitsvoraussetzungen sind in § 100 I und II AktG, § 105 I AktG sowie § 4 III geregelt. In der Satzung können für ArbN-Vertreter keine zusätzlichen persönlichen Voraussetzungen vorgesehen werden (§ 100 IV AktG; hierzu § 1 Rz. 21). 7

Endet das Arbeitsverhältnis eines ArbN-Vertreters, der nach § 4 II **notwendig in einem Betrieb des Unternehmens beschäftigt sein muss**, mit dem Unternehmen, so endet auch sein AR-Amt[4]. Nach hM erlischt das AR-Amt allerdings bei Kündigung des ArbN-Vertreters erst mit Unanfechtbarkeit der Kündigung[5]. Das Beschäftigungserfordernis liegt auch bei einem ruhenden Arbeitsverhältnis nicht mehr vor, wenn keine gesicherte Rückkehrmöglichkeit besteht (zB Freistellungsphase einer ATZ nach dem sog. Blockmodell)[6]. Demgegenüber führt die Freistellung des ArbN-Vertreters gem. § 38 BetrVG nicht zur Beendigung des AR-Amtes[7]. Das AR-Amt endet für den ArbN-Vertreter, der dem AR als ArbN notwendig angehört und leitender Angestellter (§ 5 III BetrVG) wird[8]. Das AR-Amt eines ArbN-Vertreters endet weiterhin, wenn er in einem abhängigen Unternehmen beschäftigt ist, dass aus dem Konzern ausscheidet und dem AR hierdurch nicht mehr die nach § 4 II erforderlichen zwei in Konzernunternehmen beschäftigten ArbN angehören[9]. 8

Diese Grundsätze gelten allerdings nicht, wenn dem AR auch nach Beschäftigungsende eines ArbN-Vertreters noch eine ausreichende Zahl von unternehmensangehörigen ArbN-Vertretern angehören[10]. Denn in diesem Fall ist ein betriebszugehöriges Arbeitsverhältnis nicht Voraussetzung für die AR-Mitgliedschaft, sondern lediglich Motiv für dessen Wahl in den AR[11]. 9

4. Gerichtliche Abberufung. ArbN-Vertreter im AR können weiter durch Beschluss des für die Gesellschaft zuständigen Registergerichts (§ 145 I FGG, § 14 AktG) abberufen werden, wenn in ihrer Person ein **wichtiger Grund** vorliegt (§ 103 III und IV AktG). Für das Vorliegen eines wichtigen Grundes ist jeder Umstand ausreichend, der es **für die Gesellschaft unzumutbar** macht, dass dieses Mitglied weiterhin im AR verbleibt und damit die **Funktionserfüllung des Organs AR erheblich gefährdet** (s. auch § 23 MitbestG Rz. 3 f.)[12]. Als wichtiger Grund anzusehen sind zB die Verletzung der Verschwiegenheitspflicht[13] oder die unzulässige Kontaktaufnahme mit Geschäftspartnern der Gesellschaft[14]. Wesentliche und nicht nur vorübergehende Interessenkonflikte in der Person eines AR-Mitglieds (zB allgemeinpolitische Tätigkeit eines Gewerkschaftsfunktionärs gegen wesentliche Interessen des Unternehmens) können im Einzelfall einen solchen wichtigen Grund bilden[15]. In Ausnahmefällen kann ein wichtiger Grund auch in der mangelnden Qualifikation des AR-Mitglieds liegen, wenn ihm nachweisbar die zur ordnungsgemäßen Wahrnehmung der AR-Tätigkeit erforderlichen Mindestkenntnisse (zB Financial Literacy[16]), Fähigkeiten und fachliche Erfahrungen fehlen[17]. Bloße Interessengegensätze, die im AR aufeinander stoßen, sind grds. innerhalb des Organs auszutragen und berechtigen nicht zu einem Vorgehen nach § 103 III und IV AktG[18]. Ein Grund, der die fristlose Kündigung eines im Unternehmen beschäftigten ArbN-Vertreters rechtfertigt, stellt nicht zwingend auch einen wichtigen Grund für eine 10

1 *Lutter/Krieger*, Rechte und Pflichten des Aufsichtsrats, Rz. 30. | 2 *Hüffer*, § 103 AktG Rz. 17; Geßler/Hefermehl/Eckhardt/Kropff-*Geßler*, § 102 AktG Rz. 30; KölnKommAktG/*Mertens*, § 103 Rz. 56; *Singhof*, AG 1998, 318 (321 f.); *Wardenbach*, AG 1999, 74 (75 f.); aA Baumbach/Hueck/*Zöllner/Noack*, § 52 GmbHG Rz. 52: wichtiger Grund erforderlich. | 3 BAG v. 25.10.2000 – 7 ABR 18/00, AP Nr. 32 zu § 76 BetrVG 1952; ErfK/*Oetker*, § 12 DrittelbG Rz. 12; MüKoAktG/*Gach*, § 76 BetrVG 1952 Rz. 54; MünchGesR/*Hoffmann-Becking*, Bd. 4: AG, § 30 Rz. 46. | 4 BAG v. 25.10.2000 – 7 ABR 18/00, AP Nr. 32 zu § 76 BetrVG 1952; ErfK/*Oetker*, § 12 DrittelbG Rz. 12; GK-BetrVG/*Kraft*, § 76 BetrVG 52 Rz. 99; Dietz/*Richardi*, § 76 BetrVG 52 Rz. 137. | 5 ErfK/*Oetker*, § 12 DrittelbG Rz. 12; GK-BetrVG/*Kraft*, § 76 BetrVG 52 Rz. 99; MüKoAktG/*Gach*, § 76 BetrVG 1952 Rz. 54. | 6 BAG v. 25.10.2000 – 7 ABR 18/00, AP Nr. 32 zu § 76 BetrVG 1952; *Haag/Gräter/Dangelmaier*, DB 2001, 702 ff.; *Windbichler*, SAE 2001, 208 ff. | 7 *Windbichler*, SAE 2001, 208 (209); ErfK/*Oetker*, § 12 DrittelbG Rz. 12. | 8 ErfK/*Oetker*, § 12 DrittelbG Rz. 12; GK-BetrVG/*Kraft*, § 76 BetrVG 52 Rz. 99; *Dietz/Richardi*, § 76 BetrVG 52 Rz. 137. | 9 ErfK/*Oetker*, § 12 DrittelbG Rz. 13; *Radke*, AuR 1958, 161 (169). | 10 ErfK/*Oetker*, § 12 DrittelbG Rz. 14; GK-BetrVG/*Kraft*, § 76 BetrVG 52 Rz. 101; *Dietz/Richardi*, § 76 BetrVG 52 Rz. 137; MünchArbR/*Wißmann*, § 373 Rz. 15. | 11 BGH v. 21.2.1963 – II ZR 76/62, BGHZ 39, 116, 120. | 12 Vgl. LG Frankfurt v. 14.10.1986 – 3/11 T 29/85, NJW 1987, 505 f.; *Hüffer*, § 103 AktG Rz. 10; ErfK/*Oetker*, § 12 DrittelbG Rz. 15; GK-BetrVG/*Kraft*, § 76 BetrVG 52 Rz. 108; Scholz/*U. H. Schneider*, § 52 GmbHG Rz. 208; *Hofmann*, BB 1973, 1081 ff. | 13 Vgl. *Hüffer*, § 103 AktG Rz. 11; AG München v. 2.5.1985 – HRB 2212, WM 1986, 974 (einmalige Bekanntmachung geplanter Dividendenerhöhung und des Abstimmungsverhaltens anderer Aufsichtsratsmitglieder in Betriebsversammlung soll nicht genügen). | 14 OLG Zweibrücken v. 28.5.1990 – 3 W 92/90, WM 1990, 1388. | 15 Vgl. auch Ziff. 5.5.3 S. 2 DCGK; hierzu *Seibt*, AG 2003, 465 (472 Fn. 71 und 475 f.); einschr. *Möllers*, NZG 2003, 697 ff. (zum Fall Lufthansa/Bsirske); zur Streikteilnahme von ArbN-Vertretern ausf. *Lutter/Krieger*, Rz. 305; *Fitting*, § 76 BetrVG 52 Rz. 173 ff.; *Köstler/Kittner/Zachert/Müller*, Aufsichtsratspraxis, Rz. 736 ff.; vgl. auch OLG Hamburg v. 23.1.1990 – 11 W 92/89, NJW-RR 1990, 673 ff. – HEW/Jansen; *Hüffer*, § 103 AktG Rz. 11. | 16 Hierzu Bericht Regierungskommission Corporate Governance, Rz. 310. | 17 Vgl. BGH v. 15.11.1982 – II ZR 27/82, BGHZ 85, 293, 295 f. – Hertie; KölnKommAktG/*Mertens*, § 116 Rz. 5 ff.; vgl. auch weitergehend Ziff. 5.4.1 S. 1 DCGK. | 18 Vgl. KölnKommAktG/*Mertens*, § 103 Rz. 32; Scholz/*U. H. Schneider*, § 52 Rz. 208.

gerichtl. Abberufung dar[1]; allerdings wird es häufig ein Indiz für die Unzumutbarkeit des Verbleibens im AR sein.

11 Gegen die Entscheidung des Registergerichts ist die sofortige Beschwerde zum LG statthaft (§ 103 III 4 AktG), gegen dessen Entscheidung diese sofortige weitere Beschwerde zum OLG eröffnet ist (§§ 27, 28 I, 29 II FGG).

Teil 3. Übergangs- und Schlussvorschriften

13 *Ermächtigung zum Erlass von Rechtsverordnungen*

Die Bundesregierung wird ermächtigt, durch Rechtsverordnung Vorschriften über das Verfahren für die Wahl und die Abberufung von Aufsichtsratsmitgliedern der Arbeitnehmer zu erlassen, insbesondere über

1. die Vorbereitung der Wahl, insbesondere die Aufstellung der Wählerlisten und die Errechnung der Zahl der Aufsichtsratsmitglieder der Arbeitnehmer;

2. die Frist für die Einsichtnahme in die Wählerlisten und die Erhebung von Einsprüchen gegen sie;

3. die Wahlvorschläge und die Frist für ihre Einreichung;

4. das Wahlausschreiben und die Frist für seine Bekanntmachung;

5. die Teilnahme von Arbeitnehmern eines in § 3 Abs. 3 bezeichneten Betriebs an der Wahl;

6. die Stimmabgabe;

7. die Feststellung des Wahlergebnisses und die Fristen für seine Bekanntmachung;

8. die Anfechtung der Wahl;

9. die Aufbewahrung der Wahlakten.

1 Auf Grund der Ermächtigung in § 13 ist die VO zum Zweiten Gesetz zur Vereinfachung der Wahl der Arbeitnehmervertreter in den Aufsichtsrat vom 23.6.2004 erlassen worden. Diese enthält als Art. 1 die VO zur Wahl der Aufsichtsratsmitglieder der ArbN nach dem Drittelbeteiligungsgesetz (WODrittelbG) und mit Art. 3 das Außerkrafttreten der die WO 1953. § 13 entspricht im Wesentlichen der bisherigen Regelung in § 87 BetrVG 1952, verzichtet allerdings nach der Kodifikation der Abberufung von AR-Mitgliedern der ArbN in § 12 auf den Katalogtatbestand der „Widerruf der Bestellung" (bisher § 87 lit. i). Die RechtsVO bedarf entgegen § 87 BetrVG 1952 – und in Übereinstimmung mit § 39 MitbestG, § 15 Montan-MitbestG, § 17 MitbestErgG – nicht der Zustimmung des Bundesrates.

14 *Verweisungen*

Soweit in anderen Gesetzen auf Vorschriften verwiesen wird, die durch Artikel 6 Abs. 2 des Zweiten Gesetzes zur Vereinfachung der Wahl der Arbeitnehmervertreter in den Aufsichtsrat aufgehoben werden, treten an ihre Stelle die entsprechenden Vorschriften dieses Gesetzes.

15 *Übergangsregelung*

Auf Wahlen oder Abberufungen, die vor dem 1. Juli 2004 eingeleitet worden sind, ist das Betriebsverfassungsgesetz 1952 in der im Bundesgesetzblatt Teil III, Gliederungsnummer 801-1, veröffentlichten bereinigten Fassung, zuletzt geändert durch Artikel 9 des Gesetzes vom 23. Juli 2001 (BGBl. I S. 1852), auch nach seinem Außerkrafttreten anzuwenden.

1 BGH v. 21.2.1963 – II ZR 76/62, AP Nr. 12 zu § 76 BetrVG 1952; ErfK/*Oetker*, § 12 DrittelbG Rz. 15; *Dietz/Richardi*, § 76 BetrVG 52 Rz. 150.

4 *Berechnung der Arbeitnehmerzahlen*

In Betrieben und Unternehmen des Inlands errechnen sich die im Rahmen des § 3 zu berücksichtigenden Arbeitnehmerzahlen nach der Anzahl der im Durchschnitt während der letzten zwei Jahre beschäftigten Arbeitnehmer im Sinne des § 5 Abs. 1 des Betriebsverfassungsgesetzes. Maßgebend für den Beginn der Frist nach Satz 1 ist der Zeitpunkt, in dem die zentrale Leitung die Initiative zur Bildung des besonderen Verhandlungsgremiums ergreift oder der zentralen Leitung ein den Voraussetzungen des § 9 Abs. 2 entsprechender Antrag der Arbeitnehmer oder ihrer Vertreter zugeht.

5 *Auskunftsanspruch*

(1) Die zentrale Leitung hat einer Arbeitnehmervertretung auf Verlangen Auskünfte über die durchschnittliche Gesamtzahl der Arbeitnehmer und ihre Verteilung auf die Mitgliedstaaten, die Unternehmen und Betriebe sowie über die Struktur des Unternehmens oder der Unternehmensgruppe zu erteilen.

(2) Ein Betriebsrat oder ein Gesamtbetriebsrat kann den Anspruch nach Absatz 1 gegenüber der örtlichen Betriebs- oder Unternehmensleitung geltend machen; diese ist verpflichtet, die für die Auskünfte erforderlichen Informationen und Unterlagen bei der zentralen Leitung einzuholen.

6 *Herrschendes Unternehmen*

(1) Ein Unternehmen, das zu einer gemeinschaftsweit tätigen Unternehmensgruppe gehört, ist herrschendes Unternehmen, wenn es unmittelbar oder mittelbar einen beherrschenden Einfluss auf ein anderes Unternehmen derselben Gruppe (abhängiges Unternehmen) ausüben kann.

(2) Ein beherrschender Einfluss wird vermutet, wenn ein Unternehmen in Bezug auf ein anderes Unternehmen unmittelbar oder mittelbar

1. mehr als die Hälfte der Mitglieder des Verwaltungs-, Leitungs- oder Aufsichtsorgans des anderen Unternehmens bestellen kann oder

2. über die Mehrheit der mit den Anteilen am anderen Unternehmen verbundenen Stimmrechte verfügt oder

3. die Mehrheit des gezeichneten Kapitals dieses Unternehmens besitzt.

Erfüllen mehrere Unternehmen eines der in Satz 1 Nr. 1 bis 3 genannten Kriterien, bestimmt sich das herrschende Unternehmen nach Maßgabe der dort bestimmten Rangfolge.

(3) Bei der Anwendung des Absatzes 2 müssen den Stimm- und Ernennungsrechten eines Unternehmens die Rechte aller von ihm abhängigen Unternehmen sowie aller natürlichen oder juristischen Personen, die zwar im eigenen Namen, aber für Rechnung des Unternehmens oder eines von ihm abhängigen Unternehmens handeln, hinzugerechnet werden.

(4) Investment- und Beteiligungsgesellschaften im Sinne des Artikels 3 Abs. 5 Buchstabe a oder c der Verordnung (EWG) Nr. 4064/89 des Rates vom 21. Dezember 1989 über die Kontrolle von Unternehmenszusammenschlüssen (ABl. EG Nr. L 395 S. 1) gelten nicht als herrschendes Unternehmen gegenüber einem anderen Unternehmen, an dem sie Anteile halten, an dessen Leitung sie jedoch nicht beteiligt sind.

7 *Europäischer Betriebsrat in Unternehmensgruppen*

Gehören einer gemeinschaftsweit tätigen Unternehmensgruppe ein oder mehrere gemeinschaftsweit tätige Unternehmen an, wird ein Europäischer Betriebsrat nur bei dem herrschenden Unternehmen errichtet, sofern nichts anderes vereinbart wird.

Zweiter Teil. Besonderes Verhandlungsgremium

8–16

Vom Abdruck wurde abgesehen.

Gesetz über Europäische Betriebsräte (Europäische Betriebsräte-Gesetz – EBRG)

vom 28.10.1996 (BGBl. I S. 1548, ber. S. 2022), zuletzt geändert durch Gesetz vom 21.12.2000 (BGBl. I S. 1983)

Erster Teil. Allgemeine Vorschriften

1 *Grenzübergreifende Unterrichtung und Anhörung*

(1) Zur Stärkung des Rechts auf grenzübergreifende Unterrichtung und Anhörung der Arbeitnehmer in gemeinschaftsweit tätigen Unternehmen und Unternehmensgruppen werden Europäische Betriebsräte oder Verfahren zur Unterrichtung und Anhörung der Arbeitnehmer vereinbart. Kommt es nicht zu einer Vereinbarung, wird ein Europäischer Betriebsrat kraft Gesetzes errichtet.

(2) Die grenzübergreifende Unterrichtung und Anhörung der Arbeitnehmer erstreckt sich in einem Unternehmen auf alle in einem Mitgliedstaat liegenden Betriebe sowie in einer Unternehmensgruppe auf alle Unternehmen, die ihren Sitz in einem Mitgliedstaat haben, soweit kein größerer Geltungsbereich vereinbart wird.

(3) Zentrale Leitung im Sinne dieses Gesetzes ist ein gemeinschaftsweit tätiges Unternehmen oder das herrschende Unternehmen einer gemeinschaftsweit tätigen Unternehmensgruppe.

(4) Anhörung im Sinne dieses Gesetzes bezeichnet den Meinungsaustausch und die Einrichtung eines Dialogs zwischen den Arbeitnehmervertretern und der zentralen Leitung oder einer anderen geeigneten Leitungsebene.

2 *Geltungsbereich*

(1) Dieses Gesetz gilt für gemeinschaftsweit tätige Unternehmen mit Sitz im Inland und für gemeinschaftsweit tätige Unternehmensgruppen mit Sitz des herrschenden Unternehmens im Inland.

(2) Liegt die zentrale Leitung nicht in einem Mitgliedstaat, besteht jedoch eine nachgeordnete Leitung für in Mitgliedstaaten liegende Betriebe oder Unternehmen, findet dieses Gesetz Anwendung, wenn die nachgeordnete Leitung im Inland liegt. Gibt es keine nachgeordnete Leitung, findet das Gesetz Anwendung, wenn die zentrale Leitung einen Betrieb oder ein Unternehmen im Inland als ihren Vertreter benennt. Wird kein Vertreter benannt, findet das Gesetz Anwendung, wenn der Betrieb oder das Unternehmen im Inland liegt, in dem verglichen mit anderen in den Mitgliedstaaten liegenden Betrieben des Unternehmens oder Unternehmen der Unternehmungsgruppe die meisten Arbeitnehmer beschäftigt sind. Die vorgenannten Stellen gelten als zentrale Leitung.

(3) Mitgliedstaaten im Sinne dieses Gesetzes sind die Mitgliedstaaten der Europäischen Union sowie die anderen Vertragsstaaten des Abkommens über den Europäischen Wirtschaftsraum.

(4) Für die Berechnung der Anzahl der im Inland beschäftigten Arbeitnehmer (§ 4), den Auskunftsanspruch (§ 5 Abs. 2), die Bestimmung des herrschenden Unternehmens (§ 6), die Weiterleitung des Antrags (§ 9 Abs. 2 Satz 3), die gesamtschuldnerische Haftung des Arbeitgebers (§ 16 Abs. 2), die Bestellung der auf das Inland entfallenden Arbeitnehmervertreter (§§ 11, 23 Abs. 1 bis 5 und § 18 Abs. 2 in Verbindung mit § 23) und die für sie geltenden Schutzbestimmungen (§ 40) sowie für den Bericht gegenüber den örtlichen Arbeitnehmervertretungen im Inland (§ 35 Abs. 2) gilt dieses Gesetz auch dann, wenn die zentrale Leitung nicht im Inland liegt.

3 *Gemeinschaftsweite Tätigkeit*

(1) Ein Unternehmen ist gemeinschaftsweit tätig, wenn es mindestens 1000 Arbeitnehmer in den Mitgliedstaaten und davon jeweils mindestens 150 Arbeitnehmer in mindestens zwei Mitgliedstaaten beschäftigt.

(2) Eine Unternehmensgruppe ist gemeinschaftsweit tätig, wenn sie mindestens 1000 Arbeitnehmer in den Mitgliedstaaten beschäftigt und ihr mindestens zwei Unternehmen mit Sitz in verschiedenen Mitgliedstaaten angehören, die jeweils mindestens je 150 Arbeitnehmer in verschiedenen Mitgliedstaaten beschäftigen.

Fünfter Teil. Grundsätze der Zusammenarbeit und Schutzbestimmungen

38 *Vertrauensvolle Zusammenarbeit*
Zentrale Leitung und Europäischer Betriebsrat arbeiten vertrauensvoll zum Wohl der Arbeitnehmer und des Unternehmens oder der Unternehmensgruppe zusammen. Satz 1 gilt entsprechend für die Zusammenarbeit zwischen zentraler Leitung und Arbeitnehmervertretern im Rahmen eines Verfahrens zur Unterrichtung und Anhörung.

39 *Geheimhaltung, Vertraulichkeit*
(1) Die Pflicht der zentralen Leitung, über die im Rahmen der §§ 18 und 19 vereinbarten oder die sich aus den §§ 32 und 33 Abs. 1 ergebenden Angelegenheiten zu unterrichten, besteht nur, soweit dadurch nicht Betriebs- oder Geschäftsgeheimnisse des Unternehmens oder der Unternehmensgruppe gefährdet werden.

(2) Die Mitglieder und Ersatzmitglieder eines Europäischen Betriebsrats sind verpflichtet, Betriebs- oder Geschäftsgeheimnisse, die ihnen wegen ihrer Zugehörigkeit zum Europäischen Betriebsrat bekannt geworden und von der zentralen Leitung ausdrücklich als geheimhaltungsbedürftig bezeichnet worden sind, nicht zu offenbaren und nicht zu verwerten. Dies gilt auch nach dem Ausscheiden aus dem Europäischen Betriebsrat. Die Verpflichtung gilt nicht gegenüber Mitgliedern eines Europäischen Betriebsrats. Sie gilt ferner nicht gegenüber den örtlichen Arbeitnehmervertretern der Betriebe oder Unternehmen, wenn diese auf Grund einer Vereinbarung nach § 18 oder nach § 35 über den Inhalt der Unterrichtungen und die Ergebnisse der Anhörungen zu unterrichten sind, den Arbeitnehmervertretern im Aufsichtsrat sowie gegenüber Dolmetschern und Sachverständigen, die zur Unterstützung herangezogen werden.

(3) Die Pflicht zur Vertraulichkeit nach Absatz 2 Satz 1 und 2 gilt entsprechend für

1. die Mitglieder und Ersatzmitglieder des besonderen Verhandlungsgremiums,

2. die Arbeitnehmervertreter im Rahmen eines Verfahrens zur Unterrichtung und Anhörung (§ 19),

3. die Sachverständigen und Dolmetscher sowie

4. die örtlichen Arbeitnehmervertreter.

(4) Die Ausnahmen von der Pflicht zur Vertraulichkeit nach Absatz 2 Satz 3 und 4 gelten entsprechend für

1. das besondere Verhandlungsgremium gegenüber Sachverständigen und Dolmetschern,

2. die Arbeitnehmervertreter im Rahmen eines Verfahrens zur Unterrichtung und Anhörung gegenüber Dolmetschern und Sachverständigen, die vereinbarungsgemäß zur Unterstützung herangezogen werden und gegenüber örtlichen Arbeitnehmervertretern, sofern diese nach der Vereinbarung (§ 19) über die Inhalte der Unterrichtungen und die Ergebnisse der Anhörungen zu unterrichten sind.

40 *Schutz inländischer Arbeitnehmervertreter*
(1) Für die Mitglieder eines Europäischen Betriebsrats, die im Inland beschäftigt sind, gelten § 37 Abs. 1 bis 5 und die §§ 78 und 103 des Betriebsverfassungsgesetzes sowie § 15 Abs. 1 und 3 bis 5 des Kündigungsschutzgesetzes entsprechend.

(2) Absatz 1 gilt entsprechend für die Mitglieder des besonderen Verhandlungsgremiums und die Arbeitnehmervertreter im Rahmen eines Verfahrens zur Unterrichtung und Anhörung.

Sechster Teil. Bestehende Vereinbarungen

41 *Fortgeltung*
(1) Auf die in den §§ 2 und 3 genannten Unternehmen und Unternehmensgruppen, in denen vor dem 22. September 1996 eine Vereinbarung über grenzübergreifende Unterrichtung und Anhörung besteht, sind die Bestimmungen dieses Gesetzes nicht anwendbar, solange die Vereinbarung wirksam ist. Die Vereinbarung muss sich auf alle in den Mitgliedstaaten beschäftigten Arbeitnehmer erstrecken und den Arbeitnehmern aus denjenigen Mitgliedstaaten eine angemessene Beteiligung an der Unterrichtung und Anhörung ermöglichen, in denen das Unternehmen oder die Unternehmensgruppe einen Betrieb hat.

(2) Der Anwendung des Absatzes 1 steht nicht entgegen, dass die Vereinbarung aufseiten der Arbeitnehmer nur von einer im Betriebsverfassungsgesetz vorgesehenen Arbeitnehmervertretung geschlossen worden ist. Das Gleiche gilt, wenn für ein Unternehmen oder eine Unternehmensgruppe an Stelle einer Vereinbarung mehrere Vereinbarungen geschlossen worden sind.

Dritter Teil. Vereinbarungen über grenzübergreifende Unterrichtung und Anhörung

17 *Gestaltungsfreiheit*
Die zentrale Leitung und das besondere Verhandlungsgremium können frei vereinbaren, wie die grenzübergreifende Unterrichtung und Anhörung der Arbeitnehmer ausgestaltet wird; sie sind nicht an die Bestimmungen des Vierten Teils dieses Gesetzes gebunden. Die Vereinbarung muss sich auf alle in den Mitgliedstaaten beschäftigten Arbeitnehmer erstrecken, in denen das Unternehmen oder die Unternehmensgruppe einen Betrieb hat. Die Parteien verständigen sich darauf, ob die grenzübergreifende Unterrichtung und Anhörung durch die Errichtung eines Europäischen Betriebsrats oder mehrerer Europäischer Betriebsräte nach § 18 oder durch ein Verfahren zur Unterrichtung und Anhörung der Arbeitnehmer nach § 19 erfolgen soll.

18 *Europäischer Betriebsrat kraft Vereinbarung*
(1) Soll ein Europäischer Betriebsrat errichtet werden, ist schriftlich zu vereinbaren, wie dieser ausgestaltet werden soll. Dabei soll insbesondere Folgendes geregelt werden:

1. Bezeichnung der erfassten Betriebe und Unternehmen, einschließlich der außerhalb des Hoheitsgebietes der Mitgliedstaaten liegenden Niederlassungen, sofern diese in den Geltungsbereich einbezogen werden,

2. Zusammensetzung des Europäischen Betriebsrats, Anzahl der Mitglieder, Ersatzmitglieder, Sitzverteilung und Mandatsdauer,

3. Zuständigkeit und Aufgaben des Europäischen Betriebsrats sowie das Verfahren zu seiner Unterrichtung und Anhörung,

4. Ort, Häufigkeit und Dauer der Sitzungen,

5. die für den Europäischen Betriebsrat zur Verfügung zu stellenden finanziellen und sachlichen Mittel,

6. Klausel zur Anpassung der Vereinbarung an Strukturänderungen, die Geltungsdauer der Vereinbarung und das bei ihrer Neuverhandlung anzuwendende Verfahren, einschließlich einer Übergangsregelung.

(2) § 23 gilt entsprechend.

19 *Verfahren zur Unterrichtung und Anhörung*
Soll ein Verfahren zur Unterrichtung und Anhörung der Arbeitnehmer eingeführt werden, ist schriftlich zu vereinbaren, unter welchen Voraussetzungen die Arbeitnehmervertreter das Recht haben, die ihnen übermittelten Informationen gemeinsam zu beraten und wie sie ihre Vorschläge oder Bedenken mit der zentralen Leitung oder einer anderen geeigneten Leitungsebene erörtern können. Die Unterrichtung muss sich insbesondere auf grenzübergreifende Angelegenheiten erstrecken, die erhebliche Auswirkungen auf die Interessen der Arbeitnehmer haben.

20 *Übergangsbestimmung*
Eine nach §§ 18 oder 19 bestehende Vereinbarung gilt fort, wenn vor ihrer Beendigung das Antrags- oder Initiativrecht nach § 9 Abs. 1 ausgeübt worden ist. Das Antragsrecht kann auch ein auf Grund einer Vereinbarung bestehendes Arbeitnehmervertretungsgremium ausüben. Die Fortgeltung endet, wenn die Vereinbarung durch eine neue Vereinbarung ersetzt oder ein Europäischer Betriebsrat kraft Gesetzes errichtet worden ist. Die Fortgeltung endet auch dann, wenn das besondere Verhandlungsgremium einen Beschluss nach § 15 Abs. 1 fasst; § 15 Abs. 2 gilt entsprechend. Die Sätze 1 bis 4 finden keine Anwendung, wenn in der bestehenden Vereinbarung eine Übergangsregelung enthalten ist.

Vierter Teil. Europäischer Betriebsrat kraft Gesetzes

21–37
Vom Abdruck wurde abgesehen.

1 **I. Allgemeines. 1. Überblick.** Das am 1.11.1996 in Kraft getretene EBRG beruht auf der europäischen Richtlinie 94/45/EG, der sog. **EBR-Richtlinie**[1]. Nach seinem Erlass ist das EBRG nicht mehr wesentlich geändert worden; die wichtigste Änderung war die Anpassung des Gesetzes nach der Einbeziehung Großbritanniens in den Geltungsbereich der EBR-Richtlinie[2]. Die Richtlinie gilt heute für die 27 Staaten der EU sowie die drei Staaten des EWR (Island, Liechtenstein und Norwegen)[3]. Da die EBR-Richtlinie relativ präzise Vorgaben für die nationalen Gesetzgeber macht, ist das deutsche Umsetzungsgesetz, das EBRG, der Richtlinie in vielen Teilen wörtlich oder inhaltlich nachgebildet. Die Auslegung der einzelnen Regelungen des EBRG wird deshalb wegen des Gebots der richtlinienkonformen Auslegung in erster Linie von der Rspr. des EuGH abhängen. Dessen Entscheidungen werden von den nationalen Gerichten insb. im Vorabentscheidungsverfahren nach Art. 234 EG herbeigeführt[4].

Der Europäische Betriebsrat (EBR) wird auf freiwillige Initiative der ArbN- oder ArbGebSeite geschaffen in grenzübergreifend tätigen Unternehmen und Unternehmensgruppen ab 1000 ArbN, von denen mindestens 150 in je zwei EU/EWR-Mitgliedstaaten beschäftigt sein müssen. In diesen Unternehmen und Unternehmensgruppen wird der EBR zusätzlich zu eventuell (zB auf Grund TV, Betriebsverfassungs- oder Mitbestimmungsrechts) bereits bestehenden, auf das jeweilige nationale Territorium bezogenen ArbN-Vertretungen gebildet. Seine Befugnisse beschränken sich auf das gegenüber der zentralen Leitung des Unternehmens oder der Unternehmensgruppe bestehende Recht auf Unterrichtung und Anhörung. Daher kann der EBR kaum mit dem nach BetrVG zu schaffenden BR oder den gem. MitbestG oder anderen Mitbestimmungsgesetzen bestellten ArbN-Vertretern im Aufsichtsrat verglichen werden. Am nächsten liegt noch der Vergleich mit dem Wirtschaftsausschuss nach §§ 106–110 BetrVG.

1 Richtlinie 94/45/EG des Rates vom 22.9.1994 über die Einsetzung eines Europäischen Betriebsrats oder die Schaffung eines Verfahrens zur Unterrichtung und Anhörung der Arbeitnehmer in gemeinschaftsweit operierenden Unternehmen und Unternehmensgruppen, ABl. EG Nr. L 254/64 vom 30.9.1994. Zur historischen Entwicklung bis zum Erlass der EBR-Richtlinie *Müller*, EBRG, Einl., Rz. 1 ff.; DKK/*Däubler*, Vorbem. EBRG Rz. 5 ff.; MünchArbR/*Joost*, § 366 Rz. 1 ff.; *Krause*, Jahrbuch Junger Zivilrechtswissenschaftler 1997, S. 91 (103 ff.); *Blanke*, Einl. EBRG Rz. 17 ff.; *Fuchs/Marhold*, Europäisches Arbeitsrecht, S. 168 ff., 176 ff.; *Sandmann*, Die Euro-Betriebsrats-Richtlinie 94/45/EG, S. 15 ff.; *Welslau* in *Klinkhammer/Welslau* (Hrsg.), Europäische Betriebsräte, 1995, S. 1 ff.; *Wirmer*, BB 1994, 2134; zum derzeitigen Stand der Reformdiskussion *Blanke*, Einl. EBRG Rz. 62 ff. S. zur Praxis und zur Struktur bestehender Europäischer Betriebsräte *Lecher/Platzer/Rüb/Weiner*, Europäische Betriebsräte – Perspektiven ihrer Entwicklung und Vernetzung, 1999; *Blank/Geissler/Jaeger*, Euro-Betriebsräte, 1996. Vgl. zu den rechtlichen Grundlagen der EBR-Richtlinie und zum Subsidiaritätsgrundsatz *Rademacher*, Der Europäische Betriebsrat, S. 79 ff.; *Beckedahl*, Der Europäische Betriebsrat, S. 80 ff.; *Krause*, Jahrbuch Junger Zivilrechtswissenschaftler 1997, S. 122 ff.; *Hanau* in Hanau/Steinmeyer/Wank, § 19 Rz. 22 ff.; *Klebe/Roth*, AiB 2000, 749 ff.; *Sandmann*, Die Euro-Betriebsrats-Richtlinie 94/45/EG, S. 102 ff.; *I. Schmidt*, RdA Beil. zu Heft 5/2001, S. 12 (13). S. zur Umsetzung der EBR-Richtlinie in den EU/EWR-Mitgliedstaaten *Kolvenbach*, NZA 2000, 518 ff.; *Blanke*, EBRG, Anhänge 1–23. |2 EBR-Anpassungsgesetz vom 22.12.1999, BGBl. I S. 2809; s. dazu *Kilian*, RdA 2001, 166 ff. |3 Die Erweiterung des Geltungsbereichs der EBR-Richtlinie auf die zehn neuen Mitgliedstaaten erfolgte ohne Änderung des Richtlinieninhalts und ohne Übergangsfrist zum 1.5.2004, s. dazu *Franzen*, BB 2004, 938. Dasselbe gilt für Bulgarien und Rumänien zum 1.1.2007. |4 Bisher existiert nur punktuell höchstrichterliche Rspr. zum EBR. S. zum Auskunftsanspruch nach § 5 EBRG sowie Art. 11 EBR-Richtlinie EuGH v. 29.3.2001 – Rs. C-62/99 (bofrost), Slg. 2001, I-2579 = NZA 2001, 506 ff. = RdA 2002, 35 m. Anm. *Coen*, AuA 2002, 30 ff.; *Junker*, RdA 2002, 32; *I. Schmidt*, RdA Beil. zu Heft 5/2001, S. 12 (15 f.); EuGH v. 13.1.2004 – Rs. C-440/00 (Kühne & Nagel), BB 2004, 441, dazu BAG v. 29.6.2004 – 1 ABR 32/99, NZA 2005, 118; *Giesen*, RdA 2004, 307 ff.; EuGH v. 15.7.2004 – Rs. C-349/01 (ADS Anker), NZA 2004, 1167; s. dazu *Mayr*, ZESAR 2005, 48; *Hanau* in Hanau/Steinmeyer/Wank, § 19 Rz. 52 f.; s. zur richtlinienkonformen Auslegung des EBRG, *Müller*, § 1 EBRG Rz. 6 ff.; *Blanke*, Einl. EBRG Rz. 33; zur Zuständigkeit bei der Bestellung von Mitgliedern des EBR nach §§ 18 II, 23 BAG v. 18.4.2007 – 7 ABR 30/06, AP Nr. 1 zu § 18 EBRG; s. auch EuGH v. 21.10.1999 – Rs. C-430/98 (Kommission/Luxemburg), Slg. 1999, I-7395.

(3) Sind die Voraussetzungen des Absatzes 1 deshalb nicht erfüllt, weil die an dem in Absatz 1 Satz 1 genannten Stichtag bestehende Vereinbarung nicht alle Arbeitnehmer erfasst, können die Parteien deren Einbeziehung innerhalb einer Frist von sechs Monaten nachholen.

(4) Bestehende Vereinbarungen können auch nach dem in Absatz 1 Satz 1 genannten Stichtag an Änderungen der Struktur des Unternehmens oder der Unternehmensgruppe sowie der Zahl der beschäftigten Arbeitnehmer angepasst werden.

(5) Ist eine Vereinbarung befristet geschlossen worden, können die Parteien ihre Fortgeltung unter Berücksichtigung der Absätze 1, 3 und 4 beschließen.

(6) Eine Vereinbarung gilt fort, wenn vor ihrer Beendigung das Antrags- oder Initiativrecht nach § 9 Abs. 1 ausgeübt worden ist. Das Antragsrecht kann auch ein auf Grund der Vereinbarung bestehendes Arbeitnehmervertretungsgremium ausüben. Die Fortgeltung endet, wenn die Vereinbarung durch eine grenzübergreifende Unterrichtung und Anhörung nach §§ 18 oder 19 ersetzt oder ein Europäischer Betriebsrat kraft Gesetzes errichtet worden ist. Die Fortgeltung endet auch dann, wenn das besondere Verhandlungsgremium einen Beschluss nach § 15 Abs. 1 fasst; § 15 Abs. 2 gilt entsprechend.

(7) Auf Unternehmen und Unternehmensgruppen, die auf Grund der Berücksichtigung von im Vereinigten Königreich Großbritannien und Nordirland liegenden Betrieben und Unternehmen erstmalig die in den §§ 2 und 3 genannten Voraussetzungen erfüllen, sind die Bestimmungen dieses Gesetzes nicht anwendbar, wenn in diesen Unternehmen und Unternehmensgruppen vor dem 15. Dezember 1999 eine Vereinbarung über grenzübergreifende Unterrichtung und Anhörung besteht. Die Absätze 1 bis 6 gelten entsprechend.

Siebter Teil. Besondere Vorschriften; Straf- und Bußgeldvorschriften

42–45

Vom Abdruck wurde abgesehen.

Leitung oder einer anderen, angemessenen Leitungsebene hergestellt werden soll[1]. Die bloß formale Bereitschaft der zentralen Leitung, sich als schweigende „Ölgötzen“ Stellungnahmen und Meinungsäußerungen der EBR-Mitglieder anzuhören, reicht deshalb nicht aus, um eine ordnungsgemäße Anhörung durchzuführen. Das bestätigen nicht zuletzt die anderssprachigen Fassungen der EBR-Richtlinie[2]. Für die Auslegung der Begriffe „Unterrichtung und Anhörung“ kann man sich zudem an den Beratungs- und Unterrichtungsrechten des Wirtschaftsausschusses nach § 106 BetrVG orientieren. Jedoch ist zu beachten, dass die Unterrichtung in § 106 BetrVG und die Beratung in § 108 BetrVG weiter konkretisiert werden als im EBRG und der EBR-Richtlinie. Das EBRG ist im Übrigen nicht nur im nationalen Zusammenhang mit § 108 BetrVG, sondern auch nach Maßgabe der EBR-Richtlinie richtlinienkonform auszulegen, und mit dem EuGH wird hierüber ein Gericht zu entscheiden haben, das nicht im BetrVG „zu Hause“ ist[3].

6 **2. „Arbeitnehmer“** sind gem. § 4 die in § 5 I BetrVG genannten Personen (s. dazu im Einzelnen die Kommentierung zu § 5 BetrVG). Demnach sind **Teilzeitbeschäftigte wie Vollzeitbeschäftigte** zu zählen, während insb. **die leitenden Angestellten** gem. § 5 III BetrVG **nicht erfasst** sind. Leitende Angestellte können aber nach § 11 IV in das Besondere Verhandlungsgremium über die Vereinbarung eines EBR (BVG) aufgenommen werden; zudem können sie nach § 23 VI Gastvertreter in den EBR kraft Gesetzes entsenden. Die Anknüpfung bei der ArbN-Definition an § 5 I BetrVG ist zulässig, da Art. 2 II 1 EBR-RL hinsichtlich der Zählung auf das jeweilige mitgliedstaatliche Recht verweist[4]. Für die Qualifizierung und Zählung von **im Ausland beschäftigten ArbN** gilt dementsprechend das dortige Recht, § 2 IV. Hat also ein deutsches Unternehmen Beschäftigte in einem französischen Betrieb, muss für die Zählung der dortigen ArbN und für die Entsendung ihrer Vertreter an französisches Recht angeknüpft werden und nicht an § 5 I BetrVG, auch wenn der EBR nach deutschem Recht in Deutschland gebildet wird. Die **ArbN-Zählung** erfolgt nach § 4 unter Zugrundelegung des **Durchschnitts der letzten zwei Jahre**. Es müssen im Zweifelsfall also zum Stichzeitpunkt der Initiative bzw. des Antragszugangs nach § 9 die Beschäftigungstage aller ArbN addiert und dann durch die Zahl der auf die letzten zwei Jahre entfallenden Tage (730) dividiert werden[5]. Alternativ dürfte auch die Zugrundelegung von Wochen, Monaten oder notfalls von Schätzungen zulässig sein[6]. Die auf den Zwei-Jahres-Durchschnitt abstellende Regelung wird mit Blick auf den damit uU verbundenen Zählaufwand und die fehlende Berücksichtigung aktueller Entwicklungen (zB nach Unternehmensumstrukturierungen) häufig kritisiert. Deshalb plädiert die herrschende Meinung zu Recht für eine am Sinn und Zweck orientierte Gesetzesauslegung, die bei erheblichen Änderungen in der letzten Zeit vor der Berechnung den letzten Stand der Beschäftigtenzahlen zugrunde legt[7]. Das ist wegen der deutlichen Formulierung des Art. 2 Abs. 2 S. 2 EBR-Richtlinie problematisch; jedoch kann nur so die praktische und effiziente Anwendbarkeit des EBRG und der EBR-Richtlinie sichergestellt werden. Freilich führt diese Lösung zu Rechtsunsicherheit und zwangsläufig zu einem gewissen Ermessensspielraum bei der Berechnung der ArbN-Zahlen.

7 **3. „Unternehmen“ und „Unternehmensgruppe“. „Unternehmen“** ist die jeweils den ArbN beschäftigende rechtl. Einheit, also eine natürliche oder juristische Person. Diese muss „unternehmerisch“ tätig sein. Wenn auch der Unternehmensbegriff des EBRG nicht näher definiert ist, empfiehlt sich ein Rückgriff auf das EU-Wettbewerbsrecht (Art. 81 ff. EG)[8]. Unternehmen ist nach der diesbezüglichen EuGH-Rspr. „**jede eine wirtschaftliche Tätigkeit ausübende Einheit**, unabhängig von ihrer Rechtsform und der Art ihrer Finanzierung“[9]. Damit können auch staatliche Unternehmen erfasst sein, selbst wenn sie in öffentl.-rechtl. Form, zB als Anstalten oder als Behörden, betrieben werden[10]. Nicht erfasst sind hoheit-

---

1 *Müller*, § 1 EBRG Rz. 13 ff.; DKK/*Däubler*, § 1 EBRG Rz. 7; *Blanke*, § 1 EBRG Rz. 20 ff., § 32 Rz. 9 ff., § 33 Rz. 12, § 41 Rz. 12; *Klinkhammer* in *Klinkhammer/Welslau* (Hrsg.), S. 65 (70 f.); *Krause*, Jahrbuch Junger Zivilrechtswissenschaftler 1997, S. 91 (114 f.); *Tap*, Das Gesetz über Europäische Betriebsräte, S. 9 ff.; teilw. abw. *Rademacher*, Der Europäische Betriebsrat, S. 115 f.; *Eckert*, S. 77 ff. | 2 Die englische Fassung spricht von „the right to information and to consultation“ und definiert „consultation“ als „the exchange of views and establishment of dialogue“. Die französische Fassung spricht von „le droit à l'information et à la consultation“ und definiert „consultation“ als „l'échange de vues et l'établissement d'un dialogue“. | 3 Für eine Erweiterung des Begriffs der „Anhörung“ nach dem EBRG gegenüber der „Anhörung“ nach § 102 BetrVG plädiert *Blanke*, § 32 EBRG Rz. 10. | 4 *Müller*, § 4 EBRG Rz. 1 ff.; *Blanke*, § 3 EBRG Rz. 12, § 4 EBRG Rz. 8 ff.; DKK/*Däubler*, § 3 EBRG Rz. 2; *Hanau* in Hanau/Steinmeyer/Wank, § 19 Rz. 55, 92; *Sandmann*, Die Euro-Betriebsrats-Richtlinie 94/45/EG, S. 139 ff.; *I. Schmidt*, RdA Beil. zu Heft 5/2001, S. 12 (14 f.). | 5 *Fitting*, Übersicht EBRG Rz. 11; *Blanke*, § 4 EBRG Rz. 2; MünchArbR/*Joost*, § 366 Rz. 25 ff.; EAS/*Oetker*, B 8300 Rz. 48 ff. | 6 Für die Zulässigkeit von Schätzungen DKK/*Däubler*, § 4 EBRG Rz. 2. | 7 EAS/*Oetker*, B 8300 Rz. 50; *Rademacher*, Der Europäische Betriebsrat, S. 91 ff.; *Müller*, § 4 EBRG Rz. 5; *Fitting*, Übersicht EBRG Rz. 11; *Tap*, S. 29 f.; vgl. auch *Hanau* in Hanau/Steinmeyer/Wank, § 19 Rz. 56; *Bachner/Kunz*, AuR 1996, 81 (83). | 8 *Müller*, § 3 EBRG Rz. 1; *Blanke*, § 1 EBRG Rz. 13, § 2 EBRG Rz. 13; *Giesen*, RdA 2000, 298 (299). Teilweise wird aber auch nicht an das Wettbewerbsrecht angeknüpft, s. etwa DKK/*Däubler*, § 2 EBRG Rz. 2. | 9 St. Rspr., s. zB EuGH v. 11.12.1997 – Rs. C-55/96 (Job Centre), Slg. 1997, I-7119 (7147), Hervorhebung durch den Verf.; *Emmerich* in *Dauses* (Hrsg.), Handbuch des EG-Wirtschaftsrechts, H I Rz. 62 ff.; *Giesen*, RdA 2000, 298 (299); s. zur Anwendung dieses Unternehmensbegriffs im Arbeitsrecht EuGH v. 8.6.1994 – Rs. C-382/92 (Kommission/Vereinigtes Königreich), Slg. 1994, I-2435 (2472 f.). | 10 *Hanau* in Hanau/Steinmeyer/Wank, § 19 Rz. 33 f.; *I. Schmidt*, Betriebliche Arbeitnehmervertretung insbesondere im europäischen Recht, RdA Beil. zu Heft 5/2001, S. 12 (15). AA *Müller*, § 2 EBRG Rz. 9, der nur Unternehmen mit privater Rechtsform erfasst sieht (s. aber *Müller*, § 3 EBRG Rz. 1).

liche Einrichtungen und Kirchen, da diese keine unternehmerische Tätigkeit entfalten. Damit ist wohl eine dem § 118 II BetrVG entsprechende Ausnahmenorm im EBRG nicht erforderlich (vgl. zu § 118 I BetrVG, § 34 EBRG unten Rz. 68). Von der Möglichkeit, Ausnahmen zu Gunsten der Seeschifffahrt zu treffen (Art. 1 Abs. 5 EBR-Richtlinie), hat der deutsche Gesetzgeber keinen Gebrauch gemacht.

„**Unternehmensgruppe**" ist eine Gruppe, die aus einem herrschenden Unternehmen und den von diesem abhängigen Unternehmen besteht, § 6 I EBRG, Art. 2 Ib EBR-RL[1]. Damit ist für die Annahme einer Unternehmensgruppe die Feststellung der Möglichkeit des **beherrschenden Einflusses** eines Unternehmens entscheidend. Das ist unabhängig von der Rechtsform des Unternehmens[2]. Diese wird nach § 6 II (Umsetzung von Art. 3 EBR-Richtlinie) **vermutet**, wenn das Unternehmen bei dem abhängigen Unternehmen mehr als die Hälfte der Verwaltungs-, Leitungs- oder Aufsichtsorganmitglieder bestellen kann oder über eine Stimmrechts- oder Kapitalmehrheit verfügt (vgl. zur Zurechnung mittelbarer Beteiligungen und sonstiger mittelbarer Einflussmöglichkeiten § 6 III)[3]. Im Fall der Mehrfacherfüllung dieser Kriterien bei **unterschiedlichen Personen** kommt es gem. § 6 II 2 auf die Rangfolge der in § 6 II 1 genannten Nummern an. Wenn also ein Unternehmen die Stimmrechtsmehrheit (Nr. 2) innehat und ein anderes Unternehmen über die Kapitalmehrheit (Nr. 3) verfügt, ist das erstgenannte Unternehmen dasjenige mit dem beherrschenden Einfluss. Bei genau gleich hoher 50 %-Erfüllung sämtlicher Bewertungskritierien durch zwei Beteiligte (möglich etwa im Fall von **joint ventures**) greift die Vermutung des § 6 II nicht; soweit auch im Übrigen ein überwiegender beherrschender Einfluss eines der beiden Beteiligten nicht festgestellt werden kann, liegt keine Unternehmensgruppe vor, auf die das EBRG angeangewandtwandt werden könnte[4]. Zur Vermeidung der Annahme von Unternehmensgruppen auf Grund der Beteiligung **institutioneller Anleger** wird in § 6 IV auf die entsprechende Ausnahmeregelung bei der europäischen Fusionskontrolle verwiesen. In Art. 3 Va der FusionskontrollVO (EWG) Nr. 4064/89 werden Finanzinstitute oder Versicherungsgesellschaften von der Fusionskontrolle freigestellt, wenn sie vorübergehend für fremde Rechnung Anteile an Unternehmen halten; lit. c enthält eine ähnliche Regelung für Beteiligungsgesellschaften. Die FusionskontrollVO (EWG) Nr. 4064/89 ist mittlerweile durch die EG-FusionskontrollVO Nr. 139/2004 ersetzt worden, deren Art. 3 Va und c den Regelungen der VorgängerVO entspricht. Es ergeben sich also keine Änderungen.

Auch wenn die Vorschriften über den beherrschenden Einfluss nach § 6 I mit den Vermutungsregeln gem. § 6 II–IV selbständig auszulegen sind, gelten bei der Frage nach der Beherrschung im Prinzip ähnliche Grundbedingungen wie bei der Feststellung eines Unterordnungskonzerns nach § 18 I AktG, der gem. § 54 I 1 BetrVG Voraussetzung für die Bildung des KonzernBR ist. Deshalb finden nach zutreffender Ansicht des BAG das EBRG und die EBR-Richtlinie auf Gleichordnungskonzerne iSd. § 18 II AktG keine Anwendung[5]. Die Gegenansicht knüpft an § 17 I AktG an, will aber offenbar nicht die Zugehörigkeit zur Unternehmensgruppe iSd. § 6 mit derjenigen zum Bereich der einheitlichen Leitung iSd. § 18 I AktG vergleichen[6]. Auf dieser Grundlage wird dann teilweise angedeutet, dass auch bei „Mehrmütterschaften" der Zuordnungstatbestand des EBR-Rechts greife[7]. Dieses letztere Ergebnis ist abzulehnen, weil sich aus § 6 II 2 der deutliche Wille des Gesetzgebers ergibt, für jedes Unternehmen nur eine einzige Gruppenzugehörigkeit herzustellen und nicht mehrere Gruppenzugehörigkeiten, die zu einer Vertretung der ArbN eines Unternehmens in verschiedenen EBR führen würde.

4. „Zentrale Leitung". Die „zentrale Leitung" ist nach § 1 III entweder ein Unternehmen selbst oder das 8
herrschende Unternehmen einer Unternehmensgruppe (s. soeben Rz. 7). Damit ist der Rechtsträger des Unternehmens als natürliche oder juristische Person gemeint und nicht etwa – wie der Begriff zunächst vermuten lässt – ein für ihn tätiges Organ. Dennoch ist die Aufgabe faktisch bei juristischen Personen vom jeweiligen Vertretungsorgan zu erfüllen (zB Vorstand bei der AG, Geschäftsführer bei der GmbH), wobei je nach Gegenstand der Aufgaben auch eine andere geeignete Leitungsebene eingesetzt werden kann (§ 1 IV). Die Gegenansicht, nach der das jeweilig gem. der Unternehmensverfassung zuständige Organ selbst die „zentrale Leitung" ist, hätte die wenig nachvollziehbare Folge, dass zur Durchsetzung von Rechten nach dem EBRG jeweils nicht Unternehmen verklagt werden müssten, sondern ihre Organe, also der Vorstand, der Geschäftsführer etc[8]. Die „zentrale Leitung" ist in allen Regelungen des EBRG über die Schaffung des EBR (insb. durch das Besondere Verhandlungsgremium, BVG) im Zweifel die einschlägige aktiv- und passivlegitimierte Person, egal, ob es etwa um die Erfüllung von Unterrichtungs- und Anhörungsrechten, den Abschluss diesbezüglicher Vereinbarungen oder die Übernahme von Geldleistungspflichten bei der Finanzierung des BVG sowie des EBR geht[9].

---

1 *Blanke*, § 1 EBRG Rz. 14 f. | 2 BAG v. 30.3.2004 – 1 ABR 61/01, NZA 2004, 863. | 3 S. dazu, insbesondere im Vergleich zu § 17 II AktG, BAG v. 30.3.2004 – 1 ABR 61/01, NZA 2004, 863. | 4 BT-Drs. 13/4520, S. 20; *Fitting*, Übersicht EBRG Rz. 20; *B. Gaul*, NJW 1996, 3378 (3379); *Hanau* in Hanau/Steinmeyer/Wank, § 19 Rz. 45; *Müller*, § 6 EBRG Rz. 13; aA *Blanke*, § 6 EBRG Rz. 13; DKK/*Kittner*, § 6 EBRG Rz. 7. | 5 BAG v. 30.3.2004 – 1 ABR 61/01, NZA 2004, 863; *Blanke*, § 6 EBRG Rz. 4 f.; *Fitting*, Übersicht EBRG Rz. 19; *Hanau* in Hanau/Steinmeyer/Wank, § 19 Rz. 47; MünchArbR/*Joost*, § 366 Rz. 16 f.; *Tap*, S. 19 ff.; idS auch BT-Drs. 13/4520, S. 20. | 6 EAS/*Oetker*, B 8300 Rz. 35, 41 ff.; DKK/*Kittner*, § 6 EBRG Rz. 3; *Müller*, § 6 EBRG Rz. 5. | 7 DKK/*Kittner*, § 6 EBRG Rz. 7. | 8 Wie hier *Hanau* in Hanau/Steinmeyer/Wank, § 19 Rz. 37; aA MünchArbR/*Joost*, § 366 Rz. 28; *Müller*, § 1 EBRG Rz. 10. | 9 *Müller*, § 1 EBRG Rz. 10 ff.; *Blanke*, § 1 EBRG Rz. 18 f.; *Rademacher*, Der Europäische Betriebsrat, S. 100 ff.

9 **„Zentrale Leitung“ bei Unternehmen und Gruppen aus Drittstaaten.** Um eine innerhalb des EU/EWR-Raums effiziente Gesetzesanwendung zu gewährleisten, werden nach § 2 II bei außerhalb dieses Gebietes ansässigen Unternehmen oder bei außerhalb dieses Gebietes ansässigen herrschenden Unternehmen von Unternehmensgruppen eigene zentrale Leitungen begründet, s. die entsprechende Fiktion in § 2 II 4. Hier kommt es darauf an, in welchem Mitgliedstaat die nachgeordnete Leitung (zB Europa-Zentrale) liegt, ob ein Vertreter benannt wurde oder wo die meisten ArbN des Unternehmens oder der Unternehmensgruppe beschäftigt sind, § 2 II 1–3 (vgl. Art. 2 Abs. 1 lit. e, Art. 4 EBR-Richtlinie)[1]. Diese Inpflichtnahme eines im EU/EWR-Gebiet gelegenen Unternehmens oder Betriebes als „zentrale Leitung“ kraft gesetzl. Fiktion dient der **lückenlosen Durchsetzung von Unterrichtungs- und Anhörungssystemen**. Deshalb ist insb. der Auskunftsanspruch nach § 5 auch gegen fingierte „zentrale Leitungen“ iSd. § 2 II voll durchsetzbar. In den Fällen „Kühne & Nagel“ sowie „ADS Anker“ hatten sich die in Deutschland ansässigen zentralen Leitungen iSd. § 2 II darauf berufen, sie könnten keine Auskünfte erteilen, weil die außerhalb des EU/EWR-Gebietes ansässige Konzernmutter keine Information herausgebe. Hier hat der EuGH entschieden, dass auch gegen zentrale Leitungen iSd. § 2 II Auskunftsansprüche bestehen, selbst wenn diese im Innenverhältnis keine herrschende Position innehaben (s. zum Auskunftsanspruch nach § 5 unten Rz. 16 ff.)[2].

10 5. Das **„Besondere Verhandlungsgremium“ (BVG)** ist das in §§ 8–16 (vgl. Art. 5 EBR-Richtlinie) vorgesehene, besonders zu bildende Organ der ArbN des Unternehmens oder der Unternehmensgruppe, welches befugt ist, mit der „zentralen Leitung“ (oben Rz. 8 f.) eine Vereinbarung über die Bildung eines „EBR kraft Vereinbarung“ abzuschließen (s. näher unten Rz. 21 ff.).

11 **III. Die erfassten Unternehmen und Unternehmensgruppen. 1. Territoriale Geltungsbereiche von EBR-Richtlinie und EBRG.** EBR werden nach der EBR-Richtlinie gebildet in allen innerhalb des Gebietes von EU und EWR (dazu oben Rz. 1) grenzübergreifend tätigen Unternehmen und Unternehmensgruppen (s. dazu oben Rz. 7). Sämtliche erfassten Staaten sind gem. Art. 11, 14 EBR-Richtlinie verpflichtet, jeweils für ihre Territorien die Richtlinie durch nationale Rechtsvorschriften umzusetzen. Das führt dazu, dass in den EU/EWR-Mitgliedstaaten jeweils eigene EBR-Vorschriften zur Umsetzung der EBR-RL erlassen worden sind; in Deutschland ist dies das EBRG. Die Gesetze regeln prinzipiell nach dem Territorialitätsprinzip das EBR-Recht im jeweiligen nationalen Staatsgebiet[3]. Deshalb gilt das deutsche EBRG gem. seinem § 2 grds. für alle in Deutschland zu bildenden EBR, also für all diejenigen, bei denen die zentrale Leitung gem. §§ 2 ff. (Rz. 8 f.) in Deutschland belegen ist. Ausnahmsw. existieren deutsche Vorschriften, welche für ausländische EBR gelten und ausländische Vorschriften, welche für deutsche EBR gelten. So sind die §§ 11, 18 II, 23 anzuwenden bei der Bestellung der aus Deutschland entsandten Mitglieder für (iÜ nach ausländischem EBR-Recht zu bildende) ausländische BVG oder EBR. Umgekehrt sind die entsprechenden ausländischen Vorschriften anzuwenden bei der Bestellung von aus dem Ausland nach Deutschland entsandten Mitgliedern von (iÜ nach deutschem Recht zu bildenden) deutschen BVG oder EBR. Gleiches gilt nach § 4 für die ArbN-Zählung. Der individualarbeitsrechtl. Schutz der BVG- und EBR-Mitglieder gem. § 40 richtet sich nach der Anwendung deutschen Rechts auf das jeweilige Arbeitsverhältnis, Art. 27 ff., 30 EGBGB. Durch die am 1.5.2004 und am 1.1.2007 vollzogene **EU-Osterweiterung** (s. oben Rz. 1) können sich folgende Auswirkungen auf das EBR-Recht ergeben: Soweit sich der Zuständigkeitsbereich **bereits bestehender EBR** erweitert und eine bestehende Vereinbarung dies nicht berücksichtigt, muss der EBR kraft Vereinbarung (Rz. 20 ff.) in Anwendung der Anpassungsklausel nach § 18 I Nr. 6 umstrukturiert werden; der EBR kraft Gesetzes muss nach §§ 21 f. (Rz. 50 ff.) umstrukturiert werden, wobei die Prüfungsfrist des § 36 II gelten dürfte. Bestehende Vereinbarungen nach § 41 (Rz. 74 ff.) müssen ggf. angepasst werden, wobei hierfür die sechsmonatige Übergangsfrist des § 41 III gelten muss (Anpassung des Regelwerks bis zum 31.10.2004; Erweiterung des erfassten ArbN-Kreises kann danach erfolgen, wobei entspr. § 36 II bis zu zwei Jahre Anpassungsfrist zulässig sein dürften). Soweit durch die EU-Osterweiterung die **Anwendungsvoraussetzungen des EBRG erstmals erfüllt werden**, bestehen die entsprechenden Initiativrechte der ArbN bzw. ArbN-Vertreter nach § 9 ohne Modifizierungen seit dem 1.5.2004 bzw. seit dem 1.1.2007[4].

12 **2. Grenzübergreifende Tätigkeit innerhalb von EU und EWR.** Der Geltungsbereich des EBRG erstreckt sich nach § 2 auf gemeinschaftsweit tätige Unternehmen mit Sitz in Deutschland und auf gemeinschaftsweit tätige Unternehmensgruppen, bei denen der Sitz des herrschenden Unternehmens in Deutschland liegt. Soweit die zentrale Leitung (s. dazu oben Rz. 8 f.) einer Unternehmensgruppe außerhalb des EU/EWR-Gebiets liegt (also zB in den USA, in Japan oder in der Schweiz), greift § 2 II. Danach

---

1 Vgl. MünchArbR/*Joost*, § 366 Rz. 13; *Müller*, § 2 EBRG Rz. 3 ff.; DKK/*Däubler*, § 2 EBRG Rz. 3 f.; *Blanke*, § 2 EBRG Rz. 3 ff.; *Hanau* in Hanau/Steinmeyer/Wank, § 19 Rz. 42. | 2 EuGH v. 13.1.2004 – Rs. C-440/00 (Kühne & Nagel), BB 2004, 441; v. 15.7.2004 – Rs. C-349/01 (ADS Anker), NZA 2004, 1167; BAG v. 29.6.2004 – 1 ABR 32/99, NZA 2005, 118; s. *Junker*, RdA 2002, 32; *Giesen*, RdA 2004, 307; *Hanau* in Hanau/Steinmeyer/Wank, § 19 Rz. 52 f.; *Thüsing*, Beilage zu NZA 2003, Heft 16, S. 41. | 3 S. zur Anknüpfung an das nationale Territorium bei der Anwendung des Betriebsverfassungsrechts BAG v. 27.5.1982 – 6 ABR 28/80, AP Nr. 3 zu § 42 BetrVG 1972; v. 7.12.1989 – 2 AZR 228/89, AP Nr. 27 zu Internat. Privatrecht, Arbeitsrecht m. Anm. *Lorenz*; *Fitting*, § 109 BetrVG Rz. 6 ff.; kritisch dazu DKK/*Däubler*, Einl. BetrVG Rz. 201 ff.; DKK/*Trümner*, § 1 BetrVG Rz. 27 ff.; *Fischer*, RdA 2002, 160 (162 ff.). | 4 *Franzen*, BB 2004, 938.

gilt in diesem Fall das deutsche EBRG, wenn die nachgeordnete Leitung (zB die Europazentrale eines US-Konzerns) in Deutschland liegt. Soweit eine solche Leitung nicht existiert, kommt es gem. § 2 II 2 auf einen von der zentralen Leitung benannten Vertreter an, der zur Anwendung des EBRG seinen Sitz in Deutschland haben muss. Mangels eines Vertreters ist nach Maßgabe von § 2 II 3 das deutsche EBRG anzuwenden, wenn die Unternehmensgruppe in Deutschland mehr Beschäftigte hat als in anderen EU/EWR-Staaten (s. zur Verantwortung der zentralen Leitung iSd. § 2 II oben Rz. 9)[1]. Die außerhalb des EU/EWR-Gebietes liegende zentrale Leitung kann die Aufgabe des Vertreters iSd. § 2 II 2 nicht an sich ziehen. Eine solche Möglichkeit ist im Gesetz nicht vorgesehen und würde dem Sinn und Zweck der Vorschrift zuwiderlaufen, die Rechtsdurchsetzung zu erleichtern[2].

3. Einzelnes Unternehmen. Ein einzelnes Unternehmen muss, um dem EBRG zu unterliegen, mindestens 1000 ArbN im EU/EWR-Gebiet haben, von denen mindestens 150 in je zwei EU/EWR-Mitgliedstaaten beschäftigt sind, § 3 I (deutsche ArbN sind gem. § 4 zu zählen, s.o. Rz. 6). 13

Beispiel: Das Unternehmen X mit Sitz in Deutschland hat innerhalb von EU und EWR insgesamt 1000 ArbN; davon beschäftigt es in Frankreich 150 ArbN und in Deutschland 150 ArbN; der Rest ist in kleineren Gruppen von jeweils unter 150 ArbN auf die EU verteilt. Hier greift das Gesetz gem. § 3 I ein. Wenn aber zB auch in Frankreich unter 150 ArbN beschäftigt sind (also die Zahl 150 nur in einem Staat erreicht wird), gilt das EBRG nicht, auch wenn insgesamt weit über 150 ArbN im EU/EWR-Gebiet außerhalb Deutschlands beschäftigt sind[3]. Die Zahl der ArbN außerhalb des EU/EWR-Gebiets ist ohnehin unerheblich.

4. Unternehmensgruppe. Bei einer Unternehmensgruppe müssen gem. § 3 II ebenfalls mindestens 1000 ArbN im EU/EWR-Gebiet beschäftigt sein, wobei ihr mindestens zwei Unternehmen mit Sitz in verschiedenen Mitgliedstaaten angehören müssen, die jeweils mindestens 150 ArbN in verschiedenen Mitgliedstaaten beschäftigen (Umsetzung von Art. 2 Abs. 1 lit. a, c der EBR-Richtlinie). 14

Beispiel 1: Die Unternehmensgruppe Z steht unter Führung der Z-Holding-GmbH in Deutschland (zentrale Leitung). Die Z-Holding-GmbH hat in Deutschland 40 ArbN. Das in Frankreich ansässige Tochterunternehmen F hat 500 ArbN und das in Italien ansässige Tochterunternehmen I hat 460 ArbN. Hier gilt gem. §§ 2, 3 II das deutsche EBRG, so dass in Deutschland ein EBR gebildet werden kann.

Beispiel 2: Wie soeben, nur hat Z 700 ArbN in Deutschland. Außerdem hat F 100 ArbN in Frankreich und zusätzlich 60 ArbN in Italien. Weiter hat I in Italien 100 ArbN und 60 ArbN in Frankreich. Hier greift § 3 II nicht ein, da keines der Unternehmen „je 150 ArbN in verschiedenen Mitgliedstaaten" beschäftigt. Das entspricht dem Text des Art. 2 Abs. 1 lit. c, 3. Spiegelstrich der EBR-Richtlinie („... mindestens ein der Unternehmensgruppe angehörendes Unternehmen hat mindestens 150 ArbN in einem Mitgliedstaat, und ein weiteres der Unternehmensgruppe angehörendes Unternehmen hat mindestens 150 ArbN in einem anderen Mitgliedstaat"). Deshalb greift § 3 nicht ein (str.)[4].

Beispiel 3: Das deutsche Mutterunternehmen M (850 ArbN) hat ein US-Tochterunternehmen U. U wiederum hat ein Tochterunternehmen F mit Sitz in Frankreich (Enkelunternehmen von M), das 150 ArbN in Frankreich beschäftigt. Hier sind die Anwendungsvoraussetzungen für das EBRG nach § 3 II erfüllt (str.)[5]. Sie würden nur dann nicht greifen, wenn U seine Beschäftigten in Frankreich selbst beschäftigen würde und nicht ein in Frankreich sitzendes Unternehmen. Freilich ist der Unterhalt größerer Betriebsstätten ohne am Ort sitzende Gesellschaften selten.

Beispiel 4: Das Schweizer Mutterunternehmen M hat ein deutsches Tochterunternehmen D, das 700 ArbN in Deutschland und weitere 300 ArbN in Frankreich beschäftigt. Hier greift § 3 II nicht ein, wohl aber – mit D als gemeinschaftsweit tätigem Unternehmen iSd. § 2 I – die Regelung des § 3 I (str.)[6]. Wenn M dagegen ein französisches Tochterunternehmen F mit 300 ArbN und ein deutsches Tochterunternehmen D mit 700 ArbN hat, greift § 3 II, wobei die zentrale Leitung nach § 2 II zu bestimmen ist, im Zweifel also in Deutschland liegt.

Soweit ein dem EBR-Recht unterliegendes Unternehmen oder eine dem EBR-Recht unterliegende Unternehmensgruppe selbst Mitglied einer dem EBR-Recht unterliegenden Unternehmensgruppe ist, wird ein EBR nur auf der höchsten Ebene gebildet; eine **„Verschachtelung" mehrerer EBR** nach dem Muster des „Konzerns im Konzern" ist also nicht vorgesehen (§ 7 EBRG, Art. 1 Abs. 3 EBR-Richtlinie). Sie kann aber – ebenso wie ein dezentrales Verfahren – im Rahmen der Vereinbarung nach §§ 17 ff. freiwillig vereinbart werden[7]. 15

5. Auskunftsanspruch der Arbeitnehmervertretung. a) Nach § 5 Abs. 1. Zur Sicherstellung der aus dem EBRG folgenden Rechte verleiht § 5 I einen Auskunftsanspruch der ArbN-Vertretung gegenüber der in Deutschland ansässigen zentralen Leitung über die durchschnittliche Gesamtzahl der ArbN und ihre 16

---

1 Vgl. BT-Drs. 13/4520, S. 18; *Müller*, § 2 EBRG Rz. 1 ff.; *Blanke*, § 2 EBRG Rz. 1 ff. | 2 AA *Hanau* in Hanau/Steinmeyer/Wank, § 19 Rz. 42. | 3 *Blanke*, § 3 EBRG Rz. 6. | 4 *Müller*, § 3 EBRG Rz. 6; aA mit Blick auf Sinn und Zweck der Regelung DKK/*Däubler*, § 3 EBRG Rz. 5; ebenso wohl *Blanke*, § 3 EBRG Rz. 9. | 5 DKK/*Däubler*, § 3 EBRG Rz. 6; aA *Müller*, § 3 EBRG Rz. 7. | 6 *Sandmann*, Die Euro-Betriebsrats-Richtlinie 94/45/EG, S. 143; aA *Blanke*, § 3 EBRG Rz. 8, der aus Gründen der Gesetzessystematik § 3 II anwenden will. | 7 *Müller*, § 7 EBRG Rz. 1 ff.

Verteilung auf die EU/EWR-Mitgliedstaaten, die Unternehmen und Betriebe sowie über die Struktur des Unternehmens oder der Unternehmensgruppe.

17 **Berechtigte und Verpflichtete des Auskunftsanspruchs. Gläubiger des Auskunftsanspruchs** nach § 5 I ist die „**ArbN-Vertretung**". Da der Begriff nicht näher umschrieben wird und die zugrunde liegende Regelung des Art. 11 Abs. 2 EBR-Richtlinie keine näheren Vorgaben macht, ist damit jede nach deutschem oder ausländischem Recht gebildete ArbN-Vertretung erfasst, welche ArbN des betreffenden Unternehmens oder der Unternehmensgruppe repräsentiert[1]. In Deutschland sind dies der BR, der GesamtBR und der KonzernBR. Hinzu kommen auch eventuell bereits nach dem EBRG konstituierte Organe wie das Besondere Verhandlungsgremium (BVG) und der EBR. Der SprAu vertritt keine „ArbN" iSd. EBRG (s. oben Rz. 6) und ist damit nicht berechtigt. Mangels betriebsverfassungsrechtl. Zuständigkeit sind auch die in §§ 42 ff., 60 ff., 72 f., 73a f., 106 ff. BetrVG sowie in §§ 94 ff. SGB IX vorgesehenen Gremien nicht auskunftsberechtigt. Dasselbe gilt für nicht gesetzl. berufene Vertreter, also bspw. Gewerkschaften oder gewerkschaftliche Vertrauensleute[2]. Die Gegenansicht[3] hat keine Grundlage im Gesetz. **Schuldner des Auskunftsanspruchs** sind nach § 5 die „zentrale Leitung" und die „örtliche Betriebs- oder Unternehmensleitung"[4]. S. zum Begriff der „zentralen Leitung" oben Rz. 8 f.; zur „örtlichen Betriebs- oder Unternehmensleitung" sogleich unter Rz. 18. Die **Durchsetzung** erfolgt im **Beschlussverfahren**, § 2a Nr. 3b ArbGG. Siehe zur Parteifähigkeit der beteiligten Personen und Stellen § 10 ArbGG; örtlich zuständig ist nach § 82 II 1 das Gericht, in dessen Bezirk sich die auskunftspflichtige zentrale Leitung (= Unternehmenssitz) bzw. die auskunftspflichtige örtliche Betriebs- oder Unternehmensleitung befindet[5]. Das Verfahren kann auch von gem. EBRG berechtigten **ausländischen ArbN-Vertretungen** geführt werden[6]. Für eine **einstw. Verfügung** dürfte es regelmäßig am Verfügungsgrund fehlen[7]. Eine Sicherung des Auskunftsanspruchs erfolgt auch durch die Bußgeldvorschrift des § 45 I Nr. 1. Schwierigkeiten können sich ergeben bei der Durchsetzung des Auskunftsanspruchs gegen eine „zentrale Leitung" iSd. § 2 II, also wenn sich die Führung des Unternehmens oder der Unternehmensgruppe **außerhalb des EU/EWR-Gebiets** befindet. Auch in dieser Situation muss von der unbeschränkten Auskunftspflicht der „zentralen Leitung" iSd. § 2 II EBRG ausgegangen werden, selbst wenn die „zentrale Leitung" nicht alle Informationen von der Unternehmens- oder Gruppenleitung erhalten hat (oben Rz. 9). Für den Streitwert gelten dieselben Grundsätze wie beim Streit über einen BR nach BetrVG[8].

18 **b) Nach § 5 Abs. 2.** Nach § 5 II besteht weiter ein Auskunftsanspruch **gegen die „örtliche Betriebs- oder Unternehmensleitung"**. Gläubiger dieses Anspruchs sind ein BR oder ein GesamtBR. Der Begriff der „örtlichen Betriebs- oder Unternehmensleitung" nach § 5 II definiert das jeweilige arbeitgeberseitige Gegenüber des BR oder des GesamtBR. Er umfasst also beim BR den oder die Betriebsinhaber und beim GesamtBR das Unternehmen iSd. § 47 I BetrVG. Durch § 5 II wird es den Vertretungsorganen ermöglicht, ausschließlich in Deutschland und mit deutschen Beteiligten einen Prozess über die Auskunftserteilung zu führen, was insb. dann von Vorteil ist, wenn die Frage nach der Verortung der zentralen Leitung nicht klar zu beantworten ist[9]. Mit § 5 II Hs. 2 wird der örtlichen Leitung eine **Erkundigungspflicht** auferlegt bezüglich aller für die Auskünfte erforderlicher Informationen und Unterlagen. Auch wenn dies im Gesetzestext (und in Art. 11 Abs. 2 EBR-Richtlinie) nicht ganz deutlich gemacht wird, folgt laut EuGH aus dem Grundsatz der praktischen Wirksamkeit („effet utile") auch ein dem § 5 I entsprechender **Auskunftsanspruch** der gem. § 5 auf Auskunftserteilung in Anspruch genommenen **Unternehmen gegen die anderen Unternehmen** einer Unternehmensgruppe. Das ergibt sich auch aus einer richtlinienkonformen Auslegung nach Art. 4, 14 EBR-Richtlinie[10]. Dies umfasst auch Ansprüche der „zentralen Leitung" iSd. § 2 II gegen die Übrigen innerhalb des EU/EWR-Raums ansässigen Unternehmen und der örtlichen Leitung gegenüber der zentralen Leitung iSd. § 2 II[11]. Das Bestehen und die Durchsetzbarkeit des Anspruchs sind vor allem von Bedeutung, wenn sich die zentrale Leitung oder die örtliche Leitung gegenüber dem BR oder GesamtBR auf die fehlende Beschaffbarkeit von Informationen und Unterlagen beruft, Soweit sie entsprechende Erkundigungs- und Recherchemöglichkeiten hat, kann sie sich deshalb wegen des Auskunftsanspruchs nicht auf Unvermögen nach § 275 BGB berufen[12].

19 **c) Gegenstand des Auskunftsanspruchs** sind nach § 5 I „die durchschnittliche Gesamtzahl der ArbN und ihre Verteilung auf die Mitgliedstaaten, die Unternehmen und Betriebe sowie ... die Struktur des Unternehmens oder der Unternehmensgruppe". Erfasst sind damit inhaltlich die Modalitäten für die Anwendung des EBRG nach § 1 III, §§ 2–4 und § 6. Die in § 5 I genannte „Struktur" bezieht sich deshalb

---

1 *Müller*, § 5 EBRG Rz. 2; DKK/*Däubler*, § 5 EBRG Rz. 2; *Blanke*, § 5 EBRG Rz. 2. | 2 *Müller*, § 5 EBRG Rz. 2. | 3 DKK/*Däubler*, § 5 EBRG Rz. 2; *Blanke*, § 5 EBRG Rz. 2. | 4 § 5 geht insofern wohl über die Anforderungen der EBR-Richtlinie hinaus, vgl. *Franzen*, SAE 2004, 335 (338). | 5 Vgl. *Hanau* in Hanau/Steinmeyer/Wank, § 19 Rz. 41; EAS/*Oetker*, B 8300 Rz. 242 ff.; BT-Drs. 13/4520, S. 29. | 6 DKK/*Däubler*, § 5 EBRG Rz. 6 f.; *Blanke*, § 5 EBRG Rz. 6 f. | 7 Für die Durchsetzung im Wege der einstweiligen Verfügung äußert sich *Blanke*, § 5 EBRG Rz. 6. | 8 LAG Hamm v. 28.4.2005 – 10 TaBV 35/05, nv. | 9 MünchArbR/*Joost*, § 366 Rz. 43; DKK/*Däubler*, § 5 EBRG Rz. 4a; *Blanke*, § 5 EBRG Rz. 3; in diesem Sinne auch EuGH v. 15.7.2004 – Rs. C-349/01 (ADS Anker), NZA 2004, 1167. | 10 EuGH v. 13.1.2004 – Rs C-440/00 (Kühne & Nagel), BB 2004, 441; v. 15.7.2004 – Rs. C-349/01 (ADS Anker), NZA 2004, 1167; BAG v. 29.6.2004 – 1 ABR 32/99, NZA 2005, 118; *Giesen*, RdA 2004, 307; *Stoffels*, GS Heinze, 885 (896 f.). | 11 EuGH v. 15.7.2004 – Rs. C-349/01 (ADS Anker), NZA 2004, 1167; *Mayr*, ZESAR 2005, 48. | 12 BAG v. 29.6.2004 – 1 ABR 32/99, NZA 2005, 118; *Giesen*, RdA 2004, 307.

gem. der EuGH-Rspr. nicht nur auf die Identität der Unternehmen, sondern auch auf ihre nach § 6 relevanten Beherrschungsstrukturen einschließlich der ggf. entscheidenden Fakten über die Vermutungstatbestände des § 6 II und III. Nur so lässt sich das gesetzl. Ziel erreichen, einen exakt auf das betreffende Unternehmen bzw. die betreffende Unternehmensgruppe zugeschnittenen EBR zu bilden[1]. Laut EuGH können darüber hinaus auch Namen und Anschriften der ausländischen ArbN-Vertretungen verlangt werden[2].

Auskunftspflicht trotz Ungewissheit über die Anwendbarkeit des EBRG. Probleme ergeben sich, wenn nicht das „Wie" der EBR-Bildung fraglich ist, sondern bereits das „Ob". Dann kann im Zweifel erst die Auskunft nach § 5 klären, ob das EBRG anzuwenden ist oder nicht. Nur nach Prüfung der ArbN-Zahlen und der Beherrschungsverhältnisse in einem Unternehmen oder einer Unternehmensgruppe kann die Frage beantwortet werden, ob die Voraussetzungen der § 1 III, §§ 2–4 und § 6 erfüllt sind. Nach den Vorgaben der richtlinienkonformen Auslegung ist § 5 mithilfe von Art. 11 Abs. 1, 2 EBR-Richtlinie auszulegen. Hierzu hat der EuGH mit Blick auf die praktische Wirksamkeit („effet utile") der Richtlinie entschieden, dass ein zu einer Unternehmensgruppe gehörendes Unternehmen auch dann zur AuskunftserAuskunftserteilungteilung verpflichtet ist, „wenn noch nicht feststeht, ob es sich bei der Unternehmensleitung, an die sich die ArbN wenden, um die Leitung eines innerhalb der Unternehmensgruppe herrschenden Unternehmens handelt." Hierzu gehört auch die Übermittlung von Unterlagen, welche die für die Feststellung der jeweiligen Tatbestände (insb. der Beherrschungsverhältnisse) notwendigen Fakten präzisieren und verdeutlichen[3]. Das bedeutet laut BAG, dass der Auskunftsanspruch bereits dann besteht, wenn die Anwendbarkeit des EBRG mit einer „gewissen tatsächlichen Wahrscheinlichkeit" gegeben ist[4].

IV. Der EBR kraft Vereinbarung. 1. Der EBR kraft Vereinbarung als gesetzlicher Regeltatbestand. 20
Bereits oben Rz. 2 ist das dreistufige Regelungssystem zur Schaffung des EBR dargestellt worden, welches besteht aus Vertretungsgremien aus der Zeit bis zum 21.9.1996, aus dem EBR kraft Vereinbarung und aus dem – bei fehlender Einigung zu bildenden – EBR kraft Gesetzes. Das EBRG und die EBR-Richtlinie gehen vom EBR kraft Vereinbarung als Regeltatbestand aus (§§ 8–16 EBRG, Art. 5 EBR-Richtlinie). Die Vertretungsgremien aus der Zeit bis zum 21.9.1996 sind trotz fortbestehender Bedeutung nur in Übergangsvorschriften geregelt (s. dazu § 41 EBRG, Art. 13 EBR-RL, unten Rz. 74 ff.), und der EBR kraft Gesetzes wird subsidiär für den – unerwünschten – Fall gebildet, dass sich die Beteiligten nicht auf eine Vereinbarung verständigen (§§ 1 I, 21–37 EBRG, Art. 7 EBR-RL und Anhang, unten Rz. 50 ff.). S. zur **EU-Osterweiterung** Rz. 11.

2. Das Besondere Verhandlungsgremium (BVG). a) Allgemeines. Die Entstehung des EBR kraft Vereinbarung erfolgt nach §§ 8–16 (Art. 5 EBR-Richtlinie) durch einen Vertrag (deshalb „Vereinbarung") zwischen der zentralen Leitung des Unternehmens bzw. der Unternehmensgruppe (s. dazu oben Rz. 8 f.) und dem „Besonderen Verhandlungsgremium" (BVG). Das BVG ist ein gesetzl. **Gründungsorgan**; es wird gem. § 8 I ausschließlich zum Zweck des Vereinbarungsschlusses mit der zentralen Leitung über den EBR gebildet. Nur der EBR kraft Gesetzes hat nach § 37 bei der Aufnahme neuerlicher Verhandlungen über die Einsetzung eines EBR kraft Vereinbarung weitgehend gleiche Aufgaben und Rechte wie das BVG[5]. 21

Ähnlich wie sonst im Betriebsverfassungsrecht sind zentrale Leitung und BVG nach § 8 III zur **vertrauensvollen Zusammenarbeit** verpflichtet. Das BVG hat zur Erfüllung seiner Aufgaben gegen die zentrale Leitung einen **Auskunftsanspruch** nach § 8 II, der (vergleichbar mit dem Anspruch nach § 5, s.o. Rz. 16 ff.) aufgabenbezogen ist. Er umfasst zum einen diejenigen Gegenstände, welche als Tatbestände der §§ 1 ff. Voraussetzungen für die Erfüllung der gesetzl. Rahmenbedingungen einer wirksamen und rechtmäßigen Vereinbarung sind. Weiter ist für alle Gegenstände der §§ 8–16 ein Informationsanspruch begründet, der sich bspw. auf die Nennung der in § 11 erfassten ArbN-Vertreter bezieht[6]. Im Übrigen

---

1 EuGH v. 29.3.2001 – Rs. C-62/99 (bofrost), Slg. 2001, I-2579 = NZA 2001, 506 ff. = RdA 2002, 35 m. Anm. *Coen*, AuA 2002, 30 ff. und Anm. *Thüsing/Leder*, SAE 2002, 171 ff.; bestätigt in EuGH v. 15.7.2004 – Rs. C-349/01 (ADS Anker), NZA 2004, 1167; BAG v. 30.3.2004 – 1 ABR 61/01, NZA 2004, 863; *Junker*, RdA 2002, 32; *Hanau* in Hanau/Steinmeyer/Wank, § 19 Rz. 51. | 2 EuGH v. 13.1.2004 – Rs C-440/00 (Kühne & Nagel), BB 2004, 441, dazu *Giesen* RdA 2004; BAG v. 29.6.2004 – 1 ABR 32/99, NZA 2005, 118; v. 30.3.2004 – 1 ABR 61/01, NZA 2004, 863; LAG Hamburg v. 30.6.1999 – 8 TaBV 4/99, AiB 2000, 43 (40) m. Anm. *Kunz*. Vorlagebeschluss BAG v. 27.6.2000 – 1 ABR 32/99 (A), AP Nr. 1 zu EWG-RL 94/45 = BB 2001, 414; s. dazu *Hanau* in Hanau/Steinmeyer/Wank, § 19 Rz. 52 f. | 3 EuGH v. 15.7.2004, Rs. C-349/01 (ADS Anker), NZA 2004, 1167; v. 29.3.2001 – Rs. C-62/99 (bofrost), Slg. 2001, I-2579 = NZA 2001, 506 ff. = RdA 2002, 35 m. Anm. *Coen*, AuA 2002, 30 ff.; BAG v. 30.3.2004 – 1 ABR 61/01, NZA 2004, 863; ebenso *Joost*, ZIP 2004, 1034; *Junker*, Neues zum Europäischen Betriebsrat, RdA 2002, 32; MünchArbR/*Joost*, § 366 Rz. 44. S. auch den Vorlagebeschluss BAG v. 27.6.2000 – 1 ABR 32/99 (A), AP Nr. 1 zu EWG-RL 94/45 = BB 2001, 414; *Hanau* in Hanau/Steinmeyer/Wank, § 19 Rz. 52 f. S. dazu aus Schweizer Sicht *Stöckli*, Betriebliche Arbeitnehmervertretung im schweizerischen und im europäischen Recht, RdA Beil. zu Heft 5/2001, S. 5 (9 f.). | 4 BAG v. 30.3.2004 – 1 ABR 61/01, NZA 2004, 863. | 5 *Müller*, § 37 EBRG Rz. 2; *Blanke*, § 37 EBRG Rz. 4 f. | 6 *Müller*, § 8 EBRG Rz. 2. Teilweise wird der Auskunftsanspruch auf ausländische Sachverhalte ausgedehnt, welche die von dort entsandten BVG-Mitglieder kennen, s. die Aufzählungen bei DKK/*Klebe*, § 6 EBRG Rz. 4 ff.; *Blanke*, § 8 EBRG Rz. 6 ff.

bestehen gesonderte Auskunftsansprüche nach § 9 III, § 12 S. 2. Entsprechend den Informationsmöglichkeiten des BVG besteht die **Verschwiegenheitspflicht** seiner Mitglieder nach § 39 III Nr. 1, § 44.

22 **b) Schutz aus Deutschland entsandter BVG-Mitglieder.** Die in Deutschland beschäftigten BVG-Mitglieder eines in- oder ausländischen BVG genießen den gleichen persönlichen **Schutz wie BR-Mitglieder**[1]. Ob ein Arbeitsverhältnis deutschem Recht unterliegt, richtet sich nach Art. 27 ff., 30 EGBGB. Zugunsten der BVG-Mitglieder greift nach § 40 der Kündigungsschutz gem. § 15 KSchG. Im Übrigen gelten für sie gem. § 40 EBRG die § 37 I–V, § 78, § 103 BetrVG. Die Anwendung von § 37 VI, VII BetrVG über die Teilnahme an Schulungs- und Bildungsveranstaltungen ist damit ausgeschlossen. Darin liegt keine Verletzung von Art. 10 EBR-Richtlinie, da es bei § 37 VI, VII BetrVG nicht um den Schutz der EBR-Mitglieder geht und auch nicht um die Ermöglichung der Sitzungsteilnahme geht[2]. Die **Behinderung der Arbeit** der Mitglieder eines gem. EBRG errichteten BVG stellt nach Maßgabe der §§ 43–45 einen Bußgeld- oder Straftatbestand dar.

23 **c)** Die **Bildung des BVG** erfolgt nach §§ 9 f. Sie wird von den ArbN oder ihren Vertretern (s. dazu oben Rz. 9, 17) schriftl. bei der zentralen Leitung beantragt oder erfolgt auf Initiative der zentralen Leitung. Der ArbN-Antrag und die Initiative der zentralen Leitung bewirken den Beginn der 6-Monats-Frist und der 3-Jahres-Frist des § 21, nach deren Ablauf der EBR kraft Gesetzes zu errichten ist (s.u. Rz. 51)[3]. Der ArbN-Antrag muss von mindestens 100 ArbN oder ihren Vertretern aus mindestens zwei Betrieben oder Unternehmen verschiedener Mitgliedstaaten unterschrieben werden, s. im Einzelnen § 9. Die ArbN-Zahlen aus mehreren Anträgen können nach § 9 II 2 addiert werden; jedoch müssen die Anträge in einem zeitlichen Zusammenhang gestellt worden sein, um als Einheit zusammengenommen werden zu können[4]. Weiter ist bei Auslaufen einer bestehenden Vereinbarung nach § 41 bzw. Art. 13 EBR-Richtlinie auch das hiernach gebildete Vertretungsgremium antragsberechtigt, § 41 VI 2.

24 **Beispiel zur Stimmenzählung nach § 9:** Eine Unternehmensgruppe mit zentraler Leitung in Deutschland hat einen Betrieb mit 99 ArbN sowie einen weiteren Betrieb mit 51 ArbN in Deutschland; des Weiteren hat sie einen Betrieb mit 850 ArbN in Frankreich. § 3 ist damit erfüllt. Wenn ein Antrag von dem 99 deutsche ArbN repräsentierenden BR des erstgenannten Betriebs und ein weiterer Antrag von einem einzelnen französischen ArbN gestellt wird, ist das BVG gem. § 9 wirksam beantragt[5]. S. zur Zählung der deutschen ArbN oben Rz. 6.

25 Die **Zusammensetzung des BVG** richtet sich nach § 10. Aus jedem Staat mit einem Betrieb wird ein ArbN-Vertreter entsandt. Die Zahl der Vertreter erhöht sich jeweils um einen, wenn in dem Staat mindestens 25, 50 oder 75 % der ArbN des Unternehmens oder der Unternehmensgruppe beschäftigt sind. In dem soeben in Rz. 24 genannten Beispiel des deutsch-französischen Unternehmens erfolgt die Bildung des BVG zwar in Deutschland. Da aber in Frankreich 85 % der ArbN beschäftigt sind, werden von dort vier Vertreter und aus Deutschland nur ein Vertreter entsandt. Insgesamt ergibt sich damit bei Tätigkeit von Unternehmen oder Unternehmensgruppen in 30 EU-/EWR-Mitgliedstaaten und entsprechender Gewichtung der ArbN-Verteilung eine Höchstzahl von denkbaren 33 Mitgliedern des BVG. Nach § 10 III können (und sollten, um eine effektive ArbN-Vertretung sicherzustellen) zusätzlich **Ersatzmitglieder** bestellt werden[6]. Für die **Kosten der Antragstellung** besteht entgegen einer öfter geäußerten Gegenansicht[7] keine Ersatzpflicht des ArbGeb; sie sind nicht durch § 16 erfasst[8]. Streitigkeiten über die Antragstellung sind im arbeitsgerichtl. **Beschlussverfahren** zu entscheiden, § 2a Nr. 3b ArbGG[9]. S. zur Parteifähigkeit der beteiligten Personen und Stellen § 10 ArbGG; örtlich zuständig ist nach § 82 II 1 ArbGG das Gericht, in dessen Bezirk sich der Antragsgegner befindet, also der Unternehmenssitz des Unternehmens, das vom Antragsteller als zentrale Leitung angesehen wird[10]. Sofern es um besondere Beteiligungsrechte von deutschen ArbN-Vertretungen etwa nach § 11 II geht, gelten die für sie einschlägigen Zuständigkeitsregeln, § 82 I ArbGG (s. auch Rz. 53)[11].

26 Die **Bestellung der BVG-Mitglieder** richtet sich gem. Art. 5 Abs. 2 lit. a EBR-Richtlinie nach den jeweiligen Regeln in demjenigen Mitgliedstaat, aus dessen Gebiet die Mitglieder entsandt werden. Deshalb regelt § 11 auch nur die Bestellung von BVG-Mitgliedern aus Deutschland[12]. Das bedeutet, dass in dem

---

1 Vgl. dazu. EAS/*Oetker*, B 8300 Rz. 234 ff.; MünchArbR/*Joost*, § 367 Rz. 89 ff.; *Blanke*, § 40 EBRG Rz. 2 ff. | **2** Gesetzesbegründung BT-Drs. 13/5021, S. 5, 9; *Müller*, § 40 EBRG Rz. 5; MünchArbR/*Joost*, § 367 Rz. 92; *B. Gaul*, NJW 1996, 3378 (3384); EAS/*Oetker*, B 8300 Rz. 237 ff.; aA DKK/*Kittner*, § 40 EBRG Rz. 2, und *Blanke*, § 40 EBRG Rz. 3, die einen Anspruch auf Schulungs- und Bildungsveranstaltungen aus § 37 II BetrVG herleiten wollen; zurückhaltend hierzu MünchArbR/*Joost*, § 367 Rz. 92. | **3** *Müller*, § 21 EBRG Rz. 3; *Blanke*, § 21 EBRG Rz. 8; DKK/*Kittner*, § 21 EBRG Rz. 5; s. auch *Kunz*, AiB 1997, 267 (273 f.). | **4** EAS/*Oetker*, B 8300 Rz. 85; *Müller*, § 9 EBRG Rz. 4; *Blanke*, § 9 EBRG Rz. 2; DKK/*Klebe*, § 9 EBRG Rz. 3. | **5** Beispiel nach *Fitting*, Übersicht EBRG Rz. 26; vgl. auch *Blanke*, § 9 EBRG Rz. 3. | **6** Vgl. *Blanke*, § 10 EBRG Rz. 9 ff.; *Müller*, § 11 EBRG Rz. 2 ff. | **7** DKK/*Klebe*, § 9 EBRG Rz. 3; *Blanke*, § 9 EBRG Rz. 8. | **8** Nach ArbG Hamburg v. 17.4.1997 – 4 BV 1/97, ArbuR 1997, 374, fallen die Reisekosten, die ein KonzernBR-Mitglied bei der Reise zu einem EBR-Vorbereitungstreffen verursacht, als notwendige Kosten des KonzernBR dem ArbGeb zur Last. Dem steht der klare Wortlaut der §§ 40 I, 59 I BetrVG entgegen. | **9** *Blanke*, § 9 EBRG Rz. 10. | **10** Vgl. *Hanau* in Hanau/Steinmeyer/Wank, § 19 Rz. 41; EAS/*Oetker*, B 8300 Rz. 242 ff.; BT-Drs. 13/4520, S. 29. | **11** IdS BAG v. 18.4.2007 – 7 ABR 30/06, AP Nr. 1 zu § 18 EBRG, betr. den Streit um die Zusammensetzung eines EBR nach §§ 18 II, 23. | **12** *Fitting*, Übersicht EBRG Rz. 32; DKK/*Klebe*, § 11 EBRG Rz. 1; *Müller*, § 11 EBRG Rz. 1.

oben Rz. 24 genannten Beispiel die Errichtung des BVG und die Entsendung des Mitglieds aus Deutschland nach deutschem Recht erfolgt. Die Bestellung der vier französischen Mitglieder richtet sich dagegen nach französischem Recht. Ist andererseits ein BVG im EU/EWR-Ausland zu bilden und sollen deutsche Mitglieder entsandt werden, gilt umgekehrt für deren Bestellung § 11. Gem. § 11 I ist bei Unternehmen zunächst der GesamtBR zuständig und ersatzweise der BR. Bei Unternehmensgruppen ist nach näherer Maßgabe von § 11 II, III zunächst der KonzernBR zuständig. Soweit dieser nicht alle ArbN repräsentiert, greift subsidiär die Zuständigkeit der nächstkleineren Organe, also der jeweils die gruppenzugehörigen ArbN repräsentierenden GesamtBR und BR[1]. Nach § 11 IV sind auch **leitende Angestellte** in das BVG wählbar, obwohl sie nicht wahlberechtigt sind (s.o. Rz. 6; vgl. zur Entsendung leitender Angestellter zum EBR kraft Gesetzes § 23 VI, dazu Rz. 6, 58). **Frauen und Männer** sind nach § 11 V entsprechend ihrem **zahlenmäßigen Verhältnis** zu bestellen. Da es sich um eine „Soll"-Vorschrift handelt, ist ihre Nicht-Befolgung allerdings (wie bei § 15 II BetrVG aF) sanktionslos[2]. Durch Vereinbarung zwischen zentraler Leitung und BVG können gem. § 14 auch **BVG-Mitglieder aus Drittstaaten** einbezogen werden[3]. §§ 9 ff. beschränken den Kreis der möglichen BVG-Mitglieder (anders als beim EBR kraft Gesetzes nach § 22 I 1, s.u. Rz. 55) nicht auf die Beschäftigten des Unternehmens bzw. der Unternehmensgruppe, so dass auch externe Vertreter, zB aus Gewerkschaften, entsandt werden können.

Das BVG hat – ähnlich wie der BR – keine Rechtspersönlichkeit, sondern lediglich eine aufgabenbezogen beschränkte **Rechtsfähigkeit**[4]. Das BVG **endet** mit dem Abschluss einer Vereinbarung nach §§ 17 ff., mit der Bildung eines EBR kraft Gesetzes nach §§ 21 ff. oder mit der Beschlussfassung nach § 15 (arg. § 15 II)[5]. **Streitigkeiten über die Wirksamkeit der Bildung des BVG** sind nach § 19 BetrVG analog zu beantworten und im arbeitsgerichtl. **Beschlussverfahren** zu entscheiden, § 2a Nr. 3b ArbGG[6]. Hinsichtlich der Rechtmäßigkeit der Bestellung der ArbN-Vertreter gelten die Grundsätze über die Anfechtung von BR-Wahlen entsprechend[7]. Siehe zur Parteifähigkeit der beteiligten Personen und Stellen § 10 ArbGG; örtlich zuständig ist gem. § 82 II 1 ArbGG das Gericht, in dessen Bezirk sich die zentrale Leitung befindet, bei der das BVG eingerichtet wird; soweit dies streitig ist, ist entscheidend der Unternehmenssitz des Unternehmens, das vom Antragsteller als zentrale Leitung angesehen wird[8]. **27**

d) Die **Stimmgewichtung** im BVG richtet sich nach den Köpfen des BVG, welches gem. § 13 III **mit einfacher Mehrheit** entscheidet. Dabei kommt es – anders als bei § 28 S. 1 – nicht auf die Mehrheit der anwesenden Mitglieder an, sondern auf die Mehrheit der BVG-Mitglieder (vgl. die 2/3-Regelung beim Beschluss über die Beendigung von Verhandlungen nach § 15 I 1)[9]. **28**

Die Regelung des § 11 I–III ist wegen der möglichen **Verletzung des demokratischen Prinzips sowie des Gleichheitssatzes** nicht unproblematisch. Zum einen ist es denkbar, dass in Gemeinschaftsbetrieben Vertreter von BR entsandt werden, die nicht (nur) von Unternehmensangehörigen gewählt wurden. Zum anderen werden auch solche ArbN durch das BVG repräsentiert, die in Betrieben ohne BR tätig sind und deshalb nicht – auch nicht mittelbar – auf die Konstituierung des EBR durch das BVG Einfluss nehmen können[10]. Weitere Ungleichgewichte ergeben sich daraus, dass im BVG die Menge der vertretenen ArbN nur unzureichend in § 10 II berücksichtigt wird, da sich die Stimmgewichtung nicht nach der Zahl der vertretenen ArbN, sondern nach den Köpfen des BVG richtet. Zur Rechtfertigung dessen wird meist angeführt, dass der Grundsatz der nationalen **Repräsentativität** (also der Vertretung der ArbN jedes Mitgliedstaates durch mindestens ein BVG-Mitglied) Vorrang haben dürfe vor dem Grundsatz der **Proportionalität** (der Stimmverteilung der BVG-Mitglieder nach ArbN-Zahlen)[11]. Das ist fragwürdig, denn es ist denkbar, dass selbst bei einem Ein-Mann-Betrieb aus einem Mitgliedstaat der dort beschäftigte ArbN sich selbst in das BVG entsenden kann[12]. Im theoretischen Extremfall ist so die Dominierung eines 33-Personen-BVG durch 28 sich selbst vertretende ArbN aus 28 Staaten möglich, welche ohne **29**

1 S. näher EAS/*Oetker*, B 8300 Rz. 92 ff.; *Müller*, § 11 EBRG Rz. 4 ff.; MünchArbR/*Joost*, § 366 Rz. 53 ff.; *Blanke*, § 11 EBRG Rz. 5 ff.; *Tap*, S. 45 ff. | 2 *Müller*, § 11 EBRG Rz. 11; MünchArbR/*Joost*, § 366 Rz. 65, § 367 Rz. 12; EAS/*Oetker*, B 8300 Rz. 96. | 3 *Müller*, § 14 EBRG Rz. 1 f.; *Fitting*, Übersicht EBRG Rz. 39; *Blanke*, § 14 EBRG Rz. 2 f. | 4 Hier gilt dasselbe wie zum EBR, s. dazu DKK/*Däubler*, § 18 EBRG Rz. 14a. | 5 EAS/*Oetker*, B 8300 Rz. 79; *Müller*, § 8 EBRG Rz. 1, § 15 EBRG Rz. 3; aA *Weiss*, AuR 1995, 438 (441). | 6 *Blanke*, § 11 EBRG Rz. 20 f.; *Müller*, § 11 EBRG Rz. 12 f.; DKK/*Klebe*, § 11 EBRG Rz. 11. | 7 BAG v. 18.4.2007 – 7 ABR 30/06, AP Nr. 1 zu § 18 EBRG; *Blanke*, EBRG, § 23 Rz. 10; *Müller*, EBRG, § 23 Rz. 6 (betr. den EBR kraft Vereinbarung bzw. kraft Gesetzes). | 8 Vgl. *Hanau* in Hanau/Steinmeyer/Wank, § 19 Rz. 41; EAS/*Oetker*, B 8300 Rz. 242 ff. | 9 DKK/*Klebe*, § 13 EBRG Rz. 9 f.; vgl. auch *Müller*, § 10 EBRG Rz. 3, § 17 EBRG Rz. 6. | 10 Kritik hieran bei *B. Gaul*, NJW 1996, 3378 (3380); *Bachner/Kunz*, AuR 1996, 81 (84). | 11 Vgl. *Blanke*, § 10 EBRG Rz. 2 ff.; *Müller*, § 10 EBRG Rz. 2 ff.; *Tap*, S. 40 ff. | 12 Dieser Fall ist nicht theoretisch. So berichtet *Tom Hayes*, Richtlinie und Realität: Eindrücke von EBR-Verhandlungen in den letzten fünf Jahren in EGB (Hrsg.), Europäische Betriebsräte, Konferenz Paris, 20./21.11.2000, S. 23, von einem BVG, welches nur 700 von 20 000 ArbN repräsentierte. „Dazu kam es, weil das Gros der Belegschaft in drei Ländern konzentriert war, das Unternehmen jedoch Vertriebs- und Marketingstrukturen in praktisch allen anderen EU-Ländern hatte. In einem der Länder gab es nur einen Angestellten, der beschloss, an den BVG-Sitzungen teilzunehmen und darum über eine Stimme verfügte. Dies ist das drastischste Beispiel, das ich erlebt habe, aber ich habe viele Fälle gesehen, wo die BVG äußerst ungleich zusammengesetzt waren. Das BVG-Verfahren verleiht Minderheiten unverhältnismäßig großen Einfluss."

Mühe vier andere Mitglieder (§ 10 I, II) überstimmen können, die gemeins. eventuell tausende ArbN aus den zwei weiteren Mitgliedstaaten vertreten.

30 **e) Konstituierung und Verfassung des BVG.** Das BVG informiert die zentrale Leitung gem. § 12 über seine Zusammensetzung, und die zentrale Leitung hat diese Informationen an die in den einzelnen Staaten befindlichen örtlichen Leitungen, ArbN-Vertretungen (s.o. Rz. 17) und die dort vertretenen Gewerkschaften weiterzureichen. Nach § 13 I 1 **lädt die zentrale Leitung** unverzüglich nach Benennung der BVG-Mitglieder **zur konstituierenden Sitzung ein.** Soweit die Ladung nicht unverzüglich erfolgt, muss das BVG selbst die Aufgabe der Ladung übernehmen können, da es ansonsten zu unzulässigen Verzögerungen der Zusammenkunft kommen könnte[1]. Die **Bestellung eines BVG-Vorsitzenden**, der (freigestellte) Erlass einer Geschäftsordnung, die Unterstützung durch Sachverst. (unter Einschluss von Beauftragten von Gewerkschaften) und die Durchführung von Verhandlungen richten sich nach § 13. Die Wahl eines **stellvertretenden Vorsitzenden** ist zulässig (auch ohne gesetzl. Regelung) und empfiehlt sich aus praktischen Gründen[2]. Zu beachten ist, dass wie bei § 80 III BetrVG **Sachverständige nur bei entsprechender Erforderlichkeit** herangezogen werden können. Die Erforderlichkeit muss sich aus der Erheblichkeit und der Schwierigkeit der jeweiligen Fragen ergeben[3]. Die Ansicht, dass die Erforderlichkeit eines Sachverst. grds. immer gegeben sei und nicht begründet werden müsse[4], hat keine gesetzl. Grundlage; dasselbe gilt für den Wunsch nach einer Vermehrung der Sachverständigenzahlen[5]. Nach § 13 II ist jeweils nur eine BVG-Sitzung vor einer Verhandlung mit der zentralen Leitung zugelassen; im Interesse einer effizienten BVG-Arbeit wird man aber darüber hinaus – soweit erforderlich – auch zusätzliche BVG-Sitzungen zulassen müssen[6]. Da eine Vorschrift über **Öffentlichkeit oder Nichtöffentlichkeit** der Sitzung fehlt (vgl. zB § 27 I 5), dürfte diese Frage dem BVG überlassen sein, und zwar für beide in § 13 II genannten Sitzungsteile, dh. ohne und mit zentraler Leitung. Jedoch besteht bei hergestellter Öffentlichkeit nach § 39 nur eine beschränkte Offenbarungspflicht der zentralen Leitung (s. Rz. 40). Teilweise wird dagegen vertreten, BVG und zentrale Leitung hätten gemeins. darüber zu befinden[7] oder das Gesetz (§ 30 S. 4 BetrVG analog) sehe die Nichtöffentlichkeit vor[8]. **Kosten und Sachaufwand des BVG** trägt nach § 16 I die zentrale Leitung. Diese Verpflichtung umfasst insb. „in erforderlichem Umfang" die für die Sitzungen benötigten Räume, sachlichen Mittel, Dolmetscher und Büropersonal sowie die erforderlichen Reise-, Verpflegungs- und Aufenthaltskosten der BVG-Mitglieder[9]. Die **Kostenpflicht** für Sachverst. nach § 13 IV beschränkt sich auf einen **Sachverständigen**[10]. Zu den Kosten iSd. § 16 und auch des § 30 zählen wie bei § 40 BetrVG auch die **Kosten der Rechtsverfolgung**; das BVG und der EBR können daher Rechtsfragen auf Kosten der zentralen Leitung klären lassen[11]. Der ArbGeb eines aus dem Inland entsandten BVG-Mitglieds oder EBR-Mitglieds haftet für dessen Kosten neben der zentralen Leitung als Gesamtschuldner, § 16 II, § 30 S. 5 EBRG, §§ 421–426 BGB; im Innenverhältnis trägt im Zweifel die zentrale Leitung die Kosten, da ihr die primäre Zuständigkeit für die Erfüllung der im EBRG angelegten Pflichten zugewiesen ist[12].

31 **3. Abschluss der Vereinbarung über den EBR. a)** Die **Aufgabe des BVG** besteht darin, mit der zentralen Leitung diejenige Vereinbarung zu schließen, welche die Gründung des EBR kraft Vereinbarung zum Gegenstand hat. Das Gesetz ermöglicht zwei Varianten, nämlich den eigentlichen **EBR kraft Vereinbarung** (§ 18) und das **Verfahren zur Unterrichtung und Anhörung** (§ 19). Im ersteren Fall wird mit dem EBR ein eigenes Organ der ArbN-Vertretung geschaffen, welches selbst Unterrichtungs- und Anhörungsrechte innehat; dieser EBR hat – ähnlich wie der BR – keine Rechtspersönlichkeit, sondern eine aufgabenbezogen beschränkte **Rechtsfähigkeit**[13]. Im letzteren Fall ist es nicht ein neu zu schaffendes Organ, sondern es sind die bereits existierenden nationalen ArbN-Vertretungen, die insb. über grenzübergreifende Angelegenheiten unterrichtet werden, hierüber beraten und angehört werden. Sie machen dementsprechend die ihnen nach § 19 eingeräumten Rechte im eigenen Namen geltend, s. dazu Rz. 49.

32 **b) Beschluss über die Beendigung oder die Nicht-Aufnahme von Verhandlungen.** Es ist den Parteien möglich, die Vereinbarung nach §§ 17 ff. zu vermeiden. Das erfolgt gem. § 15 durch Beschluss der Beendigung oder der Nicht-Aufnahme von Verhandlungen über eine Vereinbarung zur Schaffung eines EBR kraft Vereinbarung oder über ein Verfahren zur Unterrichtung und Anhörung. Dieser Beschluss wird vom BVG mit **zwei Dritteln** der Stimmen **seiner Mitglieder** (nicht der erschienenen Mitglieder, sondern der tatsächlichen Mitglieder) gefasst. Beschluss und Abstimmungsergebnis müssen schriftl. niedergelegt, vom Vorsitzenden und einem weiteren Mitglied unterzeichnet und in Abschrift der zentralen Leitung zugeleitet werden[14]. Fraglich ist, was passiert, wenn die letztgenannten Formalien nicht eingehal-

---

1 EAS/*Oetker*, B 8300 Rz. 99. | **2** MünchArbR/*Joost*, § 366 Rz. 70; *Müller*, § 13 EBRG Rz. 1 f. | **3** *Müller*, § 13 EBRG Rz. 6; MünchArbR/*Joost*, § 366 Rz. 74; *Tap*, S. 60 ff. | **4** DKK/*Klebe*, § 13 EBRG Rz. 11. | **5** Für einen Sachverständigen für jeden Beratungs- bzw. Verhandlungsgegenstand plädiert *Blanke*, § 13 EBRG Rz. 20, § 16 Rz. 7; deutlich dagegen spricht die Gesetzgebungsgeschichte, s. BT-Drs. 13/4520, S. 18. | **6** EAS/*Oetker*, B 8300 Rz. 102; *B. Gaul*, NJW 1996, 3378 (3380). | **7** *Blanke*, § 13 EBRG Rz. 13. | **8** DKK/*Klebe*, § 13 EBRG Rz. 5. | **9** *Müller*, § 16 EBRG Rz. 1 ff.; MünchArbR/*Joost*, § 366 Rz. 80 ff. | **10** Vgl. EAS/*Oetker*, B 8300 Rz. 107 f. | **11** *Müller*, § 16 EBRG Rz. 2, 4; MünchArbR/*Joost*, § 366 Rz. 85. | **12** Ebenso *Müller*, § 16 EBRG Rz. 6; vgl. zur Person der jeweils haftenden örtlichen ArbGeb *Tap*, S. 62 f. | **13** DKK/*Däubler*, § 18 EBRG Rz. 14a. | **14** Vgl. *Fitting*, Übersicht EBRG Rz. 41; *Blanke*, § 15 EBRG Rz. 2.

ten werden. Obwohl die zugrunde liegende Regelung des Art. 5 Abs. 5 EBR-Richtlinie dieses Verfahren nicht anordnet, ist doch davon auszugehen, dass ohne Einhaltung der Formvorschriften und der Zuleitungsverpflichtung der **Beschluss unwirksam** ist. Denn die Formvorschriften haben sicherzustellen, dass die Entscheidung über die Nicht-Verhandlung mit ihren einschneidenden Rechtsfolgen – dazu sogleich – ohne Zweifel dokumentiert ist. Sie dienen letztendlich der ordnungsgemäßen und rechtssicheren Umsetzung der Richtlinie (vgl. Art. 11 EBR-Richtlinie). Die **Rechtsfolgen** des wirksamen Beschlusses über die Beendigung oder die Nicht-Aufnahme von Verhandlungen sind in § 15 II, § 21 II geregelt: Ein **neuer Antrag** auf Bildung eines BVG kann (soweit nicht anders vereinbart) erst wieder **nach zwei Jahren** gestellt werden. Außerdem wird die **Erzwingung** des EBR kraft Gesetzes innerhalb der Fristen nach § 21 I gem. § 21 II **ausgesetzt** (vgl. Rz. 51).

4. Inhalt der Vereinbarung über die Errichtung des EBR. a) Rechtsnatur der Vereinbarung; Grundsatz der Gestaltungsfreiheit. Der EBR kraft Vereinbarung wird gem. §§ 17 f. durch schriftl. Vertrag eingerichtet. Der Vertrag ist **privatrechtl.** und **kollektivarbeitsrechtl.** Natur. Vielfach geht man außerdem von einer **normativen Wirkung** der Vereinbarung aus. Dem ist zu **widersprechen**. Hierfür fehlt es bereits an einer entsprechenden gesetzl. Anordnung, wie dies etwa beim TV oder der BV der Fall ist. Zudem besteht auch keine dogmatische Notwendigkeit, die normative Natur der Vereinbarung anzunehmen, zumal dies dem Grundprinzip der Freiwilligkeit und der Gestaltungsfreiheit widerspräche. Das gilt umso mehr deswegen, weil in den meisten EU/EWR-Staaten gar keine tarifl. oder betriebsverfassungsrechtl. Systeme bekannt sind, die normative Vereinbarungen vorsehen[1]. Allerdings ändert die fehlende normative Wirkung nichts daran, dass die zentrale Leitung die Durchsetzung der Vereinbarung für deren gesamte Geltungsdauer und auf allen Leitungsebenen sicherstellen muss[2]. 33

Hinsichtlich des Inhalts der Vereinbarung von BVG und zentraler Leitung gilt zunächst der **Grundsatz der Gestaltungsfreiheit**. Insb. greifen nicht die für den EBR kraft Gesetzes gültigen Bindungen der §§ 21 ff. (Ausnahme ist § 18 II iVm. § 23). Auch der in § 18 I 2 enthaltene Katalog von Vereinbarungsinhalten stellt lediglich eine „Soll"-Regelung dar, führt also bei Nicht-Beachtung nicht zur Unwirksamkeit oder sonstigen Rechtswidrigkeit der Vereinbarung[3]. Freilich ist in dem zugrunde liegenden Art. 6 II EBR-RL nicht von „soll" die Rede; vielmehr werden dort die Anforderungen des § 18 I 2 fast wortgleich ohne ein „soll" statuiert. Deshalb wird teilweise vertreten, die Richtlinie sei nicht ordnungsgemäß umgesetzt[4]. Andererseits dürfte auch eine richtlinienkonforme Auslegung dahin gehend möglich sein, dass die wesentlichen in Art. 6 II der EBR-RL festgelegten Punkte geregelt sein müssen und nicht mehr, zumal bei offenen Fragen der Vierte Teil des EBRG herangezogen werden kann (s. sogleich Rz. 34). In der Praxis sind die Vereinbarungen nach § 18 ohnehin meist sehr viel ausführlicher als in dessen Abs. 1 S. 2 vorgegeben. Zudem existieren auch nach dem EBRG für den EBR kraft Vereinbarung **zwingende Einzelregelungen**. So ist die Bestellung der EBR-Mitglieder aus Deutschland unabdingbar und präzise in § 18 II iVm. § 23 geregelt. Die Grundsätze der §§ 38 ff. über die vertrauensvolle Zusammenarbeit, die Wahrung der Betriebs- oder Geschäftsgeheimnisse und den Schutz der ArbN-Vertreter sind ebenfalls nicht abdingbar. Sie können deshalb auch nicht in einer Vereinbarung nach §§ 17 ff. abgeändert werden, lassen sich aber auf Grund ihrer offenen Formulierung und mit Blick auf die Besonderheiten der jeweiligen Unternehmensstrukturen im Einzelnen noch weiter präzisieren. Wegen der Vereinbarungsfreiheit ist die **Wahl fremden Rechts** zulässig[5], auch wenn sich dies mit Blick auf die praktisch erschwerte Rechtsverfolgung nicht empfiehlt.

Bei offenen Auslegungsfragen oder bei **Regelungslücken** der Vereinbarung dürfte sich der **Vierte Teil des Gesetzes** als hilfreich erweisen. Immer dann, wenn die Vereinbarung nicht weiterhilft, steht mit den Vorschriften der §§ 21 ff. über den EBR kraft Gesetzes ein subsidiäres Regelungsprogramm zur Verfügung, in welchem die Einzelheiten von Konstituierung, Organisation und Ausübung von Unterrichtungs- und Anhörungsrechten präzise geregelt sind[6]. Soweit sich aus den Besonderheiten der freiwilligen Gestaltbarkeit des EBR kraft Vereinbarung nichts anderes ergibt, können diese Vorschriften entsprechend herangezogen werden. So lässt sich etwa bei fehlenden Regelungen über **Kosten und Sach-** 34

1 Vgl. *Schiek*, RdA 2001, 218 (223 ff.); *Krause*, Jahrbuch Junger Zivilrechtswissenschaftler 1997, S. 91 (98 ff.). | 2 Gegen normative Wirkung EAS/*Oetker*, B 8300 Rz. 117 ff.; *I. Schmidt*, RdA Beil. zu Heft 5/2001, S. 12 (17); ebenso *Rademacher*, Der Europäische Betriebsrat, S. 120 f., der aber die Mitgliedstaaten für verpflichtet hält, die Vereinbarungen mit normativer Wirkung auszustatten. Für normative Wirkung plädieren DKK/*Däubler*, § 17 EBRG Rz. 7 ff.; *Blanke*, § 17 EBRG Rz. 14; *Müller*, § 17 EBRG Rz. 3; MünchArbR/*Joost*, § 366 Rz. 98; *Schiek*, RdA 2001, 218 (231 ff.). Nach *Schiek* lässt sich die normative Wirkung zwar nicht aus der EBR-Richtlinie herleiten; jedoch seien diejenigen Staaten, welche die normative Wirkung von Tarifverträgen und Betriebsvereinbarungen kennen, also insbesondere Deutschland, im Interesse der effektiven Richtlinienumsetzung verpflichtet, den Vereinbarungen nach §§ 17 ff., 41 normative Wirkung zu verleihen (s. dort auch zur Frage, ob diese normative Wirkung auch im Ausland greift). | 3 *Müller*, § 18 EBRG Rz. 2 ff.; DKK/*Däubler*, § 18 EBRG Rz. 4 ff. | 4 *Krause*, Jahrbuch Junger Zivilrechtswissenschaftler 1997, S. 91 (111 f.); *Bachner/Kunz*, AuR 1996, 81 (85); *Bachner/Nielebock*, AuR 1997, 129 (133); offen *I. Schmidt*, RdA Beil. zu Heft 5, S. 12 (18). | 5 *Rademacher*, Der Europäische Betriebsrat, S. 121 f.; *Blanke*, § 17 EBRG Rz. 13; *Müller*, § 17 EBRG Rz. 2; DKK/*Däubler*, § 17 EBRG Rz. 4 f. | 6 Ähnlich wie hier DKK/*Däubler*, § 17 EBRG Rz. 17; offener *Blanke*, § 17 EBRG Rz. 16; *Müller*, § 17 EBRG Rz. 10.

aufwand des EBR kraft Vereinbarung die Regelung des § 30 entsprechend heranziehen; dasselbe gilt etwa für den Einsatz von **Sachverständigen** (§ 29). Freilich empfehlen sich gerade für diese Bereiche freiwillige Regelungen, in denen bspw. fixe Summen für die sachliche und/oder finanzielle Ausstattung und Beratung des EBR vereinbart werden[1].

35 Wenn die Vereinbarung (zB wegen Verfahrensverstößen bei ihrem Erlass) **rechtswidrig** ist, entfaltet sie **keine der im EBRG vorgesehenen Wirkungen**. Eine Regelung über die Bestandskraft rechtswidriger Verträge existiert nicht; insb. die entsprechende Anwendung von § 19 BetrVG ist nicht möglich. Mangels der Entfaltung von Rechtswirkungen nach dem EBRG bleibt das BVG im Amt und kann eine neue Vereinbarung treffen[2]. Eventuelle Wirkungen auf Grund anderer Vorschriften, zB als Verträge nach nationalem Recht, bleiben zwar unberührt. Jedenfalls nach deutschem Recht kommt eine solche Aufrechterhaltung der Vereinbarung – etwa als Vertrag mit tarifrechtl. oder betriebsverfassungsrechtl. Charakter – aber kaum in Betracht (vgl. zum entsprechenden Problem bei unwirksamen Vereinbarungen nach § 41 unten Rz. 74).

36 **b) Regelungen über die Errichtung des EBR kraft Vereinbarung. In organisatorischer Hinsicht** müssen von der Vereinbarung sämtliche im EU/EWR-Gebiet befindlichen Betriebe erfasst sein; darüber hinausgehende Erweiterungen auf außerhalb des EU/EWR-Gebiets liegende Betriebe sind nach § 14 zulässig[3]. Es muss ein funktionsfähiges ArbN-Organ gebildet werden, das über alle erfassten grenzübergreifenden (s.u. Rz. 42) Sachverhalte der Unternehmens- oder Gruppenleitung informiert und angehört wird. Dies „soll" nach Maßgabe des Regelungskatalogs des § 18 I 2 erfolgen, wobei dessen Beachtung wegen des „soll" nicht Wirksamkeitsvoraussetzung ist[4] (s.o. Rz. 33). Viele der dort genannten Einzelpunkte haben aber bereits aus praktischen Gründen erhebliche Bedeutung für die Installation des EBR kraft Vereinbarung. Schon zur Vorbeugung von Streitigkeiten sollten Dinge wie der Zuständigkeitsbereich, die Zusammensetzung und die Mandatsstellung, das Verfahren der Anhörung und Information, die Sitzungen und die Sach- sowie Finanzausstattung vereinbart werden. Die **Zusammensetzung des EBR** ist grds. frei vereinbar; sie unterliegt insb. nicht den Vorschriften über den EBR kraft Gesetzes nach §§ 21 ff. Dennoch bietet es sich an, ähnlich wie in § 22 bei der Zusammensetzung die Verteilung der ArbN in den beteiligten Staaten zugrunde zu legen. Hierbei ist es zulässig, wie bei § 14 in der Vereinbarung auch die Bestellung von **EBR-Mitgliedern aus Drittstaaten** anzuordnen (vgl. § 1 II, § 18 I Nr. 1)[5]. Das **Stimmrecht** der EBR-Mitglieder kann in der Vereinbarung gem. § 18 nach Köpfen verteilt werden oder nach der Zahl der von ihnen repräsentierten Beschäftigten. Letzteres empfiehlt sich nicht zuletzt deshalb, weil sich auch beim EBR die Frage nach der **Verletzung des demokratischen Prinzips sowie des Gleichheitssatzes** stellt. Hier sollten solche extremen Ungleichgewichtslagen wie bei der Bestellung der BVG-Mitglieder vermieden werden (s. Rz. 28 f.). Andererseits ist es wohl grds. zulässig, das Prinzip der nationalen **Repräsentativität** teilweise gegenüber der reinen **Proportionalität** nach ArbN-Zahlen durchzusetzen, also kleinere ArbN-Gruppen in einzelnen Staaten stärker zu repräsentieren als größere ArbN-Gruppen in anderen Staaten. Ähnliche Konstellationen ergeben sich innerhalb der EU ja ebenfalls (s. zur nationalen Stimmrechtsverteilung im Europäischen Parlament und im Rat Art. 190, 205 EG) und auch im föderalen System der Bundesrepublik (vgl. zB die ebenfalls asymmetrischen Repräsentationsstrukturen im Bundesrat, Art. 51 II GG).

37 Eine **Delegation** der Befugnis des BVG, Vereinbarungen nach §§ 17 ff. zu schließen, ist grds. nicht erlaubt. Deshalb darf das BVG dem EBR diesbezüglich keine Rechte einräumen. Dennoch dürfte es zulässig sein, in der Vereinbarung anzuordnen, dass der EBR Einzelfragen der Unterrichtung und Anhörung durch Absprache mit der zentralen Leitung oder anderen Ansprechpartnern regeln kann. Allerdings ist dies nur schuldrechtl. möglich und nicht normativ; das Gesetz bietet hierfür keine Rechtsgrundlage. Deshalb ist insb. eine **„BV"** nicht denkbar[6].

38 **c) Beginn und Ende der Mitgliedschaft im EBR kraft Vereinbarung.** Die Bestellung und Abberufung von EBR-Mitgliedern (einschließlich der Ersatzmitglieder) richtet sich jeweils nach dem Recht des Mitgliedstaates, aus dem sie entsandt werden, §§ 18 II, 23; s. auch Nr. 1b Anhang EBR-Richtlinie. Die genannten Vorschriften beschränken den Kreis der möglichen EBR-Mitglieder (anders als beim EBR kraft Gesetzes nach § 22 I 1, s.u. Rz. 55) nicht auf die Beschäftigten des Unternehmens bzw. der Unternehmensgruppe, so dass auch externe Vertreter, zB aus Gewerkschaften, in den EBR entsandt werden können[7]. In der Lit. werden teilweise Vorschläge über Vereinbarungen zur Durchführung von Bestellungen gemacht[8]. Ein solches Vorgehen ist nach deutschem Recht, wenn sich daraus Abweichungen vom Bestellungsverfahren des § 23 ergeben, unzulässig. Daneben wird unter Verweis auf Art. 6 Abs. 3 EBR-Richtlinie die Meinung vertreten, die Vereinbarungsparteien könnten bei der Regelung der Mitgliederbestellung auch von § 23 abweichen[9]. Dem steht aber entgegen, dass sich Art. 6 Abs. 3 EBR-Richtlinie

---

1 Vgl. EAS/*Oetker*, B 8300 Rz. 135; BT-Drs. 13/5021, S. 8. | 2 DKK/*Däubler*, § 17 EBRG Rz. 17. | 3 *Müller*, § 17 EBRG Rz. 5. | 4 *Fitting*, Übersicht EBRG Rz. 45; MünchArbR/*Joost*, § 366 Rz. 108. | 5 MünchArbR/*Joost*, § 366 Rz. 109. | 6 MünchArbR/*Joost*, § 366 Rz. 114; für normative Regelungsbefugnisse DKK/*Däubler*, § 18 EBRG; Rz. 14. | 7 EAS/*Oetker*, B 8300 Rz. 130. | 8 DKK/*Däubler*, § 17 EBRG Rz. 13 f. | 9 *Blanke*, § 18 EBRG Rz. 6.

nur auf das eigenständige Unterrichtungs- und Anhörungsverfahren bezieht, welches im deutschen Recht durch § 19 ermöglicht wird (s.u. Rz. 49); die Vereinbarung nach §§ 17 f. ist nicht erfasst. Hinsichtlich der Rechtmäßigkeit der Bestellung der EBR-Mitglieder gelten die Grundsätze über die Anfechtung von BR-Wahlen entsprechend[1].

d) Vertrauensvolle Zusammenarbeit; Geheimhaltung; Vertraulichkeit. Entsprechend § 2 I BetrVG gilt auch für den EBR nach § 38 der Grundsatz der vertrauensvollen Zusammenarbeit[2]. Wegen der Einzelheiten kann auf die Kommentierung zu § 2 I BetrVG verwiesen werden. 39

Ebenso wie zB gem. § 106 II BetrVG sind für den EBR Unterrichtungsrechte nach § 39 I nur so weit gewährleistet, wie es der Schutz von Betriebs- und Geschäftsgeheimnissen zulässt. Zudem werden die EBR-Mitglieder gem. näherer Maßgabe des § 39 II nach außen zur Verschwiegenheit verpflichtet, soweit sie nicht örtliche ArbN-Vertretungen zu informieren haben. Entsprechende Verpflichtungen zur Wahrung der Vertraulichkeit bestehen gem. § 39 III für BVG-Mitglieder, örtliche ArbN-Vertreter, Sachverst. und Dolmetscher. § 39 IV begründet Ausnahmen zur Ermöglichung der Arbeit von Sachverst., Dolmetschern und ArbN-Vertretern; vgl. dazu auch die Strafvorschriften der §§ 43 f.[3]. 40

e) Unterrichtungs- und Anhörungsrechte des EBR kraft Vereinbarung. Trotz des Grundsatzes der Gestaltungsfreiheit (oben Rz. 33) muss die Vereinbarung garantieren, dass tatsächlich eine Unterrichtung und Anhörung der EBR-Mitglieder stattfindet. Es muss entsprechend Art. 2 Abs. 1 lit. f EBR-Richtlinie sichergestellt sein, dass ein „Meinungsaustausch und die Einrichtung eines Dialogs" hergestellt wird, der zwischen den ArbN-Vertretern und der zentralen Leitung oder einer anderen, angemessenen Leitungsebene stattfindet; s. oben Rz. 5. Der **sachliche Gegenstand der Unterrichtungs- und Anhörungsrechte** wird in §§ 17 ff. nicht näher umschrieben. Die Ausgestaltung obliegt den Vereinbarungsparteien, wobei insb. der für den EBR kraft Gesetzes gültige Katalog der §§ 32 f. im Rahmen der §§ 17 ff. nicht erfüllt werden muss. Zulässig ist etwa die Festlegung bestimmter Kennzahlen über das Unternehmen und die Unternehmensgruppe, die bekannt gegeben werden. Weiter können auch konkrete Grenzkriterien für das Bestehen von Informationspflichten vereinbart werden, etwa in Bezug auf Betriebs- und Unternehmensgrößen. So kann man etwa die für die Auslösung von Unterrichtungspflichten erforderliche Zahl von Entlassungen oder betriebsbedingten Kündigungen, Änderungskündigungen, Umsetzungen etc. vereinbaren. Weiter ist es möglich, dass nur einige der in §§ 32 f. genannten Punkte zum Gegenstand von Unterrichtung und Anhörung gemacht werden. Ebenso können über § 39 hinaus oder zu dessen Konkretisierung Gegenstände definiert werden, die dem Geheimschutz unterliegen. Im Einzelnen ist hier vieles noch ungeklärt, und die Lit. hält sich bei der Umschreibung der Unterrichtungs- und Anhörungsgegenstände zurück[4]. 41

Hinsichtlich des **grenzübergreifenden** Charakters der betreffenden Fragen ist die diesbezügliche Umschreibung in § 31 (s.u. Rz. 62, vgl. auch Rz. 81) nach der Grundkonzeption der freiwilligen Vereinbarung *nicht* zugrunde zu legen. Unbestritten ist aber, dass die **Beschränkung** einer unternehmerischen Entscheidung **auf einen Staat** keinen grenzübergreifenden Charakter hat, also zB die Schließung eines Betriebes durch ein Tochterunternehmen ohne eine entsprechende Anweisung des Mutterunternehmens in einem anderen Staat, was bei kleineren Betrieben denkbar ist. Meist wird vertreten, dass es für die Annahme eines grenzüberschreitenden Sachverhalts schon genüge, wenn eine unternehmerische Entscheidung **in einem Staat gefällt und in einem anderen Staat umgesetzt** wird[5]; teilweise wird weiter gehend geäußert, die unternehmerischen Entscheidungen müssten sich **in mindestens zwei Mitgliedstaaten auswirken**[6]. Ersteres dürfte mit Blick auf den Schutzzweck der EBR-Richtlinie zutreffen, dem es ua. darum geht, grenzübergreifende Entscheidungen dem Unterrichtungs- und Anhörungsverfahren zugänglich zu machen, welche von den territorial beschränkten Mitbestimmungssystemen nicht ausreichend erfasst werden können. 42

Weiter ergibt sich aus dem Regelungsziel der §§ 17 ff. sowie des Art. 6 EBR-Richtlinie auch ein **Höchstmaß an Regelungsinhalten**. Zwar können im Rahmen der §§ 17 ff. viele weiter gehende Bestimmungen über Schulungs- und Weiterbildungsmaßnahmen, über die Intensivierung und Verstetigung von Unterrichtung und Anhörung, über die Beilegung von Meinungsstreitigkeiten, über zusätzlichen Schutz von EBR-Mitgliedern usw. vereinbart werden[7]. Die hier ermöglichten Unterrichtungs- und Anhörungssysteme bieten aber keine Rechtsgrundlage für die Schaffung von Vorschriften, nach welchen dem EBR über 43

1 BAG v. 18.4.2007 – 7 ABR 30/06, AP Nr. 1 zu § 18 EBRG; *Blanke*, EBRG, § 23 Rz. 10; *Müller*, EBRG, § 23 Rz. 6. | 2 Vgl. *Hanau* in Hanau/Steinmeyer/Wank, § 19 Rz. 78; *Fitting*, Übersicht EBRG Rz. 76; *Müller*, § 38 EBRG Rz. 2; EAS/*Oetker*, B 8300 Rz. 217 ff.; *Weiss*, AuR 1995, 438 (439). | 3 S. zu alledem näher DKK/*Kittner*, § 39 EBRG Rz. 1 ff.; *Fitting*, Übersicht EBRG Rz. 77; *Müller*, § 39 EBRG Rz. 2 ff.; MünchArbR/*Joost*, § 366 Rz. 126, § 367 Rz. 72; *Blanke*, § 39 EBRG Rz. 5 ff.; EAS/*Oetker*, B 8300 Rz. 220 ff. | 4 Vgl. *Blanke*, Einl. EBRG Rz. 55 ff., § 17 EBRG Rz. 10 ff.; *Müller*, § 1 EBRG Rz. 13 ff., § 17 EBRG Rz. 7 ff.; DKK/*Däubler*, § 17 EBRG Rz. 10 ff.; MünchArbR/*Joost*, § 366 Rz. 101, 111 f.; s. das Beispiel der Vereinbarung bei der Deutschen Telekom bei *Klemm/Siebens*, AiB 2004, 355. | 5 *Blanke*, § 17 EBRG Rz. 5; DKK/*Däubler*, § 17 EBRG Rz. 12; *B. Gaul*, NJW 1996, 3378 (3383). | 6 So wohl MünchArbR/*Joost*, § 366 Rz. 100, 111. | 7 Vgl. *Müller*, § 17 EBRG Rz. 7 ff.; MünchArbR/*Joost*, § 366 Rz. 107 ff.

den Regelungszusammenhang von Unterrichtung und Anhörung hinaus noch weitere Gestaltungs- oder MitbestR eingeräumt werden. Das bedeutet nicht, dass das EBRG oder die EBR-Richtlinie solche Vereinbarungen verbieten. Jedoch stehen sie außerhalb des EBR-rechtl. Rahmens. Ihre Zulässigkeit richtet sich nach nationalem Recht; weder EBR-Richtlinie noch EBRG haben die Funktion, Änderungen des dafür bestehenden Regelungsrahmens anzuordnen. Nach deutschem Recht dürfte es aber kaum Möglichkeiten geben, weitere MitbestR des EBR kraft Vereinbarung zu statuieren, da dem BVG hierfür die Legitimation fehlt[1].

44 Des Weiteren muss die betreffende Unterrichtung und Anhörung **rechtzeitig** sein. Auch wenn dies in §§ 17 ff. – anders als in §§ 32 f. – nicht ausdrücklich angeordnet ist, haben sie so frühzeitig zu erfolgen, dass die zentrale Leitung auf entsprechende Anregungen oder Vorschläge des EBR zumindest noch reagieren *könnte*[2]. S. zur parallelen Fragestellung bei §§ 32 f. und § 41 unten Rz. 62, 82.

45 **f) Durchsetzung der Unterrichtungs- und Anhörungsrechte.** Für die Durchsetzung der Unterrichtungs- und Anhörungsrechte des EBR kraft Vereinbarung dürften ähnliche Grundsätze gelten wie für die gesetzl. Verpflichtung zur Unterrichtung und Anhörung beim EBR kraft Gesetzes aus §§ 32 f. folgt (s.u. Rz. 65 f.). Allerdings lässt sich nur aus der jeweilig abgeschlossenen Vereinbarung selbst ein möglicherweise durch Leistungsklage durchsetzbarer **Erfüllungsanspruch auf Unterrichtung und Anhörung** herleiten. Dieser müsste sich aus dem Wortlaut einer Vereinbarung unmittelbar oder auch konkludent ergeben. Ansprüche auf **Unterlassung geplanter Maßnahmen**, über welche noch nicht informiert oder beraten wurde, dürften nicht gegeben sein, solange sie nicht ausdrücklich vereinbart sind (s. zur parallelen Fragestellung beim EBR kraft Gesetzes und bei Vereinbarungen iSd. § 41 unten Rz. 66, 83)[3]. Dasselbe gilt bspw. für die Verpflichtung zur Leistung von **Vertragsstrafen**. Die Durchsetzung sämtlicher Rechte aus der Vereinbarung erfolgt beim ArbG im **Beschlussverfahren**, § 2a Nr. 3b ArbGG. S. zur Parteifähigkeit der beteiligten Personen und Stellen § 10 ArbGG; örtlich zuständig ist nach § 82 II 1 ArbGG das Gericht, in dessen Bezirk sich die zentrale Leitung befindet (= Unternehmenssitz), bei welcher der EBR eingerichtet ist[4]. Sofern es um besondere Beteiligungsrechte von ArbN-Vertretungen etwa nach §§ 18, 23 II geht, gelten die für sie einschlägigen Zuständigkeitsregeln, § 82 I ArbGG[5]. Des Weiteren besteht Schutz durch die **Straf- und Bußgeldvorschriften** der §§ 42 ff., insb. nach § 44 I Nr. 2 iVm. § 42[6].

46 **5. Schutz aus Deutschland entsandter EBR-Mitglieder.** Für die EBR-Mitglieder, die in Deutschland beschäftigt sind, greifen nach § 40 die Schutzvorschriften der §§ 37 I–V, 78, 103 BetrVG und das Kündigungsschutzrecht des § 15 I, III–V KSchG, s.o. Rz. 22. Die genannten Regelungen gelten jeweils für die aus Deutschland entsandten EBR-Mitglieder, unabhängig davon, ob der EBR in Deutschland errichtet ist oder sonst im EU/EWR-Ausland. Die aus dem Ausland zu einem deutschen EBR entsandten Mitglieder genießen den jeweiligen Schutz nach den nationalen Vorschriften ihrer Beschäftigungsstaaten, Art. 10 EBR-Richtlinie.

47 **6. Ende der Vereinbarung und Ende des EBR kraft Vereinbarung.** Wenn nichts anderes vereinbart ist (§ 20 S. 5), richtet sich der Rechtszustand ab dem Ende der Vereinbarung nach § 20 S. 1–4. Es greift also die **Fortgeltung der Vereinbarung**. Diese ist abhängig von der Ausübung des Antrags- oder Initiativrechts nach § 9 I, welches die zentrale Leitung, die ArbN-Vertretungen und auch der auf Grund der Vereinbarung errichtete EBR ausüben können. Die so ausgelöste Fortgeltung endet mit dem Abschluss einer neuen Vereinbarung oder der Beschlussfassung nach § 15. Es empfiehlt sich, eine ausdrückliche Übergangsregelung nach § 20 S. 5 zu vereinbaren, in welcher die (zeitlich uU begrenzte) Fortgeltung bis zu einer neuen Vereinbarung oder der Bildung des EBR kraft Gesetzes festgesetzt wird. Auf diese Weise kann sichergestellt werden, dass der alte EBR die Geschäfte bis zur Bestellung des neuen EBR weiterführt. Ohne eine solche Rechtsgrundlage für die Geschäftsführung des alten EBR fällt dieser **mit Abschluss der neuen Vereinbarung** weg, ohne dass der neue EBR eingesetzt ist (§ 20 S. 3)[7].

48 Sobald die **gesetzl. Grundlagen** für die Errichtung eines EBR **nicht mehr gegeben sind**, ist auch der Vereinbarung über den EBR die Grundlage entzogen, weshalb die zentrale Leitung dann ein Recht zur

---

1 IdS auch DKK/*Däubler*, § 18 EBRG Rz. 13; EAS/*Oetker*, B 8300 Rz. 127. |2 MünchArbR/*Joost*, § 366 Rz. 113; ebenso wohl auch *Müller*, § 18 EBRG Rz. 7. |3 Einen Unterlassungsanspruch aus einer Vereinbarung nach Art. 13 EBR-Richtlinie (dazu unten Rz. 74 ff.) verneinte der Cour d'Appel de Paris v. 5.8.1998 – 98/12502 im Fall Panasonic France SA, berichtet nach *Blanke*, § 32 EBRG Rz. 39. AA zuvor ebenfalls zu Art. 13 EBR-Richtlinie das Tribunal de Grande Instance von Nanterre v. 4.4.1997 – BO: 97/00992 im Fall Renault/Vilvoorde, berichtet nach *Lorenz/Zumfelde*, Der Europäische Betriebsrat und die Schließung des Renault-Werkes in Vilvoorde/Belgien, RdA 1998, 168 ff.; *Kolvenbach/Kolvenbach*, Massenentlassungen bei Renault in Belgien, NZA 1997, 695 (697). |4 Vgl. EAS/*Oetker*, B 8300 Rz. 242 ff.; *Hanau* in Hanau/Steinmeyer/Wank, § 19 Rz. 41.; *Tap*, S. 122 f.; BT-Drs. 13/4520, S. 29. |5 BAG v. 18.4.2007 – 7 ABR 30/06, AP Nr. 1 zu § 18 EBRG, s. dort auch zur Beteiligungsbefugnis einzelner betroffener Unternehmen. |6 S. dazu EAS/*Oetker*, B 8300 Rz. 249 ff. sowie bei DKK/*Klebe*, *Müller* und *Blanke* die Kommentierungen zu §§ 42 ff. EBRG. |7 Vgl. *Müller*, § 20 EBRG Rz. 1 f.; MünchArbR/*Joost*, § 366 Rz. 122 f.; DKK/*Däubler*, § 20 EBRG Rz. 2 f.; *Blanke*, § 20 EBRG Rz. 2 ff.; vgl. zur Kündigungsmöglichkeit von unbefristet getroffenen Vereinbarungen DKK/*Däubler*, § 20 EBRG Rz. 4 und *Blanke*, § 18 EBRG Rz. 20.

fristlosen Kündigung der Vereinbarung hat[1]. Mit Wirksamwerden dieser Kündigung entfällt der EBR. Ein solcher Kündigungsgrund ist demnach bspw. gegeben, wenn gem. § 3 **keine gemeinschaftsweite** Tätigkeit mehr gegeben ist, wenn also etwa die dort genannten ArbN-Zahlen unterschritten werden oder wenn wegen Wegfalls des beherrschenden Einflusses keine nach § 6 verklammerte Unternehmensgruppe mehr besteht. Wenn dagegen lediglich **Umstrukturierungen** innerhalb des Unternehmens oder innerhalb der Unternehmensgruppe stattfinden, wird der EBR entsprechend der Vereinbarung ebenfalls umstrukturiert; fehlt es an einer diesbezüglichen Regelung in der Vereinbarung, kommt die entsprechende Anwendung von § 36 II in Betracht[2] (s.u. Rz. 69). Wenn die **zentrale Leitung in einen anderen Staat** innerhalb des Gebietes von EU und EWR **wechselt**, bleibt es grds. bei der bisherigen Vereinbarung – wenn nichts anderes vereinbart ist. Das gilt auch im Fall der Verlegung in einen Staat außerhalb des EU/EWR-Gebietes, wobei dann die Verortung der zentralen Leitung nach § 2 II erfolgt[3].

7. Das Verfahren zur Unterrichtung und Anhörung nach § 19. Das Verfahren zur Unterrichtung und Anhörung nach § 19 kann gem. § 17 S. 3 als gleichwertige Alternative **statt des EBR kraft Vereinbarung** vereinbart werden. Hier wird also kein neues Organ geschaffen, sondern die **bereits existierenden nationalen ArbN-Vertretungen** werden selbst zu Akteuren des Verfahrens von Unterrichtung und Anhörung. Die Errichtung erfolgt durch schriftl. Vertrag, für den ebenfalls der Grundsatz der Gestaltungsfreiheit gilt (s.o. Rz. 33–35). Anders als bei § 18 I 2 gibt es hier keinen „Soll"-Katalog von Vereinbarungsinhalten. § 19 schreibt lediglich vor, dass geregelt werden muss, wann Beratungs- und Erörterungspflichten begründet werden. Eine Mindestregelung für **Inhalte der Unterrichtung** enthält § 19 S. 2, wonach sich diese auf grenzübergreifende (s.o. Rz. 42) Angelegenheiten zu erstrecken hat, „die erhebliche Auswirkungen auf die Interessen der ArbN haben". Dieser Satz bezieht sich (entsprechend Art. 6 Abs. 3 S. 3 EBR-RL) **nicht** auf die Inhalte der **Anhörung**. Dennoch ist zu beachten, dass das in § 17 und § 19 S. 1 (vgl. Art. 6 III 1, 2 EBR-RL) vorgesehene Verfahren zwingend ausgeht von einer **Anhörung und Unterrichtung**. Letztendlich wird man daher annehmen müssen, dass den AN-Vertretern – wie auch immer – zu den genannten grenzübergreifenden Angelegenheiten Gehör verschafft werden muss. Deshalb ist davon auszugehen, dass trotz der nur rudimentären Regelung – wie bei § 18 – einige entscheidende Eckdaten in die Verfahrensvereinbarung des § 19 aufzunehmen sind. Diese beziehen sich, ähnlich wie bei § 18 (s.o. Rz. 36 ff.), auf die Benennung der am Verfahren beteiligten Stellen (insb. nationale ArbN-Vertretungen und Leitungsinstanzen des Unternehmens oder der Unternehmensgruppe), deren Zuständigkeitsbereich, das Verfahren der Anhörung und Unterrichtung sowie den damit – zB für Reisekosten oder Übersetzungen – anfallenden Sach- und Finanzaufwand. Es sollte nach Möglichkeit auch die Form der Unterrichtung und der Anhörung (schriftl., mündl., verwendete Sprachen) geregelt werden, ebenso wie die Zeitpunkte der regelmäßigen sowie außerordentl. Anlässe von Unterrichtungen und Anhörungen[4]. Dabei ist sicherzustellen, dass die ArbN-Vertreter die Unterrichtungsinhalte auch untereinander beraten können[5]. Zur Rechtzeitigkeit der Information und Anhörung sowie zu den weiteren Regelungsinhalten oben Rz. 42 f. Soweit Unklarheiten bei der **Auslegung** einer Vereinbarung nach § 19 bebestehenstehen oder die Vereinbarung **lückenhaft** ist, wird man ebenfalls subsidiär auf den Vierten Teil des Gesetzes zurückgreifen müssen. Weil § 19 aber nicht die Schaffung eines eigenen Organs vorsieht, sind lediglich §§ 31–35 heranzuziehen. 49

V. Der EBR kraft Gesetzes. 1. Der EBR kraft Gesetzes als gesetzlicher Auffangtatbestand. Innerhalb des oben Rz. 2 dargestellten dreistufigen Regelungssystems zur Schaffung des EBR stellt der EBR kraft Gesetzes die Auffangregelung dar, welche für den – gesetzgeberisch an sich unerwünschten – Fall zur Anwendung kommt, dass die ersten beiden „Stufen" nicht eingreifen, also kein Vertretungsgremium aus der Zeit bis zum 21.9.1996 existiert (§ 41 EBRG, Art. 13 EBR-Richtlinie) und auch kein EBR kraft Vereinbarung zu Stande kommt (§§ 8–16 EBRG, Art. 5 EBR-Richtlinie). Gesetzl. geregelt ist der EBR kraft Gesetzes in §§ 1 I, 21–37, wo die Vorgaben aus Art. 7 EBR-Richtlinie sowie des Anhangs der EBR-Richtlinie umgesetzt werden. Obwohl der EBR kraft Gesetzes die seltenste EBR-Form ist, musste er wegen der fehlenden Möglichkeit freiwilliger Gestaltung gesetzl. präzise geregelt werden. Dabei macht bereits der Anhang der EBR-Richtlinie in die Einzelheiten gehende Vorgaben. Die Bedeutung des EBR kraft Gesetzes sollte trotz seiner Seltenheit nicht unterschätzt werden, denn die §§ 21 ff. gelten bei Scheitern von Vereinbarungslösungen und wirken dadurch mittelbar immer auch auf deren Inhalt ein. S. zur **EU-Osterweiterung** Rz. 11. 50

2. Errichtung des EBR kraft Gesetzes. a) Allgemeines. Die Entstehung des EBR kraft Gesetzes wird eingeleitet, wenn die Bildung **des EBR kraft Vereinbarung** zwischen dem BVG und der zentralen Leitung des Unternehmens bzw. der Unternehmensgruppe **gescheitert** ist. Im Einzelnen existieren mehrere Entstehungsvarianten. Der erste Entstehungstatbestand greift, wenn innerhalb von sechs Monaten nach Antragstellung gem. § 9 die zentrale Leitung die Aufnahme von Verhandlungen verweigert hat 51

1 DKK/*Däubler*, § 18 EBRG Rz. 19; *Rademacher*, Der Europäische Betriebsrat, S. 120 aA *Blanke*, § 18 EBRG Rz. 17. | 2 DKK/*Däubler*, § 18 EBRG Rz. 18; *Blanke*, § 18 EBRG Rz. 16. | 3 DKK/*Däubler*, § 18 EBRG Rz. 21; idS auch *Hanau* in Hanau/Steinmeyer/Wank, § 19 Rz. 54. | 4 Vgl. *Müller*, § 19 EBRG Rz. 2 ff.; MünchArbR/*Joost*, § 366 Rz. 125 ff.; *Blanke*, § 19 EBRG Rz. 3 ff. | 5 *Fitting*, Übersicht EBRG Rz. 49; *Blanke*, § 19 EBRG Rz. 4; EAS/*Oetker*, B 8300 Rz. 142.

(§ 21 I 1); die beharrliche Nicht-Auskunftserteilung nach § 5 steht dieser Weigerung nicht gleich[1]. Fristauslösend ist nach hM nicht nur die Antragstellung durch die ArbN-Seite, sondern auch die Gründungsinitiative der zentralen Leitung nach § 9 I[2], genauer: der Zugang der entsprechenden Erklärung bei einer ArbN-Vertretung, etwa nach § 130 BGB[3]. Im Fall der Verweigerung ist kein BVG zu bilden, sondern sofort der EBR kraft Gesetzes[4]. Die zweite Variante besteht darin, dass innerhalb von drei Jahren nach Antragstellung kein EBR kraft Vereinbarung zu Stande kommt (§ 21 I 2 Alt. 1)[5]. Drittens kommt es zum EBR kraft Gesetzes, wenn BVG und zentrale Leitung die Verhandlungen für gescheitert erklären (§ 21 I 2 Alt. 2). Viertens kann die zentrale Leitung den EBR kraft Gesetzes verlangen (§ 21 I 3). Das **BVG** kann in allen diesen vier Fällen gem. § 21 II innerhalb der in § 21 I genannten Fristen den Beschluss nach § 15 I fassen und damit eine (nach Maßgabe des § 15 befristete) **Sperre der EBR-Bildung** errichten[6]. Die Geltung der Vorschriften über den „Europäischen Betriebsrat kraft Gesetzes" können zudem – gewissermaßen als fünfte Variante – gem. § 18 **freiwillig** vereinbart werden, auch wenn das EBRG diesen Fall nicht ausdrücklich vorsieht[7]. Wenn von keiner Seite die Errichtung eines EBR betrieben wird, kommt es trotz der imperativen Formulierung des § 1 I 2 nicht zum EBR kraft Gesetzes[8].

52 **b)** Die **Zusammensetzung des EBR kraft Gesetzes** richtet sich nach § 22. Gem. § 22 I 1 können in den EBR nur Personen berufen werden, die **ArbN des Unternehmens bzw. der Unternehmensgruppe** sind. Ihre Bestellung richtet sich jeweils nach dem Recht des Mitgliedstaates, aus dem sie entsandt werden, § 23 EBRG, Nr. 1b Anhang EBR-Richtlinie. Die Bestellung von **Ersatzmitgliedern** (§ 22 I 2) ist im Einzelnen nicht geregelt. Sie muss sich jeweils auf bestimmte Mandate von einzelnen ArbN-Vertretern oder auf jeweilige Gruppen national bestellter ArbN-Vertreter beziehen, weil das Verfahren der Mitgliederbestellung gem. § 23 EBRG, Nr. 1b Anhang EBR-Richtlinie nach Staaten aufgeteilt ist. Die **Zahl der Mitglieder** aus den einzelnen Mitgliedstaaten wird in § 22 II–IV näher festgesetzt. Die Mitglieder werden aus den einzelnen EU/EWR-Mitgliedstaaten entsandt, in denen das Unternehmen oder die Unternehmensgruppe Betriebe hat (s. zur Zählung der deutschen ArbN oben Rz. 6). Je nach ArbN-Verteilung und ArbN-Konzentration können dabei EBR kraft Gesetzes von einer Größe bis 43 Mitgliedern entstehen[9].

Beispiel: Eine Unternehmensgruppe mit zentraler Leitung in Deutschland hat dort 6500 ArbN, in Frankreich 3500 ArbN, in Belgien 100 ArbN sowie in Italien, den Niederlanden, Österreich, und Spanien jeweils 20 ArbN. Weil die Gruppe insgesamt 10 180 ArbN, also mehr als 10 000 ArbN hat, richtet sich die EBR-Mitgliederzahl nach § 22 II, IV. Gem. § 22 II entfällt auf jeden Staat ein Mitglied, so dass zunächst Deutschland, Frankreich, Belgien, Italien, die Niederlande, Österreich, Italien und Spanien jeweils einen Vertreter entsenden. Aus Frankreich werden gem. § 22 IV 2 drei zusätzliche Vertreter entsandt, da dort mindestens 30 % beschäftigt sind. Aus Deutschland werden nach § 22 IV 3 neun zusätzliche Vertreter entsandt, da dort mindestens 60 % beschäftigt sind. Der EBR kraft Gesetzes hat also insgesamt 19 Mitglieder. Davon entfallen auf Deutschland 10, auf Frankreich 4 und auf Belgien, Italien, die Niederlande, Österreich und Spanien jeweils ein Vertreter.

Bei alledem besteht für die Ermittlung der Voraussetzungen und Modalitäten der EBR-Errichtung gegen die zentrale Leitung der **Auskunftsanspruch** nach § 5, s.o. Rz. 16 ff.; vgl. auch §§ 8 II, 12 S. 2.

53 **c) Konstituierung und Geschäftsführung des EBR kraft Gesetzes.** Die zentrale Leitung wird gem. § 24 über die Namen und Adressen der EBR-Mitglieder informiert. Schuldner dieses Informationsanspruchs dürften die jeweiligen nationalen Gremien sein, welche über die Entsendung von Mitgliedern entscheiden, also in Deutschland die in § 23 für zuständig erklärten ArbN-Vertretungen. Die zentrale Leitung hat die Informationen an die in den einzelnen Staaten befindlichen örtlichen Leitungen, ArbN-Vertretungen (s.o. Rz. 17) und die dort vertretenen Gewerkschaften weiterzureichen. Nach § 25 wird dann von der zentralen Leitung unverzüglich die konstituierende Sitzung einberufen; notfalls steht dem EBR die Einladung auch selbst zu[10]. Dort wählt der EBR dann seinen **Vorsitzenden** und den **Stellvertreter**, die das Gremium nach Maßgabe des § 21 II **gesetzl. vertreten**. Für diese Wahl gelten keine Sonderregelungen, weswegen man hier auch nicht-geheime Verfahren einschließlich der Wahl durch Zuruf für zulässig hält[11]. Ab neun Mitgliedern im EBR wird gem. § 26 I ein **Ausschuss** gebildet, der möglichst aus ArbN unterschiedlicher Mitgliedstaaten zusammengesetzt sein soll und die laufenden Geschäfte des EBR führt. Die „laufenden Geschäfte" sind diejenigen Aufgaben, die nicht zwingend eine Beschlussfassung erfordern, wie zB Vorbereitung von EBR-Beschlüssen, Terminfestsetzungen, Vorbesprechungen, Einholung von Auskünften etc. Bei weniger als neun EBR-Mitgliedern können diese Geschäfte nach § 26 II auf den

---

1 EAS/*Oetker*, B 8300 Rz. 146; aA *Blanke*, § 21 EBRG Rz. 7; *Kunz*, AiB 1997, 267 (272); *Büggel/Buschak*, AiB 2000, 418 (420 f.). | 2 *Müller*, § 21 EBRG Rz. 3; *Blanke*, § 21 EBRG Rz. 8; DKK/*Kittner*, § 21 EBRG Rz. 5. | 3 *Blanke*, § 21 EBRG Rz. 8; DKK/*Kittner*, § 21 EBRG Rz. 5. | 4 *Hanau* in Hanau/Steinmeyer/Wank, § 19 Rz. 62. | 5 Vgl. zum Fristbeginn und zum Fristlauf *Blanke*, § 21 EBRG Rz. 8. | 6 Vgl. *Müller*, § 20 EBRG Rz. 1 ff.; MünchArbR/*Joost*, § 366 Rz. 2 ff.; *Blanke*, § 21 EBRG Rz. 18 f. | 7 *Müller*, § 20 EBRG Rz. 3. | 8 S. im Einzelnen *Blanke*, § 21 EBRG Rz. 13 ff., 17. | 9 *Fitting*, Übersicht EBRG Rz. 53; *Blanke*, § 22 EBRG Rz. 2; *Hanau* in Hanau/Steinmeyer/Wank, § 19 Rz. 85. | 10 MünchArbR/*Joost*, § 367 Rz. 14; DKK/*Kittner*, § 25 EBRG Rz. 2; *Blanke*, § 25 EBRG Rz. 3; EAS/*Oetker*, B 8300 Rz. 162. | 11 *Müller*, § 25 EBRG Rz. 3; auf Verlangen eines EBR-Mitglieds hält *Blanke* die geheime Abstimmung für geboten, *Blanke*, § 25 EBRG Rz. 7.

Vorsitzenden und ein weiteres Mitglied übertragen werden[1]. **Streitigkeiten** über die Wirksamkeit der **Wahl des Vorsitzenden oder des Ausschusses** sind nach § 19 BetrVG analog im arbeitsgerichtl. **Beschlussverfahren** zu entscheiden, § 2a Nr. 3b ArbGG[2]. S. zur Parteifähigkeit der beteiligten Personen und Stellen § 10 ArbGG. Die Beteiligungsbefugnis richtet sich nach der möglichen Berührung kollektivrechtlicher Rechtspositionen. Für einzelne Unternehmen kann sie sich insbesondere aus Kostenlasten nach §§ 16 II, 30 S. 5 ergeben[3]. Örtlich zuständig ist gem. § 82 II 1 ArbGG das Gericht, in dessen Bezirk sich die zentrale Leitung befindet (= Unternehmenssitz), bei welcher der EBR kraft Gesetzes eingerichtet ist bzw. eingerichtet wird[4]. Sofern es um besondere Beteiligungsrechte von ArbN-Vertretungen etwa nach § 23 II geht, gelten die für sie einschlägigen Zuständigkeitsregeln, § 82 I ArbGG[5].

Die **Sitzungen des EBR kraft Gesetzes** werden nach § 27 im Zusammenhang mit der jährlichen oder 54
der außerordentl. Unterrichtung und Anhörung gem. §§ 32 f. durchgeführt. Auf den Sitzungen tagen zunächst der EBR und der Ausschuss ohne Anwesenheit der zentralen Leitung, die später zur Durchführung von Unterrichtung und Anhörung hinzukommt (vgl. Anhang Nr. 4 S. 2 EBR-Richtlinie). Weitere Sitzungen können mit der zentralen Leitung vereinbart werden. Bei alledem sind die Termine nach dem Grundsatz der vertrauensvollen Zusammenarbeit mit der zentralen Leitung abzustimmen[6]. Die Sitzungen des EBR sowie des Ausschusses sind **nicht öffentl.**; von der Nicht-Öffentlichkeit kann nicht abgewichen werden[7]. Ausgenommen sind Büropersonal und Dolmetscher (arg. § 30 S. 3). Ein Beteiligungsrecht oder eine Beteiligungsmöglichkeit für Gewerkschaften oder Gewerkschaftsvertreter, die nicht EBR-Mitglieder sind, besteht nicht; es kann auch nicht aus Art. 9 III GG hergeleitet werden[8].

Die **Beschlüsse** des EBR werden nach § 28 S. 1 grds. mit der **Mehrheit der Stimmen der anwesenden** 55
Mitglieder gefasst (Ausnahmen: § 28 S. 2 und § 37). Enthaltungen wirken wie Ablehnungen, da sie den jeweiligen Beschluss nicht mittragen. Es existieren keine Vorgaben über die Zahl der notwendigerweise anwesenden Mitglieder. Dennoch wird teilweise die Ansicht vertreten, es müssten entsprechend § 33 II mindestens die Hälfte der EBR-Mitglieder (oder ihre Vertreter) anwesend sein, damit die **Beschlussfähigkeit** hergestellt ist[9]. Dem ist mit Blick auf die knappe Fassung des § 28 und die anderenfalls entstehenden Legitimationsprobleme bei der Willensbildung des EBR zuzustimmen, zumal die EBR-Richtlinie keine diesbezüglichen Vorgaben macht.

Nach § 28 S. 2 wird eine schriftl. **Geschäftsordnung** beschlossen, in der die Durchführung von Sitzun- 56
gen, die Bestimmung der Tagesordnung oder einer Rednerliste etc. geregelt werden kann[10]. Dieser Beschluss erfolgt – als Ausnahme von der Mehrheitsregel des § 28 S. 1 – mit der Mehrheit der Stimmen aller Mitglieder und nicht nur der anwesenden Mitglieder des EBR.

Die Unterstützung durch **Sachverständige** – unter Einschluss von Beauftragten von Gewerkschaften – 57
wird, soweit zur ordnungsgemäßen Aufgabenerfüllung des EBR erforderlich, in § 29 zugelassen. **Kosten und Sachaufwand des EBR kraft Gesetzes** trägt nach § 30 die **zentrale Leitung**. Diese Verpflichtung umumfasstfasst insb. „in erforderlichem Umfang" die für die Sitzungen benötigten Räume, sachlichen Mittel, Dolmetscher und Büropersonal sowie die erforderlichen Reise- und Aufenthaltskosten der Mitglieder. Die Kostenpflicht für Sachverst. nach § 29 beschränkt sich auf *einen* Sachverst. Diese Beschränkung ist wohl dahin gehend zu verstehen, dass pro Beratungsgegenstand jeweils nur ein Sachverst. bezahlt werden kann. Gleichzeitig ist die Erforderlichkeit der Beauftragung iSd. § 29 zu beachten. Deshalb kann die Möglichkeit der kostenpflichtigen Beauftragung eines Sachverst. nicht alle in §§ 32 f. genannten Einzelpunkte erfassen, sondern, abhängig vom jeweiligen Einzelfall, nur ausgewählte, aufklärungsbedürftige Fragestellungen[11]. Die Ansicht, dass die Erforderlichkeit eines Sachverst. immer gegeben sei und nicht begründet werden müsse[12], hat keine gesetzl. Grundlage. Zu den Kosten iSd. § 30 zählen wie bei § 40 BetrVG auch die **Kosten der Rechtsverfolgung**; der EBR kraft Gesetzes kann daher Rechtsfragen auf Kosten der zentralen Leitung klären lassen[13]. Der ArbGeb eines aus dem Inland entsandten EBR-Mitglieds haftet für dessen Kosten neben der zentralen Leitung als Gesamtschuldner, § 30 S. 5, § 16 II EBRG, §§ 421–426 BGB. Im Innenverhältnis trägt im Zweifel die zentrale Leitung die Kosten,

---

1 Vgl. im Einzelnen EAS/*Oetker*, B 8300 Rz. 170 ff.; *Müller*, § 26 EBRG Rz. 4 f.; *Fitting*, Übersicht EBRG Rz. 63; *Blanke*, § 26 EBRG Rz. 4 ff. | 2 *Blanke*, § 25 EBRG Rz. 16, § 26 EBRG Rz. 9; *Müller*, § 25 EBRG Rz. 5, § 26 EBRG Rz. 6. | 3 BAG v. 18.4.2007 – 7 ABR 30/06, AP Nr. 1 zu § 18 EBRG. | 4 Vgl. *Hanau* in Hanau/Steinmeyer/Wank, § 19 Rz. 41; EAS/*Oetker*, B 8300 Rz. 242 ff. | 5 BAG v. 18.4.2007 – 7 ABR 30/06, AP Nr. 1 zu § 18 EBRG. | 6 Vgl. *Müller*, § 27 EBRG Rz. 1; *Fitting*, Übersicht EBRG Rz. 64; MünchArbR/*Joost*, § 367 Rz. 22 ff.; *Blanke*, § 27 EBRG Rz. 3; EAS/*Oetker*, B 8300 Rz. 163 f. | 7 MünchArbR/*Joost*, § 367 Rz. 27; *Müller*, § 27 EBRG Rz. 2; EAS/*Oetker*, B 8300 Rz. 165. | 8 EAS/*Oetker*, B 8300 Rz. 256 f.; MünchArbR/*Joost*, § 367 Rz. 77; *Müller*, § 29 EBRG Rz. 5; aA *Blanke*, § 27 EBRG Rz. 9 ff.; *Däubler*, Europäischer Betriebsrat und Rechte der Gewerkschaften, AuR 1996, 303 (304 f.), alle mwN zur rechtspolitischen und verfassungsrechtlichen Diskussion. | 9 *Müller*, § 28 EBRG Rz. 1; MünchArbR/*Joost*, § 367 Rz. 29. | 10 S. zu deren möglichen Inhalten *Müller*, § 28 EBRG Rz. 2; EAS/*Oetker*, B 8300 Rz. 169; *Blanke*, § 28 EBRG Rz. 6 ff. MünchArbR/*Joost*, § 367 Rz. 28 orientiert sich an der Geschäftsordnung des deutschen BR. | 11 *Müller*, § 30 EBRG Rz. 3; MünchArbR/*Joost*, § 367 Rz. 31; *Blanke*, § 29 EBRG Rz. 3; ähnlich EAS/*Oetker*, B 8300 Rz. 175; vgl. auch BT-Drs. 13/5021, S. 8. | 12 DKK/*Klebe*, § 13 EBRG Rz. 11; DKK/*Kittner* § 30 Rz. 2. | 13 *Müller*, § 30 EBRG Rz. 5.

da sie nach dem EBRG für die Gewährleistung der ordnungsgemäßen Unterrichtung und Anhörung verantwortlich ist[1].

58 **3. Beginn und Ende der Mitgliedschaft im EBR kraft Gesetzes. a)** Die **Bestellung der Mitglieder** des EBR kraft Gesetzes erfolgt gem. Nr. 1b S. 2 Anhang EBR-Richtlinie nach den jeweiligen Regeln desjenigen Mitgliedstaats, aus dessen Gebiet sie entsandt werden. Deshalb regelt § 23 auch nur die Bestellung von EBR-Mitgliedern aus Deutschland. § 23 ist weitgehend textgleich mit § 11, in dem die Bestellung der BVG-Mitglieder geregelt ist. Deshalb gelten zunächst die zum BVG gemachten Ausführungen oben Rz. 23 ff. Das gilt insb. auch für die mögliche Verletzung von **Demokratieprinzip und Gleichheitssatz**, oben Rz. 28 f. (vgl. auch Rz. 36). Folgende Unterschiede zwischen der BVG-Mitgliederbestellung nach § 11 und der EBR-Mitgliederbestellung nach § 23 sind zu beachten: Zunächst wird gem. § 23 IV auch die **Abberufung** von EBR-Mitgliedern ermöglicht, die für das BVG in § 11 nicht vorgesehen ist. Weiter ermöglicht § 23 VI die **Entsendung eines SprAuMitgliedes als Gast** zum EBR kraft Gesetzes, wenn mindestens fünf ArbN-Vertreter aus Deutschland entsandt werden. Außerdem muss das SprAuGremium eingerichtet sein bei demjenigen Unternehmen oder der Unternehmensgruppe, für die auch der EBR kraft Gesetzes eingerichtet wird; das Bestehen eines SprAu bei einem deutschen Tochterunternehmen reicht also nicht aus. Unklar ist, ob unabhängig davon **leitende Angestellte als Mitglieder** zum EBR kraft Gesetzes entsandt werden können[2]. Das ist zu verneinen, da „Arbeitnehmer" gem. § 4 EBRG die in § 5 I BetrVG genannten Personen sind (s.o. Rz. 6). Weil § 23 eine dem § 11 IV entsprechende Regelung gerade nicht enthält, muss davon ausgegangen werden, dass der Gesetzgeber es mit Bedacht bei der Repräsentationsmöglichkeit leitender Angestellter gem. § 23 VI belassen wollte. Hinsichtlich der Rechtmäßigkeit der Bestellung der EBR-Mitglieder gelten die Grundsätze über die Anfechtung von BR-Wahlen entsprechend[3].

59 **b) Dauer der Mitgliedschaft.** Der EBR kraft Gesetzes wird nicht als Gremium regelmäßig neu gewählt, sondern ist eine **Dauereinrichtung ohne feste Amtszeit**, deren Bestand unabhängig ist vom Bestand der Mitgliedschaftsverhältnisse[4]. Die EBR-Mitgliedschaft beginnt mit der Bestellung zum Mitglied gem. § 23. Sie dauert nach § 36 I grds. **vier Jahre** ab Bestellung (die Berechnung erfolgt gem. § 188 BGB[5]). Um einen vertretungslosen Zustand zu vermeiden, muss also vor Ablauf des Mandats für die aus Deutschland Entsandten nach § 23 (sowie für die aus anderen Staaten Entsandten nach den parallelen ausländischen Vorschriften) die Neubestellung der bisherigen oder neuer Mitglieder erfolgen. Die Mitgliedschaft endet **vorzeitig** durch **Abberufung**, wobei diese für die aus Deutschland Entsandten gem. § 23 IV nach denselben Regeln erfolgt wie die Bestellung. Dh., dass die entsendenden Gremien jederzeit die Möglichkeit haben, EBR-Mitglieder durch Abberufung und Neubestellung auszutauschen[6]. Die Mitgliedschaft kann daneben noch aus **anderen Gründen vorzeitig enden**, also etwa wegen Todes, Amtszeitendes auf Grund Umstrukturierung nach § 36 II, Abschluss einer Vereinbarung nach § 37 S. 3 und auch wegen Amtsniederlegung[7]. Das **Ende des Arbeitsverhältnisses** allein bewirkt noch nicht das Ende der EBR-Mitgliedschaft.

60 **4. Vertrauensvolle Zusammenarbeit; Geheimhaltung; Vertraulichkeit; Schutz in Deutschland beschäftigter EBR-Mitglieder.** Wie für den EBR kraft Vereinbarung gelten auch für den EBR kraft Gesetzes die Grundsätze der §§ 38 ff. über die vertrauensvolle Zusammenarbeit, die Wahrung der Vertraulichkeit und der Geheimhaltung (s. Rz. 39). Ebenso stehen seine Mitglieder unter demselben **Schutz**, wie ihn die anderen ArbN-Vertreter nach nationalem Recht oder nationalen Gepflogenheiten genießen, s. zum Kündigungsschutz sowie zum sonstigen Schutz nach § 40 EBRG, § 15 KSchG, § 37 I–V, § 78, § 103 BetrVG oben Rz. 22. Zudem stellt die **Behinderung der Arbeit** des EBR kraft Gesetzes nach Maßgabe der §§ 43–45 einen Bußgeld- oder Straftatbestand dar.

61 **5. Unterrichtungs- und Anhörungsrechte des EBR kraft Gesetzes.** Die Zuständigkeit des EBR kraft Gesetzes wird in §§ 31–34 im Einzelnen geregelt. Hierbei betreffen die §§ 32 f. die **eigentliche materielle Zweckbestimmung des EBR**. Dieser hat nämlich – anders als die ArbN-Vertretungen nach dem BetrVG – keinen Zugriff auf die Gestaltung irgendwelcher arbeitgeberischer Aktivitäten, sondern ausschließlich Unterrichtungs- und Anhörungsrechte.

62 **a) Begriff der Unterrichtung und Anhörung.** Siehe hierzu im Einzelnen oben Rz. 5. Grds. gilt nach § 31, dass nur solche Angelegenheiten Gegenstand von Unterrichtungs- und Anhörungsrechten des EBR werden können, welche sich auf mindestens zwei Betriebe oder zwei Unternehmen **in verschiedenen EU/EWR-Mitgliedstaaten** beziehen (s. zur parallelen Fragestellung beim EBR kraft Vereinbarung und bei § 41 oben Rz. 42 sowie unten Rz. 81). § 31 II betrifft die Situation des § 2 II, in der die zentrale Leitung in einem Drittstaat **außerhalb** des EU/EWR-Gebietes liegt und deshalb ein innerhalb dieses Gebietes liegendes Unternehmen oder ein hier liegender Betrieb als fiktive zentrale Leitung dienen müssen (s.o.

---

1 *Müller*, § 16 EBRG Rz. 6, § 30 EBRG Rz. 7. |2 Gegen die Zulassung leitender Angestellter als EBR-Mitglieder *Blanke*, § 23 EBRG Rz. 6; MünchArbR/*Joost*, § 367 Rz. 9; *Tap*, S. 86 ff.; für die Zulassung wohl DKK/*Kittner*, § 23 EBRG Rz. 2 aE. |3 BAG v. 18.4.2007 – 7 ABR 30/06, AP Nr. 1 zu § 18 EBRG; *Blanke*, EBRG, § 23 Rz. 10; *Müller*, EBRG, § 23 Rz. 6. |4 *Fitting*, Übersicht EBRG Rz. 56; *Blanke*, § 36 EBRG Rz. 1; *Müller*, § 36 EBRG Rz. 1; *Tap*, S. 93 f. |5 DKK/*Kittner*, § 37 EBRG Rz. 1; *Blanke*, § 36 EBRG Rz. 2. |6 DKK/*Kittner*, § 36 EBRG Rz. 2; MünchArbR/*Joost*, § 367 Rz. 85; *Blanke*, § 25 EBRG Rz. 9. |7 DKK/*Kittner*, § 36 EBRG Rz. 2; MünchArbR/*Joost*, § 367 Rz. 85; *Blanke*, § 36 EBRG Rz. 2 ff.

Rz. 9, 12 f.). In diesem Fall wird klargestellt, dass nur wegen der Einschlägigkeit dieser Fiktion noch keine grenzübergreifende Angelegenheit iSd. § 31 I vorliegt.

Beispiel: Der Sitz des herrschenden Unternehmens einer Unternehmensgruppe liegt in Japan und die Europazentrale in Deutschland. Wenn nun für einen Betrieb in Frankreich – aber in keinem anderen Staat – Massenentlassungen geplant werden, liegt gem. § 31 II keine grenzübergreifende Angelegenheit vor. Soweit dagegen eine tatsächlich innerhalb des EU/EWR-Gebietes gelegene zentrale Leitung zB die Betriebsschließung in einem anderen Mitgliedstaat plant, greift § 31 II nicht, und es handelt sich um eine grenzübergreifende Maßnahme nach § 31 I[1].

Hinsichtlich der Gegenstände im Einzelnen unterscheidet das EBRG zwischen denjenigen Angelegenheiten, die Gegenstand der jährlichen Unterrichtung und Anhörung sind (§ 32, sogleich Rz. 63) und solchen Angelegenheiten, die als außergewöhnliche Umstände Gegenstand der besonderen Unterrichtung und Anhörung sind (§ 33, unten Rz. 64). Sowohl nach § 32 I als auch gem. § 33 I 1 hat die zentrale Leitung die für die Einschätzung der Situation erforderlichen **Unterlagen** vorzulegen. Eine Pflicht zur Übersetzung sämtlicher Unterlagen besteht nicht[2]; jedoch müssen die Unterlagen und die dazu gegeben Auskünfte in der Weise vorgelegt werden, dass dem Erfordernis der Information Genüge getan ist (s.o. Rz. 5). Zudem müssen die Unterlagen nach § 32 I, § 33 I 2 **rechtzeitig vorgelegt** werden. Die EBR-Mitglieder müssen sie so frühzeitig erhalten, dass vor der Sitzung genügend Zeit ist, sich – ggf. unter Beteiligung des Sachverst. – angemessen vorzubereiten[3]. Außerdem haben Unterrichtung und Anhörung auch **der Sache nach rechtzeitig** zu erfolgen. Das bedeutet ähnlich wie bei § 106 BetrVG, dass der EBR noch im Stadium der Planung, also **vor einer Entscheidung** (und ohnehin vor ihrer Umsetzung) unterrichtet und angehört werden muss. Die Anhörung muss im Übrigen in der Weise und so frühzeitig erfolgen, dass sie ihrem Sinn und Zweck noch entsprechen kann, nämlich die unternehmerische Entscheidung eventuell zu beeinflussen; Unterlagen sind ggf. für die Sitzung zu aktualisieren (s. zur parallelen Fragestellung beim EBR kraft Vereinbarung und bei § 41 oben Rz. 44 sowie unten Rz. 82)[4].

b) Gegenstand der jährlichen Unterrichtung und Anhörung sind nach § 32 I die Entwicklung der 63
Geschäftslage und die Perspektiven des gemeinschaftsweit tätigen Unternehmens bzw. der gemeinschaftsweit tätigen Unternehmensgruppe. Die Begriffe „Entwicklung der Geschäftslage" und „Perspektiven" werden in § 32 II anhand eines nicht abschließenden („insbesondere"), aber weitgehend anschaulichen Beispielskatalogs konkretisiert. Dabei geht es ua. um die unternehmerische Struktur und Organisation, die Finanz- und Beschäftigungslage einschließlich der jeweiligen Aussichten. Auch das laufende operative Geschäft wird angesprochen, wie sich etwa aus der Nennung der Absatzlage oder der Einführung neuer Fertigungsverfahren ergibt. Die in § 32 II Nr. 10 genannten „Massenentlassungen" sind in Übereinstimmung mit der Massenentlassungs-Richtlinie nach § 17 KSchG zu bestimmen[5]. Der Beispielskatalog ähnelt zwar demjenigen der §§ 106 III, 111 S. 3 BetrVG, ist aber nicht damit identisch. Deswegen kann das BetrVG zwar zur Auslegung von § 32 II herangezogen werden. Es ist aber zu berücksichtigen, dass das EBRG nach Maßgabe der EBR-Richtlinie richtlinienkonform ausgelegt werden muss. Da der Wortlaut des § 32 II wörtlich weitgehend aus Nr. 2 Abs. 2 Anhang EBR-Richtlinie übernommen worden ist, wird mit dem EuGH ein Gericht zu entscheiden haben, das sich sicherlich nicht in erster Linie am deutschen BetrVG orientiert[6].

c) Zur **Unterrichtung und Anhörung über außergewöhnliche Umstände** ist die zentrale Leitung nach 64
§ 33 verpflichtet. Die Umstände müssen nicht nur außergewöhnlich sein, sondern auch „erhebliche Auswirkungen auf die Interessen der ArbN haben". Dieser Begriff wird in § 33 I 2 – ähnlich wie in § 32 II – durch einen nicht abschließenden Beispielskatalog konkretisiert, wo als außergewöhnliche Umstände die Verlegung und Stilllegung von Unternehmen, Betrieben oder wesentlichen Betriebsteilen sowie Massenentlassungen genannt werden[7]. „Massenentlassungen" sind wie bei § 32 II Nr. 10 auch bei § 33 I Nr. 3 EBRG nach der Massenentlassungsrichtlinie zu bestimmen[8]. Nach § 33 II 1 ist ein eventuell gem.

---

1 Ebenso und mit vergleichbaren Beispielen *Blanke*, § 31 EBRG Rz. 6 ff.; DKK/*Kittner*, § 31 EBRG Rz. 3; *Müller*, § 31 EBRG Rz. 4; *Fitting*, Übersicht EBRG Rz. 67; MünchArbR/*Joost*, § 367 Rz. 36; EAS/*Oetker*, B 8300 Rz. 179. | 2 AA DKK/*Kittner*, § 32 EBRG Rz. 5. | 3 *Müller*, § 32 EBRG Rz. 2; DKK/*Kittner*, § 32 EBRG Rz. 6. | 4 *Müller*, § 33 EBRG Rz. 2; *Blanke*, § 31 EBRG Rz. 4, § 33 EBRG Rz. 10, 12; DKK/*Kittner*, § 33 EBRG Rz. 4; MünchArbR/*Joost*, § 367 Rz. 50, 52, 61. | 5 MünchArbR/*Joost*, § 367 Rz. 49; *Blanke*, § 32 EBRG Rz. 30; s. dazu EuGH v. 27.1.2005 – Rs. C-188/03 (Junk), NZA 2005, 213; BAG v. 23.3.2006 – 2 AZR 343/05, nv., Richtlinie 75/120/EWG des Rates vom 17.2.1975 zur Angleichung der Rechtsvorschriften der Mitgliedstaaten über Massenentlassungen, ABl. Nr. L 48/29 v. 22.2.1975. | 6 Eine tendenzielle Orientierung an §§ 106 III, 111 S. 3 BetrVG vertreten *Blanke*, § 32 EBRG Rz. 15; MünchArbR/*Joost*, § 367 Rz. 39 ff.; *Fitting*, Übersicht EBRG Rz. 70; *Hanau* in Hanau/Steinmeyer/Wank, § 19 Rz. 92; *Müller*, § 32 EBRG Rz. 4 ff.; EAS/*Oetker*, B 8300 Rz. 187 ff. Die uneingeschränkte Anknüpfung an §§ 106 III, 111 S. 3 BetrVG findet sich bei DKK/*Kittner*, § 32 EBRG Rz. 3; ebenso wohl auch *U. Mayer*, Richtlinie Europäische Betriebsräte – Harmonisierungsprobleme bei der Umsetzung, BB 1995, 1794 (1796). | 7 S. dazu *Blanke*, § 33 EBRG Rz. 18 ff.; *Müller*, § 33 EBRG Rz. 1; *Fitting*, Übersicht EBRG Rz. 71; EAS/*Oetker*, B 8300 Rz. 200 ff. | 8 DKK/*Kittner*, § 33 EBRG Rz. 1. § 17 KSchG setzt die Massenentlassungs-Richtlinie um, Richtlinie 75/120/EWG des Rates vom 17.2.1975 zur Angleichung der Rechtsvorschriften der Mitgliedstaaten über Massenentlassungen, ABl. Nr. L 48/29 v. 22.2.1975, s. dazu EuGH v. 27.1.2005 – Rs. C-188/03 (Junk), NZA 2005, 213; BAG v. 23.3.2006 – 2 AZR 343/05, nv.; *Bauer/Krieger/Powietzka*, DB 2005, 445.

§ 26 I errichteter Ausschuss zu beteiligen[1]. Die **Einberufung zur Sitzung** erfolgt nach § 32 II 2, 3 iVm. § 27 I 2–5.

65 **d) Durchsetzung der Unterrichtungs- und Anhörungsrechte.** Nach Art. 11 EBR-Richtlinie sind die Mitgliedstaaten verpflichtet sicherzustellen, dass die von den Umsetzungsgesetzen erfassten Unternehmen, ArbN und ArbN-Vertreter ihre sich aus der Richtlinie ergebenden Verpflichtungen tatsächlich erfüllen. Das schließt nach Art. 11 Abs. 3, 4 EBR-Richtlinie auch die gerichtliche Durchsetzung ein. Für die Durchsetzung der Unterrichtungs- und Anhörungsrechte des EBR kraft Gesetzes aus §§ 32 f. hat der deutsche Gesetzgeber die **Straf- und Bußgeldvorschriften** der §§ 42 ff. erlassen[2]. Insb. der Straftatbestand des § 44 I Nr. 2 iVm. § 42 sowie der Bußgeldtatbestand des § 45 I Nr. 2 stellen die Befolgung der Pflichten nach §§ 32 f. sicher. Zusätzlich besteht auch – was in der Lit. meist nicht angesprochen wird – unmittelbar aus §§ 32 f. ein **Erfüllungsanspruch auf Vornahme von Unterrichtung und/oder Anhörung**[3]. Ein solcher Anspruch wird nach deutschem Recht zur Durchsetzung des Auskunftsanspruchs aus § 106 BetrVG angenommen, wenn auch hier gem. § 109 BetrVG uU noch ein – im EBRG nicht vorgesehenes – vorgeschaltetes Einigungsstellenverfahren durchzuführen ist[4]. Der Anspruch ist im **Beschlussverfahren** geltend zu machen, § 2a Nr. 3b ArbGG; seine Durchsetzung erfolgt nach § 888 ZPO[5]. Siehe zur Parteifähigkeit der beteiligten Personen und Stellen § 10 ArbGG; örtlich zuständig ist gem. § 82 II 1 ArbGG das Gericht, in dessen Bezirk sich die zentrale Leitung befindet (= Unternehmenssitz), bei welcher der EBR kraft Gesetzes eingerichtet ist[6].

66 Allerdings ist die Frage umstritten, ob zusätzlich hierzu auch ein **Anspruch auf Unterlassung** solcher geplanter Maßnahmen besteht, über die noch nicht unterrichtet oder beraten wurde (der Anspruch wäre ebenfalls im Beschlussverfahren geltend zu machen, § 2a Nr. 3b, § 10, § 82 II ArbGG). In der Lit. wird in Parallelität zum Streit um das Bestehen eines allgemeinen betriebsverfassungsrechtl. Unterlassungsanspruchs nach dem BetrVG[7] auch die Frage eines Unterlassungsanspruchs nach dem EBRG diskutiert[8]. Die besseren Argumente sprechen wohl **gegen** einen solchen **Unterlassungsanspruch**. Nachdem beim Erlass des EBRG die Diskussion um den allgemeinen Unterlassungsanspruch bekannt war und den Mitgliedstaaten nach Art. 11 EBR-Richtlinie eine ausdrückliche Verpflichtung aufgegeben worden war, die Richtlinieneinhaltung sicherzustellen, kann man kaum von einer Gesetzeslücke sprechen. Wenn der Gesetzgeber einen Unterlassungsanspruch hätte gewähren wollen, wäre eine ausdrückliche Regelung etwa nach dem Muster des § 23 III BetrVG ohne weiteres möglich gewesen. Hinzu kommt, dass die Gewährung eines Unterlassungsanspruchs und seine Durchsetzung – etwa im Verfahren des einstw. Rechtsschutzes – erhebliche Schäden für Unternehmen und Unternehmensgruppen nach sich ziehen kann. Das Hinauszögern von unter §§ 32 f. fallenden Umstrukturierungsmaßnahmen schon um wenige Monate kann bei dringendem Sanierungsbedarf existenzvernichtend sein. Außerdem müsste man einmal überlegen, was der Gesetzgeber überhaupt tun soll, wenn er einen Unterlassungsanspruch ganz bewusst nicht gewähren möchte. Es bleibt ihm nur die Möglichkeit, das Gesetz mit dem geltenden Wortlaut zu erlassen, denn eine ausdrückl. gesetzl. Klarstellung über einen nicht gewährten Anspruch wäre wohl eher verwirrend. Insb. bei Annahme eines Erfüllungsanspruchs – s. soeben Rz. 65 – besteht deshalb kein Anlass, in das EBRG einen Unterlassungsanspruch hinein zu interpretieren (vgl. zur entsprechenden Fragestellung beim EBR kraft Vereinbarung und bei Regelungen nach § 41 Rz. 45, 83).

67 **e) Unterrichtung der örtlichen Arbeitnehmervertreter bzw. Arbeitnehmer.** Der EBR oder der Ausschuss (§ 33 II) sind gem. § 35 den örtlichen ArbN-Vertretern zur Berichterstattung über die Unterrichtung und Anhörung verpflichtet. Es bietet sich an, dass dies die aus den jeweiligen Staaten entsandten EBR-Mitglieder übernehmen. Die Pflicht zur Berichterstattung besteht nach näherer Maßgabe des § 35 II auch gegenüber SprAu[9]. Diejenigen ArbN, für die keine ArbN-Vertretung existiert, sind unmittelbar zu

1 Vgl. *Blanke*, § 33 EBRG Rz. 21 ff. |2 S. dazu EAS/*Oetker*, B 8300 Rz. 249 ff. sowie bei DKK/*Klebe*, *Müller* und *Blanke* die Kommentierungen zu §§ 42 ff. EBRG. |3 So zu Recht *Hanau* in Hanau/Steinmeyer/Wank, § 19 Rz. 99. |4 BAG v. 11.7.2000 – 1 ABR 43/99, AP Nr. 2 zu § 109 BetrVG 1972 = NZA 2001, 402; *Fitting*, § 109 BetrVG Rz. 11; Richardi/*Richardi*/*Annuß*, § 109 BetrVG Rz. 21. S. zum französischen Betriebsverfassungsrecht die einstweilige Verfügung des Tribunal de Grande Instance de Paris v. 9.4.2001 – 01/54016 (Marks & Spencer France I), AuR 2002, 32. |5 Vgl. entsprechend für den Anspruch aus § 106 BetrVG *Fitting*, § 109 BetrVG Rz. 12; Richardi/*Richardi*/*Annuß*, § 109 BetrVG Rz. 22. |6 Vgl. EAS/*Oetker*, B 8300 Rz. 242 ff.; *Hanau* in Hanau/Steinmeyer/Wank, § 19 Rz. 41. |7 Für einen allgemeinen Unterlassungsanspruch bei Verstößen gegen das BetrVG plädieren *Fitting*, § 111 BetrVG Rz. 113 f.; DKK/*Trittin*, § 23 BetrVG Rz. 117 ff., 131; dagegen *Walker*, DB 1995, 1961 (1965); *Prütting*, RdA 1995, 257 (261); *Giesen*, BuW 1997, 351 (352). |8 Für einen Unterlassungsanspruch bei der Verletzung von Informations- und Anhörungsrechten nach dem EBRG plädieren DKK/*Däubler*, Vorbem. EBRG Rz. 20; DKK/*Kittner*, § 33 EBRG Rz. 5; *Bachner*/*Nielebock*, AuR 1997, 129 (134 f.); *Lorenz*/*Zumfelde*, Der Europäische Betriebsrat und die Schließung des Renault-Werkes in Vilvoorde/Belgien, RdA 1998, 168 (171); dagegen *Hanau* in Hanau/Steinmeyer/Wank, § 19 Rz. 99; MünchArbR/*Joost*, § 367 Rz. 73; *Hromadka*, DB 1995, 1125 (1130); *Müller*, § 33 EBRG Rz. 6; EAS/*Oetker*, B 8300 Rz. 209 f.; *Blanke*, § 32 EBRG Rz. 32 ff.; *Blanke* behauptet aber Unterlassungsansprüche gegen öffentliche Unternehmen und Staatshaftungsansprüche gegen die Bundesrepublik wegen fehlender ins EBRG aufgenommener Unterlassungsansprüche. Weiter will er § 23 III BetrVG und §§ 823, 1004 BGB entsprechend anwenden bei massiven Behinderungen. Offen äußert sich *I. Schmidt*, RdA Beil. zu Heft 5, S. 12 (22). |9 Vgl. DKK/*Kittner*, § 35 EBRG Rz. 6; *Fitting*, Übersicht EBRG Rz. 75; *Blanke*, § 35 EBRG Rz. 4.

unterrichten, was mündlich auf Belegschaftsversammlungen oder schriftl. durch Rundschreiben oder Aushänge geschehen kann. Hierbei ist der Schutz der Vertraulichkeit nach § 39 zu beachten[1]. Teilweise wird die Ansicht vertreten, dass den SprAu gegenüber wegen der fehlenden ArbN-Eigenschaft leitender Angestellter (s.o. Rz. 6) die volle Geheimhaltungspflicht greife, weil sie nicht unter die Ausnahmeregelung des § 39 II 4 fielen[2]. Das dürfte freilich kaum dem Sinn und Zweck des § 35 entsprechen, da die SprAu als „Arbeitnehmervertretungen" anzusehen sind und gem. § 39 III Nr. 4 ihrerseits der Pflicht zur Vertraulichkeit unterliegen[3].

f) Tendenzunternehmen. Die Unterrichtungs- und Anhörungsrechte des EBR kraft Gesetzes werden in Tendenzunternehmen durch § 34 eingeschränkt (vgl. zur Nichtgeltung der EBR-Richtlinie und des EBRG in „Nicht-Unternehmen" wie Hoheitseinrichtungen und Kirchen oben Rz. 7). Unter Anknüpfung an die Definition der Tendenzunternehmen in § 118 I 1 Nr. 1, 2 BetrVG (siehe dazu die diesbezügliche Kommentierung) sind demnach nur die in § 32 II Nrn. 5–10, § 33 genannten Gegenstände unterrichtungs- und anhörungspflichtig[4]. § 34 bezieht sich, auch wenn von Unternehmen und herrschenden Unternehmen der Unternehmensgruppen die Rede ist, auf die zentrale Leitung (vgl. Art. 8 Abs. 3 EBR-Richtlinie[5]). Diese ist, wenn für sie das EBRG gilt (sie also ihren Sitz in Deutschland hat), gem. § 34 nur beschränkt unterrichtungs- und anhörungsverpflichtet[6]. Umstritten ist die Frage, ob § 34 richtlinienkonform ist, denn Art. 8 III EBR-RL lässt Ausnahmen zu Gunsten von Tendenzunternehmen nur zu mit Blick auf „Berichterstattung und Meinungsäußerung". Damit sind die in § 118 I 1 Nr. 1 BetrVG genannten „politischen, koalitionspolitischen, konfessionellen, karitativen, erzieherischen, wissenschaftlichen oder künstlerischen" Unternehmen nicht ausdrückl. mit genannt worden, weswegen manche hier von der Richtlinienwidrigkeit von § 34 ausgehen[7]. Das Problem – offenbar ein Versehen (!) – ist auf europäischer Ebene erkannt worden, weshalb am 22.9.1994 eine Protokollerklärung abgegeben wurde, in der die nicht genannten Regelungspunkte aus § 118 I 1 Nr. 1 BetrVG dem Geltungsbereich des Art. 8 Abs. 3 EBR-Richtlinie unterworfen wurden[8]. Zwar vermag eine solche Protokollerklärung nichts am Inhalt der Richtliniennorm zu ändern. Es dürfte sich aber um einen deutl. Hinweis für die historische Auslegung der Vorschrift handeln, welche eine extensive Auslegung von Art. 8 Abs. 3 EBR-Richtlinie auch und gerade iSd. deutschen § 118 BetrVG darstellt. Deshalb ist § 34 noch als richtlinienkonform anzusehen[9]. 68

6. Änderung der für die EBR-Zusammensetzung maßgeblichen Verhältnisse. Nach näherer Maßgabe des § 36 II prüft die zentrale Leitung alle zwei Jahre, ob sich die ArbN-Zahlen in den einzelnen EU/EWR-Mitgliedstaaten derart geändert haben, dass sich hieraus gem. § 22 II–IV (oben Rz. 52) eine andere EBR-Zusammensetzung ergibt. Dabei hat sie ua. den Berechnungsmodus nach § 4 einzuhalten, also auf den Durchschnitt der letzten zwei Jahre abzustellen (s. im Einzelnen oben Rz. 6)[10]. Sie hat das Ergebnis dem EBR mitzuteilen, der ggf. die Neuzusammensetzung des EBR veranlasst. Dies geschieht durch entsprechende Aufforderung an diejenigen Stellen, die zuständig sind zur Bestellung eventueller neuer und zur Abberufung eventuell wegfallender EBR-Mitglieder. Das sind für die aus Deutschland zu entsendenden Mitglieder die in § 23 I–IV genannten Gremien (vgl. Nr. 1b S. 2 Anhang EBR-Richtlinie)[11]. Die Mitgliedschaft eventuell abzuberufender Vertreter endet nach § 36 II 3 Hs. 2 erst mit der Neubestellung eventueller neuer Mitglieder. Soweit also ein EBR-Mitglied einen Nachfolger aus dem eigenen Mitgliedstaat erhält, bleibt sein Status bis zur Neubestellung unberührt, so dass er unverändert mit Stimmrecht im EBR bleibt. In allen anderen Fällen (wenn also die Zahl der EBR-Mitglieder reduziert wird oder an Stelle von ausscheidenden Mitgliedern lediglich Mitglieder aus anderen Mitgliedstaaten hinzukommen) ist davon auszugehen, dass das Mandat mit der unverzüglichen Abberufung endet, allerdings nicht bereits mit der Mitteilung nach § 36 II 2 (vgl. auch oben Rz. 58 f.). 69

7. Ende des EBR kraft Gesetzes. a) Wegen Wegfalls der gesetzlichen Grundlagen. Sobald die gesetzl. Grundlagen für die Errichtung eines EBR nicht mehr bestehen, entfällt auch der EBR[12]. Das ist insb. der Fall, wenn gem. § 3 **keine gemeinschaftsweite** Tätigkeit mehr gegeben ist, also etwa die dort genannten ArbN-Zahlen unterschritten werden oder wenn wegen Wegfalls des beherrschenden Einflusses keine nach § 6 verklammerte Unternehmensgruppe mehr besteht (s.o. Rz. 11 ff.). Wenn dagegen lediglich **Umstrukturierungen** innerhalb des Unternehmens oder innerhalb der Unternehmensgruppe 70

---

1 Vgl. *Müller*, § 35 EBRG Rz. 1, 4; MünchArbR/*Joost*, § 367 Rz. 63 ff., 67 ff.; *Blanke*, § 35 EBRG Rz. 2 ff. | 2 EAS/*Oetker*, B 8300 Rz. 216. | 3 MünchArbR/*Joost*, § 367 Rz. 72. | 4 S. näher *Fitting*, Übersicht EBRG Rz. 73; *Müller*, § 34 EBRG Rz. 2 ff.; MünchArbR/*Joost*, § 366 Rz. 31, § 367 Rz. 74. | 5 Der Begriff „zentrale *Lösung*" im deutschen Text des Art. 8 Abs. 3 EBR-Richtlinie ist ein redaktioneller Fehler. | 6 Vgl. EAS/*Oetker*, B 8300 Rz. 56 ff.; MünchArbR/*Joost*, § 367 Rz. 75; BT-Drs. 13/5021, S. 8. | 7 DKK/*Kittner*, § 34 EBRG Rz. 4; *Kohte*, Die politischen Bestimmungen nach § 118 BetrVG – ein weites Feld, BB 1999, 1110 (1115); *Lörcher*, AuR 1996, 297 (300 f.). | 8 Ratsdokument Nr. 9067/94, S. 8, abgedr. in BT-Drs. 13/5021 sowie bei *Müller*, Anh. I zum EBRG und bei *Blanke*, EBRG, S. 56; teilweise zitiert in BT-Drs. 13/5021, S. 8. | 9 Ebenso im Ergebnis *Müller*, § 34 EBRG Rz. 2; EAS/*Oetker*, B 8300 Rz. 56 ff.; *Hanau* in Hanau/Steinmeyer/Wank, § 19 Rz. 96; *Wirmer*, DB 1994, 2134 (2136); *Tap*, S. 109 f.; offen äußert sich MünchArbR/*Joost*, § 367 Rz. 75. | 10 *Müller*, § 36 EBRG Rz. 1; aA *Blanke*, § 36 EBRG Rz. 5 und DKK/*Kittner*, § 36 EBRG Rz. 5, die auf den Zeitpunkt der Prüfung abstellen wollen. | 11 Vgl. *Müller*, § 36 EBRG Rz. 3 ff.; MünchArbR/*Joost*, § 367 Rz. 86; *Blanke*, § 36 EBRG Rz. 4 ff. | 12 *Müller*, § 37 EBRG Rz. 1; *Fitting*, Übersicht EBRG Rz. 59.

stattfinden, bleibt der EBR erhalten, und es kommt ggf. zu Änderungen in der Mitgliederstruktur nach § 36 II (s. soeben Rz. 69). Allerdings setzt § 36 II immer den Fortbestand der bisherigen zentralen Leitung voraus. Sobald also eine Umstrukturierung so tief greifend ist, dass nicht nur eine örtliche Verlegung (dazu sogleich Rz. 71), sondern ein **Wechsel der zentralen Leitung** stattfindet, fehlt es an der Grundlage für die EBR-Errichtung, so dass der bisherige EBR wegfällt. Das kann durch Unternehmens- oder Betriebsveräußerungen geschehen oder wenn sich die Mehrheits- oder Einflussverhältnisse nach § 6 innerhalb der Unternehmensgruppe verschieben. In diesen Fällen erlischt der bisherige EBR und es besteht lediglich die Möglichkeit, nach Maßgabe der einschlägigen gesetzl. Regelungen – in Deutschland §§ 8 ff. – ein neues BVG zu bilden und so einen neuen EBR vorzubereiten (s.o. Rz. 20 ff.). Es fragt sich aber, was geschieht, wenn gerade derjenige **Tatbestand, der zum Entfallen** der Anwendungsvoraussetzungen **des EBRG geführt hat**, nicht zum Gegenstand von Unterrichtung und Anhörung gemacht wurde.

Beispiel: Es werden Betriebsstillegungen, Unternehmensveräußerungen oder Massenentlassungen vorgenommen, über welche entgegen § 33 I Nr. 2 und 3 der EBR nicht informiert oder angehört wird, die aber gleichzeitig zur Unterschreitung der ArbN-Zahlen nach § 3 führen. In diesem Fall wird der „wegfallende" EBR mit Blick auf den Schutzzweck des EBRG und der EBR-Richtlinie noch insoweit fortbestehen müssen, als er seine Unterrichtungs- und Anhörungsansprüche sowie ggf. seine Rechte aus deren Verletzung geltend machen kann (s. dazu oben Rz. 65 f.)[1].

71 Fraglich ist weiter, was gilt, wenn die **zentrale Leitung** in einen anderen Staat innerhalb des Gebietes von EU und EWR **verlegt** wird. Das geschieht durch Wechsel des Staates der Leitungsverantwortung nach § 2, also zB wenn die Europazentrale für Unternehmensgruppen unter Führung aus Drittstaaten von einem Mitgliedstaat in einen anderen verlegt wird, vgl. § 2 II 1 (s.o. Rz. 9, 12 f.). In diesem Fall sind zwar die Voraussetzungen für die Anwendung des deutschen EBRG nach § 2 nicht mehr erfüllt. Andererseits ist auf Grund der uneingeschränkten Umsetzungsverpflichtung der EBR-Richtlinie für alle EU/EWR-Mitgliedstaaten sichergestellt, dass in jedem dieser Staaten die Neuerrichtung des EBR nach den jeweiligen nationalen Umsetzungsvorschriften erfolgen kann. Aus diesem Grund und mit Blick auf die möglichst lückenlose Richtlinienumsetzung (vgl. Art. 11 EBR-Richtlinie) muss hier der alte EBR aufrechterhalten bleiben; § 37 S. 2 (s. dazu sogleich Rz. 72) ist daher in der Weise analog anzuwenden, dass der alte EBR als BVG iSd. neu anzuwendenden nationalen Rechts die neue EBR-Errichtung aushandeln bzw. durchsetzen kann[2].

72 **b) Durch Schaffung eines EBR kraft Vereinbarung.** Nach § 37 S. 1 beschließt der EBR vier Jahre nach der konstituierenden Sitzung mit der Mehrheit der Stimmen seiner Mitglieder (es reicht *nicht* die Mehrheit der anwesenden Mitglieder nach § 28 S. 1) über die Aushandlung einer Vereinbarung nach § 17, mit der ein EBR kraft Vereinbarung oder ein Verfahren zur Unterrichtung und Anhörung geschaffen werden kann. Soweit sich der EBR für die Verhandlungsaufnahme entscheidet, erhält er nach § 37 S. 2 zusätzlich die **rechtl. Position eines BVG** iSd. §§ 8, 13, 14, 15 I, 16–19 (s.o. Rz. 21 ff.). Das Amt des EBR kraft Gesetzes endet gem. § 37 S. 3, wenn eine **Vereinbarung nach § 17** geschlossen worden ist. Soweit die Vereinbarung scheitert, besteht der alte EBR kraft Gesetzes dagegen fort[3]. Es empfiehlt sich, in die Vereinbarung nach § 17 eine ausdrückliche Übergangsregelung nach § 20 S. 5 analog aufzunehmen, nach welcher der alte EBR kraft Gesetzes die Geschäfte bis zur Bestellung des neuen EBR kraft Vereinbarung weiterführt. Denn ohne eine solche Rechtsgrundlage für die Geschäftsführung des alten EBR fällt dieser nach dem klaren (wenn auch wenig sinnvollen) § 37 S. 3 mit Abschluss der neuen Vereinbarung weg, noch bevor der neue EBR eingesetzt ist[4].

73 **c) Sonstige Beendigungsgründe?** Ein Ende des EBR auf Grund **Selbstauflösung** ist gesetzl. nicht vorgesehen und daher unzulässig. Der Fortbestand des EBR ist selbst dann anzunehmen, wenn **keine EBR-Mitglieder** mehr existieren, weil bspw. wegen Desinteresses keine Mitglieder entsandt werden und die Amtszeit der alten Mitglieder abgelaufen ist. Zwar werden dann die Unterrichtungs- und Anhörungspflichten leer laufen, weil sie nicht mehr erfüllt werden können. Jedoch kann das Organ EBR durch Entsendung neuer Mitglieder jederzeit reaktiviert werden.

74 **VI. Der EBR auf Grund am 22.9.1996 bestehender Vereinbarungen. 1. Der Übergangstatbestand des § 41.** Bereits oben Rz. 2 ist das dreistufige Regelungssystem für die EBR-Errichtung dargestellt worden. Die „erste Stufe" besteht darin, dass den von der EBR-Richtlinie bzw. dem EBRG erfassten Unternehmen und Unternehmensgruppen die Möglichkeit gegeben wird, bisherige, bis zum 21.9.1996 (in Großbritannien: bis zum 14.12.1999) geschlossene Vereinbarungen über die grenzübergreifende Unterrichtung und Anhörung der ArbN aufrecht zu erhalten. § 41 EBRG bzw. Art. 13 EBR-Richtlinie schließen für diese häufig gar nicht als EBR bezeichnete Einrichtungen die Geltung des EBRG und der Richtlinie

---

1 Wie hier *Blanke*, § 36 EBRG Rz. 2. | 2 IdS auch *Hanau* in Hanau/Steinmeyer/Wank, § 19 Rz. 54. | 3 *Fitting*, Übersicht EBRG Rz. 60; *Müller*, § 37 EBRG Rz. 2. | 4 Unklar *Müller*, § 37 EBRG Rz. 2, der entgegen dem Wortlaut des § 37 S. 3 meint, der alte EBR entfalle erst dann, wenn „die vereinbarte grenzübergreifende Unterrichtung und Anhörung der Arbeitnehmer wirksam wird".

aus[1]. § 41 EBRG enthält in Ausführung von Art. 13 EBR-Richtlinie einige Sondervorschriften, um die Ausnahme auch dann aufrecht erhalten zu können, wenn nicht alle betroffenen ArbN beim Abschluss repräsentiert bzw. erfasst waren, bei Umstrukturierungen der Unternehmen und Unternehmensgruppen sowie nach dem Ende der betreffenden Vereinbarungen. Die Befreiung von der Geltung des EBRG ist nach § 41 an mehrere Voraussetzungen geknüpft, die im Folgenden näher dargestellt werden. Soweit diese **Voraussetzungen nicht erfüllt** sind, **gilt das EBRG**, und zwar ohne Einschränkungen. Deshalb kann bspw. das gem. der Vereinbarung errichtete Vertretungsgremium auch keine Funktionen bei der (nach dem EBRG zu erfolgenden) Aushandlung einer Vereinbarung oder der Bildung eines EBR erfüllen. Die Vereinbarung selbst wird im Zweifel als unwirksam anzusehen sein, da sie die Funktion der gesetzesverdrängenden Wirkung nach § 41 nicht erfüllt. Abweichende Abreden sind aber möglich, also insb. Vertragsklauseln, nach denen auch bei Nichterfüllung von § 41 die vereinbarten Regelungen (zB bis zur Bildung eines EBRG-konformen Unterrichtungs- und Anhörungssystems) Geltung behalten sollen[2]. S. zur **EU-Osterweiterung** Rz. 11.

2. Zeitlicher Rahmen. Das jeweilige Unterrichtungs- und Anhörungssystem muss auf einer vor dem 22.9.1996 (in Großbritannien: vor dem 15.12.1999) bestehenden Vereinbarung beruhen. Die Gegenansicht, welche mit Blick auf die **verspätete Umsetzung** in Deutschland noch den Abschluss vor dem Inkrafttreten am 1.11.1996 für zulässig hält[3], widerspricht der eindeutigen Vorgabe des § 41 EBRG und des Art. 13 EBR-Richtlinie, welcher auf das in Art. 14 EBR-Richtlinie genannte Datum des 22.9.1996 verweist[4]. **„Bestehen“** bedeutet, dass die Vereinbarung bis zum Ende des 21.9.1996 geschlossen sein musste. Sie musste noch nicht umgesetzt sein (zB durch Einsetzung von ArbN-Vertretern), wie sich aus dem Wortlaut des § 41 I 2 EBRG („ermöglichen“) und des Art. 13 Abs. 1 EBR-Richtlinie („vorgesehen“) ergibt. Zudem muss das betreffende Unternehmen bzw. die Unternehmensgruppe, für welche die Vereinbarung getroffen worden ist, die Anwendungsvoraussetzungen des EBRG erfüllen; ein späteres „Hineinwachsen“ in das Gesetz reicht nicht aus[5]. 75

Nach dem Ende der Vereinbarung greift ihre **Fortgeltung** nach § 41 VI. § 41 VI entspricht fast vollständig der Regelung des § 20; s. dazu oben Rz. 47[6]. Einzige Ausnahme ist das Fehlen einer dem § 20 S. 5 vergleichbaren Vorschrift, so dass in den bestehenden Vereinbarungen keine besonderen zusätzlichen Übergangsvorschriften zugelassen sind. Soweit allerdings Regelungen existieren, die den Fortbestand einer Vereinbarung anordnen und im Übrigen den Anforderungen des § 41 I–VI entsprechen, sind sie auf Grund dessen auch zulässig. Sollte das nicht der Fall sein, empfiehlt es sich, eine dem EBRG entsprechende Vereinbarung so schnell zu treffen oder den EBR kraft Gesetzes so schnell zu erzwingen, dass die Geschäfte nahtlos vom alten, nicht dem EBRG unterliegenden System auf den neuen, nach dem EBRG geschaffenen EBR übergehen können. 76

3. Institutioneller Rahmen. § 41 spricht nur von einer „Vereinbarung über grenzübergreifende Unterrichtung und Anhörung“ und nicht von einem „Europäischen Betriebsrat“ oder Ähnlichem. Daraus folgt, dass (wie auch bei § 19, s.o. Rz. 49) kein eigenes Gremium geschaffen werden muss und auch kein einheitliches System der grenzübergreifenden Unterrichtung und Anhörung. Ebenso gut möglich ist ein dezentrales, an bestehende nationale Gremien anknüpfendes Netzwerk der Unterrichtung und Anhörung. Deshalb bestehen auch keine Vorgaben etwa über die Bestellung der EBR-Mitglieder (§§ 18 II, 23 gelten nicht), und auch die Grundsätze der §§ 38 ff. über die vertrauensvolle Zusammenarbeit, die Wahrung der Betriebs- oder Geschäftsgeheimnisse und den Schutz der ArbN-Vertreter sind nicht anzuwenden. Dennoch wird man aus diesen Grundsätzen auch im Rahmen des § 41 jedenfalls im Prinzip Vorgaben für eine funktionierende Unterrichtung und Anhörung herleiten können. So gilt im Zweifel auch im Rahmen des § 41 der Grundsatz der vertrauensvollen Zusammenarbeit[7]. Dennoch können hinsichtlich der institutionellen Vorschriften gerade keine Anleihen beim Recht des EBR kraft Vereinbarung oder gar beim Recht des EBR kraft Gesetzes (§§ 17 ff., 21 ff.) gemacht werden. Das würde dem Sinn und Zweck des § 41 und des Art. 13 EBR-Richtlinie zuwiderlaufen, die sich bewusst gegen die dortigen institutionellen Zwänge entschieden haben. Deshalb ist auch der Rechtsansicht zu widersprechen, nach 77

1 Vgl. die Praxisbeispiele für entsprechende Vereinbarungen bei *Blank/Geissler/Jaeger*, Euro-Betriebsräte, 1996 (BASF, Bayer, Benckiser, DEC, Grundig, Myllykoski, Schmalbach-Lubeca/Continental Can Europe, Usinor Sacilor sowie den Mustertext der IG Metall); *Eckert*, S. 164 ff. (BASF, Beyer, Braun, Beiersdorf, Continental, Hoechst, Schering, Schmalbach Lubeca, Villeroy & Boch, Grundig, Siemens, Volkswagen, Bertelsmann, Hartmann-Gruppe, Preussag); *Klinkhammer/Welslau* (Hrsg.), S. 137 ff. (Europipe); s. weiter die Aufzählungen bei *Tap*, S. 124 ff.; vgl. zur Struktur dieser EBR eingehend *Lecher/Platzer/Rüb/Weiner*, Europäische Betriebsräte – Perspektiven ihrer Entwicklung und Vernetzung, 1999; weitere Nachw. bei *Blanke*, Einl. EBRG Rz. 45 ff. | 2 *Hanau* in Hanau/Steinmeyer/Wank, § 19 Rz. 72–74. | 3 EAS/*Oetker*, B 8300 Rz. 63 f.; *Bachner/Nielebock*, AuR 1997, 129 (135); noch weiter gehend *Hromadka*, DB 1995, 1125 (1127), der die Umsetzung der Richtlinie in allen Mitgliedstaaten abwarten wollte. | 4 *Blanke*, Einl. EBRG Rz. 40, § 41 EBRG Rz. 4; DKK/*Däubler*, § 41 EBRG Rz. 3; *Müller*, § 41 EBRG Rz. 4; *Eckert*, S. 47 ff. Vgl. die Vorgenannten auch zu der teils geäußerten Ansicht, abweichende Vereinbarungen seien zulässig bis zur Umsetzung von Art. 13 EBR-Richtlinie in allen Mitgliedstaaten. | 5 *Rademacher*, Der Europäische Betriebsrat, S. 153; DKK/*Däubler*, § 41 EBRG Rz. 5; aA *Wuttke*, DB 1995, 774 (777, Fn. 32). | 6 Vgl. *Blanke*, § 41 EBRG Rz. 27 f.; EAS/*Oetker*, B 8300 Rz. 71. | 7 Vgl. *Hanau* in Hanau/Steinmeyer/Wank, § 19 Rz. 68.

der auf Grund der Vereinbarung eingesetzte ArbN-Vertreter **Kündigungsschutz** entsprechend § 40 EBRG, § 15 KSchG (s.o. Rz. 22) haben[1]. Das widerspricht der Freistellung von der Gesetzesgeltung nach § 41 EBRG. Es kann aber ein Kündigungsschutz kraft Vereinbarung oder nach §§ 242, 612a BGB in Betracht kommen.

78 **4. Die Vereinbarung, ihr Geltungsbereich und ihre Parteien.** Das System der Unterrichtung und Anhörung beruht auf einer **Vereinbarung**. Entgegen einer häufig geäußerten Ansicht hat die „Vereinbarung" nach § 41 **keinen normativen Charakter**[2]. Dafür fehlt es bereits an einer entsprechenden gesetzl. Anordnung wie etwa beim TV oder der BV. Es besteht auch keine dogmatische Notwendigkeit, die normative Natur der Vereinbarung anzunehmen, zumal dies dem Grundprinzip der Freiwilligkeit und der Gestaltungsfreiheit widerspräche (s.o. Rz. 33). Entscheidend ist lediglich das Vorliegen eines (regelmäßig, aber nicht notwendig privatrechtl.) Vertrages, der **wirksam** ist und aus dem die Beteiligten die ihnen zugewiesene Unterrichtung und Anhörung, wie sie in § 41 vorausgesetzt werden, auch tatsächlich erlangen können. Es muss des Weiteren irgendeine **Sanktionsmöglichkeit** mit dem Ergebnis der gerichtlichen Geltendmachung geben, denn anderenfalls ist die Vereinbarung von Unterrichtung und Anhörung im Rechtsstaat wertlos[3]. „Vereinbarung" bedeutet darüber hinaus auch, dass einseitig von Unternehmerseite installierte oder nur faktisch akzeptierte Unterrichtungs- und Anhörungssysteme nicht ausreichen[4]. Der **Geltungsbereich** der Vereinbarung muss sich grds. auf alle ArbN des Unternehmens oder der Unternehmensgruppe iSd. §§ 2, 3 beziehen. In Übereinstimmung mit § 17 S. 2 ist § 41 I 2 so auszulegen, dass die Vereinbarung nur für diejenigen Staaten gelten muss, in denen das Unternehmen bzw. die Unternehmensgruppe einen Betrieb hat; die Vertretung einzelner ArbN in Staaten ohne Betrieb muss also nicht von der Vereinbarung gewährleistet sein[5]. Weiter ergibt sich aus § 41 III und IV, dass **keine einheitliche Vereinbarung** für das gesamte Unternehmen bzw. die gesamte Unternehmensgruppe bestehen muss und dass auch noch nicht erfasste Bereiche insb. nach Umstrukturierungen später einbezogen werden können[6].

79 Die **Vertragspartner der Vereinbarung** sind in § 41 nicht präzise vorgegeben. Auf **ArbGebSeite** muss es sich nicht um die zentrale Leitung iSd. § 1 III handeln. Andere Vertreter von Unternehmen, Unternehmensgruppen oder von Verbänden können die betreffende Vereinbarung ebenfalls geschlossen haben, wobei dies nach deutschem oder ausländischem Recht auf Grund organschaftlicher, tarifvertragl. und sonstiger rechtsgeschäftlicher oder gesetzl. Vertretungsmacht geschehen sein kann, vgl. § 41 II 2. Auch hier folgt aus § 41 III, IV, dass eine nicht flächendeckende Vereinbarung ergänzt und nach Umstrukturierungen auf sämtliche Unternehmen oder Betriebe eines Unternehmens oder einer Unternehmensgruppe ausgeweitet werden kann[7]. Dennoch muss die Vereinbarung – unabhängig von der Leitungsebene – von den Repräsentanten der beteiligten Unternehmen oder Unternehmensgruppen geschlossen worden sein. Auf **ArbN-Seite** muss keine volle Repräsentativität vorliegen, wie sich ebenfalls aus § 41 II und III ergibt[8]. Auch hier können sich unterschiedliche Repräsentationsmittel ergeben, aus denen heraus die Vereinbarung geschlossen wurde, also insb. auch einzelvertragl. Vertretungen sowie tarifvertragl. und betriebsverfassungsrechtl. Systeme, s. zu Letzterem § 41 II 1. Problematisch ist hierbei die Situation, dass Vereinbarungen nur mit einer Minderheit der ArbN bzw. ihrer Vertreter geschlossen werden, zB mit einer Gewerkschaft, die lediglich einen kleinen Teil der ArbN vertritt. Hier ergeben sich auf den ersten Blick ähnliche Bedenken hinsichtlich einer möglichen Verletzung von **Demokratieprinzip und Gleichheitssatz** wie oben Rz. 28 f., 36, 58 bereits geäußert. Andererseits wird mit Blick auf § 41 und die Entstehungsgeschichte von Art. 13 EBR-Richtlinie die Meinung geäußert, es komme nicht auf das Zustandekommen der Vereinbarung an. Diese Regelungen verlangten vielmehr nur **im Ergebnis** ein System, welches den Anforderungen von Unterrichtung und Anhörung entspricht[9]. Soweit man das akzeptiert, muss aber durch die Vereinbarung die breite Unterrichtung und Anhörung aller ArbN bzw. ihrer Vertreter im Unternehmen bzw. in der Unternehmensgruppe sichergestellt sein[10]. Daraus folgt das weitere Erfordernis der **Proportionalität** und der **Repräsentativität** des geschaffenen Gremiums oder Anhörungssystems im Hinblick auf die betroffenen ArbN. Diese müssen sich in einem Gremium oder bei der

---

1 DKK/*Däubler*, § 41 EBRG Rz. 4a, der seine Meinung damit begründet, die Unterrichtungs- und Anhörungsrechte nach § 41 seien sonst nicht hinreichend gesichert. | 2 *Rademacher*, Der Europäische Betriebsrat, S. 160 f.; *Hanau* in Hanau/Steinmeyer/Wank, § 19 Rz. 68.; *I. Schmidt*, RdA Beil. zu Heft 5, S. 12 (17); *Tap*, S. 140 ff. Für die Annahme normativer Wirkung aber *Müller*, § 41 EBRG Rz. 3; *Schiek*, RdA 2001, 218 (231 ff.); *Blanke*, § 41 EBRG Rz. 31. | 3 *Blanke*, § 41 EBRG Rz. 11; aA *Sandmann*, Die Euro-Betriebsrats-Richtlinie 94/45/EG, S. 175, der bei Verstößen gegen die Vereinbarung aber zumindest ein Kündigungsrecht gewähren möchte. | 4 *Blanke*, § 41 EBRG Rz. 10; *Rademacher*, Der Europäische Betriebsrat, S. 151; *Hromadka*, DB 1995, 1125 (1127); DKK/*Däubler*, § 41 EBRG Rz. 6. | 5 *Blanke*, § 41 EBRG Rz. 14 ff., insb. Rz. 16. | 6 S. näher EAS/*Oetker*, B 8300 Rz. 68 ff.; *Müller*, § 41 EBRG Rz. 13 ff. | 7 *Müller*, § 41 EBRG Rz. 9 f.; *Eckert*, S. 31 ff. | 8 *Müller*, § 41 EBRG Rz. 11. | 9 *Heinze*, AG 1995, 396 (400); *Hromadka*, DB 1995, 1125 (1127); *Hanau* in Hanau/Steinmeyer/Wank, § 19 Rz. 69; *Müller*, § 41 EBRG Rz. 5 f., 11; *Blanke*, § 41 EBRG Rz. 7; DKK/*Däubler*, § 41 EBRG Rz. 8; *Eckert*, S. 39 ff.; *Rademacher*, Der Europäische Betriebsrat, S. 151 f.; Für eine Repräsentation aller ArbN *Klinkhammer* in *Klinkhammer/Welslau* (Hrsg.), S. 65 (68). Vgl. zu dem Problem auch *Sandmann*, Die Euro-Betriebsrats-Richtlinie 94/45/EG, S. 165 f., der jedenfalls ausschließt, dass eine Minderheit auf ArbN-Seite später eine Vereinbarung zunichte machen kann. | 10 *Müller*, § 41 EBRG Rz. 11; *Rademacher*, Der Europäische Betriebsrat, S. 154 ff.

Wahrnehmung ihrer Unterrichtungs- und Anhörungsrechte gem. § 41 I 2 möglichst gut vertreten wiederfinden, ohne dass aber die Besetzungs- und Bestellungsregeln nach §§ 10 f., 18 II, 22 f. eingehalten sein müssten[1]. In der Praxis werden oft spezielle unternehmens- oder konzernspezifische Strukturen vereinbart, wobei meist – zulässigerweise – für die Entsendung von Vertretern Mindestzahlen festgesetzt werden[2]. **Änderungen in der Struktur des Unternehmens oder der Unternehmensgruppe**, welche zeitlich nach den Stichdaten des § 41 I, VII eingetreten sind, können im Rahmen des § 41 III, IV berücksichtigt werden[3].

5. Gegenstand und Reichweite der Unterrichtungs- und Anhörungsrechte sind in § 41 nicht näher umschrieben. Die Vereinbarung muss den ArbN des Unternehmens oder der Unternehmensgruppe eine „angemessene Beteiligung an der Unterrichtung und Anhörung ermöglichen". Das bedeutet zunächst, dass § 41 keinen eigenen – zB irgendwie abgeschwächten – **Begriff der Unterrichtung und Anhörung** statuiert[4]. Es bleibt also auch im Rahmen der nach Übergangsrecht fortbestehenden Vereinbarungen dabei, dass diese die Unterrichtung der ArbN(-Vertreter) über die sie betreffenden grenzübergreifenden Strukturfragen sicherstellen und entsprechend der Vorgabe des Art. 2 Abs. 1 lit. f EBR-Richtlinie den „Meinungsaustausch und die Einrichtung eines Dialogs" hierüber anordnen müssen, s.o. Rz. 5. 80

Der **Gegenstand der Unterrichtungs- und Anhörungsrechte** wird in § 41 nicht im Einzelnen umschrieben. Klar muss aber sein, dass grds. alle wesentlichen Fragen der Betriebs- und Unternehmensführung, welche einen grenzübergreifenden Bezug haben, Gegenstand dieser Rechte sein müssen. Die Frage nach dem mindestens erfassten Gegenstand von Unterrichtung und Anhörung ist in der Lit. wohl noch nicht geklärt[5]. Die einzelne Ausgestaltung obliegt den Vereinbarungsparteien, wobei insb. der für den EBR kraft Gesetzes gültige Katalog der §§ 32 f. im Rahmen des § 41 gerade **nicht** erfüllt sein muss. Dasselbe gilt auch für den Gegenstand der Unterrichtungs- und Anhörungsrechte nach §§ 17 ff., wobei hier die Abgrenzung aber im Einzelnen nicht leicht sein dürfte (s. Rz. 41 ff.). Die Definition des „**Grenzübergreifenden**" kann an die diesbezüglichen Ausführungen zu §§ 17 ff. anknüpfen (s. Rz. 42)[6]; die entsprechende Definition in § 31 (oben Rz. 62) bietet dagegen keinen Anhaltspunkt für § 41. 81

Umstritten ist, ob die Unterrichtung und Anhörung in irgendeiner Weise **rechtzeitig** erfolgen müssen. Teils wird das mit der Begründung abgelehnt, das Kriterium der Rechtzeitigkeit werde lediglich beim EBR kraft Gesetzes, nämlich in den §§ 32 f., statuiert (s. dazu oben Rz. 62, vgl. auch zum EBR kraft Vereinbarung oben Rz. 44)[7]. Die Gegenansicht stellt wohl nicht in Abrede, dass § 41 andere Anforderungen an die Rechtzeitigkeit stellt als die relativ strikten §§ 32 f. Jedoch steht man auf dem Standpunkt, dass die **Anhörung beginnen** müsse, **bevor die endgültige Entscheidung in der Sache getroffen ist**[8]. Dem ist unter dem Gesichtspunkt der richtlinienkonformen Auslegung zuzustimmen. Wenn Art. 2 Abs. 1 lit. f EBR-Richtlinie die „Anhörung" definiert als „Meinungsaustausch und die Einrichtung eines Dialogs" (s. im Einzelnen Rz. 5), dann kann dies nicht nur zurückliegende Sachverhalte betreffen. Hier wird die Anhörung nicht mit dem Zweck der retrospektiven, quasi „historischen" Betrachtung unternehmerischen Verhaltens begriffen, sondern als vorausschauende – wenn auch faktisch „passive" – Beteiligung an der unternehmerischen Entscheidung. 82

Für die **Durchsetzung** der Unterrichtungs- und Anhörungsrechte aus der Vereinbarung iSd. § 41 EBRG ist grds. auf die Vereinbarung selbst als Anspruchsgrundlage zurückzugreifen (s. zur Durchsetzung von Vereinbarungen nach §§ 17 ff. und der Rechte des EBR kraft Gesetzes nach §§ 32 f. oben Rz. 45, 65 f.). Aus dieser muss sich im Einzelfall ein möglicherweise durch Leistungsklage durchsetzbarer Erfüllungsanspruch auf Unterrichtung und Anhörung ergeben oder ein Unterlassungsanspruch gegen geplante Maßnahmen, über welche vereinbarungswidrig noch nicht informiert oder beraten wurde[9] (vgl. zur entsprechenden Fragestellung beim EBR kraft Gesetzes und beim EBR kraft Vereinbarung oben Rz. 45, 65 f.). Da die Vereinbarung nach § 41 gerade zur Nicht-Geltung des EBR-Rechts führt, greifen die für die 83

---

1 *Blanke*, § 41 EBRG Rz. 19 ff. | 2 *Blanke*, § 41 EBRG Rz. 18, 21, berichtet von vereinbarten Mindestgrößen für Tochterunternehmen oder Mindestbeschäftigtenzahlen pro Staat zwischen 20 und 500 Beschäftigten; die häufigsten Schwellenwerte liegen bei 100 bis 150 ArbN. | 3 Siehe im Einzelnen EAS/*Oetker*, B 8300 Rz. 68 ff.; *Müller*, § 41 EBRG Rz. 13 ff.; *Blanke*, § 41 EBRG Rz. 25 ff. | 4 DKK/*Däubler*, § 41 EBRG Rz. 4; *Tap*, S. 133 ff.; ebenso im Ergebnis *Blanke*, § 41 EBRG Rz. 12; *Willemsen/Hohenstatt*, Chancen und Risiken von Vereinbarungen gemäß Artikel 13 der „Euro-Betriebsrat"-Richtlinie, NZA 1995, 399 (402). Anders *Sandmann*, Die Euro-Betriebsrats-Richtlinie 94/45/EG, S. 169 ff. (insbesondere S. 170), der von geringeren Anforderungen an die Unterrichtungs- und Anhörungspflichten ausgeht; ebenso wohl auch *Müller*, § 41 EBRG Rz. 7; *Hanau* in Hanau/Steinmeyer/Wank, § 19 Rz. 71. | 5 Vgl. DKK/*Däubler*, § 41 EBRG Rz. 4; *Müller*, § 41 EBRG Rz. 7 ff.; *Blanke*, § 41 EBRG Rz. 12 f.; *Hanau* in Hanau/Steinmeyer/Wank, § 19 Rz. 68; *Hromadka*, DB 1995, 1125 (1130); *Willemsen/Hohenstatt*, NZA 1995, 399 (402); *Eckert*, S. 89 ff. | 6 Ebenso *Rademacher*, Der Europäische Betriebsrat, S. 157. | 7 *Müller*, § 41 EBRG Rz. 7. | 8 DKK/*Däubler*, § 41 EBRG Rz. 4; *Hromadka*, DB 1995, 1125 (1130); *Willemsen/Hohenstatt*, NZA 1995, 399 (402). | 9 Einen Unterlassungsanspruch aus einer Vereinbarung nach Art. 13 EBR-Richtlinie verneinte der Cour d'Appel de Paris v. 5.8.1998 – 98/12502 im Fall Panasonic France SA, berichtet nach *Blanke*, § 32 EBRG Rz. 39. AA ebenfalls zu Art. 13 EBR-Richtlinie zuvor das Tribunal de Grande Instance von Nanterre v. 4.4.1997 – BO: 97/00992 im Fall *Renault/Vilvoorde*, berichtet nach *Lorenz/Zumfelde*, Der Europäische Betriebsrat und die Schließung des Renault-Werkes in Vilvoorde/Belgien, RdA 1998, 168 ff.; *Kolvenbach/Kolvenbach*, Massenentlassungen bei Renault in Belgien, NZA 1997, 695 (697).

Durchsetzung einschlägigen prozessrechtl. Vorschriften über das **Beschlussverfahren** nach dem Wortlaut zwar nicht ein. Jedoch sprechen Sinn und Zweck der Regelungen für die analoge Anwendung von § 2a Nr. 3b ArbGG[1]. Allerdings kann sich die Parteifähigkeit der beteiligten Personen und Stellen nicht nach § 10 ArbGG, sondern nur nach den allgemeinen Regeln sowie der zugrunde liegenden Vereinbarung richten. Die örtliche Zuständigkeit ist in § 82 II 2 ArbGG geregelt (s. auch Rz. 53). Die **Straf- und Bußgeldvorschriften** der §§ 42 ff. sind auf die Einhaltung von Vereinbarungen nach § 41 schon wegen des strafrechtl. Analogieverbots nicht anzuwenden.

1 *Hanau* in Hanau/Steinmeyer/Wank, § 19 Rz. 68; vgl. auch BT-Drs. 13/4520, S. 29; EAS/*Oetker*, B 8300 Rz. 242 ff.

Gesetz über die Zahlung des Arbeitsentgelts an Feiertagen und im Krankheitsfall (Entgeltfortzahlungsgesetz)

vom 26.5.1994 (BGBl. I S. 1014, 1065),
zuletzt geändert durch Gesetz vom 23.12.2003 (BGBl. I S. 2848)

1 *Anwendungsbereich*

(1) Dieses Gesetz regelt die Zahlung des Arbeitsentgelts an gesetzlichen Feiertagen und die Fortzahlung des Arbeitsentgelts im Krankheitsfall an Arbeitnehmer sowie die wirtschaftliche Sicherung im Bereich der Heimarbeit für gesetzliche Feiertage und im Krankheitsfall.

(2) Arbeitnehmer im Sinne dieses Gesetzes sind Arbeiter und Angestellte sowie die zu ihrer Berufsbildung Beschäftigten.

I. Entstehung und Ziele des EFZG. Das Gesetz über die Zahlung des Arbeitsentgelts an Feiertagen 1
und im Krankheitsfall (Entgeltfortzahlungsgesetz – im Folgenden EFZG) vom 26.5.1994 ist als Art. 53 des Pflegeversicherungsgesetzes – PflegeVG – verkündet worden und am 1.6.1994 in Kraft getreten[1]. Es verfolgt im Wesentlichen vier Ziele: 1. die Beseitigung der bis dahin unterschiedlichen, teilweise gleichheitswidrigen Behandlung verschiedener ArbN-Gruppen[2], 2. die Einbeziehung kurzzeitig und geringfügig Beschäftigter in die Entgeltfortzahlung im Krankheitsfall, 3. die Beseitigung der unterschiedlichen Rechtslage in den alten Bundesländern und im Beitrittsgebiet sowie – als flankierende Maßnahme – 4. einen Ausgleich der Mehrbelastung der ArbGeb durch die sog. ArbGebAnteile der Beiträge zur gleichzeitig neu eingeführten gesetzl. Pflegeversicherung[3]. Der zuletzt genannte Zweck hat dazu geführt, dass das EFZG auch die Entgeltfortzahlung an Feiertagen regelt; der Vermittlungsausschuss hatte als Gegenfinanzierung die Streichung eines gesetzl. Feiertages durch die Bundesländer vorgeschlagen[4].

Mit der Schaffung des EFZG wurden die **verstreuten Vorschriften** über die Entgeltfortzahlung im 2
Krankheitsfall **angeglichen** (§ 19 BBiG – zur Berufsausbildung Beschäftigte; §§ 48 ff., § 78 SeemG – Seeleute und Kapitäne auf Kauffahrteischiffen) bzw. **aufgehoben** (§§ 115a ff. AGB-DDR[5] – ArbN außer Seeleuten, § 616 III BGB – Angestellte, § 63 HGB – Handlungsgehilfen; § 133c GewO – technische Angestellte, § 616 II und §§ 1 bis 9 LFZG – Arbeiter). Aufgehoben wurde auch das Gesetz zur Regelung der Lohnzahlung an Feiertagen – **FeiertagslohnzahlungsG**[6]. ArbGeb, die idR nicht mehr als 30 ArbN beschäftigen, nehmen zwecks Ausgleich der durch das EFZG und das MuSchuG bedingten Leistungen nach Maßgabe des AufwendungsausgleichsG (AAG) seit dem 1.1.2006 an einem Umlageverfahren teil[7].

Nachfolgend wurde das **EFZG mehrfach geändert.** Im Jahr 1996 wurden durch das Arbeitsrechtl. Be- 3
schäftigungsförderungsgesetz[8] eine Wartezeit von vier Wochen eingeführt (§ 3 III), die Höhe der Entgeltfortzahlung auf 80 % des regelmäßigen Arbeitsentgeltes herabgesetzt (§ 4a aF) und ermöglicht, Sondervergütungen auch wegen krankheitsbedingte Fehlzeiten abzusenken (§ 4b aF)[9]. Die Absenkung der Entgeltfortzahlung im Krankheitsfall hat vielfach zur tarifvertragl. Nachbesserungen geführt, bei denen die (Wieder-)Erhöhung auf 100 % idR nur mit einer Gegenleistung, meistens Absenkung von Sonderzahlungen oder Urlaubgeld erreichbar war[10]. Mit Wirkung vom 1.1.1999 wurden die Entgeltfortzahlung im Krankheitsfall wieder auf 100 % durch das Gesetz zu Korrekturen in der Sozialversicherung und zur Sicherung der Arbeitnehmerrechte[11] angehoben; deshalb wurden § 4a aF gestrichen sowie § 4b aF in § 4a (nF) umnummeriert. Überstundenvergütungen bleiben bei der Bemessung der Entgeltfortzahlung un-

---

1 BGBl. I S. 1013, 1065 ff., 1070. |2 Vgl. BAG v. 5.8.1987 – 5 AZR 189/86 (A), BAGE 54, 374; aufgegeben durch BAG v. 8.4.1992 – 5 AZR 189/86 (B), NZA 1992, 838–839; vgl. die Übersicht zu Ungleichbehandlungen bei der Entgeltfortzahlung im Krankheitsfall bis 1990: *Schmitt*, ZTR 1991, 3 ff. |3 BT-Drs. 12/5263 (Gesetzentwurf der Fraktionen der CDU/CSU und der FDP); BR-Drs. 506/93 (wortgleicher Gesetzentwurf der Bundesregierung); BT-Drs. 12/5798 (Bericht und Beschlussempfehlung des A.u.S.-Auschusses). |4 Art. 1 § 58 PflegeVG v. 26.5.1994 (BGBl. I S. 1013, 1070); vgl. BT-Drs. 12/5263, 8; *Kleinsorge*, NZA 1994, 640, 641. |5 Fortgeltung gem. Einigungsvertrag vom 31.8.1990 Anl. II Kap. VIII Sachgeb. A Abschn. II und III Buchst. a (BGBl. II 1990, S. 885, 1207). |6 V. 20.8.1951 (BGBl. I S. 479). |7 G über den Ausgleich von Arbeitgeberaufwendungen und zur Änderung weiterer Gesetze vom 22.12.2005, BGBl. I S. 3686; siehe Abdruck des Gesetzestextes auf S. 1 ff. |8 ArbRBeschFG v. 25.9.1996 (BGBl. I S. 1476). |9 Vgl. des Näheren KDHK/*Hold*, Einl. EFZG Rz. 16 ff.; *Schmitt*, Einl. EFZG Rz. 120 ff.; *Kunz/Wedde*, Einl. EFZG Rz. 29 ff. |10 Vgl. *Bispinck*, Soziale Sicherheit (1997), 335 ff.; *Bispinck* und WSI Archiv, Entgeltfortzahlung im Krankheitsfall, Informationen zur Tarifpolitik – Elemente qualitativer Tarifpolitik Nr. 31 (1997). |11 G v. 19.12.1998 (BGBl. I S. 3843).

berücksichtigt (§ 4 Ia nF). Maßnahmen der medizinischen Vorsorge oder Rehabilitation werden nicht mehr auf den Erholungsurlaub angerechnet[1]. Abweichend vom bisherigen Recht (§§ 10 bis 19 LFZG) nehmen ArbGeb in Kleinbetrieben mit nicht mehr als 30 ArbN, gleichgültig, ob Arbeiter oder Angestellte, am **Ausgleichsverfahren** für die Entgeltfortzahlung und alle ArbGeb am Ausgleichsverfahren für mutterschutzbedingte Leistungen nach näherer Maßgabe des **ArbeitnehmeraufwandausgleichsG**[2] teil; für die landwirtschaftlichen Krankenkassen gelten Sonderregelungen.

4 **II. Zweck des Gesetzes.** § 1 I bestimmt den Gesetzeszweck im engeren Sinne. Es regelt zwei verschiedene Arten der Entgeltfortzahlung an ArbN, nämlich die „Zahlung des Arbeitsentgelts an gesetzl. Feiertagen" und die „Fortzahlung des Arbeitsentgelts im Krankheitsfall". Ausdrücklich zum Gesetzeszweck zählen auch die wirtschaftl. Sicherung der in Heimarbeit Beschäftigten und der ihnen Gleichgestellten im Krankheitsfall sowie die Feiertagsbezahlung der in Heimarbeit Beschäftigten.

5 Die grds. Entscheidung, ob **Entgeltfortzahlung** (in den ersten sechs Wochen der krankheitsbedingten Arbeitsunfähigkeit) **vom ArbGeb oder Krankengeld**, dh. eine Versicherungsleistung **von einer Krankenkasse** bzw. entsprechenden Versicherung geleistet werden soll, dürfte als politisch definitiv gefallen anzusehen sein. Historisch gesehen wurde das ursprünglich nur bestimmten Angestellten vorbehaltene Privileg, wegen einer Erkrankung den Anspruch auf Vergütung nicht zu verlieren, allmählich auf alle Angestellten und sodann auf alle ArbN ausgedehnt[3]. Insoweit bezweckt das Gesetz rechtl. und faktisch die Entlastung der gesetzl. KV. Nach § 49 I Nr. 1 SGB I ruht der Anspruch auf Krankengeld, soweit und solange der Versicherte Arbeitsentgelt bezieht.

6 § 1 erweckt den **Anschein einer abschließenden gesetzl. Regelung** der Entgeltfortzahlung im Krankheitsfall. Der Schein trügt. Nach wie vor gelten ergänzende Regelungen, so zB § 616 BGB für den Fall **krankheitsbedingter Arbeitsverhinderungen**, die keine Arbeitsunfähigkeit bedeuten, wie der Arztbesuch. Für den Anspruch auf Krankenfürsorge bei der Aufnahme des ArbN **in die häusliche Gemeinschaft** gelten nach wie vor §§ 617, 619 BGB bzw. für jugendliche ArbN in häuslicher Gemeinschaft § 30 JArbSchG. Für die **Schiffsleute und Kapitäne auf den Kauffahrteischiffen** gelten die §§ 42 bis 52 und 78 SeemG[4]. Zudem sind Abweichungen vom EFZG zu Gunsten der ArbN erlaubt; sehr häufig finden sich solche **Abweichungen in TV**, seltener in Arbeitsverträgen. Abweichungen zu Ungunsten sind allerdings nur für § 4 IV möglich.

7 Die Beschreibung der **Zweckbestimmung** in § 1 ist in sich **unscharf**. Bei der „Zahlung des Arbeitsentgeltes" an Feiertagen handelt es sich nicht um eine Regelung der Erfüllung des infolge Arbeitsleistung am Feiertag entstandenen Forderung auf Arbeitsentgelt, sondern um das Gegenteil, nämlich um den Rechtsgrund für die Entgeltfortzahlung an gesetzl. Feiertagen, an denen wegen der Feiertagsruhe (§ 9 ArbZG) die sonst zu leistende Arbeit und damit der von der Arbeitsleistung abhängige Anspruch auf deren Vergütung ausfallen. Die Entgeltfortzahlung wird nicht bereits „im Krankheitsfall" des ArbN geschuldet, sondern erst dann, wenn der ArbN ohne sein Verschulden infolge seiner Erkrankung arbeitsunfähig (geworden) ist oder eine unverschuldete Arbeitsunfähigkeit vermutet wird.

8 **III. Persönlicher Anwendungsbereich. 1. Arbeitnehmer.** Der persönliche Anwendungsbereich erfasst alle ArbN iSd. EFZG, nämlich Arbeiter und Angestellte sowie die zur ihrer Berufsausbildung Beschäftigten (S. 2). Wie andere arbeitsrechtl. Normen auch enthält das EFZG keine Definition der genannten Begriffe. Vielmehr setzt das Gesetz den **allgemeinen Begriff des ArbN** (vgl. vor § 611 BGB Rz. 19 ff.) voraus: ArbN ist, wer auf privatvertragl. Grundlage im Dienste eines anderen zur Leistung von Arbeit verpflichtet ist[5]; dies erfordert einen hinreichenden Grad persönlicher Abhängigkeit des zur Arbeitsleistung verpflichteten Menschen[6]. Auch sog. **ABM-Kräfte** (§ 260 SGB III) zählen zu den ArbN. Dagegen stehen **erwerbsfähige Hilfebedürftige**, die keine Arbeit finden können, aber mit zusätzlichen Arbeiten außerhalb von Arbeitsbeschaffungsmaßnahmen beschäftigt werden und hierfür eine angemessene Entschädigung erhalten (sog. **Ein-Euro-Kräfte),** kraft ausdrücklicher gesetzl. Anordnung nicht in einem Arbeitsverhältnis (§ 16 III 1 SGB II).

9 Der Begriff des ArbN ist kein Statusbegriff, sondern die zusammenfassende Bezeichnung der natürlichen Person, die sich in einem Arbeitsvertrag zur Leistung von Arbeit verpflichtet hat. Für die Anwendbarkeit des EFZG kommt es nur darauf an, dass der Arbeitsvertrag abgeschlossen worden ist. Ausreichend ist aber auch ein **faktisches Arbeitsverhältnis**. Es setzt voraus, dass die Parteien auf den Abschluss des Arbeitsvertrags gerichtete Willenserklärungen abgegeben haben, sich aber mindestens eine dieser Erklärungen als rechtsunwirksam erweist, zB infolge einer wirksamen Anfechtung. In einem solchen Fall ist das Arbeitsverhältnis, soweit es vollzogen worden ist, nach den Regeln über das faktische Arbeitsverhältnis abzuwickeln. Verstößt der Arbeitsvertrag jedoch gegen die guten Sitten, so ist er

---

1 Vgl. des Näheren: KDHK/*Hold*, Einl. EFZG Rz. 22 ff.; *Schmitt*, Einl. EFZG Rz. 133 ff.; *Kunz/Wedde*, Einl. EFZG Rz. 42 ff. | 2 G v. 22.12.2005, BGBl. I. S. 3686. Siehe Abdruck des Gesetzestextes auf S. 1 ff. | 3 Vgl. *Schmitt*, Einl. EFZG Rz. 17 ff. | 4 Vgl. *Schmitt*, §§ 42 bis 52 EFZG, § 78 SeemG Rz. 1–20. | 5 BAG in st. Rspr., statt vieler v. 16.2.2000 – 5 AZB 71/99, AP Nr. 70 zu § 2 ArbGG 1979; vgl. zum Begriff des ArbN ausf. *Schliemann*, ArbR-BGB, § 611 Rz. 166–214. | 6 BAG v. 30.9.1998 – 5 AZR 563/07, AP Nr. 103 zu § 611 BGB – Abhängigkeit.

unheilbar nichtig; es entsteht dann auch kein faktisches Arbeitsverhältnis[1]. Die **vorläufige Weiterbeschäftigung** eines gekündigten ArbN während des Kündigungsschutzprozesses führt, wenn sich die Kündigung als wirksam erweist, weder zur „bedingten Fortsetzung des bisherigen Arbeitverhältnisses noch zum faktischen Arbeitsverhältnis, sondern löst nur einen Anspruch des ArbN auf Ersatz des Wertes der geleisteten Arbeit nach § 818 I 1, II BGB aus"[2]. Hat der ArbN in dieser Zeit wegen eines gesetzl. Feiertages oder wegen krankheitsbedingter Arbeitsunfähigkeit keine Arbeit geleistet, so ist der ArbGeb auch nicht durch eine Arbeitsleistung bereichert. Deshalb stehen dem ArbN für solche Zeiträume auch keine Ansprüche auf Entgeltfortzahlung nach § 2 bzw. § 3 zu[3].

2. Arbeiter und Angestellte. Abs. 2 zählt Arbeiter und Angestellte zu den ArbN iSd. EFZG. Auf die Unterscheidung zwischen Arbeitern und Angestellten[4] kommt es für die Entgeltfortzahlung selbst nicht mehr an, wohl aber hinsichtlich der nur Arbeiter betreffenden Umlagenfinanzierung der Entgeltfortzahlung im Krankheitsfall (vgl. §§ 10 ff. LFZG). Zudem ist die Unterscheidung zwischen beiden ArbN-Arten für bestimmte unterschiedliche tarifvertragl. Regelungen für die Entgeltfortzahlung von Bedeutung. 10

3. Zu ihrer Berufsausbildung Beschäftigte. Zu den ArbN iSd. EFZG zählen auch zu ihrer Berufsausbildung Beschäftigte. Mit der Einführung des EFZG ist zugleich die bisherige Regelung über die Entgeltfortzahlung an förmliche Auszubildende in der früheren Fassung des § 19 BBiG aufgehoben bzw geändert worden[5]. Der Begriff der Berufbildung iSd. BBiG umfasst nach § 1 BBiG die Berufsausbildung, die berufliche Fortbildung, die berufliche Umschulung und die Berufsausbildungsvorbereitung. Die Beschäftigung muss auf privatrechtl. Grundlage erfolgen und einem der vier Ziele dienen. Damit fallen nicht nur Auszubildende zur ihrer (förmlichen) Berufsausbildung, sondern auch Auszubildende in anderen privatrechtl. Vertragsverhältnissen (§ 19 BBiG), insb. Volontäre, Praktikanten, Umschüler usw. unter den Anwendungsbereich des EFZG. 11

4. Persönliche Unanwendbarkeit des EFZG. Unanwendbar ist das EFZG dagegen auf Personen, die nicht zum oben genannten Kreis der ArbN iS dieses Gesetzes zu rechnen sind. Dies betrifft alle Personen, die Arbeits- oder Dienstleistungen zwar persönlich, aber auf anderen als arbeitsrechtl. Rechtsgrundlagen erbringen[6], zB **Beamte**, **Richter**, **Soldaten**, **Wehr- und Zivildienstleistende**, **Entwicklungshelfer**[7], **Helfer im freiwilligen** sozialen oder ökologischen **Jahr**[8], sog. **Ein-Euro-Kräfte** (§ 16 I 3 SGB II), **krankheitsbedingt arbeitsunfähige ArbN, die zur Wiedereingliederung** beschäftigt werden (§ 74 SGB V)[9], **Rehabilitanden**, sofern sie nicht zu ihrer Berufausbildung beschäftigt werden, **Strafgefangene**, wenn sie im besonderen Gewaltverhältnis tätig sind. Insb. findet das EFZG keine Anwendung auf **freie Dienstnehmer, arbeitnehmerähnliche Personen** oder sonst (wirtschaftl.) abhängig Beschäftigte (vgl. § 7 IV SGB IV), weil bei ihnen der für ArbN vorausgesetzte hinreichende Grad persönlicher Abhängigkeit nicht vorliegt[10]. 12

5. Heimarbeit. Für den Bereich der Heimarbeit enthalten die §§ 10 und 11 besondere Regelungen einschließlich der Bestimmung des jeweiligen persönlichen Anwendungsbereichs. 13

IV. Räumlicher Geltungsbereich. Das EFZG gilt uneingeschränkt im Hoheitsgebiet der Bundesrepublik Deutschland. Der räumliche Geltungsbereich richtet sich nach den allgemeinen Regeln. Deutsches Arbeitsrecht gilt für alle Personen ohne Rücksicht auf ihre Staatsangehörigkeit, deren Arbeitsplatz in Deutschland liegt[11], es sei denn, dass sich bei einer Auslandsberührung anderes aus den Umständen[12] oder einer ausdrücklichen Vereinbarung ergibt. Das Arbeitsverhältnis kann dem Recht eines anderen Staates wirksam unterstellt werden. Allerdings hat dies nicht die Unanwendbarkeit der Bestimmungen über die Entgeltfortzahlung im Krankheitsfall (§§ 3 ff.) oder über mutterschutzbedingte Leistungen (§ 14 MuSchG) zur Folge, denn diese Bestimmungen sind Eingriffsnormen iSd. Art. 34 EGBGB, weil sie zugleich öffentl. Interessen (Entlastung der Krankenkassen) dienen[13]. 14

Für Staatsangehörige der EG-Mitgliedstaaten ordnet Art. 7 der (Freizügigkeits-)EWG-VO Nr. 1612/68 die Gleichbehandlung mit inländischen ArbN, auch hinsichtlich der Entgeltfortzahlung, an[14]. 15

1 Vgl. insgesamt *Schliemann*, ArbR-BGB, § 611 Rz. 443 mwN; KDHK/*Kleinsorge*, § 1 EFZG Rz. 11; HzA/*Vossen*, Gruppe 2 Rz. 50. | 2 BAG v. 17.1.1991 – 8 AZR 483/89, BAGE 67, 88, 90 ff. | 3 Vgl. KDHK/*Dunkl*, § 3 EFZG Rz. 24 mwN für die krankheitsbedingte Entgeltfortzahlung. | 4 Vgl. zu den Begriffen *Schliemann*, ArbR-BGB, § 611 Rz. 335 ff. | 5 Art. 55 PflegeVG v. 26.5.1994, BGBl. I S. 1013, 1070. | 6 Vgl. dazu insgesamt *Schliemann*, ArbR-BGB, § 611 Rz. 227–289. | 7 BAG v. 27.4.1977 – 5 AZR 129/76, AP Nr. 1 zu § 611 BGB – Entwicklungshelfer (*Herschel*). | 8 BAG v. 12.2.1991 – 7 ABR 42/91, AP Nr. 52 zu § 5 BetrVG 1972. | 9 BAG v. 29.1.1992 – 5 AZR 37/91, AP Nr. 1 zu § 74 SGB V. | 10 KDHK/*Kleinsorge*, § 1 EFZG Rz. 29 ff. | 11 BAG v. 13.5.1959 – 1 AZR 258/57, BAGE 7, 362; ErfK/*Dörner*, § 1 EFZG Rz. 15; KDHK/*Kleinsorge*, § 1 EFZG Rz. 65; *Kunz/Wedde*, § 1 EFZG Rz. 96; *Schmitt*, § 1 EFZG Rz. 23. | 12 Vgl. zur Anwendbarkeit indischen Rechts auf in Bombay mit indischen Seeleuten geschlossenen Heuerverträgen für Heuern auf einem Schiff im deutschen internationalen (Zweit-) Schiffsregister BAG v. 3.5.1995 – 5 AZR 15/94, AP Nr. 32 zu Internat. Privatrecht Arbeitsrecht (*Lorenz*). | 13 Vgl. für eine in Frankfurt/M. stationierte Flugbegleiterin einer amerikanischen Luftfahrgesellschaft BAG v. 12.12.2001 – 5 AZR 255/00, AP Nr. 10 zu Art. 30 EGBGB nF. | 14 Verordnung (EWG) Nr. 1612/68 über die Freizügigkeit der Arbeitnehmer innerhalb der Gemeinschaft v. 15.10.1968, ABl. EG Nr. L 295/12, zuletzt geändert durch VO (EWG) Nr. 2434/92 vom 27.7.1992, Abl.EG Nr. L 245/1.

16 Bei einer **vorübergehenden Entsendung** aus Deutschland in das Ausland bleibt regelmäßig das Recht am Sitz des entsendenden Unternehmens maßgeblich[1]. Bei **ständig wechselnden Auslandseinsätzen** sind für das international anzuwendende Recht der Sitz des ArbGeb[2] bzw. der Einstellungsort maßgebend. Dagegen ist bei einem reinen **Auslandsarbeitsverhältnis** idR das Recht des Staates anzuwenden, in dem das Arbeitsverhältnis liegt, wenn ein ArbN (mit deutscher oder anderer Staatsangehörigkeit) lediglich für einen Einsatz in dem betreffenden Staat angestellt wird; dies gilt auch umgekehrt, wenn zB ausländische Staaten **Ortskräfte im Inland** mit nicht hoheitlichen Aufgaben einstellen[3]. Gleiches gilt, wenn es sich bei dem ArbGeb im Ausland um ein ausländisches Unternehmen handelt.

2 *Entgeltzahlung an Feiertagen*

(1) Für Arbeitszeit, die infolge eines gesetzlichen Feiertages ausfällt, hat der Arbeitgeber dem Arbeitnehmer das Arbeitsentgelt zu zahlen, das er ohne den Arbeitsausfall erhalten hätte.

(2) Die Arbeitszeit, die an einem gesetzlichen Feiertag gleichzeitig infolge von Kurzarbeit ausfällt und für die an den anderen Tagen als den gesetzlichen Feiertagen Kurzarbeitergeld geleistet wird, gilt als infolge eines gesetzlichen Feiertages nach Absatz 1 ausgefallen.

(3) Arbeitnehmer, die am letzten Arbeitstag vor oder am ersten Arbeitstag nach Feiertagen unentschuldigt der Arbeit fernbleiben, haben keinen Anspruch auf Bezahlung für diese Feiertage.

1 **I. Normzweck.** Der Zweck des § 2 liegt in der Sicherung des Arbeitseinkommens der ArbN (§ 1 Rz. 8–12) an den gesetzl. Feiertagen. Für HeimArbN regelt § 11 die Entgeltfortzahlung an Feiertagen. Ohne Feiertagsvergütungsregelung müsste der ArbGeb nach § 326 I 1 BGB[4] kein Arbeitsentgelt zahlen, wenn der ArbN an dem Feiertag seiner ohne die Arbeitsbefreiung am Feiertag gegebenen Pflicht zur Erbringung der Arbeitsleistung nicht nachkommt: „Ohne Arbeit kein Lohn[5]".

2 **II. Regelungsinhalte.** Geregelt werden in § 2 I nur die Rechtsfolgen des Arbeitsausfalls infolge eines gesetzl. Feiertages. Ob und wann ein ArbN wegen des gesetzl. Verbotes der Beschäftigung an gesetzl. Feiertagen von der Pflicht zur Arbeitsleistung befreit ist, bestimmt § 2 nicht. § 2 II normiert die Entgeltfortzahlung an Feiertagen, wenn gleichzeitig Arbeitszeit infolge von Kurzarbeit ausfällt. § 2 III lässt den Anspruch auf Entgeltfortzahlung an Feiertagen ganz entfallen, wenn der ArbN vorher oder nachher unentschuldigt der Arbeit fernbleibt – sog „Bummelparagraph". Für die in Heimarbeit Beschäftigten regelt § 11 die Fortzahlung der Vergütung an gesetzl. Feiertagen.

3 **III. Entgeltfortzahlung an gesetzlichen Feiertagen.** Der Anspruch auf Entgeltfortzahlung an Feiertagen nach § 2 I setzt voraus, dass ein **Arbeitsverhältnis besteht**, welches den gesetzl. Feiertag einschließt, und dass die Arbeitszeit ausschließlich infolge des gesetzl. Beschäftigungsverbots am gesetzl. Feiertag (§ 9 ArbZG, § 8 I 1 MuSchG, §§ 17, 18 JArbSchG) ausgefallen ist. Ob zu arbeiten gewesen wäre, hängt von der konkreten Arbeitszeitgestaltung ab. Wird am gesetzl. Feiertag gearbeitet, so richtet sich die Bezahlung nach anderen Bestimmungen.

4 **1. Anspruchsberechtigung.** Anspruchsberechtigt sind ArbN iSd. EFZG (vgl. § 1 Rz. 8–12), soweit der Feiertag in die Zeit des Bestehens des Arbeitsverhältnisses fällt. Hinreichend ist auch ein vollzogenes **faktisches Arbeitsverhältnis**, wenn der Arbeitsausfall nach § 2 I in den Zeitraum des Vollzuges fällt[6]. Dagegen besteht kein Anspruch nach § 2, wenn der Feiertag in der Zeit des Ruhens oder einer zulässigen Unterbrechung liegt[7]. **Unerheblich** ist, ob das Arbeitsverhältnis **gekündigt oder befristet** ist. Entscheidend ist allein, ob der Feiertag, infolge dessen die Arbeit ausfällt, noch in das Arbeitsverhältnis fällt. Dies gilt auch dann, wenn der gesetzl. Feiertag auf den ersten oder letzten Tag des Arbeitsverhältnisses fällt. Beginnt das Arbeitsverhältnis am 1. Januar, so steht dem ArbN für diesen Tag bereits Entgeltfortzahlung nach § 2 I zu, wenn die Voraussetzungen im Übrigen gegeben sind. Keine Besonderheiten sind bei **(Teilzeit-)Arbeitsverhältnissen** zu beachten, die auf unbestimmte Zeit („auf Dauer") oder länger befristet abgeschlossen worden sind und in denen der ArbN an einem oder mehreren bestimmten[8] oder bestimmbaren einzelnen Tagen oder nach Bedarf des ArbGeb **(Abrufarbeitsverhältnis**[9]**)** zu arbeiten hat. Ob in solchen Arbeitsverhältnissen ein Anspruch nach § 2 I besteht, richtet sich wie sonst auch danach, ob der ArbN an dem Tag, auf den der gesetzl. Feiertag fällt, sonst gearbeitet oder zu arbeiten gehabt hätte oder nicht.

---

1 BAG v. 25.4.1978 – 5 AZR 2/77, AP Nr. 16 zu Internat. Privatrecht Arbeitsrecht (*Simitis*). | 2 Zu Art. 30 EGBGB aF: BAG v. 27.8.1964 – 5 AZR 364/63, AP Nr. 9 zu Internat. Privatrecht Arbeitsrecht; v. 13.5.1959 – 1 AZR 258/57, AP Nr. 4 zu Internat. Privatrecht Arbeitsrecht. | 3 BAG v. 20.11.1997 – 2 AZR 631/96, AP Nr. 1 zu § 18 GVG. | 4 In der ab 1.1.2002 geltenden Fassung gem. Art. 8 des Gesetzes zur Modernisierung des Schuldrechts vom 26.11.2001 (BGBl. I S. 3138). | 5 St. Rspr. statt vieler BAG v. 7.6.1963 – 1 AZR 253/62, BAGE 14, 200, 201. | 6 KDHK/*Kleinsorge*, § 2 Rz. 10; HzA/*Vossen*, Gruppe 2 Rz. 760; *Schmitt*, § 2 EFZG Rz. 9. | 7 BAG v. 10.1.2007 – 5 AZR 84/06 – AP Nr. 6 zu § 611 BGB – Ruhen des Arbeitsverhältnisses = ZTR 2007, 334. | 8 BAG v. 10.7.1996 – 5 AZR 113/95, BAGE 83, 283. | 9 BAG v. 24.10.2001 – 5 AZR 245/00, AP Nr. 8 zu § 2 EntgeltFG; v. 3.5.1983 – 3 AZR 100/81, AP Nr. 39 zu § 1 FeiertagslohnzahlungsG.

Beispiele: 5

1. In einem auf unbestimmte Zeit abgeschlossenen Arbeitsverhältnissen war Arbeit nur am „langen Sonnabend“ vereinbart[1].

2. Der ArbN arbeitet auf Abruf (§ 12 TzBfG)[2].

3. Die Arbeit wird stundenweise nach wechselndem Bedarf geleistet, ohne dass der ArbN zum Arbeitsantritt verpflichtet ist[3].

Kritischer sind **Eintagsarbeitsverhältnisse** oder sonst befristete Arbeitsverhältnisse im Hinblick auf § 2 I einzuordnen, wenn die Befristung am Tag vor dem gesetzl. Feiertag endet und eine „neues“ Arbeitsverhältnis am Tag nach dem gesetzl. Feiertag beginnt. Grds. besteht für den dazwischenliegenden gesetzl. Feiertag kein Anspruch auf Entgeltfortzahlung[4]. Indessen ist eine missbräuchliche und deshalb nach §§ 242, 249, 252 BGB zum Schadenersatz führende Vertragsgestaltung nicht ausgeschlossen, so dass dem ArbN unter diesem rechtl. Gesichtspunkt ein Anspruch in Höhe der Entgeltfortzahlung für den Feiertag zustehen kann[5]. 6

2. Beschäftigungsverbote an gesetzlichen Feiertagen. Der Arbeitsausfall an den gesetzl. Feiertagen muss auf dem ihrem Schutz dienenden gesetzl. Beschäftigungsverbot **beruhen**. Das gesetzl. Verbot der Beschäftigung von ArbN an gesetzl. Feiertagen ist vor allem im ArbZG (vgl. dort) geregelt[6]. Nach § 9 I ArbZG dürfen ArbN an gesetzl. Feiertagen und an – für § 2 EFZG unwesentlich – Sonntagen – von 0 bis 24 Uhr nicht beschäftigt werden. § 9 II ArbZG ermöglicht in mehrschichtigen Betrieben Beginn und Ende der Sonn- und Feiertagsruhe um bis zu sechs Stunden vor- oder zurückzuverlegen. Nach § 9 III ArbZG kann der Begin der 24-stündigen Sonn- und Feiertagsruhe für Kraftfahrer und Beifahrer um bis zu zwei Stunden vorverlegt werden. Dagegen erlaubt § 10 ArbZG in großem Maße die „ausnahmsweise“ Beschäftigung von ArbN in den dort aufgezählten Fällen. Nach § 13 ArbZG sind weitere Ausnahmen durch RechtsVO des Bundes oder der Länder und durch Behördenerlaubnisse möglich. **Jugendliche** dürfen nach näherer Maßgabe von § 17 I, § 18 I JArbSchG nicht an Sonn- und Feiertagen beschäftigt werden. Mit wesentlichen Ausnahmen und Ausgleichsvorschriften dürfen **werdende und stillende Mütter** nach näherer Maßgabe des § 8 MuSchG ebenfalls nicht an Sonn- und Feiertagen beschäftigt werden. 7

3. Gesetzliche Feiertage. Das EFZG enthält keine abstrakte Definition des gesetzl. Feiertages. Sie ist dort auch entbehrlich. Denn es kann und muss insoweit auf die staatlichen gesetzl. Feiertagsregelungen zurückgegriffen werden. Gesetzl. sind Feiertage nur dann, wenn sie durch ein staatliches Gesetz als solche angeordnet und bezeichnet werden. Zwar finden die meisten gesetzl. Feiertage in Deutschland (und in Europa) ihre Ursprünge im Christentum, in Deutschland vor allem in der röm.-kath. Kirche und in den ev. Kirchen. Gleichwohl sind Feiertage, die **nur kirchlich bzw. kirchenrechtl. geschützt** sind, nicht schon deshalb gesetzl. Feiertage iSd. §§ 2 und 11. Die sonstigen, zT kirchlichen Feiertage lösen keine Ansprüche auf Entgeltfortzahlung iS dieser Bestimmungen aus. Einzelne Ländergesetze gewähren allerdings einen Anspruch auf Arbeitsfreistellung ohne Fortzahlung der Vergütung[7]. 8

Bundesrechtl. ist der **3.10.** als Tag der deutschen Einheit ein bundeseinheitlicher gesetzl. Feiertag[8]. Durch die **Feiertagsgesetze der Länder**[9] sind bundeseinheitlich als gesetzl. Feiertage bestimmt: **1.1.** (Neujahr), **Karfreitag**, **Ostermontag**, **1.5.** (Tag der Arbeit), **Christi Himmelfahrt**, **Pfingstmontag (nicht: Pfingstsonntag**[10]), **Erster und Zweiter Weihnachtsfeiertag**. Zusätzlich gibt es in einzelnen Bundesländern **länderweite oder regionale gesetzl. Feiertage**: **6.1.** (Heilige drei Könige) in BW, Freistaat Bayern und Sa.-Anh.; **Fronleichnam** in BW, Freistaat Bayern, Hess., NW, Rh.-Pf., Saarl. sowie im Freistaat Sachs. und – in Gemeinden mit überwiegend katholischer Bevölkerung – im Freistaat Thür. sowie in Sachs. in einzelnen Gemeinden der Landkreise Bautzen und Westlausitz; **Mariä Himmelfahrt** (15.8.) im Saarl. und – in Gemeinden mit überwiegend katholischer Bevölkerung – im Freistaat Bayern; **Reformationstag** (31.10.) in MV, Bbd., Sa.-Anh., Freistaat Sachs. und – in Gemeinden mit überwiegend evangelischer Bevölkerung – im Freistaat Thür.; **Allerheiligen** (1.11.) in BW, Freistaat Bayern, NW, Rh.-Pf., Saarl. und – in Gemeinden mit überwiegend katholischer Bevölkerung – im Freistaat Thür.; **Buß- und Bettag** im Freistaat Sachs., das Friedensfest (8.8.) in der Stadt Augsburg. 9

1 BAG v. 10.7.1996 – 5 AZR 113/95, BAGE 83, 283. |2 BAG v. 24.10.2001 – 5 AZR 245/00, AP Nr. 8 zu § 2 EntgeltFG. |3 BAG v. 3.5.1983 – 3 AZR 100/81, AP Nr. 39 zu § 1 FeiertagslohnzahlungsG. |4 BAG v. 14.7.1967 – 3 AZR 436/66, AP Nr. 24 zu § 1 FeiertagslohnzahlungsG. |5 Vgl. im Ergebnis BAG v. 14.7.1967 – 3 AZR 436/66, AP Nr. 24 zu § 1 FeiertagslohnzahlungsG; KDHK/*Kleinsorge*, § 2 EFZG Rz. 10; *Kunz/Wedde*, § 2 EFZG Rz. 50. |6 Vgl. zu den Einzelheiten *Schliemann* in Schliemann/Meyer, Arbeitszeitrecht, 2. Aufl. 2002 = HzA (Stand: September 2001) jeweils Rz. 580–679 (gesetzliches Beschäftigungsverbot, gesetzliche Ausnahmen) sowie Rz. 725–824 (Ausnahmeregelungen; Behördliche Ausnahmen). |7 Vgl. § 7 I, § 10 Nds. FeiertagsG für den Buß- und Bettag. Vgl. wegen der Abschaffung des Buß- und Bettages als einem gesetzlichen Feiertag BVerfG v. 18.9.1995 – 1 BvR 1456/95, NJW 1995, 3378. |8 Kap. I Art. 2 II Einigungsvertrag v. 31.8.1990 iVm. Art. 1 G v. 23.9.1990 (BGBl. II S. 885, 890). |9 Vgl. die Übersicht bei *Schmitt*, § 2 EFZG Rz. 2. |10 BAG v. 13.4.2005 – 5 AZR 475/04, nv.

10 Für **Seeleute** (Schiffsleute und Kapitäne auf den Kauffahrteischiffen) besteht eine besondere Feiertagsregelung. Nach § 84 SeemG gelten als Feiertage auf See und außerhalb des Grundgesetzes die gesetzl. Feiertage des Registerhafens, innerhalb des Grundgesetzes die gesetzl. Feiertage des Liegeortes.

11 Beim **Auseinanderfallen von Arbeitsort und Wohnsitz** des ArbN ist nicht die Feiertagsregelung für den Wohnsitz entscheidend, sondern die für den Arbeitsort[1]. Dies gilt nach interlokalem Recht im Inland.

12 **Beispiele:**

1. Der ArbN wohnt im Land Hess., der Arbeitsort liegt in Nds. Fronleichnam ist gesetzl. Feiertag in Hess., nicht aber in Nds. Der ArbN hat für Fronleichnam keinen Anspruch nach § 2 I.

2. Der ArbN wohnt in Nds., sein Arbeitsort liegt in Hessen. Er hat Anspruch nach § 2 I für den Arbeitsausfall an Fronleichnam.

13 Für Arbeitsverhältnisse, bei denen der **Arbeitsort im Ausland** liegt, setzt ein Anspruch nach § 2 I voraus, dass das EFZG überhaupt anwendbar ist (vgl. § 1 Rz. 14–16). Beim vorübergehenden Auslandseinsatz in einem dem deutschen Recht unterliegenden Arbeitsverhältnis kommt es auch dann nicht zu einem Arbeitsausfall iSd. § 2 I, wenn der ausländische Feiertag zugleich mit dem inländischen gesetzl. Feiertag übereinstimmt[2], es sei denn, dass wegen der Kurzzeitigheit des Einsatzes auf den inländischen Betriebsort abzustellen ist[3]. Denn der Feiertag im Ausland ist kein „gesetzlicher" nach deutschem Recht. Allerdings steht dem ArbN, der wegen des Feiertages im Ausland dort nicht arbeiten kann, in aller Regel ein Anspruch auf Arbeitsentgelt infolge Annahmeverzuges (§ 615 BGB) zu. Das Risiko, dass die Arbeit wegen des Feiertages im Ausland nicht erbracht werden kann, ist vom ArbGeb zu tragen[4], weil es seinem Direktionsrecht unterliegt, wann der den ArbN im Ausland einsetzt. § 616 BGB ist nicht einschlägig[5]. Der ausländische Feiertag stellt keinen in der Person des ArbN liegenden Grund für die Nichterbringung der Arbeitsleistung dar. Arbeitsvertragl. kann wirksam vereinbart werden, dass für die ausländischen Feiertage Entgeltfortzahlung nach § 2 geleistet wird[6].

14 **Ausländische ArbN** im inländischen Arbeitsverhältnis haben Anspruch auf Entgeltfortzahlung nicht hinsichtlich der Feiertage ihres Heimatlandes, sondern nur für den Arbeitsausfall an den inländischen Feiertagen. Allerdings kann in ein Anspruch auf Entgeltfortzahlung nach § 616 BGB bestehen, wenn der ArbN aus einem in seiner Person liegenden Grund ohne sein Verschulden an der Arbeitsleistung verhindert ist[7]. Dies kann auch wegen Erfüllung religiöser Pflichten der Fall sein[8].

15 **4. Arbeitsausfall infolge des gesetzlichen Feiertages.** Der Entgeltfortzahlungsanspruch nach § 2 I setzt den feiertagsbedingten Arbeitsausfall voraus. Allein der gesetzl. Feiertag darf für das Ausfallen der Arbeitsleistung kausal sein; das ist der Fall, wenn der ArbN ohne das gesetzl. Arbeitsverbot an dem gesetzl. Feiertag zu arbeiten gehabt hätte[9]. Ist das Arbeitsverhältnis rechtmäßig unterbrochen, so besteht für die in die Zeit der Unterbrechung fallenden Feiertage kein Anspruch nach § 2 I.

16 **a) Arbeitsleistung am Feiertag.** Ist Feiertagsarbeit geleistet worden, so steht dem ArbN hierfür ein Anspruch auf Bezahlung der geleisteten Arbeit zu, nicht aber zusätzlich ein Anspruch auf Entgeltfortzahlung für den Feiertag[10]. Der Feiertag hat dann nicht zum Arbeitsausfall geführt. Unerheblich ist, ob die Feiertagsarbeit arbeitschutzrechtl. erlaubt war oder nicht[11]. Der ihm für die Feiertagsarbeit zustehende Ersatzruhetag (§ 11 III ArbZG) kann auch an einem ohnehin arbeitsfreien Werktag gewährt werden; eine bezahlte Freistellung kann nicht verlangt werden[12].

17 **b) Arbeitsausfall aus anderen Gründen.** Es fehlt an der Monokausalität für den Arbeitsausfall, wenn der Ausfall der Arbeit an dem gesetzl. Feiertag auch auf einem anderen Grund als dem feiertagsbedingten Beschäftigungsverbot beruht[13]. In solchen Fällen besteht kein Anspruch nach § 2 I.

18 **aa) Arbeitsunfähigkeit.** Das strenge Prinzip der Monokausalität hat der Gesetzgeber für den Fall des Zusammentreffens von krankheitsbedingter Arbeitsunfähigkeit und gesetzl. Beschäftigungsverbots an Feiertagen aufgegeben. Gem. § 4 II richtet sich die Höhe des fortzuzahlenden Arbeitsentgeltes nach § 2, wenn die Arbeitszeit gleichzeitig infolge krankheitsbedingter Arbeitsunfähigkeit und infolge eines gesetzl. Feiertages ausgefallen ist. Das Arbeitsentgelt ist dann nach § 3 fortzuzahlen (vgl. § 3 Rz. 24, § 4 Rz. 41).

---

1 Allg. Ansicht, statt vieler: KDHK/*Kleinsorge*, § 2 EFZG Rz. 7; ErfK/*Dörner*, § 2 EFZG Rz. 5; *Schmitt*, § 2 EFZG Rz. 21. |2 AA wohl ErfK/*Dörner*, § 2 EFZG Rz. 6. |3 *Malkmus* in *Feichtinger/Malkmus*, § 2 EFZG Rz. 19. |4 AA die überwiegende Ansicht, statt vieler *Schmitt*, § 2 EFZG Rz. 23 mwN. |5 AA ErfK/*Dörner*, § 2 EFZG Rz. 6. |6 Allg. Ansicht, statt vieler *Schmitt*, EFZG § 2 Rz. 23 mwN. |7 ErfK/*Dörner*, § 2 EFZG Rz. 15; *Schmitt*, § 2 EFZG Rz. 23. |8 BAG v. 27.4.1983 – 4 AZR 506/80, AP Nr. 61 zu § 616 BGB. |9 BAG v. 9.10.1996 – 5 AZR 35/95, AP Nr. 3 zu § 2 EntgeltFG; v. 10.7.1996 – 5 AZR 113/95, BAGE 83, 283; v. 31.5.1988 – 1 AZR 200/87, AP Nr. 56 zu § 1 FeiertagslohnzahlungsG. |10 BAG v. 5.2.1965 – 3 AZR 497/63, AP Nr. 17 zu § 1 FeiertagslohnzahlungsG. |11 BAG v. 5.2.1965 – 3 AZR 497/63, AP Nr. 17 zu § 1 FeiertagslohnzahlungsG. |12 BAG v. 12.12.2001 – 5 AZR 294/00, AP Nr. 1 zu § 11 ArbZG. |13 St. Rspr., vgl. statt vieler BAG v. 24.10.2001 – 5 AZR 245/00, AP Nr. 8 zu § 2 EntgeltFG; v. 20.9.2000 – 5 AZR 20/99, AP Nr. 1 zu § 8 BMT-G II; v. 10.7.1996 – 5 AZR 113/95, BAGE 83, 283; v. 31.5.1988 – 1 AZR 200/87, BAGE 58, 310.

bb) Erholungsurlaub, Sonderurlaub. Fällt ein gesetzl. Feiertag, an dem der ArbN wegen des gesetzl. Beschäftigungsverbotes nicht zu arbeiten gehabt hätte, in den Zeitraum des Erholungsurlaubes, so hat der ArbN für diesen Tag Anspruch auf Entgeltfortzahlung nach § 2 I. Wegen des gesetzl. Beschäftigungsverbotes konnte der gesetzl. Feiertag nicht als Urlaub gewährt werden. Denn Urlaub wird gewährt, indem der ArbGeb den ArbN von der Arbeitspflicht befreit[1]. Er kann nur an solchen Werk- oder Arbeitstagen gewährt werden, an denen für den ArbN Arbeitspflicht bestand. Daran fehlt es aber wegen des gesetzl. Verbotes der Feiertagsarbeit. Hätte für den beurlaubten ArbN indessen Arbeitspflicht am gesetzl. Feiertag bestanden, so besteht kein Anspruch nach § 2 I. Denn dann ist nicht das gesetzl. Beschäftigungsverbot am gesetzl. Feiertag allein kausal für den Arbeitsausfall, sondern die Urlaubsgewährung[2]. Sieht ein Arbeitsvertrag für die Dauer von **Betriebsferien zwischen Weihnachten und Neujahr** unbezahlten Sonderurlaub vor, weil der ArbN seinen vollen Jahresurlaub schon genommen hat, so wird durch eine solche Regelung der gesetzl. Anspruch auf Feiertagsbezahlung nicht berührt[3]. 19

Fällt der gesetzl. Feiertag in den Zeitraum eines **unbezahlten Sonderurlaubs**, so besteht kein Anspruch nach § 2 I[4]. Dagegen besteht Anspruch auf Entgeltfortzahlung nach § 2 I, wenn der unbezahlte Sonderurlaub erst am Tag nach dem gesetzl. Feiertag, an dem der ArbN nicht zu arbeiten hat, beginnt bzw. am Tag davor endet. Ob dies der Fall ist, hängt vom Inhalt der Sonderurlaubsvereinbarung ab. 20

cc) Kurzarbeit. Den Fall des Zusammentreffens von Kurzarbeit und feiertagsbedingtem Arbeitsausfall regelt Abs. 2. 21

dd) Schichtarbeit. Findet Schichtarbeit an gesetzl. Feiertagen statt, so entsteht regelmäßig kein Anspruch nach § 2 I EFZG. Hat der ArbN nach dem Schichtplan am gesetzl. Feiertag zu arbeiten, so fällt für ihn die Arbeit nicht aus (s. Rz. 16). Hat er planmäßig an dem Tag nicht zu arbeiten, so ist nicht das gesetzl. Beschäftigungsverbot für den Arbeitsausfall allein kausal, sondern der Schichtplan; dies betrifft auch sog. Freischichtmodelle[5]. Allerdings ist dies nur dann der Fall, wenn sich die Arbeitsbefreiung aus einem Schema ergibt, das unabhängig von der gesetzl. Feiertagsruhe erstellt worden ist[6]. Fällt zB die Spätschicht an einem Feiertag vor einem arbeitsfreien Wochenende aus, so hat der davon betroffene ArbN einen Anspruch nach § 2 I, und zwar für die gesamte Dauer der ausgefallenen Schicht[7], auch wenn die ausfallende Schicht nach § 9 II ArbZG um bis zu sechs Stunden vor- oder zurückverlegt worden ist[8]. Anstelle infolge des Feiertags ausfallender Arbeit darf der ArbGeb nicht Rufbereitschaft anordnen[9]. 22

In **Freischichtmodellen** mit einer Tagesarbeitszeit von acht Stunden und einer 40 Stunden unterschreitenden Wochenarbeitszeit ist die wegen des gesetzl. Feiertags ausgefallene Arbeitszeit mit acht Stunden anzusetzen und nicht mit der durchschnittlichen auf 5 Arbeitstage verteilten regelmäßigen Wochenarbeitszeit[10]; in einer BV kann allerdings geregelt werden, dass angesichts der allgemeinen feiertagsbedingten Betriebsruhe die Zeitgutschrift nur für Tage der tatsächlichen Arbeitsleistung bzw. mit dem Tagesdurchschnittswert der regelmäßigen Wochenarbeitszeit erfolgen soll[11]. Fällt auf den Feiertag dagegen kein Freischichttag, sondern planmäßig ein schichtplanmäßiger Arbeitstag, so darf der ArbGeb wegen der feiertagsbedingten Arbeitsausfalles das Zeitkonto des ArbN nicht kürzen, wenn das Zeitkonto nur in anderer Form den Vergütungsanspruch des ArbN ausdrückt[12]. 23

ee) Streik, Aussperrung. Weil das feiertagsbedingte Beschäftigungsverbot für den Arbeitsausfall monokausal sein muss, ist ein Anspruch nach § 2 I nur gegeben, wenn der ArbN arbeitsbereit war. Daran fehlt es, wenn der ArbN in einen Arbeitskampf verwickelt ist, sei es, dass er streikt[13], sei es, dass er ausgesperrt worden ist[14]. Dies gilt auch dann, wenn der Feiertag selbst noch in den Arbeitskampf fällt und der Betrieb am nächsten Tag (einem sog. „Brückentag") auf Grund einer BV Betriebsurlaub (unter Anrechnung auf den Tarifurlaub) vereinbart worden ist[15]. Eine bloße „Aussetzung" des Streikes lediglich für Tage, an denen ohnehin keine Arbeitspflicht bestanden hat, stellt keine Streikunterbrechung dar. Die Streikaussetzung nur an gesetzl. Feiertagen hat keinen Anspruch auf Entgeltfortzahlung für diese Feiertage[16] zur Folge. Dagegen ist für den gesetzl. Feiertag das Arbeitsentgelt fortzuzahlen, wenn der rechtmäßige Arbeitskampf am Tag vorher endet oder er erst am übernächsten Tag danach erneut aufgenommen wird, weil dann eine Streikunterbrechung vorliegt[17]. 24

---

1 BAG in st. Rspr. seit BAG v. 13.5.1982 – 6 AZR 360/80, BAGE 39, 53. | 2 Strittig, wie hier: BAG v. 14.5.1964 – 5 AZR 239/63, AP Nr. 94 zu § 611 BGB – Urlaubsrecht; KDHK/*Kleinsorge*, § 2 EFZG Rz. 16; MünchArbR/*Boewer*, § 81 Rz. 11; ErfK/*Dörner*, § 2 EFZG Rz. 9. | 3 BAG v. 6.4.1982 – 3 AZR 1079/79, BAGE 38, 255. | 4 BAG v. 27.7.1973 – 3 AZR 604/72, AP Nr. 30 zu § 1 FeiertagslohnzahlungsG. | 5 BAG v. 24.1.2001 – 4 AZR 538/99, AP Nr. 5 zu § 2 EntgeltFG. | 6 BAG v. 9.10.1996 – 5 AZR 35/95, AP Nr. 3 zu § 2 EntgeltFG; auch schon BAG v. 27.9 1983 – 3 AZR 159/81, BAGE 44, 160 (162). | 7 BAG v. 26.1.1962 – 1 AZR 461/60, SAE 1962, 213. | 8 Vgl. schon zum früheren Recht (§ 105b I 4 GewO): BAG v. 17.5.1973 – 3 AZR 376/72, AP Nr. 29 zu § 1 FeiertagslohnzahlungsG. | 9 BAG v. 9.10.2003 – 6 AZR 447/02 – AP Nr. 47 zu § 15 BAT, BAGE 108, 62. | 10 BAG v. 2.12.1987 – 5 AZR 471/86, BAGE 56, 375 = AP Nr. 52 zu § 1 FeiertagslohnzahlungsG m. gem. krit. Anm. *Wank* zu Nr. 52, 53 und 54; aA *Klischan*, DB 1988, 331 ff. | 11 BAG v. 25.1.1989 – 5 AZR 692/87, BAGE 60, 300. | 12 BAG v. 14.8.2002 – 5 AZR 417/01, AP Nr. 10 zu § 2 EntgeltFG. | 13 BAG v. 1.3.1995 – 1 AZR 786/94, BAGE 79, 230. | 14 BAG v. 31.5.1988 – 1 AZR 192/87, BAGE 58, 315. | 15 BAG v. 31.5.1988 – 1 AZR 192/87, BAGE 58, 315. | 16 BAG v. 1.3.1995 – 1 AZR 786/94, BAGE 79, 230. | 17 BAG v. 11.5.1993 – 1 AZR 649/92, BAGE 73, 14.

25 **ff) Variable Arbeitszeiten.** Steht die Lage der Arbeitszeit am gesetzl. Feiertag nicht fest, zB bei kapazitätsorientierter variabler Arbeitszeit (KAPOVAZ) oder bei individueller regelmäßiger variabler Arbeitszeit (IRVAZ) oder bei Abrufarbeit, so ist schwer feststellbar, ob der ArbN an dem Tag, auf den der gesetzl. Feiertag fällt, zur Arbeit herangezogen worden wäre oder gearbeitet hätte[1]. Häufig werden Tatsachen, aus denen dies für die Zukunft zu schließen sein kann, fehlen. Dann kann notfalls aus einer Betrachtung des Verhaltens in der Vergangenheit, an welchen Wochentagen (Werktagen) der ArbN für gewöhnlich gearbeitet hat oder nicht, darauf geschlossen werden, dass sich dieses regelmäßige Verhalten wiederholt hätte, wenn auf den Tag nicht der gesetzl. Feiertag gefallen wäre[2]. Entsprechendes gilt für den die Heranziehung von ArbN in einem „rollierenden System"[3].

26 **gg) Witterungsbedingter Arbeitsausfall.** Bei witterungsbedingtem Arbeitsausfall entsteht idR mangels Monokausalität kein Anspruch nach § 2 I. Nach § 209 iVm. § 211 SGB III scheidet aber auch ein Anspruch auf Wintergeld/Winterausfallgeld aus, weil der Arbeitsausfall nicht ausschließlich witterungsbedingt ist. Tarifvertragl. kann allerdings anderes geregelt sein[4].

27 **hh) Vor- und Nachholen der Feiertagsarbeitszeit.** Die infolge des Feiertags ausfallende Arbeitszeit kann vor- und nachgeholt werden. Dadurch entfällt jedoch der Anspruch auf Entgeltfortzahlung für den feiertagsbedingten Arbeitsausfall nicht[5].

28 **c) Darlegungs- und Beweislast.** Für die Darlegungs- und Beweislast gelten keine Besonderheiten. Der ArbN hat die Tatsachen darzulegen und ggf. zu beweisen, aus denen er herleiten will, dass die Arbeit für ihn feiertagsbedingt ausgefallen ist[6].

29 **IV. Fortzuzahlendes Arbeitsentgelt.** Nach § 2 I richtet sich die Höhe der Entgeltfortzahlung an Feiertagen nach dem Entgeltausfallprinzip, dh., der ArbN hat Anspruch auf eine Zahlung in der Höhe des Entgeltes, das ihm im Fall der Arbeitsleistung zugestanden hätte[7].

30 **1. Arbeitsentgelt.** Gegenständlich gehört zum § 2 I fortzuzahlenden Arbeitsentgelt alles, was der ArbN als Gegenleistung für seine Arbeitsleistung zu erhalten hätte, wenn er zu arbeiten gehabt hätte (vgl. auch § 4 Rz. 16 ff.)[8]. Dies umfasst alle entgeltlichen oder auch geldwerten Vorteile, vor allem auch Provisionen[9], Gratifikationen, Familienzulagen, Ortszuschläge, Vergütung für sog. „Fahrleistungen"[10] usw. Eine dem § 4 Ia 1 entsprechende Bestimmung über die Nichtberücksichtigung von **Überstunden und Aufwendungsersatz** ist für die Entgeltfortzahlung an Feiertagen nicht vorhanden. Deshalb gehören auch nach neuem Recht Überstundenvergütungen, aber auch steuerpflichtige Teile tarifvertragl. geschuldeter Nahauslösungen zum fortzuzahlenden Arbeitsentgelt[11].

31 **2. Monatsgehalt.** Ist das Arbeitsentgelt ohne Rücksicht auf die tatsächlich anfallenden Arbeitstage und -stunden monatlich gleich bleibend (Monatsgehalt), so bereitet die Entgeltfortzahlung idR keine Schwierigkeiten. Das Gehalt wird gleich bleibend gezahlt, damit ist auch der Anspruch auf Entgeltfortzahlung nach § 2 I erfüllt. Dies gilt nicht nur für **Vollzeitarbeitsverhältnisse**, sondern auch derart gestaltete **Teilzeitarbeitsverhältnisse**. Wird bei (monatlich oder für die Entgeltperiode) ungleichmäßigen Arbeitsleistungen das monatliche Entgelt gleich bleibend gezahlt, so erfüllt der ArbGeb seine Pflicht aus § 2 I nicht schon mit er gleich bleibenden Zahlung, sondern erst dann, wenn der feiertagsbedingte Arbeitsausfall zutreffend im **Arbeitszeitkonto** des ArbN berücksichtigt wird (vgl. Rz. 25).

32 **3. Variable Vergütungen.** Anders verhält es sich dagegen bei variablen Vergütungen, die nach geleisteten Arbeitsstunden bemessen oder – wie zB Akkordlöhnen oder Provisionen – leistungsabhängig sind. Grds. bemisst sich in solchen Fällen das fortzuzahlende Entgelt nach zwei Faktoren, nämlich dem Zeitfaktor für die infolge des gesetzl. Feiertages ausgefallenen Arbeitszeit und dem Geldfaktor für den zugrunde zu legenden Stundensatz oder nach dem erzielbaren Leistungsentgelt.

33 **a) Zeitfaktor.** Der Zeitfaktor ist, wenn nur das Arbeitsentgelt variiert (zB bei Akkordentlohnung) leicht feststellbar, wenn die hypothetische Arbeitszeit, zB auf Grund durchlaufender Schichtpläne, festliegt. Solche Schichtpläne, die auf gesetzl. Feiertage keine Rücksicht nehmen, dürften jedoch nur selten vorliegen. Schwieriger ist die Bestimmung des Zeitfaktors, wenn die Möglichkeit der Leistung von **variablen Tagesarbeitszeitmengen, Mehrarbeit** oder von **Überstunden** ohne einen auf den gesetzl. Feiertag nicht abstellende Arbeitszeitplan in Betracht kommt. Insoweit ist wiederum eine hypothetische Fest-

---

1 BAG v. 24.10.2001 – 5 AZR 245/00, AP Nr. 8 zu § 2 EntgeltFG; v. 3.5.1983 – 3 AZR 100/81, BAGE 42, 324. | 2 KDHK/*Kleinsorge*, § 2 EFZG Rz. 26. | 3 Vgl. BAG v. 27.9.1983 – 3 AZR 159/81, BAGE 44, 160. | 4 Vgl. BAG v. 14.5.1986 – 4 AZR 77/85, AP Nr. 49 zu § 1 FeiertagslohnzahlungsG. | 5 BAG v. 17.4.1975 – 3 AZR 289/74, AP Nr. 32 zu § 1 FeiertagslohnzahlungsG. | 6 BAG v. 8.3.1992 – 4 AZR 387/91, AP Nr. 64 zu § 1 FeiertagslohnzahlungsG; v. 26.3.1985 – 3 AZR 239/83, AP Nr. 47 zu § 1 FeiertagslohnzahlungsG. | 7 BAG v. 9.10.1996 – 5 AZR 35/95, AP Nr. 3 zu § 2 EntgeltFG; vgl. zur vorherigen Rechtslage: BAG v. 10.7.1996 – 5 AZR 113/95, BAGE 83, 283; v. 19.4.1989 – 5 AZR 248/88, AP Nr. 62 zu § 1 FeiertagslohnzahlungsG. | 8 BAG v. 1.2.1995 – 5 AZR 847/93, AP Nr. 67 zu § 1 FeiertagslohnzahlungsG; v. 24.9.1986 – 4 AZR 543/85, AP Nr. 50 zu § 1 FeiertagslohnzahlungsG; v. 27.9 1983 – 3 AZR 159/81, BAGE 44, 160 (162). | 9 BAG v. 25.6.1985 – 3 AZR 347/83, BAGE 49, 120. | 10 BAG v. 16.1.2002 – 5 AZR 303/00, AP Nr. 7 zu § 2 EngeltFG. | 11 BAG v. 1.2.1995 – 5 AZR 847/93, AP Nr. 67 zu § 1 FeiertagslohnzahlungsG; v. 24.9.1986 – 4 AZR 543/85, AP Nr. 50 zu § 1 FeiertagslohnzahlungsG.

stellung zu treffen. Dabei kann die regelmäßige Ableistung von Arbeitmenge oder Mehrarbeit oder Überstunden an dem betreffenden Wochentag in der Vergangenheit ein Indiz dafür sein, dass sich dies auch an dem Tag wiederholt hätte, auf den der Feiertag fällt[1]. Werden ArbN regelmäßig samstags zu Mehrarbeit herangezogen, im Einzelfall nicht aber an einem Samstag, auf den ein gesetzl. Feiertag fällt, so haben sie normalerweise Anspruch auf Entgeltfortzahlung in Höhe der entgangenen Mehrarbeitsvergütung.

Beispiel: Ein ArbN hat an jedem sog. „langen Samstag" im Einzelhandel zu arbeiten. Es fallen dann Überstunden an. Fällt ein gesetzl. Feiertag (1.5.) auf einen „langen Samstag", löst dies einen Anspruch auf Entgeltfortzahlung für den Feiertag aus. Daran ändert sich nichts, wenn der feiertagsbedingt ausgefallenen „lange Samstag" am nächsten Samstag „nachgeholt" wird[2]. Die Normalstunden und die Überstunden bilden den Zeitfaktor. 34

Ruht dagegen die Arbeit vor und nach dem betreffenden Feiertag wegen Betriebsstillegung auch an diesen Tagen, so besteht ein solcher Anspruch nicht[3]. Tarifvertragl. konnte früher auch zu Lasten des ArbN geregelt werden, wann für einen gesetzl. Feiertag (auch) Überstundenvergütung fortzuzahlen ist[4]. Dies ist nunmehr mit Rücksicht auf § 12 nicht mehr zulässig. Das Vor- und Nachholen feiertagsbedingten Arbeitsausfalles erhöhen dessen Zeitfaktor nicht[5]. Der Vergütungsanspruch für regelmäßig anfallenden Zusatzarbeiten kann nach § 12 nicht für Tage, an denen die Arbeit wegen des Feiertages ausfällt, (durch den Arbeitsvertrag) ausgeschlossen werden[6]. 35

Bei **Gleitzeitarbeit mit variabler Tagesarbeitszeitmenge** kommt es für die Bemessung des Zeitfaktors ebenfalls auf die Feststellung der hypothetisch geleisteten Arbeitsmenge an. Insoweit ist jedoch zu berücksichtigen, dass die Arbeitszeitmenge idR dem Arbeitsbedarf angepasst werden soll. Von daher kann es vor und nach einem gesetzl. Feiertag durchaus zu größeren Tagesarbeitsmengen kommen, ohne dass daraus zwingend zu schließen wäre, eine derart erhöhe Arbeitsmenge wäre auch am gesetzl. Feiertag angefallen oder geleistet worden. Insoweit kann eine längerfristige Betrachtung der Arbeitsstundenverteilung in der Vergangenheit hilfreich sein. Bei einem **Freischichtsystem** bemisst sich der Zeitfaktor grds. nach der ausgefallenen Schichtarbeitszeit. Tarifvertraglich oder im Wege der BV kann jedoch bestimmt werden, dass sich der Zeitfaktor nach der gleichmäßigen rechnerischen Verteilung der regelmäßigen durchschnittlichen Arbeitszeit bestimmt (s.Rz. 23). 36

b) Geldfaktor. Der Geldfaktor bestimmt den Entgeltwert des Zeitfaktors. Für den Geldfaktor sind alle entgeltwerten, auf die ausgefallene Arbeitszeit bezogenen Bestandteile der Arbeitsvergütung zugrunde zu legen. Insb. sind beim Geldfaktor auch etwaige **Mehrarbeits- oder Überstundenzuschläge** mitzurechnen, wenn an dem gesetzl. Feiertag Überstunden angefallen wären[7]. Insoweit unterscheidet sich die Entgeltfortzahlung an Feiertagen von der wegen krankheitsbedingter Arbeitsunfähigkeit (vgl. § 4 Ia). 37

Beispiel: Die ArbN werden regelmäßig an den Freitagen zu Mehrarbeit gegen Mehrarbeitsvergütung herangezogen. Auf einen dieser Freitage fällt ein gesetzl. Feiertag. Die Entgeltfortzahlung ist in Höhe der Mehrarbeitsvergütung zu leisten. 38

Bei **leistungsbezogenen Entgelten** ist, sofern weder ein TV noch eine BV anderes regeln, der durch den Feiertag entstandene Entgeltausfall auf Grund der Durchschnittsverdienste einer oder mehrerer relevanter Bezugsperiode(n) zu ermitteln; im Streitfall notfalls entsprechend § 287 II ZPO[8]. Insoweit gilt grds. dasselbe wie im Fall der Entgeltfortzahlung wegen krankheitsbedingter Arbeitsunfähigkeit (vgl. § 4 Rz. 32 ff.). Dies betrifft Einzel-Akkordvergütungen[9] ebenso wie Provisionen[10]. Beim Gruppenakkord ist eine gleichmäßige Verteilung des ausgefallenen Gruppenakkordverdienstes auf alle Mitglieder der Gruppe geboten, wenn für den ArbGeb nicht erkennbar ist, welches Gruppenmitglied an dem Feiertag gearbeitet hätte[11]. 39

Beispiel: In einer Akkordkolonne mit insgesamt 20 Mitgliedern arbeiten in der jeweiligen Schicht 17 ArbN. Dem ArbGeb ist nicht bekannt, welche Kolonnenmitglieder in welcher Schicht tätig sind. Als Entgeltfortzahlung für den gesetzl. Feiertag hat jedes Kolonnenmitglied 1/20 des Tagesverdienstes zu erhalten, den die Akkordkolonne ohne die Feiertagsruhe erzielt hätte. 40

c) Darlegungs- und Beweislast. Für die Darlegungs- und Beweislast gelten keine Besonderheiten. Der ArbN hat die Tatsachen darzulegen und ggf. zu beweisen, aus denen er die Höhe der geschuldeten Entgeltfortzahlung herleiten will[12]. 41

1 BAG v. 28.2.1964 – 1 AZR 464/63, AP Nr. 16 zu § 1 FeiertagslohnzahlungsG. | 2 BAG v. 10.7.1996 – 5 AZR 113/95, BAGE 83, 283. | 3 BAG v. 26.3.1985 – 3 AZR 239/83, AP Nr. 47 zu § 1 FeiertagslohnzahlungsG. | 4 BAG v. 18.3.1992 – 4 AZR 387/91, AP Nr. 64 zu § 1 FeiertagslohnzahlungsG. | 5 ErfK/*Dörner*, § 2 EFZG Rz. 15; HzA/*Vossen*, Gruppe 2 Rz. 819. | 6 BAG v. 16.1.2002 – 5 AZR 303/00, AP Nr. 7 zu § 2 EntgeltFG. | 7 BAG v. 25.6.1985 – 3 AZR 347/83, BAGE 49, 120. | 8 Vgl. KDHK/*Kleinsorge*, § 2 EZFG Rz. 31; HzA/*Vossen*, Gruppe 2 Rz. 833, 834 mwN. | 9 BAG v. 29.9.1971 – 3 AZR 163/71, AP Nr. 28 zu § 1 FeiertagslohnzahlungsG. | 10 BAG v. 17.4.1975 – 3 AZR 289/74, AP Nr. 32 zu § 1 FeiertagslohnzahlungsG. | 11 BAG v. 28.2.1984 – 3 AZR 103/83, AP Nr. 43 zu § 1 FeiertagslohnzahlungsG. | 12 BAG v. 10.7.1996 – 5 AZR 113/95, BAGE 83, 283 (288).

42 **4. Pauschalierte Entgeltfortzahlung.** Eine Pauschalierung des für den feiertagsbedingten Arbeitsausfall fortzuzahlenden Arbeitsentgeltes ist grds. möglich. Sie muss allerdings deutlich erkennen lassen, inwieweit und in welcher Höhe die Entgeltfortzahlung an gesetzl. Feiertagen durch die Pauschale ausgeglichen werden soll[1] und darf nicht gegen § 12 (vgl. dort) verstoßen.

43 **V. Kurzarbeit.** Das Zusammentreffen von Kurzarbeit und Entgeltfortzahlung an gesetzl. Feiertagen hat der Gesetzgeber in § 2 II einer besonderen Regelung unterworfen.

44 **1. Normzweck.** Mit der Regelung in Abs. 2 hat der Gesetzgeber das Prinzip der Monokausalität für die Entgeltfortzahlung an Feiertagen bei gleichzeitigem Arbeitsausfall wegen Kurzarbeit durchbrochen. Die Regelung dient, wie ihre Vorgängerbestimmung in S. 2 des § 1 I FeiertagslohnzahlungsG, die 1975 durch das HaushaltstrukturG[2] geschaffen worden ist, der Entlastung der ArbIV.

45 **2. Entgeltfortzahlung in Höhe des Kurzarbeitergeldes.** Im Fall des § 2 II erhält der ArbN nicht Kug, sondern Entgeltfortzahlung vom ArbGeb, dies allerdings nur in Höhe des Kug und nicht etwa in der Höhe des ohne Kurzarbeit feiertagsbedingt ausgefallenen Arbeitsentgeltes[3]. Bei **arbeitskampfbedingter Kurzarbeit** hat der ArbGeb ebenfalls an gesetzl. Feiertagen Entgeltfortzahlung in Höhe des Kug zu leisten, obwohl er ohne den feiertagsbedingten Arbeitsausfall berechtigt wäre, wegen der arbeitskampfbedingte Kurzarbeit die Zahlung von Arbeitsentgelt zu verweigern[4]. Fallen **Kurzarbeit, krankheitsbedingte Arbeitsunfähigkeit und gesetzl. Feiertag zusammen**, so hat der ArbN Anspruch auf Entgeltfortzahlung im Krankheitsfall[5], und zwar in Höhe des Kug. Denn die Höhe der Entgeltfortzahlung im Krankheitsfall bemisst sich bei gleichzeitigem feiertagsbedingtem Arbeitsausfall gemäß § 4 II, III 2 nach § 2 und damit wegen der Kurzarbeit nach § 2 II[6] (vgl. auch § 3 Rz. 24 und § 4 Rz. 42 ff.).

46 **3. Sozialversicherungsbeiträge, Lohnsteuer.** Die auf die in Höhe des Kug zu zahlende Entgeltfortzahlung entfallenden SozV-Beiträge für gesetzl. RV hat der ArbGeb im Verhältnis zum ArbN allein zu tragen (§ 168 I Nr. 1a SGB VI); Gleiches gilt für den Beitrag zur gesetzl. KV (§ 249 II Nr. 3 SGB V)[7]. Dagegen ist die LSt vom ArbN zu tragen[8].

47 **VI. Unentschuldigtes Fernbleiben von der Arbeit.** Die Regelung über die Entgeltfortzahlung bei unentschuldigtem Fehlen vor und nach dem gesetzl. Feiertag entspricht dem vormaligen § 1 III FeiertagslohnG[9], der wiederum auf den „Bummelerlass" aus dem Jahr 1940 zurückgeht[10].

48 **1. Normzweck.** Die Bestimmung soll „Arbeitsbummelei" im Zusammenhang mit den gesetzl. Feiertagen verhindern. Die gesetzl. Feiertage können zur Arbeitsbummelei verführen. Sie sind überaus geeignet, die Kerne von Arbeitspausen zu bilden, vor allem, wenn mit Hilfe von nicht mit Erholungsurlaub belegten „Brückentagen" Wochenenden „angeschlossen" oder Erholungsurlaube „verlängert" werden. Dies ist ein keineswegs neues Phänomen. Bleibt der ArbN am letzten Arbeitstag vor oder am ersten Arbeitstag nach dem gesetzl. Feiertag, der das gesetzl. Beschäftigungsverbot zur Folge hat, der Arbeit unentschuldigt fern, so verliert er den Anspruch auf Entgeltfortzahlung nach § 2 I, dem sog. **„Bummelparagraphen"**.

49 **2. Arbeitstage vor und nach dem gesetzlichen Feiertag.** Maßgeblich sind diejenigen Arbeitstage, an denen der einzelne ArbN nach seiner individuellen Arbeitsverpflichtung zu arbeiten hatte[11]. Diese Arbeitstage müssen nicht unmittelbar kalendarisch mit dem gesetzl. Feiertag verbunden sein, wohl aber müssen der Feiertag und der Fehltag insoweit miteinander zusammenhängen, als für den ArbN an den dazwischenliegenden Kalendertagen keine Arbeitspflicht bestanden hat[12]. Gleiches hat zu gelten, wenn die gesetzl. Feiertage durch für den betreffenden ArbN arbeitsfreie Tage miteinander verbunden sind.

50 **Beispiele:**

1. Der ArbN bleibt am Dienstag nach Pfingstmontag unentschuldigt der Arbeit fern. Er verliert den Anspruch nach § 2 I für den Pfingstmontag; der Fehltag schließt sich unmittelbar an den Arbeitstag des ArbN an.

2. Der ArbN bleibt am Ostersonnabend unentschuldigt der Arbeit fern; der Ostersonntag ist für den ArbN arbeitsfrei. Er verliert den Anspruch nach § 2 I für den Karfreitag (Fehltag nach dem Feiertag) und für den Ostermontag (Fehltag vor dem Feiertag)[13].

---

1 BAG v. 28.2.1984 – 3 AZR 103/83, AP Nr. 43 zu § 1 FeiertagslohnzahlungsG; KDHK/*Kleinsorge*, § 2 EZFG Rz. 31. | 2 HaushaltstrukturG v. 18.12.1975 – BGBVl. I, 3091. | 3 BAG v. 20.7.1982 – 1 AZR 404/80, BAGE 39, 191. | 4 *Marienhagen/Künzl*, § 2 EFZG Rz. 8; BAG v. 20.7.1982 – 1 AZR 404/80, BAGE 39, 191. | 5 BAG v. 8.5.1984 – 3 AZR 194/82, BAGE 46, 13. | 6 *Kappelhoff* in Tschöpe, Arbeitsrecht, Teil 2 B Rz. 235; *Marienhagen/Künzl*, § 2 EFZG Rz. 8a. | 7 Strittig, vgl. zum früheren Recht BAG v. 8.5.1984 – 3 AZR 194/82, BAGE 46, 13 = AP Nr. 44 zu § 1 FeiertagslohnzahlungsG; krit./abl. KDHK/*Kleinsorge*, § 2 EFZG Rz. 39–44; *Marienhagen/Künzl*, § 2 EFZG Rz. 8; *Kunz/Wedde*, § 2 EFZG Rz. 113. | 8 BAG v. 8.5.1984 – 3 AZR 194/82, BAGE 46, 13. | 9 V. 20.8.1951 (BGBl. I S. 479). | 10 KDHK/*Kleinsorge*, § 2 EFZG Rz. 45 mwN. | 11 BAG v. 16.6.1965 – 1 AZR 56/66, BAGE 17, 201. | 12 KDHK/*Kleinsorge*, § 2 EFZG Rz. 49. | 13 Vgl. BAG v. 16.6.1965 – 1 AZR 56/66, BAGE 17, 201; wie hier ErfK/*Dörner*, § 2 EFZG Rz. 23; *Schmitt*, § 2 EFZG Rz. 113; *Marienhagen/Künzl*, § 2 EFZG Rz. 23; aA *Kunz/Wedde*, § 2 EFZG Rz. 121.

3. Der ArbN bleibt am Gründonnerstag unentschuldigt der Arbeit fern. Das Osterwochenende war für ihn arbeitsfrei. Er verliert den Anspruch nach § 2 I für den Karfreitag (Fehltag vor dem Feiertag) und für den Ostermontag. Denn zwischen dem Fehltag und dem Ostermontag liegen arbeitsfreie Tage.

4. In einem Betrieb wird zwischen Weihnachten und Neujahr nicht gearbeitet. Der ArbN verliert seinen Anspruch auf Feiertagsbezahlung für alle in die Betriebsruhe fallenden Wochenfeiertage (Weihnachtsfeiertage und Neujahr), wenn er am letzten Tag vor oder am ersten Tag nach der Betriebsruhe unentschuldigt fehlt[1].

5. In den bewilligten Erholungsurlaub fällt ein gesetzl. Feiertag. Der ArbN tritt den Erholungsurlaub eigenmächtig eine Tag zu früh an[2].

3. Fernbleiben von der Arbeit. Der ArbN verliert den Anspruch nur, wenn er an dem maßgeblichen Arbeitstag der von ihm geschuldeten Arbeit fernbleibt. Das Tatbestandsmerkmal des Fernbleibens von der Arbeit ist ohne weiteres erfüllt, wenn der ArbN an dem Tag, an dem er zu arbeiten gehabt hätte, überhaupt nicht zu Arbeit erscheint[3]. Indessen ist das völlige Fernbleiben von der Arbeit nicht erforderlich; es genügt, wenn der ArbN seiner Arbeitspflicht an dem Arbeitstag teilweise nicht nachkommt[4]. 51

Beispiele: 52

1. Der ArbN verlässt die Arbeit vor dem gesetzl. Feiertag vorzeitig.

2. Der ArbN erscheint am Arbeitstag nach dem gesetzl. Feiertag zu spät zur Arbeit.

Derartiges teilweises Fehlen erfüllt nach dem Stand der Rspr. grds. die Voraussetzungen der Fernbleibens von der Arbeit; allerdings ist der Tatbestand des Fernbleibens nicht erfüllt, wenn der ArbN eine verhältnismäßig erhebliche Arbeitsleistung an den maßgeblichen Arbeitstagen vor und nach dem gesetzl. Feiertag erbracht hat[5]. 53

Beispiel: Am Tag nach Christi Himmelfahrt hat ein Maurer pünktlich ab 6.30 Uhr gearbeitet. Die Arbeitszeit betrug ohne die Ruhepausen acht Stunden. In der Mittagspause, die gegen 12.00 Uhr begann, trinkt er mit anderen ArbN Bier. Gegen 13.30 Uhr forderte der ArbGeb alle auf, entweder das Biertrinken einzustellen und wieder zu arbeiten oder aber die Baustelle zu verlassen. Der Maurer verließ gegen 13.30 Uhr die Baustelle[6]. 54

Das **zeitweilige Fernbleiben** von der Arbeit erfüllt den Tatbestand des Fernbleibens am Arbeitstag, wenn der ArbN mehr als die Hälfte seiner individuellen Arbeitszeit nicht gearbeitet hat[7]. Bloße körperliche Anwesenheit ohne Arbeitsleistung ist als Fernbleiben von der Arbeit zu bewerten[8]. Unerheblich ist, ob die erhebliche Arbeitsversäumnis zu Beginn, während oder zum Ende der Arbeitszeit des säumigen ArbN eintritt[9]. 55

Beispiele: 56

1. Der ArbN erscheint am Arbeitstag vor dem gesetzl. Feiertag um mehr als die Hälfte seiner Arbeitszeit zu spät zur Arbeit.

2. Der ArbN verlässt die Arbeit am Arbeitstag nach dem gesetzl. Feiertag um mehr als die Hälfte seiner Arbeitszeit vorzeitig.

Zwischen dem Fernbleiben von der Arbeit und dem gesetzl. Feiertag bzw. dem feiertagsbedingten Arbeitsausfall braucht kein ursächlicher Zusammenhang zu bestehen[10]. 57

Beispiel: Maurer stellten die Arbeit bei einem Baustellenumzug am Arbeitstag nach Pfingstmontag ein und tranken – als angeblich „bei einem Baustellenumzug üblich" – stattdessen Bier. 58

4. Unentschuldigt. Der Verlust des Anspruchs nach § 2 I tritt nach Abs. 3 nur ein, wenn das Fernbleiben von der Arbeit unentschuldigt ist. Unentschuldigt iSd. Abs. 3 bleibt ein ArbN,.wenn für ihn **kein stich-** 59

---

1 BAG v. 6.4.1982 – 3 AZR 1036/79, BAGE 38, 251. | 2 Strittig; wie hier ErfK/*Dörner*, § 2 EFZG Rz. 46; *Schmitt*, § 2 EFZG Rz. 113; *Marienhagen/Künzl*, § 2 EFZG Rz. 22; aA *Kappelhoff* in Tschöpe, Arbeitsrecht, Teil 2 B Rz. 239. | 3 So schon RAG 13.2.1942, RAGE 26, 89. | 4 BAG v. 20.10.1966 – 3 AZR 186/66, BAGE 19, 115, 117. | 5 BAG v. 20.10.1966 – 3 AZR 186/66, BAGE 19, 115 (118/119) im Anschluss an BAG v. 4.3.1960 – 1 AZR 18/58, BAGE 9, 100, 102; wie hier KDHK/*Kleinsorge*, § 2 EFZG Rz. 50; ErfK/*Dörner*, § 2 EFZG Rz. 21; *Schmitt*, § 2 EFZG Rz. 118; *Marienhagen/Künzl*, § 2 EFZG Rz. 26; *Kappelhoff* in Tschöpe, Arbeitsrecht, Teil 2 B Rz. 240; aA *Kunz/Wedde*, § 2 EFZG Rz. 124 ff. | 6 Vgl. BAG v. 4.3.1960 – 1 AZR 18/58, BAGE 9, 100. | 7 BAG v. 20.10.1966 – 3 AZR 186/66, BAGE 19, 115 (118/119) im Anschluss an BAG v. 4.3.1960 – 1 AZR 18/58, BAGE 9, 100, 102; wie hier KDHK/*Kleinsorge*, § 2 EFZG Rz. 50; ErfK/*Dörner*, § 2 EFZG Rz. 21; *Schmitt*, § 2 EFZG Rz. 118; *Marienhagen/Künzl*, § 2 EFZG Rz. 26; *Kappelhoff* in Tschöpe, Arbeitsrecht, Teil 2 B Rz. 240; aA *Kunz/Wedde*, § 2 EFZG Rz. 124 ff. | 8 LAG Düsseldorf v. 11.10.1957 – 5 Sa 397/57, BB 1958, 157. | 9 BAG v. 20.10.1966 – 3 AZR 186/66, BAGE 19, 115 (118/119); wie hier ErfK/*Dörner*, § 2 EFZG Rz. 21; *Schmitt*, § 2 EFZG Rz. 118; *Marienhagen/Künzl*, § 2 EFZG Rz. 26; *Kappelhoff* in Tschöpe, Arbeitsrecht, Teil 2 B Rz. 240; aA KDHK/*Kleinsorge*; § 2 EFZG Rz. 50; *Kunz/Wedde*, § 2 EFZG Rz. 124 ff. | 10 BAG v. 20.10.1966 – 3 AZR 186/66, BAGE 19, 115 (118/119); wie hier KDHK/*Kleinsorge*, § 2 EFZG Rz. 50; ErfK/*Dörner*, § 2 EFZG Rz. 23; *Schmitt*, § 2 EFZG Rz. 118; *Marienhagen/Künzl*, § 2 EFZG Rz. 26; *Kappelhoff* in Tschöpe, Arbeitsrecht, Teil 2 B Rz. 240; aA *Kunz/Wedde*, § 2 EFZG Rz. 131.

haltiger Grund für sein Fernbleiben von der Arbeit bestanden hat[1]. Auf das zunächst aufgestellte weitere Erfordernis, dass er dem ArbGeb einen solchen Grund nicht unverzüglich dann mitgeteilt habe, sobald dieser zu erkennen gegeben habe, er wolle dem ArbN Lohn für die feiertagsbedingt ausgefallene Arbeitszeit nicht zahlen[2], ist das BAG in späteren Entscheidungen nicht mehr zurückgekommen. Vielmehr muss das Fernbleiben von der Arbeit für den ArbN subjektiv schuldhaft iS eines Vertretenmüssens sein[3]. § 3 verpflichtet den ArbN nicht, den Entschuldigungsgrund für sein Fernbleiben von der Arbeit unverzüglich mitzuteilen. Eine solche generelle Verpflichtung, den ArbGeb unverzüglich von der vorhersehbaren oder bereits eingetretenen Arbeitsverhinderung zu **unterrichten**, besteht jedoch für den ArbN als **arbeitsvertragl. Nebenpflicht**[4] nach § 241 II BGB. Ihre Verletzung zieht die allgemeinen Folgen wie Abmahnung, ggf. Kündigung, ggf. Schadenersatz nach sich. Für die Frage, ob das Fernbleiben von der Arbeit unentschuldigt ist oder nicht, kommt es **nicht** darauf an, ob zwischen Arbeitsversäumnis und feiertagsbedingtem Arbeitsausfall ein **ursächlicher Zusammenhang** besteht[5]. Liegt ein vom ArbN **subjektiv nicht zu vertretender Grund** für die Nichtleistung der Arbeit vor, so ist sein Anspruch auf Entgeltfortzahlung für den gesetzl. Feiertag nicht nach Abs. 3 ausgeschlossen[6]. Dies kann insb. in den Fällen des § 616 BGB der Fall sein.

60 **Beispiel:** Der ArbN kann nicht zur Arbeitstelle gelangen, weil der Straßenverkehr infolge extremer Eisglätte zusammengebrochen ist.

61 Eine jedes Zeitpolster ausschließende **Rückreise aus dem Urlaub zum** Arbeitsort, die zB infolge **Zugverspätung, Verkehrsstaus** oder **Autopanne** zum Fernbleiben von der Arbeit führt, ist dagegen idR subjektiv zu vertreten.

62 Aus Abs. 3 folgt im Fall des unentschuldigten Fernbleibens von der Arbeit lediglich, dass dem ArbN kein Anspruch auf Entgeltfortzahlung für den gesetzl. Feiertag zusteht. Dies betrifft das gesamte Arbeitsentgelt, das sonst für den Feiertag fortzuzahlen gewesen wäre, und zwar auch dann, wenn der ArbN am maßgebenden Arbeitstag vor oder nach dem Feiertag seine Arbeit nur zum Teil versäumt hat[7]. Eine gleich bleibende Monatsvergütung (Gehalt) ist in der Weise zu kürzen, dass der Tagessatz für jeden Feiertag auf die in dem betreffenden Monat konkret anfallenden Arbeitstage einschließlich der darauf entfallenden Feiertage berechnet wird[8]. Indessen stellt Abs. 3 nicht die einzige Rechtsfolge dar. Im Umfang der unentschuldigten Arbeitsversäumnis braucht der ArbGeb nach dem Grundsatz „ohne Arbeit kein Lohn“[9] (vgl. § 611 BGB) ebenfalls keine Vergütung zu zahlen.

63 **Beispiel:** Der Angestellte bleibt am 2. Mai unentschuldigt der Arbeit fern. Im Mai fallen bei einer Fünf-Tage-Woche 22 Arbeitstage an, auf drei von ihnen fallen gesetzl. Feiertage (1. Mai, Christi Himmelfahrt, Pfingstmontag). Das Gehalt darf für den 1. Mai nach § 2 III um 1/22 und für die Arbeitsversäumnis am 2. Mai um weitere 1/22 gekürzt werden.

64 **5. Rechtsfolgen des unentschuldigten Fernbleibens.** Zudem kann die unentschuldigte Arbeitversäumnis auch andere Folgen, wie Abmahnung, ggf. Kündigung des Arbeitsverhältnisses oder Schadenersatz, nach sich ziehen[10].

65 **6. Darlegungs- und Beweislast.** Bei Abs. 3 handelt es sich um einen **anspruchsvernichtenden Tatbestand**. Der **ArbGeb** trägt die Beweislast. Die Darlegungslast ist gespalten. Der ArbGeb hat zunächst zu behaupten und zu beweisen, dass der ArbN am maßgeblichen Tag zu arbeiten gehabt habe. Behauptet der ArbGeb, der ArbN sei am maßgeblichen Tag der Arbeit unentschuldigt fern geblieben, so hat der ArbN substantiiert darzulegen, dass bzw. von wann bis wann er zur Arbeit erschienen sei. Dem hat der ArbGeb substantiiert zu entgegnen und die dazu dienenden Tatsachen zu beweisen. Entsprechendes gilt für das Unentschuldigtsein des Fernbleibens.

3 *Anspruch auf Entgeltfortzahlung im Krankheitsfall*

(1) Wird ein Arbeitnehmer durch Arbeitsunfähigkeit infolge Krankheit an seiner Arbeitsleistung verhindert, ohne dass ihn ein Verschulden trifft, so hat er Anspruch auf Entgeltfortzahlung im Krankheitsfall durch den Arbeitgeber für die Zeit der Arbeitsunfähigkeit bis zur Dauer von sechs Wochen. Wird der Arbeitnehmer infolge derselben Krankheit erneut arbeitsunfähig, so verliert er wegen der erneuten Arbeitsunfähigkeit den Anspruch nach Satz 1 für einen weiteren Zeitraum von höchstens sechs Wochen nicht, wenn

---

1 BAG v. 14.6.1957 – 1 AZR 97/56, AP Nr. 2 zu § 1 FeiertagsLohnzahlungsG. | **2** BAG v. 14.6.1957 – 1 AZR 97/56, AP Nr. 2 zu § 1 FeiertagslohnzahlungsG. | **3** BAG v. 20.10.1966 – 3 AZR 186/66, BAGE 19, 115 (118/119); wie hier KDHK/*Kleinsorge*; § 2 EFZG Rz. 47; ErfK/*Dörner*, § 2 EFZG Rz. 23; *Schmitt*, § 2 EFZG Rz. 123 ff.; *Marienhagen/Künzl*, § 2 EFZG Rz. 28 ff.; *Kappelhoff* in Tschöpe, Arbeitsrecht, Teil 2 B Rz. 241. | **4** BAG v. 15.7.1992 – 7 AZR 466/91, AP Nr. 9 zu § 611 BGB – Abmahnung. | **5** BAG v. 20.10.1966 – 3 AZR 186/66, BAGE 19, 115 (118/119); wie hier KDHK/*Kleinsorge*, § 2 EFZG Rz. 47; aA *Kunz/Wedde*, § 2 EFZG Rz. 131. | **6** *Kunz/Wedde*, § 2 EFZG Rz. 131. | **7** BAG v. 20.10.1966 – 3 AZR 186/66, BAGE 19, 115 (118/119). | **8** *Schmitt*, § 2 EFZG Rz. 131; HzA/*Vossen*, Gruppe 2 Rz. 805 mwN. | **9** St. Rspr., statt vieler BAG v. 7.6.1963 – 1 AZR 253/62, BAGE 14, 200 (201). | **10** Vgl. *Schliemann*, ArbR-BGB, § 611 Rz. 736–738.

1. er vor der erneuten Arbeitsunfähigkeit mindestens sechs Monate nicht infolge derselben Krankheit arbeitsunfähig war oder

2. seit Beginn der ersten Arbeitsunfähigkeit infolge derselben Krankheit eine Frist von zwölf Monaten abgelaufen ist.

(2) Als unverschuldete Arbeitsunfähigkeit im Sinne des Absatzes 1 gilt auch eine Arbeitsverhinderung, die infolge einer nicht rechtswidrigen Sterilisation oder eines nicht rechtswidrigen Abbruchs der Schwangerschaft eintritt. Dasselbe gilt für einen Abbruch der Schwangerschaft, wenn die Schwangerschaft innerhalb von zwölf Wochen nach der Empfängnis durch einen Arzt abgebrochen wird, die schwangere Frau den Abbruch verlangt und dem Arzt durch eine Bescheinigung nachgewiesen hat, dass sie sich mindestens drei Tage vor dem Eingriff von einer anerkannten Beratungsstelle hat beraten lassen.

(3) Der Anspruch nach Absatz 1 entsteht nach vierwöchiger ununterbrochener Dauer des Arbeitsverhältnisses.

I. Normzweck und -entstehung. § 3 bildet die Grundnorm für den Anspruch auf Entgeltfortzahlung infolge Arbeitsverhinderung wegen krankheitsbedingter Arbeitsunfähigkeit. Diese Bestimmung regelt den Sachverhalt **abschließend.** Auch wenn Krankheit ein unverschuldetes Unglück iSv. § 616 BGB ist, kann auf diese Bestimmung für die Fortzahlung des Arbeitsentgeltes nicht zurückgegriffen werden[1]. § 616 BGB ist anwendbar, zB im Fall krankheitsbedingter Arbeitsverhinderung, die keine Arbeits- 1

1 *Schliemann*, ArbuR 1994, 317; *Matthes* in Schliemann, ArbR-BGB § 616 Rz. 57.

unfähigkeit ist[1] (vgl. § 616 BGB). § 3 dient zugleich der Entlastung der Krankenkassen, weil den ArbGeb an deren Stelle die Sicherung des Lebensunterhalts ihrer ArbN im Fall der Arbeitsverhinderung durch krankheitsbedingte Arbeitsunfähigkeit auferlegt worden ist[2]. Die Fassung des § 3 II beruht auf dem Vorschlag des A.u.S.-Ausschusses[3]. Nach der vorherigen Fassung konnte jeder ArbN – wie zuvor schon Angestellte – vom ersten Tag der vereinbarten Arbeitsaufnahme an Anspruch auf Entgeltfortzahlung wegen Arbeitsverhinderung infolge krankheitsbedingter Arbeitsunfähigkeit haben, selbst wenn die Arbeitsunfähigkeit schon vorher eingetreten war. Das arbeitsrechtl. Beschäftigungsförderungsgesetz 1996 hat eine Wartezeit (Abs. 3) für alle ArbN eingeführt[4]. Das sog. Korrekturgesetz[5] hat § 3 insgesamt nicht geändert.

2 **II. Entgeltfortzahlung wegen krankheitsbedingter Arbeitsunfähigkeit (Abs. 1).** Gemäß § 3 I 1 hat ein ArbN Anspruch auf Entgeltfortzahlung gegen den ArbGeb **bis zur Dauer von sechs Wochen**, wenn er durch Arbeitsunfähigkeit infolge Krankheit an seiner Arbeitsleistung verhindert wird, ohne dass ihn ein Verschulden trifft. Im Fall der erneuten Arbeitsunfähigkeit wegen derselben Krankheit verliert der ArbN diesen Anspruch für einen weiteren Zeitraum von höchstens sechs Wochen nach näherer Maßgabe von § 3 I 2 nicht.

3 **1. Anspruchsberechtigte.** Anspruchsberechtigt sind **alle ArbN**; insb. kommt es nicht mehr auf eine Unterscheidung zwischen Arbeitern, Angestellten und besonderen Angestellten an (§ 1 Rz. 8 bis 12). Zu den Anspruchsberechtigten zählen auch die zu ihrer Berufsausbildung Beschäftigten (vgl. § 1 Rz. 12). Für den Bereich der **Heimarbeit** enthält § 10 eigene Regelungen.

4 **2. Entgeltfortzahlungsanspruch.** Das Recht auf Entgeltfortzahlung wegen krankheitsbedingter Arbeitsunfähigkeit setzt grds. das Bestehen des Arbeitsverhältnisses voraus; nach näherer Maßgabe von § 8 kann er auch trotz Beendigung des Arbeitsverhältnisses bestehen.

5 **a) Rechtsnatur.** Das Recht auf Entgeltfortzahlung (§ 3 I 1) stellt zumindest seit der erneuten Änderung des § 4 I durch das sog. Korrekturgesetz[6] keinen eigenständigen Anspruch dar, sondern bedeutet nur, dass der Anspruch auf Arbeitsentgelt nicht dadurch verloren geht, dass der ArbN wegen Arbeitsunfähigkeit infolge unverschuldeter Erkrankung gehindert war, seine Arbeit zu leisten. Anspruchsgrundlage für den Entgeltfortzahlungsanspruch ist damit nach wie vor der Arbeitsvertrag; Umfang und Höhe des Anspruchs können insoweit tarifvertragl. gestaltet sein[7]. Der Entgeltfortzahlungsanspruch ist kein Lohnersatzanspruch, sondern der Anspruch auf das **arbeitsvertragl. geschuldete Entgelt**. Die Besonderheit besteht nur darin, dass der ArbGeb es ohne Arbeitsleistung und damit abweichend vom Grundsatz „ohne Arbeit kein Lohn"[8] zu zahlen hat. Die vormals heftige Kontroverse, ob nach der Rechtslage für die Zeit vom 1.10.1996 bis 31.12.1998 anderes zu gelten hatte[9], dürfte als beendet anzusehen sein. Gleichwohl vertritt ein Teil des Schrifttums die Ansicht, es handele sich bei dem Entgeltfortzahlungsanspruch des § 3 I 1 nicht (mehr) um die Aufrechterhaltung des bisherigen Anspruchs auf Arbeitsentgelt, sondern um einen eigenständigen Anspruch, der seinerseits jedoch den Regelungen über das Arbeitsentgelt unterliege[10].

6 Die Rspr. des BAG zu einem die Zeit nach dem 1.1.1999 betreffenden Fall dürfte die Diskussion beendet haben. Danach „hat der Entgeltfortzahlungsanspruch wie die früheren Lohn- und Gehaltsfortzahlungsansprüche trotz des abweichenden Wortlauts von § 3 I 1 keinen selbständigen Vergütungscharakter (vgl. § 1 I, § 4 I EFZG). Er ist der während der Arbeitsunfähigkeit **aufrechterhaltende Vergütungsanspruch** und teilt dessen rechtl. Schicksal (...). Wenn die TV-Parteien den Vergütungsanspruch tarifl. geregelt haben, handelt es sich bei der tarifl. vorgesehenen Verpflichtung zur Fortzahlung des Arbeitsentgelts ebenfalls um einen tarifl. Anspruch, der, ebenso wie der Vergütungsanspruch, der Ausschlussklausel unterliegt ..."[11]. Der Anspruch nach § 3 I 1 ist allerdings unabdingbar; lediglich von § 4 IV kann durch TV abgewichen werden (§ 12).

7 **b) Rechtliche Behandlung als Arbeitsentgelt.** Da es sich bei § 3 I 1 lediglich um die Aufrechterhaltung des ansonsten geschuldeten Vergütungsanspruchs handelt, sind die normalen rechtl. Regelungen für den Vergütungsanspruch anzuwenden[12]. Die Zahlung ist an **den normalen Vergütungsterminen fällig**[13]; er unterliegt der regelmäßigen **Verjährung** (§ 195, § 199 BGB) ebenso wie tarifvertragl. oder arbeitsvertragl. **Ausschlussfristen**[14]. Der Anspruch kann in den Grenzen des **§ 400 BGB abgetreten** und verpfändet

1 BAG v. 29.2.1984 – 5 AZR 92/84, AP Nr. 22 zu § 1 TVG – Tarifverträge: Metallindustrie. | 2 BAG v. 12.12.2001 – 5 AZR 255/00, AP Nr. 10 zu Art. 30 Art. 30 EGBGB nF. | 3 BT-Drs. 12/5798. | 4 ArbR BeschFG v. 25.9.1996, BGBl. I S. 1476. | 5 Gesetz zu Korrekturen in der Sozialversicherung und zur Sicherung der Arbeitnehmerrechte vom 19.12.1998, BGBl. I S. 3843. | 6 Gesetz zu Korrekturen in der Sozialversicherung und zur Sicherung der Arbeitnehmerrechte vom 19.12.1998, BGBl. I S. 3843. | 7 BAG v. 16.1.2002 – 5 AZR 430/00, AP Nr. 13 zu § 3 EntgeltFG. | 8 St. Rspr., statt vieler BAG v. 7.6.1963 – 1 AZR 253/62, BAGE 14, 200, 201. | 9 Vgl. ausf. Staudinger/*Oetker*, § 616 BGB Rz. 177–180. | 10 Vgl. *Kunz/Wedde*, § 3 EFZG Rz. 20 ff., 21 ff. mwN; *Schmitt*, § 3 EFZG Rz. 158. | 11 BAG v. 16.1.2002 – 5 AZR 430/00, AP Nr. 13 zu § 3 EntgeltFG. | 12 BAG v. 21.12.1972 – 5 AZR 319/72, AP Nr. 1 zu § 9 LohnFG. | 13 BAG v. 27.4.1994 – 5 AZR 747/93 (A), BAGE 76, 306 = AP Nr. 100 zu § 1 LohnFG. | 14 BAG v. 5.11.2003 – 5 AZR 676/02, NZA 2005, 64; v. 16.1.2002 – 5 AZR 430/00, AP Nr. 13 zu § 3 EntgeltFG; aA wegen eines angeblich eigenständigen Charakters des Entgeltfortzahlungsanspruchs *Kunz/Wedde*, § 3 EFZG Rz. 22.

werden; er unterliegt in den Grenzen des § 850c ZPO **der Lohnpfändung**. Von einer vorangegangenen Lohnpfändung werden auch die auf den Entgeltfortzahlungszeitraum entfallenden Teile des Vergütungsanspruchs erfasst. Mit der Vereinbarung der Suspendierung unter Vergütungsfortzahlung wird regelmäßig keine Rechtgrundlage für eine eigenständige Entgeltfortzahlung im Krankheitsfall geschaffen, die über die gesetzl. Pflicht hinausgeht[1].

c) Anspruchsübergang auf die Krankenkasse. Nach den §§ 44 ff. SGB V haben ArbN als Mitglieder der in § 4 II SGB V genannten Krankenkassen im Fall krankheitsbedingter Arbeitsunfähigkeit **Anspruch auf Krankengeld**. Dieser Anspruch besteht stets, ihm gegenüber hat indessen der Anspruch des ArbN auf Entgeltfortzahlung Vorrang. Krankengeld hat eine Entgeltersatzfunktion; es ist erst zu leisten, wenn der Versicherte seines arbeitsrechtl. Anspruchs auf Entgeltfortzahlung wegen krankheitsbedingter Arbeitsunfähigkeit verlustig ist oder er ihn nicht durchsetzen kann[2], zB während der Wartefrist des § 3 III oder nach Erschöpfung des Entgeltfortzahlungsanspruchs oder in Fällen des § 8. Nach § 49 Nr. 1 SGB V ruht der Anspruch auf Krankengeld, soweit und solange der ArbN während seiner Erkrankung Entgeltfortzahlung tatsächlich erhält. Erhält der ArbN vom ArbGeb trotz entsprechenden Anspruchs keine Entgeltfortzahlung im Krankenfall, so hat die faktische Undurchsetzbarkeit dieses Anspruchs zur Folge, dass die Krankenkasse zur Zahlung von Krankengeld verpflichtet ist. Dies ist nicht selten bei einer Beendigung des Arbeitsverhältnisses anlässlich einer Erkrankung des ArbN (vgl. § 8) gegeben. Soweit der ArbN Anspruch auf Entgeltfortzahlung hat, geht der Entgeltfortzahlungsanspruch **in Höhe des gezahlten Netto-Krankengeldes**, nicht jedoch in Höhe der von der Krankenkasse geleisteten SozVBeiträge (RV: § 176 I SGB VI, ArblV: § 347 Nr. 4 SGB III, Pflegeversicherung: § 59 II 1 SGB IX) auf die Krankenkasse über (§ 115 I SGB X)[3]. Allerdings führt der Anspruchsübergang nicht dazu, dass der ArbGeb von den Beiträgen entlastet wäre, die sich aus dem geschuldeten Bruttobetrag der Entgeltfortzahlung wegen krankheitsbedingter Arbeitsunfähigkeit ergeben, denn insoweit schuldet er der Krankenkasse die Leistung der hierauf entfallenden SozVBeiträge, soweit sie vom ArbGeb zu tragen sind[4]. Im Rahmen des Anspruchsübergangs erhält die Krankenkasse hinsichtlich des Entgeltfortzahlungsanspruchs dieselbe Rechtsstellung wie der ArbN[5]. 8

Nach § 404 iVm. § 412 BGB kann der ArbGeb der Krankenkasse gegenüber alle **Einwendungen** erheben, die zurzeit des Forderungsübergangs gegen den ArbN begründet waren; dabei ist der Begriff der Einwendungen im weitesten Sinn zu verstehen[6]. Dies gilt auch hinsichtlich einer kollektiv- oder einzelvertragl. begründeten **Ausschlussfrist**[7]. Nach dem Forderungsübergang kann der ArbN hinsichtlich der übergegangenen Teile seines Entgeltfortzahlungsanspruchs nicht mehr verfügen, insb. kann er hierauf nicht mehr verzichten, oder der Forderung die Rechtsgrundlage dadurch entziehen, dass er einen Aufhebungsvertrag abschließt, wenn dem ArbN der Anspruchsübergang bekannt war[8]. 9

d) Rechtsmissbrauch. Die Geltendmachung des Anspruchs auf Entgeltfortzahlung kann wegen Verstoßes gegen Treu und Glauben (§ 242 BGB) rechtmissbräuchlich sein. Liegt bereits ein **Verschulden des ArbN** an seiner krankheitsbedingten Arbeitsunfähigkeit vor (vgl. Rz. 56 ff.), so ist für die Prüfung, ob die Geltendmachung der Entgeltfortzahlung gegen § 242 BGB verstößt, kein Raum[9]. Dagegen liegt ein Rechtmissbrauch vor, wenn sich der ArbN das Arbeitsverhältnis in Kenntnis seiner Arbeitsunfähigkeit erschlichen hat[10], wenn er bereits bei Abschluss des Arbeitsverhältnisses arbeitsunfähig erkrankt war und dies noch bei Ablauf der Wartezeit des § 3 III andauert[11] oder wenn er seinen Anspruch auf Entgeltfortzahlung verwirkt hat[12]. 10

3. Arbeitsverhinderung infolge krankheitsbedingter Arbeitsunfähigkeit. Der Entgeltfortzahlungsanspruch nach § 3 I setzt voraus, dass der ArbN wegen Arbeitsunfähigkeit infolge Krankheit verhindert ist, die geschuldete Arbeit zu leisten. Die damit erforderliche Kausalität ist unter mehreren Gesichtspunkten zu prüfen. 11

a) Prinzip der Monokausalität. Die krankheitsbedingte Arbeitsunfähigkeit muss die alleinige Ursache der Arbeitsverhinderung sein, um einen Anspruch nach Abs. 1 auszulösen[13]. Grds. gilt dasselbe Prinzip der Monokausalität wie bei der Entgeltfortzahlung an Feiertagen (vgl. § 2 Rz. 15, 17 ff.). Durch **TV** kann allerdings zu Gunsten des ArbN vom Grundsatz der Monokausalität abgewichen werden[14]. 12

b) Arbeitsausfall aus anderen Gründen. Ein Anspruch auf Entgeltfortzahlung ist nach § 3 I nicht gegeben, wenn die Arbeit auch aus einem anderen Grund als der krankheitsbedingten Arbeitsunfähigkeit des ArbN ausgefallen wäre. Ob sich ein Entgeltzahlungsanspruch wegen des anderen Grundes des 13

---

1 BAG 29.9.2004 – 5 AZR 99/04, NZA 2005, 104. | 2 ErfK/*Rolfs*, § 44 SGB V Rz. 2 mwN. | 3 BAG v. 2.12.2002 – 7 AZR 437/01, AP Nr. 24 zu § 2 BAT SR 2y. | 4 BSG v. 26.11.1985 – 12 RK 51/89, BSGE 59, 183 = DB 1986, 867. | 5 BAG v. 18.1.1995 – 5 AZR 818/93, BAGE 79, 122 (127). | 6 BAG v. 30.3.1994 – 7 ABR 45/93, BAGE 76, 214 (226). | 7 BAG v. 7.12.1983 – 5 AZR 425/80, BAGE 44, 337. | 8 BAG v. 9.10.1996 – 5 AZR 246/95, AP Nr. 9 zu § 115 SGB X; v. 20.8.1980 – 5 AZR 227/79, BAGE 34, 128. | 9 BAG v. 21.4.1982 – 5 AZR 1019/79, BAGE 38, 309. | 10 KDHK/*Dunkl*, § 3 EFZG Rz. 201 mwN. | 11 BAG v. 26.7.1989 – 5 AZR 491/88, EzA § 1 LohnFG Nr. 110. | 12 BAG v. 27.8.1971 – 1 AZR 107/71, BAGE 23, 411. | 13 St. Rspr., statt vieler BAG v. 28.1.200 – 5 AZR 58/03, AP Nr. 21 zu § 3 EngeltFG; v. 26.6.1996 – 5 AZR 872/94, BAGE 83, 229. | 14 BAG v. 9.10.2002 – 5 AZR 356/01, AP Nr. 63 zu § 4 EntgeltFG.

Arbeitsausfalls ergibt, ist eine hiervon zu trennende Frage. Die Unterscheidung ist deswegen bedeutsam, weil die Rechtsfolgen – je nach Rechtsgrundlage – unterschiedlich sein können, vor allem im Verhältnis zwischen mutterschutzbedingtem Arbeitsausfall und krankheitsbedingtem Arbeitsausfall. Liegt **Doppel- oder Mehrfachkausalität** für den Arbeitsausfall vor, so verliert der ArbN seinen Anspruch auf Entgeltfortzahlung im Krankheitsfall. Er hat jedoch einen Entgeltanspruch zu behalten, wenn beide Leistungshindernisse Entgeltfortzahlungsansprüche auslösen[1]. Regelmäßig ist dies der Anspruch, der ohne die Arbeitsverhinderung infolge krankheitsbedingter Arbeitsunfähigkeit gegeben wäre.

14 **aa) Annahmeverzug.** Befindet sich der ArbGeb hinsichtlich der Arbeitsleistung des ArbN in Annahmeverzug, so hat der ArbN nach § 615 S. 1 BGB Anspruch auf Bezahlung des Arbeitsentgeltes. Erkrankt der ArbN in diesem Zeitraum arbeitsunfähig, so hat er Anspruch auf Entgeltfortzahlung gemäß § 3 und nicht nach § 615 S. 1 BGB, weil mit Rücksicht auf § 297 BGB kein Annahmeverzug mehr vorliegt. Vielmehr wird Entgeltfortzahlung nach § 3 I dem Grunde nach geschuldet, der Höhe nach allerdings richtet sich der Anspruch nach § 4 EFZG, ggf. in Verbindung mit tarifvertragl. Regelungen[2].

15 **bb) Arbeitskampf.** Ist Arbeitskampf die Ursache für den Arbeitsausfall, so entfällt der Anspruch auf Entgeltfortzahlung im Krankheitsfall sowohl beim Streik des ArbN[3] als auch im Fall der Aussperrung[4]. Im Fall des Streiks besteht allerdings ein Anspruch auf Entgeltfortzahlung im Krankheitsfall, wenn die Beschäftigung des ArbN ohne seine Arbeitsunfähigkeit möglich gewesen wäre[5]. Dagegen besteht kein Anspruch auf Entgeltfortzahlung im Krankheitsfall, wenn der Betrieb infolge des Streiks stillliegt oder wenn – ohne dass dies der Fall ist – der arbeitsunfähig kranke ArbN am Streik teilnimmt oder während der Streikteilnahme arbeitsunfähig krank wird[6].

16 Ob ein Anspruch auf Entgeltfortzahlung wegen krankheitsbedingter Arbeitsunfähigkeit besteht, wenn der streikende ArbN sodann erklärt, sich nicht mehr am Streik beteiligen zu wollen, ist umstritten[7]. Erklärt jedoch der ArbN, sich am Arbeitskampf beteiligen zu wollen, so entsteht für ihn kein Anspruch auf Entgeltfortzahlung im Krankheitsfall[8].

17 **cc) Arbeitsunwilligkeit.** Erklärt sich ein ArbN vor Beginn der krankheitsbedingten Arbeitsunfähigkeit arbeitsunwillig, indem er zB erklärt, er werde „krank sein", wenn er eine bestimmte Tätigkeit ausüben müsse, so kann es deswegen an der Monokausalität fehlen[9]. Denn zu den Voraussetzungen des Entgeltfortzahlungsanspruchs wegen krankheitsbedingter Arbeitsunfähigkeit gehört, dass der ArbN ungeachtet der krankheitsbedingten Arbeitsunfähigkeit jedenfalls arbeitswillig war[10]. Hat der ArbN längere Zeit „gebummelt" und ist er dann arbeitsunfähig krank geworden, so muss er, wenn der ArbGeb entsprechende Zweifel darlegt, vortragen und ggf. beweisen, dass er während der Zeit der krankheitsbedingten Arbeitsunfähigkeit arbeitswillig war; hierdurch kann er sich des Vortrags von Hilfstatsachen bedienen[11]. Davon zu trennen ist die Frage, ob in den Fällen angekündigter Arbeitsunfähigkeit der Beweiswert des ärztlichen Attestes so erschüttert ist, dass es anderen Beweises bedarf (vgl. § 5 Rz. 48 ff.).

18 **dd) Beschäftigungsverbote.** Entfällt die Arbeitsleistung infolge eines gesetzl. Beschäftigungsverbotes, so hat dies grds. den Wegfall eines Entgeltfortzahlungsanspruchs wegen krankheitsbedingter Arbeitsunfähigkeit zur Folge. Denn der Arbeitsausfall beruht dann nicht mehr allein auf der krankheitsbedingten Arbeitsunfähigkeit.

19 Dies gilt uneingeschränkt für die Fälle des **mutterschutzrechtl. Verbotes** während der Schutzfristen nach § 3 bzw. § 6 MuSchG[12], und zwar auch dann, wenn die arbeitsunfähig erkrankte ArbNin keinen Anspruch auf Mutterschafts- oder Entbindungsgeld hat[13]. Eine auf einer Schwangerschaft beruhende krankheitsbedingte Arbeitsunfähigkeit und ein ärztliches Beschäftigungsverbot wegen Gefährdung des Lebens oder der Gesundheit von Mutter und Kind nach § 3 I MuSchG schließen schließen sich gegenseitig aus[14]. Beruhen die Beschwerden auf der Schwangerschaft, so kommt es darauf an, ob es sich um einen krankhaften Zustand handelt, der zur Arbeitsunfähigkeit der Schwangeren führt. Ist dies der Fall, so ist kein Beschäftigungsverbot auszusprechen, sondern krankheitsbedingte Arbeitsunfähigkeit zu bescheinigen. Haben die Schwangerschaftsbeschwerden dagegen keinen Krankheitswert oder führen sie nicht zur Arbeitsunfähigkeit, so kommt das Beschäftigungsverbot nach § 3 I MuSchG in Betracht. Je nachdem hat die Schwangere entweder einen – gesetzl. auf sechs Wochen beschränkten – Anspruch auf

---

1 *Belling/Hartmann*, ZfA 1994, 519 (522); *Reinecke*, DB 1991, 1168. | 2 ErfK/*Dörner*, § 3 EFZG Rz. 21; KDHK/*Dunkl*, EFZG § 3 Rz. 61. | 3 BAG v. 8.3.1972 – 5 AZR 491/72, AP Nr. 29 zu § 1 LohnFG. | 4 BAG v. 7.6.1988 – 1 AZR 597/86, AP Nr. 107 zu Art. 8 und 9 GG – Arbeitskampf. | 5 BAG v. 1.10.1991 – 1 AZR 147/9, AP Nr. 121 zu Art. 9 GG – Arbeitskampf. | 6 BAG v. 1.10.1991 – 1 AZR 147/91, AP Nr. 121 zu Art. 9 GG – Arbeitskampf; v. 8.3.1973 – 5 AZR 491/72, AP Nr. 29 zu § 1 LohnFG. | 7 BAG v. 15.1.1991 – 1 AZR 178/90, AP Nr. 114 zu Art. 9 GG – Arbeitskampf; bejahend ErfK/*Dörner*, § 3 EFZG Rz. 16; abl. *Schmitt*, § 3 EFZG Rz. 65; Staudinger/*Oetker*, § 616 BGB Rz. 232. | 8 BAG v. 15.1.1991 – 1 AZR 178/90, AP Nr. 114 zu Art. 9 GG – Arbeitskampf. | 9 KDHK/*Dunkl*, § 3 EFZG Rz. 64. | 10 BAG v. 4.12.2002 – 5 AZR 494/01, AP Nr. 17 zu § 3 EntgeltFG; v. 20.3.1985 – 5 AZR 229/83, AP Nr. 64 zu § 1 LohnFG. | 11 BAG v. 20.3.1985 – 5 AZR 229/93, AP Nr. 64 zu § 1 LohnFG. | 12 BAG v. 12.3.1997 – 5 AZR 226/96, AP Nr. 16 zu § 14 MuSchG 1968. | 13 KDHK/*Dunkl*, § 3 Rz. 78 mwN. | 14 St. Rspr., statt vieler BAG v. 1.10.1997 – 5 AZR 685/96, BAGE 86, 347 (351).

Entgeltfortzahlung gegen den ArbGeb (§ 3 EFZG) und anschließend auf Krankengeld gegen die Krankenkasse (§ 44 SGB V), oder sie hat gegen den ArbGeb einen – nicht auf sechs Wochen beschränkten – Anspruch auf Mutterschutzlohn nach § 11 I 1 MuSchG[1]. Mit dieser Entscheidung steht dem Arzt ein Beurteilungsspielraum zu[2]. Bewirkt eine bestehende Krankheit erst bei Fortführung der Beschäftigung die weitere Verschlechterung der Gesundheit und dadurch die Unfähigkeit zur Arbeitsleistung, so kommt es darauf an, ob die Ursache hierfür ausschließlich in der Schwangerschaft liegt. In diesem Fall ist der Anspruch auf Mutterschutzlohn gegenüber dem Anspruch auf Entgeltfortzahlung im Krankheitsfall vorrangig[3].

Bei einem **seuchenpolizeilichen Beschäftigungsverbot** wird der Anspruch auf Entgeltfortzahlung im Krankheitsfall dann nicht ausgeschlossen, wenn das Beschäftigungsverbot die Folge der zur Arbeitsunfähigkeit geführt habenden Erkrankung ist[4]. 20

Ein **arbeitsförderungsrechtl. Beschäftigungsverbot** (§ 284 SGB III) steht dem Anspruch auf Entgeltfortzahlung im Krankheitsfall grds. entgegen, weil die Einhaltung des Beschäftigungsverbotes einen Grund für die Nichtleistung der Arbeit darstellt[5]. Hiervon ist jedoch nicht auszugehen, wenn der ArbN (und der ArbGeb) dieses Beschäftigungsverbot (wissentlich oder unbemerkt) nicht beachten[6]. Ob das Fehlen der Arbeitserlaubnis eine der Entgeltfortzahlung im Krankheitsfall entgegenstehende weitere Ursache dafür darstellt, dass keine Arbeitsleistung erbracht wird, ist nach den gesamten Umständen des Einzelfalles anhand des hypothetischen Kausalverlaufs zu prüfen; ergibt diese Prüfung, dass die Arbeitserlaubnis sofort antragsgemäß erteilt worden wäre, so ist das Fehlen der Arbeitserlaubnis für den Arbeitsausfall nicht mitursächlich[7]. 21

ee) Bezahlte Arbeitsfreistellung. Während einer bezahlten Arbeitsfreistellung ist das Arbeitsentgelt fortzuzahlen, soweit der ArbN zu dieser Zeit arbeitsunfähig krank wird, und zwar auch über die Dauer von sechs Wochen hinaus. Der Anspruch richtet sich nicht nach § 3, denn der Arbeitsausfall beruht nicht auf der Arbeitsunfähigkeit infolge Krankheit, sondern auf der vertragl. Vereinbarung. Aus ihr folgt, ob und inwieweit dem ArbN die Fortzahlung der Bezüge zusteht oder nicht[8]. Für bezahlte Freischichttage hat der ArbN grds. keinen Anspruch auf Entgeltfortzahlung nach § 3 oder Nachgewährung der Freistellung nach Wiedereintritt der Arbeitsfähigkeit[9], wohl aber den ohne die Arbeitsunfähigkeit gegebenen Zahlungsanspruch. 22

ff) Elternzeit. Befindet sich der ArbN in Elternzeit (vormals: Erziehungsurlaub), so steht ihm, wenn er während dieser Zeit arbeitsunfähig krank wird, kein Anspruch auf Entgeltfortzahlung gegen den ArbGeb zu, weil die beiderseitigen Hauptpflichten ruhen[10]. Übt der in Elternzeit befindliche Elternteil dagegen eine **Teilzeittätigkeit** aus, so kann aus diesem Teilzeitarbeitsverhältnis ein Anspruch nach § 3 I gegeben sein[11]. 23

gg) Gesetzliche Feiertage. Entgeltfortzahlung im Krankheitsfall und Entgeltfortzahlung an Feiertagen kann nach dem Grundsatz der Monokausalität jeweils nur beansprucht werden, wenn die Arbeitsverhinderung entweder allein auf krankheitsbedingter Arbeitsunfähigkeit oder allein auf der gesetzl. Feiertagsruhe beruht. Treffen beide Sachverhalte aufeinander, so wäre sowohl der Anspruch auf Entgeltfortzahlung am Feiertag (§ 2 I) ausgeschlossen, als auch der auf Fortzahlung des Arbeitsentgeltes nach § 3 I. Beide Vorschriften sind indessen zum Schutz von ArbN ergangen. Dies hindert die Annahme, dass wegen der Doppelkausalität des Arbeitsausfalls keiner der beiden Ansprüche gegeben sei. Die Kollision ist dahin gehend aufgelöst worden, dass der ArbN Entgeltfortzahlung nach § 3 I zu leisten hat, sich aber die Höhe der Entgeltfortzahlung nach § 2 I bemisst[12] (vgl. § 2 Rz. 18, § 4 Rz. 41). 24

hh) Kurzarbeit. Im Rahmen zulässiger Kurzarbeit hat der ArbN, der an einer Leistung der Kurzarbeit infolge krankheitsbedingter Arbeitsunfähigkeit verhindert ist, grds. einen Entgeltfortzahlungsanspruch; die Höhe dieses Anspruchs bemisst sich indessen nach § 4 III. Ist die Kurzarbeit so gestaltet, dass die Arbeit an einem Tag, an welchem der ArbN arbeitsunfähig erkrankt ist, gänzlich ruht, so hat der ArbN für diesen Tag bzw. für diesen Zeitraum auch keinen Anspruch auf Entgeltfortzahlung gegen den ArbGeb[13] (vgl. § 4 Rz. 42). 25

ii) Ruhen des Arbeitsverhältnisses. Ruht das Arbeitsverhältnis, zB wegen der Ableistung von **Wehr- oder Zivildienst**, so besteht kein Anspruch auf Entgeltfortzahlung im Krankheitsfall[14]. Insoweit kann auf die Rspr. zum Ruhen des Arbeitsverhältnisses während der Elternzeit[15] zurückgegriffen werden. 26

---

1 BAG v. 1.10.1997 – 5 AZR 685/96, BAGE 86, 347 (351); v. 12.3.1997 – 5 AZR 766/95, BAGE 85, 237. | 2 BAG v. 5.7.1995 – 5 AZR 135/94, BAGE 80, 248 (253). | 3 BAG v. 13.2.2002 – 5 AZR 588/00, AP Nr. 22 zu § 11 MuSchG 1968. | 4 BAG v. 26.4.1978 – 5 AZR 7/77, AP Nr. 6 zu § 6 LohnFG. | 5 BAG v. 26.6.1996 – 5 AZR 872/94, BAGE 83, 229 (233). | 6 Vgl. zum Bestand eines solchen Arbeitsverhältnisses BAG v. 16.12.1976 – 3 AZR 716/75, AP Nr. 4 zu § 19 AFG. | 7 BAG v. 26.6.1996 – 5 AZR 72/94, BAGE 83, 229 (233). | 8 AA LAG Hamm v. 24.1.2007 – 6 Sa 1393/06, NZA-RR 2007, 401 = EEK 3272. | 9 BAG v. 21.8.1991 – 5 AZR 91/91, AP Nr. 4 zu § 1 TVG – Tarifverträge: Schuhindustrie. | 10 BAG v. 22.6.1988 – 5 AZR 526/87, BAGE 59, 62 (64). | 11 *Marienhagen/Künzl*, § 3 EFZG Rz. 22b; KDHK/*Dunkl*, § 3 EFZG Rz. 73. | 12 BAG v. 15.9.1989 – 5 AZR 248/88, AP Nr. 62 zu § 1 FeiertagslohnzahlungsG; auch schon BAG v. 5.7.1979 – 3 AZR 173/78, AP Nr. 33 zu § 1 FeiertagslohnzahlungsG. | 13 KDHK/*Dunkl*, § 3 EFZG Rz. 76. | 14 BAG v. 3.3.1961 – 1 AZR 76/60, BAGE 11, 19; v. 2.3.1971 – 1 AZR 284/70, AP Nr. 1 zu § 1 ArbPlSchG; ErfK/*Dörner*, § 3 EFZG Rz. 22. | 15 BAG v. 17.10.1990 – 5 AZR 10/90, BAGE 66, 126.

27 **jj) Schulungsteilnahme.** Erkrankt ein ArbN während der Teilnahme an einer Schulung, so hängt die Frage, ob ihm ein Anspruch nach § 3 zusteht oder nicht, davon ab, ob das Arbeitsentgelt während der Schulungsteilnahme weiterzuzahlen war oder nicht. Nimmt ein **BR-Mitglied** unter den Voraussetzungen des § 37 VI oder VII BetrVG an einer Schulungs- oder Bildungsveranstaltung teil, so hat es gemäß § 37 II BetrVG Anspruch auf Fortzahlung seiner Vergütung. Nimmt das BR-Mitglied trotz krankheitsbedingter Arbeitsunfähigkeit an der Schulung weiterhin teil, so berührt dies seinen Anspruch nach § 37 II BetrVG nicht. Stellt es dagegen die Schulungsteilnahme ein, weil es – ohne die Schulungsteilnahme – wegen krankheitsbedingter Arbeitsunfähigkeit an der Arbeit verhindert wäre, so kann es sich insoweit nicht mehr auf § 37 II BetrVG stützen, sondern nur noch auf § 3. Dies setzt aber voraus, dass das BR-Mitglied – vergleichbar wie im Fall der Teilnahme oder Nichtteilnahme am Arbeitskampf – dem ArbGeb mitteilt, dass es infolge krankheitsbedingter Arbeitsunfähigkeit seine Schulungsteilnahme einstellt[1], er deswegen auch seine ansonsten geschuldete Arbeit nicht leisten kann und er seine krankheitsbedingte Arbeitsunfähigkeit nachweist.

28 **kk) Urlaub.** Wird ein ArbN während des (bezahlten) Erholungsurlaubs arbeitsunfähig krank, so werden ihm die durch ärztliches Zeugnis nachgewiesenen Tage der Arbeitsunfähigkeit auf den Jahresurlaub nicht angerechnet (§ 9 BUrlG). Dies gilt auch, wenn die Arbeitsunfähigkeit während der Betriebsferien eintritt[2]. Ist der Urlaubszeitpunkt bestimmt und erkrankt der ArbN vor Urlaubsantritt oder während des Urlaubs, so dass er deswegen arbeitsunfähig ist, so ist die Erfüllung des Urlaubsanspruchs während der krankheitsbedingten Arbeitsunfähigkeit unmöglich[3]. Für die Tage der krankheitsbedingten Arbeitsunfähigkeit, die in den Zeitraum des bewilligten Erholungsurlaubs fallen, richtet sich die Entgeltfortzahlung nach § 3.

29 Bei krankheitsbedingter Arbeitsunfähigkeit während des **Betriebsurlaubs** hat der ArbGeb auch dem arbeitsunfähig erkrankten ArbN das Arbeitsentgelt wegen Annahmeverzugs fortzuzahlen, wenn der ArbN keinen Erholungsurlaub in die Zeit der Betriebsferien mehr einbringen konnte[4]. Allerdings können die Arbeitsvertragsparteien bei Begründung des Arbeitsverhältnisses vereinbaren, dass der ArbN während des durch Erholungsurlaub nicht mehr gedeckten Teiles der Betriebsferien unbezahlten Sonderurlaub nimmt[5]. Bei krankheitsbedingter Arbeitsunfähigkeit während eines **unbezahlten Sonderurlaubs** gilt § 9 BUrlG entsprechend, wenn der ArbN, weil das Arbeitsverhältnis in der ersten Hälfte eines Kalenderjahres endet, nur einen Anspruch auf Teilurlaub hat und der ArbGeb ihm zusätzlich unbezahlten Sonderurlaub gewährt, so dass der ArbN insgesamt drei Wochen zum Teil bezahlten zum Teil unbezahlten Erholungsurlaub hat. Der Sonderurlaub wird, wenn die Voraussetzungen des § 9 BUrlG erfüllt sind, durch die Krankheit unterbrochen; der ArbN kann dann Anspruch auf Fortzahlung des Arbeitsentgelts nach Maßgabe der einschlägigen Vorschriften haben[6]. Diente der unbezahlte Sonderurlaub dagegen nicht Erholungszwecken, sondern anderen Zwecken, ist kein Entgeltfortzahlungsanspruch für den Fall krankheitsbedingter Arbeitsunfähigkeit während der Dauer des unbezahlten Sonderurlaubs gegeben, es sei denn, die Parteien hätten anderes vereinbart[7]. Findet sich der ArbN in einem **Bildungsurlaub** nach den entsprechenden landesrechtl. Bestimmungen, so wird er an der Arbeitsleistung nicht dadurch verhindert, dass er zeitgleich arbeitsunfähig krank wird. Folglich entfällt der Anspruch nach § 3 I[8]. Soweit nach den landesrechtl. Bestimmungen allerdings § 9 BUrlG entsprechend anzuwenden ist, ist die Anwendbarkeit des § 3 nicht ausgeschlossen[9].

30 **ll) Unbezahlter Arbeitsausfall.** Ist kollektiv- oder einzelvertragl. vereinbart, dass für bestimmte Tage die Arbeit ohne Entgelt ersatzlos ausfällt[10] oder vor- oder nachgeholt wird[11], so besteht kein Anspruch auf Entgeltfortzahlung für den Krankheitsfall für die Tage der Freistellung, weil die Ursache des Arbeitsausfalls nicht die Krankheit, sondern die andere Verteilung der Arbeitszeit ist.

31 **mm) Verhinderung aus persönlichen Gründen.** Fällt in die Zeit der Arbeitsverhinderung wegen krankheitsbedingter Arbeitsunfähigkeit zugleich ein Leistungshindernis aus persönlichen Gründen iSd. § 616 I BGB, so liegt wiederum eine Doppelkausalität vor mit der Folge, dass weder der eine noch der andere Verhinderungsgrund allein für den Arbeitsausfall kausal wäre. Dies hätte den völligen Entgeltausfall zur Folge. Ein solches Ergebnis ist jedoch im Hinblick darauf, dass es sich bei beiden Bestimmungen um Schutznormen zu Gunsten der ArbN-Seite handelt, mit den gesetzl. Zielrichtungen unvereinbar. Mit Rücksicht auf § 3 I und dem damit verbundenen Schutzzweck, nämlich dem ArbN eine rasche Gesundung frei von krankheitsbedingten wirtschaftl. Sorgen zu ermöglichen[12] ist ein Anspruch nach § 3 nicht ausgeschlossen[13].

32 **nn) Witterungsbedingter Arbeitsausfall.** Bei einem witterungsbedingten Arbeitsausfall besteht grds. kein Entgeltfortzahlungsanspruch nach § 3, weil die Arbeitsunfähigkeit des ArbN nicht die alleinige

---

1 Vgl. des Weiteren KDHK/*Dunkl*, § 3 EFZG Rz. 77; *Kunz/Wedde*, § 3 EFZG Rz. 75. | 2 BAG v. 16.3.1972 – 5 AZR 357/71, AP Nr. 3 zu § 9 BUrlG. | 3 BAG v. 9.6.1988 – 8 AZR 755/85, AP Nr. 10 zu § 9 BUrlG. | 4 BAG v. 30.6.1976 – 5 AZR 246/75, AP Nr. 3 zu § 7 BUrlG – Betriebsferien. | 5 BAG v. 30.6.1976 – 5 AZR 246/75, AP Nr. 3 zu § 7 BUrlG – Betriebsferien; aA *Kunz/Wedde*, § 3 EFZG Rz. 76. | 6 BAG v. 1.7.1974 – 5 AZR 600/73, AP Nr. 5 zu § 9 BUrlG. | 7 BAG v. 25.5.1983 – 5 AZR 236/80, BAGE 43, 1. | 8 AA *Schmitt*, § 3 EFZG Rz. 80. | 9 HzA/*Vossen*, Gruppe 2 Rz. 107. | 10 BAG v. 9.5.1984 – 5 AZR 412/81, BAGE 46, 1. | 11 BAG v. 7.9.1988 – 5 AZR 558/87, AP Nr. 79 zu § 1 LohnFG. | 12 *Belling/Hartmann*, ZfA 1994, 519, 543. | 13 KDHK/*Dunkl*, § 3 EFZG Rz. 84.

Ursache für den Arbeitsausfall ist[1]. Anders verhält es sich dagegen, wenn der ArbGeb infolge von Witterungseinflüssen nicht in der Lage ist, den ArbN zu beschäftigen; dann wird er von der Verpflichtung, das vereinbarte Entgelt zu zahlen, nicht frei[2]. Im Wesentlichen sind insoweit **TV-Regelungen** zu beachten[3].

4. Krankheitsbedingte Arbeitsunfähigkeit. Ein Anspruch nach § 3 I setzt voraus, dass Arbeitsunfähig- 33
keit infolge Krankheit vorliegt. Dabei dürfen aus rechtl. Gründen Krankheit und Arbeitsunfähigkeit nicht miteinander gleichgesetzt werden. Nicht jede Krankheit führt zur Arbeitsunfähigkeit. Nur wenn die Krankheit ihrerseits zur Arbeitsunfähigkeit führt und diese Arbeitsunfähigkeit eine Verhinderung des ArbN an der geschuldeten Arbeitsleistung zur Folge hat, besteht Anspruch auf Entgeltfortzahlung nach § 3 I[4].

a) Begriff der Krankheit. Der Begriff der Krankheit ist gesetzl. nicht definiert. Nach § 27 I 1 SGB V 34
haben Versicherte Anspruch auf Krankenbehandlung, wenn sie notwendig ist, um eine Krankheit zu erkennen, zu heilen, ihre Verschlimmerung zu verhüten oder Krankheitsbeschwerden zu lindern; nach § 44 I 1 SGB V haben sie Anspruch auf Krankengeld, wenn die Krankheit sie arbeitsunfähig macht oder sie auf Kosten der Krankenkasse stationär in einem Krankenhaus behandelt werden. Damit wird auch in diesen Bestimmungen der Begriff der Krankheit vorausgesetzt. Arbeitsrechtl. ist vom **medizinischen Begriff der Krankheit** auszugehen. Eine Krankheit ist hiernach (wie in den dem EFZG vorangegangenen Bestimmungen[5]) anzunehmen, wenn ein **regelwidriger Körper- oder Geisteszustand** vorliegt, **der einer Heilbehandlung bedarf**[6]. Die Behandlungsbedürftigkeit ist für den Begriff der Krankheit unverzichtbar. Nicht jeder regelwidrige Körperzustand stellt eine Krankheit dar. Dies gilt insb. für Infektionen. Krankheitswert kommt einer Infektion erst zu, wenn sie in eine behandlungsbedürftige Erkrankung umgeschlagen ist.

Beispiel: Eine HIV-Infektion stellt einen regelwidrigen Körperzustand dar; solange sie aber noch nicht 35
in eine Erkrankung umgeschlagen ist, fehlt es – nach dem derzeitigen Stand der Wissenschaft – an einer zur Krankheit führenden Behandlungsbedürftigkeit. Folglich löst die HIV-Infektion für sich alleine auch keinen Anspruch auf Entgeltfortzahlung im Krankheitsfall aus.

Vom Begriff der Krankheit ist der Begriff der **Behinderung** iSd. SGB IX zu unterscheiden. Nach § 2 I 1 36
SGB IX sind Menschen behindert, wenn ihre körperliche Funktion, geistige Fähigkeit oder seelische Gesundheit mit hoher Wahrscheinlichkeit länger als sechs Monate von dem für das Lebensalter typischen Zustand abweichen und daher ihre Teilnahme am Leben in der Gesellschaft beeinträchtigt ist. Auf dem Begriff der Behinderung baut der Begriff der **Schwerbehinderung** auf. Nach § 2 II SGB IX sind Menschen iSd. Teils 2 desselben Gesetzes schwerbehindert, wenn bei ihnen ein Grad der Behinderung von wenigstens 50 vorliegt und sie ihren Wohnsitz, ihren gewöhnlichen Aufenthalt oder ihre Beschäftigung auf einem Arbeitsplatz iSd. § 73 SGB IX rechtmäßig im Geltungsbereich dieses Gesetzes haben. Andererseits schließt die **volle Erwerbsminderung** iSd. RV-Rechts eine krankheitsbedingte Arbeitsunfähigkeit nicht aus[7].

Von dem **medizinischen Begriff der Krankheit** ist auch bei Anwendung des § 3 auszugehen[8]. Auch 37
arbeitsrechtl. ist der Begriff der Krankheit nicht statisch, sondern entsprechend der Fortentwicklung der Medizin von den jeweiligen Erkenntnissen abhängig[9].

aa) Regelwidriger Körper- und Geisteszustand. Ein regelwidriger Körper- oder Geisteszustand kann 38
einem **gesunden Menschen** wiederfahren, er kann auch **angeboren** sein oder auf Geburtsfehlern beruhen[10], zB extremer Kleinwuchs[11]. Auch **Unfruchtbarkeit** ist eine Krankheit im medizinischen Sinn. Deshalb stellt eine homologe In-Vitro-Fertilisation eine medizinisch notwendige Heilbehandlung wegen Krankheit dar[12]; ihre Behandlung kann einen Anspruch nach § 3 I auslösen[13]. Krankheiten stellen nicht nur herkömmliche **Geisteserkrankungen** wie Epilepsie dar, sondern auch psychische Erkrankungen[14]. Das **Fehlen von Zähnen** stellt erst dann eine Krankheit dar, wenn dadurch die natürliche Funktion des Kauens, Beißens oder Sprechens nicht unerheblich gestört wird und die Funktionsstörungen durch eine zahnprothetische Versorgung behoben werden können[15]. Ein Zustand, der lediglich Anlass für eine **Schönheitsoperation** gibt, ist idR **nicht** als Krankheit anzusehen[16], wohl aber wenn eine äußerlich verwachsene Nase zugleich die **Nasenatmung** behindert[17] oder **angeborenes Schielen** die Sehfähigkeit be-

1 BAG v. 24.6.1965 – 2 AZR 354/64, AP Nr. 23 zu § 2 ArbKrankhG. | **2** BAG v. 18.5.1999 – 9 AZR 13/98, AP Nr. 7 zu § 1 TVG – Tarifverträge: Betonsteingewerbe. | **3** Vgl. des Näheren HzA/*Vossen*, Gruppe 2 Rz. 129 bis 133. | **4** ErfK/*Dörner*, § 3 EFZG Rz. 9. | **5** *Schliemann*, AuR 1994, 317 (319). | **6** BAG v. 7.8.1991 – 5 AZR 410/90, BAGE 68, 196, 198. | **7** BAG v. 29.9.2004 – 5 AZR 538/03, NZA 2005, 225. | **8** BAG v. 9.1.1985 – 5 AZR 415/82, BAGE 48, 1, 3 = AP Nr. 62 zu § 1 LohnFG mwN. | **9** ErfK/*Dörner*, § 3 EFZG Rz. 5; *Reinecke*, DB 1998, 130. | **10** BSG v. 28.10.1960 – 3 RK 29/59, BSGE 13, 134. | **11** BSG v. 10.2.1993 – 1 RK 14/92, BSGE 72, 96. | **12** BAG v. 17.12.1986 – 4 AZR 78/85, NJW 1987, 703; ArbG Düsseldorf v. 5.6.1986 – 2 Ca 1567/86, NJW 1986, 239; aA *Müller/Berenz*, § 3 EFZG Rz. 20. | **13** ErfK/*Dörner*, § 3 EFZG Rz. 10; aA *Müller/Roden*, NZA 1989, 128 (129). | **14** BSG v. 16.5.1972 – 9 RV 556/71, EEK I S. 254; v. 10.2.1993 – 1 RK 14/92, BSGE 72, 96. | **15** *Reinecke*, DB 1998, 130, 131 unter Hinweis auf BSG v. 4.10.1973 – 3 RK 37/92 (Rz. 21). | **16** LAG v. Hamm 23.7.1986 – 1 (9) Sa 528/86, NJW 1986, 2906. | **17** LAG Hamm v. 9.3.1988 – 1 Sa 2102/87, LAGE § 1 LohnFG Nr. 18.

einträchtigt und deswegen eine Operation zur Verbesserung der Sehfähigkeit erforderlich ist[1]. Das **altersbedingte Nachlassen** der körperlichen Fähigkeiten ist keine Krankheit[2].

39 **Keinen Krankheitswert** hat die normal verlaufende **Schwangerschaft**[3]. Klagt eine Schwangere über Beschwerden, die auf Schwangerschaft beruhen, kommt es rechtl. darauf an, ob es sich um einen krankhaften Zustand handelt, der zur Arbeitsunfähigkeit führt (s. Rz. 19). Falls Ja, so ist krankheitsbedingte Arbeitsunfähigkeit zu bescheinigen; allerdings kann ein Arzt ein Beschäftigungsverbot nach § 3 I MuSchG mit den Wirkungen der §§ 11, 21 MuSchG unabhängig von einer krankheitsbedingten Arbeitsunfähigkeit der ArbNin aussprechen[4].

40 **Organspenden** zu Gunsten Dritter führen beim Spender regelmäßig zu einer Krankheit. Durch den Eingriff entsteht ein regelwidriger Körperzustand und damit eine Krankheit iSd. § 3[5]. Auch wenn daraus eine krankheitsbedingte Arbeitsunfähigkeit folgt, besteht kein Anspruch auf Entgeltfortzahlung im Krankheitsfall. Dies liegt – entgegen der Ansicht des BAG – nicht daran, dass die Organspende vom Schutzzweck des Entgeltfortzahlungsrechtes nicht mehr erfasst wäre[6]. Vielmehr führt der Organspender seine Krankheit willentlich und deshalb verschuldet iSd. § 3 I herbei (vgl. Rz. 58), auch wenn er sich dabei von moralisch hoch stehenden Motiven leiten lässt. Die Frage, inwieweit ihm Ausgleich für einen Entgeltausfall infolge Arbeitsunfähigkeit auf Grund der Organspende zu leisten ist, betrifft nicht das Rechtsverhältnis des Spenders zu seinem ArbGeb, sondern das Rechtsverhältnis des Spenders zum Empfänger der Spende bzw. dessen Krankenkasse oder Krankenversicherer[7].

41 **bb) Ursache der Krankheit.** Die Ursache der Erkrankung ist für die Begriffsbestimmung der Krankheit ohne Bedeutung[8]. Auch **Suchterkrankungen** fallen unter den Begriff der Krankheit[9]. Unerheblich ist auch, ob die Krankheitsentstehung auf der **Ausübung einer Nebentätigkeit** beruht[10].

42 **b) Geschuldete Arbeitsleistung und Arbeitsunfähigkeit.** Der Anspruch nach § 3 I setzt voraus, dass der ArbN infolge der krankheitsbedingten Arbeitsunfähigkeit nicht in der Lage ist, die geschuldete Arbeitsleistung zu erbringen. Er muss nämlich an seiner, dh. der von ihm konkret geschuldeten Arbeitsleistung verhindert sein[11]. Der Arzt muss prüfen, welche Arbeitsleistung vom ArbN geschuldet wird, um beurteilen zu können, ob der ArbN infolge krankheitsbedingter Arbeitsunfähigkeit gehindert ist, die geschuldete Arbeitsleistung zu erbringen. Dies schließt aus, generell anzunehmen, dass oder wann eine Krankheit Arbeitsunfähigkeit zur Folge hat. Je nach Art der Tätigkeit kann der ArbN infolge krankheitsbedingter Arbeitsunfähigkeit gehindert sein, seine Tätigkeit auszuüben oder auch nicht.

43 **Beispiele:**

1. Ein ArbN hat ausschließlich sitzende Tätigkeit auszuüben; seine Fußverletzung hindert ihn nicht, durch die sitzende Tätigkeit wird der Heilungsprozess auch nicht erschwert oder verzögert. Der ArbN ist nicht arbeitsunfähig.

2. Derselbe ArbN mit derselben Verletzung hat eine Tätigkeit auszuüben, bei der er auch zu stehen oder zu gehen hat. In solchem Fall wird die Fußverletzung krankheitsbedingte Arbeitsunfähigkeit rechtfertigen. Hier liegt krankheitsbedingte Arbeitsunfähigkeit vor.

44 Auch der **zeitliche Umfang** und die Lage der geschuldeten Arbeitsleistung ist zu berücksichtigen. So kann der erkrankte ArbN ggf. eine auf wenige Stunden am Tag beschränkte Teilzeittätigkeit noch ausüben, während er als arbeitsunfähig krank anzusehen wäre, wenn er gegenständlich dieselbe Tätigkeit vollschichtig ausüben müsste. Diese Unterscheidung ist von der Frage einer Teilarbeitsunfähigkeit (vgl. Rz. 51) zu trennen.

45 Welche Tätigkeit der ArbN konkret auszuüben hat, hängt auch von der Ausübung des **Direktionsrechts** des ArbGeb ab. Es kann durch Gesetz, TV, BV oder Einzelarbeitsvertrag eingeschränkt sein; soweit es danach besteht, darf es nur nach billigem Ermessen ausgeübt werden[12]. Dies gilt auch, wenn der ArbN wegen seiner Erkrankung bestimmte, von ihm geschuldete Tätigkeiten nicht mehr leisten kann, obwohl aber andere, die ihm im Rahmen des Direktionsrechts zugewiesen werden können[13].

46 **Beispiel:** Der am Fuß erkrankte ArbN hatte bisher Tätigkeiten auszuüben, bei denen er auch stehen oder laufen musste. Nach seinem Arbeitsvertrag können ihm auch Tätigkeiten durch Ausübung des Direktionsrechts übertragen werden, bei denen er nur sitzen muss. Der ArbGeb macht hiervon Ge-

1 BAG v. 5.4.1976 – 5 AZR 397/75, AP Nr. 40 zu § 1 LohnFG. | 2 KDHK/*Dunkl*, § 3 EFZG Rz. 31; ErfK/*Dörner*, § 3 EFZG Rz. 5; Staudinger/*Oetker*, § 616 Rz. 198. | 3 St. Rspr., BAG v. 14.11.1984 – 5 AZR 394/82, BAGE 47, 195. | 4 BAG v. 9.10.2002 – 5 AZR 443/01, AP Nr. 23 zu § 11 MuSchG 1968; vgl. auch *Schliemann/König*, NZA 1998, 1030 (1033). | 5 BAG v. 6.8.1986 – 5 AZR 607/85, BAGE 52, 313 (315). | 6 BAG v. 6.8.1985 – 5 AZR 607/85, BAGE 52, 313 (315). | 7 BAG v. 6.8.1986 – 5 AZR 607/85, BAGE 52, 313 (316); BSG v. 12.12.1972 – 3 RK 47/70, BSGE 35, 102 (104) = NJW 1973, 1432 (1433); *Link/Flachmeyer*, AuA 2002, 509. | 8 *Reinecke*, DB 1998, 130; ErfK/*Dörner*, § 3 EFZG Rz. 6. | 9 BAG in st. Rspr.; statt vieler: v. 7.8.1991 – 5 AZR 410/90, BAGE 68, 196, 198. | 10 BAG v. 21.4.1982 – 5 AZR 1019/79, BAGE 38, 309 (311); krit. *Boecken*, NZA 2001, 233 ff. | 11 BAG v. 29.1.1993 – 5 AZR 37/91, BAGE 69, 272, 275 = AP Nr. 1 zu § 74 SGB V. | 12 St. Rspr., statt vieler BAG v. 7.12.2000 – 6 AZR 444/99, AP Nr. 61 zu § 611 BGB – Direktionsrecht. | 13 Vgl. KDHK/*Dunkl*, § 3 EFZG Rz. 44; ErfK/*Dörner*, § 3 EFZG Rz. 11.

brauch. In diesem Augenblick endet, weil die Fußverletzung an der Ausübung der sitzenden Tätigkeit nicht hindert, die krankheitsbedingte Arbeitsunfähigkeit.

Eine solche **differenzierte Prüfung** wird tatsächlich idR bei der üblichen ärztlichen Bescheinigung krankheitsbedingter Arbeitsunfähigkeit kaum vorgenommen werden, obwohl die auf Grund des § 92 I SGB V erlassenen **Arbeitsunfähigkeitsrichtlinien** dem Arzt vorschreiben, dass er den Versicherten über Art und Umfang der tätigkeitsbedingten Anforderungen und Belastungen zu befragen und das Ergebnis der Befragung bei der Beurteilung von Grund und Dauer der Arbeitsunfähigkeit zu berücksichtigen hat[1] (vgl. zur Arbeitsunfähigkeit auch Rz. 48 ff.; zur Feststellung der Arbeitsunfähigkeit durch den Arzt auch § 5 Rz. 28 ff.). Konnte der ArbN die nach dem Direktionsrecht des ArbGeb geschuldete Tätigkeit trotz seiner Erkrankung ausüben, so steht ihm ein Anspruch nach § 3 I nicht zu. 47

c) Arbeitsunfähigkeit. Liegt zwar eine Krankheit vor, führt diese aber nicht zur Arbeitsunfähigkeit, so hat dies grds. keinen Anspruch aus § 3 zur Folge[2]. Eine **gesetzl. Bestimmung** des Begriffs der Arbeitsunfähigkeit gibt es nicht. **Arbeitsunfähig infolge Krankheit** ist ein ArbN dann, wenn ein Krankheitsgeschehen ihn außer Stande setzt, die ihm nach dem **Arbeitsvertrag obliegende Arbeit** zu verrichten oder wenn er die Arbeit nur unter der Gefahr fortsetzen könnte, in absehbarer Zeit seinen Zustand zu verschlimmern[3]. Dabei berücksichtigt die Begriffsbestimmung den Umstand, dass die Arbeitsunfähigkeit nicht den gesundheitlichen Zusammenbruch voraussetzt, der den ArbN unmittelbar daran hindert, die vertragsgemäße Arbeitsleistung zu erbringen[4]. Der Schutz des erkrankten ArbN setzt vielmehr früher ein. Für die Frage, ob Arbeitsunfähigkeit vorliegt oder nicht, ist auf **objektive Gesichtspunkte** abzustellen. Die Kenntnis oder subjektive Wertung des ArbN oder der Arbeitsvertragsparteien ist für das Vorliegen von Arbeitsunfähigkeit nicht ausschlaggebend[5]. Maßgeblich ist vielmehr die (vom Arzt) nach objektiven medizinischen Kriterien vorzunehmende Bewertung[6]. 48

Die krankheitsbedingte Arbeitsunfähigkeit ist nicht identisch mit der **Minderung der Erwerbsfähigkeit** iS des § 33 SGB VI. Zwar liegt der Erwerbsminderung in aller Regel eine Krankheit zugrunde; aus ihr folgt jedoch nicht unmittelbar die Arbeitsunfähigkeit, denn dieser Gesundheitszustand ist derzeit nicht derart behandlungsbedürftig (vgl. Rz. 34), dass dies als Krankheit anzusehen wäre. 49

Keine Arbeitsunfähigkeit liegt vor, wenn der ArbN krankheitsbedingt lediglich den **Weg zur Arbeit** nicht zurücklegen kann[7]. **Ambulante Behandlungen** beim Arzt oder durch medizinische Hilfspersonen wie Physiotherapeuten haben nur dann Arbeitsunfähigkeit zur Folge, wenn der ArbN während dieser Zeit bereits arbeitsunfähig erkrankt ist[8]. Liegt keine Arbeitsunfähigkeit vor, haben **Arztbesuche** und **Dauerbehandlungen** grds. außerhalb der Arbeitszeit zu erfolgen. Ist dies nicht möglich, so hat der ArbN ggf. Anspruch auf Entgeltfortzahlung nach § 616 BGB bzw nach tarifl. Bestimmungen[9]. Allerdings setzt ein Anspruch nach § 616 I BGB voraus, dass die Terminkollision für den ArbN unvermeidbar ist. 50

d) Teilarbeitsunfähigkeit. Teilarbeitsunfähigkeit liegt vor, wenn der ArbN nicht in der Lage ist, die geschuldete Arbeit in zeitlich vollem Umfang oder zur zeitlich geschuldeten Lage bzw. hinsichtlich der technischen Anforderungen zu erbringen, wohl aber ein geringeres Maß an Arbeitsleistung zu ggf. anderen Zeiten und mit – was die körperliche Leistungsfähigkeit betrifft – verringerten Anforderungen[10]. Sie stellt Arbeitsunfähigkeit iSd. § 3 dar[11]. Soweit es um die körperlichen Anforderungen an mehrere verschiedene, vom ArbN geschuldeten Tätigkeiten geht, bleibt zwar zu prüfen, inwieweit er mit einem geringerem Maß an körperlichen Anforderungen eingesetzt werden kann[12]. 51

Beispiel: Der am Fuß erkrankte ArbN ist als Lagerarbeiter angestellt. Er kann den Weg zwischen Wohnung und Arbeit zurücklegen und – in geringem Umfang – auch laufen. Bisher waren ihm Arbeiten zugewiesen, bei denen er häufig stehen oder laufen musste. Kraft arbeitsvertragl. Direktionsrechts waren ihm Tätigkeiten zugewiesen worden, bei denen er lediglich sitzen muss. Die Erkrankung am Fuß hindert ihn an der nur sitzenden Tätigkeit nicht. 52

e) Ersatztätigkeit. Der ArbGeb ist nicht gehindert, dem ArbN dementsprechend eine Ersatztätigkeit zuzuweisen, an deren Ausübung er durch seine Krankheit nicht gehindert wird. Vergleichbar, wie im Fall der mutterschutzrechtl. Beschäftigungsverbote, die eine mutterschutzrechtskonforme anderweitige Beschäftigung der werdenden Mutter ermöglichen[13], ist auch eine Tätigkeit im Rahmen des bestehenden Arbeitsverhältnisses möglich, bei deren Ausübung der ArbN nicht infolge seiner Krankheit behin- 53

---

1 Richtlinien des Bundesausschusses für Ärzte und Krankenkassen über die Beurteilung der Arbeitsunfähigkeit und die Maßnahme der stufenweisen Wiedereingliederung – AU-Richtlinien – idF v. 1.12.2003, BAnz. Nr. 61 v. 27.3.2004, S. 6501. | 2 BAG v. 13.2.2002 – 5 AZR 588/00, AP Nr. 22 zu § 11 MuSchG. | 3 BAG v. 7.8.1991 – 5 AZR 410/90, BAGE 68, 196 (198). | 4 BAG v. 26.7.1989 – 5 AZR 301/88, AP Nr. 86 zu § 1 LohnFG. | 5 BAG v. 26.7.1989 – 5 AZR 301/88, AP Nr. 86 zu § 1 LohnFG. | 6 AU-Richtlinien BAnz. Nr. 61 v. 27.3.2004, S. 6501. | 7 BAG v. 7.8.1970 – 3 AZR 484/69, BAGE 22, 418. | 8 BAG v. 7.3.1990 – 5 AZR 189/89, AP Nr. 83 zu § 616 BGB. | 9 BAG v. 25.11.1998 – 5 AZR 305/98, AP Nr. 6 zu § 1 TVG – Tarifverträge: Gartenbau; *Matthes* in Schliemann, ArbR-BGB, § 616 Rz. 26–30. | 10 *Gitter*, ZfA 1995, 123, 153 ff.; *Stückmann*, DB 1998, 1662. | 11 BAG v. 26.6.1981 – 6 AZR 940/78, AP Nr 52 zu § 616 BGB. | 12 *Feichtinger/Malkmus*, § 3 EFZG Rz. 36. | 13 BAG v. 15.11.2000 – 5 AZR 365/99, BAGE 96, 228 (231).

dert ist[1]. Diese Auffassung entspricht indessen noch nicht dem Stand der Rspr., wonach es sowohl in qualitativer Hinsicht als auch in quantitativer Hinsicht aus systematischen Gründen nur die Möglichkeit der Arbeitsfähigkeit oder der totalen Arbeitsunfähigkeit gebe, nicht aber eine dazwischen liegende Möglichkeit der teilweisen Arbeitsfähigkeit bzw. teilweisen Arbeitsunfähigkeit, weil das Recht der Entgeltfortzahlung im Krankheitsfall den Begriff der teilweisen Arbeitsunfähigkeit nicht kenne; auch der nur vermindert Arbeitsfähige sei arbeitsunfähig krank iSd. einschlägigen entgeltfortzahlungsrechtl. Bestimmungen, weil er eben seine arbeitsvertragl. geschuldete Arbeitsleistung nicht voll erfüllen könne[2]. Diese Rspr. übersieht den Einfluss des Direktionsrechts des ArbGeb. Krankheitsbedingte Arbeitsunfähigkeit liegt nur vor, wenn der ArbN die geschuldete Arbeitsleistung infolge seiner Erkrankung nicht erbringen kann. Welche Arbeitsleistung er konkret schuldet, richtet sich danach, welche Aufgeben ihm der ArbGeb in Einzelfall zugewiesen hat. Wenn dem ArbN in Rahmen seines Arbeitsvertrags andere Aufgaben zugewiesen werden können, an deren Erfüllung er trotz bestehender Krankheit nicht gehindert ist, so liegt keine Fall der Arbeitsverhinderung infolge der Erkrankung des ArbN vor.

54 Die Annahme, eine Krankheit hindere den ArbN stets daran, die geschuldete Arbeit zu erbringen, ist rechtl. unzutreffend. Es gibt Erkrankungen, bei denen Arbeitsunfähigkeit generell anzunehmen ist. Dies darf jedoch nicht dazu verleiten, Krankheit mit Arbeitsunfähigkeit gleichzusetzen. Vielmehr muss zwischen Krankheit und Arbeitsunfähigkeit differenziert werden. Der Arzt hat nach den AU-Richtlinien[3] den Versicherten über Art und Umfang der tätigkeitsbedingten Anforderungen und Belastungen zu befragen und das Ergebnis der Befragung bei der Beurteilung von Grund und Dauer der Arbeitsunfähigkeit zu berücksichtigen (§ 2 AU-Richtlinien)[4]. Indessen muss es mit der pauschalen Beurteilung der Arbeitsunfähigkeit durch den Arzt nicht sein Bewenden haben; ArbN und ArbGeb können ihrerseits prüfen, ob der ArbN im Rahmen seines Arbeitsvertrages anderweitig eingesetzt werden kann, ohne hieran durch krankheitsbedingte Arbeitsunfähigkeit gehindert zu sein. Ggf. muss dann erneut eine Klärung mit dem Arzt des ArbN erfolgen. Letztlich sind die Parteien des Arbeitsverhältnisses frei, die Arbeitsaufgabe im Rahmen des Arbeitsvertrages oder auf den Arbeitsvertrag dementsprechend (vorübergehend) zu ändern[5].

55 **f) Wiedereingliederungsverhältnis.** Nach § 74 SGB V können krankheitsbedingt arbeitsunfähige ArbN stufenweise in das Erwerbsleben wieder eingegliedert werden (Wiedereingliederungsverhältnis). Hierzu bedarf es neben einer entsprechenden ärztlichen Attestierung der Begründung eines besonderen Wiedereingliederungsverhältnisses zwischen dem ArbN und dem ArbGeb. Ein solches Rechtsverhältnis ist kein Arbeitsverhältnis, sondern ein **Rechtsverhältnis eigener Art**. Gegenstand der Tätigkeit des ArbN ist nicht die vertragl. geschuldete Arbeitsleistung, sondern ein aliud. Im Vordergrund der Beschäftigung stehen Gesichtspunkte der Rehabilitation des ArbN. Arbeitsvertragl. Verpflichtungen des ArbN zur Arbeitsleistung im üblichen Sinne werden nicht begründet; vielmehr wird dem ArbN nur Gelegenheit gegeben zu erproben, ob er auf dem Weg einer im Verhältnis zur vertragl. geschuldeten Arbeitsleistung quantitativ oder qualitativ geringeren Tätigkeit zur Wiederherstellung seiner Arbeitsfähigkeit gelangen kann[6]. Auch wenn es sich um ein Rechtsverhältnis eigener Art handelt, schließt dies nicht aus, dass bestimmte arbeitsrechtl. Vorschriften anzuwenden sind, vor allem auch solche des Arbeitsschutzrechts. Indessen ist nicht zu übersehen, dass während des Wiedereingliederungsverhältnisses die vom Arzt attestierte Arbeitsunfähigkeit des ArbN noch (vollkommen) andauert[7]. Weil die Arbeitsleistung vom ArbN weder verlangt werden kann, noch der ArbGeb die Annahme der Arbeitsleistung vom ArbN schuldet, besteht auch kein Anspruch auf Arbeitsentgelt und folglich auch kein Anspruch auf Entgeltfortzahlung im Krankheitsfall[8].

56 **5. Unverschulden des Arbeitnehmers.** Der Entgeltfortzahlungsanspruch nach § 3 I 1 setzt voraus, dass der ArbN durch Arbeitsunfähigkeit infolge Krankheit an seiner Arbeitsleistung verhindert wird, ohne dass ihn ein Verschulden trifft. Dies gilt generell für alle Ansprüche auf Entgeltfortzahlung im Krankheitsfall; für die Fälle der nicht rechtswidrigen Sterilisation bzw. des nicht rechtswidrigen Schwangerschaftsabbruch wird das Unverschulden durch § 3 II 1 fingiert.

57 **a) Begriff des Verschuldens.** Der Begriff des Verschuldens iSd. § 3 I 1 ist ein anderer als der im Allgemeinen bürgerlichen Recht. Nach § 276 I 1 BGB hat der Schuldner Vorsatz und Fahrlässigkeit zu vertreten, wenn eine strengere oder mildere Haftung weder bestimmt noch aus dem sonstigen Inhalt des Schuldverhältnisses, insb. aus der Übernahme einer Garantie oder eines Beschaffungsrisikos, zu entnehmen ist. Nach der insoweit unveränderten Vorschrift des § 276 II BGB handelt fahrlässig, wer die im Verkehr erforderliche Sorgfalt außer Acht lässt. Dieser auf das Verschulden des Schuldners gerichtete Verschuldensbegriff ist im Rahmen von § 3 I 1 nicht anwendbar. Es geht nicht darum, dass ein Schuldner

---

1 *Gitter*, ZfA 1995, 123 (153). |2 BAG v. 29.1.1992 – 5 AZR 37/91, BAGE 69, 272 (275); v. 19.4.1994 – 9 AZR 462/92, AP Nr. 2 zu § 74 SGB V – beide zum Fall der Teilzeit-Arbeitsfähigkeit; LAG Rh.-Pf. v. 4.11.1991 – 7 Sa 421/91, NZA 1992, 169 (170). |3 Richtlinien des Bundesausschusses für Ärzte und Krankenkassen über die Beurteilung der Arbeitsunfähigkeit und die Maßnahme der stufenweisen Wiedereingliederung AU-Richtlinien, BAnz. Nr. 61 v. 27.3.2004, S. 6501. |4 Vgl. ErfK/*Dörner*, § 3 EFZG Rz. 11 mwN. |5 KDHK/*Dunkl*, § 3 EFZG Rz. 46. |6 BAG v. 28.7.1999 – 4 AZR 192/98, BAGE 92, 140 (143). |7 BAG v. 29.1.1992 – 5 AZR 37/91, BAGE 69, 272 (276 ff.). |8 BAG v. 19.4.1994 – 9 AZR 462/92, AP Nr. 2 zu § 74 SGB V.

seine Pflichten verletzt, sondern darum, dass der ArbN nicht **schuldhaft gegen sich selbst** handelt. Schuldhaft iSd. § 3 I wie auch der vorangegangenen Bestimmungen (§ 616 I 1 BGB, § 63 I 1 HGB, § 133c S. 1 GewO, § 1 LFZG) handelt der ArbN, **der gröblich gegen das von einem verständigen Menschen im eigenen Interesse zu erwartende Verhalten verstößt**; das ist st. Rspr. des BAG und einhellige Ansicht im Schrifttum[1]. Dabei kann – in Grenzen – in der Rspr. zum Mitverschulden nach § 254 I BGB angeknüpft werden, weil es sich in beiden Fällen um ein „Verschulden gegen sich selbst" handelt[2].

aa) Ursächlichkeit des Verschuldens des Arbeitnehmers. Der Wortlaut des § 3 I 1 lässt – ebenso wie der der vorangegangenen Mitbest. – offen, worauf genau sich das Verschulden des ArbN zu beziehen hat. In Betracht kommt insoweit seine Verhinderung an der Arbeitsleistung, die Arbeitsunfähigkeit und schließlich die zur Arbeitsunfähigkeit führende Erkrankung. Nach allgemeiner Ansicht genügt, dass das Verschulden einen dieser drei Punkte betrifft. Ein Verschulden wird zwar relativ selten hinsichtlich der durch die Arbeitsunfähigkeit bedingten Verhinderung der Leistung von Arbeit anzunehmen sein, obwohl aber häufig bei der Erkrankung und/oder bei der Herbeiführung der Arbeitsunfähigkeit[3]. Nicht erforderlich ist, dass sich das Verschulden auf alle drei tatbestandlichen Voraussetzungen für Entgeltfortzahlungsanspruch bezieht, insb. brauchen nicht gleichzeitig kumulativ Krankheit und Arbeitsunfähigkeit auf Verschulden des ArbN zu beruhen[4]. Es genügt, wenn der ArbN seine Erkrankung schuldhaft verursacht hat, dies zur Arbeitsunfähigkeit geführt hat und er infolge dessen verhindert war, sein Arbeit zu leisten[5]. Das Verhalten des ArbN, welches unmittelbar zu Erkrankung oder zu einem Unfall mit Krankheitsfolge geführt hat, stellt oft ein Verschulden iSd. § 3 I 1 dar. Dabei handelt ein ArbN auch dann schuldhaft, wenn er in einem hinreichenden Verschuldensgrad Vorkehrungen unterlässt, durch die der Unfall oder seine Arbeitsunfähigkeit vermieden worden wären oder nur in zeitlich geringerem Umfang eingetreten wären[6]. Ebenso kann sich das Verschulden des ArbN aber darauf beziehen, dass er den Heilungsprozess verzögert und er dadurch die krankheitsbedingte Arbeitsunfähigkeit länger andauern lässt[7]. Stets aber ist ein Verhalten erforderlich, dass sich als gröblicher Verstoß gegen das von einem verständigen Menschen im eigenen Interesse zu erwartende Verhalten darstellt. 58

bb) (Mit-)Verschulden Dritter. Eine Mitschuld Dritter an der Arbeitsunfähigkeit des ArbN steht der Annahme eines den Entgeltfortzahlungsanspruch ausschließenden Eigenverschuldens des ArbN nicht grds. entgegen[8]. Ist allerdings das Eigenverschulden des ArbN in einer solchen Situation derart gering, dass es den Anforderungen des § 3 I 1 nicht entspricht, so wird hierdurch sein Anspruch auf Entgeltfortzahlung im Krankheitsfall nicht berührt; ggf. ist in einem solchen Fall auch zu prüfen, ob und inwieweit dem ArbN Schadenersatzansprüche gegen den Dritten zustehen, die in Höhe der geleisteten Entgeltfortzahlung gemäß § 6 (s. dort) auf den ArbGeb übergehen[9]. Dabei ist allerdings, soweit es sich um Berufsunfälle handelt, das Haftungsprivileg der §§ 104, 105 SGB VII zu beachten[10]. Dagegen muss der ArbN nicht für etwaige Erfüllungsgehilfen nach § 278 BGB einstehen, denn es geht nicht um ein Verschulden des ArbN bei einer Verpflichtung gegenüber dem ArbGeb, sondern lediglich um ein Verschulden des ArbN gegen sich selbst[11]. 59

b) (Mit-)Verschulden des Arbeitgebers, Arbeitsausfall. Soweit den ArbGeb ein Verschulden an der Erkrankung oder an der Arbeitsunfähigkeit des ArbN trifft, zB bei einem Arbeitsunfall, ist danach zu unterscheiden, ob den ArbGeb ein Alleinverschulden trifft oder lediglich ein Mitverschulden. Im Falle des Alleinverschuldens behält der ArbN seinen Anspruch auf Arbeitsentgelt nach § 326 II BGB[12]. Trifft den ArbGeb dagegen nur ein – nicht überwiegendes – Mitverschulden, so richtet sich nach § 3, ob dem ArbN ein Entgeltfortzahlungsanspruch gegen den ArbGeb zusteht oder nicht[13]. Denn eine Quotierung der Schadenanteile nach § 254 BGB kommt nicht in Betracht, auch nicht unter Berücksichtigung des Rechtsgedankens des § 6[14]. Ist bei einem (einfachen) Mitverschulden des ArbGeb ein grobes Mitverschulden des ArbN festzustellen, so entfällt dessen Anspruch nach § 3 I 1[15]. 60

c) Einzelfälle. Ob ein die Entgeltfortzahlung ausschließendes Verschulden des ArbN vorliegt, lässt sich immer nur im jeweiligen **Einzelfall anhand aller Umstände** beurteilen[16]. Dementsprechend hat sich zum Verschulden eine kaum noch zu übersehende Rspr. entwickelt[17]. Die nachfolgende, auf Sachver- 61

---

1 Statt vieler: BAG v. 30.3.1988 – 5 AZR 42/87, BAGE 57, 380 (382); v. 7.10.1981 – 5 AZR 113/79, BAGE 36, 376 (379); ErfK/*Dörner*, § 3 EFZG Rz. 23; KDHK/*Dunkl*, § 3 EFZG Rz. 93; MünchArbR/*Boecken*, § 83 Rz. 96; *Kunz/Wedde*, § 3 EFZG Rz. 94/95; *Vogelsang*, Rz. 126; *Schmitt*, § 3 EFZG Rz. 85; *Feichtinger* in *Feichtinger/Malkmus* § 3 EFZG Rz. 103. |2 BAG v. 7.10.1981 – 5 AZR 1113/79, BAGE 36, 376 (381). |3 KDHK/*Dunkl*, § 3 EFZG Rz. 96; MünchArbR/*Boecken*, § 83 Rz. 92; *Vogelsang*, Rz. 124. |4 KDHK/*Dunkl*, § 3 EFZG Rz. 96. |5 BAG v. 7.10.1981 – 5 AZR 1113/79, BAGE 36, 376 (378). |6 BAG v. 7.10.1981 – 5 AZR 1113/79, BAGE 36, 376 (378). |7 BAG v. 26.8.1993 – 2 AZR 154/93, BAGE 74, 127 (139). |8 BAG v. 23.11.1971 – 1 AZR 388/70, AP Nr. 8 zu § 1 LohnFG. |9 *Kunz/Wedde*, § 3 EFZG Rz. 98; *Vogelsang*, Rz. 127. |10 Vgl. dazu näher *Friedrich* in Schliemann, ArbR-BGB, § 618 Rz. 225 ff., 232 ff., 242 ff. mwN. |11 *Vogelsang*, Rz. 127. |12 *Vogelsang*, Rz. 128; vgl. zur Rechtslage vor dem 1.1.2003: ErfK/*Dörner*, § 3 EFZG Rz. 24; *Schmitt*, § 3 EFZG Rz. 91; *Matthes* in Schliemann, ArbR-BGB, § 616 Rz. 96. |13 ErfK/*Dörner*, § 3 EFZG Rz. 24; *Schmitt*, § 3 EFZG Rz. 91. |14 *Staudinger/Oetker*, § 616 BGB Rz. 249. |15 Str., vgl. ErfK/*Dörner*, § 3 EFZG Rz. 24; *Schmitt*, § 3 EFZG Rz. 91; MünchArbR/*Boecken*, § 83 Rz. 98. |16 ErfK/*Dörner*, § 3 EFZG Rz. 25; *Vogelsang*, Rz. 130. |17 *Schmitt*, § 3 EFZG Rz. 93.

haltsgruppen ausgerichtete Darstellung kann deshalb nicht alle möglichen Sachverhalte wiedergeben; ebenso ist vor einer die Umstände des Einzelfalles außer Betracht lassenden typisierenden Einordnung zu warnen.

62 **aa) Unfälle.** Beruht die krankheitsbedingte Arbeitsunfähigkeit auf einem Unfall des ArbN, so ist grds. für die Verschuldensfrage unerheblich, wann und bei welcher Gelegenheit sich der Unfall ereignet hat, etwa auf der Arbeitsstelle, auf dem Weg zwischen Wohnung und von der Arbeitsstelle, in der Freizeit, im Urlaub, während einer Nebentätigkeit[1]. Ist der Unfall durch einen Dritten verursacht bzw. verschuldet worden, so kann ein Anspruchsübergang gegen den Schädiger nach § 6 in Betracht kommen.

63 **(1) Arbeitsunfall.** Bei einem Arbeitsunfall liegt idR ein Verschulden iSd. § 3 I 1 vor, wenn der ArbN gröblich gegen **Unfallverhütungsvorschriften** und/oder die (auch) seiner Sicherheit dienenden Anordnungen des ArbGeb verstößt und es deshalb zu einem Unfall mit daraus resultierender Arbeitsunfähigkeit kommt[2].

64 **Beispiele:** Übermüdung wegen grober nachhaltiger Überschreitung der gesetzl. zulässigen Arbeitszeit[3]; Nichttragen von vom ArbGeb zu Verfügung gestellter Schutzkleidung, zB Knieverätzung bei Betonarbeiten ohne Knieschutz[4]; Fußverletzung bei Arbeiten ohne Sicherheitsschuhe[5]; vorschriftswidrige Benutzung einer Kreissäge[6].

65 **(2) Straßenverkehrsunfall.** Die zur Arbeitsunfähigkeit führende Erkrankung infolge eines selbst verursachten Verkehrsunfalls ist als selbstverschuldet anzusehen, wenn der ArbN Verkehrsvorschriften grob fahrlässig oder vorsätzlich verletzt hat, dies den Unfall verursacht hat, und der ArbN dabei seine Gesundheit leichtfertig auf Spiel gesetzt hat[7].

66 **Beispiele:** Nichtanlegen eines Sicherheitsgurtes[8]; Vorfahrtverletzung[9]; unachtsames Überqueren einer Straße[10]; Überanstrengung wegen überlanger, pausenloser Autofahrt[11]; Telefonieren während der Fahrt ohne Freisprecheinrichtung[12]; überhöhte Geschwindigkeit ohne ausreichende Sichtverhältnisse[13].

67 **(3) Trunkenheitsunfall.** Unfälle, auch Verkehrsunfälle infolge Trunkenheit sind, sofern der ArbN nicht an Alkoholabhängigkeit erkrankt ist, regelmäßig als selbstverschuldet anzusehen[14]. Ein Verschulden iSd. § 3 I liegt auch vor, wenn ein ArbN in Kenntnis seiner Alkoholabhängigkeit in noch steuerungsfähigem Zustand mit seinem Kraftfahrzeug zur Arbeitsstelle fährt, dort während der Arbeitszeit dem Alkohol erheblich zuspricht, mit seinem Kraftfahrzeug sodann den Rückweg antritt und dabei einen Verkehrsunfall verursacht, bei dem er selbst verletzt wird[15].

68 **Beispiele:** Trunkenheitsfahrt[16]; Trunkenheitssturz in Gaststätte[17].

69 **(4) Sportunfall.** Sportunfälle werden im Grundsatz als nicht selbstverschuldet iSd. § 3 I[18] angesehen. Jede sportliche Betätigung birgt die Gefahr einer Verletzung in sich. Dieses allgemeine Verletzungsrisiko wird nicht als grobes Verschulden gegen sich selbst verstanden. Jedoch nimmt das BAG grds. Selbstverschulden in folgenden drei Fallgruppen an: 1. Der ArbN verletzt sich bei einer sog. besonders gefährlichen Sportart, 2. er betätigt sich in einer Weise sportlich, die seine Fähigkeiten und Kräfte deutlich übersteigt, oder 3. er verstößt in besonders grober Weise und leichtsinnig gegen die anerkannten (Gesundheits-)Regeln der jeweiligen Sportart[19].

70 Die **Unterscheidung** zwischen sog. **besonders gefährlichen** und anderen **Sportarten** erscheint angesichts dessen, dass bisher kaum eine Sportart als besonders gefährlich angesehen worden ist[20], als wenig aussagefähig. Sie sollte aufgegeben werden[21]. Lediglich das **Kickboxen** wurde gerichtlich als eine gefährliche Sportart eingeordnet[22]. Im Schrifttum umstritten ist, ob **Bungee-Springen** zu den besonders gefährlichen Sportarten zu rechnen ist[23].

1 BAG v. 7.11.1975 – 5 AZR 459/74, AP Nr. 38 zu § 1 LohnFG; v. 24.2.1972 – 5 AZR 446/71, AP Nr. 17 zu § 1 LohnFG. | 2 KDHK/*Dunkl*, § 3 EFZG Rz. 100; ErfK/*Dörner*, § 3 EFZG Rz. 26; *Müller/Berenz*, § 3 EFZG Rz. 49; *Schmitt*, § 3 EFZG Rz. 94, 95; HzA/*Vossen*, Gruppe 2 Rz. 149. | 3 BAG v. 21.4.1982 – 5 AZR 1019/79, BAGE 38, 309 (313). | 4 ArbG Passau v. 10.11.1988 – 2 Ca 344/88 D, BB 1989, 70. | 5 LAG Berlin v. 31.3.1981 – 3 Sa 54/80, DB 1982, 707; LAG BW v. 26.9.1978 – 7 Sa 18/78, DB 1979, 1044. | 6 BAG v. 25.6.1964 – 2 AZR 421/63, BB 1964, 1044. | 7 BAG v. 23.11.1979 – 1 AZR 388/70, AP Nr. 8 zu § 1 LohnFG. | 8 BAG v. 7.10.1981 – 5 AZR 1113/79, BAGE 36, 376. | 9 LAG Sachs. v. 8.11.2000 – 2 Sa 112/00, LAGE § 3 EntgFG Nr. 3; LAG Bayern v. 2.12.1964 – 4 Sa 782/64 – EEK I/088. | 10 BAG v. 23.11.1979 – 1 AZR 388/70, AP Nr. 8 zu § 1 LohnFG. | 11 LAG Düsseldorf v. 1.6.1966 – 8 Sa 56/66, DB 1966, 1484. | 12 KDHK/Dunkl, § 3 Rz. 104; vgl. zur Arbeitnehmerhaftung: BAG v. 12.11.1998, EzA § 611 BGB – Arbeitnehmerhaftung Nr. 66. | 13 BAG v. 5.4.1962 – 2 AZR 182/61, AP Nr. 28 zu § 63 HGB. | 14 Allg. Ansicht, statt vieler KDHK/*Dunkl*, § 3 EFZG Rz. 112; *Geyer/Knorr/Krasney*, § 3 EFZG Rz. 118 mwN. | 15 BAG v. 30.3.1988 – 5 AZR 42/87, BAGE 57, 380; aA *Künzl*, BB 1989, 62. | 16 LAG Hess. v. 23.7.1997 – 1 Sa 2416/96, NZA-RR 1999, 15; LAG Düsseldorf v. 18.5.1971 – 11 Sa 983/70, DB 1971, 2022. | 17 BAG v. 11.3.1987 – 5 AZR 739/85, AP Nr. 71 zu § 1 LohnFG. | 18 *Geyer/Knorr/Krasney*, § 3 EFZG Rz. 106. | 19 Zusammenfassend BAG v. 7.10.1981 – 5 AZR 338/79, BAGE 36, 371. | 20 Vgl. den Überblick in KDHK/*Dunkl* § 3 EFZG Rz. 105. | 21 *Geyer/Knorr/Krasney*, § 3 EFZG Rz. 111; ErfK/*Dörner*, § 3 EFZG Rz. 26; *Schmitt*, § 3 EFZG Rz. 106 ff. | 22 ArbG Hagen v. 15.9.1989 – 4 Ca 648/87, NZA 1990, 311. | 23 Bejahend *Gerauer*, NZA 1994, 496; verneinend *Kunz/Wedde*, § 3 EFZG Rz. 110.

bb) Suchterkrankungen. Die verbreitetste Suchterkrankung ist die **Trunksucht**. Suchterkrankungen sind aber auch krankhafte Abhängigkeiten von **Nikotin**[1] oder von **Drogen**[2] oder von Arzneimitteln, vor allem von **Tabletten**; zuweilen treten solche Abhängigkeiten multipel auf. Trunksucht wurde in der früheren Rspr. als erfahrungsgemäß selbstverschuldet angesehen. Einen solchen Erfahrungssatz nimmt die Rspr. nicht mehr an, vielmehr ist jeweils auf die Umstände des Einzelfalles abzustellen, um erkennen zu können, ob die Suchtkrankheit – hier: Trunksucht – selbstverschuldet ist oder nicht[3]. Dabei trifft den ArbGeb die Beweislast, den ArbN aber die Last der Mitwirkung an der Aufklärung der für die Verschuldensprüfung erforderlichen Tatsachen[4]. Dagegen ist auch dann, wenn die Trunksucht selbst unverschuldet ist, ein auf Trunkenheit des Trunksüchtigen zurückzuführenden Unfall regelmäßig selbstverschuldet iSd. § 3 I[5]. 71

Der **Rückfall des trunksüchtigen ArbN**, der sich einer angeblich erfolgreichen Langzeittherapie unterzogen hatte und fünf Monate abstinent war, ist als **selbstverschuldet** eingeordnet worden[6]. Befindet sich ein alkoholkranker ArbN nach einer Entziehungskur dagegen weiterhin in einem Zustand, in dem er auf sein Verhalten wegen mangelnder Steuerungsfähigkeit willentlich keinen Einfluss nehmen kann, so kann ihm ein Rückfall in den Alkoholmissbrauch nicht im Sinne eines Verschuldens gegen sich selbst vorgeworfen werden[7]. 72

Eine infolge **Tabakrauchens** aufgetreten krankheitsbedingte Arbeitsunfähigkeit ist als **selbstverschuldet** angesehen worden, weil das ärztliche Rauchverbot nicht beachtet wurde[8]. 73

Auch **Drogensucht** kann iSd. § 3 I **selbstverschuldet** sein, jedoch wird bei Jugendlichen nicht dasselbe Maß an Einsichtsfähigkeit vorauszusetzen sei wie bei Erwachsenen[9], so dass von einem hinreichenden Selbstverschulden nicht ohne weiteres ausgegangen werden kann. 74

cc) Organ- und Transplantatspende. Die durch einen komplikationslos verlaufenden Eingriff zum Zweck der Organspende vom ArbN herbeigeführte krankheitsbedingte Arbeitsunfähigkeit führt nicht zum Anspruch auf Entgeltfortzahlung gegen den ArbGeb. Soweit das BAG ein Verschulden verneint, gleichwohl aber den Entgeltfortzahlungsanspruch abgelehnt hat[10], ist ihm nur im Ergebnis zu folgen. Auch wenn nicht zu verkennen ist, dass gegen den ArbN kein Vorwurf moralischen Verschuldens zu erheben ist, sondern er idR aus ethisch hoch angesehenen Motiven handelt, ist zu konstatieren, dass er diesen Eingriff in seine Gesundheit iSd. § 3 I verschuldet hat, denn er hat ihn willentlich vornehmen lassen. Wegen des mit der Erkrankung verbundenen Verdienstausfalles ist der Spender auf den Empfänger bzw. auf dessen Krankenkasse oder Krankenversicherung zu verweisen[11] (vgl. Rz. 40). 75

dd) Suizidversuch. Die auf einem Versuch der Selbsttötung beruhende krankheitsbedingte Arbeitsunfähigkeit ist regelmäßig als iSd. § 3 I unverschuldet anzusehen, weil Suizid erfahrensgemäß in einem die freie Willenbestimmung ausschließenden Zustand vorgenommen wird[12]. 76

ee) Tätlichkeit, Schlägerei. Inwieweit bei krankheitsbedingter Arbeitsunfähigkeit, die auf eine Verletzung bei einer Schlägerei oder Tätlichkeit zurückzuführen ist, ein hinreichendes Eigenverschulden des ArbN vorliegt oder nicht, hängt von den Umständen des Einzelfalles ab[13]. Einen Erfahrungssatz, dass die Teilnahme an einer Schlägerei idR selbstverschuldet sei, gibt es nicht[14]. Vielmehr kommt es darauf an, ob der ArbN die Schlägerei selbst begonnen oder provoziert hat[15]. 77

Beispiel: Der angestellte „Geschäftsführer" eines Nachtlokals hatte ein Liebesverhältnis mit der in diesem Lokal als Barfrau beschäftigten Freundin eines als gefährlich bekannten Kollegen aufgenommen. Dieser Kollege folgt den beiden heimlich in die Wohnung des „Geschäftsführers" und schlägt ihn dort zusammen. Die hierdurch verursachte Arbeitsunfähigkeit des „Geschäftsführers" ist nicht als selbstverschuldet iSd. Bestimmungen über die Gehaltsfortzahlung bei Krankheit anzusehen. Etwas anderes könnte dann gelten, wenn der „Geschäftsführer" vor den Augen seines Arbeitskollegen mit dessen Freundin zusammengetroffen wäre und diesen dadurch provoziert hätte[16]. 78

ff) Gesundheitsgefährdendes und heilungswidriges Verhalten. Der ArbGeb kann zwar im Rahmen der Arbeitssicherheitsvorschriften anweisen, wie sich der ArbN sicherheitsgerecht zu verhalten hat. Er kann jedoch keinem ArbN vorschreiben, wie er sich in seiner Freizeit hinsichtlich seiner Gesundheit zu verhalten hat. **Nicht jedes gesundheitswidriges Verhalten ist schon deshalb als grobes Verschulden** 79

---

1 BAG v. 17.4.1985 – 5 AZR 497/83, ArbuR 1985, 193. |2 LAG Düsseldorf v. 19.4.1972 – 12 Sa 726/71, DB 1972, 1073. |3 BAG v. 7.8.1991 – 5 AZR 410/90, BAGE 68, 196 (198); dazu krit. *Marienhagen/Künzl* § 3 EFZG Rz. 36 ff. |4 BAG v. 7.8.1991 – 5 AZR 410/90, BAGE 68, 196 (198). |5 BAG v. 11.3.1987 – 5 AZR 739/85, AP Nr. 71 zu § 1 LohnFG. |6 BAG v. 11.11.1987 – 5 AZR 497/86, BAGE 56, 321. |7 BAG v. 27.5.1992 – 5 AZR 297/91, EzA § 1 LohnFG Nr. 123. |8 BAG v. 17.4.1985 – 5 AZR 497/83, ArbuR 1985, 193. |9 LAG Düsseldorf v. 19.4.1972 – 12 Sa 726/71, DB 1972, 1073. |10 BAG v. 6.8.1986 – 5 AZR 607/85, BAGE 52, 313. |11 BSG v. 12.12.1972 – 3 RK 47/70, BSGE 35, 102 = NJW 1973, 1432; ErfK/*Dörner* § 3 EFZG Rz. 21, 58. |12 BAG v. 28.2.1979 – 5 AZR 611/77, BAGE 31, 331 unter ausdrücklicher Aufgabe der früheren, entgegenstehenden Rspr. |13 BAG v. 13.11.1974 – 5 AZR 54/74, AP Nr. 45 zu § 616 BGB. |14 AA LAG Hamm v. 27.4.1988 – 1 Sa 2349/87, EzBAT § 37 BAT Nr 16; wohl auch KDHK/*Dunkl*, § 3 EFZG Rz. 109. |15 ErfK/*Dörner*, § 3 EFZG Rz. 29; MünchArbR/*Boecken*, § 83 Rz. 122. |16 BAG v. 13.11.1974 – 5 AZR 54/74, AP Nr. 45 zu § 616 BGB.

gegen sich selbst iSd. § 3 I zu werten, weil der ArbN dadurch seine Gesundheit gefährdet. Indessen kann dasselbe Verhalten, das ohne vorhandene Erkrankung nicht zum Vorwurf des Selbstverschuldens gereicht, anders zu bewerten sein, wenn bereits eine Erkrankung vorliegt und das Verhalten diese Erkrankung verschlimmert oder (wesentlich) verlängert. Denn Während eines Heilungsprozesses trifft den ArbN eine erhöhte Sorgfaltspflicht gegen sich selbst[1]. In Teilen des Schrifttums wird angenommen[2], die Pflicht zum heilungsfördernden oder – zumindest – zum nicht heilungsverzögernden Verhalten sei allgemeine Arbeitsvertragspflicht[3] oder arbeitsvertragl. Nebenpflicht[4]. Diese Rspr. bezieht sich allerdings auf kündigungsschutzrechtl. Gesichtspunkte. Eine solche Pflichtenzuordnung ist indessen entbehrlich, denn für Feststellung, ob der ArbN seine Krankheit oder deren Dauer iSd. § 3 I selbstverschuldet hat, kommt es allein auf darauf an, ob der ArbN seien (objektivierten) Gesundheitsinteressen gröblich zuwidergehandelt hat. Allenfalls könnte man aus § 241 II BGB eine Pflicht des ArbN ableiten, sich auch im Interesse des ArbGeb an einer möglichst nur kurzen krankheitsbedingten Arbeitsverhinderung heilungsfördernd zu verhalten. IdR hat eine schuldhafte Verzögerung des Heilungsverlaufs durch Selbstverschuldetes Verhalten des ArbN nur zur Folge, dass er keinen Anspruch auf Entgeltfortzahlung im Krankheitsfall für den Zeitraum hat, um den der Heilungsverlauf kausal verzögert worden ist.

80 **gg) Erkrankung bei oder infolge Nebentätigkeit.** Ob sich die zur Arbeitsunfähigkeit führende Erkrankung während oder anlässlich einer genehmigten oder nicht genehmigten Nebentätigkeit des ArbN ereignet hat, ist für die Frage des Selbstverschuldens ohne rechtl. Bedeutung[5]. Die anscheinend entgegenstehende ältere Rspr. der Instanzgerichte[6] beruht erkennbar auf Versuchen, billige Ergebnisse zu erreichen. Indessen kann Übermüdung des ArbN, die auf seine **übermäßige Arbeitsbelastung** infolge der Nebentätigkeit zurückzuführen ist, als Selbstverschulden einzuordnen sein, wenn der ArbN infolge der Übermüdung einen (Arbeits-)Unfall verursacht oder seine Gesundheit gefährdet[7]. Es muss dann aber eine erhebliche Übermüdung infolge Arbeit unter massiver, nachhaltiger Überschreitung der Höchstarbeitszeiten des ArbZG vorliegen.

81 **d) Darlegungs- und Beweislast.** Der ArbN hat darzulegen und zu beweisen, dass er infolge Krankheit an der Arbeitsleistung verhindert war (vgl. für den Nachweis § 5, § 7). Dagegen ist es Sache des ArbGeb bzw. im Fall des Anspruchsübergangs nach § 115 SGB X der Krankenkasse darzulegen und zu beweisen, dass der ArbN seine krankheitsbedingte Arbeitsunfähigkeit schuldhaft herbeigeführt hat, denn es handelt sich insoweit um einen anspruchsvernichtenden Einwand[8]. Insoweit ist allerdings der ArbN gehalten, an der Aufklärung des Sachverhaltes mitzuwirken, anderenfalls kann ihm bei plausibler Geschehensschilderung durch den ArbGeb der Einwand des Selbstverschuldens der krankheitsbedingten Arbeitsunfähigkeit entgegengehalten werden[9].

82 **6. Beginn, Dauer und Ende des Anspruchs auf Entgeltfortzahlung.** Nach der vierwöchigen Wartezeit (vgl. Rz. 129) hat der ArbN für die Dauer von sechs Wochen Anspruch auf Entgeltfortzahlung im Krankheitsfall. Insoweit ist – mit arbeitsrechtl. begründeten Modifikationen – auf die Regeln über die Berechnung von Fristen (§§ 186 ff. BGB) abzustellen[10].

83 **a) Beginn.** Der Anspruch beginnt mit dem Eintritt der krankheitsbedingten Arbeitsunfähigkeit. Insoweit kommt es auf den **objektiven Eintritt der Arbeitsunfähigkeit** an, mag sie auch erst nachträglich vom Arzt festgestellt worden sein. Hat er ArbN trotz objektiv bestehender krankheitsbedingter Arbeitsunfähigkeit seine Arbeitsleistung erbracht, so steht ihm kein Anspruch auf Fortzahlung des Arbeitsentgeltes nach § 3 zu, sondern nach § 611 BGB der Anspruch auf Arbeitsentgelt[11]. Von der Frage des Beginns der krankheitsbedingten Arbeitsunfähigkeit ist die Frage des entsprechenden Nachweises zu trennen. Auf ihn kommt es grds. nicht allein an, sondern nur auf das objektiven Eintritt der krankheitsbedingten Arbeitsunfähigkeit. Verlangt der ArbGeb für die ersten drei Tage der krankheitsbedingten Arbeitsunfähigkeit keinen Nachweis durch ärztliches Attest, so schuldet er gleichwohl Entgeltfortzahlung nach § 3 I 1. Dagegen kann er die Entgeltfortzahlung verweigern, wenn ein Fall des § 7 vorliegt.

84 Tritt die **Arbeitsunfähigkeit während der Arbeitsleistung**, also nach der arbeitstäglichen Arbeitsaufnahme ein, so beginnt die Frist für die Entgeltfortzahlung erst am nächsten Kalendertag; für die Zeit der teilweisen Arbeitsleistung hat der ArbN Anspruch auf Arbeitsentgelt nach § 611 BGB[12]. Dagegen beginnt die Frist für die Entgeltfortzahlung bereits an dem Tag, an welchem die **Arbeitsunfähigkeit vor Beginn der Arbeitszeit** eintritt[13].

1 BAG v. 21.1.1976 – 5 AZR 593/74, AP Nr. 39 zu § 1 LohnFG; allg. Ansicht ErfK/*Dörner*, § 3 EFZG Rz. 31. | 2 Vgl. die Darstellung in *Marienhagen/Künzl*, § 3 EFZG Rz. 40a mwN. | 3 ZB LAG Düsseldorf v. 17.5.1978 – 15 Sa 82/78, BB 1978, 1264. | 4 BAG v. 13.11.1979 – 6 AZR 934/77, AP Nr. 15 zu § 1 KSchG 1969 – Krankheit. | 5 BAG v. 21.4.1982 – 5 AZR 1019/79, BAGE 38, 309; krit. hinsichtlich Arbeitsunfällen bei der Nebentätigkeit und mit Vorschlägen de lege ferenda *Boecken*, NZA 2001, 233. | 6 Vgl. die umfangreiche Darstellung in *Müller/Berenz*, § 3 EFZG Rz. 56. | 7 BAG v. 21.4.1982 – 5 AZR 1019/79, BAGE 38, 309. | 8 BAG v. 7.8.1991 – 5 AZR 410/90, BAGE 68, 196. | 9 ErfK/*Dörner*, § 3 EFZG Rz. 32. | 10 BAG v. 22.2.1973 – 5 AZR 461/72, AP Nr. 28 zu § 1 LohnFG. | 11 KDHK/*Dunkl* § 3 EFZG Rz. 132. | 12 BAG v. 22.2.1973 – 5 AZR 461/72, AP Nr. 28 zu § 1 LohnFG; v. 4.5.1971 – 1 AZR 305/70, BAGE 23, 340. | 13 BAG v. 21.9.1971 – 1 AZR 65/71, BAGE 23, 444.

Beispiele: 85

Arbeitszeit: 21. Mai, 7.30 Uhr bis 16.00 Uhr.

- Eintritt der Arbeitsunfähigkeit vor Arbeitsbeginn: Beginn der Fortzahlungsfrist am 21. Mai;
- Eintritt der Arbeitsunfähigkeit während der Arbeitszeit: Beginn der Fortzahlungsfrist am 22. Mai;
- Eintritt der Arbeitsunfähigkeit nach der Arbeitszeit: Beginn der Fortzahlungsfrist am 22. Mai.

Bei einem **ruhenden Arbeitsverhältnis** beginnt die Fortzahlungsfrist nicht mit dem Tag des Eintritts 86
der krankheitsbedingten Arbeitsunfähigkeit, sondern erst an dem Tag, an welchem der Ruhenstatbestand sein Ende gefunden hat[1]. Insoweit kommt es nur zu einer Verschiebung des Anspruchszeitraumes. Entsprechendes gilt bei witterungsbedingter Unterbrechung eines Arbeitsverhältnisses[2]. Ruhenstatbestände sind vor allem der **unbezahlte Sonderurlaub**, sofern er nicht Erholungszwecken dient[3], **Grundwehrdienst und Wehrübung** (§ 1 I ArbPlSchG[4]) sowie die Fälle des § 16a ArbPlSchG (Zeitsoldat für zunächst sechs Monate bzw. auf die Dauer von nicht mehr als zwei Jahren), die Zeiten der **mutterschutzrechtl. Schutzfristen** (§ 3 II, § 6 I MuSchG) und die Zeiten der **Elternzeit**[5], sofern die Arbeit beim selben ArbGeb nicht als Teilzeittätigkeit fortgesetzt wird (§ 15). Die Fortzahlungsfrist beginnt auch nicht während der Teilnahme an einem **Arbeitskampf**[6]. Ein ArbN, der während eines Urlaubs, der vor Beginn eines Streiks gewährt wird, arbeitsunfähig erkrankt, behält seinen Anspruch auf Entgelt, solange er sich nicht am Streik beteiligt[7]. Das Arbeitsverhältnis zum Stammbetrieb ruht auch während der Freistellung eines Bauarbeiters zur Arbeitsleistung an eine Arbeitsgemeinschaft[8]. Dagegen liegt **kein Ruhenstatbestand** vor bei einem Arbeitsausfall infolge Schlechtwetters[9].

b) Dauer und Ende. Der Anspruch auf Entgeltfortzahlung nach § 3 I 1 endet, wenn der Zustand der 87
krankheitsbedingten Arbeitsunfähigkeit beendet ist oder wenn der Anspruchszeitraum erschöpft ist.

aa) Ende der krankheitsbedingten Arbeitsunfähigkeit. Für die Beendigung des Entgeltfortzahlungs- 88
anspruchs wegen Beendigung der krankheitsbedingten Arbeitsunfähigkeit ist – wie bei der Entstehung des Anspruchs – zwischen dem Ende der Krankheit und dem Ende der krankheitsbedingten Arbeitsunfähigkeit zu unterscheiden. Die Krankheit kann, zB als Grundleiden oder in abgeschwächter Form weiter bestehen; gleichwohl kann die darauf beruhende Arbeitsunfähigkeit entfallen.

Beispiel: Der ArbN hat ein Grundleiden. Für die Dauer einer darauf beruhenden akuten Erkrankung ist 89
er arbeitsunfähig krank. Sodann kann er wieder arbeiten, obwohl das Grundleiden nicht beseitigt ist. Anschließend begibt er sich in eine Maßnahme der medizinischen Vorsorge und Rehabilitation. Für Akuterkrankung und für die Zeit der Teilnahme an dieser Maßnahme besteht krankheitsbedingte Arbeitsunfähigkeit. Dagegen hat führt das Grundleiden für sich allein nicht zur Arbeitsunfähigkeit.

Über die Dauer der Arbeitsunfähigkeit infolge Krankheit und damit über das Ende des Verhinderungs- 90
falles **entscheidet der Arzt**. Enthält die ärztliche Bescheinigung nur die Angabe eines Kalendertages, wird idR Arbeitsunfähigkeit bis zum Ende der vom erkrankten Arbeiter üblicherweise an diesem Kalendertag zu leistenden Arbeitsschicht bescheinigt[10].

Sehr häufig wird **krankheitsbedingte Arbeitsunfähigkeit bis einschließlich Freitag** attestiert. Dann 91
endet die Arbeitsunfähigkeit an diesem Tag frühestens mit dem Ende der für den ArbN an diesem Tag geltenden Arbeitszeit. Daran ändert nichts, wenn der Arzt davon ausgeht, der ArbN habe am anschließenden Wochenende nicht zu arbeiten. Einen Erfahrungssatz, dass Arbeitsunfähigkeit, deren Ende für einen Freitag bescheinigt ist, erst am folgenden Sonntag endet, gibt es nicht[11]. Will der Arzt erreichen, dass dem ArbN die aus dem Vorverständnis des Arztes oder tatsächlich „an sich arbeitsfreien" Tage noch aus medizinischen Gründen zur notwendigen Schonung oder restlichen Ausheilung zur Verfügung stehen, so muss er für diese Tage krankheitsbedingte Arbeitsunfähigkeit attestieren[12]. Entsprechendes gilt, wenn der ArbN am letzten Tag der attestierten Arbeitsunfähigkeit nicht zu arbeiten gehabt hätte.

Die krankheitsbedingte Arbeitsunfähigkeit kann auch nach oder vor ihrem vom Arzt attestierten Ab- 92
lauf enden, zB wenn der Arzt dies dem ArbN auf Grund einer Zwischen- oder Schlussuntersuchung mitteilt. Das ärztliche Attest bescheinigt idR nur eine voraussichtliche Dauer der Arbeitsunfähigkeit. Diese Prognose kann der Arzt ändern. Erweist sie sich nachträglich als zu kurz, so kann er die Bescheinigung der Dauer der Arbeitsunfähigkeit durch ein **Anschlussattest** verlängern. Bei einem vorzeitigem Ende der Erkrankung kann die Attestierung der Arbeitsunfähigkeit entsprechend formlos verkürzt oder durch eine sog. ärztliche **Gesundschreibung** aufgehoben werden.

---

1 BAG v. 14.6.1974 – 5 AZR 467/73, AP Nr. 36 zu § 1 LohnFG. | 2 BAG v. 22.8.2001 – 5 AZR 699/99, BAGE 98, 375. | 3 BAG v. 14.6.1974 – 5 AZR 467/73, AP Nr. 36 zu § 1 LohnFG. | 4 BAG v. 3.3.1961 – 1 AZR 76/60, BAGE 11, 19. | 5 BAG v. 29.9.2004 – 5 AZR 558/03, NZA 2005, 225. | 6 BAG v. 7.6.1988 – 1 AZR 597/86, BAGE 58, 332. | 7 BAG v. 1.10.1991 – 1 AZR 147/91, BAGE 68, 299. | 8 BAG v. 23.12.1971 – 1 AZR 126/71, BAGE 24, 90. | 9 BAG v. 27.8.1971 – 1 AZR 69/71, BAGE 23, 406. | 10 BAG v. 12.7.1989 – 5 AZR 377/88, AP Nr. 77 zu § 616 BGB; v. 2.12.1981 – 5 AZR 89/80, BAGE 37, 172. | 11 BAG v. 12.7.1989 – 5 AZR 377/88, AP Nr. 77 zu § 616 BGB. | 12 BAG v. 12.7.1989 – 5 AZR 377/88, AP Nr. 77 zu § 616 BGB.

93 Kehrt der ArbN nach dem Ende der attestierten Arbeitsunfähigkeit an seinen Arbeitsplatz zurück, so hat der ArbGeb grds. davon auszugehen, dass der ArbN nicht mehr arbeitsunfähig krank ist. Nur in begründeten Ausnahmefällen kann der ArbGeb von ArbN verlangen, sich die **Wiederherstellung seiner Arbeitsfähigkeit ärztlich bescheinigen** zu lassen[1]. Bei Ablehnung des Arbeitskraftangebots trägt er dann das Risiko der Entgeltfortzahlung bei objektiv vorhandener Leistungsfähigkeit; kündigungsrechtl. kann er sich idR nicht auf den Gesichtspunkt der „Arbeitsverweigerung" berufen, wenn der ArbN die geforderte „Gesundschreibung" nicht oder verspätet beibringt.

94 Die krankheitsbedingte Arbeitsunfähigkeit endet aber auch, wenn der ArbN uneingeschränkt seine Arbeit aufnimmt, obwohl die ärztlich attestierte Arbeitsunfähigkeit noch andauert. Bereits die **tatsächliche Arbeitsaufnahme** zeigt, dass der ArbN sich nicht infolge seiner Erkrankung gehindert sieht, seine Arbeitsleistung zu erbringen. Die im Schrifttum angenommene Unklarheit[2] besteht nicht, soweit es um die Frage der Entgeltfortzahlung geht. Soweit Arbeit geleistet wurde, ist sie zu vergüten. Die – gegenüber der attestierten voraussichtlichen Dauer der Arbeitsunfähigkeit – vorzeitige Rückkehr des ArbN an seinen Arbeitsplatz löst zwar immer wieder Befürchtungen aus, bei einem Krankheitsrückfall verliere der ArbN seinen Anspruch aus § 3 I 1 wegen Selbstverschuldens, der ArbGeb schulde wegen Verschlechterung des Gesundheitszustand des ArbN Schadenersatz und der gesetzl. Berufsunfallschutz sei eingeschränkt. Solche Befürchtungen sind in aller Regel – von Fällen der offensichtlichen Arbeitsunfähigkeit abgesehen – nicht begründet[3]. Eine andere Frage ist es, ob der Gesundheitszustand des ArbN Sicherheitsanforderungen zB in Verkehrsberufen wie Kraftfahrer, Busfahrer, Lokführer, Pilot genügt. Insoweit kann eine betriebsärztliche Kontrolluntersuchung aus konkretem Anlass geboten sein.

95 **bb) Ende des aktiven Arbeitsverhältnisses.** Ferner besteht der Anspruch nach § 3 I 1 nur, solange das Arbeitsverhältnis besteht, soweit nicht der Sonderfall des § 8 vorliegt. Dementsprechend endet dieser Anspruch grds. mit dem Ende des Arbeitsverhältnisses (durch Kündigung, Befristung, auflösende Bedingung, Auflösungsvertrag usw.), mit dessen Übergang in ein Ruhestandsverhältnis, aber auch mit dem Beginn des Ruhens des Arbeitsverhältnisses (vgl. Rz. 25, 86; vgl. aber auch § 8).

96 **cc) Dauer der Entgeltfortzahlung – Fortsetzungskrankheit.** Das Gesetz begrenzt den Anspruchszeitraum für die auf derselben Krankheit beruhenden Arbeitsunfähigkeit auf **sechs Wochen**. Damit sind **42 Kalendertage** gemeint[4]. Dieser Umstand ist von Bedeutung, wenn es sich um Fortsetzungserkrankungen mit zeitweiligen Unterbrechungen (Rz. 109 ff.) oder mehrfache Erkrankungen handelt. Der Entgeltfortzahlungszeitraum beginnt – wie oben dargestellt – mit dem Tag der Arbeitsunfähigkeit, wenn diese vor Arbeitsbeginn eintritt bzw. mit dem darauf folgenden Tag, wenn dies erst nach Arbeitsbeginn der Fall ist. Er endet nach § 188 II BGB nach sechs Wochen oder nach § 188 I BGB, wenn die Summe von 42 Kalendertagen erreicht ist.

97 In den Zeitraum werden **Sonn- und Feiertage** eingerechnet; § 193 BGB ist nicht anwendbar, denn es geht nicht um die Abgabe von Willenserklärungen. In den Sechs-Wochen-Zeitraum werden auch **arbeitsfreie Tage** eingerechnet, auch wenn der ArbN an diesem Tag wegen anderweitiger Umverteilung keine Arbeit zu leisten und demgemäß auch keinen Entgeltanspruch hatte[5]. Dies gilt auch, wenn die freien Tage durch BV festgelegt worden sind[6]. Ebenso werden Tage, an denen dem ArbN **Erholungsurlaub** gewährt worden ist, in den Sechs-Wochen-Zeitraum eingerechnet. Insoweit wird jedoch der Urlaubsanspruch nicht verbraucht, denn der ArbN kann keinen Erholungsurlaub machen, wenn er arbeitsunfähig krank ist[7].

98 **(1) Dieselbe Krankheit – Fortsetzungskrankheit.** Beruhen die Zeiten der Arbeitsunfähigkeit auf derselben Krankheit (Fortsetzungskrankheit), so hat der ArbN nach § 3 I 1 insgesamt einen Anspruch auf Entgeltfortzahlung für 42 Kalendertage.

99 **Dieselbe Krankheit** liegt vor, wenn die Krankheit zwischen dem Ende der vorherigen Arbeitsunfähigkeit, die auf diese Krankheit zurückzuführen war, und der erneuten Arbeitsunfähigkeit **nicht vollständig ausgeheilt** war, sondern als **Grundleiden fortbesteht**. Bei Arbeitsunfähigkeit „infolge derselben Krankheit" behält der Arbeiter den Lohnanspruch innerhalb eines Zeitraumes von zwölf Monaten nur für die Dauer von insgesamt sechs Wochen (§ 3 I 2 Hs. 1). Wird er innerhalb der Frist eines Jahres wegen derselben Krankheit wiederholt arbeitsunfähig, so braucht der ArbGeb ihm nur für insgesamt sechs Wochen das Arbeitsentgelt weiterzugewähren[8]. Diese Regelung beruht auf einer besonderen Zumutbarkeitserwägung des Gesetzgebers, die den ArbGeb entlasten soll[9]. Nicht erforderlich ist, dass die Symptome der Krankheit einheitlich auftreten[10].

---

1 LAG Berlin v. 10.5.2001 – 10 Sa 2695/00, NZA-RR 2002, 23. | 2 *Schmitt*, § 3 EFZG Rz. 148. | 3 *Schmitt*, § 3 EFZG Rz. 150 ff. | 4 BAG v. 22.8.2001 – 5 AZR 699/99, BAGE 98, 375 = AP Nr. 11 zu § 3 EntgeltFG; v. 22.2.1973 – 5 AZR 461/72, AP Nr. 28 zu § 1 LohnFG. | 5 BAG v. 8.3.1989 – 5 AZR 116/88, AP Nr. 17 zu § 2 LohnFG. | 6 BAG v. 7.9.1988 – 5 AZR 558/87, AP Nr. 79 zu § 1 LohnFG; v. 8.3.1989 – 5 AZR 116/88, AP Nr. 17 zu § 2 LohnFG. | 7 BAG v. 10.2.1987 – 8 AZR 529/84, BAGE 54, 184. | 8 BAG v. 18.1.1995 – 5 AZR 818/93, BAGE 79, 122. | 9 BAG v. 27.7.1977 – 5 AZR 318/76, AP Nr. 43 zu § 1 LohnFG. | 10 BAG v. 14.11.1984 – 5 AZR 394/82, BAGE 47, 195.

Beispiel: Eine normal verlaufende Schwangerschaft ist keine Krankheit. Nur die mit außergewöhnlichen Beschwerden oder Störungen verbundene Schwangerschaft ist als Krankheit im Rechtssinne anzusehen. Dabei kann sich eine mit häufigen, ausschließlich graviditätsbedingten Erkrankungen einhergehende Schwangerschaft als ein nicht ausgeheiltes, befristetes Grundleiden iSd. Engeltfortzahlungsrechts (= „dieselbe Krankheit") darstellen. Nicht zu fordern ist dagegen, dass die einzelnen Krankheiten (Krankheitserscheinungen) auch untereinander noch in einem besonderen Fortsetzungszusammenhang stehen müssen. 100

Derselbe rechtl. Zusammenhang besteht insb. zwischen akuten Erkrankungen und zeitlich nicht anschließenden Maßnahmen der medizinischen Vorsorge und Rehabilitation (§ 9) – vormals „Kuren", die auf demselben Grundleiden beruhen[1]. 101

Beispiel: Der ArbN leidet an degenerativen Veränderungen der Wirbelsäule. Er muss sich wegen hierauf beruhender akuter Beschwerden in ärztliche Behandlung begeben; für diesen Zeitraum attestiert ihm der Arzt krankheitsbedingte Arbeitsunfähigkeit. Sodann nimmt der ArbN seine Tätigkeit wieder auf, ohne dass das Grundleiden beseitigt ist. Später nimmt er zwecks Besserung der grundleidensbedingten Symptome an einer Maßnahme der medizinischen Vorsorge und Rehabilitation teil. 102

Der **Zeitraum** von 42 Kalendertagen kann **unterbrochen** werden. Führt dieselbe Krankheit zu mehreren Zeiten der Arbeitsunfähigkeit, so sind diese **mehreren Zeiten** zu **addieren**; Entgeltfortzahlung steht dem ArbN für insgesamt höchstens 42 Kalendertage zu, soweit nicht die Voraussetzungen des § 3 I 2 Nr. 1 oder 2 vorliegen[2]. 103

Beispiel: Jeweils nach Arbeitsantritt erkrankt der ArbN an derselben Krankheit 104

vom 1. April bis zum 15. April (14 Kalendertage), vom 3. Mai bis zum 13. Mai (10 Kalendertage) und vom 4. Juni bis zum 5. Juli (31 Kalendertage).

Weil der Anspruch auf Entgeltfortzahlung hat der ArbN nur für insgesamt 42 Kalendertage besteht, endet der Anspruchszeitraum mit Ablauf des 22. Juni. Für die Zeit vom 23. Juni bis zum 5. Juli besteht kein Anspruch auf Entgeltfortzahlung.

(2) Mehrere aufeinander folgende Krankheiten. Jede Arbeitsunfähigkeit, die auf jeweils einer anderen Krankheit beruht, löst für sich den **vollen Anspruch auf Entgeltfortzahlung** nach § 3 I 1 aus. Solche Zeiten der krankheitsbedingten Arbeitsunfähigkeit werden nicht zusammengerechnet, wenn sich die Krankheiten nicht überschneiden, sondern der ArbN in der Zwischenzeit wieder (vollständig) arbeitsfähig war[3]. Nicht erforderlich ist, dass der ArbN zwischen beiden Zeiten krankheitsbedingter Arbeitsunfähigkeit tatsächlich gearbeitet hat[4]. 105

(3) Mehrere sich überschneidende Krankheiten. Überschneiden sich dagegen mehrere Krankheiten, die jeweils für sich zur Arbeitsunfähigkeit führen, so ist der Anspruch auf Entgeltfortzahlung nach § 3 I 1 nach dem **Grundsatz der Einheit des Verhinderungsfalles** auf insgesamt sechs Wochen begrenzt[5]. In solch einem Fall kann der ArbN bei entsprechender Dauer der durch beide Erkrankungen verursachten Arbeitsverhinderung die Sechs-Wochen-Frist nur einmal in Anspruch nehmen[6]. 106

Unter dem rechtl. Gesichtspunkt der Einheitlichkeit des Verhinderungsfalles führt ein sog. **Arbeitsversuch**, bei dem der ArbN für ein paar Tage trotz Fortbestehens der Erkrankung versucht, die Arbeitsunfähigkeit zu überwinden, nicht zu einer neuen Periode der Entgeltfortzahlung nach Beendigung des Arbeitsversuches[7]. Vielmehr steht dem ArbN für die Tage des Arbeitsversuches ein Anspruch auf Entgeltfortzahlung zu, soweit der Anspruchszeitraum noch nicht erschöpft war. Auch stellt eine Beschäftigung zur Wiedereingliederung (§ 74 SGB IV) kein Arbeitsverhältnis dar (vgl. Rz. 55, auch § 1 Rz. 12). 107

c) Darlegungs- und Beweislast. Grds. trägt der **ArbN** die Darlegungs- und Beweislast für alle Voraussetzungen, die für die Entstehung und Dauer des Anspruchs nach § 3 I 1 erfüllt sein müssen. Dies betrifft auch den Fall, dass die erste Arbeitsunfähigkeit beendet war, bevor die zweite, auf anderer Krankheit beruhende Arbeitsunfähigkeit eingetreten ist. Denn insoweit handelt es sich nicht um einen anspruchsvernichtenden, sondern um einen anspruchsbegründenden Tatbestand. IdR wird der Nachweis des Vorliegens der krankheitsbedingten Arbeitsunfähigkeit durch ärztliches Attest erbracht (vgl. § 5). 108

7. Wiederholte Arbeitsunfähigkeit infolge derselben Krankheit. Von der grds. Anordnung des Entgeltfortzahlungsanspruchs auf sechs Wochen für jede Erkrankung (§ 3 I 1) macht das Gesetz zwecks Begrenzung der wirtschaftl. Belastung des ArbGeb[8] in § 3 I 2 im Wege des Ausschlusses von Ansprüchen **zwei Ausnahmen** für die mehrfache Arbeitsunfähigkeit infolge derselben Erkrankung im selben Arbeitsverhältnis. Grds. hat der ArbN für jede krankheitsbedingte Arbeitsunfähigkeit einen Anspruch auf Ent- 109

1 BAG v. 18.1.1995 – 5 AZR 818/93, BAGE 79, 122. | 2 BAG v. 22.3.1973 – 5 AZR 461/72, AP Nr. 28 zu § 1 LohnFG. | 3 BAG v. 2.12.1981 – 5 AZR 89/80, BAGE 37, 172. | 4 BAG v. 2.12.1981 – 5 AZR 89/80, BAGE 37, 172. | 5 BAG v. 26.2.1992 – 5 AZR 120/91, EEK I/1071; v. 10.6.1991 – 5 AZR 304/90, BAGE 68, 115; v. 2.12.1981 – 5 AZR 89/90, BAGE 37, 172. | 6 BAG v. 26.2.1992 – 5 AZR 120/91, EEK I/1071. | 7 BAG v. 1.6.1983 – 5 AZR 468/80, BAGE 43, 46. | 8 BAG v. 18.1.1995 – 5 AZR 818/93, BAGE 79, 122.

geltfortzahlung für die Dauer von höchstens sechs Wochen. Anders verhält es sich jedoch, wenn die erneute Arbeitsunfähigkeit auf derselben Krankheit, dh. demselben Grundleiden (vgl. Rz. 98 ff.) beruht. Grds. hat der ArbN in solchen Fällen keinen erneuten Anspruch auf Entgeltfortzahlung. Ausnahmsw. steht ihm eine solcher Anspruch jedoch für einen weiteren Zeitraum von sechs Wochen dann zu, wenn er entweder zuvor sechs Monate nicht infolge derselben Krankheit arbeitsunfähig krank war (Nr. 1) oder wenn seit dem Beginn der ersten Arbeitsunfähigkeit infolge derselben Krankheit eine Frist von zwölf Monaten abgelaufen ist (Nr. 2).

110 **a) Dasselbe Arbeitsverhältnis.** Die Bestimmungen des § 3 I 2 sind im selben Arbeitsverhältnis des ArbN mit demselben ArbGeb anzuwenden[1]. Geht das Arbeitsverhältnis infolge **Betriebsübergangs** (§ 613a BGB) bzw. in einer zur Anwendung des § 613a BGB führenden **Umwandlung** (§ 324 UmwG) auf einen neuen ArbGeb über, so sind diese Bestimmungen ebenso anzuwenden wie im Fall der Begründung eines **Arbeitsverhältnisses im Anschluss an das Ausbildungsverhältnis**[2]. Trotz formaler Beendigung und anschließender Begründung eines weiteren Arbeitsverhältnisses zum selben ArbGeb liegt unter dem Gesichtspunkt der Entgeltfortzahlung ein einheitliches Arbeitsverhältnis vor, wenn zwischen beiden ein enger sachlicher Zusammenhang besteht[3]. Fehlt es an solchem engen sachlichen Zusammenhang oder wird ein Arbeitsverhältnis mit einem anderen ArbGeb begründet, so ist für eine Anwendung der Regelungen des § 3 I 2 kein Raum. Vielmehr steht dem ArbN – nach Ablauf der Wartezeit (Abs. 3) – der uneingeschränkte Anspruch auf Entgeltfortzahlung bis zu sechs Wochen auch in dem Fall zu, in welchem er infolge derselben Krankheit wie im vorherigen Arbeitsverhältnis erkrankt. Ein Ausgleich zwischen ArbGeb, wie er im Urlaubsrecht nach § 6 BUrlG vorgesehen ist, findet im Fall der Entgeltfortzahlung wegen krankheitsbedingte Arbeitsunfähigkeit nicht statt[4].

111 **b) Erneuter Anspruch nach sechs Monaten.** Auch wenn die erneute Arbeitsunfähigkeit auf derselben Krankheit beruht (**Fortsetzungserkrankung**) und dieser Umstand grds. einen erneuten Anspruch auf Entgeltfortzahlung wegen Erschöpfung des Sechs-Wochen-Zeitraumes ausschließt, steht dem ArbN nach § 3 I 2 Nr. 1 ein erneuter Anspruch auf Entgeltfortzahlung zu, wenn er wegen Fortsetzungserkrankung sechs Monate nicht arbeitsunfähig war. In solchem Fall wird – der Sache nach – der Fortsetzungszusammenhang als unwiderleglich gelöst angesehen[5].

112 **aa) Fortsetzungszusammenhang.** Der Fortsetzungszusammenhang zwischen mehreren auf demselben nicht ausgeheilten Grundleiden beruhenden Erkrankungen (§ 3 I 2 Nr. 1) wird nur dadurch unterbrochen, dass der ArbN vor der erneuten Arbeitsunfähigkeit mindestens sechs Monate nicht infolge derselben Krankheit arbeitsunfähig war[6]. Diese Regelung gilt auch, wenn auf Grund derselben Erkrankung eine Maßnahme der medizinischen Vorsorge und Rehabilitation zum Anspruch auf Entgeltfortzahlung führt (§ 9). Der SozV-Träger ist gegenüber dem ArbGeb des Versicherten nicht verpflichtet, dafür zu sorgen, dass eine auf derselben Krankheit beruhende Kur (Maßnahme der medizinischen Rehabilitation) binnen sechs Monaten nach dem Ende der früheren Erkrankung begonnen wird, um einen erneuten Lohnfortzahlungsanspruch unter dem Gesichtspunkt der Wiederholungserkrankung zu vermeiden[7]. Tritt eine Krankheit, die sich später als Fortsetzungskrankheit herausstellt, zu einer bereits bestehenden, zur Arbeitsunfähigkeit führenden Krankheit hinzu und dauert sie über deren Ende hinaus an, so ist sie für die Zeit, in der sie die alleinige Ursache der Arbeitsunfähigkeit war und damit zum Anspruch auf Entgeltfortzahlung geführt hat, als Teil der späteren Fortsetzungserkrankung zu werten[8].

113 **Beispiele:** Ein ArbN ist vom 21.1. bis zum 2.3. desselben Jahres wegen einer Rippenfraktur arbeitsunfähig krank. In der Zeit vom 19.2. bis zum 12.3. trat ein ebenfalls zur krankheitsbedingten Arbeitsunfähigkeit führendes Handekzem hinzu. Vom 17.4. bis zum 19.5. und dann wieder vom 7. bis zum 19.11. desselben Jahres war der ArbN erneut wegen des Handekzems arbeitsunfähig krank. Das Handekzem stellt insoweit einen Teil der späteren Fortsetzungserkrankung dar, als der ArbN deswegen (ab 3.3.) Anspruch auf Entgeltfortzahlung hatte. Entgeltfortzahlung wegen des Handekzems steht ihm nur bis zum 9.11. zu.

114 Eine **Vorerkrankung** kann dann nicht als Teil einer Fortsetzungserkrankung angesehen werden, wenn sie lediglich zu einer bereits bestehenden, ihrerseits zur Arbeitsunfähigkeit führenden Krankheit hinzugetreten ist, ohne einen eigenen Anspruch auf Lohnfortzahlung auszulösen[9].

115 **bb) Unterbrechung des Fortsetzungszusammenhangs.** Der Fortsetzungszusammenhang gilt als unterbrochen, wenn der ArbN wegen derselben Krankheit (mindestens) sechs Monate nicht arbeitsunfähig krank war. Dies gilt auch und gerade dann, wenn das Grundleiden nicht ausgeheilt war[10]. Die spätere Arbeitsunfähigkeit ist dann eine im arbeitsrechtl. Sinne neue Krankheit[11].

1 BAG v. 23.12.1971 – 1 AZR 126/71, BAGE 24, 90. | 2 Vgl. BAG v. 20.8.2003 – 5 AZR 436/02, BAGReport 2004, 65; *Schmitt*, § 3 EFZG Rz. 193. | 3 BAG v. 22.8.2001 – 5 AZR 699/99, BAGE 98, 375; aA *Wedde/Kunz*, § 3 EFZG Rz. 110. | 4 BAG v. 23.12.1971 – 1 AZR 126/71, BAGE 24, 90. | 5 BAG v. 18.1.1995 – 5 AZR 818/93, BAGE 79, 122. | 6 BAG v. 22.8.1984 – 5 AZR 489/81, BAGE 46, 253. | 7 BAG v. 18.1.1995 – 5 AZR 818/93, BAGE 79, 122. | 8 BAG v. 2.2.1994 – 5 AZR 345/93, BAGE 75, 340. | 9 BAG v. 19.6.1991 – 5 AZR 304/90, BAGE 68, 115. | 10 BAG v. 6.10.1976 – 5 AZR 500/75, AP Nr. 41 zu § 1 LohnFG. | 11 BAG v. 29.9.1982 – 5 AZR 130/80, BAGE 40, 171.

Beispiel: Der ArbN ist im Januar und dann wieder im November wegen derselben Krankheit arbeitsunfähig krank. 116

Dagegen wird der **Fortsetzungszusammenhang nicht unterbrochen**, wenn während einer Maßnahme der medizinischen Vorsorge und Rehabilitation nach § 9 (vormals: Kur nach § 7 LFZG), die wegen des Grundleidens gewährt wurde, eine weitere Krankheit als selbständiger Verhinderungstatbestand bestanden hat[1]. 117

Für die **Sechs-Monats-Frist** kommt es nicht darauf an, ob der Angestellte tatsächlich gearbeitet hat. Eine zwischenzeitliche anderweitige Erkrankung, die als Fortsetzungserkrankung nicht in Betracht kommt, hemmt den Fristablauf nicht[2]. Dies gilt auch, wenn die Arbeitsunfähigkeit und eine nachfolgende Maßnahme der medizinischen Vorsorge oder Rehabilitation auf derselben Erkrankung beruhen. Liegen zwischen dem ende der Erkrankung und dem Beginn der Maßnahme sechs Monate, in denen der ArbN wegen dieser Krankheit nicht arbeitsunfähig war, so hat er Anspruch auf Entgeltfortzahlung wegen der Teilnahme an der Maßnahme. Der SozV-Träger ist gegenüber dem ArbGeb des Versicherten nicht verpflichtet, dafür zu sorgen, dass eine auf derselben Krankheit beruhende Maßnahme der medizinischen Rehabilitation binnen sechs Monaten nach dem Ende der früheren Erkrankung begonnen wird, um einen erneuten Entgeltfortzahlungsanspruch unter dem Gesichtspunkt der Fortsetzungserkrankung zu vermeiden[3]. 118

c) Erneuter Anspruch nach zwölf Monaten. Unabhängig davon, ob bei der Fortsetzungserkrankung ein neuer Anspruch auf Entgeltfortzahlung deshalb gegeben ist, weil der ArbN wegen derselben Krankheit mindestens sechs Monate nicht arbeitsunfähig war (s. Rz. 111), hat der ArbN nach Ablauf von zwölf Monaten seit dem Beginn der ersten Krankheitsperiode einen neuen Anspruch auf Entgeltfortzahlung für die Dauer von höchstens sechs Wochen (§ 3 I 2 Nr. 2). Dies stellt der Sache nach eine **Rückausnahme von § 3 I 1 und 2 Nr. 1** dar. 119

aa) Erneute Arbeitsunfähigkeit infolge Fortsetzungskrankheit. Der Anspruch nach § 3 I 2 Nr. 2 setzt eine erneute Erkrankung des ArbN voraus. Daher entsteht kein solcher Anspruch, wenn die Erkrankung über ein Jahr hindurch ohne Unterbrechung andauert[4]. Der Anspruch nach § 3 I 2 Nr. 2 kommt zum Tragen, wenn der ArbN infolge desselben Grundleidens mehrfach arbeitsunfähig ist und er deshalb keinen Anspruch auf Entgeltfortzahlung mehr hat, weil der **Anspruchszeitraum erschöpft** ist und zwischen den einzelnen Zeiten der auf dieser Krankheit beruhenden Arbeitsunfähigkeit keine sechs Monate ohne eine hierdurch bedingte Arbeitsunfähigkeit liegen (§ 3 I 1 und 2 Nr. 1). 120

Beispiel: Der ArbN ist seit dem 21.3.2007 vier Wochen arbeitsunfähig erkrankt. Ab 19.8.2007 ist er weitere drei Wochen, ab 12.12.2007 noch weitere vier Wochen wegen derselben Krankheit arbeitsunfähig. Seit dem 21.3.2008 ist er wiederum wegen derselben Krankheit arbeitsunfähig. Für die Zeit ab 21.3.2007 hat er für vier Wochen, für die Zeit ab 19.8.2007 für weitere zwei Wochen Entgeltfortzahlung zu erhalten. Für die nachfolgenden Zeiten steht ihm wegen des Grundsatzes, dass für dieselbe Krankheit nur einmal Entgeltfortzahlung zu leisten ist und weil zwischen den Zeiten der hierdurch bedingten Arbeitsunfähigkeit keine sechs Monate liegen, kein Anspruch zu. Gleichwohl hat der ArbN für die erneute Arbeitsunfähigkeit am 21.3.2008 wegen Ablaufs der Zwölf-Monats-Frist einen neuen Anspruch auf Entgeltfortzahlung bis zur Dauer von sechs Wochen. 121

bb) Zwölfmonatige Rahmenfrist. Zudem müssen zwischen dem Beginn der ersten Erkrankung und dem Beginn der erneuten Fortsetzungserkrankung zwölf Monate liegen. Diese Frist stellt eine Rahmenfrist dar; sie beginnt mit dem Beginn der „ersten" Erkrankung und wird von dort aus „vorausberechnet"[5]. Die Frist beginnt zugleich mit der Sechs-Wochen-Frist für den Anspruch Entgeltfortzahlung für die erste Periode der Arbeitsunfähigkeit; der Ablauf dieser Frist richtet sich nach § 188 II BGB. Es entsteht kein neuer Anspruch auf Entgeltfortzahlung, wenn die Arbeitsunfähigkeit infolge derselben Krankheit vor Ablauf der Rahmenfrist eingetreten ist[6]. Wenn die letzte Arbeitsunfähigkeitperiode vor Ablauf der Zwölf-Monats-Frist beginnt und nach deren Ablauf noch andauert, entsteht auch kein Anspruch, auch nicht erst mit dem Tag nach dem Ablauf der Rahmenfrist[7]. 122

Beispiel: Wie vor, jedoch beginnt die letzte Periode der Arbeitsunfähigkeit bereits am 11.3.2008: Die Zwölf-Monats-Frist begann mit der ersten auf derselben Krankheit beruhenden Arbeitsunfähigkeit (21.3.2007). 123

cc) Erste Arbeitsunfähigkeit. Die Zwölf-Monats-Frist knüpft an die „erste" Arbeitsunfähigkeit an. Damit ist nicht die zeitlich Erste gemeint, sondern die erste Arbeitsunfähigkeit, die unter Beachtung des Grundsatzes der Einheit des Verhinderungsfalles auf dieselbe Erkrankung zurückzuführen ist und für die Entgeltfortzahlung, sei es nach S. 1, sei es nach S. 2 Nr. 1 des § 3 I zu leisten war. Trotz des 124

---

1 BAG v. 22.8.1984 – 5 AZR 489/81, BAGE 46, 253. | 2 BAG v. 29.9.1982 – 5 AZR 130/80, BAGE 40, 171. | 3 BAG v. 18.1.1995 – 5 AZR 818/93, BAGE 79, 122. | 4 *Schmitt*, § 3 EFZG Rz. 187. | 5 *Schliemann*, ArbuR 1994, 317 (321). | 6 BAG v. 14.3.2007 – 5 AZR 514/06, ZTR 2007, 509; KDHK/*Dunkl*, § 3 EFZG Rz. 178; *Schmitt*, § 3 EFZG Rz. 186. | 7 BAG v. 14.3.2007 – 5 AZR 514/06, ZTR 2007, 509; aA ErfK/*Dörner*, § 3 EFZG Rz. 40.

insoweit gegenüber dem LFZG geänderten Wortlautes ist an der dazu ergangenen st. Rspr.[1] fest zu halten[2].

125 **d) Darlegungs- und Beweislast.** Eine Fortsetzungserkrankung stellt einen der **Entgeltfortzahlungsanspruch ausschließenden Umstand** dar. Deshalb trifft die objektive Beweislast für das Bestehen einer Fortsetzungskrankheit idR den **ArbGeb**. Der ArbN hat die anspruchsbegründenden Tatsachen seines Entgeltfortzahlungsanspruchs darzulegen und ggf. zu beweisen. Ist er innerhalb der Zeiträume des § 3 I 2 länger als sechs Wochen arbeitsunfähig krank, muss er darlegen, dass keine Fortsetzungskrankheit vorliegt. Wird dies vom ArbGeb bestritten, so obliegt dem ArbN die Darlegung der Tatsachen, die den Schluss erlauben, es habe keine Fortsetzungerkrankung vorgelegen. Der ArbN hat dabei den Arzt von seiner Schweigepflicht zu entbinden[3]. Solange der ArbN die Mitwirkung ablehnt, kann der ArbGeb die Fortzahlung des Arbeitsentgelts verweigern. Die Befreiung von der Schweigepflicht erstreckt sich nur auf die Frage, ob eine Fortsetzungskrankheit vorliegt. Weitere Auskünfte (insb. über den Krankheitsbefund) kommen nicht in Betracht[4]. Für die Antwort auf die Frage, ob der ArbN infolge einer Fortsetzungskrankheit arbeitsunfähig ist, bedarf die Krankenkasse nach § 69 IV SGB X nicht (mehr) der Entbindung von der Schweigepflicht.

126 **III. Sterilisation und Schwangerschaftsabbruch (Abs. 2).** Die Regelungen über den Entgeltfortzahlungsanspruch bei Sterilisation und Schwangerschaftsabbruch sind im Jahr 1975 durch das Gesetz über ergänzende Maßnahmen zum Fünften Strafrechtsreformgesetz (Strafrechtsreform-Ergänzungsgesetz-StREG[5]) in das LFGZ eingefügt worden und ohne sachliche Änderung in das EFZG übernommen worden. Nach § 3 II gilt als unverschuldete Arbeitsunfähigkeit iSd. Abs. 1 auch eine Arbeitsverhinderung, die auf nicht rechtwidriger **Sterilisation** beruht. Dasselbe gilt für einen **Schwangerschaftsabbruch**, wenn ein Arzt den Abbruch innerhalb von zwölf Wochen nach der Empfängnis durchführt, die Frau den Abbruch verlangt und sie dem Arzt durch eine Bescheinigung nachgewiesen hat, eine Schwangerschaftsberatung durch eine anerkannte Beratungsstelle mindestens drei Tage vor dem Abbruch erfahren zu haben.

127 Mit diesen beiden Tatbeständen wird lediglich die tatbestandlichen Voraussetzung des **Unverschuldens** für die zur Arbeitunfähigkeit führenden Erkrankung durch eine **gesetzl. Fiktion** ersetzt. Für den Entgeltanspruch selbst müssen daneben die sonst hierfür aufgestellten Voraussetzungen vorliegen.

128 Die Regelung über die Entgeltfortzahlung infolge Arbeitsunfähigkeit wegen eines nicht rechtswidrigen Schwangerschaftsabbruchs ist **verfassungskonform**[6]. Ein iSd. § 3 III (vormals § 1 II 2 LFZG) nicht rechtswidriger Abbruch einer Schwangerschaft wegen einer Notlagenindikation setzt voraus, dass die Notlage in einem schriftl. ärztlichen Attest festgestellt worden ist[7]. Das EFZG enthält – wie schon zuvor das LFZG – keine Bestimmung darüber, wann ein Schwangerschaftsabbruch nicht rechtwidrig ist. Ein nicht rechtswidriger Abbruch einer Schwangerschaft iSd. § 3 II (vormals: § 1 II 2 LFZG) ist nur anzunehmen, wenn es sich um einen iSd. § 218a StGB nicht strafbaren Schwangerschaftsabbruch handelt[8] Dabei blieb unentschieden, ob insoweit auch ein nach strafrechtsdogmatischer Auffassung rechtmäßiges Handeln vorliegt, dh. ob die Indikationen des § 218a StGB als Rechtfertigungsgründe oder nur als Schuldausschließungsgründe (Unrechtsausschließungsgründe, Strafausschließungsgründe) zu werten sind[9]. Auch nach den zwischenzeitlichen mehrfachen Änderungen der einschlägigen strafrechtl. Bestimmungen, wie sie im Urteil des BAG v. 14.12.1994 im Einzelnen nachgezeichnet sind[10], ist ein Schwangerschaftsabbruch iSd. § 3 II (vormals § 1 II 2 LFZG) nur dann nicht rechtwidrig, wenn der Schwangerschaftsabbruch objektiv nicht strafbar war, nicht aber schon dann, wenn aus Gründen der §§ 16 ff. StGB von einer Bestrafung im Einzelfall abgesehen wird[11].

129 **IV. Wartezeit (Abs. 3).** Nach § 3 III entsteht der Anspruch auf Entgeltfortzahlung erst nach einer **vierwöchigen ununterbrochenen Dauer des Arbeitsverhältnisses**. Diese Wartezeit ist durch Gesetz vom 25.9.1996[12] mit Wirkung ab dem 1.10.1996 in das EFZG eingefügt worden. Dies ist durch das sog. Korrekturgesetz vom 19.12.1998[13] nicht rückgängig gemacht worden und gilt unverändert fort.

130 Wenn ein Auszubildender in ein Arbeitsverhältnis übernommen wird, so löst dies keine neue Wartezeit aus[14]. Besteht zwischen einem beendeten und einem neubegründeten Arbeitsverhältnis zu demselben ArbGeb ein **enger zeitlicher und sachlicher Zusammenhang**, wird der Lauf der Wartezeit des § 3 III in dem neuen Arbeitsverhältnis nicht erneut ausgelöst[15].

---

1 BAG v. 16.12.1987 – 5 AZR 510/86, AP Nr. 73 zu § 1 LohnFG; v. 6.10.1976 – 5 AZR 500/75, AP Nr. 41 zu § 1 LohnFG. | 2 KDHK/*Dunkl*, § 3 EFZG Rz. 179; *Schmitt*, § 3 EFZG Rz. 188; ErfK/*Dörner*, § 3 EFZG Rz. 40. | 3 BAG v. 13.7.2005 – 5 AZR 389/04, BB 2005, 2642 = SAE 2006, 147 m. zust. Anm. *Joussen* – teilweise Aufgabe von BAG v. 4.12.1985 – 5 AZR 656/84, AP Nr. 42 zu § 63 HGB. | 4 BAG v. 19.3.1986 – 5 AZR 86/85, BAGE 51, 308. | 5 V. 28.8.1975 (BGBl. I S. 2289). | 6 ErfK/*Dörner*, § 3 EFZG Rz. 47. | 7 BAG v. 14.12.1994 – 5 AZR 524/89, BAGE 79, 12. | 8 BAG v. 5.4.1989 – 5 AZR 495/87, BAGE 61, 249. | 9 BAG v. 5.4.1989 – 5 AZR 495/87, BAGE 61, 249. Die gegen diese Entscheidung eingelegte Verfassungsbeschwerde hat das BVerfG nicht zur Entscheidung angenommen (BVerfG v. 18.10.1989 – 1 BvR 1013/89, AP Nr. 84 a zu § 1 LohnFG). | 10 BAG v. 14.12.1994 – 5 AZR 524/89, BAGE 79, 12. | 11 BAG v. 14.12.1994 – 5 AZR 524/89, BAGE 79, 12. | 12 BGBl. I S. 1476. | 13 BGBl. I S. 3843. | 14 BAG v. 20.8.2003 – 5 AZR 436/02, BAGReport 2004, 65. | 15 BAG v. 22.8.2001 – 5 AZR 699/99, BAGE 98, 375.

Beispiel: Ein Waldarbeiter wird auf Grund entsprechender tarifvertragl. Bestimmung am 5.1. witterungsbedingt entlassen. Am 28.1. desselben Jahres wird er wieder eingestellt. Vom 31.1. bis zum 6.2. ist er arbeitsunfähig krank. Ihm steht Entgeltfortzahlung für diese Tage zu, weil zwischen beiden Arbeitsverhältnissen ein enger sachlicher Zusammenhang besteht. 131

Erkrankt ein ArbN während der Wartezeit des § 3 III und dauert die Arbeitsunfähigkeit über den Ablauf der Wartezeit hinaus an, so entsteht der Anspruch auf Entgeltfortzahlung nach § 3 I für die Dauer von sechs Wochen. **In die Wartezeit fallende Krankheitstage sind nicht anzurechnen**[1]. Das gilt wegen § 8 I 1 auch dann, wenn das Arbeitsverhältnis durch eine aus Anlass der Arbeitsunfähigkeit ausgesprochene Kündigung noch innerhalb der Wartezeit beendet worden ist. 132

4 *Höhe des fortzuzahlenden Arbeitsentgelts*

(1) Für den in § 3 Abs. 1 bezeichneten Zeitraum ist dem Arbeitnehmer das ihm bei der für ihn maßgebenden regelmäßigen Arbeitszeit zustehende Arbeitsentgelt fortzuzahlen.

(1a) Zum Arbeitsentgelt nach Absatz 1 gehören nicht das zusätzlich für Überstunden gezahlte Arbeitsentgelt und Leistungen für Aufwendungen des Arbeitnehmers, soweit der Anspruch auf sie im Falle der Arbeitsfähigkeit davon abhängig ist, dass dem Arbeitnehmer entsprechende Aufwendungen tatsächlich entstanden sind, und dem Arbeitnehmer solche Aufwendungen während der Arbeitsunfähigkeit nicht entstehen. Erhält der Arbeitnehmer eine auf das Ergebnis der Arbeit abgestellte Vergütung, so ist der von dem Arbeitnehmer in der für ihn maßgebenden regelmäßigen Arbeitszeit erzielbare Durchschnittsverdienst der Berechnung zugrunde zu legen.

(2) Ist der Arbeitgeber für Arbeitszeit, die gleichzeitig infolge eines gesetzlichen Feiertages ausgefallen ist, zur Fortzahlung des Arbeitsentgelts nach § 3 verpflichtet, bemisst sich die Höhe des fortzuzahlenden Arbeitsentgelts für diesen Feiertag nach § 2.

(3) Wird in dem Betrieb verkürzt gearbeitet und würde deshalb das Arbeitsentgelt des Arbeitnehmers im Falle seiner Arbeitsfähigkeit gemindert, so ist die verkürzte Arbeitszeit für ihre Dauer als die für den Arbeitnehmer maßgebende regelmäßige Arbeitszeit im Sinne des Absatzes 1 anzusehen. Dies gilt nicht im Falle des § 2 Abs. 2.

(4) Durch Tarifvertrag kann eine von den Absätzen 1, 1a und 3 abweichende Bemessungsgrundlage des fortzuzahlenden Arbeitsentgelts festgelegt werden. Im Geltungsbereich eines solchen Tarifvertrages kann zwischen nichttarifgebundenen Arbeitgebern und Arbeitnehmern die Anwendung der tarifvertraglichen Regelung über die Fortzahlung des Arbeitsentgelts im Krankheitsfalle vereinbart werden.

I. Normzweck und -entstehung. Die Vorschrift regelt die **Höhe des** wegen krankheitsbedingter Arbeitsunfähigkeit **fortzuzahlenden Arbeitsentgeltes** und hat in kurzen Abständen unterschiedliche Fassungen erfahren. Die ursprüngliche Fassung galt ab 1.6.1994[2]. Durch das **arbeitsrechtl. Beschäftigungsförderungsgesetz**[3] wurden die Vorschriften über die Höhe des fortzuzahlenden Arbeitsentgeltes grundlegend geändert. Grds. war die Höhe der Entgeltfortzahlung im Krankheitsfall auf 80 % des dem ArbN bei der für ihn maßgebenden regelmäßigen Arbeitszeit zustehenden Arbeitsentgeltes festgelegt; eine Ausnahme, nämlich 100 %, galt lediglich, wenn der ArbN infolge eines Arbeitsunfalls oder einer Berufskrankheit mit der Arbeit aussetzen musste. Mit **Wirkung vom 1.1.1999** wurde die Entgeltfortzahlung im Krank- 1

1 BAG v. 26.5.1999 – 5 AZR 476/98, BAGE 91, 370. | 2 Art. 53 PflegeversicherungsG (BGBl. 1994 I S. 1013, 1065 ff., 1071). | 3 V. 25.9.1996 (BGBl. I S. 1476).

heitsfall durch das Gesetz zur Korrektur in der Sozialversicherung und zur Sicherung der Arbeitnehmerrechte – sog. **Korrekturgesetz**[1] – wieder auf 100 % angehoben. § 4a aF wurde gestrichen, § 4b aF wurde in § 4 nF umnummeriert. Maßgeblich hierfür war die Erwägung, dass die Absenkung der gesetzl. Entgeltfortzahlung im Krankheitsfall auf 80 % zu einer sozialpolitisch problematischen Ungleichbehandlung der ArbN geführt habe[2]. Andererseits wurde § 4 Ia insoweit neu gefasst, als das zusätzlich für Überstunden gezahlte Arbeitsentgelt nicht mehr zum fortzuzahlenden Arbeitsentgelt zählt. Gemeint sind damit, wie der Gesetzgeber ausdrücklich hervorgehoben hat, nicht nur Überstundenzuschläge, sondern auch die Grundvergütung für Überstunden[3].

2 **II. Modifiziertes Entgeltausfallprinzip.** § 4 I u. Ia regelt die Höhe des fortzuzahlenden Arbeitsentgeltes für jene Fälle, in denen die krankheitsbedingte Arbeitsunfähigkeit die alleinige Ursache für die Arbeitsverhinderung ist, die Arbeitsverhinderung nicht auf einen gesetzl. Feiertag fällt (dazu Abs. 2), der Betrieb nicht verkürzt arbeitet (dazu Abs. 3) und keine abweichende tarifvertragl. Regelung besteht (Abs. 4).

3 Einheitlich für alle Arten von ArbN gilt nunmehr das bereits im LFZG nur für Arbeiter festgelegte modifizierte Entgeltfortzahlungsprinzip. Im Gegensatz zum **Referenzprinzip** des Bundesurlaubsrechts (§ 11 I BUrlG) oder des Mutterschutzrechts (§ 11 I 1 MuSchG) und des Krankengeldes (§ 47 II SGB V) will das **Entgeltausfallprinzip**, den ArbN fiktiv finanziell so stellen, als wäre er nicht infolge krankheitsbedingter Arbeitsunfähigkeit an der Leistung seiner Arbeit gehindert gewesen[4]. Würde das Entgeltausfallprinzip puristisch durchgeführt, so müsste für die Bemessung der ausgefallenen Arbeitszeit auf die jeweilige individuelle hypothetische Arbeitszeit für jeden Tag des Entgeltfortzahlungszeitraumes abgestellt werden, also auch auf unregelmäßig anfallende Mehrarbeitsstunden oder Überstunden. Davon geht das EFZG jedoch nicht aus. Vielmehr ist das Entgeltfortzahlungsprinzip **modifiziert**, indem für das fortzuzahlende Arbeitsentgelt die **für den ArbN maßgebende regelmäßige Arbeitszeit** zugrunde gelegt wird (Abs. 1) und hierzu nicht das **zusätzlich für Überstunden gezahlte Arbeitsentgelt** zählt (Abs. 1a S. 1 Hs. 1)[5].

4 **III. Fortzuzahlendes Arbeitsentgelt.** Das fortzuzahlende Arbeitsentgelt wird, soweit der ArbN keine auf das Ergebnis der Arbeit abstellende Vergütung erhält (Abs. 1a S. 2), in der Weise ermittelt, dass der **Zeitfaktor** und der **Geldfaktor** ermittelt und beide multipliziert werden[6]. Die Bestimmung dieser beiden maßgeblichen Faktoren ist für den Bereich der Überstunden insoweit vereinfacht worden, als der Gesetzgeber einerseits auf die für den ArbN regelmäßige Arbeitszeit abgestellt hat (Abs. 1) und er daneben bestimmt hat, dass das zusätzlich für Überstunden gezahlte Arbeitsentgelt nicht zum fortzuzahlenden Arbeitsentgelt nach Abs. 1 gehört (Abs. 1a S. 1 Hs. 1)[7]. Gleichwohl werfen die Bestimmungen sowohl des Zeitfaktors als auch des Geldfaktors nach wie vor nicht unerhebliche Schwierigkeiten auf. Die Rspr. versucht diese Schwierigkeiten in der Weise zu bewältigen, dass sie – soweit nötig – Durchschnittsbetrachtungen für die Vergangenheit zulässt, mithin eine Betrachtungsweise, die dem Referenzprinzip entspricht, nicht aber einem (puristischen) Entgeltfortzahlungsprinzip.

5 **1. Zeitfaktor.** Nach Abs. 1 hat der **ArbN** für den Zeitraum, in welchem ihm nach § 3 I Entgeltfortzahlung zusteht, Anspruch auf das ihm bei der **für ihn maßgebenden** regelmäßigen Arbeitszeit zustehende Arbeitsentgelt. Zu bestimmen ist damit, was der ArbN auf Grund seines Arbeitsvertrages als Arbeitsentgelt zu erhalten gehabt hätte, wenn er nicht infolge krankheitsbedingter Arbeitsunfähigkeit an der Arbeitsleistung gehindert gewesen wäre.

6 **a) Regelmäßige Arbeitszeit.** Der Zeitfaktor wird bestimmt durch die für den betroffenen ArbN maßgebende regelmäßige Arbeitszeit. Es kommt daher weder auf die gesetzl. Höchstarbeitszeit noch auf die tarifl. Wochenarbeitszeiten noch eine betriebsübliche tägliche Arbeitszeit an. Von all diesen Arbeitszeiten kann die individuelle regelmäßige Arbeitszeit eines ArbN nach oben oder unten abweichen; entscheidend ist, welche regelmäßige Arbeitszeit im individuellen Arbeitsverhältnis angefallen wäre. Grundlage hierfür können eine **ausdrückliche oder konkludente Vereinbarung** oder eine **tatsächliche oder betriebliche Übung** sein. Etwaige gesetzl. oder tarifl. Höchstarbeitszeiten dienen dem Schutz des ArbN; sie bewahren den ArbGeb jedoch nicht vor der Verpflichtung, etwa darüber hinausgehende Arbeitszeiten zu vergüten[8]. Als regelmäßig wird ein Geschehen angesehen, das nach einer bestimmten festen Ordnung in gleichmäßigen Abständen und gleichförmiger aufeinander folgend wiederkehrt; entscheidend ist also die Gleichförmigkeit des Geschehens über eine bestimmte Zeit hinweg, so dass eine **gewisse Stetigkeit und Dauer** vorauszusetzen ist[9]. Endet der Gehaltsfortzahlungsanspruch eines mit arbeitstäglich gleichmäßiger Arbeitszeit tätigen Angestellten im Krankheitsfalle an einem Tage während des laufenden Monats, so ist der anteilige Gehaltsanspruch in der Weise zu berechnen, dass das monatliche Bruttogehalt durch die in dem betreffenden Monat tatsächlich anfallenden Arbeitstage

1 V. 19.12.1998 (BGBl. I S. 3843). | 2 BT-Drs. 14/45, 54. | 3 BT-Drs. 14/45, 55. | 4 *Schmitt*, § 4 EFZG Rz. 19. | 5 Vgl. insgesamt BAG v. 21.11.2001 – 5 AZR 296/00, BAGE 100, 25 mwN. | 6 BAG v. 21.11.2001 – 5 AZR 296/00, BAGE 100, 25. | 7 ErfK/*Dörner*, § 4 EFZG Rz. 6. | 8 BAG v. 21.11.2001 – 5 AZR 296/00, BAGE 100, 25. | 9 BAG v. 3.5.1989 – 5 AZR 249/88, AP Nr. 19 zu § 2 LohnFG.

geteilt und der sich danach ergebende Betrag mit der Anzahl der krankheitsbedingt ausgefallenen Arbeitstage multipliziert wird (konkrete Berechnungsweise auf Grundlage des Lohnausfallprinzips)[1].

b) Gleichbleibende Arbeitszeit. Die Feststellung der regelmäßigen Arbeitszeit ist unproblematisch, wenn der ArbN gleich bleibend eine bestimmte Stundenzahl pro Arbeitstag arbeitet. Dabei ist gleichgültig, ob es sich um die vertragl. vereinbarte Normalarbeitszeit handelt oder ob hierin in Form sog. Überstunden regelmäßig anfallende Mehrarbeit enthalten ist[2]. Als regelmäßig und damit im Grunde gleich bleibend ist es anzusehen, wenn ein ArbN auf Grund einer besonderen Vereinbarung nach § 5 Nr. 3 Abs. 2 BRTV-Bau **regelmäßig zusätzlich vergütete Arbeitsleistungen** (Fahrten mit Kollegen zur Baustelle und zurück) erbringt[3]. Eine während des Entgeltfortzahlungszeitraumes wirksam werdende **dauernde Veränderung der regelmäßigen Arbeitszeit** des betroffenen ArbN ist bei der Bemessung des Zeitfaktors selbstverständlich zugrunde zu legen. Solche Änderungen können auf einer arbeitsvertragl. Vereinbarung beruhen; sie können aber auch darauf beruhen, dass die für den betreffenden ArbN maßgebende regelmäßige Arbeitszeit die regelmäßige tarifl. Arbeitszeit ist und diese verändert wird. 7

c) Schichtarbeit. Die Feststellung des Zeitfaktors macht keine Schwierigkeiten, soweit der ArbN in Schichtarbeit während der gesamten Zeit seiner Arbeitsverhinderung infolge krankheitsbedingter Arbeitsunfähigkeit in einem **Schichtplan** eingeteilt war. Dann ist seine Arbeitszeit nach dem Schichtplan zugrunde zu legen. Weicht hiervon – wie häufig bei **Wechselschichten** – infolge einer Verstetigung die Zahlung des Arbeitsentgeltes ab und wird für den ArbN ein **Zeitkonto** geführt, so ist das verstetigte Arbeitsentgelt fortzuzahlen und das Zeitkonto entsprechend den Einsätzen, die der ArbN zu leisten gehabt hätte, fortzuführen. Bei **Freischichtmodellen** ist in gleicher Art und Weise zu verfahren. Erkrankt ein ArbN indessen an einem Freischichttag, so hat er grds. keinen Anspruch auf Entgeltfortzahlung nach § 3 oder auf Nachgewährung der Freistellung nach Wiederherstellung seiner Arbeitsfähigkeit[4]. Hiervon kann allerdings durch **TV** abgewichen werden. Erhält der ArbN zB nach einer tarifl. Bestimmung als Entgeltfortzahlung für jeden Kalendertag krankheitsbedingter Arbeitsunfähigkeit 1/364 des Bruttoarbeitsentgeltes der letzten zwölf Abrechnungsmonate, so wird der Anspruch nicht dadurch ausgeschlossen, dass der ArbN ohne die krankheitsbedingte Arbeitsunfähigkeit wegen von vornherein festgelegter Freischichten nicht gearbeitet hätte; durch eine solche Regelung wird nicht nur der Geldfaktor, sondern auch der Zeitfaktor zur Bestimmung der Entgeltfortzahlung iSv. § 4 IV abweichend geregelt[5]. Andererseits hat ein ArbN, dessen persönliche regelmäßige Arbeitszeit unter 40 Wochenstunden liegt, der aber an den für ihn maßgebenden Arbeitstagen zB im Schichtbetrieb acht Stunden zu arbeiten hat, einen Zeitfaktor von acht Stunden für jeden Tag, an dem er wegen der krankheitsbedingten Arbeitsunfähigkeit an der Arbeitsleistung verhindert ist[6]. Auch insoweit kommt es indessen vorrangig auf tarifvertragl. Regelungen nach Abs. 4 an, insb. hinsichtlich der Frage, ob die regelmäßige wöchentliche Arbeitszeit überschreitende tatsächliche Arbeitszeit nur durch unbezahlte Freizeit oder durch Freischichten ausgeglichen wird[7]. Aber auch tarifvertragl. Vorschriften können insoweit Unklarheiten bieten, wie die unterschiedliche Auffassung zur Berücksichtigung der **Freischichttage** nach dem – nicht mehr geltenden – MTV-Metall NRW idF v. 5.5.1987 bei der Berechnung der Entgeltfortzahlung im Krankheitsfall und bei der Berechnung der Urlaubsvergütung zeigen[8]. 8

d) Wechselnde Arbeitszeiten. Bei wechselnden Arbeitszeiten ist zu unterscheiden, ob es sich um (arbeitstäglich) wechselnde Arbeitszeiten handelt oder um mehr oder weniger saisonale Schwankungen oder langzyklische Festlegungen. Bei **langzyklischen Festlegungen** ist ebenso wie bei **saisonal festgelegten** Arbeitszeiten für den Zeitfaktor auf den Zeitraum abzustellen, in den die Zeit der krankheitsbedingten Arbeitsunfähigkeit fällt. Insoweit ist wegen Verstoßes gegen das modifizierte Lohnausfallprinzip des Abs. 1 nicht zulässig, durch eine betriebliche Regelung über die flexible Verteilung der Arbeitszeit anzuordnen, dass die sich in der Phase der verkürzten Arbeitszeit ergebende Zeitschuld nur durch tatsächliche Arbeitsleistung, nicht aber durch krankheitsbedingter Arbeitsunfähigkeit während der Phase der verlängerten Arbeitszeit ausgeglichen wird[9]. Bei **ständig wechselnden Arbeitszeiten**, wie sie bei Gleitzeit, Jahresarbeitszeit und anderen Formen flexibler Arbeitszeit gebräuchlich sind, steht in aller Regel nicht fest, welche regelmäßige Arbeitszeit für den ArbN während der Dauer seiner krankheitsbedingten Arbeitsunfähigkeit tatsächlich angefallen wäre. Insoweit ist eine **vergangenheitsbezogene Durchschnittsbetrachtung** geboten. Maßgebend ist der Durchschnitt der vergangenen zwölf Monate[10]. Krankheits- und Urlaubstage sind nicht in die vergangenheitsbezogene Durchschnittsberechnung einzubeziehen, soweit die ausgefallene Arbeitszeit selbst auf einer Durchschnittsberechnung beruht. Nimmt der 9

---

1 BAG v. 14.8.1985 – 5 AZR 384/84, AP Nr. 40 zu § 63 HGB. | 2 BAG v. 26.5.2002 – 5 AZR 153/01, AP Nr. 62 zu § 4 EntgeltFG. | 3 BAG v. 16.1.2002 – 5 AZR 303/00, AP Nr. 7 zu § 2 EntgeltFG. | 4 BAG v. 21.8.1991 – 5 AZR 91/91, AP Nr. 4 zu § 1 – Tarifverträge: Schuhindustrie. | 5 BAG v. 9.10.2002 – 5 AZR 356/01, AP Nr. 63 zu § 4 EntgeltFG. | 6 BAG v. 14.6.1989 – 5 AZR 505/88, AP Nr. 18 zu § 2 LohnFG. | 7 Vgl. *Marienhagen/Künzl*, § 4 EFZG Rz. 30c, 30d. | 8 BAG v. 5.10.1988 – 5 AZR 322/87, BAGE 60, 14; v. 10.7.1996 – 5 AZR 284/95, AP Nr. 142 zu § 1 TVG – Tarifverträge: Metallindustrie einerseits und BAG v. 8.11.1994 – 9 AZR 477/91, BAGE 78, 213; vgl. dazu insgesamt *Leinemann*, FS Schaub (1998), 443. | 9 BAG v. 13.2.2002 – 5 AZR 470/00, BAGE 100, 256. | 10 BAG v. 21.11.2001 – 5 AZR 296/00, BAGE 100, 25; v. 26.6.2002 – 5 AZR 511/00, EEK 3083 = AuA 2003, 57 (Kurzwiedergabe m. Anm. *Borck*).

ArbN Freizeitausgleich in Anspruch, so mindert dies seine regelmäßige Arbeitszeit, soweit nicht nur Überstundenzuschläge „abgefeiert" werden[1].

10 **Beispiele:** Der ArbN leistete regelmäßig mehr als 40 Stunde Arbeitszeit in der Woche. Bis Ende Oktober 1999 hatte er insgesamt 492 Mehrarbeitsstunden geleistet. Im Juni 1999 arbeitete er zusätzlich zur tarifl. Arbeitszeit 94 Stunden, im August 57,5 Stunden und im September 54 Stunden. Der ArbN war im Oktober arbeitsunfähig krank. Die Arbeitgeberin zahlte lediglich für durchschnittlich acht Stunden und fünf Arbeitstage pro Woche Entgeltfortzahlung im Krankheitsfall. Der Rechtsstreit wurde zurückverwiesen um zu klären, inwieweit die über die Arbeitszeit von 40 Wochenstunden hinausgehende Arbeitszeit des Klägers die für ihn maßgebliche regelmäßige Arbeitszeit war (Abs. 1) und inwieweit es sich dabei um für die Entgeltfortzahlung nicht zu berücksichtigende Überstunden (Abs. 1a S. 1) gehandelt hat[2].

11 Bei der Bemessung des **Vergleichszeitraums** zur Ermittlung der für den ArbN regelmäßigen Arbeitszeit durch eine Vergangenheitsbetrachtung ist zu berücksichtigen, dass das Arbeitsverhältnis mit seinen Besonderheiten möglichst umfassend in den Blick kommt und Zufallsergebnisse vermieden werden. Es handelt sich nicht lediglich um einen Referenzzeitraum zur praktikablen Berechnung des Lohnausfalles, sondern um eine rechtl. Bestimmung der regelmäßigen Arbeitszeit des betroffenen ArbN. Deshalb genügt es nicht, einen Zeitraum von drei Monaten zugrunde zu legen, wie das BAG zuvor angenommen hat[3]. Wie sich gerade aus Abs. 1a ergibt, muss die Ständigkeit der Arbeitsleistung – im Hinblick auf mögliche, eben nicht zu berücksichtigende Überstunden und sonstige Zufallsschwankungen – für eine längere Dauer festgestellt werden. Nur dann lässt sich eine „Regelmäßigkeit" iSv. Abs. 1 annehmen. Das führt in Anlehnung an die frühere Rspr. zum Arbeiterkrankheitsgesetz[4] zu einen Vergleichszeitraum von 12 Monaten vor Beginn der Arbeitsunfähigkeit. Dieser Zeitraum wird besonderen Eigenarten eines Arbeitsverhältnisses gerecht und vermeidet unbillige Zufallsergebnisse. Hat das Arbeitsverhältnis bei Beginn der Arbeitsunfähigkeit weniger als ein Jahr gedauert, ist dessen gesamter Zeitraum maßgebend[5].

12 **e) Überstunden.** Das zusätzlich für **nicht regelmäßige Überstunden** gezahlte Arbeitsentgelt gehört nicht zu dem nach Abs. 1 fortzuzahlenden Arbeitsentgelt (Abs. 1a S. 1). Nach vorherigem Recht war die Berücksichtigung von Überstunden nicht ausdrücklich untersagt. Vielmehr wurden regelmäßig anfallende „Überstunden" zu dem nach § 1 LFZG fortzuzahlenden Arbeitsverdienst gerechnet[6]. Dies wirft die Frage auf, ob der Gesetzgeber mit Änderung des ersten Hs. in Abs. 1 S. 1 durch das Korrekturgesetz eine von der bisherigen Rspr. abweichende Regelung treffen wollte oder ob er den Stand der Rspr. lediglich in das Gesetz übernehmen wollte. Aus der Gesetzesbegründung[7] lässt sich insoweit nichts näheres entnehmen. Abs. 1a S. 1 Hs. 1 umfasst nach seinem Wortlaut und nach seinem Sinn und Zweck auch **wiederholt geleistete Überstunden**[8]. Dabei stellt das zusätzlich für Überstunden gezahlte Entgelt nicht nur alle Überstundenzuschläge dar, sondern erfasst auch die Grundvergütung für diese Überstunden. Hätte der Gesetzgeber nur die Überstundenzuschläge aus der Überstundenfortzahlung herausnehmen wollen, so hätte er dies unter dem eingeführten Begriff der Überstundenzuschläge klar ausdrücken können oder zumindest das Wort „zusätzlich" zwischen die Worte „Überstunden" und „gezahlte" stellen können und damit ausdrücken können, dass nur die Zusatzvergütung zur Stundengrundvergütung gemeint sei[9]. Das Gesetz klammert sowohl die **Grundvergütung für die Überstunden als auch die Zuschläge** aus der Entgeltfortzahlung aus[10]. Das kommt im Wortlaut und im Zusammenhang der Norm hinreichend zum Ausdruck[11]. Für den **Begriff „Überstunde"** im Zusammenhang des § 4 kommt es entscheidend darauf an, ob damit eine generelle, vornehmlich tarifl. oder betriebsübliche Arbeitszeit oder die individuelle regelmäßige Arbeitszeit des betroffenen ArbN gemeint ist. Das Wort Überstunde ist nicht eindeutig. Es kann die Mehrarbeit bezeichnen, die über die regelmäßige Arbeitszeit nach dem anwendbaren TV oder nach der sonst im Betrieb geltenden Regelung hinausgeht[12]. Überstunden können sich nach dem Wortlaut des Gesetzes aber ebenso gut auf den ArbN beziehen, dem das Gesetz einen Anspruch auf Entgeltfortzahlung einräumt; maßgebend ist dann dessen individuelle regelmäßige Arbeitszeit[13].

13 Der gesetzl. Zusammenhang spricht für die Annahme, dass auf die **individuelle regelmäßige Arbeitszeit** des betroffenen ArbN abzustellen ist. Die Einschränkung des Abs. 1a bezieht sich auf den Entgeltfortzahlungsanspruch nach Abs. 1; dort ist die persönliche regelmäßige Arbeitszeit des ArbN zugrunde gelegt[14]. Abs. 1a erfasst nach seinem Wortlaut und seinem Sinn und Zweck auch **wiederholt geleistete**

---

1 BAG v. 26.6.2001 – 5 AZR 592/00, AP Nr. 61 zu § 4 EntgeltFG. |2 BAG v. 26.6.2002 – 5 AZR 511/00, EEK 3083 = AuA 2003, S. 57 (Kurzwiedergabe m. Anm. *Borck*). |3 BAG v. 8.5.1972 – 5 AZR 428/71, AP Nr. 3 zu § 2 LohnFG (zu 2.b d.Gr.); v. 3.5.1989 – 5 AZR 249/88. AP Nr. 19 zu § 2 LohnFG (zu I d.Gr. unter dem Gesichtspunkt der Einbeziehung von Mehrarbeit vor Inkrafttreten des § 4 Ia 1 nF). |4 BAG v. 5.11.1964 – 2 AZR 494/63, AP Nr. 21 zu § 2 ArbKrankG. |5 BAG v. 21.11.2001 – 5 AZR 296/00, BAGE 100, 25. |6 ZB BAG v. 16.3.1988 – 5 AZR 40/87, AP Nr. 78 zu § 1 LohnFG; v. 3.5.1989 – 5 AZR 249/88, AP Nr. 19 zu § 2 LohnFG. |7 BT-Drs. 14/45, 40. |8 *Löwisch*, BB 1999, 102, 105; *Marienhagen/Künzl*, § 4 EFZG Rz. 17b. |9 BAG v. 21.11.2001 – 5 AZR 296/00, BAGE 100, 25. |10 Ausdrücklich BT-Drs. 14/45, 24. |11 BAG v. 21.11.2001 – 5 AZR 296/00, BAGE 100, 25 mwN. |12 So wohl KDHK/*Hold*, § 4 EFZG Rz. 33 unter Hinweis auf BAG v. 16.3.1988 – 5 AZR 40/87, AP Nr. 78 zu § 1 LohnFG; *Kunz/Wedde*, EFZR § 4 EFZG Rz. 20, 29; *Möller/Berenz*, § 4 EFZG Rz. 7. |13 MünchArbR/*Boecken*, § 84 Rz. 21, 27; *Marienhagen/Künzl*, § 4 EFZG Rz. 17c; *Schmitt*, § 4 EFZG Rz. 97. |14 BAG v. 21.11.2001 – 5 AZR 296/00, BAGE 100, 25.

Überstunden[1]. Solche Überstunden liegen vor, wenn die individuelle regelmäßige Arbeitszeit des ArbN überschritten wird. Überstunden werden wegen ihrer besonderen Umstände vorübergehend zusätzlich geleistet. Damit fallen andererseits die bisher der regelmäßigen Arbeitszeit zugerechneten wiederholt anfallenden Überstunden[2] aus der Entgeltfortzahlung heraus. Leistet der ArbN ständig Arbeit in einer bestimmten Zeitmenge, die mit der betriebsüblichen oder tarifl. Arbeitszeit nicht übereinstimmt, kann von Überstunden nicht gesprochen werden[3]. Insoweit sind solche Art von Überstunden der regelmäßigen Arbeitszeit zuzurechnen. Dementsprechend unterscheidet die **Rspr. des BAG** zwischen solchen Überstunden, die Teil der für den einzelnen ArbN maßgebenden regelmäßigen Arbeitszeit sind und solchen, die darüber hinaus einzelfallbezogen anfallen. Nur Letztere zählen nach Abs. 1a S. 1 Hs. 1 nicht zum fortzuzahlenden Arbeitsentgelt iSd. Abs. 1[4]. Trotz der Zuordnung der regelmäßig anfallenden Überstunden zur für den ArbN maßgebenden regelmäßigen Arbeitszeit iSd. Abs. 1 erkennt das BAG dem ArbN **keine Überstundenzuschläge** für solche Überstunden zu[5].

Die Rspr. des BAG zu der Überstundengrundvergütung und zu den Überstundenzuschlägen erscheint nicht völlig konsequent. Wenn das, was die Parteien des Arbeitsvertrages Überstunden nennen und was – gemessen zB an der tarifüblichen regelmäßigen oder arbeitsvertragl. Arbeitszeit – Überstunden sind, kraft arbeitsvertragl. Vereinbarung oder kraft gelebten Arbeitsvertrages der Parteien zu der für den ArbN maßgebenden regelmäßigen Arbeitszeit zu rechnen ist, so ist es nicht konsequent, den ArbN hierfür die „Überstundenzuschläge" zu versagen. Entweder stellen diese Mehrarbeitszeiten in Relation der Abs. 1 und 1a keine Überstunden dar – dann wird insoweit das vereinbarte Entgelt uneingeschränkt geschuldet – oder sie sind Überstunden mit der Folge, für die Bemessung des Zeitfaktors diese Überstunden ebenso wenig heranzuziehen sind wie für die Bemessung des Geldfaktors, diese Überstunden dann also völlig außer Betracht bleiben[6]. 14

f) Darlegungs- und Beweislast. Grds. hat der **ArbN** darzulegen und ggf. zu beweisen, was im Entgeltfortzahlungszeitraum die für ihn maßgebende **regelmäßige Arbeitszeit** war. Lässt sich diese lediglich aus einer Vergangenheitsbetrachtung ermitteln, so genügt der ArbN seiner Darlegungs- und Beweislast im Normalfall dadurch, dass er den Arbeitszeitdurchschnitt der vergangenen zwölf Monate darlegt und ggf. unter Beweis stellt. Das Maß der zu fördernden Substantiierung richtet sich nach der Einlassung des ArbGeb[7]. Dagegen trägt der **ArbGeb**, der eine aus **Überstunden** resultierende Minderung der zu berücksichtigenden durchschnittlichen Arbeitszeit geltend machen will, hierfür die Darlegungs- und Beweislast. Insoweit handelt es sich – nach Feststellung der durchschnittlich in den vergangenen zwölf Monaten geleisteten Arbeitsstunden – um einen Einwendungstatbestand, es sei denn, dass sich bereits aus dem Vortrag des ArbN ergibt, dass nicht alle von ihm als geleistet behaupteten Arbeitsstunden der für ihn maßgebenden regelmäßigen Arbeitszeit zuzuordnen sind[8]. 15

2. Geldfaktor. Der Geldfaktor, mit dem der Zeitfaktor zu multiplizieren ist, um die geschuldete Entgeltfortzahlung im Krankheitsfall zu berechnen, besteht aus dem kongruent auf die Zeitdimension des Zeitfaktors heruntergebrochen **Arbeitsentgelt**. Das EFZG bestimmt nicht positiv, was zum fortzuzahlenden Arbeitsentgelt gehört, sondern grenzt hiervon in Abs. 1a S. 1 die Überstunden (s. Rz. 12) und den Aufwendungsersatz (s. Rz. 18 ff.) aus. Welche dem ArbN zufließenden Zahlungen Arbeitsentgelt sind und welche Aufwendungsersatz darstellen, ist im Einzelfall nicht einfach zu beurteilen, insb. dann nicht, wenn insoweit Pauschalzahlungen erfolgen. 16

a) Arbeitsentgelt. Für den Geldfaktor sind grds. alle nach dem Arbeitsvertrag, TV, ggf. nach BV und/oder nach betrieblicher Übung zu leistenden, auf den Zeitraum der Entgeltfortzahlung bezogenen Bestandteile des Arbeitsentgeltes zugrunde zu legen. Dazu zählen alle **laufenden (Geld-)Bezüge** (Gehalt, Monatslohn, Stundenlohn usw.), aber auch alle Zulagen und Zuschläge (außer für Überstunden – Abs. 1a S. 1 Hs. 1 – s. Rz. 13) Zum Arbeitsentgelt sind auch die **Sachbezüge** zu rechnen, zB Kost und Logis oder die Benutzung des Dienstwagens für private Zwecke. Dagegen gehören Sondervergütungen als neben dem laufenden Arbeitsentgelt erbrachte Leistungen (vgl. 4a Rz. 2 ff.) nicht zum Arbeitsentgelt iSd. § 4 I. 17

b) Aufwendungsersatz. Nicht zum fortzuzahlenden Arbeitsentgelt gehört der Ersatz von Aufwendungen des ArbN, soweit der Anspruch auf sie im Falle der Arbeitsfähigkeit davon abhängig ist, dass sie dem ArbN tatsächlich entstanden sind, und sie ihm während der Arbeitsunfähigkeit nicht entstehen (Abs. 1a S. 1 Hs. 2). 18

c) Einzelfragen. Bei der Zuordnung der einzelnen im Arbeitsverhältnis üblichen Zahlungen oder entgeltwerten Leistungen ist stets zu berücksichtigen, dass der Entgeltfortzahlung im Krankheitsfall ein **modifiziertes Entgeltausfallprinzip** zugrunde liegt. Dies betrifft nicht nur die Nichtberücksichtigung 19

1 *Löwisch*, BB 1999, 102, 105. | 2 BAG v. 16.3.1988 – 5 AZR 40/87, AP Nr. 78 zu § 1 LohnFG; v. 3.5.1989 – 5 AZR 249/88, AP Nr. 19 zu § 2 LohnFG. | 3 BAG v. 21.11.2001 – 5 AZR 296/00, BAGE 100, 25. | 4 BAG v. 26.6.2002 – 5 AZR 511/00, EEK 3083 = AuA 2003, 57 ff. (Kurzwiedergabe m. Anm. *Borck*). | 5 BAG v. 26.6.2002 – 5 AZR 153/01, AP Nr. 72 zu § 4 EntgeltFG. | 6 Vgl. *Feichtinger/Malkmus*, § 4 EFZG Rz. 131. | 7 BAG v. 21.11.2001 – 5 AZR 296/00, BAGE 100, 25. | 8 BAG v. 21.11.2001 – 5 AZR 457/00, ArbuR 2001, 509; v. 21.11.2001 – 5 AZR 296/00, BAGE 100, 25.

von Überstunden und Überstundenvergütungen sowie Aufwendungsersatz, sondern auch die Differenzierung zwischen den nicht zu berücksichtigenden und den für die Entgeltfortzahlung zu berücksichtigenden Zahlungen und Leistungen des ArbGeb an den ArbN. Nicht zuletzt ist in dem Zusammenhang auch an den **Vorrang abweichender tarifvertragl. Regelungen** nach Abs. 4 zu denken. In Grenzen lassen sich unter Beachtung der oben genannten Grundsätze Parallelen ziehen zur Rspr. hinsichtlich der Entgeltfortzahlung an Feiertagen und zur Rspr. hinsichtlich der Aufrechterhaltung des Entgeltanspruchs bei Befreiung für erforderliche BR-Tätigkeiten (§ 37 II BetrVG).

20 **aa) Antrittsgebühr.** Im Druckereigewerbe ist üblich, ArbN in der Druckerei eine Antrittsgebühr zu zahlen. Sie zählt zum fortzuzahlenden Arbeitsentgelt[1]. Hiervon kann jedoch wiederum durch TV abgewichen werden[2], wenn die Antrittsgebühr ihrerseits auf demselben TV beruht.

21 **bb) Auslösung.** In vielen **gewerblichen Bereichen**, insb. im **Montagebau** und im **Baugewerbe**, sind Auslösungen tarifvertragl. geregelt bzw. üblich. Inwieweit sie bei krankheitsbedingter Arbeitsunfähigkeit fortzuzahlen sind, richtet sich in erster Linie nach den Bestimmungen des jeweiligen TV. Mangels entsprechender Bestimmungen ist zu prüfen, ob und inwieweit eine Auslösung zum fortzuzahlenden Arbeitsentgelt zu rechnen ist oder ob ihr der Charakter einer nicht hierzu zählenden Aufwendung iSd. Abs. 1a S. 1 Hs. 2 zukommt. Eine generelle Einteilung, dass etwa Nahauslösungen stets zum fortzuzahlenden Arbeitsentgelt zu rechnen sind, dagegen Fernauslösungen nicht[3], ist rechtl. nicht haltbar. Vielmehr kommt es darauf an, ob die Aufwendung tatsächlich entstehenden Mehraufwand abgelten soll oder ob sie ohne Rücksicht auf das tatsächliche Entstehen von Mehraufwand generell gezahlt wird. Dies gilt auch **Nahauslösungen**. Ob und in welchem Umfang die Nahauslösung neben Ersatz entstehender Aufwendungen dient, beurteilt sich nach den tarifvertragl. Bestimmungen[4]. So zählt zu dem fortzuzahlenden Arbeitsentgelt auch der steuerpflichtige Teil der Nahauslösungen nach § 7 des Bundes-Montage-TV[5]. Allerdings hatte das BAG früher angenommen, Nahauslösungen nach dem Bundes-Montage-TV gehörten generell nicht zum fortzuzahlenden Arbeitsentgelt bei der tarifl. geregelten Lohnfortzahlung nach § 12 MTV Metall Nordwürttemberg/Nordbaden v. 29.10.1979[6]. Eine **Fernauslösung** nach § 6 des Bundes-Montage-TV ist eine pauschalierte Aufwandsentschädigung; sie zählt nicht zum fortzuzahlenden Arbeitsentgelt[7]. Daran ändert nichts, dass diese Fernauslösung auch bei – an sich unzumutbarer – täglicher tatsächlicher Heimfahrt auch für die arbeitsfreien Tage zu zahlen ist[8].

22 **cc) Einsatz- und Anwesenheitsprämien.** Insb. zur Motivation der ArbN bedienen sich ArbGeb gern der Auslobung von Anwesenheits- oder Einsatzprämien. Sie sind insb. im Berufssport (und dort im Mannschaftssport) anzutreffen.

23 **Beispiele:** Der arbeitgebende Verein hat mit einem Berufsfußballspieler neben dem Gehalt und sonstigen Bezügen eine sog. „Punktprämie" für jeden bei Pflichtspielen erreichten Punkt vereinbart. Während der Dauer der krankheitsbedingten Arbeitsunfähigkeit dieses Berufsfußballspielers fanden fünf Punktspiele statt. Es steht fest, dass der Berufsfußballspieler ohne Erkrankung für diese Spiele eingesetzt worden wäre. Folglich stehen ihm die entgangenen Punktprämien als Teil der Entgeltfortzahlung im Krankheitsfall zu[9].

24 Anders verhält es sich dagegen, wenn unklar bleibt, ob der Berufsspieler eingesetzt worden wäre oder ob dies – zB wegen eines Formtiefs – nicht der Fall gewesen wäre[10]. Die tatsächliche Ungewissheit über den Einsatz eines Spielers und den Spielverlauf rechtfertigt indessen nicht, für die Entgeltfortzahlung im Krankheitsfall an Stelle des Entgeltausfallprinzips allein das auf die Vergangenheit bezogene Referenzprinzip zu vereinbaren[11]. Diese Entscheidung ist allerdings noch zu § 616 III BGB ergangen, mithin zu einer Regelung, die durch das EFZG ersatzlos aufgehoben worden ist. Angesichts der Bestimmung in Abs. 1a S. 2 wäre heute zu prüfen, ob es sich bei den Punktprämien bzw. Erfolgsprämien im Berufs-Fußballsport, wie sie skizziert worden sind, um ein auf die Leistung bezogenes Arbeitsentgelt handelt mit der Folge, dass sich die Entgeltfortzahlung der Höhe nach nach der Durchschnittsbetrachtung im Referenzzeitraum richtet.

25 **Anwesenheitsprämien** zählen, wenn sie nicht als Sonderleistung iSd. § 4a erbracht werden, zum fortzuzahlenden Arbeitsentgelt[12]. Es kommt insoweit auf den Zweck, die Anknüpfungspunkte und die Ausgestaltung der Anwesenheitsprämie an. Zuvor hatte das BAG allerdings noch angenommen, dass Anwesenheitsprämien grds. nicht zum fortzuzahlendem Arbeitsentgelt zu rechnen seien[13]. Von der Frage, ob

---

1 So zu § 37 II BetrVG: BAG v. 13.7.1994 – 7 AZR 477/93, BAGE 77, 195; v. 12.9.1959 – 2 AZR 50/59, AP Nr. 9 zu § 2 ArbKrankhG. | 2 BAG v. 21.9.1971 – 1 AZR 336/70, BAGE 23, 430. | 3 So wohl ErfK/*Dörner*, § 4 EFZG Rz. 12; Staudinger/*Oetker*, § 616 BGB Rz. 403; *Schmitt*, § 4 EFZG Rz. 103. | 4 BAG v. 19.11.1992 – 10 AZR 144/91, EEK I/1113. | 5 BAG v. 1.2.1995 – 5 AZR 847/93, AP Nr. 67 zu § 1 FeiertagslohnzahlungsG; v. 24.9.1986 – 4 AZR 543/85, AP Nr. 50 zu § 1 FeiertagslohnzahlungsG. | 6 BAG v. 15.6.1983 – 5 AZR 399/82, BAGE 43, 95. | 7 So zu § 37 II BetrVG: BAG v. 18.9.1991 – 7 AZR 41/90, BAGE 68, 292. | 8 BAG v. 28.6.1989 – 4 AZR 226/89, AP Nr. 22 zu § 1 TVG – Auslösung; vgl. auch BAG v. 23.4.1986 – 5 AZR 353/85, nv. | 9 Vgl. BAG v. 6.12.1995 – 5 AZR 237/94, BAGE 81, 357. | 10 Vgl. insoweit BAG v. 22.8.1984 – 5 AZR 539/81, AP Nr. 65 zu § 616 BGB. | 11 BAG v. 6.12.1995 – 5 AZR 237/94, BAGE 81, 357. | 12 Vgl. BAG v. 19.5.1982 – 5 AZR 466/80, BAGE 39, 67. | 13 BAG v. 9.11.1972 – 5 AZR 144/72, AP Nr. 6 zu § 611 BGB – Anwesenheitsprämie.

Anwesenheitsprämien grds. zum fortzuzahlenden Arbeitsentgelt zu rechnen sind oder nicht, ist die andere Frage zu trennen ob und inwieweit sie im Hinblick auf krankheitsbedingte Fehlzeiten gekürzt werden können (vgl. § 4a Rz. 2).

dd) Reisekosten, Wegegeld. IdR sind Reisekosten und Wegegeld **Aufwendungsersatz.** Hat der ArbN tatsächlichen Aufwand bereits vor Beginn der krankheitsbedingten Arbeitsunfähigkeit getroffen, zB eine Fahrkarte erworben, und kann diese nicht kostenfrei zurückgegeben werden, so steht dem ArbN insoweit Aufwendungsersatz nach § 670 BGB zu. 26

Pauschalierte Reisekosten, Spesen und Wegegelder zählen indessen zum fortzuzahlenden Arbeitsentgelt, wenn sie **ohne den Nachweis tatsächlicher Aufwendungen** gezahlt werden und der Betroffene die Möglichkeit hat, diese Zahlung zur Verbesserung seines Lebensstandards zu verwenden[1]. Einzelvertragl. vereinbarte „Wege- und Fahrgelder" gehören zum fortzuzahlenden Arbeitsentgelt, wenn und soweit sie einem gesunden Arbeiter unabhängig von notwendigen Aufwendungen gezahlt werden. Eine Vergütung für **Wegezeit** ist stets fortzuzahlendes Arbeitsentgelt[2]. 27

ee) Sachbezüge. Sachbezüge zählen in aller Regel zum fortzuzahlenden Arbeitsentgelt. Sie sind während der krankheitsbedingten Arbeitsunfähigkeit grds. weiter zu gewähren. Kann der ArbN sie infolge seiner krankheitsbedingten Arbeitsunfähigkeit nicht in Anspruch nehmen, so hat er Anspruch auf einen entsprechenden Geldbetrag. Insoweit ist als Hilfsgröße die auf Grund von § 17 Nr. 3 SGB IV jährlich angepasste **Sachbezugsverordnung** heranzuziehen[3]. Für **Kapitäne und Besatzungsmitglieder von Kauffahrteischiffen** bestimmen die §§ 42 ff., 78, 47 SeemG, dass sie weder an Bord noch bei Verlassen des Schiffes eine Barabgeltung erhalten. Erhält der ArbN den Sachbezug über die höchstmöglich Dauer der Entgeltfortzahlung hinaus, stellt sich die Frage, inwieweit er hierfür einen Ausgleich zu leisten hat[4]. 28

Firmenfahrzeuge, die (nicht frei widerruflich) als Sachbezug zum unbeschränkten privaten Gebrauch überlassen worden sind, gehören zum fortzuzahlenden Arbeitsentgelt[5]. Voraussetzung hierfür ist allerdings, dass der Gebrauch des Firmenfahrzeuges zu privaten Zwecken unwiderruflich eingeräumt worden ist. Insoweit sind indessen abweichende Abmachungen möglich, sofern die Vereinbarung des Widerrufs ihrerseits sachlich gerechtfertigt ist. Bei Firmenfahrzeugen, die vorwiegend im Außendienst eingesetzt werden oder – wie bei Automobilverkäufern – als Vorführfahrzeuge, ist eine solche Vereinbarung möglich, wenn die private Nutzung nur ein unvermeidbarer Nebeneffekt ist. Dagegen ist eine solche Vereinbarung wegen Verstoßes gegen § 12 nach § 134 BGB unwirksam sein, wenn das Firmenfahrzeug nicht in der klar erkennbaren Weise zu dienstlichen Zwecken eingesetzt wird, sondern sein privater Gebrauch mehr oder minder eine zusätzliche Vergütung darstellt. Hat der ArbGeb dem ArbN **Schadenersatz** wegen unterbliebener Bereitstellung des Pkws auch zur privaten Nutzung zu leisten, so kann der ArbN im Fall der tatsächlichen Nutzung seines gleichwertigen privaten Pkw nur die hierfür aufgewendeten Kosten ersetzt verlangen; eine abstrakt nach der Tabelle *Sanden/Danner/Küppersbusch* ermittelte **Nutzungsausfallentschädigung** steht ihm nicht zu[6]. Kann der ArbN das unwiderruflich zur privaten Nutzung überlassene Firmenfahrzeug infolge seiner krankheitsbedingten Arbeitsunfähigkeit tatsächlich nicht nutzen, obwohl es ihm zur Verfügung steht, so steht ihm insoweit kein Anspruch gegen den ArbGeb zu. Entzieht der ArbGeb dem ArbN dagegen das unwiderruflich zur Privatnutzung überlassene Kraftfahrzeug wegen der krankheitsbedingten Arbeitsunfähigkeit, so hat der ArbN Anspruch auf einen angemessenen Ausgleich in Geld[7]. 29

ff) Trinkgeld. Zum fortzuzahlenden Arbeitsentgelt gehören Trinkgelder, die nur auf freiwilligen Leistungen der Gäste beruhen, idR nicht[8]. Dagegen gehören Trinkgelder zum fortzuzahlenden Arbeitsentgelt, wenn sie – wie in Spielbanken üblich – vom Publikum „für die Angestellten" in einen **Tronc** gezahlt werden[9], denn hieraus wird die Angestelltenvergütung gezahlt. 30

gg) Zulagen, Zuschläge. Inwieweit Zulagen oder Zuschläge zum fortzuzahlenden Arbeitsentgelt zu zählen sind oder nicht, hängt wesentlich vom Zweck der Zulagen oder Zuschläge ab. Insoweit ist zudem stets auf die entsprechenden tarifvertragl. Regelungen zu achten; sehr häufig ist dort bestimmt, inwieweit welche Zulagen oder Zuschläge bei der Entgeltfortzahlung im Krankheitsfall zu berücksichtigen sind oder nicht. **Überstundenzuschläge** gehören grds. nicht zum fortzuzahlenden Arbeitsentgelt (Abs. 1a S. 1 Hs. 1, vgl. Rz. 13). In aller Regel gehören **Erschwerniszulagen, Leistungszulagen und Gefahrenzulagen** als Gegenleistung für die Tätigkeit des ArbN und damit zu dessen fortzuzahlenden Arbeitsentgelt[10]. Dasselbe gilt für Nachtschichtzuschläge, soweit sie nicht im TV von der Entgeltfortzah- 31

---

1 BAG v. 8.11.1962 – 2 AZR 109/62, DB 1963, 207; LAG Düsseldorf v. 6.9.1971 – 12 Sa 233/71, DB 1972, 50; *Schmitt*, § 4 EFZG Rz. 105 bis 107 mwN. | 2 BAG v. 11.2.1976 – 5 AZR 615/74, AP Nr. 10 zu § 611 BGB – Anwesenheitsprämie. | 3 KDHK/*Holt*, § 4 EFZG Rz. 27; ErfK/*Dörner*, § 4 EFZG Rz. 12. | 4 *Matthes* in Schliemann, ArbR-BGB, § 616 BGB Rz. 188. | 5 So zum Zuschuss zum Mutterschaftsgeld BAG v. 11.10.2000 – 5 AZR 240/99, BAGE 96, 34. | 6 BAG v. 16.11.1995 – 8 AZR 240/95, BAGE 81, 294. | 7 Vgl. insgesamt *Fischer*, FA 2003, 105. | 8 So zu § 37 II BetrVG: BAG v. 28.6.1995 – 7 AZR 1001/94, BAGE 80, 230. | 9 ErfK/*Dörner*, § 4 EFZG Rz. 12. | 10 ErfK/*Dörner*, § 4 EFZG Rz. 12.

lung ausgenommen worden sind[1]. Ebenso war eine **Notdienstpauschale** als fortzuzahlendes Arbeitsentgelt nach §§ 11 und 12 MTV Metall Nordwürttemberg/Nordbaden zu berücksichtigen[2]. Bei **Schmutzzulagen** ist danach zu differenzieren, ob sie tatsächlich dem Ausgleich einer Mehrbelastung des ArbN durch Aufwendungen zur Beseitigung von Schmutz, etwa zum Reinigen seiner Arbeitskleidung dient und deswegen als Aufwendungsersatz nicht zum fortzuzahlenden Arbeitsentgelt zu rechnen ist oder ob sie für die tatsächlich erschwerten, nämlich „schmutzigen" Arbeitsbedingungen gezahlt wird und deswegen Teil der Arbeitsvergütung ist[3]

32 **3. Leistungsabhängiges Entgelt.** Für den Geldfaktor wird auf den vom ArbN in der für ihn maßgebenden regelmäßigen Arbeitszeit erzielbaren Durchschnittsverdienst abgestellt, wenn er eine auf das Ergebnis der Arbeit abgestellte Vergütung zu erhalten hat (Abs. 1a S. 2). Die Vorschrift entspricht der vorherigen Bestimmung des § 2 I 1 LFZG, war zunächst in § 4 III LFZG geregelt und ist mit der Änderung des EFZG von 1996 nach § 4 Ia 2 verschoben worden. Die Bestimmung betrifft alle auf das Ergebnis der Arbeit abstellende Vergütungen, mithin nicht nur **Akkord- und Prämienlohn**, sondern auch andere erfolgsabhängige Vergütungen wie **Provisionen**, **Tantiemen**, **Prämien**. Dem Tatbestandsmerkmal der Arbeitszeit kommt für einen derart im Leistungslohn tätigen ArbN nur insoweit Bedeutung zu, als die Höhe des erzielbaren Entgeltes ggf. durch die Arbeitszeitmenge begrenzt sein kann. So liegt nahe, dass ein mit einer regelmäßigen Arbeitszeit von 35 Wochenstunden beschäftigter ArbN bei sonst identischen Parametern einen geringeren Leistungslohn erzielen kann als ein ArbN, dessen regelmäßige Arbeitszeit 40 Wochenstunden beträgt. Denn die **Arbeitsmenge**, auf die der Leistungslohn berechnet wird, ist bei längerer Arbeitszeit idR größer als bei einer kürzeren Arbeitszeit. Von daher ist die Annahme, dem Tatbestandsmerkmal der maßgebenden Arbeitszeit käme für einen Leistungslöhner keine Bedeutung zu, da für die Höhe des Leistungslohnes die Arbeitsmenge maßgebend sei[4], nicht zu teilen. In der Praxis wirkt sich indessen der Zeitfaktor dann nicht aus, wenn der Leistungslöhner stets nur in der für ihn maßgebenden regelmäßigen Arbeitszeit zu arbeiten hat, ohne dass sich diese ändert.

33 **a) Entgeltausfallprinzip, Referenzprinzip.** Weil der vom ArbN erzielbare Durchschnittsverdienst zugrunde zu legen ist (Abs. 1a S. 2), ist auch beim Leistungslohn das Entgeltausfallprinzip maßgebend[5]. Es gilt für den Anspruch auf Entgeltfortzahlung im Krankheitsfall nur vorrangig[6]. Indessen ist nicht zu übersehen, dass die Leistungsentgelte schwer zu prognostizieren sind, weil das erzielbare Entgelt durch eine nicht vorhersehbare Veränderung von Parametern, nicht zuletzt durch eine nicht vorhersehbare Veränderung der menschlichen Leistungsfähigkeit, höchst unterschiedlich ausfallen kann.

34 **Beispiel:** Ein ArbN bearbeitet im Stückakkord Gussrohlinge. Durch einen technischen Fehler in der Vorproduktion in einem fremden Unternehmen sind die zu verarbeitenden Rohlinge nicht entgradet. Der ArbN muss die Rohlinge selbst entgraden, dadurch sinkt der Akkordleistungsgrad und damit auch der Verdienst des ArbN erheblich ab.

35 Deshalb wird **im Einzelfall** zulässigerweise auch auf eine **Vergangenheitsbetrachtung** (Referenzprinzip) zurückgegriffen, wenn nicht die erzielten Leistungen der tatsächlich arbeitenden Kollegen geeignet sind, um aus ihnen den hypothetischen Leistungslohn, ggf. im Wege der Schätzung nach § 287 ZPO, abzuleiten.

36 **b) Akkord, Leistungslohn.** Abs. 1a S. 2 erfasst zunächst den Leistungslohn. Er ist – im Gegensatz zum Zeitentgelt – dadurch bestimmt, dass nicht die Arbeitszeit den Anknüpfungspunkt für den Lohn bietet, vielmehr wird beim **Geldakkord** für jedes gefertigte Stück ein Geldbetragentgelt gezahlt, beim **Zeitakkord** wird für jedes Stück eine bestimmte Minutenzahl festgesetzt. Der hieraus resultierende Betrag wird gezahlt, gleichgültig, wie viel Zeit der ArbN für die Fertigstellung des jeweiligen Stücks tatsächlich benötigt hat. Ferner ist zu differenzieren zwischen **Einzelakkord**, bei dem ein einzelner ArbN die Arbeit leistet und hierfür vergütet wird, und dem **Gruppenakkord**, bei dem eine Gruppe von ArbN die Arbeit gemeins. leisten und das Entgelt unter ihnen nach Köpfen oder nach einem bestimmten Verteilungsschlüssel verteilt wird.

37 Beim Akkordlohn muss der Lohn weitergezahlt werden, den der Akkordarbeiter erzielt hätte, wenn er nicht infolge krankheitsbedingter Arbeitsunfähigkeit gehindert gewesen wäre, seine Arbeit zu leisten. Dieser Grundsatz ist zu § 2 I 3 LFZG entwickelt worden[7]. Er gilt auch für § 4 Ia 2 EFZG, denn bis dorthin ist die bisherige Bestimmung des § 2 I 3 LFZG im Wesentlichen unverändert übernommen worden[8]. Beim **Gruppenakkord** ist idR der Vergleich mit den Verdiensten der übrigen Gruppenmitglieder sachgerecht. Ausnahmsw. kann der erzielbare Durchschnittsverdienst aus einem Bezugszeitraum ermittelt werden, insb., wenn zB zwei von drei Gruppenmitglieder erkranken und dem Arbeiter ein Ersatzmann zugeteilt wird[9]. Dabei sind Änderungen in Arbeits- und Verdienstbedingungen im Vergleich zum Be-

1 BAG v. 13.3.2002 – 5 AZR 648/00, AP Nr. 58 zu § 4 EntgeltFG. | 2 BAG v. 20.10.1993 – 5 AZR 674/92, EZA § 2 LohnFG Nr. 24. | 3 *Schmitt*, § 4 EFZG Rz. 108; ErfK/*Dörner*, § 4 EFZG Rz. 12. | 4 ErfK/*Dörner*, § 4 EFZG Rz. 13. | 5 BAG v. 26.2.2003 – 5 AZR 162/02, nv. | 6 BAG v. 13.2.2002 – 5 AZR 588/00, AP Nr. 22 zu § 11 MuSchG 1968. | 7 BAG v. 15.2.1978 – 5 AZR 739/76, AP Nr. 8 zu § 2 LohnFG; v. 22.10.1980 – 5 AZR 438/78, AP Nr. 10 zu § 2 LohnFG. | 8 BAG v. 26.2.2003 – 5 AZR 162/02, nv. | 9 BAG v. 22.10.1980 – 5 AZR 438/78, AP Nr. 10 zu § 2 LohnFG.

zugszeitraum zu berücksichtigen[1]. Das Referenzprinzip ist grds. für die Bestimmung des Entgeltausfalls infolge krankheitsbedingter Arbeitsunfähigkeit weniger gut geeignet, weil es die tatsächlichen Besonderheiten der ausgefallenen Arbeit nicht berücksichtigt. Regelmäßig werden Akkordgruppen aus ungefähr gleich leistungsstarken ArbN gebildet. Es ist wahrscheinlich, dass der erkrankte ArbN eine dem Verdienst der übrigen ArbN entsprechende Vergütung erzielt hätte[2]. Sache des ArbN ist es, einen Ausnahmefall darzulegen, der es rechtfertigt, auf den höheren Verdienst als den in der Vergangenheit abzustellen[3]. Auch **tarifl. Leistungszuschläge** sind während einer krankheitsbedingten Arbeitsunfähigkeit fortzuzahlen[4].

c) Provisionen, Abschlussprämien. Für die Dauer des Anspruchszeitraumes sind auch Abschlussprovisionen fortzuzahlen[5]. Lässt sich die Höhe der Provisionen nicht durch das Entgeltausfallprinzip ermitteln, so ist sie unter Berücksichtigung der in der Vergangenheit verdienten Provisionen – bei stark schwankenden Provisionen während eines ganzen Jahres – zu schätzen[6]. Den Provisionen gleich stehen **Inkassoprämien**[7]. Auch tätigkeitsunabhängige **Bezirksprovisionen, Boni** und **Prämien** sind während des Entgeltfortzahlungszeitraumes weiter zu gewähren. Unabhängig von der Entgeltfortzahlung im Krankheitsfall sind Provisionen, die **vor Beginn der Arbeitsunfähigkeit** verdient worden sind und erst während der krankheitsbedingten Arbeitsunfähigkeit fällig werden, zu zahlen. Hat der ArbN trotz krankheitsbedingter Arbeitsunfähigkeit Geschäfte abgeschlossen und hierfür Provisionen zu erhalten, so steht ihm dieser Anspruch nicht wegen krankheitsbedingter Arbeitsunfähigkeit, sondern als Entgelt für seine Arbeitsleistung zu[8]. 38

4. Exkurs: Zuschuss zum Krankengeld. In der gesetzl. KV versicherte ArbN haben Anspruch auf Krankengeld, wenn sie infolge Krankheit arbeitsunfähig sind oder sie auf Kosten der Krankenkasse stationär in einem Krankenhaus oder einer Vorsorge- oder Rehabilitationseinrichtung behandelt werden (§ 44 I 1 SGB V). Dieser Anspruch ruht, soweit und solange der Versicherte beitragspflichtiges Arbeitsentgelt oder Arbeitseinkommen erhalten (§ 49 I Nr. 1 SGB V), vor allem also während der Dauer der Entgeltfortzahlung im Krankheitsfall nach den §§ 3 und 4 EFZG. Nach Ablauf der längstmöglichen Entgeltfortzahlung im Krankheitsfall hat der in der gesetzl. KV pflichtversicherte ArbN Anspruch auf Krankengeld; die Höhe des Krankengeldes beträgt **70 % des erzielten Bruttoarbeitsentgeltes, darf aber 90 % des Nettoarbeitsentgeltes nicht übersteigen** (§ 47 SGB V). In den meisten Fällen hat daher der ArbN dann einen **Einnahmeverlust** hinzunehmen, wenn er im Anschluss an die Entgeltfortzahlung im Krankheitsfall Krankengeld bezieht. 39

In vielen **TV** ist deshalb bestimmt, dass ArbN – insb. solche mit längerer Betriebszugehörigkeit – im Anschluss an die Entgeltfortzahlung im Krankheitsfall nach näherer Maßgabe der jeweiligen tarifl. Bestimmungen einen Zuschuss zum Krankengeld zu erhalten haben. Der Zuschuss wird in aller Regel bemessen als volle oder anteilige Differenz zwischen dem Krankengeld und dem Betrag, der vorherigen Entgeltfortzahlung im Krankheitsfall bzw. dem daraus resultierenden Nettobetrag. Ist in einem TV geregelt, dass ArbN, „wenn sie **dem Betrieb mindestens fünf Jahre angehören**, im Anschluss an die gesetzl. Gehaltsfortzahlung während der ersten sechs Wochen den Unterschiedsbetrag zwischen ihrem Nettogehalt und dem Krankengeld aus der gesetzl. RV" auf die Dauer von höchsten sieben Wochen zu erhalten haben, so muss die Erfüllung der fünfjährigen Betriebszugehörigkeit nach Ablauf der sechswöchigen Gehaltsfortzahlung vorliegen[9]. Ist im TV der „Unterschiedsbetrag zwischen dem Krankengeld und 90 % des Nettoeinkommens" als Zuschuss zum Krankengeld vorgesehen, so liegt mangels anderer Anhaltspunkte das Krankengeld iSd. §§ 44 ff., 47 SGB V, das heißt das sog. **Bruttokrankengeld** zugrunde. Der Sinn einer solchen tarifl. Zuschussregelung besteht nicht ohne weiteres darin, dem ArbN im Ergebnis den Bezug eines bestimmten Prozentsatzes seines Nettoeinkommens uneingeschränkt zu garantieren[10]. 40

IV. Krankheitsbedingte Arbeitsverhinderung an Feiertagen. Nach dem **Prinzip der Monokausalität** sowohl für die Entgeltfortzahlung an Feiertagen als auch für die Entgeltfortzahlung infolge krankheitsbedingter Arbeitsunfähigkeit hätte ein ArbN, wenn beide Tatbestände auf denselben Tag zusammentreffen, keinen Anspruch auf Entgeltfortzahlung (vgl. § 2 Rz. 16, § 3 Rz. 24). Um ein solches Ergebnis zu vermeiden, ist der Gesetzgeber insoweit vom Prinzip der Monokausalität abgerückt. Er hat grds. der krankheitsbedingten Entgeltfortzahlung den Vorrang eingeräumt, in § 4 II aber bestimmt, dass sich die Höhe des krankheitsbedingt fortzuzahlenden Arbeitsentgeltes nach den Bestimmungen über die Entgeltfortzahlung an Feiertagen richtet. Dies entspricht der Lösung im vorangegangenen Recht durch die Rspr.[11] 41

---

1 BAG v. 22.10.1980 – 5 AZR 438/78, AP Nr. 10 zu § 2 LohnFG. | **2** BAG v. 22.10.1980 – 5 AZR 438/78, AP Nr. 10 zu § 2 LohnFG. | **3** BAG v. 26.2.2003 – 5 AZR 162/02, nv. (Nr. KARE 60 007 919). | **4** BAG v. 1.3.1990 – 6 AZR 447/88, AP Nr. 2 zu § 20 BMT-G II. | **5** BAG v. 5.6.1985 – 5 AZR 459/83, AP Nr. 39 zu § 63 HGB; v. 12.10.1956 – 1 AZR 464/54, AP Nr. 4 zu § 63 HGB. | **6** BAG v. 5.6.1985 – 5 AZR 459/83, AP Nr. 39 zu § 63 HGB. | **7** BAG v. 11.1.1978 – 5 AZR 829/76, AP Nr. 7 zu § 2 LohnFG. | **8** BAG v. 22.9.1960 – 2 AZR 507/59, AP Nr. 27 zu § 616 BGB. | **9** BAG v. 12.12.2001 – 5 AZR 238/00, AP Nr. 179 zu § 1 TVG – Auslegung. | **10** BAG v. 13.2.2002 – 5 AZR 604/00, AP Nr. 82 zu § 1 TVG – Tarifverträge: Einzelhandel; v. 24.4.1996 – 5 AZR 798/94, AP Nr. 96 zu § 616 BGB; v. 21.8.1997 – 5 AZR 517/96, AP Nr. 98 zu § 616 BGB. | **11** Vgl. BAG v. 15.9.1989 – 5 AZR 248/88, AP Nr. 62 zu § 1 FeiertagslohnzahlungsG; auch schon BAG v. 5.7.1979 – 3 AZR 173/78, AP Nr. 33 zu § 1 FeiertagslohnzahlungsG.

42 **V. Krankheitsbedingte Arbeitsverhinderung bei Kurzarbeit.** § 4 III enthält Regelungen über das Zusammentreffen von krankheitsbedingter Arbeitsunfähigkeit und Kurzarbeit. Die Vorschrift betrifft nur die gesetzl. Kurzarbeit iSd. §§ 169 ff. SGB III[1]. Andere Formen oder Anlässe für eine Verkürzung der regelmäßigen Arbeitszeit im Betrieb führen nicht zur Anwendung des Abs. 3. Eine andere Frage ist die, ob eine solche betriebl. Regelung zur Folge hat, dass keine Kausalität der krankheitsbedingten Arbeitsunfähigkeit des ArbN für den Ausfall der Arbeit gegeben ist. Ist Kurzarbeit iSd. SGB III im Betrieb rechtswirksam eingeführt worden, so wird für den **Zeitfaktor** die verkürzte Arbeitszeit als die für den ArbN maßgebende regelmäßige Arbeitszeit iSd. Abs. 1 angesehen (Abs. 3 S. 1). Insoweit ist zu unterscheiden, in welcher Form Kurzarbeit durchgeführt wird. Wird in der Weise verkürzt gearbeitet, dass die Arbeit für einen bestimmten Zeitabschnitt ganz ruht, so hat der in dieser Zeit erkrankte ArbN keinen Anspruch auf Entgeltfortzahlung, weil er auch infolge der Arbeitsunfähigkeit keinen Lohnanspruch hätte; er erhält vielmehr nach den Bestimmungen des SGB III Krankengeld in Höhe des Kurzarbeitsgeldes[2]. Eine besondere Regelung enthält § 4 III 2 für den Fall, dass **krankheitsbedingte Arbeitsunfähigkeit, Kurzarbeit und ein gesetzl. Feiertag zusammentreffen.** Bei einem solchen Fall verweist § 4 II 2 auf die Bestimmungen über die Entgeltfortzahlung an Feiertagen in § 2 II (vgl. § 2 Rz. 16). Treffen diese drei Tatbestände zusammen, so hat der ArbN Anspruch auf Entgeltfortzahlung im Krankheitsfall, allerdings dies nur in Höhe des Kug, das er, wenn kein gesetzl. Feiertag gewesen wäre, von der BA zu beanspruchen gehabt hätte[3]. Dabei hat der ArbGeb die SozV-Beiträge, die hierauf entfallen, allein zu tragen, während LSt einzubehalten und abzuführen ist, ohne dass der ArbGeb hierfür einen Ausgleich an den ArbN zahlen müsste[4].

43 **VI. Tarifvertragliche Abweichungen.** Grds. kann von den Bestimmungen des EFZG zu Gunsten des ArbN abgewichen werden. § 12 (s. auch dort) verbietet grds. jede Abweichung zu Lasten des ArbN und macht hiervon eine Ausnahme nur für Vereinbarungen der TV-Parteien nach § 4 IV. § 4 IV regelt, inwieweit durch TV von den Bestimmungen des EFZG (auch) zu Ungunsten des ArbN abgewichen werden darf und inwieweit derartige tarifvertragl. Abweichungen zwischen nicht tarifgebundenen ArbN und ArbGeb anwendbar sind.

44 **Abweichungen zu Gunsten des ArbN** bedürfen zu ihrer Rechtswirksamkeit nicht der Form des TV. Sie können auch **einzelvertragl.** vereinbart werden, aber auch in Form einer **BV**[5]. Durch eine **ablösende BV** können derart begründete bessere Ansprüche wieder auf das gesetzl. Maß zurückgeführt werden[6]. Auch in **TV** kann zu Gunsten des ArbN von den gesetzl. Bestimmungen des EFZG abgewichen werden.

45 Durch **kirchliche Arbeitsrechtsregelungen** (zB AVR Caritas, AVR Diakonie, BAT-KF) kann, da sie keine TV darstellen, nicht vom EFZG zu Lasten der ArbN abgewichen werden. Im Gegensatz zu anderen Öffnungsklauseln (zB § 7 ArbZG) ist diese Möglichkeit für kirchliche Arbeitsrechtsregelungen vorliegend nicht eröffnet. Fraglich ist indessen, ob insoweit eine planwidrige Lücke vorliegt[7]. Von Planwidrigkeit dürfte indessen nicht auszugehen sein, weil der Gesetzgeber anscheinen nach seinem Belieben mal Abweichungen durch kirchliche Arbeitsrechtsregelungen erlaubt, mal aber auch nicht.

46 **1. Bemessungsgrundlage.** Die Bemessungsgrundlage des fortzuzahlenden Arbeitsentgeltes kann durch TV abweichend von den Abs. 1, 1a und 3 festgelegt werden. Dies stellt gegenüber der Erwähnung im LFZG eine **Vergrößerung der Abweichungsspielräume** zu Gunsten der TV-Parteien dar. Nach altem Recht (§ 2 III 1 LFZG) konnten die TV-Parteien nur die Berechnungsmethoden, nicht aber die Rechnungsgrundlagen zu Lasten des ArbN verändern[8]. TVe dürfen gemäß § 4 IV Entgeltbestandteile aus der Entgeltfortzahlung ausnehmen[9].

47 Der gegenüber der früheren Formulierung des § 2 III 1 LFZG abweichende Wortlaut der Bestimmung des § 4 IV 1 EFZG ist vom Gesetzgeber bewusst gewählt worden[10]. Der **Gesetzgeber hat** insoweit **korrigierend eingegriffen.** Nach seiner Auffassung soll im TV die der Berechnung zugrunde liegende Zusammensetzung des fortzuzahlenden Arbeitsentgeltes abweichend von § 4 I, Ia und III festgelegt werden können, zB hinsichtlich Überstunden- und Nachtarbeitsvergütung. Dies kommt im Wortlaut des § 4 IV 1 eindeutig zum Ausdruck. Die Bedenken, ob dies im Gesetz selbst auch hinsichtlich der **Berechnungsmethode** zum Ausdruck kommt[11] sind inzwischen durch die Rspr. überholt. Der Gesetzgeber hat jedenfalls die Absicht gehabt, auch die Berechnungsmethode zur Disposition durch die TV-Parteien zu stellen, wie der Begründung des EFZG zu entnehmen ist[12].

48 **2. Berechnungsgrundlage.** § 4 IV 1 eröffnet den TV-Parteien eine Abweichungsmöglichkeit nur hinsichtlich der Umstände, die wiederum der Bemessungsgrundlage zugrunde liegen. Diese Voraussetzungen sind nicht in § 4 I geregelt, sondern in § 3. Eine Abweichung von § 3 erlaubt das Gesetz auch den TV-

1 ErfK/*Dörner*, § 4 EFZG Rz. 21. | 2 BAG v. 6.10.1976 – 5 AZR 503/75, AP Nr. 6 zu § 2 LohnFG. | 3 BAG v. 8.5.1984 – 3 AZR 194/82, BAGE 46, 13. | 4 BAG v. 8.5.1984 – 3 AZR 194/82, BAGE 46, 13. | 5 BAG v. 15.11.2000 – 5 AZR 310/99, BAGE 96, 249. | 6 BAG v. 15.11.2000 – 5 AZR 310/99, BAGE 96, 249. | 7 Vgl. zu kirchlichen Öffnungsklauseln für Arbeitsrechtsregelungen *Dütz*, FS Schaub (1998), S. 157. | 8 St. Rspr., zuletzt noch BAG v. 16.7.1997 – 5 AZR 780/96, EEK I/1194; v. 3.3.1993 – 5 AZR 132/92, BAGE 72, 297. | 9 BAG v. 1.12.2004 – 5 AZR 68/04, AP Nr. 68 zu § 4 EngeltFG. | 10 Vgl. BT-Drs. 12/5798, 26. | 11 *Schliemann*, ArbuR 1994, 317, 321. | 12 BT-Drs. 12/5798, 26.

Parteien nicht. Sie können daher zu Lasten des ArbN die in § 3 genannten Fristen für die Entgeltfortzahlung im Normalfall bzw. im Wiederholungsfall nicht zu Lasten des ArbN verändern[1]. Aber auch die Eckwerte des § 4 I stehen nicht zur Disposition der TV-Parteien. So ist eine TV-Regelung, die dem ArbGeb das Recht einräumt, für jeden Tag der Entgeltfortzahlung im Krankheitsfall den ArbN 1,5 Stunden nacharbeiten zu lassen bzw., sofern ein Arbeitszeitkonto vorhanden ist, hiervon eine bestimmte Stundenzahl in Abzug zu bringen, wegen Abweichung zu Ungunsten der ArbN von § 4 I nach § 12 EFZG iVm. § 134 BGB unwirksam; eine derartige Kürzung von Arbeitszeitguthaben infolge krankheitsbedingter Arbeitsunfähigkeit ist auch durch TV nicht zulässig[2]. Durch TV kann abweichend vom Gesetz geregelt werden, dass sich die Entgeltfortzahlung im Krankheitsfall nicht nach der Individuellen, sondern nach der regelmäßigen tarifl. Arbeitszeit bestimmt[3].

Dagegen können die TV-Parteien wirksam vereinbaren, dass ArbN als Entgeltfortzahlung **für jeden Krankheitstag** (= Kalendertag) **1/364tel des Bruttoarbeitsentgelts** der letzten 12 Abrechnungsmonate zu erhalten hat; mit solcher Regelung wird nicht nur der Geldfaktor, sondern auch der Zeitfaktor zur Bestimmung der Entgeltfortzahlung durch eine Tarifregelung nach § 4 IV abweichend geregelt; dies ist grds. zulässig[4]. Ebenso können die TV-Parteien vereinbaren, dass **tarifl. Zuschläge**, die im Arbeitsverhältnis regelmäßig anfallen, von der Entgeltfortzahlung im Krankheitsfall ausgenommen werden; sie müssen bei einer Mehrzahl tarifl. Zuschläge auch nicht Einzelne hiervon für die Entgeltfortzahlung berücksichtigen[5]. Ebenso dürfen TV gemäß § 4 IV Entgeltbestandteile aus der Entgeltfortzahlung ausnehmen[6]. 49

3. Vereinbarte Anwendung abweichender Tarifregelungen. Wie alle tarifvertragl. Normen, die den Inhalt von TV regeln, gelten auch die nach Abs. 4 vom EFTG abweichenden Tarifnormen nur zwischen den beiderseits Tarifgebundenen, die unter den Geltungsbereich des TV fallen (§ 4 I 1, § 3 TVG). ArbGeb und ArbN können jedoch im Geltungsbereich des für sie einschlägigen TV dessen Anwendung im Arbeitsvertrag vereinbaren. Dies setzt voraus, dass zumindest der ArbGeb vom sachlichen, räumlichen und persönlichen Geltungsbereich des TV erfasst ist. Die arbeitsvertragl. **Übernahme von Tarifregelungen** iSd. Abs. 4 **aus anderen Branchen** ist durch Abs. 4 S. 2 nicht gedeckt. Die arbeitsvertragl. Vereinbarung der Anwendbarkeit der abweichenden Tarifbestimmungen kann sich – wie häufig – auf den TV insgesamt beziehen. Dann liegt, soweit der ArbGeb tarifgebunden ist, regelmäßig eine **Gleichstellungsabrede** vor[7]. Denkbar ist aber auch, dass ein nicht an den einschlägigen TV gebundener ArbGeb dessen Anwendung im Arbeitsvertrag mit dem ArbN vereinbart. In solchen Fällen handelt es sich nicht um eine Gleichstellungsabrede, sondern um eine uneingeschränkte Anwendbarkeit des TV bzw. der Tarifnorm in ihrer jeweils gültigen Fassung[8]. 50

Den gesetzl. Anforderungen des § 4 IV 2 genügt es auch, wenn die Bestimmungen des TV nicht insgesamt übernommen werden, sondern daraus nur **alle Bestimmungen, die die Entgeltfortzahlung im Krankheitsfall regeln.** Dagegen ist von § 4 IV 2 nicht gedeckt, mit dem ArbN nur die Anwendung der ihn belastenden Vorschriften zu vereinbaren[9]. 51

4a *Kürzung von Sondervergütungen*

Eine Vereinbarung über die Kürzung von Leistungen, die der Arbeitgeber zusätzlich zum laufenden Arbeitsentgelt erbringt (Sondervergütungen), ist auch für Zeiten der Arbeitsunfähigkeit infolge Krankheit zulässig. Die Kürzung darf für jeden Tag der Arbeitsunfähigkeit infolge Krankheit ein Viertel des Arbeitsentgelts, das im Jahresdurchschnitt auf einen Arbeitstag entfällt, nicht überschreiten.

I. Normzweck und -entstehung. Die Vorschrift trug ursprünglich die Bezeichnung „§ 4b"; ihre Zählung wurde ab 1.1.1999 in „**§ 4a" geändert**[10]. Der Gesetzgeber hat mit der Regelung in § 4a (vormals § 4b) die **Rechtsgrundlage für die Kürzung von Sondervergütungen** wegen krankheitsbedingter Fehlzeiten klarstellen wollen, wie er in der Gesetzesbegründung ausgeführt hat: „Die bisherige Rspr. des BAG zur Kürzung von Sonderzahlungen wegen krankheitsbedingter Fehlzeiten hat sich im Laufe der Jahre mehrfach geändert; die Zulässigkeit einer solchen Kürzung ist zuletzt stets bejaht worden. Durch die neue Vorschrift ... wird nunmehr eine rechtl. Grundlage ... geschaffen"[11]. Die Schwankungen der Rspr. zeichnet insb. die Entscheidung des BAG vom 15.2.1990 deutlich nach[12]. Dabei bezweckt die gesetzl. Regelung, klarzustellen, dass eine Kürzung von Sondervergütung auch für krankheitsbedingte Fehlzeiten grds. zulässig ist; andererseits regelt sie, dass eine solche Kürzung nicht unbeschränkt erfolgen kann. Sie will 1

1 Vgl. § 1 LohnFG: BAG v. 16.12.1987 – 5 AZR 510/86, AP Nr. 73 zu § 1 LohnFG. | 2 BAG v. 26.9.2001 – 5 AZR 539/00, AP Nr. 55 zu § 4 EntgeltFG. | 3 BAG v. 24.3.2004 – 5 AZR 346/03, BB 2004, 1572. | 4 BAG v. 9.10.2002 – 5 AZR 356/01, AP Nr. 63 zu § 4 EntgeltFG. | 5 BAG v. 13.3.2002 – 5 AZR 648/00, AP Nr. 58 zu § 4 EntgeltFG. | 6 BAG v. 1.12.2004 – 5 AZR 68/04, AP Nr. 68 zu § 4 EngeltFG; v. 13.3.2002 5 AZR 648/00, EzA EntgeltfortzahlungsG § 4 Nr. 6. | 7 BAG v. 26.9.2001 – 4 AZR 544/00, BAGE 99, 120 = AP Nr. 21 zu § 4 TVG – Bezugnahme auf Tarifvertrag. | 8 BAG v. 25.9.2002 – 4 AZR 294/01, AP Nr. 26 zu § 4 TVG – Bezugnahme auf Tarifvertrag. | 9 *Schmitt*, § 4 EFZG Rz. 144. | 10 Art. 7 Nr. 2 und 3 G v. 19.12.1998, BGBl. I S. 3843 mWv. 1.1.1999. | 11 BT-Drs. 13/4612, 2 und 11. | 12 BAG v. 15.2.1990 – 6 AZR 381/88, BAGE 64, 179; s. auch *Schwarz*, NZA 1996, 571; KDHK/*Hold*, § 4a EFZG Rz. 5.

vermeiden, dass bereits geringe krankheitsbedingte Fehlzeiten zu einer unangemessen hohen Kürzung oder gar zum völligen Wegfall der gesamten Sondervergütung führen[1]. § 4a kommt die Bedeutung zu, dass solche Sondervergütungen nicht den üblichen Regelungen über die Entgeltfortzahlung im Krankheitsfall unterliegen. Allerdings hat der Gesetzgeber den **Maßstab für die höchstmöglichen Kürzungen neu** festgelegt. Die Rspr. stellte bisher auf den Kürzungsanteil an der Sondervergütung ab; der Gesetzgeber begrenzt die Kürzungsmöglichkeiten dagegen auf ein Viertel des Arbeitsentgeltes, das im Jahresdurchschnitt auf einen Arbeitstag entfällt.

2 **II. Kürzungsgegenstand: Sondervergütungen.** § 4a S. 1 erlaubt die Kürzung von Sondervergütungen. Das Gesetz enthält insoweit eine Grobdefinition, indem es mit dem Klammerzusatz Sondervergütungen als die **Leistungen, die der ArbGeb zusätzlich zum laufenden Arbeitsentgelt erbringt**, umschreibt. Damit wird lediglich klargestellt, dass das laufende Arbeitsentgelt, dh., die versprochene Vergütung für bestimmte Zeitabschnitte oder die Vergütung für eine bestimmte Leistung innerhalb einer genau bemessenen Zeit, von § 4a nicht berührt werden[2]. Diese Legaldefinition ist unpräzise und geradezu „schillernd"[3]. Insb. ist eine Reduzierung auf etwaige „Prämienzahlungen" oder „Gratifikationen" durch den Wortlaut des § 4a S. 1 nicht geboten[4]. Als zusätzlich zum laufenden Arbeitsentgelt können alle Leistungen angesehen werden, die der ArbGeb dem ArbN ohne Bezug zur Arbeitsleistung innerhalb der laufenden Abrechnungsperiode, dh. dem Abrechnungsmonat oder der Lohnwoche, erbringt. In aller Regel wird es sich um Einmalzahlungen handeln, aber auch sonstige Sonderzahlungen, die zwar zur laufenden Abrechnungsperiode keinen (ausschließlichen) Bezug haben. Insb. fallen **Gratifikationen**, **Jahressonderzahlungen**, **Weihnachtsgeld**, **Urlaubsgeld** aber auch **Erfolgs- und Anwesenheitsprämien** unter diesen Begriff.

3 **Beispiele:** Weihnachtsgeld mit Kürzung wegen krankheitsbedingter Fehltage[5], freiwillige jederzeit widerrufliche Jahressonderzahlungen[6].

4 Zu solchen Sondervergütungen gehören auch mit „vereinbarter" Kürzungsmöglichkeit **Prämien, die nur dann entstehen**, wenn der ArbN innerhalb des Referenzzeitraumes **keine (krankheitsbedingten) Fehltage** aufweist, denn es ist gleichgültig, ob der Anspruch erst durch die ungeschmälerte Anwesenheit des ArbN am Arbeitsplatz entsteht oder ob ein anderweitig entstandener Anspruch in Folge krankheitsbedingter Fehltage gekürzt wird[7].

5 **Beispiel:** Der ArbGeb zahlt pro Quartal eine freiwillige Sonderprämie von 500 Euro unter der Voraussetzung, dass im vorausgegangenen Quartal keine Fehltage infolge unentschuldigter Abwesenheit oder infolge krankheitsbedingter Arbeitsunfähigkeit angefallen waren; waren solche Tage angefallen, wurde die Prämie überhaupt nicht gezahlt, auch nicht anteilig[8].

6 Anders verhält es sich dagegen wenn ein **13. Monatsgehalt als arbeitsleistungsbezogene Sonderzahlung** vereinbart wird. Ist ein Vergütungsbestandteil zB als 13. Monatsgehalt in das vertragl. Austauschverhältnis von Vergütung und Arbeitsleistung eingebunden und wird mit dieser Zahlung kein weiter gehender Zweck verfolgt, so handelt es sich um eine arbeitsleistungsbezogene Sonderzahlung[9]. In einem solchen Fall entsteht kein Anspruch auf das 13. Monatsgehalt für Zeiten der Arbeitsunfähigkeit, in denen kein Anspruch auf Entgeltfortzahlung im Krankheitsfall iSd. § 3 I 1 besteht. Arbeitsleistungsbezogene Sonderzahlungen ohne tatsächliche Arbeitsleistung sind nur dann fortzuzahlen, wenn die Entgeltfortzahlung auf Grund gesetzl., tarifl. oder sonstiger Regelungen zu leisten ist[10]. Diese Rechtsfolge entsteht kraft Gesetzes, ohne dass es einer gesonderten vertragl. Kürzungsvereinbarung bedarf[11].

7 **Beispiel:** Mit dem ArbN war ein 13. Monatsgehalt vereinbart. Er war von Oktober 1997 bis 17.6.1998 arbeitsunfähig krank. Die Beklagte kürzte das 13. Monatsgehalt (1998) anteilig um 5,5/12. Ein weiter gehender Anspruch stand dem ArbN nicht zu; § 4a (damals: § 4b) war nicht einschlägig[12].

8 Im Gegensatz zur vorherigen Rspr. sind **Kleingratifikationen** nach dem Wortlaut des § 4a nicht mehr geschützt. Solche Kleingratifikationen von wenigen Euro (früher: 200 DM) waren auch nach der gewandelten Rspr. des BAG von der Möglichkeit, sie wegen krankheitsbedingter Arbeitsunfähigkeit zu kürzen, ausgenommen worden[13]. Angesichts des Umstandes, dass die Grenzen der Kürzungsmöglichkeiten sich nicht mehr an der Höhe der Sondervergütung orientieren, sondern am jahresdurchschnittlichen Verdienst eines Arbeitstages, trifft zwar die Annahme zu, dass bereits bei nur wenigen Fehltagen die gesamte Kleingratifikation auf null gekürzt werden könnte[14]. Gleichwohl kann hieraus nicht geschlossen

1 BAG v. 25.7.2001 – 10 AZR 502/00, BAGE 98, 245. | 2 BAG v. 25.7.2001 – 10 AZR 502/00, BAGE 98, 245; *Schmitt*, § 4a EFZG Rz. 12, 13. | 3 *Preis*, NJW 1996, 3369. | 4 AA wohl *Schmitt*, § 4a EFZG Rz. 13. | 5 BAG v. 15.12.1999 – 10 AZR 626/98, AP Nr. 221 zu § 611 BGB – Gratifikation. | 6 BAG v. 7.8.2002 – 10 AZR 709/01, AP Nr. 2 zu § 4 a EntgeltFG. | 7 BAG v. 25.7.2001 – 10 AZR 502/00, BAGE 98, 245; *Schmitt*, § 4a EFZG Rz. 15; *Giesen*, RdA 1997, 193 (200); aA *Bauer/Lingemann*, BB 1996, Beilage 17, 8. | 8 Sachverhalt analog BAG v. 25.7.2001 – 10 AZR 502/00, BAGE 98, 245. | 9 Vgl. BAG v. 21.3.2001 – 10 AZR 28/00, BAGE 97, 211; auch BAG v. 25.11.1998 – 10 AZR 595/97, AP Nr. 212 zu § 611 BGB – Gratifikation. | 10 BAG v. 21.3.2001 – 10 AZR 28/00, BAGE 97, 211. | 11 BAG v. 19.5.1995 – 10 AZR 49/94, AP Nr. 173 zu § 611 BGB – Gratifikation. | 12 Im Anschluss an den Sachverhalt in BAG v. 21.3.2001 – 10 AZR 28/00, BAGE 97, 211. | 13 BAG v. 15.2.1990 – 6 AZR 381/88, BAGE 64, 179. | 14 So ErfK/*Dörner*, § 4a EFZG Rz. 7.

werden, dass nach wie vor die Kürzungsmöglichkeiten bei Kleingratifikation entfalle, denn der Gesetzgeber hat nicht nur die Rspr. sichern wollen, sondern zugleich für die Kürzung einen völlig neuen Maßstab gesetzt. Hieraus kann ebenso gut geschlossen werden, dass künftig auch Kleingratifikationen der Kürzung unterworfen sein sollen[1], mag auch eine solche Kürzung die Grenze zur Lächerlichkeit ggf. überschreiten. Indessen kann eine **Kleingratifikation** zB bei einem **geringfügig Beschäftigten** durchaus einen relativ hohen Stellenwert haben.

III. Kürzungsmethode: Vereinbarung. Unter Vereinbarungen sind alle **arbeitsvertragl. Abreden** zu verstehen, aber auch **TV** und **BV**. Ebenso zählen dazu **Gesamtzusagen** des ArbGeb[2]. 9

Beispiele: 10

1. Eine BV über eine „Prämienregelung" regelt für die Berechnung der Jahresprämie einen Abzug von 1/30tel für jeden (krankheitsbedingten) Fehltag[3].

2. In einer BV ist bestimmt, dass das Weihnachtsgeld eine freiwillige soziale Leistung darstellt. Nach der Regelung erhalten alle Mitarbeiterinnen und Mitarbeiter von einem errechneten Weihnachtsgeld 40 % unabhängig von den angefallenen Fehltagen. Darüber hinaus galt eine Staffelung, wonach 36 bis 40 Fehltage einen Bonus von 12,5 % ergaben und 0 bis 5 Fehltage einen solchen von 115 %[4].

Indessen fallen auch **einseitige Zusagen des ArbGeb**, ja sogar die Zusage freiwilliger Leistungen unter jederzeitigem Widerrufsvorbehalt unter die Vereinbarung iSd. § 4a S. 1. Entscheidend ist allein, dass eine Regelung vorhanden ist, die einerseits eine Sondervergütung auswirft und andererseits den ArbGeb berechtigt, die Sondervergütung wegen krankheitsbedingter Fehltage zu kürzen oder aber eine Regelung da ist, die eine Sondervergütung erst entstehen lässt oder steigert, wenn krankheitsbedingte Fehltage nicht oder nur in geringem Umfang anfallen. Der Tatbestand der Vereinbarung ist insoweit nicht rechtstechnisch zu verstehen, sondern lediglich als Voraussetzung für eine im Voraus feststehende, für den ArbN wie auch für den ArbGeb gültige Regelung. 11

Beispiel: Die ArbGeb zahlte ihren ArbN jeweils eine Weihnachtszuwendung in Höhe eines festen Betrages. Die ArbN unterzeichneten jeweils eine Erklärung, wonach es sich um eine freiwillige Leistung der Beklagten handele, auf die kein Rechtsanspruch bestehe und deren Wiederholung sich die Beklagte für die Folgejahre vorbehalte. Die Beklagte pflegte bei der Festlegung der Weihnachtszuwendung individuelle Kriterien zu berücksichtigen, wie Leistungen, Fehlzeiten, betriebl. Verhalten, alkoholbedingte Auffälligkeiten und persönlichen Einsatz des ArbN. Dies war allen ArbN des Betriebes bekannt und wurde seit Jahren derart praktiziert; eine schriftl. Festlegung gab es nicht. Das BAG hat diese betriebl. Handhabe als Rechtsgrundlage für eine Kürzung der Sondervergütung als ausreichend angesehen[5]. 12

Unter diesem Gesichtspunkt genügt auch eine **betriebliche Übung** als Rechtsgrundlage für eine Kürzungsvereinbarung, wenn sie in ihrer Ausgestaltung eine Kürzung der Leistungen im Falle krankheitsbedingter Arbeitsunfähigkeit vorsieht[6]. Als Kürzungsvereinbarung ist auch angesehen worden, wenn durch eine **Formulierung von Anspruchsvoraussetzungen** dieselbe Rechtswirkung erreicht wird, die bei einer Formulierung als Kürzungsmöglichkeit gegeben wäre[7]. 13

Die **Kürzungsvereinbarung muss in ihrer rechtl. Wertigkeit der Rechtsgrundlage** der Sondervergütung **entsprechen**[8]. So können eine tarifl. Sondervergütung nur auf Grund entsprechender Tarifnorm gekürzt werden und eine Sondervergütung auf Grund einer BV nur durch eine BV. Ist die Sondervergütung einzelvertragl. zugesagt worden, muss auch die Kürzung im Einzelarbeitsvertrag geregelt sein. Gleiches gilt für Gesamtzusagen oder betriebliche Übungen. Denn die Vereinbarung über die Kürzung muss sich auf die Sondervergütung beziehen und von daher muss gewährleistet sein, dass die Kürzungsvereinbarung auch rechtl. in der Lage ist, die Sondervergütung zu kürzen. 14

IV. Kürzungsgrund: Krankheitsbedingte Fehlzeiten. § 4a regelt nur die Kürzung von Sondervergütungen wegen krankheitsbedingter Fehlzeiten. Eine (vereinbarte) Kürzung von Sondervergütung aus anderen Gründen wird durch § 4a nicht erfasst. Nach § 4a ist die Kürzung der Sondervergütung nicht davon abhängig, dass die Krankheitszeit von einem Entgeltfortzahlungsanspruch des ArbN begleitet wird. Vielmehr sind **alle krankheitsbedingte Fehlzeiten zu berücksichtigen**, auch solche, für die der ArbN einen Anspruch auf Entgeltfortzahlung im Krankheitsfall nicht mehr hat[9]. § 4a unterscheidet nicht nach dem **Anlass für die krankheitsbedingte Fehlzeit**. Eine Sondervergütung kann auch für solche arbeitsunfähigkeitsbedingte Fehlzeiten des ArbN gekürzt werden, die auf einem beim selben ArbGeb erlittenen **Arbeitsunfall** beruhen[10]. Der Gesetzgeber hat bei der Schaffung des § 4a (damals § 4b) durch- 15

1 *Bauer/Lingemann*, BB 1996, Beilage 17, 8; aA ErfK/*Dörner*, § 4a EFZG Rz. 7. | 2 ErfK/*Dörner*, § 4a EFZG Rz. 4. | 3 Im Anschluss an BAG v. 26.10.1994 – 10 AZR 482/93, BAGE 78, 174. | 4 Im Anschluss an den Sachverhalt in BAG v. 15.12.1999 – 10 AZR 626/98, AP Nr. 221 zu § 611 BGB – Gratifikation. | 5 BAG v. 7.8.2002 – 10 AZR 709/01, AP Nr. 2 zu § 4a EntgeltFG. | 6 *Vogelsang*, Entgeltfortzahlung, Rz. 576. | 7 Vgl. BAG v. 25.7.2001 – 10 AZR 502/00, BAGE 98, 245. | 8 Vgl. die Beispiele bei KDHK/*Hold*, § 4a EFZG Rz. 14. | 9 KDHK/*Hold*, § 4a EFZG Rz. 12. | 10 BAG v. 15.12.1999 – 10 AZR 626/98, AP Nr. 221 zu § 611 BGB – Gratifikation.

aus im Blick gehabt, dass krankheitsbedingte Fehlzeiten, die auf einem Arbeitsunfall beruhen, zu einer anderen rechtl. Stellung des ArbN führen als solche, die auf anderen Ursachen beruhen. Denn er hatte zugleich geregelt, dass die Entgeltfortzahlung 100 statt nur 80% beträgt soll, wenn die krankheitsbedingte Arbeitsunfähigkeit auf einem Arbeitsunfall beruht (§ 4a aF); diese Bestimmung ist durch das Korrekturgesetz aufgehoben worden[1].

16 Die Kürzung der Sondervergütung kann auch für solche Fehlzeiten vereinbart werden, die auf **Maßnahmen der medizinischen Vorsorge und Rehabilitation** iSd. § 9 beruhen. § 4a gilt entsprechend für eine Arbeitsverhinderung infolge einer Maßnahme der medizinischen Vorsorge und Rehabilitation, die einen Träger der gesetzl. Renten-, Kranken- oder Unfallversicherung, eine Verwaltungsbehörde der Kriegsopferversorgung oder sonstiger Sozialleistungsträger bewilligt hat und die in einer Einrichtung der medizinischen Vorsorge oder Rehabilitation durchgeführt wird (§ 9 S. 1). Indessen liegt in der Vereinbarung, das krankheitsbedingte Fehltage zur Kürzung der Sondervergütung führen können, nicht schon ohne weiteres die Vereinbarung, dass dies auch für Fehltage auf Grund derartiger Maßnahmen der medizinischen Vorsorge und Rehabilitation gelte. Vielmehr bedarf dies einer klarstellenden Regelung im Verhältnis zwischen ArbGeb und ArbN.

17 Die Kürzung von Sondervergütungen wegen **Fehltagen aus anderen Anlässen** als die der krankheitsbedingten Arbeitsunfähigkeit bzw. der Maßnahme der medizinischen Vorsorge und Rehabilitation wird von § 4a nicht berührt. Dies gilt insb. für Fehltage auf Grund von **mutterschutzrechtl. Beschäftigungsverboten**[2]. Mit Rücksicht auf § 7 I AGG dürfte eine solche Kürzungsmöglichkeit jedoch ausscheiden.

18 Ungeklärt ist die **Kumulierung** der Anrechnung von Fehltagen unterschiedlicher Art auf die Sondervergütung. Dies ist nicht nur eine Frage des Grundes für das Erlaubtsein der Anrechnung der jeweiligen einzelnen unterschiedlichen Fehlzeit, sondern der Grenzen der Kumulation unterschiedlicher, jeweils für sich anrechenbarer. Fehlzeiten,

19 **V. Kürzungsgrenzen.** § 4a S. 2 setzt für die Kürzung für jeden Tag der Arbeitsunfähigkeit infolge Krankheit eine Grenze: Die Kürzung darf **für jeden Fehltag ein Viertel des Arbeitsentgeltes**, das im **Jahresdurchschnitt** auf einen Arbeitstag entfällt, nicht überschreiten. Für die Kürzung auf Grund anderer Fehltage enthält § 4a keine Regelung.

20 **1. Bezugspunkt der Kürzungsgrenze.** Die **Rspr. zum Rechtsstand vor Inkrafttreten** dieser gesetzl. Bestimmung hatte mit Fällen zu tun, in denen die Kürzung bezogen war auf die Sondervergütung selbst (Kürzung von 1/60tel der versprochenen Sondervergütung – Weihnachtsgratifikation – pro krankheitsbedingtem Fehltag)[3]. Im Urt. v. 26.10.1994 hat das BAG diese Auffassung dem Grunde nach bestätigt und eine Kürzungsregelung in einer BV von 1/30tel pro Fehltag als zulässig erachtet[4]. Dagegen hat das Gesetz einen **neuen Bezugspunkt** angeordnet, in dem es auf den jahresdurchschnittlichen arbeitstäglichen Verdienst abstellt; die Kürzung darf ¼ eines solchen jahresdurchschnittlichen arbeitstäglichen Verdienstes nicht überschreiten.

21 **2. Ermittlung der Kürzungsgrenze.** Die Obergrenze der höchstzulässigen Kürzung nach S. 2 ist wie folgt zu ermitteln: Das auf den Jahreszeitraum entfallende Jahresarbeitsentgelt ist durch die auf denselben Zeitraum entfallende Zahl der Arbeitstage (einschließlich Urlaubstage) zu teilen; dies ergibt das Tagesarbeitsentgelt. Für jeden krankheitsbedingten Fehltag darf ein Viertel des Betrages des Tagesarbeitsentgeltes von der Sondervergütung abgezogen werden.

22 **a) Maßgeblicher Jahreszeitraum.** Das maßgebliche Jahr, das der Berechnung des Durchschnitts zugrunde zu legen ist, ist im Gesetzeswortlaut nicht näher bestimmt. Der Jahresdurchschnitt kann einmal auf ein volles Jahr in der Vergangenheit abstellen. Dabei bleibt dann noch zu klären, ob auf das vergangene Kalenderjahr oder auf das Zeitjahr abzustellen ist. Es kann mit Jahresdurchschnitt aber auch das laufende Jahr gemeint sein, dies wiederum mit den beiden aufgezeigten Varianten.

23 Das **BAG** hat diese Frage bisher nicht geklärt. In seiner Entscheidung vom 15.12.1999 ist es allerdings davon ausgegangen, dass der ArbN dort nach einer Weihnachtsgeldabrechnung von November 1996 in diesem Monat eine Bruttomonatsvergütung von 3854,50 DM erzielt hatte; es hat dann zu Gunsten des Klägers angenommen, dass bei der Berechnung des Jahresentgeltes nur die laufenden Monatsvergütungen, nicht jedoch gewährte Sondervergütung zu berücksichtigen sind und hat den Jahresverdienst des Klägers dann selbst mit der Multiplikation von 12 x 3854,50 DM errechnet[5]. Damit scheint das BAG – ohne dies näher zu problematisieren – in dieser Entscheidung zumindest davon ausgegangen zu sein, dass der Jahresdurchschnitt sich (zumindest auch) auf einen Jahreszeitraum berechnen lässt, der unmittelbar vor der Fälligkeit der Sondervergütung bzw. vor deren Berechnung liegt. Eine solche Möglichkeit wird auch im **Schrifttum** angenommen[6]. Andere Teile des Schrifttums halten es dagegen für sinn-

---

1 Art. 7 Nr. 2 und 3 G v. 19.12.1998 BGBl. I S. 3843 mWv. 1.1.1999. |2 *Bauer/Lingemann*, BB 1996, Beilage 17, 8. |3 BAG v. 15.2.1990 – 6 AZR 83/88, BAGE 64, 179. |4 BAG v. 26.10.1994 – 10 AZR 482/93, BAGE 78, 174. |5 BAG v. 15.12.1999 – 10 AZR 626/98, AP Nr. 221 zu § 611 BGB – Gratifikation. |6 KDHK/*Hold*, § 4a EFZG Rz. 21.

voll, auf den Verdienst des vergangenen Kalenderjahres abzustellen[1]. Für zulässig und als im Interesse der Rechtsklarheit sinnvoll wird gehalten, den Bezugszeitraum in der Kürzungsvereinbarung selbst festzulegen[2]. Angesichts der relativen Offenheit des Gesetzes ist der zuletzt genannten Ansicht der Vorzug zu geben.

b) Arbeitsentgelt. Der Begriff des Arbeitsentgeltes ist gegenständlich derselbe wie der in § 4 I (vgl. § 4 Rz. 17 ff.). Konsequenterweise ist die zu kürzende **Sondervergütung** selbst **nicht einzubeziehen**[3]. Für eine Einbeziehung könnte zwar sprechen, dass § 4a S. 2 von „Arbeitsentgelt" und nicht wie § 4a S. 1 vom „laufenden" Arbeitsentgelt spricht. Indessen korrespondiert die Formulierung „Arbeitsentgelt" mit dem Begriff, wie er in § 4 I verwendet wird. Diese Vorschrift erfasst Sondervergütungen jedoch gerade nicht. Außerdem können die Ansichten, die einerseits auf das vergangene Kalenderjahr zur Berechnung des Durchschnittswertes abstellen wollen, andererseits die im laufenden Kalenderjahr zu kürzende Sondervergütung einbeziehen wollen, auf ein logisch unlösbaren Widerspruch stoßen. Die Berücksichtigung von Sondervergütung bei der Ermittlung der im Jahresdurchschnitt auf einen Arbeitstag entfallenden Vergütung könnte des Weiteren dazu führen, dass fehlzeitbedingte Kürzungen der Sondervergütung im Vorjahr eine Verringerung der Kürzungsmöglichkeit im Folgejahr bewirken[4]. 24

c) Arbeitstage im Referenzzeitraum. Der derart ermittelte Jahresverdienst ist umzurechnen auf denjenigen Betrag, der auf einen Arbeitstag (Urlaubstag) entfällt, dh. der errechnete Jahresentgeltbetrag ist durch die Zahl der in den Berechnungszeitraum fallenden Arbeitstage (einschließlich der Urlaubstage) zu teilen. Dabei muss die individuelle Arbeitsverpflichtung des ArbN zugrunde gelegt werden. Zugrunde zu legen sind alle Tage, für die dem ArbN ein **Entgeltanspruch** zugestanden hat, sei es unmittelbar aus § 611 BGB, sei es als Urlaubsvergütung, als Entgeltfortzahlung im Krankheitsfall, aus Gründen des Mutterschutzes, der BR-Tätigkeit usw. **Nicht zu den Arbeitstagen** zählen solche Tage, an denen der ArbN nicht zu arbeiten hatte oder aus anderen Gründen **keinen Vergütungsanspruch** erworben hat, zB wegen unentschuldigten Fehlens, unbezahlter Freistellung, krankheitsbedingter Arbeitsunfähigkeit außerhalb der Entgeltfortzahlungszeit[5]. Soweit Autoren pauschalierte Berechnungsgrundlagen anwenden wollen, zB im Jahresdurchschnitt 230 Arbeitstage[6], wird übersehen, dass das Gesetz auf den Jahresdurchschnittsverdienst des betreffenden ArbN selbst abstellt, der auf Arbeitstage umzurechnen ist. Hiermit verträgt es sich nicht, auf eine andere Zahl der Arbeitstage abzustellen, als sie vom ArbN zu leisten waren. Besonders deutlich wird der Auffassungsunterschied bei **Teilzeitkräften**, die in der Kalenderwochen an weniger als sechs bzw. fünf Tagen zu arbeiten haben. 25

Beispiele: 26

1. Ein ArbN arbeitet gegen ein Monatsentgelt von 2000 Euro regelmäßig an fünf Arbeitstagen in der Woche. Zusätzlich zu den monatlichen 2000 Euro erhält er eine arbeitsleistungsbezogene Sonderzahlung als 13. Monatsgehalt; daneben wird ihm eine nicht auf die Arbeitsleistung bezogene Sondervergütung gezahlt. Da das 13. Monatsgehalt arbeitsleistungsbezogen ist, ist es in die Berechnung des Jahresbetrages des Arbeitsentgeltes einzubeziehen; das Jahresarbeitsentgelt beträgt mithin 26 000 Euro. Da im Referenzjahr keine unbezahlten Arbeitsausfälle angefallen sind, hätte der ArbN unter Berücksichtigung von 30 Arbeitstagen Urlaub insgesamt 261 Arbeitstage. Die Jahressumme von 26 000 Euro geteilt durch die Zahl dieser Arbeitstage ergibt einen Tagessatz von 99,62 Euro. Die Höchstgrenze für die Kürzung beträgt $^1/_4$ dieses Betrages, mithin 24,90 Euro.

2. Ein ArbN ist teilzeitbeschäftigt; er arbeitet regelmäßig drei Tage in der Woche. Sein Monatsverdienst beträgt 1500 Euro. Hinzu kommt eine Sondervergütung. Der Jahresvertrag des Arbeitsentgeltes (ohne die Sondervergütung) beträgt 18 000 Euro. Bei drei Arbeitstagen pro Woche hat der ArbN 138 Tage im Referenzjahr gearbeitet. Das jahresdurchschnittliche Tagesentgelt beträgt mithin 115,39 Euro. Der Höchstbetrag der Kürzung pro Fehltag beläuft sich auf 28,85 Euro.

3. Überschreitung der Kürzungsgrenzen. Die Kürzungsgrenzen des § 4a sind zwingenden Rechts; werden sie überschritten, so ist die **Kürzungsvereinbarung** rechtsunwirksam (§ 12 EFZG, § 134 BGB). Dies wirft die Frage auf, ob eine Kürzungsvereinbarung, die die gesetzl. Kürzungsgrenzen überschreitet, insgesamt unwirksam ist oder ob sie nur insoweit **teilunwirksam** ist. Im Hinblick darauf, dass sich die unterschiedlichen Jahresverdienste und deren Begrenzungen höchst unterschiedlich auf die Kürzungen auswirken können und die Kürzungsgrenzen vor allem nicht mehr von der Höhe der Sondervergütung abhängig sind, dürfte Letzteres anzunehmen sein. Denn die Zahlung der Sondervergütung und deren Kürzungsmöglichkeit sind als einheitliches Rechtsgeschäft mit der Folge anzusehen, dass der ArbGeb 27

1 ErfK/*Dörner*, § 4a EFZG Rz. 12; HzA/*Lipke*, Gruppe 3 Rz. 229 ff.; *Vogelsang*, Entgeltfortzahlung, Rz. 583; *Bauer/Lingemann*, BB 1996, Beilage 17, 8; *Müller/Berenz*, § 4a EFZG Rz. 12. | 2 ErfK/*Dörner*, § 4a EFZG Rz. 12; *Kunz/Wedde*, § 4a EFZG Rz. 22; *Vogelsang*, Entgeltfortzahlung, Rz. 583. | 3 KDHK/*Hold*, § 4a EFZG Rz. 20; *Geyer/Knorr/Krasney*, § 4a EFZG Rz. 14; ausdrücklich offen gelassen von BAG v. 15.12.1999 – 10 AZR 626/98, AP Nr. 221 zu § 611 BGB – Gratifikation; für Einbeziehung: ErfK/*Dörner*, § 4a EFZG Rz. 13; HzA/*Lipke*, Gruppe 3 Rz. 229 ff.; *Bauer/Lingemann*, BB 1996, Beilage 17, 8. | 4 Ausf. *Vogelsang*, Entgeltfortzahlung, Rz. 584. | 5 Wie hier ErfK/*Dörner*, § 4a EFZG Rz. 14; *Vogelsang*, Entgeltfortzahlung, Rz. 585. | 6 HzA/*Lipke*, Gruppe 3 Rz. 230; *Bauer/Lingemann*, BB 1996, Beilage 17, 8.

nicht nur den ihn belastenden Teil aufrechterhalten möchte, sondern – soweit das Gesetz dies erlaubt – auch den Teil der Abrede, die die Kürzung ermöglicht. Ist dies nicht anzunehmen, so kann die gesamte Vereinbarung über die Sonderzahlung nichtig sein. Indessen wird eine Abrede über die Sondervergütung nicht als insgesamt nichtig anzusehen sein, wenn diese Abrede ausdrücklich als zusätzliche Höchstgrenze die Grenzen des § 4a für den Fall aufführt, dass die sonst beschriebene Kürzung diese Grenzen im Einzelfall überschreitet. Dies gilt auch für in der Vergangenheit abgeschlossene Kürzungsvereinbarungen. Für **TV** es unter einem Gesichtspunkt der Tarifautonomie insoweit die **geltungserhaltende Reduktion** der tarifvertragl. Regelungen geboten.

5 *Anzeige- und Nachweispflichten*

(1) Der Arbeitnehmer ist verpflichtet, dem Arbeitgeber die Arbeitsunfähigkeit und deren voraussichtliche Dauer unverzüglich mitzuteilen. Dauert die Arbeitsunfähigkeit länger als drei Kalendertage, hat der Arbeitnehmer eine ärztliche Bescheinigung über das Bestehen der Arbeitsunfähigkeit sowie deren voraussichtliche Dauer spätestens an dem darauf folgenden Arbeitstag vorzulegen. Der Arbeitgeber ist berechtigt, die Vorlage der ärztlichen Bescheinigung früher zu verlangen. Dauert die Arbeitsunfähigkeit länger als in der Bescheinigung angegeben, ist der Arbeitnehmer verpflichtet, eine neue ärztliche Bescheinigung vorzulegen. Ist der Arbeitnehmer Mitglied einer gesetzlichen Krankenkasse, muss die ärztliche Bescheinigung einen Vermerk des behandelnden Arztes darüber enthalten, dass der Krankenkasse unverzüglich eine Bescheinigung über die Arbeitsunfähigkeit mit Angaben über den Befund und die voraussichtliche Dauer der Arbeitsunfähigkeit übersandt wird.

(2) Hält sich der Arbeitnehmer bei Beginn der Arbeitsunfähigkeit im Ausland auf, so ist er verpflichtet, dem Arbeitgeber die Arbeitsunfähigkeit, deren voraussichtliche Dauer und die Adresse am Aufenthaltsort in der schnellstmöglichen Art der Übermittlung mitzuteilen. Die durch die Mitteilung entstehenden Kosten hat der Arbeitgeber zu tragen. Darüber hinaus ist der Arbeitnehmer, wenn er Mitglied einer gesetzlichen Krankenkasse ist, verpflichtet, auch dieser die Arbeitsunfähigkeit und deren voraussichtliche Dauer unverzüglich anzuzeigen. Dauert die Arbeitsunfähigkeit länger als angezeigt, so ist der Arbeitnehmer verpflichtet, der gesetzlichen Krankenkasse die voraussichtliche Fortdauer der Arbeitsunfähigkeit mitzuteilen. Die gesetzlichen Krankenkassen können festlegen, dass der Arbeitnehmer Anzeige- und Mitteilungspflichten nach den Sätzen 3 und 4 auch gegenüber einem ausländischen Sozialversicherungsträger erfüllen kann. Absatz 1 Satz 5 gilt nicht. Kehrt ein arbeitsunfähig erkrankter Arbeitnehmer in das Inland zurück, so ist er verpflichtet, dem Arbeitgeber und der Krankenkasse seine Rückkehr unverzüglich anzuzeigen.

1 **I. Normzweck und -entstehung.** Die Bestimmung regelt die Anzeige- und Nachweispflichten des arbeitsunfähig erkrankten ArbN. Zur stärkeren **Bekämpfung von Missbrauch** sah der ursprüngliche Regierungs- und Koalitionsentwurf eine Nachweispflicht des ArbN bereits für den ersten Kalendertag der krankheitsbedingten Arbeitsunfähigkeit vor[1]. Wegen der mit diesem Nachweis verbundenen Kostensteigerungen bei den Krankenkassen – für pflichtversicherte ArbN sind die Kosten der ärztlichen Bescheinigung der krankheitsbedingten Arbeitsunfähigkeit von der Krankenkasse zu tragen – hat der Gesetzgeber von dieser Regelung Abstand genommen und die aus seiner Sicht kostengünstigere, flexible, aber zur Missbrauchsbekämpfung gezielt einsetzbare Regelung in § 5 geschaffen[2]. Ebenso wurde § 5 II gegenüber dem ursprünglichen Entwurf im Laufe des Gesetzgebungsverfahrens geändert. Der ursprüngliche Entwurf sah für eine **Auslandserkrankung** lediglich vor, dass der ArbN seine Arbeitsunfähigkeit und

1 BT-Drs. 12/5263, S. 4 v. 24.6.1993. | 2 LAG BW v. 18.6.1997 – 4 Sa 139/95, NZA-RR 1998, 51; *Schmitt*, § 5 EFZG Rz. 4.

deren voraussichtliche Dauer unverzüglich anzuzeigen habe[1]. Die Verpflichtung des ArbN, auch seine Adresse am Aufenthaltsort mitzuteilen und für die Mitteilung insgesamt die schnellstmögliche Art der Übermittlung – auf Kosten des ArbGeb – zu wählen, wurde nachträglich im Laufe des Gesetzgebungsverfahrens eingefügt, um dem Missbrauch der Entgeltfortzahlung entgegenzuwirken, indem sie dem ArbGeb bessere Chancen eröffnete, die mitgeteilte Arbeitsunfähigkeit überprüfen zu lassen[2]. Damit hat der Gesetzgeber die vom EuGH aufgezeigte Möglichkeit der Gegenuntersuchung[3] wahrgenommen. Zudem regelt § 5 – bruchstückhaft – bestimmte Pflichten des Arztes bzw. des ArbN, der gesetzl. krankenversichert ist, gegenüber der Krankenkasse.

II. Anwendungsbereich. Der personelle Anwendungsbereich des § 5 erstreckt sich auf **alle ArbN**. Er 2
erfasst grds. alle ArbN, die in den Anwendungsbereich des EFZG fallen, und zwar ohne Rücksicht darauf, ob ihnen ein Anspruch auf Entgeltfortzahlung zusteht oder nicht[4]. Die Anzeige- oder Mitteilungspflicht des ArbN soll es dem ArbGeb ermöglichen, möglichst frühzeitig die entsprechenden Dispositionen zu treffen[5], und zwar unabhängig davon, ob Entgeltfortzahlung im Krankheitsfall zu leisten ist oder nicht. Anzeige- und nachweispflichtig sind daher auch ArbN, die innerhalb der vierwöchigen Wartezeit arbeitsunfähig werden[6]. Ebenso trifft die Anzeige- und Nachweispflicht ArbN, die über die Dauer der Entgeltfortzahlung hinaus arbeitsunfähig krank sind[7] oder die infolge Fortsetzungskrankheit (vgl. § 3 Rz. 98 ff.) gar keinen Anspruch auf Entgeltfortzahlung wegen darauf beruhenden Arbeitsunfähigkeit mehr haben[8].

Die Anzeige- und Nachweispflichten bestehen für den ArbN auch dann, wenn der ArbGeb über die 3
krankheitsbedingte Arbeitsunfähigkeit bereits **anderweitig Kenntnis** hatte, zB dann, wenn sie auf einem **Betriebsunfall** beruht. Denn der ArbGeb ist in aller Regel nicht in der Lage, zB aus eigener Kenntnis über einen Betriebsunfall abzuleiten, inwieweit und vor allem wie lange der vom Betriebsunfall betroffene ArbN arbeitsunfähig krank sein wird. Zudem trifft den ArbN die Verpflichtung zur Vorlage der ärztlichen Arbeitsunfähigkeitsbescheinigung, nicht zuletzt im Hinblick auf das nur vom Arzt zu attestierende Vorliegen der krankheitsbedingten Arbeitsunfähigkeit und deren voraussichtliche Dauer.

Der sachliche Anwendungsbereich des § 5 ist auf die krankheitsbedingte Arbeitsunfähigkeit begrenzt. 4
Für Zeiten der Arbeitsunfähigkeit, die auf einer Teilnahme an einer **Maßnahme der medizinischen Vorsorge und Rehabilitation** beruhen, enthält § 9 II besondere Bestimmungen (vgl. § 9 Rz. 33 ff.).

III. Krankheitsbedingte Arbeitsunfähigkeit im Inland (Abs. 1). § 5 unterscheidet hinsichtlich der Mit- 5
teilungs- und Nachweispflichten zwischen den Fällen, in denen die krankheitsbedingte Arbeitsunfähigkeit im Inland eintritt (Abs. 1), und den Fällen, in denen sie im Ausland eintritt (Abs. 2). Dabei baut die Regelung in Abs. 2 gedanklich auf der Regelung in Abs. 1 auf[9]. Für beide Konstellationen unterscheidet das Gesetz zwischen den Anzeige- oder Mitteilungspflichten und den Nachweispflichten des ArbN. Beide Pflichten sind systematisch als **arbeitsvertragl. Nebenpflichten** zu charakterisieren; sie sind jedoch **nicht einklagbar**[10].

1. Mitteilungspflicht. Die Mitteilungspflicht, auch **Anzeigepflicht** genannt, trifft jeden ArbN bei jeder 6
Erkrankung. Nach dem Wortlaut des Abs. 1 S. 1 hat der ArbN dem ArbGeb die Arbeitsunfähigkeit und deren voraussichtliche Dauer unverzüglich mitzuteilen.

a) Inhalt der Mitteilung. Nach dem Wortlaut des Gesetzes hat der ArbN dem ArbGeb nur die **krank-** 7
heitsbedingte Arbeitsunfähigkeit mitzuteilen. Der genaue Inhalt der Mitteilung ist indessen gesetzl. nicht vorgeschrieben; er hängt von den näheren Umständen des Einzelfalles ab. Nach Abs. 1 S. 1 hat der ArbN nicht erst die vom Arzt festgestellte Arbeitsunfähigkeit mitzuteilen, sondern schon eine entsprechende Mitteilung zu machen, wenn er zunächst den Arzt aufsucht, um feststellen zu lassen, ob er arbeitsunfähig krank ist oder nicht, und er bereits wegen dieses Arztbesuches nicht zur Arbeit erscheint. Zudem ergibt sich eine solche Verpflichtung als arbeitsvertragl. Nebenpflicht, nämlich als **Rücksichtnahmepflicht** aus § 241 II BGB.

Beispiel: Der ArbN wacht mit Halsschmerzen und erheblichen Schluckbeschwerden auf und fühlt sich 8
matt. Er beschließt, an diesem Morgen nicht sofort zur Arbeit zu gehen, sondern zunächst den Arzt aufzusuchen, um feststellen zu lassen, ob er arbeitsunfähig krank ist. Der ArbN ist gehalten, den ArbGeb hierüber insoweit zu informieren, als er ihm mitteilt, dass er zunächst nicht zur Arbeit erscheinen werde, sondern sich zunächst zum Arzt begeben werde, um feststellen zu lassen, ob er krankheitsbedingt arbeitsunfähig ist.

---

1 BT-Drs. 12/5263, S. 4. | 2 BT-Drs. 12/5798, S. 26. | 3 EuGH v. 3.6.1992 – Rs C 45/90 – Paletta 1, AP Nr. 1 zu Art. 18 EWG-Verordnung Nr. 574/72. | 4 KDHK/*Kleinsorge*, § 5 EFZG Rz. 1; *Schmitt*, § 5 EFZG Rz. 7, 8; *Bauer/Lingemann*, BB 1996, Beilage 17, 8; *Hanau*, RdA 1997, 205; *Vossen*, NZA 1998, 154. | 5 *Schmitt*, § 5 EFZG Rz. 8; ErfK/*Dörner*, § 5 EFZG Rz. 5. | 6 HzA/*Vossen*, Gruppe 2 Rz. 235; *Hanau*, RdA 1997, 205; aA *Buschmann*, ArbuR 1996, 285. | 7 LAG v. Köln 2.11.1988 – 2 Sa 850/88, LAGE § 3 LohnFG Nr. 2; LAG Sa.-Anh. v. 24.4.1996 – 3 Sa 449/95, LAGE § 626 BGB Nr. 99; HzA/*Vossen*, Gruppe 2 Rz. 235; *Lepke*, NZA 1995, 1084. | 8 HzA/*Vossen*, Gruppe 2 Rz. 235. | 9 Vgl. für § 3 LFZG: BAG v. 18.9.1985 – 5 AZR 240/84, EzA Nr. 11 zu § 3 LohnFG; vgl. zu § 5 EFZG: BT-Drs. 12/5263, 14; KDHK/*Kleinsorge*, § 5 EFZG Rz. 36. | 10 HzA/*Vossen*, Gruppe 2 Rz. 234 mwN.

9 Will der ArbN zunächst keinen Arzt aufsuchen, so muss er selbst entscheiden, ob er sich als krankheitsbedingt arbeitsunfähig erachtet oder nicht. Erachtet er sich als krankheitsbedingt arbeitsunfähig, so hat er dies dem ArbGeb unverzüglich mitzuteilen.

10 **Beispiel:** Der ArbN wacht morgens mit Gliederschmerzen und Erkältungserscheinungen auf, er meint, die Krankheit ohne ärztliche Hilfe binnen drei Tagen kurieren zu können, andererseits aber krankheitsbedingt arbeitsunfähig zu sein. Er hat dem ArbGeb eben dies, seine persönliche Einschätzung des Vorliegens krankheitsbedingter Arbeitsunfähigkeit und deren voraussichtliche Dauer unverzüglich mitzuteilen.

11 Hat der **ArbN den Arzt aufgesucht** und hat dieser ihm krankheitsbedingte Arbeitsunfähigkeit mitgeteilt oder bescheinigt, so hat der ArbN dem ArbGeb nunmehr erneut darüber zu informieren, dass krankheitsbedingte Arbeitsunfähigkeit vorliegt und wie lange diese voraussichtlich andauern wird. Diese Mitteilungspflicht trifft den ArbN in jedem Fall und nicht etwa nur dann, wenn die Eigenprognose des ArbN und die Einschätzung durch den Arzt auseinander fallen[1]. Der Inhalt der Anzeige darf sich allerdings grds. auf den Umstand beschränken, mitzuteilen, dass krankheitsbedingte Arbeitsunfähigkeit besteht und wie lange diese voraussichtlich andauern wird. Angaben über **Art und Ursache der Erkrankung** schuldet der ArbN in aller Regel nicht[2]. Ausnahmsw. hat der ArbN jedoch bereits bei der Mitteilung der krankheitsbedingten Arbeitsunfähigkeit und deren voraussichtlichen Dauer auch eine Angabe zur Art der Erkrankung zu machen, nämlich dann, wenn es sich um eine **ansteckende Erkrankung** handelt, die Schutzmaßnahmen des ArbGeb für andere oder gar seuchenpolizeiliche Maßnahmen erfordern[3]. Diese Pflicht besteht – unabhängig von der Mitteilungspflicht nach § 5 I 1 – nach § 241 II BGB (Rücksichtnahmepflicht) bzw. § 242 BGB (Treuepflicht).

12 **Beispiel:** Der ArbN leidet an einer ansteckenden Krankheit, die sofortige Desinfektionsmaßnahmen zum Schutz der Menschen in der Umgebung des betroffenen Erkrankten erfordern. Aus dem Gesichtspunkt der arbeitsvertragl. Rücksichtnahmepflicht ist der ArbN gehalten, eben dies dem ArbGeb unverzüglich mitzuteilen.

13 Ist der ArbN an einer **Fortsetzungserkrankung** erkrankt, so hat er diesen Umstand dem ArbGeb mit Rücksicht auf die Begrenzung der Verpflichtung zur Entgeltfortzahlung mitzuteilen[4]. Diese Verpflichtung beruht allerdings ebenfalls nicht auf § 5 I 5, sondern wiederum als arbeitsvertragl. Nebenpflicht auf § 241 II BGB bzw. § 242 BGB. Der Umstand, dass der ArbGeb bei Fortsetzungserkrankungen einen entsprechenden **Auskunftsanspruch gegen die Krankenkasse** (§ 69 IV SGB X) hat, hat nicht zur Folge, dass der ArbN dann, wenn ihm der Fortsetzungszusammenhang bekannt ist, diese Tatsache gegenüber dem ArbGeb einfach verschweigen darf[5]. Davon zu trennen ist die Frage, ob der ArbN in der Lage ist, zu erkennen, dass es sich um eine Fortsetzungserkrankung handelt oder ob der Arzt ihm dies mitgeteilt hat. Ist dem ArbN der Umstand nicht bekannt, so kann er hierauf auch nicht hinweisen. Ebenso ist der ArbN gehalten, den ArbGeb darüber zu unterrichten, ob die krankheitsbedingte Arbeitsunfähigkeit auf einer **Schädigung durch einen Dritten** beruht[6]. Rechtsgrundlage für diese Mitteilungspflicht ist allerdings ebenfalls nicht § 5 I 1, sondern § 6 II. Schließlich trifft den ArbN die Obliegenheit den ArbGeb davon zu unterrichten, wenn die Krankheit vom ArbN **selbstverschuldet** ist[7].

14 **b) Zeitpunkt, Form und Empfänger der Mitteilung.** Die Mitteilung hat **unverzüglich** zu erfolgen, mithin **ohne schuldhaftes Zögern** (§ 121 I BGB). Wann dieser Zeitpunkt erreicht ist, hängt von den **Umständen des Einzelfalles** und dem Inhalt der notwendigen Unterrichtung ab. Keineswegs wird die Unterrichtungspflicht erst dann ausgelöst, wenn der ArbN auf Grund ärztlicher Unsuchung Klarheit darüber erfahren hat, dass er arbeitsunfähig krank ist und wie lange dieser Zustand andauern wird. Bereits der eigene Entschluss des ArbN, wegen seiner Erkrankung die Arbeit nicht aufzunehmen, löst die Unterrichtungspflicht aus.

15 **Beispiel:** Der ArbN wacht mit Erkältungsbeschwerden auf. Er entschließt sich, diese Beschwerden mit Hilfe eigener Medikamentation zu bekämpfen und an diesem Tag nicht zur Arbeit zu gehen. Spätestens in dem Augenblick, in dem sich der ArbN hierzu entschlossen hat und er deswegen seine Arbeit nicht aufnimmt, ist seine Verpflichtung ausgelöst, den ArbGeb hierüber zu unterrichten.

16 § 5 I kann durchaus eine **mehrfache Unterrichtung des ArbGeb** durch den ArbN etwa am Beginn einer Arbeitsunfähigkeit erforderlich machen, so zB zunächst die Unterrichtung, er werde nicht zur Arbeit erscheinen, sondern einen Arzt aufsuchen und – nach dem Besuch beim Arzt – die weitere Unterrichtung darüber, ob der Arzt krankheitsbedingte Arbeitsunfähigkeit attestiert hat und wie lange diese voraus-

1 *Schmitt*, § 5 EFZG Rz. 21; ErfK/*Dörner*, § 5 EFZG Rz. 9. | 2 BAG v. 31.8.1989 – 2 AZR 13/89, EzA § 1 KSchG – Verhaltensbedingte Kündigung Nr. 27; ErfK/*Dörner*, § 5 EFZG Rz. 5; KDHK/*Kleinsorge*, § 5 EFZG Rz. 9; HzA/*Vossen*, Gruppe 2 Rz. 251. | 3 HzA/*Vossen*, Gruppe 2 Rz. 252; ErfK/*Dörner*, § 5 EFZG Rz. 5; KDHK/*Kleinsorge*, § 5 EFZG Rz. 10. | 4 ErfK/*Dörner*, § 5 EFZG Rz. 5; *Schmitt*, § 5 EFZG Rz. 23; *Geyer/Knorr/Krasney*, § 5 EFZG Rz. 21; *Lepke*, NZA 1995, 1084. | 5 AA anscheinend KDHK/*Kleinsorge*, § 5 EFZG Rz. 11. | 6 ErfK/*Dörner*, § 5 EFZG Rz. 5; HzA/*Vossen*, Gruppe 2 Rz. 252; *Schmitt*, § 5 EFZG Rz. 24. | 7 BAG v. 1.6.1983 – 5 AZR 536/80, BAGE 43, 54.

sichtlich andauern wird. Unverzüglich wird diese (erste) Mitteilung an den ArbGeb am ersten Arbeitstag vor Beginn der Arbeit oder in den ersten Arbeitsstunden möglich sein[1]. Unverzüglich bedeutet nicht unbedingt sofort, jedoch muss der ArbGeb innerhalb einer angemessenen, die Umstände des Einzelfalls zu berücksichtigenden Frist informiert werden[2]. In aller Regel wird eine **telefonische Unterrichtung** des ArbGeb die angemessene Art der Mitteilung sein; ein Brief entspricht den Anforderungen der unverzüglichen Unterrichtung nicht[3]. **Beginnt die Arbeitsunfähigkeit während arbeitsfreier Tage** und kann der ArbN absehen, dass er auch noch bei dem Beginn seiner nächsten Arbeitszeit arbeitsunfähig krank sein wird, so darf der ArbN nicht erst bis zu seinem individuellen Arbeitsbeginn mit seiner Unterrichtung warten, sondern er muss den ArbGeb unverzüglich unterrichten[4].

Beispiel: Die nächste Arbeitszeit des ArbN beginnt am Freitag. Am Mittwoch derselben Woche er- 17
leidet er einen Beinbruch. Sobald der ArbN hierzu in der Lage ist, hat er den ArbGeb über die krankheitsbedingte Arbeitsunfähigkeit, jedenfalls aber vor dem Beginn seines nächsten Arbeitstages zu unterrichten.

Entsprechendes gilt, wenn die krankheitsbedingte Arbeitsunfähigkeit **während des Urlaubs** des ArbN 18
eintritt und voraussichtlich über das Ende des Urlaubs hinaus andauern wird.

Beispiel: Der ArbN hat bis zum 30.9. Erholungsurlaub. Er erleidet am 28.9. einen Beinbruch. Nunmehr 19
hat er den ArbGeb unverzüglich vor dem Urlaubsende zu unterrichten.

Für die Beurteilung, ob die Mitteilung unverzüglich erfolgt ist, kommt es auf den **Zugang der Mittei-** 20
lung beim ArbGeb an. Dies setzt indessen voraus, dass auch der ArbGeb eine entsprechende **empfangsbereite Organisation** vorhält. Dazu ist erforderlich, die ArbN darüber zu unterrichten, welche Person (oder Stelle, Abteilungsleiter usw.) beim ArbGeb von der krankheitsbedingten Arbeitsunfähigkeit zu unterrichten ist. Dies betrifft insb. die Fälle der telefonischen Mitteilung. Je nach betrieblicher Organisation kann der Leiter der Personalabteilung oder der unmittelbare Vorgesetzte des ArbN zu unterrichten sein. Vom ArbGeb ist auch die Installation eines Anrufbeantworters zu erwarten, insb. dann, wenn die sonst hierzu autorisierten Empfangspersonen erst mit dem allgemeinen Arbeitsbeginn im Betrieb zu erscheinen pflegen. Dagegen genügt es idR nicht, Arbeitskollegen, Pförtner, BR-Mitglieder oder Telefonisten von der krankheitsbedingten Arbeitsunfähigkeit zu unterrichten. Diese Personen können Boten sein. Die Mitteilung an eine Boten ist aber noch nicht dem Zugang der Nachricht beim Empfänger gleichzusetzen; das Risiko der Rechtzeitigkeit und Richtigkeit der Übermittlung trägt in solchen Fällen der ArbN[5].

Ist der ArbN nicht in der Lage, dem ArbGeb die Mitteilung sofort zu machen, so kann er gehalten sein, 21
dritte Personen hierzu einzuschalten, zB Ehe- und Lebenspartner, Familienangehörige, Nachbarn, um den ArbGeb möglichst frühzeitig von der Arbeitsverhinderung zu unterrichten[6]. Nutzt der ArbN solche ihm zur Verfügung stehenden Möglichkeiten nicht und wird dadurch die Mitteilung verzögert, so hat der ArbN nicht unverzüglich gehandelt, weil ihm schuldhaftes Zögern (§ 121 I BGB) zur Last fällt. Dagegen ist ihm ein solcher Verschuldensvorwurf nicht zu machen, wenn der ArbN aus gesundheitlichen Gründen nicht in der Lage ist, die entsprechende Mitteilung selbst zu machen oder auch nur zu organisieren[7].

Ein **LeihArbN** steht im Arbeitsverhältnis zu seinem Verleiher. Dementsprechend hat er die Mitteilung 22
auch den Verleiher zu richten. Eine Unterrichtung lediglich des Entleihers genügt für § 5 I 1 nicht; sie kann jedoch als zusätzliche Unterrichtung nützlich und ggf. sogar vertragl. geschuldet sein. Hat der LeihArbN den Verleiher unterrichtet, so ist es idR dessen Sache, dem Entleiher eine Ersatzkraft zur Verfügung zu stellen[8].

c) Erstmitteilung, Folgemitteilung. Der Wortlaut des § 5 lässt unklar, ob die Mitteilungspflicht nur den 23
Beginn der krankheitsbedingten Arbeitsunfähigkeit betrifft, also nur eine Erstmitteilung, oder ob auch entsprechende Folgemitteilungen vom ArbN geschuldet werden, wenn die krankheitsbedingte Arbeitsunfähigkeit länger andauert, als zunächst mitgeteilt oder als vom Arzt in der Arbeitsunfähigkeitsbescheinigung angenommen worden ist[9]. Zwar fällt es mit Rücksicht auf die Gesetzgebungsgeschichte schwer, insoweit eine ausfüllungsfähige und ausfüllungsbedürftige unbewusste Lücke der Gesetzgebung anzunehmen[10], weil bereits die dem § 5 I EFZG vorangegangene Regelung in § 3 I LFZG vergleichbar unvollständig war[11]. Gleichwohl ist eine analoge Anwendung von § 5 I 1 geboten. Denn die Interessenlage ist dieselbe wie bei der Erstmitteilung: Der ArbGeb hat ein rechtl. geschütztes Interesse daran, von seinem ArbN so früh wie möglich zu erfahren, ob er zur Arbeit erscheint bzw. ob er (weiterhin) an der

---

1 BAG v. 31.8.1989 – 2 AZR 13/89, AP Nr. 23 zu § 1 KSchG 1969 – Verhaltensbedingte Kündigung; KDHK/*Kleinsorge*, § 5 EFZG Rz. 7. |2 BAG v. 20.5.1988 – 2 AZR 739/87, AP Nr. 16 zu § 9 MuSchG 1968; HzA/*Vossen*, Gruppe 2 Rz. 247. |3 BAG v. 31.8.1989 – 2 AZR 13/89, AP Nr. 23 zu § 1 KSchG 1969 – Verhaltensbedingte Kündigung. |4 ErfK/*Dörner*, § 5 EFZG Rz. 6; *Staudinger*/*Oetker*, § 616 BGB Rz. 300. |5 ErfK/*Dörner*, § 5 EFZG Rz. 7; Staudinger/*Oetker*, § 616 BGB Rz. 299. |6 *Schmitt*, § 5 EFZG Rz. 18; *Worzalla*, NZA 1996, 61; *Wedde*/*Kunz*, § 5 EFZG Rz. 13. |7 *Schmitt*, § 5 EFZG Rz. 19. |8 *Schmitt*, § 5 EFZG Rz. 25. |9 ErfK/*Dörner*, § 5 EFZG Rz. 19. |10 ErfK/*Dörner*, § 5 EFZG Rz. 19. |11 BAG v. 9.8.1980 – 5 AZR 1051/79, AP Nr. 18 zu § 6 LohnFG m. Anm. *Trieschmann*.

Arbeitsaufnahme durch krankheitsbedingte Arbeitsunfähigkeit gehindert ist[1]. Gleiches folgt auch aus § 241 II BGB nF.

24 **Beispiele:**

1. Der ArbN wacht am Montagmorgen mit starken Erkältungssymptomen auf; er fühlt sich matt und beschließt nicht zur Arbeit zu gehen. Er unterrichtet hierüber seinen ArbGeb mit dem Bemerken, er meine, am Donnerstag seine Arbeit wieder aufnehmen zu können. Am Mittwoch derselben Woche sind die Symptome nicht wesentlich zurückgegangen; der ArbN beschließt, nunmehr doch einen Arzt aufzusuchen. Der Arzt attestiert noch am Mittwoch eine Bronchitis und bescheinigt krankheitsbedingte Arbeitsunfähigkeit bis zum Ende der folgenden Woche. Der ArbN hat nunmehr dem ArbGeb unverzüglich mitzuteilen, dass die krankheitsbedingte Arbeitsunfähigkeit noch länger andauert. Die bloße Übersendung der AU-Bescheinigung genügt der Mitteilungspflicht nicht.

2. Wie vor. Am Freitag der nächsten Woche sucht der ArbN den Arzt erneut auf. Dieser stellt fest, dass die Krankheitserscheinungen noch nicht hinreichend abgeklungen sind und attestiert dem ArbN für eine weitere Woche krankheitsbedingte Arbeitsunfähigkeit. Am Wochenende hat der ArbN nicht zu arbeiten. Seiner Pflicht zur unverzüglichen Mitteilung an den ArbGeb genügt er nicht, wenn er den ArbGeb erst am Montag über die Fortdauer der krankheitsbedingten Arbeitsunfähigkeit unterrichtet. Er hat vielmehr zu versuchen, den ArbGeb hierüber noch am Freitag zu unterrichten. Ebenso wenig genügt es, wenn der ArbN nur die Folgebescheinigung übersendet.

25 **d) Verletzung der Mitteilungspflicht.** Die Mitteilungspflicht ist verletzt, wenn der ArbN **schuldhaft**, dh. zumindest fahrlässig (§ 276 BGB), seiner Verpflichtung zur unverzüglichen Mitteilung nicht nachgekommen ist. Die Verletzung der Mitteilungspflicht nach Abs. 1 S. 1 steht der Entstehung eines Entgeltfortzahlungsanspruches nach § 3 nicht entgegen[2]. Bei einer **Inlandserkrankung** folgt aus einem Verstoß gegen § 5 I auch **kein Leistungsverweigerungsrecht** des ArbGeb. Das in § 7 I Nr. 1 normierte Leistungsverweigerungsrecht bezieht sich nicht auf die Mitteilung (Anzeige), sondern auf den fehlenden Nachweis der krankheitsbedingten Arbeitsunfähigkeit. Entsprechendes gilt für die fehlende Mitteilung der Teilnahme an einer Maßnahme der medizinischen Vorsorge und Rehabilitation (§ 9 II). Auch hierfür ist ein Leistungsverweigerungsrecht nur so lange vorgesehen, als der nötige Nachweis nicht erbracht ist. Dagegen kann der ArbG gegen den ArbN einen **Schadenersatzanspruch** nach § 280 I BGB haben, wenn der ArbN seine Pflicht aus § 5 I 1 zur unverzüglichen Mitteilung schuldhaft verletzt hat und hieraus für den ArbGeb ein darauf zurückzuführender Schaden entstanden ist[3]. Dabei muss der Schaden gerade dadurch entstanden sein, dass der ArbN seiner Mitteilungspflicht nicht hinreichend nachgekommen ist, dh. dass der Schaden so nicht eingetreten wäre, wenn der ArbN seiner Mitteilungspflicht hinreichend nachgekommen wäre. Ferner kann die schuldhafte Verletzung der Pflicht zur unverzüglichen Mitteilung auch eine **Kündigung** des Arbeitsverhältnisses nach sich ziehen, idR allerdings erst nach einer vorherigen vergeblichen Abmahnung[4]. Eine solche ordentl. Kündigung setzt nicht voraus, dass es dadurch zu einer Störung des Betriebsablaufs oder des Betriebsfriedens gekommen ist[5]. In Extremfällen ist auch eine außerordentl. Kündigung denkbar[6].

26 **2. Nachweis der krankheitsbedingten Arbeitsunfähigkeit.** Im **Inland** hat der ArbN das Bestehen krankheitsbedingter Arbeitsunfähigkeit durch eine **ärztliche Bescheinigung** („**Attest**") nach näherer Maßgabe von § 5 I 2 **nachzuweisen**. Diese Nachweispflicht besteht neben der Mitteilungspflicht. Ebenso wie die Mitteilungspflicht trifft auch die Nachweispflicht jeden ArbN, gleichgültig, ob ihm gegenüber dem ArbGeb ein Anspruch auf Entgeltfortzahlung im Krankheitsfall zusteht oder nicht.

27 **a) Bedeutung des Nachweises.** Die ärztliche Bescheinigung der krankheitsbedingten Arbeitsunfähigkeit („Attest") ist das **gesetzl. vorgesehene Mittel**, mit welchem der ArbN dem ArbGeb die krankheitsbedingte Arbeitsunfähigkeit und deren voraussichtliche Dauer nachweist[7]. Zudem hat auch der ArbGeb idR ein Interesse daran, rechtzeitig den Nachweis zu erhalten, um durch eine ärztliche Bescheinigung zu erfahren, mit welcher Dauer der krankheitsbedingten Arbeitsunfähigkeit zu rechnen ist[8]. Dieses ärztliche Attest ist jedoch **nicht das einzige Beweismittel** für das Vorliegen krankheitsbedingter Arbeitsunfähigkeit; vielmehr kann ein solcher Beweis auch durch andere Beweismittel geführt werden[9].

28 **b) Ärztliche Bescheinigung.** Der Nachweis erfolgt im Regelfall durch eine entsprechende ärztliche Bescheinigung[10]. Der Aussteller einer solchen Arbeitsunfähigkeitsbescheinigung muss stets ein **approbier-**

---

1 BAG v. 31.8.1989 – 2 AZR 13/89, AP Nr. 23 zu § 1 KSchG 1969 – Verhaltensbedingte Kündigung; *Schmitt*, § 5 EFZG Rz. 98, 99; HzA/*Vossen*, Gruppe 2 Rz. 247; *Schliemann*, ArbuR 1994, 317, 322; aA (wohl) KDHK/*Kleinsorge*, § 5 EFZG Rz. 26. | 2 BAG v. 27.8.1971 – 1 AZR 107/71, BAGE 23, 411. | 3 BAG v. 27.8.1971 – 1 AZR 107/71, BAGE 23, 411; ErfK/*Dörner*, § 5 EFZG Rz. 18; *Schmitt*, § 5 EFZG Rz. 138; *Wedde/Kunz*, § 5 EFZG Rz. 20; *Worzalla*, NZA 1996, 61. | 4 BAG v. 16.8.1991 – 2 AZR 604/90, AP Nr. 27 zu § 1 KSchG 1969 – Verhaltensbedingte Kündigung; BAG v. 31.8.1989 – 2 AZR 13/89, AP Nr. 23 zu § 1 KSchG 1969 – Verhaltensbedingte Kündigung. | 5 BAG v. 16.8.1991 – 2 AZR 604/90, AP Nr. 27 zu § 1 KSchG 1969 – Verhaltensbedingte Kündigung. | 6 BAG v. 15.1.1986 – 7 AZR 128/83, AP Nr. 93 zu § 626 BGB. | 7 BAG v. 1.10.1997 – 5 AZR 726/96, BAGE 86, 357. | 8 BAG v. 31.8.1989 – 2 AZR 13/89, AP Nr. 23 zu § 1 KSchG 1969 – Verhaltensbedingte Kündigung. | 9 BAG v. 1.10.1997 – 5 AZR 499/96, AP Nr. 4 zu § 5 EntgeltFG. | 10 BAG v. 1.10.1997 – 5 AZR 726/96, BAGE 86, 357.

ter Arzt sein. Ärztliches Hilfspersonal, ein Heilpraktiker oder ein nicht approbierter Arzt können eine solche Bescheinigung nicht wirksam ausstellen[1]. Der ArbN hat das **Recht auf freie Wahl des Arztes**, auch des Arztes, der seine krankheitsbedingte Arbeitsunfähigkeit bescheinigen soll. Der ArbGeb kann dem ArbN nicht vorschreiben, einen bestimmten Arzt zu konsultieren; entsprechende arbeitsvertragl. Regelungen oder BV sind unzulässig[2]. Dies gilt auch für den Fall, dass der ArbGeb erreichen möchte, dass sich der ArbN zusätzlich einem Arzt der Wahl des ArbGeb stellt, auch wenn dessen Äußerung keine entgeltfortzahlungsrechtl. Konsequenzen haben soll[3]. Hiervon zu unterscheiden ist die Verpflichtung des in der gesetzl. KV versicherten ArbN, sich einer Untersuchung durch den **medizinischen Dienst** nach § 275 SGB V zu stellen (vgl. Rz. 65). Sind von Gesetzes wegen an einen ArbN besondere gesundheitliche Anforderungen zu stellen, so sind entsprechende **betriebsärztliche** Untersuchungen von ihm hinzunehmen; solche Untersuchungen sind jedoch deutlich von der Frage der krankheitsbedingten Arbeitsunfähigkeit und deren Nachweis zu trennen.

Inhalt und Form der ärztlichen Bescheinigung sind durch § 5 I 2 insoweit vorgegeben, als die Bescheinigung der Schriftform und der eigenhändigen Unterzeichnung durch den Arzt bedarf und dass sie das Bestehen von krankheitsbedingter Arbeitsunfähigkeit sowie deren voraussichtliche Dauer anzugeben hat. Der Arzt hat die Tatsache der Arbeitsunfähigkeit des namentlich genannten Patienten (ArbN), nicht nur dessen Erkrankung zu attestieren. Ebenso hat er die voraussichtliche Dauer der krankheitsbedingten Arbeitsunfähigkeit zu bescheinigen[4]. Die Bescheinigung muss das Datum ihrer Ausstellung aufweisen[5], auch wenn dies nicht ausdrücklich im Gesetz genannt worden ist. Ferner ist der Beginn der krankheitsbedingten Arbeitsunfähigkeit anzugeben, sei es unter Nennung eines bestimmten Datums, sei es mit dem Zusatz ab heute. Denkbar, aber ungewöhnlich, ist die Angabe einer bestimmten Uhrzeit für den Beginn und für das Ende der krankheitsbedingten Arbeitsunfähigkeit. Ergibt sich aus ihr – wie üblich – lediglich ein Tagesdatum als das voraussichtliche Ende der krankheitsbedingten Arbeitsunfähigkeit, so wird damit im Zweifel die Arbeitsunfähigkeit bis zum Ende der betriebsüblichen Arbeitszeit bzw. bis zum Ende der Arbeitsschicht des ArbN an diesem Tag bescheinigt[6]. 29

Beispiel: Dem ArbN ist krankheitsbedingte Arbeitsunfähigkeit bis einschließlich Freitag bescheinigt worden. Er ist Nachtschichtarbeiter, seine Nachtschicht hätte an diesem Freitag um 22.00 Uhr begonnen und sich bis in den Sonnabend hinein erstreckt. Weil ihm krankheitsbedingte Arbeitsunfähigkeit einschließlich des Freitags attestiert worden ist, hat er die Freitagschicht nicht anzutreten, sondern ist erst mit dem Beginn der Nächsten für ihn einschlägigen Schicht wieder zur Arbeitsleistung verpflichtet[7]. 30

Diese Rspr. des BAG ist nur im Ergebnis zu teilen. Nahe liegender ist es, anzunehmen, dass die Bescheinigung krankheitsbedingter Arbeitsunfähigkeit, deren voraussichtliches Ende nicht näher als mit einem Kalendertag bezeichnet worden ist, die gesamte Dauer dieses Tages bis 24.00 Uhr umschließt[8]. 31

Eine **rückwirkende Bescheinigung** krankheitsbedingter Arbeitsunfähigkeit ist grds. unzulässig. Der Arzt darf die Bescheinigung grds. nur auf Grund einer eigenen Untersuchung des ArbN ausstellen, es sei denn, dass er auf andere Art und Weise Gewissheit über das Vorliegen krankheitsbedingter Arbeitsunfähigkeit erlangt hat. Nach Nr. 15 der **Arbeitsunfähigkeits-Richtlinien** der Ärzte und Krankenkassen ist jedoch in Grenzen auch eine rückwirkende Bescheinigung möglich, dies allerdings nur ausnahmsw. und nach gewissenhafter Prüfung und idR nur bis zu zwei Tagen[9]. 32

Zum Inhalt der Arbeitsunfähigkeitsbescheinigung, die für den ArbGeb bestimmt ist, gehören **nicht Art und Ursache der Erkrankung**. Ohne Einwilligung des erkrankten ArbN darf der Arzt solche Informationen weder in das Attest aufnehmen noch sie auf andere Weise an den ArbGeb weitergeben, weil er sonst seine Schweigepflicht verletzt und sich nach § 203 I 1 StGB strafbar macht[10]. Ist der ArbN **Mitglied einer gesetzl. Krankenkasse**, so muss die ärztliche Bescheinigung zudem einen Vermerk des behandelnden Arztes darüber enthalten, dass der Krankenkasse unverzüglich eine Bescheinigung über die Arbeitsunfähigkeit mit Angaben über den Befund und die voraussichtliche Dauer der Arbeitsunfähigkeit übersandt wird. Der ArbGeb erhält aber nur diesen Hinweis, nicht aber eine Durchschrift der für die Krankenkasse bestimmten Meldung. Auf Grund des Hinweises erfährt der ArbGeb, dass die Krankenkasse informiert wird; dies setzt ihn in die Lage, dort nachzufragen, ob es sich um eine Folgeerkrankung handelt (vgl. § 69 SGB V), und die gesetzl. Krankenkasse ggf. aufzufordern, nach § 275 SGB V zu verfahren. Bei gesetzl. krankenversicherten ArbN kommt auch die Möglichkeit der **Wiedereingliederung in das Erwerbsleben** während der an sich noch bestehenden krankheitsbedingten Arbeitsunfähigkeit in Be- 33

1 ErfK/*Dörner*, § 5 EFZG Rz. 13; *Lepke*, NZA 1995, 1084; *Vogelsang*, Entgeltfortzahlung, Rz. 329. | **2** ErfK/*Dörner*, § 5 EFZG Rz. 13; KDHK/*Kleinsorge*, § 5 EFZG Rz. 29; *Kunz/Wedde*, § 5 EFZG Rz. 39; *Vogelsang*, Entgeltfortzahlung, Rz. 330. | **3** AA *Schmitt*, § 5 EFZG Rz. 74. | **4** ErfK/*Dörner*, § 5 EFZG Rz. 13; *Vogelsang*, Entgeltfortzahlung, Rz. 322. | **5** *Vogelsang*, Entgeltfortzahlung, Rz. 322. | **6** BAG v. 12.7.1989 – 5 AZR 377/88, AP Nr. 77 zu § 616 BGB; v. 2.12.1981 – 5 AZR 89/80, BAGE 37, 172. | **7** Sachverhalt nach BAG v. 2.12.1989 – 5 AZR 89/80, BAGE 37, 172. | **8** Vgl. *Vogelsang*, Entgeltfortzahlung, Rz. 322 aE. | **9** Nr. 15 Richtlinien des Bundesausschusses für Ärzte und Krankenkassen über die Beurteilung der Arbeitsunfähigkeit und die Maßnahme der stufenweisen Wiedereingliederung – AU-Richtlinien – idF v. 1.12.2003, BAnz. Nr. 61 v. 27.3.2004, S. 6501. | **10** BAG v. 19.4.1986 – 5 AZR 86/85, BAGE 51, 308.

tracht. Nach § 74 SGB V soll der Arzt bei solchen ArbN ggf. in der Arbeitsunfähigkeitsbescheinigung Art und Umfang der möglichen Tätigkeit angeben und dabei in geeigneten Fällen die Stellungnahme des Betriebsarztes oder mit Zustimmung der Krankenkasse die Stellungnahme des medizinischen Dienstes einholen[1].

34 Die notwendigen Angaben hat der Arzt sowohl in der **Erstbescheinigung** als auch in **Folgebescheinigungen zu machen**. Eine Folgebescheinigung hat der ArbN vorzulegen, wenn die Arbeitsunfähigkeit länger andauert, als in der zuvor erteilten Arbeitsunfähigkeitsbescheinigung vom Arzt angegeben worden ist. Die Folgebescheinigung soll sich unmittelbar an die vorangegangene ärztliche Bescheinigung der krankheitsbedingten Arbeitsunfähigkeit anschließen. Diesem Erfordernis ist in aller Regel auch noch dann Genüge getan, wenn die Erstbescheinigung die Zeit bis einschließlich Freitag erfasst und die Folgebescheinigung wegen derselben Erkrankung am Montag ausgestellt wird, sie aber rückwirkend auch das Wochenende erfasst. Bei entsprechendem Krankheitsverlauf kann der Arzt gerade in solchen Fällen von Ziffer 15 der Arbeitsunfähigkeits-Richtlinien[2] Gebrauch machen. Dies setzt allerdings voraus, dass der Arzt den Patienten am Montag erneut untersucht hat.

35 Bei Verwendung des **Vordrucks für Arbeitsunfähigkeitsbescheinigungen** wird der Arzt angehalten, alle erforderlichen Angaben auf dem Vordruck zu machen. Dieser Vordruck wird in aller Regel von Kassenärzten für gesetzl. krankenversicherte ArbN verwendet. Die Verwendung über diesen Kreis hinaus ist jedoch nicht unüblich. Indessen bedarf es der Verwendung des Vordruckes nicht, um gegenüber dem ArbGeb die notwendigen Angaben nach § 5 I 2 und 5 zu machen. Auch jede andere schriftl. Erklärung mit den notwendigen Inhalten genügt den Erfordernissen dieser Bestimmung[3]. Darüber, ob die ärztliche Bescheinigung in deutscher Sprache abgefasst sein muss, besagt § 5 nichts. Indessen ist bei einer im Inland ausgestellten Bescheinigung von der Verwendung der deutschen Sprache auszugehen.

36 Die **Kosten der Arbeitsunfähigkeitsbescheinigung** sind gemäß § 73 I Nr. 9 SGB V zur kassenärztlichen Versorgung zu rechnen. Gehört der ArbN nicht der gesetzl. KV an, so sind die Kosten des Attestes vom ArbN zu tragen[4].

37 **c) Zeitpunkte für den Beginn und die Vorlage des Nachweises.** Hinsichtlich der Bescheinigung krankheitsbedingter Arbeitsunfähigkeit sind drei Zeitpunkte zu unterscheiden. Der eine Zeitpunkt markiert den Tag des Beginns der krankheitsbedingten Arbeitsunfähigkeit, der andere den Tag der Ausstellung der Bescheinigung, der dritte den Zeitpunkt der Vorlage der Arbeitsunfähigkeitsbescheinigung beim ArbGeb. § 5 I 2 ordnet den Regelfall für die Vorlage einer ärztlichen Bescheinigung über das Bestehen von krankheitsbedingter Arbeitsunfähigkeit und deren Dauer an. § 5 I 3 erlaubt dem ArbGeb, die Vorlage einer ärztlichen Bescheinigung „früher" zu verlangen.

38 **aa) Vorlage im gesetzlichen Regelfall.** Dauert die krankheitsbedingte Arbeitsunfähigkeit **nicht länger als drei Kalendertage**, so muss der ArbN – vorbehaltlich eines anderweitigen Verlangens des ArbGeb – keine Arbeitsunfähigkeitsbescheinigung vorlegen[5]. Dies folgt sowohl aus dem Wortlaut als auch aus der Entstehungsgeschichte der Bestimmung. Der ursprüngliche Gesetzentwurf sah eine Vorlage ab ersten Kalendertag vor, hierauf wurde jedoch wegen der befürchteten Kostenbelastung für die Krankenkasse bewusst verzichtet[6]. Dauert die Arbeitsunfähigkeit nur bis zu drei Kalendertagen, so besteht keine Nachweispflicht[7]; die Anzeigepflicht bleibt hiervon aber unberührt.

39 Bei einer Arbeitsunfähigkeit mit **einer längeren Dauer als drei Kalendertage** ist der Nachweis obligatorisch, falls nicht der ArbGeb hierauf ausnahmsw. verzichtet[8]. Wie die Dreitagedauer der krankheitsbedingten Arbeitsunfähigkeit zu berechnen sind, ist im EFZG selbst nicht geregelt. Die Fristberechnung selbst erfolgt in Kalendertagen. Nach dem Wortlaut des § 5 I 2 dauert eine krankheitsbedingte Arbeitsunfähigkeit länger als drei Kalendertage dann an, wenn sie auch am vierten Tage noch vorliegt; der darauf folgende Arbeitstag für die Vorlage der krankheitsbedingten Arbeitsbescheinigung wäre dann frühestens der fünfte Kalendertag[9]. Dieses Verständnis entspricht jedoch nicht der Gesetzesbegründung; aus ihr ergibt sich, dass mit darauf folgendem Arbeitstag grds. der vierte Tag der Arbeitsunfähigkeit gemeint ist[10]. Daher ist **umstritten**, wie die **Dreitagedauer** der Arbeitsunfähigkeit zu **berechnen** ist. Ein Teil des Schrifttums will die drei Tage mit dem Kalendertag beginnen lassen, in dessen Verlauf die krankheitsbedingte Arbeitsunfähigkeit zuerst aufgetreten ist, und zwar ohne Rücksicht darauf, ob der ArbN an diesem Tag zur arbeiten gehabt hat oder nicht[11]. Ein anderer Teil des Schrifttums stellt darauf ab, ob die krankheitsbedingte Arbeitsunfähigkeit vor dem regelmäßigen Arbeitsbeginn des ArbN einge-

---

1 *Vogelsang*, Entgeltfortzahlung, Rz. 326. | 2 Nr. 15 Richtlinien des Bundesausschusses für Ärzte und Krankenkassen über die Beurteilung der Arbeitsunfähigkeit und die Maßnahme der stufenweisen Wiedereingliederung – AU-Richtlinien – idF v. 1.12.2003, BAnz. Nr. 61 v. 27.3.2004, S. 6501. | 3 *Schmitt*, § 5 EFZG Rz. 75. | 4 *Schmitt*, § 5 EFZG Rz. 79 mwN auch der abw. Ansichten. | 5 AllgM; statt vieler *Vogelsang*, Entgeltfortzahlung, Rz. 288. | 6 Vgl. BT-Drs. 12/5263, S. 10; s. auch LAG BW v. 18.6.1997 – 4 Sa 139/95, NZA-RR 1998, 51. | 7 KDHK/*Kleinsorge*, § 5 EFZG Rz. 15. | 8 *Schmitt*, § 5 EFZG Rz. 33. | 9 *Diller*, NJW 1994, 1690; KDHK/*Kleinsorge*, § 5 EFZG Rz. 17. | 10 *Schmitt*, § 5 EFZG Rz. 36; KDHK/*Kleinsorge*, § 5 EFZG Rz. 17; *Schliemann*, ArbuR 1994, 317; *Vogelsang*, Entgeltfortzahlung, Rz. 291, 292 mwN. | 11 ZB *Vogelsang*, Entgeltfortzahlung, Rz. 291.

treten ist – dann wird dieser Tag mitgezählt – oder erst danach – dann soll dieser Tag nicht mitzurechnen sein[1]. Im Hinblick auf den Sinn und Zweck des Gesetzes, nämlich bei nur kurzzeitiger krankheitsbedingter Arbeitsunfähigkeit unnötige Arbeitsunfähigkeitsbescheinigungen zu vermeiden, ist der zuerst genannten Ansicht der Vorzug zu geben. Das Gesetz stellt insoweit nicht auf Arbeitstage, sondern auf **Kalendertage** ab. Ist ein Kalendertag auch nur teilweise mit krankheitsbedingter Arbeitsunfähig belegt, so ist er uneingeschränkt mitzuzählen. Bei der Dauer der kalendertäglichen krankheitsbedingten Arbeitsunfähigkeit iSd. § 5 I 2 handelt es sich nicht um eine gesetzl. Frist, sondern schlicht um eine rein tatsächliche Voraussetzung, die dazu führt, dass im Regelfall die Vorlage einer Arbeitsunfähigkeitsbescheinigung nicht erforderlich ist. Von daher sind die Regelungen über die Fristberechnung des BGB (§§ 187 f. BGB) nicht anzuwenden. Unangebracht ist auch, die Rspr. zur Berechnung der Frist für die Entgeltfortzahlung entsprechend anzuwenden, denn es geht hier nicht darum, festzustellen, inwieweit der ArbN infolge krankheitsbedingter Arbeitsunfähigkeit gehindert war, seine Arbeitsleistung zu erbringen und ihm deshalb ein Entgeltfortzahlungsanspruch zusteht, sondern allein um die Frage, für welche Dauer der krankheitsbedingten Arbeitsunfähigkeit selbst der ArbN zur Vorlage einer entsprechenden Bescheinigung nicht verpflichtet ist, und zwar ohne Rücksicht darauf, ob die krankheitsbedingte Arbeitsunfähigkeit ihn an der Arbeitsleistung gehindert hat oder nicht.

Dauert die krankheitsbedingte Arbeitsunfähigkeit auch noch **am vierten Kalenertag an**, so hat der 40
ArbN eine ärztliche Bescheinigung über das Bestehen krankheitsbedingter Arbeitsunfähigkeit vorzulegen. Faktisch bedeutet dies, dass der ArbN spätestens am vierten Kalendertag seit Beginn der Erkrankung einen Arzt aufsuchen muss, um von ihm feststellen zu lassen, ob krankheitsbedingte Arbeitsunfähigkeit vorliegt, und sich diese ggf. auch bescheinigen zu lassen.

Beispiel: Der ArbN wacht am Montagmorgen auf und verspürt starke Erkältungssymptome. Er hält 41
sich für arbeitsunfähig krank und pflegt seine Gesundheit zu Hause. Am Donnerstag derselben Woche stellt er fest, dass die Krankheitssymptome nicht geringer geworden sind. An diesem Tag muss er einen Arzt aufsuchen, um sich von diesem untersuchen zu lassen, damit der Arzt feststellen kann, ob krankheitsbedingte Arbeitsunfähigkeit vorliegt.

Das Gesetz fordert vom ArbN, diese ärztliche Arbeitsunfähigkeitsbescheinigung am **nächsten Arbeits-** 42
tag vorzulegen. Auf welchen Kalendertag dieser Arbeitstag fällt, richtet sich nach der den ArbN persönlich treffenden Verpflichtung zur Arbeitsleistung[2].

Beispiele: 43

1. Erkrankt der ArbN an einem **Montag**, so hat er die Arbeitsunfähigkeitsbescheinigung am **Donnerstag** derselben Woche vorzulegen, wenn er am Donnerstag zu arbeiten hatte.

2. Erkrankt der ArbN an einem **Samstag**, so hat er die Arbeitsunfähigkeitsbescheinigung, wenn er von montags bis freitags zu arbeiten hat, spätestens am **Dienstag** vorzulegen.

3. Ein ArbN arbeitet wöchentlich nur von **montags bis mittwochs**. Er erkrankt am **Montag**. Da die Krankheit länger andauert, muss er spätestens am **Donnerstag** (länger als drei Kalendertage) den Arzt aufsuchen; die dann ausgestellte Bescheinigung muss aber erst am **Montag der nächsten Woche** vorliegen.

In allen Fällen ist der ArbN jedoch gehalten, den ArbGeb nach § 5 I 1 jeweils unverzüglich darüber zu 44
unterrichten, dass er überhaupt arbeitsunfähig krank ist und diese Arbeitsunfähigkeit nach seiner persönlichen Einschätzung (einen Arzt sucht er zunächst nicht auf) wohl drei Tage dauern werde; sodann muss er vor Arbeitsbeginn am vierten Tag den ArbGeb darüber unterrichten, dass er nunmehr einen Arzt aufsuchen wird und schließlich muss er den ArbGeb über das Ergebnis der ärztlichen Untersuchung hinsichtlich des Bestehens und der voraussichtlichen Dauer krankheitsbedingter Arbeitsunfähigkeit unterrichten.

Für die Erfüllung der Pflicht zur Vorlage der Arbeitsunfähigkeitsbescheinigung kommt es nicht darauf 45
an, wann der ArbN die Bescheinigung auf den Weg bringt, sondern auf deren **Zugang beim ArbGeb**[3]. Die Erfüllung der Nachweispflicht bereitet dem ArbN kaum Schwierigkeiten, wenn er den Arzt bereits am ersten Tag der Erkrankung aufsucht. Hält sich der ArbN an das Gesetz und begibt er sich erst am vierten Kalendertag der Krankheit zum Arzt, so muss er das Problem lösen, diese Bescheinigung noch am selben Tag dem ArbGeb vorzulegen, wenn dieser Tag ein Arbeitstag für den ArbN ist. Benutzt er den normalen Postweg, so wird diese Bescheinigung frühestens am darauf folgenden Tag beim ArbGeb eintreffen[4]. Indessen folgt aus der (kurzzeitigen) Fristversäumnis nur ein zeitweiliges Zurückbehaltungsrecht an der Entgeldfortzahlung. Dieses erlischt, sobald die Arbeitsunfähigkeitsbescheinigung nachträglich vorgelegt wird.

bb) Vorzeitige Vorlage auf Verlangen des Arbeitgebers. Nach § 5 I 3 ist der ArbGeb berechtigt, die 46
Vorlage der ärztlichen Bescheinigung früher zu verlangen, auch für den ersten Tag der Arbeitsunfähig-

---

1 Ausf. KDHK/*Kleinsorge*, Rz. 17 ff. mwN. | 2 ErfK/*Dörner*, § 5 EFZG Rz. 11; *Schmitt*, § 5 EFZG Rz. 44. | 3 HzA/*Vossen*, Gruppe 2 Rz. 261. | 4 HzA/*Vossen*, Gruppe 2 Rz. 266.

keit[1]. Auch insoweit ist zwischen dem Zeitpunkt, auf den sich die krankheitsbedingte Arbeitsunfähigkeit beziehen muss, und dem Zeitpunkt ihrer Vorlage beim ArbGeb zu differenzieren[2]. Das Verlangen nach einer früheren Vorlage der Arbeitsunfähigkeitsbescheinigung kann sich auf beide Gesichtspunkte beziehen[3]. Dabei stellt es keine prinzipielle Überforderung des ArbN dar, wenn ihm abverlangt wird, bereits am ersten Tag der Erkrankung einen Arzt aufzusuchen und die Bescheinigung über das Bestehen der krankheitsbedingten Arbeitsunfähigkeit noch am selben Tag an den ArbGeb zu übermitteln[4]. Ist der ArbN darauf angewiesen, die Arbeitsunfähigkeitsbescheinigung per Post zu übermitteln, so trifft ihn an der dadurch bedingten Verzögerung kein Verschulden, so dass er hierfür auch nicht einzustehen hat[5]. Das **Verlangen des ArbGeb** ist dem ArbN **so rechtzeitig** zu übermitteln, dass er diesem nachkommen kann. Rechtzeitig kann das Verlangen auch dann noch sein, wenn der ArbN bspw. am Morgen des ersten Tages der Erkrankung vom ArbGeb aufgefordert wird, einen Arzt aufzusuchen und sich untersuchen zu lassen, damit der Arzt entscheiden kann, ob krankheitsbedingte Arbeitsunfähigkeit vorliegt, und ein entsprechendes Attest vorzulegen. Das Verlangen kann aber auch vorher und „**abstrakt**“ vom ArbGeb gestellt werden, zB durch eine arbeitsvertragl. Vereinbarung[6]. Es bedarf auch **keiner Begründung**, um wirksam zu sein. § 5 I 3 stellt keine besonderen Voraussetzungen für die Ausübung der Befugnis, die Vorlage der Arbeitsunfähigkeitsbescheinigung auf einen früheren Zeitpunkt zu verlangen, auf. Insb. bedarf es keiner, schon gar keiner begründeten Zweifel des ArbGeb am Bestehen der krankheitsbedingten Arbeitsunfähigkeit; eine dem § 275 I Nr. 3b iVm. Abs. 1a SGB V entsprechende Voraussetzung hat der Gesetzgeber für § 5 I 3 nicht aufgestellt[7]. Indessen muss der ArbGeb billiges Ermessen (§ 315 BGB; ab 1.1.2003: § 106 GewO) walten lassen, wenn er durch **einseitige Leistungsbestimmung** die frühere Vorlage der ärztlichen Arbeitsunfähigkeitsbescheinigung verlangt[8]. Billigem Ermessen entspricht es, wenn der ArbGeb die vorzeitige Vorlage der Arbeitsunfähigkeitsbescheinigung in den Beispielsfällen des § 275 Ia SGB V verlangt, aber auch, wenn er Stichproben durchführen will[9]. An die Methode oder **Form des Verlangens** nach § 5 I 3 stellt das Gesetz keine besonderen Anforderungen. Das Verlangen kann in Form des Leistungsbestimmungsrechts durch den ArbGeb gestellt werden. Es kann aber auch arbeitsvertragl. vereinbart werden[10], es kann im TV vereinbart sein[11], aber auch in einer BV. Verlangt der ArbGeb generell die vorzeitige Vorlage ärztlicher Arbeitsunfähigkeitsbescheinigungen, so muss er das **MitbestR** des BR nach § 87 I Nr. 1 BetrVG beachten[12].

47 Der **Inhalt der Verpflichtung** zur früheren Vorlage kann verschieden gestaltet sein. Insb. kann dabei unterschieden werden zwischen der Anforderung, auf welchen Tag der Arbeitsunfähigkeit sich das ärztliche Attest zu beziehen hat, und dem Zeitpunkt der Vorlage der ärztlichen Bescheinigung. Möglich ist auch, die Vorlagepflicht generell für bestimmte Tage, zB für **Brückentage**, für Arbeitstage vor oder nach dem Wochenende usw. zu verlangen. Wird die Vorlage für die verschiedenen Gruppen von ArbN im Betrieb unterschiedlich verlangt, so muss hierbei der Gleichbehandlungsgrundsatz beachtet werden.

48 **d) Beweiswert der ärztlichen Arbeitsunfähigkeitsbescheinigung.** Für das Vorliegen krankheitsbedingter Arbeitsunfähigkeit als dem Grund für die Verhinderung der Arbeitsleistung ist der ArbN beweispflichtig. Diesen Beweis führt er idR durch die ärztliche Arbeitsunfähigkeitsbescheinigung[13]. Auf eine solche Arbeitsunfähigkeitsbescheinigung darf sich der ArbGeb ebenso verlassen wie der ArbN; sie bietet Beweis auch gegenüber einem zB als Schädiger beteiligten Dritten[14]. Auch bei psychischen Erkrankungen, deren Diagnose im Wesentlichen auf nicht objektiven Befunden, sondern subjektiven Angaben des Patienten beruht, bringt die ärztliche Arbeitsunfähigkeitsbescheinigung idR einen ausreichenden Beweis für die krankheitsbedingte Arbeitsunfähigkeit; der Gefahr, das Erkrankungen dieser Art leicht vorgetäuscht werden können, ist im Rahmen der Prüfung Rechnung zu tragen, ob objektive Umständen zu ernsthaften Zweifeln am Vorliegen von krankheitsbedingter Arbeitsunfähigkeit Anlass geben[15]. Die ärztliche Arbeitsunfähigkeitsbescheinigung ist Beweismittel nicht nur im **außerprozessualen Umgang**, sondern auch in **prozessualen Streitigkeiten**, in denen es auf das Vorliegen krankheitsbedingter Arbeitsunfähigkeit ankommt. Sie ist das gegebene Beweismittel sowohl im Streit zwischen ArbN und ArbGeb bzw. ArbGeb und Krankenkasse des ArbN, aber auch im Verhältnis zu etwa einem zB als Schädiger beanspruchten Dritten[16].

49 Allerdings kann jeder ArbGeb geltend machen, die ärztliche **Arbeitsunfähigkeitsbescheinigung sei zu Unrecht** ausgestellt worden. Nach der inländischer Rspr. kommt einer im Inland ausgestellten ärztlichen Arbeitsunfähigkeitsbescheinigung im Rahmen der richterlichen Beweiswürdigung (§ 286 I ZPO)

---

1 BAG v. 1.10.1997 – 5 AZR 726/96, BAGE 86, 357; KDHK/*Kleinsorge*, Rz. 20; *Schmitt*, § 5 EFZG Rz. 56; *Vogelsang*, Entgeltfortzahlung, Rz. 396; *Schliemann*, ArbuR 1994, 317. | **2** BAG v. 1.10.1997 – 5 AZR 726/96, BAGE 86, 357. | **3** BAG v. 25.1.2000 – 1 ABR 3/99, BAGE 93, 276. | **4** *Schmitt*, § 5 EFZG Rz. 57; aA *Hanau/Kramer*, DB 1995, 94; *Lepke*, NZA 1995, 1084. | **5** BAG v. 1.10.1997 – 5 AZR 726/96, BAGE 86, 357; *Schmitt*, § 5 EFZG Rz. 57. | **6** BAG v. 1.10.1997 – 5 AZR 726/96, BAGE 86, 357. | **7** *Vogelsang*, Entgeltfortzahlung, Rz. 300 mwN. | **8** *Schliemann*, ArbuR 1994, 317; *Lepke*, NZA 1995, 1084; aA *Kunz/Wedde*, § 5 EFZG Rz. 34. | **9** *Vogelsang*, Entgeltfortzahlung, Rz. 301 bis 303. | **10** S. BAG v. 1.10.1997 – 5 AZR 726/96, BAGE 86, 357. | **11** BAG v. 26.2.2003 – 5 AZR 112/02, DB 2003, 1395. | **12** BAG v. 25.1.2000 – 1 ABR 3/99, BAGE 93, 276. | **13** BAG v. 1.10.1997 – 5 AZR 726/96, BAGE 86, 357. | **14** BGH v. 16.10.2001 – VI ZR 408/00, AP Nr. 6 zu § 5 EntgeltFG. | **15** LAG Sa.-Anh. v. 8.9.1998 – 8 Sa 676/97, DB 1999, 1561 = NZA-RR 1999, 460. | **16** BGH v. 16.10.2001 – VI ZR 408/00, AP Nr. 6 zu § 5 EntgeltFG; BAG v. 1.10.1997 – 5 AZR 726/96, BAGE 86, 357.

ein **hoher Beweiswert** zu; mit der Ausstellung der ordnungsgemäßen Arbeitsunfähigkeitsbescheinigung besteht zwar keine gesetzl. Vermutung iSd. § 292 ZPO, wohl aber eine **tatsächliche Vermutung**, dass der ArbN infolge Krankheit arbeitsunfähig war[1]. Will der ArbGeb derartige Zweifel geltend machen, so muss er nicht den Beweis des Gegenteils als Hauptbeweis führen, sondern er kann Tatsachen vortragen und beweisen, aus denen das Gericht schließen kann, dass der **Beweiswert der ärztlichen Arbeitsunfähigkeitsbescheinigung erschüttert** ist, weil auf Grund der festgestellten Tatsachen **ernsthafte Zweifel** an der sachlichen Richtigkeit der krankheitsbedingten Arbeitsunfähigkeit bestehen[2]. Ist es gelungen, die tatsächliche Richtigkeitsvermutung so zu erschüttern, dass an der Richtigkeit der erteilten Arbeitsunfähigkeitsbescheinigung ernsthafte Zweifel bestehen, so ist es **Sache des ArbN**, seinerseits für das Vorliegen krankheitsbedingter Arbeitsunfähigkeit **Beweis** zu erbringen, um seinen Anspruch auf Entgeltfortzahlung im Krankheitsfall durchzusetzen[3]. Ein Teil des Schrifttums bezeifelt, ob an der Rspr., wonach die inländische ärztliche Arbeitsunfähigkeitsbescheinigung nur eine widerlegbare tatsächliche und keine Vermutung auslöse, nachdem der EuGH derartigen Bescheinigungen, die in einem ausländischen Mitgliedstaat erteilt worden sind (Italien), die Vermutung ihrer absoluten Richtigkeit zuerkannt hat[4]. Diese Bedenken sind vomBAG nicht aufgenommen worden[5].

Der Rspr. ist eine reichhaltige **Kasuistik** dazu zu entnehmen, **wann ernsthafte Zweifel anzunehmen sind** bzw. was der ArbGeb vorzutragen und ggf. zu beweisen hat, wenn dieses anzunehmen ist. Aus der **Sphäre des ArbN** können folgende Umstände zu ernsthaften Zweifeln an der Richtigkeit der Arbeitsunfähigkeitsbescheinigung führen: Der ArbN kündigt sein Fernbleiben an, nachdem der ArbGeb ihm zum gewünschten Termin keinen Urlaub gewährt hat[6]. Der ArbN kündigt nach einer Auseinandersetzung mit dem ArbGeb an, er werde nicht zur Arbeit kommen[7]; dem ArbN (und seiner Familie) wird regelmäßig am Ende des Urlaubs oder im unmittelbaren Anschluss daran krankheitsbedingte Arbeitsunfähigkeit attestiert[8]. Der ArbN legt nach inhaltlicher Auseinandersetzung mit dem ArbGeb, vorheriger Eigenkündigung, Mitnahme aller persönlichen Gegenstände drei aufeinander folgende Erstbescheinigungen zweier verschiedener Ärzte vor[9]. Der ArbN legt ein Verhalten an den Tag, das dem Vorliegen krankheitsbedingter Arbeitsunfähigkeit klar widerspricht, zB durch eine Nebentätigkeit für einen anderen ArbGeb, oder das mit einem heilungsgerechten Verhalten unvereinbar ist[10]. Der ArbN stellt sich auf Vorladung nicht zur Untersuchung durch den medizinischen Dienst[11]. Daneben dürften auch die Fälle des § 275 Ia 1a SGB V (auffallend häufig, auffallend häufig nur für kurze Dauer oder als Beginn der Arbeitsunfähigkeit häufig auf einen Arbeitstag am Beginn oder Ende einer Woche attestierte Arbeitsunfähigkeit) als Tatsachen gelten, die zu ernstlichen Zweifeln an der Richtigkeit der Arbeitsunfähigkeitsbescheinigung führen können[12]. Ernsthafte Zweifel an der Richtigkeit der ärztlichen Arbeitsunfähigkeitsbescheinigung können sich aber auch aus der **Sphäre des Arztes** ergeben, insb. bei Ausstellung einer solchen Bescheinigung ohne vorhergehende Untersuchung[13] oder bei vorschriftswidriger Rückdatierung der Arbeitsunfähigkeitsbescheinigung[14]. Dasselbe gilt, wenn die Arbeitsunfähigkeit von einem Arzt festgestellt worden ist, der durch die Häufigkeit der von ihm ausgestellten Bescheinigungen über Arbeitsunfähigkeit auffällig geworden ist (§ 275 Ia 1b SGB V). 50

Bereits bei einfachen Zweifeln kann der ArbGeb von der Krankenkasse verlangen, eine **gutachtliche Stellungnahme des medizinischen Dienstes** der KV einzuholen (§ 275 I, Ia 3 SGB V). Der ArbGeb kann aber auch die **Entgeltfortzahlung verweigern**. In diesem Fall nimmt er das Risiko einer gerichtl. Auseinandersetzung auf sich. Diese Auseinandersetzung wird idR – wegen des Anspruchsübergangs infolge zwischenzeitlicher Zahlung von Krankengeld durch die Krankenkasse – von der Krankenkasse gegen den ArbGeb geführt werden. Der ArbGeb muss dann spätestens in diesem Prozess die Tatsachen darlegen und ggf. unter Beweis stellen, aus denen auf ernsthafte Zweifel an der Richtigkeit der Attestierung krankheitsbedingter Arbeitsunfähigkeit zu schließen ist. Gelingt ihm dies, so obliegt es wiederum dem ArbN bzw. an dessen Stelle der Krankenkasse, mit den sonstigen Beweismitteln unter Beweis zu stellen und ggf. zu beweisen, dass tatsächlich krankheitsbedingte Arbeitsunfähigkeit bestanden hat. Zu den üblicherweise angebotenen Beweismitteln gehört insb. die Vernehmung des behandelnden Arztes, idR auch das Angebot des Zeugnisses von Ehepartnern oder Lebenspartnern. Der ArbGeb muss, um diesen Weg beschreiten zu dürfen, indessen nicht erst versucht haben, eine ärztliche Untersuchung des ArbN durch den medizinischen Dienst nach § 275 SGB V herbeizuführen[15] 51

3. Verletzung der Nachweispflicht. Solange der ArbN seiner Pflicht zur Vorlage der ärztlichen Arbeitsunfähigkeitsbescheinigung nach Abs. 1 S. 2 und 3 schuldhaft nicht nachgekommen ist, steht dem Arb- 52

1 BAG v. 19.2.1997 – 5 AZR 83/96, BAGE 85, 167; v. 21.3.1996 – 2 AZR 543/95, AP Nr. 42 zu § 123 BGB; v. 15.7.1992 – 5 AZR 312/91, BAGE 71, 9. | 2 BAG v. 26.8.1993 – 2 AZR 154/93, AP Nr. 112 zu § 616 BGB; v. 15.7.1992 – 5 AZR 312/91, BAGE 71, 9. | 3 BAG v. 11.10.1997 – 5 AZR 499/96, AP Nr. 4 zu § 5 EntgeltFG. | 4 Vgl. ErfK/*Dörner*, § 5 EFZG Rz. 14; *Vogelsang*, Entgeltfortzahlung, Rz. 374, 375. | 5 BAG v. 19.2.1997 – 5 AZR 747/93, BAGE 85, 140. | 6 *Vogelsang*, Entgeltfortzahlung, Rz. 360 mwN aus der Rspr. | 7 BAG v. 4.10.1978 – 5 AZR 326/77, AP Nr. 3 zu § 3 LohnFG. | 8 BAG v. 20.2.1985 – 5 AZR 180/83, BAGE 48, 115. | 9 LAG Nds. v. 7.5.2007 – 6 Sa 1045/05. | 10 BAG v. 26.8.1993 – 2 AZR 154/93, BAGE 74, 127. | 11 BAG v. 11.8.1976 – 5 AZR 422/75, BAGE 28, 144. | 12 ErfK/*Dörner*, § 5 EFZG Rz. 15; *Vogelsang*, Entgeltfortzahlung, Rz. 361. | 13 BAG v. 11.8.1976 – 5 AZR 422/75, BAGE 28, 144. | 14 ErfK/*Dörner*, § 5 EFZG Rz. 16; *Lepke*, NZA 1995, 1084. | 15 ErfK/*Dörner*, § 5 EFZG Rz. 17.

Geb ein **zeitweiliges Leistungsverweigerungsrecht** nach § 7 zu (vgl. dort). Die Rspr. hält überdies für möglich, dass dem ArbGeb wegen Nichtvorlage der ärztlichen Arbeitsunfähigkeitsbescheinigung Schadenersatzansprüche zustehen können[1]. Inwieweit dem ArbGeb dadurch Schaden entstehen kann, dass der ArbN keinen Nachweis der krankheitsbedingten Arbeitsunfähigkeit durch ärztliche Arbeitsunfähigkeitsbescheinigungen erbringt, erscheint indessen zweifelhaft. Die Verletzung der Nachweispflicht soll überdies eine verhaltensbedingte oder gar außerordentl. **Kündigung** nach sich ziehen können[2]. Insoweit gelten jedoch vergleichbare Überlegungen wie beim Schadenersatz. Indessen kann das Erschleichen einer ärztlichen Arbeitsunfähigkeitsbescheinigung und damit das Vortäuschen krankheitsbedingter Arbeitsunfähigkeit durchaus eine verhaltensbedingte ordentl., unter Umständen sogar eine außerordentl. Kündigung rechtfertigen[3]. Ist allerdings der Beweiswert der ärztlichen Arbeitsunfähigkeitsbescheinigung nicht erschüttert, sondern besteht insoweit lediglich ein gewisser Anfangsverdacht, der ArbN könne eine Erkrankung vorgetäuscht haben, so ist der ArbGeb regelmäßig verpflichtet, die Verdachtsmomente (zB durch Befragung des ArbN über die Art der Erkrankung) näher aufzuklären, ehe er mit einer fristlosen Kündigung droht und er den ArbN dadurch zum Abschluss eines Aufhebungsvertrags veranlasst[4].

53 **IV. Krankheitsbedingte Arbeitsunfähigkeit im Ausland (Abs. 2).** § 5 I enthält die Grundregeln für die Mitteilung und den Nachweis krankheitsbedingter Arbeitsunfähigkeit. Ihr Anwendungsbereich betrifft zunächst das Inland. Hält sich der ArbN bei Beginn seiner krankheitsbedingten Arbeitsunfähigkeit im Ausland auf, so hat er sich zunächst nach den Regeln des § 5 II zu verhalten. Diese Regeln entsprechen grds. denen des § 5 I, sie werden jedoch für das Ausland ergänzt bzw. modifiziert, um den Besonderheiten Rechnung zu tragen, die sich beim Aufenthalt des ArbN im Ausland ergeben. § 5 II knüpft allein an den Aufenthaltsort bei Beginn der krankheitsbedingten Arbeitsunfähigkeit an; die Nationalität des ArbN spielt keine Rolle. Entscheidend ist allerdings, dass auf das Arbeitsverhältnis überhaupt die Bestimmungen des EFZG anzuwenden sind (vgl. zum persönlichen Anwendungsbereich: § 1 Rz. 8 ff.; zum räumlichen Geltungsbereich § 1 Rz. 14 ff.).

54 **1. Mitteilungspflicht.** Hält sich der ArbN bei Beginn der Arbeitsunfähigkeit im Ausland auf, so hat er nicht nur die – ebenso nach Abs. 1 erforderlichen – Mitteilungen über die Arbeitsunfähigkeit und deren voraussichtliche Dauer zu machen, sondern zusätzlich die **Adresse am Aufenthaltsort** anzugeben, und dies durch die **schnellstmögliche Art der Übermittlung** (Abs. 2 S. 1). Mit der Erweiterung der Mitteilungspflicht hat der deutsche Gesetzgeber auf die europarechtl. Rechtslage reagiert, wie sie sich aus Art. 18 I der EWG-VO Nr. 574/72 ergibt[5]. Diese Bestimmung ist dahin auszulegen, dass der zuständige Träger, auch wenn es sich dabei um den ArbGeb und nicht um einen Träger der sozialen Sicherheit handelt, in tatsächlicher und rechtl. Hinsicht an die vom Träger des Wohn- oder Aufenthaltsortes getroffen ärztlichen Feststellungen über den Eintritt und die Dauer der Arbeitsunfähigkeit gebunden ist, sofern er die betroffene Person nicht durch einen Arzt seiner Wahl untersuchen lässt, wozu ihn diese Bestimmung ermächtigt[6]. Dementsprechend ist der ArbN gehalten seine Adresse am Aufenthaltsort mitzuteilen, weil dem ArbGeb diese – zB am Fall des Urlaubs – häufig nicht bekannt ist. Dazu hat der ArbGeb zudem die schnellstmöglichste Art der Übermittlung zu wählen (Telefon, Telefax, ggf. Telegramm). Die hierdurch entstandenen (Mehr-)Kosten hat der ArbGeb zu tragen (§ 5 II 2). Will der ArbGeb geltend machen, dass die Bescheinigung der krankheitsbedingten Arbeitsunfähigkeit zu Unrecht erfolgt sei, so kann er – dem dient die Mitteilung der Adresse am Aufenthaltsort – vom ArbN verlangen, sich einer **zusätzlichen ärztlichen Untersuchung durch einen Arzt nach Wahl des ArbGeb** zu stellen.

55 Unabhängig von der Mitteilung an den ArbGeb muss der ArbN der **Krankenkasse**, sofern er deren Mitglied ist, die Arbeitsunfähigkeit und deren voraussichtliche Dauer **unverzüglich anzeigen** (§ 5 II 3). Indessen kann die Krankenkasse festlegen, dass der ArbN diese Anzeige- und Mitteilungspflicht auch gegenüber einem ausländischen SozV-Träger erfüllen kann (§ 5 II 5). Die Verpflichtung des ArbN zur Information der Krankenkasse bzw. des ausländischen SozV-Trägers bei Erkrankungen im Ausland beruht darauf, dass der inländische Gesetzgeber den ausländischen Ärzten keine sozialversicherungsrechtl. Verpflicht auferlegen kann, entsprechend den Regeln des deutschen Rechtes über die gesetzl. KV die Krankenkasse selbst zu unterrichten und diese Unterrichtung dem ArbGeb nach § 5 I 5 mitzuteilen[7].

56 **Dauert die Arbeitsunfähigkeit länger als angezeigt**, so ist der ArbN verpflichtet, der gesetzl. Krankenkasse die voraussichtliche Fortdauer der Arbeitsunfähigkeit mitzuteilen (§ 5 II 4). Diese Regelung ist lückenhaft. Der Gesetzgeber hat unverständlicherweise dem ArbN scheinbar nur die Verpflichtung auferlegt, bei Fortdauer der Arbeitsunfähigkeit seine Krankenkasse zu informieren, nicht aber seinen ArbGeb. Ähnlich wie bei der insoweit unvollständigen Regelung des § 5 I 4 sind die Bestimmungen über die

---

1 BAG v. 27.8.1971 – 1 AZR 107/71, BAGE 23, 141; ErfK/*Dörner*, § 5 EFZG Rz. 18. | 2 ErfK/*Dörner*, § 5 EFZG Rz. 18 mwN. | 3 BAG v. 26.8.1993 – 2 AZR 154/93, BAGE 74, 127. | 4 BAG v. 21.3.1996 – 2 AZR 543/95, AP Nr. 42 zu § 123 BGB. | 5 VO (EWG) Nr. 574/72 des Rates v. 31.3.1972 über die Durchführung der Verordnung (EWG) Nr. 1408/71 zur Anwendung der Systeme der sozialen Sicherheit auf Arbeitnehmer und deren Familien, die innerhalb der Gemeinschaft zu- und abwandern; Abdruck ua. in EU-ArbR, Beck-Texte im DTV Nr. 5751. | 6 EuGH v. 3.6.1992 – RS C 45/90, Paletta I, AP Nr. 1 zu Art. 18 EWG-Verordnung Nr. 574/72. | 7 Vgl. *Schmitt*, § 5 EFZG Rz. 112.

Mitteilungspflichten des ArbN nach § 5 I 1 und 2 entsprechend anzuwenden[1]. Das heißt, der ArbN muss auch dann, wenn er im Ausland erkrankt ist, den ArbGeb in vergleichbarer Weise nicht nur unverzüglich, sondern sogar schnellstmöglich unterrichten, wenn bei ihm krankheitsbedingte Arbeitsunfähigkeit vorliegt und wie lange sie voraussichtlich andauert, aber auch, wenn diese länger andauert als bis mitgeteilt.

57 Der **Inhalt der Unterrichtungspflicht** ist grds. derselbe wie bei einer Inlandserkrankung; zusätzlich hat der ArbN die Adresse anzugeben, unter der ihn der ArbGeb im Ausland erreichen kann, um ihn aufzufordern, sich einer Kontrolluntersuchung bei einem Arzt nach Wahl des ArbGeb zu stellen.

58 **2. Nachweispflicht.** Für den Nachweis der krankheitsbedingten Arbeitsunfähigkeit enthält § 5 II keine von § 5 I grds. abweichende Regelung. Dies betrifft auch die Frage, wann die krankheitsbedingte Arbeitsunfähigkeit nachzuweisen ist. Auch im Rahmen des § 5 II sind die Regelungen des § 5 I 2 hinsichtlich der Pflicht zur Vorlage des ärztlichen Nachweises bei einer länger als drei Kalendertage andauernden krankheitsbedingten Arbeitsunfähigkeit (vgl. Rz. 38 ff.) bzw. des § 5 I 3 zur früheren Vorlage auf Verlangen des ArbGeb (Rz. 46 f.) anzuwenden.

59 Der Nachweis wird auch bei einer Erkrankung im Ausland grds. durch eine **ärztliche Arbeitsunfähigkeitsbescheinigung** geführt. Der ArbN muss dafür Sorge tragen, dass er vom Arzt eine den Anforderungen des § 5 I entsprechende Arbeitsunfähigkeitsbescheinigung erhält. Diese Bescheinigung muss erkennen lassen, dass der Arzt zwischen Erkrankung und auf ihr beruhender Arbeitsunfähigkeit unterschieden hat[2]. **Zwischenstaatliche SozV-Abkommen** wie zB das deutsch-türkische Abkommen über die soziale Sicherheit nebst DurchführungsVO[3] und Art. 18 der VO Nr. 574/72 EWG bestimmen, dass ArbN vom Arzt eine Arbeitsunfähigkeitsbescheinigung auf einem Vordruck erhalten. Diese Vordrucke entsprechen in ihrer Gliederung idR den Anforderungen des § 5 I 2. Werden sie verwendet, so ist damit vergleichbar wie im Inland die krankheitsbedingte Arbeitsunfähigkeit nachgewiesen[4]. Entspricht die Bescheinigung dem nicht, so ist sie als Nachweis untauglich[5]. Indessen ist der ArbN nicht auf die Vorlage einer den deutschen Anforderungen (§ 5 I, vgl. Rz. 28 ff.) genügenden ärztlichen Bescheinigung angewiesen. Auch bei einer Erkrankung im Ausland kann den Beweis für das Vorliegen der krankheitsbedingten Arbeitsunfähigkeit durch **andere Beweismittel** führen[6].

60 **3. Beweiswert der ausländischen Arbeitsunfähigkeitsbescheinigung.** Der ausländischen Arbeitsunfähigkeitsbescheinigung kommt, sofern sie erkennen lässt, dass der Arzt zwischen Krankheit und daraus resultierender Arbeitsunfähigkeit hinreichend unterschieden hat, grds. (mindestens) derselbe Beweiswert zu wie einer inländischen Arbeitsunfähigkeitsbescheinigung. Zwar hat der **EuGH** in seiner Entscheidung **Paletta I** erkannt, dass der ArbGeb „in tatsächlicher und rechtl. Hinsicht an die vom Träger des Wohnorts getroffene ärztliche Feststellung über den Eintritt und die Dauer der Arbeitsunfähigkeit gebunden ist, sofern er – der ArbGeb – nicht von der vorgesehenen Möglichkeit Gebrauch macht, dem Betroffenen durch einen Arzt seiner Wahl untersuchen zu lassen"[7]. Angesichts dieser Entscheidung hat das BAG dem EuGH weitere Fragen zum Beweiswert der Arbeitsunfähigkeitsbescheinigung iSd. Art. 18 I bis V der VO (EWG) Nr. 574/72 vorgelegt[8]. Hierauf hat der EuGH durch das Urteil **Paletta II** seine Rspr. insoweit korrigiert, als er erkannt hat, die Auslegung des Art. 18 I bis V der EWG-VO Nr. 574/72[9] verwehre es dem ArbGeb nicht, Nachweise zu erbringen, anhand deren das nationale Gericht ggf. feststellen kann, dass der ArbN missbräuchlich oder betrügerisch eine gemäß Art. 18 der VO Nr. 574/72 festgestellte Arbeitsunfähigkeit gemeldet hat, ohne krank gewesen zu sein[10]. Nach Zugang der vorgenannten Entscheidung des EuGH hat das BAG über die bei ihm anhängige Revision in der Sache selbst entschieden und den Rechtsstreit an die Vorinstanz zurückverwiesen (**Paletta III**)[11]. Es hat erkannt, die in Bezug genommene Rspr. des EuGH bedeute, dass der ArbN dann keinen Anspruch auf Entgeltfortzahlung im Krankheitsfall nach nationalem Recht in Verbindung mit Art. 22 der EWG-VO Nr. 1408/71 und Art. 18 und 24 der EWG-VO Nr. 574/72 hat, wenn er in Wirklichkeit nicht arbeitsunfähig krank war und sein Verhalten missbräuchlich oder betrügerisch war.

61 Damit ist – im Ergebnis – die **Beweislage** für den ArbN, dessen krankheitsbedingte Arbeitsunfähigkeit im EG-Ausland attestiert wird, **relativ günstiger** als die Beweislage bei Vorlage einer inländischen Arbeitsunfähigkeitsbescheinigung[12]. Möglich ist, solche Umstände, die bisher nur als Widerlegung der tatsächlichen Vermutung gewertet wurden, als solche anzunehmen, die auch eine rechtl. Vermutung widerlegen, so dass künftig bei Inlandsbescheinigungen wie bei Auslandsbescheinigungen solche Tatsachen

---

1 *Schmitt*, § 5 EFZG Rz. 114; *Vogelsang*, Entgeltfortzahlung, Rz. 342. |2 BAG v. 1.10.1997 – 5 AZR 499/96, AP Nr. 4 zu § 5 EntgeltFG; s. auch BAG v. 1.10.1997 – 5 AZR 726/96, BAGE 86, 357. |3 Abdrucke solcher Abkommen in *Ploeger/Wortmann*, Deutsche Sozialversicherungsabkommen mit ausländischen Staaten. |4 Vgl. BAG v. 1.10.1997 – 5 AZR 499/96, AP Nr. 4 zu § 5 EntgeltFG; v. 1.10.1997 – 5 AZR 726/96, BAGE 86, 357. |5 BAG v. 1.10.1997 – 5 AZR 499/96, AP Nr. 4 zu § 5 EntgeltFG. |6 BAG v. 1.10.1997 – 5 AZR 499/96, AP Nr. 4 zu § 5 EntgeltFG. |7 EuGH v. 3.6.1992 – Rs. C-45/90, Paletta I, AP Nr. 1 zu Art. 18 EWG-Verordnung Nr. 574/72. |8 BAG v. 27.4.1994 5 AZR 747/93 (A), BAGE 76, 306. |9 Verordnung (EWG) Nr. 574/72 des Rates v. 21.3.1972 über die Durchführung der Verordnung (EWG) Nr. 1408/71. |10 EuGH v. 2.5.1996 – Rs C 206/94, Paletta II, AP Nr. 2 zu Art. 18 EWG-Verordnung Nr. 574/72. |11 BAG v. 19.2.1997 – 5 AZR 747/93 (Paletta III), BAGE 85, 140 = AP Nr. 3 zu Art. 18 EWG-Verordnung Nr. 574/72. |12 Ähnlich ErfK/*Dörner*, § 5 EFZG Rz. 28.

als Beweis des Gegenteils angesehen werden[1]. Mit eben dieser Begründungsstruktur hat auch das LAG BW den Fall Paletta abschließend entschieden[2].

62 **Für nicht dem EG-Recht unterliegende** ausländische Arbeitsunfähigkeitsbescheinigungen ist es bei der Rspr. verblieben, sie prinzipiell ebenso zu behandeln wie inländische Arbeitsunfähigkeitsbescheinigungen, wie das BAG zeitgleich – mit seiner Entscheidung Paletta III[3] – erkannt hat[4]; diese Entscheidung betraf eine Arbeitsunfähigkeitsbescheinigung aus der Türkei. Derartigen ausländischen Arbeitsunfähigkeitsbescheinigungen kommt daher nur die Vermutung ihrer tatsächlichen Richtigkeit zu, so dass diese Vermutung auch aus dem Inhalt der Bescheinigungen selbst (Zweifel an ihrer sachlichen Richtigkeit) und aus weiteren besonderen Umständen (innerhalb von sechs Jahren zum vierten Mal im Erholungsurlaub in der Heimat erkrankt) beeinträchtigt wird[5].

63 **4. Mitteilungspflicht bei Rückkehr aus dem Ausland.** Kehrt der ArbN aus dem Ausland zurück und ist er immer noch arbeitsunfähig krank, so ist er verpflichtet dem ArbGeb und der Krankenkasse seine Rückkehr unverzüglich anzuzeigen (§ 5 II 7). Hierdurch soll erreicht werden, dass die Krankenkasse in die Lage versetzt ist, nunmehr eine Begutachtung durch den medizinischen Dienst der Krankenversicherung durchzuführen zu lassen (§ 275 SGB V) und – den dadurch überflüssig gewordenen – Verwaltungsaufwand für das Veranlassen einer Begutachtung im Ausland zu vermeiden. Zur Mitteilung der Rückkehr des ArbN gehört auch, dass er mitteilt, ob er weiterhin arbeitsunfähig krank ist und wie lange dies voraussichtlich andauern wird. Der Nachweis der krankheitsbedingten Arbeitsunfähigkeit ist hiervon unabhängig zu erbringen; insoweit ist ein unmittelbarer Anschluss an den vorherigen Nachweis erforderlich.

64 **V. Verzicht des Arbeitgebers auf eine Arbeitsunfähigkeitsbescheinigung.** Verzichtet der ArbGeb auf eine Arbeitsunfähigkeitsbescheinigung oder fordert er eine solche bei einer Kurzerkrankung iSd. § 5 I 2 nicht an, so können sich hieraus **weitere Beweisfragen** für das Vorliegen krankheitsbedingter Arbeitsunfähigkeit ergeben. Denkbar ist, dass dem ArbGeb nachträglich Umstände bekannt werden, die berechtigte Zweifel am Vorliegen der vom ArbN behaupteten krankheitsbedingten Arbeitsunfähigkeit hervorrufen. § 5 besagt nichts ausdrücklich darüber, welche Arbeitsvertragsparteien in solchen Fällen welche Beweislast trägt. Grds. muss der ArbN die Tatsachen beweisen, aus denen die krankheitsbedingte Arbeitsunfähigkeit folgt. Aus dem Umstand, dass der ArbGeb – insb. bei einer Kurzerkrankung – nicht die Vorlage einer ärztlichen Arbeitsunfähigkeitsbescheinigung verlangt hat, lässt sich keine gesetzl. Vermutung iSd. § 292 ZPO über das tatsächliche Bestehen der mitgeteilten Arbeitsunfähigkeit ableiten. Andererseits hat der ArbN ohne die entsprechende Aufforderung des ArbGeb bei einer Kurzerkrankung keinen Anlass, einen Arzt aufzusuchen, um sich krankheitsbedingte Arbeitsunfähigkeit bescheinigen zu lassen. Die Lösung dieser Problematik dürfte darin liegen, die Sachlage so zu behandeln, dass für das Vorliegen der nur mitgeteilten krankheitsbedingten Arbeitsunfähigkeit eine **tatsächliche Vermutung** streitet, die ebenso widerlegbar ist, wie wenn der ArbN hierfür ein inländisches oder ausländisches Attest vorgelegt hätte[6].

65 **VI. Kontrolluntersuchung durch den medizinischen Dienst.** Nach § 275 I Nr. 3b SGB V sind die Krankenkassen in den gesetzl. bestimmten Fällen oder wenn es nach Art, Schwere, Dauer oder Häufigkeit der Erkrankung oder nach dem Krankheitsverlauf erforderlich ist, verpflichtet, bei Arbeitsunfähigkeit zur Beseitigung von Zweifeln an der Arbeitsunfähigkeit eine gutachtliche Stellungnahme des medizinischen Dienstes der KV (Medizinischer Dienst) einzuholen. Solche Zweifel sind insb. in den Fällen anzunehmen, in denen der versicherte ArbN auffällig häufig oder auffällig häufig nur für kurze Dauer arbeitsunfähig ist oder der Beginn der Arbeitsunfähigkeit häufig auf einen Arbeitstag am Beginn oder Ende einer Woche oder die Arbeitsunfähigkeit von einem Arzt festgestellt worden ist, der durch die Häufigkeit der von ihm ausgestellten Arbeitsunfähigkeitsbescheinigungen auffällig geworden ist (§ 275 Ia 1 SGB V). Dabei hat die Prüfung unverzüglich nach Vorlage der ärztlichen Feststellung über die Arbeitsunfähigkeit zu erfolgen. Der ArbGeb kann verlangen, dass die Krankenkasse eine gutachtliche Stellungnahme des medizinischen Dienstes zur Überprüfung der Arbeitsunfähigkeit einholt (§ 275 Ia 3 SGB V). Andererseits kann die Krankenkasse von einer Beauftragung des medizinischen Dienstes absehen, wenn sich die medizinischen Voraussetzungen der Arbeitsunfähigkeit eindeutig aus den der Krankenkasse vorliegenden ärztlichen Unterlagen ergeben. § 275 Ia SGB V zählt nur sog. **Regelbeispiele** auf, bei denen vom Vorliegen von Zweifeln auszugehen ist. Indessen können auch andere Umstände geeignet sein, eine medizinische Untersuchung zu veranlassen, zB ein deutlich mit der angeblich vorliegenden krankheitsbedingten Arbeitsunfähigkeit unvereinbares Verhalten des ArbN. Die **Krankenkasse darf das Begehren des ArbGeb nur ablehnen**, wenn nach bei ihr vorliegenden Unterlagen die Krankheitsbedingtheit der Arbeitsunfähigkeit eindeutig anzunehmen ist. Sie hat jedoch auf Zweifel des ArbGeb einzugehen, und dies nicht erst dann, wenn sie selbst Krankengeld zu leisten hat. Wenn sich der **ArbN weigert** sich einer

1 ErfK/*Dörner*, § 5 EFZG Rz. 28; *Heinze/Giesen*, BB 1996, 1830. | 2 LAG BW v. 9.5.2000 – 10 Sa 85/97, NZA-RR 2000, 514. | 3 BAG v. 19.2.1997 – 5 AZR 747/93 (Paletta III), BAGE 85, 140 = AP Nr. 3 zu Art. 18 EWG-Verordnung Nr. 574/72. | 4 BAG v. 19.2.1997 – 5 AZR 83/96, BAGE 85, 167. | 5 BAG v. 18.9.1985 – 5 AZR 240/84, EzA § 3 LohnFG Nr. 11. | 6 Vgl. des Näheren *Vogelsang*, Entgeltfortzahlung, Rz. 376–381.

Begutachtung durch den medizinischen Dienst zu stellen, so ist zwar die Krankenkasse berechtigt, die von ihr zu gewährenden Leistungen zu versagen (§ 66 I SGB I; § 276 II SGB V). Ein gleiches Recht steht dem ArbGeb indessen nicht zu; diese Bestimmungen sind für den ArbGeb auch nicht analog anwendbar[1]. Indessen bekundet ein solches Verhalten des ArbN erhebliche Zweifel an der Richtigkeit der ärztlichen Arbeitsunfähigkeitsbescheinigung (s. Rz. 49 ff.).

6 *Forderungsübergang bei Dritthaftung*

(1) Kann der Arbeitnehmer auf Grund gesetzlicher Vorschriften von einem Dritten Schadensersatz wegen des Verdienstausfalls beanspruchen, der ihm durch die Arbeitsunfähigkeit entstanden ist, so geht dieser Anspruch insoweit auf den Arbeitgeber über, als dieser dem Arbeitnehmer nach diesem Gesetz Arbeitsentgelt fortgezahlt und darauf entfallende vom Arbeitgeber zu tragende Beiträge zur Bundesagentur für Arbeit, Arbeitgeberanteile an Beiträgen zur Sozialversicherung und zur Pflegeversicherung sowie zu Einrichtungen der zusätzlichen Alters- und Hinterbliebenenversorgung abgeführt hat.

(2) Der Arbeitnehmer hat dem Arbeitgeber unverzüglich die zur Geltendmachung des Schadensersatzanspruchs erforderlichen Angaben zu machen.

(3) Der Forderungsübergang nach Absatz 1 kann nicht zum Nachteil des Arbeitnehmers geltend gemacht werden.

I. Normzweck und -entstehung. Mit § 6 ist erstmals für alle ArbN der **gesetzl. Übergang der Schadenersatzansprüche wegen Verdienstausfalles** auf den ArbGeb geschaffen worden. Vorläufer der Regelung waren § 4 des nur für Arbeiter geltenden LFZG[2] und § 115c AGB-DDR[3]. Für Angestellte existierte in den alten Bundesländern keine vergleichbare Bestimmung. Allerdings ging die Rspr. davon aus, dass der Angestellte entsprechend § 255 BGB verpflichtet war, seine gesetzl. Ansprüche bei Verdienstausfall gemäß § 398 BGB an den ArbGeb abzutreten, soweit dieser Entgeltfortzahlung im Krankheitsfall geleistet hat[4]. Diese uneinheitliche Rechtslage wurde durch § 6 bereinigt. 1

Sinn und Zweck der Regelung liegen darin zu vermeiden, dass der geschädigte ArbN zugleich seinen Anspruch auf Entgeltfortzahlung gegen den ArbGeb und einen auf Verdienstausfall gerichteten Schadenersatzanspruch gegen den Schädiger geltend machen kann, und zudem einen sachgerechten Interessenausgleich zwischen Schädiger, geschädigtem ArbN und ArbGeb zu ermöglichen. § 6 I ordnet – ähnlich wie § 116 SGB X, § 87a BBG, § 67 VVG – einen **gesetzl. Forderungsübergang** an, und zwar auf den ArbGeb, soweit er Entgeltfortzahlung geleistet hat. Damit kann sich der Schädiger nicht darauf berufen, dass dem ArbN infolge der Entgeltfortzahlung kein Schaden entstehe[5]. Der ArbN erlangt andererseits keine doppelte Entschädigung für den Verdienstausfall; er braucht jedoch das Risiko der Durchsetzung des Schadenersatzanspruches gegen den Schädiger nicht zu tragen, weil ihm der ArbGeb Entgeltfortzahlung im Krankheitsfall schuldet. Der ArbGeb ist zwar zur Fortzahlung des Arbeitsentgeltes nach § 3 verpflichtet; er hat jedoch die Möglichkeit, sich insoweit im Wege des Schadenersatzes beim Schädiger zu erholen. Um den ArbGeb hierzu in die Lage zu versetzen, treffen den ArbN **Mitteilungs- und Mitwirkungspflichten** nach näherer Maßgabe von Abs. 2. Soweit und solange der ArbN diesen Obliegenheiten schuldhaft nicht nachkommt, kann der ArbGeb die Entgeltfortzahlung nach näherer Maßgabe von § 7 I Nr. 2 verweigern. 2

II. Übergang des gesetzlichen Schadenersatzanspruchs (Abs. 1). Nach Abs. 1 geht der gesetzl. Schadenersatzanspruch wegen des Verdienstausfalls, den der ArbN gegen den schädigenden Dritten hat und der ihm durch die Arbeitsunfähigkeit entstanden ist, insoweit auf den ArbGeb über, als dieser dem ArbN nach dem Gesetz Arbeitsentgelt fortgezahlt und Versicherungsbeiträge geleistet hat. 3

1. Gesetzlicher Schadenersatzanspruch wegen des Verdienstausfalls. § 6 I regelt nur den Übergang des gesetzl. Schadenersatzanspruchs des geschädigten ArbN gegen den Dritten, dies aber auch nur, soweit der Schadenersatzanspruch wegen eines Verdienstausfalls des geschädigten ArbN besteht. Sonstige Ansprüche des geschädigten ArbN gegen den Dritten, etwa auf Ersatz von Sachschaden, Schmerzensgeld, Kosten der Heilbehandlung usw. werden von § 6 I nicht erfasst. Soweit es um Kosten der Krankenbehandlung und sonstige SozV-Leistungen geht, können Ansprüche des geschädigten pflichtversicherten ArbN nach § 116 SGB X auf den jeweiligen SozV-Träger übergehen. 4

a) Schadenersatz auf Grund gesetzlicher Vorschriften. Rechtsgrundlage für den Anspruch auf Schadenersatz wegen Verdienstausfalls sind zunächst die Bestimmungen über die **unerlaubte Handlung** gemäß §§ 823 ff. BGB, sei es nach § 823 I BGB wegen Verletzung des Körpers oder der Gesundheit des ArbN, sei es nach § 823 II BGB wegen Verletzung eines Schutzgesetzes. Zu den Ansprüchen aus uner- 5

1 BAG v. 11.8.1976 – 5 AZR 422/75, BAGE 28, 144. | 2 Lohnfortzahlungsgesetz – LFZG – v. 27.7.1969, BGBl. I S. 946. | 3 Arbeitsgesetzbuch (AGB) der DDR v. 16.6.1977 idF v. 22.6.1990 und des Einigungsvertrages v. 31.8.1990 – BGBl. II, 889. | 4 BGH v. 23.5.1989 – IV ZR 284/88, DB 1989, 1565; v. 22.6.1956 – VI ZR 140/55, BGHZ 21, 112. | 5 BGH v. 22.6.1956 – VI ZR 140/55, BGHZ 21, 112.

laubter Handlung zählen auch solche aus **Amtspflichtverletzungen** gemäß § 839 BGB, Art. 34 GG. Insoweit sind Ansprüche des ArbN nach dem EFZG keine anderweitige Ersatzmöglichkeit iSd. § 839 I 2 BGB. Zu den gesetzl. Schadenersatzansprüchen zählen auch solche aus **Gefährdungshaftung**, vor allem aus **straßenverkehrsrechtl. Gefährdungshaftung** (§ 7 StVG) und aus **Tierhalterhaftung** (§ 833 S. 1 BGB), nach dem **Haftpflichtgesetz** und nach anderen Gefährdungshaftungsregelungen. Zu den gesetzl. Ansprüchen auf Schadenersatz zählen iSv. § 6 auch **Ansprüche wegen Vertragsverletzung**[1]. Dagegen stellt ein Anspruch auf **Vertragserfüllung**, zB auf Erfüllung von Ansprüchen **aus Versicherungsverträgen** nicht unter § 6. Denn insoweit handelt es sich nicht um einen Schadenersatzanspruch. Hat der ArbN auf Grund **Privatversicherungsvertrages** einen Anspruch auf Erstattung des Verdienstausfalles, so kann ihm der Schädiger diesen Umstand nicht entgegenhalten. Allerdings ist dann zu prüfen, inwieweit der Versicherungsvertrag seinerseits einen Anspruchsübergang gegen den Schädiger regelt. **Öffentl.-rechtl. Versorgungsansprüche**, zB aus Wehrdienstbeschädigung, fallen nicht unter § 6[2], wohl aber der Schadenersatzanspruch eines als Mitglied der Freiwilligen Feuerwehr tätigen ArbN, der bei einem **Feuerwehreinsatz** verletzt wurde und deswegen eine Verdienstausfall erleidet[3].

6 **b) Verdienstausfallschaden.** Der Anspruchsübergang nach § 6 umfasst ausschließlich Ansprüche wegen des Verdienstausfalls der durch die vom Schädiger verursachte Arbeitsunfähigkeit entstanden ist. Weitere materielle Schadenersatzansprüche oder auch Schmerzensgeldansprüche sind von § 6 nicht erfasst[4]. Der Schadenersatzanspruch des ArbN gegen den Dritten kann auf den ArbGeb gemäß § 6 EFZG, § 412 BGB nur insoweit übergehen, als er dem ArbN zusteht. Gemäß § 412 BGB kann sich der Dritte gegenüber dem ArbGeb auf die Schuldnerschutzvorschriften nach § 406 bis § 409 BGB berufen; vor allem kann er dem ArbGeb sämtliche **Einwendungen** entgegenhalten, die zurzeit des Forderungsüberganges gegen geschädigten ArbN begründet waren. Dies gilt vor allem auch für die **Einrede der Verjährung**[5]. Der Dritte kann auch ein **Mitverschulden des geschädigten ArbN** entgegenhalten, ebenso **Abzüge für ersparte Aufwendungen**, weil der ArbN tatsächlich nicht arbeiten musste, vor allem ersparte Fahrt- und Verpflegungskosten[6]. Tritt ein **neues Schadenereignis** ein, das für sich allein gleichfalls krankheitsbedingte Arbeitsunfähigkeit auslösen würde oder tritt eine entsprechende neue Krankheit hinzu, so ist der Schadenersatz insoweit beschränkt, als die neu hinzugetretenen Ereignisse für sich allein zur krankheitsbedingten Arbeitsunfähigkeit des ArbN und damit zum Verdienstausfallschaden führen[7]. Der gesetzl. Anspruchsübergang auf den ArbGeb ändert die Rechtsnatur des Anspruchs nicht. Für die Durchsetzung des Anspruchs sind deswegen die **Gerichte zuständig**, die auch ohne den gesetzl. Forderungsübergang zuständig wären.

7 **2. Der Dritte als Schädiger.** Jede natürliche juristische Person, mit Ausnahme des ArbGeb selbst, ist Dritter und kommt deshalb als schadensersatzverpflichteter Schädiger in Betracht[8]. Zu den Dritten zählen auch Familienangehörige und Arbeitskollegen; für sie gelten jedoch teilweise abweichende Regelungen.

8 **a) Familienangehörige in häuslicher Gemeinschaft.** Familienangehörige nehmen als Dritte iSd. § 6 eine **Sonderstellung** ein. Der gesetzl. Anspruchsübergang ist nach § 116 SGB X und § 67 VVG für den Fall eingeschränkt, dass zum Schadenansatz ein Familienangehöriger verpflichtet ist, der mit dem Geschädigte oder seinen Hinterbliebenen in häuslicher Gemeinschaft lebt. Entsprechendes ist in § 67 II für den Übergang des Anspruchs des Versicherungsnehmers geregelt. Voraussetzung hierfür ist, dass die in häuslicher Gemeinschaft lebenden Familienangehörigen des geschädigten ArbN dessen Arbeitsunfähigkeit lediglich fahrlässig verursacht haben. Eine dementsprechende Regelung findet sich in § 6 nicht. Insoweit hat die Rspr. eine ausfüllungsbedürftige Lücke angenommen und die Bestimmungen des § 116 VI 1 SGB X und des § 67 II VVG auf den Anspruchsübergang gemäß § 6 entsprechend angewendet[9], und zwar selbst dann, wenn das Familienmitglied durch eine Haftpflichtversicherung geschützt ist[10] oder wenn die häusliche Gemeinschaft erst nach dem Schadenereignis, aber vor Erfüllung der Schadenersatzansprüche begründet worden ist[11]. Als Familienangehörige sind der **Ehegatte** sowie **Verwandte und Verschwägerte** des ArbN anzusehen; auf den Grad der Verwandtschaft oder Schwägerschaft kommt es nicht an; **Pflegekinder** können Familienangehörige sein, wenn sie mit dem geschädigten ArbN in einer Weise zusammenleben, die einem Familienverband ähnelt[12]. Entsprechendes gilt für den **Partner einer eingetragenen Lebenspartnerschaft**; ihnen steht das Familienprivileg des § 11 I LPartG zur Seite. Dagegen zählen die **Partner einer nicht eingetragenen** nichtehelichen **Lebensgemeinschaft** nicht zu den Familienangehörigen; auf sie ist § 116 VI SGB X weder unmittelbar noch analog anwendbar[13]. Insoweit bleibt die künftige Rechtsentwicklung zur nichtehelichen Lebensgemeinschaft und deren Gleichbe-

---

1 *Schmitt*, § 6 EFZG Rz. 15. | 2 *Schmitt*, § 6 EFZG Rz. 17. | 3 Vgl. Hess. LAG v. 17.11.2000 – 2 Sa 2265/99, NZA-RR 2001, 545 für einen Anspruch nach § 18 III des Hessischen Gesetzes über Brandschutz und die Hilfeleistungen der Feuerwehren (Brandschutzhilfegesetz) v. 5.10.1970 – GVBl. HE I S. 585. | 4 ErfK/*Dörner*, § 6 EFZG Rz. 10; KDHK/*Kleinsorge*, § 6 EFZG Rz. 8. | 5 BGH v. 4.4.1978 – IV ZR 252/76, EEK I/599. | 6 Vgl. dazu *Benner*, DB 1999, 482. | 7 Vgl. KDHK/*Kleinsorge*, § 6 EFZG Rz. 10. | 8 *Schmitt*, § 6 EFZG Rz. 20. | 9 BGH v. 4.3.1976 – VI ZR 60/70, BGHZ 66, 104. | 10 BGH v. 9.1.1968 – VI ZR 44/66, NJW 1968, 649. | 11 *Schmitt*, § 6 EFZG Rz. 24. | 12 BGH v. 15.1.1980 – VI ZR 181/78, NJW 1980, 1468. | 13 BGH v. 11.12.1987 – VI ZR 50/87, NJW 1988, 1091; *Schmitt*, § 6 EFZG Rz. 24 mwN; aA KDHK/*Kleinsorge*, § 6 EFZG Rz. 16.

handlung mit einer ehelichen Lebensgemeinschaft[1] abzuwarten. Voraussetzung für das Haftungsprivileg ist jedoch, dass die Familienangehörigen zu dem in **häuslicher Gemeinschaft** leben. Eine solche liegt vor, wenn zwischen den Beteiligten eine wirtschaftl. Gemeinschaft mit gemeins. Wohnen betrieben wird, wie es üblicherweise zwischen Ehegatten und Eltern und Kindern der Fall ist. Die häusliche Gemeinschaft darf nicht nur vorübergehend, sondern muss auf Dauer angelegt sein[2].

b) Arbeitskollegen. Auch Arbeitskollegen nehmen als Dritte iSd. § 6 insoweit eine Sonderstellung ein, 9
als das Ansprüche gegen sie häufig durch die **Haftungsprivilegien des gesetzl. Berufsunfallschutzes** (§ 105 SGB VII) ausgeschlossen sind[3]. Voraussetzungen für den Eintritt der Haftungsprivilegien ist, dass es sich bei dem Geschädigten und dem Schädiger um Versicherte desselben Betriebes handelt. Ebenso werden in dem Betrieb eingegliederte LeihArbN von der Haftung freigestellt, wenn sie durch eine betriebliche Tätigkeit einen Arbeitsunfall bei einem betriebsangehörigen ArbN herbeigeführt haben[4]. Dagegen sind nur räumlich im Betrieb tätige fremde ArbN nicht mit diesem Privileg versehen, zB der Monteur einer fremden Firma[5]. Bei einem **Wegeunfall** greift die Haftungsprivilegierung nicht ein, wenn sich der Unfall dadurch ereignet hat, dass die ArbN wie sonstige Verkehrsteilnehmer am Verkehrsgeschehen teilnehmen. Ebenso wenig greift die Haftungsprivilegierung ein, wenn der Schaden **vorsätzlich** herbeigeführt worden ist.

3. Umfang des Anspruchsübergangs. Nach § 6 I geht zum einen der Anspruch des ArbN auf Ersatz des 10
Verdienstausfallschadens auf den ArbGeb über, soweit der ArbGeb dem ArbN nach diesem Gesetz Arbeitsentgelt fortgezahlt hat. Dabei belässt es das Gesetz jedoch nicht, sondern der ArbGeb kann vom Schädiger auch die darauf entfallenden vom ArbGeb zu tragenden Beiträge zur gesetzl. SozV, zur PflegeV und zu einer zusätzlichen Alters- und Hinterbliebenenversorgung verlangen.

a) Gesetzlich fortgezahltes Arbeitsentgelt. Der Begriff des Arbeitsentgeltes iSd. § 6 I stimmt mit dem- 11
selben Begriff in § 4 Ia überein[6]. Sind für den ArbN nachweislich unregelmäßig anfallende Überstunden ausgefallen, so hat der Schädiger dem ArbN den hierdurch verursachten Verdienstausfall auch zu ersetzen; insoweit gehen jedoch die Ersatzansprüche nicht auf den ArbGeb über, weil dieser hierfür von Gesetzes wegen keine Entgeltfortzahlung im Krankheitsfall zu leisten hat (§ 4 Ia 1; vgl. auch § 4 Rz. 12 ff., 31). Zum Verdienstausfall iSd. § 6 zählen auch Einmalzahlungen oder sonstige Leistungen mit Entgeltcharakter, wie zB Prämien[7], Weihnachtsgeld[8] oder laufend gewährte Gewinnbeteiligungen[9], ebenso die Kürzungsbeträge von Sonderzahlungen (vgl. § 4a).

Soweit der ArbGeb dem ArbN **außerhalb der Bestimmungen des EFZG** Entgeltfortzahlung leistet, zB 12
über den gesetzl. Zeitraum hinaus oder in Form eines Zuschusses zum Krankengeld, gehen Ansprüche des ArbN hierauf nicht von Gesetzes wegen nach § 6 I auf den ArbGeb über. Allerdings kann in der Rechtsgrundlage für eine solche Zahlung des ArbGeb, zB im Arbeitsvertrag, im TV oder einer in BV, vereinbart sein, so dass auch insoweit Ansprüche des ArbN gegen den dritten Schädiger auf den ArbGeb zu übertragen sind. Es handelt sich dann aber nicht um einen gesetzl. Forderungsübergang, sondern um eine Verpflichtung zur schuldrechtl. Anspruchsübertragung. Zum Übergang der Forderung auf den ArbGeb bedarf es eines Abtretungsvertrages.

b) Beiträge zur gesetzlichen Pflichtversicherung. Ein Forderungsübergang findet auch statt, soweit 13
der ArbGeb auf das fortzuzahlende Arbeitsentgelt entfallende, an sich vom ArbGeb zu tragende Beiträge zur gesetzl. Pflichtversicherung geleistet hat, nämlich den Beitrag zur BA (ArblV), die ArbGeb-Anteile an Beiträgen zur SozV (RV, KV) und zur Pflegeversicherung. Die Beiträge des ArbGeb zur gesetzl. Unfallversicherung kann der ArbGeb jedoch vom Schädiger nicht erstattet erhalten, denn diese Beiträge hat der ArbGeb ohnehin stets selbst und allein zu tragen.

**c) Arbeitgeberanteile an Beiträgen zur Einrichtung der zusätzlichen Alters- und Hinterbliebenenver- 14
sorgung.** Schließlich erfasst der Anspruchsübergang auch abgeführte ArbGebAnteile an Beiträgen zur Einrichtung der zusätzlichen Alters- und Hinterbliebenenversorgung, zB zur Zusatzversorgungskasse des Bundes und der Länder, zur Höherversicherung in der gesetzl. RV, zur betriebl. Alters-, Invaliditäts- oder Hinterbliebenenversicherungen oder -versorgungen. Die Rechtsgrundlage für diese Leistungen oder Beiträge ist unerheblich. Auch Aufwendungen des ArbGeb für seine Beiträge zur Lohnausgleichs- und Urlaubskasse im Baugewerbe, nicht aber die Umlage für produktive Winterbauförderung haben den Forderungsübergang nach § 6 zur Folge[10].

4. Zeitpunkt des Anspruchsübergangs. Der Anspruchsübergang nach § 6 I findet in dem Zeitpunkt 15
statt, in welchem der ArbGeb die Entgeltfortzahlung geleistet hat. Angesichts der verschiedenen Fälligkeiten der Entgeltzahlungen kommen dabei durchaus unterschiedliche Zeitpunkte – je nach erbrachter

---

1 Vgl. dazu BVerfG v. 17.11.1992 – 1 BvL 8/87, NJW 1993, 643; BVerwG v. 17.5.1995 – 5 C 16/93, NJW 1995, 2802. | 2 *Schmitt*, § 6 EFZG Rz. 25. | 3 Vgl. ausf. *Rolfs*, NJW 1966, 3177. | 4 *Schmitt*, § 105 SGB VII Rz. 6. | 5 *Schmitt*, § 105 SGB VII Rz. 6. | 6 BGH v. 11.11.1975 – VI ZR 128/74, NJW 1976, 326; BAG v. 23.6.1994 – 8 AZR 292/93, EEK I/1448; KDHK/*Kleinsorge*, § 6 EFZG Rz. 29. | 7 BAG v. 6.12.1995 – 5 AZR 237/94, BAGE 81, 357. | 8 BGH v. 18.5.1965 – VI ZR 262/63, AP Nr. 8 zu § 1542 RVO. | 9 *Benner*, DB 1999, 482. | 10 BGH v. 28.1.1986 – VI ZR 30/85, DB 1988, 1015.

Leistung des ArbGeb – in Betracht[1]. Dies hat zur Folge, dass über einen längeren Zeitraum immer wieder Teile des Schadenersatzanspruchs auf den ArbGeb übergehen können, nämlich jeweils nach Erfüllung des Entgeltfortzahlungsanspruchs. Dieser ist jeweils zu den Zeitpunkten, in denen das Arbeitsentgelt sonst fällig ist (vgl. § 3 Rz. 7). Im Verhältnis zum gesetzl. Anspruchsübergang nach § 116 SGB X und § 87a BBG befindet sich der ArbGeb insoweit in einem zeitlichen Nachrang, denn nach diesen Bestimmungen gehen die Ansprüche gegen den Schädiger bereits mit dem schädigenden Ereignis auf den SozV-Träger bzw. den Dienstherrn über. Dieser Zeitrang kann von Bedeutung sein, wenn der Schädiger nicht hinreichend zahlungsfähig ist. Andererseits kann auch der entgeltfortzahlungsberechtigte geschädigte ArbN deshalb, weil seine Forderungen erst mit der Leistung der Entgeltfortzahlung auf den ArbGeb übergehen, für die Zukunft auf Ersatzansprüche gegen den Schädiger verzichten; verzichtet er derart, muss er ggf. in Kauf nehmen, dass der ArbGeb keine oder nur geringere Leistungen der Entgeltfortzahlung im Krankheitsfall zu erbringen hat[2] (s. § 7 Rz. 15).

16 **III. Auskunftspflicht des Arbeitnehmers (Abs. 2).** Nach § 6 II ist der ArbN verpflichtet, dem ArbGeb unverzüglich die zur Geltendmachung des Schadensersatzanspruchs erforderlichen Angaben zu machen. Diese Auskunftspflicht besteht bereits dann, wenn eine Schadensersatzverpflichtung des Dritten in Betracht kommt, denn der ArbGeb soll durch die Angaben des ArbN auch in die Lage versetzt werden, zu prüfen ob ein Schadensersatzanspruch gegen einen Dritten besteht und ob dessen Verfolgung sinnvoll ist[3]. Diese Auskunftspflicht entsteht im Zeitpunkt des schadenstiftenden Ereignisses, nicht aber erst im Moment des Forderungsübergangs. Inhaltlich entspricht die Auskunftspflicht derjenigen des Zedenten gegenüber dem Zessionar nach § 402 BGB. Anzugeben hat der ArbN insb. das Schadenereignis, die Schadenursache, Namen, Anschrift und sonstige Identifikationsmerkmale des Schädigers und etwaiger Geschehenszeugen, Ermittlungsergebnisse und etwaige Beweisurkunden. Allerdings beschränkt sich die Auskunftspflicht des ArbN auf die erforderlichen Angaben, die er aus eigenem Wissen machen kann. Je nach Umständen des Einzelfalles sind ihm jedoch auch Maßnahmen der Beweissicherung und besondere Erkundigungen zuzumuten[4]. Die Angaben sind unverzüglich zu erteilen, dh. ohne schuldhaftes Zögern (§ 121 II BGB). Erfährt der ArbN erst nach und nach einzelne Umstände, die auf eine Haftung des Dritten schließen lassen, so hat er eben diese Umstände jeweils unverzüglich dem ArbGeb mitzuteilen. Der ArbN handelt keineswegs unverzüglich, wenn er zunächst lange abwartet, bis er auf die nach seiner Ansicht „letzte" Information hat, um dann den ArbGeb zu unterrichten. Kommt der ArbN seiner Verpflichtung aus § 6 II nicht nach, so steht dem ArbGeb insoweit ein **vorläufiges Leistungsverweigerungsrecht** für die Entgeltfortzahlung zu (§ 7 I Nr. 1).

17 **IV. Nachteilsverbot.** Nach § 6 III darf der Forderungsübergang nach § 6 I nicht zum Nachteil des ArbN geltend gemacht werden. Diese Bestimmung hat vor allem Bedeutung, wenn der Schädiger nicht verpflichtet oder nicht in der Lage ist, den Schaden insgesamt zu ersetzen. Eine Begrenzung der Haftung des Schädigers kann sich einerseits durch eine Summenbegrenzung, zB bei der Gefährdungshaftung nach § 12 StVG ergeben. Sie kann aber auch darin liegen, dass den Geschädigten ein zur Schadensteilung führendes Mitverschulden trifft. Ist der Schädiger nicht in der Lage, den gesamten Schaden zu tragen, so stellt sich die Frage nach **Rangfolgen des Zugriffs auf den Schädiger**. Solche Rangfolgenfragen treten vor allem dann auf, wenn der Schädiger selbst neben dem auf den ArbGeb übergehenden Anspruch auf Ersatz des Verdienstausfalles weitere Schadenersatzforderungen geltend zu machen hat, etwa erhebliche Sachschäden, Schmerzensgeld und Ähnliches. Reicht in solchen Fällen die vom Schädiger aufbringbare Ersatzsumme nicht aus, um alle Schäden abzudecken, so darf der ArbGeb sich aus dem gesetzl. übergegangenen Teil der Schadenersatzforderung nicht zum Nachteil des geschädigten ArbN selbst befrieden. § 6 III löst diese Zugriffskonkurrenz lediglich zu Lasten des ArbGeb[5].

18 **V. Konkurrierende Forderungsübergänge.** Neben dem Anspruch des ArbN auf Ersatz des Verdienstausfalls, der im Fall der Entgeltfortzahlung nach § 6 I auf den ArbGeb übergegangen ist, und den Ansprüchen des ArbN auf Schadenersatz unter anderen Gesichtspunkten, zB Ersatz des Sachschadens oder auf Schmerzensgeld, können auch **Trägern der SozV** Ansprüche gegen den Dritten wegen der von ihnen an den ArbN gewährten Leistungen zustehen (§ 116 SGB X). Dies betrifft insb. die Krankenkasse. Eine **Gläubigerkonkurrenz** scheidet insofern regelmäßig aus, weil sich die verschiedenen Schadenersatzforderungen sowohl zeitlich als auch sachlich nicht decken, sondern auf unterschiedliche Gegenstände und Leistungen gerichtet sind. IdR genießt insoweit der Forderungsübergang auf die KV zeitlichen Vorrang, denn dieser Forderungsübergang vollzieht sich bereits zurzeit des schädigenden Ereignisses, während der Anspruch auf Verdienstausfall erst dann auf den ArbGeb übergeht, wenn dieser – im Zeitpunkt der jeweiligen Fälligkeit – Entgeltfortzahlung im Krankheitsfall geleistet und die hierauf entfallenden Beiträge bzw. ArbGebAnteile an Beiträgen iSd. § 6 I geleistet hat. Insb. im Fall einer Schadenssummenbegrenzung zwischen Schädiger und ArbN nach § 12 StVG kann der ArbGeb leer ausgehen,

1 ErfK/*Dörner*, § 6 EFZG Rz. 19; *Schmitt*, § 6 EFZG Rz. 49. | 2 ErfK/*Dörner*, § 6 EFZG Rz. 20; *Schmitt*, § 6 EFZG Rz. 51; § 7 EFZG Rz. 28 ff. | 3 HzA/*Vossen*, Gruppe 2 Rz. 671. | 4 HzA/*Vossen*, Gruppe 2 Rz. 672 f.; *Schmitt*, § 6 EFZG Rz. 55. | 5 *Schmitt*, § 6 EFZG Rz. 63, 64; KDHK/*Kleinsorge*, § 6 EFZG Rz. 38 ff.

wenn und weil zurzeit der Entgeltfortzahlung kein Anspruch mehr übergehen kann und dem ArbN insoweit der erste Zugriff auf die begrenzte Schadenersatzsumme zusteht[1].

Keine solche Konkurrenzsituation entsteht, wenn der **ArbGeb sich weigert**, dem geschädigten ArbN in einem solchen Fall Entgeltfortzahlung im Krankheitsfall zu leisten. In solchen Fällen erhält der ArbN Krankengeld von der Krankenkasse, wenn er deren Mitglied ist. Insoweit gehen die Ansprüche des ArbN gegen den ArbGeb auf Entgeltfortzahlung im Krankheitsfall nach § 115 SGB X auf die Krankenkasse über. Sie kann diese dann ihrerseits gegenüber dem ArbGeb verfolgen, auf den dann – aber erst im Zeitpunkt der Befriedung – etwaige Ansprüche des geschädigten ArbN gegen den Schädiger nach § 6 I übergehen. In einem solchen Fall ist anzunehmen, dass sich die Krankenkasse an den halten wird, von dem sie am ehesten die Befriedung ihrer Forderung erwartet. Dies kann der ArbGeb sein, dies kann aber auch der zum Schadenersatz verpflichtete Dritte bzw. die hinter diesem stehende Haftpflichtversicherung sein. 19

7 *Leistungsverweigerungsrecht des Arbeitgebers*

(1) Der Arbeitgeber ist berechtigt, die Fortzahlung des Arbeitsentgelts zu verweigern,

1. solange der Arbeitnehmer die von ihm nach § 5 Abs. 1 vorzulegende ärztliche Bescheinigung nicht vorlegt oder den ihm nach § 5 Abs. 2 obliegenden Verpflichtungen nicht nachkommt;

2. wenn der Arbeitnehmer den Übergang eines Schadensersatzanspruchs gegen einen Dritten auf den Arbeitgeber (§ 6) verhindert.

(2) Absatz 1 gilt nicht, wenn der Arbeitnehmer die Verletzung dieser ihm obliegenden Verpflichtungen nicht zu vertreten hat.

I. Normzweck und -entstehung. § 7 dient der Sicherung des ArbGeb vor ungerechtfertigten Aufwendungen bei der Entgeltfortzahlung im Krankheitsfall. § 7 I Nr. 1 soll sicher stellen, dass der ArbGeb von seinem ArbN einen hinreichenden Nachweis des Vorliegens krankheitsbedingter Arbeitsunfähigkeit erhält und – bei Auslandserkrankungen – auch die nötige Unterrichtung, um ggf. eine Kontrolluntersuchung durchführen zu können. § 7 I Nr. 2 sichert die Durchsetzbarkeit des nach § 6 auf den ArbGeb übergegangenen Schadenersatzanspruchs wegen Verdienstausfalls gegen den schädigenden Dritten. Vorläuferregelung des § 7 war der – nur für Arbeiter geltende – § 5 LFZG[2]. In der DDR und nach der Wiedervereinigung in den neuen Ländern gab es eine entsprechende Bestimmung in § 115d AGB-DDR[3]. In den alten Ländern gab es jedoch keine entsprechende Regelung für Angestellte. Mit § 7 ist nunmehr eine bundesweit einheitliche Regelung für alle ArbN geschaffen worden. 1

II. Konkurrenzen. Neben § 7 kann auch ein **Zurückbehaltungsrecht** des ArbGeb **nach § 273 BGB** in Betracht kommen, zB wenn der ArbGeb einen Schadensersatzanspruch gegen den ArbN geltend machen kann. Die bloße Nichtvorlage der ärztlichen Arbeitsunfähigkeitsbescheinigung bzw. des SozV-Nachweises für sich alleine löst indessen kein Zurückbehaltungsrecht des ArbGeb nach § 273 BGB aus, weil es sich insoweit nur um Nebenpflichten bzw. Obliegenheiten des ArbN handelt[4]. Über § 7 hinaus kann die **Verletzung der Mitteilungspflicht** auch im Inland für den ArbN negative Rechtsfolgen nach sich ziehen (vgl. § 5 Rz. 25). 2

III. Leistungsverweigerungsrechte. § 7 gewährt dem ArbGeb zwei grds. unterschiedliche Leistungsverweigerungsrechte. Nach § 7 I Nr. 1 steht dem ArbGeb nur ein vorläufiges Leistungsverweigerungsrecht zu, nach § 7 II Nr. 2 dagegen ein endgültiges. Beide Leistungsverweigerungsrechte setzen indessen voraus, dass der ArbN die Verletzung der ihm obliegenden Verpflichtungen zu vertreten hat (Abs. 2). 3

1. Vorläufiges Leistungsverweigerungsrecht. Das Recht, die Leistung vorläufig verweigern zu dürfen, steht dem ArbGeb zur Seite, soweit und solange der ArbN nach Beginn der krankheitsbedingten Arbeitsunfähigkeit im Inland seine Nachweispflicht und bei einer Erkrankung im Ausland seine Mitteilungs- und/oder Nachweispflichten schuldhaft verletzt. Greifen Ausschlussfristen oder Verjährungsvorschriften ein, so kann es zu einem endgültigen Leistungsverweigerungsrecht erstarken. 4

a) Verletzung der Nachweispflicht bei Erkrankung im Inland. § 5 I Nr. 1 knüpft nur an die Nachweispflicht für die Erkrankung im Inland an, nicht aber an die Mitteilungspflicht. Die Verletzung nur der **Mitteilungspflicht** führt nicht, auch nicht nur zu einem vorübergehenden Leistungsverweigerungsrecht. Es besteht aber für den ArbGeb ein vorübergehendes Leistungsverweigerungsrecht, solange der ArbN die in § 5 I 2 vorgesehene ärztliche Bescheinigung nicht vorlegt. Im Regelfall, also ohne Verlangen des ArbGeb nach einer früheren Vorlage der ärztlichen Bescheinigung, kann der ArbGeb demnach vom 4. Tag des Beginns der Erkrankung an die Entgeltfortzahlung so lange vorläufig verweigern, bis ihm die 5

1 BGH v. 3.4.1984 – VI ZR 253/82, NJW 1984, 2628; ErfK/*Dörner*, § 6 EFZG Rz. 21; *Schmitt*, § 6 EFZG Rz. 77. | 2 Lohnfortzahlungsgesetz – LFZG – v. 22.7.1969, BGBl. I S. 946. | 3 Arbeitsgesetzbuch – AGB – der DDR v. 16.6.1977 idF v. 22.6.1990 (BGBl. I S. 371) und des Einigungsvertrags v. 31.8.1990 (BGBl. II S. 889). | 4 *Schmitt*, § 7 EFZG Rz. 1.

ärztliche Bescheinigung vorgelegt wird[1]. Hat der ArbGeb dagegen verlangt, die ärztliche Arbeitsunfähigkeitsbescheinigung früher vorzulegen, so steht ihm das Leistungsverweigerungsrecht entsprechend früher zu. Ist die ärztliche **Arbeitsunfähigkeitsbescheinigung unvollständig**, so steht dem ArbGeb solange das Leistungsverweigerungsrecht zu, bis ihm eine vollständige und ordnungsgemäße ärztliche Bescheinigung vorgelegt wird. Dies gilt auch für den in § 5 I 5 vorgesehenen Vermerk des Arztes über die Benachrichtigung der gesetzl. Krankenkasse des ArbN[2]. Allerdings setzt ein auf die Nichtvorlage oder Unvollständigkeit der ärztlichen Arbeitsunfähigkeitsbescheinigung gestütztes Leistungsverweigerungsrecht voraus, dass der ArbN die Unvollständigkeit der ärztlichen Arbeitsunfähigkeitsbescheinigung zu vertreten hat (vgl. Rz. 20). § 7 I Nr. 1 greift auch ein, wenn der ArbN es versäumt hat, die **Fortdauer der Arbeitsunfähigkeit** durch eine neue ärztliche Bescheinigung nachzuweisen[3]

6 Das auf § 7 I Nr. 1 beruhende vorläufige Leistungsverweigerungsrecht erlischt, wenn der ArbN dem ArbGeb die krankheitsbedingte Arbeitsunfähigkeit **anders nachweist**[4]. Dagegen ist es für die Ausübung der Rechte nach § 7 I iVm. § 5 I ohne Bedeutung, ob und wie der ArbGeb auf andere Weise von der Arbeitsunfähigkeit Kenntnis bekommen hat[5]. Steht jedoch – (auch) für den ArbGeb – fest das der ArbN infolge Krankheit arbeitsunfähig war, so hat er auch dann Anspruch auf Entgeltfortzahlung, wenn er kein ärztliches Attest vorlegt[6], denn das Leistungsverweigerungsrecht nach § 7 I Nr. 1 ist dem ArbGeb nur deshalb und auch nur insoweit und so lange gegeben, als eben die Tatsache der krankheitsbedingten Arbeitsunfähigkeit für den ArbGeb nicht feststeht. Der bloße Formalverstoß – Nichtvorlage einer entsprechenden ärztlichen Bescheinigung – genügt in solchem Fall nicht mehr, um ein vorläufiges Leistungsverweigerungsrecht zu begründen.

7 Hinsichtlich der Entgeltfortzahlung wegen Teilnahme an einer **Maßnahme der medizinischen Vorsorge und Rehabilitation** steht dem ArbGeb nach § 9 I 1 ebenfalls ein vorläufiges Leistungsverweigerungsrecht zu, solange der ArbN die Krankenkassenbescheinigung über die Bewilligung der Maßnahme oder ein entsprechendes ärztliches Attest über die Erforderlichkeit der Maßnahme nicht gemäß § 9 II vorgelegt hat[7].

8 **b) Verletzung der Mitteilungs- und Nachweispflichten bei Erkrankung im Ausland.** Bei einer Erkrankung im Ausland steht dem ArbGeb ein vorläufiges Leistungsverweigerungsrecht nicht nur zu, solange ihm der Nachweis nicht vorgelegt worden ist, sondern auch solange, als der ArbN seine Mitteilungspflichten nicht oder nicht hinreichend nachgekommen ist (§ 7 I Nr. 2 iVm. § 5 II). Die Verletzung der Mitteilungspflicht über den Beginn und ggf. über die Fortdauer der Erkrankung kann insb. darin liegen, dass der ArbN unterlässt, dem ArbGeb seine Anschrift am ausländischen Aufenthaltsort mitzuteilen, so dass der ArbGeb nicht in der Lage ist, eine entsprechende Kontrolluntersuchung durch einen Arzt seiner Wahl zu organisieren. Darüber hinaus hat angesichts des klaren Wortlauts des Gesetzes auch die Verletzung der Pflicht zur Mitteilung der Rückkehr ins Inland ein Leistungsverweigerungsrecht zur Folge. Allerdings gilt – gleichermaßen wie bei der Verletzung der Nachweispflicht bei einer krankheitsbedingten Arbeitsunfähigkeit im Inland –, dass alle diese vorläufigen Leistungsverweigerungsrechte des ArbGeb erlöschen, sobald der ArbN den Umstand, dass er arbeitsunfähig krank ist, anderweitig bewiesen hat oder dieser Umstand anderweitig für den ArbGeb als unstreitig feststeht.

9 Zu den zum Leistungsverweigerungsrecht des ArbGer führenden Obliegenheitsverletzungen des ArbN zählt auch, wenn er die **Krankenkasse nicht unverzüglich benachrichtigt** hat, es sei denn, dass das sog. erleichterte Sozialkassenverfahren (§ 5 II 3 und 4) anzuwenden ist[8]. Ebenso besteht für den ArbGeb ein Leistungsverweigerungsrecht, wenn der ArbN bei Erkrankung im Ausland die notwendigen Mitteilungen an den ArbGeb unterlässt und/oder er ihm die Fortdauer nicht durch Vorlage einer entsprechenden ärztlichen Folgebescheinigung nachweist.

10 **c) Gegenstand, Dauer und Umfang des Leistungsverweigerungsrechts.** Gegenstand des Leistungsverweigerungsrechts ist nur die Entgeltfortzahlung im Krankheitsfall, nicht aber andere Leistungen, die der ArbGeb dem ArbN schuldet. Die **Dauer** des vorläufigen Leistungsverweigerungsrechts ist auf die Zeit beschränkt, bis der fehlende Nachweis erbracht oder die Tatsache der krankheitsbedingten Arbeitsunfähigkeit bewiesen oder unstreitig ist. Wenn eine dieser Voraussetzungen vorliegt, so erlischt das Leistungsverweigerungsrecht auch für die davor liegende Zeit. Der ArbGeb muss nunmehr die Entgeltfortzahlung im Krankheitsfall leisten, und zwar in dem Umfang und für den Zeitraum, der sich aus § 3 und 4 ergibt. Der **Umfang** des Leistungsverweigerungsrechts ist auf den Zeitraum der krankheitsbedingten Arbeitsunfähigkeit beschränkt, für den der Nachweis nicht erbracht ist; insoweit muss Konnexität bestehen. Die **rechtmäßige Ausübung des Leistungsverweigerungsrechts** hat zur Folge, dass der ArbGeb mangels Verschuldens für dessen Dauer nicht in Schuldnerverzug gerät, so dass die Forderung des ArbN für die Zeit bis dahin nicht zu verzinsen ist.

---

1 BAG v. 27.8.1971 – 1 AZR 107/71, BAGE 23, 411. | 2 *Schmitt*, § 7 EFZG Rz. 11; KDHK/*Kleinsorge*, § 7 EFZG Rz. 7. | 3 LAG Saarbrücken v. 10.3.1971 – 1 Sa 2/71, EEK I/152; KDHK/*Kleinsorge*, § 7 EFZG Rz. 6; *Schmitt*, § 7 EFZG Rz. 12. | 4 BAG v. 1.10.1997 – 5 AZR 726/96, BAGE 86, 357; v. 1.10.1997 – 5 AZR 499/96, AP Nr. 4 zu § 5 EntgeltFG. | 5 ErfK/*Dörner*, § 7 EFZG Rz. 4. | 6 BAG v. 12.6.1996 – 5 AZR 960/94, BAGE 83, 168. | 7 So zu § 7 LFZG: BAG v. 5.5.1972 – 5 AZR 447/71, AP Nr. 1 zu § 7 LohnFG. | 8 *Schmitt*, § 7 EFZG Rz. 17, 20.

Das **vorläufige Leistungsverweigerungsrecht** nach § 7 I Nr. 1 kann **faktisch** zu einem **dauernden** Leistungsverweigerungsrecht werden, nämlich dann, wenn der ArbN die zwischen ArbN und ArbGeb strittige Tatsache des Vorliegens krankheitsbedingter Arbeitsunfähigkeit nicht bewiesen hat, oder wenn der ArbN bei der Geltendmachung seines Anspruchs auf Entgeltfortzahlung im Krankheitsfall die tarifl. (oder auch einzelvertragl. vereinbarten) Ausschlussfristen nicht gewahrt hat[1]. 11

2. Endgültiges Leistungsverweigerungsrecht. Ein endgültiges Leistungsverweigerungsrecht steht dem ArbGeb zu, wenn der ArbN den Übergang des Schadenersatzanspruchs gegen den Dritten auf den ArbGeb (§ 6) verhindert (§ 7 I Nr. 2). Die Verhinderung kann auf Rechtsgründen beruhen; das Leistungsverweigerungsrecht des § 7 I Nr. 2 steht dem ArbGeb aber auch dann zu, wenn der ArbN durch sein Verhalten den Übergang der Forderung bzw. deren Durchsetzung durch sein tatsächliches Verhalten verhindert. 12

a) Rechtliche Verhinderung. Solange der ArbGeb noch keine Entgeltfortzahlung geleistet hat, kann der ArbN den Forderungsübergang rechtl. verhindern, zB indem er auf seine Schadenersatzforderung verzichtet oder diese an einen anderen abtritt. In der Praxis häufig ist der Fall der Verhinderung iSd. § 7 I Nr. 2 durch den mit der Haftpflichtversicherung des schädigenden Dritten abgeschlossenen **Abfindungsvergleich**[2]. 13

Beispiel: Der ArbN erleidet unverschuldet einen Verkehrsunfall und ist deswegen für länger als sechs Wochen arbeitsunfähig erkrankt. In der dritten Woche der krankheitsbedingten Arbeitsunfähigkeit schließt er mit der Haftpflichtversicherung des Schädigers einen Abfindungsvergleich, wonach dem ArbN eine Gesamtentschädigung bezahlt wird und damit alle Ansprüche gegen den Schädiger erledigt sind. Der ArbGeb hatte bis zu diesem Zeitpunkt noch keine Entgeltfortzahlung im Krankheitsfall gezahlt, weil der entsprechende Entgeltanspruch noch nicht fällig war. Im Abfindungsvergleich hat der ArbN auf Schadenersatz wegen Verdienstausfalls verzichtet; deshalb steht dem ArbGeb gegenüber dem ArbN das Recht zu, die Entgeltfortzahlung wegen dieses Unfalls endgültig zu verweigern. 14

Die **zwischenzeitliche Verfügung** des geschädigten ArbN über seinen Schadenersatzanspruch wegen Verdienstausfalls ist solange rechtl. möglich, als ihm noch keine Entgeltfortzahlung vom ArbGeb geleistet worden ist. Der ArbN darf über die Schadenersatzforderung verfügen und somit einen Anspruchsübergang auf den ArbGeb verhindern; er muss dann aber in Kauf nehmen, keine Entgeltfortzahlung vom ArbGeb (mehr) zu erhalten, weil dieser von seinem endgültigen Leistungsverweigerungsrecht nach § 7 I Nr. 2 Gebrauch macht[3]. Wegen dieser nicht nur theoretischen Möglichkeit der Verfügung über die Schadenersatzforderung kann es angebracht sein, den ArbN vor jeder (größeren) Leistung von Entgeltfortzahlung zu befragen, ob er noch Inhaber des Schadenersatzanspruchs gegen den Schädiger ist. Der ArbGeb kann sich hinsichtlich der künftig fällig werdenden Zahlungen an den ArbN dessen Ansprüche gegen den Schädiger zusätzlich vertragl. abtreten lassen. 15

Hat der ArbGeb in Unkenntnis seines endgültigen Leistungsverweigerungsrechts (§ 7 I Nr. 2) Entgeltfortzahlung an den ArbN geleistet, so kann er das Geleistete vom ArbN unter dem Gesichtspunkt der **ungerechtfertigten Bereicherung** (§ 812 BGB) zurückverlangen[4]. 16

Hat der ArbN (wirksam) über seine Schadenersatzforderung gegen den Dritten verfügt, zB durch den **Abfindungsvergleich** oder durch eine sonstige Abtretung, so bleibt ihm gleichwohl sein **Krankengeldanspruch** gegen die Krankenkasse (§ 44 I 1 SGB V) erhalten[5], denn die Ansprüche des ArbN gegen den Schädiger sind insoweit, als er Anspruch auf Entgeltfortzahlung im Krankheitsfall hatte, nicht bereits im Zeitpunkt des schädigenden Ereignisses gemäß § 116 SGB X auf die Krankenkasse übergegangen. Vielmehr erfolgt der Anspruchsübergang insoweit nur nach § 115 SGB X in dem Zeitpunkt, in welchem die Krankenkasse dem ArbN Krankengeld geleistet hat. 17

Nach dem Wortlaut dem § 7 I Nr. 2 ist der ArbGeb auch berechtigt, auf Grund seines Leistungsverweigerungsrechts die Entgeltfortzahlung in vollem Umfang zu verweigern, auch wenn der vorübergehende Anspruch nur einen Teil des fortzuzahlenden Arbeitsentgeltes abdeckt. Dies betrifft insb. die Fälle des **Mitverschuldens des ArbN** an dem schädigenden Ereignis; solches Mitverschulden führt in aller Regel zu einer Reduzierung seines Schadenersatzanspruchs. Dann stellt sich die Frage, ob der ArbGeb die gesamte Entgeltfortzahlung unter Berufung auf § 7 I Nr. 2 verweigern darf, auch wenn er aus übergegangenem Recht zumindest eine Schadensquote geltend machen könnte. Die Auffassungen hierzu sind geteilt. Für die Annahme eines umfassenden endgültigen Leistungsverweigerungsrechts spricht, dass der ArbGeb grds. ohne Rücksicht auf die Höhe des etwaigen Schadenersatzes zur vollen Entgeltfortzahlung verpflichtet ist; dann muss ihm umgekehrt aber auch ein entsprechend volles Leistungsverweigerungsrecht zugebilligt werden, wenn der ArbN infolge Mitverschuldens nur einen Teilanspruch gegen den Schädiger auf Entgeltfortzahlung hat[6]. Nach anderer Ansicht wird dem ArbGeb nur ein der Höhe 18

---

1 Vgl. im Übrigen zur Dauer des vorläufigen Leistungsverweigerungsrechts *Schmitt*, § 7 EFZG Rz. 24–27; HzA/*Vossen*, Gruppe 2, Rz. 374. | 2 BAG v. 7.12.1988 – 5 AZR 757/87, BAGE 60, 259. | 3 *Schmitt*, § 7 EFZG Rz. 31. | 4 BAG v. 7.12.1988 – 5 AZR 757/87, BAGE 60, 259. | 5 BSG v. 13.5.1992 –1/3 RK 10/90, NZA 1993, 142; HzA/*Vossen*, Gruppe 2 Rz. 684. | 6 *Geyer/Knorr/Krasney*, § 7 EFZG Rz. 32; ErfK/*Dörner*, § 7 EFZG Rz. 13.

nach begrenztes Leistungsverweigerungsrecht eingeräumt[1]. Mit Rücksicht auf den Wortlaut des § 7 und auf die Tatsache, dass dem ArbN auf jeden Fall ein Krankengeldanspruch gegen die Krankenkasse zusteht, wenn er deren Mitglied ist, ist der zuerst genannten Auffassung der Vorzug zu geben.

19 **b) Tatsächliche Verhinderung.** In den Vorgängerbestimmungen des § 7, nämlich in § 5 I Nr. 2 Alt. 3 LFZG (§ 115d S. 1a Alt. 2 AGB-DDR), war ein vorläufiges Leistungsverweigerungsrecht für die Fälle geregelt, dass der ArbN dem ArbGeb nicht unverzüglich die zur Durchsetzung eines Schadenersatzanspruchs erforderlichen Angaben gemacht hat. Eine solche Bestimmung ist in das EFZG, insb. in § 7, nicht übernommen worden. Hieraus wird geschlossen, dass die Verletzung der nunmehr in § 6 II normierten Unterrichtungspflicht durch den ArbN kein Leistungsverweigerungsrecht zur Folge hätte[2]. Diese Konsequenz ist indessen nicht zwingend. Der Anspruchsübergang nach § 6 I kann nicht nur durch ein entsprechendes Rechtsgeschäft rechtl. verhindert werden, sondern er kann auch dadurch tatsächlich verhindert werden, dass der ArbN den ArbGeb mangels entsprechender Auskunftserteilung überhaupt nicht in die Lage versetzt, einen auf ihn nach § 6 I übergegangenen oder übergehenden Schadenersatzanspruch überhaupt auch nur gegen den Schädiger geltend zu machen[3]. Allerdings steht dem ArbGeb insoweit nur ein zeitweiliges Leistungsverweigerungsrecht zu, wenn er lediglich vorübergehend durch die Nichterteilung der Auskünfte gehindert war, Schadenersatzforderungen gegen den Schädiger geltend zu machen. Erfolgt die Unterrichtung dagegen so spät, dass der Schädiger nicht mehr in Anspruch genommen werden kann, zB wegen Verjährung, oder dass der Anspruch nicht mehr bewiesen werden kann, so erstarkt das vorläufige zum endgültigen Leistungsverweigerungsrecht.

20 **IV. Verschulden des Arbeitnehmers.** Nach § 7 II gilt Abs. 1 nicht, wenn der ArbN die Verletzung dieser ihm obliegenden Verpflichtungen nicht zu vertreten hat. Dies betrifft sowohl das vorläufige als auch das endgültige Leistungsverweigerungsrecht; beide Leistungsverweigerungsrechte setzen voraus, dass der ArbN schuldhaft den Übergang des Schadenersatzanspruches gegen den Schädiger auf den ArbGeb verhindert hat. Der **Verschuldensmaßstab** ist der des allgemeinen bürgerlichen Rechts[4]. Der ArbN verhindert zB fahrlässig den Übergang des ihm gegen den Dritten zustehenden Schadenersatzanspruchs auf den ArbGeb, wenn er bei Abschluss des Abfindungsvergleichs noch hätte damit rechnen müssen, dass aus dem Schadensfall noch nicht erledigte Schadensfolgen resultieren oder weiterhin Arbeitsunfähigkeit andauern würde, die einen Anspruch auf Entgeltfortzahlung entstehen lässt[5]. Nach der Formulierung des § 7 II hat der ArbN **darzulegen und ggf. zu beweisen**, dass ihn an der zur Leistungsverweigerung des ArbGeb führenden Pflichtverletzung kein Verschulden trifft[6].

8 *Beendigung des Arbeitsverhältnisses*

(1) Der Anspruch auf Fortzahlung des Arbeitsentgelts wird nicht dadurch berührt, dass der Arbeitgeber das Arbeitsverhältnis aus Anlass der Arbeitsunfähigkeit kündigt. Das Gleiche gilt, wenn der Arbeitnehmer das Arbeitsverhältnis aus einem vom Arbeitgeber zu vertretenden Grunde kündigt, der den Arbeitnehmer zur Kündigung aus wichtigem Grund ohne Einhaltung einer Kündigungsfrist berechtigt.

(2) Endet das Arbeitsverhältnis vor Ablauf der in § 3 Abs. 1 bezeichneten Zeit nach dem Beginn der Arbeitsunfähigkeit, ohne dass es einer Kündigung bedarf, oder infolge einer Kündigung aus anderen als den in Absatz 1 bezeichneten Gründen, so endet der Anspruch mit dem Ende des Arbeitsverhältnisses.

1 **I. Normzweck und -entstehung.** § 8 regelt, in welchen Fällen dem ArbN **trotz Beendigung des Arbeitsverhältnisses der Entgeltfortzahlungsanspruch erhalten bleibt** (Abs. 1) und in welchen Fällen der Beendigung des Arbeitsverhältnisses dies nicht der Fall ist (Abs. 2). Die Anordnung, dass der ArbN Anspruch auf Entgeltfortzahlung im Krankheitsfall gegen den ArbGeb und nur nachrangig (§ 49 I Nr. 1 SGB V) einen Anspruch auf Krankengeld gegen die Krankenkasse hat, so er deren Mitglied ist, dient insgesamt der Entlastung der Krankenkassen (§ 1 Rz. 5). Eben diesem Zweck dient auch die Regelung in § 8 I: Entgegen der Grundregel, wonach der Anspruch auf Arbeitsentgelt und damit der auf Entgeltfortzahlung im Krankheitsfall auf die Dauer des aktiven Arbeitsverhältnisses beschränkt ist (vgl. § 3 Rz. 95), bestimmt § 8 I 1 eine Ausnahme hiervon, wenn das Arbeitsverhältnis durch Kündigung des ArbGeb aus Anlass der Arbeitsunfähigkeit beendet worden ist. Eine zweite Ausnahme regelt § 8 I 2 im Fall der außerordentl. Eigenkündigung des ArbN. In beiden fällen kann der Entgeltfortzahlungsanspruch über die Beendigung des Arbeitsverhältnisses hinaus bestehen.

2 Die Regelungen in § 8 **entsprechen inhaltlich früheren gesetzl. Regelungen**, vor allem in § 6 LFZG[7] und in § 616 II 4 und 5 BGB, § 63 I 3 und 4 HGB, § 133c S. 2 und 3 GewO und § 48 I 2 SeemG[8] sowie § 115e AGB-DDR[9]. Insoweit kann auf die frühere Rspr. zu diesen Normen zurückgegriffen werden.

1 *Kunz/Wedde*, § 7 EFZG Rz. 28; *Schmitt*, § 7 EFZG Rz. 36. | 2 *Kunz/Wedde*, § 7 EFZG Rz. 27. | 3 HzA/*Vossen*, Gruppe 2 Rz. 681; *Boecken*, NZA 1999, 673. | 4 BAG v. 7.12.1988 – 5 AZR 757/87, BAGE 60, 259. | 5 BAG v. 7.12.1988 – 5 AZR 757/87, BAGE 60, 259. | 6 ErfK/*Dörner*, § 8 EFZG Rz. 18; Staudinger/*Oetker*, § 616 BGB Rz. 493. | 7 Lohnfortzahlungsgesetz – LFZG – v. 27.7.1969 – BGBl. I S. 946. | 8 Jeweils eingefügt durch das „Erste Arbeitsrechtsbereinigungsgesetz" v. 14.8.1969 – BGBl. I S. 1106. | 9 Arbeitsgesetzbuch – AGB – der DDR v. 16.6.1977 idF v. 22.6.1990 (GBl. I S. 371) und des Einigungsvertrages v. 31.8.1990 (BGBl. II S. 889).

der Entgeltfortzahlungsanspruch allein nach § 3 EFZG iVm. § 611 BGB. Bleibt die Geltendmachung der Unwirksamkeit der Kündigung dagegen erfolglos, so hindert dies allein den ArbN nicht, seinerseits geltend zu machen, dass der ArbGeb die Kündigung aus Anlass der Arbeitsunfähigkeit ausgesprochen hat.

9 Aus Anlass krankheitsbedingter Arbeitsunfähigkeit kann auch eine **Änderungskündigung** ausgesprochen worden sein. Nimmt der ArbN sie hin, so wird das Arbeitsverhältnis nach Ablauf der Kündigungsfrist zu geänderten Bedingungen fortgesetzt. Sind die Entgeltbedingungen zu Lasten des ArbN verändert worden und geht der Entgeltfortzahlungszeitpunkt über den Zeitpunkt des Wirksamwerdens der Änderungskündigung zeitlich hinaus, so stellt sich die Frage, ob der (restliche) Fortzahlungsanspruch nach § 8 I 1 in ursprünglicher Höhe fortbesteht[1], oder ob es lediglich zu den geänderten Bedingungen fortbesteht mit der Folge, dass auch der Entgeltfortzahlungsanspruch geändert worden ist[2]. Die Antwort hängt davon ab, ob mit der Änderungskündigung eine Reduzierung der Arbeitszeit des ArbN bezweckt wird oder lediglich eine Veränderung der Arbeitsbedingungen ohne Reduzierung der Arbeitszeit. Im ersteren Fall bleibt der Entgeltfortzahlungsanspruch ungeschmälert bestehen, im letzteren Fall richtet er sich nach den neuen Arbeitsbedingungen. Denn § 8 I stellt auf eine Kündigung des Arbeitsverhältnisses ab; hiermit sind erkennbar eine Beendigung des Arbeitsverhältnisses angesprochen, nicht aber eine Änderung der sonstigen Arbeitsbedingungen.

10 **b) Andere Beendigungstatbestände.** § 8 I 1 regelt nach seinem Wortlaut nur die Unerheblichkeit einer vom ArbGeb aus Anlass der krankheitsbedingten Arbeitsunfähigkeit ausgesprochenen Kündigung. Indessen ist die Kündigung durch den ArbGeb nicht der einzige Beendigungstatbestand für Arbeitsverhältnisse. In Rspr. und Schrifttum wird weitgehend angenommen, dass unter § 8 I 1 auch andere Beendigungstatbestände fallen können, vor allem der Aufhebungsvertrag (Auflösungsvertrag) und die Anfechtung des Arbeitsvertrags, wenn die krankheitsbedingte Arbeitsunfähigkeit Anlass hierfür waren. Die Anwendung des § 8 I 1 auf solche anderen Beendigungstatbestände ist **problematisch**. Letztlich spricht § 8 II dagegen, § 8 I 1 auf andere Beendigungstatbestände als die Kündigung durch den ArbGeb anzuwenden.

11 **aa) Aufhebungsvertrag.** Ein Aufhebungsvertrag (Auflösungsvertrag) fällt als sonstiger Tatbestand der Beendigung eines Arbeitsverhältnisses dem Grunde nach nicht unter § 8 I, sondern unter § 8 II mit der Folge, dass mit der Wirksamkeit des Auflösungsvertrages und der darin vereinbarten Beendigung des Arbeitsverhältnisses ein Anspruch auf Entgeltfortzahlung im Krankheitsfall entfällt[3]. Denn das Arbeitsverhältnis wird nicht durch eine Kündigung des ArbGeb, sondern durch übereinstimmende Willenserklärung der Parteien zu dem von ihnen vereinbarte Zeitpunkt beendet[4]. Gleichwohl hat die Rspr. **§ 6 I 1 LFZG aF analog** angewendet, wenn der ArbGeb die Arbeitsunfähigkeit des ArbN zum Anlass nahm, mit diesem einen Auflösungsvertrag zu vereinbaren. Dabei spielte es in der Rspr. keine Rolle, ob dem Aufhebungsvertrag eine Anlasskündigung iSv. § 6 I LFZG (nunmehr § 8 I EFZG) vorausgegangen war[5] oder nicht[6].

12 Zwar ist nicht anzunehmen, dass allein das Inkrafttreten des EFZG Anlass gibt, die bisherige Rspr. zu ändern[7]. Indessen bestehen erhebliche **Bedenken, den Abschluss eines Vertrages mit dem Ausspruch einer Kündigung gleichzusetzen**, mag dem auch eine Anlasskündigung vorangegangen sein. Beim Ausspruch einer Kündigung ist es allein der ArbGeb, der eine rechtl. irrelevante Willensbetätigung vornimmt; seine Motivation, zu kündigen, weil der ArbN krankheitsbedingt arbeitsunfähig ist, wird vom Gesetzgeber nicht respektiert, wie § 8 I 1 zeigt. Der Abschluss eines Aufhebungsvertrages setzt jedoch notwendig das Einverständnis des ArbN voraus. Zwar mag der ArbGeb bei seiner Zustimmungserklärung zu dem Aufhebungsvertrag, sei es, dass er ihn anbietet, sei es, dass er ihn annimmt, davon (sogar maßgeblich) bewegt sein, das Arbeitsverhältnis aus Anlass der krankheitsbedingten Arbeitsunfähigkeit des ArbN beenden zu wollen. Allein dieser Umstand ändert nichts daran, dass es sich bei diesem Vorgang nicht (mehr) um eine Kündigung handelt, sondern eben um das Einverständnis beider Arbeitsvertragsparteien. Hätte der Gesetzgeber auch den Aufhebungsvertrag wegen der (einseitigen?) Motivation des ArbGeb unter § 8 I 1 fallen lassen wollen, so hätte es einer entsprechenden Klarstellung im Gesetz bedurft. Eine unbewusste Lücke ist dem Gesetz insoweit kaum zu entnehmen, ebenso wenig aber ist zu erkennen, dass die Lücke allein so, wie von der Rspr. vorgenommen, zu schließen gewesen wäre. Der Abschluss eines solchen Aufhebungsvertrages verstößt nicht gegen § 12, weil darin nicht auf Ansprüche auf Entgeltfortzahlung im Krankheitsfall verzichtet wird, sondern weil die Grundlage hierfür, nämlich das Bestehen des Arbeitsverhältnisses, einvernehmlich beseitigt wird. Trotz dieser Bedenken[8] wird der Rspr. des BAG im Schrifttum weitgehend zugestimmt, weil nicht auf die „formelle Seite", sondern auf den materiellen Auflösungsgrund abzustellen sei[9]. Dem kann nicht

---

1 *Kunz/Wedde*, § 8 EFZG Rz. 15. | 2 *Müller-Glöge*, RdA 2006, 105 (111); aA ErfK/*Dörner*, § 8 EFZG Rz. 3. | 3 HzA/*Vossen*, Gruppe2 Rz. 384. | 4 BAG v. 12.1.2000 – 7 AZR 48/99, BAGE 93, 162. | 5 BAG v. 20.8.1980 – 5 AZR 1086/78, AP Nr. 13 zu § 6 LohnFG. | 6 BAG v. 20.8.1980 – 5 AZR 589/79, AP Nr. 15 zu § 6 LohnFG. | 7 HzA/*Vossen*, Gruppe 2 Rz. 411 aE. | 8 Vgl. auch *Schmitt*, § 8 EFZG Rz. 17; *Geyer/Knorr/Krasney*, § 8 EFZG Rz. 21. | 9 KDHK/*Dunkl*, § 8 EFZG Rz. 10; *Müller/Berenz*, § 8 EFZG Rz. 30; *Schmitt*, § 8 EFZG Rz. 18 ff.; wohl auch HzA/*Vossen*, Gruppe 2 Rz. 411.

Infolge Beendigung von Arbeitsverhältnissen aus Anlass der krankheitsbedingten Arbeitsunfähigkeit des ArbN kommt es häufig zu Rechtsstreitigkeiten, bei denen die Krankenkasse Entgeltfortzahlungsansprüche des ArbN gegen den ArbGeb aus übergegangenem Recht (§ 115 SGB X) verfolgt. Nach § 49 I Nr. 1 Hs. 1 SGB V ruht der Anspruch auf Krankengeld, solange Versicherte beitragspflichtiges Arbeitsentgelt oder Arbeitseinkommen erhalten. Insoweit genügt es, dass der ArbN rein tatsächlich während der krankheitsbedingten Arbeitsunfähigkeit kein Arbeitsentgelt gezahlt erhält, mag er hierauf auch einen Anspruch gegen den ArbGeb haben. Derartige Fälle treten insb. dann auf, wenn für das Arbeitsverhältnis noch kurze Kündigungsfristen gelten, und die krankheitsbedingte Arbeitsunfähigkeit den durch eine Kündigung des ArbGeb bestimmten Beendigungszeitpunkt des Arbeitsverhältnisses überdauert. 3

Beispiel: Der ArbN ist am 2.1. mit einer Probezeit von 3 Monaten eingestellt worden. Am 8.1. teilt er dem ArbGeb mit, arbeitsunfähig krank zu sein. Der ArbGeb kündigt ihm daraufhin noch am selben Tag unter Einhaltung der 14-tägigen Kündigungsfrist während der Probezeit (§ 622 III BGB) zum 23.1. Die krankheitsbedingte Arbeitsunfähigkeit dauert bis zum 9.2. Für die Zeit ab 24.1. leistet die Krankenkasse Krankengeld. Sie nimmt den ArbGeb insoweit aus übergegangenem Recht auf Entgeltfortzahlung in Anspruch. 4

II. Entgeltfortzahlung trotz Beendigung des Arbeitsverhältnisses. Der Anspruch auf Entgeltfortzahlung im Krankheitsfall nach § 3 I endet regelmäßig spätestens mit dem Ende des aktiven Arbeitsverhältnisses (§ 3 Rz. 95). Dies folgt daraus, dass der Anspruch nur besteht, wenn der ArbN durch Arbeitsunfähigkeit infolge Krankheit an seiner Arbeitsleistung verhindert ist (§ 3 I 1). Die Verhinderung an der geschuldeten Arbeitsleistung setzt voraus, dass noch ein Arbeitsverhältnis besteht, auf Grund dessen der ArbN im Entgeltfortzahlungszeitraum zur Leistung von Arbeit verpflichtet ist[1]. Dieser Grundgedanke der Beendigung des Anspruchs auf Entgeltfortzahlung mit Beendigung des Arbeitsverhältnisses kommt auch in § 8 II zum Ausdruck. Indessen macht § 8 I hiervon für zwei Fälle Ausnahmen, indem dort der Entgeltfortzahlungsanspruch über die Beendigung des Arbeitsverhältnisses hinaus andauern kann. Die eine Ausnahme liegt darin, dass der ArbGeb aus Anlass der krankheitsbedingten Arbeitsunfähigkeit kündigt (S. 1), die andere darin, dass der ArbN seinerseits aus einem vom ArbGeb zu vertretenden Grund kündigt, der den ArbN zur Kündigung aus wichtigem Grund ohne Einhaltung einer Kündigungsfrist berechtigt (S. 2). 5

1. Kündigung aus Anlass der Arbeitsunfähigkeit. Der Entgeltfortzahlungsanspruch wird nicht dadurch berührt, dass der ArbGeb aus Anlass der Arbeitsunfähigkeit kündigt und das auf Grund dieser Kündigung das Arbeitsverhältnis während der krankheitsbedingten Arbeitsunfähigkeit endet, die der ArbGeb zum Anlass für die Kündigung genommen hat. Für die Zeit der krankheitsbedingten Arbeitsunfähigkeit bis zum Wirksamwerden dieser Kündigung richtet sich der Anspruch des ArbN auf Entgeltfortzahlung allein nach §§ 3 und 4; eines Rückgriffs auf § 8 I 1 bedarf es nicht. Dies gilt auch für andere Fälle der Beendigung des Arbeitsverhältnisses. Für die Zeit danach bedarf es des Rückgriffs auf § 8 I 1. 6

a) Kündigung durch den Arbeitgeber. Der Wortlaut des § 8 I 1 stellt allein darauf ab, dass der ArbGeb das Arbeitsverhältnis kündigt. Die krankheitsbedingte Arbeitsunfähigkeit des ArbN hindert den ArbGeb rechtlich nicht, seinerseits – sogar wegen der krankheitsbedingten Arbeitsunfähigkeit! – zu kündigen[2]. Ist die **Kündigung unwirksam**, so führt sie nicht zur Beendigung des Arbeitsverhältnisses mit der Folge, dass es eines Rückgriffs auf § 8 I 1 wiederum nicht bedarf[3]. Bei der Unwirksamkeit der Kündigung sind absolute Unwirksamkeitsgründe von solchen zu unterscheiden, die der Geltendmachung durch den ArbN bedürfen. Der betroffene ArbN ist unter dem Gesichtspunkt des § 8 I 1 bzw. unter dem Gesichtspunkt der Rücksichtnahme im SozV-Verhältnis mit der gesetzl. Krankenkasse nicht gehalten, die Unwirksamkeit der Kündigung geltend zu machen. Nimmt der ArbN die Kündigung hin, zB indem er keine Kündigungsschutzklage erhebt, so ist für die Anwendung des § 8 I 1 grds. von einer Wirksamkeit der Kündigung auszugehen[4]. Auch wenn der ArbN sich gegen die Kündigung selbst nicht oder nicht mehr zur Wehr setzen kann, kann er gleichwohl geltend machen, dass sein Anspruch auf Entgeltfortzahlung durch die Beendigung des Arbeitsverhältnisses infolge der Kündigung durch den ArbGeb unberührt sei, weil der ArbGeb aus Anlass der krankheitsbedingten Arbeitsunfähigkeit gekündigt hat; es darf lediglich die Geltendmachung dieses Entgeltfortzahlungsanspruchs selbst noch nicht verwirkt sein[5]. 7

Macht der ArbN dagegen die Unwirksamkeit der Kündigung geltend und dringt er hiermit durch, so ist insoweit kein Raum für die Anwendung des § 8 I 1, denn dann steht fest, dass die umstrittene Kündigung, mag sie auch aus Anlass krankheitsbedingter Arbeitsunfähigkeit vom ArbGeb erklärt worden sein, nicht zur Beendigung des Arbeitsverhältnisses geführt hat. In einem solchen Fall richtet sich 8

---

1 BAG v. 22.8.2001 – 5 AZR 699/99, BAGE 98, 375 (unter I.3.c); *Schmitt*, § 3 EFZG Rz. 154, § 8 EFZG Rz. 49. | **2** *Müller-Glöge*, RdA 2006, 105 (111). | **3** *Müller-Glöge*, RdA 2006, 105 (111); Staudinger/*Oetker*, § 616 BGB Rz. 483; *Schmitt*, § 8 EFZG Rz. 15; HzA/*Vossen*, Gruppe 2 Rz. 392. | **4** BAG v. 28.11.1979 – 5 AZR 849/77, AP Nr. 9 zu § 6 LohnFG; v. 26.4.1978 – 5 AZR 7/77, AP Nr. 6 zu § 6 LohnFG; HzA/*Vossen*, Gruppe 2 Rz. 392; *Schmitt*, § 8 EFZG Rz. 16. | **5** BAG v. 29.11.1978 – 5 AZR 457/77, AP Nr. 7 zu § 6 LohnFG.

gefolgt werden; das Gesetz stellt auf die Methode der Beendigung, nämlich auf die Kündigungserklärung des ArbGeb ab.

13 **bb) Anfechtung des Arbeitsvertrages.** Durch die Anfechtung des Arbeitsvertrages wegen Irrtums (§ 119 BGB) oder wegen arglistiger Täuschung bzw. widerrechtl. Drohung (§ 123 BGB) wird der Arbeitsvertrag insoweit rückwirkend beseitigt, als er noch nicht in Vollzug gesetzt worden ist[1]. Leistet der ArbN krankheitsbedingt keine Arbeit, so wirkt insoweit die während dieser krankheitsbedingten Arbeitsunfähigkeit erklärte Anfechtung auf den letzten Tag vor Eintritt der krankheitsbedingten Arbeitsunfähigkeit zurück. Diese Wirkung veranlasst gelegentlich ArbGeb, einen Arbeitsvertrag anzufechten, um auf diese Art und Weise wegen (rückwirkender) Beendigung des Arbeitsverhältnisses keine Entgeltfortzahlung im Krankheitsfall leisten zu müssen. Vor diesem Hintergrund und wegen der kündigungsähnlichen Wirkung einer Anfechtung will ein Teil des Schrifttums § 8 I 1 auf den Fall entsprechend anwenden, dass der ArbGeb den Arbeitsvertrag aus Anlass der krankheitsbedingten Arbeitsunfähigkeit anficht[2]. Dem kann nicht gefolgt werden. Der Gesetzgeber hat im Wortlaut des § 8 I 1 ausdrücklich auf eine Kündigung durch den ArbGeb abgestellt; alle anderen Beendigungstatbestände sind dort nicht erwähnt. Hätte der Gesetzgeber den Entgeltfortzahlungsanspruch immer dann unberührt sein lassen wollen, wenn es nur auf den Anlass des ArbGeb für die Beendigung des Arbeitsverhältnisses, nicht aber auf die Beendigungsmethode angekommen wäre, so hätte der Gesetzgeber dies bei der Schaffung von § 8 EFZG durchaus zum Ausdruck bringen können; er hat es nicht getan. Von daher kann nicht davon ausgegangen werden, dass § 8 unbewusst lückenhaft und deshalb einer Analogie zugänglich wäre[3].

14 **cc) Gerichtliche Auflösung des Arbeitsverhältnisses.** Nach näherer Maßgabe von § 9 KSchG kann ein Arbeitsverhältnis gerichtlich aufgelöst werden. In einem solchen Fall wird das Arbeitsverhältnis nicht durch die vorangegangene, im Klageverfahren angefochtene Kündigung aufgelöst, ebenso wenig durch einen Auflösungsvertrag, sondern durch eine gerichtliche Entscheidung. Dies erfüllt weder den Tatbestand der Kündigung aus Anlass der Arbeitsunfähigkeit durch den ArbGeb (Abs. 1 S. 1) noch den Tatbestand der Kündigung durch den ArbN wegen eines vom ArbGeb gesetzten wichtigen Grundes (Abs. 1 S. 2). Gleichwohl soll in diesen Fällen § 8 I 1 analog anzuwenden sein, weil die Beendigung des Arbeitsverhältnisses letztlich auf eine Kündigung des ArbGeb zurückzuführen ist, auch wenn sie formell erst auf Grund des Auflösungsurteils eintritt[4]. Auch dem ist nicht zu folgen. Die vom ArbGeb erklärte Kündigung selbst hat nicht zur Beendigung des Arbeitsverhältnisses geführt. Ihre Unwirksamkeit mangels sozialer Rechtfertigung ist vielmehr nach § 9 I KSchG die Voraussetzung dafür, dass das Gericht überhaupt bei richterlicher Entscheidung das Arbeitsverhältnis auflösen darf. Den Auflösungsgrund muss der ArbN gesetzt haben.

15 **c) Kündigungsmotiv: Arbeitsunfähigkeit.** Die Kündigung muss der ArbGeb aus Anlass der (krankheitsbedingten) Arbeitsunfähigkeit ausgesprochen haben. Der Begriff **aus Anlass** wird weit ausgelegt. Die Arbeitsunfähigkeit muss nicht der erklärte Grund oder gar das alleinige Motiv oder der unmittelbar leitende Beweggrund für die Kündigung gewesen sein; es genügt, wenn die Kündigung objektive Ursache in der Arbeitsunfähigkeit hat; innerhalb der Ursachenkette muss die Arbeitsunfähigkeit aber eine die Kündigung maßgebliche mitbestimmende Bedingung darstellen; sie muss den entscheidenden Anstoß für den Kündigungsausspruch gegeben haben[5]. Ist die Krankheit für die Kündigung wesentlich mitbestimmend, so ist der Tatbestand des § 8 I 1 erfüllt.

16 Der ArbGeb hat aber nicht nur aus Anlass der Arbeitsunfähigkeit gekündigt, wenn er den Eintritt der krankheitsbedingten Arbeitsunfähigkeit als Anlass für die Kündigung wählt, sondern auch dann, wenn die **Fortdauer der Arbeitsunfähigkeit** ihn veranlasst, nunmehr zu kündigen[6]. Treten zur bestehenden Arbeitsunfähigkeit andere Umstände hinzu und löst erst das Zusammenspiel dieser Umstände den Kündigungsentschluss aus, so kann § 8 I 1 gleichwohl erfüllt sein, nämlich dann, wenn diese Umstände ihrerseits im Zusammenhang mit der Arbeitsunfähigkeit stehen. Wegen der gebotenen weiten Auslegung des Begriffes „aus Anlass"[7] ist letztlich maßgebend, ob die krankheitsbedingte Arbeitsunfähigkeit des ArbN einen objektiven Geschehensablauf in Gang setzt, der schließlich die Entscheidung des ArbGeb auslöst, diesem ArbN zu kündigen[8].

17 **Beispiele:**

1. Die Kündigung wird ausgesprochen, um durch Besetzung des verwaisten Arbeitsplatzes des erkrankten ArbN weitere Betriebsstörungen zu vermeiden[9].

---

1 BAG v. 3.12.1998 – 2 AZR 554/97, BAGE 90, 251. | 2 HzA/*Vossen*, Gruppe 2 Rz. 388; *Schmitt*, § 8 EFZG Rz. 54; *Gola*, § 8 EFZG Anm. 4.2; *Helml*, § 8 EFZG Rz. 22; KDHK/*Dunkl*, § 8 EFZG Rz. 10. | 3 ErfK/*Dörner*, § 8 EFZG Rz. 12; *Vogelsang*, Entgeltfortzahlung Rz. 231 ff. (auch zur Anfechtbarkeit Rz. 233). | 4 *Vogelsang*, Entgeltfortzahlung, Rz. 234; ErfK/*Dörner*, § 8 EFZG Rz. 14. | 5 BAG in st. Rspr.; statt vieler BAG v. 5.2.1998 – 2 AZR 270/97, AP Nr. 3 zu § 1 TVG – Tarifverträge: Apotheken; v. 20.8.1980 – 5 AZR 227/79, BAGE 34, 128; KDHK/*Dunkl*, § 8 EFZG Rz. 11; ErfK/*Dörner*, § 8 EFZG Rz. 6; *Schmitt*, § 8 EFZG Rz. 22 f.; *Vogelsang*, Entgeltfortzahlung, Rz. 235, 236. | 6 BAG v. 29.8.1980 – 5 AZR 1051/79, AP Nr. 18 zu § 6 LohnFG. | 7 *Schmitt*, § 8 EFZG Rz. 23; ErfK/*Dörner*, § 8 EFZG Rz. 6. | 8 *Vogelsang*, Entgeltfortzahlung, Rz. 238; KDHK/*Dunkl*, § 8 EFZG Rz. 11. | 9 BAG v. 26.10.1971 – 1 AZR 40/71, BAGE 24, 1.

2. Dem arbeitsunfähig erkrankten ArbN wird wegen dringender betrieblicher Erfordernisse ordentl. gekündigt, obwohl die Kündigung bei Beachtung der Anforderungen an die soziale Auswahl einen anderen ArbN hätte treffen müssen[1].

3. Der ArbGeb nimmt die Krankheit des ArbN zum Anlass einer betrieblichen Umorganisation und kündigt – aus diesem Grund – auch das Arbeitsverhältnis des arbeitsunfähigen ArbN[2].

4. Dem ArbN wird gekündigt, weil infolge der Erkrankung, die bisher nur zur Arbeitsunfähigkeit geführt hat, Berufs- oder Erwerbsunfähigkeit zu befürchten war[3].

18 Maßgeblich für die Frage, inwieweit **objektive Umstände** dem ArbGeb Anlass für die Kündigung gegeben haben (können) ist der **Zeitpunkt, in dem die Kündigung ausgesprochen wird.** Bei – notwendig (§ 623 BGB) – schriftl. Kündigungen ist dies der Moment, in welchem das Kündigungsschreiben den Machtbereich des ArbGeb verlässt; später eintretende Umstände können den gefassten und im – entäußerten – Kündigungsschreiben hervorgetretenen Entschluss des ArbGeb zur Kündigung nicht mehr bestimmen[4]. Die Anlasskündigung setzt indessen eine im Zeitpunkt des Kündigungsausspruchs objektiv bestehende Arbeitsunfähigkeit des ArbGeb nicht voraus[5], auch eine unmittelbar und absehbar bevorstehende Arbeitsunfähigkeit, zB auf Grund eines geplanten ärztlichen Eingriffs, kann (objektiv) den Anlass für die Kündigung des Arbeitsverhältnisses durch den ArbGeb bieten[6]. Eine Anlasskündigung liegt jedoch nicht bereits dann vor, wenn sie zwar in einem gewissen zeitlichen Zusammenhang mit der Krankheit steht, sie aber durch die krankheitsbedingte Arbeitsunfähigkeit nicht (allein) oder nicht wesentlich ausgelöst worden ist, sondern durch andere Umstände[7]. Maßgeblich ist insoweit, ob die Kündigung auf Grund dieser anderen Umstände iSd. § 1 KSchG bzw. iSd. § 626 BGB gerechtfertigt ist. Bedarf eine ordentl. Kündigung keiner sozialen Rechtfertigung, so ist zu prüfen, ob der – vom ArbGeb angeführte – Kündigungsgrund für sich allein hinreichend plausibel ist.

19 **Beispiele:** Der ArbN hat vom 13. bis 17.10. unentschuldigt gefehlt. Mit Datum vom 16.10. mahnte ihn der ArbGeb schriftl. ab und drohte ihm für den Wiederholungsfall die fristlose Kündigung an. Erst als der ArbN mit Wirkung vom 18.10. krankgeschrieben war, ließ er überhaupt von sich hören, in dem er dem ArbGeb die Arbeitsunfähigkeitsbescheinigung übersandte. Dessen Aufforderung vom 24.10., ins Büro zu kommen oder sich zu melden, kam er nicht nach; er teilte dem ArbGeb auch keinen Grund dafür mit. Die Folgebescheinigung vom 27.10. gab der ArbN erst am 30.10. zur Post; bis zum Arbeitsschluss am 31.10. hörte der ArbGeb von dem ArbN nichts. Sodann kündigte er. Der ArbN war bis einschließlich 26.11. arbeitsunfähig krank. Die Kündigung fiel nicht unter § 8 I[8].

20 **d) Subjektiver Beweggrund des Arbeitgebers.** Die Kündigung des ArbGeb aus Anlass der krankheitsbedingten Arbeitsunfähigkeit des ArbN setzt voraus, dass der ArbN hiervon auch subjektiv maßgeblich bestimmt worden ist. Eine solche maßgebliche Bestimmung ist anzunehmen, wenn der ArbGeb vom Bestehen der krankheitsbedingten Arbeitsunfähigkeit Kenntnis hat[9]. Maßgeblich ist insoweit die Kenntnis derjenigen Person, die die Kündigung ausspricht[10]. Dem steht gleich, wenn der ArbGeb mit einer bevorstehenden Arbeitsunfähigkeit des ArbN auf Grund entsprechender Mitteilungen sicher rechnen muss[11]. Als eine Anlasskündigung wird es auch angesehen, wenn der ArbGeb kündigt, ohne den Zeitpunkt für die Vorlage der Arbeitsunfähigkeitsbescheinigung abzuwarten. Dieser Zeitpunkt richtet sich danach, ob der ArbN die ärztliche Arbeitsunfähigkeitsbescheinigung nur und erst vorzulegen hat, wenn die Arbeitsunfähigkeit länger als drei Kalendertage gedauert hat (§ 5 I 2; vgl. dort Rz. 38 ff.) oder ob der ArbGeb die frühere Vorlage der ärztlichen Arbeitsunfähigkeitsbescheinigung verlangt hat (§ 5 I 3; vgl. dort Rz. 46 ff.). Die frühere Rspr., wonach der ArbGeb eine Anlasskündigung ausspricht, wenn er die Frist zur Vorlage der Arbeitsunfähigkeitsbescheinigung nicht zuvor abwartet, bevor er sich der Kündigungserklärung entäußert[12], ist insoweit im Hinblick auf die Neuregelung in § 5 I über die Vorlage des ärztlichen Attestes zu modifizieren.

21 Dagegen kann weiterhin von der bisherigen Rspr. zur Anlasskündigung ausgegangen werden, wenn der ArbGeb einem erkrankten ArbN **zum voraussichtlichen Ende der Arbeitsunfähigkeit kündigt**, ohne abzuwarten, ob die Arbeitsunfähigkeit über das zunächst angenommene Datum hinaus andauert, und der ArbN über diesen Zeitpunkt hinaus arbeitsunfähig krank bleibt; der Umstand, dass der ArbGeb die Arbeitsunfähigkeit zunächst ohne Kündigung hingenommen hatte, schließt nicht aus, die sodann erklärte Kündigung als eine Anlasskündigung zu bewerten[13]. Dasselbe gilt für den Fall, dass der ArbGeb **nach Ende der zunächst bescheinigten Dauer** der Arbeitsunfähigkeit kündigt, ohne abzuwarten, ob der ArbN ihm die Fortdauer der Arbeitsunfähigkeit anzeigt[14]. Eine Wartefrist von drei Tagen ist insoweit

---

1 BAG v. 28.11.1979 – 5 AZR 725/77, AP Nr. 8 zu § 6 LohnFG. | **2** BAG v. 6.10.1961 – 1 AZR 349/60, BAGE 11, 297. | **3** BAG v. 22.12.1971 – 1 AZR 180/71, BAGE 24, 84. | **4** BAG v. 20.8.1980 – 5 AZR 227/79, BAGE 34, 128. | **5** So ausdrücklich HzA/*Vossen*, Gruppe 2 Rz. 400; *Müller/Berenz*, § 8 EFZG Rz. 7. | **6** BAG v. 17.2.2002 – 5 AZR 2/00, AP Nr. 1 zu § 8 EntgeltFG; ErfK/*Dörner*, § 8 EFZG Rz. 8. | **7** BAG v. 26.4.1978 – 5 AZR 7/77, AP Nr. 6 zu § 6 LohnFG. | **8** Sachverhalt in Anlehnung an BAG v. 29.8.1980 – 5 AZR 1051/79, AP Nr. 18 zu § 6 LohnFG. | **9** BAG v. 26.4.1978 – 5 AZR 5/77, AP Nr. 5 zu § 6 LohnFG. | **10** HzA/*Vossen*, Gruppe 2 Rz. 401. | **11** BAG v. 17.4.2002 – 5 AZR 2/01, AP Nr. 1 zu § 8 EntgeltFG. | **12** BAG v. 20.8.1980 – 5 AZR 186/78, AP Nr. 13 zu § 6 LohnFG. | **13** BAG v. 20.8.1980 – 5 AZR 896/79, AP Nr. 16 zu § 6 LohnFG. | **14** BAG v. 29.8.1980 – 5 AZR 1051/79, AP Nr. 18 zu § 6 LohnFG.

entgegen dem BAG[1] nicht vorauszusetzen. Dies folgt bereits aus der Erforderlichkeit der unverzüglichen Mitteilung über das Fortbestehen der Krankheit (vgl. § 5 Rz. 23 f.). Ebenso wenig muss er die Frist des § 5 I 2 abwarten[2]. Diese Frist gilt für die Erstbescheinigung, nicht aber für die Folgebescheinigung.

e) Dauer des Entgeltfortzahlungsanspruchs. Der nach § 8 I 1 von der Anlasskündigung unberührt bleibende Anspruch auf Entgeltfortzahlung hat dieselbe Dauer als wenn das Arbeitsverhältnis nicht gekündigt worden wäre. Solange Entgeltfortzahlung im Krankheitsfall auch beim **Zusammentreffen mehrerer Krankheiten** nach dem Grundsatz der Einheit des Verhinderungsfalles (vgl. § 3 Rz. 106 ff.) vom ArbGeb geschuldet wird, bleibt dieser Entgeltfortzahlungsanspruch von der Anlasskündigung unberührt; dagegen hat er für einen sich nur **anschließenden neuen Fall krankheitsbedingter Arbeitsunfähigkeit** keine Entgeltfortzahlung zu leisten[3]. 22

f) Darlegungs- und Beweislast. Steht fest, dass das Arbeitsverhältnis durch Kündigung des ArbGeb beendet worden ist, sei es weil diese wirksam war oder weil der ArbN diese hingenommen hat, so hat der **ArbN** nicht nur die Voraussetzungen für den Entgeltfortzahlungsanspruch wegen krankheitsbedingter Arbeitsunfähigkeit zu beweisen, sondern auch die Tatsachen darzulegen und zu beweisen, aus denen sich ergibt, dass der ArbGeb die Kündigung aus Anlass der Erkrankung ausgesprochen hat[4]. Der Beweis für die tatsächliche Motivation des ArbGeb wird dem ArbN idR nicht gelingen. Von daher hat es die Rspr. dabei belassen, dass der ArbN Hilfstatsachen darlegt und ggf. beweist, aus denen zu schließen ist, dass der ArbGeb die Kündigung aus Anlass der krankheitsbedingten Arbeitsunfähigkeit des ArbN ausgesprochen hat[5]. Das Schrifttum bezeichnet dies im Anschluss an die bisherige Rspr. des BAG als **Beweis des ersten Anscheins**[6]. Richtiger ist es, insoweit nicht vom Beweis des ersten Anscheins zu sprechen, sondern von **Indiztatsachen**[7]. 23

Der ArbGeb kann hierauf zunächst dadurch entgegnen, dass er die Indiztatsachen bestreitet. Gelingt es dann dem ArbN nicht, die Existenz dieser Indiztatsachen zu beweisen, so scheidet schon dann die Annahme einer Anlasskündigung aus, es sei denn, dass sich aus anderen Umständen ergibt, dass der ArbGeb die krankheitsbedingte Arbeitsunfähigkeit zum Anlass für die Kündigung genommen hat. Eine solche Möglichkeit besteht insb., wenn die krankheitsbedingte Arbeitsunfähigkeit bei Entäußerung der Kündigungserklärung noch nicht bestanden hat und der ArbN behauptet, der ArbGeb habe aus Anlass einer bevorstehenden Arbeitsunfähigkeit gekündigt. In solchen Fällen reichen bloße Vermutungen oder vage Ankündigungen des ArbN nicht aus, um anzunehmen, dass die Arbeitsunfähigkeit objektiv Ursache der Kündigung ist[8]. Des Weiteren kann ArbGeb die Indizwirkung der unstreitigen oder nach Beweisaufnahme festgestellten Umstände der zeitlichen Nähe zur bestehenden oder mit Sicherheit zu erwartenden krankheitsbedingten Arbeitsunfähigkeit erschüttern, in dem er seinerseits Tatsachen vorträgt und ggf. beweist, aus denen zu schließen ist, dass die Kündigung keine Anlasskündigung darstellt, sondern auf andere Gründe, die mit der krankheitsbedingten Arbeitsunfähigkeit nichts zu tun haben, gestützt ist. Die Beweislast für das Vorliegen der Voraussetzungen des § 8 I 1 trägt der ArbN, so dass der für die Zeit nach Beendigung des Arbeitsverhältnisses geltend gemachte (Teil des) Entgeltfortzahlungsanspruch(es) abzuweisen ist, wenn der Beweis nicht erbracht worden ist[9]. Allerdings ist zu beachten, dass Entgeltfortzahlungsansprüche für den Fall des § 8 I 1 sehr häufig von Krankenkassen geltend gemacht werden, auf die infolge der Leistung von Krankengeld (§§ 44 ff., § 49 I Nr. 1 SGB V) der nicht erfüllte Anspruch auf Entgeltfortzahlung im Krankheitsfall nach § 115 SGB X übergegangen ist (vgl. § 3 Rz. 8 f.). In solchen Fällen ist der ArbN nicht Partei des Rechtsstreits, sondern kann als **Zeuge** im Prozess auftreten. 24

2. (Außerordentliche) Kündigung durch den Arbeitnehmer. Der Anspruch auf Entgeltfortzahlung wird ebenso nicht berührt, wenn der ArbN das Arbeitsverhältnis außerordentl. (fristlos) kündigt, weil der ArbGeb hierfür einen Grund gesetzt hat, der den ArbN zur Kündigung aus wichtigem Grund ohne Einhaltung einer Kündigungsfrist berechtigt (§ 8 I 2). Sinn dieser Vorschrift ist es, zu vermeiden, dass der ArbN, der einen vom ArbGeb zu vertretenden wichtigen Grund iSv. § 626 BGB zur außerordentl., fristlosen Kündigung hat, nicht durch den dadurch drohenden Verlust des Entgeltfortzahlungsanspruch von einer solchen Kündigung abgehalten wird[10]. Diese Bestimmung entspricht der des § 628 II BGB; hiernach ist der Kündigungsgegner zum Schadenersatz verpflichtet, wenn er die außerordentl. Kündigung durch vertragswidriges Verhalten veranlasst hat. 25

a) Kündigung aus wichtigem Grund. Voraussetzung für das Unberührtbleiben des Entgeltfortzahlungsanspruchs ist, dass der ArbN wirksam gekündigt hat und dass diese Kündigung auf vom ArbGeb 26

---

1 BAG v. 29.8.1980 – 5 AZR 1051/79, AP Nr. 18 zu § 6 LohnFG. | 2 So aber *Schmitt*, § 8 EFZG Rz. 35. | 3 BAG v. 2.12.1981 – 5 AZR 953/79, BAGE 37, 189. | 4 HzA/*Vossen*, Gruppe 2 Rz. 410; ErfK/*Dörner*, § 8 EFZG Rz. 10; *Schmitt*, § 8 EFZG Rz. 36; KDHK/*Dunkl*, § 8 EFZG Rz. 23. | 5 BAG v. 2.12.1981 – 5 AZR 953/79, AP Nr. 19 zu § 6 LohnFG; v. 20.8.1980 – 5 AZR 218/78, AP Nr. 11 zu § 6 LohnFG. | 6 So auch noch BAG v. 5.2.1998 – 2 AZR 270/97, AP Nr. 3 zu § 1 TVG – Tarifverträge: Apotheken; *Schmitt*, § 8 EFZG Rz. 37, 38; HzA/*Vossen*, Gruppe 2 Rz. 410; KDHK/*Dunkl*, § 8 EFZG Rz. 25 und 27; *Müller/Berenz*, § 8 EFZG Rz. 20; *Vogelsang*, Entgeltfortzahlung Rz. 250, 251; *Kunz/Wedde*, § 8 EFZG Rz. 25; *Geyer/Knorr/Krasney*, § 8 EFZG Rz. 34. | 7 ErfK/*Dörner*, § 8 EFZG Rz. 10. | 8 BAG v. 17.4.2002 – 5 AZR 2/01, AP Nr. 1 zu § 8 EntgeltFG. | 9 ErfK/*Dörner*, § 8 EFZG Rz. 10. | 10 HzA/*Vossen*, Gruppe 2 Rz. 412.

zu vertretenden Gründen beruht, die den ArbN berechtigten, aus wichtigem Grund ohne Einhaltung einer Kündigungsfrist zu kündigen.

27 § 8 I 2 erfordert eine **wirksame Kündigung** des Arbeitsverhältnisses durch den ArbN. Hat der ArbN keine Kündigung erklärt, sondern ist das Arbeitsverhältnis aus anderem Grund beendet worden, so ist § 8 I 2 nicht anwendbar. Dies betrifft insb. die Fälle der **einvernehmlichen Auflösung** des Arbeitsverhältnisses, vor allem unter Nichteinhaltung der vom ArbN einzuhaltenden Kündigungsfrist.

28 Der Entgeltfortzahlungsanspruch bleibt nur unberührt, wenn der ArbN aus einem vom ArbGeb zu vertretenen Grund kündigt, der den ArbN **zur Kündigung aus wichtigem Grund berechtigt.** Der vom ArbGeb zu vertretende Grund muss daher das Gewicht und die Bedeutung eines Grundes haben, der die außerordentl. (fristlose) Kündigung nach § 626 I BGB rechtfertigt. Damit muss dieser wichtige Grund so gewichtig sein, dass dem ArbN die Fortsetzung des Arbeitsverhältnisses auch nur bis zum Fristablauf bei ordentl. Kündigung oder bis zur Befristung des Arbeitsverhältnisses unter Abwägung der beiderseitigen Interessen nicht zugemutet werden kann. Hat der ArbGeb derartige Umstände zu vertreten, so steht des dem ArbN hinsichtlich § 8 I 2 frei, ob er die Kündigung als außerordentl. (fristlose) Kündigung aussprechen will, dann muss er auch die Kündigungserklärungsfrist des § 626 II BGB einhalten, oder ob er die Kündigung nur unter Einhaltung der Kündigungsfrist als **ordentl. Kündigung erklärt** mit der Folge, dass zwar die Voraussetzung des § 626 I BGB vorliegen müssen, nicht aber die des § 626 II BGB. Die Möglichkeit zur ordentl. Kündigung eröffnet § 8 I 2 deswegen, weil es nicht darauf ankommt, dass der ArbN aus wichtigem Grund außerordentl. (fristlos) gekündigt hat, sondern nur, dass er hierzu berechtigt war[1]. Damit kann ein ArbN während seiner krankheitsbedingten Arbeitsunfähigkeit das Arbeitsverhältnis auch dann (ordentl.) aus wichtigem Grund kündigen, wenn ihm der wichtige Grund länger als zwei Wochen bekannt ist (vgl. § 626 II BGB), ohne seinen Entgeltfortzahlungsanspruch zu verlieren. Indessen bleibt, je länger der ArbN nach Ablauf der zweiwöchigen frist des § 626 II BGB wartet, immer weniger Raum für die Annahme, es sei dem ArbN unter Abwägung der beiderseitigen Interessen unzumutbar, das Arbeitsverhältnis bis zum Ablauf der Kündigungsfrist fortzusetzen.

29 **b) Darlegungs- und Beweislast.** Die Darlegungs- und Beweislast dafür, dass die Kündigung erklärt worden ist, sie das Arbeitsverhältnis aufgelöst hat und das hierfür ein wichtiger, vom ArbGeb zu vertretender Grund vorlag, liegt beim **ArbN**[2].

30 **III. Ende der Entgeltfortzahlung wegen Beendigung des Arbeitsverhältnisses.** Obwohl sich bereits aus § 3 I zwingend ergibt, dass ein Entgeltfortzahlungsanspruch nur solange besteht, als das Arbeitsverhältnis andauert, weil der ArbN sonst keine Arbeitsleistung mehr schuldet, an deren Erbringung er durch die krankheitsbedingte Arbeitsunfähigkeit verhindert ist (§ 3 Rz. 95), hat es der Gesetzgeber für nötig befunden, in § 8 II nochmals anzuordnen, dass der Anspruch auf Entgeltfortzahlung endet, wenn das Arbeitsverhältnis vor Ablauf der in § 8 I bezeichneten Zeit nach dem Beginn der Arbeitsunfähigkeit endet. Er ordnet dies ausdrücklich an für die Fälle, in denen das Arbeitsverhältnis endet, ohne dass es einer Kündigung bedarf oder in denen es in Folge einer Kündigung aus anderen als den in Abs. 1 bezeichneten Gründen endet.

31 **1. Beendigung des Arbeitsverhältnisses ohne Kündigung.** Ein Arbeitsverhältnis endet, ohne dass es einer Kündigung bedarf (§ 8 II Alt. 1) durch **Zeitablauf**, wenn es entsprechend **befristet** ist, durch **Zweckerreichung**, durch **Eintritt einer Bedingung** und durch den **Tod des ArbN.** Die vereinbarten Beendigungstatbestände (Befristung, Zweckerreichung, Eintritt einer Bedingung) führen nur dann zur Beendigung des Arbeitsverhältnisses, wenn sie ihrerseits **wirksam** sind. Insoweit gelten indessen vergleichbare Überlegungen wie für die Wirksamkeit der Kündigung. Macht der ArbN die Unwirksamkeit der Befristung, Zweckerreichung oder Auflösungsbedingungen für das Arbeitsverhältnis nicht geltend, so endet es mit Fristablauf bzw. Zweckerreichung oder Bedingungseintritt. Will der ArbN die Unwirksamkeit der Befristung des Arbeitsvertrages geltend machen, so muss er innerhalb von drei Wochen nach dem vereinbarten Ende des befristeten Arbeitsvertrages nach näherer Maßgabe des § 17 TzBfG entsprechende Klage erheben. Erhebt er eine solche Klage nicht, so ist für die Frage der Beendigung des Anspruchs auf Entgeltfortzahlung von der Wirksamkeit der Befristung auszugehen. Wird dagegen durch gerichtliche Entscheidung die Unwirksamkeit der Befristung festgestellt, so hat sie nicht zur Beendigung des Arbeitsverhältnisses geführt; dies hat zur Folge, dass der Entgeltfortzahlungsanspruch des ArbN durch die (unwirksame) Befristung nicht berührt ist[3].

32 Unerwähnt gelassen hat der Gesetzgeber alle anderen Auflösungstatbestände außerhalb der Kündigung, insb. die **Anfechtung** des Arbeitsverhältnisses (vgl. Rz. 13), die **Auflösung** des Arbeitsverhältnisses **durch Gerichtsurteil** (vgl. Rz. 14) und die einvernehmliche Beendigung des Arbeitsverhältnisses durch **Aufhebungsvertrag** (Rz. 11). Alle diese Tatbestände haben ebenfalls grds. die Beendigung des Arbeitsverhältnisses ohne Kündigung zur Folge, so dass sie den Anforderungen des § 8 II 1 Alt. 1 genügen, soweit nicht angenommen wird, dass sie entsprechend § 8 I 1 zu behandeln sind (vgl. Rz. 11 und 14).

---

1 HzA/*Vossen*, Gruppe 2 Rz. 412. | 2 ErfK/*Dörner*, § 8 EFZG Rz. 11; *Schmitt*, § 8 EFZG Rz. 46. | 3 Vgl. BAG v. 4.12.2002 – 7 AZR 737/01, nv.

2. **Kündigung aus anderem Anlass.** Wird die Kündigung nicht aus Anlass der krankheitsbedingten Arbeitsunfähigkeit ausgesprochen, so fällt sie nicht unter § 8 I 1, sondern unter § 8 II Alt. 2. Demgemäß führt sie zur Beendigung des Arbeitsverhältnisses mit der Folge, dass mit der Beendigung des Arbeitsverhältnisses der Anspruch auf Entgeltfortzahlung erlischt. Auch insoweit kommt es allerdings auf die Wirksamkeit der Kündigung an. Wird in einem Kündigungsschutzprozess der ArbGeb zur **vorläufigen Weiterbeschäftigung** des ArbN verurteilt und wird der ArbN während dieser Zeit arbeitsunfähig krank, so steht ihm für die Erkrankung Entgeltfortzahlung nach § 3 zu, auch wenn sich später die Kündigung als wirksam erweist[1]. 33

9 *Maßnahmen der medizinischen Vorsorge und Rehabilitation*

(1) Die Vorschriften der §§ 3 bis 4a und 6 bis 8 gelten entsprechend für die Arbeitsverhinderung infolge einer Maßnahme der medizinischen Vorsorge oder Rehabilitation, die ein Träger der gesetzlichen Renten-, Kranken- oder Unfallversicherung, eine Verwaltungsbehörde der Kriegsopferversorgung oder ein sonstiger Sozialleistungsträger bewilligt hat und die in einer Einrichtung der medizinischen Vorsorge oder Rehabilitation durchgeführt wird. Ist der Arbeitnehmer nicht Mitglied einer gesetzlichen Krankenkasse oder nicht in der gesetzlichen Rentenversicherung versichert, gelten die §§ 3 bis 4a und 6 bis 8 entsprechend, wenn eine Maßnahme der medizinischen Vorsorge oder Rehabilitation ärztlich verordnet worden ist und in einer Einrichtung der medizinischen Vorsorge oder Rehabilitation oder einer vergleichbaren Einrichtung durchgeführt wird.

(2) Der Arbeitnehmer ist verpflichtet, dem Arbeitgeber den Zeitpunkt des Antritts der Maßnahme, die voraussichtliche Dauer und die Verlängerung der Maßnahme im Sinne des Absatzes 1 unverzüglich mitzuteilen und ihm

a) eine Bescheinigung über die Bewilligung der Maßnahme durch einen Sozialleistungsträger nach Absatz 1 Satz 1 oder

b) eine ärztliche Bescheinigung über die Erforderlichkeit der Maßnahme im Sinne des Absatzes 1 Satz 2 unverzüglich vorzulegen.

I. Normzweck und -entstehung. Die Teilnahme an Maßnahmen der medizinischen Vorsorge und Rehabilitation hat idR zur Folge, dass der ArbN **an der Arbeitsleistung gehindert** ist. Auch dies hätte – wie bei der Arbeitsverhinderung infolge krankheitsbedingter Arbeitsunfähigkeit – zur Folge, dass dem ArbN kein Anspruch auf Arbeitsentgelt zustünde. Gleichermaßen wie im Fall krankheitsbedingter Arbeitsunfähigkeit hat der Gesetzgeber indessen nach näherer Maßgabe von § 9 angeordnet, dass dem ArbN dieser Anspruch erhalten bleibt. 1

Der Zweck und der Regelungsinhalt des § 9 entspricht in weiten Teilen der früheren Regelung in § 7 LFZG[2] und der früheren Bestimmung des § 115a II AGB-DDR[3]. Für Angestellte in den alten Bundesländern existierten keine vergleichbaren Bestimmungen, indessen erhielten auch sie einen Anspruch auf Entgeltfortzahlung, in dem die Notwendigkeit, sich einer Kur unterziehen zu müssen, als Unglücksfall iSd. einschlägigen Bestimmungen für Angestellte (§ 616 III BGB, § 63 HGB, § 133c GewO) gewertet wurde[4]. Eine Ungleichbehandlung gab es insoweit, als es um die an die Kur anschließende Schonungszeit ging, wenn der ArbN nicht mehr arbeitsunfähig war. Angestellten wurde generell ein Entgeltfortzahlungsanspruch eingeräumt, Arbeitern dagegen nicht oder bestenfalls ein Anspruch aus der abdingbaren Bestimmung des § 616 I BGB (jetzt § 616 BGB)[5]. § 9 hat insoweit **einheitliches Recht für alle ArbN** geschaffen. 2

Gegenüber den früheren Regelungen des § 7 LFZG sind jedoch auch andere **Abweichungen festzustellen.** Der Begriff Kur ist in Anpassung an den Sprachgebrauch von SGB I, SGB V und SGB VI durch den Begriff Maßnahme der medizinischen Vorsorge und Rehabilitation ersetzt worden; insoweit hat sich jedoch keine sachliche Änderung ergeben[6]. Einbezogen sind nicht nur – wie bisher – Maßnahmen, die von einem gesetzl. Sozialleistungsträger bewilligt wurden, sondern für nicht gesetzl. versicherte ArbN auch solche, die allein auf Grund ärztlicher Anordnung durchzuführen sind. Bei den gesetzl. krankenversicherten ArbN genügt es, wenn der Sozialleistungsträger einen Teil der Kosten übernimmt. Die Anzeige- und Nachweispflichten wurden gegenüber § 7 etwas modifiziert. Ein Anspruch auf Entgeltfortzahlung in der sog. Nachkur oder Schonungszeit ist ersatzlos entfallen; stattdessen wurde angeordnet, dass bezahlter Erholungsurlaub zu gewähren ist, wenn der ArbN dies im Anschluss an eine Maßnahme der medizinischen Vorsorge oder Rehabilitation verlangt (§ 7 I 2 BUrlG). 3

Der Entgeltfortzahlungsanspruch nach § 9 I iVm. § 3 besteht unabhängig davon, ob der ArbN **arbeitsunfähig krank** ist. Ist der ArbN während einer Maßnahme nach § 9 I zudem arbeitsunfähig krank, so geht § 9 I als speziellere Bestimmung vor[7]. 4

---

1 BAG v. 15.1.1986 – 5 AZR 237/84, BAGE 50, 370. | 2 Lohnfortzahlungsgesetz – LFZG – v. 27.7.1969 – BGBl. I S. 946. | 3 Arbeitsgesetzbuch – AGB – der DDR v. 16.6.1977 idF v. 22.6.1990 (GBl. I S. 371) und des Einigungsvertrages v. 31.8.1990 (BGBl. II S. 889). | 4 *Schmitt*, § 9 EFZG Rz. 4 ff. | 5 *Schmitt*, § 9 EFZG Rz. 5. | 6 BT-Drs. 12/5263, 15. | 7 HzA/*Vossen*, Gruppe 2 Rz. 415.

5 **II. Maßnahmen der medizinischen Vorsorge und Rehabilitation.** Mit dem Begriffspaar „Maßnahme der medizinischen Vorsorge" und „Rehabilitation" in S. 1 und S. 2 des § 9 ist – der Sache nach – dasselbe gemeint. Der Unterschied der Regelungen in § 9 I 1 und 2 betrifft allein den Umstand, dass sich S. 1 mit ArbN befasst, die Mitglieder der gesetzl. Krankenkassen sind, S. 2 dagegen mit ArbN, die nicht gesetzl. krankenversichert sind.

6 Das Gesetz erfasst **zwei Arten von Maßnahmen**, nämlich die **medizinische Vorsorge** und die **medizinische Rehabilitation**. Beide stehen hinsichtlich der entgeltfortzahlungsrechtl. Folgen gleich. Die frühere Anforderung, dass die Maßnahmen **stationär** durchzuführen waren[1], ist mit Wirkung ab 1.7.2001 durch Streichung dieses Wortes im Gesetzestext entfallen[2], so dass Maßnahmen der medizinischen Vorsorge und Rehabilitation auch dann unter § 9 fallen, wenn sie nicht mehr stationär, sondern **teilstationär** oder **ambulant** durchgeführt werden. Erforderlich ist aber weiterhin, dass die Maßnahme in einer Einrichtung der medizinischen Vorsorge oder Rehabilitation durchgeführt wird. § 9 definiert diesen Begriff nicht; wegen der Neuformulierung dieser Bestimmung im Hinblick auf eine formale Anpassung an die sozialversicherungsrechtl. Regelungen[3] ist insoweit auf die sozialrechtl. Legaldefinition in § 107 II SGB V zurückzugreifen[4].

7 **Maßnahmen der medizinischen Vorsorge** dienen dazu, eine Schwächung der Gesundheit zu beseitigen, die in absehbarer Zeit voraussichtlich zu einer Krankheit führen würde (vgl. § 23 I Nr. 1 SGB V). Hierzu zählt die ärztliche Behandlung und Versorgung mit Arznei-, Verband-, Heil- und Hilfsmitteln, die ambulante Vorsorgekur, die Behandlung mit Unterkunft und Verpflegung in einer Versorgungseinrichtung (vgl. des Näheren § 23 SGB V) aber auch die (stationäre) Vorsorgekur (§ 24 SGB V) sowie die Vorsorgekuren der sog. Kriegsopferversorgung (§ 11 II 1 BVG).

8 Der Begriff **Rehabilitation** hat in der modernen Gesetzessprache vielfältige Verwendung gefunden. § 9 I befasst sich allein mit der medizinischen Rehabilitation; andere Formen der Rehabilitation, insb. die berufliche Rehabilitation, fallen nicht unter § 9 I[5]. **Maßnahmen der medizinischen Rehabilitation** der Krankenkasse sind Teil der Krankenbehandlung (§§ 27 ff. SGB V). Auch sie können ambulant (§ 41 I SGB V), teilstationär oder, falls dies zur Erreichung der in § 11 II, § 27 I SGB V genannten Ziele nicht ausreicht, im Rahmen einer stationären Behandlung mit Unterkunft und Verpflegung (§ 40 II SGB V) durchgeführt werden. RV-Träger können Rehabilitationsleistungen gemäß § 15 SGB IV erbringen, UV-Träger solche nach den §§ 27, 33, 34 SGB VII. Medizinische Rehabilitationsmaßnahmen dienen dazu, eine Erkrankung zu erkennen, sie zu heilen oder ihre Verschlimmerung zu verhüten, Krankheitsbeschwerden zu lindern oder eine Behinderung oder Pflegebedürftigkeit zu vermeiden oder nach deren Eintritt zu beseitigen oder zu bessern oder eine Verschlimmerung zu verhüten (§ 11 II, § 40 I, § 27 I SGB V, § 9 I SGB VI, § 27 SGB VII). Zu den medizinischen Rehabilitierungsmaßnahmen zählen auch Entziehungskuren[6]. Für die Maßnahmen der medizinischen Rehabilitation können auch solche auf Grund einer Sterilisation oder eines Schwangerschaftsabbruchs zählen, wenn sie dazu dienen, die Folgen solcher Eingriffe auszuheilen[7].

9 **Keine Maßnahme der medizinischen Vorsorge oder Rehabilitation** sind die sog. **Erholungskuren**. Hierunter sind Kuren zu verstehen, die ohne akuten Krankheitsanlass durchgeführt werden und nur der Vorbeugung gegen allgemeine Abnutzungserscheinungen oder lediglich der Verbesserung des Allgemeinbefindens zu dienen bestimmt sind[8].

10 Für die Frage, ob eine Maßnahme der **medizinischen** Vorsorge oder Rehabilitation vorliegt, kommt es nicht auf die Bezeichnung der Maßnahme an, sondern allein darauf, ob sie als **gezielte therapeutische Maßnahme in Bezug auf ein bestimmtes Krankheitsgeschehen** einzuordnen ist[9]. Für § 9 I ist – wegen der Gleichartigkeit der Rechtsfolgen – die sozialversicherungsrechtl. häufig schwierige Abgrenzung zwischen einer Maßnahme der medizinischen Vorsorge und einer solchen der medizinischen Rehabilitation unerheblich[10].

11 **III. Bewilligung, Verordnung.** Der Entgeltfortzahlungsanspruch setzt voraus, dass die Maßnahme entweder vom zuständigen Sozialleistungsträger bewilligt (§ 9 I 1) oder – bei nicht gesetzl. kranken- oder rentenversicherten ArbN – vom Arzt verordnet (§ 9 I 2) worden ist.

12 **1. Bewilligungsbefugnis.** Die Sozialleistungsträger sind die Träger der gesetzl. KV (§ 21 II SGB I, § 4 II SGB V), der gesetzl. RV (§ 23 II SGB I), der gesetzl. UV (§ 22 II SGB I, § 114 I SGB VII), eine Verwal-

1 Vgl. dazu BAG v. 19.1.2000 – 5 AZR 685/98, AP Nr. 1 zu § 9 LohnFG; *Schliemann*, ArbuR 1994, 317. | 2 Art. 38 über das SGB IX v. 19.6.2001 – BGBl. I S. 1045. | 3 BT-Drs. 12/5263, 15; *Schmitt*, § 9 EFZG Rz. 23; *Vogelsang*, Entgeltfortzahlung Rz. 746. | 4 *Schmitt*, § 9 EFZG Rz. 23; ErfK/*Dörner*, § 9 EFZG Rz. 3; *Vogelsang*, Entgeltfortzahlung, Rz. 746. | 5 BT-Drs. 12/5263, 15; HzA/*Vossen*, Gruppe 2 Rz. 415; ErfK/*Dörner*, § 9 EFZG Rz. 4. | 6 BAG v. 27.5.1992 – 5 AZR 297/91, EzA § 1 LohnFG Nr. 123; *Kunz/Wedde*, § 9 EFZG Rz. 26; HzA/*Vossen*, Gruppe 2 Rz. 421. | 7 *Geyer/Knorr/Krasney*, § 9 EFZG Rz. 32; *Schmitt*, § 9 EFZG Rz. 43; *Vogelsang*, Entgeltfortzahlung, Rz. 740. | 8 KDHK/*Dunkl*, § 9 EFZG Rz. 18; *Schmitt*, § 9 EFZG Rz. 19; *Vogelsang*, Entgeltfortzahlung, Rz. 740. | 9 BAG v. 29.11.1973 – 5 AZR 205/73, AP Nr. 2 zu § 7 LohnFG. | 10 Siehe auch *Vogelsang*, Entgeltfortzahlung, Rz. 741.

tungsbehörde der Kriegsopferversorgung (§ 24 II SGB I) oder ein sonstiger Sozialleistungsträger. Solche sonstigen Sozialleistungsträger sind alle übrigen öffentl.-rechtl. Einrichtungen, die eine medizinische Vorsorge- oder Rehabilitationsmaßnahme bewilligen können. Dies sind die öffentl.-rechtl. Träger, insb. die Träger der Sozialhilfe. Private sog. Sozialleistungsträger, wie zB private KV, Verbände der freien Wohlfahrtspflege, das Müttergenesungswerk, Einrichtungen und Verbände in Caritas und Diakonie, das Deutsche Rote Kreuz und andere sind rechtl. nicht in der Lage, iSd. § 9 I Maßnahmen der medizinischen Vorsorge und Rehabilitation zu bewilligen[1]. Dagegen steht es einem Anspruch nach § 9 nicht entgegen, wenn diese freien Träger der Wohlfahrtspflege oder freien Träger von Sozialleistungen eine von einem öffentl.-rechtl. Träger der Sozialleistung bewilligte oder von einem Arzt verordnete Maßnahme der medizinischen Vorsorge und Rehabilitation durchführen.

2. Zeitpunkt und Wirkung der Bewilligung. Der Anspruch auf Entgeltfortzahlung nach § 9 I 1 iVm. § 3 setzt voraus, dass der (zuständige) öffentl.-rechtl. Sozialleistungsträger die Maßnahme der medizinischen Vorsorge und Rehabilitation **vor deren Antritt** bewilligt hat[2]. An die Stelle der in § 3 I vorausgesetzten krankheitsbedingten Arbeitsunfähigkeit als Grund für die Verhinderung an der Arbeitsleistung tritt die Durchführung der Maßnahme der medizinischen Vorsorge und Rehabilitation nur dann, wenn diese vom zuständigen öffentl.-rechtl. Sozialleistungsträger bewilligt worden ist. Unter Bewilligung ist eine vorherige Zustimmung zu verstehen, nicht aber eine nachträgliche Genehmigung. Der **Bewilligungsbescheid** des öffentl.-rechtl. Sozialleistungsträgers hat insoweit **Tatbestandswirkung**; deswegen kann er von den Gerichten für Arbeitssachen im Prozess über die Entgeltfortzahlung wegen Teilnahme an einer Maßnahme der medizinischen Vorsorge und Rehabilitation nur auf Nichtigkeit geprüft werden; ansonsten müssen die Gerichte (und damit auch der ArbGeb) von einer anspruchsbegründenden Arbeitsverhinderung ausgehen[3]. Der ArbGeb hat keine Möglichkeit, den Bewilligungsbescheid selbst anzufechten. Insb. kann er im Prozess nach § 9 I 1 nicht geltend machen, die Maßnahme sei zu Unrecht bewilligt worden[4]. 13

Hat der ArbGeb **Zweifel an der medizinischen Erforderlichkeit** oder Zweckmäßigkeit der bewilligten oder verordneten Maßnahme iSd. § 9 I, so kann er diesen nicht im Wege des § 275 SGB V nachgehen. Er hat auch keinen rechtl. Einfluss auf den Zeitpunkt der Bewilligung und der Durchführung der Maßnahme der medizinischen Vorsorge und Rehabilitation. Die Sozialleistungsträger sind nicht gehalten, etwa zwecks Vermeidung eines erneuten Entgeltfortzahlungsanspruchs unter dem Gesichtspunkt der Fortsetzungserkrankung dafür Sorge zu tragen, dass eine auf derselben Krankheit beruhende Maßnahme der medizinischen Vorsorge oder Rehabilitation binnen sechs Monaten nach dem Ende der früheren Erkrankung auf Grund desselben Grundleidens zur Wiederholungserkrankung (§ 3 I 2 Nr. 2) wird[5]. Im Rahmen der ihm obliegenden Treuepflicht (§ 242 BGB) bzw. Rücksichtnahmepflicht (§ 241 II BGB) kann der ArbN indessen gehalten sein, den Zeitpunkt des Antritts der Maßnahme, soweit er hierauf Einfluss hat, und sein Gesundheitszustand dies zulässt, so zu legen, dass dringende betriebliche Interessen nicht übermäßig beeinträchtigt werden[6]. Hat ein ArbN auf Befragen bei der Einstellung erklärt, er sei gesund, wird ihm dann aber auf einen zuvor gestellten Antrag nach Beginn des Arbeitsverhältnisses eine Maßnahme der medizinischen Vorsorge und Rehabilitation bewilligt, so kann der ArbGeb die während der Kur zu gewährende Entgeltfortzahlung nicht als Schaden geltend machen[7]. 14

3. Ärztliche Verordnung. Nach § 9 I 2 tritt bei ArbN, die nicht Mitglied einer gesetzl. Krankenkasse oder nicht in der gesetzl. RV versichert sind, an Stelle der behördlichen Bewilligung die ärztliche Verordnung. Auch sie erzeugt eine **Tatbestandswirkung** im Prozess um die Entgeltfortzahlung nach § 9 I und muss ebenso wie die behördliche Bewilligung vor Antritt der Maßnahme der medizinischen Vorsorge und Rehabilitation vorliegen. 15

IV. Schonungszeiten, „Nachkur". Im Gegensatz zur früheren Rechtslage (§ 7 IV für Arbeiter, § 616 I BGB, § 133c GewO und § 63 I 1 HGB für Angestellte[8]) kennt das EFZG **keinen Entgeltfortzahlungsanspruch** für Schonzeiten, früher „Nachkur" genannt. Insoweit entspricht das Arbeitsrecht dem SozV-Recht, das ebenfalls keine Schonungszeiten mehr vorsieht[9]. Um den ArbN im Anschluss an eine Maßnahme der medizinischen Vorsorge oder Rehabilitation gleichwohl noch die Möglichkeit zur Erholung einzuräumen, ist der ArbGeb nach § 7 I 2 BUrlG verpflichtet, dem ArbN auf dessen Verlangen im Anschluss an eine Maßnahme der medizinischen Vorsorge oder Rehabilitation **Erholungsurlaub** zu gewähren. Maßnahmen der medizinischen Vorsorge oder Rehabilitation dürfen nicht auf den Urlaub angerechnet werden, soweit ein Anspruch auf Entgeltfortzahlung nach den gesetzl. Vorschriften über die Entgeltfortzahlung im Krankheitsfall besteht. Daraus folgt im Umkehrschluss, dass für sog. Schonungszeiten 16

---

1 HzA/*Vossen*, Gruppe 2 Rz. 426; *Schmitt*, § 9 EFZG Rz. 34; *Vogelsang*, Entgeltfortzahlung, Rz. 742. | 2 ErfK/*Dörner*, § 9 EFZG Rz. 8; *Schmitt*, § 9 EFZG Rz. 25; Staudinger/*Oetker*, § 616 BGB Rz. 269; aA *Kunz/Wedde*, § 9 EFZG Rz. 33 ff. | 3 ErfK/*Dörner*, § 9 EFZG Rz. 8. | 4 AA bei greifbaren Zweifeln wohl HzA/*Vossen*, Gruppe 2 Rz. 423; ähnlich auch BAG v. 10.5.1978 – 5 AZR 15/777, AP Nr. 3 zu § 7 LohnFG. | 5 BAG v. 18.1.1995 – 5 AZR 818/93, BAGE 79, 122. | 6 HzA/*Vossen*, Gruppe 2 Rz. 430. | 7 BAG v. 27.3.1991 – 5 AZR 58/98, AP Nr. 92 zu § 1 LohnFG. | 8 BAG v. 11.3.1971 – 5 AZR 398/70, BAGE 23, 244. | 9 BT-Drs. 12/5263, 15; *Schmitt*, § 9 EFZG Rz. 88.

bzw. die sog. Nachkur kein Anspruch auf Entgeltfortzahlung mehr gegeben ist, auch nicht nach allgemeinen Vorschriften wie § 615 BGB[1].

17 **V. Entsprechend anzuwendende Bestimmungen des EFZG.** Nach § 9 I gelten die Vorschriften der §§ 3–4a und 6–8 entsprechend für die Arbeitsverhinderung infolge einer Maßnahme der medizinischen Vorsorge und Rehabilitation. Die unterschiedliche Fassung der S. 1 und 2 des § 9 I ist insoweit ohne Bedeutung. Auch im Fall der vom Arzt verordneten Maßnahme der medizinischen Vorsorge und Rehabilitation gelten die Vorschriften nach §§ 3–4a und 6–8 für die Arbeitsverhinderung infolge einer solchen Maßnahme.

18 **1. Entsprechende Geltung des § 3.** Die entsprechende Geltung des § 3 für Maßnahmen der medizinischen Vorsorge und Rehabilitation erfordert verschiedene **Anpassungen**.

19 **a) Monokausalität.** Der Anspruch auf Entgeltfortzahlung setzt voraus, dass die Durchführung der Maßnahme der medizinischen Vorsorge und Rehabilitation überhaupt eine **Arbeitsverhinderung** zur Folge hat. Werden solche Maßnahmen ambulant durchgeführt, so muss dies nicht notwendig zur Arbeitsverhinderung führen. Insb. bei **ambulanten Maßnahmen** der medizinischen Vorsorge und Rehabilitation ist zu prüfen, ob und inwieweit die Maßnahme derart durchführbar sind, dass der ArbN durch deren Durchführung nicht oder möglichst nicht an seiner Arbeitsleistung verhindert wird.

20 Ist der ArbN im Zeitpunkt der Durchführung der Maßnahme der medizinischen Vorsorge und Rehabilitation zugleich **arbeitsunfähig krank**, so hat die Regelung des § 9 infolge ihrer Spezialität Vorrang[2]. Die Frage der Monokausalität spielt unter diesen Gesichtspunkten insb. dann eine Rolle, wenn der ArbN unter dem Gesichtspunkt der Fortsetzungserkrankung für die Maßnahme keinen Entgeltfortzahlungsanspruch (mehr) hat, er aber zugleich auf Grund einer anderen Erkrankung arbeitsunfähig krank ist, für die – wäre sie die alleinige Ursache für die Arbeitsverhinderung – Entgeltfortzahlung im Krankheitsfall beanspruchen könnte. Auf den **Grundsatz der Einheit des Verhinderungsfalls** kann in diesem Fall nur dann zurückgegriffen werden, wenn die andere Krankheit bereits vor Beginn der Maßnahme nach § 9 zu einem Anspruch nach Entgeltfortzahlung nach § 3 I geführt hat. Umgekehrt bleibt es dabei, dass dem ArbN, tritt die andere Krankheit erst nach Beginn dieser Maßnahme hinzu, kein Anspruch auf Entgeltfortzahlung im Krankheitsfall für die Dauer der Teilnahme an der Maßnahme nach § 9 I mehr zusteht.

21 **b) Verschulden des Arbeitnehmers.** Auch die Grundsätze über das Verschuldetsein der Krankheit durch den ArbN (vgl. § 3 Rz. 56 ff.) sind entsprechend anzuwenden. Hatte der ArbN die zur Arbeitsunfähigkeit führende Krankheit selbst verschuldet, so dass ihm deswegen kein Anspruch auf Entgeltfortzahlung zusteht, so steht ihm ein solcher auch nicht zu für eine Maßnahme der medizinischen Rehabilitation, die auf derselben Erkrankung beruht[3]. Indessen ist zu bedenken, dass insb. **Entziehungskuren**, die auf Alkoholabhängigkeit oder auf Drogensucht zurückzuführen sind, idR dann, wenn sie erstmalig durchgeführt werden, auf Grund einer idR unverschuldeten Suchterkrankung beruhen. Anders kann es liegen, wenn nach einer erfolgreichen Entziehungskur ein Rückfall eingetreten ist, der zu einer erneuten Entziehungskur führt.

22 **c) Beginn, Dauer und Ende des Entgeltfortzahlungsanspruchs.** Auch die Bestimmungen des § 3 I über Beginn, Dauer und Ende des Entgeltfortzahlungsanspruchs sind entsprechend anzuwenden. Wegen der Gleichsetzung der Verhinderungsfälle des § 3 I und des § 9 I ist erheblich, inwieweit die vorhergehende krankheitsbedingte Arbeitsunfähigkeit und die medizinische Maßnahme iSd. § 9 I auf **dieselbe Erkrankung** bzw. dasselbe Grundleiden zurückzuführen sind oder ob jeweils eine andere Krankheit zugrunde liegt[4]. Bei einem wiederholten, auf demselben Grundleiden beruhenden Arbeitsverhinderung wegen (zunächst) Arbeitsunfähigkeit und einer nachfolgenden Maßnahme der medizinischen Rehabilitation unterliegt der Entgeltfortzahlungsanspruch nach § 9 I auf Grund der Gleichsetzung beider Verhinderungsfälle sehr häufig den in § 3 I 2 genannten **Beschränkungen**[5].

23 **Beispiel:** Ein ArbN wird innerhalb eines Jahres zunächst für sechs Wochen arbeitsunfähig krank; auf Grund derselben Erkrankung wird später eine Maßnahme nach § 9 I 1 durchgeführt. Liegt zwischen dem Ende der krankheitsbedingten Arbeitsunfähigkeit und dem Beginn der Maßnahme ein Zeitraum von weniger als sechs Monaten, so steht ihm für die Dauer der Maßnahme kein Anspruch auf Entgeltfortzahlung zu. Ist der Zeitraum dagegen mindestens sechs Monate lang, steht ihm ein solcher Anspruch zu[6].

24 **Umgekehrt gilt Entsprechendes:** Wird ein ArbN nach einer Maßnahme der medizinischen Vorsorge oder Rehabilitation innerhalb von zwölf Monaten wegen derselben Krankheit erneut arbeitsunfähig, für deren Abwendung die Maßnahme bewilligt worden war, besteht ein Entgeltfortzahlungsanspruch ebenfalls nur unter den Voraussetzungen des § 3 I 2 Nr. 1 in entsprechender Anwendung, dh. nur dann, wenn

---

1 *Vogelsang*, Entgeltfortzahlung, Rz. 753; Staudinger/*Oetker*, § 616 BGB Rz. 277; KDHK/*Dunkl*, § 9 EFZG Rz. 10; aA *Leinemann*, ArbuR 1995, 83; *Kunz/Wedde*, § 9 EFZG Rz. 7. |2 HzA/*Vossen*, Gruppe 2 Rz. 415; *Geyer/Knorr/Krasney*, § 9 EFZG Rz. 29. |3 ErfK/*Dörner*, § 9 EFZG Rz. 14; *Schmitt*, § 9 EFZG Rz. 38. |4 ErfK/*Dörner*, § 9 EFZG Rz. 14; *Schmitt*, § 9 EFZG Rz. 40, 41; HzA/*Vossen*, Gruppe 2 Rz. 435 ff., 437. |5 HzA/*Vossen*, Gruppe 2 Rz. 437; *Geyer/Knorr/Krasney*, § 9 EFZG Rz. 30; *Schmitt*, § 9 EFZG Rz. 40; aA *Kunz/Wedde*, § 9 EFZG Rz. 40. |6 Im Anschluss an BAG v. 18.1.1995 – 5 AZR 818/93, BAGE 79, 122 = AP Nr. 8 zu § 7 LohnFG.

zwischen dem Ende der Maßnahme und dem Beginn der erneuten krankheitsbedingten Arbeitsunfähigkeit ein Zeitraum von mehr als sechs Monaten liegt[1]. Für die Frage, welche von mehreren Krankheiten einer Maßnahme nach § 9 I zugrunde liegt, muss auf das Hauptleiden abgestellt werden, welches den Anlass für die Bewilligung oder Verordnung der Maßnahme abgegeben hat[2]. Ob inzwischen eine andere Erkrankung eingetreten ist, ist für den Fortsetzungszusammenhang zwischen krankheitsbedingter Arbeitsunfähigkeit und Maßnahmen iSd. § 9 I ohne Bedeutung[3].

Für die **Berechnung** von Beginn, Dauer und Ende der Entgeltfortzahlung wegen Arbeitsverhinderung infolge Teilnahme an einer Maßnahme der medizinischen Vorsorge und Rehabilitation ist nicht auf den Zeitpunkt der Bewilligung dieser Maßnahme abzustellen, sondern auf den **Zeitpunkt ihrer Durchführung**[4]. 25

Im Rahmen des § 9 I sind auch die Bestimmungen des § 3 II entsprechend anzuwenden; wird eine Maßnahme der medizinischen Rehabilitation zur Ausheilung der Folgen der **Sterilisation** oder eines **Schwangerschaftsabbruchs** bewilligt oder verordnet, so besteht unter dem Gesichtspunkt der Fortsetzungserkrankung ein Anspruch auf Entgeltfortzahlung für die Dauer der Maßnahme nur dann, wenn die Sterilisation oder der Schwangerschaftsabbruch ihrerseits zu einem Anspruch auf Entgeltfortzahlung nach § 3 geführt haben oder – falls hiermit keine Arbeitsunfähigkeit oder Arbeitsverhinderung verbunden waren – geführt hätten. Entsprechend anzuwenden sind auch die Bestimmungen über die **Wartezeit** (§ 3 III). 26

2. Entsprechende Geltung des § 4. Das vom ArbN im Wege der Entgeltfortzahlung zu beanspruchende **Entgelt** richtet sich bei einer Maßnahme der medizinischen Vorsorge oder Rehabilitation nach den selben Bestimmungen wie das Entgelt, das wegen Arbeitsverhinderung infolge krankheitsbedingter Arbeitsunfähigkeit fortzuzahlen ist. 27

3. Entsprechende Geltung des § 4a. Eine **Kürzung einer Sondervergütung** wegen einer Teilnahme an einer Maßnahme der medizinischen Vorsorge oder Rehabilitation ist nur im Rahmen des § 4a zulässig; die Kürzung setzt voraus, dass eine entsprechende Regelung mit dem ArbN vereinbart oder getroffen ist[5]. Ist eine Kürzung wegen „Arbeitsunfähigkeit" vereinbart, so wird dadurch eine solche wegen der Teilnahme an einer Maßnahme nach § 9 nicht erfasst. 28

4. Entsprechende Geltung des § 6. Entsprechend § 6 geht der **Anspruch** des ArbN **gegen einen Dritten auf Schadenersatz** wegen Verdienstausfalls auch insoweit auf den ArbGeb über, als der geschädigte ArbN wegen seiner auf das schädigende Ereignis zurückzuführenden Erkrankung an einer Maßnahme der medizinischen Rehabilitation teilnimmt. Insb. bei komplizierten Gesundheitsbeschädigungen infolge von Unfällen mit langfristigen traumatischen Schädigungen, Nervenschädigungen usw. kommen derartige Konstellationen in Betracht. Deshalb ist stets zu prüfen, ob etwa mit dem Dritten oder dessen Versicherung ein Abfindungsvergleich geschlossen worden ist oder geschlossen werden soll. Insoweit trifft den ArbN insb. auch die Unterrichtungspflicht des § 6 II, wenn – später – eine Maßnahme nach § 9 I bewilligt und durchgeführt wird, die auf ein Ereignis zurückzuführen ist, auf Grund dessen Ansprüche des ArbN auf Verdienstausfall auf den ArbGeb übergegangen sind oder übergehen können. 29

5. Entsprechende Geltung des § 7. Gleichermaßen wie bei der krankheitsbedingten Arbeitsunfähigkeit steht dem ArbGeb das Recht zu, die Entgeltfortzahlung **vorläufig zu verweigern**, wenn der ArbN seinen Pflichten über die **Vorlage der Bewilligung oder ärztlichen Verordnung** nicht nachkommt. § 7 verweist zwar insoweit nur auf § 5 I und nicht auf § 9 II. Die gebotene entsprechende Anwendung des § 7 gebietet jedoch, insoweit auf eine Verletzung der Pflicht zur Vorlage der Bewilligung bzw. ärztlichen Verordnung nach § 9 II abzustellen. Dagegen führt die Verletzung der bloßen Mitteilungspflicht des § 9 II ebenso wenig zur vorläufigen Entgeltfortzahlung im Fall des § 9 I wie die Verletzung der Mitteilungspflicht bei einer Erkrankung im Inland im Fall der unmittelbaren Anwendung des § 7 I Nr. 1. 30

Ein **endgültiges Leistungsverweigerungsrecht** steht dem ArbGeb auch im Fall des § 9 I zu, wenn der ArbN den Übergang des Schadenersatzanspruchs nach § 6 verhindert (vgl. § 7 Rz. 12 ff.), zB durch einen Abfindungsvergleich mit dem Schädiger. Entsprechend anzuwenden ist auch die Regelung des § 7 II über das **Nichtvertreten der Pflichtverletzung** durch den ArbN. 31

6. Entsprechende Geltung des § 8. Erklärt der **ArbGeb** eine Kündigung des Arbeitsverhältnisses **aus Anlass der** ggf. auch nur bevorstehenden Teilnahme des ArbN an einer **Maßnahme** der medizinischen Vorsorge oder Rehabilitation, so bleibt der Anspruch des ArbN auf Entgeltfortzahlung wegen der hierauf beruhenden Arbeitsverhinderung durch diese Kündigung entsprechend § 8 I 1 unberührt. Gleiches gilt für den Fall, dass der ArbN entsprechend § 8 I 2 aus wichtigem Grund kündigt. Andererseits hat eine während der Teilnahme an der Maßnahme nach § 9 I eintretende Beendigung des Arbeitsverhältnisses 32

---

1 HzA/*Vossen*, Gruppe 2 Rz. 437. | 2 BAG v. 26.2.1992 – 5 AZR 120/91, EEK I/1071; HzA/*Vossen*, Gruppe 2 Rz. 438. | 3 BAG v. 22.8.1984 – 5 AZR 489/81, BAGE 46, 253. | 4 BAG v. 10.6.1971 – 1 AZR 114/71, AP Nr. 4 zu § 1 LohnFG; v. 18.1.1995 – 5 AZR 818/93, BAGE 79, 122; HzA/*Vossen*, Gruppe 2 Rz. 438. | 5 *Bauer/Lingemann*, BB 1996, Beilage 17, 8; *Lorenz*, DB 1996, 1973.

aus Gründen des § 8 II zur Folge, dass vom Zeitpunkt der Beendigung des Arbeitsverhältnisses an keine Entgeltfortzahlung mehr vom ArbGeb zu leisten ist. Wegen der Gleichstellung von krankheitsbedingter Arbeitsunfähigkeit und Arbeitsunfähigkeit auf Grund der Teilnahme an einer Maßnahme nach § 9 I ist die Rspr. zu § 8 EFZG bzw. der Vorgängerbestimmung – § 6 LFZG – heranziebar.

33 **7. Sonstige Vorschriften des EFZG.** Auf Maßnahmen iSd. § 9 sind – wegen der besonderen Regelung in § 9 II – die Bestimmungen des § 5 nicht entsprechend anzuwenden. Der Anordnung einer entsprechenden Anwendung von § 12 bedurfte es nicht, weil diese Bestimmung ohnehin für alle Normen des EFZG Geltung hat.

34 **VI. Unterrichtung und Nachweis.** Nach § 9 II hat der ArbN den ArbGeb über den **Zeitpunkt** des Antritts der Maßnahme, deren voraussichtliche **Dauer** und eine evtl. **Verlängerung der Maßnahme** iSd. Abs. 1 unverzüglich mitzuteilen und ihm die Bewilligungsbescheinigung bzw. die ärztliche Bescheinigung über die Erforderlichkeit der Maßnahme iSd. Abs. 1 S. 2 unverzüglich vorzulegen. Die Vorschrift ist dem § 5 I nachgebildet. Als **speziellere Norm** geht sie dieser Bestimmung vor.

35 **1. Mitteilung.** Die erforderliche Mitteilung über Beginn, Dauer und ggf. Verlängerung (!) der Maßnahme nach § 9 I hat der ArbN dem ArbGeb **unverzüglich** zu machen. Gleichermaßen wie in § 5 bedeutet unverzüglich rechtl. nicht sofort, sondern iSd. Legaldefinition des § 121 II BGB lediglich „ohne schuldhaftes Zögern". In aller Regel erfüllt der ArbN seine Mitteilungspflicht, wenn er seinen ArbGeb an einem der nächsten Tage nach Erhalt der Bewilligung oder der Verordnung unterrichtet. Die **Form** einer solchen Mitteilung ist nicht vorgeschrieben. Zum **Inhalt** der Mitteilung gehört das Datum des Beginns der Maßnahme und die voraussichtliche Dauer sowie – ausdrücklich – deren evtl. Verlängerung. Der medizinische Grund für die Bewilligung oder Verordnung der Maßnahme braucht der ArbN dem ArbGeb nicht mitzuteilen. Wegen der Klärung der Frage, ob es sich um eine **Fortsetzungserkrankung** handelt, kann sich der ArbGeb an die Krankenkasse wenden; er darf aber insoweit auch den ArbN befragen. Insoweit gilt grds. nichts anderes als im Fall krankheitsbedingter Arbeitsunfähigkeit. Daneben kann den ArbN eine Mitteilungspflicht entsprechend § 6 treffen.

36 **2. Nachweis.** Hat ein öffentl.-rechtl. Sozialleistungsträger einen **Bewilligungsbescheid** erlassen, so hat der ArbN diesen Bescheid ohne schuldhaftes Zögern (unverzüglich) seinem ArbGeb vorzulegen. Dies wird regelmäßig am ersten Arbeitstag des ArbN nach Zugang des Bescheides bei ihm sein. Der ArbN genügt der Verpflichtung aber auch, wenn er den Bescheid dem ArbGeb übersendet, nachdem er ihn selbst erhalten hat. Für **Folgebescheinigungen** gilt entsprechendes, auch wenn sie – anders als in § 5 I – hier im Gesetz nicht ausdrücklich erwähnt sind[1]. Bei einer **ärztlichen Verordnung** gilt entsprechendes. Sobald der ArbN sie – schriftlich! – erhalten hat, muss er sie dem ArbGeb vorlegen. Rechtl. hat der ArbGeb keine Möglichkeit, vom ArbN eine **Nachbesserung** der Verordnung zu verlangen, wenn sie unvollständig ist. Enthält sie jedoch nicht alle vollständigen Angaben, so kann der ArbN diese Mitteilung als unvollständig und damit als nicht hinreichend erfolgt zurückweisen.

37 **3. Pflichtverletzungen.** Solange der ArbN den Bewilligungsbescheid oder die ärztliche Bescheinigung nicht vorlegt, steht dem ArbN entsprechend § 7 I Nr. 1 ein **vorläufiges Leistungsverweigerungsrecht** zur Seite. Sobald der Nachweis indessen vorgelegt wird, fällt sein vorläufiges Leistungsverweigerungsrecht mit der Folge weg, dass er für den zurückliegenden Zeitraum, aber mit Verzugsfolgen erst ab Wegfall des vorläufigen Leistungsverweigerungsrechts Entgelt fortzuzahlen hat, wenn hierfür die Voraussetzungen im Übrigen gegeben sind[2].

38 Keineswegs mehr unverzüglich, sondern **verspätet** ist es, wenn der ArbN dem ArbGeb die Bewilligung oder ärztliche Verordnung erst nach Antritt der Maßnahme vorlegt oder gar erst nach deren Beendigung. Indessen steht dem ArbGeb auch in solchen Fällen nur ein vorläufiges Leistungsverweigerungsrecht analog § 5 I Nr. 1 zu. Dagegen wird kein Entgeltfortzahlungsanspruch ausgelöst, wenn die Maßnahme erst nach deren Durchführung nachträglich bewilligt oder verordnet wird (vgl. Rz. 13). Die bloße Verletzung der Mitteilungspflicht führt – wie im Fall des § 5 I – nicht zu einem vorläufigen oder gar endgültigen Leistungsverweigerungsrecht.

10 *Wirtschaftliche Sicherung für den Krankheitsfall im Bereich der Heimarbeit*

(1) In Heimarbeit Beschäftigte (§ 1 Abs. 1 des Heimarbeitsgesetzes) und ihnen nach § 1 Abs. 2 Buchstabe a bis c des Heimarbeitsgesetzes Gleichgestellte haben gegen ihren Auftraggeber oder, falls sie von einem Zwischenmeister beschäftigt werden, gegen diesen Anspruch auf Zahlung eines Zuschlags zum Arbeitsentgelt. Der Zuschlag beträgt

1. für Heimarbeiter, für Hausgewerbetreibende ohne fremde Hilfskräfte und die nach § 1 Abs. 2 Buchstabe a des Heimarbeitsgesetzes Gleichgestellten 3,4 vom Hundert,

---

1 *Schmitt*, § 9 EFZG Rz. 69 ff.; *Schliemann*, ArbuR 1994, 317.

2 Vgl. insoweit BAG v. 5.5.1972 – 5 AZR 447/71, AP Nr. 1 zu § 7 LohnFG.

2. für Hausgewerbetreibende mit nicht mehr als zwei fremden Hilfskräften und die nach § 1 Abs. 2 Buchstabe b und c des Heimarbeitsgesetzes Gleichgestellten 6,4 vom Hundert

des Arbeitsentgelts vor Abzug der Steuern, des Beitrags zur Bundesagentur für Arbeit und der Sozialversicherungsbeiträge ohne Unkostenzuschlag und ohne die für den Lohnausfall an gesetzlichen Feiertagen, den Urlaub und den Arbeitsausfall infolge Krankheit zu leistenden Zahlungen. Der Zuschlag für die unter Nummer 2 aufgeführten Personen dient zugleich zur Sicherung der Ansprüche der von ihnen Beschäftigten.

(2) Zwischenmeister, die den in Heimarbeit Beschäftigten nach § 1 Abs. 2 Buchstabe d des Heimarbeitsgesetzes gleichgestellt sind, haben gegen ihren Auftraggeber Anspruch auf Vergütung der von ihnen nach Absatz 1 nachweislich zu zahlenden Zuschläge.

(3) Die nach den Absätzen 1 und 2 in Betracht kommenden Zuschläge sind gesondert in den Entgeltbeleg einzutragen.

(4) Für Heimarbeiter (§ 1 Abs. 1 Buchstabe a des Heimarbeitsgesetzes) kann durch Tarifvertrag bestimmt werden, dass sie statt der in Absatz 1 Satz 2 Nr. 1 bezeichneten Leistungen die den Arbeitnehmern im Falle ihrer Arbeitsunfähigkeit nach diesem Gesetz zustehenden Leistungen erhalten. Bei der Bemessung des Anspruchs auf Arbeitsentgelt bleibt der Unkostenzuschlag außer Betracht.

(5) Auf die in den Absätzen 1 und 2 vorgesehenen Zuschläge sind die §§ 23 bis 25, 27 und 28 des Heimarbeitsgesetzes, auf die in Absatz 1 dem Zwischenmeister gegenüber vorgesehenen Zuschläge außerdem § 21 Abs. 2 des Heimarbeitsgesetzes entsprechend anzuwenden. Auf die Ansprüche der fremden Hilfskräfte der in Absatz 1 unter Nummer 2 genannten Personen auf Entgeltfortzahlung im Krankheitsfall ist § 26 des Heimarbeitsgesetzes entsprechend anzuwenden.

I. Normzweck und -entstehung. Zwecks wirtschaftlicher Sicherung im Fall krankheitsbedingter Ar- 1
beitsunfähigkeit der in Heimarbeit Beschäftigten normiert § 10 einen Anspruch auf einen Zuschlag zum Engelt. Alternativ lässt § 10 IV zu, durch TV eine Entgeltfortzahlung im Krankheitsfall nach den für ArbN geltenden gesetzl. Regelungen zu vereinbaren.

Die **Grundsicherung** im Falle krankheitsbedingter Arbeitsunfähigkeit besteht für in Heimarbeit Be- 2
schäftigten grds. in einem **Anspruch auf Krankengeld** (§§ 44 ff. SGB V) **aus der gesetzl. KV**; der Personenkreis ist grds. in der gesetzl. KV pflichtversichert (§ 5 SGB V), weil sie sozialversicherungsrechtl. als abhängig Beschäftigte gelten (§ 12 II SGB IV)[1]. Ist ein in Heimarbeit Beschäftigter arbeitsunfähig krank, so erhält er das Krankengeld bei einer Krankenhausbehandlung oder bei einer Behandlung in einer Vorsorge- oder Rehabilitationseinrichtung von Beginn der Behandlung an, im Übrigen von dem Tag an, der auf den Tag der ärztlichen Feststellung der krankheitsbedingten Arbeitsunfähigkeit folgt (§ 46 S. 1 SGB V). Die **Versorgungslücke** zwischen dem tatsächlich ausgefallenen Arbeitsentgelt und dem gezahlten Krankengeld soll nach der Konzeption des Gesetzes durch den in § 10 normierten **Zuschlag zum Arbeitsentgelt geschlossen** oder verringert werden (sog. „gespaltene" Lösung[2]). Der Zuschlag wird nicht etwa nur für die Dauer des Bezugs von Krankengeld gezahlt, sondern völlig unabhängig vom Vorliegen krankheitsbedingter Arbeitsunfähigkeit als ständiger Arbeitsentgeltzuschlag. Der Zuschlag ist auch zu zahlen, wenn der in Heimarbeit Beschäftigte, zB wegen Geringfügigkeit nicht Mitglied der gesetzl. Krankenkasse ist und deshalb keinen Krankengeldanspruch hat[3].

Die heutige Regelung des § 10 entspricht im Wesentlichen ihrer Vorgängerregelung (§ 8 LFZG)[4]. § 10 3
(wie auch § 11) bedient sich der Legaldefinitionen des Heimarbeitsgesetzes (HAG). Sie gelten ohne jede Einschränkung.

II. Zuschlag zum Arbeitsentgelt. § 10 I beschreibt in S. 1 abschließend den Kreis der Anspruchsberech- 4
tigten wie auch den Kreis der Anspruchsverpflichteten für die Zahlung des Zuschlags zum Arbeitsentgelt und bestimmt in S. 2 unterschiedliche Höhen für die zu zahlenden Zuschläge.

1. Anspruchsberechtigte. Der Kreis der Anspruchsberechtigten umfasst gemäß § 10 I 1 die in Heim- 5
arbeit Beschäftigten iSd. § 1 I HAG und die ihnen nach § 1 II Buchst. a–c HAG Gleichgestellten. Keinen Anspruch auf den in § 10 normierten Zuschlag haben Zwischenmeister, auch wenn sie nach § 1 II Buchst. d HAG gleichgestellt sind, denn auf diese Bestimmung verweist § 10 I 1 nicht.

a) In Heimarbeit Beschäftigte. Nach § 1 I HAG sind in Heimarbeit Beschäftigte die Heimarbeiter und 6
die Hausgewerbetreibenden. **Heimarbeiter** ist nach § 2 I HAG, wer in selbst gewählter Arbeitsstätte, dh. in seiner eigenen Wohnung oder in einer selbst gewählten Betriebsstätte, allein oder mit seinen Familienangehörigen im Auftrag von Gewerbetreibenden oder Zwischenmeistern erwerbsmäßig arbeitet, jedoch die Verwertung der Arbeitsergebnisse dem unmittelbar oder mittelbar auftraggebenden Gewerbetreibenden überlässt; beschafft der Heimarbeiter die Rohstoffe selbst, so wird hierdurch seine Eigen-

1 *Schmitt*, § 10 EFZG Rz. 2. | 2 *Schmidt/Koberski/Timann/Wascher*, § 19 HAG, Anh. Rz. 44; KDHK/*Hold*, § 10 EFZG Rz. 3. | 3 BAG v. 21.4.1961 – 1 AZR 100/60, BAGE 11, 105; *Schmitt*, § 10 EFZG Rz. 29; ErfK/*Dörner*, § 10 EFZG Rz. 4. | 4 Lohnfortzahlungsgesetz – LFZG – v. 27.7.1969 – BGBl. I S. 946.

schaft als Heimarbeiter nicht beeinträchtigt. Nach dieser Legaldefinition kommt es auf Dauer und Umfang der Tätigkeit oder die Höhe der erzielten Einkünfte nicht an, auch eine geringfügige Tätigkeit kann Heimarbeit sein, sofern sie auf eine gewisse Dauer angelegt ist und zum Lebensunterhalt beitragen soll[1]. Vom ArbN unterscheidet sich der Heimarbeiter im Wesentlichen dadurch, dass er von seinem Auftraggeber zwar wirtschaftl., nicht aber persönlich abhängig ist. Er ist vor allen Dingen keinen Weisungen des Auftraggebers hinsichtlich der Lage seiner Arbeitszeit unterworfen[2]. Für die Zuordnung der Beschäftigten zum Kreis der Heimarbeiter kommt es auf den tatsächlichen Inhalt des Rechtsverhältnisses und seine Durchführung an, nicht aber auf die von den Parteien des Rechtsverhältnisses gewählte Bezeichnung oder die von ihnen gewünschte Rechtsfolge[3]. Vom Gewerbetreibenden oder Unternehmer unterscheidet sich der Heimarbeiter dadurch, dass er das kaufmännische Risiko der Verwertung seiner Arbeitsergebnisse nicht selbst trägt, sondern die Verwertung der Arbeitsergebnisse seinem Auftraggeber überlässt.

7 **Hausgewerbetreibender** iSd. HAG wie auch iSd. § 10 ist, wer in eigener Arbeitsstätte (eigener Wohnung oder Betriebsstätte) mit nicht mehr als zwei fremden Hilfskräften (Abs. 6) oder Heimarbeitern (Abs. 1) im Auftrag von Gewerbetreibenden oder Zwischenmeistern Waren herstellt, bearbeitet oder verpackt, wobei er selbst wesentlich am Stück mitarbeitet, jedoch die Verwertung der Arbeitsergebnisse dem unmittelbar oder mittelbar auftraggebenden Gewerbetreibenden überlässt; beschafft der Hausgewerbetreibende Roh- und Hilfsstoffe selbst oder arbeitet er vorübergehend unmittelbar für den Absatzmarkt, so wird hierdurch seine Eigenschaft als Hausgewerbetreibender nicht beeinträchtigt (§ 2 II HAG). Die Definition des Hausgewerbetreibenden ähnelt der des Heimarbeiters. Vom Heimarbeiter unterscheidet er sich aber insoweit, als der Hausgewerbetreibende mit nicht mehr als zwei fremden Hilfskräften oder Heimarbeitern tätig wird, sowie dadurch, dass der Gegenstand seiner Betätigung auf die Herstellung, Bearbeitung oder Verpackung von Waren beschränkt ist, wobei er selbst wesentlich am Stück mitarbeitet. Wer Angestelltentätigkeiten ausübt, ist wegen dieser gegenständlichen Beschränkung der Betätigung kein Hausgewerbetreibender[4]. Der Hausgewerbetreibende ist prinzipiell ein (kleiner) selbständiger Unternehmer; unerheblich ist, ob er einen Gewerbebetrieb angemeldet hat oder in die Handwerksrolle eingetragen ist[5].

8 **b) Gleichgestellte.** Einen Anspruch auf Zuschuss haben auch die den in Heimarbeit Beschäftigten nach § 1 II Buchst. a–c HAG Gleichgestellten. Für die Anspruchsberechtigung auf den Zuschuss kommt es nicht darauf an, ob die Personen gleichgestellt werden können, sondern ob sie zu den in § 1 II Buchst. a, b oder c genannten Personenkreis gehören und gleichgestellt worden sind. Die Gleichstellung erfolgt in einem im HAG geregelten Verfahren durch einen die Rechtsstellung begründenden **Verwaltungsakt** gemäß § 1 IV, § 3 I und § 4 HAG[6]. Die Gleichstellung erstreckt sich, wenn in ihr nichts anderes bestimmt ist, auf die **allgemeinen Schutzvorschriften** und die Vorschriften über die **Entgeltregelung**, den **Entgeltschutz** und die **Auskunftspflicht über Entgelte** (Dritter, Sechster, Siebenter und Achter Abschnitt des HAG). Sie kann sich auf Einzelne dieser Vorschriften beschränken oder auf weitere Vorschriften des Gesetzes ausgedehnt werden (§ 1 III 1 und 2 HAG). Ist eine Gleichstellung behördlich angeordnet worden, so folgt hieraus, dass nicht nur die Schutzbestimmungen des HAG in dem in der Gleichstellungsentscheidung bestimmten Umfang gelten, sondern ihnen auch der Schutz des § 10 zur Seite steht. Im Unterschied zu § 11 I 2 EFZG (Feiertagsbezahlung) und zu § 12 I 1 BUrlG (Urlaubserteilung) ist in § 10 nicht vorgesehen, dass es einer ausdrücklichen Gleichstellung hinsichtlich dieser Bestimmung bedarf. Damit scheidet die Möglichkeit aus, die Gleichstellung nicht auf § 10 EFZG zu erstrecken[7]. Der Verwaltungsakt hat **Tatbestandswirkung**; insb. können die nach § 9 Anspruchsverpflichteten den Verwaltungsakt aus eigenem Recht nicht anfechten. Keinen Anspruch auf den Zuschlag nach § 10 I haben die in § 1 II Buchst. d aufgezählten **Zwischenmeister**. Sie sind in § 10 I nicht erwähnt, sondern nur in § 10 II.

9 **c) Personen ohne Anspruchsberechtigung.** Anspruch auf Zuschlag zum Arbeitsentgelt nach § 10 I 1 haben nur die darin abschließend aufgezählten Personen. Hierzu gehören nicht gleichgestellte **Zwischenmeister** (§ 1 II Buchst. d HAG), **Familienangehörige** iSv. § 2 V HAG; **fremde Hilfskräfte** iSd. § 2 VI HAG und die sog. **AußenArbN**. AußenArbN werden – vor allem im Kontext des Heimarbeitsrechts – solche ArbN genannt, die sich von Betriebsarbeitern oder Angestellten dadurch unterscheiden, dass sie außerhalb des Betriebes tätig sind; sie sind aber den Weisungen ihres ArbGeb unterworfen und insoweit von ihnen persönlich abhängig. Deshalb sind auf sie die für ArbN geltenden Vorschriften des EFZG anzuwenden[8].

10 **2. Anspruchsverpflichtete.** Der Anspruch auf Zuschlag zum Arbeitsentgelt richtet sich gegen den **Auftraggeber** oder, falls die Beschäftigung bei einem Zwischenmeister erfolgt, gegen den **Zwischenmeister**

---

1 BAG v. 12.7.1988 – 3 AZR 569/86, AP Nr. 10 zu § 2 HAG; *Schmitt*, § 10 EFZG Rz. 12. | 2 *Schliemann*, ArbR-BGB, § 611 Rz. 285 f. | 3 BAG v. 3.4.1990 – 3 AZR 258/88, BAGE 65, 80. | 4 BAG v. 25.3.1992 – 7 ABR 52/91, BAGE 70, 104; *Schmitt*, § 10 EFZG Rz. 16. | 5 BAG v. 15.12.1960 – 5 AZR 437/58, AP Nr. 2 zu § 2 HAG. | 6 Vgl. zur Verfassungskonformität BVerfG v. 27.2.1973 – 2 BvL 27/69, BVerfGE 34, 307. | 7 AA KDHK/*Hold*, § 10 EFZG Rz. 10; *Schmitt*, § 10 EFZG Rz. 26; wohl auch *Schmidt/Koberski/Timann/Wascher*, § 19 HAG, Anh. Rz. 68 mwN. | 8 *Schmitt*, § 10 EFZG Rz. 23; HzA/*Vossen*, Gruppe 2 Rz. 695; KDHK/*Kleinsorge*, § 10 EFZG Rz. 23.

(§ 10 I 1). Auftraggeber ist, wer die Heimarbeit vergibt. Auch **Hausgewerbetreibende** und ihnen **Gleichgestellte** können ihrerseits Auftraggeber sein, wenn sie ihrerseits Heimarbeiter beschäftigen; sie haben dann eine Doppelstellung[1]. Zwischenmeister ist nach der Legaldefinition in § 2 III HAG, wer, ohne ArbN zu sein, die ihm von Gewerbetreibenden übertragene Arbeit an Heimarbeiter oder Hausgewerbetreibende lediglich „weitergibt". Bedient sich der Auftraggeber eines Zwischenmeisters, so richtet sich der Anspruch auf den Zuschlag grds. gegen den Zwischenmeister. Zahlt der Auftraggeber allerdings dem Zwischenmeister ein Entgelt, von dem er weiß oder den Umständen nach annehmen muss, dass es zur Zahlung der in der Entgeltregelung festgesetzten Entgeltes einschließlich der Zuschläge an die Beschäftigten nicht ausreicht oder zahlt er an einen Zwischenmeister, dessen Unzuverlässigkeit er kennt oder kennen muss, so haftet er neben dem Zwischenmeister für diese Entgelte, mithin auch für den Zuschlag (§ 21 II HAG).

3. Rechtsnatur und Höhe des Zuschlags. Der Zuschlag stellt **Arbeitsentgelt** iSd. Heimarbeitsgesetzes dar; insoweit ist er ebenso pfändbar bzw. abtretbar wie sonstiges Arbeitsentgelt[2]. Die Bestimmungen über den **Pfändungsschutz** für Arbeitseinkommen (§§ 850 ff. ZPO) gelten für den Zuschlag entsprechend (§ 27 HAG). Der Zuschlag ist auch der Bemessung der **ESt** bzw. **LSt** zugrunde zu legen, **nicht aber** dem **sozialversicherungsrechtl.** Arbeitsentgelt[3]. 11

Die **Höhe des Zuschlages** ist unterschiedlich bestimmt. Für Heimarbeiter, für Hausgewerbetreibende ohne fremde Hilfskräfte und die nach § 1 IIa HAG Gleichgestellten beträgt der Zuschlag 3,4 % des maßgeblichen Arbeitsentgeltes (§ 10 I 2 Nr. 1). Dagegen ist der Zuschlag mit Rücksicht darauf, dass Hilfskräfte beschäftigt werden, die ihrerseits als ArbN Anspruch auf Entgeltfortzahlung im Krankheitsfall haben, für Hausgewerbetreibende mit nicht mehr als zwei fremden Hilfskräften und für die nach § 1 IIb und c HAG Gleichgestellten auf 6,4 % des maßgeblichen Arbeitsentgeltes festgesetzt. Denn der Zuschlag für diese Personen dient zugleich der Sicherung der Ansprüche der von ihnen Beschäftigten (§ 10 I 3). Das maßgebliche Arbeitsentgelt ist das Bruttoarbeitsentgelt ohne Unkostenzuschlag und ohne die für den Lohnausfall an gesetzl. Feiertagen, Urlaub und Arbeitsausfall infolge Krankheit zu leistenden Zahlungen; dabei ist das Bruttoarbeitsentgelt der Betrag vor Abzug von Steuern, des Beitrages zur BA und der SozV-Beiträge (§ 10 I 2). 12

Die **Zahlung** des Zuschlages erfolgt von Gesetzes wegen **ohne jede Verwendungsbindung**; es bleibt dem Anspruchsberechtigten überlassen, wie er den Zuschlag wirtschaftl. verwendet. 13

III. Ausgleichsanspruch der gleichgestellten Zwischenmeister. Nach § 10 II haben Zwischenmeister, die den in Heimarbeit Beschäftigten nach § 1 II Buchst. d HAG gleichgestellt sind, gegen ihren Auftraggeber ihrerseits Anspruch auf Vergütung der von ihnen nach Abs. 1 nachweislich zu zahlenden Zuschläge. Diese Zwischenmeister selbst sind nicht zuschlagsberechtigt; sie haben nur für ihre eigene Zuschlagspflicht einen Ausgleichsanspruch gegen ihren Auftraggeber. Dies setzt allerdings voraus, dass diese Zwischenmeister nach § 1 II Buchst. d HAG gleichgestellt sind. Auch insoweit kommt es allein auf die Tatbestandswirkung des gleichstellenden Verwaltungsaktes an. 14

IV. Behördliche Überwachung. Im Hinblick auf die Schutzbedürftigkeit der Heimarbeiter und Hausgewerbetreibenden und der ihnen Gleichgestellten unterliegen nicht nur die Zahlung und Abrechnung des Arbeitsentgeltes, sondern auch die der Zuschläge der behördlichen Überwachung durch die einschlägigen Aufsichtsbehörden. Dies folgt aus § 10 V 1, wonach die **Schutzvorschriften des Siebten und Achten Abschnittes des HAG über den Entgeltschutz** auf die Zuschläge nach § 10 I und II für entsprechend anwendbar erklärt worden sind. Der Durchführung dieser Behördenaufsicht dient die gesonderte Aufzeichnungspflicht der Zuschläge in den Entgeltbelegen und Entgeltbüchern nach § 10 III. Fehlt es an einem gesonderten Eintrag im Entgeltbelegt oder im Entgeltbuch, so hat der Anspruchsverpflichtete (Auftraggeber oder Zwischenmeister) darzulegen und zu beweisen, dass die Zuschläge tatsächlich korrekt gezahlt worden sind[4]. 15

V. Entgeltfortzahlungsanspruch durch Tarifvertrag. Nach § 10 IV kann **nur für Heimarbeiter** (§ 1 I Buchst. a HAG) und damit nicht für Hausgewerbetreibende oder Gleichgestellte durch einen TV bestimmt werden, das sie an Stelle der in Abs. 1 S. 1 Nr. 2 bezeichneten Leistungen, also an Stelle des Zuschlags zum Arbeitsentgelt, die ArbN im Fall ihrer Arbeitsunfähigkeit nach den im Gesetz zustehenden Leistungen erhalten; bei der Bemessung des Anspruchs auf Arbeitsentgelt bleibt wiederum der Unkostenzuschlag außer Betracht. 16

Mit **„Tarifvertrag" ist nicht der TV iSd. TVG** angesprochen. Denn ein solcher kann nur Rechtsnormen enthalten, die den Inhalt, den Abschluss und die Beendigung von Arbeitsverhältnissen sowie betriebliche und betriebsverfassungsrechtl. Fragen ordnen können. Bei einem Heimarbeitsverhältnis handelt es sich indessen gerade nicht um ein Arbeitsverhältnis. Vielmehr sind mit § 10 IV die Vereinbarungen 17

1 *Schmitt*, § 10 EFZG Rz. 33. | 2 *Schmitt*, § 10 EFZG Rz. 28; KDHK/*Hold*, § 10 EFZG Rz. 27 ff.; HzA/*Vossen*, Gruppe 2 Rz. 698. | 3 HzA/*Vossen*, Gruppe 2 Rz. 697; KDHK/*Hold*, § 10 EFZG Rz. 29; s. auch § 2 II Nr. 1 Arbeitsentgeltverordnung. | 4 BAG v. 21.1.1965 – 5 AZR 228/64, AP Nr. 1 zu § 1 HAG; v. 13.3.1963 – 4 AZR 415/61, BAGE 14, 132.

angesprochen, die nach § 17 I HAG als TV gelten, nämlich Vereinbarungen zwischen Gewerkschaften einerseits und Auftraggebern und deren Vereinigungen andererseits über Inhalt, Abschluss oder Beendigung von Vertragsverhältnissen der in Heimarbeit Beschäftigten oder der Gleichgestellten mit ihren Auftraggebern. Zwingend und unmittelbar gelten solche TV analog § 4 I TVG nur zwischen den beiderseits Tarifgebundenen. Indessen kann die Anwendbarkeit eines derartigen TV auch mit einem nicht tarifgebundenen HeimArbN einzelvertragl. vereinbart werden[1]. Durch eine BV kann ein solcher TV indessen nicht auf nicht tarifgebundene Heimarbeiter oder gar auf andere in Heimarbeit Beschäftigte oder Gleichgestellte ausgedehnt werden. Soweit ein solcher TV Entgeltfortzahlung im Krankheitsfall anordnet, steht dem dadurch Begünstigten kein Anspruch auf eine entsprechende Zulage nach § 10 I zu.

11 *Feiertagsbezahlung der in Heimarbeit Beschäftigten*

(1) Die in Heimarbeit Beschäftigten (§ 1 Abs. 1 des Heimarbeitsgesetzes) haben gegen den Auftraggeber oder Zwischenmeister Anspruch auf Feiertagsbezahlung nach Maßgabe der Absätze 2 bis 5. Den gleichen Anspruch haben die in § 1 Abs. 2 Buchstabe a bis d des Heimarbeitsgesetzes bezeichneten Personen, wenn sie hinsichtlich der Feiertagsbezahlung gleichgestellt werden; die Vorschriften des § 1 Abs. 3 Satz 3 und Abs. 4 und 5 des Heimarbeitsgesetzes finden Anwendung. Eine Gleichstellung, die sich auf die Entgeltregelung erstreckt, gilt auch für die Feiertagsbezahlung, wenn diese nicht ausdrücklich von der Gleichstellung ausgenommen ist.

(2) Das Feiertagsgeld beträgt für jeden Feiertag im Sinne des § 2 Abs. 1 0,72 vom Hundert des in einem Zeitraum von sechs Monaten ausgezahlten reinen Arbeitsentgelts ohne Unkostenzuschläge. Bei der Berechnung des Feiertagsgeldes ist für die Feiertage, die in den Zeitraum vom 1. Mai bis 31. Oktober fallen, der vorhergehende Zeitraum vom 1. November bis 30. April und für die Feiertage, die in den Zeitraum vom 1. November bis 30. April fallen, der vorhergehende Zeitraum vom 1. Mai bis 31. Oktober zugrunde zu legen. Der Anspruch auf Feiertagsgeld ist unabhängig davon, ob im laufenden Halbjahreszeitraum noch eine Beschäftigung in Heimarbeit für den Auftraggeber stattfindet.

(3) Das Feiertagsgeld ist jeweils bei der Entgeltzahlung vor dem Feiertag zu zahlen. Ist die Beschäftigung vor dem Feiertag unterbrochen worden, so ist das Feiertagsgeld spätestens drei Tage vor dem Feiertag auszuzahlen. Besteht bei der Einstellung der Ausgabe von Heimarbeit zwischen den Beteiligten Einvernehmen, das Heimarbeitsverhältnis nicht wieder fortzusetzen, so ist dem Berechtigten bei der letzten Entgeltzahlung das Feiertagsgeld für die noch übrigen Feiertage des laufenden sowie für die Feiertage des folgenden Halbjahreszeitraumes zu zahlen. Das Feiertagsgeld ist jeweils bei der Auszahlung in die Entgeltbelege (§ 9 des Heimarbeitsgesetzes) einzutragen.

(4) Übersteigt das Feiertagsgeld, das der nach Absatz 1 anspruchsberechtigte Hausgewerbetreibende oder im Lohnauftrag arbeitende Gewerbetreibende (Anspruchsberechtigte) für einen Feiertag auf Grund des § 2 seinen fremden Hilfskräften (§ 2 Abs. 6 des Heimarbeitsgesetzes) gezahlt hat, den Betrag, den er auf Grund der Absätze 2 und 3 für diesen Feiertag erhalten hat, so haben ihm auf Verlangen seine Auftraggeber oder Zwischenmeister den Mehrbetrag anteilig zu erstatten. Ist der Anspruchsberechtigte gleichzeitig Zwischenmeister, so bleibt hierbei das für die Heimarbeiter oder Hausgewerbetreibenden empfangene und weiter gezahlte Feiertagsgeld außer Ansatz. Nimmt ein Anspruchsberechtigter eine Erstattung nach Satz 1 in Anspruch, so können ihm bei Einstellung der Ausgabe von Heimarbeit die erstatteten Beträge auf das Feiertagsgeld angerechnet werden, das ihm auf Grund des Absatzes 2 und des Absatzes 3 Satz 3 für die dann noch übrigen Feiertage des laufenden sowie für die Feiertage des folgenden Halbjahreszeitraumes zu zahlen ist.

(5) Das Feiertagsgeld gilt als Entgelt im Sinne der Vorschriften des Heimarbeitsgesetzes über Mithaftung des Auftraggebers (§ 21 Abs. 2), über Entgeltschutz (§§ 23 bis 27) und über Auskunftspflicht über Entgelte (§ 28); hierbei finden die §§ 24 bis 26 des Heimarbeitsgesetzes Anwendung, wenn ein Feiertagsgeld gezahlt ist, das niedriger ist als das in diesem Gesetz festgesetzte.

1 **I. Normzweck und -entstehung.** ArbN erhalten nach § 2 Entgeltfortzahlung an Feiertagen. Die in Heimarbeit Beschäftigten sind keine ArbN und erhalten folglich keine Entgeltfortzahlung an Feiertagen nach § 2. Stattdessen steht ihnen ein **pauschaliertes Feiertagsgeld** nach näherer Maßgabe des § 11 zu. Diese Vorschrift ist, dem § 10 vergleichbar, den Bedürfnissen der Heimarbeit angepasst. Die Vorschriften des § 11 stimmen weitestgehend mit denen ihrer **Vorgängerregelung** in § 2 des Gesetzes zur Regelung der Lohnfortzahlung an Feiertagen[2] überein. Durch das Pflegeversicherungsgesetz – PflegeVG – wurde das Feiertagslohnzahlungsgesetz aufgehoben; seine Bestimmungen wurden als §§ 2 und 11 in das EFZG übernommen (§ 1 Rz. 1, § 2 Rz. 2)[3]. Die Regelung über das Feiertagsgeld ist ihrer Struktur nach **ähnlich der Regelung** über die wirtschaftl. Sicherung für den Krankheitsfall im Bereich der Heimarbeit **in § 10.** Der in § 11 I genannte Kreis der Anspruchsberechtigten und Anspruchsverpflichteten ist mit § 10 ver-

1 KDHK/*Hold*, § 10 EFZG Rz. 39. | 2 Gesetz zur Regelung der Lohnzahlung an Feiertagen – Feiertagslohnzahlungsgesetz – v. 2.8.1951 (BGBl. I S. 479). | 3 Pflegeversicherungsgesetz – PflegeVG – v. 26.5.1994 (BGBl. I S. 1063).

gleichbar, aber nicht deckungsgleich. § 11 II sind Umfang und Höhe des Feiertagsgeldes bestimmt, in S. 3 derselben Bestimmung dessen Fälligkeit. § 11 IV gibt bestimmten zur Zahlung von Entgeltfortzahlung an Feiertagen verpflichteten Hausgewerbetreibenden einen Ausgleichsanspruch gegen ihren Auftraggeber. Nach § 11 V sind bestimmte Schutzvorschriften des HAG auch auf die Berechnung und Zahlung des Feiertagsgeldes entsprechend anzuwenden. § 11 enthält ebenso wenig wie § 10 eigene Begriffsbestimmungen zum Heimarbeitsrecht; insoweit nehmen die Normen Bezug auf die Legaldefinitionen des HAG (vgl. § 10 Rz. 5 ff.). Anders als bei der Entgeltfortzahlung an Feiertagen nach § 2 gilt für das Feiertagsgeld der Heimarbeiter **nicht das Lohnausfallprinzip**, sondern das **Referenzprinzip**, denn es wird nach den in den vergangenen Sechs-Monats-Zeiträumen erzielten Verdiensten berechnet (§ 11 II 2).

II. Anspruch auf Feiertagsgeld (Abs. 1). Dem Grunde nach ist der Anspruch auf Feiertagsgeld in § 11 I geregelt. Hiervon ist der in § 11 IV normierte **Ausgleichsanspruch** zu unterscheiden. Dieser Ausgleichsanspruch ist dafür gegeben, dass anspruchsberechtigte Hausgewerbetreibende oder im Lohnauftrag arbeitende Gewerbetreibende ihrerseits ihren sog. fremden Hilfskräften Entgeltfortzahlung an Feiertagen nach § 2 des Gesetzes geleistet haben. 2

1. Anspruchsberechtigte. Der Kreis der Anspruchsberechtigten umfasst zum einen alle diejenigen, die auch nach § 10 anspruchsberechtigt sind (vgl. § 10 Rz. 5 ff.), zusätzlich aber auch **gleichgestellte Zwischenmeister**, denn § 11 I 2 verweist ausdrücklich auch auf § 1 IId HAG. Anders als in § 10 sind **Gleichgestellte** nur dann Anspruchsberechtigte, wenn sie (auch) hinsichtl. der Feiertagsbezahlung gleichgestellt worden sind (§ 10 I 2 Hs. 2). Dabei gilt eine Gleichstellung für die Entgeltregelung auch für die Feiertagsbezahlung, wenn diese nicht ausdrücklich von der Gleichstellung ausgenommen worden ist. Die Gleichstellung erfolgt durch eine Gleichstellungsbescheid, mithin einen **Verwaltungsakt** der Aufsichtsbehörde für Heimarbeit, und entfaltet für § 11 eine **Tatbestandswirkung** (vgl. § 10 Rz. 8). Zum Kreis der **nicht Anspruchsberechtigten** zählen vor allem **Außenarbeitnehmer**, **Familienangehörige** und **fremde Hilfskräfte** (vgl. § 10 Rz. 9). **Gleichgestellte** sind nur anspruchsberechtigt, wenn sich ihre Gleichstellung auch auf die Feiertagsentlohnung bezieht. 3

2. Anspruchsverpflichtete. Gleichermaßen wie in § 10 sind Schuldner des Feiertagsgeldes die **Auftraggeber** und die **Zwischenmeister**, soweit der in Heimarbeit Beschäftigte für sie tätig ist (Abs. 1) oder war (Abs. 3 S. 2 und 3). **Zwischenmeister**, die auch hinsichtlich der Entgeltregelung bzw. der Regelung über den Feiertagslohn den Heimarbeiter gleichgestellt sind, haben insoweit eine Doppelstellung. Zum einen haben sie einen Anspruch auf Feiertagsgeld gegen ihren Auftraggeber, zum anderen sind sie aber Schuldner für das Feiertagsgeld gegenüber denen, die sie wiederum in Heimarbeit beschäftigen[1]. 4

3. Voraussetzungen und Umfang des Anspruchs. Die sachlichen Anspruchsvoraussetzungen und der Umfang des Anspruchs sind in § 11 II geregelt. Umstritten ist, inwieweit der Anspruch auf Feiertagsgeld voraussetzt, dass die **Arbeit nur wegen des Feiertages ausgefallen** ist. Nach § 11 II 1 beträgt das Feiertagsgeld für jeden Feiertag iSd. § 2 I einen bestimmten Prozentsatz aus dem Entgelt des Referenzzeitraumes. Hieraus schließt ein Teil des Schrifttums, dass die Zahlung des Feiertagsgeldes keinen tatsächlichen Arbeits- oder Entgeltausfall infolge des Feiertages voraussetze, sondern die Feiertage nur Maßstab für die Berechnung des Feiertagsgeldes seien[2]. Diese Ansicht wird im Wesentlichen auf die Erwägung gestützt, dass viele Heimarbeiter Sonn- und Feiertage auch zur Arbeit mitbenutzen und sich daher kaum feststellen lässt, ob infolge des Feiertages Arbeit ausgefallen ist. Aus dieser Ansicht folgt, das in Heimarbeit Beschäftigte Feiertagsgeld auch für Feiertage zu erhalten haben, an denen sie arbeitsunfähig erkrankt sind oder Urlaub machen. Dasselbe gilt konsequenter weise dann auch für Sonntage. Die Gegenansicht vertritt dagegen das Prinzip der Monokausalität des feiertagsbedingten Entgeltausfalls[3]. Nach noch aA haben ArbN keinen Anspruch auf Feiertagsvergütung für solche Feiertage, die auf einen Sonntag fallen, es sei denn, sie hätten am Sonntag gearbeitet und diese Arbeit wäre arbeitszeitrechtl. zulässig; grds. werde also Feiertagsgeld für gesetzl. Wochenfeiertage geleistet[4]. 5

Die Formulierung **„für jeden Feiertag iSd. § 2 I"** ist nicht dahin gehend zu verstehen, dass die darin genannte Voraussetzung der Feiertagsbedingtheit des Arbeitsausfalles auf § 11 zu übertragen ist[5]. Ein Feiertag iSd. § 2 I ist ein gesetzl. Feiertag, dh. ein Tag, der nach den staatlichen gesetzl. Feiertagsregelungen als solcher geschützt ist. Eine solche Verweisung ist nicht etwa sinnleer, weil § 2 I nicht definiert, welche Tage gesetzl. Feiertage sind. Der Sinn der Verweisung liegt vielmehr darin, dass sich das Feiertagsgeld nach § 11 nach den gesetzl. Feiertagen zu richten hat, die für das jeweilige Heimarbeitsverhältnis maßgeblich sind. Maßgeblich sind die Feiertage am Arbeitsort des Anspruchsberechtigten[6]. Den nach § 11 Anspruchsberechtigten steht daher für solche Feiertage ein Anspruch auf Feiertagsgeld zu, die an seinem Arbeitsort nach staatlichem Recht gesetzl. Feiertage sind. Insoweit erfolgt eine analoge Behandlung wie bei ArbN und ArbGeb. 6

---

1 ErfK/*Dörner*, § 11 EFZG Rz. 3. | 2 *Geyer/Knorr/Krasney*, § 11 EFZG Rz. 10; *Schmidt/Koberski/Tiemann/Wascher*, § 19 HAG Anh. Rz. 79, jeweils mwN. | 3 BAG v. 26.7.1979 – 3 AZR 813/78, BAGE 32, 68 = AP Nr. 34 zu § 1 FeiertagslohnzahlungsG m. Anm. *Bernert*; *Schmitt*, § 11 EFZG Rz. 33; ErfK/*Dörner*, § 11 EFZG Rz. 4; MünchArbR/*Boecken*, § 87 Rz. 20; *Vogelsang*, Entgeltfortzahlung, Rz. 960. | 4 *Müller/Berenz*, § 11 EFZG Rz. 6. | 5 AA *Vogelsang*, Entgeltfortzahlung, Rz. 960. | 6 *Geyer/Knorr/Krasney*, § 11 EFZG Rz. 12.

7 **Monokausalität** kann darüber hinaus auch deswegen nicht vom Gesetzgeber vorausgesetzt sein, weil für diejenigen, die nach § 11 anspruchsberechtigt sind, kein gesetzl. Verbot besteht, an Feiertagen zu arbeiten. Ein solches Verbot ist nur in § 9 I ArbZG enthalten; es betrifft nur ArbN. Die nach § 11 Anspruchsberechtigten sind indessen keine ArbN. Die Befürchtung einer Besserstellung der nach § 11 Anspruchsberechtigten gegenüber ArbN für den Fall, dass Heimarbeit auch an gesetzl. Feiertagen geleistet wird, hat im geltenden Recht keine Grundlage. Heimarbeit und Arbeit in Arbeitsverhältnissen sind unterschiedliche Betätigungskreise. Kann ein inhaftierter Heimarbeiter tatsächlich seine Arbeiten für den ArbGeb nicht ausüben, so führt ein solches Verständnis des § 11 nicht zu dessen ungerechtfertigter Bevorzugung[1]. Entweder hat der inhaftierte Heimarbeiter noch eine nachträglich zu erfüllenden Anspruch auf Feiertagsgeld nach § 11 III oder aber ihm steht, weil er überhaupt keine Arbeitsleistung mehr erbringt, auch kein Entgeltanspruch mehr zu.

8 **III. Höhe des Feiertagsgeldes, Referenzzeitraum.** Die Höhe des Feiertagsgeldes ist für alle Anspruchsberechtigten ohne Unterschied auf **0,72 %** des durchschnittlichen **Bruttoarbeitsentgeltes ohne Unkostenzuschläge** (§ 10 Rz. 12) im maßgeblichen Referenzzeitraum festgesetzt. Unter dem ausgezahlten reinen Arbeitsentgelt ist nicht der Nettobetrag nach Abzug von Steuern und SozV-Beträgen zu verstehen, sondern der Bruttobetrag nach Abzug sog. Unkostenzuschläge, die zB zur Beschaffung von Arbeitsmaterial gezahlt werden[2].

9 Der **Zuschlag** wird auf Grund der Verdienste im vergangenen Referenzzeitraum berechnet und insoweit nachträglich gezahlt. Fällt der gesetzl. Feiertag in die Zeit vom 1.5. bis zum 31.10., so ist Referenzzeitraum der vorangegangene Sechs-Monats-Zeitraum vom 1.11. bis zum 30.4.; fällt der gesetzl. Feiertag in den Zeitraum vom 1.11. bis zum 30.4., so ist der vorangegangene Sechs-Monats-Zeitraum vom 1.5. bis zum 31.10. Referenzzeitraum (§ 11 II 2). Auf Grund dieser relativ langen Referenzzeiträume können kurzfristige Verdienstunterschiede weniger durchschlagen; damit bleibt das Feiertagsgeld für beide Seiten kalkulierbar. Nach § 11 II 3 ist der Anspruch unabhängig davon, ob im laufenden Halbjahreszeitraum noch Beschäftigung in Heimarbeit für den Auftraggeber stattfindet. Das bedeutet, dass für den HeimArbN der Anspruch auf Feiertagsgeld auch noch nach Beendigung des Heimarbeitsverhältnisses mit dem betreffenden ArbGeb erhalten bleibt; hieraus ist andererseits schließen, dass für Feiertage innerhalb des ersten Sechs-Monats-Zeitraumes, für den noch kein (vollständiger) Referenzzeitraum abgelaufen ist, kein Anspruch auf Feiertagsgeld besteht[3].

10 **IV. Fälligkeit.** Im Regelfall ist das Feiertagsgeld im laufenden Beschäftigungsverhältnis vom Anspruchsverpflichteten mit der letzten Zahlung von Arbeitsentgelt vor dem jeweiligen Feiertag zu zahlen (§ 11 III 1). Ist indessen in den für die Entgeltzahlung vor dem Feiertag maßgeblichen Zeitraum keine Heimarbeit ausgeführt worden, ohne dass das Heimarbeitsverhältnis beendet worden ist oder beendet werden sollte, muss das Feiertagsgeld spätestens drei Tage vor dem Feiertag gezahlt werden. Werden sich die Parteien des Heimarbeitsverhältnisses über dessen Beendigung einig, so ist dem Anspruchsberechtigten bei der letzten Entgeltzahlung auch das gesamte noch offene Feiertagsgeld zu zahlen, dh. alle noch nicht gezahlten Beträge des laufenden Halbjahres, aber auch noch die offenen Beträge des nachfolgenden Halbjahres (§ 11 III 3).

11 **V. Ausgleichsanspruch.** § 11 IV normiert einen nachträglichen Ausgleichsanspruch für **Hausgewerbetreibende** oder **im Lohnauftrag arbeitende Gewerbetreibende**. Hausgewerbebetreibende und im Lohnauftrag arbeitende Gewerbetreibende sind einerseits Anspruchsberechtigte nach § 11 I, sofern sie dementsprechend gleichgestellt sind. Gegenüber ihren eigenen sog. fremden Hilfskräften (§ 2 VI HAG) sind sie aber auch verpflichtet, Entgeltfortzahlung an gesetzl. Feiertagen nach § 2 zu leisten, denn diese sind ihre ArbN. Übersteigen diese gesetzl. Leistungen den Betrag, den die Hausgewerbebetreibenden oder im Lohnauftrag arbeitenden Gewerbetreibenden ihrerseits auf Grund der Absätze 2 und 3 des § 11 erhalten haben, so haben auf ihr Verlangen ihre Auftraggeber oder Zwischenmeister den Mehrbetrag anteilig zu erstatten (§ 11 IV 1). Dabei bleibt das für Heimarbeiter und Hausgewerbetreibenden empfangene und weitergezahlte Feiertagsgeld außer Ansatz, wenn der Anspruchberechtigte selbst **gleichzeitig Zwischenmeister** ist (§ 11 IV 2). Die Anrechnungsregelung des § 11 IV 3 dient der Vermeidung von Doppelansprüchen.

12 **VI. Schutzbestimmungen.** Nach § 11 III 4 ist das Feiertagsgeld bei jeder Auszahlung in die **Entgeltbelege** (§ 9 HAG) einzutragen. Das Feiertagsgeld gilt als Entgelt iSd. Vorschriften des HAG über die Mithaftung des ArbGeb, den Entgeltschutz und die Auskunftspflicht; ggf. kann es auch nach den §§ 24–26 HAG durchgesetzt werden (§ 11 V).

1 AA ErfK/*Dörner*, § 11 EFZG Rz. 4. | 2 ErfK/*Dörner*, § 11 EFZG Rz. 5; *Schmitt*, § 11 EFZG Rz. 35; *Geyer/Knorr/Krasney*, § 11 EFZG Rz. 14. | 3 ErfK/*Dörner*, § 11 EFZG Rz. 6.

12 *Unabdingbarkeit*

Abgesehen von § 4 Abs. 4 kann von den Vorschriften dieses Gesetzes nicht zuungunsten des Arbeitnehmers oder der nach § 10 berechtigten Personen abgewichen werden.

I. Normzweck und -entstehung. § 12 normiert die ausnahmslose Unabdingbarkeit der gesetzl. Entgeltfortzahlungsregelungen durch einzelvertragl. Vereinbarungen[1] und erlaubt Abweichungen durch tarifvertragl. Normen nur iRd. § 4 IV. Diese massiven Einschränkungen der Vertragsfreiheit dienen der Sicherung des **gesetzl. Mindeststandards** für die **Entgeltfortzahlung** im Krankheitsfall und an Feiertagen **für ArbN.** Denselben Zwecken, dienten die Vorgängerbestimmungen (§ 9 LFZG[2], § 133c S. 5 GewO, § 63 I 5 HGB und § 616 II BGB). Die in § 12 normierte Unabdingbarkeit der Bestimmungen des EFZG dient dem **Schutz der ArbN** und der nach § 10 berechtigten **in Heimarbeit Beschäftigten.** Dagegen bezweckt die in § 12 normierte Unabdingbarkeit **nicht** aber **dem Schutz der Krankenkassen**[3] oder anderer Dritter. Wird ein vertraglicher Verzicht vor dem Zeitpunkt der den gesetzl. Forderungsübergang auslösenden Leistung der Krankenkasse, also vor der Zahlung des Krankengeldes wirksam, so besteht keine Forderung mehr, und es kommt aus diesem Grund nicht zum gesetzl. Forderungsübergang nach § 115 SGB X. Das verstößt nicht gegen § 12. 1

II. Unabdingbare/Abweichungsverbote. § 12 Alt. 1 betrifft das Verbot, durch Rechtsgeschäft von den Bestimmungen des EFZG zu Lasten des ArbN abzuweichen. Soweit es um Ansprüche der nach § 10 berechtigten, in Heimarbeit Beschäftigten geht, lässt § 12 keinerlei Abweichungen zu deren Ungunsten zu. Allerdings sind hinsichtlich der Leistungen für die Sicherung im Fall krankheitsbedingter Arbeitsunfähigkeit Abweichungen von den materiellen gesetzl. Regelungen iRd. Öffnungsklausel des § 10 IV möglich; dagegen sind keine ausdrücklichen Abweichungen hinsichtlich der Entgeltfortzahlung für gesetzl. Feiertage für nach § 11 Berechtigte geregelt (Einzelheiten Rz. 13 ff.). 2

1. Gegenstand und Umfang des Abweichungsverbots für Arbeitnehmer. § 12 bezieht sich nur auf die **Bestimmungen des EFZG.** Sonstige Bestimmungen über die Entgeltfortzahlung im Verhinderungsfall aus anderen Gründen, etwa § 616 BGB, sind von § 12 ebenso wenig erfasst wie sonstige Ansprüche des geschädigten ArbN, zB auf unfallbedingten sonstigen Schadenersatz. Ausdrücklich nimmt § 12 **Tarifregelungen** gemäß § 4 IV über die Entgeltfortzahlung wegen krankheitsbedingter Arbeitsunfähigkeit oder an Feiertagen vom Abweichungsverbot aus. Die Wirksamkeit von Vereinbarungen, die von solchen Tarifregelungen abweichen, ist nicht in § 12 zu messen, sondern an § 4 III TVG. 3

Das Gesetz verbietet nicht jede Abweichung, sondern nur **Abweichungen zu Ungunsten des ArbN** und der nach § 10 und § 11 Anspruchsberechtigten. Abweichende Vereinbarungen sind damit zulässig, soweit sie für ArbN günstiger sind. Dagegen sind zu Lasten der ArbN abweichende Vereinbarungen generell untersagt. Hiervon macht das Gesetz eine einzige Ausnahme, nämlich für tarifvertragl. Vereinbarungen iSd. § 4 IV (vgl. § 4 Rz. 43 ff.). Obwohl – im Gegensatz zu § 4 IV – in § 12 nicht erwähnt, sind auch **Vereinbarungen über die frühere Vorlage von Arbeitsunfähigkeitsbescheinigungen** oder die Ausübung eines entsprechenden Weisungsrechtes durch den ArbGeb vom Abweichungsverbot des § 12 nicht erfasst[4]. Auch (tarifvertragl.) **Ausschlussfristen** stellen keine Abweichung iSd. § 12 dar[5]. Dies setzt voraus, dass die Ausschlussfrist den normalen Vergütungsanspruch erfasst (§ 3 Rz. 7). Gleiches gilt für die Einrede der Verjährung (§ 3 Rz. 7). 4

Ebenso wenig sind von § 12 Vereinbarungen über **Sondervergütungen** erfasst, in denen unter Beachtung der Regelungen in § 4a gleichzeitig die Kürzung wegen Arbeitsverhinderung infolge krankheitsbedingter Arbeitsunfähigkeit und/oder infolge Teilnahme an einer Maßnahme der medizinischen Vorsorge und Rehabilitation (§ 9) vereinbart worden ist. Auch insoweit handelt es sich lediglich um die Ausschöpfung des gesetzl. Gestaltungsrahmens des Entgeltfortzahlungsgesetzes. 5

2. Art und Inhalt von Abweichungsvereinbarungen. Das Abweichungsverbot des § 12 erfasst alle Arten von Vereinbarungen, vor allem den Arbeitsvertrag und alle anderen **Individualvereinbarungen** zwischen ArbN und ArbGeb, **BV**[6]. Auch **TV** werden von der Unabdingbarkeitsregel erfasst, wenn sich die darin enthaltenen Abweichungen nicht im Rahmen des § 4 IV halten[7]. Alle Vereinbarungen, die von vornherein die **Entstehung von Ansprüchen** nach dem EFZG vermeiden oder beschneiden sollen, verstoßen gegen das Unabdingbarkeitsgebot des § 12[8]. Dies gilt auch für den Fall des **Verzichtes** auf Ansprüche vor deren Fälligkeit, gleichgültig, ob der Verzicht in einem Verzichtsvertrag (§ 397 BGB), einer im Arbeitsleben üblichen Ausgleichsquittung (idR ein formloser Verzichtsvertrag) oder in einem gerichtlichen oder außergerichtlichen Vergleich (§ 779 BGB) erfolgt[9]. Dagegen kann der ArbN auf entstandene und fällig ge- 6

1 BAG v. 9.10.2002 – BAGE 103, 60, NZA 2003, 978. | 2 Lohnfortzahlungsgesetz – LFZG – v. 27.7.1961 (BGBl. I S. 946). | 3 BAG v. 11.6.976 – 5 AZR 506/75, AP Nr. 2 zu § 9 LohnFG. | 4 BAG v. 25.1.2000 – 1 ABR 3/99, BAGE 93, 276; v. 1.10.1997 – 5 AZR 726/96, BAG 86, 357 = AP Nr. 5 zu § 5 EntgeltFG. | 5 BAG v. 16.1.2002 – 5 AZR 430/00, AP Nr. 13 zu § 3 EntgeltFG; ErfK/*Dörner*, § 12 EFZG Rz. 7. | 6 BAG v. 13.2.2002 – 5 AZR 470/00, BAGE 100, 256. | 7 BAG v. 26.9.2001 – 5 AZR 539/00, BAGE 99, 112. | 8 BAG in st. Rspr., statt vieler BAG v. 20.8.1980 – 5 AZR 218/78, AP Nr. 11 zu § 6 LohnFG; *Schmitt*, § 12 EFZG Rz. 18; KDHK/*Hold*, § 12 EFZG Rz. 20; *Geyer/Knorr/Krasney*, § 12 EFZG Rz. 17; ErfK/*Dörner*, § 5 EFZG Rz. 12. | 9 BAG in st. Rspr., statt vieler BAG v. 20.8.1980 – 5 AZR 218/78, AP Nr. 11 zu § 6 LohnFG; *Schmitt*, § 12 EFZG Rz. 18; KDHK/*Hold*, § 12 EFZG Rz. 20; *Geyer/Knorr/Krasney*, § 12 EFZG Rz. 17; ErfK/*Dörner*, § 12 EFZG Rz. 4.

wordene Ansprüche nach dem Entgeltfortzahlungsgesetz verzichten, wenn dieser Verzicht anlässlich oder nach Beendigung des Arbeitsverhältnisses erklärt wird[1].

7 Zu Unrecht hält ein Teil des Schrifttums auch den **Verzicht auf entstandene und fällige Ansprüche** für mit § 12 nicht vereinbar[2]. Der insoweit bemühte Vergleich mit § 13 BUrlG, wonach auf den gesetzl. Urlaub nicht verzichtet werden könne, und die dazu ergangene Rspr.[3] vermögen nicht zu überzeugen. Abgesehen davon, dass die Rspr. zur Unverzichtbarkeit des Anspruchs auf entstandenen Urlaub nach oder anlässlich der Beendigung des Arbeitsverhältnisses kritisch zu hinterfragen ist, ist auch die insoweit gezogene Parallele nicht geboten. Beim Urlaubsanspruch geht es der Sache nach um die tatsächliche Gewährung von Urlaub, der, weil noch Anspruch auf den (restlichen) Erholungsurlaub besteht, noch nicht fällig war, mithin um einen Anspruch auf den tatsächlichen künftigen Verzicht auf Arbeitsleistung unter Aufrechterhaltung der Bezahlung. Beim Anspruch nach § 12 geht es dagegen, soweit dieser entstanden ist, nicht mehr darum, den ArbN genügend Zeit zur Wiederherstellung seiner Gesundheit zu lassen oder gelassen zu haben, sondern allein um den auf diese Zeit entfallenden, fortzuzahlenden Entgeltanspruch. Der Entgeltanspruch steht aber, sobald er entstanden und fällig geworden ist, völlig zur Disposition des ArbN. Auf einen Entgeltanspruch (§ 611 I BGB) kann aber jeder ArbN nach dessen Entstehung und Fälligkeit im Rahmen eines bestehenden Arbeitsverhältnisses wirksam verzichten[4]. Der Zweck des § 12 erfordert keine weiter gehende Einschränkung. Nach den Regelungen des EFZG soll der ArbN sicher sein, im Fall seiner Erkrankung den Lohn bis zur Dauer von sechs Wochen weiter zu erhalten, er soll also, wenn er erkrankt ist, ohne Sorge um seinen Lebensunterhalt seine Krankheit ausheilen können. Dies wäre zwar nicht möglich, wenn der Anspruch auf Entgeltfortzahlung im Vornherein ausgeschlossen oder beschränkt werden könnte. Der so umrissene Zweck erfordert aber kein Verbot des nachträglichen Verzichts auf den Entgeltfortzahlungsanspruch. Entgelt, auch das im Krankheitsfall fortzuzahlende Arbeitsentgelt, wird nachträglich gezahlt (§ 614 BGB). Wenn der ArbN bei oder nach Fälligkeit des Entgeltfortzahlungszeitpunktes den Anspruch erlässt, wird er damit nicht mehr rückwirkend für die Zeit der bisherigen Dauer der Arbeitsunfähigkeit in Sorge um seinen Lebensunterhalt versetzt. Er kann beurteilen, ob er das am Fälligkeitstag zu zahlende Arbeitsentgelt für seinen Lebensunterhalt in der Zukunft benötigt oder nicht[5]. Dagegen ist es nach der Rspr. des BAG **mit der Unabdingbarkeitsregel** des Entgeltfortzahlungsrechts **unvereinbar**, während des Bestehens des Arbeitsverhältnisses auf einen **entstandenen**, fällig gewordenen **Entgeltfortzahlungsanspruch** wegen krankheitsbedingter Arbeitsunfähigkeit zu **verzichten**[6]. Das BAG hat sich von dem Gedanken leiten lassen, die Unabdingbarkeit der gesetzl. Ansprüche solle der bis zum letzten Tag des Arbeitsverhältnisses bestehenden Abhängigkeit des ArbN vom ArbGeb entgegenwirken. Diese Auffassung ist im Schrifttum auf geteilte Aufnahme gestoßen[7]. Unter dem Gesichtspunkt, dass der Entgeltfortzahlungsanspruch nichts anderes ist als ein aufrechterhaltender Entgeltanspruch und der ArbN nach Entstehung und Fälligkeit eines Entgeltanspruchs jederzeit auf diesen verzichten kann, ist die Auffassung nicht zu teilen, dass während des Bestehens eines Arbeitsverhältnisses auf entstandene und fällig gewordene Entgeltfortzahlungsansprüche nicht verzichtet werden könne.

8 Von § 12 unberührt bleiben sog. **Tatsachenvergleiche**, dh. Vergleiche, die zur Beilegung von Meinungsverschiedenheiten geschlossen werden, wenn unter den Beteiligten streitig ist, ob die für die Entgeltfortzahlung vorausgesetzten Tatsachen vorliegen[8].

9 **Beispiele:**

1. Im Arbeitsvertrag ist vereinbart, das Entgeltfortzahlung im Krankheitsfall nur für die tarifvertragl. Regelarbeitszeit, nicht aber für die ständig anfallenden Überstunden geleistet wird. Dies verstößt gegen § 12 EFZG.

2. Der ArbN ist arbeitsunfähig krank; nach seiner Krankheit kommt es zu einer vergleichsweisen rückwirkenden Auflösung des Arbeitsverhältnisses. Der ArbN verzichtet gegenüber dem ArbGeb auf bisher entstandenen und fällig gewordene Ansprüche auf Entgeltfortzahlung im Krankheitsfall. Der Verzicht verstößt nicht gegen § 12 EFZG.

3. Der ArbN ist arbeitsunfähig krank; das Arbeitsverhältnis wird nicht aufgelöst. Mit Rücksicht auf die Wirtschaftslage des ArbGeb (und im Hinblick auf das von der Krankenkasse zu erwartende Krankengeld) verzichtet der ArbN durch Vertrag mit dem ArbGeb auf bisher entstandene und fällig gewordene

---

1 BAG v. 20.8.1980 – 5 AZR 955/78, AP Nr. 12 zu § 6 LohnFG; v. 20.8.1980 – 5 AZR 218/78, AP Nr. 11 zu § 6 LohnFG; v. 11.6.1976 – 5 AZR 506/75, AP Nr. 2 zu § 9 LohnFG; KDHK/*Hold*, § 12 EFZG Rz. 24; *Schmitt*, § 12 EFZG Rz. 21; *Geyer/Knorr/Krasney*, § 12 EFZG Rz. 23; HzA/*Vossen*, Gruppe 2 Rz. 615; *Helml*, § 12 EFZG Rz. 12; *Müller/Berenz*, § 12 EFZG Rz. 11; *Worzalla/Süllwald*, § 12 EFZG Rz. 12. | 2 (Wohl) zuerst *Trieschmann*, Anm. zu AP Nr. 18 zu § 6 LohnFG; ErfK/*Dörner*, § 12 EFZG Rz. 6; *Vogelsang*, Entgeltfortzahlung, Rz. 869; *Kunz/Wedde*, § 12 EFZG Rz. 26. | 3 *Vogelsang*, Entgeltfortzahlung, Rz. 869. | 4 HzA/*Vossen*, Gruppe 2 Rz. 613. | 5 Vgl. BAG v. 20.8.1980 – 5 AZR 218/78, AP Nr. 11 zu § 6 LohnFG, unter III.2.a d.Gr. | 6 BAG v. 28.11.1979 – 5 AZR 955/77, AP Nr. 10 zu § 6 LohnFG. | 7 Zust. *Müller/Berenz*, § 12 EFZG Rz. 9; *Kunz/Wedde*, § 12 EFZG Rz. 25; abl. *Schmitt*, § 12 EFZG Rz. 19; KDHK/*Hold*, § 12 EFZG Rz. 26; HzA/*Vossen*, Gruppe 2 Rz. 613 f.; *Geyer/Knorr/Krasney*, § 12 EFZG Rz. 18; *Worzalla/Süllwald*, § 12 EFZG Rz. 8. | 8 BAG v. 21.12.1972 – 5 AZR 319/72, AP Nr. 1 zu § 9 LohnFG; KDHK/*Hold*, § 12 EFZG Rz. 26; ErfK/*Dörner*, § 13 EFZG Rz. 6.

Arbeitsentgeltansprüche. Ein solcher Verzicht ist nach der Rspr. des BAG wegen Verstoßes gegen § 12 unwirksam, nach der hier vertretenen Auffassung dagegen wirksam.

4. Ein ArbN ist ohne Fremdeinwirkung verunglückt. Zwischen ArbN und ArbGeb herrscht Streit darüber, ob der Hergang des Unglücks so war, dass dem ArbN der Vorwurf des Verschuldens iSd. § 3 zu machen ist. Der Streit wird dadurch beigelegt, dass die Parteien sich einigen, dass der ArbGeb auch für die Zukunft in diesem Fall keine Entgeltfortzahlung im Krankheitsfall zu leisten hat. Als Tatsachenvergleich fällt eine solche Regelung nicht unter § 12.

3. Abweichungen zu Ungunsten des Arbeitnehmers. Um erkennen zu können, ob eine Regelung oder Vereinbarung zu Ungunsten des ArbN von den Bestimmungen des EFZG abweicht, bedarf es eines **Günstigkeitsvergleichs**. Bei punktuellen Benachteiligungen ist der Günstigkeitsvergleich einfach zu vollziehen; insoweit wird nur die Regelung mit der Gesetzeslage verglichen. Ein **punktueller Einzelvergleich** soll aber auch Platz greifen bei komplexen Regelungen, mit denen sowohl zu Lasten als auch zu Gunsten des ArbN von der gesetzl. Regelung abgewichen wird[1]. Bei **der vergleichenden Abwägung** könnten zwar begünstigende und belastende Regelungen uU als ingesamt (latent) zu Gunsten des ArbN vom Gesetz abweichend verstanden werden. Eine solche Betrachtung ist rechtlich jedoch unzulässig[2]; bei einem punktuellen Vergleich muss sie als ungünstiger angesehen werden, wenn zB für die ersten drei Tage krankheitsbedingter Arbeitsunfähigkeit keine Entgeltfortzahlung geleistet wird, weil der ArbN für die Zeit keinen Nachweis zu erbringen hatte. 10

Arbeitsvertragl. kann der Anspruch auf Bezahlung regelmäßiger zusätzlicher Arbeitsleistungen nicht für Tage ausgeschlossen werden, an denen der ArbN feiertagsbedingt nicht arbeitet[3]. Als Abweichung zu Lasten des ArbN ist auch angesehen worden, wenn die Entgeltfortzahlung von einer **zusätzlichen weiteren ärztlichen Untersuchung** abhängig gemacht wird[4]. Ebenso weicht die Vereinbarung über die **Nichtberücksichtigung von Wegegeldern**, die unabhängig von tatsächlichen Aufwendungen gezahlt werden, zu Lasten des ArbN vom Entgeltfortzahlungsrecht ab[5]. Das Gleiche gilt, wenn eine laufend gezahlte **Anwesenheitsprämie** bei der Berechnung des Entgeltfortzahlungsanspruchs nicht berücksichtigt wird[6]. Dagegen liegt kein Verstoß gegen das EFZG vor, wenn eine **Sonderzahlung** im Rahmen des § 4a wegen krankheitsbedingter Arbeitsunfähigkeit vereinbarungsgemäß gekürzt wird. 11

Die **Rechtsfolge** einer § 12 verstoßenden **Vereinbarung** liegt darin, dass sie nach § 134 BGB **nichtig** ist. Bei einer Individualvereinbarung ist dann zu prüfen, ob sie Vereinbarung, dh. der ganze Vertrag, nichtig ist oder ob insoweit ein Fall der **Teilnichtigkeit** vorliegt und inwieweit die Vereinbarung auch ohne den nichtigen Teil aufrecht zu erhalten ist (§ 139 BGB). Bei Abweichungen in BV und TV gilt Vergleichbares. In aller Regel genügt hier jedoch, die gegen § 12 verstoßende Regelung nicht und an deren Stelle das Gesetz anzuwenden[7]. 12

III. Unabdingbarkeit/Abweichungsverbot in Heimarbeitsverhältnissen. Nach § 12 darf von den Vorschriften des EFZG auch nicht zu Ungunsten der nach § 10 berechtigten Personen abgewichen werden. Dies betrifft die in Heimarbeit Beschäftigten hinsichtlich des Anspruchs auf einen **Zuschlag wegen krankheitsbedingter Arbeitsunfähigkeit**. Scheinbar anders ist es hinsichtlich des **Feiertagsbezahlung** nach § 11. Diese Bestimmung ist in § 12 nicht erwähnt. Konsequenterweise müsste man annehmen, dass von den Regelungen über das Feiertagsgeld zu Lasten der für die in Heimarbeit Beschäftigten abgewichen werden dürfe. Dies trifft nicht zu. Vielmehr handelt es sich bei der Nichtwähnung des § 11 in § 12 um ein **Redaktionsversehen des Gesetzgebers** und nicht eine bewusst unterschiedliche Behandlung der in Heimarbeit Beschäftigten im Fall der krankheitsbedingten Arbeitsunfähigkeit und im Fall des Feiertagsgeldes. 13

Im Unterschied zum Entgeltfortzahlungsrecht für ArbN hat das BAG angenommen, in Heimarbeit Beschäftigte könnten auf den Zuschlag nach § 10 I 1 nicht **wirksam verzichten**; dabei hat es allerdings offen gelassen, obgleich wohl ein Erlassvertrag nach § 397 BGB zu dem Zeitpunkt möglich ist, in dem sich entweder der in Heimarbeit Beschäftigte bzw. Gleichgestellte oder sein Auftraggeber offensichtlich endgültig aus der Betätigung in Heimarbeit zurückgezogen haben[8]. Ebenso hat es die Unverzichtbarkeit auch auf einem bereits entstandenen und fällig gewordenen Anspruch auf Feiertagsgeld angenommen[9]. 14

---

1 *Schmitt*, § 12 EFZG Rz. 25; KDHK/*Hold*, § 12 EFZG Rz. 4; ErfK/*Dörner*, § 13 EFZG Rz. 7. | 2 BAG v. 22.8.2001 – 5 AZR 699/99, AP Nr. 11 zu § 3 EntgeltFG = NZA 2002, 610; ErfK/*Dörner*, § 13 EFZG Rz. 7. | 3 BAG v. 16.1.2002 – 5 AZR 303/00, AP Nr. 7 zu § 2 EntgeltFG. | 4 BAG v. 4.10.1978 – 5 AZR 326/77, AP Nr. 3 zu § 3 LohnFG. | 5 BAG v. 11.2.1976 – 5 AZR 615/74, AP Nr. 10 zu § 611 BGB – Anwesenheitsprämie. | 6 BAG v. 4.10.1978 – 5 AZR 886/77, AP Nr. 11 zu § 611 BGB – Anwesenheitsprämie. | 7 Vgl. für einen TV BAG v. 26.9.2001 – 5 AZR 539/00, BAGE 99, 112; für eine BV BAG v. 13.2.2002 – 5 AZR 470/00, BAGE 100, 256. | 8 BAG v. 28.7.1966 – 5 AZR 63/66, BAGE 19, 34 = AP Nr. 2 zu § 25 HAG. | 9 *Schmitt*, § 12 EFZG Rz. 22.

13 *Übergangsvorschrift*
Ist der Arbeitnehmer von einem Tag nach dem 9. Dezember 1998 bis zum 1. Januar 1999 oder darüber hinaus durch Arbeitsunfähigkeit infolge Krankheit oder infolge einer Maßnahme der medizinischen Versorgung oder Rehabilitation an seiner Arbeitsleistung verhindert, sind für diesen Zeitraum die seit dem 1. Januar 1999 geltenden Vorschriften maßgebend, es sei denn, dass diese für den Arbeitnehmer ungünstiger sind.

1 Durch das sog. **Korrekturgesetz**[1] wurden Verbesserungen zu Gunsten der ArbN, aber auch Verschlechterungen in das EFZG eingefügt; das Gesetz selbst trat erst am 1.1.1999 in Kraft. Mit § 13 idF des Art. 7 Nr. 5 des Korrekturgesetzes wurde eine **begrenzte Rückwirkung** angeordnet[2], nämlich auf den Tag, in dem der Deutsche Bundestag das Gesetz beschlossen hatte (9.12.1998). Die Auswirkung der Übergangsbestimmung waren auf alle durch das sog. Korrekturgesetz geänderte Normen unterschiedlich[3].

1 Gesetz zu Korrekturen in der Sozialversicherung und zur Sicherung der Arbeitnehmerrechte v. 19.12.1998 – BGBl. I S. 3843. |2 *Schaub*, NZA 1999, 177. |3 Einzelheiten: ErfK/*Dörner*, 2. Aufl., § 13 EFZG Rz. 4–9; KDHK/*Kleinsorge*, § 13 EFZG Rz. 4.

Einführungsgesetz zum Bürgerlichen Gesetzbuch

in der Fassung der Bekanntmachung vom 21.9.1994 (BGBl. I S. 2494, ber. I 1997, S. 1061), zuletzt geändert durch Gesetz vom 26.3.2008 (BGBl. I S. 441)

– Auszug –

Art. 27 *Freie Rechtswahl*

(1) Der Vertrag unterliegt dem von den Parteien gewählten Recht. Die Rechtswahl muss ausdrücklich sein oder sich mit hinreichender Sicherheit aus den Bestimmungen des Vertrages oder aus den Umständen des Falles ergeben. Die Parteien können die Rechtswahl für den ganzen Vertrag oder nur für einen Teil treffen.

(2) Die Parteien können jederzeit vereinbaren, dass der Vertrag einem anderen Recht unterliegen soll als dem, das zuvor auf Grund einer früheren Rechtswahl oder auf Grund anderer Vorschriften dieses Unterabschnitts für ihn maßgebend war. Die Formgültigkeit des Vertrages nach Artikel 11 und Rechte Dritter werden durch eine Änderung der Bestimmung des anzuwendenden Rechts nach Vertragsabschluss nicht berührt.

(3) Ist der sonstige Sachverhalt im Zeitpunkt der Rechtswahl nur mit einem Staat verbunden, so kann die Wahl des Rechts eines anderen Staates – auch wenn sie durch die Vereinbarung der Zuständigkeit eines Gerichts eines anderen Staates ergänzt ist – die Bestimmungen nicht berühren, von denen nach dem Recht jenes Staates durch Vertrag nicht abgewichen werden kann (zwingende Bestimmungen).

(4) Auf das Zustandekommen und die Wirksamkeit der Einigung der Parteien über das anzuwendende Recht sind die Artikel 11, 12 und 29 Abs. 3 und Artikel 31 anzuwenden.

Art. 30 *Arbeitsverträge und Arbeitsverhältnisse von Einzelpersonen*

(1) Bei Arbeitsverträgen und Arbeitsverhältnissen darf die Rechtswahl der Parteien nicht dazu führen, dass dem Arbeitnehmer der Schutz entzogen wird, der ihm durch die zwingenden Bestimmungen des Rechts gewährt wird, das nach Absatz 2 mangels einer Rechtswahl anzuwenden wäre.

(2) Mangels einer Rechtswahl unterliegen Arbeitsverträge und Arbeitsverhältnisse dem Recht des Staates,

1. in dem der Arbeitnehmer in Erfüllung des Vertrages gewöhnlich seine Arbeit verrichtet, selbst wenn er vorübergehend in einen anderen Staat entsandt ist, oder

2. in dem sich die Niederlassung befindet, die den Arbeitnehmer eingestellt hat, sofern dieser seine Arbeit gewöhnlich nicht in ein und demselben Staat verrichtet,

es sei denn, dass sich aus der Gesamtheit der Umstände ergibt, dass der Arbeitsvertrag oder das Arbeitsverhältnis engere Verbindungen zu einem anderen Staat aufweist; in diesem Fall ist das Recht dieses anderen Staates anzuwenden.

Art. 34 *Zwingende Vorschriften*

Dieser Unterabschnitt berührt nicht die Anwendung der Bestimmungen des deutschen Rechts, die ohne Rücksicht auf das auf den Vertrag anzuwendende Recht den Sachverhalt zwingend regeln.

1 **I. Allgemeines.** Das sog. „Internationale Arbeitsrecht" wird maßgeblich von den Art. 27, 30 und 34 EGBGB bestimmt. Dabei wird hier unter „Internationalem Arbeitsrecht" das Arbeitskollisionsrecht verstanden. Der Begriff ist damit von dem des Arbeitsvölkerrechts und dem des europäischen Arbeitsrechts zu unterscheiden. Das Arbeitsvölkerrecht ist ein durch multilaterale Übereinkommen (vgl. auch EGV Vorb. Rz. 2 ff.) geschaffenes Recht. Eine herausragende Rolle spielen die IAO (Internationale Arbeitsorganisation) und das IAA (Internationales Arbeitsamt)[1]. Der Begriff des europäischen Arbeitsrechts erfasst zum einen das Recht, welches durch Rechtsakte der Europäischen Gemeinschaft geschaffen wurde; es erfasst ebenfalls das europäische Arbeitsvölkerrecht, also den Teil des Arbeitsvölkerrechts, welcher sich auf die europäischen Staaten bezieht. Demgegenüber ist das Internationale Arbeitsrecht **nationales Recht**. Es beschäftigt sich allein mit der Frage, **welches nationale Recht anwendbar ist**, wenn ein Sachverhalt eine Verbindung zum Ausland (sog. Auslandsberührung) aufweist, zB weil die Beschäftigung im Ausland erfolgt oder der ArbN eine ausländische Staatsangehörigkeit oder das beschäftigende Unternehmen seinen Sitz im Ausland hat.

2 Da das Internationale Arbeitsrecht nationales Recht ist, unterscheiden sich die Internationalen Arbeitsrechte der einzelnen Staaten. Der deutsche Richter wird die Frage, welches Recht in einem Fall mit Auslandsberührung Anwendung findet, daher möglicherweise anders beantworten als sein Kollege im Ausland (vgl. aber Rz. 5). Verspricht eine Klage vor dem deutschen Richter und der von ihm anzuwendenden Rechtsordnung wenig Aussicht auf Erfolg, ist die Möglichkeit einer **Klage im Ausland** zu untersuchen. Der ausländische Richter wird ggf. eine andere Rechtsordnung anzuwenden haben, welche dem Klagebegehren möglicherweise entsprechen würde. Dabei sind die Fragen der Kosten eines solchen Rechtsstreits sowie die Frage der Vollstreckbarkeit der ausländischen Entscheidung einer sorgfältigen Prüfung zu unterziehen. Die folgenden Ausführungen beschränken sich auf die Darstellung des deutschen Internationalen Arbeitsrechts.

3 **II. Internationale Gerichtsbarkeit.** Soll in einem Fall mit Auslandsberührung die Klage vor einem deutschen Gericht anhängig gemacht werden, ist zunächst zu untersuchen, ob das deutsche Gericht international zuständig ist[2]. Die internationale Zuständigkeit wird für arbeitsrechtl. Klagen vorrangig durch die am 1.2.2002 in Kraft getretene EG-VO 44/2001 über die gerichtliche Zuständigkeit und die Anerkennung und Vollstreckung von Entscheidungen in Zivil- und Handelssachen[3] geregelt. Sie ist in sämtlichen Mitgliedstaaten der EG außer Dänemark anwendbar[4]. Nach Art. 18, 19 der VO kann der ArbGeb ua. in dem Mitgliedstaat Klage erheben, in dem der ArbGeb seinen Sitz (Art. 60 der VO) hat oder in dem der ArbN gewöhnlich seine Arbeit verrichtet[5]. Nach Art. 20 I der VO kann der ArbN lediglich in dem Mitgliedstaat verklagt werden, in welchem er seinen Wohnsitz hat. Gem. Art. 21 ist eine Vereinbarung über den internationalen Gerichtsstand nur nach Entstehung der Streitigkeit zulässig oder wenn die Vereinbarung dem ArbN weitere Gerichtsstände einräumt.

4 Ist der Anwendungsbereich der VO und der Übereinkommen nicht eröffnet, richtet sich die internationale Zuständigkeit, soweit nicht spezialgesetzl. Regelungen greifen (insb. § 8 AEntG), spiegelbildlich nach den Regelungen über die örtliche Zuständigkeit der ZPO[6]. Der ArbGeb kann also ua. in der Bundesrepublik Deutschland verklagt werden, wenn er hier seinen Verwaltungssitz (§ 17 ZPO analog)[7], seine Niederlassung (§ 21 ZPO analog) oder uU auch nur ein Büro (§ 23 ZPO analog[8]) hat. Gegen den ArbN kann in Deutschland ua. Klage erhoben werden, wenn er hier seinen Wohnsitz (§ 13 ZPO analog) oder er

1 Weiterf. MünchArbR/*Birk*, § 17 Rz. 1 ff. | 2 Dazu *Trenner*, Internationale Gerichtsstände in grenzüberschreitenden Arbeitsvertragsstreitigkeiten, 2002; *Junker*, NZA 2005, 199 ff. Zum Verhältnis zur Rechtswegsprüfung LAG Köln v. 30.7.2004 – 2 Ta 219/04, LAGE § 2 ArbGG 1979 Nr. 46. | 3 V. 22.12.2000, ABl. EG 2001 L-12/1. Mit dem Beitritt der neuen Mitgliedstaaten (EGV, Vorb. Rz. 5) erstreckt sich die VO 44/2001 auf diese, vgl. Beitrittsakte, Anhang II. 18, ABl. EG 2003, L-236/711. | 4 Art. 1 Abs. 3 der VO. Die Verordnung ersetzt das (inhaltlich ähnliche) Brüsseler Übereinkommen über die gerichtliche Zuständigkeit und die Vollstreckung gerichtlicher Entscheidungen in Zivil- und Handelssachen (EuGVÜ) v. 27.9.1968, ABl. EG 1998 C-27/1 (konsolidierte Fassung), welches im Verhältnis zu Dänemark anwendbar bleibt. Für die EFTA-Staaten (Norwegen, Island, Schweiz) gilt das dem Brüsseler Übereinkommen weitgehend entsprechende Übereinkommen von Lugano v. 16.9.1988, ABl. EG 1988 L-319/9. | 5 BAG v. 29.5.2002 – 5 AZR 141/01, AP Nr. 17 zu § 38 ZPO – Internationale Zuständigkeit. Zum gewöhnlichen Arbeitsort *Junker*, FS Heldrich, 2005, S. 719, 722 ff. Zum Arbeitnehmerbegriff: vgl. BAG v. 20.8.2003 – 5 AZR 45/03, AP Nr. 1 zu Art. 5 Lugano-Abkommen. | 6 BAG v. 15.2.2005 – 9 AZR 116/04, AP Nr. 15 zu § 612 BGB; v. 16.2.2000 – 4 AZR 14/99, AP Nr. 54 zu § 2 TVG. | 7 Vgl. BAG v. 3.5.1995 – 5 AZR 15/94, AP Nr. 32 zu Internat. Privatrecht Arbeitsrecht. | 8 BAG v. 12.12.2001 – 5 AZR 255/00, AP Nr. 10 zu Art. 30 EGBGB nF; LAG Köln v. 26.4.2006 – 7 Sa 181/04, nv. Lediglich Konto bei deutscher Bank: BAG v. 17.7.1997 – 8 AZR 328/95, AP Nr. 13 zu § 38 ZPO.

die Arbeitsleistung in Deutschland zu erbringen hat[1] (§ 29 ZPO analog). In betriebsverfassungsrechtl. Streitigkeiten ist entsprechend auf § 82 ArbGG abzustellen[2].

III. Rechtsnormen. Das deutsche Arbeitskollisionsrecht wird maßgeblich durch die Art. 27, 30 und 34 geregelt. Diese gehen zurück auf das Europäische Schuldvertragsübereinkommen vom 19.6.1980[3]. Das bedeutet, dass das Arbeitskollisionsrecht der Staaten, die dieses Abkommen ratifiziert haben[4], übereinstimmt. Die Normen betreffen das Individualarbeitsrecht. Sie werden voraussichtlich 2009 durch die sog. **Rom I-VO** über das auf vertragl. Schuldverhältnisse anzuwendende Recht[5] verdrängt. Das kollektive Arbeitskollisionsrecht (internationales Betriebsverfassungsrecht, Arbeitskampfrecht und Tarifrecht) ist nur in Ansätzen kodifiziert und weitgehend ungeklärt (Rz. 40 ff.). 5

IV. Internationales Individualarbeitsrecht. Bei individualarbeitsrechtl. Sachverhalten, die eine Verbindung zum Recht eines ausländischen Staates haben, bestimmen die Art. 27, 30 und 34, welche Rechtsordnung Anwendung findet[6]. 6

1. Zeitlicher Anwendungsbereich. Diese Normen sind auch anzuwenden, wenn der entsprechende Arbeitsvertrag bereits vor ihrem Inkrafttreten am 1.9.1986 geschlossen wurde, da es sich bei einem Arbeitsvertrag nicht um einen „abgeschlossenen Vorgang" iSd. Art. 220 I handelt[7]. 7

2. Inhaltlicher Anwendungsbereich. Der inhaltliche Anwendungsbereich des Art. 30 ist eröffnet, wenn der Sachverhalt einen **Arbeitsvertrag** bzw. ein (zB auch nur faktisches) **Arbeitsverhältnis** betrifft. Auf die Wirksamkeit des Vertrages kommt es also nicht an, Art. 32 I Nr. 5. Die Frage der Qualifikation, dh. die Frage danach, ob es sich um einen Arbeitsvertrag handelt oder zB um einen selbständigen Dienstvertrag, entscheidet die hM durch Auslegung des Art. 30 zugrunde liegenden EG-Übereinkommens[8]. Zutreffend ist, dass gem. Art. 36 auf eine einheitliche Auslegung im Verhältnis zu den anderen Vertragsstaaten geachtet werden muss. Wegen der großen Übereinstimmungen bei der Auslegung des Begriffs „Arbeitsvertrag" dürfte eine Orientierung am deutschen materiell-rechtl. Arbeitsvertragsbegriff zulässig sein[9]. Ein Auslegung, die dem ArbN-Begriff in Art. 39 EGV (dazu EGV Art. 39 Rz. 14 ff.) folgte, wird vielfach favorisiert[10]. Sie führte aber zu einer erheblichen Ausweitung des Anwendungsbereichs. Sie ist auch nicht zwingend, da das es keinen einheitlichen europarechtlichen ArbN-Begriff gibt (Art. 39 EGV Rz. 13)[11]. 8

Die Regelungen des EGBGB finden ferner nur Anwendung, wenn der Sachverhalt eine sog. **Auslandsberührung** aufweist (Rz. 1). Eine ausreichende Auslandsberührung ist allerdings bereits gegeben, wenn die Parteien durch Vereinbarung ihr Rechtsverhältnis einer ausländischen Rechtsordnung unterstellen (sog. Rechtswahl, Rz. 11 ff.). 9

3. Bestimmung des anzuwendenden Rechts. Die Bestimmung des anzuwendenden Rechts richtet sich zunächst nach Art. 27; es ist also zu prüfen, ob die Parteien (ggf. konkludent) eine bestimmte Rechtsordnung wirksam gewählt haben (Rz. 11). Ist das nicht der Fall, ist die anwendbare Rechtsordnung gem. Art. 30 I objektiv zu bestimmen (Rz. 15). Haben die Parteien jedoch eine wirksame Rechtswahl getroffen, ist weiter zu prüfen, ob zum Schutze des ArbN zwingende Bestimmungen einer anderen Rechtsordnung eingreifen, von denen die Parteien nicht abweichen können (Art. 27 III, 30 I, 6, 34, vgl. Rz. 25 ff.). 10

a) Rechtswahl. aa) Grundsätzliches. Nach Art. 27, 30 I ist vorrangig die Rechtsordnung anwendbar, welche die Parteien gewählt haben. Die Parteien können also unter den in Art. 30 I bestimmten Einschränkungen durch Vereinbarung bestimmen, welche Rechtsordnung auf das Arbeitsverhältnis Anwendung finden soll. Auch die Wahl einer Rechtsordnung, zu welcher keine weitere Sachverhaltsberührung besteht, ist möglich. Selbst für ein Arbeitsverhältnis, das keinerlei Bezug zum Ausland aufweist, kann in den Grenzen des Art. 27 III (Rz. 26 f.) eine Rechtswahl getroffen werden. Die Rechtswahl bezieht sich nur auf das materielle Recht des Staates (Art. 4 II). 11

1 BAG v. 20.4.2004 – 3 AZR 301/03, v. 9.10.2002 – 5 AZR 307/01, AP Nr. 21, 18 zu § 38 ZPO – Internationale Zuständigkeit; v. 19.3.1996 – 9 AZR 656/94, AP Nr. 2 zu § 328 ZPO. | 2 BAG v. 12.2.1985 – 1 ABR 3/83, AP Nr. 1 zu Art. 1 Nato-Truppenstatut. | 3 BT-Drs. 10/503, S. 6; konsolidierte Fassung ABl. EG 2005, C-334/1. | 4 Das sind neben der Bundesrepublik Deutschland: Belgien, Dänemark, Frankreich, Italien, Irland, Luxemburg, die Niederlande, das Vereinigte Königreich, Griechenland, Spanien, Portugal, Finnland, Österreich, Schweden sowie alle neuen Beitrittsstaaten (vgl. EGV, Vorb. Rz. 5), vgl. ABl. EG 2005 C-169/1. Der Beitritt Bulgariens und Rumäniens ist geplant, vgl. KOM 2007/0077. | 5 Vorschlag der Kommission KOM (2005) 650 endgültig. Dazu *Mauer/Sadtler*, DB 2007, 1586; *Mauer*, RIW 2008, 92; *Junker*, RIW 2006, 401. | 6 Für Bedienstete internationaler Organisationen vgl. MüKo/*Martiny*, 4. Aufl. 2006, Art. 30 EGBGB Rz. 22 ff. | 7 BAG v. 29.10.1992 – 2 AZR 267/92, AP Nr. 31 zu Internat. Privatrecht Arbeitsrecht; v. 11.12.2003 – 2 AZR 627/02, AP Nr. 6 zu Art. 27 EGBGB; diff. *Mankowski*, IPRax 1994, 88 ff. | 8 Nachweise bei *Knöfel*, IPRax 2006, 552 (554 Fn. 26). | 9 Vgl. dazu BAG v. 20.8.2003 – 5 AZR 45/03, AP Nr. 1 zu Art. 5 Lugano-Abkommen (betr. internationale Zuständigkeit); *Mankowski*, BB 1997, 465 ff. Unterschiedliche Fallgruppen bei Staudinger/*Magnus*, 13. Aufl. 2002, Art. 30 EGBGB Rz. 35 ff. Zur Telearbeit: *Springer*, Virtuelle Wanderarbeit 2002; zu im Ausland tätigen „Freiwilligen" *Joussen*, NZA 2003, 1173. | 10 Nachw. bei *Knöfel*, IPRax 2006, 552 (554 Fn. 26). | 11 So im Ergebnis auch *Knöfel*, IPRax 2006, 552 ff., der für eine Anknüpfung anhand der *lex fori* plädiert.

12 Sie kann auch nur für einen **Teil des Vertrages** getroffen werden (Art. 27 I 3)[1]. Der Schutz der ArbN wird auch in diesem Falle durch Art. 30 I gewährleistet.

13 **bb) Vereinbarung.** Die Rechtswahl erfolgt durch ausdrückliche oder konkludente Vereinbarung (Art. 27 I 2). Das auf Zustandekommen und Wirksamkeit der Vereinbarung anzuwendende Recht bestimmt sich nach Art. 27 IV, 11, 12, 31. Notwendig ist, dass sich ein entsprechender realer Parteiwille mit hinreichender Sicherheit aus den Bestimmungen des Vertrages oder den Umständen des Falles ergibt[2]. Indizien für die konkludente Wahl einer bestimmten Rechtsordnung sind zB: Vereinbarung eines Gerichtsstands[3], die arbeitsvertragl. Bezugnahme auf TV und sonstige Regelungen am Sitz des ArbGeb[4], Vertragsabschluss im Ausland, Hinzuziehung ausländischer Rechtsanwälte und Vertrag in ausländischer Sprache[5]. Die Rechtswahl kann auch durch TV erfolgen[6].

14 Die Rechtswahl muss nicht bei Vertragsschluss erfolgen; sie kann auch zu einem späteren Zeitpunkt, ggf. auch erst vor Gericht getroffen werden (**nachträgliche Rechtswahl**). Eine einmal getroffene Rechtswahl kann später geändert werden (§ 27 II 1); die Änderung soll im Zweifel ex tunc wirksam sein[7], abzustellen ist insoweit auf den Parteiwillen[8]. Die nachträgliche Rechtswahl kann ebenfalls konkludent erfolgen[9], insb. indem sich beide Parteien im Prozess auf eine bestimmte Rechtsordnung einlassen[10]. Dies gilt jedoch nur, soweit die Parteien im Hinblick auf die Rechtswahl mit Gestaltungswillen handeln; die bloße irrtümliche Annahme, eine bestimmte Rechtsordnung sei anwendbar, genügt nicht[11].

15 **b) Objektive Anknüpfung.** Haben die Parteien keine wirksame Rechtswahl getroffen, ist das anwendbare Recht gem. Art. 30 II zu bestimmen (objektive Anknüpfung). Verweist Art. 30 II auf eine ausländische Rechtsordnung, so ist damit nur das materielle Arbeitsrecht dieses Staates gemeint. Das Internationale Arbeitsrecht des Staates ist nicht anzuwenden, so dass eine Rück- oder Weiterverweisung ausgeschlossen ist, Art. 35 I. Das objektiv anwendbare Recht wird wiederum gem. Art. 34 durch zwingendes deutsches Recht (Rz. 32 ff.) und gem. Art. 6 durch den ordre public (Rz. 36) korrigiert.

16 Nach Art. 30 II ist zunächst die Rechtsordnung am gewöhnlichen Arbeitsort des ArbN anzuwenden (Rz. 17 ff.); besteht ein solcher nicht, gilt das Recht am Ort der einstellenden Niederlassung (Rz. 28 ff.). Ist in beiden Fällen allerdings eine engere Verbindung zu einer anderen Rechtsordnung gegeben, greift diese ein (Rz. 32 ff.).

17 **aa) Gewöhnlicher Arbeitsort.** Vorrangig ist an das Recht des Staates anzuknüpfen, in welchem der ArbN in Erfüllung des Vertrages gewöhnlich seine Arbeit verrichtet, selbst wenn er vorübergehend in einen anderen Staat entsandt ist, Art. 30 II Nr. 1. Der gewöhnliche Arbeitsort ist der Ort, an welchem das Arbeitsverhältnis seinen Schwerpunkt hat. Er wird regelmäßig durch den gewöhnlichen Einsatz- oder Tätigkeitsort bestimmt[12]. Bei typischer Eingliederung des ArbN in einen Betrieb ist der gewöhnliche Arbeitsort der Lageort des Betriebs. Er umfasst bei Einsatz an wechselnden Orten innerhalb eines Staates das gesamte Staatsgebiet; ist also nicht auf eine bestimmte politische Gemeinde begrenzt[13]. Vor der tatsächlichen Aufnahme der Arbeit ist auf den geplanten Arbeitsort abzustellen[14].

18 Für **Flugpersonal** ist nach Ansicht der Rspr. kein gewöhnlicher Aufenthalt feststellbar; auf das Recht des Staates, in welchem das Flugzeug registriert ist, kommt es nicht an. Anzuknüpfen sei deshalb an das Recht des Staates, in welchem sich die einstellende Niederlassung befindet (Rz. 23)[15]. Für **Seeleute** auf Handelsschiffen soll die Anknüpfung nach Art. 30 II Nr. 1 erfolgen[16]. Ist das Schiff im deutschen Zweit-

---

1 BAG v. 20.4.2004 – 3 AZR 301/03 AP Nr. 21 zu § 38 ZPO – Internationale Zuständigkeit; v. 20.11.1997 – 2 AZR 631/96, AP Nr. 1 zu § 18 GVG; LAG Frankfurt v. 14.8.2000 – 10 Sa 982/99, IPRspr. 2000, 231. Ebenso MüKo/*Martiny*, 4. Aufl. 2006, Art. 30 EGBGB Rz. 29 mwN; KR/*Weigand*, IPR Rz. 21; AnwK-ArbR/*Maurer*, Art. 27, 30 EGBGB Rz. 35. Krit. *Junker*, FS 50 Jahre BAG, 2004, 1197, 1201 mwN; ErfK/*Schlachter*, EGBGB Rz. 4. | 2 BAG v. 26.7.1995 – 5 AZR 216/94, AP Nr. 7 zu § 157 BGB; v. 12.12.2001 – 5 AZR 255/00, AP Nr. 10 zu Art. 30 EGBGB nF. Vertiefend *Riesenhuber*, DB 2005, 1571 ff. | 3 BAG v. 23.7.1986 – 5 AZR 120/85, nv. | 4 BAG v. 26.7.1995 – 5 AZR 216/94, AP Nr. 7 zu § 157 BGB; v. 12.12.2001 – 5 AZR 255/00, AP Nr. 10 zu Art. 30 EGBGB nF. | 5 BGH v. 19.1.2000 – VIII ZR 275/98, NJW-RR 2000, 1002 (1004). | 6 LAG Rh.-Pf. v. 16.6.1981 – 3 Sa 791/80, IPRspr. 1981 Nr. 44. Vgl. auch BAG v. 11.9.1991 – 4 AZR 71/91, AP Nr. 29 zu Internat. Privatrecht Arbeitsrecht: TV-Parteien könnten Rechtsstatut bestimmen; Staudinger/*Magnus*, 13. Aufl. 2002, Art. 30 EGBGB Rz. 63, *Franzen*, AR-Blattei SD 920 Rz. 116 mwN. Kritisch *Jacobs/Krause/Oetker*, Tarifvertragsrecht, 2007, D. Rz. 136. | 7 Palandt/*Heldrich*, Art. 27 EGBGB Rz. 10 mwN. | 8 Staudinger/*Magnus*, 13. Aufl. 2002, Art. 27 EGBGB Rz. 109 mwN. | 9 BAG v. 23.7.1986 – 5 AZR 120/85, nv. | 10 LAG Düsseldorf v. 12.1.2007 – 9 Sa 1637/05, nv., n.rkr. | 11 BGH v. 19.1.2000 – VIII ZR 275/98, NJW-RR 2000, 1002 (1004). | 12 BAG v. 15.2.2005 – 9 AZR 116/04, AP Nr. 15 zu § 612 BGB; v. 12.12.2001 – 5 AZR 255/00, AP Nr. 10 zu Art. 30 EGBGB nF. Ähnlich zu Art. 5 Abs. 1 EuGVÜ (Rz. 3 mit Fn. 4) EuGH v. 13.7.1993 – Rs. C-125/92, Slg. 1993 I, 4075, 4105 f. – Mulox; v. 9.1.1997- Rs. C-383/95, Slg. 1997 I, 57, 77 f. – Rutten = AP Nr. 2 zu Art. 5 Brüsseler Abkommen. Vertieft *Junker*, FS Heldrich, 2005, S. 719 ff. | 13 BAG v. 9.7.2003 – 10 AZR 593/02, AP Nr. 261 zu § 1 TVG – Tarifverträge: Bau; v. 12.12.2001 – 5 AZR 255/00, AP Nr. 10 zu Art. 30 EGBGB nF. | 14 MüKo/*Martiny*, 4. Aufl. 2006, Art. 30 EGBGB Rz. 47. | 15 BAG v. 12.12.2001 – 5 AZR 255/00, AP Nr. 10 zu Art. 30 EGBGB nF; LAG Hessen v. 13.11.2006 – 17 Sa 816/06, nv., n.rkr.; nachfolgend BAG v. 13.11.2007 – 9 AZR 134/07, noch nv.; LAG Hessen v. 5.3.2007 – 17 Sa 122/06, nv., n.rkr. Weiterführend Staudinger/*Magnus*, 13. Aufl. 2002, Art. 30 EGBGB Rz. 161 ff.; KR/*Weigand*, IPR Rz. 59. Dagegen *Junker*, FS Heldrich, 2005, S. 719, 731 f. | 16 *Franzen*, AR-Blattei SD 920, 83 ff. mwN.

register eingetragen, bestimmt § 21 IV 1 des Flaggenrechtsgesetzes[1], dass Art. 30 II dahin gehend auszulegen ist, dass die Arbeitsverhältnisse der Besatzungsmitglieder nicht allein deshalb dem deutschen Recht unterliegen, weil das Schiff die Flagge der Bundesrepublik Deutschland führt. Nach Auffassung der Rspr. ist dann an das Recht der Flagge nicht mehr vorrangig anzuknüpfen; vielmehr soll das Recht des Staates gelten, auf das die Gesamtheit aller maßgeblichen Umstände iSv. Art. 30 II Hs. 2 (Rz. 24) hindeutet[2].

Die **vorübergehende Entsendung** in einen anderen Staat ändert an der Maßgeblichkeit des gewöhnlichen Arbeitsorts nichts. Zur Rechtslage vor Einführung des Art. 30 (Rz. 5) hat die Rspr. entschieden, dass genaue Zeitvorgaben für den Begriff „vorübergehend" nicht gemacht werden können, da die Entsendung auch aufgabenbezogen erfolgen könne und daher eine bestimmte Zeit möglicherweise gar nicht vereinbart werde[3]. Es ist daher auf den Einzelfall abzustellen. Bei einem unbefristeten Arbeitsverhältnis und einer von vornherein zeitlich begrenzten Entsendung kann ein Zeitraum bis zu drei Jahren noch als vorübergehend eingestuft werden[4]. Eine vorübergehende Entsendung kann auch vorliegen, wenn der ArbN wiederholt in unterschiedliche Länder entsandt wird[5]. 19

Erfolgt die Einstellung lediglich für einen einmaligen befristeten Auslandseinsatz (zB Entwicklungshelfer), kann von einer vorübergehenden Entsendung nicht gesprochen werden. Das Arbeitsverhältnis kann jedoch mit einer vorübergehenden Entsendung **beginnen**. Soll der ArbN nach dem Auslandseinsatz das Arbeitsverhältnis am Stammsitz fortführen, kann also an letzteren Arbeitsort angeknüpft werden. 20

Multinationale Konzerne vereinbaren mit ihren ArbN bei Auslandseinsätzen oft **doppelte Arbeitsverhältnisse**, dh. das sog. Basisarbeitsverhältnis zu Muttergesellschaft bleibt bestehen und zusätzlich wird ein sog. Lokalarbeitsvertrag geschlossen[6]. Ist der Auslandseinsatz nur vorübergehend, bleibt es für das Basisarbeitsverhältnis beim Recht des Arbeitsortes am Stammsitz. Wird dieser Ort als Arbeitsort qualifiziert, kann für das Lokalarbeitsverhältnis nichts anderes gelten. Dies führt zu der von den Parteien idR gewünschten einheitlichen Anknüpfung an den „heimischen" Arbeitsort[7]. 21

Ist die Entsendung hingegen eine **dauerhafte** oder entwickelt sie sich zu einer dauerhaften, kommt es zu einem Statutenwechsel, dh. die Rechtsordnung am Einsatzort wird maßgeblich. Bei bloßer Rückkehrmöglichkeit oder Rückkehroption kann idR nicht von einer nur vorübergehenden Entsendung ausgegangen werden (vgl. aber § 1 AÜG Rz. 55)[8]. 22

Auch bei nur vorübergehender Entsendung sind Rechtsvorschriften am Arbeitsort über Arbeitssicherheit, Arbeitszeit oder Feiertage gem. Art. 32 II zu berücksichtigen[9] (Rz. 39).

bb) Sitz der einstellenden Niederlassung[10]. Verrichtet der ArbN seine Arbeit gewöhnlich nicht in ein und demselben Staat (zB Flugpersonal, oben Rz. 18, Auslandsmonteure), ist nach Art. 30 II Nr. 2 das Recht des Staates maßgeblich, in welchem sich die Niederlassung befindet, die den ArbN eingestellt hat. Unter der einstellenden Niederlassung ist der jeweilige Betrieb zu verstehen; die Niederlassung muss keine eigene Rechtspersönlichkeit besitzen[11]. Keine Einigkeit besteht darüber, wie der Begriff „Einstellung" zu verstehen ist. Während teilweise davon ausgegangen wird, dass Einstellung den Abschluss des Arbeitsvertrages meint[12], gehen andere davon aus, dass der Ort der tatsächlichen organisatorischen Eingliederung maßgeblich sei, jedenfalls wenn der ArbN sofort nach Abschluss des Vertrages bei einer anderen Niederlassung zum Einsatz kommt[13]. Das BAG hat die Frage bislang offen gelassen[14]. Der Wortlaut spricht für die erste Ansicht; im Falle unsachgemäßer Wahl des Vertragsschlussstaats greift Art. 30 II Hs. 2 (Rz. 24) ein. 23

cc) Engere Verbindung. Die Anknüpfung nach Art. 30 II Nr. 1 und 2 wird verdrängt, wenn das Arbeitsverhältnis ausnahmsw. eine engere Verbindung zu einer anderen Rechtsordnung hat, Hs. 2 der Norm. 24

---

1 Neufassung v. 26.10.1994, BGBl. I S. 3140. | 2 BAG v. 3.5.1995 – 5 AZR 15/94, AP Nr. 32 zu Internat. Privatrecht Arbeitsrecht. Weiterführend Staudinger/*Magnus*, 13. Aufl. 2002, Art. 30 EGBGB Rz. 140 ff. Zu den TV in der deutschen Seeschifffahrt BAG v. 14.4.2004 – 4 AZR 322/03, nv.; v. 16.2.2000 – 4 AZR 14/99, AP Nr. 54 zu § 2 TVG. | 3 BAG v. 25.4.1978 – 6 ABR 2/77, AP Nr. 16 zu Internat. Privatrecht Arbeitsrecht. | 4 *Franzen*, AR-Blattei SD 920 Rz. 62. Für 4 Jahre: AnwK-ArbR/*Maurer*, Art. 27, 30 EGBGB Rz. 27 mwN. | 5 Staudinger/*Magnus*, 13. Aufl. 2002, Art. 30 EGBGB Rz. 110. Zu Art. 5 Abs. 1 EuGVÜ (Rz. 3) EuGH v. 9.1.1997- Rs. C-383/95, Slg. 1997 I, 57, 77 f. – Rutten: ²/₃ der Tätigkeit am gewöhnlichen Arbeitsort genügt. | 6 Zu den Folgen eines Betriebsübergangs in dieser Situation BAG v. 14.7.2005 – 8 AZR 392/04, AP Nr. 4 zu § 611 BGB – Ruhen des Arbeitsverhältnisses. | 7 *Junker*, Internationales Arbeitsrecht im Konzern, 1992, S. 219 ff.; MüKo/*Martiny*, 4. Aufl. 2006, Art. 30 EGBGB Rz. 60. Anders *Franzen*, IPRax 2000, 506 ff.; ErfK/*Schlachter*, EGBGB Rz. 10. Zur Kündigung vgl. auch BAG v. 21.1.1999 – 2 AZR 648/97, AP Nr. 9 zu § 1 KSchG 1969 – Konzern. | 8 BAG v. 7.12.1989 – 2 AZR 228/89, AP Nr. 27 zu Internat. Privatrecht Arbeitsrecht (betr. BetrVG). | 9 *Schlachter*, NZA 2000, 62 ff. Zur ähnlichen Problematik der Maßgeblichkeit des Ortsrechts im Deliktsrecht vgl. auch MüKo/*Junker*, 4. Aufl. 2006, Art. 40 EGBGB Rz. 205. | 10 Dazu *Blefgen*, Die Anknüpfung an die einstellende Niederlassung des Arbeitgebers im Internationalen Arbeitsrecht, 2006. | 11 MüKo/*Martiny*, 4. Aufl. 2006, Art. 30 EGBGB Rz. 64. | 12 MünchArbR/*Birk*, § 20 Rz. 49; *Benecke*, IPRax 2001, 449, 450 mwN. | 13 MüKo/*Martiny*, 4. Aufl. 2006, Art. 30 EGBGB Rz. 65; ähnlich *Franzen*, AR-Blattei SD 920 Rz. 74. | 14 BAG v. 12.12.2001 – 5 AZR 255/00, AP Nr. 10 zu Art. 30 EGBGB nF mwN.

Nach dem Wortlaut ist auf die Gesamtheit der Umstände abzustellen. Nach Ansicht der Rspr. muss eine Mehrzahl von Einzelumständen vorliegen, die auf eine bestimmte, andere Rechtsordnung hinweisen. Ihr Gewicht müsse das der Regelanknüpfung deutlich überwiegen[1]. Die Verbindung zu dem anderen Staat müsse stärker sein, als die durch die Regelanknüpfung zu dem Recht des Arbeitsorts oder der einstellenden Niederlassung hergestellte Beziehung. Abzustellen sei in erster Linie auf die Staatsangehörigkeit der Vertragsparteien[2], den Sitz des ArbGeb und den Wohnort des ArbN. Ergänzend seien die Vertragssprache und die Währung, in welcher die Vergütung gezahlt wird, zu berücksichtigen[3]. Daneben werden auch der Ort des Vertragsschlusses sowie steuer- und sozialversicherungsrechtl. Gesichtspunkte genannt[4].

25 **c) Einschränkungen der Rechtswahlfreiheit.** Haben die Vertragsparteien eine wirksame Rechtswahl getroffen (Rz. 11 ff.), ist grds. die von ihnen gewählte Rechtsordnung auf das Arbeitsverhältnis anwendbar. Durch eine solche Rechtswahl kann allerdings dem ArbN, als der in aller Regel schwächeren Vertragspartei, der Schutz durch zwingende Rechtsvorschriften entzogen werden, welche bei objektiver Anknüpfung (Rz. 15 ff.) auf das Arbeitsverhältnis Anwendung fänden. Aus diesem Grunde wird die Parteiautonomie durch verschiedene Vorschriften beschnitten, nämlich durch Art. 27 III, 30 I, 34 und 6. Wird auf eine ausländische Rechtsordnung verwiesen, findet eine weitere Inhaltskontrolle über die §§ 305 ff. BGB nicht mehr statt[5].

26 **aa) Arbeitsverhältnis ohne Auslandsberührung, Art. 27 Abs. 3.** Eine Rechtswahl ist auch bei einem reinen inländischen Arbeitsverhältnis zulässig (Rz. 11). Allerdings wird die Anwendbarkeit des gewählten Rechts in diesem Falle stark eingeschränkt. Nach Art. 27 III bleibt das (einfach) zwingende Recht (ius cogens) des Staates, mit dem der Sachverhalt allein verbunden ist (sog. Einbettungsstatut), anwendbar; gleichgültig ist, ob es sich um Gesetzes- oder Richterrecht handelt bzw. ob die Vorschriften dem privaten oder dem öffentl. Recht entstammen. Die Arbeitsvertragsparteien können also nur die dispositiven Rechtsvorschriften eines anderen Staats wählen. Würde aber der ArbN durch das zwingende Recht des Einbettungsstatuts im Verhältnis zum gewählten Recht benachteiligt, wird Art. 27 III durch das Günstigkeitsprinzip verdrängt, dh. es gelten die günstigeren Rechtsnormen der gewählten Rechtsordnung[6].

27 Ein Arbeitsverhältnis ohne Auslandsberührung liegt auch bei einem nur „zufälligen", belanglosen Bezug zum Ausland vor. Sie fehlt auch, wenn die Parteien lediglich einen ausländischen Gerichtsstand[7] gewählt haben. Ausreichend ist aber die ausländische Staatsangehörigkeit des ArbN, jedenfalls wenn er im Inland Leistungen erbringt, die üblicherweise nur im Ausland erbracht werden[8]. Ausreichend ist auch ein ausländischer Betriebssitz, nicht aber der Sitz der Konzernmutter im Ausland, wenn der einstellende Betrieb im Inland liegt und rechtl. selbständig ist[9]. Es genügt auch nicht, wenn der Abschluss des Arbeitsvertrages im Ausland stattgefunden hat[10].

28 **bb) Zwingende Bestimmungen des bei objektiver Anknüpfung anzuwendenden Rechts, Art. 30 Abs. 1.** Weist der Sachverhalt eine Auslandsberührung auf, bestimmt Art. 30 I zum Schutze des ArbN, dass die zwingenden Bestimmungen des Rechts, welches bei objektiver Anknüpfung (Rz. 15 ff.) anwendbar wäre, trotz der Rechtswahl der Parteien Anwendung finden müssen.

29 **Zwingende Bestimmungen** gem. Art. 30 I sind nicht-dispositive Normen, die den Schutz des ArbN bezwecken. Es muss sich nicht um sog. international zwingende Normen iSd. Art. 34 handeln. Der Begriff ist damit enger auszulegen als der des Art. 27 III (Rz. 26 f.), aber weiter als der des Art. 34 (Rz. 32 ff.)[11]. Gleichgültig ist, ob die Norm dem Arbeitsschutzrecht ieS (zB Mutterschutz), dem Arbeitsrecht oder einem anderen Rechtsbereich (zB Verjährungsrecht) zuzuordnen ist[12]. Die Regelung kann auch dem öffentl. oder dem Richterrecht entspringen. Auch zwingende Normen in TV sind anzuwenden, wenn der TV auf den Arbeitsvertrag Anwendung findet[13].

30 Da Art. 30 I lediglich den Schutz des ArbN bezweckt, treten die zwingenden Bestimmungen wieder zurück, wenn sie den ArbN gegenüber den Normen der gewählten Rechtsordnung benachteiligen (**Günstigkeitsprinzip**). Dabei ist weder ein Gesamtvergleich beider Rechtsordnungen, noch ein Ver-

1 BAG v. 24.8.1989 – 2 AZR 3/89, AP Nr. 30 zu Internat. Privatrecht Arbeitsrecht; v. 11.12.2003 – 2 AZR 627/02, AP Nr. 6 zu Art. 27 EGBGB. | 2 Auf die Anteilseignerschaft eines ausländischen Staates stellt ab: LAG Köln v. 26.4.2006 – 7 Sa 181/04, nv. | 3 BAG v. 20.4.2004 – 3 AZR 301/03, AP Nr. 21 zu § 38 – Internationale Zuständigkeit; v. 9.7.2003 – 10 AZR 593/02, AP Nr. 261 zu § 1 TVG – Tarifverträge: Bau; v. 12.12.2001 – 5 AZR 255/00, AP Nr. 10 zu Art. 30 EGBGB nF. | 4 LAG Bremen v. 17.4.1996 – 2 (3) Sa 328/94, AP Nr. 5 zu Art. 30 EGBGB nF; LAG Frankfurt v. 14.8.2000 – 10 Sa 982/99, IPRspr. 2000, 231. | 5 AnwK-ArbR/*Maurer*, Art. 27, 30 EGBGB Rz. 35 mwN. | 6 Staudinger/*Magnus*, 13. Aufl. 2002, Art. 30 EGBGB Rz. 54 mwN auch zur Gegenansicht. | 7 LG Hamburg v. 31.5.1990 – 302 O 113/90, RIW 1990, 1020 f. | 8 Vgl. MüKo/*Martiny*, 4. Aufl. 2006, Art. 27 EGBGB Rz. 95. | 9 ErfK/*Schlachter*, EGBGB Rz. 15. | 10 Anders für Schuldverträge allgemein: Staudinger/*Magnus*, 13. Aufl. 2002, Art. 27 EGBGB Rz. 123 mwN. | 11 Zum umstrittenen Verhältnis von Art. 30 und Art. 34 vgl. *Franzen*, AR-Blattei SD 920 Rz. 122 ff.; *Markovska*, RdA 2007, 352 (357 ff.). | 12 Staudinger/*Magnus*, 13. Aufl. 2002, Art. 30 EGBGB Rz. 75 f. auch zur Gegenansicht (nur arbeitsrechtliche Schutznormen). | 13 BT-Drs. 10/504, S. 81; BAG v. 9.7.2003, AP Nr. 261 zu § 1 TVG – Tarifverträge: Bau.

gleich einzelner Rechtsnormen durchzuführen. Vielmehr sind die beiden Gruppen der Rechtsnormen, welche die streitige Sachfrage regeln, miteinander zu vergleichen[1]. Abzustellen ist nicht auf eine rein objektive Betrachtung, sondern auf die Frage, welche Rechtsordnung dem Begehren des ArbN am meisten entgegenkommt[2]. Der von Amts wegen vorzunehmende (Rz. 50) Günstigkeitsvergleich kann entfallen, wenn nach beiden Rechtsordnungen dem Klagebegehren zu entsprechen ist[3].

Beispiele für zwingende Bestimmungen sind[4]: Vorschriften über den Kündigungsschutz[5], zur Gleich- 31
behandlung der Geschlechter, zur Arbeitszeit, zum Urlaub, zum ArbN-Schutz beim Betriebsübergang[6], bei AÜ[7], bei der Vereinbarung von Wettbewerbsverboten[8] oder in der Insolvenz des ArbGeb sowie der ArbN-Schutz ieS (insb. Jugendarbeits-, Mutter- und Schwerbehindertenschutz).

cc) Zwingende Vorschriften des deutschen Rechts, Art. 34. Die Parteiautonomie wird weiter durch 32
Art. 34 begrenzt. Danach sind Bestimmungen des **deutschen** Rechts, welche ohne Rücksicht auf das auf den Vertrag anzuwendende Recht den Sachverhalt zwingend regeln, stets anzuwenden. Diese Bestimmungen setzen sich also nicht nur gegenüber einer von den Vertragsparteien gewählten Rechtsordnung durch, sondern auch gegenüber der nach Art. 30 II objektiv anwendbaren Rechtsordnung. Sie werden als **Eingriffsnormen** bezeichnet. Um Eingriffsnormen, also um international zwingende Normen, handelt es sich nur, wenn die Normen entweder ausdrücklich (zB § 7 AEntG) oder nach ihrem Sinn und Zweck ohne Rücksicht auf das deutsche Kollisionsrecht Anwendung finden sollen. Dafür ist erforderlich, dass die Normen nicht nur auf den Schutz von Individualinteressen zielen, sondern mit ihnen zumindest auch öffentl. Gemeinwohlinteressen verfolgt werden[9]. Für einen auch auf öffentl. Interessen ausgerichteten Normzweck sprechen gezielte regulierende Eingriffe in private Rechtsverhältnisse des Wirtschafts- und Arbeitslebens durch Verbote bestimmter Schuldverhältnisse oder Genehmigungsvorbehalte für bestimmte Vertragstypen; solche Normen können dem privaten, wie dem öffentl. Recht zuzuordnen sein[10].

Art. 34 hat Ausnahmecharakter und ist daher restriktiv auszulegen[11]. Die Auslegung ist im Arbeits- 33
recht problematisch, da mit arbeitsrechtl. Bestimmungen in aller Regel ein sozialpolitischer Zweck verfolgt wird. ArbN-Schutzvorschriften, die in erster Linie den Individualschutz des ArbN bezwecken, sollten daher Art. 34 nicht ohne weiteres unterstellt werden[12]. Das gilt auch für deutsche Gesetze, durch welche europäisches Richtlinienrecht (dazu EGV Vorb. Rz. 12 ff.) umgesetzt wird. Solche Bestimmungen sind nicht automatisch Eingriffsnormen iSd. Art. 34; vielmehr ist ihr international zwingender Charakter durch Auslegung zu ermitteln[13]. Bestimmungen aus für allgemeinverbindlich erklärte TV (vgl. § 5 TVG) sind idR nicht als Eingriffsnormen zu qualifizieren (vgl. aber AEntG, Vorb. Rz. 3, §§ 1, 7 II AEntG)[14]. Im Anwendungsbereich des AEntG werden auch außerhalb des Baugewerbes Eingriffsnormen durch §§ 1, 7 AEntG begründet; vgl. auch den Katalog in § 7 I AEntG.

Art. 34 greift nur ein, wenn eine ausländische Rechtsordnung Anwendung findet. Voraussetzung ist 34
weiter, dass der Sachverhalt einen hinreichenden Bezug zur Rechtsordnung der Bundesrepublik Deutschland aufweist[15].

Beispiele für Normen, welche von der Rspr. als Eingriffsnormen qualifiziert worden, sind: § 14 I 35
MuSchG[16], § 3 EFZG[17], Regelungen über den Kündigungsschutz der Betriebsverfassungsorgane, bei Massenentlassungen und in der Tendenz auch für den Kündigungsschutz von Schwerbehinderten, Schwangeren und Müttern[18], die materiell-rechtl. Insolvenzvorschriften[19], § 15 BErzGG[20]. Abgelehnt wurde der zwingende Charakter für: die Bestimmungen des KSchG über den allgemeinen Kündigungs-

1 Zu einschr. insoweit LAG Stuttgart v. 15.10.2002 – 11 Sa 49/02, BB 2003, 900; dazu *Thüsing*, BB 2003, 898 (899 f.). | 2 MünchArbR/*Birk*, § 20 Rz. 25 f. mwN. | 3 Staudinger/*Magnus*, 13. Aufl. 2002, Art. 30 EGBGB Rz. 90. | 4 Vgl. auch Staudinger/*Magnus*, 13. Aufl. 2002, Art. 30 EGBGB Rz. 79. | 5 BAG v. 20.11.1997 – 2 AZR 631/96, AP Nr. 1 zu § 18 GVG; LAG Köln v. 25.4.1996 – 10 Sa 1251/95, LAGE Art. 30 EGBGB Nr. 1; OLG Düsseldorf v. 3.4.2003 – I-6 U 147/02, GmbHR 2003, 1133 (analoge Anwendung v. Art. 30 EGBGB auf GmbH-Geschäftsführer). Vgl. umfassend zum Kündigungsschutz KR/*Weigand*, IPR Rz. 82 ff. | 6 BAG v. 29.10.1992 – 2 AZR 267/92, AP Nr. 31 zu Internat. Privatrecht Arbeitsrecht. | 7 BAG v. 17.2.1993 – 7 AZR 167/92, AP Nr. 9 zu § 10 AÜG. | 8 LAG Frankfurt v. 14.8.2000 – 10 Sa 982/99, IPRspr. 2000, 231. | 9 BAG v. 9.7.2003 – 10 AZR 593/02, AP Nr. 261 zu § 1 TVG – Tarifverträge: Bau; v. 12.12.2001 – 5 AZR 255/00, AP Nr. 10 zu Art. 30 EGBGB nF. | 10 BAG v. 24.8.1989 – 2 AZR 3/89, AP Nr. 30 zu Internat. Privatrecht Arbeitsrecht. | 11 Staudinger/*Magnus*, 13. Aufl. 2002, Art. 34 EGBGB Rz. 45 ff. | 12 So auch ErfK/*Schlachter*, EGBGB Rz. 16. | 13 Vgl. EuGH v. 9.11.2000 – Rs. C-381/98, Slg. 2000 I, 9305, 9334 (Rz. 21) – Ingmar, betr. Ausgleichsanspruch des Handelsvertreters. Weiterführend Staudinger/*Magnus*, 13. Aufl. 2002, Art. 34 EGBGB Rz. 41 ff. Entsprechend bereits BAG v. 29.10.1992 – 2 AZR 267/92, AP Nr. 31 zu Internat. Privatrecht Arbeitsrecht zu § 613a BGB. | 14 BAG v. 12.1.2005 – 5 AZR 617/01, AP Nr. 2 zu § 1 AEntG; v. 9.7.2003 – 10 AZR 593/02, AP Nr. 261 zu § 1 TVG – Tarifverträge: Bau; v. 6.11.2002 – 5 AZR 617/01 (A), AP Nr. 1 zu § 1a AEntG; v. 4.5.1977 – 4 AZR 10/76, AP Nr. 30 zu § 1 TVG – Tarifverträge: Bau; *Hanau* in Hanau/Steinmeyer/Wank, § 15 Rz. 470 mwN; *Franzen*, SAE 2003, 190 (193). | 15 BGH v. 19.3.1997 – VIII ZR 316/96, BGHZ 135, 124 (136). | 16 BAG v. 12.12.2001 – 5 AZR 255/00, AP Nr. 10 zu Art. 30 EGBGB nF; aA KR/*Weigand*, IPR Rz. 35 mwN. | 17 BAG v. 12.12.2001 – 5 AZR 255/00, AP Nr. 10 zu Art. 30 EGBGB nF. Krit. *Franzen*, IPRax 2003, 239 (241). | 18 BAG v. 24.8.1989 – 2 AZR 3/89, AP Nr. 30 zu Internat. Privatrecht Arbeitsrecht; aA KR/*Weigand*, IPR Rz. 35 mwN. | 19 BAG v. 24.3.1992 – 9 AZR 76/91, AP Nr. 28 zu Internat. Privatrecht Arbeitsrecht. | 20 LAG v. 16.11.1999 – 4 Sa 463/99, LAGE Art. 30 EGBGB Nr. 5.

schutz (§§ 1 bis 14 KSchG), für den Kündigungsschutz im SeemG[1], für § 613a BGB[2]. Auch § 8 TzBfG[3] und das AGG[4] sollen keinen zwingenden Charakter haben.

36 **dd) Ordre public, Art. 6.** Art. 6 bestimmt darüber hinaus allgemein, dass eine ausländische Norm nicht anzuwenden ist, wenn diese Anwendung zu einem Ergebnis führen würde, welches mit wesentlichen Grundsätzen des deutschen Rechts offensichtlich unvereinbar wäre, insb. wenn sie gegen die Grundrechte verstieße. Die Bedeutung der Vorschrift ist gering; die Rspr. hat einen Verstoß gegen den ordre public wiederholt abgelehnt[5]. Im Einzelfall kann sie trotzdem zum Tragen kommen[6].

37 **4. Geltungsbereich des anzuwendenden Rechts.** Die nach den unter Rz. 10 ff. dargestellten Grundsätzen bestimmte Rechtsordnung bestimmt das materielle Recht (Rz. 11, 15), welches auf das Arbeitsverhältnis Anwendung findet. Das gilt gem. Art. 31 zunächst für die Frage nach der Einigung und der materiellen Wirksamkeit des **Vertragsschlusses**. Allerdings ist die Frage der Rechtsfähigkeit nach Art. 7 (vgl. aber Art. 12) gesondert anzuknüpfen; für die Form ist Art. 11 maßgeblich.

38 Der **Geltungsbereich** des Arbeitsvertragsstatuts bestimmt sich nach Art. 32 I. Damit sind bspw.[7] folgende Sachbereiche dem Arbeitsvertragsstatut unterstellt: die Hauptleistungspflichten der Arbeitsvertragsparteien einschließlich der Leistungsverweigerungsrechte (mit Ausnahme des Arbeitskampfes), Fürsorge- und Treuepflichten, Entgeltfortzahlung, Kündigungsschutz (mit Ausnahme des Kündigungsschutzes für BR-Mitglieder[8])[9], Aufhebungsvertrag[10], ArbN-Haftung (zur deliktischen Haftung aber Art. 40–42 EGBGB), individualrechtl. Versorgungszusagen im Rahmen einer betrAV[11], ArbNErf. Die Wirkungen eines Insolvenzverfahrens richten sich gem. § 337 InsO ebenfalls nach dem Arbeitsvertragsstatut[12].

39 Nach Art. 32 II ist im Hinblick auf die Erfüllungsmodalitäten das am Erfüllungsort geltende Recht zu berücksichtigen. Zu diesen Erfüllungsmodalitäten gehören im Arbeitsrecht zB Feiertagsregelungen, Höchstarbeitszeiten oder Unfallverhütungsvorschriften. Diese Bestimmungen sind also vielfach solche des **öffentl. Arbeitsschutzrechts**. Da Art. 32 II aber nur die „Berücksichtigung" dieses Rechts verlangt, findet nach Maßgabe der oben dargestellten Grundsätze (Rz. 30) auch hier das Günstigkeitsprinzip Anwendung. Im Übrigen kann öffentl. Arbeitsschutzrecht nach Art. 30 I, 27 III, 34, 6 anzuwenden sein. Öffentl.-rechtl. Normen, welche dem ArbN keinen Rechtsanspruch einräumen, können für die Bestimmung der Nebenpflichten der Arbeitsvertragsparteien von Bedeutung sein.

40 **V. Internationales kollektives Arbeitsrecht.** Das internationale kollektive Arbeitsrecht ist nur vereinzelt gesetzl. geregelt. Das EGBGB findet grds. keine Anwendung. Abzustellen ist daher auf die von Rspr. und Schrifttum entwickelten Grundsätze.

41 **1. Internationales Betriebsverfassungsrecht**[13]. Die Grundsätze des deutschen internationalen Betriebsverfassungsrechts legen fest, welche Rechtsordnung in einem Fall mit Auslandsberührung Anwendung findet, in welchem die Mitbest. der ArbN infrage steht. Erfasst wird nur die betriebliche Mitbest., nicht die unternehmerische[14].

42 Anwendung findet im Grundsatz das Recht des Ortes, in welchem der Betrieb belegen ist, unabhängig vom Arbeitsvertragsstatut der beschäftigten ArbN. Für sämtliche in der Bundesrepublik Deutschland gelegenen Betriebe gilt damit das BetrVG, auch wenn diese Betriebe ausländischen Unternehmen angehören. Umgekehrt gilt das BetrVG nicht für einen Betrieb, der einem deutschen Unternehmen angehört, wenn der Betrieb im Ausland gelegen ist. Begründet wird dies von der Rspr. mit dem **Territorialitäts-**

1 BAG v. 24.8.1989 – 2 AZR 3/89, AP Nr. 30 zu Internat. Privatrecht Arbeitsrecht. Zum SeemG auch BAG v. 3.5.1995, AP Nr. 32 zu Internat. Privatrecht Arbeitsrecht. | 2 BAG v. 29.10.1992 – 2 AZR 267/92, AP Nr. 31 zu Internat. Privatrecht Arbeitsrecht. | 3 LAG Hessen v. 13.11.2006 – 17 Sa 816/06, nv., n.rkr.; nachfolgend BAG v. 13.11.2007 – 9 AZR 134/07, noch nv.; *Pietras*, Der Anspruch auf Verringerung der Arbeitszeit gemäß § 8 TzBfG im Lichte des Art. 34 EGBGB bei Entsendung nach Deutschland, 2004, S. 122 ff. | 4 *Schrader/Straube*, NZA 2007, 184 ff. | 5 BAG v. 24.8.1989 – 2 AZR 3/89 u. v. 10.4.1975 – 2 AZR 128/74, AP Nr. 30, 12 zu Internat. Privatrecht Arbeitsrecht, betr. Kündigungsschutz; v. 26.2.1985 – 3 AZR 1/83, AP Nr. 30 zu Internat. Privatrecht Arbeitsrecht, betr. Abhängigkeit einer Provision vom Bestand des Arbeitsverhältnisses; v. 29.10.1992 – 2 AZR 267/92, AP Nr. 31 zu Internat. Privatrecht Arbeitsrecht, betr. § 613a BGB. | 6 Vgl. BAG v. 3.5.1995, AP Nr. 32 zu Internat. Privatrecht Arbeitsrecht, betr. indisches Arbeitsrecht. Zum alten Recht BAG v. 29.6.1978 – 2 AZR 973/77, AP Nr. 8 zu § 38 ZPO – Internationale Zuständigkeit. | 7 Weiterführend *Franzen*, Rz. 130 ff.; Staudinger/*Magnus*, 13. Aufl. 2002, Art. 30 EGBGB Rz. 214 ff.; MüKo/*Martiny*, 4. Aufl. 2006, Art. 30 EGBGB Rz. 86 ff.; MünchArbR/*Birk*, § 20 Rz. 112 ff. | 8 BAG v. 7.12.1989 – 2 AZR 228/89, AP Nr. 27 zu Internat. Privatrecht Arbeitsrecht. | 9 BAG v. 24.8.1989 – 2 AZR 3/89, AP Nr. 30 zu Internat. Privatrecht Arbeitsrecht; weiterführend *Junker*, FS Konzen, 2006, 367 ff.; *Wisskirchen/Bissels*, DB 2007, 340 ff.; *Gravenhorst*, RdA 2007, 283 ff. | 10 Dazu *Knöpfel*, ZfA 2006, 397 ff. | 11 BAG v. 18.12.1967 – 3 AZR 458/66, AP Nr. 11 zu Internat. Privatrecht Arbeitsrecht; v. 20.4.2004 – 3 AZR 301/03, AP Nr. 21 zu § 38 ZPO – Internationale Zuständigkeit. | 12 Vgl. BAG v. 27.2.2007 – 3 AZR 618/06, AP Nr. 7 zu § 240 ZPO. | 13 Spezielle Lit.: *Franzen*, AR-Blattei SD 920 Rz. 185 ff.; *Fischer*, RdA 2002, 160; *Agel/Pahlke*, Der internationale Geltungsbereich des Betriebsverfassungsrechts, 1998; *E. Lorenz*, Die Grundsätze des deutschen internationalen Betriebsverfassungsrecht, in FS W. Lorenz, 1991, S. 441. | 14 Zur Anknüpfung der unternehmerischen Mitbestimmung Staudinger/*Großfeld*, 13. Aufl. 1998, Internationales Gesellschaftsrecht, Rz. 510 ff.

prinzip[1]. Die jeweils anwendbare Rechtsordnung entscheidet insb. darüber, ob und wie BR, GBR oder KBR gewählt werden können bzw. müssen und welche Rechte und Pflichten ihnen zustehen. Zum EBR vgl. Komm. zum EBRG. Für Seebetriebe vgl. § 114 III BetrVG.

Obwohl das BetrVG für einen im Ausland gelegenen Betrieb keine Geltung beansprucht, kann das Gesetz auf dort tätige ArbN Anwendung finden. Werden nämlich ArbN von einem inländischen Betrieb in den ausländischen Betrieb lediglich entsandt, bleiben sie mit dem inländischen Betrieb verbunden, so dass das BetrVG für sie weiterhin anwendbar bleibt (sog. **Ausstrahlung**)[2]. Nach der Rspr. ist dafür eine Beziehung zum Inlandsbetrieb erforderlich, die es rechtfertige, die Auslandstätigkeit der im Inland entfalteten Betriebstätigkeit zuzurechnen. Maßgeblich dafür seien insb. die Dauer der Auslandstätigkeit und die Frage, ob und wieweit der ArbN im Ausland in eine betriebliche Struktur eingegliedert sei. Ein hinreichender Bezug zum Inlandsbetrieb fehle idR bei dauernd im Ausland tätigen ArbN, wobei jedoch ein vom ArbGeb vorbehaltenes Rückrufrecht ein starkes Indiz für einen fortbestehenden Inlandsbezug sein könne, sofern ihm praktische Bedeutung zukomme[3]. Ein Inlandsbezug könne sich auch daraus ergeben, dass das Direktionsrecht gegenüber dem ArbN vom inländischen Betrieb ausgeübt wird, wenn eine Eingliederung in eine ausländische Betriebsstruktur nicht feststellbar sei[4]. Entscheidend ist also die Frage, ob die Betriebszugehörigkeit des ArbN erhalten bleibt. Dies wird auch bei grenzüberschreitender AÜ (§ 14 I AÜG) bejaht[5]. Demgegenüber soll das BetrVG keine Anwendung auf ArbN finden, die ausschließlich für einen Auslandseinsatz[6] oder aber ausschließlich für den ausländischen Betrieb (sog. Ortskräfte, vgl. entsprechend § 91 I Nr. 1 BPersVG) eingestellt wurden. Spiegelbildlich kommt es zur sog. **Einstrahlung**, wenn ArbN von einem ausländischen in einen inländischen Betrieb entsandt werden. 43

Die Anwendbarkeit des BetrVG auf entsandte ArbN bedeutet bspw., dass die Kündigung eines ins Ausland entsandten ArbN unwirksam ist, wenn der inländische BR nicht angehört wurde (§ 102 I BetrVG[7]) oder dass sich das MitbestR gem. § 87 I Nr. 10 BetrVG auch auf Lohnzulagen ins Ausland entsandter ArbN erstreckt[8]. Die ArbN nehmen an der Wahl zum BR teil. Die Zulässigkeit einer Teilbetriebsversammlung dieser ArbN im ausländischen Betrieb lehnt das BAG ab[9]. Dagegen soll der ArbGeb gem. § 40 I BetrVG die Kosten dafür tragen, dass der inländische BR ein Mitglied des „Betriebsrats" einer ausländischen Schwestergesellschaft als Referenten einlädt[10]. Ein KBR könne nur errichtet werden, wenn die Konzernobergesellschaft ihren Sitz in Deutschland habe[11]. 44

2. Internationales Tarifrecht[12]. Entsprechend der Doppelnatur des TV (§ 1 TVG Rz. 1) hat das internationale Tarifrecht über zwei Regelungskomplexe zu entscheiden: Zum einen muss es festlegen, welche Rechtsordnung Zustandekommen, Wirksamkeit und Beendigung des TV selbst regelt (sog. TV-Statut). Zum anderen ist zu entscheiden, ob und inwieweit der normative Teil des TV auf ArbN anzuwenden ist, deren Arbeitsverhältnis einen Auslandsbezug aufweist[13]. 45

Der TV selbst ist nicht nach Art. 30 anzuknüpfen; entsprechend der schuldrechtl. Seite des TV werden insb. die Art. 27, 28, 31, 32, 35 aber für anwendbar gehalten[14]. Gem. Art. 27 können die TV-Parteien daher auch das anwendbare Recht selbst bestimmen (zur Rechtswahl Rz. 11 ff.)[15]. Die Rechtswahl ist auch konkludent möglich[16]. Wurde keine Rechtswahl getroffen, ist gem. Art. 28 I 1 das Recht anwendbar, zu dem die engste Verbindung besteht[17]. Indizien sind der Ort des Verwaltungssitzes der TV-Parteien oder der Arbeitsort der vom Vertrag erfassten ArbN[18]. 46

1 BAG v. 14.2.2007 – 7 ABR 26/06, NZA 2007, 999 (1006); 20.2.2001 – 1 ABR 30/00, AP Nr. 23 zu § 101 BetrVG 1972; v. 22.3.2000 – 7 ABR 34/98, AP Nr. 8 zu § 14 AÜG; v. 25.4.1978 – 6 ABR 2/77, v. 21.10.1980 – 6 AZR 640/79, v. 7.12.1989 – 2 AZR 228/89, AP Nr. 16, 17, 27 zu Internat. Privatrecht Arbeitsrecht. Im Ergebnis zust. ohne auf das Territorialitätsprinzip abzustellen: *Junker*, Internationales Arbeitsrecht im Konzern, 1992, S. 373; *Franzen*, AR-Blattei SD 920 Rz. 187 mwN. | 2 *Reiter*, NZA 2004, 1246 (1250 f. mwN). | 3 BAG v. 20.2.2001 – 1 ABR 30/00, AP Nr. 23 zu § 101 BetrVG 1972; v. 30.4.1987 – 2 ARZ 192/86, AP Nr. 15 zu § 12 SchwbG; v. 25.4.1978 – 6 ABR 2/77 u. v. 21.10.1980 – 6 AZR 640/79, AP Nr. 16, 17 zu Internat. Privatrecht Arbeitsrecht. | 4 BAG v. 7.12.1989 – 2 AZR 228/89, AP Nr. 27 zu Internat. Privatrecht Arbeitsrecht. | 5 BAG v. 22.3.2000 – 7 ABR 34/98, AP Nr. 8 zu § 14 AÜG. | 6 BAG v. 21.10.1980 – 6 AZR 640/79, AP Nr. 17 zu Internat. Privatrecht Arbeitsrecht. | 7 BAG v. 9.11.1977 – 5 AZR 132/76, AP Nr. 13 zu Internat. Privatrecht Arbeitsrecht. | 8 BAG v. 30.1.1990 – 1 ABR 2/89, AP Nr. 41 zu § 87 BetrVG 1972 – Lohngestaltung. | 9 BAG v. 27.5.1982 – 6 ABR 28/80, AP Nr. 3 zu § 42 BetrVG 1972. | 10 LAG Stuttgart v. 16.1.1998 – 5 TaBV 14/96, NZA-RR 1998, 306 (307 ff.). | 11 BAG v. 14.2.2007 – 7 ABR 26/06, NZA 2007, 999, 1006. | 12 Spezielle Lit.: Däubler/*Däubler*, Einl., Rz. 586 ff.; *Deinert*, Der europäische Kollektivvertrag, 1999; *Demarne*, Anwendung nationaler Tarifverträge bei grenzüberschreitenden Arbeitsverhältnissen, 1999; *Fudickar*, Parteiautonome Anknüpfung grenzüberschreitender Tarifverträge in der Europäischen Union, 2005; *Franzen*, AR-Blattei SD 920 Rz. 301 ff.; *Hanau*, Kollektives Arbeitsrecht (§ 19), in Hanau/Steinmeyer/Wank; *Hergenröder*, Internationales Tarifvertragsrecht, in AR-Blattei SD 1550.15, Stand 2/2004; *Lohmann*, Grenzüberschreitende Firmentarifverträge, 1993; *Kowanz*, Europäische Kollektivvertragsordnung, 1999; *Löwisch/Rieble*, Grundlagen Rz. 90 ff.; *Walz*, Multinationale Unternehmen und internationaler Tarifvertrag, 1981; *Wiedemann/Thüsing*, TVG, § 1 Rz. 100 ff. | 13 Staudinger/*Magnus*, 13. Aufl. 2002, Art. 30 EGBGB Rz. 249. | 14 Dagegen *Fudickar*, Parteiautonome Anknüpfung grenzüberschreitender Tarifverträge in der Europäischen Union, 2005, S. 115 ff. | 15 Staudinger/*Magnus*, 13. Aufl. 2002, Art. 30 EGBGB Rz. 252 mwN. Dahingehend auch BAG v. 11.9.1991 – 4 AZR 71/91, AP Nr. 29 zu Internat. Privatrecht Arbeitsrecht. AA MünchArbR/*Birk*, § 21 Rz. 30; *Löwisch/Rieble*, Grundlagen Rz. 91. | 16 Staudinger/*Magnus*, 13. Aufl. 2002, Art. 30 EGBGB Rz. 251 f. | 17 Vgl. auch BAG v. 16.2.2000 – 4 AZR 14/99, AP Nr. 54 zu § 2 TVG. | 18 *Junker*, Internationales Arbeitsrecht im Konzern, 1992, S. 425; MünchArbR/*Birk*, § 21 Rz. 22, 24.

Der Geltungsbereich des TV-Statuts erfasst neben Zustandekommen, der Wirksamkeit und der Beendigung des TV auch sonstige schuldrechtl. Wirkungen wie zB die Friedenspflicht. Er soll auch die Tarifbindung und die Tarifwirkung erfassen, also die Frage, ob und wie der TV normativ auf die Arbeitsverhältnis einwirkt[1]. Voraussetzung und Wirksamkeit einer Allgemeinverbindlicherklärung richten sich nach dem Recht des Staates, in welchem sie erklärt wurde[2].

47 Keine Einigkeit besteht darüber, wie der Geltungsbereich des normativen Teils eines TV zu bestimmen ist, dh. wie entschieden wird, ob auf ein bestimmtes Arbeitsverhältnis mit Auslandsbezug ein bestimmter TV anzuwenden ist oder nicht. Zum Teil wird vertreten, dass der TV nur anzuwenden sei, wenn das TV-Statut mit dem Arbeitsvertragsstatut übereinstimme[3]. Ganz überwiegend wird ein derartiger Einklang von TV- und Arbeitsvertragsstatut aber nicht für notwendig gehalten[4]. Das BAG geht von dem Grundsatz aus, dass die Regelungskompetenz der TV-Parteien für einen deutschen TV nur für Arbeitsverhältnisse besteht, die dem deutschen Arbeitsrecht unterliegen[5]. Dem ist im Ergebnis zuzustimmen. Zunächst wird man davon ausgehen müssen, dass über den Geltungsbereich das TV-Statut entscheidet. Ist das deutsche Recht TV-Statut, muss mangels normativer Vorgabe eine entsprechende Regel entwickelt werden. Vorgeschlagen wird, dass TV im Grundsatz nur auf Arbeitsverhältnisse Anwendung finden sollen, welche ihren Schwerpunkt im räumlichen Geltungsbereich des TV haben[6]. Der Schwerpunkt bestimmt sich idR nach der objektiven Anknüpfung des Art. 30 II. Unterliegt ein TV deutschem Recht, fallen sämtliche Arbeitsverhältnisse in den Geltungsbereich des TV, bei welchen der ArbN seinen gewöhnlichen Arbeitsort in Deutschland hat, auch wenn er vorübergehend ins Ausland entsandt ist (vgl. zur objektiven Anknüpfung Rz. 15 ff.). Die Arbeitsvertragsparteien können die Anwendbarkeit eines TV nicht mehr dadurch verhindern, dass sie ein ausländisches Arbeitsvertragsstatut wählen[7].

48 Die TV-Parteien können daneben durch Vereinbarung weitere Arbeitsverhältnisse dem Anwendungsbereich des TV zuordnen, sofern ein ausreichender Inlandsbezug dieser Arbeitsverhältnisse erkennbar ist[8]. Das BAG hat entschieden, dass ein TV Regelungen für Arbeitsverhältnisse im Ausland beschäftigter deutscher Angestellter zum Gegenstand haben könne[9]. Vgl. auch die Kommentierung zum AEntG.

49 **3. Internationales Arbeitskampfrecht**[10]. Das internationale Arbeitskampfrecht soll die Frage entscheiden, welche Rechtsordnung auf einen Arbeitskampf anwendbar ist, welcher Auslandsberührung aufweist. Als Anknüpfungspunkte werden der Arbeitsort, der Arbeitskampfort, das Deliktsstatut[11] oder auch eine Schwerpunktbetrachtung vorgeschlagen[12]. Andere halten eine einheitliche Anknüpfung der mit dem Arbeitskampf verbundenen rechtl. Probleme für verfehlt[13].

50 **VI. Anwendung einer ausländischen Rechtsordnung.** Ist nach den Regelungen über das Internationale Arbeitsrecht eine ausländische Rechtsordnung anwendbar, so ist deren Inhalt gem. § 293 ZPO durch das Gericht von Amts wegen festzustellen. Eine Verletzung dieser Pflicht kann mit der Verfahrensrüge beanstandet werden. Nach der Rspr. des BGH genügt es nicht, lediglich auf ausländisches Gesetzesrecht zurückzugreifen. Vielmehr muss das Recht ermittelt und angewandt werden, wie der Richter des jeweiligen Landes es auslegt und anwendet. Der Umfang der Ermittlungen obliege zwar dem pflichtgemäßen Ermessen des Richters; je detaillierter und kontroverser aber die Parteien zur ausländischen Rechtsordnung vortrügen, desto höher werden die Anforderungen an die Ermittlung durch das Gericht[14].

1 Staudinger/*Magnus*, 13. Aufl. 2002, Art. 30 EGBGB Rz. 255 f. |2 MünchArbR/*Birk*, § 21 Rz. 42. |3 *Löwisch/Rieble*, Grundlagen Rz. 93 f. |4 Staudinger/*Magnus*, 13. Aufl. 2002, Art. 30 EGBGB Rz. 258 mwN; *Franzen*, AR-Blattei SD 920 Rz. 336 ff. |5 BAG v. 9.7.2003 – 10 AZR 593/02, AP Nr. 261 zu § 1 TVG – Tarifverträge: Bau; aber: BAG v. 25.6.2002 – 9 AZR 405/00, AP Nr. 12 zu § 1 AEntG: Regelungskompetenz durch AEntG verliehen. |6 Staudinger/*Magnus*, 13. Aufl. 2002, Art. 30 EGBGB Rz. 259. Dahin gehend auch BAG v. 20.8.2003 – 5 AZR 362/02, AP Nr. 245 zu § 620 BGB – Befristeter Arbeitsvertrag. |7 So noch BAG v. 4.5.1977 – 4 AZR 10/76, AP Nr. 30 zu § 1 TVG – Tarifverträge: Bau. |8 MünchArbR/*Birk*, § 21 Rz. 50; *Jacobs/Krause/Oetker*, Tarifvertragsrecht, 2007, D. Rz. 133. |9 BAG v. 11.9.1991 – 4 AZR 71/91, AP Nr. 29 zu Internat. Privatrecht Arbeitsrecht. |10 Spezielle Lit.: *Franzen*, AR-Blattei SD 920 Rz. 354 ff.; *Hergenröder*, Der Arbeitskampf mit Auslandsberührung, 1987; *Hergenröder*, AR-Blattei SD 170.8, Stand 11/2000 sowie die nachfolgend Genannten. |11 Dazu MüKo/*Junker*, 4. Aufl. 2006, Art. 40 EGBGB Rz. 142 ff.; dagegen *Preis*, Kollektivarbeitsrecht, 2003, S. 366. |12 *Hergenröder*, AR-Blattei SD 170.8 Rz. 36 ff. |13 MünchArbR/*Birk*, § 21 Rz. 65. |14 BGH v. 23.6.2003 – II ZR 305/01, NJW 2003, 2685 f. Weiterführend *Geimer*, IZPR, 5. Aufl. 2004, Rz. 2577 ff.

Vertrag zur Gründung der Europäischen Gemeinschaft

vom 25.3.1957 (BGBl. II S. 766, in der Fassung des Vertrags über die Europäische Union v. 7.2.1992, BGBl. II S. 1253/1256, in der Fassung des Vertrags von Nizza vom 26.2.2001, BGBl. 2001 II S. 1667, geändert durch den Vertrag von Athen vom 16.4.2003, BGBl. II S. 1410, und den Beitrittsvertrag vom 25.4.2005 (BGBl. II 2006 S. 1146), konsolidierte Fassung ABl. EG 2006 C-321E/1)

– Auszug –

Vorbemerkungen

I. Allgemeines. Unter dem Begriff „europäisches Arbeitsrecht" wird hier maßgeblich der Teil des 1
Arbeitsrechts verstanden, der durch oder auf Grund von Rechtsakten der EG geschaffen wurde (Rz. 5 ff.). Im Vordergrund stehen dabei die Art. 39 und 141 EGV. Unter den Begriff „europäisches Arbeitsrecht" lässt sich aber auch der Teil des Arbeitsvölkerrechts fassen, welcher sich auf die europäischen Staaten bezieht, insb. die das Arbeitsrecht betreffenden Übereinkommen des Europarats (Rz. 2–4).

II. Das Arbeitsvölkerrecht[1] der europäischen Staaten ist für die praktische Rechtsanwendung von 2
geringerer Relevanz, da die jeweiligen Abkommen idR den Bürgern keine subjektiven, durchsetzbaren Rechte verleihen, sondern nur die Mitgliedstaaten verpflichten, die das Abkommen ratifiziert haben. Zu den wichtigsten **Abkommen des Europarats** gehören: a) die Europäische Konvention zum Schutz der Menschenrechte und Grundfreiheiten (**EMRK**) vom 4.11.1950[2] (vgl. auch Rz. 6), über deren Verletzung der Europäische Gerichtshof für Menschenrechte auch auf Antrag eines Bürgers, einer nichtstaatlichen Organisation oder Personenvereinigung entscheiden kann, b) die Europäische Sozialcharta (ESC) vom 18.10.1961[3] und die zu dieser ergangenen Zusatzprotokolle[4], c) das Europäische Niederlassungsabkommen vom 13.12.1955[5] und d) das Übereinkommen zum Schutz des Menschen bei der automatischen Verarbeitung personenbezogener Daten vom 28.1.1981[6].

Sonstige internationale Übereinkommen mit arbeitsrechtl. Bezug sind a) das Europäische Über- 3
einkommen über die Arbeit des im internationalen Straßenverkehr beschäftigten Fahrpersonals (AETR) vom 1.7.1970[7], b) das Abkommen über die Arbeitsbedingungen der Rheinschiffer vom 21.5.1954[8], c) die Vereinbarung über die Hafenstaatkontrolle vom 26.1.1982[9], das EU-Truppenstatut vom 17.11.2003[10] und das Nato-Truppenstatut vom 19.6.1951[11] und das dazugehörige Zusatzabkommen vom 3.8.1959[12].

---

1 Zu den wichtigsten allgemeinen völkerrechtlichen Abkommen mit Bezügen zum Arbeitsrecht MünchArbR/*Birk*, § 18 Rz. 7 ff. | 2 BGBl. 1952 II S. 685, zuletzt geändert durch Protokoll Nr. 14 v. 13.5.2004, BGBl. 2006 II S. 138. Neubekanntmachung v. 17.5.2002, BGBl. II S. 1054. Das Protokoll ist bislang nicht in Kraft. | 3 BGBl. 1964 II S. 1261, zuletzt geändert BGBl. 2001 II S. 970. Die Bundesrepublik Deutschland hat die Revidierte Sozialcharta vom 1.7.1999 bisher nur gezeichnet. | 4 V. 5.5.1988, v. 21.10.1991 und v. 9.11.1995; die Bundesrepublik Deutschland hat diese jedoch nicht ratifiziert. | 5 BGBl. 1959 II S. 997. | 6 BGBl. 1985 II S. 539; das Zusatzprotokoll v. 8.11.2001 hat die Bundesrepublik Deutschland ratifiziert (BGBl. 2002 II S. 1882), es ist am 1.7.2004 in Kraft getreten. | 7 BGBl. 1974 II S. 1475, zuletzt geändert BGBl. 1997 II S. 1550. | 8 BGBl. 1957 II S. 217. | 9 BGBl. 1982 II S. 585; Neufassung BGBl. 2004 II S. 190. | 10 BGBl. 2005 II S. 18. | 11 BGBl. 1961 II S. 1183, zuletzt geändert BGBl. 2005 I S. 1860. | 12 BGBl. 1961 II S. 1183, zuletzt geändert BGBl. 2005 I S. 1860.

4 Weitere **Abkommen** sind die Vereinbarungen zur Erleichterung der Arbeitsaufnahme, welche mit Polen[1] und Ungarn[2] geschlossen wurden. Mit Ungarn[3], Polen[4], der CSFR[5], Albanien[6], Estland[7], Kroatien[8], Lettland[9], Litauen[10], Bulgarien[11], der Russischen Föderation[12], Slowakei[13], Slowenien[14] und Rumänien[15] bestehen weiter Vereinbarungen über die Beschäftigung zur Erweiterung der beruflichen und sprachlichen Kenntnisse. Daneben existieren Abkommen zur Beschäftigung auf Grund von Werkverträgen mit Tschechien[16], Polen[17], der Türkei[18], Bulgarien[19], Rumänien[20], Bosnien-Herzegowina[21], Mazedonien[22], Lettland[23], Kroatien[24], Slowakei[25], Slowenien[26] und Ungarn[27]; diese Abkommen können für die Erteilung einer Arbeitserlaubnis von Bedeutung sein[28]. Soweit diese Länder der EU zwischenzeitlich beigetreten sind im Hinblick auf die ArbN-Freizügigkeitdie Übergangsregelungen (Rz. 5) zu beachten.

5 **III. Arbeitsrecht der Europäischen Gemeinschaft.** Mit dem Vertrag über die EU vom 7.2.1992[29] wurde die EG Teil der EU und das bisherige Gemeinschaftsrecht ein eigenständiger Teil des Rechts der EU. Die Regelungen mit arbeitsrechtl. Inhalt wurden von der EG geschaffen. Aus diesem Grund ist es zulässig, im Folgenden weiterhin von Gemeinschaftsrecht zu sprechen. Mit dem Vertrag von Lissabon vom 13.12.2007, der am 1.1.2009 in Kraft treten soll, würde allerdings die Bezeichnung „Gemeinschaft" aufgegeben (vgl. Rz. 6).

Zu den nunmehr 27 Staaten der EU gehören neben der Bundesrepublik Deutschland Belgien, Dänemark, Finnland, Frankreich, Griechenland, Großbritannien, Irland, Italien, Luxemburg, Niederland, Österreich, Portugal, Schweden, Spanien, seit dem 1.5.2004 die zehn weiteren Beitrittsländer Estland, Lettland, Litauen, Malta, Polen, Slowakei, Slowenien, Tschechische Republik, Ungarn und Zypern[30] sowie seit dem 1.1.2007 Bulgarien und Rumänien[31]. Grundsätzlich gilt in den neuen Mitgliedstaaten das europäische Recht. Für einige arbeitsrechtl. relevante Bereiche wurden allerdings Übergangsfristen vereinbart[32], dies gilt nun auch für Rumänien und Bulgarien[33]. Im sensiblen Bereich der ArbN-Freizügigkeit gibt es eine maximal siebenjährige Übergangsfrist, die es den alten Mitgliedstaaten erlaubt, zunächst für zwei, dann für drei weitere Jahre ihre nationalen Regelungen beizubehalten (dh. bis 30.4.2009). Von dieser Möglichkeit hat die Bundesrepublik Deutschland Gebrauch gemacht. Für Rumänien und Bulgarien läuft zunächst die erste zweijährige Frist bis 31.12.2008. Nach Ablauf der fünf Jahre gilt prinzipiell Freizügigkeit auch für ArbN. Im Falle einer schweren Störung des Arbeitsmarktes oder der Gefahr einer solchen Störung können die alten Mitgliedstaaten ihre nationalen Regelungen für höchstens zwei weitere Jahre aufrechterhalten. Diese Regelung gilt gegenüber allen neuen Mitgliedstaaten außer Malta und Zypern. Ferner wurde für die Bundesrepublik Deutschland und Österreich eine besondere Schutzklausel eingefügt, mit welcher die Dienstleistungsfreiheit von Unternehmen aus den Beitrittsländern, die Dienstleistungen im Bereich des Baugewerbes und der Gebäudereinigung anbieten, unter bestimmten Voraussetzungen beschränkt werden kann[34].

6 **1. Primäres Gemeinschaftsrecht. a) Allgemeines.** Das primäre Gemeinschaftsrecht enthält in erster Linie institutionelle Regelungen, Kompetenzregelungen und Zielvorgaben. Regelungswerke sind vor allem EUV und EGV einschließlich Anhänge, Zusatzprotokolle und Erklärungen. Daneben enthält der Vertrag über die Europäische Atomgemeinschaft arbeitsschutzrechtl. Regelungen. EUV und EGV sollen mWz. **1.1.2009**[35] durch den am 13.12.2007 unterzeichneten **Vertrag von Lissabon** zur Änderung des Vertrags über die Europäische Union und des Vertrags zur Gründung der Europäischen Gemeinschaft[36]

---

1 V. 23.8.1979 BGBl. 1979 II S. 1164, zuletzt geändert BGBl. 1991 II S. 1018. | **2** V. 23.7.1981 BGBl. 1981 II S. 904, zuletzt geändert BGBl. 1998 II S. 1394. | **3** V. 18.12.1989 BGBl. 1990 II S. 148, zuletzt geändert BGBl. 1992 II S. 401. | **4** V. 5.2.1991 BGBl. 1991 II S. 501. | **5** V. 23.4.1991 BGBl. 1992 II S. 1018. | **6** V. 17.1.1992 BGBl. 1992 II S. 116. | **7** V. 21.8.1995 BGBl. 1995 II S. 981. | **8** V. 13.9.2002 BGBl. 2003 II S. 11. | **9** V. 12.11.1992 BGBl. 1992 II S. 1207. | **10** V. 13.9.1993 BGBl. 1993 II S. 1896. | **11** V. 18.5.1992 BGBl. 1992 II S. 403. | **12** V. 4.8.1993 BGBl. 1993 II S. 1732. | **13** V. 18.3.1996 BGBl. 1996 II S. 930. | **14** V. 11.6.1996 BGBl. 1996 II S. 1078. | **15** V. 12.5.1992, BGBl. 1992 II S. 494, zuletzt geändert BGBl. 2003 II S. 1573. | **16** V. 23.4.1991 BGBl. 1991 II S. 820, zuletzt geändert BGBl. 1993 II S. 762. | **17** V. 31.1.1990 BGBl. 1990 II S. 602, zuletzt geändert BGBl. 1995 II S. 127. | **18** V. 18.11.1991 BGBl. 1992 II S. 54, zuletzt geändert BGBl. 1998 II S. 94. | **19** V. 18.3.1991 BGBl. 1991 II S. 863, zuletzt geändert BGBl. 1995 II S. 90. | **20** V. 31.7.1990 BGBl. 1991 II S. 666, zuletzt geändert BGBl. 1996 II S. 1303. | **21** V. 20.2.1995 BGBl. 1995 II S. 374, zuletzt geändert BGBl. 2007 II S. 1541. | **22** V. 23.6.1995 BGBl. 1995 II S. 731. | **23** V. 2.6.1992 BGBl. 1992 II S. 1204. | **24** V. 13.9.2002 BGBl. 2003 II S. 8. Eine solche Vereinbarung wurde auch mit Jugoslawien geschlossen, Vereinbarung v. 24.8.1988, BGBl. 1989 II S. 774, zuletzt geändert BGBl. 1992 II S. 349. Diese Vereinbarung gilt für die Nachfolgestaaten fort, BGBl. 1992 II S. 1146 u. 1196, 1993 II S. 1261, 1994 II S. 326, 1997 II S. 961. | **25** V. 17.4.1996 BGBl. 1996 II S. 1030. | **26** V. 13.7.1993 BGBl. 1993 II S. 1261. | **27** V. 3.1.1989 BGBl. 1990 II S. 1310, zuletzt geändert BGBl. 1998 II S. 1396. | **28** Dazu *Reim*, Auf dem Weg nach Europa, Werkvertragsarbeitnehmer aus Mittel- und Osteuropa im Kontext des nationalen, Völker- und Gemeinschaftsrechts, 2000; *Dienelt*, InfAuslR 2004, 325 ff. | **29** „Vertrag von Maastricht", BGBl. II S. 1253. | **30** Beitrittsvertrag und Beitrittsakte ABl. EG 2003 L-235/17 ff. und 33 ff. | **31** Beitrittsvertrag und Beitrittsakte, ABl. EG 2005 L-157/11 ff., 203 ff. | **32** Vgl. die Anhänge zu Art. 21 der Beitrittsakte, ABl. EG 2003 L-235/792 ff. Dazu *Weiss*, FS Heinze, 2005, 1067 ff.; *Langer*, NZA 2005, 83 ff.; *Wank*, NZA 2005, 88 ff.; *Tschäpe*, Die Übergangsbestimmungen zur Arbeitnehmerfreizügigkeit und zum Grundstücksverkehr im Rahmen der EU-Osterweiterung, 2004; *Dienelt*, Freizügigkeit nach der Osterweiterung, 2004; *Dienelt*, Freizügigkeit nach der Osterweiterung, 2004; bzgl. AÜ *Boemke*, BB 2005, 266 ff. | **33** Vgl. die Anhänge zu Art. 23 der Beitrittsakte, ABl. EG 2005 L-157/278 ff., 311 ff. | **34** Dazu *Temming*, RdA 2005, 186 ff. | **35** Vgl. Art. 6 II des Änderungsvertrages, ABl. EG 2007, C-306/135. | **36** ABl. EG 2007 C-306/1.

modifiziert werden. Der EGV würde nach Art. 21) des Änderungsvertrags in „**Vertrag über die Arbeitsweise der Europäischen Union**" umbenannt; die Zählung der Artikel soll sich ändern[1]. **Inhaltlich** modifiziert würde insb. Art. 6 EUV[2]. Bisher sind gem. Art. 6 I EUV auch die Grundsätze der Freiheit, der Demokratie, der Achtung der Menschenrechte und Grundfreiheiten sowie der Rechtsstaatlichkeit Bestandteil des Gemeinschaftsrechts. Nach Art. 6 II EUV (ggf. ab 1.1.2009: Art. 6 III EUV) achtet die Union die Grundrechte der EMRK und die Grundrechte, welche sich aus gemeins. Verfassungsüberlieferungen der Mitgliedstaaten als allgemeine Grundsätze des Gemeinschaftsrechts ergeben[3]. Diese dürften sich schon bislang insb. in der **Charta der Grundrechte** der EU vom 7.12.2000[4] wiederfinden[5]. Ab dem 1.1.2009 würde mit Art. 6 I 1 EUV die Charta der Grundrechte rechtsverbindlicher Teil des Primärrechts; das bedeutet, dass die dort niedergelegten Grundrechte grds. horizontale Direktwirkung (Rz. 7) entfalten können. Schon nach der bisherigen Rspr. gehören zum Primärrecht das Recht des ArbN auf freie Wahl des ArbGeb[6], die Koalitionsfreiheit[7] einschließlich des Streikrechts[8], der Grundsatz der Verhältnismäßigkeit[9], der Vertrauensschutz[10], das Gebot der Rechtssicherheit[11], das Verbot des Rechtsmissbrauchs[12], das Recht auf Gewährung effektiven Rechtsschutzes[13], das Recht auf ein faires Verfahren[14] und der allgemeine Gleichheitssatz[15]. Auch das Verbot der Diskriminierung wegen des Alters sei ein allgemeiner Grundsatz des Gemeinschaftsrechts[16]. Das lässt vermuten, dass der EuGH auch andere Diskriminierungsverbote (vgl. Art. 1 AGG Rz. 2 ff.) als allgemeine Grundsätze auffasst. Allgemein erkennt der EuGH die Grundsätze der „Gleichbehandlung und Nichtdiskriminierung" an[17]. Soweit durch Art. 6 II (ggf. ab 1.1.2009: Art. 6 II, III) EUV auch die Grundrechte der **EMRK** als allgemeine Grundsätze des Gemeinschaftsrechts gelten, stellt sich die Frage, ob auch die sonstigen in **Art. 14 EMRK genannten Diskriminierungsmerkmale** (Hautfarbe, Sprache, nationale und soziale Herkunft, Zugehörigkeit zu einer nationalen Minderheit, Vermögen, Geburt oder sonstiger Status) für die EU im horizonalen Verhältnis verbindlich werden. Nach Art. 6 II EUV nF träte die EU der EMRK bei; dies soll an ihren Zuständigkeiten nichts ändern.

b) Anwendbarkeit. Das Primärrecht richtet sich seiner Natur nach zum überwiegenden Teil an die Mitgliedstaaten. Ist im Ausnahmefall jedoch (auch) der Bürger Adressat der Bestimmung (zB Verbot der Diskriminierung wegen des Geschlechts nach Art. 141 I und II[18]; vgl. Art. 141 Rz. 4; Art. 39 Rz. 1), ist die jeweilige Bestimmung unmittelbar anwendbar (horizontale Direktwirkung). **7**

2. Sekundäres Gemeinschaftsrecht. Das sekundäre Gemeinschaftsrecht leitet sich vom Primärrecht ab und muss mit diesem in Einklang stehen. Zum sekundären Gemeinschaftsrecht gehören gem. Art. 249 EGV insb. Verordnungen (VO), Richtlinien und Empfehlungen. **8**

Zum Erlass sekundären Gemeinschaftsrechts bedarf die EU einer **Ermächtigungsgrundlage.** Ermächtigungsgrundlagen für das Arbeitsrecht finden sich in den Art. 136 ff., insb. in Art. 137. Die schwer verständliche Norm[19] beschränkt die EU auf die Unterstützung und Ergänzung der Tätigkeiten der Mitgliedstaaten. Gem. Abs. 6 sind zudem das Arbeitsentgelt (dazu Art. 141 Rz. 38), das Koalitionsrecht, das Streik- und Aussperrungsrecht ausgenommen[20]. **9**

a) Verordnungen. aa) Allgemeines. Auf dem Gebiet des Arbeitsrechts verleiht der EGV keine Kompetenzen zum Erlass von VO. Diese haben daher mit Ausnahme der VO 1612/68 über die Freizügigkeit der **10**

1 Vgl. ABl. EG 2007 C-306/202 ff. | 2 Vgl. Art. 1 Nr. 8 und (Inkrafttreten) 6 II des Änderungsvertrages, ABl. EG 2007, C-306/13. | 3 In Art. 136 I EGV wird zudem auf die Europäische Sozialcharta v. 18.10.1961 (Rz. 2) und die Gemeinschaftscharta der sozialen Grundrechte der Arbeitnehmer v. 9.12.1989, Vorentwurf Kom/89/248 endg., verwiesen. Der Vertrag über eine Verfassung für Europa v. 16.12.2004, ABl. EG 2004, C-310/1, ist nicht in Kraft getreten. | 4 ABl. EG 2000, C-364/1, neugefasst ABl. EG 2007 C-303/1 und Erläuterungen ebenda S. 17 ff. Zum sog. Äquivalenz- und Effektivitätsgrundsatz bzgl. der Ausübung durch die Gemeinschaftsordnung verliehener Rechte EuGH v. 10.4.2003 – Rs. C-276/01, Slg. 2003 I, 3735, 3774 (Rz. 60 ff.) – Steffensen; v. 9.12.2003 – Rs. C-129/00, Slg. 2003 I, 14637, 14684 – Kommission gegen Italien. | 5 EuGH v. 27.6.2006 – Rs. C-540/03, Slg. 2006 I, 5769 (Rz. 38) – Europäisches Parlament gegen Rat der EU; *Schmidt*, Europäisches Arbeitsrecht, 2001, I. Rz. 86. Zu den arbeitsrechtlich relevanten Grundrechten ebenda Rz. 95 ff.; *Zachert*, NZA 2001, 1041 ff. | 6 EuGH v. 16.12.1992 – Rs. C-132/91, C-138/91, C-139/91, Slg. 1992 I, 6577, 6609 – Katsikas. | 7 EuGH v. 9.3.2006 – Rs. C-499/04, Slg. 2006 I, 2397 (Rz. 33) – Werhof. | 8 EuGH v. 11.12.2007 – Rs. C-438/05, NZA 2008, 124 (Rz. 43 ff.) – Viking; v. 18.12.2007 – Rs. C-341/05, NZA 2008, 159 (Rz. 90 ff.) – Laval (betr. Betriebsblockade). Dazu *Kocher*, AuR 2008, 13 ff.; *Zwanziger*, DB 2008, 294 ff. | 9 EuGH v. 11.1.2000 – Rs. C-285/98, Slg. 2000 I, 69, 105 – Kreil; EuGH v. 22.11.2005 – Rs. C-144/04, Slg. 2005 I, 9981 (Rz. 65) – Mangold. | 10 EuGH v. 12.12.1996 – Rs. C-241/95, Slg. 1996 I, 6699, 6731 – Accrington Beef; v. 26.4.2005 – Rs. C-376/02, Slg. 2005 I, 3445 (Rz. 32) – Goed Wonen. Dazu *Altmeyer*, Vertrauensschutz im Recht der EU und im deutschen Recht, 2003. | 11 EuGH v. 2.6.2005 – Rs. C-136/03, Slg. 2005 I, 4759 (Rz. 52) – Dörr und Ünal; EuGH v. 26.4.2005 – Rs. C-376/02, Slg. 2005 I, 3445 (Rz. 31 ff.) – Goed Wonen. | 12 EuGH v. 14.12.2000 – Rs. C-110/99, Slg. 2000 I, 11569, 11587 ff. – Emsland Stärke. | 13 EuGH v. 4.7.2006 – Rs. C-212/04, Slg. 2006 I, 6057 (Rz. 95) – Adeneler. | 14 EuGH v. 16.6.2005 – Rs. C-105/03, Slg. 20005 I, 5285 (Rz. 59) – Pupino. | 15 EuGH v. 19.10.1977 – Rs. 117/76, 16/77, Slg. 1977, 1753, 1770 – Ruckdeschel. | 16 EuGH v. 22.11.2005 – Rs. C-144/04, Slg. 2005 I, 9981 (Rz. 75) – Mangold. Zweifelnd BAG v. 27.6.2006 – 3 AZR 352/05 (A), AP Nr. 6 zu 1b BetrAVG (Vorlageersuchen). | 17 EuGH v. 13.9.2007 – Rs. C-307/05, NZA 2007, 1223 (Rz. 27) – Alonso. | 18 EuGH v. 8.4.1976 – Rs. 43/75, Slg. 1976, 455, 472 ff. – Defrenne II. | 19 *Calliess/Ruffert-Krebber*, EU-Vertrag und EG-Vertrag, 3. Aufl. 2007, Art. 137 Rz. 1. | 20 Vgl. EuGH v. 11.12.2007 – Rs. C-438/05, NZA 2008, 124 (Rz. 39 ff.) – Viking; v. 18.12.2007 – Rs. C-341/05, NZA 2008, 159 (Rz. 86 ff.) – Laval.

ArbN innerhalb der Gemeinschaft (Art. 39 Rz. 2) für das Arbeitsrecht nur am Rande Bedeutung, so zB die VO 561/2006[1], welche für angestellte wie selbständige Fahrer Einsatz- und Ruhezeiten regeln. Arbeitsrechtl. relevant ist zB auch die VO 574/72 zur Beweiskraft ausländischer Arbeitsunfähigkeitsbescheinigungen (Art. 39 Rz. 2)[2].

11 **bb) Anwendbarkeit.** Gem. Art. 249 II haben VO allgemeine Geltung. Sie sind in allen ihren Teilen verbindlich und gelten unmittelbar in jedem Mitgliedstaat.

12 **b) Richtlinien. aa) Allgemeines.** Die Richtlinien sind das maßgebliche Gestaltungsinstrument der EG auf dem Gebiete des Arbeitsrechts. Die wichtigsten der bislang ergangenen arbeitsrechtl. Richtlinien werden unter Art. 141 Rz. 37 ff., 56 ff. sowie an den Stellen dargestellt, an welchen die Richtlinien das deutsche Arbeitsrecht umgestaltet haben (zB § 613a BGB, AGG).

13 **bb) Anwendbarkeit.** Nach Art. 249 II sind Richtlinien für jeden Mitgliedstaat, an den sie gerichtet sind, hinsichtlich des zu erreichenden Ziels verbindlich. Die Umsetzung muss in der von der Richtlinie genannten Frist erfolgen. Schon während der Frist darf der Mitgliedstaat allerdings keine Vorschriften erlassen, die geeignet sind, die Erreichung des Ziels ernstlich infrage zu stellen („Frustrationsverbot")[3]. Die Form und Mittel zur Erreichung des Ziels sind jedoch der jeweiligen innerstaatlichen Stelle überlassen; allerdings sind solche zu wählen, die für die Gewährleistung der praktischen Wirksamkeit der Richtlinie unter Berücksichtigung des mit ihnen verfolgten Zwecks am geeignetsten sind[4]. Richtlinien sind daher im jeweiligen Mitgliedstaat grds. **nicht unmittelbar anwendbar**. Sie enthalten vielmehr einen Befehl an den nationalen Gesetzgeber, die Richtlinie innerhalb einer bestimmten Frist in nationales Recht umzusetzen. Dagegen können Private grds. keine Rechte aus der Richtlinie herleiten bzw. nicht durch die Richtlinie verpflichtet werden.

14 Von diesem Grundsatz fehlender unmittelbarer Anwendbarkeit macht der EuGH jedoch eine Ausnahme, wenn der Mitgliedstaat es versäumt hat, die Richtlinie fristgerecht umzusetzen. In diesem Fall kann sich der Mitgliedstaat selbst auf die fehlende Umsetzung nicht mehr berufen. Der Private kann daher **gegenüber dem Mitgliedstaat** Rechte aus der Richtlinie geltend machen (sog. vertikale Direktwirkung). Die vertikale Direktwirkung setzt voraus, dass die Richtlinie nicht fristgerecht oder unzulänglich umgesetzt wurde und die Vorschrift, auf welche sich der ArbN beruft, hinreichend genau und bestimmt ist[5]. Auf arbeitsrechtl. Richtlinien trifft Letzteres allerdings oft nicht zu[6].

15 Auf die vertikale Direktwirkung kann sich der Betroffene auch berufen, wenn Klagegegner nicht die Bundesrepublik Deutschland, sondern ein nichtstaatl., aber dem öffentl. Bereich zurechenbares Rechtssubjekt ist, zB ein **öffentl. ArbGeb**[7]. Darunter ist unabhängig von ihrer Rechtsform jede Einrichtung zu verstehen, die dem Staat oder dessen Aufsicht untersteht und die kraft staatlichen Rechtsakts eine Dienstleistung im öffentl. Interesse zu erbringen hat und hierzu mit besonderen Rechten ausgestattet ist, welche über diejenigen hinausgehen, die für die Beziehungen zwischen Privaten gelten[8], zB kommunale ArbGeb, öffentl.-rechtl. verfasste Kreditinstitute[9], nicht aber der Rettungsdienst des Roten Kreuzes[10]. Der öffentl. ArbGeb kann selbst keine Rechte und Pflichten aus der Richtlinie geltend machen[11].

16 Die Grundsätze über die vertikale Direktwirkung finden auch Anwendung, wenn sich der Private gegenüber einer **anderen staatlichen Stelle**, zu der er nicht in einem Arbeitsverhältnis steht, auf eine arbeitsrechtl. Richtlinie berufen will. Deshalb kann auch der (private) ArbGeb aus einer arbeitsrechtl. Richtlinie Rechte gegenüber einer staatlichen Stelle herleiten, wenn diese in einer Weise Hoheitsbefugnisse gegen ihn ausübt, welche nicht im Einklang mit der Richtlinie stehen[12].

17 Eine weiter gehende Direktwirkung der Richtlinie im Verkehr zwischen Privaten (**horizontale Direktwirkung**) lehnt der EuGH weiterhin ab[13]. Der ArbN kann daher gegenüber seinem privaten ArbGeb keine Rechte aus einer nicht ordnungsgemäß umgesetzten Richtlinie herleiten. In diesem Fall bleiben dem ArbN nur Entschädigungsansprüche gegen den Mitgliedstaat (Rz. 21 ff.).

18 **cc) Richtlinienkonforme Auslegung**[14]. Gem. Art. 249 III, Art. 10 I 1 ist der Mitgliedstaat zur Umsetzung der Richtlinie und damit zur Erreichung der Ziele der Richtlinie verpflichtet. Dies hat Folgen für die

---

1 V. 15.3.2006 ABl. EG 2006 L-102/1. |2 Vgl. Art. 18 der VO 574/72. |3 EuGH v. 4.7.2006 – Rs. C-212/04, Slg. 2006 I, 6057 (Rz. 121) – Adeneler; EuGH v. 22.11.2005 – Rs. C-144/04, Slg. 2005 I, 9981 (Rz. 67 ff.) – Mangold. |4 EuGH v. 4.7.2006 – Rs. C-212/04, Slg. 2006 I, 6057 (Rz. 93) – Adeneler. |5 EuGH v. 26.2.1986 – Rs. 152/84, Slg. 1986, 723, 748 ff. – Marshall I. |6 MünchArbR/*Birk*, § 18 Rz. 111. |7 EuGH v. 26.2.1986 – Rs. 152/84, Slg. 1986, 723, 749 – Marshall I. |8 EuGH v. 7.9.2006 – Rs. C-54/04, Slg. 2006 I, 7213 (Rz. 29) – Marrosu. |9 ErfK/*Wißmann*, Vorb. EGV Rz. 14. |10 BAG v. 18.2.2003 – 1 ABR 2/02, AP Nr. 11 zu § 611 BGB – Arbeitsbereitschaft. |11 EuGH v. 8.10.1987 – Rs. 80/86, Slg. 1987, 3969, 3985 f. – Kolpinghuis Nijmegen. |12 EuGH v. 25.7.1991 – Rs. C-345/89, Slg. 1991 I, 4047, 4065 ff. – Stoeckel. |13 EuGH v. 5.10.2004 – Rs. C-397/01, Slg. 2004 I, 8835 (Rz. 108 f.) – Pfeiffer; EuGH v. 14.7.1994 – Rs. 91/92, Slg. 1994, 3325, 3355 f. – Faccini Dori. Dazu *Kerwer*, Das europäische Gemeinschaftsrecht und die Rechtsprechung der deutschen Arbeitsgerichte, 2003, S. 105 ff. |14 Zur richtlinienkonformen Auslegung allgemein: *Brechmann*, Die richtlinienkonforme Auslegung, 1994; *Franzen*, Privatrechtsangleichung durch die EG, 1999, S. 291 ff.; *Canaris*, Die richtlinienkonforme Auslegung und Rechtsfortbildung im System der juristischen Methodenlehre, FS Bydlinski, 2002, S. 47 ff.

Auslegung des nationalen Rechts, durch welches die Richtlinie umgesetzt wird. Die Auslegung nationalen Rechts hat sich an dem Sinn und Zweck zu orientieren, den die EG mit der Richtlinie verfolgt[1]. In einem ersten Schritt ist deshalb die Richtlinie selbst auszulegen. Dazu sind insb. die Erwägungen zur Richtlinie, welche dieser vorangestellt sind, die amtlichen Erläuterungen und die Materialien heranzuziehen. Weiter sind die anderen Sprachversionen des Richtlinientextes zu berücksichtigen. In einem zweiten Schritt ist zu prüfen, ob das nationale Recht den Anforderungen, die die Richtlinie stellt, genügt. Dabei ist im Rahmen der üblichen Methodik möglichst ein Einklang mit den Anforderungen der Richtlinie herzustellen[2]. Erlaubt die Wortlautgrenze keinen Einklang, ist zu prüfen, ob im Wege der Analogie oder der teleologischen Reduktion ein Einklang zu erreichen ist[3]. Der EuGH fordert, dass das nationale Gericht „unter Berücksichtigung des nationalen Rechts alles tu[t], was in seiner Zuständigkeit liegt, um die volle Wirksamkeit der Richtlinie ... zu gewährleisten[4]." Dies gilt auch für nationales Recht, welches älter ist als die Richtlinie selbst[5].

Es ist allerdings zu berücksichtigen, dass sich das Umsetzungsgebot gem. Art. 249 III, Art. 10 I 1 an den Mitgliedstaat richtet. Dieser entscheidet darüber, welche staatlichen Organe mit der Umsetzung der Richtlinie beauftragt sind. In Deutschland ist das Prinzip der Gewaltenteilung (Art. 20 III GG) zu beachten; die Umsetzung der Richtlinie an sich ist also dem deutschen Gesetzgeber vorbehalten. Sie kann nicht gegen oder ohne den Willen des Gesetzgebers durch die Gerichte erfolgen. Die richtlinienkonforme Auslegung kann daher nicht dazu führen, dass der Richter das nationale Recht contra legem mit dem Ziel interpretiert, den Anforderungen der Richtlinie Genüge zu tun[6]. Eine richtlinienkonforme Auslegung scheidet deshalb aus, wenn der Gesetzgeber zum Ausdruck gebracht hat, dass er eine der Richtlinie möglicherweise nicht entsprechende Regelung hat setzen oder beibehalten wollen[7]. Hat der Gesetzgeber die Richtlinie insgesamt nicht umgesetzt, darf sich der Richter nicht zum Ersatzgesetzgeber aufschwingen[8]. Ob eine Pflicht zur „richtlinienkonformen Rechtsfortbildung" besteht, ist daher zweifelhaft[9]. Ist der deutsche Gesetzgeber hingegen der Ansicht, dass die Richtlinie oder Teile der Richtlinie bereits durch bestehendes Recht ausreichend umgesetzt sind, können und müssen auch diese Gesetze richtlinienkonform ausgelegt werden[10]. Vor Ablauf der Umsetzungsfrist ist eine richtlinienkonforme Auslegung des nationalen Rechts möglich, aber nicht zwingend[11]. Etwas anderes kann nur gelten, wenn sich durch die nicht richtlinienkonforme Auslegung das mit der Richtlinie verfolgte Ziel nicht mehr ernsthaft erreichen ließe (vgl. Rz. 13). Führen die Ergebnisse einer richtlinienkonformen Auslegung zur Änderung einer gefestigten Rechtsprechung, gewährt das BAG Vertrauensschutz[12], sofern nicht unmittelbar anwendbares europäisches Recht dem entgegensteht[13]. Da sich Art. 249 III EGV nur an den Mitgliedstaat, nicht an Tarif- oder Betriebspartner richtet, besteht keine Verpflichtung TV und BV richtlinienkonform auszulegen[14]. 19

dd) Entschädigungsansprüche bei fehlender oder mangelhafter Umsetzung. Setzt ein Mitgliedstaat eine Richtlinie nicht fristgerecht und/oder nicht ordnungsgemäß um, kann der Mitgliedstaat dem Privaten, dem durch die Nichtumsetzung ein Schaden entstanden ist, zur Leistung einer Entschädigung verpflichtet sein. Es handelt sich um einen Fall der Staatshaftung. Der Anspruch begründet sich nicht nach deutschem Staatshaftungsrecht, Rechtsgrundlage ist vielmehr das Gemeinschaftsrecht. Die Verfahrensanforderungen richten sich allerdings nach nationalem Recht. Der Staat darf an die Geltendmachung eines solchen Anspruchs vor den nationalen Gerichten keine höheren Anforderungen stellen als an Klagen, welche sich auf das nationale Staatshaftungsrecht stützen. Die Durchsetzung des Anspruchs darf nicht übermäßig erschwert werden[15]. Ein Entschädigungsanspruch kann auch dadurch begründet 20

1 EuGH v. 10.4.1984 – Rs. 14/83, Slg. 1984, 1891, 1909 – von Colson und Kamann. | 2 EuGH v. 4.2.1988 – Rs. 157/86, Slg. 1988, 673, 690 – Murphy; *Roth*, Europäisches Recht und nationales Recht, FS 50 Jahre BGH, 2000, Bd. 2, S. 847, 865 f. | 3 *Franzen*, Privatrechtsangleichung durch die EG, 1999, S. 405 ff. Der BGH hält die Wortlautgrenze wohl für bindend, BGH v. 15.2.2005 – XI ZR 396/03, ZIP 2005, 1361 mwN. Ähnlich BAG v. 29.6.2004 – 1 ABR 32/99, AP Nr. 6 zu § 5 EBRG. | 4 EuGH v. 5.10.2004 – Rs. C-397/01, Slg. 2004 I, 8835 (Rz. 110 ff.) – Pfeiffer. | 5 EuGH v. 4.7.2006 – Rs. C-212/04, Slg. 2006 I, 6057 (Rz. 108) – Adeneler. | 6 EuGH v. 4.7.2006 – Rs. C-212/04, Slg. 2006 I, 6057 (Rz. 110) – Adeneler; *Canaris*, FS Bydlinski, 2002, S. 91 ff. | 7 BAG v. 20.7.2004 – 9 AZR 343/03, AP Nr. 18 zu § 1 AEntG; v. 5.6.2003 – 6 AZR 114/02, AP Nr. 2 zu § 611 BGB – Bereitschaftsdienst; v. 18.2.2003 – 1 ABR 2/02, AP Nr. 11 zu § 611 BGB – Arbeitsbereitschaft. Weitgehend BGH v. 9.4.2002 – XI ZR 91/99, BGHZ 150, 248, 256 f.: Ein in der Gesetzesbegr. zum Ausdruck gebrachter Wille des Gesetzgebers könne korrigiert werden, da davon auszugehen sei, dass der Gesetzgeber eine richtlinienkonforme Regelung habe treffen wollen. Anders in der Tendenz BAG v. 29.6.2004 – 1 ABR 32/99, AP Nr. 6 zu § 5 EBRG. | 8 Ausf. MünchArbR/*Birk*, § 18 Rz. 106; BAG v. 5.3.1996 – 1 AZR 590/92, AP Nr. 226 zu Art. 3 GG. | 9 *Schürnbrand*, JZ 2007, 910 ff. mwN. Dahingehend aber *Schlachter*, RdA 2005, 115, 117 ff.; ErfK/*Wißmann*, EGV Vorb. Rz. 26. | 10 EuGH v. 14.7.1994 – Rs. 91/92, Slg. 1994, 3325, 3355 f. – Faccini Dori; BAG v. 2.4.1996 – 1 ABR 47/95, AP Nr. 5 zu § 87 BetrVG 1972 – Gesundheitsschutz. | 11 EuGH v. 4.7.2006 – Rs. C-212/04, Slg. 2006 I, 6057 (Rz. 115) – Adeneler; BAG v. 18.2.2003 – 9 AZR 272/01, AP Nr. 22 zu § 611a BGB. Daher auch keine Vorlageberechtigung nach Art. 234 Abs. 2 EGV: EuGH v. 15.3.2001 – Rs. C-165/98, Slg. 2001 I, 2189, 2219 f. – Mazzoleni. | 12 BAG v. 23.3.2006 – 2 AZR 343/05, AP Nr. 21 zu § 17 KSchG 1969; BAG v. 12.7.2007 – 2 AZR 619/05, nv. | 13 BAG v. 26.4.2006 – 7 AZR 500/04, AP Nr. 23 zu § 14 TzBfG. | 14 Ebenso ErfK/*Wißmann*, EGV Vorb. Rz. 27 mwN zur gemeinschaftskonformen Auslegung. | 15 EuGH v. 22.4.1997 – Rs. C-66/95, Slg. 1997 I, 2163, 2191 – Sutton; v. 19.11.1991 – Rs. C-6/90, 9/90, Slg. 1991 I, 5357, 5416 – Francovich. Zweifend bezüglich § 839 III BGB BGH v. 12.10.2007, III ZR 144/05, NVwZ 2007, 362 ff.

werden, dass ein nationales (auch höchstinstanzliches) Gericht Gemeinschaftsrecht unrichtig anwendet und dem Rechtssuchenden dadurch ein Schaden entsteht[1].

21 Der Anspruch auf Entschädigung ist an drei **Voraussetzungen** geknüpft[2]: Erstens muss die nicht oder nicht ordnungsgemäß umgesetzte Vorschrift darauf gerichtet sein, dem Geschädigten ein Recht zu verleihen. Der Inhalt dieses Rechts muss durch die Richtlinie ausreichend bestimmt sein. Zweitens muss der Verstoß des Mitgliedstaats gegen das Umsetzungsgebot der Richtlinie hinreichend qualifiziert sein. Das ist insb. der Fall, wenn der Mitgliedstaat die Grenzen, welche seinem Ermessen bei der Umsetzung der Richtlinie gesetzt sind, offenkundig und erheblich überschritten hat. Dies wurde vom BGH für den Fall verneint, dass bis zur Klärung durch den EuGH die mangelhafte Umsetzung der Richtlinie nicht offenkundig war[3]. Besteht kein Ermessensspielraum, kann eine Verletzung des Gemeinschaftsrechts genügen[4]. Drittens muss zwischen dem Verstoß und dem Schaden ein unmittelbarer Kausalzusammenhang bestehen.

22 **c) Empfehlungen, Stellungnahmen.** Empfehlungen und Stellungnahmen sind gem. Art. 249 nicht verbindlich, können aber für die Auslegung des (umgesetzten) Gemeinschaftsrechts von Bedeutung sein[5].

23 **3. Sonstige Rechtsquellen. a) Völkerrechtliche Verträge. aa) Allgemeines.** Die EG ist gem. Art. 281 Völkerrechtssubjekt und kann daher selbst völkerrechtl. Verträge schließen. Sie ist gem. Art. 293 verpflichtet, für die dort genannten Gebiete Verhandlungen aufzunehmen.

24 **bb) Anwendbarkeit.** Gem. Art. 300 geschlossene Abkommen sind für die Organe der Gemeinschaft und für die Mitgliedstaaten verbindlich (Abs. 7). Vorschriften aus Abkommen, welche von der EG mit internationalen Organisationen oder Drittstaaten geschlossen wurden, können darüber hinaus wie eine Richtlinie (Rz. 14 ff.) unmittelbar anwendbar sein[6].

25 **b) Europäisches Richterrecht.** Entscheidungen des EuGH (Art. 220 ff.) bzw. des Gerichts 1. Instanz (Art. 225) entfalten Rechtskraft grds. nur inter partes. Im Falle der Vorabentscheidung (Art. 234; vgl. unten Art. 234 Rz. 1 ff.) binden sie das vorlegende nationale Gericht. De jure kommt den Entscheidungen des EuGH und des Gerichts 1. Instanz keine präjudizielle Wirkung zu. De facto allerdings werden die Entscheidungen von den nationalen Gerichten beachtet, zumal ein oberstes nationales Gericht zur Vorlage an den EuGH gem. Art. 234 III unter den dort genannten Voraussetzungen verpflichtet wäre.

26 **4. Verhältnis zum nationalen Recht. a) Vorrang europäischen Rechts.** Die Bundesrepublik Deutschland hat eigene Hoheitsrechte gem. Art. 23 GG auf die Europäische Gemeinschaft übertragen und sie damit zur Schaffung einer supranationalen Rechtsordnung ermächtigt. Primäres und sekundäres Gemeinschaftsrecht beanspruchen daher Vorrang vor nationalem Recht; der Lex-posterior-Grundsatz findet in diesem Verhältnis keine Anwendung[7]. In dem Fall, dass sich europäisches und nationales Recht widersprechen, ist demnach das europäische Recht anzuwenden. Dies gilt für nicht nur für einfaches nationales Gesetzesrecht, sondern auch für TV[8]. Der nationale Richter hat das dem europäischen Recht widersprechende Recht außer Acht zu lassen (vgl. Rz. 29 ff.).

27 Eine Kollision zwischen europäischem und nationalem Recht liegt vor, wenn der Sachverhalt unter die Tatbestände einer Norm des europäischen und einer Norm des nationalen Rechts zu subsumieren ist und beide Normen unterschiedliche Rechtsfolgen anordnen. Eine Kollision besteht nicht, wenn das europäische Recht eine Abweichung durch nationales Recht zulässt. Auf dem Gebiet des Arbeitsrechts ist es insb. möglich, dass der Mitgliedstaat bei der Umsetzung einer Richtlinie über deren Mindestanforderungen zulässigerweise hinausgeht (Art. 137 EGV). Zu einer Kollision zwischen nationalem und europäischem Recht kommt es aber nur, soweit das europäische Recht in dem konkreten Rechtsverhältnis tatsächlich Anwendung findet. Eine Kollision nationalen Rechts mit einer **Richtlinie** entsteht daher nur, wenn die Richtlinie im konkreten Fall unmittelbar anwendbar ist. Da die Richtlinie im Rechtsverhältnis zwischen privatem ArbGeb und ArbN keine Anwendung findet (Rz. 18), hat der natio-

1 EuGH v. 13.6.2006 – Rs. C-173/03, Slg. 2006 I, 5177 (Rz. 30 ff.) – Traghetti del Mediterraneo SpA; EuGH v. 30.9.2003 – Rs. C-224/01, Slg. 2003 I, 10239, 10305 ff.; 10324 ff. – Köbler; dazu *v. Danwitz*, JZ 2004, 301 ff.; *Kremer*, NJW 2004, 480 ff. | 2 EuGH v. 4.12.2003 – Rs. C-63/01, Slg. 2003 I, 14447, 14523 f. – Evans; v. 22.4.1997 – Rs. C-66/95, Slg. 1997 I, 2163, 2191 – Sutton; v. 19.11.1991 – Rs. C-6/90, 9/90, Slg. 1991 I, 5357, 5413 ff. – Francovich. | 3 BGH v. 24.10.1996 – III ZR 127/91, BGHZ 134, 30, 38 ff.; EuGH v. 5.3.1996 – Rs. C-46/93, 48/93 Slg. 1996 I, 1029, 1150 – Brasserie du pêcheur. | 4 EuGH v. 25.1.2007 – Rs. C-278/05, Slg. 2007 I, 1053 (Rz. 71) – Robins. | 5 EuGH v. 13.12.1989 – Rs. C-322/88, Slg. 1989, 4407, 4421 – Grimaldi. | 6 EuGH v. 12.4.2005 – Rs. C-265/03, Slg. 2005 I, 2579 (Rz. 21) – Simutenkov; EuGH v. 29.1.2002 – Rs. C-162/00, Slg. 2002 I, 1049, 1079 – Pokrzeptowicz-Meyer; v. 27.9.2001 – Rs. C-63/99, Slg. 2001 I, 6369, 6407 – Gloszczuk; BAG v. 22.3.2000 – 7 AZR 226/98, AP Nr. 24 zu § 57b HRG; *Grabitz/Hilf-Randelzhofer/Forsthoff*, Das Recht der EU, Bd. 1, Vor Art. 39–55 EGV, Stand 5/01, Rz. 29. | 7 EuGH v. 15.7.1964 – Rs. 6/64, Slg. 1964, 1251, 1269 – Costa ./. ENEL.; v. 13.2.1969 – Rs. 14/68, Slg. 1969, 1, 13 f. – Wilhelm. | 8 EuGH v. 31.5.1995 – Rs. 400/93, Slg. 1995 I, 1275, 1313 f. – Royal Copenhagen; v. 20.3.2003 – Rs. C-187/00, Slg. 2003 I, 2741, 2794 f. – Kutz-Bauer.

nale Richter eine richtlinienwidrige nationale Bestimmung anzuwenden[1]; von der Verpflichtung zur richtlinienkonformen Auslegung (Rz. 18 f.) ist er freilich nicht entbunden.

Das Verhältnis des primären und sekundären Gemeinschaftsrechts zu den Normen des GG ist ungeklärt. Während der EuGH annimmt, dass das Gemeinschaftsrecht auch dem nationalen Verfassungsrecht vorgehe[2], behält sich das BVerfG grds. vor, die Normen des sekundären Gemeinschaftsrechts am GG[3], insb. an den Grundrechten zu prüfen. Solange aber durch die EG ein wirksamer Grundrechtsschutz gewährleistet wird, verzichtet das BVerfG auf eine eigene Prüfung. Entsprechende Verfassungsbeschwerden und Richtervorlagen werden nicht angenommen[4]. Auf Grund des zunehmenden Schutzes der Menschen- und Grundrechte durch die EG (Art. 6 I und II EUV, Rz. 6), dürfte sich daran auch in Zukunft nichts ändern. **28**

b) Gerichtliche Durchsetzung. Das nationale Gericht ist von Amts wegen verpflichtet zu prüfen, ob eine Kollision zwischen nationalem und europäischem Recht vorliegt. Stellt es eine solche fest, hat es das europäische Recht anzuwenden. Eine Verpflichtung zur Vorlage an den EuGH oder ein übergeordnetes nationales Gericht besteht nicht. Das Gericht kann daher die gemeinschaftsrechtswidrige nationale Norm inzident verwerfen. Das gilt auch für Normen eines TV[5]. Die Gemeinschaftsrechtswidrigkeit führt nicht zur Nichtigkeit der nationalen Norm[6]. Die Verwerfungskompetenz der nationalen Gerichte kann zu einer uneinheitlichen Rspr. führen. Die unrichtige Anwendung des Gemeinschaftsrechts durch den nationalen Richter kann die Rechtskraft seiner Entscheidung freilich nicht hindern[7]. **29**

Diese Verwerfungskompetenz besteht allerdings nur, soweit das europäische Recht Anwendung findet. Im Falle nicht oder nicht ordnungsgemäß umgesetzter Richtlinien ist zu beachten, dass diese grds. nicht unmittelbar anwendbar sind. Der nationale Richter kann (und muss) daher nur eine richtlinienkonforme Auslegung des nationalen Rechts vornehmen; er darf nicht zum Ersatzgesetzgeber werden. Ist eine richtlinienkonforme Auslegung nicht möglich, muss er das richtlinienwidrige nationale Recht anwenden (Rz. 28); dem Betroffenen bleibt nur ein Entschädigungsanspruch gegen den Staat (Rz. 21 ff.). **30**

Will ein ArbGeb oder ein ArbN eine mögliche Verletzung europäischen Arbeitsrechts vor dem EuGH geltend machen, kann er dem nationalen Gericht die der Verletzung zugrunde liegende Rechtsfrage stellen; das Gericht ist gem. Art. 234 I und II zur Vorlage aber lediglich berechtigt, nicht verpflichtet. Für das Arbeitsrecht besteht eine Verpflichtung zur Vorlage unter den Voraussetzungen des Art. 234 III grds. nur für das BAG. Käme das BAG seiner Vorlagepflicht nicht nach, könnte der Betroffene nach der Rspr. des BVerfG uU wegen einer Verletzung des Rechts auf den gesetzl. Richter gem. Art. 101 I 2 GG Verfassungsbeschwerde erheben[8]. Vgl. im Übrigen die Komm. zu Art. 234.

Art. 39 *Freizügigkeit der Arbeitnehmer*

(1) Innerhalb der Gemeinschaft ist die Freizügigkeit der Arbeitnehmer gewährleistet.

(2) Sie umfasst die Abschaffung jeder auf der Staatsangehörigkeit beruhenden unterschiedlichen Behandlung der Arbeitnehmer der Mitgliedstaaten in Bezug auf Beschäftigung, Entlohnung und sonstige Arbeitsbedingungen.

(3) Sie gibt – vorbehaltlich der aus Gründen der öffentlichen Ordnung, Sicherheit und Gesundheit gerechtfertigten Beschränkungen – den Arbeitnehmern das Recht,

a) sich um tatsächlich angebotene Stellen zu bewerben;

b) sich zu diesem Zweck im Hoheitsgebiet der Mitgliedstaaten frei zu bewegen;

c) sich in einem Mitgliedstaat aufzuhalten, um dort nach den für die Arbeitnehmer dieses Staates geltenden Rechts- und Verwaltungsvorschriften eine Beschäftigung auszuüben;

d) nach Beendigung einer Beschäftigung im Hoheitsgebiet eines Mitgliedstaats unter Bedingungen zu verbleiben, welche die Kommission in Durchführungsverordnungen festlegt.

(4) Dieser Artikel findet keine Anwendung auf die Beschäftigung in der öffentlichen Verwaltung.

1 ZB BAG v. 18.2.2003 – 1 ABR 2/02, AP Nr. 11 zu § 611 BGB – Arbeitsbereitschaft. Weiter kann er eine nationale Norm außer Acht lassen, wenn für den Erlass der nationalen Norm durch eine Richtlinie Verfahrensvorschriften aufgestellt wurden und diese nicht eingehalten worden sind, EuGH v. 26.9.2000 – Rs. C-443/98, Slg. 2000 I, 7535, 7584 f. – Unilever Italia. | 2 EuGH v. 11.1.2000 – Rs. C-285/98, Slg. 2000 I, 69, 102 – Kreil; v. 17.12.1970 – Rs. 11/70, Slg. 1970, 1125, 1135 – Internationale Handelsgesellschaft. | 3 BVerfG v. 12.10.1993 – 2 BvR 2134 und 2159/92, BVerfGE 89, 155, 188. | 4 BVerfG v. 22.10.1986 – 2 BvR 197/83, BVerfGE 73, 339, 387 – Solange II; v. 7.6.2000 – 2 BvL 1/97, BVerfGE 102, 147, 161 ff. – Bananenmarkt; v. 13.3.2007 – 1 BvF 1/05, NVwZ 2007, 937 ff. | 5 EuGH v. 7.2.1991 – 184/89, Slg. 1991 I, 297, 321 – Nimz. | 6 Weiterführend ErfK/*Wißmann*, EGV Vorb. Rz. 30. | 7 EuGH v. 16.3.2006 – Rs. C-234/04, Slg. 2006 I, 2585 (Rz. 21) – Kapferer. | 8 BVerfG v. 22.10.1986 – 2 BvR 197/83, BVerfGE 73, 339, 366 ff. – Solange II.

1 **I. Allgemeines.** Durch den **Vertrag von Lissabon**[1] vom 13.12.2007, der zum 1.1.2009 in Kraft treten soll (Vorb. Rz. 6), würde Art. 39 zu **Art. 45 des Vertrags über die Arbeitsweise der Europäischen Union**. Inhaltlich würde lediglich die Formulierung „in Durchführungsverordnungen" in Art. 39 IIId durch „durch Verordnungen" ersetzt. **1. Normzweck.** Die Freizügigkeit der ArbN gehört zu den Grundfreiheiten, die der EG-Vertrag garantiert (Art. 3 Ic, 14 II). Sie gibt dem ArbN das Recht, in jedem Mitgliedstaat eine Beschäftigung zu suchen und diese auszuüben (Abs. 3). Weiter ist eine Ungleichbehandlung bei der Beschäftigung, Entlohnung oder sonstigen Arbeitsbedingungen, die an die Staatsangehörigkeit anknüpft, ausgeschlossen (Abs. 2). Diese Rechte stehen dem ArbN nicht nur gegenüber dem Mitgliedstaat, sondern auch gegenüber privaten ArbGeb zu (horizontale Direktwirkung). Art. 39 gilt für die neuen Mitgliedstaaten auf Grund von Übergangsregelungen noch nicht (Vorb. Rz. 5).

2 **2. Rechtsgrundlagen.** Neben Art. 39 sind Rechtsgrundlagen für die Freizügigkeit der ArbN die Art. 40–42 sowie die RL 2004/38[2], die bis zum 30.4.2006 in nationales Recht umzusetzen war, die VO 1612/68[3] über die Freizügigkeit der ArbN innerhalb der Gemeinschaft und die RL 2003/86 betreffend das Recht auf Familienzusammenführung[4]. Für Deutschland erfolgte die Umsetzung im Freizügigkeitsgesetz/EU[5]. Mit diesen Richtlinien wird die Freizügigkeit stärker an die bloße Unionsbürgerschaft (Rz. 5) gekoppelt; die Frage der ArbN-Eigenschaft bleibt allerdings weiterhin für dasmehr als dreimonatigen Aufenthaltsrechte relevant (vgl. Art. 7 I RL 2004/38). Daneben treten eine Reihe von Richtlinien, welche die Anerkennung von Berufsabschlüssen regeln (Rz. 36). Diese Vorschriften werden ergänzt durch Bestimmungen, welche die soziale Sicherheit der ArbN gewährleisten sollen. Dies sind insb. die VO 1408/71[6] und 574/72[7], welche allerdings durch die VO 883/2004[8] gem. deren Art. 90 I aufgehoben werden, sobald die VO 883/2004 in Kraft tritt, sowie die VO 859/2003[9].

3 Die Freizügigkeit der Unionsbürger (Art. 17 I 1 EGV) wird weiter durch **Art. 18 I EGV** gewährt, nach welchem jeder Unionsbürger das Recht hat, sich im Hoheitsgebiet der Mitgliedstaaten vorbehaltlich der im EGV und der in den Durchführungsvorschriften vorgesehenen Beschränkungen und Bedingungen frei zu bewegen und aufzuhalten, und weiter durch **Art. 12 I EGV**, nach dem jede Diskriminierung auf Grund der Staatsangehörigkeit verboten ist. Auf diese Bestimmungen kann sich der Betroffene unmittelbar gegenüber dem Mitgliedstaat berufen. Im Übrigen ist das Verhältnis dieser Regelungen zur ArbN-

---

1 ABl. EG 2007 C-306/1. | **2** V. 29.4.2004, ABl. EG 2004 L-158/77. | **3** V. 15.10.1968, ABl. EG 1968 L-257/1, zuletzt geändert durch RL 2004/38, ABl. EG 2004 L-158/77. | **4** V. 22.9.2003, ABl. EG 2003, L-251/12. | **5** V. 30.7.2004, in Kraft seit 1.1.2005, BGBl. I S. 1950, zuletzt geändert durch Gesetz v. 19.8.2007, BGBl. I S. 1970. | **6** V. 14.6.1971, ABl. EG 1971 L-149/2 zur Anwendung der Systeme der sozialen Sicherheit auf Arbeitnehmer und deren Familien, die innerhalb der Gemeinschaft zu- oder abwandern, idF der Verordnung 1992/2006 v. 30.12.2006, ABl. EG 2006 L-392. | **7** V. 21.3.1974, ABl. EG 1974 L-74/1 über die Durchführung der Verordnung 1408/71 idF der Verordnung 311/2007 v. 19.3.2007, ABl. EG 2007 L-82. | **8** V. 29.4.2004, ABl. EG 2004, L-166/1. | **9** V. 14.5.2003, ABl. EG 2003, L-124/1 (betr. Drittstaatsangehörige).

Freizügigkeit des Art. 39 nicht vollends geklärt[1]. Grundsätzlich ist Art. 39 lex specialis zu Art. 12 EGV[2]. Auch auf Art. 18 EGV kann sich der betroffene ArbN wohl nur berufen, wenn er die Voraussetzungen erfüllt, unter denen Art. 39 und das korrespondierende Sekundärrecht Freizügigkeit gewähren[3]. So überspielt Art. 18 EGV nicht die Bedingungen des allgemeinen Aufenthaltsrechts für Unionsbürger, welche sich aus der RL 2004/38 ergeben[4]. Sind diese Voraussetzungen aber erfüllt oder gewährt der Mitgliedstaat unabhängig von diesen Voraussetzungen ein Aufenthaltsrecht, leitet der EuGH ein umfassendes Gleichbehandlungsgebot aus Art. 12 I ab, indem er Regelungen in Richtlinien, die eine Ungleichbehandlung zulassen, sehr restriktiv interpretiert[5]. Außerhalb des Anwendungsbereichs von Art. 39 kann sich der Betroffene, zB. der Auszubildende, der nicht in einem Arbeitsverhältnis steht, auf Art. 18 EGV berufen[6].

II. Persönlicher Anwendungsbereich. 1. Berechtigte. Auf die Freizügigkeit können sich primär Staatsangehörige eines Mitgliedstaats (dazu a) berufen, welche in einem anderen Mitgliedstaat ein Arbeitsverhältnis begründen oder ausüben wollen (dazu b). 4

a) Staatsangehörigkeit. aa) Unionsbürger. Die Freizügigkeit steht grds. nur Personen zu, welche die Staatsangehörigkeit eines Mitgliedstaates haben, also Unionsbürger sind (Art. 17 I 1). Die Unionsbürgerschaft wird in der Rspr. des EuGH zunehmend zum Anknüpfungspunkt von Freizügigkeit und Gleichbehandlungsrechten, denn für das Gericht ist die Unionsbürgerschaft „der grundlegende Status der Angehörigen des Mitgliedstaats ..., der denjenigen unter ihnen, die sich in der gleichen Situationen befinden, ... unbeschadet der ausdrücklich vorgesehenen Ausnahmen Anspruch auf die gleiche rechtl. Behandlung gibt[7]." Welchen Personen die Staatsangehörigkeit eines Mitgliedstaates verliehen wird, regelt der Mitgliedstaat nach nationalem Recht[8]. Die Mitgliedstaaten haben dazu entsprechende Erklärungen abgegeben[9]. Die Bundesrepublik Deutschland hat erklärt, dass Deutsche iSd. Gemeinschaftsrechts alle Deutschen sind, die von Art. 116 GG erfasst werden. Auf den Wohnsitz oder den gewöhnlichen Aufenthalt des Unionsbürgers kommt es nicht an. Es schadet nicht, wenn ein Unionsbürger zusätzlich die Staatsangehörigkeit eines Drittstaats hat. Dies gilt auch, wenn der Aufnahmestaat lediglich die Staatsangehörigkeit des Drittstaats anerkennt[10]. 5

Personen, die ausschließlich die Staatsangehörigkeit eines Drittstaats haben, kommt die Freizügigkeit nur zugute, wenn sie durch eine Sonderregelung begünstigt werden (Rz. 7 ff.) oder wenn sie Familienangehörige eines Unionsbürgers sind (Rz. 12). 6

bb) Angehörige von Drittstaaten[11]. Diesen Personen kann, soweit sie nicht als Familienangehörige eines Unionsbürgers begünstigt werden, die Freizügigkeit nur auf Grund völkerrechtl. Abkommen zustehen. Dies gilt auch für Staatenlose und Flüchtlinge[12]. 7

(1) Angehörige von Staaten des Europäischen Wirtschaftsraums (EWR), Schweiz. Nach Art. 28 des Abkommens über den EWR vom 2.5.1992 und dessen Anhang V[13] steht den Angehörigen von Staaten des EWR die volle Freizügigkeit iSd. Art. 39 zu. Das Abkommen ist mit Wirkung zum 1.1.1994 in Kraft getreten[14]; es entfaltet keine Rückwirkung. Nach dem Beitritt Österreichs, Finnlands und Schwedens zur EG sind von diesem Abkommen nur noch Island, Liechtenstein und Norwegen betroffen. Mit der Schweiz haben die EG und die Mitgliedstaaten ein Abkommen über die Freizügigkeit geschlossen[15]. 8

(2) Angehörige von Staaten, mit denen die EG Abkommen geschlossen hat[16]. **(a) Türkei**[17]. Zwischen der EWG und der Türkei wurde am 12.9.1963 ein Assoziierungsabkommen geschlossen[18], welches zusam- 9

---

1 Dazu *Strunz*, Die Freizügigkeit von Personen in der Europäischen Union, 2004, S. 155 ff. |2 EuGH v. 11.1.2007 – Rs. C-40/05, Slg. 2007 I, 99 (Rz. 33 f.) – Lyyski; v. 18.12.2007 – Rs. C-341/05, NZA 2008, 159 (Rz. 54 f.) – Laval (zu Art. 49 EGV). |3 So auch *Grabitz/Hilf-Randelzhofer/Forsthoff*, Das Recht der EU, Bd. 1, Art. 39 EGV, Stand 5/01, Rz. 190 ff.; *Grabitz/Hilf-Hilf*, Bd. 1, Art. 18 EGV, Stand 1/01, Rz. 1, 10. In diese Richtung EuGH v. 21.9.1999 – Rs. C-378/97, Slg. 1999 I, 6207, 6265 – Wijsenbeek; v. 11.4.2000 – Rs. C-356/98, Slg. 2000 I, 2623, 2676 f. – Kaba; v. 20.9.2001 – Rs. 184/99, Slg. 2001 I, 6193, 6244 – Grzelczyk; offen gelassen in EuGH v. 12.5.1998 – Rs. C-85/96, Slg. 1998 I, 2691, 2725 f. – Martínez Sala; weiter gehend EuGH v. 11.7.2002 – Rs. C-224/98, Slg. 2002 I, 6191, 6222 ff. – D'Hoop. |4 EuGH v. 11.12.2007 – Rs. C-291/05, ZAR 2008, 114 (Rz. 28) – Eind.; v. 7.9.2004 – Rs. C-456/02, Slg. 2004 I, 7573 (Rz. 30 ff.) – Trojani; EuGH v. 17.9.2002 – Rs. C-413/99, Slg. 2002 I, 7091, 7165 ff. – Baumbast und R. |5 EuGH v. 15.3.2005 – Rs. C-209/03, Slg. 2005 I, 2119 (Rz. 28 ff.) – Bidar; EuGH v. 7.9.2004 – Rs. C-456/02, Slg. 2004 I, 7573 (Rz. 37 ff.) – Trojani. |6 Vgl. EuGH v. 23.10.2007 – Rs. C-11/06 und 12/06, EuZW 2007, 767 (Rz. 23 ff.) – Morgan. |7 EuGH v. 15.3.2005 – Rs. C-209/03, Slg. 2005 I, 2119 (Rz. 28 ff.) – Bidar. |8 EuGH v. 20.2.2001 – Rs. 192/99, Slg. 2001 I, 1237, 1265 – Kaur. |9 Weiterführend *Grabitz/Hilf-Randelzhofer/Forsthoff*, Das Recht der EU, Bd. 1, Vor Art. 39–55 EGV, Stand 5/01, Rz. 14 ff. |10 EuGH v. 7.7.1992 – Rs. C-369/90, Slg. 1992 I, 4239, 4262 – Micheletti (zur Niederlassungsfreiheit). |11 Vertiefend *Wilson*, Die Rechte von Drittstaatsangehörigen nach Gemeinschaftsrecht, 2007. |12 Groeben/Schwarze/*Wölker/Grill*, EU-/EG-Vertrag, Bd. 1, 6. Aufl. 2003, Vor Art. 39 bis 41 Rz. 73. |13 BGBl. 1993 II S. 266. |14 BGBl. 1993 II S. 519 ff. |15 Abkommen v. 21.6.1999 zwischen der Europäischen Gemeinschaft und ihren Mitgliedstaaten einerseits und der Schweizerischen Eidgenossenschaft andererseits über die Freizügigkeit, BGBl. II 2001, 810. Das Abkommen ist am 1.6.2002 in Kraft getreten, ABl. EG 2002 L-114/6. Vgl. *Murer*, NZA Beil. 2/2 2005, 116 ff.; *Streinz/Franzen*, EUV/EGV, 2003, Art. 39 EGV Rz. 52 ff. |16 *Christen*, BArbBl. 2005, 4 ff. |17 Weiterführend *Can*, Das Assoziationsverhältnis zwischen der Europäischen Gemeinschaft und der Türkei, 2002; *Gutmann*, Die Assoziationsfreizügigkeit türkischer Staatsangehöriger, 2. Aufl. 1999. |18 ABl. EG 1964, 3687, BGBl. 1964 II S. 509, zuletzt geändert BGBl. 1975 II S. 165; Zusatzprotokoll vom 23.11.1970, ABl. EG 1972 L-293/2.

men mit den konkretisierenden Beschlüssen des Assoziationsrats türkischen ArbN Arbeits- und Aufenthaltsrechte zubilligt. So besteht gem. Art. 6 I des Beschlusses 1/80 des Assoziationsrats[1], dem unmittelbare Wirkung zukommt[2], ein Anspruch auf Erneuerung der Arbeitserlaubnis, wenn der ArbN ein Jahr ordnungsgemäß in einem Mitgliedstaat beschäftigt war; erst nach vier Jahren ordnungsgemäßer Beschäftigung besteht ein Recht auf Zugang zum Arbeitsmarkt[3]. Art. 13 und Art. 41 I des Zusatzprotokolls (Fn. 7), die ebenfalls unmittelbar anwendbar sind, verbieten es, die Rechtsstellung der Arbeitssuchenden und ArbN im Verhältnis zu ihrer Rechtsstellung am 1.12.1980 zu verschlechtern[4]. Unmittelbare Wirkung kommt auch dem Gleichbehandlungsgebot des Art. 10 I zu[5]. Art. 7 gewährt Familienangehörigen eines türkischen ArbN unter bestimmten Voraussetzungen ein Recht auf Zugang zum Arbeitsmarkt. Art. 3 I des Beschlusses 3/80 des Assoziationsrats[6] enthält ein sozialversicherungsrechtl. Diskriminierungsverbot. Art. 12, der die schrittweise Herstellung der Freizügigkeit vorsieht, wird vom EuGH so interpretiert, dass die im Rahmen des Art. 39 geltenden Grundsätze so weit wie möglich auf türkische ArbN übertragen werden müssen[7].

10 (b) **Assoziierungsabkommen.** Die EG und die Mitgliedstaaten haben mit den Staaten Tunesien, Algerien, Marokko, Kroatien, Mazedonien sowie Polen, Ungarn, Bulgarien, Slowakei, Tschechien, Rumänien, Estland, Lettland und Litauen Assoziierungsabkommen geschlossen, welche den Angehörigen dieser Staaten beschränkte Rechte bzgl. der Gleichbehandlung bei den Arbeitsbedingungen und im Rahmen der sozialen Sicherheit gewähren[8]. Die letzteren neun Staaten sind der EU zwar beigetreten, soweit und solange jedoch die Übergangsregelungen (Vorb. Rz. 6) gelten, können die Abkommen noch von Bedeutung sein[9]. Den weniger eingeschränkten Gleichbehandlungsgeboten in den Abkommen mit Marokko, Algerien und Tunesien kommt unmittelbare Wirkung zu[10]; eine horizontale Direktwirkung hat der EuGH auch für Art. 37 des mit Polen und für Art. 38 des mit der Slowakei geschlossenen Abkommens bejaht[11]. Ein Anspruch auf erstmaligen Zugang zum Arbeitsmarkt eines Mitgliedstaats wird nicht eingeräumt. Daneben bestehen Abkommen über Partnerschaft und Zusammenarbeit mit Russland und zahlreichen weiteren Staaten der ehemaligen Sowjetunion, in welchen auch Regelungen über Arbeitsbedingungen enthalten sind[12]. Auch Regelungen aus diesen Abkommen kann unmittelbare Wirkung

---

1 V. 19.9.1980, abgedr. in ANBA 1981, 2. | 2 Vgl. nur EuGH v. 32.1.1997 – Rs. 171/95, Slg. 1999 I, 341, 348 f. – Tetik. | 3 EuGH v. 19.11.2002 – Rs. C-188/00, Slg. 2002 I, 10691, 10722 ff. – Kurz; v. 11.5.2000 – Rs. 37/98, Slg. 2000 I, 2927, 2967 ff. – Savas; v. 10.2.2000 – Rs. 340/97, Slg. 2000 I, 957, 982 ff. – Nazli (anschließende Straffälligkeit). | 4 EuGH v. 21.10.2003 – Rs. C-317/01, Slg. 2003 I, 12301, 12370 ff. – Abatay. | 5 BAG v. 22.3.2000 – 7 AZR 226/98, AP Nr. 24 zu § 57b HRG. | 6 V. 19.9.1980, ABl. EG 1983 C-110/1. | 7 EuGH v. 2.6.2005 – Rs. C-136/03, Slg. 2005 I, 4759 (Rz. 61 f.) – Dörr und Ünal. | 8 Vertiefend *Jakob*, Die Assoziation zwischen der Europäischen Gemeinschaft und ihren Mitgliedstaaten sowie Tunesien, Marokko und Algerien, 2006. **1. Tunesien:** Europa-Mittelmeer-Abkommen zur Gründung einer Assoziation zwischen den Europäischen Gemeinschaften und ihren Mitgliedstaaten einerseits und der Tunesischen Republik andererseits v. 17.7.1995, ABl. EG 1998 L-97/2 (Art. 64); Kooperationsübereinkommen zwischen der EWG und der Tunesischen Republik v. 25.4.1976, ABl. EG 1978 L-265/2 (Art. 40). **2. Algerien:** Europa-Mittelmeer-Abkommen zur Gründung einer Assoziation zwischen den Europäischen Gemeinschaften und ihren Mitgliedstaaten einerseits und der Demokratischen Volksrepublik Algerien andererseits v. 22.4.2002, ABl. EG 2002 L-265/2 (Art. 67, 68). **3. Marokko:** Europa-Mittelmeer-Abkommen zur Gründung einer Assoziation zwischen den Europäischen Gemeinschaften und ihren Mitgliedstaaten einerseits und dem Königreich Marokko andererseits v. 26.2.1996, ABl. EG 2000 L-70/2 (Art. 64, 65); Kooperationsübereinkommen zwischen der EWG und dem Königreich Marokko v. 27.4.1976, ABl. EG 1978 L-264/2 (Art. 40, 41). **4. Kroatien:** Stabilisierungs- und Assoziierungsabkommen zwischen den Europäischen Gemeinschaften und ihren Mitgliedstaaten einerseits und der Republik Kroatien andererseits v. 29.10.2001, ABl. EG 2005 L-26/3 (Art. 45). **5. Mazedonien:** Stabilisierungs- und Assoziierungsabkommen zwischen den Europäischen Gemeinschaften und ihren Mitgliedstaaten einerseits und der ehemaligen jugoslawischen Republik Kroatien andererseits v. 9.4.2001, ABl. EG 2004 L-84/3 (Art. 44). Weiter gelten die Europaabkommen zur Gründung einer Assoziation zwischen den Europäischen Gemeinschaften und ihrer Mitgliedstaaten einerseits und **6. der Republik Polen** andererseits v. 16.12.1991, ABl. EG 1993 L-348/2 (Art. 37, 38); **7. der Republik Ungarn** andererseits v. 16.12.1991, ABl. EG 1993 L-347/2 (Art. 37, 38); **8. der Republik Bulgarien** andererseits v. 8.3.1993, ABl. EG 1994 L-358/3 (Art. 38, 39); **9. der Slowakischen Republik** andererseits v. 4.10.1993, ABl. EG 1993 L-359/2 (Art. 38, 39); **10. der Tschechischen Republik** andererseits v. 4.10.1993, ABl. EG 1994 L-360/2 (Art. 38, 39); **11. Rumänien** andererseits v. 1.2.1994, ABl. EG 1994, L-357/2 (Art. 39, 39); **12. der Republik Estland, 13. der Republik Lettland, 14. der Republik Litauen** andererseits v. 12.6.1995, ABl. EG 1998 L-68/3 (Art. 36, 37), L-26/3 (Art. 37, 38), L-51/3 (Art. 37, 38). | 9 Vgl. *Dienelt*, Freizügigkeit nach der Osterweiterung, 2004, S. 11 ff.; *Wank*, NZA 2005, 88 ff. | 10 *Runggaldier* in Oetker/Preis, EAS, B 2000, Stand 4/96, Rz. 138 mwN. | 11 EuGH v. 29.1.2002 – Rs. C-162/00, Slg. 2002 I, 1049, 1082 – Pokrzeptowicz-Meyer; v. 8.5.2003 – Rs. C-438/00, Slg. 2003 I, 4135, 4164 (Rz. 24 ff.) – Kolpak. Ebenso für das Niederlassungsrecht in Art. 44 Abs. 3 des mit Polen geschlossenen Abkommens EuGH v. 27.9.2001 – Rs. C-63/99, Slg. 2001 I, 6369, 6408 f. – Gloszczuk. Für Art. 45 Abs. 3 des mit Tschechien geschlossenen Abkommens EuGH v. 20.11.2001 – Rs. C-268/99, Slg. 2001 I, 8615, 8671 ff. – Jany. Anders für das Recht auf Zugang zum Arbeitsmarkt BAG v. 25.6.2002 – 9 AZR 405/00 und 439/01, AP Nr. 12 und 15 zu § 1 AEntG. | 12 **Ukraine:** Abkommen v. 14.6.1994, ABl. EG 1998 L-49/3; **Russland:** v. 24.6.1994 ABl. EG 1997 L-327/3; **Republik Moldau:** v. 28.11.1994, ABl. EG 1998, L-181/3; **Kasachstan:** v. 23.1.1995, ABl. EG 1999 L-196/3; **Kirgisische Republik:** v. 19.2.1995, ABl. EG 1999 L-196/48; **Georgien:** v. 22.4.1996, ABl. EG 1999 L-205/3; **Aserbaidschan:** v. 22.4.1996, ABl. EG 1999, L-246/3; **Usbekistan:** v. 21.6.1996, ABl. EG 1999 L-21/3.

zukommen; dies hat der EuGH für das Gleichbehandlungsgebot des Art. 23 des Partnerschaftsabkommens mit Russland angenommen[1].

11 (c) **Drittstaatsangehörige bei Entsendung aus einem EU- oder EWR-Mitgliedstaat**[2]. Nach der Rspr. des EuGH haben Unternehmen, welche in der EU oder im EWR niedergelassen sind, das Recht, Drittstaatsangehörige, die von ihnen ordnungsgemäß beschäftigt werden, vorübergehend in andere Mitgliedstaaten zu entsenden; für ArbGeb aus den neuen Beitrittsländern ergeben sich noch Beschränkungen (Vorb. Rz. 6). Das Recht auf Entsendung steht dem die Dienstleistungsfreiheit (Art. 49) in Anspruch nehmenden ArbGeb zu[3], nicht dem ArbN. Der ArbN kann sich auf Art. 39 nicht berufen, da er keinen Zutritt zum Arbeitsmarkt anstrebt[4]. Vgl. auch die Komm. zum AEntG.

12 cc) **Familienangehörige.** Familienangehörigen steht eine abgeleitete Freizügigkeit nach den Regelungen der RL 2004/38, der RL 2003/38 und der VO 1612/68 (Rz. 2) zu. Ihr Einreise- und Aufenthaltsrecht hängt damit von der Rechtsposition des ArbN ab[5]; der Status eines ehemaligen Wanderarbeiters kann genügen[6]. Ein Aufenthaltsrecht haben, soweit der ArbN über angemessenen Wohnraum verfügt, der Ehegatte[7], Verwandte in absteigender Linie, die noch nicht 21 Jahre alt sind oder denen der ArbN Unterhalt gewährt, Verwandte und Verschwägerte in aufsteigender Linie, denen der ArbN Unterhalt gewährt oder mit denen er im Herkunftsland in häuslicher Gemeinschaft lebt (Art. 2 Nr. 2c, d RL 2004/38). Bei der Gewährung des Unterhalts kommt es nur auf die tatsächlichen Umstände, weder auf das Bestehen einer Leistungsverpflichtung noch auf eine Bedürftigkeit des Unterhaltenden an[8]. Die Rechtsposition der Ehegatten erstreckt sich grds. nicht auf Partner einer nichtehelichen Lebensgemeinschaft[9]. Partner einer eingetragenen Lebenspartnerschaft oder Personen, welche in einem ähnlichen Rechtsverhältnis nach dem Recht eines andere Mitgliedstaats leben, sind grds. gem. Art. 2 Nr. 2b RL 2004/38 gleichgestellt. Art. 12 VO 1612/68 sieht eine Gleichbehandlung der Kinder des ArbN für die Schul- und Berufsausbildung vor.

13 **b) Arbeitnehmereigenschaft. aa) Allgemeines.** Auf die Freizügigkeit kann sich der ArbN, aber auch der ArbGeb berufen, der eine Person als ArbN beschäftigen möchte (Rz. 19). Der Begriff des ArbN ist nicht nach nationalem Recht auszulegen, sondern nach europäischem Recht. Ansonsten bliebe es den Mitgliedstaaten überlassen, durch hohe Anforderungen an die ArbN-Eigenschaft den Anwendungsbereich der Freizügigkeit einzuengen[10]. Eine normierte Definition findet sich im europäischen Recht allerdings nicht. Der ArbN-Begriff wurde daher durch die Rspr. des EuGH konkretisiert. Der Gerichtshof stellt zunächst fest, dass es **keinen einheitlichen ArbN-Begriff** im europäischen Recht gebe. Vielmehr könne die Definition des Begriffs je nach Anwendungsbereich unterschiedlich sein[11]. Da diese Abweichungen im Ergebnis jedoch nur Randbereiche berühren, wird im Folgenden auch auf Ausführungen des EuGH Bezug genommen, die zu anderen Grundfreiheiten ergangen sind.

14 Für die Freizügigkeit geht der EuGH grds. davon aus, dass der ArbN-Begriff weit auszulegen sei[12]. Art. 1 I VO 1612/68 spricht davon, dass der ArbN eine Tätigkeit in einem „Lohn- oder Gehaltsverhältnis" ausübe. Daraus folgert der EuGH, dass sich der ArbN durch die weisungsgebundene Erbringung einer Leistung für einen anderen während einer bestimmten Zeit auszeichne, sofern der andere für diese Tätigkeit eine Gegenleistung versprochen habe[13]. Abzustellen sei nicht auf die „formale Einstufung als Selbständiger" nach innerstaatlichem Recht. Es komme auf die „Freiheit bei der Wahl von Zeit, Ort und Inhalt" der Arbeit an[14]. Dagegen spricht die Innehabung oder Teilhabe an unternehmerischen Risiken, die freie Gestaltung der Arbeitszeit und die Beschäftigung von Hilfskräften für eine Tätigkeit als Selbständiger[15]. Bei der Tätigkeit muss es sich um eine wirtschaftl. iSd. Art. 2 handeln. Auf eine bestimmte Mindestdauer des Beschäftigungsverhältnisses kommt es nicht an[16]. Umstände aus der Zeit vor oder

1 EuGH v. 12.4.2005 – Rs. C-265/03, Slg. 2005 I, 2579 (Rz. 21) – Simutenkov. | 2 Dazu *Wichmann*, Dienstleistungsfreiheit und grenzüberschreitende Entsendung von Arbeitnehmern, 1998. | 3 EuGH v. 27.3.1990 – Rs. C-113/89, Slg. 1990 I, 1417, 1443 – Rush Portuguesa; v. 19.1.2006 – Rs. 244/04, Slg. 2006 I, 885 (Rz. 30 ff.) – Kommission gegen Deutschland; Hanau/Steinmeyer/Wank/*Hanau*, HAS, 2002, § 15 Rz. 10, 425 ff. | 4 EuGH v. 25.10.2001 – Rs. C-49, 50, 52–54, 68–71/98, Slg. 2001, 7831, 7897 (Rz. 22 f.) – Finalarte; v. 9.8.1994 – Rs. C-43/93, Slg. 1993 I, 3803, 3825 – Vander Elst. | 5 EuGH v. 30.3.2006 – Rs. C-10/05, Slg. 2006 I, 3145 (Rz. 16 f., 24) – Mattern; v. 11.4.2000 – Rs.C-356/98, Slg. 2000 I, 2623, 2675 f. – Kaba. | 6 EuGH v. 11.12.2007 – Rs. C-291/05, ZAR 2008, 114 (Rz. 35 ff.) – Eind.; v. 17.9.2002 – Rs. C-413/99, Slg. 2000 I, 7091, 7153 ff. – Baumbast und R. | 7 Auf ein Zusammenleben der Ehegatten kommt es nicht an, EuGH v. 13.2.1985 – Rs. 267/83, Slg. 1985, 567, 589 f. – Diatta. | 8 EuGH v. 18.6.1987 – Rs. 316/85, Slg. 1987, 2811, 2838 – Lebon. Vertiefend Groeben/Schwarze/*Wölker/Grill*, EU-/EG-Vertrag, Bd. 1, 6. Aufl. 2003, Art. 39 Rz. 75. | 9 EuGH v. 17.4.1986 – Rs. 59/86, Slg. 1986, 1283, 1300 f. – Reed. | 10 EuGH v. 19.3.1964 – Rs. C-75/63, Slg. 1964, 379, 396 – Unger; v. 21.6.1988 – Rs. 39/86, Slg. 1988, 3161, 3201 – Lair. | 11 EuGH v. 13.1.2004 – Rs. C-256/01, Slg. 2004 I, 873, 927 – Allonby; v. 12.5.1998 – Rs. C-85/96, Slg. 1998 I, 2691, 2719 – Martínez Sala. | 12 EuGH v. 6.11.2003 – Rs. C-413/01, Slg. 2003 I, 13187, 13228 – Ninni-Orasche. | 13 EuGH v. 20.9.2007, Rs. C-116/06, NZA 2007, 741 (Rz. 25) – Kiiski; v. 30.3.2006 – Rs. C-10/05, Slg. 2006 I, 3145 (Rz. 18) – Mattern; v. 3.7.1986 – Rs. 66/85, Slg. 1986, 2121, 2144 – Lawrie-Blum. Zur Weisungsbindung auch Hanau/Steinmeyer/Wank/*Wank*, HAS, 2002, § 14 Rz. 14. | 14 EuGH v. 13.1.2004 – Rs. C-256/01, Slg. 2004 I, 873, 929 f. – Allonby. | 15 EuGH v. 14.12.1989 – Rs. C-3/87, Slg. 1989, 4459, 4505 – The Queen – Ministry of Agriculture. | 16 Weiterführend *Streinz/Franzen*, EUV/EGV, 2003, Art. 39 EGV Rz. 37 f.

nach der Beschäftigung sind unerheblich[1]. Im Grundsatz unterscheidet sich dieser ArbN-Begriff damit nicht wesentlich vom deutschen ArbN-Begriff (Vor § 611 BGB Rz. 19 ff.)[2]; in den Randbereichen kommen jedoch durchaus Abweichungen vor.

15 **bb) Einzelfälle.** Die ArbN-Eigenschaft wird vom EuGH bejaht: Unabhängig vom öffentl.-rechtl. Status des ArbGeb zB für Beamte oder Beschäftigte im öffentl. Dienst[3], auch für Studienreferendare[4] (vgl. aber Rz. 23) sowie für Beschäftigte internationaler Organisationen[5]. Berufssportler sind ebenfalls ArbN[6]; eine wirtschaftl. Tätigkeit iSd. Art. 2 liegt allerdings nicht vor, wenn die Betätigung lediglich von sportlichem Interesse ist[7]. Eine wirtschaftl. Tätigkeit kann aber vorliegen, wenn eine gewerbliche Tätigkeit für kirchliche, religiöse oder weltanschaulich geprägte Vereinigungen geleistet wird, sofern diese für die Tätigkeit eine Gegenleistung erbringen[8]. Dies gilt grds. ebenfalls für eine Beschäftigung durch die Gesellschaft des Ehegatten[9]. Einem Geschäftsführer, der zugleich Alleingesellschafter ist, wurde die ArbN-Eigenschaft abgesprochen[10]. Hat der Geschäftsführer keine oder geringere Organqualität, kann er jedoch ArbN sein (Vor § 611 BGB Rz. 94 f. mwN)[11]. Grundsätzlich können auch Prostituierte ArbN sein[12].

16 ArbN-Eigenschaft ist anzunehmen für Teilzeitkräfte, auch wenn sie zB nur zwölf Stunden wöchentlich arbeiten[13] oder wenn ihr Vertrag keine Mindeststundenzahl vorsieht[14]. Die ArbN-Eigenschaft hindert es auch nicht, wenn die Bezahlung unter dem branchenüblichen Mindesteinkommen liegt (wie zB bei Praktikanten oder Auszubildenden[15]) und/oder die Person daneben andere Einkünfte erzielt[16]. Es kommt auch nicht darauf an, ob die Entlohnung die Existenz sichert oder die Höhe des (gesetzl. in einigen Mitgliedstaaten vorgeschriebenen) Mindestlohns erreicht[17]. Es ist daher unschädlich, wenn die Person neben der abhängigen Beschäftigung öffentl. Mittel zur Sicherung ihres Lebensunterhalts erhält[18]. Auch nach dem früheren § 19 BSHG (vgl. nun § 16 III SGB II) Beschäftigte sind als ArbN einzustufen[19]. Schließlich hindert auch eine Beteiligung am Unternehmensgewinn die ArbN-Eigenschaft grds. nicht[20].

17 Aus Art. 39 IIIa, b ergibt sich, dass die Freizügigkeit auch demjenigen zusteht, der sich um Arbeit bewirbt. Der **Arbeitssuchende** ist daher als ArbN zu qualifizieren[21]. Der bloße Bezug von Alg genügt indes nicht[22] (vgl. auch Rz. 28). **Aus dem Arbeitsleben ausgeschiedene ArbN** können gem. Art. 39 IIId unter bestimmten Voraussetzungen in dem Mitgliedstaat verbleiben (Rz. 29).

18 Dagegen ist nach der Rspr. des EuGH **kein ArbN**, wer lediglich Tätigkeiten erbringt, die völlig untergeordnet und unwesentlich und die wirtschaftl. nicht von einem gewissen Wert sind[23]. Dazu kann auch eine Beschäftigung zählen, die lediglich auf therapeutische Zwecke und der Wiedereingliederung in das Arbeitsleben abzielt[24]. Nach Ansicht des BVerwG soll auch die bloße Mithilfe im Haushalt der Familie gegen Kost und Unterbringung nicht ausreichend sein[25]. Die ArbN-Eigenschaft **endet** grds. mit der

---

1 EuGH v. 6.11.2003 – Rs. C-413/01, Slg. 2003 I, 13187, 13229 ff. – Ninni-Orasche; v. 21.6.1988 – Rs. 197/86, Slg. 1988, 3205, 3244 – Brown. | 2 *Mankowski*, BB 1997, 465, 468. | 3 EuGH v. 10.3.2005 – Rs. C-178/04, ABl. EG C-156/21 (Rz. 19) – Marhold; EuGH v. 30.9.2003 – Rs. C 224/01, Slg. 2003 I, 10239, 10316 ff. – Köbler; v. 15.1.1998 – Rs. C-19/96, Slg. 1998 I, 47, 65 – Schöning-Kougebetopoulou; v. 17.10.1995 – Rs. C-227/94, Slg. 1995 I, 3301, 3316 – Olivieri-Coenen; v. 3.7.1986 – Rs. 66/85, Slg. 1986, 2121, 2145 – Lawrie-Blum. | 4 EuGH v. 17.3.2005 – Rs. C-109/04, Slg. 2005 I, 2421 (Rz. 13 ff.) – Kranemann; EuGH v. 3.7.1986 – Rs. 66/85, Slg. 1986, 2121, 2145 – Lawrie-Blum. | 5 EuGH v. 16.2.2006 – Rs. C-185/04, Slg. 2006 I, 1453 (Rz. 12) – Öberg. | 6 EuGH v. 8.5.2003 – Rs. C-438/00, Slg. 2003 I, 4135, 4166 f. (Rz. 31 ff.) – Kolpak; v. 13.4.2000 – Rs. 176/96, Slg. 2000 I, 2681, 2732 – Lehtonen; v. 15.12.1995 – Rs. C-415/93, Slg. 1995 I, 4921, 5068 ff. – Bosman; v. 12.12.1974 – Rs. 36/74, Slg. 1974, 1405, 1418 – Walrave. | 7 EuGH v. 15.12.1995 – Rs. C-415/93, Slg. 1995 I, 4921, 5064 – Bosman. | 8 EuGH v. 5.10.1988 – Rs. 196/87, Slg. 1988, 6159, 6173 – Steymann; *Runggaldier*, in: Oetker/Preis, EAS, B 2000, Stand 4/96, Rz. 24. | 9 EuGH v. 8.6.1999 – Rs. C-337/97, Slg. 1999 I, 3289, 3311 – Meeusen. | 10 EuGH v. 27.6.1996 – Rs. 107/94, Slg. 1996 I, 3113, 3121 – Asscher. | 11 EuGH v. 7.5.1998 – Rs. 350/96, Slg. 1998 I, 2521, 2529 f., 2544 ff. – Clean Car Autoservice. Zur deutschen Diskussion vgl. Erman/*Hanau*, Bd. 1, 10. Aufl. 2000, § 611 BGB Rz. 151 mwN. | 12 Betr. Dienstleistungsfreiheit: EuGH v. 20.11.2001 – Rs. C-268/99, Slg. 2001 I, 8615, 8675 ff. – Jany; v. 18.5.1982 – Rs. 115 und 116/81, Slg. 1982, 1665, 1707 ff. – Adoui und Cornuaille; VGH Mannheim v. 19.4.2000 – 11 S 1387/99, NVwZ 2000, 1070 (1071 ff.); BVerfG v. 22.3.2000 – 2 BvR 426/00, NVwZ 2000, Beilage 7, S. 73 f. Kritisch *Runggaldier*, in: Oetker/Preis, EAS, B 2000, Stand 4/96, Rz. 19. | 13 EuGH v. 3.6.1986 – Rs. 139/85, Slg. 1986, 1741, 1749 f. – Kempf. | 14 EuGH v. 26.2.1992 – Rs. C-357/89, Slg. 1992 I, 1027, 1059 – Raulin. | 15 EuGH v. 30.3.2006 – Rs. C-10/05, Slg. 2006 I, 3145 (Rz. 18 ff.) – Mattern. | 16 EuGH v. 26.2.1992 – Rs. C-3/90, Slg. 1992 I, 1071, 1105 – Bernini; v. 3.6.1986 – Rs. 139/85, Slg. 1986, 1741, 1749 ff. – Kempf; v. 23.3.1982 – Rs. 53/81, Slg. 1982, 1035, 1050 f. – Levin. | 17 EuGH v. 7.9.2004 – Rs. C-456/02, Slg. 2004 I, 7573 (Rz. 16) – Trojani; EuGH v. 23.3.1982 – Rs. 53/81, Slg. 1982, 1035, 1050 f. – Levin. | 18 EuGH v. 3.6.1986 – Rs. 139/85, Slg. 1986, 1741, 1750 f. – Kempf. | 19 EuGH v. 26.11.1998 – Rs. C-1/97, Slg. 1998 I, 7747, 7781 – Birden. | 20 EuGH v. 14.12.1989 – Rs. C-3/87, Slg. 1989, 4459, 4505 – The Queen – Ministry of Agriculture. | 21 EuGH v. 12.5.1998 – Rs. C-85/96, Slg. 1998 I, 2691, 2719 – Martínez Sala; vgl. auch *Runggaldier*, in: Oetker/Preis, EAS, B 2000, Stand 4/96, Rz. 38. | 22 EuGH v. 4.10.1991 – Rs. C-15/10, Slg. 1991 I, 4655, 4680 – Middleburgh (vorangegangene freiwillige Zahlung von Beiträgen zur Arbeitslosenversicherung durch Selbständigen). | 23 EuGH v. 17.3.2005 – Rs. C-109/04, Slg. 2005 I, 2421 (Rz. 12) – Kranemann; v. 13.4.2000 – Rs. 176/96, Slg. 2000 I, 2681, 2731 – Lehtonen; v. 5.10.1988 – Rs. 196/87, Slg. 1988, 6159, 6173 – Steymann; v. 3.7.1986 – Rs. 66/85, Slg. 1986, 2121, 2144 – Lawrie-Blum; v. 23.3.1982 – Rs. 53/81, Slg. 1982, 1035, 1050 – Levin. | 24 EuGH v. 7.9.2004 – Rs. C-456/02, Slg. 2004 I, 7573 (Rz. 18 ff.) – Trojani; v. 31.5.1989 – Rs. 344/87, Slg. 1989, 1621, 1646 – Bettary. | 25 BVerwG v. 24.10.1984 – 1 B 9/84, NJW 1985, 1301 f.

Beendigung des Arbeitsverhältnisses, sofern sich an dieses nicht eine Arbeitssuche (Rz. 27) anschließt[1]. Aus dem Grundsatz der Gleichbehandlung (Rz. 38 ff.) kann jedoch folgen, dass der frühere ArbN weiterhin Anspruch auf bestimmte, während seines Arbeitsverhältnisses erworbene Vergünstigungen hat[2].

cc) Arbeitgeber. Auf die Freizügigkeit der ArbN kann sich auch der **ArbGeb** berufen, der einen ArbN aus einem anderen Mitgliedstaat anstellen will[3]. Aus Art. 2 der VO 1612/68 (Rz. 2) ergibt sich, dass ArbGeb mit den Angehörigen fremder Mitgliedstaaten Arbeitsverträge schließen und diese erfüllen können, ohne dass sich daraus Diskriminierungen ergeben dürfen. Auch private Arbeitsvermittler können sich unter bestimmten Voraussetzungen auf die ArbN-Freizügigkeit berufen[4]. 19

2. Verpflichtete. Die Freizügigkeit ist zunächst durch die Mitgliedstaaten zu gewährleisten, dh. sowohl durch den Heimat-, wie durch den Aufnahmestaat. Darüber hinaus verpflichten die aus Art. 39 resultierenden Diskriminierungsverbote auch Private[5], sog. horizontale Direktwirkung[6]. Der einzelne ArbN kann sich demnach auch gegenüber dem ArbGeb auf das Diskriminierungsverbot berufen. Er kann sich daneben gegen Diskriminierungen wenden, welche aus TV, Verbandsvorschriften und sonstigen Kollektivvereinbarungen resultieren. Daneben kann er sich auf Art. 7 IV VO 1612/68 stützen. Ob sich die horizontale Direktwirkung auch auf Beschränkungsverbote (Rz. 45 ff.) erstreckt, bleibt abzuwarten. 20

III. Räumlicher Anwendungsbereich. Der räumliche Anwendungsbereich ergibt sich aus Art. 299, welcher die Anwendung der Bestimmungen des Vertrages auf die Hoheitsgebiete der Mitgliedstaaten im Einzelnen festlegt. Die Beschäftigung muss jedoch nicht auf dem Gebiet der Gemeinschaft ausgeübt werden. Ausreichend ist es, wenn ein hinreichend enger Bezug zum Recht eines Mitgliedstaates besteht. Das ist zB der Fall bei der Beschäftigung auf Grund eines Heuerverhältnisses, welches dem Recht eines Mitgliedstaates unterliegt, auf einem Schiff, das die Flagge eines Mitgliedstaates führt[7]. Ausreichend ist es zB auch, wenn der Arbeitsvertrag nach dem Recht eines Mitgliedstaats geschlossen wurde, in einer Gerichtsstandsvereinbarung ein Gerichtsstand in einem Mitgliedstaat bestimmt wurde und der ArbN dem SozV- und Steuersystem eines Mitgliedstaats unterworfen ist[8]. Der hinreichend enge Bezug wird durch die vorübergehende Entsendung in einen Drittstaat nicht abgebrochen[9]. 21

IV. Sachlicher Anwendungsbereich. 1. Allgemeines. a) Gemeinschaftsrechtlicher Bezug. Die Regelungen über die Freizügigkeit greifen nur ein, wenn der Sachverhalt einen relevanten Auslandsbezug aufweist[10]. Das ist auch der Fall, wenn der ArbN, der zunächst in einem Mitgliedstaat wohnt und arbeitet, lediglich seinen Wohnsitz in einen andern Staat verlegt[11]. Reine „Inlandssachverhalte" werden also nicht erfasst. 22

b) Öffentliche Verwaltung. Abs. 4 bestimmt, dass die Vorschrift keine Anwendung auf die Beschäftigung in der öffentl. Verwaltung findet. Der EuGH legt diese Vorschrift eng aus; sie bleibe auf Stellen beschränkt, deren Ausübung typischerweise staatliche Hoheitsfunktionen beanspruche und die deshalb eine besondere Verbundenheit des Stelleninhabers zum Staat voraussetze[12]. In Deutschland ist die Berufung eines Unionsbürgers in das Beamtenverhältnis gem. § 7 I Nr. 1 Alt. 2 BBG, § 4 I Nr. 1 BRRG möglich; dem Vorbehalt des Abs. 4 entsprechen § 7 II BBG und § 4 II BRRG. Die ganz überwiegende Anzahl von Tätigkeiten in der öffentl. Verwaltung fällt demnach nicht unter die Ausnahmevorschrift[13]; 23

---

1 EuGH v. 20.3.2001 – Rs. C-33/99, Slg. 2001 I, 2415, 2472 – Fahmi. |2 EuGH v. 31.5.2001 – Rs. C-43/99, Slg. 2001 I, 4265, 4313 f. – Leclere; v. 27.11.1997 – Rs. C-57/96, Slg. 1997 I, 6689, 6719 – Meints. |3 EuGH v. 7.5.1998 – Rs. C-350/96, Slg. 1998 I, 2521, 2545 f. – Clean Car Autoservice; v. 14.12.1989 – Rs. C-3/87, Slg. 1989 I, 4459, 4498, 4507 – Agegate. |4 EuGH v. 11.1.2007 – Rs. C-208/05, Slg. 2007 I, 181 (Rz. 25 ff.) – ITC. |5 EuGH v. 6.6.2000 – Rs. C-281/98, Slg. 2000, 4139, 4173 – Angonese. |6 Zu den durch die Grundrechte gezogenen Grenzen Hanau/Steinmeyer/Wank/*Hanau*, HAS, 2002, § 15 Rz. 199 ff. |7 EuGH v. 27.9.1989 – Rs. 9/88, Slg. 1989, 2989, 3010 – Da Veiga. |8 EuGH v. 30.4.1996 – Rs. C-214/94, Slg. 1996 I, 2273, 2278 f. – Boukhalfa; BAG v. 8.8.1996 – 6 AZR 771/93, AP Nr. 22 zu Art. 48 EWG-Vertrag. |9 EuGH v. 15.12.1995 – Rs. C-415/93, Slg. 1995 I, 4921, 5067 – Bosman; v. 12.7.1984 – Rs. 237/83, Slg. 1984, 3153, 3162 f. – Prodest; weitgehend: EuGH v. 29.7.1994 – Rs. 60/93, Slg. 1994 I, 2991, 3003 – Alderewerld. Grabitz/Hilf/*Randelzhofer/Forsthoff*, Das Recht der EU, Bd. 1, Vor Art. 39–55 EGV, Stand 5/01, Rz. 43 ff. |10 EuGH v. 11.1.2007 – Rs. C-208/05, Slg. 2007 I, 181 (Rz. 25 ff.) – ITC; v. 25.7.2002 – Rs. C-459/99, Slg. 2002 I, 6591, 6654 – MRAX; v. 16.1.1997 – Rs. C-134/95, Slg. 1997 I, 195, 210 – Unitá Socio-Samarita Locale N° 47 di Biella. |11 EuGH v. 18.7.2007 – Rs. C-212/05, FamRZ 2007, 1715 (Rz. 17 ff.) – Hartmann; vgl. auch EuGH v. 21.2.2006 – Rs. C-152/03, Slg. 2006 I, 1711 (Rz. 33 ff.) – Ritter-Coulais. |12 EuGH v. 17.12.1980 – Rs. 149/79, Slg. 1980, 3881, 3900 – Kommission gegen Belgien; v. 3.7.1986 – Rs. 66/85, Slg. 1986, 2121, 2147 – Lawrie-Blum; v. 29.10.1998 – Rs. C-114/97, Slg. 1998 I, 6717, 6742 – Kommission gegen Spanien. Keine Anwendung auf Tätigkeit für private Sicherheits- und Überwachungsunternehmen: EuGH v. 31.5.2001 – Rs. C-283/99, Slg. 2001 I, 4363, 4385 ff. – Kommission gegen Italien. Beschränkte Anwendung auf Kapitäne EuGH v. 30.9.2003 – Rs. C-47/02 und Rs. C-405/01, Slg. 2004 I, 10447, 10491 ff. – Anker und Slg. 2004 I, 10391, 10438 ff. – Colegio; EuGH v. 10.3.2005 – Rs. C-178/04, ABl. EG C-156/21 (Rz. 20 ff.) – Marhold. Weiterführend Hanau/Steinmeyer/Wank/*Hanau*, HAS, 2002, § 15 Rz. 134 ff. |13 EuGH v. 3.7.1986 – Rs. 66/85, Slg. 1986, 2121, 2146 f. – Lawrie-Blum (Studienreferendar); v. 27.11.1991 – Rs. C-4/91, Slg. 1991 I, 5627, 5639 f. – Bleis (Lehrer); v. 30.11.2000 – Rs. C-195/98, Slg. 2000 I, 10497, 10548 – ÖGB (Lehrer und Assistenten); v. 30.9.2003 – Rs. C-224/01, Slg. 2003 I, 10239, 10316 ff. – Köbler (Universitätsprofessoren); v. 30.5.1989 – Rs. 33/88, Slg. 1989, 1591, 1609 – Allué I (Fremdsprachenlektor an Universität); v. 28.11.1989 – Rs. 379/87, Slg. 1989, 3967, 3988 ff. – Groener (Fremdsprachenlektor an öffentlicher Bildungseinrichtung); v. 9.9.2003 – Rs. C-285/01, Slg. 2003 I, 8219 (Rz. 50) – Burbaud (höherer Dienst der Krankenhausverwaltung); v. 13.7.1993 – Rs. C-42/92, Slg. 1993 I, 4047, 4069 ff. – Tijssen (staatliche Wirtschaftsprüfer);

dies gilt erst Recht für die Beschäftigung bei Verwaltungseinrichtungen, welche kommerzielle Dienstleistungen anbieten, zB im öffentl. Verkehrswesen, bei Energieversorgern, im Post- und Fernmeldewesen, bei Rundfunk- und Fernsehanstalten und im öffentl. Gesundheitswesen[1].

24 **2. Ausreise, Einreise und Aufenthalt.** Rechtsfragen der Ausreise, Einreise und des Aufenthalts sind nach der deutschen Rechtsordnung Teilgebiete des öffentl. Rechts. Da sie aber für die Freizügigkeit von zentraler Bedeutung sind, werden sie hier behandelt. Die Freizügigkeitsrechte werden unter a) und b), die Grenzen unter c) dargestellt.

25 **a) Ausreise aus der Bundesrepublik Deutschland.** Das BVerfG stützt die Ausreise- und Auswanderungsfreiheit auf Art. 2 I GG[2]. Daneben kann sich der Unionsbürger auf Art. 18 I EGV (Rz. 3) berufen. Die Ausreisefreiheit wird weiter gewährt in Art. 5 I der EMRK (Vorb. Rz. 2, 6) und in Art. 12 II des Internationalen Pakts über bürgerliche und politische Rechte[3]. Zur Suche, Begründung oder Ausübung eines Arbeitsverhältnisses in einem anderen Mitgliedstaat kann sich der Unionsbürger auf Art. 39 EGV und auf Art. 4 RL 2004/38 (Rz. 2) stützen.

26 **b) Einreise, Aufenthalt und Verbleib in einem Mitgliedstaat. aa) Einreise und Aufenthalt. (1) Zum Zwecke der Ausübung eines Arbeitsverhältnisses.** Die Einreisefreiheit wird neben Art. 39 auch von Art. 18 I gewährleistet, vgl. dazu aber Rz. 3. Im Übrigen wird das allgemeine Recht zur Einreise und zum Aufenthalt in der Bundesrepublik Deutschland vom deutschen Ausländerrecht geregelt, also dem Aufenthaltsgesetz und dem Asylverfahrensgesetz. Für Unionsbürger, welche nach Deutschland oder in einen anderen Mitgliedstaat zum Zwecke der Suche und Ausübung eines Arbeitsverhältnisses einreisen oder sich dort aufhalten wollen, gelten vorrangig (Vorb. Rz. 27) Art. 39 I und III und die RL 2004/38, welche in der Bundesrepublik Deutschland durch das FreizügigkeitsG/EU (Rz. 2) umgesetzt wurde. Nach Art. 3 I der Richtlinie hat der Mitgliedstaat einem Unionsbürger die Einreise zu gestatten, wenn dieser einen gültigen Personalausweis oder Reisepass vorlegen kann. Dem Unionsbürger ist gem. Art. 4 der Richtlinie weiter eine „Aufenthaltserlaubnis für Angehörige eines Mitgliedstaats der EWG" zu erteilen, wenn er einen Personalausweis oder Reisepass und die Einstellungserklärung des ArbGeb oder eine Arbeitsbescheinigung vorweisen kann; weitere Dokumente dürfen nicht verlangt werden. Diese Aufenthaltserlaubnis hat nur deklaratorische Wirkung, da der Unionsbürger ein eigenes subjektives Recht auf den Aufenthalt hat; ein solches Recht wird ihm nicht erst durch den Mitgliedstaat verliehen. Nach Art. 6 Ib der Richtlinie muss die Aufenthaltserlaubnis für mindestens fünf Jahre erteilt werden; nach Ablauf dieser Zeit ist sie ohne weiteres zu verlängern. Die Verlängerung darf nicht mit der Begründung abgelehnt werden, sie sei zu spät beantragt worden (s. auch Rz. 9)[4]. Eine kürzere Befristung der Aufenthaltserlaubnis ist nur für ein Arbeitsverhältnis möglich, welches auf mindestens drei Monate und weniger als ein Jahr befristet ist (Abs. 3 S. 1). Ist das Arbeitsverhältnis auf weniger als drei Monate befristet, benötigt der ArbN keine Aufenthaltserlaubnis (Art. 8 Ia; dies gilt auch für Grenzgänger (Art. 8 Ib; vgl. für diese auch Art. 2 Ic der VO 1251/70, Rz. 2). Bei vorübergehender Arbeitsunfähigkeit wegen Krankheit oder Unfall darf die Arbeitserlaubnis nicht entzogen werden (Art. 7).

27 **(2) Zur Stellensuche.** Aus Abs. 3a und b ergibt sich, dass die Freizügigkeit auch einem Unionsbürger zusteht, der sich in einem anderen Mitgliedstaat auf eine Stelle bewerben möchte. Der EuGH hat daraus geschlossen, dass auch der Arbeitssuchende sich auf die Freizügigkeit berufen kann[5]. Dies gilt auch, wenn er in dem Mitgliedstaat erst nach Stellenangeboten suchen will. Darüber hinaus ordnet Art. 5 der VO 1612/68 an, dass ein Staatsangehöriger eines Mitgliedstaats, der in einem anderen Mitgliedstaat eine Beschäftigung sucht, dort die gleiche Hilfe erhalten muss, wie sie ein Einheimischer erhält. Nicht eindeutig geklärt ist, inwieweit das Aufenthaltsrecht des Arbeitssuchenden befristet werden kann. Nach Ansicht des EuGH ist ein sechsmonatiges Aufenthaltsrecht jedenfalls ausreichend. Kann der Betroffene aber nach dieser Frist nachweisen, dass seine Arbeitssuche begründete Aussicht auf Erfolg hat, darf er nicht ausgewiesen werden[6]. Die Stellensuche in anderen Mitgliedstaaten kann auch durch die EURES (European Employment Services) und die sog. Euroberater[7] unterstützt werden.

28 **bb) Verbleiberechte. (1) Arbeitslosigkeit.** Nach Art. 7 IIIb, c RL 2004/38 darf die Arbeitserlaubnis bei unfreiwilliger[8] Arbeitslosigkeit nicht entzogen werden, wenn die zuständige AA dies ordnungsgemäß

---

v. 16.6.1987 – Rs. 225/85, Slg. 1987, 2625, 2639 f. – Kommission gegen Italien (Forscher im nationalen Forschungsrat, der nicht mit staatlichen Leitungs- und Beratungsfunktionen betraut war). |1 EuGH v. 2.7.1996 – Rs. C-290/94, Slg. 1996 I, 3285, 3319 ff. – Kommission gegen Griechenland; v. 2.7.1996 – Rs. C-473/93, Slg. 1996 I, 3248, 3277 ff. – Kommission gegen Luxemburg. |2 BVerfG v. 16.1.1957 – Rs. 1 BvR 253/56, BVerfGE 6, 32, 41 f. |3 V. 19.12.1966, BGBl. 1973 II S. 1534. |4 Zum Aufenthaltsrecht nach dem Beschluss 1/80 des Assoziationsrats: EuGH v. 16.3.2000 – Rs. C-329/97, Slg. 2000 I, 1487, 1522 – Ergat. |5 EuGH v. 12.5.1998 – Rs. C-85/96, Slg. 1998 I, 2691, 2719 – Martínez Sala; vgl. auch *Runggaldier*, in: Oetker/Preis, EAS, B 2000, Stand 4/96, Rz. 38. Zum Einwand fehlender Vermittelbarkeit auf dem Arbeitsmarkt Hanau/Steinmeyer/Wank/*Hanau*, HAS, 2002, § 15 Rz. 43 ff. |6 EuGH v. 26.2.1991 – Rs. C-292/89, Slg. 1991 I, 745, 779 – Antonissen. |7 Es handelt sich um ein europäisches Informationsnetz für Fragen der Beschäftigung; im Internet unter http://europa.eu.int/eures. Sog. Euroberater finden sich bei der Bundesagentur für Arbeit, bei einzelnen AA, beim DGB usw. |8 Weiterführend Hanau/Steinmeyer/Wank/*Hanau*, HAS, 2002, § 15 Rz. 53 ff.; EuGH v. 6.11.2003 – Rs. C-413/01, Slg. 2003 I, 13187, 13233 ff. – Ninni-Orasche.

bestätigt. Nach Art. 7 I–III VO 1612/68 und Art. 24 I RL 2004/38 genießt der Arbl. die gleichen sozialen Vergünstigungen sowie die gleichen Rechte im Hinblick auf die berufl. Wiedereingliederung und Wiedereinstellung wie Einheimische. Er kann wie diese Berufsschulen und Umschulungszentren in Anspruch nehmen. Voraussetzung ist jedoch, dass der Arbl. tatsächlich von seiner Freizügigkeit Gebrauch gemacht hat und in einem anderen Mitgliedstaat beschäftigt war[1].

(2) **Ausscheiden aus dem Arbeitsleben.** ArbN, die eine bestimmte Zeit in einem anderen Mitgliedstaat 29
beschäftigt waren, das Rentenbezugsalter erreicht haben oder dauerhaft arbeitsunfähig sind und deshalb aus dem Arbeitsverhältnis ausscheiden, können nach Art. 2 der VO 1251/70 (Rz. 2) unter den dort genannten Voraussetzungen in diesem Staat verbleiben, vgl. auch Art. 39 IIId) EGV. Die Freizügigkeit aus dem Arbeitsleben ausgeschiedener ArbN wurde durch Art. 27 III RL 2004/38 (Rz. 2, vgl. § 4a des FreizügigkeitsG/EU) erweitert.

c) **Vorbehalt der öffentlichen Ordnung, Sicherheit und Gesundheit.** Die sich aus Abs. 3 ergebenden 30
Freizügigkeitsrechte stehen unter dem Vorbehalt von Beschränkungen, die aus Gründen der öffentl. Ordnung, Sicherheit und Gesundheit gerechtfertigt sind. Auf diesen Vorbehalt können sich auch Private berufen[2]. Konkretisiert wird der Vorbehalt durch Art. 27 RL 2004/38 (Rz. 2), der in Deutschland durch § 6 FreizügigkeitsG/EU umgesetzt wurde. Danach kann aus den genannten Gründen die Einreise sowie die Erteilung oder Verlängerung der Aufenthaltserlaubnis verweigert werden. Die Beschränkungen sind allerdings dem Grundsatz der Verhältnismäßigkeit unterworfen, daher darf die Freizügigkeit nur beschränkt werden, wenn eine tatsächliche und hinreichend schwere Gefährdung besteht, die ein Grundinteresse der Gesellschaft berührt (Art. 27 II)[3]. Gegen entsprechende Entscheidungen müssen Rechtsbehelfe zur Verfügung stehen; ein abgelehntes Gesuch muss nach angemessener Frist einer erneuten Prüfung unterzogen werden[4].

Aus Gründen der **öffentl. Gesundheit** können die Beschränkungen auferlegt werden, wenn eine Krank- 31
heit mit epidemischen Potenzial iSd. einschlägigen Rechtsinstrumente der Weltgesundheitsorganisation und sonstige übertragbare, durch Infektionserreger oder Parasiten verursachte Krankheiten besteht (Art. 29 I). In Deutschland dürften Krankheiten und Infektionen mit Krankheitserregern nach §§ 6, 7 IfSG maßgeblich sein[5]. Tritt die Krankheit erst drei Monate nach der Einreise auf, ist eine Ausweisung oder die Verweigerung der Verlängerung der Aufenthaltserlaubnis unzulässig (Art. 29 II).

Beschränkungen zum Schutze der **öffentl. Sicherheit und Ordnung** sind nur zulässig, wenn die Gefähr- 32
dung auf das persönliche Verhalten der Person zurückzuführen ist (Art. 27 II). Die Begriffe öffentl. Sicherheit und Ordnung sind eng auszulegen; jedoch kommt den Mitgliedstaaten bei der Definition ein Beurteilungsspielraum zu[6]. Die Beschränkung darf nicht auf ein Verhalten gestützt werden, welches der Staat bei Inländern toleriert (zB Prostitution)[7]. Eine strafrechtl. Verurteilung allein rechtfertigt die Beschränkung nicht (Art. 27 II 2). So ist eine auf generalpräventive Argumente (zB bei Rauschgiftdelikten) gestützte Ausweisung unzulässig (Art. 27 II 4)[8]. Auch die Inanspruchnahme von Sozialhilfe im Aufnahmestaat lässt eine Beschränkung der Freizügigkeit nicht zu[9].

3. Zugang zur Beschäftigung. Nach Art. 1 VO 1612/68 hat der Unionsbürger ungeachtet seines Wohn- 33
orts das Recht, ein Arbeitsverhältnis in einem anderen Mitgliedstaat nach den für die ArbN dieses Staates geltenden Rechts- und Verwaltungsvorschriften aufzunehmen und auszuüben (Abs. 1). Er hat insb. mit dem gleichen Vorrang wie inländische Stellenbewerber Anspruch auf Zugang zu den verfügbaren Stellen (Abs. 2). Es handelt sich bei dem Recht auf Zugang zur Beschäftigung um eine besondere Ausprägung des Gleichbehandlungsgrundsatzes. Es lässt sich auf Art. 39 II, IIIa–c stützen; der Vorbehalt der öffentl. Sicherheit und Ordnung (Rz. 30 ff.) ist auch hier anwendbar[10]. Auch die mittelbare Diskriminierung (Rz. 40 ff.) ist unzulässig[11]. Für das Zugangsrecht sind im Einzelnen die Art. 2–6 VO 1612/68 relevant. Insb. darf nach Art. 6 I VO 1612/68 von einem Unionsbürger hinsichtlich des Gesundheitszustandes, des Berufs oder sonstiger Anforderungen nicht mehr verlangt werden als von Inländern.

a) **Arbeitserlaubnis.** Zunächst einmal bedarf es für die Aufnahme einer Beschäftigung keiner Arbeits- 34
erlaubnis, wie sie von den Angehörigen von Drittstaaten verlangt wird (vgl. § 39 AufenthG).

---

1 EuGH v. 26.5.1993 – Rs. C-171/91, Slg. 1993 I, 2925, 2956 f. – Tsiotras; v. 4.10.1991 – Rs. C-15/10, Slg. 1991 I, 4655, 4680 f. – Middleburgh. | 2 EuGH v. 15.12.1995 – Rs. C-415/93, Slg. 1995 I, 4921, 5066 – Bosman. | 3 EuGH v. 27.4.2006 – Rs. C-441/02, Slg. 2006 I, 3449 (Rz. 35, 70 ff.) – Kommission gegen Deutschland; v. 26.11.2002 – Rs. C-100/01, Slg. 2002 I, 10981, 11015 – Oteiza Olazabal. | 4 EuGH v. 17.6.1997 – Rs. C-65/95, Slg. 1997 I, 3343, 3387 ff. – Shingara. | 5 Zu den dort genannten Krankheiten gehören gem. § 6 I Nr. 1h auch die Masern; zu den relevanten Krankheitserregern gehört nach § 7 III Nr. 2 der HI-Virus. Dies ist nach Ansicht von MünchArbR/*Birk*, § 19 Rz. 59 richtlinienwidrig. | 6 EuGH v. 4.12.1974 – Rs. 41/74, Slg. 1974, 1337, 1350 – van Duyn. | 7 EuGH v. 18.5.1982 – Rs. 115 und 116/81, Slg. 1982, 1665, 1707 – Adoui und Cournaille. | 8 EuGH v. 27.4.2006 – Rs. C-441/02, Slg. 2006 I, 3449 (Rz. 93 ff.) – Kommission gegen Deutschland; v. 29.4.2004 – Rs. C-482/01, Slg. 2004 I, 5257, 5318– Orfanopoulos; v. 10.2.2000 – Rs. C-340/97, Slg. 2000 I, 957, 987 f. – Nazli. | 9 EuGH v. 20.9.2001 – Rs. 184/99, Slg. 2001 I, 6193, 6245 f. – Grzelczyk; Groeben/Schwarze/*Wölker*/*Grill*, Kommentar zum EU-/EG-Vertrag, Bd. 1, 6. Aufl. 2003, Art. 39 Rz. 134 mwN. | 10 Groeben/Schwarze/*Wölker*/*Grill*, EU-/EG-Vertrag, Bd. 1, 6. Aufl. 2003, Art. 39 Rz. 122 mwN; anders *Streinz*/*Franzen*, EUV/EGV, 2003, Art. 39 EGV Rz. 127. | 11 EuGH v. 7.5.1998 – Rs. 350/96, Slg. 1998 I, 2521, 2529 f., 2546 ff. – Clean Car Autoservice.

35 **b) Sprachkenntnisse.** Erfordert eine bestimmte Beschäftigung allerdings Sprachkenntnisse, sind entsprechende Anforderungen in Rechts- oder Verwaltungsvorschriften oder Verwaltungspraktiken zulässig (Art. 3 I 2 VO 1612/68)[1]. Der private ArbGeb kann von dem Unionsbürger nur die Sprachkenntnisse verlangen, die er auch von inländischen Stellenbewerbern erwartet. Eine Forderung nach einem speziellen Nachweis, der von ausländischen Unionsbürgern nur unter unverhältnismäßigen Kosten und Mühen erworben werden kann und der zum Nachweis für notwendige Sprachkenntnisse nicht erforderlich ist, darf der ArbGeb nicht stellen[2].

36 **c) Berufliche Qualifikation.** Im Hinblick auf die berufliche Qualifikation kann der ArbGeb grds. eine im Inland absolvierte Ausbildung verlangen. In einer Reihe von Richtlinien wurden die Mitgliedstaaten jedoch verpflichtet, besondere Regelungen zu schaffen, nach denen in einem anderen Mitgliedstaat erworbene Diplome, Befähigungsnachweise und Prüfungszeugnisse im Inland anzuerkennen sind. Diese Richtlinien wurden durch die RL 2005/36 zusammengefasst[3]. Sofern keine Anerkennungsregelungen für bestimmte Qualifikationen bestehen, ist zumindest der Mitgliedstaat verpflichtet, die Gleichwertigkeit eines ausländischen Diploms durch die Behörden prüfen zu lassen, bevor er Sanktionen gegen den ArbN verhängt[4]. Bei objektiver Gleichwertigkeit der Diplome darf der Mitgliedstaat die Anerkennung nicht verweigern[5]. Wurden Richtlinien nicht rechtzeitig in nationales Recht umgesetzt, kann sich aus der Richtlinie ein Recht auf Zulassung zu einem bestimmten Beruf ergeben[6]. Stellt der ArbGeb auf die Berufserfahrung ab, sind in einem anderen Mitgliedstaat erworbene Fähigkeiten gleichwertig zu berücksichtigen[7].

37 **d) Quotenregelungen.** Nach Art. 4 I VO 1612/68 dürfen in Rechts- und Verwaltungsvorschriften keine Quotenregelungen geschaffen werden, die sich auf den Anteil der Staatsangehörigen anderer Mitgliedstaaten beziehen. Aus diesem Grund dürfen auch Berufssportvereine etwaige Quotenregelungen nicht auf die Angehörigen der Mitgliedstaaten erstrecken[8]. Hängen bestimmte Vergünstigungen vom Anteil inländischer ArbN ab, sind nach Abs. 2 der Regelung die ArbN anderer Mitgliedstaaten zu den inländischen ArbN zu rechnen.

38 **4. Gleichbehandlung bei der Ausübung der Beschäftigung. a) Allgemeines.** Abs. 2 bestimmt die Abschaffung jeder auf Staatsangehörigkeit beruhenden unterschiedlichen Behandlung der ArbN in Bezug auf Beschäftigung, Entlohnung oder sonstiger Arbeitsbedingungen. Nach Ansicht des EuGH ist Art. 39 II nur eine „spezifische Ausprägung des in Art. 12 I verankerten fundamentalen Verbots der Diskriminierung auf Grund der Staatsangehörigkeit“[9]. Konkretisiert wird dieses Gleichbehandlungsgebot durch die Art. 7–9 VO 1612/68.

39 Verstößt eine gesetzl. Norm gegen ein Diskriminierungsverbot, wird sie durch vorrangiges europäisches Recht (Vorb. Rz. 27) ersetzt, dh. die benachteiligte Gruppe wird in die begünstigende Regelung miteinbezogen. Die Gleichstellung erfolgt grds. mit Rückwirkung (die Ausführungen zu Art. 141 gelten entsprechend, vgl. dort Rz. 33). Verstößt eine Regelung in einem TV[10], einer sonstigen Kollektivvereinbarung oder einem Arbeitsvertrag gegen das Diskriminierungsverbot, sind diese Regelungen gem. Art. 7 IV VO 1612/68 nichtig, dh. die Begünstigung ist auch der benachteiligten Gruppe zu gewähren[11]. Versagt der ArbGeb dem Stellenbewerber auf Grund seiner Staatsangehörigkeit die Einstellung oder versagt er seinem ArbN aus diesem Grund eine Beförderung, kommt ein Entschädigungsanspruch nach den Grundsätzen, die zur RL 76/207 (vgl. Art. 141 Rz. 52 f.) entwickelt wurden, in Betracht.

40 **b) Unmittelbare und mittelbare Diskriminierung. aa) Allgemeines.** Verboten ist jede unterschiedliche Behandlung, die unmittelbar an die Staatsangehörigkeit anknüpft. Das gilt auch bei vorübergehender Beschäftigung in einem Drittstaat[12]. In st. Rspr. geht der EuGH davon aus, dass auch die mittelbare Diskriminierung grds. nicht zulässig ist. Sie liegt vor, wenn eine Regelung sich ihrem Wesen nach eher auf WanderArbN als auf inländische ArbN auswirken kann und folglich die Gefahr besteht, dass diese besonders benachteiligt werden[13]. Die Diskriminierung kann jedoch unter bestimmten Voraussetzungen gerechtfertigt sein (Rz. 42).

41 Eine mittelbare Diskriminierung liegt nahe, wenn die Regelung eine unterschiedliche Behandlung vorsieht, welche an Umstände anknüpft, die tatsächlich mehr oder minder stets mit einer bestimmten

1 EuGH v. 28.11.1989 – Rs. 379/87, Slg. 1989, 3967, 3991 ff. – Groener. | 2 EuGH v. 6.6.2000 – Rs. 281/98, Slg. 2000 I, 4139, 4173 ff. – Angonese. | 3 V. 30.9.2005, ABl. EG 2005 L-255/22, dazu *Kluth/Rieger*, EuZW 2005, 486 ff. Für Rechtsanwälte vgl. Richtlinie 98/5 v. 16.2.1998, ABl. EG 1998 L-77/36. | 4 EuGH v. 15.10.1987 – Rs. 222/86, Slg. 1987, 4097, 4116 f. – UNECTEF. | 5 EuGH v. 13.11.2003 – Rs. C-313/01, Slg. 2003 I, 13467, 13514 ff. – Morgenbesser; BAG v. 21.2.2007 – 4 AZR 225/06, ZTR 2007, 675. | 6 EuGH v. 14.7.2005 – Rs. C-141/04, Slg. 2005 I, 7163 (Rz. 30 ff.) – Peros. | 7 EuGH v. 12.5.2005 – Rs. C-278/03, Slg. 2005 I, 3747. (Rz. 13 ff.) – Kommission gegen Italien. | 8 EuGH v. 15.12.1995 – Rs. C-415/93, Slg. 1995 I, 4921, 5074 – Bosman. | 9 EuGH v. 16.9.2004 – Rs. C-465/01, Slg. 2004 I, 8291 (Rz. 25) – Kommission gegen Österreich. | 10 EuGH v. 15.1.1998 – Rs. C-15/96, Slg. 1998 I, 47, 70 – Schöning-Kougebetopoulou. | 11 EuGH v. 26.1.1999 – Rs. C-18/95, Slg. 1999 I, 345, 394 – Terhoeve; v. 15.1.1998 – Rs. C-15/96, Slg. 1998 I, 47, 70 – Schöning-Kougebetopoulou. | 12 EuGH v. 12.12.1974 – Rs. 36/74, Slg. 1974, 1405, 1420 f. – Walrave. | 13 EuGH v. 12.2.1974 – Rs. 152/73, Slg. 1974, 153, 164 f. – Sotgiu; v. 30.11.2000 – Rs. 195/98, Slg. 2000 I, 10497, 10549 – ÖGB; v. 18.1.2007 – Rs. 332/05, Slg. 2007 I, 563 (Rz. 26) - Celozzi.

Staatsangehörigkeit einhergehen, zB frühere **Beschäftigungszeiten** in einem bestimmten Mitgliedstaat[1], die Ausstellung von **Personenstandsurkunden** durch einen bestimmten Mitgliedstaat[2], der **Geburtsort**, der **Ort der Eheschließung** oder auch die Zugehörigkeit zu einer bestimmten **Berufsgruppe**[3]. Insbesondere die Wahl des **Wohnsitzes** als Unterscheidungskriterium kann zu mittelbarer Diskriminierung führen[4]. Regelungen, die auf die Zugehörigkeit zu einer ethnischen Gruppe abstellen, fallen unter das Verbot des §§ 7, 1 AGG (§ 1 AGG Rz. 3); sie können aber gleichzeitig eine mittelbare Diskriminierung wegen der Staatsangehörigkeit darstellen und umgekehrt[5].

bb) Rechtfertigung. Zulässig ist eine Diskriminierung nur, wenn sie durch objektive, von der Staats- 42
angehörigkeit der betroffenen ArbN unabhängige Erwägungen gerechtfertigt ist und in einem angemessenen Verhältnis zum verfolgten Zweck steht[6]. Als legitimer Zweck kommen bspw. die Kohärenz des Steuersystems[7], der Schutz der öffentl. Gesundheit[8], eine angemessene Bedarfsdeckung im Rahmen des zur Verfügung stehenden Finanzhaushalts[9], nicht aber allgemeine Haushaltserwägungen[10], administrative Schwierigkeiten[11], die leichtere Zustellbarkeit von Bescheiden und die leichtere Vollstreckbarkeit von Strafen[12] oder die leichtere Sicherung eines aktualitätsbezogenen Unterrichts[13] in Betracht.

cc) Anwendungsbereich. Das Diskriminierungsverbot in Abs. 2 erfasst die Bereiche Beschäftigung, 43
Entlohnung und „sonstige Arbeitsbedingungen". Die VO 1612/68 erweitert den Anwendungsbereich auf sämtliche „Beschäftigungs- und Arbeitsbedingungen", insb. die Entlohnung, die Kündigung, die berufliche Wiedereingliederung und die Wiedereinstellung (Art. 7 I). Zu den „sonstigen Arbeitsbedingungen" gehören bspw. freiwillig gezahlte Trennungsentschädigungen[14], Überbrückungsbeihilfe[15], besonderer Kündigungsschutz[16], Abschluss unbefristeter Verträge[17] sowie die in Rz. 41 Fn. 6 genannten Vergünstigungen. Erfasst sind weiter steuerliche und soziale Vergünstigungen (Art. 7 II; Rz. 41 Fn. 6)[18], die Inanspruchnahme von Berufsschulen und Umschulungszentren (Art. 7 III), die Zugehörigkeit zur Gewerkschaft und die Ausübung gewerkschaftlicher Rechte und die Wählbarkeit zu Organen der ArbN-Vertretungen[19] (Art. 8) sowie die Wohnung einschließlich der Erlangung des Eigentums an dieser (Art. 9). Nach Art. 8 I 1 Hs. 2 VO 1612/68 kann ein Staatsangehöriger eines anderen Mitgliedstaats allerdings von der Teilnahme an der Verwaltung von Körperschaften des öffentl. Rechts und der Ausübung eines öffentl.-rechtl. Amts ausgeschlossen werden. Im Übrigen erfasst das Diskriminierungsverbot auch den Bereich der öffentl. Verwaltung; die Ausnahmevorschrift des Abs. 4 (Rz. 23) findet im Rahmen des Abs. 2 keine Anwendung[20].

1 EuGH v. 30.11.2000 – Rs. 195/98, Slg. 2000 I, 10497, 10547 ff. – ÖGB (Lohnsteigerung); v. 12.3.1998 – Rs. C-187/96, Slg. 1998 I, 1995, 1115 ff. – Kommission gegen Griechenland (Lohnsteigerung und Dienstalter); v. 15.1.1998 – Rs. C-15/96, Slg. 1998 I, 47, 65 ff. – Schöning-Kougebetopoulou (tarifliche Höhergruppierung); v. 23.2.1992 – Rs. C-419/92, Slg. 1992 I, 505, 519 ff. – Scholz (Punktesystem bei Bewerbung); v. 12.3.1998 – Rs. C-187/96, Slg. 1998 I, 1095 (Rs. 21 ff.) – Kommission gegen Griechenland (Dienstalter); v. 30.9.2003 – Rs. C-224/01, Slg. 2003 I, 10239, 10316 ff. – Köbler (Dienstalter); EuGH v. 10.3.2005 – Rs. C-178/04, ABl. EG C-156/21 – Marhold (Treueprämie). | 2 EuGH v. 2.12.1997 – Rs. C-336/94, Slg. 1997 I, 6761, 6780 – Dafeki (Altersruhegeld); v. 14.3.2000 – Rs. C-102 und 221/98, Slg. 2000 I, 1287, 1325 ff. – Kocak. | 3 EuGH v. 30.5.1989 – Rs. 33/88, Slg. 1989, 1591, 1610 ff. – Allué I. | 4 EuGH v. 29.10.1998 – Rs. C-114/97, Slg. 1998 I, 6732, 6742 ff. – Kommission gegen Spanien (staatliche Zulassung); v. 14.12.1995 – Rs. C-279/93, Slg. 1995 I, 225, 258 ff. – Schuhmacker, und v. 14.9.1999 – Rs. 391/97, Slg. 1999 I, 5451, 5483 ff. – Gschwind (Ehegattensplitting); v. 16.5.2000 – Rs. 87/99, Slg. 2000 I, 3337, 2259 ff. – Zurstrassen, und v. 25.1.2007 – Rs. C-329/05, Slg. 2007 I, 1107 (Rz. 21 ff.) – Meindl (Zusammenveranlagung v. Ehegatten); v. 5.3.1998 – Rs. C-160/96, Slg. 1998 I, 843, 882 ff. – Molenaar (Pflegegeld); v. 12.5.1998 – Rs. C-85/96, Slg. 1998 I, 2691, 2716 ff. – Martínez Sala, und v. 18.7.2007 – Rs. C-212/05, FamRZ 2007, 1715 (Rz. 22 ff.) – Hartmann (Erziehungsgeld); v. 21.2.2006 – Rs. C-152/03, Slg. 2006 I, 1711 (Rz. 33 ff.) – Ritter-Coulais, und v. 18.7.2007 – Rs. C-182/06, EuZW 2007, 677 (Rz. 30 ff.) – Lakebrink (Steuerabzug); v. 17.1.2008 – Rs. C-152/05, NJW 2008, 569 (Rz. 25) – Kommission gegen Deutschland (Eigenheimzulage). | 5 ErfK/*Wißmann*, Art. 39 EGV Rz. 47. | 6 EuGH v. 7.5.1998 – Rs. 350/96, Slg. 1998 I, 2521, 2529 f., 2547. – Clean Car Autoservice; v. 30.11.2000 – Rs. 195/98, Slg. 2000 I, 10497, 10549 – ÖGB; v. 18.1.2007 – Rs. 332/05, Slg. 2007 I, 563 (Rz. 26) - Celozzi. | 7 EuGH v. 28.1.1992 – Rs. C-204/90, Slg. 1992 I, 249, 283 f. – Bachmann; v. 13.11.2003 – Rs. C-209/01, Slg. 2003 I, 13389, 13425 f. – Schilling. Vgl. auch EuGH v. 30.1.2007 – Rs. C-150/04, Slg. 2007 I, 1163 (Rz. 65 ff.) – Kommission gegen Dänemark. | 8 EuGH v. 10.3.1993 – Rs. C-111/91, Slg. 1993 I, 817, 843 f. – Kommission gegen Luxemburg. | 9 EuGH v. 2.8.1993 – Rs. C-259/91, Slg. 1993 I, 4309, 4334 – Allué II. | 10 EuGH v. 17.3.2005 – Rs. C-109/04, Slg. 2005 I, 2421 (Rz. 31 ff.) – Kranemann. | 11 EuGH v. 16.9.2004 – Rs. C-400/02, Slg. 2004 I, 8471 (Rz. 29 ff.) – Merida. | 12 EuGH v. 7.5.1998 – Rs. 350/96, Slg. 1998 I, 2521, 2529 f., 2547 ff. – Clean Car Autoservice; v. 26.10.1995 – Rs. C-151/94, Slg. 1995 I, 3685, 3706 – Kommission gegen Luxemburg. | 13 EuGH v. 2.8.1993 – Rs. C-259/91, Slg. 1993 I, 4309, 4334 – Allué II; v. 20.10.1993 – Rs. C-272/92, Slg. 1993 I, 5185, 5207 f. – Spotti. | 14 EuGH v. 12.2.1974 – Rs. 152/73, Slg. 1974, 153, 163 ff. – Sotgiu. | 15 EuGH v. 16.9.2004 – Rs. C-400/02, Slg. 2004 I, 8471 (Rz. 20) – Merida. | 16 EuGH v. 13.12.1972 – Rs. 44/72, Slg. 1972, 1243, 1248 f. – Marsman. | 17 EuGH v. 12.5.2005 – Rs. C-278/03, Slg. 2005 I, 3747 (Rz. 13 ff.) – Kommission gegen Italien. | 18 Weiter EuGH v. 30.9.1975 – Rs. C-32/75, Slg. 1975, 1085, 1095 – Cristini (Fahrpreisermäßigungen); v. 10.3.1993 – Rs. C-111/91, Slg. 1993 I, 817, 843 ff. – Kommission gegen Luxemburg (Leistung anlässlich Geburt); v. 8.6.1999 – Rs. C-337/9, Slg. 1999 I, 3289, 3312 – Meeusen (Studienfinanzierung); v. 20.9.2001 – Rs. 184/99, Slg. 2001 I, 6193, 6241 ff. – Grzelczyk (Sozialhilfe); v. 12.9.2002 – Rs. C-431/01, Slg. 2002 I, 7075, 7082 ff. – Mertens (direkte Steuern). Weiterführend Hanau/Steinmeyer/Wank/*Hanau*, HAS, 2002, § 15 Rz. 175 ff. | 19 EuGH v. 16.9.2004 – Rs. C-465/01, Slg. 2004 I, 8291 (Rz. 27 ff.) – Kommission gegen Österreich. | 20 Hanau/Steinmeyer/Wank/*Hanau*, HAS, 2002, § 15 Rz. 144 ff.

44 c) **Inländerdiskriminierung.** Zu einer sog. Inländerdiskriminierung kann es kommen, wenn das Gemeinschaftsrecht ausländischen Wanderarbeitnehmern bestimmte Rechte zuerkennt, welche die Mitgliedstaaten ihren eigenen Staatsangehörigen nicht einräumen, so dass der einheimische ArbN gegenüber dem ausländischen benachteiligt ist. Nach der Rspr. des EuGH kann sich der Betroffene in einer solchen Situation nur auf das Diskriminierungsverbot des Abs. 2 stützen, wenn ein sog. grenzüberschreitender Sachverhalt (Rz. 22) vorliegt[1].

45 **5. Beschränkungsverbot.** Der EuGH geht in seiner Rspr. über das Diskriminierungsverbot (Rz. 38 ff.) hinaus. Unwirksam können auch nicht diskriminierende Regelungen sein, die einen Staatsangehörigen eines Mitgliedstaats daran hindern oder davon abhalten, sein Herkunftsland zu verlassen, um von seinem Recht auf Freizügigkeit Gebrauch zu machen[2]. Dies gilt auch, wenn diese Regelungen gleichermaßen für Inländer gelten. Beschränkungsverbote wurden durch die Rspr. des EuGH zunächst für die Warenverkehrsfreiheit (Art. 23 EGV) und die Dienstleistungsfreiheit (Art. 49 EGV) entwickelt[3]. Ungeklärt ist, inwieweit eine horizontale Direktwirkung (Rz. 1, 20) des Beschränkungsverbots besteht[4] und ob bzw. inwieweit bloße Modalitäten der Leistungserbringung dem Beschränkungsverbot unterfallen[5].

46 Wie weitgehend die vom EuGH zu den anderen Grundfreiheiten aufgestellten Grundsätze auf die Freizügigkeit übertragbar sind, ist noch weitgehend offen[6]. Im Fall Bosmann[7] hat der EuGH eine Transferregelung für unzulässig erklärt, welche den Vereins- und Landeswechsel für Fußballspieler nach Ablauf ihres Vertrages erschwerte[8]. Damit stellt sich grds. die Frage, ob und inwieweit Regelungen, die eine Bindung des ArbN an den Arbeitsvertrag über längere Dauer hinweg bezwecken – insb. durch Vertragsstrafen (vgl. auch § 309 Nr. 6 BGB Rz. 8 f.) – mit Art. 39 vereinbar sind. Aber auch Vorschriften, die an die Beendigung des Vertrages durch den ArbN anderweitige Nachteile knüpfen (Verlust von Anwartschaften bei der betrAV, Ansprüche des ArbGeb auf Rückzahlung von Aus- und Weiterbildungskosten), könnten betroffen sein. „Treueprämien“, die bei Fortführung des Arbeitsverhältnisses mit dem (deutschen) ArbGeb gezahlt werden, sind mit Art. 39 nicht vereinbar[9]. Für den Verlust einer Abfindung bei arbeitnehmerseitiger Kündigung hat der EuGH keinen Verstoß gegen Art. 39 angenommen[10].

47 Eine beschränkende Regelung ist zulässig, wenn sie dem Schutz von Allgemeinwohlinteressen dient und dem Verhältnismäßigkeitsgrundsatz entspricht[11]. Eine Beschränkung kann daher gerechtfertigt sein, wenn sie dem ArbN-Schutz dient[12], dh. wenn sie den ArbN einen tatsächlichen Vorteil verschafft, der deutlich zu ihrem sozialen Schutz beiträgt[13]. Auch der Grundsatz der Bestenauslese kann eine Beschränkung rechtfertigen[14]. Grundsätzlich können auch beschäftigungspolitische Ziele, der Schutz der nationalen Sozialversicherungssysteme[15] oder der Schutz der Verbraucher[16] zu einer Rechtfertigung führen.

1 EuGH v. 7.7.1992 – Rs. C-370/90, Slg. 1992 I, 4265, 4294 f. – Singh; v. 2.7.1998 – Rs. C-22/95, Slg. 1998 I, 4239, 4250 – Kapasakalis; v. 11.10.2001 – Rs. C-95/99, Slg. 2001 I, 7413, 7462 – Kahil. |2 EuGH v. 15.12.1995 – Rs. C-415/93, Slg. 1995 I, 4921, 5069 – Bosman; v. 27.1.2000 – Rs. C-190/98, Slg. 2000 I, 493, 521 f. – Graf; v. 12.12.2002 – Rs. C-385/00, Slg. 2002 I, 11819 (Rz. 78) – de Groot; v. 23.9.2003 – Rs. C-109/01, Slg. 2003 I, 9607, 9687 – Akrich; v. 2.10.2003 – Rs. C-232/01, Slg. 2003 I, 11525, 11542 – van Lent; EuGH v. 17.3.2005 – Rs. C-109/04, Slg. 2005 I, 2421 (Rz. 12) – Kranemann; v. 15.9.2005 – Rs. C-464/02, Slg. 2005 I, 7929 (Rz. 34 ff.) – Kommission gegen Dänemark; v. 19.1.2006 – Rs. 244/04, Slg. 2006 I, 885 – Kommission gegen Deutschland; v. 11.1.2007 – Rs. C-208/05, Slg. 2007 I, 181 (Rz. 33) – ITC . Zur Dienstleistungsfreiheit (Art. 49 EGV): EuGH v. 15.3.2001 – Rs. C-165/98, Slg. 2001 I, 2189, 2221 – Mazzoleni; v. 24.1.2002 – Rs. C-164/99, Slg. 2002 I, 787, 812 – Portugaia Construções; EuGH v. 12.10.2004 – Rs. C-60/03, Slg. 2004 I, 9555, 9567 (Rz. 31 f.) – Wolff & Müller; *Roloff*, Das Beschränkungsverbot des Art. 39 EG (Freizügigkeit) und seine Auswirkungen auf das nationale Arbeitsrecht, 2003, S. 27 ff. |3 Grabitz/Hilf/*Randelzhofer/Forsthoff*, Das Recht der EU, Bd. 1, Vor Art. 39–55 EGV, Stand 5/01, Rz. 86 ff.; Art. 39 EGV, Stand 5/01, Rz. 164 ff. |4 Weiterführend Hanau/Steinmeyer/Wank/*Hanau*, HAS, 2002, § 15 Rz. 252 f. |5 *Rieble/Lessner*, ZfA 2002, 29 (58 mwN). |6 Ausf. Grabitz/Hilf/*Randelzhofer/Forsthoff*, Das Recht der EU, Bd. 1, Art. 39 EGV, Stand 5/01, Rz. 164 ff.; *Körber*, Grundfreiheiten im Privatrecht, 2004, S. 261 ff.; *Parpart*, Die unmittelbare Bindung Privater an die Personenverkehrsfreiheit, 2003; *Preedy*, Die Bindung Privater an die europäischen Grundfreiheiten, 2005, S. 39 ff. |7 EuGH v. 15.12.1995 – Rs. C-415/93, Slg. 1995 I, 4921, 5069 ff.; v. 13.4.2000 – Rs. C-176/96, Slg. 2000 I, 2681, 2732 – Lehtonen; BAG v. 20.11.1996 – 5 AZR 518/95, AP Nr. 12 zu § 611 BGB – Berufssport. Vgl. auch BGH v. 27.9.1999 – II ZR 305/98, BGHZ 142, 304, 314 f.; v. 25.9.1999 – II ZR 377/98, AP Nr. 114 zu Art. 12 GG. |8 Ebenso bzgl. Transferzeiten EuGH v. 13.4.2000 – Rs. C-190/98, Slg. 2000 I, 2681, 2728 ff. – Lehtonen. |9 EuGH v. 10.3.2005 – Rs. C-178/04, ABl. EG C-156/21 (Rz. 24 ff.) – Marhold. |10 EuGH v. 27.1.2000 – Rs. C-190/98, Slg. 2000 I, 493, 523 f. – Graf. |11 EuGH v. 24.11.1993 – Rs. C-267 und 268/91, Slg. 1993 I, 6097, 6131 – Keck. Zur Dienstleistungsfreiheit (Art. 49 EGV): EuGH v. 20.2.2001 – Rs. C-205/99, Slg. 2001 I, 1271, 1311 – Analir; v. 15.3.2001 – Rs. C-165/98, Slg. 2001 I, 2189, 2221 – Mazzoleni; v. 11.12.2003 – Rs. C-215/01, Slg. 2003 I, 14847, 14884 f. – Schnitzer; EuGH v. 11.1.2007 – Rs. C-208/05, Slg. 2007 I, 181 (37) – ITC. |12 Zur Dienstleistungsfreiheit (Art. 49 EGV): EuGH v. 23.11.1999 – Rs. C-369/96, Slg. 1999 I, 8453, 8514 – Arblade; v. 15.3.2001 – Rs. C-165/98, Slg. 2001 I, 2189, 2222 – Mazzoleni; v. 24.1.2002 – Rs. C-164/99, Slg. 2002 I, 787, 813 – Portugaia Construções; v. 18.12.2007 – Rs. C-341/05, NZA 2008, 159 (Rz. 103 ff.) – Laval; zur Niederlassungsfreiheit (Art. 43 ff. EGV): EuGH v. 11.12.2007 – Rs. C-438/05, NZA 2008, 124 (Rz. 77 ff.) – Viking. |13 Zur Dienstleistungsfreiheit (Art. 49 EGV): EuGH v. 24.1.2002 – Rs. C-164/99, Slg. 2002 I, 787, 815 – Portugaia Construções; v. 25.10.2001 – Rs. C-49, 50, 52–54, 68–71/98, Slg. 2001, 7831, 7901 (Rz. 42) – Finalarte. |14 EuGH v. 9.9.2003 – Rs. C-285/01, Slg. 2003 I, 8219 (Rz. 103 f.) – Burbaud. |15 EuGH v. 11.1.2007 – Rs. C-208/05, Slg. 2007 I, 181 (Rz. 25 ff.) – ITC. |16 EuGH v. 19.1.2006 – Rs. C-2006 I, 801 (Rz. 31) – Colegio des Ingenieros.

Gegen das Verbot der Beschränkung der Dienstleistungsfreiheit (Art. 49) können insbes. nationale Regelungen verstoßen, welche aus dem Ausland entsandten ausländischen ArbN günstigere inländische Arbeitsbedingungen (zB Mindestlohn) gewähren, da hierdurch die wirtschaftl. Attraktivität der Entsendung für den ausländischen ArbGeb sinkt[1]. Vgl. insgesamt die Komm. zum AEntG Vorb. Rz. 7 ff. 48

Art. 141 *Gleiches Entgelt für Männer und Frauen*

(1) Jeder Mitgliedstaat stellt die Anwendung des Grundsatzes des gleichen Entgelts für Männer und Frauen bei gleicher oder gleichwertiger Arbeit sicher.

(2) Unter „Entgelt" im Sinne dieses Artikels sind die üblichen Grund- oder Mindestlöhne und -gehälter sowie alle sonstigen Vergütungen zu verstehen, die der Arbeitgeber auf Grund des Dienstverhältnisses dem Arbeitnehmer unmittelbar oder mittelbar in bar oder in Sachleistungen zahlt. Gleichheit des Arbeitsentgelts ohne Diskriminierung auf Grund des Geschlechts bedeutet,

a) dass das Entgelt für eine gleiche nach Akkord bezahlte Arbeit auf Grund der gleichen Maßeinheit festgesetzt wird,

b) dass für eine nach Zeit bezahlte Arbeit das Entgelt bei gleichem Arbeitsplatz gleich ist.

(3) Der Rat beschließt gemäß dem Verfahren des Artikels 251 und nach Anhörung des Wirtschafts- und Sozialausschusses Maßnahmen zur Gewährleistung der Anwendung des Grundsatzes der Chancengleichheit und der Gleichbehandlung von Männern und Frauen in Arbeits- und Beschäftigungsfragen, einschließlich des Grundsatzes des gleichen Entgelts bei gleicher oder gleichwertiger Arbeit.

(4) Im Hinblick auf die effektive Gewährleistung der vollen Gleichstellung von Männern und Frauen im Arbeitsleben hindert der Grundsatz der Gleichbehandlung die Mitgliedstaaten nicht daran, zur Erleichterung der Berufstätigkeit des unterrepräsentierten Geschlechts oder zur Verhinderung bzw. zum Ausgleich von Benachteiligungen in der beruflichen Laufbahn spezifische Vergünstigungen beizubehalten oder zu beschließen.

I. Allgemeines. Durch den **Vertrag von Lissabon**[2] vom 13.12.2007, der zum 1.1.2009 in Kraft treten soll (Vorb. Rz. 6), würde Art. 141 EGV zu **Art. 157 des Vertrags über die Arbeitsweise der Europäischen Union**, ohne dass die Norm inhaltlich geändert würde. 1

1. Normzweck. Art. 141 zielt ab auf die Gleichbehandlung von Männern und Frauen im Arbeitsleben. Demgegenüber enthielt die Vorgängernorm (Art. 119 EGV aF) lediglich ein Verbot der Ungleichbehandlung bei der Entlohnung. Der Grundsatz der Gleichbehandlung von Mann und Frau ist auch in Art. 23 1a

---

1 EuGH v. 24.1.2002 – Rs. C-164/99, Slg. 2002 I, 787, 812 – Portugaia Construções; v. 25.10.2001 – Rs. C-49, 50, 52–54, 68–71/98, Slg. 2001, 7831, 7900 (Rz. 28 ff.) – Finalarte; *Birk*, FS Wißmann, 2005, S. 523 ff. | 2 ABl. EG 2007 C-306/1.

der Charta der Grundrechte[1] normiert worden; schon vor deren Schaffung gehörte er zu den Grundrechten der Gemeinschaft[2]. Die umfangreiche Rspr. des EuGH zu den Fragen der Diskriminierung auf Grund des Geschlechts wird für die sich entwickelnde Rechtslage zu sonstigen Diskriminierungsverboten (vgl. Komm. zum AGG) als Vorbild dienen.

Abs. 3 enthält eine Ermächtigungsgrundlage für den Rat, weitere Maßnahmen zur Gewährleistung des Gleichbehandlungsgrundsatzes im Arbeitsleben zu treffen. Abs. 4 der Norm stellt eine Öffnungsklausel dar, nach der die Mitgliedstaaten diskriminierende Regelungen schaffen können, um der Benachteiligung eines Geschlechts entgegenzuwirken.

2 **2. Sekundärrecht.** Zum Sekundärrecht gehört zunächst die RL 2006/54 zur Verwirklichung des Grundsatzes der Chancengleichheit und Gleichbehandlung im Arbeitsleben von Männern und Frauen[3], durch die die früheren RL 75/117[4], 76/207[5], 97/80[6], 86/378[7] ersetzt werden; sie ist bis zum 15.8.2008 umzusetzen. Diese Richtlinie wird sozialrechtl. flankiert durch die RL 79/7[8]. Daneben wurden spezielle Richtlinien über den Elternurlaub[9] und für Selbständige[10] geschaffen.

3 **3. Verhältnis zum nationalen Recht.** Art. 141 genießt Vorrang vor nationalem Recht (Vorb. Rz. 27). Nationales Recht ist iS dieser Vorschrift auszulegen. Steht die nationale Norm nicht mit Art. 141 in Einklang, ist sie nicht anzuwenden[11]. Das gilt auch für Normen eines TV[12].

4 **II. Grundsatz der Entgeltgleichheit (Abs. 1 u. 2). 1. Allgemeines.** Art. 141 I und II hat unmittelbare, auch horizontale Wirkung, dh. der Betroffene kann sich nicht nur unmittelbar gegenüber dem Staat, sondern auch gegenüber einem Privaten auf die Norm berufen (sog. horizontale Direktwirkung)[13]. Der ArbN kann also auf Grundlage des Grundsatzes der Entgeltgleichheit gegenüber dem öffentl. und dem privaten ArbGeb seinen Anspruch[14] auf Gleichbehandlung vor den nationalen Gerichten geltend machen. Sekundärrechtl. wird der Grundsatz der Entgeltgleichheit durch die RL 2006/54 (Rz. 2) konkretisiert, welche in Deutschland insbes. durch §§ 1, 2 I Nr. 2 AGG umgesetzt wurde.

5 **2. Persönlicher Anwendungsbereich. a) Berechtigte.** Auf das Recht zur Gleichbehandlung können sich ArbN berufen. Auch wenn der EuGH im Grundsatz davon ausgeht, dass es europarechtl. keinen einheitlichen ArbN-Begriff gebe[15], kann auf die Darstellung zur Freizügigkeit verwiesen werden (Art. 39 Rz. 13 ff.), zumal auch dort teilweise auf Ausführungen des EuGH zurückgegriffen wurde, die sich auf die Gleichbehandlung der Geschlechter bezogen. Berechtigt kann auch ein Dritter sein, insb. wenn er Empfänger des Entgelts ist, zB die Witwe im Rahmen der Hinterbliebenenversorgung[16].

6 **b) Verpflichtete.** Das Gleichbehandlungsgebot verpflichtet die Mitgliedstaaten, die öffentl. und die privaten ArbGeb (Rz. 4). Zur Beachtung des Gleichbehandlungsgrundsatzes sind auch die TV-Parteien verpflichtet[17]. Bei einem Verstoß einer Tarifnorm gegen das Gleichbehandlungsgebot ist aber der jeweilige ArbGeb zur Entgeltzahlung usw. verpflichtet. Da Abs. 2 S. 1 auch „mittelbare" Arbeitsentgelte erfasst, findet der Gleichbehandlungsgrundsatz auch Anwendung, wenn die Leistung von einem Dritten (zB im Rahmen der betrAV) gezahlt wird. Zur Zahlung verpflichtet ist aber auch in diesem Fall der ArbGeb[18]; dies legt der Wortlaut der Norm nahe, nach dem von Entgelten die Rede ist, die „der ArbGeb" zahlt. Nimmt der Dritte jedoch eine „Treuhänderfunktion" für den ArbGeb wahr, ist er selbst zur Zah-

1 V. 7.12.2000, ABl. EG 2000, C-364/1; dazu Vorb. Rz. 7. Vgl. zudem Art. 16 der Gemeinschaftscharta der sozialen Grundrechte der Arbeitnehmer v. 9.12.1989, Vorentwurf Kom/89/248 endg. | 2 Vgl. EuGH v. 8.4.1976 – Rs. 43/75, Slg. 1976, 455, 473 (Rz. 12) – Defrenne II. | 3 RL v. 26.7.2006, ABl. EG 2006 L-204/23. | 4 RL v. 10.2.1975 zur Angleichung der Rechtsvorschriften der Mitgliedstaaten über die Anwendung des Grundsatzes des gleichen Entgelts für Frauen und Männer, ABl. EG 1975 L-45/19. | 5 RL v. 9.2.1976 zur Verwirklichung des Grundsatzes der Gleichbehandlung von Frauen und Männern hinsichtlich des Zugangs zur Beschäftigung, zur Berufsbildung und zum beruflichen Aufstieg sowie in Bezug auf die Arbeitsbedingungen, ABl. EG 1976 L-39/40, geändert durch RL 2002/73 v. 23.9.2002, ABl. EG 2002 L-269/15. | 6 RL v. 15.12.1997 über die Beweislast bei Diskriminierung auf Grund des Geschlechts, ABl. EG 1998 L-14/6. | 7 RL 86/378 v. 24.7.1986 zur Verwirklichung des Grundsatzes der Gleichbehandlung von Männern und Frauen bei betrieblichen Systemen der sozialen Sicherheit, ABl. EG 1986 L-225/40, geändert durch RL 96/97 v. 20.12.1996 zur Änderung der RL 86/378, ABl. EG 1997 L-46/20. | 8 RL v. 19.12.1978 zur schrittweisen Verwirklichung des Grundsatzes der Gleichbehandlung von Männern und Frauen im Bereich der sozialen Sicherheit, ABl. EG 1979 L-6/24. | 9 RL 96/34 v. 3.6.1996 zu der von UNICE, CEEP und EGB geschlossenen Rahmenvereinbarung über Elternurlaub, ABl. EG 1996 L-145/4. | 10 RL v. 11.12.1986 zur Verwirklichung des Grundsatzes der Gleichstellung von Männern und Frauen die eine selbständige Erwerbstätigkeit – auch in der Landwirtschaft – ausüben, sowie über den Mutterschutz, ABl. EG 1986 L-359/56. | 11 EuGH v. 7.2.1991 – Rs. 184/89, Slg. 1991 I, 297, 320 f. – Nimz; BAG v. 23.9.1992 – 4 AZR 30/92, AP Nr. 1 zu § 612 BGB – Diskriminierung. | 12 EuGH v. 7.2.1991 – Rs. 184/89, Slg. 1991 I, 297, 320 f. – Nimz. | 13 EuGH v. 8.4.1976 – Rs. 43/75, Slg. 1976, 455, 472 ff. – Defrenne II. Einschr. Calliess/Ruffert/*Krebber*, EU-Vertrag und EG-Vertrag, 3. Aufl. 2007, Art. 141 Rz. 5 f. mwN. | 14 EuGH v. 7.2.1991 – Rs. 184/89, Slg. 1991 I, 297, 320 – Nimz. | 15 EuGH v. 12.5.1998 – Rs. C-85/96, Slg. 1998 I, 2691, 2719 – Martínez Sala. | 16 EuGH v. 9.10.2001 – Rs. C-379/99, Slg. 2001 I, 7275, 7297 – Menauer; v. 6.10.1993 – Rs. C-19/91, Slg. 1993 I, 4879, 4944 – Ten Oever; v. 17.4.1997 – Rs. C-147/95, Slg. 1997 I, 2057, 2081 – Evrenopoulos; v. 7.1.2004 – Rs. C-117/01, Slg. 2004 I, 541, 577 f. – K. B. | 17 EuGH v. 7.2.1991 – Rs. 184/89, Slg. 1991 I, 297, 321 – Nimz. | 18 So auch *Schlachter* in Oetker/Preis, EAS, B 4100, Stand: 4/1998, Rz. 24.

lung verpflichtet[1]. Keine Anwendung findet der Gleichbehandlungsgrundsatz, wenn Arbeitsverhältnisse zu zwei unterschiedlichen ArbGeb miteinander verglichen werden[2].

3. Räumlicher Anwendungsbereich. Für den räumlichen Anwendungsbereich gelten die zu Art. 39 dargestellten Grundsätze (dort Rz. 21)[3]. 7

4. Sachlicher Anwendungsbereich. a) Allgemeines. Der Begriff des Entgelts wird in Abs. 2 S. 1 näher bestimmt. Insbesondere auf Grund der Formulierung „sowie alle sonstigen Vergütungen" ist der Begriff weit; zusätzlich ist er nach der Rspr. des EuGH extensiv auszulegen. Gleichgültig ist es, ob die Leistung auf Grund vertragl. oder gesetzl. Grundlage erfolgt oder ob sie freiwillig erbracht wird[4]. Der Grundsatz des gleichen Entgelts gilt für jeden einzelnen Entgeltbestandteil[5]. 8

b) Einzelfälle. Unter den Entgeltbegriff fallen neben den in der Norm genannten „üblichen Grund- oder Mindestlöhne(n) und -gehälter(n)" bspw.: Stück- oder Ergebnislöhne[6], der dienstalterabhängige Aufstieg in eine höhere **Vergütungsgruppe**[7], Weihnachts**gratifikationen**[8], **Zulagen**[9], zB für ungünstige Arbeitszeiten[10], **Vergünstigungen** im Reiseverkehr[11] und bei der Nutzung von Betriebseinrichtungen[12], **Entgeltfortzahlung** bei Krankheit[13], **bezahlte Freistellung** wegen der Teilnahme an Schulungsveranstaltungen durch den BR[14], Leistungen während[15] bzw. wegen[16] des **Mutterschaftsurlaubs, Entlassungsentschädigungen**[17], **Abfindungen**[18], **Übergangsgeld**[19] und **Überbrückungsrenten**[20]. 9

c) Leistungen im Rahmen der Altersversorgung. Nach der Rspr. des EuGH ist zwischen Sozial- und Betriebsrenten zu unterscheiden. **aa) Gesetzliche Rentenversicherung:** Nicht unter den Entgeltbegriff fallen die Beiträge zur und die Leistungen aus der gesetzl. RV, da diese nicht „auf Grund des Dienstverhältnisses" anfallen, sondern auf gesetzl. Grundlagen beruhen, welche von sozialpolitischen Erwägungen des Staates bestimmt werden[21]. **bb) Beamtenversorgung:** Beamtenpensionen fallen dagegen unter bestimmten Voraussetzungen unter den Entgeltbegriff, da der Staat als ArbGeb auftritt[22]. 10

cc) Betriebliche Altersversorgung. Zu den Beiträgen zur und den Leistungen aus der betrAV besteht eine umfangreiche Rspr. des EuGH. **(1) Beiträge.** Die Beiträge zur betrAV sind Entgelt iSd. Art. 141[23]. Auf die Art der betrAV kommt es nicht an. Die rechtl. Grundlage (Arbeitsvertrag, BV, freiwillige Leistung des ArbGeb usw.) ist gleichgültig; unschädlich ist es auch, wenn die Modalitäten durch gesetzl. Vorschriften geregelt werden[24], selbst wenn diese eine Pflichtmitgliedschaft anordnen[25]. Kein Entgelt soll aber vorliegen, wenn das Bruttogehalt von Männern und Frauen gleich ist, vom Gehalt der Männer aber 11

---

1 EuGH v. 9.10.2001 – Rs. C-379/99, Slg. 2001 I, 7275, 7297 ff. – Menauer; v. 28.9.1994 – Rs. C-200/91, Slg. 1994 I, 4389, 4411 f. – Coloroll; v. 28.9.1994 – Rs. C-128/93, Slg. 1994 I, 4583, 4597 – Fisscher. | 2 EuGH v. 13.1.2004 – Rs. C-256/01, Slg. 2004 I, 873, 922 ff. – Allonby (betr. leiharbeitsähnliches Verhältnis); v. 17.9.2002 – Rs. C-320/00, Slg. 2002 I, 7325, 7353 f. – Laurence; BAG v. 3.4.2003 – 6 AZR 633/01, AP Nr. 185 zu § 242 BGB – Gleichbehandlung. | 3 Weiterführend Calliess/Ruffert/*Krebber*, EU-Vertrag und EG-Vertrag, 3. Aufl. 2007, Art. 141 Rz. 19 ff. | 4 EuGH v. 17.5.1990 – Rs. C-262/88, Slg. 1990 I, 1889, 1950 – Barber; v. 6.2.1996 – Rs. C-457/93, Slg. 1996 I, 243, 266 – Lewark; v. 7.3.1996 – Rs. C-278/93, Slg. 1996 I, 1165, 1189 – Freers; v. 21.10.1999 – Rs. 333/97, Slg. 1999 I, 7243, 7278 – Lewen. | 5 EuGH v. 30.3.2000 – Rs. C-236/98, Slg. 2000 I, 2189, 2220 – JämO; v. 26.6.2001 – Rs. C-381/99, Slg. 2001 I, 4961, 4990 – Brunnhofer. | 6 EuGH v. 31.5.1995 – Rs. C-400/93, Slg. 1995 I, 1275, 1303 – Royal Copenhagen; ErfK/*Schlachter*, Art. 141 EGV Rz. 8. | 7 EuGH v. 7.2.1991 – Rs. 184/89, Slg. 1991 I, 297, 318 – Nimz; v. 18.11.2004 – Rs. C-284/02, Slg. 2004 I, 11143 (Rz. 34) – Sass; v. 10.3.2005 – Rs. C-196/02, Slg. 2005 I, 1789 (Rz. 44 ff.) – Nikoloudi. | 8 EuGH v. 21.10.1999 – Rs. C-333/97, Slg. 1999 I, 7243, 7278 – Lewen; v. 9.9.1999 – Rs. C-281/97, Slg. 1999 I, 5127, 5146 – Krüger. | 9 EuGH v. 26.6.2001 – Rs. C-381/99, Slg. 2001 I, 4961, 4990 – Brunnhofer. | 10 EuGH v. 30.3.2000 – Rs. C-236/98, Slg. 2000 I, 2189, 2219 – JämO. | 11 EuGH v. 9.2.1982 – Rs. 12/81, Slg. 1982, 359, 370 – Garland. | 12 EuGH v. 17.2.1998 – Rs. C-249/96, Slg. 1998 I, 621, 643 – Grant. | 13 EuGH v. 13.7.1989 – Rs. 171/88, Slg. 1989, 2743, 2759 – Rinner-Kühn; v. 8.9.2005 – Rs. C-191/03, Slg. 2005 I, 7631 (Rz. 29) – McKenna (Krankheit und Schwangerschaft). | 14 EuGH v. 4.6.1992 – Rs. C-360/90, Slg. 1992 I, 3589, 3611 f. – Bötel; v. 6.2.1996 – Rs. C-457/93, Slg. 1996 I, 243, 267 – Lewark. Für Personalrat: EuGH v. 7.3.1996 – Rs. C-278/93, Slg. 1996 I, 1165, 1190 – Freers. Zur Rechtfertigung einer solchen Ungleichbehandlung: BAG v. 5.3.1997 – 7 AZR 581/92, AP Nr. 123 zu § 37 BetrVG 1972; *Schlachter*, in: Oetker/Preis, EAS, B 4100, Stand: 4/1998, Rz. 21 ff. | 15 EuGH v. 13.2.1996 – Rs. C-342/93, Slg. 1996 I, 475, 499 – Gillespie; v. 27.10.1998 – Rs. C-411/96, Slg. 1998 I, 6401, 6453 – Boyle; v. 30.3.2004 – Rs. C-147/02, Slg. 2004 I, 3101, 3142 – Alabaster. | 16 EuGH v. 16.9.1999 – Rs. C-218/98, Slg. 1999 I, 5723, 5747 – Abdoulaye. | 17 EuGH v. 17.5.1990 – Rs. C-262/88, Slg. 1990 I, 1889, 1949 – Barber; v. 17.2.1993 – Rs. C-173/91, Slg. 1993 I, 673, 697 f. – Kommission gegen Belgien; v. 9.2.1999 – Rs. C-167/97, Slg. 1999 I, 623, 676 – Seymour-Smith; v. 13.7.2000 – Rs. C-166/99, Slg. 2000 I, 6155, 6185 – Defreyn; v. 16.12.2004 – Rs. C-520/03, Slg. 2004 I, 12065 (Rz. 30 ff.) – Valero. | 18 EuGH v. 8.6.2004 – Rs. C-220/02, Slg. 2004 I, 5907, 5952 – Österreichischer Gewerkschaftsbund; v. 14.9.1999 – Rs. C-249/97, Slg. 1999 I, 5295, 5324 – Gruber. Nicht aber Steuervergünstigungen EuGH v. 21.7.2005 – Rs. C-207/04, Slg. 2005 I, 7453 (Rz. 21 ff.) – Vergani. | 19 EuGH v. 9.12.2004 – Rs. C-19/02, Slg. 2004 I, 11491 (Rz. 34 ff.) – Hlozek; v. 27.6.1990 – Rs. C-33/89, Slg. 1990 I, 2591, 2611 – Kowalska. | 20 EuGH v. 9.11.1993 – Rs. C-132/92, Slg. 1993 I, 5579, 5603 – Roberts. | 21 EuGH v. 25.5.1971 – Rs. C-80/70, Slg. 1971, 445, 451 f. – Defrenne I. | 22 EuGH v. 28.9.1994 – Rs. C-7/93, Slg. 1994 I, 4471, 4518 – Beune; v. 29.11.2001 – Rs. C-366/99, Slg. 2001 I, 9383, 9428 ff. – Griesmar; v. 13.12.2001 – Rs. C-206/00, Slg. 2001 I, 10201, 10232 – Mouflin; v. 23.10.2003 – Rs. C-4/02, Slg. 2003 I, 12575, 12632 – Schönheit; v. 12.9.2002 – Rs. C-351/00, Slg. 2002 I, 7007, 7046 ff. – Niemi. | 23 EuGH v. 11.3.1981 – Rs. 69/80, Slg. 1981, 767, 790 – Worringham; v. 25.5.2000 – Rs. 50/99, Slg. 2000 I, 4039, 4064 – Podesta. | 24 EuGH v. 28.9.1994 – Rs. C-200/91, Slg. 1994, 4389, 4422 – Coloroll. | 25 EuGH v. 25.5.2000 – Rs. 50/99, Slg. 2000 I, 4039, 4065 f. – Podesta.

ein Prozentsatz für einen Fonds der Hinterbliebenenversorgung abgeführt wird, soweit dieses System den entsprechenden Teil eines SozV-Systems ersetzt[1].

12 Im Falle der Zusage einer Rente mit einem garantierten Leistungsumfang steht die Gleichheit der Beitragszahlung in Konflikt mit der statistisch höheren Lebenserwartung der Frauen, aus der resultiert, dass zur Sicherung der Rentenansprüche der Frauen ein höheres Beitragsvolumen notwendig ist. Der EuGH geht zunächst davon aus, dass die Rentenhöhe der Frauen aus diesem Grunde nicht unter der der Männer liegen dürfe. Weiter stellt er fest, dass der ArbN-Anteil an der betrAV als Teil des Lohnanspruchs für Männer und Frauen stets gleich hoch sein müsse. Für den ArbGebAnteil gilt dies jedoch nicht, soweit der höhere ArbGebAnteil notwendig ist, um die Zusage einer bestimmten Rentenhöhe (für Frauen) zu erreichen[2].

13 Sagt der ArbGeb lediglich die Zahlung von Beiträgen in einer bestimmten Höhe zu, folgt daraus im Umkehrschluss, dass diese Leistungen entsprechend den nach Geschlecht unterschiedlichen versicherungsmathematischen Faktoren in unterschiedlicher Höhe ausgezahlt werden können[3].

14 (2) **Leistungen.** Auch die Leistungen aus der betrAV fallen unter den Entgeltbegriff und sind damit grds. (ebd. Rz. 13) in gleicher Höhe auszuzahlen. Da der Erhalt und die Höhe der Leistung von der Möglichkeit des **Zugangs** zu dem Betriebsrentensystem abhängt, unterfällt auch die Zugangsregelung dem Diskriminierungsverbot[4], Art. 9 Ia–c RL 2006/54 (Rz. 2). Das gilt auch, wenn die Möglichkeit besteht, dass die Zugehörigkeit zu einem Betriebsrentensystem durch Gesetz vorgeschrieben wird[5]. Auch die Festsetzung unterschiedlicher **Altersgrenzen** für den Leistungsbezug ist unzulässig[6], Art. 9 Ie, f RL 2006/54 (Rz. 2).

15 Wechselt der ArbN zu einem neuen ArbGeb und übernimmt dieser die Leistungsverpflichtungen des Systems, aus dem der ArbN ausscheidet, so hat der neue ArbGeb ggf. die Leistungen zu erhöhen, um dem Grundsatz der Gleichbehandlung Genüge zu tun[7].

16 **d) Gleiche oder gleichwertige Arbeit.** Zur Feststellung der Gleichheit oder Gleichwertigkeit der Arbeit sind zwei Personen oder Personengruppen eines Betriebes oder eines Unternehmens heranzuziehen. Der EuGH hat es beim Fehlen einer Vergleichsperson nicht zugelassen, die tatsächliche Entlohnung des ArbN mit der hypothetischen Entlohnung eines ArbN des anderen Geschlechts zu vergleichen[8].

17 Zwei Tätigkeiten sind als „gleich" anzusehen, wenn sie einen identischen Inhalt haben oder aber einander so ähnlich sind, dass die Beschäftigten austauschbar wären[9]. Abs. 1 stellt klar, dass sich der Grundsatz der Lohngleichheit auch auf gleichwertige Arbeiten erstreckt. Unter welchen Voraussetzungen zwei Tätigkeiten als gleichwertig zu behandeln sind, lässt sich nicht ohne weiteres feststellen. Die Kommission hat zu dieser Frage ein Memorandum und einen Leitfaden herausgegeben[10]. Es kommt nicht auf eine Ähnlichkeit der Tätigkeiten an, sondern darauf, ob den Tätigkeiten derselbe Wert zukommt. Von besonderer Relevanz sind die Art der Arbeit, die Ausbildungsanforderungen und die Arbeitsbedingungen[11].

18 Die Gleichheit oder Gleichwertigkeit ist objektiv zu beurteilen[12], auf die subjektive Wertschätzung des ArbGeb kommt es nicht an. Die Beurteilung obliegt den nationalen Gerichten[13]. Eine Orientierung an tarifvertragl. Eingruppierungsvorschriften ist zulässig[14].

19 Bei dem Vergleich der Tätigkeiten ist auf die tatsächlich ausgeführten Arbeiten abgestellt wird, nicht auf etwaige Aufgabenbeschreibungen. Auch die Verpflichtung eines ArbN, zusätzliche Leistungen zu erbringen, soll an der Gleichheit oder Gleichwertigkeit der Leistung nichts ändern, wenn diese zusätzlichen Leistungen nicht in Anspruch genommen werden[15]. Eine höhere Entlohnung ist jedoch zulässig, wenn der ArbN eine höhere Qualifikation aufweist, welche ihm ein breiteres Einsatzgebiet eröffnet[16].

---

1 EuGH v. 3.12.1987 – Rs. 192/85, Slg. 1987, 4753, 4782 ff. – Newstead. | 2 EuGH v. 28.9.1994 – Rs. C-200/91, Slg. 1994, 4389, 4423 ff. – Coloroll; v. 22.12.1993 – Rs. C-152/91, Slg. 1993 I, 6935, 6962 – Neath. | 3 *Schlachter* in Oetker/Preis, EAS, B 4100, Stand: 4/1998, Rz. 17; *Blomeyer* NZA 1995, 49 (50). | 4 EuGH v. 13.5.1986 – Rs. 170/84, Slg. 1986, 1607, 1621, 1625 – Bilka; v. 28.9.1994 – Rs. C-57/93, Slg. 1994 I, 4541, 4572 ff. – Vroege; v. 24.10.1996 – Rs. C-435/93, Slg. 1996 I, 5223, 5249 ff. – Dietz; v. 13.1.2004 – Rs. C-256/01, Slg. 2004 I, 873, 925 – Allonby. | 5 EuGH v. 24.10.1996 – Rs. C-435/93, Slg. 1996 I, 5223, 5249 ff. – Dietz. | 6 EuGH v. 17.5.1990 – Rs. C-262/88, Slg. 1990 I, 1889, 1953 – Barber; v. 14.12.1993 – Rs. C-110/91, Slg. 1993 I, 6591, 6614 ff. – Moroni. Anders für einmalige Zahlung: EuGH v. 16.2.1982 – Rs. 19/81, Slg. 1982, 555, 577 – Burton. Vgl. auch *Schmidt*, Europäisches Arbeitsrecht, 2001, III. Rz. 56 zu den Auswirkungen des neuen Art. 141 III. | 7 EuGH v. 28.9.1994 – Rs. C-200/91, Slg. 1994, 4389, 4328 ff. – Coloroll. | 8 EuGH v. 27.3.1980 – Rs. C-129/79, Slg. 1980, 1275, 1289 – Macarthys. Kritisch Calliess/Ruffert/*Krebber*, EU-Vertrag und EG-Vertrag, 3. Aufl. 2007 Art. 141 Rz. 54 f. | 9 *Schlachter* in Oetker/Preis, EAS, B 4100, Stand: 4/1998, Rz. 29. | 10 Memorandum v. 23.6.1994, Kom/94/6 endg.; Leitfaden v. 17.7.1996 zur Anwendung des Grundsatzes des gleichen Entgelts für Männer und Frauen bei gleichwertiger Arbeit, Kom/96/336 endg. | 11 EuGH v. 11.5.1999 – Rs. 309/97, Slg. 1999 I, 2865, 2916 – Wiener Gebietskrankenkasse. | 12 Vgl. dazu auch Erman/*Hanau*, 10. Aufl. 2000, Bd. 1, § 612 BGB Rz. 30 f. | 13 EuGH v. 30.3.2000 – Rs. C-236/98, Slg. 2000 I, 2189, 2221 – JämO; v. 27.10.1993 – Rs. 127/92, Slg. 1993, 5535, 5573 – Enderby; ErfK/*Schlachter*, Art. 141 EGV Rz. 11. | 14 EuGH v. 31.5.1995 – Rs. C-400/93, Slg. 1995 I, 1275, 1313 – Royal Copenhagen; v. 1.7.1986 – Rs. 237/85, Slg. 1986, 2101, 2115 – Rummler. | 15 *Schlachter* in Oetker/Preis, EAS, B 4100, Stand: 4/1998, Rz. 29. | 16 EuGH v. 11.5.1999 – Rs. C-309/07, Slg. 1999 I, 2865, 2916 f. – Wiener Gebietskrankenkasse.

Höhere (Zeit-)Löhne können auch ArbN gezahlt werden, die bessere Leistungen erbringen. Die Leistungsunterschiede zwischen den ArbN müssen jedoch feststellbar sein. Eine höhere Entlohnung gleich zu Einstellungsbeginn ist damit nicht zulässig[1].

Weiter kommt es nicht auf den Umfang der zeitlichen Verpflichtung an. Mit identischen Aufgaben betraute Voll- und Teilzeitbeschäftigte verrichten daher gleiche oder gleichwertige Arbeiten[2]. Zulässig ist es aber, wenn der ArbGeb Überstundenzuschläge erst ab dem Überschreiten der Vollarbeitszeit zahlt[3]; andererseits darf Mehrarbeit, die über die individuelle Arbeitszeit eines Teilzeitbeschäftigten hinaus geleistet wird, nicht schlechter vergütet werden als die entsprechenden Arbeitsstunden eines Vollzeitbeschäftigten[4]. Die Höhe des Altersruhegelds kann von der tatsächlich geleisteten Arbeitszeit abhängig gemacht werden[5]. Auch soll das Ruhen des Arbeitsverhältnisses wegen Erziehungsurlaubs die Höhe einer Sonderzuwendung mindern können[6]. 20

Im Übrigen muss die Lohngleichheit grds. nicht nur bei gleichzeitiger, sondern auch bei sukzessiver Beschäftigung beachtet werden. Dem Nachfolger auf einem Arbeitsplatz darf bei gleichem Arbeitsinhalt und -volumen daher nicht weniger gezahlt werden als dem Vorgänger, weil er ein anderes Geschlecht hat. Eine sukzessive Ungleichbehandlung, die aus wirtschaftl. Gründen uÄ erfolgt, ist dagegen zulässig[7]. Ist eine Tätigkeit höherwertiger als eine andere, muss für sie erst recht (mindestens) der gleiche Lohn gezahlt werden[8]. 21

5. Diskriminierung. a) Allgemeines. Abs. 1 u. 2 verbieten nicht nur die unmittelbare, sondern auch die mittelbare Diskriminierung wegen des Geschlechts. Eine Diskriminierung liegt vor, wenn unterschiedliche Vorschriften auf gleiche Sachverhalte oder dieselbe Vorschrift auf ungleiche Sachverhalte angewandt wird[9]. Die Ungleichbehandlung gleichgeschlechtlich und verschiedengeschlechtlich orientierter Personen soll keine Diskriminierung wegen des Geschlechts sein[10]. 22

b) Unmittelbare Diskriminierung. Eine Definition der unmittelbaren Diskriminierung findet sich in Art. 2 Ia RL 2006/54 (Rz. 2). Eine Regelung oder Maßnahme ist demnach unmittelbar diskriminierend, wenn eine Person auf Grund ihres Geschlechts in einer vergleichbaren Situation eine weniger günstige Behandlung erfährt, als sie eine Person des anderen Geschlechts erfährt, erfahren hat oder erfahren würde. Das ist nicht nur der Fall, wenn ausdrücklich zwischen Männern und Frauen differenziert wird, sondern auch, wenn an Merkmale angeknüpft wird, die ausschließlich eines der Geschlechter aufweist, wie Schwangerschaft, Geburt, Wehrpflicht usw. (vgl. Rz. 46)[11]. Eine Rechtfertigung ist auch bei der unmittelbaren Diskriminierung möglich[12]. 23

c) Mittelbare Diskriminierung. Demgegenüber liegt eine mittelbare Diskriminierung nach Art. 2 Ib RL 2006/54 (Rz. 2) vor, wenn dem Anschein nach (geschlechts-)neutrale Vorschriften, Kriterien oder Verfahren Personen, die einem Geschlecht angehören, in besonderer Weise gegenüber Personen des anderen Geschlechts benachteiligen, es sei denn, die betreffenden Vorschriften, Kriterien oder Verfahren sind durch ein rechtmäßiges Ziel sachlich gerechtfertigt und die Mittel sind zur Erreichung dieses Ziels angemessen und erforderlich. Auf die (fehlende) Absicht, ein Geschlecht durch die Regelung oder Maßnahme zu diskriminieren, kommt es nicht an[13]. Typisches Beispiel ist die Benachteiligung von Teilzeitkräften[14]. Daneben kommt die Anknüpfung an unregelmäßige und/oder befristete Beschäftigung, an Heimarbeit, an die Versetzungsbereitschaft oder an die Bereitschaft, Überstunden zu leisten, an einen gehobenen Status (Vorgesetzter, leitender Angestellter usw.) in Betracht. 24

Zur Feststellung einer mittelbaren Diskriminierung ist es notwendig, **Vergleichsgruppen** zu bilden. Dabei sind, soweit wie möglich, alle Personen einzubeziehen, auf welche sich das untersuchte Differenzierungskriterium auswirken kann[15]. Bei einer vertragl. Einheitsregelungen sind alle Personen einzubeziehen, in deren Vertrag die Regelung enthalten ist. Bei einer Bestimmung in einem Kollektivvertrag sind alle Personen einzubeziehen, die in den persönlichen Geltungsbereich des Vertrages fallen oder 25

---

1 EuGH v. 26.6.2001 – Rs. C-381/99, Slg. 2001 I, 4961, 4999 – Brunnhofer. |2 EuGH v. 31.3.81 – Rs. 96/80, Slg. 1981, 911, 925 f. – Jenkins. |3 EuGH v. 15.12.1994 – Rs. C-399/92, Slg. 1994 I, 5727, 5755 – Helmig. |4 EuGH v. 6.12.2007 – Rs. C-300/06, NJW 2008, 31 (Rz. 31 ff.) – Voß. |5 EuGH v. 23.10.2003 – Rs. C-4/02, Slg. 2003, 12575, 12639 – Schönheit. |6 BAG v. 15.4.2003 – 9 AZR 137/02, AP Nr. 4 zu § 1 TVG – Tarifverträge: Bäcker. Zum „Wochenurlaub" BAG v. 21.3.2002 – 6 AZR 108/01 (A), AP Nr. 2 zu § 23a BAT-O. |7 EuGH v. 27.3.1980 – Rs. C-129/79, Slg. 1980, 1275, 1288 f. – Macarthys. |8 EuGH v. 4.2.1988 – Rs. 157/86, Slg. 1988, 673, 690 – Murphy. |9 EuGH v. 11.5.1999 – Rs. 309/97, Slg. 1999 I, 2865, 2916 – Wiener Gebietskrankenkasse. |10 EuGH v. 17.2.1998 – Rs. C-249/96, Slg. 1998 I, 621, 651 – Grant. Dazu *Strick*, DEuFamR 2000, 82 (85 mwN). Die Entlassung eines Transsexuellen wegen einer Geschlechtsumwandlung stellt auch nach der Rspr. des EuGH eine Diskriminierung wegen des Geschlechts dar, EuGH v. 30.4.1996 – Rs. 13/94, Slg. 1996 I, 2149, 2165 – P; v. 7.1.2004 – Rs. C-117/01, Slg. 2004 I, 541, 578 ff. – K. B. |11 EuGH v. 8.11.1990 – Rs. 177/88, Slg. 1990, 3941, 3973 – Dekker; v. 14.7.1994 – Rs. 32/93, Slg. 1994 I, 3567, 3585 – Webb; v. 19.11.1998 – Rs. 66/96, Slg. 1998 I, 7327, 7370 – Høj Pedersen. |12 EuGH v. 26.6.2001 – Rs. C-381/99, Slg. 2001 I, 4961 (Rz. 62 ff.) – Brunnhofer; weiterführend *Calliess/Ruffert-Krebber*, EU-Vertrag und EG-Vertrag, 3. Aufl. 2007, Art. 141 Rz. 61. |13 EuGH v. 13.5.1986 – Rs. 170/84, Slg. 1986, 1607, 1628 – Bilka. |14 EuGH v. 10.3.2005 – Rs. C-196/02, Slg. 2005 I, 1789 (Rz. 44 ff.) – Nikoloudi; v. 13.5.1986 – Rs. 170/84, Slg. 1986, 1607, 1626 ff. – Bilka. |15 Vgl. EuGH v. 31.5.1995 – Rs. C-400/93, Slg. 1995 I, 1275, 1310 – Royal Copenhagen.

gleichgestellt sind. Bei einer allgemeinen gesetzl. Bestimmung ist grds. die gesamte Erwerbsbevölkerung einzubeziehen[1].

26 Dann ist die geschlechtsspezifische Zusammensetzung in der benachteiligten Gruppe und die in der Gesamtgruppe zu vergleichen[2]. Die „Gegenprobe", dh. die Prüfung, ob die nachteilige Wirkung auch anders als durch das Geschlecht erklärt werden kann, ist nicht erforderlich. Es muss von der benachteiligenden Regelung ein wesentlich höherer Anteil der Angehörigen eines Geschlechts betroffen sein[3]. Genaue Prozentzahlen lassen sich der Rspr. des EuGH hierzu nicht entnehmen.

27 Eine mittelbare Diskriminierung liegt nicht vor, wenn die benachteiligende Regelung **angemessen und notwendig** und durch nicht auf das Geschlecht bezogene, sachliche Gründe **gerechtfertigt** ist. Notwendig ist, dass die Regelung der Verwirklichung eines wirklichen unternehmerischen Bedürfnisses oder eines legitimen Ziels der Sozialpolitik eines Mitgliedstaats dient, welches mit dem Gemeinschaftsrecht vereinbar ist, und die Regelung zu diesem Zweck in geeigneter, erforderlicher und verhältnismäßiger Weise eingesetzt wird. Die Beurteilung obliegt grds. dem nationalen Gericht[4]. So dürfen ArbN mit höherem Erfahrungswissen oder einer besonderen Qualifikation bevorzugt werden[5]. Für eine Differenzierung nach der Berufserfahrung kann grundsätzlich an das Kriterium Dienstalter bzw. Betriebszugehörigkeit angeknüpft werden[6]. Bevorzugt werden können auch ArbN, welche eine qualitativ oder quantitativ höhere Arbeitsleistung erbringen[7] oder über ein höheres Maß an (erforderlicher) Flexibilität und Mobilität verfügen[8]. Die Bevorzugung von ArbN auf Grund einer pauschal behaupteten höheren „Motivation" ist keine Rechtfertigung[9]. Auch kann eine Diskriminierung bei der Einstellung nicht durch Umstände gerechtfertigt werden, welche erst im Laufe des Arbeitsverhältnisses zu Tage treten[10]. Eine Regelung ist auch nicht automatisch gerechtfertigt, wenn sich das Differenzierungskriterium in einer gesetzl. oder tarifl. Norm findet; vielmehr unterliegen Gesetzgeber und Tarifpartner selbst dem Gleichbehandlungsgebot[11]. So ist kein legitimer sozialpolitischer Zweck ersichtlich, wenn die Tarifparteien in einer Regelung geringfügig Beschäftigte von einem Anspruch auf Sonderzahlung ausnehmen[12]. Finanzielle Engpässe und Sparzwänge sind keine Rechtfertigung; sie müssen „geschlechtsneutral" erreicht werden[13]. Eine Ungleichbehandlung kann aber gerechtfertigt sein, wenn sie an eine ungleiche gesetzl. Regelung (zB unterschiedliche Altersgrenzen für Rentenbezug) anknüpft[14].

28 **d) Beweislast.** Die Beweislast für eine geschlechtsbedingt geringere Entlohnung trägt grds. der Anspruchssteller. Allerdings sieht Art. 19 I RL 2006/54 (Rz. 2, vgl. insoweit § 22 AGG) eine Beweisregelung vor, wenn der Anspruchssteller Indizien beweist, die eine unmittelbare oder mittelbare Diskriminierung vermuten lassen (vgl. § 22 AGG Rz. 1). Beweiserleichterungen existieren auch, wenn ein Entlohnungssystem so undurchschaubar gestaltet ist, dass das Merkmal, welches den benachteiligenden Effekt hervorruft, nicht festgestellt werden kann[15]. Der ArbGeb trägt die Beweislast für die Rechtfertigung der Ungleichbehandlung.

29 **6. Rechtsfolge eines Verstoßes. a) Allgemeines.** Im Falle eines Verstoßes einer Regelung gegen den in Art. 141 normierten Gleichbehandlungsgrundsatz ist die Regelung nicht anzuwenden. Dies gilt unabhängig davon, ob es sich um eine gesetzl., eine tarifvertragl. oder eine einzelvertragl. Regelung handelt. Unanwendbar ist lediglich die Regelung, die ein Geschlecht benachteiligt. Das benachteiligte Geschlecht ist damit in die begünstigende Regelung miteinzubeziehen. Dies führt zu einer automatischen **Anpassung nach oben**[16].

30 Der Gesetzgeber, die TV-Parteien bzw. die Vertragsparteien können allerdings auch eine Einschränkung bzw. Minderung der Leistung auf niedrigerem Niveau bestimmen, solange diese neue Regelung dem Grundsatz der Gleichbehandlung der Geschlechter entspricht[17]. Verliert das vormals begünstigte

1 Ausf. *Schlachter* in Oetker/Preis, EAS, B 4100, Stand: 4/1998, Rz. 44. | 2 Ausf. *Schlachter* in Oetker/Preis, EAS, B 4100, Stand: 4/1998, Rz. 43 ff. EuGH v. 9.2.1999 – Rs. C-167/97, Slg. 1999 I, 623, 682 ff. – Seymour-Smith. Der EuGH verzichtet allerdings oft auf einen Vergleich mit der Gesamtgruppe, vgl. EuGH v. 28.9.1994 – Rs. C-57/93, Slg. 1994 I, 5491, 4572 ff. – Vroege; weiterführend Calliess/Ruffert/*Krebber*, EU-Vertrag und EG-Vertrag, 3. Aufl. 2007, Art. 141 Rz. 53. | 3 EuGH v. 9.9.2003 – Rs. C-25/02, Slg. 2003 I, 8349, 8384 – Rinke; v. 23.10.2003 – Rs. C-4/02, Slg. 2003 I, 12575, 12634 – Schönheit. | 4 EuGH v. 13.5.1986 – Rs. 170/84, Slg. 1986, 1607, 1628 – Bilka. | 5 EuGH v. 7.2.1991 – 184/89, Slg. 1991 I, 297, 321 – Nimz; v. 27.10.1993 – Rs. 127/92, Slg. 1993, 5535, 5575 – Enderby; v. 17.10.1989 – Rs. 109/88, Slg. 1989, 3199, 3228 – Danfoss. | 6 EuGH v. 3.10.2006 – Rs. C-17/05, Slg. 2006 I, 9583 (Rz. 33 ff.) – Cadman. | 7 EuGH v. 15.12.1994 – Rs. C-399/92 – Helmig; v. 31.5.1995 – Rs. C-400/93, Slg. 1995 I, 1275, 1312 f. – Royal Copenhagen. | 8 EuGH v. 27.10.1993 – Rs. 127/92, Slg. 1993, 5535, 5575 – Enderby; v. 11.5.1999 – Rs. 309/07, Slg. 1999 I, 2865, 2917 – Wiener Gebietskrankenkasse. | 9 EuGH v. 13.7.1989 – Rs. 171/88, Slg. 1989, 2743, 2761 – Rinner-Kühn (angebliche höhere Motivation und betriebliche Verbundenheit von Vollzeitkräften). | 10 EuGH v. 26.6.2001 – Rs. C-381/99, Slg. 2001 I, 4961, 4999 – Brunnhofer. | 11 EuGH v. 18.11.2004 – Rs. C-284/02, Slg. 2004 I, 11143, 11166 – Sass; v. 6.4.2000 – Rs. C-226/98, Slg. 2000 I, 2447, 2481 f. – Jørgensen. | 12 EuGH v. 9.9.1999 – Rs. C-281/97, Slg. 1999 I, 5127, 5149 – Krüger. | 13 EuGH v. 6.4.2000 – Rs. C-226/98, Slg. 2000 I, 2447, 2481 f. – Jørgensen. | 14 EuGH v. 9.12.2004 – Rs. C-19/02, Slg. 2004 I, 11491 (Rz. 41 ff.) – Hlozek. | 15 EuGH v. 17.10.1989 – Rs. 109/88, Slg. 1989, 3199, 3226 – Danfoss; v. 31.5.1995 – Rs. C-400/93, Slg. 1995 I, 1275, 1306 – Royal Copenhagen; v. 10.3.2005 – Rs. C-196/02, Slg. 2005 I, 1789, 1827 ff. – Nikoloudi. | 16 EuGH v. 27.6.1990 – Rs. C-33/89, Slg. 1990 I, 2591, 2612 f. – Kowalska. | 17 EuGH v. 28.9.1994 – Rs. C-200/91, Slg. 1994 I, 4389, 4414 f. – Coloroll; v. 28.9.1994 – Rs. C-408/92, Slg. 1994 I, 4435, 4466 – Avdel Systems.

Geschlecht bereits erworbene Ansprüche, Anwartschaften oder ähnliche Vorteile, kann die Neuregelung ihrerseits eine Benachteiligung des vormals begünstigten Geschlechts darstellen[1].

TV-Parteien können sich gegen die Unanwendbarkeit einer Regelung nicht mit dem Argument der Tarifautonomie zur Wehr setzen[2]. Problematisch ist es allerdings, wenn ein TV eine Vielzahl gleichheitswidriger Bestimmungen oder Gewichtungen enthält. Für diese Situation wird eine befristete Aussetzung des Rechtsstreits, während derer den TV-Parteien Gelegenheit gegeben wird, sich neu zu einigen, vorgeschlagen[3]. Der EuGH lässt dies indes nicht zu[4]. 31

b) Gleichheit des Entgelts. Zur Gleichheit des Entgelts enthält zunächst Abs. 2 S. 1 eine Ausgangsbestimmung. Die Gleichheit bei Zeitlohnsystemen ergibt sich von selbst. Bei Leistungslohnsystemen muss nicht nur die Maßeinheit, sondern auch die Berechnungsmethode im Übrigen dieselbe sein. Bei Mischsystemen müssen die jeweiligen Systembestandteile unabhängig voneinander verglichen werden; ein pauschaler Gesamtvergleich ist unzulässig[5]. 32

c) Rückwirkung der Entscheidung. aa) Allgemeines. Art. 119 EGV aF verpflichtete die Mitgliedstaaten den Grundsatz des gleichen Entgelts ab dem 31.12.1962 anzuwenden[6]. Seit diesem Zeitpunkt entfaltet die Norm unmittelbare, auch horizontale Wirkung (Rz. 4). Der Anspruch des Betroffenen auf ein höheres Entgelt besteht also rückwirkend bis zu diesem Zeitpunkt, sofern er nicht verjährt ist oder Ausschlussfristen greifen. Da das Gemeinschaftsrecht keine Regelungen zur Verjährung oder zu Ausschlussfristen enthält, sind diese nach nationalem Recht zu beurteilen. Solche nationalen Regelungen sind aber dann nicht anzuwenden, wenn sie ungünstiger gestaltet sind als Beschränkungen, die sich auf nationales Recht beziehen, oder wenn sie den Anspruch faktisch ausschließen oder übermäßig erschweren[7]. 33

bb) Betriebliche Altersversorgung. (1) Allgemeines. Im Bereich der betrAV kann die Rückwirkung der Entscheidung zu erheblichen finanziellen Belastungen der Unternehmen führen. Aus diesem Grund haben der EuGH und der Gemeinschaftsgesetzgeber die Rückwirkung zeitlich begrenzt. Dabei unterscheidet der Gerichtshof zwischen dem Zugang zu einem System der betrAV und sonstigen Regelungen, die die Modalitäten (Höhe, Fälligkeit usw.) der Leistung bestimmen. War in einem Mitgliedstaat der Grundsatz des gleichen Entgelts allerdings schon vor dem 8.4.1976 in nationales Recht umgesetzt (zB Art. 3 II GG), kann sich der Betroffene auf diese nationalen Vorschriften ab deren Inkrafttreten berufen[8]. 34

(2) Zugang zu einem System der betrieblichen Altersversorgung. Den Anspruch auf Zugang zu einem System der betrAV begrenzt der EuGH bis zum 8.4.1976[9]. An diesem Tag hatte der Gerichtshof im der Sache „Defrenne II" die unmittelbare horizontale Wirkung des Art. 141 EGV festgestellt (Rz. 4). Rückwirkend bis zu diesem Datum müssen also alle Zeiten berücksichtigt werden, während derer dem ArbN der Zugang zum Betriebsrentensystem hätte eröffnet werden müssen. Allerdings muss auch der ArbN die Beiträge, die er hätte aufbringen müssen, nachträglich leisten. 35

(3) Sonstige Regelungen zu den Modalitäten der Leistungen aus der betrieblichen Altersversorgung. Für solche Regelungen, welche sich auf die Höhe, die Fälligkeit, den Ausschluss usw. von Leistungen aus der betrAV auswirken, bestimmt das Protokoll zu Art. 119 EGV idF vom 7.2.1992, dass Leistungen nicht als Entgelt iSd. Norm gelten, sofern und soweit sie auf Beschäftigungszeiten vor dem 17.5.1990 zurückgeführt werden können[10]. Mit dieser Regelung soll die Rückwirkung bis zu diesem Zeitpunkt begrenzt werden, vgl. nun auch Art. 12 I RL 2006/54 (Rz. 2). Am 17.5.1990 hat der Gerichtshof in der Sache „Barber" entschieden, dass sich ein Betroffener nicht auf die unmittelbare Wirkung des (heutigen) Art. 141 berufen könne, um mit Wirkung von einem vor Erlass dieses Urteils liegenden Zeitpunkt einen Rentenanspruch geltend zu machen[11]. Dies hat der EuGH später dahingehend konkretisiert, dass die zeitliche Beschränkung für Leistungen gelte, welche für Beschäftigungszeiten nach dem 17.5.1990 geschuldet würden[12]. 36

---

1 EuGH v. 28.9.1994 – Rs. C-408/92, Slg. 1994 I, 4435, 4467 – Avdel Systems. | 2 EuGH v. 7.2.1991 – 184/89, Slg. 1991 I, 297, 321 – Nimz. | 3 *Schlachter* in Oetker/Preis, EAS, B 4100, Stand: 4/1998, Rz. 60. Grds. ist ein solches Vorgehen dem nationalen Richter verwehrt: EuGH v. 11.9.2003 – Rs. C-77/02, Slg. 2003 I, 9027, 1067 – Steinicke. | 4 EuGH v. 11.9.2003 – Rs. C-77/02, Slg. 2003 I, 9027, 1067 – Steinicke; v. 7.2.1991 – Rs. C-184/89, Slg. 1991 I, 297, 321 – Nimz. | 5 EuGH v. 31.5.1995 – Rs. C-400/93, Slg. 1995 I, 1275, 1305 ff. – Royal Copenhagen; v. 30.3.2000 – Rs. C-236/98, Slg. 2000 I, 2189, 2220 – JämO; *Schlachter* in Oetker/Preis, EAS, B 4100, Stand: 4/1998, Rz. 27. | 6 Vgl. Art. 119 I EGV aF, Art. 7 I EGV aF, Art. 313 EGV. | 7 EuGH v. 16.5.2000 – Rs. C-78/98, Slg. 2000 I, 3201, 3256 ff. – Preston; v. 1.12.1998 – Rs. C-326/96, Slg. 1998 I, 7835, 7865 – Levez. | 8 EuGH v. 10.2.2000 – Rs. C-50/96, Slg. 2000 I, 743, 791 f. – Deutsche Telekom; v. 10.2.2000 – Rs. 234 und 235/96, Slg. 2000 I, 799, 819 f. – Vick; v. 10.2.2000 – Rs. 270 und 271/97, Slg. 2000 I, 929, 950 – Sievers. Vgl. auch BVerfG v. 5.8.1998 – 1 BvR 264/98, AP Nr. 56 zu Art. 101 GG; v. 19.5.1999 – 1 BvR 263/98, NZA 1999, 815 f. | 9 EuGH v. 10.2.2000 – Rs. C-50/96, Slg. 2000 I, 743, 787 – Deutsche Telekom; v. 11.12.1997 – Rs. C-246/96, Slg. 1997 I, 7153, 7182 ff. – Magorrian. | 10 BGBl. 1992 II S. 1253, 1296. Die Protokolle sind gem. Art. 311 EGV Bestandteil des Vertrages. | 11 EuGH v. 17.5.1990 – Rs. C-262/88, Slg. 1990 I, 1889, 1955 f. – Barber. | 12 EuGH v. 6.10.1993 – Rs. C-19/91, Slg. 1993 I, 4926, 4945 – Ten Oever; v. 28.9.1994 – Rs. C-200/91, Slg. 1994 I, 4389, 4421 ff. – Coloroll; v. 10.2.2000 – Rs. C-50/96, Slg. 2000 I, 743, 787 f. – Deutsche Telekom; BAG v. 3.6.1997 – 3 AZR 910/95, AP Nr. 35 zu § 1 BetrAVG – Gleichbehandlung.

37 **III. Chancengleichheit und Gleichbehandlung in (sonstigen) Arbeits- und Beschäftigungsfragen (Abs. 3). 1. Allgemeines; Richtlinie 76/207.** Abs. 3 enthält die Ermächtigungsgrundlage zum Erlass von Richtlinien zur Durchsetzung der Entgeltgleichheit (Rz. 4 ff.), aber auch zum Erlass von Richtlinien zur Gleichbehandlung in sonstigen Arbeits- und Beschäftigungsfragen. Eine ähnliche (kaum abgrenzbare[1]) Ermächtigungsgrundlage enthält Art. 137 I, 5. Spiegelstrich.

38 Für Maßnahmen, welche sich auf das Entgelt beziehen, besteht ein Widerspruch der Norm zu Art. 137 VI, nach welchem die EU keine Ermächtigungsgrundlage für den Erlass von Richtlinien besitzt, welche das Arbeitsentgelt betreffen. Dieser Widerspruch kann nur aufgelöst werden, indem man aus Art. 137 VI Maßnahmen, welche die „relative Arbeitsentgelthöhe" betreffen, also die Höhe des Entgelts eines ArbN im Vergleich zu anderen ArbN, ausnimmt.

39 Indem Abs. 3 die Ermächtigung auf den weiten Begriff der „Arbeits- und Beschäftigungsfragen" erstreckt, scheint die Norm von der Existenz eines allgemeinen primärrechtlichen Gleichbehandlungsgrundsatzes in allen Arbeitsbedingungen auszugehen[2]. Sekundärrechtl. wurde der Gleichbehandlungsgrundsatz bereits durch die RL 76/207, dh. nunmehr die RL 2006/54 (Rz. 2) auf den Zugang zur Beschäftigung, die Berufsbildung, den beruflichen Aufstieg sowie auf die Arbeitsbedingungen erstreckt. Die Richtlinie wurde in Deutschland maßgeblich durch die §§ 1, 2 AGG umgesetzt. Auf die Kommentierung dieser Normen wird daher zunächst verwiesen.

40 Die Richtlinie 2006/54 (Rz. 2) hat im Gegensatz zu Art. 141 I und II **keine unmittelbare horizontale Direktwirkung**, dh. der ArbN kann sich gegenüber dem privaten ArbGeb nicht auf die Richtlinie, sondern nur auf das nationale Recht berufen, mit dem die Richtlinie umgesetzt wurde. Gegenüber einem öffentl. ArbGeb kann er jedoch Rechte aus der Richtlinie geltend machen (Vorb. Rz. 16 f.). Im Übrigen ist er auf Schadensersatzansprüche gegen den Mitgliedstaat beschränkt (Vorb. Rz. 21 ff.). Unmittelbare horizontale Wirkung könnte aber der ungeschriebene primärrechtliche Gleichbehandlungsgrundsatz haben (Rz. 39); falls dem so ist, bleibt die Reichweite dieses Grundsatzes fraglich[3].

41 **2. Persönlicher Anwendungsbereich.** Für den persönlichen Anwendungsbereich der Richtlinie kann wiederum auf die Darstellung zur Freizügigkeit verwiesen werden (Art. 39 Rz. 13 ff.). Es fallen daher auch Beschäftigte im öffentl. Dienst[4], Beamte[5], Angehörige der Streitkräfte[6] und Selbständige[7] in den Anwendungsbereich.

42 **3. Räumlicher Anwendungsbereich.** Hierzu wird auf Rz. 7 verwiesen.

43 **4. Sachlicher Anwendungsbereich.** Art. 14 Ia RL 2006/54 (Rz. 2) erstreckt das Gleichbehandlungsgebot auf die Bedingungen des Zugangs – einschließlich der Auswahlkriterien – zu den Beschäftigungen oder Arbeitsplätzen – unabhängig vom Tätigkeitsbereich oder Wirtschaftszweig – und zu allen Stufen der beruflichen Rangordnung. Zum Zugang zur Beschäftigung zählt auch der Anspruch auf Wiedereingliederung und Wiedereinstellung[8]. Art. 14 Ib der Richtlinie betrifft die Gleichbehandlung in Bezug auf den Zugang zu allen Arten und Stufen der Berufsberatung, der Berufsbildung, der beruflichen Weiterbildung und Umschulung. Art. 14 Ic der Richtlinie verbietet schließlich die Diskriminierung hinsichtlich der Arbeits- einschließlich der Entlassungsbedingungen. Zu den Arbeitsbedingungen gehört auch ein Anspruch auf Erholungs- und Erziehungsurlaub, auf Verkürzung der Arbeitszeit[9], auf ATZ[10] oder auf einen Kindertagesstättenplatz[11]. Unter den Begriff der Entlassung fällt auch die einvernehmliche Beendigung des Arbeitsverhältnisses[12].

44 Nach Art. 2 Ic und d, II RL 2006/54 (Rz. 2) sind auch Belästigungen sowie die sexuelle Belästigung am Arbeitsplatz als Diskriminierung wegen des Geschlechts zu betrachten. Sie liegen vor bei unerwünschten, geschlechtsbezogenen Verhaltensweisen bzw. bei jeder Form von unerwünschtem Verhalten sexueller Natur, das sich in unerwünschter verbaler, nicht-verbaler oder physischer Form äußert, wenn dieses Verhalten bezweckt oder bewirkt, dass die Würde der betreffenden Person verletzt wird, insb. wenn ein von Einschüchterungen, Anfeindungen, Erniedrigungen, Entwürdigungen und Beleidigungen gekennzeichnetes Umfeld geschaffen wird.

---

1 Vgl. Grabitz/Hilf/*Langenfeld*, Das Recht der EU, Bd. 2, Art. 141, Stand 2/02, Rz. 75; EuGH v. 13.9.2007 – Rs. C-307/05, NZA 2007, 1223 (Rz. 39 ff.) – Alonso. |2 Calliess/Ruffert/*Krebber*, EU-Vertrag und EG-Vertrag, 3. Aufl. 2007, Art. 141 Rz. 75. Krit. Grabitz/Hilf/*Langenfeld*, Das Recht der EU, Bd. 2, Art. 141, Stand 2/02, Rz. 4. |3 Calliess/Ruffert/*Krebber*, EU-Vertrag und EG-Vertrag, 3. Aufl. 2007, Art. 141 Rz. 78. |4 EuGH v. 2.10.1997 – Rs. C-1/95, Slg. 1997 I, 5253, 5281 – Gerster; v. 17.10.1995 – Rs. C-450/93, Slg. 1995 I, 3051, 3071 ff. – Kalanke. |5 EuGH v. 7.12.2000 – Rs. C-79/99, Slg. 2000 I, 10997, 11028 f. – Schnorbus (betr jur. Vorbereitungsdienst). |6 EuGH v. 11.1.2000 – Rs. C-285/98, Slg. 2000 I, 69, 104 – Kreil; v. 26.10.1999 – Rs. C-273/99, Slg. 1999 I, 7403, 7440 – Sirdar. |7 EuGH v. 21.5.1985 – Rs. 248/83, Slg. 1985, 1459, 1482 ff. – Kommission gegen Deutschland. |8 EuGH v. 9.2.1999 – Rs. C-167/97, Slg. 1999 I, 623, 678 – Seymour-Smith. |9 Zu letztem: EuGH v. 30.3.2000 – Rs. C-236/98, Slg. 2000 I, 2189, 2224 f. – JämO. |10 EuGH v. 20.3.2003 – Rs. C-187/00, Slg. 2003 I, 2741, 2787 – Kutz-Bauer; v. 11.9.2003 – Rs. C-77/02, Slg. 2003 I 9027, 9062 ff. – Steinicke. Dazu auch BAG v. 20.8.2002 – 9 AZR 750/00, AP Nr. 6 zu § 1 TVG – Tarifverträge: Süßwarenindustrie. |11 EuGH v. 19.3.2002 – Rs. C-476/99, Slg. 2002 I, 2891, 2932 ff. – Lommers. |12 EuGH v. 21.7.2005 – Rs. C-207/04, Slg. 2005 I, 7453 (Rz. 21 ff.) – Vergani; EuGH v. 16.2.1982 – Rs. C-19/81, Slg. 1982, 555, 575 – Burton.

5. Diskriminierung. a) Allgemeines. Art. 14 I RL 2006/54 (Rz. 2) verbietet die unmittelbare wie die mittelbare Diskriminierung wegen des Geschlechts. Hier kann zunächst auf Rz. 22 ff. und auf § 3 AGG Rz. 2 ff. verwiesen werden. 45

Unmittelbare Diskriminierungen knüpfen häufig an die Schwangerschaft der ArbNin an. Der EuGH differenziert dabei zwischen unzulässigen Benachteiligungen auf Grund der Schwangerschaft und des Mutterschutzes und zulässigen Benachteiligungen, die an Krankheiten anknüpfen, auch wenn diese auf die Schwangerschaft zurückzuführen sind[1]. Eine schwangere ArbNin darf auch nicht entlassen werden, wenn sie als Schwangerenvertretung eingestellt wurde[2]. Eine Entlassung soll auch bei Abschluss eines befristeten Arbeitsvertrages unzulässig sein, sogar wenn feststeht, dass die ArbNin auf Grund der Schwangerschaft während eines wesentlichen Teils der Vertragszeit nicht wird arbeiten können[3]. Auch die Kündigung vorbereitende Maßnahmen dürfen nicht getroffen werden[4]. Eine Verpflichtung zur Offenbarung der Schwangerschaft im Einstellungsgespräch ist auch bei Bestehen eines mutterschutzbedingten Beschäftigungsverbots nicht gegeben[5]; die Anfechtung eines Arbeitsvertrages aus diesem Grunde ist ebenfalls ausgeschlossen[6]. Ebenso ist die Nichtverlängerung eines befristeten Arbeitsvertrages auf Grund der Schwangerschaft unzulässig[7]. 46

Insb. in den Fällen der **mittelbaren Diskriminierung** kommt eine Rechtfertigung (Rz. 27) in Betracht. So hat der EuGH entschieden, dass die Bevorzugung von Bewerbern, die einen Wehr- oder Ersatzdienst abgeleistet haben, bei der Einstellung in den juristischen Vorbereitungsdienst zulässig sei[8]. Da die Sozialpolitik in die Zuständigkeit der Mitgliedstaaten fällt, zwingt das Gemeinschaftsrecht auch nicht dazu, dass Vollzeitbeschäftigte und Teilzeitbeschäftigte im Rahmen der Sozialauswahl im Falle einer betriebsbedingten Kündigung (§ 1 III KSchG) miteinander verglichen werden müssen[9]. Zur Förderung von Kleinbetrieben können diese von kündigungsschutzrechtl. Bestimmungen ausgenommen werden[10]. 47

b) Geschlecht als „echte" Voraussetzung. Ausnahmen vom Grundsatz der Gleichbehandlung können nach Art. 14 II RL 2006/54 (Rz. 2) von den Mitgliedstaaten im Hinblick auf den Zugang zur Beschäftigung vorgesehen werden, wenn ein geschlechtsbezogenes Merkmal auf Grund der Art einer bestimmten beruflichen Tätigkeit oder der Bedingungen ihrer Ausübung eine „wesentliche und entscheidende berufliche Anforderung darstellt, sofern es sich um einen rechtmäßigen Zweck und eine angemessene Anforderung handelt". Die Regelung soll die einschlägige Rspr. des EuGH zu den Ausnahmen wiedergeben. Nach dieser dürfen Ausnahmen nur spezifische Tätigkeiten betreffen[11], sie sind eng auszulegen und unter Beachtung des Grundsatzes der Verhältnismäßigkeit anzuwenden[12]. Die nationalen Stellen verfügen jedoch über einen bestimmten Ermessensspielraum, wenn sie bestimmte Tätigkeiten vom Gleichbehandlungsgebot ausnehmen[13]. Vor diesem Hintergrund ist der Begriff „wesentliche und entscheidende berufliche Anforderung" eng auszulegen (vgl. auch § 8 AGG Rz. 2). 48

c) Vorschriften zum Schutz der Frau. Sie sind nach Art. 28 I RL 2006/54 (Rz. 2) zulässig, insb. bei Schwangerschaft und Mutterschaft. Zu dem durch die RL 2002/73 (Rz. 2) neu geschaffenen Anspruch auf Rückkehr auf den Arbeitsplatz nach Ablauf des Mutterschaftsurlaubs vgl. nun Art. 15 RL 2006/54. 49

d) Maßnahmen zur Förderung der Chancengleichheit. Art. 3 RL 2006/54 (Rz. 2) lässt Maßnahmen zur Förderung der Chancengleichheit zu, auch wenn diese benachteiligenden Wirkungen für Männer haben. Die Regelung verweist auf Art. 141 IV vgl. Rz. 54 f. 50

6. Beweislast. Zur Beweislast gelten die zum Lohngleichheitsgebot dargestellten Grundsätze (Rz. 28). 51

7. Rechtsfolgen. Es gilt zunächst das zur Lohnungleichbehandlung Ausgeführte (Rz. 29 ff.), dh. die diskriminierende Maßnahme (zB die Kündigung[14]) ist nichtig, eine diskriminierende Regelung ist nicht anzuwenden. Dadurch kann auch hier eine Anpassung nach oben erfolgen (zB im Falle diskriminierender Urlaubsregelungen). Bei diskriminierenden Maßnahmen kommt weiter ein Anspruch des ArbN auf Unterlassung in Betracht. Dabei ist jedoch stets zu beachten, dass die RL 2006/54 (Rz. 2) keine unmittelbare horizontale Wirkung hat (Rz. 40). 52

Daneben können Schadensersatz- oder Entschädigungsansprüche des ArbN bestehen. Das europäische Recht enthält für derartige Ansprüche selbst keine Rechtsgrundlage. Art. 18 RL 2006/54 (Rz. 2) 53

---

1 EuGH v. 8.11.1990 – Rs. C-179/88, Slg. 1990 I, 3979, 3999 f. – Handels- og Kontorfunktionærernes Forbund; v. 19.11.1998 – Rs. C-66/96, Slg. 1998, 7327, 7370 ff. – Høj Pedersen. |2 EuGH v. 14.7.1994 – Rs. C-92/93, Slg. 1994 I, 3567, 3587 f. – Webb. |3 EuGH v. 4.10.2001 – Rs. C-109/00, Slg. 2001, S. 6993, 7025 f. – Tele Danmark. Dagegen *Thüsing*, DB 2001, 2451, 2452. |4 EuGH v. 11.10.2007 – Rs. C-460/06, NZA 2007, 1271 (Rz. 33) – Paquay. |5 EuGH v. 3.2.2000 – Rs. C-207/98, Slg. 2000 I, 549, 573 f. – Mahlburg. |6 EuGH v. 5.5.1994 – Rs. C-421/92, Slg. 1994 I, 1657, 1675 – Habermann-Beltermann. Zur Rechtslage bei befristeten Arbeitsverhältnissen *Eichinger* in Oetker/Preis, EAS, B 4200, Stand: 1/99, Rz. 46. |7 EuGH v. 4.10.2001 – Rs. C-438/99, Slg. 2001, 6915, 6955 – Melgar. |8 EuGH v. 7.12.2000 – Rs. C-79/99, Slg. 2000 I, 10997, 11033 – Schnorbus. |9 EuGH v. 26.9.2000 – Rs. C-322/98, Slg. 2000 I, 7505, 7531 – Kachelmann. |10 EuGH v. 30.11.1993 – Rs. C-189/91, Slg. 1993 I, 6185, 6223 – Kirsammer-Hack. |11 EuGH v. 30.6.1988 – Rs. 318/86, Slg. 1988, 3559, 3581 – Kommission gegen Frankreich. |12 EuGH v. 15.5.1986 – Rs. 222/84, Slg. 1986, 1651, 1687 – Johnston. |13 EuGH v. 26.10.1999 – Rs. C-273/99, Slg. 1999 I, 7403, 7442 – Sirdar. |14 EuGH v. 26.2.1986 – Rs. 152/84, Slg. 1986, 723, 739 – Marshall I.

sieht vor, dass die Mitgliedstaaten einen tatsächlichen und wirksamen Rechtsschutz gewährleisten und daher im Falle von Verstößen gegen den Gleichbehandlungsgrundsatz Sanktionen vorsehen müssen, die abschreckende Wirkung haben; der erlittene Schaden muss auf „angemessene Art und Weise" ausgeglichen werden. Entschädigungshöchstgrenzen sind grds. nicht zulässig[1]. Verstöße gegen den Gleichbehandlungsgrundsatz müssen nach ähnlichen sachlichen und verfahrensrechtl. Regeln geahndet werden wie Verstöße gegen nationales Recht, die ihrer Art und Schwere nach gleichartig sind[2]. Der Schadensersatzanspruch darf nicht vom Verschulden des ArbGeb abhängig gemacht oder durch Rechtfertigungsgründe ausgeschlossen werden[3]. Zu diesem Zweck hatte der deutsche Gesetzgeber § 611a II–IV BGB aF geschaffen; nunmehr sieht § 15 AGG einen Entschädigungs- und einen Schadensersatzanspruch vor; letzterer wurde wie die Vorgängerbestimmung zu § 611a BGB aF wiederum vom Verschulden abhängig gemacht (vgl. § 15 AGG Rz. 3). Gewährt der nationale Gesetzgeber einen Schadensersatzanspruch, sind Zinsen ab der Entstehung des Anspruchs zu zahlen[4]. Der nationale Gesetzgeber ist weiter verpflichtet sicherzustellen, dass ArbN nicht im Falle der Durchsetzung ihres Rechts auf Gleichbehandlung Maßregelungen (insb. Kündigungen, Art. 24 RL 2006/54) durch den ArbGeb zu befürchten haben[5] (vgl. § 16 AGG).

54 **IV. Positive Diskriminierung (Abs. 4).** Nach dieser Vorschrift können die Mitgliedstaaten gegen den Gleichbehandlungsgrundsatz zum Zwecke der Erleichterung der Berufstätigkeit des unterrepräsentierten Geschlechts oder zur Verhinderung bzw. zum Ausgleich von Benachteiligungen verstoßen. Aus dieser Regelung resultiert kein Recht des einzelnen ArbN auf die Durchführung entsprechender Maßnahmen. Art. 3 RL 2006/54 (Rz. 2) verweist lediglich auf die Vorschrift.

55 Da die Norm weiter gefasst ist als die ähnliche Bestimmung des früheren Art. 2 IV RL 76/207 (Rz. 2), sie als Primärrecht dieser Regelung jedoch vorgeht, ist die bisherige Rspr. des EuGH zur positiven Diskriminierung[6] nur noch eingeschränkt gültig[7]. Neben allgemeinen Hilfsangeboten für das unterrepräsentierte Geschlecht (zB Schulungen), sind gerade auch eine Besserstellung bei den Arbeitsbedingungen[8] sowie die Einführung einer Quotenregelung zulässig. Die Maßnahmen müssen nicht unmittelbar an das Geschlecht anknüpfen; es genügt wenn sie mittelbar (zB über das Kriterium Teilzeitbeschäftigung) das unterrepräsentierte Geschlecht begünstigen[9]. Grundsätzlich müssen die Maßnahmen dem Verhältnismäßigkeitsgrundsatz entsprechen[10]. Nicht gestattet ist die Bevorzugung von minderqualifizierten ArbN des unterrepräsentierten Geschlechts[11].

56 Die Norm richtet sich nicht an die Kollektivvertragsparteien und auch nicht an den privaten ArbGeb; die Einführung einer „Geschlechterquote" ist dem privaten ArbGeb also versagt[12]. Art. 3 RL 2006/54 (Rz. 2) wird auch für das Merkmal „Geschlecht" durch § 5 AGG umgesetzt. § 5 AGG ist verfehlt, weil sich die Norm gerade an private ArbGeb und Sozialpartner richtet (vgl. auch § 5 AGG Rz. 1). Da sie in Bezug auf das Merkmal „Geschlecht" nicht nur gegen die Richtlinie, sondern auch gegen Primärrecht verstößt, ist sie nicht anzuwenden (vgl. Vorb. Rz. 26).

Art. 234 *Vorabentscheidungsverfahren*

(1) Der Gerichtshof entscheidet im Wege der Vorabentscheidung

a) über die Auslegung dieses Vertrags,

b) über die Gültigkeit und die Auslegung der Handlungen der Organe der Gemeinschaft und der EZB,

c) über die Auslegung der Satzungen der durch den Rat geschaffenen Einrichtungen, soweit diese Satzungen dies vorsehen.

(2) Wird eine derartige Frage einem Gericht eines Mitgliedstaats gestellt und hält dieses Gericht eine Entscheidung darüber zum Erlass seines Urteils für erforderlich, so kann es diese Frage dem Gerichtshof zur Entscheidung vorlegen.

---

1 So zuvor EuGH v. 10.4.1984 – Rs. 14/83, Slg. 1984, 1891, 1909 – von Colson und Kamann; v. 2.8.1993 – Rs. C-271/91, Slg. 1993 I, 4367, 4407 – Marshall II. | 2 EuGH v. 22.4.1997 – Rs. C-180/95, Slg. 1997 I, 2195, 2222 – Draemphael. | 3 EuGH v. 22.4.1997 – Rs. C-180/95, Slg. 1997 I, 2195, 2220 – Draemphael; v. 8.11.1990 – Rs. 177/88, Slg. 1990, 3941, 3975 – Dekker. | 4 EuGH v. 2.8.1993 – Rs. C-271/91, Slg. 1993 I, 4367, 4409 – Marshall II. | 5 EuGH v. 22.9.1998 – Rs. C-185/97, Slg. 1998 I, 5199, 5221 – Coote. | 6 EuGH v. 19.3.2002 – Rs. C-476/99, Slg. 2002 I, 2891, 2934 ff. – Lommers; v. 28.3.2000 – Rs. C-158/97, Slg. 2000 I, 1875, 1916 ff. – Badeck; v. 17.10.1995 – Rs. C-450/93, Slg. 1995 I, 3051, 3077 f. – Kalanke; v. 11.11.1997 – Rs. C-409/95, Slg. 1997 I, 6363, 6391 ff. – Marschall. | 7 Vgl. EuGH v. 30.9.2004 – Rs. C-319/03, Slg. 2004 I, 8807 (Rz. 29 ff.) – Briheche; Calliess/Ruffert/*Krebber*, EU-Vertrag und EG-Vertrag, 3. Aufl. 2007, Art. 141 Rz. 82; einschr. *Eichinger*, in: Oetker/Preis, EAS, B 4200, Stand: 1/99, Rz. 103; anders Erman/*Hanau*, Bd. 1, 10. Aufl. 2000, § 611a BGB Rz. 15a. | 8 BVerwG v. 18.7.2002 – 3 C 54/01, DVBl. 2003, 139, 142 f.: Förderung selbständiger Betriebsgründung im Handwerk. | 9 EuGH v. 6.7.2000 – Rs. C-407/98, Slg. 2000 I, 5539, 5581 – Abrahamsson. | 10 Calliess/Ruffert/*Krebber*, EU-Vertrag und EG-Vertrag, 3. Aufl. 2007, Art. 141 Rz. 83 ff. | 11 EuGH v. 6.7.2000 – Rs. C-407/98, Slg. 2000 I, 5539, 5583 – Abrahamsson. | 12 Calliess/Ruffert/*Krebber*, EU-Vertrag und EG-Vertrag, 3. Aufl. 2007, Art. 141 Rz. 85. Vgl. auch *Hanau*, Frauenförderung bei Ausschreibung und Besetzung von Arbeitsplätzen im deutschen und europäischen Recht, Gedächtnisschrift Lüderitz, 2000, S. 241, 262 (zum früheren § 611a BGB).

(3) Wird eine derartige Frage in einem schwebenden Verfahren bei einem einzelstaatlichen Gericht gestellt, dessen Entscheidungen selbst nicht mehr mit Rechtsmitteln des innerstaatlichen Rechts angefochten werden können, so ist dieses Gericht zur Anrufung des Gerichtshofs verpflichtet.

I. Allgemeines. Durch den **Vertrag von Lissabon**[1] vom 13.12.2007, der zum 1.1.2009 in Kraft treten soll (Vorb. Rz. 6), wird Art. 234 EGV zu **Art. 267 des Vertrags über die Arbeitsweise der Europäischen Union**. Die inhaltlichen Änderungen sind für das Arbeitsrecht nicht relevant. **1. Normzweck.** Jedes nationale Gericht ist verpflichtet, anhängige Verfahren daraufhin zu überprüfen, ob dem nationalen Recht vorrangige (Vorb. Rz. 27 ff.) Regelungen des europäischen Gemeinschaftsrechts Anwendung finden. Das Gemeinschaftsrecht hat der nationale Richter in eigener Verantwortung auszulegen und anzuwenden (Vorb. Rz. 19 f.). Mit dem Vorabentscheidungsverfahren nach Art. 234 soll die einheitliche Auslegung und Anwendung des Gemeinschaftsrechts gefördert werden. Daneben stärkt die Norm den Individualrechtsschutz der Unionsbürger. Der EuGH ist keine „Superrevisionsinstanz"; vielmehr gibt er dem Gericht und den Parteien die Möglichkeit, im Rahmen eines Zwischenverfahrens die Gültigkeit und die Auslegung gemeinschaftsrechtl. Normen vom EuGH feststellen zu lassen. 1

2. Sonstige Verfahren vor dem EuGH. Das Vertragsverletzungsverfahren nach Art. 226 (vgl. Rz. 15) und das Nichtigkeitsverfahren von Art. 230 können nur durch den Mitgliedstaat bzw. die Kommission oder den Rat durchgeführt werden. Sie spielen für das Arbeitsrecht eine weniger große Rolle. 2

3. Richtervorlage nach Art. 100 GG. Zu einer Konkurrenz der Zwischenverfahren nach Art. 234 vor dem EuGH und nach Art. 100 GG vor dem BVerfG kann es kommen, wenn im Ausgangsrechtsstreit neben einer Gemeinschaftsrechtswidrigkeit auch eine mögliche Verfassungswidrigkeit des nationalen Rechts in Betracht kommt. Muss das nationale Recht wegen Gemeinschaftsrechtswidrigkeit unangewendet bleiben (Vorb. Rz. 27 ff.), ist die Richtervorlage zum BVerfG unzulässig, da die Norm nicht mehr entscheidungserheblich ist[2]. In sonstigen Fällen hat das Gericht nach Zweckmäßigkeitsgesichtspunkten (zB. Verfahrensdauer) zwischen beiden Vorlageverfahren zu entscheiden[3]. 3

II. Gegenstand des Vorabentscheidungsverfahrens. Nach Maßgabe von Abs. 1a–c entscheidet der EuGH ausschließlich über die Auslegung und die Gültigkeit von Gemeinschaftsrecht. Die Gültigkeit primären Gemeinschaftsrechts (Vorb. Rz. 7 ff.) und die Auslegung und Gültigkeit nationalen Rechts können nicht Verfahrensgegenstand sein. Auch über die Anwendung des Gemeinschaftsrechts auf den Sachverhalt entscheidet der EuGH nicht[4]. Da der EuGH jedoch idR sehr fallbezogen argumentiert, wird dem nationalen Gericht vielfach die Subsumption abgenommen. Der EuGH befindet auch **nicht** darüber, ob Normen des nationalen Rechts mit dem Gemeinschaftsrecht vereinbar sind[5], inwieweit sie gemeinschaftsrechtskonform auszulegen sind[6] oder ob sie wegen Gemeinschaftsrechtswidrigkeit keine Anwendung finden. Über diese Fragen hat das nationale Gericht zu entscheiden. 4

Nach Abs. 1a der Norm kann zunächst die Auslegung des EGV Gegenstand des Vorabentscheidungsverfahrens sein. Die Vorschrift erfasst nicht nur den Vertragstext, sondern das in Vorb. Rz. 7 genannte, anhand des EGV entwickelte Primärrecht. Der Begriff Auslegung ist weit zu verstehen; er umfasst insb. die teleologische Auslegung[7], aber auch die Analogie. 5

Unter die in Abs. 1b genannten „Handlungen der Organe" fällt ua. das gesamte Sekundärrecht (Vorb. Rz. 9 ff.). Die Norm ermöglicht es damit, die Auslegung und die **Gültigkeit** sämtlicher VO, Richtlinien, Empfehlungen und Stellungnahmen zum Verfahrensgegenstand zu machen. Auch völkerrechtl. Verträge (Vorb. Rz. 24 f.), bei denen die EG (ggf. neben den Mitgliedstaaten[8]) Vertragspartei ist, sind überprüfbar. Bei der Prüfung der Gültigkeit von Sekundärrecht untersucht der EuGH allein mögliche Verstöße gegen höherrangiges Gemeinschaftsrecht. 6

III. Vorlage durch das nationale Gericht. 1. Vorlageberechtigung (Abs. 2). a) Gericht. Vorlageberechtigt nach Abs. 2 sind nur Gerichte. Dies sind Einrichtungen, welche auf gesetzl. Grundlage geschaffen wurden, deren Gerichtsbarkeit einen ständigen und obligatorischen Charakter hat und die Rechtsstreitigkeiten auf Grundlage eines rechtsstaatlich geordneten Verfahrens in richterlicher Unabhängigkeit potenziell rechtskräftig entscheiden[9]. Damit fallen sämtliche Gerichte der Arbeitsgerichtsbarkeit unter den Gerichtsbegriff des Abs. 2. Keine Gerichte in diesem Sinne sind Registergerichte oder mit der beklagten Verwaltung institutionell verbundene Gerichte[10], vertragl. gebildete Schiedsgerichte[11], Einigungsstellen und Schiedsstellen gem. § 76 BetrVG[12]. 7

---

1 ABl. EG 2007 C-306/1. | 2 BVerfG v. 11.7.2006 – 1 BvL 4/00, BVerfGE 116, 202 (Rz. 52). | 3 BVerfG v. 11.7.2006 – 1 BvL 4/00, BVerfGE 116, 202 (Rz. 52); weiterführend ErfK/*Wißmann*, Art. 234 EGV Rz. 48 f. | 4 EuGH v. 31.5.1995 – Rs. C-400/93, Slg. 1995 I, 1275, 1305 ff. – Royal Copenhagen; BAG v. 18.2.2003 – 1 ABR 2/02, AP Nr. 12 zu § 611 BGB – Arbeitsbereitschaft. | 5 EuGH v. 9.11.2006 – Rs. C-346/05, Slg. 2006, 10951 (Rz.18) – Chateignier; v. 1.2.1996 – Rs. C-177/94, Slg. 1996 I, 161, 174 – Perfili. | 6 EuGH v. 26.10.2006 – Rs. C-4/05, Slg. 2006 I, 10279 (Rz. 36) – Güzeli. | 7 ZB EuGH v. 29.3.2001 – Rs. C-62/99, Slg. 2001 I, 2579, 2607 ff. – bofrost*. | 8 Dazu Calliess/Ruffert/*Wegener*, EU-Vertrag und EG-Vertrag, 3. Aufl. 2007, Art. 234 Rz. 9. | 9 EuGH v. 30.5.2002 – Rs. C-516/99, Slg. 2002 I, 4573, 4606 – Schmid. | 10 EuGH v. 30.5.2002 – Rs. C-516/99, Slg. 2002 I, 4573, 4606 – Schmid; v. 15.1.2002 – Rs. C-182/00, Slg. 2002 I, 547, 565 f. – Lutz. | 11 EuGH v. 1.6.1999 – Rs. C-126/27, Slg. 1999 I, 3055, 3092 – Eco Swiss. | 12 ErfK/*Wißmann*, Art. 234 EGV Rz. 19.

8 **b) Vorlagebefugnis.** Das Gericht kann dem EuGH eine Frage zur Gültigkeit und Auslegung des Gemeinschaftsrechts vorlegen, wenn diese Frage im Prozess aufgeworfen wird und wenn das Gericht ihre Beantwortung für seine eigene Urteilsfällung für erforderlich hält.

9 Das Verfahren, in welchem die Frage entscheidungserheblich wird, kann neben dem Urteilsverfahren ein Beschlussverfahren (zB nach §§ 80 ff. ArbGG), ein Verfahren der freiwilligen Gerichtsbarkeit, aber auch ein Verfahren des einstw. Rechtsschutzes sein[1].

10 Die Entscheidung des EuGH muss für den Erlass des Urteils **erforderlich** sein. Die Beurteilung der Erforderlichkeit ist grds. Sache des nationalen Gerichts. Der EuGH weist die Vorlage nur zurück, wenn offensichtlich kein Zusammenhang zwischen der vom vorlegenden Gericht gestellten Frage und den Gegebenheiten oder dem Gegenstand des Ausgangsverfahrens besteht, wenn das Problem hypothetischer Natur ist, so dass der EuGH nur als Gutachter tätig würde[2], oder wenn der EuGH nicht über die tatsächlichen oder rechtl. Angaben verfügt, die für eine zweckdienliche Beantwortung der Frage notwendig sind[3]. Vorgelegt werden kann zB die Frage, ob das Gemeinschaftsrecht einschlägig ist, ob eine nationale Norm gemeinschaftsrechtskonform auszulegen ist[4], oder die Frage, wie nationale Regelungen auszulegen sind, die Gemeinschaftsrecht übernehmen[5].

11 Das Gericht **kann** vorlegen; die Entscheidung steht in seinem Ermessen (vgl. aber Rz. 12 und Rz. 15). Das gilt auch, wenn das Gericht von der Rspr. des EuGH abweichen will. Das Gericht entscheidet von Amts wegen; es bedarf keines Antrags von Seiten der Parteien. Die Verfahrensbeteiligten können die Vorlage lediglich anregen; eine solche Anregung bedarf keiner förmlichen Bescheidung durch das Gericht[6]. Die Verfahrensbeteiligten können die Vorlage nur erzwingen, indem sie den Rechtsstreit bis in die letzte Instanz weiterführen (Rz. 12). Das Gericht kann auch eine Frage vorlegen, die vom EuGH bereits entschieden wurde, um auf diese Weise eine erneute Prüfung zu erreichen (vgl. auch Art. 104 § 3 der VerfahrensO)[7]. Dies gilt sogar, wenn die erste Entscheidung des EuGH in demselben Ausgangsverfahren ergangen ist[8].

12 **2. Vorlagepflicht. a) Letztinstanzliche Gerichte (Abs. 3).** Zur Vorlage verpflichtet sind nationale Gerichte, deren Entscheidungen nicht mehr mit Rechtsmitteln angefochten werden können, also jedenfalls BGH, BAG und BSG. Daneben sollen nach überwiegender Ansicht alle Gerichte vorlageverpflichtet sein, wenn gegen ihre Entscheidung im konkreten Fall kein Rechtsmittel mehr zulässig ist[9]. Daher kann auch ein ArbG zur Vorlage verpflichtet sein, wenn die Berufung nach § 64 ArbGG nicht statthaft ist. Eine Vorlagepflicht eines LAG besteht hingegen nicht, da nunmehr die Nichtzulassungsbeschwerden nach § 72a und § 92a ArbGG als Rechtsmittel iSd. Abs. 3 anzusehen sind[10]. Keine Rechtsmittel, die die Vorlagepflicht entfallen ließen, sind auch die Verfassungsbeschwerde oder der Antrag auf Wiederaufnahme des Verfahrens.

13 Das Gericht entscheidet über die Vorlage von Amts wegen; die Vorlagepflicht entsteht nur, wenn die Beantwortung der Frage für die Entscheidung des Gerichts erforderlich ist (Rz. 10); insb. wenn das Gericht von der Rspr. des EuGH abweichen will. Eine Vorlagepflicht besteht nicht, wenn der EuGH die Frage bereits (für ein anderes Verfahren) entschieden hat – sei es auch in abstrakter Art und Weise[11] –, und das Gericht der Entscheidung folgen will. Eine Vorlagepflicht besteht auch nicht, wenn die richtige Auslegung des Gemeinschaftsrechts derart offenkundig ist, dass für vernünftige Zweifel kein Raum bleibt[12].

14 **b) Verwerfung von Gemeinschaftsrecht.** Eine ungeschriebene Vorlagepflicht besteht für alle Gerichte, welche in ihren Entscheidungen Regelungen des Gemeinschaftsrechts als ungültig behandeln wollen[13]. Insoweit nimmt der EuGH ein Verwerfungsmonopol für sich in Anspruch.

15 **c) Verletzung der Vorlagepflicht.** Verletzt ein Gericht seine Vorlagepflicht, stehen den Verfahrensbeteiligten grds. keine Rechtsbehelfe zur Verfügung. Lediglich in Fällen, in denen die Verletzung in „objektiv willkürlicher Weise" erfolgte, können sie das BVerfG wegen der Verletzung des grundrechtsgleichen Rechts auf den gesetzl. Richter gem. Art. 101 I 2 GG mit der Verfassungsbeschwerde

---

1 EuGH v. 13.4.2000 – Rs. C-176/96, Slg. 2000 I, 2681, 2724 f. – Lehtonen. |2 EuGH v. 11.12.2007 – Rs. C-438/05, NZA 2008, 124 (Rz. 28) – Viking; v. 22.11.2005 – Rs. C-144/04, Slg. 2005 I, 9981 (Rz. 36) – Mangold. |3 EuGH v. 13.3.2001 – Rs. C-379/98, Slg. 2001 I, 2099, 2176 – PreussenElektra. |4 EuGH v. 14.9.2000 – Rs. C-343/98, Slg. 2000 I, 6659, 6699 f. – Collino. |5 EuGH v. 17.12.1998 – Rs. C-2/97, Slg. 1998 I, 8597, 8641 – IP. |6 BAG v. 20.11.2001 – 1 AZR 97/01, AP Nr. 39 zu § 113 BetrVG 1972; ErfK/*Wißmann*, Art. 234 EGV Rz. 25. |7 Verfahrensordnung des Gerichtshofes der Europäischen Gemeinschaften vom 19.6.1991, konsolidierte Fassung ABl. EG 2003 C-193/1. |8 ZB EuGH v. 2.5.1996 – Rs. C-206/94, Slg. 1996 I, 2357, 2382 ff. – Paletta II; v. 6.3.2003 – Rs. C-466/00, Slg. 2003 I, 2219, 2272 – Kaba II. |9 BVerfG v. 13.6.1997 – 1 BvR 2102/95, AP Nr. 52 zu Art. 101 GG; ErfK/*Wißmann*, Art. 234 EGV Rz. 28 mwN; Rengeling/Middeke/Gellermann/*Middeke*, Handbuch des Rechtsschutzes in der EU, 2. Aufl., 2003, § 10 Rz. 57. Dahin gehend auch EuGH v. 4.6.2002 – Rs. C-99/00, Slg. 2002 I, 4839, 4885 – Lyckeskog. |10 ErfK/*Wißmann*, Art. 234 EGV Rz. 31 mwN. |11 BAG v. 5.3.1996 – 1 AZR 590/92, AP Nr. 226 zu Art. 3 GG. |12 BAG v. 27.6.2006 – 1 ABR 18/05, AP Nr. 14 zu § 112a BetrVG 192; v. 6.11.2002 – 5 AZR 617/01 (A), AP Nr. 1 zu § 1a AEntG; Rengeling/Middeke/Gellermann/*Middeke*, Handbuch des Rechtsschutzes in der EU, 2. Aufl. 2003, § 10 Rz. 61 ff. |13 EuGH v. 17.7.1997 – Rs. C-334/95, Slg. 1997 I, 4517, 4554 f. – Krüger.

anrufen[1]. Verstößt allerdings in einer bestimmten Rechtsfrage ein erheblicher Teil der Gerichte sowie das zuständige höchstinstanzliche Gericht gegen die Vorlagepflicht, kann es zu einem Vertragsverletzungsverfahren nach Art. 226 kommen[2]. Da in der Verletzung der Vorlagepflicht ein Verstoß gegen das Gemeinschaftsrecht liegt, kann der Mitgliedstaat zudem für Schäden, die aus der Verletzung resultieren, haftbar sein (Vorb. Rz. 21 ff.).

3. Gang des Verfahrens. a) Einleitung des Verfahrens. Das nationale Gericht setzt analog Art. 148 ZPO das Ausgangsverfahren aus und beschließt das Vorabentscheidungsersuchen. In diesem Beschluss sollte in der Begründung das für die Frage erhebliche innerstaatliche Recht sowie alle relevanten Tatsachen und Erwägungen dargestellt werden, so dass der EuGH den Inhalt der Frage richtig erfassen kann[3]. Auf diese Weise wird dem EuGH auch eine Umdeutung von Fragen ermöglicht, die er für nicht vorlagefähig hält (Rz. 10). Die Vorlage erfolgt in der Amtssprache des Gerichts. Der EuGH hat praktische Anweisungen veröffentlicht, wie die Schriftsätze der Anwälte der Parteien auszusehen haben[4]; an diesen kann sich auch das Gericht orientieren. Die Vorlage ist vom Gericht gem. Art. 23 I der Satzung[5] des EuGH unmittelbar an die Kanzlei des EuGH zu übermitteln. Die Prozessakten sind beizufügen. 16

b) Verfahrensablauf. Beim EuGH wird das Ersuchen in sämtliche Amtssprachen der Gemeinschaft übersetzt und anschließend den Parteien des Ausgangsverfahrens, den Mitgliedstaaten, der Kommission und ggf. dem Rat bzw. dem Europäischen Parlament zugeleitet. Innerhalb von zwei Monaten können diese Stellung nehmen. Das Gericht wird nicht beteiligt. Eine Stellungnahme der Bundesrepublik Deutschland erfolgt durch das jeweils zuständige Bundesministerium. Darauf folgt die mündliche Verhandlung vor dem EuGH. Gem. Art. 104a der VerfahrensO des EuGH (vgl. Rz. 11 Fn. 7) kann bei außerordentl. Dringlichkeit ein beschleunigtes Verfahren erfolgen. Das Verfahren vor dem EuGH ist gem. Art. 72 der VerfahrensO grds. kostenfrei. 17

c) Beendigung des Verfahrens. Der EuGH entscheidet regelmäßig durch Urteil, welches in öffentl. Sitzung verkündet und dem vorlegenden Gericht übermittelt wird. Das Urteil wird durch die Schlussanträge des Generalanwalts vorbereitet, welche mit dem Urteil in der amtlichen Sammlung veröffentlicht werden. Das vorlegende Gericht kann weiter die Erledigung des Verfahrens vor dem EuGH bewirken, indem es das Vorabentscheidungsersuchen zurücknimmt[6]; dies hat zu geschehen, wenn die Vorlagefrage ihre Entscheidungserheblichkeit verliert. 18

4. Inhalt und Wirkung des Urteils. Das Urteil wird mit dem Tage der Verkündung rechtskräftig. Für die Bindung ist zu berücksichtigen, dass der EuGH lediglich über die Gültigkeit und Auslegung des Gemeinschaftsrechts entscheidet, nicht aber über den Ausgangsrechtsstreit (Rz. 4). In diesem Rahmen wirkt das Urteil verbindlich; allerdings nur inter partes. Das nationale Gericht hat also den Urteilstenor auszulegen und auf den Ausgangsrechtsstreit anzuwenden. Außerhalb des Rechtsstreits (erga omnes) wirkt das Urteil nur, wenn der EuGH eine Norm des Gemeinschaftsrechts für ungültig erklärt hat. Das Urteil hat grds. Rückwirkung; diese kann jedoch an der Rechtskraft früherer gemeinschaftsrechtswidriger Urteile nichts ändern[7]. Gelegentlich hat der EuGH allerdings die Rückwirkung zeitlich beschränkt (vgl. Art. 141 Rz. 34 ff.). Eine solche Beschränkung kann nur in dem Urteil erfolgen, indem erstmals über die Auslegung entschieden wird; eine nachträgliche Beschränkung scheidet aus Gründen der Gleichbehandlung und Rechtssicherheit aus[8]. Durch ein nationales Gericht kann eine Begrenzung der Rückwirkung aus Gründen des Vertrauensschutzes nicht erfolgen; dem stehen der Anwendungsvorrang und der Grundsatz der einheitlichen Auslegung des Gemeinschaftsrechts entgegen[9] (vgl. auch Vorb. Rz. 19). 19

1 BVerfG v. 14.7.2006 – 2 BvR 264/06, JZ 2007, 87 f.; v. 5.8.1998 – 1 BvR 264/98 und v. 13.6.1997 – 1 BvR 2102/95, AP Nr. 56 und 52 zu Art. 101 GG. Weiterführend ErfK/*Wißmann*, Art. 234 EGV Rz. 37. | 2 EuGH v. 9.12.2003 – Rs. C-129/00, Slg. 2003 I, 14637, 14686 ff. – Kommission gegen Italien. | 3 EuGH v. 8.7.1998 – Rs. C-9/98, Slg. 1998 I, 4261, 4265 – Agostini. Vgl. auch: EuGH v. 23.2.2003 – Rs. C-445/01, Slg. 2003 I, 1807, 1817 ff. – Simoncello; v. 21.1.2003 – Rs. C-318/00, Slg. 2003 I, 905, 932 ff. – Bacardi; v. 8.5.2003 – Rs. C-111/01, Slg. 2003 I, 4207, 4238 (Rz. 33 ff.) – Ganter. | 4 ABl. EG 2002, L-87/48. Die Schriftsätze sollten so beschaffen sein, dass sie vom Gericht elektronisch verwaltet, gescannt und mit Texterkennungsprogrammen bearbeitet werden können. Der Seitenumfang ist begrenzt. | 5 Protokoll über die Satzung des Gerichtshofs der Europäischen Wirtschaftsgemeinschaft, unterzeichnet in Brüssel am 17.4.1957, zuletzt geändert ABl. EG 2002 L-218/1. | 6 BAG v. 17.7.1997 – 8 AZR 156/95, AP Nr. 15 zu EWG-Richtlinie Nr. 77/187. | 7 EuGH v. 16.3.2006 – Rs. C-234/04, Slg. 2006 I, 2585 (Rz. 21) – Kapferer. | 8 EuGH v. 6.3.2007 – Rs. C-292/04, Slg. 2007 I, 1835 (Rz. 37) – Meilicke. | 9 BAG v. 26.4.2006 – 7 AZR 500/04, AP Nr. 23 zu § 14 TzBfG.

Einkommensteuergesetz (EStG)

in der Fassung der Bekanntmachung vom 19.10.2002 (BGBl. I S. 4210, ber. BGBl. I 2003 S. 179), zuletzt geändert durch Art. 7 Gesetz vom 8.4.2008 (BGBl. I S. 706)

– Auszug –

19 *Nichtselbständige Arbeit*

(1) Zu den Einkünften aus nichtselbständiger Arbeit gehören

1. Gehälter, Löhne, Gratifikationen, Tantiemen und andere Bezüge und Vorteile für eine Beschäftigung im öffentlichen oder privaten Dienst;

2. Wartegelder, Ruhegelder, Witwen- und Waisengelder und andere Bezüge und Vorteile aus früheren Dienstleistungen;

3. laufende Beiträge und laufende Zuwendungen des Arbeitgebers aus einem bestehenden Dienstverhältnis an einen Pensionsfonds, eine Pensionskasse oder für eine Direktversicherung für eine betriebliche Altersversorgung. (S. 2–4 nicht abgedruckt)

Es ist gleichgültig, ob es sich um laufende oder um einmalige Bezüge handelt und ob ein Rechtsanspruch auf sie besteht.

(2) (nicht abgedruckt)

38 *Erhebung der Lohnsteuer*

(1) Bei Einkünften aus nichtselbständiger Arbeit wird die Einkommensteuer durch Abzug vom Arbeitslohn erhoben (Lohnsteuer), (nicht abgedruckt)

(2)–(4) (nicht abgedruckt)

1 **I. Übersicht über die Besteuerung des Arbeitslohnes. 1. Allgemeines.** Das Arbeitsverhältnis ist nicht nur Gegenstand des Arbeitsrechts, sondern auch des Steuerrechts. Hierbei ist Arbeitslohn vor allem der **ESt** unterworfen, wobei der ArbGeb einen Steuerabzug vom Arbeitslohn (LStEinbehalt) vorzunehmen hat. Die **Lohnsteuer** ist daher keine besondere Steuerart, sondern lediglich eine besondere Form der EStVorauszahlung für Einkünfte aus nichtselbständiger Arbeit. Als sog. Annex- bzw. Zuschlagsteuern der ESt (vgl. § 51a) unterliegt Arbeitslohn grds. auch dem **Solidaritätszuschlag** (SolZG) und unter Umständen auch der **Kirchensteuer** (landesrechtl. Kirchensteuergesetze).

2 Beim ArbGeb stellt der Arbeitslohn idR eine für ihn abzugsfähige **Betriebsausgabe** dar, die seinen steuerpflichtigen Gewinn mindert, worauf nachfolgend aber grds. nicht weiter eingegangen wird. Hierbei gibt es allerdings kein Korrespondenzprinzip in dem Sinne, dass die Steuerpflicht beim ArbN mit der Abzugsfähigkeit beim ArbGeb zusammen hängen würde.

3 Bei der **Umsatzsteuer** ist Arbeitslohn zwar grds. nicht steuerbar; in Ausnahmefällen, insbesondere bei Sachbezügen, kann er jedoch umsatzsteuerpflichtig sein. Vgl. Rz. 36.

4 Das Steuerrecht betrifft zwar primär das Verhältnis zwischen Finanzbehörde und ArbN und/oder das Verhältnis zwischen Finanzbehörde und ArbGeb. Allerdings hat das Steuerrecht auch **Auswirkungen**

auf das Rechtsverhältnis zwischen ArbN und ArbGeb. Beispielsweise können sich bei einer lohnsteuerlichen Haftungsinanspruchnahme des ArbGeb Rückgriffsansprüche des ArbGeb gegen den ArbN ergeben. Vgl. Rz. 70 ff.

Angesichts des Umfangs und der Komplexität des Steuerrechts im Allgemeinen und auch der Besteuerung des Arbeitslohns im Besonderen können die nachfolgenden Ausführungen nur einen **Überblick und ersten Einstieg** bieten. Bei Bedarf können Einzelheiten dann uU durch zitierte Quellen und/oder über Kommentierungen der zitierten Gesetzesstellen in einschlägigen steuerrechtlichen Kommentaren erschlossen werden. 5

2. Einkommensteuer. Der ESt unterliegen u.a. gemäß § 2 II Nr. 4 Einkünfte aus nichtselbständiger Arbeit, die der Steuerpflichtige während seiner unbeschränkten **EStPflicht** oder als inländische Einkünfte während seiner beschränkten EStPflicht erzielt. Inlandsansässigkeit durch Wohnsitz oder gewöhnlichen Aufenthalt führt zur unbeschränkten EStPflicht (§ 1), bei der dann grds. das weltweite Einkommen steuerpflichtig ist. Im Falle der Auslandsansässigkeit des ArbN führen hingegen nur inländische Einkünfte zur beschränkten EStPflicht. Derartige inländische Einkünfte liegen v.a. bei Tätigkeiten eines ArbN vor, die im Inland ausgeübt oder verwertet werden (§ 49 I Nr. 4). Bei grenzüberschreitenden Sachverhalten kann zudem ein bilaterales Abkommen zur Vermeidung von Doppelbesteuerung (Doppelbesteuerungsabkommen oder abgekürzt DBA) zwischen Deutschland und dem entsprechenden ausländischen Staat ein deutsches Besteuerungsrecht einschränken. Derartige DBA sehen für Arbeitslohn idR ein vorrangiges Besteuerungsrecht des Tätigkeitsstaates vor, wobei dies jedoch grds. nicht für Dienstreisen und kurzfristige Entsendungen bis 183 Tage gilt (vgl. Art. 15 des OECD-Musterabkommens)[1]. 6

Das einkommensteuerliche Begriffsverständnis des Arbeitsverhältnisses deckt sich weitgehend, aber nicht vollständig, mit dem arbeitsrechtl. Begriffsverständnis. Vgl. Rz. 37 f. 7

Einkünfte sind der Überschuss der Einnahmen (Arbeitslohn) über die Werbungskosten (Aufwendungen zur Erwerbung, Sicherung und Erhaltung der Einnahmen), § 2 II Nr. 2 (sog. **Einkünfteermittlung durch Überschussrechnung**). 8

Grundsätzlich stellen alle Einnahmen in Geld oder Geldeswert, die durch ein individuelles Arbeitsverhältnis veranlasst sind, **Arbeitslohn** dar. Dieser ist bei Inlandsbezug grds. einkommensteuerpflichtig, wobei Steuerschuldner in aller Regel der ArbN ist. 9

Für bestimmte **Vergütungsformen** bestehen allerdings Sonderregelungen, insbesondere hinsichtlich Steuerbefreiungen (v.a. in § 3 u. § 3b), Bewertung (v.a. in § 8) oder Pauschalierung (v.a. §§ 37b, 40, 40a und 40b). Vgl. Rz. 44 ff. und insbesondere das dortige ABC des Arbeitslohns (Rz. 67). 10

Arbeitslohn unterliegt grds. der LSt, einer Art Quellensteuer, die eine Steuervorauszahlung auf die ESt bezweckt. Anders als beim ESt-Vorauszahlungsverfahren wird beim LStAbzugsverfahren die Steuer (unmittelbar) an der Quelle unter Einschaltung eines Dritten, des ArbGeb, erhoben. Abhängig von den Umständen des Einzelfalls kann es so liegen, dass der ArbN keiner Pflicht zur Abgabe einer EStErklärung unterliegt und eine **Veranlagung zur ESt** nicht durchgeführt wird (vgl. § 46). In einem solchen Fall hat dann die LSt Abgeltungswirkung, dh. die ESt, die auf die während des Kalenderjahres zugeflossenen Einkünfte aus nichtselbständiger Arbeit entfällt, gilt als durch den LStAbzug abgegolten. Allerdings besteht auch in Fällen mangelnder Veranlagungspflicht regelmäßig ein Wahlrecht des ArbN zur Veranlagung bzw. Abgabe der Steuererklärung (§ 46 II Nr. 8). In einem solchen Fall, ebenso wie in Fällen obligatorischer Veranlagungen (zB bei Vorhandensein auch anderer Einkünfte oder Lohn von mehreren ArbGeb), wird die LSt auf die ESt angerechnet (§ 36 II Nr. 2). Es kann dann nach Anrechnung der Steuervorauszahlungen bzw. Steuerabzugsbeträge je nach Einzelfall zu Steuererstattungen für den Steuerpflichtigen oder zu Nachzahlungspflichten kommen. 11

Die ESt entsteht grds. mit Ablauf des Veranlagungszeitraums, der dem Kalenderjahr entspricht, wohingegen die LSt bereits im Zeitpunkt des Lohnzuflusses entsteht. Fällig wird die veranlagte ESt einen Monat nach Bekanntgabe des EStBescheides, soweit sie nicht durch Vorauszahlung und andere Verrechnungsbeträge gedeckt ist. 12

3. Lohnsteuer. a) Rechtsquellen und anwendbare Vorschriften. Der Steuerabzug vom Arbeitslohn, die LSt, ist in §§ 38–42f geregelt. Daneben sind als gesetzl. Vorschriften für das LStRecht vor allem die Lohnsteuerdurchführungsverordnung (LStDV) und vereinzelte EStVorschriften relevant, bspw. Steuerbefreiungen nach § 3 oder § 3b. Allerdings sind nicht alle Vorschriften, welche die Besteuerung des Arbeitslohns betreffen, auch für das LStRecht relevant. So werden insbesondere die individuellen Werbungskosten des ArbN im LStVerfahren grds. nicht berücksichtigt; dies geschieht hingegen bei einer Veranlagung zur ESt. 13

Für die Praxis des LStRechts sind neben der einschlägigen finanzgerichtl. Rspr. darüber hinaus die Lohnsteuerrichtlinien (LStR)[2] als allgemeine **Verwaltungsvorschrift** (vgl. Art. 108 VII GG) und Erlasse 14

---

1 Vgl. ausführlich BMF v. 14.9.2006, BStBl. I 2006, 532. | 2 S. LStR 2008, BStBl. I 2007, Sondernummer 1/2007. Die LStR werden ergänzt durch die Lohnsteuer-Hinweise (LStH), welche v.a. Hinweise auf Leitsätze von Urteilen des Bundesfinanzhofs und auf Erlasse geben.

bzw. Schreiben der Finanzbehörden, insbesondere des BMF von Bedeutung. Die LStR sind, ebenso wie andere Verwaltungsanweisungen, für die Gerichte grds. nicht verbindlich; sie binden nur die Finanzverwaltung. Die Lohnsteuerhinweise (LStH), welche die Lohnsteuerrichtlinien ergänzen, enthalten v.a. Hinweise auf Rspr. und Erlasse.

15 **b) Anwendungsbereich.** Die LSt findet Anwendung, soweit Arbeitslohn von einem **inländischen ArbGeb** oder einem ausländischen Verleiher gezahlt wird (näher § 38 I). Der lohnsteuerliche ArbGeb-Begriff entspricht hierbei weitgehend dem zivilrechtl. ArbGeb-Begriff. Inländischer ArbGeb kann aber in Fällen der grenzüberschreitenden Personalentsendung auch ein in Deutschland ansässiger Entleiher als wirtschaftlicher ArbGeb sein.

16 Der LSt unterliegt auch der im Rahmen des Dienstverhältnisses **von einem Dritten gewährte Arbeitslohn**, wenn der ArbGeb weiß oder erkennen kann, dass derartige Vergütungen erbracht werden; dies ist insbesondere anzunehmen, wenn ArbGeb und Dritter verbundene Unternehmen iSd. § 15 AktG sind. Darüber hinaus unterliegt auch Lohn, bei dem der Dritte lediglich als Zahlstelle des ArbGeb fungiert, der LSt (sog. unechte Lohnzahlung durch Dritte). Bei Lohnzahlungen durch Dritte ist der LStEinbehalt seitens des ArbGeb von dem von ihm geschuldeten Barlohn vorzunehmen; reicht dieser nicht aus, so ist § 38 IV zu beachten. Auch ist bei Lohnzuwendungen Dritter zu beachten, dass der ArbN gemäß § 38 IV 3 verpflichtet ist, dem ArbGeb die von einem Dritten gewährten Bezüge am Ende des jeweiligen Lohnzahlungszeitraums anzugeben. Nach Auffassung der Finanzverwaltung muss der ArbGeb seine ArbN auf ihre gesetzl. Verpflichtung hinweisen[1]. Wenn der ArbN keine Angabe oder ein erkennbar unrichtige Angabe macht, hat der ArbGeb dies dem Betriebsstättenfinanzamt anzugeben. Bei unterlassenen oder falschen Angaben des ArbN kann übrigens uU ein Verdacht auf LStHinterziehung vorliegen.

17 Der LSt unterliegen neben Barlöhnen **auch Sachbezüge und Nutzungsvorteile**. Der LStEinbehalt ist insoweit dann vom übrigen Barlohn vorzunehmen; reicht dieser nicht aus, so ist § 38 IV zu beachten.

18 **c) Übersicht über das Lohnsteuerverfahren.** Arbeitslohn unterliegt grds. der LSt. Hierbei handelt es sich um keine eigene Steuerart, sondern um eine Art Quellensteuer, die eine Steuervorauszahlung auf die ESt bezweckt.

19 Die LSt entsteht in dem Zeitpunkt, in dem der Arbeitslohn dem ArbN zufließt (§ 38 II 2). Damit liegt der **Entstehungszeitpunkt** früher als bei der erst am Jahresende entstehenden ESt, was aber dem Vorauszahlungscharakter der LSt entspricht.

20 Die **Höhe der LSt** ergibt sich grds. aus (Jahres-, Monats-, Wochen- oder Tages-)Tabellen unter Berücksichtigung der Eintragungen auf der LStKarte des ArbN (Steuerklasse, Familienstand, Kinder, Religionsgemeinschaft, Hinzurechnungsbetrag oder steuerfreier Betrag)[2]. Die Jahreslohnsteuer wird dabei nach dem Jahresarbeitslohn so bemessen, dass sie der ESt entspricht, die der ArbN schuldet, wenn er ausschließlich Einkünfte aus nichtselbständiger Arbeit erzielt (vgl. § 38a).

21 Die **LStTabellen** sind aus dem EStTarif abgeleitet und zwar die Steuerbeträge der LStKlassen I, II und IV aus dem EStTarif für Einzelveranlagte (§ 32a I) und die Steuerbeträge der LStKlasse III aus dem Splitting-Verfahren für zusammen veranlagte Ehegatten (§ 32a V). Für die LStKlassen V und VI gelten Besonderheiten (§ 39b II 8). Neben den allgemeinen LStTabellen gibt es besondere LStTabellen für bestimmte ArbN, die in der gesetzl. RV nicht versicherungspflichtig sind.

22 In die Tabellen sind neben dem einkommensteuertariflichen Grundfreibetrag (§ 32a I) von 7664 Euro in den LStKlassen I, II und IV sowie dem zweifachen Betrag in der LStKlasse III auch bestimmte Pauschbeträge wie insbesondere der ArbN-Pauschbetrag für Werbungskosten iHv. grds. 920 Euro (§ 9a) und eine Vorsorgepauschale (§ 10c) eingearbeitet. Höhere tatsächliche **Werbungskosten** können auf Antrag des ArbNs uU als steuerfreier Betrag auf der LStKarte eingetragen werden (§ 39a); ansonsten werden sie erst bei und nur im Falle einer Veranlagung berücksichtigt. Ähnlich wie bei dem nachfolgend angesprochenen LStKlassenwahlrecht hat der ArbN auch hier eine Art Wahlrecht, mit der er die Höhe des Nettolohns (vor Veranlagung) beeinflussen kann. Soweit der Nettolohn Anknüpfungspunkt für Regelungen ist, stellt sich auch hier die Frage, ob die Wahlrechtsausübung des ArbN für außersteuerliche Zwecke beachtlich ist oder nicht (vgl. Rz. 24).

23 Bisweilen werden Anknüpfungen an einen Nettolohn so ausgelegt, dass alle anderen individuellen Steuermerkmale als die Steuerklasse außer Ansatz bleiben[3].

24 Die Einreihung der ArbN in grds. sechs verschiedene **LStKlassen** ergibt sich aus § 38b. In die Steuerklasse I gehören hiernach u.a. ledige ArbN, in Steuerklasse II ArbN mit einem Entlastungsbetrag für Alleinerziehende und in die Steuerklasse VI gehören ArbN, die nebeneinander von mehreren ArbGeb

---

1 R 38.4 II 3 LStR 2008. Kritisch zum Aufbau eines Kontroll- und Überwachungssystems aber Schmidt/*Drenseck*, § 38 EStG Rz. 11. | 2 Berechnungen sind auch kostenlos via Internet mit Berechnungsprogrammen der Finanzverwaltung möglich, zB bei www.abgabenrechner.de. | 3 Vgl. BAG v. 17.1.2006 – 9 AZR 558/04, NZA 2006, 1001 in Zusammenhang mit einem Aufstockungsbetrag bei einer ATZ.

Arbeitslohn beziehen, hinsichtlich ihres zweiten und weiteren Dienstverhältnisses. Ehegatten, die beide unbeschränkt steuerpflichtig sind, nicht dauernd getrennt leben und beide Arbeitslohn aus einem aktiven Beschäftigungsverhältnis beziehen, können für den LStAbzug wählen, ob sie beide in die Steuerklasse IV eingeordnet werden wollen oder ob einer von ihnen nach Steuerklasse III (sinnvollerweise der Höherverdienende) und der andere nach Steuerklasse V besteuert werden soll. Die Steuerklassenkombination III/V ist so gestaltet, dass die Summe der Steuerabzugsbeträge beider Ehegatten in etwa der zu erwartenden Jahressteuer entspricht, wenn der in Steuerklasse III eingestufte Ehegatte ca. 60 % und der in Steuerklasse V eingestufte ca. 40 % des gemeinsamen Arbeitseinkommens erzielt. Es bleibt den Ehegatten unbenommen, sich trotzdem für die Steuerklassenkombination IV/IV zu entscheiden, wenn sie den höheren Steuerabzug bei dem Ehegatten mit der Steuerklasse V vermeiden wollen; dann entfällt jedoch für den anderen Ehegatten die günstigere Steuerklasse III. Die für die Ehegatten günstigste Steuerklassenkombination hängt in erster Linie von der Höhe ihrer Arbeitslöhne, vom Verhältnis dieser Arbeitslöhne zueinander und von der Inanspruchnahme eines etwaigen Freibetrags und seiner Verteilung auf die Ehegatten ab. Zur günstigsten Steuerklassenwahl wird jährlich ein BMF-Merkblatt veröffentlicht; teilweise sind Vorteilhaftigkeitsberechnungen auch via Internet kostenlos möglich[1]. Die **Steuerklassenwahl** hat uU auch Auswirkung auf die EStVeranlagungspflicht; bei der Steuerklassenkombination IV/IV ist diese nur in Ausnahmefällen gegeben, bei der Kombination III/V hingegen stets (vgl. § 46 II Nr. 3a). Mitunter üben ArbN das Wahlrecht aus außersteuerlichen Gründen zweckwidrig aus, um bspw. außersteuerliche Vorteile zu erreichen. Schuldet etwa der ArbGeb nettolohnbezogene Leistungen, so hat er ihrer Berechnung – soweit keine besonderen Bemessungsbestimmungen getroffen sind – grds. die auf der LStKarte eingetragenen LStMerkmale zu Grunde zu legen. Einer ihn belastenden Änderung der LStKlasse kann er aber ggf. den Einwand des Rechtsmissbrauchs entgegenhalten. Die Wahl der LStKlassenkombination IV/IV ist dabei jedoch regelmäßig nicht missbräuchlich[2]. Auch in anderen Zusammenhängen kann die Wahl der LStKlasse rechtsmissbräuchlich bzw. treuwidrig und damit unbeachtlich sein[3]. In der ArblV ist insbesondere § 133 III SGB III zu beachten[4].

Bei der Berechnung der LSt ist zwischen **laufendem Arbeitslohn** (der dem ArbN regelmäßig zufließt) und **sonstigen Bezügen** zu unterscheiden[5], weil hierfür jeweils unterschiedliche Regeln bzw. Berechnungsweisen gelten. Für den LStEinbehalt vom laufenden Arbeitslohn gilt § 39b II, für den LStEinbehalt von sonstigen Bezügen § 39b III. Vom laufenden Arbeitslohn wird die LSt jeweils mit dem auf den Lohnzahlungszeitraum fallenden Teilbetrag der Jahreslohnsteuer erhoben, die sich bei Umrechnung des laufenden Arbeitslohns auf einen Jahresarbeitslohn ergibt. Von sonstigen Bezügen wird die LSt mit dem Betrag erhoben, der zusammen mit der LSt für den laufenden Arbeitslohn des Kalenderjahres und für etwa im Kalenderjahr bereits gezahlte sonstige Bezüge die voraussichtliche Jahreslohnsteuer ergibt (§ 38a III). 25

Das LStRecht sieht für bestimmte Fälle Möglichkeiten der **Pauschalierung** vor (§§ 37b, 40, 40a und 40b). Bei einer Pauschalierung kommt grds. ein vom einzelnen ArbN losgelöster LStSatz zur Anwendung. Die ab 2007 eingeführte Möglichkeit der Pauschalierung der ESt bei Sachzuwendungen nach **§ 37b** mit einem Pauschsteuersatz von 30 % gilt bei ArbN nicht für alle, sondern nur für bestimmte Sachzuwendungen. Außerdem ist das Wahlrecht ggf. einheitlich für alle innerhalb einer Wirtschaftsjahres nach dieser Vorschrift pauschalierungsfähigen Zuwendungen auszuüben[6]. Für Teilzeitbeschäftigte und geringfügig Beschäftigte kann der ArbGeb uU nach **§ 40a** einen Pauschsteuersatz anwenden (dessen Höhe für diverse Fallgruppen unterschiedlich ist). Bei bestimmten Zukunftssicherungsleistungen (Beiträge an eine Unfallversicherung, an eine Pensionskasse und, bei Altfällen, auch Beiträge an eine Direktversicherung) kann der ArbGeb uU nach **§ 40b** bzw. § 40b aF und bis zu Höchstbeträgen von grundsätzlich 1752 Euro im Kalenderjahr einen 20 %igen Pauschsteuersatz anwenden. Nach **§ 40 II** ist die Anwendung eines Pauschsteuersatzes von 25 % uU bei Mahlzeiten, Betriebsveranstaltungen, Erholungsbeihilfen, Vergütungen für Verpflegungsmehraufwendungen und Übereignung von Personalcomputern uÄ möglich; ein Pauschsteuersatz von 15 % ist uU möglich bei unentgeltlichen oder verbilligten Beförderungen zwischen Wohnung und Arbeitsstätte oder Zuschüssen hierzu. Nach **§ 40 I** kann der ArbGeb auch eine Pauschalierung für bestimmte andere Fälle beantragen, nämlich der Gewährung von sonstigen Bezügen in einer größeren Zahl von Fällen oder in Fällen der Nacherhebung von LSt in einer größeren Zahl von Fällen, weil der ArbGeb die LSt nicht vorschriftsmäßig einbehalten hat, wobei letztere Situation sich häufig nach einer LStAußenprüfung stellt. Die Pauschalierungsmöglichkeit nach § 40 I steht allerdings im Ermessen des Finanzamts und bei ihr kommt kein fester, sondern ein im Einzelfall geschätzter Pauschsteuersatz zur Anwendung (der an eine individuelle LSt der ArbN-Gruppe anknüpft). Pauschalierungen führen grds. dazu, dass die Steuerschuldnerschaft aus steuerrechtlicher Sicht auf den ArbGeb wechselt. Die pauschalbesteuerten Bezüge sind dann bei der Veranlagung des ArbN außer 26

1 S. BMF v. 1.11.2007, abrufbar über www.bundesfinanzministerium.de. Kostenlose Online-Berechnung zB auf der Homepage der OFD Hannover unter Aktuelles&Service/Steuerberechnungen. | 2 BAG v. 13.6.2006 – 9 AZR 423/05, NZA 2007, 275 mwN. S. auch BAG v. 15.11.2005 – 9 AZR 530/04, NZA 2006, 568. | 3 BGH v. 4.10.2005 – VII ZB 26/05, NJW-RR 2006, 569 bezüglich Pfändbarkeit des Arbeitseinkommens. | 4 S. auch BSG v. 16.3.2005 – B 11a/11 AL 41/03 R, NZS 2006, 159 zur besonderen Beratungspflicht. | 5 Zur Abgrenzung R 39b.2 LStR 2008. | 6 Vgl. auch Verfügung der OFD Rheinland v. 14.12.2007, DB 2008, 24.

Ansatz zu lassen. Gleiches gilt hinsichtlich der pauschalen LSt, soweit sie nicht auf den ArbN übergewälzt wird. Aus arbeitsrechtlicher Sicht soll der Übergang der Steuerschuldnerschaft für steuerrechtl. Zwecke aber nicht zwangsläufig bedeuten, dass der ArbGeb im Innenverhältnis zum ArbN die Steuer zu tragen hätte. Dies soll grds. nur dann der Fall sein, wenn eine Nettolohnvereinbarung vorliegt. Allerdings soll die Abwälzungsbefugnis des ArbGeb nur so lange bestehen, wie dem ArbN das Recht vorbehalten bleibt, unter Vorlage der LStKarte eine Besteuerung nach seiner individuellen Steuerklasse zu verlangen. Komme der ArbGeb einem solchen Wunsch des ArbN nicht nach, habe er die Pauschalbesteuerung auch im Innenverhältnis zu tragen[1]. Falls der ArbGeb LSt in einem Pauschalierungsverfahren (nach-)entrichtet, kann dies im Hinblick auf einen etwaigen Rückgriffsanspruch gegen den ArbN daher uU ungünstiger sein, als eine Haftungsinanspruchnahme nach den allgemeinen Vorschriften ohne Pauschalierung[2]. Jedenfalls dürfte sich für den ArbGeb empfehlen, den ArbN im Hinblick auf eine beabsichtigte Pauschalierung zu unterrichten und eine Pauschalierung dann ggf. nur einvernehmlich vorzunehmen.

27 Durch das LStVerfahren wird der ArbGeb in die Besteuerung des Arbeitslohnes einbezogen. Die **Pflichten des ArbGeb** sind zahlreich: Er hat grds. Arbeitslohn beim zuständigen Finanzamt anzumelden (dh. eine LStErklärung abzugeben und die LSt hierbei auch selbst zu berechnen) und er muss die LSt für Rechnung des ArbN einbehalten und an das Finanzamt abführen (§ 38 III u. § 41a). Darüber hinaus hat der ArbGeb weitere Pflichten wie zB Aufzeichnungspflichten durch Führung von Lohnkonten zu erfüllen (§ 41) und LStBescheinigungen auszufüllen.

28 Ein unbeschränkt einkommensteuerpflichtiger ArbN, dh. ein ArbN mit deutschem Wohnsitz oder gewöhnlichen Aufenthalt im Inland, hat dem ArbGeb grds. vor Beginn des Kalenderjahres oder beim Eintritt in das Dienstverhältnis eine **LStKarte** vorzulegen (§ 39b I), die der ArbN von der Gemeinde erhält. Änderungen oder Ergänzungen der Eintragungen auf der LStKarte darf weder der ArbN noch der ArbGeb vornehmen, für sie sind stattdessen teilweise die Gemeinden und teilweise das Finanzamt zuständig. Der ArbGeb hat die LStKarte während der Dauer des Dienstverhältnisses aufzubewahren. Er hat sie dem ArbN während des Kalenderjahres zur Vorlage beim Finanzamt oder bei der Gemeinde vorübergehend zu überlassen sowie innerhalb angemessener Frist nach Beendigung des Kalenderjahres oder des Dienstverhältnisses grds. herauszugeben (s. auch § 41b I 4 ff.). Hierbei hat der ArbGeb dem ArbN grds. auch einen nach amtlich vorgeschriebenen Muster gefertigten Ausdruck der elektronischen **Lohnsteuerbescheinigung** auszuhändigen oder elektronisch bereit zu stellen. Der ArbGeb darf die auf der LStKarte eingetragenen Merkmale nur für die Einbehaltung der LSt verwerten; er darf sie ohne Zustimmung des ArbN nur offenbaren, soweit dies gesetzlich zugelassen ist.

29 Solange der unbeschränkt einkommensteuerpflichtige ArbN dem ArbGeb eine LStKarte schuldhaft nicht vorlegt oder die Rückgabe der ihm ausgehändigten LStKarte schuldhaft verzögert, hat der ArbGeb die LSt nach der Steuerklasse VI zu ermitteln (die zu hohen Steuerabzügen führt), vgl. § 39c. Weist der ArbN nach, dass er die verzögerte Rückgabe oder **Nichtvorlage der LStKarte** nicht zu vertreten hat, so hat der ArbGeb für die LStBerechnung die ihm bekannten Familienverhältnisse des ArbNs zugrunde zu legen. Der ArbGeb kann die LSt von dem Arbeitslohn für den Monat Januar eines Kalenderjahres abweichend von den vorgenannten Grundsätzen auf Grund der Eintragungen auf der LStKarte für das vorhergehende Kalenderjahr ermitteln, wenn der ArbN eine LStKarte für das neue Kalenderjahr bis zur Lohnabrechnung nicht vorgelegt hat. Nach Vorlage der LStKarte ist die LStErmittlung für den Monat Januar zu überprüfen und erforderlichenfalls zu ändern.

30 Für beschränkt einkommensteuerpflichtige ArbN, dh. Personen ohne Wohnsitz oder gewöhnlichen Aufenthalt in Deutschland, gelten Besonderheiten (vgl. § 39d).

31 Der ArbGeb kann nach § 42b I 2 zu einem **LStJahresausgleich** verpflichtet sein. Hierbei wird grds. die für das Ausgleichsjahr einbehaltene LSt insoweit erstattet, als sie die auf den Jahresarbeitslohn entfallende Jahreslohnsteuer übersteigt.

32 Steuerschuldner der LSt ist, entsprechend der Lage bei der ESt, grds. der ArbN (vgl. § 38 II). Auch Nettolohnvereinbarungen zwischen ArbGeb und ArbN ändern nichts daran, dass der ArbN **Steuerschuldner** ist. Lediglich bei vereinzelten Pauschalierungstatbeständen ist der ArbGeb ausnahmsweise selbst Steuerschuldner (vgl. § 37b III, § 40 III, § 40a IV u. § 40b III). Beim Normalfall der Steuerschuldnerschaft des ArbN ist der ArbGeb als Dritter insoweit in das Besteuerungsverfahren einbezogen, als dass er die Besteuerungsgrundlagen ermitteln und die Steuer berechnen, einbehalten und abführen muss. Der ArbGeb wird dabei als durch Gesetz Beauftragter sowohl für die Finanzbehörde als auch für den ArbN tätig[3].

33 Wenn dem ArbGeb beim LStVerfahren Fehler unterlaufen, so haftet er uU gegenüber den Finanzbehörden nach § 42d (**LStHaftung**). Die Haftung ist grds. verschuldensunabhängig. Soweit die Haftung reicht, sind ArbGeb und ArbN gegenüber den Finanzbehörden grds. Gesamtschuldner hinsichtlich der

---

1 BAG v. 1.2.2006 – 5 AZR 628/04, NZA 2006, 682. | 2 Schmidt/*Drenseck*, § 40 EStG Rz. 7 mwN. | 3 Schmidt/*Drenseck*, § 38 EStG Rz. 1.

LSt. Die Inanspruchnahme des ArbGeb steht im Ermessen des Finanzamts. Der ArbGeb kann sich auch gegenüber seinem ArbN schadensersatzpflichtig machen. Vgl. Rz. 75.

Das Finanzamt kann durch eine **LStAußenprüfung** (§ 42f), die grds. in den Geschäftsräumen des ArbGeb stattfindet, überprüfen, ob der ArbGeb die LSt zutreffend einbehalten hat. 34

Der ArbGeb und/oder der ArbN können beim zuständigen Betriebsstättenfinanzamt nach § 42e eine lohnsteuerliche **Anrufungsauskunft** beantragen, dh. eine Auskunft darüber, ob und inwieweit im Einzelnen Fall LStVorschriften anzuwenden sind. Diese Anrufungsauskunft ist gebührenfrei und auf die Erteilung der Auskunft besteht ein Rechtsanspruch. Eine rechtl. Bindungswirkung entfaltet die Auskunft allerdings nur für das LStVerfahren, nicht jedoch für das einkommensteuerliche Veranlagungsverfahren. Durch die Beantragung und Beachtung einer Anrufungsauskunft kann der ArbGeb sein lohnsteuerliches Haftungsrisiko ggf. vermeiden. 35

4. Umsatzsteuer. Der umsatzsteuerliche ArbN-Begriff bzw. die Unselbständigkeit natürlicher Personen ist für die Umsatzsteuer grds. nach denselben Grundsätzen wie bei der ESt und Gewerbesteuer zu beurteilen[1]. ArbN sind mangels Selbständigkeit grds. keine Unternehmer im Sinne des Umsatzsteuerrechts (§ 2 UStG), so dass ihre Dienstleistungen nicht umsatzsteuerpflichtig sind (vgl. § 1 I Nr. 1 UStG). Umgekehrt ist auch die Arbeitslohnzahlung durch den ArbGeb grds. nicht umsatzsteuerpflichtig, weil es sich hier bei Barlohnzahlungen nur um eine Entgeltentrichtung und nicht um eine Leistung im wirtschaftlichen Sinne handelt. Anders liegt es jedoch bei Arbeitslohn in Form der Zuwendung von Sachen oder Nutzungsvorteilen. Hier liegt in aller Regel ein tauschähnlicher Umsatz vor, bei welcher der Leistung des ArbGeb eine Gegenleistung des ArbN gegenübersteht, die in einem Teil von dessen Arbeitstätigkeit zu sehen ist[2]. So kann bspw. die Überlassung eines betriebl. PKW für Privatfahrten eine umsatzsteuerpflichtige Leistung des ArbGeb an den ArbN darstellen (es ist also nicht etwa die Arbeitsleistung umsatzsteuerpflichtig, sondern diese stellt das Entgelt für die umsatzsteuerpflichtige Fahrzeugvermietung dar). Neben bzw. an Stelle dieser normalen Umsatzbesteuerung können auch Sondervorschriften für sog. unentgeltliche Wertabgaben greifen (§ 3 Ib u. IXa UStG). Zu den umsatzsteuerlichen Folgen bei Scheinselbständigkeit s. Rz. 39 ff. 36

II. Arbeitnehmer. 1. Begriffsmerkmale und Verhältnis zum Zivilrecht. Der Begriff des ArbN ist nicht im EStG, sondern in § 1 LStDV geregelt. Dort wird, wie sich auch bereits aus dem Begriff der nichtselbständigen Arbeit ergibt, im Wesentlichen auf ein Über- und Unterordnungsverhältnis, dh. auf eine fremdbestimmte Tätigkeit abgestellt. Für die Einordnung als ArbN kommt es dabei auf das Gesamtbild der Verhältnisse im Einzelfall an. Für eine ArbN-Eigenschaft können insbesondere folgende Merkmale sprechen: persönliche Abhängigkeit, Weisungsgebundenheit hinsichtlich Ort, Zeit und Inhalt der Tätigkeit, feste Arbeitszeiten, Ausübung der Tätigkeit gleich bleibend an einem bestimmten Ort, feste Bezüge, Urlaubsanspruch, Anspruch auf sonstige Sozialleistungen, Fortzahlung der Bezüge im Krankheitsfall, Überstundenvergütung, zeitlicher Umfang der Dienstleistungen, Unselbständigkeit in Organisation und Durchführung der Tätigkeit, kein Unternehmerrisiko, keine Unternehmerinitiative, kein Kapitaleinsatz, keine Pflicht zur Beschaffung von Arbeitsmitteln, Notwendigkeit der engen ständigen Zusammenarbeit mit anderen Mitarbeitern, Eingliederung in den Betrieb, Schulden der Arbeitskraft und nicht eines Arbeitserfolges, Ausführung von einfachen Tätigkeiten, bei denen eine Weisungsabhängigkeit die Regel ist[3]. Diese Merkmale ergeben sich regelmäßig aus dem der Beschäftigung zugrunde liegenden Vertragsverhältnis, sofern die Vereinbarungen ernsthaft gewollt sind und tatsächlich durchgeführt werden. Dabei sind die für oder gegen ein Dienstverhältnis sprechenden Merkmale ihrer Bedeutung entsprechend gegeneinander abzuwägen. 37

Auch wenn die arbeitsrechtl. und sozialversicherungsrechtl. Behandlung für das Steuerrecht nicht maßgeblich ist, so entspricht der einkommen- und lohnsteuerliche ArbN-Begriff im Kern damit doch dem des Arbeitsrechts[4]. Es gibt allerdings bestimmte **Unterschiede zum arbeitsrechtlichen ArbN-Begriff**, wobei der lohnsteuerliche ArbN-Begriff grds. weiter ist als der des Arbeitsrechts. So erfasst der steuerliche ArbN-Begriff neben den privaten Dienstverhältnissen auch öffentl. Dienstverhältnisse, insbesondere Beamte. Zudem sind auch Rechtsnachfolger von ArbN erfasst, soweit diese Arbeitslohn aus dem früheren Dienstverhältnis ihres Rechtsvorgängers beziehen (zB Witwenrente). Da aus lohnsteuerlicher Sicht schließlich Arbeitslohn auch bei freiwilligen Zahlungen vorliegen kann und auch bei Einnahmen in Hinblick auf ein künftiges oder früheres Dienstverhältnis, ergibt sich aus hieraus ein gegenüber dem Zivilrecht erweiterter ArbN-Begriff. Schließlich können aus steuerlicher Sicht auch Geschäftsführer, einschließlich von beherrschenden oder nicht-beherrschenden Gesellschafter-Geschäftsführern einer Kapitalgesellschaft, ArbN sein. Andererseits sind gewisse Einschränkungen des steuerlichen ArbN-Begriffes gegenüber dem zivilrechtl. ArbN-Begriff zu beachten. So werden Arbeitsverhältnisse 38

---

1 A 17 II UStR 2008, auch zum Ausnahmefall eines GmbH-Geschäftsführers, der aus umsatzsteuerlicher Sicht selbständig tätig sein kann. | 2 S. näher A 12 UStR 2008. S. auch BMF v. 11.4.2001, BB 2001, 1188 zur Umsatzsteuerpflichtigkeit der privaten Nutzung betrieblicher Personalcomputer und Telekommunikationsgeräte durch ArbN. | 3 H 19.0 LStH 2008 „Allgemeines". | 4 Vgl. auch BFH v. 2.12.1998 – X R 83/96, BStBl. II 1999, 534, wo der arbeitsrechtlichen Einordnung eine Indizfunktion für das Steuerrecht beigemessen wird.

zwischen Angehörigen grds. nur dann als Arbeitsverhältnisse anerkannt, wenn sie fremdüblich ausgestaltet und durchgeführt werden[1]. Mitarbeiter einer gewerblichen Personengesellschaft (sog. Mitunternehmerschaft), die an dieser beteiligt sind, werden auf Grund einer Sonderregelung in § 15 I Nr. 2 uU von ArbN in sog. Mitunternehmer umqualifiziert (mit der Folge, dass sie keinen Arbeitslohn, sondern Einkünfte aus Gewerbebetrieb erzielen und ihre Vergütung bei der Gewinnermittlung des Dienstgebers ertragsteuerlich keine abziehbare Betriebsausgabe darstellt). Auf Gesetz- oder Sittenwidrigkeit des Arbeitsverhältnisses oder der Vergütung kommt es im Steuerrecht übrigens grds. nicht an (vgl. § 40 AO). Auch ist eine etwaige zivilrechtl. Unwirksamkeit grds. unerheblich, soweit und solange die Beteiligten das wirtschaftliche Ergebnis dieses Rechtsgeschäfts gleichwohl eintreten und bestehen lassen. Scheingeschäfte sind allerdings für die Besteuerung unerheblich; maßgebend für die Besteuerung ist vielmehr ein hierdurch uU verdecktes Rechtsgeschäft (§ 41 AO).

39 **2. Steuerfolgen bei Scheinselbständigkeit.** Bei Scheinselbständigkeit handelt es sich um Fälle, in denen ein in Wirklichkeit bestehendes Arbeitsverhältnis von den Parteien zu Unrecht als selbständiges Dienstverhältnis behandelt wird. Im Steuerrecht ist insoweit der steuerliche Begriff des ArbN relevant; die Vermutungen des § 7 IV SGB IV sind irrelevant[2].

40 Scheinselbständigkeit führt nicht nur im Arbeitsrecht[3] und im Sozialversicherungsrecht (vgl. v.a. § 28g SGB IV), sondern auch im Steuerrecht zu gravierenden Rechtsfolgen. Zunächst einmal haftet der ArbGeb für die zu Unrecht nicht einbehaltene und daher auch nicht angemeldete und nicht abgeführte LSt nach § 42d; auf ein Verschulden kommt es hierbei grds. nicht an. Die **LStHaftung des ArbGeb** (insoweit gesamtschuldnerisch mit dem ArbN) kann, wenn ihn die Finanzbehörde in Anspruch nimmt, zudem zur Zuwendung weiteren steuerpflichtigen Arbeitslohns führen[4]; grds. hat der ArbGeb allerdings einen **Rückgriffsanspruch gegen den ArbN** (vgl. Rz. 74)[5]. Auch die Pflicht zur (Nach-)Entrichtung von SozV-Beiträgen kann uU, insbesondere bei Bösgläubigkeit, zu weiteren steuerpflichtigen Lohnzuwendungen führen[6]. Beim ArbN droht durch die Einordnung in eine andere Einkunftsart, insb. in Einkünfte aus Gewerbebetrieb, eine andere EStLast. Auch kann beim ArbN zusätzlich **Gewerbesteuer** anfallen, wobei diese dann allerdings uU in pauschalierter Form auf die ESt anzurechnen ist (§ 35).

41 Auch hat der ArbGeb uU zu Unrecht einen Vorsteuerabzug hinsichtlich von Umsatzsteuer geltend gemacht, die ihm der Scheinselbständige in Rechnung gestellt hatte (falls dieser nicht die sog. Kleinunternehmerregelung in Anspruch genommen hat). Insoweit drohen beim ArbGeb **Vorsteuerkorrekturen**. Grundsätzlich hat der ArbGeb insoweit einen Rückforderungsanspruch gegen den ArbN (es liegt idR ein die Geschäftsgrundlage betreffender beidseitiger Irrtum der Vertragsparteien über die steuerlichen Folgen vor, wobei auch eine ergänzende Vertragsauslegung zu ähnlichen Ergebnissen gelangt)[7]. Der ArbN schuldet die Umsatzsteuer trotz Scheinselbständigkeit grds. zunächst weiterhin, denn auch die Ausstellung von Rechnungen mit unberechtigtem Umsatzsteuerausweis ist umsatzsteuerpflichtig. Der ArbN kann sich aber uU um eine Berichtigung bemühen, um die Umsatzsteuer vom Finanzamt erstattet zu bekommen, wenn ihm die Beseitigung der Gefährdung des Steueraufkommens gelingt (§ 14c II UStG).

42 Die Steuerfolgen können uU auch Steuerzinsen auslösen.

43 Bei Verdacht auf Vorsatz oder Leichtfertigkeit (grobe Fahrlässigkeit) des ArbGeb droht zudem ein Verfahren wegen einer **Steuerstraftat** (§ 370 AO) oder einer Steuerordnungswidrigkeit (§ 378 AO). Bei Verdacht auf eine entsprechende subjektive Tatseite des ArbN droht uU auch diesem ein entsprechendes Verfahren, insbesondere wegen Teilnehmerschaft.

44 **III. Arbeitslohn. 1. Allgemeines und Verhältnis zum Zivilrecht.** Der Begriff des Arbeitslohnes ist insbesondere durch § 19 I EStG und § 2 LStDV näher bestimmt. Danach sind Arbeitslohn grds. alle Einnahmen in Geld oder Geldeswert, die durch ein individuelles Arbeitsverhältnis veranlasst sind. Ein **Veranlassungszusammenhang** zwischen Einnahmen und einem Dienstverhältnis ist anzunehmen, wenn die Einnahmen dem Empfänger nur mit Rücksicht auf das Dienstverhältnis zufließen und sich als Ertrag seiner nichtselbständigen Arbeit darstellen. Die letztgenannte Voraussetzung ist erfüllt, wenn sich die Einnahmen im weitesten Sinne als Gegenleistung für das Zurverfügungstellen der individuellen Arbeitskraft erweisen[8].

45 Im Kernbereich besteht damit Übereinstimmung des einkommen- bzw. lohnsteuerlichen Arbeitslohnbegriffs mit dem arbeitsrechtl. Arbeitslohnbegriff. Allerdings gibt es auch **Unterschiede zum arbeitsrechtlichen Arbeitslohnbegriff**. So können, wie oben ausgeführt, Unterschiede hinsichtlich der Qualifizierung als Arbeitsverhältnis bestehen. Auch erfasst der steuerliche Arbeitslohnbegriff insbesondere

---

1 Vgl. R 4.8 EStR 2005 und H 4.8 EStH 2006. | 2 BFH v. 2.12.1998 – X R 83/96, BStBl. II 1999, 534. | 3 S. zB BAG v. 12.12.2001 – 5 AZR 257/00, NZA 2002, 1338; v. 12.1.2005 – 5 AZR 144/04, AP Nr. 69 zu § 612 BGB. | 4 Vgl. BFH v. 29.10.1993 – VI R 26/92, BStBl. II 1994, 197. | 5 Vgl. Palandt/*Weidenkaff*, § 611 BGB Rz. 66. | 6 BFH v. 21.2.1992 – VI R 41/88, BStBl. II 1992, 443; BFH v. 29.10.1993 – VI R 4/87, BStBl. II 1994, 194. | 7 Vgl. Palandt/*Grüneberg*, § 313 BGB Rz. 38 und Palandt/*Heinrichs*, § 157 BGB Rz. 13 u. 14 mwN. | 8 H 19.3 LStH 2008 „Allgemeines zum Arbeitslohnbegriff“.

Vergütungen von Dritten, dh. anderen Personen als dem ArbGeb, wenn die Vergütung durch das individuelle Dienstverhältnis veranlasst ist. Beispiele sind insoweit vor allem Vergütungen durch andere Konzerngesellschaften, insbesondere durch die Muttergesellschaft des ArbGeb. Auch sind steuerlich, anders als zivilrechtlich, Vergütungen ohne Rechtsanspruch erfasst.

Zuwendungen auf Grund eines ganz überwiegend betriebl. Interesses des ArbGeb stellen ertragsteuerlich keinen Arbeitslohn dar[1]. Ein derartiges **eigenbetriebliches Interesse**, dass über das an jeder Lohnzahlung bestehende betriebliche Interesse deutlich hinausgehen muss, ist vorhanden, wenn sich aus den Begleitumständen wie zum Beispiel Anlass, Art und Höhe des Vorteils, Auswahl der Begünstigten, freie oder nur gebundene Verfügbarkeit, Freiwilligkeit oder Zwang zur Annahme des Vorteils und seine besondere Geeignetheit für den jeweils verfolgten betriebl. Zweck ergibt, dass diese Zielsetzung ganz im Vordergrund steht und ein damit einhergehendes eigenes Interesse des ArbN, den betreffenden Vorteil zu erlangen, vernachlässigt werden kann. Gemeint sind zB Fälle, in denen ein Vorteil der Belegschaft als Gesamtheit zugewendet wird oder in denen dem ArbN ein Vorteil aufgedrängt wird, ohne dass ihm eine Wahl bei der Annahme des Vorteils bleibt und ohne dass der Vorteil eine Marktgängigkeit besitzt. 46

Auch bloße **Aufmerksamkeiten** sollen nach Auffassung der Finanzverwaltung nicht als Arbeitslohn erfasst werden, wobei hierunter Sachleistungen des ArbGeb verstanden werden, die auch im gesellschaftlichen Verkehr üblicherweise ausgetauscht werden und zu keiner ins Gewicht fallenden Bereicherung führen[2]. Aufmerksamkeiten sollen insbesondere Sachzuwendungen bis zu einem Wert von 40 Euro sein, die dem ArbN oder seinen Angehörigen aus Anlass eines besonderen persönlichen Ereignisses zugewendet werden (zB Blumen). 47

2. Zufluss. a) Allgemeines. Einkommensbesteuerung und LStAbzug setzen den Zufluss von Arbeitslohn voraus (§ 11 und § 38a I 2 u. 3). 48

Laufender Arbeitslohn, also regelmäßig zufließender und bestimmten Lohnzahlungszeiträumen zuzuordnender Arbeitslohn, gilt in dem Kalenderjahr als bezogen, in dem der Lohnzahlungszeitraum endet. Wird dem ArbN innerhalb der ersten drei Wochen des Kalenderjahres Arbeitslohn für einen Lohnzahlungszeitraum des abgelaufenen Kalenderjahres gezahlt, soll dieser daher als im abgelaufenen Kalenderjahr zugeflossen gelten[3]. Bei **Zahlungen um den Jahreswechsel** herum sind daher Besonderheiten zu beachten. Arbeitslohn, der nicht als laufender Arbeitslohn gezahlt wird (sonstige Bezüge), wird in dem Kalenderjahr bezogen, in dem er dem ArbN zufließt. 49

Zufluss von Einnahmen erfolgt grds. erst mit der Erlangung der **wirtschaftlichen Verfügungsmacht** des ArbN über ein in Geld oder in Geldeswert bestehendes Wirtschaftsgut[4]. Verfügungsmacht wird idR erlangt im Zeitpunkt des Eintritts des Leistungserfolges oder der Möglichkeit, den Leistungserfolg herbeizuführen. Sie muss nicht endgültig erlangt sein. Demgemäß führt im Regelfall noch nicht das Entstehen oder Fälligwerden von Ansprüchen des ArbN gegen den ArbGeb zum Zufluss, sondern erst deren Erfüllung (Zahlung oder Zahlungssurrogat). Von diesem Grundsatz bestehen allerdings einige Ausnahmen. So wird Lohnzufluss auf Grund einer Lohnverwendungsabrede beispielsweise in Form eines abgekürzten Zahlungsflusses durch Zahlung des ArbGeb an Dritte angenommen, wenn, wie bei Beiträgen an eine Direktversicherung, der ArbGeb dem ArbN durch die Beitragszahlung eigene Rechtsansprüche gegen den Dritten (hier: Versicherungsunternehmen) verschafft. Auch kann Zufluss durch eine Novation (Schuldumschaffung) zwischen ArbGeb und ArbN bewirkt werden, insbesondere durch Schuldumschaffung einer Arbeitslohnforderung in ein Vereinbarungsdarlehen des ArbN an den ArbGeb (Zufluss des Arbeitslohns mit einem gleichzeitigen Wiederabfluss beim ArbN). Hier kommt es auf die Umstände des Einzelfalls an. Auch wird Zufluss bisweilen über sog. Vorausverfügungen angenommen, bei denen Verfügungsabsprachen bereits in Vereinbarungen vor Entstehen des Arbeitslohnanspruchs gesehen werden. Demgemäß kann nach umstrittener, aber in der Praxis weit verbreiteter Ansicht sogar das Hinausschieben der Fälligkeit auf Initiative des ArbNs zum Zufluss im Zeitpunkt der Stundungsabrede führen[5]. 50

Beim Zufluss von Sachlohn oder Nutzungsvorteilen tun sich häufig praktische Schwierigkeiten deswegen auf, weil von einem derartigen Arbeitslohn naturgemäß kein Geldeinbehalt gemacht werden kann, so dass sich uU ein **Liquiditätsproblem** ergeben kann. Dennoch unterfallen derartige Vergütungsformen grds. dem LStAbzug, so dass der ArbGeb dann einen entsprechend höheren Einbehalt von einem etwaigen Barlohn machen muss; notfalls muss er diesen vollständig einbehalten. Gleiches gilt uU für Arbeitslohn, der nicht vom ArbGeb, sondern von Dritten gewährt wird. Soweit der vom ArbGeb geschuldete Barlohn auch bei vollständigem Einbehalt nicht für den geschuldeten LStEinbehalt ausreicht, ist der ArbN vom ArbGeb zu einer Zahlung des Differenzbetrages aufzufordern. Soweit der ArbN dem nicht nachkommt, hat der ArbGeb dies dem Finanzamt anzuzeigen (welches dann ggf. die LSt direkt beim ArbN beitreibt); vgl. § 38 IV. 51

---

1 H 19.3 LStH 2008 „Allgemeines zum Arbeitslohnbegriff"; Schmidt/*Drenseck*, § 19 EStG Rz. 30 mwN. | 2 R 19.6 LStR 2008. | 3 S. zur Drei-Wochen-Frist R 39b.2 Abs. 1 Nr. 7 LStR 2008. | 4 H 11 EStH 2006 „Allgemeines"; H 11 LStH 2008; R 38.2 LStR und H 38.2 LStH 2008. | 5 S. zum Streitstand auch Schmidt/*Heinicke*, § 11 EStG Rz. 12 mwN.

52 Auf den ArbN abgewälzte pauschale LSt gilt als zugeflossener Arbeitslohn (§ § 11 I 4 iVm. § 40 III 2).

53 Im Falle der **Abtretung einer Arbeitslohnforderung** ist steuerlich grds. die dem Abtretungsempfänger zufließende Einnahme weiterhin dem ArbN zuzurechnen; auch bei entgeltlicher Abtretung soll nach vorherrschender Ansicht das Abtretungsentgelt keinen Arbeitslohn darstellen, sondern der ArbN hat den Arbeitslohnzufluss beim Abtretungsempfänger zu versteuern[1]. Auch der ArbGeb als Schuldner des Arbeitslohns hat übrigens den LStAbzug ungeachtet der Abtretung vorzunehmen.

54 **b) Betriebliche Altersversorgung.** Die Besteuerung der betrAV, insbesondere der Zeitpunkt des Zuflusses von Arbeitslohn, unterscheidet sich je nach **Durchführungsform** (dh. Direktzusage, Unterstützungskasse, Pensionskasse, Direktversicherung oder Pensionsfonds). Neben den Regelungen in § 19 I Nr. 2 und 3 treten zahlreiche andere Vorschriften. Die nachfolgende Übersicht soll die Besteuerung der verschiedenen Durchführungswege veranschaulichen, wobei zur besseren Verständlichkeit nicht nur der Zeitpunkt des Arbeitslohnzuflusses dargestellt ist, sondern auch andere Steueraspekte.

Durchführungsweg:	**Steuerliche Behandlung der Beiträge beim ArbN:**	**beim ArbGeb:**	**Steuerliche Behandlung der Erträge (aus dem Investment von Deckungsmitteln):**	**Steuerliche Behandlung der Leistungen:**
Direktzusage (unmittelbare Versorgungszusage)	Kein Lohnzufluss	Abzugsfähig durch Pensionsrückstellungen im Rahmen des § 6a	Kein Lohnzufluss beim ArbN. Unterliegen grds. der Steuer im Unternehmen (Ausnahme: insb. § 8b KStG)	Einkünfte aus nichtselbständiger Arbeit (§ 19 I Nr. 2), aber Versorgungs-Freibetrag und WK-Pauschbetrag. Differenz zwischen Leistung und Rückstellungsauflösung sind Betriebsausgaben beim ArbGeb.
Unterstützungskasse	Kein Lohnzufluss	Abzugsfähig im Rahmen des § 4d	Kein Lohnzufluss beim ArbN. Bei der Ukasse grds. steuerfrei (§ 5 I Nr. 3 KStG, § 3 Nr. 9 GewStG)	Einkünfte aus nichtselbständiger Arbeit (§ 19 I Nr. 2 EStG), aber Versorgungs-Freibetrag und WK-Pauschbetrag.
Pensionskasse	Steuerbefreiung nach § 3 Nr. 63	abzugsfähig gem. § 4c	Kein Lohnzufluss beim ArbN. Bei der Pensionskasse grds. steuerfrei (§ 5 I Nr. 3 KStG, § 3 Nr. 9 GewStG)	Soweit Beiträge steuerbefreit waren oder hierfür Sonderausgabenabzug/Altersvorsorgezulage: Sonstige Einkünfte in vollem Umfang (nachgelagerte Besteuerung, § 22 Nr. 5).
	Sonderausgabenabzug/Altersvorsorgezulage nach §§ 10a, 79 ff.			
	Pauschalbesteuerung nach § 40b aF für Altzusagen oder nach § 40b für umlagefinanzierte Neuzusagen			In den übrigen Fällen: Renten sind lediglich mit Ertragsanteil sonstige Einkünfte (§ 22 Nr. 1 Satz 3 Buchst. a). Kapitalzahlungen sind bei Altzusagen idR steuerfrei nach § 20 I Nr. 6 S. 2 aF; ansonsten Besteuerung der Zinsen auf Sparanteile.
	normaler LStAbzug und kein(e) Sonderausgabenabzug/Altersvorsorgezulage			
Direktversicherung	Steuerbefreiung nach § 3 Nr. 63	abzugsfähig; vgl. auch § 4b	Kein Lohnzufluss beim ArbN. Regelmäßig keine Ertragsteuerlast beim Versicherungsunternehmen.	Soweit Beiträge steuerbefreit waren oder hierfür Sonderausgabenabzug/Altersvorsorgezulage: Sonstige Einkünfte in vollem Umfang (nachgelagerte Besteuerung, § 22 Nr. 5).
	Sonderausgabenabzug/Altersvorsorgezulage nach §§ 10a, 79 ff.			
	Pauschalbesteuerung nach § 40b aF für Altzusagen			In den übrigen Fällen: Renten sind lediglich mit Ertragsanteil sonstige Einkünfte (§ 22 Nr. 1 S. 3 Buchst. a).

1 Schmidt/*Drenseck*, § 19 EStG Rz. 50 „Abtretung einer Gehaltsforderung"; Blümich/*Thürmer*, § 19 EStG Rz. 229.

Durchführungsweg:	**Steuerliche Behandlung der Beiträge beim ArbN:**	**beim ArbGeb:**	**Steuerliche Behandlung der Erträge (aus dem Investment von Deckungsmitteln):**	**Steuerliche Behandlung der Leistungen:**
	normaler LStAbzug und kein(e) Sonderausgabenabzug/Altersvorsorgezulage			Kapitalzahlungen sind bei Altzusagen idR steuerfrei nach § 20 I Nr. 6 S. 2 aF; ansonsten Besteuerung der Zinsen auf Sparanteile.
Pensionsfonds	Steuerbefreiung nach § 3 Nr. 63	abzugsfähig gem. § 4c	Kein Lohnzufluss beim ArbN. Regelmäßig keine Ertragsteuerlast beim Pensionsfonds.	Soweit Beiträge steuerbefreit waren oder hierfür Sonderausgabenabzug/Altersvorsorgezulage: Sonstige Einkünfte in vollem Umfang (nachgelagerte Besteuerung, § 22 Nr. 5).
	Sonderausgabenabzug/Altersvorsorgezulage nach §§ 10a, 79 ff.			In den übrigen Fällen: Renten sind lediglich mit Ertragsanteil sonstige Einkünfte (§ 22 Nr. 1 3 Buchst. a).
	normaler LStAbzug und kein(e) Sonderausgabenabzug/Altersvorsorgezulage			

Unmittelbare Versorgungszusage und **Unterstützungskassenzusage** führen grds. erst bei Leistungszahlung zum Zufluss von steuerpflichtigem Arbeitslohn (sog. nachgelagerte Besteuerung). 55

Die Steuerfolgen einer unmittelbaren Versorgungszusage ändern sich idR auch nicht, wenn insoweit eine **Rückdeckungsversicherung** abgeschlossen und an den ArbN verpfändet wird. 56

Bei der Unterstützungskasse ist zu beachten, dass mit Ausnahme einer rückdeckungsversicherten Ukasse eine steuerlich wirksame volle Anwartschaftsfinanzierung in der Anwartschaftsphase nicht möglich ist, sondern erst bei Eintritt des Versorgungsfalls möglich wird. 57

Bei **Pensionskasse, Direktversicherung und Pensionsfonds** hingegen stellen Beiträge gemäß § 19 I Nr. 3 grds. steuerpflichtigen Arbeitslohn dar (sog. vorgelagerte Besteuerung). Allerdings erfährt dieser Grundsatz durch zahlreiche Ausnahmetatbestände Durchbrechungen, die in der obigen Tabelle dargestellt sind, wobei diese regelmäßig betrags- und antragsabhängig sind. Die Besteuerung der Beiträge wirkt sich dann ggf. auch auf die Besteuerung der Leistungen aus. 58

Die Rechtsfolgen einer **Entgeltumwandlung** in betriebliche Altersversorgung hängen vor allem vom Durchführungsweg und ggf. auch vom Zeitpunkt der Umwandlungsvereinbarung ab[1]. 59

Für bestimmte Aspekte bestehen zudem Sondervorschriften: Bestimmte Fälle von Übertragungen und Wechseln des Durchführungsweges sind nach § 3 Nr. 55 und § 3 Nr. 66 für den ArbN steuerneutral möglich. § 3 Nr. 65 sieht bestimmte Steuerbefreiungen aus eher systematischen Gründen im Falle der Insolvenz uÄ vor. 60

3. Sondervorschriften für einzelne Vergütungsformen. Für einzelne Vergütungsformen bestehen Sondervorschriften, insbesondere in Gestalt von Steuerbefreiungen, Bewertungsvorschriften (bei Sachbezügen) oder Pauschalierungsmöglichkeiten. 61

Auf die **Steuerbefreiungen** für einzelne Vergütungsformen, die sich vor allem in § 3 und § 3b finden, wird unten im ABC der Vergütungsformen eingegangen. 62

Vereinzelt wird steuerbefreiter Lohn einem sog. **Progressionsvorbehalt** unterworfen (vgl. § 32b), dh. es wird zwar nicht der steuerbefreite Lohn besteuert, aber der Steuersatz auf das übrige steuerpflichtige Einkommen erhöht sich ggf. dadurch, dass die steuerfreien Bezüge für Zwecke der Ermittlung des Steuersatzes berücksichtigt werden. Dies gilt beispielsweise für steuerbefreite Aufstockungen oder Zuschläge bei der Altersteilzeit. Vor allem gilt es bei Fällen mit Auslandsberührung, in denen Arbeitslohn nach einem Doppelbesteuerungsabkommen steuerbefreit ist. Der Progressionsvorbehalt betrifft daneben vor allem Leistungen der gesetzlichen Sozialversicherung wie Arbeitslosengeld und Krankengeld. 63

1 S. näher BMF v. 5.2.2008, BStBl. I 2008, 420 in Rz. 190–193.

64 **Bewertungsvorschriften für Sachbezüge** finden sich vor allem in § 8, teilweise durch Verweis auf die Sozialversicherungsentgeltverordnung – v.a. Verpflegung, Unterkunft und Wohnung – und bzgl. der privaten Nutzung eines Dienstwagens auch durch Verweis auf § 6 I Nr. 4. Im Bereich der Mitarbeiterkapitalbeteiligung finden sich Bewertungsvorschriften in § 19a II.

65 Hinsichtlich von **Pauschalierungsmöglichkeiten** bei der LSt wird auf die Ausführungen in Rz. 26 verwiesen.

66 Für Entschädigungen, die als Ersatz für entgangene oder entgehende Einnahmen oder für die Aufgabe oder Nichtausübung einer Tätigkeit gewährt werden, kann, ebenso wie für Vergütungen für mehrjährige Tätigkeiten, eine Progresionsmilderung in Gestalt der sog. **Fünftelungsregelung für außerordentliche Einkünfte** anwendbar sein (§ 34 I)[1]. Die Fünftelungsregelung, die gemäß § 39b III 9 möglicherweise auch im LStVerfahren anwendbar ist, kann vor allem Entlassungsabfindungen und Karenzentschädigungen erfassen. Die Fünftelungsregelung kommt bei Entschädigungen allerdings nur im Falle einer Zusammenballung von Einkünften zur Anwendung, was zB bei Entlassungsabfindungen zum einen voraussetzt, dass grds. die gesamte Entschädigung innerhalb eines einzigen Kalenderjahres dem ArbN zufließt und zum anderen, dass grds. die Summe aus Arbeitslohn und Lohnersatzleistungen einschließlich der Entlassungsentschädigung im laufenden Jahr höher ist als die ArbN-Einkünfte des Vorjahres. Auch bei Vergütungen für mehrjährige Tätigkeiten wird grds. verlangt, dass die gesamte Zahlung innerhalb eines Kalenderjahres erfolgt[2]. Die Fünftelungsregelung wirkt sich grds. nicht aus, wenn das zu versteuernde Einkommen abzüglich der außerordentlichen Einkünfte (Entschädigung bzw. Vergütung für mehrjährige Tätigkeit) den Spitzensteuersatz erreicht. Wenn die Fünftelungsregelung zur Anwendung kommt, berechnet sich die Steuer wie folgt: Für Zwecke der Steuerberechnung nach § 34 I ist zunächst für das Kalenderjahr, in dem die außerordentl. Einkünfte erzielt worden sind, die EStSchuld zu ermitteln, die sich ergibt, wenn die in dem zu versteuernden Einkommen enthaltenen außerordentl. Einkünfte nicht in die Bemessungsgrundlage einbezogen werden (Schritt 1). Sodann ist in einer Vergleichsberechnung die ESt zu errechnen, die sich unter Einbeziehung eines Fünftels der außerordentl. Einkünfte ergibt (Schritt 2). Bei diesen nach den allgemeinen Tarifvorschriften vorzunehmenden Berechnungen sind dem Progressionsvorbehalt (§ 32b) unterliegende Einkünfte zu berücksichtigen[3]. Der Unterschiedsbetrag zwischen beiden Steuerbeträgen ist zu verfünffachen (Schritt 3); er stellt die ESt dar, die auf die außerordentl. Einkünfte entfällt. Schließlich ist der sich so ergebende Steuerbetrag der im ersten Schritt ermittelten ESt hinzuzurechnen (Schritt 4). Der so ermittelte Betrag ist im Jahr des Zuflusses der außerordentl. Einkünfte zu zahlen. Die mitunter verwendete Bezeichnung als „rechnerische Verteilung auf fünf Jahre" ist insoweit missverständlich, weil die Steuer nicht fünf Jahre lang, sondern in einer Summe zu entrichten ist. Die außerordentl. Einkünfte werden also nicht auf fünf Veranlagungszeiträume (Jahre) verteilt.

67 **4. ABC der Vergütungsformen**[4]

- **Abfindungen**: Siehe „Entlassungsabfindungen".
- **Abtretung einer Arbeitslohnforderung**: Siehe oben Rz. 53.
- **AGG-Entschädigung (§ 15 AGG)**: Siehe „Schadensersatz".
- **Aktienoptionsrecht**: Siehe arbeitsrechtlich die Kommentierung bei § 611 BGB Rz. 125. Zum steuerpflichtigen Arbeitslohn kommt es in aller Regel erst bei der Übertragung des wirtschaftlichen Eigentums an den Aktien auf den ArbN nach Optionsausübung[5]. Steuerpflichtig ist dabei idR der geldwerte Vorteil zwischen dem Verkehrswert (Börsenpreis) der Aktien im Zeitpunkt der (Aktien-)Übertragung und dem Optionsausübungspreis. Die Sonderregelungen des § 19a sind ggf. zu beachten; auch kann der dort geregelte Steuerfreibetrag von maximal 135 Euro zur Anwendung kommen. Im Einzelfall kann eine Progressionsmilderung in Gestalt der sog. Fünftelungsregelung für Vergütungen für mehrjährige Tätigkeiten (§ 34 I und II Nr. 4) anwendbar sein[6]. Ein zeitweiliges Veräußerungsverbot für den ArbN schiebt weder den Zuflusszeitpunkt hinaus noch rechtfertigt es einen Bewertungsabschlag bei der Bemessung des geldwerten Vorteils. Eine spätere Veräußerung der Aktien durch den ArbN ist grds. nicht mehr eine durch das Arbeitsverhältnis veranlasste Einnahme, sondern ein Gewinn aus der Veräußerung von Privatvermögen, der nach den dafür geltenden Regeln uU steuerpflichtig sein kann. Im Falle der Steuerpflicht des Veräußerungsgewinns führt ein vorheriger geldwerter Vorteil aus dem verbilligten Aktienerwerb zu (veräußerungsgewinn- und damit steuermindernden) Anschaffungskosten[7].
- **Altersteilzeit**: § 3 Nr. 28 sieht eine Steuerbefreiung vor für die Aufstockungsbeträge iSd. § 3 I Nr. 1a sowie die Beiträge und Aufwendungen iSd. § 3 I Nr. 1b und des § 4 II ATZG, die Zuschläge, die ver-

---

1 S. ausf. die Komm. zu §§ 24/34 EStG in der 2. Aufl. | 2 Schmidt/*Seeger*, § 34 EStG Rz. 42. | 3 R 34.2 I 3 EStR 2005. | 4 S. näher Blümich/*Thürmer*, § 19 EStG Rz. 280: *Hartz/Meeßen/Wolf*, ABC-Führer Lohnsteuer; Schmidt/*Drenseck*, § 19 EStG Rz. 50 | 5 FinMin NRW v. 27.3.2003, DStR 2003, 689 und zu grenzüberschreitenden Fällen BMF v. 14.9.2006, BStBl. I 532 unter Tz. 6.6. S. auch Schmidt/*Drenseck*, § 19 EStG Rz. 50 „Aktien" und „Ankaufsrecht". | 6 BFH v. 19.12.2006 – VI R 136/01, DB 2007, 498. | 7 BMF v. 25.10.2004, BStBl. I 2004, 1034 unter Rz. 14.

sicherungsfrei Beschäftigte iSd. § 27 I Nr. 1–3 des SGB III zur Aufstockung der Bezüge bei Altersteilzeit nach beamtenrechtl. Vorschriften oder Grundsätzen erhalten sowie die Zahlungen des ArbGeb zur Übernahme der Beiträge iSd. § 187a SGB VI, soweit sie 50 vH der Beiträge nicht übersteigen. Die nach § 3 Nr. 28 steuerfreien Aufstockungsbeträge oder Zuschläge unterliegen aber nach § 32b I Nr. 1 Buchst. g dem sog. Progressionsvorbehalt, erhöhen also uU den anzuwendenden Steuersatz auf das steuerpflichtige Einkommen. Bei einem ATZ-Arbeitsverhältnis im sog. Blockmodell kommt es während der Arbeitsphase uU noch nicht zum Lohnzufluss hinsichtlich der erst in der Freistellungsphase auszuzahlenden Beträge; das Blockmodell wird vielmehr wie ein Arbeitszeitkonto behandelt[1].

- **Altersversorgung**: Siehe „Betriebliche Altersversorgung" und „Gesetzliche Rentenversicherung".
- **Arbeitsessen**: Siehe „Bewirtung von ArbN".
- **Arbeitskleidung**: Typische Berufskleidung, die der ArbGeb seinem ArbN überlässt, ist nach § 3 Nr. 31 einkommensteuerbefreit. Die Überlassung anderer (bürgerlicher) Kleidung kann demgegenüber steuerpflichtigen Arbeitslohn darstellen[2].
- **Arbeitslosengeld**: Siehe „Schadensersatz".
- **Arbeitszeitkonten**: Bei einer Gutschrift auf einem Arbeitszeitkonto kommt es uU noch nicht zum Lohnzufluss[3].
- **Aufmerksamkeiten**: Bloße Aufmerksamkeiten werden von der Finanzverwaltung nicht als steuerpflichtiger Arbeitslohn behandelt. Siehe Rz. 44 ff., 47.
- **Auslagenersatz**: Beträge, die der ArbN von seinem ArbGeb erhält, um sie für ihn auszugeben (durchlaufende Gelder) und Beträge, durch die Auslagen des ArbN für den ArbGeb ersetzt werden (Auslagenersatz), sind gemäß § 3 Nr. 50 steuerfrei.
- **Auslandstätigkeit**: Die deutsche Steuerpflicht kann auch bei inlandsansässigen und damit unbeschränkt einkommensteuerpflichtigen ArbN im Falle einer Auslandstätigkeit insbesondere auf Grund eines Doppelbesteuerungsabkommens eingeschränkt sein. Vgl. Rz. 6.
- **Beihilfen**: Beihilfen an ArbN, insbesondere Krankheitsbeihilfen, sind grds. steuerpflichtiger Arbeitslohn (vgl. nur § 2 II Nr. 5 LStDV). Die Finanzverwaltung sieht entsprechend § 3 Nr. 11 bei bestimmten Voraussetzungen und bis zu bestimmten Beträgen Unterstützungen in Krankheits- und Unglücksfällen aber als steuerfrei an[4].
- **Beiträge zur gesetzlichen Sozialversicherung**: Der ArbGebAnteil am GesamtSozV-Beitrag ist entweder schon kein Arbeitslohn oder er ist nach § 3 Nr. 62 steuerbefreit. Der ArbN-Anteil ist grds. steuerpflichtiger Arbeitslohn. Der ArbN kann ihn im Rahmen seiner EStVeranlagung grds. bei den Sonderausgaben geltend machen, wobei dort Deckelungen bestehen (vgl. § 10). Das beitragspflichtige Arbeitsentgelt in der Sozialversicherung weicht übrigens in vielerlei Hinsicht von dem steuerpflichtigen Arbeitslohn ab[5].
- **Betriebliche Altersversorgung**: Die Besteuerung der betrAV unterscheidet sich bei den einzelnen Durchführungswegen voneinander. S. Rz. 54 ff.
- **Betriebsveranstaltungen**: Zuwendungen des ArbGeb an seine ArbN anlässlich von Betriebsveranstaltungen (zB einer Weihnachtsfeier) gehören nicht zum Arbeitslohn, wenn sich Zuwendungen und Veranstaltungen nach Art, Teilnehmerkreis, Häufigkeit und Dauer iRd. Üblichen (Herkömmlichen) halten; in einem solchen Fall schließt das ganz überwiegend eigenbetriebl. Interesse des ArbGeb die Annahme von Arbeitslohn aus[6]. Aus Sicht der Finanzverwaltung ist hierbei eine Freigrenze von 110 Euro pro ArbN je Veranstaltung zu beachten.
- **Bewirtung**: Eine betrieblich veranlasste Bewirtung (insbesondere ein Essen mit Kunden und ein Essen während einer betrieblich veranlassten Auswärtstätigkeit) ist wegen des ganz überwiegenden eigenbetriebl. Interesses des ArbGeb grds. kein Arbeitslohn, andere Mahlzeiten können es unter gewissen Umständen jedoch sein[7]. Die wegen eines außergewöhnlichen Arbeitseinsatzes (Besprechung/Sitzung) erfolgte Bewirtung stellt grds. keinen Arbeitslohn dar[8].
- **Computer**: Die Vorteile des ArbN aus der privaten Nutzung von betriebl. Personalcomputern ist nach § 3 Nr. 51 steuerbefreit; Voraussetzung ist aber, dass es sich um Geräte des ArbGeb handelt. Vgl. auch Rz. 36.
- **Darlehen an einen ArbN**: Siehe arbeitsrechtlich die Kommentierung bei § 611 BGB Rz. 153. Bei ArbGebDarlehen bemisst sich der steuerpflichtige geldwerte Vorteil nach dem Unterschiedsbetrag zwi-

---

1 BMF v. 5.2.2008, BStBl. I 2008, 420 in Rz. 196. | 2 S. näher *Hartz/Meeßen/Wolf*, ABC-Führer Lohnsteuer, Stichwort „Berufskleidung" Rz. 15 f. | 3 S. näher BMF v. 5.2.2008, BStBl. I 2008, 420 in Rz. 194–195; Schmidt/*Drenseck*, § 19 EStG Rz. 50 „Arbeitszeitkonten". | 4 S. näher R 3.11 Abs. 2 LStR 2008. | 5 Vgl. das Vergütungs-ABC von *Benner/Bals/Niermann*, BB 2007, Beil. 2 zu Heft 5. | 6 St. Rspr., vgl. zB BFH v. 25.5.1992 – VI R 85/90, BStBl. II 1992, 655. Ähnlich und detaillierter R 19.5 LStR 2008. | 7 Näher R 8.1 Abs. 8 LStR 2008. S. näher auch Blümich/*Thürmer*, § 19 EStG Rz. 280 Stichwort „Bewirtung" und Schmidt/*Drenseck*, § 19 Rz. 50 Stichwort „Bewirtung". | 8 Vgl. R 19.6 Abs. 2 LStR 2008 mit einer Limitierung auf 40 Euro. Blümich/*Thürmer*, § 19 EStG Rz. 280 Stichwort „Bewirtung" und Schmidt/*Drenseck*, § 19 Rz. 50 Stichwort „Bewirtung".

schen dem marktüblichen Zins und dem Zins, den der ArbN im konkreten Einzelfall zahlt. Allerdings lässt die Finanzverwaltung hier bestimmte Typisierungen und Vereinfachungen zu[1].

- **Deferred Compensation**: Mit deferred compensation werden üblicherweise Fälle bezeichnet, bei denen nicht nur die Auszahlung der Vergütung, sondern auch deren Besteuerung aufgeschoben wird. Hiermit ist vor allem der Fall einer Umwandlung von Barvergütung in Versorgungslohn (betrAV in Form der Direktzusage und Unterstützungskassenzusage) gemeint. Vgl. Rz. 54 ff.
- **Dienstwagen**: Siehe arbeitsrechtlich die Kommentierung bei § 611 BGB Rz. 88. Die unentgeltliche oder verbilligte Überlassung eines Kfz durch den ArbGeb an den ArbN für dessen Privatfahrten führt grds. zu steuerpflichtigem Arbeitslohn. Die Besteuerung des geldwerten (Nutzungs-)Vorteils ist in § 8 II geregelt sowie in der dort in Bezug genommenen Vorschrift des § 6 I Nr. 4 S. 2[2]. Die Berechnung des geldwerten Vorteils erfolgt hiernach grds. pauschal mit der sog. 1%-Regelung, dh. der private Nutzungswert wird mit monatlich 1% des inländischen Listenpreises des Kfz angesetzt. Alternativ ist ein Einzelnachweis mit Fahrtenbuch möglich, wobei der ArbN gegen seinen ArbGeb einen Auskunftsanspruch hinsichtlich der Kfz-Kosten hat[3]. Kann das Kfz auch zu Fahrten zwischen Wohnung und Arbeitsstätte genutzt werden, so ist diese Nutzungsmöglichkeit unabhängig von der Nutzung des Fahrzeugs zu Privatfahrten zusätzlich mit monatlich 0,03% des inländischen Listenpreises des Kraftfahrzeugs für jeden Kilometer der Entfernung zwischen Wohnung und Arbeitsstätte zu bewerten und dem Arbeitslohn zuzurechnen. Wird das Kraftfahrzeug zu Heimfahrten im Rahmen einer doppelten Haushaltsführung genutzt, erhöht sich der Wert für jeden Kilometer der Entfernung zwischen dem Beschäftigungsort und dem Ort des eigenen Hausstands um 0,002% des inländischen Listenpreises für jede Fahrt, für die der Werbungskostenabzug nach § 9 II 7 ausgeschlossen ist. Der ArbGeb ist hinsichtlich der Kfz-Überlassung grds. umsatzsteuerpflichtig; vgl. Rz. 36. Ob im Falle der tatsächlichen Möglichkeit einer privaten Kfz-Nutzung bereits ein bloßes Nutzungsverbot die Annahme des Zuflusses eines geldwerten Vorteils ausschließt oder ob dies nur dann der Fall ist, wenn ein solches Nutzungsverbot auch tatsächlich auf seine Einhaltung hin vom ArbGeb überwacht wird, kann mitunter zweifelhaft sein, weil auf Grund der allgemeinen Lebenserfahrung der Beweis des ersten Anscheins für eine auch private Nutzung des Dienstwagens sprechen kann[4].
- **Durchlaufende Gelder**: Siehe „Auslagenersatz".
- **Eigenbetriebliches Interesse**: Ein ganz überwiegend betriebl. Interesse des ArbGeb kann dazu führen, dass ein Vorteil nicht als Arbeitslohn anzusehen ist. Vgl. Rz. 46.
- **Entlassungsabfindungen**: Früher waren Abfindungen wegen einer vom ArbGeb veranlassten oder gerichtlich ausgesprochenen Auflösung des Dienstverhältnis bis zu 7200 Euro und bei besonders langfristiger Beschäftigung und hohen Alter des ArbN sogar bis zu maximal 11 000 Euro nach § 3 Nr. 9 aF einkommensteuerbefreit. Diese Vorschrift ist mit gewissen Übergangsregelungen (§ 52 IVa) ab 2006 aufgehoben worden, findet aber bei bestimmten Sachverhalten, bei denen bis Ende 2005 ein individualisierter Anspruch auf die Abfindung entstanden und ein Zufluss der Abfindung bis Ende 2007 erfolgt ist, weiter Anwendung[5]. Entlassungsabfindungen können heute uU als Entschädigung iSd. § 24 Nr. 1 unter die Progressionsmilderung in Gestalt der sog. Fünftelungsregelung fallen (§ 34 I)[6]; vgl. auch Rz. 66.
- **Entschädigung**: Siehe „Schadensersatz".
- **Fahrtkostenerstattung und -zuschüsse**: Siehe auch „Reisekostenerstattung", „Sammelbeförderung".
- **Freigrenze für Sachbezüge**: Für Sachbezüge sieht § 8 II 9 eine monatliche Freigrenze (keinen Freibetrag) von 44 Euro vor.
- **Geburtsbeihilfen:** Siehe „Gratifikation".
- **Gehaltsfortzahlung bei Krankheit oder Tod**: Diese führt grds. zu steuerpflichtigem Arbeitslohn.
- **Gehaltsnachzahlung**: Ein Zufluss und damit eine lohn- bzw. einkommensteuerliche Erfassung erfolgt regelmäßig erst im Zeitpunkt der Zahlung. Insbesondere bei Zahlungen von laufendem Arbeitslohn um den Jahreswechsel herum können Besonderheiten zu beachten sein; vgl. Rz. 49. Gehaltsnachzahlungen können uU auch eine Vergütung für mehrjährige Tätigkeit darstellen, die der Fünftelungsregelung unterliegt; vgl. Rz. 66.
- **Gehaltsverzicht**: Ein Verzicht auf Arbeitslohn (durch Erlassvertrag, § 397 BGB) ist grds. möglich, ohne dass es zu einem Lohnzufluss kommt, wenn der Verzicht bedingungsfrei, insbesondere ohne Verwendungsauflagen erfolgt[7].

---

1 BMF v. 13.6.2007, BStBl. I 2007, 502. | 2 S. auch R 8.1 Abs. 9 LStR 2008. | 3 BAG v. 19.4.2005 – 9 AZR 188/04, NZA 2005, 983. | 4 BFH v. 7.11.2006 – VI R 19/05, BStBl. II 2007, 116. | 5 S. die Komm. von § 3 Nr. 9 EStG (aF) in der 2. Aufl. dieses Kommentars und –zur Übergangsregelung – Vfg. OFD Chemnitz v. 28.8.2006, DStR 2007, 257. | 6 S. ausf. die Komm. von §§ 24/34 EStG in der 2. Aufl. dieses Kommentars. | 7 Schmidt/*Heinicke*, § 11 EStG Rz. 30 Stichwort „Verzicht"; Schmidt/*Drenseck*, § 19 EStG Rz. 50 Stichwort „Gehaltsverzicht"; Blümich/*Thürmer*, § 19 EStG Rz. 280 Stichwort „Gehaltsverzicht".

- **Geringfügige Beschäftigungsverhältnisse**: Bei geringfügigen Beschäftigungsverhältnissen ist eine LSt-Pauschalierung nach näherer Maßgabe des § 40a möglich. Wird hiervon Gebrauch gemacht, entfällt die Besteuerung beim ArbN.
- **Gesetzliche Rentenversicherung**: Siehe „Beiträge zur gesetzlichen Sozialversicherung" und „Leistungen der gesetzlichen Rentenversicherung".
- **Gratifikation**: Siehe arbeitsrechtlich die Kommentierung von Thüsing unter § 611 BGB Rz. 101. Vergütungen aus besonderen Anlässen, insbesondere Urlaubsgeld und Weihnachtsgeld oder 13. Monatsgehalt sind grds. steuerpflichtiger Arbeitslohn. Keinen Arbeitslohn sollen dagegen aus besonderem Anlass wie zB einem Geburtstag gewährte bloße Aufmerksamkeiten darstellen, wenn es sich um Sachzuwendungen bis zu einem Wert von 40 Euro handelt[1]. Geburts- und Heiratsbeihilfen bis 315 Euro waren früher nach § 3 Nr. 15 aF steuerbefreit; die Steuerbefreiung ist jedoch mit Wirkung ab 2006 aufgehoben worden. Auch Jubiläumszuwendungen genossen vor längerer Zeit einmal eine inzwischen aufgehobene Steuerbefreiung (§ 3 Nr. 52 EStG aF und § 3 LStDV aF); ab 1999 sind sie grds. voll steuerpflichtig, wobei aber uU noch eine betraglich begrenzte Belohnung im Rahmen von Betriebsveranstaltungen von der Finanzverwaltung als steuerfrei behandelt wird.
- **Heiratsbeihilfen:** Siehe „Gratifikation".
- **Internet:** Siehe „Computer".
- **Jubiläumszuwendung**: Siehe „Gratifikation".
- **Karenzentschädigung**: Siehe „Wettbewerbsverbote".
- **Kaufkraftausgleich bei Auslandsentsendung**: Hierfür sieht § 3 Nr. 64 uU eine Steuerbefreiung vor.
- **Kindergarten, Kindertagesstätten uÄ**: Nach § 3 Nr. 33 sind zusätzlich zum ohnehin geschuldeten Arbeitslohn erbrachte Leistungen des ArbGeb zur Unterbringung und Betreuung von nicht schulpflichtigen Kindern der ArbN in Kindergärten oder vergleichbaren Einrichtungen einkommensteuerbefreit. Hierbei ist gleichgültig, ob es sich um betriebl. oder außerbetriebl. Einrichtungen handelt[2].
- **Kundenbindungsprogramme**: § 3 Nr. 38 sieht eine Steuerbefreiung vor für Sachprämien, die der Steuerpflichtige für die persönliche Inanspruchnahme von Dienstleistungen von Unternehmen unentgeltlich erhält, die diese zum Zwecke der Kundenbindung im Allgemeinen Geschäftsverkehr in einem jedermann zugänglichen planmäßigen Verfahren gewähren, soweit der Wert der Prämien 1080 Euro im Kalenderjahr nicht übersteigt. Für den darüber hinausgehenden Teil der Prämien kommt uU eine Pauschalierung der ESt durch das Unternehmen, das Sachprämien gewährt, nach näherer Maßgabe des § 37a in Betracht. Durch Steuerbefreiung und Pauschalierung kann uU verhindert werden, dass zB Freiflüge eines ArbN, die durch vom ArbGeb bezahlte Dienstreisen erworben wurden, zum steuerpflichtigen Arbeitslohn werden.
- **Leistungen der gesetzlichen Rentenversicherung**: Diesen fehlt der Arbeitslohncharakter. Die Rentenleistungen sind aber idR als sog. sonstige Einkünfte nach § 22 Nr. 1 steuerpflichtig, wobei der Besteuerungsanteil vom Jahr des Rentenbeginns abhängt.
- **Lohnsteuernachforderung**: Siehe Rz. 74.
- **Mitarbeiterkapitalbeteiligung**: Mitarbeiterkapitalbeteiligung kann zu steuerpflichtigem Arbeitslohn führen, insbesondere durch unentgeltliche oder verbilligte Einräumung von Beteiligungen[3]. In solchen Fällen ist grds. der geldwerte Vorteil zwischen dem Verkehrswert der Beteiligung im Zeitpunkt der Übertragung des wirtschaftlichen Eigentums an der Beteiligung auf den ArbN und dem etwaig vom ArbN gezahlten Erwerbspreis ein Sachbezug, der durch das individuelle Arbeitsverhältnis veranlasst ist und Arbeitslohn darstellt. Etwaige Verfügungsbeschränkungen hindern grds. weder den Zufluss, noch bewirken sie eine Minderung des steuerpflichtigen geldwerten Vorteils. § 19a sieht für den geldwerten Vorteil uU einen geringen Freibetrag vor (bis zu 135 Euro im Jahr, aber nicht mehr als den halben Wert der Vermögensbeteiligung) und auch besondere Bewertungsregelungen.
- **Nebenberufliche Tätigkeiten**: § 3 Nr. 26 sieht eine Steuerbefreiung vor für Einnahmen aus nebenberuflichen Tätigkeiten als Übungsleiter, Ausbilder, Erzieher, Betreuer oder vergleichbaren nebenberuflichen Tätigkeiten, aus nebenberuflichen künstlerischen Tätigkeiten oder der nebenberuflichen Pflege alter, kranker oder behinderter Menschen im Dienst oder im Auftrag einer inländischen juristischen Person des öffentlichen Rechts oder einer unter § 5 I Nr. 9 KStG fallenden Einrichtung zur Förderung gemeinnütziger, mildtätiger und kirchlicher Zwecke (§§ 52–54 AO) bis zur Höhe von insgesamt 2100 Euro im Jahr.
- **Nettolohnvereinbarungen**: Siehe arbeitsrechtlich oben die Kommentierung bei § 611 BGB Rz. 96. Siehe auch Rz. 71. Bei einer Nettolohnvereinbarung bleibt der ArbN im Verhältnis gegenüber den Finanzbehörden Steuerschuldner, auch wenn im Innenverhältnis zwischen ArbGeb und ArbN der

---

1 R 19.6 LStR 2008. |2 S. näher R 3.31 LStR 2008 zum Verständnis der Finanzverwaltung. |3 S. näher *Fischer* in Lüdicke/Sistermann, Unternehmensteuerrecht, S. 656 ff.

ArbGeb die Steuerlast zu tragen hat. Die vom ArbGeb übernommene LSt führt hierbei zu zusätzlichem Lohnzufluss, so dass eine Hochrechnung erforderlich ist[1].

- **Parkplatzgestellung für Privat-PKW**: Wenn diese betriebsfunktional bedingt ist, führt sie wohl nicht zu Arbeitslohn. Die Rechtslage ist hier aber nicht nur einzelfallabhängig, sondern auch zT unklar[2].
- **Pauschalversteuerung**: Siehe Rz. 26.
- **Personalrabatte**: Siehe arbeitsrechtlich oben die Kommentierung bei § 611 BGB Rz. 92. Personalrabatte, die der ArbGeb seinen ArbN einräumt, führen grds. zu steuerpflichtigem Arbeitslohn. § 8 III sieht neben besonderen Bewertungsregeln uU auch einen Steuerfreibetrag von bis zu 1080 Euro im Jahr vor. Personalrabatte, die nicht vom ArbGeb, sondern von Dritten eingeräumt werden (einschließlich von mit dem ArbGeb verbundenen Unternehmen), sind Arbeitslohn, wenn sie ihre Ursache im Arbeitsverhältnis haben. Hierfür gilt dann aber nicht der vorerwähnte Steuerfreibetrag.
- **Rabatte**: Siehe „Personalrabatte".
- **Reisekostenerstattung**: Die Erstattung von Reisekosten ist im Rahmen von § 3 Nr. 16 steuerfrei.
- **Rückzahlung von Vergütung**: Siehe arbeitsrechtlich die Kommentierung bei § 611 BGB Rz. 158. Siehe auch Rz. 77.
- **Sammelbeförderung**: Nach § 3 Nr. 32 ist die unentgeltliche oder verbilligte Sammelbeförderung eines ArbN zwischen Wohnung und Arbeitsstätte mit einem vom ArbGeb gestellten Beförderungsmittel steuerbefreit, soweit die Sammelbeförderung für den betriebl. Einsatz des ArbN notwendig ist.
- **Schadensersatz**: An den ArbN geleisteter Schadensersatz kann uU steuerpflichtigen Arbeitslohn darstellen. So gehören nach § 24 Nr. 1 EStG bzw. auch § 2 II Nr. 4 LStDV auch Entschädigungen für entgangenen oder entgehenden Arbeitslohn oder Entschädigungen für die Aufgabe oder Nichtausübung einer ArbNtätigkeit zum Arbeitslohn. **Arbeitslosengeld** als Sozialversicherungsleistung ist allerdings nach § 3 Nr. 2 von der ESt befreit (allerdings unter Progressionsvorbehalt, § 32b I Nr. 1, dh. unter Erhöhung des Steuersatzes auf das steuerpflichtige Einkommen). Bei **AGG-Entschädigungen** nach § 15 II AGG wird, anders als bei solchen nach § 15 I AGG, unter Berufung darauf, dass es sich um immateriellen Schadensersatz handele, im Schrifttum die Auffassung vertreten, dass diese einkommensteuerfrei seien (s. § 15 AGG Rz. 9 mwN). Nach der älteren Rspr. wurden zwar auch Schadensersatzzahlungen eines ArbGeb an seinen ArbN wegen Verletzung von dessen allgemeinen Persönlichkeitsrecht als steuerpflichtig angesehen[3]. Aber es lässt sich argumentieren, dass derartige Zahlungen trotz eines gewissen Zusammenhangs zum Arbeitsverhältnis auch nicht im weitesten Sinne eine Gegenleistung für das Zurverfügungstellen der individuellen Arbeitskraft darstellen.
- **Sozialplan**: Zahlungen auf Grund eines Sozialplans sind grds. Arbeitslohn[4].
- **Sozialversicherung**: Gesetzliche ArbGebAnteile am SozV-Beitrag sind grds. kein Arbeitslohn; auch sieht § 3 Nr. 62 eine EStBefreiung vor. Der ArbN-Anteil gehört hingegen grds. zum Arbeitslohn. Insoweit kommt uU ein Sonderausgabenabzug in Betracht, vgl. § 10 I Nr. 2 u. 3 sowie § 10c.
- **Stock Options**: Siehe „Aktienoptionsrecht".
- **Tantieme**: Siehe arbeitsrechtlich die Kommentierung bei § 611 BGB Rz. 117. Tantiemen stellen steuerpflichtigen Arbeitslohn dar.
- **Telefon**: Die Vorteile des ArbNs aus der privaten Nutzung von betriebl. Telekommunikationsgeräten ist nach § 3 Nr. 45 steuerbefreit; Voraussetzung ist aber, dass es sich um Geräte des ArbGeb handelt. Siehe auch Rz. 36.
- **Trinkgeld** und Bedienungsgeld: Siehe arbeitsrechtlich die Kommentierung bei § 611 BGB Rz. 142. Trinkgelder, die anlässlich einer Arbeitsleistung dem ArbN von Dritten freiwillig und ohne dass ein Rechtsanspruch auf sie besteht, zusätzlich zu dem Betrag gegeben werden, der für diese Arbeitsleistung zu zahlen ist, sind nach § 3 Nr. 51 steuerbefreit. Freiwillige Sonderzahlungen an ArbN eines konzernverbundenen Unternehmens sind aber idR keine steuerfreien Trinkgelder[5].
- **Überstundenvergütungen**: Siehe arbeitsrechtlich die Kommentierung bei § 611 BGB Rz. 134. Diese sind steuerpflichtiger Arbeitslohn. Siehe auch „Zuschläge für Sonntags-, Feiertags- und Nachtarbeit".
- **Unfallversicherung**: Ob Beiträge zu einer Unfallversicherung oder Leistungen hieraus Arbeitslohn darstellen, hängt, ebenso wie die etwaige Frage eines Werbungskosten- oder Sonderausgabenabzuges beim ArbN, von der Ausgestaltung im Einzelfall ab[6].

---

1 R 39b.9 LStR 2008. | 2 S. die Nachw. von Rspr. und Finanzverwaltung bei Schmidt/*Drenseck*, § 19 EStG Rz. 50 „Kraftfahrzeuggestellung" und Blümich/*Thürmer*, § 19 EStG Rz. 280 „Parkplätze". | 3 Vgl. BFH v. 29.10.1963 – VI 290/62 U, BStBl. III 1964, 12. Schmidt/*Seeger*, § 24 EStG Rz. 27 „Vertragsverletzung" sieht die Entscheidung jedoch als überholt an. | 4 Schmidt/*Drenseck*, § 19 EStG Rz. 50 „Sozialplan" mwN. | 5 BFH v. 3.5.2007 – VI R 37/05, BStBl. II 2007, 712. | 6 BMF v. 17.7.2000, BStBl. I 2000, 1204 mit Ergänzung BMF v. 4.2.2002, StEK EStG § 19 Nr. 369; Schmidt/*Drenseck*, § 19 EStG Rz. 50 Stichwort „Unfallversicherung" mwN. Vgl. auch § 40b III EStG.

- **Urlaubsabgeltung**: Die finanzielle Abgeltung eines nicht in Anspruch genommenen Urlaubs ist Arbeitslohn[1].
- **Urlaubsgeld**: Siehe „Gratifikation".
- **Vergütung für mehrjährige Tätigkeit**: Mehrjährig ist eine Tätigkeit, soweit sie sich über mindestens zwei Veranlagungszeiträume (Kalenderjahre) erstreckt und einen Zeitraum von mehr als zwölf Monaten umfasst. Derartige Vergütungen können nach § 34 I iVm. II Nr. 4 unter die sog. Fünftelungsregelung fallen. Siehe Rz. 66.
- **Versorgungsbezüge**: Von Versorgungsbezügen bleibt ein Versorgungsfreibetrag und ein Zuschlag zum Versorgungsfreibetrag steuerfrei. Die Höhe des Versorgungsfreibetrages und des Zuschlags hierauf hängen u.a. vom Jahr des Versorgungsbeginns ab. Siehe näher § 19 II.
- **Vorschuss**: Von Vorschüssen im engeren Sinne sind Abschlagzahlungen und Darlehen zu unterscheiden. Vorschüsse unterliegen grds. bereits bei Zahlung der Besteuerung, weil es auf den Zufluss ankommt und nicht etwa darauf, ob der Arbeitslohn bereits verdient ist. Bei Abschlagzahlungen sieht § 39b V gewisse Sonderregelungen hinsichtlich der lohnsteuerlichen Erfassung vor.
- **Warengutscheine**: Siehe „Personalrabatte".
- **Weihnachtsgeld**: Siehe „Gratifikation".
- **Weiterbildung**: Bei betrieblicher Weiterbildung liegt häufig, insbesondere bei Bildungsmaßnahmen während der Arbeitszeit, ein ganz überwiegendes betriebliches Interesse des ArbGeb vor, so dass die Weiterbildung dann nicht zu steuerpflichtigem Arbeitslohn führt[2].
- **Werbungskostenersatz**: Leistungen des ArbGeb, mit denen er Werbungskosten des ArbN ersetzt, sind nur steuerfrei, soweit dies gesetzlich bestimmt ist[3]; im Übrigen sind sie steuerpflichtiger Arbeitslohn. Siehe insbesondere „Reisekostenerstattung".
- **Werkswohnung**: Siehe arbeitsrechtlich die Kommentierung bei § 611 BGB Rz. 91. Nach § 3 Nr. 59 kann ein Mietvorteil uU steuerfrei sein[4].
- **Werkzeuggeld**: Entschädigungen für die betriebl. Benutzung von Werkzeugen eines ArbN (Werkzeuggeld), sind nach § 3 Nr. 30 steuerbefreit, soweit sie die entsprechenden Aufwendungen des ArbN nicht offensichtlich übersteigen.
- **Wettbewerbsverbote**: Karenzentschädigungen können steuerpflichtiger Arbeitslohn sein oder aber, bei umfassender Ausgestaltung (Verbot auch selbständiger Konkurrenztätigkeiten), nach § 22 Nr. 3 als sog. sonstige Bezüge steuerpflichtig sein[5]. Im Einzelfall kann ein Wettbewerbsverbot auch umsatzsteuerpflichtig sein.
- **Zulagen**: Siehe arbeitsrechtlich die Kommentierung bei § 611 BGB Rz. 115. Zulagen sind grds. steuerpflichtiger Arbeitslohn. Siehe aber nachfolgend „Zuschläge für Sonntags-, Feiertags- und Nachtarbeit".
- **Zuschläge für Sonntags-, Feiertags- und Nachtarbeit**: Diese können innerhalb bestimmter Höchstbeträge nach § 3b steuerbefreit sein. Steuerfrei sind Zuschläge, die für tatsächlich geleistete Sonntags-, Feiertags- oder Nachtarbeit neben dem Grundlohn gezahlt werden, soweit sie
  (1.) für Nachtarbeit 25 Prozent,
  (2.) vorbehaltlich der Nummern 3 und 4 für Sonntagsarbeit 50 Prozent,
  (3.) vorbehaltlich der Nummer 4 für Arbeit am 31. Dezember ab 14 Uhr und an den gesetzlichen Feiertagen 125 Prozent,
  (4.) für Arbeit am 24. Dezember ab 14 Uhr, am 25. und 26. Dezember sowie am 1. Mai 150 Prozent des Grundlohns

  nicht übersteigen.

5. Verhältnis der Bemessungsgrundlagen im Steuerrecht und im Sozialversicherungsrecht. Die Be- 67a
messungsgrundlage und damit die Beitragspflichtigkeit von Arbeitsentgelt in der gesetzl. SozV lehnt sich teilweise an steuerliche Regelungen an. Vgl. vor allem § 14 SGB IV und § 1 Sozialversicherungsentgeltverordnung. Auch wenn es damit Überschneidungen hinsichtlich der Bemessungsgrundlage beider Rechtsgebiete gibt, so verbleiben doch zahlreiche Unterschiede[6]. So ist in der SozV, anders als im Einkommen- und Lohnsteuerrecht, das beitragspflichtige Arbeitsentgelt durch die Beitragsbemessungsgrenzen gedeckelt, so dass Arbeitseinkommen oberhalb dieser Grenze(n) nicht beitragspflichtig ist. Auch ist zu beachten, dass das Einkommen- und Lohnsteuerrecht für den Besteuerungszeitpunkt an

---

1 Schmidt/*Drenseck*, § 19 EStG Rz. 50 „Urlaubsgelder" mwN. | 2 S. näher Schmidt/*Drenseck*, § 19 EStG Rz. 50 „Betriebl. Weiterbildung" mwN und R 19.7 LStR 2008 zur Ansicht der Finanzverwaltung. | 3 R 19.3 Abs. 3 LStR 2008. | 4 S. näher R 3.59 LStR 2008. | 5 Vgl. BFH v. 23.2.1999 – IX R 86/95, BStBl. II 1999, 590. | 6 Vgl. das Vergütungs-ABC von *Benner/Bals/Niermann*, BB 2007, Beil. 2 zu Heft 5.

den Zufluss des Arbeitslohnes anknüpft (sog. Zuflussprinzip, vgl. Rz. 48 ff.), wohingegen eine Beitragspflicht in der SozV einen derartigen Zufluss grds. nicht voraussetzt, sondern jedenfalls für laufendes Arbeitsentgelt an das Entstehen des Anspruchs anknüpft (sog. Entstehungsprinzip)[1].

68 **IV. Werbungskosten. 1. Allgemeines.** Da die einkommensteuerpflichtigen Einkünfte aus nichtselbständiger Arbeit der Überschuss der Einnahmen über die Werbungskosten sind, mindern Werbungskosten die steuerpflichtige Bemessungsgrundlage des ArbN. Werbungskosten sind Aufwendungen zur Erwerbung, Sicherung und Erhaltung der Einnahmen, hier also des Arbeitslohns. Für bestimmte Werbungskosten enthält § 9 oder dort in Bezug genommene Vorschriften wie insbesondere § 4 V Sonderregelungen. Auch ist § 12 zu beachten, der u.a. ein sog. Aufteilungs- und Abzugsverbot beinhaltet. Hiernach gehören Aufwendungen für die Lebensführung, die die wirtschaftliche oder gesellschaftliche Stellung des Steuerpflichtigen mit sich bringt, grds. zu den nicht abzugsfähigen Kosten der privaten Lebensführung, selbst wenn sie auch zur Förderung des Berufs oder der Tätigkeit des Steuerpflichtigen erfolgen. Eine Ausnahme gilt aber, wenn sich bei gemischt veranlassten Aufwendungen eine Trennung nach objektiven Merkmalen leicht und einwandfrei durchführen lässt; in einem solchen Fall kann dann der Teil der Aufwendungen, der ggf. als Werbungskosten abziehbar ist, geschätzt werden[2].

69 **2. ABC typischer Erwerbsaufwendungen**[3]

- **Arbeitsmittel**: Aufwendungen für Arbeitsmittel, zB für Werkzeuge und typische Berufskleidung, zählen grds. zu den Werbungskosten. Allerdings ist bei gemischter Veranlassung das sog, Aufteilungs- und Abzugsverbot zu beachten, so dass ein Büroangestellter zB nicht den Kaufpreis seines Anzugs absetzen kann. Auch ist zu beachten, dass bei abnutzbaren beweglichen Wirtschaftsgütern mit Anschaffungskosten von mehr als 410 Euro (ohne Umsatzsteuer) uU eine Verteilung des Aufwands analog der Abschreibungsvorschriften über mehrere Jahre erfolgen muss (§ 9 I 3 Nr. 7). So kann zB ein ausschließlich beruflich genutzter Computer, den der ArbN für 600 Euro erwirbt, über drei Jahre abzuschreiben sein.
- **Arbeitszimmer**: Der Gesetzgeber hat den Abzug von Aufwendungen für ein häusliches Arbeitszimmer sowie die Kosten der Ausstattung untersagt, wenn nicht das Arbeitszimmer den Mittelpunkt der gesamten betrieblichen und beruflichen Betätigung bildet (§ 9 V iVm. § 4 V Nr. 6b).
- **Berufsausbildung und -fortbildung**: Gemäß § 12 Nr. 5 sind Aufwendungen für die erstmalige Berufsausbildung und für ein Erststudium nicht abzugsfähig, wenn diese nicht im Rahmen eines Dienstverhältnisses stattfinden. In Betracht kommt in Fällen, in denen das vorgenannte Abzugsverbot eingreift, dann aber uU ein begrenzter Sonderausgabenausgabenabzug nach § 10 I Nr. 7 bis zu 4000 Euro im Kalenderjahr für Aufwendungen für die eigene Berufsausbildung. Anders als die Berufsausbildung und ein Erststudium ist die Berufsfortbildung zu beurteilen. Diese kann grds. zu abzugsfähigen Werbungskosten des ArbN führen.
- **Bewirtung**: Aufwendungen, die der ArbN für Bewirtungen trägt (zB von Kollegen), können im Einzelfall Werbungskosten darstellen, können aber auch nicht abzugsfähige Kosten der privaten Lebensführung darstellen (insb. wegen des Aufteilungs- und Abzugsverbots für gemischt veranlasste Aufwendungen). Für die Beurteilung kommt es auf diverse Umstände an, insbesondere Anlass der Bewirtung, Teilnehmerkreis, Stellung des einladenden ArbN und Vorhandensein erfolgsabhängiger Vergütungsbestandteile des ArbN[4].
- **Doppelte Haushaltsführung**: Gemäß § 9 I 3 Nr. 3 zählen notwendige Mehraufwendungen, die einem ArbN wegen einer aus beruflichem Anlass begründeten doppelten Haushaltsführung entstehen, zu den Werbungskosten, und zwar unabhängig davon, aus welchen Gründen die doppelte Haushaltsführung beibehalten wird. Eine doppelte Haushaltsführung liegt nur vor, wenn der ArbN außerhalb des Ortes, in dem er einen eigenen Hausstand unterhält, beschäftigt ist und auch am Beschäftigungsort wohnt. Zum Verpflegungsmehraufwand sieht § 9 V iVm. § 4 V Nr. 5 Sonderregelungen vor (vor allem in Gestalt von Pauschbeträgen).
- **Einkommensteuer bzw. Lohnsteuer**: Gemäß § 12 Nr. 3 ist diese nicht abzugsfähig.
- **Fahrtkosten**: Hier muss nach dem Anlass der Fahrt unterschieden werden. Für die Aufwendungen des ArbN für die Wege zwischen Wohnung und regelmäßiger Arbeitsstätte und für Familienheimfahrten hat der Gesetzgeber in § 9 II ab 2007 angeordnet, dass diese grds. nicht abzugsfähig sind; etwas anderes soll nur ab dem 21. Entfernungskilometer gelten. Fraglich ist aber, ob diese Einschränkung des Werbungskostenabzugs verfassungsgemäß ist oder nicht. Hier ist ein Normenkontrollverfahren vor dem BVerfG anhängig.
- **Kinderbetreuungskosten:** Erwerbsbedingte Kinderbetreuungskosten wie zB Aufwendungen für Kindergärten sind uU wie Werbungskosten abzugsfähig (§ 9 V 1 iVm. § 4f). Das Kind darf grds. das 14. Le-

1 Näher Küttner/*Schlegel*, Stichwort „Lohnzufluss", Rz. 19 ff. mwN. | 2 S. näher R 12.1 EStR 2005. | 3 Vgl. Blümich/*Thürmer*, § 9 EStG Rz. 600; *Hartz/Meeßen/Wolf*, ABC-Führer Lohnsteuer; Schmidt/*Drenseck*, § 19 EStG Rz. 60. | 4 Vgl. Schmidt/*Drenseck*, § 19 EStG Rz. 60 „Bewirtung" zur neueren Rspr., die aus Sicht der Steuerpflichtigen günstiger geworden ist.

bensjahr noch nicht vollendet haben. Falls der ArbN mit dem anderen Elternteil zusammenlebt, ist zusätzliche Voraussetzung, dass beide Elternteile erwerbstätig sind. Der jährliche Abzug ist auf zwei Drittel der Aufwendungen und höchstens 4000 Euro je Kind beschränkt. Soweit ein Abzug der Kinderbetreuungskosten hiernach nicht in Betracht kommt, können diese unter gewissen Umständen auch nach anderen steuerlichen Vorschriften berücksichtigt werden[1].

- **Pauschbetrag**: Wenn ein ArbN keine höheren Werbungskosten nachweist, wird bei aktiven Arbeitsverhältnissen gemäß § 9a grds. ein Pauschbetrag für Werbungskosten iHv. 920 Euro abgezogen, wohingegen bei Versorgungsbezügen der Pauschbetrag lediglich 102 Euro beträgt.
- **Reisekosten**: Reisekosten sind Fahrtkosten, Verpflegungsmehraufwendungen, Übernachtungskosten und Reisenebenkosten, wenn diese durch eine so gut wie ausschließlich beruflich veranlasste Auswärtstätigkeit des ArbN entstehen[2]. Teilweise können hierbei Pauschbeträge angesetzt werden. Teilweise ist auch eine steuerfreie Erstattung durch den ArbGeb nach § 3 Nr. 16 möglich.
- **Studium**: Siehe „Berufsausbildung".
- **Umzugskosten**: Kosten, die einem ArbN durch einen beruflich veranlassten Wohnungswechsel entstehen, sind Werbungskosten[3].

V. Auswirkungen der Besteuerung auf das Arbeitsverhältnis. Das LStVerfahren wirkt sich nicht nur auf das Verhältnis von ArbN gegenüber den Finanzbehörden und vom ArbGeb gegenüber den Finanzbehörden aus, sondern vereinzelt auch auf das Verhältnis zwischen ArbGeb und ArbN. 70

Im Verhältnis zwischen ArbGeb und ArbN ist grds. allein der ArbN Schuldner der Steuerforderung[4]. 71 Nach Auffassung der arbeitsgerichtl. Rspr. soll dies grds. sogar auch in Fällen der **Lohnsteuerpauschalierung** gelten, bei welchen der ArbGeb aus steuerrechtlicher Sicht zum Steuerschuldner wird. Siehe näher Rz. 26. Im Verhältnis zwischen ArbGeb und ArbN (nicht jedoch aus steuerlicher Sicht) wird der ArbGeb ausnahmsweise dann zum Steuerschuldner, wenn eine sog. **Nettolohnvereinbarung** vorliegt. Da Bruttolohnvereinbarungen der Regelfall sind, stellen Nettolohnvereinbarungen Ausnahmefälle dar. Für deren Vorliegen ist der ArbN darlegungs- und beweisbelastet (s. § 611 BGB Rz. 96 ff. mwN). Für eine etwaige Feststellungsklage, ob ein Nettolohn vereinbart ist, ist der Rechtsweg zu den Arbeitsgerichten, nicht den Finanzgerichten, gegeben.

Die dem ArbGeb auferlegte Pflicht zum LStEinbehalt führt beim Regelfall einer Bruttolohnvereinbarung dazu, dass der ArbGeb dem ArbN nur den Nettolohn auszahlen muss. 72

Im Regelfall des Bruttolohns ergeben sich in der Praxis aber durchaus Schwierigkeiten, zB bei arbeitsgerichtlichen Lohnklagen und Zwangsvollstreckungen hieraus[5]. Der ArbN wird seine Klage auf einen Bruttolohnbetrag richten. Bei einer entsprechenden Verurteilung des ArbGeb zur Lohnzahlung ist ein Abzug der LSt im Urteilstenor nicht vorzunehmen, sondern es wird der Bruttolohn tituliert[6]. Der ArbGeb ist durch seine **Verurteilung zur Zahlung des Bruttolohns** aber nicht von seiner ihm durch das Steuergesetz auferlegten Pflicht befreit, die LSt abzuführen. Dies gilt auch dann, wenn ein entsprechender Vorbehalt im Urteil fehlt. Bei entsprechendem Steuerzahlungsnachweis durch den ArbGeb führt dies zu einer Minderung des vollstreckbaren Betrages (vgl. § 775 Nr. 4 u. 5 ZPO)[7]. Soweit der ArbGeb die LSt nicht abgeführt hat oder dies nicht nachweisen kann, muss der volle Bruttolohn beigetrieben werden. Der Gerichtsvollzieher meldet dies allerdings dem Finanzamt (§ 86 Gerichtsvollzieherordnung). Dieses wird dann im Regelfall einen LStNachforderungsbescheid gegen den ArbN erlassen. 73

Bei Fällen, in denen ein ArbGeb LSt an die Finanzbehörden nachentrichtet, ist zunächst einmal steuerlich auf § 41c I Nr. 2 hinzuweisen, der unter gewissen Umständen zu einem nachträglichen LStEinbehalt bei einer nachfolgenden Lohnzahlung ermächtigt, wenn der ArbGeb erkennt, dass er die LSt bisher nicht vorschriftsmäßig einbehalten hat. Nach Ablauf des Kalenderjahres oder nach Beendigung des Dienstverhältnisses ist dies aber nur bis zur Übermittlung oder Ausschreibung der Lohnsteuerbescheinigung zulässig. Darüber hinaus ist darauf hinzuweisen, dass die Zahlung der LSt ihrerseits eine (steuerpflichtige) Lohnzuwendung darstellen kann, weil die Steuer mit Ausnahme von Pauschalierungsfällen vom ArbN zu tragen ist. Der ArbGeb wird daher regelmäßig an einem **Rückgriff gegen den ArbN** hinsichtlich der nachentrichteten LSt interessiert sein. Grundsätzlich ist ein solcher Rückgriffsanspruch mit Ausnahme von Fällen einer Nettolohnvereinbarung auch anerkannt, wobei die Rechtsgrundlage teilweise in § 670 BGB analog und teilweise in § 426 I 1 BGB iVm. § 42d I Nr. 1 gesehen wird[8]. Ein solcher Rückgriffsanspruch besteht auch unabhängig davon, ob der ArbGeb freiwillig oder auf Grund eines Haftungsbescheids des Finanzamts eine Steuerforderung für den ArbN erfüllt. Der Anspruch ist allerdings aus dem Arbeitsverhältnis begründet und unterliegt daher etwaigen Ausschlussfristen[9]. Nach 74

---

1 BMF v. 19.1.2007, BStBl. I 2007, 184 in Rz. 35. | **2** R 9.4 LStR 2008. | **3** S. näher R 9.9 LStR 2008. | **4** BAG v. 16.6.2004 – 5 AZR 521/03, NJW 2004, 3588. | **5** S. näher *Laschet/Kontny*, DStZ 2007, 607. | **6** BGH v. 21.4.1966 – VII ZB 3/66, AP Nr. 13 zu § 611 BGB – Lohnanspruch. | **7** *Hartz/Meeßen/Wolf*, Lohnsteuer-ABC, Stichwort „Pfändung Arbeitslohn" Rz. 2. | **8** Für Letzteres: BAG v. 16.6.2004 – 5 AZR 521/03, NZA 2004, 1274. | **9** Palandt/*Weidenkaff*, § 611 BGB Rz. 66.

der arbeitsgerichtl. Rspr. kann ein solcher Rückgriffsanspruch sogar bei Fällen der Lohnsteuerpauschalierung gegeben sein, obwohl hier der ArbGeb ausnahmsweise selbst Steuerschuldner wird; vgl. Rz. 26.

75 Der ArbGeb ist nicht nur gegenüber den Finanzbehörden, sondern auch im Verhältnis zum ArbN verpflichtet, die abzuführende LSt richtig zu berechnen (**Pflicht zum richtigen Lohnsteuerabzug**); s. § 611 BGB Rz. 164)[1]. Insb. hat er sich um die sachgerechte Bearbeitung und Behandlung der LSt seiner ArbN zu bemühen. Bei Verletzung dieser Pflicht können ggf. Schadensersatz-Ansprüche aus § 280 BGB entstehen[2]. Der ArbGeb handelt jedoch bei einer objektiv fehlerhaften Berechnung der abzuführenden LSt regelmäßig nicht schuldhaft, wenn er sich auf die Berechnung des Finanzamts zur Nachentrichtung der LSt verlässt und sich diese zu Eigen macht. Wenn der ArbGeb wegen unrichtigem Lohnsteuerabzug schadensersatzpflichtig ist, so führt die Schadensersatzzahlung grds. nicht zu einem weiteren Lohnzufluss[3].

76 Wehrt sich der ArbN gegen einen seiner Auffassung nach überhöhten Steuerabzug durch den ArbGeb, so ist streitig, ob der Rechtsweg zu den Arbeitsgerichten oder den Finanzgerichten gegeben ist und ob der ArbN sich an den ArbGeb oder das Finanzamt wenden muss[4].

77 Hat der ArbGeb gegen den ArbN einen Anspruch auf **Lohnrückzahlung**, insbesondere aus ungerechtfertigter Bereicherung, so richtet sich dieser Anspruch grds. auf den Bruttolohn, also beinhaltet an das Finanzamt abgeführte LSt[5]. Dies ist auch sachgerecht, weil Schuldner der LSt und auch etwaiger Erstattungsberechtigter abgesehen von Pauschalbesteuerungsfällen der ArbN ist. Auch führt die Lohnrückzahlung beim ArbN idR zu negativem Arbeitslohn, der dessen zu versteuerndes Einkommen mindert.

78 Zur nach Auffassung der Finanzverwaltung bestehenden Pflicht des ArbGeb, seine ArbN über die gesetzliche Pflicht zu belehren, dass diese ihm Lohnzuwendungen Dritter anzeigen müssen, siehe Rz. 16.

79 Zur den Pflichten des ArbN und des ArbGeb bezüglich LStKarte und Lohnsteuerbescheinigung sowie hiermit verbundenen Datenschutz siehe Rz. 28.

80 Zum LStKlassenwahlrecht bei verheirateten ArbN und einem etwaigen Rechtsmissbrauch zum Nachteil des ArbGeb oder Dritten sowie zum Wahlrecht zur Eintragung eines Freibetrags auf der LStKarte s. Rz. 22 u. 24.

---

1 BAG v. 16.6.2004 – 5 AZR 521/03, NJW 2004, 3588 mwN. |2 BAG v. 16.6.2004 – 5 AZR 521/03, NZA 2004, 1274. |3 BFH v. 20.9.1996 – VI R 57/95, BStBl. II 1997, 144. |4 Vgl. FG MeVo v. 4.5.1993 – I 104/92, EFG 1993, 744; *Hartz/Meeßen/Wolf*, Lohnsteuer-ABC, Stichwort „Arbeitsgerichte" Rz. 3. Schmidt/*Drenseck*, § 38 EStG Rz. 1. |5 Ausführlich und mwN BGH v. 26.11.2007 – II ZR 161/06, DStR 2008, 158.

Gewerbeordnung

**in der Fassung der Bekanntmachung vom 22.2.1999 (BGBl. I S. 202),
zuletzt geändert durch Gesetz vom 17.3.2008 (BGBl. I S. 399)**

– Auszug –

Vor §§ 105–110

I. Neuregelung der arbeitsrechtlichen Vorschriften. Mit Wirkung ab dem 1.1.2003 wurden die – zuletzt nahezu bedeutungslosen – arbeitsrechtl. Vorschriften der GewO umfassend geändert. Durch Art. 1 Nr. 2, 19 und 20 des Dritten Gesetzes zur Änderung der Gewerbeordnung und sonstiger gewerberechtl. Vorschriften vom 24.8.2002[1] wurde die aus dem Jahr 1869 stammende GewO in arbeitsrechtl. Hinsicht entrümpelt. Bei den Änderungen handelt es sich um den zaghaften **ersten Versuch zur Kodifizierung eines Arbeitsvertragsgesetzbuchs**[2]. Dies bringt die (ur)alte Forderung nach einer einheitlichen Kodifikation des Arbeitsrechts (Art. 157 II WRV) bzw. des Arbeitsvertragsrechts (Resolution des Deutschen Reichstags vom 11.12.1896; Art. 30 I Nr. 1 Einigungsvertrag) in Erinnerung[3]. 1

Die bislang 28 arbeitsrechtl. Vorschriften des Teils VII wurden auf **sechs zentrale Vorschriften (§§ 105–110)** reduziert, welche „allgemeine arbeitsrechtliche Grundsätze" (vgl. Überschrift des I. Abschnitts vor § 105) bzw. die **„Grundprinzipien des Arbeitsvertragsrechts"** regeln[4]. Ihre Regelung in der GewO ist systematisch deplatziert; bis zum Erlass eines allgemeinen Arbeitsvertrags- bzw. Arbeitsrechtsgesetzbuchs **hätten** sie vielmehr **ins BGB gehört**[5]. Aufgehoben wurden die §§ 113–132a, 154, 154a. Dadurch sind einerseits **überholte** bzw. nicht mehr für die arbeitsvertragl. Praxis als erforderlich angesehene **Vorschriften entfallen**; andererseits wurde das **Arbeitsschutzrecht aus der GewO entfernt** und zentral in das ArbSchG bzw. die ArbStättV übernommen[6]. 2

Hauptzweck der Neuregelungen der GewO ist die **Rechtsbereinigung** und **Deregulierung**[7] sowie die Herstellung der **Rechtseinheit zwischen Ost- und Westdeutschland** auf dem Gebiet der GewO[8]. 3

II. Persönlicher Geltungsbereich. Während die alten arbeitsrechtl. Vorschriften der GewO grds. nur für „gewerbliche Arbeitnehmer" galten (vgl. alte Überschrift zu Titel VII) und zahlreiche Ausnahmen hinsichtlich des persönlichen Geltungsbereichs vorsahen (vgl. §§ 6, 154 aF), **gelten** die neuen §§ 105–110 **nunmehr für alle ArbN** (§ 6 II)[9]. 4

Titel VII. Arbeitnehmer

I. Allgemeine arbeitsrechtliche Grundsätze

105 *Freie Gestaltung des Arbeitsvertrages*

Arbeitgeber und Arbeitnehmer können Abschluss, Inhalt und Form des Arbeitsvertrages frei vereinbaren, soweit nicht zwingende gesetzliche Vorschriften, Bestimmungen eines anwendbaren Tarifvertrages oder einer Betriebsvereinbarung entgegenstehen. Soweit die Vertragsbedingungen wesentlich sind, richtet sich ihr Nachweis nach den Bestimmungen des Nachweisgesetzes.

I. Vorbemerkungen. S. 1 der Vorschrift regelt wie der bisherige § 105 aF den **Grundsatz der Vertragsfreiheit im Arbeitsrecht**[10]. S. 2 verweist wegen des Nachweises der wesentlichen Vertragsbedingungen auf das NachwG. 1

---

1 BGBl. I S. 3412. | 2 *Wisskirchen*, DB 2002, 1886; vgl. auch *Perreng*, AiB 2002, 521: „Samenkorn eines Arbeitsgesetzbuches"; *Düwell*, FA 2003, 2: „Neues Grundgesetz des Arbeitsrechts". | 3 Zur Geschichte arbeitsvertraglicher Kodifikationsvorhaben *Kühl*, AuA 2000, 68 ff.; *Neumann*, DB 2008, 60; zum jüngsten „Diskussionsentwurf eines Arbeitsvertragsgesetzes" www.ArbVG.de; NZA Beil. 1/2007 zu Heft 21. | 4 So BT-Drs. 14/8796, S. 16. | 5 Ebenso *Bauer/Opolony*, BB 2002, 1590 (1594); *Neumann*, AuR 2002, 216 (217). | 6 Vgl. BT-Drs. 14/8796, S. 16 und 26. | 7 BT-Drs. 14/8796, S. 1, 16; Boemke/*Ankersen*, GewO, Einl. Rz. 14. | 8 *Düwell*, FA 2003, 2; *Neumann*, AuA 2002, 216 f. | 9 Zur Entstehungsgeschichte des § 6 II BT-Drs. 14/8796, S. 6, 16 f., 31, 34; BT-Drs. 14/9254, S. 7 (9). | 10 BT-Drs. 14/8796, S. 23.

2 **1. Entstehungsgeschichte.** § 105 wurde mit Wirkung ab dem 1.1.2003[1] **„moderner" formuliert**, ohne wesentliche Änderungen in der Sache herbeizuführen. Die Vorschrift gilt gem. § 6 II für alle ArbN (und ArbGeb).

3 **2. Sinn und Zweck. S. 1** stellt auf einfachgesetzl. Ebene klar, dass der Grundsatz der Vertragsfreiheit auch im Arbeitsrecht gilt, obwohl das Prinzip der Vertragsfreiheit bereits zivilrechtl. in §§ 241 I, 311 I BGB sowie verfassungsrechtl. als Teil der Privatautonomie (Art. 2 I GG) bzw. der Berufsausübungsfreiheit (Art. 12 I GG) verankert ist[2]. Die Regelung hat rein **deklaratorischen Charakter** und ist an sich überflüssig[3].

4 Die Betriebs- und Tarifautonomie als Ausfluss der Privatautonomie auf kollektiver Ebene zwischen den Betriebs- bzw. TV-Parteien wird von S. 1 nur mittelbar geregelt, indem anwendbare TV und BV als Schranken der Arbeitsvertragsfreiheit genannt werden.

5 S. 2 enthält aus Klarstellungsgründen[4] einen – ebenfalls überflüssigen – **deklaratorischen Verweis auf** die Vorschriften des **NachwG.**

6 **II. Arbeitsvertragsfreiheit (S. 1).** Nach S. 1 können ArbGeb und ArbN privatautonom bestimmen, **ob, mit wem und wie** sie einen Arbeitsvertrag abschließen, soweit nicht zwingende gesetzl. Vorschriften, Bestimmungen eines anwendbaren TV oder einer BV entgegenstehen. Die Vorschrift regelt folglich den Grundsatz der Vertragsfreiheit und seine Schranken und spiegelt damit die arbeitsrechtl. Rechtsquellenlehre wider (näher zur Rechtsquellenlehre Vor § 611 BGB Rz. 132 ff.).

7 **Überschreiten** die Arbeitsvertragsparteien die **Grenzen** der in S. 1 geregelten Arbeitsvertragsfreiheit, gelten die geschilderten allgemeinen Vorschriften über die **Unwirksamkeit** der Vereinbarungen (vor allem § 134 BGB, § 4 III TVG, § 77 IV BetrVG)[5].

8 **1. Grundsatz der Vertragsfreiheit.** S. 1 regelt den Grundsatz der Vertragsfreiheit im Arbeitsrecht. Die Vertragsfreiheit umfasst Abschluss- und Gestaltungsfreiheit[6]. Die **Abschlussfreiheit** bezieht sich auf die Entscheidung, ob überhaupt ein Arbeitsvertrag abgeschlossen werden soll (**Abschlussfreiheit ieS**) und mit wem (**Auswahlfreiheit**)[7]. Die **Gestaltungsfreiheit** bezieht sich auf Inhalt und Form des Arbeitsvertrags.

9 Die ebenfalls zum Grundsatz der Vertragsfreiheit gehörende **Vertragsbeendigungsfreiheit**[8] ist von S. 1 zwar nicht explizit, aber der Sache nach erfasst, denn die Gestaltungsfreiheit überlässt es den Arbeitsvertragsparteien, im Rahmen der zwingenden Vorschriften (zB §§ 14 ff. TzBfG) auflösend befristete oder bedingte Arbeitsverträge abzuschließen. Außerdem ist der Abschluss eines Aufhebungsvertrags actus contrarius zum Arbeitsvertrag und ebenfalls Ausdruck privatautonomen Handelns der Arbeitsvertragsparteien hinsichtlich der Frage, ob sie das Arbeitsverhältnis aufrecht erhalten wollen.

10 **a) Abschluss des Arbeitsvertrags.** ArbGeb und ArbN können im Rahmen der Abschlussfreiheit einen Arbeitsvertrag nach den allgemeinen Regeln der Rechtsgeschäftslehre (§§ 104 ff. BGB), auch im Wege der Stellvertretung (§§ 164 ff. BGB), abschließen.

11 Die **Abschlussfreiheit des ArbGeb**, ob und mit wem er einen Arbeitsvertrag abschließt, kann – neben Vorschriften im Gesetz, TV oder BV (dazu Rz. 18 ff.) – **durch individualrechtl. Abrede eingeschränkt** sein, bspw. durch eine aus einem **Vorvertrag** folgende Pflicht zum Abschluss eines Arbeitsvertrags[9] oder eine vertragl. **Wiedereinstellungszusage** (etwa im Zusammenhang mit einer Kündigung oder einem Aufhebungsvertrag zum Zwecke der Verlängerung der Probezeit)[10].

12 Die **Abschlussfreiheit des ArbN** kann zB durch eine arbeitsvertragl. **Nebentätigkeitsgenehmigungsklausel** eingeschränkt werden, wonach die Aufnahme einer Nebentätigkeit der Zustimmung des ArbGeb bedarf. Allerdings hat der ArbN einen Anspruch auf Erteilung der Zustimmung durch den ArbGeb, wenn keine Beeinträchtigung der betrieblichen Interessen des ArbGeb zu erwarten ist[11].

13 **b) Inhalt.** Als Teil der in S. 1 gewährleisteten **Gestaltungsfreiheit** können die Arbeitsvertragsparteien im Rahmen der vorgegebenen Schranken den Inhalt des Arbeitsverhältnisses frei ausgestalten und insb. Arbeitsvergütung, Inhalt der geschuldeten Tätigkeit, Arbeitszeit, Laufzeit des Vertrages, Kündigungsfristen, Urlaub und Nebenpflichten vereinbaren. Anstatt die Arbeitsbedingungen selbst zu bestimmen, können die Arbeitsvertragsparteien auch die Anwendung tariflicher Normen vereinbaren mit der Folge,

---

1 Durch Art. 1 Nr. 19 des Dritten Gesetzes zur Änderung der GewO und sonstiger gewerberechtlicher Vorschriften vom 24.8.2002, BGBl. I S. 3412. | 2 Vgl. BT-Drs. 14/8796, S. 23; *Boemke*, § 105 GewO Rz. 3; grundl. zur Privatautonomie im Arbeitsvertragsrecht *Boemke*, NZA 1993, 523 ff.; MünchArbR/*Buchner*, § 39 Rz. 1 ff.; s.a. *Thüsing*, FS Wiedemann, 2002, S. 559 ff. | 3 *Bauer/Opolony*, BB 2002, 1590; *Wisskirchen*, DB 2002, 1886. | 4 BT-Drs. 14/8796, S. 24. | 5 Vgl. BT-Drs. 14/8796, S. 24; *Schöne*, NZA 2002, 829 (830). | 6 BT-Drs. 14/8796, S. 23. | 7 BT-Drs. 14/8796, S. 24; ErfK/*Preis*, § 611 BGB Rz. 384. | 8 *Boemke*, NZA 1993, 532 (537 f.). | 9 ErfK/*Preis*, § 611 BGB Rz. 397. | 10 Dazu BAG v. 7.3.2002 – 2 AZR 93/01, DB 2002, 1997; *Lembke*, DB 2002, 2648 ff.; allg. *Schrader/Straube*, NZA-RR 2003, 337 ff. | 11 BAG v. 11.12.2001 – 9 AZR 464/00, BB 2002, 2447 f.

dass die Tarifregelungen individualrechtlich gelten. Die Bezugnahme kann sich auch auf bereits gekündigte oder abgelaufene TV beziehen[1].

c) **Form.** Der **Arbeitsvertrag bedarf** zu seiner Wirksamkeit **grds. keiner Form**, kann also mündlich oder durch konkludente Willenserklärung (zB durch geduldete Arbeitsaufnahme) abgeschlossen werden. Nach S. 1 sind die Arbeitsvertragsparteien prinzipiell frei, für den Arbeitsvertrag oder ändernde bzw. ergänzende Vereinbarungen eine besondere Form, etwa die Schriftform (§§ 126, 127 BGB), vorzusehen. Vielfach finden sich in Arbeitsverträgen sog. **doppelte** oder **qualifizierte Schriftformklauseln**, wonach Änderungen und Ergänzungen der Schriftform bedürfen ebenso wie die Aufhebung des Schriftformerfordernisses selbst. 14

Ob eine derartige **qualifizierte Schriftformklausel abweichende mündliche Vereinbarungen verhindert**, ist umstritten, aber zu bejahen[2]. Jedenfalls trägt derjenige, der sich auf die Wirksamkeit der mündlichen Vertragsänderung beruft, die **Beweislast** dafür, dass die Parteien den Formzwang einvernehmlich aufgehoben und die mündliche Vereinbarung übereinstimmend gewollt haben[3]. 15

In vorformulierten (Standard-)Arbeitsverträgen, die der Inhaltskontrolle nach §§ 305 ff. BGB unterfallen, ist jedoch der **Vorrang der Individualabrede** zu beachten (§ 305b BGB). Formularmäßige Schriftformklauseln in Standard(arbeits)verträgen können die höherrangige individuelle Abrede nicht außer Kraft setzen und sind unwirksam[4]. Allerdings trifft die Beweislast für das Vorliegen der Individualabrede wiederum denjenigen, der sich darauf beruft. Der Vorrang der Individualabrede gegenüber vorformulierten Schriftformklauseln greift nicht, wenn sich der ArbN auf eine betriebl. Übung beruft, da es auf Grund des kollektiven Charakters der betrieblichen Übung an einer individuell ausgehandelten Verpflichtung fehlt[5]. 16

Umstritten ist auch, ob eine einfache Schriftformabrede im Arbeitsvertrag der Begründung einer betriebl. Übung entgegensteht[6] (vgl. auch Rz. 35). 17

2. **Schranken der Vertragsfreiheit.** Die in S. 1 grds. gewährleistete Arbeitsvertragsfreiheit besteht nach dem Gesetzeswortlaut nur, soweit nicht zwingende gesetzl. Vorschriften, Bestimmungen eines anwendbaren TV oder eine BV entgegenstehen. Bei Anwendung dieser Schranken im konkreten Einzelfall sind die Grundsätze der arbeitsrechtl. Rechtsquellenlehre (Vor § 611 BGB Rz. 132 ff.) zu beachten. 18

a) **Zwingende gesetzliche Vorschriften. aa) Abschluss des Arbeitsvertrags.** Gesetzl. Arbeitsrechtsvorschriften, welche die **Abschlussfreiheit** der Arbeitsvertragsparteien **einschränken**, beziehen sich entweder auf das **Ob** des Arbeitsvertragsschlusses (Abschlussfreiheit ieS) und begründen ein Abschlussverbot oder umgekehrt einen Kontrahierungszwang, oder sie beziehen sich die Auswahlfreiheit vor allem des Arbeitgebers, **mit wem** ein Arbeitsvertrag geschlossen werden kann. 19

(1) **Abschlussverbote.** Gesetzl. Abschlussverbote sind durch Auslegung zu ermitteln und kommen selten vor[7]. Sie richten sich gegen den Abschluss des Arbeitsvertrags als solchen und sind **abzugrenzen von** bloßen **Beschäftigungsverboten**, welche lediglich die tatsächliche Beschäftigung, also die Erfüllung der Arbeitspflicht, untersagen[8]. Ein **Abschlussverbot** besteht zB für Kinder unter 15 Jahren (§ 5 I JArbSchG); soweit kein gesetzl. Ausnahmetatbestand vorliegt, sind Arbeitsverträge mit Kindern unter 15 Jahren gem. § 134 BGB nichtig[9]. 20

Arbeitsverträge zwischen einem LeihArbN und dem Verleiher sind nach § 9 Nr. 1 AÜG unwirksam, wenn der Verleiher nicht die für gewerbsmäßige AÜ erforderliche Erlaubnis hat[10]. 21

Beschäftigungsverbote bestehen etwa für werdende Mütter (§§ 3, 4, 6, 8 MuSchG), Ausländer ohne die nach § 284 SGB III erforderliche Arbeitsgenehmigung bzw. ohne Aufenthaltstitel zur Ausübung einer Beschäftigung (§ 4 III AufenthG), bei Fehlen der Hygienebelehrung nach §§ 42 f. IfSG (früher: des Gesundheitszeugnisses nach §§ 17, 18 BSeuchG aF)[11], Verstoß gegen § 3 ArbZG[12] oder Verweigerung der Zustimmung des BR zur Einstellung nach § 99 BetrVG bis zum Vorliegen der Zustimmungsersetzung[13]. 22

---

1 BAG v. 20.9.2006 – 10 AZR 715/05, AP Nr. 44 zu § 1 TVG – Bezugnahme auf TV. | 2 Ebenso BAG v. 24.6.2003 – 9 AZR 302/02, DB 2003, 2339 (2340); BGH v. 2.6.1976 – VIII ZR 97/74, BGHZ 66, 378 ff.; BFH v. 31.7.1991 – I S 1/91, BStBl. II 1991, 933 (934); aA Palandt/*Heinrichs*, § 125 BGB Rz. 14; *Roloff*, NZA 2004, 1191 (1194 f.). | 3 Palandt/*Heinrichs*, § 125 BGB Rz. 14a. | 4 BAG v. 25.4.2007 – 5 AZR 504/06, NZA 2007, 801 (803); v. 20.10.1994 – III ZR 76/94, NJW-RR 1995, 179 (180); Palandt/*Heinrichs*, § 305b BGB Rz. 5; aA BGH v. 24.10.1979 – VIII ZR 235/78, NJW 1980, 234 (235); LAG Düsseldorf v. 13.4.2007 – 9 Sa 143/07, NZA-RR 2007, 455 (456). | 5 BAG v. 24.6.2003 – 9 AZR 302/02, DB 2003, 2339 (2340). | 6 Dafür BAG v. 27.3.1987 – 7 AZR 527/85, AP Nr. 29 zu § 242 BGB – Betriebliche Übung mwN; aA BAG v. 24.6.2003 – 9 AZR 302/02, DB 2003, 2339 (2340); v. 28.10.1987 – 5 AZR 518/85, NZA 1988, 425 (426), wo eine formfreie Aufhebung der Schriftformklausel durch betriebl. Übung angenommen wird. | 7 Vgl. nur BAG v. 3.11.2004 – 5 AZR 592/03, BB 2005, 782 (783); Palandt/*Heinrichs*, § 134 BGB Rz. 15 mwN. | 8 *Boemke*, § 105 GewO Rz. 26; Küttner/*Kreitner*, Personalbuch 2007, Beschäftigungsverbot 99 Rz. 3; zur Abgrenzung auch MünchArbR/*Buchner*, § 40 Rz. 5 ff. | 9 ErfK/*Schlachter*, § 5 JArbSchG Rz. 13. | 10 Näher *Boemke/Lembke*, § 9 AÜG Rz. 29 ff. | 11 BAG v. 2.3.1971 – 1 AZR 227/70, DB 1971, 1530; v. 25.6.1970 – 2 AZR 376/69, DB 1970, 1933. | 12 *Boemke*, § 105 GewO Rz. 28. | 13 BAG v. 5.4.2001 – 2 AZR 580/99, NJW 2002, 698 (701); *Boemke*, § 105 GewO Rz. 28.

Das Vorliegen eines Beschäftigungsverbots **führt nicht zur Nichtigkeit des Arbeitsvertrags**[1]. Das folgt nunmehr auch aus § 311a I BGB[2].

23 **(2) Kontrahierungszwang.** Die in S. 1 geregelte Abschlussfreiheit wird zum einen durch gesetzl. Normen eingeschränkt, die das Entstehen eines **Arbeitsverhältnisses kraft Gesetzes** vorsehen (zB § 10 I AÜG, § 613a I 1 BGB) oder die **unbefristete Fortsetzung** des auf Zeit eingegangenen Arbeitsverhältnisses anordnen (§ 24 BBiG, § 625 BGB, § 15 V TzBfG).

24 Zum anderen sehen einige gesetzl. Vorschriften einen Kontrahierungszwang für den ArbGeb vor, etwa bei **Weiterbeschäftigungsansprüchen** nach § 78a II BetrVG und § 102 V BetrVG sowie bei den **Wiedereinstellungsansprüchen** von ArbN nach § 91 VI SGB IX oder § 2 V ArbPlSchG, im Falle der Verdachtskündigung bei sich später herausstellender Unschuld[3], im Falle der betriebsbedingten Kündigung bei Wegfall des Kündigungsgrundes innerhalb der Kündigungsfrist[4] oder Eintritt eines Betriebsübergangs bis zum Ablauf der Kündigungsfrist[5], nicht hingegen bei Wegfall des Befristungsgrunds nach Ablauf der Befristung[6]. Hierzu gehört auch der allgemeine Weiterbeschäftigungsanspruch[7].

25 **(3) Einschränkung in der Auswahlfreiheit.** Bei der Auswahl, mit wem der ArbGeb einen Arbeitsvertrag abschließen will, ist er nicht an den arbeitsrechtl. Gleichbehandlungsgrundsatz gebunden, sondern hat nur die **Diskriminierungsverbote** zu beachten, wie etwa die der § 7 I AGG, § 81 II SGB IX, Art. 9 III 2 GG, § 78 S. 2 BetrVG[8]. Im Übrigen ist es dem ArbGeb nicht untersagt, die Auswahl bei der Einstellung eines Bewerbers nach anderen als sachbezogenen Gründen vorzunehmen[9].

26 **bb) Inhalt.** Hinsichtlich des von den Arbeitsvertragsparteien vereinbarten Inhalts des Arbeitsvertrags ergeben sich gesetzl. Schranken aus den **arbeitsrechtl. Schutzgesetzen** (zB ArbZG, BUrlG, EFZG, KSchG, MuSchG, SGB IX, TzBfG). Dazu zählen auch **Gesetze im materiellen Sinne**, wie etwa die von den Berufsgenossenschaften erlassenen Unfallverhütungsvorschriften (§ 15 SGB VII)[10].

27 Mit Wirkung ab dem 1.1.2002 wurde durch die Schuldrechtsreform neu eingeführt, dass vorformulierte (Standard-)Arbeitsverträge wie allgemeine Geschäftsbedingungen der **Inhaltskontrolle nach §§ 305 ff. BGB** unterliegen (vgl. § 310 IV BGB). Demgemäß wird insb. überprüft, ob die verwandten Klauseln den Vertragspartner des Verwenders, hier also idR den ArbN, unangemessen benachteiligen (näher § 307 BGB Rz. 22 f.). Auch insoweit ist die in S. 1 geregelte Gestaltungsfreiheit der Arbeitsvertragsparteien eingeschränkt.

28 **cc) Form.** Für den Arbeitsvertrag als solchen sieht das Gesetz – anders als für den Aufhebungsvertrag als actus contrarius (§ 623 BGB) – keine besondere Form vor (s. Rz. 14): Lediglich bestimmte Abreden wie die **Befristung** oder **auflösende Bedingung** des Arbeitsvertrags bedürfen zu ihrer Wirksamkeit der Schriftform (§§ 14 IV, 21 TzBfG, § 126 BGB). Auch das **nachvertragl. Wettbewerbsverbot** bedarf der Schriftform sowie zusätzlich der Aushändigung einer vom ArbGeb unterschriebenen Vertragsurkunde an den ArbN (§ 110 GewO iVm. § 74 I HGB).

29 Abgesehen davon besteht nur die gesetzl. Pflicht des ArbGeb, dem ArbN spätestens einen Monat nach dem vereinbarten Beginn des Arbeitsverhältnisses die wesentlichen Vertragsbedingungen in einer Urkunde niederzulegen und auszuhändigen (S. 2 iVm. § 2 NachwG – s. Rz. 41).

30 **b) Anwendbarer Tarifvertrag.** Schranken der Arbeitsvertragsfreiheit können sich auch aus anwendbaren tarifvertragl. Bestimmungen ergeben und zwar wiederum hinsichtlich Abschluss, Inhalt und Form. S. 1 meint aber nur solche tarifvertragl. Regelungen, die für die Arbeitsvertragsparteien kraft **Tarifbindung** (§§ 3 I, 4 I TVG), **Allgemeinverbindlicherklärung** (§ 5 IV TVG) oder im Falle von Tarifnormen über betriebl. oder betriebsverfassungsrechtl. Fragen kraft Tarifbindung des ArbGeb (§§ 3 II, 4 I 2 TVG) **normativ** (dh. unmittelbar und zwingend) **gelten.**

31 Bei einzelvertragl. Bezugnahme eines TV gilt der TV hingegen nicht normativ, sondern nur individualrechtl. wie sonstige arbeitsvertragl. Abreden[11]. Da die tarifl. Regelungen hierbei auf Grund des Parteiwillens der Arbeitsvertragsparteien gelten und von diesen jederzeit abgeändert oder aufgehoben werden können, stellt die individualvertragl. Inbezugnahme von TV der Arbeitsvertragsfreiheit keine Grenzen[12].

32 **aa) Abschluss des Arbeitsvertrags.** Beschränkungen der Abschlussfreiheit können sich aus tarifl. **Abschlussverboten** ergeben, zB in Form von Richtlinien für die personelle Auswahl bei Einstellungen oder Besetzungsregelungen in der Druckindustrie, wo die Besetzung eines Arbeitsplatzes von einer bestimmten Ausbildung abhängig gemacht wird[13].

1 *Boemke*, § 105 GewO Rz. 27; *Schaub/Linck*, ArbRHdb, § 34 Rz. 71. | 2 Vgl. *Däubler*, NZA 2001, 1329 (1332). | 3 BAG v. 20.8.1997 – 2 AZR 620/96, AP Nr. 27 zu § 626 BGB – Verdacht strafbarer Handlung. | 4 BAG v. 28.6.2000 – 7 AZR 904/98, AP Nr. 6 zu § 1 KSchG 1969 – Wiedereinstellung. | 5 BAG v. 13.5.2004 – 8 AZR 198/03, ZIP 2004, 1610 (1615 f.); v. 28.10.2004 – 8 AZR 199/04, NZA 2005, 405 (407); allg. zum Wiedereinstellungsanspruch *Linck*, FA 2000, 334 ff. | 6 BAG v. 20.2.2002 – 7 AZR 600/00, BB 2002, 1648 ff. | 7 Dazu BAG v. 27.2.1985 – GS 1/84, AP Nr. 14 zu § 611 BGB – Beschäftigungspflicht; Schaub/*Linck*, ArbRHdb, § 123 Rz. 164 ff. | 8 Vgl. *Boemke*, § 105 GewO Rz. 38 ff. | 9 *Boemke*, NZA 1993, 532 (535). | 10 *Boemke*, § 105 GewO Rz. 14. | 11 *Gamillscheg*, Kollektives Arbeitsrecht I, S. 733; ErfK/*Franzen*, § 3 TVG Rz. 32; aA *v. Hoyningen-Huene*, RdA 1974, 138 (142 ff.). | 12 Ebenso *Boemke*, § 105 GewO Rz. 21; aA BT-Drs. 14/8796, S. 23. | 13 Vgl. ErfK/*Preis*, § 611 BGB Rz. 330.

Abgesehen davon sehen TV Regelungen vor, die einen **Kontrahierungszwang** für den ArbGeb begründen, wie etwa tarifl. Wiedereinstellungsansprüche für die Zeit nach Beendigung eines Arbeitskampfes oder einer länger andauernden Betriebsstörung, für den Fall der Wiederherstellung der Berufs- oder Erwerbsfähigkeit (zB § 59 V BAT; § 33 Nr. 3 TVöD) oder für den Fall der Beendigung der Kindererziehung[1]. 33

bb) Inhalt. Hauptgegenstand von TV sind Regelungen, die den Inhalt des Arbeitsverhältnisses näher bestimmen (sog. **Inhaltsnormen**) und Haupt- und Nebenleistungspflichten näher ausgestalten[2]. Arbeitsvertragl. Abweichungen von normativ geltenden Tarifregelungen sind nur wirksam, soweit sie durch tarifl. Öffnungsklauseln gestattet sind oder dem Günstigkeitsprinzip entsprechen (§ 4 III TVG). Daher schränken tarifvertragl. Inhaltsnormen als Mindestarbeitsbedingungen die Gestaltungsfreiheit der Arbeitsvertragsparteien ein. 34

cc) Form. Tarifvertragl. Regelungen (sog. **Abschlussnormen**) können auch eine bestimmte Form für den Arbeitsvertragsabschluss vorsehen. **Regelmäßig** ergibt deren Auslegung aber, dass sie **nur deklaratorischer Natur** sind und lediglich einen Anspruch des ArbN auf formgerechte Vertragsniederlegung begründen, aber nicht zur Formnichtigkeit des formwidrig abgeschlossenen Arbeitsvertrags führen, da den ArbN sonst „Steine statt Brot" gegeben würden[3]. **Konstitutive tarifvertragl. Formvorschriften**, welche bei Nichtbeachtung zur Nichtigkeit der Vereinbarung führen (§ 125 S. 1 BGB) und das Entstehen einer betriebl. Übung verhindern[4], finden sich praktisch nur hinsichtlich arbeitsvertragl. Nebenabreden (zB § 4 II BAT/§ 2 III TVöD)[5]. 35

c) Betriebsvereinbarungen. Auch BV (GesamtBV, KonzernBV) gelten im Rahmen ihres Geltungsbereichs unmittelbar und zwingend im Arbeitsverhältnis der ArbN des Betriebs (§ 77 IV 1 BetrVG). Dasselbe gilt bei entsprechender Vereinbarung zwischen ArbGeb und SprAu auch für **Richtlinien** (§ 28 II 1 SprAuG). Insoweit ist der Gesetzestext des S. 1 nicht vollständig. Die vorgenannten Kollektivvereinbarungen stellen mithin eine Schranke für die Arbeitsvertragsparteien dar. Das **Günstigkeitsprinzip** findet aber Anwendung. 36

aa) Abschluss des Arbeitsvertrags. In BV können **Abschlussverbote** enthalten sein, wenn diese nicht üblicherweise durch TV geregelt werden (vgl. § 77 III BetrVG). Sie können sich insb. aus Auswahlrichtlinien nach § 95 BetrVG ergeben[6]. 37

Daneben finden sich **Wiedereinstellungsansprüche** in BV[7] bzw. Sozialplänen, etwa für den Fall von Neueinstellungen nach einer Massenentlassung[8] oder nach Beendigung einer freiwillig gewährten Elternzeit. 38

bb) Inhalt. Inhalt einer BV können Gegenstände der freiwilligen Mitbest. (vgl. § 88 BetrVG) bzw. der erzwingbaren Mitbest. (zB §§ 87, 91, 94, 95 BetrVG) sein. Die dort geregelten Bestimmungen legen mitunter **Mindestarbeitsbedingungen** fest und schränken die Gestaltungsfreiheit der Arbeitsvertragsparteien ein, soweit keine Öffnungsklausel in der BV existiert. 39

cc) Form. BV können für den Abschluss des Arbeitsvertrags keine bestimmte Form vorsehen, da sie für noch nicht betriebsangehörige ArbN keine normative Wirkung entfalten[9]. 40

III. Nachweis wesentlicher Arbeitsbedingungen (S. 2). S. 2 enthält aus Klarstellungsgründen einen **deklaratorischen Verweis auf das NachwG**. Danach hat der ArbGeb spätestens einen Monat nach dem vereinbarten Beginn des Arbeitsverhältnisses (§ 2 I NachwG) oder einen Monat nach einer Änderung (§ 3 NachwG) eine schriftl. Niederschrift über die (vereinbarten bzw. geänderten) wesentlichen Vertragsbedingungen auszuhändigen. Wegen Einzelheiten s. Komm. zum NachwG. 41

Ähnliche Nachweispflichten finden sich in § 11 I AÜG und § 11 BBiG. 42

Auf Grund dieser Nachweispflichten verzichtete der Gesetzgeber auf das Erfordernis der Erfüllung der Hinweis- und Kenntnisverschaffungspflicht nach § 305 II BGB hinsichtlich der **wirksamen Vereinbarung vorformulierter Klauseln in (Standard-)Arbeitsverträgen** (§ 310 BGB IV 2, Hs. 2)[10]. Voraussetzung für die Geltung der allgemeinen Arbeitsbedingungen ist aber trotzdem das Einverständnis des ArbN mit ihnen[11]. 43

1 MünchArbR/*Löwisch/Rieble*, § 260 Rz. 40 ff. |2 Vgl. nur MünchArbR/*Löwisch/Rieble*, § 260 Rz. 1 ff. |3 BAG v. 24.6.1981 – 24.6.1981, AP Nr. 2 zu § 4 TVG – Formvorschriften; MünchArbR/*Löwisch/Rieble*, § 260 Rz. 34; *Schaub/Linck*, ArbRHdb, § 32 Rz. 57. |4 BAG v. 18.9.2002 – 1 AZR 477/01, DB 2003, 776; LAG Köln v. 26.7.2002 – 11 Ta 224/02, NZA-RR 2003, 577, LS 2; Schaub/*Koch*, ArbRHdb, § 111 Rz. 16. |5 Vgl. BAG v. 18.9.2002 – 1 AZR 477/01, BB 2003, 795 (796); v. 7.5.1986 – 4 AZR 556/83, AP Nr. 12 zu § 4 BAT; MünchArbR/*Löwisch/Rieble*, § 260 Rz. 34. |6 ErfK/*Preis*, § 611 BGB Rz. 330; *Schaub/Linck*, ArbRHdb, § 32 Rz. 71. |7 Vgl. BAG v. 19.10.2005 – 7 AZR 32/05, NZA 2006, 393. |8 Vgl. nur *Röder/Baeck*, Interessenausgleich und Sozialplan, 3. Aufl. 2001, S. 169. |9 *Boemke*, § 105 GewO Rz. 30; *Hromadka/Maschmann*, Arbeitsrecht I, § 5 Rz. 75; aA *Schaub/Linck*, ArbRHdb, § 32 Rz. 56. |10 BT-Drs. 14/6857, S. 54. |11 *Boemke*, § 105 GewO Rz. 78.

106 *Weisungsrecht des Arbeitgebers*

Der Arbeitgeber kann Inhalt, Ort und Zeit der Arbeitsleistung nach billigem Ermessen näher bestimmen, soweit diese Arbeitsbedingungen nicht durch den Arbeitsvertrag, Bestimmungen einer Betriebsvereinbarung, eines anwendbaren Tarifvertrages oder gesetzliche Vorschriften festgelegt sind. Dies gilt auch hinsichtlich der Ordnung und des Verhaltens der Arbeitnehmer im Betrieb. Bei der Ausübung des Ermessens hat der Arbeitgeber auch auf Behinderungen des Arbeitnehmers Rücksicht zu nehmen.

1 **I. Vorbemerkungen. 1. Entstehungsgeschichte.** § 106 wurde **mWv. 1.1.2003** in die GewO eingefügt[1]. Er regelt die Grundsätze des arbeitsrechtl. Direktionsrechts und übernimmt im Wesentlichen den Inhalt des bisherigen § 121[2]. Die Vorschrift **gilt in allen Arbeitsverhältnissen** (§ 6 II).

2 Während der Text des aufgehobenen § 121 die Gehorsamspflicht des ArbN bei Ausübung des Direktionsrechts durch den ArbGeb in den Vordergrund stellte, betont der neue S. 1 des § 106 das Weisungsrecht des ArbGeb und seine Schranken. In S. 2 und 3 besonders herausgehoben werden das Direktionsrecht bezüglich der Ordnung und des Verhaltens der ArbN im Betrieb sowie die Pflicht zur Rücksichtnahme auf Behinderungen des ArbN. Materiell hat sich allerdings dadurch nichts geändert, so dass auf die **bisherige Rspr. zum Weisungsrecht** uneingeschränkt zurückgegriffen werden kann[3].

3 **2. Sinn und Zweck.** Das **Weisungsrecht** des ArbGeb hinsichtlich Inhalt, Ort und Zeit der Arbeitsleistung ist ein wesentlicher Bestandteil des Arbeitsverhältnisses und **jedem Arbeitsverhältnis immanent**[4].

---

1 Durch Art. 1 Nr. 19 des Dritten Gesetzes zur Änderung der Gewerbeordnung und sonstiger gewerberechtlicher Vorschriften vom 24.8.2002, BGBl. I S. 3412. | 2 BT-Drs. 14/8796, S. 24. | 3 *Lakies*, BB 2003, 364; Boemke/*Keßler*, § 106 GewO Rz. 1. | 4 BT-Drs. 14/8796, S. 24; BAG v. 12.12.1984 – 7 AZR 509/83, AP Nr. 6 zu § 2 KSchG 1969; ErfK/*Preis*, § 611 BGB Rz. 274; *Wisskirchen*, DB 2002, 1886.

Das folgt schon aus der Definition des ArbN; ArbN ist, wer auf Grund eines Dienstvertrags nach §§ 611 ff. BGB für einen anderen persönlich abhängige, fremdbestimmte Arbeit leistet, wobei sich die persönliche Abhängigkeit – in Abgrenzung zum selbstständigen Dienstleister – aus dem Unterworfensein unter Weisungen hinsichtlich Inhalt, Ort und Zeit der Arbeitsleistung ergibt (vgl. § 84 I 2 HGB). Näher zum ArbN-Begriff Vor § 611 BGB Rz. 19 ff.

§ 106 hat folglich rein **deklaratorischen Charakter**[1]. Voraussetzung und damit Grundlage für das Direktionsrecht des ArbGeb ist der Arbeitsvertrag. Dennoch hielt der Gesetzgeber eine ausdrückliche Regelung von Inhalt und Grenzen des Weisungsrechts im Interesse von **Rechtsklarheit** und **Rechtssicherheit** im Arbeitsverhältnis für geboten[2]. 4

3. Bedeutung und Rechtsnatur des Weisungsrechts. Das Weisungsrecht des Arbeitgebers ist ein wichtiger Gestaltungsfaktor im Arbeitsrecht. Durch den Abschluss des Arbeitsvertrags verpflichtet sich der ArbN zur Arbeitsleistung nach näherer Bestimmung durch den ArbGeb. Durch die Ausübung des Weisungsrechts **konkretisiert** der ArbGeb die **Pflicht zur Arbeitsleistung** hinsichtlich Art der Tätigkeit (**was, wie**), Ort (**wo**) und Zeit (**wann, wie lange**) der Arbeitsleistung und füllt den arbeitsvertragl. Rahmen aus. Dabei hat er die arbeitsrechtl. Rechtsquellenlehre (Vor § 611 BGB Rz. 132 ff.) und mithin den Vorrang höherrangiger Bestimmungen in Gesetz, TV und BV zu beachten. 5

Das Weisungsrecht ist ein **einseitiges Leistungsbestimmungsrecht** iSd. § 315 BGB[3] und daher nach billigem Ermessen auszuüben (S. 1 – s. Rz. 115 ff.). Die Leistungsbestimmung durch Erteilung einer Weisung stellt eine **einseitige empfangsbedürftige Willenserklärung** dar[4]. 6

Ebenso wie das Leistungsbestimmungsrecht auch einem Dritten zustehen kann (§ 317 BGB), kann das Weisungsrecht mit Zustimmung des ArbN vom ArbGeb an einen Dritten übertragen werden. Das ist etwa bei der **AÜ** der Fall. Hier übt der Entleiher gegenüber dem LeihArbN das ihm vom Verleiher übertragene Direktionsrecht aus[5]. Erforderlich ist jedoch die Zustimmung des ArbN. Denn aus § 613 S. 2 BGB folgt, dass sich das Direktionsrecht grds. nur auf die Arbeitsleistung des ArbN beim VertragsArbGeb bezieht. Daher ist auch die Versetzung eines ArbN in ein anderes konzernangehöriges Unternehmen grds. nicht vom Direktionsrecht umfasst[6]. Etwas anderes kommt nur in Betracht, wenn die Arbeitsvertragsparteien eine wirksame **Konzernversetzungsklausel** vereinbart haben, wonach der ArbGeb berechtigt ist, den ArbN auch bei einem anderen Unternehmen innerhalb des Konzerns zu beschäftigen[7] (s. auch Rz. 74). 7

Mit dem Weisungsrecht des ArbGeb korrespondiert eine entsprechende **Leistungs- bzw. Gehorsamspflicht des ArbN**[8]. Daher stellt die **Nichtbefolgung** einer rechtmäßigen Weisung eine **Arbeitsvertragsverletzung** dar, die eine Abmahnung und ggf. eine verhaltensbedingte Kündigung zur Folge haben kann. 8

Hingegen ist eine **rechtswidrige bzw. nicht billigem Ermessen entsprechende Weisung** unverbindlich (§ 315 III 1 BGB), und der ArbN hat ein **Leistungsverweigerungsrecht**[9] sowie grds. Anspruch auf vertragsgemäße Beschäftigung[10]. 9

Hinsichtlich des Weisungsrechts stellt sich in der Praxis insb. die Frage, ob eine Maßnahme des ArbGeb von seinem **Direktionsrecht** umfasst ist **oder** ob die **Zustimmung des ArbN** erforderlich bzw. eine **Änderungskündigung** (§ 2 KSchG) auszusprechen ist. Sofern Zweifel verbleiben, ist eine (schriftl.) Weisung verbunden mit dem hilfsweisen Ausspruch einer Änderungskündigung anzuraten. Insoweit sind freilich etwaige MitbestR des BR nach §§ 99, 102 BetrVG zu beachten. 10

Praktisch wichtig ist die Bestimmung des Umfangs des Weisungsrechts auch im Hinblick auf die **Vergleichbarkeit der ArbN** im Rahmen der **Sozialauswahl** nach § 1 III 1 KSchG bei betriebsbedingten Kündigungen. An der Vergleichbarkeit fehlt es, wenn der ArbGeb den ArbN nicht einseitig kraft Direktionsrechts auf den anderen Arbeitsplatz um- oder versetzen kann[11]. Demgegenüber erweitert eine weite Versetzungsklausel den Kreis der Sozialauswahl[12]. Allerdings ist die Sozialauswahl bei einer betriebsbedingten Kündigung auf den Betrieb beschränkt, in dem der zu kündigende ArbN beschäftigt ist. Dies gilt selbst dann, wenn der ArbGeb den ArbN auf Grund einer Versetzungsklausel in andere Betriebe des Unternehmens versetzen kann[13]. 11

II. Gegenstand des Weisungsrechts. Nach S. 1 kann der ArbGeb in dem von Arbeitsvertrag, einschlägigen BV, TV und gesetzl. Bestimmungen vorgegebenen Rahmen Inhalt, Ort und Zeit der Arbeitsleistung 12

---

1 Ebenso Boemke/*Keßler*, § 106 GewO Rz. 1. | 2 BT-Drs. 14/8796, S. 24. | 3 MünchArbR/*Blomeyer*, § 48 Rz. 31; *Lakies*, BB 2003, 364. | 4 Boemke/*Keßler*, § 106 GewO Rz. 6; Palandt/*Heinrichs*, § 315 BGB Rz. 11; *Tettinger*/*Wank*, § 106 GewO Rz. 11; aA *Schaub*/*Linck*, ArbRHdb, § 31 Rz. 22: geschäftsähnliche Handlung; diff. MünchArbR/*Richardi*, § 12 Rz. 53. | 5 *Boemke*/*Lembke*, AÜG, § 1 Rz. 29, § 12 Rz. 33. | 6 Schüren/*Hamann*, AÜG, § 1 Rz. 566; *Grimm*/*Brock*, Praxis der Arbeitnehmerüberlassung, § 3 Rz. 42; *Preis*, Der Arbeitsvertrag, II D 30 Rz. 110. | 7 Schüren/*Hamann*, AÜG, § 1 Rz. 566; *Grimm*/*Brock*, Praxis der Arbeitnehmerüberlassung, § 3 Rz. 42. | 8 Vgl. § 13 S. 2 Nr. 3 BBiG; *Tettinger*/*Wank*, § 106 GewO Rz. 2. | 9 Zum Ganzen auch Boemke/*Keßler*, § 106 GewO Rz. 55 f. | 10 LAG München v. 18.9.2002 – 5 Sa 619/02, NZA-RR 2003, 269 (270). | 11 BAG v. 2.3.2006 – 2 AZR 23/05, NZA 2006, 1350 (1351). | 12 BAG v. 11.4.2006 – 9 AZR 557/05, NZA 2006, 1149 (1152). | 13 BAG v. 15.12.2005 – 6 AZR 199/05, NZA 2006, 590.

nach billigem Ermessen näher bestimmen. Dies gilt nach S. 2 auch hinsichtlich der Ordnung und des Verhaltens der ArbN im Betrieb. Dabei gilt der **Grundsatz: Je enger die Leistungspflicht im Arbeitsvertrag festgelegt** ist, **desto enger** sind die **Grenzen des Weisungsrechts**. Dies **gilt auch umgekehrt**, dh. je offener und allgemeiner die zu leistenden Dienste beschrieben sind, desto weiter ist die Weisungsbefugnis des ArbGeb[1]. Die Arbeitsvertragsparteien können direktionsrechtlich erweiternde Vereinbarungen treffen, die das Leistungsbestimmungsrecht des ArbGeb hinsichtlich der Hauptleistungspflichten regeln[2].

13 Das Weisungsrecht gibt dem ArbGeb aber **nicht** die **Befugnis**, **einseitige** Anordnungen zu treffen, die den **Wert von Leistung und Gegenleistung** nachhaltig **beeinträchtigen**. Mithin unterliegt der Umfang der beiderseitigen Hauptleistungspflichten (Vergütungs- und Arbeitspflicht) nicht dem Weisungsrecht des ArbGeb[3]. Die Regelung der beiderseitigen Hauptleistungspflichten gehört zum Kernbereich des Arbeitsverhältnisses mit der Folge, dass diese Arbeitsbedingungen lediglich durch Gesetz, Kollektiv- oder Einzelarbeitsvertrag gestaltbar sind[4]. Insb. kann der **zeitliche Umfang der Arbeitszeit nicht einseitig** kraft Direktionsrechts **geändert** werden, weil ansonsten der (Änderungs-) Kündigungsschutz nach dem KSchG umgangen werden könnte[5] (s. auch Rz. 34).

14 Ist hinsichtlich der Art der Bezahlung nichts Näheres vereinbart oder geregelt, so kann der ArbGeb einem ursprünglich mit Akkordarbeit beschäftigten ArbN jedoch auch kraft Direktionsrecht Zeitlohntätigkeiten zuweisen, sofern die Zeitlohnarbeiten mit dem Akkorddurchschnitt vergütet werden und dem ArbN keine Entgeltnachteile entstehen[6].

15 **1. Inhalt der Arbeitsleistung.** Das Weisungsrecht bezieht sich zunächst auf den Inhalt der Arbeitsleistung. Im Rahmen der einschlägigen Kollektiv- und Individualvereinbarungen und Gesetze kann der ArbGeb dem ArbN Anordnungen hinsichtlich der **Art der Tätigkeit** (was) und der **konkreten Ausübung der Tätigkeit** (wie) geben. Dies umfasst das Recht, den ArbN anzuweisen, die von ihm erbrachten Arbeitsleistungen in Tätigkeitsberichten zu dokumentieren (zB zur Überprüfung des Arbeitsergebnisses, zur Gewährleistung der zutreffenden Eingruppierung)[7].

16 **a) Generelle Tätigkeitsbeschreibung.** Je ungenauer und allgemeiner die vom ArbN zu leistenden Dienste im Arbeitsvertrag beschrieben sind, desto weiter geht die Befugnis des ArbGeb, dem ArbN unterschiedliche Aufgaben im Wege des Direktionsrechts zuzuweisen (Extrembeispiel: „Faktotum")[8]. Ist die Art der Dienstleistung abgesehen von einer allgemeinen Beschreibung (zB Angestellter, Arbeiter) nicht näher geregelt, hat der ArbN die mit der generell beschriebenen Tätigkeit **üblicherweise zu erbringenden Dienste** auf entsprechende Weisung zu leisten (vgl. § 59 S. 1 HGB)[9]. Ist zB der ArbN einer Bausparkasse als „kaufmännischer Angestellter" ohne nähere Festlegung des Aufgabengebiets eingestellt worden, kann der ArbGeb ihm grds. jede Beschäftigung im Rahmen der Verwendungsmöglichkeiten eines kaufmännischen Angestellten (etwa die Tätigkeit als Kreditsachbearbeiter) zuweisen[10], nicht jedoch die eines Arbeiters[11]. Bei Arbeitsverhältnissen von Filmschauspielern kann der ArbGeb den Kern der vereinbarten Rolle nicht einseitig kraft Direktionsrechtsausübung ändern[12]. Bestehen keine vertragl. oder sonstigen Beschränkungen, darf der ArbGeb kraft Direktionsrechts auch einen **Wechsel in der Art der Beschäftigung** vorschreiben oder den **Arbeitsbereich verkleinern**[13]. Zu Versetzungs-/Umsetzungsklauseln s. Rz. 57 ff.

17 Die vom ArbGeb einseitig angeordnete Umgestaltung der arbeitsvertragl. Leistungspflichten findet aber ihre **Grenze**, wo sie zu einer dauerhaften Absenkung des qualitativen Niveaus der Arbeitsleistung (sog. **Sozialbild**) führt, selbst wenn die bisherige Vergütung der Höhe nach nicht reduziert wird[14], denn der ArbGeb kann nicht über das Weisungsrecht den Umfang der Hauptleistungspflichten (hier: Art der Beschäftigung) einseitig verändern (s. Rz. 13). Die Art der Beschäftigung wird aber geändert, wenn die übertragene unterschiedliche Tätigkeit nicht gleichwertig ist. **Gleichwertigkeit** bestimmt sich mangels anderer Anhaltspunkte grds. aus der auf den Betrieb abgestellten Verkehrsauffassung und dem sich daraus ergebenden Sozialbild[15]. Kriterien für die Gleichwertigkeit nach der Sozial- bzw. Verkehrs-

---

1 Boemke/*Keßler*, § 106 GewO Rz. 7; *Lakies*, BB 2003, 364. | 2 BAG v. 16.10.2007 – 9 AZR 239/07, NZA 2008, 289 (291). | 3 BAG v. 12.12.1984 – 7 AZR 509/83, AP Nr. 6 zu § 2 KSchG 1969; LAG Düsseldorf v. 30.8.2002 – 9 Sa 709/02, NZA-RR 2003, 407 (408); *Lakies*, BB 2003, 364. | 4 BAG v. 12.12.1984 – 7 AZR 509/83, AP Nr. 6 zu § 2 KSchG 1969. | 5 BAG v. 12.12.1984 – 7 AZR 509/83, AP Nr. 6 zu § 2 KSchG 1969; LAG Düsseldorf v. 30.8.2002 – 9 Sa 709/02, NZA-RR 2003, 407 (408); Boemke/*Keßler*, § 106 GewO Rz. 78; *Lakies*, BB 2003, 364 (367). | 6 Vgl. ArbG Regensburg v. 17.12.1990 – 6 Ca 683/90, BB 1991, 682 (LS); *Hunold*, NZA-RR 2001, 337 (342); s. auch Schaub/*Linck*, ArbRHdb, § 45 Rz. 24a. | 7 BAG v. 19.4.2007 – 2 AZR 78/06, AP Nr. 71 zu § 611 BGB Rz. 23 ff. – Direktionsrecht. | 8 MünchArbR/*Blomeyer*, § 48 Rz. 24; *Boemke*, NZA 1993, 532 (536); *Preis*, Der Arbeitsvertrag, II D 30 Rz. 5. | 9 MünchArbR/*Blomeyer*, § 48 Rz. 23; Schaub/*Linck*, ArbRHdb, § 45 Rz. 24. | 10 BAG v. 27.3.1980 – 2 AZR 506/78, AP Nr. 26 zu § 611 BGB – Direktionsrecht; LAG Hamm v. 8.3.2005 – 19 Sa 2128/04, NZA-RR 2005, 462 (463). | 11 *Lakies*, BB 2003, 364 (365). | 12 BAG v. 13.6.2007 – 5 AZR 564/06, NZA 2007, 974 (975 f.) = AP Nr. 11 zu § 611 BGB – Film m. Anm. *Lembke*. | 13 BAG v. 27.3.1980 – 2 AZR 506/78, AP Nr. 26 zu § 611 BGB – Direktionsrecht; v. 23.6.1993 – 5 AZR 337/92, BB 1993, 2019; *Lakies*, BB 2003, 364 (367). | 14 BAG v. 12.12.1984 – 7 AZR 509/83, AP Nr. 6 zu § 2 KSchG 1969 mwN; v. 30.8.1995 – 1 AZR 47/95, AP Nr. 44 zu § 611 BGB – Direktionsrecht; *Hunold*, NZA-RR 2001, 337 (341); Boemke/*Keßler*, § 106 GewO Rz. 60; *Lakies*, BB 2003, 364 (367). | 15 BAG v. 30.8.1995 – 1 AZR 47/95, AP Nr. 44 zu § 611 BGB – Direktionsrecht; s. auch Schaub/*Linck*, ArbRHdb, § 45 Rz. 35; *Preis*, Der Arbeitsvertrag, II D 30 Rz. 47.

anschauung sind zB Vergütungsgruppen in TV oder BV[1], die Anzahl der unterstellten Mitarbeiter, der Umfang der Entscheidungsbefugnisse über den Einsatz von Sachmitteln oder Personalkapazität[2] oder Hierarchieebenen nach dem Organigramm des Betriebs[3].

Den **Angestellten im öffentl. Dienst** können idR durch ArbGebWeisung alle Tätigkeiten übertragen werden, welche die Merkmale der für sie maßgebenden **Vergütungsgruppe des BAT bzw. TVöD** erfüllen (s. Rz. 97 f.)[4]. Entsprechendes dürfte grds. auch für die **Privatwirtschaft** gelten. Vielfach **spezifizieren** die **tarifl. Vergütungsgruppen die Tätigkeiten** genauer und enthalten somit Kriterien für die Sozialanschauung und die Tätigkeiten, die als gleichwertig anzusehen sind[5]. Eine Prokura kann aber in jedem Fall ohne Rücksicht auf den Arbeitsvertrag widerrufen werden[6]. 18

Gehören die Arbeiten, die dem ArbN übertragen werden sollen, zu seinem Berufsbild, verfügt er aber nicht über die erforderlichen Fähigkeiten und Kenntnisse (zB wegen der Entwicklung neuer Techniken), so kann der ArbGeb den ArbN **anweisen**, zur Vorbereitung auf die Arbeit auch eine entsprechende **Schulung** zu absolvieren[7]. 19

b) Enge Tätigkeitsbeschreibung. Je enger und konkreter die Arbeitspflicht vertragl. fixiert ist, desto geringer ist der dem Direktionsrecht belassene Spielraum[8]. Ist eine konkrete Tätigkeit vereinbart oder ist der Tätigkeitsbereich eines ArbN durch eine **Stellenbeschreibung** als Bestandteil des Arbeitsvertrags genau bestimmt, so bedeutet jede Zuweisung einer anderen Tätigkeit und eines anderen Arbeitsplatzes eine Änderung des Arbeitsvertrags, die nicht durch Weisungsrecht herbeigeführt werden kann, sondern einer Änderungsvereinbarung mit dem ArbN oder einer Änderungskündigung bedarf[9]. 20

c) Notfall. Eine Ausnahme besteht insoweit in Notfällen, dh. bei unvorhersehbaren willensunabhängigen äußeren Ereignissen, die zu erheblichen Schäden beim ArbGeb führen können (zB Naturkatastrophen; wenn Rohstoffe oder Lebensmittel zu verderben oder Arbeitsergebnisse zu misslingen drohen, vgl. § 14 I ArbZG). Hier kann der ArbGeb dem ArbN ausnahmsw. vorübergehend anderweitige, von ihm nicht geschuldete Tätigkeiten übertragen; der ArbN ist auf Grund seiner Treuepflicht verpflichtet, den Weisungen Folge zu leisten und Schaden für den Betrieb des ArbGeb abzuwenden (vgl. auch § 241 II BGB)[10]. 21

d) Ersatztätigkeit bei mutterschutzrechtlichem Beschäftigungsverbot. Eine Besonderheit gilt gegenüber ArbNinnen, die während der Schwangerschaft auf Grund eines mutterschutzrechtl. Beschäftigungsverbots (§§ 3, 4, 8 MuSchG) daran gehindert sind, die vertragl. geschuldete Arbeitsleistung zu erbringen. Hier kann der ArbGeb im Wege des Weisungsrechts der ArbNin **für die Zeit des Beschäftigungsverbots** eine **Ersatztätigkeit** zuweisen, die an sich nicht vom Vertrag gedeckt und daher **an sich** auch **nicht vom Direktionsrecht umfasst** ist[11]. In der Praxis hat der ArbGeb aber darauf zu achten, dass er die Weisung so konkret erteilt (v.a. bestimmte Tätigkeit, bestimmter Umfang, bestimmte Zeit), dass beurteilt werden kann, ob billiges Ermessen gewahrt ist[12]. Tut er dies nicht, behält die ArbNin ihren Anspruch auf Mutterschutzlohn aus § 11 MuSchG[13]. 22

e) Mitbestimmungsrecht des Betriebsrats nach § 99 BetrVG. Die Zuweisung einer anderen Tätigkeit kann eine **Versetzung im betriebsverfassungsrechtl. Sinne gem. § 95 III BetrVG** sein und somit das MitbestR des BR nach § 99 BetrVG auslösen (s. auch Rz. 106). Die fehlende Zustimmung des BR zur Versetzung hat die Folge, dass die Versetzung auch individualrechtl. unwirksam ist und der ArbN das Recht hat, die Arbeit zu den geänderten Bedingungen zu verweigern[14]. Die **Versetzung** eines **BR-Mitglieds** oder einer anderen in § 103 I BetrVG genannten Person bedarf grds. der Zustimmung des BR (§ 103 III BetrVG). 23

2. Ort der Arbeitsleistung. Das Weisungsrecht des Arbeitgebers umfasst auch die Frage, wo der ArbN die geschuldete Arbeit verrichten soll. 24

a) Ausdrückliche Vereinbarung zum Arbeitsort. Regelmäßig ist der Arbeitsort im Arbeitsvertrag vereinbart. Dabei kann der Ort der Arbeitsleistung etwa auf einen bestimmten Betrieb des ArbGeb oder 25

1 Boemke/*Keßler*, § 106 GewO Rz. 60, 62. | 2 *Hunold*, NZA-RR 2001, 347 (341); vgl. auch LAG Hamm v. 9.1.1997 – 17 Sa 1554/96, NZA-RR 1997, 337 (LS). | 3 Vgl. LAG Köln v. 22.12.2004 – 7 Sa 839/04, BB 2005, 2196. | 4 BAG v. 2.3.2006 – 2 AZR 23/05, NZA 2006, 1350 (1351); v. 23.11.2004 – 2 AZR 38/04, NZA 2005, 986 (990); v. 30.8.1995 – 1 AZR 47/95, AP Nr. 44 zu § 611 BGB – Direktionsrecht, LS 1. | 5 So auch MünchArbR/*Blomeyer*, § 48 Rz. 23; Boemke/*Keßler*, § 106 GewO Rz. 62. | 6 BAG v. 28.6.1986 – 3 AZR 94/85, NZA 1987, 202 ff. | 7 ArbG Bonn v. 4.7.1990 – 4 Ca 751/90, NZA 1991, 512; *Hunold*, NZA-RR 2001, 337 (345); Schaub/*Linck*, ArbRHdb, § 45 Rz. 24; aA Boemke/*Keßler*, § 106 GewO Rz. 68. | 8 *Boemke*, NZA 1993, 532 (536); *Preis*, Der Arbeitsvertrag, II D 30 Rz. 5. | 9 BAG v. 2.3.2006 – 2 AZR 23/05, NZA 2006, 1350 (1351); *Hunold*, NZA-RR 2001, 337 (342); s. auch MünchArbR/*Blomeyer*, § 48 Rz. 52. | 10 ArbG Leipzig v. 4.2.2003 – 7 Ca 6866/02, DB 2003, 1279; MünchArbR/*Blomeyer*, § 48 Rz. 35; Boemke/*Keßler*, § 106 GewO Rz. 5; *Lakies*, BB 2003, 364 (366 f.). | 11 BAG v. 15.11.2000 – 5 AZR 365/98, BB 2001, 527 (528); v. 21.4.1999 – 5 AZR 174/98, AP Nr. 5 zu § 4 MuSchG 1968. | 12 BAG v. 15.11.2000 – 5 AZR 365/98, BB 2001, 527 f. | 13 Zum Anspruch auf Mutterschutzlohn BAG v. 13.2.2002 – 5 AZR 588/00, NZA 2002, 739 ff.; *Lembke*, NZA 1998, 349 ff. | 14 BAG v. 5.4.2001 – 2 AZR 580/99, NJW 2002, 698 (700) mwN.

sogar auf einen konkreten Arbeitsplatz (im räumlichen Sinne) innerhalb des Betriebs beschränkt sein. Die Beschäftigung an einem anderen Ort bedarf in diesem Fall der Zustimmung des ArbN oder einer Änderungskündigung. Ist als Arbeitsort ein bestimmter Betrieb vereinbart und unterhält der Vertragsarbeitgeber mit einem anderen Unternehmen eine Gemeinschaftsbetrieb, so kann der ArbN innerhalb des Gemeinschaftsbetriebs kraft Direktionsrechts versetzt werden.

26 Möglich ist es auch, als Arbeitsort sämtliche Betriebe des ArbGeb oder wechselnde, im Voraus nicht näher bestimmte Einsatzorte zu vereinbaren[1]. Hier ist das Weisungsrecht des ArbGeb in örtlicher Hinsicht entsprechend umfangreicher (zu Versetzungsklauseln s. Rz. 73).

27 **b) Keine ausdrückliche Vereinbarung zum Arbeitsort.** Enthält der Arbeitsvertrag keine ausdrückliche Regelung zum Ort der Arbeitsleistung, ist der Vertrag nach §§ 133, 157 BGB nach Treu und Glauben unter Berücksichtigung der Verkehrssitte **auszulegen**. Dabei sind alle Begleitumstände zu würdigen, die von Bedeutung sind, welchen Willen der Erklärende bei seiner Erklärung gehabt hat und wie der Empfänger diese Erklärung verstanden hat oder verstehen musste[2].

28 Sind arbeitsvertragl. **Außendiensttätigkeiten** oder **Bau- und Montagearbeiten** geschuldet, ergibt die Vertragsauslegung, dass die Arbeit an wechselnden Orten zu erbringen ist. Auf Anordnung des ArbGeb muss der ArbN die Arbeitsstelle aufsuchen, an der jeweils die vertragl. geschuldete Leistung zu erbringen ist[3]. Dies gilt etwa auch für eine in einem Gebäudereinigungsunternehmen tätige **Raumpflegerin**; sie kann an verschiedene Arbeitsstätten entsandt werden[4]. Gehören zum Berufsbild bzw. zur Tätigkeit typischerweise **Geschäftsreisen im In- und Ausland**, kann der ArbGeb diese im Wege des Direktionsrechts anordnen[5].

29 Ist der Erfüllungsort für die Arbeitsleistungspflicht weder einzel- noch kollektivvertragl. ausdrücklich bestimmt noch auf Grund Auslegung zu ermitteln, bezieht sich die Arbeitspflicht aus der Natur des Schuldverhältnisses (vgl. § 269 I BGB) auf den **Sitz des Betriebs**, für den der ArbN eingestellt ist, sofern der ArbN dort **ständig beschäftigt** wird[6]. Fehlen klare Anhaltspunkte dafür, dass der ArbN ausschließlich an einem Ort eingesetzt werden soll, ist das Weisungsrecht des ArbGeb allerdings auf der 1. Stufe („Ob") in örtlicher Hinsicht nicht beschränkt (§ 106 S. 1)[7]; auf der 2. Stufe der Ausübungskontrolle („Wie") hat der ArbGeb freilich nach billigem Ermessen zu handeln.

30 **c) Betriebsverlegung.** Bei der Verlegung eines Betriebs oder Betriebsteils an einen anderen Ort sind ebenfalls die individual- bzw. kollektivvertragl. Grenzen hinsichtlich des Orts der Arbeitsleistung festzustellen. Eine **allgemeine Folgepflicht des ArbN** und eine entsprechende Weisungsbefugnis des ArbGeb unabhängig von der Entfernung zwischen altem und neuem Betriebssitz gibt es **nicht**[8]. Vielmehr kommt es mangels spezieller Vereinbarungen darauf an, ob auf Grund des längeren Wegs zur Arbeitsstätte die vertragl. geschuldete Arbeitsleistung wesentlich geändert wird[9] und ob der ArbN durch die Betriebsverlegung seinen bisherigen Lebenskreis verlassen muss oder nicht[10]. Insoweit ist **darauf abzustellen, ob** ein verständiger objektiver Dritter wegen der örtlichen Veränderung des Arbeitsplatzes einen **Umzug** der Wohnung durchführen würde[11]. Wird der Betrieb am selben Ort oder in unmittelbarer Nachbarschaft verlegt, kann der ArbGeb regelmäßig eine Versetzung vornehmen[12]. Maßgeblich sind die Verkehrsverbindungen[13]. Bei einer einfachen Fahrtzeit von einer Stunde zwischen Wohnung und neuer Arbeitsstätte dürfte ein Umzug regelmäßig nicht erforderlich und der ArbGeb daher berechtigt sein, die Versetzung zur neuen Betriebsstätte kraft Direktionsrechts anzuordnen. Dies entspricht auch ungefähr der Regelung zum sog. **„zumutbaren Pendelbereich"** nach § 121 IV 2 SGB III.

31 **d) Mitbestimmungsrecht des Betriebsrats nach § 99 BetrVG.** Auch bei Weisungen bezüglich der Veränderung des Arbeitsorts ist das MitbestR des BR hinsichtlich Versetzungen nach §§ 95 III, 99 BetrVG zu beachten (s. auch Rz. 23, 106).

32 **3. Zeit der Arbeitsleistung.** Gegenstand des arbeitgeberseitigen Weisungsrechts ist auch die Dauer und Lage der Arbeitszeit. **Arbeitszeit** ist idR die Zeit vom Beginn bis zum Ende der Arbeit ohne Ruhepausen (vgl. § 2 I 1 ArbZG)[14].

---

1 Boemke/*Keßler*, § 106 GewO Rz. 93. | 2 BAG v. 29.10.1997 – 5 AZR 573/96, AP Nr. 51 zu § 611 BGB – Direktionsrecht. | 3 Boemke/*Keßler*, § 106 GewO Rz. 94; ErfK/*Preis*, § 611 BGB Rz. 808. | 4 LAG Berlin v. 25.4.1988 – 9 Sa 15/88, DB 1988, 1228; *Hunold*, NZA-RR 2001, 337 (343). | 5 Boemke/*Keßler*, § 106 GewO Rz. 94; ErfK/*Preis*, § 611 BGB Rz. 808. | 6 BAG v. 3.12.1985 – 4 AZR 325/84, AP Nr. 5 zu § 1 TVG – Tarifverträge Großhandel; LAG Nürnberg v. 17.2.2004 – 6 Sa 518/03, NZA-RR 2004, 628; Boemke/*Keßler*, § 106 GewO Rz. 95. | 7 Vgl. auch BAG v. 11.4.2006 – 9 AZR 557/05, NZA 2006, 1149 (1153); LAG Köln v. 9.1.2007 – 9 Sa 1099/06, NZA-RR 2007, 343 (344). | 8 LAG Hessen v. 14.6.2007 – 11 Sa 296/06; vgl. MünchArbR/*Blomeyer*, § 48 Rz. 98; *Preis*, Der Arbeitsvertrag, II D 30 Rz. 111; aA wohl LAG Berlin v. 29.11.1999 – 9 Sa 1277/99, NZA-RR 2000, 131 (132) f.; *Lakies*, BB, 2003, 364 (367); weitgehend auch ErfK/*Preis*, § 106 GewO Rz. 18. | 9 Schaub/*Linck*, ArbRHdb, § 45 Rz. 20. | 10 *Hromadka/Maschmann*, ArbR I, 1. Aufl. 1998, § 6 Rz. 94; *Hueck/Nipperdey*, ArbR I, 7. Aufl. 1963, § 33 V, S. 205 f. | 11 Vgl. MünchArbR/*Blomeyer*, § 48 Rz. 98. | 12 *Hromadka/Maschmann*, ArbR I, § 6 Rz. 94; Schaub/*Linck*, ArbRHdb, § 45 Rz. 20. | 13 MünchArbR/*Blomeyer*, § 48 Rz. 98; Schaub/*Linck*, § 45 Rz. 20. | 14 MünchArbR/*Blomeyer*, § 48 Rz. 103; ErfK/*Preis*, § 611 BGB Rz. 654.

a) Dauer der Arbeitszeit. IdR ist der Umfang der Arbeitszeit **individual- oder kollektivvertragl.** geregelt. Bestehen keine besonderen vertragl. Vereinbarungen, so gilt auch für neu eingestellte ArbN die **betriebsübliche** Arbeitszeit[1]. 33

Die Dauer der Arbeitszeit ist ein wesentlicher Faktor der Leistung, für die der ArbGeb das vereinbarte Arbeitsentgelt zahlt. Ihre Bestimmung betrifft daher die Hauptleistungspflichten im Arbeitsverhältnis, die dem Weisungsrecht des ArbGeb entzogen sind (s. Rz. 13). Der **ArbGeb kann** daher die **Dauer** der Arbeitszeit grds. **nicht einseitig** durch Ausübung des Direktionsrechts **reduzieren oder verlängern**[2]. Umgekehrt wird der Grundsatz der Vertragsbindung (pacta sunt servanda) durch den Anspruch des ArbN auf Verringerung und anderweitige Verteilung der Arbeitszeit nach § 8 TzBfG durchbrochen[3]. 34

aa) Überstunden. Der ArbGeb ist daher zur Anordnung von Überstunden kraft Weisungsrechts nur befugt, wenn ihm diese Befugnis im Arbeitsvertrag, TV oder BV eingeräumt wird (zu Überstundenklauseln auch Rz. 78). Ohne **ausdrückliche Regelung** ist der ArbN daher nicht zur Leistung von Überstunden verpflichtet[4]. Überstunden liegen vor, wenn die Dauer der individuellen durch Kollektiv- oder Einzelarbeitsvertrag festgelegten Regelarbeitszeit wegen besonderer Umstände vorübergehend überschritten wird[5]. Hingegen liegt **Arbeit auf Abruf iSd § 12 TzBfG** vor, wenn vereinbart ist, dass für den ArbN eine selbständige, nicht auf Unregelmäßigkeit oder Dringlichkeit beschränkte Verpflichtung besteht, auf Anforderung des ArbGeb zu arbeiten[6]. 35

bb) Kurzarbeit. Kurzarbeit ist die vorübergehende Verkürzung der individuellen Arbeitszeit des ArbN (bei entsprechender Minderung der Vergütung)[7]. Der ArbGeb kann Kurzarbeit kraft des Direktionsrechts nur auf Grund einer **ausdrücklichen Regelung** im Arbeitsvertrag oder im anwendbaren Kollektivvertrag (TV, BV) anordnen. Fehlt eine entsprechende Regelung, ist die Einführung von Kurzarbeit nur durch einvernehmliche Vertragsänderung oder ggf. im Wege der Änderungskündigung möglich[8]. 36

cc) Mitbestimmungsrecht des Betriebsrats nach § 87 Abs. 1 Nr. 3 BetrVG. Sofern Überstunden und Kurzarbeit auf Grund entsprechender Regelungen im Individual- oder Kollektivvertrag zulässig sind, hat der ArbGeb bei dessen Anordnung das MitbestR des BR nach § 87 I Nr. 3 BetrVG zu beachten. Danach ist die Zustimmung des BR erforderlich hinsichtlich der vorübergehenden Verkürzung oder Verlängerung der betriebsüblichen Arbeitszeit (s. auch Rz. 105). 37

b) Lage der Arbeitszeit. Das Weisungsrecht des ArbGeb hinsichtlich der Lage der Arbeitszeit betrifft die **Verteilung der Arbeitszeit auf die einzelnen Wochentage** sowie die Festlegung des Zeitpunkts von **Beginn und Ende der täglichen Arbeitszeit** und der **Unterbrechung durch Pausen**[9]. Soweit die Lage der Arbeitszeit einzel- oder kollektivvertragl. nicht oder nur rahmenmäßig festgelegt ist, kann der ArbGeb die Lage der Arbeitszeit im Wege des Weisungsrechts näher bestimmen und einseitig verändern[10]. Dies gilt in betriebsratlosen Betrieben auch für die Einführung von **Gleitzeit- oder Schichtarbeit**[11], die zeitliche Zuweisung von grds. vereinbarter **Rufbereitschaft** bzw. **Bereitschaftsdienst**[12] sowie die Festlegung der Anzahl der in Folge zu leistenden **Nachtschichten**[13]. In Betrieben mit BR ist dabei das MitbestR des BR nach § 87 I Nr. 2 BetrVG zu beachten. 38

aa) Schichtarbeit. Der ArbGeb kann ferner – im Rahmen der gesetzl., kollektiv- oder einzelvertragl. Regelungen – den **Wechsel von Tag- und Nachtschicht und umgekehrt** anordnen[14] und zwar **auch, wenn** dem ArbN **Einkunftsverluste** etwa durch Wegfall der Nachtschichtzulage entstehen. Zulagen etwa für Nachtschichtarbeit gelten nur besondere Beschwernisse ab, soweit diese tatsächlich gegeben sind. Mittelbare Folgen der Veränderung der Arbeitszeitlage wie der Wegfall von Zulagen schränken das Weisungsrecht nicht per se ein, sind jedoch im Rahmen billigen Ermessens zu berücksichtigen[15]. Im Einzelfall sollte der ArbGeb bei einer finanziell belastenden Weisung daher die Zahlung eines (ggf. vorübergehenden) Ausgleichsbetrags erwägen. 39

bb) Betriebsferien. In betriebsratslosen Betrieben, in denen § 87 I Nr. 5 BetrVG nicht gilt, kann der ArbGeb Betriebsferien **kraft** des **Weisungsrechts** einführen. In dieser Maßnahme liegen dringende be- 40

1 Boemke/*Keßler*, § 106 GewO Rz. 76; *Lakies*, BB 2003, 364 (365). | 2 BAG v. 12.12.1984 – 7 AZR 509/83, AP Nr. 6 zu § 2 KSchG 1969; Boemke/*Keßler*, § 106 GewO Rz. 78; *Lakies*, BB 2003, 364 (365); ErfK/*Preis*, § 611 BGB Rz. 817. | 3 BAG v. 8.5.2007 – 9 AZR 1112/06, AP Nr. 21 zu § 8 TzBfG. | 4 Boemke/*Keßler*, § 106 GewO Rz. 82; *Lakies*, BB 2003, 364 (365). | 5 BAG v. 11.11.1997 – 9 ARZ 566/96, AP Nr. 25 zu § 611 BGB – Mehrarbeitsvergütung; ErfK/*Preis*, § 611 BGB Rz. 663. | 6 BAG v. 7.12.2005 – 5 AZR 535/04, NZA 2006, 423 (425). | 7 Boemke/*Keßler*, § 106 GewO Rz. 84. | 8 LAG Rh.-Pf. v. 7.10.1996 – 9 Sa 703/96, NZA-RR 1997, 331; Boemke/*Keßler*, § 106 GewO Rz. 85 f.; *Hunold*, NZA-RR 2001, 337 (344). | 9 Boemke/*Keßler*, § 106 GewO Rz. 90; MünchArbR/*Blomeyer*, § 48 Rz. 142. | 10 BAG v. 17.7.2007 – 9 AZR 819/06, NZA 2008, 118 (119); v. 11.2.1998 – 5 AZR 472/97, AP Nr. 54 zu § 611 BGB – Direktionsrecht; *Lakies*, BB 2003, 364 (367); *Hunold*, NZA-RR 2001, 337 (343). | 11 Boemke/*Keßler*, § 106 GewO Rz. 90. | 12 BAG v. 25.4.2007 – 6 AZR 799/06, NZA 2007, 1108 (1109); v. 25.10.1989 – 2 AZR 633/88, AP Nr. 36 zu § 611 BGB – Direktionsrecht. | 13 BAG v. 11.2.1998 – 5 ARZ 472/97, AP Nr. 54 zu § 611 BGB – Direktionsrecht. | 14 LAG Köln v. 26.7.2002 – 11 Ta 224/02, NZA-RR 2003, 577; *Lakies*, BB 2003, 364 (367) mwN; *Leßmann*, DB 1992, 1137 (1138). | 15 Vgl. LAG Berlin v. 24.9.2004 – 6 Sa 1116/04, NZA-RR 2005, 197; LAG Rh.-Pf. v. 15.5.2001 – 5 Sa 271/01, NZA-RR 2002, 120; LAG Köln v. 14.2.1997 – 11 Sa 1002/96, NZA-RR 1997, 391; LAG Hamm v. 30.6.1994 – 4 Sa 2017/93, LAGE § 611 BGB – Direktionsrecht Nr. 17; MünchArbR/*Blomeyer*, § 48 Rz. 53; *Hunold*, NZA-RR 2001, 337 (341).

triebl. Belange, die der Berücksichtigung anderweitiger Urlaubsansprüche der ArbN – mit Ausnahme von Härtefällen – entgegenstehen[1]. Dieser Auffassung ist zuzustimmen, falls man die Urlaubsgewährung durch den ArbGeb (dh. die Festlegung der Zeiten, in denen der ArbN wegen des Urlaubs nicht zu arbeiten braucht) gleichsam als „Spiegelbild" zur Arbeitszeitbestimmung kraft Direktionsrechts ansieht[2].

41 **Ob das BAG dem folgen wird, ist** allerdings **zweifelhaft**, da es die Urlaubsgewährung nach § 7 I BUrlG nicht mehr als Ausübung des Direktionsrechts, sondern als Erfüllung des gesetzl. Anspruchs auf Erholungsurlaub und Konkretisierung einer nur der Gattung und dem Umfang nach bestimmten Pflicht ansieht[3].

42 **cc) Mitbestimmungsrecht des Betriebsrats nach § 87 Abs. 1 Nr. 2 BetrVG.** In Betrieben mit BR hat der ArbGeb bei der Bestimmung der Arbeitszeitlage das MitbestR nach § 87 I Nr. 2 BetrVG zu beachten. Danach ist die Zustimmung des BR bei der Festlegung von Beginn und Ende der täglichen Arbeitszeit einschließlich der Pausen sowie Verteilung der Arbeitszeit auf die einzelnen Wochentage erforderlich (s. auch Rz. 105).

43 **4. Ordnung und Verhalten der Arbeitnehmer im Betrieb.** Nach **S. 2** des § 106 kann der ArbGeb die Ordnung und das Verhalten der ArbN im Betrieb nach billigem Ermessen näher bestimmen, soweit nicht Arbeitsvertrag, BV, TV oder gesetzl. Bestimmungen Abweichendes regeln. Nach der Gesetzesbegründung regelt S. 2 **betriebsbezogene Weisungen**, wozu bspw. die Erteilung von Rauchverboten, die Durchführung von Eingangskontrollen oder die Weisung, Schutzkleidung zu tragen, gehören[4]. Das betriebsbezogene Direktionsrecht war bereits vor Einführung des S. 2 anerkannt[5].

44 Das Direktionsrecht bezüglich Ordnung und Verhalten der ArbN im Betrieb berechtigt nicht nur zu **individuell-konkreten Weisungen** gegenüber einem ArbN im Einzelfall, sondern auch zur **Schaffung allgemeingültiger, verbindlicher Verhaltensregeln**[6]. Ähnlich wie die Allgemeinverfügung im Verwaltungsrecht (§ 35 S. 2 VwVfG) kann der ArbGeb eine (Sammel-)Weisung gegenüber allen ArbN des Betriebs oder bestimmter Abteilungen erteilen. Neu eintretenden ArbN gegenüber gilt die Weisung freilich nur, falls sie diesen bekannt gegeben wird. Abgesehen von zu beachtenden MitbestR des BR (zB nach § 87 I Nr. 1 und 6 BetrVG) kann der ArbGeb also Verhaltensregeln für Mitarbeiter etwa in einem **Verhaltenskodex („Code of Conduct")** festhalten und im Rahmen des Weisungsrechts einführen[7].

45 S. 2 hat **denselben Regelungsgegenstand wie § 87 I Nr. 1 BetrVG**. Inhaltlich geht es daher um die Gestaltung des Zusammenlebens und Zusammenwirkens der ArbN im Betrieb sowie die Nutzung der betriebl. Einrichtungen[8]. Der ArbGeb kann einerseits Verhaltensvorschriften aufstellen und andererseits Kontrollregelungen treffen.

46 **a) Verhaltensvorschriften.** Weisungen bzw. Verhaltensvorschriften bezüglich der Ordnung und des Verhaltens der ArbN im Betrieb können zB folgende Regelungsgegenstände betreffen:

- **Alkoholverbot**[9];
- **Verbot der Diskriminierung und Belästigung von Mitarbeitern am Arbeitsplatz**[10];
- **Rauchverbot**; im Rahmen der Ausübung billigen Ermessens ist eine Interessenabwägung vorzunehmen zwischen den sich aus dem Persönlichkeitsrecht ableitenden Recht der Raucher auf Handlungsfreiheit und den Interessen anderer ArbN (zB Gesundheitsschutz) sowie des ArbGeb (zB Schutz der Kunden; Arbeitssicherheit)[11];
- Benutzung des **Telefons** oder **Computers** mit **Internet-Zugang für private Zwecke**;
- **Radiohören** im Betrieb;
- Kommunikation im Betrieb in einer bestimmten **Sprache** (zB Englisch)[12];
- bestimmte **Arbeitskleidungen**[13] und **äußeres Erscheinungsbild**. Der ArbGeb kann den „Stil des Hauses" vorgeben und ist grds. berechtigt, seine ArbN mit Kundenkontakt anzuweisen, sich dem Charakter des Handelsgeschäfts und dessen Kundenstamm entsprechend branchenüblich zu kleiden[14]. Der

1 BAG v. 12.10.1961 – 5 AZR 423/60, AP Nr. 84 zu § 611 BGB – Urlaubsrecht, LS 2; LAG Düsseldorf v. 20.6.2002 – 11 Sa 378/02, BB 2003, 156 ff. m. abl. Anm. *Kappelhoff*. | 2 BAG v. 12.10.1961 – 5 AZR 423/60, AP Nr. 84 zu § 611 BGB – Urlaubsrecht, LS 3; *v. Hase/Lembke*, BB 1997, 1095 (1098); vgl. auch BAG v. 30.8.2003 – 5 AZR 610/02, NZA 2004, 39. | 3 BAG v. 18.12.1986 – 8 AZR 502/84, AP Nr. 10 zu § 7 BUrlG; v. 9.8.1994 – 9 AZR 3884/92, AP Nr. 19 zu § 7 BUrlG. | 4 BT-Drs. 14/8796, S. 24. | 5 Einschr. *Borgmann/Faas*, NZA 2004, 241 (242 f.). | 6 MünchArbR/*Blomeyer*, § 48 Rz. 32; Boemke/*Keßler*, § 106 GewO Rz. 99. | 7 *Borgmann*, NZA 2003, 352 (353); *Mengel/Hagemeister*, BB 2007, 1386 (1387 ff.); *Schuster/Darsow*, NZA 2005, 273 ff.; *Wisskirchen/Jordan/Bissels*, DB 2005, 2190. | 8 Vgl. BAG 18.7.2006 – 1 AZR 578/05, NZA 2007, 462 (464); Boemke/*Keßler*, § 106 GewO Rz. 99. | 9 Dazu Schaub/*Linck*, ArbRHdb, § 55 Rz. 13. | 10 Dazu *Schneider/Sittard*, NZA 2007, 654 ff. | 11 *Hunold*, NZA-RR 2001, 337 (345) mwN; *Lakies*, BB 2003, 364 (367); zum Nichtraucherschutz am Arbeitsplatz *Bergwitz*, NZA-RR 2004, 169; *Buchner*, BB 2002, 2382 ff.; *Lorenz*, DB 2003, 721 ff.; *Wellenhofer-Klein*, RdA 2003, 155 ff. sowie § 5 ArbStättV. | 12 Vgl. ErfK/*Kania*, § 87 BetrVG Rz. 18; *Diller/Powietzka*, DB 2000, 718 (721); *Rieble*, FS Löwisch, 2007, S. 229 (231). | 13 Vgl. BAG v. 13.2.2007 – 1 ABR 18/06, NZA 2007, 640 (641). | 14 BAG v. 10.10.2002 – 2 AZR 472/01, DB 2003, 830 (831); *Lakies*, BB 2003, 364 (367).

ArbGeb kann zB einem Verkaufsmitarbeiter untersagen, in Gegenwart von Kunden in Jeans, Turnhosen, mit offenem Kragen, ohne Krawatte und ohne Sakko aufzutreten[1]. Ein ArbGeb, in dessen Betrieb Möbel gehobenen Genres hergestellt werden, kann seine Verkaufsmitarbeiter anweisen, bei Gesprächen mit Kunden entsprechend gepflegt und in einer Art und Weise gekleidet zu sein, wie sie dem vom ArbGeb festgelegten Charakter der Produkte entspricht[2]. Das Tragen einer einheitlichen vom ArbGeb kostenlos zur Verfügung gestellten **Dienstkleidung**, welche einem bestimmten Marketingkonzept entspricht, kann grds. ebenfalls vom ArbGeb angewiesen werden. Der ArbN kann dies nur ablehnen, falls sein Persönlichkeitsrecht nachhaltig beeinträchtigt wird[3]. Auch das (Nicht-)Tragen eines **Bartes** oder **langer Haare** kann bei entsprechendem betrieblichen Interesse des ArbGeb (zB einem speziellen Marketingkonzept; Branchenüblichkeit) Gegenstand einer zulässigen Weisung sein. Im Rahmen der Ausübung billigen Ermessens (§ 315 BGB) sind aber insb. die betroffenen Grundrechte des ArbN und etwaige durch § 1 AGG geschützte Merkmale zu berücksichtigen (s. Rz. 125 ff.).

- **Parkplatzordnung** und Abstellen von Kraftfahrzeugen.

Dem Weisungsrecht unterliegt hingegen **grds. nicht** das **außerdienstliche Verhalten** des ArbN[4]. Dies gilt jedenfalls, solange es keine Auswirkungen auf die arbeitsvertragl. geschuldete Leistung hat. Zulässig dürfte aber zB die Weisung eines Fußballvereins der Bundesliga gegenüber seinen Profifußballspielern sein, sich nicht in der Öffentlichkeit zu betrinken oder an Schlägereien zu beteiligen, weil dies rufschädigend für den Verein ist und zu erheblichen wirtschaftl. Konsequenzen (zB durch Verlust von Werbeeinnahmen, Sponsoren und Zuschauern) führen kann. 47

b) Kontrollmaßnahmen. Gegenstand von betriebsbezogenen Weisungen können auch Kontrollmaßnahmen sein, mit denen die Einhaltung der auf das Ordnungsverhalten bezogenen Weisungen und Regeln überwacht werden. In Betracht kommen zB folgende Maßnahmen[5]: 48

- **Werksausweis**;
- **Torkontrollen**[6];
- stichprobenartige **Taschenkontrollen** im Betrieb;
- **Blutentnahme** zur Überprüfung von Drogen- oder Alkoholmissbrauch;
- **Berichtspflichten** von Mitarbeitern bei Verstößen anderer Mitarbeiter[7].

Insb. bei Weisungen hinsichtlich Kontrollmaßnahmen ist auf die Einhaltung **billigen Ermessens** zu achten (s. Rz. 115 ff.). So ist zB die generelle Anordnung, dass sich alle ArbN, die unter Waffen als Wachleute beschäftigt werden, einer gesundheitlichen Untersuchung auf Drogen- oder Alkoholabhängigkeit unter Entnahme von Blut unterziehen müssen, ohne besonderen Anlass im Verhalten oder in der Person des ArbN zumindest unbillig iSd. § 315 I BGB[8]. 49

c) Sonstige Weisungen. Bei **Streitigkeiten oder Spannungen zwischen ArbN** kann es auf Grund der Fürsorgepflicht des ArbGeb sogar geboten sein, eine Weisung bezüglich des Verhaltens im Betrieb zu geben oder einen ArbN auf einen anderen Arbeitsplatz **umzusetzen** oder ihn an einen anderen Arbeitsort zu versetzen. Eine derartige Weisung ist zulässig[9]. Der ArbGeb ist nicht gehalten, an Stelle der Umsetzung eine Abmahnung auszusprechen[10]. Die Pflicht des ArbGeb zum Eingreifen bei **gegen § 7 I AGG verstoßende Benachteiligungen** (wie zB sexuelle Belästigung, § 3 IV AGG) folgt aus § 12 III AGG. 50

Nicht vom betriebsbezogenen Weisungsrecht nach S. 2 **umfasst** ist die Aufstellung einer **Betriebsbußordnung** und die Verhängung einer **Betriebsbuße**[11]. Der ArbGeb ist auf die individualarbeitsrechtl. Maßnahmen der Abmahnung und Kündigung zu verweisen. Freilich kann er es auch bei einer geringeren Sanktionierung der Pflichtverletzung etwa durch eine bloße Ermahnung belassen. Nicht möglich ist hingegen die Verhängung einer Geldbuße kraft Weisungsrechts. Denn bereits die Vereinbarung einer Vertragsstrafe ist nur unter engen Voraussetzungen möglich (vgl. nur § 309 Nr. 6 BGB)[12]. 51

d) Mitbestimmungsrecht des Betriebsrats nach § 87 Abs. 1 Nr. 1 BetrVG. Der ArbGeb hat bei betriebsbezogenen Weisungen das MitbestR des BR nach § 87 I Nr. 1 BetrVG hinsichtlich Fragen der Ordnung des Betriebs und des Verhaltens der ArbN im Betrieb zu beachten. § 106 S. 2 schränkt dieses MitbestR des BR nicht ein[13]. 52

---

1 LAG Hamm v. 22.10.1991 – 13 Ta BV 39/91, DB 1992, 280; *Hunold*, NZA-RR 2001, 337 (345); Schaub/*Linck*, ArbRHdb, § 55 Rz. 23. | 2 LAG Hamm v. 22.10.1991 – 13 Ta BV 39/91, DB 1992, 280. | 3 LAG Hamm v. 7.7.1993 – 14 Ta 435/93, LAGE § 611 BGB – Direktionsrecht Nr. 14; *Hunold*, NZA-RR 2001, 337 (345). | 4 Vgl. BAG v. 18.7.2006 – 1 AZR 578/05, NZA 2007, 462 (464). | 5 Vgl. ErfK/*Kania*, § 87 BetrVG Rz. 20. | 6 BT-Drs. 14/8796, S. 24. | 7 Dazu *Schuster/Darsow*, NZA 2005, 273 (276). | 8 *Hunold*, NZA-RR 2001, 337 (345) mwN; vgl. auch BAG v. 12.8.1999 – 2 AZR 55/99, NZA 1999, 1209 ff. | 9 LAG Köln v. 27.11.1998 – 4 Sa 1814/97, LAGE § 315 BGB Nr. 6; LAG München v. 18.9.2002 – 5 Sa 619/02, NZA-RR 2003, 269 (271); LAG Schl.-Holst. v. 2.5.2007 – 6 Sa 504/06, NZA-RR 2007, 402; *Hunold*, NZA-RR 2001, 337 (342 f.) mwN. | 10 BAG v. 24.4.1996 – 5 ARZ 1031/94, AP Nr. 48 zu § 611 BGB – Direktionsrecht. | 11 ErfK/*Kania*, § 87 BetrVG Rz. 22; *Fitting*, § 87 BetrVG Rz. 79. | 12 Näher zu Vertragsstrafen in Arbeitsverträgen BAG v. 21.4.2005 – 8 AZR 425/04, NZA 2005, 1053; v. 4.3.2004 – 8 AZR 196/03, NZA 2004, 727; *Thüsing*, AGB-Kontrolle im Arbeitsrecht, Rz. 423 ff. | 13 *Bauer/Opolony*, BB 2002, 1590 (1591).

53 Soweit es um die Einführung und Anwendung technischer Kontrolleinrichtungen geht, die zur Überwachung des Verhaltens (oder der Leistung) der ArbN geeignet sind, kommt **ggf. auch** das MitbestR nach **§ 87 I Nr. 6 BetrVG** in Betracht (s. auch Rz. 105).

54 **III. Grenzen des Weisungsrechts.** S. 1 nennt als Grenzen des arbeitgeberseitigen Direktionsrechts den Arbeitsvertrag, Bestimmungen einer BV, eines anwendbaren TV oder gesetzl. Vorschriften. Die Schranken können sich auf Inhalt, Ort und Zeit der Arbeitsleistung sowie Ordnung und Verhalten der ArbN im Betrieb beziehen. Welche Schranke im Einzelfall greift, bestimmt sich nach der arbeitsrechtl. **Rechtsquellenlehre** (s. Vor § 611 BGB Rz. 132 ff.).

55 **1. Arbeitsvertrag.** Der Arbeitsvertrag gibt den individualrechtl. Rahmen für das Weisungsrecht des ArbGeb vor. Dieser Rahmen kann enger oder weiter gefasst sein. In Betracht kommt auch eine konkludente Vereinbarung der Vertragsparteien über die Grenzen des Weisungsrechts (sog. **Konkretisierung** – s. Rz. 60 ff., 75 f., 83 ff.).

56 **a) Inhalt der Arbeitsleistung.** Nach § 2 I Nr. 5 NachwG ist die vom ArbN zu leistende Tätigkeit in der dem ArbN auszuhändigenden Niederschrift kurz zu charakterisieren und zu beschreiben. Da die Nachweispflicht durch die Aushändigung eines schriftl. Arbeitsvertrages erfüllt werden kann (§ 2 IV NachwG), enthalten Arbeitsverträge in der Praxis regelmäßig Regelungen zum Inhalt der Arbeitspflicht. Sie können enger oder weiter gefasst sein (s. Rz. 12, 16 ff.). Das Transparenzgebot (§ 307 I 2 BGB) verlangt vom ArbGeb nicht, alle möglichen Konkretisierungen der Arbeitspflicht und des Weisungsrechts ausdrücklich zu regeln. Die Arbeitsvertragsparteien können es bei der Regeglung des § 106 GewO belassen[1].

57 **aa) Versetzungsklauseln.** Arbeitsverträge können vorsehen, dass der ArbGeb berechtigt ist, dem ArbN nach billigem Ermessen unter Beibehaltung der vertragl. Vergütung (1) ein anderes Aufgabengebiet (Ressort, Arbeitsgebiet) innerhalb der vertraglich vereinbarten Art der Tätigkeit oder (2) eine andere gleichwertige Tätigkeitsart zuzuweisen. Derartige Versetzungsklauseln halten der Inhaltskontrolle nach § 307 BGB stand, wenn sie eine Leistungsbestimmung unter Berücksichtigung der ArbN-Interessen vorsehen und einen angemessenen Ausgleich der beiderseitigen Interessen im Rahmen der Ausübungskontrolle ermöglichen[2]. Eine Versetzungsklausel, nach welcher der ArbGeb eine andere Art der Tätigkeit als die vertraglich vereinbarte zuweisen kann, ist zudem nur wirksam, wenn gewährleistet ist, dass die andere Tätigkeit gleichwertig ist[3] (zur Gleichwertigkeit s. Rz. 17). Die konkreten Vesetzungsgründe müssen in der Versetzungsklausel nicht genannt werden[4]. § 308 Nr. 4 BGB steht Versetzungsklauseln nicht entgegen, da sich die Vorschrift explizit nur auf Änderungsvorbehalte hinsichtlich der Leistung des Verwenders, beim ArbGeb also hinsichtlich der Entgeltzahlungspflicht, bezieht[5].

58 Grundsätzlich **unwirksam** gem. § 307 BGB sind aber Versetzungsklauseln, die den ArbGeb berechtigen, dem ArbN einer **geringerwertige Tätigkeit unter Minderung des Arbeitsentgelts** (ieS) zuzuweisen[6] (s. auch Rz. 99).

59 Als **wirksam** sieht das BAG in seiner bisherigen Rspr. allerdings die für **Chefarztverträge** typischen **Entwicklungs- und Anpassungsklauseln** an, auf deren Grundlage der ArbGeb den Aufgabenbereich des Chefarztes mit der Folge von Einkommensverlusten um 35–40 % kraft Weisungsrecht beschränken kann. Die **Ausübung** des Weisungsrechts auf Grund einer derartigen Klausel darf jedoch nicht zu einer grundlegenden Störung des Gleichgewichts zwischen Leistung und Gegenleistung führen, was im Rahmen **billigen Ermessens** nach § 315 BGB zu überprüfen ist[7].

60 **bb) Konkretisierung. (1) Abgrenzung zur betriebl. Übung.** Vereinzelt wird auch die betriebl. Übung als Grenze des Weisungsrechts angesehen[8]. Dem ist jedoch nicht zu folgen, da die betriebliche Übung **anspruchsbegründenden** und **nicht** unmittelbar **weisungsbeschränkenden** Charakter hat. Unter einer betriebl. Übung ist die regelmäßige Wiederholung bestimmter Verhaltensweisen des ArbGeb zu verstehen, aus denen die ArbN schließen können, ihnen soll eine Leistung oder Vergünstigung auf Dauer gewährt werden[9].

61 **(2) Voraussetzungen.** Der Sachverhalt, dass sich das ursprünglich veränderungsoffene Arbeitsverhältnis durch mehrjährige praktische Übung auf bestimmte Arbeitsbedingungen konkretisiert bzw. verengt und das Weisungsrecht des ArbGeb entsprechend einschränkt, wird als Konkretisierung bezeichnet[10].

---

1 BAG v. 13.6.2007 – 5 AZR 564/06, NZA 2007, 974 (975 f.). | 2 BAG v. 11.4.2006 – 9 AZR 557/05, NZA 2006, 1149 (1151 f.). | 3 BAG v. 9.5.2006 – 9 AZR 424/05, NZA 2007, 145 (146 f.); LAG Köln v. 9.1.2007 – 9 Sa 1099/06, NZA-RR 2007, 343 (344); *Dzida/Schramm*, BB 2007, 1221 ff. | 4 BAG v. 11.4.2006 – 9 AZR 557/05, NZA 2006, 1149 (1152); aA Schaub/*Linck*, ArbRHdb, § 45 Rz. 39. | 5 BAG v. 11.4.2006 – 9 AZR 557/05, NZA 2006, 1149 (1151). | 6 *Boemke*, § 105 GewO Rz. 101; *Dzida/Schramm*, BB 2007, 1221 (1225); *Lakies*, BB 2003, 364 (366). | 7 BAG v. 28.5.1997 – 5 AZR 125/96, AP Nr. 36 zu § 611 BGB – Arzt-Krankenhaus-Vertrag; v. 13.3.2003 – 6 AZR 557/01, NZA 2004, 735; dazu *Hümmerich/Bergwitz*, BB 2005, 997; *Reinecke*, NJW 2005, 3383. | 8 BT-Drs. 14/8796, S. 24; Boemke/*Keßler*, § 106 GewO Rz. 24; *Tettinger/Wank*, § 106 GewO Rz. 23. | 9 BAG v. 7.12.2000 – 6 AZR 444/99, NZA 2001, 780 (781); v. 24.6.2003 – 9 AZR 302/02, DB 2003, 2339 (2340). | 10 Allg. zur Konkretisierung *Hennige*, NZA 1999, 281 (285 ff.).

Wie bei der betriebl. Übung[1] ist streitig, ob **dogmatische** Grundlage für die Konkretisierung der Arbeitsbedingungen Vertrauensgesichtspunkte[2] oder eine konkludente Vertragsänderung sind (**Vertragstheorie**)[3]. Das **BAG** vertritt wie bei der betriebl. Übung zutreffend (allerdings nicht einheitlich) die Vertragstheorie und sieht in der Konkretisierung die Änderung der ursprünglich vereinbarten Rechte und Pflichten aus dem Arbeitsvertrag hin zu einem einseitig nicht veränderbaren Vertragsinhalt[4]. 62

Eine Konkretisierung setzt voraus, dass der ArbN zum einen **längere Zeit in derselben Weise eingesetzt** wurde (Zeitmoment) **und** dass zum anderen **besondere Umstände hinzutreten**, aus denen sich ergibt, dass der ArbN nicht in anderer Weise eingesetzt werden soll (Umstandsmoment)[5]. 63

Der reine Zeitablauf bewirkt noch keine das Weisungsrecht beschränkende Konkretisierung[6]. Die **langjährige Beschäftigung an** einem **bestimmten Arbeitsplatz schränkt** die **einseitige Umsetzungsbefugnis** daher im Zweifel noch **nicht ein**[7]. ZB lässt sich allein daraus, dass ein als Mülllader eingesetzter ArbN sieben Jahre als Kraftfahrer beschäftigt worden ist, eine Vereinbarung über seine Lenktätigkeit nicht entnehmen[8]. Die zehnjährige Beschäftigung einer schwerbehinderten Küchenhilfe des öffentl. Dienstes mit den Tätigkeiten einer Kaffeeköchin bewirkt keine Einengung der Arbeitspflicht auf Kaffeekochen[9]. Allein der 13-jährige Einsatz als Kundenberater reicht bei einem als „Angestellten" nach dem BAT eingestellten ArbN zur Konkretisierung nicht aus[10]. Allein die 25-jährige Beschäftigung auf einem bestimmten Arbeitsplatz (Reifenentwickler) bewirkt keine Konkretisierung dahingehend, dass ein anderer gleichwertiger Arbeitsplatz in einer anderen Abteilung (Heizer) nicht zugewiesen werden kann[11]. 64

Zu dem Zeitablauf (im vorliegenden Fall fast 20 Jahre) müssen besondere Umstände hinzutreten, die den ArbN zu der schutzwürdigen Annahme berechtigen, dass ihn der ArbGeb künftig nur noch zu bestimmten Arbeitsbedingungen beschäftigen werde; **solche Umstände werden**, wenn es um die Konkretisierung hinsichtlich der Art der Arbeit geht, **in der Praxis selten vorliegen**[12]. Sie können jedoch zB bei Zuweisung einer erkennbar höher qualifizierten Tätigkeit und gleichzeitiger Erhöhung der Vergütung gegeben sein[13]. Das Fehlen eines Vorbehalts seitens des ArbGeb hinsichtlich der möglichen Zuweisung einer anderen Tätigkeit in der Zukunft stellt keinen vertrauensbegründenden Umstand dar[14]. In der Praxis ist es dem ArbGeb zur sicheren Vermeidung der Konkretisierung jedoch zu empfehlen, vorsorglich einen entsprechenden **Vorbehalt** zu erklären[15]. 65

(3) Rechtsfolgen. Ist eine Konkretisierung der Arbeitsbedingungen eingetreten, so ist die **Weisung** des ArbGeb, die Tätigkeit unter anderen Arbeitsbedingungen auszuüben, **unzulässig**. Vielmehr bedarf es einer einvernehmlichen Vertragsänderung oder einer Änderungskündigung. 66

Fehlt es an den Voraussetzungen der Konkretisierung, ist die langjährige Praxis dennoch im Rahmen billigen Ermessens nach § 315 BGB zu berücksichtigen[16]. 67

(4) Risikominimierung durch Schriftformklausel. Eine qualifizierte, doppelte Schriftformklausel im Arbeitsvertrag kann die Konkretisierung der Arbeitsbedingungen verhindern[17]. Denn die Schriftformklausel verhindert grds., dass der ArbN zur schutzwürdigen Annahme berechtigt ist, die nicht schriftl. festgehaltene langjährige Übung werde auch zukünftig beibehalten[18]. **Im Einzelfall** kann allerdings der **Vorrang der Individualabrede** (§ 305b BGB) greifen (s. auch § 105 Rz. 17 ff.). 68

cc) Selbstbindung des Arbeitgebers. Das Weisungsrecht des ArbGeb ist ferner im Falle der Selbstbindung des ArbGeb eingeschränkt. Anders als bei der Konkretisierung, wo es um eine konkludente Vertragsänderung im Hinblick auf die Arbeitsbedingungen geht, wird das Direktionsrecht bei der Selbstbindung **auf der Ebene der Ermessensausübung** beschränkt, und zwar dadurch, dass sich der ArbGeb selbst Ermessensgrenzen setzt[19]. 69

1 Vgl. dazu nur Schaub/*Koch*, ArbRHdb, § 111 Rz. 2 ff. | 2 So Boemke/*Keßler*, § 106 GewO Rz. 18. | 3 *Lakies*, BB 2003, 364 (365); ErfK/*Preis*, § 611 BGB Rz. 221; s. auch *Preis*, Der Arbeitsvertrag, II D 30 Rz. 22. | 4 BAG v. 11.2.1998 – 5 AZR 472/97, AP Nr. 54 zu § 611 BGB – Direktionsrecht; aA BAG v. 3.6.2004 – 2 AZR 577/03, NZA 2005, 175 (177). | 5 BAG v. 7.12.2000 – 6 AZR 444/99, NZA 2001, 780 (781); v. 11.2.1998 – 5 AZR 472/97, AP Nr. 54 zu § 611 BGB – Direktionsrecht; LAG Hamm v. 8.3.2005 – 19 Sa 2128/04, NZA-RR 2005, 462 (463); Boemke/*Keßler*, § 106 GewO Rz. 20 ff.; *Lakies*, BB 2003, 364 (365) mwN. | 6 BAG v. 7.12.2000 – 6 AZR 444/99, NZA 2001, 780 (781); v. 11.2.1998 – 5 AZR 472/97, AP Nr. 54 zu § 611 BGB – Direktionsrecht. | 7 BAG v. 11.4.2006 – 9 AZR 557/05, NZA 2006, 1149 (1153); MünchArbR/*Blomeyer*, § 48 Rz. 29 m. zahlr. Bsp.; Boemke/*Keßler*, § 106 GewO Rz. 22. | 8 LAG Hess. v. 13.6.1995 – 9 Sa 2054/94, NZA-RR 1996, 210; *Hunold*, NZA-RR 2001, 337 (342). | 9 LAG Schl.-Holst. v. 3.12.1992 – 4 Sa 311/92, DB 1993, 284; *Hunold*, NZA-RR 2001, 337 (339). | 10 LAG Rh.-Pf. v. 5.7.1996 – 10 Sa 165/96, BB 1997, 474 (LS); *Hunold*, NZA-RR 2001, 337 (339). | 11 LAG Hessen v. 12.12.2002 – 5 Sa 688/02, NZA-RR 2003, 545. | 12 LAG Düsseldorf v. 20.6.1994 – 12 Sa 489/94, LAGE § 611 BGB – Direktionsrecht Nr. 18; *Hunold*, NZA-RR 2001, 337 (340). | 13 Vgl. LAG Rh.-Pf. v. 13.10.1987 – 3 Sa 457/87, NZA 1988, 471 (472); s. auch MünchArbR/*Blomeyer*, § 48 Rz. 27. | 14 AA wohl MünchArbR/*Blomeyer*, § 48 Rz. 26 f. | 15 Vgl. BAG v. 17.1.2006 – 9 AZR 226/05, AP Nr. 6 zu § 24 BAT-O, Rz. 32. | 16 Vgl. LAG Köln v. 14.2.1997 – 11 Sa 1002/96, NZA-RR 1997, 391. | 17 LAG Köln v. 14.2.1997 – 11 Sa 1002/96, NZA-RR 1997, 391; *Hunold*, NZA-RR 2001, 337 (340); aA *Hennige*, NZA 1999, 281 (286 f.). | 18 Ebenso MünchArbR/*Blomeyer*, § 48 Rz. 28. | 19 BAG v. 17.12.1997 – 5 ARZ 332/96, AP Nr. 52 zu § 611 BGB – Direktionsrecht.

70 Der ArbGeb kann sich bei der Ausübung des Direktionsrechts **durch Erklärungen gegenüber dem ArbN** selbst binden, insb. die Ausübung auf bestimmte Fälle beschränken[1]. Überträgt der ArbGeb dem ArbN zB vorläufig eine höherwertige Aufgabe und macht er die Übertragung auf Dauer nur davon abhängig, dass sich der ArbN fachlich bewährt, so darf er dem ArbN die höherwertige Aufgabe nicht aus anderen Gründen wieder entziehen[2].

71 Selbstbindung des ArbGeb kann im öffentl. Dienst auch dadurch eintreten, dass sich die Verwaltung in der Ausübung ihres Ermessens selbst bindet, insb. durch entsprechende **Verwaltungsvorschriften**[3].

72 **b) Ort der Arbeitsleistung.** Regelmäßig enthält der Arbeitsvertrag nähere Bestimmungen zum Arbeitsort (vgl. § 2 I Nr. 4 NachwG). Die arbeitsvertragl. Regelungen stellen den individualrechtl. Rahmen für die Ausübung des Weisungsrechts dar.

73 **(aa) Versetzungsklausel.** Vielfach wird das Weisungsrecht des ArbGeb in örtlicher Hinsicht durch eine Versetzungsklausel erweitert, wonach der ArbGeb befugt ist, den ArbN nach billigem Ermessen auch an einen anderen Arbeitsort zu versetzen. Derartige Versetzungsklauseln halten der **Inhaltskontrolle** nach § 307 BGB Stand, sofern sie eine Leistungsbestimmung unter Berücksichtigung der ArbN-Interessen vorsehen und einen angemessenen Ausgleich der beiderseitigen Interessen im Rahmen der Ausübungskontrolle ermöglichen[4]. Die Vesetzungsklausel muss nicht die Gründe für die Änderung des Beschäftigungsortes angeben[5]. Dies gilt auch, wenn sie die Versetzung an einen weit entfernen Ort zulassen. Dieser Umstand ist nur im Rahmen billigen Ermessens zu berücksichtigen. Auf Grund der Versetzung entstehende höhere Fahrtkosten hat der ArbGeb nach allgemeinen Grundsätzen (§ 670 BGB analog) zu ersetzen[6].

74 **(bb) Konzernversetzungsklausel.** Ein arbeitsvertragl. vereinbarter Konzernvorbehalt enthält entweder die Einwilligung des ArbN, dass der ArbGeb ihn anweisen kann, als LeihArbN im Rahmen konzerninterner AÜ (§ 1 III Nr. 2 AÜG[7]) bei einem anderen Konzernunternehmen tätig zu werden, oder die Zustimmung, an einem späteren ArbGebWechsel mitzuwirken[8]. Die Wirksamkeit von Konzernversetzungsklauseln, die auf einen Wechsel des ArbGeb abzielen, bemisst sich nach §§ 305c, 307 BGB und nicht nach § 309 Nr. 10 BGB (vgl. § 309 BGB Rz. 13)[9]. Die Wirksamkeit derartiger „Arbeitgeberwechselklauseln" ist zweifelhaft[10]. Hingegen dürfte eine Klausel, welche die Versetzung des ArbN zu anderen Konzernunternehmen auf Grund vorübergehender AÜ im Rahmen billigen Ermessens erlaubt, wegen arbeitsrechtl. Besonderheiten (§ 310 IV 2 BGB) grds. zulässig sein; § 11 AÜG spricht für die Zulässigkeit der arbeitsvertragl. vereinbarten Möglichkeit einer „Versetzung" zu einem anderen Unternehmen, und § 1 III Nr. 2 AÜG privilegiert zudem die vorübergehende konzerninterne AÜ.

75 **cc) Konkretisierung.** Das Weisungsrecht kann kraft Konkretisierung auf einen bestimmten Arbeitsort beschränkt sein. Die Voraussetzungen für eine Konkretisierung sind jedoch hoch (allg. zur Konkretisierung Rz. 60 ff.) Die Befugnis, kraft Direktionsrecht Ort und Zeit der Arbeitsleistung festzulegen, ist nicht dadurch eingeschränkt, dass der ArbGeb bei Arbeitsvertragsschluss auf die für den Arbeitsbereich des ArbN (hier: Kontrollschaffner) geltende betriebl. Regelung über Zeit und Ort des Beginns und Endes der täglichen Arbeit hingewiesen hat[11]. Allein aus der Beibehaltung der betriebl. Regelung hinsichtlich Ort und Zeit der Arbeitsleistung über einen längeren Zeitraum hinweg (hier: 14,5 Jahre) kann der ArbN nach Treu und Glauben nicht auf den für die Konkretisierung erforderlichen Willen des ArbGeb schließen, diese Regelung auch künftig unverändert beizubehalten[12].

76 **Im öffentl. Dienst** darf der ArbN auch bei langjährigem Verzicht des ArbGeb auf Ausübung seines Direktionsrechts ohne besondere Anhaltspunkte nicht darauf vertrauen, die Übung sei Vertragsinhalt geworden und bestehe unbefristet fort[13]. Mangels Vorliegens der Voraussetzungen für die Konkretisierung hindert eine langjährige Übung, wonach ein Teil der Arbeitszeit außerhalb des Dienstgebäudes abgeleistet werden darf, den ArbGeb des öffentl. Dienstes nicht daran, die ArbN anzuweisen, in Zukunft die gesamte Arbeitszeit im Dienstgebäude abzuleisten[14].

77 **c) Zeit der Arbeitsleistung.** Der Arbeitsvertrag, sofern er schriftl. abgeschlossen wurde, trifft regelmäßig Regelungen über die Dauer und ggf. auch Lage der Arbeitszeit (vgl. § 2 I Nr. 7 NachwG). Weisungen

---

1 BAG v. 17.12.1997 – 5 AZR 332/96, AP Nr. 52 zu § 611 BGB – Direktionsrecht, LS 1. | 2 BAG v. 17.12.1997 – 5 AZR 332/96, AP Nr. 52 zu § 611 BGB – Direktionsrecht, LS 2; Boemke/*Keßler*, § 106 GewO Rz. 19; *Lakies*, BB 2003, 364 (365). | 3 BAG v. 17.12.1997 – 5 AZR 332/96, AP Nr. 52 zu § 611 BGB – Direktionsrecht. | 4 BAG v. 13.3.2007 – 9 AZR 433/06, AP Nr. 26 zu § 307 BGB m. Anm. *Lembke*, Rz. 40 f.; *Boemke*, § 105 GewO Rz. 101; *Schnitker/Grau*, BB 2002, 2120 (2125 f.). | 5 BAG v. 13.3.2007 – 9 AZR 433/06, DB 2007, 1985, Rz. 46. | 6 Schaub/*Linck*, ArbRHdb, § 45 Rz. 21. | 7 Dazu *Boemke/Lembke*, AÜG, 2. Aufl. 2005, § 1 Rz. 188 ff. | 8 Küttner/*Röller*, Personalbuch 2007, Konzernarbeitsverhältnis 247 Rz. 12; zum Ganzen auch *Preis*, Der Arbeitsvertrag, II D 30 Rz. 250 ff.; *Rüthers/Bakker*, ZfA 1990, 245 ff. | 9 ErfK/*Preis*, §§ 305–310 BGB Rz. 86; aA *Worzalla*, NZA Beil. 3/2006, 122, 131. | 10 *Dzida/Schramm*, BB 2007, 1221 (1227); *Hümmerich*, Gestaltung von Arbeitsverträgen, 1 Rz. 2743 ff. | 11 BAG v. 7.12.2000 – 6 AZR 444/99, NZA 2001, 780. | 12 BAG v. 7.12.2000 – 6 AZR 444/99, NZA 2001, 780 (781); s. auch BAG v. 13.3.2007 – 9 AZR 433/06, DB 2007, 1985, Rz. 50 f. | 13 BAG v. 11.10.1995 – 5 AZR 802/94, NZA 1996, 718 (720). | 14 BAG v. 11.10.1995 – 5 AZR 802/94, NZA 1996, 718; allg. *Lakies*, BB 2003, 364 (367).

des ArbGeb hinsichtlich der Arbeitszeit sind im Rahmen der vertragl. Vereinbarung und sonstigen Schranken zulässig (vgl. Rz. 32 ff.).

aa) Dauer der Arbeitszeit. Vielfach wird das Weisungsrecht des ArbGeb durch **Überstundenklauseln** im Arbeitsvertrag erweitert, wonach der ArbN verpflichtet ist, auch über den vereinbarten regelmäßigen Arbeitszeitumfang hinaus tätig zu werden. Überstundenklauseln, die keine besondere Überstundenvergütung vorsehen, halten der **Inhaltskontrolle** nach § 307 BGB nur Stand, wenn sie eine bestimmte **Höchstgrenze** vorsehen, ab der die Überstunden entweder durch Arbeitsentgelt oder Freizeitausgleich abgegolten werden. Andernfalls wird unangemessen in das Äquivalenzverhältnis von Leistung und Gegenleistung eingegriffen[1]. Die ausgleichsfreie, mit dem Fixgehalt abgegoltene Höchstgrenze an Überstunden dürfte grds. bei etwa 10% über der regelmäßigen Arbeitszeit liegen[2], bei Führungskräften und leitenden Angestellten auch darüber[3]. 78

Bei der Ausübung des arbeitsvertragl. vereinbarten Rechts zur Überstundenanordnung hat die entsprechende Weisung billigem Ermessen zu entsprechen. Dies erfordert idR eine **Ankündigungsfrist**; die Zuweisung von Überstunden für den laufenden Arbeitstag kann nur bei deutlich überwiegenden betriebl. Interessen billigem Ermessen entsprechen[4]. 79

Von Überstunden abzugrenzen ist die **Arbeit auf Abruf gemäß § 12 TzBfG** (s. Rz. 35). Vertragsklauseln über Arbeit auf Abruf sind mit § 307 BGB vereinbar, wenn die einseitig vom ArbGeb abrufbare Arbeit nicht mehr als 25% der vereinbarten wöchentl. Mindestarbeitszeit beträgt[5]. In einem Teilzeitarbeitsverhältnis können die Parteien eine Vertragsklausel vereinbaren, wonach der ArbGeb die Wochenarbeitszeit nach seinem Bedarf – über die 25%-Grenze hinaus – einseitig befristet verlängern kann, wenn diese Vereinbarung in Umsetzung eines kollektiven Interessenausgleichs (zB Vereinbarung zwischen Land und Lehrerverband über sozialverträglichen Personalabbau) geschlossen wird[6]. 79a

Die Dauer der Arbeitszeit wird auch durch arbeitsvertragl. **Kurzarbeitsklauseln** geregelt, welche dem ArbGeb die Einführung von Kurzarbeit kraft Weisungsrecht eröffnen[7]. In Standardarbeitsverträgen dürften sie der Inhaltskontrolle nach § 307 BGB standhalten, wenn Kurzarbeit nur aus dringenden betriebl. Gründen eingeführt werden kann und die Voraussetzung für den Bezug von Kug (§§ 169 ff. SGB III) vorliegen[8]. 80

bb) Lage der Arbeitszeit. Regelmäßig werden in Arbeitsverträgen auch Klauseln aufgenommen, wonach der ArbN verpflichtet ist, neben Überstunden- auch **Nacht-, Schicht-, Wochenend- und Feiertagsarbeit** zu leisten. Durch derartige Klauseln wird einerseits das Weisungsrecht des ArbGeb entsprechend untermauert (vgl. Rz. 38) und andererseits Streit bezüglich einer etwaigen Konkretisierung der Arbeitszeitlage bei langjähriger Übung vermieden. **Änderungsvorbehalte** in Standardarbeitsverträgen, welche die Lage der Arbeitszeit betreffen, sind grds. wirksam[9]. 81

Klauseln, welche die Möglichkeit der einseitigen Änderung der Arbeitszeitlage durch den ArbGeb bei **Teilzeitarbeit** vorsehen, sollten allerdings sicherheitshalber eine **Ankündigungsfrist** von mindestens vier Tagen im Voraus analog § 12 II TzBfG vorsehen. 82

cc) Konkretisierung. Eine Beschränkung des arbeitgeberseitigen Weisungsrechts im Hinblick auf Dauer und Lage der Arbeitszeit kann durch Konkretisierung eintreten (allg. zur Konkretisierung Rz. 60 ff.). 83

(1) Dauer der Arbeitszeit. Allerdings kommt eine Konkretisierung des Arbeitsverhältnisses auf ein bestimmtes **Mindestmaß an Überstunden regelmäßig nicht** in Betracht[10]. Denn die Schwankungen der Überstunden je nach dem aktuellen Mehrarbeitsbedarf verhindern, dass der ArbN in schutzwürdiger Weise annimmt, künftig sei eine Mindestanzahl an Überstunden zu leisten. Wird jedoch ein ArbN entgegen der schriftl. Vertragsabrede nicht zehn Stunden wöchentlich, sondern **von Beginn** des Arbeitsverhältnisses **an** über 1½ Jahre wöchentlich durchgehend mindestens 20 Stunden beschäftigt, ist der ArbGeb verpflichtet, den ArbN auch zukünftig mit 20 Stunden pro Woche zu beschäftigen; er kann nicht einseitig eine geringere Arbeitszeit anordnen[11]. Dabei handelt es sich nicht um eine Konkretisierung, sondern vielmehr um einen Fall der „falsa demonstratio non nocet“[12]. Allein das mehrjährige, aber nicht 84

---

1 ErfK/*Preis*, §§ 305–310 BGB Rz. 91 f.; LAG Hamm v. 16.11.2004 – 19 Sa 1424/04; LAG Köln v. 20.12.2001 – 6 Sa 965/01, AuR 2002, 193 – offen gelassen von BAG v. 28.9.2005 – 5 AZR 52/05, NZA 2006, 149; dahin tendierend jedoch BAG, 31.8.2005 – 5 AZR 545/04, NZA 2006, 324 (328), Rz. 49; s. auch *Seel*, DB 2005, 1330. | 2 Weitergehend (25%) *Hohenstatt/Schramm*, NZA 2007, 238 (243). | 3 So auch ErfK/*Preis*, §§ 305–310 BGB Rz. 92, § 611 BGB Rz. 488. | 4 ArbG Frankfurt v. 26.11.1998 – 2 Ca 4267/98, NZA-RR 1999, 357; ErfK/*Preis*, § 611 BGB Rz. 663. | 5 BAG v. 7.12.2005 – 5 AZR 535/04, NZA 2006, 423 (425); bestätigt durch BVerfG v. 23.11.2006 – 1 BvR 1909/06, NZA 2007, 85. | 6 BAG v. 14.8.2007 – 9 AZR 58/07, NZA-RR 2008, 129. | 7 Vgl. dazu Schaub/*Linck*, ArbRHdb, § 47 Rz. 2, 7, 9. | 8 Vgl. *Preis*, Der Arbeitsvertrag, II A 90 Rz. 106. | 9 ErfK/*Preis*, §§ 305–310 BGB Rz. 56. | 10 LAG Köln v. 21.1.1999 – 6 Sa 1252/98, NZA-RR 1999, 517; vgl. auch BAG v. 25.4.2007 – 5 AZR 504/06, NZA 2007, 801; BAG v. 7.11.2002 – 2 AZR 742/00, NZA 2003, 1139. | 11 LAG Bremen v. 20.5.1999 – 4 Sa 2/99, NZA-RR 2000, 14; s. auch LAG Düsseldorf v. 30.8.2002 – 9 Sa 709/02, NZA-RR 2003, 407 f. | 12 Insoweit unsauber das obiter dictum des LAG Bremen v. 20.5.1999 – 4 Sa 2/99, NZA-RR 2000, 14 (16).

näher spezifizierte Überschreiten der arbeitsvertragl. vereinbarten Arbeitszeit ergibt keine Vertragsänderung, auch wenn der ArbN die Arbeit widerspruchslos verrichtet hat[1].

85 **(2) Lage der Arbeitszeit.** Die Konkretisierung der Lage der Arbeitszeit ist nur unter engen Voraussetzungen möglich. **Reiner Zeitablauf genügt nicht, vielmehr müssen besondere Umstände hinzutreten,** aus denen sich ergibt, dass der ArbN nicht in anderer Weise eingesetzt werden soll (s. Rz. 64 f.). Allein aus der Beibehaltung einer betriebl. Regelung hinsichtlich der Arbeitszeitlage über einen längeren Zeitraum hinweg (hier: 14,5 Jahre) kann ein ArbN nach Treu und Glauben nicht auf den Willen des ArbGeb schließen, die durch entsprechende Weisung eingeführte Regelung auch künftig beizubehalten[2].

86 Daher führt eine 4½-jährige Beschäftigung auf derselben Position in Abend-, Wochenend- und Feiertagsarbeit nicht ohne weiteres zur entsprechenden Konkretisierung des Arbeitsverhältnisses[3]. Allein aus der Tatsache, dass der ArbN über einen längeren Zeitraum (hier: 8 Jahre) überwiegend nachts beschäftigt worden ist, ergibt sich noch nicht eine Konkretisierung[4], und zwar danach auch dann nicht, wenn der ArbGeb keinen Vorbehalt erklärt hat, den ArbN ggf. wieder tagsüber zu beschäftigen[5]. Ein ArbGeb kann einen ArbN, der kraft Arbeitsvertrag im Ein- bis Dreischichtbetrieb zu arbeiten hat, auch dann von der Nachtschicht in die Tagschicht versetzen, wenn er seit Bestehen des Arbeitsverhältnisses über 10 Jahre lang ausschließlich in der Nachtschicht gearbeitet hat[6]. Mangels besonderer Umstände führt die langjährige Beschäftigung eines ArbN ausschließlich in einer Schicht (hier: 4½ Jahre Frühschicht) nicht zur Konkretisierung des Arbeitsverhältnisses hinsichtlich der Arbeitszeitlage[7].

87 **d) Ordnung und Verhalten der Arbeitnehmer im Betrieb.** Arbeitsvertragl. Regelungen bezüglich der Ordnung und des Verhaltens der ArbN im Betrieb sind denkbar (zB bezüglich Arbeitskleidung bei Hostessen, Mannequins oder Verkäufern; regelmäßiger Gesundheitsprüfungen; „Bußgeldern" bei Fußballprofis), kommen in der Praxis aber eher selten vor. Soweit vorhanden, begrenzen sie das Weisungsrecht des ArbGeb.

88 **2. Betriebsvereinbarung.** S. 1 nennt neben Arbeitsvertrag, TV und Gesetz auch Bestimmungen einer BV als Grenze für das Weisungsrecht des ArbGeb. BV enthalten normalerweise generell-abstrakte Regelungen und gelten im Arbeitsverhältnis der in den Geltungsbereich der BV fallenden ArbN unmittelbar und zwingend, wirken also wie Gesetze (§ 77 IV 1 BetrVG). BV können Regelungen hinsichtlich Inhalt, Ort und Zeit der Arbeitsleistung sowie hinsichtlich der Ordnung und des Verhaltens der ArbN im Betrieb enthalten, welche – neben den MitbestR des BR als solchen (vgl. Rz. 105 f.) – den betriebsverfassungsrechtl. Rahmen für das Weisungsrecht des ArbGeb vorgeben.

89 Der BR kann seine Mitwirkungs- und MitbestR in Form der **Regelungsabrede** ausüben, und zwar auch, wenn der Abschluss einer BV möglich ist[8]. Zwar stellen sie nur eine schuldrechtl. Abrede zwischen ArbGeb und BR dar, jedoch begrenzen sie ebenfalls das Weisungsrecht des ArbGeb, weil auch durch eine Regelungsabrede die MitbestR des BR, deren Nichtbeachtung ggf. zur individualrechtl. Unwirksamkeit der Weisung führt (s. Rz. 105 f.), ausgeübt werden können. Da Regelungsabreden nicht normativ auf das Arbeitsverhältnis einwirken und den Arbeitsvertrag verändern, können sie das Weisungsrecht des ArbGeb allerdings nicht erweitern. Vereinbaren ArbGeb und BR zB per Regelungsabrede die Einführung von Kurzarbeit, bedarf es bei Fehlen einzelvertragl. Kurzarbeitsklauseln (dazu Rz. 80) auf individualrechtl. Ebene der Zustimmung der ArbN oder des Ausspruchs von Änderungskündigungen[9].

90 **a) Inhalt der Arbeitsleistung.** BV können Bestimmungen enthalten, die bei Weisungen hinsichtlich des Inhalts der Arbeitsleistung zu beachten sind. Praktisch relevant sind zB Gehaltsgruppen in betriebl. **Vergütungsordnungen** nach § 87 I Nr. 10 BetrVG. Darin sind regelmäßig bestimmte **Tätigkeitsmerkmale** beschrieben, auf die bei der Bestimmung der Grenzen des Weisungsrechts hinsichtlich der Art der Tätigkeit zurückgegriffen werden kann. Grundlage für die Anwendbarkeit der Tätigkeitsmerkmale ist aber stets die individualrechtl. Abrede, der Arbeitsvertragsparteien über die vom ArbN zu leistende Tätigkeit. Sie kann zB auf eine Gehaltsgruppe Bezug nehmen.

91 Das Weisungsrecht begrenzen können auch BV, welche die Grundsätze über die Durchführung von **Gruppenarbeit**, (dh. die eigenverantwortl. Erledigung einer Aufgabe durch eine Gruppe) regeln (§ 87 I Nr. 13 BetrVG).

92 **b) Ort der Arbeitsleistung.** BV oder Regelungsabreden, die das Weisungsrecht des ArbGeb hinsichtlich des Orts der Arbeitsleistung begrenzen, finden sich etwa in **Auswahlrichtlinien** betreffend die Versetzung (§ 95 I BetrVG) oder im **Interessenausgleich** (§ 112 I 1 BetrVG).

93 **c) Zeit der Arbeitsleistung.** Gegenstand von BV und Regelungsabreden können auch die Arbeitszeitlage, namentlich Beginn und Ende der täglichen Arbeitszeit einschließlich der Pausen sowie die Vertei-

1 BAG v. 25.4.2007 – 5 AZR 504/06, NZA 2007, 801 (802). | 2 BAG v. 7.12.2000 – 6 ARZ 444/99, NZA 2001, 780 (781); ebenso BAG v. 29.9.2004 – 5 AZR 559/03, NZA 2005, 184. | 3 AA LAG Nürnberg v. 5.11.1997 – 4 Sa 796/96, AiB 1998, 711. | 4 LAG Berlin v. 29.4.1991 – 9 Sa 9/91, DB 1991, 2193 (LS). | 5 AA ArbG Freiburg v. 15.9.1987 – 2 Ca 175/87, DB 1988, 184. | 6 LAG Düsseldorf v. 23.10.1991 – 4 Sa 789/91, LAGE § 611 BGB – Direktionsrecht Nr. 10; *Hunold*, NZA-RR 2001, 337. | 7 AA ArbG Lingen v. 30.11.1988 – 2 Ga 7/88, AiB 1989, 91. | 8 *Fitting*, BetrVG § 77 Rz. 223, § 87 Rz. 580. | 9 ErfK/*Preis*, § 611 BGB Rz. 661.

lung der Arbeitszeit auf die einzelnen Wochentage (§ 87 I Nr. 2 BetrVG) sowie die Arbeitszeitdauer, namentlich die vorübergehende Verkürzung oder Verlängerung der betriebsüblichen Arbeitszeit (§ 87 I Nr. 3 BetrVG) sein. Bspw. geben Regelungen über **Gleitzeitmodelle** dem ArbN Möglichkeiten zur flexiblen eigenverantwortlichen Arbeitszeitgestaltung und grenzen das Weisungsrecht des ArbGeb entsprechend ein.

d) Ordnung und Verhalten der Arbeitnehmer im Betrieb. Ordnung und Verhalten der ArbN im Betrieb können Gegenstand einer BV oder Regelungsabrede nach § 87 I Nr. 1 BetrVG sein. Sofern es um die Einführung und Anwendung von technischen Einrichtungen geht, die geeignet sind, die Leistung und das Verhalten der ArbN zu überwachen, kommen auch Regelungen nach § 87 I Nr. 6 BetrVG in Betracht (s. Rz. 53). 94

3. Anwendbarer Tarifvertrag. Das Weisungsrecht des ArbGeb ist auch durch Regelungen eines anwendbaren TV begrenzt. Anwendbar ist ein TV auf kollektivrechtl. Grundlage bei Tarifbindung beider Arbeitsparteien (§§ 3 I, 4 I 1 TVG) – bei Tarifnormen über betriebl. oder betriebsverfassungsrechtl. Fragen auch bei bloßer Tarifbindung des ArbGeb (§§ 3 II, 4 I TVG) – sowie bei Allgemeinverbindlichkeit für alle Arbeitsverhältnisse im Geltungsbereich des TV (§ 5 IV TVG) oder nach § 1 AEntG. 95

Auf individualrechtl. Grundlage anwendbar sind Regelungen eines TV im Falle der Bezugnahme auf den TV; insoweit stellt jedoch der Arbeitsvertrag dogmatisch die Grenze des Weisungsrechts dar. 96

a) Inhalt der Arbeitsleistung. Tarifvertragl. Regelungen begrenzen das Direktionsrecht hinsichtlich des Inhalts der Arbeitsleistung vielfältig. Nehmen die Arbeitsvertragsparteien auf die **tarifliche Vergütungsgruppe** Bezug, so kann der ArbGeb dem ArbN grds. alle Tätigkeiten zuweisen, welche die Merkmale der einschlägigen Vergütungsgruppe erfüllen (s. Rz. 18). 97

Dieser Grundsatz gilt insb. im **öffentl. Dienst** im Hinblick auf die Vergütungsgruppen des BAT bzw. TVöD[1]. Das Direktionsrecht des ArbGeb des öffentl. Dienstes erlaubt es diesem nicht, dem ArbN eine Tätigkeit zu übertragen, die geringerwertigen Merkmalen entspricht und nur im Wege des Bewährungsaufstiegs die Eingruppierung in die maßgebliche Vergütungsgruppe ermöglicht[2]. Der ArbGeb kann bspw. nicht kraft seines Direktionsrechts dem ArbN die bisherige Sachgebietsleitung mit Weisungsbefugnis gegenüber den vier Mitarbeitern des Sachgebiets entziehen, weil damit eine nicht unerhebliche Herabstufung innerhalb der Behördenhierarchie verbunden ist[3]. Sofern allerdings die neu zugewiesene Tätigkeit die Merkmale der bisherigen Vergütungsgruppe erfüllt, ist das Direktionsrecht des öffentl. ArbGeb nicht dadurch beschränkt, dass aus der bisherigen Fallgruppe ein Bewährungsaufstieg möglich war, der aus der nunmehr zugewiesenen Tätigkeit verwehrt ist[4]. 98

Tarifvertragl. Versetzungsklauseln können das Weisungsrecht des ArbGeb weiter fassen als arbeitsvertragl. (zu arbeitsvertragl. Versetzungsklauseln s. Rz. 57 ff.). Das BAG hält tarifvertragl. Regelungen (wie zB § 16 I LTV DB) für zulässig, wonach der ArbGeb unter bestimmten Voraussetzungen dem ArbN einseitig eine andere, auch nach einer niedrigeren Lohngruppe zu vergütende Tätigkeit zuweisen kann[5]. Grund für diese Ansicht ist die dem TV innewohnende Ausgewogenheits- und Richtigkeitsvermutung. Str. ist, ob und unter welchen Voraussetzungen ein TV (hier: § 5 I TV Ratio-alt) das Direktionsrecht des ArbGeb zur Versetzung des ArbN in eine BQG vorsehen kann, in welcher die ArbN qualifiziert, vermittelt oder im Wege der AÜ anderweitig eingesetzt werden (hier: Vivento)[6]. 99

b) Ort der Arbeitsleistung. TV können **Regelungen über den Erfüllungsort** treffen und damit den Arbeitsort näher bestimmen[7]. Außerdem können sie **Versetzungsklauseln** enthalten und damit die Grenze des Weisungsrechts in örtlicher Hinsicht bestimmen (vgl. zB § 16 I LTV DB)[8]. Soll im öffentl. Dienst die kraft arbeitsvertragl. Bezugnahmevereinbarung geltende tarifvertragl. Befugnis des ArbGeb ausgeschlossen werden, den ArbN an eine Dienststelle auch außerhalb des bisherigen Dienstortes zu versetzen, bedarf es dazu eindeutiger Absprachen[9]. 100

c) Zeit der Arbeitsleistung. Typischerweise enthalten TV und insb. MantelTV Regelungen zur Dauer und Lage der Arbeitszeit. Hinsichtlich der **Dauer** der Arbeitszeit wird vor allem die wöchentl. Arbeitszeit, die Möglichkeit zur Anordnung von Überstunden (bei Zahlung entsprechender Zuschläge) sowie zur Anordnung von Kurzarbeit[10] geregelt. 101

---

1 BAG v. 23.11.2004 – 2 AZR 38/04, NZA 2005, 986 (990); v. 24.4.1996 – 4 AZR 976/94, AP Nr. 49 zu § 611 BGB – Direktionsrecht; v. 30.8.1995 – 1 AZR 47/95, AP Nr. 44 zu § 611 BGB – Direktionsrecht; Boemke/*Keßler*, § 106 GewO Rz. 40 ff. | 2 BAG v. 23.11.2004 – 2 AZR 38/04, NZA 2005, 986 (990); v. 24.4.1996 – 4 AZR 976/94, AP Nr. 49 zu § 611 BGB – Direktionsrecht, LS 1; v. 30.8.1995 – 1 AZR 47/95, AP Nr. 44 zu § 611 – Direktionsrecht, LS 2. | 3 LAG Hamm v. 9.1.1997 – 17 Sa 1554/96, NZA-RR 1997, 337; *Hunold*, NZA-RR 2001. | 4 BAG v. 21.11.2002 – 6 AZR 82/01, DB 2003, 1630. | 5 BAG v. 23.9.2004 – 6 AZR 442/03, NZA 2005, 475 (477); v. 22.5.1985 – 4 AZR 88/84, AP Nr. 6 zu § 1 TVG – Tarifverträge: Bundesbahn; v. 22.5.1985 – 4 AZR 427/81, AP Nr. 7 zu § 1 TVG – Tarifverträge: Bundesbahn. | 6 Dagegen etwa LAG Bbg. v. 30.6.2005 – 9 Sa 79/05, BB 2005, 2017; aA *Hümmerich/Welslau*, NZA 2005, 610 (613 ff.) mwN. | 7 BAG v. 3.12.1985 – 4 AZR 325/84, AP Nr. 5 zu § 1 TVG – Tarifverträge: Großhandel, LS 2. | 8 Vgl. BAG v. 22.5.1995 – 4 AZR 88/84, AP Nr. 6 zu § 1 TVG – Tarifverträge: Bundesbahn. | 9 BAG v. 21.1.2004 – 6 AZR 583/02, NZA 2005, 61. | 10 Zu tariflichen Kurzarbeitsklauseln Schaub/*Linck*, ArbRHdb, § 47 Rz. 3 ff.

102 Im Hinblick auf die **Lage** der Arbeitszeit enthalten (Mantel-)TV regelmäßig Regelungen zu Schichtarbeit, Nacht-, Sonntags- und Feiertagsarbeit und sehen entsprechende Zuschläge vor.

103 **d) Ordnung und Verhalten der Arbeitnehmer im Betrieb.** Auch Ordnung und Verhalten der ArbN im Betrieb können theoretisch Gegenstand tarifvertragl. **Betriebsnormen** (zB Tarifregelungen zu Torkontrollen[1], Kleiderordnungen, Rauchverbote[2]) sein und das betriebsbezogene Weisungsrecht des ArbGeb entsprechend begrenzen.

104 **4. Gesetzliche Vorschriften.** Grenzen des arbeitgeberseitigen Weisungsrecht ergeben sich auch aus gesetzl. Vorschriften. Nach S. 1 und 2 kann der ArbGeb Inhalt, Ort und Zeit der Arbeitsleistung sowie Ordnung und Verhalten im Betrieb näher bestimmen, soweit diese Arbeitsbedingungen – abgesehen von den anderen Schranken – nicht durch gesetzl. Vorschriften festgelegt sind.

105 Das Direktionsrecht als einseitiges Bestimmungsrecht ist gesetzl. auch durch die **MitbestR des BR** eingeschränkt[3]. Im Bereich der **erzwingbaren Mitbest.** (zB § 87 BetrVG) sind zum Nachteil des ArbN getroffene Maßnahmen des ArbGeb ohne Zustimmung des BR individualrechtl. unwirksam (**Theorie der Wirksamkeitsvoraussetzung**)[4]. Dies gilt sowohl für einseitige Maßnahmen, die in Ausübung des Direktionsrechts vorgenommen werden, als auch für einzelvertragl. Vereinbarungen[5].

106 Im Bereich der **personellen Einzelmaßnahme** nach § 99 BetrVG hat die fehlende Zustimmung des BR zur Versetzung zur Folge, dass die Versetzung auch individualrechtl. unwirksam ist und der ArbN das Recht hat, die Arbeit zu geänderten Bedingungen zu verweigern[6]. Bei fehlender Zustimmung des BR zur **Einstellung** des ArbN bleibt der Arbeitsvertrag hingegen wirksam, und der ArbN kann sich auf das betriebsverfassungsrechtl. **Beschäftigungsverbot** iS eines Arbeitsverweigerungsrechts nur berufen, wenn der BR die Verletzung des MitbestR geltend macht und die Aufhebung der Einstellung verlangt[7].

107 Allgemeine gesetzl. Grenzen des Weisungsrechts stellen auch die Vorschriften über **Leistungsverweigerungsrechte** nach §§ 273, 275 II und III, 320 BGB, § 14 AGG, § 21 VI GefStoffVO dar, weil insoweit das Ob der Arbeitsleistung infrage steht.

108 **a) Inhalt der Arbeitsleistung.** Bei einer Weisung hinsichtlich des Inhalts der Arbeitsleistung hat der ArbGeb insb. folgende gesetzl. Vorschriften zu beachten[8]:

109 **Beschäftigungsverbote** etwa nach §§ 3, 4, 6, 8 MuSchG oder §§ 22 ff. JArbSchG (vgl. § 105 Rz. 22, 24), **Diskriminierungsverbote** etwa nach § 7 I AGG, § 4 TzBfG, § 81 II SGB IX, Art. 9 III 2 GG, das **Maßregelungsverbot** des § 612a BGB (zB bei Zuweisung von Überstunden)[9], **Unfallverhütungsvorschriften** (§ 15 SGB VII) sowie **sonstige Regelungen**, die das Weisungsrecht im Einzelfall begrenzen (zB § 7 ArbSchG) bzw. von einem eingeschränkten Weisungsrecht ausgehen (etwa § 3 ProstitutionsG). Das **Benachteiligungsverbot nach § 7 I AGG** führt zu einer Art „unmittelbaren Drittwirkung" von Grundrechten (vgl. Art. 3 II und III GG) im Arbeitsverhältnis. Eine Weisung, die den ArbN wegen eines in § 1 AGG genannten Merkmals benachteiligt, entspricht nicht billigem Ermessen und ist unwirksam, es sei denn, sie ist nach dem AGG gerechtfertigt (vgl. §§ 3 II, 5, 8, 9, 10 AGG).

110 Weisungen, **Straftaten oder Ordnungswidrigkeiten zu begehen** oder sonst gesetzeswidrig zu handeln, sind unzulässig und nach § 134 BGB nichtig[10].

111 **b) Ort der Arbeitsleistung.** Eine besondere gesetzl. Bestimmung über den Erfüllungsort gibt es für Arbeitsverhältnisse nicht. Bestehen weder einzel- noch kollektivvertragl. Regelungen zum Erfüllungsort befindet sich der Erfüllungsort gem. **§ 269 BGB** nach der Natur des Arbeitsverhältnisses idR am Betriebssitz, an dem der ArbN ständig beschäftigt ist[11] (vgl. Rz. 29).

112 **c) Zeit der Arbeitsleistung.** Gesetzl. Vorschriften, die der ArbGeb bei Weisungen hinsichtlich der Dauer bzw. der Lage der Arbeitszeit zu beachten, sind insb. die Regelungen des **ArbZG**, die Vorschriften über **Teilzeitansprüche** (§ 8 TzBfG, § 15 V–VII BEEG, § 81 V 3 SGB IX) über **Arbeitszeitgestaltung gegenüber schwerbehinderten** Menschen (§ 81 IV Nr. 4, § 124 SGB IX[12]) und über **Arbeit auf Abruf** (§ 12 TzBfG).

113 Die Vorschriften der §§ 169 ff. SGB III über **Kug** enthalten keine Ermächtigungsgrundlage für die Einführung von Kurzarbeit kraft Direktionsrechts[13].

114 **d) Ordnung und Verhalten der Arbeitnehmer im Betrieb.** Gesetzl. Vorschriften, die betriebsbezogene Weisungen hinsichtlich Ordnung und Verhalten der ArbN im Betrieb begrenzen, sind insb. § 87 I Nr. 1 u.

---

1 MünchArbR/*Löwisch*/*Rieble*, § 261 Rz. 23. | 2 ErfK/*Franzen*, § 1 TVG Rz. 46. | 3 BT-Drs. 14/8796, S. 24; *Düwell*, FA 2003, 2 (4); *Schöne*, NZA 2002, 829 (830). | 4 BAG v. 3.12.1991 – GS 2/90, AP Nr. 51 zu § 87 BetrVG 1972 – Lohngestaltung; *Fitting*, § 87 BetrVG Rz. 599 ff. mwN. | 5 BAG v. 11.6.2002 – 1 AZR 390/01, DB 2002, 2725 (2726); v. 18.9.2002 – 1 AZR 668/01, BB 2003, 740 (741). | 6 BAG v. 5.4.2001 – 2 AZR 580/99, BB 2001, 2115 (2116). | 7 BAG v. 5.4.2001 – 2 AZR 580/99, BB 2001, 2115 (2116). | 8 Vgl. Boemke/*Keßler*, § 106 GewO Rz. 25 ff. | 9 BAG v. 7.11.2002 – 2 AZR 742/00, DB 2003, 828. | 10 Küttner/*Griese*, Personalbuch 2007, Weisungsrecht 453 Rz. 16; Boemke/*Keßler*, § 106 GewO Rz. 27. | 11 BAG v. 3.12.1985 – 4 AZR 325/84, AP Nr. 5 zu § 1 TVG – Tarifverträge: Großhandel. | 12 Dazu etwa BAG v. 3.12.2004 – 9 AZR 462/01, NZA 2004, 1219. | 13 LAG Rh.-Pf. v. 7.10.1996 – 9 Sa 703/96, NZA-RR 1997, 331; *Hunold*, NZA-RR 2001, 337 (343).

6 BetrVG (s. Rz. 52 f.) sowie § 5 **ArbStättV** hinsichtlich des **Nichtraucherschutzes** am Arbeitsplatz (s. auch Rz. 46).

IV. Nach billigem Ermessen. Der ArbGeb darf sein Weisungsrecht auch bei Beachtung der gesetzl., einzel- oder kollektivvertragl. Grenzen gem. S. 1 nur nach billigem Ermessen (§ 315 BGB) ausüben. Dabei steht ihm regelmäßig ein **weiter Spielraum** zur einseitigen Gestaltung der Arbeitsbedingungen zu[1]. Das folgt schon daraus, dass der ArbN im Rahmen seiner Privatautonomie sich zur Ausübung fremdbestimmter Dienste verpflichtet hat. 115

Die Weisung ist gem. § 315 III 1 BGB aber nur verbindlich, wenn sie der **Billigkeit** entspricht. Ob dies der Fall ist, kann gerichtlich überprüft werden (§ 315 III 2 BGB)[2]. Überschreitet der ArbGeb die Grenzen seiner Weisungsbefugnis, ist der ArbN zur Verweigerung der zugewiesenen Arbeit berechtigt[3]. 116

§ 106 begründet **keinen Anspruch** des ArbN gegen den ArbGeb **auf Ermessensausübung in einer bestimmten Art und Weise**[4]. Die Vorschrift unterwirft lediglich das Ermessen des ArbGeb bei der Ausübung des Direktionsrechts der Billigkeit und damit der Kontrolle der Einzelfallgerechtigkeit. Sie hat ausschließlich begrenzende, nicht anspruchsbegründende Funktion[5]. 117

Das in der Gesetzesbegründung zu § 106 propagierte „moderne Verständnis der arbeitsrechtlichen Beziehungen" als partnerschaftliches Miteinander von ArbGeb und Beschäftigten, in dessen Rahmen der ArbGeb zu prüfen habe, ob die Beschäftigten einen eigenverantwortl. Entscheidungsspielraum erhalten könnten oder entsprechend ihrer Fähigkeiten eingesetzt würden[6], hat im Gesetzestext bewusst keinen Niederschlag gefunden und somit keine rechtl. Bedeutung[7]. 118

1. Grundsatz billigen Ermessens (§ 315 BGB). Die Weisung des ArbGeb entspricht billigem Ermessen, wenn **die wesentlichen Umstände des Falles abgewogen und die beiderseitigen Interessen angemessen berücksichtigt** sind[8]. Die Rücksichtnahme auf die schutzwürdigen Interessen des anderen Vertragsteils folgt im Übrigen bereits aus § 241 II BGB. Die Grenzen billigen Ermessens sind zB überschritten, wenn eine Arbeit zugewiesen wird, die eine Arbeitzeit von 1,5 Stunden, jedoch einen Anfahrtsweg von 4,5 Stunden erfordert[9]. 119

Aufseiten des ArbGeb sind etwa dessen Interesse an einem ungestörten und geordneten Arbeitsablauf, berechtigte Belange anderer ArbN, Betriebsfrieden[10], Sicherheit im Betrieb, Vermeidung unnötiger Kosten, Abwehr von Schäden und Gefahren sowie Vertraulichkeit von Geschäfts- und Betriebsgeheimnissen zu berücksichtigen. Daher ist billiges Ermessen bspw. gewahrt, wenn der ArbN, der zu einem Konkurrenzunternehmen wechseln will, auf einem neu geschaffenen Arbeitsplatz beschäftigt werden soll mit der Zielsetzung, Geschäftskontakte im alten Arbeitsbereich zu unterbinden und seine weitere Tätigkeit zu kontrollieren[11]. 120

Aufseiten des ArbN zu beachten sind bspw. das Interesse an der Fortsetzung einer über längere Zeit ausgeübten Tätigkeit[12] (s. Rz. 67), familiäre Verpflichtungen[13], grundrechtl. geschützte Belange (s. Rz. 125 ff.) und gesundheitliche Beschwerden. Ist es dem ArbGeb möglich und zumutbar, dem krankheitsbedingt nur eingeschränkt leistungsfähigen ArbN leidensgerechte Arbeiten zuzuweisen, ist die Zuweisung anderer nicht leidensgerechter Arbeiten unbillig; der ArbGeb kommt dann bei Nichtannahme der Arbeitleistung trotz eingeschränkter Leistungsfähigkeit des ArbN in Annahmeverzug[14]. Nicht erforderlich ist hingegen die übermäßige Berücksichtigung privater Interessen zu Lasten berechtigter dienstlicher Belange. Bei arbeitszeitbezogenen Weisungen kann sich ein ArbN, der in Kenntnis der Wegeprobleme einen weit vom Betrieb gelegenen Wohnsitz wählt, nicht auf seinen langen Anfahrtsweg berufen[15]. Nicht zu berücksichtigen sind die dem ArbGeb unbekannten persönlichen Umstände in der Lebensführung des ArbN[16]. Umstände in der Person des ArbN können nur berücksichtigt werden, wenn sich der ArbN bei Erteilung der Weisung darauf beruft; ein Nachschieben solcher persönlichen Umstände ist rechtlich unbeachtlich[17]. 121

Überträgt der ArbGeb **im öffentl. Dienst im Rahmen des § 24 BAT bzw. § 14 TVöD** eine höherwertige Tätigkeit vorübergehend auf einen ArbN, so ist eine **doppelte Billigkeitsprüfung** vorzunehmen, ob die 122

---

1 BAG v. 29.8.1991 – 6 AZR 593/88, AP Nr. 38 zu § 611 BGB – Direktionsrecht; v. 27.3.1980 – 2 AZR 506/78, AP Nr. 26 zu § 611 BGB – Direktionsrecht; *Lakies*, BB 2003, 364 (366). | 2 BAG v. 29.8.1991 – 6 AZR 593/88, AP Nr. 38 zu § 61 BGB – Direktionsrecht. | 3 MünchArbR/*Blomeyer*, § 48 Rz. 45. | 4 *Bauer/Opolony*, BB 2002, 1590 (1591); *Tettinger/Wank*, § 106 GewO Rz. 35. | 5 Boemke/*Keßler*, § 106 GewO Rz. 44; *Schöne*, NZA 2002, 829 (831). | 6 BT-Drs. 14/8796, S. 24. | 7 *Bauer/Opolony*, BB 2002, 1590 (1591); Boemke/*Keßler*, § 106 GewO Rz. 45; *Schöne*, NZA 2002, 829 (831); *Tettinger/Wank*, § 106 GewO Rz. 36 unter Verweis auf den ursprünglichen RefE. | 8 BAG v. 11.4.2006 – 9 AZR 557/05, NZA 2006, 1149 (1152 f.); v. 17.12.1997 – 5 AZR 332/96, AP Nr. 52 zu § 611 BGB – Direktionsrecht. | 9 LAG Hessen v. 21.8.2006 – 19 (11) Sa 2008/05, NZA-RR 2007, 186 (187). | 10 BAG v. 23.9.2004 – 6 AZR 567/04, NZA 2005, 359; vgl. auch LAG Schl.-Holst. v. 2.5.2007 – 6 Sa 504/06, NZA-RR 2007, 402. | 11 LAG Nds. v. 12.10.1998 – 13 Sa 103/98, LAGE § 315 BGB Nr. 5, LS 2; *Hunold*, NZA-RR 2001, 337 (341). | 12 Boemke/*Keßler*, § 106 GewO Rz. 23. | 13 BAG v. 23.9.2004 – 6 AZR 567/04, NZA 2005, 359; LAG Rh.-Pf. v. 19.1.2005 – 10 Sa 820/04, DB 2005, 1522. | 14 BAG v. 8.11.2006 – 5 AZR 51/06, AP Nr. 120 zu § 615 BGB, Rz. 16. | 15 Vgl. ArbG Marburg v. 4.11.2003 – 2 Ca 212/03, DB 2004, 1563 (1564). | 16 BAG v. 11.4.2006 – 9 AZR 557/05, NZA 2006, 1149 (1153), Rz. 52. | 17 LAG Nürnberg v. 9.1.2007 – 7 Sa 79/06, NZA-RR 2007, 357.

Tätigkeitsübertragung „an sich" und die „Nicht-Dauerhaftigkeit" der Übertragung billigem Ermessen (§ 315 BGB) entsprechen[1]. Die frühere Rspr., wonach eine vorübergehend übertragene Tätigkeit als auf Dauer übertragen galt, wenn die vorübergehende Übertragung nicht durch einen sachlichen Grund gerechtfertigt und daher rechtsmissbräuchlich war, hat das BAG aufgegeben[2].

123 Bei der Ausübung billigen Ermessens ist auch das in vergleichbaren Fällen Übliche zu berücksichtigen[3]. Außerdem ist der **arbeitsrechtl. Gleichbehandlungsgrundsatz** zu beachten[4]. Daher darf der ArbGeb nicht ohne sachlichen Grund einen einzelnen ArbN von der Ableistung von Überstunden ausschließen, wenn alle vergleichbaren Mitarbeiter durch die Heranziehung von Überstunden eine erhebliche Lohnsteigerung erzielen können[5]. Erfordert die Weisung (zB hinsichtl. Arbeitszeitverteilung) eine persönliche Auswahlentscheidung des ArbGeb zwischen mehreren ArbN, finden die Grundsätze zur sozialen Auswahl im Rahmen einer betriebsbedingten Kündigung keine Anwendung[6].

124 Entspricht die Weisung billigem Ermessen, kann sich aus der vertragl. Rücksichtnahmepflicht (§ 241 II BGB) die Verpflichtung des ArbGeb ergeben, **nach angemessener Zeit zu überprüfen**, ob durch erneute Ausübung des Weisungsrechts eine den ArbN weniger belastende Gestaltung der Arbeitsbedingungen herbeigeführt werden kann[7]. War die Zuweisung der Arbeit zunächst rechtmäßig, kann der ArbGeb verpflichtet sein, den ArbN in Ausübung seines Weisungsrechts eine andere vertragsgemäße und zumutbare Arbeit auf einem **leidensgerechten Arbeitsplatz** zu übertragen, wenn der ArbN die geschuldete Arbeit auf dem bisherigen Arbeitsplatz aus gesundheitlichen Gründen nicht mehr ausüben kann[8].

125 **2. Mittelbare Drittwirkung der Grundrechte.** Der in der Generalklausel des § 315 BGB enthaltene unbestimmte Rechtsbegriff des billigen Ermessens ist eine Einbruchstelle für die mittelbare Drittwirkung der Grundrechte im Privatrecht[9]. Die im Einzelfall betroffenen Grundrechte des ArbGeb und des ArbN sind im Rahmen der **Interessenabwägung** zu berücksichtigen und **im Falle einer Kollision** im Wege **praktischer Konkordanz** so zum Ausgleich zu bringen, dass die geschützten Rechtspositionen möglichst weitgehend wirksam werden[10].

126 Zu berücksichtigen sind etwa das **allgemeine Persönlichkeitsrecht** nach Art. 2 I GG (zB Recht auf Rauchen)[11], das **Recht auf körperliche Unversehrtheit** (Art. 2 II GG), die **besonderen Gleichheitssätze** des Art. 3 II und III GG, die **Gewissensfreiheit** (Art. 4 I GG)[12], die **Glaubens- und Bekenntnisfreiheit** (Art. 4 I GG) und die **Religionsausübungsfreiheit** (Art. 4 II GG)[13], die **Kunstfreiheit** (Art. 5 III GG, zB Recht des ArbGeb zur Aufführung einer Oper)[14], die **Rundfunkfreiheit** (Art. 5 I GG)[15], **Schutz von Ehe und Familie** (Art. 6 GG[16]) und die **unternehmerische Betätigungsfreiheit** (Art. 12 I GG)[17]. Durch das Benachteiligungsverbot des § 7 I AGG wurde der Grundrechtsschutz im Arbeitsverhältnis verstärkt und eine Art unmittelbare Drittwirkung der Grundrechte herbeigefürt, welche die Merkmale des § 1 AGG schützen (s. Rz. 109).

127 Bei der Interessenabwägung sind insb. die Fragen der **Vorhersehbarkeit** und **Vermeidbarkeit des Interessenkonflikts** zwischen ArbGeb und ArbN bei Beginn des Arbeitsverhältnisses und die **Gefahr seiner Wiederholung** zu berücksichtigen[18].

128 **3. Rücksichtnahme auf Behinderungen des Arbeitnehmers (S. 3).** Nach S. 3 hat der ArbGeb bei der Ausübung des Weisungsrechts nach billigem Ermessen auch auf Behinderungen des ArbN Rücksicht zu nehmen. Die Vorschrift setzt die Grundsätze aus Art. 3 III 2 GG sowie § 81 II und IV, § 124 SGB IX (s. Rz. 112) für das Weisungsrecht um[19]. Ist es dem ArbGeb möglich und zumutbar, dem nur einge-

---

1 BAG v. 17.1.2006 – 9 AZR 226/05, AP Nr. 6 zu § 24 BAT-O, Rz. 37; BAG v. 17.4.2002 – 4 AZR 174/01, NZA 2003, 159 ff. | 2 BAG v. 17.4.2002 – 4 AZR 174/01, NZA 2003, 159 (161). | 3 Palandt/*Heinrichs*, § 315 BGB Rz. 10. | 4 BAG v. 17.12.1997 – 5 AZR 332/96, AP Nr. 52 zu § 611 BGB – Direktionsrecht; v. 11.10.1995 – 5 AZR 1009/94, AP Nr. 45 zu § 611 BGB – Direktionsrecht; *Lakies*, BB 2003, 364 (369). | 5 LAG Köln v. 22.6.1994 – 2 Sa 1087/93, LAGE § 611 BGB – Direktionsrecht Nr. 19; *Lakies*, BB 2003, 364 (367). | 6 BAG v. 23.9.2004 – 6 AZR 567/04, NZA 2005, 359. | 7 LAG Köln v. 22.6.1994 – 2 Sa 1087/93, LAGE § 611 BGB – Direktionsrecht Nr. 19; *Hunold*, NZA-RR 2001, 337 (344). | 8 BAG v. 29.1.1997 – 2 AZR 9/96, NZA 1997, 709; LAG Frankfurt/M v. 2.4.1993 – 9 Sa 815/91, LAGE § 611 BGB – Direktionsrecht Nr. 15; *Lakies*, BB 2003, 364 (369). | 9 Dazu MünchArbR/*Blomeyer*, § 48 Rz. 42. | 10 BVerfG v. 30.7.2003 – 1 BvR 792/03, NJW 2003, 2815; BAG v. 10.10.2002 – 2 AZR 472/01, DB 2003, 830 (832) mwN. | 11 Vgl. Hessisches LAG v. 11.8.2000 – 2 Sa 1000/99, DB 2001, 387 (LS). | 12 BAG v. 20.12.1984 – 2 AZR 436/83, AP Nr. 27 zu § 611 BGB – Direktionsrecht zur Gewissensnot eines Druckers beim Drucken eines gewaltverherrlichenden Flugblatts; LAG Düsseldorf v. 7.8.1992 – 9 Sa 794/92, NZA 1993, 411 zur Mitwirkung eines gläubigen Orchestermusikers bei einer blasphemischen Operninszenierung; s. auch Boemke/*Keßler*, § 106 GewO Rz. 35 ff. | 13 BAG v. 10.10.2002 – 2 AZR 472/01, DB 2003, 830 (831 f.) zum Tragen eines islamischen Kopftuchs durch eine Verkäuferin; gebilligt durch BVerfG v. 30.7.2003 – 1 BvR 792/02, NJW 2003, 2815. | 14 LAG Düsseldorf v. 7.8.1992 – 9 Sa 794/92, NZA 993, 411. | 15 LAG Rh.-Pf. v. 13.4.1989 – 5 Sa 1031/88, NZA 1990, 527 zum Entzug einer Moderation kraft Weisungsrechts. | 16 Zur Arbeitszeitbestimmung gegenüber berufstätigen Müttern LAG Nürnberg v. 8.3.1999 – 6 Sa 259/97, NZA 2000, 263; ArbG Bonn v. 21.9.2000 – 1 Ca 3447/99, NZA-RR 2001, 132; ArbG Hamburg v. 4.12.1995 – 21 Ca 290/95, NZA-RR 1996, 365; *Hunold*, NZA-RR 2001, 337 (338 ff.). | 17 BAG v. 10.10.2002 – 2 AZR 472/01, DB 2003, 830 (832). | 18 BAG v. 20.10.1984 – 2 AZR 436/83, AP Nr. 27 zu § 611 BGB – Direktionsrecht. | 19 Vgl. BT-Drs. 14/8796, S. 24; Boemke/*Keßler*, § 106 GewO Rz. 46.

schränkt leistungsfähigen ArbN Arbeiten zuzuweisen, die seiner verbleibenden Leistungsfähigkeit entsprechen, ist die Zuweisung anderer Arbeiten nach S. 1 unbillig[1].

Zu beachten ist, dass S. 3 sich allgemein auf Behinderte bezieht, während das Diskriminierungsverbot bei Weisungen nach § 81 II Nr. 1 SGB IX nur gegenüber schwerbehinderten Menschen (§ 2 II SGB IX) und gleichgestellten behinderten Menschen (§ 2 III iVm. § 68 III SGB IX) gilt. 129

Der Begriff der „**Behinderung**" iSd. S. 3 entspricht dem des **§ 2 I 1 SGB IX**[2]. Die Behinderungen können sowohl genetisch als auch krankheits-, unfall- oder altersbedingt sein[3]. 130

Behinderte können auf Grund von S. 3 **keinen besonderen Schutz** in Anspruch nehmen[4]. Denn im Rahmen billigen Ermessens hat der ArbGeb ohnehin alle schutzwürdigen Interessen des ArbN zu berücksichtigen, selbst wenn sie nicht den Grad einer Behinderung erreichen[5]. S. 3 hat daher rein deklaratorischen bzw. programmatischen Charakter. 131

V. Rechtsstreitigkeiten. Die Ausübung des Weisungsrecht unterliegt gerichtlicher Kontrolle, insb. auch hinsichtlich der Frage, ob billiges Ermessen eingehalten wurde (§ 315 III 2 BGB)[6]. Der ArbGeb trägt die **Darlegungs- und Beweislast** dafür, dass die Leistungsbestimmung im Rahmen der gesetzl., einzel- und kollektivvertragl. Grenzen erfolgt ist sowie billigem Ermessen entspricht[7]. Maßgeblicher Beurteilungszeitpunkt ist der Zeitpunkt der Ausübung des Direktionsrechts, nicht die Interessenlage der Parteien im Zeitpunkt der letzten mündlichen Verhandlung[8]. 132

Die gerichtl. Überprüfung kann **inzidenter** stattfinden, etwa im Rahmen einer Kündigungsschutzklage oder einer Klage auf Beschäftigung mit bestimmten Tätigkeiten[9]. Der ArbN kann sich jedoch auch mit einer **Feststellungsklage** gegen die Änderung von Arbeitsbedingungen kraft Weisungsrecht wenden, solange er von der Maßnahme betroffen ist[10]. Das Recht des ArbN zur Klage kann **verwirken**, zB bei zweijähriger widerspruchsloser Kooperation mit dem ArbGeb oder bei jahrelangem Untätigbleiben des ArbN[11]. 133

107 *Berechnung und Zahlung des Arbeitsentgelts*

(1) Das Arbeitsentgelt ist in Euro zu berechnen und auszuzahlen.

(2) Arbeitgeber und Arbeitnehmer können Sachbezüge als Teil des Arbeitsentgelts vereinbaren, wenn dies dem Interesse des Arbeitnehmers oder der Eigenart des Arbeitsverhältnisses entspricht. Der Arbeitgeber darf dem Arbeitnehmer keine Waren auf Kredit überlassen. Er darf ihm nach Vereinbarung Waren in Anrechnung auf das Arbeitsentgelt überlassen, wenn die Anrechnung zu den durchschnittlichen Selbstkosten erfolgt. Die geleisteten Gegenstände müssen mittlerer Art und Güte sein, soweit nicht ausdrücklich eine andere Vereinbarung getroffen worden ist. Der Wert der vereinbarten Sachbezüge oder die Anrechnung der überlassenen Waren auf das Arbeitsentgelt darf die Höhe des pfändbaren Teils des Arbeitsentgelts nicht übersteigen.

(3) Die Zahlung eines regelmäßigen Arbeitsentgelts kann nicht für die Fälle ausgeschlossen werden, in denen der Arbeitnehmer für seine Tätigkeit von Dritten ein Trinkgeld erhält. Trinkgeld ist ein Geldbetrag, den ein Dritter ohne rechtliche Verpflichtung dem Arbeitnehmer zusätzlich zu einer dem Arbeitgeber geschuldeten Leistung zahlt.

I. Vorbemerkungen. Die Vorschrift regelt die **Grundsätze der Zahlung des Arbeitsentgelts** (ieS) in Form der Geldzahlung, des Sachbezugs und der Überlassung von Waren in Anrechnung auf das Arbeitsentgelt. 1

1. Entstehungsgeschichte. § 107 wurde **mit Wirkung ab dem 1.1.2003**[12] völlig **neu gefasst**. Die Bestimmung übernimmt in Abs. 1 im Wesentlichen das sog. „**Truckverbot**" des § 115 I S. 1 aF und regelt in Abs. 2 S. 2 das **Kreditierungsverbot** des aufgehobenen § 115 II S. 1 aF. Die Norm enthält ferner **neue Regelungen zur** Zulässigkeit der Vereinbarung von **Sachbezügen** (Abs. 2 S. 1, 4 und 5), zur **Anrechnung von Waren** auf das Arbeitsentgelt (Abs. 2 S. 3–5) und zur Behandlung von **Trinkgeld** (Abs. 3). 2

1 BAG v. 4.10.2005 – 9 AZR 632/04, DB 2006, 902 (903). | 2 *Bauer/Opolony*, BB 2002, 1590 (1591); *Lakies*, BB 2003, 364 (366); *Schöne*, NZA 2002, 829 (831); unscharf BT-Drs. 14/8796, S. 24. | 3 BT-Drs. 14/8796, S. 24. | 4 *Bauer/Opolony*, BB 2002, 1590 (1591); Boemke/*Keßler*, § 106 GewO Rz. 47; aA *Düwell*, FA 2003, 2 (4); *Schöne*, NZA 2002, 829 (831). | 5 Zutr. *Bauer/Opolony*, BB 2002, 1590 (1591); Boemke/*Keßler*, § 106 GewO Rz. 48. | 6 BAG v. 17.12.1997 – 5 AZR 332/96, AP Nr. 52 zu § 611 BGB – Direktionsrecht; *Lakies*, BB 2003, 364 (366). | 7 BAG v. 13.3.2007 – 9 AZR 433/06, DB 2007, 1985, Rz. 81; v. 17.1.2006 – 9 AZR 226/05, AP Nr. 6 zu § 24 BAT-O, Rz. 36. | 8 BAG v. 23.9.2004 – 6 AZR 567/04, NZA 2005, 359 (361). | 9 Vgl. LAG Hamm v. 8.3.2005 – 19 Sa 2128/04, NZA-RR 2005, 462. | 10 BAG v. 26.9.2002 – 6 AZR 523/00, BB 2003, 587 (588). | 11 BAG v. 12.12.2006 – 9 AZR 747/06, NZA 2007, 396; LAG Nürnberg v. 20.7.2005 – 9 (6) Sa 120/03, NZA-RR 2006, 162. | 12 Durch Art. 1 Nr. 19 des Dritten Gesetzes zur Änderung der Gewerbeordnung und sonstiger gewerberechtlicher Vorschriften vom 24.8.2002, BGBl. I S. 3412.

3 Ersatzlos gestrichen wurden die §§ 115a–119b aF, die der Gesetzgeber inhaltlich nicht mehr für die Praxis des Arbeitsvertragsrechts erforderlich hielt[1]. Damit sind die **Rechtsfolgenregelungen** der §§ 116, 117 I, 118 aF **entfallen**, so dass auf die allgemeinen zivilrechtl. Vorschriften (insb. 134 BGB[2]) zurückzugreifen ist.

4 Ferner ist das **Verbot von Lohnverwendungsabreden** nach § 117 II aF **ersatzlos weggefallen**. Die damit verbundenen Probleme, wie sie sich etwa im Zusammenhang mit Aktienoptionsplänen stellten[3], sind damit erledigt.

5 **2. Sinn und Zweck.** Die Vorschrift dient – wie die ehemaligen §§ 115 ff. – der **Lohnsicherung**[4]. Sie soll sicherstellen, dass der ArbN über einen gewissen Betrag des Arbeitsentgelts in Form von Geld tatsächlich verfügen kann; außerdem soll der ArbN durch das Kreditierungsverbot **vor Verschuldung** und damit vor weiterer Abhängigkeit vom ArbGeb geschützt werden[5]. Mithin soll das Trucksystem (engl. Truck = Tausch) verhindert werden, dass sich der ArbGeb der Pflicht zur Zahlung von Arbeitsentgelt in Form von Geld über die Gewährung von Naturallohn oder den Verkauf eigener Waren – möglicherweise auf Kredit – unter Verrechnung mit dem Lohn bzw. Gehalt entzieht und den ArbN dadurch zwingt, die erhaltenen Gegenstände uU zu ungünstigeren Preisen selbst am Markt zu veräußern[6]. Dadurch wird nämlich in unzulässiger Weise das Wirtschaftsrisiko auf den ArbN überbürdet.

6 **3. Geltungsbereich. a) Persönlicher Geltungsbereich.** Die Norm gilt nun **für alle ArbN** (§ 6 II). Die früheren Ausnahmebestimmungen (etwa §§ 6, 154 aF) wurden aufgehoben. Dies ist im Hinblick auf den Gleichbehandlungsgrundsatz (Art. 3 I GG) zu begrüßen[7].

7 **b) Sachlicher Geltungsbereich.** Die Lohnsicherungsvorschriften der §§ 115 ff. aF bezogen sich nur auf den vereinbarten Lohn (dh. auf Arbeitsentgelt ieS), nicht hingegen auf freiwillige zusätzliche Leistungen im Rahmen von Arbeitsverhältnissen (dh. Arbeitsentgelt iwS)[8]. Dies gilt auch für § 107[9]. Die Vorschrift **gilt** also **nur für Arbeitsentgelt ieS**, dh. für jede Leistung eines geldwerten Vorteils durch den ArbGeb, die ausschließlich die unmittelbare Abgeltung der in einem bestimmten Zeitraum erbrachten Arbeitsleistung zum Gegenstand hat und damit in das vertragl. Synallagma eingebunden ist.

8 **Nicht erfasst** wird hingegen **Arbeitsentgelt iwS**, dh. alle sonstigen vom ArbGeb mit Rücksicht auf das Arbeitsverhältnis gewährten Geld- oder Sachzuwendungen, die über die periodische Abgeltung der Arbeitsleistung hinausgehen und außerhalb des vertragl. Synallagmas stehen[10]. Zu Letzterem zählen etwa Gratifikationen oder Sonderzahlungen mit Gratifikations- bzw. Mischcharakter.

9 Problematisch ist die **Abgrenzung der Entgeltbegriffe** insb. bei ergebnis- oder gewinnorientierten Vergütungsbestandteilen. Entscheidend ist insoweit, ob der jeweilige ArbN einen maßgeblichen Einfluss auf das Erreichen des jeweiligen Ziels hat (dann: Arbeitsentgelt ieS) oder nicht (dann: Arbeitsentgelt iwS)[11]. Zusammenfassend lässt sich festhalten, dass individualleistungsbezogene Vergütungsbestandteile unter Arbeitsentgelt ieS fallen, wohingegen an den Erfolgszielen größerer Einheiten (Abteilung, Betrieb, Unternehmen, Konzern) anknüpfende Vergütungen Arbeitsentgelt iwS darstellen, wenn der Mitarbeiter keinen maßgeblichen Einfluss auf das Erreichen des jeweiligen Ziels hat[12].

10 **II. Truckverbot (Abs. 1).** Nach Abs. 1 hat der ArbGeb dem ArbN das **Arbeitsentgelt in Euro zu berechnen und auszuzahlen**. Damit wird die vormalige Rechtslage des § 115 I 1 aF übernommen[13].

11 **1. Normzweck.** Zweck der Vorschrift ist es, zum einen sicherzustellen, dass der ArbN das Arbeitsentgelt (ieS) tatsächlich **in Geld ausbezahlt** erhält und **darüber frei verfügen** kann (vgl. Rz. 5)[14]. Zum anderen soll der (in Deutschland arbeitende) ArbN, auf dessen Arbeitsverhältnis deutsches Recht Anwendung findet, durch die Pflicht zur Berechnung und Zahlung des Entgelts in Euro **vor finanziellen Nachteilen etwa durch Währungsumtauschgebühren geschützt** werden[15].

12 **2. Berechnung und Zahlung des Arbeitsentgelts. a) Geldzahlungspflicht.** Abs. 1 stellt die grundsätzliche Pflicht auf, das Arbeitsentgelt ieS (s. Rz. 7) durch eine Geldzahlung in Euro zu leisten. Dies kann entweder in Form einer **Barzahlung, bargeldloser Überweisung** auf das Konto des ArbN oder per **Scheck** geschehen, nicht jedoch durch Hingabe eines Wechsels, von Anweisungen oder Gutscheinen[16].

---

1 BT-Drs. 14/8796, S. 26. | 2 *Schöne*, NZA 2002, 829 (832). | 3 Dazu *Lembke*, BB 2001, 1469 (1476). | 4 BAG v. 23.9.1992 – 5 AZR 569/91, AP Nr. 1 zu § 611 BGB – Arbeitnehmerdarlehn. | 5 BT-Drs. 14/8796, S. 24 f.; BVerfG v. 24.2.1992 – 1 BvR 980/88, BB 1992, 780; BAG v. 23.9.1992 – 5 AZR 569/91, AP Nr. 1 zu § 611 BGB – Arbeitnehmerdarlehn; *Wisskirchen*, DB 2002, 1886 (1888). | 6 BVerfG v. 24.2.1992 – 1 BVR 980/88, BB 1992, 780; *Boemke*, § 107 GewO Rz. 2. | 7 Vgl. *Lembke*, BB 2001, 1469 (1476). | 8 BAG v. 23.9.1992 – 5 AZR 569/91, AP Nr. 1 zu § 611 BGB – Arbeitnehmerdarlehn; *Lembke*, BB 2001, 1469 (1476) mwN. | 9 Vgl. nur BT-Drs. 14/8796, S. 25; *Boemke*, § 107 GewO Rz. 16 f.; Landmann/Rohmer/*Neumann*, § 107 GewO Rz. 17; *Wisskirchen*, DB 2002, 1886 (1888). | 10 Zu den Entgeltbegriffen näher BAG v. 25.4.2007 – 5 AZR 627/05, NZA 2007, 853 ff.; BAG v. 7.9.2004 – 9 AZR 631/03, DB 2005, 1223; v. 24.10.1990 – 6 AZR 156/89, NZA 1991, 318 (319); *Lembke*, BB 2001, 1469 (1470 f.) mwN. | 11 *Lembke*, BB 2001, 1469 (1470 f.); *Swoboda/Kinner*, BB 2003, 418 (419). | 12 Näher LAG Nds. v. 5.7.2002 – 10 Sa 657/02, DB 2003, 99 f.; *Lembke*, BB 2008, 168 (170); *Lembke*, BB 2001, 1469 (1470 f.) mwN; *Swoboda/Kinner*, BB 2003, 418 (419). | 13 BT-Drs. 14/8796, S. 24. | 14 *Bauer/Opolony*, BB 2002, 1590 (1592). | 15 Vgl. ErfK/*Preis*, § 107 GewO Rz. 2. | 16 *Boemke*, § 107 GewO Rz. 13; Landmann/Rohmer/*Neumann*, § 107 GewO Rz. 15 ff.

Ausgeschlossen ist im **Grundsatz** eine Tilgung des Anspruchs auf Arbeitsentgelt durch eine Leistung an Erfüllung statt (§ 364 I BGB)[1]. Nach Abs. 1 ist es dem ArbGeb also nicht erlaubt, das Arbeitsentgelt ieS durch Sach- oder Dienstleistungen (dh. Naturallohn/Naturalvergütung) zu erfüllen. 13

Das Gesetz sieht jedoch **Ausnahmen** von diesem Grundsatz vor. Nach Maßgabe der S. 1, 3–5 des Abs. 2 kann der ArbGeb mit dem ArbN die Gewährung von Sachbezügen als Teil des Arbeitsentgelts oder die Überlassung von Waren in Anrechnung auf das Arbeitsentgelt vereinbaren. 14

Das dargestellte Regel-Ausnahme-Verhältnis gibt zugleich die **Beweislastverteilung** im Falle eines Rechtsstreits um Zahlung des Arbeitsentgelts wider: Beruft sich der ArbGeb auf die Ausnahmetatbestände, hat er ihre Voraussetzungen darzulegen und zu beweisen. 15

b) Währung. Nach Abs. 1 ist das Arbeitsentgelt ieS (s. Rz. 7) in **Euro** zu berechnen und auszuzahlen. Die Regelung ist **zwingend**, dh. abweichende Vereinbarungen sind nichtig (§ 134 BGB)[2]. Unzulässig ist also zB die Vereinbarung eines ausländischen ArbGeb mit dem in Deutschland tätigen ArbN, das in ausländischer Währung vereinbarte Arbeitsentgelt auch in ausländischer Währung auszubezahlen. 16

Die **Zahlung mit ausländischer Währung** hat keine Erfüllungswirkung iSv. § 362 I BGB, so dass der ArbN sowohl für die Vergangenheit als auch für die Zukunft die Zahlung des Arbeitsentgelts in Euro verlangen kann. Hinsichtlich des an den ArbN gezahlten Gelds in ausländischer Währung hat der ArbGeb einen Herausgabeanspruch aus einer Leistungskondiktion (§ 812 I 1, 1. Alt. BGB). Der **Bereichungsanspruch** kann im Einzelfall aber gem. § 817 S. 2 BGB ausgeschlossen sein, wenn der ArbGeb vorsätzlich gegen Abs. 1 verstoßen hat. Bloßes Kennenmüssen des Verbots reicht im Rahmen des § 817 S. 2 BGB jedoch nicht aus[3]. 17

Zulässig ist es hingegen, dass ArbGeb und ArbN die **Höhe des Arbeitsentgelts in** einer **ausländischen Währung** (zB US-Dollar) vereinbaren[4]. Der ArbGeb ist in diesem Fall nach S. 1 jedoch verpflichtet, das Arbeitsentgelt **umzurechnen** und in Euro auszubezahlen. Die Abrechnung des Arbeitsentgelts (§ 108) muss ebenfalls die Beträge in Euro ausweisen. 18

Zulässig ist es ferner, Gratifikationen und sonstiges **Arbeitsentgelt iwS** (zum Begriff Rz. 8) in einer anderen Währung als Euro auszubezahlen, da § 107 nur für Arbeitsentgelt ieS gilt (s. Rz. 7). So kann bspw. ein US-amerikanisches Unternehmen ihren ArbN in Deutschland Weihnachtsgeld in US-Dollar ausbezahlen. 19

c) Sonstiges. Hinsichtlich **Zeit und Ort der Entgeltzahlung** gelten die allgemeinen Vorschriften (zB § 614 BGB; § 269 BGB)[5]. Insoweit und hinsichtlich der Art der Auszahlung (in bar oder bargeldlos) besteht ein **MitbestR des BR** nach § 87 I Nr. 4 BetrVG. 20

III. Sachbezüge. Nach Abs. 2 S. 1 können die Arbeitsvertragsparteien Sachbezüge vereinbaren, wenn dies dem Interesse des ArbN oder der Eigenart des Arbeitsverhältnisses entspricht. 21

1. Normzweck. Die Vorschrift dient der **Lohnsicherung** des ArbN und dem Schutz vor dem Trucksystem (s. Rz. 5). 22

2. Sachlicher Geltungsbereich. Abs. 2 S. 1 und 5 gelten nur für **Vereinbarungen** über Sachbezüge als Teil des Arbeitsentgelts ieS (s. Rz. 7), die **zwischen ArbGeb und ArbN** getroffen werden. **Nicht** erfasst werden hingegen Regelungen über die Gewährung von Sachbezügen in **TV** oder **BV**[6]. Insoweit gelten also insb. die einschränkenden Voraussetzungen des Abs. 2 S. 1 nicht. 23

Unberührt bleibt auch die lex specialis des § 17 II BBiG, wonach Sachbezüge 75 % der Bruttovergütung eines Auszubildenden nicht übersteigen dürfen[7]. 24

3. Vereinbarung über Sachbezüge. a) Begriff der Sachbezüge. Sachbezug ist jede Zuwendung des ArbGeb an den ArbN, die zwar eine geldwerte Leistung darstellt, aber nicht in Geld erbracht wird[8]. Umfasst sind damit nicht nur Sachleistungen, sondern **auch Dienstleistungen** des ArbGeb, obwohl dies nach dem Wortlaut des Gesetzes („Sachbezüge") nicht eindeutig ist. Vorzugswürdig wäre der Begriff der „Naturalvergütung" gewesen[9]. Sachbezüge iSd. Gesetzes sind aber nur solche, die Arbeitsentgelt ieS darstellen und nicht außerhalb des vertragl. Synallagmas stehende Zusatzleistungen sind (s. Rz. 7 ff.)[10]. 25

---

1 *Bauer/Opolony*, BB 2002, 1590 (1592); Landmann/Rohmer/*Neumann*, § 107 GewO Rz. 16. | 2 Dies ergab sich früher aus § 117 I aF; *Bauer/Opolony*, BB 2002, 1590 (1592); *Boemke*, § 107 GewO Rz. 10; aA *Wisskirchen*, DB 2002, 1886 (1887). | 3 Palandt/*Sprau*, § 817 BGB Rz. 11, 19. | 4 Ähnlich ErfK/*Preis*, § 107 GewO Rz. 2. | 5 Näher *Boemke*, § 107 GewO Rz. 11 f. | 6 BT-Drs. 14/8796, S. 25; *Wisskirchen*, DB 2002, 1886 (1888). | 7 BT-Drs. 14/8796, S. 25. | 8 BT-Drs. 14/8796, S. 24; *Bauer/Opolony*, BB 2002, 1590 (1593); *Boemke*, § 107 GewO Rz. 15. | 9 Vgl. Schaub/*Linck*, ArbRHdb, § 68 Rz. 1. | 10 BT-Drs. 14/8796, S. 25; *Boemke*, § 107 GewO Rz. 16 f.; *Wisskirchen*, DB 2002, 1886 (1888).

26 **Beispiele** für Sachbezüge sind die Überlassung des Dienstwagens auch zur privaten Nutzung[1], kostenloser Werksbusverkehr[2], Personalrabatte[3], Werkdienstwohnung (§ 576b BGB – nicht: Werkmietwohnung, §§ 576 f. BGB)[4], Deputate in der Landwirtschaft, Kohlen im Bergbau (Hausbrand), Kost (zB Haustrunk im Brauereigewerbe), Heizung und Beleuchtung[5], je nach Ausgestaltung (ausnahmsw.) auch Aktienoptionen[6] und Aktien.

27 **Nicht** darunter fallen zB die Überlassung von **Dienstkleidung und Arbeitsgeräten** oder die Berechtigung des ArbN zur Teilhabe an **betrieblichen Sozialeinrichtungen** (wie Kantine, Sportanlage, Kindergarten, Bücherei)[7].

28 **b) Zulässigkeitsvoraussetzungen.** Voraussetzung dafür, dass die Vereinbarung von Sachbezügen als Teil des Arbeitsentgelts in Abweichung von der grundsätzlichen Geldzahlungspflicht (Abs. 1) zulässig ist, ist nach Abs. 2 S. 1, dass der jeweilige Sachbezug dem Interesse des ArbN oder der Eigenart des Arbeitsverhältnisses entspricht.

29 **aa) Im Interesse des Arbeitnehmers.** Ob der Sachbezug dem Interesse des ArbN entspricht, ist nicht vom subjektiven Standpunkt des ArbN zu bestimmen, sondern **aus Sicht des objektivierten Empfängerhorizonts eines verständigen ArbN in vergleichbarer Lage**[8]. Dabei können durchaus auch konkrete Umstände (zB Höhe der Sachleistung im Verhältnis zum in Geld verbleibenden Arbeitsentgelt) berücksichtigt werden[9].

30 Im Regelfall wird man vom Vorliegen des Interesses des ArbN ausgehen können, wenn er die Sachleistung mit dem ArbGeb vereinbart hat und diese für ihn objektiv von Nutzen ist. Dies gilt etwa bei der **Überlassung** eines **Firmenwagens, Mobiltelefons** oder **Laptops auch zu privaten Zwecken**[10]. Im Insolvenzfall des ArbGeb kann es im Interesse des ArbN liegen, vom ArbGeb statt des Entgelts Sachleistungen wie etwa Computer oder Einrichtungsgegenstände zu erhalten[11].

31 Insgesamt ist Zurückhaltung bei der Verneinung des ArbN-Interesses geboten, da es um den Schutz des ArbN vor sich selbst geht und daher eine Bevormundung droht. Sachgerecht dürfte es sein zu überprüfen, ob der ArbN durch die Vereinbarung des Sachbezugs als solchem unangemessen benachteiligt wird (vgl. § 307 I BGB), was nur ausnahmsw. der Fall sein dürfte.

32 **bb) Eigenart des Arbeitsverhältnisses.** Der Sachbezug ist unabhängig vom Interesse des ArbN auch zulässig, wenn er der Eigenart des Arbeitsverhältnisses entspricht, dh. bei Anlegen eines **objektiven Maßstabs** mit der **Verkehrssitte** übereinstimmt. Danach ist die in bestimmten Branchen übliche Gewährung von Sachbezügen als Teil des Arbeitsentgelts (zB Gewährung von Deputaten in der Gastronomie, im Brauerei- oder Tabakgewerbe) zulässig[12]. Dasselbe gilt etwa für die Überlassung einer Dienstwohnung für eine Hausmeister- oder Pförtnertätigkeit[13].

33 **cc) Rechtsfolgen bei Verstößen.** Liegen die Voraussetzungen für die Zulässigkeit der Sachbezugsvereinbarung nicht vor, so ist die Vereinbarung gem. **§ 134 BGB nichtig**, einen Teil des Arbeitsentgelts durch Sachbezug zu tilgen. Der ArbN muss die Sachleistung nicht als Arbeitsentgelt akzeptieren und kann daher den Wert der Naturalleistung, dh. des Sachbezugs, gem. dem Grundsatz des Abs. 1 in Geld verlangen[14].

34 Die Übereignung einer als Sachbezug geleisteten Sache (§ 929 BGB) ist hingegen rechtl. neutral und bleibt wirksam. Jedoch kann der ArbGeb eine **Leistungskondiktion** gegenüber dem ArbN geltend machen und die Sache herausverlangen, falls nicht § 817 S. 2 BGB eingreift (s. Rz. 17).

35 **4. Beschaffenheit der Sachbezüge (Abs. 2 S. 4).** Nach Abs. 2 S. 4 müssen die geleisteten Gegenstände mittlerer Art und Güte sein (§ 243 I BGB), soweit die Arbeitsvertragsparteien nicht ausdrücklich eine andere Vereinbarung getroffen haben. Die Norm gilt ausweislich der Gesetzesbegründung[15] nicht nur für die nach S. 3 in Anrechnung auf das Arbeitsentgelt überlassenen Waren, sondern auch für die nach S. 1 als Sachbezüge geleisteten Gegenstände[16].

36 **a) Normzweck.** Die Norm soll sicherstellen, dass den ArbN keine Nachteile dadurch entstehen, dass sie die Waren bzw. Gegenstände nicht anderweitig erwerben[17].

---

1 BAG v. 19.12.2006 – 9 AZR 294/06, BB 2007, 1624 (1625) m. Anm. *Lembke*. | 2 LAG Nürnberg v. 29.10.2004 – 2 Sa 828/02, NZA-RR 2005, 291 (293). | 3 BAG v. 13.12.2006 – 10 AZR 792/05, NZA 2007, 325 (326); Schaub/*Linck*, ArbRHdb, § 68 Rz. 8; ausf. zum Personalkauf *Kircher*, Der Personalkauf, 1997. – Personalrabatte sind jedoch idR Entgelt iwS (so BAG v. 7.9.2004 – 9 AZR 631/03, NZA 2005, 941), welche nicht unter § 107 fallen. | 4 *Boemke*, § 107 GewO Rz. 16; Landmann/Rohmer/*Neumann*, § 107 GewO Rz. 35. | 5 *Boemke*, § 107 GewO Rz. 16; ErfK/*Preis*, § 107 GewO Rz. 4. | 6 Vgl. *Lembke*, BB 2001, 1469 (1470 f.); *Annuß/Lembke*, BB 2003, 2230 ff. | 7 *Boemke*, § 107 GewO Rz. 17; ErfK/*Preis*, § 107 GewO Rz. 4. | 8 Ähnlich *Bauer/Opolony*, BB 2002, 1590 (1593); *Boemke*, § 107 GewO Rz. 18; Landmann/Rohmer/*Neumann*, § 107 GewO Rz. 39; ErfK/*Preis*, § 107 GewO Rz. 4. | 9 Vgl. BT-Drs. 14/8796, S. 24, wo ebenfalls auf das „konkrete" Interesse des ArbN abgestellt wird. | 10 BT-Drs. 14/8796, S. 24; *Boemke*, § 107 GewO Rz. 18; *Schöne*, NZA 2002, 829 (831). | 11 *Boemke*, § 107 GewO Rz. 18. | 12 BT-Drs. 14/8796, S. 24. | 13 *Boemke*, § 107 GewO Rz. 19. | 14 So wohl auch *Perreng*, AiB 2002, 521 (522). | 15 BT-Drs. 14/8796, S. 25. | 16 *Boemke*, § 107 GewO Rz. 32. | 17 BT-Drs. 14/8796, S. 25.

b) Gegenstände mittlerer Art und Güte. Der Begriff „mittlerer Art und Güte" entspricht dem in **§ 243 I BGB** verwandten Begriff. Die überlassenen Gegenstände dürfen daher – mangels abweichender ausdrücklicher Vereinbarung – nicht minderwertig, sondern müssen **einwandfrei** sein[1]. Bei Mangelhaftigkeit der als Sachbezug überlassenen Gegenstände finden die §§ 434 ff., 536 ff. BGB – soweit sachgerecht – entsprechende Anwendung[2]. 37

c) Abweichende Vereinbarung. Nach Abs. 2 S. 4 können die Parteien jedoch vereinbaren, dass die überlassenen Gegenstände **von besserer Beschaffenheit** sein müssen **oder** – praktisch bedeutsamer – eine **schlechtere Qualität** als mittlere Art und Güte haben können. Der Bezug von minderwertigen und daher billigeren Gegenständen (zB 2. Wahl, B-Sortierung) kann nämlich gerade im Interesse des ArbN liegen[3]. 38

Erforderlich ist nach Abs. 2 S. 4 aber eine **ausdrückliche Vereinbarung**; eine konkludente Abänderung des Qualitätsmaßstabs ist hingegen nicht möglich[4]. 39

5. Pfändungsfreigrenzen (Abs. 2 S. 5). Der Wortlaut von Abs. 2 S. 5 ist missglückt und unverständlich. Gemeint ist, dass der ArbGeb das Arbeitsentgelt ieS (s. Rz. 7) sowohl bei der Vereinbarung eines Sachbezugs als auch bei der vereinbarten Überlassung von Waren in Anrechnung auf das Arbeitsentgelt mindestens in Höhe des Pfändungsfreibetrags (§ 850c ZPO) in Geld leisten muss[5]. Insofern handelt es sich um eine Rückausnahme zur Geldzahlungspflicht des Abs. 1. 40

Werden zB Aktien vom ArbGeb verbilligt, dh. mit einem Abschlag auf den sonst üblichen Kaufpreis, an ArbN veräußert und vereinbaren die Arbeitsvertragsparteien, dass der Kaufpreis (bzw. eine dafür vorgesehene Sparsumme) vom – über dem Pfändungsfreibetrag liegenden – Fixgehalt einbehalten wird, so stellt nur der in der Differenz zwischen üblichem und tatsächlichem Kaufpreis liegende geldwerte Vorteil Sachbezug dar. Der Sachverhalt, dass dem ArbN ggf. auf Grund des Einbehalts der Kaufpreissumme vom Gehalt nicht mehr das Arbeitsentgelt in Höhe des Pfändungsfreibetrags verbleibt, wird von Abs. 2 S. 5 nicht erfasst, weil das Fixgehalt (Arbeitsentgelt ieS) dem ArbN zur freien Verwendung verbleibt. Es ist dem ArbN unbenommen, sein Arbeitsentgelt für den Kauf von Aktien des ArbGeb einzusetzen. Die Vereinbarung der Arbeitsvertragsparteien, einen Teil des Fixgehalts zur Finanzierung der Gegenstände (zB Aktien) zu verwenden, ist nach Aufhebung des Verbot von Lohnverwendungsabreden (§ 117 II aF) zulässig (s. Rz. 4). Durch den Einbehalt der Kaufpreissumme vom Fixgehalt wird lediglich ein Hin- und Herüberweisen des Geldes vermieden. 41

a) Normzweck. Zweck der Vorschrift ist es zu vermeiden, dass ArbN in eine Lage geraten, in der sie die Gegenstände, die sie als Naturallohn erhalten haben, erst verkaufen müssen, bevor ihnen Geld zur Verfügung steht[6]. 42

b) Rechtsfolgen bei Verstößen. Haben die Arbeitsvertragsparteien Sachbezug als Teil des Arbeitsentgelts ieS vereinbart, liegt aber der in Geld zu leistende Teil des Arbeitsentgelts unterhalb der Pfändungsfreigrenzen, verstößt die Sachbezugsvereinbarung gegen Abs. 2 S. 5. Die Vereinbarung, die Pflicht zur Zahlung von Arbeitsentgelt durch den Sachbezug teilweise zu tilgen, ist gem. **§ 134 BGB nichtig**. 43

Bei Teilbarkeit des Sachbezugs tritt **Teilnichtigkeit** ein[7], dh. das Arbeitsentgelt ist bis zur Pfändungsfreigrenze in Geld zu leisten, und der Sachbezug wird entsprechend gekürzt. 44

Bei **Unteilbarkeit** des Sachbezugs (zB Firmenfahrzeug auch zur privaten Nutzung) ist die gesamte Sachbezugsvereinbarung nichtig, dh. der Sachbezug hat keine Erfüllungswirkung hinsichtlich des Anspruchs auf Arbeitsentgelt. Der Wert des Sachbezugs ist in Geld auszuzahlen[8]. 45

Liegt das Arbeitsentgelt (ieS) insgesamt unterhalb der Pfändungsfreigrenze, ist die Vereinbarung von Sachbezügen und Anrechnung von Waren auf das Arbeitsentgelt generell unzulässig und nichtig (§ 134 BGB)[9]. Das gesamt Entgelt ist hier in Geld auszuzahlen. 46

IV. Kreditierungsverbot (Abs. 2 S. 2). Abs. 2 S. 2 regelt – wie früher § 115 II 1 aF –, dass ArbGeb ihren ArbN keine Waren auf Kredit überlassen dürfen. 47

1. Normzweck. Zweck ist es, die Umgehung des Truckverbots zu verhindern[10] und den ArbN vor Verschuldung und weitere Abhängigkeit gegenüber dem ArbGeb zu schützen (s. Rz. 5). 48

2. Warenüberlassung auf Kredit. Das Kreditierungsverbot verbietet die Überlassung **eigener Waren des ArbGeb** an den ArbN auf Kredit. 49

---

1 *Schöne*, NZA 2002, 829 (832). | 2 *Boemke*, § 107 GewO Rz. 36. | 3 BT-Drs. 14/8796, S. 25. | 4 *Boemke*, § 107 GewO Rz. 34; *Schöne*, NZA 2002, 829 (832). | 5 BT-Drs. 14/8796, S. 25; *Bauer/Opolony*, BB 2002, 1590 (1594); *Schöne*, NZA 2002, 829 (832). | 6 BT-Drs. 14/8796, S. 25; *Boemke*, § 107 GewO Rz. 37; *Schöne*, NZA 2002, 829 (832). | 7 Zutr. *Boemke*, § 107 GewO Rz. 39; vgl. auch Palandt/*Heinrichs*, § 139 BGB Rz. 12. | 8 *Boemke*, § 107 GewO Rz. 40. | 9 *Boemke*, § 107 GewO Rz. 41. | 10 BGH v. 12.5.1975 – III ZR 39/73, AP Nr. 3 zu § 115 GewO; *Tettinger/Wank*, § 107 GewO Rz. 7.

50 **a) Begriff der Ware.** Waren sind **handelbare bewegliche Sachen**[1]. Darunter fallen zB Druckschriften, elektrischer Strom, Gas, Wasser, Fernwärme und Software, nicht hingegen Grundstücke, Forderungen, Aktienoptionen und Geschäftsanteile an einer GmbH[2]. Unbeachtlich ist, ob die Waren im Betrieb des ArbGeb hergestellt werden oder nicht[3].

51 Bei der Überlassung der Waren schließt der ArbGeb mit dem ArbN regelmäßig einen **Kaufvertrag** iSd. §§ 433 ff. BGB ab, welcher der Inhaltskontrolle nach §§ 305 ff. BGB unterliegt[4]. Die Regelungen zum **Verbrauchsgüterkauf** (§§ 474 ff. BGB) sind ebenso zu beachten wie das **Widerrufsrecht** des Verbrauchers bei Haustürgeschäften (§§ 312, 355 BGB). Ggf. kann auch ein **Mietvertrag** (§§ 535 ff. BGB) vorliegen.

52 **b) Auf Kredit.** Warenüberlassung auf Kredit liegt vor, wenn der ArbGeb die **Bezahlung des Kaufpreises oder Mietpreises stundet**[5]. Dasselbe gilt, wenn der ArbGeb dem ArbN **Gutscheine oder Marken als Lohnvorschuss** gibt, die der ArbGeb bei Warenausgabe an Zahlungs statt annimmt und sodann bei der Lohnzahlung in Anrechnung bringt[6]. Schließlich fällt auch der Abschluss eines **Darlehensvertrags** (§§ 488 ff., 491 II BGB) mit dem ArbGeb im Zusammenhang mit der Warenüberlassung unter das Kreditierungsverbot.

53 **Zulässig** ist hingegen der Kauf von Waren durch ArbN beim ArbGeb, wenn der Kaufpreis nicht durch den ArbGeb, sondern ein **Kreditinstitut kreditiert** wird. Das gilt selbst dann, wenn es sich beim Kreditunternehmen um eines handelt, das – wie beim Abzahlungskauf typisch – in ständiger Geschäftsbeziehung mit dem ArbGeb steht[7] und zwar grds. auch dann, wenn der ArbGeb über einen Konzernverbund an dem Kreditinstitut beteiligt ist[8]. Die relative weite Umgehungsvermeidungsnorm des **§ 119 aF** wurde ersatzlos gestrichen. Eine Zurechnung von Verhalten unterschiedlicher Rechtsträger im Konzernverbund kommt nach allgemeinen Grundsätzen allenfalls in den Fällen des qualifizierten faktischen Konzerns in Betracht. Der ArbN ist aber über **§ 358 BGB** bei derartigen verbundenen Geschäften geschützt.

54 Nicht vom Kreditierungsverbot erfasst wird die Überlassung der Waren gegen **Barzahlung** des ArbN[9].

55 **c) Rechtsfolge bei Verstößen.** Bei einem Verstoß gegen das Kreditierungsverbot ist die **Stundungsabrede** im Rahmen des Kaufvertrags bzw. Mietvertrags gem. **§ 134 BGB nichtig** und mithin auch der gesamte **Kaufvertrag bzw. Mietvertrag** (§ 139 BGB), weil die Stundungsabrede und der zugrunde liegende Kauf- oder Mietvertrag nach dem Parteiwillen als Einheit anzusehen sind[10]. Der ArbGeb kann vom ArbN die Rückgewähr der Waren nach **§ 812 I 1 Alt. 1 BGB** verlangen, es sei denn, **§ 817 S. 2 BGB** steht dem entgegen (vgl. Rz. 17, 34).

56 Hat der ArbGeb mit dem ArbN zusätzlich neben dem Kaufvertrag einen **Darlehensvertrag** zur Finanzierung des Kaufpreises geschlossen, sind beide Vereinbarungen **nichtig** (§§ 134, 139 BGB), da sie von den Parteien als Einheit angesehen werden[11].

57 **V. Anrechnung von Waren auf das Arbeitsentgelt.** Abs. 2 S. 3 enthält eine weitere **Ausnahme vom Geldzahlungsgebot** nach Abs. 1. Danach darf der ArbGeb auf Grund einer entsprechenden Vereinbarung mit dem ArbN Waren an den ArbN in Anrechnung auf das Arbeitsentgelt (ieS) überlassen, wenn die Anrechnung zu den durchschnittlichen Selbstkosten erfolgt.

58 **1. Normzweck.** Zweck des Abs. 2 S. 3 ist die **Lohnsicherung** und Vermeidung der Umgehung des Truckverbots (s. Rz. 5).

59 **2. Anrechnungsvereinbarung (Abs. 2 S. 3). a) Überlassung von Waren.** Die Norm erfasst die Überlassung von **eigenen Waren des ArbGeb** an den ArbN auf Grund eines Kauf- oder Mietvertrags (s. Rz. 49 ff.). Überlassen werden kann jegliche Ware (zum Begriff der Ware Rz. 50); die Beschränkungen des **§ 115 II 2 aF** gelten nicht mehr.

60 **b) In Anrechnung auf das Arbeitsentgelt.** Die Norm erfasst nur Arbeitsentgelt ieS (s. Rz. 7). Eine Vereinbarung über die Überlassung von Waren in Anrechnung auf **Arbeitsentgelt iwS** (zB auf das Weihnachtsgeld) ist daher ohne weiteres zulässig.

61 Anrechnung ist eine **Abzugsmöglichkeit sui generis** (vgl. auch §§ 615 S. 2 BGB, 74c I HGB, 11 KSchG[12]) und mithin keine Aufrechnung iSd. §§ 387 ff. BGB[13].

---

1 *Baumbach/Hopt*, HGB, Überbl. v. § 373 Rz. 8; Landmann/Rohmer/*Neumann*, § 107 GewO Rz. 42. | 2 Vgl. *Boemke*, § 107 GewO Rz. 21; Landmann/Rohmer/*Neumann*, § 107 GewO Rz. 42. | 3 Landmann/Rohmer/*Neumann*, § 107 GewO Rz. 47. | 4 BAG v. 26.5.1993 – 5 AZR 219/92, BB 1993, 1659. | 5 *Bauer/Opolony*, BB 2002, 1590 (1592); *Boemke*, § 107 GewO Rz. 22. | 6 Landmann/Rohmer/*Neumann*, § 107 GewO Rz. 43. | 7 BGH v. 12.5.1975 – III ZR 39/73, AP Nr. 3 zu § 115 GewO; *Bauer/Opolony*, BB 2002, 1590 (1592); *Tettinger/Wank*, § 107 GewO Rz. 10; zweifelnd *Boemke*, § 107 GewO Rz. 25. | 8 AA *Boemke*, § 107 GewO Rz. 25. | 9 BVerfG v. 24.2.1992 – 1 BvR 980/88, BB 1992, 780 (781); *Boemke*, § 107 GewO Rz. 22; Landmann/Rohmer/*Neumann*, § 107 GewO Rz. 45; *Tettinger/Wank*, § 107 GewO Rz. 7. | 10 Ähnlich *Boemke*, § 107 GewO Rz. 23. | 11 Ähnlich *Boemke*, § 107 GewO Rz. 23. | 12 Vgl. ErfK/*Preis*, § 615 BGB Rz. 86. | 13 *Tettinger/Wank*, § 107 GewO Rz. 15; aA *Boemke*, § 107 GewO Rz. 28; *Schöne*, NZA 2002, 829 (831).

c) Nach Vereinbarung. Erforderlich für die Anrechnung des Kaufpreises (bzw. Mietpreises) auf das Arbeitsentgelt ist eine entsprechende Anrechnungsvereinbarung zwischen ArbGeb und ArbN. Eine einseitige Anrechnungsbefugnis des ArbGeb besteht nicht[1]. 62

d) Zu den durchschnittlichen Selbstkosten. Zulässigkeitsvoraussetzung für die Anrechnungsvereinbarung ist, dass der Kaufpreis (Mietzins) für die überlassenen Waren die durchschnittlichen Selbstkosten des ArbGeb nicht übersteigt. Damit ist nicht der Einkaufs- oder Herstellungswert, sondern der Preis gemeint, zu dem der ArbGeb die Ware veräußern kann, ohne Gewinn oder Verlust zu machen[2]. Der durchschnittliche Selbstkostenpreis umfasst auch die Kosten für die Anschaffung der Ware, Transport und Lagerung, sonstige Unterhaltung sowie aufgelaufene Zinsen der Anschaffungskosten[3]. 63

Die bloße Einräumung von **Rabatten** etwa im Rahmen des Werksverkaufs ist unzureichend und entspricht nicht per se den Erfordernissen des durchschnittlichen Selbstkostenpreises[4]. 64

Im Rechtsstreit um Zahlung des Arbeitsentgelts in Form von Geld trifft den **ArbGeb** die **Darlegungs- und Beweislast** hinsichtlich der Frage, ob die überlassenen Waren zum durchschnittlichen Selbstkostenpreis überlassen wurden[5] (Rz. 15). 65

3. Rechtsfolge bei Verstößen. Wird der durchschnittliche Selbstkostenpreis nicht eingehalten, ist die Anrechnungsabrede insoweit nichtig (§ 134 BGB), dh. die **Anrechnungsabrede und** der **Kaufvertrag** (bzw. Mietvertrag) **sind hinsichtlich des den durchschnittlichen Selbstkostenpreis übersteigenden Betrags unwirksam**[6]. Der ArbGeb kann also das Arbeitsentgelt (nur) in Höhe des durchschnittlichen Selbstkostenpreises einbehalten. Den darüberliegenden Kaufpreis kann er allerdings nicht einklagen; insoweit erfasst auf Grund der Einheitlichkeit von Anrechnungsabrede und Kaufvertrag die (Teil-)Nichtigkeit der Anrechnungsabrede auch den Kaufvertrag (§ 139 BGB)[7]. Eine Totalnichtigkeit von Anrechnungsabrede und Kaufvertrag tritt nicht ein; vielmehr wird ein Rechtsgeschäft bei Verstößen gegen Preisvorschriften grds. mit dem zulässigen Preis aufrecht erhalten[8]. 66

Im Hinblick auf den eindeutigen Wortlaut von Abs. 2 S. 3 („durchschnittliche Selbstkosten") kann der Ansicht nicht gefolgt werden, wonach eine Anrechnungsvereinbarung auch zu höheren als den Selbstkostenpreisen immer zulässig ist, wenn dem ArbN noch der Lohn bis zur Pfändungsfreigrenze ausgezahlt wird[9]. 67

4. Beschaffenheit der geleisteten Ware (Abs. 2 S. 4). Die überlassenen Waren müssen gem. Abs. 2 S. 4 **mittlerer Art und Güte** sein, sofern nicht ausdrücklich eine andere Vereinbarung getroffen worden ist (näher Rz. 35 ff.). Sind sie das nicht, greifen die §§ 434 ff. bzw. §§ 536 ff. BGB. 68

5. Höchstgrenze für die Anrechnung (Abs. 2 S. 5). Nach – dem missverständlich formulierten – Abs. 2 S. 5 muss der ArbGeb dem ArbN auch im Falle der vereinbarten Anrechnung von Waren auf das Arbeitsentgelt das Arbeitsentgelt mindestens in Höhe des **Pfändungsfreibetrags** (§ 850c ZPO) in Geld leisten (s. Rz. 40), dh. die Anrechnung des Kaufpreises der überlassenen Ware darf nicht den in Geld zu leistenden unpfändbaren Teil des Arbeitsentgelts erfassen. 69

Ansonsten ist die Anrechnungsabrede unwirksam (§ 134 BGB) und damit idR auch der Kaufvertrag (§ 139 BGB), da die Parteien die Anrechnungsabrede und den Kaufvertrag nur einheitlich gewollt haben. Etwas anderes kann nur gelten, falls Anhaltspunkte dafür bestehen, dass der ArbN den nicht anrechenbaren Teil des Kaufpreises bar bezahlen möchte. 70

VI. Trinkgeld (Abs. 3). Nach Abs. 3 kann die Zahlung eines regelmäßigen Arbeitsentgelt nicht ausgeschlossen werden, wenn der ArbN von Dritten Trinkgeld erhält. 71

1. Normzweck. Die – erst auf Vorschlag des Ausschusses für Wirtschaft und Technologie eingefügte – Vorschrift stellt klar, dass ArbN nicht ausschließlich auf Trinkgeldzahlungen verwiesen werden dürfen. Dadurch soll vermieden werden, dass dem ArbN (im Gastronomiegewerbe) das **Betriebs- und Wirtschaftsrisiko** auferlegt wird[10]. 72

Andererseits soll wohl auch einer **Umgehung der Steuerpflicht** von Arbeitslohn durch Vereinbarung der Arbeitsvertragsparteien, das Trinkgeld als Arbeitsentgelt zu behandeln, vermieden werden[11]. Denn Trinkgelder sind auf Grund des Gesetzes zur Steuerfreistellung von ArbN-Trinkgeldern vom 8.8.2002[12] mit Wirkung ab dem 1.1.2002 in unbegrenzter Höhe steuerfrei (§ 3 Nr. 51 EStG). 73

---

1 *Bauer/Opolony*, BB 2002, 1590 (1593); *Tettinger/Wank*, § 107 GewO Rz. 12. | 2 *Boemke*, § 107 GewO Rz. 29; *Wisskirchen*, DB 2002, 1886 (1888). | 3 *Boemke*, § 107 GewO Rz. 29; *Schöne*, NZA 2002, 829 (831). | 4 Unzutr. BT-Drs. 14/8796, S. 25; wie hier *Bauer/Opolony*, BB 2002, 1590 (1593); *Wisskirchen*, DB 2002, 1886 (1888). | 5 *Bauer/Opolony*, BB 2002, 1590 (1593); *Boemke*, § 107 GewO Rz. 28. | 6 Ähnlich *Boemke*, § 107 GewO Rz. 30. | 7 AA *Boemke*, § 107 GewO Rz. 30. | 8 Palandt/*Heinrichs*, § 139 BGB Rz. 18. | 9 *Boemke*, § 107 GewO Rz. 31 – aA *Bauer/Opolony*, BB 2002, 1590 (1593). | 10 BT-Drs. 14/9254, S. 14. | 11 *Schöne*, NZA 2002, 829 (832); wohl auch *Düwell*, FA 2002, 2 (3). | 12 BGBl. I S. 3111.

74 **2. Begriff des Trinkgelds (S. 2).** Trinkgeld ist nach der Legaldefinition des S. 2 ein Geldbetrag, den ein Dritter ohne rechtl. Verpflichtung dem ArbN zusätzlich zu einer dem ArbGeb geschuldeten Leistung zahlt. Trinkgeld hat mangels anderweitiger Vereinbarung nicht den Charakter von Arbeitsentgelt[1].

75 **3. Verbot des Ausschlusses von Arbeitsentgelt (S. 1).** Nach seinem eindeutigen Wortlaut verbietet S. 1 nicht die Anrechnung von Trinkgeldern auf das Arbeitsentgelt per se[2], sondern nur den völligen Ausschluss von regelmäßigem Arbeitsentgelt ieS (Rz. 7) durch die Vereinbarung der Anrechnung von Trinkgeld[3].

76 **Nichtig** gem. § 134 BGB sind daher Klauseln im Gaststättenbereich, wonach der ArbN ausschließlich sein Trinkgeld als Vergütung erhält[4] ebenso wie Klauseln bei Spielbanken, wonach der Croupier ausschließlich von dem Trinkgeldaufkommen (Tronc) vergütet wird. Hier hat der ArbGeb eine feste regelmäßige Vergütung in üblicher Höhe (§ 612 II BGB) zu zahlen. Das Trinkgeld steht mangels wirksamer Anrechnungsabrede dem ArbN zu.

77 **Zulässig** ist hingegen eine Vereinbarung, wonach der ArbGeb einen Festbetrag als Arbeitsentgelt garantiert, das erhaltene Trinkgeld aber in Höhe dieses Festbetrags angerechnet wird, da hier ein regelmäßiges Arbeitsentgelt gezahlt wird und dem ArbN nicht das Wirtschaftsrisiko überbürdet wird[5].

108 *Abrechnung des Arbeitsentgelts*

(1) Dem Arbeitnehmer ist bei Zahlung des Arbeitsentgelts eine Abrechnung in Textform zu erteilen. Die Abrechnung muss mindestens Angaben über Abrechnungszeitraum und Zusammensetzung des Arbeitsentgelts enthalten. Hinsichtlich der Zusammensetzung sind insbesondere Angaben über Art und Höhe der Zuschläge, Zulagen, sonstige Vergütungen, Art und Höhe der Abzüge, Abschlagszahlungen sowie Vorschüsse erforderlich.

(2) Die Verpflichtung zur Abrechnung entfällt, wenn sich die Angaben gegenüber der letzten ordnungsgemäßen Abrechnung nicht geändert haben.

(3) Das Bundesministerium für Arbeit und Soziales wird ermächtigt, das Nähere zum Inhalt und Verfahren einer Entgeltbescheinigung, die zu Zwecken nach dem Sozialgesetzbuch verwendet werden kann, durch Rechtsverordnung zu bestimmen. Der Arbeitnehmer kann vom Arbeitgeber zu anderen Zwecken eine weitere Entgeltbescheinigung verlangen, die sich auf die Angaben nach Absatz 1 beschränkt.

1 **I. Vorbemerkungen.** § 108 I, II regelt den Anspruch des ArbN gegenüber seinem ArbGeb auf Abrechnung des Arbeitsentgelts. § 108 III 1 enthält eine – mWv. 1.1.2008 eingeführte[6] – VO-Ermächtigung (Art. 80 I GG) und für das BMAS zur Regelung einer einheitlichen Entgeltbescheinigung für Zwecke der Sozialversicherung. Sie gehört systematisch eigentlich in das SGB IV (zB in §§ 17, 28n SGB IV). § 108 III 2 regelt – überflüssigerweise – einen Anspruch des ArbN auf eine weitere Entgeltbescheinigung.

2 **1. Entstehungsgeschichte.** § 108 I, II wurde **mit Wirkung ab dem 1.1.2003 eingeführt**[7]. Die Vorschrift tritt in sachlicher Hinsicht an die Stelle des § 134 II aF[8], der im gewerblichen Bereich die Pflicht des ArbGeb zur Aushändigung eines schriftl. Lohnbelegs für Betriebe mit idR mindestens 20 ArbN (§ 133h aF) vorsah. § 108 regelt erstmals die allgemeine arbeitsrechtl. Pflicht des ArbGeb zur schriftl. Abrechnung des Arbeitsentgelts gegenüber jedem ArbN (vgl. § 6 II).

3 Ergänzend gelten die §§ 87c, 65 HGB hinsichtlich der Provisionsabrechnung gegenüber Handlungsgehilfen, § 9 HAG im Bereich der Heimarbeit sowie die – auch in betriebsratslosen Betrieben über § 242 BGB bestehende[9] – Pflicht zur Erläuterung der Berechnung und Zusammensetzung des Arbeitsentgelts (§ 82 II 1 BetrVG).

4 **2. Sinn und Zweck.** Die Regelung soll die ArbN in die Lage versetzen, mittels der ordnungsgemäßen Abrechnung des Arbeitsentgelts die **Berechnung** ihres Entgeltanspruchs **nachvollziehen und überprüfen** zu können[10].

5 Die Regelung bezieht sich nicht nur auf **Arbeitsentgelt ieS** (dh. jede Leistung eines geldwerten Vorteils durch den ArbGeb, die ausschließlich die unmittelbare Abgeltung der in einem bestimmten Zeitraum

---

1 Vgl. BAG v. 28.6.1995 – 7 AZR 1001/94, NZA 1996, 252; *Fitting*, § 37 BetrVG Rz. 65; *Boemke*, § 107 GewO Rz. 42. Ausf. zum Trinkgeld im Rahmen des Troncsystems *Salje*, DB 1989, 321 ff. | 2 AA wohl *Düwell*, FA 2002, 2 (3). | 3 *Boemke*, § 107 GewO Rz. 43; *Schöne*, NZA 2002, 829 (832); vgl. auch BT-Drs. 14/9254, S. 14. | 4 *Bauer/Opolony*, BB 2002, 1590 (1592). | 5 Ebenso *Schöne*, NZA 2002, 829 (832); *Tettinger/Wank*, § 107 GewO Rz. 17. | 6 Durch Art. 14 des Gesetzes zur Änderung des Vierten Buches Sozialgesetzbuch und anderer Gesetze v. 19.12.2007, BGBl. I, S. 3024. | 7 Durch Art. 1 Nr. 18 des Dritten Gesetzes zur Änderung der GewO und sonstiger gewerberechtlicher Vorschriften vom 24.8.2002, BGBl. I S. 3412. | 8 Vgl. BT-Drs. 14/8796, S. 25. | 9 LAG Köln v. 31.5.2007 – 9 Ta 27/07; *Boemke*, AR-Blattei SD 320 Rz. 59; *Fitting*, § 81 BetrVG Rz. 2. | 10 BT-Drs. 14/8796, S. 25; BAG v. 10.1.2007 – 5 AZR 665/06, NZA 2007, 679 (680); v. 12.7.2006 – 5 AZR 646/05, NZA 2006, 1294 (1295); *Boemke*, § 108 GewO Rz. 2.

erbrachten Arbeitsleistung zum Gegenstand hat und damit in das vertragl. Synallagma eingebunden ist), sondern auch auf **Arbeitsentgelt iwS** (dh. auf alle vom ArbGeb an den ArbN mit Rücksicht auf das bestehende Arbeitsverhältnis gewährten Geld- oder Sachzuwendungen, die über die periodische Abgeltung der Arbeitsleistung hinausgehen und außerhalb des vertragl. Synallagmas stehen[1]) (vgl. zum Begriff des Arbeitsentgelts § 107 Rz. 7 ff.). Dies folgt aus dem Normzweck sowie aus dem Wortlaut des Abs. 1 S. 3 („sonstige Vergütungen").

3. Rechtsnatur. Der Sache nach ist der Abrechnungsanspruch des ArbN ein **Auskunftsanspruch** hinsichtlich des vom ArbGeb im Abrechnungszeitraum an den ArbN gezahlten Arbeitsentgelts und der jeweiligen Abzüge[2]. Die Abrechnung dient aber nicht dazu, den ArbN davon zu entlasten, die Höhe seines Gehalts selbst zu ermitteln, falls er eine Leistungsklage auf Entgeltzahlung erheben möchte[3]. 6

Die Abrechnung ist idR **kein Schuldanerkenntnis**. Ein abstraktes Schuldanerkenntnis iSd. § 781 BGB scheidet regelmäßig aus, weil die Schriftform nach §§ 781, 126 BGB nicht eingehalten wird und die Arbeitsentgeltabrechnung keine Abrechnung iSd. § 782 BGB ist, an welcher der ArbN mitgewirkt hat[4]. 7

Die Arbeitsentgeltabrechnung ist mangels besonderer Anhaltspunkte auch kein deklaratorisches Schuldanerkenntnis[5]. Sie hat nicht den Zweck, streitig gewordene Ansprüche endgültig festzulegen. Mangels besonderer Anhaltspunkte stellt die Abrechnung keine Willenserklärung auf Abschluss eines bestätigenden Schuldanerkenntnisvertrags dar, sondern ist vielmehr – wie jede Auskunft[6] – eine bloße Wissenserklärung. 8

II. Anspruch auf Abrechnung des Arbeitsentgelts. 1. Anspruchsinhaber und -gegner. Die Vorschrift findet auf alle ArbN Anwendung (§ 6 II). Folglich kann jeder ArbN gegenüber seinem ArbGeb verlangen, eine Abrechnung des Arbeitsentgelts nach § 108 zu erhalten, unabhängig davon, wie viele ArbN der ArbGeb im jeweiligen Betrieb beschäftigt[7]. 9

Im Falle der AÜ trifft die auf das Grundverhältnis (Arbeitsvertrag) bezogene Abrechnungspflicht den Verleiher und nicht den Entleiher. 10

2. Abrechnung des Arbeitsentgelts. a) Fälligkeit des Abrechnungsanspruchs (Abs. 1 S. 1). Dem ArbN ist die Abrechnung des Arbeitsentgelts gem. Abs. 1 S. 1 **bei Zahlung des Arbeitsentgelts** zu erteilen. Entgegen der ursprünglichen Entwurfsfassung[8], aber wie im früheren § 134 II ist der Abrechnungsanspruch nicht im Zeitpunkt der Fälligkeit des Arbeitsentgelts, sondern im Zeitpunkt der Auszahlung des Entgelts zu erfüllen[9]. Dies sichert die Möglichkeit zeitnaher Kontrolle von ausgezahltem und abgerechnetem Entgelt[10]. 11

Bei bargeldloser Überweisung des Arbeitsentgelts muss die Abrechnung dem ArbN spätestens mit der Gutschrift des Entgelts auf dem Konto zugehen; bei Barauszahlung ist die Abrechnung dem ArbN mit der Auszahlung zu überreichen[11]. 12

Der Abrechnungsanspruch wird nur dann fällig, wenn dem ArbN ein Entgeltbestandteil ausgezahlt wird bzw. zufließt. Anders als § 134 II aF besteht die Abrechnungspflicht nicht nur bei „regelmäßigen" Lohnzahlungen, sondern **bei jeder Zahlung** von Arbeitsentgelt (zum Begriff des Arbeitsentgelts Rz. 5). Dies gilt auch, wenn der ArbGeb die Vergütung rechtsgrundlos gezahlt hat[12]. Im Falle von Entgeltzahlungen außerhalb der regelmäßigen Zahlungszeiträume, zB bei Gehaltsvorschüssen oder Abschlagszahlungen (dazu Rz. 22) ist eine Abrechnung sowohl bei der Zahlung als auch am Ende des regulären Abrechnungszeitraums zu erteilen[13]. 13

b) Form (Abs. 1 S. 1). Entgegen der ursprünglichen Entwurfsfassung[14] ist für die Abrechnung nicht die Schriftform (§ 126 BGB) vorgeschrieben; vielmehr genügt die Einhaltung der **Textform** gem. **§ 126b BGB**[15]. Ausreichend ist also eine lesbare, aber unterschriftslose Erklärung, die auf eine zur dauerhaften Wiedergabe in Schriftzeichen geeignete Weise abgegeben wird (zB Kopie, Fax, E-Mail) und bei der die Person des Erklärenden irgendwo im Text so angegeben ist, dass der Aussteller erkennbar ist; ferner muss der Abschluss der Erklärung in geeigneter Weise erkennbar gemacht sein (zB durch Namensnennung, Faksimile, Datierung, Grußformel oder den Zusatz „Die Erklärung ist nicht unterschrieben")[16]. Diese Voraussetzungen werden von den üblichen Abrechnungssystemen (wie zB DATEV) normalerweise gewahrt. 14

---

1 Zu den Entgeltbegriffen *Lembke*, BB 2001, 1469 (1470 f.). | 2 Vgl. BAG v. 9.11.1999 – 9 AZR 771/98, NZA 2000, 1335 (1336); Schaub/*Linck*, ArbRHdb, § 72 Rz. 1. | 3 BAG v. 10.1.2007 – 5 AZR 665/06, NZA 2007, 679 (680); v. 12.7.2006 – 5 AZR 646/05, NZA 2006, 1294 (1295); v. 9.11.1999 – 9 AZR 771/98, NZA 2000, 1335 (1336). | 4 BAG v. 10.3.1987 – 8 AZR 610/84, NZA 1987, 557 (558); LAG Rh.-Pf. v. 9.10.2002 – 9 Sa 654/02, DB 2003, 156. | 5 BAG v. 10.3.1987 – 8 AZR 610/84, NZA 1987, 557 (558); LAG Rh.-Pf. v. 9.10.2002 – 9 Sa 654/02, DB 2003, 156; *Boemke*, § 108 GewO Rz. 3; aA MünchArbR/*Hanau*, § 64 Rz. 68. | 6 Vgl. Palandt/*Heinrichs*, § 261 BGB Rz. 20. | 7 *Schöne*, NZA 2002, 829 (832). | 8 Vgl. BT-Drs. 14/8796, S. 8. | 9 BT-Drs. 14/9254, S. 14 f. | 10 *Perreng*, AiB 2002, 521 (522). | 11 *Boemke*, § 108 GewO Rz. 8; *Tettinger*/*Wank*, § 108 GewO Rz. 3. | 12 Vgl. LAG Köln v. 12.4.2002 – 11 Sa 1327/01, NZA-RR 2003, 128 (129). | 13 *Boemke*, § 108 GewO Rz. 5; vgl. auch ArbG Wilhelmshaven v. 10.12.1964 – Ca 423/64, DB 1965, 1182 f. | 14 Vgl. BT-Drs. 14/8796, S. 8. | 15 BT-Drs. 14/9254, S. 14 f. | 16 BT-Drs. 14/4987, S. 20; Palandt/*Heinrichs*, § 126b BGB Rz. 1, 3 ff.

15 **c) Inhalt der Abrechnung (Abs. 1 S. 2 u. 3).** Die Abrechnung muss mindestens Angaben über Abrechnungszeitraum und Zusammensetzung des Arbeitsentgelts enthalten (Abs. 1 S. 2).

16 **aa) Abrechnungszeitraum.** Der Abrechnungszeitraum beträgt **regelmäßig einen Monat**[1]. Mangels anderweitiger Regelung in Arbeitsvertrag, BV (§ 87 I Nr. 4 BetrVG), TV oder Gesetz (zB § 11 II BUrlG) ist das Arbeitsentgelt regelmäßig am Monatsende fällig (§ 614 BGB). Insoweit richtet sich die Dauer des Abrechnungszeitraums nach der vereinbarten Fälligkeit der Vergütung[2]. Wird die Vergütung am Monatsanfang oder zum 15. eines Monats fällig, ändert dies grds. nichts daran, das Abrechnungszeitraum der jeweilige Kalendermonat ist.

17 Ist jedoch eine **wochenweise** Auszahlung des Arbeitsentgelts geschuldet, so umfasst der Abrechnungszeitraum jeweils eine Woche. Ist die Vergütung nach **längeren Zeitabständen** als ein Monat bemessen (zB vierteljährlich, halbjährlich) – was bei Handlungsgehilfen unzulässig ist (§ 64 HGB) –, verlängert sich auch der Abrechnungszeitraum entsprechend[3].

18 **bb) Zusammensetzung des Arbeitsentgelts (Abs. 1 S. 3).** Die Abrechnung bezieht sich auf **sämtliche Entgeltbestandteile**, dh. auf Arbeitsentgelt im engeren und weiteren Sinne (s. Rz. 5), sowie auf **sämtliche Abzüge**.

19 Als Mindestinhalt hinsichtlich der Zusammensetzung des Arbeitsentgelts sieht Abs. 1 S. 3 vor, dass die Abrechnung Angaben über **Art und Höhe der Zuschläge** (zB Nachtzuschläge, Zuschläge für Sonn- und Feiertagsarbeit), **Zulagen** (zB Erschwernis-, Gefahrenzulage), sonstige Vergütungen, Art und Höhe der Abzüge, Abschlagszahlungen und Vorschüsse enthalten muss. Wie sich aus dem Wortlaut („insbesondere") ergibt, ist die Aufzählung nicht abschließend.

20 Anzugeben ist zunächst der **Bruttobetrag** des Arbeitsentgelts im engeren Sinne. Darunter fällt etwa das Bruttomonatsgrundgehalt sowie alle Leistungen des ArbGeb, die auf die individuelle Leistung des jeweiligen ArbN bezogen sind[4]. Letzteres können auch Sachbezüge (zB Dienstwagen) sein (zum Begriff der Sachbezüge § 107 Rz. 25 ff.). Bei **zeitbestimmter Vergütung** sind die geleisteten Stunden und der Stundensatz, bei **Leistungslohn** die geleistete Arbeitsmenge sowie die entsprechenden Zeit- und Geldfaktoren aufzuführen[5].

21 Unter **sonstige Vergütungen** fallen alle Arten von Arbeitsentgelt iwS (zum Begriff Rz. 5) wie zB Sachleistungen in Form von vergünstigten Darlehenszinsen, Aktienoptionen[6], vermögenswirksamen Leistungen, Weihnachtsgeld, Urlaubsgeld und sonstigen Gratifikationen. Liegen bei Sachbezügen keine Vereinbarungen über den anzurechnenden Wert vor, ist nach dem Rechtsgedanken des § 612 II BGB der übliche Wert der Sachleistung anzusetzen. Als üblich können die in der – auf Grundlage von § 17 I SGB IV erlassenen – **SachbezugsVO**[7] aufgeführten Werte zugrunde gelegt werden[8].

22 **Vorschüsse** sind Vorauszahlungen des ArbGeb auf noch nicht fällige Vergütungsansprüche, wohingegen sich **Abschlagszahlungen** auf bereits erdiente und fällige, aber noch nicht endgültig abgerechnete Vergütungsansprüche beziehen[9]. Werden Vorschüsse und Abschlagszahlungen außerhalb des regelmäßigen Abrechnungszeitraums ausbezahlt, ist eine Abrechnung einmal im Zeitpunkt der Auszahlung und nochmals mit der Zahlung des sonstigen Entgelts als Schlussabrechnung zu erstellen (s. Rz. 13).

23 Nicht anzugeben sind die noch offenen Urlaubstage, wohl aber das Urlaubsentgelt (§ 11 BUrlG) sowie etwaiges Urlaubsgeld und im Falle des § 7 IV BUrlG Urlaubsabgeltung.

24 Die Abrechnung hat ferner Angaben zur Art und Höhe der **Abzüge** zu enthalten. Unter Abzüge fallen alle Arten von Abzugsposten wie etwa Beiträge zur betrAV auf Grund Entgeltumwandlung, Anrechnung von überlassenen Waren auf das Arbeitsentgelt (vgl. § 107 II GewO), Gehaltsabtretungen, Vertragsstrafen, Darlehensrückzahlungen, vermögenswirksame Leistungen (§ 15 I 5. VermBG) und insb. die steuerrechtl. und sozialversicherungsrechtl. Abgaben[10].

25 Vom Bruttoentgelt des ArbN werden LSt, Kirchensteuer und Solidaritätszuschlag sowie die ArbN-Anteile zur SozV (Kranken-, Pflege-, Renten- und ArblV) abgeführt und so das **Nettoarbeitsentgelt** er-

---

1 BT-Drs. 14/8796, S. 25. |2 Vgl. BT-Drs. 14/8796, S. 25; *Boemke*, § 108 GewO Rz. 4. |3 *Boemke*, § 108 GewO Rz. 5. |4 Vgl. LAG Nds. v. 5.7.2002 – 10 Sa 657/02, DB 2003, 99 f.; *Lembke*, BB 2001, 1469 (1470 f.). |5 *Boemke*, § 108 GewO Rz. 6; Schaub/*Linck*, ArbRHdb, § 72 Rz. 3. |6 Abzurechnen ist der bei Ausübung von Aktienoptionen zufließende geldwerte Vorteil, und zwar aus steuerrechtl. Gründen auch, wenn die Aktienoptionen von der ausländischen Konzernmutter stammen. Hierbei handelt es sich zwar nicht um Arbeitsentgelt im arbeitsrechtl. Sinne (BAG v. 12.2.2003 – 10 AZR 299/02, BB 2003, 1068 (1070); Hess. LAG v. 19.11.2001 – 16 Sa 971/01, ZIP 2002, 1049 (1050); *Annuß/Lembke*, BB 2003, 2230 ff.; aA *Lipinski/Melms*, BB 2003, 150 ff.), wohl aber um einen nach lohnsteuerrechtl. Grundsätzen zu versteuernden geldwerten Vorteil (BFH v. 24.1.2001 – I R 119/98, BB 2001, 1180 ff.). |7 Abgedr. bei *Aichberger*, SGB, unter 4/12. |8 *Boemke*, § 108 GewO Rz. 6; Küttner/*Griese*, Personalbuch 2007, Sachbezug 370 Rz. 2. |9 Küttner/*Griese*, Personalbuch 2007, Vorschuss 444 Rz. 1; Schaub/*Linck*, ArbRHdb, § 70 Rz. 12 f. |10 *Berscheid* in Berscheid/Kunz/Brand, Praxis des Arbeitsrechts, Teil 3 Rz. 809; Landmann/Rohmer/*Neumann*, § 108 GewO Rz. 11.

mittelt, welches ebenfalls anzugeben ist[1]. Der ArbGeb hat die Pflicht, die abzuführende LSt richtig zu berechnen[2].

3. Entfall der Abrechnungspflicht (Abs. 2). Kein Abrechnungsanspruch des ArbN und damit auch keine entsprechende Abrechnungspflicht des ArbGeb bestehen nach Abs. 2, wenn sich die **Angaben** gegenüber der letzten ordnungsgemäßen Abrechnung **nicht geändert** haben. Dadurch soll unnötiger bürokratischer Aufwand vermieden werden. 26

Ordnungsgemäß ist die **Abrechnung** immer dann, wenn der ArbGeb seine Abrechnungspflicht erfüllt hat und in Textform Auskunft mindestens über Abrechnungszeitraum und Zusammensetzung des gezahlten Arbeitsentgelts nach Abs. 1 gegeben hat. Dies gilt selbst dann, wenn dem ArbN eigentlich eine höhere Vergütung zustünde[3] oder wenn die Entgeltzahlung rechtsgrundlos erfolgte[4], dh. die **Unrichtigkeit der Auskunft** schadet der Ordnungsgemäßheit der Abrechnung grds. nicht. Ein Anspruch auf Neuerstellung einer Abrechnung besteht nur, wenn die vorgelegte Abrechnung des ArbGeb völlig unbrauchbar ist. § 108 gibt dem ArbN nämlich keinen Anspruch gegenüber dem ArbGeb, dass dieser die rechnerische Vorarbeit für eine Leistungsklage des ArbN leistet[5]. 27

Weiterhin setzt das Entfallen der Abrechnungspflicht voraus, dass sich die der Abrechnung zugrunde liegenden Umstände nicht geändert haben und die Angaben im späteren Abrechnungszeitraum daher noch zutreffend sind. Bei jeder noch so geringfügigen Änderung dieser Umstände greift die Pflicht zu Abrechnung nach Abs. 1[6]. 28

4. Verletzung der Abrechnungspflicht. Erfüllt der ArbGeb die Abrechnungspflicht überhaupt nicht oder nicht ordnungsgemäß (s. Rz. 27), besteht zunächst ein **Erfüllungsanspruch**. Im Übrigen ist die Verletzung des § 108 nicht sanktionslos[7]. In Betracht kommen sowohl ein **Zurückbehaltungsrecht** des ArbN hinsichtlich seiner Arbeitsleistung (§ 273 I BGB[8]) als auch ein **Schadensersatzanspruch** des ArbN nach § 280 I BGB (zB wenn der ArbN auf Grund der Nichtaushändigung der Arbeitsentgeltabrechnung ein zinsgünstiges Darlehen von der Bank nicht erhält). Falls Grund zur Annahme besteht, dass die Abrechnung nicht mit der erforderlichen Sorgfalt gemacht worden ist, hat der ArbN einen Anspruch gegen den ArbGeb auf Abgabe einer eidesstattlichen Versicherung (§ 259 II BGB)[9]. Der Anrechnung einer Tariflohnerhöhung auf anrechenbare übertarifl. Vergütung steht es nicht entgegen, dass die Abrechnung den übertarifl. Lohn nicht gesondert ausweist[10]. 29

Umgekehrt ist der ArbN grds. nicht verpflichtet, aus Anlass der Gehaltsüberweisung die ihm erteilte Entgeltabrechnung zu **überprüfen** und den ArbGeb auf mögliche Fehler hinzuweisen. Etwas anderes gilt nur, wenn der ArbN eine ungewöhnlich hohe Zahlung erhält, für die kein Grund ersichtlich ist[11]. 30

III. Anspruch auf Entgeltbescheinigung (Abs. 3 S. 2). Nach dem neu eingefügten (Rz. 1) Abs. 3 S. 2 hat der ArbN einen Anspruch auf eine Entgeltbescheinigung, die mindestens den Inhalt des Abs. 1 widerspiegelt. In der Sache geht es wohl um einen Anspruch auf Erstellung einer Kopie der letzten Entgeltabrechnung (vgl. Rz. 34). 31

1. Anspruchsvoraussetzung ist lediglich, dass der ArbN die Entgeltbescheinigung **für andere Zwecke** als die Zwecke nach dem SGB benötigt. Dies kommt zB in Betracht, wenn der neue ArbGeb dem ArbN den Bonus zahlt, der dem ArbN beim alten ArbGeb auf Grund des Arbeitsplatzwechsels entgeht. Weitere Beispiele sind, dass der ArbN einen Entgeltnachweis gegenüber der Bank bei einer Darlehensaufnahme oder gegenüber dem Vermieter vor Abschluss des Mietvertrags benötigt. Verlangt der ArbN eine Entgeltbescheinigung ohne sachliche Begründung, hat er allerdings keinen Anspruch, zumal er bereits die Abrechnung nach Abs. 1 erhält. 32

2. Inhalt und Umfang des Anspruchs. Der Anspruch ist sofort fällig (§ 271 I BGB). Die Entgeltbescheinigung ist schon vom Wortlaut her nicht identisch mit der in Textform zu erteilenden Abrechnung nach Abs. 1. Inhaltlich muss sie das Arbeitsentgelt bescheinigen, wobei es ausreicht, dass sie den Inhalt der Abrechnung nach Abs. 1 umfasst. Insoweit ist wohl die letzte ordnungsgemäße Abrechnung gemeint (vgl. Abs. 2), es sei denn, der ArbN hat einen sachlichen Grund für die Bescheinigung über älteres Arbeitsentgelt. Der ArbN kann nicht verlangen, dass über die in Abs. 1 enthaltenen Angaben (dh. Abrechnungszeitraum und Zusammensetzung des Arbeitsentgelts) hinaus weitere Informationen aufgenommen werden, wie etwa Zuwendungen Dritter (zB Aktienoptionen oder Sonderleistungen der Muttergesellschaft). 33

---

1 Vgl. BAG v. 24.6.2003 – 9 AZR 302/02, DB 2003, 2339. |2 BAG v. 16.6.2004 – 5 AZR 521/03, DB 2004, 2272 (2273). |3 Zutr. *Boemke*, § 108 GewO Rz. 9. |4 Vgl. LAG Köln v. 12.4.2002 – 11 Sa 1327/01, NZA-RR 2003, 128 (129). |5 BAG v. 10.1.2007 – 5 AZR 665/06, NZA 2007, 679 (680); v. 12.7.2006 – 5 AZR 646/05, NZA 2006, 1294 (1295); v. 9.11.1999 – 9 AZR 771/98, NZA 2000, 1335 (1336); LAG Rh.-Pf. v. 23.1.2001 – 2 Sa 5/01, NZA-RR 2002, 293 (294). |6 *Boemke*, § 108 GewO Rz. 9. |7 AA ohne Begr. *Boemke*, § 108 GewO Rz. 2; *Schöne*, NZA 2002, 829 (832). |8 Dazu allg. Schaub/*Linck*, ArbRHdb, § 50 Rz. 1 ff. |9 Vgl. LAG Hamm v. 26.11.2004 – 10 Sa 2236/03, AuA 2005, 240. |10 BAG v. 1.3.2006 – 5 AZR 540/05, NZA 2006, 688 (690). |11 BAG v. 10.3.2005 – 6 AZR 217/04, NZA 2005, 812 (813); v. 1.6.1995 – 6 AZR 912/94, NZA 1996, 135 f.; Küttner/*Reinecke*, Personalbuch 2007, Anzeigepflichten Arbeitnehmer 19 Rz. 6.

34 Die Entgeltbescheinigung muss ihrem Sinn nach in einer **Urkunde** erstellt werden, bedarf aber nicht der Textform iSd. § 126b BGB. Denn Abs. 3 S. 2 verweist bezüglich der Form nicht auf Abs. 1. **Ausreichend** ist also die Anfertigung einer **Kopie der** letzten oder – bei berechtigtem Interesse des ArbN auch – einer früheren **Abrechnung nach Abs. 1.**

35 Der Anspruch besteht auf **„eine** weitere" Entgeltbescheinigung. Dies ist zahlenmäßig zu verstehen. Benötigt der ArbN – abgesehen von der Entgeltbescheinigung für Zwecke des SGB nach Abs. 3 S. 1 – mehr als eine weitere Entgeltbescheinigung, hat er die entsprechenden Kopien selbst zu fertigen.

109 *Zeugnis*

(1) Der Arbeitnehmer hat bei Beendigung eines Arbeitsverhältnisses Anspruch auf ein schriftliches Zeugnis. Das Zeugnis muss mindestens Angaben zu Art und Dauer der Tätigkeit (einfaches Zeugnis) enthalten. Der Arbeitnehmer kann verlangen, dass sich die Angaben darüber hinaus auf Leistung und Verhalten im Arbeitsverhältnis (qualifiziertes Zeugnis) erstrecken.

(2) Das Zeugnis muss klar und verständlich formuliert sein. Es darf keine Merkmale oder Formulierungen enthalten, die den Zweck haben, eine andere als aus der äußeren Form oder aus dem Wortlaut ersichtliche Aussage über den Arbeitnehmer zu treffen.

(3) Die Erteilung des Zeugnisses in elektronischer Form ist ausgeschlossen.

Eingef. durch Art. 1 Nr. 19 des Dritten Gesetzes zur Änderung der Gewerbeordnung und sonstiger gewerberechtlicher Vorschriften v. 24.8.2002, BGBl. I S. 3412.

1 **I. Entstehungsgeschichte**[1]. Seit dem 1.1.2003 ist das Zeugnisrecht einheitlich für alle ArbN in § 109 geregelt. Bis zum 31.12.2002 war noch § 630 BGB die zentrale Vorschrift des Zeugnisrechts[2]. Durch das

1 Zur Geschichte des Zeugnisrechts siehe *Schleßmann*, Historisches zum Arbeitszeugnis, NZA 2006, 1392. | 2 Parallelregelungen bestanden für gewerbliche ArbN in § 113 und für Handlungsgehilfen in § 73 HGB.

Dritte Gesetz zur Änderung der Gewerbeordnung und sonstiger gewerberechtl. Vorschriften v. 24.8.2002 ist § 630 BGB durch einen S. 4 ergänzt worden, wonach für ArbN § 109 Anwendung findet. Damit gilt § 630 BGB nur noch für Dienstverträge mit Selbständigen[1]. Zeugnisansprüche sind ferner für Entwicklungshelfer in § 18 Entwicklungshelfer-Gesetz und für Auszubildende in § 16 BBiG (s. Rz. 35) geregelt. Da sich die Vorschriften weitgehend entsprechen, ist nach wie vor von einem **einheitlichen Zeugnisrecht** auszugehen. Ein Unterschied besteht allerdings insoweit, als § 109 im Gegensatz zu § 630 BGB nicht ein auf Dauer angelegtes Vertragsverhältnis voraussetzt (s. Rz. 15 und § 630 BGB Rz. 3). Nicht zu den Zeugnissen gehört die **Bescheinigung über die Tätigkeit als Arzt im Praktikum**, da sie ausschließlich der Information der zuständigen Behörde im Rahmen deren Entscheidung über die Erteilung der Approbation dient[2].

II. Inhalt und Zweck. Bei Beendigung eines Arbeitsverhältnisses hat der ArbN einen Anspruch auf ein schriftl. Zeugnis über das Arbeitsverhältnis und dessen Dauer (sog. einfaches Zeugnis). Auf Wunsch des ArbN ist das Zeugnis auf seine Leistungen und die Führung im Dienste zu erstrecken (sog. qualifiziertes Zeugnis). Das Zeugnis dient zum einen dem ArbN als **Unterlage für eine neue Bewerbung**[3]; es ist gleichsam die Visitenkarte des ArbN[4]. Das Zeugnis ist damit für das berufl. Fortkommen des ArbN von großer Bedeutung[5]. Zum anderen dient es der **Information des möglichen neuen ArbGeb**[6], der ein schutzwürdiges Interesse an einer möglichst wahrheitsgemäßen Unterrichtung über die fachlichen und persönlichen Qualifikationen des ArbN hat[7]. Schließlich gibt es dem ArbN Aufschluss, wie der ArbGeb seine Leistung und sein Sozialverhalten beurteilt[8]. Aus diesen mit dem Zeugnis verfolgten Zwecken bestimmt sich sein notwendiger Inhalt[9]. 2

III. Allgemeines. 1. Geltungsbereich. § 109 gilt grundsätzlich nur für **ArbN**. § 109 erfasst nicht sonstige Dienstverpflichtete, die selbständig tätig sind. Für diese gilt § 630 BGB[10]. 3

2. Maßgebliche Grundsätze. a) Wahrheitsgrundsatz und Klarheitsgrundsatz. Aus Sinn und Zweck des Zeugnisses folgt als „oberster Grundsatz der Zeugniserteilung", dass das Zeugnis wahr sein muss[11] (**Wahrheitsgrundsatz**). Wird der ArbN unterbewertet, sind seine Belange gefährdet; wird der ArbN überbewertet, sind die Belange des möglichen neuen ArbGeb gefährdet[12]. Die Wahrheitspflicht bedeutet nicht, dass sich der ArbGeb in dem Zeugnis über alle günstigen und ungünstigen Vorkommnisse und Beobachtungen schonungslos aussprechen muss; Grundlage des Zeugnisses ist vielmehr das Verhalten, das für den Arbeitnehmer **kennzeichnend** ist[13]. Zudem muss das Zeugnis nach dem ausdrücklichen Wortlaut des Gesetzes klar und verständlich formuliert sein (**Klarheitsgrundsatz**). Im Rahmen dieser Grundsätze ist der ArbGeb frei in der Wahl seiner Formulierungen. Weder Wortwahl noch Auslassungen dürfen aber dazu führen, dass bei Dritten, den Lesern des Zeugnisses, der Wahrheit nicht entsprechende Vorstellungen entstehen können. Maßgeblich ist nicht, welche Vorstellungen der Zeugnisverfasser mit seiner Wortwahl verbindet, sondern die **Sicht des Zeugnislesers**[14]. 4

b) Wohlwollensgrundsatz. Das Zeugnis soll von verständigem Wohlwollen für den ArbN getragen sein und ihm sein weiteres Fortkommen nicht unnötig erschweren[15]. Zwischen dem Wahrheitsgrundsatz und dem Grundsatz des verständigen Wohlwollens besteht ein **Spannungsverhältnis**[16], dessen Auflösung in der Praxis häufig nicht unerhebliche Schwierigkeiten bereitet, weil der ArbN glaubt, zu schlecht bewertet zu sein, während der ArbGeb meint, auf die Darstellung vermeintlicher Schwächen des ArbN nicht verzichten zu können. Ausgangspunkt für die Auflösung des Spannungsverhältnisses zwischen Wahrheitsmaxime und Wohlwollensgrundsatz muss stets die Erkenntnis sein, dass ein Zeugnis nur im **Rahmen der Wahrheit** verständig **wohl wollend** sein kann[17]. Hieraus folgt zunächst, dass das Zeugnis **keine unrichtigen Tatsachen** enthalten darf. Ferner darf das Zeugnis **keine Auslassungen** enthalten, wo der Leser eine positive Hervorhebung erwartet[18]. Schwieriger wird es bei der Formulierung von **Werturteilen**, die objektiv nur umständlich belegbar sind, bei der sich aber keine Partei eine Bewertung vorschreiben lassen möchte. Hier sollte sich der ArbGeb bewusst sein, dass er einen relativ weiten **Beurteilungsspielraum**[19] (s. Rz. 29) hat und diesen im Zweifelsfalle wohlwollend zu Gunsten des ArbN ausnutzen. 5

c) Vollständigkeitsgrundsatz. Das Zeugnis muss alle wesentlichen Tatsachen und Bewertungen enthalten, die für die Gesamtbeurteilung des ArbN von Bedeutung und für potenzielle neue ArbGeb von Interesse sind[20]. 6

---

1 BT-Drs. 14/8796, S. 29. | 2 BAG v. 9.5.2006 – 9 AZR 182/05, nv. | 3 BAG v. 21.6.2005 – 9 AZR 352/04, DB 2005, 2360; v. 23.6.1960 – 5 AZR 560/58, AP Nr. 1 zu § 73 HGB. | 4 BAG v. 3.3.1993 – 5 AZR 182/92, AP Nr. 29 zu § 630 BGB. | 5 BT-Drs. 14/8796, S. 25. | 6 BAG v. 21.6.2005 – 9 AZR 352/04, DB 2005, 2360; v. 23.6.1960 – 5 AZR 560/58, AP Nr. 1 zu § 73 HGB. | 7 BT-Drs. 14/8796, S. 25. | 8 BAG v. 21.6.2005 – 9 AZR 352/04, DB 2005, 2360. | 9 BAG v. 21.6.2005 – 9 AZR 352/04, DB 2005, 2360. | 10 BT-Drs. 14/8796, S. 29. | 11 BAG v. 23.6.1960 – 5 AZR 560/58, AP Nr. 1 zu § 73 HGB. | 12 BAG v. 23.6.1960 – 5 AZR 560/58, AP Nr. 1 zu § 73 HGB. | 13 BAG v. 21.6.2005 – 9 AZR 352/04, DB 2005, 2360. | 14 BAG v. 21.6.2005 – 9 AZR 352/04, DB 2005, 2360. | 15 BGH v. 26.11.1963 – VI ZR 221/62, AP Nr. 10 zu § 826 BGB. | 16 BAG v. 9.9.1992 – 5 AZR 509/91, AP Nr. 19 zu § 630 BGB. | 17 BAG v. 9.9.1992 – 5 AZR 509/91, AP Nr. 19 zu § 630 BGB. | 18 BAG v. 29.7.1971 – 2 AZR 250/70, AP Nr. 6 zu § 630 BGB. | 19 BAG v. 12.8.1976 – 3 AZR 720/75, AP Nr. 11 zu § 660 BGB; v. 14.10.2003 – 9 AZR 12/03, NZA 2004, 842. | 20 BAG v. 23.6.1960 – 5 AZR 560/58, AP Nr. 1 zu § 73 HGB.

7 **d) Einheitlichkeitsgrundsatz.** Der ArbGeb darf einem ArbN nicht getrennte Zeugnisse für verschiedene ausgeübte Tätigkeiten (Mischtätigkeiten) erteilen, selbst wenn er dies mit dem ArbN vereinbart. Dies ist unmittelbare Folge der dem ArbGeb obliegenden Wahrheitspflicht, da das Zeugnis alle wesentlichen Tatsachen und Bewertungen enthalten muss, die für die Beurteilung des ArbN von Bedeutung sind[1].

8 **3. Person des Ausstellers. a) Natürliche und juristische Personen.** Grds. ist das Zeugnis vom **ArbGeb** selbst auszustellen, bei juristischen Personen von ihrem **Vertretungsorgan** (Vorstand, Geschäftsführer). Mit einem Betriebsübergang geht die Pflicht zur Zeugniserstellung auf den Betriebsnachfolger über, und zwar unabhängig davon, wie lange das Arbeitsverhältnis zu ihm bestanden hat. Reichen seine Kenntnisse über den ArbN zur Erteilung des Zeugnisses nicht aus, hat er gegen den Betriebsveräußerer einen entsprechenden Auskunftsanspruch[2]. Will der ArbGeb oder der gesetzl. Vertreter einer juristischen Person das Zeugnis nicht persönlich erteilen, kann er sich eines **angestellten Vertreters** bedienen. Der Erfüllungsgehilfe muss jedoch erkennbar ranghöher als der ArbN sein[3]. Zudem muss sich seine Stellung als **Vorgesetzter** des ArbN aus dem Zeugnis ablesen lassen. Eine beliebige Delegation der Unterschriftsbefugnis ist nicht möglich[4]. So reicht es nicht aus, wenn ein lediglich betriebsintern ranghöherer Prokurist das Zeugnis für einen anderen Prokuristen unterzeichnet[5]. War der ArbN unmittelbar der Geschäftsleitung unterstellt, so ist das Zeugnis von einem Mitglied der Geschäftsleitung unter Hinweis auf seine Position auszustellen[6].

9 **b) Insolvenz.** In Fällen der Insolvenz ist zu unterscheiden: **aa) Eröffnung des Insolvenzverfahrens oder Bestellung eines „starken" vorläufigen Insolvenzverwalters vor Beendigung des Arbeitsverhältnisses.** In diesem Fall muss der (vorl.) **Insolvenzverwalter** das Zeugnis auch hinsichtlich Führung und Leistung des ArbN in der Zeit vor Eröffnung des Insolvenzverfahrens erteilen[7]. Diese Verpflichtung trifft den Insolvenzverwalter unabhängig davon, ob der ArbN nach Eröffnung des Insolvenzverfahrens weiterbeschäftigt worden ist oder nicht[8]. Der Insolvenzverwalter muss sich die für die Beurteilung des ArbN erforderlichen Angaben aus Personalakten oder durch Befragen der Vorgesetzten beschaffen. Ggf. hat er entsprechende Auskünfte von dem Insolvenzschuldner einzuholen und bei der Fassung des Zeugnisses darauf hinzuweisen, dass er die Beurteilung nicht aus eigener Sachkunde abgibt, sondern dass sie auf den Angaben des Insolvenzschuldners beruht[9]. Weigert sich der Insolvenzschuldner, die notwendigen Angaben zu machen, hat der Insolvenzverwalter seinen Auskunftsanspruch nach §§ 97, 98 InsO vor dem Insolvenzgericht durchzusetzen[10]. Steht endgültig fest, dass er die Auskünfte nicht erhält, muss er ein Zeugnis erteilen, in dem er darauf hinweist, dass er die Informationen vom Insolvenzschuldner nicht erhalten hat (zur Zwangsvollstreckung gegen den Insolvenzverwalter s. Rz. 56). Die vorgenannten Grundsätze gelten auch bei der Bestellung eines „starken" vorläufigen Insolvenzverwalters, auf den die Verwaltungs- und Verfügungsbefugnis in Bezug auf die Arbeitsverhältnisse übergegangen ist[11].

10 **bb) Eröffnung des Insolvenzverfahrens nach Beendigung des Arbeitsverhältnisses.** Wird das Insolvenzverfahren erst nach Beendigung des Arbeitsverhältnisses eröffnet, muss der **Insolvenzschuldner** das Zeugnis erteilen[12], auch wenn der Insolvenzverwalter bei Beendigung des Arbeitsverhältnisses schon zum „schwachen" vorläufigen Insolvenzverwalter bestellt war[13]. Ein bereits anhängiger Zeugnisrechtsstreit gegen ihn wird nicht gemäß § 240 ZPO unterbrochen[14].

11 **c) Löschung einer GmbH.** Ist eine GmbH im Handelsregister als vermögenslos gelöscht worden, besteht der Zeugnisanspruch gleichwohl fort. Entsprechend § 273 IV AktG ist in diesem Falle ein Nachtragsliquidator zu bestellen, der das Zeugnis zu erteilen hat und sich ggf. die notwendigen Kenntnisse von den Leistungen und der Führung des ArbN durch Einholung von Auskünften bei der früheren Geschäftsführung verschaffen muss[15].

12 **d) Tod des Arbeitgebers.** Bei Tod des ArbGeb geht die Verpflichtung zur Zeugniserteilung auf den **Erben** über. Dieser muss sich anhand aller für ihn erreichbaren Erkenntnisquellen eigenes Wissen über das Arbeitsverhältnis und dessen Dauer sowie ggf. über die Leistungen und die Führung des ArbN verschaffen[16]. Ist er hierzu trotz zumutbarer Bemühungen nicht in der Lage, muss er dies im Zeugnis vermerken[17].

---

1 BAG v. 23.1.1968 – 5 Sa 373/67, AP Nr. 5 zu § 630 BGB. | **2** BAG v. 16.10.2007 – 9 AZR 248/07, DB 2008, 245. | **3** BAG v. 16.11.1995 – 8 AZR 983/94, EzA § 630 BGB Nr. 20; ArbG Hannover v. 31.7.2003 – 6 Ca 140/03, NZA-RR 2004, 127. | **4** BAG v. 4.10.2005 – 9 AZR 507/04, NZA 2006, 436. | **5** BAG v. 16.11.1995 – 8 AZR 983/94, EzA § 630 BGB Nr. 20. | **6** BAG v. 26.6.2001 – 9 AZR 392/00, NZA 2002, 33. | **7** BAG v. 23.6.2004 – 10 AZR 495/03, NZA 2004, 1392; v. 30.1.1991 – 5 AZR 32/90, AP Nr. 18 zu § 630 BGB; LAG Köln v. 30.7.2001 – 2 Sa 1457/00, DB 2002, 433; *Stiller*, Der Zeugnisanspruch in der Insolvenz des Arbeitgebers, NZA 2005, 330 (332). | **8** BAG v. 23.6.2004 – 10 AZR 495/03, NZA 2004, 1392; *Stiller*, NZA 2005, 330 (334 f.).; aA LAG Nürnberg v. 5.12.2002 – 2 Ta 137/02, LAGE § 240 ZPO Nr. 2. | **9** BAG v. 30.1.1991 – 5 AZR 32/90, AP Nr. 18 zu § 630 BGB. | **10** BAG v. 23.6.2004 – 10 AZR 495/03, NZA 2004, 1392. | **11** BAG v. 23.6.2004 – 10 AZR 495/03, NZA 2004, 1392. | **12** LAG Hamm v. 30.1.2006 – 4 Ta 830/05, nv.; LAG Nürnberg v. 5.12.2002 – 2 Ta 137/02, LAGE § 240 ZPO Nr. 2; *Stiller*, NZA 2005, 330 (331). | **13** BAG v. 23.6.2004 – 10 AZR 495/03, NZA 2004, 1392. | **14** LAG Hamm v. 30.1.2006 – 4 Ta 830/05, nv.; LAG Nürnberg v. 5.12.2002 – 2 Ta 137/02, LAGE § 240 ZPO Nr. 2. | **15** KG Berlin v. 9.1.2001, GmbHR 2001, 61. | **16** ArbG Münster v. 10.4.1990 – 3 Ca 2109/89, BB 1990, 2266. | **17** So wohl auch *Schleßmann*, Das Arbeitszeugnis, 18. Aufl. 2007, S. 148.

e) **Leiharbeitnehmer.** Bei LeihArbN ist der Verleiher zur Erteilung des Zeugnisses verpflichtet. Der Entleiher ist allerdings auf Grund einer Nebenpflicht aus dem Überlassungsvertrag gehalten, dem Verleiher seine Beurteilung des ArbN mitzuteilen[1]. 13

4. Formelle Anforderungen. Aus dem Zweck des Zeugnisses, dem ArbN eine Bewerbungsunterlage zu bieten, die sein berufl. Fortkommen nicht unnötig erschwert, ergeben sich zugleich die Anforderungen an die äußere Form des Zeugnisses[2]. Insb. darf durch die äußere Form des Zeugnisses nicht der Eindruck erweckt werden, der ArbGeb distanziere sich von seiner Erklärung[3]. Zu beachten ist also: 14

- Das Zeugnis ist **schriftlich** und in **deutscher Sprache** zu erteilen[4]. Entsprechend dem heutigen Standard muss es mindestens **maschinenschriftlich**[5], besser unter Verwendung eines Textverarbeitungsprogramms erstellt werden. Dabei ist ein im Geschäftsleben gängiger **einheitlicher Schrifttyp**[6] und eine **übliche Schriftgröße**[7] (12 Pkt.) zu verwenden. Eine Erteilung in elektronischer Form (§ 126a BGB) ist durch Abs. 3 ausgeschlossen[8].
- Das Zeugnis muss in einer **Überschrift** als solches ausgewiesen sein[9].
- Auf die **Angabe der Anschrift** des ArbN sollte – wenigstens im Briefkopffeld – **verzichtet** werden, da ansonsten der Eindruck erweckt werden könnte, dem ArbN sei das Zeugnis erst nach einer (gerichtlichen) Auseinandersetzung postalisch übermittelt worden[10].
- Es ist **haltbares Papier von guter Qualität** zu benutzen[11]. Werden üblicherweise vom ArbGeb **Firmenbögen** verwendet, so muss auch das Zeugnis auf diesem Geschäftspapier geschrieben sein[12]. Auf der Rückseite der Firmenbögen dürfen keine AGB oÄ abgedruckt sein.
- Die **Kopie** eines Firmenbogens ist nur zulässig, wenn die Kopie eine gute Qualität aufweist und mit einer Originalunterschrift versehen ist[13].
- Das Zeugnis muss sauber und ordentl. geschrieben sein. Insb. darf es **keine Flecken, Radierungen, Verbesserungen, Durchstreichungen** usw. enthalten[14]. Das Zeugnis darf auch **keine Beschädigungen** aufweisen, wie sie etwa durch das Heften an ein Begleitschrieben entstehen.
- Das Zeugnis darf keine ins Gewicht fallenden **Rechtschreib- und Grammatikmängel** haben[15]. Welche kleineren Unvollkommenheiten der ArbN hinnehmen muss, kann im Einzelfall schwierig zu entscheiden sein[16], zumal nach der Rechtschreibreform bezüglich der richtigen Schreibweise vielfach eine große Verunsicherung herrscht. Richtigerweise ist hier darauf abzustellen, welche Tätigkeit der ArbN ausgeübt hat. Gehörte die richtige Verwendung der Schriftsprache zu den Pflichten aus dem Arbeitsverhältnis, wie etwa bei einer Sekretärin oder einer Schreibkraft, ist ein strengerer Maßstab anzulegen.
- Im Zeugnis ist der ArbN grds. in der **3. Person** zu beschreiben. Eine persönliche Anredeform ist „deplatziert“[17].
- Der Aussteller muss das Zeugnis **eigenhändig** mit **Tinte** oder **Kugelschreiber** unterschreiben[18]. Eine **Paraphe**[19] reicht ebenso wenig aus wie eine Unterschrift mit **Bleistift**[20]. Die Unterschrift darf **nicht beliebig** gestaltet sein. Eine Handschrift, die den Verdacht aufkommen lassen kann, der ArbGeb wolle sich von dem Zeugnisinhalt distanzieren (etwa Kinderschrift oder bloße überdimensionierte Auf- und Abwärtslinien) ist nicht zulässig[21].

Hingegen ist nach Ansicht des BAG nicht zu beanstanden, wenn der ArbGeb den Zeugnisbogen zweimal faltet, um ihn in einem Umschlag kleineren Formats unterzubringen[22], zumal die **Knicke** bei den üblicherweise vom ArbN bei Bewerbungen vorgelegten Kopien ohnehin nicht zu sehen sind. Allerdings hinterlässt es einen besseren Eindruck, wenn der ArbN in einem Vorstellungsgepräch, bei dem sich der ArbGeb das Original vorlegen lassen sollte (vgl. Rz. 46), ein ungefaltetes Zeugnis vorweisen kann.

---

1 Im Ergebnis ebenso *Schleßmann*, Das Arbeitszeugnis, 18. Aufl. 2007, S. 149. | 2 BAG v. 3.3.1993 – 5 AZR 182/92, AP Nr. 20 zu § 630 BGB. | 3 BAG v. 3.3.1993 – 5 AZR 182/92, AP Nr. 29 zu § 630 BGB. | 4 Staudinger/*Preis*, § 630 BGB Rz. 25; MüKo/*Henssler*, § 630 BGB Rz. 46. | 5 MüKo/*Henssler*, § 630 BGB Rz. 47. | 6 BAG v. 3.3.1993 – 5 AZR 182/92, AP Nr. 20 zu § 630 BGB. | 7 LAG Hess. v. 13.8.2002 – 16 Ta 255/02, nv., lässt Schriftgröße 10 Pkt. durchgehen (bedenklich). | 8 Die Erteilung eines Zeugnisses in elektronischer Form soll nach dem Willen des Gesetzgebers ausgeschlossen sein, weil sich diese Form mangels entsprechender technischer Einrichtungen insbesondere bei Klein- und Mittelbetrieben noch nicht etabliert habe und das Erscheinungsbild eines schriftl. Zeugnisses bei Bewerbungen eine Rolle spiele, BT-Drs. 14/4987, S. 22, BT-Drs. 14/8796, S. 25 f. | 9 LAG Düsseldorf v. 23.5.1995 – 3 Sa 253/95, LAGE § 630 BGB Nr. 24; aA MüKo/*Henssler*, § 630 BGB Rz. 46. | 10 Schaub/*Linck*, ArbRHdb, § 146 Rz. 18; KassHdb/*Haupt*, 6.1, Rz. 254; MüKo/*Henssler*, § 630 BGB Rz. 47. | 11 Staudinger/*Preis*, § 630 BGB Rz. 26. | 12 BAG v. 3.3.1993 – 5 AZR 182/92, AP Nr. 20 zu § 630 BGB; LAG Köln v. 26.2.1992 – 7 SA 1007/91, LAGE § 630 BGB Nr. 15. | 13 MüKo/*Henssler*, § 630 BGB Rz. 47. | 14 BAG v. 3.3.1993 – 5 AZR 182/92, AP Nr. 20 zu § 630 BGB mwN aus dem Schrifttum. | 15 MüKo/*Henssler*, § 630 BGB Rz. 48. | 16 Vgl. den Fall ArbG Düsseldorf v. 19.12.1984 – 6 Ca 5682/84, NZA 1985, 812: Dort wehrte sich eine Vorstandssekretärin im Ergebnis fruchtlos gegen die ihrer Ansicht nach falsche Schreibweise von „auf Grund ... ihres integeren Verhaltens“. Sie wollte das Wort „integeren“ durch „integren“ ersetzt haben. | 17 LAG Düsseldorf v. 23.5.1995 – 3 Sa 253/95, LAGE § 630 BGB Nr. 24. | 18 Erman/*Belling*, § 630 BGB Rz. 16. | 19 Erman/*Belling*, § 630 BGB Rz. 16. | 20 MüKo/*Henssler*, § 630 BGB Rz. 47. | 21 LAG Nürnberg v. 3.8.2005 – 4 Ta 153/05, NZA-RR 2006, 13. | 22 BAG v. 21.9.1999 – 9 AZR 893/98, NZA 2000, 257.

15 **5. Entstehung und Fälligkeit des Zeugnisanspruches. a) Entstehung**. Der Zeugnisanspruch entsteht bei Beendigung eines jeden Arbeitsverhältnisses und zwar unabhängig davon, ob es sich um ein Teilzeit- oder Vollzeitarbeitsverhältnis und ob es sich um eine haupt- oder nebenberufl. Tätigkeit handelte. Der Anspruch entsteht auch im **faktischen Arbeitsverhältnis**[1]. Eine gewisse **Mindestdauer** des Arbeitsverhältnisses wird **nicht vorausgesetzt**[2] (zum Inhalt des qualifizierten Zeugnisses bei kurzzeitigen Arbeitsverhältnissen s. Rz. 25). Voraussetzung ist allerdings, dass das Arbeitsverhältnis in Vollzug gesetzt worden ist[3]. Der ArbN muss tatsächlich gearbeitet haben. Hat das Arbeitsverhältnis nur rechtlich bestanden, ohne dass es je zu irgendwelchen Arbeitsleistungen gekommen ist (etwa bei Beschäftigungsverboten), ist gleichwohl ein Zeugnis zu erteilen, damit der ArbN seinen berufl. Werdegang vollständig dokumentieren kann. Dieses Zeugnis hat freilich mehr Bescheinigungscharakter. Der ArbGeb kann sich darauf beschränken, den rechtl. Bestand des Arbeitsverhältnisses und die vorgesehenen Aufgaben zu dokumentieren.

16 **b) Fälligkeit.** Der Zeugnisanspruch entsteht gem. dem Wortlaut des § 109 „**bei**" und nicht erst nach der **Beendigung des Arbeitsverhältnisses**[4]. Beide Zeitpunkte fallen bei der außerordentl., fristl. Kündigung nicht auseinander. Hier kann der ArbN sofort ein Zeugnis beanspruchen. Fraglich ist, ob der ArbN im ordentl. gekündigten Arbeitsverhältnis im Hinblick darauf, dass sich die Verhältnisse bis zum Ablauf der Kündigungsfrist noch ändern können, lediglich einen Anspruch auf ein Zwischenzeugnis hat, oder ob er schon mit Beginn der Kündigungsfrist ein Endzeugnis verlangen kann. Nach richtiger Ansicht entsteht der Zeugnisanspruch schon **mit Ausspruch der Kündigung**. Dies ergibt sich aus dem Zusammenhang mit § 629 BGB[5]. Denn die Pflicht des ArbGeb zur Gewährung von Freizeit zur Stellungssuche ist wenig sinnvoll, wenn der ArbN kein aktuelles Zeugnis bei seiner Bewerbung vorlegen kann[6]. Befürchtet der ArbGeb, die Beurteilungsgrundlagen würden sich bis zur rechtl. Beendigung des Arbeitsverhältnisses noch ändern, kann er das Zeugnis als „**Vorläufiges Zeugnis**"[7] bezeichnen und später bei Erteilung des endgültigen Zeugnisses herausverlangen[8]. Jedenfalls besteht der Anspruch auf ein qualifiziertes Zeugnis nach Ablauf der Kündigungsfrist[9] oder nach dem tatsächlichen Ausscheiden des ArbN, und zwar unabhängig davon, ob zwischen den Parteien ein Kündigungsschutzrechtstreit geführt wird[10]. Der ArbGeb kann bei **Verlust oder Beschädigung des Originalzeugnisses** auf Grund seiner nachwirkenden Fürsorgepflicht gehalten sein, dem ArbN auf dessen Kosten ein **neues Zeugnis** zu erteilen, sofern ihm dies noch billigerweise zugemutet werden kann. Dasselbe gilt, wenn das Originalzeugnis den Eingangstempel einer Gewerkschaft aufweist[11] oder der ArbN auf Grund einer Geschlechtsumwandlung einen neuen Namen trägt[12].

17 **6. Erfüllungsort.** Grds. hat der ArbN keinen Anspruch darauf, dass ihm das Zeugnis zugeschickt wird. Er hat es, wie die anderen Arbeitspapiere, bei dem ArbGeb **abzuholen** (§ 269 BGB)[13]. Jedoch kann der ArbN nach Treu und Glauben im Einzelfall verpflichtet sein, das Zeugnis dem ArbN nachzuschicken[14], etwa wenn die Abholung für den ArbN mit unverhältnismäßig hohen Kosten oder besonderen Mühen verbunden wäre[15]. Eine Pflicht zur Nachsendung wird insb. dann anzunehmen sein, wenn der ArbN das Zeugnis vor Beendigung des Arbeitsverhältnisses verlangt hat und es aus Gründen, die in der Sphäre des ArbGeb liegen, nicht rechtzeitig bereit gelegen hat[16]. Befindet sich der ArbGeb beim Abgang des ArbN mit der Aushändigung des Zeugnisses in **Verzug**, muss er die Kosten für die Übersendung tragen[17]. Hat sich der ArbGeb in einem **Vergleich** zur „Erteilung" eines Zeugnisses verpflichtet, hat er damit zugleich die Verpflichtung übernommen, dem ArbN das Zeugnis zukommen zu lassen[18].

18 **7. Abdingbarkeit.** § 109 ist **zwingend**. Daraus folgt, dass der ArbN jedenfalls vor Beendigung des Arbeitsverhältnisses nicht wirksam auf ein Zeugnis verzichten kann[19]. Für entsprechende Vereinbarungen, die anlässlich oder nach Beendigung des Arbeitsverhältnisses geschlossen werden, ist dies fraglich[20]. So hat das BAG ausgeführt, dass die Arbeitsvertragsparteien den Zeugnisanspruch für die Zeit nach Beendigung des Arbeitsverhältnisses einschränken können[21]. Nach Auffassung des LAG Köln kann bei hinreichender Klarheit aus Anlass der Beendigung des Arbeitsverhältnisses in einer **Ausgleichsquittung** auf den Zeugnisanspruch verzichtet werden. Eine vergleichbare Lage wie im bestehenden, ungekündig-

---

1 Küttner/*Reinecke*, Personalbuch 2007, Zeugnis Rz. 4. | 2 MüKo/*Henssler*, § 630 BGB Rz. 10; Küttner/*Reinecke*, Personalbuch 2007, Zeugnis Rz. 4. | 3 RGRK/*Eisemann*, § 60 BGB Rz. 8 („praktiziert"). | 4 BAG v. 27.2.1987 – 5 AZR 710/85, AP Nr. 16 zu § 630 BGB. | 5 MüKo/*Henssler*, § 630 BGB Rz. 13; *Schleßmann*, Das Arbeitszeugnis, 18. Aufl. 2007, S. 53. | 6 *Schleßmann*, Das Arbeitszeugnis, 18. Aufl. 2007, S. 54. | 7 Küttner/*Reinecke*, Personalbuch 2007, Zeugnis Rz. 10; die Bezeichnung empfiehlt sich zur Unterscheidung von dem Zwischenzeugnis im ungekündigten Arbeitsverhältnis, so auch § 61 I BAT. | 8 MüKo/*Henssler*, § 630 BGB Rz. 14; gegen eine Herausgabepflicht des vorläufigen Zeugnisses *Schleßmann*, Das Arbeitszeugnis, 18. Aufl. 2007, S. 54; in der Praxis dürfte die Frage keine Rolle spielen. | 9 LAG Köln v. 11.9.2002 – 7 Sa 530/02, nv. | 10 BAG v. 27.2.1987 – 5 AZR 710/85, AP Nr. 16 zu § 630 BGB. | 11 LAG Hamm v. 15.7.1986 – 13 Sa 2289/85, LAGE § 630 BGB Nr. 5. | 12 LAG Hamm v. 17.12.1998 – 4 Sa 1337/98, NJW 1999, 3435. | 13 BAG v. 8.3.1995 – 5 AZR 848/93, AP Nr. 21 zu § 630 BGB. | 14 BAG v. 8.3.1995 – 5 AZR 848/93, AP Nr. 21 zu § 630 BGB. | 15 ArbG Wetzlar v. 21.7.1971 – Ga 3/71, BB 1972, 222. | 16 LAG Hess. v. 1.3.1984 – 10 Sa 858/83, DB 1984, 2200 (2201). | 17 LAG Hess. v. 1.3.1984 – 10 Sa 858/83, DB 1984, 2200 (2201). | 18 LAG Düsseldorf v. 15.3.2001 – 7 Ta 60/01, nv. | 19 BAG v. 16.9.1974 – 5 AZR 255/74, AP Nr. 9 zu § 630 BGB. | 20 Offen gelassen bei BAG v. 16.9.1974 – 5 AZR 255/74, AP Nr. 9 zu § 630 BGB. | 21 BAG v. 4.12.1985 – 5 AZR 607/84, nv.

ten Arbeitsverhältnis, bei dem der ArbN auf die Vergütung angewiesen sei und sich in einer sozialen Abhängigkeit vom ArbGeb befinde, bestehe nämlich mit dem Ausscheiden und der faktischen Abwicklung des Arbeitsverhältnisses nicht mehr[1]. Allgemein gehaltene Ausgleichsklauseln, wie sie häufig bei gerichtl. Vergleichen in Kündigungsschutzprozessen verwendet werden (etwa: „Damit sind alle Ansprüche aus dem Arbeitsverhältnis erledigt."), können hingegen nicht ohne weiteres dahin ausgelegt werden, dass sie auch einen Verzicht auf ein (qualifiziertes) Zeugnis[2] oder auf einen Zeugnisberichtigungsanspruch[3] enthalten. Zudem unterliegen formularmäßige Ausgleichsquittungen der **Inhaltskontrolle nach § 307 BGB**[4], was im Falle einer unangemessenen Benachteiligung des ArbN zur Unwirksamkeit der Klausel führt.

8. Ausschlussfristen. Ob tarifl. oder einzelvertragl. Ausschlussklauseln den Zeugnisanspruch untergehen lassen können, ist streitig. Teilweise wird vertreten, dass der Zeugnisanspruch als höchstpersönlicher Anspruch von solchem Gewicht sei, dass er von tarifl. Verfallfristen nicht erfasst werde[5]. Nach richtiger Auffassung ist zunächst vom Wortlaut der Ausschlussfrist auszugehen und zu prüfen, ob Ansprüche, die erst bei Beendigung des Arbeitsverhältnisses entstehen, von der Norm überhaupt erfasst werden[6]. Nach Auffassung des BAG handelt es sich bei dem Zeugnisanspruch um einen **Anspruch aus dem Arbeitsverhältnis**, auch wenn er erst mit Beendigung des Arbeitsverhältnisses entsteht[7]. Demgemäß hat es mehrfach entschieden, dass der Anspruch auf Erteilung eines qualifizierten Zeugnisses der Ausschlussfrist des § 70 II BAT unterliegt[8]. Die Frist beginnt mit Ende des Zeitraums, für den das Zeugnis begehrt wird[9]. Erteilt der ArbGeb innerhalb der Ausschlussfrist ein Zeugnis, dass der ArbN nicht als Erfüllung seines Zeugnisanspruches akzeptiert, beginnt die Ausschlussfrist für den Berichtigungsanspruch (vgl. Rz. 36) mit Erhalt des Zeugnisses[10]. Zur Wahrung der Frist reicht es aus, wenn der ArbN das Zeugnis beanstandet und ein neues verlangt. Die ausdrückliche Rüge einzelner, genau bezeichneter Mängel des Zeugnisses ist zur Wahrung der Ausschlussfrist nicht erforderlich[11]. 19

9. Verwirkung. Der Anspruch auf Erteilung eines Zeugnisses kann unter engen Voraussetzungen verwirkt sein. Das setzt voraus, dass der ArbN längere Zeit kein Zeugnis beansprucht hat und dadurch bei dem ArbGeb die Überzeugung hervorgerufen hat, er werde auch keins mehr verlangen[12]. Hier kann schon ein Zeitraum ab 5 Monaten zum Anspruchsverlust führen (str.)[13]. Ferner muss sich der ArbGeb darauf eingerichtet haben, dass der ArbN kein Zeugnis wünscht, und die Erfüllung des Zeugnisanspruches muss ihm nach Treu und Glauben und unter Berücksichtigung aller Umstände des Falles nicht mehr zugemutet werden können[14]. Insoweit ist von Bedeutung, welche Seite die zeitlichen Verzögerungen verursacht hat[15]. Nach Auffassung des LAG Hamm soll von einer Verwirkung ausgegangen werden, wenn sich der ArbN zunächst darauf berufen hat, selbständiger Subunternehmer zu sein[16]. 20

10. Einreden. a) Verjährung. Der Zeugnisanspruch unterlag bis zur Modernisierung des Schuldrechts der dreißigjährigen Verjährungsfrist des § 195 BGB aF und verjährt nunmehr gem. § 195 BGB nF nach drei Jahren. 21

b) Zurückbehaltungsrecht. Ein Zurückbehaltungsrecht des ArbGeb nach **§ 320 BGB** besteht nicht, da es sich bei dem Zeugnisanspruch nicht um eine synallagmatische Verpflichtung handelt[17]. Auf ein Zurückbehaltungsrecht nach **§ 273 BGB** kann sich der ArbGeb mangels Konnexität[18] und auf Grund seiner Fürsorgepflicht[19] nicht berufen. 22

IV. Arten von Zeugnissen. § 109 I selbst unterscheidet zwischen dem Zeugnis, das sich lediglich über Art und Dauer der Tätigkeit verhält (sog. **„einfaches Zeugnis"**) und dem Zeugnis, das sich auch auf Leistung und Verhalten des ArbN im Arbeitsverhältnis erstreckt (sog. **„qualifiziertes Zeugnis"**). 23

1. Das einfache Zeugnis. Das sog. „einfache Zeugnis" enthält keine Wertungen und stellt eine reine **Faktendokumentation**[20] dar. Es bestätigt Art und Dauer des Dienstverhältnisses und enthält eine vollständige und genaue Beschreibung der von dem ArbN während der Dauer des Arbeitsverhältnisses 24

---

1 LAG Köln v. 17.6.1994 – 4 Sa 185/94, LAGE § 630 BGB Nr. 22. | 2 BAG v. 16.9.1974 – 5 AZR 255/74, AP Nr. 9 zu § 630 BGB. | 3 LAG Düsseldorf v. 23.5.1995 – 3 Sa 253/95, LAGE § 630 BGB Nr. 24. | 4 BAG v. 6.9.2007 – 2 AZR 722/06. | 5 LAG Düsseldorf v. 6.5.1981 – 15 Sa 305/81, nv.; ArbG Hamburg v. 5.3.1997 – 21 Ca 89/97, EzA § 4 TVG Nr. 126; s.a. schon ArbG Siegen v. 30.5.1980 – 3 Ca 190/80, EzA § 4 TVG Nr. 43; zu einzelvertragl. Ausschlussklauseln siehe LAG Nürnberg v. 18.1.1994 – 6 Sa 270/92, LAGE § 630 BGB Nr. 20. | 6 Vgl. Schaub/*Linck*, ArbRHdb, § 146 Rz. 12. | 7 BAG v. 23.2.1983 – 5 AZR 515/80, AP Nr. 10 zu § 70 BAT; v. 8.2.1984 – 5 AZR 58/82, nv.; v. 30.1.1991 – 5 AZR 32/90, AP Nr. 18 zu § 630 BGB. | 8 BAG v. 23.2.1983 – 5 AZR 515/80, AP Nr. 10 zu § 70 BAT; so auch LAG Köln v. 11.9.2002 – 7 Sa 530/02, nv. | 9 So auch LAG Köln v. 11.9.2002 – 7 Sa 530/02, nv. | 10 BAG v. 4.10.2005 – 9 AZR 507/04, NZA 2006, 436; v. 8.2.1984 – 5 AZR 58/82, nv. | 11 BAG v. 4.10.2005 – 9 AZR 507/04, NZA 2006, 436. | 12 BAG v. 16.10.2007 – 9 AZR 248/07, DB 2008, 245; v. 4.10.2005 – 9 AZR 507/04, NZA 2006, 436; v. 17.2.1988 – 5 AZR 638/86, NZA 1988, 427. | 13 MüKo/*Henssler*, § 630 BGB Rz. 61; LAG Hess. v. 22.1.2007 (mehr als 7 Monate); BAG v. 17.2.1988 – 5 AZR 638/86, NZA 1988, 427 (10 Monate); LAG Düsseldorf v. 11.4.1994 – 17 Sa 1158/94, DB 1995, 1135 (11 Monate); LAG Hamm v. 3.7.2002 – 3 Sa 248/02, NZA-RR 2003, 73 (15 Monate). | 14 BAG v. 17.2.1988 – 5 AZR 638/86, NZA 1988, 427. | 15 BAG v. 16.10.2007 – 9 AZR 248/07, DB 2008, 245. | 16 LAG Hamm v. 9.9.1999 – 4 Sa 714/99, NZA-RR 2000, 575, 578. | 17 Erman/*Belling*, § 630 BGB Rz. 19; MüKo/*Henssler*, § 630 BGB Rz. 53. | 18 Erman/*Belling*, § 630 BGB Rz. 18. | 19 MüKo/*Henssler*, § 630 BGB Rz. 53. | 20 Staudinger/*Preis*, § 630 BGB Rz. 36.

ausgeübten Tätigkeiten. Der ArbGeb muss diese Tätigkeiten so **vollständig und genau** beschreiben, dass sich der künftige ArbGeb ein klares Bild machen kann. Unerheblich ist, ob die Tätigkeiten bedeutungsvoll waren. Entscheidend ist, ob sie für einen zukünftigen ArbGeb interessant sind[1]. Eine erteilte **Prokura** ist aufzunehmen[2]. Unerwähnt bleiben muss hingegen eine Tätigkeit oder Mitgliedschaft im **BR**[3]. Anzugeben ist stets, wie lange das Arbeitsverhältnis rechtl. bestanden hat[4]. Nur auf Wunsch des ArbN sind aber der **Beendigungsgrund**[5] und – nach teilweise vertretener Auffassung[6] – der **Beendigungstatbestand** ins Zeugnis aufzunehmen. Letzteres wird man jedenfalls dahingehend einschränken müssen, dass nur der explizite Beendigungstatbestand (etwa vertragswidrige außerordentl. Kündigung des ArbN, fristl. Kündigung aus wichtigem Grund durch den ArbGeb[7]) unerwähnt bleiben muss, nicht hingegen, auf wessen Veranlassung das Arbeitsverhältnis endete. Wenn der ArbGeb auf Wunsch des ArbN einen Aufhebungsvertrag mit ungewöhnlichem Beendigungszeitpunkt schließt, um dem ArbN eine kurzfristige berufl. Neuorientierung zu ermöglichen, ist er gehalten, den Verdacht einer außerordentl. Kündigung auch ohne ausdrückliches Verlangen des ArbN durch eine entsprechende Formulierung im Arbeitsvertrag zu vermeiden („im besten Einvernehmen auf Wunsch des ArbN")[8]. Schließen ArbN und ArbGeb nach Kündigung durch den ArbGeb einen **Abfindungsvergleich**, ist dies als einvernehmliche Trennung anzusehen[9].

Weitgehend **üblich** und **bedenkenfrei** sind folgende Formulierungen der Beendigungstatbestände[10]:

Formulierung	**Bedeutung**
verlässt uns auf eigenen Wunsch	Kündigung durch den ArbN
das Arbeitsverhältnis endet am	Kündigung durch den ArbGeb
das Arbeitsverhältnis endet im besten beiderseitigen Einvernehmen	einvernehmliche Trennung
einvernehmlich getrennt	Aufhebungsvertrag auf Veranlassung des ArbGeb

25 2. **Das qualifizierte Zeugnis.** Das sog. „qualifizierte Zeugnis" erstreckt sich auch auf **Leistung** und **Verhalten** (Führung) des ArbN und muss über die Angaben des einfachen Zeugnisses hinaus hierzu Tatsachen nebst einer Beurteilung enthalten[11]. Bei **Arbeitsverhältnissen von nur kurzer Dauer** kann dies schwer fallen. Gleichwohl kann der ArbN ein qualifiziertes Zeugnis verlangen[12]. Hier mag im Ausnahmefall, in dem eine zuverlässige Beurteilung des ArbN nicht möglich ist, der Hinweis genügen, dass von einer Leistungsbeurteilung abgesehen wird[13].

26 **a) Notwendiger Inhalt. aa) Leistungsbeurteilung.** Maßgebliche Faktoren zur Beurteilung der **Leistung** sind Arbeitsbefähigung, Arbeitsumfang, Arbeitsbereitschaft, Einsatz, Ausdauer, Sorgfältigkeit, Arbeitsergebnisse, Ausdrucksvermögen, Verhandlungsgeschick usw[14]. Bei leitenden Angestellten sind auch deren Führungsfähigkeit und die Führungserfolge zu beurteilen[15]. Üblicherweise werden sehr gute Leistungen mit der Betonung des Zeitmoments und nachfolgendem Superlativ gekennzeichnet, wobei schlechtere Beurteilungsstufen durch Einschränkungen eines der beiden Beurteilungskriterien verdeutlicht werden.

Formulierungsbeispiele[16]:

Formulierung	**Bedeutung**
stets absolut sicher und selbständig, immer sehr zielstrebig und rationell, jederzeit äußerst gründlich und genau	sehr gute Arbeitsweise
stets zuverlässig, sehr gründlich	gute Arbeitsweise
routiniert und effizient, sicher und selbständig	befriedigende Arbeitsweise

1 BAG v. 12.8.1976 – 3 AZR 720/75, AP Nr. 11 zu § 660 BGB. | 2 Zur Angabe über die Dauer der Prokura siehe LAG BW v. 19.6.1992 – 15 Sa 19/92, LAGE § 630 BGB Nr. 17. | 3 Schaub/*Linck*, ArbRHdb, § 146 Rz. 18. | 4 BAG v. 23.6.1960 – 5 AZR 560/58, AP Nr. 1 zu § 73 HGB. | 5 ArbG Frankfurt/M. v. 6.10.2003 – 1 Ca 7578/02, nv.; Küttner/*Reinecke*, Personalbuch 2007, Zeugnis Rz. 33; Schaub/*Linck*, ArbRHdb, § 146 Rz. 18. | 6 Küttner/*Reinecke*, Personalbuch 2007, Zeugnis Rz. 33. | 7 So wohl auch LAG Köln v. 8.11.1989 – 5 Sa 799/89, BB 1990, 856. | 8 Ähnlich RGRK/*Eisemann*, § 630 BGB Rz. 30. | 9 LAG Berlin v. 25.1.2007 – 5 Sa 1442/06, NZA-RR 2007, 973. | 10 Schaub/*Linck*, ArbRHdb, § 146 Rz. 26; MüKo/*Henssler*, § 630 BGB Rz. 101. | 11 Schaub/*Linck*, ArbRHdb, § 146 Rz. 19. | 12 LAG Köln v. 30.3.2001 – 3 Sa 1485/00, BB 2001, 1959. | 13 Küttner/*Reinecke*, Personalbuch 2007, Zeugnis Rz. 4. | 14 Schaub/*Linck*, ArbRHdb, § 146 Rz. 22; LAG Hamm v. 1.12.1994 – 4 Sa 1631/94, LAGE § 630 BGB Nr. 28. | 15 KassHdb/*Haupt*, 6.1, Rz. 279. | 16 In Anlehnung an *Schleßmann*, Das Arbeitszeugnis, 18. Aufl. 2007, S. 183 ff.

Formulierung	Bedeutung
zufriedenstellend	ausreichende Arbeitsweise
im Großen und Ganzen zufriedenstellende Arbeitsweise, im Allgemeinen gründlich und zuverlässig	mangelhafte Arbeitsweise
jederzeit äußerst engagiert und fleißig	sehr gute Arbeitsbereitschaft
stets fleißig	gute Arbeitsbereitschaft
fleißig	befriedigende Arbeitsbereitschaft
erfüllte die Aufgaben mit der nötigen Arbeitsbereitschaft	ausreichende Arbeitsbereitschaft
war überwiegend bereit, seine Aufgaben zu erfüllen	mangelhafte Arbeitsbereitschaft
umfassende und vielseitige Kenntnisse, die er/sie stets sicher einsetzte, überragendes Organisationstalent	sehr gute Arbeitsbefähigung
gründliche Kenntnisse	gute Arbeitsbefähigung
gute Kenntnisse	befriedigende Arbeitsbefähigung
erforderliche Fachkenntnisse, kam mit den Anforderungen zurecht	ausreichende Arbeitsbefähigung
im Großen und Ganzen hinreichende Fachkenntnisse	mangelhafte Fachkenntnisse
erzielte stets optimale Lösungen	sehr guter Arbeitserfolg
stets gute Ergebnisse	guter Arbeitserfolg
erzielte gute Lösungen	befriedigender Arbeitserfolg
die erzielten Ergebnisse erfüllten unsere Ansprüche	ausreichender Arbeitserfolg
erfüllte im Allgemeinen unsere Ansprüche	mangelhafter Arbeitserfolg
verstand es stets, Mitarbeiter hervorragend zu motivieren, setzte immer klare Ziele, denkt und arbeitet stets außergewöhnlich kostenbewusst und wirtschaftlich	sehr gutes Führungsverhalten
verstand es, Mitarbeiter nachhaltig zu motivieren	gutes Führungsverhalten
führte seine/ihre Mitarbeiter zielbewusst zu voll zufriedenstellenden Leistungen	befriedigendes Führungsverhalten
motivierte seine/ihre Mitarbeiter zu zufriedenstellenden Leistungen	ausreichendes Führungsverhalten
er/sie verstand es, durch ausreichende Motivation der Mitarbeiter, die gesteckten Ziele im Wesentlichen zu erreichen	mangelhaftes Führungsverhalten

bb) Verhaltens(Führungs-)beurteilung. Die Verhaltensbeurteilung widmet sich dem Sozialverhalten des ArbN[1] und bezieht sich nur auf den dienstlichen Bereich. Sie umfasst das Verhalten zu Vorgesetzten, Kollegen, Mitarbeitern und Dritten (Kunden) sowie das Einfügen in den betriebl. Arbeitsablauf[2]. 27

Formulierungsbeispiele für das Verhalten gegenüber Vorgesetzten, Kollegen und Mitarbeitern[3]:

Formulierung	Bedeutung
stets vorbildlich	sehr gut
vorbildlich, stets höflich und korrekt	gut
stets, immer, durchweg, ausnahmslos, einwandfrei[4]	keinerlei Anlass zu Beanstandungen
höflich und korrekt	befriedigend
gab keinen Anlass zu Beanstandungen, reibungslos und ungetrübt	ausreichend

1 KassHdb/*Haupt*, 6.1, Rz. 286. | 2 BT-Drs. 14/8796, S. 25; LAG Hamm v. 1.12.1994 – 4 Sa 1631/94, LAGE § 630 BGB Nr. 28. | 3 In Anlehnung an *Schleßmann*, Das Arbeitszeugnis, 18. Aufl. 2007, S. 187 ff. | 4 BAG v. 21.6.2005 – 9 AZR 352/04, DB 2005, 2360.

Formulierung	Bedeutung
einwandfrei[1]	kleine Auffälligkeiten oder einmaliges Fehlverhalten
im Großen und Ganzen zufriedenstellend	mangelhaft

Formulierungsbeispiele für das Verhalten gegenüber Dritten (Kunden)[2]:

Formulierung	Bedeutung
immer sicher und zuvorkommend, wegen seiner/ihrer freundlichen Art sehr beliebt	sehr gut
beliebt und angesehen	gut
stets sicher und freundlich	befriedigend
gab keinen Anlass zu Beanstandungen	ausreichend
war um Freundlichkeit bemüht	mangelhaft

28 **cc) Einzelfragen. Einmalige Vorfälle oder Umstände**, die für den ArbN, seine Führung und Leistung nicht charakteristisch sind – seien sie für ihn vorteilhaft oder nachteilig – gehören nicht in das Zeugnis[3]. Zudem dürfen weder Wortwahl noch Satzstellung noch Auslassungen dazu führen, dass bei Dritten der Wahrheit nicht entsprechende Vorstellungen entstehen[4].

Hat der ArbN **Straftaten** begangen ist zu unterscheiden: **Vorstrafen** haben keinen Bezug zum Arbeitsverhältnis und müssen im Zeugnis unerwähnt bleiben[5]. Dasselbe gilt für **Straftaten**, die in keinem Zusammenhang mit dem Arbeitsverhältnis stehen[6]. **Straftaten gegen den ArbGeb** dürfen nur dann aufgeführt werden, wenn sie für das Arbeitsverhältnis charakteristisch waren oder wegen der Schwere des Vorfalls nicht verschwiegen werden können[7]. **Laufende Strafverfahren** dürfen nach einer älteren Entscheidung des BAG[8] erwähnt werden, wenn die Führungsbeurteilung des ArbN entscheidend von dem Ausgang des Strafverfahrens abhängt (Strafverfahren gegen einen Heimerzieher wegen sittlicher Verfehlungen an seinen Pfleglingen)[9]. Dem wird entgegengehalten, dass der Ausgang des Ermittlungsverfahrens idR offen ist, wohingegen das Arbeitszeugnis für den Rest des Berufslebens als Bewerbungsgrundlage dienen muss. Daher dürfe ein staatsanwaltschaftl. Ermittlungsverfahren nicht erwähnt werden. Bestätige sich der Verdacht, müsse der ArbGeb das Zeugnis widerrufen[10]. Dem ist im Grundsatz zuzustimmen. Ist der den Ermittlungen zugrunde liegende Tatverdacht allerdings von solcher Brisanz und Tragweite, dass schon die Einleitung des Ermittlungsverfahrens von erheblicher Bedeutung für einen neuen ArbGeb ist, darf das Ermittlungsverfahren in dem Zeugnis Erwähnung finden[11]. In einem solchen Fall erscheint es sachgerechter, den ArbG zur Berichtigung des Zeugnisses zu verpflichten, wenn das Ermittlungsverfahren eingestellt oder der ArbN freigesprochen wird. Der bloße **Verdacht einer strafbaren Handlung** hingegen darf im Zeugnis selbst dann nicht erwähnt werden, wenn er dringend war und zu einer Kündigung geführt hat[12]. Dies gilt auch dann, wenn die Verdachtskündigung in einem arbeitsgerichtl. Verfahren als gerechtfertigt angesehen wurde.

Da **Ausfallzeiten** (etwa **krankheitsbedingte Fehlzeiten**) nicht charakteristisch für Leistung und Führung des ArbN sind, dürfen sie keine Erwähnung finden[13]. Eine Ausnahme wird man nur dann machen müssen, wenn die Ausfallzeiten einen solchen Umfang angenommen haben, dass sie das Arbeitsverhältnis mitgeprägt haben und ohne ihre Erwähnung ein falsches Bild vom Arbeitsverhältnis entstehen würde (etwa im Hinblick auf den suggerierten Beurteilungszeitraum oder die Berufserfahrung des ArbN)[14]. Hiervon ist auszugehen, wenn der ArbN mehr als die Hälfte des Beschäftigungszeitraums arbeitsunfähig war[15]. Dasselbe gilt für Zeiten des **Erziehungsurlaubs** bzw. der **Elternzeit**[16]. Eine Tätigkeit oder Mitgliedschaft im **BR** oder Personalrat muss hingegen unerwähnt bleiben[17], auch wenn der ArbN

1 BAG v. 21.6.2005 – 9 AZR 352/04, DB 2005, 2360. | 2 In Anlehnung an *Schleßmann*, Das Arbeitszeugnis, 18. Aufl. 2007, S. 187 ff. | 3 BAG v. 23.6.1960 – 5 AZR 560/58, AP Nr. 1 zu § 73 HGB; v. 21.6.2005 – 9 AZR 352/04, DB 2005, 2360. | 4 BAG v. 23.6.1960 – 5 AZR 560/58, AP Nr. 1 zu § 73 HGB. | 5 RGRK/*Eisemann*, § 630 BGB Rz. 41; Staudinger/*Preis*, § 630 BGB Rz. 45. | 6 RGRK/*Eisemann*, § 630 BGB Rz. 41. | 7 RGRK/*Eisemann*, § 630 BGB Rz. 41. | 8 BAG v. 5.8.1976 – 3 ZR 491/75, BB 1977, 297. | 9 BAG v. 5.8.1976 – 3 ZR 491/75, BB 1977, 297. | 10 LAG Düsseldorf v. 3.5.2005 – 3 Sa 359/05, DB 2005, 1799; ArbG Düsseldorf v. 15.12.2003 – 7 Ca 9224/03, NZA-RR 2004, 294. | 11 Offen gelassen von LAG Düsseldorf v. 3.5.2005 – 3 Sa 359/05, DB 2005, 1799. | 12 RGRK/*Eisemann*, § 630 BGB Rz. 41; Staudinger/*Preis*, § 630 BGB Rz. 41. | 13 LAG Sachs. v. 30.1.1996 – 5 Sa 996/95, NZA 1997, 47. | 14 BAG v. 10.5.2005 – 9 AZR 261/04, DB 2005, 2474; LAG Hess. v. 19.2.2004 – 11 Sa 734/03, nv. | 15 *Schleßmann*, Das Arbeitszeugnis, 18. Aufl. 2007, S. 86; LAG Hess. v. 19.2.2004 – 11 Sa 734/03, nv. (2/3 der Beschäftigungszeit). | 16 BAG v. 10.5.2005 – 9 AZR 261/04, DB 2005, 2474 (Elternzeit 2/3 des Arbeitsverhältnisses). | 17 BAG v. 19.8.1992 – 7 AZR 262/91, NZA 1993, 222; Schaub/*Linck*, ArbRHdb, § 146 Rz. 18, muss die Tätigkeit stets unerwähnt bleiben; aA LAG Hess. v. 10.3.1977 – 6 Sa 779/76, DB 1978, 167.

lange freigestellt war[1]. Herausragende Einzelleistungen wie **Erfindungen** und prämierte **Verbesserungsvorschläge** sind zu erwähnen[2].

Ein qualifiziertes Zeugnis muss keine **Schlussformel** enthalten, in der der ArbGeb dem ausscheidenden ArbN für seine Dienste dankt und/oder für die Zukunft alles Gute wünscht[3]. Schlussformeln sind indes ein **Gebot der Höflichkeit**. Verwendet der ArbGeb böswillig eine ersichtlich ironische Schlussformel („Wir danken Herrn A für seine Mitarbeit und hoffen, dass er in unserem Unternehmen für seinen weiteren Berufsweg gelernt hat"), muss er auf Wunsch des ArbN ein neues Zeugnis mit einer unverfänglichen Schlussformel erteilen. Er kann sich in diesem Falle wegen seiner eigenen Treuwidrigkeit nicht darauf berufen, eine Schlussformel sei nicht geschuldet.

b) Formulierung durch den Arbeitgeber. Es ist Sache des ArbGeb, das Zeugnis im Einzelnen zu formulieren. Dazu gehört auch die Entscheidung darüber, welche positiven oder negativen Leistungen und Eigenschaften er mehr hervorheben will als andere, solange das Zeugnis wahr bleibt[4]. Der ArbGeb hat insoweit einen **Beurteilungsspielraum** ähnlich wie bei einer Leistungsbestimmung nach § 315 BGB[5]. Insb. die Formulierung von **Werturteilen** im Zeugnis lässt sich nicht bis in die Einzelheiten regeln und vorschreiben[6]; ein relativ großer Beurteilungsspielraum ist hier unvermeidlich, zumal jede Beurteilung von einer Vielzahl von Faktoren abhängig ist und zwangsläufig von den Erfahrungen des ArbGeb geprägt wird, die er mit der Leistung einzelner ArbN gewonnen hat[7]. Diesen Beurteilungsspielraum dürfte der ArbGeb dann überschritten haben, wenn er von einem unrichtigen Sachverhalt ausgegangen ist, allgemein- und oder branchenübliche Bewertungsmaßstäbe verletzt oder sich von sachfremden Erwägungen hat leiten lassen[8]. Die entsprechende Darlegung wird den ArbN indes regelmäßig schwer fallen[9]. 29

Das Zeugnis darf keine **Auslassungen** enthalten, wo der Leser eine positive Hervorhebung erwartet. Insb. bei ArbN, denen Geld- oder Vermögenswerte anvertraut waren (Kassierer, Verkäufer, Buchhalter usw.) wird eine Aussage zur **Ehrlichkeit** erwartet[10], bei verantwortungsvollen Tätigkeiten (etwa Personalsachbearbeiter) eine Aussage zur Zuverlässigkeit[11].

c) Zeugnissprache und Geheimzeichen. Die Zeugnissprache muss klar und eindeutig sein. Merkmale, die den ArbN in einer aus dem Wortlaut des Zeugnisses nicht ersichtlichen Weise kennzeichnen (Geheimzeichen), waren für gewerbliche ArbN schon nach § 113 III GewO ausdrücklich verboten. Diese Vorschrift wurde als Ausdruck der allgemeinen Fürsorgepflicht des ArbGeb angesehen. § 109 II greift dieses Verbot auf und ergänzt es durch die **allgemeine Verpflichtung, das Zeugnis klar und verständlich zu formulieren**[12]. Ein senkrechter Strich vor der Unterschrift (Gewerkschaftsmitglied) ist daher nach wie vor nicht zulässig. Dasselbe gilt für **Anführungszeichen**, **Unterstreichungen**, **Fettdruck** einzelner Worte sowie **ungewöhnliche Satzstellung oder Wortwahl**[13]. 30

In der Praxis haben sich verschiedene Formulierungstechniken durchgesetzt, um negative Eigenschaften und Merkmale positiv zu formulieren, ohne dass sich diese immer als unzulässige Geheimzeichen charakterisieren ließen[14]. Werden Selbstverständlichkeiten als einzige Leistungsbeschreibung besonders hervorgehoben („gewissenhaft und pünktlich"), positive Eigenschaften im Wege der doppelten Verneinung ausgedrückt („nicht unbrauchbar") oder das Fehlen negativer Eigenschaften ausdrücklich betont („an seiner beruflichen Weiterentwicklung sehr interessiert, ohne dabei penetrant zu werden"), können dies Hinweise auf Mängel in Führung und Leistung des ArbN sein. Gleiches gilt für die durchgehende Verwendung der Passivform, die auf mangelnde Eigeninitiative oder fehlende Antriebskraft schließen lassen kann. Auch der gutwillige ArbGeb der solche Formulierungen verwendet, läuft Gefahr, mit Berichtigungsverlangen oder Schadensersatzansprüchen konfrontiert zu werden.

---

1 ArbG Augsburg v. 12.4.2006 – 5 Ca 166/06. | 2 KassHdb/*Haupt*, 6.1, Rz. 280. | 3 BAG v. 20.2.2001 – 9 AZR 44/00, NZA 2001, 843; aA ArbG Darmstadt v. 22.12.2000 – 3 Ca 444/00, DB 2001, 931. | 4 BAG v. 29.7.1971 – 2 AZR 250/70, AP Nr. 6 zu § 630 BGB; v. 23.9.1992 – 5 AZR 573/91, EzA § 630 BGB Nr. 16. | 5 BAG v. 17.2.1988 – 5 AZR 638/86, NZA 1988, 427. | 6 BAG v. 12.8.1976 – 3 AZR 720/75, AP Nr. 11 zu § 660 BGB. | 7 BAG v. 14.10.2003 – 9 AZR 12/03, NZA 2004, 842. | 8 *Gäntgen*, Anm. zu BAG v. 14.10.2003 – 9 AZR 12/03, RdA 2005, 181 (184). | 9 So auch *Müller*, BB 2004, 1503 (1504), der nur noch „ausnahmsweise" einen Anspruch auf eine überdurchschnittliche Beurteilung sieht. | 10 BAG v. 29.7.1971 – 2 AZR 250/70, AP Nr. 6 zu § 630 BGB; LAG Hamm v. 29.7.2005 – 4 Ta 594/04, nv. | 11 Staudinger/*Preis*, § 630 BGB Rz. 48. | 12 BT-Drs. 14/8796, S. 25. | 13 Staudinger/*Preis*, § 630 BGB Rz. 28. | 14 Manche machen sich hierüber lustig. *Vec*, FAZ v. 5.9.2001, S. 56, ist etwa der Auffassung, dass sich der Code zu einer vollständigen Geheimsprache verfeinert habe, die für Außenstehende nicht mehr entschlüsselbar sei und deren Potential – etwa für militärische Zwecke (Chiffriersysteme) – nur unzureichend genutzt werde.

31 **d) Beispiele** für positive Formulierungen mit negativem Inhalt[1]:

Formulierung	Bedeutung
„gründlich, fleißig und gewissenhaft“ als einzige Leistungsbeschreibung	kaum brauchbar
die ihm/ihr übertragenen Aufgaben	sonst keine Aufgaben
in der ihm/ihr eigenen Art	uneffektiv
ordentliche Aufgabenerledigung	bürokratisch
genaue Arbeitsweise	unterdurchschnittliches Arbeitstempo
mit Interesse	ohne Erfolg
begreift das Wesentliche	eher schwache Auffassungsgabe[2]
anspruchsvoll und kritisch	Nörgler, eigensüchtig, pocht auf sein Recht[3]
gesundes Selbstvertrauen	klopft große Sprüche[4]
wusste sich gut zu verkaufen	unangenehmer Zeitgenosse und Wichtigtuer mit fehlender Kooperationsbereitschaft[5]
„aufrichtige und anständige Gesinnung“ ohne weitere Leistungsbeschreibung	kein Fleiß
umgänglich	nicht sehr beliebt, lieber von hinten als von vorne gesehen[6]
ist mit seinen Vorgesetzten gut zurecht gekommen	angepasst
Fähigkeit zu delegieren	faul
zeichnete sich durch viele Verbesserungsvorschläge zur Arbeitsvereinfachung aus	bequem
verständnisvolle(r) und tolerante(r) Vorgesetzte(r)/kooperativer Führungsstil	kein Durchsetzungsvermögen
Im Kollegenkreis als tolerante(r) Mitarbeiter(in) angesehen	für Vorgesetzte ein schwerer Brocken[7]
in der Lage, seine/ihre eigene Meinung zu vertreten	hat eine hohe Meinung von sich und vermag sachliche Kritik nicht zu akzeptieren[8]
Engagement für die Interessen der ArbN	BR-Mitglied
Engagement für die Interessen der ArbN auch außerhalb des Unternehmens	Gewerkschaftsmitglied
Neuem gegenüber aufgeschlossen	konnte Neuerungen nicht nutzen
bei Kunden schnell beliebt	zu viele Zugeständnisse
zeigt erfrischende Offenheit	vorlaut
selbstbewusst	arrogant
bewies Einfühlungsvermögen	hatte Liebschaft(en)
gesellige Art/„er/sie stand stets voll hinter uns“	Alkohol im Dienst
galt als	war es nicht
durchaus	mit Einschränkungen
vertrat immer offen seine/ihre Meinungen	Querulant, Nörgler, Wichtigtuer

1 Nach *Schleßmann*, Das Arbeitszeugnis, 18. Aufl. 2007, S. 190 ff.; *Eckert*, Arbeitszeugnisse schreiben und verstehen, 2000, S. 148–151 und *Huber*, Das Arbeitszeugnis in Recht und Praxis, 5. Aufl. 1997, S. 185–188. | 2 LAG Düsseldorf v. 11.6.2003 – 12 Sa 354/03, LAGE Nr. 1 zu § 109 GewO. | 3 LAG Hamm v. 17.12.1998 – 4 Sa 630/98, MDR 1999, 1073; diff. LAG Düsseldorf v. 23.7.2003 – 12 Sa 232/03, LAGReport 2004, 14. | 4 LAG Hamm v. 17.12.1998 – 4 Sa 630/98, MDR 1999, 1073. | 5 LAG Hamm v. 17.12.1998 – 4 Sa 630/98, MDR 1999, 1073. | 6 LAG Hamm v. 17.12.1998 – 4 Sa 630/98, MDR 1999, 1073. | 7 LAG Hamm v. 17.12.1998 – 4 Sa 630/98, MDR 1999, 1073. | 8 LAG Hamm v. 17.12.1998 – 4 Sa 630/98, MDR 1999, 1073.

Formulierung	Bedeutung
im Rahmen seiner/ihrer Kenntnisse	geringe Kenntnisse
die ihm gemäßen Aufgaben	anspruchslose Aufgaben
ArbGeb wünscht in der Schlussformel Gesundheit	krankheitsbedingte Fehlzeiten
Erwähnung von Mitarbeitern vor Vorgesetzten (etwa „bei Mitarbeitern und Vorgesetzten sehr geschätzt“)	bei Vorgesetzten weniger
insgesamt	teilweise nicht
nicht unwesentlich	nicht sonderlich

e) Gesamtbeurteilung. Qualifizierte Zeugnisse enthalten idR eine Gesamtbeurteilung des ArbN („**Schlussnote**“). Diese Schlussnote muss mit der Beurteilung der einzelnen Leistungen vereinbar sein. Denn das Zeugnis darf nicht in sich widersprüchlich sein (Gebot der Zeugnisklarheit)[1]. Gängiges Beurteilungssystem ist dabei die sog. „**Zufriedenheitsskala**“[2], bei der die Schlussbewertungen „zur vollen Zufriedenheit“ und „stets zur Zufriedenheit“ der Schul- und Prüfungsnote „befriedigend“ und damit einer durchschnittlichen Leistungsbeurteilung entsprechen[3]. 32

sehr gut	stets zu unserer vollsten Zufriedenheit
gut	stets und zu unserer vollen Zufriedenheit
befriedigend	zu unserer vollen Zufriedenheit[4], stets zu unserer Zufriedenheit[5]
ausreichend	zu unserer Zufriedenheit[6]
mangelhaft	im Großen und Ganzen (insgesamt) zu unserer Zufriedenheit[7]
ungenügend	hat sich bemüht, die ihm/ihr übertragenen Aufgaben zu unserer Zufriedenheit auszuführen/ führte die ihm/ihr übertragene Aufgabe mit großem Fleiß und Interesse durch[8]

Der ArbGeb kann andere Formulierungen verwenden und/oder auf andere Beurteilungssysteme zurückgreifen. Entscheidet er sich für ein übliches Beurteilungssystem, muss er sich systemkonform verhalten. Denn das Zeugnis ist so zu lesen, wie es dieser Üblichkeit entspricht. Die gilt auch für eine zusammenfassende Endbeurteilung, die für das weitere berufl. Fortkommen des ArbN von erheblicher Bedeutung ist[9].

Zuweilen entsteht Streit über die vom ArbN gewünschte und in der Zeugnissprache weithin akzeptierte[10] Bewertung „**zur vollsten Zufriedenheit**“, weil sich der ArbGeb darauf beruft, das Wort „voll“ gehöre zu den nicht steigerungsfähigen Adjektiven. Die Formulierung „zur vollen Zufriedenheit“ entspricht aber nach der Rspr. „lediglich“ einer guten, nicht einer sehr guten Bewertung[11]. Hier ist der ArbGeb, der seinem ArbN sehr gute Leistungen bescheinigen, das grammatikalisch unrichtige Wort „vollste“ aber nicht verwenden will, gehalten, die sehr gute Leistung mit anderen Worten zu bescheinigen[12]. Er kann dies etwa mit den Worten „höchste“ oder „außerordentliche“ Zufriedenheit machen.

f) Muster. Ein qualifiziertes Zeugnis könnte wie folgt aufgebaut sein[13]: 33

Firmenbriefkopf

Überschrift (Zeugnis – Zwischenzeugnis – Ausbildungszeugnis)

Eingang (Personalien des ArbN inkl. akademischer Titel; Dauer des Arbeitsverhältnisses)

1 BAG v. 14.10.2003 – 9 AZR 12/03, NZA 2004, 842. | 2 Küttner/*Reinecke*, Personalbuch 2007, Zeugnis Rz. 31. | 3 BAG v. 14.10.2003 – 9 AZR 12/03, NZA 2004, 842. | 4 BAG v. 14.10.2003 – 9 AZR 12/03, NZA 2004, 842; LAG Köln v. 18.5.1995 – 5 Sa 41/95, LAGE § 630 BGB Nr. 23. | 5 BAG v. 14.10.2003 – 9 AZR 12/03, NZA 2004, 842; LAG Köln v. 2.7.1999 – 11 Sa 255/99, NZA-RR 2000, 235. | 6 LAG Köln v. 2.7.1999 – 11 Sa 255/99, NZA-RR 2000, 235. | 7 Küttner/*Reinecke*, Personalbuch 2007, Zeugnis Rz. 31; Schaub/*Linck*, ArbRHdb, § 146 Rz. 23. | 8 Küttner/*Reinecke*, Personalbuch 2007, Zeugnis Rz. 31; Schaub/*Linck*, ArbRHdb, § 146 Rz. 23. | 9 BAG v. 14.10.2003 – 9 AZR 12/03, NZA 2004, 842. | 10 BAG v. 23.9.1992 – 5 AZR 573/91, EzA § 630 BGB Nr. 16. | 11 BAG v. 23.9.1992 – 5 AZR 573/91, EzA § 630 BGB Nr. 16. | 12 BAG v. 23.9.1992 – 5 AZR 573/91, EzA § 630 BGB Nr. 16; v. 21.6.2005 – 9 AZR 352/04, DB 2005, 2360. | 13 In Anlehnung an LAG Hamm v. 1.12.1994 – 4 Sa 1631/94, LAGE § 630 BGB Nr. 28.

Aufgabenbeschreibung (Unternehmen, Branche, hierarchische Position, Berufsbezeichnung, Art der Tätigkeit, berufl. Entwicklung)

Leistungsbeurteilung (Arbeitsbefähigung, Arbeitsbereitschaft, Einsatz, Ausdauer, Sorgfältigkeit, Arbeitsergebnisse, ggf. Führung und Motivation der Mitarbeiter und zusammenfassende Bewertung [Gesamtbeurteilung])

Verhaltensbeurteilung (Loyalität, Ehrlichkeit, Pflichtbewusstsein, Gewissenhaftigkeit, Verhalten zu Vorgesetzten, Kollegen, Mitarbeitern und Dritten [Kunden])

Beendigungsmodalität bzw. Grund für Zwischenzeugnis

Schlussformel (Dankes-Bedauern-Formel, Zukunftswünsche)

34 **3. Zwischenzeugnis.** Das Zwischenzeugnis ist im Gegensatz zum Endzeugnis eine Beurteilung des ArbN bei bestehendem und ungekündigtem Arbeitsverhältnis[1]. Hierdurch unterscheidet es sich vom vorläufigen Zeugnis, das bei längerer Kündigungsfrist schon vor der rechtl. Beendigung des Arbeitsverhältnisses erteilt wird (s. Rz. 16). Ein Anspruch auf ein Zwischenzeugnis setzt ein **berechtigtes Interesse** des ArbN voraus[2] und besteht nur anlassbezogen in **Ausnahmefällen**[3] auf Grund einer arbeitsvertragl. Nebenverpflichtung oder wegen einschlägiger tarifvertragl. Bestimmungen[4]. Der Anspruch ist gegenüber dem gesetzl. Zeugnisanspruch subsidiär und endet mit Ablauf der Kündigungsfrist einer vom ArbGeb ausgesprochenen Kündigung[5]. Ausnahmefälle, in denen ein Anspruch auf Erteilung eines Zwischenzeugnisses bestehen kann, liegen etwa vor, (wenn)

- der ArbGeb dem ArbN eine **Kündigung** in Aussicht gestellt hat[6],
- bei erstinstanzlichem Obsiegen des ArbN im **Kündigungsschutzprozess**[7],
- ein langjähriger Vorgesetzter des ArbN durch einen **neuen Vorgesetzten** ersetzt wird[8],
- bei einem **Betriebsübergang**[9] wegen der nicht voraussehbaren Folgen[10] (zweifelhaft),
- sich der ArbN um eine **neue Stelle** bewirbt[11],
- das Zwischenzeugnis zur **Vorlage bei Behörden und Gerichten** benötigt wird[12],
- das Zwischenzeugnis zur Stellung eines **Kreditantrages** vorgelegt werden soll[13],
- strukturelle **Änderungen innerhalb des Betriebsgefüges** erfolgen[14],
- **persönliche Veränderungen** des ArbN bevorstehen[15],
- **längere Arbeitsunterbrechungen** geplant sind[16],
- das Zwischenzeugnis für **Fortbildungskurse** oder den Besuch einer **Fach- oder Hochschule** erforderlich ist[17],
- eine **Versetzung** bevorsteht[18],
- eine **Umwandlung** der Gesellschaft, eine Fusionen oder ein Inhaberwechsel erfolgt (bei Führungskräften)[19].

Ein triftiger Grund für die Erteilung eines Zwischenzeugnisses liegt hingegen nicht vor, wenn der Angestellte das Zeugnis allein deshalb verlangt, weil er es in einem Rechtsstreit, in dem er seine **Höhergruppierung** anstrebt, als Beweismittel verwenden will[20]. Ein Anspruch auf ein Zwischenzeugnis besteht auch nicht nach Ausspruch einer **Kündigung mit langer Kündigungsfrist**. In diesem Fall kann der ArbN ein vorläufiges Endzeugnis verlangen (s. Rz. 16)[21]. Für das Zwischenzeugnis gelten hinsichtlich Form und Inhalt im Wesentlichen **dieselben Grundsätze wie für das Zeugnis**[22]. Liegt zwischen dem Zeitpunkt der Erteilung eines Zwischenzeugnisses und der Erteilung des Endzeugnisses ein vergleichsweise kurzer Zeitraum, ist der ArbGeb in aller Regel an den Inhalt des Zwischenzeugnisses gebunden[23]. Dies gilt auch, wenn das Zwischenzeugnis vor einem Betriebsübergang erteilt worden ist, und der ArbN nunmehr von

1 LAG Hamm v. 1.12.1994 – 4 Sa 1540/94, LAGE § 630 BGB Nr. 25. | 2 MüKo/*Henssler*, § 630 BGB Rz. 18. | 3 Kritisch insoweit etwa Küttner/*Reinecke*, Personalbuch 2007, Zeugnis Rz. 11, da ein Zwang zur Offenbarung eines berechtigten Interesses ohne Not ein Arbeitsverhältnis gefährden könne. | 4 Etwa § 61 II BAT. | 5 LAG Hess. v. 28.3.2003 – 12 SaGa 1744/02, LAGReport 2004, 215. | 6 Schaub/*Linck*, ArbRHdb, § 146 Rz. 9. | 7 LAG Hess. v. 28.3.2003 – 12 SaGa 1744/02, LAGReport 2004, 215; nach LAG Hamm v. 13.2.2007 – 19 Sa 1589/06, nv., soll der Anspruch schon mit der Einleitung des Kündigungsschutprozesses enstehen. | 8 BAG v. 1.10.1998 – 6 AZR 176/97, AP Nr. 2 zu § 61 BAT; MüKo/*Henssler*, § 630 BGB Rz. 18. | 9 MüKo/*Henssler*, § 630 BGB Rz. 18. | 10 Küttner/*Reinecke*, Personalbuch 2007, Zeugnis Rz. 11. | 11 BAG v. 21.1.1993 – 6 AZR 171/92, AP Nr. 1 zu § 61 BAT. | 12 BAG v. 21.1.1993 – 6 AZR 171/92, AP Nr. 1 zu § 61 BAT. | 13 BAG v. 21.1.1993 – 6 AZR 171/92, AP Nr. 1 zu § 61 BAT. | 14 BAG v. 21.1.1993 – 6 AZR 171/92, AP Nr. 1 zu § 61 BAT. | 15 BAG v. 21.1.1993 – 6 AZR 171/92, AP Nr. 1 zu § 61 BAT. | 16 BAG v. 21.1.1993 – 6 AZR 171/92, AP Nr. 1 zu § 61 BAT. | 17 MüKo/*Henssler*, § 630 BGB Rz. 19. | 18 MüKo/*Henssler*, § 630 BGB Rz. 19. | 19 MüKo/*Henssler*, § 630 BGB, Rz. 19. | 20 BAG v. 21.1.1993 – 6 AZR 171/92, AP Nr. 1 zu § 61 BAT. | 21 So richtig *Schleßmann*, Das Arbeitszeugnis, 18. Aufl. 2007, S. 54. | 22 LAG Hamm v. 1.12.1994 – 4 Sa 1540/94, LAGE § 630 BGB Nr. 25; MüKo/*Henssler*, § 630 BGB Rz. 21. | 23 BAG v. 16.10.2007 – 9 AZR 248/07, DB 2008, 245; LAG Köln v. 8.7.1993 – 10 Sa 275/93, LAGE § 630 BGB Nr. 18.

dem Betriebserwerber ein Endzeugnis verlangt[1]. Jedenfalls muss der ArbGeb Tatsachen vortragen und beweisen, die den geänderten Inhalt des neuen (schlechteren) Zeugnisses rechtfertigen[2], etwa dass ihm maßgebliche Umstände erst nachträglich bekannt geworden sind[3].

4. Ausbildungszeugnis. Der Ausbildende hat dem Auszubildenden nach § 16 I BBiG bei Beendigung des Berufsausbildungsverhältnisses auch ohne ausdrückliches Verlangen ein schriftl. Zeugnis auszustellen. Hat der Ausbildende die Berufsausbildung nicht selbst durchgeführt, soll auch der Ausbilder das Zeugnis unterschreiben. Das Ausbildungszeugnis muss nach § 16 II BBiG Angaben über Art, Dauer und Ziel der Berufsausbildung sowie über die erworbenen berufl. Fertigkeiten, Kenntnisse und Fähigkeiten der Auszubildenden enthalten. Auf Verlangen des Auszubildenden sind Angaben über Verhalten und Leistung aufzunehmen. Die Erteilung in elektronischer Form ist auch beim Ausbildungszeugnis ausgeschlossen (§ 16 I 2 BBiG). 35

V. Zeugnisberichtigung. 1. Wesen des Berichtigungsanspruches. Einen Anspruch auf Berichtigung eines Zeugnisses enthält § 109 nach seinem Wortlaut nicht. Bei dem Wunsch nach Berichtigung eines bereits ausgestellten Zeugnisses handelt es sich vielmehr um die Geltendmachung eines **Erfüllungsanspruchs.** Der ArbN begehrt nichts anderes, als ihm ein nach Form und Inhalt den gesetzl. Vorschriften entsprechendes Zeugnis zu erteilen[4]. Da das Zeugnis als einheitliches Ganzes nicht ohne Gefahr der Sinnentstellung auseinander gerissen werden kann, sind die Gerichte befugt, ggf. das gesamte Zeugnis zu überprüfen und unter Umständen selbst neu zu formulieren[5]. Ein so berichtigtes Zeugnis muss der ArbGeb auf das ursprüngliche Ausstellungsdatum **zurückdatieren**, wenn die verspätete Ausstellung nicht vom ArbN zu vertreten ist[6]. 36

2. Beweislast. Da es sowohl bei der Klage auf Erteilung eines Zeugnisses als auch bei der Berichtigungsklage um einen Erfüllungsanspruch des ArbN geht, trägt der **ArbGeb** für seine Behauptung, dass er ein formell und inhaltlich richtiges Zeugnis erteilt und damit seine Verpflichtungen erfüllt habe, grds. die Darlegungs- und Beweislast (§ 362 BGB)[7]. Besteht Streit darüber, welche Tätigkeiten der ArbN ausgeübt hat, lässt sich dieser Grundsatz leicht durchhalten. Anders ist dies bei **Werturteilen** über den ArbN. Hier würde die völlige Ansiedlung der Beweislast beim ArbGeb dem Umstand nicht gerecht, dass der Zeugnisaussteller oft nur schwer oder mit unverhältnismäßigem Aufwand die Vorkommnisse darlegen und beweisen kann, die zu seiner Beurteilung geführt haben. Das BAG differenziert daher wie folgt[8]: 37

- Der ArbGeb muss in dem Berichtigungsrechtsstreit darlegen und beweisen, dass er ein formell ordnungsgemäßes Zeugnis mit dem allgemein erforderlichen Inhalt zu Art und Dauer des Arbeitsverhältnisses sowie zur Führung und Leistung des ArbN erteilt hat.
- Erstrebt der ArbN eine überdurchschnittliche Beurteilung und macht er einen Anspruch auf eine konkrete Zeugnisformulierung geltend, hat er die hierfür erforderlichen Tatsachen vorzutragen. Erst wenn der ArbN dargelegt hat, nur eine überdurchschnittliche Beurteilung sei leistungsgerecht, muss der ArbGeb die Tatsachen vortragen, die dem entgegen stehen sollen.
- Den ArbGeb trifft hingegen die Beweislast, wenn er dem ArbN nur eine unterdurchschnittliche Leistung bescheinigen will.

Diese Beweislastverteilung greift indes nicht in dem eher exotischen, gleichwohl hin und wieder vorkommenden Fall, dass der ArbGeb dem im Streit nach dauernden Querelen ausgeschiedenen ArbN ein mit Superlativen überfrachtetes Zeugnis erteilt. In diesem Fall kann der ArbN ohne weitere Beweiserhebung ein in den Formulierungen und der Bewertung auf das vom ArbN als angemessen angesehene Maß zurückgestutztes Zeugnis verlangen.

VI. Widerruf. Stellt sich nachträglich heraus, dass das Zeugnis wesentliche Unrichtigkeiten enthält, kann es der ArbGeb widerrufen und vom ArbN herausverlangen[9]. Das gilt auch bei einem bewusst wahrheitswidrig ausgestellten Gefälligkeitszeugnis, wenn die Verwendung des Zeugnisses gegen die guten Sitten verstößt[10]. Bei groben Unrichtigkeiten ist er sogar verpflichtet, den neuen (potentiellen) ArbGeb des ArbN zu warnen[11]. 38

VII. Bindung und Auskünfte. 1. Bindung. Hat der ArbGeb dem ArbN ein Zeugnis erteilt, das teilweise der Korrektur bedurfte, darf er bei **Erteilung des neuen Zeugnisses** den unbeanstandeten Zeugnistext nicht (zum Nachteil des ArbN) ändern, es sei denn, dass erst nachträglich Umstände bekannt geworden 39

---

1 BAG v. 16.10.2007 – 9 AZR 248/07, DB 2008, 245. | 2 LAG Hamm v. 1.12.1994 – 4 Sa 1540/94, LAGE § 630 BGB Nr. 25. | 3 BAG v. 16.10.2007 – 9 AZR 248/07, DB 2008, 245. | 4 BAG v. 23.6.1960 – 5 AZR 560/58, AP Nr. 1 zu § 73 HGB; v. 17.2.1988 – 5 AZR 638/86, AP Nr. 17 zu § 630 BGB. | 5 BAG v. 23.6.1960 – 5 AZR 560/58, AP Nr. 1 zu § 73 HGB. | 6 BAG v. 9.9.1992 – 5 AZR 509/91, AP Nr. 19 zu § 630 BGB; LAG Nürnberg v. 13.9.1994 – 6 Ta 118/94, LAGE § 630 BGB Nr. 21; LAG Düsseldorf v. 23.5.1995 – 3 Sa 253/95, LAGE § 630 BGB Nr. 24. | 7 BAG v. 23.6.1960 – 5 AZR 560/58, AP Nr. 1 zu § 73 HGB; v. 23.9.1992 – 5 AZR 573/91, EzA § 630 BGB Nr. 16; LAG Düsseldorf v. 23.5.1995 – 3 Sa 253/95, LAGE § 630 BGB Nr. 24. | 8 BAG v. 14.10.2003 – 9 AZR 12/03, NZA 2004, 842. | 9 ArbG Passau v. 5.10.1990 – 2 Ca 354/90, BB 1991, 350; MüKo/*Henssler*, § 630 BGB Rz. 64, 66. | 10 MüKo/*Henssler*, § 630 BGB Rz. 65. | 11 BGH v. 15.5.1979 – VI ZR 230/76, AP Nr. 13 zu § 630 BGB.

sind, die das Verhalten oder die Leistung des ArbN in einem anderen Licht erscheinen lassen[1]. Der Inhalt des Zeugnisses kann zudem unter dem Gesichtspunkt des **Verbots widersprüchlichen Verhaltens** dergestalt Bindungswirkung entfalten, dass sich der ArbGeb gegenüber dem ArbN nicht auf Umstände berufen kann, die im Zeugnis nicht ihren Niederschlag gefunden haben. Wird ein Mitarbeiter als „ehrlich und gewissenhaft" bezeichnet, darf er damit rechnen, dass der ArbGeb ihn nicht mehr wegen eines bereits vor Erteilung des Zeugnisses festgestellten **Warenfehlbestands** haftbar machen wird[2]. Umgekehrt kann der ArbN bei **Eingruppierungsstreitigkeiten** zum Nachweis seiner Tätigkeiten auf ein Zeugnis mit entsprechendem Inhalt verweisen[3]. Stellt der ArbGeb dem ArbN trotz Kenntnis aller Umstände, die eine (außerordentl.) **Kündigung** rechtfertigen können, ein **Gefälligkeitszeugnis** aus, muss er sich nach teilweise vertretener Auffassung hieran ggf. im Kündigungsschutzprozess festhalten lassen (Verbot des widersprüchl. Verhaltens)[4]. Das soll auch dann gelten, wenn er das Zeugnis in der Hoffnung auf eine einvernehmliche Lösung nur deswegen mit diesem Inhalt erteilt hat, um dem ArbN das berufl. Fortkommen nicht zu erschweren[5]. Eine Ausnahme von der Bindungswirkung wird man indes dann machen müssen, wenn sie zu grob unbilligen oder sittenwidrigen Ergebnissen führen würde[6]. Von einem **Gefälligkeitszeugnis** ist daher abzuraten, zumal sich der ArbGeb gegenüber nachfolgenden ArbGeb schadensersatzpflichtig machen kann (s. Rz. 45).

40 **2. Auskünfte.** Auf Grund der nachwirkenden Fürsorgepflicht des ArbGeb ist er auf Verlangen des ArbN verpflichtet, einem potenziellen neuen ArbGeb sorgfältig und wahrheitsgemäß Auskunft über Leistung und Verhalten des ArbN während des Arbeitsverhältnisses zu erteilen[7]. Hierzu soll der ArbGeb nach einer älteren Entscheidung des **BAG** selbst ohne Einverständnis des ArbN berechtigt sein[8]. Dies folgt nach Auffassung des BAG aus den Grundsätzen der Sozialpartnerschaft. Angehörige der Arbeitgeberschaft seien danach ebenso wie Angehörige der Arbeitnehmerschaft berechtigt, sich jeweils untereinander gegenseitig zur Wahrung ihrer Belange zu unterstützen[9]. Wegen des vertraulichen Charakters der Auskunft sollen sogar Umstände mitgeteilt werden dürfen, die in ein wohlwollendes Zeugnis üblicherweise nicht aufgenommen werden[10]. Diese Auffassung wird mittlerweile unter Hinweis auf das allgemeine Persönlichkeitsrecht des ArbN und auf die Umgehung des § 109 ganz überwiegend und **zurecht abgelehnt**[11]. Dem ArbGeb ist daher dringend zu raten, Auskünfte über den ArbN **nur bei** dessen vorliegendem **Einverständnis** zu erteilen und ansonsten auf den Inhalt des Zeugnisses zu verweisen[12]. In jedem Falle sind aber datenschutzrechtl. Bestimmungen zu beachten. Auf Verlangen muss er dem ArbN Kenntnis von den Auskünften geben, die er über ihn erteilt hat[13]. Die Herausgabe der **Personalakte** an einen Dritten ist ohne Zustimmung des ArbN unzulässig[14].

41 **VIII. Haftung. 1. Schadensersatzanspruch des Arbeitnehmers.** Verletzt der ArbGeb schuldhaft seine Pflichten aus § 109 dadurch, dass er das Zeugnis nicht gehörig (fehlerhaft oder unvollständig) oder verspätet ausstellt, ist er dem ArbN zum Ersatz des dadurch entstehenden Schadens wegen Schlechterfüllung nach § 280 I BGB oder wegen Schuldnerverzugs nach §§ 280 II, 286 BGB verpflichtet[15]. Die **Darlegungs- und Beweislast** dafür, dass die Nichterteilung, die verspätete Erteilung oder die Erteilung eines unrichtigen Zeugnisses für einen Schaden des ArbN ursächlich gewesen ist, liegt gem. allgemeinen Grundsätzen beim ArbN[16].

42 **a) Verdienstausfall.** Begehrt der ArbN Schadensersatz wegen Verdienstausfalles, muss er darlegen und ggf. beweisen, dass ein bestimmter ArbGeb ihn nur wegen des fehlenden Zeugnisses nicht eingestellt hat[17]. Dabei gibt es selbst bei leitenden Angestellten keinen Erfahrungssatz, dass allein das Fehlen des Zeugnisses für die erfolglose Bewerbung ursächlich gewesen ist. Allerdings helfen dem ArbN die **Beweiserleichterungen** nach § 252 S. 2 BGB und § 287 ZPO[18], wenn er dem Gericht zunächst die tatsächlichen Grundlagen für die zu treffende Beurteilung oder Schätzung liefert. Der ArbN muss Anhaltspunkte vortragen und beweisen, dass es gerade wegen des fehlenden Zeugnisses nicht zu einer Einstel-

---

1 BAG v. 21.6.2005 – 9 AZR 352/04, DB 2005, 2360. | 2 BAG v. 8.2.1972 – 1 AZR 189/71, AP Nr. 7 zu § 630 BGB. | 3 LAG Hamm v. 4.11.1999 – 4 Sa 960/97, nv. | 4 LAG Bremen v. 22.11.1983 – 4 Sa 167/82, BB 1984, 473; LAG Hamm v. 4.11.1999 – 4 Sa 960/97, nv. | 5 LAG Bremen v. 22.11.1983 – 4 Sa 167/82, BB 1984, 473; kritisch Schaub/*Linck*, ArbRHdb, § 146 Rz. 29 (Fn. 86). | 6 Siehe auch MüKo/*Henssler*, § 630 BGB Rz. 65; BGH v. 15.5.1979 – VI ZR 230/76, AP Nr. 13 zu § 630 BGB. | 7 BAG v. 25.10.1957 – 1 AZR 434/55, AP Nr. 1 zu § 630 BGB; BGH v. 10.7.1959 – VI ZR 149/58, AP Nr. 2 zu § 630 BGB. | 8 BAG v. 25.10.1957 – 1 AZR 434/55, AP Nr. 1 zu § 630 BGB; v. 18.12.1984 – 3 AZR 389/83, NZA 1985, 811; LAG Hamburg v. 16.8.1984 – 2 Sa 144/83, DB 1985, 284 (285). | 9 BAG v. 25.10.1957 – 1 AZR 434/55, AP Nr. 1 zu § 630 BGB; v. 18.12.1984 – 3 AZR 389/83, NZA 1985, 811. | 10 LAG Hamburg v. 16.8.1984 – 2 Sa 144/83, DB 1985, 284 (285). | 11 ArbG Stuttgart v. 1.2.2001 – 28 Ca 8988/00, NZA-RR 2002, 153; MüKo/*Henssler*, § 630 BGB Rz. 80; zust. hingegen *Schleßmann*, Das Arbeitszeugnis, 18. Aufl. 2007, S. 249; Schaub/*Linck*, ArbRHdb, § 147 Rz. 3; ErfK/*Müller-Glöge*, § 109 GewO Rz. 118; Küttner/*Kreitner*, Personalbuch 2007, Auskunftspflichten Arbeitgeber Rz. 20. | 12 Siehe auch *Schleßmann*, Das Arbeitszeugnis, 18. Aufl. 2007, S. 250. | 13 BGH v. 10.7.1959 – VI ZR 149/58, AP Nr. 2 zu § 630 BGB. | 14 BAG v. 18.12.1984 – 3 AZR 389/83, NZA 1985, 811; v. 14.9.1994 – 5 AZR 632/93, NZA 1995, 220. | 15 BAG v. 25.10.1967 – 3 AZR 456/66, AP Nr. 6 zu § 73 HGB; LAG Hamm v. 11.7.1996 – 4 Sa 1534/95, LAGE § 630 BGB Nr. 29. | 16 BAG v. 24.3.1977 – 3 AZR 232/76, AP Nr. 12 zu § 630 BGB. | 17 BAG v. 25.10.1967 – 3 AZR 456/66, AP Nr. 6 zu § 73 HGB; LAG Hamm v. 11.7.1996 – 4 Sa 1534/95, LAGE § 630 BGB Nr. 29; LAG Düsseldorf v. 23.7.2003 – 12 Sa 232/03, LAG-Report 2004, 14. | 18 BAG v. 24.3.1977 – 3 AZR 232/76, AP Nr. 12 zu § 630 BGB.

lung gekommen ist[1]. Ausreichend und notwendig ist eine gewisse Wahrscheinlichkeit des Ursachenzusammenhangs[2]. Hier kann schon der Vortrag, ein bestimmter ArbGeb sei „ernsthaft interessiert“ gewesen und die „Zeugnisfrage sei zur Sprache gebracht worden“, ausreichen[3].

b) Zeitnahe Geltendmachung. Der ArbN ist gehalten, sein Verlangen nach einem ordnungsgemäßen Zeugnis zeitnah geltend zu machen. Dabei hat er seine Beanstandungen gegenüber dem ArbGeb zu konkretisieren, damit dieser genau erkennen kann, welche Änderungen begehrt werden. Der Hinweis auf einen eigenen Zeugnisentwurf allein ist nicht ausreichend[4]. Wartet der ArbN mehrere Monate zu, läuft er Gefahr, dass sein Verhalten als widersprüchlich aufgefasst wird und Schadensersatzansprüche nach § 242 BGB ausgeschlossen sind[5]. 43

c) Falsche Auskünfte. Ist eine Auskunft, die der ArbGeb gegenüber einem zur Einstellung des ArbN bereiten ArbGeb erteilt, falsch und wird der ArbN wegen der falschen Auskunft nicht eingestellt, so muss der ArbGeb dem ArbN als Schaden die Vergütung ersetzen, die dieser bei Erteilung einer ordnungsgemäßen Auskunft verdient hätte[6]. 44

2. Schadensersatzanspruch des neuen Arbeitgebers. a) Gegenüber dem alten Arbeitgeber. Der ArbGeb darf nicht wahrheitswidrige Angaben in das Zeugnis aufnehmen und ein Urteil abgeben, das nicht seiner Überzeugung entspricht oder sich vernünftigerweise nicht aufrecht erhalten lässt. Tut er dies dennoch, kann er im Hinblick auf den „vertrauenheischenden Bescheinigungscharakter“[7] des Zeugnisses einem zukünftigen ArbGeb des ArbN gegenüber schadensersatzpflichtig sein[8]. So haftet ein ArbGeb, der erhebliche Unterschlagungen oder andere Vermögensstraftaten seines ehemaligen Mitarbeiters im Zeugnis nicht ausweist, dem neuen ArbGeb ggf. wegen sittenwidriger Schädigung nach **§ 826 BGB**[9] oder nach **vertragl. bzw. vertragsähnl. Grundsätzen**[10]. Bescheinigt ein ArbGeb seinem ArbN äußerste Zuverlässigkeit in einer treu erfüllten Vertrauensstellung, obwohl dieser einen größeren Geldbetrag entwendet hatte, ist das Zeugnis grob falsch und geeignet, einen neuen ArbGeb zu täuschen. Stellt der neue ArbGeb den ArbN im Vertrauen auf die Richtigkeit des Zeugnisses ein und stiehlt der ArbN beim neuen ArbGeb ebenfalls, haftet der alte ArbGeb als Zeugnisaussteller[11]. 45

b) Gegenüber dem Arbeitnehmer. Die modernen Textverarbeitungsprogramme erleichtern es, **Zeugnisse zu fälschen** und Unterschriften einzuscannen. Da den Bewerbungsschreiben üblicherweise nur Zeugniskopien beigefügt werden, sollte der vorsichtige ArbGeb den Bewerber bitten, bei dem Vorstellungsgespräch die Originalzeugnisse vorzulegen. Bewirbt sich ein ArbN mit einem gefälschten Zeugnis bei einem neuen ArbGeb und erlangt er auf diese Weise seine Einstellung, ist er nach § 823 II BGB, § 263 StGB zum Schadensersatz verpflichtet. Der zu ersetzende Schaden kann in der **Erstattung der aufgewendeten Vergütung** liegen, wenn der ArbN nicht kostendeckend gearbeitet hat, etwa weil seine Tätigkeit zu keinen Einnahmen geführt hat. Hier soll nicht die Vermutung eingreifen, dass sich vereinbarte Leistung und Gegenleistung im Arbeitsverhältnis entsprechen, so dass der ArbN für die Vorteilsausgleichung die Beweislast trägt[12]. Zudem kann der ArbGeb den Abschluss des Arbeitsvertrages selbst nach mehrjähriger Tätigkeit des ArbN nach § 123 I BGB **anfechten**[13]. 46

IX. Prozessuales. 1. Allgemeines. Zuständig für Klagen auf Erteilung bzw. Berichtigung eines Zeugnisses sind gem. § 2 I Nr. 3e ArbGG die Gerichte für Arbeitssachen. Demgegenüber sind Einwendungen gegen die inhaltliche Richtigkeit einer Bescheinigung über die Tätigkeit als **Arzt im Praktikum** im verwaltungsgerichtl. Verfahren gegen die Verweigerung der Approbation geltend zu machen[14]. 47

2. Klageanträge. Richtige Klageart für die Erteilung oder Berichtigung eines Zeugnisses ist die Leistungsklage gem. § 253 ZPO[15]. 48

a) Erteilungsklage. Der **Klageantrag** lautet bei begehrter (erstmaliger) Erteilung eines Zeugnisses, „den Beklagten zu verurteilen, dem/der Kläger(in) ein Zeugnis zu erteilen, das sich auf Art und Dauer erstreckt“ (einfaches Zeugnis) bzw. „den Beklagten zu verurteilen, dem/der Kläger(in) ein Zeugnis zu erteilen, das sich auf Art und Dauer sowie auf Führung und Leistung erstreckt“ (qualifiziertes Zeugnis). 49

Zulässig ist auch ein auf Erteilung eines einfachen bzw. qualifizierten Zeugnisses gerichteter Klageantrag. Hingegen kann der ArbN bei unterlassener (erstmaliger) Zeugniserteilung nicht auf einen von ihm vorformulierten Zeugnisinhalt klagen, da es dem ArbGeb obliegt, das Zeugnis zu formulieren[16].

---

1 BAG v. 25.10.1967 – 3 AZR 456/66, AP Nr. 6 zu § 73 HGB. | 2 LAG Hess. v. 30.7.2003 – 2 Sa 159/03, nv. | 3 BAG v. 25.10.1967 – 3 AZR 456/66, AP Nr. 6 zu § 73 HGB; v. 16.11.1995 – 8 AZR 983/94, EzA § 630 BGB Nr. 20. | 4 LAG Düsseldorf v. 23.7.2003 – 12 Sa 232/03, LAGReport 2004, 14. | 5 BAG v. 17.10.1972 – 1 AZR 86/72, AP Nr. 8 zu § 630 BGB. | 6 LAG Hamburg v. 16.8.1984 – 2 Sa 144/83, DB 1985, 284 (285). | 7 BGH v. 15.5.1979 – VI ZR 230/76, AP Nr. 13 zu § 630 BGB. | 8 BGH v. 26.11.1963 – VI ZR 221/62, AP Nr. 10 zu § 826 BGB; v. 15.5.1979 – VI ZR 230/76, AP Nr. 13 zu § 630 BGB. | 9 BGH v. 26.11.1963 – VI ZR 221/62, AP Nr. 10 zu § 826 BGB. | 10 BGH v. 15.5.1979 – VI ZR 230/76, AP Nr. 13 zu § 630 BGB; OLG München v. 30.3.2000 – 1 U 6245/99, OLGReport München 2000, 337. | 11 OLG München v. 30.3.2000 – 1 U 6245/99, OLGReport München 2000, 337. | 12 LAG Köln v. 16.6.2000 – 11 Sa 1511/99, NZA-RR 2000, 630 (631). | 13 LAG BW v. 13.10.2006 – 5 Sa 25/06, MDR 2007, 532. | 14 BAG v. 9.5.2006 – 9 AZR 182/05, nv. | 15 *Göldner*, Die Problematik der Zeugniserteilung im Arbeitsrecht, ZfA 1991, 225 (249 f.). | 16 BAG v. 29.7.1971 – 2 AZR 250/70, AP Nr. 6 zu § 630 BGB.

Zusätze und Umschreibungen wie „wohlwollend" oder „das den Kläger in seinem beruflichen Fortkommen nicht hindert" sind mangels ausreichender Bestimmtheit unzulässig. Ist die Klage auf Erteilung eines Zeugnisses mit einer Kündigungsschutzklage verbunden, kann sie mutwillig iSd. § 114 ZPO sein, wenn der Anspruch vorher nicht außergerichtlich geltend gemacht worden ist und keine Anhaltspunkte dafür bestehen, dass der ArbGeb den Anspruch nicht erfüllen will[1].

50 **b) Berichtigungsklage.** Der Antrag muss bei begehrter Berichtigung des Zeugnisses das **konkrete Berichtigungsbegehren** ganz oder in einzelnen Punkten selbst enthalten[2]. Keine Bedenken bestehen dagegen, dass der ArbN das Zeugnis, so wie er es erteilt haben möchte, in den Klageantrag aufnimmt. Der Antrag würde dann lauten,

„den Beklagten zu verurteilen, dem/der Kläger(in) ein Zeugnis folgenden Inhalts zu erteilen: ...".

Zulässig sind auch Anträge wie,

„den Beklagten zu verurteilen, das am ... erteilte Zeugnis wie folgt zu ergänzen/in folgenden Punkten zu berichtigen: ..."

Möglich ist zudem die Bezugnahme auf eine Anlage zur Klageschrift mit dem vollständigen Zeugniswortlaut. Im Urteil selbst ist der Text des Zeugnisses jedoch in den Tenor aufzunehmen, da das Urteil ansonsten mangels Bestimmtheit nicht vollstreckbar wäre[3].

Auch wenn es dem ArbN nur darum geht, dass das Zeugnis bestimmte Sachverhalte und Bewertungen zum Ausdruck bringt, und er die Formulierung dem ArbGeb selbst überlassen will, muss er gleichwohl eine **konkrete Formulierung** in seinen Antrag aufnehmen. Denn nur wenn Antrag und Tenor eine konkrete Zeugnisformulierung enthalten, ist gewährleistet, dass sich der Streit über den Zeugnisinhalt nicht in das Vollstreckungsverfahren verlagert[4]. Ist das Zeugnis **unvollständig**, weil es sich nur auf die Leistung und nicht auf die Führung bezieht, muss der gewünschte Inhalt nicht in den Antrag aufgenommen werden. Da der Anspruch auf Erteilung eines qualifizierten Zeugnisses in diesem Falle noch gar nicht erfüllt ist, kann der ArbN auf Erteilung eines qualifizierten Zeugnisses klagen[5].

Der Berichtigungsantrag muss nicht den Zusatz enthalten, dass der ArbGeb nur Zug-um-Zug gegen Herausgabe des alten Zeugnisses zur Berichtigung verurteilt wird[6]. Denn der ArbGeb hat an einem inhaltlich richtigen Zeugnis kein Zurückbehaltungsrecht. Im Übrigen dürfte der ArbGeb auf die Herausgabe des alten Zeugnisses regelmäßig schon deshalb keinen Wert legen, da er nicht ernsthaft damit rechnen kann, der ArbN werde dieses bei einer Bewerbung an Stelle des verbesserten Zeugnisses vorlegen[7].

51 **c) Einstweilige Verfügung.** Eine einstw. Verfügung auf **Erteilung** eines Zeugnisses kommt in Betracht, wenn der ArbN glaubhaft macht, er sei für seine Bewerbungen dringend auf die Vorlage eines Zeugnisses angewiesen, bzw. ein potenzieller neuer ArbGeb mache seine Einstellung von der Vorlage eines Zeugnisses abhängig. Dagegen ist die **Berichtigung** eines Zeugnisses nur ausnahmsw. im vorläufigen Rechtsschutz durchsetzbar. Voraussetzung wäre hier die Glaubhaftmachung, dass ein Obsiegen im Hauptverfahren überwiegend wahrscheinlich ist und dass das erteilte Zeugnis schon nach der äußeren Form oder nach seinem Inhalt keine geeignete Grundlage für eine Bewerbung ist[8].

52 **d) Zwischenzeugnis.** Auf Erteilung eines Zwischenzeugnisses kann wegen der Subsidiarität des Anspruchs gegenüber dem gesetzl. Zeugnisanspruch nur im **unbeendeten Arbeitsverhältnis** geklagt werden. Nach Ablauf der Kündigungsfrist einer vom ArbGeb ausgesprochenen Kündigung kann ein Zwischenzeugnis nur im Rahmen eines Kündigungsschutzverfahrens eingeklagt werden[9], wobei es sich empfiehlt, den Antrag als uneigentlichen Hilfsantrag für den Fall der Stattgabe des Kündigungsschutzantrages zu formulieren.

53 **3. Streitwert.** Die gerichtlich geltend gemachte Erteilung, Berichtigung oder Ergänzung eines Zeugnisses stellt jeweils eine vermögensrechtl. Streitigkeit dar[10].

Der Streitwert für die Klage auf **Erteilung** eines Zeugnisses beträgt **ein Bruttomonatseinkommen** des ArbN[11]. Bei einer Klage auf **Berichtigung** eines bereits erteilten Zeugnisses kommt ein Abschlag in Betracht; etwas anderes gilt, wenn das Zeugnis in zentralen Punkten angegriffen wird[12]. Endet ein Kündigungsschutzrechtsstreit mit einem Vergleich, der auch die Erteilung eines Zeugnisses vorsieht, soll dies regelmäßig nicht zu einem Vergleichsmehrwert führen, wenn über die Erteilung eines Zeugnisses kein Streit bestanden hat[13]. Allerdings lässt diese Auffassung das **Titulierungsinteresse** des ArbN

1 LAG Berlin v. 13.8.2002 – 16 Ta 255/02, nv. |2 BAG v. 14.3.2000 – 9 AZR 246/99, AuR 2000, 361. |3 LAG Köln v. 8.1.2003 – 6 Ta 386/02, MDR 2003, 778. |4 BAG v. 14.3.2000 – 9 AZR 246/99, AP Nr. 26 zu § 630 BGB. |5 LAG Köln v. 30.3.2001 – 4 Sa 1485/00, BB 2001, 1959. |6 AA LAG Hamm v. 23.2.1992 – 4 Sa 1077/91, LAGE § 630 BGB Nr. 16. |7 LAG Hess. v. 28.3.2003 – 12 SaGa 1744/02, LAGReport 2004, 215. |8 Vgl. LAG Köln v. 5.5.2003 – 12 Ta 133/03, LAGE Nr. 1 zu § 630 BGB 2002. |9 LAG Hess. v. 28.3.2003 – 12 SaGa 1744/02, LAGReport 2004, 215. |10 BAG v. 13.2.1984 – 7 AZB 22/83, nv. |11 LAG Köln v. 28.4.1999 – 13 Ta 96/99, NZA-RR 2000, 218; v. 29.12.2000 – 8 Ta 230/00, NZA-RR 2001, 324. |12 LAG Köln v. 8.9.2006 – 14 Ta 340/06 (1/2 Monatseinkommen, wenn das Zeugnis nicht inhaltlich angegriffen wird); LAG Köln v. 28.4.1999 – 13 Ta 96/99, NZA-RR 2000, 218; v. 29.12.2000 – 8 Ta 230/00, NZA-RR 2001, 324. |13 LAG Köln v. 29.12.2000 – 8 Ta 230/00, NZA-RR 2001, 324; v. 21.6.2002 – 7 Ta 59/02, MDR 2002, 1441.

unberücksichtigt, der ansonsten eine isolierte Klage auf Erteilung eines Zeugnisses erheben müsste. Dass über die gesetzl. Verpflichtung zur Erteilung eines Zeugnisses kein Streit bestand und dass die Regelung im Vergleich zuweilen allein der Gebührentreiberei dient, kann bei der Streitwertfestsetzung keine Rolle spielen und keinen Abschlag rechtfertigen (str.)[1]. Anderenfalls müssten konsequenterweise alle von der Beklagtenseite sofort anerkannten Ansprüche streitwertmäßig unberücksichtigt bleiben.

Der Anspruch auf Erteilung eines **Zwischenzeugnisses** ist ebenfalls mit einem Bruttomonatsgehalt des ArbN zu bewerten. Ein Abschlag kommt hier nicht in Betracht, da das Zwischenzeugnis wie das Endzeugnis ggf. Grundlage einer Bewerbung des ArbN bilden kann[2]. Soll ein Zeugnis zunächst als Zwischenzeugnis und nach Ablauf der Kündigungsfrist als Endzeugnis erteilt werden, führt dies zu keiner weiteren Erhöhung des Streitwerts[3].

4. Zwangsvollstreckung. a) Zeugniserteilung als unvertretbare Handlung. Die Erteilung eines Zeugnisses stellt eine unvertretbare Handlung dar[4]. Ist der ArbGeb auf Grund eines Urteils oder Vergleichs zur Erteilung eines Zeugnisses verpflichtet, richtet sich die Vollstreckung demgemäß nach **§ 888 ZPO**. Verpflichtet sich ein ArbGeb in einem gerichtl. Vergleich zur „**Erteilung**" eines Zeugnisses, übernimmt er damit nach richtiger Ansicht auch die Verpflichtung, dem ArbN das Zeugnis zukommen zu lassen. Insoweit liegt eine einheitliche Verpflichtung vor, die insgesamt über § 888 ZPO zu vollstrecken ist[5]. 54

b) Materiellrechtliche Einwendungen. Im Vollstreckungsverfahren nach § 888 ZPO sind materiellrechtl. Einwendungen wie der Vortrag, das Zeugnis sei bereits erteilt oder seine Erteilung sei gestundet, nur dann erheblich, wenn die Tatsachen **unstreitig** sind[6]. Ist dies nicht der Fall, muss der jeweilige Einwand im Wege der Vollstreckungsgegenklage nach § 767 ZPO geltend gemacht werden. Nach früher teilweise vertretener Auffassung ist im Vollstreckungsverfahren auch zu prüfen, ob das erteilte Zeugnis **ordnungsgemäß** ist[7]. Diese Auffassung dürfte mittlerweile überholt sein. Nach richtiger Ansicht ist im Vollstreckungsverfahren nach § 888 ZPO nur zu prüfen, ob das Zeugnis **formal** dem Titel entspricht, nicht ob es inhaltlich richtig ist[8]. Ist das Zeugnis falsch, muss auf Berichtigung des Zeugnisses geklagt werden[9]. Ein qualifiziertes Zeugnis, das grob unsachlich und in ironischem Stil gehalten ist oder sich in Beschimpfungen des ArbN erschöpft, genügt formalen Anforderungen nicht. Hier ist auf Antrag ein Zwangsgeld nach § 888 ZPO festzusetzen[10]. 55

c) Zwangsvollstreckung gegen den Insolvenzverwalter. Soll der titulierte Zeugnisanspruch gegen den Insolvenzverwalter durchgesetzt werden und beruft sich dieser bei der erforderlichen Anhörung nach § 891 ZPO darauf, er müsse die notwendigen Informationen erst vom Insolvenzschuldner einholen, ist die Zwangsvollstreckung einstweilen unzulässig[11]. Zwangsgeld oder Zwangshaft dürfen nicht verhängt werden, solange der Insolvenzverwalter sich noch um die Einholung der Auskünfte bemüht. Sind alle zumutbaren Anstrengungen des Insolvenzverwalters fruchtlos geblieben, muss er ein Zeugnis erteilen, in dem er auf die Vergeblichkeit seiner Bemühungen hinweist (s. Rz. 8). Anderenfalls können Zwangsmittel verhängt werden. 56

110 *Wettbewerbsverbot*

Arbeitgeber und Arbeitnehmer können die berufliche Tätigkeit des Arbeitnehmers für die Zeit nach Beendigung des Arbeitsverhältnisses durch Vereinbarung beschränken (Wettbewerbsverbot). Die §§ 74 bis 75f des Handelsgesetzbuches sind entsprechend anzuwenden.

Die §§ 74 ff. HGB galten ursprünglich nur für kaufmännische Angestellte. Für technische Angestellte ging das BAG zunächst den Umweg, Wettbewerbsverbote über den – im Zuge der Novellierung der GewO aufgehobenen – § 133f GewO hinaus an § 138 BGB zu messen und zu dessen Konkretisierung die Wertungen der §§ 74 ff. HGB heranzuziehen[12]. Später[13] gab das BAG diese Rspr. dann aber auf und wandte im Wege der Analogie die **§§ 74 ff. HGB unmittelbar auf alle Gruppen von Arbeitnehmern** an. Die – eigentlich schon längst beendete – Diskussion um die Reichweite der §§ 74 ff. HGB ist nunmehr durch § 110 endgültig zu Grabe getragen worden. In der Sache brachte § 110 deshalb nichts wirklich Neues. 1

1 AA LAG Thür. v. 14.11.2000 – 8 Ta 134/00, MDR 2001, 538 (Titulierungsinteresse 500,– DM); LAG Köln v. 18.12.1998 – 10 Ta 261/98, nv. (Titulierungsinteresse 500,– DM); MüKo/*Henssler*, § 630 BGB Rz. 58. | 2 LAG Düsseldorf v. 19.8.1999 – 7 Ta 238/99, LAGE § 3 ZPO Nr. 10; aA MüKo/*Henssler*, § 630 BGB Rz. 58 (halbes Bruttomonatsgehalt). | 3 LAG Köln v. 18.7.2007 – 9 Ta 164/07, NZA-RR 2008, 92. | 4 BAG v. 23.6.2004 – AZR 495/03, NZA 2004, 1392; LAG Nürnberg v. 13.9.1994 – 6 Ta 118/94, LAGE § 630 BGB Nr. 21. | 5 LAG Düsseldorf v. 15.3.2001 – 7 Ta 60/01, nv. | 6 LAG Hess. v. 13.8.2002 – 16 Ta 255/02, nv.; LAG Düsseldorf v. 15.3.2001 – 7 Ta 60/01, nv.; LAG Köln v. 6.6.2001 – 11 Ta 120/01, nv.; zum Meinungsstand bei LAG Nürnberg v. 13.9.1994 – 6 Ta 118/94, LAGE § 630 BGB Nr. 21. | 7 LAG Düsseldorf v. 8.1.1958 – 6 Ta 64/57, AP Nr. 3 zu § 630 BGB. | 8 MüKo/*Henssler*, § 630 BGB Rz. 57. | 9 *Wieser*, § 630 BGB Rz. 4. | 10 LAG Schl.-Holst. v. 15.12.2003 – 1 Ta 232/03, nv. | 11 *Stiller*, Der Zeugnisanspruch in der Insolvenz des Arbeitgebers, NZA 2005, 330 (335). | 12 BAG v. 2.12.1966 – 3 AZR 235/66 u. v. 18.12.1967 – 3 AZR 290/66, AP Nr. 18, 19 zu § 133f GewO; ausf. *Buchner*, Wettbewerbsverbote während und nach Beendigung des Arbeitsverhältnisses, 1995, Rz. C. 47 ff. | 13 BAG v. 13.9.1969 – 3 AZR 138/68, AP Nr. 24 zu § 611 BGB – Konkurrenzklausel.

2 In **sprachlicher** Hinsicht ist anzumerken, dass § 110 gem. der inzwischen üblichen Terminologie vom „Wettbewerbsverbot“ spricht, während §§ 74 ff. HGB in der Sprache des vorletzten Jahrhunderts noch vom „Wettbewerbverbot“ sprachen.

3 Unglücklich ist, dass der Gesetzgeber in § 110 S. 1 die Gesetzestechnik der Klammerdefinition wählt, obwohl der so definierte **Begriff „Wettbewerbsverbot“** in keiner anderen Vorschrift eine Rolle spielt. Diese Klammerdefinition ist aber nicht nur überflüssig, sondern auch gefährlich. Denn dadurch wird der Blick dafür verstellt, dass § 110 GewO, §§ 74 ff. HGB eben nicht nur für die klassischen Konkurrenzklauseln gelten, die dem ArbN den Wechsel zu einem Wettbewerber verbieten, sondern auch für Sperrklauseln hinsichtlich Kunden, Lieferanten, Zulieferern etc., die keine Wettbewerber sind[1].

4 Zu beachten ist, dass § 110 das Wettbewerbsverbot anders definiert als § 74 I HGB. § 74 I HGB spricht von einer Vereinbarung, die den ArbN („Handlungsgehilfen“) „in seiner **gewerblichen** Tätigkeit beschränkt“. Demgegenüber spricht § 110 von einer Beschränkung „der **beruflichen** Tätigkeit“. Auch insoweit vollzieht § 110 jedoch nur nach, wie § 74 I HGB ohnehin nach herrschender Auffassung verstanden wurde. So gelten die §§ 74 ff. HGB ohne weiteres auch für „freie Berufe“[2], obwohl diese nach allgemeiner Anschauung kein „Gewerbe“ darstellen (vgl. § 2 BRAO). Außerdem erfassen die §§ 74 ff. HGB nach einhelliger Auffassung auch die mögliche nicht-selbständige Betätigung, insb. als ArbN[3]. Deshalb wurden die §§ 74 ff. HGB zuletzt allgemein so verstanden, dass sie jede Vereinbarung erfassen, die geeignet ist, den ArbN „in seiner beruflichen Betätigung und in seinem Fortkommen“ zu behindern[4]. Nichts anderes sagt nunmehr § 110.

5 Überflüssigerweise regelt § 110 S. 2, dass die §§ 74–75f HGB nur **„entsprechend“** anzuwenden sein sollen. Gewollt ist unstreitig die unmittelbare, vollständige und direkte Anwendung der §§ 74 ff. HGB.

6 Technisch verunglückt ist die Verweisung insoweit, als sie auch § 75f HGB erfasst. Denn § 75f HGB regelt nicht Vereinbarungen zwischen ArbGeb und ArbN, sondern Sperrabreden zwischen zwei ArbGeb. Gewollt hat der Gesetzgeber wohl die Klarstellung, dass § 75f HGB für alle ArbGeb gilt, egal ob sie kaufmännische oder technische Angestellte oder sonstige ArbN beschäftigen.

7 Unglücklich ist weiter, dass § 110 nur die Regeln über das **nachvertragliche** Wettbewerbsverbot über §§ 74 ff. HGB hinaus auf alle ArbN erstreckt hat. Für das **gesetzliche** Wettbewerbsverbot aus **§ 60 HGB**, welches während der Dauer des Arbeitsverhältnisses gilt, ist – aus unerfindlichen Gründen – diese Erstreckung unterblieben. Dies ändert aber nichts daran, dass entsprechend der bisherigen Rspr. die §§ 60 ff. HGB über den Kreis der Handlungsgehilfen hinaus für alle ArbN gelten (s. dort Rz. 1).

8 Klarer ist das Recht der nachvertragl. Wettbewerbsverbote durch § 110 nicht geworden, im Gegenteil: Die §§ 74 ff. HGB werden teilweise seit Jahren vom BAG als verfassungswidrig und damit unanwendbar angesehen. § 110 verweist aber auch auf diese Vorschriften. Ohne Zuhilfenahme eines Kommentars kommt man also auch nach Schaffung von § 110 nicht aus. Eine komplette Neuregelung der Materie außerhalb der §§ 74 ff. HGB wäre sicherlich der bessere Weg gewesen[5].

9 Der Verweis auf die §§ 74–75f HGB bedeutet im Einzelnen, dass

- das Verbot **Schriftform** sowie **Aushändigung** einer original unterzeichneten **Urkunde** an den ArbN voraussetzt (§ 74 II HGB),
- das Verbot nur verbindlich ist, wenn der ArbGeb eine **Karenzentschädigung** von 50 % der letzten Bezüge zusagt (§ 74 II HGB),
- das Verbot unverbindlich ist, wenn es nicht dem **Schutz eines berechtigten geschäftlichen Interesses** des ArbGeb dient, oder unter Berücksichtigung der gewährten Entschädigung eine **unbillige Erschwerung des Fortkommens** des ArbN darstellt (§ 74a I 1 und 2 HGB),
- das Verbot nicht auf einen Zeitraum von mehr als **zwei Jahren** nach Ende des Arbeitsverhältnisses erstreckt werden darf (§ 74a I 3 HGB),
- das Verbot nichtig ist, wenn der ArbN beim Vertragsschluss **minderjährig** ist (§ 74a II 1 HGB),
- das Verbot nichtig ist, wenn ein **Dritter** an Stelle des ArbN das Verbot eingeht (§ 74a II 2 HGB),
- die **Karenzentschädigung** nach Maßgabe des **§ 74b HGB** zu **berechnen** ist,
- **anderweitiger Erwerb** sowie böswillig unterlassener anderweitiger Erwerb auf die Karenzentschädigung anzurechnen ist, soweit Entschädigung und neuer Verdienst zusammen 110 % (bei Wohnsitzwechsel 125 %) der bisherigen Bezüge übersteigen (§ 74c I HGB),
- der ArbN über **anderweitigen Erwerb Auskunft** erteilen muss (§ 74c II HGB),
- im Falle einer **außerordentl. Kündigung** wegen vertragswidrigen Verhaltens des anderen Teils der Kündigende binnen Monatsfrist sich schriftl. von dem Verbot **lossagen** kann (§ 75 I und III HGB),

1 Ausf. zu solchen Konstellationen *Bauer/Diller*, Wettbewerbsverbote, 3. Aufl. 2002, Rz. 128a. | 2 BAG v. 13.9.1969 – 3 AZR 138/68, AP Nr. 24 zu § 611 BGB – Konkurrenzklausel. | 3 *Bauer/Diller*, Rz. 117. | 4 *Bauer/Diller*, Rz. 117. | 5 So auch *Düwell*, ZTR 2002, 463 f.

- der ArbN bei Ausspruch einer **betriebsbedingten** oder einer anderen **nicht-personenbedingten ordentl. Kündigung** sich von dem Verbot schriftl. binnen eines Monats **lossagen** kann, sofern nicht der ArbGeb bei der Kündigung die Fortzahlung der vollen zuletzt bezogenen Vergütung zusagt (§ 75 II HGB),
- der ArbGeb vor Beendigung des Dienstverhältnisses **mit Jahresfrist** auf das Verbot **verzichten** kann (§ 75a HGB),
- nach Maßgabe des § 75c HGB eine **Vertragsstrafe** vereinbart werden kann, und
- gem. § 75d HGB die Vorschriften der §§ 74–74c HGB nicht zum Nachteil des ArbN **abbedungen** werden können.

Aus der Verweisung auf § 75d HGB ergibt sich unmittelbar, dass von § 110 nicht zuungunsten des ArbN abgewichen werden darf. Die Anwendung der §§ 74 ff. HGB ist also zu Gunsten des ArbN **zwingend**. S. im Übrigen die Komm. zu §§ 74 ff. HGB. 10

Grundgesetz für die Bundesrepublik Deutschland

vom 23.5.1949 (BGBl. I S. 1),
zuletzt geändert durch Gesetz vom 28.8.2006 (BGBl. I 2034)

– Auszug –

Art. 3 *Gleichheit*

(1) Alle Menschen sind vor dem Gesetz gleich.

(2) Männer und Frauen sind gleichberechtigt. Der Staat fördert die tatsächliche Durchsetzung der Gleichberechtigung von Frauen und Männern und wirkt auf die Beseitigung bestehender Nachteile hin.

(3) Niemand darf wegen seines Geschlechtes, seiner Abstammung, seiner Rasse, seiner Sprache, seiner Heimat und Herkunft, seines Glaubens, seiner religiösen oder politischen Anschauungen benachteiligt oder bevorzugt werden. Niemand darf wegen seiner Behinderung benachteiligt werden.

1 **I. Allgemeiner Gleichheitssatz (Abs. 1). 1. Zweck und Anwendungsbereich. a) Normzweck.** Art. 3 I bringt den allgemeinen Gleichheitssatz als **positives Recht** ins GG. Er wird vom BVerfG als „überpositiver Rechtsgrundsatz" qualifiziert, der schon aus dem Wesen des Rechtsstaates und der allgemeinen Gerechtigkeit folge[1]. Der allgemeine Gleichheitssatz ist Teil der objektiven Wertordnung, die als verfassungsrechtl. Grundentscheidung für alle Bereiche des Rechts gilt. Er ist Ausdruck des Gerechtigkeitsgedankens und gebietet Rechtsetzungs- und Rechtsanwendungsgleichheit[2].

---

1 BVerfG v. 5.4.1952 – 2 BvH 1/52, E 1, 208 (233). | 2 BAG v. 19.4.1983 – 1 AZR 489/81, AP Nr. 124 zu Art. 9 GG; BGH v. 20.9.2006 – IV ZR 304/04, ZTR 2007, 87; Dreier/*Heun*, Art. 3 GG Rz. 57; MünchArbR/*Richardi*, Bd. 1, § 10 Rz. 1.

Damit beinhaltet der allgemeine Gleichheitssatz sowohl ein Grundrecht des Einzelnen, dh. ein **subjektives Recht**, als auch einen **Verfassungsgrundsatz**. Außerdem schließt das BVerfG aus Abs. 1 ein allgemeines Willkürverbot[1]. Somit dürfen (auch) ArbN nicht ohne sachlichen Grund ungleich behandelt werden[2]. Der Gleichheitssatz aus Art. 3 I gewährt jedoch keinen Anspruch darauf, dass der Staat absolute Gleichheit ohne soziale oder sonstige Unterschiede herstellt[3]. 2

b) Funktion. Allgemein wird Art. 3 I als **subjektiv-öffentl. Recht auf Gleichbehandlung** anerkannt. Als solches vermittelt die Vorschrift ein gerichtlich durchsetzbares Recht auf Gleichbehandlung gegen alle Grundrechtsadressaten, solange kein Differenzierungsgrund besteht. Hierin liegt keine Besonderheit gegenüber anderen Grundrechten, sie sind alle in erster Linie Abwehrrechte des Einzelnen gegen den Staat (Abwehrfunktion)[4]. Doch wird auch die Ansicht vertreten, dass der Gleichheitssatz nur modales Abwehrrecht sei, dh. nicht das „Wie", sondern nur das „Ob" betreffe[5]. 3

Weiterhin verpflichtet er die Gesetzgebung (und die Rspr.), bei der **Ausgestaltung der Privatrechtsordnung** gleichheitswidrige Regelungen zu unterlassen. Denn die Grundrechte enthalten nicht nur Eingriffsverbote und Abwehrrechte, sondern auf Grund ihres Charakters als objektive Grundsatznormen auch Schutzpflichten des Staates. Insoweit beinhaltet Art. 3 I – aber insb. auch Abs. 2 und 3 – Schutzpflichten zur Herstellung rechtl. Gleichheit (**Schutzfunktion**)[6]. Gravierende Unterschiede sollen durch den Staat ausgeglichen werden[7]. 4

Zudem ist Art. 3 Grundlage der **Wahlgleichheit**, wenn spezielle Vorschriften (Art. 28 I, 38 I) nicht bestehen. Dies ist insb. bei Wahlen der sozialversicherungsrechtl. Selbstverwaltung, der Personalvertretung und der ArbN-Kammern der Fall[8]. In diesem Bereich kann es mitunter zu Kollisionen von Gleichstellung und Wahlrechtsgleichheit kommen; § 15 II BetrVG und § 15 V WO sind aber verfassungsgemäß[9]. 5

c) Schutzbereich. Art. 3 I hat einen umfassenden Schutzbereich. Er beinhaltet das Gebot, **„Gleiches gleich, Ungleiches seiner Eigenart entsprechend verschieden zu behandeln"**[10]. Dies wird auch mit der Formel ausgedrückt, Art. 3 I gebiete, „weder wesentlich Gleiches willkürlich ungleich, noch wesentlich Ungleiches willkürlich gleich zu behandeln"[11]. Willkürlich ist eine Ungleichbehandlung, „wenn sich ein vernünftiger, aus der Natur der Sache sich ergebender oder sonst wie sachlich einleuchtender Grund für die Differenzierung nicht finden lässt"[12]. Beeinträchtigt ist der allgemeine Gleichheitssatz, wenn aus der Ungleichbehandlung eine Benachteiligung folgt. 6

d) Grundrechtsadressaten. Nach Art. 1 III ist die **gesamte öffentl. Gewalt** unmittelbar an die Grundrechte – somit auch an Art. 3 I – gebunden. Die Intensität der Bindung ist dabei immer gleich[13]. Zusätzlich müssen nach der Rspr. auch die Träger kollektiver Ordnungen, dh. auch die **Tarifparteien**, den allgemeinen Gleichheitssatz beachten. Die konstruktive Begründung und Wirkungsweise dieser Grundrechtsbindung ist umstritten (s. Rz. 35 ff.). Wegen der unmittelbaren, uneingeschränkten Bindung auch des Zivilrechtsgesetzgebers sind privatrechtl. – und damit arbeitsrechtl. – Vorschriften selbst unmittelbar an den Grundrechten (Art. 3 I) zu messen. Die Grundrechtsbindung ist nicht dadurch geringer, dass es um Konflikte zwischen Privaten geht[14]. 7

Anders ist die Situation bei ihrer Anwendung, wobei für den Gleichheitssatz eine Besonderheit besteht. Nach der Rspr. des BVerfG und der hL entwickeln die Grundrechte eine **mittelbare Drittwirkung** (Ausstrahlungswirkung), so dass sie über die Generalklauseln des BGB angewendet werden[15]. Und gerade im Arbeitsrecht wurde diese Ausstrahlungswirkung vergleichsweise früh anerkannt, wobei das BAG ursprünglich sogar von einer unmittelbaren Geltung der Grundrechte im Arbeitsrecht ausgegangen war[16] (diese Lehre ging vor allem auf *Nipperdey* zurück[17]). 8

Indes drängt sich die Frage auf, ob der Gleichheitssatz überhaupt auf **privatrechtl. Beziehungen** anwendbar ist, nachdem doch der Grundsatz der Vertragsfreiheit gilt. Eine generelle Bindung der Privatrechtssubjekte an den Gleichheitssatz würde die privatrechtl. Vertragsfreiheit zunichte machen. Privat muss man grds. auch willkürliche Entscheidungen treffen dürfen. Die Vertragsfreiheit muss also idR 9

---

1 Jarass/Pieroth/*Jarass*, Art. 3 GG Rz. 1. | 2 *Löwisch*, Arbeitsrecht, Rz. 127. | 3 ErfK/*Dieterich*, Art. 3 GG Rz. 4. | 4 BAG v. 28.7.1992 – 3 AZR 173/92, AP Nr. 18 zu § 1 BetrAVG – Gleichbehandlung; Dreier/*Heun*, Art. 3 GG Rz. 15. | 5 Dreier/*Heun*, Art. 3 GG Rz. 15, 57; *Stein*, AR-Blattei SD 830 Rz. 642. | 6 Vgl. ErfK/*Dieterich*, Art. 3 GG Rz. 11; Dreier/*Heun*, Art. 3 GG Rz. 58. | 7 *Neuner*, JZ 2003, 57 (57 f.). | 8 ErfK/*Dieterich*, Art. 3 GG Rz. 12; *Stein*, AR-Blattei SD 830 Rz. 645. | 9 BAG v. 16.3.2005 – 7 ABR 40/04, AP Nr. 3 zu § 15 BetrVG 1972; ähnlich LAG Köln v. 31.3.2004 – 3 TaBV 12/03, ArbuR 2004, 397; aA noch LAG Köln v. 13.10.2003 – 2 TaBV 1/03, AP Nr. 1 zu § 15 BetrVG 1972 (= ArbuR 2004, 111 mit Anm. *Hänlein* mwN); *Brors*, NZA 2004, 472 (472 ff.) mwN; krit. *Kamanabrou*, RdA 2006, 186; *Podewin*, BB 2005, 2521; *Ubber/Weller* NZA 2004, 893. | 10 BVerfG v. 17.12.1953 – 1 BvR 147, E 3, 58 (135); v. 24.3.1976 – 2 BvR 804/75, E 42, 64 (72). | 11 BVerfG v. 16.3.1955 – 2 BvK 1/54, E 4, 144 (155); v. 11.10.1977 – 1 BvL 8/74, E 46, 55 (62); v. 6.10.1983 – 2 BvL 22/80, E 65, 141 (148); v. 20.3.1979 – 1 BvR 111/74 u. 283/78, E 51, 1 (23). | 12 St. Rspr. seit BVerfG v. 23.10.1951 – 2 BvG 1/51, E 1, 14 (52); *Neumann*, DVBl 1997, 92 (95). | 13 *Maute*, Gleichbehandlung von Arbeitnehmern, 1993, S. 3. | 14 Dreier/*Heun*, Art. 3 GG Rz. 61; MünchArbR/*Richardi*, Bd. 1, § 10 Rz. 19 f. | 15 *Bleckmann*, Die Struktur des allgemeinen Gleichheitssatzes, 1995, S. 109. | 16 BAG v. 15.1.1955 – 1 AZR 305/54, AP Nr. 4 zu Art. 3 GG. | 17 S. *Nipperdey*, Grundrechte und Privatrecht, 1961.

Vorrang haben[1]. Relativiert wird dies nun freilich durch das am 18.6.2006 in Kraft getretene AGG, welches zumindest für das Arbeits- (und Zivil-)Recht strenge Vorgaben zur Verhinderung von Diskriminierungen macht. Einen allgemeinen Gleichheitssatz schreibt das AGG indes dennoch nicht vor[2].

10 Außerdem bestehen (weitere) Ausnahmen: Eine davon ist der **arbeitsrechtl. Gleichbehandlungsgrundsatz**; weiter ist zu fordern, dass derjenige, welcher ein Monopol besitzt, den Gleichheitssatz zu beachten hat[3]. Denn „das dem Vertragsrecht zugrunde liegende Prinzip der Privatautonomie kann hinreichenden Schutz nur gewährleisten, soweit die Bedingungen freier Selbstbestimmung gegeben sind. Wo es an einem annähernden Kräftegleichgewicht der Beteiligten fehlt, ist mit den Mitteln des Vertragsrechts allein kein sachgerechter Ausgleich der Interessen zu gewährleisten. Das ist beim Abschluss von Arbeitsverträgen typischerweise der Fall“[4]. Wiederum ist nun die Anwendung des AGG zu bedenken.

11 e) **Grundrechtsträger.** Art. 3 gilt für alle **natürlichen Personen**, auch für Ausländer, ebenso wie für inländische **juristische Personen** des Privatrechts, Handelsgesellschaften und Personengemeinschaften[5].

12 f) **Konkurrenzen.** Im Verhältnis zu den **spezielleren Gleichheitsgrundrechten** tritt Art. 3 I bzgl. seines Regelungsinhalts zurück. Damit gehen ihm insb. Art. 3 II und III, aber zB auch Art. 6 V und Art. 33 I–III[6], sowie Art. 21 und Art. 38 I vor[7]. Hingegen schließen sich Freiheits- und Gleichheitsrechte nicht aus, sondern ergänzen sich. Der allgemeine Gleichheitssatz steht selbständig neben den Freiheitsrechten[8].

13 **2. Recht der Europäischen Gemeinschaft.** Während weder die EMRK noch der EG-Vertrag einen dem Art. 3 I entsprechenden *allgemeinen* Gleichheitssatz enthalten, finden sich im Recht der **Europäischen Gemeinschaft** mehrere *konkrete* Gleichheitssätze[9], vgl. Art. 12, 39, 43, 50, 141 EG. Aus diesen Einzelbestimmungen folgert allerdings der EuGH für das Europäische Gemeinschaftsrecht die Geltung eines allgemeinen Gleichheitssatzes, nach dem vergleichbare Sachverhalte nicht unterschiedlich behandelt werden dürfen, es sei denn, die Differenzierung wäre objektiv gerechtfertigt[10]. Indes werden dadurch nur die Organe der Europäischen Gemeinschaft gebunden, die Mitgliedstaaten nur dann, wenn sie Europäisches Gemeinschaftsrecht ausführen[11].

14 Insb. verbietet das EG-Recht nicht die **Inländerdiskriminierung**, also nationale Regelungen, die Inländer gegenüber Ausländern benachteiligen. Ob Art. 3 I in diesem Fall Anwendung findet, ist umstritten, mit der hM[12] aber zu bejahen.

15 **3. Auswirkungen.** Alle **Grundrechtsadressaten** sind an den allgemeinen Gleichheitssatz gebunden. Doch auch für andere – insb. Tarifparteien – hat der allgemeine Gleichheitssatz Auswirkungen.

16 **a) Gesetzgebung. aa) Grundlagen.** Der allgemeine Gleichbehandlungsgrundsatz aus Art. 3 I verbietet die **unterschiedliche Behandlung verschiedener Normadressaten**, wenn zwischen ihnen keine rechtfertigenden sachlichen Unterschiede bestehen. Das muss der Gesetzgeber bei der Rechtsetzung berücksichtigen. Dennoch bleibt der Legislative ein erheblicher Gestaltungsspielraum. Zum einen besteht ein Beurteilungs- und Prognosespielraum bzgl. der tatsächlichen Grundlagen einer Regelung und für die Einschätzung der voraussichtlichen Wirkungen. Und zum anderen hat der Gesetzgeber bei der Normsetzung selbst große Freiheiten. So vermag er über das „Ob“ einer Regelung, über ihren zeitlichen und sachlichen Regelungsbereich und vor allem über Differenzierungsziel und Differenzierungsmerkmale zu entscheiden. Damit kann er beim Vergleich verschiedener Lebenssachverhalte die Unterscheidungskriterien festlegen. Dabei darf jedoch nicht *willkürlich* vorgegangen werden[13]. Nimmt der Gesetzgeber an sich zulässige Differenzierungen nicht vor, stellt dies keine Verletzung des allgemeinen Gleichheitssatzes dar[14].

17 Unterschiede bestehen beim **Maßstab der Kriterienbildung**. Können die von der Norm Betroffenen den maßgeblichen Lebenssachverhalt selbst beeinflussen, besteht nur ein Willkürverbot. Werden die Gruppen jedoch nach Kriterien gebildet, auf welche die Betroffenen keinen Einfluss nehmen können oder wenn Grundrechtsbezug besteht, müssen Gründe solcher Art und Gewicht vorliegen, dass die

---

1 *Bleckmann*, Die Struktur des allgemeinen Gleichheitssatzes, 1995, S. 109; Dreier/*Heun*, Art. 3 GG Rz. 61. | 2 Vgl. auch *Wiedemann*, RdA 2007, 65 (68). | 3 BAG v. 20.4.1983 – 4 AZR 375/80, AP Nr. 71 zu §§ 23, 23 BAT 1975; v. 16.9.1987 – 4 AZR 265/87, AP Nr. 15 zu § 4 TVG – Effektivklausel; Jarass/Pieroth/*Jarass*, Art. 3 GG Rz. 13. | 4 BVerfG v. 28.1.1992 – 1 BvR 1025/82, 1 BvL 16/83 u. 10/91, AP Nr. 2 zu § 19 AZO. | 5 von Münch/Kunig/*Gubelt*, Art. 3 GG Rz. 5 ff.; Schmidt-Bleibtreu/Klein/*Kannengießer*, Art. 3 I GG 1.12. | 6 Für den Zugang zu Ämtern im Öffentlichen Dienst insoweit ErfK/*Dieterich*, Art. 3 GG Rz. 7. | 7 Jarass/Pieroth/*Jarass*, Art. 3 GG Rz. 2 f.; für Auslegung unter Beachtung des Sinnzusammenhangs von Münch/Kunig/*Gubelt*, Art. 3 GG Rz. 9. | 8 von Münch/Kunig/*Gubelt*, Art. 3 GG Rz. 105; Dreier/*Heun*, Art. 3 GG Rz. 14. | 9 von Münch/Kunig/*Gubelt*, Art. 3 GG Rz. 4a; vgl. etwa EuGH v. 22.11.2005 – C-144/04, AP Nr. 1 zu Richtlinie 2000/78/EG (Mangold). | 10 EuGH v. 19.10.1977 – Rs. 117/76 u. 16/77 (*Ruckdeschel*), EuGHE 1977, 1753 (1769 f.); v. 16.10.1980 – Rs. 147/79 (*Hochstrass*), EuGHE 1980, 3005 (3019); Dreier/*Heun*, Art. 3 GG Rz. 9; *Mohn*, Der Gleichheitssatz im Gemeinschaftsrecht, 1990, S. 19 ff., 47 ff. | 11 EuGH v. 30.9.1987 – Rs. 12/86 (*Demirel*), EAS EG-Vertrag Art. 238 Nr. 1; Dreier/*Heun*, Art. 3 GG Rz. 9. | 12 Vgl. näher Sachs/*Osterloh*, Art. 3 GG Rz. 71; *Runggaldier*, EAS B 2000, 1996, Rz. 73 ff.; dagegen etwa *Fastenrath*, JZ 1987, 170 (175 ff.). | 13 BAG v. 1.11.1995 – 5 AZR 273/94, AP Nr. 13 zu § 14 MuSchG 1968; Kittner/Zwanziger/*Zwanziger*, ArbR, § 111 Rz. 7. | 14 ErfK/*Dieterich*, Art. 3 GG Rz. 16.

unterschiedlichen Rechtsfolgen gerechtfertigt werden können. Dabei muss auch der Verhältnismäßigkeitsgrundsatz beachtet werden. Außerdem kann der Gesetzgeber die **Anforderungen** durch einfachgesetzl. Gleichheitsvorschriften (Differenzierungsverbote oder -gebote) erhöhen, oder die für eine Gleichheitsbetrachtung beachtlichen Faktoren begrenzen (§ 1 III, IV KSchG)[1].

Das gilt auch für die **Gemeinschaftsgesetzgebung**. Dabei muss der nationale Gesetzgeber die Durchsetzbarkeit gemeinschaftsrechtl. Gleichheitsgebote gewährleisten und auch gegenüber den Tarifparteien sicherstellen[2]. Ebenso können die **Tarifparteien** durch konkretisierende einfachgesetzl. Gleichheitsregeln gebunden werden, da die Tarifautonomie gesetzl. ausgestaltet werden muss. Dabei sind jedoch immer die Grenzen des Art. 9 III zu beachten[3]. In die Ausgestaltung des Tarifsystems darf das Gemeinschaftsrecht nicht eingreifen (Art. 137 V EG)[4]. 18

Gebunden ist nur der jeweilige Normgeber im Rahmen seines Zuständigkeitsbereiches, der Gleichheitssatz ist also **kompetenzakzessorisch**. So können zB in unterschiedlichen Bundesländern auch unterschiedliche Regelungen gelten[5]. Der Gesetzgeber muss nicht die zweckmäßigste, vernünftigste oder gerechteste Lösung wählen. Die Gerichte sind nicht befugt, Gesetze unter dem Gesichtspunkt „allgemeine Gerechtigkeit" zu prüfen. Vielmehr geht es nur darum, ob der Gesetzgeber die äußersten Grenzen seines Ermessensbereiches überschritten hat[6]. 19

bb) Einzelfälle. (1) Beschäftigungsgruppen. Besonders problematisch ist die Differenzierung nach Statusmerkmalen verschiedener Beschäftigungsgruppen[7]. Beispiele dafür sind die Unterscheidung nach **Handelsvertretern, Heimarbeitern, Beamten, Organmitgliedern** und insb. **Angestellten und Arbeitern**[8]. Der allgemeine Gleichheitssatz gebietet nicht, Beamte deshalb als ArbN iSv. § 5 BetrVG zu behandeln, weil sie in einen von einem privaten Rechtsträger allein oder gemeins. mit einem öffentl. Rechtsträger geführten Betrieb eingegliedert sind[9]. Auch dass bei einem privaten ArbGeb beschäftigte Minderbehinderte einen gesetzl. Zusatzurlaub beanspruchen können, nicht aber im öffentl. Dienst tätige Angehörige dieser Personengruppe, verstößt nicht gegen Art. 3[10]. 20

Das BVerfG[11] hat aber unterschiedliche **Kündigungsfristen** in § 622 II BGB aF für Angestellte und Arbeiter wegen Verstoßes gegen Art. 3 für verfassungswidrig erklärt. Eine Differenzierung, die allein an die Zugehörigkeit zur Gruppe „Angestellter" oder „Arbeiter" anknüpft, ist – wegen der Auswirkung auf das berufliche Fortkommen der ArbN – nicht sachgerecht[12]. Damit war auch § 2 AngKSchG nicht mehr verfassungsgemäß[13]. Durch das Gesetz zur Vereinheitlichung der Kündigungsfristen von Arbeitern und Angestellten wurde das Angestelltenkündigungsschutzgesetz zum 15.10.1993[14] aufgehoben. Zulässig sind dagegen kürzere Kündigungsfristen für Heimarbeiter[15]. 21

(2) Betriebs- und Unternehmensgröße. Im Zusammenhang mit der Betriebsgröße stellt sich vor allem die Frage nach der Verfassungsmäßigkeit der sog. **Kleinbetriebsklausel**. Fraglich ist, ob § 23 I 2, 3 KSchG mit Art. 3 vereinbar ist und Betriebe mit idR zehn oder weniger Beschäftigten aus dem Bereich des KSchG herausgenommen werden dürfen. Das BVerfG hat hierzu festgestellt, dass dies bei verfassungskonformer Auslegung der Fall ist. Zwar werden durch die Kleinbetriebsklausel in entsprechenden Betrieben tätige ArbN anders behandelt als solche, welche in großen Betrieben arbeiten, doch ist dies durch die besondere Interessenlage der ArbGeb in kleineren Betrieben sachlich gerechtfertigt. In Kleinbetrieben beruht die Zusammenarbeit auf einem besonders engen persönlichen Vertrauensverhältnis zwischen ArbGeb und ArbN. Außerdem sind Kosten und Verwaltungsaufwand für ArbGeb kleiner Betriebe relativ gesehen höher und der Finanzrahmen kleiner Betriebe idR geringer, als dies bei großen Betrieben der Fall ist (s. auch Art. 12 Rz. 46, sowie 73, 75)[16]. 22

Dementsprechend ist auch **§ 622 V Nr. 2 BGB** verfassungskonform. Hiernach kann für ArbN in kleinen Betrieben (bis zu 20 Beschäftigte) die Grundkündigungsfrist hinsichtlich des Kündigungstermins durch arbeitsvertragl. Vereinbarung verkürzt werden[17]. 23

Damit zusammenhängend stellt sich die grds. Frage, ob an dem Unterscheidungsmerkmal **Betrieb** fest zu halten ist, oder nicht vielmehr auf das **Unternehmen** abgestellt werden müsste. Die Rspr. hält im 24

1 ErfK/*Dieterich*, Art. 3 GG Rz. 17. | 2 EuGH v. 27.6.1990 – Rs. C-33/89 (*Kowalska*), AP Nr. 21 zu Art. 119 – EWG-Vertrag; BAG v. 26.5.1993 – 5 AZR 184/92, AP Nr. 42 zu Art. 119 – EWG-Vertrag; ErfK/*Dieterich*, Art. 3 GG Rz. 17. Vgl. auch *Everling*, GS Heinze, 2005, S. 157 (171 ff.); *Rebhan*, GS Heinze, 2005, S. 649 ff. | 3 ErfK/*Dieterich*, Art. 3 GG Rz. 17. | 4 ErfK/*Dieterich*, Einl. GG Rz. 108 mwN. | 5 ErfK/*Dieterich*, Art. 3 GG Rz. 15 f.; Kittner/Zwanziger/*Zwanziger*, ArbR, § 111 Rz. 9. | 6 St. Rspr. seit BVerfG v. 17.12.1953 – 1 BvR 323/51, 195/51, 283/52, 319/52, E 3, 162 (182). | 7 Rechtsprechungsbeispiele bei *Stein*, AR-Blattei SD 830 Rz. 692 ff.; aus neuerer Zeit vgl. bspw. BAG v. 2.8.2006 – 10 AZR 572/05, AR-Blattei ES 800 Nr. 161; v. 8.5.2007 – 9 AZR 777/06, nv. | 8 ErfK/*Dieterich*, Art. 3 GG Rz. 64; zahlreiche Anwendungsbeispiele mit Rechtsprechungsübersicht bei *Stein*, AR-Blattei SD 830 Rz. 681 ff. | 9 BAG v. 28.3.2001 – 7 ABR 21/00, AP Nr. 5 zu § 7 BetrVG 1972. | 10 BAG v. 5.9.2002 – 9 AZR 355/01, AP Nr. 2 zu § 1 SonderUrlG Saarl. | 11 BVerfG v. 30.5.1990 – 1 BvL 2/83 ua., E 82, 126 (insb. 127 u. 146). | 12 *Stein*, AR-Blattei SD 830 Rz. 681. | 13 S. nur BAG v 16.1.1992 – 2 AZR 657/87, AP Nr. 12 zu § 2 AngestelltenkündigungsG. | 14 BGBl. I S. 1668. | 15 BAG v. 24.6.1986 – 3 AZR 1/85, AP Nr. 2 zu § 29 HAG. | 16 BVerfG v. 27.1.1998 – 1 BvL 15/87, E 97, 35; *Hergenröder*, ZfA 2002, 355 (379 f.). | 17 Kittner/Zwanziger/*Apell*, ArbR, § 90 Rz. 22.

Ergebnis am Kriterium des „Betriebes" fest, wobei sie den Betriebsbegriff verfassungskonform auslegt[1]. In der Lit. wird demgegenüber postuliert, nicht mehr am Betriebsbegriff fest zu halten[2]. Zudem wird in vielen Fällen ohnehin schon von Gesetzes wegen auf die Unternehmensgröße und nicht auf den Betrieb abgestellt, so etwa bei § 111 S. 1 BetrVG. Soweit Umlagen an die Betriebsgröße geknüpft werden, muss die Verteilung der Umlagelast den Erfordernissen des Art. 3 gerecht werden[3].

25 (3) **Teilzeitarbeit.** Bei der Differenzierung nach Beschäftigungsgruppen spielen die Teilzeitbeschäftigten eine besondere Rolle[4]. Hier stellt sich nämlich insb. die Frage nach der **mittelbaren Diskriminierung** von Frauen. Unter diesem Gesichtspunkt liegt bei Teilzeitarbeit oft ein Verstoß gegen Art. 3 nahe. Darauf ist im Zusammenhang mit Abs. 2 näher einzugehen (Rz. 98 ff.).

26 (4) **Mitbestimmung.** Das BVerfG hat Teile des **Mitbestimmungsergänzungsgesetzes** wegen Verstoßes gegen Art. 3 für verfassungswidrig erklärt. Die Ausweitung der Montan-Mitbest. auf Konzernobergesellschaften sei nur mit Art. 3 vereinbar, wenn diese einen ausreichenden Montan-Bezug aufwiesen. Da es für die Abgrenzung keine exakten Kriterien gibt, hat der Gesetzgeber einen weiten Einschätzungsspielraum, doch sind nur solche Abgrenzungskriterien zulässig, die gerade auf die Montan-Industrie zutreffen. Dem hat § 3 II 1 iVm. § 16 Montan-MitbestErgG nicht in allen Teilen entsprochen[5].

27 (5) **Seeleute.** Es verstößt nicht gegen den allgemeinen Gleichheitssatz, dass nach **§ 21 IV FlaggRG** ausländische Seeleute auf deutschen Handelsschiffen zu Heimatheuern beschäftigt werden können. Die Ungleichbehandlung knüpft insoweit an Unterschiede an, die unter Berücksichtigung der Besonderheit des zu regelnden Sachverhaltes die Differenzierung rechtfertigen[6]. Die Heimatheuern sind dem Lohnniveau in den Herkunftsländern der Seeleute angepasst und entsprechen den dortigen wirtschaftl. und gesellschaftl. Verhältnissen[7].

28 (6) **Beratungs-, Prozesskostenhilfe.** Gem. § 2 II Nr. 1 BerHG wird Beratungshilfe auch in Angelegenheiten gewährt, für deren Entscheidung die Arbeitsgerichtsbarkeit zuständig ist. Die diesbezügliche frühere Einschränkung des Beratungshilfegesetzes war verfassungswidrig[8]. Art. 3 I verstärkt den durch Art. 19 IV garantierten **gleichen Zugang zum Gericht**, was insb. auch für die Auslegung und Anwendung der Vorschriften über die PKH von Bedeutung ist[9].

29 cc) **Auslegung.** Bei der Auslegung von Gesetzen (und TV) – insb. von Generalklauseln – sind die **Grundsätze der Verfassung zu verwirklichen**. Deshalb sind Normen des einfachen Rechts unter Berücksichtigung des allgemeinen Gleichheitsgrundsatzes anzuwenden und auszulegen. Dies muss vor allem bei rechtsfortbildender Konkretisierung einer Vorschrift gelten. So ist bspw. die **Kleinbetriebsklausel** des § 23 KSchG (Rz. 22 u. Art. 12 Rz. 46) im Lichte des Gleichbehandlungsgrundsatzes auszulegen[10].

30 b) **Rechtsprechung.** Auch die Rspr. muss – selbstredend – den Gleichheitsgrundsatz beachten. Dabei hat Art. 3 I für **arbeitsrechtl. Normen** besonders große Bedeutung. Die Rspr. darf keine Differenzierungen zugrunde legen, die – als Norm formuliert – dem Gesetzgeber nicht erlaubt wären[11].

31 Dennoch müssen die Gerichte **nicht Rechtsprechungsgleichheit** im Sinne einer gerichtsübergreifend gleichheitskonformen Rechtsanwendung sicherstellen, denn ihre Entscheidungen sind grds. Einzelfallbetrachtungen. Hat die Rspr. an sich verfassungskonform geurteilt, liegt kein Gleichheitsverstoß vor. Dies gilt selbst dann, wenn andere Gerichte dieselbe Rechtsvorschrift in vergleichbaren Fällen anders auslegen (st. Rspr.). Sichergestellt wird die Rechtsprechungseinheit, der insb. die obersten Gerichtshöfe des Bundes verpflichtet sind (Art. 95 III), durch das Rechtsmittelrecht (Divergenzberufung, -revision, §§ 64 III Nr. 3, 72 II Nr. 2 ArbGG), Vorlagepflichten (§ 132 II GVG, § 45 II ArbGG; Gesetz zur Wahrung der Einheitlichkeit der Rechtsprechung der obersten Gerichte des Bundes) sowie Konzentrationsermächtigungen[12].

32 Zudem sind die Gerichte an eine einmal feststehende Rspr. nicht gebunden, wenn neue Erkenntnisse oder veränderte Verhältnisse dem entgegenstehen würden; es besteht gerade **keine formelle Präjudi-**

1 BVerfG v. 27.1.1998 – 1 BvL 15/87, E 97, 35. | 2 ErfK/*Dieterich*, Art. 3 GG Rz. 62; *Stein*, AR-Blattei SD 830 Rz. 679. | 3 BVerfG v. 15.12.1987 – 1 BvR 563/85, E 77, 308 (335, 338); zu § 14 Abs. 1 Satz 1 MuSchG insoweit BAG v. 1.11.1995 – 5 AZR 273/94, AP Nr. 13 zu § 14 MuSchG 1968. *Bepler*, NZA 2004, 3 (7 ff.); s. auch ErfK/*Dieterich*, Art. 3 GG Rz. 63. | 4 BAG v. 11.12.2003 – 6 AZR 24/03, ArbuR 2004, 26. Dazu insb. *Pfarr*, AR-Blattei SD 800.2 Rz. 162 ff.; *Stein*, AR-Blattei SD 830 Rz. 693 ff. mit Rechtsprechungsübersicht. | 5 BVerfG v. 2.3.1999 – 1 BvL 2/91, E 99, 367 (392 ff.); Jarass/Pieroth/*Jarass*, Art. 3 Rz. 61. | 6 Die gegen § 21 IV FlaRG erhobenen verfassungsrechtlichen Bedenken hat das BVerfG nur im Hinblick auf Art. 9 III 1 GG hinsichtlich S. 3 geteilt, vgl. Urt. v. 10.1.1995 – 1 BvF 1/90, 1 BvR 342/90 ua., AP Nr. 76 zu Art. 9 GG; dazu ferner *Geffken*, NZA 1995, 504; *Hergenröder*, AR-Blattei SD 1550.15 (2004) Rz. 46 ff., 141 ff. | 7 S. auch BAG v. 23.6.1994 – 6 AZR 771/93, AP Nr. 18 zu Art. 48 EWG-Vertrag. | 8 BVerfG v. 2.12.1992 – 1 BvR 296/88, AP Nr. 1 zu § 2 BeratungshilfeG. | 9 BVerfG v. 13.3.1990 – 2 BvR 94/88 ua., E 81, 347 (356 f.); v. 10.8.2001 – 2 BvR 569/01, AP Nr. 295 zu Art. 3 GG; ErfK/*Dieterich*, Art. 3 GG Rz. 13; *Stein*, AR-Blattei SD 830 Rz. 646. | 10 BAG v. 25.4.2001 – 5 AZR 360/99, AP Nr. 14 zu § 242 BGB – Kündigung; *Hergenröder*, ZfA 2002, 355 (379 f.). | 11 BVerfG v. 14.1.1987 – 1 BvR 1052/79, E 74, 129 (149); v. 11.6.1991 – 1 BvR 538/90, E 84, 197 (199); ErfK/*Dieterich*, Art. 3 GG Rz. 21. | 12 *Hergenröder*, Zivilprozessuale Grundlagen richterlicher Rechtsfortbildung, 1995, S. 21 ff., 76 ff., 88 ff., 107 ff.; von Mangoldt/Klein/Starck/*Voßkuhle*, Art. 95 Rz. 42 ff.

zienbindung[1]. Die Rspr. muss nicht Rechtseinheit in zeitlicher Hinsicht gewährleisten. Gegen den Gleichheitssatz verstoßen nur einzelne objektiv willkürliche Entscheidungen. Zu berücksichtigen sein kann jedoch ein Vertrauensschutz in die gefestigte Rspr. (Rechtsstaatsprinzip)[2]. Insgesamt haben die Gerichte einen weiten Spielraum bei ihrer Rspr. Erst wenn eine fehlerhafte Rechtsanwendung unter Berücksichtigung der das Grundgesetz beherrschenden Gedanken nicht mehr verständlich ist und daher der Schluss nahe liegt, dass sie auf sachfremden Erwägungen beruht, kommt eine Verletzung des Gleichheitssatzes unter dem Gesichtspunkt des Willkürverbots in Betracht[3].

c) Verwaltung. Da auch die öffentl. Verwaltung zu den Grundrechtsadressaten gehört, haben auch die im Bereich des Arbeitsrechts tätigen **Behörden** den Gleichheitssatz zu beachten. Dies gilt insb. bei der Ausfüllung von Beurteilungs- und Ermessensspielräumen, bspw. bei der Aufsichtstätigkeit im Bereich des Arbeitsschutzes oder der Zustimmung zu Kündigungen[4]. Außerdem muss die öffentl. Verwaltung beim Erlass von VO und Satzungen den ihr durch die Verordnungsermächtigung belassenen Gestaltungsspielraum gleichheitskonform ausfüllen. Bei ihrer normsetzenden Tätigkeit ist sie unmittelbar grundrechtsgebunden, es gelten die Grundsätze der Bindung des Gesetzgebers entsprechend[5]. 33

Ein Sonderfall staatl. Normsetzung ist die **Allgemeinverbindlichkeitserklärung** von TV nach § 5 TVG. Die Letzt- und Alleinverantwortlichkeit liegt beim Bundesminister für Arbeits- und Sozialordnung bzw. bei der obersten Arbeitsbehörde eines Landes, welche den TV auf Übereinstimmung mit Art. 3 I überprüfen müssen[6]. Im Übrigen gilt der Grundsatz der Selbstbindung der Verwaltung[7]. 34

d) Tarifverträge. Die Anwendbarkeit des allgemeinen Gleichheitssatzes auf TV ist in jeder Hinsicht („Ob" und „Wieweit") problematisch. Denn obwohl die Tarifparteien nicht zu den Grundrechtsadressaten (öffentl. Gewalt) gehören, gibt es außer Art. 3 keine rechtl. Grundlage, um TV am **allgemeinen Gleichbehandlungsgrundsatz** zu messen. Eine dem § 75 BetrVG vergleichbare Regelung existiert nicht. Allein der Diskriminierungsschutz des AGG ist auch auf tarifl. Regelungen anzuwenden. 35

Zudem ist Art. 9 III zu beachten. Wegen des hohen Ranges der Tarifautonomie stellt sich die Frage nach dem Verhältnis dieses Grundrechts zu Art. 3. Die Tarifparteien sollen deshalb bei der Frage des „Ob" einer Regelung, dh. bei der **Festlegung des Geltungsbereichs** eines TV, von der Bindung an Art. 3 bis zur Grenze der Willkür freigestellt sein. Es gehöre zu dem durch das GG geschützten Kernbereich der Koalitionsfreiheit, dass die TV-Parteien frei bestimmen, ob und für welche Berufsgruppen sie überhaupt tarifl. Regelungen treffen oder nicht treffen wollen. So wurde die Herausnahme von Werkstudenten oder Lektoren aus dem persönlichen Geltungsbereich eines TV nicht beanstandet[8]. Auch die Unterlassung einer tarifl. Regelung fällt grds. in den Bereich der geschützten Koalitionsfreiheit[9]. 36

Ungeachtet dessen wird man tarifvertragl. Regelungen, die materielle Arbeitsbedingungen[10] enthalten und gegen den **Gleichheitssatz verstoßen**, im Ergebnis als **unwirksam** zu betrachten haben, wenn keinerlei inhaltliche Gründe für die Differenzierung erkennbar sind[11]. Außerdem muss Art. 3 I bei der Auslegung von TV-Regelungen beachtet werden (verfassungskonforme Auslegung), wodurch Gleichheitsverstöße vermieden werden können[12]. Zudem kann Art. 3 I zur Ergänzung von TV führen[13]. 37

Umstritten ist, auf welchem **dogmatischen Weg** der Gleichheitssatz auf die TV einwirkt (s. auch TVG Einl. Rz. 15 ff.). Das BAG hatte Art. 3 I seit seiner grundlegenden Entscheidung vom 15.1.1955[14] grds. auf TV direkt angewandt[15]. Der Erste Senat vertrat insoweit die Auffassung, dass die Grundrechte nicht nur die staatl. Gewalt, sondern auch die TV-Parteien unmittelbar binden würden, da TV Gesetze im materiellen Sinne seien und die Tarifparteien Recht kraft staatlicher Delegation („Delegationstheorie") setz- 38

---

1 *Hergenröder*, Zivilprozessuale Grundlagen richterlicher Rechtsfortbildung, 1995, S. 6 f., 49 ff., 191 ff. | 2 St. Rspr. vgl. zB BVerfG v. 11.11.1964 – 1 BvR 488/62, E 18, 224 (240); BAG v. 20.11.1990 – 3 AZR 613/89, AP Nr. 8 zu § 1 BetrAVG – Gleichberechtigung; ErfK/*Dieterich*, Art. 3 GG Rz. 19; zur Problematik der Ankündigung von Rechtsprechungsänderungen *Hergenröder*, Zivilprozessuale Grundlagen richterlicher Rechtsfortbildung, 1995, S. 191 ff. | 3 BVerfG v. 13.1.1987 – 2 BvR 209/84, E 74, 102 (127); v. 18.2.1993 – 1 BvR 1594/92, AP Nr. 25 zu § 2 BeschFG 1985; ErfK/*Dieterich*, Art. 3 GG Rz. 22. | 4 ErfK/*Dieterich*, Art. 3 GG Rz. 23. | 5 BAG v. 4.8.1988 – 6 AZR 10/86, AP Nr. 3 zu § 40 BAT; Sachs/*Osterloh*, Art. 3 GG Rz. 115. | 6 BAG v. 28.3.1990 – 4 AZR 536/89, AP Nr. 25 zu § 5 TVG; ErfK/*Dieterich*, Art. 3 GG Rz. 25. | 7 von Münch/Kunig/*Gubelt*, Art. 3 GG Rz. 39 mwN. | 8 BAG v. 30.8.2000 – 4 AZR 563/99, AP Nr. 25 zu § 4 TVG – Geltungsbereich; v. 27.5.2004 – 6 AZR 129/03, AP Nr. 5 zu § 1 TVG – Gleichbehandlung; vgl. aber auch BAG v. 20.1.2004 – 9 AZR 291/02, AP Nr. 1 zu § 112 LPVG Rh.-Pf.; v. 27.5.2004 – 6 AZR 129/03, AP Nr. 5 zu § 1 TVG Gleichbehandlung; die Senate entscheiden uneinheitlich; kritisch ErfK/*Dieterich*, Art. 3 GG Rz. 26; Überblick bei *Dieterich*, RdA 2005, 177. | 9 BAG v. 24.4.1985 – 4 AZR 457/83, AP Nr. 4 zu § 3 BAT; anders jedoch BAG v. 30.7.1992 – 6 AZR 11/92, AP Nr. 1 zu § 1 TVAngBundespost; zum Ganzen *Hartmann*, Gleichbehandlung und Tarifautonomie, 1994, S. 74 ff. | 10 S. auch BAG v. 24.4.1985 – 4 AZR 457/83, AP Nr. 4 zu § 3 BAT. | 11 *Hartmann*, Gleichbehandlung und Tarifautonomie, 1994, S. 79; *Wiedemann*, TVG, Einl. Rz. 212; *Wiedemann*, RdA 1997, 100 (101 mwN). | 12 *Baumann*, RdA 1994, 272 (273 f.); Kittner/Zwanziger/*Zwanziger*, ArbR, § 10 Rz. 119. | 13 BAG v. 14.12.1982 – 3 AZR 251/80, AP Nr. 1 zu § 1 BetrAVG – Besitzstand. | 14 BAG v. 15.1.1955 – 1 AZR 305/54, AP Nr. 4 zu Art. 3 GG. | 15 S. a. BAG v. 29.1.1986 – 4 AZR 465/84, AP Nr. 115 zu §§ 22, 23 BAT 1975; v. 28.7.1992 – 3 AZR 173/92, AP Nr. 18 zu § 1 BetrAVG – Gleichbehandlung; v. 9.3.1994 – 4 AZR 301/93, AP Nr. 31 zu § 23a BAT; v. 13.3.1997 – 2 AZR 175/96, AP Nr. 54 zu 2 BeschFG 1985.

ten. Zumindest bei der Festlegung der Inhalte des TV müssten die Tarifparteien die Grundrechte ihrer Mitglieder achten („gespaltene Lösung“[1]). Außerdem folge die Bindung aus der Eigenschaft des Gleichheitssatzes als Bestandteil der Verteilungsgerechtigkeit. Diese Meinung wird auch von Stimmen im Schrifttum vertreten[2].

39 Zwischenzeitlich haben einige Senate den traditionellen Ansatz des BAG aufgegeben und darauf abgestellt, dass Tarifautonomie **kollektive Privatautonomie** sei[3]. Der Gestaltungsspielraum der Tarifparteien ist vor diesem Hintergrund naturgemäß größer als der des Gesetzgebers. Die Bindung der Tarifparteien an den Gleichheitssatz aus Art. 3 I wird auch als ungeschriebene Kompetenzgrenze[4] verstanden, welche die Rspr. auf Grund der Schutzfunktion des Art. 3 und der praktischen Konkordanz von Art. 3 und 9 III entwickeln musste[5].

40 Dabei ist das Gleichheitsgebot nicht auf eine Kollektivvereinbarung und ein Unternehmen zu beschränken. **Vergleichbare ArbN-Gruppen** müssen auch in unterschiedlichen TV gleich behandelt werden[6]. Dies gilt insb., wenn dieselben Tarifparteien für unterschiedliche ArbN-Gruppen derselben Branche oder Berufsgruppe je eigenständige TV schließen[7]. Wegen der unterschiedlichen Tarifzuständigkeit auf den Seiten der Vertragspartner lässt sich allerdings das Gleichheitsgebot nicht für den gesamten Tarifzuständigkeitsbereich durchhalten.

41 Beispielhaft für **verfassungswidrige TV-Regelungen** sind Verstöße bei der Ungleichbehandlung von Teilzeitarbeit[8], bei der Benachteiligung von Personen, die aus den neuen Bundesländern stammen und auf Dauer im Westen tätig sind[9], sowie bei der Anrechnung übertarifl. Zulagen[10] und (Weihnachts-)Gratifikationen[11]. Auch in TV muss selbstverständlich Lohngleichheit (für Männer und Frauen) herrschen. Aus dem Gleichheitssatz folgt aber nicht das Gebot zur Gleichstellung von ArbGeb und ArbN, auch wenn dies regelungstechnisch möglich wäre, wie zB bei tarifl. Ausschlussfristen[12].

42 Soweit TV auch heute noch – wie § 622 BGB aF[13] – **unterschiedliche Kündigungsfristen** für Arbeiter und Angestellte vorsehen, hält das BAG die entsprechende Differenzierung unter bestimmten Umständen für zulässig. So könnten funktions-, branchen- oder betriebsspezifische Interessen bzw. besondere Flexibilitätserfordernisse im Geltungsbereich des TV verkürzte Kündigungsfristen für Arbeiter rechtfertigen[14]. Nicht gegen Art. 3 verstößt zudem, wenn ein tarifl. Sonderkündigungsschutz im Einzelfall von der Anzahl der im Unternehmen beschäftigten **Vollbeschäftigten** ohne die – ggf. anteilige – Einbeziehung von **Teilzeitbeschäftigten** abhängig gemacht wird[15].

43 **e) Betriebsvereinbarungen.** Auch die Betriebsparteien gehören nicht zu den Grundrechtsadressaten. Deshalb gilt der verfassungsrechtl. Gleichbehandlungsgrundsatz für BV zumindest **nicht unmittelbar**[16]. Das soll nach allerdings bestrittener[17] Ansicht auch der Fall sein, wenn sie auf einem Spruch der Einigungsstelle beruhen[18]. Im Ergebnis ist jedoch allgemein anerkannt, dass die Grundrechte zu beachten sind, strittig ist nur die Legitimationsgrundlage[19].

44 Gemäß **§ 75 I BetrVG** haben indes ArbGeb und BR darüber zu wachen, dass alle im Betrieb tätigen Personen nach den Grundsätzen von **Recht und Billigkeit** behandelt werden. Dies gilt auch in Bezug auf den Abschluss von BV. Zu den Grundsätzen von Recht und Billigkeit gehört der allgemeine Gleichheitssatz, wie er in Art. 3 I verkörpert ist. § 75 BetrVG erklärt also die verfassungsrechtl. Gleichberechtigungs-

---

1 So *Hartmann*, Gleichbehandlung und Tarifautonomie, 1994, S. 75. |2 *Baumann*, RdA 1994, 272 (273); *Gamillscheg*, Die Grundrechte im Arbeitsrecht, 1989, S. 103; *Zöllner*, RdA 1964, 443 (448). |3 BAG v. 11.3.1998 – 7 AZR 700/96, AP Nr. 12 zu § 1 TVG – Tarifverträge: Luftfahrt; v. 4.4.2000 – 3 AZR 729/98, AP Nr. 2 zu § 1 TVG – Gleichbehandlung; v. 30.8.2000 – 4 AZR 563/99, AP Nr. 25 zu § 4 TVG – Geltungsbereich. |4 BAG v. 27.5.2004 – 6 AZR 129/03, AP Nr. 5 zu § 1 TVG – Gleichbehandlung; BGH v. 20.9.2006 – IV ZR 304/04, ZTR 2007, 87. |5 So ErfK/*Dieterich*, Art. 3 GG Rz. 26; *Dieterich*, FS Wiedemann, 2002, S. 229, 237; s. auch *Schlachter*, JbArbR 40 (2003), 51 ff. |6 BAG v. 17.12.1992 – 6 AZR 91/92, AP Nr. 1 zu § 2 BAT SR 2 e II Nr. 1; v. 17.10.1995 – 3 AZR 882/94, AP Nr. 132 zu § 242 BGB – Gleichbehandlung. |7 ErfK/*Dieterich*, Art. 3 GG Rz. 28; *Stein*, AR-Blattei SD 830 Rz. 655; s. auch *Hanau/Kania*, Ungleichbehandlung von Arbeitern und Angestellten in den Tarifverträgen des öffentlichen Dienstes, 1994, S. 29 ff. |8 BAG v. 13.3.1997 – 2 AZR 175/96, AP Nr. 54 zu § 2 BeschFG 1985; v. 18.9.1997 – 2 AZR 592/96, AP Nr. 5 zu § 53 BAT. |9 BAG v. 30.7.1992 – 6 AZR 11/92, AP Nr. 1 zu § 1 TVAng-Bundespost. |10 BAG v. 6.2.1985 – 4 AZR 370/83, AP Nr. 16 zu § 4 TVG – Übertarifl. Lohn u. Tariflohnerhöhung; Jarass/Pieroth/*Jarass*, Art. 3 GG Rz. 62. |11 BAG v. 18.11.1961 – 1 AZR 75/61, E 11, 338 (141). |12 Kittner/Zwanziger/*Zwanziger*, ArbR, § 111 Rz. 15. |13 Das BAG hatte in seinem Beschl. v. 30.5.1990 – 1 BvL 2/83 ua., AP Nr. 28 zu § 622 BGB, in welchem es die damalige normative Regelung unterschiedlicher Kündigungsfristen für Arbeiter und Angestellte für verfassungswidrig erklärt hatte, ausdrücklich offen gelassen, ob ein entsprechendes Differenzierungsverbot auch für TV gilt. |14 S. etwa BAG v. 4.3.1993 – 2 AZR 355/93, AP Nr. 40 zu § 622 BGB mit Anm. *Hergenröder*; v. 16.9.1993 – 2 AZR 697/92, AP Nr. 42 zu § 622 BGB; v. 11.8.1994 – 2 AZR 9/94, AP Nr. 31 zu § 1 KSchG 1969 – Krankheit. Dies wird allerdings unterschiedlich beurteilt. S. nur *Stein*, AR-Blattei SD 830 Rz. 684 u. zum Ganzen eingehend Wiedemann/*Thüsing*, TVG, § 1 Rz. 692 ff. |15 BAG v. 14.3.2001 – 4 AZR 161/00, AP Nr. 4 zu § 620 BGB – Schuldrechtliche Kündigungsbeschränkungen. |16 BVerfG v. 23.4.1986 – 2 BvR 487/80, E 73, 261 (268); *Stein*, AR-Blattei SD 830 Rz. 658. |17 *Canaris*, JuS 1989, 161 (167); MünchArbR/*Richardi*, Bd. 1, § 10 Rz. 35. |18 BAG v. 27.5.1986 – 1 ABR 48/84, AP Nr. 15 zu § 87 BetrVG 1972 – Überwachung; ErfK/*Dieterich*, Art. 3 GG Rz. 29; *Stein*, AR-Blattei SD 830 Rz. 659. S. aber Kittner/Zwanziger/*Kittner*, ArbR, § 17 Rz. 6. |19 ErfK/*Dieterich* Einl. GG Rz. 59 u. Art. 3 Rz. 29.

und Gleichbehandlungsgrundsätze für die Betriebsparteien als verbindlich, wobei die Vorschrift sogar über den verfassungsrechtl. Gewährleistungsinhalt hinausgeht[1].

Praktische Auswirkungen hat der Gleichbehandlungsgrundsatz vor allem bei **Sozialplänen**, welche die Wirkung einer BV haben (§ 112 I 3 BetrVG). So sind die Betriebsparteien beim Abschluss eines Sozialplans zwar grds. frei in ihren Entscheidungen, doch dürfen sie keine Beschäftigten ohne sachlichen Grund aus dem Sozialplan ausschließen. Zulässig ist die Unterscheidung zwischen älteren und jüngeren ArbN, zwischen ArbN, die freiwillig gekündigt haben und solchen, denen gekündigt wurde – jedenfalls wenn die Eigenkündigung nicht durch den ArbGeb veranlasst war –, die Unterscheidung in Bezug auf ArbN, die einer Weiterarbeit nach Betriebsübergang beim neuen Inhaber zustimmen und solchen, die dies nicht tun. Unzulässig ist dagegen bspw. der generelle Ausschluss von ArbN, die eine Kündigungsschutzklage erhoben haben[2]. 45

Zudem gelten für BV der **arbeitsrechtl. Gleichbehandlungsgrundsatz**[3] und nach Ansicht des BVerfG die Grundsätze der mittelbaren Drittwirkung (Ausstrahlungswirkung) der Grundrechte[4]. Soweit es um die gesetzl. Festlegung der Betriebsvereinbarungsautonomie geht, gelten die Grundrechte gemäß Art. 1 III unmittelbar[5]. 46

f) Arbeitsverträge. Im Rahmen der (individuellen) arbeitsrechtl. Vertragsfreiheit hat Art. 3 I nur **Ausstrahlungswirkung**. Doch hat die Rspr. zusätzlich einen einfachgesetzl. Gleichheitssatz entwickelt. Dabei bejaht sie aber den grds. Vorrang der Vertragsfreiheit vor dem arbeitsrechtl. Grundsatz der Gleichbehandlung[6]. 47

Dieser einfachgesetzl. **arbeitsrechtl. Gleichbehandlungsgrundsatz** ist zwar im Ergebnis allgemein anerkannt, gehört unangefochten seit Jahrzehnten (seit 1938) zu den grundlegenden Rechtsgründen des Arbeitsrechts und wird sogar zu den „tragenden Prinzipien des Arbeitsrechts" gezählt[7], doch ist seine dogmatische Grundlage umstritten. Klarzustellen ist, dass er nicht direkt aus der Verfassung folgen kann, da diese sich nur an die öffentl. Gewalt richtet[8]. 48

Die heute ganz überwiegende Meinung sieht den Geltungsgrund im Gewohnheitsrecht; die Rspr. gibt keine Begründung mehr. Nach st. Rspr. des BAG wird der arbeitsrechtl. Gleichbehandlungsgrundsatz **inhaltlich** von dem allgemeinen Gleichheitssatz des Art. 3 I und vor allem auch vom Gleichberechtigungsgrundsatz des Abs. 2 und vom Benachteiligungsverbot des Abs. 3 geprägt[9]. Er verbietet sowohl die sachfremde Schlechterstellung einzelner ArbN gegenüber anderen ArbN in vergleichbarer Lage als auch die sachfremde Differenzierung zwischen ArbN in einer bestimmten Ordnung. Eine Gruppenbildung muss sachlichen Kriterien entsprechen. Eine Differenzierung ist dann sachfremd, wenn es für die unterschiedliche Behandlung keine billigenswerten Gründe gibt[10]. Auch etwaige Benachteiligungen im Arbeitsverhältnis wegen der sexuellen Orientierung verstoßen gegen den allgemeinen arbeitsrechtl. Gleichbehandlungsgrundsatz (nicht gegen Abs. 2)[11] (nun s. auch § 1 AGG). 49

Der (arbeitsrechtl.) Gleichbehandlungsgrundsatz verbietet dem ArbGeb, Einzelne oder Gruppen von ArbN ohne sachlichen Grund von allgemeinen **begünstigenden Regelungen auszuschließen** oder sie anderweitig schlechter zu stellen. Er erstreckt sich auf alle rechtl. und tatsächl. **Arbeitsbedingungen**, bei denen der ArbGeb die Möglichkeit hat, die ArbN gleich oder ungleich zu behandeln (Anwendungsbeispiele sind Entgelt sowie Ordnungs- und Verhaltensvorschriften), jedoch gilt er nicht für Einstellungen. Er setzt voraus, dass der ArbGeb ausdrücklich oder schlüssig eine Regel aufstellt (bzw. Leistungen nach einem erkennbaren Prinzip gewährt). Eine Gruppenbildung muss sachgerecht sein. Der ArbN hat jedoch keinen Anspruch auf eine Regelung, bei dem „Ob" ist der ArbGeb frei[12]. Einzelvertragl. Begünstigungen bleiben erlaubt[13]. 50

Aus dem allgemeinen arbeitsrechtl. Gleichbehandlungsgrundsatz folgt auch keine Verpflichtung des ArbGeb, **Gewerkschaftsmitglieder** und **Außenseiter** gleich zu behandeln. Nach § 3 I TVG gilt der TV 51

---

1 BAG v. 19.4.1983 – 1 AZR 498/81, AP Nr. 124 zu Art. 9 GG mit Anm. *Kraft*; v. 22.3.2005 – 1 AZR 49/04, AP Nr. 48 zu § 75 BetrVG 1972 mwN; Löwisch/Kaiser/*Löwisch*, § 75 BetrVG Rz. 8. | 2 Kittner/Zwanziger/*Kittner*, ArbR, § 17 Rz. 27 ff. Zahlreiche Differenzierungskriterien bei Löwisch/Kaiser/*Löwisch*, § 112 BetrVG Rz. 57 ff.; aus neuerer Zeit vgl. etwa BAG v. 13.2.2007 – 1 AZR 163/06, AP Nr. 185 zu § 112 BetrVG 1972. | 3 BVerfG v. 1.9.1997 – 1 BvR 1929/95, AP Nr. 203 zu § 611 BGB – Gratifikation; Löwisch/Kaiser/*Löwisch*, § 112 BetrVG Rz. 7. | 4 BVerfG v. 23.4.1986 – 2 BvR 487/80, E 73, 261 (269); MünchArbR/*Richardi*, Bd. 1, § 10 Rz. 34. | 5 MünchArbR/*Richardi*, Bd. 1, § 10 Rz. 35. | 6 BAG v. 28.7.1992 – 3 AZR 173/92, AP Nr. 18 zu § 1 BetrAVG – Gleichbehandlung. | 7 *Maute*, Gleichbehandlung von Arbeitnehmern, 1993, S. 6; *Schaub*, ArbRHdb, § 112 I 6, S. 970. | 8 ErfK/*Dieterich*, Art. 3 GG Rz. 30. Zur Rechtsgrundlage eingehend *Marhold/Beckers*, AR-Blattei SD 800.1 (1996), Rz. 4 ff. | 9 BAG v. 18.10.1961 – 1 AZR 75/61, AP Nr. 69 zu Art. 3 GG; v. 25.8.1982 – 5 AZR 107/80, AP Nr. 53 zu § 242 BGB – Gleichbehandlung; *Marhold/Beckers*, AR-Blattei SD 800.1 (1996), Rz. 45 f. | 10 BAG v. 28.7.1992 – 3 AZR 173/92, AP Nr. 18 zu § 1 BetrAVG – Gleichbehandlung. | 11 Kittner/Zwanziger/*Zwanziger*, ArbR, § 111 Rz. 42. | 12 BAG v. 9.9.1981 – 5 AZR 1182/79, AP Nr. 117 zu Art. 3 GG; v. 28.7.1992 – 3 AZR 173/92, AP Nr. 18 zu § 1 BetrAVG – Gleichbehandlung; *Hromadka/Maschmann*, ArbR, Bd. 1, § 7 Rz. 107 ff., 110. | 13 BAG v. 19.8.1992 – 5 AZR 513/91, AP Nr. 102 zu § 242 BGB – Gleichbehandlung; v. 13.2.2002 – 5 AZR 713/00, AP Nr. 184 zu § 242 BGB – Gleichbehandlung; *Gamillscheg*, Die Grundrechte im Arbeitsrecht, 1989, S. 51.

grds. nur für beiderseits tarifgebundene Arbeitsverhältnisse und der ArbGeb ist nicht verpflichtet, den nicht organisierten ArbN die gleichen Leistungen zu gewähren wie den organisierten. Diese Regel darf durch den arbeitsrechtl. Gleichbehandlungsgrundsatz nicht „umgangen" werden. Schließlich zahlen die Mitglieder auch Beiträge. So wäre eher eine Gleichbehandlung als Verletzung des Gleichheitssatzes zu werten, obwohl dies häufig praktiziert wird[1] – oder (praktisch) sogar werden muss[2].

52 Rechtsfolge eines Verstoßes gegen den arbeitsrechtl. Gleichbehandlungsgrundsatz ist regelmäßig ein **Anspruch des Benachteiligten** auf die ihm zunächst verwehrte Vergünstigung[3]. Doch weil die Handlungs- und Vertragsfreiheit des ArbGeb eingeschränkt wird, darf die Bindung an den Gleichheitssatz nicht weiter gehen als zum Schutz des ArbN erforderlich. Infolgedessen ist er auch in gewissem Rahmen – nicht in seiner Gesamtheit – abdingbar (§ 138 BGB). Zudem ist er subsidiär. Auch gibt der Gleichbehandlungsgrundsatz dem ArbN keinen Anspruch auf ein bestimmtes Tun. Wie der ArbGeb eine grundlose Ungleichbehandlung beseitigt, ist – im Rahmen des rechtl. Zulässigen – seinem Ermessen überlassen[4].

53 Ursprünglich gingen Rspr. und hL davon aus, dass der arbeitsrechtl. Gleichbehandlungsgrundsatz grds. nur innerhalb eines **Betriebes** Anwendung findet. Nun bezieht das BAG den Gleichbehandlungsgrundsatz idR auf das **Unternehmen**[5]. Der Gleichbehandlungsgrundsatz sei seinem Wesen nach kompetenzbezogen und beziehe sich deshalb auf den Bereich, auf den sich die gebundene Regelungskompetenz erstrecke; maßgeblich sei insoweit das Unternehmen. Im Hinblick darauf, dass es oft eher zufällig ist, ob man eine Abteilung als „Betriebsteil" oder als „selbstständigen Betrieb" zu qualifizieren hat und in beiden Fällen die Abhängigkeit von einem **Entscheidungszentrum** dieselbe ist, ist dem zuzustimmen. Allerdings wird häufig ein sachlicher Grund für eine Differenzierung innerhalb eines Unternehmens vorliegen[6].

54 Jedoch gilt der Gleichbehandlungsgrundsatz nicht im **Konzern**, die Konzernunternehmen sind rechtl. selbständig (vgl. § 18 AktG (iVm. § 17 I AktG))[7]. Soweit der **Staat** als privatrechtl. ArbGeb auftritt, ist er ebenfalls (nur) an den arbeitsrechtl. Gleichbehandlungsgrundsatz gebunden[8].

55 **4. Rechtfertigung durch sachlichen Grund. a) Grundlagen.** Eine Ungleichbehandlung vergleichbarer Sachverhalte stellt nicht automatisch eine **Verletzung** des allgemeinen Gleichbehandlungsgrundsatzes dar. Art. 3 I verlangt noch nicht einmal die zweckmäßigste und gerechteste Lösung[9]. Voraussetzung einer zulässigen Differenzierung ist nur, dass sie sachlich vertretbar ist. Als Differenzierungsgrund kommt grds. jede vernünftige Erwägung in Frage[10]. Liegt jedoch eine unzulässige Differenzierung vor und stellt die festgestellte Ungleich-(Gleich)behandlung einen Nachteil für den Betroffenen dar, ist der Gleichbehandlungsgrundsatz beeinträchtigt[11].

56 **b) Vergleichsgruppen.** Die Verletzung des Gleichbehandlungsgrundsatzes setzt voraus, dass **vergleichbare Personen, Gruppen oder Sachverhalte** ungleich behandelt werden, bzw. dass nicht vergleichbare Personen, Gruppen oder Sachverhalte gleich behandelt werden. Schwierig ist hierbei die Vergleichsgruppenbildung, auch weil es manchmal kaum möglich ist, zwischen Vergleichsgruppenbildung und Rechtfertigung klar zu trennen[12]. Beispiele solcher Gruppen sind Angestellte und Arbeiter, Vollzeit- und Teilzeitbeschäftigte[13].

57 Dabei sind die Anforderungen an die **Vergleichsgruppenbildung** nicht einheitlich zu beurteilen. So haben die Tarifparteien bei der Gruppenbildung grds. wohl einen weiteren Spielraum als der einzelne ArbGeb. Zweifelhaft ist, ob der einzelne ArbGeb sich auf das Vorbild einer tarifl. Regel berufen kann, um damit die eigene Ungleichbehandlung zu rechtfertigen[14]. Ein TV kann als solcher nicht als sachlicher Differenzierungsgrund wirken[15].

58 **c) Prüfungsmaßstab.** Die ältere Rspr. des BVerfG nahm grds. nur eine Willkürprüfung vor, dh. sie suchte nach einem irgendwie gearteten sachlichen Differenzierungsgrund. Heute tritt die sog. „**neue Formel**" hinzu, zu der das BVerfG seit 1980 übergegangen ist[16]. Danach sind die Anforderungen an den Differenzierungsgrund unterschiedlich. Je nach Regelungsgegenstand und Differenzierungsgründen können sie vom bloßen Willkürverbot bis zu einer strengen Verhältnismäßigkeitsprüfung reichen[17].

---

1 BAG v. 20.7.1960 – 4 AZR 199/59, AP Nr. 7 zu § 4 TVG; *Löwisch*, Arbeitsrecht, Rz. 284 f.; ausfl. *Wiedemann*, RdA 2007, 65. | 2 In diesem Zusammenhang etwa *Franzen*, RdA 2006, 1 ff.; *Gamillscheg*, NZA 2005, 146 ff.; *Giesen*, NZA 2004, 1317 ff. | 3 BAG v. 9.9.1981 – 5 AZR 1182/79, AP Nr. 117 zu Art. 3 GG. | 4 *Hromadka/Maschmann*, ArbR, Bd. 1, § 7 Rz. 99 ff., 117. | 5 BAG v. 17.11.1998 – 1 AZR 147/98, AP Nr. 162 zu § 242 BGB – Gleichbehandlung; ErfK/*Dieterich*, Art. 3 GG Rz. 30. | 6 Zum Ganzen *Bepler*, NZA 2004, Sonderbeil. zu Heft 18, S. 3 (7 ff.). | 7 *Hromadka/Maschmann*, ArbR, Bd. 1, § 7 Rz. 112 ff. | 8 BVerfG v. 2.3.1993 – 1 BvR 1213/85, E 88, 103 (116). | 9 BVerfG v. 26.3.1980 – 1 BvR 121, 122/76, E 54, 11 (25 f.); BAG v. 25.2.1987 – 8 AZR 430/84, AP Nr. 3 zu § 52 BAT; ErfK/*Dieterich*, Art. 3 GG Rz. 43. | 10 BVerfG v. 9.3.1994 – 2 BvL 43/92 ua., 2 BvR 2031/92, E 90, 145 (196); BAG v. 14.10.2003 – 9 AZR 146/03, AP Nr. 9 zu § 3 ATG; Jarass/Pieroth/*Jarass*, Art. 3 GG Rz. 15 f. | 11 ErfK/*Dieterich*, Art. 3 GG Rz. 36. | 12 ErfK/*Dieterich*, Art. 3 GG Rz. 35. | 13 S. aber BAG v. 13.6.2006 – 9 AZR 588/05, AP Nr. 30 zu § 1 TVG – Altersteilzeit. | 14 *Gamillscheg*, Die Grundrechte im Arbeitsrecht, 1989, S. 52. | 15 BAG v. 28.7.1992 – 3 AZR 173/92, AP Nr. 18 zu § 1 BetrAVG – Gleichbehandlung. | 16 Dreier/*Heun*, Art. 3 GG Rz. 19; Sachs/*Osterloh*, Art. 3 GG Rz. 8. | 17 BVerfG v. 27.1.1998 – 1 BvL 15/87, E 97, 169; BAG v. 9.3.1994 – 4 AZR 301/93, AP Nr. 31 zu § 23a BAT; Jarass/Pieroth/*Jarass*, Art. 3 GG Rz. 17.

59 Der allgemeine Gleichbehandlungsgrundsatz ist nach der Rspr. des BVerfG vor allem dann verletzt, wenn eine Gruppe von Normadressaten anders behandelt wird, obwohl zwischen beiden Gruppen keine Unterschiede von solcher Art und solchem Gewicht bestehen, dass sie die ungleiche Behandlung rechtfertigen könnten[1]. Also muss bei der Entscheidung, welcher **Prüfungsmaßstab** anzulegen ist, zuerst nach dem Differenzierungsgrund gefragt werden. Insoweit gelten für die Prüfungsintensität folgende „Richtlinien": Werden verschiedene *Personengruppen* – die keinen oder nur schwer Einfluss auf das entsprechende Kriterium haben – (etwa Angestellte und Arbeiter) und nicht nur verschiedene *Sachverhalte* ungleich behandelt, ist eine strenge Prüfung notwendig. Außerdem ist eine genaue Untersuchung geboten, wenn die fragliche Maßnahme in den Schutzbereich eines anderen Grundrechts eingreift[2]. Damit sind dem gesetzgeberischen Gestaltungsspielraum dort enge Grenzen gezogen, wo es sich um Regelungen handelt, die Auswirkungen auf die durch Art. 12 I geschützte Freiheit der beruflichen Tätigkeit haben. Hingegen kann bei komplexen Zusammenhängen wieder großzügig geprüft werden. Ebenso findet eine bloße Willkürprüfung statt, wenn ohne benannte Differenzierungskriterien nach dem Zufallsprinzip vorgegangen wird[3].

60 Das BAG folgt dieser Rspr. nicht uneingeschränkt. So übernimmt es die „neue Formel" zwar gelegentlich und betont dabei sogar, dass Art. 3 mehr als ein **Willkürverbot** bedeute[4]. In einigen Entscheidungen gebraucht das BAG aber auch die „neue Formel" wieder nur als Willkürverbot, wenn unter dem Gesichtspunkt der Ermessensüberschreitung gefragt wird, ob gewichtige, tatsächliche Gleichheiten oder Ungleichheiten hinreichend beachtet werden[5]. So hat das BAG die neue Formel zwar bei der Prüfung unterschiedlicher Kündigungsfristen von Angestellten und Arbeitern zugrunde gelegt, eine Überprüfung anhand des Übermaßverbots erfolgte aber nicht, sondern eine nicht „beträchtliche" Ungleichbehandlung wurde als hinnehmbar und zulässig beurteilt. Ungleichbehandlung und rechtl. Grund müssten (nur) in einem angemessenen Verhältnis zueinander stehen[6]. Ob die „neue Formel" die frühere „Willkürformel" ersetzt oder ergänzt, wird in der Lit. unterschiedlich beurteilt[7]. Außerdem wird die Auffassung vertreten, es sei eine generelle Überprüfung nach dem Verhältnismäßigkeitsgrundsatz vorzunehmen[8]. Gegen die „neue Formel" wird eingewandt, dass sie den Blick auf die unterschiedliche Rechtfertigungskonstellation verdunkle, anstatt die verfassungsrechtl. Kontrolle auszudehnen[9].

61 **d) Differenzierungsgrund.** Nicht gleichheitswidrig ist eine Ungleichbehandlung (Gleichbehandlung), wenn sie gerechtfertigt ist, dh. ein **sachlicher Differenzierungsgrund** vorliegt. Dabei führen Mängel der Motive des Gesetzgebers für sich besehen nicht zur Verletzung des Gleichheitssatzes, wenn die Differenzierung in der Sache objektiv gerechtfertigt ist[10]. Auch ist auf den Zweck der Regelung abzustellen[11]. Da im Bereich des Arbeitsrechts ein breiter Gestaltungs- und Differenzierungsbedarf zur Verwirklichung unterschiedlichster wirtschafts-, beschäftigungs-, sozial- und gesellschaftspolitischer Vorstellungen besteht, dürfen auch wirtschafts- und beschäftigungspolitische Differenzierungsziele berücksichtigt werden. So kann der Gesetzgeber funktions- oder auch betriebsspezifische Interessen der ArbGeb an größerer personalwirtschaftl. Beweglichkeit berücksichtigen und kürzere Kündigungsfristen zulassen. Dabei müssen jedoch immer die anderen Grundrechte – im Arbeitsrecht insb. Art. 12 für den ArbGeb – und die aus dem Sozialstaatsprinzip folgenden Schutzpflichten – für den ArbN – berücksichtigt werden[12].

62 Kein sachlicher Differenzierungsgrund ist das Anknüpfen an die **pauschale Gruppenzugehörigkeit**[13]. Somit ist bspw. die unterschiedliche Behandlung von ArbN, weil sie (nur) Teilzeit arbeiten, unzulässig (Rz. 109 ff.).

63 **Erlaubte Differenzierungsgründe** sind hingegen: Gekündigtes – ungekündigtes Arbeitsverhältnis, Alter (problematisch nun aber die sog. „Altersdiskriminierung"; vgl. § 1 AGG Rz. 11, § 10 AGG Rz. 1 ff.), Stammbelegschaft – übernommene Belegschaft, Führungskräfte[14]. Außerdem sind manche Differenzierungsmerkmale in Gesetz und TV fest verwurzelt und damit auch dem ArbGeb als Unterscheidung erlaubt. Wichtigstes Beispiel dafür ist die Betriebszugehörigkeit, obwohl diese Eigenschaft mit Art und Umfang der Arbeit vielfach nichts zu tun hat (vgl. § 10 KSchG, § 622 BGB)[15]. Zulässige sachliche Gründe

1 St. Rspr., vgl. zB BVerfG 16.3.1982 – 1 BvR 938/81, E 60, 123 (133 f.); BAG v. 16.1.1992 – 2 AZR 657/87, AP Nr. 12 zu § 2 AngestelltenkündigungsG. | **2** BVerfG v. 30.5.1990 – 1 BvL 2/83 ua., E 82, 126 (146); v. 11.1.1995 – 1 BvR 892/88, E 92, 53; v. 4.7.1995 – 1 BvR 2/86 ua., E 92, 365 (407 f.); ErfK/*Dieterich*, Art. 3 GG Rz. 40. | **3** BVerfG v. 22.2.1994 – 1 BvL 21/85 u. 4/92, E 90, 46 (56); Jarass/Pieroth/*Jarass*, Art. 3 GG Rz. 19 ff. | **4** BAG v. 9.3.1994 – 4 AZR 301/93, AP Nr. 31 zu § 23a BAT; v. 20.1.2004 – 9 AZR 291/02, AP Nr. 1 zu § 112 LPVG Rh.-Pf. | **5** BAG v. 4.8.1988 – 6 AZR 10/86, AP Nr. 3 zu § 40 BAT; s. auch v. 30.8.2000 – 4 AZR 563/99, AR-Blattei ES 1550.1.4 Nr. 5; v. 29.11.2001 – 4 AZR 762/00, AP Nr. 296 zu Art. 3 GG. | **6** BAG v. 23.1.1992 – 2 AZR 470/91, AP Nr. 37 zu § 622 BGB, hier bezieht sich das BAG auf BVerfG v. 30.5.1990 – 1 BvL 2/83 ua., E 82, 126 (146). | **7** S. nur ErfK/*Dieterich*, Art. 3 GG Rz. 34; von Münch/Kunig/*Gubelt*, Art. 3 GG Rz. 14. | **8** Sachs/*Osterloh*, Art. 3 GG Rz. 15. | **9** *Neumann*, DVBl 1997, 92 (95). | **10** BVerfG v. 26.4.1978 – 1 BvL 29/76, E 48, 227 (237); ErfK/*Dieterich*, Art. 3 GG Rz. 39. | **11** BAG v. 13.12.2005 – 9 AZR 220/05, AP Nr. 27 zu § 1 TVG Altersteilzeit. | **12** BVerfG v. 30.5.1990 – 1 BvL 2/83 ua., E 82, 126 (153); *Wiedemann*, RdA 1997, 100 (103). | **13** BAG v. 21.3.1991 – 2 AZR 323/84 (A), AP Nr. 29 zu § 622 BGB. | **14** BAG v. 11.11.1986 – 3 AZR 74/85, AP Nr. 4 zu § 1 BetrAVG – Gleichberechtigung; v. 29.8.2001 – 4 AZR 352/00, AP Nr. 291 zu Art. 3 GG; v. 14.10.2003 – 9 AZR 146/03, AP Nr. 9 zu § 3 ATG; v. 19.11.2003 – 7 AZR 296/03, AP Nr. 3 zu § 17 TzBfG. | **15** *Gamillscheg*, Die Grundrechte im Arbeitsrecht, 1989, S. 51.

sind ferner Arbeitsleistung, Qualifikation, Berufserfahrung oder unterschiedliche Anforderungen am Arbeitsplatz. Dies gilt auch dann, wenn dadurch vorwiegend Teilzeitkräfte anders behandelt werden[1].

64 **e) Typisierung und Stichtage.** Zwar stellen Typisierungen nach hM Eingriffe in das Recht auf Gleichbehandlung dar, doch sind sie unter bestimmten Voraussetzungen zulässig[2]. So kann bei der **Rechtfertigung einer Ungleichbehandlung** ein ausreichender Differenzierungsgrund in der Typisierung und Generalisierung von Sachverhalten liegen[3]. Jede gesetzl. Regelung muss generalisieren. Der Gesetzgeber darf dabei an ein typisches Erscheinungsbild des Regelungsgegenstands und vorliegende Erfahrungen anknüpfen, auch wenn er dadurch nicht jeder Besonderheit gerecht wird. Er kann von Differenzierungen absehen, die der Verständlichkeit und Praktikabilität entgegenstehen. Dies ist besonders bei der Regelung von Massenerscheinungen von Bedeutung, um die es gerade im Arbeitsrecht häufig geht[4].

65 Voraussetzung einer zulässigen Typisierung ist in erster Linie die Orientierung am **typischen Fall** und das Erfassen der **meisten Sachverhalte**, wobei eine Ausblendung atypischer Fälle dennoch nicht unbegrenzt möglich ist. In Betracht kommt nur die Benachteiligung einer verhältnismäßig kleinen Gruppe. Der Gleichheitsverstoß darf nicht sehr intensiv sein[5]. Eine Rolle spielen auch die Nachteile im Einzelfall und die Dauerhaftigkeit. Außerdem darf der hinnehmbare Anteil derjenigen, welche durch die Typisierung benachteiligt werden, nicht abstrakt bestimmt werden. Vielmehr ist auf Art und Gewicht der eintretenden Härten und Ungerechtigkeiten und auf die Vermeidbarkeit abzustellen[6]. Härteklauseln und Billigkeitsregelungen können dabei den Typisierungsspielraum erweitern[7]. Die Vorteile der Typisierung müssen im rechten Verhältnis zu den mit ihr verbundenen Ungerechtigkeiten stehen (Erforderlichkeitsprüfung)[8].

66 Die Grundsätze der Typisierung gelten auch für die **Verwaltung**[9] und die **TV-Parteien**[10]. Auch in TV sind Typisierungen nur sachlich gerechtfertigt, wenn sie hinreichend gruppenspezifisch ausgestaltet sind, also entweder nur eine verhältnismäßig kleine Gruppe nicht intensiv benachteiligen oder funktions-, branchen- oder betriebsspezifischen Interessen im Geltungsbereich des TV entsprechen[11].

67 Ebenso sind **Stichtagsregelungen** für die Schaffung von Ansprüchen und das Inkrafttreten belastender Regelungen – trotz der damit verbundenen Härten – grds. zulässig. Das gilt sogar dann, wenn sie von finanziellen oder finanzpolitischen Erwägungen getragen werden. Die Wahl des Stichtags muss sich allerdings am gegebenen Sachverhalt orientieren und die Interessenlage der Betroffenen angemessen berücksichtigen, wobei Übergangsregelungen geboten sein können[12].

68 **5. Berufung auf Differenzierungsgründe. a) Materiellrechtliche Hinweisobliegenheit.** Die aktuelle Rspr. des BAG greift die ältere Rspr. wieder auf. Danach hat der ArbGeb eine materiell-rechtl. Pflicht (Dokumentationsobliegenheit), die Gründe für die Ungleichbehandlung schnell **offen zu legen**, sobald der ArbN eine unzulässige Differenzierung rügt. Tut er dies nicht, kann er sich später auch nicht auf die entsprechenden Gründe berufen. Dabei soll die Berufung auf einen TV oder eine BV zumeist ausreichen[13].

69 **b) Darlegungs- und Beweislast.** Problematisch ist, wer das Vorliegen eines Differenzierungsgrundes beweisen muss. Dabei ist nach der Grundlage, auf der die Ungleichbehandlung basiert, zu unterscheiden.

70 **aa) Auslegung.** Zunächst sind Differenzierungsgrund bzw. -zweck durch Auslegung zu ermitteln. Besonders ältere Urteile waren insoweit großzügig, da sie von einer **Richtigkeitsgewähr** in Bezug auf die staatliche und tarifl. Normsetzung ausgingen[14]. Bei allgemeinen tarifl. Regelungen könne ein sachgerechter Interessenausgleich vermutet werden[15]. Erst wenn eine Auslegung nicht zum Ziel führt, ist auf Darlegung und Beweise abzustellen[16].

71 **bb) Tarifverträge.** Bei TV (und BV) gelten die Grundsätze des § 293 ZPO. Bei TV-Normen, die ein Arbeitsverhältnis regeln, handelt es sich nicht um staatliches Gesetzesrecht, sondern um kraft des TV-Gesetzes von den Tarifparteien gesetztes autonomes Recht, das als statutarisches Recht nach den

1 BAG v. 28.7.1992 – 3 AZR 173/92, AP Nr. 18 zu § 1 BetrAVG – Gleichbehandlung; v. 21.5.2003 – 10 AZR 524/02, AP Nr. 251 zu § 611 BGB – Gratifikation; *Wlotzke*, NZA 1984, 217 (218). | 2 *Huster*, Rechte und Ziele, 1993, S. 266. | 3 Jarass/Pieroth/*Jarass*, Art. 3 GG Rz. 30. | 4 St. Rspr. seit BVerfG v. 24.7.1963 – 1 BvL 11/61, E 17, 1 (23) mwN. | 5 ErfK/*Dieterich*, Art. 3 GG Rz. 47. | 6 BVerfG v. 2.7.1969 – 1 BvR 669/64, E 26, 265 (276); *Huster*, Rechte und Ziele, 1993, S. 274 f.; Jarass/Pieroth/*Jarass*, Art. 3 GG Rz. 31; *Neumann*, DVBl 1997, 92 (96). | 7 BVerfG v. 15.12.1987 – 1 BvR 563/85 ua. 1 BvL 3/86, E 77, 308 (335, 338); Sachs/*Osterloh*, Art. 3 GG Rz. 111. | 8 *Huster*, Rechte und Ziele, 1993, S. 279. | 9 Jarass/Pieroth/*Jarass*, Art. 3 GG Rz. 30. | 10 BAG v. 28.7.1992 – 9 AZR 308/90, AP Nr. 10 zu § 1 TVG – Tarifverträge: Seniorität; ErfK/*Dieterich*, Art. 3 GG Rz. 47. | 11 BAG v. 21.3.1991 – AZR 323/84 (A), AP Nr. 29 zu § 622 BGB. | 12 BVerfG v. 29.11.2001 – 4 AZR 762/00, AP Nr. 296 zu Art. 3 GG; BAG v. 6.7.2005 – 4 AZR 27/04, AP Nr. 166 zu § 611 BGB-Lehrer, Dozenten; Sachs/*Osterloh*, Art. 3 GG Rz. 113. | 13 BAG v. 9.9.1981 – 5 AZR 1182/79, AP Nr. 117 zu Art. 3 GG; Kittner/Zwanziger/*Zwanziger*, ArbR, § 111 Rz. 27. | 14 Dazu *Wiedemann*, RdA 1997, 100 (102 mwN). | 15 BAG v. 21.3.1991 – 2 AZR 616/90, AP Nr. 31 zu § 622 BGB; v. 16.9.1993 – 2 AZR 697/92, AP Nr. 42 zu § 622 BGB. | 16 BVerfG v. 22.2.1994 – 1 BvL 21/85 u. 4/92, E 90, 46 (57); ErfK/*Dieterich*, Art. 3 GG Rz. 53.

Grundsätzen des § 293 ZPO zu behandeln ist. Somit wird nicht nur die Verfassungskonformität der Entscheidungsgrundlage (inzident) von Amts wegen geprüft, sondern auch die tatsächliche Grundlage der benannten Zwecke bzw. Differenzierungsziele, die für die verfassungsrechtl. Beurteilung erheblich sind, werden nach dem Amtsermittlungsgrundsatz ermittelt[1].

Das bedeutet, dass die ArbG **von Amts wegen** die näheren für die unterschiedliche Behandlung maßgeblichen Umstände, die für und gegen eine Verfassungswidrigkeit sprechen, zu untersuchen haben. Vorausgesetzt wird aber, dass die Parteien ausreichend Anhaltspunkte für eine Nachforschung liefern – wobei entsprechender Vortrag zunächst dem ArbN obliegt – oder zumindest das Gericht selbst an der Verfassungsmäßigkeit zweifelt. Die Rechtslage ist hier nicht anders, als wenn die Rechtmäßigkeit eines TV in Rede steht[2]. Normstützende Rechtstatsachen können auch noch in der Revisionsinstanz ermittelt werden[3]. Das BAG ist nur an die tatsächlichen Feststellungen des LAG gebunden, nicht jedoch an die Auslegung des TV. Auch hier wirkt sich der Gestaltungsspielraum des Normgebers aus[4]. 72

Dennoch besteht die Möglichkeit, dass entscheidungserhebliche Tatsachen sich nicht aufklären lassen (non liquet). Dieses Risiko – **objektive Beweislast** – muss eine Partei tragen[5]. Rügt ein ArbN eine diskriminierende Behandlung durch Anwendung einer seiner Meinung nach gleichheitswidrigen Bestimmung eines TV, gelten für die Verteilung der Beweislast grds. die allgemeinen Regeln. Als Anspruchsvoraussetzung muss der betreffende ArbN beweisen, dass eine tatsächliche Ungleichbehandlung überhaupt vorliegt. Dabei muss er konkret darlegen, inwieweit die Gruppen, die ungleich behandelt werden, vergleichbar sind. Ausnahmsw. entfällt diese Verpflichtung jedoch, wenn dem ArbN die Beweisführung nicht zumutbar ist. Liegen die tatbestandlichen Voraussetzungen vor, muss der ArbGeb beweisen, dass die tatsächliche Ungleichbehandlung durch einen sachlichen Grund gerechtfertigt werden kann. IdR muss also diejenige Partei, welche die Regelung angreift, auch das Risiko der Ungewissheit in Bezug auf die Ungleichbehandlung tragen. Demgegenüber hat diejenige Partei, die sich auf die Regelung beruft, das Risiko der Ungewissheit, welche in Bezug auf die sachlichen Gründe einer Differenzierung verblieben ist, zu übernehmen[6]. 73

cc) Arbeitsrechtlicher Gleichbehandlungsgrundsatz. Anders sieht es im Rechtsstreit um die Verletzung des arbeitsrechtl. Gleichbehandlungsgrundsatzes aus. Nachdem es insoweit um individualarbeitsrechtl. Fragen geht, ist das Urteilsverfahren eröffnet, es gilt der zivilprozessuale **Beibringungsgrundsatz**, zudem ist das Revisionsgericht an die tatrichterlichen Feststellungen gebunden[7]. Doch wird dem ArbN die Darlegung einer sachwidrigen Benachteiligung meistens nicht in allen Einzelheiten gelingen. Deshalb hilft die Rspr. mit einer abgestuften Beweislast und Vermutungen[8]. Denn bei der Anwendung des arbeitsrechtl. Gleichbehandlungsgrundsatzes muss die Darlegungs- und Beweislast so verteilt werden, dass eine am materiellen Recht orientierte Entscheidung auch praktisch möglich ist. Dem ArbN dürfen keine übertriebenen Anforderungen an seinen Vortrag aufgebürdet werden, um ihm eine Chance im Prozess zu geben. Aus diesen Gründen obliegt es dem ArbN, darzulegen und zu beweisen, dass eine Ungleichbehandlung nahe liegt. Der ArbGeb muss dann die Rechtfertigung für die Ungleichbehandlung darlegen und beweisen. 74

6. Rechtsfolgen von Verstößen. a) Gleichheitswidrige Gesetze. Gleichheitswidrige Gesetze werden vom BVerfG im Rahmen einer Normenkontrolle nach Art. 100 oder einer Verfassungsbeschwerde mit dem Verdikt der Verfassungswidrigkeit belegt. Dabei ist eine verfassungswidrige Norm grds. für **nichtig** zu erklären (§ 82 I iVm. § 78 I BVerfGG)[9]. Etwas anderes gilt nach st. Rspr. des BVerfG, wenn sich ein Verfassungsverstoß aus dem Zusammenwirken mehrerer Vorschriften ergibt und/oder eine Korrektur auf verschiedene Weise vorgenommen werden kann[10]. Mit Rücksicht auf die Gestaltungsmöglichkeiten des Gesetzgebers ist dann ausnahmsw. von einer Nichtigkeitserklärung abzusehen und die Möglichkeit zur verfassungsgemäßen Neuregelung zu geben[11]. 75

Gleichheitswidrige Regelungen können auf verschiedene Arten behoben und mit dem Gleichheitssatz in Übereinstimmung gebracht werden. So können ungleiche Belastungen sowohl gänzlich beseitigt als auch auf alle „gleichen“ Personen ausgedehnt werden. Und gleichheitswidrige Begünstigungen können ebenfalls auf die bislang (gleichheitswidrig) Ausgeschlossenen ausgedehnt oder überhaupt weggelassen 76

1 BAG v. 29.3.1957 – 1 AZR 208/55, AP Nr. 4 zu § 4 TVG – Tarifkonkurrenz; v. 4.3.1993 – 2 AZR 355/92, AP Nr. 40 zu § 622 BGB mit Anm. *Hergenröder*; v. 16.9.1993 – 2 AZR 697/92, AP Nr. 42 zu § 622 BGB; BLAH/*Hartmann*, § 293 ZPO Rz. 2. | 2 BAG v. 4.3.1993 – 2 AZR 355/92, AP Nr. 40 zu § 622 BGB mit Anm. *Hergenröder*; Kittner/Zwanziger/*Zwanziger*, ArbR, § 111 Rz. 28. | 3 ErfK/*Dieterich*, Art. 3 GG Rz. 50; *Hergenröder*, Zivilprozessuale Grundlagen richterlicher Rechtsfortbildung, 1995, S. 441 ff. | 4 ErfK/*Dieterich*, Art. 3 GG Rz. 20, 50; Kittner/Zwanziger/*Kittner*, ArbR, § 10 Rz. 128. | 5 Vgl. näher GMPM/*Prütting*, § 58 ArbGG Rz. 71 ff. | 6 ErfK/*Dieterich*, Art. 3 GG Rz. 51; *Wiedemann*, RdA 1997, 100 (108). | 7 ErfK/*Dieterich*, Art. 3 GG Rz. 52. | 8 BAG v. 5.3.1980 – 5 AZR 881/78, AP Nr. 44 zu § 242 BGB – Gleichbehandlung; v. 20.11.1990 – 3 AZR 613/89, AP Nr. 8 zu § 1 BetrAVG – Gleichberechtigung; ErfK/*Dieterich*, Art. 3 GG Rz. 52. Vgl. auch BAG v. 29.9.2004 – 5 AZR 43/04, AP Nr. 192 zu § 242 BGB – Gleichbehandlung. | 9 BVerfG v. 28.1.1992 – 1 BvR 1025/82 ua., E 85, 191 (211). | 10 BVerfG v. 30.5.1990 – 1 BvL 2/83 ua., E 82, 126 (154 f.); *Sachs*, RdA 1989, 25 (28). | 11 ErfK/*Dieterich*, Art. 3 GG Rz. 54; *Stein*, AR-Blattei SD 830 Rz. 666.

werden[1]. Damit sind die gegen den allgemeinen Gleichheitssatz verstoßenden Regelungen idR nur mit Art. 3 unvereinbar und nicht nichtig[2].

77 Für nichtig erklärt werden kann eine Regelung bei einem Gleichheitsverstoß nur, wenn mit Sicherheit anzunehmen ist, dass der Gesetzgeber bei Beachtung des Art. 3 die nach der Nichtigkeitserklärung verbleibende Fassung der Norm wählen würde[3]. So kann ausnahmsw. eine **(Teil-)Nichtigkeitserklärung** erfolgen, mit der Konsequenz, dass alle Betroffenen in den Genuss der weniger belastenden Regelung kommen oder aber, dass für alle die mehr belastende Regelung gilt[4].

78 Ist eine **Unvereinbarkeitserklärung** erfolgt, so muss der Gesetzgeber die Gleichheitswidrigkeit – in angemessener Frist (Beseitigungsfrist) – beseitigen und die Rechtslage unverzüglich mit dem GG in Einklang bringen (Korrekturpflicht)[5]. Ob er dafür die eine Gruppe ebenso wie die andere, die andere wie die eine oder beide auf eine dritte Weise behandelt, bleibt dabei seiner Entscheidung überlassen. Bei einer Neuregelung hat der Gesetzgeber auch für die Vergangenheit eine den Grundsätzen des Art. 3 entsprechende Regelung zu finden. Dies gilt vor allem für alle nicht bestands- und rechtskräftig abgeschlossenen Sachverhalte[6]. Soweit demgegenüber Bestands- oder Rechtskraft eingetreten ist, kann von der Neuregelung abgesehen werden[7].

79 Bis zu einer Neuregelung sind **anhängige Verfahren**, die von der verfassungswidrigen Norm abhängen, auszusetzen[8]. Kommt der Normgeber der Beseitigungspflicht nicht in einer angemessenen Frist nach, dann müssen die Gerichte die bei ihnen anhängigen Rechtsstreitigkeiten fortführen und verfassungskonform entscheiden[9]. Ausnahmsw. können auch Übergangsregelungen getroffen werden[10].

80 **b) Exekutive.** Beim Normerlass durch die Exekutive gilt dasselbe wie für die förmliche Gesetzgebung. Verletzen jedoch Einzelmaßnahmen den Gleichheitssatz, ist als einzige Rechtsfolge häufig nur die Ausweitung der Begünstigung möglich[11].

81 **c) Tarifverträge.** Bei gleichheitswidrigen TV kann jedes ArbG die Grundrechtswidrigkeit feststellen und hat auch selbst die **Verwerfungskompetenz**[12]. Diese ergibt sich dabei im Rahmen eines Parteiprozesses. Die Überprüfung von Tarifnormen anhand der Grundrechte erfolgt inzident in jedem Rechtsstreit, in welchem Tarifnormen streitentscheidend sind. Nach der Rspr. des BAG kann keine direkte Verfassungsbeschwerde gemäß Art. 93 I Nr. 4a erhoben werden[13]. Art. 100 könne nicht herangezogen werden, da er nur für staatl. Gesetze gelte[14]. Und auch ein spezielles Normenkontrollverfahren existiert nicht (Ausnahme: Verfahren nach § 2 I Nr. 1 ArbGG, wenn die Tarifparteien über das Bestehen oder Nichtbestehen von TV streiten; eine in diesem Verfahren festgestellte Grundrechtswidrigkeit ist wegen § 9 TVG auch für andere Rechtsstreitigkeiten bindend).

82 Dadurch haben die ArbG aber auch keine Möglichkeit, den TV-Parteien **spezielle Normierungspflichten** aufzuerlegen[15]. Nach st. Rspr. ist Folge der Grundrechtswidrigkeit einer Tarifnorm daher in erster Linie die Unanwendbarkeit und grds. auch die Nichtigkeit der Norm (gemäß § 134 BGB). Das BAG erklärt gleichheitswidrige Tarifbestimmungen idR für ganz (oder teilw.) nichtig[16]. Problematisch ist, dass durch die Nichtigkeitserklärung eine (ungewollte) Regelungslücke entsteht.

83 Zunächst ist diese Regelungslücke von den Gerichten durch **ergänzende Auslegung** zu schließen, wenn sich unter Berücksichtigung von Treu und Glauben ausreichende Anhaltspunkte für den mutmaßlichen Willen der Tarifpartner ergeben und zu ersehen ist, welche Regelung sie getroffen hätten, wenn ihnen die Nichtigkeit bekannt gewesen wäre[17]. Dabei müssen ausreichende Umstände für eine bestimmte Ergänzungsregelung sprechen oder diese nach objektiver Betrachtung zwingend geboten sein. Grds. ist jedoch davon auszugehen, dass die TV-Parteien bei Kenntnis des Verfassungsverstoßes eine andere ver-

---

1 *Neumann*, DVBl 1997, 92 (97). |2 BVerfG v. 18.11.2003 – 1 BvR 302/96, AP Nr. 23 zu § 14 MuSchG 1968; v. 12.10.2004 – 1 BvR 2130/98, DB 2004, 2480 f.; Jarass/Pieroth/*Jarass*, Art. 3 GG Rz. 41. |3 BVerfG v. 28.1.1992 – 1 BvR 1025/82 ua., E 85, 191 (212). |4 Jarass/Pieroth/*Jarass*, Art. 3 GG Rz. 42. |5 ErfK/*Dieterich*, Art. 3 GG Rz. 54; *Stein*, AR-Blattei SD 830 Rz. 667. |6 BVerfG v. 8.10.1980 – 1 BvL 122/78 ua., E 55, 100 (110 f.); v. 25.9.1992 – 2 BvL 5/91 ua., E 87, 153 (178); ErfK/*Dieterich*, Art. 3 GG Rz. 56. |7 BVerfG v. 12.3.1996 – 1 BvR 606/90 ua., E 94, 241 (266 f.); ErfK/*Dieterich*, Art. 3 GG Rz. 56. |8 BVerfG v. 30.5.1990 – 1 BvL 2/83 ua., E 82, 126 (155). |9 BVerfG v. 30.5.1990 – 1 BvL 2/83 ua., E 82, 126 (154). |10 BVerfG v. 5.3.1991 – 1 BvL 83/86, 24/88, E 84, 9 (22); v. 25.9.1992 – 2 BvL 5/91, E 87, 153 (177). |11 BVerwG v. 28.4.1978 – 4 C 49.76, E 55, 349 (351 ff.); Jarass/Pieroth/*Jarass*, Art. 3 GG Rz. 43. |12 ErfK/*Dieterich*, Art. 3 GG Rz. 58. |13 BAG v. 19.12.1991 – 2 AZN 466/91, AP Nr. 27 zu § 72a ArbGG 1979; *Baumann*, RdA 1994, 272 (275); aA etwa *Löwisch/Rieble*, TVG, 1992, § 9 Rz. 83, 85. |14 BAG v. 15.1.1955 – 1 AZR 305/54, AP Nr. 4 zu Art. 3 GG; *Baumann*, RdA 1994, 272 (275). |15 BAG v. 14.12.1982 – 3 AZR 251/80, AP Nr. 1 zu § 1 BetrAVG – Besitzstand; v. 13.11.1985 – 4 AZR 234/84, AP Nr. 136 zu Art. 3 GG; ErfK/*Dieterich*, Art. 3 GG Rz. 58. AA *Wiedemann*, TVG, Einl. Rz. 248. |16 BAG v. 15.1.1964 – 4 AZR 75/63, AP Nr. 87 zu Art. 3 GG; v. 13.11.1985 – 4 AZR 234/84, AP Nr. 136 zu Art. 3 GG; v. 13.3.1997 – 2 AZR 175/96, AP Nr. 54 zu § 2 BeschFG 1985; *Sachs*, RdA 1989, 25 (33); *Wiedemann*, RdA 1997, 100 (106 f.). Teilweise wird bestritten, dass die Nichtigkeit aus der für Rechtsgeschäfte geltenden Vorschrift des § 134 BGB folge. Vielmehr resultiere die Nichtigkeit daraus, dass der TV Normcharakter habe und Normen bei Verstoß gegen höherrangiges Recht nichtig seien, so etwa *Baumann*, RdA 1994, 272 (275). |17 S. auch ErfK/*Dieterich*, Art. 3 GG Rz. 58, 59.

fassungskonforme Regelung getroffen hätten. Entscheidend kann dafür sein, ob es sich um eine deklaratorische oder eine eigenständige Tarifregelung handelt. In manchen Fällen kann es somit notwendig sein, auf die Neuregelung zu warten (Konsequenz aus der Rspr. des BVerfG). Hier wird es sich idR um ungewollte Lücken handeln.

Dagegen dürfen **gewollte Lücken** grds. nicht durch die Gerichte geschlossen werden[1]. Insoweit ist bei der Schließung der Regelungslücke zwischen Vergangenheit und Zukunft zu unterscheiden. Immer besteht jedoch die Pflicht, den Gleichheitsverstoß zu beseitigen[2]. **84**

Für die **Vergangenheit** ist die verfassungsrechtl. gebotene Gleichbehandlung dadurch wieder herzustellen, dass die Benachteiligten auch in den Genuss der Begünstigung kommen. Dies gilt unabhängig davon, dass die TV-Parteien für die Zukunft die Möglichkeit haben, eine neue Regelung zu finden. Das BAG gewährt dem in der Vergangenheit diskriminierten ArbN regelmäßig direkt einen Anspruch[3]. Soweit die Ausnahmeregelung als teilnichtig angesehen wird, folgt dieser unmittelbar aus der weiter bestehenden Grundnorm, sofern nicht eine ergänzende Vertragsauslegung eingreift[4]. Letztere muss allerdings gerade bei einer damit verbundenen Erweiterung des Kostenrahmens die durch Art. 9 III den Tarifparteien eingeräumte Autonomie zur Gestaltung der kollektivvertragl. Beziehungen beachten[5]. Ein Anspruch auf Gleichstellung kann auch nicht am fehlenden Verschulden scheitern, da es sich nicht um einen Schadensersatzanspruch handelt. Die objektive Verletzung des Gleichheitsgebots reicht aus und außerdem besteht ein genereller Erfüllungsanspruch immer dann, wenn keine andere Möglichkeit der Beseitigung des Gleichheitsverstoßes besteht[6]. **85**

Anders sieht es für eine **zukünftige Regelung** aus. Insb. hier ist nämlich Art. 9 III zu berücksichtigen. So kann für die Beseitigung des Gleichheitsverstoßes in der Zukunft aus Art. 9 III iVm. dem Verhältnismäßigkeitsgrundsatz folgen, dass das Verfahren auszusetzen und den Tarifparteien für einen befristeten Zeitraum die Möglichkeit einer Neuregelung zu geben ist[7]. Ausdrücklich hat das BAG klargestellt, dass die ArbG nicht befugt sind, an Stelle der unwirksamen Tarifnorm eine andere – möglicherweise sehr viel höhere Kosten verursachende – Regelung von sich aus zu setzen[8]. **86**

II. Gleichberechtigung von Frau und Mann (Abs. 2 bzw. Abs. 3 S. 1). 1. Bedeutung und Abgrenzung zu anderen Vorschriften. a) Abgrenzung und Normzweck. Die **Grundlage des Grundrechts** der Gleichberechtigung von Frau und Mann liegt in Art. 3 II. Hinzuzuziehen ist zudem Abs. 3 S. 1 Alt. 1. Dies gilt insb. soweit dort eine Diskriminierung auf Grund des Geschlechts verboten wird. Denn Abs. 2 schließt auch die Diskriminierungen wegen des Geschlechts aus, die Abs. 3 verbietet, er enthält in dieser Hinsicht keine weiter gehenden oder speziellen Anforderungen[9]. Dies ist freilich nicht unbestritten. Vertreten wird auch der Vorrang des Abs. 2 oder die Unterscheidung nach verschiedenen Wirkrichtungen der Absätze. Art. 3 III sei lex specialis für das Verbot geschlechtsspezifischer Diskriminierung, während die sog. faktische Gleichberechtigung der Frauen aus Abs. 2 abgeleitet werden solle. Die unmittelbare Diskriminierung falle unter Abs. 3 und die mittelbare unter Abs. 2[10]. **87**

Einhellige Ansicht ist jedoch, dass Abs. 2 weiter geht als Abs. 3. Er beinhaltet über das Diskriminierungsverbot hinaus einen Handlungsauftrag für den Staat zur Förderung der Gleichberechtigung. Er stellt ein Gleichberechtigungsgebot auf und erstreckt dieses auf die gesellschaftliche Wirklichkeit. Dies ist inzwischen durch die Anfügung des S. 2 in Abs. 2 als Staatsziel ausdrücklich klargestellt worden[11]. Auch hatte das BVerfG schon erstmals mit der Entscheidung zum *Nachtarbeitsverbot* in diesem Sinne entschieden und beide Absätze nicht mehr gleich bedeutend behandelt, sondern in Abs. 2 ein Gleichberechtigungsgebot und in Abs. 3 ein Differenzierungsverbot gesehen. Abs. 2 wird dabei als **Rechtfertigungstatbestand** interpretiert, der ausnahmsw. frauenbegünstigende Regelungen zulässt[12] (s. nun auch § 5 AGG). **88**

Somit reicht Abs. 2 auch wesentlich über den allgemeinen Gleichheitssatz aus Art. 3 I und insb. den arbeitsrechtl. Gleichbehandlungsgrundsatz hinaus. Die **Gestaltungsfreiheit des ArbGeb** wird dahingehend eingeschränkt, dass er nicht mehr aus sachlichen Gründen bis zur Grenze der Willkür differenzieren darf, soweit das Geschlecht als Unterscheidungsmerkmal dient. Die biologischen und funktionalen Unterschiede der Geschlechter sind nach der Verfassung grds. unbeachtlich bzw. verbieten unterschiedliche Regelungen sogar[13]. Das Grundrecht der Gleichbehandlung enthält ein subjektives Recht, auch **89**

1 BAG v. 21.3.1991 – 2 AZR 616/90, AP Nr. 31 zu § 622 BGB; Kittner/Zwanziger/*Kittner*, ArbR, § 10 Rz. 122 f. | 2 *Baumann*, RdA 1994, 272 (276). | 3 BAG v. 13.3.1997 – 2 AZR 175/96, AP Nr. 54 zu 2 BeschFG 1985. | 4 BAG v. 7.3.1995 – 3 AZR 282/94, AP Nr. 26 zu § 1 BetrAVG – Gleichbehandlung; v. 13.5.1997 – 3 AZR 66/96, AP Nr. 36 zu § 1 BetrAVG – Gleichbehandlung; *Stein*, AR-Blattei SD 830 Rz. 674. | 5 S. nur ErfK/*Dieterich*, Art. 3 GG Rz. 59 f. | 6 BAG v. 28.7.1992 – 3 AZR 173/92, AP Nr. 18 zu § 1 BetrAVG – Gleichbehandlung. | 7 ErfK/*Dieterich*, Art. 3 GG Rz. 61; *Hartmann*, Gleichbehandlung und Tarifautonomie, 1994, S. 249 ff. | 8 BAG v. 20.4.1977 – 4 AZR 732/75, AP Nr. 111 zu Art. 3 GG; *Baumann*, RdA 1994, 272 (275 f.). | 9 Vgl. nur BVerfG v. 28.1.1992 – 1 BvR 1025/82 ua., E 85, 191 (206 f.). | 10 *Ebsen*, RdA 1993, 11 (11 u. 13). | 11 BVerfG v. 16.11.1993 – 1 BvR 258/86, E 89, 276 (285); v. 24.1.1995 – 1 BvL 18/93 ua., E 92, 91 (109); Jarass/Pieroth/*Jarass*, Art. 3 GG Rz. 91. | 12 ErfK/*Dieterich*, Art. 3 GG Rz. 84. | 13 BVerfG v. 29.7.1959 – 1 BvR 205/58 ua., 1 BvL 27/100/58, E 10, 59 (73); BAG v. 6.4.1982 – 3 AZR 134/79, AP Nr. 1 zu § 1 BetrAVG – Gleichbehandlung.

soweit es um den Auftrag des Staates zur Angleichung der Lebensverhältnisse geht, und eine objektive Wertentscheidung, was insb. für mittelbar Betroffene von Bedeutung ist[1].

90 **b) Schutzbereich.** Geschützt wird die **Eigenschaft als Frau oder Mann**, sowohl Männer wie Frauen sollen vor Benachteiligung bewahrt werden. Dennoch zielt Abs. 2 insb. auf den Abbau der uralten und tiefverwurzelten Benachteiligung von Frauen ab, weshalb Abs. 2 heute vorherrschend als eine spezielle Schutzpflicht zu Gunsten der Frauen interpretiert wird, die über das allgemeine Diskriminierungsverbot hinausgeht[2].

91 **c) Wirkung.** Das Grundrecht hat in allen Teilen **unmittelbare Geltung**. Jede gegen das Grundrecht verstoßende Norm ist unwirksam[3]. Auch privatrechtl. Vorschriften sind in vollem Umfang an Abs. 2 zu messen. Dies gilt insb. für zwingende Regelungen. Benachteiligen sie ein Geschlecht, sind sie verfassungswidrig. Gesetze zur Gleichstellung von Frau und Mann haben regelmäßig Vorrang vor der Vertragsfreiheit. Für die Ausstrahlung von Abs. 2 auf die Anwendung privatrechtl. Vorschriften gilt grds. das zu Abs. 1 Angeführte (Rz. 8), wobei Abs. 2 jedoch intensiver wirkt[4].

92 **2. Recht der Europäischen Gemeinschaft.** Auch das Gemeinschaftsrecht kennt dem Art. 3 II vergleichbare Vorschriften[5]. Zum einen enthält es in Art. 141 EG (früher Art. 119 EWG-Vertrag) eine primärrechtl. – unmittelbar wirkende[6] – Verpflichtung zur **Gleichbehandlung beim Arbeitsentgelt** und des Weiteren zahlreiche sekundärrechtl. Verbote der unmittelbaren und mittelbaren Diskriminierung von Frauen und Männern. Art. 3 II ist richtiger Ansicht nach gemeinschaftsfreundlich auszulegen[7]. Voraussetzung einer Vorlage an das BVerfG ist, dass der gemeinschaftsrechtl. Einfluss zuvor geklärt worden ist[8]. Soweit das Entgelt einheitlich durch Rechtsvorschriften oder Kollektivverträge festgelegt wird, verbietet Art. 141 EG nach der Rspr. des EuGH Diskriminierungen „nicht nur auf der Ebene der einzelnen Unternehmen, sondern auch auf der ganzer Gewerbezweige und der gesamten Wirtschaft“[9]. Auf der Grundlage des Art. 141 EGV wurden verschiedenen Richtlinien erlassen, die nun ihrerseits mit dem AGG umgesetzt wurden[10].

93 Ähnliche Garantien gibt es auch im **Völkerrecht**. So ist etwa die Lohngleichheit von Mann und Frau durch das ILO-Übereinkommen Nr. 100 und durch Teil II Art. 4 I Nr. 3 ESC abgesichert[11].

94 **3. Beeinträchtigung.** Voraussetzung einer Beeinträchtigung ist, dass Frauen **anders** als Männer **behandelt** werden und daraus ein **Nachteil** entspringt[12]. Es ist immer auf das Ergebnis der Behandlung und nicht nur auf die Maßnahme selbst abzustellen, denn eine zunächst unterschiedliche Behandlung könnte auch durch eine weitere Maßnahme ausgeglichen werden, so dass Gleichheit wieder hergestellt wäre. Auch ist nicht erforderlich, dass die Benachteiligung sofort eintritt. Es reicht aus, wenn nach allgemeiner Lebenserfahrung zu erwarten ist, dass die Benachteiligung in Zukunft gegeben sein wird[13].

95 **a) Unmittelbare Diskriminierung.** Eine unmittelbare Diskriminierung liegt vor, wenn die fragliche Maßnahme ausdrücklich das **Geschlecht als Differenzierungsmerkmal** einsetzt oder die Differenzierung zumindest vom Geschlecht mitabhängt. Es kommt nicht darauf an, ob daneben auch andere Gründe maßgeblich waren[14].

96 Ursprünglich überprüfte das BVerfG **Regelungen und Maßnahmen, die nach dem Geschlecht unterscheiden**, nur mit einer sehr großzügigen Formel. Sie seien verfassungsgemäß, wenn objektive, biologische oder funktionale Unterschiede dies rechtfertigten. Dabei müssten diese Unterschiede das zu ordnende Lebensverhältnis so entscheidend prägen, dass etwa vergleichbare Elemente daneben vollkommen zurückträten[15]. Heute legt das Gericht einen äußerst strengen Prüfungsmaßstab zugrunde. Das Geschlecht darf als Differenzierungskriterium nur ausnahmsw. verwendet werden, „soweit es zur Lösung von Problemen, die ihrer Natur nach nur entweder bei Männern oder bei Frauen auftreten können, zwingend erforderlich“ ist[16]. Funktionale (arbeitsteilige) Unterschiede können eine Ungleichbehandlung

---

1 BVerfG v. 24.7.1963 – 1 BvL 30/57, 11/61, E 17, 1 (27); v. 16.11.1993 – 1 BvR 258/86, E 89, 276 (285 ff.); Jarass/Pieroth/*Jarass*, Art. 3 GG Rz. 91. | **2** Jarass/Pieroth/*Jarass*, Art. 3 GG Rz. 79. | **3** Jarass/Pieroth/*Jarass*, Art. 3 GG Rz. 80. | **4** Jarass/Pieroth/*Jarass*, Art. 3 GG Rz. 82; von Münch/Kunig/*Gubelt*, Art. 3 GG Rz. 82. | **5** S. näher *Pfarr*, AR-Blattei SD 800.2 (2000), Rz. 18 ff. | **6** BAG v. 20.11.1990 – 3 AZR 613/89, AP Nr. 8 zu § 1 BetrAVG – Gleichberechtigung; *Franzen*, Privatrechtsangleichung durch die Europäische Gemeinschaft, 1999, S. 25 ff. | **7** ErfK/*Dieterich*, Art. 3 GG Rz. 86. | **8** BAG v. 20.11.1990 – 3 AZR 613/89, AP Nr. 8 zu § 1 BetrAVG – Gleichberechtigung. | **9** EuGH v. 8.4.1976 – Rs. 43/75 (*Defrenne II*), EAS EG-Vertrag Art. 119 Nr. 2 = NJW 1976, 2068 (2070). | **10** S. *Bauer/Göpfert/Krieger*, Einl. AGG Rz. 16 ff. | **11** S. *Boehmert*, Das Recht der ILO und sein Einfluss auf das deutsche Arbeitsrecht im Zeichen der europäischen Integration, 2002, S. 118 ff. | **12** Jarass/Pieroth/*Jarass*, Art. 3 GG Rz. 88 ff. | **13** *Mohn*, Der Gleichheitssatz im Gemeinschaftsrecht, 1990, S. 103 f. | **14** BVerfG v. 28.1.1992 – 1 BvR 1025/82 ua., E 85, 191 (206); v. 16.11.1993 – 1 BvR 258/86, E 89, 276 (288); Jarass/Pieroth/*Jarass*, Art. 3 GG Rz. 85. | **15** BVerfG v. 10.5.1957 – 1 BvR 550/52, E 6, 389 (422 f.); BAG v. 20.11.1990 – 3 AZR 613/89, AP Nr. 8 zu § 1 BetrAVG – Gleichberechtigung; Jarass/Pieroth/*Jarass*, Art. 3 GG Rz. 95. | **16** BVerfG v. 28.1.1992 – 1 BvR 1025/82 ua., E 85, 191 (207); v. 16.11.1993 – 1 BvR 258/86, E 89, 276 (285); v. 24.1.1995 – 1 BvL 18/93 ua., E 92, 91 (109).

nicht (mehr) rechtfertigen[1]. In jedem Fall muss eine strenge Verhältnismäßigkeitsprüfung bzgl. der auf die Unterschiede bezogenen Rechtsfolgen erfolgen[2].

Wenn keine zwingenden Gründe für eine Ungleichbehandlung vorliegen, können unmittelbare Diskriminierungen – wie alle Grundrechtsbeeinträchtigungen – im Wege der **praktischen Konkordanz** gerechtfertigt werden[3]. Ist der Grund der Differenzierung gerade eine Angleichung, also die Überwindung der vorgefundenen Rollenmodelle, kommt insoweit vor allem das Gleichberechtigungsgebot des Abs. 2 in Betracht. Die Vorschrift verpflichtet und berechtigt ja dazu, faktische Nachteile, die typischerweise Frauen treffen, durch begünstigende Regelungen auszugleichen[4]. Da der Ausgleich faktischer Nachteile für Frauen durch begünstigende Regelungen zulässig ist, sind unter bestimmten Voraussetzungen auch Regelungen möglich, die auf einen höheren Frauenanteil bei beruflichen Tätigkeiten abzielen (zB Quotenregelungen, siehe Rz. 114 ff.). Dabei ist darauf zu achten, dass die Rollenverteilung nicht noch verfestigt wird[5]. **97**

b) Mittelbare Diskriminierung. Mittelbare Diskriminierung ist gegeben, wenn eine **geschlechtsneutral formulierte Regelung überwiegend ein Geschlecht (praktisch: Frauen) trifft** und dies auf natürliche oder gesellschaftliche Unterschiede zwischen den Geschlechtern zurückzuführen ist[6]. So liegt in der Zahlung eines unterschiedlichen Entgelts für Voll- und TeilzeitArbN dann eine verbotene mittelbare Diskriminierung, wenn sie in Wirklichkeit nur ein indirektes Mittel dafür ist, das Lohnniveau der TeilzeitArbN deshalb zu senken, weil Teilzeitkräfte fast ausschließlich Frauen sind[7]. Problematisch ist insoweit auch die Berücksichtigung der unterschiedlichen Lebenserwartung bei betrieblicher Altersvorsorge[8]. Die Definition der mittelbaren Diskriminierung geht auf den EuGH zurück, wobei der Begriff der „mittelbaren Diskriminierung" aus dem angelsächsischen Recht in das Europarecht übernommen wurde[9]. Den deutschen Gerichten war die mittelbare Diskriminierung lange fremd[10]. **98**

Bei der mittelbaren Diskriminierung ist es schwierig, **genaue Maßstäbe der Rechtfertigung** aufzustellen. Die Rspr. hat sich insoweit den Grundsätzen des EuGH angeschlossen. Eine lediglich mittelbar diskriminierende Maßnahme soll zulässig sein, wenn sie „einem wirklichen Bedürfnis des Unternehmens dient und für die Erreichung dieses Ziels erforderlich ist". Ein „wirkliches Bedürfnis" in diesem Sinne setzt voraus, dass die Maßnahme „durch objektive Faktoren, die nichts mit einer Diskriminierung auf Grund des Geschlechts zu tun haben, gerechtfertigt ist". Dabei ist immer eine Verhältnismäßigkeitsprüfung vorzunehmen. Die Maßnahme muss angemessen und notwendig sein und darf keine unverhältnismäßigen Folgen haben, bzw. die Gruppenbildung muss geeignet und erforderlich sein, um dem „objektiven Bedürfnis" zu genügen[11]. **99**

Der deutliche **Unterschied zwischen den Voraussetzugen einer Rechtfertigung** bei der unmittelbaren und der mittelbaren Diskriminierung erklärt sich durch die unterschiedlichen Anforderungen bei einem Differenzierungsverbot und einem Ausgleichsgebot. Es ist etwas anderes, ob den Normadressaten verboten wird, an das Geschlecht für Ungleichbehandlungen anzuknüpfen, oder ob ihnen geboten wird, der faktischen Benachteiligung von Frauen entgegenzuwirken[12]. **100**

c) Individuelle Auswahlentscheidungen. Das Hauptproblem bei der Benachteiligung von Frauen sind jedoch nicht Gesetze oder TV, sondern individuelle Auswahlentscheidungen, vor allem bei Einstellungen, Beförderungen und Kündigungen[13]. Hier knüpft nun das AGG an (s. dazu insb. § 2 AGG Rz. 3; s. auch Rz. 9), so dass § 611a und § 612 III BGB überflüssig wurden und weggefallen sind. Doch hatte das BAG sogar bereits vor Einführung der §§ 611a, 612 III BGB aus dem Gleichberechtigungsgrundsatz und dem Benachteiligungsverbot den Grundsatz der Lohngleichheit von Mann und Frau bei gleicher Arbeit abgeleitet[14]. Die Gleichstellung der Frau im Arbeitsleben ist auch Gegenstand des § 75 I BetrVG[15]. **101**

d) Beweislast. Bei der Ungleichbehandlung von Männern und Frauen muss der **ArbGeb das Vorliegen sachlicher Gründe beweisen**. Dabei ist ein strenger Maßstab anzulegen. Kann der ArbGeb sachliche Gründe dafür nicht vorbringen, dass die von den Männern geleistete Arbeit anders zu bewerten ist, als **102**

---

1 BAG v. 6.4.1982 – 3 AZR 134/79, AP Nr. 1 zu § 1 BetrAVG – Gleichbehandlung. | 2 ErfK/*Dieterich*, Art. 3 GG Rz. 90. | 3 *Ebsen*, RdA 1993, 11 (15). | 4 BVerfG v. 28.1.1992 – 1 BvR 1025/82 ua. E 85, 191 (207); v. 16.11.1993 – 1 BvR 258/86, E 89, 276 (285); v. 24.1.1995 – 1 BvL 18/93 ua., E 92, 91 (109). | 5 BVerfG v. 16.11.1993 – 1 BvR 258/86, E 89, 276 (285); v. 24.1.1995 – 1 BvL 18/93 ua., E 92, 91 (112). | 6 BVerfG v. 27.11.1997 – 1 BvL 12/91, E 97, 35 (43); BAG v. 20.6.1995 – 3 AZR 684/93, AP Nr. 11 zu § 1 TVG – Tarifverträge: Chemie. | 7 *Ebsen*, RdA 1993, 11 (12). | 8 ErfK/*Dieterich*, Art. 3 GG Rz. 87 mN; ErfK/*Steinmeyer*, Vorb. BetrAVG Rz. 40 f.; zu dieser Problematik auch ausf. *Hensche*, ArbuR 2002, 167 ff.; *Raulf/Gunia*, NZA 2003, 534 ff.; *Steinmeyer*, NZA 2004, 1257. | 9 EuGH v. 31.3.1981 – Rs. 96/80 (*Jenkins*), EAS EG-Vertrag Art. 119 Nr. 6; v. 13.5.1986 – Rs. 170/84 (*Bilka*), AP Nr. 10 zu Art. 119 EWG-Vertrag; *Pfarr*, AR-Blattei SD 800.2 (2000), Rz. 33 ff. | 10 ErfK/*Dieterich*, Art. 3 GG Rz. 88; *Ebsen*, RdA 1993, 11 (12). | 11 BAG v. 5.10.1993 – 3 AZR 695/92, AP Nr. 20 zu § 1 BetrAVG – Lohnversicherung; v. 25.7.1996 – 6 AZR 138/94, AP Nr. 6 zu § 35 BAT; ErfK/*Dieterich*, Art. 3 GG Rz. 91. | 12 *Ebsen*, RdA 1993, 11 (14). | 13 ErfK/*Dieterich*, Art. 3 GG Rz. 89. | 14 BAG v. 15.1.1955 – 1 AZR 305/54, AP Nr. 4 zu Art. 3 GG; v. 20.11.1990 – 3 AZR 613/89, AP Nr. 8 zu § 1 BetrAVG – Gleichberechtigung. | 15 Löwisch/Kaiser/*Löwisch*, § 75 BetrVG Rz. 18.

die von Frauen geleistete, ist von einer – zumindest mittelbaren – Diskriminierung der Frauen auszugehen[1].

§ 22 AGG enthält eine eigenständige Beweislastregelung, die den Regelungsinhalt des § 611a I 3 BGB übernommen hat[2].

103 **4. Gleichstellung. a) Benachteiligungsverbot.** Gesetzliche Vorschriften des Arbeitsrechts sind uneingeschränkt an Art. 3 II zu messen. Auch TV müssen Art. 3 II entsprechen. Dies gilt entsprechend dem zu Abs. 1 Gesagten (Rz. 35 ff.), wobei die Wirkung des Abs. 2 stärker ausfällt. Bei der Anwendung arbeitsrechtl. Normen ist die Ausstrahlungswirkung des Abs. 2 zu beachten, weiter ist zu berücksichtigen, dass der arbeitsrechtl. Gleichbehandlungsgrundsatz durch den verfassungsrechtl. Gleichbehandlungsgrundsatz geprägt wird[3].

104 Insb. ergibt sich aus dem Grundrecht (nun aber auch § 2 I Nr. 2 AGG) der Grundsatz der **Lohngleichheit von Mann und Frau**. Der Lohn darf nur nach der zu leistenden Arbeit und muss ohne Rücksicht darauf bestimmt werden, ob sie von einem Mann oder einer Frau erbracht wird. Eine Arbeitsmarktzulage für Männer ist unzulässig, auch wenn diese nicht bereit sind, für den „normalen" Lohn zu arbeiten[4]. Ebenso ungerechtfertigt ist eine Arbeitsmarktzulage für Männer, die deren höhere Bewertung durch den Arbeitsmarkt ausdrücken soll sowie eine Männern vorbehaltene höhere „Zulage nach Art des Hauses"[5]. Rechtswidrig sind ebenfalls Formulararbeitsbedingungen, wonach alle verheirateten männlichen Angestellten eine „Ehefrauenzulage" erhalten, Frauen aber keine „Ehemännerzulage" bekommen[6]. Im öffentl. Dienst wurden Ungleichbehandlungen bei Pensionen bzw. bei der Witwen-/Witwerversorgung festgestellt[7].

105 Der Grundsatz der Lohngleichheit ist auch zu beachten, wenn der ArbGeb für bestimmte Gruppen **übertarifl. Leistungen** gewährt[8]. Für nichtig erklärt wurden demgemäß prozentuale Lohnabschläge für Arbeiterinnen in TV. Die Verletzung von Art. 3 II durch die tarifl. Frauenlohnklauseln brachte den Durchbruch der Drittwirkungslehre[9]. Dass Frauenarbeitsschutz (etwa während einer Schwangerschaft) für den ArbGeb mit Kosten verbunden ist, darf nicht zu einer schlechteren Vergütung führen[10].

106 Selbstredend verbietet sich auch jegliche Diskriminierung im **Einstellungsverfahren**[11] (nun auch § 2 I Nr. 1 AGG). Die Frage nach einer Schwangerschaft ist unzulässig[12]. Weiter sind aus Gründen direkter Ungleichbehandlung Arbeitsschutzvorschriften, welche die berufl. Tätigkeit von Frauen beschränken, generell verfassungswidrig, es sei denn, es geht um den Schutz der Mutterschaft[13]. Allerdings kann sogar das MuSchG[14] selbst diskriminierend wirken. Gegen Abs. 2 bzw. Abs. 3 S. 1 verstößt ein generelles Nachtarbeitsverbot für Frauen[15]. Unzulässig ist aber genauso die Nichtzulassung von Männern als Hebamme[16].

107 Dagegen ist die **Zahlung übertarifl. Zulagen** an Beschäftigte, welche nur Nachtschicht fahren, durch die Besonderheit der Nachtarbeitszeit gedeckt[17]. Nicht gegen das Verbot der mittelbaren Diskriminierung verstoßen auch Vergütungsmerkmale eines Lohntarifvertrages, die bzgl. der Eingruppierung auf körperlich schwere Arbeit abstellen. Allerdings lässt der Lohngleichheitssatz eine Lohnstaffelung allein nach der muskulären Belastung nur dann zu, wenn das Gesamtsystem der Lohnstaffelung auch qualifizierende Merkmale enthält, die mehr Personen weiblichen Geschlechts zugeordnet werden, also etwa Geschicklichkeit[18]. Mit dem Gleichbehandlungsgebot ist es auch zu vereinbaren, wenn einer bestimmten Gruppe von ArbN eine Zulage gewährt wird, weil für die von ihnen zu besetzenden oder besetzten Arbeitsplätze ohne einen zusätzlichen finanziellen Anreiz keine Arbeitskräfte zu bekommen oder zu halten sind[19]. Und gegen Art. 3 verstößt es auch nicht, wenn ArbN, die **nach der Elternzeit aus dem Betrieb ausscheiden**, anders behandelt werden als solche, die aus anderen Gründen (Arbeitsunfähigkeit, Erwerbsunfähigkeit, Alter, Vorruhestand) das Arbeitsverhältnis beenden[20].

---

1 BAG v. 9.9.1981 – 5 AZR 1182/79, AP Nr. 117 zu Art. 3 GG; v. 25.8.1982 – 5 AZR 107/80, AP Nr. 53 zu § 242 BGB – Gleichbehandlung; Jarass/Pieroth/*Jarass*, Art. 3 GG Rz. 86. | 2 *Bauer/Göpfert/Krieger*, § 22 AGG Rz. 3. | 3 BAG v. 18.10.1961 – 1 AZR 75/61, E 11, 338 (344); v. 25.8.1982 – 5 AZR 107/80, AP Nr. 53 zu § 242 BGB – Gleichbehandlung. | 4 BAG v. 15.1.1955 – 1 AZR 305/54, AP Nr. 4 zu Art. 3 GG; v. 20.4.1977 – 4 AZR 732/75, AP Nr. 111 zu Art. 3 GG; v. 6.4.1982 – 3 AZR 134/79, AP Nr. 1 zu § 1 BetrAVG – Gleichbehandlung. | 5 *Däubler*, Arbeitsrecht, Rz. 1063. | 6 BAG v. 13.11.1985 – 4 AZR 234/84, AP Nr. 136 zu Art. 3 GG. | 7 BVerfG v. 12.3.1975 – 2 BvL 10/74, E 39, 196 (204); BAG v. 5.9.1989 – 3 AZR 575/88, AP Nr. 8 zu § 1 BetrAVG – Hinterbliebenenversorgung; v. 7.9.2004 – 3 AZR 550/03, AP Nr. 15 zu § 1 BetrAVG – Gleichberechtigung. | 8 BAG v. 9.9.1981 – 5 AZR 1182/79, AP Nr. 117 zu Art. 3 GG. | 9 Beginnend mit BAG v. 15.1.1555 – 1 AZR 305/54, AP Nr. 4 zu Art. 3 GG; *Gamillscheg*, Die Grundrechte im Arbeitsrecht, 1989, S. 49 f. | 10 *Däubler*, Arbeitsrecht, Rz. 1062 f. | 11 BVerfG v. 16.11.1993 – 1 BvR 258/86, E 89, 276 (287 f.). | 12 ErfK/*Preis*, § 611 BGB Rz. 345 mN. | 13 Jarass/Pieroth/*Jarass*, Art. 3 GG Rz. 102. | 14 BVerfG v. 11.11.2003 AP Nr. 23 zu § 14 MuSchG 1968. | 15 BVerfG v. 28.1.1992 – 1 BvR 1025/82 ua., E 85, 191 (210). | 16 Jarass/Pieroth/*Jarass*, Art. 3 GG Rz. 107; aA BVerwG v. 21.3.1972 – I C 13.71, E 40, 17 (24). | 17 BAG v. 25.8.1982 – 5 AZR 107/80, AP Nr. 53 zu § 242 BGB – Gleichbehandlung. | 18 BAG v. 29.7.1992 – 4 AZR 502/91, AP Nr. 32 zu § 1 TVG – Tarifverträge: Einzelhandel. | 19 EuGH v. 31.3.1981 – Rs. 96/80 (*Jenkins*), AP Nr. 2 zu Art. 119 EWG-Vertrag; BAG v. 25.8.1982 – 5 AZR 107/80, AP Nr. 53 zu § 242 BGB – Gleichbehandlung. | 20 BAG v. 28.7.1992 – 9 AZR 340/91, AP Nr. 3 zu § 17 BErzGG.

Beschränkungen können durch **kollidierendes Verfassungsrecht gerechtfertigt** sein. Wegen Art. 6 IV sind somit Sonderregelungen im Zusammenhang mit einer Schwangerschaft wie bspw. Mutterschaftsurlaub erlaubt[1]. Art. 6 IV enthält einen für den gesamten Bereich des privaten und öffentl. Rechts verbindlichen Schutzauftrag, der sich auf Mütter und schwangere Frauen erstreckt[2]. 108

Besondere Aufmerksamkeit im Zusammenhang mit der mittelbaren Frauendiskriminierung gilt der Behandlung von **Teilzeitkräften**[3]. Die unterschiedliche Behandlung von Teilzeit- und Vollzeitkräften – zum Nachteil der Teilzeitkräfte – stellt oftmals eine Schlechterstellung von Frauen dar. Teilzeitkräfte sind nämlich vorwiegend weiblichen Geschlechts. Deshalb ist aus Gründen des Verbots der mittelbaren Diskriminierung eine Benachteiligung der TeilzeitArbN häufig unzulässig. Richtungweisend war insoweit insb. die „Bilka-Entscheidung" des EuGH[4]. Die dort aufgestellten Grundsätze zum Verbot der mittelbaren Diskriminierung wurden vom BAG in der Folge übernommen. 109

Eine Beschränkung der BetrAV auf Vollzeitkräfte kann auch nicht mit erhöhten Personalkosten für Teilzeitbeschäftigung gerechtfertigt werden. Nicht jeder **geringfügige finanzielle Vor- oder Nachteil** stellt ein wirkliches Bedürfnis für eine diskriminierende Regelung dar und nach dem Verhältnismäßigkeitsgrundsatz kommt das Lohngleichheitsgebot nicht erst bei Kostenneutralität zum Zuge[5]. Grundlegend war insoweit der Fall „Rinner-Kühn"[6], wo es vom EuGH als mittelbar diskriminierend angesehen wurde, Teilzeitbeschäftigte von der Entgeltfortzahlung im Krankheitsfall auszuschließen. Mittelbar diskriminierend sind Regelungen, nach denen Teilzeitbeschäftigte beim Ausscheiden aus dem Arbeitsverhältnis kein Übergangsgeld bekommen sollen und doppelt so lange auf den Aufstieg in die nächsthöhere Vergütungsgruppe warten mussten[7]. Auch die Herausnahme der Teilzeitkräfte bei der Festlegung der Betriebsgröße[8] und der Ausschluss von einer Zusatzversorgung bei mehreren geringfügigen Beschäftigungen verstößt gegen Art. 3[9]. Sachliche Gründe, welche die unterschiedliche Behandlung rechtfertigen könnten, bestehen nicht, wenn die Differenzierung nur nach den Kriterien Voll- und Teilzeit erfolgt[10]. Ebenso wenig kann die Begründung, Teilzeitbeschäftigte seien weniger in den Betrieb eingegliedert[11] oder hätten ein geringeres Arbeitspensum als Vollzeitbeschäftigte, eine unterschiedliche Behandlung rechtfertigen[12]. 110

Doch sind auch Fälle denkbar, in denen der ArbGeb **Teilzeitkräfte anders als Vollzeitkräfte** behandeln bzw. bezahlen darf. Dies ist der Fall, wenn dafür objektiv gerechtfertigte wirtschaftl. Gründe vorliegen oder ein Anreiz zur Vollzeitarbeit gegeben werden soll. Darin darf aber kein indirektes Mittel zur Frauendiskriminierung liegen. Sachgründe sind auch Arbeitsleistung, Qualifikation, Berufserfahrung oder unterschiedliche Anforderungen am Arbeitsplatz sowie Anreiz zur Leistungssteigerung und Motivation oder Ausgleich der Mehrbelastung[13]. Auch wurde aus § 611a BGB (aufgehoben; vgl. nun die Regelungen des AGG) keine Pflicht des ArbGeb gelesen, Teilzeitarbeitplätze in solche in Vollzeit umzuwandeln, weil die damit verbundenen Tätigkeiten vermehrt von Frauen wahrgenommen werden[14]; dies wird sich auf das AGG übertragen lassen. Eine Haushaltszulage ist zulässig, wenn sie derjenige bekommt, der den Haushalt zum größten Teil finanziert, egal ob Mann oder Frau[15]. 111

Einfachgesetzl. konkretisieren **§§ 1, 4 I TzBfG**[16] als Ausschnitt des Gleichheitssatzes das Gebot der Gleichbehandlung für den Bereich der Teilzeitarbeit. Darüber hinaus verstößt der sachfremde Ausschluss teilzeitbeschäftigter ArbN von bestimmten Leistungen gegen den arbeitsrechtl. Gleichbehandlungsgrundsatz[17]. 112

b) Frauenförderung. Die Umsetzung des Art. 3 II 2 ist nicht allein durch Diskriminierungsverbote möglich, zusätzlich sind **positive Förderungsmaßnahmen** erforderlich (nun auch § 5 AGG). Problematisch ist, dass Maßnahmen der Frauenförderung Männer benachteiligen können. Damit stellt sich die Frage, inwieweit ein Gebot faktischer Gleichberechtigung die Beeinträchtigung des Diskriminierungsverbots aus Abs. 3 gegenüber Männern rechtfertigen kann[18]. Als Rechtfertigung von Maßnahmen der Frauenförderung kommen vor allem das Sozialstaatsprinzip sowie Art. 3 II in Betracht. Dagegen kann aus Abs. 3 kein Rechtfertigungstatbestand abgeleitet werden, denn aus ein und derselben Norm kann 113

1 BAG v. 31.1.1985 – 2 AZR 486/83, AP Nr. 6 zu § 8a MuSchG 1968. | 2 BAG v. 1.11.1995 – 5 AZR 273/94, AP Nr. 13 zu § 14 MuSchG 1968. | 3 Eingehend *Pfarr*, AR-Blattei SD 800.2 (2000), Rz. 162 ff. | 4 EuGH v. 13.5.1986 – Rs. 170/84 (*Bilka*), AP Nr. 10 zu Art. 119 EWG-Vertrag. | 5 BAG v. 20.11.1990 – 3 AZR 613/89, AP Nr. 8 zu § 1 BetrAVG – Gleichberechtigung. | 6 EuGH v. 13.7.1989 – Rs. 171/88 (*Rinner-Kühn*), AP Nr. 16 zu Art. 119 EWG-Vertrag. | 7 EuGH v. 27.6.1990 – Rs. C-33/89 (*Kowalska*), AP Nr. 21 zu Art. 119 EWG-Vertrag; v. 7.2.1991 – Rs. C-184/89 (*Nimz*), AP Nr. 25 zu § 23a BAT. | 8 BVerfG v. 27.1.1998 – 1 BvL 22/93, E 97, 186. | 9 BAG v. 16.3.1993 – 2 AZR 389/92, AP Nr. 6 zu § 1 BetrAVG – Teilzeit. | 10 BAG v. 28.7.1992 – 3 AZR 173/92, AP Nr. 18 zu § 1 BetrAVG – Gleichbehandlung; v. 13.3.1997 – 2 AZR 175/96, AP Nr. 54 zu § 2 BeschFG 1985. | 11 *Wisskirchen*, Mittelbare Diskriminierung von Frauen im Erwerbsleben, 1994, S. 36 f. | 12 BAG v. 25.10.1994 – 3 AZR 149/94, AP Nr. 40 zu § 2 BeschFG 1985; v. 13.3.1997 – 2 AZR 175/96, AP Nr. 54 zu § 2 BeschFG 1985. | 13 BAG v. 20.6.1995 – 3 AZR 684/93, AP Nr. 11 zu § 1 TVG – Tarifverträge: Chemie; v. 25.7.1996 – 6 AZR 138/94, AP Nr. 6 zu § 35 BAT; v. 13.3.1997 – 2 AZR 175/96, AP Nr. 54 zu § 2 BeschFG 1985. | 14 BAG v. 18.2.2003 – 9 AZR 272/01, AP Nr. 22 zu § 611a BGB. | 15 BAG v. 20.4.1977 – 4 AZR 732/75, AP Nr. 111 zu Art. 3 GG. | 16 S. zuvor § 2 I BeschFG vom 26.4.1985, BGBl. I S. 710. | 17 BAG v. 28.7.1992 – 3 AZR 173/92, AP Nr. 18 zu § 1 BetrAVG – Gleichbehandlung. | 18 *Ebsen*, RdA 1993, 11 (11 u. 15 f.).

nicht ein Prinzip und sein Gegenteil, nämlich ein Recht auf Gleichbehandlung und auf Herstellung faktischer, sozialer Gleichheit, entnommen werden[1].

114 Diskussionsbedürftig sind im Zusammenhang mit der Frauenförderung insb. **Quotenregelungen** zur Ermöglichung besserer Einstellungs- und Aufstiegschancen für Frauen[2]. Quotenregelungen gibt es in unterschiedlicher Ausprägung. Am weitesten gehen **starre Ergebnisquoten**. Diese schreiben für die Stellen ein bestimmtes Verhältnis von Frauen und Männern – ohne Rücksicht auf die konkrete Entscheidungssituation, also etwa Bewerberzahlen – vor. Sie gelten allgemein als unzulässig[3]. Starre Quoten gab es vor allem bei Ausbildungsplätzen[4].

115 Problematisch sind ferner **leistungsabhängige Entscheidungsquoten**[5]. Dabei werden Frauen bei gleicher Qualifikation bevorzugt, solange sie im entsprechenden Bereich unterrepräsentiert sind. Solche Quoten gibt es in verschiedenen Landesgesetzen. Doch sind sie recht unpraktikabel, da der Begriff „Qualifikation" einerseits sehr dehnbar ist und es andererseits auch zu wenig flexibel ist, Entscheidungen allein von Qualifikation und Gesetz abhängig zu machen. Der EuGH[6] hat deshalb eine entsprechende Regelung im Bremer Gleichstellungsgesetz beanstandet („Kalanke"). Daraufhin hat auch das BAG leistungsabhängige Entscheidungsquoten für unanwendbar erklärt[7].

116 Anders ist die Situation bei **flexiblen Entscheidungsquoten**, wie sie in der Landesgesetzgebung auch verwendet werden. Hier wird ausdrücklich zugelassen, dass „sonstige Gründe" in einer Person eines männlichen Mitbewerbers zu dessen Gunsten den Ausschlag geben können („Marschall"[8]). In dieser Form sind Quoten vom EuGH nicht beanstandet worden und sind auch verfassungsrechtl. zu billigen[9]. Freilich sind sie praktisch kaum wirksam kontrollierbar.

117 Deshalb setzen sich immer mehr sog. **Zielvorgaben** durch. Diese werden von den dafür zuständigen Stellen selbst entwickelt und in Gleichstellungsplänen entsprechend den personalwirtschaftl. Möglichkeiten und Bedürfnissen festgelegt; ihre Einhaltung wird kontrolliert und sanktioniert. Sie können aber auch ein Ziel festlegen, welches sich bspw. auf den zu erreichenden Anteil der Geschlechter bezieht und dabei auf Regelungen, wie dieses zu erreichen sei, verzichten (**Ergebnisquoten**). Oder sie werden nur als anzustrebender Orientierungsmaßstab formuliert, wobei ihre Erfüllung auf rein freiwilliger Basis bleibt. Verfassungsrechtl. dürfte dies nicht zu beanstanden sein[10].

118 Zudem gibt es (nur) **wirtschaftl. bindende Quoten**, deren Nichterfüllung zur Folge hat, dass Subventionen/finanzielle Vergünstigungen/Steuervorteile, für welche die Voraussetzungen im Übrigen vorliegen, nicht in Anspruch genommen werden können[11]. Private Aktivitäten zu Gunsten der tatsächlichen Gleichberechtigung dürften in großem Umfang zulässig sein[12].

119 Quotenregelungen im **öffentl. Dienst** sind zulässig, sofern sie in Bereichen, in denen weniger Frauen als Männer beschäftigt sind – sofern es genügend qualifizierte Bewerberinnen gibt –, Frauen nur bei gleicher Eignung bevorzugen und zudem gegenläufige Gesichtspunkte Berücksichtigung finden, wenn sie von vergleichbarem Gewicht sind[13]. Doch auch hier besteht Streit um die Verfassungsmäßigkeit der Quoten. Ein Verstoß gegen Art. 2 I, Art. 3 II u. III, Art. 6 I, Art. 9 III, Art. 12 I, Art. 14 I und Art. 33 II wird diskutiert[14].

120 Frauenförderungsmaßnahmen sind auch **nicht uneingeschränkt als positiv** zu bewerten. So sind unterschiedliche Altersgrenzen kritisch zu betrachten. Verfehlt ist auch der Versuch, bezahlte Hausarbeitstage für Frauen einzuführen, da diese dadurch nur weiter in ihre Rolle hineingedrängt werden[15]. Legt der Gesetzgeber in Erfüllung seines Schutzauftrags aus Art. 3 II zu Gunsten der Mutter dem ArbGeb Lasten auf, ist durch geeignete Regelungen der Gefahr zu begegnen, dass sich Schutzvorschriften auf ArbN-Seite faktisch diskriminierend auswirken. Demgemäß hat das BVerfG die gegenwärtige gesetzl. Ausgestaltung der **Zuschusspflicht des ArbGeb zum Mutterschaftsgeld** beanstandet; dem ist mit dem AAG nachgekommen worden (Art. 12 Rz. 45 u. § 14 MuSchG Rz. 1).

121 **c) Rechtsfolgen von Verstößen.** Bei einem Gleichheitsverstoß **kann der Benachteiligte verlangen, mit den Bevorzugten gleichgestellt zu werden**. So können zB Versorgungsansprüche[16], Zulagen[17] oder Unkündbarkeitsregelungen[18] beansprucht bzw. geltend gemacht werden. Dies gilt zumindest rückwirkend.

1 Dreier/*Heun*, Art. 3 GG Rz. 60. | 2 S. auch ErfK/*Dieterich*, Art. 3 GG Rz. 93. | 3 ErfK/*Dieterich*, Art. 3 GG Rz. 94; Sachs/*Osterloh*, Art. 3 GG Rz. 286. | 4 Dazu näher *Pfarr/Bertelsmann*, Diskriminierung im Erwerbsleben, 1989, S. 90 f. | 5 ErfK/*Dieterich*, Art. 3 GG Rz. 94. | 6 EuGH v. 17.10.1995 – C-450/93 (*Kalanke*), EAS RL 76/207 – Art. 2 Nr. 11. | 7 BAG v. 5.3.1996 – 1 AZR 590/92 (A), AP Nr. 226 zu Art. 3 GG; ErfK/*Dieterich*, Art. 3 GG Rz. 94. | 8 EuGH v. 11.11.1997 – Rs. C-409/95 (*Marshall*), EAS RL 76/207 – Art. 2 Nr. 12. | 9 BAG v. 21.1.2003 – 9 AZR 307/02, AP Nr. 60 zu Art. 33 Abs. 2 GG; Dreier/*Heun*, Art. 3 GG Rz. 95; Sachs/*Osterloh*, Art. 3 GG Rz. 286; aA von Mangold/Klein/*Starck*, Art. 3 Rz. 289. | 10 ErfK/*Dieterich*, Art. 3 GG Rz. 95. | 11 EuGH v. 28.3.2000 – Rs. C 158/97 (*Badek*), AP Nr. 20 zu EWG-Richtlinie Nr. 76/207. | 12 Jarass/Pieroth/*Jarass*, Art. 3 GG Rz. 91. | 13 BAG v. 21.1.2003 – 9 AZR 307/02, AP Nr. 60 zu Art. 33 II GG; Dreier/*Heun*, Art. 3 GG Rz. 100. | 14 Zum Ganzen näher *Pfarr/Bertelsmann*, Diskriminierung im Erwerbsleben, 1989, S. 90. | 15 ErfK/*Dieterich*, Art. 3 GG Rz. 92. | 16 BAG v. 28.7.1992 – 3 AZR 173/92, AP Nr. 18 zu § 1 BetrAVG – Gleichbehandlung. | 17 BAG v. 25.8.1982 – 5 AZR 107/80, AP Nr. 53 zu § 242 BGB – Gleichbehandlung. | 18 BAG v. 13.3.1997 – 2 AZR 175/96, AP Nr. 54 zu § 2 BeschFG 1985.

Für die Zukunft steht es dem Normgeber grds. frei, eine neue Regelung zu treffen. Dies gilt für Gesetze, TV, BV und (Formular-)Arbeitsbedingungen gleichermaßen. Diese Auffassung wird auch vom EuGH geteilt[1]. Außerdem können bei einer Ungleichbehandlung Ansprüche auf Entschädigung aus § 15 AGG entstehen[2]. Im öffentl. Dienst kommt im Ausnahmefall ein Einstellungsanspruch in Betracht[3].

III. Diskriminierungsverbote (Abs. 3). 1. Unterscheidung nach Geschlecht, Abstammung, Rasse, Sprache, Heimat, Herkunft, Glauben, religiöser oder politischer Anschauung (Abs. 3 S. 1). a) Bedeutung und Abgrenzung zu anderen Vorschriften. Art. 3 III wurde vor allem mit Blick auf die **Verfolgung und Benachteiligung von Minderheiten** im Nationalsozialismus ins GG aufgenommen und steht in engem Zusammenhang mit der Menschenwürde. Ähnliche Vorschriften enthalten die Menschenrechtskonvention und der Internationale Pakt über wirtschaftl., soziale und kulturelle Rechte[4]. Art. 3 III enthält ein Grundrecht sowie eine objektive Wertentscheidung, spielt aber trotz dieser Bedeutung in der Rspr. des BVerfG immer noch eine eher geringe Rolle, auch wenn sich nunmehr ein Wandel abzuzeichnen scheint[5]. Die große Bedeutung des Abs. 3 im Arbeitsrecht resultiert aus dem Gleichbehandlungsgrundsatz und § 75 BetrVG[6]. Außerdem ist hier wiederum der einfachgesetzl. § 1 AGG zu nennen. 122

Abs. 3 S. 1 hat **Vorrang** vor Abs. 1, **Konkurrenz** besteht jedoch im Verhältnis zu Abs. 2 (s. Rz. 87 ff.) und zu Art. 33[7]. 123

b) Schutzbereich. Von Art. 3 III werden **alle Menschen** und auch einzelne juristische Personen und Personenvereinigungen (zB Glaubensgemeinschaften und politische Vereinigungen) geschützt[8]. Der Schutzbereich ist eröffnet, wenn es auf bestimmte Eigenschaften (oder Aktivitäten) des Grundrechtsinhabers ankommt, „auf deren Vorhandensein oder Fehlen der Einzelne keinen oder nur schwer Einfluss nehmen kann"[9]. 124

Die in Abs. 3 genannten Merkmale dürfen nicht als **Anknüpfungspunkt** für differenzierende Regelungen herangezogen werden. Das soll auch dann gelten, wenn die Regelung nicht auf eine Ungleichbehandlung abzielt, sondern andere Zwecke verfolgt[10]. 125

c) Wirkung. Das Diskriminierungsverbot des Abs. 3 richtet sich vor allem gegen Bevorzugungen oder Benachteiligungen der bezeichneten Gruppen durch den Staat **(Abwehrfunktion)**. Darüber hinaus hat auch Abs. 3 **Schutzfunktion.** Diese gebietet, gesellschaftliche Diskriminierung nicht zu dulden und hat zentrale Bedeutung für die Verfassungswirklichkeit[11]. Abs. 3 verstärkt den allgemeinen Gleichheitssatz durch konkrete Diskriminierungsverbote[12]. 126

Doch verlangt Abs. 3 **nicht die Förderung der geschützten Personengruppen bzw. einen Abbau der tatsächlichen Unterschiede**. Es lassen sich also keine subjektiven Ansprüche aus Abs. 3 ableiten, wobei dieser Unterschied zu Abs. 2 und sogar Abs. 3 S. 2 schwer verständlich erscheint[13]. Allerdings ergeben sich wichtige Vorgaben für die Ausgestaltung der Zivilrechtsordnung, welche vor allem durch die Generalklauseln vermittelt werden. Abs. 3 bindet auch den Privatrechtsgesetzgeber. Insb. ergibt sich aus Abs. 3 S. 1 ein Auftrag an den Staat, Diskriminierungen anhand der in dieser Vorschrift genannten Kriterien durch Private entgegenzuwirken[14]. Die Ausstrahlung auf die Anwendung des Privatrechts fällt stärker aus als bei Abs. 1, aber schwächer als bei Abs. 2[15]. 127

Außerdem richten sich die Diskriminierungsverbote an den ArbGeb, weil der **arbeitsrechtl. Gleichbehandlungsgrundsatz** durch Art. 3 und damit auch durch die besonderen Diskriminierungsverbote geprägt ist. Für die Betriebsparteien gilt er nach § 75 BetrVG[16]. Wegen des grds. Charakters der besonderen Diskriminierungsverbote gelten sie auch gegenüber den Tarifparteien[17]. 128

d) Beeinträchtigung/Verletzung. Die Beeinträchtigung des Abs. 3 setzt zunächst voraus, dass die Maßnahme Personen anhand der geschützten Eigenschaften **ungleich behandelt**. Das kann unmittelbar dadurch geschehen, dass die Regelung ausdrücklich oder implizit auf eine solche Eigenschaft abzielt (direkte Ungleichbehandlung); oder aber, wenn sie zwar nicht an eines der problematischen Differenzierungskriterien unmittelbar anknüpft, im Ergebnis aber immer oder in den meisten Fällen auf eine Verwendung des betreffenden Kriteriums hinausläuft (indirekte Ungleichbehandlung). Doch ist die Frage, ob es auch eine mittelbare Beeinträchtigung des Art. 3 III gibt, umstritten. Um eine Umgehung der Vorschrift zu vermeiden, wird man dies bejahen müssen. Zumindest müsste eine indirekte Ungleichbehandlung im Rahmen des Abs. 1 geprüft werden[18]. 129

---

1 EuGH v. 8.4.1976 – Rs 43/75, Rs. 43/75 (*Defrenne II*), NJW 1976, 2068. | 2 BAG v. 14.3.89 – 8 AZR 447/87, AP Nr. 5 zu § 611a BGB. | 3 ErfK/*Dieterich*, Art. 3 GG Rz. 7; vgl. auch *Beyer/Möllers*, JZ 1991, 24 (28). | 4 ErfK/*Dieterich*, Art. 3 GG Rz. 66. | 5 Jarass/Pieroth/*Jarass*, Art. 3 GG Rz. 115. | 6 ErfK/*Dieterich*, Art. 3 GG Rz. 66. | 7 Vgl. etwa BAG v. 7.9.2004 –9 AZR 537/03, AP Nr. 61 zu Art. 33 II GG. | 8 ErfK/*Dieterich*, Art. 3 GG Rz. 69. | 9 Jarass/Pieroth/*Jarass*, Art. 3 GG Rz. 120. | 10 BVerfG v. 28.1.1992 – 1 BvR 1025/82 ua., E 85, 191 (206); v. 27.1.1998 – 1 BvL 22/93, E 97, 186. | 11 ErfK/*Dieterich*, Art. 3 GG Rz. 68. | 12 BVerfG v. 27.1.1998 – 1 BvL 22/93, E 97, 186. | 13 Jarass/Pieroth/*Jarass*, Art. 3 GG Rz. 132. | 14 ErfK/*Dieterich*, Art. 3 GG Rz. 68. | 15 Jarass/Pieroth/*Jarass*, Art. 3 GG Rz. 133. | 16 Löwisch/Kaiser/*Löwisch*, § 75 BetrVG Rz. 8. | 17 Kittner/Zwanziger/*Zwanziger*, ArbR, § 111 Rz. 35. | 18 Jarass/Pieroth/*Jarass*, Art. 3 GG Rz. 119.

130 Als Benachteiligung oder Bevorzugung genügt jede **Differenzierung**. Es reicht aus, wenn eine Person in ihren wirtschaftl., ideellen oder emotionalen Interessen unmittelbar oder mittelbar berührt wird. Wenn Gruppen mit Hilfe unzulässiger Merkmale gebildet werden, indiziert dies zumeist einen Verfassungsverstoß und erfordert eine Rechtfertigung[1]. Weitere Voraussetzung einer Beeinträchtigung ist ein – wenn auch nur geringfügiger – Nachteil für die betroffene Person. Zwischen Schlechterstellung und Verwendung der verbotenen Kriterien muss Kausalität bestehen[2].

131 Diesem umfassenden Schutz gegen jegliche Form der Benachteiligung von Menschen durch Art. 3 III (und § 75 BetrVG) hat sich der europäische Gesetzgeber mit der **RL 2000/43/EG**[3] und **2000/78/EG** angeschlossen[4], die nun im AGG umgesetzt worden sind (s. auch Rz. 122).

132 e) **Gruppenmerkmale.** Der Katalog der Merkmale gilt als abschließend[5]. Am Anfang der unzulässigen Gruppenmerkmale steht das **Geschlecht**. Dies entspricht auch seiner großen Bedeutung. Problematisch ist hier das Verhältnis zu Abs. 2 (s. Rz. 87 ff.).

133 Unter **Abstammung** sind die natürlichen biologischen Beziehungen eines Menschen zu seinen Vorfahren und alle sonstigen familienrechtl. Beziehungen zu den Eltern („Sippenhaft") zu verstehen. Der Begriff hat eine gewisse Nähe zum Merkmal der Herkunft, welche die soziale, sozial-ökonomische oder ständische Verwurzelung meint. Demgegenüber ist Heimat örtlich iSv. Geburtsort definiert. Der Begriff bezieht sich auf die örtliche Herkunft nach Geburt oder Ansässigkeit[6] (früher bedeutend insb. im Zusammenhang mit der DDR[7] und Aussiedlern; vgl. ebenso die Problematik bzgl. der sog. „Landeskinderprivilegien"[8]). Heimat meint nicht den Wohnsitz oder gewöhnlichen Aufenthaltsort. Arbeitsrechtl. Sonderregelungen für das Gebiet der neuen Bundesländer waren also nur zulässig, wenn sie durch sachgerechte Differenzierungsmerkmale gerechtfertigt waren, die nicht allein auf den Besonderheiten von Heimat und Herkunft beruhten. Möglich waren Gründe, die sich aus den gravierenden Problemen ergaben, die mit den Veränderungen in der Wirtschafts-, Sozial- und Arbeitsordnung bei der Einigung Deutschlands zusammenhingen und zeitlich begrenzt waren[9].

134 Das Merkmal der **Rasse** bezieht sich auf Gruppen mit bestimmten wirklich oder vermeintlich biologisch vererbbaren Merkmalen[10]. Das Kriterium **Sprache** stellt auf die Muttersprache ab. Dennoch darf die Kenntnis der deutschen Sprache als Eignungsvoraussetzung bei personellen Maßnahmen vorausgesetzt werden, was auch innerhalb der EU gilt[11]. Auch die Tatsache, dass Deutsch Gerichtssprache ist, verletzt Abs. 3 nicht[12]. **Glauben, religiöse und politische Anschauungen** werden nicht nur durch Art. 3 III, sondern auch durch andere Grundrechte geschützt und stellen nicht allein auf die innere Einstellung, sondern auch auf die Betätigung ab[13]. Doch können sich bzgl. des grds. Differenzierungsverbots auf Grund der Religion insb. in Tendenzbetrieben (§ 118 BetrVG) Einschränkungen ergeben, soweit dies die Tendenz des Betriebs erfordert[14]. Aus jüngerer Zeit ist in diesem Zusammenhang die Rspr. zum Verbot des Kopftuchtragens am Arbeitsplatz zu nennen[15].

135 Problematisch ist die Frage der Benachteiligung wegen der **Staatsangehörigkeit**, da die Staatsangehörigkeit nicht von Abs. 3 erfasst ist. Zudem setzt das Grundgesetz die Staatszugehörigkeit als Gruppenmerkmal sogar voraus (Art. 116; „Deutschengrundrechte"). Daraus folgt, dass Begrenzungen der Aufenthalts- und Arbeitserlaubnis für Ausländer grds. zulässig sind. Anders sieht es bei Ungleichheiten hinsichtlich der Abwicklung von Arbeitsverhältnissen aus, da derartige Unterscheidungen gegen den allgemeinen Gleichheitssatz verstoßen[16]. Es könnte allerdings immer Abs. 1 einschlägig sein[17]. Entsprechend Art. 3 III verbietet auch § 75 BetrVG die unterschiedliche Behandlung wegen der Nationalität[18].

136 Ein Sonderfall sind **Angehörige der EU**. Für diese verbietet Art. 7 der EWG-FreizügigkeitsVO 1612/48[19] die unterschiedliche Behandlung hinsichtlich der Beschäftigungs- und Arbeitsbedingungen auf Grund der Staatsangehörigkeit. Insb. bestehen die Diskriminierungsverbote und Grundfreiheiten der EG, die

---

1 ErfK/*Dieterich*, Art. 3 GG Rz. 70. | **2** Jarass/Pieroth/*Jarass*, Art. 3 GG Rz. 130 f. | **3** Richtlinie des Rates zur Anwendung des Gleichbehandlungsgrundsatzes ohne Unterschiede der Rasse oder der ethnischen Herkunft v. 29.6.2000, ABl. EG Nr. L 180 v. 19.7.2000, S. 22; dazu *Eichenhofer* in Rust/Däubler/Falke/Lange/Plett/Scheiwe/Sieveking (Hrsg.), Die Gleichbehandlungsrichtlinien der EU und ihre Umsetzung in Deutschland, 2003, S. 73 ff. | **4** Dazu auch *Wiedemann/Thüsing*, NZA 2002, 1234; *Leuchten*, NZA 2002, 1256 mwN. | **5** BAG v. 16.2.1989 – 2 AZR 347/88, AP Nr. 46 zu § 138 BGB; Jarass/Pieroth/*Jarass*, Art. 3 GG Rz. 120. | **6** BVerfG v. 25.5.1956 – 1 BvR 83/65, E 5, 17 (22); v. 21.1.1959 – 1 BvR 644/58, E 9, 124 (128); BVerwG v. 27.9.1988 – 1 C 52.87, E 80, 233 (243). | **7** BVerfG v. 28.1.2003 – 1 BvR 487/01, E 107, 133; v. 12.2.2003 – 2 BvL 3/00, E 107, 218; v. 12.2.2003 – 2 BvR 709/99, E 107, 257; BVerfG v. 9.9.2004 – 2 BvR 669/02, nv.; BAG v. 15.5.2001 – 1 AZR 672/00, AP Nr. 176 zu § 242 BGB – Gleichbehandlung. | **8** ErfK/*Dieterich*, Art. 3 GG Rz. 72. | **9** BVerfG v. 24.4.1991 – 1 BvR 1341/90, E 84, 133; ErfK/*Dieterich*, Art. 3 GG Rz. 74. | **10** Jarass/Pieroth/*Jarass*, Art. 3 GG Rz. 121. | **11** ErfK/*Dieterich*, Art. 3 GG Rz. 75. | **12** BVerfG v. 17.5.1983 – 2 BvR 731/80, E 64, 135 (156 f.). | **13** ErfK/*Dieterich*, Art. 3 GG Rz. 76; Sachs/*Osterloh*, Art. 3 GG Rz. 302 ff. | **14** Löwisch/Kaiser/*Löwisch*, § 118 BetrVG Rz. 25. | **15** Vgl. BVerfG v. 24.9.2003 – 2 BvR 1436/02, E 108, 282 (284, 294); BVerwG v. 24.6.2004 – 2 C 45/03, DVBl 2004, 1424 ff. | **16** ErfK/*Dieterich*, Art. 3 GG Rz. 73. | **17** BVerfG v. 20.3.1979 – 1 BvR 111/74 u. 283/78, E 51, 1 (30); BVerwG v. 27.9.1988 – 1 C 52.87, E 80, 233 (243). | **18** Kittner/Zwanziger/*Zwanziger*, ArbR, § 111 Rz. 32. | **19** V. 15.10.1968, ABl. EG Nr. L 257 v. 19.10.1968; vgl. dazu *Coester/Denkhaus*, EAS B 2100 (1999), Rz. 17 ff.

sowohl die unmittelbare als auch die mittelbare Diskriminierung verbieten[1]. Gleiches gilt für ArbN aus Staaten, die mit der EU Assoziierungsabkommen abgeschlossen haben (zB die Türkei)[2]. Was die neuen EU-Staaten betrifft ist allerdings zu beachten, dass für diese die ArbN-Freizügigkeit zum Teil eingeschränkt ist[3]; und auch Deutschland hat von der Möglichkeit, (weiterhin – ab 2006) Übergangsregelungen zu treffen, Gebrauch gemacht[4].

f) Anknüpfungspunkt und Rechtfertigung. Differenziert beantwortet wird die Frage, wie zu beurteilen ist, dass nur die Unterscheidung *wegen* der genannten Merkmale verboten ist. Einer Auffassung nach handelt es sich um ein **absolutes Anknüpfungsverbot**, das jede Regelung oder Maßname verbietet, die eines dieser Merkmale verwendet[5]. Diese Meinung ist zu wenig flexibel. Außerdem lässt sich dieses System nicht ausreichend abwägungsoffen praktizieren und die Schutzfunktion bei der mittelbaren Diskriminierung ist dabei nicht zu verwirklichen[6]. 137

Die skizzierten Nachteile vermeidet das **Abwägungsmodell**. Danach dürfen die verbotenen Merkmale zwar grds. nicht als Anknüpfungspunkt dienen, ihre Verwendung kann aber gerechtfertigt sein[7]. Dies erscheint als praktikable und effiziente Lösung. Hierbei können auch je nach Differenzierungsmerkmal bzw. Schutzzweck unterschiedliche Anforderungen an die Rechtfertigungsgründe gestellt werden. Ein „gemeinsamer Nenner" könnte sein, dass der Einsatz der (grds.) unzulässigen Differenzierungskriterien ausnahmsw. zulässig ist, wenn dies zur Lösung von Problemen notwendig ist, die ihrer Natur nach nur bei Personen der einen Gruppe auftreten können; wenn das Kriterium das „konstituierende Element des zu regelnden Lebenssachverhalts bildet"[8]. Die Diskriminierung unterliegt dabei einer strengen Verhältnismäßigkeitsprüfung. Und für direkte Ungleichbehandlungen wird man eine ausreichend bestimmte gesetzl. Grundlage brauchen. Weniger streng ist die Prüfung in Fällen mittelbarer Diskriminierung[9]. Für Frauen gilt (zusätzlich) der Abs. 2 und für Menschen mit Behinderung der Abs. 3 S. 2 als Sondertatbestand des Art. 3. 138

Ermächtigungsgrundlage für **Eingriffe** in Abs. 3 ist auch das Gleichbehandlungsgebot und das Nachteilsausgleichgebot aus Abs. 2 (Rz. 87 ff.)[10]. Bspw. hat das BVerfG im Rentenalter-Beschluss eine Durchbrechung des Anknüpfungsverbots zugelassen, wenn der Gesetzgeber „einen sozialstaatlich motivierten typisierenden Ausgleich von Nachteilen anordnet, die ihrerseits auch auf biologische Unterschiede zurückgehen"[11]. Wegen Verstoßes gegen Art. 3 III für verfassungswidrig erklärt wurden demgegenüber die Vorschriften des baden-württembergischen und bayerischen Landesrechts über die Erhebung einer auf Männer beschränkten Feuerwehrabgabe bzw. die alleinige Feuerwehrpflichtigkeit für Männer[12]. 139

2. Benachteiligung wegen Behinderung (Abs. 3 S. 2)[13]. **a) Bedeutung.** Art. 3 III 2 wurde im Rahmen der Verfassungsreform von 1994 eingefügt. Die Stellung behinderter Menschen in Recht und Gesellschaft soll gestärkt werden und eine **gesellschaftl. und rechtl. Ausgrenzung** dieser Personengruppe verhindert werden. 140

Abs. 3 S. 2 enthält ein **Gleichheitsrecht zu Gunsten Behinderter** sowie einen **Auftrag an den Staat** (dies ist mehr als in S. 1), auf die gleichberechtigte Teilhabe behinderter Menschen hinzuwirken, dh. eine Lebensumwelt zu schaffen, die keine Mobilitäts- und Entfaltungsbeschränkungen für Behinderte verursacht. Diesbezügliche Gehalte des Sozialstaatsprinzips werden verstärkt und ergänzt. Es handelt sich um ein subjektives Abwehrrecht[14]. Bei der Auslegung und Anwendung privatrechtl. Normen kommt wiederum der Ausstrahlungswirkung Bedeutung zu[15]. Und auch in diesem Bereich kommt nun das AGG zum Tragen[16] (s. § 1 AGG Rz. 8, § 3 AGG Rz. 11, § 7 AGG Rz. 3). Eine Bevorzugung behinderter Menschen ist ausdrücklich nicht untersagt (s.a. § 5 AGG Rz. 3)[17]. 141

Vielmehr werden auch gerade **arbeitsrechtl. Schutzvorschriften und Integrationshilfen** vorausgesetzt. Es besteht jedoch keine Pflicht, sondern nur eine verfassungsrechtl. Legitimation für Ausgleichsmaßnahmen zu Gunsten von Behinderten zu sorgen. Doch dürfen Behinderte nicht von Entfaltungs- und Betätigungsmöglichkeiten ausgeschlossen werden, ohne dass dies anderweitig ausgeglichen und durch auf Behinderte bezogene Förderungsmaßnahmen kompensiert wird[18]. Das Gebot, Behinderte besonders zu schützen, hat arbeitsrechtl. vor allem im SGB IX (früher SchwbG) Ausdruck gefunden. Außerdem wurde die Definition des Begriffs „Behinderung" aus § 2 SGB IX übernommen. Das BVerfG hat für 142

---

1 Hierzu näher *Runggaldier*, EAS B 2000 (1996), Rz. 47 ff.; s. auch ErfK/*Dieterich*, Art. 3 GG Rz. 7. | 2 Dazu *Runggaldier*, EAS B 2000 (1996), Rz. 133 ff. | 3 S. *Nowak*, EuZW 2003, 101 ff.; *Steiff*, NZBau 2004, 75 ff.; *Pechstein/Kubicki*, EuZW 2004, 167 ff.; vgl. darüber hinaus zB VG Berlin v. 1.11.2002 – 35 A 311/01, NVwZ 2003, 499 f. | 4 Vgl. vom 15.10.2007, http://www.eu-info.de/arbeiten-europa/7158/Beschraekung-Arbeitnehmerfreizuegigkeit/; *Temming*, RdA 2005, 186 ff. (insb. 188). | 5 Von Mangoldt/Klein/*Starck*, Rz. 264. | 6 ErfK/*Dieterich*, Art. 3 GG Rz. 77. | 7 Sachs/*Osterloh*, Art. 3 GG Rz. 239 ff., 254. | 8 BVerfG v. 28.1.1992 – 1 BvR 1025/82 ua., E 85, 191 (207). | 9 Jarass/Pieroth/*Jarass*, Art. 3 GG Rz. 134 f. | 10 *Neumann*, DVBl 1997, 92 (99). | 11 BVerfG v. 28.1.1987 – 1 BvR 455/82, E 74, 163 (180); vgl. auch BAG v. 23.9.2003 – 3 AZR 304/02, AP Nr. 14 zu § 1 BetrAVG – Gleichberechtigung. | 12 BVerfG v. 24.1.1995 – 1 BvL 18/93 ua., E 92, 91 (108); von Münch/Kunig/*Gubelt*, Art. 12 GG Rz. 87. | 13 Ausführl. *Welti*, Behinderung und Rehabilitation im sozialen Rechtsstaat, 2005, passim. | 14 Jarass/Pieroth/*Jarass*, Art. 3 GG Rz. 142. | 15 Von Münch/Kunig/*Gubelt*, Art. 3 GG Rz. 104b. | 16 Vgl. aber auch noch BAG v. 3.4.2007 – 5 Sa 1794/05, PM 24/2007. | 17 ErfK/*Dieterich*, Art. 3 GG Rz. 79; *Stein*, AR-Blattei SD 830 Rz. 714. | 18 BVerfG v. 8.10.1997 – 1 BvR 9/97, E 96, 288 (301 ff.).

die Schwerbehinderten einen besonderen Schutz bei der Beendigung des Arbeitsverhältnisses eingefordert[1], einfachrechtl. trägt der Sonderkündigungsschutz in den §§ 85 ff. SGB IX diesem Postulat Rechnung. Darüber hinaus erklärt § 80 I Nr. 4 BetrVG die Eingliederung schwerbehinderter Personen zur allgemeinen Aufgabe des BR. Zudem besteht eine Pflicht, schwerbehinderte Menschen zu beschäftigen bzw. ansonsten Ausgleichzahlungen zu leisten[2].

143 **b) Schutzbereich.** Der Schutzbereich ist eröffnet, wenn es um die Behinderung des Grundrechtsinhabers geht. **Behinderung** ist definiert als Auswirkung einer nicht nur geringfügigen, nicht vorübergehenden Funktionsbeeinträchtigung, die auf einem regelwidrigen körperlichen, geistigen oder seelischen Zustand beruht[3]. Diese Definition gilt auch mit Blick auf die divergierenden Behinderungsbegriffe in den Sozialgesetzen[4]. Geschützt werden nur natürliche Personen, nicht Verbände von Behinderten[5].

144 **c) Beeinträchtigung/Verletzung.** Das Grundrecht wird beeinträchtigt, wenn Regelungen oder andere Maßnahmen der öffentl. Gewalt **an die Behinderung anknüpfen** und ein Behinderter dadurch **benachteiligt** wird[6]. Dies gilt ohne weiteres für die unmittelbare Diskriminierung, muss aber – schon um Umgehungen zu vermeiden – auch für die mittelbare Diskriminierung angenommen werden. Außerdem ist eine Beeinträchtigung wegen einer Behinderung nicht nur dann gegeben, wenn eine benachteiligende Regelung an die „Behinderung schlechthin" anknüpft, sondern eine solche liegt auch vor, wenn konkret wegen einer bestimmten Behinderung benachteiligt wird[7].

145 Allerdings kann auch eine Schlechterstellung von Behinderten im Vergleich zu Nichtbehinderten **gerechtfertigt** sein. Doch muss die Maßnahme unerlässlich sein, um behinderungsbedingten Besonderheiten Rechnung zu tragen[8]. Bei direkten Ungleichbehandlungen wird eine gesetzl. Grundlage notwendig sein. Von arbeitsrechtl. Relevanz ist insb. die **Frage nach der Schwerbehinderteneigenschaft** bei der Einstellung. So lässt das BAG diese Frage auch dann zu, wenn die Behinderung tätigkeitsneutral ist[9]. Dies wird mit den besonderen gesetzl. Verpflichtungen begründet, welche für den ArbGeb durch die Beschäftigung Schwerbehinderter entstehen. Angesichts der rechtl. und wirtschaftl. Tragweite und der betriebl. Auswirkungen der Einstellung schwerbehinderter ArbN sei ein berechtigtes Interesse des ArbGeb an der wahrheitsgemäßen Beantwortung der Frage nach der Schwerbehinderteneigenschaft anzuerkennen[10]. Diese Rspr. wird teilweise als verfassungswidrig angesehen, weil die Verfassungsergänzung durch Art. 3 III 2 hier vernachlässigt zu werden scheint[11]. Auch im Hinblick auf das AGG scheint man sie anzweifeln zu können.

146 Entscheidend ist auch der **Zeitpunkt des Vorliegens** der Schwerbehinderteneigenschaft. Dies kann im Falle von Stichtagsregelungen relevant werden. Stichtagsregelungen können hier bedeuten, dass nur diejenigen Betriebsangehörigen, die im Zeitpunkt der Aufstellung des Sozialplans behördlich anerkannte Schwerbehinderte sind, in den Genuss der Sonderabfindung kommen. Da nach der Rspr. des BVerfG Stichtagsregelungen grds. zulässig sind, kann auch ein Sozialplan mit der Regelung, dass es auf das behördliche Vorliegen der Schwerbehinderteneigenschaft ankommt, als BV abgeschlossen werden. Anders sieht es aus mit Ansprüchen, die aus dem SGB IX folgen, hierfür kommt es (nur) auf das objektive Vorliegen der Schwerbehinderteneigenschaft an[12].

Art. 9 *Vereinigungsfreiheit*

(1) Alle Deutschen haben das Recht, Vereine und Gesellschaften zu bilden.

(2) Vereinigungen, deren Zwecke oder deren Tätigkeit den Strafgesetzen zuwiderlaufen oder die sich gegen die verfassungsmäßige Ordnung oder gegen den Gedanken der Völkerverständigung richten, sind verboten.

(3) Das Recht, zur Wahrung und Förderung der Arbeits- und Wirtschaftsbedingungen Vereinigungen zu bilden, ist für jedermann und für alle Berufe gewährleistet. Abreden, die dieses Recht einschränken oder zu behindern suchen, sind nichtig, hierauf gerichtete Maßnahmen sind rechtswidrig. Maßnahmen nach den Artikeln 12a, 35 Abs. 2 und 3, Art. 87a Abs. 4 und Artikel 91 dürfen sich nicht gegen Arbeitskämpfe richten, die zur Wahrung und Förderung der Arbeits- und Wirtschaftsbedingungen von Vereinigungen im Sinne des Satzes 1 geführt werden.

---

1 BVerfG v. 24.4.1991 – 1 BvR 1341/90, E 84, 133 (LS 3, 154). |2 BVerfG v. 1.10.2004 – 1 BvR 2221/03, AP Nr. 1 zu § 72 SGB IX; s. auch BVerfG v. 10.11.2004 – 1 BvR 1785/01 ua., AP Nr. 1 zu § 74 SGB IX; krit. *Deinert*, ZSR 2005, Sonderheft, 104 (115 f.). |3 BVerfG v. 8.10.1997 – 1 BvR 9/97, E 96, 288 (301); von Münch/Kunig/*Gubelt*, Art. 3 GG Rz. 104c. |4 Vgl. ErfK/*Dieterich*, Art. 3 GG Rz. 80. |5 Jarass/Pieroth/*Jarass*, Art. 3 GG Rz. 145. |6 Von Münch/Kunig/*Gubelt*, Art. 3 GG Rz. 104c. |7 Sachs/*Osterloh*, Art. 3 GG Rz. 311. |8 Jarass/Pieroth/*Jarass*, Art. 3 GG Rz. 149. |9 BAG v. 5.10.1995 – 2 AZR 923/94, AP Nr. 40 zu § 123 BGB; v. 3.12.1998 – 2 AZR 754/97, AP Nr. 49 zu § 123 BGB; Jarass/Pieroth/*Jarass*, Art. 3 GG Rz. 148. |10 Zum Ganzen *C.S. Hergenröder*, AR-Blattei SD 715 (2002), Rz. 41 ff.; s. aber auch *Thüsing/Lambrich*, BB 2002, 1146 (1148 f.), die auf § 81 II SGB IX hinweisen. |11 ErfK/*Dieterich*, Art. 3 GG Rz. 82; siehe auch *Pahlen*, RdA 2001, 143 ff.; ErfK/*Preis*, § 611 BGB Rz. 347 mwN; *Stein*, AR-Blattei SD 830 Rz. 716. |12 BVerfG v. 27.6.1961 – 1 BvL 17, 20/58, E 13, 31 (38); BAG v. 19.4.1983 – 1 AZR 489/81, AP Nr. 124 zu Art. 9 GG; vgl. aber auch LAG Hamm v. 6.11.2003 – 8 (16) Sa 1072/03, LAGReport 2004, 230 ff.

I. Allgemeine Vereinigungsfreiheit (Abs. 1). 1. Systematik und Zweck. Durch Art. 9 werden mit der **freien Vereins- (Abs. 1) und Koalitionsbildung (Abs. 3)** zwei inhaltlich zusammengehörige, aber tatbestandlich selbständig ausgestaltete grundrechtl. Gewährleistungen verbürgt. Mit dem „Prinzip freier Gruppenbildung“ garantiert Art. 9 eine freiheitliche Ordnung, welche im Gegensatz steht zu einem System, „in dem das Volk von oben her in ständisch-korporative Gruppen gegliedert und nur noch in dieser von vornherein durch obrigkeitliche Lenkung kanalisierten Form an der öffentl. Meinungs- und Entscheidungsbildung beteiligt wird“[1]. Gewährleistet wird das Recht, „sich zu billigen Zwecken mit anderen in Vereinen, Verbänden und Assoziationen aller Art zusammenzuschließen“[2]. Dabei ist nicht nur der freie Zusammenschluss zum Zwecke des demokratischen Willensbildungsprozesses geschützt, sondern jegliche Verbandsbildung ohne Vorgabe von Zielen. Eine Schranke stellt insoweit nur Art. 9 II auf. 1

2. Grundrechtsträger. Die Vereinigungsfreiheit steht nach dem Wortlaut des Art. 9 I nur **Deutschen** iSd. Art. 116 I zu. Ausländer sind indes nicht schutzlos gestellt, sie können sich auf Art. 2 I berufen, wonach ihnen bei der vereinsmäßigen Betätigung eine grundrechtl. zugesicherte Garantie der Gesetzmäßigkeit der Verwaltung als Ausdruck der Persönlichkeitsentfaltung zusteht. Fraglich ist, inwieweit sich EU-Bürger auf Art. 9 I berufen können. Es handelt sich um keine besonders auf Art. 9 I zugeschnittene Frage, sondern um ein auch bei anderen Deutschen-Grundrechten auftretendes Problem (Art. 12 Rz. 16). Hier wird man jedenfalls dann, wenn das Recht der EU entsprechende Verbürgungen enthält, Art. 9 I idS über seinen Wortlaut hinaus auslegen können[3]. Will man dem nicht folgen, so müssen EU-Ausländer über Art. 2 I entsprechenden Schutz genießen[4]. Für inländische juristische Personen des Privatrechts gilt Art. 9 I über Art. 19 III. 2

3. Grundrechtsadressat und Schutzbereich. Aus Art. 9 I folgt ein individuelles Abwehrrecht, das den Staat verpflichtet, **Eingriffe zu unterlassen**. Geschützt ist aber nicht nur die Vereinsbildung, sondern auch die Freiheit zum Beitritt zu bestehenden Vereinen, zum Verbleib in diesen, zur freien Betätigung iSd. Teilnahme der Mitglieder an der „Selbstbestimmung über die eigene Organisation, das Verfahren ihrer Willensbildung und die Führung ihrer Geschäfte“[5]. Neben dem Individualrecht, sich in Vereinen und Gesellschaften zusammenzuschließen, wird durch Art. 9 I auch das Recht dieser Vereinigungen, unbeschadet der Frage ihrer Rechtsfähigkeit, auf Entstehen und Bestehen geschützt[6]. 3

Geschützt ist auch die **negative Vereinsfreiheit**. Sie umfasst das Recht auf Austritt aus privaten Verbänden sowie das Recht, privaten Verbänden fernzubleiben[7]. Art. 9 I ist indes kein Leistungsrecht, aus der Vorschrift folgt also nicht die Pflicht des Staates zur Vereinsförderung durch Subventionen oder steuerliche Gemeinnützigkeitsprivilegien[8]. Ebenso wenig enthält Art. 9 I eine Instituts- oder institutionelle Garantie des überkommenen Vereins- und Gesellschaftsrechts. 4

Vereinigungen iSd. Art. 9 I sind **Vereine und Gesellschaften**. Der Schutz der Vereinigungsfreiheit greift ein, wenn es um einen Zusammenschluss natürlicher oder juristischer Personen geht, der auf Dauer angelegt ist und auf der Basis der Freiwilligkeit erfolgt. Nicht einheitlich beantwortet wird die Frage nach der erforderlichen Mindestzahl der Mitglieder. Während Übereinstimmung darin besteht, dass jedenfalls die Ein-Mann-Gesellschaft ungeachtet ihrer Verankerung im Gesellschaftsrecht nicht eine Vereinigung iSv. Art. 9 I darstellt, wird teilweise für eine Mindestzahl von zwei Mitgliedern[9] plädiert, die Gegenauffassung verlangt drei Mitglieder[10]. Auf der anderen Seite stellt sich die Frage nach einem verfassungsrechtl. Schutz von großen Kapitalgesellschaften, bei denen der personale Bezug weitgehend fehlt[11]. Richtigerweise wird man ihnen den grundrechtl. Schutz nicht grds. versagen dürfen, indes ist ihren Besonderheiten bei der gesetzl. Ausgestaltung Rechnung zu tragen[12]. 5

---

1 Vgl. BVerfG v. 18.12.1974 – 1 BvR 430/65 u. 259/69, E 38, 281 (303); v. 24.2.1999 – 1 BvR 123/93, E 100, 214 (221, 223); von Münch/Kunig/*Löwer*, Art. 9 GG Rz. 1. | **2** BVerfG v. 18.12.1974 – 1 BvR 430/65 u. 259/66, E 38, 281 (303). | **3** Vgl. eingehend von Münch/Kunig/*Löwer*, Art. 9 GG Rz. 6. | **4** IdS Dreier/*Dreier*, Vorb. Rz. 75; ErfK/*Dieterich*, Art. 9 GG Rz. 8. | **5** BVerfG v. 1.3.1979 – 1 BvR 532/77 ua., E 50, 290 (354); von Münch/Kunig/*Löwer*, Art. 9 GG Rz. 18. | **6** BVerfG v. 18.10.1961 – 1 BvR 730/57, E 13, 174 (175); v. 1.3.1979 – 1 BvR 532/77 ua., E 50, 290 (353 f.). | **7** BVerfG v. 10.3.1992 – 1 BvR 454/91 ua., E 85, 360 (370). | **8** Von Münch/Kunig/*Löwer*, Art. 9 GG Rz. 21. | **9** So etwa von Münch/Kunig/*Löwer*, Art. 9 GG Rz. 28. | **10** So BGH v. 11.10.1978 – 3 StR 105/78, BGHSt 28, 147 (149). | **11** Vgl. auch BVerfG v. 1.3.1979 – 1 BvR 532/77 ua., E 50, 290 (355 f.). | **12** Dreier/*Bauer*, Art. 9 GG Rz. 30.

6 Weiter ist die Verfolgung eines **gemeins. Zwecks und eine organisierte Willensbildung** konstitutiv[1]. Voraussetzung für den verfassungsrechtl. Schutz ist allerdings die Dauerhaftigkeit des Verbandes, welche in Abgrenzung zur Versammlung zu sehen ist. Zwar darf der Zweck ein vorübergehender sein, indes muss die Zweckverfolgung sich über eine organisierte Willensbildung im rechtl. stabilisierten Verband niederschlagen. Unverzichtbar für den Begriff der Vereinigung ist ferner das Postulat der Freiwilligkeit. Es geht um freie soziale Gruppenbildungen, öffentl.-rechtl. Zwangsverbände unterfallen nicht Art. 9 I[2]. Nachdem sich der gemeins. Zweck sachlich nicht beschränken lässt, kommen insoweit politische, wissenschaftliche, künstlerische, wohltätige, sportliche und andere Zwecksetzungen in Betracht. Einzige Grenze bildet Art. 9 II. Die weitere Voraussetzung der organisierten Willensbildung ist Ausdruck des Bestrebens nach einer gewissen „organisatorischen Stabilität“[3].

7 Die Handlungsfähigkeit der Vereinigung im Rechtsverkehr und die Anerkennung als Rechtssubjekt kann nur kraft rechtl. Ordnung erreicht werden. Daher bedarf es der **normativen Ausgestaltung** der Vereinigungsfreiheit. Die staatliche Pflicht zur Schaffung einer ausreichenden Grundlage stellt insoweit keine Beeinträchtigung dar, da durch sie vielmehr ein Vollzug des Grundrechtes stattfindet[4]. Trotz eines weiten Gestaltungsspielraums des Gesetzgebers bedarf dieser und auch die richterliche Rechtsfortbildung der Legitimation vor dem Grundrecht.

8 **II. Verbotene Vereinigungen (Abs. 2).** Durch Art. 9 II werden Vereinigungen mit einer **bestimmten Zwecksetzung verboten**. Die Zwecke einer Vereinigung ergeben sich dabei aus der Niederlegung in der Satzung oder einem Programm, können aber auch aus dem Verhalten des Vereins folgen[5]. Von Art. 9 II erfasst werden zunächst Vereinigungen, deren Zwecke oder deren Tätigkeit den Strafgesetzen zuwiderlaufen. Dabei sind Strafgesetze idS nur Normen, deren Tatbestandsverwirklichung als strafbare Verbrechen oder Vergehen iSd. § 12 StGB zu ahnden sind. Weiter werden Vereinigungen erfasst, die sich gegen die verfassungsmäßige Ordnung richten. Schließlich sind auch Vereinigungen verboten, die sich gegen den Gedanken der Völkerverständigung richten.

9 Ungeachtet seiner systematischen Stellung gilt Art. 9 II nicht nur für Vereinigungen iSd. Abs. 1, sondern richtiger Ansicht nach auch für **Koalitionen nach Abs. 3**[6]. Das Verbot der Vereinigung tritt nicht ipso iure ein, vielmehr bedarf es einer konstitutiv wirkenden Feststellungsverfügung in der Gestalt einer Allgemeinverfügung[7]. Allerdings dürfte Art. 9 II in Bezug auf Koalitionen kaum praktische Bedeutung haben.

10 **III. Koalitionsfreiheit (Abs. 3). 1. Begriff.** Zum Koalitionsrecht gehören alle Normen, welche die **Entstehung und Rechtsstellung der arbeitsrechtl. Koalitionen** regeln. Von diesem Koalitionsrecht im objektiven Sinn ist das subjektive Koalitionsrecht zu unterscheiden, also das Recht bzw. die Freiheit sich zur Wahrung und Förderung der Arbeits- und Wirtschaftsbedingungen zusammenzuschließen und als Koalition zu betätigen.

11 Zu den Koalitionen zählen **Gewerkschaften und ArbGebVereinigungen**. Eine gewisse Verwirrung in der Terminologie entsteht dadurch, dass das Grundgesetz im Anschluss an die Weimarer Reichsverfassung in Art. 9 III den Begriff „Vereinigung“ bevorzugt. Dies ist geschichtlich bedingt. In der Weimarer Reichsverfassung ersetzte man den bis dahin üblichen Begriff Koalition durch den Begriff Vereinigung, um zu vermeiden, dass auf eine Garantie der Koalitionsmittel, insb. des Arbeitskampfes, geschlossen würde[8]. Heute werden die Begriffe Koalition und Vereinigung gleich bedeutend verwandt.

12 **2. Rechtsgrundlagen des Koalitionsrechts.** Versuche, ein **Verbandsgesetz** zu erlassen, das die Rechtsstellung der Koalitionen regelt, sind bisher nicht sehr weit gediehen[9], auch wenn die Rspr. die Notwendigkeit einer gesetzl. Regelung des Koalitionswesens betont hat[10]. Das Recht der Koalitionen folgt deshalb aus der Verfassung und einer Vielzahl einfachgesetzl. Regelungen; hinzu kommen zwischen- und überstaatl. Gewährleistungen der Koalitionsfreiheit. Die Grundnorm für das Recht der Koalitionen ist Art. 9 III.

13 Auf der Ebene des **einfachen Bundesrechts** finden sich spezielle Regelungen für die Betätigung der Koalitionen: einmal im Bereich der spezifisch koalitionsgemäßen Betätigung (Tarifautonomie, Betriebsverfassung, Personalvertretung, Unternehmensmitbestimmung, Prozessvertretung), zum anderen im Bereich der Mitwirkung an staatlichen Aufgaben, und zwar beim Erlass von Rechtsnormen, in der Gerichtsbarkeit und in der Verwaltung[11]. Soweit keine Sonderbestimmungen bestehen, gelten die all-

---

1 Von Münch/Kunig/*Löwer*, Art. 9 GG Rz. 27. | 2 BVerfG v. 18.12.1974 – 1 BvR 430/65, 259/69, E 38, 281 (297 f.). | 3 Von Münch/Kunig/*Löwer*, Art. 9 GG Rz. 32. | 4 BVerfG v. 19.1.2001 – 1 BvR 1759/91, NJW 2001, 2617; ErfK/*Dieterich*, Art. 9 GG Rz. 9 f. | 5 Von Münch/Kunig/*Löwer*, Art. 9 GG Rz. 37. | 6 *Henssler*, ZfA 1998, 1 (6 f.); von Münch/Kunig/*Löwer*, Art. 9 GG Rz. 80; aA Jarass/Pieroth/*Jarass*, Art. 9 GG Rz. 49. | 7 BVerwG v. 25.1.1978 – 1 A 3.76, E 55, 175 (178); von Münch/Kunig/*Löwer*, Art. 9 GG Rz. 48. | 8 Vgl. *Seiter*, Streikrecht, S. 59 f. mwN. | 9 Vgl. den formulierten Gesetzentwurf der FDP, RdA 1977, 235; aus der Lit. zB *Kehrmann/Bobke*, ZRP 1985, 78; *Gamillscheg*, KollArbR, § 9 II 5 c; *Kissel*, ArbeitskampfR, § 4 Rz. 46 ff. | 10 S. etwa BVerfG v. 2.3.1993 – 1 BvR 1213/85, E 88, 103 (115). | 11 Einzelheiten zB bei *Eitel*, Die Ungleichbehandlung der repräsentativen und nicht repräsentativen Gewerkschaften durch den Staat, 1991, S. 189 ff.; *Schaub*, ArbRHdb, § 190 Rz. 6 ff.

gemeinen Regeln, so für die Gründung und die Organisation des Verbandes das Vereins- bzw. Gesellschaftsrecht des BGB[1].

Nahezu alle **Landesverfassungen** enthalten ebenfalls Gewährleistungen der Koalitionsfreiheit[2] (zB Art. 114, 170 Bayerische Verfassung, Art. 17, 48 Landesverfassung der Freien Hansestadt Bremen, Art. 15, 36 Hessische Verfassung, Art. 13, 66 I Verfassung für Rheinland-Pfalz, Art. 7, 56 S. 1, 57 Verfassung des Saarlandes). Art. 2 I der Verfassung des Landes Baden-Württemberg, Art. 5 der Verfassung des Landes Mecklenburg-Vorpommern, Art. 3 Niedersächsische Verfassung und Art. 4 der Verfassung für das Land Nordrhein-Westfalen erklären die Grundrechte des Grundgesetzes, also auch Art. 9 III, zum Bestandteil der Landesverfassung. Im Aussagegehalt decken sich die landesverfassungsrechtl. Gewährleistungen mit Art. 9 III. Nach Art. 142 bleiben sie auch insoweit in Kraft. Praktische Bedeutung hat dies insofern, als der Rechtsweg zu den Landesverfassungsgerichten eröffnet wird. 14

Mehrere **völkerrechtl. Regelwerke** statuieren den Schutz der Koalitionsfreiheit[3]. Zu nennen sind Art. 23 IV der UN-Menschenrechtsdeklaration, wobei diese Bestimmung unstreitig nur eine rechtl. Empfehlung darstellt, also nur eine „Proklamation gemeinsamer Richtlinien"[4]. Unmittelbar innerstaatlich anwendbares Recht enthält demgegenüber Art. 11 der Europäischen Menschenrechtskonvention (EMRK)[5]. Um eine Verpflichtung der vertragsschließenden Staaten, also nicht um unmittelbar anwendbares Recht, handelt es sich auch bei Teil II Art. 5 der Europäischen Sozialcharta (ESC)[6]. Umstritten ist die innerstaatl. Anwendbarkeit in Bezug auf Art. 8 des Internationalen Paktes über wirtschaftliche, soziale und kulturelle Rechte[7]. Demgegenüber stellt Art. 22 des Internationalen Paktes über bürgerliche und politische Rechte nach einer verbreiteten Meinung unmittelbar geltendes Recht in den Unterzeichnerstaaten dar, seine Bestimmungen räumen den Begünstigten subjektive Rechte ein[8]. Zu nennen sind ferner die Abkommen Nr. 87, 98 sowie 135 der Internationalen Arbeitsorganisation[9]. Die ILO-Abkommen begründen als völkerrechtl. Verträge die Pflicht der Staaten, ihre Normen an den Standard der Abkommen anzupassen; Individualrechte räumen sie demgegenüber nicht ein[10]. 15

Gemäß Art. 8 I der VO Nr. 1612/68 des Rates über die **Freizügigkeit der ArbN in der Gemeinschaft**[11] hat ein ArbN, welcher die Staatsangehörigkeit eines Mitgliedstaates besitzt und im Hoheitsgebiet eines anderen Mitgliedstaates beschäftigt ist, Anspruch auf gleiche Behandlung hinsichtlich der Zugehörigkeit zu Gewerkschaften und der Ausübung gewerkschaftl. Rechte, einschließlich des Wahlrechts, sowie des Zugangs zur Verwaltung oder Leitung von Gewerkschaften. Die Bestimmung statuiert ein Diskriminierungsverbot, räumt also den ArbN aus EG-Staaten im jeweiligen Gaststaat das Recht ein, die Koalitionsfreiheit im gleichen Maße auszuüben wie die einheimischen ArbN. Die VO Nr. 1612/68/EWG ist innerstaatlich unmittelbar geltendes Recht. 16

Die nicht verbindliche **Gemeinschaftscharta der sozialen Grundrechte der ArbN** vom 9.12.1989[12] garantiert in Nr. 11 die positive und die negative Koalitionsfreiheit. Ebenfalls keine Geltung in den Mitgliedstaaten beansprucht die **Charta der Grundrechte der EU** vom 7.12.2000[13] (Nizza), welche die Vereinigungsfreiheit in Art. 12, 28 gewährleistet. Die Idee einer europäischen Verfassung, die für 2006/07 anvisiert war, konnte sich nicht durchsetzen. Im Übrigen ist auf **Art. 137 V EG** hinzuweisen, wonach das Koalitionsrecht ausdrücklich der Rechtsetzungskompetenz der Europäischen Gemeinschaft entzogen ist. 17

3. Entwicklung der Koalitionsfreiheit. Nach st. Rspr. des BVerfG[14] ist bei der **Bestimmung der Tragweite des Grundrechts** aus Art. 9 III seine historische Entwicklung zu berücksichtigen. Drei entwicklungsgeschichtl. Abschnitte lassen sich insoweit unterscheiden: Die Phase der Koalitionsverbote, die Phase der Duldung der Koalitionen sowie die Phase der Anerkennung der Koalitionen. 18

a) Koalitionsverbote. Für die **erste Phase der Bekämpfung des Koalitionswesens** wird man ideengeschichtlich zwei Strömungen anführen können, nämlich einmal das absolutistische, obrigkeitsstaatliche Denken (Unterdrückung von Gruppierungen, welche der Staatsmacht gefährlich werden können), zum anderen frühliberales Rechtsdenken (die Freiheit des Einzelnen soll nicht durch Kollektive beeinträchtigt werden)[15]. Charakteristisch für die Phase der Koalitionsverbote ist neben dem bayerischen Koalitionsverbot von 1809 insb. die Allgemeine (preußische) Gewerbeordnung von 1845, welche in den §§ 181 ff. die Bildung von „Verabredungen" und „Verbindungen" unter Strafe stellte. 19

---

1 *Gamillscheg*, KollArbR, § 3 4 b (1). | 2 Genaue Übersicht bei *Kissel*, ArbeitskampfR, § 4 Rz. 8. | 3 Dazu näher *Gamillscheg*, KollArbR, § 1 III; MünchArbR/*Löwisch*, § 235 II 3; s. auch unter dem Blickwinkel des Arbeitskampfes *Hergenröder*, EAS B 8400 Rz. 5 ff. | 4 *Gamillscheg*, KollArbR, § 1 III 3. | 5 EuGMR v. 6.2.1976 – Rs. 2/1974/13/20, EAS C EMRK Art. 11 Nr. 2; *Gamillscheg*, KollArbR, § 1 III 5 a. | 6 So die hM, zum Streitstand *Kissel*, ArbeitskampfR, § 20 Rz. 12 ff. | 7 Dazu *Hergenröder*, EAS B 8400 Rz. 10. | 8 *Nowak*, EuGRZ 1980, 532 (533). | 9 Vgl. eingehend *Böhmert*, Das Recht der ILO und sein Einfluss auf das deutsche Arbeitsrecht im Zeichen der europäischen Integration, 2002, S. 107 ff.; ferner *Kissel*, ArbeitskampfR, § 20 Rz. 42 ff. | 10 *Böhmert*, Das Recht der ILO und sein Einfluss auf das deutsche Arbeitsrecht im Zeichen der europäischen Integration, 2002, S. 150 ff., 221 ff. | 11 ABl. EG Nr. L 257 v. 19.10.1968, S. 2. | 12 KOM (89) 248 endg.; dazu *Hergenröder*, EAS B 8400 Rz. 21 f.; *Kissel*, ArbeitskampfR, § 20 Rz. 39; *Rebhahn*, GS Heinze, 2005, S. 649. | 13 ABl. EG Nr. C 364 v. 18.12.2000, S. 1. | 14 BVerfG v. 18.11.1954 – 1 BvR 629/52, E 4, 96 (106, 108); v. 1.3.1979 – 1 BvR 532/77 ua., E 50, 290 (307). | 15 Eingehend hierzu *Gamillscheg*, KollArbR, § 2 1 b.

20 **b) Duldung der Koalitionen.** Die sich anschließende Phase der Duldung der Koalitionen wurde eingeleitet durch die **Reichsgewerbeordnung von 1869** mit den §§ 152, 153, durch welche die Weichen für ein modernes kollektives Arbeitsrecht gestellt wurden. § 152 I stellte den Freiraum für Zusammenschlüsse und Kampfmaßnahmen wieder her, aber nur innerhalb der allgemeinen Gesetze. Ein Streik war daher nur nach ordentl. Kündigung der Arbeitsverträge zulässig; ein Streikrecht im heutigen Sinne konnte der Regelung nicht entnommen werden.

21 Auffällig ist in § 152 I die **enge Verbindung von Koalition und Arbeitskampf**. In der damaligen Rechtswirklichkeit entstanden Gewerkschaften vielfach aus Streiks, indem sich die Notwendigkeit einer Organisation und einer die Streiks überdauernde Streikkassenbildung zeigte. Nach Streikbeendigung wurde der Zusammenschluss dann beibehalten. Die „Verabredung" entwickelte sich zur „Vereinigung". Indes fand die Rechtspraxis nach 1869 in den §§ 152 und 153 ausreichend Ansatzpunkte, um die Bildung von Koalitionen und ihre Betätigung zu erschweren oder zu unterdrücken[1]. Dies erklärt den oft zitierten Ausspruch von *Lotmar*: „Die Koalitionen sind frei, nämlich vogelfrei, und ein Koalitionsrecht ist erst noch zu schaffen"[2]. Trotz der Behinderungen, zu denen zeitweise noch die Sozialistengesetze *Bismarcks* kamen, war die Koalitionsentwicklung nicht aufzuhalten. Hand in Hand mit ihr gingen die erfolgreich ausgehandelten TV. Einer der ersten war der Buchdrucker-Tarif von 1873.

22 **c) Anerkennung der Koalitionen.** Noch während des Ersten Weltkriegs wurde der Übergang zur nächsten Entwicklungsstufe vorbereitet. Dies geschah durch die einfachgesetzl. Anerkennung der Gewerkschaften im Hilfsdienst-Gesetz von 1916[3] und die gegenseitige Anerkennung der ArbN- und ArbGeb-Koalitionen in der sog. „Arbeitsgemeinschaft" von 1918. Den eigentlichen Durchbruch brachte die **Weimarer Reichsverfassung von 1919**, deren Art. 159 lautete: „Die Vereinigungsfreiheit zur Wahrung und Förderung der Arbeits- und Wirtschaftsbedingungen ist für jedermann und für alle Berufe gewährleistet. Alle Abreden und Maßnahmen, welche diese Freiheit einzuschränken oder zu behindern suchen, sind rechtswidrig." Art. 165 I 2 WRV enthält eine Anerkennung der Koalitionen und der von ihnen geschlossenen Vereinbarungen, womit TV gemeint sind. Auf einfachgesetzl. Ebene war bereits 1918 die Tarifvertrags-Verordnung (TVVO) ergangen, welche den Tarifen normative Wirkung verlieh. Tarifregelungen bedurften daher nicht mehr der Bezugnahme im Arbeitsvertrag, um für ein Arbeitsverhältnis verbindlich zu werden, und sie konnten nicht mehr zuungunsten der ArbN einzelvertragl. abbedungen werden.

23 Aus der Entstehungsgeschichte ergibt sich eindeutig, dass in Art. 159 WRV nur die **Koalitionsbildung** mit dem umschriebenen Zweck geschützt und mit Drittwirkung im Privatrechtsverkehr ausgestattet werden sollte. Demgegenüber sollten die Koalitionsmittel zur Erreichung des Koalitionszwecks, insb. der Arbeitskampf, nicht durch Art. 159 WRV gewährleistet werden[4]. Trotz der Anerkennung der Koalitionen und ihrer Verträge in Art. 162 I 2 WRV blieb in der Weimarer Zeit unklar, ob neben der individuellen Koalitionsfreiheit auch die Koalition als solche verfassungsrechtl. abgesichert war. Die Rspr. hat keine einheitliche Linie gefunden[5].

24 Das **Grundgesetz** hat Art. 159 WRV nahezu wortgleich übernommen, aber grundrechtssystematisch in Zusammenhang mit der allgemeinen Vereinigungsfreiheit gebracht. Regelungen wie die des Art. 165 WRV wurden im Grundrechtskatalog nicht aufgenommen. Damit fehlt im Grundgesetz gerade die Bestimmung, aus der am ehesten eine Garantie der Koalitionsmittel gefolgert werden könnte. Gleichwohl hat das BVerfG in seiner ersten Entscheidung zu Art. 9 III vom 18.11.1954[6] aus der Koalitionsfreiheit die Garantie des TV-Systems abgeleitet und damit den entscheidenden Schritt über den Rechtszustand der Weimarer Zeit hinaus getan. Die rechtl. Anerkennung der Koalition war damit abgeschlossen.

25 **4. Struktur und Systematik von Art. 9 Abs. 3. a) Schutzrichtung.** Nach hM[7] ist die Koalitionsfreiheit ein durch den Koalitionszweck (Wahrung und Förderung der Arbeits- und Wirtschaftsbedingungen) geprägter **Spezialfall der Vereinigungsfreiheit**. Bei den Abweichungen der beiden Grundrechtsgewährleistungen handelt es sich lediglich um Modifikationen in der Ausgestaltung, der Grundtatbestand des Zusammenschlusses zu einem Verband ist der Gleiche. Davon geht auch der Gesetzgeber im Vereinsgesetz von 1964 aus; die dort in § 2 enthaltene Definition der Vereinigung gilt auch für Art. 9 III.

26 **b) Grundrechtsträger.** Die aus Art. 9 III fließenden Rechte gelten für **ArbN und ArbGeb gleichermaßen**. Art. 9 III ist also insb. kein „Arbeitnehmergrundrecht", wie dies teilweise behauptet wird[8]. Auch das BVerfG hat sich eindeutig dafür ausgesprochen, dass der Gewährleistungsinhalt von Art. 9 III beide sozialen Gegenspieler erfasst[9]. Auf Grund der „Jedermann"-Benennung steht die Koalitionsfreiheit In- und Ausländern zu. Minderjährige stehen ab dem Alter unter dem Schutz des Art. 9 III, ab dem die

1 Vgl. hierzu näher *Seiter*, Streikrecht, S. 55 ff. mwN. |2 Arch.f.soz.Ges.u.Stat. Bd. 15, S. 63. |3 Dazu *Gamillscheg*, KollArbR, § 2 4 a. |4 *Seiter*, Streikrecht, S. 59 ff. mwN. |5 Eher bejahend RG v. 2.7.1925 – IV 154/25, RGZ 111, 199 (202); verneinend dagegen RG v. 11.2.1926 – IV 402/25, RGZ 113, 33 (36). |6 BVerfG v. 18.11.1954 – 1 BvR 629/52, E 4, 96. |7 BVerfG v. 26.6.1991 – 1 BvR 779/85, E 84, 212 (224); *Kissel*, ArbeitskampfR, § 4 Rz. 7; von Münch/Kunig/*Löwer*, Art. 9 GG Rz. 56. |8 So etwa *Hoffmann* in Kittner (Hrsg.), Streik und Aussperrung, 1974, S. 47 ff. (65 ff.); dagegen aber schon *Säcker*, Grundprobleme der kollektiven Koalitionsfreiheit, 1969, S. 29 ff.; *Zöllner*, Aussperrung und arbeitskampfrechtliche Parität, 1974, S. 19 ff., 23. |9 BVerfG v. 26.6.1991 – 1 BvR 779/85, E 84, 212 (225).

Rechtsordnung sie für berufseintrittsfähig hält[1]. Neben den Arbeitsvertragsparteien können sich Beamte, Richter und Soldaten[2] auf die Koalitionsfreiheit berufen, weiter werden Arbeitnehmerähnliche, Heimarbeiter[3] sowie Arbl. und Rentner[4] geschützt. Abgrenzungsschwierigkeiten zwischen selbständigen Unternehmern und der (an sich zu diesen zählenden) Gruppe der Arbeitnehmerähnlichen sind vor dem Hintergrund zu lösen, dass Art. 9 III den Ausgleich individueller Verhandlungsschwäche auf kollektiver Ebene ermöglichen will, wenn die persönl. Arbeitsleistung in wirtschaftl. Abhängigkeit erbracht wird[5].

Über Art. 19 III gilt Art. 9 III ohne weiteres für **inländische juristische Personen**, die hM billigt den Grundrechtsschutz indes auch ausländischen juristischen Personen zu[6]. **Öffentl.-rechtl.** juristische Personen *mit* Dienstherrenfähigkeit können sich ungeachtet einer bestehenden Tariffähigkeit gegenüber ihren ArbN nicht auf Art. 9 III berufen[7]; dies gilt nach hM[8] auch für entsprechende Tarifgemeinschaften. Ihnen kommt aber das aus Art. 9 III entwickelte Koalitionsrecht iVm. dem TVG zugute[9]. Demgegenüber sind öffentl.-rechtl. juristische Personen *ohne* Dienstherrenfähigkeit (zB manche Landesmedienanstalten) selbständige gesellschaftliche und eigenständige rechtl. Gebilde, denen viele nicht spezifisch hoheitliche Aufgaben obliegen. Ihnen wird man die Rechte aus Art. 9 III daher grds. zuzubilligen haben. Die autonome Gestaltung der Arbeits- und Wirtschaftsbedingungen ist für sie unabdingbare Voraussetzung der Teilhabe an der Grundrechtsverwirklichung[10] im Aufgabenbereich. 27

c) Konkurrenzen zu anderen Grundrechten und Verfassungsinhalten. Art. 9 III ist **lex specialis** zur allgemeinen Vereinigungsfreiheit des Art. 9 I. Gleichwohl wird auf beide Grundrechte Art. 9 II angewendet (Rz. 9). Art. 9 III verdrängt darüber hinaus als spezielles Grundrecht Art. 2 I[11]. 28

Unklar ist, in welchem Verhältnis Art. 9 III zu **Art. 3 I** steht. Das BVerfG schwankt: Einer älteren Entscheidung zufolge[12] soll Art. 9 III eine Ausprägung des Gleichheitssatzes sein. Bei der Frage der Ungleichbehandlung von ArbGeb und Gewerkschaften im Hinblick auf die Tariffähigkeit prüft das BVerfG[13] neben Art. 9 III auch Art. 3 I. In einer arbeitskampfrechtl. Entscheidung[14] behandelt das Gericht die einschlägigen Fragen, insb. die Kampfmittelparität, im Rahmen des Art. 9 III; auf Art. 3 wurde nicht eingegangen, obwohl eine Verletzung dieses Grundrechts gerügt worden war. 29

Art. 33 V schränkt als speziellere Norm Art. 9 III ein. Im Übrigen sind allgemeine Prinzipien und Wertentscheidungen des Grundgesetzes bei der Auslegung des Art. 9 III zu berücksichtigen. Das gilt insb. für die Achtung der Menschenwürde (Art. 1 I), das Sozialstaatsprinzip (Art. 20 I, 28 I) und die Staatszielbestimmung des gesamtwirtschaftl. Gleichgewichts (Art. 109 II). 30

5. Voraussetzungen der Koalitionseigenschaft. Verfassung und einfaches Bundesrecht weisen den Koalitionen eine Vielzahl von Rechten zu. Die Bejahung der Koalitionseigenschaft hat daher weit gehende Folgen für den Verband, für Dritte und die Allgemeinheit. Art. 9 III lässt sich einmal entnehmen, dass **eine „Vereinigung" gegeben sein muss; zum anderen muss der Zweck dieser Vereinigung in der „Wahrung und Förderung der Arbeits- und Wirtschaftsbedingungen"** bestehen. Aus der Umschreibung der Grundrechtsträger (jedermann und alle Berufe) folgt die Berufsbezogenheit der Koalition; diese ergibt sich auch aus dem Koalitionszweck. Rspr. und Lehre haben darüber hinaus weitere Merkmale aufgestellt, die man unter dem Gesichtspunkt der „**Unabhängigkeit**" zusammenfassen kann. Auslegungs- bzw. Rechtsermittlungskriterien sind neben dem Wortlaut die geschichtliche Entwicklung und der Zweck der Koalitionsfreiheit. Für die Konkretisierung des verfassungsrechtl. Begriffs der Vereinigungsfreiheit findet sich in § 2 I VereinsG eine Legaldefinition, die für Vereinigungen nach Art. 9 I und nach Art. 9 III gleichermaßen gilt. 31

a) Vereinigung. aa) Zusammenschluss mehrerer Personen zu einem gemeinsamen Zweck ohne Rücksicht auf die Rechtsform. Die Vereinigung setzt einen Zusammenschluss mehrerer Personen voraus, der Zusammenschluss muss **korporativen Charakter** haben, dh. Handlungsfähigkeit durch Organe und Unabhängigkeit des Zusammenschlusses vom Mitgliederwechsel[15]. Nicht erforderlich ist die Rechtsfähigkeit des Verbandes; eine bestimmte Rechtsform ist deshalb nicht vorgeschrieben. In der Rechtswirklichkeit sind ArbGebVerbände als eingetragene und damit rechtsfähige Vereine organisiert. Über Jahrzehnte hinweg waren die meisten Gewerkschaften traditionsgemäß nichtrechtsfähige Vereine (zu Problemen der aktiven Parteifähigkeit Rz. 94). Der Konzentrationsprozess in der deutschen Gewerkschaftslandschaft warf allerdings die Frage nach der zweckmäßigen rechtl. Gestaltung des Zusam- 32

1 Von Münch/Kunig/*Löwer*, Art. 9 GG Rz. 82. |2 BVerfG v. 30.11.1965 – 2 BvR 54/62, E 19, 303; v. 7.4.1981 – 2 BvR 446/80, E 57, 29 (35). |3 BVerfG v. 27.2.1973 – 2 BvL 8, 9/72, E 34, 307. Insoweit ist auch die Wertung des § 12a TVG zu berücksichtigen, vgl. *Gamillscheg*, KollArbR, § 4 I 3 f. |4 *Gamillscheg*, KollArbR, § 4 I 3g. |5 ErfK/*Dieterich*, Art. 9 GG Rz. 28. |6 ErfK/*Dieterich*, Art. 9 GG Rz. 29. |7 BVerfG v. 13.1.1982, E 59, 231 (255); dazu näher *Rieble*, FS Stahlhacke, 1995, S. 459 (469 ff.). |8 *Berlit*, ZTR 1994, 143; ErfK/*Dieterich*, Art. 9 GG Rz. 29; Sachs/*Höfling*, Art. 9 GG Rz. 114; aA *Depenheuer*, ZTR 1993, 364. |9 Von Münch/Kunig/*Löwer*, Art. 9 GG Rz. 83. |10 Vgl. *Hoffmann-Riem*, Personalrecht der Rundfunkaufsicht, 1991, S. 89. |11 Von Münch/Kunig/*Löwer*, Art. 9 GG Rz. 94. |12 BVerfG v. 18.12.1953 – 1 BvL 106/53, E 3, 225 (240). |13 BVerfG v. 20.10.1981 – 1 BvR 404/78, E 58, 233 (256). |14 BVerfG v. 19.2.1975 – 1 BvR 418/71, E 38, 386. |15 *Gamillscheg*, KollArbR, § 9 II 4.

menschlusses auf. Nachdem eine Verschmelzung gem. § 3 I Nr. 4 UmwG nur dem eingetragenen Verein offen steht, kam es hier in jüngerer Zeit zu Änderungen der jahrzehntelangen Praxis[1].

33 **bb) Auf freiwilliger, privatrechtlicher Grundlage.** Art. 9 III setzt für die Koalitionen **Freiwilligkeit des Beitritts** voraus[2]. Den inneren Grund für die Eliminierung der öffentl.-rechtl. Körperschaften mit Zwangsmitgliedschaft aus dem Koalitionsbegriff wird man darin sehen müssen, dass diese Körperschaften staatlicher Aufsicht unterstehen und die Koalitionen gerade unabhängig vom Staat sein sollen, um ihren Aufgaben im Bereich der Arbeitsbedingungen gerecht zu werden. Keine Koalitionen sind aus entsprechenden Gründen deshalb zB Handwerksinnungen, Ärztekammern, Berufsgenossenschaften sowie Industrie- und Handelskammern. Auch die in Bremen und im Saarland auf Grund landesgesetzl. Regelungen bestehenden ArbN-Kammern sind keine Koalitionen iSd. Art. 9 III, da es sich bei ihnen um öffentl.-rechtl. Körperschaften handelt, deren Mitglieder kraft Gesetzes alle ArbN des Landes sind[3].

34 **cc) Für längere Zeit, was Unabhängigkeit des Verbandes vom Wechsel der Mitglieder voraussetzt.** In einer frühen Entscheidung[4] hatte das BAG ausgeführt, dass sich der Schutz des Art. 9 III nicht auf die Gewerkschaften und ihre Mitglieder beschränke, sondern sich jedenfalls in gewissem Umfang auch auf andere Vereinigungen zur Wahrung und Förderung der Arbeitsbedingungen und auf diejenigen, die an solchen Vereinigungen teilnehmen, erstrecke, selbst wenn es sich um einen nur vorübergehenden Zusammenschluss einer Anzahl von ArbN desselben Betriebs zur Erreichung eines einmaligen Zieles handele. In seiner späteren Rspr. hat das BAG diesen Gedanken nicht wieder aufgegriffen. In der Lit. wird **die Lehre von der Ad-hoc-Koalition überwiegend abgelehnt**[5]. Die Befürworter des verfassungsrechtl. Schutzes von Ad-hoc-Gruppierungen nennen als Beispiel Unterschriftsaktionen von Belegschaften oder Betriebsversammlungen außerhalb des vom BetrVG vorgegebenen Rahmens[6].

35 Die Legaldefinition des § 2 VereinsG verlangt einen **Zusammenschluss „für längere Zeit"**. Dieses einschränkende Merkmal hätte sich der Gesetzgeber sparen können, wenn jeder, auch der noch so kurzfristige Zusammenschluss, unter den Begriff der Vereinigung fallen würde. Darüber hinaus muss der Zusammenschluss auf einem rechtl. bindenden Vertrag beruhen und die organisierte Willensbildung muss für die Mitglieder verbindlich sein. Beides fehlt bei Ad-hoc-Gruppen, die Teilnehmer haben keinen Rechtsbindungswillen und idR nicht einmal ein Erklärungsbewusstsein[7]. Auch Sinn und Zweck der Koalitionsfreiheit führen zu keinem anderen Ergebnis: Einigkeit besteht darin, dass Ad-hoc-Gruppen nicht tariffähig sein können. Damit kann sich nur die Frage stellen, ob es sinnvoll ist, Ad-hoc-Gruppen als nicht tariffähige Koalitionen anzusehen. Die Rechtsordnung hat den Koalitionen eine Vielzahl von Aufgaben und Rechten verliehen, die einen rechtl. verfestigten Verband erfordern, der auf Dauer angelegt ist. Nur ein solcher Verband soll auch durch die Drittwirkungsklausel des Art. 9 III 2 besonders abgesichert sein.

36 Das BVerfG[8] hat allerdings in der Anschlussaussperrung **eines Außenseiterarbeitgebers** ein **Kampfbündnis mit dem ArbGebVerband** gesehen und dieses unter den Schutz des Art. 9 III gestellt (Rz. 230). Indes darf nicht verkannt werden, dass es in den entsprechenden Fällen um die Anlehnung an einen bereits bestehenden tariffähigen Verband geht, während die Ad-hoc-Koalition einen solchen eben nicht darstellt.

37 **dd) Mit organisierter Willensbildung, wobei demokratische Grundsätze einzuhalten sind.** Weitere Voraussetzung für die Koalitionseigenschaft ist, dass es sich um eine **demokratisch verfasste Institution** handelt[9]. Verlangt wird insoweit, dass die Mitglieder an der Willensbildung teilnehmen können. Sie müssen zumindest durch die Verbandsorgane auf die TV Einfluss nehmen können.

38 **b) Koalitionszweck: Wahrung und Förderung der Arbeits- und Wirtschaftsbedingungen der Mitglieder gerade in deren Eigenschaft als ArbGeb oder ArbN.** Das Begriffspaar „Arbeits- und Wirtschaftsbedingungen" wird für **zwei unterschiedliche Fragestellungen** herangezogen: Einmal bei der Begriffsbestimmung der Koalition für die Umschreibung des Koalitionszwecks, zum anderen zur Abgrenzung des den Koalitionen eingeräumten Betätigungsbereichs. Für die Deutung des Begriffs aufschlussreich ist auch hier die **geschichtliche Entwicklung**: § 152 I GewO 1869, die Bezugsnorm des Art. 159 WRV, betraf nur ArbN in ihrer Rolle als ArbN und ArbGeb in ihrer Rolle als ArbGeb, also die sozialen Gegenspieler am Arbeitsmarkt. Nicht gemeint waren die Arbeitsvertragsparteien in ihrer Rolle als Wettbewerber oder Verbraucher. Daran wollten auch Art. 159 WRV und Art. 9 III nichts ändern. § 152 I GewO hatte den

---

1 Zum Zusammenschluss mehrerer Einzelgewerkschaften zu *ver.di* näher *Kempen/Lörcher/Platow/Tiefenbacher/Trümmer*, JbArbR Bd. 39 (2002), S. 65; *Lörcher*, ZTR 2001, 544; s. auch *Wiedemann/Thüsing*, WM 1999, 2237 (2277). |2 ErfK/*Dieterich*, Art. 9 GG Rz. 22; *Gamillscheg*, KollArbR, § 9 II 6. |3 BVerfG v. 18.12.1974 – 1 BvR 430/65, 259/69, E 38, 281. |4 BAG v. 28.4.1966 – 2 AZR 176/65, AP Nr. 37 zu Art. 9 GG – Arbeitskampf; s. auch BAG v. 14.2.1978 – 1 AZR 76/76, AP Nr. 58 zu Art. 9 GG – Arbeitskampf: Wilder Streik sei „Ad-hoc-Koalition". |5 *Gamillscheg*, KollArbR, § 9 II 3 a; *Seiter*, Streikrecht, S. 76 ff., 83; *Zachert*, AR-Blattei SD 1650.1 Rz. 25. |6 Vgl. etwa *Däubler/Hege*, Koalitionsfreiheit, 1976, Rz. 109. |7 *Seiter*, Streikrecht, S. 82. |8 BVerfG v. 26.6.1991 – 1 BvR 779/85, E 84, 212 (225); krit. *Gamillscheg*, KollArbR, § 9 II 3b. |9 *Gamillscheg*, KollArbR, § 9 II 5a.

Koalitionszweck mit Lohn- und Arbeitsbedingungen umschrieben. Wie bereits ausgeführt (Rz. 20), wurde diese Umschreibung mit koalitionsfeindlicher Tendenz restriktiv ausgelegt. Um das zu verhindern, fasste man in der Weimarer Verfassung den Koalitionszweck weiter: Den Gewerkschaften sollte die Interessenvertretung ihrer Mitglieder auch im wirtschafts- und sozialpolitischen Raum ermöglicht werden. Nicht daran gedacht war jedoch, Verbände zu schützen, deren Hauptzweck außerhalb der Arbeitsbeziehungen lag.

Daraus folgt, dass Arbeits- und Wirtschaftsbedingungen jedenfalls als **einheitliche Koalitionszweckumschreibung** zu verstehen sind. Verbände, deren Zweck nur auf die Wirtschaftsbedingungen gerichtet ist, fallen nicht unter Art. 9 III. Das ist besonders relevant für Kartelle, deren Begrenzung durch das Gesetz gegen Wettbewerbsbeschränkungen sonst gegen Art. 9 III verstoßen würde und verfassungswidrig wäre[1]. Umgekehrt bewahrt Art. 9 III die kartellähnliche Regelung der Arbeitsbedingungen durch TV vor der Anwendung der Kartellverbotsgesetzgebung[2]. 39

Nach hM[3] hat man unter Arbeits- und Wirtschaftsbedingungen im genannten Sinne die Gesamtheit derjenigen Bedingungen zu verstehen, unter denen abhängige Arbeit geleistet und eine sinnvolle Ordnung des Arbeitslebens ermöglicht wird: richtigerweise sind allerdings die Wirtschaftsbedingungen nichts anderes als die Kehrseite der Arbeitsbedingungen. Zu beachten ist, dass es für die Koalitionseigenschaft genügt, wenn die Wahrung und Förderung der Arbeits- und Wirtschaftsbedingungen den Hauptzweck eines Verbandes bildet. Die Verfolgung von darüber hinausgehenden Zwecken (zB ArbGebVerband = Wirtschaftsverband; Gewerkschaft äußert sich zu allgemein politischen Fragen) ist unschädlich. Insoweit entfällt jedoch der besondere Grundrechtsschutz durch Art. 9 III[4]. 40

c) Unabhängigkeit. aa) Gegnerunabhängigkeit, insb. Gegnerreinheit. Zentrale Voraussetzung nicht nur der Tariffähigkeit, sondern auch der Koalitionseigenschaft ist die Unabhängigkeit[5]. Sie ist Mindestvoraussetzung, um auf der Ebene der TV-Verhandlungen **aus der prinzipiellen Position des Machtgleichgewichts** heraus die Interessen der Mitglieder wahrzunehmen und mit den Interessen des sozialen Gegenspielers zum Ausgleich zu bringen. Unabhängigkeit ist damit Funktionsvoraussetzung der Tarifautonomie. Auch bei (noch) nicht tariffähigen Koalitionen kann auf dieses Kriterium nicht verzichtet werden. Denn auch außerhalb des Tarifbereichs wird die Koalition die ihr von der Rechtsordnung eingeräumten Rechte im Interesse der Mitglieder ausüben. Ein von Dritten abhängiger Verband ist stets in Gefahr, im Falle von Interessenkollisionen die Interessen der Dritten den Interessen der Mitglieder voranzustellen. Die Unabhängigkeit vom Gegenspieler gehört nach zutreffender Auffassung des BVerfG zum Garantiegehalt des Art. 9 III[6]. Es handelt sich um die zentrale Funktionsvoraussetzung des auf dem Konfrontationsprinzip beruhenden kollektiven Arbeitsrechts. 41

So darf eine Koalition **nicht rechtl. vom Gegenspieler oder von Dritten abhängig sein.** Diesen dürfen also keine Leitungsbefugnisse oder Stimm- und Beratungsrechte mit innerverbandlicher Wirkung eingeräumt werden. Der Gesichtspunkt der Unabhängigkeit in der Form der Gegnerunabhängigkeit spielt eine zentrale Rolle im Rahmen der Mitbest. im Unternehmen. Kraft Gesetzes werden hier nämlich Personen in die Willensbildungsorgane eines Unternehmens delegiert, welche interessenmäßig der ArbN-Seite zuzurechnen sind. Es lässt sich nicht völlig ausschließen, dass solche Personen auch in die Organe der ArbGebVerbände gelangen. Das BVerfG hat für die Unternehmensmitbestimmung nach dem MitbestG 1976 noch keine Verletzung der Unabhängigkeit festgestellt[7]. Eine der Mitbest. verwandte Problematik ergibt sich bei der Interessenvertretung der Beschäftigten in gewerkschaftseigenen Unternehmen. Nach der Rspr. ist es diesen indes nicht verwehrt, einen Verband zur Wahrung ihrer Interessen gegenüber ihrem ArbGeb zu gründen[8]. Str. ist, ob ein Verband, der im Wesentlichen nur bei einem ArbGeb Mitglieder hat, als unabhängig anzusehen ist[9]. Richtigerweise kann nur eine Einzelfallbetrachtung entscheiden. 42

Das Postulat der Gegnerreinheit kann auch bei solchen Verbänden in Frage gestellt sein, denen **leitende Angestellte** iSd. § 5 III BetrVG angehören. Diese sind zwar nach allgemeiner Auffassung ArbN; sie nehmen aber auch in gewissem Umfang ArbGebFunktionen wahr. Richtigerweise wird man insoweit zu differenzieren haben: Schließen sich nur leitende Angestellte zu einem Verband zusammen, so kann 43

---

1 S. nur BGH v. 5.2.1980 – VI ZR 174/78, AP Nr. 32 zu Art. 9 GG. | 2 Vgl. *Junker*, ZfA 1996, 383 (390); *Söllner*, NZA 2000, Beil. zu Heft 24, 33 (37 f.). Zum Verhältnis Arbeitskampf und Wettbewerbsrecht *Köhler*, RdA 1987, 234 ff. | 3 MünchArbR/*Löwisch*/*Rieble*, § 243 Rz. 1 ff.; *Zachert*, AR-Blattei SD 1650.1 Rz. 170 ff.; vgl. auch Wiedemann/*Wiedemann*, TVG, Einl. Rz. 70, 82 ff.; zu den Wirtschaftsbedingungen als Kehrseite der Arbeitsbedingungen Zöllner/Loritz/Hergenröder/*Hergenröder*, ArbR, 6. Aufl. 2008, § 9 III. 1. | 4 *Gamillscheg*, KollArbR, § 9 II 2. | 5 BVerfG v. 20.10.1980 – 1 BvR 404/78, E 58, 233 (247); BAG v. 6.6.2000 – 1 ABR 10/99, BAGE 95, 36 = AP Nr. 55 zu § 2 TVG; ErfK/*Dieterich*, Art. 9 GG Rz. 25; *Kissel*, ArbeitskampfR, § 4 Rz. 12. | 6 BVerfG v. 1.3.1979 – 1 BvR 532/77, 533/77 ua., E 50, 290 (373); vgl. *Seiter*, AöR 109 (1984), 88 (100 ff.). | 7 BVerfG v. 1.3.1979 – 1 BvR 532/77, 533/77 ua., E 50, 290, (376); dazu auch *Gamillscheg*, KollArbR, § 9 III 1b (4). | 8 BAG v. 17.2.1998 – 1 AZR 364/97, AP Nr. 87 zu Art. 9 GG. | 9 Bejahend LAG Hess. v. 22.7.2004 – 9 SaGa 593/04, AP Nr. 168 zu Art. 9 GG – Arbeitskampf; verneinend LAG Rh.-Pf. v. 22.6.2004 – 11 5a 2096/03, AP Nr. 169 zu Art. 9 GG – Arbeitskampf mwN.

dessen Koalitionseigenschaft iSd. Art. 9 III nicht bezweifelt werden. Die Koalition vertritt insoweit die Gruppe der leitenden Angestellten gegenüber dem ArbGeb und bringt echte ArbN-Interessen zum Ausdruck, die auch einer gemeins. Vertretung bedürfen. Fraglich ist, welche Konsequenzen im Hinblick auf die Gegnerfreiheit eines solchen Verbandes zu ziehen sind, wenn einzelne Mitglieder „koalitionsrechtl. Doppelrollen" einnehmen, also einerseits Mitglied des Verbands sind, andererseits bei der Verhandlungsführung aktiv auf der ArbGebSeite beteiligt sind. Beide Funktionen sind grds. unvereinbar. Zur Vermeidung von Interessenkonflikten dürfte eine strikte Inkompatibilitätsregelung die beste Lösung sein.

44 Von dieser Fallgruppe zu unterscheiden ist der Sachverhalt, dass ein **Verband sowohl leitende Angestellte als auch andere ArbN organisiert**. Praktisch wird es sich bei Letzteren um ArbN handeln, deren Arbeits- und Wirtschaftsbedingungen außertarifl. ausgehandelt werden (sog. AT-Angestellte) und die deshalb ihre Interessen durch die „normalen" Gewerkschaften nicht gewahrt sehen. Das BAG hat die Koalitionseigenschaft eines entsprechenden Zusammenschlusses bejaht, indem es auf die gleiche Interessenlage seiner Mitglieder verwiesen hat[1]. Einschränkend wurde allerdings gesagt, dass von Gegnerfreiheit dann nicht mehr gesprochen werden könne, wenn die der Koalition angehörenden leitenden Angestellten neben ihrer Unternehmer- und ArbGebFunktion im Betrieb auch Aufgaben in Unternehmer- oder ArbGebOrganisationen wahrzunehmen hätten, welche auf die arbeitsrechtl. und wirtschaftl. Situation der vom Verband erfassten außertarifl. und leitenden Angestellten einwirken können.

45 Die notwendige Unabhängigkeit fehlt allerdings, wenn ein Verband **finanziell vom Gegenspieler so abhängig** ist, dass seine Bereitschaft oder Fähigkeit, die Interessen der Mitglieder nachhaltig und wirksam zu vertreten, gravierend beeinträchtigt wird[2]. In diesem Zusammenhang stellt sich die Frage, ob die Einziehung der Gewerkschaftsbeiträge durch die ArbGeb (etwa auf Grund eines entsprechenden TV) nicht die Gewerkschaft in eine für die Koalitionseigenschaft schädliche Abhängigkeit bringt[3]. Bislang ist allerdings noch keiner Gewerkschaft, die ihre Beiträge über die ArbGeb einziehen lässt, die Koalitionseigenschaft aus diesem Grunde streitig gemacht worden.

46 **bb) Unabhängigkeit von Staat, Kirchen und Parteien.** Die Koalition muss auch von staatlichen, parteipolitischen oder kirchlichen Weisungen unabhängig sein[4]. Soweit eine entsprechende Weisungsabhängigkeit besteht, wäre die **freie Verbandsentscheidung zumindest eingeschränkt oder gar unmöglich**. Soweit also Vereinigungen von staatlichen Einheitsparteien beherrscht oder gesteuert werden, handelt es sich nicht um Koalitionen. Der Grundsatz der Weisungsfreiheit von Dritten steht aber der Anerkennung sog. Richtungsgewerkschaften nicht entgegen. Bei Letzteren handelt es sich um Organisationen, welche sich an bestimmten parteipolitischen oder weltanschaulichen Prinzipien orientieren[5].

47 **cc) Überbetrieblichkeit.** Eine Koalition muss nach hM eine überbetriebl. (richtiger: eine nicht auf das Unternehmen beschränkte) Organisation haben[6], wonach der Verband nach der Satzung überbetrieblich angelegt sein, dh. **für ArbN anderer Unternehmen offen stehen muss**. Dieses nicht zuletzt durch Erfahrungen aus der Weimarer Zeit aufgestellte Erfordernis für arbeitsrechtl. Koalitionen ist auch dadurch gerechtfertigt, dass überbetriebl. Koalitionen eher ein gesamtwirtschaftl. sinnvolles Verhalten gewährleisten, Betriebsgewerkschaften demgegenüber eher zu „Betriebsegoismus" neigen. Überdies besteht die Gefahr, dass sich Belegschaften leistungsfähiger Unternehmen zusammenschließen könnten, um für ihren Teilbereich günstigere Bedingungen auszuhandeln, als es den überbetriebl. Tarifparteien möglich ist, die auch die weniger leistungsfähigen Mitglieder berücksichtigen müssen. Damit würden den überbetriebl. Gewerkschaften wiederum Mitglieder entzogen.

48 **6. Tariffähige Koalition (Gewerkschaft). a) Fähigkeit, Druck und Gegendruck auszuüben (soziale Mächtigkeit, Verbandsmacht).** Nach st. Rspr. muss eine Koalition, die Tariffähigkeit für sich in Anspruch nimmt und TV abzuschließen beabsichtigt, in der Lage sein, auf den, den sie zum Partner eines von ihr angestrebten TV machen will, einen im Rahmen der Rechtsordnung zulässigen fühlbaren Druck auszuüben und ihn **so zur Aufnahme von TV-Verhandlungen oder zum Abschluss von TV zu veranlassen**[7]. Anderenfalls sei die Schaffung einer sinnvollen Ordnung des Arbeitslebens nicht gewährleistet.

---

1 BAG v. 16.11.1982 – 1 ABR 22/77, AP Nr. 32 zu § 2 TVG; vgl. auch BAG v. 14.12.2004 – 1 ABR 51/03, AP Nr. 1 zu § 2 TVG – Tariffähigkeit. | 2 BAG v. 14.12.2004 – 1 ABR 51/03, AP Nr. 1 zu § 2 TVG – Tariffähigkeit; BVerfG v. 10.12.1985 – 1 BvR 1724/83, AP Nr. 20a zu § 40 BetrVG 1972. | 3 Eingehend hierzu *Gamillscheg*, KollArbR, § 9 III 1d mwN. | 4 *Gamillscheg*, KollArbR, § 9 II 9, 10; *Schaub*, ArbRHdb, § 187 Rz. 16. | 5 Zum CGB LAG Düsseldorf v. 14.12.1957 – 1 BvTa 1/57, AP Nr. 2 zu Art. 9 GG; zum Marburger Bund BAG v. 21.11.1975 – 1 ABR 12/75, AP Nr. 6 zu § 118 BetrVG 1972; zur CGM BAG v. 28.3.2006 – 1 ABR 58/04, AP Nr. 4 zu § 2 TVG – Tariffähigkeit. | 6 BVerfG v. 18.11.1954 – 1 BvR 629/52, E 4, 96 (106); v. 6.5.1964 – 1 BvR 79/62, E 18, 18 (28); v. 1.3.1979 – 1 BvR 532/77 ua., E 50, 290, (368); *Gamillscheg*, KollArbR, § 9 II 7; vermittelnd *Löwisch*, ZfA 1970, 295, (314 ff., 316). Von einer „Indiztatsache" spricht ErfK/*Dieterich*, Art. 9 GG Rz. 25. | 7 Vgl. etwa BAG v. 15.3.1977 – 1 ABR 16/75, AP Nr. 24 zu Art. 9 GG; v. 16.1.1990 – 1 ABR 10/89, AP Nr. 39 zu § 2 TVG; v. 6.6.2000 – 1 ABR 10/99, AP Nr. 55 zu § 2 TVG; v. 28.3.2006 – 1 ABR 58/04, AP Nr. 4 zu § 2 TVG – Tariffähigkeit; LAG BW v. 1.10.2004 – 4 TaBV 1/04, NZA-RR 2005, 85. Bestätigend BVerfG v. 20.10.1981 – 1 BvR 404/78, E 58, 233 (256); v. 24.2.1999 – 1 BvR 123/93, E 100, 214 (221, 223); v. 31.7.2007 – 2 BvR 1831/06, nv. S. auch BAG v. 19.9.2006 – 1 ABR 53/05, AP Nr. 5 zu § 2 BetrVG 1972. Eingehend *Doerlich*, Die Tariffähigkeit der Gewerkschaft, 2002, S. 75 ff.

Eine Koalition muss also so mächtig und leistungsfähig sein, dass in Auswirkung dessen die Gegenspieler sich veranlasst sehen, auf Verhandlungen über den Abschluss einer tarifl. Regelung der Arbeitsbedingungen einzugehen und zum Abschluss eines TV zu kommen.

Maßgeblich ist nach dem BAG insoweit die **Gesamtstruktur des Verbandes**[1]. Insb. sei der Abschluss von Anschluss- bzw. Gefälligkeitstarifverträgen kein Beweis für das Vorliegen einer Verbandsmacht. Neben der Mitgliederzahl und der Beteiligung an TV sowie der Zahl der errungenen BR-Sitze soll für die Beurteilung der Mächtigkeit insb. die finanzielle und sachliche Ausstattung der ArbN-Vereinigung von Bedeutung sein; demgegenüber komme es auf die Arbeitskampfbereitschaft und die Mitgliedschaft in einem übernationalen Gewerkschaftsverband nicht an. Auch muss der Verband organisatorisch in der Lage sein, für die Durchführung der abgeschlossenen TV sorgen zu können. Dabei ist zu betonen, dass auch Verbände mit verhältnismäßig wenigen Mitgliedern Mächtigkeit innehaben können, sofern sich ihr Mitgliederbestand aus ArbN zusammensetzt, die kraft ihrer Stellung im Arbeitsleben einen besonderen Einfluss gegenüber der ArbGebSeite ausüben können[2]. Dies kann insb. für die sog. Spartengewerkschaften von Bedeutung sein[3]. Die Frage, ob der Verband sich als mächtig genug erweisen werde, sei nicht einer gesicherten Feststellung, sondern nur einer Prognose zugänglich; wenn diese zu seinen Gunsten getroffen werden könne, reiche das für die Bejahung der Mächtigkeit aus[4]. Entscheidend sei, dass die Gewerkschaft aktiv in den Prozess der tarifl. Regelung der Arbeitsbedingungen eingreife und auch mit ihr Arbeits- und Wirtschaftsbedingungen geregelt werden sollen. Dabei sei unerheblich, ob diese TV die Arbeitsbedingungen der Mitglieder dieser Gewerkschaft in optimaler Weise oder auch nur ähnlich günstig regelten wie die von großen und anerkannten Gewerkschaften geschlossenen TV; es reiche aus, wenn sie mit dem sozialen Gegenspieler ausgehandelt würden[5]. Soweit Anschlusstarifverträge abgeschlossen wurden, prüft das BAG, welchen Zweck die ArbGebSeite mit dem Abschluss verfolgt habe. Immerhin soll ein Anschlusstarifvertrag ein Indiz für Durchsetzungskraft sein, dies macht jedoch nicht die Prüfung überflüssig, ob er tatsächlich „ausgehandelt" wurde. 49

Das BVerfG hat diese Rspr. ausdrücklich gebilligt[6]. Mit dem Grundrecht der Koalitionsfreiheit sei es vereinbar, die Tariffähigkeit von **gewissen Mindestvoraussetzungen** abhängig zu machen und nur solche Koalitionen an der Tarifautonomie teilnehmen zu lassen, welche in der Lage seien, den von der staatlichen Rechtsordnung freigelassenen Raum des Arbeitslebens durch TV sinnvoll zu gestalten, um so die Gemeinschaft sozial zu befrieden. Zu diesen zulässigen Mindestvoraussetzungen gehöre eine Durchsetzungskraft gegenüber dem sozialen Gegenspieler, die sicherstelle, dass dieser wenigstens Verhandlungsangebote nicht übersehen könne; ein angestrebter Interessenausgleich durch TV könne nur dann zu Stande kommen, wenn eine ArbN-Koalition so leistungsfähig sei, dass sich die ArbGebSeite veranlasst sehe, auf Verhandlungen über tarifl. Regelungen einzugehen und zum Abschluss eines TV zu kommen. Ob danach Durchsetzungsfähigkeit angenommen werden könne, sei jeweils im Einzelfall konkret zu beurteilen. 50

Diese Rspr. ist seit jeher äußerst umstritten. Neben grds. Erwägungen aus dem Gewährleistungsinhalt des Art. 9 heraus ist insb. eingewandt worden, dass damit die **Neugründung anderer Gewerkschaften eingeschränkt werde**; neu gebildete Koalitionen hätten keine Chance, die Monopolstellung bestehender Gewerkschaften zu durchbrechen[7]. Rein systematisch ist nicht von der Hand zu weisen, dass die Rspr. den Eindruck erweckt, als stünde die Tariffähigkeit zur Disposition des Gesetzgebers bzw. Richters und als seien Einschränkungen der Tariffähigkeit nur noch an äußerste Missbrauchsgrenzen gebunden. Richtig wäre es gewesen, von Art. 9 III als einem Freiheitsrecht auszugehen. Das Recht zum Abschluss von TV ist den Koalitionen als spezifisch koalitionsgemäße Betätigung aber gewährleistet (Rz. 76). Im Grundsatz ist also von der Tariffähigkeit jeder Koalition auszugehen. Der spezifisch koalitionsgemäßen Betätigung, also auch der Tariffähigkeit, dürfen nur solche Schranken gezogen werden, die von der Sache her geboten sind. Die Einschränkung ist damit die Ausnahme. Sie bedarf der Rechtfertigung: Beschränkungen als Ausnahme vom Grundsatz müssen, gemessen am Zweck der Koalitionsfreiheit, geeignet, erforderlich und verhältnismäßig sein. Die „Beweislast" trägt, wer die Koalitionsfreiheit beschränken will. Bleiben Zweifel, so darf die Koalitionsfreiheit, hier also die Tariffähigkeit der Koalition, nicht eingeschränkt werden. Die Rspr. müsste also ins Feld führen können, dass die Funktionsfähigkeit der Tarifautonomie bedroht wäre, wenn die Tariffähigkeit auch Verbänden verliehen würde, die sozial nicht mächtig genug sind, um Druck und Gegendruck auszuüben. Diesen Beweis kann man schwerlich als erbracht ansehen. Gleichwohl muss in der Rechtspraxis von einer gefestigten Rspr. ausgegangen werden. 51

---

1 Zum Folgenden näher *Gamillscheg*, KollArbR, § 9 IV 3c. | 2 BAG v. 14.3.1978 – 1 ABR 2/76, AP Nr. 30 zu § 2 TVG; v. 14.12.2004 – 1 ABR 51/03, AP Nr. 1 zu § 2 TVG – Tariffähigkeit; *Gamillscheg*, KollArbR, § 9 IV 3c (2). | 3 Vgl. etwa BAG v. 14.12.2004 – 1 ABR 51/03, AP Nr. 1 zu § 2 TVG – Tariffähigkeit; v. 28.3.2006 – 1 ABR 58/04, AP Nr. 4 zu § 2 TVG – Tariffähigkeit; s. auch *Bayreuther*, BB 2005, 2633 ff. | 4 BAG v. 16.11.1982 – 1 ABR 22/78, AP Nr. 32 zu § 2 TVG. | 5 BAG v. 10.9.1985 – 1 ABR 32/83, AP Nr. 34 zu § 2 TVG. | 6 BVerfG v. 26.5.1970 – 2 BvR 664/65, E 28, 295 (305); v. 20.10.1981 – 1 BvR 404/78, E 58, 233, 247 ff. | 7 So schon *Mayer-Maly*, RdA 1966, 201 (204); *Stahlhacke*, ArbRGw 11 (1974), 21 (32 mit Fn. 61); vgl. weiter *Gamillscheg*, KollArbR, § 9 IV 3d mwN; *I. Schmidt*, FS Richardi, 2007, S. 765 (769).

52 Abzulehnen ist allerdings eine **„relative Tariffähigkeit“**, also die Beurteilung der Durchsetzungsfähigkeit im Hinblick auf die angestrebte Kollektivvereinbarung: Verbands- oder FirmenTV[1]. Das BAG hat diese Frage offen gelassen[2]. Indes verlangt schon das Gebot der Rechtssicherheit eine einheitliche Bewertung der Tariffähigkeit, da bei jedem FirmenTV die Voraussetzungen anders sein können.

53 Wurde die Gewerkschaftseigenschaft einer Koalition einmal gerichtlich bejaht oder verneint, so ist die **materielle Rechtskraft** dieser Entscheidung in zeitlicher Hinsicht grds. nicht begrenzt. Da es sich aber um eine gerichtl. Entscheidung mit Dauerwirkung handelt, wirkt die materielle Rechtskraft nur so lange, wie sich die entscheidungserheblichen tatsächl. oder rechtl. Verhältnisse nicht wesentlich ändern. Es müssen sich gerade diejenigen Tatsachen gewandelt haben, die für die in der früheren Entscheidung ausgesprochene Rechtsfolge als maßgeblich angesehen worden waren. Unter den genannten Voraussetzungen kann also die Tariffähigkeit einer ArbN-Koalition trotz eines einmal ergangenen ablehnenden oder bejahenden Beschlusses erneut gerichtlich überprüft werden[3].

54 **b) Keine soziale Mächtigkeit auf Arbeitgeberseite.** Ausdrücklich verzichtet das BAG auf das Kriterium der Mächtigkeit bei **ArbGebKoalitionen**[4]. Diese Rspr. ist vor dem Hintergrund zu sehen, dass § 2 I TVG auch den einzelnen ArbGeb für tariffähig erklärt. Billigt die Rechtsordnung aber schon dem EinzelArbGeb Tariffähigkeit zu, so muss dies für einen – wenn auch schwachen – Zusammenschluss von ArbGeb erst recht gelten. Angesichts der eindeutigen legislativen Konzeption kann die diesbezügliche Kritik im Schrifttum[5] nicht überzeugen.

55 **c) Weitere Voraussetzungen der Tariffähigkeit. aa) Anerkennung des geltenden Tarif-, Arbeitskampf- und Schlichtungsrechts.** Die Rspr. nennt zwar nur das Tarifrecht[6], sinnvollerweise kann aber in Bezug auf das Arbeitskampf- und Schlichtungsrecht nichts anderes gelten. Festzuhalten ist, dass dieses Merkmal erst für tariffähige Koalitionen praktische Bedeutung erlangen kann. Im Übrigen gilt das Tarif-, Schlichtungs- und Arbeitskampfrecht wie jedes Recht unabhängig davon, ob die Normadressaten dieses Recht „anerkennen“. Darin kann sich die Bedeutung dieses Merkmals also nicht erschöpfen. Es soll vielmehr einen Filter gegenüber solchen Verbänden bilden, die nach ihrer Satzung oder ihrem bisherigen Auftreten keine Gewähr bieten, dass sie die Spielregeln der tarifl. Normsetzung einhalten.

56 **bb) Tarifwilligkeit und gewollte Tarifunfähigkeit.** Tarifwilligkeit ist gegeben, wenn zu den satzungsmäßigen Aufgaben eines Verbandes der Abschluss von TV gehört. Dieses Merkmal kann sinnvollerweise nur Voraussetzung der tariffähigen Koalition sein, nicht aber Voraussetzung der Koalitionseigenschaft schlechthin[7]. Den Hintergrund dieser Unterscheidung bildet die Erkenntnis, dass die Wahrung und Förderung der Arbeits- und Wirtschaftsbedingungen nicht notwendig durch Abschluss von TV erfolgen muss. Den tieferen Grund für dieses Erfordernis wird man im Gedanken der Legitimation sehen müssen: Die Mitglieder, die einen Verband gründen oder ihm beitreten, müssen aus der Satzung ersehen können, ob sie von der Normsetzung des Verbands möglicherweise betroffen sind.

57 Richtigerweise wird man es zuzulassen haben, dass ein Verband in der Satzung die **Tariffähigkeit ausschließt**, gleichwohl aber nicht tariffähige Koalition bleibt[8]. Die Richtigkeit dieser Ansicht leuchtet ein, wenn man die Tarifwilligkeit als Voraussetzung der Tariffähigkeit und nicht als Voraussetzung der Koalitionseigenschaft einordnet. Aus Art. 9 III folgt keine Verpflichtung für einen Verband, an tarifl. Auseinandersetzungen teilzunehmen. Den Gewerkschaften wird dadurch zwar ein möglicher TV-Partner genommen; ihnen stehen jedoch weiterhin die einzelnen ArbGeb zur Verfügung, deren Tariffähigkeit nicht ausgeschlossen werden kann. Die Situation ist nicht anders, als wenn der ArbGebVerband überhaupt nicht gegründet worden wäre.

58 Zweifelhaft ist allerdings die weitere Frage, ob die Tariffähigkeit eines Verbandes auf **bestimmte Sachgebiete beschränkt** werden kann oder ob einzelne Bereiche (zB Vermögensbildung) von der Tariffähigkeit ausgenommen werden können („Teil-Tariffähigkeit“). Dagegen spricht, dass mit Zulassung einer solchen partiellen Tariffähigkeit unterschiedlichsten Umfangs die Rechtssicherheit bedroht wäre, insb. bei der Beurteilung der Rechtmäßigkeit von Arbeitskämpfen[9].

---

1 So schon *Stahlhacke*, DB 1964, 697; vgl. ferner *Benecke*, SAE 1998, 60 (65); *Buchner*, NZA 1994, 2 (4); *Doerlich*, Die Tariffähigkeit der Gewerkschaft, 2002, S. 287 ff., 321; *Kissel*, ArbeitskampfR, § 9 Rz. 34; Wiedemann/*Oetker*, TVG, § 2 Rz. 394; aA *Dütz*, DB 1996, 2385 (2388 ff.). | 2 BAG v. 25.9.1996 – 1 ABR 25/96, AP Nr. 4 zu 97 ArbGG 1979. | 3 BAG v. 6.6.2000 – 1 ABR 21/99, AP Nr. 9 zu § 97 ArbGG 1979; best. durch BVerfG v. 23.2.2001 – 1 BvR 4/01, AP Nr. 32 zu Art. 20 GG. | 4 BAG v. 20.11.1990 – 1 ABR 87/89, AP Nr. 40 zu § 2 TVG = EzA § 2 TVG Nr. 20 (*Hergenröder*); *Kissel*, ArbeitskampfR, § 9 Rz. 35. | 5 ErfK/*Dieterich*, Art. 9 GG Rz. 66; Wiedemann/*Oetker*, TVG, § 2 Rz. 396. | 6 BAG v. 6.6.2000 – 1 ABR 10/99, AP Nr. 55 zu § 2 TVG. | 7 *Kissel*, ArbeitskampfR, § 4 Rz. 15. | 8 Wiedemann/*Oetker*, TVG, § 2 Rz. 26. | 9 Abl. insoweit *Löwisch*, ZfA 1974, 29 (35 ff.); *Wiedemann*, RdA 1975, 78 (80); dazu krit. Zöllner/Loritz/Hergenröder/*Loritz*, § 35 I 2 b. Gegen „eine partielle, auf bestimmte Regionen, Berufskreise oder Branchen beschränkte Tariffähigkeit“ BAG v. 28.3.2006 – 1 ABR 58/04, AP Nr. 4 zu § 2 TVG – Tariffähigkeit mwN; s. auch *Otto*, Arbeitskampf- und Schlichtungsrecht, 2006, § 6 Rz. 6 mwN.

Offen gelassen hat das BAG[1] lange die Frage, ob ein ArbGebVerband eine **Mitgliedschaft ohne Tarifbindung (OT-Mitgliedschaft)** vorsehen kann. Hintergrund entsprechender Gestaltungsformen[2] ist der Versuch, unzufriedene ArbGeb im Verband zu halten bzw. für den Verband zu gewinnen. Während mitgliedschaftsrechtl. gegen eine OT-Mitgliedschaft keinerlei Bedenken bestehen, stellt sich die Frage der Vereinbarkeit mit §§ 3, 4 TVG, wonach die Tarifbindung dem Wortlaut nach jedes Verbandsmitglied erfasst. Entgegen einer verbreiteten Meinung[3] ist eine OT-Mitgliedschaft als zulässig anzusehen[4], sofern die Satzung dies vorsieht. Art. 9 III räumt dem Verband das Recht ein, seine Struktur autonom zu bestimmen (Rz. 98). Dem lässt sich auch der Ordnungszweck der §§ 3, 4 TVG nicht entgegenhalten, die Bestimmungen sind insoweit verfassungskonform auszulegen. Immerhin ist denkbar, dass bei einer übergroßen Zahl von OT-Mitgliedern die Tarifwilligkeit fraglich werden kann[5]. Jedenfalls stellt die Zulassung der OT-Mitgliedschaft keine Störung der Verhandlungsparität dar (Rz. 166), auch nicht unter dem Gesichtspunkt, dass der ArbGebVerband TV nur für diejenigen Mitglieder schließt, die dies wollen, er sich aber bei Arbeitskämpfen der finanziellen und ideellen Unterstützung der OT-Mitglieder bedient[6]. Im Übrigen steht es der Gewerkschaft jederzeit frei, das OT-Mitglied mit der Zielsetzung eines FirmenTV zu bestreiken[7]. 59

cc) Arbeitskampfbereitschaft. Nach der Rspr. des BVerfG[8] schließt der Begriff der „Gewerkschaft" und damit der tariffähigen Koalition auch **kampfunwillige ArbN-Koalitionen** ein. Die Argumentation lässt sich auf den kurzen Nenner bringen, dass die Kampfbereitschaft (genauer: die in der Satzung festgelegte Kampfbereitschaft) zur Erreichung des Koalitionszwecks (Wahrung und Förderung der Arbeits- und Wirtschaftsbedingungen) und zur Erhaltung der Funktionsfähigkeit der Tarifautonomie nicht erforderlich sei. Für den Schutz der Koalitionsfreiheit sei es nicht nötig, dass die Tariffähigkeit auf die kampfbereiten Koalitionen beschränkt werde. Das Recht zum Arbeitskampf schließe nicht die Pflicht zur Kampfbereitschaft ein. Insoweit komme es auch nicht darauf an, ob der kampfunwillige Verband sachliche Gründe für seine Kampfunwilligkeit anführen kann. Dem stehe der freiheitliche Charakter des Koalitionsgrundrechts entgegen. 60

In späteren Entscheidungen hat das BAG das Erfordernis der **Druckfähigkeit** aufgestellt[9] (Rz. 48). Insoweit bestehen aber Unterschiede zur Arbeitskampfbereitschaft: Die Rspr. verlangt für die soziale Mächtigkeit Druckfähigkeit im objektiven Sinne. Auf eine satzungsmäßig festgelegte Druckbereitschaft (Druckwilligkeit) kommt es offenbar nicht an. Außerdem ist die Druckfähigkeit umfassender als die Druckbereitschaft. Insgesamt mutet der Streit um die Arbeitskampfbereitschaft etwas theoretisch an. Letztendlich geht es hier nur um das Bekenntnis zum Arbeitskampf in der Satzung, die sich normalerweise den Vorstellungen der Rspr. entsprechend gestalten lässt. Dass tariffähige Parteien ihre Kampfwilligkeit durch tatsächliche Arbeitskämpfe unter Beweis stellen, wurde auch vom BAG zu keiner Zeit verlangt. 61

d) Einheitlicher Gewerkschaftsbegriff. Die Rspr. vertritt darüber hinaus die These vom einheitlichen, durch das **Wesensmerkmal der Tariffähigkeit** geprägten Gewerkschaftsbegriff. Schon in der Entscheidung vom 6.7.1956 hatte das BAG klargestellt, der Gewerkschaftsbegriff könne in der arbeitsrechtl. Gesetzgebung nur einheitlich dahin aufgefasst werden, dass zu seinen Wesensmerkmalen die Tariffähigkeit gehöre[10]. Dass der Gewerkschaftsbegriff im Bereich der staatlichen Normsetzung einheitlich zu verstehen ist, folgert das BAG daraus, dass der Begriff seinen Ausgangspunkt im TV-Recht habe und die weiteren besonderen Regelungen der Rechtsstellung der Gewerkschaften im BetrVG und ArbGG um dieser Tariffähigkeit willen bestünden. Gesetzgeberischer Grund dieser Regelung sei die aus dem TVG sich ergebende Rechtsfähigkeit der Gewerkschaften auf dem Gebiet des kollektiven Arbeitsrechts[11]. Demgegenüber hat das BVerfG ausdrücklich offen gelassen, ob das durch Art. 9 III gewährleistete Recht 62

---

1 BAG v. 23.10.1996 – 4 AZR 409/95 (A), AP Nr. 15 zu § 3 TVG – Verbandszugehörigkeit; dazu *Junker*, SAE 1997, 169. Bejahend LAG Rh.-Pf. v. 17.2.1995 – 10 Sa 1092/94, NZA 1995, 802; s. nun aber auch BAG v. 23.2.2005 – 4 AZR 186/04, AP Nr. 42 zu § 4 TVG – Nachwirkung; v. 18.7.2006 – 1 ABR 36/05, AP Nr. 19 zu § 2 TVG – Tarifzuständigkeit; dazu vgl. *Bayreuther*, BB 2007, 325; *Buchner*, NZA 2006, 1377; aber auch *Wroblewski*, NZA 2007, 421. | 2 Zu nennen sind das Parallelverbandsmodell, das Aufspaltungsmodell und das Tarifgemeinschaftsmodell, vgl. näher *Melot de Beauregard*, Mitgliedschaft in Arbeitgeberverbänden und Tarifbindung, 2002, S. 66 ff., 95 ff., 106 ff. | 3 *Däubler*, NZA 1996, 225 (231); *Röckl*, DB 1993, 2382; *Schaub*, BB 1994, 2005 (2007). | 4 So *Buchner*, NZA 1994, 2 (4); *Kissel*, ArbeitskampfR, § 7 Rz. 20; MünchArbR/*Löwisch*/*Rieble*, § 255 Rz. 64; *Melot de Beauregard*, Mitgliedschaft in Arbeitgeberverbänden und Tarifbindung, 2002, S. 121 ff. | 5 *Kissel*, ArbeitskampfR, § 7 Rz. 15. | 6 Hierzu näher MünchArbR/*Löwisch*/*Rieble*, § 255 Rz. 64; *Melot de Beauregard*, Mitgliedschaft in Arbeitgeberverbänden und Tarifbindung, 2002, S. 100 f., 108 f. | 7 *Kissel*, ArbeitskampfR, § 7 Rz. 17 f. | 8 BVerfG v. 6.5.1964 – 1 BvR 79/62, E 18, 18 (26 ff.); ebenso BAG v. 9.7.1968 – 1 ABR 2/67, AP Nr. 25 zu § 2 TVG; v. 14.3.1978 – 1 ABR 2/76, AP Nr. 30 zu § 2 TVG; anders noch BAG v. 19.1.1962 – 1 ABR 14/60, AP Nr. 13 zu § 2 TVG. | 9 BAG v. 9.7.1968 – 1 ABR 2/67, AP Nr. 25 zu § 2 TVG; v. 14.3.1978 – 1 ABR 2/76, AP Nr. 30 zu § 2 TVG; v. 6.6.2000 – 1 ABR 10/99, AP Nr. 55 zu § 2 TVG. | 10 BAG v. 6.7.1956 – 1 AZB 18/55, AP Nr. 11 zu § 11 ArbGG 1953; in Bezug auf das Erfordernis der Tariffähigkeit auch BAG v. 22.12.1960 – 2 AZR 140/58, AP Nr. 25 zu § 11 ArbGG 1953; zuletzt BAG v. 19.9.2006 – 1 ABR 53/05, AP Nr. 5 zu § 2 BetrVG 1972. | 11 BAG v. 6.7.1956 – 1 AZB 18/55, AP Nr. 11 zu § 11 ArbGG 1953; s. auch BAG v. 23.4.1971 – 1 ABR 26/70, AP Nr. 2 zu § 97 ArbGG 1953; v. 15.3.1977 – 1 ABR 16/75, AP Nr. 24 zu Art. 9 GG.

der Koalitionen auf Betätigung es zulässt, den Gewerkschaftsbegriff für das TV-Recht und das Betriebsverfassungsrecht einheitlich zu bestimmen[1]. Die Rspr. des BAG hat im Schrifttum heftige Kritik erfahren[2].

63 **e) Die nicht tariffähige Koalition.** Das BAG unterscheidet zwischen tariffähigen Koalitionen, welche die Bezeichnung „Gewerkschaften" tragen und sonstigen, also nicht tariffähigen Koalitionen. Geht man zudem von der **Einheitlichkeit des Gewerkschaftsbegriffs** aus, so hat das die praktisch sehr bedeutsame Folge, dass einfachgesetzl. festgelegte Befugnisse, die vom Gesetzgeber den „Gewerkschaften" verliehen sind, nur noch den sozial mächtigen, also tariffähigen Koalitionen zustehen. Das BAG hat diese Folgerung bislang mehrmals konsequent gezogen[3]. So wird für die Vertretung von Mitgliedern vor dem LAG nach § 11 II 2 ArbGG eine tariffähige Gewerkschaft verlangt. Im Schrifttum wird diese Rspr. heftig kritisiert. Das Merkmal „Fähigkeit zur Ausübung von Druck und Gegendruck" sei auf die Tarif- und Arbeitskampffähigkeit (Rz. 48 ff.) ausgerichtet. Allenfalls dort habe dieses Erfordernis seinen Sinn[4].

64 Auch auf der Grundlage der Rspr. kann die nicht tariffähige Koalition aber jedenfalls die **unmittelbar aus Art. 9 III fließenden Rechte** geltend machen. So muss die nicht tariffähige Koalition durch die Drittwirkungsklausel des Art. 9 III 2 gegen Beeinträchtigung beitrittswilliger oder beigetretener Mitglieder geschützt sein. Die Notstandsklausel schützt Arbeitskämpfe von Koalitionen iSd. S. 1 gegen bestimmte Notstandsmaßnahmen. Da zu den Koalitionen iSd. S. 1 auch nicht tariffähige Koalitionen zählen, gilt der Schutz dem Wortlaut nach auch für (rechtswidrige) Kampfmaßnahmen nicht tariffähiger Koalitionen[5]. Schließlich ist das aus Art. 9 III unmittelbar gefolgerte Recht zur Werbung von Mitgliedern im Betrieb und an der Dienststelle (Rz. 76) für eine im Aufbau befindliche Koalition existenznotwendig. Die Ausübung des Rechts zur Mitgliederwerbung weist keinen unmittelbaren Bezug zur Tariffähigkeit auf und kann daher nicht auf tariffähige Koalitionen beschränkt sein[6].

65 **7. Gewährleistungsinhalt des Abs. 3. a) Positive individuelle Koalitionsfreiheit.** Dem Wortlaut nach gewährleistet Art. 9 III 1 für jedermann das Recht, **Koalitionen zu bilden**. Dieses Grundrecht umfasst (1) die Gründung einer Koalition, also den Zusammenschluss als solchen und die dazu erforderlichen Maßnahmen; (2) den späteren Beitritt in eine bereits bestehende Koalition, dies kann man noch als „Bildung" einer Vereinigung ansehen; (3) schließlich das Verbleiben in der Koalition. Gewährleistet wird also zunächst ein Individualgrundrecht. Die Freiheit umfasst auch das Recht zur Spaltung und Verschmelzung von Verbänden[7].

66 **b) Negative individuelle Koalitionsfreiheit. aa) Grundlagen.** Nach der Rspr.[8] schützt Art. 9 III 1 auch das Recht bzw. die Freiheit des Einzelnen, **einer Koalition fernzubleiben**. Diese Formel passt für den Fall eines rechtl. Zwanges zum Verbandsbeitritt. Praktisch bedeutsam sind jedoch meist nur Sachverhalte, in denen ein ArbN oder ArbGeb zwar einer Koalition fernbleiben kann, dann aber Nachteile hinzunehmen hat. Es geht also richtiger um die Freiheit, einer Koalition ohne Nachteile fernzubleiben. Das Fernbleiberecht umfasst auch das Recht, sich nicht zu einer Koalition zusammenzuschließen. Schließlich gehört zur negativen Koalitionsfreiheit auch das Recht, aus einer Koalition ohne Nachteile auszutreten[9].

67 Nicht jede Beeinflussung in der negativen Koalitionsfreiheit ist allerdings schon ein Verletzungstatbestand, der die Rechtsfolgen des Art. 9 III 2 auslöst. Verlangt wird eine **gewisse Intensität des Drucks**. Ein „gewisser Druck" ist hinzunehmen[10]. Das BAG differenziert zwischen einem sozialadäquaten Druck, dem man sich nicht entziehen kann und einem sozialinadäquaten Druck, der rechtswidrig und zu missbilligen ist. Ein solcher sozialinadäquater Druck wird angenommen, wenn das Gerechtigkeitsempfinden gröblich verletzt ist[11]. Diese Formel ist nicht sonderlich genau und räumt dem Richter einen erheblichen Beurteilungsspielraum ein. Probleme mit der negativen Koalitionsfreiheit stellen sich insb. bei Außenseitern.

68 **bb) Einzelfälle.** Durch tarifl. Regelungen dürfen Außenseiter gegenüber Organisierten nicht dergestalt schlechter gestellt werden, dass positive Leistungen bzw. der Arbeitsplatz schlechthin den Koalitionsmitgliedern vorbehalten bleiben. Mit der negativen Koalitionsfreiheit unvereinbar sind deshalb **tarifl.**

---

1 BVerfG v. 20.10.1981 – 1 BvR 404/78, E 58, 233 (250 ff.) = AP Nr. 31 zu § 2 TVG. | 2 S. nur *Gamillscheg*, KollArbR, § 9 IV 3 e mwN. | 3 Vgl. BAG v. 23.4.1971 – 1 ABR 26/70, E 23, 320 (323 f.); v. 23.4.1971 – 1 ABR 26/70, AP Nr. 2 zu § 97 ArbGG 1953; v. 15.3.1977 – 1 ABR 16/75, AP Nr. 24 zu Art. 9 GG; v. 19.9.2006 – 1 ABR 53/05, AP Nr. 5 zu § 2 BetrVG 1972. | 4 *Gamillscheg*, KollArbR, § 9 IV 3 e mwN. | 5 Rechtswidrig deshalb, weil nicht tariffähige Verbände kein Streikrecht haben. Art. 9 III 3 GG gilt auch für rechtswidrige Arbeitskämpfe, vgl. *Seiter*, Streikrecht, S. 70 f. mwN. | 6 So zB *Buchner*, FS 25 Jahre BAG, 1979, S. 56 ff.; *Dütz*, ArbuR 1976, 65 (69 ff.). | 7 *Gamillscheg*, KollArbR, § 6 I 1a. | 8 BVerfG v. 1.3.1979 – 1 BvR 532/77 ua., E 50, 290 (354); v. 14.11.1995 – 1 BvR 601/92, E 93, 352 (357 f.); BAG v. 29.11.1967 – GS 1/67, AP Nr. 13 zu Art. 9 GG; v. 17.2.1998 – 1 AZR 364/97, AP Nr. 87 zu Art. 9 GG. Dagegen und für Schutz durch Art. 2 I *Gamillscheg*, KollArbR, § 84b; *Zachert*, AR-Blattei SD 1650.1 Rz. 64; jeweils mwN. | 9 Vgl. zuletzt etwa BAG v. 19.9.2006 – 1 ABR 2/06, AP Nr. 22 zu § 3 TVG – Verbandszugehörigkeit. | 10 BVerfG v. 19.10.1966 – 1 BvL 24/65, E 20, 312 (321 f.); BAG v. 21.1.1987 – 4 AZR 547/86, AP Nr. 47 zu Art. 9 GG. | 11 BAG (GS) v. 29.11.1967 – GS 1/67, AP Nr. 13 zu Art. 9 GG.

Differenzierungsklauseln[1] (§ 1 TVG Rz. 107) sowie **Organisations- und Absperrklauseln**[2]. Auf der anderen Seite verstößt es nicht gegen Art. 9 III, wenn Außenseiter vom ArbGeb anders behandelt werden als Organisierte, ihnen also tarifl. Leistungen versagt bleiben[3]. Insoweit liegt auch kein Verstoß gegen den Gleichbehandlungsgrundsatz vor, die Gewerkschaftszugehörigkeit ist sachlicher Differenzierungsgrund (Art. 3 GG Rz. 51).

Zu lange Kündigungsfristen sind mit Art. 9 III 1 ebenso wenig vereinbar, wie die Ausübung finanziellen Drucks auf die Mitglieder, um sie damit von einem Austritt abzuhalten. 69

Ferner ist die **gesetzl. Erstreckung der Tarifwirkungen auf Außenseiter** ein Problem der negativen Koalitionsfreiheit. Für die Allgemeinverbindlicherklärung nach § 5 TVG (§ 5 TVG Rz. 7 ff.) wurde vom BVerfG ein Verstoß verneint[4], ebenso für die Nachwirkung von Tarifnormen gem. § 4 V TVG[5] (§ 4 TVG Rz. 5 ff.). Nicht beanstandet wurde ferner die auf § 1 IIIa AEntG beruhende VO über zwingende Arbeitsbedingungen im Baugewerbe vom 25.8.1999[6]. Nicht anders hat man für die Weitergeltung der Tarifbindung beim Verbandsaustritt nach § 3 III TVG (§ 3 TVG Rz. 38 ff.) sowie insb. die Erstreckung der Tarifwirkungen auf die Außenseiter bei Betriebs-[7] und Betriebsverfassungsnormen eines TV (§ 1 TVG Rz. 51 ff.) zu entscheiden[8]. 70

Auch das Problem der **Tariftreueregelungen** wird unter dem Gesichtspunkt eines Eingriffs in die negative Koalitionsfreiheit diskutiert[9]. Die negative Koalitionsfreiheit gewährleistet jedoch nur das Recht des einzelnen ArbN und ArbGeb, einer Koalition fern zu bleiben oder aus ihr auszutreten. Werden über eine Tariftreueerklärung ArbGeb faktisch an die in einem TV festgelegte Mindestlohnhöhe gebunden, so ist nach der Rspr. des BVerfG[10] schon der Schutzbereich der negativen Koalitionsfreiheit nicht eröffnet. Nimmt man jedoch die Eröffnung des Schutzbereiches an, begründet der Druck, einer tarifschließenden Koalition beizutreten, um ggf. auf die in Bezug genommene Tarifregelung Einfluss zu gewinnen, noch keinen Eingriff. Auch nach Scheitern des Bundestariftreuegesetzes[11] im Bundesrat im Juli 2002 hat die Thematik durch verschiedene landesrechtl. Regelungen[12] nicht an Brisanz verloren. 71

Nach einer Auffassung im Schrifttum[13] stellt allerdings eine staatl. Verpflichtung zur Zahlung der örtlichen Tariflöhne eine unzulässige Beschränkung des **freien Dienstleistungsverkehrs iSd. Art. 49 EG** dar. Nicht das *Fehlen* einer solchen konstitutiven Tariftreueverpflichtung im deutschen Recht, sondern deren Schaffung durch Gesetz führe zu einer „unzulässigen Wettbewerbsverzerrung". Im Rahmen der Rechtfertigung des Tariftreuekriteriums scheide nach der st. Rspr. des EuGH der Aspekt des Schutzes deutscher Unternehmen vor der EG-ausländischen Konkurrenz von vornherein als unzulässiger „wirtschaftlicher Grund" aus[14]. 72

c) Kollektive Koalitionsfreiheit. aa) Bestandsgarantie. Während der Weimarer Zeit war umstritten (Rz. 23), ob mit der kollektiven Koalitionsfreiheit ein **eigener Grundrechtsschutz** verbunden sein sollte, so dass sich auch die Koalition gegen Beeinträchtigungen durch den Staat oder Dritte unter Berufung auf das Grundrecht zur Wehr setzen konnte. Nach st. Rspr. des BVerfG gehört demgegenüber zur Gewährleistung des Art. 9 III „der Schutz der Koalition als solche"[15], es handelt sich also um ein Doppelgrundrecht. Mit dieser Bestandsgarantie ist das Recht der Koalition gemeint, in ihrem Bestand (in ihrer Existenz) nicht beeinträchtigt zu werden. Dazu gehört vor allem der Mitgliederbestand. Die kollektive Koalitionsfreiheit ist als Ergänzung erforderlich, damit die individuelle Freiheit effektiv geschützt wird. 73

---

1 BAG (GS) v. 29.11.1967 – GS 1/67, AP Nr. 13 zu Art. 9 GG; v. 21.1.1987 – 4 AZR 547/86, AP Nr. 47 zu Art. 9 GG; v. 9.5.2007 – 4 AZR 275/06, NZA 2007, 1439; *Franzen*, RdA 2006, 1; *Kissel*, ArbeitskampfR, § 5 Rz. 10; aA *Däubler*, BB 2002, 1643 mwN. | 2 *Gamillscheg*, KollArbR, § 86b. | 3 BVerfG v. 20.7.1971 – 1 BvR 13/69, E 31, 297 (302). | 4 BVerfG v. 15.7.1980 – 1 BvR 24/74, 439/79, E 55, 7 (22); v. 3.7.2000 – 1 BvR 945/00, AP Nr. 36 zu § 4 TVG – Nachwirkung. | 5 BVerfG v. 3.7.2000 – 1 BvR 945/00, AP Nr. 36 zu § 4 TVG – Nachwirkung. | 6 BVerfG v. 18.7.2000 – 1 BvR 948/00, AP Nr. 4 zu § 1 AEntG. | 7 Eingehend hierzu *Ingelfinger*, Arbeitsplatzgestaltung durch Betriebsnormen, 1996, S. 161 ff., 199 ff. | 8 BAG v. 18.8.1987 – 1 ABR 30/86, AP Nr. 23 zu § 77 BetrVG 1972; v. 26.4.1990 – 1 ABR 84/87, AP Nr. 57 zu Art. 9 GG; *Kissel*, ArbeitskampfR, § 5 Rz. 12 f. | 9 BGH v. 18.1.2000 – KVR 23/98, AP Nr. 1 zu § 20 GWB; *Kämmerer/Thüsing*, ZIP 2002, 596 (601); *Kling*, Die Zulässigkeit vergabefremder Regelungen, 2. Aufl. 2003, S. 388 ff.; *Löwisch*, DB 2001, 1090. | 10 So im Hinblick auf § 4 V TVG BVerfG v. 3.7.2000 – 1 BvR 945/00, AP Nr. 36 zu § 4 TVG – Nachwirkung; vgl. weiter *Schwab*, NZA 2001, 701 (705); *Seifert*, ZfA 2001, 1 (16 ff.). S. nun zur Tariftreueregelung nach Berliner Vergabegesetz BVerfG v. 11.7.2006 – 1 BvL 4/00, AP Nr. 129 zu Art. 9 GG (Vorlagebeschluss BGH v. 18.1.2000 – KVR 23/98, BGH AP Nr. 1 zu § 20 GWB). | 11 Gesetz zur tariflichen Entlohnung bei öffentlichen Aufträgen und zur Einrichtung eines Registers über unzuverlässige Unternehmen, BT-Drs. 14/7796 (Beschlussempfehlung und Bericht BT-Drs. 14/8896). Gegenstand der Tariftreueverpflichtung nach § 3 des Entwurfs war die schriftlich erklärte Bereitschaft von Unternehmen, „ihren Arbeitnehmern bei der Ausführung der Leistung mindestens die am Ort der Leistungsausführung einschlägigen Lohn- und Gehaltstarife zu zahlen und dies auch von ihren Nachunternehmern zu verlangen". Die Tariftreue sollte, ausgehend von 92,5 % des ortsüblichen Tariflohns im Jahre 2002, bis auf 100 % im Jahre 2005 erhöht werden. | 12 § 1 I 2 VergabeG Berlin, vergleichbare Regelungen auch in Bayern und Nds. | 13 *Kling*, EuZW 2002, 229 (236). | 14 EuGH v. 25.10.2001 – Rs. C-49/98, 50/98, 52–54/98, 68–71/98 *„Finalarte"*, SlG. I-2001, 7831 = EAS C EG-Vertrag Art. 59 Nr. 43; v. 24.1.2002 – Rs. C-164/99 *„Portugaia"*, EAS C EG-Vertrag Art. 59 Nr. 44; s. auch *Bayreuther*, EuZW 2001, 764; *Kling*, EuZW 2002, 229 (232). | 15 BVerfG v. 18.11.1954 – 1 BvR 629/52, E 4, 96 (101 f.); v. 26.6.1991 – 1 BvR 779/85, E 84, 212 (225); v. 4.7.1995 – 1 BvR 2/86, 1421/86, 1 – 4/87, E 92, 365 (393). Kritisch dazu *Picker*, NZA 2002, 761 (764 f.).

74 **bb) Betätigungsgarantie.** Art. 9 III garantiert aber auch das Recht der Koalition, durch **spezifisch koalitionsgemäße Betätigungen** die in Art. 9 III genannten Zwecke zu verfolgen[1]. Ist einmal der Schritt von der individuellen Koalitionsfreiheit zum Schutz des Bestandes der Koalition getan, ist es konsequent, in den Schutzbereich auch die Betätigung der Koalition einzubeziehen. Als Begründung ist anzuführen, dass der verfassungsrechtl. Schutz des Bestandes der Koalition leer laufen würde, wenn nicht auch die Betätigung den gleichen Schutz genösse. Denn ohne die Möglichkeit zur koalitionsgemäßen Betätigung wäre der Bestand einer Koalition über kurz oder lang in Frage gestellt.

75 Die entscheidende Frage lautet, welche **koalitionsgemäßen Betätigungen unter den Grundrechtsschutz fallen** und mit welchen Auslegungsmethoden dies zu ermitteln ist. Bei der historischen Interpretation wird gefragt, ob die betreffende Betätigung in der Vergangenheit von den Koalitionen erlaubtermaßen wahrgenommen worden ist. Aber nicht alle historisch gewordenen oder von den Koalitionen angemaßten Betätigungen sind verfassungsrechtl. geschützt; umgekehrt muss es auch möglich sein, neue Betätigungen in den Grundrechtsschutz einzubeziehen. Nach Aufgabe der Kernbereichstheorie durch das BVerfG[2] wird man alle koalitionsgemäßen Betätigungen als geschützt anzusehen haben, die geeignet und erforderlich sind, um den Koalitionszweck, die Wahrung und Förderung der Arbeits- und Wirtschaftsbedingungen, wirksam zu verfolgen bzw. die Existenz der Koalition wirksam zu sichern und zu erhalten. Unverkennbar wendet das Gericht bei der Ermittlung der geschützten Betätigungen den Grundsatz der Verhältnismäßigkeit iwS (Übermaßverbot) an[3]. Hieran hat auch die Aufgabe der Kernbereichsrechtsprechung (Rz. 83) jedenfalls in Bezug auf den Konflikt Tarifrecht – staatliches Recht nichts geändert[4]. Weitere Begrenzungen der Betätigungsgarantie ergeben sich aber aus der Abwägung mit kollidierenden Grundrechten Dritter bzw. sonstigen mit Verfassungsrang ausgestatteten Rechte anderer (s. noch Rz. 80 ff.).

76 **cc) Anerkannte Betätigungen.** Folgende spezifisch koalitionsgemäße Betätigungen sind durch die Rspr. anerkannt: **Tarifvertragl. Normsetzung**[5]; **Koalitionsbetätigung im Personalwesen**, insb. Werbung vor Personalratswahlen in der Dienststelle[6]; **Koalitionsbetätigung in der Betriebsverfassung**, insb. Werbung vor BR-Wahlen im Betrieb[7]; **Mitgliederwerbung**, auch im Betrieb[8] und während der Arbeitszeit, sofern der Betriebsablauf nicht leidet[9], **Arbeitskampf** zur Durchsetzung von TV[10]. Ob betriebsfremde Gewerkschaftsangehörige ein Zutrittsrecht zum Betrieb haben, wenn die Gewerkschaft im Betrieb vertreten ist[11], wird nach Aufgabe der Kernbereichsrechtsprechung des BVerfG unterschiedlich beurteilt[12], dürfte aber unter Berücksichtigung gegenläufiger Interessen des ArbGeb nach wie vor zu verneinen sein. Auch die Rechtsberatung sowie die Vertretung im gerichtl. Verfahren sind in den Grenzen der koalitionsspezifischen Tätigkeit geschützt[13].

77 Die koalitionsmäßige Betätigung der tarifvertragl. Normsetzung erfährt durch die Rspr. des BAG zum sog. **Grundsatz der Tarifeinheit im Betrieb** (§ 4 TVG Rz. 40 ff.) eine Einschränkung. Gestützt auf Gesichtspunkte der Praktikabilität und die Prinzipien der Rechtssicherheit und Rechtsklarheit dürfe bei einer Tarifpluralität in jedem Betrieb nur ein TV zur Anwendung kommen[14]. Diese Rspr. wird von der hM[15] abgelehnt. Sie verstoße gegen die Koalitionsbetätigungsfreiheit von ArbGebVerbänden und Gewerkschaften, deren TV nach dem Grundsatz der Tarifeinheit aus dem Betrieb gedrängt würden. Gerade im Hinblick auf die wachsende Bedeutung von sog. Spartengewerkschaften wird die Diskussion weiter zu führen sein[16].

---

1 BVerfG v. 30.11.1965 – 2 BvR 54/62, E 19, 303 (312); v. 26.6.1991 – 1 BvR 779/85, E 84, 212 (225); v. 4.7.1995 – 1 BvR 2/86, 1421/86, 1 – 4/87, E 92, 365 (393); v. 9.1.2007 – 1 BvR 3068/06, NZA 2007, 514. | 2 BVerfG v. 14.11.1995 – 1 BvR 601/92, E 93, 352 (357 f.); vgl. hierzu näher *Konzen*, FS 50 Jahre BAG, 2004, S. 513 (522 ff.). | 3 Vgl. dazu näher *Seiter*, Streikrecht, S. 108 ff.; *Seiter*, AöR 109 (1984), 88 (96 ff.). | 4 BVerfG v. 24.4.1996 – 1 BvR 712/96, E 94, 268 (284); v. 27.4.1999 – 1 BvR 2203/93, E 100, 271 (285 ff.); Nachw. zur Kritik bei *Zachert*, AR-Blattei SD 1650.1 Rz. 166. | 5 BVerfG v. 18.11.1954 – 1 BvR 629/52, E 4, 96 (106); v. 2.3.1993 – 1 BvR 1213/85, E 88, 103; v. 10.1.1995 – 1 BvF 1/90 ua., AP Nr. 76 zu Art. 9 GG. | 6 BVerfG v. 30.11.1965 – 2 BvR 54/62, E 19, 303 (312); v. 23.3.1982 – 2 BvL 1/81, E 60, 162 (170). | 7 BAG v. 14.2.1967 – 1 AZR 494/65, AP Nr. 10 zu Art. 9 GG. | 8 BAG v. 23.2.1979 – 1 AZR 172/78, AP Nr. 30 zu Art. 9 GG; v. 28.2.2006 – 1 AZR 460/04, AP Nr. 127 zu Art. 9 GG; v. 28.2.2006 – 1 AZR 461/04, SAE 2007, 106 ff. (s. auch Anm. *Edenfeld*, SAE 2007, 97 ff.); s. auch BAG v. 31.5.2005 – 1 AZR 141/04, AP Nr. 124 zu Art. 9 GG; s. in anderem Zusammenhang aber auch BAG v. 25.1.2005 – 1 AZR 657/03, AP Nr. 123 zu Art. 9 GG und BVerfG v. 6.2.2007 – 1 BvR 978/05, NZA 2007, 394 ff. | 9 BVerfG v. 14.11.1995 – 1 BvR 601/92, E 93, 352. | 10 BAG v. 10.6.1980 – 1 AZR 822/79, 1 AZR 168/79, 1 AZR 331/79, BAGE 33, 140, 185, 195 = AP Nr. 64, 65, 66 zu Art. 9 GG – Arbeitskampf; BSG v. 15.12.1971 – 3 RK 87/68, AP Nr. 46 zu Art. 9 GG – Arbeitskampf. | 11 Abl. BVerfG v. 17.2.1981 – 2 BvR 384/78, E 57, 220 (247); BAG v. 26.1.1982 – 1 AZR 610/80, E 41, 1 = AP Nr. 35 zu Art. 9 GG. | 12 Bejahend ErfK/*Dieterich*, Art. 9 GG Rz. 40; verneinend *Kissel*, ArbeitskampfR, § 6 Rz. 16. Zum Problemkreis eingehend *Brock*, Gewerkschaftliche Betätigung im Betrieb nach Aufgabe der Kernbereichslehre durch das BVerfG, 2002, S. 148 ff. | 13 BVerfG v. 2.12.1992 – 1 BvR 296/88, E 88, 5 (15); v. 26.1.1995 – 1 BvR 2071/94, AP Nr. 77 zu Art. 9 GG. | 14 ZB BAG v. 20.3.1991 – 4 AZR 455/90, AP Nr. 20 zu § 4 TVG – Tarifkonkurrenz; v. 26.1.1994 – 10 AZR 611/92, AP Nr. 22 zu § 4 TVG – Tarifkonkurrenz; weitere Nachweise bei *Jacobs*, Tarifeinheit und Tarifkonkurrenz, 1999, S. 68 ff. | 15 Ausf. *Jacobs*, Tarifeinheit und Tarifkonkurrenz, 1999, S. 334 ff., 373 ff., 411 ff. mwN; s. auch etwa *Kempen*, NZA 2003, 415. | 16 Vgl. etwa *Bayreuther*, NZA 2007, 187.

d) Individuelles Teilnahmerecht an der geschützten Koalitionsbetätigung. Es gibt Betätigungen, die nur von der Koalition als solcher vorgenommen werden können, etwa auf ArbN-Seite der Abschluss von TV. Bei anderen Betätigungen wie der Werbung oder dem Arbeitskampf **muss der Verband idR (auch) seine Mitglieder einschalten**. Etwaige Beeinträchtigungen der Koalitionsbetätigung treffen hier sogar in erster Linie die einzelnen Mitglieder. Es stellt sich daher die Frage, ob diesen im Bereich der kollektiven Koalitionsfreiheit ebenfalls Grundrechtsschutz zukommt. Das BVerfG hat insoweit festgestellt, dass Art. 9 III auch dem Einzelnen das Recht zusichert, an der spezifischen Tätigkeit der Koalition in dem Bereich teilzunehmen, der für die Koalition verfassungsrechtl. geschützt ist[1]. Das BVerfG sieht insoweit also offenbar die kollektive Koalitionsfreiheit als primär an; die individuelle Rechtsposition wird dann als „Teilnahmerecht" daraus abgeleitet. 78

8. Regelungsauftrag zur Schaffung eines einfachgesetzlichen Unterbaus. Grundrechte bedürfen in aller Regel einer Vielzahl **einfachgesetzlicher Regelungen**, damit der Grundrechtsinhaber von ihnen wirksam Gebrauch machen kann; dies gilt auch für die allgemeine Vereinigungsfreiheit (Rz. 7). Die Notwendigkeit des Unterbaues wird besonders dann spürbar, wenn der einfache Gesetzgeber wie etwa im Arbeitskampfrecht untätig geblieben ist. Das BVerfG hat idS ausgeführt, dass Art. 9 III garantiere, dass ein TV-System iSd. modernen Arbeitsrechts staatlicherseits überhaupt bereitzustellen sei[2]. Mehr noch als die in Art. 9 I gewährleistete allgemeine Vereinigungsfreiheit bedarf die Koalitionsfreiheit der gesetzl. Ausgestaltung. Diese besteht nicht nur in der Schaffung der Rechtsinstitute und Normenkomplexe, die erforderlich sind, um die grundrechtl. garantierten Freiheiten ausüben zu können. Die Bedeutung und Vielzahl der von der Tätigkeit der Koalitionen berührten Belange namentlich im Bereich der Wirtschafts- und Sozialordnung machen vielmehr vielfältige gesetzl. Regelungen notwendig, die der Koalitionsfreiheit auch Schranken ziehen können; dies umso mehr, als der Gegenstand der Gewährleistung auf sich wandelnde wirtschaftl. und soziale Bedingungen bezogen ist, die mehr als bei anderen Freiheitsrechten die Möglichkeit zu Modifikationen und Fortentwicklungen lassen müssen[3]. 79

9. Schranken der Koalitionsfreiheit. a) Kein Gesetzesvorbehalt. Art. 9 III enthält keinen **ausdrücklichen Vorbehalt** für eine gesetzl. Regelung oder in Bezug auf die Einschränkung des Grundrechts. Für die ausdrücklich geregelte Koalitionsbildungsfreiheit hielt der Grundgesetzgeber einen ausdrücklichen Vorbehalt auch nicht für nötig. Aus der vorbehaltlosen Gewährleistung der Koalitionsbildungsfreiheit kann man daher nicht auf eine ebenso vorbehaltlose Gewährleistung der Koalitionsbetätigungsfreiheit schließen. Daran hat das BVerfG auch keine Zweifel gelassen. Im Mitbestimmungsurteil wurde ausdrücklich die Schrankenziehung angesprochen[4]. Für den (aus der Sicht des Gerichts hypothetischen) Fall einer Verfassungsgarantie des Arbeitskampfes wird festgestellt, Art. 9 III räume den geschützten Personen „nicht mit Verfassungsrang einen inhaltlich unbegrenzten und gesetzl. unbegrenzbaren Handlungsspielraum ein". 80

b) Schranken aus dem Grundgesetz. Eine wichtige **grundrechtsimmanente Schranke** enthält Art. 9 III in der Umschreibung des Koalitionszwecks und der Koalitionsbetätigung mit „Wahrung und Förderung der Arbeits- und Wirtschaftsbedingungen". Unter dem Aspekt der Einheit der Verfassung kommen auch verfassungsimmanente Schranken in Betracht, die in konkurrierenden Verfassungsregelungen außerhalb Art. 9 III enthalten sind. Als Beispiel ist Art. 33 V zu nennen, wonach das Recht des öffentl. Dienstes „unter Berücksichtigung der hergebrachten Grundsätze des Berufsbeamtentums" ausgelegt werden muss. Zu diesen Grundsätzen gehört das Verbot des Beamtenstreiks, welches die Koalitionsfreiheit der Beamten insoweit einschränkt. 81

Zweifelhaft ist, ob und inwieweit **sonstige Schrankenvorbehalte** in anderen Grundrechten auf die Koalitionsfreiheit übertragen werden können. Für die Schrankentrias des Art. 2 I wird dies vom BVerfG abgelehnt[5]: „Betätigungsfreiheit der Koalitionen im Rahmen des Art. 2 I GG". Daran ist richtig, dass die Koalitionsfreiheit nicht schlechthin unter den Vorbehalt des Art. 2 I in der üblichen weiten Auslegung gestellt werden kann. Gleichwohl ist nicht zu verkennen, dass man sich bei der Ausgestaltung der Koalitionsbetätigung im Bereich der Rechtsfortbildung bewegt. Art. 2 I kann hier als Wertungsgrundlage dienen. So muss angenommen werden, dass sich die Koalitionsbetätigung nicht über gleiche oder höhere Rechte anderer hinwegsetzen darf. Die verfassungsmäßige Ordnung ieS ist schon nach Art. 9 II als Schranke zulässig (Rz. 8). Das Recht auf koalitionsgemäße Betätigung gewährleistet auch kein sittenwidriges Verhalten. In diesen Zusammenhang gehört auch das Missbrauchsverbot[6]. 82

c) Methode der Schrankenziehung durch das BVerfG. Das BVerfG geht für die Koalitionsbetätigungsgarantie von einem **weiten Regelungsspielraum** des einfachen Gesetzgebers aus. Dieses Regelungsermessen bezieht sich allerdings nicht nur auf die Schranken, sondern in erster Linie auf die schon 83

---

1 BVerfG v. 30.11.1965 – 2 BvR 54/62, E 19, 303 (312). |2 BVerfG v. 18.11.1954 – 1 BvR 629/52, E 4, 96; s. auch *Konzen*, FS 50 Jahre BAG, 2004, S. 513 (523 ff.). |3 BVerfG v. 1.3.1979 – 1 BvR 532/77 ua., E 50, 290 (368). |4 BVerfG v. 1.3.1979 – 1 BvR 532/77 ua., E 50, 290 (308). |5 BVerfG v. 30.11.1965 – 2 BvR 54/62, E 19, 303 (314); aA beiläufig BAG v. 2.8.1963 – 1 AZR 9/63, E 14, 282 (288) = AP Nr. 5 zu Art. 9 GG. |6 *Seiter*, Streikrecht, S. 112 f.; *Seiter*, AöR 109 (1984), 88 (98 f.).

behandelte betätigungsfördernde Regelung, bei welcher die Koalitionsfreiheit nicht begrenzt, sondern entfaltet wird. Regelungen und Schranken dürfen dem Betätigungsrecht der Koalitionen allerdings nur solche Grenzen ziehen, die zum Schutz anderer Rechtsgüter von der Sache her geboten sind. Regelungen, die nicht in dieser Weise gerechtfertigt sind, sind mit Art. 9 III nicht vereinbar. In seiner früheren Rspr. hatte das BVerfG dabei noch auf einen sog. unantastbaren Kern der Koalitionsbetätigung rekurriert, der die Grenze der gesetzgeberischen Regelung und Schrankenziehung darstelle[1]. Zu diesem „Kernbereich" sollten diejenigen Tätigkeiten zählen, für welche die Koalitionen gegründet worden waren und die für die Erhaltung und Sicherung ihrer Existenz als unerlässlich betrachtet werden müssen. Nach dieser Kernbereichslehre war bereits der Schutzbereich der Koalitionsfreiheit selbst begrenzt, so dass lediglich dann, wenn wirklich der Kernbereich betroffen war, man zu einer Abwägung mit anderen Rechtsgütern gelangte[2].

84 Zwischenzeitlich begrenzt das BVerfG den Schutzbereich der Koalitionsfreiheit nicht mehr auf den durch das Unerlässlichkeitspostulat umrissenen Kernbereich, vielmehr sieht es **alle koalitionsspezifischen Betätigungen als von Art. 9 III geschützt** an. Dies gilt insb. auch für die Mitgliederwerbung als solche[3] (vgl. Rz. 76). Das Recht auf Koalitionsbetätigung sei allerdings nicht schrankenlos gewährleistet, sondern so zu behandeln wie jedes andere Freiheitsgrundrecht auch. Einschränkungen sind damit nur auf der Ebene der Grundrechtsschranken möglich[4]. Auf der anderen Seite betont das BVerfG auch die Ausgestaltungsbefugnis des Gesetzgebers bzgl. der Koalitionsfreiheit, der nur so viel Handlungsspielraum hat, wie dies zum Schutz anderer Rechtsgüter von der Sache her geboten ist[5]. Hinsichtlich der Schrankensystematik wird man zwischen der Ausgestaltung durch den Gesetzgeber und einem Eingriff in das Grundrecht auf Koalitionsbetätigung zu unterscheiden haben: Eine Ausgestaltung ist zulässig, solange dies zum Schutz anderer Rechtsgüter geboten ist, was ohnedies der allgemeinen Grundrechtsdogmatik entspricht, da Art. 9 III ein stark normgeprägtes Grundrecht ist[6]. Der Gesetzgeber muss jedoch alle betreffenden Rechtsgüter beachten und gegeneinander abwägen[7]. Im Übrigen gelten die Regeln der praktischen Konkordanz. Im Unterschied zur Ausgestaltung des Grundrechts muss hier nicht auf alle Rechtsgüter Rücksicht genommen werden, sondern nur auf die Grundrechte anderer und Rechtsgüter von Verfassungsrang[8].

85 **10. Verhältnis von Gesetzgeber und Richter bei der Normkonkretisierung.** Zunächst ist es Sache des Gesetzgebers, die **Befugnisse der Koalitionen und deren Schranken** bei der Wahrung und Förderung der Arbeits- und Wirtschaftsbedingungen im Einzelnen zu regeln. Im Tarifrecht hat der Gesetzgeber seiner Regelungspflicht Genüge getan. Anders ist es dagegen im Berufsverbandsrecht, im Arbeitskampfrecht und auch im Schlichtungsrecht. Hier steht der Richter nicht selten vor der grds. Frage, wie er sich zu verhalten hat, wenn der Gesetzgeber untätig bleibt. Eine mögliche Haltung der Rspr. wäre, sich streng am Bestand der vorhandenen Normen zu orientieren und die sich daraus ergebenden Rechtsfolgen auszusprechen, auch wenn diese nicht den rechtspolitischen Vorstellungen des Richters und der beteiligten Kreise entsprechen. Die Rspr. des BAG ist einen anderen Weg gegangen. Das Gericht hat das Recht nicht nur durch Auslegung, Analogie und Reduktion, sondern auch durch rechtspolitische Programmbildungen in Bereichen, in denen der Gesetzgeber untätig geblieben ist (Rechtsfortbildung praeter legem) fortgebildet[9]. Anfangs versuchte die Rspr., den Eindruck der Einmischung in gesetzgeberische Kompetenzen durch Begründungen und rechtsdogmatisch klingende Konstruktionen zu verschleiern (Bsp.: Die kollektive Handlungstheorie und die Einheitslehre bei der Entwicklung des Streikrechts).

86 Im Laufe der Zeit trat die dogmatische Begründung zurück und machte dem mehr oder weniger offenen Bekenntnis zur richterlichen „**Ersatzgesetzgebung**" Platz. Einen Höhepunkt dieser Entwicklung bildete die Äußerung des Großen Senats des BAG im Arbeitskampfbeschluss von 1971, wonach „auf dem Gebiet des Arbeitskampfrechts die Rspr. an die Stelle (!) des untätigen Gesetzgebers getreten ist"; das Gericht bezeichnet seine Rspr. als „gesetzesvertretendes Richterrecht"[10]. In methodischer Hinsicht fällt auf, dass die Rspr. vorwiegend allgemeine Grundsätze oder Prinzipien zur Begründung heranzieht (im Arbeitskampfrecht zB: Grundsatz der Kampfparität, der staatlichen Neutralität, der Solidarität und der Verhältnismäßigkeit) oder sich auf zivilrechtl. Ebene Generalklauseln schafft, die dann konkretisiert werden wie die sog. Sozialadäquanz. Die allgemeinen Grundsätze sind ihrerseits mehr oder weniger an der Verfassung orientiert. Insb. Art. 9 III wurde zunehmend zur Legitimationsgrundlage und Direktive für richterliche Ersatzgesetzgebung im kollektiven Arbeitsrecht.

---

1 BVerfG v. 30.11.1965 – 2 BvR 54/62, E 19, 303 (321 f.); v. 1.3.1979 – 1 BvR 532/77 ua., E 50, 290 (368 f.). | **2** So explizit BAG v. 14.2.1967 – 1 AZR 494/65, E 19, 217 (226); s. auch BAG v. 23.2.1979 – 1 AZR 172/78, E 31, 318 (324 f.); v. 23.9.1986 – 1 AZR 597/85, E 53, 89 (93). | **3** BVerfG v. 14.11.1995 – 1 BvR 601/92, E 93, 352 (357 f.). | **4** ErfK/*Dieterich*, Art. 9 GG Rz. 48; *Zachert*, AR-Blattei SD 1650.1 Rz. 163, 168. | **5** BVerfG v. 14.11.1995 – 1 BvR 601/92, E 93, 352 (359); *Thüsing*, EzA Art. 9 GG Nr. 60, S. 9 (10). | **6** BVerfG v. 14.11.1995 – 1 BvR 601/92, E 93, 352 (369); *Thüsing*, EzA Art. 9 GG Nr. 60, S. 9 (13); wohl auch *Wank*, JZ 1996, 627 (630). | **7** ErfK/*Dieterich*, Art. 9 GG Rz. 48; *Schwarze*, JuS 1994, 653 (658). | **8** *Thüsing*, EzA Art. 9 GG Nr. 60, S. 9 (14). | **9** Eingehend hierzu *Konzen*, FS 50 Jahre BAG, 2004, S. 519 ff. | **10** BAG (GS) v. 21.4.1971 – GS 1/68, AP Nr. 43 zu Art. 9 GG – Arbeitskampf.

Damit stellt sich die Frage, ob nicht eine **Verpflichtung des Gesetzgebers zum Tätigwerden** besteht[1] und der richterlichen Rechtsfortbildung aus diesem Grunde immanente Grenzen gesetzt sind. Zwar ist die grds. Aufgabe und Befugnis der Arbeitsgerichtsbarkeit zur Rechtsfortbildung allgemein anerkannt. Indes sind dieser Fortbildung des Rechts in zweifacher Hinsicht Grenzen gesetzt: Zum einen darf eine richterliche Rechtsfortbildung nicht die im Grundgesetz verankerte Zuständigkeitsverteilung zwischen Legislative und Judikative verletzen. Zum Zweiten hat der Richter bei seiner Rechtsfortbildung die Wertentscheidungen und Vorgaben der Rechtsordnung zu berücksichtigen. Die gewonnenen Ergebnisse dürfen also nicht im Widerspruch zu diesen normativen Prämissen stehen. 87

Ob der Rspr. unter dem Gesichtspunkt der funktionellen Aufteilung zwischen Gesetzgeber und Richter bei der Gestaltung der Rechtsordnung Grenzen gezogen sind, ist zumindest fraglich[2]. In seiner Aussperrungsentscheidung vom 26.6.1991[3] hatte das BVerfG die Anwendung der sog. „**Wesentlichkeitstheorie**" auf das Verhältnis Legislative – Judikative noch mit der Begründung abgelehnt, diese gelte „nur für das Verhältnis zwischen Staat und Bürger", nicht aber zwischen gleichgeordneten Grundrechtsträgern. Auch wo eine gesetzl. Regelung etwa wegen einer verfassungsrechtl. Schutzpflicht notwendig wäre, müsse der Richter das materielle Recht trotz der unzureichenden gesetzl. Vorgaben aus den allgemeinen Rechtsgrundlagen ableiten. Hinter dieser Aussage steht das Rechtsverweigerungsverbot, wonach die Gerichte die ihnen vom Grundgesetz auferlegte Pflicht zu erfüllen haben, jeden vorliegenden Rechtsstreit zu entscheiden. Das setzt indes voraus, dass sich materielles Arbeitskampfrecht überhaupt aus „allgemeinen Rechtsgrundlagen" ableiten lässt. Allerdings erklärte das BVerfG unter ausdrücklicher Berufung auf die Wesentlichkeitstheorie die Zulassung des Einsatzes von Beamten auf bestreikten ArbN-Dienstposten (Rz. 321) ohne gesetzl. Regelung für mit dem Grundgesetz unvereinbar[4]; die entgegenstehende Rspr. von BAG[5] und BVerwG[6] wurde beanstandet. 88

11. Rechtsbehelfe bei Verletzung der Koalitionsfreiheit. a) Schutz gegen den Staat. Die Koalitionsfreiheit ist zunächst ein **Abwehrrecht gegenüber dem Staat**. Gegen staatliche Normen (Gesetze im formellen und materiellen Sinn) unmittelbar kommt die Verfassungsbeschwerde nach Art. 93 Nr. 4a, §§ 90 ff. BVerfGG nur in Betracht, wenn die Norm selbst die Koalitionsfreiheit beeinträchtigt und nicht erst eines Vollzugsaktes bedarf. IdR muss die Unvereinbarkeit des Gesetzes mit Art. 9 III im Rahmen eines Rechtsstreits geltend gemacht werden. Gelangt der Richter zu der Auffassung, dass das Gesetz verfassungswidrig ist, so setzt er (bei nachkonstitutionellem Recht) den Rechtsstreit aus und legt dem BVerfG nach Art. 100 I vor. Hält der Richter die Norm dagegen für verfassungsgemäß, so kann der in seinem Grundrecht Verletzte nach Erschöpfung des Rechtswegs Verfassungsbeschwerde beim BVerfG erheben. Beschwerdeberechtigt sind Koalitionsmitglieder, Nichtmitglieder (negative Koalitionsfreiheit) und die Koalitionen selbst. 89

Die Verfassungsbeschwerde ist auch gegen Gerichtsentscheidungen zulässig, wenn der Richter bei **Rechtsfortbildungen die Bindung an Art. 9 III nicht beachtet** hat[7]. Ferner kann die Exekutive gegen die Koalitionsfreiheit verstoßen, soweit sie nicht lediglich Gesetze anwendet, sondern Ermessen ausübt (bspw. polizeiliches Vorgehen gegen Streikende). Gegen Akte der Exekutive muss jedoch ebenfalls der Rechtsweg durchlaufen werden. 90

b) Schutz gegen Private („Drittwirkung"). Bedingt durch die besondere Gefährdung der Ausübung der Koalitionsfreiheit gerade durch Maßnahmen auf privatrechtl. Ebene hat bereits die Weimarer Reichsverfassung in verfassungssystematisch ungewöhnlicher Weise dem **Koalitionsrecht privatrechtl. Wirkungen verliehen**; das GG hat dies in Art. 9 III 2 übernommen. Danach sind Abreden (= Verträge), welche dieses Recht (nämlich das Koalitionsrecht iSd. S. 1) einschränken oder zu behindern suchen, nichtig, hierauf gerichtete Maßnahmen rechtswidrig. Der Koalitionsfreiheit kommt damit kraft verfassungsrechtl. Anordnung sog. „Drittwirkung" im Privatrecht zu. Die Drittwirkungsklausel des S. 2 nimmt auf das Koalitionsverhalten des S. 1 Bezug; sie erweitert also nicht den Gewährleistungsinhalt der Koalitionsfreiheit. Andererseits umfasst die Klausel alle Rechte des S. 1, also nicht nur die ausdrücklich gewährleistete Koalitionsbildungsfreiheit, sondern auch die aus S. 1 erst im Wege der Interpretation entnommenen Grundrechtspositionen[8]. 91

Was die **Schutzrichtung der Drittwirkung** anbelangt, so gilt sie ohne weiteres im Verhältnis der sozialen Gegenspieler zueinander. So darf der ArbGeb die Einstellung eines Bewerbers nicht davon abhängig 92

---

1 Vgl. dazu *Friauf*, RdA 1986, 168; *Kloepfer*, NJW 1985, 2497; *Konzen*, FS 50 Jahre BAG, 2004, S. 519 (526 ff.); *Seiter*, RdA 1986, 165. | 2 Dazu eingehend *Hergenröder*, Zivilprozessuale Grundlagen richterlicher Rechtsfortbildung, 1995, S. 197 ff. | 3 BVerfG v. 26.6.1991 – 1 BvR 779/85, E 84, 212 (226 f.); s. auch *Dieterich*, RdA 1993, 67 (79). | 4 BVerfG v. 2.3.1993 – 1 BvR 1213/85, E 88, 103; dazu kritisch *Ehrich*, DB 1993, 1237 (1239): „Dogmatisch ... nicht haltbar". | 5 BAG v. 10.9.1985 – 1 AZR 262/84, AP Nr. 86 zu Art. 9 GG – Arbeitskampf, wegen BVerfG-Urteil allerdings aufgehoben, vgl. BAG v. 27.7.1993 – 1 AZR 249/93, nv. | 6 BVerwG v. 10.5.1984 – 2 C 18.82, AP Nr. 87 zu Art. 9 GG – Arbeitskampf. | 7 Vgl. etwa BVerfG v. 19.2.1975 – 1 BvR 418/71, E 38, 386 ff. zu BAG v. 21.4.1971 – GS 1/68, AP Nr. 43 zu Art. 9 GG – Arbeitskampf („Spielbanken-Fall"). | 8 Zum Ganzen näher *Höfling/Burkiczak*, RdA 2004, 263.

machen, dass dieser nicht Gewerkschaftsmitglied ist[1] oder aus der Gewerkschaft austritt[2]. Die Drittwirkung gilt jedoch auch, wenn das Koalitionsrecht auf der Seite eines sozialen Gegenspielers verletzt wird, also zwischen konkurrierenden Gewerkschaften[3]. Darüber hinaus ist die Koalitionsfreiheit auch im Verhältnis zu sonstigen Dritten geschützt. Deshalb kann ein von negativen Auswirkungen von TV betroffener Bürger keine Unterlassungs- oder Ersatzansprüche gegen die tarifschließenden Parteien geltend machen[4].

93 Hinsichtlich der **Rechtsfolgen** gilt: Die Nichtigkeit koalitionswidriger Verträge ergibt sich unmittelbar aus Art. 9 III 2; einseitige Rechtsgeschäfte sind als Maßnahmen rechtswidrig und über § 134 BGB nichtig. Nach hM ist die Koalitionsfreiheit ein absolutes Recht iSd. § 823 I BGB und ein Schutzgesetz iSd. § 823 II BGB. Der Verletzte hat also Unterlassungsansprüche und, sofern ein Schaden eingetreten ist, Schadensersatzansprüche[5]. So kann sich die Koalition selbst dagegen wehren, dass der Abschluss des Arbeitsvertrages eines Mitglieds von seinem Austritt aus der Gewerkschaft abhängig gemacht wird[6]. Gleiches gilt für den Rechtsschutz gegenüber tarifwidrigen betriebl. Regelungen[7].

94 **c) Aktive Parteifähigkeit der Gewerkschaften im Zivilprozess.** Gewerkschaften waren traditionell nichtrechtsfähige Vereine (Rz. 32). Probleme ergaben sich bei der aktiven Parteifähigkeit im Zivilprozess, nachdem diese gem. **§ 50 I ZPO Rechtsfähigkeit** voraussetzt. Nach § 50 II ZPO ist ein nichtrechtsfähiger Verein lediglich passiv parteifähig, dh. er kann verklagt werden. Für das arbeitsgerichtl. Verfahren hat der Gesetzgeber in § 10 ArbGG Gewerkschaften, Vereinigungen von ArbGeb und Zusammenschlüssen solcher Verbände demgegenüber die Parteifähigkeit verliehen, ohne Rücksicht darauf, ob diese Verbände rechtsfähig sind. Auch nach § 70 Nr. 2 SGG, § 61 Nr. 2 VwGO, § 58 II FGO sind nichtrechtsfähige Gewerkschaften parteifähig. Wollte eine Gewerkschaft als nichtrechtsfähiger Verein demgegenüber im Zivilprozess klagen, so müsste sie wegen § 253 II Nr. 1 ZPO sämtliche Mitglieder im Rubrum der Klage anführen. Der BGH hat diesem Umstand Rechnung getragen und in zwei Entscheidungen zunächst beschränkt[8], dann allgemein[9] die aktive Parteifähigkeit der Gewerkschaften im Wege einer Gesetzeskorrektur bejaht. Maßgeblich für diese Rspr. waren nicht zuletzt die Regelungen in den angeführten anderen Prozessordnungen. Durch die Anerkennung der Teilrechtsfähigkeit der GbR hat sich diese Ausnahme jedoch relativiert. Die in der Entscheidung des BGH zur Rechtsfähigkeit der (Außen-)GbR[10] angeführten Gründe treffen erst recht auf den nicht eingetragenen Verein zu. Eine gesonderte Betrachtung der Gewerkschaften ist damit nicht mehr erforderlich[11].

95 **d) Nachweis des Vertretenseins.** Das Zutrittsrecht einer Gewerkschaft zu einem Betrieb nach § 2 II BetrVG zur Wahrnehmung der ihr gesetzl. zugewiesenen Aufgaben setzt voraus, dass sie im Betrieb vertreten ist, **also mindestens ein Mitglied hat** (s. aber auch Rz. 76). Das BVerfG hat es nicht beanstandet, wenn im Rechtsstreit über dieses Zugangsrechts der Nachweis des Vertretenseins durch Einvernahme eines Notars geführt wird, welchem zuvor von dem betreffenden ArbN die Gewerkschaftsmitgliedschaft nachgewiesen wurde[12].

96 **12. Aufgaben und Zuständigkeiten der Koalitionen.** Die Rechtsordnung räumt den Gewerkschaften und ArbGebVerbänden eine Vielzahl von Aufgaben und Zuständigkeiten ein. Diese Funktionen werden autonom, dh. weder staatlich beaufsichtigt noch dirigiert, wahrgenommen. Zu nennen sind zunächst **Aufgaben außerhalb öffentl.-rechtl. Institutionen**, vorwiegend im Bereich des Arbeitslebens, so die Tarifautonomie (§§ 2 ff. TVG), die tarifvertragl. Verlängerung der Arbeitszeit (§§ 7, 12 ArbZG) und weitreichende Befugnisse im Bereich der Betriebsverfassung (Zugangsrecht zum Betrieb, § 2 II BetrVG; BR-Wahlen und Wahlanfechtung, §§ 14 V, 8, 17 II, 18 III, 19 II; Einfluss auf die Arbeit des BR, §§ 31, 34 II, 35 I, 37 VII BetrVG; tarifl. Regelung betriebsverfassungsrechtl. Fragen, §§ 3, 47 IV, 55 IV, 72 IV, 76 VIII, 86 BetrVG). Im Bereich der Unternehmensmitbestimmung ist das Recht zur Einreichung von Wahlvorschlägen bzw. die Entsendung von Aufsichtsratsvertretern zu erwähnen (§ 7 II, IV MitbestG; § 6 III Montan-MitbestG; § 6 I, III Montan-MitbestErgG). Schließlich ist die Prozessvertretung im arbeitsgerichtl. Verfahren von Bedeutung (§ 11 I 2, II 2 ArbGG).

97 Weiter nehmen die Verbände aber auch **Funktionen in öffentl.-rechtl. Einrichtungen** wahr, so steht ihnen bspw. ein Vorschlagsrecht für die Besetzung der Organe der BA zu, § 392 I SGB III. Eine Vielzahl gesetzl. Vorschriften normiert Rechte der Koalitionen zur Benennung oder Entsendung von Vertretern in sonstige öffentl.-rechtl. Institutionen. Aus dem Bereich Arbeit und Soziales sind das Vorschlagsrecht für Arbeits- und Sozialrichter zu nennen (§§ 16, 20 ArbGG, §§ 13, 14 SGG), weiter der Tarifausschuss

1 BAG v. 28.3.2000 – 1 ABR 16/99, AP Nr. 27 zu § 99 BetrVG 1972 – Einstellung. | 2 BAG v. 2.6.1987 – 1 AZR 651/85, AP Nr. 49 zu Art. 9 GG (*Rüthers*). | 3 BAG v. 11.11.1968 – 1 AZR 16/65, AP Nr. 14 zu Art. 9 GG. | 4 BGH v. 14.3.1978 – VI ZR 68/76, NJW 1978, 2031. | 5 *Zachert*, AR-Blattei SD 1650.1 Rz. 204. | 6 BAG v. 2.6.1987 – 1 AZR 651/85, AP Nr. 49 zu Art. 9 GG. | 7 BAG v. 20.4.1999 – 1 ABR 72/98, AP Nr. 89 zu Art. 9 GG; hierzu *Dieterich*, AuR 2005, 121. | 8 BGH v. 6.10.1964 – VI ZR 176/63, BGHZ 42, 210. | 9 BGH v. 11.7.1968 – VII ZR 63/66, BGHZ 50, 325 = AP Nr. 1 zu § 50 ZPO. | 10 BGH v. 29.1.2001 – II ZR 331/00, BGHZ 146, 341 = AP Nr. 9 zu § 50 ZPO. | 11 *Hartmann*, NJW 2001, 2577 (2578); Palandt/*Heinrichs*, § 54 BGB Rz. 10; *K. Schmidt*, NJW 2001, 993 (1003). | 12 BVerfG v. 21.3.1994 – 1 BvR 1485/93, AP Nr. 4a zu § 2 BetrVG 1972; zuvor schon BAG v. 25.3.1992 – 7 ABR 65/90, AP Nr. 4 zu § 2 BetrVG 1972.

(§ 5 I, V TVG), die Haupt- und Fachausschüsse zur Festsetzung von Mindestarbeitsbedingungen (§§ 2, 5, 6 MindArbBedG), die Heimarbeits- und Entgeltausschüsse (§§ 5 I, 18 HAG) sowie die Massenentlassungsausschüsse (§§ 18, 20 KSchG). Im Bereich der **Wirtschaft** sind die tariffähigen Koalitionen in verschiedenen Verwaltungsräten und Beiräten, so etwa nach § 7 I Nr. 7 KredAnstWiAG (Gesetz über die Kreditanstalt für Wiederaufbau) und nach § 4 III Nr. 6 BStatG (Gesetz über die Statistik für Bundeszwecke), vertreten. Im Hinblick auf die Beamten ist hier der Bundespersonalausschuss nach dem BBG zu erwähnen, im Bereich der **Kultur** sind sie in Rundfunkräten der öffentl.-rechtl. Rundfunkanstalten und des Fernsehrates des ZDF vertreten, auch besteht nach § 9a I Nr. 7 GjS (Gesetz über die Verbreitung jugendgefährdender Schriften und Medieninhalte) ein Vorschlagsrecht für die Besetzung der Bundesprüfstelle für jugendgefährdende Schriften. Darüber hinaus kommt den Gewerkschaften und ArbGebVerbänden eine Vielzahl von Anhörungs- und Antragsrechten gegenüber öffentl.-rechtl. Institutionen zu, so nach dem BPersVG, nach dem BetrVG, schließlich ist die Beteiligung bei der AVE nach § 5 I TVG zu erwähnen, weitere Rechte folgen aus § 7 MindArbBedG, §§ 11, 30 ArbnErfG, §§ 1, 3 StabG (Stabilitätsgesetz) sowie § 3 Va GüKG (Güterkraftverkehrsgesetz).

13. Innere Struktur der Koalitionen. a) Satzungsautonomie. Art. 9 III garantiert den Koalitionen auch die Satzungsautonomie, also die „**Selbstbestimmung über ihre eigene Organisation**, das Verfahren ihrer Willensbildung und die Führung ihrer Geschäfte“[1]. Art. 9 räumt den Koalitionen wiederum das Recht der Selbstverwaltung im Rahmen der für alle geltenden Gesetze ein. Schranken des Selbstbestimmungsrechts der Koalitionen ergeben sich aus konkurrierenden Grundrechtspositionen anderer Rechtssubjekte[2]. 98

b) Die Mitgliedschaft in den Koalitionen. aa) Erwerb der Mitgliedschaft. Den Koalitionen obliegt es im Rahmen ihrer Satzungsautonomie, Erwerb und Beendigung der Mitgliedschaft selbst zu regeln. Dabei kann die kollektive Koalitionsfreiheit der Koalition mit der individuellen Koalitionsfreiheit eines **aufnahmewilligen ArbN** in Konflikt kommen. Soweit einer tariffähigen Koalition eine Monopolstellung zukommt[3], besteht ein Aufnahmeanspruch, sofern die Organisation nicht besondere Gründe geltend machen kann[4]. Im Einzelfall ist zwischen den konkurrierenden, jeweils aus Art. 9 III folgenden Grundrechtspositionen abzuwägen. 99

§ 113 I BGB ermöglicht **minderjährigen ArbN** (nach ganz hM[5]), auch ohne Einwilligung der gesetzl. Vertreter einer Gewerkschaft beizutreten. Nachdem die Arbeitsbedingungen überwiegend tarifl. geregelt sind und auch nur tarifgebundene, also gewerkschaftlich organisierte ArbN Anspruch auf die tarifvertragl. Leistungen geltend machen können, ist das Beitrittsrecht notwendiger Annex der den Minderjährigen durch § 113 I BGB eingeräumten Gestaltungsfreiheit in Bezug auf das Arbeitsverhältnis[6]. Es kommt nicht darauf an, ob im konkreten Fall nicht tarifgebundene ArbN schlechter gestellt sind als Gewerkschaftsmitglieder[7]. 100

bb) Rechte und Pflichten des Mitglieds. Die Mitglieder der Koalitionen haben insb. die Pflicht, **Kampfbeschlüsse** ihrer Organisation zu befolgen[8]. Dies gilt freilich nur, wenn jene in dem dafür vorgesehenen satzungsgemäßen Verfahren ordnungsgemäß zu Stande gekommen sind. 101

cc) Beendigung der Mitgliedschaft. Soweit Mitglieder einer Koalition aus dieser austreten wollen, darf ihr **Kündigungsrecht** nur in Grenzen durch satzungsgemäße Bestimmungen beschnitten werden. Nicht zu beanstanden ist eine Kündigungsfrist von drei Monaten, eine Austrittsfrist von 15 Monaten verstößt gegen das Recht auf individuelle Koalitionsfreiheit[9]. Rechtswidrig ist es, für den Fall eines Austritts die Rückzahlung von Streikunterstützung vorzusehen[10]. 102

Die spiegelbildliche Fragestellung zum Aufnahmeanspruch stellt sich beim **Ausschluss** von Verbandsangehörigen. Besitzt die Koalition überragende Bedeutung, ist sie trotz ihrer durch Art. 9 III gewährleisteten Autonomie auch beim Ausschluss von Mitgliedern nicht frei[11]. Im Einzelfall bedarf es der Abwägung der konkurrierenden Grundrechtspositionen von Verband und Mitglied. Selbstredend müssen die formalen Voraussetzungen eines Ausschlusses eingehalten werden, so muss die Satzung eine entsprechende Grundlage enthalten, weiter muss das satzungsgemäß vorgeschriebene Verfahren beachtet werden, welches seinerseits elementaren rechtsstaatlichen Grundlagen entsprechen muss[12]. 103

---

1 BVerfG v. 14.11.1995 – 1 BvR 601/92, E 93, 352; v. 24.2.1999 – 1 BvR 123/93, NZA 1999, 713; BAG v. 19.11.1985 – 1 ABR 37/83, AP Nr. 4 zu § 2 TVG – Tarifzuständigkeit. | 2 BVerfG v. 4.7.1995 – 1 BvF 2/86 ua., E 92, 365. | 3 Bejahend in Bezug auf DGB-Gewerkschaften *Zachert*, AR-Blattei SD 1650.1 Rz. 116. | 4 BGH v. 1.10.1984 – II ZR 292/83, NJW 1985, 1214; v. 10.12.1984 – II ZR 91/84, BGHZ 93, 151 = NZA 1985, 540; s. *Kissel*, ArbeitskampfR, § 7 Rz. 4. | 5 ErfK/*Preis*, § 113 BGB Rz. 9 mwN. | 6 LG Düsseldorf v. 10.3.1966 – 15 T 24/66, DB 1966, 587; LG Essen v. 18.3.1965 – 11 T 633/64, NJW 1965, 2302; LG Frankenthal v. 14.3.1966 – 1 T 56/66, DB 1966, 586; MüKo/*Schmitt*, § 113 BGB Rz. 24. | 7 LG Frankfurt v. 5.4.1967 – 1 S 471/66, FamRZ 1967, 680. | 8 Dazu für die Arbeitgeberseite instruktiv *G. Löwisch*, ZfA 2002, 552 (554 f.). | 9 BGH v. 4.7.1977 – II ZR 30/76, AP Nr. 25 zu Art. 9 GG; v. 22.9.1980 – II ZR 34/80, AP Nr. 33 zu Art. 9 GG. | 10 ArbG Ahrensburg v. 12.4.1996 – 9 C 128/96, NJW 1996, 2516. | 11 Eingehend hierzu *Gamillscheg*, KollArbR § 10 2 d; *Kissel*, ArbeitskampfR, § 7 Rz. 6 ff. | 12 BGH v. 27.9.1993 – II ZR 25/93, AP Nr. 70 zu Art. 9 GG; *Zachert*, AR-Blattei SD 1650.1 Rz. 120 f.

104 Nachdem der BGH lange Zeit die Auffassung vertreten hatte, dass die **bloße Kandidatur von Gewerkschaftsmitgliedern auf einer gewerkschaftsfremden Liste** in Konkurrenz zur Gewerkschaftsliste nicht zu beanstanden sei, solange sich die Kandidatur nicht über den Wettbewerb um Stimmen hinaus gegen die Gewerkschaft richte[1], steht das BVerfG auf dem Standpunkt, dass eine solche BR-Kandidatur auf einer konkurrierenden Liste mit einem Gewerkschaftsausschluss geahndet werden kann. § 20 II BetrVG werde dadurch nicht verletzt[2]. Maßgeblich wird insoweit auf das Postulat einer Geschlossenheit der ArbN-Koalition abgestellt[3]. Anerkannt ist weiterhin, dass sich die Gewerkschaften von Mitgliedern trennen können müssen, welche sich aktiv in Parteien betätigen, die fundamental gegen die Grundprinzipien der Koalition verstoßen[4].

105 **14. Internationales Koalitionsrecht.** Anwendbarkeit und Aussagegehalt von Art. 9 III sind bei jedem **Sachverhalt mit Auslandsberührung** im Einzelfall zu ermitteln; eine abstrakte Konkretisierung ist nicht möglich. Entscheidend für den Anwendungswillen der Verfassung bei Auslandsfragen ist neben dem persönlichen und räumlichen Aspekt der Koalitionsfreiheit vor allem das sachliche Moment. Es muss sich insoweit um die Wahrung und Förderung „inländischer" Arbeits- und Wirtschaftsbedingungen handeln[5]. Soweit die Ausübung der Koalitionsfreiheit zwangsläufig die Rechtsordnung anderer Staaten berührt und widerstreitende Interessen von Trägern des Grundrechts aus Art. 9 III in einem Raum ausgetragen werden, welcher von der deutschen Rechtsordnung nicht mit alleingültigem Anspruch beherrscht wird, ist die Gestaltungsbefugnis des Gesetzgebers größer als bei Regelungen von Rechtsbeziehungen mit inländischem Schwerpunkt. Ungeachtet dessen bleibt der Staat aber verpflichtet, den aus Art. 9 III folgenden Gewährleistungen unter den gegebenen Bedingungen die größtmögliche Anwendung zu sichern. Vor diesem Hintergrund wurde Art. 9 III als durch § 21 IV 3 FlaggRG als verletzt angesehen[6].

106 Allerdings hat die **Garantie der Koalitionsfreiheit auf überstaatlicher Ebene** einerseits (Rz. 15 ff.) sowie die Einräumung einer Autonomie der Sozialpartner auf Gemeinschaftsebene durch Art. 139 EG auf der anderen Seite[7] für die Auslegung des Begriffs der Arbeits- und Wirtschaftsbedingungen in Art. 9 III eine wichtige Konsequenz. Berücksichtigt man diese überstaatl. Wertungen, so ergibt sich, dass der Schutzbereich der Koalitionsfreiheit sich nicht nur auf die tarifautonome Gestaltung der Arbeits- und Wirtschaftsbedingungen durch inländische Koalitionen bezieht, sondern auch Gestaltungsformen auf internationaler Ebene vom Garantiegehalt erfasst werden können. Man wird allerdings als Grundvoraussetzung für eine solche Erweiterung des Schutzbereichs von Art. 9 III annehmen müssen, dass die entsprechende überstaatl. Regelung zumindest auch „inländische Arbeits- und Wirtschaftsbedingungen" regelt[8].

107 **IV. Tarifautonomie. 1. Sinn der Tarifautonomie.** Das Recht der Koalitionen, „autonom" – weitestgehend ohne Einflussnahme des Staates – Arbeitsbedingungen zu regeln, ist durch Art. 9 III als Betätigungsrecht der Koalitionen (Rz. 76) mit Verfassungsrang garantiert[9]. Der kraft dieser Legitimation geschlossene TV stellt ein **arbeitsrechtl. Schutzinstrument** und **Ordnungsmittel** dar. Durch das Verbot, Bedingungen des TV individualvertragl. zum Nachteil des ArbN zu ändern (§ 4 III TVG), wird eine gerechtere Bewertung der Arbeit und der Schutz des ArbN erreicht. Die Wahrnehmung dieses Schutzes wird durch die Freiheit der Koalitionen, TV abzuschließen, ermöglicht.

108 Darüber hinaus erspart der Abschluss oder die Änderung eines TV Einwirkungen auf die Einzelarbeitsverträge. Die Tarifautonomie fungiert als **Gestaltungsmittel allgemeiner Arbeitsbedingungen**. Gewerkschaften und ArbGebVerbände erhalten als sachkundige Parteien die Möglichkeit, eigene Angelegenheiten interessengerecht zu regeln. Von solchen Regelungen sind kraft Tarifgebundenheit oder einzelvertragl. Bezugnahme zahlreiche Arbeitsverhältnisse betroffen. Der TV als Ergebnis der Wahrnehmung der Tarifautonomie verleiht ihr durch diese Wirkung auch eine erhebliche Ordnungsfunktion (TVG Einl. Rz. 11).

109 Die autonome Wahrnehmung der TV-Freiheit kann jedoch nur gewährleistet werden, wenn den Koalitionen auch Mittel zur Verfügung stehen, die eigenen Ziele und Interessen gegenüber dem sozialen Gegenspieler wirksam durchzusetzen. Tarifautonomie kann nur funktionieren, wenn Gewerkschaften und ArbGebVerbände die Möglichkeit haben, zur Erreichung von Tarifabschlüssen Druck und Gegendruck auszuüben. Als Hilfsmittel der Tarifautonomie ist daher der Arbeitskampf von der Betätigungs-

---

1 BGH v. 13.6.1966 – II ZR 130/64, BGHZ 45, 314 (317 f.); v. 19.10.1987 – II ZR 43/87, BGHZ 102, 265 (277); v. 30.5.1983 – II ZR 138/82, BGHZ 87, 337 (340 f.). | 2 BVerfG v. 24.2.1999 – 1 BvR 123/93, E 100, 214. | 3 Zum Ganzen auch *Gaumann*, NJW 2002, 2155. | 4 BGH v. 28.9.1972 – II ZR 5/70, AP Nr. 21 zu Art. 9 GG; v. 15.10.1990 – II ZR 55/89, EzA Art. 9 GG Nr. 50; BVerfG v. 21.12.1992 – 1 BvR 1357/90, AP Nr. 61 zu Art. 9 GG. | 5 Vgl. *Hergenröder*, EAS B 8400 Rz. 78 ff. | 6 BVerfG v. 10.1.1995 – 1 BvF 1/90 ua., E 92, 26; dazu auch *Geffken*, NZA 1995, 504; *Wimmer*, NZA 1995, 250. | 7 *Schwarze*, EAS B 8100 (1997) Rz. 23 ff. | 8 Dazu näher *Hergenröder*, EAS B 8400 Rz. 83 ff.; *Schwarze*, EAS B 8100 (1997) Rz. 93 ff. | 9 BVerfG v. 14.4.1964 – 2 BvR 69/62, E 17, 319 (333 f.); v. 26.5.1970 – 2 BvR 664/65, E 28, 295 (305); v. 24.5.1977 – 2 BvL 11/74, E 44, 322 (342); v. 26.6.1991 – 1 BvR 779/85, E 84, 212 (229); einschr. BVerfG v. 17.2.1981 – 2 BvR 384/78, E 57, 220 (247); *Seiter*, Streikrecht, S. 110; *Konzen*, AcP 177 (1977), 473 (513).

freiheit der Koalitionen umfasst. Ohne eine solche Einwirkungsmöglichkeit wären die TV-Parteien auf „kollektives Betteln"[1] beschränkt. Das Verhältnis von Regelungsbefugnis und Einwirkungsmöglichkeit zur Schaffung von Verhandlungsparität ist somit durch die **Wechselbeziehung von Tarifautonomie und Arbeitskampf** geprägt.

2. Reichweite der Tarifautonomie. a) Sachliche Reichweite. Die sachliche Reichweite der Tarifautonomie ergibt sich aus der Verfassung. Art. 9 III gewährt über die individuelle Vertragsfreiheit hinaus den Koalitionen das Recht, durch den **autonomen Abschluss** von TV eine gleichgewichtige Verhandlungssituation zu erreichen[2]. Entgegen der früheren Auffassung des BVerfG[3] beruht diese „Funktion der Koalitionen, in dem von der staatlichen Rechtssetzung freigelassenen Raum das Arbeitsleben... zu ordnen"[4] nicht auf einer öffentl. Aufgabe, sondern stellt sich als privatrechtl. Ausübung der Vertragsfreiheit dar[5]. 110

Originäre Grenze der Tarifautonomie ist die Zweckbindung des Art. 9 III 1. Insoweit beschränkt sich die Tarifautonomie auf den Bereich der **Arbeits- und Wirtschaftsbedingungen**. Dazu zählen trotz einiger Abgrenzungsschwierigkeiten (Rz. 40) alle Faktoren, die im Zusammenwirken die Voraussetzungen und Bedingungen abhängiger Arbeit beeinflussen[6]. Auf diesem Gebiet herrscht die besondere Sachnähe der Koalitionen, auf Grund derer sich der Staat mit dezidierten Regelungen zurückzuhalten hat. Darüber hinausgehende Ziele können daher nicht durch die Tarifautonomie geschützt sein. 111

Die verfassungsrechtl. Garantie zur autonomen Wahrnehmung von Tarifkompetenzen könnte auch die Pflicht eröffnen, von der übertragenen Normsetzungsbefugnis Gebrauch zu machen. Im Schrifttum wird eine solche **Pflicht zur Tarifautonomie** als Geschäftsgrundlage der Betätigungsfreiheit eingeordnet[7]. Trotz der weitreichenden sozialen Bedeutung stellt Art. 9 III ein Freiheitsrecht dar. Den TV-Parteien wird nicht die Aufgabe übertragen, Arbeitsbedingungen zu gestalten, sondern die auf die Regelungswirkung bezogene Rechtsetzungsbefugnis[8]. Daraus resultiert kein Normsetzungsmonopol[9]. Würden die TV-Parteien ihrer Verantwortung nicht nachkommen, entstünde somit kein Rechtsetzungsvakuum, da die Kompetenz weiterhin beim Staat liegt (Art. 74 I Nr. 12 GG). Auch das spricht dafür, keine Pflicht der Tarifparteien anzunehmen, sondern lediglich die Gewährleistung der Freiheit, Arbeitsbedingungen durch Verhandlungen und TV-Abschlüsse unabhängig zu regeln[10]. 112

Die Entscheidung zum Abschluss eines TV und somit über die Wahrnehmung der Tarifautonomie im konkreten Fall stellt eine **verbandsinterne Entscheidung** dar, auf die der Staat unmittelbar keinen Einfluss nehmen darf. Eine Kontrolle von Tarifforderungen ist nur im Rahmen der Überprüfung drohender Arbeitskampfmaßnahmen möglich[11], auch ein rechtl. durchsetzbarer Verhandlungsanspruch wird von der Rspr. abgelehnt[12]. Insoweit stellt die Abschlussfreiheit eine ungestörte Wahrnehmung der mitgliedschaftlichen Interessen sicher. 113

Der so geschaffene Gestaltungsspielraum kann nach gefestigter Rspr. jedoch nur **tariffähigen Koalitionen** zustehen, welche diesen auch effektiv nutzen und die ihnen übertragene Verantwortung angemessen wahrnehmen können. Insoweit wurden vom BAG besonders bei der Auslegung des Gewerkschaftsbegriffes nach § 2 I TVG neben den allgemeinen Koalitionsmerkmalen weitere Voraussetzungen aufgestellt[13] (Rz. 48 ff.). Diese Rspr. hat das BVerfG gebilligt[14], wobei es letztendlich von einer verfassungsrechtl. notwendigen Begrenzung ausgeht[15]. Bei ArbGebVerbänden ist die Tariffähigkeit schon aus dem Umkehrschluss aus § 2 I TVG abzuleiten; wenn einzelne ArbGeb tariffähig sind, muss dies auch für deren Zusammenschlüsse gelten (vgl. Rz. 54). 114

b) Personelle Reichweite. Die personelle Reichweite der Tarifautonomie bezieht sich im Grundsatz als **Teil der Betätigungsfreiheit der Koalitionen** auf deren Mitglieder. Die kollektive Koalitionsfreiheit als Verstärkung der individuellen Koalitionsfreiheit wird daher auf personeller Ebene durch mitgliedschaftliche Legitimation begrenzt[16]. 115

1 BAG v. 12.9.1984 – 1 AZR 342/83, AP Nr. 81 zu Art. 9 GG – Arbeitskampf; v. 12.3.1985 – 1 AZR 636/82, AP Nr. 84 zu Art. 9 GG – Arbeitskampf. | **2** BVerfG v. 26.6.1991 – 1 BvR 779/85, E 84, 212; v. 4.7.1995 – 1 BvF 2/86 ua., E 92, 365 (394 f.); s. auch BVerfG v. 10.9.2004 – 1 BvR 1191/03, AP Nr. 167 zu Art. 9 GG – Arbeitskampf. | **3** BVerfG v. 26.5.1970 – 2 BvR 664/65, E 28, 295. | **4** BAG (GS) v. 29.11.1967 – GS 1/67, AP Nr. 13 zu Art. 9 GG. | **5** *Kissel*, ArbeitskampfR, § 8 Rz. 16. | **6** BAG v. 28.6.2001 – 6 AZR 114/00, AP Nr. 24 zu § 611 BGB – Arbeitszeit; *Gamillscheg*, KollArbR, § 7 III 3; *Henssler*, ZfA 1998, 1 (21); *Kissel*, ArbeitskampfR, § 4 Rz. 28. | **7** *Gamillscheg*, KollArbR, § 7 II 1 e. | **8** MünchArbR/*Löwisch/Rieble*, § 253 Rz. 27. | **9** BVerfG v. 24.4.1996 – 1 BvR 712/96, E 94, 268. | **10** So auch BVerfG v. 19.10.1966 – 1 BvL 24/65, E 20, 312 (320); s. auch BAG v. 24.4.1985 – 4 AZR 457/83, AP Nr. 4 zu § 3 BAT. | **11** BVerfG v. 26.6.1991 – 1 BvR 779/85, E 84, 212 (231); BAG v. 3.4.1990 – 1 AZR 123/89, AP Nr. 56 zu Art. 9 GG. | **12** BAG v. 2.8.1963 – 1 AZR 9/63, AP Nr. 5 zu Art. 9 GG; v. 14.2.1989 – 1 AZR 142/88, AP Nr. 52 zu Art. 9 GG; s. auch BVerfG v. 20.10.1982 – 1 BvR 1423/81, AP Nr. 2 zu § 1 TVG – Verhandlungspflicht; MünchArbR/*Löwisch/Rieble*, § 246 Rz. 98; aA etwa *Gamillscheg*, KollArbR, § 7 I 4 a; *Mayer-Maly*, FS Molitor, 1988, S. 239 (243); *Seiter*, FS zum 125-jährigen Bestehen der Juristische Gesellschaft Berlin, 1984, S. 729 ff. | **13** BAG v. 15.11.1963 – 1 ABR 5/63, AP Nr. 14 zu § 2 TVG; v. 10.9.1985 – 1 ABR 32/83, E 49, 322 = AP Nr. 34 zu § 2 TVG; v. 25.11.1986 – 1 ABR 22/85, AP Nr. 36 zu § 2 TVG. | **14** BVerfG v. 6.5.1964 – 1 BvR 79/62, E 18, 18; v. 20.10.1981 – 1 BvR 404/78, E 58, 233. | **15** BVerfG v. 24.2.1999 – 1 BvR 123/93, E 100, 214. | **16** BVerfG v. 14.6.1983 – 2 BvR 488/80, E 64, 208; MünchArbR/*Löwisch/Rieble*, § 246 Rz. 86; *Waltermann*, ZfA 2000, 53 (61).

116 Darüber hinaus könnte jedoch aus der Konkretisierung der Tarifautonomie durch das TVG (Rz. 79) eine **Ausdehnung der personellen Reichweite** folgen. Gem. § 3 II TVG gelten Rechtsnormen des TV über betriebl. und betriebsverfassungsrechtl. Fragen für alle Betriebe tarifgebundener ArbGeb. Eine betriebseinheitliche Anwendung der getroffenen Vereinbarungen stellt jedoch keine Ausweitung der Regelungsbefugnis in Bezug auf Außenseiter dar, sondern eine gebotene Unterstützung der Durchführbarkeit der getroffenen Regelungen. Indes sind sowohl der verfassungsrechtl. Rahmen als auch die erforderlichen Voraussetzungen insoweit umstritten[1]. So wird angeführt, dass der Gesetzgeber nicht gehindert sei, durch das TVG die Tarifparteien auf Grund ihrer tatsächlichen Stellung für eigene Zwecke in Dienst zu nehmen, ihnen also über die Betriebsnormen Regelungskompetenz in Bezug auf Außenseiter zuzubilligen. Dies habe mit der verfassungsrechtl. Garantie der Tarifautonomie nichts zu tun[2].

117 **c) Unmittelbare Wirkung.** Die Tarifautonomie bedarf jedoch einer **einfachgesetzl. Ausgestaltung**, um die Vereinbarungen der Tarifparteien auch im Rechtsverkehr zu schützen[3]. Dieser Schutz wird durch die unmittelbare und zwingende Wirkung nach §§ 1 I, 4 I TVG und den Vorrang des TV vor der BV nach § 77 III BetrVG erreicht. Insoweit ist sichergestellt, dass den Vereinbarungen der TV-Parteien sowohl gegenüber den Arbeitsvertragsparteien als auch den Betriebsparteien umfassende Rechtswirkung zukommt.

118 Die Ausnahmen von den oben genannten Vorschriften, die eine Auflockerung der zwingenden Wirkung mit Einverständnis der TV-Parteien zulassen, gewährleisten das erforderliche Maß an Flexibilität und Zukunftsoffenheit von tarifvertragl. Regelungen. Das in § 4 III TVG verankerte **Günstigkeitsprinzip** (§ 4 TVG Rz. 29) ist eine am Zweck des ArbN-Schutzes ausgerichtete Maßnahme zur Ermöglichung günstigerer individualvertragl. Abreden. Insoweit stellt die Vorschrift eine gesetzl. Öffnungsklausel und einen legislativen Eingriff in die Tarifautonomie dar[4]. Die Tarifautonomie erlangt damit die Funktion, Regelungen über Mindestarbeitsbedingungen herbeizuführen, ohne die darüber hinausgehende individualvertragl. Ausgestaltung des Arbeitsverhältnisses zu blockieren.

119 Fraglich ist, ob aus der Tarifautonomie selbst **Vorgaben für den Günstigkeitsvergleich im Einzelfall** zu entnehmen sind. Das BAG[5] stellt für den Charakter der Günstigkeit zum einen auf den Standpunkt eines objektiven Betrachters ab, nicht also auf die subjektive Meinung der Beteiligten. Zum anderen ist ein Gruppenvergleich vorzunehmen, bei dem zusammengehörige Regelungen in Arbeits- und TV in ihrer Gesamtheit gegeneinander abzuwägen sind (§ 4 TVG Rz. 30 ff.). Stimmen im Schrifttum wollen demgegenüber auch Aspekte der Beschäftigungssicherung in den Günstigkeitsvergleich einbeziehen und damit etwa untertarifl. Leistungen rechtfertigen[6]. Die Gegenmeinung[7] sieht in solchen Vorschlägen die Funktionsfähigkeit der Tarifautonomie im Kern getroffen[8].

120 Richtigerweise wird man die Frage **nicht losgelöst vom Inhalt des TV** beantworten dürfen. Wird das Arbeitsplatzrisiko von den Tarifparteien etwa durch Kündigungsausschlüsse selbst thematisiert, besteht keinerlei Veranlassung, entsprechende arbeitsvertragl. Gestaltungsformen nicht in den Günstigkeitsvergleich miteinzubeziehen. Ob darüber hinaus die Berücksichtigung von Arbeitsplatzgarantien vor dem Hintergrund des Art. 9 III Bedenken im Hinblick auf die Repräsentationsfunktion der Koalitionen weckt, wird man nur im Einzelfall entscheiden können.

121 **d) Verhältnis von tariflicher und betrieblicher Normsetzung.** Tarifrecht und Betriebsverfassung stehen sich **grds. getrennt** gegenüber. Während vom TV nur die Tarifgebundenen (§ 4 TVG) betroffen sind, gilt die betriebl. Regelung für alle ArbN des Betriebes (§ 77 IV BetrVG). Sowohl TV als auch Vereinbarungen der Betriebsverfassung gelten zwingend und unmittelbar. Obwohl die §§ 77 III, 87 I BetrVG einen Tarifvorrang festschreiben, bedarf es einer Abgrenzung der Kompetenzen. Leitprinzip muss insoweit Art. 9 III sein. Während die Tarifautonomie durch Art. 9 III verfassungsrechtl. gewährleistet wird, genießt die Betriebsautonomie keinen Grundrechtsschutz[9].

122 Daraus folgt der im BetrVG geregelte Tarifvorrang[10] als Grundsatzentscheidung des Gesetzgebers. Die §§ 77 III, 87 I BetrVG dienen dem **Schutz des freiwilligen kollektiven Verbundes** vor den normativen Regelungen der betriebsverfassungsrechtl. Zwangsgemeinschaft und gewährleisten die in Art. 9 III verankerte Tarifautonomie[11]. Bei konkurrierenden kollektiven Regelungen findet daher das Günstigkeitsprinzip zu Lasten der tarifvertragl. Regelung keine Anwendung.

---

1 Vgl. MünchArbR/*Löwisch/Rieble*, § 246 Rz. 34 mit Nachw. für die von ihnen nicht vertretene hM. Eingehend hierzu *Ingelfinger*, Arbeitsplatzgestaltung durch Betriebsnormen, 1996, S. 161 ff. (199 ff.). | 2 ErfK/*Dieterich*, Art. 9 GG Rz. 58. | 3 BVerfG v. 24.5.1977 – 2 BvL 11/74, E 44, 322 (340 f.); BAG v. 20.4.1999 – 1 ABR 72/98, AP Nr. 89 zu Art. 9 GG; ErfK/*Dieterich*, Art. 9 GG Rz. 59. | 4 *Kissel*, ArbeitskampfR, § 10 Rz. 30. Zum Verhältnis Günstigkeitsprinzip – Tarifautonomie näher ErfK/*Dieterich*, Art. 9 GG Rz. 62 mwN. | 5 BAG v. 20.4.1999 – 1 ABR 72/98, AP Nr. 89 zu Art. 9 GG. | 6 S. etwa *Lesch*, DB 2000, 322 (324 f.); *Picker*, NZA 2002, 761 (766 ff.). Für verfassungsrechtlich geboten halten dies *Freihube*, DB 2000, 1022; *Niebler/Schmiedl*, BB 2001, 1631 (1635). | 7 ErfK/*Dieterich*, Art. 9 GG Rz. 64; *Söllner*, NZA 2000, Beil. Heft 24, S. 33. | 8 Zum Ganzen vgl. etwa *Höfling/Burkiczak*, NJW, 2005, 469. | 9 BAG v. 17.11.1998 – 1 ABR 12/98, AP Nr. 79 zu § 87 BetrVG 1972 – Arbeitszeit. | 10 BAG v. 22.6.1993 – 1 ABR 62/92, AP Nr. 22 zu § 23 BetrVG 1972. | 11 BAG v. 24.2.1987 – 1 ABR 18/58, AP Nr. 21 zu § 77 BetrVG 1972; v. 3.12.1991 – GS 2/90, AP Nr. 51 zu § 87 BetrVG 1972 – Lohngestaltung.

Diese hergebrachte Rspr. ist erheblichen Angriffen ausgesetzt[1]. Vor allem unter dem Aspekt der **Flexibilisierung** wird ein Abrücken vom System des FlächenTV hin zu Regelungen mit größerer Betriebsnähe angestrebt. Abzuwarten bleibt, welche Auswirkungen diese Diskussion auf die – bis jetzt eindeutige – Gesetzeslage haben wird. 123

Eine andere **Kollisionsquelle stellt § 1 I TVG** dar. Die Norm erklärt auch betriebl. und betriebsverfassungsrechtl. Fragen zum tarifvertragl. Regelungsziel. Zu klären ist, ob durch Wahrnehmung der Tarifautonomie auch die Mitbestimmungsbefugnisse des BR verändert werden können. Gegen die Meinung[2], dass insoweit die Regelungsbefugnisse der TV-Parteien auf alle Betriebsangehörigen ausgeweitet würden und den Hinweis auf den zwingenden Charakter des BetrVG, welches nicht durch privatautonomen TV modifiziert werden dürfe, hat sich eine befürwortende Rspr. des BAG etabliert. Danach ist zwar ein gesetzl. Ausschluss der Mitbestimmungserweiterung durchaus zulässig[3], in der Entscheidung zum „*Leber/Rüthers*-Kompromiss" hat das BAG aber auch klargestellt, dass es sich bei § 1 I TVG um geltendes Recht handele und eine tarifvertragl. Regelung betriebsverfassungsrechtl. Fragen danach möglich sei[4]. In der Folge wurde dieser Grundsatz bestätigt, jedoch auch differenzierter entschieden[5]. 124

e) Art. 9 Abs. 3 als Grenze der Delegationsbefugnis der Tarifparteien auf die Betriebspartner. Mit **tarifvertragl. Öffnungsklauseln** können die TV-Parteien im TV festhalten, dass von bestimmten getroffenen tarifl. Regelungen auf Betriebsebene abgewichen werden kann (§ 4 TVG Rz. 28). Insoweit setzen die TV-Parteien keine zwingende Tarifnorm, sondern dispositives Recht. 125

Durch einen Verzicht auf zwingende eigene inhaltliche Regelungen kommt es zu einer **Delegation** der durch die Tarifautonomie zugesicherten Rechte an die Betriebspartner[6]. Die Zulässigkeit solcher Vereinbarungen ergibt sich aus der inhaltlichen Freiheit der TV-Parteien. Da jedoch nur den tariffähigen Koalitionen das Betätigungsrecht der Tarifautonomie zusteht, stellt sich die Frage, in welchem Rahmen die Tarifparteien ihre Befugnisse auf die Betriebspartner delegieren dürfen. Dazu müssen die verschiedenen Möglichkeiten tarifvertragl. Öffnungsklauseln ins Auge gefasst werden. 126

aa) Allgemeine Öffnungsklauseln. Teilweise werden sog. allgemeine Öffnungsklauseln gefordert. Diese enthalten die **allgemein gültige Zulassung**, tarifvertragl. Regelungen auf betriebl. Ebene durch BV zu modifizieren, ohne dass dafür bestimmte tatbestandliche Voraussetzungen vereinbart werden. 127

Nach einer im Schrifttum vertretenen Ansicht sind solche Vereinbarungen als **Verzicht der Tarifparteien auf ihre Normsetzungsprärogative** zulässig. Art. 9 III gewährleiste die selbständige Auswahl der Mittel zur Wahrung der Arbeits- und Wirtschaftsbedingungen. Eine Rechtspflicht der Koalitionen zur aktiven Wahrnehmung ihrer Normsetzungskompetenz bestehe nicht[7]. 128

Andererseits wird vertreten, dass solch weite Öffnungsklauseln gegen die Tarifautonomie verstoßen. Das Recht, die Arbeits- und Wirtschaftsbedingungen zu ordnen, stehe den Koalitionen zu. Daraus folge auch der **Vorrang des TV** vor der betriebl. Rechtsetzung. Eine zu weite Delegation der Gestaltungsbefugnisse auf die Betriebspartner sei jedoch nicht Ausfluss der inhaltlichen Freiheit der TV-Parteien, sondern gefährde vielmehr den verfassungsrechtl. geschützten Vorrang der tarifautonom vereinbarten Regelungen[8]. 129

Letzterer Auffassung wird man zuzustimmen haben: Die Delegation der Normsetzungsmacht des Staates auf die Tarifparteien berechtigt diese nicht ohne weiteres dazu, die ihnen übertragenen Kompetenzen **unbesehen und ohne präzisierende Vorgaben ihrerseits an die Betriebsparteien weiterzugeben**. Für eine so geartete „Subdelegation" von Normsetzungsmacht kann Art. 9 III nicht ins Feld geführt werden. Die Vorschrift geht gerade von einer Regelung der Arbeits- und Wirtschaftsbedingungen durch die Koalitionen selbst aus und gerade daher rührt deren verfassungsrechtl. privilegierte Rechtsstellung gegenüber dem Staat. Garantiert wird „eine Ordnung des Wirtschaftslebens, bei welcher der Staat seine Zuständigkeit zur Rechtsetzung weit zurückgenommen und die Bestimmung über die regelungsbedürftigen Einzelheiten des Arbeitsvertrages grds. den Koalitionen überlassen hat"[9]; den Koalitionen also – nicht den Betriebsparteien! Dass es den Koalitionen selbstredend überlassen bleibt, ob sie sich einer Thematik überhaupt annehmen[10], führt im genannten Zusammenhang zu keinem anderen Ergebnis. 130

1 Dazu näher *Picker*, Die Tarifautonomie in der deutschen Arbeitsverfassung, S. 55 ff.; *Stein*, RdA 2000, 129; s. aus neuerer Zeit etwa auch *Andelewski/Eckert*, NZA 2005, 662. | 2 Zum Streitstand Wiedemann/*Thüsing*, TVG, § 1 Rz. 765 ff. mwN; eingehend zum Problemkreis *Spilger*, Tarifvertragliches Betriebsverfassungsrecht, 1988, passim. | 3 BAG v. 15.7.1986 – 1 AZR 654/84, AP Nr. 1 zu Art. 3 LPVG Bayern. | 4 BAG v. 18.8.1987 – 1 ABR 30/86, AP Nr. 23 zu § 77 BetrVG 1972. | 5 BAG v. 11.11.1998 – 4 AZR 40/97, AP Nr. 18 zu § 50 BetrVG 1972 (*Jacobs*): keine Änderung der gesetzl. Kompetenzaufteilung zwischen GesamtBR und BR; v. 9.6.1999 – 7 ABR 66/97, AP Nr. 66 zu § 40 BetrVG 1972: keine tarifvertragl. Beschränkung der Rechte aus § 40 II BetrVG; v. 21.6.2000 – 4 AZR 379/99, AP Nr. 21 zu § 102 BetrVG 1972: Mitwirkung des § 102 BetrVG kann erweitert werden. | 6 HM, vgl. *Kissel*, ArbeitskampfR, § 12 Rz. 22; s. aber etwa BAG v. 10.10.2006 – 1 AZR 811/05, AP Nr. 85 zu § 75 BPersVG für das BPersVG; aA GK-BetrVG/*Kreutz*, § 77 Rz. 156. | 7 Dazu GK-BetrVG/*Kreutz*, § 77 Rz. 156. | 8 *Hessler*, ZfA 1994, 487 (498). | 9 BVerfG v. 24.5.1977 – 2 BvL 11/74, E 44, 322 (340 f.). | 10 S. nur *Gamillscheg*, KollArbR, § 7 II 1 e mwN.

131 **bb) Sonstige Öffnungsklauseln.** Praxisrelevanz erlangen indes die sonstigen Formen von Öffnungsklauseln. Deren Zulässigkeit als Ausfluss der inhaltlichen Freiheit der TV-Parteien steht im Grundsatz außer Frage. Dessen ungeachtet eröffnet sich insoweit ein anderes Problem, nämlich im Hinblick auf die **negative Koalitionsfreiheit der Außenseiter**. Die tarifl. Regelungen treffen grds. nur die tarifgebundenen ArbN. Bei einer tarifvertragl. Öffnungsklausel wird jedoch die Sperrwirkung des § 77 III BetrVG aufgehoben und die betroffene Thematik einer Regelung durch die Betriebspartner zugänglich gemacht. Die geschlossenen BV finden auch auf die Arbeitsverhältnisse der Außenseiter Anwendung[1], obwohl eine Kompetenz der Betriebspartner durch § 77 III BetrVG an sich ausgeschlossen war. Dies ist nach der Rspr. jedoch zulässig, da letztendlich die uneingeschränkte betriebl. Regelungsautonomie wieder hergestellt wird und auch bei der BV gegenüber individuellen Abreden das Günstigkeitsprinzip Anwendung findet. Einer betriebl. Regelung durch die Betriebspartner seien alle ArbN des Betriebes ausgesetzt, insoweit werde die Rechtsstellung der Außenseiter nicht verschlechtert[2].

132 **3. Grenzen der Tarifautonomie.** Eine beliebige Regelung der unterschiedlichsten Gegenstände durch die TV-Parteien ist nicht möglich. Der Tarifautonomie sind vielmehr verschiedene Grenzen gesetzt (s. auch Einl. TVG Rz. 14 ff.). Diese Grenzen müssen oft auf den einzelnen Sachverhalt bezogen erörtert werden und sind mitnichten klar und deutlich gezeichnet. Durch den unmittelbaren Einfluss auf die oben dargestellte Reichweite der Tarifautonomie kommt der Bestimmung der einzuhaltenden Grenzen, gerade auf Grund der wirtschaftspolitischen Bedeutung der tarifautonomen Regelungen, ein hoher Stellenwert in Rspr. und Lit. zu.

133 **a) Recht der EG.** Auch für die TV-Parteien beanspruchen die Normen des Gemeinschaftsrechts Geltung[3]. Einschlägig ist hier insb. das **Prinzip der Entgeltgleichheit** aus Art. 141 I EG iVm. der RL 75/117/EWG[4] (Art. 141 EG Rz. 4 ff.). Der Begriff des Entgeltes in Art. 141 II EG ist weit zu verstehen und umfasst alle Arten der vom ArbGeb auf Grund des Dienstverhältnisses gewährten Vergünstigungen. Anwendung findet dieses Entgeltgleichheitsgebot auch auf die mittelbare Diskriminierung wegen des Geschlechts. Diese liegt vor, wenn von der getroffenen Regelung trotz gleicher Anwendung auf Männer und Frauen faktisch ein Geschlecht stärker betroffen ist als das andere und dies nicht durch andere Faktoren gerechtfertigt ist (Art. 3 Rz. 98 ff.)[5]. Nun kommt das AGG hinzu[6] (vgl. § 3 AGG Rz. 6).

134 Der EuGH bejaht den **Vorrang des Gemeinschaftsrechts gegenüber TV** in st. Rspr.[7]. Dabei wird den Tarifparteien im Verhältnis zum staatl. Gesetzgeber keine Sonderstellung eingeräumt. Der den Koalitionen von der deutschen Rechtsordnung im Hinblick auf die Tarifautonomie zugestandene Gestaltungs- und Beurteilungsspielraum etwa im Hinblick auf den Gleichheitssatz (Art. 3 Rz. 35 ff.) findet in der EuGH-Judikatur keine Entsprechung[8].

135 **b) Verfassung.** Die Begrenzung der Tarifautonomie durch kollidierendes Verfassungsrecht wirft die Frage nach der **Grundrechtsbindung der TV-Parteien auf** (s. auch Art. 3 Rz. 35 ff. zum Gleichheitssatz). Obschon die Koalitionen beim Abschluss von TV kollektive Privatautonomie ausüben, ging der traditionelle Ansatz des BAG dahin, eine unmittelbare Grundrechtsbindung der Tarifparteien zu bejahen[9], da es sich bei der Tarifautonomie um staatlich delegierte Normsetzungsmacht handele.

136 Nach einem neueren Ansatz ist die **Tarifautonomie privatautonom legitimiert**. Durch den Verbandsbeitritt beschränkten die Mitglieder als Grundrechtsträger selbst ihre ihnen durch das Grundgesetz gewährten Freiheiten, insb. die Vertrags- und die Berufsfreiheit[10]. Damit liege keine Gesetzgebung iSv. Art. 1 III vor, es komme nur eine mittelbare Grundrechtsbindung in Betracht. Das bundesverfassungsgerichtl. Gebot vom Schutzauftrag der Grundrechte verpflichte den Staat, die Durchsetzung der Grundrechte auch im privatrechtl. Bereich zu gewährleisten[11]. Dies führt dazu, dass die Gerichte auch bei der Anwendung der letztendlich privatautonom herbeigeführten TV grundrechtl. Kollisionen überprüfen müssen.

137 Im Ergebnis wird zwischen Art. 3 und den Freiheitsrechten zu unterscheiden sein. Bzgl. der **Gleichheitskontrolle** von TV ist eine Überprüfung ohne weiteres geboten. Entgegen der früheren Auffassung des BAG[12] muss sich der sachlich vernünftige Grund für eine Ungleichbehandlung aus dem Regelungs-

---

1 BAG v. 18.8.1987 – 1 ABR 30/86, AP Nr. 23 zu § 77 BetrVG 1972. |2 Zum Streitstand *Gaumann/Schafft*, NZA 1998, 176. |3 Wiedemann/*Wiedemann*, TVG, Einl. Rz. 119 ff. mwN. |4 RL 75/117/EWG vom 10.2.1975 zum Grundsatz des gleichen Entgelts für Männer und Frauen, Abl. EG 1975 Nr. L 45/19. |5 BAG v. 5.3.1997 – 7 AZR 581/92, AP Nr. 123 zu § 37 BetrVG 1972. |6 Vgl. hier nur etwa *Bauer/Göpfert/Krieger*, § 7 AGG Rz. 21. |7 EuGH v. 15.12.1994 – Rs. C 399/92 (*Helmig ua.*), AP Nr. 7 zu § 611 BGB – Teilzeit; v. 13.2.1996 – Rs. C-342/93 (*Gillespie*), AP Nr. 74 zu Art. 119 EWG-Vertrag; v. 15.1.1998 – Rs. C-15/96 (*Schöning-Kougebetopoulou*), AP Nr. 1 zu Art. 48 EG-Vertrag. |8 *Wiedemann*, TVG, Einl. Rz. 164. |9 BAG seit 15.1.1955 – 1 AZR 305/54, AP Nr. 4 zu Art. 3 GG; v. 23.1.1992 – 2 AZR 470/91, AP Nr. 37 zu § 622 BGB; v. 28.6.2001 – 6 AZR 114/00, AP Nr. 24 zu § 611 BGB – Arbeitszeit. |10 BAG v. 25.2.1998 – 7 AZR 641/96, AP Nr. 11 zu § 1 TVG – Tarifverträge: Luftfahrt; v. 11.3.1998 – 7 AZR 700/96, AP Nr. 12 zu § 1 TVG – Tarifverträge: Luftfahrt; ErfK/*Dieterich*, Einl. GG Rz. 47 ff., 64, 67. Kritisch dazu *Söllner*, NZA 2000, Beil. 24, 33 (41); *Waltermann*, ZfA 2000, 53 (75 f.). |11 So auch BAG v. 25.2.1998 – 7 AZR 641/96, AP Nr. 11 zu § 1 TVG – Tarifverträge: Luftfahrt. |12 BAG v. 30.8.2000 – 4 AZR 563/99, AP Nr. 12 zu § 1 TVG – Bezugnahme auf Tarifvertrag (Herausnahme von Werkstudenten aus dem persönlichen Geltungsbereich eines TV; Bezug nehmend auch BAG v. 4.4.2001 – 4 AZR 232/00, AP Nr. 2 zu § 12 DienstVO – ev. Kirche.

zusammenhang des betreffenden TV ergeben und darf nicht lediglich unter koalitionsspezifischen Gesichtspunkten nicht willkürlich sein[1]. Insoweit wird die Tarifautonomie unmittelbar von Art. 3 begrenzt (vgl. Art. 3 Rz. 58 ff.)[2]. Auch in der Rspr. des BAG betreffen die meisten verfassungsrechtl. Entscheidungen die Vereinbarkeit von TV mit dem Gleichheitssatz.

Weniger klar scheint die Grenzziehung bei den **Freiheitsgrundrechten** zu verlaufen. Insoweit kollidieren vor allem die individuelle Berufsfreiheit aus Art. 12 I und die Tarifautonomie. Hier gehen verschiedene Entscheidungen des BAG entgegen der hergebrachten Rspr. nicht von einer unmittelbaren Grundrechtsbindung aus[3]. Richtigerweise wird man den Tarifparteien jedenfalls einen weiten Regelungsspielraum zuzubilligen haben[4], dies erscheint allerdings auch im Rahmen einer staatsanalogen Bindung denkbar (s. auch Art. 12 Rz. 54 ff.). 138

Die widerstreitenden dogmatischen Ansichten spielen jedoch in der **tarifl. Praxis** nur eine untergeordnete Rolle. Was den Kontrollmaßstab im Hinblick auf die Überprüfung in Bezug auf Gleichheitsverstöße betrifft, besteht im Ergebnis weitgehend Einigkeit. Aber auch die Freiheitsgrundrechte richten sich an die staatl. Gewalt. Neben den Abwehrrechten der Bürger begründen sie auch Schutzpflichten. Eine Durchsetzung der Grundrechte muss daher auch in entsprechenden Privatrechtsverhältnissen gewährleistet sein. Die Gerichte als staatl. Grundrechtsadressaten gem. Art. 1 III haben daher bei der Anwendung und Auslegung von TV als Ergebnis kollektiv ausgeübter Privatautonomie die Vereinbarkeit mit den Grundrechten zu überprüfen[5]. Insoweit ist (zumindest) von einer mittelbaren Grundrechtsbindung der TV-Parteien auszugehen (s. auch Einl. TVG Rz. 17). 139

c) Einfache Gesetze. Als vorbehaltlos gewährtes Grundrecht können der Tarifautonomie als Ausfluss der Koalitionsbetätigungsgarantie nur zur Wahrung verfassungsrechtl. geschützter Güter Schranken gesetzt werden. Nun bedarf die Tarifautonomie aber der **gesetzl. Ausgestaltung** als Funktionsvoraussetzung (Rz. 117). Hält sich das solchermaßen konkretisierende Gesetz unter Wahrung des Schutzbereiches an Art. 9 III, sind dagegen verstoßende TV unwirksam[6]. Eine entsprechende Norm stellt das TVG dar. Mit diesem ist der Gesetzgeber seiner Ausgestaltungspflicht nachgekommen. Wobei es sich dabei allerdings wohl nur um die Ausgestaltung der Möglichkeit, Regelungen mit normativer Wirkung zu treffen, handelt. Hat der Staat für bestimmte Bereiche von seiner Normsetzungsbefugnis keinen konkretisierenden Gebrauch gemacht, müssen entstehende Probleme richterrechtl. entschieden werden. Insoweit treffen die Gerichte vergleichbare Ausgestaltungsaufgaben wie die Gesetzgebung. 140

Neben der Ausgestaltung der Tarifautonomie selbst wirkt der Gesetzgeber **auch durch Regelungen von Arbeits- und Wirtschaftsbedingungen auf die Autonomie der Tarifparteien ein**. Sofern es um den Schutz von Gemeinwohlbelangen mit Verfassungsrang geht, können auch Fragen geregelt werden, die Gegenstand von TV sein können[7]. Diese Einschränkungen müssen im Rahmen der Verhältnismäßigkeit erfolgen. Die Befristung der Arbeitsverhältnisse wissenschaftl. Mitarbeiter nach dem HRG wurde mit der Wissenschaftsfreiheit gerechtfertigt[8], vor allem Gesetze mit beschäftigungspolitischer Zielsetzung wurden unter Heranziehung des Sozialstaatsprinzips als verhältnismäßig gekennzeichnet[9]. Die bereits bzgl. der negativen Koalitionsfreiheit (Rz. 71) besprochenen Tariftreueregelungen entfalten ihre eigentliche Brisanz erst im Rahmen eines Eingriffes in die Tarifautonomie[10]. In den vorhandenen und diskutierten Regelungen wird bzgl. der zur Tariftreue zu verpflichtenden Adressaten nicht unterschieden, ob diese bereits anderweitig an TV gebunden sind. Dies wird man als Eingriff in die Tarifautonomie zu werten haben[11]. Des Weiteren erfolgt keine Beteiligung der TV-Parteien[12]. Auch muss dieser Eingriff im Rahmen der Verhältnismäßigkeit erfolgen. Tragende Rechtfertigungsgründe konnten in der Lit. noch nicht dargelegt werden[13]. 141

d) Gemeinwohlbindung. Die Ordnungsfunktion der tarifautonomen Regelungen, die übergreifende Reichweite des TV und eine gesamtwirtschaftl. Verantwortung der TV-Parteien führen zu der verbreiteten Annahme, dass die **Tarifautonomie durch Aspekte des Gemeinwohls begrenzt werden könne**[14]. Die 142

1 *Löwisch*, SAE 2001, 289 (295 f.). |2 BAG v. 4.4 2000 – 3 AZR 729/98, AP Nr. 2 zu § 1 TVG – Gleichbehandlung; v. 31.7.2002 – 7 AZR 140/01, AP Nr. 14 zu § 1 TVG – Tarifverträge: Luftfahrt; *Löwisch/Rieble*, § 1 TVG Rz. 182; s. auch BAG v. 27.5. 2004 – 6 AZR 129/03, AP Nr. 5 zu § 1 TVG – Gleichbehandlung. |3 BAG v. 11.3.1998 – 7 AZR 700/96, AP Nr. 12 zu § 1 TVG – Tarifverträge: Luftfahrt; v. 25.2.1998 – 7 AZR 641/96, AP Nr. 11 zu § 1 TVG – Tarifverträge: Luftfahrt; v. 4.4 2000 – 3 AZR 729/98, AP Nr. 2 zu § 1 TVG – Gleichbehandlung; v. 24.4.2001 – 3 AZR 329/00, AP Nr. 2 zu § 1 TVG – Gleichbehandlung. |4 *Löwisch/Rieble*, § 1 TVG Rz. 56 f.; *Stein*, AR-Blattei SD 830 Rz. 587. |5 BAG v. 11.3.1998 – 7 AZR 700/96, AP Nr. 12 zu § 1 TVG – Tarifverträge: Luftfahrt; v. 25.2.1998 – 7 AZR 641/96, AP Nr. 11 zu § 1 TVG – Tarifverträge: Luftfahrt. |6 BAG v. 25.4.1979 – 4 AZR 791/77, AP Nr. 49 zu § 611 BGB – Dienstordnungsangestellte; v. 26.9.1984 – 4 AZR 343/83, AP Nr. 21 zu § 1 TVG. |7 BAG v. 26.9.2001 – 5 AZR 539/00, AP Nr. 55 zu § 4 EntgeltFG; *Löwisch*, ZIP 2001, 1565 f. |8 BVerfG v. 24.4.1996 – 1 BvR 712/86, E 94, 268. |9 BVerfG v. 27.4.1999 – 1 BvR 2203/93, E 100, 271; v. 3.4.2001 – 1 BvL 32/97, AP Nr. 2 zu § 10 BUrlG Kur. |10 *Löwisch*, DB 2001, 1090 (1092); *Scholz*, RdA 2001, 193 (196). |11 *Seifert*, ZfA 2001, 1 (19 ff.); *Löwisch*, DB 2001, 1090 (1092); aA *Schwab*, NZA 2001, 701 (705); *Kempen*, FS Däubler, 2000, S. 503 (518): Entsprechende Tariftreueverlangen erfüllten gerade die Schutzpflicht der Tarifautonomie. |12 *Kämmerer/Thüsing*, ZIP 2002, 596 (602). |13 S. nun aber BVerfG v. 11.7.2006 – 1 Bvl 4/00, AP Nr. 129 zu Art. 9 GG. |14 *Gamillscheg*, KollArbR § 7 III 1; *Seiter*, Streikrecht, S. 542 ff.; Zöllner/Loritz/Hergenröder/*Loritz*, § 39 V. Eingehend zum Ganzen Wiedemann/*Wiedemann*, TVG, Einl. Rz. 336 ff. mwN.

Rspr.[1] nimmt vor allem im Zusammenhang mit Arbeitskämpfen (Rz. 276) eine Gemeinwohlbindung der TV-Parteien an. Schon die Grundüberlegung kann jedoch jedenfalls in Bezug auf die Tarifautonomie nicht überzeugen. „Gemeinwohl" versagt als Definition einer justiziablen Grenze. Hierbei handelt es sich um einen höchst unbestimmten Wert, der von vielerlei Faktoren abhängig ist. Eine positive Bestimmung des Gemeinwohlbegriffes ist in einer pluralistischen Demokratie weitestgehend unmöglich[2]. Die Gemeinwohlverträglichkeit tarifl. Normsetzung kann nicht durch richterliche Kontrolle erfolgen, die rechtspolitische Bewertung von Tarifergebnissen ist der arbeitsgerichtl. Überprüfung entzogen[3].

143 Vielmehr **bedarf es einer gesetzgeberischen Regelung, in welcher sich die jeweiligen Inhalte des Gemeinwohls niederschlagen**. Insoweit handelt es sich um eine legislative Ausgestaltung oder eine Einschränkung der Tarifautonomie. Eine Wahrung des Gemeinwohles soll nach dem Grundkonzept der Tarifautonomie durch das antagonistische Zusammenwirken der Sozialpartner erreicht werden[4]. Eine ohne staatl. Direktiven anzunehmende Pflicht zur Orientierung am Gemeinwohl widerspräche jedoch der Tarifautonomie. Gerade bei Interessenkonflikten der TV-Parteien kommt es immer wieder zu Verhandlungsergebnissen oder Kompromissen, welche gerade nicht am Wohle der Allgemeinheit ausgerichtet sind, sondern sich vielmehr auf die mitgliedschaftlichen Interessen der TV-Parteien beziehen. Eine verpflichtende Gemeinwohlbindung der TV-Parteien würde sich jedenfalls ohne legislative oder richterrechtl. Vorgaben[5] als Eingriff in die Tarifautonomie darstellen, welcher die angestrebte Vertragsparität auf kollektiver Ebene letztendlich gravierend beeinträchtigen würde.

144 **4. Tarifkontrolle und Durchsetzung.** Aus der verfassungsrechtl. Garantie der Tarifautonomie folgt die gebotene **Zurückhaltung bei der gerichtlichen Kontrolle von TV**. Ein Verhandlungsanspruch zwischen den Tarifgegnern wird ohne ausdrückliche vertragl. Regelung abgelehnt (Rz. 113), auch die Besetzung der Verhandlungskommissionen unterliegt nicht der gerichtl. Nachprüfung. Die Einhaltung der oben genannten rechtl. Grenzen wird in vollem Umfang kontrolliert, die Zweckmäßigkeit der Regelung wird hingegen nicht geprüft[6]. Sowohl auf der Stufe der Entscheidungsfindung als auch bei der Kontrolle des Verhandlungsergebnisses soll damit eine Tarifzensur vermieden werden.

145 Individualvertragl. kann der **ArbN** die durch wirksam geschlossenen TV zu Stande gekommenen Rechte gerichtlich geltend machen. Des Weiteren können die **TV-Parteien** die gegenseitige Durchführung des TV als vertragl. Nebenpflicht fordern (§ 1 TVG Rz. 69 ff.). TV-Parteien haben auch für tarifvertragskonformes Verhalten ihrer Mitglieder zu sorgen. Dieser Anspruch kann von der anderen Partei im Wege der Einwirkungsklage geltend gemacht werden. Ohne konkrete Festlegung der Art der Einwirkung ist diese Klage als Leistungsklage zulässig, das zu wählende Mittel muss nicht mit angegeben werden, um die erforderliche Bestimmtheit festzulegen (§ 1 TVG Rz. 69). Allein die Forderung der Einwirkung auf die Mitglieder genügt.

146 **V. Arbeitskampf. 1. Begriff und Arten.** Nach dem **weiten Arbeitskampfbegriff** der hM[7] liegt ein Arbeitskampf vor, wenn die Kampfparteien mittels kollektiver Maßnahmen die Arbeitsbeziehungen stören, um ein bestimmtes Ziel zu erreichen. Zu den Kampfparteien wiederum zählen ArbGeb und ArbN sowie deren Koalitionen. Nachdem jede kollektive Maßnahme zur Störung der Arbeitsbeziehungen als Kampfmittel anzusehen ist, gehören zu diesen Streik, Aussperrung und Boykott, aber auch die kollektive Ausübung von Individualrechten[8]. Insb. beim Streik existiert eine Vielzahl unterschiedlichster Formen, zu nennen sind namentlich Bummelstreiks, Flächenstreiks, rollierende Streiks, Schwerpunktstreiks, Teilstreiks, Warnstreiks und Wellenstreiks. Zu den Kampfmitteln zählen weiter sonstige Aktionsformen wie Urabstimmungen[9] (Rz. 287), Blockaden und Betriebsbesetzungen, zudem wird man bestimmte kampfrechtl. Gestaltungsrechte einzelner ArbGeb und ArbN unter den Kampfmittelbegriff zu subsumieren haben.

147 Nach der **organisatorischen Trägerschaft** ist zu unterscheiden zwischen Arbeitskämpfen, welche von einem ArbGebVerband oder einer Gewerkschaft geführt werden, sowie sog. „wilden" Arbeitskämpfen, hinter denen keine tariffähigen Koalitionen stehen. Daneben gibt es „Anschlussstreiks" bzw. „Anschlussaussperrungen", also Kampfmaßnahmen von Außenseitern, die ohne mitgliedschaftlichen Zwang Kampfbeschlüsse der Verbände befolgen.

148 Die **Zielsetzung des Arbeitskampfes** kann arbeitsrechtl., politischer oder wirtschaftl. Natur sein. Schließlich ist noch zwischen Angriffs- und Abwehrkämpfen sowie Haupt- oder Nebenarbeitskämpfen (Sympathie-, Solidaritäts-, Unterstützungsarbeitskämpfen) zu differenzieren.

1 BAG v. 21.4.1971 – GS 1/68, AP Nr. 43 zu Art. 9 GG – Arbeitskampf; s. aber auch BVerfG v. 18.12.1974 – 1 BvR 430/65 und 259/66, E 38, 281 (303). | 2 Vgl. *Hufen*, NJW 1994, 2918; *Picker*, ZfA 1986, 199 (229 ff.); krit. auch Britz/*Volkmann*, Tarifautonomie in Deutschland und Europa, 2003, S. 10 f. | 3 ErfK/*Dieterich*, Art. 9 GG Rz. 78; *Henssler*, ZfA 1998, 1 (21 f.). | 4 ErfK/*Dieterich*, Art. 9 GG Rz. 77; MünchArbR/*Richardi*, § 240 Rz. 29. | 5 S. näher *Wiedemann*, TVG, Einl. Rz. 344. | 6 *Kissel*, ArbeitskampfR, § 10 Rz. 51 ff. | 7 Brox/Rüthers/*Brox*, Rz. 17; *Seiter*, Streikrecht, S. 568 ff. | 8 *Kissel*, ArbeitskampfR, § 14 Rz. 19 f.; MünchArbR/*Otto*, § 281 Rz. 1. AA bzgl. der gemeinsamen Wahrnehmung arbeitsvertraglicher Rechte ErfK/*Dieterich*, Art. 9 GG Rz. 91. | 9 BAG v. 31.10.1958 – 1 AZR 632/57, BAGE 6, 321 = AP Nr. 2 zu § 1 TVG – Friedenspflicht; *Seiter*, Streikrecht, S. 516.

2. Rechtsgrundlagen des Arbeitskampfrechts. a) Koalitionsbetätigungsgarantie. Rspr.[1] und hM in der Lit.[2] sehen heute als zentrale Norm des Arbeitskampfrechts Art. 9 III an. Das GG bezieht zur Frage der **Zulässigkeit des Arbeitskampfes** als Mittel zur kollektiven Wahrnehmung von ArbN- und ArbGebInteressen allerdings nicht ausdrücklich Stellung. Zwar war die verfassungsrechtl. Absicherung des Streikrechts Gegenstand der Beratungen des parlamentarischen Rates. Eine Einigung über eine entsprechende normative Regelung kam aber nicht zu Stande[3]. Demzufolge ist im Grundgesetz der Bundesrepublik Deutschland der Arbeitskampf nur gegen Notstandsmaßnahmen durch den im Jahre 1968 eingefügten S. 3 des Art. 9 III ausdrücklich geschützt. Entgegen Stimmen im Schrifttum[4] hat man im Hinblick auf die Entstehungsgeschichte des Art. 9 III 3 und die diesbezüglichen Erörterungen im Parlament eine ausdrückliche Garantie des Arbeitskampfes bzw. einzelner Kampfformen durch die Verfassung selbst abzulehnen. Ebenso wenig wie der Verfassungsgeber von 1949 in Art. 9 III hat auch der Notstandsgesetzgeber von 1968 mit der Einführung des S. 3 eine Aussage über die grundgesetzliche Absicherung des Arbeitskampfes treffen wollen[5]. 149

Nachdem Koalitionsfreiheit und Tarifautonomie für sich besehen noch keinen **autonomen Auseinandersetzungsprozess** gewährleisten können und wenn man weiter in Betracht zieht, dass staatlicher Zwang zur Erreichung eines Tarifabschlusses nicht zulässig ist, müssen den Koalitionen Mittel zur Verfügung stehen, um den sozialen Gegenspieler dazu zu bringen, eine Kollektivvereinbarung zu unterzeichnen. Grundvoraussetzung des Funktionierens der Tarifautonomie ist die Fähigkeit von Gewerkschaften und ArbGebVerbänden, zur Erreichung von Tarifabschlüssen Druck und Gegendruck auszuüben (Rz. 48). Der Arbeitskampf ist also Hilfsmittel der Tarifautonomie, die ohne das konfliktentscheidende Kampfmittelinstrumentarium als ultima ratio nicht funktionsfähig wäre[6]. Die verfassungsrechtl. Garantie der Tarifauseinandersetzung muss sich daher auf die Mittel zur Durchführung dieser Auseinandersetzung erstrecken. 150

b) Überstaatliche Regelungen. Mit Fragen des Arbeitskampfes[7] und insb. der Koalitionsfreiheit befassen sich **im Arbeitsvölkerrecht** Art. 23 IV der Deklaration der allgemeinen Menschenrechte vom 10.12.1948[8], Art. 8 des Internationalen Paktes über wirtschaftl., soziale und kulturelle Rechte vom 19.12.1966[9] und Art. 22 des Internationalen Paktes über bürgerliche und politische Rechte vom 16.12.1966[10]. Nach ganz hM[11] stellt Art. 23 IV der Deklaration der allgemeinen Menschenrechte nur eine rechtl. Empfehlung dar, es handelt sich also lediglich um eine „Proklamation gemeins. Richtlinien". Unstreitig verpflichten die beiden UN-Pakte dagegen den nationalen Gesetzgeber dazu, seine Normen an das Arbeitsvölkerrecht insoweit anzugleichen[12]. Umstritten ist, ob Art. 8 des Sozialpaktes und Art. 22 des politischen Paktes dem einzelnen Bürger einklagbare, subjektive Rechte einräumen, also im Verhältnis Staat-Bürger Wirkung entfalten. Während für den Sozialpakt allgemein eine solche innerstaatl. Anwendbarkeit abgelehnt wird, soll einer Meinung im Schrifttum zufolge Art. 8 des Paktes den innerstaatl. Richter unmittelbar binden, also den betroffenen Bürger bzw. der betroffenen Koalition eine Rechtsposition einräumen[13]. Demgegenüber stellt der politische Pakt nach der ganz überwiegenden Meinung in seiner Gesamtheit unmittelbar geltendes Recht in den Unterzeichnerstaaten dar, seine Bestimmungen räumen dem Begünstigten subjektive Rechte ein[14]. 151

Auch mehrere Abkommen und Empfehlungen der **Internationalen Arbeitsorganisation** regeln Koalitionsfreiheit und Streikrecht. Zu nennen sind insb. das Abkommen Nr. 87 v. 9.7.1948[15] sowie das Abkommen Nr. 98 v. 1.7.1949[16]. Beide IAO-Abkommen begründen als völkerrechtl. Verträge die Pflicht der Staaten, ihre Normen entsprechend anzupassen. Individualrechte räumen sie demgegenüber nicht ein. Zwar ist im Schrifttum umstritten, ob die genannten IAO-Abkommen eine Arbeitskampfgarantie enthalten, die mit der Überwachung der Einhaltung der Bestimmungen der IAO-Abkommen in den Vertragsstaaten befassten Gremien gehen aber in ihrer ständigen Rechtspraxis von einer Gewährleistung von Kampfmaßnahmen, insb. des Streikrechts, aus[17]. Allerdings fehlt diesen Institutionen die Kompetenz zur verbindlichen Auslegung[18]. 152

1 Vgl. nur BVerfG v. 4.7.1995 – 1 BvF 2/86 ua., E 92, 365; s. auch schon BAG v. 10.6.1980 – 1 AZR 822/79, 1 AZR 168/79, E 33, 140, 185 = AP Nr. 64, 65 zu Art. 9 GG – Arbeitskampf. | 2 Brox/Rüthers/*Rüthers*, Rz. 78 f.; *Konzen*, FS 50 Jahre BAG, 2004, S. 514 (518 ff.). | 3 Zur Entstehungsgeschichte näher Brox/Rüthers/*Rüthers*, Rz. 80; *Seiter*, Streikrecht, S. 63 f. | 4 So etwa *Lerche*, Verfassungsrechtliche Zentralfragen des Arbeitskampfes, 1968, S. 89. | 5 BAG v. 9.7.1968 – 1 ABR 2/67, AP Nr. 25 zu § 2 TVG; *Seiter*, Streikrecht, S. 71 ff.; *Scholz*, Koalitionsfreiheit als Verfassungsproblem, 1971, S. 39. | 6 *Seiter*, NJW 1980, 1905 (1906); *Söllner*, RdA 1980, 14 (19). | 7 Zum Folgenden eingehend *Hergenröder*, Der Arbeitskampf mit Auslandsberührung, 1987, S. 84 ff. (im Folgenden zit. *Hergenröder*); *Hergenröder*, EAS B 8400 Rz. 5 ff. | 8 UN Doc. A/811. | 9 In Kraft getreten am 3.1.1976, BGBl. 1973 II, S. 1569. | 10 In Kraft getreten am 23.3.1976, BGBl. 1973 II, S. 1534 ff.; vgl. *Goose*, NJW 1974, 1305. | 11 *Gitter*, ZfA 1971, 127 (132). | 12 *Beyerlin* in: Max-Planck-Institut (Hrsg.), Die Koalitionsfreiheit des Arbeitnehmers, 1980, Teil 2, S. 1161 (1169 f.); *Echterhölter*, BB 1973, 1595 f. | 13 Dazu *Hergenröder*, EAS B 8400 Rz. 8 ff. mwN. | 14 *Beyerlin* in Koalitionsfreiheit, Teil 2, S. 1161 (1171 f.). | 15 BGBl. 1956 II, S. 2000 ff., in der Bundesrepublik Deutschland in Kraft seit 20.3.1958. | 16 BGBl. 1955 II, S. 122 ff., in der Bundesrepublik Deutschland in Kraft seit 8.6.1957. | 17 ILO, Freedom of Association and Collective Bargaining, Report III (4 B), ILC, 69th session, 1983, S. 62 ff., Nr. 199 ff. | 18 ErfK/*Dieterich*, Art. 9 GG Rz. 105; aA *Däubler*, FS 100 Jahre Arbeitsgerichtsbarkeit, 1994, S. 619 (629).

153 Aus dem Recht des **Europarates** sind für Arbeitskämpfe Art. 11 EMRK[1] sowie Teil II Art. 5 iVm. Art. 6 IV der Europäischen Sozialcharta[2] von Bedeutung. Während im Hinblick auf Art. 11 EMRK umstritten ist, ob die Vorschrift eine Arbeitskampfrechtsgewährleistung enthält[3], garantiert die Sozialcharta ausdrücklich das Streikrecht (dazu noch Rz. 261 f.). Obwohl die Aussperrung nicht ausdrücklich genannt wird, wird davon ausgegangen, dass auch sie als Kampfmittel der ArbGebSeite von Teil II Art. 6 IV ESC umfasst wird[4]. Im Gegensatz zu Art. 11 EMRK, der in der Bundesrepublik unmittelbar geltendes Recht im Range eines einfachen Gesetzes ist, enthält die Sozialcharta nach hM nur eine völkerrechtl. Staatenverpflichtung, die nationalen Rechtsnormen an den Standard der Charta anzupassen[5].

154 Anders als die bislang erörterten Abkommen enthalten die **Verträge der Europäischen Gemeinschaft** keine Bestimmungen, die unmittelbar die Koalitionsfreiheit oder gar das Recht auf Arbeitskampf betreffen[6]. Im Gegenteil bestimmt Art. 137 V EG ausdrücklich, dass der EG auf dem Gebiet des Streikrechts sowie des Aussperrungsrechts keinerlei Rechtsetzungskompetenzen zukommen. Demgegenüber ist der Arbeitskampf in der Gemeinschaftscharta der sozialen Grundrechte der ArbN v. 9.12.1989 verankert[7], ebenso findet sich seine Gewährleistung in Art. 28 der Charta der Grundrechte der EU vom 7.12.2000[8]. Neuestens anerkennt der EuGH unter Berufung auf das Recht der IAO, der ESC sowie der Gemeinschaftscharta der sozialen Grundrechte, welche in Art. 136 EG aufgeführt sind, ein Recht auf Durchführung kollektiver Maßnahmen[9]. Darüber hinaus schützen Art. 7 IV und Art. 8 der EG-VO Nr. 1612/68[10] die Koalitionsfreiheit der WanderArbN. Soweit Art. 8 der VO von „der Ausübung gewerkschaftlicher Rechte" spricht, wird man hierunter auch die Teilnahme von ausländischen Staatsangehörigen an Arbeitskämpfen im Gaststaat fassen müssen. Insoweit statuiert die Vorschrift also ein Diskriminierungsverbot[11].

155 Festzuhalten ist, dass der Gewährleistungsinhalt des europäischen und internationalen Arbeitsrechts gegenwärtig **nicht über Art. 9 III hinausgeht**[12]. Soweit internationale Abkommen Staatenverpflichtungen begründen, wird man richtiger Ansicht nach allerdings nicht nur den Gesetzgeber, sondern auch den rechtsschöpfenden Richter an die entsprechenden Dokumente binden müssen[13]. Da Arbeitskampfrecht nahezu völlig Richterrecht ist (Rz. 85 ff., 164), ist diese Aussage auch durchaus von Bedeutung. Allerdings darf nicht verkannt werden, dass die entsprechenden Vertragswerke auf Grund ihres Kompromisscharakters häufig sehr unbestimmt sind. Dies ruft die Gefahr einer gewissen Beliebigkeit der auf diese Art und Weise hervorgebrachten Ergebnisse hervor[14].

156 **c) Einfachgesetzliche Regelungen.** Nur **vereinzelte Teilaspekte des Arbeitskampfes** werden von einfachgesetzl. Regelungen normiert. So statuieren etwa § 74 II 1 BetrVG und § 66 II 2, 3 BPersVG ein Kampfverbot im Bereich der Betriebsverfassung sowie der Personalvertretung. § 25 KSchG bestimmt, dass bei Kampfkündigungen des ArbGeb das KSchG zu Gunsten der ArbN nicht eingreift. Den Rechtsweg zur Arbeitsgerichtsbarkeit bei kampfweisen Auseinandersetzungen eröffnet § 2 I Nr. 2 ArbGG. §§ 36 III, 146 SGB III konkretisieren die Neutralitätspflicht der BA. Einen Wiedereinstellungsanspruch Schwerbehinderter regelt für den Fall kampfweiser Entlassungen § 91 VI SGB IX. § 11 V AÜG wiederum billigt einem LeihArbN ein Arbeitsverweigerungsrecht zu, sofern er bei einem Entleiher tätig werden soll, der durch einen Arbeitskampf unmittelbar betroffen ist. Auf sein Arbeitsverweigerungsrecht ist der betreffende LeihArbN hinzuweisen. Schließlich ordnet § 192 I Nr. 1 SGB V an, dass die Mitgliedschaft Versicherungspflichtiger in der Krankenkasse erhalten bleibt, solange sie sich in einem rechtmäßigen Arbeitskampf befinden. Von einer gesetzl. Gesamtregelung des Arbeitskampfes kann also keine Rede sein.

157 Über die jeweilige Einzelaussage hinaus lässt sich den einschlägigen Gesetzesbestimmungen aber immerhin entnehmen, dass der Gesetzgeber entweder den Begriff „Arbeitskampf", unter dem auch die Aussperrung zu verstehen ist oder, wie in § 91 VI SGB IX, sogar die Begriffe „Streik" und „Aussperrung" verwendet. Gesetzestexte, welche noch aus der Weimarer Zeit oder den Anfängen der Bundesrepublik Deutschlands stammen, wurden wortgleich aufrechterhalten, um zu dokumentieren, **dass der Gesetz-**

1 BGBl. 1952 II, S. 686, 953, in der Bundesrepublik Deutschland in Kraft seit 3.9.1953. |2 BGBl. 1964 II, S. 12, 61 ff., in der Bundesrepublik Deutschland in Kraft seit 26.2.1965. |3 Bejahend insb. weite Kreise des Schrifttums, so etwa Brox/Rüthers/*Rüthers* Rz. 127; *Gitter*, ZfA 1971, 127 (133); verneinend EuGHMR v. 6.2.1976 – 4/1974/15/20 (*Folke Schmidt und Hans Dahlström*), EAS C EMRK Art. 11 Nr. 3 Rz. 3, 36. |4 S. Brox/Rüthers/*Rüthers*, Rz. 124; *Kitz* in Koalitionsfreiheit, Teil 2, S. 1094 f. |5 Brox/Rüthers/*Rüthers*, Rz. 124; *Kitz* in Koalitionsfreiheit, Teil 2, S. 1091 ff.; *Konzen*, JZ 1986, 157 (162); *Seiter*, Streikrecht, S. 137 mwN. |6 Vgl. *Birk*, FS 50 Jahre BAG, 2004, S. 1165; *Hergenröder*, EAS B 8400 Rz. 21 ff. |7 KOM (89) S. 248 endg.; abgedr. in EAS A 1500. Dazu *Rebhahn*, GS Heinze, 2005, S. 649. |8 Abl. EG Nr. C 364 v. 18.12.2000, S. 1; abgedr. in EAS A 1510. |9 EuGH v. 11.12.2007 – C 438/05 (*Viking*), DB 2008, 198; v. 18.12.2007 (*Laval*), DB 2008, 71. Dazu *Zwanziger*, DB 2008, 294 (295). |10 Abl. EG Nr. C 257 v. 19.10.1968, S. 2; abgedr. in EAS A 2000. |11 S. auch EuGH v. 28.10.1975 – Rs. 36/75 (*Rutili*), Slg. 1975, 1219 = EuR 1976, 242. |12 Vgl. aber in Bezug auf transnationale Arbeitskämpfe *Hergenröder*, EAS B 8400 Rz. 84 f. |13 Zur ESC als Auslegungshilfe insoweit BAG v. 12.9.1984 – 1 AZR 342/83, E 46, 322 = AP Nr. 81 zu Art. 9 GG – Arbeitskampf; *Franzen*, EzA Art. 9 GG – Arbeitskampf Nr. 134, S. 21 (34 f.); MünchArbR/*Otto*, § 284 Rz. 54, jeweils mwN. |14 S. nur *Gamillscheg*, KollArbR, § 1 III 1a (1).

geber an dem diffizilen Kräfteverhältnis nichts ändern wollte. Darüber hinaus setzen die Bestimmungen notwendig voraus, dass die Aussperrung – sogar in ihrer lösenden Form (Rz. 235) – zulässig ist. Sonst wäre die Rechtsfolgenregelung nicht sinnvoll. Daraus ergibt sich, dass der Inhalt der Parität vom einfachen Gesetzgeber in Übereinstimmung mit Art. 9 III ausgefüllt worden ist, und zwar iSd. strengen formalen Rechtsgleichheit.

d) Länderverfassungen. Die Länderverfassungen enthalten zT **ausdrückliche Streikgarantien**, vgl. etwa Art. 29 IV Hessische Verfassung, Art. 27 II Verfassung von Berlin, Art. 51 III Landesverfassung der Freien Hansestadt Bremen, Art. 66 II Verfassung für Rheinland-Pfalz, Art. 56 II Verfassung des Saarlandes. Darüber hinaus bestimmt Art. 29 V der Hessischen Verfassung: „Die Aussperrung ist rechtswidrig". Dem Landesverfassungsrecht kommt freilich keine praktische Bedeutung zu. Gemäß Art. 31 GG gilt Landesrecht nur insoweit, als Bundesrecht nichts anderes bestimmt. Nachdem die Aussperrung nach der Rspr. des BAG unter gewissen Voraussetzungen rechtmäßig ist und Richterrecht zum Bundesrecht Teil des Bundesrechts ist[1], wird das hessische Aussperrungsverbot von der bundesarbeitsgerichtl. Gewährleistung der Aussperrung verdrängt. 158

e) Kollektivvertragliche Arbeitskampfordnungen. aa) Tarifautonome Regelungen. Das BAG hat die Tarifparteien mehrfach aufgefordert, **tarifvertragl. Arbeitskampfordnungen** zu schaffen, ohne allerdings die Grenzen der solchermaßen eingeräumten Vereinbarungsbefugnis abzustecken[2]. Im Grundsatz steht damit fest, dass zumindest in gewissem Umfang das Arbeitskampfrecht zur Disposition der Tarifparteien steht, es sich also nicht zur Gänze um ius cogens handelt. In der Praxis hat dies insb. in Bezug auf Abkommen über die Friedenspflicht sowie über Schlichtungsfragen Relevanz gewonnen. Weiter sind Abmachungen über Erhaltungsmaßnahmen für bestreikte Betriebe, Kampfverbote für lebenswichtige Versorgungsbetriebe, bestimmte Kampfformen und Kampfziele, Streikposten und Schadensbegrenzungsmaßnahmen denkbar[3]. 159

bb) Betriebsvereinbarungen. Weitgehend ungeklärt ist, ob und inwieweit auch in BV **Fragen des Arbeitskampfrechts geregelt werden können**. Diskutiert wird in erster Linie die damit verwandte Frage nach den Beteiligungsrechten des BR im Arbeitskampf (Rz. 325 f.). Klargestellt hat das BAG, dass die MitbestR des BR im Arbeitskampf eingeschränkt sind, soweit die Beteiligung des BR die Freiheit des ArbGeb, Arbeitskampfmaßnahmen zu ergreifen oder Folgen eines Arbeitskampfes zu begegnen, unmittelbar beeinträchtigen würde. Dies folge aus der Chancengleichheit als Funktionsvoraussetzung der Tarifautonomie. Keiner Einschränkung der Beteiligungsrechte bedürfe es indes, wenn die entsprechenden Maßnahmen des ArbGeb mit der Kampfabwehr nichts zu tun hätten und keine Wirkungen auf das Kampfgeschehen entfalteten[4]. 160

Relevant geworden ist die Frage nach der Zulässigkeit betrieblicher Arbeitskampfregelungen bisher[5] bei **BV über Gleitzeitregelungen**[6] (s. auch Rz. 192), **Notstands- und Erhaltungsarbeiten**[7], **Anwesenheitsprämien**[8] **sowie Maßregelungsverboten**[9]. Im Hinblick auf Gleitzeitregelungen hält das BAG freiwillige BV für zulässig, ob dagegen der BR eine entsprechende Gleitzeitvereinbarung auf Grund bestehender MitbestR nach § 87 I Nr. 2 und 3 BetrVG über die Einigungsstelle durchsetzen kann, wurde ausdrücklich offen gelassen[10]. 161

Richtigerweise wird man zunächst danach zu differenzieren haben, ob es sich um BV mit nicht beabsichtigter Auswirkung auf Arbeitskämpfe handelt, solche mit Geltung für Zeiten ohne Bezug zum Arbeitskampf und für Zeiten des Arbeitskampfes sowie schließlich solche mit Regelungen speziell über Arbeitskämpfe[11]. Ausgangspunkt jeglicher Argumentation muss die Feststellung sein, dass dem **BR keine Rechte aus Art. 9 III** zustehen, er ist Repräsentant der Gesamtbelegschaft und damit auch der Außenseiter. Legislatorischer Hintergrund von § 74 II 1 BetrVG ist weiter, dass der BR bei Arbeitskämpfen seine Stellung als Repräsentant aller Belegschaftsmitglieder wahren muss und die Grenzen seiner Legitimation nicht überschreiten darf[12]. Schon aus der Hierarchie der Rechtsquellen folgt, dass entsprechende BV damit an Art. 9 III zu messen sind. Zwar besteht grds. keine unmittelbare Bindung der BV an 162

---

1 BAG v. 10.6.1980 – 1 AZR 822/79, AP Nr. 64 zu Art. 9 GG – Arbeitskampf. | 2 BAG (GS) v. 21.4.1971 – GS 1/68, AP Nr. 43 zu Art. 9 GG – Arbeitskampf; BAG v. 10.6.1980 – 1 AZR 822/79, AP Nr. 64 zu Art. 9 GG – Arbeitskampf. | 3 Wiedemann/*Thüsing*, TVG, § 1 Rz. 945 ff.; s. auch *Konzen*, ZfA 1980, 77 ff. | 4 BAG v. 30.8.1994 – 1 ABR 10/94, AP Nr. 132 zu Art. 9 GG – Arbeitskampf. | 5 Rechtsprechungsüberblick bei *Maulshagen*, Betriebliche Arbeitskampfregelungen, 2003, S. 34 ff. | 6 BAG v. 30.8.1994 – 1 ABR 10/94, AP Nr. 132 zu Art. 9 GG – Arbeitskampf; v. 30.8.1994 – 1 AZR 765/93, AP Nr. 131 zu Art. 9 GG – Arbeitskampf; LAG Frankfurt/M v. 3.10.1984 – 2 Sa 310/84, DB 1986, 178. | 7 BVerfG v. 19.2.1975 – 1 BvR 418/71, E 38, 386 (395 f.); BAG (GS) v. 21.4.1971 – GS 1/68, AP Nr. 43 zu Art. 9 GG – Arbeitskampf; v. 14.2.1978 – 1 AZR 154/76, AP Nr. 57 zu Art. 9 GG – Arbeitskampf; LAG Frankfurt/M v. 22.4.1969 – 5 Sa 627/68, AP Nr. 40 zu Art. 9 GG – Arbeitskampf; LAG Nds. v. 1.2.1980 – 10 Sa 110/79, AP Nr. 69 zu Art. 9 GG – Arbeitskampf. | 8 BAG v. 31.10.1995 – 1 AZR 217/95, AP Nr. 140 zu Art. 9 GG – Arbeitskampf; LAG Nürnberg v. 6.2.1995 – 7 Sa 785/93, LAGE Art. 9 GG – Arbeitskampf Nr. 56. | 9 LAG Frankfurt/M v. 3.10.1984 – 2 Sa 310/84, DB 1986, 178. | 10 BAG v. 30.8.1994 – 1 ABR 10/94, AP Nr. 132 zu Art. 9 GG – Arbeitskampf; dazu *Hergenröder*, SAE 1996, 326. | 11 So die Einteilung bei *Maulshagen*, Betriebliche Arbeitskampfregelungen, 2003, S. 76 ff. | 12 *Schulin*, Mitbestimmung im Arbeitskampf, in Lieb/v. Stebut/Zöllner (Hrsg.), Arbeitskampfrecht, 1990, S. 191 ff.

die Grundrechte[1], dies spielt in Bezug auf die Koalitionsfreiheit aber wegen der in S. 2 angeordneten Drittwirkung (Rz. 91 ff.) keine Rolle.

163 Nachdem Tarifautonomie das Bestehen von Kampf- bzw. Verhandlungsparität zwischen den beteiligten Parteien voraussetzt (Rz. 166), **müssen entsprechende Vereinbarungen der Betriebsparteien mit diesem obersten Grundsatz des Arbeitskampfrechts vereinbar** sein. Dies gilt insb., wenn betriebliche Vereinbarungen ihrem Gegenstand nach eine abstrakte Regel für zukünftige Arbeitskämpfe aufstellen; es also nicht mehr – wie etwa bei Maßregelungsverboten oder Vereinbarungen über Erhaltungsarbeiten – darum geht, eine konkrete Arbeitskampfmaßnahme des ArbGeb bzw. deren Folgen in Bezug auf Beteiligungsrechte des BR zu regeln oder wenn bei Abschluss der BV der Arbeitskampfbezug nicht offensichtlich war. Entsprechende BV werden damit regelmäßig in die Gestaltungsbefugnis des einzelnen ArbGeb im Arbeitskampf bzw. in diejenige der Verbände eingreifen und damit Bedenken im Hinblick auf Art. 9 III wecken[2].

164 **f) Arbeitskampf und Richterrechtsordnung.** Die fehlende gesetzl. Regelung des Arbeitskampfrechts und die damit verbundene vom BVerfG[3] gebilligte **Ersatzgesetzgebung des BAG** (Rz. 86) beruhen vor allem auf der Tatsache, dass das an sich zur Entscheidung berufene Parlament einer solchen Kodifikation bewusst aus dem Wege gegangen ist. Maßgeblich hierfür sind vor allem zwei Gesichtspunkte: Zum einen sind die Hauptbetroffenen selbst, nämlich ArbGebVerbände und Gewerkschaften, an einer Kodifizierung nicht interessiert[4], zum anderen ist die Wahrscheinlichkeit, einen breiten gesellschaftlichen Konsens zu einer bestimmten gesetzl. Regelung des Arbeitskampfrechts zu finden, äußerst gering[5]. Dies erklärt, warum Arbeitskampfrecht seit jeher weitgehend Richterrecht ist.

165 **3. Allgemeine Grundsätze des Arbeitskampfrechts. a) Grundsatz der freien Kampfmittelwahl.** Eines der **zentralen Prinzipien des Arbeitskampfrechts** ist der Grundsatz der freien Wahl der Kampfmittel[6]. Nach dem Großen Senat des BAG[7] beruht die freie Wahl der Kampfmittel auf den Grundsätzen des freiheitlichen und sozialen Rechtsstaates (Art. 18, 20, 21, 28), insb. der allgemeinen Entfaltungsfreiheit (Art. 2 I) sowie dem Gesamtzusammenhang der wirtschafts- und sozialverfassungsrechtl. Grundprinzipien. Teilweise wird der Grundsatz der freien Kampfmittelwahl auch unmittelbar in Art. 9 III verortet[8]. Ob dieser Grundsatz den Kampfparteien lediglich die Freiheit in der Auswahl aus den historisch überkommenen Kampfmitteln (Grundsatz der freien Typenauswahl) zubilligt[9] oder ob er darüber hinaus die Möglichkeit zur Bildung neuer Arbeitskampfformen erfasst (Grundsatz der freien Typenbildung)[10], ist umstritten, aber im letzteren Sinne zu entscheiden. Jedenfalls obliegt es den beiden Seiten, die freie Wahl der Kampftaktik, dh. die Art und Weise des Kampfmitteleinsatzes selbst zu bestimmen. Insoweit kommt es darauf an, Kampfmittel so einzusetzen, dass mit möglichst geringem Aufwand eine maximale Wirkung erreicht wird[11]. Klarzustellen ist, dass durch den Grundsatz der freien Kampfmittelwahl nicht die Auswahl rechtl. unzulässiger Kampfmittel gestattet ist; nur von der Arbeitskampfrechtsordnung gebilligte Kampfformen dürfen gewählt werden[12].

166 **b) Grundsatz der Verhandlungsparität.** Oberstes Prinzip des Arbeitskampfrechts ist der Grundsatz der Verhandlungsparität (Kampfparität, Waffengleichheit), welcher unmittelbar aus Art. 9 III folgt. Die erforderlichen Kampfmittel sind an diesem Grundsatz auszurichten. Insoweit sind verschiedene Paritätsmodelle zu unterscheiden: Der Rspr. von RG und RAG lag ein **formelles („liberales") Verständnis von Parität** zugrunde. Streik und Aussperrung wurden als gleichwertige Waffen verstanden und bei gesetzl. oder richterrechtl. Regelungen möglichst gleich behandelt[13]. Charakteristisch für das formelle Paritätsverständnis ist, dass Paritätsüberlegungen auf die Ebene der Kampfmittel beschränkt werden, die Parität auf Verhandlungsebene, also die Herstellung oder Erhaltung annähernd gleichgewichtiger Verhandlungschancen, bleibt grds. unbedacht. Im Vordergrund stand die Kampfparität („Waffengleichheit"), nicht die Verhandlungsparität und damit auch nicht die Berücksichtigung der tatsächlichen Kräfteverhältnisse. Dieses formelle Paritätsverständnis ist inzwischen auf nahezu allgemeine Ablehnung gestoßen[14].

167 Durchgesetzt hat sich in Rspr. und Lit. ein sog. **materielles Paritätsverständnis**, dieses beruht auf der Unterscheidung von Kampfparität und Verhandlungsparität[15]. Entscheidend ist danach, dass auf Ver-

---

1 BVerfG v. 23.4.1986 – 2 BvR 487/80, E 73, 261 (268 f.); ErfK/*Dieterich*, Art. 3 GG Rz. 29; GK-BetrVG/*Kreutz*, § 77 Rz. 293; *Stein*, AR-Blattei SD 830 Rz. 658. | 2 S. auch *Hergenröder*, SAE 1996, 326 ff. Anders aber *Maulshagen*, Betriebliche Arbeitskampfregelungen, 2003, S. 282 ff. | 3 BVerfG v. 26.6.1991 – 1 BvR 779/85, E 84, 212 (226 f.). Zum Problemkreis *Konzen*, FS 50 Jahre BAG, 2004, S. 513 (514 ff.). | 4 *Raiser*, JZ 1989, 405 (407 f.); *Seiter*, RdA 1986, 165 (174 f.). | 5 S. nur *Richardi*, RdA 1986, 146 (150); *Zöllner*, DB 1985, 2450 (2452 f.). | 6 *Gamillscheg*, KollArbR, § 21 I; MünchArbR/*Otto*, § 284 Rz. 26; aA *Reuter*, FS Wiese, 1998, S. 427 (433). | 7 BAG (GS) v. 28.1.1955 – GS 1/54, AP Nr. 1 zu Art. 9 GG – Arbeitskampf (unter II 1). | 8 *Däubler/Bieback*, ArbeitskampfR, Rz. 318; KassHdb/*Kalb*, 8.2. Rz. 39; aA MünchArbR/*Otto*, § 284 Rz. 26, § 286 Rz. 30. | 9 So *Gamillscheg*, KollArbR, § 21 I; *Konzen*, DB 1990, Beil. 6, S. 8. | 10 Vgl. *Däubler/Bieback*, ArbeitskampfR, Rz. 320 ff.; KassHdb/*Kalb*, 8.2. Rz. 39. | 11 BAG v. 21.6.1988 – 1 AZR 651/86, AP Nr. 108 zu Art. 9 GG – Arbeitskampf (A I 4); *Seiter*, Streikrecht, S. 541. | 12 *Löwisch/Rieble*, 170.2 Rz. 253 ff.; MünchArbR/*Otto*, § 284 Rz. 26; *Seiter*, Streikrecht, S. 143; aA etwa *Däubler/Bieback*, ArbeitskampfR, Rz. 321 ff. | 13 Nachw. aus der Rspr. bei *Seiter*, Streikrecht, S. 157 f. | 14 BAG v. 10.6.1980 – 1 AZR 822/79, AP Nr. 64 zu Art. 9 GG – Arbeitskampf mwN. | 15 Richtungsweisend *Rüthers*, Jura 1970, 85 (102 ff.).

handlungsebene möglichst gleiche Verhandlungschancen bestehen. Nach diesem Konzept dürfen typische Ungleichgewichte in den Kräfteverhältnissen über das Kampfmittelsystem ausgeglichen werden. Man verlangt im Prinzip ein „tatsächliches Gleichgewicht der sozialen Gegenspieler" als Leitbild der Ausgestaltung des Arbeitskampfrechts, und zwar auf Verhandlungsebene[1]. Das BSG bezeichnet diese Konzeption als „fördernde Neutralität"[2]: Dem Staat werde das „Recht zuerkannt, Regelungen zu treffen, durch die ausgeglichene Verhältnisse der Tarifpartner untereinander (Kampfparität) garantiert sind". Im Ergebnis besteht Einigkeit darüber, dass die grundgesetzlich gewährleistete Tarifautonomie gleichwertige Verhandlungschancen voraussetzt und dass dem Arbeitskampfrecht als Institution die Aufgabe zufällt, dieses Gleichgewicht der Kräfte herzustellen[3]. Deutlich wird, dass die Ausgestaltung des Arbeitskampfes das entscheidende Mittel ist, um die Richtigkeitsgewähr der Tarifautonomie (die Verhandlungsparität) zu gewährleisten. Die vertragl. Richtigkeitsgewähr ist die Zielvorstellung der Verhandlungsparität und damit auch der Kampfparität.

Von der Leitvorstellung der Verhandlungsparität darf nicht mehr erwartet werden, als sie zu leisten im Stande ist und leisten soll. Deshalb hat die Rspr. die Parität auch nur mit „annäherndem" Kräftegleichgewicht und ähnlichen Ausdrücken umschrieben. Darüber hinaus hat die Rspr. weitere Präzisierungen vorgenommen: Sie hat es zu Recht abgelehnt, mit den Vertretern einer **sog. Gesamtparität** sämtliche Machtfaktoren in die Beurteilung des Kräftegleichgewichts aufzunehmen[4]. Zu berücksichtigen sind nur solche Faktoren, die im Hinblick auf die Durchsetzung von TV Bedeutung erlangen können (tarifvertragsbezogene Parität). Das BAG hat es auf der anderen Seite abgelehnt, den Paritätsmaßstab beim konkreten Arbeitskampf heranzuziehen. Die Funktion des Maßstabs erschöpfe sich in der **abstrakten, typisierenden Beurteilung von Kampfmitteln und Kampfgrenzen**. Das BAG hat damit die öffentl.-rechtl. Funktion des Paritätsgrundsatzes (bei der Rechtsfortbildung) betont. Dementsprechend ist Bezugspunkt der Prüfung, ob ein bestimmtes Kampfmittel erforderlich ist, um eine gleichgewichtige Auseinandersetzung zu gewährleisten, die Verhandlungsparität[5]. 168

c) Grundsatz der Verhältnismäßigkeit im weiteren Sinne (Übermaßverbot). Ist eine Kampfmaßnahme vor dem Hintergrund der Kampfparität erforderlich, so darf sie darüber hinaus nicht gegen den Grundsatz der Verhältnismäßigkeit verstoßen[6]. Art. 9 III gewährleistet nur solche Koalitionsbetätigungen, die **geeignet und erforderlich** sind, um den Koalitionszweck wirksam verfolgen zu können. Überdies dürfen sie den Kampfgegner nicht unverhältnismäßig schädigen, müssen also auch **proportional** sein. Insoweit „erforderliche" Kampfmittel sind den Tarifparteien vom Gesetzgeber bzw. vom rechtsfortbildenden Richter zur Verfügung zu stellen. Da es sich insoweit um eine Grundrechtskonkretisierung handelt, spricht man vom öffentl.-rechtl. Übermaßverbot. Dieses ist also Leitlinie für die Installation des Kampfmittelsystems schlechthin[7]. Davon zu trennen ist das privatrechtl. Übermaßverbot, welches sich unmittelbar an die Kampfparteien richtet und von ihnen fordert, nur geeignete und erforderliche Kampfmaßnahmen einzusetzen, die überdies proportional sind, also den Gegner nicht unverhältnismäßig schädigen[8]. Eine verbreitete Meinung will dieses privatrechtl. Übermaßverbot allerdings nicht anerkennen[9]. Das privatrechtl. Übermaßverbot ist Rechtsausübungsschranke im Einzelfall. 169

Bezugspunkt des Übermaßverbots ist die Verhandlungsparität. Das heißt, das jeweils verwendete Kampfmittel muss geeignet, erforderlich und proportional sein, um Verhandlungsparität zwischen den Tarifparteien herzustellen. 170

d) Grundsatz der staatlichen Neutralität. Die Staatsneutralität im Arbeitskampf folgt unmittelbar aus der Wertentscheidung der Verfassung, deren freiheitliche Ordnung die **generelle staatliche Lohnregelung durch Zwangsschlichtung verwirft**[10]. Vielmehr garantiert Art. 9 III „eine Ordnung des Wirtschaftslebens, bei welcher der Staat seine Zuständigkeit zur Rechtsetzung weit zurückgenommen und die Bestimmung über die regelungsbedürftigen Einzelheiten des Arbeitsvertrages grds. den Koalitionen überlassen hat"[11]. Das BVerfG führt insoweit an, dass den Koalitionen die im öffentl. Interesse liegende Aufgabe übertragen ist, die materiellen Arbeitsbedingungen in einem von staatl. Rechtssetzung freigelassenen Raum in eigener Verantwortung und im Wesentlichen ohne staatl. Einflussnahme durch Kollektivvereinbarungen zu ordnen. Die Festlegung der Arbeits- und Wirtschaftsbedingungen durch TV wird von der grundgesetzlichen Ordnung also den Gewerkschaften und ArbGebVerbänden überlassen. Demnach gewährleistet Art. 9 III ein autonomes Handlungssystem außerhalb staatl. Ordnung. Die Koalitionsfreiheit ist Mittel der Privatautonomie, sie dient der Durchsetzung von Gruppeninteressen innerhalb der Gesellschaft. 171

---

1 So BAG v. 10.6.1980 – 1 AZR 822/79, AP Nr. 64 zu Art. 9 GG – Arbeitskampf. |2 BSG v. 9.9.1975 – 7 RAr 5/73, AP Nr. 1 zu § 116 AFG. |3 BAG v. 10.6.1980 – 1 AZR 822/79, AP Nr. 64 zu Art. 9 GG – Arbeitskampf; *Konzen* FS 50 Jahre BAG, 2004, S. 513 (529 ff.). |4 BAG v. 10.6.1980 – 1 AZR 822/79, AP Nr. 64 zu Art. 9 GG – Arbeitskampf. |5 BAG v. 12.3.1985 – 1 AZR 636/82, AP Nr. 84 zu Art. 9 GG – Arbeitskampf. |6 Grundl. BAG v. 10.6.1980 – 1 AZR 822/79, AP Nr. 64 zu Art. 9 GG – Arbeitskampf; ferner v. 11.5.1993 – 1 AZR 649/92, AP Nr. 63 zu § 1 FeiertagslohnzahlungsG. |7 Zum Ganzen ausf. *Seiter*, Streikrecht, S. 148 ff.; s. auch *Konzen*, FS 50 Jahre BAG, 2004, S. 513 (531 ff.); *Preis*, FS Dieterich, 1999, S. 429 (437 f.). |8 Dazu näher *Seiter*, Streikrecht, S. 150 ff. |9 Vgl. etwa *Säcker*, GewMH 1972, 287 (297); *Pfarr/Brandt*, ArbuR 1981, 325 ff. |10 Brox/Rüthers/*Rüthers*, Rz. 85; *Löwisch/Rieble*, 170.1 Rz. 9 ff. |11 BVerfG v. 24.5.1977 – 2 BvL 11/74, E 44, 322 (340 f.).

172 Seinen **gesetzl. Niederschlag** hat der Grundsatz der staatl. Neutralität in den §§ 36 III SGB III sowie 146 SGB III gefunden. Der BA ist es untersagt, durch Arbeitsvermittlung und Leistungen in Arbeitskämpfe einzugreifen (Rz. 331 ff.). Als Ausdruck passiver Neutralität lässt sich auch § 25 KSchG begreifen, wonach Kampfkündigungen nicht am Maßstab des KSchG zu messen sind. Die aus Gründen des ArbN-Schutzes vorgesehenen Schranken der Kündigungsbefugnis des ArbGeb sollen im Arbeitskampf nicht gelten, weil sonst die Kräfteverhältnisse zu Lasten der ArbGebSeite verschoben werden könnten. Neutralitätswahrende Eingriffe beruhen aber nicht nur auf Gesetz, sondern auch auf Richterrecht. Als Beispiel kann hier die Einschränkung der betriebsverfassungsrechtl. MitbestR bei kampfbezogenen Maßnahmen des ArbGeb genannt werden[1].

173 Die arbeitskampfrechtl. Neutralitätspflicht trifft nach alledem nicht nur Gesetzgeber und rechtsfortbildenden Richter, sondern auch die Exekutive. Das BSG differenziert darüber hinaus zwischen einer **„erhöhten (passiven) Neutralitätspflicht“** und einer **„fördernden Neutralität“**[2]. Unter der passiven Neutralitätsverpflichtung versteht das BSG, dass der BA kein Spielraum für wertende Regelungen bei der Ausfüllung der entsprechenden sozialversicherungsrechtl. Tatbestände zustehen darf[3]. Die BA als Mittler zwischen ArbGeb- und ArbN-Interessen soll also aus dem arbeitskampfrechtl. Interessenkonflikt herausgehalten werden. § 146 I 1 SGB III sagt darüber hinaus, dass durch die Gewährung von Alg nicht in Arbeitskämpfe eingegriffen werden darf. Passive Neutralität in diesem Sinne hat zur Folge, dass der Staat die bestehenden Kräfteverhältnisse der sozialen Gegenspieler im Arbeitskampf zu respektieren hat[4]. Es darf also auch dann nicht mit entlastenden Regelungen oder staatl. Leistungen zu Gunsten einer Partei eingegriffen werden, wenn zwischen den Kampfparteien keine Parität besteht.

174 **e) Grundsatz der Solidarität.** Insb. im Zusammenhang mit der **Verweigerung von Streikarbeit** (Rz. 206) stellt sich die Frage, ob ein wie auch immer geartetes „Solidaritätsprinzip“ anzuerkennen ist, welche es bspw. ArbN unmöglich macht, den streikenden Kollegen dadurch in den Rücken zu fallen, dass sie bislang von diesen verrichtete Arbeiten nunmehr auf Anweisung des ArbGeb erledigen. Insoweit ist fest zu halten, dass nach der Rspr.[5] sowie Stimmen in der Lit.[6] der Solidaritätsgedanke ungeeignet ist, um als Rechtsprinzip anerkannt zu werden.

175 **4. Arbeitskampf und Zivilrechtsdogmatik. a) Die kollektivrechtliche Einheitstheorie des BAG.** Das BAG hat mit dem Arbeitskampfrecht einen **„Sonderrechtskreis“**[7] eigener Art geschaffen. Durften bis zur Grundsatzentscheidung des Großen Senats v. 28.1.1955[8] Kampfmaßnahmen zulässigerweise nur unter der Voraussetzung einer vorherigen Kündigung durchgeführt werden – nämlich als „Kündigungsstreik“ bzw. „Kündigungsaussperrung“ –, so modifizierte das BAG diese Sichtweise durch seine kollektivrechtl. Einheitstheorie, welche sich in drei Thesen zusammenfassen lässt[9]: Danach ist der Streik eine einheitliche kollektive Handlung (1); diese einheitliche Handlung kann nur einheitlich rechtmäßig oder rechtswidrig sein (2); maßgeblich für diese Bewertung ist das kollektive Recht (3). Der gewerkschaftlich beschlossene und durchgeführte legitime Streik berechtigte also den ArbGeb nicht mehr zur fristlosen Kündigung einzelner ArbN wegen Vertragsbruchs[10]. Der Arbeitskampf als „einheitlicher“ Lebenssachverhalt konnte fürderhin bei kollektivrechtl. Zulässigkeit nicht individualvertragl. als Verletzung des Einzelarbeitsvertrages angesehen werden. Die Streikteilnahme des einzelnen ArbN tritt hinter den Kollektivakt „Streik“, der sich aus allen Arbeitsniederlegungen zusammensetzt, zurück[11]. Die Prüfung, ob die Arbeitsniederlegung eines ArbN einen Vertragsbruch oder eine unerlaubte Handlung gegenüber seinem ArbGeb darstellt, hängt damit zunächst vom kollektiven Rechtskreis ab.

176 **b) Der Arbeitskampf im deliktischen Haftungssystem.** Nach der Arbeitskampfkonzeption des BAG[12] stehen dem **Kollektivhandeln im Arbeitskampf** nur die besonderen (tarifvertragl.) und die allgemeinen (deliktsrechtl.) kollektiven Verhaltenspflichten entgegen. Nach dem BAG[13] stellt der Streik einen Eingriff in das Recht zum eingerichteten und ausgeübten Gewerbebetrieb dar; offen ist dabei, ob der Verletzungstatbestand die Rechtswidrigkeit indiziert[14] oder diese gesondert festzustellen ist[15]. Nach beiden Auffassungen ergibt sich die Rechtmäßigkeit oder Rechtswidrigkeit einer Arbeitskampfmaßnahme aber nicht aus dem Deliktsrecht. Vielmehr werden die „normalen“ zivilrechtl. Grundsätze insoweit durch die

1 *Seiter*, Staatsneutralität im Arbeitskampf, 1986, S. 2. | 2 BSG v. 9.9.1975 – 7 RAr 5/73, E 40, 190 (197 f.) = AP Nr. 1 zu § 116 AFG. | 3 BSG v. 9.9.1975 – 7 RAr 5/73, E 40, 190 (198). | 4 So schon *Seiter*, Arbeitskampfparität und Übermaßverbot, 1979, S. 15 ff. (18). | 5 Vor allem im Bereich der Lohnverweigerung nach der Arbeitskampfrisikolehre hat eine Abkehr vom Solidaritätsprinzip als Rechtsgrundlage stattgefunden, grundl. BAG v. 22.12.1980 – 1 ABR 2/79, AP Nr. 70 zu Art. 9 GG – Arbeitskampf; Ansätze schon in BAG v. 7.11.1975 – 5 AZR 61/75, AP Nr. 30 zu § 615 BGB – Betriebsrisiko. | 6 S. etwa *Seiter*, Arbeitskampfparität und Übermaßverbot, 1979, S. 49 mwN. | 7 Vgl. nur *Richardi*, ZfA 1985, 101 (102 f.); *Richardi*, JZ 1985, 410 (419); s. auch *Konzen*, FS 50 Jahre BAG, 2004, S. 513 (514 ff.). | 8 BAG (GS) v. 28.1.1955 – GS 1/54, AP Nr. 1 zu Art. 9 GG – Arbeitskampf. | 9 *Seiter*, Streikrecht, S. 19; vgl. ferner Brox/Rüthers/*Brox*, Rz. 334 f. | 10 BAG (GS) v. 28.1.1955 – GS 1/54, AP Nr. 1 zu Art. 9 GG – Arbeitskampf. | 11 BAG (GS) v. 28.1.1955 – GS 1/54, AP Nr. 1 zu Art. 9 GG – Arbeitskampf. | 12 Grundl. BAG (GS) v. 28.1.1955 – GS 1/54, AP Nr. 1 zu Art. 9 GG – Arbeitskampf; vgl. dazu näher Brox/Rüthers/*Brox*, Rz. 337 ff. | 13 BAG (GS) v. 28.1.1955 – GS 1/54, AP Nr. 1 zu Art. 9 GG – Arbeitskampf; v. 20.12.1963 – 1 AZR 428/62, AP Nr. 32 zu Art. 9 GG – Arbeitskampf; v. 21.3.1978 – 1 AZR 11/76, AP Nr. 62 zu Art. 9 GG – Arbeitskampf. | 14 So etwa *Lieb*, ZfA 1982, 113 (121 f.). | 15 So Brox/Rüthers/*Brox*, Rz. 335.

Anerkennung von Koalitionsfreiheit und Tarifautonomie außer Kraft gesetzt; der Arbeitskampf als bewusste und gezielte Schädigung des sozialen Gegenspielers zieht keine schadensrechtl. (und vertragl.) Konsequenzen nach sich, solange er sich an die von der Rspr. aufgestellten Rahmenbedingungen hält[1]. Wann ein Delikt (und damit eine Arbeitsvertragsverletzung) vorliegt, entscheiden zunächst die kollektiven Kriterien; die dem kollektiven Rechtskreis angehörenden Normen überlagern die an sich zur Regelung von Leistungsstörungen und unerlaubten Handlungen berufenen Vorschriften des BGB. Insofern ist der Arbeitsvertrag als konstituierendes Element des Arbeitsverhältnisses nicht die einzige Einbruchstelle des kollektiven Arbeitsrechts. Auch die Wertungen des Deliktsrechts werden durch die kollektivistischen Bestimmungsgründe des Einzelarbeitsverhältnisses modifiziert[2].

c) Kritik an der „kollektivrechtlichen Einheitslehre". Die kollektivrechtl. Einheitslehre des BAG hat in der Lit.[3] vor allem unter zwei Gesichtspunkten Kritik erfahren. Zum einen führt diese Rspr. zu **Abgrenzungsschwierigkeiten und Wertungswidersprüchen im Hinblick auf verbandsfreie Kampfmaßnahmen**, insb. hinsichtlich der kollektiven Ausübung von Individualrechten. Der zweite schwerwiegende Einwand ist rechtsdogmatischer Natur. Für die Beurteilung der Rechtmäßigkeit eines Arbeitskampfes bedient sich das BAG nicht des zivilrechtl. Haftungssystems. Vielmehr werden die Grundsätze der Zivilrechtsdogmatik durch eine spezifische arbeitskampfrechtl. Risikozuordnung ersetzt. Insb. wird allen zivilrechtl. Grundsätzen zuwider die Verletzung des Arbeitsvertrages von der Einordnung eines bestimmten Verhaltens als Delikt abhängig gemacht. Das Recht der Leistungsstörungen hat seine Bedeutung zu Gunsten des von der Rspr. etablierten Sonderrechtskreises verloren. 177

5. Richterrechtlich anerkannte (privilegierte) Kampfrechte der Arbeitnehmerseite zur Durchsetzung tarifvertraglicher Regelungsziele. a) Streikrecht. aa) Begriff und Arten. Der Streik ist das althergebrachte **Hauptdruckmittel der ArbN-Seite im Arbeitskampf**. Er liegt vor, wenn eine Mehrzahl von ArbN gegen den Willen des ArbGeb planmäßig und gemeins. gänzlich oder teilweise ohne vorherige Kündigung die Arbeit einstellt, um ein bestimmtes Ziel zu erreichen. Regelmäßig wird der Streik Angriffscharakter haben und eröffnet damit den Arbeitskampf, er ist aber auch als Abwehrmittel gegen eine vorhergehende Aussperrung der ArbGebSeite denkbar. 178

Beim **verbandsgetragenen Streik** obliegt die Leitung des Kampfmittels einer Gewerkschaft, der nicht gewerkschaftliche („wilde") Streik wird ohne oder gar gegen den Willen der Gewerkschaft durchgeführt. Während bei Vollstreiks alle organisierten ArbN des Tarifgebiets oder alle ArbN eines Betriebes die Arbeit niederlegen, zeichnen sich Teil- oder Schwerpunktstreiks dadurch aus, dass nur ein Teil der Arbeitnehmerschaft auf Betriebs- bzw. Verbandsebene streikt. In der Praxis kommen darüber hinaus eine Vielzahl von Streikformen vor, so etwa Bummelstreiks, Nadelstichstreiks, rollierende Streiks, Stotterstreiks sowie Wellenstreiks. Das Kampfziel kann dabei entweder arbeitsrechtl. oder politischer Natur sein. Weiter ist nach dem Grad der Selbständigkeit zu differenzieren: Während der Hauptstreik der Durchsetzung eigener Zielsetzungen dient, wird mit dem Sympathie- oder Solidaritätsstreik kein eigenes Kampfziel verfolgt. Vielmehr dienen entsprechende Unterstützungskampfmaßnahmen der Druckverstärkung zu Gunsten eines außerhalb des Tarifgebiets stattfindenden Hauptarbeitskampfes. 179

Dabei obliegt es der kampfführenden Gewerkschaft im Rahmen der Freiheit der Kampfmittelwahl, welche Streikform sie wählt. Ausschlaggebend hierfür werden regelmäßig taktische Überlegungen sein. So kommen Streikformen vor, bei denen die Arbeitsleistung nicht ganz verweigert wird, sondern die ArbN **den Weisungen des ArbGeb nur teilweise** nachkommen (Weigerung, nur bestimmte Arbeiten nicht zu leisten)[4]. Allerdings kann die Grenze von der Nichtleistung zur Schlechtleistung in entsprechenden Fällen fließend sein (Singen mit halber Stimme, Befüllen von Bierkrügen nur zur Hälfte), was unter dem Gesichtspunkt der Rechtmäßigkeit entsprechender Maßnahmen von Bedeutung ist. 180

Von diesen Fällen der offenen Leistungsbeschränkung sind Kampfformen zu trennen, die sich durch eine **verdeckte Leistungsbeschränkung** auszeichnen[5]. Umstritten sind vor allem die Zulässigkeit von Bummelstreiks[6] sowie der im öffentl. Dienst praktizierte Dienst nach Vorschrift[7]. 181

bb) Grundsätzliche Zulässigkeit und Rechtsgrundlage. Das BAG lässt sich bei der **Ausgestaltung des Kampfmittelsystems** von der Frage leiten, welche Kampfmaßnahme unter dem Gesichtspunkt der Erforderlichkeit für die Herstellung bzw. Erhaltung der Verhandlungsparität zwischen den Tarifparteien notwendig ist. Im Streikrecht sieht das BAG[8] einen notwendigen Bestandteil der freiheitlichen Kampf- und Ausgleichsordnung, welche durch Art. 9 III gewährleistet ist. Ohne das Druckmittel des Streiks soll 182

---

1 Dazu umfassend *Seiter*, Streikrecht, S. 443 ff. | 2 Zur dogmengeschichtlichen Entwicklung *Seiter*, Streikrecht, S. 443 ff. | 3 Grundl. *Seiter*, Streikrecht, S. 19 ff.; vgl. auch *Richardi*, ZfA 1985, 101 (107 ff.). | 4 S. auch ErfK/*Dieterich*, Art. 9 GG Rz. 268; MünchArbR/*Otto*, § 286 Rz. 54. | 5 So die Differenzierung bei ErfK/*Dieterich*, Art. 9 GG Rz. 269 f. | 6 Für rechtswidrig halten Bummelstreiks BGH v. 31.1.1978 – VI ZR 32/77, BGHZ 70, 277 = AP Nr. 61 zu Art. 9 GG – Arbeitskampf; ErfK/*Dieterich*, Art. 9 GG Rz. 269; MünchArbR/*Otto*, § 286 Rz. 53. AA *Däubler*, ArbeitskampfR, Rz. 1445, 1456; *Löwisch/Rieble*, 170.2 Rz. 256. | 7 Diff. ErfK/*Dieterich*, Art. 9 GG Rz. 270, der diese Kampfform jedenfalls dann für rechtmäßig hält, wenn klare Anweisungen wörtlich genommen werden, obschon dies zu einer Verzögerung des Arbeitsablaufs führt. | 8 BAG v. 10.6.1980 – 1 AZR 822/79, AP Nr. 64 zu Art. 9 GG – Arbeitskampf.

die Tarifautonomie nicht wirksam werden können. Den Gewerkschaften wird also vom BAG die Angreiferrolle zugestanden, was einer verfassungsrechtl. Vorabgarantie des Streikrechts gleichkommt, vor deren Hintergrund das Recht zur Aussperrung überhaupt erst legitimiert werden muss[1].

183 Der rechtmäßige Streik ist nach geltendem Richterrecht auch **grds. verhältnismäßig**[2]. Insb. kommt eine quantitative Begrenzung bei Angriffsstreiks etwa in Form von Teilnehmerquoten nicht in Betracht[3]. Aus der Freiheit der Wahl der Kampfmittel und der Kampftaktik folgt daraus das Recht der angreifenden Gewerkschaft, die ihrer Ansicht nach angemessene Streikform zu wählen[4].

184 **cc) Gewerkschaftliche Organisation.** Grundvoraussetzung für die Anerkennung des Streiks durch die Rspr. ist, dass er von einer Gewerkschaft, also einer tariffähigen Koalition (Rz. 48 ff.) geführt wird[5]. Die **alleinige Privilegierung des gewerkschaftlichen Streiks** lässt sich schon daraus ableiten, dass der Arbeitskampf Hilfsmittel der Tarifautonomie ist und nur Gewerkschaften bzw. deren Spitzenorganisationen nach § 2 TVG als TV-Parteien für die ArbGebSeite in Betracht kommen. Entscheidend ist, dass der Streikaufruf von dem nach der **Gewerkschaftssatzung zuständigen Organ** erlassen wurde[6], wobei dieses freilich die Befugnis zum Streikaufruf in Bezug auf die Modalitäten delegieren kann. Beim Aufruf zum Streik handelt es sich zumindest um eine rechtsgeschäftsähnliche Handlung, so dass er der ArbGeb-Seite zugehen muss. Insoweit lässt sich auch das Ultima-ratio-Prinzip ins Feld führen[7].

185 Klargestellt werden muss, von wem der Beschluss stammt, wer damit angesprochen wird, um welche Kampfmaßnahme es geht und wann die Maßnahmen beginnen bzw. enden sollen. **Regeln über die Art der Bekanntmachung bzw. die Möglichkeit der Kenntnisnahme** existieren nicht. Sogar eine Verlautbarung über die Medien soll unter bestimmten Umständen in Betracht kommen[8]. Ob eine rückwirkende Heilung bei Bekanntmachungsfehlern in Betracht kommt, ist umstritten[9], dürfte aber wohl nur im Hinblick auf die relevante Fragestellung entschieden werden können[10].

186 Liegt keine gewerkschaftliche Organisation im genannten Sinne vor, spricht man auch von einem grds. rechtswidrigen[11] **„wilden" Streik**. Eine gewerkschaftliche Führung im genannten Sinne liegt auch dann nicht vor, wenn in Betrieben die Arbeit niedergelegt wird, in denen nicht zum Streik aufgerufen wurde. Die wild streikenden ArbN bilden selbst keine Koalition iSd. Art. 9 III dar, da sie keinen auf längere Zeit angelegten Zusammenschluss darstellen (Rz. 34). „Wilde" Streiks können allerdings durch empfangsbedürftige Erklärung der jeweiligen tarifzuständigen Gewerkschaft gegenüber dem bekämpften ArbGeb oder ArbGebVerband nachträglich übernommen werden[12], was die rückwirkende Beseitigung der Rechtswidrigkeit entsprechend § 184 I BGB nach sich zieht. Voraussetzung hierfür ist allerdings, dass der „wilde" Streik als gewerkschaftlich geführter rechtmäßig gewesen wäre, weiter darf er noch nicht beendet sein. Auch muss der Übernahmezeitpunkt erklärt werden[13]. Das Übernahmerecht der Gewerkschaft ist dabei im Zusammenhang mit deren Konfliktlösungsfunktion zu sehen.

187 Umgekehrt dürfen bei entsprechendem Aufruf neben den organisierten ArbN auch die **Außenseiter** dem gewerkschaftlichen Appell zur Niederlegung der Arbeit folgen und streiken[14]. Das BAG hatte das Streikrecht der Außenseiter mit der nicht unzweifelhaften Überlegung begründet, dass ansonsten in Branchen mit geringem gewerkschaftlichen Organisationsgrad die Erfolgsaussichten des Arbeitskampfs in Frage gestellt wären. Nach dem BVerfG[15] ist demgegenüber im Kampfbündnis eines Außenseiters mit einem tariffähigen Verband eine Vereinigung iSd. Art. 9 III zu sehen, sofern es um den Abschluss eines TV im Interesse des jeweiligen Außenseiters geht. Ausreichend sei insoweit die generelle Vereinbarung der VerbandsTV in den Arbeitsverträgen.

188 **dd) Kampfgegner.** Sofern die kampfführende Gewerkschaft einen **VerbandsTV** erstrebt, ist Kampfgegner der tarifzuständige ArbGebVerband. Die Betriebe verbandsangehöriger ArbGeb können jederzeit ganz oder teilweise bestreikt werden. Soweit eine Allgemeinverbindlicherklärung zu erwarten steht oder der TV in einem nicht dem Verband angehörigen Unternehmen angewendet wird, hält die hM[16]

---

1 *Konzen*, SAE 1986, 57; *Seiter*, AfP 1985, 186 (188 f.). |2 BAG v. 10.6.1980 – 1 AZR 822/79, AP Nr. 64 zu Art. 9 GG – Arbeitskampf. |3 Best. BVerfG v. 26.6.1991 – 1 BvR 779/85, E 84, 212 (231). |4 Brox/Rüthers/*Rüthers*, Rz. 207. |5 BAG v. 7.6.1988 – 1 AZR 372/86, AP Nr. 106 zu Art. 9 GG – Arbeitskampf. |6 *Kissel*, ArbeitskampfR, § 42 Rz. 2 ff. |7 BAG v. 23.10.1996 – 1 AZR 269/96, AP Nr. 146 zu Art. 9 GG – Arbeitskampf; *Kissel*, ArbeitskampfR, § 42 Rz. 15; MünchArbR/*Otto*, § 285 Rz. 115; vgl. auch *Seiter*, Streikrecht, S. 249 ff. |8 BAG v. 23.10.1996 – 1 AZR 269/96, AP Nr. 146 zu Art. 9 GG – Arbeitskampf. Zum Problem der Kenntnisnahme in diesem Fall *Otto*, EzA Art. 9 GG – Arbeitskampf. |9 Verneinend MünchArbR/*Otto*, § 285 Rz. 116; bejahend *Löwisch*, AR-Blattei ES 170.1 Nr. 42 unter 3. |10 S. auch ErfK/*Dieterich*, Art. 9 GG Rz. 134. |11 BAG v. 7.6.1988 – 1 AZR 372/86, AP Nr. 106 zu Art. 9 GG – Arbeitskampf; v. 31.10.1995 – 1 AZR 217/95, AP Nr. 140 zu Art. 9 GG – Arbeitskampf. |12 BAG v. 20.12.1963 – 1 AZR 428/62, AP Nr. 32 zu Art. 9 GG – Arbeitskampf. |13 BAG v. 31.10.1995 – 1 AZR 217/95, AP Nr. 140 zu Art. 9 GG – Arbeitskampf. |14 BAG (GS) v. 21.4.1971 – GS 1/68, AP Nr. 43 zu Art. 9 GG – Arbeitskampf; *Gamillscheg*, KollArbR, § 21 II 4 b (1); *Löwisch/Rieble*, 170.2 Rz. 85 ff. |15 BVerfG v. 26.6.1991 – 1 BvR 779/85, E 84, 212 (222, 225 f.); BAG v. 22.3.1994 – 1 AZR 622/93, AP Nr. 130 zu Art. 9 GG – Arbeitskampf. |16 *Gamillscheg*, KollArbR, § 21 II 5 b; *Lembke*, Die Arbeitskampfbeteiligung von Außenseitern, 1999, S. 144 ff. (164, 170); MünchArbR/*Otto*, § 285 Rz. 68; *Seiter*, EzA Art. 9 GG – Arbeitskampf Nr. 21; aA *Lieb*, FS Kissel, 1994, S. 653 (661 ff.); *Thüsing*, Der Außenseiter im Arbeitskampf, 1996, S. 133 ff.; diff. *Häuser*, FS Kissel, 1994, S. 297 (316 ff.).

auch die Bestreikung des AußenseiterArbGeb für zulässig. Das BAG[1] hat sich für die Zulässigkeit eines entsprechenden Vorgehens der Gewerkschaft jedenfalls dann ausgesprochen, wenn ein mit dem AußenseiterArbGeb abgeschlossener ungekündigter FirmenTV keine eigenständigen inhaltlichen Regelungen enthält, sondern lediglich auf die jeweils geltenden VerbandsTV verweist. Gesehen werden muss, dass damit die Grenzen zum Sympathiearbeitskampf (Rz. 270 f.) verwischt werden, wobei das BAG[2] diesen mittlerweile nicht mehr für grds. unzulässig hält.

Beim Arbeitskampf um einen **FirmenTV** ist Kampfgegner der tarifschließende EinzelArbGeb. Gehört dieser keinem ArbGebVerband an oder handelt es sich um eine OT-Mitgliedschaft[3] (Rz. 59), stellen sich keine weiteren Probleme. Fraglich ist, ob auch ein Verbandsmitglied mit dem Ziel eines FirmenTV bestreikt werden darf. Die hM[4] lässt dies zu, nachdem die Tariffähigkeit des ArbGeb trotz der Verbandsmitgliedschaft erhalten bleibt. Ein entsprechendes Verbot in der Satzung des ArbGebVerbandes hat nur vereinsinterne Bedeutung. Allerdings kann die Friedenspflicht aus einem VerbandsTV dem Arbeitskampf gegen ein Mitglied entgegenstehen. Ist eine bestimmte Materie im VerbandsTV geregelt oder war sie Gegenstand der TV-Verhandlungen, ist ein Streik mit einer entsprechenden Zielsetzung grds. rechtswidrig[5]. Etwas anderes gilt, wenn der VerbandsTV eine Öffnungsklausel enthält. Ob auch die Tatsache, dass ein Unternehmen seit langem vom Verbandstarif abweichende FirmenTV schließt, eine Ausnahme rechtfertigen kann[6], erscheint eher fraglich, da es dem Mitglied auf Grund Art. 9 III jederzeit freistehen muss, sich unter den Schutz des Verbandes zu begeben. Neuerdings ist die Diskussion für die Fälle eröffnet, in denen neben Sozialplan und Interessenausgleich auch FirmenTV oder firmenbezogene VerbandsTV mit verbandsgebundenen ArbGeb erstreikt werden sollen, um bspw. eine Betriebsverlagerung ins Ausland zu verhindern[7]. Ob ein derartiger Streik zulässig ist, wird nach dem konkreten Inhalt der Streikforderung im Einzelfall zu entscheiden sein[8]. 189

ee) Rechtsfolgen für das Einzelarbeitsverhältnis. (1) Ausübung eines subjektiv-privaten Gestaltungsrechts. Der von einem rechtmäßigen Streikbeschluss erfasste ArbN hat das Recht, diesem zu folgen. Mit der Erklärung, seinerseits streiken zu wollen, übt er privatrechtsdogmatisch ein subjektiv-privates Gestaltungsrecht[9] aus, **mittels dessen die hauptsächlichen Rechte und Pflichten aus dem bestehenden Arbeitsverhältnis suspendiert werden**[10]. Die Suspendierungswirkung trifft die Arbeitspflicht und die damit korrespondierende Lohnzahlungspflicht. Das Arbeitsverhältnis selbst bleibt in seinem Bestand unverändert bestehen. Dabei braucht die Streikteilnahme nicht ausdrücklich gegenüber dem ArbGeb kundgetan zu werden, Nichterscheinen am Arbeitsplatz reicht als konkludente Manifestation aus[11]. Einer Klarstellung bedarf es allerdings dann, wenn etwa urlaubs- oder krankheitsbedingt ohnedies keine Arbeitspflicht besteht. Gleiches gilt, wenn die Arbeitsleistung wie bei Monteuren oder Fahrpersonal außerhalb des Betriebes zu erbringen ist, der ArbGeb also nicht ohne weiteres erkennen kann, dass gestreikt wird[12]. Will ein ArbN seinen Arbeitsplatz verlassen, um zu streiken, muss er bei Existenz eines betriebl. Zeiterfassungssystems ausstempeln[13]. Meldet sich ein ArbN im Rahmen einer betrieblichen **Gleitzeitregelung** zulässigerweise aus dem Zeiterfassungssystem ab, streikt er nach BAG im Rechtssinne nicht[14]. 190

Streiken dürfen **alle Beschäftigten, die dazu aufgerufen wurden**, also auch die leitenden Angestellten; die Auszubildenden dann, wenn es um ihre Arbeitsbedingungen geht[15]. Wegen § 12a TVG steht auch arbeitnehmerähnl. Personen ein Streikrecht zu[16]. 191

---

1 BAG v. 18.2.2003 – 1 AZR 142/02, AP Nr. 163 zu Art. 9 GG – Arbeitskampf (Verfassungsbeschwerde nicht angenommen, vgl. BVerfG v. 22.7.2004 – 9 SaGa 593/04, AP Nr. 167 zu Art. 9 GG – Arbeitskampf); tendenziell auch schon BAG v. 9.4.1991 – 1 AZR 332/90, AP Nr. 116 zu Art. 9 GG – Arbeitskampf. Zu undifferenziert allerdings BGH v. 19.1.1978 – II ZR 192/76, AP Nr. 56 zu Art. 9 GG – Arbeitskampf. Zum Ganzen *Konzen*, GS Heinze, 2005, S. 515. |2 BAG v. 19.6.2007 – 1 AZR 396/06, AP Nr. 137 zu Art. 9 GG – Arbeitskampf; dazu *Konzen*, SAE 2008, 1. |3 S. auch MünchArbR/*Otto*, § 285 Rz. 144. |4 BAG v. 10.12.2002 – 1 AZR 96/02, AP Nr. 162 zu Art. 9 GG – Arbeitskampf; s. auch schon BAG v. 25.9.1996 – 1 ABR 4/96, AP Nr. 10 zu § 2 TVG – Tarifzuständigkeit; vgl. ferner *Gamillscheg*, KollArbR, § 21 II 5 c; *Jacobs*, ZTR 2001, 249 (250 f.); aA LAG Schl.-Holst. v. 25.11.1999 – 4 Sa 584/99, AP Nr. 157 zu Art. 9 GG – Arbeitskampf; Brox/Rüthers/*Rüthers*, Rz. 137; *Buchner*, RdA 2003, 363 (365). |5 BAG v. 10.12.2002 – 1 AZR 96/02, AP Nr. 162 zu Art. 9 GG – Arbeitskampf *(Thüsing)*. |6 So ErfK/*Dieterich*, Art. 9 GG Rz. 163. |7 Vgl. zum Ganzen etwa LAG Nds. v. 2.6.2004 – 7 Sa 819/04, AP Nr. 164 zu Art. 9 GG – Arbeitskampf; LAG Schl.-Holst. v. 27.3.2003 – 5 Sa 137/03, AP Nr. 165 zu Art. 9 GG – Arbeitskampf; *Cherdron*, Tarifliche Sanierungs- und Sozialplanvereinbarungen, 2008, passim; *Fischinger*, Arbeitskämpfe bei Standortverlagerung und -schließung, 2006, passim; *Hohenstatt/Schramm*, DB 2004, 2214; *Kühling/Bertelsmann*, NZA 2005, 1017; *Löwisch*, DB 2005, 554; *Meyer*, DB 2005, 830; *Nicolai*, RdA 2006, 33; *Reichold*, BB 2004, 2814; *Franzen*, in Rieble (Hrsg.), Zukunft des Arbeitskampfes, S. 142 ff.; *Jacobs*, in Rieble (Hrsg.), Zukunft des Arbeitskampfes, S. 92 ff.; *Thüsing/Ricken*, ArbRGeg, Bd. 42, S. 113 ff.; *Willemsen/Stamer*, NZA 2007, 413. |8 Vgl. *Franzen*, ZfA 2005, 315 ff. S. nun aber auch BAG v. 24.4.2007 – 1 AZR 252/06, AP Nr. 2 zu § 1 TVG – Sozialplan. |9 Grundl. *Seiter*, Streikrecht, S. 271. |10 St. Rspr., BAG v. 22.3.1994 – 1 AZR 622/93, AP Nr. 130 zu Art. 9 GG – Arbeitskampf; v. 20.12.1995 – 10 AZR 742/94, AP Nr. 141 zu Art. 9 GG – Arbeitskampf. |11 BAG v. 15.1.1991 – 1 AZR 178/90, AP Nr. 114 zu Art. 9 GG – Arbeitskampf. |12 ErfK/*Dieterich*, Art. 9 GG Rz. 167. |13 ArbG Herford v. 30.10.2003 – 1 Ca 912/02, DB 2003, 2494 = BB 2003, 2574. |14 BAG v. 26.7.2005 – 1 AZR 133/04, AP Nr. 170 zu Art. 9 GG – Arbeitskampf. |15 BAG v. 30.8.1994 – 1 AZR 765/93, AP Nr. 131 zu Art. 9 GG – Arbeitskampf. |16 ErfK/*Dieterich*, Art. 9 GG Rz. 158.

192 **(2) Lohnanspruch.** Der selbst am Streik teilnehmende ArbN hat keinen Lohnanspruch. Der Lohnanspruch entfällt, streng streikbedingt, nur dann, **wenn der Arbeitsausfall allein auf der Streikteilnahme beruht**. Für die Höhe des Entgeltausfalls ist die Dauer des Streiks maßgeblich. Soweit es sich um Leistungen nach wiederkehrenden Zeitabschnitten handelt, ist eine Berechnung auf der Grundlage der regelmäßigen Arbeitszeit vorzunehmen. In Bezug auf **Gleitzeitkonten** kann auch ein durch Streikteilnahme entstandener Rückstand durch Guthaben auf dem Gleitzeitkonto ausgeglichen oder die Streikzeit im Folgemonat nachgeholt werden. Diese Verrechnung verlagert den Verlust des Vergütungsanspruches lediglich auf eine andere Ebene und hat nach der Rspr. keinen Einfluss auf die Arbeitskampfparität[1], da der ArbN auf jeden Fall unbezahlte Arbeitszeit einsetzen muss (s. auch Rz. 161, 190). Eine Lohnkürzung erfolgt nicht, wenn der ArbN sich ordnungsgemäß aus der Zeiterfassung abmeldet[2].

193 **(3) Urlaub.** Was das Verhältnis von Urlaub und Streik anbelangt, **ist auf den Zeitpunkt der Urlaubsgewährung abzustellen.** Beantragt ein ArbN während der Streikbeteiligung Urlaub, so braucht ihn der ArbGeb nicht zu gewähren. Da das Arbeitsverhältnis suspendiert ist, scheidet eine Urlaubsgewährung aus[3]. Zur Gewährung des Urlaubs müsste der ArbN seine Streikbeteiligung aufgeben und den Willen zur Erfüllung seiner Arbeitspflicht mitteilen[4]. Eine solche individualrechtl. Beendigungserklärung darf jedoch nicht schon im Urlaubsantrag gesehen werden. Lehnt der ArbGeb diesen nach § 7 I BUrlG ab, so wäre der ArbN zur Erbringung der Arbeitsleistung verpflichtet, da er nicht mehr am Streik teilnimmt[5].

194 Wurde der Urlaub bereits **vor Streikbeginn** genehmigt und angetreten, so hat der Streik auf die Zahlung des Urlaubsentgelts keine Auswirkungen. Durch den Urlaub ist der ArbN von der Erbringung seiner Arbeitsleistung befreit. Der ArbGeb kann auch nicht unter Berufung auf das Arbeitskampfrisiko die Zahlung des Urlaubsentgeltes verweigern, wenn der Betrieb stillgelegt wird. Mangels Leistungspflicht liegt auch keine Leistungsstörung vor[6]. Ebenso ist der ArbN, dessen Urlaub bereits genehmigt wurde, berechtigt, diesen auch anzutreten. Keine Rolle kann die Überlegung spielen, dass sich der ArbN am Streik beteiligt hätte (zB auf Grund einer engagierten Mitwirkung im Vorfeld des Streiks), wenn er nicht in Urlaub gehen würde.

195 Will sich der **beurlaubte ArbN am Streik beteiligen**, muss er sich dem Streik durch Erklärung gegenüber dem ArbGeb anschließen. Eine solche einseitige Änderung der Urlaubsbewilligung muss im Hinblick auf Art. 9 III 1 möglich sein, damit der ArbN sein Recht zum Streik wahrnehmen kann[7]. Die Erklärung kann auch konkludent ergehen, wenn sich der beurlaubte ArbN für den ArbGeb erkennbar aktiv am Streik beteiligt. Bloßes Fernbleiben vom Arbeitsplatz reicht hier nicht aus. Schließt sich der ArbN dem Streik an, endet seine urlaubsbedingte Arbeitsfreistellung. Den restlichen Urlaub kann er dann zu einer anderen Zeit nehmen[8].

196 Die Wartezeit des § 4 BUrlG wird durch den Streik nicht unterbrochen, da sie nur an das Bestehen des Arbeitsverhältnisses anknüpft[9]. Die Streikteilnahme kann sich jedoch auf die Höhe des **Urlaubsentgeltes** gem. § 11 BUrlG auswirken. Nimmt der ArbN an einem Streik teil und kann seinen Urlaub daher nicht wahrnehmen, richtet sich die Übertragung des Urlaubsanspruches auf das nächste Kalenderjahr nach § 7 III BUrlG, der Streik stellt insb. keinen dringenden in der Person des ArbN liegenden Rechtfertigungsgrund für eine solche Übertragung dar[10]. Durch die Suspendierung des Arbeitsverhältnisses während des Streiks wird auch der Verfall von Urlaubsansprüchen nicht ausgeschlossen[11]. Schadensersatz wegen des Verfalls hat der ArbGeb nur zu leisten, wenn er sich im Verzug befunden hatte[12].

197 **(4) Krankheit.** Erkrankt ein ArbN während der Streikteilnahme, hat er grds. **keinen Anspruch aus § 3 I EFZG**. Die Arbeitsleistung entfällt nicht wegen der Arbeitsunfähigkeit auf Grund der Krankheit, vielmehr ist die Pflicht zur Arbeitsleistung bereits wegen des Streiks suspendiert. Er kann jedoch seine Teilnahme am Streik beenden, wodurch der ArbGeb zur Entgeltfortzahlung verpflichtet wird[13]. Beginnt ein Streik während der Erkrankung des ArbN, bleibt sein Entgeltfortzahlungsanspruch gegen den ArbGeb ebenfalls bestehen. Jedoch kann sich der ArbN dem Streik anschließen (vgl. Rz. 190), was zu einem Wegfall des Anspruchs aus § 3 EFZG führt[14].

198 Darüber hinaus entfällt der Entgeltfortzahlungsanspruch, wenn der ArbN auf Grund des Arbeitskampfes nicht mehr beschäftigt werden kann, es finden die Grundsätze der Arbeitskampfrisikolehre (Rz. 215)

---

1 BAG v. 30.8.1994 – 1 ABR 10/94, AP Nr. 132 zu Art. 9 GG – Arbeitskampf; *Hergenröder*, SAE 1996, 326. |2 BAG v. 26.7.2005 – 1 AZR 133/04, AP Nr. 170 zu Art. 9 GG – Arbeitskampf. |3 BAG v. 15.6.1964 – 1 AZR 356/63, AP Nr. 35 zu Art. 9 GG – Arbeitskampf; *Kissel*, ArbeitskampfR, § 46 Rz. 45. |4 BAG v. 24.9.1996 – 9 AZR 364/95, AP Nr. 22 zu § 7 BUrlG. |5 LAG Nürnberg v. 25.1.1995 – 4 Sa 1118/93, NZA 1995, 854; GK-BUrlG/*Bleistein*, § 1 Rz. 147 ff. |6 BAG v. 9.2.1982 – 1 AZR 567/79, AP Nr. 16 zu § 11 BUrlG. |7 Vgl. BAG v. 24.9.1996 – 9 AZR 364/95, AP Nr. 22 zu § 7 BUrlG. |8 Brox/Rüthers/*Brox*, Rz. 304; *Gamillscheg*, KollArbR, § 25 I 2c (2); *Pieper*, ArbuR 1989, 221 (223); *Seiter*, Streikrecht, S. 302; aA *Kissel*, ArbeitskampfR, Rz. 52. |9 BAG v. 28.1.1982 – 6 AZR 571/79, AP Nr. 11 zu § 3 BUrlG. |10 LAG Nürnberg v. 25.1.1995 – 4 Sa 1118/93, NZA 1995, 854. |11 ErfK/*Dieterich*, Art. 9 GG Rz. 203. |12 BAG v. 24.9.1996 – 9 AZR 364/95, AP Nr. 22 zu § 7 BUrlG. |13 BAG v. 15.1.1991 – 1 AZR 178/90, AP Nr. 114 zu Art. 9 GG – Arbeitskampf; *Seiter*, Streikrecht, S. 310. |14 BAG v. 1.10.1991 – 1 AZR 147/91, AP Nr. 121 zu Art. 9 GG – Arbeitskampf.

Anwendung. Gleiches gilt, wenn der ArbGeb von seinem Stilllegungsrecht (Rz. 211) Gebrauch macht[1]. Die streikbedingte Stilllegung des Betriebes ist auch bei der Berechnung der **Sechs-Wochen-Frist des § 3 I EFZG zu** beachten. Eine Verlängerung der Frist um die Streiktage findet nicht statt[2].

(5) **Mutterschaftsentgelt.** Für den Anspruch aus **§ 11 MuSchG** gelten diese Grundsätze entsprechend, ein Anspruch besteht nicht, wenn die Nichtleistung nicht ausschließlich auf einem Beschäftigungsverbot beruht[3]. Dies ist bei einer Streikteilnahme der Fall. **199**

(6) **Feiertage.** Nach dem Lohnausfallprinzip hat der ArbGeb gem. **§ 2 I EFZG** für gesetzl. Feiertage den üblichen Lohn zu zahlen, wenn die Arbeitszeit infolge des Feiertages ausfällt. Fällt die Arbeitszeit auf Grund des Arbeitskampfes aus, ist ein solcher Anspruch nicht gegeben[4]. Der Anspruch auf Feiertagslohn besteht jedoch, wenn der Arbeitskampf unmittelbar nach einem Feiertag beginnt oder vorher endet[5]. Die gezielte Aussparung eines Feiertages stellt nach der zutreffenden Rspr. des BAG[6] jedoch keine wirksame Unterbrechung des Arbeitskampfes dar. **200**

(7) **Zulagen.** Bei Zulagen und Zuschlägen ist danach zu differenzieren, ob an **die tatsächlich erbrachte Leistung, an die Zeiten der Arbeitspflicht oder an die Betriebszugehörigkeit** angeknüpft wird. Allgemeine Zulagen und Zuschläge sind regelmäßig an die unmittelbare Arbeitsleistung gebunden und entfallen bei einer Streikteilnahme[7]. Dies gilt insb. auch für sog. Anwesenheitsprämien[8]. Ausnahmen bilden lediglich die tarifvertragl. oder durch BV festgelegten jährlichen Gratifikationen. Diese knüpfen regelmäßig an das bestehende Arbeitsverhältnis an, welches durch die Streikteilnahme nicht betroffen wird[9]. Soweit indes Zeiten eines „ruhenden Arbeitsverhältnisses“ ausdrücklich als anspruchsverringernd gelten, gilt dies auch für Fehlzeiten anlässlich eines Streiks, eine unzulässige Maßregelung ist darin nicht zu sehen[10]. **201**

(8) **Beihilfen im Krankheitsfall.** Soweit für den Anspruch auf Beihilfe keine über das Bestehen des Arbeitsverhältnisses hinausgehenden Voraussetzungen bestehen, bleibt er auch für Streikzeiten bestehen[11]. Ist jedoch eine Gleichstellung mit den „im Dienst befindlichen Beamten“ vorgesehen, entfällt der Anspruch, da der Streikende nicht „im Dienst“ ist[12]. **202**

(9) **Entgeltanspruch während Freistellungszeiten.** Wurde ein ArbN vor Streikbeginn für eine **Schulungsveranstaltung** nach § 37 VI BetrVG freigestellt, so verliert er seinen Entgeltfortzahlungsanspruch für diesen Zeitraum nicht alleine dadurch, dass während dieser Zeit der Betrieb bestreikt wird. Ob er sich am Streik beteiligt hätte, wenn er nicht von der Arbeitspflicht befreit gewesen wäre, ist unerheblich[13]. Gleiches galt für eine Arbeitsfreistellung nach § 15a BAT[14]. **203**

ff) Beendigung des Streiks. Zu differenzieren ist zwischen der Beendigung des Streiks als Kollektivakt und der Beendigung der Streikteilnahme durch den einzelnen ArbN. Den Streik insgesamt kann nur die kampfführende Gewerkschaft endgültig oder vorübergehend[15] beenden, der entsprechende Beschluss muss für die ArbGebSeite klar erkennbar sein (s. Rz. 185) und gilt für alle Streikteilnehmer[16]. Demgegenüber kann das einzelne Gewerkschaftsmitglied jederzeit während des Arbeitskampfes die Arbeit wieder aufnehmen. **204**

b) Recht zur Abkehr. Sofern ArbN suspendierend ausgesperrt sind, billigt ihnen die Rspr.[17] das Recht zur „Abkehr“ zu. Durch einseitige empfangsbedürftige Willenserklärung gegenüber dem ArbGeb kann das durch die Aussperrung suspendierte Arbeitsverhältnis **fristlos gelöst** werden. Die Abkehr hat die Wirkung einer außerordentl. Kündigung und ist auch ein Gestaltungsrecht, setzt allerdings keinen wichtigen Grund voraus. Der aussperrende ArbGeb riskiert also, bewährte Arbeitskräfte sofort zu verlieren. **205**

c) Verweigerung von Streikarbeit. Im Ergebnis besteht in Rspr.[18] und Lit.[19] Übereinstimmung darüber, dass die Leistung sog. **„direkter“ Streikarbeit** verweigert werden kann. Hierunter sind solche Verrichtungen zu subsumieren, welche bisher von Streikenden besorgt worden waren und nunmehr wegen des Arbeitskampfes anderen ArbN vom ArbGeb übertragen werden. Demgegenüber spricht man **206**

1 *Kissel*, ArbeitskampfR, § 46 Rz. 18. |2 BAG v. 8.3.1973 – 5 AZR 491/72, AP Nr. 29 zu § 1 LFZG; aA mwN *Kissel*, ArbeitskampfR, § 46 Rz. 20. |3 BAG v. 5.7.1995 – 5 AZR 135/94, AP Nr. 7 zu § 3 MuSchG. |4 BAG v. 11.5.1993 – 1 AZR 649/92, AP Nr. 63 zu § 1 FeiertagslohnzahlungsG; v. 23.10.1996 – 1 AZR 269/96, AP Nr. 146 zu Art. 9 GG – Arbeitskampf. |5 BAG v. 11.5.1993 – 1 AZR 649/92, AP Nr. 63 zu § 1 FeiertagslohnzahlungsG. |6 BAG v. 1.3.1995 – 1 AZR 786/94, AP Nr. 68 zu § 1 FeiertagslohnzahlungsG; *Kissel*, ArbeitskampfR, § 46 Rz. 24 ff. |7 BAG v. 13.2.2007 – 9 AZR 374/06, AP Nr. 18 zu § 1 TVG – Tarifverträge: Presse; ErfK/*Dieterich*, Art. 9 GG Rz. 195. |8 BAG v. 31.10.1995 – 1 AZR 217/95, AP Nr. 140 zu Art. 9 GG – Arbeitskampf. |9 BAG v. 5.8.1992 – 10 AZR 88/90, AP Nr. 143 zu § 611 BGB – Gratifikation; v. 11.10.1995 – 10 AZR 985/94, AP Nr. 133 zu § 1 TVG – Tarifverträge: Metallindustrie Nr. 133. |10 BAG v. 3.8.1999 – 1 AZR 735/98, AP Nr. 156 zu Art. 9 GG – Arbeitskampf. |11 BAG v. 5.11.1992 – 6 AZR 311/91, AP Nr. 7 zu § 40 BAT. |12 BAG v. 5.11.1992 – 6 AZR 311/91, AP Nr. 7 zu § 40 BAT; dazu krit. ErfK/*Dieterich*, Art. 9 GG Rz. 199. |13 BAG v. 15.1.1991 – 1 AZR 178/90, AP Nr. 114 zu Art. 9 GG – Arbeitskampf. |14 BAG v. 7.4.1992 – 1 AZR 377/91, AP Nr. 122 zu Art. 9 GG – Arbeitskampf. |15 BAG v. 1.3.1995 – 1 AZR 786/94, AP Nr. 68 zu § 1 FeiertagslohnzahlungsG. |16 BAG v. 1.10.1991 – 1 AZR 147/91, AP Nr. 121 zu Art. 9 GG – Arbeitskampf. |17 BAG (GS) v. 21.4.1971 – GS 1/68, AP Nr. 43 zu Art. 9 GG – Arbeitskampf; vgl. näher *Kissel*, ArbeitskampfR, § 46 Rz. 110, § 57 Rz. 8; *Seiter*, Streikrecht, S. 275 f. |18 BAG v. 25.7.1957 – 1 AZR 194/56, AP Nr. 3 zu § 615 BGB – Betriebsrisiko. |19 *Kissel*, ArbeitskampfR, § 42 Rz. 91; MünchArbR/*Otto*, § 287 Rz. 22; ErfK/*Preis*, § 615 BGB Rz. 106.

von „indirekter", nicht zur Arbeitsverweigerung berechtigender Streikarbeit, wenn es sich lediglich um eine Fortsetzung bisher geleisteter Arbeiten handelt, zu denen die Vorarbeiten von anderen als den bisherigen, nunmehr streikenden ArbN erbracht worden waren[1].

207 Umstritten ist allerdings, worin die **Rechtsgrundlage** für die Verweigerung von Streikarbeit zu erblicken ist. Der hM nach hätte man § 275 III BGB anzuwenden, der die Verweigerung unzumutbarer Leistung erlaubt[2]. Die Erklärung wird mit einer teilweise vertretenen Ansicht weiterhin darin gesehen werden können, dass für die Berechtigung zur Ablehnung der geforderten Arbeitsleistung das Solidaritätsprinzip ausschlaggebend wäre, welches es den ArbN unmöglich machte, ihren streikenden Kollegen in den Rücken zu fallen. Die Verweigerung von Streikarbeit wäre damit rechtsdogmatisch ausschließlich der Individualrechtsebene zuzurechnen. Hieran würde sich nichts ändern, wenn mehrere ArbN (kollektiv) die ihnen angetragene Streikarbeit zurückwiesen[3]. Nach § 326 I BGB müsste allerdings der Lohnanspruch entfallen, solange man nicht Verzug oder Vertretenmüssen des ArbG bejaht; letzteres aber entspricht wohl der Arbeitskampf- und Betriebsrisikolehre (nun auch § 615 S. 3 BGB), so dass der Lohnanspruch ausnahmsweise erhalten bleiben könnte[4].

208 Demgegenüber will die Gegenmeinung[5] die Verweigerung von Streikarbeit den weiteren Formen von Unterstützungskampfmaßnahmen im Hinblick auf die Rechtsgrundlage gleichstellen, betont also den **kollektiven Aspekt** des Arbeitskampfes. Im Gegensatz zum „echten" Sympathiestreik wäre allerdings der bestreikte ArbGeb in der Lage, die Forderung der ArbN zu erfüllen, nämlich die Anordnung von Streikarbeit zu unterlassen – was das BAG nun aber wohl ohnehin nicht mehr fordert (s. zum Sympathiestreik Rz. 270). Anders als bei der individualrechtl. Begründung der Zulässigkeit der Verweigerung von Streikarbeit müsste freilich bei Zubilligung eines entsprechenden – nicht an die Zustimmung der kampfführenden Gewerkschaft gebundenen – suspendierenden Gestaltungsrechts der Vergütungsanspruch der betreffenden ArbN entfallen.

209 **6. Reaktionsmöglichkeiten der Arbeitgeberseite. a) Durchhaltetaktik.** Der bestreikte ArbGeb kann zunächst versuchen, der Arbeitsniederlegung mit einer Durchhaltetaktik zu begegnen und den Betriebsablauf mit Hilfe der nicht streikenden ArbN aufrechtzuerhalten. Nachdem durch das Streikrecht die Hauptleistungspflichten aus dem Arbeitsverhältnis suspendiert werden (Rz. 190), **entfällt der Entgeltanspruch der Streikenden**. Auf der anderen Seite bleibt der ArbGeb zur Zahlung des Lohnes verpflichtet, sofern Arbeitswillige auch tatsächlich beschäftigt werden können.

210 Vielfach wird es freilich in seinem Interesse sein, für die Weiterarbeit **zusätzliche Prämien und Leistungen** zu gewähren. Dies ist ohne weiteres dann möglich und stellt keinen Verstoß gegen § 612a BGB dar, wenn mit den Zusatzzahlungen besondere Erschwernisse abgegolten werden sollen, die durch den Streik für die Arbeitswilligen entstehen. Allerdings müssen diese Belastungen erheblich sein und über das normale Maß hinausgehen, welches mit jeder Streikarbeit verbunden ist[6]. Über diesen Sonderfall hinaus hatte sich das BAG zunächst ablehnend gegenüber der Zulässigkeit der Zahlung von weiteren Arbeitsprämien geäußert[7]. Zwischenzeitlich erkennt es die Zahlung von Streikbruchprämien vor dem Hintergrund des Grundsatzes der freien Kampfmittelwahl als zulässiges Arbeitskampfmittel an[8]. Ein Verstoß gegen Art. 9 III 2 liege jedenfalls dann nicht vor, wenn die entsprechende Zuwendung unterschiedslos allen ArbN angeboten werde. Die notwendige Begrenzung dieses Kampfmittels sei über den Grundsatz der Verhältnismäßigkeit zu gewährleisten. Damit entsprechende Prämien als Arbeitskampfmittel anerkannt werden können, wird man aber zu verlangen haben, dass sie vom ArbGeb als solches kenntlich gemacht werden, also vor Erbringung der Arbeitsleistung ausgelobt werden[9]. Liegt ein Verstoß gegen § 612a BGB vor, ist die Zuwendung auch an diejenigen zu erbringen, die gestreikt haben[10].

211 **b) Recht zur Stilllegung des Betriebes.** Beim Streik ist der ArbGeb nicht verpflichtet, seinen Betrieb oder Betriebsteil soweit wie möglich aufrechtzuerhalten. Das BAG[11] billigt ihm das Recht zu, **sich dem gewerkschaftlichen Streik zu beugen und seinen Betrieb stillzulegen**. Mit seinem Stilllegungsbeschluss suspendiert der ArbGeb die beiderseitigen Hauptpflichten aus dem Arbeitsverhältnis, was zur Folge hat, dass auch arbeitswillige ArbN ihren Lohnanspruch verlieren. Der ArbGeb braucht seine Stilllegungserklärung nicht nachträglich zu begründen und zu rechtfertigen. Ob er also beim Vorliegen der

---

1 *Löwisch/Rieble*, 170.2 Rz. 339. | 2 S. APS/*Dörner*, § 626 BGB Rz. 200a; aus der älteren Lit. etwa *Lieb*, ZfA 1982, 113 (161); *Rüthers*, ZfA 1972, 403 (425). | 3 S. nur *Rüthers*, ZfA 1972, 403 (425): „Kollektivrechtliche Bündelung der individualrechtlichen Streikarbeitsverweigerung"; *Brox/Rüthers*, ArbeitskampfR, § 12 V 4a, *Nicolai*, Verweigerung von Streikarbeit, 1993, passim; vgl. auch *Otto*, Arbeitskampf- und Schlichtungsrecht, 2006, § 12 Rz. 32. | 4 Vgl. auch *Otto*, Arbeitskampf- und Schlichtungsrecht, 2006, § 16 Rz. 12 ff. Außerdem zur Anwendung des neuen SchuldR *Henssler*, RdA 2002, 129 (131 f.); *Lindemann*, ArbuR 2002, 81 (82 f.); *Reichold*, ZTR 2002, 202 (208 f.). | 5 *Birk*, Die Rechtmäßigkeit gewerkschaftlicher Unterstützungskampfmaßnahmen, 1978, S. 120 ff. | 6 BAG v. 28.7.1992 – 1 AZR 87/92, AP Nr. 123 zu Art. 9 GG – Arbeitskampf. | 7 BAG v. 11.8.1992 – 1 AZR 103/92, AP Nr. 124 zu Art. 9 GG – Arbeitskampf. | 8 BAG v. 13.7.1993 – 1 AZR 676/92, AP Nr. 127 zu Art. 9 GG – Arbeitskampf. | 9 BAG v. 11.8.1992 – 1 AZR 103/92, AP Nr. 124 zu Art. 9 GG – Arbeitskampf; *Kissel*, ArbeitskampfR, § 42 Rz. 126. | 10 BAG v. 11.8.1992 – 1 AZR 103/92, AP Nr. 124 zu Art. 9 GG – Arbeitskampf; v. 13.7.1993 – 1 AZR 676/92, AP Nr. 127 zu Art. 9 GG – Arbeitskampf. | 11 BAG v. 22.3.1994 – 1 AZR 622/93, AP Nr. 130 zu Art. 9 GG – Arbeitskampf; v. 31.1.1995 – 1 AZR 142/94, AP Nr. 135 zu Art. 9 GG – Arbeitskampf.

Voraussetzungen im Übrigen von seinem Stilllegungsrecht Gebrauch macht oder nicht, ist gerichtlicher Nachprüfung damit entzogen. Es kommt nicht darauf an, ob dem ArbGeb die Heranziehung der Arbeitswilligen möglich und zumutbar ist.

Das Stilllegungsrecht besteht indes nur im **Rahmen des gewerkschaftlichen Streikbeschlusses**. Das bedeutet, dass es für das Bestehen dieses Rechts unschädlich ist, dass tatsächlich nicht vom Streikaufruf Betroffene vom ArbGeb beschäftigt werden. Um die Suspendierungswirkung herbeizuführen, bedarf es der Erklärung gegenüber den von der Stilllegung betroffenen ArbN. Für nicht erforderlich, aber auch nicht ausreichend hält das BAG eine entsprechende Willensäußerung gegenüber der kampfführenden Gewerkschaft. Dies soll daraus folgen, dass es sich um keine „Arbeitskampfmaßnahme" handelt. Das BAG lässt es zu, dass eine solche Erklärung „stillschweigend" erfolgt. Ausreichend ist, dass „das gesamte Verhalten des ArbGeb hinreichend deutlich macht, dass er sich dem Streik beugen und den Betrieb deshalb nicht weiterführen will"[1]. 212

Das Stilllegungsrecht ist im Schrifttum heftiger Kritik ausgesetzt[2]. Nachdem die Stilllegung faktisch in erster Linie die Außenseiter trifft, handelt es sich quasi um eine **„Selektivsuspendierung" der Nichtorganisierten**. Bedenkt man, dass das BAG die Selektivaussperrung der Organisierten mit Art. 9 III für unvereinbar hält (Rz. 224), so kann man in der Tat entsprechende verfassungsrechtl. Bedenken hegen. 213

Soweit allerdings der ArbGeb den ArbN zuvor die Weiterbeschäftigung zugesichert hatte, scheidet ein Stilllegungsrecht aus. Indes sind an eine solche Zusicherung strenge Anforderungen zu stellen. Demgegenüber billigt das BAG dem bestreikten ArbGeb das Stilllegungsrecht auch dann zu, wenn er an der Weiterführung des Betriebes durch **rechtswidrige Kampfmaßnahmen** wie etwa eine Blockade der Zugänge durch Streikposten gehindert wird. Eine Verpflichtung des ArbGeb, sich zu Gunsten der Arbeitswilligen gegen rechtswidrige Streiks zur Wehr zu setzen, sieht das BAG nicht[3]. Das Stilllegungsrecht besteht nicht nur gegenüber Streiks, man wird es auf andere Kampfformen der ArbN-Seite wie Boykottaufrufe zu erstrecken haben. 214

c) Lohnverweigerungsrecht nach der Arbeitskampfrisikolehre. Sowohl im **mittelbar als auch im unmittelbar kampfbetroffenen Betrieb** ist der ArbGeb zur Lohnverweigerung nach der Arbeitskampfrisikolehre berechtigt, wenn er ohne eigenes Verschulden arbeitskampfbedingt seine Produktion einstellen muss, sei es, dass die benötigten Rohstoffe nicht mehr geliefert werden, oder aber eine Weiterproduktion deshalb nicht sinnvoll ist, weil die Abnehmer in einen Arbeitskampf verwickelt sind. Seit der Entscheidung des Reichsgerichts im „Kieler Straßenbahnfall"[4] war das Recht des ArbGeb zur Lohnverweigerung bei Verwirklichung von Arbeitskampfrisiken im Grundsatz anerkannt. Das Lohnverweigerungsrecht nach der Arbeitskampfrisikolehre hat man richtigerweise als subjektiv-privates Gestaltungsrecht zu begreifen[5]. Das BAG[6] hat sich von den früher im Vordergrund stehenden Prämissen der Sphärentheorie sowie des Solidaritätsgedankens abgewandt und das Recht des ArbGeb zur Lohnverweigerung ausschließlich mit dem Gedanken der Kampfparität begründet. 215

Genau dieser Gesichtspunkt ist für das BAG auch entscheidend, was den Umfang und das räumliche Ausmaß anbelangt, innerhalb welchem der ArbGeb zur Lohnverweigerung berechtigt ist. Treffend wird die Rspr. von *Seiter*[7] als **„Dreizonenmodell"** wiedergegeben: Die „erste Zone" bildet dabei der räumliche und fachliche Geltungsbereich des umkämpften TV. Hier steht sowohl unmittelbar als auch mittelbar kampfbetroffenen ArbGeb ein Lohnverweigerungsrecht zu, sofern ihnen die Beschäftigung arbeitswilliger ArbN unmöglich oder unzumutbar ist. Außerhalb dieser ersten Zone besteht ein Lohnverweigerungsrecht bei Drittbetroffenheit dann, wenn bei typisierender Betrachtung ansonsten die Fernwirkungen des Arbeitskampfes unmittelbar oder mittelbar zu einer Beeinträchtigung des Verhandlungsgleichgewichts im Tarifgebiet führen würden[8]. Diese „zweite Zone" zeichnet sich durch koalitionspolitische Verbindungen sowie wirtschaftl. Abhängigkeiten aus, wie sie etwa in einem Konzernunternehmen oder innerhalb derselben Branche gegeben sind. In der „dritten Zone" schließlich entfällt ein Lohnverweigerungsrecht des ArbGeb. Trotz kausal kampfbedingtem Arbeitsausfall lassen sich bei der Weiterzahlung des Entgelts keine Paritätsbeeinträchtigungen im Tarifgebiet feststellen, so dass es bei den allgemeinen Grundsätzen des Betriebs- und Wirtschaftsrisikos bleibt. 216

Für den Sonderfall eines **Wellenstreiks** hat das BAG[9] weitergehend judiziert, dass die ArbN-Seite auch das Entgeltrisiko insoweit tragen muss, als die Unmöglichkeit oder Unzumutbarkeit ihrer Beschäftigung 217

---

1 BAG v. 11.7.1995 – 1 AZR 63/95 und 1 AZR 161/95, AP Nr. 138, 139 zu Art. 9 GG – Arbeitskampf = EzA Art. 9 GG – Arbeitskampf Nr. 121, 122 (*Hergenröder*). | 2 *Konzen*, FS 50 Jahre BAG, 2004, S. 513 (550 f.); *Oetker*, AP Nr. 130 zu Art. 9 GG – Arbeitskampf; *Rieble*, SAE 1996, 227 (232 ff.); *Thüsing*, DB 1995, 2607; aA ErfK/*Dieterich*, Art. 9 GG Rz. 214. | 3 BAG v. 11.7.1995 – 1 AZR 63/95, AP Nr. 138 zu Art. 9 GG – Arbeitskampf; vgl. auch *Lieb*, SAE 1996, 182 (188). | 4 RG v. 6.2.1923 – III 93/22, RGZ 106, 272 ff. | 5 AA insoweit etwa *Lieb*, NZA 1990, 239: individualrechtliches Institut. | 6 BAG v. 22.12.1980 – 1 ABR 2/79 und 1 ABR 76/79, AP Nr. 70, 71 zu Art. 9 GG – Arbeitskampf. | 7 Nach *Seiter*, DB 1981, 578 (587); *Seiter*, Staatliche Neutralität im Arbeitskampf, S. 8 f. | 8 BAG v. 22.12.1980 – 1 ABR 2/79, AP Nr. 70 zu Art. 9 GG – Arbeitskampf; *Löwisch*/*Bittner*, 170.3.2 Rz. 36 ff. | 9 BAG v. 12.11.1996 – 1 AZR 364/96, AP Nr. 147 zu Art. 9 GG – Arbeitskampf; v. 17.2.1998 – 1 AZR 386/97, AP Nr. 152 zu Art. 9 GG – Arbeitskampf = SAE 1999, 51 (*Hergenröder*). Eingehend hierzu *Auktor*, Der Wellenstreik im System des Arbeitskampfrechts, 2002, S. 80 ff.

in einem engen zeitlichen und organisatorischen Zusammenhang zu einer Abwehrmaßnahme steht, die der ArbGeb als unbedingt erforderlich ansehen durfte. Dies ist etwa dann der Fall, wenn der ArbGeb die Produktion mittels Aushilfskräften oder einer Fremdvergabe von Aufträgen aufrechterhalten hat und die Streikenden die Arbeit nunmehr überraschend wieder anbieten.

218 Das Lohnverweigerungsrecht nach der Arbeitskampfrisikolehre ist nicht davon abhängig, **ob der Streik rechtmäßig oder rechtswidrig ist**[1]. Ebenso wenig kommt es darauf an, ob die Kampfbetroffenheit auf einem Streik, einer Aussperrung oder einem sonstigen Kampfmittel beruht[2]. Voraussetzung für die Zubilligung des Lohnverweigerungsrechts ist allerdings, dass die Beschäftigung arbeitswilliger ArbN ohne Vertretenmüssen des ArbGeb unmöglich bzw. wirtschaftl. sinnlos ist. Weiter muss der Arbeitskampf kausal für die Unmöglichkeit der Beschäftigung sein. Das Lohnverweigerungsrecht besteht auch gegenüber den Außenseitern[3].

219 Nach dem BAG darf sich der ArbGeb bei einer **streikbedingten Verringerung des Personalbedarfs** in aller Regel nicht darauf beschränken, dessen Umfang bekannt zu geben und den ArbN dann die Auswahl derjenigen zu überlassen, die zur Arbeit herangezogen werden sollen. Vielmehr muss er auch in dieser Situation sein Direktionsrecht ausüben und die benötigten ArbN selbst aussuchen[4].

220 **d) Suspendierende Abwehraussperrung. aa) Grundsätzliche Zulässigkeit und Rechtsgrundlage.** Unter einer Aussperrung versteht man die von einem oder mehreren ArbGeb **planmäßig und willentlich erfolgte Arbeitsausschließung der ArbN** zur Erreichung eines Zieles ohne vorherige Kündigung. Mit der Verweigerung der Beschäftigung geht regelmäßig auch die Einstellung der Lohnzahlung einher, begrifflich zwingend ist dies jedoch nicht[5]. Während eine Mindermeinung in der Lit. die Aussperrung für verfassungswidrig hält, da sie sich gegen die Koalitionsbetätigungsfreiheit der ArbN richte[6], erkennt die hM[7] die Aussperrung als zulässiges Kampfmittel an. Diese Wertung findet in einer Vielzahl arbeitsrechtl. Normen ihre Entsprechung, in welchen von „Arbeitskampf" und eben nicht nur von „Streik" die Rede ist (vgl. § 2 I Nr. 2 ArbGG, § 74 II BetrVG, § 66 II BPersVG, Art. 1 § 11 V AÜG, § 25 KSchG). § 91 VI SGB IX spricht sogar ausdrücklich von Streiks und Aussperrungen.

221 Die Abwehraussperrung setzt schon begrifflich einen (Angriffs-)Streik voraus, auf den die ArbGeb-Seite ihrerseits mit Arbeitsausschließungen reagiert. Das BAG sieht diese Aussperrungsform unter bestimmten Voraussetzungen **aus Gründen der Parität und im Rahmen der Verhältnismäßigkeit – gerade zur Abwehr begrenzter Teilstreiks – als gewährleistet** an. Ihre Funktion besteht darin, ein kampftaktisch erzieltes Verhandlungsübergewicht der Gewerkschaften zu kompensieren, also Verhandlungsparität wieder herzustellen. Damit gründet sich die Aussperrungsbefugnis auf die Tarifautonomie, die durch Art. 9 III gewährleistet ist und in den Einzelheiten durch das TVG geregelt wird. Ein generelles Aussperrungsverbot würde zur Störung der Verhandlungsparität führen und wäre deshalb mit den tragenden Grundsätzen des Tarifrechts unvereinbar. Das BVerfG[8] hat diese Sichtweise ausdrücklich bestätigt.

222 **bb) Ausübung durch einseitige, empfangsbedürftige Willenserklärung.** Voraussetzung des Eintritts der Suspendierungswirkung ist die **Erklärung der Aussperrung in hinreichend klarer Form** durch den einzelnen ArbGeb[9]. Die Erklärung kann auch konkludent erfolgen, allerdings muss für die ArbN-Seite schon wegen ihrer Reaktionsmöglichkeiten eindeutig erkennbar sein, dass es sich um eine Kampfmaßnahme handelt[10]. Bei der Verbandsaussperrung muss der ArbGeb deshalb darauf hinweisen, dass er einem Beschluss seiner Koalition Folge leistet, es sei denn, die Mitwirkung des ArbGebVerbandes ergibt sich aus den Umständen[11].

223 **Erklärungsempfänger** ist der einzelne ArbN, in dessen Arbeitsverhältnis gestaltend eingegriffen wird. Das BAG lässt aber die Abgabe der Aussperrungserklärung gegenüber bevollmächtigten Streikleitungen zu[12]. Für das Wirksamwerden der Aussperrungserklärung sind im Übrigen die §§ 130 ff. BGB maßgeblich.

224 Ausgesperrt werden können **nicht nur die Gewerkschaftsmitglieder, sondern auch die Außenseiter**[13]. Im Gegenteil ist nach der Rspr. die gezielte Arbeitsausschließung nur der Organisierten eine unzulässige

---

1 BAG v. 11.7.1995 – 1 AZR 161/95, AP Nr. 139 zu Art. 9 GG – Arbeitskampf = EzA Art. 9 GG – Arbeitskampf Nr. 122 (*Hergenröder*); s. zuvor noch BAG v. 22.12.1980 – 1 ABR 2/79 und 1 ABR 76/79, E 34, 331 (340); 355 (362) = AP Nr. 70, 71 zu Art. 9 GG – Arbeitskampf, wo noch von „legitimen" Streiks und Abwehraussperrungen die Rede war. | 2 BAG v. 22.10.1986 – 5 AZR 550/85, AP Nr. 4 zu § 14 MuSchG 1968. | 3 Zöllner/Loritz/Hergenröder/*Zöllner*, § 19 V 2 a. | 4 BAG v. 17.2.1998 – 1 AZR 386/97, AP Nr. 152 zu Art. 9 GG – Arbeitskampf = SAE 1999, 51 (*Hergenröder*). | 5 Brox/Rüthers/*Brox*, Rz. 45; *Seiter*, Streikrecht, S. 277. | 6 Däubler/*Wolter*, ArbeitskampfR, Rz. 871 ff., 918 ff. | 7 *Seiter*, Streikrecht, S. 314 ff. | 8 BVerfG v. 26.6.1991 – 1 BvR 779/85, E 84, 212. | 9 BAG v. 26.10.1971 – 1 AZR 113/68, AP Nr. 44 zu Art. 9 GG – Arbeitskampf; *Seiter*, Streikrecht, S. 351 ff. | 10 BAG v. 27.6.1995 – 1 AZR 1016/94, AP Nr. 137 zu Art. 9 GG – Arbeitskampf; v. 31.10.1995 – 1 AZR 217/95, AP Nr. 140 zu Art. 9 GG – Arbeitskampf. | 11 S. nur BAG v. 31.10.1995 – 1 AZR 217/95, AP Nr. 140 zu Art. 9 GG – Arbeitskampf: öffentliche Ankündigung von Aussperrungen für den Fall von Kurzstreiks. | 12 BAG v. 26.10.1971 – 1 AZR 113/68, AP Nr. 44 zu Art. 9 GG – Arbeitskampf; dazu krit. *Seiter*, Streikrecht, S. 353. | 13 BAG v. 21.4.1971 – GS 1/68, AP Nr. 43 zu Art. 9 GG – Arbeitskampf; MünchArbR/*Otto*, § 285 Rz. 59.

Selektivaussperrung[1]. Demgegenüber kann die Aussperrung auf die Streikenden beschränkt werden[2]. Suspendierend ausgesperrt werden dürfen auch BR-Mitglieder[3], Erkrankte[4], Schwangere[5] und Schwerbehinderte[6].

Das **Ende der Aussperrung** muss von dem kampfführenden ArbGebVerband bzw. dem im Kampf um einen FirmenTV stehenden EinzelArbGeb in hinreichend klarer Form erklärt werden. Wie beim Streik dem einzelnen ArbN steht es einem Verbandsmitglied freilich jederzeit offen, den Aussperrungsbeschluss der ArbGebKoalition nicht mehr zu befolgen und die Aussperrung zurückzunehmen (s. aber Rz. 351). Mit dem Ende der Kampfmaßnahme endet die Suspendierungswirkung, die ArbN sind zur Wiederaufnahme der Arbeit verpflichtet. 225

cc) Grenzen. Die Aussperrung unterliegt Außen- und Innengrenzen. Zumindest nach der bisherigen Arbeitskampfkonzeption des BAG war das **Tarifgebiet grds. Außengrenze** des Kampfgebietes, weil der räumliche und fachliche Geltungsbereich eines TV auf beiden Seiten den Mitgliederbestand der unmittelbaren Verhandlungspartner und damit einen wesentlichen Faktor des Kräfteverhältnisses bestimme. Jedenfalls bei Schwerpunktstreiks innerhalb des Tarifgebietes wurden daher Abwehraussperrungen räumlich auf dieses beschränkt. Soweit Kampfmaßnahmen diese Außengrenze überschritten, wurden sie vom BAG als regelmäßig nicht erforderlich angesehen, um das Verhandlungsgleichgewicht wiederherzustellen[7]. Sympathieaussperrungen waren damit – unbeachtet der konjunkturellen Lage sowie der Konkurrenzsituation, denn diese seien einer generalisierenden Betrachtung nicht zugänglich – als kampfgebietsausweitende Maßnahmen regelmäßig rechtswidrig[8]. Ob dies nach der neuen Rspr.[9] zu Unterstützungsstreik noch genauso zu beurteilen ist, ist zumindest zweifelhaft. Ohnehin werden Aussperrungen zur Unterstützung eines bestreikten EinzelArbGeb teilw. für zulässig gehalten[10]. 226

Die Begrenzung des Arbeitskampfes auf das Tarifgebiet ermöglicht nach Auffassung des BAG[11] „noch kein abgestuftes Kampfmittelsystem, wie es die Proportionalität im Rahmen des Übermaßverbotes gebietet". Gradmesser dieser Verhältnismäßigkeitsprüfung ieS soll das Verhältnis zwischen Streikenden und nach dem Verbandsbeschluss auszusperrenden ArbN sein[12]. Danach gilt als Innengrenze der Aussperrung ein **Quotenmodell**: Werden durch einen Streikbeschluss weniger als ein Viertel der ArbN des Tarifgebiets zur Arbeitsniederlegung aufgefordert, ist eine Ausdehnung um 25 % der tarifbetroffenen ArbN durch Aussperrung nicht unproportional. Ruft die Gewerkschaft mehr als ein Viertel der ArbN des Tarifgebiets zum Streik auf, darf nur bis zur Höchstgrenze von 50 % der tarifbetroffenen ArbN ausgesperrt werden. Darüber hinaus soll eine Aussperrung regelmäßig unverhältnismäßig sein. 227

Im Schrifttum ist diese **Arbeitskampfarithmetik** des BAG heftig kritisiert worden[13]. In der Tat kann man schon aus methodischen Gründen erhebliche Bedenken an der richterlichen Festsetzung von Zahlenschlüsseln ohne nähere empirische Grundlage hegen[14]. Allerdings ist gegenwärtig unklar, ob das BAG an den skizzierten Quoten überhaupt noch festhält[15]; außer Frage steht, dass es sich nur um Indizwerte handeln kann, die bei besonderen Fallgestaltungen der Modifikation bedürfen. 228

e) Einzelaussperrung. Denkbar sind auch Aussperrungen von einzelnen ArbGeb außerhalb oder sogar gegen den Willen des Verbandes. 229

aa) Anschlussaussperrung. So hat die sog. Anschlussaussperrung mit der Verbandsaussperrung gemein, dass sie der Verbreiterung der Kampffront und damit der Intensivierung des Drucks auf den 230

1 BAG v. 10.6.1980 – 1 AZR 331/79, AP Nr. 66 zu Art. 9 GG – Arbeitskampf. | 2 BAG v. 11.8.1992 – 1 AZR 103/92, AP Nr. 124 zu Art. 9 GG – Arbeitskampf. Ebenso im Rahmen der Verhältnismäßigkeit LAG Hamm v. 14.11.2001 – 18 Sa 530/01, AP Nr. 159 zu Art. 9 GG – Arbeitskampf. | 3 BAG v. 25.10.1988 – 1 AZR 368/87, AP Nr. 110 zu Art. 9 GG – Arbeitskampf. | 4 BAG v. 7.6.1988 – 1 AZR 597/86, AP Nr. 107 zu Art. 9 GG – Arbeitskampf. | 5 BAG v. 22.10.1986 – 5 AZR 550/85, AP Nr. 4 zu § 14 MuSchG 1968. | 6 BAG v. 7.6.1988 – 1 AZR 597/86, AP Nr. 107 zu Art. 9 GG – Arbeitskampf. | 7 BAG v. 10.6.1980 – 1 AZR 822/79, AP Nr. 64 zu Art. 9 GG – Arbeitskampf. | 8 Zu möglichen Ausnahmen *Lieb*, DB 1984, Beil. 12, S. 6 f.; *Seiter*, RdA 1981, 65 (85). | 9 BAG v. 19.6.2007 – 1 AZR 396/06, AP Nr. 173 zu Art. 9 GG – Arbeitskampf; dazu *Konzen*, SAE 2008, 1. | 10 Vgl. etwa *Fischinger*, ZTR 2006, 518 (526 f.); *Lobinger*, RdA 2006, 12 (18 f.); *Löwisch/Rieble*, FS Schaub, 1998, S. 457 (469); MünchArbR/*Otto*, § 278 Rz. 66; s. auch BAG v. 10.6.1980 – 1 AZR 822/79, AP Nr. 64 zu Art. 9 GG – Arbeitskampf; v. 10.6.1980 – 1 AZR 168/79, AP Nr. 65 zu Art. 9 GG – Arbeitskampf. | 11 BAG v. 10.6.1980 – 1 AZR 822/79, 1 AZR 168/79, AP Nr. 64, 65 zu Art. 9 GG – Arbeitskampf. Krit. *Konzen*, FS 50 Jahre BAG, 2004, S. 513 (533 ff.). | 12 BAG v. 12.3.1985 – 1 AZR 636/82, AP Nr. 84 zu Art. 9 GG – Arbeitskampf; v. 7.6.1988 – 1 AZR 597/86, AP Nr. 107 zu Art. 9 GG – Arbeitskampf. | 13 Brox/Rüthers/*Rüthers*, Rz. 212 f.; *Hanau*, AfP 1980, 126; *Konzen*, AfP 1984, 1; *Lieb*, DB 1980, 2188; *Otto*, RdA 1981, 285; *Seiter*, RdA 1981, 65. | 14 *Hergenröder*, Zivilprozessuale Grundlagen richterlicher Rechtsfortbildung, 1995, S. 329 ff. | 15 So wurden die Kampfquoten in der Folgeentscheidung BAG v. 12.3.1985 – 1 AZR 636/82, AP Nr. 84 zu Art. 9 GG – Arbeitskampf, die *denselben* Arbeitskampf wie in den Urteilen vom 10.6.1980 betraf, nicht mehr zur Beurteilung der in Frage stehenden Aussperrung herangezogen. Und auch in den Judikaten v. 31.5.1988 – 1 AZR 192/87, AP Nr. 57 zu § 1 FeiertagslohnzahlungsG und v. 7.6.1988 – 1 AZR 597/86, AP Nr. 107 zu Art. 9 GG – Arbeitskampf, ließ der Erste Senat nicht erkennen, ob die zahlenmäßige Beschränkung der Aussperrung noch „geltendes Recht sei". In dem zweitgenannten Urteil findet sich lediglich der Hinweis, dass der Senat Bedenken habe, ob an den Maßstäben der Entscheidung vom 10.6.1980 noch fest zu halten sei.

Kampfgegner dient. Allerdings wird sie von **Außenseitern** und eben nicht von Mitgliedern des kämpfenden Verbandes durchgeführt. Das BVerfG[1] anerkennt die Anschlussaussperrung gleichwohl als koalitionsgemäße Betätigung iSd. Art. 9 III 1, sofern das Kampfmittel als Reaktion auf gewerkschaftliche Teil- und Schwerpunktstreiks erklärt wird. Dieser Rspr. liegt die Überlegung zugrunde, dass das Kampfbündnis eines Außenseiters mit einem tariffähigen ArbGebVerband eine Vereinigung iSd. Art. 9 III darstellt, sofern es dem Abschluss eines TV im Interesse des Außenseiters dient. Ausreichend ist insoweit die generelle Vereinbarung der VerbandsTV in den Arbeitsverträgen.

231 **bb) Aussperrung um einen Firmentarifvertrag.** Nachdem **§ 2 I TVG** auch den einzelnen ArbGeb für tariffähig erklärt, kann es auch in der Auseinandersetzung um einen FirmenTV zu Aussperrungen kommen. Nachdem Art. 9 III nur von „Vereinigungen" zur Wahrung und Förderung der Arbeits- und Wirtschaftsbedingungen, also von den Koalitionen, nämlich ArbGebVerbänden und Gewerkschaften spricht, stellt sich bei Einzelaussperrungen um einen FirmenTV wiederum die Frage der Rechtsgrundlage. Das BAG[2] stützte das Recht des um einen FirmenTV angegangenen AußenseiterArbGeb zur Aussperrung als Abwehrmaßnahme gegen gewerkschaftliche Streiks auf „das geltende Tarifrecht". Ergänzend wird auf diejenigen Vorschriften des Bundesrechts verwiesen, in welchen die Zulässigkeit der Aussperrung vorausgesetzt wird.

232 Im Schrifttum wird mit unterschiedlicher Begründung[3] die **verfassungsrechtl. Verankerung** auch des Aussperrungsrechts des einzelnen ArbGeb um einen FirmenTV bejaht. Dem wird man zuzustimmen haben. Bereits im Urt. v. 14.7.1981[4] hat das BAG nämlich klargestellt, dass die Tariffähigkeit des einzelnen ArbGeb zum Kernbereich seiner Betätigungsfreiheit aus Art. 9 III gehöre und der einzelne ArbGeb zwar keine Koalition sei, als TV-Partei gegenüber dem Tarifgegner aber die gleichen Rechte haben müsse wie ein ArbGebVerband. Der verfassungsrechtl. geschützte Kernbereich der koalitionsgemäßen Betätigung einer Gewerkschaft gegenüber dem einzelnen ArbGeb sei daher nicht anders zu bestimmen als gegenüber einer Vereinigung von ArbGeb. Das BVerfG selbst[5] hatte schon früher ausgeführt, die Ausdehnung der Tariffähigkeit auf den einzelnen ArbGeb begünstige den Abschluss von TV und diene damit mittelbar der Koalitionsfreiheit. Wenn dem aber so ist, so genießt der einzelne ArbGeb bei der kampfweisen Auseinandersetzung um einen FirmenTV den Schutz des Art. 9 III.

233 Einigkeit dürfte darin bestehen, dass die für die Verbandsaussperrung vom BAG aufgestellten **Kampfquoten** für die Einzelaussperrung eines ArbGeb um einen FirmenTV nicht gelten können. Auf der anderen Seite gilt auch hier der Grundsatz der Proportionalität. Das BAG hat es jedenfalls für unverhältnismäßig gehalten, wenn mit einer Abwehraussperrung von 13,25 Stunden auf einen halbstündigen Streik reagiert wird[6]. Angesichts der Tatsache, dass beim Kampf um einen FirmenTV ein unbestreitbar vorhandenes Übergewicht der kampfführenden Gewerkschaft gegenüber dem AußenseiterArbGeb gegeben ist, hat das BAG aber ebenso klargestellt, dass jedenfalls länger ausgesperrt werden dürfe als zuvor gestreikt wurde. Letztendlich läuft alles auf eine Abwägung im Einzelfall hinaus.

234 **cc) Wilde Aussperrung.** Rechtswidrig ist dagegen die sog. wilde Aussperrung. Entsprechende Kampfmittel verbandsangehöriger ArbGeb ohne bzw. gegen den Willen ihrer Koalition können nicht anders behandelt werden als nicht gewerkschaftlich organisierte Streiks[7]. Auch hier kann der zuständige ArbGebVerband aber den Arbeitskampf rückwirkend übernehmen.

235 **f) Lösende Abwehraussperrung.** Die lösende Aussperrung führt zur **Beendigung des Arbeitsverhältnisses**, nach Kampfbeendigung besteht eine grds. Wiedereinstellungspflicht hinsichtlich der lösend ausgesperrten ArbN. Das BAG[8] hat in Ausnahmefällen die Aussperrung auch mit Lösungswirkung für zulässig erklärt, so als Abwehrmittel gegen rechtswidrige Streiks bzw. bei Sachverhalten, in welchen der ArbGeb zur Fortsetzung des Betriebs während eines Streiks Rationalisierungen und eine anderweitige Besetzung der Arbeitsplätze vornehmen will. Legt man zugrunde, dass angesichts der Vorabgarantie des Streiks (Rz. 182) die Aussperrung unter dem Gesichtspunkt der Erforderlichkeit zur Herstellung von Kampfparität erst gerechtfertigt werden muss, so wird eine lösende Aussperrung regelmäßig gegen den Verhältnismäßigkeitsgrundsatz verstoßen[9]. Zulässig kann sie nur da sein, wo die Suspendierungs-

1 BVerfG v. 26.6.1991 – 1 BvR 779/85, E 84, 212 (225 f.). Krit. *Konzen*, SAE 1991, 335 (341). | 2 BAG v. 11.8.1992 – 1 AZR 103/92, AP Nr. 124 zu Art. 9 GG – Arbeitskampf; vgl. auch BAG v. 26.4.1988 – 1 AZR 399/86, AP Nr. 101 zu Art. 9 GG – Arbeitskampf; v. 27.6.1995 – 1 AZR 1016/94, AP Nr. 137 zu Art. 9 GG – Arbeitskampf. | 3 Vgl. nur *Konzen*, AcP 177 (1977), 473 (506 mit Fn. 203); *Seiter*, Streikrecht, S. 90 ff.; *Seiter*, AfP 1985, 186 (188); zum Streitstand eingehend *Hergenröder*, SAE 1993, 57 (61 ff.). | 4 BAG v. 14.7.1981 – 1 AZR 159/78, AP Nr. 1 zu § 1 TVG – Verhandlungspflicht (*Wiedemann*). | 5 BVerfG v. 19.10.1966 – 1 BvL 24/65, E 20, 312 (318). | 6 BAG v. 11.8.1992 – 1 AZR 103/92, AP Nr. 124 zu Art. 9 GG – Arbeitskampf; ein Verhältnis von 9 : 1 hätte das BAG akzeptiert (unter I.3.e). Für die Zulässigkeit einer einstündigen Aussperrung gegenüber einem halbstündigen Streik LAG Hamm v. 14.11.2001 – 18 Sa 530/01, AP Nr. 159 zu Art. 9 GG – Arbeitskampf. | 7 BAG v. 31.10.1995 – 1 AZR 217/95, AP Nr. 140 zu Art. 9 GG – Arbeitskampf; LAG Hamm v. 21.8.1980 – 8 Sa 66/80, EzA Art. 9 GG – Arbeitskampf Nr. 41; *Seiter*, Streikrecht, S. 340. | 8 BAG (GS) v. 21.4.1971 – GS 1/68, AP Nr. 43 zu Art. 9 GG – Arbeitskampf; vgl. auch *Löwisch/Rieble*, 170.2 Rz. 235 ff. | 9 Eingehend *Kissel*, ArbeitskampfR, § 52 Rz. 6 ff.

wirkung in Bezug auf die Arbeitsverhältnisse nicht mehr ausreicht, um einen paritätischen Auseinandersetzungsprozess zu gewährleisten[1].

g) Einzellösungsrecht des Arbeitgebers. Fällt im Rahmen eines Arbeitskampfes ein Arbeitsplatz weg, so stellt sich die Frage, ob der ArbGeb kündigen muss oder aber das Arbeitsverhältnis mit **sofortiger Wirkung lösen kann**[2]. Das entsprechende Einzellösungsrecht des ArbGeb wäre als Pendant zum Abkehrrecht des ArbN (Rz. 205) zu sehen. Das BAG hat sich unklar ausgedrückt, richtigerweise wird man hier den ArbGeb auf die betriebsbedingte Kündigung verweisen müssen. Allerdings wäre dann zu verlangen, dass entsprechende Fälle von § 25 KSchG erfasst werden, um ein wirksames Mittel zu gewährleisten. Dies wird allerdings überwiegend abgelehnt. 236

h) Aussperrung zur Abwehr rechtswidriger Kampfmaßnahmen. Das BAG hat es der ArbGebSeite freigestellt, auf unzulässige Kampfmaßnahmen der Gegenseite mit einer Aussperrung zu antworten[3]. Sogar ArbN, welche sich an den rechtswidrigen Kampfmaßnahmen nicht beteiligen, sollen ausgesperrt werden dürfen. Dies folge daraus, dass der ArbGeb **beim rechtswidrigen Streik nicht schlechter stehen dürfe als bei einem rechtmäßigen Ausstand**. Diese Rspr. hat im Schrifttum vor dem Hintergrund Zustimmung erfahren, dass prozessuale Rechtsbehelfe bzw. individualrechtl. Reaktionen des betroffenen ArbGeb gegenüber rechtswidrigen Streiks nicht ausreichend seien[4]. Nach der Gegenmeinung liegt schon kein tarifl. regelbares Ziel vor, sondern ein Rechtsstreit, der vor den Gerichten auszutragen sei[5]. 237

i) Angriffsaussperrung. Regelmäßig wird die Aussperrung als Abwehrkampfmittel eingesetzt, sie ist aber auch als Angriffsaussperrung **ohne vorhergehende Kampfmaßnahme der ArbN** denkbar. Die hM grenzt dabei beide Aussperrungsformen allein nach der zeitlichen Folge der Kampfmaßnahmen ab[6]. Die Gegenmeinung stellt darauf ab, ob mit dem Kampfmittel eigene Zielsetzungen verfolgt werden[7]. Vergegenwärtigt man sich die typische Arbeitskampfsituation, so erscheint es allerdings richtiger darauf abzustellen, ob sich die ArbGebSeite auf ein bloßes Bestreiten der gewerkschaftlichen Forderungen beschränkt, oder aber eigene, unter das Tarifniveau gehende Vorstellungen verfolgt. Das alleinige Abstellen auf den zeitlichen Rahmen erscheint jedenfalls nicht als gerechtfertigt. Darauf hinzuweisen ist, dass konjunkturell bedingt die Angriffsaussperrung in den letzten Jahrzehnten in Deutschland praktisch keine Rolle mehr gespielt hat. 238

Jedenfalls muss der ArbGebSeite unter dem Gesichtspunkt einer funktionsfähigen Tarifautonomie bei einer einschneidenden Verschlechterung der wirtschaftl. Lage die Notwendigkeit eingeräumt werden, mittels der Angriffsaussperrung den **Abbau tarifl. Leistungen** im Interesse der Erhaltung des Unternehmens und damit der Arbeitsplätze durchzusetzen. Das BAG hatte die Angriffsaussperrung zunächst noch ausdrücklich anerkannt[8], später die Frage aber offen gelassen[9]. Im Schrifttum wird ihre grds. Zulässigkeit ganz überwiegend bejaht[10]. Wie schon bei der lösenden Aussperrung sind allerdings auch hier die Verhältnismäßigkeit und damit die Erforderlichkeit dieser Kampfmaßnahme zu prüfen. Nachdem sich freilich die Änderungskündigung im Nachwirkungsstadium eines TV nach § 4 V TVG in der Praxis als wenig tauglich erwiesen hat, um die Arbeitsbedingungen anzupassen, mag bei einer entsprechenden konjunkturellen Lage der Angriffsaussperrung ein Anwendungsspielraum verbleiben[11]. 239

7. Boykott. a) Begriff und Systematik. Unter den Begriff des „Boykotts" subsumiert man die **Verhängung einer Sperre über den Boykottierten**, welche dessen Aussperrung vom Verkehr mit anderen Personen bezweckt. Auf den Boykottierten soll durch die Verhinderung von Rechtsgeschäften Druck dahingehend ausgeübt werden, dass er eine bestimmte Maßnahme vornimmt oder unterlässt. Wesensmerkmal des Boykotts ist, dass an einen größeren Personenkreis die Aufforderung gerichtet wird (Verruf), geschäftliche Beziehungen als Konsument von Ware und Arbeit mit dem Boykottierten (Verrufenen) zu unterlassen. Im Arbeitskampfrecht stellt der Boykott die Ächtung der Gegenpartei durch ArbGeb oder ArbN dar, welche es ablehnen, mit dem Boykottierten in Beziehung zu treten und die, um ein bestimmtes Kampfziel zu erreichen, Dritte auffordern, sich an dieser Ächtung zu beteiligen[12]. Ziel des Boykotts ist also die Abschottung des Kampfgegners vom geschäftlichen Verkehr. 240

Der arbeitsrechtl. Boykott kann im Kampfmittelsystem auf eine lange Tradition zurückblicken. In früherer Zeit war insb. die **Zuzugssperre** von Bedeutung, wonach im Ausstand befindliche ArbN ihre Kollegen aufforderten, mit dem bestreikten ArbGeb keine neuen Arbeitsverträge abzuschließen, umgekehrt versuchte die ArbGebSeite über „schwarze Listen", die anderweitige Einstellung Streikender zu 241

---

1 Vgl. Brox/Rüthers/*Rüthers*, Rz. 205 f.; *Seiter*, Streikrecht, S. 361 ff. | 2 BAG (GS) v. 21.4.1971 – GS 1/68, AP Nr. 43 zu Art. 9 GG – Arbeitskampf. | 3 BAG v. 25.1.1963 – 1 AZR 288/62, AP Nr. 24 zu Art. 9 GG – Arbeitskampf; v. 21.4.1971 – GS 1/68, AP Nr. 43 zu Art. 9 GG – Arbeitskampf; v. 14.2.1978 – 1 AZR 76/76, AP Nr. 58 zu Art. 9 GG – Arbeitskampf. | 4 *Löwisch/Rieble*, 170.2 Rz. 102 ff., die dem BAG allerdings nur in der ersten Aussage folgen. | 5 Brox/Rüthers/*Brox*, Rz. 341; ErfK/*Dieterich*, Art. 9 GG Rz. 239. | 6 Brox/Rüthers/*Brox*, Rz. 57. | 7 S. etwa MünchArbR/*Otto*, § 286 Rz. 67, 69 ff. | 8 BAG (GS) v. 28.1.1955 – GS 1/54, AP Nr. 1 zu Art. 9 GG – Arbeitskampf. | 9 BAG v. 10.6.1980 – 1 AZR 822/79, AP Nr. 64 zu Art. 9 GG – Arbeitskampf. | 10 *Löwisch/Rieble*, 170.1 Rz. 52 ff.; Brox/Rüthers/*Rüthers*, Rz. 186 f. | 11 So im Erg. auch ErfK/*Dieterich*, Art. 9 GG Rz. 243. | 12 *Birk*, ArbuR 1974, 289 (297 f.); *Seiter*, Arbeitskampfparität, S. 28.

verhindern. Durch die Einführung suspendierender Kampfrechte hat der Boykott in neuerer Zeit an Bedeutung verloren. Regelmäßig ist er nur noch Nebenkampfmittel zu Streik und Aussperrung. Klarzustellen ist allerdings schon an dieser Stelle, dass die Rechtmäßigkeit des Boykotts unabhängig vom Hauptkampfmittel festzustellen ist[1].

242 Umstritten ist die Einordnung des Boykotts in das arbeitskampfrechtl. System, insb. das **Verhältnis zu Streik und Aussperrung**. Es stellt sich die Frage, ob der Boykott als dritte, eigenständige Kampfform neben Streik und Aussperrung einzuordnen ist[2] oder Streik und Aussperrung nur besondere Formen des arbeitsrechtl. Boykotts sind[3]. Ebenso umstritten ist, ob die Herbeiführung der Sperre über den Boykottierten auch im Wege eines Sympathiearbeitskampfes zulässig ist bzw. ob ein entsprechendes Verhalten überhaupt unter den Boykottbegriff subsumiert werden kann. Während die Rspr.[4] sowie Stimmen in der Lit.[5] von einem Boykott ausgehen, sieht die Gegenmeinung[6] in Arbeitsniederlegungen von ArbN, die selbst in keinerlei Vertragsbeziehungen zu solchermaßen „Boykottierten" stehen, keinen Boykotttatbestand. Der „Verruf" ist demnach ein schlichter Aufruf zum Unterstützungsarbeitskampf (Rz. 270).

243 Teilw. wird diesbezüglich auch zwischen **Boykott im „weiteren" und im „engeren" Sinne** differenziert: Während letzterer Begriff nur die Unterlassung von Vertragsschlüssen umfasst, bezeichnet der weitere Boykottbegriff alle Formen der Meidung des rechtsgeschäftlichen Verkehrs sowie den Aufruf hierzu. Neben dem Boykott im „engeren" Sinne sind auch Streik und Aussperrung durch nur zeitweise Entziehung der vertragl. geschuldeten Hauptleistung Bestandteil des Boykotts im „weiteren" Sinne[7].

244 **b) Rechtmäßigkeit.** Der Boykott ist als zulässiges Mittel des Arbeitskampfes in Rspr.[8] und Lit.[9] allgemein anerkannt, wobei allerdings der Verhältnismäßigkeitsgrundsatz zu beachten ist. Vom BAG wird er als **„geschichtlich überkommene Arbeitskampfmaßnahme"**, die innerhalb der von der Rechtsordnung gewährleisteten Arbeitskampffreiheit nicht ausgeschlossen sei, bezeichnet[10]. Richtigerweise wird man im Hinblick auf den gegenwärtigen Rechtszustand allerdings differenzieren müssen: Im Grundsatz unstreitig zulässig ist der Boykott ieS, also die tatsächliche Herbeiführung der Sperre durch einen Zuzugs- oder Wirtschaftsboykott. Als noch offen muss dagegen die Frage bezeichnet werden, ob einem (Boykott-)Aufruf zu Sympathiekampfmaßnahmen die gleiche Bewertung zuteil wird. Doch im Hinblick auf die neue Rspr. des BAG zur Rechtmäßigkeit des Sympathiestreiks (Rz. 270) wird man solche Boykotts iwS wohl zulassen können.

245 Der Boykott besteht aus **zwei Teilakten**: Dem Verrufsakt sowie den auf diesen hin durchgeführten Sperrmaßnahmen der Adressaten. Zwar werden beide Teilakte begriffl. zu einem einheitl. sozialen Geschehen „Boykott" zusammengefasst, rechtl. besehen handelt es sich aber um zwei selbständige Kampfhandlungen. So ist schon der Verruf als solcher durchaus geeignet, den Kampfgegner zum Einlenken zu zwingen, ohne dass es überhaupt der Herbeiführung der Sperre durch die Adressaten bedarf[11].

246 **c) Akzessorietät.** Umstritten ist, ob zwischen Verruf und Herbeiführung der Sperre Akzessorietät dergestalt besteht, dass die Rechtswidrigkeit der Durchführungsmaßnahmen auch zur Rechtswidrigkeit des Boykottaufrufs führt[12]. Richtigerweise gilt Folgendes: **Verruf und tatsächliche Herbeiführung der Sperre** sind zwei voneinander unabhängige und damit selbständig zu beurteilende Teilakte des Boykotts. Allerdings hängt die Rechtmäßigkeit des Aufrufs zum Boykott bzw. zum Sympathiearbeitskampf von der rechtl. Zulässigkeit derjenigen Handlungen ab, zu denen aufgerufen wird. Erklärt die Rechtsordnung die Durchführungsaktion für rechtswidrig, kann die Drohung mit dieser oder der Aufruf zu dieser nicht rechtmäßig sein. Auf der anderen Seite ist zu berücksichtigen, dass das, was den Adressaten des Verrufs im Rahmen der Privatautonomie freisteht, nämlich den Boykottierten zu sperren, mit ihm also keine Vertragsbeziehungen einzugehen, als Aufforderung hierzu im Rahmen des geltenden Rechts missbilligt werden bzw. gar spezialgesetzlich verboten sein kann.

247 Getrennt beurteilt werden muss aber die Frage, ob einzelne, im Rahmen des Boykotts auftretende **rechtswidrige Aktionen** dem Verrufer auch dann zugerechnet werden können, wenn er selbst diese Durchführungshandlungen gar nicht gewollt hat. Insoweit geht es freilich um das allgemeine Problem, inwieweit der Anstifter für den Erfolg seines Tuns auch dann zu haften hat, wenn die Ausführungshandlungen den beabsichtigten Rahmen überschreiten. Insb. das Verschulden des Verrufers ist in diesen Fällen besonders sorgfältig zu prüfen.

---

1 Diff. *Konzen*, FS Molitor, 1988, S. 181 (182). | 2 So etwa *Binkert*, Gewerkschaftliche Boykottmaßnahmen im System des Arbeitskampfrechts, 1981, S. 176 ff.; Brox/Rüthers/*Brox*, Rz. 66. | 3 Dazu eingehend *Seiter*, Arbeitskampfparität, S. 36 ff. | 4 BAG v. 19.10.1976 – 1 AZR 611/75, AP Nr. 6 zu § 1 TVG – Form. | 5 *Däubler/Bieback*, ArbeitskampfR, Rz. 400; *Binkert*, Gewerkschaftliche Boykottmaßnahmen im System des Arbeitskampfrechts, 1981, S. 178 ff. | 6 *Seiter*, Arbeitskampfparität, S. 27 ff., 30 ff. | 7 *Seiter*, Arbeitskampfparität, S. 37. | 8 BAG v. 19.10.1976 – 1 AZR 611/75, AP Nr. 6 zu § 1 TVG – Form. | 9 Brox/Rüthers/*Brox*, Rz. 65 ff.; *Seiter*, Arbeitskampfparität, S. 45. | 10 BAG v. 19.10.1976 – 1 AZR 611/75, AP Nr. 6 zu § 1 TVG – Form. | 11 *Binkert*, Gewerkschaftliche Boykottmaßnahmen im System des Arbeitskampfrechts, 1981, S. 180; *Seiter*, Arbeitskampfparität, S. 38. | 12 Abl. *Binkert*, Gewerkschaftliche Boykottmaßnahmen im System des Arbeitskampfrechts, 1981, S. 177 ff.

248 **8. Druckausübung zur Durchsetzung einzelvertraglicher Regelungsziele außerhalb der Verbände. a) Massenänderungskündigung des Arbeitgebers.** Durch den Ausspruch einer Massenänderungskündigung kann der ArbGeb, auch ohne in einer Koalition organisiert zu sein, kollektiven Druck ausüben. Die Änderungskündigung stellt ein **individualrechtl. Gestaltungselement** dar. Nach der überwiegenden Meinung in Rspr.[1] und Lit.[2] ist auch die Massenänderungskündigung als individualvertragl. Maßnahme zu sehen. Da es sich somit nicht um eine Arbeitskampfmaßnahme iSd. § 25 KSchG handelt, findet auf solche Kündigungen der gesamte Kündigungsschutz Anwendung. Werden Individualrechte gebündelt ausgeübt, reicht dies nicht aus, um eine kollektivrechtl. Zulässigkeitsbetrachtung durchzuführen. Allerdings kommt eine solche Kündigung nur im Hinblick auf den Abbau übertarifl. Leistungen in Betracht.

249 **b) Massenänderungskündigung der Arbeitnehmer.** Bei der kollektiven Änderungskündigung durch die ArbN stellt sich das Problem, dass durch das koordinierte Zusammenwirken der verschiedenen ArbN die **gemeins. Ausübung eines Individualrechtes Arbeitskampfcharakter** gewinnt. Während der ArbGeb ein ihm in jedem einzelnen Vertragsverhältnis zustehendes Recht geltend macht, müssen die ArbN gebündelt zusammenwirken. Das BAG jedenfalls hat die gebündelte Änderungskündigung von 29 Estrichlegern als Arbeitskampfmaßnahme eingeordnet[3].

250 Im Schrifttum besteht jedoch überwiegend Einigkeit, dass der ArbN ihm selbst zustehende Rechte **auch gebündelt mit anderen ArbN geltend machen darf**. Auch hier wird der Schwerpunkt der Maßnahme auf den individualvertragl. Charakter der Änderungskündigung gelegt[4]. Davon abgesehen verstößt ein Verband gegen seine Friedenspflicht, wenn er zur Massenänderungskündigung tarifvertragl. geregelter Ziele aufruft[5]. Für den einzelnen ArbN kann dies jedoch nicht gelten[6].

251 **c) Problem des „wilden Streiks" bzw. der „wilden Aussperrung".** Bei einem **wilden Streik** handelt es sich um eine Arbeitskampfmaßnahme außerhalb einer Gewerkschaft. Die zusammengeschlossenen ArbN erklären den Streik ohne gewerkschaftliche Organisation. Eine solche Betätigung ohne Mitwirkung einer Koalition kann nicht von der Vereinigungsfreiheit des Art. 9 III gedeckt sein, nicht zuletzt auch deshalb, weil wegen des fehlenden organisierten Ansprechpartners keine Konfliktlösungsfunktion besteht (Rz. 184). Der Abschluss eines TV ist mangels tariffähiger Koalition als Gegenspieler nicht möglich.

252 Aus dieser Konfliktlösungsfunktion ergibt sich aber auch die Möglichkeit der **rückwirkenden Übernahme** durch die Gewerkschaft. Nach der Übernahme steht ein tariffähiger Verhandlungspartner zur Verfügung, der Abschluss eines TV um den Konflikt zu beenden ist möglich. Eine solche Übernahme kann jedoch nur zulässig sein, wenn der Streik noch nicht beendet und als gewerkschaftlich geführter Streik rechtmäßig ist (vgl. Rz. 186).

253 Ähnliches gilt auch für die **wilde Aussperrung**. Wird der Arbeitskampf von einem ArbGebVerband geführt, können die einzelnen ArbGeb ohne Verbandsbeschluss keine zulässigen Aussperrungen erklären. Auch hier ist eine Konfliktlösung nur zwischen den Verbänden möglich. Als Ausnahme hiervon gelten Fälle, in denen der ArbGeb durch parallel abzuschließende HausTV als tariffähige Person angesprochen ist (vgl. Rz. 231).

254 **9. Gemeinsam ausgeübtes Zurückbehaltungsrecht bei Pflichtverletzungen des Arbeitgebers.** Die kollektive Ausübung von Zurückbehaltungsrechten ist von der Durchführung eines Streiks nicht immer zu unterscheiden. In beiden Fällen kommt es zu Arbeitsniederlegungen. Auch für das Arbeitsverhältnis ist die Anwendung von Zurückbehaltungsrechten anerkannt[7]. Schuldrechtl. Grundlage dafür sind die §§ 273, 320 BGB. In den meisten Fällen bezieht sich das BAG auf die Geltendmachung des § 273 BGB. Ein solches Zurückbehaltungsrecht muss ausdrücklich erklärt werden (Einrede, vgl. § 274 I BGB). Bei Anwendung des § 320 BGB ist eine solche Geltendmachung entbehrlich, die Nichtleistung der Arbeitserbringung ist schon bei objektivem Vorliegen der Voraussetzungen legitimiert[8]. Die Ausübung eines Zurückbehaltungsrechtes nach § 320 BGB ist bzgl. des Arbeitslohnes wegen § 614 BGB nur für die vergangene Lohnperiode möglich.

255 Besteht ein individualvertragl. Grund für die Zurückbehaltung der Leistung, so kann diese – auch **mit gewerkschaftlicher Unterstützung – kollektiv verweigert** werden, es ist jedoch jedes geltend gemachte Zurückbehaltungsrecht einzeln zu begutachten[9]. Zur Abgrenzung vom Streik bedarf es nach dem BAG

---

1 BAG (GS) v. 28.1.1955 – GS 1/54, AP Nr. 1 zu Art. 9 GG – Arbeitskampf; BAG v. 1.2.1957 – 1 AZR 521/54, AP Nr. 4 zu § 56 BetrVG. | 2 MüKo/*Hergenröder*, Bd. 4, KSchG, § 25 Rz. 10 ff.; *Kissel*, ArbeitskampfR, § 62 Rz. 22 mwN. | 3 BAG v. 28.4.1966 – 2 AZR 176/65, AP Nr. 37 zu Art. 9 GG – Arbeitskampf. | 4 MünchArbR/*Otto*, § 286 Rz. 121 ff.; *Gamillscheg*, KollArbR, § 21 II 2 a; *Löwisch/Rieble*, 170.2 Rz. 303; aA *Hueck/Nipperdey*, II/2, 1016 f., 1021 f.; *Hanau/Adomeit*, Rz. 284. | 5 *Kissel*, ArbeitskampfR, § 61 Rz. 50; KassHdb/*Kalb*, 8.2 Rz. 251; *Gamillscheg*, KollArbR, § 22 II 5 a. | 6 *Kissel*, ArbeitskampfR, § 61 Rz. 47; *Seiter*, Streikrecht, S. 415; ErfK/*Dieterich*, Art. 9 GG Rz. 278; aA Zöllner/Loritz/Hergenröder/*Loritz*, § 42 V 2 a; MünchArbR/*Otto* § 286 Rz. 126. | 7 BAG v. 20.12.1963 – 1 AZR 428/62, AP Nr. 32 zu Art. 9 GG – Arbeitskampf. | 8 *Kissel*, ArbeitskampfR, § 61 Rz. 15. | 9 BAG v. 14.2.1978 – 1 AZR 76/76, AP Nr. 58 zu Art. 9 GG – Arbeitskampf; MünchArbR/*Otto*, § 286 Rz. 130; *Seiter*, Streikrecht S. 430 ff.

allerdings einer **ausdrücklichen Erklärung** des ArbN, dass er sich auf ein Zurückbehaltungsrecht stützt[1]. In der Lit. wird dem nicht gefolgt[2] oder zwischen § 320 BGB und § 273 BGB unterschieden. Entfällt die Leistungspflicht ipso iure, sei keine Anzeige beim ArbGeb erforderlich. In den Fällen des § 273 BGB sei der Grund und die Ausübung eines Zurückbehaltungsrechtes schon wegen § 273 III BGB (Einrede durch Sicherheitsleistung) zu nennen[3].

256 Letztendlich muss der Gläubiger wissen, warum der Schuldner die Leistung verweigert, vor allem zur Unterscheidung vom Streik bedarf es einer **Erklärung gegenüber dem ArbGeb**[4]. Die Qualifikation der getroffenen Maßnahme kann nicht allein einer Ex-post-Betrachtung im gerichtlichen Verfahren verbleiben. Folge einer berechtigten Ausübung des Zurückbehaltungsrechtes durch den ArbN ist der Annahmeverzug des ArbGeb. Der Lohnanspruch des ArbN bleibt gem. § 615 BGB bestehen. Besteht das Zurückbehaltungsrecht nicht, verletzt der ArbN seinen Arbeitsvertrag und verliert seinen Lohnanspruch.

257 Geht man davon aus, dass die ArbN die Ausübung eines Zurückbehaltungsrechts erkennbar anzeigen müssen, kommt ein **Zurückbehaltungsrecht nach erklärtem Streik** nicht in Betracht[5]. Eine solche Arbeitsniederlegung würde dann einen rechtswidrigen wilden Streik (Rz. 251) darstellen. Gehen die ArbN irrtümlich vom Vorliegen der Voraussetzungen eines Zurückbehaltungsrechts aus und erklären auch die Wahrnehmung dieses Zurückbehaltungsrechts, ist dies individualvertragl. zu bewerten. Sanktionen wegen eines wilden Streiks dürften dann regelmäßig schon deshalb ausscheiden, weil die ArbN wegen eines **Rechtsirrtums** (Rz. 298) kein Verschulden trifft. Bei Verletzung **betriebsverfassungsrechtl. Pflichten** ohne individualrechtl. Bezug ist ein Zurückbehaltungsrecht der ArbN zu verneinen[6].

258 **10. Grenzen des Arbeitskampfes. a) Zulässigkeit der Begrenzung allgemein. aa) Schranken aus dem Grundgesetz.** Auch der Arbeitskampf muss sich in die Schranken der Verfassung weisen lassen. Die Verortung in Art. 9 III und die Gewährleistung zur Regelung der Arbeits- und Wirtschaftsbedingungen lässt erkennen, dass es um die Durchsetzung tarifl. Regelungen geht[7]. Dies führt zu der schon aus der Koalitionsfreiheit selbst folgenden immanenten Schranke, dass **alleinige Zielsetzung eines zulässigen Arbeitskampfes nur ein TV** sein kann[8]. Der Arbeitskampf ist Annex der Tarifautonomie, folglich darf er sich – zumindest grds. – auch nur gegen einen tarifzuständigen Vertragspartner richten.

259 Fraglich ist das Verhältnis der Koalitionsfreiheit der in kirchlichen Einrichtungen Beschäftigten **zum Selbstbestimmungsrecht der Religionsgemeinschaften nach Art. 140 GG iVm. Art. 137 III WRV**. Die wohl hM[9] verneint die Zulässigkeit von Arbeitskampfmaßnahmen gegen kirchliche Einrichtungen mit der Begründung, das kirchliche Selbstbestimmungsrecht schütze nicht nur die Wortverkündung, sondern auch die karitative Tätigkeit. Im Übrigen stehe der Kirche schon aus ihrem Selbstverständnis heraus das Kampfmittel der Aussperrung nicht zur Verfügung, auch sei mit dem religiösen Auftrag eine nach dem Wettbewerbsprinzip organisierte Dienstverfassung unvereinbar. Nach der Gegenmeinung folgt aus der Unterwerfung der Religionsgemeinschaften unter das staatliche Arbeitsrecht die Geltung und damit der Vorrang des Art. 9 III[10].

260 Über das Arbeitskampfziel hinaus kann der Arbeitskampf mit den **Grundrechten Dritter** kollidieren. Auch hier ist eine interessengerechte Lösung im Wege der praktischen Konkordanz zu finden. Schon deshalb bedarf es iSd. **verfassungsrechtl. Übermaßverbotes** einer Arbeitskampfmaßnahme, die innerhalb ihrer Funktion, wirtschaftl. Druck zur Lösung eines Tarifkonfliktes auszuüben, geeignet, erforderlich und verhältnismäßig ist (s. Rz. 169).

261 **bb) Art. 31 Europäische Sozialcharta.** Teil II Art. 6 Nr. 4 ESC enthält eine Bestimmung über das Recht auf Kollektivverhandlungen (Rz. 153). Gem. Teil III Art. 31 I ESC ist eine **Einschränkung dieser Rechte** nur zulässig, wenn „diese gesetzl. vorgeschrieben und in einer demokratischen Gesellschaft zum Schutze der Rechte und Freiheiten anderer oder zum Schutz der öffentl. Sicherheit und Ordnung, der Sicherheit des Staates, der Volksgesundheit und der Sittlichkeit notwendig sind". Die Einhaltung der ESC wird durch einen Sachverständigenausschuss des Europarates überwacht. Dessen Spruchpraxis läuft in einigen Punkten dem deutschen Arbeitskampfrecht zuwider[11]. So erkennt der Ausschuss auch nichtorganisierten ArbN ein Streikrecht zu, dies führt zu einer Legitimation des wilden Streiks. Des Weiteren wird auch eine Arbeitsniederlegung zur Durchsetzung außertarifl. Regelungsziele für rechtmäßig gehalten. Ferner sieht der Sachverständigenausschuss in dem grds. Verbot des Beamtenstreiks einen Verstoß gegen Teil II Art. 6 IV ESC. Damit ist fraglich, ob die dem zuwiderlaufende Ausgestaltung des deutschen

1 BAG v. 20.12.1963 – 1 AZR 428/62, AP Nr. 32 zu Art. 9 GG – Arbeitskampf; leichte Einschränkung in BAG v. 14.2.1978 – 1 AZR 76/76, AP Nr. 58 zu Art. 9 GG – Arbeitskampf: wesentliche Erkennbarkeit reiche aus. | 2 *Gamillscheg*, KollArbR, § 22 III 6 d; vgl. auch Brox/Rüthers/*Brox*, Rz. 606. | 3 MünchArbR/*Otto*, § 286 Rz. 141. | 4 *Kissel*, ArbeitskampfR, § 61 Rz. 15 ff. | 5 AA MünchArbR/*Otto*, § 286 Rz. 141; *Walker*, NZA 1993, 767 (773). | 6 BAG v. 14.2.1978 – 1 AZR 76/76, AP Nr. 58 zu Art. 9 GG – Arbeitskampf; MünchArbR/*Otto*, § 286 Rz. 135. | 7 BVerfG v. 26.6.1991 – 1 BvR 779/85, E 84, 212. | 8 BAG (GS) v. 21.4.1971 – GS 1/68, AP Nr. 43 zu Art. 9 GG – Arbeitskampf; v. 5.3.1985 – 1 AZR 468/83, AP Nr. 85 zu Art. 9 GG – Arbeitskampf; MünchArbR/*Otto*, § 285 Rz. 2. | 9 Vgl. nur *Waldhoff*, GS Heinze, 2005, S. 995 ff. mwN. | 10 S. dazu etwa *Gamillscheg*, KollArbR, § 33k mwN; *Kühling*, ArbuR 2001, 241 (243 ff.). | 11 Vgl. *Kissel*, ArbeitskampfR, § 20 Rz. 35; MünchArbR/*Otto*, § 284 Rz. 54.

Arbeitskampfrechts eine unzulässige Begrenzung der in Teil II Art. 6 IV ESC geregelten Rechte darstellt.

Die hiermit aufgeworfene **Frage der Verbindlichkeit der ESC** wird heftig diskutiert. Weder das BVerfG[1] noch das BAG[2] haben dazu abschließend entschieden. In der Lit. werden die unterschiedlichsten Ansätze vertreten[3]. Solange es keine gesetzl. Regelung des Arbeitskampfrechts gibt, müssen sich die Gerichte auch an die ESC halten. Allerdings gewinnt die Vorschrift lediglich als Auslegungshilfe Bedeutung, die Spruchpraxis des Sachverständigenausschusses kann nicht zu einer authentischen Interpretation der ESC herangezogen werden. Folgen jedoch weitere **Empfehlungen des Ministerkomitees** des Europarates, wie die zum Streik für außertarifl. Regelungsziele[4] nach Teil IV Art. 29 ESC, stellt dies eine authentische Interpretation der ESC dar[5]. Einzige Möglichkeit der Bundesregierung[6], auf die Rspr. des BAG Einfluss zu nehmen[7], wäre ein Gesetzentwurf, welcher dem Inhalt der Empfehlungen entspricht. Die weitere Entwicklung bleibt abzuwarten. 262

b) Einzelne Schranken. aa) Verbot nicht erforderlicher Kampfmaßnahmen. Arbeitskämpfe haben weitreichende Konsequenzen auch über die beteiligten Koalitionen hinaus. Das BAG hat Arbeitskämpfe daher als unerwünscht bezeichnet, „da sie volkswirtschaftliche Schäden mit sich bringen und den im Interesse der Gesamtheit liegenden sozialen Frieden beeinträchtigen". Als Hilfsmittel der Tarifautonomie sind Arbeitskämpfe notwendig, jedoch dürfen sie nur die ultima ratio sein. Das **Ultima-ratio-Prinzip** prägt die st. Rspr. des BAG und kann als Kern des Verhältnismäßigkeitsgrundsatzes angesehen werden[8]. Die Erforderlichkeit eines Arbeitskampfmittels ist demnach erst gegeben, wenn alle Verhandlungs- und Verständigungsmöglichkeiten ausgeschöpft sind. Dies ist der Fall wenn die Verhandlungen endgültig gescheitert sind. Die Feststellung dieses Zeitpunktes liegt in den Händen der TV-Parteien und ist nicht immer eindeutig möglich. 263

Das Für und Wider des Ultima-ratio-Prinzips wird vor allem am Problem des **Warnstreiks** diskutiert. Bei diesen ruft die Gewerkschaft bereits vor dem Scheitern der Verhandlungen zu kurzfristigen Arbeitsniederlegungen auf. In den ersten drei Warnstreikentscheidungen[9] hatte das BAG Kurzzeitstreiks bis zu drei Stunden aus dem Anwendungsbereich des Ultima-ratio-Prinzips herausgenommen. Faktisch wurden diese Streiks privilegiert, obwohl sie durch die Taktik der „neuen Beweglichkeit" ebenso empfindlichen Druck ausübten wie „normale" Erzwingungsstreiks. Nach heftiger Kritik in der Lit. hat das BAG diese Privilegierung unter Modifikation des Ultima-ratio-Prinzips ausdrücklich aufgegeben[10]. Nunmehr sieht die Rspr. in der Durchführung von Kurzzeitstreiks die Feststellung der Gewerkschaft, dass die Verhandlungen gescheitert sind. Im Schrifttum wird eine solche konkludente Erklärung des Scheiterns kritisch betrachtet. Wenn man den Warnstreik als „normalen" Streik werte, bedürfe es auch eines förmlichen Streikaufrufs, die dann erforderliche Erklärung stünde damit einer konkludenten Handlung der Gewerkschaft entgegen[11]. Richtigerweise wird man jedenfalls verlangen müssen, dass vor Streikbeginn wenigstens einmal verhandelt wurde, allerdings auch nur dann, wenn die erhobenen Forderungen von der Gegenseite nicht von vornherein und vollständig abgelehnt worden waren[12]. 264

bb) Verbot des Einsatzes unlauterer Kampfmittel. Die gezielte Einsetzung unlauterer Kampfmittel ist verboten. Hierbei ist jedoch das Verhältnis von Arbeitskampf und Strafrecht zu beachten (Rz. 341 ff.). Als strafbare Handlungen im Verlauf eines Arbeitskampfes kommen vor allem Körperverletzung (§ 223 StGB), Nötigung (§ 240 StGB) oder Beleidigungen (§ 185 StGB) durch Streikposten in Frage. Die **gezielte kampftaktische Einbeziehung strafrechtl. Handlungen** der Mitglieder durch den Verband führt zur Rechtswidrigkeit des Arbeitskampfes[13]. Eine **Duldung strafbarer Handlungen** führt jedoch erst zur Rechtswidrigkeit des Arbeitskampfes, wenn sich diese häufen und das Gesamtbild des Arbeitskampfes prägen[14]. 265

Des Weiteren müssen **Betriebsbesetzungen (Art. 14 Rz. 38) und Betriebsblockaden** grds. als unlautere und verbotene Arbeitskampfmaßnahmen angesehen werden. Diskutiert wird die Zulässigkeit entspre- 266

---

1 BVerfG v. 20.10.1981 – 1 BvR 404/78, E 58, 233; v. 2.3.1993 – 1 BvR 1213/85, E 88, 103. | 2 BAG v. 10.6.1980 – 1 AZR 822/79, AP Nr. 64 zu Art. 9 GG – Arbeitskampf; v. 12.9.1984 – 1 AZR 342/83, AP Nr. 81 zu Art. 9 GG; v. 10.12.2002 – 1 AZR 96/02, AP Nr. 162 zu Art. 9 GG – Arbeitskampf; dazu *Franzen*, EzA Art. 9 GG – Arbeitskampf Nr. 134, S. 21 (33 f.). | 3 Vgl. dazu nur *Kissel*, ArbeitskampfR, § 20 Rz. 12 ff. | 4 Empfehlung v. 2.3.1998, ArbuR 1998, 154 f. | 5 *Kissel*, ArbeitskampfR, § 20 Rz. 33; MünchArbR/*Otto*, § 284 Rz. 54. | 6 Diese hat die Empfehlung abgelehnt und keinen Handlungsbedarf gesehen, BT-Drs. 13/11415 v. 3.9.1998, S. 17 f. | 7 Zur legislativen Korrektur von Richterrecht *Hergenröder*, Zivilprozessuale Grundlagen richterlicher Rechtsfortbildung, 1995, S. 198 f. | 8 Zweifelnd im Hinblick auf die Vereinbarkeit mit Art. 31 ESC BAG v. 12.9.1984 – 1 AZR 342/83, AP Nr. 81 zu Art. 9 GG – Arbeitskampf. Dagegen *Kissel*, ArbeitskampfR, § 30 Rz. 5; *Konzen*, JZ 1986, 157 (162). | 9 BAG v. 17.12.1976 – 1 AZR 605/75, AP Nr. 51 zu Art. 9 GG – Arbeitskampf; v. 12.9.1984 – 1 AZR 342/83, AP Nr. 81 zu Art. 9 GG – Arbeitskampf; v. 29.1.1985 – 1 AZR 179/84, AP Nr. 83 zu Art. 9 GG – Arbeitskampf. Eingehend hierzu *Seiter*, Die Warnstreikentscheidungen des Bundesarbeitsgerichts, 1986, S. 61 ff. | 10 BAG v. 21.6.1988 – 1 AZR 651/86, AP Nr. 108 zu Art. 9 GG – Arbeitskampf. | 11 Vgl. näher *Gamillscheg*, KollArbR § 24 III 3 d; *Konzen*, FS 50 Jahre BAG, 2004, S. 513 (541 ff.); MünchArbR/*Otto*, § 285 Rz. 103. | 12 S. auch BAG v. 9.4.1991 – 1 AZR 332/90, AP Nr. 116 zu Art. 9 GG – Arbeitskampf; ErfK/*Dieterich*, Art. 9 GG Rz. 127. | 13 *Seiter*, Streikrecht, S. 525. | 14 *Gamillscheg*, KollArbR, § 23 II 3b. S. auch BAG v. 21.6.1988 – 1 AZR 651/86, E 58, 364 = AP Nr. 108 zu Art. 9 GG – Arbeitskampf.

chender Kampfmittel vor dem Hintergrund, dass die Gewerkschaften ihrer bedürfen, um in bestimmten branchentypischen Einzelfällen Kampfparität herstellen zu können[1]. So ist es etwa in der Druckindustrie durch Auslieferung sog. Notexemplare üblich, das Erscheinen der Publikationen in reduzierter Form zu ermöglichen. Entsprechende Überlegungen können jedoch nur in ganz engen Grenzen Anwendung finden. Letztendlich können dadurch die Eingriffe in die Grundrechte der ArbGeb aus Art. 13, 14 GG jedenfalls gegenwärtig nicht gerechtfertigt werden. Darüber hinaus stellt die Betriebsbesetzung tatbestandlich einen Hausfriedensbruch dar und begründet Unterlassungs- und Schadensersatzansprüche der ArbGeb. Die Gewährleistung des Arbeitskampfmittels der Betriebsbesetzung durch Art. 9 III ist daher nach hM nicht gegeben[2]. Gleiches gilt auch für die Betriebsblockade, bei der die streikenden ArbN den Zugang zum Betrieb von außen verhindern um Streikbrecherarbeit, Aus- und Anlieferungen zu unterbrechen[3]. Auch die Rspr. hat sich ablehnend geäußert[4].

267 **cc) Verbot des Kampfes um unwirksame Regelungsziele.** Ziele, die nicht wirksam zwischen den Parteien vereinbart werden können, dürfen auch nicht mit dem von Art. 9 III geschützten Arbeitskampf durchgesetzt werden. So kann etwa ein auf die Vereinbarung von **Differenzierungsklauseln** (Rz. 68) gerichteter Arbeitskampf nicht unter dem Schutz des Art. 9 III stehen. Rechtswidrig ist ein Streik, mit welchem die Transformation eines tarifl. Kündigungsschutzes in die Arbeitsverträge durchgesetzt werden soll[5]. Gleiches gilt für die Forderung, der ArbGeb müsse im ArbGebVerband bleiben[6]. Dieselbe Konsequenz hat das LAG Hamm[7] in Bezug auf die streikweise Durchsetzung einer **Standortsicherungsklausel** gezogen (s. auch Rz. 189 Fn. 7). Der ArbGeb könnte daher Schadensersatz- und Unterlassungsansprüche geltend machen. In der Lit. werden solche Standortsicherungsvereinbarungen jedoch auch als regelbare Ziele eingeordnet[8], und neuerdings hat sich auch das BAG grds. dafür ausgesprochen[9]. Insgesamt werden unzulässige Zielsetzungen jedoch in den seltensten Fällen das alleinige Ziel eines Arbeitskampfes darstellen. Es stellt sich mithin die Frage nach den Rechtsfolgen für den gesamten Arbeitskampf (Rz. 279).

268 **dd) Verbot des Kampfes um Ziele, die nicht unter Einsatz von Druck durchgesetzt werden dürfen.** § 74 II 1 BetrVG verbietet die Anwendung von Arbeitskampfmaßnahmen zwischen ArbGeb und BR. Der Abschluss einer BV kann mit den im BetrVG genannten Mitteln durchgesetzt werden. Eine auf den Abschluss einer BV gerichtete Druckausübung durch Arbeitskampfmittel ist unzulässig. Das Gleiche gilt für die Erzwingung der Entlassung einzelner ArbN durch Arbeitskampfmaßnahmen.

269 **ee) Verbot der Existenzvernichtung des Gegners.** Arbeitskämpfe, welche die Vernichtung des Gegners zum Ziel haben, sind unzulässig. Sie stellen unverhältnismäßige Eingriffe in Art. 14 GG bei Gefährdung des Betriebes und Art. 9 III bei Gefährdung des Verbandes dar. Darüber hinaus ist ein solcher Arbeitskampf rechtsmissbräuchlich und deshalb sittenwidrig[10]. Eine **Existenzgefährdung** kann jedoch noch nicht zur Unzulässigkeit von Arbeitskämpfen führen. Die Gefährdung eines Betriebes durch die Durchführung von Arbeitskampfmaßnahmen könnte letztendlich immer angenommen werden. Dem Arbeitskampf als Druckmittel ist eine gewisse Schädigung des Gegners immanent. Würde man die Zulässigkeit von potenziell existenzgefährdenden Arbeitskampfmaßnahmen verneinen, würde dies die Möglichkeiten der TV-Parteien erheblich minimieren. Konkret auftretenden Problemen der Existenzgefährdung muss im Rahmen von Erhaltungsarbeiten entgegengewirkt werden.

270 **ff) Verbot des Kampfes um unbeeinflussbare Ziele. (1) Sympathiekampfmaßnahmen.** Arbeitskämpfe zur Unterstützung von „Hauptarbeitskämpfen" ohne eigenes Regelungsziel nennt man Sympathie-, Solidaritäts- oder Unterstützungsarbeitskämpfe. Praktische Bedeutung hat der Sympathiearbeitskampf insb. dann erlangt, wenn es sich um kleine Betriebe oder bestimmte Branchen handelt, für welche ein TV abgeschlossen werden soll und sich die ArbN-Seite auf Grund der konkreten gewerkschaftlichen Organisationsstruktur dabei Problemen ausgesetzt sieht. Ein weiteres Anwendungsfeld für Unterstützungskampfmaßnahmen ist gegeben, wenn die ArbGebSeite in besonderem Maße einem Streik standhalten kann[11]. Obschon entsprechende Kampfmaßnahmen nicht gegen die relative Friedenspflicht verstoßen[12], sind sie bislang auch vom BAG **grds. als unzulässig angesehen worden**, da der tatsächlich bestreikte ArbGeb idR keine Einflussmöglichkeit auf den Verlauf des Hauptarbeitskampfes

1 Vgl. *Treber*, Aktiv produktionsbehindernde Maßnahmen, 1996, S. 461 ff. |2 *Kissel*, ArbeitskampfR, § 61 Rz. 57 ff.; MünchArbR/*Otto*, § 286 Rz. 58 ff. |3 *Hergenröder*, EzA GG Art. 9 – Arbeitskampf Nr. 121. |4 BAG v. 14.2.1978 – 1 AZR 76/76, AP Nr. 58 zu Art. 9 GG – Arbeitskampf; v. 21.6.1988 – 1 AZR 651/86, AP Nr. 108 zu Art. 9 GG – Arbeitskampf; v. 11.7.1995 – 1 AZR 63/95, AP Nr. 138 zu Art. 9 GG – Arbeitskampf. |5 BAG v. 10.12.2002 – 1 AZR 96/02, AP Nr. 162 zu Art. 9 GG – Arbeitskampf. |6 BAG v. 10.12.2002 – 1 AZR 96/02, AP Nr. 162 zu Art. 9 GG – Arbeitskampf. |7 LAG Hamm v. 31.5.2000 – 18 Sa 858/00, AP Nr. 158 zu Art. 9 GG – Arbeitskampf; anders in Bezug auf das „Wie" der Betriebsänderung LAG Schl.-Holst. v. 27.3.2003 – 5 Sa 137/03, DB 2003, 1336; dazu krit. *Rolfs/Clemens*, DB 2003, 1678 (1680). |8 *Wolter*, RdA 2002, 218 (226). |9 BAG v. 24.4.2007 – 1 AZR 252/06, AP Nr. 2 zu § 1 TVG – Sozialplan. |10 BAG (GS) v. 21.4.1971 – GS 1/68, AP Nr. 43 zu Art. 9 GG – Arbeitskampf; v. 30.3.1982 – 1 AZR 265/80, AP Nr. 74 zu Art. 9 GG – Arbeitskampf (*von Stebut*); v. 11.5.1993 – 1 AZR 649/92, AP Nr. 63 zu § 1 FeiertagslohnzahlungsG; *Kissel*, ArbeitskampfR, § 29 Rz. 22; MünchArbR/Otto, § 285 Rz. 124. |11 Däubler/*Bieback*, Rz. 371. |12 BAG v. 21.12.1982 – 1 AZR 411/80, AP Nr. 76 zu Art. 9 GG – Arbeitskampf.

hat[1]. Die Gegenansicht[2] stützt ihre Überzeugung von der Zulässigkeit des Sympathiearbeitskampfes neben kampftaktischen Überlegungen auf überstaatliches Recht, insb. die Europäische Sozialcharta und das ILO-Abkommen Nr. 87 (Rz. 152 f.), des Weiteren wird auf einen allgemeinen Solidaritätsgedanken abgehoben. Mit einer neuen Entscheidung scheint auch das BAG den Sympathiearbeitskampf nicht mehr grds. abzulehnen, sondern stellt für dessen Zulässigkeit auf eine Verhältnismäßigkeitsprüfung insb. nach den Kriterien „Nähe bzw. Weite zum Hauptarbeitskampf" ab[3].

Doch auch von der grds. Unzulässigkeit des Sympathiearbeitskampfes wurden **Ausnahmen** gemacht[4]. 271
Übernimmt ein ArbGeb außerhalb des umkämpften Tarifgebietes einverständlich (!) die Produktion eines bestreikten ArbGeb, um dessen Lieferverpflichtungen zu erfüllen, so soll dieser Neutralitätsverletzung von der betroffenen Belegschaft mit einem Sympathiestreik begegnet werden können. Man spricht insoweit von sog. „Neutralitätsstreiks" zur Verhinderung von Streikarbeit. Des Weiteren könnte die wirtschaftl. (Konzern) oder verbandsmäßige Verflechtung einen Sympathiearbeitskampf rechtfertigen. Die Grenzen können hier aber wohl nicht eindeutig gezogen werden[5]. Eine sinnvolle Druckausübung ist darüber hinaus nur dann gewährleistet, wenn die Betriebsabläufe empfindlich gestört werden können. Beim Vertretensein mehrerer Gewerkschaften im Betrieb könnte sich so ein Sympathiestreik begründen lassen. Das dahinter stehende Problem der inkongruenten Tarifzuständigkeit[6] hat sich allerdings nicht zuletzt durch den Konzentrationsprozess in der deutschen Gewerkschaftslandschaft entschärft.

(2) Politische Arbeitskampfmaßnahmen. Politische Arbeitskampfmaßnahmen richten sich vornehm- 272
lich auf die **allgemeinpolitische Gestaltung**. Die benannten Ziele können nur vom Gesetzgeber, durch gerichtliche Entscheidungen oder durch Verwaltungshandeln verwirklicht werden[7], der Abschluss eines TV wird vom Kampfgegner erst gar nicht verlangt. Entsprechende Arbeitskämpfe finden damit nicht in den Grenzen des Art. 9 III statt, des Weiteren haben die Betroffenen keine Einwirkungsmöglichkeit auf die angegangenen Institutionen. Der politische Streik ist daher nach nahezu einhelliger Auffassung als unzulässiges Arbeitskampfmittel zu werten[8].

(3) Demonstrationsarbeitskämpfe. Des Weiteren können **gebündelte Meinungsäußerungen** unter 273
Hinweis auf bestehende Missstände auch keine sog. Demonstrationsarbeitskämpfe rechtfertigen[9]. Wie beim politischen Streik fehlt es auch hier am tarifvertragl. Regelungsziel.

gg) Verbot von Kampfmaßnahmen, die unbeteiligte Dritte unverhältnismäßig hart treffen. Arbeits- 274
kämpfe finden nicht in einem gesellschaftlichen Vakuum statt, sondern betreffen auch immer, mehr oder minder stark, die **Rechte und Interessen Dritter**. Ein gegenüber dem Kampfgegner geführter rechtmäßiger Arbeitskampf kann jedoch nicht schon durch die Beeinträchtigung von Drittinteressen als rechtswidrig gekennzeichnet werden. Vor allem im Bereich des öffentl. Dienstes sind häufig die Gebiete der sog. **Daseinsvorsorge** betroffen[10]. Stimmen im Schrifttum halten auch hier einen Arbeitskampf für zulässig, Extremsituationen sollen über den Notdienst entschärft werden[11]. Dem wird entgegengehalten, dass gerade die existenziellen Bedürfnisse Dritter nicht tangiert werden dürfen[12], überdies würden die betroffenen Bürger von den Streikenden als „Geiseln" benutzt, um dadurch indirekt psychologischen Druck auf den ArbGeb auszuüben[13]. Denn die Arbeitskampfmaßnahmen träfen in erster Linie die Bürger, denen ein Ausweichen auf andere Anbieter im Bereich der Daseinsvorsorge kaum möglich sei.

Durch die fortlaufende Privatisierung ehemals traditioneller Bereiche der Daseinsvorsorge ist die dar- 275
gestellte Frage jedoch losgelöst vom öffentl. Dienst zu betrachten. Eine umfassende Schaffung **arbeitskampfneutraler Bereiche** bei Tangierung elementarer Drittinteressen ist vor dem Hintergrund des Art. 9 III nicht legitimierbar. Das BAG verlangt von den Tarifparteien daher, dass diese selbst durch die Herausnahme für die Allgemeinheit lebensnotwendiger Betriebe aus dem Arbeitskampf sowie die Organisation von Notdienstarbeiten ein Mindestmaß an existentieller Versorgung gewährleisten. Dies gebiete schon der Grundsatz der Verhältnismäßigkeit[14]. Weitergehend hielt allerdings der BGH[15] einen Flug-

---

1 So die Rspr. seit BAG v. 5.3.1985 – 1 AZR 468/83, AP Nr. 85 zu Art. 9 GG – Arbeitskampf; vgl. ferner v. 12.1.1988 – 1 AZR 219/86, AP Nr. 90 zu Art. 9 GG – Arbeitskampf; ebenso Brox/Rüthers/*Rüthers*, Rz. 138; *Konzen*, FS 50 Jahre BAG 2004, S. 513 (546 ff.). | 2 Vgl. etwa *Wohlgemuth*, ArbuR 1980, 33 (37); *Plander*, ZTR 1989, 135 (138). | 3 BAG v. 19.6.2007 – 1 AZR 396/06, AP Nr. 173 zu Art. 9 GG – Arbeitskampf; dazu *Konzen*, SAE 2008, 1. | 4 Vgl. BAG v. 5.3.1985 – 1 AZR 468/83, AP Nr. 85 zu Art. 9 GG – Arbeitskampf. | 5 Vgl. näher MünchArbR/*Otto*, § 286 Rz. 45 ff. | 6 Hierzu *Konzen*, DB 1990, Beil. 6, S. 1; *Lieb*, RdA 1991, 145. | 7 Wie die Arbeitsniederlegung gegen den IRAK-Krieg, zu der die DGB-Mitgliedsgewerkschaften am 12.3.2003 aufgerufen hatten, gezeigt hat, kann sogar ein Verhalten einer ausländischen Staatsgewalt verlangt werden. | 8 ArbG Hagen v. 23.1.1991 – 1 Ca 66/87, AP Nr. 118 zu Art. 9 GG – Arbeitskampf; ErfK/*Dieterich*, Art. 9 GG Rz. 114; MünchArbR/*Otto*, § 285 Rz. 37 ff. | 9 BAG v. 23.10.1984 – 1 AZR 126/81, AP Nr. 82 zu Art. 9 GG – Arbeitskampf; ErfK/*Dieterich*, Art. 9 GG Rz. 117. | 10 Empirische Daten bei *Lieb*, Der Arbeitskampf im öffentlichen Dienst, 2003, S. 276 ff.; *Scherer*, Grenzen des Streikrechts in den Arbeitsbereichen der Daseinsvorsorge, 2000, S. 21 ff. | 11 *Däubler*, ArbeitskampfR, S. 232. | 12 IdS mit Modifikationen im Einzelnen Brox/Rüthers/*Schlüter*, Rz. 539; *Löwisch/Krauß*, 170.9 Rz. 21 ff.; *Seiter*, Streikrecht, S. 553. | 13 S. nur *Lieb*, Der Arbeitskampf im öffentlichen Dienst, 2003, S. 276 ff.; *Scherer*, Grenzen des Streikrechts in den Arbeitsbereichen der Daseinsvorsorge, 2000, S. 36. | 14 BAG v. 21.4.1971 – GS 1/68, AP Nr. 43 zu Art. 9 GG – Arbeitskampf (unter III A). | 15 BGH v. 31.1.1977 – VI ZR 32/77, AP Nr. 61 zu Art. 9 GG – Arbeitskampf; s. nun aber etwa auch LAG Hess. v. 22.7.2004 – 9 SaGa 593/04, NZA-RR 2005, 262 ff.

lotsenstreik für rechtswidrig und sogar sittenwidrig, weil Unbeteiligte weit über das mit Streiks sonst verbundene Maß belastet wurden. Richtigerweise wird man auftretende Probleme nach den allgemeinen Grundsätzen (Rz. 260) zu lösen haben: Sind verfassungsrechtl. geschützte Positionen Dritter, wie etwa das Recht auf körperliche Unversehrtheit und Leben, betroffen, sind die konkurrierenden Grundrechte im Wege der praktischen Konkordanz gegeneinander abzuwägen. Insoweit bedarf es einer genauen Einzelfallbetrachtung[1].

276 **hh) Gesamtwirtschaftliches Gleichgewicht.** Darüber hinaus ist die Beachtung des gesamtwirtschaftl. Gleichgewichts bei der Durchführung von Arbeitskämpfen nicht zu fordern[2]. Lediglich im Rahmen einer **Gemeinwohlbindung** des Arbeitskampfes können konkrete gemeinwirtschaftl. Auswirkungen des Arbeitskampfes Beachtung finden. Im Gegensatz zur Tarifautonomie (Rz. 142 f.) muss sich die Durchführung des Arbeitskampfes am Gemeinwohl messen lassen[3]. Rechtsfolge dessen kann jedoch nicht die umfassende Unzulässigkeit des Arbeitskampfes sein. Auch hier muss im Wege der praktischen Konkordanz ein angemessener Ausgleich stattfinden. Insoweit kann es lediglich zu einer interessengerechten Einschränkung von Arbeitskampfmaßnahmen kommen[4].

277 **ii) Kampfbeschränkungen durch die Tarifautonomie.** Als Hilfsmittel der Tarifautonomie ergeben sich für den Arbeitskampf gewisse Einschränkungen direkt aus der gesetzl. Ausgestaltung und den Grundsätzen der Tarifautonomie selbst (s. Rz. 111).

278 **(1) Tarifvertragliches Regelungsziel.** Das Ziel eines Arbeitskampfes muss der Regelung in einem TV zugänglich sein. Arbeitskämpfe sind das Instrument zur Durchsetzung tarifl. Regelungen[5] und finden nach st. Rspr. des BAG auch in diesem Rahmen ihre Grenze[6]. Diese Tarifbezogenheit des Arbeitskampfes bedeutet zugleich, dass Arbeitskämpfe – grds. – nur zur Durchsetzung oder Abwehr tarifvertragl. regelbarer Gegenstände zulässig sind (Rz. 184). Arbeitskämpfe mit anderer Zielsetzung stehen somit nicht unter dem kollektivrechtl. Schutz des Art. 9 III[7]. An diesem Grundsatz dürfte auch die neue Rspr. zum Sympathiestreik (Rz. 270) nichts ändern.

279 Nach der Rspr. des BAG muss für die Beurteilung der Rechtmäßigkeit eines Arbeitskampfes bei **mehreren Kampfzielen** festgestellt werden, welches Hauptziel den Arbeitskampf prägt[8]. Nach aA trägt die Gewerkschaft auch das Risiko rechtswidriger Nebenziele, der Arbeitskampf um mehrere Kampfziele ist rechtswidrig, wenn nur ein einziges Kampfziel rechtswidrig ist („Rühreitheorie")[9]. Neben der möglichen Rechtfertigung unzulässiger Arbeitskampfziele durch ein zulässiges Hauptziel spricht auch die schwierige Differenzierung in Haupt- und Nebenziele sowie die Aufspaltung eines Arbeitskampfes um einen TV in unterschiedlich zu betrachtende Tarifziele gegen die Geprägetheorie.

280 **(2) Erkämpfbarkeit schuldrechtlicher Vereinbarungen.** Auch die schuldrechtl. Vereinbarungen eines TV sind nach hM grds. erkämpfbar, **wenn sie zum Bereich der Arbeits- und Wirtschaftsbedingungen gehören**[10]. Darunter fallen Wiedereinstellungsgebote, schuldrechtl. Maßregelungsverbote etc. Einschränkend wird vertreten, dass nur solche schuldrechtl. Regelungen erkämpfbar seien, die zumindest einen „mittelbaren Bezug zu Tarifnormen" hätten, also in erster Linie „Tarifnormen ersetzende Regelungen" bzw. diesen „dienende Regelungen"[11]. Fest steht aber, dass jedenfalls solche Regelungen, die als Tarifnormen unzulässig wären, nicht über den Umweg über den schuldrechtl. Teil faktisch erzwungen werden dürfen[12].

281 Darüber hinaus ist die Vereinbarungsmacht der Tarifparteien für den schuldrechtl. Teil durch die Vertragsfreiheit praktisch unbegrenzt (§ 1 TVG Rz. 72 ff.). Es können auch sog. **außertarifl. Regelungen** getroffen werden. Darunter sind Regelungen zu verstehen, welche über den Rahmen der Arbeits- und Wirtschaftsbedingungen hinausgehen. Diese Regelungen sind jedoch nicht durch zulässige Arbeitskampfmaßnahmen durchzusetzen[13]. Darunter fällt zB die Verpflichtung, eine Betriebsgründung im Ausland zu unterlassen[14]. Ein Arbeitskampf, der auf die schuldrechtl. Regelung eines solchen Sachverhalts gerichtet ist, untersteht nicht dem Schutz des Art. 9 III und ist daher rechtswidrig. Selbst wenn man aber entsprechende Kampfziele noch als durch Art. 9 III erfasst ansieht, wären Kampfmaßnahmen wegen der konkurrierenden Grundrechtspositionen der Gegenseite aus Art. 12, 14 GG ausgeschlossen.

---

1 Vgl. *Lieb*, Der Arbeitskampf im öffentlichen Dienst, 2003, S. 453 ff.; *Scherer*, Grenzen des Streikrechts in den Arbeitsbereichen der Daseinsvorsorge, 2000, S. 119 ff. |2 *Kissel*, ArbeitskampfR, § 27 Rz. 3. |3 BAG (GS) v. 21.4.1971 – GS 1/68, AP Nr. 43 zu Art. 9 GG – Arbeitskampf; s. auch zum Ganzen *Thüsing*, FS 50 Jahre BAG, 2004, S. 889 (900 ff.). |4 Vgl. dazu *Kissel*, ArbeitskampfR, § 27. |5 BVerfG v. 26.6.1991 – 1 BvR 779/85, E 84, 212. |6 Vgl. BAG v. 5.3.1985 – 1 AZR 468/83, AP Nr. 85 zu Art. 9 GG – Arbeitskampf; so auch die hM im Schrifttum, *Löwisch/Rieble*, 170.1 Rz. 45; KassHbArbR/*Kalb*, 6.2 Rz. 96. |7 BAG (GS) v. 21.4.1971 – GS 1/68, AP Nr. 43 zu Art. 9 GG – Arbeitskampf; *Kissel*, ArbeitskampfR, § 24 Rz. 15. |8 BAG v. 4.5.1955 – 1 AZR 493/54, AP Nr. 2 zu Art. 9 GG – Arbeitskampf; v. 10.12.2002 – 1 AZR 96/02, AP Nr. 162 zu Art. 9 GG – Arbeitskampf. |9 Vgl. *Kissel*, ArbeitskampfR, § 24 Rz. 11; *Seiter*, Streikrecht S. 495; vermittelnd *Gamillscheg*, KollArbR, § 22 I 2. |10 MünchArbR/*Otto*, § 285 Rz. 18; aA *Mayer-Maly*, BB 1965, 829 (833). |11 MünchArbR/*Löwisch/Rieble*, § 253 Rz. 39, 42. |12 MünchArbR/*Löwisch/Rieble*, § 278 Rz. 6 ff.; MünchArbR/*Otto*, § 285 Rz. 21. |13 MünchArbR/*Otto*, § 285 Rz. 18. |14 Auch aus Anlass einer Standortverlagerung ins Ausland geforderte exorbitant lange Kündigungsfristen können mit der Unternehmensautonomie in Konflikt geraten, vgl. *Rolfs/Clemens*, DB 2003, 1678 (1680 f.) gegen LAG Schl.-Holst. v. 27.3.2003 – 5 Sa 137/03, DB 2003, 1336.

(3) **Tariffähige Koalition.** Aus diesen Grundsätzen folgt auch, dass sich der Arbeitskampf auf ArbN-Seite gegen eine tariffähige Koalition richten und von einer tariffähigen Koalition ausgehen muss. Bestreikt werden kann auch der AußenseiterArbGeb mit dem Ziel eines FirmenTV bzw. unter bestimmten Voraussetzungen auch im Rahmen eines Verbandsarbeitskampfes (Rz. 188). Auf Seiten der ArbN besteht daher ein „gewerkschaftliches Streikmonopol"[1]. Nicht durch die Gewerkschaft geführte Kampfmaßnahmen stellen einen „wilden Streik" dar, und sind als solche rechtswidrig (Rz. 251). Sie können jedoch durch die Gewerkschaft übernommen werden und sind dann als von Anfang an koalitionsgetragen anzusehen[2]. Auf der ArbGebSeite ist zwischen Verbands- und FirmenTV zu unterscheiden. Wird ein Arbeitskampf von der ArbGebSeite geführt, ist der einzelne ArbGeb nur für den Abschluss eines FirmenTV zuständig. Auch die Übernahme einer nicht verbandsgetragenen Aussperrung durch die ArbGebKoalition muss möglich sein (Rz. 253). 282

(4) **Grundsatz der Tarifeinheit und Arbeitskampf.** Der Grundsatz der Tarifeinheit (§ 4 TVG Rz. 72) kann Streiks nicht entgegenstehen und zwar unabhängig davon, ob man ihn für verfassungsgemäß erachtet (Rz. 77)[3]. Die Koalitionsbetätigungsgarantie des Art. 9 III kann durch einen entsprechenden einfachrechtl. Grundsatz nicht eingeschränkt werden, auch der Verhältnismäßigkeitsgrundsatz greift nicht ein[4]. Denn an der Wirksamkeit des entsprechenden TV besteht kein Zweifel. Zwar ist in engen Grenzen denkbar, dass das Prinzip der Tarifeinheit dazu führt, dass ein erkämpfter TV von vorneherein nicht zur Anwendung kommt. Indes ist der Anwendungsvorrang nur betriebsbezogen, mithin kann jederzeit eine Bezugnahme bei Außenseiterunternehmen erfolgen. Weiter steht nicht fest, ob der vorrangige TV Bestand haben wird. Soweit freilich nur für ausgesuchte ArbN-Gruppen Tarifziele durchgesetzt werden sollen („Funktionseliten"[5]), stellt sich das Problem der Tarifeinheit regelmäßig nicht, da richtiger Ansicht nach kein Fall einer Tarifkollision vorliegt. 283

(5) **Arbeitskämpfe zur Durchsetzung von Rechtsansprüchen.** Arbeitskämpfe sind auf den Abschluss von TV zu richten, **es geht um die Gestaltung künftigen Rechts**. Arbeitskämpfe zur Durchsetzung bestehender Rechte sind rechtswidrig[6]. Streiks mit dem Ziel der Wiedereinstellung gekündigter ArbN, der Rücknahme eines Ersetzungsantrags nach § 103 II BetrVG oder der Klärung von Rechtsfragen sind daher unzulässig, insoweit ist der Rechtsweg einzuschlagen. Während für den Neuabschluss eines wirksam gekündigten TV gestreikt werden darf, ist die Wirksamkeit der Kündigung gerichtlich zu überprüfen. Einzige Ausnahme von diesem Grundsatz ist der Abwehrkampf gegen unzulässige Kampfmaßnahmen. Hier kann die betroffene Gegenseite nach der Rspr. neben prozessualen Rechtsbehelfen auch das kollektive Mittel des Arbeitskampfes verwenden (Rz. 235). 284

(6) **Einhaltung der tariflichen Friedenspflicht.** Die Ordnungs- und Befriedungsfunktion der Tarifautonomie wird durch die tarifvertragl. Friedenspflicht ermöglicht und begründet. Jeder TV eröffnet für die Parteien eine **relative Friedenspflicht**. Danach ist beiden Tarifparteien untersagt, während eines geltenden TV Arbeitskampfmaßnahmen bzgl. im TV geregelter Arbeits- und Wirtschaftsbedingungen durchzuführen. Neben dieser **Unterlassungspflicht** trifft die TV-Parteien darüber hinaus eine **Handlungspflicht** bei Friedenspflichtverstößen ihrer Mitglieder, danach ist ihnen die Auszahlung von Streik- oder Gemaßregeltenunterstützung untersagt. Auch das Mittel der Massenänderungskündigung oder sonstige Maßnahmen an Stelle eines Arbeitskampfes unterliegen während der laufenden Friedenspflicht einem **Substitutionsverbot**. Eine **absolute Friedenspflicht** schließt dagegen jeden Arbeitskampf zwischen den TV-Parteien aus und kann nur ausdrücklich vereinbart werden. 285

(7) **Einhaltung verfahrensmäßiger Voraussetzungen.** Darüber hinaus müssen für einen rechtmäßigen Arbeitskampf einige verfahrensmäßige Voraussetzungen eingehalten werden (Rz. 184 f.). Wegen der erheblichen Rechtswirkung auf Beteiligte, Gegner und Dritte müssen Beginn, Ende, Umfang und die beteiligten Koalitionen erkennbar sein. Daraus ergibt sich die Notwendigkeit eines **Arbeitskampfbeschlusses** des zuständigen Verbandsorgans[7]. Dieser Kampfbeschluss muss im Interesse der Arbeitskampfgegner, aber auch der eigenen Verbandsmitglieder bekannt gegeben werden, insoweit wird die Möglichkeit der Kenntnisnahme als ausreichend angesehen. Eine genaue Ankündigung der gewählten Kampfmaßnahmen ist selbstredend nicht notwendig[8]. 286

Ob dieser Erklärung eine **Urabstimmung** vorausgehen muss, wird unterschiedlich beurteilt. Weder aus Art. 9 III noch aus der historischen Betrachtung oder der erforderlichen demokratischen Binnenstruk- 287

---

1 BAG v. 7.6.1988 – 1 AZR 372/86, AP Nr. 106 zu Art. 9 GG – Arbeitskampf; v. 15.11.2006 – 10 AZR 665/05, AP Nr. 34 zu § 4 TVG – Tarifkonkurrenz. | 2 BAG v. 20.12.1963 – 1 AZR 428/68, AP Nr. 32 zu Art. 9 GG – Arbeitskampf; v. 31.10.1995 – 1 AZR 217/95, AP Nr. 140 zu Art. 9 GG – Arbeitskampf; zur Frage der Rückwirkung *Löwisch/Rieble*, 170.2 Rz. 72 ff.; *Konzen*, ZfA 1970, 159 (181 ff.). | 3 LAG Hess. v. 2.5.2003 – 9 Sa Ga 638/03, BB 2003, 1231; v. 22.7.2004 – 9 SaGa 593/04, AP Nr. 168 zu Art. 9 GG – Arbeitskampf; s. auch LAG Hess. v. 11.1.2007 – 9 SaGa 2098/06, NV; aA LAG Rh.-Pf. v. 22.6.2004 – 11 Sa 2096/03, AP Nr. 169 zu Art. 9 GG – Arbeitskampf; nun aber LAG Rh.-Pf. v. 14.6.2007 – 11 Sa 208/07, ArbuR 2007, 319. S. auch *Bayreuther*, NZA 2006, 642 ff. | 4 S. aber Jacobs/Krause/Oetker/*Jacobs*, Tarifvertragsrecht, § 7 Rz. 236. | 5 Dazu *Rieble*, BB 2003, 1227 ff.; *Greiner*, NZA 2007, 1023. | 6 BAG v. 14.2.1978 – 1 AZR 76/76, AP Nr. 58 zu Art. 9 GG – Arbeitskampf. | 7 BAG v. 31.10.1995 – 1 AZR 217/95, AP Nr. 140 zu Art. 9 GG – Arbeitskampf. | 8 LAG Nds. v. 1.2.1980 – 10 Sa 110/79, AP Nr. 69 zu Art. 9 GG – Arbeitskampf.

tur der Koalition ergibt sich eine solche Pflicht zur konkreten Meinungsbestimmung der Mitglieder. Auch bei Heranziehung des Ultima-ratio-Prinzips und des Verhältnismäßigkeitsgedankens lässt sich eine zwingende Klärung der Arbeitskampfbereitschaft innerhalb des Verbandes nicht begründen. Sieht man in der Urabstimmung eine Kampfmaßnahme[1], folgt dieses Ergebnis schon aus dem Grundsatz der freien Wahl der Kampfmittel (Rz. 165). Teilweise wird ihr Erfordernis jedoch als satzungsmäßige Beschränkung der Vertretungsmacht angesehen. Eine solche Beschränkung iSd. § 26 II 2 BGB bedarf aber der ausdrücklichen und eindeutigen Regelung in der Satzung[2]. Wenigstens der rechtsgeschäftsähnliche Charakter des Streikaufrufs würde dann die Unwirksamkeit des auch im Außenverhältnis erforderlichen Streikaufrufs begründen können[3]. Von diesem Sonderfall einmal abgesehen, ist mit der hM davon auszugehen, dass für die Zulässigkeit eines Streiks keine Urabstimmung erforderlich ist[4].

288 Das Fehlen der satzungsgemäß vorgeschriebenen Urabstimmung hat also **keine Außenwirkung (relative Rechtswidrigkeit)**. Bei einem satzungswidrigen Streik muss aber der ArbN dem Streikaufruf der Gewerkschaft nicht folgen, er handelt dann nicht verbandswidrig[5]. Diese Rechtsfolge betrifft freilich nur das Innenverhältnis des Mitglieds zu seiner Koalition.

289 **(8) Räumlicher und fachlicher Geltungsbereich des umkämpften Tarifvertrags.** Der funktionelle Zusammenhang von TV und Arbeitskampf rechtfertigt grds. auch eine **Beschränkung des Einsatzes von Kampfmitteln auf den räumlichen und fachlichen Geltungsbereich eines TV**[6]. Eine Beschränkung lediglich auf Grund der Tarifzuständigkeit[7] kann demgegenüber angesichts der gewerkschaftlichen Konzentration von Tarifzuständigkeiten in *ver.di* nicht uneingeschränkt überzeugen. Wenn man freilich die Möglichkeit eines Sympathiearbeitskampfes bejaht[8] (Rz. 270 f.), kommt auch ein rechtmäßiger Streik außerhalb der oben genannten Grenzen in Betracht. Dies gilt insb. bei konzernbezogenen Sachverhalten, welche Arbeitskampfmaßnahmen in anderen Gebieten zur Wahrung der Arbeitskampfparität erforderlich machen. Zudem steht es den Gewerkschaften auf Grund ihrer Satzungsautonomie frei, ihren Zuständigkeitsbereich zu ändern[9].

290 **jj) Pflicht zu Erhaltungs- und Notdienstarbeiten.** Die Begrenzung des Arbeitskampfes durch das Verbot der Existenzvernichtung (Rz. 269) und der unverhältnismäßigen Schädigung Dritter (Rz. 274 f.) macht es erforderlich, **bestimmte Arbeiten trotz des Arbeitskampfes durchzuführen**. Dazu gehört zum einen die Erhaltung der Betriebsbasis zur Fortführung der Arbeit nach Ende des Arbeitskampfes (sog. Erhaltungsarbeiten). Zum anderen bedarf es der Fortsetzung existentieller Dienste auch während eines Arbeitskampfes (sog. Notdienstarbeiten).

291 **Erhaltungsarbeiten** erhalten und sichern die Existenz des Betriebs[10], ihre Notwendigkeit ist im Ergebnis von Rspr., Lehre und den Sozialpartnern anerkannt[11]. Strittig sind in der Praxis allerdings häufig die Art der zur Erhaltung erforderlichen Arbeit und deren nähere Bestimmung, soweit sie nicht auf Grund öffentl.-rechtl. Vorschriften geboten und konkretisiert sind. Durch Erhaltungsarbeiten soll die sächliche Basis des Betriebs während des Arbeitskampfs gesichert werden, die wirtschaftl. Nachteile in Folge des Streiks gehören nicht zu den zu verhindernden Schäden[12]. Was jeweils zu den Erhaltungsarbeiten zu zählen hat, richtet sich nach den betrieblich-organisatorischen Gegebenheiten des Einzelfalls, kann sich also im Laufe des Arbeitskampfes ändern. Klassische Beispiele für notwendige Erhaltungsarbeiten sind die Beschickung von Hochöfen, der Schutz überflutungsgefährdeter Bergwerke oder Maßnahmen in der Viehwirtschaft. Hierher gehört auch das Verladen oder Verarbeiten verderblicher Waren, soweit es sich nicht um arbeitskampfimmanente Schäden handelt. In Betracht kann auch die eingeschränkte Weiterproduktion kommen, sofern diese aus betrieblich-technischen Gründen erforderlich ist.

292 **Notdienstarbeiten** sind dagegen auf die existentiellen Lebensverhältnisse Dritter ausgerichtet. Aus der Gemeinwohlbindung des Arbeitskampfes ergibt sich die Verpflichtung, auch während des Arbeitskampfes die erforderlichen Dienste vorzuhalten. Das Recht zur koalitionsgemäßen Betätigung aus Art. 9 III hat hinter den konkurrierenden Grundrechtspositionen der Betroffenen zurückzutreten. Auch hier ist vor allem die Konkretisierung der erforderlichen Lebensnotwendigkeiten schwierig[13], die Notwendigkeit an sich jedoch allgemein anerkannt[14]. Zu nennen ist insb. die ärztliche Versorgung der Bevölkerung.

---

1 BAG v. 31.10.1958 – 1 AZR 632/57, BAGE 6, 321 = AP Nr. 2 zu § 1 TVG – Friedenspflicht; *Seiter*, Streikrecht, S. 516. | 2 S. hierzu *Löwisch/Rieble*, 170.2 Rz. 68, 132; MünchArbR/*Otto*, § 285 Rz. 10. | 3 Zweifelnd aber *Kissel*, ArbeitskampfR, § 40 Rz. 20. | 4 Brox/Rüthers/*Schlüter*, Rz. 489; *Kissel*, ArbeitskampfR, § 40 Rz. 17, 19. | 5 *Kissel*, ArbeitskampfR, § 40 Rz. 18. | 6 BAG v. 10.6.1980 – 1 AZR 822/79, 1 AZR 168/79, AP Nr. 64; 65 zu Art. 9 GG – Arbeitskampf; Brox/Rüthers/*Rüthers*, Rz. 146, 204; aA *Eichmanns*, RdA 1977, 135 (140). | 7 *Löwisch/Rieble*, 170.2 Rz. 142. | 8 S. nun wiederum BAG v. 19.6.2007 – 1 AZR 396/06, AP Nr. 173 zu Art. 9 GG – Arbeitskampf; dazu *Konzen*, SAE 2008, 1. | 9 S. etwa BAG v. 27.9.2005 – 1 ABR 41/04, AP Nr. 18 zu § 2 TVG – Tarifzuständigkeit. | 10 BAG v. 30.3.1982 – 1 AZR 265/80, AP Nr. 74 zu Art. 9 GG – Arbeitskampf (*von Stebut*). | 11 BAG v. 14.12.1993 – 1 AZR 550/93, AP Nr. 129 zu Art. 9 GG – Arbeitskampf; Brox/Rüthers/*Brox*, Rz. 349; *Heckelmann*, Erhaltungsarbeiten im Arbeitskampf, 1984, S. 8; *Kraus*, Erhaltungsarbeiten im Streik, 2000, S. 15 ff.; *Oetker*, Die Durchführung von Not- und Erhaltungsarbeiten bei Arbeitskämpfen, 1984, S. 3 ff. | 12 BAG v. 30.3.1982 – 1 AZR 265/80, AP Nr. 74 zu Art. 9 GG – Arbeitskampf (*von Stebut*); v. 31.1.1995 – 1 AZR 142/94, AP Nr. 135 zu Art. 9 GG – Arbeitskampf. | 13 Einzelbeispiele bei *Kissel*, ArbeitskampfR, § 43 Rz. 126 ff. | 14 BAG v. 31.1.1995 – 1 AZR 142/94, AP Nr. 135 zu Art. 9 GG – Arbeitskampf.

Regelmäßig ist die tatsächliche Ausgestaltung und Abwicklung von Erhaltungs- und Notdienstarbeiten schon vorher in **vertragl. Abreden** zwischen den Tarifparteien geregelt oder wird aus Anlass eines Arbeitskampfes vereinbart, etwa zwischen der örtlichen Streikleitung und dem ArbGeb, teilweise auch unter Beteiligung des BR. In Bezug auf die einzelnen ArbN stellt eine solche Vereinbarung eine Beschränkung des Streikaufrufs dar, die durch den ArbGeb konkretisiert wird. Sie sind dann zur Ableistung der Arbeiten arbeitsvertragl. verpflichtet, wobei ihre Auswahl nach sachlichen, arbeitsplatzbezogenen Gesichtspunkten vorzunehmen ist[1]. 293

Fehlen solche Vereinbarungen oder kann keine rechtzeitige Einigung der Kampfparteien gefunden werden, ist fraglich, wer die konkrete Ausführung der Erhaltungsarbeiten festlegen darf. Hier beanspruchen sowohl die Gewerkschaften als auch die ArbGeb das **Ausgestaltungsrecht** für sich. In der Lit. überwiegen die Argumente für die Zuständigkeit des ArbGeb[2]. Durch die genaue Kenntnis der betrieblichen Situation kann der ArbGeb idR schnellere Maßnahmen treffen; iVm. dem arbeitsvertragl. Direktionsrecht ergibt sich eine praktikable Einwirkungsmöglichkeit. Die erforderlichen Einschränkungen ergeben sich aus der Verpflichtung des ArbGeb, seine Entscheidung über die zu leistenden Arbeiten nach „billigem Ermessen" iSd. § 315 BGB zu treffen. Danach ist der ArbGeb etwa verpflichtet, zunächst arbeitswillige ArbN einzusetzen[3] Neueinstellungen muss er jedoch nicht vornehmen. Eine Beschränkung nur auf gewerkschaftlich oder nicht organisierte ArbN ist unzulässig. 294

11. Rechtsfolgen unzulässiger Arbeitskämpfe. Während durch zulässige Arbeitskampfmaßnahmen die Pflichten aus dem Arbeitsverhältnis suspendiert werden, richten sich die Rechtsfolgen eines unzulässigen Arbeitskampfes **nach der jeweiligen verletzten Rechtsnorm**. Insoweit kann eine verfassungswidrige, betriebsverfassungswidrige, strafbare, beamtenrechtswidrige, friedenspflichtwidrige, verbandswidrige, arbeitsvertragswidrige und/oder deliktische Kampfmaßnahme vorliegen. 295

a) Folgen für die Arbeitsvertragsparteien. aa) Der rechtswidrige Streik. Jede Verweigerung der vertragl. geschuldeten Leistung greift an sich **verletzend in bestehende Rechte und Rechtsverhältnisse ein.** Dies gilt auch in der arbeitsvertragl. Beziehung zwischen ArbGeb und ArbN. Handelt es sich jedoch um einen rechtmäßigen Streik, liegt kein Verstoß gegen vertragl. Pflichten vor, die Hauptpflichten aus dem Arbeitsverhältnis werden durch die Ausübung des subjektiv-privaten Gestaltungsrechts Streik suspendiert (Rz. 190). Für die rechtswidrige Arbeitsniederlegung besteht eine solche Privilegierungswirkung indes nicht. 296

Der weiter bestehende **Anspruch auf Arbeitsleistung** des ArbGeb aus § 611 BGB ist eine nicht vertretbare Handlung und gem. § 888 III ZPO nicht vollstreckbar, so dass eine Klage auf Erfüllung wenig Sinn macht. Es kann allerdings bei weiter andauernder Leistungsverweigerung eine Entschädigung iSd. § 61 II ArbGG zugesprochen werden. Auf Grund der Unmöglichkeit der Erbringung der Leistung verliert der ArbN gem. § 326 I BGB seinen Lohnanspruch, genauso wie Entgeltfortzahlungsansprüche, Zuschläge etc. Das zum rechtmäßigen Streik Gesagte gilt insoweit entsprechend (Rz. 192). 297

Des Weiteren kann sich der ArbN wegen **Unmöglichkeit schadensersatzpflichtig** machen, §§ 280 I, III; 283; 275 BGB. Durch den Fixschuldcharakter der Arbeitsleistung wird diese unmöglich, wenn der ArbN auf Grund eines Streiks die Arbeit niederlegt. In § 280 I 2 BGB wird grds. vom Vertretenmüssen des Schuldners ausgegangen. Gem. § 619a BGB trägt diese Beweislast jedoch der ArbGeb. In diesem Zusammenhang stellt sich auch die Frage eines **Rechtsirrtums** des ArbN hinsichtlich der Rechtswidrigkeit des Streiks. Nach der Rspr. des BAG eröffnet die gewerkschaftliche Durchführung eines Streiks die **Vermutung seiner Rechtmäßigkeit**[4] oder zumindest die **fehlende Erkennbarkeit der Rechtswidrigkeit**[5]. Weitere Nachforschungen des ArbN vor Befolgung des Streikaufrufs sind ohne Vorliegen besonderer Umstände nicht erforderlich. In den meisten Fällen ist ein Schadensersatzanspruch des ArbGeb daher mangels Vertretenmüssens zu verneinen. 298

Hat der ArbN über die reine Arbeitsverweigerung hinaus Rechte des ArbGeb beeinträchtigt, kommt ein Schadensersatzanspruch aus § 280 I BGB wegen **positiver Vertragsverletzung** in Betracht. 299

Darüber hinaus können sich auch **deliktische Ansprüche** des ArbGeb ergeben. Nach der Rspr. des BAG stellt ein rechtswidriger Streik einen Eingriff in das durch § 823 BGB geschützte Recht am eingerichteten und ausgeübten Gewerbebetrieb dar. Bzgl. des oben dargestellten Verschuldenszusammenhangs trifft die Verantwortlichkeit den ArbN aber auch nur bei einer bereits ergangenen einstw. Verfügung oder offensichtlicher Rechtswidrigkeit des Arbeitskampfes, also etwa einem politischen Streik. Ein 300

1 BAG v. 31.1.1995 – 1 AZR 142/94, AP Nr. 135 zu Art. 9 GG – Arbeitskampf; LAG Hamm v. 16.7.1993 – 18 Sa 201/93, NZA 1994, 430. | 2 *Kissel*, ArbeitskampfR, § 43 Rz. 101 ff.; ErfK/*Dieterich*, Art. 9 GG Rz. 182; aA *Kraus*, Erhaltungsarbeiten im Streik, 2000, S. 69 ff.; diff. *Oetker*, Die Durchführung von Not- und Erhaltungsarbeiten bei Arbeitskämpfen, 1984, S. 76, 80. | 3 *Löwisch/Mikosch*, ZfA 1978, 153 (162); *Heckelmann*, Erhaltungsarbeiten im Arbeitskampf, 1984, S. 23. | 4 BAG v. 19.6.1973 – 1 AZR 521/72, AP Nr. 47 zu Art. 9 GG – Arbeitskampf. | 5 BAG v. 29.11.1983 – 1 AZR 469/82, AP Nr. 78 zu § 626 BGB; s. auch BAG v. 14.2.1978 – 1 AZR 76/76, AP Nr. 58 zu Art. 9 GG – Arbeitskampf. Zur Annahme eines unverschuldeten Rechtsirrtums krit. *Kliemt/Vollstädt*, NZA 2003, 357 (361 ff.).

solcher deliktischer Anspruch wird von einem Großteil der Lit.[1] anerkannt, jedoch ist fraglich ob sich aus der reinen Streikteilnahme des ArbN neben einer Verletzung des Arbeitsvertrages auch noch eine deliktische Handlung konstruieren lässt[2]. Weitere Deliktsansprüche können sich aus § 823 II iVm. einem Schutzgesetz oder § 826 BGB[3] ergeben.

301 Dem ArbGeb steht gegen den ArbN ein **Unterlassungsanspruch** zu[4]. Diesen kann er sowohl auf eine Verletzung des Arbeitsvertrages als auch auf eine unerlaubte Handlung des ArbN stützen.

302 Letztendlich kann der ArbGeb dem ArbN wegen der Vertragsverletzung ggf. auch **ordentl. verhaltensbedingt oder außerordentl. kündigen.** Dabei ist das KSchG bzw. sind die Tatbestandsvoraussetzungen des § 626 BGB zu beachten. § 25 KSchG findet mangels inneren Arbeitskampfbezuges keine Anwendung[5]. Neben der Frage der Notwendigkeit einer Abmahnung[6] stellt sich damit die Frage, wie die Abwägung der Interessen der Parteien im Einzelfall ausfällt. Zu berücksichtigen sind hier insb. einerseits der Grad der Beteiligung des ArbN an der Arbeitsniederlegung sowie die Erkennbarkeit der Rechtswidrigkeit, anderseits ein etwaiges eigenes rechtswidriges Verhalten des ArbGeb im Verlaufe des Arbeitskampfes[7]. Bei „bloßer Streikteilnahme" kann der Gesichtspunkt der Solidarität für den ArbN sprechen[8].

303 **bb) Die rechtswidrige Aussperrung.** Auch die rechtswidrige Aussperrung durch den ArbGeb stellt eine **ungerechtfertigte Verletzung** arbeitsvertragl. Pflichten dar. Auf Grund des Annahmeverzugs des ArbGeb besteht ein Anspruch auf Arbeitslohn aus § 615 BGB. Darüber hinaus hat der ArbN nach hM einen Anspruch auf tatsächliche Beschäftigung, ferner steht ihm ein Unterlassungsanspruch zu[9].

304 Den ArbGeb treffen auch **Schadensersatzansprüche** auf Grund der Vertragsverletzung. Ist dem ArbN infolge der Nichtbeschäftigung ein Schaden (Berufssportler/Künstler) entstanden, kann er diesen gem. § 280 I BGB geltend machen. Des Weiteren kann jeder ArbN die Verzugszinsen für den gesamten Bruttobetrag[10] gem. §§ 286, 288 BGB verlangen.

305 Auch dem ArbN steht das **Recht zur Kündigung** des Arbeitsverhältnisses zu[11]. Ein durch eine außerordentl. Kündigung iSd. § 626 BGB erlittener Schaden kann über § 628 II BGB geltend gemacht werden.

306 **b) Folgen für die Verbände. aa) Der rechtswidrige Streik.** Wird auf Grund des Drucks eines rechtswidrigen Streiks ein TV abgeschlossen, eröffnet sich unter Umständen die Möglichkeit dessen **Anfechtung wegen Drohung gem. § 123 I BGB.** Während das Tatbestandsmerkmal der Drohung ohne weiteres erfüllt ist, bedarf es zur Bejahung der Widerrechtlichkeit eines eindeutigen Verstoßes gegen die Arbeitskampfrechtsordnung[12].

307 Gegen einen rechtswidrigen Streik hat der ArbGebVerband einen **Unterlassungsanspruch**. Soweit noch Friedenspflicht besteht, folgt dieser aus dem zugrunde liegenden TV bzw. aus einer entsprechenden vertragl. Vereinbarung. Darüber hinaus billigt das BAG auch der ArbGebKoalition selbst einen Anspruch aus §§ 1004, 823 I BGB iVm. Art. 9 III zu. Verletztes Rechtsgut ist das Koalitionsbetätigungsrecht, das auch gegenüber dem sozialen Gegenspieler geschützt ist[13]. Bei Vorliegen eines rechtl. Interesses ist auch an einen vorbeugenden Unterlassungsanspruch zu denken. Nach der Rspr. des BAG kann der ArbGebVerband darüber hinaus zur Abwehr eines rechtswidrigen Streiks ebenfalls zu **Arbeitskampfmaßnahmen** greifen (Rz. 235).

308 Bei Friedenspflichtverletzungen kann dem ArbGebVerband ein **Schadensersatzanspruch** gem. § 280 I BGB (pVV des TV) zustehen. Des Weiteren können sich Schadensersatzansprüche aus § 823 I BGB iVm. Art. 9 III ergeben. Ein Schadensersatzanspruch über § 823 II BGB kommt vor allem iVm. strafrechtl. Normen als Schutzgesetz in Frage (§§ 240, 253 StGB). Voraussetzung ist jeweils, dass der Verband auch tatsächlich einen Schaden erlitten hat.

309 Da die genannten Schadensersatzansprüche an ein Verschulden geknüpft sind, stellt sich häufig die Frage eines **schuldausschließenden Rechtsirrtums der kampfführenden Gewerkschaft.** Zwischenzeitlich steht das BAG auf dem Standpunkt, dass bei unsicherer Rechtslage einer Gewerkschaft grds. nicht zugemutet werden könne, zur Durchsetzung ihrer Forderungen ohne weiteres auf Arbeitskampfmaßnahmen zu verzichten[14]. Insoweit ist zu berücksichtigen, dass oft erst Jahre nach einem Streik oder einer Aussperrung eine höchstrichterliche Entscheidung zur Zulässigkeit der entsprechenden Kampfmaßnahme ergeht. Allerdings darf bei unsicherer Rechtslage vom Mittel des Streiks nur Gebrauch gemacht

---

1 *Kissel*, ArbeitskampfR, § 47 Rz. 35. | **2** *Löwisch/Krauß*, 170.3.3 Rz. 62; MünchArbR/*Otto*, § 289 Rz. 40. | **3** So der BGH v. 31.1.1977 – VI ZR 32/77, AP Nr. 61 zu Art. 9 GG – Arbeitskampf (Fluglotsenstreik). | **4** BAG v. 27.6.1989 – 1 AZR 404/88, AP Nr. 113 zu Art. 9 GG – Arbeitskampf; *Kissel*, ArbeitskampfR, § 47 Rz. 67. | **5** *Kissel*, ArbeitskampfR, § 47 Rz. 77. | **6** *Kissel*, ArbeitskampfR, § 47 Rz. 77. | **7** ErfK/*Dieterich*, Art. 9 GG Rz. 227. | **8** S. nur BAG v. 14.2.1978 – 1 AZR 76/76, AP Nr. 58 zu Art. 9 GG – Arbeitskampf; v. 29.11.1983 – 1 AZR 469/82, AP Nr. 78 zu § 626 BGB. | **9** *Kissel*, ArbeitskampfR, § 58 Rz. 4, 6. | **10** BAG (GS) v. 7.3.2001 – GS 1/99, AP Nr. 4 zu § 288 BGB = AR-Blattei ES 1860 Nr. 20 (*Hergenröder*); aA *Löwisch*, RdA 2002, 182. | **11** *Kissel*, ArbeitskampfR, § 58 Rz. 7. | **12** BAG v. 20.11.1969 – 2 AZR 51/69, AP Nr. 16 zu § 123 BGB; *Löwisch/Krauß*, 170.3.3 Rz. 3 f. | **13** BAG v. 26.4.1988 – 1 AZR 399/86, AP Nr. 101 zu Art. 9 GG – Arbeitskampf; v. 27.6.1989 – 1 AZR 404/88, AP Nr. 113 zu Art. 9 GG – Arbeitskampf. | **14** BAG v. 21.3.1978 – 1 AZR 11/76, AP Nr. 62 zu Art. 9 GG – Arbeitskampf; v. 10.12.2002 – 1 AZR 96/02, AP Nr. 162 zu Art. 9 GG – Arbeitskampf. Zum Ganzen eingehend *Kissel*, ArbeitskampfR, §§ 15 ff.

werden, wenn für die Zulässigkeit der tarifl. Regelung sehr beachtliche Gründe sprechen und weiter eine Klärung der Rechtslage anders nicht zu erreichen ist[1].

Ein – ggf. vorbeugender[2] – Unterlassungsanspruch steht auch **dem rechtswidrig bestreikten ArbGeb selbst** zu. Der ArbGeb kann diesen auf die Schutzwirkung der zwischen den TV-Parteien bestehenden Friedenspflicht[3] bzw. §§ 1004, 823 I BGB iVm. dem Recht am eingerichteten und ausgeübten Gewerbebetrieb stützen[4] (s. auch Art. 14 Rz. 23 ff.). Darüber hinaus kommen auch aus §§ 823 II iVm. Schutzgesetzen, 824 und 826 BGB Unterlassungsansprüche in Betracht. 310

Dem **einzelnen ArbGeb** kann weiter ein Schadensersatzanspruch gegen die Gewerkschaft zustehen, sei es aus § 280 I BGB wegen Verletzung der in einem TV vereinbarten Friedenspflicht[5], sei es aus § 823 I BGB iVm. dem Recht am eingerichteten und ausgeübten Gewerbebetrieb, sei es aus § 823 II BGB iVm. Schutzgesetzen. Voraussetzung für die Haftung ist jedoch das Vertretenmüssen der Gewerkschaft. Auch hier ist an einen unverschuldeten Rechtsirrtum zu denken (Rz. 309). 311

Der **personelle Haftungsumfang der Gewerkschaft** umfasst ihre Organe nach § 31 BGB. Für Verrichtungsgehilfen (Streikposten) gilt § 831 BGB und die Haftung für Erfüllungsgehilfen folgt aus § 278 BGB. 312

bb) Die rechtswidrige Aussperrung. Der Gewerkschaft stehen ebenfalls die zwischen den Verbänden beim rechtswidrigen Streik gegebenen Schadensersatzansprüche zu (Rz. 308). 313

Die Gewerkschaft, deren Mitglieder ausgesperrt werden, hat ein Hauptinteresse an der Beendigung der rechtswidrigen Aussperrung. Insoweit kann sie einen **Unterlassungsanspruch** geltend machen. Dieser kann sich auf die Verletzung der Friedenspflicht des TV stützen und stellt damit einen vertragl. Unterlassungsanspruch dar. Er ist jedoch praktisch nicht relevant, da Angriffsaussperrungen fast nie vorkommen. Darüber hinaus wird vom BAG ein deliktischer Unterlassungsanspruch aus §§ 1004, 823 I BGB iVm. Art. 9 III anerkannt (Rz. 307). 314

c) Einzelprobleme. aa) Gesamthandlung – Einzelhandlung. Strafbare Handlungen Einzelner beeinträchtigen die Rechtmäßigkeit des Streiks nur, wenn die Gewerkschaft ein solches Vorgehen wissentlich in ihre Arbeitskampftaktik einbezogen hat bzw. sich die Straftaten so häufen, dass das Bild des Ganzen davon geprägt wird[6]. Die Gewerkschaft ist zum Einschreiten gegen strafbare Handlungen ihrer Mitglieder verpflichtet, wenn solche Verstöße bereits absehbar waren[7]. Außerhalb dieses Rahmens kann die kollektive Rechtmäßigkeit nicht von strafrechtl. Verfehlungen Einzelner betroffen werden. 315

bb) Gesamtschuldnerische Haftung des Arbeitnehmers. Während bei deliktischen Schadensersatzansprüchen die gesamtschuldnerische Haftung schon aus §§ 830, 840 BGB folgt[8], ist für eine gesamtschuldnerische Haftung der ArbN im vertragl. Bereich ein höherer Begründungsaufwand nötig. Nach der hM in Rspr. und Lehre haften die ArbN für die durch einen rechtswidrigen Streik begangenen Vertragsverletzungen gesamtschuldnerisch[9]. Die Zulässigkeit einer gesamtschuldnerischen Haftung wird mit der **gemeins. Schadenszufügung** durch die rechtswidrig streikenden ArbN gerechtfertigt[10]. Im Ergebnis kann sich der ArbGeb wegen des entstandenen Schadens an einen einzelnen, besonders vermögenden, ArbN halten. 316

cc) Begrenzung des Schadensumfangs durch Kündigung. Des Weiteren wird angeregt, die Haftung der ArbN zeitlich auf die für sie geltende **Kündigungsfrist** zu beschränken[11]. Dies ist nach der Rspr. des BAG wohl nicht möglich[12]. 317

d) Arbeitsvertragliche und tarifliche Disposition der Rechtsfolgen. Die oben aufgezeigten Ansprüche und Rechtsfolgen eines Arbeitskampfes unterliegen **im Rahmen des zwingenden Rechts und der guten Sitten iSd. § 138 BGB** der Disposition der Vertragsparteien. Es ist daher möglich und üblich, nach dem Ende eines Arbeitskampfes sog. „Maßregelungsverbote“ zu vereinbaren. Damit sollen über den Arbeitskampf hinausgehende Konflikte zwischen den TV-Parteien und vor allem den ArbGeb und ArbN verhindert werden. 318

---

1 BAG v. 10.12.2002 – 1 AZR 96/02, AP Nr. 162 zu Art. 9 GG – Arbeitskampf. | 2 ErfK/*Dieterich*, Art. 9 GG Rz. 218. | 3 Str., wie hier ErfK/*Dieterich*, Art. 9 GG Rz. 219; *Gamillscheg*, KollArbR, § 22 II 3 a; *Löwisch/Krauß*, 170.3.3 Rz. 13; aA Brox/Rüthers/*Rüthers*, Rz. 220; MünchArbR/*Otto*, § 289 Rz. 4. | 4 BAG v. 12.9.1984 – 1 AZR 342/83, AP Nr. 81 zu Art. 9 GG – Arbeitskampf; v. 9.4.1991 – 1 AZR 332/90, AP Nr. 116 zu Art. 9 GG – Arbeitskampf. | 5 Anders für den Fall einer in einem Schlichtungsabkommen besonders vereinbarten Friedenspflicht BAG v. 31.10.1958 – 1 AZR 632/57, AP Nr. 2 zu § 1 TVG – Friedenspflicht. | 6 LAG Köln v. 2.7.1984 – 9 Sa 602/84, EzA Art. 9 GG – Arbeitskampf Nr. 53; *Kissel*, ArbeitskampfR, § 34 Rz. 28; *Seiter*, Streikrecht, S. 526. | 7 *Kissel*, ArbeitskampfR, § 34 Rz. 28; *Seiter*, Streikrecht, S. 525. | 8 BAG v. 20.12.1963 – 1 AZR 428/62, AP Nr. 32 zu Art. 9 GG – Arbeitskampf. | 9 BAG v. 20.12.1963 – 1 AZR 428/62, AP Nr. 32 zu Art. 9 GG – Arbeitskampf; v. 7.6.1988 – 1 AZR 372/86, AP Nr. 106 zu Art. 9 GG – Arbeitskampf; *Kissel*, ArbeitskampfR, § 47 Rz. 48; *Löwisch/Krauß*, 170.3.1 Rz. 53; aA *Seiter*, Streikrecht, S. 470 ff.; MünchArbR/*Otto*, § 289 Rz. 39. | 10 *Löwisch/Krauß*, 170.3.1 Rz. 53. | 11 *Hanau*, Die Kausalität der Pflichtwidrigkeit, 1971, S. 157 ff.; *Seiter*, Streikrecht, S. 474 ff. S. auch *Löwisch/Krauß*, 170.3.1 Rz. 55. | 12 BAG v. 17.12.1958 – 1 AZR 349/57, AP Nr. 3 zu § 1 TVG – Friedenspflicht; v. 20.12.1963 – 1 AZR 428/62, AP Nr. 32 zu Art. 9 GG – Arbeitskampf.

319 Der **Ausgleich durch den Streik verlorener Lohnansprüche**[1] kann nur ausdrücklich vereinbart werden; dies gilt auch für den Verzicht auf Ansprüche aus Arbeitskampfexzessen[2]. Regelmäßig schaffen solche Vereinbarungen Wiedereinstellungsansprüche, den Verzicht auf Kündigungen und Schadensersatz. Unmittelbare Wirkung entfalten die Regelungen nur im Verhältnis der Tarifschließenden. Der Schutz der ArbN (um den es in den meisten Fällen geht), lässt sich nur durch schuldrechtl. Regelungen erreichen. Eine normativ wirkende Beschränkung der Ansprüche würde einen Vertrag zu Lasten Dritter darstellen und muss daher mit der hM[3] abgelehnt werden.

320 **12. Arbeitskampf im öffentlichen Dienst. a) Beamte.** Nach der gefestigten und st. Rspr. des BVerfG, des BAG, des BVerwG und des BGH ist es Beamten durch die nach Art. 33 V GG maßgeblichen hergebrachten Grundsätze des Berufsbeamtentums **verfassungsrechtlich verboten zu streiken**[4]. Aus den gleichen Gründen ist eine Aussperrung von Beamten unzulässig. Dagegen dürfen Beamte außerhalb der Dienstzeit als Beauftragte ihrer Gewerkschaft zu zulässigen Streiks von ArbN aufrufen und sich auch an der Organisation beteiligen[5]. Als Reaktion auf einen unzulässigen Beamtenstreik bleiben dem Dienstherrn die Mittel des Beamtenrechts, eine Abwehraussperrung kommt nicht in Betracht[6].

321 Der **Einsatz von Beamten auf einem arbeitskampfbedingt unbesetzten Arbeitsplatz** durch den nicht unmittelbar beteiligten Dienstherrn kollidiert mit der staatlichen Neutralitätspflicht. Wird der Dienstherr unmittelbar bestreikt, ist die Anordnung von Streikarbeit durch Einsatz nicht streikender Beamter gegen deren Willen unzulässig. Insoweit hält das BVerfG eine entsprechende gesetzl. Regelung für erforderlich, jedenfalls kraft Richterrechts könne wegen der Wesentlichkeitstheorie (Rz. 88) eine entsprechende Rechtsregel nicht aufgestellt werden[7]. Dienstbereite Beamte dürfen entsprechend beschäftigt werden.

322 **b) Arbeitnehmer im öffentlichen Dienst.** Arbeiter und Angestellte des öffentl. Dienstes dürfen wie andere ArbN grds. streiken. Für sie gilt das allgemeine Arbeitsrecht und damit haben sie auch die Rechte aus Art. 9 III. Da sich die Tätigkeiten des öffentl. Dienstes jedoch häufig auf Bereiche der Daseinsvorsorge erstrecken, werden Arbeitskämpfe durch Gemeinwohlbelange begrenzt[8] (Rz. 274 f.).

323 **13. Arbeitskampf in der Betriebs- Personal- und Unternehmensverfassung. a) Arbeitskampf in der Betriebsverfassung.** Das Verhältnis von ArbGeb und BR beruht gem. § 2 I BetrVG auf **vertrauensvoller Zusammenarbeit** zum Wohl der ArbN und des Betriebs. Dagegen ist der Arbeitskampf von einem Interessengegensatz geprägt. Arbeitskampf und Betriebsverfassung stehen sich somit als zwei unterschiedliche und unabhängige Regelungskomplexe gegenüber. Tatsächlich bestehen zwischen Arbeitskampf und Betriebsverfassung jedoch zahlreiche Verzahnungen und Überschneidungen. So werden im Arbeitskampf auch Interessen des Betriebs und des BR betroffen, darüber hinaus haben die Gewerkschaften in den Gremien der Betriebsverfassung häufig einen sehr hohen Organisationsgrad. Eine Ordnung dieser doppelfunktionellen Spannungslage versuchen § 2 I BetrVG und § 74 II 1 BetrVG.

324 **aa) Betriebliche Friedenspflicht.** Gemäß § 74 II 1 BetrVG sind Maßnahmen des Arbeitskampfes zwischen ArbGeb und BR verboten. Insoweit besteht eine **absolute Friedenspflicht** der Betriebspartner. Darüber hinaus wird häufig auch eine mit § 77 III BetrVG vergleichbare Schutzfunktion in Bezug auf die Kompetenzen der TV-Parteien angeführt. Sowohl ArbGeb als auch BR sind zur Regelung von Differenzen auf die betriebsverfassungsrechtl. Zwangsschlichtung verwiesen. Der Einsatz von Arbeitskampfmitteln zwischen den Betriebsparteien ist untersagt. Diese Verpflichtung trifft auch die einzelnen BR-Mitglieder[9]. Diese können jedoch als ArbN an einem Arbeitskampf teilnehmen[10], solange sie nicht ihr BR-Mandat für den Arbeitskampf missbrauchen[11]. Eine lösende Aussperrung der BR-Mitglieder ist jedoch wegen ihres Sonderkündigungsschutzes (§ 15 KSchG) nicht möglich[12].

325 **bb) Beteiligungsrechte im Arbeitskampf.** Während des Arbeitskampfes bleibt der BR im Amt. Eine ausdrückliche Begrenzung der Kompetenzen des BR im Falle eines Arbeitskampfes ist im BetrVG nicht geregelt[13]. Insoweit stehen dem BR auch während Streik und Aussperrung die Rechte der Betriebsverfassung zu. Besteht bei den während des Arbeitskampfes durchgeführten Maßnahmen kein Arbeits-

---

1 BAG v. 17.6.1997 – 1 AZR 674/96, AP Nr. 150 zu Art. 9 GG – Arbeitskampf. |2 BAG v. 8.11.1988 – 1 AZR 417/86, AP Nr. 111 zu Art. 9 GG – Arbeitskampf. |3 BAG v. 8.11.1988 – 1 AZR 417/86, AP Nr. 111 zu Art. 9 GG – Arbeitskampf; *Kissel*, ArbeitskampfR, § 46 Rz. 81; *Seiter*, Streikrecht, S. 531 f.; aA *Gamillscheg*, KollArbR, § 26 V d. |4 BVerfG v. 18.11.1954 – 1 BvR 629/52, E 4, 96; BVerwG v. 10.5.1984 – 2 C 18.82, AP Nr. 87 zu Art. 9 GG; BGH v. 16.6.1977 – III ZR 179/75, AP Nr. 53 zu Art. 9 GG – Arbeitskampf; BAG v. 10.9.1985 – 1 AZR 262/84, AP Nr. 86 zu Art. 9 GG – Arbeitskampf. |5 *Löwisch/Krauß*, 170.9 Rz. 4. |6 *Kissel*, ArbeitskampfR, § 53 Rz. 57. |7 BVerfG v. 2.3.1993 – 1 BvR 1213/85, E 88, 103; anders noch BAG v. 10.9.1985 – 1 AZR 262/84, AP Nr. 86 zu Art. 9 GG – Arbeitskampf; BVerwG v. 10.5.1984 – 2 C 18.82, AP Nr. 87 zu Art. 9 GG. Zum Ganzen *Kissel*, ArbeitskampfR, § 34 Rz. 52 ff. |8 Zu den betroffenen Bereichen näher *Lieb*, Der Arbeitskampf im öffentlichen Dienst, 2003, S. 465 ff. |9 BVerfG v. 28.4.1976 – 1 BvR 71/73, E 42, 133; BAG v. 5.12.1975 – 1 AZR 94/74, AP Nr. 1 zu § 87 BetrVG 1972 – Betriebsbuße; v. 21.2.1978 – 1 ABR 54/76, AP Nr. 1 zu § 74 BetrVG 1972. |10 *Löwisch/Rieble*, 170.2 Rz. 277 ff. |11 *Kissel*, ArbeitskampfR, § 36 Rz. 19 ff., 24. |12 BVerfG v. 19.2.1975 – 1 BvR 418/71, E 38, 386; BAG v. 21.4.1971 – GS 1/68, AP Nr. 43 zu Art. 9 GG – Arbeitskampf; v. 25.10.1988 – 1 AZR 368/87, AP Nr. 110 zu Art. 9 GG – Arbeitskampf. |13 BAG v. 5.5.1987 – 1 AZR 292/85, AP Nr. 4 zu § 44 BetrVG 1972.

kampfbezug, ist der BR uneingeschränkt zu beteiligen[1]. In unmittelbar kampfbetroffenen Betrieben muss die Mitbest. des BR im Interesse der Kampfparität aber dann entfallen, wenn einzelne Maßnahmen des ArbGeb arbeitskampfbedingt sind und auf diesen einwirken. Der ArbGeb muss die Kampfmittel autonom festlegen können. Die MitbestR des BR treten für die Zeit des Arbeitskampfes zurück[2]. Dies setzt freilich voraus, dass die Kampfmaßnahmen der ArbGebSeite rechtmäßig sind[3].

In **mittelbar vom Arbeitskampf betroffenen** Betrieben stellt sich die Frage der Mitbest. bei der Einführung von Kurzarbeit. Nach der Rspr. kommt hier ein Mitbestimmungsausschluss im Interesse der Kampfparität nicht in Frage, vielmehr ist zwischen dem „Ob" der Maßnahme und dem „Wie" der Durchführung zu unterscheiden. Der ArbGeb muss frei in seiner Entscheidung sein, wie er auf die Fernwirkungen des Arbeitskampfes reagieren will. Die konkrete Durchführung der Kurzarbeit unterliegt jedoch der betriebsverfassungsrechtl. Mitbest.[4]. Anderes gilt nur, wenn die arbeitskampfbedingte Störung so unvermittelt und unvermeidbar eintritt, dass es zu einer innerbetriebl. Automatik kommt, also eine Konkretisierung der Arbeitskampffolgen durch den ArbGeb erst gar nicht möglich ist[5]. 326

cc) Einzelfälle. Bei **personellen Einzelmaßnahmen** ist die Mitbest. des BR im Wege der teleologischen Reduktion während des Arbeitskampfes einzuschränken. Doch nur bezüglich arbeitskampfbedingter **Einstellungen**, **Versetzungen** und (soweit zulässig) **Kündigungen** bestehen die MitbestR nicht. Kündigungen ohne Arbeitskampfbezug unterliegen der Beteiligung des BR[6]. Werden nur Teile der Belegschaft ausgesperrt, unterliegt die entsprechende Kennzeichnung der **Werksausweise** nicht der Mitbest.[7]. Werden für arbeitswillige ArbN **Überstunden** angeordnet, besteht kein MitbestR nach § 87 I Nr. 3 BetrVG[8]. Ebenso wenig hat der BR beim Einsatz von **Streikbrechern** mitzubestimmen. Allerdings billigt das BAG[9] dem BR auch während des Arbeitskampfes den **Unterrichtungsanspruch** nach § 80 II 1 BetrVG zu. Es obliegt aber dem ArbGeb, wie kurzfristig vorweg er den BR über geplante Maßnahmen informiert. **Betriebsversammlungen** können auch während eines Arbeitskampfes im Betrieb abgehalten werden. Das Verbot des § 74 II 1 BetrVG ist zu beachten. Der Anspruch auf Vergütung nach § 44 BetrVG besteht auch für teilnehmende ArbN die sich im Streik befinden[10]. Eine Beeinträchtigung der Kampfparität ist nicht gegeben, wenn es sich um eine sachliche Informationsveranstaltung handelt. 327

b) Dienststellenverfassung und Arbeitskampf. Das Personalvertretungsrecht korrespondiert mit dem BetrVG, es handelt sich um die Interessenvertretung im öffentl. Dienst. Während eine generelle Vergleichbarkeit nicht gegeben ist, überschneiden sich die Regelungen bzgl. der Arbeitskämpfe. Insoweit ergeben sich aus dem Gebot der **vertrauensvollen Zusammenarbeit** des § 2 I BPersVG auch bzgl. des Arbeitskampfes die oben dargestellten Verpflichtungen[11]. Flankierend ist auch die **absolute Friedenspflicht** in § 66 I 2 BPersVG ausgestaltet. Ebenso entsteht bei der Teilnahme an **Personalversammlungen** während des Streiks ein Vergütungsanspruch nach § 50 I BPersVG. 328

c) Arbeitskampf in der Unternehmensverfassung. Für die Unternehmensmitbestimmung in gesellschaftsrechtl. Organen sind keine vergleichbaren Vorschriften vorhanden. Auch hier können die schon skizzierten Interessenkonflikte (Rz. 323) während eines Arbeitskampfes entstehen. Von der Lit. wird daher eine Reduktion der Informations- und Beratungsrechte im Lichte des Art. 9 III 1 gefordert. Insoweit ist für beschränkende Maßnahmen auf die Umstände des Einzelfalles abzustellen[12]. 329

14. Arbeitskampf und Sozialrecht. a) Hilfe zum Lebensunterhalt, Grundsicherung. Nach § 19 SGB XII ist demjenigen **Hilfe zum Lebensunterhalt zu leisten**, der seinen notwendigen Lebensunterhalt nicht oder nicht ausreichend aus eigenen Kräften und Mitteln beschaffen kann. Eine entsprechende Regelung enthalten §§ 7, 9 SGB II für erwerbsfähige Hilfebedürftige. Dies gilt auch dann, wenn die Einkommenslosigkeit unmittelbare oder mittelbare Folge eines Arbeitskampfes ist. Damit steht das Gebot der staatlichen Neutralität der Gewährung von Leistungen nicht entgegen[13]. Anders als das SGB III kennen SGB II und SGB XII keine Neutralitätsregelung. Unter dem Gesichtspunkt von Art. 9 III bestehen dagegen keine Bedenken, da eine Verschiebung der Gewichtsverhältnisse zu Lasten der ArbGebSeite durch Leistungen der Sozialhilfe nicht zu befürchten steht. 330

b) Arbeitsförderung. aa) Arbeitsvermittlung. Nach § 320 V SGB III sind bei Ausbruch und Beendigung eines Arbeitskampfes die ArbGeb verpflichtet, dem für den Betrieb zuständigen AA **schriftl. An-** 331

---

1 BAG v. 22.12.1980 – 1 ABR 2/79, AP Nr. 70 zu Art. 9 GG – Arbeitskampf; ErfK/*Kania* § 74 BetrVG Rz. 14; *Seiter*, Streikrecht, S. 371. |2 BAG v. 22.12.1980 – 1 ABR 2/79, AP Nr. 70 zu Art. 9 GG – Arbeitskampf; v. 5.5.1987 – 1 AZR 292/85, AP Nr. 4 zu § 44 BetrVG 1972. |3 ErfK/*Dieterich*, Art. 9 GG Rz. 265. |4 BAG v. 22.12.1980 – 1 ABR 2/79, AP Nr. 70 zu Art. 9 GG – Arbeitskampf; v. 22.12.1980 – 1 ABR 76/79, AP Nr. 71 zu Art. 9 GG – Arbeitskampf. |5 BAG v. 22.12.1980 – 1 ABR 76/79, AP Nr. 71 zu Art. 9 GG – Arbeitskampf. |6 BAG v. 6.3.1979 – 1 AZR 866/77, AP Nr. 20 zu § 102 BetrVG. |7 BAG v. 16.12.1986 – 1 ABR 35/85, AP Nr. 13 zu § 87 BetrVG 1972 – Ordnung des Betriebes. |8 BAG v. 5.5.1987 – 1 AZR 292/85, AP Nr. 4 zu § 44 BetrVG 1972. |9 BAG v. 10.12.2002 – 1 ABR 7/02, AP Nr. 59 zu § 80 BetrVG 1972; dazu *Hergenröder*, SAE 2003, 348; *Kissel*, ArbeitskampfR, § 36 Rz. 85. |10 BAG v. 5.5.1987 – 1 AZR 292/85, AP Nr. 4 zu § 44 BetrVG 1972; aA *Löwisch/Rumler*, 170.4 Rz. 20 ff. |11 *Rieger*, Bundespersonalvertretungsgesetz, 3. Aufl., 2000, § 66 Abs. 2. |12 *Gamillscheg*, KollArbR, § 28 2 e; Zöllner/Loritz/Hergenröder/*Loritz*, § 41 VII 2; aA *Kissel*, ArbeitskampfR, § 36 Rz. 25. |13 *Seiter*, Staatsneutralität, S. 147 f.

zeige zu machen. Ist eine Anzeige über den Ausbruch eines Arbeitskampfes erfolgt, so hat die BA in dem durch den Arbeitskampf unmittelbar betroffenen Betrieb Arbeit nur dann zu vermitteln, wenn der Arbeitsuchende und der ArbGeb dies trotz eines Hinweises der BA auf den Arbeitskampf verlangen, § 36 III SGB III.

332 Vermittelt die BA in Unkenntnis des Arbeitskampfes einen Arbeitsuchenden auf einen durch den Arbeitskampf frei gewordenen Arbeitsplatz, liegt für die Dauer des Arbeitskampfes ein **wichtiger Grund iSd. § 144 I SGB III** vor. Der Arbeitsuchende kann die angebotene Arbeit ablehnen, solange der Arbeitskampf andauert, ohne dass er eine Sperrzeit zu befürchten hätte[1]. Ob ArbGeb und ArbN mittelbar vom Arbeitskampf betroffener Betriebe von der Vorschrift des § 36 III SGB III erfasst werden, ist umstritten[2].

333 **bb) Staatliche Lohnersatzleistungen.** Als Ausdruck der Neutralitätspflicht der BA bestimmt § 146 I SGB III, dass durch die Zahlung von Alg nicht in Arbeitskämpfe eingegriffen werden darf. Für den Fall der **unmittelbaren Beteiligung eines ArbN an einem inländischen Arbeitskampf**[3] sieht § 146 II SGB III das Ruhen der Leistungsgewährung bis zur Beendigung der Auseinandersetzung vor.

334 Ein Anspruch auf Alg entfällt demgegenüber bei lediglich **mittelbarer Kampfbetroffenheit** nur unter den Voraussetzungen des § 146 III SGB III. Danach ruht der Anspruch auf Alg bis zur Beendigung des Arbeitskampfes nur, wenn der Betrieb, in dem der Arbl. zuletzt beschäftigt war, dem räumlichen und fachlichen Geltungsbereich des umkämpften TV zuzuordnen ist (§ 146 III 1 Nr. 1 SGB III) oder nicht dem räumlichen, aber dem fachlichen Geltungsbereich des umkämpften TV zuzuordnen ist und im räumlichen Geltungsbereich des TV, welchem der Betrieb zuzuordnen ist, eine Forderung erhoben worden ist, die einer Hauptforderung des Arbeitskampfes nach Art und Umstand gleich ist, ohne mit ihr übereinstimmen zu müssen und das Arbeitskampfergebnis aller Voraussicht nach in dem räumlichen Geltungsbereich des nicht umkämpften TV im Wesentlichen übernommen wird (§ 146 III 1 Nr. 2 SGB III). Eine Forderung ist nach § 146 III 2 SGB III erhoben, wenn sie von der zur Entscheidung berufenen Stelle beschlossen worden ist oder auf Grund des Verhaltens der TV-Partei im Zusammenhang mit dem angestrebten Abschluss des TV als beschlossen anzusehen ist. Der Entzug der Leistungen ist nach § 146 III 3 SGB III darüber hinaus davon abhängig, dass die umkämpften oder geforderten Arbeitsbedingungen nach Abschluss eines entsprechenden TV für den betreffenden ArbN gelten oder auf ihn angewendet würden. Die Bestimmung wurde vom BVerfG ausdrücklich für verfassungsgemäß erklärt[4]. Außerhalb des räumlichen und fachlichen Geltungsbereichs des umkämpften TV besteht dagegen immer ein Anspruch auf Gewährung der Leistungen.

335 Die Voraussetzungen für die Gewährung von **Alg** sind in § 117 SGB III abschließend geregelt. Wichtigstes Tatbestandsmerkmal der Vorschrift ist das Vorliegen von „Arbeitslosigkeit" iSv. § 118 SGB III. Am Arbeitskampf beteiligte ArbN sind immer „arbeitslos", obwohl ihre Arbeitsverhältnisse nur suspendiert sind[5]. Eine solche Beteiligung am Arbeitskampf ist wiederum dann gegeben, wenn die betreffenden ArbN selbst streiken oder ausgesperrt sind, und zwar gleichgültig, ob innerhalb des Kampfgebietes oder im Wege eines Sympathiestreiks oder einer Sympathieaussperrung außerhalb des Geltungsbereichs des umkämpften TV. Demgegenüber sind ArbN, die wegen mittelbarer Auswirkungen eines Arbeitskampfes nicht beschäftigt werden können, regelmäßig nicht „arbeitslos". Nachdem ihr Beschäftigungsverhältnis fortbesteht, richten sich ihre Ansprüche in erster Linie auf Kug (§ 169 SGB III).

336 Gemäß § 174 SGB III gelten die Vorschriften über das Ruhen des Anspruchs auf Alg bei Arbeitskämpfen entsprechend für den Anspruch auf **Kug**, soweit der Arbeitsausfall Folge eines inländischen Arbeitskampfes ist, an welchem der ArbN nicht beteiligt ist.

337 Im Zusammenhang mit mittelbar kampfbetroffenen ArbN ist aber die Verzahnung des § 146 III SGB III mit den **Grundsätzen der Arbeitskampfrisikolehre** (Rz. 215) zu beachten. Ein Anspruch der mittelbar kampfbetroffenen ArbN auf staatliche Lohnersatzleistungen kommt nur dann in Betracht, wenn die allgemeine Gefahrtragungsregel des § 615 BGB von den Grundsätzen des Arbeitskampfrisikos überlagert wird oder die Betriebsparteien anlässlich des Arbeitskampfes einverständlich Kurzarbeit vereinbart haben[6]. Erst wenn der Lohnanspruch entfällt, ist die Leistungspflicht der BA in Erwägung zu ziehen. Und diese Leistungspflicht wird durch § 146 III SGB III entsprechend dem Neutralitätsgebot des Staates weiter eingeschränkt.

338 **c) Krankenversicherung, Pflegeversicherung.** Gem. § 192 I Nr. 1 SGB V bleibt das Versicherungsverhältnis bei einem rechtmäßigen Arbeitskampf **auch ohne Beitragsleistung bestehen**[7]. Dies gilt durch den Verweis in § 49 II 1 SGB XI auch für die soziale Pflegeversicherung. Bei der Beteiligung an einem rechtswidrigen Streik endet die Mitgliedschaft entgegen § 192 I Nr. 1, Alt. 1 SGB V aF sofort mit Beginn des rechtswidrigen Streiks. Es bleibt lediglich der Schutz der Auslauffrist des § 19 II SGB V. Darüber hinaus

---

1 *Löwisch/Bittner*, 170.5 Rz. 39 f. | 2 Unter Hinweis auf Abs. 3 verneinend *Löwisch/Bittner*, 170.5 Rz. 41; Nachw. zur Gegenmeinung bei MünchArbR/*Otto*, § 282 Rz. 86 mit Fn. 189. | 3 Dazu *Hergenröder*, S. 322 ff.; *Seiter*, Staatsneutralität, S. 237 ff. | 4 BVerfG v. 4.7.1995 – 1 BvF 2/86; 1, 2, 3, 4/87 und 1 BvR 1421/86, E 92, 365. | 5 *Seiter*, Staatsneutralität, S. 152 ff.; *Löwisch/Bittner*, 170.5 Rz. 57. | 6 S. *Seiter*, Staatsneutralität, S. 146. Vgl. auch *Böhm*, NZS 2007, 404. | 7 MünchArbR/*Otto*, § 292 Rz. 2.

kann sich der ArbN auch freiwillig weiterversichern. Die Mitgliedschaft wird auch nicht betroffen, wenn iSd. § 192 I Nr. 2 SGB V bereits ein Anspruch auf Krankengeld besteht[1].

d) Rentenversicherung. Der Bestand des Versicherungsverhältnisses der unmittelbar kampfbetroffenen ArbN wird nicht betroffen. Es tritt lediglich eine Suspendierung ein. Mangels eines Entgeltanspruchs besteht für die Zeit des Arbeitskampfes jedoch **keine Versicherungspflicht** im Rahmen des § 1 Nr. 1 SGB VI, diese Zeit wird daher nicht als **Wartezeit** iSd. §§ 50 ff. SGB VI angerechnet. Eine freiwillige Weiterversicherung ist jedoch möglich[2]. 339

e) Gesetzliche Unfallversicherung. Der Schutz der gesetzl. Unfallversicherung gilt gem. §§ 7, 8 SGB VII nur für Unfälle von ArbN bei den versicherten Tätigkeiten. Während des Arbeitskampfes besteht daher **kein Unfallversicherungsschutz** für ArbN[3]. Dies gilt naturgemäß nicht, wenn es im Rahmen von erforderlichen Erhaltungs- oder Notdienstarbeiten zu Unfällen kommt. 340

15. Arbeitskampf und öffentliche Ordnung. a) Arbeitskampf und Strafrecht. Zu unterscheiden ist die Verwirklichung von Straftatbeständen durch den Arbeitskampf einerseits sowie die Strafbarkeit einzelner Arbeitskampfmittel anderseits. 341

aa) Arbeitskampf als Straftat. Schon der Arbeitskampf an sich kann bestimmte Straftatbestände erfüllen. Sowohl Nötigung als auch Erpressung werden in Betracht gezogen. Für die **Bejahung des § 240 StGB** bedarf es einer Veranlassung zu einer Handlung, Duldung oder Unterlassung durch Anwendung von Gewalt oder Drohung mit einem empfindlichen Übel. Allein die Nichterfüllung der arbeitsvertragl. Pflichten kann jedoch, nach Ablehnung des psychischen Gewaltbegriffes durch das BVerfG[4], noch keine Gewalt iSd. § 240 StGB darstellen. Beim Einsatz planmäßiger Gewalt zur Durchführung des Arbeitskampfes (Stürmung von Verbandsbüros, Entfernung von Streikposten durch Schlägertrupps, gewaltsame Hinderung Arbeitswilliger, das Gelände zu betreten) ist der Tatbestand der Nötigung mit Gewalt erfüllt. Eine **Drohung mit einem empfindlichen Übel** ist durch das Inaussichtstellen erheblicher wirtschaftl. Nachteile auch beim Arbeitskampf zu bejahen. Neben der Tatbestandsmäßigkeit ist jedoch auch die Rechtswidrigkeit der Nötigung gesondert festzustellen. Insoweit muss der Arbeitskampf „verwerflich" sein. Ein verwerfliches Mittel kann bei der gezielten Planung von strafbaren Handlungen bejaht werden. Verwerfliche Zwecke sind nicht schon durch die Verfolgung arbeitsrechtl. unzulässiger Kampfziele anzunehmen. Das Ziel muss vielmehr in besonderer Weise zu missbilligen sein. Eine **Erpressung** ist darüber hinaus bei Arbeitskämpfen um vermögenswerte Arbeitsbedingungen möglich, wenn der nötigende Arbeitskampf dadurch auf eine Vermögensverfügung gerichtet ist. 342

Einen Sonderstatus nehmen **Arbeitskämpfe um politische Zielsetzungen** ein. Hier könnte bei Vorliegen der tatbestandlichen Merkmale eine Bestrafung nach §§ 81, 82 StGB (Hochverrat)[5] sowie § 105 StGB (Nötigung von Verfassungsorganen[6]) erfolgen. 343

bb) Straftaten im Rahmen von Arbeitskämpfen. Auch bei der Durchführung von Arbeitskämpfen kann es zum Einsatz strafbarer Handlungen kommen. Hier sind **neben der Nötigung besonders Körperverletzungs- und Beleidigungsdelikte sowie Sachbeschädigungen** durch Streikposten bzw. den Werkschutz des ArbGeb zu beachten. Darüber hinaus können Handlungen bei Arbeitskämpfen auch den Tatbestand des Landfriedensbruchs iSd. § 125 StGB verwirklichen bzw. einen Hausfriedensbruch (§ 123 StGB) zu Lasten des ArbGeb darstellen. Eine **Rechtfertigung der Straftaten** durch den Arbeitskampf kann nicht angenommen werden, Art. 9 III schützt insoweit nur Maßnahmen innerhalb der Strafrechtsordnung. 344

b) Arbeitskampf und Polizeirecht. Der Arbeitskampf muss sich im Rahmen der **öffentl. Sicherheit und Ordnung** halten. Bei Gefährdung zentraler Rechtsgüter wie Leben, Gesundheit, Freiheit, Ehre, Eigentum und Vermögen des Einzelnen, sowie der Unversehrtheit der Rechtsordnung, der staatlichen Einrichtungen oder der Gesamtheit der ungeschriebenen Regeln, die nach den herrschenden Anschauungen zum geordneten Zusammenleben in einem Gebiet unerlässlich sind, können die Ordnungsbehörden zur Gefahrenabwehr einschreiten. Nach dem Opportunitätsprinzip steht es im pflichtgemäßen Ermessen der Polizei, gegen solche Gefährdungen vorzugehen. Bei besonders schweren Verstößen kann es jedoch zu einer Ermessensreduzierung auf Null kommen, welche eine Pflicht zum Einschreiten begründet. Ein Anspruch des Einzelnen auf ermessensfehlerfreie Entscheidung ist zu bejahen, wenn die betroffene Rechtsvorschrift auch subjektive Interessen schützt[7]. Unterbleibt ein gebotenes Einschreiten der Polizei, kann dies Amtshaftungsansprüche begründen. 345

16. Arbeitskampf und internes Verbandsrecht. a) Entscheidung über Arbeitskampfmaßnahmen. Die entscheidungsbefugten Gremien der Verbände sind in den Satzungen bezeichnet. Die Entscheidung 346

1 Vgl. MünchArbR/*Otto*, § 292 Rz. 18. | 2 Näher dazu *Löwisch/Bittner*, 170.5 Rz. 24 ff. | 3 Brox/Rüthers/*Jülicher*, Rz. 824; *Löwisch/Bittner*, 170.5 Rz. 34 unter Hinweis darauf, dass Streikhelfer über die Berufsgenossenschaft der streikführenden Gewerkschaft versichert sein können. Versicherungsschutz für Wegeunfälle bei Warnstreiks hält MünchArbR/*Otto*, § 292 Rz. 5 für denkbar. | 4 BVerfG v. 10.1.1995 – 1 BvR 718, 719, 722, 723/89, E 95, 1. | 5 BGH v. 4.6.1955 – StE 1/52, AP Nr. 1 zu § 80 StGB. | 6 Vgl. *Löwisch/Krauß*, 170.10 Rz. 19. | 7 *Götz*, Allgemeines Polizei- und Ordnungsrecht, 13. Aufl. 2001, Rz. 275.

über Kampfmaßnahmen wird vom **Vorstand der jeweiligen Gewerkschaft oder des ArbGebVerbandes** getroffen. Dieser Entscheidung geht in den meisten Fällen auf Gewerkschaftsseite eine Mehrheitsentscheidung in Form der Urabstimmung voraus. Dabei handelt es sich um verbandsrechtl. Formalien, eine zwingende Erforderlichkeit der Urabstimmung im Verhältnis zur Gegenseite ist nicht anzunehmen (Rz. 287 f.). Auf der ArbGebSeite wird eine stärkere Beteiligung der Mitglieder durch Mitentscheidung größerer Ausschüsse erreicht.

347 **b) Unterstützungsleistungen.** Nach der Satzung zahlen die **Gewerkschaften** für den Fall von Streik oder Aussperrung freiwillige Unterstützungsleistungen. IdR geschieht dies unter Abtretung der Ansprüche gegen den ArbGeb. Auf **ArbGebSeite** sind Unterstützungsfonds eingerichtet, aus denen den Mitgliedern die laufenden Kosten ersetzt werden. Der durch den Produktionsausfall entstandene Schaden wird nur in Sonderfällen übernommen, so etwa bei besonders langen Streiks oder Existenzgefährdung des Betriebs[1].

348 **c) Pflicht zur Befolgung von Kampfbeschlüssen.** Durch die Koalitionssatzung wird den Mitgliedern idR eine **Folgepflicht** auferlegt[2]. Danach müssen die Kampfbeschlüsse des Verbandes auch durch das Mitglied vollzogen werden. Eine solche Verpflichtung kann nur bei rechtmäßigen Arbeitskampfmaßnahmen anzunehmen sein. Darüber hinaus muss der Kampfbeschluss auch formal satzungsgemäß erfolgt sein. Ein Verstoß gegen diese Folgepflicht kann mit den Mitteln der Vereinsgewalt geahndet werden. Dazu ist in den Satzungen häufig die Rückerstattung der Unterstützungszahlungen oder der Ausschluss aus dem Verband vorgesehen.

349 **17. Arbeitskampf und Prozess. a) Rechtsweg.** § 2 I Nr. 2 ArbGG eröffnet für bürgerliche Rechtsstreitigkeiten zwischen tariffähigen Parteien oder diesen und Dritten aus unerlaubter Handlung den Rechtsweg zur Arbeitsgerichtsbarkeit, soweit es sich um **Maßnahmen zum Zwecke des Arbeitskampfes** oder um Fragen der Vereinigungsfreiheit handelt. Der Begriff der unerlaubten Handlung ist wie bei § 32 ZPO weit auszulegen[3]. Dabei handelt es sich nicht nur um unter § 823 BGB zu subsumierende Verhaltensweisen, sondern jede Handlung, die sich als Maßnahme des Arbeitskampfes oder der Betätigung der Koalition als rechtswidrig erweisen kann, kommt in Betracht. Darüber hinaus muss diese unerlaubte Handlung zum Zwecke des Arbeitskampfes begangen worden sein. Darunter ist ein Verhalten zu verstehen, welches darauf abzielt, den Ausgang des Arbeitskampfes zu beeinflussen[4]. Insoweit hängt die Zuständigkeit des ArbG nicht davon ab, dass Kampfmaßnahmen gerade um Arbeits- und Wirtschaftsbedingungen geführt werden.

350 Nach hM ist § 2 I Nr. 2 ArbGG auf den **politischen Streik** nicht anwendbar[5]. Wenn man den Arbeitskampfzweck jedoch im oben genannten Rahmen weit auslegt, spricht vieles dafür, letztendlich alle Streitigkeiten aus Arbeitskämpfen vor den ArbG zu verhandeln[6]. Die **internationale Zuständigkeit** nationaler ArbG bei grenzüberschreitenden Arbeitskämpfen (Rz. 359 ff.) kann sich aus Art. 5 Nr. 3 EuGVÜ bzw. Art. 5 Nr. 3 VO Nr. 44/2001 ergeben[7].

351 **b) Einstweilige Verfügungen gegen Arbeitskampfmaßnahmen.** § 62 II ArbGG verweist bzgl. der einstw. Verfügung auf §§ 935 ff. ZPO. Speziellere Regelungen sind im ArbGG nicht vorgesehen. De lege lata ist auch im arbeitsgerichtl. Verfahren eine einstw. Verfügung in der Form der Sicherungsverfügung (§ 935 ZPO) oder der Leistungsverfügung (§ 940 ZPO) zulässig. Auch im Falle des Unterlassungsanspruchs handelt es sich im Ergebnis um eine **Leistungsverfügung**, da sie jedenfalls zur zeitweisen Erfüllung des Anspruchs führt[8]. Bei der Formulierung des Antrags ist zu beachten, dass dem Bestimmtheitsgebot des § 253 II Nr. 2 ZPO Rechnung getragen wird[9].

352 Praktisch nimmt die einstw. Verfügung bzgl. der Unterlassung ganzer Arbeitskämpfe die **Hauptsacheentscheidung** vorweg[10]. Hat der Arbeitskampfgegner mit einem solchen Antrag Erfolg, scheitert der konkret angestrengte Arbeitskampf meist endgültig[11]. Im Lichte des Art. 9 III ist daher zu beachten, dass solche einstw. Verfügungen, je nach Umfang des Antrags, die Arbeitskampfmöglichkeiten der zukünftigen TV-Parteien erheblich einschränken können[12]. Darüber hinaus muss es den Koalitionen auch erlaubt sein, arbeitskampfrechtl. Neuland zu betreten, ohne durch einstw. Verfügungen daran gehindert zu werden. Hieraus wird teilweise geschlossen, dass eine einstw. Verfügung nur zulässig ist, wenn die

---

1 *Löwisch*, AcP 174 (1974), 217 ff. |2 *Löwisch/Rieble*, 170.6 Rz. 25; aA *Seiter*, Streikrecht, S. 104 ff. |3 BAG v. 10.9.1985 – 1 AZR 262/84, AP Nr. 86 zu Art. 9 GG – Arbeitskampf; GMPM/*Matthes*, § 2 ArbGG Rz. 33 f. |4 MünchArbR/*Brehm*, Bd. 3, § 389 Rz. 23; *Kissel*, ArbeitskampfR, § 63 Rz. 10. |5 BGH v. 29.9.1954 – VI ZR 232/53, AP Nr. 2 zu § 2 ArbGG; MünchArbR/*Brehm*, § 389 Rz. 23; Brox/Rüthers/*Brox*, Rz. 718; *Hueck/Nipperdey*, Bd. II § 17 II 3 c; aA GMPM/*Matthes*, § 2 ArbGG Rz. 36; *Kissel*, GVG § 13 Rz. 143; *Kissel*, ArbeitskampfR, § 63 Rz. 11. |6 So schon Brox/Rüthers/*Brox*, Rz. 718 aE. |7 EuGH v. 5.2.2004 – C 18/02, GPR 2005, 33. |8 Vgl. LAG München v. 19.12.1979 – 9 Sa 1015/79, EzA Art. 9 GG – Arbeitskampf Nr. 35; *Löwisch/Krauß*, 170.3.3 Rz. 78; MünchArbR/*Otto*, § 293 Rz. 29. |9 Vgl. etwa LAG Hess. v. 2.5.2003 – 9 Sa Ga 638/03, BB 2003, 1229: „sonstige Arbeitskampfmaßnahmen“. |10 Zur Frage, ob das Gericht bei einem Unterlassungsantrag nur einen Teil zusprechen kann, *Backsmeier*, Das „Minus“ beim unterlassungsrechtlichen Globalantrag, 2000, S. 21 ff. (93 ff.), 120 ff.; *Loritz*, ZfA 1985, 185 ff. |11 *Isenhardt*, FS Stahlhacke, 1995, S. 195 (200); *Kissel*, ArbeitskampfR, § 65 Rz. 12. |12 *Henniges*, Einstweiliger Rechtsschutz gegen gewerkschaftliche Streiks?, 1987, S. 22 ff.; MünchArbR/*Otto*, § 293 Rz. 27.

Rechtswidrigkeit des Streiks ohne rechtsfortbildende Erwägungen feststellbar ist[1]. Ungeachtet verschiedener Reformvorschläge ist im Ergebnis gleichwohl auch im Arbeitskampf von der Zulässigkeit einstw. Verfügungen auszugehen. Anders ist ein **effektiver Rechtsschutz** nicht zu gewährleisten[2].

Die Abwägung der Konsequenzen einer Entscheidung ist bei der Feststellung des **Verfügungsgrundes** zu treffen. In einer Gesamtbewertung der tatsächlichen Situation muss unter Beachtung der Befriedigungswirkung einer Entscheidung geklärt werden, ob die einstw. Verfügung zur Abwendung wesentlicher Nachteile nötig erscheint. Je mehr die Kampfführung der Gewerkschaft betroffen ist, desto schwerer muss der mit dem Streik verbundene Nachteil für den ArbGeb sein[3]. 353

Darüber hinaus ist die besondere Entscheidungssituation im einstw. Rechtsschutzverfahren zu beachten, neben der **fehlenden Möglichkeit einer höchstrichterlichen Klärung** der geltend gemachten Ansprüche (§ 72 IV ArbGG) muss die gesamte Entscheidung unter Zeitdruck und oft erschwerten Prozessbedingungen getroffen werden. Daher wird für die Feststellung des Verfügungsanspruches teilweise die offensichtliche Rechtswidrigkeit der angegangenen Maßnahme gefordert[4]. Das Vertreten divergierender Rechtsauffassungen darf jedoch nicht zum Scheitern des Antrags führen. Eine solche Einschränkung ist daher im Interesse effektiven Rechtsschutzes zu verneinen[5]. 354

c) Rechtsschutz über die Gewährung von Leistungen nach dem SGB III. Die Entscheidung über das Vorliegen der Voraussetzungen des § 146 III 1 Nr. 2a und b SGB III trifft der **Neutralitätsausschuss**, §§ 146 V, 380 SGB III. Auf Grund der allgemeinen Bedeutung der Rechtsfragen entscheidet gem. § 146 VI 4 SGB III das BSG im ersten und letzten Rechtszug über Klagen der Fachspitzenverbände der an einem Arbeitskampf beteiligten Parteien gegen eine Entscheidung des Neutralitätsausschusses nach § 146 V SGB III. Dies gilt auch in Bezug auf den Erlass einstw. Anordnungen, § 146 VI 6 SGB III. 355

18. Europäisches und Internationales Arbeitskampfrecht. a) EG-Grundfreiheiten und Arbeitskampf. Arbeitskampfmaßnahmen etwa im Transportgewerbe können zu einer vorübergehenden **Beeinträchtigung des Handels zwischen den Mitgliedstaaten** führen. Nach der Rspr. des EuGH[6] verstößt ein Staat gegen seine Verpflichtungen aus Art. 28 iVm. 10 EG (ex-Art. 30 iVm. Art. 5 EG), wenn er es verabsäumt, alle erforderlichen und angemessenen Maßnahmen zu ergreifen, damit der freie Warenverkehr nicht durch Handlungen von Privatpersonen beeinträchtigt werde. Eine Ausnahme macht der EuGH nur für den Fall, dass das Tätigwerden für den Mitgliedstaat Folgen für die öffentl. Ordnung hätte, die er mit seinen Mitteln nicht bewältigen könnte. 356

Zwar erkennt der EuGH das Recht auf Durchführung kollektiver Maßnahmen nunmehr als Grundrecht an (Rz. 154), ausdrücklich wird aber darauf hingewiesen, dass dessen Ausübung bestimmten Beschränkungen unterworfen ist. Angesprochen sind damit insbesondere die Niederlassungs- und die Dienstleistungsfreiheit. So sei Art. 43 EG jedenfalls grundsätzlich auf Kampfmaßnahmen einer nationalen Gewerkschaft anwendbar, die darauf abzielen, ein Unternehmen zu einem Tarifvertragsabschluss zu veranlassen, der geeignet ist, das Unternehmen davon abzuhalten, von der Niederlassungsfreiheit Gebrauch zu machen[7]. In Bezug auf Art. 49 EG weist der EuGH darauf hin, dass kollektive Maßnahmen zum Schutz vor Sozialdumping bei entsandten ArbN eine Beschränkung des freien Dienstleistungsverkehrs darstellen können, welche durch Ziele des Allgemeininteresses gerechtfertigt sein können[8]. 357

Soweit es um das Verhältnis der **deutschen Arbeitskampfrechtsordnung zu den EG-Grundfreiheiten** geht, kann festgehalten werden, dass Konflikte jedenfalls gegenwärtig noch nicht ersichtlich sind. Nachdem schon die Blockade der Zufahrten zum Betrieb des bekämpften ArbGeb vom BAG als rechtswidrig erachtet wird (Rz. 266), muss dies erst recht für das Unpassierbarmachen öffentl. Straßen gelten. Für Arbeitskämpfe gegen Standortverlagerungen gilt dasselbe (Rz. 267). Art. 9 III rechtfertigt keine unerlaubten oder gar strafbaren Handlungen, wobei Verbotsnormen freilich wiederum ihrerseits im Lichte der Verfassung auszulegen sind. Sollte in Bezug auf *an sich* rechtmäßige Kampfmaßnahmen aber ein entsprechender Konflikt mit den Grundfreiheiten drohen – theoretisch denkbar wäre dies im Hinblick auf das Kampfmittel des Boykotts (Rz. 240 ff.) –, wird diesem durch gemeinschaftsrechtskonforme[9] richterliche Weiterbildung des deutschen Arbeitskampfrechts Rechnung zu tragen sein. 358

---

1 So ErfK/*Dieterich*, Art. 9 GG Rz. 223 mwN. | 2 So auch die hM: BAG v. 21.3.1978 – 1 AZR 11/76, AP Nr. 62 zu Art. 9 GG – Arbeitskampf; LAG Hamm v. 31.5.2000 – 18 Sa 658/00, AP Nr. 158 zu Art. 9 GG – Arbeitskampf; LAG Hess. v. 2.5.2003 – 9 Sa Ga 638/03, BB 2003, 1229; v. 22.7.2004 – 9 SaGa 593/04, AP Nr. 168 zu Art. 9 GG – Arbeitskampf; Brox/Rüthers/*Brox*, Rz. 765; *Löwisch/Krauß*, 170.3.3 Rz. 78; aA *Blanke*, NZA 1988 Beil. 2 S. 15 (16). | 3 ErfK/*Dieterich*, Art. 9 GG Rz. 224; GMPM/*Germelmann*, § 62 ArbGG Rz. 91; s. auch LAG Köln v. 14.6.1996 – 4 Sa 177/96, LAGE Art. 9 GG – Arbeitskampf Nr. 63; LAG Hess. v. 2.5.2003 – 9 Sa Ga 638/03, BB 2003, 1229. | 4 *Dorndorf/Weiss*, Warnstreiks und vorbeugender Rechtsschutz gegen Streiks, 1983 S. 56 f.; *Hessel*, DB 1967, 2071 f. | 5 *Kissel*, ArbeitskampfR, § 65 Rz. 28; MünchArbR/*Otto*, § 293 Rz. 31. | 6 EuGH v. 9.12.1997 – Rs. C-265/95 (*Kommission/Frankreich*), EuZW 1998, 84; zum Ganzen *Birk*, FS 50 Jahre BAG, 2004, S. 1165 ff.; *Hergenröder*, EAS B 8400 Rz. 62 ff.; *Meier*, EuZW 1998, 87; *Sczekalla*, DVBl, 1998, 219 (223 f.); s. auch *Meurer*, EWS 1998, 196 (199). | 7 EuGH v. 11.12.2007 – C-438/05 (*Viking*), DB 2008, 124; dazu auch *Franzen*, EuZA 2008, 1 (16); *Pießkalla*, NZA 2007, 1144; *Zwanziger*, DB 2008, 294 (295). | 8 EuGH v. 18.12.2007 – C-341/05 (*Laval*), DB 2008, 71; dazu *Zwanziger*, DB 2008, 294 (297). | 9 Siehe *Zwanziger*, DB 2008, 294 (297 f.); siehe auch *Wißmann*, RdA 1999, 152 (155).

359 **b) Die kollisionsrechtliche Behandlung des Arbeitskampfes.** Fast ausschließlich finden Arbeitskämpfe im rein nationalen Bereich statt und auch dort nur auf begrenztem Gebiet. Gemeinschaftliche Aktionen von Gewerkschaften auf europäischer bzw. internationaler Ebene sind eher selten, kommen aber gleichwohl vor[1]. Insoweit stellt sich die Frage, wie Rechtmäßigkeit, individualrechtl. Folgen und eventuelle Haftungsfragen von Arbeitskämpfen mit Auslandsberührung[2] zu beurteilen sind. Welche Rechtsordnung insoweit zur Entscheidung berufen ist, richtet sich nach den Grundsätzen **des Internationalen Privatrechts**[3]. Drei Fallgruppen hat man zu unterscheiden[4]: Kampfmaßnahmen deutscher Arbeitskampfparteien im Ausland sowie ausländischer Arbeitskampfparteien im In- und Ausland, die Einbeziehung ausländischer Arbeitskampfparteien in nationale Arbeitskämpfe sowie Arbeitskämpfe auf internationaler Ebene etwa zur Durchsetzung eines internationalen TV[5].

360 Richtigerweise wird man kollisionsrechtl. auf den **Schwerpunkt der Arbeitskampfmaßnahmen** abzustellen haben. Danach ist diejenige Rechtsordnung anwendbar, deren Arbeits- und Wirtschaftsordnung der Sachverhalt zuzurechnen ist, wobei sämtliche kollektiven und individuellen Anknüpfungsgesichtspunkte heranzuziehen sind[6]. Dem so ermittelten Arbeitskampfstatut unterfallen nicht nur die Rechtmäßigkeitsvoraussetzungen kampfweiser Auseinandersetzungen, sondern auch deren einzelvertragl. und deliktische Rechtsfolgen. Bei der Anwendung ausländischen Arbeitskampfrechts bleibt für den inländischen Rechtsanwender stets die Vereinbarkeit des gefundenen Ergebnisses mit dem nationalen ordre public (Art. 6 EGBGB) zu prüfen[7]. Überdies kommt eine Sonderanknüpfung nationalen Rechts nach Art. 34 EGBGB in Betracht[8]. Hängt die Zulässigkeit einer inländischen Arbeitskampfmaßnahme von der rechtl. Beurteilung eines ausländischen Arbeitskampfes ab (Akzessorietät), so entscheidet über Letzteren die anwendbare ausländische Rechtsordnung[9].

361 **c) Arbeitskampf um einen internationalen Tarifvertrag**[10]. Grundvoraussetzung eines entsprechenden Arbeitskampfes wäre die Rechtmäßigkeit dieses Kampfziels. Gegenwärtig sind **entsprechende Kollektivvereinbarungen innerstaatlich nur mit schuldrechtl. bzw. mittelbarer Wirkung denkbar**[11]. Keine Bedenken bestehen gegen einen „europäischen" TV jedenfalls dann, wenn er aus einem Bündel gleich lautender nationaler Kollektivvereinbarungen bestünde. Praktisch wäre dies dergestalt denkbar, dass sich die Sozialpartner auf überstaatlicher Ebene einigen und das entsprechende Vertragsmuster dann ihren nationalen Verbandsmitgliedern zur Annahme empfehlen. Kampfmaßnahmen auf nationaler Ebene liefen dann nach den normalen einzelstaatlichen Regeln ab, Probleme träten nur dann auf, wenn die Beendigung von Streiks und Aussperrungen nicht nur an das Nachgeben des jeweils eigenen nationalen Gegners geknüpft wäre, sondern an das Einlenken von ausländischen gegnerischen Verbänden in deren Tarifgebieten[12].

362 Entsprechende Arbeitskampfmaßnahmen werden insb. auch nicht durch **Art. 139 EG ausgeschlossen**, da die Vorschrift den hier interessierenden Typus europäischer TV nicht erfasst[13]. Indes ist mit entsprechenden Kollektivvereinbarungen eine Vielzahl von Problemen verbunden, die noch der Klärung harren. Erwähnt seien hier nur die Frage der Mächtigkeit eines überstaatlichen Zusammenschlusses von ArbN sowie die entsprechenden Arbeitskämpfen zugrunde liegende Paritätskonzeption[14]. Insoweit bleibt die weitere Entwicklung abzuwarten.

363 **VI. Schlichtungsrecht. 1. Begriff und Funktion der Schlichtung.** Die Schlichtung dient zur Überwindung eines tarifvertragslosen Zustands etwa nach Auslaufen oder Kündigung eines TV sowie zur Vermeidung bzw. Beendung von Arbeitskämpfen. Grds. ist es im Interesse aller Beteiligten, Regelungsfragen ohne kosten- und aufwandsintensive Arbeitskampfmaßnahmen zu klären. Der Schlichtung kommt insoweit eine **Regelungsaufgabe** zu. Der verbindlich ergangene Schlichtungsspruch hat die Wirkung

1 Aus jüngerer Zeit ist zu nennen der europaweite Warnstreik zum Standortsicherungsvertrag für die Werke von General Motors-Europe am 25.1.2001, dazu *Röper*, EuroAS 5/2001, 87 ff. | 2 Zum Kriterium der Auslandsberührung eingehend *Hergenröder*, S. 117 ff. | 3 Dazu eingehend *Hergenröder*, passim; *Hergenröder*, AR-Blattei SD 170.8 (2000), Rz. 26 ff.; *Junker*, Internationales Arbeitsrecht im Konzern, 1992, S. 465 ff.; MünchArbR/*Otto*, § 285 Rz. 231 ff.; jeweils mwN. | 4 *Hergenröder*, S. 134 f.; MünchArbR/*Otto*, § 285 Rz. 232. | 5 Dazu näher *Hergenröder*, S. 393 ff.; *Hergenröder*, AR-Blattei SD 170.8 (2000), Rz. 83 ff.; zur Frage der Durchsetzbarkeit von Vereinbarungen nach Art. 139 II 1. Alt. EGV *Hergenröder*, EAS B 8400 Rz. 45 ff. | 6 *Hergenröder*, S. 204 ff., 213 ff.; *Hergenröder*, AR-Blattei SD 170.8 (2000), Rz. 37 ff.; jeweils mwN auch zur Gegenmeinung. | 7 *Hergenröder*, S. 252 ff.; *Hergenröder*, AR-Blattei SD 170.8 (2000), Rz. 52 ff.; *Junker*, Internationales Arbeitsrecht im Konzern, 1992, S. 315 ff.; MünchArbR/*Otto*, § 286 Rz. 251. | 8 Dazu näher *Hergenröder*, S. 252 ff.; *Hergenröder*, AR-Blattei SD 170.8 (2000), Rz. 56 ff.; *Junker*, Internationales Arbeitsrecht im Konzern, 1992, S. 283 ff.; MünchArbR/*Otto*, § 286 Rz. 252. | 9 *Hergenröder*, S. 286 ff.; *Hergenröder*, AR-Blattei SD 170.8 (2000), Rz. 63 ff. | 10 Dazu eingehend *Hergenröder*, EAS B 8400 Rz. 94 ff.; *Hergenröder*, AR-Blattei SD 1550.15 (2004) Rz. 128 ff. mwN; *Junker*, Internationales Arbeitsrecht im Konzern, 1992, S. 496 ff. | 11 *Buchner*, RdA 1993, 193 (200); *Konzen*, EuZW 1995, 39 (47); *Schwarze*, EAS B 8100 (1997) Rz. 23 ff. | 12 Vgl. näher *Hergenröder* in Heinemann (Hrsg.), Das kollektive Arbeitsrecht in der Europäischen Gemeinschaft, 1991, S. 49 (82 f.); *Hergenröder*, AR-Blattei SD 170.8 (2000), Rz. 84 f. | 13 *Däubler*, FS Hanau, 1999, 489 (496); *Heinze*, ZfA 1997, 505 (510 f.); *Höland*, ZIAS 1995, 425 (434); *Konzen*, EuZW 1995, 39 (47); *Schwarze*, EAS B 8100 (1997) Rz. 5, 24; aA etwa *Karthaus*, ArbuR 1997, 221. | 14 Dazu nur *Hergenröder*, EAS B 8400 Rz. 96 ff.; *Hergenröder*, AR-Blattei SD 170.8 (2000), Rz. 83 ff.; *Hergenröder*, AR-Blattei SD 1550.15 (2004) Rz. 152 f.; *Junker*, Internationales Arbeitsrecht im Konzern, 1992, S. 445 ff.; jeweils mwN.

eines TV[1]. Im von § 4 I TVG vorgegebenen Rahmen entfaltet auch der Schlichtungsspruch Rechtsnormwirkung. Insoweit handelt es sich auch um eine **rechtsgestalterische Tätigkeit**.

Im Verlauf des **Schlichtungsverfahrens** können sich die Beteiligten entweder gemeins. auf einen Kompromiss einigen oder das Schlichtungsverfahren wird durch einen Schlichtungsspruch beendet (Rz. 370 f.). Letztendlich stellt das Schlichtungsverfahren ein Hilfsmittel zum Erreichen vertragl. Regelungen dar. Darin ist auch eine wirkungsvolle Alternative zum Arbeitskampf zu sehen. Ein gesetzl. Schlichtungsverfahren ist jedoch keine Rechtmäßigkeitsvoraussetzung eines Arbeitskampfes. 364

2. Grundlagen des Schlichtungsrechts. Die vertragl. Vereinbarkeit von Schlichtungsabkommen ist **Ausfluss der verfassungsrechtl. gewährleisteten Tarifautonomie**. Neben der Gewährleistung von Arbeitskampfmitteln ist durch Art. 9 III auch die gemeins. Gestaltung durch Einigung und Zusammenwirken zu schützen. Diesem Grundgedanken entspricht das Schlichtungsverfahren. **Teil II Art. 6 Nr. 3 ESC** (s. auch Rz. 15, 153) verpflichtet die Vertragsparteien ausdrücklich, „die Einrichtung und die Benutzung geeigneter Vermittlungs- und freiwilliger Schlichtungsverfahren zur Beilegung von Arbeitsstreitigkeiten zu fördern". Auch Nr. 13 der Gemeinschaftscharta der Sozialen Grundrechte der ArbN vom 9.12.1989 (Rz. 17, 154) dient der Erleichterung einer arbeitskampffreien Einigung durch Vermittlungs-, Schlichtungs- und Schiedsverfahren. Ein über die Gewährleistung des Art. 9 III hinausgehender Inhalt kommt diesen Vorschriften im Bereich des Schlichtungsrecht allerdings nicht zu. 365

Mit dem Schutz der Tarifautonomie und dem Gebot staatlicher Neutralität wäre die Zulässigkeit **staatlicher Zwangsschlichtung** nicht zu vereinbaren[2]. Ein solches Vorgehen würde dem Staat erlauben, aktiv in Regelungsstreitigkeiten der TV-Parteien eingreifen zu können. Ausnahmen werden in bestimmten Extremsituationen befürwortet, bei denen überragend wichtige Gemeinschaftsgüter gefährdet sind. Dazu gibt es mannigfaltige Lösungs- und Abgrenzungsmodelle[3]. 366

3. Staatliche Schlichtung. a) Schlichtung nach dem KRG Nr. 35[4]. Das Kontrollratsgesetz von 1946 ermöglicht es **den Ländern, Schlichtungsstellen einzurichten**. Diese Stellen beraten über Fragen der Arbeitsbeziehungen mit ArbGeb und ArbN oder deren Organisationen. Auf den Arbeitskampf können diese Stellen durch Mustervorschläge und Vermittlungsgespräche einwirken. Dies ist auch außerhalb des förmlichen Schlichtungsverfahrens im freien Schiedsverfahren möglich. Das Verfahren findet vor Schiedsausschüssen bei den Landesarbeitsbehörden statt, wenn beide Parteien die Streitigkeit vorlegen oder die eine Partei der Vorlage der anderen Partei zustimmt. Eine Zwangsschlichtung ist somit nicht vorgesehen, jedoch kann das Ultima-ratio-Prinzip dafür herangezogen werden, dass sich der Tarifgegner auf eine angetragene Schlichtung einlassen muss, bevor Arbeitskampfmittel ergriffen werden dürfen[5]. Das Verfahren endet mit einer Einigung der Parteien oder dem Schiedsspruch der Schlichtungsstelle. Auch dieser Spruch ist nur nach Annahme bzw. Unterwerfung der Tarifgegner verbindlich. 367

b) Schlichtung nach der Landesschlichtungsordnung Baden[6]. Das Schlichtungsverfahren nach der Landesschlichtungsordnung Baden umfasst im Gegensatz zum KRG Nr. 35 nicht auch Arbeitsstreitigkeiten, sondern nur Konflikte über Gesamtvereinbarungen, **im Ergebnis also Tarifstreitigkeiten**. Das Verfahren kann auf Antrag nur einer Partei und bei wesentlicher öffentl. Bedeutung auch von Amts wegen eingeleitet werden (§ 12 LSchlO). Eine bindende Wirkung des Schiedsspruchs ist auch hier nur unter bestimmten Voraussetzungen (Rz. 370) gegeben. 368

Die **praktische Bedeutung dieser staatlichen Schlichtungsmöglichkeiten ist eher gering**. Diskutiert wird unter dem Stichwort „obligatorisches Schlichtungsverfahren", ob der Gesetzgeber ein Schlichtungsverfahren einführen kann, auf das sich die TV-Parteien generell oder auf Antrag einer Partei einlassen müssen, bzw. ob die TV-Parteien dazu verpflichtet sind, ein freiwilliges Schlichtungsverfahren zu vereinbaren, um die Gefahr von Arbeitskämpfen zu verringern. Diese Maßnahme erscheint zumindest vor dem Hintergrund der Tarifautonomie als verfassungsrechtl. fragwürdig und ist daher nur bei einer Gefährdung überragend wichtiger Rechtsgüter zu rechtfertigen[7]. 369

4. Vertragliche Schlichtung. Arbeitskämpfe sind für beide Tarifparteien unerwünscht und mit Nachteilen verbunden. Aus diesem Grund werden ad hoc oder vorbeugend vertragl. vereinbarte Schlichtungsverfahren durchgeführt. Diese autonomen Schlichtungsabkommen sind TV und bedürfen als solche der Schriftform. Bei der **einfachen Schlichtung** können sich die Parteien der Schlichtung bedienen, ohne dass ein Zwang besteht. Bei vorgesehenem **Schlichtungszwang** sind die Parteien verpflichtet, auf Antrag des Gegners ein Schlichtungsverfahren durchzuführen, darüber hinaus kann auch eine **Zwangsschlichtung** vereinbart werden, welche eine verbindliche Entscheidung durch die Schlichtungsinstanz erfordert. Diese Verfahren enden mit einer gemeins. Einigung oder dem Spruch des Schlichtungsorgans. Die Verbindlichkeit dieses Spruchs hängt von der Ausgestaltung des Verfahrens ab. Während sich die Parteien regelmäßig im Voraus dem Spruch unterwerfen oder diesen nachträglich annehmen, kann auch die verbindliche Wirkung des Schlichterspruchs vereinbart werden. 370

1 *Kissel*, ArbeitskampfR, § 69 Rz. 48; MünchArbR/*Otto*, § 296 Rz. 29. | 2 S. *Löwisch/Rieble* 170.1 Rz. 32; MünchArbR/*Otto*, § 296 Rz. 14. | 3 Vgl. MünchArbR/*Otto*, § 296 Rz. 15 ff. | 4 Vgl. *Lembke*, RdA 2000, 223 ff. | 5 *Löwisch/Rieble*, 170.1 Rz. 74. | 6 *Arnold*, RdA 1996, 356 ff. | 7 Dazu MünchArbR/*Otto*, § 296 Rz. 31.

371 Haben sich die TV-Parteien dem Schlichterspruch unterworfen, gehören Streitigkeiten gem. § 2 I Nr. 1 ArbGG vor die ArbG[1]. In Betracht kommt eine **Inzidentkontrolle** des verbindlichen Schlichtungsspruchs im Individualprozess oder die **Feststellungsklage** der Verbände über das Bestehen oder Nichtbestehen des durch den Schlichtungsspruch gestalteten Rechtsverhältnisses[2]. Eine Aufhebungsklage nach § 110 ArbGG kommt mangels Entscheidung eines Rechtsstreits nicht in Frage.

Art. 12 *Berufsfreiheit*

(1) Alle Deutschen haben das Recht, Beruf, Arbeitsplatz und Ausbildungsstätte frei zu wählen. Die Berufsausübung kann durch Gesetz oder auf Grund eines Gesetzes geregelt werden.

(2) Niemand darf zu einer bestimmten Arbeit gezwungen werden, außer im Rahmen einer herkömmlichen allgemeinen, für alle gleichen öffentlichen Dienstleistungspflicht.

(3) Zwangsarbeit ist nur bei einer gerichtlich angeordneten Freiheitsentziehung zulässig.

1 **I. Berufsfreiheit. 1. Bedeutung und Konkurrenzen. a) Allgemeine Bedeutung.** Art. 12 kann als *die* zentrale **Grundsatznorm für das Arbeits- und Wirtschaftsleben** bezeichnet werden, so dass ihm im Arbeitsrecht überragende Bedeutung zukommt. Neben Art. 12 tritt Art. 14 in diesem Zusammenhang in den Hintergrund[3]. Während sich zunächst die meisten Entscheidungen des BVerfG auf Fragen der selbständigen Arbeit bezogen, gilt heute Art. 12 als das „Grundrecht der Arbeit". Es ist anerkannt, dass Art. 12 auch den klassischen Bereich vertragl. vereinbarter (unselbständiger) Arbeitsleistung umfasst[4]. Dass das BAG bei seinen Entscheidungen idR das einfache Recht und nicht direkt Art. 12 anwendet, resultiert aus der Aufgabe der Fachgerichte, den Grundrechten im einfachen Recht Geltung zu verschaffen und widerspricht nicht der arbeitsrechtl. Bedeutung der Berufsfreiheit[5].

2 Es gibt **kein Grundrecht auf Arbeit** und Art. 12 begründet keinen Anspruch auf Bereitstellung eines Arbeitsplatzes eigener Wahl[6]. Auch enthält das Grundrecht keine (absolute) Bestandsgarantie und schützt nicht unmittelbar vor Arbeitsplatzverlust[7]. Doch ist ein Recht auf Arbeit eine verfassungsrechtl. Staatszielbestimmung und es besteht eine Verpflichtung des Staates zu arbeitsmarktpolitischer Aktivität (Art. 109 II). Einige Landesverfassungen gehen hier weiter[8]. Insb. verpflichtet Art. 12 iVm. dem Sozialstaatsprinzip, gegen die Arbeitslosigkeit vorzugehen[9]. Art. 12 steht in engem Zusammenhang mit der Persönlichkeit des Menschen[10].

1 *Kissel*, ArbeitskampfR, § 69 Rz. 58; MünchArbR/*Otto*, § 296 Rz. 47. | 2 *Kissel*, ArbeitskampfR, § 69 Rz. 58. | 3 BVerfG v. 18.12.1985 – 1 BvR 143/83, NJW 1986, 1601 (1601); v. 6.10.1987 – 1 BvR 1086, 1468, 1623/82, E 77, 84 (117 f.); *Scholz*, ZfA 1981, 265 (266). | 4 *Bryde*, NJW 1984, 2177 (2178); ErfK/*Dieterich*, Art. 12 GG Rz. 1. | 5 *Bryde*, NJW 1984, 2177 (2178); ErfK/*Dieterich*, Art. 12 GG Rz. 3. | 6 Von Münch/Kunig/*Gubelt*, Art. 12 GG Rz. 1. | 7 Vgl. nur BVerfG v. 10.3.1992 – 1 BvR 454/91 ua., E 85, 360 (373); *Badura*, RdA 1999, 8 (10); von Münch/Kunig/*Gubelt*, Art. 12 GG Rz. 25; *Oetker*, RdA 1997, 9 (14); *Papier*, RdA 2000, 1 (2). | 8 ErfK/*Dieterich*, Art. 12 GG Rz. 5; *Neuhausen*, Verzicht eines Arbeitnehmers auf Kündigungsschutz, 1993, S. 45; *Papier*, RdA 2000, 1 (2 f.). | 9 Jarass/Pieroth/*Jarass*, Art. 12 GG Rz. 18; zur entsprechenden völkerrechtlichen Verpflichtung *M. Körner*, Das internationale Menschenrecht auf Arbeit, 2004. | 10 BVerfG v. 11.6.1958 – 1 BvR 596/56, AP Nr. 13 zu Art. 12 GG; Dreier/*Wieland*, Art. 12 GG Rz. 43.

Wie alle Grundrechte ist auch Art. 12 in erster Linie **Abwehrrecht** gegen den Staat[1]. Doch gefährden gerade im Bereich der abhängigen Arbeit vor allem private Träger wirtschaftl. und sozialer Macht die Berufsfreiheit[2]. Bedeutsam wird hier die – grds. allen Grundrechten immanente – **Schutzfunktion**, dh. die aus Art. 12 erwachsenden (Schutz-)Pflichten des Staates. Dieser muss tätig werden, wenn die Berufsfreiheit durch die Privatautonomie gravierend beschränkt wird und die Betreffenden ihre Berufsfreiheit nicht alleine wahrnehmen können[3]. Insb. muss der Staat für einen gewissen Kündigungs- bzw. Bestandsschutz für den Arbeitsplatz sorgen, obwohl jeder Bestandsschutz die Berufsfreiheit des ArbGeb berührt und ggf. sogar als Zugangshindernis für andere Arbeitsplatzbewerber wirkt[4]. Aber nicht nur die ArbN, sondern auch die ArbGeb fallen in den Schutzbereich und auch ihre Interessen an berufsgrundrechtl. Freiheit müssen berücksichtigt werden. Staatliche Aufgabe ist es, beides in ein ausgeglichenes Verhältnis zu bringen[5]. 3

Außerdem enthält Art. 12 eine „verfassungsrechtl. Grundentscheidung" iSe. **objektiven Wertordnung**[6]. Und das BVerfG hat aus Art. 12 ein Teilhaberecht abgeleitet[7]. Weiterhin ist die Berufsfreiheit bei der Auslegung und Anwendung privatrechtl. Vorschriften zu beachten. Bei der Ausgestaltung der Privatrechtsordnung müssen die Grundrechte im Wege der sog. mittelbaren Drittwirkung über die Generalklauseln und bei der Interpretation unbestimmter Rechtsbegriffe angewendet werden[8]. Diese Meinung liegt auch der Rspr. des BAG zugrunde[9]. 4

b) Berufswahl und Berufsausübung. Art. 12 I enthält ein **einheitliches Grundrecht**, das die Freiheit der Wahl und der Ausübung von erwerbsbezogenen Tätigkeiten im Ganzen schützt. Dies hat das BVerfG schon im Apotheken-Urteil klargestellt. Denn obwohl der Wortlaut des Art. 12 zwischen Wahl und Ausübung unterscheidet, kann zwischen diesen zwei Entscheidungsstadien grds. nicht so klar getrennt werden, dass jede von ihnen nur eine bestimmte zeitliche Phase des Berufslebens bezeichnet, die sich mit der anderen nicht überschnitte. Die beiden Begriffe erfassen den einheitlichen Komplex „berufliche Betätigung" von verschiedenen Blickwinkeln her[10]. Von der Berufsfreiheit ieS zu unterscheiden ist jedoch der Bereich der beruflichen Ausbildung[11]. 5

c) Verhältnis zu anderen Grundrechten. Konkurrenz besteht zu Art. 2 I, zu Art. 14, zu Art. 33 und auch zu Art. 4, 5 und 11. Gegenüber der durch Art. 2 I geschützten Handlungsfreiheit ist Art. 12 lex specialis, sofern die Berufsfreiheit beeinträchtigt ist[12]. Als Rechtsgrundlage des allgemeinen Persönlichkeitsrechts bleibt Art. 2 I neben Art. 12 I jedoch wirksam. Art. 12 konkretisiert das Grundrecht auf freie Entfaltung der Persönlichkeit im Bereich der individuellen Leistung und Existenzerhaltung[13]. So hat auch der Große Senat des BAG die rechtsfortbildende Schöpfung eines Beschäftigungsanspruchs mit dem grundrechtl. garantierten Persönlichkeitsschutz und nicht mit der Berufsfreiheit begründet[14]. 6

Art. 4, 5 sind neben Art. 12 in Idealkonkurrenz anzuwenden, wenn der Regelungsbereich sich auf beide Grundrechte erstreckt. Ist dagegen die Zielsetzung einer Maßnahme nur oder ganz überwiegend auf einen Schutzbereich gerichtet, beurteilt sich die Rechtmäßigkeit der Maßnahme allein nach dem betreffenden Grundrecht, der Gewährleistungsinhalt des anderen Grundrechts ist daneben zu berücksichtigen[15]. Bei der Abgrenzung zu **Art. 14** kommt es vor allem darauf an, ob es um den Erwerb oder das Erworbene geht. Nach dem BVerfG schützt Art. 12 den Erwerb und Art. 14 das Erworbene[16]. Es gilt die Meistbetroffenheitsregel[17]. **Art. 33 II** ist parallel anzuwenden (im Einzelnen str.) und **Art. 33 V** modifiziert Art. 12[18]. 7

2. Gewährleistungsinhalt. a) Schutzbereich. Art. 12 sichert „die Freiheit des Bürgers, grds. jede Tätigkeit, für die er sich geeignet glaubt, als Beruf zu ergreifen, dh. zur Grundlage seiner Lebensführung zu machen"[19]. **Beruf** ist jede Tätigkeit, die in ideeller wie in materieller Hinsicht der Schaffung und Erhal- 8

1 *Canaris*, JuS 1989, 161 (161); von Münch/Kunig/*Gubelt*, Art. 12 GG Rz. 2a; Dreier/*Wieland*, Art. 12 GG Rz. 67. | 2 *Waltermann*, Berufsfreiheit im Alter, 1989, S. 84. | 3 Vgl. nur BVerfG v. 7.2.1990 – 1 BvR 26/84, E 81, 242 (254 f.); ErfK/*Dieterich*, Art. 12 GG Rz. 4; Jarass/Pieroth/*Jarass*, Art. 12 GG Rz. 17a; *Löwisch*, ZfA 1996, 293 (295). | 4 BVerfG v. 21.2.1985 – 1 BvR 1397/93, E 92, 140 (150); v. 27.1.1998 – 1 BvL 15/87, E 97, 169 (176); Jarass/Pieroth/*Jarass*, Art. 12 GG Rz. 17; *Hergenröder*, ZfA 2002, 355 (372 f.). | 5 ErfK/*Dieterich*, Art. 12 GG Rz. 20 f.; *Papier*, RdA 2000, 1 (4). | 6 BVerfG v. 11.6.1963 – 1 BvR 156/63, E 16, 214 (219); v. 27.1.1998 – 1 BvL 15/87, E 97, 169 (176); Jarass/Pieroth/*Jarass*, Art. 12 GG Rz. 2. | 7 BVerfG v. 18.7.1972, E 33, 303; ErfK/*Dieterich*, Art. 12 GG Rz. 4; *Stein*, AR-Blattei SD 830 Rz. 502. | 8 Grundl. das „Lüth-Urteil" des BVerfG v. 15.1.1958 – 1 BvR 400/51, E 7, 198 (206); s. ferner BVerfG v. 8.7.1997 – 1 BvR 1243/95, E 96, 152 (164); BGH v. 28.4.1986 – II ZR 254/85, NJW 1986, 2944 f.; *Waltermann*, Berufsfreiheit im Alter, 1989 S. 84. | 9 BAG v. 20.12.1984 – 2 AZR 436/83, AP Nr. 27 zu § 611 BGB – Direktionsrecht; *Papier*, RdA 2000, 1. | 10 St. Rspr. seit BVerfG v. 11.6.1958 – 1 BvR 596/56, E 7, 377 (400 ff.); Dreier/*Wieland*, Art. 12 GG Rz. 56. | 11 Jarass/Pieroth/*Jarass*, Art. 12 GG Rz. 1. | 12 Vgl. nur BVerfG v. 16.3.1971 – 1 BvR 52/66, E 30, 292 (336); v. 21.10.1981 – 1 BvR 52/81, E 58, 358 (363); Jarass/Pieroth/*Jarass*, Art. 12 GG Rz. 3. | 13 BVerfG v. 18.6.1980 – 1 BvR 697/77, E 54, 301 (313); ErfK/*Dieterich*, Art. 12 GG Rz. 15. | 14 BAG v. 27.2.1985 – GS 1/84, AP Nr. 14 zu § 611 BGB – Beschäftigungspflicht; ErfK/*Dieterich*, Art. 12 GG Rz. 15. | 15 BVerfG v. 10.3.1992 – 1 BvR 454/91 ua., E 85, 360 (382); zum Ganzen näher *von Münch/Kunig/Gubelt*, Art. 12 GG Rz. 95; Dreier/*Wieland*, Art. 12 GG Rz. 171. | 16 BVerfG v. 24.4.1991 – 1 BvR 1341/90, E 84, 133 (157); *von Münch/Kunig/Gubelt*, Art. 12 GG Rz. 98. | 17 ErfK/*Dieterich*, Art. 12 GG Rz. 16. | 18 Jarass/Pieroth/*Jarass*, Art. 12 GG Rz. 3. | 19 St. Rspr. seit BVerfG v. 11.6.1958 – 1 BvR 596/56, E 7, 377 (397); vgl. auch BVerfG v. 18.6.1980 – 1 BvR 697/77, E 54, 301 (313); von Münch/Kunig/*Gubelt*, Art. 12 GG Rz. 8.

tung einer Lebensgrundlage dient[1]. Ob die Tätigkeit selbständig oder unselbständig ausgeübt wird, ist unbeachtlich[2] (s. schon Rz. 1).

9 Auch Tätigkeiten im **öffentl. Dienst** sind Berufe iSd. Art. 12, wobei Art. 33 hinzuzuziehen ist[3]. Nach dem BVerfG sollen auch für dem öffentl. Dienst ähnliche Berufe Sonderregelungen in Anlehnung an Art. 33 möglich sein. Die Anforderungen an die nach Art. 12 I 2 gebotene gesetzl. Regelung sind für alle Bereiche die Gleichen[4]. In der Lit. wird demgegenüber vertreten, die „staatlich gebundenen Berufe" ausschließlich unter Art. 12 fallen zu lassen[5].

10 Umstritten ist, ob die Tätigkeit **dauerhaft** sein muss. Nach der Rspr. muss die Tätigkeit nachhaltig sein und über einen einmaligen Erwerbsakt hinausgehen. Nebentätigkeiten (insb. die von Beamten) sollen dementsprechend nur durch Art. 2 I geschützt werden[6]. Dies wird in der Lit. angezweifelt. Zumindest sollten jedenfalls die Anforderungen nicht zu hoch sein und Nebentätigkeiten, Doppel- und Nebenberufe, Ferien- und Aushilfsjobs sowie Beschäftigungsverhältnisse auf Probe unter Art. 12 fallen. Denn auch eine zusätzliche Erwerbsmöglichkeit trägt zur Schaffung und Erhaltung des Lebensunterhalts bei (dies soll auch für Beamte gelten)[7].

11 Dies entspricht der allgemeinen Vorgehensweise, den Begriff des Berufs generell **weit auszulegen**[8]. Berufe iSd. Art. 12 sind auch Tätigkeiten, die über die typischen, traditionell oder rechtl. fixierten Berufsbilder hinausgehen. Ein Berufserfindungsrecht besteht jedoch wohl nicht und der Gesetzgeber hat das Recht, **Typisierungen** vorzunehmen[9]. Ebenfalls umstritten ist, ob es sich um eine erlaubte bzw. sittliche Tätigkeit handeln muss. Diese Frage betrifft jedoch die Schranken des Schutzbereichs und nicht den Schutzbereich selbst. Der Gesetzgeber darf nicht durch bestimmte Berufsverbote den Schutzbereich der Berufsfreiheit einengen[10].

12 **b) Geschützte Tätigkeit.** Die Berufsfreiheit schützt die freie **Wahl eines Berufs** und die freie **Wahl eines Arbeitsplatzes.** Die Arbeitsplatzwahl ist der Berufswahl nachgeordnet und konkretisiert diese. Geschützt ist die Befugnis, einen konkreten Arbeitsplatz in dem gewählten Beruf nach eigener Wahl anzunehmen und beizubehalten. Für abhängig Beschäftigte bedeutet dies vor allem die freie Wahl des Vertragspartners (Vertragsfreiheit) mit allen dazu notwendigen Voraussetzungen, insb. den Zutritt zum Arbeitsmarkt. Arbeitsplatz ist sowohl der räumliche Ort, dh. die Stelle, an welcher der Beruf ausgeübt wird, als auch das gesamte berufl. Umfeld der Betätigung und der Aufgabenkreis. Der Begriff „Arbeitsplatz" ist nicht im arbeitsrechtl. Sinne zu verstehen, sondern umfasst jede Arbeitsmöglichkeit unabhängig von der Vertragsform (Werk-, Dienst- oder Arbeitsvertrag)[11]. Mit der Wahlfreiheit ist weder ein Anspruch auf Bereitstellung eines Arbeitsplatzes eigener Wahl noch eine Bestandsgarantie für den einmal gewählten Arbeitsplatz verbunden. Es gibt auch keinen unmittelbaren Schutz gegen den Arbeitsplatzverlust auf Grund privater Dispositionen[12].

13 Unter die Berufswahlfreiheit fällt auch die Entscheidung, überhaupt einen Beruf zu ergreifen oder aber darauf zu verzichten bzw. den Beruf aufzugeben. Geschützt ist also gleichermaßen die **negative Berufsfreiheit**[13]. Damit ist aber nicht verbunden, dass der Staat derartige Entscheidungen finanziell unterstützen muss[14]. Weiterhin umfasst die Berufswahlfreiheit die Kombination verschiedener Berufe sowie den Berufswechsel.

14 Neben der Berufswahl wird auch die **Ausübung des Berufs** geschützt. Dies meint die gesamte berufl. Tätigkeit[15], insb. Form, Mittel und Umfang sowie Inhalt der Betätigung, die Beschäftigung von Personen, die berufl. Werbung, das Führen einer berufl. Bezeichnung und auch die Unternehmerfreiheit. Obwohl die Unternehmerfreiheit nicht ausdrücklich gewährleistet wird, sieht sie das BVerfG als einen Teilbereich der Berufsfreiheit. Die Unternehmerfreiheit wird dabei insb. als Gründungs- und Führungsfreiheit verstanden, sofern die Tätigkeiten die allgemeinen Voraussetzungen der Berufsfreiheit erfüllen. Entsprechend fallen darunter die Organisationsfreiheit, die Dispositionsfreiheit, die Produktionsfrei-

---

1 BVerfG v. 17.2.1998 – 1 BvF 1/91, E 97, 228 (252). | **2** BVerfG v. 11.6.1958 – 1 BvR 596/56, E 7, 377 (398 f.); v. 18.6.1980 – 1 BvR 697/77, E 54, 301 (322); *Badura*, RdA 1999, 8 (10); *Papier*, RdA 2000, 1 (2). | **3** St. Rspr. seit BVerfG v. 11.6.1958 – 1 BvR 596/56, E 7, 377 (397); *Wunderlich*, Das Grundrecht der Berufsfreiheit im EG-Recht, 2000, S. 32. | **4** BVerfG v. 1.7.1980 – 1 BvR 247/75, E 54, 237 (246). | **5** Dreier/*Wieland*, Art. 12 GG Rz. 52 f. | **6** BVerfG v. 25.11.1980 – 2 BvL 7, 8, 9/76, E 55, 207 (238); v. 17.2.1998 – 1 BvF 1/91, E 97, 228 (253); v. 19.2.2003 – 2 BvR 1413/01, NVwZ 2003, 1504 ff.; BVerwG v. 23.8.1994 – 1 C 18.91, E 96, 293 (296 f.); BVerwG v. 26.6.1980 – BVerwG 2 C 37. 78, E 60, 254 (255 f.). | **7** Dreier/*Wieland*, Art. 12 GG Rz. 49 f.; ErfK/*Dieterich*, Art. 12 GG Rz. 6. | **8** BVerfG v. 11.6.1958 – 1 BvR 596/56, E 7, 377; v. 21.2.1962 – 1 BvR 198/57, E 14, 19 (22); v. 28.11.1984 – 1 BvL 13/81, E 68, 272 (281). | **9** BVerfG v. 13.2.1964 – 1 BvL 17/61, 2 BvR 494/60, 128/61, E 17, 232 (241 f.); v. 18.6.1980 – 1 BvR 697/77, E 54, 301; Dreier/*Wieland*, Art. 12 GG Rz. 43 ff. | **10** BVerwG v. 4.11.1965 – I C 6.63, AP Nr. 36 zu Art. 12 GG; Jarass/Pieroth/*Jarass*, Art. 12 GG Rz. 7; AA BVerwG v. 23.8.1994 – 1 C 18. 91, E 96, 293 (296 f.). | **11** BVerfG v. 24.4.1991– 1 BvR 1341/90, E 84, 133 (146); *Badura*, RdA 1999, 8 (10); Dreier/*Wieland*, Art. 12 GG Rz. 51. | **12** BVerfG v. 24.4.1991– 1 BvR 1341/90, E 84, 133 (146); v. 21.2.1995 – 1 BvR 1397/93, E 92, 140; v. 27.1.1998 – 1 BvL 15/87, E 97, 169 (175); *Badura*, RdA 1999, 8 (10); *Papier*, RdA 2000, 1 (2). | **13** BVerfG v. 14.11.1984 – 1 BvR 1642/82, E 68, 256 (267); v. 21.10.1981 – 1 BvR/81, E 58, 358 (364). | **14** ErfK/*Dieterich*, Art. 12 GG Rz. 10. | **15** ErfK/*Dieterich*, Art. 12 GG Rz. 9.

heit, die Preisfreiheit und die Vertragsfreiheit[1]. Weiterer geschützter Teilbereich ist die Wettbewerbsfreiheit (str.)[2]. Dabei können wettbewerbsrelevante Tatsachen, die nicht direkt die Tätigkeit des Unternehmers betreffen, auch unter Art. 14 fallen[3]. Die allgemeinen Gegebenheiten des Arbeitsmarktes fallen nicht in den Schutzbereich der Berufsfreiheit[4].

c) **Grundrechtsadressaten.** Nach Art. 1 III ist die **gesamte öffentl. Gewalt** unmittelbar an die Grundrechte und somit an Art. 12 gebunden. Auch für den Privatrechtsgesetzgeber gilt nichts anderes[5]. Außerdem haben (zumindest) über die zivilrechtl. Generalklauseln auch die TV-Parteien die Grundrechte zu beachten (mittelbare Drittwirkung)[6]. Für den normativen Teil eines TV folgt die Grundrechtsbindung nach teilweise vertretener Ansicht schon aus dem Rechtsnormcharakter dieser Regelungen (s. Art. 3 Rz. 38 ff.)[7]. BV sind über § 75 I und II BetrVG mittelbar an die Grundrechte gebunden[8]. 15

d) **Grundrechtsträgerschaft und Gemeinschaftsrecht.** Träger des Art. 12 sind alle **Deutschen** iSd. Art. 116. Problematisch ist jedoch, ob nicht auch **EU-Ausländer** zu den Grundrechtsträgern gehören müssten. Der EuGH betrachtet die Berufsfreiheit jedenfalls als einen allgemeinen Grundsatz des Gemeinschaftsrechts[9]. Die Berufsfreiheit besteht somit auch als Gemeinschaftsgrundrecht und den EU-Ausländern muss in diesem Bereich der gleiche Schutz gewährt werden wie den Deutschen[10]. Umstritten ist, auf welchem dogmatischen Weg dies erfolgen soll[11]. Zum einen wird vertreten, die EU-Bürger in den Schutzbereich des Art. 12 aufzunehmen und Deutschen als Inhaber der Berufsfreiheit gleichzustellen[12]. Diese Vorgehensweise widerspricht dem Wortlaut des Art. 12 und damit der Verfassung. Für EU-Ausländer kann daher zunächst nichts anderes gelten als für andere Ausländer und Staatenlose. Auch sie können nur durch Art. 2 I geschützt werden, ihnen muss aber eine den Deutschen **vergleichbare Rechtsstellung** eingeräumt werden. Dies ist auch ohne weiteres möglich. Soweit nämlich das Diskriminierungsverbot des Gemeinschaftsrechts reicht, haben EU-Bürger durch Art. 2 I bei Beruf, Arbeit und Ausbildung den gleichen Schutz wie Deutsche[13]. Andere Ausländer werden im Bereich der Freiheit von Beruf, Arbeit und Ausbildung – wenngleich weniger intensiv – (nur) durch Art. 2 I geschützt[14]. Zu beachten ist auch die Stellung der neuen EU-Staaten (s. Art. 3 Rz. 136). 16

Für **Strafgefangene** ist Abs. 3 lex specialis. Auch **arbeitnehmerähnliche Personen** genießen den Schutz des Art. 12[15]. 17

Zudem fallen gemäß Art. 19 III auch **inländische juristische Personen** und Personenvereinigungen des Privatrechts unter den Schutz der Berufsfreiheit. Voraussetzung ist dabei, dass die Führung eines Geschäftsbetriebs zu ihren satzungsmäßigen Zwecken gehört oder sie einer Erwerbstätigkeit nachgehen, die ebenso von einer natürlichen Person ausgeübt werden könnte[16]. Dabei zählen auch Handels-, offene Handels- und Kommanditgesellschaften dazu, obwohl die zivilrechtl. Terminologie hier abweichend ist[17]. Zusätzlich hat das BVerfG Berufsorganisationen als Träger der Berufsfreiheit anerkannt. Dabei soll es sogar unbeachtlich sein, wenn sie Körperschaften des öffentl. Rechts sind[18]. ArbGebVerbände und Gewerkschaften fallen unter Art. 2 I und nicht unter Art. 12 I, da sie keinen Beruf ausüben[19]. 18

Streng genommen ist es missverständlich, **ArbGeb und ArbN als Grundrechtsträger** zu bezeichnen (so aber das BVerfG[20]), ebenso wie der Begriff des „Arbeitgebers" nicht mit „Unternehmer" gleichgesetzt werden sollte[21]. Die Begriffe „Arbeitgeber" und „Arbeitnehmer" drücken nur eine arbeitsvertragl. Stellung aus und sind eine bestimmte Form der Berufsausübung, aber kein Beruf. Die Arbeitsvertragsfreiheit ist Teil der Berufsfreiheit[22]. Entsprechendes gilt für die Unternehmerstellung und die dazugehörige Unternehmerfreiheit[23]. 19

---

1 BVerfG v. 1.3.1979 – 1 BvR 532/77 ua., E 50, 290 (363); Dreier/*Wieland*, Art. 12 GG Rz. 61 mwN. | **2** BVerfG v. 8.2.1972 – 1 BvR 170/71, E 32, 311 (317); v. 12.10.1977 – 1 BvR 217, 216/75, E 46, 120 (137); Jarass/Pieroth/*Jarass*, Art. 12 GG Rz. 2, 15. | **3** *Wunderlich*, Das Grundrecht der Berufsfreiheit im EG-Recht, 2000, S. 29. | **4** ErfK/*Dieterich*, Art. 12 GG Rz. 7. | **5** *Canaris*, JuS 1989, 161 (162); *Hergenröder*, ZfA 2002, 355 (367). | **6** Wiedemann/*Wiedemann*, TVG, Einl. Rz. 182 ff., insb. 186 ff. mwN. | **7** *Säcker*/*Oetker*, Grundlagen und Grenzen der Tarifautonomie, 1992, S. 242 ff. mwN; zum Ganzen auch MünchArbR/*Richardi*, § 10 Rz. 22 ff. | **8** Löwisch/Kaiser/*Löwisch*, § 75 BetrVG Rz. 1, § 77 BetrVG Rz. 25. | **9** EuGH v. 14.5.1974 (*Nold*) – Rs. 4/73, EAS EG-Vertrag Art. 164 Nr. 5, Tz. 14; v. 8.10.1986 (*Keller*) – Rs. 234/85, EAS EG-Vertrag Art. 164 Nr. 10, Tz. 8; v. 15.10.1987 (*Heylens*) – Rs. 222/86, EAS EG-Vertrag Art. 48 Nr. 40 (LS), Tz. 14. Auch Art. 15 der (rechtlich unverbindlichen) Charta der Grundrechte der Europäischen Union (vom 7.12.2000, ABl. EG Nr. C 364 v. 18.12.2000, S. 1) gewährleistet die Berufsfreiheit neben der in Art. 16 garantierten Unternehmerischen Freiheit. | **10** Sachs/*Tettinger*/*Mann*, Art. 12 GG Rz. 18 ff.; *Wunderlich*, Das Grundrecht der Berufsfreiheit im EG-Recht, 2000, S. 25. | **11** Zum Ganzen *Bauer*/*Kahl*, JZ 1995, 1077 ff. | **12** Jarass/Pieroth/*Jarass*, Art. 12 GG Rz. 10. | **13** Dreier/*Wieland*, Art. 12 GG Rz. 66; Sachs/*Tettinger*/*Mann*, Art. 12 GG Rz. 19 f. | **14** BVerfG v. 10.5.1988 – 1 BvR 482/84 u. 1166/85, E 78, 179 (196 f.). | **15** ErfK/*Dieterich*, Art. 12 GG Rz. 38; *Oetker*, FS 50 Jahre Arbeitsgerichtsbarkeit Rh.-Pf., 1999, 311 (320 f.). | **16** St. Rspr. vgl. nur BVerfG v. 1.3.1979 – 1 BvR 532/77 ua., E 50, 290 (363) u. v. 19.10.1983 – 2 BvR 298/81, E 65, 196 (209 f.); Dreier/*Wieland*, Art. 12 GG Rz. 64. | **17** *Wunderlich*, Das Grundrecht der Berufsfreiheit im EG-Recht, 2000, S. 34. | **18** BVerfG v. 14.5.1985 – 1 BvR 449, 523, 700, 728/82, E 70, 1 (15 ff.). | **19** BVerfG v. 26.5.1981 – 1 BvR 56–58/78, E 57, 139 (158). | **20** BVerfG v. 26.5.1981 – 1 BvR 56–58/78, E 57, 139 (158); v. 15.12.1987 – 1 BvR 563/85, 582/85, 974/86, AP Nr. 62 zu Art. 12 GG – Arbeitnehmerweiterbildung. | **21** *Müller*, Die Berufsfreiheit des Arbeitgebers, 1996, S. 16. | **22** BVerfG v. 7.2.1990 – 1 BvR 26/84, E 81, 242 (255); ErfK/*Dieterich*, Art. 12 GG Rz. 14. | **23** BVerfG v. 1.3.1979 – 1 BvR 532/77 ua., E 50, 290; BAG v. 3.4.1990 – 1 AZR 123/89, AP Nr. 56 zu Art. 9 GG; ErfK/*Dieterich*, Art. 12 GG Rz. 14.

20 **3. Beeinträchtigung/Verletzung. a) Eingriff.** Die Berufsfreiheit kann unmittelbar, aber auch mittelbar beeinträchtigt werden. Art. 12 schützt vor Maßnahmen, welche die **Wahlfreiheit** beschränken[1]. Regelungen mit direktem Berufsbezug beeinträchtigen die Berufsfreiheit unmittelbar[2]. Eingriffe, die nicht primär auf die Regelung eines Berufes abzielen, können die Berufsfreiheit mittelbar beeinträchtigen. Voraussetzung ist dabei, dass ihre Auswirkungen von einigem Gewicht sind und sie „zumindest eine objektiv berufsregelnde Tendenz haben"[3]. Jedenfalls bei Steuern und Abgaben wird dies kaum der Fall sein[4]. Nach einer neueren Entscheidung des BVerfG soll jedoch die Berufsfreiheit eines ArbGeb – durch die Auferlegung von Kostentragungspflichten – auch dann berührt sein können, wenn die beeinträchtigende Regelung keine berufsregelnde Tendenz hat[5]. Weiterhin stand Art. 12 I im Vordergrund bei der Beurteilung der Erstattungspflichten des ArbGeb nach § 147a SGB III[6]. Zudem können Beeinträchtigungen auch von Realakten (zB durch Öffentlichkeitsarbeit) oder von Verwaltungsvorschriften ausgehen. Voraussetzung ist wiederum eine objektiv berufsregelnde Tendenz[7].

21 Die (zwingenden) **Vorschriften des Arbeitsrechts** haben regelmäßig berufsregelnde Tendenz, wobei sich grds. Beeinträchtigungen für ArbGeb und ArbN gleichermaßen – auch durch ein und dieselbe gesetzl. oder tarifvertragl. Regelung – ergeben können[8]. Derartige Regelungen sind nicht grenzenlos möglich. Die Verfassung gibt den gebotenen Mindestschutz (Untermaßverbot) und die maximal zulässige Freiheitsbeschränkung (Übermaßverbot) vor[9]. Dabei ist es Sache des einfachen Gesetzgebers sowie der gesetzeskonkretisierenden Rspr., die Grundrechtspositionen im Einzelfall zu einem sachgemäßen Ausgleich zu bringen.

22 **b) Einzelfälle. Beeinträchtigungen** ergeben sich, wenn der Staat den Einzelnen an der Aufnahme einer konkreten Beschäftigungsmöglichkeit hindert, ihn zur Annahme eines bestimmten Arbeitsplatzes zwingt, die Aufgabe eines Arbeitsplatzes verlangt oder ihn daran hindert[10]. Arbeitsrechtl. Vorschriften beschränken zumeist die Berufsfreiheit des ArbGeb. So wird er bspw. gehindert, andere Vertragsgestaltungen, andere betriebl. Organisationsstrukturen oder eine andere Art der Unternehmensführung zu wählen oder auch sein Direktionsrecht beliebig einzusetzen[11]. Einschränkungen für die ArbN ergeben sich ua. aus Vorgaben des ArbZG, Beschäftigungsverboten (s. § 3 und § 4 MuSchG) und gesetzl. Formen und Fristen[12], aber auch aus dem Übergang ihrer Arbeitsverhältnisse durch § 613a BGB[13]. Auch Besetzungsregeln und Einstellungsrichtlinien, die unmittelbar in den Wettbewerb um vorhandene Arbeitsplätze eingreifen, tangieren die Berufsfreiheit[14]. Die Berufsfreiheit des ArbN ist aber auch dann beeinträchtigt, wenn das soziale Übergewicht des ArbGeb bei Abschluss des Arbeitsvertrags und der vertragl. Regelung von Arbeitsbedingungen unkontrolliert zur Durchsetzung einseitiger Interessenwahrnehmung genutzt werden kann[15].

23 Im Schrifttum wird diskutiert, ob der gesetzl. Kündigungsschutz als **Marktzutrittsschranke für Arbeitsuchende** fungiert, also deren Rechte aus Art. 12 I berührt[16]. Indes wird man erst bei einer Überdehnung des Bestandsschutzes einen unverhältnismäßigen Eingriff in die Arbeitsplatzwahlfreiheit der Arbeitsuchenden annehmen können. Demgemäß verletzt der gegenwärtige Kündigungsschutz nicht die Berufsfreiheit potenzieller Arbeitsplatzbewerber, die auf frei werdende Stellen hoffen[17]. Staatliche Maßnahmen der Arbeitsmarktpolitik berühren Art. 12 nicht[18].

24 **4. Rechtfertigung. a) Gesetzliche Grundlagen gemäß Abs. 1 S. 2.** Gemäß Abs. 1 S. 2 kann „die Berufsausübung durch Gesetz oder auf Grund eines Gesetzes geregelt werden". Doch betrachten Rspr. und Lehre die Berufsfreiheit als **einheitliches Grundrecht** und beziehen deshalb den (Gesetzes)Vorbehalt – entgegen seinem Wortlaut – nicht nur auf die Berufsausübung, sondern auf die gesamte Berufsfreiheit. Eine klare Grenzziehung zwischen den einzelnen Garantien sei nicht möglich[19]. Eingriffe können daher mit entsprechender gesetzl. Grundlage im gesamten Schutzbereich der Berufsfreiheit verfassungsmäßig

1 BVerfG v. 10.3.1992 – 1 BvR 454/91 ua., E 85, 360 (373). | 2 BVerfG v. 30.10.1961 – 1 BvR 833/59, E 13, 181 (185 f.); v. 12.6.1990 – 1 BvR 355/86, E 82, 209 (223). | 3 BVerfG v. 17.2.1998 – 1 BvF 1/91, E 97, 228 (254) mwN; ErfK/*Dieterich*, Art. 12 GG Rz. 18; Dreier/*Wieland*, Art. 12 GG Rz. 79. | 4 BVerfG v. 29.11.1989 – 1 BvR 1402, 1528/87, E 81, 108, 121 f.; ErfK/*Dieterich*, Art. 12 GG Rz. 18. AA von Münch/Kunig/*Gubelt*, Art. 12 GG Rz. 43. | 5 BVerfG v. 18.11.2003 – 1 BvR 302/96, AP Nr. 23 zu § 14 MuSchG 1968; abweichend von BVerfG v. 23.4.1974 – 1 BvL 19/73, E 37, 121 (131). | 6 BVerfG v. 23.1.1990 – 1 BvL 44/86 u. 48/87, E 81, 156, 188; v. 10.11.1998 – 1 BvR 2296/96; 1081/97, E 99, 202. S. auch ErfK/*Dieterich*, Art. 12 GG Rz. 18. | 7 BVerwG v. 6.11.1986 – BVerwG 3 C 72.84, E 75, 109 (115); Dreier/*Wieland*, Art. 12 GG Rz. 82. | 8 *Säcker*/*Oetker*, Grundlagen und Grenzen der Tarifautonomie, 1992, S. 255; *Stein*, AR-Blattei SD 830 Rz. 524. | 9 BVerfG v. 23.1.1990 – 1 BvL 44/86, 48/87, E 81, 156 (200); ErfK/*Dieterich*, Art. 12 GG Rz. 21; *Stein*, AR-Blattei SD 830 Rz. 527. | 10 *Badura*, RdA 1999, 8 (10); ErfK/*Dieterich*, Art. 12 GG Rz. 11; *Papier*, RdA 2000, 1 (2). | 11 ErfK/*Dieterich*, Art. 12 GG Rz. 19; *Säcker*/*Oetker*, Grundlagen und Grenzen der Tarifautonomie, 1992, S. 255. | 12 ErfK/*Dieterich*, Art. 12 GG Rz. 19; *Löwisch* ZfA 1996, 293 (296 ff.). | 13 Vgl. dazu BAG v. 2.3.2006 – 8 AZR 124/05, AP Nr. 25 zu § 419 BGB – Funktionsnachfolge; v. 28.9.2006 – 8 AZR 441/05, AP Nr. 26 zu § 419 BGB – Funktionsnachfolge mwN. | 14 ErfK/*Dieterich*, Art. 12 GG Rz. 11; *Stein*, AR-Blattei SD 830 Rz. 511. | 15 Sachs/*Tettinger*/*Mann*, Art. 12 GG Rz. 79. | 16 *Oetker*, RdA 1997, 9 (20 f.); *Papier*, RdA 2000, 1 (4). | 17 *Hergenröder*, ZfA 2002, 355 (360 f.); *Stein*, AR-Blattei SD 830 Rz. 510. | 18 ErfK/*Dieterich*, Art. 12 GG Rz. 11. | 19 St. Rspr. seit BVerfG v. 11.6.1958 – 1 BvR 596/56, E 7, 377 (401 f.); BGH v. 16.7.1962 – AnwZ (B) 9/62, AP Nr. 27 zu Art. 12 GG.

sein. Doch sind die Anforderungen an die Verhältnismäßigkeit unterschiedlich, sie sind bei der Berufs- und Arbeitsplatzwahl höher als bei der Ausübung[1].

b) Anforderungen an die gesetzliche Grundlage. Grds. ist für jede Einschränkung ein formelles Gesetz erforderlich[2]. Das Parlament muss die **wesentlichen Fragen** selbst regeln (Parlamentsvorbehalt) und das einschränkende Gesetz muss hinreichend bestimmt sein[3]. Neben förmlichen Gesetzen können aber auch berufsregelnde RechtsVO Eingriffsgrundlage sein, wenn sie sich auf eine ausreichende Ermächtigung iSv. Art. 80 stützen können, da sie „auf Grund eines Gesetzes" ergehen. Inhalt, Zweck und Ausmaß der Ermächtigung müssen bestimmt sein[4]. Zudem sind Eingriffe durch vorkonstitutionelles Gewohnheitsrecht oder – in bestimmten Grenzen – auf Grund autonomen Satzungsrechts von Berufsverbänden möglich. Insb. können die Berufskammern Einzelheiten der Berufsregelung durch Satzung regeln[5]. Hingegen reichen Standesrichtlinien allein nicht aus[6]. Und auch Verwaltungsvorschriften genügen idR nicht[7]. 25

Umstritten ist, ob **Richterrecht** mit berufsregelnder Wirkung verfassungsmäßig ist[8]. Dafür spricht, dass es im Berufsrecht viele konkretisierungsbedürftige Generalklauseln gibt und diesbezügliche Gerichtsentscheidungen auch „auf Grund eines Gesetzes" ergehen. Somit kann die Berufsfreiheit im Rahmen der herkömmlichen Rspr. eingeschränkt werden[9]. 26

Problematisch ist, ob **VerbandsTV** als Eingriffsermächtigung genügen. Sie sind keine formellen Gesetze und auch die Tatsache, dass § 4 TVG zur Vereinbarung unmittelbar und zwingend geltender Regelungen ermächtigt, kann darüber nicht hinweghelfen[10]. Dennoch ist der ArbGeb wie durch ein Gesetz verpflichtet[11] und TV sollen berufsregelnd wirken können. Wie die berufsregelnde Wirkung zu legitimieren ist, ist umstritten[12]. Für diejenigen Autoren, welche von einer unmittelbaren Grundrechtswirkung ausgehen[13], ergibt sich die Legitimation zur Berufsregelung daraus, dass sie TV wie Gesetze behandeln. Dementsprechend können TV die Berufsfreiheit unter den Voraussetzungen der Drei-Stufen-Lehre einschränken. Das BVerfG hat dies etwas eingeschränkt und entschieden, dass Koalitionen ebenso wie die öffentl.-rechtl. Berufsorganisationen nur befugt sind, Berufsausübungsregelungen und keine statusbildenden Berufswahlregelungen zu erlassen[14]. Nach der Gegenmeinung ergibt sich die Legitimation aus der privatautonomen Beitrittserklärung der Verbandsmitglieder, die als (inhaltlich begrenzte) Unterwerfung unter bestehendes und zukünftiges TV-Recht anzusehen ist. Die Arbeitsvertragspartei ist der Koalition freiwillig beigetreten und muss sich deshalb gewisse Einschränkungen ihrer Berufsfreiheit gefallen lassen. Doch ist diese Unterwerfung nicht grenzenlos. Werden die Verbandsmitglieder unzumutbar eingeengt, muss ihnen der Staat helfend zur Seite stehen. Dabei gelten (zumindest) die Grundsätze der Drittwirkung[15]. 27

Firmen- bzw. HausTV wird man wie Individualverträge und BV behandeln können. Wie bei der Inhaltskontrolle von Arbeitsverträgen muss dann die schwächere Partei – hier der ArbGeb – geschützt werden. Aufgabe des Staates bzw. der Rspr. ist umso mehr die Herstellung von Verhandlungs- und Kampfparität[16] – vgl. zu den immer häufiger werdenden Sanierungs- und SozialplanTV Art. 9 Rz. 189. 28

Nach Ansicht des BVerfG sind **Allgemeinverbindlichkeitserklärungen** „ausreichend demokratisch legitimiert". Die AVE ist im Verhältnis zu den nicht tarifgebundenen ArbN ein Rechtsetzungsakt eigener Art zwischen autonomer Regelung und staatlicher Rechtsetzung, der seine eigenständige Grundlage in Art. 9 III findet und nicht an Art. 80 gemessen werden kann. Die für allgemeinverbindlich erklärten Tarifnormen unterliegen der Bindung an die Grundrechte nach Art. 1 III[17]. 29

Bei **BV** bzw. **Sozialplänen** ist der ArbGeb direkt beteiligt. Sie kommen wie ein „normaler" Vertrag durch beiderseitige Einigung zu Stande. Die Verpflichtungen des ArbGeb bestehen also nicht, weil er durch Verbandsbeitritt normunterworfen ist, sondern weil er seine Privatautonomie ausgenutzt und sich vertragl. gebunden hat. Die Situation ist hier die Gleiche wie bei Individualverträgen. Somit muss bei Auslegung und Anwendung von betriebl. Vorschriften die Ausstrahlungswirkung der Grundrechte schützend beachtet werden. Diese Ansicht teilt auch das BVerfG[18]. 30

---

1 BVerfG v. 21.2.1995 – 1 BvR 1397/93, E 92, 140; Jarass/Pieroth/*Jarass*, Art. 12 GG Rz. 19. | 2 BVerwG v. 11.11.1993 – 3 C 45.91, E 94, 269 (277); *Stein*, AR-Blattei SD 830 Rz. 530. | 3 BVerfG v. 27.1.1976 – 1 BvR 2325/73, E 41, 251 (265). | 4 BVerfG v. 12.10.1977 – 1 BvR 217, 216/75, E 46, 120 (139); v. 8.11.1983 – 1 BvR 1249/81, E 65, 248 (258); *Stein*, AR-Blattei SD 830 Rz. 531. | 5 BVerfG v. 21.6.1989 – 1 BvR 32/87, E 80, 257 (268). | 6 BVerfG v. 20.4.1982 – 1 BvR 522/78, E 60, 215, 229; Sachs/*Tettinger/Mann*, Art. 12 GG Rz. 97. | 7 BVerwG v. 6.11.1986 – 3 C 72/84, NVwZ 1987, 315, 316; Sachs/*Tettinger/Mann*, Art. 12 GG Rz. 96. | 8 Verneinend von Münch/Kunig/*Gubelt*, Art. 12 GG Rz. 76. Zweifelnd auch Sachs/*Tettinger/Mann*, Art. 12 GG Rz. 95. | 9 BVerfG v. 4.7.1989 – 1 BvR 1460/85, 1239/87, E 80, 269 (279); *Stein*, AR-Blattei SD 830 Rz. 531. | 10 *Stein*, AR-Blattei SD 830 Rz. 532 f. S. auch *Waltermann*, RdA 1990, 138, 142 f. | 11 *Müller*, Die Berufsfreiheit des Arbeitgebers, 1996, S. 109. | 12 Vgl. etwa Wiedemann/*Wiedemann*, TVG, Einl. Rz. 297 ff. | 13 *Säcker/Oetker*, Grundlagen und Grenzen der Tarifautonomie, 1992, S. 242. | 14 BVerfG v. 9.5.1972 – 1 BvR 518/62 u. 308/64, E 33, 125 (157 ff.). | 15 ErfK/*Dieterich*, Art. 12 GG Rz. 24; *Stein*, AR-Blattei SD 830 Rz. 534; modifizierend *Löwisch*, ZfA 1996, 293 (300). | 16 *Müller*, Die Berufsfreiheit des Arbeitgebers, 1996, S. 115 f. | 17 BVerfG v. 24.5.1977 – 2 BvL 11/74, E 44, 322; v. 15.7.1980 – 1 BvR 24/74, 439/79, E 55, 7 – allerdings jeweils ohne Prüfung am Maßstab des Art. 12; *Jarass*, NZA 1990, 505 (508 f.). | 18 BVerfG v. 23.4.1986 – 2 BvR 487/80, E 73, 261 (269); *Canaris*, JuS 1989, 161 (166); *Jarass*, NZA 1990, 505 (509).

31 Anders sieht es jedoch aus, wenn die BV nicht auf vertragl. Einigung, sondern auf einem Spruch der **Einigungsstelle** beruht. Denn die Einigungsstelle kann dem ArbGeb eine betriebl. Regelung aufzwingen. Im Schrifttum wird deshalb vertreten, dass die Bindung an die Grundrechte in diesem Falle unmittelbar aus Art. 1 III folge[1]. Soweit das ArbG im Beschlussverfahren eine entsprechende Regelung treffen kann, an die der ArbGeb gebunden ist, ist dem ohne weiteres zuzustimmen[2]. Davon einmal abgesehen, müssen aber auch bei Einschaltung der Einigungsstelle die Grundsätze der mittelbaren Drittwirkung gelten[3]. Dass die BV auf einem Einigungsstellenspruch beruht, kann der Regelung keinen neuen Rechtscharakter geben[4].

32 **c) Stufenlehre.** Jede Beeinträchtigung der Berufsfreiheit muss **verhältnismäßig** sein[5]. Dabei müssen die Gründe für die Beeinträchtigung umso schwerer wiegen, je intensiver die Berufsfreiheit eingeschränkt wird, und desto strenger ist auch die Verhältnismäßigkeitsprüfung des BVerfG. Grds. ist das BVerfG allerdings zurückhaltend, wenn es gesetzgeberische Ziele, Lagebeurteilungen und Prognosen bewertet, wobei der Gestaltungsspielraum bei der Verfolgung wirtschafts-, arbeitsmarkt- und sozialpolitischer Ziele besonders weit sein soll, weil der Gesetzgeber bei der Regelung von wirtschaftl. Sachverhalten naturgemäß auf Prognosen angewiesen ist[6]. Noch weiter ist der Gestaltungsspielraum, wenn die Regelung keinen unmittelbar berufsregelnden Charakter hat. Gesichtspunkte der Zweckmäßigkeit dürfen im Vordergrund stehen[7]. Um die Eingriffsintensität bzw. die Anforderungen an die Verhältnismäßigkeit prüfen zu können, hat das BVerfG die sog. „Stufenlehre" entwickelt[8]. Sie sei das Ergebnis einer strikten Anwendung des Verhältnismäßigkeitsprinzips[9]. Die Stufenlehre[10] unterscheidet drei Arten von Beeinträchtigungen der Berufsfreiheit.

33 Auf der ersten Stufe stehen die **(subjektiven und objektiven) Berufsausübungsbeschränkungen**, welche die Wahl des Berufs nicht beeinflussen und bei denen daher die Beeinträchtigung der Berufsfreiheit relativ gering ist. Hierher gehören bspw. Anordnungen über die Produktqualität und Werbebeschränkungen[11]. Reine Berufsausübungsbeschränkungen können durch jede vernünftige Erwägung des Gemeinwohls gerechtfertigt werden[12], dabei dürfen auch Zweckmäßigkeitserwägungen im Vordergrund stehen[13].

34 Die zweite Stufe bilden die **subjektiven Berufswahlbeschränkungen**, bei denen ein mittleres Beeinträchtigungsniveau besteht. Sie beeinflussen die Berufswahl anhand persönlicher Eigenschaften, Fähigkeiten, erworbener Abschlüsse oder erbrachter Leistungen[14]. Sie sind zum Schutz wichtiger Gemeinschaftsgüter zulässig[15].

35 Auf der letzten Stufe liegen die **objektiven Berufswahlbeschränkungen**. Durch sie wird die Berufsfreiheit am stärksten beeinträchtigt. Sie beeinflussen die Berufswahl anhand objektiver Kriterien, die weder mit den Eigenschaften und Qualifikationen des Betroffenen zu tun haben noch von ihm beeinflusst werden können. Ein typischer Fall sind Bedürfnisprüfungen[16]. Deshalb sind sie „nur unter strengen Voraussetzungen zum Schutz besonders wichtiger Gemeinschaftsgüter und unter strikter Beachtung des Grundsatzes der Verhältnismäßigkeit statthaft"[17]. Art. 12 I schließt eine (bedarfsorientierte) Berufslenkung aus[18]. Manchmal können Übergangs- und Härteausgleichsregelungen geboten sein[19].

36 Doch sind die drei Stufen der „Stufentheorie" nicht mehr als eine **Richtschnur**. Es hat sich nämlich gezeigt, dass drei Stufen nicht ausreichen, um die vielen staatlichen Interventionsmöglichkeiten zu erfassen und Eingriffsintensitäten zuverlässig messen zu können. Oft kann wegen des weiten Berufsbegriffs zwischen den Stufen gar nicht klar getrennt werden. So können Regeln der Berufsausübung bspw. wie Zugangsvoraussetzungen wirken[20]. Qualitative Besetzungsregelungen belegen die Vielschichtigkeit der Maßnahmen. Richtiger Auffassung nach begründen sie aus ArbN-Sicht Berufszulassungsbeschrän-

1 *Canaris*, JuS 1989, 161 (167); MünchArbR/*Richardi*, Bd. I, § 10 Rz. 35. |2 MünchArbR/*Richardi*, Bd. I, § 10 Rz. 35. |3 So auch BAG v. 27.5.1986 – 1 ABR 48/84, AP Nr. 15 zu § 87 BetrVG 1972 – Überwachung. |4 *Müller*, Die Berufsfreiheit des Arbeitgebers, 1996, S. 120 f. |5 BVerfG v. 14.7.1987 – 1 BvR 362/79, E 76, 196 (207); v. 14.3.1989 – 1 BvR 1033/82 u. 174/84, E 80, 1 (24); v. 22.5.1996 – 1 BvR 744/88, 66/89, 1519/97, E 94, 372 (389 f.). |6 Vgl. etwa BVerfG v. 23.1.1990 – 1 BvL 44786, 48/87, E 81, 156 (189). |7 BVerfG v. 7.2.1990 – 1 BvR 26/84, E 81, 242 (255); *Oetker*, RdA 1997, 9 (15); *Wunderlich*, Das Grundrecht der Berufsfreiheit im EG-Recht, 2000, S. 141 f. |8 Vgl. zB BVerfG v. 18.12.1968 – 1 BvL 5, 14/64, 5, 11, 12/65, E 25, 1 (11 f.); *Pieroth/Schlink*, Rz. 846. |9 BVerfG v. 17.7.1961 – 1 BvL 44/55, E 13, 97 (104); v. 18.12.1968 – 1 BvL 5, 14/64, 5, 11, 12/65, E 25, 1 (12); v. 18.6.1980 – 1 BvR 697/77, E 54, 301 (313). |10 Grundl. BVerfG v. 11.6.1958 – 1 BvR 596/56, E 7, 377 (405 ff.). |11 BVerfG v. 10.12.1975 – 1 BvR 118/71, E 40, 371 (382); v. 20.4.1982 – 1 BvR 522/78, E 60, 215 (229). |12 BVerfG v. 4.10.1983 – 1 BvR 1633, 1549/82, E 65, 116 (125); v. 14.5.1985 – 1 BvR 449, 523, 700, 728/82, E 70, 1 (28); v. 10.5.1988 – 1 BvR 111/77, E 78, 155 (162). |13 BVerfG v. 15.12.1987 – 1 BvR 563/85, 582/85, 974/86, E 77, 308 (332). |14 BVerfG v. 16.6.1959 – 1 BvR 71/57, E 9, 338 (345). |15 BVerfG v. 18.6.1980 – 1 BvR 697/77, E 54, 301 (315); v. 17.7.1961 – 1 BvL 44/55, E 13, 97 (107); v. 12.3.1985 – 1 BvL 25/45, 52/83, E 69, 209 (218). |16 Dreier/*Wieland*, Art. 12 GG Rz. 70. |17 BVerfG v. 18.6.1980 – 1 BvR 697/77, E 54, 301 (314 f.); v. 27.1.1982 – 1 BvR 807/80, E 59, 302 (315 f.); v. 8.3.1983 – 1 BvR 1078/80, E 63, 266 (286); v. 29.10.1997 – 1 BvR 780/87, E 97, 12 (26). |18 *Papier*, RdA 2000, 1 (6). |19 BVerfG v. 15.2.1967 – 1 BvR 569, 589/62, E 21, 173 (183); v. 18.6.1980 – 1 BvR 697/77, E 54, 301 (331). |20 BVerfG v. 23.3.1960 – BvR 216/51, E 11, 30; v. 4.11.1992 – 1 BvR 79/85, 643/89, 238, 1258/90 ua., E 87, 287.

kungen und aus ArbGebSicht Berufsausübungsbeschränkungen, da sie Einstellungsvorgaben machen, ähnlich wirken Personenauswahlrichtlinien[1].

Deshalb arbeitet das BVerfG heute nicht mehr ausschließlich mit den drei Stufen, sondern berücksichtigt die tatsächlichen Auswirkungen einer Maßnahme für die Normadressaten und nimmt eine differenzierende Gesamtabwägung vor[2]. Außerdem bewirkt der große **Gestaltungsspielraum im Arbeitsrecht**, dass die gerichtl. Nachprüfbarkeit auf eine Vertretbarkeitskontrolle beschränkt wird[3]. 37

d) Kollidierendes Verfassungsrecht. Ebenso wie andere Grundrechte kann auch Art. 12 durch (kollidierendes) Verfassungsrecht **beschränkt** werden[4]. So enthält Art. 48 Schutzvorschriften für Abgeordnete, an die auch private ArbGeb gebunden sind. Ebenso ist der Mutterschutz aus Art. 6 zu berücksichtigen[5]. Weiterhin schützt Art. 140 iVm. Art. 139 WRV den Sonntag und staatlich anerkannte Feiertage als Tage, an denen grds. nicht gearbeitet werden darf. Dadurch wird die Berufsfreiheit beider Arbeitsvertragsparteien eingeschränkt[6]. Zu berücksichtigen sein können auch **Art. 5**[7] und **Art. 4 I**[8]. Für den öffentl. Dienst bildet Art. 33 eine zusätzliche Schranke, indem die Möglichkeit zu Sonderregelungen eröffnet wird. Kollidierende Grundrechte müssen von Gesetzgeber und Rspr. nach den Grundsätzen praktischer Konkordanz in Einklang gebracht werden[9]. So ist auch der Konflikt zwischen der **Berufsfreiheit des ArbN und des ArbGeb** im Wege der praktischen Konkordanz aufzulösen[10]. 38

5. Auswirkungen. a) Gesetze. Alle **Normen des Arbeitsrechts** müssen sich an Art. 12 messen lassen und müssen den Anforderungen der Stufenlehre entsprechen. 39

aa) Abschlussfreiheit. Wichtiger Inhalt der Berufsfreiheit des ArbGeb ist seine Abschlussfreiheit, dh. die Freiheit zu entscheiden, ob und mit wem er **Arbeitsverträge** abschließen will. In diese Freiheit greifen eine Reihe von Vorschriften und Grundsätzen des Arbeitsrechts ein. So bestehen Verfahrensvorschriften, Vorgaben für das Auswahlermessen, Abschlussverbote und sogar Übernahmepflichten oder kollektivrechtl. Mitbestimmungsmöglichkeiten, wie zB §§ 75, 78a, 95, BetrVG, § 10 AÜG, §§ 1, 2, 7 AGG, 613a I BGB[11]. Dennoch sind diese Regelungen durch „vernünftige Erwägungen des Gemeinwohls" gerechtfertigt und halten sich im Rahmen des Übermaßverbots, zumal der Gesetzgeber hier einen weiten Gestaltungsfreiraum hat[12] (näher zum AGG vgl. insb. § 2 AGG Rz. 3). 40

Problematisch sind in diesem Zusammenhang auch echte individualrechtl. **Kontrahierungszwänge**, deren Verfassungsmäßigkeit umstritten ist. Für manche Autoren sind sie generell verfassungswidrig[13]. Andere halten sie als Sanktion bei Verstößen gegen Diskriminierungsverbote des Art. 3 II u. III für geboten[14], wollen sie zur Sicherung verfassungsrechtl. Grundsatzentscheidungen (zB Art. 3 II, III; Art. 5 I; Art. 9 III) im Rahmen der Verhältnismäßigkeit zulassen[15] oder erkennen überhaupt nur sachbezogene Gründe bei der Einstellungsentscheidung an[16]. Für die Möglichkeit von Kontrahierungszwängen spricht, dass der Gesetzgeber das Untermaßverbot zu Lasten diskriminierter Bewerber oder Bewerberinnen verletzen würde, wenn er keinen Abschlusszwang vorsehen und auch ansonsten keine anderen wirkungsvollen Sanktionen (insb. Schadensersatzansprüche) schaffen würde. Die Rspr. muss die ihr gebotenen Instrumente einsetzen[17]. Allerdings wurde nun ausdrücklich § 15 VI AGG eingeführt (dazu näher § 15 AGG Rz. 15). 41

Somit ist zwar ein genereller Abschlusszwang (auch aus der Sicht des ArbN) verfassungswidrig, ein Abschlusszwang für schutzbedürftige ArbN unter gewissen Voraussetzungen jedoch wohl als zulässig zu erachten[18]. Immer ist eine **gesetzl. Grundlage** erforderlich. 42

bb) Arbeitnehmerschutz. Auch Schutzvorschriften zu Gunsten der ArbN müssen im Rahmen des durch Art. 12 Erlaubten bleiben, da sie regelmäßig in die Berufsfreiheit des ArbGeb eingreifen. Zulässig sind Vorschriften zur **Arbeitszeit.** Sie halten sich im Rahmen des Gemeinwohls, da sie dem Schutz der ArbN gegen übermäßige Ausnutzung und Abnutzung ihrer Arbeitskraft und Erhaltung ihrer Gesundheit dienen und den ArbGeb nicht übermäßig belasten[19]. Somit sind auch das Nachtbackverbot sowie das Ausfahr- und Sonntagsbackverbot für Bäckereien und Konditoreien als Berufsausübungsregelung[20] 43

---

1 *Säcker/Oetker*, Grundlagen und Grenzen der Tarifautonomie, 1992, S. 256 mwN. | 2 BVerfG v. 23.3.1960 – BvR 216/51, E 11, 30 (42); ErfK/*Dieterich*, Art. 12 GG Rz. 27; Sachs/*Tettinger/Mann*, Art. 12 GG Rz. 109 ff. | 3 ErfK/*Dieterich*, Art. 12 GG Rz. 25; *Stein*, AR-Blattei SD 830 Rz. 536. | 4 *Stein*, AR-Blattei SD 830 Rz. 538. | 5 *Preis*, NZA 1997, 1256 (1257). | 6 Jarass/Pieroth/*Jarass*, Art. 12 GG Rz. 41. | 7 BVerfG v. 13.1.1982 – 1 BvR 848/77 ua., E 59, 231 ff.; BAG v. 2.7.2003 – 7 AZR 612/02, AP Nr. 29 zu § 620 BGB – Bedingung. | 8 BVerfG v. 30.7.2003 – 1 BvR 792/03, AP Nr. 134 zu Art. 12 GG; BAG v. 10.10.2002 – 2 AZR 472/01, AP Nr. 44 zu § 1 KSchG 1969 – verhaltensbedingte Kündigung; BVerwG v. 4.7.2002 – 2 C 21/01, NJW 2002, 3344 ff.; vgl. aber auch EGMR v. 15.2.2001 – 42393/98, EuGRZ 2003, 595. | 9 ErfK/*Dieterich*, Art. 12 GG Rz. 28. | 10 BVerfG v. 27.1.1998 – 1 BvL 15/87, E 97, 169 (176). | 11 *Hillgruber*, ZRP 1995, 6 (7); *Stein*, AR-Blattei SD 830 Rz. 539 ff. Speziell zu § 613a BGB *Hergenröder*, AR-Blattei SD 500.1 Rz. 93 ff. | 12 ErfK/*Dieterich*, Art. 12 GG Rz. 29. | 13 MünchArbR/*Buchner*, Bd. 1, § 36 Rz. 43; so wohl auch *Hillgruber*, ZRP 1995, 6 (9). | 14 *Hanau*, FS Kahn-Freund, 1980, 457 (470). | 15 ErfK/*Dieterich*, Art. 12 GG Rz. 30. | 16 *Gamillscheg*, FS Weber, 1974, 793 (802). | 17 BVerfG v. 16.11.1993 – 1 BvR 258/86, E 89, 276; ErfK/*Dieterich*, Art. 12 GG Rz. 30. | 18 *Papier*, RdA 2000, 1 (4). | 19 BVerfG v. 3.5.1967 – 2 BvR 134/63, E 22, 1 (20 f.). | 20 BVerfG v. 17.11.1992 – 1 BvR 168, 1509/89 u. 639/90, E 87, 363 (368 ff.).

und die Bestimmungen zum Ladenschluss zulässig[1]. Außerdem sei die Möglichkeit einer Verringerung der Arbeitszeit nach § 8 I TzBfG, die unter Umständen den ArbGeb in seinen Dispositionsmöglichkeiten beeinträchtigen kann, verfassungsgemäß[2]. Auch die Verpflichtung, schwerbehinderte Menschen zu beschäftigen bzw. ansonsten Ausgleichszahlungen zu leisten, sei nicht zu beanstanden[3]. Weiterhin sind Beschäftigungsverbote bei gesundheitlichen Bedenken rechtmäßig[4].

44 Ebenso ist das **Verleihverbot** für ArbN im Baubereich rechtmäßig. Die Entscheidung, ein Arbeitsverhältnis als Leiharbeiter aufzunehmen ist kein Akt der Berufswahl. Dieselbe Tätigkeit kann auch als Direktangestellter im Baubereich ausgeübt werden. Ebenso wenig betroffen ist die Arbeitsplatzwahl[5]. Weiter ist die in § 1a AEntG geregelte **Bürgenhaftung des Bauunternehmers** mit Art. 12 I vereinbar, in Betracht kommt allerdings ein Verstoß gegen Art. 49 EG[6]. Das Verleihverbot verletzt auch nicht die Unternehmerfreiheit[7].

45 Ebenfalls zulässig ist das **Mutterschaftsgeld**. Zwar ist die Berufsfreiheit des ArbGeb durch die Verpflichtung zur Zahlung von Mutterschaftsgeld nach § 14 I 1 MuSchG berührt, doch ist dies grds. durch Gründe des Allgemeinwohls gerechtfertigt. Der Schutz der Mutter ist schon auf Grund Art. 6 IV erforderlich, werdende Mütter sind vor Überforderung und Gesundheitsschäden zu bewahren[8]. Den Beanstandungen des BVerfG[9] an der Ausgestaltung der Zuschusspflicht des ArbGeb hat der Gesetzgeber durch die zwischenzeitliche Einführung des AAG zum 1.1.2006 Rechnung getragen (§ 14 MuSchG Rz. 1).

46 Weiterhin verfassungsmäßig ist die **Kleinbetriebsklausel** des KSchG[10]. Nach § 23 I 2 u. 3 KSchG gilt der Kündigungsschutz des KSchG nicht für Kleinbetriebe. Damit wird der Bestandsschutz und somit die Existenzgrundlage für diese ArbN besonders gefährdet, was jedoch durch die besondere Interessenlage im Kleinbetrieb gerechtfertigt ist. Der gleichwohl durch die zivilrechtl. Generalklauseln der §§ 138 und 242 BGB vermittelte verfassungsrechtl. gebotene Kündigungsschutz[11] ist umso schwächer, je stärker die mit der Kleinbetriebsklausel geschützten Grundrechtspositionen im Einzelfall betroffen sind. Es geht vor allem darum, ArbN vor willkürlichen oder auf sachfremden Motiven beruhenden Kündigungen zu schützen, zB vor Diskriminierungen iSv. Art. 3 III GG[12]. Das AGG ist allerdings gemäß § 2 IV AGG ausdrücklich nicht auf Kündigungen anwendbar (s. aber § 2 AGG Rz. 12 ff.).

47 **cc) Werbebeschränkungen und Sozietätsverbote.** An Art. 12 sind auch Werbebeschränkungen und Sozietätsverbote zu messen. Sozietätsverbote, Werbeverbote in gewissem Rahmen und Regelungen zur Führung zusätzlicher Berufsbezeichnungen sind Berufsausübungsbeschränkungen, die aus Gründen des Gemeinwohls zulässig und zumutbar sein können, wie zB für Steuerberater. Hier sollen besondere Vertrauensgründe in den Berufsstand geschaffen werden[13]. Zulässig ist auch das Verbot einer Sozietät zwischen einem Anwaltsnotar und einem Wirtschaftsprüfer, um Unabhängigkeit und Unparteilichkeit der Notare zu gewährleisten[14].

48 **dd) Mitbestimmung.** Ebenso beschränkt die **Mitbest. auf Unternehmensebene** die Unternehmerfreiheit nicht unrechtmäßig, da sie durch Allgemeinwohlbelange gedeckt ist. Wegen der Größe der Unternehmen fehlt weitgehend der personale Bezug und Unternehmen können nur mit Hilfe der ArbN funktionieren[15].

49 **ee) Bildung.** Auch die Entgeltfortzahlungspflicht für **Bildungsurlaub** ist in gewissem Maße zulässig. Zwar ist die Berufsausübung der ArbGeb dadurch berührt, dass ihnen zusätzliche Freistellungs- und Kostenlasten aufgebürdet werden, doch bleiben sie im Rahmen der zulässigen Berufsausübungsregelungen. Die Freistellung und die Kosten für den ArbGeb liegen im Interesse des Allgemeinwohls. Es muss die zumutbare Möglichkeit für ArbN bestehen, sich weiterzubilden und damit sich den Entwicklungen auf dem Arbeitsmarkt und der Gesellschaft anzupassen. Den Interessen des ArbGeb ist dadurch Rechnung zu tragen, dass die Bildungstage begrenzt sind und ihre zeitliche Lage mit den betrieblichen Belangen in Einklang stehen muss[16].

---

1 BVerfG v. 9.6.2004 – 1 BvR 636/02, AP Nr. 135 zu Art. 12 GG; dazu a. *Fuchs*, NvWZ 2005, 1026. | 2 BAG v. 18.2.2003 – 9 AZR 164/02, AP Nr. 2 zu § 8 TzBfG. | 3 BVerfG v. 1.10.2004 – 1 BvR 2221/03, AP Nr. 1 zu § 72 SGB IX. | 4 BAG v. 15.6.2004 – 9 AZR 483/03, DB 2004, 2643 f. | 5 BVerfG v. 6.10.1987 – 1 BvR 1086, 1468, 1623/82, E 77, 84 (116 f.); *Hantl-Unthan*, AR-Blattei SD 1840 Rz. 204. Vgl. zum AÜG BVerfG v. 29.12.2004 – 1 BvR 2283/03, 1 BvR 2504/03, 1 BvR 2582/03, NZA 2005, 153 (153 f.). | 6 BAG v. 6.11.2002 – 5 AZR 617/01 (A), AP Nr. 1 zu § 1a AEntG; v. 12.1.2005 – 5 AZR 617/01, NZA 2005, 627 (630 ff.); s.a. BVerfG v. 20.3.2007 – 1 BvR 1047/05, NZA 2007, 609 ff. | 7 Vgl. BVerfG v. 29.12.2004 – 1 BvR 2283/03, AP Nr. 2 zu § 3 AEntG. | 8 BAG v. 1.11.1995 – 5 AZR 273/94, E 81, 222 (225 ff.). | 9 BVerfG v. 18.11.2003 – 1 BvR 302/96, AP Nr. 23 zu § 14 MuSchG 1968. | 10 BVerfG v. 27.1.1998 – 1 BvL 15/87, E 97, 169 (177 ff.); BAG v. 19.4.1990, AP Nr. 8 zu § 23 KSchG 1969; v. 21.2.2001 – 2 AZR 15/00, AP Nr. 12 zu § 242 BGB – Kündigung; *Urban*, Der Kündigungsschutz außerhalb des Kündigungsschutzgesetzes, 2001, S. 78 ff. | 11 *Oetker*, ArbuR 1997, 41, 52; *Otto*, RdA 2002, 103 (104 ff.). | 12 BAG v. 21.2.2001 – 2 AZR 15/00, AP Nr. 12 zu § 242 BGB – Kündigung; *Hergenröder*, ZfA 2002, 355 (379 f.). | 13 BVerfG v. 20.4.1982 – 1 BvR 522/78, E 60, 215 (229); v. 16.5.2001 – 1 BvR 2252/00, NJW 2001, 2461 f. mwN; v. 8.1.2002 – 1 BvR 1147/01, NJW 2002, 1331 f.; LG München 1 v. 16.11.2000 – 7 O 5570/00, BB 2001, 488 (489); s. nun aber ohnehin BVerfG v. 28.7.2004 – 1 BvR 159/04, NJW 2004, 2656 (nur Verbot berufswidriger Werbung). | 14 BVerfG v. 1.7.1980 – 1 BvR 247/75, E 54, 237 (249); abweichend aber BVerfG v. 8.4.1998 – 1 BvR 1773/96, E 98, 49 (59 ff.). | 15 BVerfG v. 1.3.1979 – 1 BvR 532/77 ua., E 50, 290; *Stein*, AR-Blattei SD 830 Rz. 580. | 16 BVerfG v. 15.12.1987 – 1 BvR 563/85, 582/85, 974/86, E 77, 308 (332 ff.).

Mit Art. 12 I 2 ist allerdings eine gesetzl. Regelung nicht vereinbar, welche den ArbGeb Entgeltfortzahlungspflichten für den **Zusatzurlaub** pädagogischer Mitarbeiter auferlegt, ohne zugleich Ausgleichsmöglichkeiten vorzusehen[1]. 50

ff) Sozialleistungen. Der **Verfall betrieblicher Versorgungsanwartschaften** kann unzulässig sein. IdR wird der ArbN nicht in der Lage sein – trotz eigentlich freier Vertragsgestaltung – Vereinbarungen über die Aufrechterhaltung von Versorgungsanwartschaften bei vorzeitigem Ausscheiden privatautonom auszuhandeln und mitzugestalten. Hier schützt ihn Art. 12 vor einem Verfall von betriebl. Versorgungsanwartschaften, soweit dadurch die freie Wahl eines anderen Arbeitsplatzes in unverhältnismäßiger Weise eingeschränkt wird und er faktisch an einer Beendigung des Arbeitsverhältnisses gehindert wird[2]. 51

Hingegen ist die Überbürdung des **Alg** auf den ArbGeb bei älteren ArbN nur zulässig, soweit ihn eine besondere Verantwortung für die Arbeitslosigkeit trifft[3]. Andererseits ist die Pflichtmitgliedschaft in den Sozialkassen des Baugewerbes keine Berufsregelung, da eine objektiv berufsregelnde Tendenz fehlt. Die Zahlungspflichten beschränken weder unmittelbar den Zugang zu einer Tätigkeit im Bausektor noch berühren sie mittelbar die Ausübung einer dortigen Tätigkeit. Zulässig sind damit Urlaubskassen, Zusatzversorgungskassen und Lohnausgleichskassen[4]. Ebenfalls unzulässig ist die Verpflichtung zu übermäßigen Sozialleistungen[5]. 52

gg) Ehrenamtliche Tätigkeiten. Unzulässig ist es, dem ArbGeb die Zahlung des Arbeitsentgelts während eines Sonderurlaubs für ehrenamtliche Tätigkeiten im Bereich der **Jugendarbeit** aufzuerlegen. Denkbar wäre aber zB eine Sozialkasse aller ArbGeb für diese Kosten. Die Freistellung für die Tätigkeit in der Jugendarbeit ist hingegen zulässig. Zwar berührt sie die Berufsfreiheit des ArbGeb, doch ist der Eingriff durch Belange des Gemeinwohls gerechtfertigt. Denn ehrenamtliche Tätigkeiten im Bereich der Jugendpflege sind zu fördern[6]. Nicht mehr mit der Berufsfreiheit vereinbar ist auch die Pflicht zur **unentgeltlichen Kurzberichterstattung** bei berufsmäßig durchgeführten Veranstaltungen. Sie beeinträchtigt die berufl. Dispositionsfreiheit des Ereignisveranstalters[7]. 53

b) Tarifverträge. Im Zusammenhang mit Art. 12 steht auch die Frage nach der Reichweite der **Tarifautonomie** (Art. 9 Rz. 110 ff.). Art. 9 III gibt den Koalitionen das Recht, die „Arbeits- und Wirtschaftsbedingungen" zu regeln und überträgt ihnen damit zugleich die Befugnis, die Berufsfreiheit der Arbeitsvertragsparteien auszugestalten (vgl. auch zur Frage der Grundrechtsbindung Rz. 15). Eben jene Berufsfreiheit bildet aber aus Sicht der Grundrechtsträger (Normunterworfene und Außenseiter) auch das Gegengewicht hierzu und verhindert eine zu weit gehende Einschränkung der grundrechtl. geschützten Rechtsstellung von ArbGeb und ArbN durch die tarifl. Regelungsmacht. Art. 12 ist hier auch Schutznorm gegenüber der Privatautonomie der Tarifparteien[8]. Somit beschränkt Art. 12 einerseits den Gestaltungsspielraum der TV-Parteien, andererseits stehen Koalitions- und Berufsfreiheit in funktionalem Zusammenhang. Die Koalitionsfreiheit ist auch ein Mittel zur Realisierung der Berufsfreiheit[9]. Im Ergebnis muss ein Ausgleich gefunden werden zwischen dem Interesse des ArbGeb an einem großen unternehmerischen Autonomiebereich, dem Interesse der ArbN an einer kollektivfreien Individualsphäre sowie der Tarifautonomie. 54

Um die **Grenze der Tarifautonomie** abzustecken, ist auf die Begriffe „Arbeits- und Wirtschaftsbedingungen" in Art. 9 III (Art. 9 Rz. 38 ff.) abzustellen: Dort wird bestimmt, was als koalitionsmäßige Betätigung gelten und Gegenstand tarifl. Regelungen sein kann. An diese Vorgaben muss sich ein TV halten. Es kommt zunächst nicht auf iSd. Art. 12 rechtfertigende Gemeinwohlbelange an. Doch soll zusätzlich zu der Grenze des Art. 9 III aus Art. 12 innerhalb des Bereichs der Arbeits- und Wirtschaftsbedingungen ein kollektivfreier Bereich folgen[10]. Eine klare Grenzziehung ist schwierig, wenn nicht sogar unmöglich und wohl nur anhand konkreter Fälle vorzunehmen[11]. Der überwiegenden Meinung entspricht es, den TV-Parteien einen weiten Regelungsbereich zuzubilligen[12]. Einige Autoren wollen – vor allem zum Schutze der Unternehmerfreiheit – weiter gehende Einschränkungen der Tarifautonomie zulassen[13]. 55

Unzulässig sind jedenfalls Tarifregelungen, die außerordentl. **Kündigungen** aus wichtigem Grund (generell) verbieten[14]. Die ordentl. Kündigung hingegen kann durch Tarifnormen untersagt werden, weil die 56

1 BVerfG v. 15.12.1987 – 1 BvR 563/85, 582/85, 974/86, E 77, 308 (336 ff.) – § 3 I Hessisches Gesetz über den Anspruch auf Bildungsurlaub. | 2 BVerfG v. 15.7.1998 – 1 BvR 1554/89 ua., E 98, 365 (395 ff.), vgl. aber auch BAG v. 20.4.2004 – 3 AZR 297/03, AP Nr. 33 zu § 17 BetrAVG. | 3 BVerfG v. 23.1.1990 – 1 BvL 44/86, 48/87, E 81, 156 (188 ff.). | 4 BVerfG v. 15.7.1980, 1 BvR 24/74, 439/79, E 55, 7 (10 f., 25 ff.). | 5 BVerfG v. 23.1.1990 – 1 BvL 44/86, 48/87, E 81, 156 (197 ff.). | 6 BVerfG v. 11.2.1992 – 1 BvR 890/84 u. 74/87, E 85, 226 (233 ff.); BAG v. 3.8.1989 – 8 AZR 335/87, AP Nr. 4 zu § 7 BildungsurlaubsG NRW. | 7 BVerfG v. 17.2.1998 – 1 BvF 1/91, E 97, 228 (253 f.). | 8 *Säcker/Oetker*, Grundlagen und Grenzen der Tarifautonomie, 1992, S. 251. | 9 BVerfG v. 24.5.1977 – 2 BvL 11/74, E 44, 322 (341). | 10 MünchArbR/*Löwisch/Rieble*, Bd. 3, § 259 Rz. 61 ff.; *Wiedemann*, RdA 1986, 231. | 11 ErfK/*Dieterich*, Art. 12 GG Rz. 41, 43. | 12 ErfK/*Dieterich*, Art. 12 GG Rz. 42; *Löwisch/Rieble*, § 1 TVG Rz. 56 f. | 13 S. MünchArbR/*Löwisch/Rieble*, Bd. 3, § 259 Rz. 61 ff.; *Säcker/Oetker*, Grundlagen und Grenzen der Tarifautonomie, 1992, S. 285 ff.; zurückhaltend ErfK/*Dieterich*, Art. 12 GG Rz. 43. | 14 *Hergenröder*, ZfA 2002, 355 (373); *Stein*, AR-Blattei SD 830 Rz. 587.

Möglichkeit der außerordentl. Kündigung fortbesteht (str.)[1]. Es ist in TV durchaus üblich, betriebsbedingte Kündigungen ab einem bestimmten Alter und/oder einer bestimmten Betriebszugehörigkeitsdauer auszuschließen bzw. an die Zustimmung des BR zu knüpfen[2]. Der Bestandsschutz obliegt der Regelungsautonomie der Tarifparteien[3]. Insoweit spielt der Kündigungsausschluss (für eine bestimmte Zeit) neuerdings vermehrt in sog. SozialplanTV eine Rolle[4].

57 Zulässig sind grds. auch **Altersgrenzenregelungen**[5]. Indes ist eine Altersgrenzenregelung nicht durch Einführung pauschaler Vorschriften möglich, sondern muss – um als subjektive Zulassungsvoraussetzung gerechtfertigt zu sein – die Besonderheiten des konkreten Berufs und die Leistungsfähigkeit des ArbN beachten, was auch aus dem engen Zusammenhang mit dem Persönlichkeitsrecht folgt. Eine gesetzl. Zwangspensionierung verstößt gegen Art. 12[6]. Regelmäßig wirksam ist eine tarifl. Regelung, welche die Beendigung des Arbeitsverhältnisses bei Bewilligung einer Rente wegen **Berufsunfähigkeit** vorsieht. Allerdings endet das Arbeitsverhältnis dann nicht, wenn der ArbN auf seinem bisherigen oder einem anderen freien Arbeitsplatz weiterbeschäftigt werden kann und er noch vor Zustellung des Rentenbescheids die Weiterbeschäftigung verlangt[7]. Auch **Rückzahlungsklauseln** sind unbedenklich, sofern sie verhältnismäßig sind (dazu auch Rz. 68 f.)[8]. Unwirksam ist eine Rückzahlungsklausel bspw., wenn sie sich auf Umzugskosten bezieht, die durch eine Versetzung aus dienstlichen Gründen veranlasst worden waren, da darin eine unzulässige Kündigungserschwerung liegt[9].

58 Zudem können TV in gewissem Rahmen Kriterien für die **Besetzung von Arbeitsplätzen** festlegen[10]. So verstoßen qualitative Besetzungsklauseln nicht gegen Art. 12, wenn sie eine Berufsgruppe schützen sollen, deren Qualifikationen auf Grund neuer Technologien überflüssig zu werden drohen. Der Schutz muss jedoch idR zeitlich befristet sein und Außenseiter dürfen nicht völlig ausgeschlossen werden[11]. Quantitative Besetzungsklauseln sind dagegen unzulässig, wenn sie dem ArbGeb die Einstellung nicht benötigter Arbeitskräfte vorschreiben[12].

59 Grds. denkbar sind auch Regelungen zur Lage der **Arbeitszeit**[13]. Die tarifl. Regelung von Zeitzuschlägen innerhalb eines Personalbemessungssystems verstößt nicht gegen die Unternehmerfreiheit. Es handelt sich um tarifl. regelbare „Arbeits- und Wirtschaftsbedingungen"[14]. Durch TV können auch die Beteiligungsrechte des BR jedenfalls in gewissem Rahmen erweitert werden[15].

60 **c) Betriebsverfassung.** Auch die **betriebliche Mitbest.** greift in die Berufsfreiheit – des ArbGeb – ein, wenn die ArbN an Entscheidungen der Betriebsorganisation, der Personalwirtschaft und der Unternehmensführung beteiligt sind. Dennoch soll dies durch den „sozialen Bezug" und die „soziale Funktion" des Unternehmerberufs grds. gerechtfertigt sein. Ein Unternehmen könne nämlich nur mit Hilfe anderer betrieben werden, die ihrerseits durch Art. 12 geschützt sind[16]. Es gibt keinen Grundsatz der Mitbestimmungsfreiheit unternehmerischer Entscheidungen[17]. Doch dürfen Regelungen nicht gegen das Übermaßverbot verstoßen, wobei dessen Reichweite noch ungeklärt ist. Das BVerfG hat in seinem Mitbestimmungsurteil nicht einmal einen „unantastbaren Kernbereich" (mitbestimmungsfreien Bereich) festgelegt[18], sondern nur über die Eingriffsintensität des MitbestG referiert, um die Entscheidungserheblichkeit zu klären[19]. Auch die Rspr. des BAG setzt der Mitbest. keine klaren Grenzen. Doch hat es

1 BAG v. 28.3.1985 – 2 AZR 113/84, AP Nr. 86 zu § 626 BGB; v. 5.2.1998 – 2 AZR 227/97, AP Nr. 143 zu § 626 BGB; ErfK/*Dieterich*, Art. 12 GG Rz. 43. |2 BAG v. 21.6.2000 – 4 AZR 379/99, AP Nr. 121 zu § 102 BetrVG 1972; *Oetker*, RdA 1997, 9 (13). |3 *Säcker/Oetker*, Grundlagen u. Grenzen der Tarifautonomie, 1992, S. 251. |4 Vgl. etwa *Hanau/Thüsing*, ZTR 2001, 49; Wiedemann/*Thüsing*, TVG, § 1 Rz. 705 ff. |5 BAG v. 25.3.1971 – 2 AZR 185/70, AP Nr. 5 zu § 57 BetrVG – für (Gesamt)Betriebsvereinbarung; v. 12.2.1992 – 7 AZR 100/91, AP Nr. 5 zu § 620 BGB – Altersgrenze; v. 25.2.1998 – 7 AZR 641/96, AP Nr. 11 zu § 1 TVG – Tarifverträge: Luftfahrt; v. 27.11.2002 – 7 AZR 414/01, AP Nr. 21 zu § 620 BGB – Altersgrenze; v. 19.11.2003 – 7 AZR 296/03, AP Nr. 3 zu § 17 TzBfG; v. 21.7.2004 – 7 AZR 589/03, NZA 2004, 1352; Wiedemann/*Wiedemann*, TVG, Einl. Rz. 306; s. auch BVerfG v. 26.1.2007 – 2 BvR 2408/06, ArbuR 2007, 91; v. 2.2.2007 – 2 BvR 2408/06, PM 12/2007. Aus europarechtl. Sicht s. etwa *Waas*, EuZW 2007, 359. |6 *Linnenkohl/Rauschenberg/Schmidt*, BB 1984, 603 (607 f.). |7 BAG v. 31.7.2002 – 7 AZR 118/01, AP Nr. 19 zu § 620 BGB – Altersgrenze. |8 BVerfG v. 21.6.1989 – 1 BvR 32/87, E 80, 257 (263); BAG v. 21.3.1973 – 4 AZR 187/72, AP Nr. 4 zu § 44 BAT; v. 5.12.2002 – 6 AZR 539/01, AP Nr. 32 zu § 611 BGB – Ausbildungsbeihilfe; v. 19.2.2004 – 6 AZR 552/02, AR-Blattei ES 1340.20 mit Anm. *Hergenröder*; v. 24.6.2004 – 6 AZR 383/03, AP Nr. 34 zu § 611 BGB – Ausbildungsbeihilfe. |9 BAG v. 21.3.1973 – 4 AZR 187/72, AP Nr. 4 zu § 44 BAT. |10 BAG v. 13.9.1983 – 1 ABR 69/81, AP Nr. 1 zu § 1 TVG – Tarifverträge: Druckindustrie; v. 26.4.1990 – 1 ABR 84/87, AP Nr. 57 zu Art. 9 GG; v. 22.1.1991 – 1 ABR 19/90, AP Nr. 67 zu Art. 12 GG. Diff. *Ingelfinger*, Arbeitsplatzgestaltung durch Betriebsnormen, 1996, S. 233 ff., 246 f. |11 Eingehend Wiedemann/*Wiedemann*, TVG, Einl. Rz. 322 ff.; *Schleusener*, Die Zulässigkeit qualitativer Besetzungsregeln in Tarifverträgen, 1997, S. 131 ff. |12 *Löwisch*, ZfA 1996, 293 (314); *Säcker/Oetker*, Grundlagen u. Grenzen der Tarifautonomie, 1992, S. 319. |13 Dazu Wiedemann/*Wiedemann*, TVG, Einl. Rz. 319 f. |14 BAG v. 3.4.1990 – 1 AZR 123/89, AP Nr. 56 zu Art. 9 GG. |15 S. Löwisch/Kaiser/*Löwisch*, § 87 BetrVG Rz. 11, vor § 92 Rz. 2, vor § 106 Rz. 3, § 118 Rz. 3; *Spilger*, Tarifvertragliches Betriebsverfassungsrecht, 1988, S. 25 ff., 211 ff. |16 BVerfG v. 1.3.1979 – 1 BvR 532/77 ua., E 50, 290 (365); ErfK/*Dieterich*, Art. 12 GG Rz. 39. |17 BVerfG v. 18.12.1985 – 1 BvR 143/83, AP Nr. 15 zu § 87 BetrVG 1972 – Arbeitszeit; *Stein*, AR-Blattei SD 830 Rz. 584. |18 So aber *Beuthien* ZfA 1988, 1 (2). |19 ErfK/*Dieterich*, Art. 12 GG Rz. 39.

anerkannt, dass die betriebliche Mitbest. auch Fragen von großer unternehmerischer Bedeutung betreffen kann[1].

Allerdings müssen die ArbG bei der **Auslegung der einzelnen Mitbestimmungstatbestände** darauf achten, dass der Grundsatz der Verhältnismäßigkeit nicht verletzt wird. Eine gesetzl. Regelung, welche für unternehmerische Entscheidungen keinen angemessenen Spielraum lässt, ist im Zweifel unverhältnismäßig, die unternehmerische Entscheidungsfreiheit – insb. in wirtschaftl. Angelegenheiten – darf nicht völlig eingeschränkt sein[2]. 61

Das gilt auch für die Regelungen durch zwingende Sprüche von **Einigungsstellen**[3]. Die Einschaltung einer Einigungsstelle als solche ist jedoch zulässig. Art. 12 lässt Raum, um durch Einschaltung einer Einigungsstelle nach § 76 V BetrVG eine Konkordanz der Berufsfreiheit von ArbGeb und ArbN herzustellen[4]. 62

d) Arbeitsverträge. Bei der Anwendung des Arbeitsrechts hat Art. 12 Ausstrahlungswirkung (insb. über §§ 138, 242, 315 BGB, § 106 GewO). Dies ist insb. bei der **richterlichen Inhaltskontrolle**[5] von Arbeitsverträgen bedeutsam geworden. Hintergrund dieser Angemessenheitskontrolle ist die vom BVerfG postulierte „strukturelle Unterlegenheit" einer Vertragspartei, die durch das Recht kompensiert werden müsse[6]. Dabei hat sich verbreitet die Meinung durchgesetzt, im Verhältnis ArbGeb – ArbN liege generell ein solches strukturelles Ungleichgewicht vor, welches die richterliche Inhaltskontrolle jedenfalls bei vorformulierten Vertragsbedingungen erfordere[7]. 63

Ein richterlicher Eingriff in einen Vertrag ist dabei ein **Grundrechtseingriff** in die Vertrags- und in die Berufsfreiheit sowohl des ArbGeb als auch des ArbN. Grds. muss das Gericht die im Rahmen der Privatautonomie getroffenen Regelungen respektieren. Die Vertragsfreiheit von ArbGeb und ArbN zum Abschluss arbeitsvertragl. Vereinbarungen ist durch Art. 2, 12 geschützt. In der Praxis wird jedoch der Vertragsinhalt regelmäßig nicht individuell ausgehandelt, sondern vom ArbGeb jedenfalls weitgehend vorgegeben[8]. Diese ungleiche Verhandlungsstärke und insb. einseitig und übermäßig stark belastende Vertragsinhalte zu Lasten des unterlegenen Teils sollen deshalb nach der Rspr. des BVerfG (und des BAG) zumindest im Rahmen der Generalklauseln ausgeglichen werden. Dies fordere auch die Schutzpflicht der Grundrechte. Eine gerichtl. Korrektur von Vertragsbedingungen kann geboten sein[9]. 64

Nach der Rspr. trägt im Übrigen der ArbGeb die **Beweislast** dafür, dass es sich um eine nicht paritätsgestörte Individualabrede handelt. Dabei reicht schon das Vorliegen einer bestimmten vertragl. Klausel aus, um eine Vermutung dafür zu begründen, dass die Rspr. einschreiten muss, um das durch Art. 12 geschützte Recht auf freie Wahl des Arbeitsplatzes, aber auch auf Aufgabe eines Arbeitsplatzes für den ArbN durchzusetzen[10]. 65

Durch das Schuldrechtsmodernisierungsgesetz wurde das AGBG, welches nach seinem § 23 I nicht auf Arbeitsverträge anwendbar war, in die §§ 305 ff. BGB integriert. Nach § 310 IV BGB findet nunmehr das **Recht der Allgemeinen Geschäftsbedingungen** auch auf Arbeitsverträge Anwendung, wobei jedoch die im Arbeitsrecht geltenden Besonderheiten angemessen zu berücksichtigen sind[11]. Echte Individualabreden unterliegen allerdings nach wie vor nicht der Anwendung der §§ 305 ff. BGB[12]. Soweit die Schutzgebotsfunktion der Grundrechte dies im Einzelfall gebietet, kann richtigerweise eine Inhaltskontrolle nicht ausgeschlossen sein[13]. 66

Das BAG hat schon früher arbeitsvertragl. Regelungen überprüft und korrigiert, und dazu häufig Art. 12 herangezogen, auch wenn die Begründung nicht immer einheitlich war[14]. Besondere Bedeutung hat die Berufsfreiheit im Zusammenhang mit **der Beendigung** von arbeitsrechtl. Verträgen. Art. 12 I gebietet, dass man sich aus einer langfristigen vertragl. Bindung wieder lösen kann und dadurch keine 67

1 BAG v. 31.8.1982 – 1 ABR 27/80, AP Nr. 8 zu § 87 BetrVG 1972 – Arbeitszeit (regelmäßige Arbeitszeit in einem Kaufhaus); v. 4.3.1986 – 1 ABR 15/84, AP Nr. 3 zu § 87 BetrVG 1972 – Kurzarbeit (Initiativrecht des Betriebsrats zur Einführung von Kurzarbeit). Die Verfassungsbeschwerde gegen den Kaufhaus-Beschluss wurde nicht angenommen, BVerfG v. 18.12.1985 – 1 BvR 143/83, AP Nr. 15 zu § 87 BetrVG 1972 – Arbeitszeit; s. auch ErfK/*Dieterich*, Art. 12 GG Rz. 40. |2 BAG v. 16.12.1986 – 1 ABR 26/85, AP Nr. 8 zu § 87 BetrVG 1972 – Prämie; *Säcker/Oetker*, Grundlagen der Tarifautonomie, 1992, S. 318; wohl aA *Däubler*, Tarifvertragsrecht, Rz. 1110 ff. |3 ErfK/*Dieterich*, Art. 12 GG Rz. 39. |4 BVerfG v. 18.12.1985 – 1 BvR 143/83, AP Nr. 15 zu § 87 BetrVG 1972 – Arbeitszeit; v. 18.10.1986 – 1 BvR 1426/83, AP Nr. 7 zu § 87 BetrVG 1972. |5 Dazu grundl. *Fastrich*, Richterliche Inhaltskontrolle im Privatrecht, 1992, S. 159 ff.; *Preis*, Grundfragen der Vertragsgestaltung im Arbeitsrecht, 1993, S. 149 ff. |6 BVerfG v. 7.2.1990 – 1 BvR 26/84, E 81, 242 (254 f.); v. 19.10.1993 – 1 BvR 567/89, E 89, 214. |7 Vgl. näher *Dieterich*, RdA 1995, 129, 135; *Fastrich*, RdA 1997, 65, 75 ff. |8 ErfK/*Dieterich*, Art. 12 GG Rz. 31. |9 BVerfG v. 19.10.1993 – 1 BvR 567/89, E 89, 214; BAG v. 16.3.1994 – 5 AZR 339/92, AP Nr. 18 zu § 611 BGB – Ausbildungsbeihilfe; *Badura*, RdA 1999, 8 (10); ErfK/*Dieterich*, Art. 12 GG Rz. 31. |10 BAG v. 16.3.1994 – 5 AZR 339/92, AP Nr. 18 zu § 611 BGB – Ausbildungsbeihilfe; v. 21.11.2001 – 5 AZR 158/00, AR-Blattei ES 1340 Nr. 18 mit Anm. *Hergenröder*. |11 Dazu näher *Gotthardt*, Schuldrechtsreform, Rz. 209 ff. |12 *Gotthardt*, Schuldrechtsreform, Rz. 220. |13 *Thüsing*, NZA 2002, 594 f.; *Thüsing/Leder*, BB 2005, 938 (940 f.). AA insoweit *Gotthardt*, Schuldrechtsreform, Rz. 220. |14 *Preis*, Grundfragen der Vertragsgestaltung im Arbeitsrecht, S. 149 ff.; *Stein*, AR-Blattei SD 830 Rz. 550 ff.

unangemessenen Nachteile entstehen. Somit beruft sich das BAG vor allem auf die Ausstrahlungswirkung des Art. 12, wenn es um Kündigungserschwerungen für den ArbN geht. Diese wurden in Rückzahlungsklauseln[1], aber auch in nachvertragl. Wettbewerbsverboten[2], insb. Karenzentschädigungen gesehen[3]. Zudem spielt Art. 12 bei der Kontrolle von Befristungen eine Rolle[4].

68 Eine (freiwillige) **Beschränkung der Kündigungsmöglichkeiten** ist nur rechtmäßig, wenn sie dem ArbN unter Berücksichtigung des Einzelfalls nach Treu und Glauben zumutbar ist und vom Standpunkt eines verständigen Betrachters einem begründeten und zu billigenden Interesse des ArbGeb entspricht[5]. Demnach ist bspw. eine Rückzahlungspflicht von Weiterbildungskosten nur zulässig, wenn die erworbenen Kenntnisse und Fähigkeiten auch außerhalb des Betriebs verwertet und zum beruflichen Aufstieg führen können, nicht jedoch wenn es um nur innerbetrieblichen Nutzen geht[6]. Ausbildungskosten können zurückverlangt werden, wenn der ArbN das Arbeitsverhältnis vor Ablauf einer bestimmten Frist beendet. Richtschnur ist eine Bindung von 3 Jahren. Außerdem muss der ArbN eine angemessene Gegenleistung erhalten, dh. eine Ausbildung, die ihm auf dem allgemeinen Arbeitsmarkt berufliche Möglichkeiten eröffnet[7].

69 Demgemäß sind auch **Wettbewerbsverbote** (zB § 90a HGB) nur in gewissem Rahmen zulässig. Denn obwohl der (frühere) ArbGeb ein berechtigtes Interesse an einer derartigen Abrede haben kann, ist die Berufsfreiheit des betroffenen Handelsvertreters ähnlich einer Berufswahlbeschränkung eingeengt und seine Existenzgrundlage bedroht, wenn er zwei Jahre nicht in seiner Branche arbeiten darf. Voraussetzungen einer rechtmäßigen Wettbewerbsabrede sind: Schriftform; begrenzte Dauer und in begrenztem Gebiet, sowie eine Entschädigung, die ausnahmsw. entfallen kann, nicht jedoch generell bei einer außerordentl. Kündigung[8]. Auch das entschädigungslose Wettbewerbsverbot unter der Voraussetzung, dass der ArbN eine Tätigkeit außerhalb von Europa angenommen hat (vgl. § 75b S. 1 HGB aF) verstößt gegen Art. 12[9].

70 **Nebentätigkeitsverbote** sind nur wirksam, soweit berechtigte Interessen des ArbGeb bestehen[10]. Ebenso dürfen dem ArbN **Haftungsrisiken** nur begrenzt auferlegt werden. Jedenfalls darf bei weitgehend fremdbestimmter Arbeit kein krasses Missverhältnis zwischen Schadensrisiko und Einkommen bestehen[11]. Außerdem verstoßen **Transferentschädigungen** im Bereich des Berufssports (meist Fußball) gegen Art. 12, wenn sie einem Berufsverbot gleichkommen. Doch ist in diesem Bereich noch vieles ungeklärt[12]. Für den grenzüberschreitenden Transfer in Europa gilt auch Art. 39 (ex Art. 48) EG[13]. Demgegenüber wurden **Verfallklauseln** in Versorgungszusagen nicht an Art. 12 gemessen[14].

71 **e) Kündigungsfreiheit und Kündigungsschutz.** Besonders große Bedeutung hat Art. 12 für den arbeitsrechtl. Kündigungsschutz. Die Rspr. sieht in Art. 12 (iVm. dem Sozialstaatsprinzip) die **verfassungsrechtl. Grundlage des Kündigungsschutzes** und entsprechender Umgehungsverbote. Art. 12 I gewährt einen gewissen Bestandsschutz des Arbeitsverhältnisses und damit ein Mindestmaß an Kündigungsschutz[15]. Bei Kündigungsfragen sind beide Vertragsparteien im Schutzbereich der Berufsfreiheit und es ist sowohl die Abwehr- als auch die Schutzfunktion der Berufsfreiheit betroffen. Aus der Sicht der ArbGeb darf es keine unbegrenzte und übermäßige Bindung an einmal begründete Arbeitsverhältnisse geben und aus der Sicht der ArbN muss ein gewisser Bestandsschutz bestehen. Dieser Konflikt ist im Wege praktischer Konkordanz zu lösen[16].

---

1 BAG v. 27.10.1978 – 5 AZR 754/77, AP Nr. 99 zu § 611 BGB – Gratifikation; v. 11.4.1990 – 5 AZR 308/89, AP Nr. 14 zu § 611 BGB – Ausbildungsbeihilfe; v. 11.4.2006 – 9 AZR 610/05, AP Nr. 16 zu § 307 BGB; v. 25.4.2007 – 10 AZR 634/06, NJW 2007, 2279 (2281); v. 28.3.2007 – 10 AZR 261/06, AP Nr. 265 zu § 611 BGB – Gratifikation; ErfK/*Dieterich*, Art. 12 GG Rz. 32. | **2** BVerfG v. 13.9.1969 – 3 AZR 138/68, AP Nr. 24 zu § 611 BGB – Konkurrenzklausel; v. 16.10.1980 – 3 AZR 202/79, E 34, 220 (224); v. 7.2.1990 – 1 BvR 26/84, E 81, 242 (260 ff.); BGH v. 28.4.86 – II ZR 254/85, AP Nr. 57 zu Art. 12 GG; *Canaris*, JuS 1989, 161 (164). | **3** *Scholz*, ZfA 1981, 265, (272). | **4** BAG v. 2.7.2003 – 7 AZR 612/02, AP Nr. 29 zu § 620 BGB – Bedingung; v. 26.7.2006 – 7 AZR 495/05, AP Nr. 25 zu § 14 TzBfG; v. 18.10.2006 – 7 AZR 419/05, AP Nr. 1 zu § 14 TzBfG – Haushalt; *Schmidt*, FS Dieterich, 1999, S. 585. | **5** BAG v. 29.6.1962 – 1 AZR 343/61, AP Nr. 25 zu Art. 12 GG; v. 24.2.1975 – 5 AZR 235/74, AP Nr. 50 zu Art. 12 GG. | **6** BAG v. 16.3.1994 – 5 AZR 339/92, AP Nr. 18 zu § 611 BGB – Ausbildungsbeihilfe; v. 21.11.2001 – 5 AZR 158/00, AR-Blattei ES 1340 Nr. 18 mit Anm. *Hergenröder*. | **7** BAG v. 18.8.1976 – 5 AZR 399/75, AP Nr. 3 zu § 611 BGB – Ausbildungsbeihilfe; v. 23.2.1983 – 5 AZR 531/80, AP Nr. 6 zu § 611 BGB – Ausbildungsbeihilfe. | **8** BVerfG v. 7.2.1990 – 1 BvR 26/84, E 81, 242 (252 ff.); *Hergenröder*, AR-Blattei SD 880.3 Rz. 98. | **9** BAG v. 16.10.1980 – 3 AZR 202/79, AP Nr. 15 zu § 75b HGB. | **10** BAG v. 18.11.1988 – 8 AZR 12/86, AP Nr. 3 zu § 611 BGB – Doppelarbeitsverhältnis; v. 28.2.2002 – 6 AZR 357/01, AP Nr. 129 zu Art. 12 GG; v. 13.3.2003 – 6 AZR 585/01, AP Nr. 7 zu § 11 BAT; *Stein*, AR-Blattei SD 830 Rz. 553; s. auch für anderen Zusammenhang BVerfG v. 16.2.2006 – 2 BvR 951/04, 2 BvR 1087/04, NJW 2006, 1502. | **11** BAG v. 12.6.1992 – GS 1/89, AP Nr. 101 zu § 611 BGB – Haftung des Arbeitnehmers; v. 27.9.1994 – GS 1/89, AP Nr. 103 zu § 611 BGB – Haftung des Arbeitnehmers. | **12** BAG v. 15.11.1989 – 5 AZR 590/88, AP Nr. 6 zu § 611 BGB – Berufssport. Eingehend zum Problemkreis *Arens/Scheffer*, AR-Blattei SD 1480.2 Rz. 257 ff., 277 ff. | **13** EuGH v. 15.12.1995 – Rs. C 415/93, AP Nr. 10 zu § 611 BGB – Berufssport (*Bosman*); *Arens/Scheffer*, AR-Blattei SD 1480.2 Rz. 303 ff. | **14** BAG v. 10.3.1973 – 3 AZR 278/71, AP Nr. 156 zu § 242 BGB – Ruhegehalt. | **15** BVerfG v. 13.1.1982 – 1 BvR 848/77 ua., E 59, 231 ff.; BAG v. 14.9.1994 – 2 AZR 164/94, AP Nr. 24 zu § 626 BGB – Verdacht strafbarer Handlung; *Hergenröder*, ZfA 2002, 355 (359 f.); vgl. auch *Lindner*, RdA 2005, 166. | **16** BVerfG v. 30.7.2003 – 1 BvR 792/03, AP Nr. 134 zu Art. 12 GG mwN; *Stein*, AR-Blattei SD 830 Rz. 558.

Für den Bereich des **KSchG** (und sonstigen Kündigungsschutzrechts) ist allgemein anerkannt, dass es den Inhalt des Art. 12 ausreichend berücksichtigt und damit der dem Staat obliegenden Schutzpflicht ausreichend gerecht wird[1]. Weder das Übermaßverbot noch das Untermaßverbot wird durch die gesetzl. Regelungen verletzt[2]. Dabei ist das geltende Recht des Kündigungsschutzes in seiner konkreten Ausgestaltung nicht verfassungsrechtl. geboten. Eine Überschreitung des Mindestmaßes stellt zB § 102 BetrVG dar[3]. Dass der **Bestandsschutz des KSchG** das Recht der ArbGeb auf freie unternehmerische Tätigkeit iVm. dem Recht am eingerichteten und ausgeübten Gewerbebetrieb (Art. 2 I, Art. 12 I, Art. 14 I) berührt, ist mit den Belangen des Gemeinwohls im Rahmen der Drei-Stufen-Theorie gerechtfertigt. Nicht mehr gerechtfertig wäre es, wenn dem ArbGeb jegliche Lösung von einem Arbeitsverhältnis untersagt wäre[4]. Der ArbN ist nicht dadurch in seiner Berufsfreiheit verletzt, dass ihm überhaupt gekündigt werden kann[5]. Somit hat die Berufsfreiheit bei der Anwendung des KSchG idR keine Bedeutung mehr[6]. 72

Anders gestaltet sich die Lage **außerhalb des KSchG**[7]. Hier müssen die ArbG die Generalklauseln verfassungskonform auslegen und anwenden, um ein Mindestmaß an Kündigungsschutz zu gewährleisten[8]. Dabei ist zu beachten, dass die Kündigungsfreiheit einerseits selbst durch Art. 2 I und Art. 12 I als Teil der Vertragsfreiheit geschützt ist und andererseits schwerwiegende Ungleichgewichtslagen nicht zugelassen werden dürfen. Sowohl ein Übermaß an Kündigungsschutz zu Lasten des ArbGeb als auch ein Untermaß zu Lasten des ArbN sind mit dem Grundgesetz unvereinbar. Es muss ein Mittelweg gefunden werden, der die gegenläufigen Grundrechtspositionen ausgleicht. Gründe, die mit dem Arbeitsverhältnis nichts zu tun haben, dürfen dabei nicht berücksichtigt werden[9]. Die Anwendung der Generalklauseln darf jedoch nicht dazu führen, dass der Schutz außerhalb des gesetzl. Kündigungsschutzes genau derselbe ist wie nach dem KSchG[10]. 73

Diese Grundsätze sind auch bei der Auslegung des **§ 626 I BGB** zu berücksichtigen[11]. Die Möglichkeit zur außerordentl. Kündigung muss (beiden Seiten) immer erhalten bleiben, unzumutbare Arbeitsverhältnisse aufrechtzuerhalten verstößt gegen Art. 12[12]. Dem steht nicht entgegen, dass die Kündigungsmöglichkeit von der Zustimmung Dritter abhängig gemacht wird, wie zB bei der Kündigung von Behinderten oder Schwangeren und gemäß § 103 BetrVG bei BR-Mitgliedern[13]. Das BAG hat auf diesem Wege den Tatbestand der Verdachtskündigung eingegrenzt[14], bei Fehlgehen der Prognose bei einer betriebsbedingten Kündigung einen Wiedereinstellungsanspruch zugebilligt[15] und die Schutzfunktion des Art. 12 bei der Kontrolle befristeter Arbeitsverträge berücksichtigt[16]. 74

Problematisch sind besonders **betriebsbedingte Kündigungen** außerhalb des KSchG. IdR sind sie als freie Unternehmerentscheidung unangreifbar. Dem ArbGeb muss die Möglichkeit erhalten bleiben, sein Unternehmen aufzugeben. Dazu muss er wirksam kündigen können. Er muss aber auch über die Größe seines Unternehmens entscheiden können. Wird jedoch nicht der gesamte Betrieb geschlossen, ist die Frage nach der Auswahl der zu kündigenden ArbN zu beantworten. Zum einen wird bei derartigen Auswahlentscheidung der Gleichheitssatz (Art. 3 I) berührt, weshalb sie nach § 242 iVm. § 315 BGB nicht willkürlich sein dürfen[17]. Doch auch der durch Art. 12 gewährleistete Mindestschutz beeinflusst den Grundsatz von Treu und Glauben. Die Auswahlentscheidung muss wenigstens erkennen lassen, dass die Belange besonders schutzbedürftiger ArbN nicht völlig unberücksichtigt geblieben sind[18]. Das BVerfG verlangt diese besondere Berücksichtigung bei Schwangeren und Müttern nach der Entbindung, Schwerbehinderten, älteren ArbN, Alleinerziehenden[19] und ArbN mit langer Betriebszugehörigkeit[20]. 75

Außerdem muss die **Darlegungs- und Beweislastverteilung** mit der Schutzwirkung des Art. 12 vereinbar sein, dh. eine abgestufte Verteilung der Last ist geboten[21]. 76

1 BVerfG v. 24.4.1991 – 1 BvR 1341/90, E 84, 133 (147); v. 27.1.1998 – 1 BvL 22/93, E 97, 186. | 2 BVerfG v. 24.4.1991 – 1 BvR 1341/90, E 84, 133 (147); v. 21.2.1995 – 1 BvR 1397/93, E 92, 140; v. 27.1.1998 – 1 BvL 15/87, E 97, 169. | 3 *Oetker*, RdA 1997, 9 (18). | 4 *Hergenröder*, ZfA 2002, 355 (374); *Neuhausen*, Der im Voraus erklärte Verzicht eines Arbeitnehmers auf Kündigungsschutz, 1993, S. 46 f. | 5 BVerfG v. 27.1.1998 – 1 BvL 15/87, E 97, 169 (175); BAG v. 23.9.1976 – 2 AZR 309/75, AP Nr. 1 zu § 1 KSchG 1969 – Wartezeit; v. 20.7.1977 – 4 AZR 142/76, AP Nr. 3 zu Art. 33 II GG. | 6 Kritisch insoweit *Stein*, AR-Blattei SD 830 Rz. 564; *Stein*, BB 2000, 457. | 7 Dazu eingehend *Urban*, Der Kündigungsschutz außerhalb des Kündigungsschutzgesetzes, 2001, S. 77 ff. | 8 BVerfG v. 21.2.1995 – 1 BvR 1397/93, E 92, 140; v. 27.1.1998 – 1 BvL 15/87, E 97, 169; *Lakies*, DB 1997, 1078 (1081); *Otto*, JZ 1998, 852 (854 f.). | 9 BVerfG v. 24.4.1991 – 1 BvR 1341/90, E 84, 133; v. 27.1.1998 – 1 BvL 15/87, E 97, 169 (176 f.); *Oetker*, RdA 1997, 9 ff. | 10 *Badura*, RdA 1999, 8 (11); *Papier*, RdA 2000, 1 (5); Rspr.-Übersicht bei *Lettl*, NZA-RR, 2004, 57. | 11 *Preis*, NZA 1997, 1256 (1257). | 12 *Papier*, RdA 2000, 1 (4). | 13 *Hergenröder*, ZfA 2002, 355 (373). | 14 BAG v. 14.9.1994 – 2 AZR 164/96, AP Nr. 24 zu § 626 BGB – Verdacht strafbarer Handlung; ErfK/*Dieterich*, Art. 12 GG Rz. 34. | 15 BAG v. 27.2.1997 – 2 AZR 160/96, AP Nr. 1 zu § 1 KSchG 1969 – Wiedereinstellung; ErfK/*Dieterich*, Art. 12 GG Rz. 34. Eingehend *Westera*, Der Wiedereinstellungsanspruch nach wirksamer Kündigung, 2001, S. 32 ff. | 16 ErfK/*Dieterich*, Art. 12 GG Rz. 34; *Schmidt*, FS Dieterich, 1999, S. 585. | 17 BAG v. 19.1.1995 – 8 AZR 914/93, AP Nr. 12 zu § 13 Einigungsvertrag. | 18 BAG v. 21.1.2001 – 2 AZR 15/00; AP Nr. 12 zu § 242 BGB – Kündigung; *Hergenröder*, ZfA 2002, 355 (380). | 19 BVerfG v. 24.4.1991 – 1 BvR 1341/90, E 84, 133 (154 f.). | 20 BVerfG v. 27.1.1998 – 1 BvL 15/87, E 97, 169 (179); ErfK/*Dieterich*, Art. 12 GG Rz. 37. | 21 BVerfG v. 27.1.1998 – 1 BvL 15/87, E 97, 169 (179); *Lakies*, DB 1997, 1078 (1082). Zuletzt BVerfG v. 22.10.2004 – 1 BvR 1944/01, AP Nr. 49 zu § 9 KSchG 1969 mwN: Auch die Darlegungs- u. Beweislast bei einer Auflösung nach § 9 KSchG muss mit der Berufsfreiheit in Einklang stehen.

77 **f) Scheinselbständigkeit.** Das Vorliegen eines **Arbeitsverhältnisses** und damit die Anwendbarkeit des gesamten Arbeitsrechts hängen insb. davon ab, ob unselbständige Arbeit erbracht wird. Dabei sind die tatsächlichen Verhältnisse maßgebend[1]. Die Bezeichnung als „freier Mitarbeiter" in einem Vertrag ist nicht ausschlaggebend, sondern hat allenfalls Indizwirkung[2]. Für die Beurteilung, ob ein Arbeitsverhältnis vorliegt, kommt es vor allem auf die persönliche Abhängigkeit an. Und zusätzlich werden auch die Vermutungsregeln des § 7 IV SGB IV für das Arbeitsrecht immer bedeutsamer[3]. Liegen die Voraussetzung eines Arbeitsverhältnisses vor, muss der ArbN in den Schutz des Arbeitsrechts kommen. Dies entspricht auch dem Gemeinwohlinteresse. Die Berufsfreiheit des ArbGeb rechtfertigt insb. nicht die Einstellung von ArbN unter dem Deckmantel der freien Mitarbeit mit dem Argument, ein solches Vorgehen sei seine Art der Unternehmensführung.

78 Besonderheiten ergeben sich für den Bereich der **Medien**. Hier muss Art. 5 Berücksichtigung finden. Dementsprechend haben insb. programmgestaltende Mitarbeiter von Rundfunk- und Fernsehanstalten kein Recht auf unbefristete Anstellung, soweit die verfassungsrechtl. geschützte Position des ArbGeb dies hindert[4], vgl. nunmehr auch § 14 I Nr. 4 TzBfG[5].

79 **g) Öffentlicher Dienst.** Für Berufe des öffentl. Dienstes eröffnet Art. 33 die Möglichkeit zu **Sonderregelungen**. Ähnliches soll nach teilweise vertretener Ansicht für staatlich gebundene Berufe gelten. Nach dem BVerfG fordert Art. 33 umso mehr Beachtung, je näher der Beruf dem öffentl. Dienst ist. Der Gewährleistungsinhalt von Art. 12 bleibt unberührt[6]. Geht es also um die Auslegung von arbeitsrechtl. Kündigungsvorschriften im öffentl. Dienst, müssen die Gerichte auch den Schutz aus Art. 12 beachten[7].

80 Mithin darf man etwa das im Einigungsvertrag vorgesehene **Sonderkündigungsrecht** für ArbN im öffentl. Dienst nicht zu extensiv verstehen. So dürfen zwar nach Art. 33 bestimmte Eignungsanforderungen erwartet werden, wozu auch die Verfassungstreue gehört. Doch kann diese ehemaligen Angestellten des öffentl. Dienstes in der DDR nicht automatisch abgesprochen werden, auch wenn sie parteipolitisch tätig waren[8]. Nach Art. 38 II 3 Einigungsvertrag sind die Länder in die Rechte und Pflichten der DDR aus den Arbeitsverträgen eingetreten. Teilweise wurden die Arbeitsverträge jedoch befristet. Damit wurde mit ähnlicher Wirkung wie mit einer objektiven Zulassungsvoraussetzung in die Berufsfreiheit eingegriffen. Dies muss strengen Verhältnismäßigkeitsgesichtspunkten entsprechen und im Interesse gewichtiger Gemeinschaftsgüter liegen. Das ist der Fall, wenn die Arbeitsplätze wegen Neuordnung und Verbesserung wegfallen werden. Berücksichtigt werden müssen allerdings die Belange von besonders schutzwürdigen ArbN, wie zB Schwerbehinderten, älteren ArbN, Schwangeren und Alleinerziehenden[9].

81 Obwohl der Staat als **öffentl. ArbGeb** dem privaten ArbGeb grds. gleichgestellt sein soll, können Gesetzgeber und Tarifparteien das Arbeitsschutzniveau im öffentl. Dienst erhöhen, da materielle Grundrechtspositionen des ArbGeb nicht berücksichtigt werden müssen[10].

82 **6. Rechtsfolgen eines Verstoßes.** Grds. ist eine Vorschrift, die **gegen Art. 12 verstößt**, nichtig. Ausnahmsw. kann eine bloße Verfassungswidrigkeitserklärung verbunden mit einer befristeten Nachbesserungspflicht ausgesprochen werden, wenn mehrere Möglichkeiten zur Verfügung stehen, um Verfassungskonformität herzustellen. Dies ist auch im Bereich der Berufsfreiheit der Fall, weil der Gesetzgeber die Verbesserung des Schutzes der Berufsfreiheit auf verschiedene Weise erreichen kann[11]. Bis zur Herstellung eines verfassungsmäßigen Zustands durch den Gesetzgeber reduzieren sich die Befugnisse der Behörden und Gerichte auf das, was im konkreten Fall für die geordnete Weiterführung eines funktionsfähigen Betriebs unerlässlich ist[12].

83 **II. Ausbildungsfreiheit. 1. Bedeutung und Abgrenzung.** Art. 12 I schützt die gesamte **Freiheit der beruflichen Ausbildung**. Auch die Ausbildungsfreiheit wird über den Wortlaut hinaus generell als Abwehrrecht[13] gegen Freiheitsbeschränkungen im Ausbildungswesen verstanden und enthält ein Recht auf sachgerechte Teilhabe an staatl. Ausbildungseinrichtungen[14]. Bei nicht berufsbezogener Ausbildung kommt Art. 2 I zur Anwendung[15].

84 **2. Schutzbereich.** Die Berufsfreiheit erfasst nur **berufsbezogene Ausbildungsstätten**, dh. Einrichtungen, die Kenntnisse und Fähigkeiten für einen oder mehrere Berufe vermitteln und damit über das

---

1 BAG v. 19.11.1997 – 5 AZR 653/96, AP Nr. 90 zu § 611 BGB – Abhängigkeit, st. Rspr.; *Papier*, RdA 2000, 1 (5). | 2 Dazu näher *Henrici*, Der rechtliche Schutz für Scheinselbständige, 2002, S. 35 ff., 65 ff. | 3 *Papier*, RdA 2000, 1 (5). Eingehend *Henrici*, Der rechtliche Schutz für Scheinselbständige, 2002, S. 173 ff. | 4 BAG v. 30.11.1994 – 5 AZR 704/93, AP Nr. 74 zu § 611 BGB – Abhängigkeit; vgl. auch BAG v. 2.7.2003 – 7 AZR 612/02, AP Nr. 29 zu § 620 – Bedingung; dazu *Joch/Klichowski*, NZA 2004, 302 ff. | 5 Vgl. BT-Drs. 14/4374, S. 19; APS/*Backhaus*, § 14 TzBfG Rz. 43. | 6 BVerfG v. 11.6.1958 – 1 BvR 596/56, E 7, 377; v. 1.7.1980 – 1 BvR 247/75, E 54, 237 (250); v. 24.4.1991 – 1 BvR 1341/90, E 84, 133 (147); Jarass/Pieroth/*Jarass*, Art. 12 GG Rz. 62 ff. | 7 BVerfG v. 21.2.1995 – 1 BvR 1397/93, E 92, 140. | 8 BVerfG v. 21.2.1995 – 1 BvR 1397/93, E 92, 140 (153 ff.). | 9 BVerfG v. 10.3.1992 – 1 BvR 454/91 ua., E 85, 360 (373 ff.). | 10 BVerfG v. 15.7.1998 – 1 BvR 1554/89 ua., E 98, 365 (400); *Papier*, RdA 2000, 1 (5). | 11 Vgl. nur BVerfG v. 15.7.1998 – 1 BvR 1554/89 ua., E 98, 365 (402); *Oetker*, RdA 1997, 9 (17 f.). | 12 BVerfG v. 27.1.1976 – 1 BvR 2325/73, E 41, 251 (267). | 13 BVerfG v. 18.7.1972 – 1 BvL 32/70, 25/71, E 33, 303 (329). | 14 Jarass/Pieroth/*Jarass*, Art. 12 GG Rz. 76; Dreier/*Wieland*, Art. 12 GG Rz. 58. | 15 Jarass/Pieroth/*Jarass*, Art. 12 GG Rz. 70.

Angebot der allgemeinen Bildung hinausgehen (Hochschulen, Fachhochschulen, staatl. Vorbereitungsdienste, betriebl. und überbetriebl. Ausbildungslehrgänge, Lehrstellen, Sprachschulen, Stellen des Zweiten Bildungswegs)[1]. Geschützt ist in der Praxis in erster Linie der Eintritt in eine Ausbildungsstätte, erfasst werden aber auch in diesem Rahmen notwendig werdende Tätigkeiten[2]. Zudem müssen uU neue Ausbildungsberufe ermöglicht werden[3]. Grundrechtsträger sind alle Deutschen. Nicht geschützt sind die Träger der Ausbildungsstätten[4].

3. Beeinträchtigung. Die Ausbildungsfreiheit aus Art. 12 wird durch jede **belastende Regelung** beeinträchtigt, die unmittelbar die geschützte Tätigkeit in einer Ausbildungsstätte betrifft. Zudem stellen sonstige Maßnahmen eine Beeinträchtigung dar, wenn sie berufsbezogen belastend sind und den weiteren Berufs- und Lebensweg des Betroffenen beeinflussen[5]. Dabei gilt der Vorbehalt des Abs. 1 S. 2 auch im Ausbildungsbereich, insb. müssen Eingriffe also verhältnismäßig sein, sie dürfen nicht der Berufslenkung dienen[6]. 85

Wie in die Berufsfreiheit ieS stellen sich Eingriffe in die Ausbildungsfreiheit als objektive und subjektive Zulassungsschranken, Ausübungsregelungen, mittelbare Beeinträchtigungen und Realakte dar. Klassisches Beispiel ist der sog. **numerus clausus**[7]. Auf der anderen Seite greift die Berufsschulpflicht ihrerseits – wenn auch gerechtfertigt – in die Berufsfreiheit der Ausbildungsbetriebe ein[8]. 86

III. Arbeitszwang und Zwangsarbeit (Abs. 2 und 3). 1. Bedeutung und Abgrenzung. Abs. 2 und Abs. 3 enthalten ein **einheitliches Grundrecht** (str.), das den Grundsatz der Menschenwürde konkretisiert. Erklärtes Ziel des Verfassungsgebers war es, eine Herabwürdigung der Person durch Anwendung bestimmter Methoden des Arbeitseinsatzes, wie sie in totalitär beherrschten Staaten üblich sind, auszuschließen. Deshalb wurde jeglicher Zwang zur Arbeit grds. untersagt[9]. 87

Im Verhältnis zu Abs. 1 besteht nach teilw. vertretener Ansicht Idealkonkurrenz, sofern beide Vorschriften eingreifen[10]. Sofern nach Art. 12 III Zwangsarbeit ausnahmsw. zulässig ist, liegt kein Verstoß gegen Art. 4 EMRK vor, denn das dort normierte Verbot der Zwangsarbeit greift nicht bei Verbüßung einer gerichtlich angeordneten Freiheitsstrafe, Art. 4 IIIa EMRK. 88

2. Schutzbereich und Beeinträchtigung. a) Schutzbereich. Arbeitszwang ist die einseitige Verpflichtung zu einer selbständigen Arbeit, die der Erfüllung rechtl. Pflichten des Staates dienen soll und die Menschenwürde verletzt. Dabei muss der Staat mit hoheitlichen Mitteln gewirkt und dem Grundrechtsträger persönlich Nachteile angedroht haben. Das Grundrecht schützt nur vor Zwang zu einer bestimmten Arbeit. **Zwangsarbeit** ist die Pflicht zur Bereitstellung der gesamten Arbeitskraft für grds. unbegrenzte Tätigkeiten und zur Herbeiführung eines bestimmten Erfolgs (str.), zB Arbeitslager, geschlossene Arbeitseinheiten[11]. Grundrechtsträger ist jedermann[12]. 89

b) Rechtfertigung. Herkömmliche Dienstpflichten, die auf einer formell-gesetzl. Ermächtigung beruhen, sind unter bestimmten Voraussetzungen zulässig[13]. Ebenso zulässig ist die Verleihung staatlicher Ehrenämter, wenn auch hier zum Teil auf Art. 33 abgestellt wird[14]. Problematisch war früher die grds. Arbeitspflicht bzw. die Heranziehung von Sozialhilfeempfängern zu gemeinnütziger Arbeit nach §§ 18, 19 BSHG (aufgehoben). Doch galt diese Regelung zumindest als gerechtfertigt. Durch die Einbeziehung der erwerbsfähigen Sozialhilfeempfänger in das Alg II ist die Regelung der früheren §§ 18, 19 BSHG nicht mehr notwendig. Allerdings besteht eine ähnliche Regelung heute in § 11 III SGB XII[15]. 90

Nicht verboten ist die Inanspruchnahme der Banken zum Abzug der **Kapitalertragssteuer**, die Heranziehung der ArbGeb beim **LStAbzug**, bei der Abführung von SozV-Beiträgen, dies alles fällt unter Abs. 1[16]. Zudem lässt Abs. 3 ausdrücklich gerichtlich angeordnete Zwangsarbeit als Folge einer begangenen Straftat zu[17]. Dies gilt insb. zur Erziehung von Jugendlichen[18]. 91

Unzulässig ist im Hinblick auf Art. 12 I der Arbeitszwang als **Mittel der Arbeitsdisziplin**, im Hinblick auf Art. 9 III der Arbeitszwang als **Sanktion für die Teilnahme an einem Streik**[19]. 92

1 ErfK/*Dieterich*, Art. 12 GG Rz. 8; von Münch/Kunig/*Gubelt*, Art. 12 GG Rz. 26. | 2 Dreier/*Wieland*, Art. 12 GG Rz. 60. | 3 *Hufen*, FS Selmer, 2004, S. 109 (115 f. mN). | 4 Jarass/Pieroth/*Jarass*, Art. 12 GG Rz. 73. | 5 BVerfG v. 20.10.1981 – 1 BvR 640/80, E 58, 257 (273); Jarass/Pieroth/*Jarass*, Art. 12 GG Rz. 74. | 6 BVerfG v. 18.7.1972 – 1 BvL 32/70, 25/71, E 33, 303 (336); Jarass/Pieroth/*Jarass*, Art. 12 GG Rz. 78, 80. | 7 BVerfG v. 18.7.1972 – 1 BvL 32/70, 25/71, E 33, 303; Dreier/*Wieland*, Art. 12 GG Rz. 85. | 8 *Hufen*, FS Selmer, 2004, S. 109 (116), der im Folgenden ua. auch die Vereinbarkeit von Volljährigkeit und (Berufs-)Schulpflicht problematisiert. | 9 BVerfG v. 13.1.1987 – 2 BvR 209/84, E 74, 102 (120); Jarass/Pieroth/*Jarass*, Art. 12 GG Rz. 88. | 10 Vgl. dazu Jarass/Pieroth/*Jarass*, Art. 12 GG Rz. 88 mN. | 11 *Gusy*, JuS 1989, 710 (712 ff.); Dreier/*Wieland*, Art. 12 GG Rz. 62 f. | 12 Jarass/Pieroth/*Jarass*, Art. 12 GG Rz. 92. | 13 BVerfG v. 13.1.1987 – 2 BvR 209/84, E 74, 102 (118); Jarass/Pieroth/*Jarass*, Art. 12 GG Rz. 93. | 14 *Gusy*, JuS 1989, 710 (713). | 15 *Temme*, Vom BSHG zum SGB XII, Synopse, 2004, S. 9. | 16 BVerfG v. 29.11.1967 – 1 BvR 175/66, E 22, 380 (383); Dreier/*Wieland*, Art. 12 GG Rz. 86. | 17 BVerfG v. 13.1.1987 – 2 BvR 209/84, E 74, 102; Jarass/Pieroth/*Jarass*, Art. 12 GG Rz. 96. | 18 Dreier/*Wieland*, Art. 12 GG Rz. 86. | 19 BVerfG v. 13.1.1987 – 2 BvR 209/84, E 74, 102 (121 f.); Jarass/Pieroth/*Jarass*, Art. 12 GG Rz. 95.

Art. 14 *Eigentum, Erbrecht und Enteignung*

(1) Das Eigentum und das Erbrecht werden gewährleistet. Inhalt und Schranken werden durch die Gesetze bestimmt.

(2) Eigentum verpflichtet. Sein Gebrauch soll zugleich dem Wohle der Allgemeinheit dienen.

(3) Eine Enteignung ist nur zum Wohle der Allgemeinheit zulässig. Sie darf nur durch Gesetz oder auf Grund eines Gesetzes erfolgen, das Art und Ausmaß der Entschädigung regelt. Die Entschädigung ist unter gerechter Abwägung der Interessen der Allgemeinheit und der Beteiligten zu bestimmen. Wegen der Höhe der Entschädigung steht im Streitfalle der Rechtsweg vor den ordentlichen Gerichten offen.

1 **I. Eigentumsgarantie. 1. Bedeutung.** Das BVerfG sieht die Eigentumsgarantie als „ein **elementares Grundrecht**“, das eine „Wertentscheidung von besonderer Bedeutung für den sozialen Rechtsstaat“ beinhaltet[1]. Es wird jedoch nicht einheitlich beurteilt, inwieweit daraus – bzw. aus dem GG überhaupt – wirtschaftsrechtl. Vorgaben abzuleiten sind. Im Ergebnis wird man fest zu halten haben, dass das GG zwar wirtschaftspolitisch „neutral“, aber auch nicht völlig inhalts- und entscheidungslos ist[2]. Die Verfassung tendiert zu einer marktmäßigen und wettbewerblich organisierten Wirtschaftsordnung, indem es mit Art. 14 auch das unternehmerische Eigentum und dessen ökonomische Verfügbarkeit gewährleistet. Das BVerfG spricht nicht von einer Wirtschaftsverfassung, sondern von einem Wirtschaftssystem oder der momentanen Wirtschafts- und Sozialordnung. Dabei bleibt immer gegenwärtig, dass dieses System nicht das einzig Mögliche ist, sondern theoretisch jederzeit in ein anderes System umgewandelt werden könnte, soweit das die Grundrechte zulassen[3].

2 Die **bestehende Wirtschaftsordnung** ist im Zusammenhang mit allen – neben Art. 14 I – wirtschaftl. relevanten Grundrechtsgewährleistungen, der Rechts- und Sozialstaatlichkeit, dem Prinzip der Sozialbindung aus Art. 14 II und dem Enteignungsvorbehalt in Art. 14 III sowie Art. 15 zu sehen[4]. Die Eigentumsgarantie steht in enger Beziehung zu der persönlichen Freiheit, einschließlich der wirtschaftl. Betätigungsfreiheit. Sie soll dem Träger des Grundrechts eine eigenverantwortliche Gestaltung seines Lebens sichern. Hierbei ist unbeachtlich, ob es sich um den privaten oder wirtschaftl. Bereich handelt. Damit ist das verfassungsrechtl. geschützte Eigentum durch Privatnützigkeit und Verfügungsbefugnis gekennzeichnet[5]. Privatnützig bedeutet dabei die Zuordnung zu einem Rechtsträger, der das Eigentum als Grundlage privater Initiative und im eigenverantwortlichen Interesse nutzen soll. Die grds. Verfügungsbefugnis ist davon nicht immer deutlich abgrenzbar[6].

3 Art. 14 enthält in erster Linie ein **subjektiv-öffentl. Abwehrrecht** gegen staatliche Eingriffe und darüber hinaus nach hM eine Einrichtungs- und Institutsgarantie für das Privateigentum[7]. Die Institutsgarantie sichert einen Grundbestand an subjektiven Privatrechten, die das Eigentum iSd. Art. 14 bezeichnen und Möglichkeit zur individuellen Mitgestaltung der Sozial- und Wirtschaftsordnung geben. Außerdem enthält Art. 14 einen Auftrag an den Gesetzgeber, Inhalt und Schranken des Eigentums zu bestimmen (Abs. 1 S. 2)[8]. Dabei ist der Gesetzgeber verpflichtet, das Eigentum als Rechtsinstitut normativ so auszugestalten, dass seine Kernelemente (Privatnützigkeit und Verfügungsbefugnis) zur Geltung kommen. Die inhaltsbestimmenden Rechte müssen selbstredend ihrerseits verfassungskonform sein (Wechsel-

1 Vgl. nur BVerfG v. 7.8.1962 – 1 BvL 16/60, E 14, 263 (277); Sachs/*Wendt*, Art. 14 GG Rz. 4. | 2 BVerfG v. 1.3.1979 – 1 BvR 532/77 ua., E 50, 290 (338); ErfK/*Dieterich*, Art. 14 GG Rz. 1; MünchArbR/*Richardi*, Bd. 1, § 9 Rz. 14. | 3 Zur Bedeutung des Vertrages über die Schaffung einer Währungs-, Wirtschafts- und Sozialunion näher von Münch/Kunig/*Bryde*, Art. 14 GG Rz. 2a. | 4 BVerfG v. 7.8.1962 – 1 BvL 16/60, E 14, 263 (275); von Münch/Kunig/*Bryde*, Art. 14 GG Rz. 3; ErfK/*Dieterich*, Art. 14 GG Rz. 1. | 5 BVerfG v. 18.12.1968 – 1 BvR 638/64 ua., E 24, 367 (390); v. 7.7.1971 – 1 BvR 765/66, E 31, 229 (240); v. 1.3.1979 – 1 BvR 532/77 ua., E 50 (290); Sachs/*Wendt*, Art. 14 GG Rz. 5. | 6 BVerfG v. 8.7.1976 – 1 BvL 19 u. 20/75, 1 BvR 148/75, E 42, 263 (294); v. 1.3.1979 – 1 BvR 532/77 ua., E 50, 290; v. 4.12.1985 – 1 BvL 23/84 ua., E 71, 230 (246). | 7 Dreier/*Wieland*, Art. 14 GG Rz. 117; Sachs/*Wendt*, Art. 14 GG Rz. 9 ff. | 8 BVerfG v. 18.12.1968 – 1 BvR 638/64 ua., E 24, 367 (389); Sachs/*Wendt*, Art. 14 GG Rz. 7 u. 54.

wirkung)[1]. Zugleich soll der Gebrauch des Eigentums dem Allgemeinwohl dienen (Art. 14 II 2). Das Allgemeinwohl ist also Grund und Grenze für die Beschränkung eines Eigentümers[2].

Die konkrete Reichweite des Schutzes durch die Eigentumsgarantie ergibt sich also aus der **Inhalts- und Schrankenbestimmung durch den Gesetzgeber**; erst Normen des einfachen Rechts schaffen den Schutzbereich des Art. 14[3]. Art. 14 I 1 ist damit Transformationsnorm. Über sie bekommen private Rechte auch im Verfassungsrecht Tatbestandswirkung und gelten dann nicht nur gegenüber Privaten, sondern schützen auch gegenüber dem Staat[4]. Eine gewohnheitsrechtl. Erweiterung der Eigentumsbefugnisse kann zwar möglich sein, fällt wohl aber nicht automatisch in den Schutzbereich des Art. 14[5]. Der Einzelne hat einen Anspruch darauf, dass die verfassungsrechtl. Vorgaben beachtet werden[6]. 4

Art. 14 I 1 gewährleistet das **Privateigentum**, also sowohl als Rechtsinstitut als auch in seiner konkreten Form beim einzelnen Eigentümer[7]. Außerdem können aus Art. 14 Schutz- und Förderpflichten abgeleitet werden, etwa für eine gleichmäßige Vermögenslage zu sorgen[8]. Und durch die Heranziehung des Art. 14 für den Schutz von sozialversicherungsrechtl. Positionen besteht ein unverbindliches Teilhaberecht an staatlicher Leistung[9]. Des Weiteren hat Art. 14 Ausstrahlungswirkung, die bei der Anwendung privatrechtl. Vorschriften beachtet werden muss[10]. 5

Auch im **Arbeitsrecht** sind sowohl Inhalt und Schranken als auch die Bestandsgarantie – unter Berücksichtigung der Sozialbindung des Eigentums – durch die Gesetze zu bestimmen. Das Arbeitsrecht konkretisiert die Sozialbindung, ohne den ArbN ein Nutzungsrecht am ArbGebEigentum zu gewähren[11]. Dennoch ist die Eigentumsgarantie für arbeitsrechtl. Fragen im Allgemeinen kein Prüfungsmaßstab, da Art. 14 nur das Erworbene, nicht aber den Erwerb – der unter Art. 12 fällt – schützt. Somit fallen insb. Fragen und Streitigkeiten bzgl. des Arbeitsplatzes der ArbN aus dem Bereich des Art. 14 heraus (vgl. Art. 12 Rz. 12 ff.)[12]. Art. 14 wird von der Rspr. selbst dann nicht als Prüfungsmaßstab herangezogen, wenn es um gesetzl. Einschränkungen von ArbGebBefugnissen geht. Im Schrifttum wird dies teilweise mit der Begründung angezweifelt, letztendlich seien die ArbGebBefugnisse auch auf das Eigentum an Produktionsmitteln zurückzuführen, was den Anwendungsbereich des Art. 14 eröffnen müsste[13]. 6

2. Normstruktur und Besonderheiten. Die Normstruktur des Art. 14 weist gegenüber anderen Freiheitsrechten Besonderheiten auf. Sein Schutzgegenstand muss nämlich zunächst **normativ geschaffen** werden und erst das einfache Recht formuliert, was verfassungsrechtl. abgesichert wird (Rz. 4)[14]. Weitere Besonderheit ist die Drittgerichtetheit des Eigentums. Sie unterscheidet die Eigentumsgarantie von anderen Freiheitsrechten, die primär gegen den Staat gerichtet sind. Das Eigentum stellt Zurechnungsbeziehungen zwischen Rechtsträgern und Gegenständen her und begründet Rechte des Eigentümers gegen andere Rechtsträger[15]. Doch ist diese Wirkung der „normalen" Schutzwirkung und dem objektivrechtl. Gehalt ähnlich[16]. 7

Zudem ist Art. 14 das einzige Grundrecht, dessen Schrankenvorbehalt durch die **Betonung der Gemeinwohlbindung** und damit durch Bezugnahme auf die Sozialstaatlichkeit formuliert ist. Aber auch insoweit kann ein Vergleich mit anderen Grundrechten mit Gesetzesvorbehalt vorgenommen werden. Denn die anderen Freiheitsgrundrechte sind ebenfalls gemeinschaftsgebunden. Die Notwendigkeit der besonderen Betonung der Gemeinwohlbindung bei Art. 14 resultiert nur daraus, dass der Inhalt des Eigentums erst bestimmt werden muss, wofür gerade auch die Gemeinwohlbindung maßgebend sein soll[17]. 8

3. Konkurrenzen. Überschneidungen mit **Schutzbereichen anderer Grundrechte** sind häufig und vielfältig. Vor allem überschneidet sich der Schutzbereich der Eigentumsgarantie mit der Handlungsfreiheit. Dies liegt auch nahe, da die durch Art. 14 geschützten Vermögensrechte häufig bei der Ausübung von Freiheitsrechten eingesetzt werden und geschützte Rechtspositionen oft die materielle Grundlage der Freiheitsausübung bilden. Beispielhaft ist hier das Eigentum an Produktionsmitteln, das Grundlage der Ausübung der Berufsfreiheit ist oder die Führung von Presseunternehmen, wo es zu Konflikten bzgl. des Eigentums an Urheberrechten kommt[18]. Zunächst ist danach zu unterscheiden, welcher Schutzbe- 9

---

1 BVerfG v. 7.7.1971 – 1 BvR 765/66, E 31, 229 (240); Dreier/*Wieland*, Art. 14 GG Rz. 24. | 2 BVerfG v. 15.1.1969 – 1 BvL 3/66, E 25, 112 (118); v. 1.3.1979 – 1 BvR 532/77 ua., E 50, 290; v. 4.12.1985 – 1 BvL 23/84 ua., E 71, 230 (246). | 3 BVerfG v. 1.3.1979 – 1 BvR 532/77 ua., E 50, 290; v. 15.7.1981 – 1 BvL 77/78, E 58, 300 (330 ff.). | 4 Sachs/*Wendt*, Art. 14 GG Rz. 21 ff. | 5 BVerfG v. 7.7.1971 – 1 BvR 765/66, E 31, 229 (237). | 6 *Gallwas*, Grundrechte, 2. Aufl., 1995, Rz. 538. | 7 BVerfG v. 18.12.1968 – 1 BvR 638/64 ua., E 24, 367 (389); *Böhmer*, NJW 1988, 2561 (2563). | 8 Jarass/Pieroth/*Jarass*, Art. 14 GG Rz. 34. | 9 *Papier*, FS Leisner, 1999, S. 721 (724). | 10 Jarass/Pieroth/*Jarass*, Art. 14 GG Rz. 34; Sachs/*Wendt*, Art. 14 GG Rz. 15. | 11 MünchArbR/*Richardi*, Bd. 1, § 10 Rz. 62. S. auch LAG Berlin v. 15.1.2002 – 12 Sa 2251/01, ZIP 2002, 1546: Die Sozialbindung des Eigentums hindert den ArbGeb nicht, einen Betrieb zu schließen und deshalb die Arbeitsverhältnisse der Beschäftigten zu kündigen. Den gebotenen arbeitsrechtlichen Interessenausgleich regelt § 112 BetrVG. | 12 BVerfG v. 24.4.1991 – 1 BvR 1341/90, E 84, 133 (157); vgl. auch *Hergenröder*, ZfA 2002, 355 (362 f.). | 13 So etwa *Beuthien*, ZfA 1988, 1 (2); dagegen *Söllner*, NZA 1992, 721 (730). | 14 *Böhmer*, NJW 1988, 2561 (2562); ErfK/*Dieterich*, Art. 14 GG Rz. 2. | 15 *Böhmer*, NJW 1988, 2561 (2566). | 16 ErfK/*Dieterich*, Art. 14 GG Rz. 2. | 17 ErfK/*Dieterich*, Art. 14 GG Rz. 3. | 18 ErfK/*Dieterich*, Art. 14 GG Rz. 9; Jarass/Pieroth/*Jarass*, Art. 14 GG Rz. 5.

reich am meisten betroffen ist. Steht in dem betreffenden Fall die Ausübung des Freiheitsrechts im Vordergrund, ist dieses anzuwenden. Hingegen kommt Art. 14 zum Tragen, wenn der geldwerte Aspekt überwiegt[1].

10 Problematisch ist die Abgrenzung zur **Berufsfreiheit** aus Art. 12. Das Verhältnis zwischen Art. 14 und Art. 12 ist noch nicht abschließend geklärt. Das BVerfG tendiert dazu, keine Unterschiede zu anderen Grundrechten zu machen und beide Schutzbereiche voneinander abzugrenzen[2]. Faustformel des BVerfG für eine Abgrenzung ist dabei, dass Art. 12 den Erwerb und Art. 14 das Erworbene schützt (Art. 12 Rz. 7)[3].

11 Dagegen nehmen Stimmen im Schrifttum deshalb **Idealkonkurrenz** an, weil auch beide Grundrechte gleichermaßen tangiert sein können, wenn das Eigentum die Basis der Berufsausübung bildet. Derjenige, dessen Eigentum entzogen wird, kann dadurch auch in seiner Berufsfreiheit beschränkt werden. Und zudem ist eine zulässige Berufsausübungsregelung oft auch eine zulässige Eigentumsbeschränkung. In diesen Fällen soll eine Prüfung am Maßstab beider Grundrechte zu erfolgen haben[4].

12 Dementsprechend wird vertreten, dass gerade die **Unternehmerfreiheit** nicht nur in den Schutzbereich des Art. 12, sondern in gleicher Weise oder sogar vorrangig in den Bereich des Art. 14 fallen müsse. Denn für die ArbGeb gehe es bei ihrer unternehmerischen Betätigung vor allem um die privatnützige Verwendung der Betriebsmittel[5]. Dagegen bleibt das BVerfG der Ansicht, dass aus Art. 14 kein übergreifender Schutz ökonomisch sinnvoller und rentabler Eigentumsnutzung und unternehmerischer Dispositionsbefugnis folge[6]. Einen umfassenden Schutzbereich „Wirtschaftsfreiheit", der gleichermaßen von Art. 2, 12 und 14 erfasst würde, gäbe es jedoch ebenso wenig wie eine entsprechend auf Art. 12, 14 und 9 I fußende „Unternehmerfreiheit"[7].

13 Für **Beamte** hat Art. 33 V Vorrang[8]. **Art. 1** und **Art. 2 I** sind idR subsidiär, doch kann es zu Zuordnungsproblemen bei den Immaterialgüterrechten kommen, bei denen Persönlichkeits- und Vermögenselemente zusammentreffen. Denkbar sind auch Überschneidungen mit Art. 4, Art. 13 und Art. 5 I 2[9].

14 **4. Eigentum im internationalen Recht.** Das Recht auf Eigentum ist auch im internationalen Recht anerkannt. Dort ist es in zahlreichen Erklärungen und Konventionen gewährleistet, wie bspw. in Art. 17 I der **Allgemeinen Menschenrechtskonvention** und im Zusatzprotokoll zur EMRK, auf das sich auch der EuGH bezieht[10]. Und nach st. Rspr. des EuGH[11] zählt das Eigentum zu den von der Gemeinschaftsrechtsordnung geschützten Grundrechten, wobei der Eigentumsschutz auf Gemeinschaftsebene jedoch tendenziell weniger weit reicht als im Grundgesetz[12]. Dem Verhältnismäßigkeitsgrundsatz entsprechende Einschränkungen im Allgemeinwohlinteresse sind auch nach Gemeinschaftsrecht zulässig. Somit kann die Ausübung des Eigentumsrechts bspw. im Rahmen einer gemeins. Marktorganisation eingeschränkt werden.

15 Auf gemeinschaftsrechtl. Ebene ist auch der **Bestand eines Betriebs** geschützt, sowie mit dem Unternehmen eng verbundene Vermögensrechte, nicht jedoch bloße kaufmännische Interessen und Aussichten oder ein Recht an einem Marktanteil[13]. Die mitgliedstaatlichen Eigentumsordnungen sind im Übrigen vom Gemeinschaftsrecht deutlich beeinflusst[14].

16 **II. Anwendungsbereich. 1. Schutzbereich. a) Eigentum im verfassungsrechtlichen Sinne.** Verfassungsrechtl. geschütztes Eigentum ist mehr als Eigentum im bürgerlichen Recht, also insb. mehr als Sacheigentum iSd. § 903 BGB[15]. Unter dem Schutz des Art. 14 I steht jedes vermögenswerte Recht. Voraussetzung ist nur, dass das Recht seinem Inhaber von der Rechtsordnung ebenso ausschließlich wie Eigentum an einer Sache zur privaten Nutzung und eigener Verfügung zugeordnet ist. Ausschlaggebend ist mithin die Privatnützigkeit eines vermögenswerten Rechts. Dabei ist es unbeachtlich, ob es sich um ein absolutes Recht oder eine bloße Forderung handelt[16].

17 Doch gilt dies nicht für das Vermögen als solches, denn Art. 14 schützt nur eigentumsfähige Positionen in ihrem konkreten, gesetzl. ausgestalteten Bestand (**konkrete Rechtspositionen**)[17]. Von Art. 14 erfasst

---

1 ErfK/*Dieterich*, Art. 14 GG Rz. 9; Jarass/Pieroth/*Jarass*, Art. 14 GG Rz. 5. |2 Sachs/*Wendt*, Art. 14 GG Rz. 186. |3 BVerfG v. 24.4.1991 – 1 BvR 1341/90, E 84, 133 (157); ErfK/*Dieterich*, Art. 12 GG Rz. 16. |4 Sachs/*Wendt*, Art. 14 GG Rz. 186. |5 *Beuthien*, ZfA 1988, 1 (1 f.). |6 BVerfG v. 18.12.1985 – 1 BvR 143/83, AP Nr. 15 zu § 87 BetrVG 1972 – Arbeitszeit; v. 6.10.1987 – 1 BvR 1086, 1468, 1623/82, E 77, 84 (118); *Söllner*, NZA 1992, 721 (731); aA *Scholz*, NJW 1986, 1587 ff. |7 Dreier/*Wieland*, Art. 14 GG Rz. 153; so aber *Beuthien*, ZfA 1988, 1 (1 f.). |8 BVerfG v. 30.9.1987 – 2 BvR 933/82, E 76, 256 (294); Sachs/*Wendt*, Art. 14 GG Rz. 186. |9 Sachs/*Wendt*, Art. 14 GG Rz. 185. |10 Von Münch/Kunig/*Bryde*, Art. 14 GG Rz. 5b. |11 EuGH v. 13.12.1979 (*Hauer*) – Rs. 44/79, EAS EG-Vertrag Art. 164 Nr. 9, Tz. 17 ff. |12 Dreier/*Wieland*, Art. 14 GG Rz. 17; tendenziell anders aber von Münch/Kunig/*Bryde*, Art. 14 GG Rz. 5b. |13 EuGH v. 5.10.1994 – Rs. C-280/93 (*Bundesrepublik Deutschland/Rat*), NJW 1995, 945 (948); Sachs/*Wendt*, Art. 14 GG Rz. 20a ff. mN. |14 Dreier/*Wieland*, Art. 14 GG Rz. 18. |15 Von Münch/Kunig/*Bryde*, Art. 14 GG Rz. 11. |16 BVerfG v. 7.7.1971 – 1 BvR 765/66, E 31, 229; v. 4.12.1985 – 1 BvL 23/84 ua., E 71, 230 (246); v. 9.1.1991 – 1 BvR 929/89, E 83, 201 (208 ff.); v. 27.4.1999 – 1 BvR 1613/94, E 100, 289 (301); Dreier/*Wieland*, Art. 14 GG Rz. 40; zum Ganzen *Böhmer*, NJW 1988, 2561 (2566). |17 BAG v. 26.6.2007 – 1 BvR 2204/00 ua., DVBl 2007, 1048; von Münch/Kunig/*Bryde*, Art. 14 GG Rz. 23; Sachs/*Wendt*, Art. 14 GG Rz. 38.

werden Innehabung, Nutzung und Verfügung („Haben“ und „Ausnutzendürfen“)[1]. Der Eigentumserwerb gehört nicht dazu[2]. Außerdem können Entziehungen und Beeinträchtigungen als Enteignung (Abs. 3) oder Vergesellschaftung (Art. 15 GG) gerechtfertigt sein[3].

b) Eigentumspositionen des Arbeitgebers. Die Eigentumsgarantie ist (neben der Berufsfreiheit aus Art. 12 I) besonders für die ArbGebSeite von Bedeutung[4]. 18

aa) Produktion. Dadurch dass zu den schutzfähigen Rechtspositionen **alle vermögenswerten Rechte** gehören, die das bürgerliche Recht einem privaten Rechtsträger als Eigentum zuordnet, ist auch das Eigentum an materiellen und immateriellen Produktionsmitteln (zB Rohstoffe und Halbfertigprodukte), die im Betrieb organisatorisch zusammengefasst werden, geschützt. Art. 14 gewährleistet die Privatnützigkeit des Eigentums an Produktionsmitteln[5]. Das gilt auch für das Eigentum der Unternehmensträger (Aktien, Rechte als Mitglied einer Gesamthandgemeinschaft[6]), Rechte an Warenzeichen[7] und andere[8]. Insoweit erscheint die Frage diskussionswürdig, ob gesetzl. Regelungen, welche den Einsatz von Produktionsmitteln einschränken (wie zB das Ladenschlussgesetz, das Verbot der Sonn-, Feiertags- und Nachtarbeit), neben Art. 12 auch an Art. 14 zu messen sind (vgl. Rz. 40 f.)[9]. 19

Des Weiteren ordnet die Rechtsordnung dem ArbGeb idR auch die **Produktionsergebnisse** zu, die somit in den Schutzbereich der Eigentumsgarantie fallen. Dem ArbGeb gehört sowohl das Arbeitsergebnis als auch das Recht am Arbeitsergebnis. Dieses Ergebnis entspricht dem arbeitsvertragl. Austauschgedanken. Der ArbGeb zahlt Arbeitslohn, für welchen der ArbN die Arbeitsleistung erbringt. In Bezug auf das Sacheigentum an neuen Sachen folgt dies auch schon aus der Anwendung des § 950 BGB, bei dem der ArbGeb einhellig als „Hersteller“ angesehen wird[10]. Diese Grundsätze gelten auch für ArbN-Erfindungen, so dass der ArbGeb Eigentum auch bspw. an Mustern, Modellen und Zeichnungen erwirbt. Einschränkungen sind möglich[11]. 20

Anders gelagert ist die Situation bei **Immaterialgüterrechten** wie insb. **Urheberrechten**. Diese stehen dem ArbN zu („Schöpferprinzip“). Somit können Sacheigentum und Urheberrecht am arbeitsvertragl. geschuldeten Werk eines angestellten Urhebers auseinander fallen. Doch bestehen grds. Nutzungsgewährungspflichten des Urhebers gegenüber dem ArbGeb[12]. 21

Auch die **Festsetzung von Betriebsgrößen** oder **Begünstigungen** durch den Gesetzgeber können den Unternehmer neben Art. 12 in Art. 14 beeinträchtigen; wenn nämlich der Inhaber gezwungen wäre seinen Betrieb zu verkleinern, um in den Genuss von Fördermitteln zu kommen. Hingegen gewährt Art. 14 kein Recht auf Eigentumszuerwerb, so dass Art. 14 nicht betroffen ist, wenn Betriebe nicht größer werden dürfen[13]. 22

bb) Eingerichteter und ausgeübter Gewerbebetrieb. Umstritten ist, ob das Unternehmen als „eingerichteter und ausgeübter Gewerbebetrieb“ unter die Eigentumsgarantie des Art. 14 fällt. Zunächst war das BVerfG der Ansicht, dass der Gewerbebetrieb als Sach- und Rechtsgesamtheit dem reinen Sacheigentum gleichgestellt werden kann und somit in den Schutzbereich des Art. 14 fällt[14]. Später hat das BVerfG seine Rspr. geändert. Es hat die Anwendbarkeit von Art. 14 bis heute offen gelassen und dabei sogar Zweifel an einer Einbeziehung in den Schutzbereich geäußert[15]. Außerdem hat das BVerfG bestehende Geschäftsverbindungen, einen erworbenen Kundenstamm oder die Marktstellung eines Unternehmens als bloße Chancen und tatsächliche Gegebenheiten, innerhalb deren ein Unternehmer tätig wird, sowie jenseits der Vermögenssphäre eines Unternehmens bestehende Rechte oder Interessen ausdrücklich aus dem Schutzbereich des Art. 14 ausgeschlossen[16]. 23

Grundlage der Argumentation war, dass Art. 14 das Eigentum so schützt, wie es das **bürgerliche Recht** und **die gesellschaftlichen Anschauungen geformt** haben. Verfassungsrechtl. gewährleistet werden kann nur, was die Rechtsordnung als einzelnes Vermögensrecht anerkennt, nicht aber das Vermögen als solches. Zum Vermögen als solchem zählen aber auch Interessen, Chancen und Verdienstmöglichkeiten[17], wie zB die Erhaltung oder Wiederherstellung möglichst optimaler Absatzchancen für Erzeugnisse[18]. 24

1 Jarass/Pieroth/*Jarass*, Art. 14 GG Rz. 6, 19. | 2 Sachs/*Wendt*, Art. 14 GG Rz. 43. | 3 *Hesse*, Grundzüge des VerfR, 20. Aufl., 1999, Rz. 446. | 4 MünchArbR/*Richardi*, Bd. 1, § 10 Rz. 62. | 5 MünchArbR/*Richardi*, Bd. 1, § 10 Rz. 62. | 6 BVerfG v. 18.12.1968 – 1 BvR 638/64 ua., E 24, 367 (384). | 7 BVerfG v. 22.5.1979 – 1 BvL 9/75, E 51, 193 (216 ff.). | 8 Sachs/*Wendt*, Art. 14 GG Rz. 24 mN; *Söllner*, NZA 1992, 721 (731). | 9 *Söllner*, NZA 1992, 721 (731). | 10 MünchArbR/*Sack*, Bd. 1, § 98 Rz. 1 f. | 11 MünchArbR/*Sack*, Bd. 1, § 98 Rz. 5 f. mwN. | 12 MünchArbR/*Sack*, Bd. 1, § 100 Rz. 32 ff.; § 98 Rz. 11 ff. | 13 *Leisner*, Eigentum, S. 794 f. | 14 BVerfG v. 30.4.1952 – 1 BvR 14, 25, 167/52, E 1, 264 (277 f.). | 15 BVerfG v. 25.1.1984 – 1 BvR 272/81, E 66, 116 (145); v. 22.5.1979 – 1 BvL 9/75, E 51, 193 (221 f.); ähnlich BVerfG v. 6.10.1987 – 1 BvR 1086, 1468, 1623/82, E 77, 84 (118). Zum Ganzen von Münch/Kunig/*Bryde*, Art. 14 GG Rz. 18. | 16 BVerfG v. 8.6.1977 – 2 BvR 499/74 u. 1042/75, E 45, 142 (173); v. 22.5.1979 – 1 BvL 9/75, E 51, 193 (218); v. 25.1.1984 – 1 BvR 272/81, E 66, 116 (145 f.); v. 18.12.1985 – 1 BvR 143/83, NJW 1986, 1601 (1601); aA bzgl. Kundenstamm zB BVerwG v. 27.5.1981 – 7 C 34.77, E 62, 224 (226 ff.). | 17 BVerfG v. 19.10.1983 – 2 BvR 298/81, E 65, 196 (209). Dazu aber auch von Münch/Kunig/*Bryde*, Art. 14 GG Rz. 21. | 18 BVerfG v. 23.1.1990 – 1 BvR 306/86, E 81, 208 (227 f.).

25 Dennoch wird die Anwendbarkeit des Art. 14 auf den eingerichteten und ausgeübten Gewerbebetrieb – wenn auch mit Einschränkungen – weithin bejaht[1]. Für die grds. Einbeziehung des eingerichteten und ausgeübten Gewerbebetriebs in den Schutzbereich des Art. 14 ist anzuführen, dass das Recht am eingerichteten und ausgeübten Gewerbebetrieb zu den **„sonstigen Rechten" iSd. § 823 I BGB** gezählt wird. Es wurde als Auffangrecht durch richterliche Ausfüllung des unbestimmten Begriffs „sonstiges Recht" entwickelt und gehört zu den – als Eigentum geschützten – Rechten des Privatrechts. Das Recht bezieht sich auf die Sach- und Rechtsgesamtheit eines wirtschaftl. Unternehmens. Der Wert der Gesamtheit „Gewerbebetrieb" geht über den Wert der einzelnen, zum Betrieb gehörenden Güter, weit hinaus. Dieser Umstand darf nicht übergangen werden und hat auch – wenn nicht sogar besonders – für das Verfassungsrecht zu gelten[2]. Die Schutzwirkung der Eigentumsgarantie muss über den Schutz der ohnehin gewährleisteten Einzelrechte hinausgehen[3].

26 Gerade im Arbeitsrecht ist zudem der **Betrieb** als gefestigte Position anerkannt. Nach st. Rspr. des BAG ist ein Betrieb diejenige organisatorische Einheit, mittels welcher ein Unternehmer allein oder in Gemeinschaft mit seinen Mitarbeitern mit sächlichen und immateriellen Mitteln bestimmte arbeitstechnische Zwecke fortgesetzt verfolgt, die sich nicht in der Befriedigung von Eigenbedarf erschöpfen[4]. Insoweit kann nicht davon gesprochen werden, der Begriff des (Gewerbe)Betriebs sei nicht verfestigt genug. Eine Einbeziehung des Gewerbebetriebs in den Schutzbereich des Art. 14 erscheint mithin angebracht.

27 Die Aufnahme in den Gewährleistungsinhalt der Eigentumsgarantie ist auch vor dem Hintergrund zu sehen, dass das BVerfG den Gesetzgeber mittlerweile auf das Schutzbedürfnis von Betrieben hingewiesen hat, auch wenn dabei nicht ausdrücklich auf Art. 14 Bezug genommen wurde. Doch scheint es dem BVerfG um die Erhaltung des Gewebebetriebs als **wirtschaftl. Einheit** zu gehen. Das BVerfG hat insoweit ausgeführt, dass der Gesetzgeber bei der Steuergesetzgebung berücksichtigen muss, dass „die Existenz von bestimmten Betrieben – insb. von mittelständischen Unternehmen – durch zusätzliche finanzielle Belastungen gefährdet werden kann. Derartige Betriebe, die durch ihre Widmung für einen konkreten Zweck verselbständigt und als wirtschaftl. zusammengehörige Funktionseinheit organisiert sind, sind in besonderer Weise gemeinwohlgebunden und gemeinwohlverpflichtet: Sie unterliegen als Garant von Produktivität und Arbeitsplätzen insb. durch Verpflichtungen gegenüber den ArbN, durch das Betriebsverfassungsrecht, das Wirtschaftsverwaltungsrecht und durch die langfristigen Investitionen einer gesteigerten rechtl. Bindung". Jene habe zur Folge, dass die – im zur Entscheidung stehenden Fall – durch die Erbschaftssteuer erfasste finanzielle Leistungsfähigkeit des Erben nicht seinem durch den Erbfall erworbenen Vermögenszuwachs entspreche. Die Verfügbarkeit über den Betrieb und einzelne dem Betrieb zugehörige Wirtschaftsgüter sei beschränkter als bei betrieblich ungebundenem Vermögen[5].

28 Aus Sicht der Gegenstimmen spricht gegen eine Einbeziehung vor allem, dass es aus verfassungsrechtl. Sicht an einer entsprechenden **Inhaltsbestimmung des Eigentums** durch den Gesetzgeber fehle. Es gäbe keine gesetzl. Grundlage. Die ausschließlich im Richterrecht (des Zivilrechts) liegende Basis des Rechts am eingerichteten und ausgeübten Gewerbebetrieb könne verfassungsrechtl. nicht genügen. Für eine verfassungsrechtl. Anerkennung müsse der Begriff „eingerichteter und ausgeübter Gewerbebetrieb" noch weiter verfestigt werden. Bis jetzt gäbe es nur einen Sammelbegriff für wirtschaftl. verbundene Betriebsmittel, Rechte, Chancen und faktische Gegebenheiten und kein konkretes Rechtsinstitut „Unternehmen". Und dabei seien gerade das Vermögen und die Erwerbschancen vom BVerfG definitiv aus dem Schutzbereich ausgeschlossen worden. Außerdem falle die unternehmerische Tätigkeit einschließlich ihrer Funktionsvoraussetzungen unter den Schutz des Art. 12[6].

29 Die **Erforderlichkeit der Abgrenzung von Art. 14 und Art. 12** wird jedoch auch von Befürwortern der Einbeziehung des Gewerbebetriebs in den Bereich des Art. 14 kaum bestritten. Es ist weithin anerkannt, dass die Grenze zu Art. 12 beachtet werden muss, weil Art. 14 nur Bestandsschutz, nicht aber Erwerbsschutz bietet. Geschützt ist „nur das Recht auf Fortsetzung des Betriebs im bisherigen Umfang nach den schon getroffenen betrieblichen Maßnahmen"[7]; also allein der konkrete Bestand eines Betriebs (bzw. überhaupt nur entstandene Positionen)[8].

30 Deshalb sind bloße **Gewinnchancen, Zukunftshoffnungen**, nicht gesicherte Erwartungen auf den Fortbestand eines Vertragsverhältnisses, Verdienstmöglichkeiten sowie Lagevorteile, innerhalb deren der Unternehmer seine Tätigkeit entfaltet, nicht von Art. 14 umfasst[9]. Dies gilt jedenfalls, soweit sie sich aus

1 BGH v. 28.1.1957 – III ZR 141/55, BGHZ 23, 157 (162 f.); BVerwG v. 27.5.1981 – 7 C 34.77, E 62, 224 (226); v. 4.4.1983 – 4 C 76.80, E 67, 93 (96); zum Ganzen Jarass/Pieroth/*Jarass*, Art. 14 GG Rz. 10, 25; *Leisner*, Eigentum, 1996, S. 127 f. | 2 Vgl. dazu aber auch von Münch/Kunig/*Bryde*, Art. 14 GG Rz. 18 ff. | 3 BGH v. 7.6.1990 – III ZR 74/88, BGHZ 111, 349 (356); Sachs/*Wendt*, Art. 14 GG Rz. 26, 67. | 4 BAG v. 23.9.1982 – 6 ABR 42/81, AP Nr. 3 zu § 4 BetrVG; v. 25.9.1986 – 6 ABR 68/84, AP Nr. 7 zu § 1 BetrVG 1972. | 5 BVerfG v. 22.6.1995 – 2 BvR 552/91, E 93, 165 (175 f.). | 6 ErfK/*Dieterich*, Art. 14 GG Rz. 5; Dreier/*Wieland*, Art. 14 GG Rz. 44. | 7 BGH v. 18.9.1986 – III ZR 83/85, BGHZ 98, 341 (351). | 8 BVerfG v. 26.5.1993 – 1 BvR 208/93, E 89, 1 (7) zum Mietrecht. | 9 S. aber auch von Münch/Kunig/*Bryde*, Art. 14 GG Rz. 21, der insoweit auf Art. 12 verweist.

dem bloßen Fortbestand einer günstigen Gesetzeslage ergeben und „keinen Bezug zu einem bestimmten einzelnen Gewerbebetrieb haben". Und es ändert sich auch nichts, wenn sie für das Unternehmen und seine Rentabilität von erheblicher Bedeutung sind oder die Folge einer bestimmten Rechtslage darstellen. Der Schutz des Gewerbebetriebs darf nicht weiter reichen als der seiner wirtschaftl. Grundlage[1]. Rechtl. Schutz könnten derartige Gegebenheiten und Vorteile nur ausnahmsw. erlangen, wenn der Betriebsinhaber auf deren Bestand vertrauen durfte[2].

Weitgehend unbestritten ist, dass Art. 14 nicht vor **Konkurrenz** (auch nicht seitens der öffentl. Hand) schützt[3]. Außerdem ist nur der berechtigte Betrieb geschützt; Genehmigungen müssen eingeholt werden[4]. Nicht einheitlich wird dagegen beurteilt, ob die Einführung eines Anschluss- und Benutzungszwangs Art. 14 berührt. Dies soll jedenfalls nicht der Fall sein, wenn er bei Errichtung des Betriebs bereits möglich war[5]. Insb. ein Eingriff in die Substanz der Sach- und Rechtsgesamtheit „Gewerbebetrieb" kann ein Eingriff in Art. 14 sein[6]. Das Recht am eingerichteten und ausgeübten Gewerbebetrieb kommt auch freien Berufen zugute[7]. 31

cc) Betriebsgeheimnisse. Umstritten ist, wie Betriebs- und Geschäftsgeheimnisse grundrechtl. gesichert werden sollen. „Betriebs- und Geschäftsgeheimnisse sind Tatsachen, die nur einem beschränkten Personenkreis bekannt sind, mit einem Geschäft zusammenhängen und an **deren Geheimhaltung der Unternehmer ein berechtigtes wirtschaftl. Interesse** hat"[8]. Manche Autoren wollen insoweit die Eigentumsgarantie heranziehen. Dafür werden vielfältige Begründungen gegeben; so zB die große wirtschaftl. Bedeutung der Betriebs- und Geschäftsgeheimnisse für die Unternehmen, ihre den Immaterialgüterrechten vergleichbare Funktion, ihre Anerkennung durch die Rechtsordnung in § 30 VwVfG, § 17 UWG und § 203 StGB, sowie ihr Charakter als „geronnene wirtschaftl. Leistung"[9]. Man kann aber auch Art. 12 anwenden[10]. 32

Andere sehen in der Einbeziehung in Art. 14 mit Recht eine **problematische Aufweichung** des Eigentumsbegriffs und eine Grenzverwischung zu Art. 12. Betriebs- und Geschäftsgeheimnisse vermitteln gerade kein absolutes Recht auf Benutzung, wie das bspw. bei Immaterialgüterrechten der Fall ist. Sie sind dem Berechtigten nicht wie Urheber- bzw. Patentrechte zugeordnet. Und es besteht keine Pflicht aus Art. 14, alle Vermögensgüter, die auf eigener Leistung beruhen und vor strafrechtl. Verletzung geschützt sind, als verfassungsrechtl. geschütztes Eigentum anzuerkennen[11]. 33

dd) Anteilseigentum. Gesellschaftsrechtl. Anteile (Aktien) an Unternehmen sind von der Eigentumsgarantie mitumfasst[12]. Sie fallen in den von Art. 14 geschützten Bereich, da sie dem Aktionär neben Mitgliedschaftsrechten auch **vermögensrechtl. Ansprüche** auf Gewinnbeteiligung gewähren und insofern gesellschaftsrechtl. vermitteltes Eigentum sind, das als Vermögensrecht den Schutz des Art. 14 genießt[13]. Doch sind dabei der besondere soziale Bezug und die soziale Funktion zu beachten. Denn das Anteilseigentum ist in seinem mitgliedschaftsrechtl. und seinem vermögensrechtl. Element gesellschaftsrechtl. vermitteltes Eigentum. Nutzungen und Verfügungen wirken nicht nur für den Eigentümer, sondern berühren die Belange Dritter. Dementsprechend hat der Gesetzgeber das Gesellschaftsrecht ausgestaltet und die Rechte des Anteilseigners so bestimmt und beschränkt, dass er sein Eigentum zumeist nicht unmittelbar nutzen bzw. die mit dem Eigentum verbundenen Verfügungsbefugnisse nicht unbeschränkt wahrnehmen kann. Genutzt werden kann nur der Vermögenswert[14]. 34

Mit der „bedeutenden sozialen Funktion" und dem „weittragenden sozialen Bezug" des Anteilseigentums argumentiert das BVerfG vor allem im Mitbestimmungsurteil und rechtfertigt so die weitreichenden **MitbestR der ArbN-Seite**. Das MitbestG wird als zulässige Inhalts- und Schrankenbestimmung iSd. Art. 14 interpretiert. Denn um das Anteilseigentum nutzen zu können, ist die Hilfe der ArbN notwendig und deren Grundrechtssphäre wird durch die Ausübung der eigentümerischen Verfügungsbefugnisse berührt. Dennoch dürfen MitbestR nicht dazu führen, dass gegen den Willen der Anteilseigner entschieden wird[15]. 35

ee) Eigentum und Koalitionsfreiheit. Probleme entstehen, wenn der Eigentumsschutz durch Rechtsgrundsätze des Arbeitsrechts berührt oder sogar überlagert wird. Das ist zB im **Arbeitskampfrecht** der Fall, welches eine Konkordanz von Art. 14 I und Art. 9 III erfordert[16]. Zwar ist die Koalitions- bzw. Ge- 36

---

1 BVerfG v. 15.7.1981 – 1 BvL 77/78, E 58, 300 (353); v. 18.5.1988 – 2 BvR 579/84, E 78, 205 (211); v. 26.5.1993 – 1 BvR 208/93, E 89, 1 (7); BVerwG v. 4.4.1983 – 4 C 76/80, E 67, 93 (96). | **2** Sachs/*Wendt*, Art. 14 GG Rz. 47 f. | **3** BVerwG v. 22.2.1972 – I C 24/69, E 39, 329 (337). | **4** BVerwG v. 1.12.1982 – 7 C 100/79, E 66, 301 (303 ff.); Jarass/Pieroth/*Jarass*, Art. 14 GG Rz. 10. | **5** BVerwG v. 27.5.1981 – 7 C 34/77, E 62, 224 (226); Jarass/Pieroth/*Jarass*, Art. 14 GG Rz. 26; aA Sachs/*Wendt*, Art. 14 GG Rz. 50. | **6** BVerfG v. 29.11.1961 – 1 BvR 148/57, E 13, 225, (229 f.); BVerwG v. 22.4.1994 – 8 C 29/92, E 95, 341 (348); Jarass/Pieroth/*Jarass*, Art. 14 GG Rz. 25. | **7** BGH v. 4.6.1981 – III ZR 31/80, BGHZ 81, 21 (33). | **8** Schönke/Schröder/*Lenckner*, 27. Aufl. 2006, § 203 StGB Rz. 11. | **9** Zum Ganzen näher *Wolff*, NJW 1997, 98 (99 mwN). | **10** Vgl. etwa BVerfG v. 14.3.2006 – 1 BvR 2087/03, 1 BvR 2111/03, E 115, 205 (228 ff.). | **11** ErfK/*Dieterich*, Art. 14 GG Rz. 6. | **12** BVerfG v. 1.3.1979 – 1 BvR 532/77 ua., E 50, 290 (341); v. 27.4.1999 – 1 BvR 1613/94, E 100, 289 (301 f.). | **13** BVerfG v. 7.8.1962 – 1 BvL 16/60, E 14, 263 (276 f.). | **14** BVerfG v. 1.3.1979 – 1 BvR 532/77 ua., E 50, 290 (341 ff.); Dreier/*Wieland*, Art. 14 GG Rz. 41. | **15** BVerfG v. 1.3.1979 – 1 BvR 532/77 ua. E 50, 290; Sachs/*Wendt*, Art. 14 GG Rz. 118 f.; dagegen *Leisner*, Eigentum, 1996, S. 130 ff. | **16** ErfK/*Dieterich*, Art. 14 GG Rz. 20.

werkschaftsfreiheit nicht nur ein Gegenrecht zum Privateigentum, sondern in gewissem Sinne auch Eigentumsgarantie, da eine übermäßige Belastung der privaten Eigentumsordnung den Gewerkschaften die Grundlage ihrer Tätigkeiten entzöge[1]. Doch beeinträchtigen gerade Arbeitskampfmaßnahmen idR das Eigentum des ArbGeb und sind deshalb nicht unbegrenzt möglich.

37 Dementsprechend war schon früh einhellig anerkannt, dass **bewusste Sachbeschädigung** von Arbeitsmitteln, Arbeitsgegenständen und Arbeitsprodukten kein zulässiges Arbeitskampfmittel ist[2]. Darüber hinaus können während eines Arbeitskampfes Erhaltungs- sowie Notstandsarbeiten geboten sein. Dabei wirkt der Notdienst (Art. 9 Rz. 290 ff.) als Beschränkung der Streikfreiheit des Art. 9 III zu Gunsten des Eigentums (Art. 14) und bzw. oder anderer höherrangiger Rechtsgüter Dritter[3]. Gerechtfertigt wird die Beschränkung der Koalitionsfreiheit damit, dass schon die streikbedingte Stilllegung der Produktion bei manchen Anlagen und Verfahrensabläufen zu irreparablen Sachschäden führen kann. Eine Freiheit darf aber nie soweit gehen, dass sie eine andere grundrechtl. geschützte Position verdrängt. Insb. darf die Existenz eines Betriebs nicht gefährdet werden[4].

38 Stimmen im Schrifttum zufolge sollen **Betriebsbesetzungen** (Art. 9 Rz. 266) und ihre rechtl. Begrenzung keine Fragen des Eigentumsschutzes, sondern der Berufsfreiheit sein[5]. Dem kann nicht zugestimmt werden. Richtigerweise wird man insoweit die Schutzbereiche von Art. 9 III sowie Art. 12, 14 gegeneinander abzuwägen haben. So begrenzt das Eigentumsrecht des ArbGeb auch das Recht der ArbN, sich im Betrieb aufzuhalten. Den ArbN steht selbst dann kein Verweilrecht im Betrieb zu, wenn sie sich im Arbeitskampf befinden. Insb. hat die ArbN-Seite kein entgegenstehendes Recht am Arbeitsplatz (s. Rz. 54). Das Aufenthaltsrecht der ArbN endet immer mit Beendigung des Arbeitsverhältnisses, ihnen steht nur noch die Zeit zu, die sie zum Packen oder für sonstige notwendige Verrichtungen brauchen[6].

39 Fragen der Kollision des Eigentumsschutzes aus Art. 14 und der Koalitionsfreiheit aus Art. 9 III können auch außerhalb des Arbeitskampfes auftreten. So kann sich die Frage stellen, ob die Koalitionsbetätigungsgarantie dem ArbGeb als Eigentümer der Betriebsmittel **Duldungspflichten gemäß § 1004 II BGB** aufzwingt. Dies könnte bspw. bei gewerkschaftlichen Werbemaßnahmen im Betrieb (Anschlägen am schwarzen Brett, Aufnähern und Buttons an der Dienstkleidung) und Veranstaltungen in den Räumlichkeiten des Betriebs der Fall sein[7] (vgl. Art. 9 Rz. 80 ff.).

40 **ff) Arbeitnehmerschutz.** Die Nutzungsmöglichkeiten des ArbGeb werden auch durch **Sicherheitsvorschriften** eingeschränkt. Nachdem es sich insoweit regelmäßig um Eingriffe in die von Art. 12 geschützte unternehmerische Berufsfreiheit handeln wird, sind sie dann nicht an Art. 14 zu messen[8]. Dementsprechend betreffen auch Arbeitszeitregelungen – wie bspw. das Ladenschlussgesetz (s. Rz. 19 und Art. 12 Rz. 43) – nicht das Eigentum am Betrieb, sondern die unternehmerische Betätigung. Dem ArbGeb wird nämlich untersagt, die Arbeitsleistung von ArbN zu einem bestimmten Zeitpunkt zu verlangen. Dieses Recht folgt aber nicht aus dem Eigentum, sondern aus dem Arbeitsvertrag. Keinesfalls handelt es sich um einen Eingriff in die Substanz des Betriebs[9]. Ebenso betreffen Fälle der Einschränkung der Möglichkeit zur LeihArbN-Beschäftigung nicht die Eigentumsgarantie[10].

41 Doch ist die genannte Sichtweise nicht unbestritten. Denn die Eigentumsgarantie und die Berufsfreiheit stehen in engem Zusammenhang und eine strikte Trennung dürfte nicht immer möglich sein. Ob Art. 14 unter dem Gesichtspunkt „Eigentum an Produktionsmitteln bzw. Recht am eingerichteten und ausgeübten Gewerbebetrieb" für die Beurteilung von **Arbeitsschutz- und Arbeitszeitregelungen**, wie auch der Mitbest. heranzuziehen ist, bleibt weiterhin diskussionswürdig[11].

42 **c) Eigentumspositionen der Arbeitnehmer. aa) Überblick.** Auch für die ArbN sind Inhaltsbestimmung und Schutz ihrer Eigentumspositionen zunächst Aufgaben des allgemeinen Zivilrechts. Doch liegen für sie besonders wichtige Eigentumspositionen im Arbeitsrecht (zB **Lohn- und betriebliche Versorgungsansprüche**)[12]. Entsprechende Rechte haben die Aufgabe der Existenzsicherung übernommen und sind zumeist an die Stelle von Sacheigentum getreten. Da Eigentum im verfassungsrechtl. Sinne auch andere private Rechte als Sacheigentum umfasst (vgl. Rz. 16 f.), fallen derartige Vermögenspositionen unter Art. 14. Das gilt auch für vermögenswerte (subjektiv-)öffentl. Rechte[13], wie zB SozV-Ansprü-

---

1 *Leisner*, Eigentum, 1996, S. 62. | 2 *Däubler*, Arbeitskampfrecht, 2. Aufl., 1987, Rz. 1483 f.; *Seiter*, Streikrecht und Aussperrungsrecht, 1975, S. 143. | 3 *Däubler*, Arbeitskampfrecht, 2. Aufl., 1987, Rz. 224 ff.; MünchArbR/*Otto*, Bd. 3, § 285 Rz. 138 ff. | 4 *Däubler*, Arbeitskampfrecht, 2. Aufl., 1987, Rz. 224. | 5 ErfK/*Dieterich*, Art. 14 GG Rz. 20; *Stein*, AR-Blattei SD 830 Rz. 623. | 6 Leipziger Kommentar zum StGB/*Lilie*, 11. Aufl., 2005, § 123 Rz. 73. | 7 BVerfG v. 21.11.1980 – 1 BvR 589/79, AP Nr. 30a zu Art. 9 GG; BAG v. 8.12.1978 – 1 AZR 303/77, AP Nr. 28 zu Art. 9 GG (*Konzen*); v. 23.2.1979 – 1 AZR 172/78, AP Nr. 30 zu Art. 9 GG; s. ferner *Stein*, AR-Blattei SD 830 Rz. 624 ff. | 8 ErfK/*Dieterich*, Art. 14 GG Rz. 19. | 9 BVerfG v. 29.11.1961 – 1 BvR 148/57, E 13, 225 (229 f.); v. 18.12.1985 – 1 BvR 143/83, AP Nr. 15 zu § 87 BetrVG 1972 – Arbeitszeit; *Söllner*, NZA 1992, 721 (731); aA *Scholz*, NJW 1986, 1587 ff. | 10 BVerfG v. 6.10.1987 – 1 BvR 1086, 1468, 1623/82, E 77, 84 (118). | 11 Eingehend dazu *Scholz*, NJW 1986, 1587 ff. | 12 *Däubler*, AuR 1984, 1 (7); *Stein*, AR-Blattei SD 830 Rz. 627. | 13 BVerfG v. 28.2.1980 – 1 BvL 17/77 ua., E 53, 257 (290); v. 16.7.1985 – 1 BvL 5/80, 1 BvR 1023, 1052/83 u. 1227/84, E 69, 272 (303); BAG v. 12.3.1996 – 3 AZR 963/94, AP Nr. 1 zu § 3 RuhegeldG Hamburg; Sachs/*Wendt*, Art. 14 GG Rz. 34 mN; dagegen *Herzog*, NZA 1989, 1 (3).

che, Anwartschaften auf Renten[1] und Alg[2]. Denn die Eigentumsgarantie gewährleistet den Erhalt des konkreten, durch Arbeit und Leistung erworbenen Bestands an vermögenswerten Gütern[3]. Allerdings fallen Versorgungsbezüge als öffentl.-rechtl. vermögensrechtl. Ansprüche, die ihre Grundlage in einem öffentl.-rechtl. Dienstverhältnis haben, unter Art. 33 V als lex specialis[4].

Außerdem ist der Schutz von Eigentumspositionen der ArbN nicht unbegrenzt. Ihm steht idR die **Erhaltung des Betriebs** entgegen[5]. Mit dieser Feststellung korrespondierend steht die Höhe der gesetzl. Personalzusatzkosten in der Diskussion. Es stellt sich nämlich die Frage, ob insoweit nicht schon die Grenze der Belastbarkeit überschritten und die Wettbewerbsfähigkeit der Wirtschaft gefährdet ist[6]. Gegenwärtig wird man dies aber wohl nicht sagen können. 43

bb) (Öffentlich-rechtliche) Versorgungsansprüche und Anwartschaften. IdR besitzen **arbeitsvertragl. Sonder- bzw. Zusatzansprüche** – ebenso wie Versorgungsansprüche – einen Vermögenswert[7]. Somit könnte ein Abbau derartiger Abmachungen schon am Bestandsschutz des Art. 14 scheitern. Dies wird jedoch in Rspr. und Lit. nicht einheitlich beurteilt. Unbestritten sind allerdings „bereits entstandene, aus dem Arbeitsverhältnis herausgetretene Individualansprüche der ArbN" geschützt[8]. Insoweit wird freilich nicht immer ausdrücklich auf Art. 14 rekurriert, nachdem deren Schutz als selbstverständlich angenommen wird[9]. 44

Fraglich ist jedoch die Einbeziehung von **Anwartschaften auf künftig fällig werdende Leistungen** in den Schutzbereich des Art. 14. Ein Rückgriff auf Art. 14 könnte hier daran scheitern, dass er nur eine Bestands-, jedoch keine Erwerbsgarantie darstellt. Zur Lösung dieser Problematik wäre eine Übertragung der Grundsätze zum eingerichteten und ausgeübten Gewerbebetrieb auf das Arbeitsverhältnis denkbar. Für ihn gilt unbestritten, dass bloße Chancen und Erwartungen eines Gewerbebetriebs nicht schutzwürdig sind. Hingegen kann der schon eingerichtete und ausgeübte Gewerbebetrieb geschützt sein (str.; vgl. Rz. 23 ff.). Gegen die Einbeziehung künftiger Leistungen spricht, dass ihr Entstehen ungewiss ist (ebenso wie bloße Erwerbschancen des Betriebs); Änderungen müssen möglich bleiben. Andererseits kann derartigen Leistungen nicht jeglicher wirtschaftl. Wert abgestritten werden. Ihrem Grunde nach bestehen sie ja bereits[10]. In diese Richtung geht auch die Rspr. des BAG[11], wobei Gegenstand der Beurteilung zumeist Fragen der RV waren. Dabei unterscheidet das BAG grds. zwischen dem bereits erdienten und dem noch nicht erdienten Teil eines Versorgungsrechts. Ersterer verdiene den Schutz durch die Eigentumsgarantie. 45

Doch wurde der Schutz aus Art. 14 zunächst auf **unverfallbare Versorgungsanwartschaften** beschränkt. Hat ein ArbN die erwartete Betriebstreue erbracht und sein aktives Arbeitsleben beendet, so hat er seine Versorgungsanwartschaft in vollem Umfang erdient. Die Versorgungsansprüche sind bereits fällig und der Bestandsschutz ist gegeben. Hierüber besteht – wie schon angesprochen – kein Streit[12]. Anders ist die Situation der aktiven ArbN. Um einen vollen Rentenanspruch zu erwerben, müssen sie noch bis zum Versorgungsfall weiterarbeiten. Dennoch steht ihnen eine stetig anwachsende Anwartschaft zu, die im Verhältnis der insgesamt erwarteten Betriebszugehörigkeit zur bereits geleisteten Dienstzeit immer weiter erdient wird. In diesem Verhältnis wächst also auch der Schutz durch die Eigentumsgarantie, der sich immer auf den erdienten Teil der Anwartschaft erstreckt. Kürzungen sind hier nur begrenzt möglich. Der noch nicht erdiente Teil des Versorgungsanspruchs ist hingegen wenig geschützt[13]. Auch die Anhebung des Rentenzutrittsalters für Frauen soll mit dem GG vereinbar sein[14], wobei nunmehr die allgemeine (stufenweise) Anhebung des Rentenalters auf 67 Jahre zu thematisieren ist[15]. Die genannten Grundsätze können auch auf andere Sozialleistungen übertragen werden. Auch diese Ansprüche werden im Verhältnis zur bereits erbrachten Betriebstreue erdient, so dass ihr Bestandsschutz proportional ansteigt. Änderungen sind auch dort nicht grenzenlos zulässig[16]. 46

Größere Probleme bereitet jedoch der Schutz für eine in Zukunft zu erwartende **verfallbare Anwartschaft.** Im Ergebnis müssen auch für diese Fälle prinzipiell dieselben Grundsätze gelten wie für die 47

1 Ausf. Auseinandersetzung mit der Problematik des Schutzes von Rentenanwartschaften und Art. 14 GG: *Gurlit* in Ministerium der Justiz Rh.-Pf. (Hrsg.), „Mainzer Runde 2003", 2003, S. 13 ff. | 2 Nach der Reform des Arbeitslosen- und Sozialhilferechts (Hartz IV) ist allerdings zu beachten, dass es sich hierbei wohl nicht um das Alg II handeln kann, da ein Anspruch darauf jedem erwerbsfähigen Arbl. zwischen 15 und 65 Jahren zusteht und zwar unabhängig davon, ob ein Anspruch auf Alg erdient wurde (§ 7 SGB II). | 3 BVerfG v. 7.7.1971 – 1 BvR 765/66, E 31, 229 (239). | 4 BVerfG v. 30.9.1987 – 2 BvR 933/82, E 76, 256 (294). | 5 *Gamillscheg*, Die Grundrechte im Arbeitsrecht, 1989, S. 70. | 6 *Leisner*, NJW 1996, 1511 ff. | 7 Vgl. BVerfG v. 28.2.1980 – 1 BvL 17/77 ua., E 53, 257 (292). | 8 S. auch ErfK/*Dieterich*, Art. 14 GG Rz. 22. | 9 So aber BSG v. 31.7.2002 – B 4 RA 120/00 R, NJW 2003, 1474 (1474, 1476 ff.). | 10 *Däubler*, AuR 1984, 1 (7 f.). | 11 Zuletzt BAG v. 20.4.2004 – 3 AZR 297/03, AP Nr. 33 zu § 17 BetrAVG. | 12 S. auch *Stein*, AR-Blattei SD 830 Rz. 628. | 13 BAG v. 17.1.1980 – 3 AZR 456/78, AP Nr. 185 zu § 242 BGB – Ruhegehalt; v. 16.9.1986 – GS 1/82, AP Nr. 17 zu § 77 BetrVG; v. 21.8.1980 – 3 AZR 143/80, AP Nr. 7 zu § 1 BetrAVG – Wartezeit; v. 15.2.2005 – 3 AZR 298/04, ArbuR 2005, 108 f.; BSG v. 31.7.2002 – B 4 RA 120/00 R, NJW 2003, 1474 f. (1476 f.). S. auch *Däubler*, AuR 1984, 1 (7 ff.); von Münch/Kunig/*Bryde*, Art. 14 GG Rz. 26 mwN. | 14 BVerfG v. 3.2.2004 – 1 BvR 2491/97, NVwZ 2004, 604; vgl. a. BAG v. 18.10.2005 – 3 AZR 506/04, AP Nr. 13 zu § 1 BetrAVG – Unverfallbarkeit. *Blomeyer/Rolfs/Otto*, 4. Aufl. 2006, § 6 BetrAVG Rz. 31. | 15 *Sodan*, NZS 2005, 561 ff. | 16 BAG v. 16.9.1986 – GS 1/82, AP Nr. 17 zu § 77 BetrVG.

unverfallbaren Anwartschaften, wenn auch mit minderem Bestandsschutz. Denn selbst dann, wenn die Wartezeit noch nicht erfüllt ist und noch kein effektiver Versicherungsschutz eingreift, liegt ein konkreter Vermögenswert vor, der unter Art. 14 fallen muss[1]. Dementsprechend billigt das BVerfG Ansprüchen aus Versicherungsrenten schon dann Bestandsschutz zu, wenn die Wartezeit noch nicht vollständig abgelaufen ist[2]. Diese Rspr. wird man auf andere betriebliche Sozialleistungen übertragen können. Daraus folgt dann ein gewisser Bestandsschutz bspw. auch für Jubiläumsgratifikationen, Weihnachtsgeld und betriebliche Versorgungszusagen[3]. Anders als das BVerfG verlangt das BAG zumindest den Ablauf der Wartezeit, bevor es eine schutzwürdige, gefestigte Rechtsposition anerkennt. Sobald die Wartezeit verstrichen ist, sei aber auch die arbeitsrechtl. Zusatzversorgung durch Arbeitsleistung erdient und keine bloße Ermessensentscheidung mehr, so dass der Schutzbereich des Art. 14 eröffnet ist. Regelungen im Rahmen des Abs. 2 bleiben dennoch möglich[4].

48 Allerdings hat das BVerfG weitere Voraussetzungen entwickelt, die **vermögenswerte öffentl.-rechtl. Ansprüche** und **Anwartschaften** wie sozialversicherungsrechtl. Positionen erfüllen müssen, um den Schutz von Art. 14 genießen zu können[5]. Das BVerfG billigt ihnen Eigentumsschutz nur dann zu, wenn sie eine vermögensrechtl. Position darstellen, die nach Art eines Ausschließlichkeitsrechts dem Rechtsträger als privatnützig zugeordnet ist, also dem Eigentum entspricht. Zudem müssen sie auf eigenen Leistungen des Berechtigten beruhen und der Existenzsicherung dienen[6]. In der Lit. wird gerade das Merkmal der „Existenzsicherung" angezweifelt. Denn darin liege eigentlich der Grund der Einbeziehung in den Schutzbereich und kein Abgrenzungstatbestand. Diskussionswürdig ist auch die Frage, ob Schutzobjekt der im konkreten Versicherungsfall entstehende Leistungsanspruch oder der allgemein bestehende Versicherungsschutz ist[7].

49 Wegen Fehlen des Merkmals „auf eigener Leistung beruhen" genießen reine **Fürsorgeleistungen** des Staates keinen Eigentumsschutz. Das Gleiche gilt für Rechtspositionen, über die deren Inhaber nicht verfügen kann[8]. Hinterbliebenenrenten gelten bspw. als vorwiegend fürsorgerisch motiviert[9]. Hingegen schadet es sozialversicherungsrechtl. Ansprüchen im Allgemeinen nicht, dass sie auch mit staatlichen Zuschüssen finanziert werden. Sie sind sogar dann durch Art. 14 geschützt, wenn die staatlichen Zuschüsse den Beitragsanteil übersteigen. Geschützt ist der gesamte Rentenanspruch oder die Anwartschaft, mitsamt den Teilen, die nicht auf eigener Leistung beruhen. Ebenso werden die ArbGebAnteile zur gesetzl. RV und KV den eigentumsrelevanten Eigenleistungen des ArbN zugerechnet. Der Eigentumsschutz ist jedoch umso stärker, je höher der eigene Anteil ist[10].

50 Als von Art. 14 umfasst gelten auch Anwartschaften auf **Alg**[11] (vgl. auch Rz. 42) sowie auf **Erwerbsunfähigkeitsrenten**[12]. Dem **betrieblichen Altersruhegeld** wird ebenfalls Entgeltcharakter beigemessen[13]. Und auch für die in der ehemaligen DDR erworbenen Ansprüche gelten die genannten Grundsätze. Der Einigungsvertrag hat in der DDR erworbene Rentenanwartschaften denjenigen der alten Bundesländer gleichgestellt und ihnen damit den Schutz des Art. 14 verschafft[14]. Hingegen hat das BVerfG bei Ansprüchen auf Kug Zweifel geäußert, ob sie nach Voraussetzung und Zweck als eigentumsähnliche Rechtsposition gelten können[15]. Bzgl. vermögensrechtl. Ansprüche von Angehörigen des öffentl. Dienstes, die sich aus einem öffentl.-rechtl. Dienstverhältnis ergeben, und die deshalb unter Art. 33 V fallen sollen, soll der Schutz aus Art. 33 dem Schutz des Art. 14 entsprechen[16].

51 Trotz allem sind Änderungen bei der Gewährung von **Versicherungs-, Sozial- und sonstigen Leistungen** nicht völlig ausgeschlossen. Dem Bestandsschutz stehen die Interessen des ArbGeb bzw. des Betriebs, aber auch der anderen ArbN – die ihren Arbeitsplatz bedroht sehen – entgegen. Hier hat ein Ausgleich im Wege der praktischen Konkordanz zu erfolgen. Eingriffe in den Schutzbereich des Art. 14 können erforderlich werden, wenn das Unternehmen in gravierenden wirtschaftl. Schwierigkeiten steckt. Zur Rettung eines Betriebes oder zumindest dessen ordnungsgemäßer Abwicklung kann bspw. ein Verzicht auf Weihnachtsgeld oder Jubiläumssonderzuwendungen geboten sein oder sogar eine Neu-

---

1 Vgl. auch ErfK/*Dieterich*, Art. 14 GG Rz. 22. | **2** Insoweit ist aber festzustellen, dass das BVerfG (v. 15.7.1998 – 1 BvR 1554/89 ua., E 98, 365) zwar § 18 BetrAVG für verfassungswidrig erklärt hat, dies aber allein mit Art. 3 und Art. 12 begründete; s. auch ErfK/*Dieterich*, Art. 14 GG Rz. 22. | **3** BVerfG v. 28.2.1980 – 1 BvL 17/77 ua., E 53, 257 (289 ff.); *Däubler*, AuR 1984, 1 (8 mwN). | **4** BAG v. 12.3.1996 – 3 AZR 963/94, AP Nr. 1 zu § 3 RuhegeldG Hamburg; v. 15.2.2005 – 3 AZR 298/04, ArbuR 2005, 108 f. | **5** Dazu auch ErfK/*Dieterich*, Art. 14 GG Rz. 7. | **6** BVerfG v. 20.6.1978 – 2 BvR 71/76, E 48, 403 (412 f.); v. 28.2.1980 – 1 BvL 17/77 ua., E 53, 257 (292); v. 16.7.1985 – 1 BvL 5/80 ua., E 69, 272 (300 ff.); v. 18.2.1998 – 1 BvR 1318, 1318/86, E 97, 271 (284); v. 27.2.2007 – 1 BvL 10/00, NJW 2007, 1577 ff. (1578); s. auch BVerfG v. 13.6.2006 – 1 BvL 9/00 ua., E 116, 96 (121 ff.). Dreier/*Wieland*, Art. 14 GG Rz. 54. | **7** *Herzog*, NZA 1989, 1 (3). | **8** Dreier/*Wieland*, Art. 14 GG Rz. 53. | **9** BVerfG v. 20.6.1978 – 2 BvR 71/76, E 48, 403 (413); v. 16.7.1985 – 1 BvL 5/80 ua., E 69, 272 (300 f.); v. 18.2.1998 – 1 BvR 1318, 1418/86, E 97, 271 (284 ff.); Jarass/Pieroth/*Jarass*, Art. 14 GG Rz. 11. | **10** BVerfG v. 1.7.1981 – 1 BvR 874/77, E 58, 81 (109); v. 16.7.1985 – 1 BvL 5/80 ua., E 69, 272 (301); Sachs/*Wendt*, Art. 14 GG Rz. 28 ff. | **11** BVerfG v. 10.2.1987 – 1 BvL 15/83, E 74, 203 (213 ff.). | **12** BVerfG v. 8.4.1987 – 1 BvR 564/84, E 75, 78 (96 f.). | **13** BVerfG v. 19.10.1983 – 2 BvR 298/81, E 65, 196 (213); s. auch BAG v. 12.6.2007 – 3 AZR 14/06, DB 2007, 2727. | **14** BVerfG v. 28.4.1999 – 1 BvL 32/95, 1 BvR 2105/95, E 100, 1 (33 ff.). | **15** BVerfG v. 4.7.1995 – 1 BvF 2/86 ua., E 92, 365 (405 f.); dazu auch ErfK/*Dieterich*, Art. 14 GG Rz. 7. | **16** BVerfG v. 12.3.1975 – 2 BvL 10/74, E 39, 196 (200); v. 10.4.1984 – 2 BvL 19/82, E 67, 1 (14); v. 30.9.1987 – 2 BvR 933/82, E 76, 256 (294).

regelung von Versorgungsanwartschaften vorgenommen werden[1]. Auch gewährleistet das Grundgesetz keinen unbegrenzten Bestandsschutz der Versorgungsanwartschaften im Insolvenzfall[2].

Außerdem kann der Gesetzgeber seinen **Gestaltungsspielraum** aus Abs. 1 S. 2 zur Inhalts- und Schrankenbestimmung ausnutzen. Dabei ist es zulässig, den Bestandsschutz der zukünftig zu erwartenden Leistungen an Obergrenzen zu knüpfen bzw. von Anrechnungsvorbehalten sowie Widerrufs- oder Ablösungstatbeständen abhängig zu machen, auch wenn dadurch die Versorgungsrechte eingeschränkt werden. Dies rechtfertigt ein ausgewogener Ausgleich zwischen den Belangen der Allgemeinheit und den Individualinteressen. Dabei ist der Schutz umso größer, je mehr es sich um bereits erdiente wirtschaftl. Werte handelt bzw. je größer der soziale Bezug ist[3]. 52

Doch ist der Gesetzgeber trotz eines weiten Gestaltungsspielraums auf dem Gebiet der wirtschaftl. Angelegenheiten nicht völlig frei. Dies hat im Zusammenhang mit den **Personalzusatzkosten** besondere Bedeutung. Hier setzen vor allem die wirtschaftl. Grundrechte wie gerade Art. 14 Grenzen. Dabei ergibt sich eine verfassungsrechtl. Belastungsgrenze nicht nur für Steuern, sondern auch für Sozialabgaben und Personalzusatzkosten. Wo genau die Grenze der Belastbarkeit liegt, kann jedoch schwer festgelegt werden. Eine Existenzgefährdung für die betroffenen Betriebe ist jedenfalls immer unzulässig. Von den auferlegten Geldleistungspflichten darf keine Erdrosselungswirkung ausgehen[4]. 53

cc) Arbeitsplatz. Auch die zivilrechtl. Institute **Werk-, Dienst- und Arbeitsvertrag** – und damit ua. die Begründungsmöglichkeit von Lohnforderungen – werden in ihrem Kern durch Art. 14 institutionell gewährleistet[5]. Somit könnte möglicherweise ein entschädigungsloser Verlust des Arbeitsplatzes vorliegen, wenn einem ArbN ohne soziale Rechtfertigung gekündigt wird. Dennoch ist der Schutzbereich des Art. 14 in diesen Fällen erst gar nicht betroffen, womit Art. 14 als Prüfungsmaßstab für den Erhalt von Arbeitsplätzen ausscheidet. Denn dabei geht es um den Erwerb einer Eigentumsposition (Arbeitsentgelt), der von Art. 12 erfasst wird. Art. 14 schützt (nur) das Erworbene, also die Ergebnisse geleisteter Arbeit[6]. Allerdings könnte man aus der verfassungsgerichtlichen Rspr. zum Mietrecht, wo die Formel vom „Mieter-Eigentümer" geprägt wurde[7], entsprechende Schlüsse auch für das Arbeitsrecht ziehen[8]. Dem „Mieter-Eigentümer" entspräche also der „Arbeitnehmer-Eigentümer"! Auch wenn das BAG[9] die Frage zuletzt offen gelassen hat, so kommt eine solche eigentumsähnliche ArbN-Position nicht in Betracht. Dies ergibt sich aus der Systematik des Eigentumsschutzes im Dauerschuldverhältnis iVm. der Rspr. des BVerfG zum Schutz des Arbeitsplatzes. Künftige Ansprüche genießen keinen Eigentumsschutz, die Freiheit der Wahl des Arbeitsplatzes schützt nicht den einmal gewählten Arbeitsplatz[10]. 54

Dementsprechend besteht auch keine generelle **Abfindungspflicht** als Ausgleich für jeglichen Arbeitsplatzverlust. Eine eigentumsähnliche Rechtsposition ist allerdings der durch die §§ 9, 10 KSchG vorgesehene Abfindungsanspruch, den das Gericht bei rechtswidrigen Kündigungen auf Antrag festsetzen kann. Die Abfindung ist gesetzl. Wertersatz für den nicht mehr zumutbar anzutretenden Arbeitsplatz und soll dem ArbN Genugtuung für erlittenes Unrecht verschaffen. Er ist vom ArbN erarbeitet und verdient deshalb Eigentumsschutz[11]. Aus diesem Grund war auch seine Anrechnung auf das Alg, wie sie § 140 SGB III aF vorsah, verfassungsrechtl. nicht unbedenklich[12]. Auch der Abfindungsanspruch aus § 1a I KSchG ist eine eigentumsähnliche Rechtsposition. Der ArbN kann jedoch keinen reinen Bestandsschutz für seinen Arbeitsplatz beanspruchen. Es entspricht dem Gestaltungsspielraum des Gesetzgebers, wenn er an Stelle des Bestandsschutzes einen Abfindungsanspruch treten lässt. Darin liegt keine Enteignung[13]. 55

dd) Sonstige Rechte. Nach Rspr. und hM fällt auch das **Urheberrecht** unter Art. 14 (vgl. Rz. 21), da es um die wirtschaftl. Verwertung geistiger Leistung geht. Auf Grund der Eigentumsgarantie hat der Urheber grds. einen Anspruch darauf, dass ihm der wirtschaftl. Nutzen seiner Arbeit zugeordnet wird[14]. 56

2. Grundrechtsadressaten. Gemäß Art. 1 III ist die **gesamte öffentl. Gewalt** unmittelbar an die Grundrechte und somit an Art. 14 gebunden. Auch für den Privatrechtsgesetzgeber gilt nichts anderes. Darüber hinaus haben auch die TV-Parteien die Grundrechte (zumindest) über die zivilrechtl. General- 57

---

1 BAG v. 16.9.1986 – GS 1/82, AP Nr. 17 zu § 77 BetrVG; v. 12.3.1996 – 3 AZR 963/94, AP Nr. 1 zu § 3 RuhegeldG Hamburg; s. auch BVerfG v. 26.7.2005 – 1 BvR 80/95, E 114, 73 (88 ff.). | 2 BAG v. 4.4.2000 – 3 AZR 458/98, AP Nr. 32 zu § 2 BetrAVG. | 3 BVerfG v. 3.2.2004 – 1 BvR 2491/97, NVwZ 2004, 604; BAG v. 12.3.1996 – 3 AZR 963/94, AP Nr. 1 zu § 3 RuhegeldG Hamburg; *Däubler*, AuR 1984, 1 (9); *Herzog*, NZA 1989, 1 (3 f.). | 4 BVerfG v. 19.10.1983 – 2 BvR 298/81, E 65, 196 (207); ausf. *Leisner*, Eigentum, S. 799 ff. | 5 Sachs/*Wendt*, Art. 14 GG Rz. 64. | 6 BVerfG v. 24.4.1991 – 1 BvR 1341/90, E 84, 133 (146 ff.); *Stein*, AR-Blattei SD 830 Rz. 632; s. BAG v. 22.9.2005 – 6 AZR 526/04, AP Nr. 1 zu § 323 UmwG. | 7 Die Bindung des Wohnungseigentümers durch ein soziales Mietrecht schafft auch auf Seiten des Mieters eine durch Art. 14 GG geschützte Rechtsposition, vgl. BVerfG v. 26.5.1993 – 1 BvR 208/93, E 89, 1 (5 ff.); von Münch/Kunig/*Bryde*, Art. 14 GG Rz. 14, 66; eingehend dazu *Sonnenschein*, NJW 1993, 161 mwN. | 8 Zum Ganzen *Schmidt-Preuß*, AG 1996, 1 (3 ff.). | 9 BAG v. 4.6.1998 – 8 AZR 786/96, AP Nr. 7 zu § 823 BGB zur Frage eines Rechts am Arbeitsplatz als absolutes Recht iSd. § 823 I BGB. | 10 So im Ergebnis auch ErfK/*Dieterich*, Art. 14 GG Rz. 22. | 11 *Hergenröder*, ZfA 2002, 355 (363). | 12 ErfK/*Dieterich*, Art. 14 GG Rz. 23; *Stein*, AR-Blattei SD 830 Rz. 633. | 13 BAG v. 16.5.1984 – 7 AZR 280/82, AP Nr. 12 zu § 9 KSchG 1969. | 14 BVerfG v. 7.7.1971 – 1 BvR 765/66, E 31, 229 (238 f., 243).

klauseln zu beachten (s. Art. 3 Rz. 35 ff. für den Gleichheitssatz und Art. 12 Rz. 15 für die Freiheitsrechte). Die Fachgerichte müssen bei der Auslegung und Anwendung von Gesetzen, welche Inhalt und Schranken von Eigentumspositionen bestimmen, die Grundsätze des Art. 14 beachten und Ergebnisse vermeiden, die zu übermäßigen Beschränkungen führen[1].

58 Aber es ist nicht die spezifische Funktion des **Arbeitsrechts**, Eigentumspositionen auszugestalten und zu schützen, vielmehr geht es darum, die Freiheit beruflicher Betätigung für ArbN und ArbGeb zu sichern und deren grds. Interessen zum Ausgleich zu bringen. Art. 14 umfasst nur den konkreten Bestand an Eigentumspositionen. Die arbeitsrechtl. Relevanz der Eigentumsgarantie resultiert daraus, dass es das Ziel der Berufsausübung ist, Eigentumspositionen zu schaffen[2].

59 **3. Grundrechtsträger** sind alle **natürlichen Personen** sowie gemäß Art. 19 III **inländische juristische Personen** und Personenvereinigungen. Hingegen fallen ausländische juristische Personen nicht in den personellen Schutzbereich der Eigentumsgarantie. Hier hilft nur Art. 3 I. Ebenfalls genießen juristische Personen des öffentl. Rechts grds. keinen Eigentumsschutz, dennoch wurde die Grundrechtsfähigkeit von Handwerksinnungen[3] bejaht[4].

60 **III. Beeinträchtigungen** können sich für das Eigentum aus unterschiedlichen Regelungen ergeben. Insb. können **Normen** (auf entsprechender gesetzl. Ermächtigung also auch RechtsVO und Satzungen[5]) **als Inhalts- und Schrankenbestimmungen** das Eigentum beeinträchtigen. Des Weiteren können Beschränkungen von Einzelfallregelungen ohne Enteignungscharakter, die eine Eigentumsposition entziehen bzw. deren Nutzung, Verfügung oder Verwertung einer rechtl. Beschränkung unterwerfen, oder von einer Enteignung ausgehen. Und darüber hinaus können auch faktische oder indirekte Einwirkungen das Eigentum beeinflussen[6].

61 Auf die Abgrenzung kommt es aber für die Annahme einer **Beeinträchtigung** nicht entscheidend an. Die Differenzierung wird erst im Rahmen der Rechtfertigung bzw. der Schranken bedeutsam[7].

62 **IV. Inhaltsbestimmung und Schrankensetzung. 1. Abgrenzung.** Das Eigentum ist das wichtigste Rechtsinstitut zur Abgrenzung privater Vermögensbereiche und bedarf deshalb besonders der **Ausgestaltung durch die Rechtsordnung**. Demzufolge enthält Art. 14 I 2 die Ermächtigung an den Gesetzgeber, Inhalt und Schranken des Eigentums zu bestimmen[8]. Dabei handelt es sich grds. um zwei gesetzgeberische Aufgaben, die zwar unterschiedliche Ziele haben, sich aber hinsichtlich ihrer Konsequenzen kaum trennen lassen.

63 **Inhaltsbestimmung** ist die generelle und abstrakte Festlegung von Rechten und Pflichten durch den Gesetzgeber hinsichtlich solcher Rechtsgüter, die als Eigentum iSd. Verfassung zu verstehen sein sollen; sie ist zukunftsgerichtet[9].

64 Demgegenüber setzen **Schrankennormen** eine Eigentumsposition voraus und beschränken sie durch Handlungs-, Duldungs- und Unterlassungspflichten, um entgegenstehende Rechtspositionen und Interessen auszugleichen[10]. Im Schrifttum wird diskutiert, ob diese Unterscheidung praktische Bedeutung hat und sich daraus im Streitfall ein unterschiedliches Prüfungsprogramm und Ergebnis ergibt[11]. Jedenfalls ist der Gesetzgeber weder bei der Inhalts- noch bei der Schrankenbestimmung völlig frei. Wo die Grenze verläuft, ist eine allein praktisch bedeutsame Frage[12].

65 **2. Grenzen der Beschränkbarkeit.** Zunächst scheint der Wortlaut der Regelungsbefugnis dem Gesetzgeber keine Schranken zu setzen. Dennoch ist die Legislative nicht gänzlich frei. Allerdings besteht ein **weiter Gestaltungsspielraum**[13]. Grds. ist die Regelungsbefugnis des Gesetzgebers umso weiter, je mehr das Eigentumsobjekt in einem sozialen Bezug und einer sozialen Funktion steht[14]. Es kommt also nicht nur auf die Intensität der Beschränkung und das Gewicht der angestrebten Ziele, sondern auch darauf an, welche Bedeutung das Eigentumsrecht für die betroffenen Grundrechtsträger und Dritte hat[15].

66 Das BVerfG unterscheidet auch nicht zwischen Inhalts- und Schrankenbestimmung, sondern nimmt immer eine **Abwägung** vor, die sich nach der jeweils umstrittenen Rechtsposition richtet. Belange der Allgemeinheit und Individualinteressen müssen in ein ausgewogenes Verhältnis gebracht werden. Der

---

1 BVerfG v. 14.2.1989 – 1 BvR 308/88, E 79, 292 (301 ff.); v. 10.3.1989 – 1 BvR 558/89, E 81, 29 (31 ff.); v. 2.3.1999 – 1 BvL 7/91, E 100, 226 ff.; ErfK/*Dieterich*, Art. 14 GG Rz. 13. | 2 ErfK/*Dieterich*, Art. 14 GG Rz. 18. | 3 BVerfG v. 14.5.1985 – 1 BvR 449, 523, 700, 728/82, E 70, 1 (20). | 4 Jarass/Pieroth/*Jarass*, Art. 14 GG Rz. 27 f.; Sachs/*Wendt*, Art. 14 GG Rz. 16 ff. | 5 BVerfG v. 10.7.1958 – 1 BvF 1/58, E 8, 71 (79). | 6 Jarass/Pieroth/*Jarass*, Art. 14 GG Rz. 29 f.; Sachs/*Wendt*, Art. 14 GG Rz. 52 mN. | 7 Jarass/Pieroth/*Jarass*, Art. 14 GG Rz. 29. | 8 BVerfG v. 7.8.1962 – 1 BvL 16/60, E 14, 263 (277 f.); von Münch/Kunig/*Bryde*, Art. 14 GG Rz. 50. | 9 BVerfG v. 12.3.1986 – 1 BvL 81/79, E 72, 66 (76); ErfK/*Dieterich*, Art. 14 GG Rz. 10. | 10 ErfK/*Dieterich*, Art. 14 GG Rz. 10; Sachs/*Wendt*, Art. 14 GG Rz. 55. | 11 Dagegen Dreier/*Wieland*, Art. 14 GG Rz. 68. | 12 ErfK/*Dieterich*, Art. 14 GG Rz. 10. | 13 BVerfG v. 7.8.1962 – 1 BvL 16/60, E 14, 263 (277 f.); v. 12.1.1967 – 1 BvR 169/63, E 21, 73 (82 f.); BVerwG v. 27.5.1981 – 7 C 34.77, E 62, 224 (228); von Münch/Kunig/*Bryde*, Art. 14 GG Rz. 50. | 14 BVerfG v. 12.1.1967 – 1 BvR 169/63, E 21, 73 (83); v. 1.3.1979 – 1 BvR 532/77 ua., E 50, 290; ähnlich BVerfG v. 7.7.1971 – 1 BvR 765/66, E 31, 229 (242). | 15 BVerfG v. 14.7.1981 – 1 BvL 24/78, E 58, 137 (147 ff.); Sachs/*Wendt*, Art. 14 GG Rz. 111.

Gesetzgeber muss bei der Inhalts- und Schrankenbestimmung das Sozialmodell verwirklichen, dessen normative Elemente sich einerseits aus der grundgesetzlichen Anerkennung des Privateigentums und dessen Bestandsgarantie durch Abs. 1 und andererseits aus der verbindlichen Richtschnur des Sozialgebots des Abs. 2 ergeben[1].

Außerdem muss jede Inhalts- und Schrankenbestimmung dem Grundsatz der **Verhältnismäßigkeit** genügen, dh. die betreffende Regelung muss geeignet und erforderlich sein. Und die Belastung des Eigentümers muss in einem angemessenen Verhältnis zu den mit der Regelung verfolgten Interessen stehen[2]. Zudem dürfen keine anderen Grundrechte verletzt werden[3]. Manchmal kann ein finanzieller Ausgleich geboten sein[4]. Ein hoher sozialer Bezug besteht bspw. beim Eigentum an Produktionsmitteln, da es Macht über Dritte verleiht[5] und bei (Renten)Versicherungsansprüchen und -anwartschaften, so dass die Bedeutung für die Solidargemeinschaft berücksichtigt werden muss. Deshalb rechtfertigt das Ziel, die Leistungsfähigkeit des Systems zu sichern, weit gehende Einschränkungen[6]. Auch sonstige Eingriffe in die Eigentumsgarantie müssen diesen Grundsätzen entsprechen[7]. **67**

V. Enteignung. Von der Beschränkung des Eigentums durch Inhalts- und Schrankenbestimmungen nach Abs. 1 S. 2 und Abs. 2 ist die Enteignung zu trennen. Sie stellt eine **besonders schwere Eigentumsbeeinträchtigung** dar und ist nur unter den strengen Voraussetzungen des Abs. 3 zulässig[8]. **68**

Bei der **Abgrenzung** von Inhalts- und Schrankenbestimmung und Enteignung wird oft nach dem Abgrenzungskriterium (entschädigungslose) Sozialbindung oder (entschädigungspflichtige) Enteignung vorgegangen[9]. Dabei unterscheidet sich die Enteignung von der Inhaltsbestimmung des Eigentums nicht nur durch ihre Eingriffsintensität, sondern vor allem durch ihren Zweck. Sie dient nicht dem generellen Ausgleich gegenläufiger Interessen, um sie in ein ausgewogenes Verhältnis zu bringen, sondern der konkreten Durchsetzung des einen Interesses auf Kosten eines anderen[10]. Dem entspricht eine grds. andere Form des Interessenausgleichs: „Die Bestandsgarantie des Art. 14 I 1 wandelt sich bei zulässiger Enteignung in eine Eigentumswertgarantie“[11]. **69**

Für die Enteignung gibt es allerdings **keine Legaldefinition**. Nach der Rspr. des BVerfG ist eine Enteignung die vollständige oder teilweise Entziehung konkreter subjektiver Eigentumspositionen iSv. Art. 14 I zum Zwecke der Erfüllung bestimmter öffentl. Aufgaben[12]. Diese können auch mittelbar mit Hilfe privater Unternehmen angestrebt werden[13]. Somit kann die Enteignung auf Grund ihres Zwecks und ihrer Entschädigungspflicht aus Abs. 3 S. 2 auch nicht als Instrument der sozialen Umverteilung vermögenswerter Rechte eingesetzt werden. Da sie nur zur Erfüllung bestimmter öffentl. Aufgaben zulässig ist, kann sie nicht dem sozialpolitischen Ziel einer Vermögensumschichtung dienen[14]. **70**

Für das **Arbeitsrecht** spielen die weitreichenden Rechtsprobleme der Enteignung (zB Rechtsgrundlage, formelle und materielle Voraussetzungen, Entschädigung, Rückübereignung) jedoch keine Rolle. **71**

---

1 St. Rspr., vgl. BVerfG v. 7.8.1962 – 1 BvL 16/60, E 14 (263, 273 ff.); v. 12.1.1967 – 1 BvR 169/63, E 21, 73 (82 ff.); v. 1.7.1981 – 1 BvR 874/77, E 58, 81 (114); v. 16.1.2004 – 1 BvR 2285/03, NJW-RR 2004, 440; Jarass/Pieroth/*Jarass*, Art. 14 GG Rz. 35 ff. | **2** BVerfG v. 15.7.1987 – 1 BvR 488, 1220, 628, 1278/86, 1 BvL 11/86, E 76, 220 (238); v. 26.4.1995 – 1 BvL 19/94 u. 1 BvR 1454/94, E 92, 262 (273); Jarass/Pieroth/*Jarass*, Art. 14 GG Rz. 40 ff. | **3** BVerfG v. 12.1.1967 – 1 BvR 169/63, E 21, 73 (82 f.); Jarass/Pieroth/*Jarass*, Art. 14 GG Rz. 48. | **4** Jarass/Pieroth/*Jarass*, Art. 14 GG Rz. 54. | **5** BVerfG v. 1.3.1979 – 1 BvR 532/77 ua., E 50, 290; Jarass/Pieroth/*Jarass*, Art. 14 GG Rz. 42. | **6** BVerfG v. 28.2.1980 – 1 BvL 17/77 ua., E 53, 257 (292 ff.); v. 1.7.1981 – 1 BvR 874/77, 1 BvL 33/80, E 58, 81 (119); v. 3.2.2004 – 1 BvR 2491/97, NVwZ 2004, 604; ErfK/*Dieterich*, Art. 14 GG Rz. 12. | **7** Näher dazu Jarass/Pieroth/*Jarass*, Art. 14 GG Rz. 49 ff. | **8** Jarass/Pieroth/*Jarass*, Art. 14 GG Rz. 69. | **9** *Böhmer*, NJW 1988, 2561 (2567). | **10** Sachs/*Wendt*, Art. 14 GG Rz. 77. | **11** BVerfG v. 10.3.1981 – 1 RvR 92, 96/71, E 56, 249 (260 f.); ErfK/*Dieterich*, Art. 14 GG Rz. 15. | **12** BVerfG v. 19.6.1985 – 1 BvL 1046/85, E 70, 191 (199); v. 12.3.1986 – 1 BvL 81/79, E 72, 66 (76); v. 30.11.1988 – 1 BvR 1301/84, E 79, 174 (191). | **13** BVerfG v. 24.3.1987 – 1 BvR 1046/85, E 74, 264 (280). | **14** ErfK/*Dieterich*, Art. 14 GG Rz. 16.

Handelsgesetzbuch

vom 10.5.1897 (RGBl. S. 219),
zuletzt geändert durch Gesetz vom 21.12.2007 (BGBl. I S. 3089)

– Auszug –

Vor § 59

1 **I. Normengeschichte.** Der sechste Abschnitt des ersten Buches („Handelsstand") des Handelsgesetzbuchs (HGB) vom 10.5.1897[1] regelt das **Recht der „Handlungsgehilfen und Handlungslehrlinge"**. Die §§ 59 ff. HGB gehen auf die Regelungen des Allgemeinen Deutschen Handelsgesetzbuches (ADHGB) von 1861 zurück, welches die Rechtsverhältnisse der „Handlungsgehülfen" in den Art. 57–65 geregelt hatte. Die Vorschriften des sechsten Abschnitts waren bei Inkrafttreten des HGB von großer Bedeutung. Damals gab es noch kein kodifiziertes Arbeitsrecht, selbst die (rudimentären) arbeitsrechtl. Vorschriften des BGB (§§ 611 ff.) waren noch nicht in Kraft. Zwar waren die arbeitsrechtl. Regelungen des HGB von Anfang an lückenhaft[2]. Immerhin waren aber doch zentrale arbeitsrechtl. Fragen wie Gehaltszahlung, Kündigung, Zeugnis, Konkurrenztätigkeit, Arbeitsschutz etc. geregelt.

2 **II. Bedeutung.** Im Laufe der Zeit haben die arbeitsrechtl. Regeln des sechsten Abschnittes des HGB erheblich **an Bedeutung verloren**. Das Konzept eines segmentierten Arbeitsrechts (für kaufmännische Angestellte im HGB, für technische Angesellte in der GewO, für alle übrigen ArbN in §§ 611 ff. BGB) hat sich nicht bewährt und ist im Laufe der Zeit stillschweigend aufgegeben worden. Die meisten arbeitsrechtl. Normen finden sich heute in Einzelgesetzen, die für alle ArbN unterschiedslos gelten. Demzufolge sind im Laufe der Zeit diverse Vorschriften aus den §§ 59 ff. aufgehoben worden, sofern sie mit spezialgesetzl. Regelungen oder den arbeitsrechtl. Regelungen des BGB in Widerspruch standen (zB die §§ 63, 66–73 sowie 76–82). Soweit die arbeitsrechtl. Regelungen des HGB in Kraft geblieben sind, haben sie überwiegend nur noch sehr begrenzte oder gar keine Bedeutung. Bezeichnender Ausdruck dafür war Anlage 1 zum Deutsch-Deutschen Einigungsvertrag vom 31.8.1990[3], wonach die §§ 62 II–IV, 63, 64, 73, 75 III, 75b S. 2 und 83 in den neuen Bundesländern nicht für anwendbar erklärt wurden.

3 Ganz anders verlief die Entwicklung hinsichtlich der Regelungen zum **gesetzl. und nachvertragl. Wettbewerbsverbot (§§ 60, 74 ff.)** sowie zu **Provisionsvereinbarungen** (§ 65 iVm. §§ 87 ff.). Diese Regelungskomplexe sind bis heute nicht spezialgesetzlich geregelt worden, auch im subsidiär geltenden Arbeitsrecht des BGB (zur Subsidiarität s. Art. 2 Abs. 1 EGHGB) findet sich dazu keine Regelung. Stattdessen gelten diese Regelungen auf Grund Rspr. oder gesetzlicher Verweisung (§ 110 GewO) über den Bereich der kaufmännischen Angestellten hinaus mittlerweile für alle ArbN (auch zB technische Angestellte oder gewerbliche ArbN)[4]. Die Bedeutung dieser Vorschriften ist also heute größer als bei Inkrafttreten des HGB.

4 **III. Geltungsbereich.** Abzugrenzen ist der in den §§ 59 ff. geregelte kaufmännische Angestellte („Handlungsgehilfe") vom **Handelsvertreter**, der in den §§ 84 ff. geregelt ist. Die Abgrenzung zwischen kaufmännischen Angestellten und Handelsvertretern ist identisch mit der allgemeinen Abgrenzung zwischen ArbN und Selbständigen, deshalb kann insoweit auf die Kommentierung vor § 611 BGB verwiesen werden.

5 Die Vorschriften des sechsten Abschnitts gelten nach der gesetzl. Konzeption ausschließlich für „Handlungsgehilfen", also für kaufmännische Angestellte. Gem. § 83 sollte es hinsichtlich **anderer ArbN**, die in einem Handelsgewerbe tätig sind, bei den allgemeinen arbeitsrechtl. Vorschriften bleiben. Dies betraf insb. die im kaufmännischen Betrieb tätigen Arbeiter und technischen Angestellten. Diese Einschränkung ist heute bedeutungslos, und konsequenterweise ist auch § 83 in den neuen Bundesländern nicht in Kraft gesetzt worden.

6 **IV. Drittbeziehungen (§§ 75f–h).** Ein Fremdkörper innerhalb des sechsten Abschnitts sind die §§ 75f, g und h. Sie regeln nicht das unmittelbare Rechtsverhältnis zwischen ArbGeb und ArbN, sondern **Drittbeziehungen**. Während § 75f das Verhältnis zwischen mehreren ArbGeb betrifft, regeln §§ 75g und h die Vertretungsmacht des Handlungsgehilfen gegenüber Dritten.

---

1 RGBl. S. 219. |2 *v. Hoyningen-Huene*, Die kaufmännischen Hilfspersonen, 1996, vor § 59 HGB Rz. 1. |3 B, Kap. III BGBl. II, S. 959. |4 Vgl. zu §§ 74 ff. HGB BAG v. 13.9.1969 – 3 AZR 138/68, AP Nr. 24 zu § 611 BGB – Konkurrenzklausel.

Sechster Abschnitt. Handlungsgehilfen und Handlungslehrlinge

59 *Handlungsgehilfe*

Wer in einem Handelsgewerbe zur Leistung kaufmännischer Dienste gegen Entgelt angestellt ist (Handlungsgehilfe), hat, soweit nicht besondere Vereinbarungen über die Art und den Umfang seiner Dienstleistungen oder über die ihm zukommende Vergütung getroffen sind, die dem Ortsgebrauch entsprechenden Dienste zu leisten sowie die dem Ortsgebrauch entsprechende Vergütung zu beanspruchen. In Ermangelung eines Ortsgebrauchs gelten die den Umständen nach angemessenen Leistungen als vereinbart.

I. Normengeschichte, Bedeutung. § 59 geht auf § 57 ADHGB zurück. § 59 hat zwei Funktionen. Zum einen definiert die Vorschrift den „Handlungsgehilfen", zum anderen enthält sie subsidiäre Regelungen zur Art der geschuldeten Dienste sowie zur Vergütung. 1

II. Handlungsgehilfe. Die Definition des „Handlungsgehilfen" ist mittlerweile **ohne Bedeutung**, da die Rspr. flächendeckend für alle Arten von ArbN gleiche Regelungen anwendet. Dies hat (zB bei §§ 60, 74 ff.) zu einer Ausdehnung der handelsrechtl. Vorschriften auf alle ArbN geführt. Umgekehrt werden mittlerweile alle im HGB nicht geregelten Rechtsfragen des Anstellungsverhältnisses von Handlungsgehilfen durch Normen anderer Arbeitsgesetze geregelt, und zwar auch für Handlungsgehilfen (s. vor § 59 Rz. 2 ff.). 2

Handlungsgehilfe ist nur, wer in einem „**Handelsgewerbe**" angestellt ist. Der ArbGeb muss also Kaufmann nach §§ 1 ff. HGB sein. Handlungsgehilfe ist nur derjenige ArbN eines Kaufmanns, der „kaufmännische Dienste" zu leisten hat. Der Begriff „Handlungsgehilfe" ist also identisch mit dem „**kaufmännischen Angestellten**". In Abgrenzung zum Arbeiter muss die **geistige Arbeit überwiegen**. Maßgeblich ist die Verkehrsanschauung, die sich häufig aus TV ableiten lässt[1]. Die Unterscheidung zwischen Angestellten und Arbeitern ist geprägt von der Abgrenzung in der gesetzl. SozV, diese Abgrenzung ist aber für § 59 nicht maßgeblich[2]. 3

III. Umfang der Dienstleistungspflicht. Hinsichtlich des Umfangs der geschuldeten Dienste verweist § 59 zunächst auf den **Arbeitsvertrag**. Sofern ein solcher keine besonderen Vereinbarungen enthält (was nach dem Inkrafttreten des NachwG nicht mehr zulässig ist), schuldet der Handlungsgehilfe „die dem Ortsgebrauch entsprechenden Dienste". Maßgeblich ist insoweit die Auffassung des Handelsverkehrs am Ort der Betriebsstätte, insoweit kann auf Auskünfte der zuständigen IHK zurückgegriffen werden[3]. Lässt sich zur Bestimmung der Dienstpflichten ein Ortsgebrauch nicht feststellen, so hat der kaufmännische Angestellte nach § 59 S. 2 „angemessene" Dienstleistungen zu erbringen. Diese Formulierung bedeutet nicht, dass der ArbGeb das Recht hätte, den Inhalt der Leistungspflicht einseitig nach § 315 BGB festzulegen. Vielmehr gilt das als vereinbart, was üblicherweise in vergleichbaren Positionen als Dienst zu leisten ist[4]. Das allgemeine arbeitsrechtl. Weisungsrecht (s. die Erl. zu § 611 BGB und § 106 GewO) bleibt allerdings von § 59 S. 2 unberührt. 4

IV. Vergütungsanspruch. Hinsichtlich der Vergütung regelt § 59, dass mangels besonderer Vereinbarung Anspruch auf die **dem Ortsgebrauch entsprechende Vergütung** besteht. Daraus wird geschlossen, dass der Begriff des Handlungsgehilfen des § 59 voraussetzt, dass **gegen Entgelt** gearbeitet wird. Unentgeltliche Tätigkeit fällt damit nicht unter die §§ 59 ff. Allerdings können dann die allgemeinen arbeitsrechtl. Regelungen gelten, weil die Zahlung von Entgelt nach herrschender Auffassung nicht konstitutives Merkmal eines Arbeitsverhältnisses ist[5]. 5

Will sich der Handlungsgehilfe auf § 59 berufen und die ortsübliche Vergütung geltend machen, muss er **beweisen**, dass keine ausdrückliche Vereinbarung über die Vergütungshöhe getroffen war[6]. Ein wichtiges Indiz für die ortsübliche Vergütung sind **TV**[7]. Dabei darf allerdings nicht nur auf den tarifl. Grundlohn abgestellt werden, sondern auf die Summe der tarifl. Leistungen[8]. Zahlen ortsansässige vergleichbare ArbGeb mehr als die tarifl. vorgesehene Vergütung (zum Beispiel an Standorten mit hohem Abwerbedruck), ist diese übertarifl. Vergütung „ortsüblich". Bei Zuweisung einer anderen Tätigkeit auf Grund des arbeitsrechtl. Weisungsrechts kann eventuell eine andere Vergütung „ortsüblich" werden. Die Auffangregel des § 612 BGB (Anspruch auf taxmäßige Vergütung bei Fehlen einer vertragl. Regelung) ist enger als § 59, weil nicht auf die Ortsüblichkeit abgestellt wird. Im Bereich des § 59 ist deshalb § 612 BGB nicht anwendbar[9]. Lässt sich eine ortsübliche Vergütung nicht feststellen, ist nach § 59 S. 2 die „angemessene" Vergütung geschuldet (vgl. die Erl. zu § 612 BGB). 6

---

1 BAG v. 29.11.1958 – 2 AZR 245/58. | 2 BAG v. 29.11.1958 – 2 AZR 245/58. | 3 *v. Hoyningen-Huene*, § 59 HGB Rz. 170; Heymann/*Henssler*, § 59 HGB Rz. 52. | 4 *v. Hoyningen-Huene*, § 59 HGB Rz. 171. | 5 Heymann/*Henssler*, § 59 HGB Rz. 18; *v. Hoyningen-Huene*, § 59 HGB Rz. 269. | 6 Heymann/*Henssler*, § 59 HGB Rz. 103. | 7 BAG v. 26.9.1990 – 5 AZR 112/90, DB 1991, 391. | 8 ArbG Essen v. 1.2.1977 – 6 Ca 3134/76, BB 1978, 255. | 9 Heymann/*Henssler*, § 59 HGB Rz. 103; zur Ortsüblichkeit s. auch *Gumpert*, BB 1978, 265.

60 *Gesetzliches Wettbewerbsverbot*

(1) Der Handlungsgehilfe darf ohne Einwilligung des Prinzipals weder ein Handelsgewerbe betreiben noch in dem Handelszweige des Prinzipals auf eigene oder fremde Rechnung Geschäfte machen.

(2) Die Einwilligung zum Betrieb eines Handelsgewerbes gilt als erteilt, wenn dem Prinzipal bei der Anstellung des Gehilfen bekannt ist, dass er das Gewerbe betreibt, und der Prinzipal die Aufgabe des Betriebs nicht ausdrücklich vereinbart.

1 **I. Bedeutung.** § 60 ist (neben §§ 74 ff.) die heute wichtigste arbeitsrechtl. Vorschrift des HGB. Die st. Rspr. wendet die Vorschrift über den Kreis der Handlungsgehilfen hinaus auf **alle ArbN** an[1], wobei die Rspr. sich allerdings nicht ausdrücklich auf § 60 analog beruft, sondern entsprechende Grundsätze aus den auf §§ 241, 242 BGB beruhenden arbeitsvertragl. Nebenpflichten herleitet.

2 § 60 enthält **kein generelles Nebentätigkeitsverbot**. Ganz im Gegenteil folgt aus Art. 12 GG, dass der ArbGeb grds. dem ArbN nicht pauschal sämtliche Nebentätigkeiten verbieten kann (sofern diese nicht die Arbeitsfähigkeit des ArbN zu stark beeinträchtigen). § 60 bezweckt nur die Vermeidung von **Interessenkollisionen**[2]. Soweit Nebentätigkeiten von den speziellen Verboten des § 60 nicht erfasst werden, richtet sich ihre Zulässigkeit nach allgemeinem Arbeitsrecht (s. die Erl. zu § 611 BGB). Eine Nebentätigkeit, die nicht unter § 60 fällt, ist also nicht per se zulässig.

3 § 60 ist im Zusammenhang mit § 61 zu sehen. § 60 regelt den **Inhalt** des Verbots, § 61 die **Folgen von Verstößen**.

4 **II. „Prinzipal".** § 60 spricht in der altmodischen Sprache des vorvorigen Jahrhunderts vom „Prinzipal", damit ist der **vertragl. ArbGeb** gemeint. Vertragl. ArbGeb kann entweder eine Handelsgesellschaft oder aber ein Einzelkaufmann sein. Soweit das HGB den Begriff des „Prinzipals" in Bezug auf bestimmte Verhaltenspflichten verwendet, treffen diese Pflichten bei einer Handelsgesellschaft deren **Organe** (Geschäftsführer, Vorstand etc.).

5 § 60 ist **kein Verbotsgesetz** iSv. § 134 BGB, so dass sämtliche verbotswidrig durchgeführten Rechtsgeschäfte des Handlungsgehilfen wirksam sind.

6 **III. Zeitlicher Anwendungsbereich.** Das Konkurrenzverbot des § 60 gilt für die **Dauer des Arbeitsverhältnisses**. Danach gelten die §§ 74 ff. Da eine **Freistellung** den rechtl. Bestand des Arbeitsverhältnisses unberührt lässt, gilt auch während der Freistellungszeit § 60, nicht §§ 74 ff.[3]. Dass im Fall einer Freistellung der ArbN die Obliegenheit hat, gem. § 615 S. 2 BGB eine anderweitige Tätigkeit aufzunehmen, ändert an der Geltung des § 60 nichts. Der ArbN muss sich also auf konkurrenzfreie Tätigkeiten beschränken[4].

7 Das gesetzl. Wettbewerbsverbot des § 60 gilt erst ab Beginn der Tätigkeit (**Arbeitsaufnahme**). Wird der Arbeitsvertrag vorher geschlossen, gilt das Wettbewerbsverbot aus § 60 in der Zeit bis zur Arbeitsaufnahme nicht, allerdings kann die allgemeine Treuepflicht Wettbewerbshandlungen des ArbN entgegenstehen. Ob der ArbN den Dienst antritt oder (unter **Vertragsbruch**) die Aufnahme des Dienstes verweigert, ist für das Inkrafttreten des gesetzl. Wettbewerbsverbotes aus § 60 HGB unerheblich.

8 Kündigt der ArbGeb wegen Vertragsverletzung **fristlos**, so kann aus § 628 II BGB die Pflicht des ArbN folgen, sich bis zum nächsten ordentl. Kündigungstermin entsprechend § 60 einer Konkurrenztätigkeit zu enthalten[5].

9 Besondere Probleme entstehen, wenn eine **arbeitgeberseitige Kündigung unwirksam** ist. Akzeptiert der ArbN die unwirksame Kündigung, kann § 60 ab dem Beendigungszeitpunkt nicht mehr gelten[6]. Wehrt sich dagegen der ArbN durch Kündigungsschutzklage, so verhält er sich widersprüchlich, wenn er gleichzeitig gegen § 60 verstößt. Ebenso widersprüchlich handelt allerdings auch der ArbGeb, wenn er sich einerseits auf die Beendigung des Arbeitsverhältnisses beruft, andererseits aber den ArbN an § 60 festhalten will. Das BAG hat in einer umstrittenen Entscheidung vom 25.4.1991[7] die Auffassung vertreten, der Anspruch aus § 60 bestehe für die Dauer des Kündigungsschutzverfahrens fort. Verstoße der ArbN dagegen, könne der ArbGeb je nach den Umständen mit einer neuen fristlosen Kündigung reagieren. Nach einer vermittelnden Auffassung[8] soll der ArbGeb die Unterlassung von Wettbewerbshandlungen bis zum rechtskräftigen Abschluss des Kündigungsschutzverfahrens nur dann fordern können, wenn er dem ArbN gleichzeitig eine monatliche Entschädigung mindestens in Höhe der gesetzl. Min-

---

1 Seit BAG v. 17.10.1969 – 3 AZR 442/68, AP Nr. 7 zu § 611 BGB – Treuepflicht; vgl. BAG v. 21.10.1970 – 3 AZR 479/69, AP Nr. 13 zu § 242 BGB – Auskunftspflicht. |2 BAG v. 5.5.1970 – 3 AZR 384/69, AP Nr. 4 zu § 60 HGB; v. 3.5.1983 – 3 AZR 62/81, AP Nr. 10 zu § 60 HGB. |3 BGH v. 16.11.1954 – I ZR 180/53, AP Nr. 1 zu § 60 HGB; Heymann/*Henssler*, § 60 HGB Rz. 6; BAG v. 3.6.1958 – 2 AZR 406/55, AP Nr. 9 zu § 59 HGB. |4 Streitig, einschr. *v. Hoyningen-Huene*, Die kaufmännischen Hilfspersonen, 1996, § 60 HGB Rz. 15; Heymann/*Henssler*, § 60 HGB Rz. 7. |5 BAG v. 9.5.1975 – 3 AZR 352/74, AP Nr. 8 zu § 628 BGB. |6 Heymann/*Henssler*, § 60 HGB Rz. 8. |7 BAG v. 25.4.1991 – 2 AZR 624/90, AP Nr. 104 zu § 626 BGB. |8 LAG Köln v. 4.7.1995, – 9 Sa 484/95, AP Nr. 9 zu § 75 HGB; zust. *Hoß*, DB 1997, 1818.

dest-Karenzentschädigung gem. § 74 II anbietet. Stelle sich dann später heraus, dass die Kündigung unwirksam war, könne der ArbGeb die Zahlungen mit der dann geschuldeten Vergütungsfortzahlung verrechnen.

Während des **Ruhestands** gilt § 60 nicht, auch wenn eine Betriebsrente gezahlt wird[1]. **10**

Besondere Probleme entstehen bei **Teilzeitarbeit**. Der ArbN hat ein durch Art. 12 GG geschütztes Interesse an der vollen wirtschaftl. Verwertung seiner Arbeitskraft. Allerdings kann dies nicht bedeuten, dass der TeilzeitArbN beliebig weitere konkurrierende Teilzeitarbeitsverhältnisse eingehen und in der gleichen Branche als „Diener zweier Herren" agieren dürfte. § 60 wird im Teilzeitarbeitsverhältnis nicht per se hinfällig, allerdings kann die Besonderheit des Teilzeitverhältnisses eine großzügige Anwendung von § 60 bedingen[2]. **11**

IV. Reichweite des Verbots. Inhaltlich enthält § 60 **zwei verschiedene Verbote**. Zum einen ist der Betrieb eines jeglichen **Handelsgewerbes** verboten, zum anderen das **Geschäftemachen** im Handelszweig des Prinzipals. Zu den Rechtsfolgen von Verstößen gegen § 60 s. die Erl. zu § 61. **12**

1. Betrieb eines anderen Handelsgewerbes. a) Verfassungskonforme Einschränkung (Konkurrenzschutz). Das allgemeine Verbot, neben dem Arbeitsverhältnis zum Prinzipal jedwedes andere Handelsgewerbe zu betreiben, ist nach einhelliger Auffassung **mit der Berufsfreiheit des Art. 12 GG unvereinbar**. Deshalb muss unstreitig diese Alternative des § 60 **verfassungskonform** dahin gehend **ausgelegt** werden, dass der Betrieb eines Handelsgewerbes dem Handlungsgehilfen nur dann verboten ist, wenn es ein Handelsgewerbe **im Handelszweig des ArbGeb** ist und deshalb eine Schädigungsgefahr besteht[3]. Alle anderen Handelsgewerbe kann der Handlungsgehilfe ohne Verstoß gegen § 60 betreiben. **13**

b) Handelsgewerbe. Das „Handelsgewerbe" ist in § 1 II HGB definiert. Danach ist Handelsgewerbe jeder Gewerbebetrieb, sofern er nach Art oder Umfang einen kaufmännischen Geschäftsbetrieb erfordert. Der kaufmännische Geschäftsbetrieb ist gekennzeichnet durch kaufmännische Buchführung und Bilanzierung sowie kaufmännische Bezeichnung[4]. Maßgeblich ist stets das Gesamtbild[5]. Nach der Rspr.[6] ist regelmäßig ein mindestens sechsstelliger Jahresumsatz erforderlich. Auf die Art des Gewerbes (Branche, Art der Tätigkeit) kommt es seit der grundlegenden Änderung der §§ 1 ff. durch das Handelsrechtsreformgesetz von 1998[7] nicht mehr an. **14**

c) Betreiben/Verbreitung. § 60 verbietet den „Betrieb" des anderweitigen Handelsgewerbes. Dieses Merkmal bereitet erhebliche Abgrenzungsschwierigkeiten. Einigkeit besteht noch darin, dass § 60 sowohl die **einzelkaufmännische** Tätigkeit als auch die Tätigkeit als persönlich haftender **Gesellschafter einer oHG oder KG** sowie die Tätigkeit als **Vertretungsorgan einer juristischen Person** verbietet[8]. Dagegen soll eine nur **kapitalmäßige Beteiligung** (Aktionär, stiller Gesellschafter, Kommanditist) von § 60 nicht erfasst sein[9], weil der Handlungsgehilfe auf die Entscheidungen des Unternehmens keinen Einfluss habe. Das überzeugt nicht. Richtigerweise kann ein „Betreiben" je nach den Umständen auch hier vorliegen, insb. bei entsprechender Regelung der Stimm- und Geschäftsführungsbefugnis im Gesellschaftsvertrag. Unabhängig davon kann die finanzielle Beteiligung an einem anderen Unternehmen als „Geschäftemachen" iSv. Abs. 1 Alt. 2 (s. Rz. 21 ff.) angesehen werden[10]. **15**

In der Praxis von Bedeutung ist die Abgrenzung zwischen dem tatsächlichen „Betreiben" eines Handelsgewerbes von **zulässigen Vorbereitungshandlungen**. Nach einhelliger Auffassung bedeutet § 60 nicht, dass der Handlungsgehilfe während der Dauer des Arbeitsverhältnisses keine Vorbereitungshandlungen für eine erst nach Ende des Arbeitsverhältnisses beginnende Konkurrenztätigkeit treffen darf. Die Einzelheiten sind streitig. Ohne weiteres zulässig ist der **Abschluss vorbereitender Verträge**, solange noch keine werbende Tätigkeit entfaltet wird. So darf der Handlungsgehilfe bspw. **Geschäftsräume** mieten[11], **Vorstellungsgespräche** bei Konkurrenzunternehmen durchführen[12], die **Berufszulassung** betreiben[13], **Waren kaufen oder Mitarbeiter anwerben**[14]. Zulässig ist auch der **Abschluss eines GmbH-Vertrages** nebst **Eintragung ins Handelsregister**[15], der **Abschluss eines Franchisevertrags**[16], der Eintrag eines **Warenzeichens**[17] oder die Registrierung einer **Internet-Domain**[18]. Zulässig sein müssen auch das **Einholen von Geschäftsinformationen, Messebesuche, Kreditaufnahme** etc. Entscheidend ist jeweils die aktuelle Interessengefährdung aus Sicht des ArbGeb[19]. Die Grenze des Erlaubten wird allerdings **16**

---

1 *v. Hoyningen-Huene*, § 60 HGB Rz. 23. | **2** Ausf. *Kempen/Kreuder*, AuR 1994, 218 ff. | **3** BAG v. 25.5.1970 – 3 AZR 384/69, AP Nr. 4 zu § 60 HGB; v. 7.9.1972 – 2 AZR 486/71, AP Nr. 7 zu § 60 HGB; v. 3.5.1983 – 2 AZR 62/81, AP Nr. 10 zu § 60 HGB. | **4** *Baumbach/Hopt*, § 1 HGB Rz. 23. | **5** BGH v. 28.4.1960 – II ZR 239/58, BB 1960, 917; OLG Stuttgart v. 15.10.1973 – 8 W 169/83, OLGZ 74, 132. | **6** Beispiele bei *Baumbach/Hopt*, § 1 HGB Rz. 24. | **7** BGBl. I S. 1474. | **8** BAG v. 15.2.1962 – 5 AZR 79/61, AP Nr. 1 zu § 61 HGB. | **9** *v. Hoyningen-Huene*, § 60 HGB Rz. 36. | **10** *v. Hoyningen-Huene*, § 60 HGB Rz. 36. | **11** BAG v. 30.1.1963 – 2 AZR 319/62, AP Nr. 3 zu § 60 HGB. | **12** *Grunsky*, Wettbewerbsverbote für Arbeitnehmer, 2. Aufl. 1987, S. 17. | **13** BAG v. 13.6.1958 – 1 AZR 491/57, BB 1958, 877. | **14** BAG v. 12.5.1972 – 3 AZR 401/71, AP Nr. 6 zu § 60 HGB; LAG Kiel v. 24.1.1956 – 2 Sa 224/55, AP Nr. 2 zu § 60 HGB. | **15** BAG v. 7.9.1972 – 2 AZR 486/71, AP Nr. 7 zu § 60 HGB; LAG Kiel v. 24.1.1956 – 2 Sa 224/55, AP Nr. 2 zu § 60 HGB. | **16** BAG v. 30.5.1978 – 2 AZR 598/76, AP Nr. 9 zu § 60 HGB. | **17** BAG v. 13.6.1958 – 1 AZR 491/57, BB 1958, 877. | **18** LAG Köln v. 12.4.2005 – 9 Sa 1518/04, BB 2005, 2644. | **19** Heymann/*Henssler*, § 60 HGB Rz. 14.

überschritten, wenn der Handlungsgehilfe während des Arbeitsverhältnisses bereits für sein künftiges Unternehmen **wirbt**[1] oder konkret versucht, **Kunden** oder **Mitarbeiter des ArbGeb abzuwerben**[2].

17 Das Verbot des Betreibens eines Handelsgewerbes verbietet auch den Betrieb durch **Bevollmächtigte** oder **Treuhänder (Strohmann)**[3]. Ob der Handlungsgehilfe das Handelsgewerbe für **eigene oder fremde Rechnung** führt, ist unerheblich[4].

18 **d) Konkurrenzsituation.** Wann im Einzelfall eine konkurrierende gewerbliche Tätigkeit vorliegt, ist außerordentl. schwer zu bestimmen. Maßgeblich ist – in Anlehnung an die Fusionskontrolle des GWB – der **relevante Markt**. So kann bspw. ein Konkurrenzverhältnis zwischen einem Groß- und einem Einzelhändler regelmäßig nicht vorliegen. Soweit es um Herstellung oder Vertrieb technisch verschiedener Produkte geht, kann durchaus ein Konkurrenzverhältnis vorliegen, wenn die verschiedenen Produkte am Markt substituierbar sind, was insb. für Vertriebsmitarbeiter von Bedeutung ist[5]. Von besonderen Ausnahmen abgesehen wird ein Konkurrenzverhältnis auch nicht dadurch ausgeschlossen, dass beide Unternehmen in verschiedenen Preissegmenten tätig sind, ihre Marktbekanntheit unterschiedlich ist oder sie in unterschiedlichem Umfang Eigenherstellung betreiben oder zukaufen[6].

19 Ändert sich der Geschäftsgegenstand des ArbGeb während des Arbeitsverhältnisses, kommt es immer auf den **aktuellen Stand** an. Eine ursprünglich zulässige Nebentätigkeit kann also im Laufe der Zeit unzulässig werden (zu beachten ist allerdings Abs. 2!)[7]. Ein genereller Bestandsschutz zu Gunsten des Handlungsgehilfen kommt nicht in Betracht[8], im Einzelfall kann aber Rücksichtnahme des ArbGeb geboten sein, insb. wenn der ArbN erhebliche Investitionen in seine Nebentätigkeit getätigt hat. Wurde im Arbeitsvertrag vorsorglich vereinbart, dass eine (bei Vertragsschluss nicht konkurrierende) Nebentätigkeit ausdrücklich erlaubt sein sollte, und wird diese Nebentätigkeit durch Veränderungen im Tätigkeitsfeld des Unternehmens nachträglich zu einer Konkurrenztätigkeit, bleibt der ArbGeb an die vertragl. Gestattung gebunden. Allerdings kommt eine Änderungskündigung in Betracht, wenn die Fortführung der Nebentätigkeit eine ernsthafte Gefährdung für den ArbGeb wäre. Die dargelegten Grundsätze für die Maßgeblichkeit nachträglicher Änderungen gelten auch beim **Betriebsübergang**. Wird bspw. im Zuge des Betriebsübergangs der Betrieb in eine größere betriebl. Einheit überführt, erstreckt sich das gesetzl. Verbot aus § 60 auch auf die neu hinzugekommenen Geschäftszweige, was dazu führen kann, dass der Handlungsgehilfe ein bislang zulässiges Gewerbe aufgeben muss[9].

20 **2. Verbot des Geschäftemachens.** Nach der 2. Alt. von § 60 I darf der Handlungsgehilfe auch nicht „für eigene oder fremde Rechnung Geschäfte machen". Das Verbot erfasst die Tätigkeit **im eigenen wie im fremden Namen**. Der Handlungsgehilfe darf also insb. nicht als ArbN, Handlungsgehilfe oÄ für ein Konkurrenzunternehmen tätig werden[10]. Auch das Handeln durch Strohmänner ist verboten[11].

21 **a) Geschäftemachen.** Der Begriff des Geschäftemachens muss vor dem Hintergrund des Normzwecks gesehen werden. Voraussetzung ist, dass ArbGeb und Handlungsgehilfe als Wettbewerber auftreten. Daran fehlt es einerseits, wenn der Handlungsgehilfe dem ArbGeb als **Abnehmer oder Anbieter** gegenübertritt[12]. Andererseits reicht **nicht jede Aktivität** zu Gunsten eines Wettbewerbers. Erforderlich ist eine echte Teilnahme am Geschäftsverkehr mit Gewinnerzielungsabsicht[13]. Nicht erfasst ist deshalb eine Tätigkeit, die nur der **Befriedigung privater Bedürfnisse** dient (der Angestellte eines Autohauses verkauft seinen Privat-Pkw). Ebenso wenig untersagt sind Tätigkeiten für ein Konkurrenzunternehmen ohne **spekulativ-unternehmerische Komponente**. So verstößt nicht gegen § 60, wer im Rahmen einer Nebentätigkeit für ein Konkurrenzunternehmen lediglich **Schreib- oder Buchhaltungsarbeiten** durchführt. Im Einzelnen kann die Abgrenzung allerdings schwierig sein. So darf der oben zitierte Verkäufer in einem Autohaus sicherlich nicht als Nebentätigkeit Verkäufer eines anderen Autohauses sein, jedoch für das andere Autohaus Autos reparieren. Ein Grenzfall wäre aber die – ansonsten für unproblematisch gehaltene – Übernahme von Buchhaltungsarbeiten bei der Konkurrenz, da dadurch die Gefährdung von Geschäftsgeheimnissen nicht ausgeschlossen wäre. Maßgeblich sind immer die Besonderheiten des Einzelfalls. Auch das Gewähren eines **Kredits** an einen Wettbewerber kann unter § 60 fallen[14].

22 Auf die **Intensität** der Geschäfte kommt es nicht an[15]. Da § 60 bereits die bloße Gefährdung der Geschäftsinteressen des ArbGeb ausschließen will, nicht erst deren tatsächliche Beeinträchtigung, ist auch

---

1 *Röhsler/Borrmann*, Wettbewerbsbeschränkungen für Arbeitnehmer und Handelsvertreter, 1981, S. 32; *Staub/Konzen/Weber*, § 60 HGB Rz. 17. |2 BAG v. 24.4.1970 – 3 AZR 324/69, AP Nr. 5 zu § 60 HGB; LAG Hamm, v. 24.8.1971 – 3 Sa 334/71, DB 1971, 2515. |3 *Staub/Konzen/Weber*, § 60 HGB Rz. 11; Heymann/*Henssler*, § 60 HGB Rz. 11; *v. Hoyningen-Huene*, § 60 HGB Rz. 34. |4 *Staub/Konzen/Weber*, § 60 HGB Rz. 11; Heymann/*Henssler*, § 60 HGB Rz. 11; *v. Hoyningen-Huene*, § 60 HGB Rz. 34. |5 LAG Hess. v. 10.2.1997 – 10 Sa GA 2269/96, LAGE § 74a HGB Nr. 1. |6 Ausf. *Bauer/Diller*, Wettbewerbsverbote, 3. Aufl. 2002, Rz. 123 ff. |7 Heymann/*Henssler*, § 50 HGB Rz. 16. |8 So aber *Schaub*, ArbRHdb, § 57 Rz. 4. |9 Siehe im Einzelnen *v. Hoyningen-Huene*, § 60 HGB Rz. 53. |10 Heymann/*Henssler*, § 60 HGB Rz. 12. |11 Heymann/*Henssler*, § 60 HGB Rz. 19. |12 BAG v. 3.5.1983 – 3 AZR 62/81, BAGE 42, 329; v. 3.5.1983 – 3 AZR 62/81, AP Nr. 10; *Grunsky*, S. 7. |13 BAG v. 15.2.1962 – 5 AZR 79/61, AP Nr. 1 zu § 61 HGB; v. 24.4.1970 – 3 AZR 324/69, AP Nr. 5 zu § 60 HGB. |14 RG v. 21.7.1937 – V 44/37, JW 1937, 2654. |15 BAG v. 30.1.1963 – 2 AZR 319/62, AP Nr. 3 zu § 60 HGB.

das bloße **Vorbereiten der Vermittlung und des Abschlusses von Geschäften** untersagt[1]. So verbietet § 60 bspw. das Vorfühlen bei Kunden zum Zwecke eines späteren Geschäftsabschlusses[2], die Unterstützung vertragsbrüchiger Kollegen bei Konkurrenztätigkeiten[3], der Eintritt in eine konkurrierende Gesellschaft[4], der Versuch, dem ArbGeb Geschäftsverbindungen abzuwerben[5] sowie allgemein das Anbieten von Diensten und Leistungen gegenüber Dritten im Handelszweig des ArbGeb[6].

Der Begriff des „Geschäftemachens“ setzt zwar **Gewinnerzielungsabsicht** voraus. Nicht erforderlich ist aber, dass die Geschäfte erfolgreich sind und der Handlungsgehilfe daraus tatsächlich einen Gewinn zieht. Die Gewinnerzielungsabsicht braucht auch nicht unmittelbar zu sein. Deshalb fallen auch solche Geschäfte unter § 60, deren wirtschaftl. Erfolg sich allenfalls **nach dem Ende des Arbeitsverhältnisses** einstellen kann (zB der Einkauf von Waren für einen später zu eröffnenden Konkurrenzbetrieb)[7]. 23

b) Konkurrenzsituation. Die zweite Alternative des § 60 I erfasst ausdrücklich nur das Geschäftemachen „im Handelszweig des ArbGeb“. Insoweit gilt das oben zur ersten Alternative Gesagte (Rz. 18 ff.) entsprechend. Ein **konzerndimensionaler Schutz** ist mit § 60 grds. nicht verbunden, so dass es dem Handlungsgehilfen nicht verboten ist, Geschäfte im Handelszweig eines mit dem ArbGeb verbundenen anderen Unternehmens zu tätigen[8]. Ein konzerndimensionaler Schutz wird auch nicht dadurch bewirkt, dass besonders enge Verflechtungen oder gar ein qualifiziert-faktischer Konzern bestehen[9]. Keine Bedenken bestehen dagegen, wenn das Verbot aus § 60 durch vertragl. Vereinbarung auf Konzernunternehmen erweitert wird, sofern dafür ein betriebliches Bedürfnis besteht. 24

V. Einwilligung des Arbeitgebers. Das gesetzl. Wettbewerbsverbot aus § 60 ist **abdingbar.** Deshalb ist es (in den Grenzen des Art. 12 GG!) durchaus möglich, § 60 zuungunsten des ArbN zu **verschärfen.** Andererseits ist ohne weiteres möglich, dass der ArbGeb auf § 60 ganz **verzichtet** oder dem ArbN **generell oder im Einzelfall** die Konkurrenztätigkeit erlaubt (dies folgt schon aus § 60 II). Beweispflichtig für eine solche Erlaubnis ist der ArbN, möglich ist sowohl die **(vorherige) Einwilligung** als auch die **(nachträgliche) Genehmigung**, wobei allerdings der ArbN das Genehmigungsrisiko trägt[10]. Eine unwiderruflich erklärte Zustimmung kann nur durch Änderungskündigung oder einvernehmlich beseitigt werden, es sei denn, der ArbGeb hat sich ausdrücklich den einseitigen Widerruf vorbehalten[11]. Die Genehmigung der Konkurrenztätigkeit kann auch konkludent (stillschweigend) erklärt werden. Eine solche stillschweigende Genehmigung kann bspw. darin liegen, dass der ArbGeb gegen eine ihm bekannte Konkurrenztätigkeit längere Zeit nicht einschreitet[12]. Die Genehmigung eines einzigen Geschäfts bedeutet regelmäßig nicht eine generelle Einwilligung in jedwede Konkurrenztätigkeit[13], ebenso wenig wie das Verbot der Konkurrenztätigkeit während der Arbeitszeit bedeutet, dass außerhalb der Arbeitszeit Konkurrenztätigkeit zulässig wäre[14]. 25

Nach **Abs. 2** gilt die Einwilligung zum Betrieb eines Handelsgewerbes als erteilt, wenn der Unternehmer **bei Abschluss des Arbeitsvertrages** von einem bestehenden anderweitigen Handelsgewerbe weiß, aber dessen Aufgabe nicht ausdrücklich vertragl. vereinbart. Abs. 2 enthält also eine Fiktion, Schweigen gilt hier als Einwilligung. Die Fiktion tritt nur dann nicht ein, wenn die Aufgabe des Handelsgewerbes tatsächlich **vereinbart** wurde, ein bloßer **Widerspruch** oder Protest des ArbGeb reicht also nicht[15]. Abs. 2 gilt auch nicht für das **Geschäftemachen iSd. ersten Alternative** des Abs. 1[16]. Die Fiktion des § 60 II deckt allerdings nur Art und Umfang des konkurrierenden Handelsgewerbes, wie es sich für den Unternehmer bei Vertragsschluss darstellt. Stellt sich nachträglich heraus, dass Art und Umfang des Handelsgewerbes anders als angenommen waren oder verändern sich Art oder Umfang des Handelsgewerbes nachträglich, kann der ArbN sich auf die Fiktion des § 60 II nicht berufen. 26

61 *Verletzung des Wettbewerbsverbots*

(1) Verletzt der Handlungsgehilfe die ihm nach § 60 obliegende Verpflichtung, so kann der Prinzipal Schadensersatz fordern; er kann stattdessen verlangen, dass der Handlungsgehilfe die für eigene Rechnung gemachten Geschäfte als für Rechnung des Prinzipals eingegangen gelten lasse und die aus Geschäften für fremde Rechnung bezogene Vergütung herausgebe oder seinen Anspruch auf die Vergütung abtrete.

---

1 BAG v. 30.1.1963 – 2 AZR 319/62, AP Nr. 3 zu § 60 HGB; v. 24.4.1970 – 3 AZR 324/69, AP Nr. 5 zu § 60 HGB; v. 12.5.1972 – 3 AZR 401/71, AP Nr. 6 zu § 60 HGB; v. 15.2.1962 – 5 AZR 79/61, AP Nr. 1 zu § 61 HGB; *Röhsler/Borrmann*, S. 33. | 2 LAG Hess. v. 14.1.1969 – 5 Ta BV 3/68, BB 1970, 709. | 3 BAG v. 16.1.1975 – 3 AZR 72/74, AP Nr. 8 zu § 60 HGB. | 4 BAG v. 15.2.1962 – 5 AZR 79/61, AP Nr. 1 zu § 61 HGB. | 5 BAG v. 30.1.1963 – 2 AZR 319/62, AP Nr. 3 zu § 60 HGB. | 6 BAG v. 16.6.1976 – 3 AZR 73/75, AP Nr. 8 zu § 611 BGB – Treuepflicht. | 7 Heymann/*Henssler*, § 60 Rz. 18. | 8 BAG v. 24.6.1966 – 3 AZR 501/65, AP Nr. 2 zu § 74a HGB – Speiseeis; die Einzelheiten sind außerordentlich umstritten, ausf. zu der parallelen Problematik bei nachvertraglichen Wettbewerbsverboten *Bauer/Diller*, Rz. 129 ff. | 9 *v. Hoyningen-Huene*, § 60 HGB Rz. 43. | 10 BAG v. 16.6.1976 – 3 AZR 73/75, AP Nr. 8 zu § 611 BGB – Treuepflicht. | 11 Dazu RG v. 29.10.1896 – VI.167/96, RGZ 38, 18. | 12 *v. Hoyningen-Huene*, § 60 HGB Rz. 26. | 13 *Grunsky*, S. 30. | 14 BAG v. 12.5.1972 – 3 AZR 401/71, AP Nr. 6 zu § 60 HGB; RG v. 7.10.1924 – VII.887/23, RGZ 109, 55. | 15 Heymann/*Henssler*, § 60 HGB Rz. 24. | 16 Heymann/*Henssler*, § 60 HGB Rz. 23.

(2) Die Ansprüche verjähren in drei Monaten von dem Zeitpunkt an, in welchem der Prinzipal Kenntnis von dem Abschluss des Geschäfts erlangt, oder ohne grobe Fahrlässigkeit erlangen müsste; sie verjähren ohne Rücksicht auf diese Kenntnis oder grob fahrlässige Unkenntnis in fünf Jahren von dem Abschluss des Geschäfts an.

1 **I. Bedeutung der Norm.** § 61 regelt die Folgen von **Verstößen gegen § 60**, sowohl im Hinblick auf den verbotenen Betrieb eines konkurrierenden Handelsgewerbes (§ 60 I Alt. 1) als auch im Hinblick auf verbotenes Geschäftemachen (§ 60 I Alt. 2). Die in § 61 geregelten Rechtsfolgen (Schadenersatz und Eintrittsrecht) sind **nicht abschließend**, daneben stehen die sich aus dem allgemeinen Schuldrecht ergebenden weiteren Sanktionen. Der (Ende 2004 geänderte) § 61 II regelt die **Verjährung** von Ansprüchen auf Grund von Verstößen gegen § 60; die außerordentl. kurze Verjährungsfrist von drei Monaten wird in der Praxis häufig übersehen und ist eine **klassische Regressfalle** für Anwälte.

2 **II. Geltungsbereich.** Das Konkurrenzverbot des § 60 wird allgemein auf **alle ArbN** angewendet (dort allerdings aus §§ 241, 242 BGB abgeleitet, s. § 60 Rz. 1). Nach der neueren Rspr. gelten auch die besonderen Rechtsfolgen des § 61 (und dann auch die kurze Verjährung des Abs. 2) für alle ArbN, also nicht nur für Handlungsgehilfen[1]. Die besonderen Rechtsfolgen des § 61 gelten dagegen nicht bei Verstößen gegen ein **nachvertragl.** Wettbewerbsverbot gem. §§ 74 ff.[2].

3 **III. Verschulden.** Nach herrschender Auffassung setzen die Ansprüche aus § 61 **Verschulden** des Handlungsgehilfen voraus, obwohl dies dem Wortlaut der Norm nicht zu entnehmen ist. Für den Schadenersatzanspruch leuchtet das Verschuldenserfordernis unmittelbar ein, da Schadenersatzansprüche (von der Gefährdungshaftung abgesehen) stets Verschulden voraussetzen. Es ist nicht anzunehmen, dass der Gesetzgeber für die Schadenersatzpflicht andere Voraussetzungen aufstellen wollte als für das „Eintrittsrecht", so dass auch dafür Verschulden Voraussetzung ist[3]. Ein Verschulden kann insb. dann fehlen, wenn der Handlungsgehilfe irrtümlich von einer wirksamen Einwilligung ausging oder sich über den Umfang der Geschäftstätigkeit seines Dienstherrn nicht im Klaren war.

4 Nach den allgemeinen schuldrechtl. Regeln (§ 280 BGB) läge die **Beweislast** für das Verschulden beim Handlungsgehilfen, dieser müsste das Nicht-Vertreten-Müssen beweisen. Dem steht allerdings § 619a BGB entgegen, wonach bei Schadenersatzansprüchen im Rahmen eines Arbeitsverhältnisses der ArbGeb die Beweislast für das Verschulden des ArbN trägt. Richtigerweise wird man hier **nach Sphären differenzieren** müssen. Hat der Wettbewerbsverstoß mit der betriebl. Sphäre des Unternehmens (die die Rechtfertigung für die besondere Beweislastregel des § 619a BGB bildet) nichts zu tun, trifft den ArbN die Beweislast nach § 280 BGB. Das ist etwa der Fall, wenn der ArbN geltend macht, er sei irrtümlich von der Wirksamkeit einer Einwilligungserklärung ausgegangen. Hängt dagegen der Verstoß mit der betriebl. Sphäre des ArbGeb zusammen (hat sich zB der ArbN über den Umfang des Geschäftsbetriebs des ArbGeb geirrt), greift die besondere Beweislastverteilung des § 619a BGB zu Lasten des ArbGeb[4].

5 **IV. Weiter gehende Ansprüche.** Neben den in § 61 geregelten Ansprüchen auf Schadenersatz und Gewinnherausgabe löst der Verstoß gegen § 60 zunächst **Unterlassungsansprüche** aus[5]. Voraussetzung eines Unterlassungsanspruchs ist, dass der Verstoß entweder noch andauert oder aber eine Wiederholungsgefahr besteht, wobei ein einmaliger Verstoß typischerweise die Wiederholungsgefahr indiziert. Der Anspruch wird regelmäßig durch **einstw. Verfügung** durchgesetzt[6]. Daneben kommt auch eine verhaltensbedingte **Kündigung** (§ 1 KSchG) in Betracht, ggf. auch eine fristlose Kündigung aus wichtigem Grund (§ 626, s. dort). Bei schweren Verstößen ist die Kündigung auch ohne vorherige Abmahnung zulässig.

6 Nicht möglich ist dagegen eine **Gehaltskürzung** für die Zeit des Verstoßes gegen das Wettbewerbsverbot[7]. Verbreitet – und im Rahmen der allgemeinen Regeln möglich – ist allerdings die Vereinbarung einer **Vertragsstrafe**[8].

7 **V. Wahlrecht des Arbeitgebers/Auskunftsanspruch.** § 61 I gibt dem ArbGeb ausdrücklich ein Wahlrecht zwischen Schadenersatz und Eintrittsrecht. Daraus folgt, dass beide Rechtsbehelfe **nicht kumulativ** geltend gemacht werden können. Das Wahlrecht muss der ArbGeb durch einseitige Willenserklärung ausüben, die nicht widerruflich ist[9]. Das Wahlrecht kann außergerichtlich, aber auch durch Erhebung einer entsprechenden Klage ausgeübt werden.

8 Nach herrschender Auffassung ist § 264 IV BGB auf das Wahlrecht des ArbGeb nicht anwendbar. Der Handlungsgehilfe hat also nicht die Möglichkeit, den ArbGeb zur Vornahme seiner Wahl **aufzufordern**

---

1 BAG v. 26.9.2007 – 10 AZR 511/06. | 2 *Bauer/Diller*, Wettbewerbsverbote, 3. Aufl. 2002, Rz. 665 mwN. | 3 *v. Hoyningen-Huene*, § 61 HGB. Rz. 8; Heymann/*Henssler*, § 61 HGB Rz. 4. | 4 Siehe iE *Bauer/Diller*, Rz. 623 ff. | 5 BAG v. 17.10.1969 – 3 AZR 442/68, AP Nr. 7 zu § 611 BGB – Treuepflicht; LAG Köln v. 14.11.1989 – 11 Sa 930/89, LAGE § 611 BGB – Treuepflicht Nr. 1; Heymann/*Henssler*, § 61 HGB Rz. 16. | 6 LAG Hamm v. 7.4.1983 – 8 Ta 41/83, EzA § 935 ZPO Nr. 1. | 7 BGH v. 19.10.1987 – II ZR 97/87, BB 1988, 88; *v. Hoyningen-Huene*, § 61 HGB Rz. 60. | 8 Umfassend dazu *Bauer/Diller*, Rz. 631 ff. | 9 § 263 I BGB.

mit der Folge, dass mangels Ausübung des Wahlrechts dieses auf den Handlungsgehilfen übergehen würde[1].

Nach der Rspr. des BAG[2] kann das Wahlrecht des § 61 nur **einheitlich** für die gesamte vertragswidrige Tätigkeit ausgeübt werden. Das ist für eine Konkurrenztätigkeit, die sich als Einheit darstellt, sicherlich richtig. Wenn bspw. der Handlungsgehilfe als angestellter Handlungsreisender für ein Konkurrenzunternehmen tätig geworden ist, dann kann der ArbGeb sicherlich nicht hinsichtlich einiger Monate (oder Wochen oder Tage!) Schadenersatz geltend machen, hinsichtlich anderer Zeiträume dagegen das Eintrittsrecht ausüben. Soweit es jedoch um **vereinzeltes „Geschäftemachen"** (§ 60 I Alt. 2) geht, ist kein Grund ersichtlich, vom ArbGeb eine einheitliche Wahl zu fordern. Ist bspw. der Handlungsgehilfe anderweitig als Handelsvertreter tätig geworden und hat er in dieser Eigenschaft verschiedene Geschäfte getätigt, so kann der ArbGeb durchaus hinsichtlich einzelner Geschäfte sein Eintrittsrecht ausüben, hinsichtlich der übrigen dagegen Schadenersatz fordern[3]. Maßgeblich für die Abgrenzung sind immer die Umstände des Einzelfalls. 9

Zur Vorbereitung der Ausübung des Wahlrechts steht dem ArbGeb ein Anspruch auf **Auskunft und Rechnungslegung** zu[4]. Dieser Auskunftsanspruch ergibt sich aus §§ 241, 242 BGB. Der Auskunftsanspruch besteht allerdings nur, wenn begründeter Anlass zu der Vermutung besteht, der Handlungsgehilfe habe gegen § 60 HGB verstoßen[5]. Der Auskunftsanspruch kann mit einem Anspruch auf Rechnungslegung (§ 259 BGB) verbunden werden[6]. Der Handlungsgehilfe muss alle Umstände mitteilen, die für den Schadenersatzanspruch bzw. das Eintrittsrecht relevant sein können, dies umfasst insb. auch die erzielten oder beabsichtigten Preise, Margen und Gewinne[7]. Das Auskunftsrecht geht nicht verloren, wenn der ArbGeb bereits zwischen Schadenersatz und Eintrittsrecht gewählt hat[8], so dass der ArbGeb bspw. Auskunft/Rechnungslegung und Schadenersatz gemeins. im Wege der Stufenklage nach § 254 ZPO geltend machen kann, ebenso Auskunft/Rechnungslegung und Eintritt/Gewinnherausgabe. 10

VI. Schadenersatz. Hinsichtlich des Schadenersatzanspruchs gelten im Rahmen des § 61 keine Besonderheiten. Es gelten die §§ 249 ff. BGB, so dass neben dem tatsächlich entstandenen Schaden auch Ersatz des **entgangenen Gewinns** (§ 252 BGB) verlangt werden kann. Maßgeblich ist dabei nicht der Gewinn, den der Handlungsgehilfe tatsächlich erzielt hat, sondern der hypothetische Gewinn, den der ArbGeb bei Vornahme des gleichen Geschäfts erzielt hätte (der höher oder niedriger sein kann)[9]. 11

Verwertet der Handlungsgehilfe unerlaubt geistiges Eigentum seines Dienstherrn, kann der Schaden im Wege der **„Lizenzanalogie"** berechnet werden[10]. Der ArbGeb kann also diejenigen Lizenzgebühren verlangen, die er bei einer vertragl. Lizenzvergabe erzielt hätte, wodurch die Darlegung des entgangenen Gewinns entbehrlich wird. 12

Erstattungsfähig sind auch Aufwendungen, die der ArbGeb zur **Aufdeckung** von Art und Umfang der Pflichtverletzung gemacht hat. Dies kann zB die Kosten einer externen Revision oder Detektivkosten umfassen, aber auch die Mehrarbeit anderer Mitarbeiter[11]. 13

Im Übrigen ist bei der Bemessung des Schadenersatzes auch die oft übersehene Vorschrift des § 287 ZPO anwendbar, wonach das Gericht notfalls den Schaden **schätzen** muss. Die Möglichkeit der Schadenschätzung ist deshalb von besonderer Bedeutung, weil die **Darlegungs- und Beweislast** für den entstandenen Schaden der ArbGeb trägt. Im Hinblick auf entgangenen Gewinn kommt dem ArbGeb zwar die Beweiserleichterung des § 252 S. 2 BGB zugute. Macht der ArbGeb entgangenen Gewinn geltend, muss er allerdings nachweisen, dass er bei vertragswidrigem Verhalten des Handlungsgehilfen das Geschäft selber hätte abschließen können[12]. Kann der ArbGeb dies nicht darlegen, kann er statt Schadenersatz das Eintrittsrecht ausüben[13]. Von vornherein ausgeschlossen ist ein Anspruch des ArbGeb auf entgangenen Gewinn, wenn er von dem verbotswidrigen Geschäft des Handlungsgehilfen keine Kenntnis erlangt hätte, wenn dieser sich korrekt verhalten hätte[14]. 14

Der Schadenersatzanspruch kann mit Ersatzansprüchen aus **§ 826 BGB** oder **§ 3 UWG** zusammentreffen, wobei zu beachten ist, dass die kurze Verjährung des Abs. 2 auch für solche konkurrierenden Ansprüche gilt (s. Rz. 24). Während sich der Schadenersatzanspruch nach § 61 nur gegen den Handlungsgehilfen richtet, kommen Schadenersatzansprüche nach § 826 BGB oder § 3 UWG auch **gegenüber Drit-** 15

1 Statt aller *v. Hoyningen-Huene*, § 61 HGB Rz. 2; *Staub/Konzen/Weber*, § 61 HGB Rz. 5; *Röhsler/Borrmann*, S. 50. | 2 BAG v. 15.2.1962 – 5 AZR 79/61, AP Nr. 1 zu § 61 HGB. | 3 Ebenso *v. Hoyningen-Huene*, § 61 Rz. 3; *Grunsky*, Wettbewerbsverbote für Arbeitnehmer, 2. Aufl. 1987, S. 34. | 4 BAG v. 22.4.1967 – 3 AZR 347/66, AP Nr. 12 und v. 21.10.1970 – 3 AZR 479/69, AP Nr. 13 zu § 242 BGB – Auskunftspflicht; v. 16.6.1976 – 3 AZR 73/5, AP Nr. 8 zu § 611 BGB – Treuepflicht. | 5 BAG v. 12.5.1972 – 3 AZR 401/71, AP Nr. 6 zu § 60 HGB. | 6 BAG v. 22.4.1967 – 3 AZR 347/66, AP Nr. 12 zu § 242 BGB – Auskunftspflicht. | 7 BAG v. 12.5.1972 – 3 AZR 401/71, AP Nr. 6 zu § 60 HGB. | 8 BAG v. 4.6.1969 – 5 AZR 459/68, AP Nr. 14 zu § 611 BGB – Lohnanspruch. | 9 *v. Hoyningen-Huene*, § 61 HGB Rz. 10. | 10 BAG v. 24.6.1986 – 3 AZR 486/84, AP Nr. 4 zu § 611 BGB – Betriebsgeheimnis. | 11 BAG v. 24.4.1970 – 3 AZR 324/69, AP Nr. 5 zu § 60; *Grunsky*, S. 32; *v. Hoyningen-Huene*, § 61 HGB Rz. 11. | 12 *v. Hoyningen-Huene*, § 61 HGB Rz. 13. | 13 RG v. 7.10.1924 – VII.887/23, RGZ 109, 355. | 14 Heymann/*Henssler*, § 61 HGB Rz. 5.

ten in Betracht (zB dem ArbGeb, bei dem der Handlungsgehilfe die verbotswidrige Nebentätigkeit ausgeübt hat, und der die Verbotswidrigkeit kannte).

16 **VII. Eintrittsrecht. 1. Allgemeines.** Das „Eintrittsrecht" (Abs. 1 Alt. 2) ist rechtl. gesehen alles andere als ein Eintrittsrecht. Es ist nämlich gerade nicht so, dass der ArbGeb in irgendeiner Weise verlangen könnte, Partei **eines Rechtsgeschäfts** zu werden, welches der Handlungsgehilfe verbotswidrig abgeschlossen hat. Vielmehr bleiben alle vom Handlungsgehilfen verbotswidrig abgeschlossenen Rechtsgeschäfte **zivilrechtl. unverändert**. Dies gilt unabhängig davon, ob der Handlungsgehilfe auf eigene oder auf fremde Rechnung gehandelt hat. Hat er auf eigene Rechnung gehandelt (zB als Handelsvertreter), wird weder die Rechtsbeziehung zwischen dem Handlungsgehilfen/Handelsvertreter und dem Unternehmer noch die Rechtsbeziehung zwischen dem Unternehmer und dem Kunden tangiert. Gleiches gilt, wenn der Handlungsgehilfe auf fremde Rechnung tätig geworden ist, also etwa durch Geschäftsabschlüsse im Rahmen einer angestellten Nebentätigkeit. Auch hier bleibt das Rechtsverhältnis zwischen Handlungsgehilfen und Nebentätigkeits-ArbGeb ebenso unberührt wie das Rechtsverhältnis zwischen dem Nebentätigkeits-ArbGeb und dessen Geschäftskunden.

17 Die Bedeutung des „Eintrittsrechts" liegt darin, dass der ArbGeb die beim Handlungsgehilfen entstandenen **Vermögensvorteile abschöpfen** kann. Er hat also keine Schwierigkeiten bei der Schadensberechnung mehr (s. Rz. 14). Außerdem wird es häufig vorkommen, dass der beim Handlungsgehilfen entstandene Gewinn höher ist als der beim ArbGeb entstandene Schaden oder der Gewinn, den der ArbGeb bei Selbstausführung erzielt hätte. Von Bedeutung ist weiter, dass die Geltendmachung des Eintrittsrechts – anders als der Schadenersatzanspruch – nicht die Darlegung voraussetzt, dass der Geschäftsherr bei korrektem Verhalten des Handlungsgehilfen das Geschäft selbst hätte abschließen können.

18 Entgegen der missverständlichen Formulierung von § 61 I Alt. 2 bezieht sich das Eintrittsrecht nicht nur auf Verstöße gem. § 60 I Alt. 2 (**Geschäftemachen**), sondern auch auf die 1. Alt. (Betreiben eines **konkurrierenden Handelsgewerbes**).

19 **2. Tätigkeit auf eigene Rechnung.** Soweit der Handlungsgehilfe auf eigene Rechnung tätig geworden ist, hat der ArbGeb Anspruch auf **Herausgabe des erzielten Gewinns** oder (bei noch nicht ausgeführtem Geschäft) auf Abtretung des Vergütungsanspruchs nebst der zum Beweis der Forderung dienenden Urkunden (§ 402 BGB). Die Geltendmachung des Herausgabeanspruchs lässt die Leistungspflichten des Handlungsgehilfen aus dem verbotswidrigen Geschäft gegenüber dem Vertragspartner unberührt. Die Abtretung des Vergütungsanspruchs bzw. der Anspruch auf Herausgabe der Vergütung kann allerdings nur gegen **Ersatz der Aufwendungen** erfolgen, bei bereits ausgeführtem Geschäft richtet sich der Anspruch auf Herausgabe des Gewinns (Vergütung abzgl. Aufwendungen, vgl. § 670 BGB)[1]. Allerdings hat der Handlungsgehilfe nach richtiger Auffassung **keinen Anspruch** darauf, dass ihm eine **Vergütung** (Unternehmerlohn) verbleibt[2]. Der ArbGeb wiederum hat keinen Anspruch darauf, das der Handlungsgehilfe ein **angefangenes Geschäft** zu Ende führt oder gar weitere gleichartige Geschäfte eingeht[3], auf jeden Fall hätte der Handlungsgehilfe ein Kündigungsrecht gem. § 671 II BGB.

20 Hat der ArbN verbotswidrig ein konkurrierendes Handelsgewerbe betrieben, steht dem ArbGeb das Eintrittsrecht nicht hinsichtlich aller Geschäfte dieses Handelsgewerbes zu, so dass nicht schlicht der Gesamtgewinn des Konkurrenzunternehmens abgeschöpft werden kann. Vielmehr bezieht sich das Eintritts- bzw. Abschöpfungsrecht nur auf **diejenigen Geschäfte** des Handelsgewerbes, die für den ArbGeb **„konkurrierend"** sind. Hat bspw. der Mitarbeiter eines Autohauses verbotswidrig ein Konkurrenzunternehmen eröffnet, welches neben Autos auch Motorräder verkauft, dann kann der ArbGeb nur die Erträge aus Autoverkäufen herausverlangen, nicht aber aus Motorradverkäufen[4].

21 **3. Eintritt in eine Gesellschaft.** Ist der Handlungsgehilfe verbotswidrig in eine konkurrierende Gesellschaft eingetreten, kann wegen der Höchstpersönlichkeit der Gesellschafterstellung und des Schutzes der übrigen Gesellschafter der ArbGeb **nicht** verlangen, an Stelle des Handlungsgehilfen **in die Gesellschaft eintreten** zu dürfen. Ebenso wenig kann er die Abtretung von Geschäftsanteilen verlangen[5]. Unzutreffend ist allerdings die Auffassung des BAG, der ArbGeb könne auch nicht die **Herausgabe des Gewinnanteils** verlangen[6]. Die Auffassung des BAG, ein Anspruch auf Herausgabe des Gewinnanteils sei eine wesentliche Umgestaltung der Gesellschafterstellung, die von § 61 I nicht mehr gedeckt sei, überzeugt nicht. Wenn der Beitritt zur Gesellschaft als solche ein verbotenes Geschäft darstellt, dann ist der Gewinnanspruch unmittelbar der durch das verbotene Geschäft erzielte Vermögensvorteil. Auch wird die Rechtsstellung der übrigen Gesellschafter durch die Herausgabe des Gewinnanspruchs nicht beeinträchtigt[7]. Nichts anderes gilt, wenn der Handlungsgehilfe verbotswidrig eine Ein-Mann-Gesellschaft

1 Unzutr. Heymann/*Henssler*, § 61 HGB Rz. 15, wonach der Handlungsgehilfe einen Anspruch gegen den ArbGeb auf Freistellung von den Ansprüchen des Geschäftsgegners habe. | 2 Heymann/*Henssler*, § 61 HGB Rz. 15; unklar *v. Hoyningen-Huene*, § 61 HGB Rz. 17. | 3 Zweifelnd Heymann/*Henssler*, § 61 HGB Rz. 9. | 4 Ähnlich *v. Hoyningen-Huene*, § 61 HGB Rz. 26. | 5 Statt aller *Grunsky*, S. 35; *Staub/Konzen/Weber*, § 61 HGB Rz. 17; BAG v. 15.2.1962 – 5 AZR 79/61, AP Nr. 1 zu § 61 HGB. | 6 BAG v. 15.2.1962 – 5 AZR 79/61, AP Nr. 1 zu § 61 HGB. | 7 Zutr. *v. Hoyningen-Huene*, § 61 HGB Rz. 19 mit Hinweis auf die BGH-Rspr. zu § 113 HGB.

gründet. Auch hier kann der ArbGeb zwar die Gewinnansprüche fordern, nicht aber die Gesellschaft selbst übernehmen oder in sie als Gesellschafter eintreten[1].

4. Tätigkeit für fremde Rechnung. Hat der Handlungsgehilfe für fremde Rechnung Geschäfte abgeschlossen, richtet sich der Anspruch aus § 61 I auf **Herausgabe** der beim Handelsgehilfen eintretenden finanziellen Vorteile (**Provisionen**). Soweit der Handlungsgehilfe die Ansprüche noch nicht realisiert hat, kann der ArbGeb Abtretung der Ansprüche (zB der Provisionsansprüche) verlangen. Entsprechendes gilt für Lohn- und Gehaltsansprüche aus einer verbotswidrigen **konkurrierenden Nebentätigkeit**. 22

VIII. Verjährung (Abs. 2). Eine **klassische Haftungsfalle** ist die kurze dreimonatige Verjährung, die Abs. 2 für die Ansprüche auf Schadenersatz und Eintritt vorsieht. Hintergrund der kurzen Verjährung ist das Bedürfnis, **Streitigkeiten** während eines bestehenden Arbeitsverhältnisses möglichst **rasch zu erledigen**, um das Arbeitsverhältnis nicht durch lang andauernde Ungewissheiten zu belasten. Außerdem wird durch die kurze Verjährung der Streit darüber vermieden, ob in einer vorübergehenden Tolerierung von Konkurrenztätigkeit eine stillschweigende Einwilligung zu sehen ist (s. § 60 Rz. 25 ff.). 23

Nach herrschender Auffassung gilt die kurze Verjährungsfrist entgegen dem missverständlichen Wortlaut des Abs. 2 nicht nur für die in Abs. 1 geregelten Schadenersatz- und Eintrittsansprüche. Vielmehr soll die Frist **auch für konkurrierende Schadenersatzansprüche** aus allgemeinen schuldrechtl. Vorschriften (§§ 280, 823, 826 BGB, § 3 UWG) gelten und darüber hinaus auch für Ansprüche auf **Auskunft** und **Rechnungslegung**[2]. Der Text des § 61 II, der ausschließlich auf das Geschäftemachen iSd. Abs. 1 Alt. 2 abstellt, wird allgemein als Redaktionsversehen angesehen[3]. Umstritten ist, ob die kurze dreimonatige Verjährung auch für **Unterlassungsansprüche** gilt. Das BAG hat dies verneint[4]. Im Hinblick auf Sinn und Zweck der kurzen Verjährung erscheint dagegen die Auffassung der ganz hM zutreffend, wonach auch Unterlassungsansprüche unter die kurze Verjährung des § 61 II HGB fallen[5]. 24

Die Dreimonatsfrist läuft **ab Kenntnis** oder (seit der Gesetzesänderung 2004) grob fahrlässiger Unkenntnis des ArbGeb vom Abschluss des verbotenen Geschäfts, auch wenn dessen näherer Inhalt nicht bekannt ist. Hat der Handlungsgehilfe mehrere verbotswidrige Geschäfte getätigt, so läuft die Verjährungsfrist für jedes Geschäft selbständig, keineswegs setzt die Kenntnis eines Geschäfts die Verjährungsfrist auch für die anderen in Lauf. 25

Betreibt der Handlungsgehilfe verbotswidrig ein **Handelsgewerbe**, so reicht für den Verjährungsbeginn die Kenntnis bzw. grob fahrlässige Unkenntnis vom Betrieb selbst, die Kenntnis einzelner Geschäfte ist nicht erforderlich[6]. Dies ist gerechtfertigt, da der ArbGeb **Stufenklage** mit Auskunftsbegehren erheben kann und dadurch die Verjährungsunterbrechung eintritt[7]. Deswegen hat die Stufenklage im Rahmen von §§ 60, 61 außerordentl. hohe Bedeutung, sie vermeidet zuverlässig sämtliche Haftungsrisiken. Zulässig ist eine Stufenklage dahin gehend, dass (auf der zweiten Stufe) nach erfolgter Auskunftserteilung der Beklagte entweder zu Schadenersatz oder zu Gewinnherausgabe (Eintritt) zu verurteilen ist, je nach Wahl des Klägers. 26

Der ArbGeb muss sich Kenntnis seiner Organe (inkl. der Prokuristen) zurechnen lassen. Die Zurechnung ergreift auch diejenigen Personen, die zur Aufsicht über den Handlungsgehilfen bevollmächtigt waren[8]. Nicht übertragbar erscheint dagegen die Rspr. des BAG zur Ausschlussfrist des § 626 II BGB, wonach der ArbGeb sich auch die Kenntnis solcher Personen zurechnen lassen muss, von denen nach ihrer Stellung im Betrieb oder den Umständen des Einzelfalls zu erwarten ist, sie würden die Vertreter des Unternehmens unterrichten[9]. 27

Die besondere Verjährungsregelung des § 61 HGB **geht den allgemeinen Regeln** des BGB zur Verjährung vor. Die **hilfsweise** geltende **fünfjährige Verjährungsfrist** gilt jeweils vom Abschluss der einzelnen Geschäfte an. Bei unerlaubtem Betrieb eines Konkurrenzgewerbes ist streitig, ob auf die Einzelgeschäfte oder auf die Aufnahme des Gewerbes abzustellen ist, Letzteres erscheint zutreffend[10]. Die Berechnung der Verjährungsfrist erfolgt gem. §§ 187 ff. BGB. 28

62 *Fürsorgepflicht des Arbeitgebers*

(1) Der Prinzipal ist verpflichtet, die Geschäftsräume und die für den Geschäftsbetrieb bestimmten Vorrichtungen und Gerätschaften so einzurichten und zu unterhalten, auch den Geschäftsbetrieb und die Arbeitszeit so zu regeln, dass der Handlungsgehilfe gegen eine Gefährdung seiner Gesundheit, soweit die Natur des Betriebs es gestattet, geschützt und die Aufrechterhaltung der guten Sitten und des Anstandes gesichert ist.

---

1 *Schaub*, ArbRHdb, § 57 IV.3. | 2 BAG v. 28.1.1986 – 3 AZR 449/84, NJW 1986, 2527. | 3 RG v. 1.5.1906 – III 473/05, RGZ 63, 253. | 4 BAG v. 16.1.1975 – 3 AZR 72/74, AP Nr. 8 zu § 60 HGB m. abl. Anm. *Beuthien/Janzen*. | 5 Statt aller *Grunsky*, S. 43; *v. Hoyningen-Huene*, § 61 HGB Rz. 29; Heymann/*Henssler*, § 61 HGB Rz. 17. | 6 RG v. 1.5.1906 – III 473/05, RGZ 63, 255; *v. Hoyningen-Huene*, § 61 HGB Rz. 33; aA Heymann/*Henssler*, § 61 HGB Rz. 21. | 7 BAG v. 28.1.1986 – 3 AZR 449/84, BB 1986, 1296; v. 28.1.1986 – 3 AZR 449/84, AP Nr. 2 zu § 61 HGB. | 8 *v. Hoyningen-Huene*, § 61 HGB Rz. 32. | 9 AA *v. Hoyningen-Huene*, § 61 HGB Rz. 32. | 10 *v. Hoyningen-Huene*, § 61 HGB Rz. 34 gegen Heymann/*Henssler*, § 61 HGB Rz. 21.

(2) Ist der Handlungsgehilfe in die häusliche Gemeinschaft aufgenommen, so hat der Prinzipal in Ansehung des Wohn- und Schlafraums, der Verpflegung sowie der Arbeits- und Erholungszeit diejenigen Einrichtungen und Anordnungen zu treffen, welche mit Rücksicht auf die Gesundheit, die Sittlichkeit und die Religion des Handlungsgehilfen erforderlich sind.

(3) Erfüllt die Prinzipal die ihm in Ansehung des Lebens und der Gesundheit des Handlungsgehilfen obliegenden Verpflichtungen nicht, so finden auf seine Verpflichtung zum Schadensersatze die für unerlaubte Handlungen geltenden Vorschriften der §§ 842 bis 846 des Bürgerlichen Gesetzbuchs entsprechende Anwendung.

(4) Die dem Prinzipal hiernach obliegenden Verpflichtungen können nicht im Voraus durch Vertrag aufgehoben oder beschränkt werden.

1 § 62 entspricht den im Wesentlichen **inhaltsgleichen Bestimmungen der §§ 618, 619 BGB**, so dass weitgehend auf die dortige Kommentierung verwiesen werden kann. Überdies sind die Schutzpflichten des § 62 inzwischen von einem extrem ausdifferenzierten **öffentl.-rechtl. Arbeitsschutzrecht** überlagert, jedenfalls im Bereich des allgemeinen Arbeitsschutzes nach Abs. 1. Der in Abs. 2 geregelte Sonderfall, dass der Handlungsgehilfe in die häusliche Gemeinschaft des Prinzipals aufgenommen ist, ist durch das öffentl.-rechtl. Arbeitsschutzrecht nicht geregelt, kommt aber heutzutage praktisch nicht mehr vor. Die Vorschrift ist deshalb weitgehend gegenstandslos, Abs. 2–4 sind in den neuen Bundesländern ohnehin nicht in Kraft getreten[1]. Soweit es um die Aufnahme von Handlungsgehilfen in die häusliche Gemeinschaft des Prinzipals geht, ist § 62 II Schutzgesetz zu Gunsten der Familienangehörigen des Handlungsgehilfen[2]. Eine „Aufnahme in die häusliche Gemeinschaft" liegt allerdings nicht nur dann vor, wenn der Handlungsgehilfe mit dem ArbGeb unter einem Dach lebt. Erfasst werden auch Sammelunterkünfte mehrerer ArbN, zB in einem **Wohnheim**[3]. Bei einer Unterbringung in einer Werkswohnung gilt allerdings das allgemeine Mietrecht[4].

2 Soweit Abs. 3 bei Nichterfüllung der Verpflichtungen aus den Abs. 1 und 2 auf die Schadenersatzansprüche aus unerlaubter Handlung des Bürgerlichen Rechts verweist, handelt es sich nach herrschender Auffassung um eine Rechtsfolgenverweisung[5]. Die Schadenersatzpflicht ist **verschuldensabhängig**, § 62 kann also nicht im Sinne einer Gefährdungshaftung verstanden werden[6]. Der ArbGeb haftet für Erfüllungsgehilfen gem. § 278 BGB. In der Praxis hat der Schadenersatzanspruch wegen des **Haftungsprivilegs** des § 104 SGB VII (früher § 636 RVO) **keine Bedeutung**, soweit die Pflichtverletzung zu Personenschäden (einschließlich Schmerzensgeld) geführt hat. Nur für Sachschäden (zB zerstörte Kleidung oder Beschädigung eingebrachter Gegenstände) hat der Schadenersatzanspruch aus § 62 HGB, §§ 618, 619 BGB eigenständige Bedeutung.

63 (aufgehoben)

64 *Gehaltszahlung*

Die Zahlung des dem Handlungsgehilfen zukommenden Gehalts hat am Schlusse jedes Monats zu erfolgen. Eine Vereinbarung, nach der die Zahlung des Gehalts später erfolgen soll, ist nichtig.

1 § 64 regelt die Fälligkeit des Gehalts abweichend von **§ 614 BGB**. Wie nach § 614 BGB ist der Handlungsgehilfe grds. vorleistungspflichtig, § 64 verbietet jedoch (anders als § 614 S. 2 BGB) längere Gehaltsabschnitte als einen Monat. In den neuen Bundesländern ist § 64 nicht in Kraft gesetzt worden, dort gilt ausschließlich § 614 BGB (Einigungsvertrag Anlage 1 Kap. VIII Sachgebiet A Abschnitt III Nr. 2).

2 Die Vorschrift gilt nur für **feste Gehaltsbestandteile** wie den laufenden Lohn sowie garantierte Mindestprovisionen oder garantierte Tantiemen, nicht dagegen für variable Bezüge, freiwillige Gratifikationen, Sachbezüge etc.[7]. Bei unregelmäßigen Bezügen oder Bezügen in wechselnder Höhe ergibt sich aus § 64 auch keine Pflicht zur Zahlung monatlicher Abschläge[8].

3 § 64 knüpft die Lohnzahlungspflicht nicht an das Ende des Kalendermonats. Vielmehr ist vom **Beginn des Arbeitsverhältnisses** an zu rechnen. Heutzutage üblich (und ohne weiteres zulässig) ist die Gehaltszahlung am Ende des Kalendermonats. Diese Praxis verstößt nicht gegen § 64, weil dadurch der Zeitpunkt der ersten Fälligkeit vorverlegt wird[9]. Bei Beendigung des Arbeitsverhältnisses ist die (anteilige) Vergütung sofort fällig (§ 614 S. 1 BGB).

---

1 Anl. I Kap. III Sachgebiet D III Nr. 1 Einigungsvertrag v. 31.8.1990. BGBl. II, 959. | 2 RG v. 9.12.1904 – II 61/04, RGZ 59, 283, 285. | 3 BAG v. 8.6.1955 – 2 AZR 200/54, AP Nr. 1 zu § 618 BGB. | 4 *v. Hoyningen-Huene*, § 62 HGB Rz. 31. | 5 *v. Hoyningen-Huene*, § 62 HGB Rz. 36. | 6 BAG v. 10.11.1961 – GS 1/60, AP Nr. 2 zu § 611 BGB – Gefährdungshaftung. | 7 Heymann/*Henssler*, § 64 HGB Rz. 2; *v. Hoyningen-Huene*, § 64 HGB Rz. 3. | 8 Heymann/*Henssler*, § 64 HGB Rz. 2. | 9 Heymann/*Henssler*, § 64 HGB Rz. 3.

Über die Modalitäten der Zahlung sagt § 64 nichts. Das bedeutet aber nicht, dass mangels ausdrücklicher abweichender Regelung immer Barzahlung erforderlich wäre. Vielmehr kann heute **bargeldlose Überweisung** stets als stillschweigend vereinbart gelten, Ausnahmen wird man nur in besonderen Fällen anerkennen können. 4

Auszahlungsort ist die Niederlassung des ArbGeb, in welcher der Handlungsgehilfe tätig ist[1]. Bei bargeldloser Lohnzahlung gilt § 270 IV BGB, so dass die Zahlung noch **rechtzeitig** erfolgt, wenn der ArbGeb den Überweisungsauftrag am Monatsende erteilt, das Gehalt aber erst während der ersten Tage des Folgemonats beim ArbN eintrifft[2]. 5

§ 64 S. 2 verbietet Vereinbarungen zu Lasten des ArbN, wonach die Zahlung des Gehalts später als am Monatsende erfolgen soll. Dies schließt eine **Stundung** (ArbN-Darlehen) bereits fällig gewordenen Gehalts nicht aus[3], dagegen ist eine im Vorhinein vereinbarte Stundung unwirksam. 6

65 *Provision*

Ist bedungen, dass der Handlungsgehilfe für Geschäfte, die von ihm geschlossen oder vermittelt werden, Provision erhalten solle, so sind die für die Handelsvertreter geltenden Vorschriften des § 87 Abs. 1 und 3 sowie der §§ 87a bis 87c anzuwenden.

I. Bedeutung der Norm. Die Vorschrift des § 65 ist außerordentl. wichtig. Sie führt aber in der Praxis ein **Schattendasein** und ist vielfach unbekannt. Die im Jahr 1953 neu gefasste Vorschrift gilt nach einhelliger Auffassung für **alle ArbN** (nicht nur kaufmännische Angestellte)[4]. Sinn der Vorschrift ist, den Provisionsanspruch der ArbN dem der selbstständigen Handelsvertreter (§§ 84 ff.) anzugleichen. Durch die Verweisung auf §§ 87 I **und** III (nicht: I bis III!), 87a–c werden die für Handelsvertreter geltenden Vorschriften über Voraussetzungen, Fälligkeit, Höhe und Abrechnung der Provision auch bei ArbN angewendet[5]. Nicht anwendbar sind dagegen die für Handelsvertreter geltenden Vorschriften über die Ausstattung mit Unterlagen und Mitteilungspflichten (§ 86a), der Bezirksschutz (§ 87 II), die Inkassoprovision (§ 87 IV) und vor allem der Ausgleichsanspruch nach Vertragsbeendigung (§ 89b). 1

II. Provisionsanspruch. § 65 gibt selbst **keinen Anspruch auf Provision**, sondern setzt voraus, dass ein Provisionsanspruch vertragl. vereinbart wurde. Ohne entsprechende vertragl. Vereinbarung hat der Handlungsgehilfe deshalb keinen Provisionsanspruch. Das gilt auch dann, wenn die Vermittlung oder der Abschluss von Geschäften teilweise oder sogar ganz zu seinen arbeitsvertragl. Aufgaben gehört (zB beim angestellten Handlungsreisenden). Allerdings muss eine Provisionsabrede nicht ausdrücklich getroffen werden, sie kann sich im Einzelfall auch aus besonderen Umständen (insb. der Üblichkeit) stillschweigend ergeben. Wird dem Handlungsgehilfen **vertretungsweise** die Aufgabe eines provisionsberechtigten Handelsvertreters oder Handlungsgehilfen zugewiesen, so gilt damit eine vergleichbare Provisionsregelung als vereinbart[6]. 2

III. Begriff der Provision. Bei der Frage, ob eine Provision iSd. § 65 vereinbart ist, kommt es allein auf den materiellen Inhalt der Vergütungsabrede an, nicht auf die Bezeichnung der Vergütungsbestandteile. Begriffe wie „Provision", „Umsatzbeteiligung", „Umsatzprämie", „Bonus", „Tantieme" etc. werden in der Praxis für die verschiedensten Gehaltsbestandteile verwendet. Das Wesen der Provision iSd. § 65 ist die Beteiligung **an persönlichen Umsätzen**, dh. an den persönlich vom Handlungsgehilfen vermittelten oder abgeschlossenen einzelnen Geschäften. Ebenfalls als „Provision" iSd. § 65 werden **Umsatzboni** oder **Umsatzprämien** angesehen, die nicht von den einzelnen Geschäften des Handlungsgehilfen abhängen, sondern vom Gesamtvolumen seines Umsatzes in einem bestimmten Zeitraum[7]. Nicht unter § 65 fallen dagegen Umsatzbeteiligungen, die nicht am persönlichen Umsatz des Handlungsgehilfen anknüpfen, sondern am **Gesamtumsatz des Unternehmens**. Noch nicht entschieden ist, ob § 65 zumindest dann anwendbar ist, wenn Sondervergütungen an die Umsätze einer **kleinen Mitarbeitergruppe** (Gruppenprovision) anknüpfen. Nicht unter § 65 fallen **Tantiemen**, die am **Gewinn** des Unternehmens oder einer als Profitcenter geführten Abteilung anknüpfen statt am Umsatz. Ebenso nicht von § 65 erfasst werden Entgeltabreden, die nicht am Umsatz anknüpfen, sondern an der **persönlichen Gesamtleistung** (Leistungsboni, Zielerreichungsprämien etc.)[8]. 3

Zulässig und verbreitet sind **Widerrufsvorbehalte** hinsichtlich Provisionsregelungen. Solche Widerrufsvorbehalte werden von der Rspr. akzeptiert, wenn die Provisionsansprüche nicht mehr als 20 bis max. 30 % der Gesamtvergütung ausmachen[9]. Häufig werden Provisionsvereinbarungen auch mit einem einseitigen **Änderungsvorbehalt** seitens des ArbGeb versehen. Dafür besteht ein berechtigtes Bedürfnis, 4

1 *v. Hoyningen-Huene*, § 64 HGB Rz. 5. | 2 *v. Hoyningen-Huene*, § 64 HGB Rz. 5. | 3 Heymann/*Henssler*, § 64 HGB Rz. 11. | 4 Statt aller *Staub/Konzen/Weber*, § 65 HGB Rz. 5; *v. Hoyningen-Huene*, § 65 HGB Rz. 2; Heymann/*Henssler*, § 65 HGB Rz. 7. | 5 Die Vorschriften der §§ 87–87c HGB sind im Anschluss an die Kommentierung zu § 83 HGB abgedr. | 6 BAG v. 30.6.1960 – 5 AZR 48/59, AP Nr. 13 zu § 63 HGB. | 7 BAG v. 13.12.1965 – 3 AZR 446/64, AP Nr. 3 zu § 65 HGB. | 8 Vgl. BAG v. 13.3.1984 – 1 ABR 57/82, AP Nr. 4 zu § 87 BetrVG – Provision; *v. Hoyningen-Huene*, § 65 HGB Rz. 6. | 9 Vgl. BAG v. 21.4.1993 – 7 AZR 297/92, BB 1994, 432 f.

weil sich Marktverhältnisse, Produkte, Preise und Margen häufig so schnell verändern, dass die ursprüngliche Provisionsregelung nicht mehr angemessen ist. Widerrufs- oder Änderungsvorbehalte darf der ArbGeb nur im Rahmen **billigen Ermessens** gem. § 315 BGB ausüben, außerdem sind die AGB-rechtlichen Grenzen zu beachten (vgl. die Komm. zu § 308 Nr. 3 und 4 BGB).

5 Arbeitsvertragl. Provisionszusagen finden sich in der Praxis in verschiedener Form. Zulässig, aber nicht verbreitet sind Abreden, wonach die Provisionen die **einzige Vergütung** des angestellten Handlungsreisenden sein sollen. Solche Vereinbarungen sind nur wirksam, wenn es dem Handlungsgehilfen möglich ist, durch vollen Einsatz seiner Arbeitskraft ein ausreichendes Einkommen zu erzielen, die Beweislast trägt der Handlungsgehilfe[1]. Typischerweise wird die Provision **zusätzlich zu einem monatlichen Fixum** vereinbart. Gilt ein **TV** und schreibt dieser ein monatliches Mindestentgelt vor, so kann dieses Mindestentgelt durch ein für sich genommen zu niedriges Fixum und die Provisionseinnahmen abgedeckt werden. Unterschreiten jedoch Fixum und Provision zusammen die tarifl. Mindestvergütung, so muss der ArbGeb aufstocken. In Höhe der Differenz zwischen dem vertragl. vereinbarten Fixum und der tarifl. Mindestvergütung entsteht also eine Garantieprovision[2].

6 Ist vertragl. eine bestimmte monatliche **Mindesteinnahme** an Provisionen **garantiert**, dürfen verschiedene Garantiezeiträume nicht miteinander verrechnet werden. Ist bspw. eine monatliche Provision von 2000 Euro garantiert und erzielt der Handlungsreisende im Monat Januar 1500 Euro, im Februar dagegen 2500 Euro, so muss der ArbGeb die Januar-Provision auf die garantierten 2000 Euro aufstocken, während der Handlungsreisende im Februar die erarbeiteten 2500 Euro erhält.

7 **IV. Verweisung auf §§ 87 ff. 1. Allgemeines.** Ist eine Provision vereinbart, sind zunächst die **arbeitsvertragl. Vereinbarungen** maßgeblich. Die von § 65 in Bezug genommenen Vorschriften der §§ 87 ff. gelten nur **subsidiär**. Zu beachten ist allerdings, dass § 65 selbst **nicht abdingbar** ist. Soweit also § 65 auf Normen der §§ 87 ff. verweist und diese unabdingbar sind, gelten sie wie beim Handelsvertreter auch für den angestellten Handlungsreisenden zwingend. Diese Unabdingbarkeit besteht gem. § 87a V für § 87 II Hs. 1 sowie die Abs. 3 und 4, sowie gem. § 87c V für § 87c I–IV. Abdingbar sind dagegen § 87, § 87b sowie § 87a I. Unabhängig davon gelten auch beim angestellten Handlungsreisenden die Grundsätze des AGB-Rechts und der **arbeitsvertragl. Inhaltskontrolle**. Auch soweit die §§ 87 ff. abdingbar sind, kann also nicht eine den angestellten Handlungsreisenden unangemessen benachteiligende Regelung zulässig sein (vgl. die Komm. zu § 307 BGB).

8 **2. Bezirksschutz.** § 65 nimmt nur § 87 I und III in Bezug, nicht aber die Bezirksschutzregelung des § 87 II. Dies bedeutet aber nur, dass die Zuweisung eines Bezirks beim angestellten Handlungsreisenden **nicht automatisch** den **Anspruch auf Bezirksschutz/Bezirksprovision** auslöst. Eine solche Bezirksprovision kann aber ausdrücklich vereinbart werden[3]. Zusammen mit anderen Anhaltspunkten kann die Zuweisung eines bestimmten Bezirks ein wichtiges Indiz dafür sein, dass eine Provisionierung auf Bezirksbasis erfolgen sollte[4]. Die gleichen Grundsätze gelten für die ebenfalls nicht von § 65 in Bezug genommene **Inkassoprovision** nach § 87 IV.

9 **3. Entstehen des Provisionsanspruchs.** Entsprechend § 87 I entsteht der Provisionsanspruch für die während des Anstellungsverhältnisses abgeschlossenen oder vermittelten Geschäfte. Im Rahmen eines **Konzerns** kann eine Provisionsabrede dahin gehend auszulegen sein, dass der Provisionsanspruch auch für solche Geschäfte entsteht, die der Handlungsgehilfe zu Gunsten von Konzernunternehmen vermittelt oder abschließt[5]. Besteht die Aufgabe des Handlungsgehilfen nicht im Abschluss von Geschäften, sondern in deren **Vermittlung**, so reicht es aus, wenn der Handlungsgehilfe das Zustandekommen des Geschäfts nur mitveranlasst hat, auch wenn zusätzliche Bemühungen des ArbGeb oder anderer Mitarbeiter notwendig waren[6]. Die Abgrenzung kann im Einzelfall außerordentl. schwierig sein.

10 Häufiger Streitpunkt ist das Entstehen des Provisionsanspruchs bei Geschäften, die entweder bereits **vor Tätigkeitsaufnahme** des Handlungsgehilfen eingeleitet waren oder erst **nach seinem Ausscheiden** abgeschlossen werden. Ersteren Fall regelt § 87 I 2, wonach kein Anspruch auf Provision besteht, wenn die Provision nach § 87 III dem Vorgänger zusteht, weil er das Geschäft abschlussreif vorbereitet hat. Ist das Geschäft dagegen erst nach Beendigung des Anstellungsverhältnisses abgeschlossen worden, so steht dem ausgeschiedenen Handlungsgehilfen die Provision gem. § 87 III zu, wenn er das Geschäft angebahnt hat und es innerhalb einer angemessenen Frist nach Vertragsende abgeschlossen worden ist. Zwar ist § 87 III nicht kraft Gesetzes unabdingbar. Die Rspr. stellt an eine vertragl. Abrede, die den nachwirkenden Provisionsanspruch aus § 87 III ausschließt, jedoch sehr hohe Anforderungen. Zum einen muss ein solcher Ausschluss klar und eindeutig vereinbart sein. Zum anderen ist wegen der Unanwendbarkeit des Ausgleichsanspruchs (§ 89b) auf Handlungsgehilfen eine andere Kompensation oder

---

1 Vgl. BAG v. 25.3.1976 – 3 AZR 331/75, AP Nr. 9 zu § 65 HGB; LAG Berlin v. 3.11.1986 – 9 Sa 65/86, AP Nr. 14 zu § 65 HGB. | 2 BAG v. 29.10.1986 – 4 AZR 643/85, DB 1987, 1257. | 3 BAG v. 13.12.1965 – 3 AZR 446/64, AP Nr. 3 zu § 65 HGB. | 4 BAG v. 13.12.1965 – 3 AZR 446/84, AP Nr. 3 zu § 65 HGB. | 5 BAG v. 20.5.1976 – 3 AZR 291/75, AP Nr. 10 zu § 65 HGB. | 6 BAG v. 4.11.1968 – 3 AZR 276/67, AP Nr. 5 zu § 65 HGB.

eine sonstige ausgleichende Regelung zu fordern[1], außerdem sind sachliche Gründe für die Abbedingung notwendig[2].

Gem. dem (unabdingbaren) § 87a III behält der Handlungsgehilfe den Provisionsanspruch, wenn das abgeschlossene Geschäft vom Unternehmer **nicht durchgeführt** wird, es sei denn, dies beruht auf Umständen, die vom Unternehmer nicht zu vertreten sind[3]. Deshalb ist eine Vereinbarung unwirksam, wonach Provisionen nur für tatsächlich ausgeführte Geschäfte gezahlt werden sollen. Allein die Tatsache, dass der Dritte versucht, von dem Geschäft loszukommen, bedeutet noch keine Unzumutbarkeit der Ausführung iSd. § 87 III 2, lässt also den Provisionsanspruch des Handlungsgehilfen noch nicht entfallen. Ggf. trifft den ArbGeb sogar eine Nachbearbeitungspflicht[4]. Arbeitsrechtl. problematisch ist auch die **Rückforderung** bereits empfangener Provisionen, wenn der **Dritte nicht leistet** (§ 87a II). Insoweit bestehen im Hinblick auf die fehlende Unternehmereigenschaft des Handlungsgehilfen Bedenken, sofern die Rückbelastung erhebliche Beträge ausmacht[5]. In jedem Fall ist zu beachten, dass durch eine Verrechnung von Rückzahlungsansprüchen die zu Gunsten des ArbN geltenden Pfändungsfreigrenzen (§§ 850 ff. ZPO) nicht unterschritten werden dürfen. Nach der Rspr. darf die Verrechnung von Rückzahlungsansprüchen auch nicht dazu führen, dass das zugesagte Fixgehalt unterschritten wird[6]. 11

Hinsichtlich der weiteren Einzelheiten der §§ 87, 87a–c wird auf die einschlägigen Kommentierungen des HGB verwiesen. 12

4. Verjährung, Ausschlussfristen. Es gelten die allgemeinen Verjährungsregeln des BGB (§§ 194 ff.). Die Verjährung wird durch Geltendmachung des Abrechnungsanspruchs nach § 87c nicht unterbrochen. Können die Ansprüche mangels Abrechnung noch nicht beziffert werden, so kommt eine Verjährungsunterbrechung durch Stufenklage in Betracht[7]. 13

Sämtliche Ansprüche im Zusammenhang mit dem Provisionsanspruch unterliegen **tarifl. Ausschlussfristen**, dies gilt auch für die Ansprüche auf Abrechnung gem. § 87c[8]. Die Geltendmachung des Abrechnungsanspruchs unterbricht nicht die Ausschlussfrist hinsichtlich der Provisionsansprüche. Verzögert der ArbGeb die Abrechnung der Ansprüche, kann er sich aber nach Treu und Glauben (§ 242 BGB) auf die Ausschlussfrist nicht berufen[9]. Die Verzögerung der Abrechnung hemmt den Lauf der Ausschlussfrist hinsichtlich der Zahlungsansprüche, sofern der ArbN die Abrechnung braucht, um die Zahlungsansprüche geltend machen zu können. Teilt der ArbGeb in der Abrechnung die Provisionsforderungen summenmäßig mit, so gilt dies als „Selbstmahnung"; der vom ArbGeb selbst ausgewiesene Betrag muss also vom ArbN nicht erneut geltend gemacht werden, um Ausschlussfristen zu unterbrechen[10]. 14

5. Sonstiges. Besondere Probleme bereitet der Provisionsanspruch, soweit der ArbGeb **Entgeltfortzahlung** schuldet (zB bei Krankheit, im Urlaub oder an Feiertagen). Insoweit wird auf die Komm. des EFZG und des BUrlG verwiesen. Provisionssysteme unterliegen der Mitbest. des BR nach § 87 I Nr. 10 BetrVG. Ob auch Nr. 11 tangiert ist, ist streitig[11]. Insoweit wird auf die Komm. des BetrVG verwiesen. 15

66–73 (aufgehoben)

74 *Nachvertragliches Wettbewerbsverbot*

(1) Eine Vereinbarung zwischen dem Prinzipal und dem Handlungsgehilfen, die den Gehilfen für die Zeit nach Beendigung des Dienstverhältnisses in seiner gewerblichen Tätigkeit beschränkt (Wettbewerbverbot), bedarf der Schriftform und der Aushändigung einer vom Prinzipal unterzeichneten, die vereinbarten Bestimmungen enthaltenden Urkunde an den Gehilfen.

(2) Das Wettbewerbverbot ist nur verbindlich, wenn sich der Prinzipal verpflichtet, für die Dauer des Verbots eine Entschädigung zu zahlen, die für jedes Jahr des Verbots mindestens die Hälfte der von dem Handlungsgehilfen zuletzt bezogenen vertragsmäßigen Leistungen erreicht.

---

1 *v. Hoyningen-Huene*, § 65 HGB Rz. 36; Heymann/*Henssler*, § 65 HGB Rz. 12. | 2 BAG v. 4.7.1972 – 3 AZR 477/71, AP Nr. 6 zu § 65 HGB; v. 20.7.1973 – 3 AZR 359/72, AP Nr. 7 zu § 65 HGB. | 3 Vgl. BAG v. 14.11.1966 – 3 AZR 158/66, AP Nr. 4 zu § 65 HGB zum Fall der Unternehmensveräußerung. | 4 BAG v. 25.10.1967 – 3 AZR 453/66, BAGE 20, 123. | 5 Ausf. dazu BAG v. 22.9.1975 – 3 AZR 114/75, AP Nr. 8 zu § 65 HGB; v. 25.3.1976 – 3 AZR 331/75, AP Nr. 9 zu § 65 HGB. | 6 *v. Hoyningen-Huene*, § 65 HGB Rz. 19. | 7 BAG v. 30.4.1971 – 3 AZR 198/70, BB 1971, 1563. | 8 BAG v. 27.11.1984 – 3 AZR 596/82, DB 1985, 2154. | 9 BAG v. 10.8.1967 – 3 AZR 221/66, AP Nr. 37; v. 18.1.1969 – 3 AZR 451/67, AP Nr. 41; v. 27.11.1984 – 3 AZR 596/82, AP Nr. 89; v. 8.8.1985 – 2 AZR 459/84, AP Nr. 94 zu § 4 TVG – Ausschlussfrist. | 10 BAG v. 21.4.1993 – 5 AZR 399/2, AP Nr. 124 zu § 4 TVG – Ausschlussfrist. | 11 BAG v. 21.4.1983 – 5 AZR 399/92, AP Nr. 4 zu § 87 BetrVG – Provision.

1 **I. Bedeutung der Norm.** Im Gegensatz zu § 60 regeln die §§ 74 ff. nicht die Wettbewerbstätigkeit während der Dauer des Arbeitsverhältnisses, sondern in der Zeit **nach dessen Beendigung**. Nach §§ 74 ff. bestehen für die Zeit nach Beendigung des Arbeitsverhältnisses grds. **keine gesetzl. Beschränkungen** der Berufstätigkeit des ausgeschiedenen ArbN. Solche Beschränkungen können aber nach §§ 74 ff. durch gesonderte **vertragl. Vereinbarung** („Wettbewerbsverbot", „Wettbewerbsabrede", „Wettbewerbsklausel", „Konkurrenzklausel" etc.) geschaffen werden, wobei die Zusage einer **Karenzentschädigung von mindestens 50%** der letzten Bezüge Wirksamkeitsvoraussetzung einer solchen Vereinbarung ist (§ 74 II).

2 Bereits vor **Inkrafttreten des HGB** war in der Rspr. des Reichsgerichts anerkannt, dass vertragl. Abreden über Einschränkungen einer nachvertragl. Wettbewerbstätigkeit nicht grenzenlos zulässig sind[1]. Die Regelungen des HGB beschränkten sich zunächst darauf, inhaltliche Grenzen für vertragl. Wettbewerbsverbote aufzustellen. Durch die HGB-Novelle von 1914[2] wurde dann die Wirksamkeit von Wettbewerbsverboten von der Zusage einer mindestens 50%igen Karenzentschädigung abhängig gemacht. Im Jahr 2002 wurden einige veraltete Regelungen aus dem Katalog der §§ 74 ff. gestrichen, die teilweise schon vorher vom BVerfG für verfassungswidrig und nicht mehr anwendbar erklärt worden waren. Die vom BVerfG für verfassungswidrig erklärten Vorschriften waren in den neuen Bundesländern ohnehin nicht in Kraft getreten[3].

3 In der Praxis fällt der Umgang mit den §§ 74 ff. nicht leicht. Die gesetzl. Regelung ist so **unübersichtlich**, dass viele **Gestaltungsmöglichkeiten nicht genutzt** werden (insb. der gesetzestechnisch völlig verunglückte § 75 wird in der Praxis häufig vernachlässigt, auch vom Verzichtsrecht nach § 75a wird viel zu selten Gebrauch gemacht).

4 **II. Tarifliche Wettbewerbsverbote.** Allgemein wird angenommen, dass nachvertragl. Wettbewerbsverbote flächendeckend durch TV eingeführt werden könnten[4]. Solche TV sind jedoch bislang nicht bekannt geworden. Abzulehnen ist die vereinzelt vertretene Auffassung, wonach durch TV zuungunsten der ArbN von den §§ 74 ff. **abgewichen** werden könne[5]. TV, die zuungunsten der ArbN von §§ 74 ff. abweichen, sind allerdings ebenfalls nie bekannt geworden. Ohne weiteres zulässig sind dagegen TV, die von

1 Seit RG v. 22.4.1983 – I 18/93, RGZ 31, 100. | 2 RGBl. 1914, S. 209. | 3 Einigungsvertrag Anlage I Kap. III Sachgebiet D III Nr. 1, BGBl. 1990, 959. | 4 *Bauer/Diller*, Wettbewerbsverbote, 4. Aufl. 2006, Rz. 15 mwN. | 5 Offen gelassen v. BAG v. 12.11.1971 – 3 AZR 116/71, AP Nr. 28 zu § 74 HGB.

den §§ 74 ff. **zu Gunsten der ArbN abweichen** (vgl. etwa § 6 des Bundes-MTV für Akademiker der chemischen Industrie). TV können auch den Abschluss von Wettbewerbsverboten untersagen[1]. Ob durch **BV** Wettbewerbsverbote begründet werden können, ist höchst zweifelhaft[2].

III. Nachvertragliche Treuepflicht. Ist vertragl. kein nachvertragl. Wettbewerbsverbot vereinbart worden, so unterliegt der ausgeschiedene ArbN grds. **keinen Beschränkungen** seiner berufl. Tätigkeit. Zwar ist er auf Grund der nachvertragl. Treuepflicht daran gehindert, sein beim bisherigen ArbGeb erlangtes Wissen ohne Grund preiszugeben oder an die Konkurrenz zu verkaufen. Die Nutzung der erworbenen Kenntnisse und Fähigkeiten im Rahmen **einer neuen Berufstätigkeit** sind dagegen einschränkungslos gestattet, dies folgt schon aus **Art. 12 GG**. Die Rspr. hat es seit jeher abgelehnt, dem ArbN unter dem Gesichtspunkt der nachvertragl. Treuepflicht oder nach § 242 BGB Beschränkungen seiner berufl. Betätigung aufzuerlegen. Dies wird zutreffend damit begründet, dass es der ArbGeb in der Hand hätte, den ArbN durch ein ausdrückliches nachvertragl. Wettbewerbsverbot zu binden, dann aber eine 50%ige Karenzentschädigung zahlen müsste. Wenn dem ArbGeb dies zu teuer ist, muss er die nachvertragl. Konkurrenztätigkeit durch den ausgeschiedenen ArbN grds. akzeptieren[3]. Nur in einzelnen besonders gelagerten **Sonderfällen** hat der BGH ausgeschiedenen ArbN eine Konkurrenztätigkeit unter Berufung auf § 3 (vormals § 1) UWG verwehrt[4]. Ein ArbN unterliegt bei seinen nachvertragl. Aktivitäten auch dann keinen Beschränkungen auf Grund der nachvertragl. Treuepflicht, wenn er in den **Ruhestand** wechselt und/oder **Betriebsrente** erhält[5]. Ebenso wenig kann ihm wegen Konkurrenztätigkeit die Betriebsrente gekürzt oder entzogen werden, sofern dies nicht vereinbart wurde. Auch die Zahlung eines **Übergangsgelds** verbietet keine Konkurrenztätigkeit[6]. 5

IV. Vertragliche Vereinbarung. Wettbewerbsverbote bedürfen grds. einer **klaren** vertragl. Vereinbarung. Bei der Verwendung von Musterarbeitsverträgen wird mitunter nicht klargestellt, ob ein formularmäßig vorgesehenes Verbot gelten soll oder nicht. Hier gilt zu Gunsten des ArbN die Unklarheitenregel des § 305c III BGB, so dass das (im Zweifel belastende) Wettbewerbsverbot nicht als vereinbart gilt. 6

Ist der zugrunde liegende **Arbeitsvertrag unwirksam**, ist hinsichtlich der Wirksamkeit des Wettbewerbsverbots zu differenzieren[7]. Ist der ArbN nicht geschäftsfähig, wird auch das Wettbewerbsverbot nicht wirksam. Hat dagegen der ArbGeb den Vertrag wegen Irrtum, Täuschung oder Drohung angefochten, so wird man dem ArbGeb ein Wahlrecht einräumen müssen, ob die Anfechtung auch das Wettbewerbsverbot ergreifen soll oder nicht. Umgekehrt führt die Nichtigkeit des Wettbewerbsverbots nach der Konzeption der §§ 74 ff. nicht zur Nichtigkeit des gesamten Arbeitsvertrages[8]. 7

V. Geltungsbereich der §§ 74 ff. 1. Persönlicher Geltungsbereich. Die Rspr. hatte seit jeher die §§ 74 ff. auf **alle ArbN** angewendet, nicht nur auf Handlungsgehilfen[9]. Die Geltung der §§ 74 ff. für alle ArbN ist nunmehr in § 110 GewO ausdrücklich geregelt. Der ursprünglich für technische Angestellte geltende § 133f GewO ist inzwischen aufgehoben. §§ 74 ff. gelten auch für **leitende Angestellte**[10], für Prokuristen[11] und für geringfügig am Kapital beteiligte ArbN[12]. 8

Die Geltung für vertretungsberechtigte **Organmitglieder** (GmbH-Geschäftsführer, AG-Vorstände) ist dagegen heftig umstritten. Der BGH wendet die §§ 74 ff. auf diese Personengruppe nicht unmittelbar an, lässt aber in die Prüfung der Sittenwidrigkeit nach § 138 BGB in erheblichem Umfang die Wertungen der §§ 74 ff. einfließen. Außerdem sind nach der Rspr. das Verzichtsrecht aus § 75a sowie die Lösungsrechte nach § 75 auch auf Organmitglieder anwendbar[13]. Für **freie Mitarbeiter** gelten die §§ 74 ff. nicht unmittelbar, allerdings sind – wie bei Organmitgliedern – bei der Prüfung der Sittenwidrigkeit gem. § 138 BGB die Wertungen der §§ 74 ff. zu beachten. Je stärker der freie Mitarbeiter wirtschaftl. und/oder sozial abhängig ist, desto näher liegt die unmittelbare Anwendung der §§ 74 ff.[14]. Insb. kann die Zusage einer Karenzentschädigung Wirksamkeitsvoraussetzung sein. Im Übrigen ist stets sorgfältig zu prüfen, ob der „freie Mitarbeiter" nicht in Wahrheit ArbN ist. Auch bei **Heimarbeitern** kommt die entsprechende Anwendung der §§ 74 ff. in Betracht[15]. 9

---

1 *Hiekel* in Tschöpe, Anwalts-Handbuch Arbeitsrecht, 2 F Rz. 1 mit Hinweis auf den TV für die Beschäftigten bei öffentl. bestellten Vermessungsingenieuren v. 23.4.1993. |2 Vgl. LAG Hamm v. 2.4.1965 – 4 Sa 85/65, BB 1965, 988; ausf. *Bauer/Diller*, Rz. 18. |3 Grundl. BAG v. 15.6.1993 – 9 AZR 558/91, AP Nr. 40 zu § 611 BGB – Konkurrenzklausel „Titandioxid"; zur Wettbewerbssituation während eines schwebenden Kündigungsschutzverfahrens siehe § 60 Rz. 9. |4 BGH v. 21.12.1962 – I ZR 47/61, BGHZ 38, 391 „Industrieböden"; v. 24.2.1994 – I ZR 74/92, DB 1994, 1134 „Sistierung von Aufträgen"; v. 6.11.1963 – Ib ZR 41/62, GRUR 1964, 215 „Milchfahrer". |5 BAG v. 15.6.1993 – 9 AZR 558/91, AP Nr. 40 zu § 611 BGB – Konkurrenzklausel „Titandioxid". |6 LAG Nds. v. 11.9.1992 – 15 Sa 219/92. |7 Ausf. *Bauer/Diller*, Rz. 38. |8 *Bauer/Diller*, Rz. 40. |9 Grundl. BAG v. 13.9.1969 – 3 AZR 138/68, AP Nr. 24 zu § 611 BGB – Konkurrenzklausel. |10 LAG Nürnberg v. 21.7.1994 – 5 Sa 391/84. |11 OLG Karlsruhe v. 30.9.1986 – 8 U 127/86, BB 1986, 2365. |12 BAG v. 18.8.1997 – 9 AZB 15/97, AP Nr. 70 zu § 74 HGB. |13 Ausf. zur ganzen Problematik *Bauer/Diller*, GmbHR 1999, 885. |14 Ausf. dazu OLG Köln v. 22.2.1967 – 6 U 138/66, OLGZ 67, 394; OLG München v. 22.1.1997 – 7 U 4756/96, GmbHR 1997, 310; LG Frankfurt v. 13.1.1992 – 2/21 O 311/91, NJW-RR 1993, 803; BAG v. 21.1.1997 – 9 AZR 778/95, AP Nr. 44 zu § 611 BGB – Konkurrenzklausel. |15 MünchArbR/*Wank*, § 130 Rz. 5; *v. Hoyningen-Huene*, Die kaufmännischen Hilfspersonen, 1996, § 61 HGB Rz. 8, § 74 HGB Rz. 8.

10 Ist das Wettbewerbsverbot mit einem ArbN wegen Verstoßes gegen die §§ 74 ff. unwirksam oder unverbindlich, so wird es bei **nachträglichem Aufrücken** in eine Organstellung oder bei anschließender Tätigkeit als freier Mitarbeiter grds. nicht wirksam[1]. Das gilt auch dann, wenn ein entsprechendes Verbot gem. § 138 BGB mit einem Organmitglied oder freien Mitarbeiter wirksam gewesen wäre. Denn die Sittenwidrigkeit einer Regelung muss sich grds. nach dem Zeitpunkt des Abschlusses des Rechtsgeschäfts richten[2]. **Wechselt** umgekehrt ein Organmitglied **in ein Arbeitsverhältnis**, so wird ein mit dem Organmitglied ursprünglich wirksam vereinbartes Wettbewerbsverbot, welches die Grenzen der §§ 74 ff. nicht einhält, mit dem Wechsel in das Arbeitsverhältnis automatisch unwirksam, da ansonsten das gesetzgeberische Ziel der §§ 74 ff. nicht erreicht werden könnte[3]. Allerdings bleibt das ursprüngliche Wettbewerbsverbot nach dem Überwechseln in das Arbeitsverhältnis noch solange in Kraft, wie es gegolten hätte, wenn das Organmitglied stattdessen ausgeschieden wäre[4].

11 Nach allgemeinen Grundsätzen ohne weiteres zulässig sind entschädigungslose Wettbewerbsverbote zu Lasten des **Verkäufers eines Unternehmens** oder eines **ausscheidenden Gesellschafters**. Solche Regelungen unterliegen grds. nicht den §§ 74 ff., insb. ist die Zahlung einer Karenzentschädigung nicht erforderlich. Bei solchen Vereinbarungen droht allerdings eine Umgehung (§ 75d) der §§ 74 ff., wenn wirtschaftl. das Anstellungsverhältnis des veräußernden/ausscheidenden Gesellschafters im Vordergrund stand[5].

12 **2. Zeitlicher Geltungsbereich.** Ein Wettbewerbsverbot unterliegt auch dann den §§ 74 ff., wenn zum Zeitpunkt seines Abschluss das Arbeitsverhältnis **noch nicht besteht** oder noch gar nicht vereinbart ist[6]. Die §§ 74 ff. gelten stets, wenn das Wettbewerbsverbot **während des Arbeitsverhältnisses** vereinbart wird. Auch für Wettbewerbsverbote in **Aufhebungsverträgen** wendet die Rspr. §§ 74 ff. an[7]. Dabei soll es egal sein, ob der Aufhebungsvertrag das Arbeitsverhältnis erst in der Zukunft, mit sofortiger Wirkung oder mit Rückwirkung beendet[8]. Mangels entsprechender ausdrücklicher Regelung kann eine im Aufhebungsvertrag zugesagte Abfindung auch nicht in eine Karenzentschädigung umgedeutet werden[9]. Unanwendbar sind die §§ 74 ff. dagegen, wenn auf **Wunsch des ArbN** das Arbeitsverhältnis **vorzeitig beendet** wird, das frei werdende Gehalt als Abfindung gezahlt wird und die (entschädigungslose) Wettbewerbsenthaltsamkeit nur bis zu dem Zeitpunkt vereinbart wird, an dem der ArbN sonst frühestmöglich hätte ausscheiden können. Denn dann entspricht das nachvertragl. Wettbewerbsverbot nur dem gesetzl. Verbot aus § 60, welches ohne die vorzeitige Vertragsbeendigung bestanden hätte[10].

13 Unanwendbar sind die §§ 74 ff. dagegen, wenn das Wettbewerbsverbot erst **nach Beendigung des Arbeitsverhältnisses** vereinbart wird. Das Gleiche gilt, wenn der ArbN sich im Ruhestand befindet. Allerdings sind auch dann die allgemeinen Grenzen des § 138 BGB zu beachten, so dass auch ohne Geltung der §§ 74 ff. insb. die Vereinbarung länger dauernder entschädigungsloser Wettbewerbsverbote unzulässig sein kann[11].

14 **3. Rechtswahl.** Die §§ 74 ff. gelten immer, wenn das Arbeitsverhältnis deutschem Recht unterliegt. Bei einem in Deutschland tätigen ArbN kann regelmäßig wegen **Art. 30 EGBGB** nicht die Geltung ausländischen Rechts vereinbart werden. Eine **Teilrechtswahl** dahin gehend, dass nur für das Wettbewerbsverbot ausländisches Recht gelten soll, erscheint zwar grds. möglich, aber auch insoweit würde Art. 30 EGBGB gelten. Dies hat Bedeutung erlangt bei Aktienoptionsprogrammen in internationalen Konzernen, bei denen das Optionsprogramm Wettbewerbseinschränkungen vorsieht und dem Recht der ausländischen Muttergesellschaft unterliegen soll[12].

15 **VI. Rechtsmängel von Wettbewerbsverboten. 1. Systematik.** Die §§ 74 ff. enthalten verschiedene Grenzen für Wettbewerbsverbote. Dabei sind die Rechtsfolgen von Verstößen sehr unterschiedlich formuliert. So ist von „Unwirksamkeit" (§ 75 I), „Nichtigkeit" (§ 74a II aF) oder „Unverbindlichkeit" (§ 74 II, § 74a I) die Rede. Rspr. und Lit. haben von Anfang an die Auffassung vertreten, der Gesetzgeber habe nicht zufällig verschiedene Formulierungen gewählt. So hat sich im Laufe der Zeit ein Sanktionensystem entwickelt, welches **drei grundlegend verschiedene Sanktionen** unterscheidet, nämlich **Nichtigkeit/Unwirksamkeit**, **Unverbindlichkeit** und **teilweise Unverbindlichkeit**. Welche Rechtsfolge eingreift, richtet sich danach, gegen welche Norm der §§ 74 ff. verstoßen wurde.

16 **2. Nichtigkeit/Unwirksamkeit.** Nichtigkeit liegt in folgenden Fällen vor:

- Fehlende Schriftform nach § 74 I
- Fehlen einer Karenzentschädigung (nicht: zu niedrige Karenzentschädigung!), s. Rz. 96

---

1 OLG Koblenz v. 1.8.1985 – 6 U 618/85, WM 1985, 1484; wohl auch OLG Celle v. 21.9.1979 – 3 U 197/79, GmbHR 1980, 32. | 2 BGH v. 14.7.1952 – IV ZR 1/52, BGHZ 7, 111; BGH v. 28.2.1989 – IX ZR 130/88, NJW 1989, 1277. | 3 BAG v. 28.1.1966 – 3 AZR 374/65, AP Nr. 18 zu § 74 HGB. | 4 *Bauer/Diller*, Rz. 782. | 5 Vgl. BAG v. 18.8.1997 – 9 AZB 15/97, AP Nr. 70 zu § 74 HGB zum entschädigungslosen Wettbewerbsverbot im Anteilskaufvertrag eines Gesellschafters, wo ein nur 1 %iger Gesellschaftsanteil für einen symbolischen Kaufpreis veräußert wurde; ausf. zu dem Problem *Schnelle*, GmbHR 2000, 599. | 6 *Wertheimer*, BB 1996, 1715. | 7 BAG v. 3.5.1994 – 9 AZR 606/92, AP Nr. 65 zu § 74 HGB. | 8 Diff. insoweit *Bauer/Diller*, Rz. 52 ff. | 9 Dazu BAG v. 3.5.1994 – 9 AZR 606/92, AP Nr. 65 zu § 74 HGB. | 10 Ausf. *Bauer/Diller*, Rz. 55a. | 11 Vgl. LAG München v. 12.2.1986 – 5 Sa 539/85, DB 1986, 2191. | 12 Ausf. dazu *Bauer/Diller*, Rz. 61b; *Fischer*, DB 1999, 1702.

- Minderjährigkeit (§ 74a II)
- Wettbewerbsverbot mit Auszubildenden, Volontären, Praktikanten etc. (§ 75 I 1)
- Verpfändung des Ehrenworts (§ 74a II 1)
- Verpflichtung Dritter (§ 74a II 2)
- Verstoß gegen § 9 Nr. 4 AÜG (Vereinbarung mit einem LeihArbN, wonach dieser nach Ende des Arbeitsverhältnisse mit dem Verleiher kein Arbeitsverhältnis mit einem Entleiher eingehen darf)
- Sonstige Nichtigkeitsgründe nach § 134 BGB.

Auf die Nichtigkeit des Wettbewerbsverbots können sich grds. **beide Teile** berufen. Eine irgendwie geartete Erklärung ist nicht erforderlich, um die Wirkung der Unwirksamkeit/Nichtigkeit herbeizuführen. Eine einseitige **Heilung** (etwa durch nachträgliche Zusage einer Karenzentschädigung) ist nicht möglich. Auf die Nichtigkeit können sich die Parteien auch dann berufen, wenn sie die Unwirksamkeit des Wettbewerbsverbots längere Zeit nicht bemerkt haben. Die Nichtigkeit gilt auch für ein bereits ganz oder teilweise durchgeführtes Wettbewerbsverbot, es ist dann gem. § 812 BGB ganz oder teilweise rückabzuwickeln[1]. 17

3. Unverbindlichkeit. Unverbindlich ist ein Wettbewerbsverbot in folgenden Fällen: 18

- Fehlende Aushändigung einer Urkunde (§ 74 I)[2]
- Zu geringe Karenzentschädigung (§ 74 II)
- Vollständig fehlendes geschäftliches Interesse des ArbGeb (§ 74a I 1)
- Unbillige Erschwerung des beruflichen Fortkommens (§ 74a I 2)
- Bedingtes Wettbewerbsverbot (s. Rz. 104 ff.)
- Ausschluss der Lösungsrechte nach § 75 I 2 HGB.

Bei einem unverbindlichen Wettbewerbsverbot liegen alle Trümpfe beim ArbN. Er kann **wählen**, ob er das **Verbot einhält** und die Karenzentschädigung erhalten will, oder ob er (dann selbstverständlich ohne Karenzentschädigung) **sich von dem Verbot lösen** will. Dieses Wahlrecht ist zwar nirgendwo in den §§ 74 ff. ausdrücklich angelegt, die Rspr. schließt dies aber aus dem Begriff „Unverbindlichkeit". 19

Ursprünglich hatte die Rspr. gefordert, dass der ArbN das Wahlrecht **im Moment seines Ausscheidens** ausüben müsse. Von diesem Erfordernis hat sich die Rspr. jedoch im Laufe der Zeit stillschweigend entfernt. Nach der neueren Rspr.[3] kommt es ausschließlich darauf an, wie der ArbN sich nach seinem Ausscheiden **verhält**. Nimmt er eine konkurrierende Tätigkeit auf, so wird dies als Ausübung des Wahlrechts dahin gehend verstanden, dass er das Wettbewerbsverbot nicht einhalten will. Hält er sich dagegen an das Wettbewerbsverbot (zB durch Arbeitslosmeldung oder durch Aufnahme einer nicht-konkurrierenden Tätigkeit), wird dies so betrachtet, als habe der ArbN sich ausdrücklich für die Einhaltung des Wettbewerbsverbots entschieden. 20

Dem ArbN muss man die Möglichkeit zubilligen, sein Verhalten nachträglich wieder zu **ändern** und damit auch sein Wahlrecht neu auszuüben[4]. Hält der ArbN das Verbot zunächst ein, entscheidet sich dann aber später dagegen, behält er also die Karenzentschädigung für die Zeit, in der er das Verbot eingehalten hatte[5]. Hat der ArbN dagegen sein Wahlrecht durch **ausdrückliche Erklärung** ausgeübt, bleibt er an die Erklärung gebunden und kann sie später nicht mehr ändern[6]. 21

Der ArbGeb hat die Möglichkeit, entsprechend § 264 II 1 BGB den ArbN zur **Ausübung seines Wahlrechts** aufzufordern, dies kann auch schon während des Laufs des Arbeitsverhältnisses erfolgen. Übt der ArbN dann das Wahlrecht nicht innerhalb einer angemessenen Frist (drei Wochen) aus, so geht das Wahlrecht gem. § 264 II BGB auf den ArbGeb über[7]. 22

Ist das Wettbewerbsverbot wegen einer **zu niedrigen Karenzentschädigung** unverbindlich, so kann der ArbN, der sich für die Einhaltung des Verbots entscheidet, nur die vertragl. vereinbarte (zu niedrige) Vergütung verlangen, nicht die von § 74 II vorgeschriebene 50 %ige Vergütung[8]. 23

4. Teilweise Unverbindlichkeit ordnet das Gesetz in folgenden Fällen an: 24

- Mangelndes berechtigtes geschäftliches Interesse des Dienstherrn (§ 74a I 1)
- Unbillige Beschränkung des Fortkommens des ArbN (§ 74a I 2)
- Überschreitung der maximalen Bindungsdauer von zwei Jahren (§ 74a I 3).

---

1 *Bauer/Diller*, Rz. 67 f. | 2 BAG v. 23.11.2004 – 9 AZR 595/03, NZA 2005, 41. | 3 Grundl. BAG v. 22.5.1990 – 3 AZR 647/88, AP Nr. 60 zu § 74 HGB. | 4 Offen gelassen in BAG v. 22.5.1990 – 3 AZR 647/88, AP Nr. 60 zu § 74 HGB; s. auch BAG v. 24.4.1980 – 3 AZR 1047/77, AP Nr. 37 zu § 74 HGB. | 5 BAG v. 24.4.1980 – 3 AZR 647/88, AP Nr. 37 zu § 74 HGB. | 6 Ausf. zum Ganzen *Bauer/Diller*, Rz. 71 ff. | 7 BAG v. 22.5.1990 – 3 AZR 647/88, AP Nr. 60 zu § 74 HGB. | 8 BAG v. 19.2.1959 – 2 AZR 341/56, AP Nr. 10 zu § 74 HGB; v. 5.8.1966 – 3 AZR 154/66; zuletzt jedoch offen gelassen im Urt. v. 9.1.1990 – 3 AZR 110/88, AP Nr. 59 zu § 74 HGB.

25 In den genannten Fällen bleibt das Wettbewerbsverbot **insoweit wirksam** und verbindlich, wie es den Grenzen des § 74a entspricht. Es wird also **nicht insgesamt** nichtig oder unverbindlich. Allerdings kommt hinsichtlich des überschießenden Teils des Verbots nicht automatisch ein Wahlrecht des ArbN in Betracht. Insb. bei Verstößen gegen § 74a I 1 und 2, wenn das Verbot teilweise nicht von einem berechtigten geschäftlichen Interesse des Dienstherrn gedeckt ist oder den ArbN teilweise unbillig behindert, gibt es kein Wahlrecht. Denn das Verbot bleibt ja im Rahmen des Zulässigen bestehen, und der ArbN kann auch die volle zugesagte Karenzentschädigung verlangen. Hier entspricht also die vom Gesetz angeordnete teilweise Unverbindlichkeit einer Teilnichtigkeit, verbunden mit der Umkehr der Vermutung des § 139 BGB[1]. Bedeutung hat das Wahlrecht allerdings, wenn das Verbot für **länger als zwei Jahre** vereinbart wurde. Der ArbN kann dann wählen, ob er es auch für die längere Zeit einhält (und dann entsprechend länger die Karenzentschädigung bekommt).

26 **5. Streitigkeiten.** Ist zwischen den Parteien die Wirksamkeit/Verbindlichkeit streitig, wird dies häufig **inzidenter** im Zusammenhang mit einer Klage auf Wettbewerbsunterlassung bzw. auf Karenzentschädigung geklärt. Die Parteien können aber auch – schon vor Beendigung des Arbeitsverhältnisses – die Frage im Wege einer **allgemeinen Feststellungsklage** nach § 265 ZPO klären lassen. Bei einem bereits beendeten Arbeitsverhältnis kann auch ein neuer ArbGeb Feststellungsklage gegen den alten ArbGeb erheben, wenn der alte ArbGeb von ihm verlangt, den ArbN nicht weiter zu beschäftigen[2]. Der **Streitwert** solcher Feststellungsklagen bemisst sich nach einhelliger Ansicht nach der Höhe der zugesagten Karenzentschädigung[3].

27 **VII. Form des Abs. 1.** Gem. § 74 I bedarf ein Wettbewerbsverbot zu seiner Wirksamkeit der Einhaltung **zweier verschiedener Formvorschriften** (was in der Praxis häufig übersehen wird). Zum einen setzt das Wettbewerbsverbot **Schriftform** (§ 126 BGB) voraus. Unabhängig davon verlangt § 74 I aber zusätzlich, dass der ArbN eine vom ArbGeb **unterzeichnete Urkunde** ausgehändigt bekommt, die die Bestimmungen des Wettbewerbsverbots enthält. Die Form des § 74 I gilt nicht nur für die ursprüngliche Vereinbarung des Wettbewerbsverbots, sondern auch für jede **spätere Änderung**.

28 **1. Schriftform.** Die Schriftform hat zum einen Warnfunktion, vor allem aber **Dokumentationsfunktion**, weil das Wettbewerbsverbot oft erst Jahrzehnte nach seiner Vereinbarung aktuell wird.

29 Für die Schriftform gilt **§ 126 BGB.** Notwendig ist deshalb die schriftl. Fixierung der Vertragsklauseln sowie die **Unterschriften** beider Parteien. **Bestätigungsschreiben** reichen ebenso wenig wie **Faxe** oder **fotokopierte** oder **eingescannte Unterschriften**[4]. Nach Inkrafttreten des Signaturgesetzes kommt für den Abschluss des Wettbewerbsverbots auch **elektronische Form** nach §§ 126a, b BGB in Betracht. Sind die aufseiten des ArbGeb handelnden Personen nur **gesamtgeschäftsführungsbefugt**, so bedarf die Vereinbarung des Wettbewerbsverbots zweier Unterschriften. Unterschreibt nur ein Gesamtgeschäftsführer/Gesamtprokurist, so muss aus der Urkunde ausdrücklich hervorgehen, dass er auch den anderen vertreten will, sonst ist das Verbot unwirksam, eine nachträgliche Genehmigung scheidet aus[5].

30 § 74 I verlangt **nicht**, dass das Wettbewerbsverbot in einer **gesonderten Urkunde** vereinbart wird. Es kann auch im Rahmen eines (auch umfangreichen) Arbeitsvertrages vereinbart werden. Getrennte Unterzeichnung ist nicht erforderlich, auch keine drucktechnische Hervorhebung. Das Verbot darf allerdings nicht bewusst im Vertrag **„versteckt"** werden, insb. durch eine irreführende Überschrift[6], weil sonst eine „überraschende Klausel" iSv. § 305c BGB vorliegt. Wird das Wettbewerbsverbot in einer **Anlage** zum Arbeitsvertrag vereinbart, muss diese entweder selbst unterschrieben oder aber fest mit dem unterschriebenen Hauptvertrag verbunden sein[7].

31 Wegen der Dokumentationsfunktion muss die Schriftform grds. alle zum Wettbewerbsverbot gehörenden Bestimmungen erfassen, eine Fixierung nur der Hauptpflichten reicht nicht[8]. Sind einzelne **Nebenabreden** nicht formwirksam vereinbart worden, so wird jedoch nicht automatisch das ganze Wettbewerbsverbot unwirksam. Vielmehr kommt es gem. § 139 BGB darauf an, ob die Parteien das Verbot auch ohne die betreffende Nebenabrede vereinbart hätten.

32 **2. Aushändigung einer Urkunde.** § 74 II fordert neben der gesetzl. Schriftform (§ 126 BGB) zusätzlich noch die Aushändigung einer Urkunde an den ArbN, die die Bestimmungen des Wettbewerbsverbots wiedergibt und vom ArbGeb unterschrieben ist. Die Urkunde muss die **Originalunterschrift** des ArbGeb tragen, **Fotokopie** und **Fax** reicht nicht (s. Rz. 29). Wegen der Informationsfunktion des § 74 II müssen **alle Nebenabreden** in der Urkunde enthalten sein, nicht nur die wichtigsten Vereinbarungen. Wortgleiche Wiederholung ist allerdings nicht erforderlich[9]. Die dem ArbN ausgehändigte Urkunde kann, muss aber nicht gleichzeitig diejenige Urkunde sein, mit der das Schriftformerfordernis erfüllt wurde. Ist das

---

1 *Bauer/Diller*, Rz. 85. |2 BAG v. 18.8.1997 – 9 AZB 15/97, AP Nr. 70 zu § 74 HGB. |3 LAG Hamm v. 23.12.1980 – 8 Ta 148/80, LAGE § 61 ArbGG Nr. 4. |4 BGH v. 28.1.1993 – IX ZR 259/91, NJW 1993, 1126. |5 Sächs. LAG v. 10.3.1998 – 9 Sa 1296/97. |6 BAG v. 29.11.1995 – 5 AZR 447/94, AP Nr. 1 zu § 3 AGBG. |7 BAG v. 30.10.1984 – 3 AZR 213/82, AP Nr. 46 zu § 74 HGB. |8 BAG v. 14.8.1975 – 3 AZR 333/74, AP Nr. 35 zu § 74 HGB. |9 *Bauer/Diller*, Rz. 101.

Wettbewerbsverbot im Arbeitsvertrag enthalten, reicht die Überlassung eines (original unterschriebenen) Vertragsexemplars.

Die Aushändigung der Urkunde erfordert, dass dem ArbN die Urkunde **auf Dauer überlassen** wird. Übergabe mit anschließender Hinterlegung reicht nicht[1]. 33

Die Übergabe der Urkunde muss **unverzüglich im Zusammenhang mit dem Vertragsschluss** erfolgen. Eine dem ArbN später angebotene Urkunde kann er zurückweisen, das Verbot wird dann nicht mehr wirksam. In der verspäteten Entgegennahme liegt nur dann ein Einverständnis mit dem Wirksamwerden des Wettbewerbsverbots, wenn der ArbN sich dieser Bedeutung der Entgegennahme bewusst war[2]. 34

3. Rechtsfolgen. Auf die Einhaltung der **Schriftform** können sich grds. **beide Vertragsparteien** berufen, da das Schriftformerfordernis beide schützt. Wurde die Form nicht eingehalten, ist das Verbot gem. § 125 BGB **nichtig**. Die Beweislast für die Einhaltung der Form trägt die Partei, die sich auf die Wirksamkeit des Verbots beruft. Anders ist es hinsichtlich der **Aushändigung der unterschriebenen Urkunde**. Dieser Teil des Formerfordernisses schützt **nur den ArbN**, so dass sich auch nur der ArbN auf die Verletzung dieser Formvorschrift berufen kann[3]. Es ist deshalb für den ArbGeb wichtig, sich den Erhalt der unterschriebenen Urkunde **dokumentieren** zu lassen. Nicht möglich wegen § 309 Nr. 12 BGB ist die formularmäßige Bestätigung innerhalb des Arbeitsvertrages, eine unterschriebene Urkunde erhalten zu haben. 35

4. Verpfändung des Ehrenworts (§ 74a Abs. 2). Mittlerweile ohne Bedeutung ist die anachronistische Vorschrift des § 74a II 1 Alt. 2, wonach das Wettbewerbsverbot unwirksam ist, wenn der ArbN das Verbot nicht nur schriftl. eingeht, sondern zusätzlich für die Einhaltung auch sein Ehrenwort verpfändet. Hintergrund der Vorschrift ist die Auffassung, die Verpfändung der Ehre für eine vermögensrechtl. Verpflichtung sei **unsittlich**. Bietet der ArbN sein Ehrenwort an, sollte der ArbGeb dies also **unverzüglich schriftl. zurückweisen.** 36

VIII. Inhalt von Wettbewerbsverboten. 1. Allgemeines. § 74 I definiert das Wettbewerbsverbot als eine Vereinbarung, die den ArbN **„in seiner gewerblichen Tätigkeit“** beschränkt. Dies ist insoweit irreführend, als man mit dem Betrieb eines „Gewerbes“ regelmäßig eine selbständige Tätigkeit verbindet. §§ 74 ff. verbieten aber selbstverständlich auch die Aufnahme einer **nicht-selbständigen** Tätigkeit, insb. die Eingehung eines Arbeitsverhältnisses. §§ 74 ff. gelten ohne weiteres auch für **freie Berufe**, obwohl diese nach allgemeiner Anschauung kein „Gewerbe“ betreiben[4]. Deshalb ist § 74 so zu verstehen, dass die Vorschrift **jede Vereinbarung** erfasst, die geeignet ist, den **ArbN in seiner beruflichen Betätigung und in seinem Fortkommen zu behindern**[5]. 37

2. Auslegung. Hinsichtlich der Auslegung von Wettbewerbsverboten stand die Rspr. zunächst auf dem Standpunkt, Wettbewerbsverbote seien nicht weiter, aber auch nicht enger auszulegen als andere Willenserklärungen[6]. Nunmehr vertritt das BAG[7] die Auffassung, es sei **Sache des ArbGeb**, das Verbot eindeutig und unmissverständlich zu formulieren. **Im Zweifel** sei ein Wettbewerbsverbot **zu Lasten des ArbGeb** auszulegen[8]. Bei vorformulierten Wettbewerbsverboten gilt unmittelbar die Unklarheitenregel des § 305c BGB, die ebenfalls eine Auslegung zu Lasten des ArbGeb vorschreibt. 38

3. Verbotene Tätigkeiten. Wettbewerbsverbote verbieten dem ArbN lediglich eine Konkurrenz-„Tätigkeit“. Rechtsgeschäfte mit der Konkurrenz darf er deshalb abschließen, solange **keine Tätigkeit** entfaltet wird. So kann der ArbN der Konkurrenz trotz Wettbewerbsverbots bspw. eine nach dem Ausscheiden gemachte Erfindung übertragen oder ein Grundstück verpachten. Auch in einer bloßen **Bewerbung** liegt noch keine „Tätigkeit“ (zur Vorbereitung einer späteren Konkurrenztätigkeit s. § 60 Rz. 16 ff.[9]). Da es nur auf faktisches Tätigwerden ankommt, ist das Wettbewerbsverbot auch dann verletzt, wenn der ArbN über einen **Strohmann** tätig wird[10]. Ein Wettbewerbsverbot erfasst auch **unentgeltliche** Tätigkeiten oder eine Tätigkeit im Wege der AÜ[11]. 39

In der Praxis unterscheidet man vor allem **tätigkeitsbezogene** und **unternehmensbezogene** Wettbewerbsverbote. Ein tätigkeitsbezogenes Wettbewerbsverbot verbietet dem ArbN nur eine bestimmte Art von Tätigkeit, bspw. „Vertriebsaktivitäten für Luftfrachtunternehmen“. Unternehmensbezogene Wettbewerbsverbote dagegen verbieten dem ArbN eine Tätigkeit für namentlich aufgezählte oder durch die Angabe der Branche definierte Unternehmen, also zB „jegliche Tätigkeit für ein Luftfrachtunternehmen“. Für das Unternehmen regelmäßig **vorteilhafter** sind **unternehmensbezogen** formulierte Wettbe- 40

---

1 LAG Nürnberg v. 21.7.1994 – 5 Sa 391/94, NZA 1995, 532. | 2 LAG Nürnberg v. 27.7.1994 – 5 Sa 391/94, NZA 1995, 532. | 3 BAG v. 23.11.2004 – 9 AZR 595/03, NZA 2005, 41. | 4 BAG v. 30.9.1969 – 3 AZR 138/68, AP Nr. 24 zu § 611 BGB – Konkurrenzklausel. | 5 *Bauer/Diller*, Rz. 117. | 6 BAG v. 30.4.1965 – 3 AZR 366/63, AP Nr. 17 zu § 133f GewO. | 7 BAG v. 5.9.1995 – 9 AZR 718/93, AP Nr. 67 zu § 74 HGB. | 8 Ebenso BAG v. 21.1.1997 – 9 AZR 778/95, AP Nr. 44 zu § 611 BGB – Konkurrenzklausel; ähnlich bereits OLG Frankfurt v. 6.12.1972 – 6 U 152/71, DB 1973, 139; LAG Hamburg v. 20.9.1968 – 1 Sa 106/68, BB 1969, 362. | 9 OLG Nürnberg v. 23.9.1960 – 4 U 172/60, BB 1961, 729. | 10 LAG BW v. 30.11.1961 – 7 Sa 70/61, AR-Blattei ES Nr. 16/1830; BGH v. 6.7.1970 – II ZR 18/69, BB 1970, 1374; OLG Celle v. 29.1.1971 – 13 U 45/66, DB 1971, 865; LG Ellwangen v. 7.4.1995 – 3 O 108/95. | 11 LAG BW v. 31.7.1968 – 7 Sa 64/68, AR Blattei ES 61/1830 und v. 28.2.1986 – 13 Sa 64/68, NZA 1986, 641.

werbsverbote, insb. bei Unternehmen mit einer breiten Produktpalette. Ein tätigkeitsbezogen formuliertes Wettbewerbsverbot hat für den ArbGeb den Nachteil, dass er kaum kontrollieren kann, in welcher Funktion der ArbN in dem neuen Unternehmen tätig ist. Ein unternehmensbezogen formuliertes Verbot hingegen untersagt dem Mitarbeiter die Tätigkeit für ein Konkurrenzunternehmen auch dann, wenn er dort (angeblich) in einer **ganz anderen Position** tätig wird[1]. Außerdem haben tätigkeitsbezogene Wettbewerbsverbote den Nachteil, dass sie Veränderungen im Berufsweg des Mitarbeiters nicht nachzeichnen und deswegen häufig im Laufe der Zeit den Mitarbeiter für die „falsche" Tätigkeit sperren. Je nach Formulierung kann die **Abgrenzung** zwischen tätigkeits- und unternehmensbezogenen Wettbewerbsverboten schwierig sein[2]. Die Umdeutung eines lückenhaft gewordenen tätigkeitsbezogenen Wettbewerbsverbots in ein unternehmensbezogenes Verbot hat das LAG Frankfurt[3] ausdrücklich abgelehnt mit der Begründung, der ArbGeb habe mit der Vereinbarung eines nur tätigkeitsbezogenen Wettbewerbsverbots bewusst in Kauf genommen, dass der ArbN für einen Wettbewerber tätig werden dürfe, sofern er nur dort in einer anderen Sparte als bei seinem alten ArbGeb tätig werde.

41 Das allgemeine Verbot, „**Konkurrenz zu machen**", verbietet im Zweifel nur eine selbständige Tätigkeit[4]. Ist dagegen dem ArbN ausdrücklich die **Eingehung eines Anstellungsverhältnisses** mit der Konkurrenz verboten, schließt dies eine selbständige Betätigung im Zweifel nicht aus[5]. Umfassend geschützt ist der ArbGeb, wenn er dem ArbN pauschal die „**Tätigkeit für ein Konkurrenzunternehmen**" untersagt, weil dies sowohl die unselbständige als auch die selbständige Tätigkeit erfasst[6].

42 Ist dem ArbN der „**Eintritt in ein Konkurrenzunternehmen**" oder die Beteiligung daran untersagt, so erstreckt sich das Verbot im Zweifel auch auf die **Gründung** eines Konkurrenzunternehmens[7]. Andererseits ist von einem Verbot einer „**direkten oder indirekten Beteiligung**" regelmäßig auch der Eintritt in ein Konkurrenzunternehmen als ArbN erfasst[8]. Ein Konkurrenzunternehmen darf dann auch nicht durch Darlehen oder Bürgschaften unterstützt werden[9]. Unklar sind die häufig anzutreffenden Formulierungen, wonach dem ArbN sowohl die „**unmittelbare**" als auch die „**mittelbare" Tätigkeit** für ein Konkurrenzunternehmen untersagt sein soll. Gemeint ist wohl, dass der ArbN nicht durch Strohmänner tätig werden darf. Zum anderen kann das Verbot der „mittelbaren" Tätigkeit auch so verstanden werden, dass der ArbN nicht zu einem Zulieferer oder Kunden wechseln darf. Die Einzelheiten sind jedoch immer durch Auslegung zu ermitteln.

43 Mitunter wird dem ArbN pauschal **jegliche anderweitige Tätigkeit** verboten, ohne dass ausdrücklich auf eine Konkurrenzsituation abgestellt wird. Hier ist im Zweifel anzunehmen, dass die Parteien nur eine Konkurrenztätigkeit verbieten wollten[10].

44 Schwierigkeiten bereitet oft die Feststellung, **welche Unternehmen** als „**Konkurrenzunternehmen**" anzusehen sind. Maßgeblich ist hier – ähnlich wie im Kartellrecht – der **relevante Markt**. Es kommt also darauf an, ob auf dem betreffenden Markt dieselben Nachfrager bezüglich derselben Güter oder Dienstleistungen auftreten. Deshalb kann ein Konkurrenzverhältnis zB zwischen einem Groß- und einem Einzelhändler fehlen[11]. Dies kann jedoch nicht gelten, wenn das vom einzelnen ArbN ausgehende Gefährdungspotenzial unabhängig von den Handelsstufen ist, was zB bei technischen Mitarbeitern der Fall sein kann. Bei **technisch verschiedenen Produkten** kann gleichwohl ein Konkurrenzverhältnis bestehen, wenn die verschiedenen Produkte am Markt substituierbar sind, was insb. für Vertriebsmitarbeiter von Bedeutung ist[12]. Auch unterschiedliche Preissegmente, unterschiedliche Marktbekanntheit oder unterschiedliche Fertigungstiefen schließen ein Konkurrenzverhältnis nicht aus. Maßgeblich sind stets die Umstände des Einzelfalls, wobei das Schutzinteresse des ArbGeb, der schließlich mit der 50%igen Karenzentschädigung einen hohen Preis zahlt, maßgeblich zu berücksichtigen ist[13].

45 Wird dem ArbN generell die Tätigkeit für ein Konkurrenzunternehmen untersagt, so darf er eine neue Tätigkeit auch dann nicht aufnehmen, wenn sich die **Geschäftsgegenstände** beider Unternehmen **nur zu einem kleinen Teil überschneiden**, das BAG hat bereits eine Überschneidung von 10% als ausreichend angesehen[14]. Der ArbN muss es hinnehmen, wenn sich die **Produktpalette** seines (bisherigen) ArbGeb während des Dienstverhältnisses oder auch nach seinem Ausscheiden **ändert**. Ggf. muss der ArbN eine zunächst zulässigerweise aufgenommene andere Stelle wieder aufgeben[15].

46 Im Zusammenhang mit §§ 74 ff. ist regelmäßig von „Wettbewerbsverboten" oder „Konkurrenzklauseln" die Rede. §§ 74 ff. stehen aber nicht Verboten entgegen, die dem ArbN nicht (nur) den Wechsel zu einem

---

1 BAG v. 16.12.1968 – 3 AZR 435/67, AP Nr. 21 zu § 133f GewO; ausf. LAG Frankfurt v. 10.2.1997 – 10 Sa GA 2269/96, LAGE § 74a HGB Nr. 1. | 2 BAG v. 30.1.1970 – 3 AZR 348/69, AP Nr. 24 zu § 133f GewO. | 3 LAG Frankfurt v. 10.2.1997 – 10 Sa GA 2269/96, LAGE § 74a HGB Nr. 1. | 4 *Röhsler/Borrmann*, S. 79. | 5 OLG Frankfurt v. 6.12.1972 – 6 U 152/71, DB 1973, 139; LAG Hamburg v. 20.9.1968 – 1 Sa 106/68, BB 1969, 362. | 6 *Bauer/Diller*, Rz. 122. | 7 *Staub/Konzen/Weber*, § 74 HGB Rz. 9. | 8 *Staub/Konzen/Weber*, § 74 HGB Rz. 10. | 9 *Staub/Konzen/Weber*, § 74 HGB Rz. 10. | 10 AA LAG Düsseldorf v. 28.8.1996 – 4 Sa 792/96, LAGE § 74 HGB Nr. 15, welches das Verbot für insgesamt unbestimmt und nichtig ansah. | 11 Heymann/*Henssler*, § 74 HGB Rz. 44; *Staub/Konzen/Weber*, § 74 HGB Rz. 4. | 12 LAG Frankfurt v. 10.2.1997 – 10 Sa GA 2269/96, LAGE § 74a HGB Nr. 1. | 13 Zu den Einzelheiten *Bauer/Diller*, Rz. 123 ff. | 14 BAG v. 16.12.1968 – 3 AZR 434/67, AP Nr. 21 zu § 133f GewO. | 15 *Bauer/Diller*, Rz. 125.

Konkurrenzunternehmen untersagen, sondern (auch) den **Wechsel zu einem Kunden, Zulieferer oder Abnehmer**, da dies häufig für den ArbGeb besonders gefährlich ist. Allerdings muss ein solches Wettbewerbsverbot eindeutig formuliert sein[1].

Besondere Probleme in der Praxis wirft die Frage des **konzerndimensionalen Schutzes** auf. Dem ArbN kann ausdrücklich untersagt werden, in ein Unternehmen einzutreten, welches mit einem Unternehmen in Konkurrenz steht, das mit dem VertragsArbGeb konzernrechtl. verflochten ist. Ebenfalls zulässig ist die (kumulative) Bestimmung, wonach dem ArbN auch die Tätigkeit für ein Unternehmen untersagt wird, welches konzernverbunden ist mit einem Unternehmen, welches mit dem VertragsArbGeb in Konkurrenz steht. Fehlen solche ausdrücklichen Erstreckungen (die allerdings immer an § 74a I 1 zu messen sind, vgl. dort!), ist eine Frage des Einzelfalls, ob stillschweigend eine Erweiterung des Wettbewerbsverbots um einen Konzernbezug gewollt war[2]. 47

Problematisch sind Klauseln, in denen sich der ArbGeb vorbehält, die genaue **Reichweite des Wettbewerbsverbots erst beim Ausscheiden festzulegen**. Solche Klauseln sind insgesamt unzulässig, wenn der ArbGeb damit die Möglichkeit haben soll, das Verbot zu Lasten des ArbN festzulegen oder zu erweitern; in diesem Fall ist das gesamte Wettbewerbsverbot unverbindlich. Zulässig sind aber Präzisierungsklauseln, wenn sie nur dazu dienen, ein ursprünglich weit formuliertes Verbot **zu Gunsten des ArbN** einzuschränken[3]. Allerdings muss nach dem Wortlaut der Klausel eindeutig sein, dass eine Beschränkung der Reichweite des Verbots den Anspruch auf Karenzentschädigung nicht einschränken oder ganz entfallen lassen soll; ansonsten liegt ein unzulässiges bedingtes Wettbewerbsverbot vor (s. Rz. 104 ff.)[4]. In jedem Fall hat der ArbN bei Ausscheiden nach §§ 241, 242 BGB einen **Anspruch** gegen den ArbGeb **auf Mitteilung**, welche genaue sachliche Reichweite das Verbot hat[5]. 48

Zur Einbeziehung von **Dritten** in das Wettbewerbsverbot s. § 74a Rz. 21 ff. 49

4. Räumlicher Geltungsbereich. Ein Wettbewerbsverbot sollte immer regeln, für welches räumliche Gebiet es gelten soll. Fehlt es daran, so gilt das Verbot (vorbehaltlich § 74a I 1!) **unbeschränkt**, also weltweit. Ist eine regionale Begrenzung vorgesehen, so verletzt der ArbN das Verbot, wenn er eine Tätigkeit bei einem außerhalb des Verbotsgebiets ansässigen ArbGeb annimmt, faktisch jedoch im Verbotsgebiet tätig wird. Andererseits ist die Tätigkeit im verbotenen Gebiet zulässig, wenn sie sich lediglich außerhalb des verbotenen Gebiets auswirkt[6]. Ein vor 1990 für das Gebiet der BRD vereinbartes Wettbewerbsverbot erstreckt sich auch auf die neuen Bundesländer[7]. Ein Verbot für alle „EG-Staaten" ist dynamisch zu verstehen, erstreckt sich also auch auf später beigetretene Staaten. 50

5. Zeitliche Dauer. Mitunter fehlt eine ausdrückliche Festlegung, für welche Zeitdauer das Verbot gelten soll. Es gilt dann mangels anderer Anhaltspunkte die gesetzl. Höchstfrist von **zwei Jahren** (§ 74a I 3), weil dies der üblichen Praxis entspricht[8]. Soll das Wettbewerbsverbot für die Dauer von zwei Jahren „nach Kündigung" gelten, so ist auf die rechtl. Beendigung des Arbeitsverhältnisses abzustellen[9]. Unwirksam sind Wettbewerbsverbote, deren Dauer in das Ermessen des ArbGeb gestellt sein soll[10]. 51

IX. Beschränkungen außerhalb der §§ 74 ff. 1. Bagatellbeschränkungen. Umstritten ist, ob §§ 74 ff. auch dann gelten, wenn dem ArbN nur marginale Beschränkungen auferlegt werden, die ihn in seinem beruflichen Fortkommen praktisch nicht behindern. Nach seinem Wortlaut gilt § 74 I uneingeschränkt. Das BAG hat dagegen erwogen, §§ 74 ff. bei absoluten Bagatellfällen nicht anzuwenden[11]. Bedeutung hat dies insb. für Verbote, die dem ArbN nur die Tätigkeit in einem **extrem schmalen Segment** verbieten, aber auch bei reinen **Abwerbeverboten** (Abwerbung ehemaliger Kollegen und/oder Abwerbung von Kunden)[12]. 52

2. Mandantenschutzklauseln. Abwerbeverbote dergestalt, dass der ausgeschiedene Mitarbeiter nicht aktiv Kunden seines bisherigen ArbGeb umwerben darf, fallen ohne weiteres unter §§ 74 ff. (sofern man nicht von einem Bagatellfall ausgeht, s. Rz. 52). Dies gilt allerdings nicht im Bereich der **freien Berufe**, soweit dort schon das Standesrecht ein solches Abwerben verbietet[13]. Allgemeine Mandantenschutzklauseln, nach denen nicht nur das gezielte Abwerben, sondern schlechthin jede Betreuung von Mandanten des früheren ArbGeb verboten ist, fallen – auch bei freien Berufen – dagegen ohne weiteres unter §§ 74 ff.[14] Bei Freiberuflern ersetzt auch die Gegenseitigkeit des Mandantenschutzes die Karenzentschädigung nicht. 53

---

1 BAG v. 21.1.1997 – 9 AZR 778/95, AP Nr. 44 zu § 611 BGB – Konkurrenzklausel; ausf. *Bauer/Diller*, Rz. 128a. | 2 Grundsätzlich abl. BAG v. 24.6.1966 – 3 AZR 501/65, AP Nr. 2 zu § 74a HGB – „Speiseeis"; ausf. *Bauer/Diller*, Rz. 129 ff. | 3 BAG v. 30.4.1971 – 3 AZR 259/70, AP Nr. 2 zu § 340 BGB. | 4 BAG v. 5.9.1995 – 9 AZR 718/93, AP Nr. 67 zu § 74 HGB. | 5 *Bauer/Diller*, Rz. 142b. | 6 *Grüll/Janert*, Die Konkurrenzklausel, 5. Aufl. 1993, S. 46 f.; Heymann/*Henssler*, § 74 HGB Rz. 45; *Bauer/Diller*, Rz. 136. | 7 LAG Berlin v. 23.6.1991 – 9 Sa 7/91, NZA 1991, 674. | 8 *Hiekel* in Tschöpe, Anwalts-Handbuch Arbeitsrecht, 2 F Rz. 24. | 9 *Bauer/Diller*, Rz. 136a. | 10 *Bauer/Diller*, Rz. 136b. | 11 V. 19.2.1959 – 2 AZR 341/56, AP Nr. 10 zu § 74 HGB; offen gelassen in BAG v. 15.12.1987 – 3 AZR 474/86, AP Nr. 5 zu § 611 BGB – Betriebsgeheimnis. | 12 *Bauer/Diller*, Rz. 146 f. | 13 BAG v. 16.7.1971 – 3 AZR 384/70, AP Nr. 25 zu § 611 BGB – Konkurrenzklausel. | 14 BAG v. 16.7.1971 – 3 AZR 384/70, AP Nr. 25 zu § 611 BGB – Konkurrenzklausel; LAG BW v. 14.3.1985 – 7 Sa 107/84, EWiR § 611 BGB 7/85, S. 851.

54 **3. Mandantenübernahmeklauseln.** In **freien Berufen** weit verbreitet sind Mandantenübernahmeklauseln. Danach darf der ausgeschiedene Mitarbeiter zwar Mandanten des früheren ArbGeb betreuen, hat dafür aber einen gewissen **Honoraranteil abzuführen**. Solche Klauseln sind zulässig und fallen nicht unter die §§ 74 ff., wenn der abzuführende Honoraranteil nicht so hoch ist, dass die Bearbeitung solcher Mandate nicht mehr lohnt[1].

55 **4. Geheimhaltungsklauseln.** Schwierig ist die Abgrenzung von (entschädigungslos zulässigen) Geheimhaltungsklauseln und entschädigungspflichtigen (§ 74 II) Wettbewerbsverboten. Die **Rspr.**[2] ist in sich **widersprüchlich**[3]. Ohne weiteres zulässig sind Geheimhaltungsklauseln, die dem ArbN die Verwertung von betrieblich erworbenem Know-how **außerhalb eines neuen Anstellungsverhältnisses** verwehren, also etwa durch den Verkauf der Geheimnisse an die Konkurrenz. Dagegen kommt es nicht in Betracht, dem ArbN die Eingehung einer neuen Stelle zu verwehren (Art. 12 GG!), auch wenn sich dabei nicht vermeiden lässt, dass der ArbN dort die beim alten ArbGeb erworbenen betrieblichen Kenntnisse verwertet. Die Einzelheiten sind sehr streitig. Auf jeden Fall unter §§ 74 ff. fallen Vereinbarungen, nach denen der ArbN in der Zeit nach seinem Ausscheiden alle Forschungsergebnisse bzw. Erfindungen seinem früheren ArbGeb anzudienen hat[4].

56 **5. Indirekte Wettbewerbsverbote.** In der Praxis zunehmend zu beobachten sind sog. „indirekte Wettbewerbsverbote"[5]. Darunter versteht man Vereinbarungen, die **keine erzwingbare Pflicht** des ArbN zur Unterlassung von Wettbewerb vorsehen, jedoch durch die Inaussichtstellung von Vorteilen oder die Androhung von Nachteilen faktischen Druck auf den ArbN ausüben, eine Konkurrenztätigkeit zu unterlassen (dazu gehören auch die bekannten Mandantenübernahmeklauseln, s. Rz. 54). Nichts einzuwenden ist gegen Vereinbarungen, wonach der ArbN eine **Prämie**, eine Verbesserung seiner Betriebsrente oder andere **Vorteile** erhalten soll, wenn er nach seinem Ausscheiden keine Konkurrenz macht. Hier sind §§ 74 ff. nicht einschlägig. Anders ist es dagegen, wenn der ArbN während des Arbeitsverhältnisses Leistungen erhält, die er später im Fall einer Konkurrenztätigkeit **zurückzahlen** soll[6]. Eine unzulässige Umgehung der §§ 74 ff. liegt auch vor, wenn das Arbeitsverhältnis durch Aufhebungsvertrag beendet wird und der Aufhebungsvertrag (oder die Zahlung der Abfindung) unter der Bedingung steht, dass der ArbN nicht zur Konkurrenz wechselt[7].

57 **X. Rechtliche Grenzen von Wettbewerbsverboten außerhalb §§ 74 ff.** Vereinzelt ist die Auffassung vertreten worden, nachvertragl. Wettbewerbsverbote zwischen Rechtsanwälten verstießen gegen **§ 3 BRAO**[8]. Das ist unzutreffend, da kein Mandant Anspruch darauf hat, dass ein bestimmter Anwalt für ihn tätig wird[9]. Keine über §§ 74 ff. hinausgehenden Grenzen ergeben sich auch aus dem allgemeinen Kartellverbot des **§ 1 GWB**. Zwar mag ein nachvertragl. Wettbewerbsverbot, welches dem ausgeschiedenen ArbN die Gründung eines Konkurrenzunternehmens untersagt, im Einzelfall eine spürbare Marktauswirkung haben. Die Grenzen des Kartellverbots sind jedoch nicht enger als die der §§ 74 ff.[10]. Regelmäßig nicht einschlägig ist auch **§ 138 BGB**. Ein Wettbewerbsverbot, welches nach seinem Inhalt sittenwidrig ist, verstößt ohnehin gegen die §§ 74 ff., insb. § 74a I 1 und 2. Nach einhelliger Auffassung sind Wettbewerbsverbote, die die Grenzen der §§ 74 ff. einhalten, auch keine unzulässige **Einschränkung der freien Berufswahl** aus Art. 12 GG[11]. Grenzüberschreitende Wettbewerbsverbote verstoßen auch nicht gegen die **Freizügigkeitsgarantien des EG-Vertrages**, insb. Art. 39 EG.

58 **§ 9 Nr. 4 AÜG** verbietet Vereinbarungen, die einem LeihArbN untersagen, mit einem Entleiher nach Beendigung des Arbeitsverhältnisses mit dem Verleiher ein Arbeitsverhältnis einzugehen. Die Vorschrift kann nicht dadurch umgangen werden, dass eine Vertragsstrafe vereinbart wird oder beim Wechsel zu einem Entleiherbetrieb eine beim Ausscheiden gezahlte Abfindung zurückzuzahlen ist[12]. Für Auszubildende sind zusätzlich die Grenzen der **§§ 12, 26 BBiG** zu beachten.

59 **XI. Anspruch auf Abschluss eines nachvertraglichen Wettbewerbsverbots.** Die Vereinbarung eines nachvertragl. Wettbewerbsverbots ist grds. **Verhandlungssache**. Der ArbGeb hat keinen Anspruch darauf, dass der ArbN einem solchen Verbot zustimmt, weder bei der Einstellung noch später während des Laufs des Arbeitsverhältnisses. Das gilt auch dann, wenn zunächst ein unwirksames oder unverbindliches Verbot vereinbart wurde; der ArbN muss an der **Heilung** nicht mitwirken, selbst dann nicht, wenn der Arbeitsvertrag (oder eine gesondert vereinbarte Wettbewerbsabrede) eine **salvatorische Klausel** vorsieht[13]. Ein Anspruch auf Abschluss eines Wettbewerbsverbots ergibt sich auch nicht aus einem

---

1 BAG v. 7.8.2002 – 10 AZR 586/01, AP 4 zu § 75d HGB. | 2 BAG v. 16.3.1982 – 3 AZR 83/79, AP Nr. 1 zu § 611 BGB – Betriebsgeheimnis „Thrombosol" einerseits; BAG v. 15.12.1987 – 3 AZR 474/86, AP Nr. 5 zu § 611 BGB – Betriebsgeheimnis „Pieroth" andererseits. | 3 Ausf. dazu *Wertheimer*, BB 1999, 1600; *Bauer/Diller*, Rz. 151 ff. | 4 BAG v. 9.3.1993 – 9 AZR 390/91. | 5 Ausf. *Bauer/Diller*, DB 1995, 426. | 6 Ausf. *Bauer/Diller*, DB 1995, 426. | 7 LAG Bremen v. 25.2.1994 – 4 Sa 309/93, LAGE § 74 HGB Nr. 9; LAG BW v. 21.1.1993 – 13 Sa 114/91. | 8 ZB LAG BW v. 14.3.1985 – 7 Sa 107/84, AnwBl 1987, 142. | 9 Vgl. *Michalski/Römermann*, ZIP 1994, 442 mwN; *Bauer/Diller*, Rz. 235c, f. | 10 Ausf. *Bauer/Diller*, Rz. 235e. | 11 St. Rspr. seit BAG v. 21.2.1957 – 2 AZR 301/56, AP Nr. 3 zu § 133f GewO; zuletzt v. 29.4.1966 – 3 AZR 460/65, AP Nr. 21 zu § 611 BGB – Konkurrenzklausel. | 12 Dazu LAG Köln v. 17.5. und 22.8.1984, 8 Sa 48/84 bzw. 5 Sa 1306/83, EzAÜG Bd. II, Nr. 152b und 156a. | 13 *Bauer/Diller*, Rz. 353.

veränderten Schutzbedürfnis des ArbGeb. Allerdings kann der ArbGeb eine **Beförderung** davon abhängig machen, dass der ArbN ein Wettbewerbsverbot unterzeichnet[1]. Zulässig sind aber **Vorverträge** auf den Abschluss eines Wettbewerbsverbots. Dadurch darf allerdings keine unbegrenzte Bindung des ArbN entstehen, weil sonst ein unzulässiges „bedingtes Wettbewerbsverbot" (s. Rz. 104 ff.) entsteht.

XII. Inkrafttreten des Wettbewerbsverbots. Das Wettbewerbsverbot tritt mit der **rechtl. Beendigung** des Arbeitsverhältnisses in Kraft. Unerheblich ist, auf welche Weise das Arbeitsverhältnis endet, also durch **Kündigung**, **Aufhebungsvertrag**, **Auflösungsurteil**, **Anfechtung des Arbeitsvertrages** etc. Wettbewerbsverbote, die nur bei bestimmten Beendigungstatbeständen (zB arbeitnehmerseitige Kündigung) gelten sollen, sind regelmäßig unverbindlich (bedingtes Wettbewerbsverbot, s. Rz. 104 ff. sowie § 75 Rz. 33 ff.). 60

Bei **Freistellung** läuft das Wettbewerbsverbot nicht bereits ab der Freistellung, sondern erst ab der rechtl. Beendigung des Arbeitsverhältnisses[2]. Während der Freistellungsperiode gilt aber § 60 HGB. Geht eine Freistellungsphase einem zweijährigen Wettbewerbsverbot voran, ist die zusätzliche Höchstdauer gem. § 74a I 3 HGB nicht überschritten. Allerdings kann dann eine unbillige Fortkommenserschwerung gem. § 74a I 2 vorliegen (s. § 74a Rz. 15). 61

Hat eine der Parteien **unwirksam gekündigt**, so beginnt das Wettbewerbsverbot gleichwohl zu laufen, wenn beide Parteien die Kündigung trotz ihrer Unwirksamkeit akzeptieren. Erhebt der ArbN jedoch gegen eine unwirksame ArbGebKündigung **Kündigungsschutzklage**, so beginnt die Zweijahresfrist im Fall einer (freiwilligen oder gerichtl. angeordneten) vorläufigen Weiterbeschäftigung erst mit dem Ende der tatsächlichen Beschäftigung[3]. Wird der ArbN dagegen nicht weiterbeschäftigt und endet das Arbeitsverhältnis (zB durch gerichtl. Auflösungsurteil nach §§ 9, 10 KSchG oder durch Vergleich) zu einem späteren Zeitpunkt, rechnet die Zweijahresfrist ab dem Ende der tatsächl. Beschäftigung[4]. 62

Tritt der ArbN das Arbeitsverhältnis **nicht an**, ergibt sich regelmäßig im Wege ergänzender Vertragsauslegung, dass das Verbot nicht in Kraft treten soll[5]. Ist jedoch der ArbN bereits vor Dienstantritt mit schutzwürdigen Geschäftsgeheimnissen in Berührung gekommen, kann je nach den Umständen des Einzelfalls das Wettbewerbsverbot gelten[6]. Von den Umständen des Einzelfalls hängt das Inkrafttreten des Wettbewerbsverbots auch ab, wenn das Arbeitsverhältnis vor Dienstantritt vom ArbGeb zu einem Zeitpunkt nach Dienstantritt gekündigt und der ArbN sofort freigestellt wird[7]. 63

Das Wettbewerbsverbot beginnt auch dann zu laufen, wenn das Arbeitsverhältnis noch während der **Probezeit** beendet wird[8]. Allerdings kann ausdrücklich vereinbart werden, dass das Wettbewerbsverbot erst ab dem Ende der Probezeit gelten soll[9]. 64

Endet das Arbeitsverhältnis, schließt sich aber eine **anderweitige Tätigkeit** (zB als freier Mitarbeiter) **für das Gleiche Unternehmen** an, kann die ergänzende Vertragsauslegung ergeben, dass das Wettbewerbsverbot bestehen bleibt, aber erst mit Beendigung des freien Mitarbeiterverhältnisses zu laufen beginnt[10]. Ähnliches gilt bei einem konzerninternen Wechsel des ArbN[11]. 65

XIII. Wegfall des Wettbewerbsverbots. 1. Äußere Umstände. Ein Wettbewerbsverbot gilt grds. unabhängig davon, ob der ArbN dadurch überhaupt **behindert**[12] wird und ob es ihm überhaupt **objektiv möglich** ist, seinem früheren ArbGeb Konkurrenz zu machen[13] (zB wegen Betriebsaufgabe oder den Gegebenheiten des Marktes). Dem ArbN wird die Leistung nicht unmöglich, weil ihm nur ein Unterlassen obliegt. Einer Unterlassungspflicht kann man auch dann nachkommen, wenn überhaupt keine Möglichkeit der Zuwiderhandlung besteht. Allerdings fehlt bei Unmöglichkeit der Konkurrenztätigkeit regelmäßig das berechtigte geschäftliche Interesse des ArbGeb gem. § 74a I HGB, so dass das Wettbewerbsverbot für den ArbN unverbindlich wird (s. § 74a Rz. 8). 66

Das Wettbewerbsverbot gilt auch dann, wenn es dem ArbN **subjektiv unmöglich** ist, Konkurrenztätigkeit zu machen, etwa wegen **Arbeitsunfähigkeit**[14], **Berufswechsel**, **Schwangerschaft**[15], **Elternzeit**[16], **Aufnahme einer Ausbildung**[17] oder **Wehrdienst**[18]. Dies ergibt sich aus § 74c I 3, wonach der Anspruch auf 67

---

1 *Bauer/Diller*, Rz. 349 f. | **2** BAG v. 16.1.1970 – 3 AZR 429/68, AP Nr. 4 zu § 74a HGB. | **3** *Grunsky*, Wettbewerbsverbote für Arbeitnehmer, 2. Aufl. 1987, S. 99; *Bauer/Diller*, Rz. 477. | **4** *Grunsky*, S. 99; *Bauer/Diller*, Rz. 477. | **5** BAG v. 3.2.1987 – 3 AZR 523/85, AP Nr. 54 zu § 74 BGB. | **6** BAG v. 3.2.1987 – 3 AZR 523/85, AP Nr. 54 zu § 74 BGB; aA LAG Köln v. 31.10.1990 – 5 Sa 715/90, LAGE § 74 HGB Nr. 4. | **7** BAG v. 26.5.1992 – 9 AZR 27/91, AP Nr. 63 zu § 74 HGB; vgl. auch BAG v. 19.5.1983 – 2 AZR 171/81, AP Nr. 25 zu § 123 BGB; zum Ganzen auch *Buchner*, Anm. zu BAG v. 26.5.1992 – 9 AZR 27/91, AR-Blattei ES 1830, Nr. 167. | **8** BAG v. 24.4.1970 – 3 AZR 328/69, AP Nr. 25 zu § 75 HGB; v. 10.5.1971 – 3 AZR 126/70, BB 1971, 1196; v. 2.8.1971, AP Nr. 25 zu § 615 BGB. | **9** BAG v. 24.4.1970 – 3 AZR 328/69, AP Nr. 25 zu § 74 HGB. | **10** BAG v. 16.1.1970 – 3 AZR 429/68, AP Nr. 4 zu § 74a HGB m. Anm. *Hofmann*; ausf. *Bauer/Diller*, Rz. 482 ff. | **11** *Bauer/Diller*, Rz. 485. | **12** BAG v. 19.5.1983 – 2 AZR 171/81, AP Nr. 25 zu § 123 BGB. | **13** BAG v. 2.8.1971 – 3 AZR 12/71, AP Nr. 27 zu § 74 HGB; v. 13.2.1996 – 9 AZR 931/94, AP Nr. 18 zu § 74c HGB. | **14** BAG v. 13.11.1975 – 3 AZR 38/75, AP Nr. 7 zu § 74c HGB. | **15** LAG BW v. 4.11.1997 – 7 Sa 29/97. | **16** LAG Düsseldorf v. 4.3.1997 – 3 Sa 1644/96, NZA-RR 1998, 58. | **17** BAG v. 2.12.1968 – 3 AZR 402/67, AP Nr. 3 zu § 74a HGB; v. 8.2.1974 – 3 AZR 519/73 und v. 9.8.1974 – 3 AZR 350/73, AP Nr. 4, 5 zu § 74c HGB; v. 13.2.1996 – 9 AZR 931/94, AP Nr. 18 zu § 74c HGB. | **18** *Bauer/Diller*, Rz. 489.

Karenzentschädigung während Verbüßung einer Freiheitsstrafe entfällt. Im Umkehrschluss daraus folgt, dass bei anderen persönlichen Hinderungsgründen die Entschädigungspflicht bestehen bleiben soll[1].

68 Das Wettbewerbsverbot erlischt grds. auch dann nicht, wenn der ArbN in (gesetzl. oder betriebl.) **Rente** geht[2]. Allerdings kann das Erreichen der Altersgrenze als objektive Bedingung vereinbart werden (s. Rz. 107 f.). **Stirbt** der ArbN, erlischt das Wettbewerbsverbot. Die Erben sind an das Verbot in keiner Weise gebunden, können also auch die Karenzentschädigung nicht mehr in Anspruch nehmen[3]. Vor dem Tod entstandene wechselseitige Ansprüche (Karenzentschädigung, Vertragsstrafe) gehen allerdings auf die Erben über[4].

69 **2. Vertragliche Aufhebung.** Das nachvertragl. Wettbewerbsverbot kann grds. einvernehmlich aufgehoben werden, und zwar auch **mündlich**[5]. Die Form des § 74 I braucht also bei einer Aufhebung nicht eingehalten zu werden.

70 In einer **Ausgleichsquittung** liegt regelmäßig keine wirksame Aufhebung eines Wettbewerbsverbots[6]. Anders ist es bei **Ausgleichs- und Erledigungsklauseln in Aufhebungsverträgen**. Ob solche Klauseln ein nachvertragl. Wettbewerbsverbot erfassen, hängt von allen Umständen des Einzelfalls ab, insb. von der Formulierung der Erledigungsklausel, von vorangegangenen Verhandlungen, von der wechselseitigen Interessenlage sowie vom wechselseitigen Kenntnisstand der Parteien. Im Zweifel ist von der Mit-Erledigung des Wettbewerbsverbots auszugehen[7].

71 In Betracht kommt auch eine **konkludente** Aufhebung von Wettbewerbsverboten. In der einvernehmlichen Beendigung des Arbeitsverhältnisses liegt eine solche konkludente Aufhebung eines Wettbewerbsverbots allerdings nicht[8]. Dagegen kommt eine konkludente Aufhebung eines Wettbewerbsverbots in Betracht, wenn der ArbN in Kenntnis des ArbGeb zur Konkurrenz wechselt und dieser nicht reagiert[9]. Nicht möglich ist die Beseitigung von Wettbewerbsverboten durch **Änderungskündigung**, hier sind die Lösungsmöglichkeiten der §§ 75, 75a HGB abschließend[10].

72 **XIV. Karenzentschädigung (Abs. 2). 1. Allgemeines.** Nach § 74 II ist das Wettbewerbsverbot nur verbindlich, wenn der ArbGeb sich verpflichtet, für die Dauer des Verbots eine Entschädigung von mindestens der Hälfte der zuletzt bezogenen vertragsmäßigen Leistungen zu zahlen. Die Regelung in Abs. 2 wird ergänzt durch § 74b, der Einzelheiten der **Berechnung** sowie **monatliche Fälligkeit** vorschreibt. § 74c regelt die **Anrechnung anderweitigen Erwerbs**.

73 Die Untergrenze von 50 % ist unabhängig davon, wie weit reichend das Verbot ist. Auch wenn das Verbot den ArbN nur unwesentlich behindert, müssen mindestens 50 % gezahlt werden, eine Zusage von genau 50 % reicht aus. Bei besonders weit reichenden Verboten ist wegen § 74a I 2 eine höhere Karenzentschädigung erforderlich, damit das Verbot nicht unverbindlich wird.

74 In der Praxis macht nicht nur die **korrekte Berechnung** der Karenzentschädigung **erhebliche Schwierigkeiten**. In mehr als der Hälfte der Fälle, die dem Praktiker begegnen, ist die **Zusage der Entschädigung** so unglücklich formuliert, dass sie den Anforderungen der §§ 74 II bzw. 74b nicht genügt.

75 Zu beachten ist, dass § 74 II nicht anordnet, dass durch Vereinbarung eines Wettbewerbsverbots ein Anspruch auf 50 %ige Karenzentschädigung entsteht. Anders als der für Handelsvertreter geltende § 90a kennt § 74 II **keinen gesetzl. Entschädigungsanspruch**. Vielmehr ist die Zusage einer ausreichenden Entschädigung **Wirksamkeitsvoraussetzung** des Wettbewerbsverbots.

76 **2. Berechnung der Karenzentschädigung. a) Einzubeziehende Vergütungsbestandteile.** In die Berechnung fließen nur Leistungen aus dem beendeten Arbeitsverhältnis ein, nicht Einkünfte aus **Nebentätigkeiten** oder **früheren Arbeitsverhältnissen**.

77 Zu den „vertragsmäßigen Leistungen", anhand derer die Karenzentschädigung berechnet wird, gehören **sämtliche Geld- und Sachleistungen**, also auch Sonderleistungen jeder Art wie **Dienstwagen**, **Werkswohnungen** sowie **variable Gehaltsbestandteile** wie **Tantiemen**, **Boni** oder **Gratifikationen**, **Zulagen**, **Prämien**, **vermögenswirksame Leistungen**[11], **freie Kost** und **Wohnung** etc. Alles, was **steuerrechtl. als geldwerter Vorteil** angesehen wird, ist im Rahmen von § 74 II zu berücksichtigen.

78 In die Berechnung einzubeziehen sind auch alle **„freiwilligen" Sozialleistungen**. Lediglich völlig freiwillige Einmalzahlungen aus besonderen sozialen Erwägungen heraus können außer Betracht bleiben[12].

1 BAG v. 13.11.1975 – 3 AZR 38/75, AP Nr. 7 zu § 74c HGB. | 2 BAG v. 26.2.1985 – 3 AZR 162/84, AP Nr. 30 zu § 611 BGB – Konkurrenzklausel; v. 3.7.1970 – 3 AZR 96/89, AP Nr. 61 zu § 74 HGB. | 3 *Grunsky*, S. 19; Heymann/*Henssler*, § 74 HGB Rz. 38. | 4 Heymann/*Henssler*, § 74 HGB Rz. 38. | 5 BAG v. 10.1.1989 – 3 AZR 460/87, AP Nr. 57 zu § 74 HGB. | 6 BAG v. 20.10.1981 – 3 AZR 1013/78, AP Nr. 39 zu § 74 HGB. | 7 BAG v. 31.7.2002 – 10 AZR 513/01 bzw. 10 AZR 558/01, AP Nr. 74 zu § 74 HGB bzw. Nr. 48 zu § 611 BGB Konkurrenzklausel; v. 19.11.2003 – 10 AZR 174/03, NZA 2004, 554. | 8 BAG v. 26.9.1963 – 5 AZR 2/63, AP Nr. 1 zu § 75 HGB; LAG BW v. 22.9.1995 – 5 Sa 28/95, NZA-RR 1996, 163. | 9 LAG BW v. 22.9.1995 – 5 Sa 28/95, NZA-RR 1996, 163. | 10 *Bauer/Diller*, Rz. 500a. | 11 *Bengelsdorf*, DB 1989, 1025. | 12 BAG v. 16.11.1973 – 3 AZR 61/73, AP Nr. 34 zu § 74 HGB.

Sobald dagegen der ArbGeb planmäßig Sozialleistungen erbringt (zB **Geburts- oder Heiratsbeihilfen, Jubiläumsgaben** etc.), sind diese einzubeziehen. Unerheblich ist, ob auf die Leistungen des ArbGeb ein **Rechtsanspruch** besteht oder ob der ArbGeb die Leistungen freiwillig erbringt[1].

Umstritten ist, ob **Erfindervergütungen** in die Berechnung einzubeziehen sind[2]. Nicht einzubeziehen sind erworbene Ansprüche auf **betrAV**, wohl aber die Beiträge für **Gehaltsumwandlungsversicherungen** (§ 1a BetrAVG), die durch Umwandlung von vereinbartem Gehalt finanziert werden[3]. **Urlaubsgeld** ist anzusetzen, nicht dagegen **Urlaubsabgeltung**[4]. **Abfindungen** bleiben grds. außer Betracht[5], weil sie keine Gegenleistung für die Dienste sind, sondern Entschädigung für den Verlust des Arbeitsplatzes[6]. Ausdrücklich außer Betracht bleiben auch **Spesen** und **sonstige Aufwandsentschädigungen** (§ 74b III). **Pauschalierte Spesen**, die eine verdeckte Vergütung darstellen („Vertrauensspesen"), sind dagegen anzusetzen[7]. Dagegen bleiben nach § 74b III auch **Trennungsentschädigungen** sowie **Teuerungszuschläge** bei Auslandsarbeiten außer Betracht[8]. 79

Die Werte von **Sachleistungen** sind in die Berechnung der Karenzentschädigung einzubeziehen. Bei der Nutzung eines **Dienstwagens** ist streitig, mit welchem Wert er anzusetzen ist[9]. Auch **Mitarbeiterbeteiligungen** müssen bei der Berechnung der Karenzentschädigung einbezogen werden, etwa die Übertragung von GmbH-Anteilen, der verbilligte Erwerb von Belegschaftsaktien oder Aktienoptionen. Die Einzelheiten der Berechnung sind außerordentl. problematisch[10]. 80

Bei der Berechnung nach § 74 II ist grds. von den **Bruttobezügen** auszugehen, **Werbungskosten** bleiben unberücksichtigt[11]. Nicht anzusetzen sind die **ArbGebAnteile** zur gesetzl. Renten- und Krankenversicherung[12], wohl aber die **ArbN-Anteile**[13]. 81

Realisiert der ArbN vertragl. Ansprüche nicht oder verliert er sie durch **Verjährung, Verwirkung, Aufrechnung** etc., sind sie gleichwohl in die Berechnung einzubeziehen. 82

Gewährt der ArbGeb auch **nach Beendigung des Arbeitsverhältnisses** weiter Leistungen (zB Weiterführung einer Direktversicherung, Weiternutzung von Dienstwohnung oder Dienstwagen), sind die Leistungen gleichwohl die Berechnung der Karenzentschädigung einzubeziehen. Eine andere Frage ist, ob die Weitergewährung der Leistungen auf die geschuldete Karenzentschädigung angerechnet werden kann (s. Rz. 88)[14]. 83

b) Berechnungsmethode. Die korrekte Berechnung der Karenzentschädigung ist **außerordentl. kompliziert**. Je nach Art der einzubeziehenden Vergütungsbestandteile sind **zwei verschiedene Berechnungsmethoden** anzuwenden. Hinsichtlich der Festbezüge kommt es allein auf den **letzten Monatsbezug** an, die Gehaltsentwicklung in der Zeit davor bleibt außer Betracht. Dagegen sieht § 74b II für Einmalzahlungen und variable Gehaltsbestandteile (zB Boni, Tantiemen, Provisionen) vor, dass der **Durchschnitt der letzten drei Jahre** anzusetzen ist. 84

Mit den **„zuletzt bezogenen" Leistungen** stellt das Gesetz auf den letzten Zeitraum ab, der der Lohn- bzw. Gehaltsberechnung zugrunde liegt. Bei einem Wochenlohn ist also der Lohn der letzten Woche vor dem Ausscheiden maßgeblich, bei monatlicher Gehaltszahlung das Gehalt des letzten Monats[15]. Mit § 74 II unvereinbar ist eine Entschädigungszusage, wonach der ArbGeb die Hälfte der Festbezüge **„im Durchschnitt der letzten drei Jahre"** erhalten soll[16], weil sich dann Gehaltserhöhungen im Lauf der letzten drei Jahre nur anteilig auf die Höhe der Karenzentschädigung auswirken. 85

Eine Anpassung der Karenzentschädigung anhand der **Preissteigerungsindizes** scheidet wegen des klaren Wortlauts von § 74 II HGB aus[17]. Auch **Tariferhöhungen**, die erst nach dem Ausscheiden wirksam werden, bleiben grds. unberücksichtigt, während Tariferhöhungen im letzten Monat vor dem Ausscheiden voll durchschlagen[18]. Scheidet der ArbN in einem **Zeitpunkt** aus, in dem er **keine Vergütung bezieht** (Wehrdienst, Elternzeit, unbezahlte Freistellung, Langzeiterkrankung), muss entsprechend § 11 I 3 BUrlG, § 11 II 2 MuSchG und § 131 SGB III auf die letzten vor dem vergütungslosen Zeitraum bezogenen Leistungen abgestellt werden. Bei Reduzierung der Vergütung aus besonderen Anlässen (zB **Kurzarbeit**) muss die Karenzentschädigung aus dem ungekürzten Gehalt berechnet werden. 86

Bei **Teilzeitbeschäftigung** ist nach dem klaren Wortlaut des § 74 II die Karenzentschädigung anhand des Teilzeitverdienstes zu berechen, obwohl das Wettbewerbsverbot die Aufnahme einer Vollzeittätig- 87

---

1 BAG v. 16.11.1973 – 3 AZR 61/73, AP Nr. 34 zu § 74 HGB unter Aufgabe der früheren entgegenstehenden Rspr. | 2 Ausf. *Bengelsdorf*, DB 1989, 1026; *Bauer/Diller*, Rz. 243. | 3 Ausf. *Bauer/Diller*, Rz. 244 f. | 4 *Bauer/Diller*, Rz. 245a. | 5 *Bauer/Diller*, Rz. 246. | 6 Vgl. *Bengelsdorf*, DB 1989, 1025. | 7 *Bauer/Diller*, Rz. 247; dazu LAG Köln v. 29.10.1997 – 2 Sa 794/97, LAGE § 74c HGB Nr. 6. | 8 *Grunsky*, S. 69; *Gaul*, Der erfolgreiche Schutz von Betriebs- und Geschäftsgeheimnissen, 1994, S. 186. | 9 Umfassend *Bauer/Diller*, Rz. 252; das BAG hat im Urt. v. 17.6.1997 – 9 AZR 801/95, AP Nr. 2 zu § 74b HGB die Frage offen gelassen. | 10 Ausf. *Bauer/Diller*, Rz. 254a. | 11 *Bauer/Diller*, Rz. 249. | 12 BAG v. 21.7.1981 – 3 AZR 666/78, AP Nr. 40 zu § 74 HGB. | 13 *Bauer/Diller*, Rz. 251. | 14 Ausf. *Bauer/Diller*, Rz. 256a. | 15 *Staub/Konzen/Weber*, § 74b HGB Rz. 8, 15; Heymann/*Henssler*, § 74b HGB Rz. 2. | 16 BAG v. 5.8.1966 – 3 AZR 154/66, AP Nr. 19 zu § 74 HGB. | 17 *Bauer/Diller*, Rz. 261; ArbG Lübeck v. 6.5.1976 – 1 Ca 337/76, BB 1976, 1320. | 18 *Bauer/Diller*, Rz. 262.

keit verbietet[1]. In Betracht kommt hier aber eine unbillige Behinderung des Fortkommens nach § 74a I 2 HGB. Bei **Wechsel von Vollzeit auf Teilzeit** innerhalb der letzten drei Jahre vor dem Ausscheiden kann anhand § 74b II gequotelt werden, das Gleiche gilt bei Wechsel auf ATZ[2].

88 **3. Abgeltung der Karenzentschädigung durch andere Bezüge.** Die Zahlung einer **Abfindung**, eines **Übergangsgelds** oder einer **Betriebsrente** ersetzt grds. nicht die geschuldete Karenzentschädigung. Allerdings kann der ArbGeb in gewissem Umfang zur Vermeidung von Doppelzahlungen Verrechnungen vertragl. vorsehen[3]. Mit § 74 II unvereinbar sind Vereinbarungen, nach denen die Karenzentschädigung nicht in Geld gezahlt werden soll, sondern durch **Sachleistungen** (zB Weitergewährung von Dienstwagen, Dienstwohnung etc.) abgegolten sein soll. Entsprechende ausdrückliche Abgeltungsvereinbarungen können allerdings nach Beendigung des Arbeitsverhältnisses geschlossen werden, da dann §§ 74 ff. nicht mehr gelten[4].

89 **4. Person des Zahlungspflichtigen.** Die Karenzentschädigung schuldet stets der ArbGeb, auf eine Verpflichtung **Dritter** braucht der ArbN sich nicht einzulassen[5], es sei denn, es handelt sich um eine solvente **Konzernobergesellschaft**[6]. Unproblematisch ist selbstverständlich die Mitverpflichtung Dritter neben dem ArbGeb.

90 **5. Zusage der Karenzentschädigung.** Nach der Konzeption des § 74 II setzt die Wirksamkeit eines Wettbewerbsverbots voraus, dass eine Karenzentschädigung in ausreichender Höhe zugesagt war. Fehlt eine solche Zusage, kann der ArbGeb das Verbot **nicht** durch eine spätere einseitige Zusage oder durch Zahlung eines entsprechenden Betrages **heilen**[7].

91 In der Praxis scheitern Wettbewerbsverbote sehr häufig daran, dass eine eindeutige und § 74 II genügende Entschädigungszusage fehlt. Nach der Rspr. des BAG[8] muss die Vereinbarung über ein nachvertragl. Wettbewerbsverbot **so eindeutig** formuliert sein, dass aus Sicht des ArbN **kein vernünftiger Zweifel** über den Anspruch auf Karenzentschädigung bestehen kann. Der sicherste Weg ist es, sich bei der Formulierung **genau an den Text des § 74 II zu halten**. Lautet die Zusage durch unkritisches Abschreiben aus § 74 II auf „**mindestens**" 50 % der Bezüge, sind 50 % geschuldet. Die Zusage einer „**angemessenen** Entschädigung" reicht nicht. Der Vorbehalt, wonach sich die Höhe der zugesagten Entschädigung bei schlechter wirtschaftl. Lage des Unternehmens verringern soll, macht die Zusage unwirksam[9].

92 Wird nicht ausdrücklich eine Karenzentschädigung zugesagt, sondern nur **auf die gesetzl. Bestimmungen der §§ 74 ff. verwiesen**, liegt nach richtiger Auffassung[10] keine wirksame Entschädigungszusage vor, so dass das Wettbewerbsverbot unwirksam ist. Ausreichen soll dagegen eine pauschale Verweisung auf die **§§ 74 und 74c**, da diese beiden Normen speziell die Höhe der Entschädigung regeln[11]. Gegen die Auffassung des BAG spricht allerdings, dass es nicht nur um ein Auslegungsproblem geht, sondern auch um ein Formproblem. Stets ausreichend sind Wettbewerbsverbote, die ausdrücklich eine Karenzentschädigung zusagen, und nur hinsichtlich der Höhe auf die §§ 74 ff. verweisen. Solche Klauseln sind dahin gehend zu verstehen, dass die 50 %ige Mindestentschädigung zugesagt ist.

93 Fehlt eine ausdrückliche Entschädigungszusage, ist das Wettbewerbsverbot unwirksam, auch **salvatorische Klauseln** helfen dem ArbGeb nicht weiter[12]. Die Zusage einer Karenzentschädigung ist nur dann ausreichend, wenn sie **vorbehaltlos** erfolgt, ansonsten entsteht ein bedingtes Wettbewerbsverbot (s. Rz. 104 ff.).

94 Häufig wird zwar ausdrücklich eine Karenzentschädigung zugesagt, jedoch **nicht in ausreichender Höhe**. So reicht zB die häufig anzutreffende Zusage von „**50 % des Festgehalts**" nicht, wenn der ArbN irgendwelche anderen Leistungen (VWL, Dienstwagen, Weihnachtsgeld etc.) erhält. Nicht ausreichend ist auch eine Entschädigungszusage, die nicht auf die letzte Vergütung abstellt, sondern auf die **Durchschnittsvergütung eines längeren Zeitraums**[13]. Lautet die Zusage auf 50 % der „**regelmäßigen Monatsbezüge**", „**des Gehalts**" oder „**der Jahresbezüge**", so ist im Einzelfall zu prüfen, ob variable Gehaltsbestandteile ausgenommen sein sollten, dann ist das Wettbewerbsverbot unverbindlich (das Gleiche gilt für eine Zusage über „**die Hälfte der zuletzt erhaltenen Monatsbezüge**"[14] oder „**die Hälfte der monatlich zuletzt bezogenen Bezüge**")[15].

95 Eine Entschädigungszusage, die variable Bezüge ausblendet, ist auch dann unzureichend und führt zur Unverbindlichkeit eines Wettbewerbsverbots, wenn die variablen Gehaltsbestandteile (Gewinnbe-

1 *Bauer/Diller*, Rz. 264. | 2 *Bauer/Diller*, Rz. 264. | 3 BAG v. 26.2.1985 – 3 AZR 162/84, AP Nr. 30 zu § 611 BGB – Konkurrenzklausel, ausf. *Bauer/Diller*, Rz. 277. | 4 *Bauer/Diller*, Rz. 279. | 5 Heymann/*Henssler*, § 74 HGB Rz. 29. | 6 *Grunsky*, S. 96; *Staub/Konzen/Weber*, § 74b HGB Rz. 27; *v. Hoyningen-Huene*, § 74 HGB Rz. 42. | 7 *Bauer/Diller*, Rz. 284. | 8 BAG v. 5.9.1995 – 9 AZR 718/93, AP Nr. 67 zu § 74 HGB. | 9 *Bauer/Diller*, Rz. 285. | 10 LAG Bremen v. 4.5.1966 – 1 Sa 83/66, DB 1966, 1440; aA LAG Köln v. 18.4.1984 – 7 Sa 1183/83, NZA 1984, 91; LAG Hamm v. 12.4.1988 – 15 Sa 1925/87. | 11 BAG v. 14.8.1975 – 3 AZR 333/74, AP Nr. 35 zu § 74 HGB; kritisch *Buchner*, Rz. C 286. | 12 *Bauer/Diller*, Rz. 293. | 13 BAG v. 5.8.1966 – 3 AZR 154/66, AP Nr. 19 zu § 74 HGB; LAG Frankfurt v. 12.6.1995 – 10 Sa 1159/94; dazu *Gamerschlag*, NJW 1989, 2870. | 14 BAG v. 9.1.1990 – 3 AZR 110/88, AP Nr. 59 zu § 74 HGB. | 15 LAG Frankfurt v. 5.3.1990 – 10/2 Sa 1114/89, LAGE § 74 HGB Nr. 5 und v. 10.2.1997 – 10 Sa GA 2269/96, LAGE § 74a HGB Nr. 1.

teiligung, Bonus etc.) zuletzt **tatsächlich nicht angefallen** sind[1]. Hat der ArbGeb einen **Fixbetrag** als Entschädigung zugesagt, ist das Verbot nur verbindlich, wenn der Fixbetrag auch im Ausscheidenszeitpunkt noch mindestens 50 % der Gesamtbezüge ausmacht[2].

Ist **überhaupt keine** Karenzentschädigung zugesagt, ist das Verbot **nichtig**[3]. Ist dagegen eine **zu niedrige** Karenzentschädigung zugesagt, ist das Verbot unverbindlich mit der Folge, dass der ArbN **wählen** kann, ob er das Verbot gegen Zahlung der (niedrigen) Entschädigung einhalten oder aber das Verbot (dann ohne Entschädigungszahlung) ignorieren will. Der ArbN hat aber keinen Anspruch darauf, dass der ArbGeb die Entschädigungszusage auf die gesetzl. vorgesehenen 50 % aufstockt, auch dann nicht, wenn im Verbot ergänzend auf §§ 74 ff. verwiesen wurde[4]. 96

Zu einer **zu weit gehenden Anrechnung** von anderweitigem Erwerb s. § 74c Rz. 24 ff. 97

6. Auszahlung der Karenzentschädigung. Die Fälligkeit der Entschädigungsraten regelt § 74b I (s. dort). Gem. § 850 IIIa ZPO gelten für die Karenzentschädigung die allgemeinen **Pfändungsbeschränkungen** für Arbeitslohn, insb. die Pfändungsgrenzen des § 850c ZPO. Deshalb ist im Rahmen der Pfändungsgrenzen auch die Abtretung des Entschädigungsanspruchs nicht zulässig[5], das Gleiche gilt für die Aufrechnung[6]. 98

„Das Stammrecht" auf Karenzentschädigung **verjährt** nicht, die einzelnen Raten verjähren nach § 195 BGB in drei Jahren, wobei die Verjährung mit dem Schluss des Kalenderjahres beginnt, in dem die jeweilige Rate fällig geworden ist (§ 199 I Nr. 1 BGB). Bei Unkenntnis des Anspruchs gilt hilfsweise die zehnjährige Verjährungsfrist des § 199 IV BGB. 99

Je nach Wortlaut, Sinn und Zweck einer tarifl. oder einzelvertragl. **Ausschlussfrist** kann diese auch die Karenzentschädigung erfassen[7]. Eine Ausschlussfrist gilt aber dann für die Karenzentschädigung nicht, wenn die Ausschlussfrist im Arbeitsvertrag steht und dieser nicht der Form des § 74 I genügt[8]. Streitig ist, ob die Ausschlussfrist durch einmalige Geltendmachung gewahrt wird, oder ob jede Monatsrate getrennt geltend gemacht werden muss[9]. 100

Da die Fälligkeit der Karenzentschädigung kalendermäßig bestimmt ist, gerät der ArbGeb **ohne Mahnung in Zahlungsverzug**[10]. Der ArbN kann daher Verzugszinsen nach § 288 BGB verlangen. 101

Da das Wettbewerbsverbot ein gegenseitiger Vertrag iSd. §§ 320 ff. BGB ist[11], kann der ArbN bei **Zahlungsverzug** des ArbGeb diesem eine angemessene Frist setzen und nach Fristablauf **zurücktreten** (§ 323 I BGB). Schadenersatzansprüche werden durch den Rücktritt nicht ausgeschlossen (§ 325 BGB). 102

Die Karenzentschädigung unterliegt **keiner Umsatzsteuer**, auch wenn der ArbN mittlerweile selbständig tätig ist[12]. Die Karenzentschädigung wird bei Nichtzahlung vor dem **ArbG** eingeklagt (§ 2 I Nr. 3c ArbGG). Örtlich zuständig ist nach § 13 das ArbG am Sitz des ArbGeb, daneben gem. § 29 ZPO auch das ArbG des letzten Arbeitsorts. Klage auf zukünftige Raten kann nicht erhoben werden, allerdings ist insoweit eine Feststellungsklage zulässig, jedenfalls so lange der mögliche anderweitige Verdienst noch nicht feststeht[13]. Als **Streitwert** wird regelmäßig die Summe der Entschädigungsraten angesetzt[14]. 103

XV. Bedingte Wettbewerbsverbote. 1. Allgemeines. Bedingte Wettbewerbsverbote sind ein **Massenphänomen**[15]. Als „bedingte Wettbewerbsverbote" bezeichnet man solche, bei denen sich der ArbGeb durch bestimmte Vorbehalte oder Einschränkungen letztlich entschädigungsfrei die Entscheidung vorbehält, ob er ein Wettbewerbsverbot in Anspruch nehmen will oder nicht[16]. Terminologisch ist der Begriff „bedingtes Wettbewerbsverbot" falsch (zumal nichts gegen Wettbewerbsverbote einzuwenden ist, die mit **objektiven** Bedingungen verknüpft sind, s. Rz. 107 ff.). Bei den üblicherweise als „bedingte Wettbewerbsverbote" bezeichneten Fallgestaltungen, die die Rspr. als unzulässig ansieht, geht es in Wahrheit um „Potestativ-Bedingungen", also um **Optionen bzw. Rücktrittsvorbehalte des ArbGeb**. Verbote, die auf diese Weise ausgestaltet sind, behandelt die Rspr. als **unverbindlich** (s. Rz. 18 ff.). Das Gleiche gilt für Wettbewerbsverbote, deren Wirksamkeit von einem bestimmten Verhalten des ArbN abhängen soll (s. Rz. 106 ff.). 104

---

1 BAG v. 14.7.1981 – 3 AZR 414/80, AP Nr. 38 zu § 74 HGB; LAG Frankfurt v. 5.3.1990 – 10/2 Sa 1114/89, LAGE § 74 HGB Nr. 5. | 2 Vgl. BAG v. 13.10.1960 – 5 AZR 104/59, AP Nr. 17 zu § 74 HGB und v. 14.7.1981 – 3 AZR 414/80, AP Nr. 38 zu § 74 HGB. | 3 BAG v. 13.9.1979 – 3 AZR 138/68, AP Nr. 24 zu § 611 BGB – Konkurrenzklausel; v. 18.1.2000 – 9 AZR 929/98, nv. | 4 BAG v. 5.9.1995 – 9 AZR 718/93, AP Nr. 67 zu § 74 HGB. | 5 *Grüll/Janert*, S. 64. | 6 Ausf. *Bauer/Diller*, Rz. 505. | 7 Ausf. *Bengelsdorf*, DB 1985, 1589 ff.; BAG v. 24.4.1970 – 3 AZR 328/69, AP Nr. 25 zu § 74 HGB; v. 18.12.1984 – 3 AZR 383/82, AP Nr. 87 zu § 4 TVG – Ausschlussfristen; v. 17.6.1997 – 9 AZR 801/95, AP Nr. 2 zu § 74b HGB. | 8 *Bauer/Diller*, Rz. 507. | 9 Dazu *Bauer/Diller*, Rz. 507a; *Bengelsdorf*, DB 1985, 1582. | 10 *Buchner*, Wettbewerbsverbote während und nach Beendigung des Arbeitsverhältnisses, 1995, Rz. C 390; *Bauer/Diller*, Rz. 508. | 11 OLG Rostock v. 9.6.1994 – 1 U 40/94, NJW-RR 1995, 173; ausf. *Grunsky*, FS Söllner, S. 41 ff.; BAG v. 20.10.1960 – 5 AZR 470/59 u. v. 5.8.1968 – 3 AZR 128/67, AP Nr. 16, 24 zu § 74 HGB. | 12 *Bauer/Diller*, Rz. 510; offen gelassen von LAG Hamm v. 1.7.1987 – 15 Sa 237/87, LAGE § 74 HGB Nr. 3. | 13 BAG v. 10.5.1971 – 3 AZR 126/70, AP Nr. 6 zu § 628 BGB; vgl. auch *Bauer/Diller*, Rz. 510b. | 14 ArbG Stuttgart v. 14.8.1996 – 3 Ca 2420/96. | 15 *Grunsky*, S. 73: „Dauerbrenner". | 16 Ausf. *Bauer/Diller*, DB 1997, 94 ff.

105 **2. Abhängigkeit vom Willen des Arbeitgebers.** Die Rspr. hat in folgenden Fällen ein unverbindliches „bedingtes Wettbewerbsverbot" angenommen:

- Der ArbN verpflichtet sich in einem **Vorvertrag**, auf Wunsch des ArbGeb später ein Wettbewerbsverbot zu vereinbaren. Solche Vorverträge sind nur dann zulässig, wenn vereinbart ist, dass vom Vorvertrag nicht mehr Gebrauch gemacht werden kann, wenn eine der beiden Seiten **bereits eine Kündigung ausgesprochen** hat[1]. Lässt sich der ArbN gleichwohl nach Ausspruch einer Kündigung noch auf ein Wettbewerbsverbot ein, ist dieses wirksam. Ist dagegen der Vorvertrag zeitlich nicht befristet und macht der ArbGeb davon keinen Gebrauch, ist fraglich, ob der ArbN einseitig ein Wahlrecht dahin gehend ausüben kann, dass ein entschädigungspflichtiges Verbot als vereinbart gelten soll[2].
- Im Wettbewerbsverbot ist eine Entschädigung nur für den Fall zugesagt, dass das Unternehmen das Verbot **„in Anspruch nimmt"**[3], **„die Einhaltung der Wettbewerbsklausel verlangt"** oder **„fordert"**[4].
- Der ArbGeb behält sich im Arbeitsvertrag die Möglichkeit vor, den Mitarbeiter zu Wettbewerbsenthaltsamkeit **„zu verpflichten"**, ihm gegenüber ein Wettbewerbsverbot **„auszusprechen"**[5] oder ihm ein solches **„aufzuerlegen"**.
- Im Wettbewerbsverbot behält sich der ArbGeb die Möglichkeit vor, den ArbN **freizugeben**. Zulässig sind solche Freigabeklauseln nur dann, wenn klargestellt wird, dass durch eine Freigabe die Pflicht zur Zahlung der Karenzentschädigung nicht entfallen soll. Bei tätigkeits- oder unternehmensbezogenen Wettbewerbsverboten ist in der Regel zu vermuten, dass nach dem Willen des ArbGeb bei Freigabe die Entschädigungspflicht entfallen soll[6]. Dagegen kann bei einer Mandantenschutzklausel die Auslegung ergeben, dass ein Freigabevorbehalt hinsichtlich einzelner Kunden/Mandanten den Anspruch auf Karenzentschädigung nicht erfassen soll. Dann ist die Klausel zulässig und das Verbot bleibt verbindlich[7].
- Im Wettbewerbsverbot behält der ArbGeb sich vor, über § 75a hinaus (s. dort) **auch nach dem Ende des Arbeitsverhältnisses** noch auf das Wettbewerbsverbot zu **verzichten**[8]. Ist dagegen entsprechend § 75a ein vertragl. Verzichtsrecht auf die Dauer des Arbeitsverhältnisses beschränkt, und soll nach der Vereinbarung die Entschädigungspflicht entgegen § 75a sofort und nicht erst nach einem Jahr entfallen, ist das Wettbewerbsverbot nicht unverbindlich. An die Stelle der unzulässigen Verzichtsklausel tritt die gesetzl. Verzichtsklausel des § 75a, so dass die Entschädigung nach Ausspruch eines Verzichts noch für ein Jahr zu zahlen ist[9].

106 **3. Abhängigkeit vom Willen des Arbeitnehmers.** Ein unverbindliches „bedingtes Wettbewerbsverbot" (s. Rz. 18 ff.) ist in folgenden Fällen anzunehmen, in denen das Inkrafttreten (und damit die Entschädigungspflicht!) von einem bestimmten Verhalten des ArbN abhängen soll:

- Das Wettbewerbsverbot soll entfallen, wenn der ArbN **„in den Ruhestand tritt"** oder **„sich zur Ruhe setzt"**[10]. Zulässig sind Altersklauseln nur dann, wenn sie an ein bestimmtes Lebensjahr anknüpfen statt an berufliche Entscheidungen des ArbN.
- Das Wettbewerbsverbot soll entfallen, wenn der ArbN **„den Beruf wechselt"** oder **„eine Stelle bei einem Konkurrenten im Ausland antritt"**[11].
- Das Wettbewerbsverbot soll nur gelten, wenn der ArbN **selbst kündigt** oder eine **arbeitgeberseitige Kündigung verschuldet** hat (s. § 75 Rz. 33 ff.).

107 **4. (Zulässige) objektive Bedingungen.** Nichts einzuwenden ist dagegen, dass die Wirksamkeit des Wettbewerbsverbots an objektive **aufschiebende** Bedingungen geknüpft wird, zB

- Erreichen oder Innehaben einer bestimmten Position
- Überschreiten einer bestimmten Gehaltsgrenze
- Berührung mit bestimmten technischen Geheimnissen oder Verfahren
- Arbeit an bestimmten Projekten
- Vollendung einer bestimmten Dienstzeit, Ablauf der Probezeit, tatsächlicher Dienstantritt[12].

108 In Betracht kommen aber auch (zulässige) **auflösende** Bedingungen, zB

- Verlassen einer bestimmten Abteilung

---

1 BAG v. 18.4.1969 – 3 AZR 154/68, AP Nr. 22 zu § 133f GewO. |2 Ausf. *Bauer/Diller*, Rz. 318 ff. |3 BAG v. 2.5.1970 – 3 AZR 134/69, AP Nr. 26 zu § 74 HGB. |4 LAG BW v. 12.7.1963 – 7 Sa 45/63 AP Nr. 2 zu § 75a HGB. |5 BAG v. 13.5.1986 – 3 AZR 85/85, AP Nr. 51 zu § 74 HGB. |6 BAG v. 18.11.1967 – 3 AZR 471/66, AP Nr. 21 zu § 74 HGB; v. 4.6.1985 – 3 AZR 265/83, AP Nr. 50 zu § 74 HGB; LAG Düsseldorf v. 3.8.1993 – 8 Sa 787/93, LAGE § 74 HGB Nr. 8; BAG v. 5.9.1995 – 9 AZR 718/93, AP Nr. 67 zu § 74 HGB. |7 BAG v. 27.9.1988 – 3 AZR 59/87, AP Nr. 35 zu § 611 BGB – Konkurrenzklausel; LAG München v. 19.8.1986 – 4 Sa 298/85, NZA 1987, 600. |8 BAG v. 19.1.1978 – 3 AZR 573/77, AP Nr. 36 zu § 74 HGB; v. 2.8.1971 – 3 AZR 12/71, AP Nr. 27 zu § 74 HGB; siehe auch BAG v. 5.9.1995 – 9 AZR 718/93, AP Nr. 67 zu § 74 HGB. |9 *Bauer/Diller*, Rz. 337. |10 *Bauer/Diller*, Rz. 339; anders möglicherweise BAG v. 30.10.1984 – 3 AZR 123/82, AP Nr. 46 zu § 74 HGB; v. 26.2.1985 – 3 AZR 162/84, AP Nr. 30 zu § 611 BGB – Konkurrenzklausel. |11 *Bauer/Diller*, Rz. 341 ff. |12 *Bauer/Diller*, Rz. 345 ff.

- Überschreiten einer bestimmten Altersgrenze
- Erwerb von Ansprüchen auf Erwerbsunfähigkeitsrente.

XVI. Verletzung des Wettbewerbsverbots. 1. Allgemeines. Bei Verletzung des Wettbewerbsverbots durch den ArbN hat der ArbGeb verschiedene **Reaktionsmöglichkeiten**, nämlich 109

- Auskunftsanspruch
- Unterlassungsklage/Unterlassungsverfügung
- Einstellung der Entschädigungszahlungen/Zurückbehaltungsrecht
- Schadenersatz
- Rücktritt
- Vertragsstrafe (s. § 75c).

2. Auskunftsanspruch. Besteht die Vermutung, dass der ArbN sich nicht an das Wettbewerbsverbot hält, kann der ArbGeb Auskunft darüber verlangen, ob und ggf. welche beruflichen Aktivitäten der ArbN entwickelt bzw. entwickelt hat[1]. Ein **hinreichender Verletzungsverdacht** kann zB aus einmaligen Verstößen oder aus dem Bestreiten der Wirksamkeit des Wettbewerbsverbots resultieren[2]. 110

Bei unselbständiger Beschäftigung muss der ArbN den **neuen ArbGeb** und die **ausgeübte Tätigkeit nennen**[3]. Bei einer selbstständigen Betätigung richtet sich der Auskunftsanspruch auf **Art und Umfang der getätigten Geschäfte**[4], bei Mandantenschutzklauseln auf den **Namen der betreuten Mandanten**[5]. Die Auskunft kann nicht unter Berufung auf standesrechtl. Verschwiegenheitspflichten verweigert werden[6]. Besteht Grund zur Annahme, die Auskunft sei unrichtig oder unvollständig, kann nicht Ergänzung der Auskunft verlangt werden, sondern gem. § 259 II BGB die Abgabe einer **eidesstattlichen Versicherung**[7]. In Betracht kommt eine **Stufenklage** auf Auskunft und Schadenersatz/Vertragsstrafe[8]. 111

3. Unterlassungsansprüche. Verletzt der ArbN das Wettbewerbsverbot, kann der ArbGeb ihn auf Unterlassung in Anspruch nehmen. Gem. § 2 I Nr. 3c ArbGG sind die **ArbG** zuständig, der ArbGeb hat die Wahl zwischen dem Gericht am Sitz des ArbGeb (§ 13 ZPO) und dem Ort der letzten Arbeitsleistung (§ 29 ZPO)[9]. Der Gerichtsstand der unerlaubten Handlung am Ort der Verletzung gem. § 32 ZPO besteht nicht[10]. 112

Bei Erhebung der Unterlassungsklage ist darauf zu achten, dass kein unzulässiger **Globalantrag** gestellt wird[11]. Außerdem muss hinreichend verdeutlicht werden, für welche Unternehmen der ArbN auf Unterlassung in Anspruch genommen wird (Unterlassung der Tätigkeit „für Konkurrenzunternehmen" reicht nicht[12]). Bei selbständiger Tätigkeit des ArbN kann die Klage auf Schließung des verbotswidrigen Betriebs und Löschung im Handelsregister gerichtet werden[13]. Die Unterlassung ist auf die **Laufzeit des Wettbewerbsverbots** zu begrenzen, zweckmäßigerweise wird der Antrag sofort mit der Androhung der in § 890 ZPO vorgesehenen **Zwangsmittel** verbunden. Läuft das Wettbewerbsverbot noch vor der rechtskräftigen Entscheidung über die Unterlassungsklage ab, muss der ArbGeb das Verfahren für erledigt erklären und auf eine Feststellungsklage überwechseln[14]. Die Unterlassungsklage kann auch schon vor Beendigung des Arbeitsverhältnisses erhoben werden, zB wenn der ArbN ankündigt, sich nicht an das Verbot halten zu wollen[15]. Als Streitwert ist regelmäßig die Summe der Entschädigungsraten anzusetzen[16]. Der Unterlassungstitel wird nach § 890 ZPO durch Androhung, Festsetzung und Beitreibung von Ordnungsgeld bis zu 250 000 Euro **vollstreckt**[17], das erstinstanzliche Urteil ist gem. § 62 I ArbGG ohne Sicherheitsleistung vorläufig vollstreckbar. 113

Ist der ArbN **verbotswidrig ein neues Arbeitsverhältnis eingegangen**, muss er seine Tätigkeit sofort einstellen, wodurch dort sein Vergütungsanspruch gem. § 323 BGB entfällt. Hat der ArbN das Wettbewerbsverbot seinem neuen ArbGeb verschwiegen, kommt eine fristlose Kündigung in Betracht. Unterlassungsansprüche können sich auch **gegen den neuen ArbGeb** richten, wenn sich die verbotswidrige Beschäftigung des ArbN als ein wettbewerbswidriges Ausnutzen fremden Vertragsbruchs nach § 3 UWG darstellt, oder der neue ArbGeb dem Verstoß gegen das Wettbewerbsverbot Vorschub geleistet hat, zB durch die Übernahme einer Vertragsstrafe[18]. Sagt der neue ArbGeb dem ArbN zu, ihn von einer Vertrags- 114

---

1 BAG v. 22.4.1967 – 3 AZR 347/66, AP Nr. 12 zu § 242 BGB – Auskunftspflicht; v. 5.8.1968 – 3 AZR 128/67, AP Nr. 24 zu § 74 HGB. | 2 BAG v. 22.4.1967 – 3 AZR 347/66, AP Nr. 12 zu § 242 BGB – Auskunftspflicht. | 3 *v. Hoyningen-Huene*, § 74 HGB Rz. 56. | 4 *Buchner*, Rz. C 498. | 5 BAG v. 27.9.1988 – 3 AZR 59/87, AP Nr. 35 zu § 611 BGB – Konkurrenzklausel; LAG München v. 19.8.1986 – 4 Sa 298/85, DB 1987, 1444. | 6 BAG v. 27.9.1998 – 3 AZR 59/87, AP Nr. 35 zu § 611 BGB – Konkurrenzklausel. | 7 BAG v. 26.11.1971 – 3 AZR 220/71, AP Nr. 26 zu § 611 BGB – Konkurrenzklausel. | 8 BAG v. 5.8.1968 – 3 AZR 128/67, AP Nr. 24 zu § 74 HGB. | 9 Ausf. *Bengelsdorf*, DB 1992, 1342 ff. | 10 *Bengelsdorf*, DB 1992, 1342 ff. | 11 BAG v. 15.6.1993 – 9 AZR 558/91, AP Nr. 40 zu § 611 BGB – Konkurrenzklausel. | 12 Siehe iE *Bauer/Diller*, Rz. 598 ff. | 13 *Bauer/Diller*, Rz. 598a. | 14 BAG v. 30.4.1965 – 3 AZR 366/63, AP Nr. 17 zu § 133f GewO; v. 28.11.1966 – 3 AZR 203/66, AP Nr. 1 zu § 268 ZPO. | 15 Heymann/*Henssler*, § 74 HGB Rz. 39. | 16 Statt aller LAG Düsseldorf v. 8.11.1984 – 7 Ta 242/84, JurBüro 1985, 763. | 17 Statt aller *Grunsky*, S. 126. | 18 *Bauer/Diller*, Rz. 614.

strafe und/oder Schadenersatzansprüchen **freizustellen**, kann die Zusage sittenwidrig und damit unwirksam (§ 138 BGB) sein[1].

115 Üblicherweise wird der Unterlassungsanspruch wegen Eilbedürftigkeit mit **einstw. Verfügung** geltend gemacht[2]. Wegen der Endgültigkeit der Verfügung sind an den Verfügungsgrund allerdings hohe Anforderungen zu stellen. Die bloße Tatsache, dass eine Verletzung droht, reicht nicht, so lange der ArbGeb nicht **konkret drohende Nachteile** aufzeigt[3].

116 **4. Wegfall der Entschädigungspflicht.** Verstößt der ArbN gegen das Verbot, entfällt **automatisch** nach §§ 320 ff. BGB die Entschädigungspflicht[4]. Wurde die Entschädigung als Einmalbetrag gezahlt, kann sie entsprechend **zurückgefordert** werden[5]. Der Wegfall der Entschädigungspflicht tritt auch bei nur geringfügigen Wettbewerbsverstößen ein[6]. Hat der ArbGeb bereits gezahlt, kann er nach § 812 BGB die Zahlungen für den Zeitraum des Verstoßes zurückfordern[7]. Verhält der ArbN sich nach dem Verstoß wieder vertragstreu, lebt die Pflicht zur Zahlung der Karenzentschädigung für die Zeit nach dem Verstoß wieder auf[8].

117 **5. Zurückbehaltungsrecht.** Da bei Verstößen ohnehin der Entschädigungsanspruch nach § 320 BGB entfällt (s. Rz. 116), hat die Einrede des nicht erfüllten Vertrages aus § 320 BGB keine eigenständige Bedeutung[9].

118 **6. Schadenersatz.** Verstößt der ArbN gegen das Wettbewerbsverbot, ist er nach § 280 BGB schadenersatzpflichtig. Die Grundsätze der **Haftungsmilderung** im Arbeitsverhältnis greifen ebenso wenig[10] wie die **Beweislastumkehr** des § 619a BGB[11]. Notfalls hat das Gericht gem. § 287 I ZPO den Schaden zu **schätzen.** Hat der ArbN verbotswidrig ein Betriebsgeheimnis verwertet, kann der Schaden im Wege der „Lizenzanalogie" berechnet werden[12]. Nicht entsprechend anwendbar ist § 61 I, wonach Gewinne abgeschöpft werden können; eine **Gewinnabschöpfung** kann aber durch entsprechend formulierte Vertragsstrafen erreicht werden. Ist das Verbot so formuliert, dass es auch konzernverbundene Unternehmen schützt, können diese eigene Schadenersatzansprüche nach den Grundsätzen des Vertrags zu Gunsten Dritter geltend machen[13].

119 **7. Rücktritt.** Verstößt der ArbN gegen das Wettbewerbsverbot, so kann der ArbGeb nach § 323 V BGB vom Verbot zurücktreten, wenn er **an der weiteren Einhaltung des Verbots kein Interesse mehr** hat. Dies ist bspw. der Fall, wenn der ArbGeb befürchten muss, dass bereits alle wichtigen Geheimnisse verraten sind. Liegen dagegen die Voraussetzungen des § 323 V BGB nicht vor, muss der ArbGeb gem. § 323 I, II BGB dem ArbN eine **Frist setzen.** Verhält sich der ArbN bei Fristablauf noch nicht wieder vertragstreu, kann der ArbGeb zurücktreten. Aber auch wenn der ArbN sich wieder vertragstreu verhält, kann gleichwohl ein Rücktritt nach § 323 BGB in Betracht kommen, wenn **besondere Umstände** vorliegen, die unter **Abwägung der beiderseitigen Interessen** einen sofortigen Rücktritt rechtfertigen. Das kann zB der Fall sein, wenn der ArbN erklärt, er werde bei nächster Gelegenheit das Wettbewerbsverbot wieder verletzen, oder bestimmte andere Anhaltspunkte die Gefahr einer ständigen Wiederholung nahe legen. In solchen Fällen kommt überdies eine außerordentl. Kündigung des Verbots nach § 314 BGB in Betracht[14].

120 **8. Verjährung, Ausschlussfristen.** Alle Ansprüche des ArbGeb wegen Verletzung des Wettbewerbsverbots unterliegen der **dreijährigen** Verjährung nach §§ 195, 199 BGB, die kurze dreimonatige Verjährung des § 61 II gilt nicht[15]. Ob tarifvertragl. **Ausschlussfristen** greifen, richtet sich im Einzelfall nach deren Formulierung[16].

121 **XVII. Übergang des Wettbewerbsverbots auf Dritte.** Nach ganz hM[17] geht zusammen mit einem **noch bestehenden** Arbeitsverhältnis auch ein nachvertragl. Wettbewerbsverbot über, egal ob es im Arbeitsvertrag enthalten oder separat vereinbart worden ist. Ist allerdings der ArbN im Moment des Betriebsübergangs **bereits ausgeschieden**, hat also das Wettbewerbsverbot bereits zu laufen begonnen, geht es nicht entsprechend § 613a BGB auf den Erwerber über[18].

122 Im Falle eines Betriebsübergangs während des noch bestehenden Arbeitsverhältnisses ist der ArbN nach seinem Ausscheiden nur dem **Erwerber** gegenüber zur Wettbewerbsunterlassung verpflichtet,

---

1 BAG v. 22.4.1981 – 5 AZR 3/79, nv. | 2 Statt aller LAG Frankfurt v. 24.7.1956 – IV LAB 63/56, BB 1956, 853 und v. 16.2.1962 – 5 Sa 8/62, 1962, 922; LAG BW v. 7.9.1967 – 7 Ta 8/67, BB 1967, 1426 und v. 24.11.1967 – 7 Sa 106/67, 1968, 708; ausf. *Heinze*, RdA 1986, 280. | 3 LAG BW v. 7.9.1967 – 7 Ta 8/67, BB 1967, 1426 und v. 24.11.1967 – 7 Sa 106/67, BB 1968, 708. | 4 BAG v. 5.8.1968 – 3 AZR 128/67, AP Nr. 24 zu § 74 HGB. | 5 BAG v. 5.8.1968 – 3 AZR 128/67, AP Nr. 24 zu § 74 HGB. | 6 *Grunsky*, S. 127. | 7 BAG v. 5.8.1968 – 3 AZR 128/67, AP Nr. 24 zu § 74 HGB. | 8 BAG v. 10.9.1985 – 3 AZR 490/83, AP Nr. 49 zu § 74 HGB. | 9 *Bauer/Diller*, Rz. 621. | 10 *Gaul*, S. 200. | 11 Ausf. dazu *Bauer/Diller*, NJW 2002, 1611. | 12 BAG v. 24.6.1986 – 3 AZR 486/84, AP Nr. 4 zu § 611 BGB – Betriebsgeheimnis. | 13 *Bauer/Diller*, Rz. 666. | 14 Ausf. *Bauer/Diller*, NJW 2002, 1612. | 15 *Bauer/Diller*, NJW 2002, 1610. | 16 BAG v. 2.6.2005 – 10 AZR 459/04; LAG Nürnberg v. 21.2.2007 – 6 Sa 576/04, NZA-RR 2007, 428. | 17 *Bauer/Diller*, Rz. 669; *Grunsky*, S. 139; *Buchner*, Rz. C 435 ff.; *Grüll/Janert*, S. 82; *Gaul*, S. 145; aA *Nägele*, BB 1989, 1481. | 18 LAG Frankfurt v. 3.5.1993 – 10 Sa Ga 345/93, NZA 1994, 1033; *Gaul*, S. 147; Heymann/*Henssler*, § 74 HGB Rz. 37; *v. Hoyningen-Huene*, § 74 HGB Rz. 77.

nicht mehr dem Veräußerer. Sowohl bei tätigkeitsbezogenen als auch bei unternehmensbezogenen Wettbewerbsverboten (s. Rz. 40 ff.) **ändert sich der Inhalt des Verbots entsprechend**, wobei aber im Einzelnen schwierige Auslegungsfragen entstehen können[1]. Für das **berechtigte geschäftliche Interesse** (§ 74a I 1) kommt es nur auf das Interesse des Erwerbers an, nicht auf das des Veräußerers[2]. Widerspricht der ArbN dem Übergang seines Arbeitsverhältnisses, bleibt sein Arbeitsverhältnis mitsamt dem Wettbewerbsverbot bei seinem alten ArbGeb. Dieser kann regelmäßig betriebsbedingt kündigen. Für das Wettbewerbsverbot wird regelmäßig das berechtigte geschäftliche Interesse nach § 74a I 1 entfallen sein, so dass der ArbN sich davon lösen kann[3]. Besondere Probleme entstehen bei Umwandlungen (Spaltung, Verschmelzungen etc.)[4].

Nicht möglich ist eine **Abtretung** des Unterlassungsanspruchs an Dritte, dies folgt aus § 399 BGB. 123
Zulässig ist die Übertragung des Wettbewerbsverbots auf einen anderen ArbGeb im Wege einer (grds. formfreien) **dreiseitigen** Vereinbarung[5].

XVIII. Wettbewerbsverbot in der Insolvenz. Nach § 103 InsO hat der Insolvenzverwalter ein **Wahlrecht**, 124
ob er die Erfüllung des Wettbewerbsverbots verlangt oder ablehnt. Dieses Wahlrecht ist unabhängig davon, ob bei Eröffnung des Verfahrens das Verbot bereits läuft oder ob erst der Verwalter das Arbeitsverhältnis beendet. Entscheidet sich der Insolvenzverwalter für die Fortführung des Wettbewerbsverbots, sind die nach Eröffnung des Verfahrens fällig werdenden Entschädigungsraten **Masseverbindlichkeiten** gem. § 55 InsO. Wird die vorhandene Masse voraussichtlich zur Erfüllung der Ansprüche auf Karenzentschädigung nicht ausreichen, wird man dem ArbN ein außerordentl. Kündigungsrecht zubilligen müssen[6]. Lehnt der Verwalter in Ausübung seines Wahlrechts die Erfüllung des Wettbewerbsverbots ab, so hat der ArbN einen Schadenersatzanspruch. Für die Ausübung des Wahlrechts des Verwalters läuft keine Frist, der ArbN kann jedoch den Verwalter zur Ausübung seines Wahlrechts auffordern[7].

XIX. Sozialversicherungsrecht. Die Karenzentschädigung gehört nicht zum Arbeitsentgelt, löst also 125
keine Sozialabgaben aus[8].

Trotz Wettbewerbsverbots hat der ArbN Anspruch auf **ungekürztes** Alg. Weder fehlt es an der Verfüg- 126
barkeit nach §§ 118, 119 SGB III, noch kommt eine Anrechnung der Karenzentschädigung nach § 141 SGB III in Betracht, weil das Verbot keine „Beschäftigung" ist[9]. Auch eine Anrechnung nach § 143a SGB III scheidet aus. Eine **Erstattungspflicht** des ArbGeb **für Arbeitslosengeld** gibt es seit 2004 nicht mehr (früher § 128a AFG bzw. § 148 SGB III).

XX. Steuerrecht. Die Karenzentschädigung stellt Einkünfte aus nicht-selbständiger Tätigkeit dar, sie 127
ist deshalb wie Arbeitsentgelt zu versteuern und unterliegt der **LSt**[10]. **Umsatzsteuer** fällt nicht an, selbst wenn der ArbN sich selbständig macht[11]. Der **ermäßigte Steuersatz** nach **§§ 24, 34 EStG** kann eingreifen, wenn die Entschädigung zusammengefasst innerhalb eines Kalenderjahres gezahlt wird. Das Gleiche gilt, wenn ArbGeb und ArbN gegen Zahlung einer Entschädigung das Verbot aufheben[12].

74a *Unverbindliches Verbot*

(1) Das Wettbewerbverbot ist insoweit unverbindlich, als es nicht zum Schutze eines berechtigten geschäftlichen Interesses des Prinzipals dient. Es ist ferner unverbindlich, soweit es unter Berücksichtigung der gewährten Entschädigung nach Ort, Zeit oder Gegenstand eine unbillige Erschwerung des Fortkommens des Gehilfen enthält. Das Verbot kann nicht auf einen Zeitraum von mehr als zwei Jahren von der Beendigung des Dienstverhältnisses an erstreckt werden.

(2) Das Verbot ist nichtig, wenn der Gehilfe zurzeit des Abschlusses minderjährig ist oder wenn sich der Prinzipal die Erfüllung auf Ehrenwort oder unter ähnlichen Versicherungen versprechen lässt. Nichtig ist auch die Vereinbarung, durch die ein Dritter an Stelle des Gehilfen die Verpflichtung übernimmt, dass sich der Gehilfe nach der Beendigung des Dienstverhältnisses in seiner gewerblichen Tätigkeit beschränken werde.

(3) Unberührt bleiben die Vorschriften des § 138 des Bürgerlichen Gesetzbuchs über die Nichtigkeit von Rechtsgeschäften, die gegen die guten Sitten verstoßen.

I. Allgemeines. Die ursprünglich in Abs. 2 S. 1 enthaltene Sonderregel für Minderbesoldete ist per 1
1.1.2002 entfallen[13], nachdem die Verfassungsmäßigkeit der Vorschrift ohnehin umstritten war[14].

II. Berechtigtes geschäftliches Interesse/unbillige Fortkommenserschwerung (Abs. 1 S. 1 und 2). 2
1. Systematik. Die Grenzen des § 74a I werden **häufig übersehen**. Vielen Wettbewerbsverboten fehlt

1 Ausf. *Bauer/Diller*, Rz. 673. | 2 *Bauer/Diller*, Rz. 676. | 3 *Bauer/Diller*, Rz. 682. | 4 Dazu ausf. *Bauer/Diller*, Rz. 687b ff. | 5 BAG v. 28.1.1966 – 3 AZR 347/65, AP Nr. 74; v. 24.10.1972 – 3 AZR 102/72, AP Nr. 31 zu § 74 HGB. | 6 *Grunsky*, S. 136. | 7 Ausf. *Bauer/Diller*, Rz. 691 ff. | 8 *Schroeter*, BB 1979, 1407; *Bauer/Diller*, Rz. 783. | 9 BAG v. 25.6.1985 – 3 AZR 305/83, AP Nr. 11 zu § 74c HGB. | 10 LAG Hamm v. 1.7.1987 – 15 Sa 237/87, LAGE § 74 HGB Nr. 3. | 11 *Bauer/Diller*, Rz. 798. | 12 Ausf. *Bauer/Diller*, Rz. 800 ff. | 13 BGBl. 2000 I, S. 1983. | 14 Ausf. *Bauer/Diller*, Rz. 359 ff.

entweder das berechtigte geschäftliche Interesse iSv. S. 1 oder sie stellen eine unbillige Erschwerung des Fortkommens des ArbN nach S. 2 dar. In beiden Fällen ordnet das Gesetz **Unverbindlichkeit** an. Ist das Verbot **insgesamt** nicht von einem berechtigten Interesse gedeckt, hat der ArbN ein **Wahlrecht**, ob er es (gegen Zahlung der Karenzentschädigung) einhält oder sich von dem Verbot löst (s. § 74 Rz. 18 ff.). Ist das Verbot dagegen nur **teilweise** nicht vom berechtigten geschäftlichen Interesse des ArbGeb gedeckt, wird der ArbN insoweit automatisch frei, behält aber Zug um Zug gegen Einhaltung des Wettbewerbsverbots im Übrigen den vollen Anspruch auf Entschädigung[1]. Bewirkt das Verbot dagegen eine unbillige Fortkommenserschwerung, ist es insgesamt unverbindlich.

3 Richtigerweise ist ein nachvertragl. Wettbewerbsverbot nicht alternativ an S. 1 und S. 2 zu messen. Vielmehr ist **zweistufig** zu prüfen. Zunächst ist gem. S. 1 festzustellen, inwieweit das Wettbewerbsverbot vom berechtigten geschäftlichen Interesse gedeckt ist. Gegenstand der anschließenden Prüfung nach S. 2 ist dann das Wettbewerbsverbot nur in demjenigen Umfang, in dem es von S. 1 gedeckt ist[2].

4 **2. Berechtigtes geschäftliches Interesse des Arbeitgebers.** Die Bestimmung des „berechtigten geschäftlichen Interesses" ist in der Praxis außerordentl. schwierig. Es handelt sich um einen unbestimmten Rechtsbegriff, der von den Gerichten voll überprüft werden kann. Das berechtigte geschäftliche Interesse muss sowohl sachlich als auch örtlich und zeitlich bestehen. Liegt ein berechtigtes geschäftliches Interesse vor, ist es unschädlich, wenn der ArbGeb daneben noch andere Interessen verfolgt[3].

5 **a) Sachliche Reichweite.** Ein Wettbewerbsverbot ist nur dann verbindlich, wenn eine **finale Beziehung** zwischen der früheren Tätigkeit des ArbN und dem untersagten Wettbewerb besteht[4]. Mittlerweile erkennt die Rspr. nur noch zwei legitime Gründe für Wettbewerbsverbote an, nämlich zum einen den **Schutz von Geschäftsgeheimnissen**, zum anderen den **Schutz vor Einbruch des ausgeschiedenen Mitarbeiters in Kunden- oder Lieferantenkreise**. Dementsprechend finden sich Wettbewerbsverbote in der Praxis am häufigsten bei Geheimnisträgern und bei Vertriebsmitarbeitern. Nicht von § 74a I 1 gedeckt sind Wettbewerbsverbote, mittels derer der ausgeschiedene Mitarbeiter lediglich im **Kampf um künftige Kunden** ausgeschaltet werden soll[5]. Unverbindlich ist auch ein Verbot, welches nicht dem Schutz des ArbGeb, sondern der **Schwächung eines bestimmten Konkurrenten** dient[6]. Nicht schützenswert ist auch der Wunsch des ArbGeb, einen qualifizierten Mitarbeiter **für die Konkurrenz zu sperren**[7]. Eine kurze Laufzeit des Wettbewerbsverbots (drei oder sechs Monate) kann dafür sprechen, dass es dem ArbGeb lediglich darum geht, dem ArbN (unzulässigerweise) einen Arbeitsplatzwechsel zu erschweren.

6 Die Prüfung des berechtigten geschäftlichen Interesses hat jeweils einzelfallbezogen zu erfolgen. Bei **freien Berufen** reicht regelmäßig eine Mandanten- bzw. Kundenschutzklausel aus, ein generelles Niederlassungsverbot ist meist unverbindlich[8]. Ähnliches gilt für **Vertriebsmitarbeiter**. Hier ist ein vollständiges Tätigkeitsverbot nur dann gerechtfertigt, wenn es um den Schutz von Geschäftsgeheimnissen geht. Will der ArbGeb sich dagegen nur vor einem Einbruch in seine Kunden- bzw. Lieferantenkreise schützen, reicht eine Kundenschutzklausel[9]. Bei **gewerblichen ArbN** fehlt das berechtigte geschäftliche Interesse regelmäßig, das Gleiche gilt in **Branchen ohne Betriebs- oder Geschäftsgeheimnisse**[10].

7 **Unternehmensbezogene** Wettbewerbsverbote (s. § 74 Rz. 40 ff.) sind zumindest bei **Führungskräften** regelmäßig vom berechtigten geschäftlichen Interesse gedeckt, obwohl sie den ArbN auch für ganz andere Tätigkeiten sperren, als er bei seinen alten ArbGeb ausgeübt hat. Entscheidend ist hier die fehlende Kontrollmöglichkeit des ArbGeb, aber auch der stets drohende Verrat von Geschäftsgeheimnissen[11]. Bei **konzernweiten Verboten** (s. § 74 Rz. 47 f.) kann das berechtigte geschäftliche Interesse für die Sperrung zu Gunsten einzelner Konzernunternehmen fehlen[12].

8 **Verkauft** der ArbGeb den Geschäftsbetrieb oder **schließt er den Betrieb**, entfällt das berechtigte Interesse. Das Gleiche gilt, wenn der ArbGeb praktisch keine Konkurrenz mehr hat[13]. Das berechtigte geschäftliche Interesse kann auch dann fehlen, wenn der ArbN entgegen den ursprünglichen Erwartungen **nicht** mit Betriebs- oder Geschäftsgeheimnissen **in Berührung gekommen** ist. Das kann bspw. der Fall sein, wenn das Arbeitsverhältnis nur sehr kurz gedauert hat (zum Inkrafttreten eines Wettbewerbsverbots trotz fehlendem Dienstantritt oder Ausscheiden in der Probezeit siehe § 74 Rz. 62 f.)[14].

---

1 BAG v. 2.2.1968 – 3 AZR 462/66, AP Nr. 22 zu § 74 HGB; v. 16.12.1968 – 3 AZR 434/67, AP Nr. 21 zu § 133f GewO. | 2 *Bauer/Diller*, Rz. 228a. | 3 BAG v. 16.12.1968 – 3 AZR 435/67, AP Nr. 21 zu § 133f GewO. | 4 BAG v. 21.3.1964 – 5 AZR 232/63, AP Nr. 15 zu § 133f GewO; v. 22.11.1965 – 3 AZR 130/65, AP Nr. 1 zu § 611 BGB – Abwerbung; v. 24.6.1966 – 3 AZR 501/65, AP Nr. 2 zu § 74a HGB; v. 9.9.1968 – 3 AZR 188/67, AP Nr. 22 zu § 611 BGB – Konkurrenzklausel; zuletzt v. 1.8.1995 – 9 AZR 884/93, AP Nr. 5 zu § 74a HGB. | 5 BAG v. 21.3.1964 – 5 AZR 232/63, AP Nr. 5 zu § 133f GewO. | 6 BAG v. 22.11.1965 – 3 AZR 130/65, AP Nr. 1 zu § 611 BGB – Abwerbung. | 7 Ausf. BAG v. 1.8.1995 – 9 AZR 884/93, AP Nr. 5 zu § 74a HGB. | 8 *v. Hoyningen-Huene*, § 74 HGB Rz. 12; *Michalski/Römermann*, ZIP 1994, 440; s. auch BGH v. 14.7.1997 – II ZR 238/96, NJW 1997, 3089. | 9 OLG Hamm v. 11.1.1988 – 8 U 142/87, GmbHR 1988, 345; ausf. *Bauer/Diller*, Rz. 199. | 10 Vgl. BAG v. 21.3.1964 – 5 AZR 232/63, AP Nr. 15 zu § 133f GewO betreffend eine Fahrschule. | 11 BAG v. 16.12.1968 – 3 AZR 434/67, AP Nr. 21 zu § 133 f. GewO; v. 30.1.1970 – 3 AZR 348/69, AP Nr. 24 zu § 133f GewO. | 12 Ausf. *Bauer/Diller*, Rz. 205. | 13 BAG v. 2.8.1971 – 3 AZR 121/71, AP Nr. 25 zu § 615 BGB. | 14 BAG v. 1.8.1995 – 9 AZR 884/93, AP Nr. 5 zu § 74a HGB; v. 25.4.1989 – 3 AZR 35/88, AP Nr. 7 zu § 611 BGB – Betriebsgeheimnis.

b) Örtliche Reichweite. Das Wettbewerbsverbot darf nur auf dasjenige Gebiet erstreckt werden, in dem dem ArbGeb tatsächlich Konkurrenz droht. Während bei Massendienstleistungen (zB freie Berufe) dieses Gebiet regelmäßig sehr klein sein wird, kommt bei hochspezialisierten Dienstleistungen oder in technischen Bereichen auch eine Erstreckung auf das **Ausland** oder gar die **ganze Welt** in Betracht[1]. 9

c) Zeitliche Reichweite. Angesichts der gesetzl. normierten Höchstdauer von zwei Jahren (Abs. 1 S. 3) wird es nur selten vorkommen, dass ein Wettbewerbsverbot in zeitlicher Hinsicht die Grenzen des § 74a I 1 überschreitet. In Betracht kommt dies aber bei sehr **kurzlebigen Produkten.** 10

d) Maßgeblicher Zeitpunkt. § 74a I 1 ist grds. **dynamisch.** Es kommt nicht auf die Umstände bei Vereinbarung des Wettbewerbsverbots an, sondern beim **Ausscheiden.** Ein Verbot, bei dem zum Zeitpunkt seiner Vereinbarung das berechtigte geschäftliche Interesse vorliegt, kann also auf Grund späterer Umstände unverbindlich werden, wenn das Interesse wegfällt. Umgekehrt kann ein Verbot, welches zunächst mangels eines berechtigten geschäftlichen Interesses unverbindlich war, durch spätere Umstände verbindlich werden[2]. Zugunsten des ArbN sind sogar Veränderungen zu berücksichtigen, die erst **während des Laufs des Wettbewerbsverbots** eintreten (zB Schließung des Betriebs des ArbGeb), das Verbot wird dann ex nunc (nicht: ex tunc!) unverbindlich[3]. Zulasten des ArbN können dagegen spätere Änderungen nicht mehr berücksichtigt werden[4]. 11

e) Darlegungs- und Beweislast. § 74a I 1 ist eine rechtshindernde Einwendung, für die grds. der **ArbN** darlegungs- und beweispflichtig ist[5]. 12

3. Unbillige Erschwerung des Fortkommens des Arbeitnehmers (§ 74a Abs. 1 S. 2). § 74a I 2 stellt auf die Wechselwirkung zwischen **vier verschiedenen Faktoren** ab, nämlich (1.) der Höhe der Entschädigung sowie (2.) Ort, (3.) Zeit und (4.) Gegenstand des Wettbewerbsverbots. Nach richtiger Auffassung[6] ist aber zusätzlich die sich aus den vier genannten Faktoren ergebende Beschränkung des ArbN **abzuwägen** gegen die berechtigten geschäftlichen Interessen des **ArbGeb.** 13

Da zwischen den in die Betrachtung einzubeziehenden Kriterien eine **Wechselwirkung** besteht, können allgemeine Grundsätze kaum aufgestellt werden. Eine örtlich und sachlich umfassende Bindung des ArbN ist jedenfalls für kurze Zeit hinzunehmen[7]. In der heutigen Zeit nicht mehr überzeugend ist die Auffassung von *Buchner*[8], wonach ein Wettbewerbsverbot stets unbillig ist, wenn es die Berufsausübung in Deutschland schlechthin vereitelt. Richtigerweise wird man zumindest bei **Spitzenkräften** den Zwang zum Berufswechsel oder zur Auswanderung in andere deutschsprachige Länder noch für hinnehmbar halten müssen. Bei **Vertriebsmitarbeitern** ist es regelmäßig nicht unbillig, ihnen eine Vertriebstätigkeit in ihrem bisherigen Produktsegment zu verbieten, da bei Vertriebsmitarbeitern ein Branchenwechsel in der Regel zumutbar ist. 14

Die Unbilligkeit eines Wettbewerbsverbots kann sich daraus ergeben, dass ihm eine **lange Freistellungsperiode** vorangeht[9]. **Unternehmensbezogene** Wettbewerbsverbote sind bei Führungskräften regelmäßig von Abs. 1 S. 2 gedeckt, bei Nicht-Führungskräften ist dies jedoch problematisch[10]. Hat der ArbGeb die Zahlung einer Entschädigung in Höhe der **vollen** Bezüge zugesagt, so ist eine weit gehende Beschränkung des berufl. Fortkommens akzeptabel, die bei Zahlung nur der 50%igen Mindestkarenzentschädigung zweifelhaft wäre. Unbillig kann auch die Sperrung eines **teilzeitbeschäftigten** Mitarbeiters (mit entsprechend niedriger Karenzentschädigung) für eine Vollzeittätigkeit sein[11]. Ergibt sich die Unverbindlichkeit des Wettbewerbsverbots nach Abs. 1 S. 2 aus der Abwägung zwischen Bindungswirkung und Höhe der Entschädigung, kann der ArbGeb das Verbot **nicht** nachträglich durch Zusage einer höheren Entschädigung **heilen**[12]. 15

Zur **Beweislast** sowie zum maßgeblichen **Zeitpunkt** s. Rz. 11 ff. entsprechend. 16

III. Höchstdauer von zwei Jahren (Abs. 1 S. 3). S. 3 konkretisiert S. 2: Jenseits der Zweijahresgrenze wird unwiderleglich vermutet, dass das Verbot das Fortkommen des ArbN unbillig erschwert[13]. Die zwei Jahre zählen ab dem Ende des Dienstverhältnisses, nicht schon ab einer vorangegangenen **Freistellung.** Die Zweijahresfrist kann nicht dadurch verlängert werden, dass der ArbN nur während bestimmter **Zeitspannen** gesperrt sein soll (zB während jährlicher Messen oder bei Saisonbetrieben)[14]. Zeiträume, in denen die Einhaltung des Verbots unmöglich war (zB wegen Krankheit etc.) verlängern die Zweijahresfrist nicht. Lässt sich der ArbN nach Beendigung des Arbeitsverhältnisses auf eine Verlängerung des Zweijahreszeitraums ein, ist dagegen nichts einzuwenden, da nach Beendigung des Arbeitsverhältnisses 17

1 BAG v. 30.1.1970 – 3 AZR 348/69, AP Nr. 24 zu § 133f GewO. | 2 BAG v. 28.1.1966 – 3 AZR 374/65, AP Nr. 18 zu § 74a HGB. | 3 BAG v. 28.1.1966 – 3 AZR 374/65, AP Nr. 18 zu § 74 HGB. | 4 Ausf. *Bauer/Diller*, Rz. 215 ff. | 5 *Buchner*, Rz. C 259; *Grüll/Janert*, S. 45; *Staub/Konzen/Weber*, § 74a HGB Rz. 3. | 6 *Bauer/Diller*, Rz. 225; *Buchner*, Rz. C 261; *Grüll/Janert*, S. 45 ff. | 7 BAG v. 4.10.1958 – 2 AZR 200/55, AP Nr. 7 zu Art. 12 GG. | 8 *Buchner*, Rz. C 264. | 9 Vgl. BGH v. 29.3.1995 – VIII ZR 102/94, BGHZ 129, 186 zu Handelsvertretern. | 10 BAG v. 16.12.1968 – 3 AZR 434/67 u. v. 30.1.1970 – 3 AZR 348/69, AP Nr. 21, 24 zu § 133f GewO. | 11 *Bauer/Diller*, Rz. 228. | 12 *Buchner*, Rz. C 277; *Grunsky*, S. 97. | 13 *Grunsky*, S. 98; *Buchner*, Rz. C 266. | 14 *v. Hoyningen-Huene*, § 90a HGB Rz. 18.

die Schutzvorschriften der §§ 74 ff. nicht mehr gelten (s. § 74 Rz. 12 f.). Allerdings ist stets die Grenze des § 138 BGB (vgl. Abs. 3) zu beachten.

18 Ist das Verbot für länger als zwei Jahre vereinbart worden, so ist es nur **insoweit** unverbindlich, als es die zulässige Höchstdauer überschreitet[1]. Der ArbN kann bis zum Ablauf des zweiten Jahres abwarten und sich dann entscheiden, ob er (gegen Weiterzahlung der Entschädigung) das Verbot auch für die darüber hinausgehende Zeit einhalten will oder nicht[2].

19 **IV. Wettbewerbsverbot mit Minderjährigen (Abs. 2 S. 1 Alt. 1).** Abs. 2 S. 1 stellt ausdrücklich auf den Zeitpunkt des „**Abschlusses**" des Verbots ab, gilt also auch dann, wenn das Verbot erst nach Eintritt der Volljährigkeit beginnt[3]. Rechtsfolge ist **Nichtigkeit** (nicht Unverbindlichkeit oder schwebende Unwirksamkeit). Deshalb kann der Minderjährige nach § 108 III BGB nicht nach Eintritt der Volljährigkeit genehmigen[4]. Möglich ist aber eine (formwirksame!) Bestätigung nach § 141 BGB. Nach einhelliger Ansicht gilt Abs. 2 S. 1 auch für Wettbewerbsverbote, welche die gesetzl. Vertreter des Volljährigen durch Einwilligung oder nachträgliche Genehmigung nach §§ 183, 184 BGB eingehen[5]. Das Gleiche gilt, wenn die Eltern als gesetzl. Vertreter das Wettbewerbsverbot selbst abschließen. § 74a II 1 gilt auch dann, wenn der Minderjährige gem. § 113 BGB allgemein für alle Angelegenheiten aus dem Dienst- oder Arbeitsverhältnis unbeschränkt geschäftsfähig ist[6]. Neben Abs. 2 S. 1 sind auch die Beschränkungen der **§§ 12, 26 BBiG** zu beachten.

20 **V. Verpfändung des Ehrenworts (Abs. 2 S. 1 Alt. 2).** S. die Erl. bei § 74 Rz. 36.

21 **VI. Verpflichtung eines Dritten (Abs. 2 S. 2).** Die Vorschrift dient dem **Umgehungsschutz**. Es sollen sich nicht an Stelle des ArbN nahe stehende Dritte (zB Ehegatten, Eltern, Geschwister) verpflichten. Ob der Dritte die Wettbewerbsunterlassung „garantiert" oder nur die Beeinflussung des ArbN verspricht, ist unerheblich[7]. Die Vorschrift gilt allerdings nur dann, wenn sich der Dritte **an Stelle** des ArbN verpflichtet, die Vereinbarung mit dem Dritten also die unmittelbare Vereinbarung eines Wettbewerbsverbots mit dem ArbN **ersetzt**. Ist dagegen ein unmittelbares Wettbewerbsverbot mit dem ArbN vereinbart, werden verstärkende Abreden mit Dritten (zB Bürgschaftsübernahme, Vertragsstrafe, Garantieerklärungen) nicht von Abs. 2 S. 2 erfasst[8].

22 Verpflichtet sich ein Dritter **unmittelbar selbst** gegenüber dem ArbGeb zur Wettbewerbsunterlassung, greift Abs. 2 S. 2 nicht. Sofern an einer solchen Gestaltung ein berechtigtes geschäftliches Interesse besteht, ist dagegen nichts einzuwenden (zB Vereinbarung eines Verbots mit der Ehefrau des ausgeschiedenen ArbN, um Strohmanntätigkeiten zu vermeiden). Nur unter Beachtung der §§ 74 ff. zulässig ist dagegen die Vereinbarung eines Wettbewerbsverbots mit dem neu gegründeten Unternehmen des ausgeschiedenen ArbN, da sonst eine Umgehung der §§ 74 ff. droht[9].

23 Abs. 2 S. 2 verbietet nicht die Vereinbarung von Wettbewerbsverboten mit **ArbN eines Subunternehmers**, allerdings gelten hier die §§ 74 ff. entsprechend[10]. Das Gleiche gilt für Vereinbarungen zwischen dem ArbN und **Geschäftspartnern des ArbGeb**, wonach der ArbN diesen keinen Wettbewerb machen darf[11].

24 **VII. Sittenwidrigkeit (Abs. 3).** Abs. 3 stellt klar, dass ein Wettbewerbsverbot unabhängig von den Grenzen des Abs. 1 gem. § 138 BGB sittenwidrig und damit nichtig sein kann. Da Fragen des Verbotsinhalts durch Abs. 1 umfassend und restriktiv geregelt werden, wird sich eine Sittenwidrigkeit allenfalls aus den **Begleitumständen** ergeben können (Ausbeutung einer Zwangslage oder Ausnutzung der Unerfahrenheit, des Mangels an Urteilsvermögen oder einer erheblichen Willensschwäche)[12].

74b *Zahlung der Entschädigung*

(1) Die nach § 74 Abs. 2 dem Handlungsgehilfen zu gewährende Entschädigung ist am Schlusse jedes Monats zu zahlen.

(2) Soweit die dem Gehilfen zustehenden vertragsmäßigen Leistungen in einer Provision oder in anderen wechselnden Bezügen bestehen, sind sie bei der Berechnung der Entschädigung nach dem Durchschnitt der letzten drei Jahre in Ansatz zu bringen. Hat die für die Bezüge bei der Beendigung des Dienstverhältnisses maßgebende Vertragsbestimmung noch nicht drei Jahre bestanden, so erfolgt der Ansatz nach dem Durchschnitt des Zeitraums, für den die Bestimmung in Kraft war.

---

1 BAG v. 2.12.1966 – 3 AZR 235/66, AP Nr. 18 zu § 133f GewO; v. 19.5.1983 – 2 AZR 171/81, BB 1984, 533. | 2 LAG Düsseldorf v. 4.3.1997 – 3 Sa 1644/96, NZA-RR 1998, 58. | 3 *Buchner*, Rz. C 218, *Grunsky*, S. 53. | 4 *Röhsler/Borrmann*, Wettbewerbsbeschränkungen für Arbeitnehmer und Handelsvertreter, 1981, S. 101; *Gaul*, S. 169. | 5 BAG v. 20.4.1964 – 5 AZR 278/63, AP Nr. 17 zu § 90a HGB; *Buchner*, Rz. C 217; *Grunsky*, S. 53. | 6 *Bauer/Diller*, Wettbewerbsverbote, 3. Aufl. 2002, Rz. 365. | 7 Heymann/*Henssler*, § 74a HGB Rz. 21. | 8 *Röhsler/Borrmann*, Wettbewerbsbeschränkungen für Arbeitnehmer und Handelsvertreter, 1981, S. 102; Heymann/*Henssler*, § 74a HGB Rz. 30; *Bauer/Diller*, Rz. 166. | 9 OLG Köln v. 3.12.1993 – 6 U 140/93, BB 1994, 1503. | 10 OLG Stuttgart v. 14.8.1970 – 2 U 13/70, BB 1970, 1176. | 11 Heymann/*Henssler*, § 74 HGB Rz. 1. | 12 Siehe *Bauer/Diller*, Rz. 235 f.

(3) Soweit Bezüge zum Ersatze besonderer Auslagen dienen sollen, die infolge der Dienstleistung entstehen, bleiben sie außer Ansatz.

I. Zahlungszeitpunkt/Fälligkeit (Abs. 1). Nach Abs. 1 ist die Karenzentschädigung grds. am Schluss jedes Monats zu zahlen. Nicht zulässig ist es deshalb, die Entschädigung bereits **während des Arbeitsverhältnisses** durch eine besondere Zulage abzugelten[1]. Das Gleiche gilt, wenn noch während des Arbeitsverhältnisses die volle Karenzentschädigung als **Einmalbetrag** im Voraus gezahlt wird[2]. Erst wenn das Wettbewerbsverbot in Kraft getreten ist, kann – abweichend von der gesetzl. vorgesehenen monatlichen Zahlungsweise – die Auszahlung der Gesamtentschädigung als Einmalbetrag erfolgen[3]. Streitig ist, ob in solchen Fällen eine Abzinsung zulässig ist, die dazu führt, dass der Abfindungsbetrag nominal unter der 50 %-Grenze des § 74 II liegt[4]. 1

Nicht möglich ist es, die Karenzentschädigung zeitlich auf einen längeren Zeitraum als zwei Jahre zu **strecken** oder die Entschädigung als Einmalzahlung erst mit dem Ende des Wettbewerbsverbots fließen zu lassen (selbst wenn der Zinsnachteil ausgeglichen würde)[5]. 2

Ist entgegen Abs. 1 die Zahlung der Entschädigung bereits **während des Arbeitsverhältnisses** vorgesehen, ist das Verbot insgesamt unverbindlich (s. § 74 Rz. 96). Ist dagegen **innerhalb des Verbotszeitraums** die Fälligkeit zu Lasten des ArbN abweichend von Abs. 1 geregelt worden, bleibt das Verbot insgesamt wirksam, lediglich die Fälligkeitsregel wird unwirksam mit der Folge, dass die gesetzl. Fälligkeitsregel des Abs. 1 gilt[6]. 3

Abs. 1 gilt unabhängig davon, ob während des Arbeitsverhältnisses **vor- oder nachschüssige Lohnzahlung** vereinbart war[7]. Mit dem „**Monatsende**" soll nach zweifelhafter Ansicht[8] nicht das Ende des Kalendermonats gemeint sein, vielmehr sei von der Beendigung des Dienstverhältnisses zu rechnen. Dementsprechend würden bei einer fristlosen Kündigung zur Monatsmitte die Entschädigungsraten auch jeweils zur Mitte der Folgemonate fällig. Für den ArbN günstigere Fälligkeiten können ohne weiteres vereinbart werden. 4

II. Berechnung der Entschädigung bei variablen Bezügen (Abs. 2). Abs. 2 enthält **systemwidrig** ergänzende Regeln für die Berechnung der Karenzentschädigung, diese Regeln hätten zu § 74 II gehört. Für variable Vergütungsbestandteile wird geregelt, dass grds. der Schnitt der letzten drei Jahre vor dem Ausscheiden zugrunde zu legen ist. Zu beachten ist, dass bei einem ArbN mit variablen Gehaltsbestandteilen **nicht die gesamte Karenzentschädigung** nach dem Schnitt der letzten drei Jahre zu berechnen ist. Vielmehr bleibt es für alle nicht-variablen Leistungen bei § 74 II, wonach der letzte Monatsbezug maßgeblich ist. Die Berechnung nach dem dreijährigen Durchschnitt gilt also immer nur für die variablen Bestandteile selbst. Zur endgültigen Ermittlung der Karenzentschädigung sind also die sich aus festen Vergütungsbestandteilen nach § 74 II ergebenden Teile der Karenzentschädigung mit den sich aus variablen Bezügen nach § 74b II ergebenden Teilen der Entschädigung zu addieren, eine außerordentl. fehlerträchtige Berechnungsmethode. 5

1. Variable Vergütungsbestandteile. Als Beispiel für von Abs. 2 erfasste variable Vergütungsbestandteile nennt das Gesetz die Provision. Nach der Definition des BAG[9] sollen unter Abs. 2 alle Einkommensarten fallen, die „**von ständig wechselnden äußeren Umständen abhängen**". Dies betrifft zwei verschiedene Vergütungsarten, nämlich Vergütungen, die entweder 6

- nicht in jedem Bezugszeitraum anfallen oder
- zwar in jedem Bezugszeitraum anfallen, aber jeweils in unterschiedlicher Höhe.

Unregelmäßig anfallende Vergütungsbestandteile sind zB **Gratifikation**, **Jahrestantieme**, **Jahresbonus**, **Treueprämie**, **Jubiläumszuwendung**, **Urlaubsgeld**, **Belegschaftsaktien**, **Rechte auf vergünstigten Bezug von Produkten des Unternehmens** wie zB Jahreswagen. 7

Ein **Weihnachtsgeld/13. Gehalt** fällt nur dann unter Abs. 2, wenn es in wechselnder Höhe gezahlt wird, unter Widerrufsvorbehalt steht oder mit Verfall- oder Rückzahlungsklauseln versehen ist. Ist das Weihnachtsgeld/13. Gehalt dagegen unbedingt zugesagt und wird es bei Ausscheiden pro rata temporis gezahlt, ist Abs. 2 nicht einschlägig. Das Weihnachtsgeld/13. Gehalt ist dann auf die monatliche Festvergütung umzulegen und bei der Berechnung der Karenzentschädigung nach § 74 II anzusetzen. 8

Nach Abs. 2 kommt es auf den Durchschnitt der letzten drei Jahre an. Gemeint sind nicht drei Kalenderjahre, sondern **36 Monate** (nicht: Kalendermonate)[10]. Dabei kommt es nicht auf die Fälligkeit an, sondern auf den **Bezugszeitraum**[11]. Scheidet bspw. der ArbN zum 31.12.2004 aus, so sind die für die Jahre 9

---

1 BAG v. 14.7.1981 – 3 AZR 414/80, AP Nr. 38 zu § 74 HGB. | 2 LAG Düsseldorf v. 19.2.1976 – 3 Sa 943/75, DB 1976, 1113. | 3 *Grunsky*, S. 89; *Bauer/Diller*, Rz. 282. | 4 Bejahend Heymann/*Henssler*, § 74b HGB Rz. 8; verneinend *Grunsky*, S. 89; *Staub/Konzen/Weber*, § 74 HGB Rz. 10. | 5 *Bauer/Diller*, Rz. 281. | 6 *Bauer/Diller*, Rz. 314. | 7 *Grunsky*, S. 89. | 8 Heymann/*Henssler*, § 74b HGB Rz. 8. | 9 BAG v. 5.8.1966 – 3 AZR 235/66, AP Nr. 19 zu § 74 HGB. | 10 *Bauer/Diller*, Rz. 266. | 11 BAG v. 9.1.1990 – 3 AZR 110/88, AP Nr. 59 zu § 74 HGB in Abweichung von der früheren Rspr.

2002, 2003 und 2004 geschuldeten Jahrestantiemen unabhängig davon anzusetzen, ob sie bereits gezahlt sind, wann sie gezahlt wurden und ob sie zB erst nach dem Ausscheiden gezahlt werden. Nicht einzubeziehen ist dagegen die in 2002 für 2001 gezahlte Jahrestantieme.

10 Soll nach den vertragl. Vereinbarungen der **Anspruch** auf Sonderzahlungen **entfallen**, falls das Arbeitsverhältnis zum Auszahlungszeitpunkt bereits beendet oder zumindest gekündigt ist, ist dies bei der Berechnung der Entschädigung hinzunehmen, eine Aufstockung kommt nicht in Betracht[1].

11 Vergütungsbestandteile, die zwar regelmäßig anfallen, aber jeweils in **unterschiedlicher Höhe**, sind zB **Provisionen**, **Überstundenvergütungen**[2], **Leistungszulagen**, **Akkordmehrverdienste** etc. Auch hier kommt es nur auf das Entstehen des Anspruchs an, nicht auf die Fälligkeit, so dass zB ein Provisionsanspruch zu berücksichtigen ist, wenn der Abschluss des Geschäfts in den dreijährigen Bezugszeitraum fiel, auch wenn die Provision erst nach dem Ausscheiden fällig wird[3].

12 Stehen variable Vergütungsbestandteile im Moment des Ausscheidens noch nicht fest (was zB bei Jahrestantiemen vorkommen kann), muss die Höhe der Entschädigung **geschätzt** werden. Sobald die Ansprüche summenmäßig feststehen, muss zurück- oder nachgezahlt werden[4].

13 Hat der Anspruch auf den variablen Vergütungsbestandteil weniger als drei Jahre bestanden, ist nur der entsprechend kürzere Zeitraum maßgeblich (Abs. 2 S. 2). Dabei macht die **Abgrenzung** zwischen **wechselnder Höhe** und **geändertem Berechnungsmodus** erhebliche Schwierigkeiten. Ändern sich bspw. Provisionsstaffeln geringfügig, ist regelmäßig nicht von einer neuen Zusage auszugehen, so dass der Dreijahreszeitraum nicht unterbrochen wird. Ähnliches gilt bei einer Änderung der Geld- oder Zeitfaktoren beim Akkord. Erst bei einer grundlegenden Änderung der Bemessungsgrößen oder Berechnungsfaktoren wird man von einer neuen „Vertragsbestimmung" iSv. Abs. 2 S. 1 ausgehen müssen mit der Folge, dass eine neue Dreijahresfrist in Lauf gesetzt wird. Dagegen beginnt eine neue Dreijahresfrist, wenn sich eine Gewinn- oder Umsatzbeteiligung nominal erhöht[5].

14 **2. Berücksichtigung von Auslagenersatz bei der Berechnung der Karenzentschädigung (Abs. 3).** Auch diese Vorschrift betrifft die Berechnung der Karenzentschädigung und hätte deshalb zu § 74 II gehört. Zu den Einzelheiten s. § 74 Rz. 79.

74c *Anrechnung anderweitigen Erwerbs*

(1) Der Handlungsgehilfe muss sich auf die fällige Entschädigung anrechnen lassen, was er während des Zeitraums, für den die Entschädigung gezahlt wird, durch anderweitige Verwertung seiner Arbeitskraft erwirbt oder zu erwerben böswillig unterlässt, soweit die Entschädigung unter Hinzurechnung dieses Betrags den Betrag der zuletzt von ihm bezogenen vertragsmäßigen Leistungen um mehr als ein Zehntel übersteigen würde. Ist der Gehilfe durch das Wettbewerbverbot gezwungen worden, seinen Wohnsitz zu verlegen, so tritt an die Stelle des Betrags von einem Zehntel der Betrag von einem Viertel. Für die Dauer der Verbüßung einer Freiheitsstrafe kann der Gehilfe eine Entschädigung nicht verlangen.

(2) Der Gehilfe ist verpflichtet, dem Prinzipal auf Erfordern über die Höhe seines Erwerbes Auskunft zu erteilen.

1 **I. Allgemeines.** Die Anrechnungsvorschrift entspricht einem allgemein anerkannten **Billigkeitsgebot**[6] und ist im Übrigen Ausdruck des allgemeinen **Bereicherungsverbots**[7]. Die Anrechnung gilt kraft Gesetzes, setzt also nicht voraus, dass die Anrechenbarkeit anderweitigen Einkommens im Wettbewerbsverbot ausdrücklich vereinbart wurde. § 74c beschränkt den ArbGeb nicht auf eine „Verrechnung" im engeren Sinne dahin gehend, dass anderweitiger Erwerb nur bei der Auszahlung der Karenzentschädigung abgezogen werden dürfte. Hat der ArbGeb die Entschädigung zunächst ausgezahlt und erfährt er erst später von anrechenbarem Erwerbs, so kann er die Überzahlung nach § 812 BGB **zurückfordern**. Eine allgemeine Erledigungsklausel in einem Aufhebungsvertrag steht der Anrechnung nicht entgegen[8]. Die Anrechnung anderweitigen Erwerbs setzt keine Erklärung des ArbGeb voraus, vielmehr vermindert sich die Karenzentschädigung **automatisch** um den anrechenbaren Betrag.

2 **II. Anrechnungsgrenzen. 1. Regelfall: 110 %.** Im Regelfall beginnt die Anrechnung, wenn Karenzentschädigung und Hinzuverdienst 110 % der früheren Bezüge übersteigen. Die 110 %-Grenze gilt unabhängig davon, wie hoch die zugesagte Entschädigung ist. Sie gilt auch, wenn der ArbGeb mehr als 50 % zugesagt hat, was für den ArbN nachteilig sein kann.

1 BAG v. 18.10.1976 – 3 AZR 376/75, AP Nr. 1 zu § 74b HGB; ausf. zu der ganzen Problematik *Bauer/Diller*, Rz. 268 ff. | 2 BAG v. 10.5.1971 – 3 AZR 126/70, AP Nr. 6 zu § 628 BGB. | 3 *Grunsky*, S. 70; die ältere Rspr. des BAG v. 20.4.1967 – 3 AZR 314/66, AP Nr. 20 zu § 74 HGB ist durch die Entscheidung v. 9.1.1990 – 3 AZR 100/88, AP Nr. 59 zu § 74 HGB überholt. | 4 BAG v. 2.6.1987 – 3 AZR 626/85, AP Nr. 13 zu § 74c HGB zum Parallelproblem bei der Anrechnung anderweitigen Erwerbs. | 5 GK-HGB/*Etzel*, §§ 74–75d HGB Rz. 46. | 6 BAG v. 18.11.1967 – 3 AZR 471/66, AP Nr. 21 zu § 74 HGB. | 7 BAG v. 17.12.1993 – 3 AZR 283/73, AP Nr. 2 zu § 74c HGB. | 8 LG Freiburg v. 23.1.1998 – 12 O 142/97.

In der betriebl. Praxis wird die Karenzentschädigung häufig nach der Faustformel **„alte Bezüge plus 10 % abzüglich neue Bezüge"** berechnet[1]. Genau genommen ist wie folgt zu rechnen: 3

(1)	Letzter Monatsverdienst vor dem Ausscheiden	12 000,00 Euro
(2)	50 %ige Entschädigung, also	6 000,00 Euro
(3)	Erwerb beim neuen ArbGeb	10 000,00 Euro
(4)	Die Summe aus (2) und (3) ergibt	16 000,00 Euro
(5)	110 % von (1) sind	13 200,00 Euro
(6)	Die Differenz von (4) und (5) ergibt den auf die Karenzentschädigung anzurechnenden Betrag von	2 800,00 Euro
(7)	Die Karenzentschädigung beträgt also die Differenz von (2) und (6), also	3 200,00 Euro

Die Anrechnung ist **monatlich** zu berechnen. Die anderweitigen Bezüge werden also nicht gleichmäßig auf den ganzen Verbotszeitraum umgelegt (anders als nach § 615 BGB!)[2]. Ebenso wie bei der Berechnung der Karenzentschädigung (s. § 74b Rz. 9) sind Zahlungen grds. den **Bezugszeiträumen zuzuordnen**, für die sie gezahlt werden, ohne dass es auf die Fälligkeit ankäme[3]. Das für den Monat Juni geschuldete Gehalt ist deshalb auch dann mit der Juni-Karenzentschädigung zu verrechnen, wenn das Gehalt bereits vorschüssig im Mai oder verspätet erst im Juli gezahlt wird. 4

§ 74b II ist bei der Anrechnung nach § 74c nicht anwendbar. Für die Anrechnung variabler Vergütungen ist deshalb **nicht** der **Durchschnitt von 36 Monaten** anzusetzen. Stattdessen sind die Zahlungen auf den Zeitraum umzulegen, für den sie gezahlt werden (so sind zB Weihnachtsgelder oder Jahrestantiemen grds. zu zwölfteln)[4]. Stehen die anderweitigen Einkünfte zunächst noch nicht fest, müssen **Abschläge** gezahlt werden[5]. 5

Anderweitige Einkünfte in ständig wechselnder Höhe sind nach der neueren Rspr. des BAG[6] grds. **jährlich** zu ermitteln und mit der Jahreskarenzentschädigung zu verrechnen, wobei es wiederum jeweils auf den **Bezugszeitraum** ankommt. Eine Umlage anderweitiger Einkünfte auf das gesamte Jahr kommt aber dann nicht in Betracht, wenn der ArbN nur in einigen Monaten überhaupt Einkünfte erzielt hat. 6

Hat der ArbN sich selbständig gemacht, muss er im Rahmen seiner **Auskunftspflicht** (Abs. 2, s. Rz. 26 ff.) vorläufige Ergebnisse angeben, die Einzelheiten beurteilen sich im Einzelfall nach Treu und Glauben[7]. Auf Grund der vorläufigen Angaben des ArbN muss der ArbGeb monatlich einen vorläufigen Anrechnungsbetrag ermitteln und entsprechende **Abschläge** zahlen. Am Endes des einjährigen Ausgleichszeitraums ist auf Jahresbasis zu saldieren und anschließend nach- bzw. zurückzuzahlen[8]. 7

Nimmt ein früherer **teilzeitbeschäftigter** ArbN nach seinem Ausscheiden eine Vollzeittätigkeit auf, so ist ein anderweitiges Einkommen nur ratierlich gekürzt anzurechnen[9]. Anders herum scheidet bei Aufnahme einer Teilzeitbeschäftigung durch einen früher vollzeittätigen ArbN eine Hochrechnung der erzielten Einkünfte zum Zwecke der Anrechnung aus[10]. 8

2. Erhöhte Anrechnungsgrenze von 125 % bei Wohnsitzverlegung. Die erhöhte Anrechnungsgrenze von 125 % soll die Mehraufwendungen ausgleichen, die der ArbN durch einen Wohnsitzwechsel erleidet. Zugleich soll ein **Anreiz für den ArbN** geschaffen werden, sich nach einer neuen Arbeit umzusehen, anstatt von der Karenzentschädigung zu leben[11]. 9

Zieht der ArbN **erst nach einiger Zeit** um, gilt die erhöhte Anrechnungsgrenze rückwirkend für den gesamten Karenzzeitraum. Die erhöhte Anrechnungsgrenze gilt nur dann, wenn der **Lebensmittelpunkt der Familie verlegt** wird. Die Begründung eines zweiten Wohnsitzes reicht nicht, sofern nicht die Familie nachgeholt wird[12]. Die 125 %-Grenze gilt auch dann (rückwirkend), wenn der ArbN zunächst am Ort eine konkurrenzfreie Stelle antritt, dann aber von seinem ArbGeb nach auswärts versetzt wird[13]. 10

Die 125 %-Grenze gilt nur, wenn das Wettbewerbsverbot **ursächlich** für den Umzug war. Daran fehlt es, wenn der ArbN an seinem bisherigen Wohnort sowie im unmittelbaren Einzugsbereich auch ohne das Wettbewerbsverbot keine passende Stelle gefunden hätte[14]. Die Ursächlichkeit des Umzugs ist bspw. zu bejahen, wenn der ArbN glaubhaft vorträgt, dass er sich ohne das Wettbewerbsverbot an seinem bisherigen Wohnort in seiner bisherigen Branche selbständig gemacht hätte[15]. Grds. reicht es aus, dass der ArbN vernünftige Gründe für die Annahme der neuen auswärtigen Stelle hatte[16]. Für die Ursächlichkeit 11

1 *Grüll/Janert*, Die Konkurrenzklausel, 5. Aufl. 1993, S. 58. | 2 BAG v. 29.7.1993 – 2 AZR 110/93, DB 1993, 2437; v. 16.5.1969 – 3 AZR 137/68, AP Nr. 23 zu § 133f GewO; anders noch BAG v. 23.1.1967 – 3 AZR 253/66, AP Nr. 1 zu § 74c HGB. | 3 *Staub/Konzen/Weber*, § 74c HGB Rz. 4. | 4 BAG v. 2.6.1987 – 3 AZR 626/85, AP Nr. 13 zu § 74c HGB. | 5 *Bauer/Diller*, Wettbewerbsverbote, 3. Aufl. 2002, Rz. 563. | 6 BAG v. 2.6.1987 – 3 AZR 626/85, AP Nr. 13 zu § 74c HGB mit umfassenden Nachweisen. | 7 BAG v. 2.6.1987 – 3 AZR 626/85, AP Nr. 13 zu § 74c HGB. | 8 BAG v. 2.6.1987 – 3 AZR 626/85, AP Nr. 13 zu § 74c HGB. | 9 LAG Köln v. 2.10.1986 – 10 Sa 647/86, LAGE § 74c HGB Nr. 1. | 10 *Bauer/Diller*, Rz. 566. | 11 BAG v. 7.5.1988 – 3 AZR 482/86 u. v. 23.2.1999 – 9 AZR 739/97, AP Nr. 14, 20 zu § 74c HGB. | 12 *Grüll/Janert*, S. 57; *Bauer/Diller*, Rz. 514. | 13 BAG v. 8.11.1994 – 9 AZR 4/93, AP Nr. 17 zu § 74c HGB. | 14 BAG v. 23.2.1982 – 3 AZR 676/79 und v. 10.9.1985 – 3 AZR 31/84, AP Nr. 9, 12 zu § 74c HGB. | 15 LAG Köln v. 29.10.1997 – 2 Sa 794/97, LAGE § 74c HGB Nr. 6. | 16 BAG v. 17.12.1973 – 3 AZR 283/73, AP Nr. 2 zu § 74c HGB.

des Wettbewerbsverbots für den Umzug ist grds. der **ArbN beweispflichtig**[1]. Es kommt ein Anscheinsbeweis in Betracht. Den Anscheinsbeweis für die Ursächlichkeit des Umzugs kann der ArbN regelmäßig dadurch führen, dass er auf für ihn gesperrte Konkurrenzunternehmen an seinem bisherigen Wohnort verweist. Er muss sich dort nicht vergeblich beworben haben[2].

12 Welche **Entfernung** zwischen altem und neuem Wohnsitz liegt, ist unerheblich. Je kürzer die Strecke ist, desto schwieriger ist allerdings die Beweisführung, dass der Umzug wegen des Wettbewerbsverbots erfolgt ist.

13 **III. Anzurechnende Einkünfte.** Anzurechnen sind alle Einkünfte, die aus der **Verwertung der Arbeitskraft** resultieren, unabhängig davon, ob der ausgeschiedene ArbN wiederum als ArbN tätig wird oder als Organmitglied, Gesellschafter, Selbständiger etc.[3] **Anrechnungsfrei** sind dagegen **Unterhaltsleistungen** oder **Einkünfte aus Kapitalvermögen** oder **Vermietung und Verpachtung**[4]. Besondere Probleme entstehen, wenn der ArbN nach seinem Ausscheiden eine Gesellschaft gründet oder in eine solche als **Gesellschafter** eintritt und dort eine Kapitaleinlage erbringt. Dann ist nur derjenige Teil der aus der Gesellschafterstellung fließenden Gewinne anrechenbar, der „Gegenleistung" für die Tätigkeit ist, was zu fast unlösbaren Abgrenzungsproblemen führt[5].

14 Nicht anrechenbar sind nachlaufende **Einkünfte aus dem beendeten Arbeitsverhältnis** (Gehaltsrückstände, Urlaubsabgeltung, Tantiemen, Abfindungen etc.). Gewährt der ArbGeb auch nach Beendigung des Arbeitsverhältnisses weiter einzelne Leistungen (Überlassung einer Dienstwohnung etc.), kann – nachträglich! – die Anrechnung dieser Leistungen auf die Karenzentschädigung vereinbart werden[6]. Bezieht der ArbN nach seinem Ausscheiden **Betriebsrenten**, **Wartegelder** oder vertragl. **Übergangsgelder**, sind diese grds. nicht anrechenbar[7].

15 Nimmt der ArbN nach seinem Ausscheiden eine neue **unselbständige Beschäftigung** auf, so gilt das Prinzip der „**Gleichheit von Berechnung und Anrechnung**"[8]. Alle vom alten ArbGeb gewährten Leistungen, die in die Berechnung der Karenzentschädigung einfließen (s. § 74 Rz. 76 ff.), werden auch auf die Karenzentschädigung angerechnet. Erhöhen sich die anrechenbaren Leistungen (zB durch **Tariferhöhungen**), kann zum Ausgleich nicht die Karenzentschädigung erhöht oder die Anrechnungsmöglichkeit eingeschränkt werden[9]. Anderweitige Arbeitsvergütung ist immer mit dem **Brutto** anzusetzen, **Werbungskosten** dürfen nicht abgezogen werden[10]. Wird der ausgeschiedene ArbN als **Beamter** tätig, sind aus seinen Bezügen Sozialzuwendungen auf Grund des Fürsorgeprinzips herauszurechnen[11].

16 Macht der ArbN sich **selbständig**, sind nicht die Einnahmen anzurechnen, sondern die **Gewinne** (nach Abzug der Betriebsausgaben)[12], maßgeblich ist das Ergebnis vor Steuern[13]. Bei Selbständigkeit erfolgt die Anrechnung auf Jahresbasis, und zwar zum Ende des jeweiligen Geschäftsjahres (s. Rz. 4 ff.).

17 Nicht möglich ist die Anrechnung von **Nebeneinkünften**, die der ArbN bereits neben der früheren Beschäftigung erzielt hatte[14]. Nach Auffassung des BAG scheidet die Anrechnung sogar schon dann aus, wenn der ArbN die Nebentätigkeit zwar noch nicht neben seinem alten Arbeitsverhältnis ausgeübt hat, ihm dies jedoch möglich gewesen wäre[15]. **Gelegenheitsgeschäfte** sollen stets anrechnungsfrei bleiben[16].

18 **Arbeitslosengeld** ist auch nach der per 1.1.2004 erfolgten Streichung des § 148 SGB III anzurechnen, denn die Anrechenbarkeit hatte die Rspr. bereits vor Inkrafttreten des § 148 I SGB III anerkannt[17]. Nicht anrechenbar sind dagegen die **Sozialabgaben**, die die BA für den Arbl. zahlt[18]. Nach richtiger Auffassung kann das Alg bei der Anrechnung nur mit dem tatsächlich netto ausgezahlten Betrag angesetzt werden, eine Umrechnung in ein fiktives Brutto kommt nicht in Betracht[19]. Für die Anrechnung von Alg gilt nach richtiger Auffassung die 110%-Grenze (bei Wohnsitzwechsel 125%-Grenze)[20]. Die abweichende Auffassung des BGH (volle Anrechnung[21]) beruht auf der Tatsache, dass § 74c bei Geschäftsführern nicht unmittelbar gilt[22].

1 *Grüll/Janert*, S. 57; *Grunsky*, Wettbewerbsverbote für Arbeitnehmer, 2. Aufl. 1987, S. 84. | 2 BAG v. 8.11.1994 – 9 AZR 4/93, AP Nr. 17 zu § 74c HGB. | 3 BAG v. 25.2.1975 – 3 AZR 148/74 u. v. 13.11.1975 – 3 AZR 38/75, AP Nr. 6, 7 zu § 74c HGB. | 4 BAG v. 20.4.1967 – 3 AZR 314/66, AP Nr. 20 zu § 74 HGB. | 5 BAG v. 20.4.1967 – 3 AZR 314/66, AP Nr. 20 zu § 74 HGB; ausf. *Bengelsdorf*, DB 1979, 115. | 6 *Bauer/Diller*, Rz. 519. | 7 OLG Stuttgart v. 18.5.1979 – 6 U 158/78, BB 1980, 527; *Grüll/Janert*, S. 54; s.a. BAG v. 26.2.1985 – 3 AZR 162/84, AP Nr. 30 zu § 611 BGB – Konkurrenzklausel. | 8 BAG v. 16.11.1973 – 3 AZR 61/73, AP Nr. 34 zu § 74 HGB; v. 9.1.1990 – 3 AZR 110/88, AP Nr. 59 zu § 74 HGB. | 9 *Bauer/Diller*, Rz. 521; aA *Grunsky*, S. 86. | 10 BAG v. 16.5.1969 – 3 AZR 137/68, AP Nr. 23 zu § 133f GewO. | 11 LAG BW v. 10.11.1970 – 4 Sa 85/96, DB 1971, 245. | 12 Statt aller: *Grüll/Janert*, S. 54. | 13 *Röhsler/Borrmann*, Wettbewerbsbeschränkungen für Arbeitnehmer und Handelsvertreter, 1981, S. 89. | 14 Heymann/*Henssler*, § 74 HGB Rz. 7. | 15 BAG v. 16.5.1969 – 3 AZR 137/68, AP Nr. 23 zu § 133f GewO; vgl. auch LAG Nürnberg v. 9.4.1987 – 5 Sa 104/84, LAGE § 74 HGB Nr. 2. | 16 *Durchlaub*, BB 1976, 232 mwN. | 17 BAG v. 25.6.1985 – 3 AZR 305/83, AP Nr. 11 zu § 74c HGB. | 18 *Bauer/Diller*, Rz. 534; BAG v. 27.11.1991 – 4 AZR 211/91, AP Nr. 22 zu § 4 TVG – Nachwirkung; LAG BW v. 22.9.1995 – 5 Sa 28/1990. | 19 BAG v. 27.11.1991 – 4 AZR 211/91, AP Nr. 22 zu § 4 TVG – Nachwirkung. | 20 BAG v. 22.5.1990 – 3 AZR 373/88, AP Nr. 19 zu § 74c HGB. | 21 BGH v. 15.4.1991 – II ZR 214/89, DB 1991, 1508. | 22 Ausf. zum Ganzen *Bauer/Hahn*, DB 1991, 2592.

Gesetzl. **SozV-Renten** sind unstreitig nicht auf die Karenzentschädigung anrechenbar[1]; ebenso wenig das sozialversicherungsrechtl. Übergangsgeld (jetzt §§ 20 ff. SGB VI)[2]. Bei anderen Leistungen mit Lohnersatzcharakter wie zB Kug[3], Krankengeld[4] oder Insolvenzgeld[5] ist dagegen eine Anrechnung gerechtfertigt. Streitig ist die Anrechenbarkeit von Unterhaltsgeld (§ 153 SGB III)[6]. 19

Nicht anrechenbar sind **ersparte Aufwendungen** (Fahrtkosten, Arbeitsmittel, Kinderbetreuung)[7]. Verzichtet der ArbN darauf, ihm zustehende streitige Ansprüche **einzuklagen**, sind sie nicht als anderweitiger Erwerb anrechenbar. In Betracht kommt allenfalls ein böswilliges Unterlassen[8]. 20

IV. Böswilliges Unterlassen. Die Anrechnung böswillig unterlassenen Erwerbs kommt in Betracht, wenn der ArbN entweder **überhaupt nicht** oder aber mit einer **geringeren** als der eigentlich erzielbaren **Vergütung** arbeitet. Für die „Böswilligkeit" kommt es auf eine **Interessenabwägung** an. Dabei steht die in Art. 12 Abs. 1 GG gewährleistete Freiheit der Arbeitsplatzwahl im Vordergrund. Der ArbN darf **seine Interessen an die erste Stelle** setzen, und braucht seinen Berufsweg nicht an den finanziellen Interessen seines früheren ArbGeb auszurichten. An den Begriff der Böswilligkeit sind deshalb strenge Anforderungen zu stellen[9]. Sie kommt nur dann in Betracht, wenn der ArbN ohne hinreichenden sachlichen Grund seine Interessen vor die Interessen seines früheren ArbGeb setzt[10]. Grds. nicht böswillig ist die Aufnahme eines **Studiums**, es sei denn es ist ersichtlich nicht erfolgversprechend oder offensichtlich planlos[11]. Ebenfalls grds. nicht böswillig ist der **Aufbau einer selbstständigen Existenz**, selbst wenn in der Startphase hohe Verluste anfallen[12]. Böswillig handelt allerdings der ArbN, wenn er dafür sorgt, dass eigentlich sofort realisierbare Gewinne erst nach Ablauf der ersten zwei Jahre entstehen[13]. Böswillig handelt der ArbN auch, wenn er sich **nicht arbeitslos meldet** und dadurch kein Alg bezieht. Dagegen kann bei unterlassener Arbeitslosenmeldung nicht vermutet werden, dass das AA dem ArbN eine bestimmte Stelle hätte vermitteln können, so dass dem ArbN nicht eine fiktive Vergütung als böswillig unterlassener Erwerb angerechnet werden kann[14]. 21

Böswillig handelt der ArbN auch dann nicht, wenn er ein **Angebot** seines alten ArbGeb **zur Weiterarbeit** ausschlägt, egal ob er dafür sachliche Gründe hatte[15]. Ebenso wenig liegt böswilliges Unterlassen vor, wenn eine ArbNin nach der Geburt eines Kindes keine Erwerbstätigkeit mehr aufnimmt, sondern in **Elternzeit** geht[16]. Auch die Inanspruchnahme **vorgezogener Rente** ist nicht böswillig[17]. 22

V. Beweislast. Grds. trifft den **ArbGeb** die Beweislast dafür, dass der ArbN anderweitige Einkünfte hatte oder anderweitigen Erwerb böswillig unterlassen hat[18]. Allerdings kommt durchaus ein **Anscheinsbeweis** in Betracht, etwa wenn der ArbN sich mit untertarifl. Bezahlung zufrieden gibt[19]. Das Gleiche gilt, wenn der ArbN ohne ersichtlichen Grund seine neue Arbeit aufgibt und eine erheblich geringer bezahlte gleichwertige Stelle bei einem anderen ArbGeb aufnimmt, weil dann zu vermuten ist, dass die Einkommenseinbuße nach Ablauf der zweijährigen Karenzzeit durch großzügige Ausgleichszahlungen kompensiert wird. Die bloße Darlegung, die **Bewerbungsaktivitäten** des ArbN seien **zu gering** gewesen, führt nicht dazu, dass der ArbN sich fiktiven Erwerb anrechnen lassen müsste[20]. Denn nichts spricht dafür, dass der ArbN bestimmte offene Stellen im Falle einer Bewerbung tatsächlich bekommen hätte[21]. 23

VI. Abweichende Vereinbarungen. Da § 74c gem. § 75d **unabdingbar** ist, kann die gesetzl. Anrechnungsregel des § 74c **nicht zu Lasten des ArbN** verschärft werden. Unzulässig sind deshalb Klauseln, wonach die Karenzentschädigung maximal den Differenzbetrag zwischen altem und neuem Einkommen betragen darf[22] oder sogar der ArbN jeglichen anderweitigen Verdienst angerechnet bekommen soll[23]. Von § 74c kann auch dann nicht zu Lasten des ArbGeb abgewichen werden, wenn eine höhere als die 50 %ige Mindestkarenzentschädigung gezahlt wird[24]. Ebenso unzulässig sind Regelungen, wonach bei einem bestimmten Verhalten des ArbN ein bestimmter pauschalierter fiktiver anderweitiger Erwerb angerechnet werden soll[25]. Ist eine über § 74c HGB hinausgehende Anrechnung anderweitigen Erwerbs verein- 24

---

1 BAG v. 30.10.1984 – 3 AZR 213/82, AP Nr. 46 zu § 74 HGB. | 2 BAG v. 7.11.1989 – 3 AZR 796/87, AP Nr. 15 zu § 74c HGB. | 3 Heymann/*Henssler*, § 74c Rz. 5. | 4 *Röhsler/Borrmann*, S. 92. | 5 *Bauer/Diller*, Rz. 545. | 6 ArbG Ludwigshafen v. 29.3.1976 – 7 Ca 1990/75, DB 1976, 1162 gegen ArbG Mannheim v. 24.3.1975 – 4 Ca 80/85, DB 1976, 107. | 7 *Bauer/Diller*, Rz. 546. | 8 LAG Frankfurt v. 18.9.1995 – 14 Sa 1128/94, NZA-RR 1996, 445. | 9 *Grüll/Janert*, S. 61. | 10 BAG v. 23.1.1967 – 3 AZR 253/66, AP Nr. 1 zu § 74 HGB. | 11 BAG v. 8.2.1974 – 3 AZR 519/73 u. v. 9.8.1974 – 3 AZR 350/73, AP Nr. 4, 5 zu § 74c HGB, zuletzt BAG v. 13.2.1996 – 9 AZR 931/94, AP Nr. 18 zu § 74c HGB. | 12 BAG v. 8.2.1974 – 3 AZR 519/73 u. v. 2.6.1987 – 3 AZR 626/85, AP Nr. 4, 13 zu § 74c HGB. | 13 *Grüll/Janert*, S. 61; krit. LAG Nürnberg v. 9.4.1987 – 5 Sa 104/84, LAGE § 74c HGB Nr. 2. | 14 LG Frankfurt v. 20.4.1994 – 3/8 O 150/93, GmbHR 1994, 803; siehe auch BAG v. 16.5.2000 – 9 AZR 203/99, NZA 2001, 26. | 15 BAG v. 18.10.1976 – 3 AZR 376/75, AP Nr. 1 zu § 74b HGB; v. 3.7.1990 – 3 AZR 96/89, AP Nr. 61 zu § 74 HGB. | 16 BAG v. 24.10.1972 – 3 AZR 102/72, AP Nr. 31 zu § 74 HGB. | 17 BAG v. 3.7.1990 – 3 AZR 96/89, AP Nr. 61 zu § 74 HGB. | 18 BAG v. 23.1.1967 – 3 AZR 253/66, AP Nr. 1 zu § 74c HGB; v. 13.2.1996 – 9 AZR 931/94, AP Nr. 18 zu § 74c HGB. | 19 *Bauer/Diller*, Rz. 558. | 20 LG Frankfurt v. 20.4.1994 – 3/8 O 150/93, GmbHR 1994, 803. | 21 BAG v. 13.2.1996 – 9 AZR 931/94, AP Nr. 18 zu § 74c HGB. | 22 LAG Hamm v. 12.3.1980 – 15 Sa 6/80, DB 1980, 1125. | 23 BAG v. 25.6.1985 – 3 AZR 305/83, AP Nr. 11 zu § 74c HGB. | 24 *Bauer/Diller*, Rz. 568a. | 25 *Bauer/Diller*, Rz. 557.

bart worden (zB volle Anrechnung ohne Rücksicht auf die 110%-Grenze) so ist nach richtiger Auffassung das Verbot **insgesamt unverbindlich**[1].

25 Ohne weiteres zulässig ist dagegen ein Abweichen von § 74c **zu Gunsten des ArbN**. So kann der ArbGeb (zB aus Vereinfachungsgründen) pauschal auf die Anrechnung **verzichten**. Wird die gesamte Karenzentschädigung bei Ausscheiden des ArbN als Einmalzahlung gezahlt, ohne dass der ArbGeb sich ausdrücklich eine Rückforderung für den Fall anderweitigen Erwerbs vorbehält, kann dies als Verzicht auf die Anrechnung angesehen werden[2]. Ein Verzicht auf die Anrechnung anderweitigen Erwerbs liegt im Zweifel aber nicht in einer Ausgleichsklausel[3].

26 **VII. Auskunfts- und Nachweisanspruch.** Nach § 74c II muss der ArbN dem ArbGeb auf Anforderung über die Höhe des Erwerbs Auskunft erteilen. Dies gleicht die Beweislastverteilung, wonach der ArbGeb beweispflichtig ist, teilweise aus. Nach richtiger Auffassung gilt die Auskunftspflicht nicht nur für tatsächlich **erzielte Einkünfte**, sondern auch für **böswillig unterlassenen Erwerb**[4].

27 Das Gesetz regelt nicht, **wann** und **wie oft** Auskunft gegeben werden muss. Die Auskunftspflicht kann vorab vertragl. konkretisiert werden[5], ansonsten ist von **quartalsweiser** Auskunftspflicht auszugehen. Liegen die anderweitigen Einkünfte unter der Anrechnungsgrenze, brauchen keine bestimmten Zahlen genannt zu werden, es sei denn der ArbGeb verlangt konkrete Nachweise[6].

28 Die Auskunft muss vollständig, klar und überprüfbar erteilt werden, deshalb ist **schriftl.** Form erforderlich[7]. **Freiberufler** können die Auskunft nicht unter Hinweis auf ihre Verschwiegenheitspflicht nach Standesrecht oder wegen § 203 StGB verweigern[8].

29 Nach einhelliger Ansicht wäre die Auskunftspflicht unvollständig, wenn der ArbGeb nicht **konkrete Nachweise** verlangen könnte[9], wobei sich der Umfang jeweils nach § 242 BGB bestimmt[10]. Dabei ist das Interesse des ArbGeb an der Prüfung der gegebenen Auskünfte abzuwägen gegen Gesichtspunkte des Datenschutzes und der Gefährdung der geschäftlichen Interessen und der Geschäftsgeheimnisse des ArbN, insb. wenn sich dieser eine selbständige Existenz aufgebaut hat[11]. Hat der ArbN eine nicht-selbständige Beschäftigung aufgenommen, muss er **Lohn- bzw. Gehaltsabrechnungen** oder die **LStKarte** vorlegen und den **Namen seines neuen ArbGeb** mitteilen[12]. Hat der ArbN sich selbständig gemacht, ist streitig, ob die Vorlage des **EStBescheides** reicht[13] oder ob **Bilanz** und **Gewinn- und Verlustrechnung** vorgelegt werden müssen[14]. Richtig ist Letzteres, wobei bei Gefährdung von Geschäftsgeheimnissen die Prüfung der Bilanz und der Gewinn- und Verlustrechnung nur durch einen unabhängigen Dritten (etwa einen vereidigten Buchprüfer oder Wirtschaftsprüfer) erfolgen darf[15].

30 Die Auskunfts- und Nachweispflicht ist **einklagbar** und kann nach § 888 ZPO vollstreckt werden[16]. Bis die Auskunft erteilt ist, kann der ArbGeb die Zahlung der Entschädigung nach § 273 BGB (nicht: 320 BGB) **verweigern**[17]. Eine Zug-um-Zug-Verurteilung des ArbGeb nach § 274 BGB scheidet aus[18].

31 Bestehen Zweifel an der Richtigkeit der erteilten Auskünfte, kann der ArbGeb die Abgabe einer **eidesstattlichen Versicherung** in entsprechender Anwendung von §§ 259, 260 BGB verlangen[19].

32 **VIII. Verbüßung einer Freiheitsstrafe (Abs. 1 S. 3).** Nach Abs. 1 S. 3 entfällt der Anspruch auf Karenzentschädigung während der Verbüßung einer **Freiheitsstrafe**. **Offener Vollzug**, der auch aus der Haft heraus eine Konkurrenztätigkeit ermöglicht, war dem Gesetzgeber bei Erlass der Vorschrift nicht bekannt. Richtigerweise muss der ArbN auch während der Haft an das Wettbewerbsverbot gebunden bleiben, wenn er im offenen Vollzug ist. Er muss dann aber entgegen § 74c I 3 Karenzentschädigung erhalten[20].

---

1 LAG BW v. 21.4.1961 – 6 Sa 14/61 u. v. 22.1.1968 – 7 Sa 94/67, AR-Blattei ES Nr. 19 und 56/1830; LAG Hamm v. 12.3.1980 – 15 Sa 6/80, DB 1980, 1125; *Grunsky*, S. 66; *Buchner*, Rz. C 290; anders möglicherweise BAG v. 25.6.1985 – 3 AZR 305/83, AP Nr. 11 zu § 74c HGB. | 2 LAG Hamm v. 19.2.1992 – 15 Sa 1728/91, LAGE § 74c HGB Nr. 4; vgl. auch BAG v. 5.8.1968 – 3 AZR 128/67, AP Nr. 24 zu § 74 HGB. | 3 Offen gelassen v. BAG v. 12.1.1978 – 3 AZR 57/76, AP Nr. 8 zu § 74c HGB. | 4 *Bauer/Diller*, Rz. 569. | 5 *Bauer/Diller*, Rz. 75. | 6 *Bengelsdorf*, BB 1979, 1152. | 7 *Gaul*, Der erfolgreiche Schutz von Betriebs- und Geschäftsgeheimnissen, 1994, S. 132; Heymann/*Henssler*, § 74c HGB Rz. 23. | 8 BAG v. 27.9.1988 – 3 AZR 59/87, AP Nr. 35 zu § 611 BGB – Konkurrenzklausel. | 9 BAG v. 25.2.1975 – 3 AZR 148/74, AP Nr. 6 zu § 74c HGB. | 10 BAG v. 25.2.1975 – 3 AZR 148/74, AP Nr. 6 zu § 74c HGB. | 11 BAG v. 25.2.1975 – 3 AZR 148/74, AP Nr. 6 zu § 74c HGB. | 12 BAG v. 25.2.1975 – 3 AZR 148/74, AP Nr. 6 zu § 74c HGB. | 13 BAG v. 25.2.1975 – 3 AZR 148/74, AP Nr. 6 zu § 74c HGB. | 14 LAG Kiel v. 5.11.1957 – 3 Sa 183/57, BB 1957, 1275; *Durchlaub*, BB 1976, 233. | 15 LAG Schl.-Holst. v. 8.11.1977 – 1 Sa 512/77; *Bengelsdorf*, BB 1979, 1152. | 16 BAG v. 13.11.1975 – 3 AZR 38/75, AP Nr. 7 zu § 74c HGB. | 17 Heymann/*Henssler*, § 74c HGB Rz. 20; *Bauer/Diller*, Rz. 579 ff. | 18 BAG v. 12.1.1978 – 3 AZR 57/76, AP Nr. 8 zu § 74c HGB. | 19 BAG v. 25.2.1976 – 3 AZR 148/74, AP Nr. 6 zu § 74c HGB; LAG Hamm v. 28.1.1974 – 2 Sa 832/73, DB 1974, 972; *Bauer/Diller*, Rz. 583. | 20 *Grunsky*, FS Söllner, S. 46 f.; zum Weiterbestehen der Entschädigungspflicht in anderen Fällen der persönlichen Verhinderung s. § 74 Rz. 66 ff.

75 *Unwirksamwerden des Verbots*

(1) Löst der Gehilfe das Dienstverhältnis gemäß den Vorschriften der §§ 70 und 71 wegen vertragswidrigen Verhaltens des Prinzipals auf, so wird das Wettbewerbverbot unwirksam, wenn der Gehilfe vor Ablauf eines Monats nach der Kündigung schriftlich erklärt, dass er sich an die Vereinbarung nicht gebunden erachte.

(2) In gleicher Weise wird das Wettbewerbverbot unwirksam, wenn der Prinzipal das Dienstverhältnis kündigt, es sei denn, dass für die Kündigung ein erheblicher Anlass in der Person des Gehilfen vorliegt oder dass sich der Prinzipal bei der Kündigung bereit erklärt, während der Dauer der Beschränkung dem Gehilfen die vollen zuletzt von ihm bezogenen vertragsmäßigen Leistungen zu gewähren. Im letzteren Falle finden die Vorschriften des § 74b entsprechende Anwendung.

(3) Löst der Prinzipal das Dienstverhältnis gemäß den Vorschriften der §§ 70 und 72 wegen vertragswidrigen Verhaltens des Gehilfen auf, so hat der Gehilfe keinen Anspruch auf die Entschädigung.

I. Allgemeines. § 75 ist **gesetzestechnisch völlig verunglückt**, durch schlichtes Lesen des Gesetzestextes erschließt sich der Regelungsinhalt nicht. Deshalb werden in der Praxis die **vielfältigen taktischen Möglichkeiten**, die § 75 bietet, von ArbN und ArbGeb nur sehr selten genutzt. Erschwert wird das Verständnis der Vorschrift dadurch, dass das BAG § 75 **Abs. 3** (entschädigungsloses Verbot bei fristloser arbeitgeberseitiger Kündigung) für **verfassungswidrig** und unanwendbar erklärt und die entstandene Lücke durch Rechtsfortbildung (Analogie zu Abs. 1) geschlossen hat[1]. 1

Wettbewerbsverbote treten grds. unabhängig davon in Kraft, ob das Arbeitsverhältnis durch Aufhebungsvertrag, arbeitgeberseitige oder arbeitnehmerseitige Kündigung, ordentl. oder außerordentl. Kündigung endet. Diesen Grundsatz durchbricht § 75, indem er **bei bestimmen Auflösungstatbeständen** dem ArbN oder dem ArbGeb die Möglichkeit gibt, sich binnen eines Monats nach der Kündigung vom Wettbewerbsverbot zu **lösen**. Bei außerordentl. **Kündigung** hat jeweils **der andere Vertragsteil** ein Lösungsrecht. Bei Vorliegen eines wichtigen Grundes ist das Vertrauensverhältnis zwischen den Parteien so stark gestört, dass dem anderen Teil nicht zugemutet werden soll, gegen seinen Willen über das Arbeitsverhältnis hinaus an vertragl. Vereinbarungen mit der anderen Partei gebunden zu sein. Endet dagegen das Arbeitsverhältnis durch **ordentl. Kündigung**, differenziert § 75 danach, wer gekündigt hat. Kündigt der ArbN ordentl., bleibt es beim Wettbewerbsverbot, § 75 sieht für diesen Fall für beide Parteien kein Lösungsrecht vor. Anders ist es bei ordentl. Kündigung seitens des **ArbGeb**. Hier hat der **ArbN ein Lösungsrecht**, sofern die Kündigung nicht wegen erheblicher Gründe in seiner Person erfolgte. 2

Ein Wegfall des Wettbewerbsverbots nach § 75 setzt immer voraus, dass eine **ausdrückliche Lösungserklärung** abgegeben wird. Ist das der Fall, **erlischt** das Wettbewerbsverbot **sofort**. Die in § 75a angeordnete Weiterzahlung der Karenzentschädigung für ein Jahr gilt nur für den dort geregelten Fall des Verzichts und ist auf § 75 nicht übertragbar. 3

II. Außerordentliche Kündigung des Arbeitnehmers (Abs. 1). 1. Voraussetzungen. Kündigt der **ArbN** das Arbeitsverhältnis aus wichtigem Grund außerordentl., hat er hinsichtlich des Wettbewerbsverbots ein Wahlrecht. Er kann sich durch schriftl. Erklärung **binnen eines Monats** nach Kündigung von dem Verbot lossagen. Tut er dies nicht, bleibt das Wettbewerbsverbot voll wirksam und tritt mit Vertragsende in Kraft. 4

Hinsichtlich der Kündigung verweist Abs. 1 noch auf die alten Kündigungsbestimmungen der §§ 70 und 71; diese Vorschriften sind im Jahr 1969 aufgehoben worden, maßgeblich ist jetzt **§ 626 BGB**. Abs. 1 setzt aber nicht nur einen Kündigungsgrund nach § 626 BGB voraus, sondern darüber hinaus auch **vertragswidriges Verhalten** des ArbGeb. Kündigungsgründe aus der Sphäre des ArbN (besondere berufliche anderweitige Chancen, Gewissenskonflikte, Unmöglichkeit der weiteren Leistung wegen familiärer Verpflichtung etc.) führen also nicht zum Lösungsrecht des Abs. 1, ebenso wenig wie eine Sonderkündigung nach § 113 InsO[2]. Umstritten ist, ob „vertragswidriges Verhalten" des ArbGeb **Verschulden** voraussetzt. Entsprechend der neuen Fassung des § 90a III ist dies zu bejahen[3]. 5

Probleme entstehen, wenn der ArbN fristlos kündigt, **ohne ausreichende Kündigungsgründe** zu haben. Findet der ArbGeb sich gleichwohl mit dem Ausscheiden des ArbN ab, bedeutet dies nicht, dass dem ArbN dann auch das Lösungsrecht aus Abs. 1 zusteht[4], selbst wenn der ArbGeb dem Ausscheiden des ArbN ausdrücklich zustimmt. 6

Liegen **ausreichende Gründe** für eine fristlose Kündigung des ArbN vor, erklärt er jedoch nur eine **ordentl. Kündigung** oder wird ein **Aufhebungsvertrag** abgeschlossen, besteht das Lösungsrecht aus Abs. 1 gleichwohl[5]. Allerdings muss sich der ArbN in solchen Fällen ausdrücklich bei Ausspruch der 7

---

1 BAG v. 23.2.1977 – 3 AZR 620/75, BB 1977, 847. | 2 Heymann/*Henssler*, § 75 HGB Rz. 9; *v. Hoyningen-Huene*, § 75 HGB Rz. 4. | 3 AA zB *v. Hoyningen-Huene*, § 75 HGB Rz. 5. | 4 BAG v. 24.9.1965 – 3 AZR 223/65, AP Nr. 3 zu § 75 HGB; *Grunsky*, Wettbewerbsverbote für Arbeitnehmer, 2. Aufl. 1987, S. 110. | 5 BAG v. 26.9.1963 – 5 AZR 2/63, AP Nr. 1 zu § 75 HGB.

ordentl. Kündigung oder beim Abschluss des Aufhebungsvertrags die **Rechte** aus Abs. 1 **vorbehalten**[1]. Beim Abschluss eines **Aufhebungsvertrags** ist allerdings stets zu prüfen, ob die Parteien nach Sinn und Zweck des Aufhebungsvertrags eine spätere Lösungserklärung nach Abs. 1 nicht ausschließen wollten[2].

8 Ist der ArbN wegen Vorliegens wichtiger Gründe zwar zur außerordentl. Kündigung berechtigt, lässt er jedoch die **Zweiwochenfrist** des **§ 626 II BGB** verstreichen, bevor er an den ArbGeb wegen einer Vertragsbeendigung herantritt oder eine fristl. oder ordentl. Kündigung ausspricht, verliert er das Lösungsrecht aus Abs. 1[3].

9 **2. Berechnung der Monatsfrist.** Die Monatsfrist des Abs. 1 läuft ab **Zugang der Kündigung**, nicht ab Beendigung des Arbeitsverhältnisses. Spricht also der ArbN statt der möglichen fristl. Kündigung eine ordentl. Kündigung aus oder wird ein Aufhebungsvertrag abgeschlossen, endet die Monatsfrist je nach Dauer der Kündigungsfrist bzw. je nach dem gewählten Beendigungszeitpunkt vor, mit oder nach Beendigung des Arbeitsverhältnisses[4]. Tritt der ArbN innerhalb der Zweiwochenfrist des § 626 II BGB an den ArbGeb wegen der Vertragsbeendigung heran, kommt es aber erst danach zum Abschluss eines **Aufhebungsvertrags**, läuft die Monatsfrist nach Abs. 1 ab dem Zeitpunkt, in dem der Kündigungsgrund geltend gemacht wurde, nicht erst ab der Unterzeichnung des Aufhebungsvertrags[5].

10 Kommt es zum Streit über die Wirksamkeit einer vom ArbN erklärten außerordentl. Kündigung und wird dieser Streit später durch **Vergleich** (Aufhebungsvertrag, Prozessvergleich etc.) beigelegt, so läuft die Monatsfrist schon ab Erklärung der Kündigung, nicht erst ab Vergleichsschluss[6]. Nach richtiger Auffassung gilt dies unabhängig davon, ob der Aufhebungsvertrag konstitutiv oder lediglich deklaratorisch („Abwicklungsvertrag“[7]) ist[8].

11 **3. Form.** Für die Lösungserklärung sieht das Gesetz **Schriftform** vor. Es gelten deshalb die strengen Anforderungen des § 126 BGB, so dass insb. mündliche Erklärungen ebenso wenig ausreichen wie Übermittlung per **Fax**[9].

12 **4. Rechtsfolgen.** Hat der ArbN sich innerhalb der Monatsfrist bis zur Abgabe der Lösungserklärung an das Wettbewerbsverbot gehalten, steht ihm für diese Zeit Karenzentschädigung zu[10]. Hat er in dieser Zeit dagegen Wettbewerb gemacht, bleibt dies folgenlos, weil der Lösungserklärung insoweit **Rückwirkung** beizulegen ist[11]. Der ArbN kann allerdings die Lösungserklärung nicht mit Wirkung für die Zukunft abgeben, um in der Zwischenzeit die Karenzentschädigung zu bekommen[12].

13 Gibt der ArbN die Lösungserklärung erst nach Ablauf der Monatsfrist ab, so kann sie **umgedeutet** werden in ein Angebot auf einvernehmliche Aufhebung des Wettbewerbsverbots. Das Schweigen des ArbGeb gilt allerdings grds. nicht als Zustimmung[13]. Allerdings kann die Einstellung der Entschädigungszahlungen als eine Zustimmung zur Aufhebung gewertet werden[14].

14 Neben die Lösung vom Wettbewerbsverbot nach Abs. 1 tritt ein **Schadenersatzanspruch** nach **§ 628 II BGB**. Je nach den Umständen kann der ArbN deshalb die ihm auf Grund der Lösung entgehende Karenzentschädigung als Schaden gem. § 628 II BGB ersetzt verlangen[15]. Allerdings muss sich der ArbN auf den Schadenersatz den Vorteil anrechnen lassen, dass er nicht mehr zur Wettbewerbsunterlassung verpflichtet ist, wodurch schwierige Berechnungsfragen entstehen.

15 **III. Ordentliche Kündigung des Arbeitgebers (Abs. 2).** Ein Lösungsrecht sieht das Gesetz nur bei **arbeitgeberseitiger** ordentl. Kündigung vor, **nicht** bei **arbeitnehmerseitiger**. Bei arbeitgeberseitiger Kündigung kann sich der ArbN unter bestimmten Voraussetzungen vom Verbot durch Erklärung lösen. Das Lösungsrecht kann der ArbGeb durch Zusage einer erhöhten Entschädigung abwenden, von dieser Möglichkeit wird aber in der Praxis so gut wie nie Gebrauch gemacht.

16 **1. Ordentliche Kündigung.** Voraussetzung des Lösungsrechts nach Abs. 2 ist eine ordentl. Kündigung des ArbGeb, dazu zählt auch die Kündigung durch den Insolvenzverwalter nach § 113 InsO[16]. Das Gleiche gilt für die außerordentl. Kündigung eines vertragl. oder tarifl. **unkündbaren** Mitarbeiters, der kein vertragswidriges Verhalten zugrunde liegt[17]. Spricht dagegen der ArbGeb eine ordentl. Kündigung aus, obwohl **Gründe für eine fristlose Kündung** nach § 626 BGB vorgelegen hätten, ist Abs. 3 einschlägig,

---

1 *Röhsler/Borrmann*, Wettbewerbsbeschränkungen für Arbeitnehmer und Handelsvertreter, 1981, S. 118; vgl. auch BAG v. 2.12.1963 – 5 AZR 496/62, AP Nr. 2 zu § 75 HGB. | 2 Ausf. *Wertheimer*, NZA 1997, 522; Heymann/*Henssler*, § 75 HGB Rz. 22; *v. Hoyningen-Huene*, § 75 HGB Rz. 22. | 3 *Röhsler/Borrmann*, S. 118; *Staub/Konzen/Weber*, § 75 HGB Rz. 10; ausf. *Bauer/Diller*, Wettbewerbsverbote, 3. Aufl. 2002, Rz. 426 ff. | 4 Ausf. *Bauer/Diller*, Rz. 430. | 5 *Röhsler/Borrmann*, S. 118; *Bauer/Diller*, Rz. 430a. | 6 BAG v. 26.1.1973 – 3 AZR 233/72, AP 4 zu § 75 HGB. | 7 Dazu *Hümmerich*, NZA 1994, 200. | 8 LAG BW v. 30.8.1978 – 3 Sa 66/78. | 9 *Bauer/Diller*, Rz. 432. | 10 *Bauer/Diller*, Rz. 433; aA wohl Heymann/*Henssler*, § 75 HGB Rz. 13. | 11 *Bauer/Diller*, Rz. 433; aA wohl *v. Hoyningen-Huene*, § 75 HGB Rz. 12. | 12 *Bauer/Diller*, Rz. 430. | 13 BGH v. 17.5.1962 – VII ZR 232/60, DB 1962, 1272; *Bauer*, DB 1979, 500; *Staub/Konzen/Weber*, § 75 HGB Rz. 13. | 14 *Bauer/Diller*, Rz. 434. | 15 BAG v. 23.2.1977 – 3 AZR 620/75, AP 6 zu § 75 HGB (zu Abs. 3). | 16 GK-HGB/*Etzel*, §§ 74–75b Rz. 79. | 17 *Staub/Konzen/Weber*, § 75 HGB Rz. 20.

nicht Abs. 2. Ein auf Veranlassung des ArbGeb abgeschlossener **Aufhebungsvertrag** steht der ordentl. Kündigung nach Abs. 2 gleich[1], allerdings ist im Einzelfall zu prüfen, ob je nach der Formulierung des Aufhebungsvertrags das Lösungsrecht nicht ausgeschlossen sein sollte. Abs. 2 ist ebenfalls anzuwenden bei Auslaufen eines **bedingten** oder **befristeten** Arbeitsverhältnisses[2]. Endet das Arbeitsverhältnis wegen einer nicht angenommenen **Änderungskündigung**, so ist dem ArbN das Wahlrecht des Abs. 2 nur dann zuzubilligen, wenn das Änderungsangebot sozial nicht gerechtfertigt war[3].

Unerheblich ist, ob die vom ArbGeb erklärte ordentl. Kündigung **wirksam** war. Das Lösungsrecht aus Abs. 2 besteht deshalb auch dann, wenn der ArbN eine unwirksame arbeitgeberseitige Kündigung hinnimmt. Der ArbGeb darf keinen Vorteil daraus haben, dass er unwirksam gekündigt hat. 17

2. Erheblicher Anlass in der Person des Arbeitnehmers. Der Begriff „erheblicher Anlass in der Person" passt nicht zu der Systematik des § 1 KSchG, der zwischen personen-, verhaltens- und betriebsbedingten Kündigungen differenziert. Unstreitig ist, dass eine **personen**- oder **verhaltensbedingte** Kündigung iSv. § 1 KSchG regelmäßig ausreicht[4]. Ein **Verschulden** des ArbN ist nicht erforderlich, so dass zB auch unverschuldete Krankheit das Lösungsrecht des Abs. 2 ausschließt. Maßgeblich sind immer die tatsächlichen Kündigungsgründe, nicht die offiziell verlautbarten, so dass auch bei einer zur Schonung des ArbN als „betriebsbedingt" deklarierten Kündigung das Lösungsrecht aus Abs. 1 entfallen kann, wenn in Wahrheit personen- oder verhaltensbedingte Gründe die Kündigung ausgelöst haben[5]. Eine **betriebsbedingte** Kündigung beruht grds. nie auf „erheblichem Anlass in der Person des ArbN", selbst wenn eine ungünstige Sozialauswahl den Ausschlag gegeben hat oder eine Weiterbeschäftigung auf einem anderen Arbeitsplatz wegen fehlender persönlicher Qualifikation ausscheidet[6]. Bei betriebsbedingten Kündigungen besteht deshalb stets das Lösungsrecht nach Abs. 2. 18

3. Beweislast. Aus der negativen Formulierung des Gesetzes („es sei denn") folgt, dass der personen- oder verhaltensbedingte Kündungsgrund eine **Einwendung des ArbGeb** darstellt, so dass diesen die Beweislast dafür trifft[7]. Gelingt dem ArbGeb der Beweis nicht, dass solche Gründe vorlagen, hat der ArbN das Lösungsrecht des Abs. 2. Wegen dieser Beweislastverteilung ist es für den ArbGeb gefährlich, zur Schonung des ArbN personen- oder verhaltensbedingte Gründe in einer **BR-Anhörung**, im **Kündigungsschreiben**, in **Aufhebungsverträgen** oder in **Zeugnissen** hinter betriebsbedingten Gründen zu **verstecken**. 19

Eine **Verfristung der Kündigungsschutzklage** nach §§ 4, 7 KSchG bei einer auf personen- oder verhaltensbedingte Gründe gestützten Kündigung bedeutet nicht, dass diese Gründe als gegeben zu unterstellen wären mit der Folge, dass das Lösungsrecht nach Abs. 2 verloren ginge. Vielmehr kommt es immer auf die tatsächliche Rechtslage an. Erklärt der ArbGeb die **Rücknahme einer Kündigung**, verliert der ArbN das Lösungsrecht des Abs. 2 nicht dadurch, dass er das Angebot zur Fortsetzung des Arbeitsverhältnisses ablehnt[8]. 20

4. Angebot erhöhter Karenzentschädigung. Hat der ArbGeb gekündigt, ohne dass erhebliche personen- oder verhaltensbedingte Gründe vorlagen, kann er das Lösungsrecht des ArbN nach Abs. 2 dadurch abwenden, dass er bei Ausspruch der Kündigung die Weiterzahlung der **vollen Bezüge** (an Stelle einer niedrigeren Karenzentschädigung) **anbietet**. Die Abwendung des arbeitnehmerseitigen Lösungsrechts setzt voraus, dass der ArbGeb den ersten Schritt tut und das Angebot erhöhter Karenzentschädigung **zusammen mit der Kündigung** macht. Der ArbGeb kann nicht abwarten, ob der ArbN die Lösung erklärt, um dann ggf. das Lösungsrecht durch Zahlung der vollen Karenzentschädigung abzuwenden. Eine einmal angebotene volle Entschädigung kann der ArbGeb **nicht widerrufen**. Er hat allenfalls die Möglichkeit, zwischen der Abgabe der Erklärung und dem Ende des Arbeitsverhältnisses noch einen Verzicht nach § 75a zu erklären mit der Folge, dass die Entschädigungspflicht nach einem Jahr endet. 21

Das Angebot der erhöhten Karenzentschädigung muss dem ArbN spätestens zusammen mit der Kündigung zugehen. Für das Angebot sieht das Gesetz (systemwidrig) **keine Schriftform** vor. Allerdings trifft den ArbGeb die Beweislast dafür, dass die Zusage erfolgt ist. Die Zusage kann vorsorglich unter der Bedingung erfolgen, dass die Voraussetzungen des Abs. 2 überhaupt vorliegen, was in der Praxis dringend zu empfehlen ist[9]. 22

Die erhöhte Karenzentschädigung **berechnet** sich gem. der Verweisung in Abs. 2 S. 2 nach § 74b. Es gelten also die allgemeinen Regeln. Nach richtiger Ansicht muss sich der ArbN auch auf die erhöhte Karenzentschädigung nach § 74c **anderweitige Bezüge anrechnen** lassen, obwohl Abs. 2 S. 2 nicht auf § 74c verweist[10]. Die 110 %-Grenze des § 74c verschiebt sich auch nicht nach oben[11]. 23

---

1 *Staub/Konzen/Weber*, § 75 HGB Rz. 8; *Bauer/Diller*, Rz. 452. | 2 *Bauer/Diller*, Rz. 452. | 3 *Bauer/Diller*, Rz. 452; zu Auflösungsanträgen nach § 9 KSchG ausf. *Wertheimer*, NZA 1997, 523. | 4 *Röhsler/Borrmann*, S. 121; *Buchner*, Wettbewerbsverbote während und nach Beendigung des Arbeitsverhältnisses, 1995, Rz. C 420. | 5 *Bauer/Diller*, Rz. 454. | 6 *Bauer/Diller*, Rz. 454. | 7 Heymann/*Henssler*, § 75 Rz. 15; *Bauer/Diller*, Rz. 455. | 8 LAG Nürnberg v. 23.9.1992 – 4 (2) Sa 417/91, LAGE § 75 HGB Nr. 1. | 9 *Bauer/Diller*, Rz. 461. | 10 *Bauer/Diller*, Rz. 462; *Grüll/Janert*, S. 71; *Röhsler/Borrmann*, S. 121; *Buchner* Rz. C 422. | 11 *Bauer/Diller*, Rz. 462.

24 Waren von vorneherein 100 % der Bezüge als Karenzentschädigung zugesagt, steht dem ArbN **in keinem Fall** das Lösungsrecht gem. Abs. 2 zu[1]. Das Lösungsrecht besteht auch dann nicht, wenn der ArbGeb die zugesagte erhöhte Karenzentschädigung tatsächlich später nicht zahlt, der ArbN ist hier auf die allgemeinen Rechtsbehelfe (insb. § 323 BGB) angewiesen (s. § 74 Rz. 101 ff.).

25 Das Angebot erhöhter Entschädigung nimmt dem ArbN nur das Lösungsrecht des Abs. 2, heilt aber nicht **sonstige Mängel** des Wettbewerbsverbots, insb. wird ein unverbindliches Wettverbot (s. § 74 Rz. 18 ff.) dadurch nicht verbindlich[2].

26 **5. Lösungserklärung des Arbeitnehmers.** Oft übersehen wird, dass das Wettbewerbsverbot bei Vorliegen der Voraussetzungen des Abs. 2 **nicht von selbst entfällt**, sondern dass wegen der Verweisung auf Abs. 1 („in gleicher Weise") eine **schriftl. Lösungserklärung** des ArbN binnen Monatsfrist erforderlich ist. Die rechtsirrige Mitteilung an den ArbGeb, wegen Vorliegens der Voraussetzungen des Abs. 2 sei das Wettbewerbsverbot automatisch entfallen, kann nicht in eine Lösungserklärung umgedeutet werden[3].

27 **IV. Außerordentliche arbeitgeberseitige Kündigung.** § 75 III sieht vor, dass bei außerordentl. Kündigung des ArbGeb das Verbot bestehen bleiben, der ArbN aber den Karenzentschädigungsanspruch verlieren soll. Das BAG hat die Vorschrift für **verfassungswidrig** und nichtig erklärt, da sie ohne sachlichen Grund den ArbN (vgl. Abs. 1) schlechter stellte als den ArbGeb[4]. Die entstandene Lücke hat das BAG durch **Analogie zu Abs. 1** geschlossen[5]. Der ArbGeb kann sich bei Ausspruch einer fristlosen Kündigung also **binnen Monatsfrist** durch **schriftl. Erklärung** vom Wettbewerbsverbot lösen.

28 Eine außerordentl. Kündigung des ArbGeb reicht nicht in jedem Falle für ein Lösungsrecht nach Abs. 3, Abs. 1 aus. Vielmehr ist **vertragswidriges** Verhalten erforderlich, was **Verschulden** voraussetzt[6]. Ob die Kündigung **wirksam** ist oder nicht, spielt für das Lösungsrecht keine Rolle, solange das vertragswidrige Verhalten vorlag und der ArbN die Kündigung hingenommen hat und aus dem Arbeitsverhältnis ausgeschieden ist. Auf eine eventuelle Unwirksamkeit der Kündigung wegen Formfehlern (zB § 102 BetrVG) kommt es nicht an[7]. Nimmt dagegen der ArbN eine fristlose Kündigung wegen angeblichen vertragswidrigen Verhaltens hin, ohne dass dieses Verhalten tatsächlich vorlag, hat der ArbGeb kein Lösungsrecht[8].

29 Ähnlich wie bei Abs. 1 und 2 besteht das Lösungsrecht des ArbGeb auch dann, wenn er eigentlich zum Ausspruch einer außerordentl. Kündigung wegen vertragswidrigen Verhaltens berechtigt gewesen wäre, aber **stattdessen ordentl. kündigt** oder einen **Aufhebungsvertrag** schließt[9]. Allerdings muss (wie bei Abs. 1) der ArbGeb innerhalb der Zweiwochenfrist des § 626 II BGB den ArbN darauf hinweisen, dass die ordentl. Kündigung bzw. die angestrebte Vertragsauflösung wegen des vertragswidrigen Verhaltens betrieben wird. Nicht erforderlich ist, dass der ArbGeb innerhalb der Zweiwochenfrist alle formellen Voraussetzungen für eine wirksame außerordentl. Kündigung schafft[10].

30 Die Analogie von Abs. 1 erfasst auch das **Formerfordernis** für die Lösungserklärung. Sie muss also schriftl. erfolgen. Wird zuerst gekündigt und dann ein Aufhebungsvertrag abgeschlossen, beginnt die Monatsfrist bereits mit der Kündigung. Ist dagegen dem Aufhebungsvertrag keine Kündigung vorangegangen, so beginnt die Monatsfrist bereits in dem Moment, in dem der ArbGeb sich auf die Vertragsverletzung beruft und dem ArbN die Aufhebung des Arbeitsverhältnisses anträgt. Der ArbGeb kann das Lösungsrecht aus Abs. 3, Abs. 1 auch dann noch ausüben, wenn der ArbN bereits aus anderen Gründen ausgeschieden ist und erst danach sein vertragswidriges Verhalten bekannt wird.

31 Eine **formunwirksame** oder **verspätete** Lösungserklärung kann in das Angebot zur Aufhebung des Wettbewerbsverbots umgedeutet werden. Schweigen gilt allerdings nur in Ausnahmefällen als Einverständnis, etwa wenn der ArbN auf die Lösungserklärung hin zur Konkurrenz wechselt.

32 Die Ausübung des Lösungsrechts durch den ArbGeb schließt weiter gehende Schadenersatzansprüche nach **§ 628 II BGB** nicht aus[11]. Da nach § 249 BGB Naturalrestitution verlangt werden kann, hat der ArbN bei Vorliegen der Voraussetzungen des § 628 BGB bis zum nächsten ordentl. Kündigungstermin **entschädigungslos Wettbewerb** zu **unterlassen**[12].

33 **V. Abweichende vertragliche Vereinbarungen. 1. Wettbewerbsverbote nur für bestimmte Beendigungstatbestände.** Nach st. Rspr.[13] sind Wettbewerbsverbote **unverbindlich**, die nur in bestimmten Fällen der Beendigung des Arbeitsverhältnisses gelten sollen. Dies gilt insb. für die verbreiteten Verbote,

1 *Bauer/Diller*, Rz. 463; *Grüll/Janert*, Die Konkurrenzklausel, 5. Aufl. 1993, S. 71. | 2 *Bauer/Diller*, Rz. 465. | 3 LAG BW v. 30.8.1978 – 3 Sa 66/78. Zu Einzelheiten der Schriftform, zum Inhalt der Erklärung wie zur Fristberechnung s. Rz. 9 ff. | 4 BAG v. 23.2.1977 – 3 AZR 620/75, AP Nr. 6 zu § 75 HGB. | 5 BAG v. 23.2.1977 – 3 AZR 620/75, AP Nr. 6 zu § 75 HGB; v. 19.5.1998 – 9 AZR 327/96, DB 1999, 437. | 6 *Bauer/Diller*, Rz. 440. | 7 *Bauer/Diller*, Rz. 443. | 8 *Bauer/Diller*, Rz. 442. | 9 Statt aller BAG v. 2.12.1963 – 5 AZR 496/62, AP Nr. 2 zu § 75 HGB und v. 24.4.1970 – 3 AZR 328/69, AP Nr. 25 zu § 74 HGB. | 10 *Bauer/Diller*, Rz. 444 ff.; aA *Röhsler/Borrmann*, S. 120 f. | 11 BAG v. 23.2.1977 – 3 AZR 620/75, AP Nr. 6 zu § 75 HGB. | 12 Str., vgl. *Bauer/Diller*, Rz. 448; *Staub/Konzen/Weber*, § 75 HGB Rz. 19. | 13 BAG v. 14.7.1981 – 3 AZR 515/78, AP Nr. 8 zu § 75 HGB; v. 10.12.1985 – 3 AZR 242/84, AP Nr. 31 zu § 611 BGB – Konkurrenzklausel.

die nur im Falle einer **arbeitnehmerseitigen Kündigung** gelten sollen. Der ArbN hat bei solchen Klauseln ein Wahlrecht. Er kann im Fall der Eigenkündigung wählen, ob er sich an das Verbot halten und die Karenzentschädigung erhalten oder sich vom Verbot lösen will. Dieses Wahlrecht hat er aber auch dann, wenn das Arbeitsverhältnis auf andere Weise (insb. durch arbeitgeberseitige Kündigung) endet, obwohl für diesen Fall eigentlich gar keine Entschädigung zugesagt war[1].

2. **Sonstige abweichende Vereinbarungen.** Unproblematisch zulässig ist eine **Erweiterung der Lösungsrechte** des ArbN (zB auch bei einer personen- oder verhaltensbedingten ordentl. Kündigung). 34
Nichts einzuwenden ist gegen Wettbewerbsverbote, bei denen die **Höhe** der Entschädigung davon **abhängig** sein soll, auf welche Weise das Arbeitsverhältnis endet, solange in jedem Fall mindestens 50 % zugesagt sind. Unverbindlich sind die (früher in Anlehnung an Abs. 3 häufigen) Wettbewerbsverbote, nach denen im Fall einer außerordentl. Kündigung des ArbGeb der Entschädigungsanspruch entfallen soll[2].

75a

Verzicht des Prinzipals

Der Prinzipal kann vor der Beendigung des Dienstverhältnisses durch schriftliche Erklärung auf das Wettbewerbverbot mit der Wirkung verzichten, dass er mit dem Ablauf eines Jahres seit der Erklärung von der Verpflichtung zur Zahlung der Entschädigung frei wird.

I. Allgemeines. Die Vorschrift soll dem ArbGeb ermöglichen, sich unter angemessener Wahrung der Interessen des ArbN vom Wettbewerbsverbot zu lösen, wenn sein **Interesse** daran **entfallen** ist. Besondere Bedeutung hat das Verzichtsrecht, wenn der ArbGeb feststellt, dass das Wettbewerbsverbot **unverbindlich** (geworden) ist; das Verzichtsrecht ist nicht auf verbindliche Wettbewerbsverbote beschränkt[3]. Ein rechtzeitiger Verzicht nimmt dem ArbN das ansonsten bei unverbindlichen Verboten bestehende Wahlrecht (s. § 74 Rz. 18 ff.) aus der Hand. 1

Der Verzicht nach § 75a beendet mit **sofortiger Wirkung** die Pflicht des ArbN, keinen Wettbewerb zu machen[4]. Die Entschädigungspflicht dagegen entfällt **erst ein Jahr** nach Abgabe der Erklärung. Der Umfang der Entschädigungspflicht hängt deshalb davon ab, wann der Verzicht erklärt wird. Bei einem Verzicht mehr als ein Jahr vor Beendigung des Arbeitsverhältnisses wird überhaupt keine Karenzentschädigung fällig, wobei der ArbN selbstverständlich bis zur Beendigung des Arbeitsverhältnisses noch an das gesetzl. Wettbewerbsverbot des § 60 gebunden bleibt. Wird der Verzicht ein halbes Jahr vor Beendigung des Arbeitsverhältnisses erklärt, so ist der ArbN noch für das halbe Jahr bis zur Beendigung des Arbeitsverhältnisses an § 60 gebunden. In dieser Zeit erhält er sein normales Gehalt, selbstverständlich nicht zusätzlich auch noch die Karenzentschädigung. In der Zeit zwischen der Beendigung des Arbeitsverhältnisses und dem Ablauf der Jahresfrist des § 75a ist der ArbN dagegen frei, er erhält jedoch in diesen Zeitraum die zugesagte Karenzentschädigung. 2

Das Verzichtsrecht nach § 75a gilt auch, wenn der ArbN vorher nach § 75 II die **erhöhte 100%ige Karenzentschädigung** angeboten hat[5]. Endet das Arbeitsverhältnis durch **Aufhebungsvertrag**, ist sorgfältig zu prüfen, ob nach den Umständen des Einzelfalles durch den Aufhebungsvertrag das **Verzichtsrecht** nach § 75a **ausgeschlossen** sein sollte. Ist das der Fall, kann der ArbGeb in der Zeit zwischen Abschluss des Aufhebungsvertrags und dem Ende des Arbeitsverhältnisses den Verzicht nicht mehr erklären. 3

Als einseitiges Gestaltungsrecht ist der Verzicht nach § 75a **unwiderruflich**[6]. Eine „Rücknahme"-Erklärung des ArbGeb kann allenfalls umgedeutet werden in ein Angebot auf Neubegründung eines Wettbewerbsverbots, wobei es vom Zeitpunkt abhängt, ob dabei die Form des § 74 I einzuhalten wäre[7]. 4

II. Zeitpunkt des Verzichts. Der Verzicht kann bereits **vor Beginn** des Arbeitsverhältnisses erklärt werden[8]. Spätest möglicher Zeitpunkt ist der **letzte Tag des Arbeitsverhältnisses**, wobei es auf den Zugang ankommt. Eine **Freistellung** bedeutet nicht, dass der Verzicht vor Beginn der Freistellung erklärt werden müsste. 5

Bei **fristloser** Kündigung muss der Verzicht spätestens **zusammen mit der Kündigung** ausgesprochen werden. Vom Ausspruch einer ordentl. Kündigung ist das Verzichtsrecht unabhängig, der Verzicht kann also vor, zusammen mit oder nach der ordentl. Kündigung ausgesprochen werden[9]. 6

Soll nach dem Wortlaut des Verbots das Verzichtsrecht auch noch **nach Beendigung** des Arbeitsverhältnisses ausgeübt werden können, liegt ein **unverbindliches „bedingtes Wettbewerbsverbot"** vor (s. § 74 Rz. 104 ff.). 7

---

1 Ausf. *Bauer/Diller*, Rz. 472. | 2 BAG v. 25.6.1985 – 3 AZR 305/83, AP Nr. 11 zu § 74c HGB. | 3 BAG v. 19.1.1978 – 3 AZR 573/77, AP Nr. 36 zu § 74 HGB. | 4 BAG v. 17.2.1987 – 3 AZR 59/86, AP Nr. 4 zu § 75a HGB. | 5 *Staub/Konzen/Weber*, § 75a HGB Rz. 5. | 6 *Bauer/Diller*, Wettbewerbsverbote, 3. Aufl. 2002, Rz. 391; offen gelassen v. BAG v. 13.4.1978 – 3 AZR 822/76, AP Nr. 7 zu § 75 HGB. | 7 *Bauer/Diller*, Rz. 392. | 8 *Bauer/Diller*, Rz. 376. | 9 BAG v. 17.2.1987 – 3 AZR 59/86, AP Nr. 4 zu § 75a HGB.

8 Erklärt der ArbGeb erst **nach Beendigung** des Arbeitsverhältnisses den Verzicht, kann dies umgedeutet werden in ein Angebot, die Wettbewerbsklausel einvernehmlich aufzuheben. Schweigen kann allerdings nicht als Zustimmung gedeutet werden. Stets möglich ist nach Beendigung des Arbeitsverhältnisses allerdings ein einseitiger **Verzicht** des ArbGeb **außerhalb von § 75a** (§ 397 BGB). Ein solcher einseitiger Verzicht auf den vertragl. Unterlassungsanspruch bringt dann zwar die Entschädigungspflicht nicht zum Erlöschen (auch nicht nach Ablauf eines Jahres). Gleichwohl kann ein solcher Verzicht für den ArbGeb **sinnvoll** sein. Bei einem für den ArbGeb wertlos gewordenen Verbot kann ein Verzicht dazu führen, dass der ArbN in seinen angestammten Beruf zurückkehren und dort einen höheren anderweitigen Verdienst erzielen kann, was dann durch Anrechnung nach § 74c die Entschädigungspflicht des ArbGeb mindert.

9 **III. Form und Inhalt des Verzichts.** Das Gesetz schreibt **Schriftform** vor (§ 126 BGB), so dass insb. ein mündlicher Verzicht ebenso wenig wirksam ist wie ein Verzicht per **Fax**. Die Verzichtserklärung unterliegt als einseitige Willenserklärung der **Zurückweisung nach § 174 BGB**, so dass bei Verzichtserklärungen durch Vertreter auf ordnungsgemäße Dokumentation der Vollmacht geachtet werden muss.

10 Der Verzicht nach § 75a ist ein einseitiges Gestaltungsrecht und deshalb grds. **bedingungsfeindlich**[1]. Ein Verzicht unter irgendwelchen **Vorbehalten** ist deshalb unwirksam. Unschädlich ist allerdings, wenn in der Verzichtserklärung zugleich auf die allgemeine nachvertragl. Verschwiegenheitspflicht hingewiesen wird[2]. Der Verzicht ist einseitige Willenserklärung und bedarf deshalb keiner **Zustimmung des ArbN**. Stimmt der ArbN trotzdem mündlich oder schriftl. ausdrücklich zu, kann dies nicht in eine Zustimmung zur einvernehmlichen Aufhebung des Wettbewerbsverbots mit sofortigem Wegfall der Karenzentschädigung umgedeutet werden[3].

11 Der Verzicht braucht nicht ausdrücklich als „Verzicht" deklariert zu werden. Die Erklärung des ArbGeb, er wolle den ArbN vom Wettbewerbsverbot „**entbinden**", „das Wettbewerbsverbot **kündigen**" oder von ihm „**zurücktreten**" bzw. sich „von ihm **lossagen**" oder „**lösen**", reicht aus. Ein Verzicht nach § 75a ist allerdings dann unwirksam, wenn auf die Pflicht zur Wettbewerbsunterlassung **nicht** mit **sofortiger Wirkung** verzichtet wird, sondern nach dem Wortlaut der Verzichtserklärung entgegen § 75a der ArbN ebenfalls erst nach zwölf Monaten frei werden soll. Das Gleiche gilt, wenn nach dem Wortlaut der Verzichtserklärung die Pflicht zur Weiterzahlung der Entschädigung für zwölf Monate davon abhängen soll, ob der ArbN Konkurrenz macht[4]. Ebenfalls unwirksam ist eine Verzichtserklärung, wenn nach ihrem Inhalt entgegen § 75a die **Entschädigungspflicht sofort entfallen** soll[5]. Fraglich ist allerdings, ob solche Vorbehalte die Verzichtserklärung insgesamt unwirksam machen, oder ob der Verzicht wirksam bleibt, aber die Entschädigungspflicht gem. § 75a erst nach einem Jahr entfällt.

12 In einer **Ausgleichsquittung** oder **Erledigungsklausel**, nach der alle gegenseitigen Rechte und Pflichten erledigt sein sollen, liegt regelmäßig keine Verzichtserklärung nach § 75a[6]. Eine **Änderungskündigung**, mit der dem ArbN die Fortsetzung des Arbeitsverhältnisses ohne Wettbewerbsverbot angeboten wird, kann nicht in eine Verzichtserklärung nach § 75a umgedeutet werden[7]. Auch eine arbeitgeberseitige **Lösungserklärung nach § 75 III, I**, die wegen Fehlens der Voraussetzungen des § 75 unwirksam ist, kann (wegen der verschiedenen Rechtsfolgen) nicht ohne weiteres in eine Verzichtserklärung nach § 75a umgedeutet werden[8].

13 Nicht möglich ist der Verzicht auf einen **Teil der Laufzeit** des Verbots[9]. Zulässig ist der Verzicht dahin gehend, dass die Verzichtswirkung nicht sofort, sondern erst zu einem **späteren Zeitpunkt** eintreten soll, solange dieser Zeitpunkt nicht nach Beendigung des Arbeitsverhältnisses liegt[10].

14 **IV. Rechtsfolgen.** Immer wieder übersehen wird, dass § 75a den Wegfall der Wettbewerbsunterlassungspflicht anders regelt als den Wegfall der Pflicht zur Entschädigungszahlung. Während nach § 75a die Pflicht zur Wettbewerbsunterlassung **sofort** erlischt, läuft die Entschädigungspflicht erst **zwölf Monate** später aus. Der Entschädigungsanspruch ist unabhängig davon, wie der ArbN sich verhält. Der Entschädigungsanspruch besteht also auch dann, wenn der ArbN **zur Konkurrenz wechselt**[11]. War das Wettbewerbsverbot für **weniger als ein Jahr** vereinbart worden, endet die Entschädigungspflicht selbstverständlich mit dem Ende des vereinbarten Verbots, nicht erst mit dem Ende des Jahreszeitraums nach § 75a. Auf die nach § 75a fortzuzahlende Karenzentschädigung ist anderweitiger Erwerb nach **§ 74c** anrechenbar[12].

15 Hat der ArbGeb nach § 75a verzichtet, kann er **später** bei Ausspruch einer **fristlosen Kündigung** die sofortige Lösung nach § 75 III, I (mit dem Vorteil des sofortigen Wegfalls der Entschädigungspflicht) noch erklären. Nach der Rspr. des BAG[13] ist sogar nach vorherigem Verzicht nach § 75a eine ausdrück-

1 BGH v. 28.1.1981 – IV b ZR 581/80, BGHZ 79, 265. | 2 *Bauer/Diller*, Rz. 383. | 3 BAG v. 19.10.1982 – 3 AZR 28/80. | 4 Ausf. *Bauer/Diller*, Rz. 383. | 5 BAG v. 13.4.1978 – 3 AZR 822/76, AP Nr. 7 zu § 75 HGB. | 6 BAG v. 20.10.1981 – 3 AZR 1013/78, BB 1982, 861. | 7 BAG v. 10.9.1985 – 3 AZR 490/83, AP Nr. 49 zu § 74 HGB. | 8 *Bauer/Diller*, Rz. 386. | 9 *v. Hoyningen-Huene*, vor § 75 HGB Rz. 2; *Bauer/Diller*, Rz. 388. | 10 *Bauer/Diller*, Rz. 389. | 11 LAG BW v. 4.11.1997 – 7 Sa 29/97. | 12 *Bauer/Diller*, Rz. 396. | 13 BAG v. 17.2.1987 – 3 AZR 59/86, AP Nr. 4 zu § 75a HGB.

liche Lösungserklärung nach § 75 III, I nicht mehr erforderlich, die Entschädigungspflicht entfällt **automatisch**. Erklärt der ArbGeb bei einer fristlosen Kündigung statt der Lösung nach § 75 III, I den Verzicht nach § 75a, so ist sorgfältig zu prüfen, was gewollt war, da der Verzicht nach § 75a wegen der weiterlaufenden Entschädigungspflicht ungünstiger ist[1].

V. Auskunftspflicht. Fragt der ArbN gegen Ende des Arbeitsverhältnisses **beim ArbGeb** an, ob dieser sein Verzichtsrecht aus § 75a ausüben werde, **braucht** der ArbGeb **nicht zu antworten**. Tut er es gleichwohl, ist er an seine Antwort gebunden[2]. 16

Ebenso wenig muss der ArbN **Anfragen des ArbGeb** beantworten[3]. Ein **Recht zu lügen** hat der ArbN allerdings nicht. Im Fall der Lüge kann er sich schadenersatzpflichtig machen, und der ArbGeb kann dann den Schadenersatzanspruch gegen die Karenzentschädigung aufrechnen[4]. 17

Eine Auskunftspflicht des ArbN kann auch **nicht vertragl. vereinbart** werden[5]. Solche Auskunftsklauseln (nicht zu verwechseln mit der zulässigen Verpflichtung zur Auskunft über anderweitigen Erwerb!) benachteiligen den ArbN unangemessen. Denn das Verzichtsrecht nach § 75a soll nur dazu dienen, dem ArbGeb die Lösung von einem wertlos gewordenen Verbot zu ermöglichen. Sie soll dem ArbGeb dagegen nicht eine Möglichkeit geben, sich vom Wettbewerbsverbot zu lösen, wenn er erfahren hat, dass der ausscheidende ArbN eine konkurrenzfreie Tätigkeit aufnehmen wird[6]. Erteilt der ArbN gleichwohl Auskunft (egal ob auf Grund einer vertragl. Verpflichtung oder auf Grund einer entsprechenden Anfrage des ArbGeb), so verstößt der ArbGeb gegen Treu und Glauben (§ 242 BGB), wenn er auf Grund der Auskunft den Verzicht erklärt. Der Verzicht ist deshalb unwirksam[7]. Erfährt der ArbGeb dagegen **zufällig** von den Berufsplänen des ArbN, kann er ohne weiteres darauf mit einem Verzicht nach § 75a reagieren[8]. 18

75b (aufgehoben)

75c *Vertragsstrafe*

(1) Hat der Handlungsgehilfe für den Fall, dass er die in der Vereinbarung übernommene Verpflichtung nicht erfüllt, eine Strafe versprochen, so kann der Prinzipal Ansprüche nur nach Maßgabe der Vorschriften des § 340 des Bürgerlichen Gesetzbuchs geltend machen. Die Vorschriften des Bürgerlichen Gesetzbuchs über die Herabsetzung einer unverhältnismäßig hohen Vertragsstrafe bleiben unberührt.

(2) Ist die Verbindlichkeit der Vereinbarung nicht davon abhängig, dass sich der Prinzipal zur Zahlung einer Entschädigung an den Gehilfen verpflichtet, so kann der Prinzipal, wenn sich der Gehilfe einer Vertragsstrafe der in Absatz 1 bezeichneten Art unterworfen hat, nur die verwirkte Strafe verlangen; der Anspruch auf Erfüllung oder auf Ersatz eines weiteren Schadens ist ausgeschlossen.

I. Allgemeines. Da bei Verstößen des ArbN gegen das Wettbewerbsverbot ein Schadenersatzanspruch oft kaum zu berechnen ist, und viele ArbN das Risiko einer Unterlassungsverfügung (s. § 74 Rz. 112 ff.) in Kauf nehmen, ist die Vereinbarung einer Vertragsstrafe für den ArbGeb **unabdingbar**. Wettbewerbsverbote ohne Vertragsstrafe erweisen sich in der Praxis regelmäßig als **wertlos** (allgemein zu den Rechtsfolgen von Verstößen des ArbN s. § 74 Rz. 109 ff.). 1

Eine gezahlte Vertragsstrafe kann unter Umständen als **Werbungskosten** abgesetzt werden[9]. 2

Abs. 1 verweist für die Vereinbarung einer Vertragsstrafe auf die **Vorschriften des BGB**, insb. auf § 340. S. 2 stellt klar, dass auch die Regeln des BGB über die Herabsetzung unverhältnismäßig hoher Vertragsstrafen anwendbar sind. **Gegenstandslos** ist **Abs. 2**, da mittlerweile alle gesetzl. Vorschriften, nach denen ausnahmsw. ein Wettbewerbsverbot nicht von der Zahlung einer Karenzentschädigung abhängen sollte, entfallen sind (zB § 75b, § 75 III). 3

II. Zulässigkeit von Vertragsstrafen. Nach allgemeinen Grundsätzen sind im Arbeitsrecht Vertragsstrafen nur zulässig, wenn der ArbGeb ein **berechtigtes Interesse** daran hat[10]. Dieses Interesse liegt bei einem Wettbewerbsverbot **regelmäßig** vor. Die Vertragsstrafe zur Sicherung eines Wettbewerbsverbots unterliegt dem **Formzwang** des § 74 I[11]. Trotz §§ 305 ff. BGB können Vertragsstrafen zur Sicherung eines 4

---

1 Dazu LG Stuttgart v. 1.12.1995 – 2 KfH O 110/95, nv. | 2 *Bauer/Diller*, Rz. 400. | 3 BAG v. 2.12.1968 – 3 AZR 402/67, AP Nr. 3 zu § 74a HGB. | 4 LAG Hamm v. 19.5.1994 – 16 (10) Sa 1545/93, LAGE § 794 ZPO Nr. 7; *Bauer/Diller*, Rz. 406. | 5 BAG v. 2.12.1968 – 3 AZR 402/67, AP Nr. 3 zu § 74a HGB; v. 26.10.1978 – 3 AZR 649/77, AP Nr. 3 zu § 75a HGB. | 6 BAG v. 2.12.1968 – 3 AZR 402/67, AP Nr. 3 zu § 74a HGB. | 7 BAG v. 26.10.1978 – 3 AZR 649/77, AP Nr. 3 zu § 75a HGB. | 8 *Röhsler/Borrmann*, Wettbewerbsbeschränkungen für Arbeitnehmer und Handelsvertreter, 1981, S. 123; *Bauer/Diller*, Rz. 405. | 9 FG Münster v. 2.7.1981 – I 6182/80 E, EFG 1982, 181; *Bauer/Diller*, Wettbewerbsverbote, 3. Aufl. 2002, Rz. 633. | 10 BAG v. 23.5.1984 – 4 AZR 129/82, AP Nr. 9 zu § 339 BGB. | 11 *Staub/Konzen/Weber*, § 75c HGB Rz. 2; *Bauer/Diller*, Rz. 633.

Wettbewerbsverbots auch in **Formulararbeitsverträgen** vereinbart werden[1], allerdings muss dann klar geregelt sein, welche Verstöße welche Folgen auslösen: insb. muss klar zwischen Einzel- und Dauerverstößen differenziert werden[2]. Vertragsstrafen in Wettbewerbsverboten mit **Auszubildenden** sind wegen § 12 II BBiG unwirksam.

5 Gem. § 344 BGB ist das Vertragsstrafeversprechen unwirksam, wenn das Wettbewerbsverbot **unwirksam** oder **unverbindlich** ist. Entscheidet sich allerdings der ArbN bei einem unverbindlichen Verbot für dessen Einhaltung (s. § 74 Rz. 18 ff.), wird damit auch das Vertragsstrafeversprechen wirksam mit der Folge, dass bei späteren Verstößen die Vertragsstrafe verwirkt ist[3].

6 **III. Höhe der Vertragsstrafe, Herabsetzung.** Als Vertragsstrafe kann eine **bestimmte Summe** oder ein **Vielfaches des letzten Monatsverdienstes** vereinbart werden. Die Höhe der Vertragsstrafe kann auch nach den Bezügen aus einem verbotswidrig eingegangenen neuen Arbeitsverhältnis bemessen werden[4].

7 Ist eine Vertragsstrafe von **„bis zu x Euro"** vereinbart[5], ist nicht § 315 BGB einschlägig. Vielmehr ist stets die Höchststrafe verwirkt, sofern nicht eine Herabsetzung nach § 343 BGB angebracht ist (dazu sogleich)[6]. Die Bestimmung der Vertragsstrafe kann in das **Ermessen eines Dritten** gestellt werden, nicht jedoch in das Ermessen eines **Gerichts**[7].

8 Gem. § 75c I 2 gilt § 343 BGB. Nach dieser Vorschrift kann eine verwirkte Vertragsstrafe, wenn sie unverhältnismäßig hoch ist, **auf Antrag** des Schuldners durch Urteil **auf einen angemessenen Betrag herabgesetzt** werden. Diese Vorschrift ist erstaunlicherweise weithin **unbekannt**. Viele ArbN akzeptieren hohe Vertragsstrafen in dem Glauben, das Vertragsstrafeversprechen sei sittenwidrig und damit insgesamt nichtig. Tatsächlich ist § 343 BGB eine Sonderregelung zu § 138 BGB, so dass eine vollständige Nichtigkeit allenfalls bei „exorbitant hohen" Vertragsstrafen in Betracht kommt[8].

9 Die Gerichte machen häufig **vorschnell** von der Herabsetzungsmöglichkeit des § 343 BGB Gebrauch, obwohl nur eine ausreichend hohe Vertragsstrafe ausreichenden Druck auf den ArbN ausübt (zumal vielfach der neue ArbGeb die Vertragsstrafe ganz oder zum Teil übernimmt)[9]. Richtigerweise ist auch gegen Vertragsstrafen in Höhe von einem **Jahresverdienst** nichts einzuwenden, die Vertragsstrafe kann im Einzelfall auch durchaus höher als die gesamte zu zahlende Karenzentschädigung sein[10].

10 Bei der Herabsetzungsentscheidung hat das Gericht alle **Umstände des Einzelfalles** zu beachten[11], erforderlich ist eine **Interessenabwägung**. Einzubeziehen sind insb. folgende Gesichtspunkte:

- Art und Umfang des berechtigten geschäftlichen Interesses des ArbGeb (§ 74a I 1),
- Umfang der Beeinträchtigung der beruflichen Entwicklung des ArbN (§ 74a I 2),
- die beabsichtigte Abschreckungswirkung[12],
- die Höhe des eingetretenen oder des theoretisch möglichen Schadens[13], das Fehlen eines feststellbaren Schadens rechtfertigt für sich allein die Herabsetzung der Vertragsstrafe noch nicht[14],
- die Schwere des Verschuldens[15],
- die wirtschaftl. Situation der Beteiligten[16],
- die beabsichtigte Abschreckungswirkung[17] und
- die Funktion der Vertragsstrafe als Druck- und Sicherungsmittel[18].

11 Die **Beweislast** für die Umstände, wegen derer die Herabsetzung der Vertragsstrafe begehrt wird, trägt der **ArbN**[19]. Maßgeblicher Zeitpunkt für die Beurteilung der Gesamtumstände ist nicht der Zeitpunkt des Verstoßes, sondern der **Zeitpunkt** der erstmaligen **Geltendmachung** der Vertragsstrafe[20]. Deshalb kann der ArbN nicht schon im Vorfeld eines möglichen Verstoßes eine gerichtliche Herabsetzungsentscheidung erwirken[21]. Ist die Vertragsstrafe **bereits gezahlt**, ist nach § 343 I 3 BGB die Herabsetzung nicht mehr möglich. Hat sich der ArbN nach seinem Ausscheiden als **Kaufmann** selbständig gemacht, schließen die §§ 348, 351 HGB die Herabsetzung der Vertragsstrafe nicht aus, da maßgeblicher Zeitpunkt der Moment des Vertragsschlusses ist[22].

---

1 Ausf. *Bauer/Diller*, NJW 2002, 1614. | 2 BAG v. 14.8.2007 – 8 AZR 973/06. | 3 *Bauer/Diller*, Rz. 634. | 4 *Bauer/Diller*, Rz. 638. | 5 BAG v. 25.9.1980 – 3 AZR 133/80, AP Nr. 7 zu § 339 BGB; v. 5.2.1986 – 5 AZR 564/84, AP Nr. 12 zu § 339 BGB. | 6 *Bauer/Diller*, Rz. 636. | 7 BAG v. 25.9.1980 – 3 AZR 133/80, AP Nr. 7 zu § 339 BGB. | 8 LAG Köln v. 26.9.1989 – 3 Sa 332/89, DB 1989, 2619; aA LAG BW v. 14.5.1963 – 7 Sa 24/63, AP Nr. 2 zu § 339 BGB. | 9 Dazu *Heinze*, NZA 1994, 251; BAG v. 21.5.1971 – 3 AZR 359/70, AP Nr. 1 zu § 75c HGB. | 10 BAG v. 23.1.1967 – 3 AZR 253/66, AP Nr. 1 zu § 74c HGB; v. 21.5.1971 3 AZR 359/70, AP Nr. 1 zu § 75c HGB; vgl. auch BAG v. 30.4.1971 – 3 AZR 259/70, AP Nr. 2 zu § 340 BGB. | 11 Grundl. BAG v. 26.9.1963 – 5 AZR 61/63, AP Nr. 1 zu § 74a HGB. | 12 *Röhsler/Borrmann*, Wettbewerbsbeschränkungen für Arbeitnehmer und Handelsvertreter, 1981, S. 136. | 13 BAG v. 25.10.1994 – 9 AZR 265/93, nv. | 14 RG v. 28.10.1921 – III 107/21, RGZ 103, 99; LAG BW v. 14.5.1963 – 7 Sa 24/63, AP Nr. 2 zu § 339 BGB. | 15 *Röhsler/Borrmann*, S. 136. | 16 *Röhsler/Borrmann*, S. 136. | 17 *Röhsler/Borrmann*, S. 136. | 18 BGH v. 7.10.1982 – 1 ZR 120/80, NJW 1983, 941, 942. | 19 BGH v. 13.3.1953 – 1 ZR 136/52, GRUR 1953, 262, 264; LAG BW v. 14.5.1963 – 7 Sa 24/63, AP Nr. 2 zu § 339 BGB. | 20 *Bauer/Diller*, Rz. 645. | 21 RG v. 14.3.1913 – 407/12 III, JW 1913, 604. | 22 BGH v. 13.2.1952 – II ZR 91/51, BGHZ 5, 133, 136.

Nach § 343 BGB setzt die Herabsetzung der Vertragsstrafe einen „**Antrag**" des ArbN voraus. Der Antrag kann aber auch als **prozessuale Einrede** erhoben werden. Dazu reicht jede Anregung aus, die erkennen lässt, dass der Schuldner ganz oder teilweise von der Vertragsstrafe loskommen will, weil er sie als unangemessen hoch oder drückend empfindet[1]. Der ArbN muss **nicht beziffern**, um welchen Betrag er die Herabsetzung der Strafe begehrt. 12

IV. Verwirkung der Vertragsstrafe. Entgegen § 339 BGB ist nach einhelliger Ansicht die Vertragsstrafe nur verwirkt, wenn der ArbN **schuldhaft** gehandelt hat[2]. Die Beweislastregel des **§ 619a BGB** gilt nicht, so dass der ArbN beweisen muss, dass er nicht schuldhaft gehandelt hat[3]. Die Beweislast für den Verstoß gegen das Wettbewerbsverbot trägt dagegen der ArbGeb (§ 345 S. 2 BGB). Die Verwirkung der Vertragsstrafe knüpft allein an die Verletzung des Verbots an, unabhängig davon, ob ein Schaden entstanden ist[4]. 13

Üblicherweise wird die Vertragsstrafe **„für jeden Fall der Zuwiderhandlung"** vereinbart, wobei für den Fall der verbotswidrigen Eingehung eines neuen Arbeitsverhältnisses jeder Monat als getrennte Zuwiderhandlung gelten sollen. Solche Klauseln sind zulässig und auch sinnvoll, müssen aber jedenfalls in AGB hinreichend klar und detailliert sein, insb. hinsichtlich der Abgrenzung zwischen Einzel- und Dauerverstößen[5]. Denn ansonsten stellen sich außerordentl. schwierige Auslegungsprobleme, weil gem. § 340 BGB neben einer für den Fall der Nichterfüllung vorgesehenen Vertragsstrafe grds. nicht mehr die Erfüllung verlangt werden kann. Bei einer Vertragsstrafenregelung, die ausdrücklich für jeden Fall der Zuwiderhandlung (oder bei Dauerverstößen für jeden Monat des Verstoßes) gelten soll, ist klar, dass der ArbGeb gem. § 340 BGB den **Unterlassungsanspruch** für diejenigen Zeiten **behält**, auf die sich die verwirkte Vertragsstrafe nicht bezieht[6]. Dieses Wahlrecht entsteht jedes Mal neu ohne Rücksicht darauf, wie der ArbGeb bei früheren Verstößen reagiert hat[7]. Das Wahlrecht des ArbGeb zwischen Erfüllung und Strafe erlischt nach § 340 BGB erst bei Annahme der Erfüllung, vorher kann er also von einer zunächst verlangten Erfüllung noch auf das Strafverlangen überwechseln[8]. 14

Ist die Vertragsstrafe „für jeden Fall der Zuwiderhandlung" versprochen, ohne dass das Problem möglicher Dauerverstöße geregelt wurde, so ist eine Frage der **Auslegung**, ob bei einem **Dauerverstoß** die Vertragsstrafe nur einmal oder jeden Monat fällig werden soll. Dies hängt insb. von der Höhe der Vertragsstrafe ab[9], wobei dies zugleich Auswirkungen darauf hat, ob neben der Vertragsstrafe noch Unterlassung verlangt werden kann (s. Rz. 14). Ohne entsprechende ausdrückliche Regelung ist eine Vertragsstrafe bei einem nur vorübergehenden Verstoß **im Zweifel in vollem Umfang** verwirkt, nicht nur pro rata temporis[10]. Stellt der ArbN eine verbotswidrige Tätigkeit wieder ein, nimmt dafür aber eine andere verbotswidrige Tätigkeit auf, liegen zwei getrennte Verstöße vor[11]. Das wiederholte Verhandeln und die spätere Durchführung eines verbotenen Auftrags ist allerdings als einheitlicher Verstoß zu sehen[12], ebenso die wiederholte Beratung eines gesperrten Kunden[13]. 15

Unzulässig ist es, wenn der ArbGeb Verstöße des ArbN klaglos hinnimmt, um durch **„Sammeln" von Vertragsstrafen** einen wirtschaftl. existenzbedrohenden Gesamtanspruch geltend machen zu können[14]; hier käme auch eine Herabsetzung der Vertragsstrafe nach § 343 BGB in Betracht. 16

Erfüllungsort für den Anspruch auf Vertragsstrafe ist der Gleiche wie bei den sonstigen Ansprüchen des ArbGeb wegen Verletzung des Verbots (s. § 74 Rz. 112). 17

V. Weiter gehender Schadenersatz. Die Geltendmachung der Vertragsstrafe schließt nach § 340 II 2 BGB die Geltendmachung eines weiter gehenden Schadens nicht aus, ein entsprechender ausdrücklicher Vorbehalt in der Wettbewerbsklausel ist nicht erforderlich. Den weiter gehenden Schaden kann der ArbN gleichzeitig mit der Vertragsstrafe oder nachträglich geltend machen. Die Vertragsstrafe ist auf den tatsächlich entstandenen Schaden **anzurechnen**, abweichende Regeln sind unzulässig, schon wegen §§ 75c, d[15]. 18

VI. Verfallklausel. Häufig wird neben oder an Stelle einer Vertragsstrafe vereinbart, dass im Falle eines Verstoßes gegen das Wettbewerbsverbot ansonsten bestehende Ansprüche des ArbN verfallen sollen. Dies betrifft zB den Verlust oder die Kürzung einer **Betriebsrente** oder eines **Übergangsgeldes**, sofortige **Rückzahlung eines ArbN-Darlehens**, Verlust eines **Wohnrechts** etc. Solche Verfallklauseln sind wie Vertragsstrafen zu behandeln, es gelten die §§ 339 ff. BGB[16]. So kommt bspw. eine Herabsetzung/Milderung nach § 343 BGB in Betracht, und nach Geltendmachung des Verfalls kann nicht mehr Erfüllung geltend gemacht werden (§ 340 I 2 BGB). Zu Klauseln, die dem ArbN Wettbewerbstätigkeiten nicht verbieten, 19

1 BGH v. 22.5.1968 – VIII ZR 69/66, NJW 1968, 1625. | 2 *Bauer/Diller*, Rz. 648. | 3 Ausf. *Bauer/Diller*, NJW 2002, 1611. | 4 RG v. 21.10.1921 – III 107/21, RGZ 103, 99; BGH v. 11.7.1974 – II ZR 1/73, BGHZ 63, 62. | 5 BAG v. 14.8.2007 – 8 AZR 973/06. | 6 BAG v. 30.4.1971 – 3 AZR 259/70, AP Nr. 2 zu § 340 BGB; v. 26.1.1973 – 3 AZR 233/72, AP Nr. 4 zu § 75 HGB. | 7 BAG v. 30.4.1971 – 3 AZR 259/70, AP Nr. 2 zu § 340 BGB. | 8 *Bauer/Diller*, Rz. 654. | 9 BAG v. 26.9.1963 – 5 AZR 2/63, AP Nr. 1 zu § 75 HGB. | 10 BAG v. 30.4.1971 – 3 AZR 259/70, AP Nr. 2 zu § 340 BGB. | 11 BAG v. 26.1.1973 – 3 AZR 233/72, AP Nr. 4 zu § 75 HGB. | 12 BAG v. 11.3.1968 – 3 AZR 337/67, AP Nr. 23 zu § 74 HGB. | 13 BAG v. 26.11.1971 – 3 AZR 220/71, AP Nr. 26 zu § 611 BGB – Konkurrenzklausel. | 14 *Bauer/Diller*, Rz. 651b; dazu BGH v. 18.9.1997 – I ZR 71/95, DB 1998, 819. | 15 BGH v. 27.11.1974 – VIII ZR 9/73, BGHZ 63, 256. | 16 BGH 27.6.1960 – VII ZR 101/59, NJW 1960, 1568.

sondern nur im Falle einer Wettbewerbstätigkeit den Verlust bestimmter Vorteile vorsehen, s. § 74 Rz. 56 ff.

20 Verfallklauseln sind grds. **zulässig**. Problematisch sind sie nur, soweit es um den Verfall/Widerruf von **Betriebsrenten** geht. Wegen der **Unverfallbarkeit** (§ 1b BetrAVG) kann die Kürzung einer Betriebsrente nur für den Fall vereinbart werden, dass wegen der Schwere des Verstoßes der ArbGeb schon nach allgemeinen Rechtsgrundsätzen zum (ganzen oder teilweisen) Widerruf der Betriebsrente berechtigt wäre[1]. Etwas anderes gilt nur dann, wenn **anlässlich des Ausscheidens** im Zusammenhang mit dem Wettbewerbsverbot die Betriebsrente um einen bestimmten Betrag erhöht wird und sich der Verfall nur auf diesen Erhöhungsbetrag bezieht[2]. Von der Betriebsrente zu unterscheiden ist das **Übergangsgeld**, welches der ArbGeb zur Überbrückung der Zeit zwischen dem Ausscheiden und dem Erreichen der Altersgrenze zahlt. Da dieses nicht unter das BetrAVG fällt, ist insoweit eine Verfallklausel zulässig[3].

75d *Unabdingbarkeit*

Auf eine Vereinbarung, durch die von den Vorschriften der §§ 74 bis 75c zum Nachteil des Handlungsgehilfen abgewichen wird, kann sich der Prinzipal nicht berufen. Das gilt auch von Vereinbarungen, die bezwecken, die gesetzlichen Vorschriften über das Mindestmaß der Entschädigung durch Verrechnungen oder auf sonstige Weise zu umgehen.

1 Das Umgehungsverbot des § 75d hat in der Rspr. seit jeher eine große Rolle gespielt. So hat sich bspw. die Rspr. zu „bedingten Wettbewerbsverboten" ganz maßgeblich auf § 75d gestützt (s. § 74 Rz. 104 ff.). Auch bei „indirekten Wettbewerbsverboten" (s. § 74 Rz. 56 ff.) sowie bei Wettbewerbsverboten, die nur bei bestimmten Beendigungstatbeständen gelten sollen (s. § 75 Rz. 33 ff.) spielt das Umgehungsverbot eine Rolle. S. 2 verbietet ausdrücklich die Umgehung der Entschädigungspflicht durch Verrechnung, was zB die Gewährung von Sachleistungen (s. § 74 Rz. 88) oder die Abgeltung der Entschädigung durch eine laufende Zulage während des Arbeitsverhältnisses (s. § 74b Rz. 2 ff.) unzulässig macht.

75e **(aufgehoben)**

75f *Sperrabrede unter Arbeitgebern*

Im Falle einer Vereinbarung, durch die sich ein Prinzipal einem anderen Prinzipal gegenüber verpflichtet, einen Handlungsgehilfen, der bei diesem im Dienst ist oder gewesen ist, nicht oder nur unter bestimmten Voraussetzungen anzustellen, steht beiden Teilen der Rücktritt frei. Aus der Vereinbarung findet weder Klage noch Einrede statt.

1 **I. Bedeutung.** Das Verbot des § 75f dient dem Schutz der ArbN. ihr **Recht auf freie Wahl des Arbeitsplatzes** (Art. 12 GG) soll nicht durch Abreden zwischen Unternehmen unterlaufen werden. Die Existenz von § 75f ist **weitgehend unbekannt**, vielfach werden Sperrklauseln zwischen Unternehmen in Unkenntnis der Vorschrift vereinbart.

2 § 75f erfasst anders als die §§ 74 ff. nicht wettbewerbsbeschränkende Abreden zwischen ArbGeb und ArbN, sondern wettbewerbsbeschränkende Abreden zwischen **zwei ArbGeb** (Unternehmen). Im Zusammenhang mit solchen Abreden ist in der Lit. oft von **„geheimen Wettbewerbsverboten"** die Rede. Dies beruht darauf, dass Sperrabreden zwischen ArbGeb häufig den ArbN nicht bekannt sind. § 75f gilt aber selbstverständlich unabhängig davon, ob es sich um geheime (zB Kartell-)Abreden oder um offen kommunizierte Vereinbarungen (zB im Zusammenhang mit Unternehmenskaufverträgen) handelt.

3 In der Praxis sind gegen § 75f verstoßende Vereinbarungen in verschiedener Form anzutreffen. Zum einen will § 75f dem Entstehen **„schwarzer Listen" von nicht-einzustellenden ArbN** (zB gewerkschaftliche Aktivisten, politische Radikale etc.) entgegenwirken. Des Weiteren sollen (unabhängig vom allgemeinen Kartellverbot des § 1 GWB) Absprachen zwischen Unternehmen verhindert werden, die das Ziel haben, sich **nicht gegenseitig Arbeitskräfte abzuwerben** oder diese nicht zu günstigeren Bedingungen einzustellen. So berichtet *v. Hoyningen-Huene*[4] von Sperrabreden zwischen **Kaufhausunternehmen**, in denen vereinbart wurde, dass Verkäuferinnen nicht ohne Beteiligung des bisherigen ArbGeb oder nur zum gleichen Gehalt eingestellt werden dürfen. Besondere Bedeutung hat § 75f, wenn ArbN eines Unternehmens Auftragsarbeiten in den Räumen eines anderen Unternehmens erledigen, weil hier besondere Abwerbungsgefahren drohen. Typischer Fall sind **Software-Dienstleistungsunternehmen**, die ihre Mitarbeiter zu Projektarbeiten in andere Unternehmen entsenden. Die Auftraggeber haben häufig ein Inter-

---

1 BAG v. 3.4.1990 – 3 AZR 211/89, AP Nr. 9 zu § 1 BetrAVG – Treuebruch; v. 15.6.1993 – 9 AZR 558/91, AP Nr. 40 zu § 611 BGB – Konkurrenzklausel. | 2 Ausf. *Bauer/Diller*, Rz. 660. | 3 BGH v. 3.7.2000 – II ZR 381/98, NZA 2001, 612. | 4 *v. Hoyningen-Huene*, § 75f Rz. 1.

esse daran, qualifizierte Mitarbeiter des Dienstleisters abzuwerben und bei sich selbst anzustellen. Deshalb sehen die Dienstleistungsverträge zwischen den Unternehmen häufig Verbote vor, wonach der Auftraggeber die Mitarbeiter des Softwaredienstleisters nicht abwerben und einstellen darf. Solche Vereinbarungen scheitern an § 75f In **Joint Venture-Verträgen** wird häufig vorgesehen, dass die Parteien sich wechselseitig keine Mitarbeiter abwerben und einstellen dürfen. Brisant sind in der Praxis die Fälle, in denen bei der **Vorbereitung eines Unternehmenskaufs** der potenzielle Erwerber in engen persönlichen Kontakt zu Schlüsselkräften des zu erwerbenden Unternehmens gerät. Hier entsteht häufig erheblicher Abwerbungsdruck. Häufig versucht das Zielunternehmen, sich in einen vorbereitenden „Letter of Intent" durch Abwerbe- und Anstellungsverbote zu Lasten des potenziellen Erwerbers zu schützen, was aber mit § 75f unvereinbar ist.

II. Anwendungsbereich. § 75f erfasst nicht nur absolute Verbote, wechselseitig Mitarbeiter einzustellen. Erfasst sind auch Abreden, wonach die Einstellung **nur unter bestimmten Voraussetzungen** (zum Beispiel nur mit einem bestimmten Gehalt) erfolgen sollen[1]. Als „bestimmte Voraussetzung" gilt auch die **Zustimmung des alten ArbGeb**, so dass unter § 75f auch Absprachen zwischen Unternehmen fallen, wonach das eine Arbeiternehmer des anderen nicht ohne Zustimmung des anderen Unternehmers einstellt. § 75f gilt unabhängig davon, ob die Unternehmen **wechselseitig** die Einstellung unterlassen sollen oder die Abrede nur zu Gunsten eines der beiden Vertragsteile gilt. Ebenfalls unerheblich ist, ob für die Sperrabrede ein **Entgelt** bezahlt wird. 4

Fraglich ist, ob § 75f auch für bloße **Abwerbungsverbote** gilt[2]. Abwerbungsverbote verbieten lediglich eine Initiative des potenziellen neuen ArbGeb, lassen jedoch die Einstellung zu, wenn die Initiative vom ArbN ausging. Versteht man § 75f als Norm zur Aufrechterhaltung der Garantie auf freie Arbeitsplatzwahl aus Art. 12 GG, so besteht kein Anlass, § 75f auf Abwerbeverbote anzuwenden. Denn die freie Arbeitsplatzwahl ist auch dann garantiert, wenn der ArbN sich selbst um einen neuen Arbeitsplatz kümmern muss und nur seine unmittelbare Ansprache durch den potenziellen neuen ArbGeb ausgeschlossen ist[3]. 5

Ebenso wie §§ 74 ff. ist § 75f auf **alle Arbeitsverhältnisse** anwendbar. Die Vorschrift gilt also zwischen nicht-kaufmännischen ArbGeb ebenso wie zwischen kaufmännischen, und für nicht-kaufmännische ArbN ebenso wie für Handlungsgehilfen[4]. § 75f gilt auch für entsprechende Vereinbarungen zwischen **Mehrheiten von ArbGeb**, Konzernen und **Verbänden**[5]. Für Sperrklauseln zwischen Leiharbeitsunternehmen und Entleiherunternehmen gelten die Sondervorschriften des **§ 9 AÜG** (s. dort). 6

§ 75f greift auch dann, wenn das andere Unternehmen den ausgeschiedenen ArbN nicht als ArbN einstellt, sondern als selbstständigen Unternehmer beschäftigt. § 75f gilt auch für diesbezügliche Sperrabreden[6]. Dies hat Bedeutung in den oben geschilderten Software-Dienstleistungs-Fällen. Hier kann wegen § 75f wieder die Einstellung des ArbN als ArbN noch seine selbständige Beschäftigung als freier Mitarbeiter etc. untersagt werden. 7

III. Rechtsfolgen. Zu beachten ist, dass § 75f **kein gesetzl. Verbot** iSv. § 134 BGB enthält. Die gegen § 75f verstoßende vertragl. Regelung ist also nicht nichtig. Vielmehr bestimmt § 75f nur, dass beiden Teilen der Rücktritt frei steht und aus der Vereinbarung weder Klage noch Einrede stattfindet. Die besondere Rechtsfolgenregelung des § 75f wird allerdings verdrängt, wenn aus anderen Gründen die gegen § 75f verstoßende Vereinbarung nichtig iSv. § 134 BGB ist. Dass kommt insb. in Betracht, wenn Absprachen zwischen den ArbGeb der Kartellierung des Arbeitsmarktes dienen und deshalb gegen das allgemeine **Kartellverbot des GWB** verstoßen. Die oben erwähnten „schwarzen Listen" zum Abdrängen unliebsamer ArbN in die Arbeitslosigkeit können sittenwidrig und damit schon § 138 BGB nichtig sein. Nach richtiger Auffassung liegt **Sittenwidrigkeit** und damit Nichtigkeit nach § 138 BGB auch dann vor, wenn sich alle oder jedenfalls die wichtigsten potenziellen ArbGeb eines oder mehrerer ArbN an der Sperrabrede beteiligen, so dass für den/die betroffenen ArbN praktisch ein Berufsverbot entsteht[7]. 8

Soweit die Sperrabrede nicht schon aus anderen Gründen nichtig ist, gibt § 75f beiden Parteien ein **Rücktrittsrecht**. Die Ausübung des Rücktrittsrechts setzt keine Gründe voraus, und es muss keine Frist eingehalten werden. Der Rücktritt kann nach Sinn und Zweck der Norm keine vertragl. Schadenersatzansprüche des anderen Vertragsteils auslösen[8]. In Betracht kommen allenfalls deliktische Schadenersatzansprüche, wenn zum Beispiel im Zuge von Verhandlungen über einen Unternehmenskauf (s. Rz. 3) das potenzielle Zielunternehmen im Vertrauen auf die Wirksamkeit der Sperrabrede sensible Daten und Informationen über Führungskräfte an den potenziellen Erwerber weitergegeben hat und dieser unter rechtsmissbräuchlicher Ausnutzung dieser Informationen sodann den Rücktritt nach § 75f erklärt und die Führungskräfte abwirbt oder gar zum Vertragsbruch verleitet[9]. Das Rücktrittsrecht kann 9

1 BGH v. 13.10.1972 – I ZR 188/71, AP Nr. 1 zu § 75f HGB. | 2 Ausf. *Weiland*, BB 1976, 1179. | 3 Offen gelassen v. BGH v. 13.10.1972 – I ZR 88/71, AP Nr. 1 zu § 75f HGB. | 4 Einhellige Auffassung, BGH v. 30.4.1974 – VI ZR 153/72, NJW 1974, 1282; v. 27.9.1983 – VI ZR 294/81, AP Nr. 2 zu § 75f HGB. | 5 BGH v. 13.10.1972 – I ZR 88/71, AP Nr. 1 zu § 75 f. HGB. | 6 BGH v. 27.9.1983 – VI ZR 294/81, AP Nr. 2 zu § 75f HGB. | 7 *v. Hoyningen-Huene*, § 75f HGB Rz. 8; Heymann/*Henssler*, § 75f HGB Rz. 5. | 8 *v. Hoyningen-Huene*, § 75f HGB Rz. 6; offen gelassen von BGH v. 13.10.1972 – I ZR 88/71, AP Nr. 1 § 75f HGB. | 9 Heymann/*Henssler*, § 75f HGB Rz. 8.

vertragl. nicht **ausgeschlossen** werden, auch kann die Erfüllung der Sperrabrede nicht durch **Vertragsstrafe** erzwungen werden.

10 Wenn § 75f nur ein Rücktrittsrecht vorsieht, folgt daraus, dass die Parteien die wechselseitigen Verpflichtungen **wirksam erfüllen können**, wenn kein Rücktritt erklärt wird. Dabei verwendet der Gesetzgeber den Begriff des „Rücktritts" wohl untechnisch. Es scheint kaum denkbar, dass im Falle eines Rücktritts die Vereinbarung für die Vergangenheit rückabzuwickeln wäre. Vielmehr ist § 75f so zu verstehen, dass bei Ausübung des Rücktritts die Wirkung der Sperrabrede nur für die Zukunft entfällt, während sie **für die Vergangenheit bestehen** bleibt. Folglich muss weder ein bereits gezahltes Entgelt für die in der Vergangenheit liegenden Zeiträume zurückgezahlt werden, noch muss gem. § 812 BGB der Wert des Abwerbe- und Einstellungsverzichts herausgegeben werden (wie sollte man den auch berechnen?).

11 Für die mittelbar betroffenen ArbN besteht **kein Unterlassungsanspruch**, sie können auch nicht die Ausübung des Rücktrittsrechts durch eine der Parteien verlangen[1]. Allenfalls theoretisch denkbar sind Schadenersatzansprüche gegen die beteiligten ArbGeb gem. § 826 BGB wegen Beeinträchtigung der freien Arbeitsplatzwahl. Ansprüche aus Verschulden bei Vertragsschluss (§ 241 II BGB) gegen den potenziellen neuen ArbGeb, der unter Berufung einer Sperrabrede die Einstellung verweigert, kommen grds. nicht in Betracht, da weder ein Vertrauenstatbestand geschaffen wird noch ein allgemeines Recht auf Einstellung bei einem bestimmten ArbGeb existiert[2].

75g, h (nicht abgedruckt)

76–82 (aufgehoben)

82a *Wettbewerbsverbot des Volontärs*

Auf Wettbewerbverbote gegenüber Personen, die, ohne als Lehrlinge angenommen zu sein, zum Zwecke ihrer Ausbildung unentgeltlich mit kaufmännischen Diensten beschäftigt werden (Volontäre), finden die für Handlungsgehilfen geltenden Vorschriften insoweit Anwendung, als sie nicht auf das dem Gehilfen zustehende Entgelt Bezug nehmen.

1 Nach zutreffender Auffassung ist § 82a durch §§ 26, 12 BBiG gegenstandslos geworden[3].

83 *Andere Arbeitnehmer*

Hinsichtlich der Personen, welche in dem Betrieb eines Handelsgewerbes andere als kaufmännische Dienste leisten, bewendet es bei den für das Arbeitsverhältnis dieser Personen geltenden Vorschriften.

1 Da die Aufspaltung des ArbN-Begriffs in einzelne Gruppen (s. Einl. vor § 59 Rz. 2 ff.) überholt ist, hat die Vorschrift **keine praktische Funktion** mehr.

Siebenter Abschnitt. Handelsvertreter

87 *Provisionspflichtige Geschäfte*

(1) Der Handelsvertreter hat Anspruch auf Provision für alle während des Vertragsverhältnisses abgeschlossenen Geschäfte, die auf seine Tätigkeit zurückzuführen sind oder mit Dritten abgeschlossen werden, die er als Kunden für Geschäfte der gleichen Art geworben hat. Ein Anspruch auf Provision besteht für ihn nicht, wenn und soweit die Provision nach Absatz 3 dem ausgeschiedenen Handelsvertreter zusteht.

(2) (nicht abgedruckt)

(3) Für ein Geschäft, das erst nach Beendigung des Vertragsverhältnisses abgeschlossen ist, hat der Handelsvertreter Anspruch auf Provision nur, wenn

1. er das Geschäfts vermittelt hat oder es eingeleitet und so vorbereitet hat, dass der Abschluss überwiegend auf seine Tätigkeit zurückzuführen ist, und das Geschäft innerhalb einer angemessenen Frist nach Beendigung des Vertragsverhältnisses abgeschlossen worden ist oder

---

1 Heymann/*Henssler*, § 75f HGB Rz. 7. | 2 So schon RAG v. 2.5.1928 – RAG 4/28, RAGE 2, 1 (4). | 3 Dazu *Bauer/Diller*, Wettbewerbsverbote, 3. Aufl. 2002, Rz. 370.

2. vor Beendigung des Vertragsverhältnisses das Angebot des Dritten zum Abschluss eines Geschäfts, für das der Handelsvertreter nach Absatz 1 Satz 1 oder Absatz 2 Satz 1 Anspruch auf Provision hat, dem Handelsvertreter oder dem Unternehmer zugegangen ist.

Der Anspruch auf Provision nach Satz 1 steht dem nachfolgenden Handelsvertreter anteilig zu, wenn wegen besonderer Umstände eine Teilung der Provision der Billigkeit entspricht.

(4) (nicht abgedruckt)

87a *Fälligkeit der Provision*

(1) Der Handelsvertreter hat Anspruch auf Provision, sobald und soweit der Unternehmer das Geschäft ausgeführt hat. Eine abweichende Vereinbarung kann getroffen werden, jedoch hat der Handelsvertreter mit der Ausführung des Geschäfts durch den Unternehmer Anspruch auf einen angemessenen Vorschuss, der spätestens am letzten Tag des folgenden Monats fällig ist. Unabhängig von einer Vereinbarung hat jedoch der Handelsvertreter Anspruch auf Provision, sobald und soweit der Dritte das Geschäft ausgeführt hat.

(2) Steht fest, dass der Dritte nicht leistet, so entfällt der Anspruch auf Provision; bereits empfangene Beiträge sind zurückzugewähren.

(3) Der Handelsvertreter hat auch dann einen Anspruch auf Provision, wenn feststeht, dass der Unternehmer das Geschäft ganz oder teilweise nicht oder nicht so ausführt, wie es abgeschlossen worden ist. Der Anspruch entfällt im Falle der Nichtausführung, wenn und soweit diese auf Umständen beruht, die vom Unternehmer nicht zu vertreten sind.

(4) Der Anspruch auf Provision wird am letzten Tag des Monats fällig, in dem nach § 87c Abs. 1 über den Anspruch abzurechnen ist.

(5) Von Absatz 2 erster Halbsatz, Absätzen 3 und 4 abweichende, für den Handelsvertreter nachteilige Vereinbarungen sind unwirksam.

87b *Höhe der Provision*

(1) Ist die Höhe der Provision nicht bestimmt, so ist der übliche Satz als vereinbart anzusehen.

(2) Die Provision ist von dem Entgelt zu berechnen, das der Dritte oder der Unternehmer zu leisten hat. Nachlässe bei Barzahlung sind nicht abzuziehen; dasselbe gilt für Nebenkosten, namentlich für Fracht, Verpackung, Zoll, Steuern, es sei denn, dass die Nebenkosten dem Dritten besonders in Rechnung gestellt sind. Die Umsatzsteuer, die lediglich auf Grund der steuerrechtlichen Vorschriften in der Rechnung gesondert ausgewiesen ist, gilt nicht als besonders in Rechnung gestellt.

(3) Bei Gebrauchsüberlassungs- und Nutzungsverträgen von bestimmter Dauer ist die Provision vom Entgelt für die Vertragsdauer zu berechnen. Bei unbestimmter Dauer ist die Provision vom Entgelt bis zu dem Zeitpunkt zu berechnen, zu dem erstmals von dem Dritten gekündigt werden kann; der Handelsvertreter hat Anspruch auf weitere entsprechend berechnete Provisionen, wenn der Vertrag fortbesteht.

87c *Abrechnung über die Provision*

(1) Der Unternehmer hat über die Provision, auf die der Handelsvertreter Anspruch hat, monatlich abzurechnen; der Abrechnungszeitraum kann auf höchstens drei Monate erstreckt werden. Die Abrechnung hat unverzüglich, spätestens bis zum Ende des nächsten Monats, zu erfolgen.

(2) Der Handelsvertreter kann bei der Abrechnung einen Buchauszug über alle Geschäfte verlangen, für die ihm nach § 87 Provision gebührt.

(3) Der Handelsvertreter kann außerdem Mitteilung über alle Umstände verlangen, die für den Provisionsanspruch, seine Fälligkeit und seine Berechnung wesentlich sind.

(4) Wird der Buchauszug verweigert oder bestehen begründete Zweifel an der Richtigkeit oder Vollständigkeit der Abrechnung oder des Buchauszuges, so kann der Handelsvertreter verlangen, dass nach Wahl des Unternehmers entweder ihm oder einem von ihm zu bestimmenden Wirtschaftsprüfer oder vereidigten Buchsachverständigen Einsicht in die Geschäftsbücher oder die sonstigen Urkunden so weit gewährt wird, wie dies zur Feststellung der Richtigkeit oder Vollständigkeit der Abrechnung oder des Buchauszuges erforderlich ist.

(5) Diese Rechte des Handelsvertreters können nicht ausgeschlossen oder beschränkt werden.

Insolvenzordnung (InsO)

vom 5.10.1994 (BGBl. I S. 2866), zuletzt geändert durch Gesetz vom 12.12.2007 (BGBl. I S. 2840)

– Auszug –

Vorbemerkung

1 Die am 1.1.1999 in Kraft getretene Insolvenzordnung (Art. 110 I EGInsO) hat die Konkurs-, Vergleichs- und Gesamtvollstreckungsordnung sowie im Bereich der Betriebsverfassung das Sozialplankonkursgesetz ersetzt. Bereits zum 1.10.1996 waren durch Art. 6 des Arbeitsrechtlichen Beschäftigungsförderungsgesetzes (v. 25.9.1996, BGBl. I S. 1476) die §§ 113, 120–122 und 125–128 InsO vorzeitig in Kraft gesetzt worden.

113 *Kündigung eines Dienstverhältnisses*

Ein Dienstverhältnis, bei dem der Schuldner der Dienstberechtigte ist, kann vom Insolvenzverwalter und vom anderen Teil ohne Rücksicht auf eine vereinbarte Vertragsdauer oder einen vereinbarten Ausschluss des Rechts zur ordentlichen Kündigung gekündigt werden. Die Kündigungsfrist beträgt drei Monate zum Monatsende, wenn nicht eine kürzere Frist maßgeblich ist. Kündigt der Verwalter, so kann der andere Teil wegen der vorzeitigen Beendigung des Dienstverhältnisses als Insolvenzgläubiger Schadenersatz verlangen.

1 **I. Inhalt und Zweck.** § 113 enthält eine Nachfolgeregelung zu § 22 KO[1]. Die Bestimmung ist im Zusammenhang mit § 108 I 1 zu sehen, wonach Dienstverhältnisse durch die Insolvenzeröffnung nicht beendet werden, sondern mit Wirkung für und gegen die Insolvenzmasse fortbestehen. Das Recht zur **außerordentl. Kündigung** aus wichtigem Grund wird durch § 113 nicht berührt. Die Eröffnung des Insolvenzverfahrens stellt als solche allerdings keinen wichtigen Grund idS dar[2]. Ein Konflikt zu § 323 UmwG besteht nicht[3].

2 § 113 entbindet nicht von der **Beachtung gesetzl. Kündigungsschutzbestimmungen**, so dass neben den Regeln des KSchG[4] insb. die Formvorschrift des § 623 BGB sowie ein etwa bestehender Sonderkündigungsschutz (etwa § 18 BEEG, § 9 MuSchG, §§ 85 ff. SGB IX, § 15 KSchG, § 613a IV BGB, § 2 ArbPlSchG, §§ 78 I Nr. 1, 15a ZDG) zu beachten sind. Unberührt bleibt auch die Notwendigkeit der **Anhörung des BR** bzw. des SprAu (§ 102 BetrVG, § 31 II SprAuG). **Sonstige Erschwerungen der ordentl. Kündigung** werden durch S. 1 ebenfalls nicht beseitigt, so dass insb. ein tarifvertragl. oder gem. § 102 VI BetrVG zu Gunsten des BR vereinbartes Zustimmungserfordernis auch in der Insolvenz zu beachten ist[5]. Zur Wirksamkeit einer Kündigung wegen Betriebsstilllegung benötigt der Insolvenzverwalter die Zustimmung der Gläubigerversammlung oder des Gläubigerausschusses nicht, und zwar weder zur Kündigung noch zur Stilllegung[6]. Voraussetzung für die Anwendbarkeit des § 113 ist ein **eröffnetes Insolvenzverfahren**, so dass die Vorschrift nicht für Kündigungen durch den **vorläufigen Insolvenzverwalter** gilt[7].

3 **II. Kündigungsrecht (S. 1 u. 2) 1. Anwendungsbereich.** Die Bestimmung erfasst **nicht nur Arbeitsverhältnisse**, sondern **alle Dienstverhältnisse**, bei denen der Insolvenzschuldner Dienstberechtigter ist. § 113 gilt insb. auch für Dienstverhältnisse mit Organmitgliedern juristischer Personen sowie mit arbeitnehmerähnl. Personen. Zwar zählen **Berufsausbildungsverhältnisse** ebenfalls zu den Dienstverhältnissen, doch steht einer Anwendung des § 113 auf sie entgegen, dass sie gem. § 22 II Nr. 1 BBiG nach Ablauf der Probezeit vom Dienstgeber nur noch außerordentl. aus wichtigem Grund kündbar sind[8]. Ein wichtiger Grund kann darin liegen, dass der Ausbildungszweck nicht mehr erreicht werden kann[9].

---

1 Begr. RegE zu § 127, BT-Drs. 12/2443, S. 148. |2 BAG v. 25.10.1968 – 2 AZR 23/68, AP Nr. 1 zu § 22 KO. |3 BAG v. 22.9.2005 – 6 AZR 526/04, AP Nr. 1 zu § 323 UmwG. |4 Vgl. dazu BAG v. 5.12.2002 – 2 AZR 571/01, AP Nr. 125 zu § 1 KSchG 1969 – Betriebsbedingte Kündigung. |5 So BAG v. 19.1.2000 – 4 AZR 911/98, nv.; aA LAG BW v. 9.11.1998 – 15 Sa 87/98, LAGE § 113 InsO Nr. 6 (Vorinstanz). Allerdings ist nach Ansicht des BAG eine solche tarifliche Zustimmungsklausel dahin auszulegen, „dass jedenfalls dann, wenn im Falle der Insolvenz allen Mitarbeiterinnen und Mitarbeitern wegen Betriebsstilllegung gekündigt werden muss, die Zustimmung des Betriebsrats zu diesen betriebsbedingten Kündigungen nicht erforderlich ist". |6 LAG Köln v. 5.7.2002 – 4 (6) Sa 161/02, BB 2002, 2675. |7 BAG v. 20.1.2005 – 2 AZR 134/04, AP Nr. 18 zu § 113 InsO; KDZ/*Däubler*, § 113 InsO Rz. 4; Nerlich/Römermann/*Hamacher*, § 113 InsO Rz. 21; ErfK/*Müller-Glöge*, § 113 InsO Rz. 8; aA *Caspers*, Rz. 519 ff.; Kübler/Prütting/*Moll*, § 113 InsO Rz. 26. |8 Nerlich/Römermann/*Hamacher*, § 113 InsO Rz. 43 ff.; *Lohkemper*, KTS 1996, 1 (10); ErfK/*Müller-Glöge*, § 113 InsO Rz. 6. |9 KDZ/*Däubler*, § 113 InsO Rz. 10; KR/*Weigand*, §§ 113, 120 ff. InsO Rz. 55 ff.

§ 113 findet auf alle Arten ordentl. Kündigungen Anwendung und gilt daher **sowohl für Beendigungs- als auch für Änderungskündigungen**[1]. Auf welchen Grund die Kündigung gestützt wird, spielt keine Rolle[2]. Gleichgültig ist ferner, von welcher Seite die Kündigung ausgesprochen wird, so dass auch der Dienstnehmer in jedem Fall mit der Frist des S. 2 kündigen kann[3]. § 113 verlangt nicht, dass die Kündigung unverzüglich nach Insolvenzeröffnung ausgesprochen wird[4]. Die Vorschrift ist auch auf sog. **Nachkündigungen** des Insolvenzverwalters anzuwenden, mit denen dieser angesichts S. 2 im Einzelfall zu einer früheren Beendigung des Arbeitsverhältnisses als durch eine bereits vor Insolvenzeröffnung mit langer Frist ausgesprochene Kündigung gelangen kann[5]. 4

Uneinigkeit besteht darüber, ob § 113 auch die Kündigung **noch nicht in Vollzug gesetzter Dienstverhältnisse** betrifft oder ob insoweit das Wahlrecht des Insolvenzverwalters nach § 103 eingreift. Anders als noch § 22 KO („angetretenes Dienstverhältnis") verlangt § 113 nur den Bestand eines Dienstverhältnisses, der bereits ab Vertragsschluss gegeben ist. Daher dürfte davon auszugehen sein, dass § 113 bereits vor Antritt der Dienstleistung anzuwenden ist[6]. Die Kündigungsfrist beginnt in solchen Fällen selbst dann mit Zugang der Kündigung zu laufen, wenn die Auslegung des Dienstvertrags zu dem Ergebnis eines Ausschlusses der Kündbarkeit vor Dienstantritt führen sollte[7]. Begründet der Insolvenzverwalter **neue Dienstverhältnisse** mit Wirkung für die Masse, ist die Anwendbarkeit des § 113 umstritten[8]. 5

2. Ordentliche Kündbarkeit und Höchstkündigungsfrist. § 113 enthält zwei strikt zu unterscheidende Elemente. Während S. 1 nur grds. die ordentl. Kündbarkeit des Dienstverhältnisses herbeiführt, regelt S. 2 die in einem ordentl. kündbaren Dienstverhältnis geltende Höchstkündigungsfrist[9]. 6

S. 1 ordnet an, dass ein Dienstverhältnis, bei dem der Insolvenzschuldner Dienstberechtigter ist, von beiden Vertragsteilen ungeachtet der **vereinbarten Vertragsdauer** oder eines **vereinbarten Ausschlusses des ordentl. Kündigungsrechts** ordentl. gekündigt werden kann[10]. Angesprochen sind damit insb. **befristete** und **auflösend bedingte Arbeitsverhältnisse**, sofern deren ordentl. Kündbarkeit nicht einzelvertragl. oder im anwendbaren TV vorgesehen ist (§§ 15 III, 21 TzBfG)[11]. Ein vereinbarter Ausschluss der ordentl. Kündigung kann sowohl auf Einzelvertrag als auch auf BV oder TV beruhen. Gegen die Verdrängung eines **tarifl. Ausschlusses der ordentl. Kündigung** werden verschiedentlich **verfassungsrechtl. Bedenken** erhoben[12]. Das BAG hat indes die Verfassungsmäßigkeit der Bestimmung auch insoweit ausdrücklich bejaht[13]. 7

Ist das Dienstverhältnis – ggf. nach S. 1 – ordentl. kündbar, **ergibt sich die einzuhaltende Kündigungsfrist aus S. 2**. Beträgt die gesetzl., tarif- oder einzelvertragl. bzw. in einer BV vorgesehene Kündigungsfrist weniger als drei Monate zum Monatsende, ist sie ohne weiteres maßgeblich. Ist sie länger, so gilt die **Höchstkündigungsfrist** von drei Monaten zum Monatsende[14]. Dabei hat jeweils eine konkrete Betrachtung zu erfolgen, so dass auch der **Kündigungstermin** zu berücksichtigen ist[15]. Ist etwa eine Kündigungsfrist von sechs Wochen zum Quartalsende vereinbart und ist die zum nächsten Quartalsende bestehende Kündigungsmöglichkeit soeben verstrichen, so kann fünf Wochen vor Quartalsende mit der Frist des Satz 2 gekündigt werden. Unklar ist die in den Fällen eines vereinbarten Ausschlusses des **ordentl. Kündigungsrechts** einzuhaltende Frist. Nach Ansicht des BAG ist auch hier die Höchstkündigungsfrist von drei Monaten zum Monatsende maßgeblich und nicht etwa die hypothetische gesetzl. Kündigungsfrist zugrunde zu legen[16]. 8

---

1 KDZ/*Däubler*, § 113 InsO Rz. 7; *Heinze*, NZA 1999, 57, (58); *Lakies*, BB 1998, 2638 (2640); Kübler/Prütting/*Moll*, § 113 InsO Rz. 35. | 2 KDZ/*Däubler*, § 113 InsO Rz. 7. | 3 Kübler/Prütting/*Moll*, § 113 InsO Rz. 36. | 4 *Berscheid*, ZInsO 1998, 115 (118). | 5 BAG v. 8.4.2003 – 2 AZR 15/02, AP Nr. 40 zu § 113 BetrVG 1972; v. 22.5.2003 – 2 AZR 255/02, NZA 2003, 1086; MüKoInsO/*Löwisch*/*Caspers*, § 113 Rz. 23; KR/*Weigand*, §§ 113, 120 ff. InsO Rz. 46; LAG Hamm v. 21.11.2001 – 2 Sa 1123/01, ZIP 2002, 1857; aA ArbG Köln 8.12.1998 – 4 (15) Ca 5991/98, NZI 1999, 82. | 6 So *Berscheid*, ZInsO 1998, 115 (116); *Caspers*, Rz. 91 ff.; Nerlich/Römermann/*Hamacher*, § 113 InsO Rz. 8 ff.; ErfK/*Müller-Glöge*, § 113 InsO Rz. 14; KR/*Weigand*, §§ 113, 120 ff. InsO Rz. 18; *Zwanziger*, § 113 InsO Rz. 11; aA *Lohkemper*, KTS 1996, 1, 4. | 7 ErfK/*Müller-Glöge*, § 113 InsO Rz. 14; im Ergebnis auch *Caspers*, Rz. 96 ff.; Nerlich/Römermann/*Hamacher*, § 113 InsO Rz. 11 f.: entsprechende Anwendung. | 8 Dafür *Berscheid*, ZInsO 1998, 115 (117); aA KDZ/*Däubler*, § 113 InsO Rz. 13; KR/*Weigand*, §§ 113, 120 ff. InsO Rz. 19 ff. | 9 BAG v. 6.7.2000 – 2 AZR 695/99, AP Nr. 6 zu § 113 InsO; *Annuß*, ZInsO 2001, 344 (349); aA etwa *Boemke*, NZI 2001, 460 (462); Kübler/Prütting/*Moll*, § 113 InsO Rz. 47 ff. | 10 Vgl. BAG v. 25.4.2007 – 6 AZR 631/06; v. 16.5.2007 – 8 AZR 772/06; LAG Schl.-Holst. v. 28.4.2004 – 3 Sa 551/03, NZA-RR 2004, 546. | 11 S. dazu Annuß/Thüsing/*Maschmann*, § 15 TzBfG Rz. 10. | 12 KDZ/*Däubler*, § 113 InsO Rz. 29 ff.; *Zwanziger*, BB 1997, 626 Fn. 6; ebenso ArbG Stuttgart 4.8.1997 – 18 Ca 1752/97, EzA § 113 InsO Nr. 3; ArbG Limburg 2.7.1997 – 1 Ca 174/97, EzA § 113 InsO Nr. 2; ohne Bedenken LAG Hamm v. 27.10.2004 – 2 Sa 2186/03, nv. | 13 BAG v. 16.6.1999 – 4 AZR 191/98, AP Nr. 3 zu § 113 InsO; v. 19.1.2000 – 4 AZR 70/99, AP Nr. 5 zu § 113 InsO; v. 20.9.2006 – 6 AZR 249/05, AP Nr. 316 zu § 613a BGB. Das BAG hat in seinen zu § 113 ergangenen Entscheidungen v. 8.2.1999 – 1 BvL 25/97, AP Nr. 3 zu § 113 InsO, und v. 21.5.1999 – 1 BvL 22/98, AP Nr. 4 zu § 113 InsO, nicht zu der Sachfrage Stellung genommen. | 14 Vgl. BAG v. 16.5.2007 – 8 AZR 772/06. | 15 Nerlich/Römermann/*Hamacher*, § 113 InsO Rz. 88. | 16 BAG v. 3.12.1998 – 2 AZR 425/98, AP Nr. 1 zu § 113 InsO; v. 6.7.2000 – 2 AZR 695/99, AP Nr. 6 zu § 113 InsO; *Annuß*, ZInsO 2001, 344 (349); KDZ/*Däubler*, § 113 InsO Rz. 22; Nerlich/Römermann/*Hamacher*, § 113 InsO Rz. 96; aA *Berscheid*, ZInsO 1998, 115 (122 ff.); *Boemke*, NZI 2001, 460 (462 f.); *Caspers*, Rz. 106 ff.; Kübler/Prütting/*Moll*, § 113 InsO Rz. 47 ff.

9 **III. Schadensersatzpflicht (S. 3).** Kündigt der Insolvenzverwalter, so gewährt S. 3 dem Dienstverpflichteten einen **Anspruch auf Ersatz des** ihm wegen der vorzeitigen Beendigung des Dienstverhältnisses entstehenden **Schadens.** Der Schadensersatzanspruch zählt nicht zu den Masseschulden iSd. § 55 I Nr. 1, sondern kann nur als **gewöhnliche Insolvenzforderung** (§ 38) geltend gemacht werden. Kommt es durch S. 2 lediglich zur Abkürzung einer vereinbarten längeren Kündigungsfrist, so ist die Ersatzpflicht nach S. 3 auf den **Verfrühungsschaden** beschränkt[1], der ggf. nach § 287 ZPO zu schätzen ist. Er kann auch darin liegen, dass eine Anwartschaft auf betrAV wegen der früheren Kündigung nicht mehr unverfallbar wird[2]. Im Falle vereinbarter Unkündbarkeit ist der Verfrühungsschaden auf die ohne die vereinbarte Unkündbarkeit maßgebliche längste ordentl. Kündigungsfrist beschränkt[3]. Den Dienstverpflichteten trifft eine **Schadensminderungspflicht** nach § 254 II BGB, weshalb sich sein Anspruch reduziert, wenn er die Ausübung einer anderen zumutbaren Tätigkeit unterlässt. Dem Dienstverpflichteten entsteht kein Schaden, soweit er aus einer sonst nicht möglichen anderweitigen Verwertung seiner Dienstleistungskraft Vermögensvorteile erlangt. Ferner hat er sich etwaige Sozialleistungen oder Versorgungsbezüge anrechnen zu lassen[4], wobei hinsichtlich Letzterer § 116 I SGB X zu beachten ist. Für **Mitglieder des Vorstands einer Aktiengesellschaft** wird die Bemessungsgrundlage des Schadensersatzanspruchs durch § 87 III AktG auf die Dauer von zwei Jahren beschränkt. Kein Anspruch nach S. 3 besteht bei Eigenkündigung des ArbN oder bei Abschluss eines Aufhebungsvertrages[5]. Allerdings können bei außerordentl. Eigenkündigung Ansprüche nach § 628 II BGB begründet sein.

120 *Kündigung von Betriebsvereinbarungen*

(1) Sind in Betriebsvereinbarungen Leistungen vorgesehen, welche die Insolvenzmasse belasten, so sollen Insolvenzverwalter und Betriebsrat über eine einvernehmliche Herabsetzung der Leistungen beraten. Diese Betriebsvereinbarungen können auch dann mit einer Frist von drei Monaten gekündigt werden, wenn eine längere Frist vereinbart ist.

(2) Unberührt bleibt das Recht, eine Betriebsvereinbarung aus wichtigem Grund ohne Einhaltung einer Kündigungsfrist zu kündigen.

1 **I. Inhalt und Zweck.** Wie § 120 mittelbar bestätigt, hat die Eröffnung des Insolvenzverfahrens als solche grds. keinen Einfluss auf Bestand und Inhalt von BV. Daraus resultierende Verpflichtungen des ArbGeb sind nach Insolvenzeröffnung vom Insolvenzverwalter zu erfüllen. Die Beendigung von BV folgt in der Insolvenz den allgemeinen Regeln, so dass ausnahmsw. auch eine außerordentl. Kündigung möglich ist[6]. § 120 trägt einem in der Insolvenz regelmäßig besonders ausgeprägten Flexibilitätsinteresse Rechnung, um unabhängig vom weiteren Schicksal des Betriebs eine kurzfristige Entlastung der Masse zu ermöglichen und den Betrieb durch die zeitnahe Beseitigung belastender BV veräußerungsfähig zu machen[7].

2 **II. Belastende Betriebsvereinbarungen.** § 120 I betrifft seinem Wortlaut nach nur **BV**. Einigkeit besteht daher darüber, dass alle BV iSd. § 77 II BetrVG erfasst werden, unabhängig davon, ob sie Fragen der freiwilligen oder erzwingbaren Mitbest. regeln. Die Bestimmung ist auch auf Sozialpläne anwendbar, die früher als drei Monate vor dem Eröffnungsantrag aufgestellt worden sind und deshalb nicht von § 124 erfasst werden[8]. Einigkeit besteht ferner darüber, dass § 120 I sowohl für Betriebs- als auch für **GesamtBV** gilt[9]. Darüber hinaus wird teilweise davon ausgegangen, § 120 I finde auf **KonzernBV** insofern Anwendung, als die Insolvenz den Konzernbezug beseitige, was dazu führe, dass auch insoweit die Betriebspartner in dem insolventen Unternehmen zur eigenen Gestaltung berechtigt seien[10].

3 Nach überwiegender Ansicht betrifft § 120 I auch die Kündigung von **Regelungsabreden**[11]. Hingegen sollen Richtlinien nach § 28 II SprAuG nach zweifelhafter Ansicht ebenso wenig erfasst sein[12] wie Dienstvereinbarungen, auch wenn die betreffende juristische Person des öffentl. Rechts ausnahmsw. insolvenzfähig ist[13].

4 § 120 setzt voraus, dass die in der BV vorgesehenen Leistungen zu einer **Belastung der Insolvenzmasse** führen. Dies ist unproblematisch dann gegeben, wenn die BV unmittelbare Leistungspflichten des ArbGeb begründet, wobei keine Rolle spielt, ob es sich im Verhältnis zu den einzelnen ArbN um eine direkte Gegenleistung für die erbrachte Arbeitsleistung oder um Nebenleistungen handelt[14]. Ferner zählen dazu auch **Leistungen ohne Entgeltfunktion**, wie etwa der Ersatz von Aufwendungen. Angesichts des masse-

1 BAG v. 26.4.2007 – 6 AZR 622/06; KDZ/*Däubler*, § 113 InsO Rz. 27; Nerlich/Römermann/*Hamacher*, § 113 InsO Rz. 251. | 2 KDZ/*Däubler*, § 113 InsO Rz. 27; *Zwanziger*, § 113 InsO Rz. 23. | 3 BAG v. 16.5.2007 – 8 AZR 772/06. | 4 KDZ/*Däubler*, § 113 InsO Rz. 27; Kübler/Prütting/*Moll*, § 113 InsO Rz. 76. | 5 BAG v. 25.4.2007 – 6 AZR 631/06. | 6 Vgl. LAG BW v. 15.6.2005 – 12 TaBV 6/04. | 7 S. Begr. RegE, BT-Drs. 12/2443, 153. | 8 *Caspers*, Rz. 485; Kübler/Prütting/*Moll*, § 120 InsO Rz. 16. | 9 Nerlich/Römermann/*Hamacher*, § 120 InsO Rz. 23; Kübler/Prütting/*Moll*, § 120 InsO Rz. 12. | 10 Kübler/Prütting/*Moll*, § 120 InsO Rz. 13; s. auch MüKoInsO/*Löwisch/Caspers*, § 120 InsO Rz. 7. | 11 Kübler/Prütting/*Moll*, § 120 InsO Rz. 15. | 12 MüKoInsO/*Löwisch/Caspers*, § 120 Rz. 14. | 13 MüKoInsO/*Löwisch/Caspers*, § 120 Rz. 15. | 14 Kübler/Prütting/*Moll*, § 120 InsO Rz. 18; aA Nerlich/Römermann/*Hamacher*, § 120 InsO Rz. 25; *Zwanziger*, § 120 Rz. 4: Es seien „nur Sonderleistungen des Arbeitgebers, die über die ‚normale' Entlohnung hinausgehen, nach § 120 InsO kündbar".

schützenden Charakters der Bestimmung ist nicht erforderlich, dass die Leistungen direkt den ArbN zufließen. Erfasst werden daher auch sonstige Verpflichtungen des ArbGeb, etwa zum Unterhalt einer Betriebskantine, eines Betriebskindergartens oder sonstiger Sozialeinrichtungen. Erforderlich ist aber, dass die **BV der rechtl. Grund für die Belastung** der Insolvenzmasse ist. Deshalb erscheint es nicht zutreffend, wenn eine Belastung auch in zusätzlichen Freistellungen nach § 38 I 5 BetrVG erblickt wird[1]. Da das Gesetz ausdrücklich nur Leistungen betrifft, findet es keine Anwendung auf **belastende Organisationsregeln**[2], die nur zu einer objektiven – oder lediglich subjektiv empfundenen – Erschwerung der betriebl. Abläufe führen.

Soweit mit Blick auf BV, die nur teilweise Regelungen über belastende Leistungen enthalten, stets eine **Teilkündigung** für zulässig gehalten wird[3], ist dem nicht zu folgen. Vielmehr dürfte davon auszugehen sein, dass – falls nicht die Möglichkeit der Teilkündigung vereinbart ist – solche BV insgesamt von § 120 I erfasst werden[4]. 5

III. Beratungsgebot und Höchstkündigungsfrist. Handelt es sich um belastende BV im vorstehenden Sinne, sollen Insolvenzverwalter und BR über eine **einvernehmliche Herabsetzung** der Leistungen **beraten**. Dem Wortlaut folgend, erblickt die ganz überwiegende Ansicht hierin lediglich ein **Sollgebot**, dessen Nichtbeachtung ohne Folgen bleibt[5]. Insbesondere ist die Beratung nach überwiegender Ansicht keine Kündigungsvoraussetzung[6]. 6

Die **Höchstkündigungsfrist** ermöglicht beiden Seiten einer BV die ordentl. Kündigung auch dann mit einer der Regelkündigungsfrist des § 77 V BetrVG entsprechenden Frist von drei Monaten, wenn eine längere Frist vereinbart ist. Vereinbarte **kürzere Fristen** bleiben unberührt. Obwohl § 120 I – anders als § 113 – kein Kündigungsrecht zu entnehmen ist, wird vielfach davon ausgegangen, dass die Bestimmung die Kündigung von BV auch dann mit einer Drei-Monats-Frist ermöglicht, wenn die **ordentl. Kündigung** – etwa im Zusammenhang mit einer Befristung – durch Vereinbarung **ausgeschlossen** ist[7]. Unklar ist, ob § 120 I 2 eine Kündigung ohne weiteres auch dann ermöglicht, wenn die Betriebspartner **materielle Kündigungserschwerungen** vorgesehen haben (s. auch § 113 Rz. 2)[8]. 7

§ 120 I trifft keine Aussage über die **Kündigungsfolgen**, die daher nach allgemeinen Grundsätzen zu bestimmen sind. Dies bedeutet insb., dass es im Bereich der erzwingbaren Mitbest. gem. § 77 VI BetrVG zu einer **Nachwirkung** kommt, sofern diese nicht durch Vereinbarung der Betriebsparteien ausgeschlossen worden ist[9]. Uneinigkeit besteht darüber, ob das auch in Fällen einer lediglich **vereinbarten Nachwirkung** (s. allgemein § 77 BetrVG Rz. 45) gilt. Überwiegend wird angenommen, dass die freiwillige Vereinbarung einer Nachwirkung in der Insolvenz unbeachtlich ist[10]. § 120 enthält **keine Ermächtigung für den Eingriff in aktuelle Rechtspositionen der ArbN**. Insoweit gelten vielmehr die allgemeinen Grundsätze (s. § 77 BetrVG Rz. 59 ff.). 8

IV. Außerordentliche Kündigung. § 120 II stellt deklaratorisch fest, dass das Recht zur außerordentl. Kündigung unberührt bleibt. Auch in der Insolvenz gelten die allgemein für die außerordentl. Kündigung von BV maßgeblichen Grundsätze (s. dazu sowie zum Wegfall der Geschäftsgrundlage § 77 BetrVG Rz. 36). 9

121 *Betriebsänderungen und Vermittlungsverfahren*

Im Insolvenzverfahren über das Vermögen des Unternehmers gilt § 112 Abs. 2 Satz 1 des Betriebsverfassungsgesetzes mit der Maßgabe, dass dem Verfahren vor der Einigungsstelle nur dann ein Vermittlungsversuch vorangeht, wenn der Insolvenzverwalter und der Betriebsrat gemeinsam um eine solche Vermittlung ersuchen.

122 *Gerichtliche Zustimmung zur Durchführung einer Betriebsänderung*

(1) Ist eine Betriebsänderung geplant und kommt zwischen Insolvenzverwalter und Betriebsrat der Interessenausgleich nach § 112 des Betriebsverfassungsgesetzes nicht innerhalb von drei Wochen nach Verhandlungsbeginn oder schriftlicher Aufforderung zur Aufnahme von Verhandlungen zu Stande, obwohl der Verwalter den Betriebsrat rechtzeitig und umfassend unterrichtet hat, so kann

1 So aber MüKoInsO/*Löwisch/Caspers*, § 120 Rz. 11. | 2 S. Kübler/Prütting/*Moll*, § 120 InsO Rz. 19. | 3 So FK/*Eisenbeis*, § 120 InsO Rz. 10. | 4 Ebenso Kübler/Prütting/*Moll*, § 120 InsO Rz. 36. | 5 FK/*Eisenbeis*, § 120 InsO Rz. 6 f.; Kübler/Prütting/*Moll*, § 120 InsO Rz. 21 f. | 6 Anders allerdings MüKoInsO/*Löwisch/Caspers*, § 120 Rz. 20, die analog § 122 I eine auf drei Wochen begrenzte Verhandlungsobliegenheit annehmen; in diese Richtung auch *Zwanziger*, § 120 InsO Rz. 13; dagegen etwa Nerlich/Römermann/*Hamacher*, § 120 InsO Rz. 32; Kübler/Prütting/*Moll*, § 120 InsO Rz. 31. | 7 Nerlich/Römermann/*Hamacher*, § 120 InsO Rz. 37; *Lakies*, RdA 1997, 145 (147); Kübler/Prütting/*Moll*, § 120 InsO Rz. 27; *Schrader*, NZA 1997, 70 (71); aA *Lohkemper*, KTS 1996, 1 (40); *Müller*, NZA 1998, 1315 (1318). | 8 Bejahend etwa Kübler/Prütting/*Moll*, § 120 InsO Rz. 28. | 9 Nerlich/Römermann/*Hamacher*, § 120 InsO Rz. 39; Kübler/Prütting/*Moll*, § 120 InsO Rz. 37 ff. | 10 MüKoInsO/*Löwisch/Caspers*, § 120 Rz. 33; Kübler/Prütting/*Moll*, § 120 InsO Rz. 41 ff.; aA *Zwanziger*, § 120 InsO Rz. 10.

der Verwalter die Zustimmung des Arbeitsgerichts dazu beantragen, dass die Betriebsänderung durchgeführt wird, ohne dass das Verfahren nach § 112 Abs. 2 des Betriebsverfassungsgesetzes vorangegangen ist. § 113 Abs. 3 des Betriebsverfassungsgesetzes ist insoweit nicht anzuwenden. Unberührt bleibt das Recht des Verwalters, einen Interessenausgleich nach § 125 zu Stande zu bringen oder einen Feststellungsantrag nach § 126 zu stellen.

(2) Das Gericht erteilt die Zustimmung, wenn die wirtschaftliche Lage des Unternehmens auch unter Berücksichtigung der sozialen Belange der Arbeitnehmer erfordert, dass die Betriebsänderung ohne vorheriges Verfahren nach § 112 Abs. 2 des Betriebsverfassungsgesetzes durchgeführt wird. Die Vorschriften des Arbeitsgerichtsgesetzes über das Beschlussverfahren gelten entsprechend; Beteiligte sind der Insolvenzverwalter und der Betriebsrat. Der Antrag ist nach Maßgabe des § 61a Abs. 3 bis 6 des Arbeitsgerichtsgesetzes vorrangig zu erledigen.

(3) Gegen den Beschluss des Gerichts findet die Beschwerde an das Landesarbeitsgericht nicht statt. Die Rechtsbeschwerde an das Bundesarbeitsgericht findet statt, wenn sie in dem Beschluss des Arbeitsgerichts zugelassen wird; § 72 Abs. 2 und 3 des Arbeitsgerichtsgesetzes gilt entsprechend. Die Rechtsbeschwerde ist innerhalb eines Monats nach Zustellung der in vollständiger Form abgefassten Entscheidung des Arbeitsgerichts beim Bundesarbeitsgericht einzulegen und zu begründen.

1 **I. Inhalt und Zweck.** Da die §§ 111 ff. BetrVG grds. auch im Insolvenzverfahren Anwendung finden, muss der Insolvenzverwalter, wenn er sich nicht der Gefahr von **Nachteilsausgleichsansprüchen** gem. § 113 III BetrVG aussetzen will, die im Rang von „echten" Masseverbindlichkeiten iSd. § 55 I 1 Nr. 1 stehen und für die er nach § 60 persönlich einstandspflichtig sein kann[1], vor Durchführung einer Betriebsänderung einen Interessenausgleich mit dem BR iSd. Gesetzes versucht haben. Eine nur geringe Erleichterung bringt insoweit § 121, wonach ein Vermittlungsversuch durch den Vorstand der BA allein dann stattfinden kann, wenn Insolvenzverwalter und BR das übereinstimmend beantragen. Im Gegensatz dazu hält § 122 eine theoretisch wichtige Beschleunigungsmöglichkeit bereit, deren unmittelbare praktische Bedeutung allerdings nicht besonders groß zu sein scheint. § 122 steht selbständig neben **§ 158 II**[2] und findet nur im eröffneten Insolvenzverfahren Anwendung.

2 **II. Drei-Wochen-Frist.** Der Insolvenzverwalter kann die Zustimmung des ArbG zur geplanten Betriebsänderung nur beantragen, wenn innerhalb von drei Wochen nach Verhandlungsbeginn oder schriftl. Aufforderung zur Aufnahme von Verhandlungen kein Interessenausgleich nach § 112 II BetrVG zu Stande gekommen ist, obwohl der Verwalter den BR rechtzeitig und umfassend unterrichtet hat. Hierbei handelt es sich um eine **Zulässigkeitsvoraussetzung** des Verfahrens nach § 122, so dass die Frist erst im Zeitpunkt der letzten Anhörung abgelaufen zu sein braucht[3]. Mit dem Erfordernis der rechtzeitigen und umfassenden Unterrichtung knüpft das Gesetz grds. an § 111 BetrVG an[4] (s. dort Rz. 61). Für die Rechtzeitigkeit muss es aber genügen, wenn die Information des BR zu einem Zeitpunkt erfolgt, in dem die Durchführung eines Interessenausgleichverfahrens vor einer tatsächlichen Umsetzung der geplanten Betriebsänderung noch möglich ist[5]. Die Voraussetzungen müssen kumulativ vorliegen. **Werden die Verhandlungen ohne vorherige ausreichende Unterrichtung aufgenommen**, beginnt die Drei-Wochen-Frist erst mit der späteren vollständigen Information. Häufig wird unter Berufung auf die Rspr. des BAG zu § 99 BetrVG auch bei § 122 davon ausgegangen, dass den BR nach dem Grundsatz der vertrauensvollen Zusammenarbeit die Obliegenheit treffe, eine aus seiner Sicht unvollständige Unterrichtung unverzüglich zu rügen und die angeblich fehlenden Informationsgegenstände zu benennen. Die Verletzung dieser **Rügeobliegenheit** führe dazu, dass die Drei-Wochen-Frist ohne weiteres bei Verhandlungsaufnahme bzw. mit Zugang der Aufforderung zur Verhandlungsaufnahme zu laufen beginne[6]. Dies begegnet gewissen Zweifeln. Denn bei § 122 handelt es sich – anders als bei § 99 BetrVG – um eine objektive Verfahrensvoraussetzung. Es liegt daher nahe, dass die Drei-Wochen-Frist in jedem Fall nur dann zu laufen beginnt, wenn der BR tatsächlich ausreichend unterrichtet worden ist.

3 Der **Verhandlungsbeginn** oder die **schriftl. Aufforderung** genügen als solche jeweils nicht, um § 122 I Rechnung zu tragen. Erforderlich ist vielmehr, dass der Insolvenzverwalter mit dem BR innerhalb der Frist ernsthaft verhandelt, sofern dieser dazu bereit ist[7]. Die Verhandlungsaufforderung kann mit der umfassenden Unterrichtung verbunden werden[8]. Dem **Schriftformerfordernis** kommt dabei angesichts seiner Formalisierungsfunktion **konstitutive Bedeutung** zu[9]. Damit ist allerdings noch nichts darüber

1 Vgl. nur BAG v. 18.11.2003 – 1 AZR 30/03, AP Nr. 162 zu § 112 BetrVG 1972; vgl. auch BAG v. 22.7.2003 – 1 AZR 541/02, AP Nr. 42 zu § 113 BetrVG 1972. | 2 S. näher Kübler/Prütting/*Moll*, § 122 InsO Rz. 34; *Oetker/Friese*, DZWIR 2001, 133 (137 f.). | 3 ArbG Lingen v. 9.7.1999 – 2 BV 4/99, ZIP 1999, 1892 (1895); Kübler/Prütting/*Moll*, § 122 InsO Rz. 25. | 4 ArbG Berlin v. 26.3.1998 – 2 BV 5735/98, DZWIR 1999, 242 (243); ArbG Lingen v. 9.7.1999 – 2 BV 4/99, ZIP 1999, 1892 (1895). | 5 So bereits *Annuß*, NZI 1999, 344 (346); FK/*Eisenbeis*, § 122 InsO Rz. 11; aA wohl Smid/*Müller*, § 122 InsO Rz. 9. | 6 ArbG Lingen v. 9.7.1999 – 2 BV 4/99, ZIP 1999, 1892 (1895); *Oetker/Friese*, DZWIR 2001, 133 (134); Kübler/Prütting/*Moll*, § 122 InsO Rz. 17. | 7 ArbG Lingen v. 9.7.1999 – 2 BV 4/99, ZIP 1999, 1892 (1895); KDZ/*Däubler*, § 122 InsO Rz. 4; *Lohkemper*, KTS 1996, 1 (18 f.); *Oetker/Friese*, DZWIR 2001, 133 (136); *Rummel*, DB 1997, 774 (775); *Schrader*, NZA 1997, 70 (72); kritisch Nerlich/Römermann/*Hamacher*, § 122 InsO Rz. 17; unklar *Giesen*, ZIP 1998, 142 (144). | 8 *Löwisch*, RdA 1997, 80 (83). | 9 AA FK/*Eisenbeis*, § 122 InsO Rz. 11; *Oetker/Friese*, DZWIR 2001, 133 (136).

gesagt, ob an die Schriftform iSd. § 122 die strengen Anforderungen des § 126 BGB zu stellen sind[1] oder ob der Begriff hier eigenständig zu interpretieren ist. Viel spricht dafür, dass hier Gleiches wie bei § 99 BetrVG gilt (vgl. dort Rz. 89).

Nach überwiegender Ansicht ist entgegen dem in eine andere Richtung weisenden Wortlaut des § 122 I **nicht erforderlich**, dass die Unterrichtung des BR oder die Aufforderung zu Verhandlungen bzw. der Verhandlungsbeginn **nach Insolvenzeröffnung liegen**. Dies gilt auch, soweit es um den Beginn der Drei-Wochen-Frist geht. Der Insolvenzverwalter kann sich deshalb auch auf eine noch vom späteren Insolvenzschuldner oder vom vorläufigen Insolvenzverwalter vorgenommene, zum Fristanlauf führende Information und Verhandlungsaufforderung berufen[2]. Der **Ablauf der Frist** richtet sich nach § 188 II BGB. 4

III. Materielle Zustimmungsvoraussetzungen. Ist der Antrag an das ArbG zulässig, so erteilt es im Wege einer Gestaltungsentscheidung die Zustimmung zur Durchführung der im Antrag genau bezeichneten Betriebsänderung, wenn „die wirtschaftliche Lage des Unternehmens auch unter Berücksichtigung der sozialen Belange der Arbeitnehmer" eine Durchführung der Betriebsänderung ohne vollständiges Durchlaufen des Interessenausgleichsverfahrens erfordert. **Streitgegenstand** ist dabei nicht die geplante Betriebsänderung als solche, sondern ihre Eilbedürftigkeit[3]. § 122 II gibt **eine zweistufige Prüfung** vor. Zunächst ist auf die wirtschaftl. Lage des Unternehmens abzustellen, bevor in einem zweiten Schritt die sozialen Belange der ArbN berücksichtigt werden. Der Begriff der **wirtschaftl. Lage des Unternehmens**[4] ist dabei im Hinblick auf die Besonderheiten der Insolvenz zu interpretieren[5]. Jedenfalls soweit es um die Zerschlagung und Liquidation des Unternehmens geht, besteht Einigkeit darüber, dass die auf den Erhalt der Insolvenzmasse gerichteten Interessen der Gläubiger ausschlaggebend sind[6]. **Wirtschaftlich geboten** ist eine Betriebsänderung daher grds. dann, wenn sie dazu dient, die Entstehung von weiteren, im Verhältnis zur Gesamtmasse nicht unerheblichen Verlusten zu vermeiden oder zu minimieren[7]. Das kann insb. der Fall sein, soweit der Betrieb nicht produktiv genug ist, seine laufenden Kosten zu decken[8]. Gleiches gilt, wenn die Betriebsänderung Voraussetzung für die Wahrnehmung von Veräußerungschancen ist[9]. 5

Macht es die wirtschaftl. Lage des Unternehmens an sich erforderlich, dass die Betriebsänderung ohne vorheriges Verfahren nach § 112 II BetrVG durchgeführt wird, so ist auf einer **zweiten Stufe** zu prüfen, ob die sozialen Belange der ArbN etwas anderes gebieten. Entscheidend ist insoweit, ob die ArbN-Belange durch die Einhaltung des Verfahrens nach § 112 II BetrVG qualitativ besser gewahrt, mithin sozialverträglichere Lösungen erzielt werden können. Das bloße Interesse an einer Verzögerung der Betriebsänderung ist nicht zu berücksichtigen[10]. Dabei ist davon auszugehen, dass die ArbN-Belange nur in extremen Ausnahmefällen überwiegen können[11]. Im Verfahren hat der **BR** die sozialen Belange der ArbN unter Darstellung möglicher Alternativkonzepte **substanziiert vorzutragen**[12]. 6

IV. Das arbeitsgerichtliche Verfahren. Liegen die formalen und materiellen Voraussetzungen des § 122 I und II vor, so erteilt das ArbG die Zustimmung zur Betriebsänderung. Sind die Voraussetzungen des § 122 II nicht insgesamt gegeben und ist eine **Aufspaltung der Betriebsänderung** möglich, so kann die Zustimmung auf die Durchführung eines Teils der geplanten Betriebsänderung beschränkt werden[13]. **Beteiligte** des Verfahrens sind nach § 122 II 2 Hs. 2 nur der Insolvenzverwalter sowie der BR, nicht hingegen die von der geplanten Betriebsänderung betroffenen ArbN[14]. Wird der **Antrag abgewiesen**, so hat der Insolvenzverwalter mit dem BR einen Interessenausgleich unter Beachtung der allgemeinen Anforderungen des § 112 II BetrVG zu versuchen, wenn er Ansprüche der ArbN nach § 113 III BetrVG vermeiden will. Deshalb empfiehlt es sich, das Verfahren nach § 112 II BetrVG vorsorglich neben dem Antrag nach § 121 zu betreiben. Über die örtliche Zuständigkeit entscheidet nicht der Sitz des Unternehmens, sondern derjenige des Betriebs. 7

Die Vorschriften über das Beschlussverfahren (§§ 80 ff. ArbGG) gelten gem. § 122 II 2 Hs. 1 entsprechend, so dass insb. der in § 83 ArbGG verankerte **Untersuchungsgrundsatz** zu beachten ist. Auch dies 8

---

1 So Kübler/Prütting/*Moll*, § 122 InsO Rz. 21. | 2 *Annuß*, NZI 1999, 344 (346); *Berscheid*, InVO 1997, 309 (310); FK/*Eisenbeis*, § 122 InsO Rz. 13; Kübler/Prütting/*Moll*, § 122 InsO Rz. 21a; aA KDZ/*Däubler*, § 122 InsO Rz. 5; *Oetker/Friese*, DZWIR 2001, 133 (136). | 3 S. die Nachw. bei *Oetker/Friese*, DZWIR 2001, 133 (137). | 4 Es geht also nicht um die wirtschaftliche Lage des Betriebs; zutr. betonen dies *Oetker/Friese*, DZWIR 2001, 133 (137). | 5 Kübler/Prütting/*Moll*, § 122 InsO Rz. 30. | 6 Kübler/Prütting/*Moll*, § 122 InsO Rz. 30; *Oetker/Friese*, DZWIR 2001, 133 (137); zur Frage, ob in Fortführungsfällen ein großzügiger Maßstab anzulegen ist *Annuß*, NZI 1999, 344 (347) (dagegen etwa Kübler/Prütting/*Moll*, § 122 InsO Rz. 30). | 7 ArbG Lingen v. 9.7.1999 – 2 BV 4/99, ZIP 1999, 1892, 1896; *Annuß*, NZI 1999, 344 (347); *Caspers*, Rz. 413; wN bei *Oetker/Friese*, DZWIR 2001, 133 (137 Fn. 48). | 8 ArbG Lingen v. 9.7.1999 – 2 BV 4/99, ZIP 1999, 1892 (1896). | 9 KDZ/*Däubler*, § 122 InsO Rz. 6. | 10 ArbG Lingen v. 9.7.1999 – 2 BV 4/99, ZIP 1999, 1892 (1896); *Caspers*, Rz. 414; Nerlich/Römermann/*Hamacher*, § 122 InsO Rz. 59; Kübler/Prütting/*Moll*, § 122 InsO Rz. 35a; *Oetker/Friese*, DZWIR 2001, 133 (138). | 11 *Annuß*, NZI 1999, 344 (347); *Caspers*, Rz. 415: „Dem Merkmal ‚soziale Belange' der Arbeitnehmer" kommt letztlich nur die Funktion zu, Missbräuchen durch die Insolvenzverwalter vorzubeugen. | 12 ArbG Lingen v. 9.7.1999 – 2 BV 4/99, ZIP 1999, 1892 (1896); Kübler/Prütting/*Moll*, § 122 InsO Rz. 36; *Oetker/Friese*, DZWIR 2001, 133 (138). | 13 *Caspers*, Rz. 419; KDZ/*Däubler*, § 122 InsO Rz. 10; *Löwisch*, RdA 1997, 80 (86); *Oetker/Friese*, DZWIR 2001, 133 (138). | 14 Insoweit besteht also eine Abweichung zu § 126.

zwingt aber nicht zu einer umfassenden Tatsachenermittlung durch das Gericht. Vielmehr ist sie nur insoweit erforderlich, als das Gericht nach dem ihm bekannten Sachverhalt und dem Vorbringen der Beteiligten Anhaltspunkte dafür hat, dass weitere Aufklärung erforderlich ist[1].

9 § 122 III zeigt, dass für das Zustimmungsverfahren **grundsätzlich nur eine Instanz** vorgesehen und gegen die Entscheidung des ArbG daher im Regelfall **kein Rechtsmittel** gegeben ist. Nur ausnahmsw. findet die Rechtsbeschwerde zum BAG statt, wenn das ArbG sie in entsprechender Anwendung des § 72 II ArbGG zugelassen hat. Die Frage der **Divergenz** ist dabei auf Entscheidungen des BAG oder anderer ArbG zu beziehen[2]. § 122 III 3 enthält eine von den allgemeinen Bestimmungen der § 92 II 1 iVm. § 74 I 1 ArbGG **abweichende Regel über die Einlegung und Begründung** der Rechtsbeschwerde. Gegen die Nichtzulassung durch das ArbG ist eine Beschwerde zum BAG nicht möglich[3].

10 **Rechtsgestaltende Wirkung** entfaltet der Zustimmungsbeschluss erst mit seiner Rechtskraft. Ab diesem Zeitpunkt kann die geplante Betriebsänderung ohne Risiko von Nachteilsausgleichsansprüchen nach § 113 III BetrVG durchgeführt werden. Spätestens dann kommt ein **Unterlassungsanspruch** des BR gegen die Durchführung der Betriebsänderung nicht mehr in Betracht[4].

11 Umstritten ist, ob im Verfahren nach § 122 auch der **Erlass einer einstw. Verfügung** möglich ist[5]. Überwiegend wird das bejaht[6], wofür man sich neben der Generalverweisung auf die Vorschriften über das arbeitsgerichtl. Beschlussverfahren auf die im Gesetzgebungsverfahren zu findende ausdrückliche Feststellung stützt, dass „auch im Beschlussverfahren nach § 140 (heute: § 122) der Erlass einer einstw. Verfügung zulässig" sei[7]. Einigkeit besteht aber darüber, dass sie an **strenge Voraussetzungen** gebunden ist, da sie zu einer Vorwegnahme der Hauptsache führt[8].

123 *Umfang des Sozialplans*

(1) In einem Sozialplan, der nach der Eröffnung des Insolvenzverfahrens aufgestellt wird, kann für den Ausgleich oder die Milderung der wirtschaftlichen Nachteile, die den Arbeitnehmern infolge der geplanten Betriebsänderung entstehen, ein Gesamtbetrag von bis zu zweieinhalb Monatsverdiensten (§ 10 Abs. 3 des Kündigungsschutzgesetzes) der von einer Entlassung betroffenen Arbeitnehmer vorgesehen werden.

(2) Die Verbindlichkeiten aus einem solchen Sozialplan sind Masseverbindlichkeiten. Jedoch darf, wenn nicht ein Insolvenzplan zu Stande kommt, für die Berichtigung von Sozialplanforderungen nicht mehr als ein Drittel der Masse verwendet werden, die ohne einen Sozialplan für die Verteilung an die Insolvenzgläubiger zur Verfügung stünde. Übersteigt der Gesamtbetrag aller Sozialplanforderungen diese Grenze, so sind die einzelnen Forderungen anteilig zu kürzen.

(3) Sooft hinreichende Barmittel in der Masse vorhanden sind, soll der Insolvenzverwalter mit Zustimmung des Insolvenzgerichts Abschlagszahlungen auf die Sozialplanforderungen leisten. Eine Zwangsvollstreckung in die Masse wegen einer Sozialplanforderung ist unzulässig.

124 *Sozialplan vor Verfahrenseröffnung*

(1) Ein Sozialplan, der vor der Eröffnung des Insolvenzverfahrens, jedoch nicht früher als drei Monate vor dem Eröffnungsantrag aufgestellt worden ist, kann sowohl vom Insolvenzverwalter als auch vom Betriebsrat widerrufen werden.

(2) Wird der Sozialplan widerrufen, so können die Arbeitnehmer, denen Forderungen aus dem Sozialplan zustanden, bei der Aufstellung eines Sozialplans im Insolvenzverfahren berücksichtigt werden.

(3) Leistungen, die ein Arbeitnehmer vor der Eröffnung des Verfahrens auf seine Forderung aus dem widerrufenen Sozialplan erhalten hat, können nicht wegen des Widerrufs zurückgefordert werden. Bei der Aufstellung eines neuen Sozialplans sind derartige Leistungen an einen von einer Entlassung betroffenen Arbeitnehmer bei der Berechnung des Gesamtbetrags der Sozialplanforderungen nach § 123 Abs. 1 bis zur Höhe von zweieinhalb Monatsverdiensten abzusetzen.

1 **I. Inhalt und Zweck.** Die InsO **knüpft** mit §§ 123, 124 **an das allgemeine Sozialplanrecht des BetrVG an** und stellt lediglich besondere Regelungen über die Dotierung und den Rang von in der Insolvenz begründeten Sozialplanansprüchen sowie über die Bestandskraft von insolvenznahen Sozialplänen bereit.

---

1 S. nur ArbG Lingen v. 9.7.1999 – 2 BV 4/99, ZIP 1999, 1892 (1896). | 2 Kübler/Prütting/*Moll*, § 122 InsO Rz. 40; *Oetker/Friese*, DZWIR 2001, 133 (139); aA *Rummel*, DB 1997, 774 (775), unter Berufung auf den Wortlaut. | 3 Vgl. BAG v. 14.8.2001 – 2 ABN 20/01, AP Nr. 44 zu § 72a ArbGG 1979 – Divergenz. | 4 S. dazu näher Kübler/Prütting/*Moll*, § 122 InsO Rz. 37; zum Problem außerhalb der Insolvenz Richardi/*Annuß*, § 111 BetrVG Rz. 166 ff. | 5 Dagegen KDZ/*Däubler*, § 122 InsO Rz. 13; *Kocher*, BB 1998, 213 (215 Fn. 34); *Lakies*, RdA 1997, 145 (153); *Schaub*, DB 1999, 217 (226). | 6 *Annuß*, NZI 1999, 344 (347); *Caspers*, Rz. 421; *Giesen*, ZIP 1998, 142 (145); *Löwisch*, RdA 1997, 80 (86); Kübler/Prütting/*Moll*, § 122 InsO Rz. 43; *Oetker/Friese*, DZWIR 2001, 133 (139). | 7 Begr. Rechtsausschuss, BT-Drs. 12/7302, S. 171. | 8 S. näher *Annuß*, NZI 1999, 344 (347); *Oetker/Friese*, DZWIR 2001, 133 (139).

Für das **Zustandekommen eines Sozialplans** gilt daher auch in der Insolvenz § 112 BetrVG. Ein Vermittlungsversuch durch den Vorstand der BA findet allerdings gem. § 121 nur statt, wenn Insolvenzverwalter und BR dies übereinstimmend beantragen. Liegen die Voraussetzungen des § 112 BetrVG vor, kann ein Sozialplan auch im Insolvenzverfahren über die **Einigungsstelle** erzwungen werden. Nicht erforderlich ist, dass Vertreter der Insolvenzgläubiger in die Einigungsstelle berufen werden, da die Berücksichtigung ihrer Interessen bereits durch § 123 gewährleistet ist[1]. Jedoch hat die Einigungsstelle, um sich nicht dem Vorwurf eines Ermessensfehlers auszusetzen, bei bevorstehender Unternehmensliquidation einen vom Gläubigerausschuss entsandten Vertreter zur wirtschaftl. Vertretbarkeit des Sozialplans anzuhören[2]. Kommt der Sozialplan nicht durch Spruch der Einigungsstelle, sondern durch Einigung der Betriebsparteien zu Stande, benötigt der Insolvenzverwalter die **Zustimmung des Gläubigerausschusses** bzw. der Gläubigerversammlung (§ 160).

Zweifelhaft ist, ob die §§ 123, 124 nur für Sozialpläne iSd. § 112 BetrVG gelten, also insb. eine Betriebsänderung iSd. § 111 BetrVG erforderlich ist. Diese Frage erhebt sich unabhängig davon, dass ein Insolvenzverwalter, der bei Nichtvorliegen einer Betriebsänderung einen freiwilligen Sozialplan aufstellt, sich angesichts des Gebots der größtmöglichen Gläubigerbefriedigung schadensersatzpflichtig (§ 60) machen kann. Liegt eine Betriebsänderung vor, kann sich aber etwa auch bei Nichtbestehen der Sozialplanpflicht nach § 112a II BetrVG ein freiwilliger Sozialplan empfehlen, wenn dadurch eine für die Masse insgesamt vorteilhafte Beschleunigung des Interessenausgleichs (§ 113 BetrVG!) herbeigeführt werden kann. Die wohl überwiegende, gleichwohl aber zweifelhafte, Ansicht hält die §§ 123, 124 auch auf freiwillige Sozialpläne für anwendbar[3]. Folgt man dem, erscheint es nur folgerichtig, wenn ihre Geltung ferner auf freiwillige SprAuVereinbarungen (s. §§ 28, 32 SprAuG) mit sozialplanähnlichem Charakter erstreckt wird[4]. 2

Zeitlich sind drei Phasen zu unterscheiden. Ist ein Sozialplan früher als drei Monate vor dem Eröffnungsantrag aufgestellt worden, bindet er den Insolvenzverwalter nach allgemeinen Grundsätzen. Aus ihm resultierende Ansprüche der ArbN sind einfache Insolvenzforderungen gem. § 38. Handelt es sich hingegen um einen bis zu drei Monate vor dem Eröffnungsantrag aufgestellten (sog. insolvenznahen) Sozialplan, besteht ein Widerrufsrecht nach § 124 (s. Rz. 11 f.). Nur für nach Insolvenzeröffnung zu Stande gekommene Sozialpläne gilt die Sonderregelung des § 123 (s. Rz. 4 ff.). 3

II. Sozialplan nach Insolvenzeröffnung. Insolvenzsozialpläne haben sowohl die aus § 112 BetrVG resultierenden als auch die in § 123 verankerten **Sozialplanschranken** zu beachten. 4

Für den vor der Einigungsstelle erzwungenen Sozialplan ergeben sich **Sozialplaninnenschranken** aus § 112 V BetrVG (s. dort Rz. 61 ff.). Eine Modifikation ist allerdings insoweit erforderlich, als in Fällen der Zerschlagung und Liquidation des Unternehmens sowie bei einer übertragenden Sanierung zum Zwecke der anschließenden Liquidation des Insolvenzschuldners nicht die Interessen des Unternehmers, sondern diejenigen der Insolvenzgläubiger in die Abwägung einzustellen sind[5]. Auf die **wirtschaftl. Vertretbarkeit für das Unternehmen** kommt es in der Insolvenz daher nur an, wenn der Abschluss eines Insolvenzplans und die Fortführung des Unternehmensträgers beabsichtigt sind[6]. Auch bei einem frei vereinbarten Sozialplan ist der Insolvenzverwalter angesichts des **Gebots der größtmöglichen Gläubigerbefriedigung** grds. an die Grenzen des § 112 V BetrVG gebunden[7]. Ausnahmen gelten nur, wenn ausnahmsw. durch eine höhere Sozialplandotierung die Masse insgesamt – etwa wegen einer früher möglichen Durchführung der Betriebsänderung – entlastet wird. 5

§ 123 enthält **zwei Sozialplanaußenschranken**. Nach dessen Abs. 1 beträgt das maximale Volumen eines Insolvenzsozialplans zweieinhalb nach § 10 III KSchG zu berechnende (s. § 10 KSchG Rz. 5 f.) Monatsverdienste der von einer Entlassung betroffenen ArbN[8]. Abzustellen ist dabei auf das **Einkommen jedes einzelnen entlassenen ArbN** und nicht etwa auf das Durchschnittseinkommen aller im Betrieb oder Unternehmen beschäftigten ArbN[9]. Probleme können sich ergeben, wenn die zu kündigenden 6

1 BAG v. 6.5.1986 – 1 AZR 553/84, AP Nr. 8 zu § 128 HGB; MünchArbR/*Matthes*, § 363 Rz. 12; *Oetker/Friese*, DZWIR 2001, 265 (268). | 2 *Annuß*, NZI 1999, 344 (348); *Fitting*, 19. Aufl. 1998, § 1 SozplKonkG; ebenso vor Inkrafttreten des Sozialplankonkursgesetzes *Willemsen*, Arbeitnehmerschutz bei Betriebsänderungen im Konkurs, 1980, S. 26 ff.; aA MünchArbR/*Matthes*, § 363 Rz. 12; *Oetker/Friese*, DZWIR 2001, 265 (268). | 3 *Hess*, Insolvenzarbeitsrecht, 2000, § 123 Rz. 11; Kübler/Prütting/*Moll*, §§ 123, 124 InsO Rz. 36; *Zwanziger*, § 123 InsO Rz. 9; aA DKK/*Däubler*, Anh. §§ 111–113, § 123 InsO Rz. 26. | 4 *Oetker/Friese*, DZWIR 2001, 265 (268). | 5 *Caspers*, Rz. 464; *Willemsen/Tiesler*, Interessenausgleich und Sozialplan in der Insolvenz, 1995, Rz. 143; aA *v. Hoyningen-Huene*, RdA 1986, 102 (114); anders auch *Oetker/Friese*, DZWIR 2001, 265 (270), nach denen eine Unterschreitung des in § 123 definierten maximalen Sozialplanvolumens „nur dann in Betracht kommt, wenn sich diese Interessen nicht auf das bloße Befriedigungsinteresse beschränken, sondern auf der Fortführung des Unternehmens gründen". | 6 Ebenso wohl *Fitting*, §§ 112, 112a BetrVG Rz. 261. | 7 *Annuß*, NZA 1999, 344 (348); *Caspers*, Rz. 463; *Willemsen/Tiesler*, Interessenausgleich und Sozialplan in der Insolvenz, 1995, Rz. 121; nicht eindeutig *Oetker/Friese*, DZWIR 2001, 265 (270). | 8 Dies gilt nach überwiegender Ansicht – anders als für die relative Sozialplanschranke des § 123 II 3 – auch dann, wenn der Sozialplan im Rahmen eines Insolvenzplanverfahrens errichtet wird, vgl. nur Nerlich/Römermann/*Hamacher*, § 123 InsO Rz. 28 f. | 9 *Boemke/Tietze*, DB 1999, 1389 (1391); Kübler/Prütting/*Moll*, §§ 123, 124 InsO Rz. 44.

ArbN oder deren Monatseinkommen im Zeitpunkt der Aufstellung des Sozialplans noch nicht feststehen. Um hier eine Überschreitung des Höchstvolumens zu verhindern, kommt man nicht daran vorbei, im Sozialplan nur die Verteilungsrelation festzulegen[1]. **Von einer Entlassung betroffen** sind nicht nur die auf Grund einer betriebsbedingten Kündigung im Rahmen der Betriebsänderung ausscheidenden ArbN. Ihnen stehen solche ArbN gleich, die auf Veranlassung des Insolvenzverwalters einen Aufhebungsvertrag abschließen oder selbst kündigen, um einer betriebsbedingten Kündigung zuvorzukommen[2]. Ist diese Veranlassung durch die Betriebsänderung gegeben, spielt es keine Rolle, wenn die ArbN bereits vor der Aufstellung des Sozialplans ausgeschieden sind[3]. Eine **kumulativ zu beachtende relative Sozialplanaußenschranke** ergibt sich aus § 123 II 2.

7 Werden einzelne **ArbN rechtswidrig von Sozialplanleistungen** ausgeschlossen und klagen sie ihre Rechte ein, so ist zweifelhaft, wie daraus resultierende Zahlungspflichten mit Blick auf die Sozialplanschranken zu berücksichtigen sind[4].

8 Eine **Überschreitung** der Sozialplaninnenschranken sowie der absoluten Sozialplanaußenschranken führt grds. zur Gesamtnichtigkeit des Sozialplans[5], weshalb bei Fehlen einer „Nachbesserungsklausel" ein neuer Sozialplan zu verhandeln ist. Allerdings wird verschiedentlich eine geltungserhaltende Reduktion auf das noch zulässige Maß für möglich gehalten. Sie ist aber jedenfalls dann ausgeschlossen, wenn die Verteilungsgrundsätze nicht erkennbar sind oder durch eine anteilige Kürzung verfälscht würden[6]. Werden die relativen Sozialplanaußenschranken überschritten, ordnet § 123 II 3 ausdrücklich eine anteilige Kürzung der Sozialplanleistungen an. Die relative Außenschranke bildet dabei lediglich eine „Verteilungssperre"[7], so dass der einzelne ArbN die Differenz zu dem ihm gem. Sozialplan zustehenden vollen Anspruch nach Abschluss des Insolvenzverfahrens weiter verfolgen kann[8].

9 Bei der **Verteilung des Sozialplanvolumens** ist die Zweieinhalbmonatsgrenze nicht zu beachten, so dass einzelne ArbN durchaus einen höheren Betrag erhalten können[9]. Aus dem Gesamtvolumen ist nicht nur der Ausgleich für die entlassenen, sondern auch für die anders als durch Entlassung nachteilig betroffenen ArbN zu erbringen[10], so dass für diese kein besonderer, an die Schranken des § 123 nicht gebundener Sozialplan aufzustellen ist[11].

10 Nach § 123 II 1 sind die aus einem Insolvenzsozialplan resultierenden Verpflichtungen **Masseverbindlichkeiten** (§ 55). Sie bedürfen daher weder der Anmeldung noch der Feststellung im Insolvenzverfahren (§§ 174 ff.). Allerdings ergibt sich aus § 123 II 2, dass es sich um „Masseverbindlichkeiten zweiter Klasse" handelt, da sie erst nach allen übrigen Masseverbindlichkeiten zu befriedigen sind. Sie können daher nicht zur Masseunzulänglichkeit (§ 208 I 1) führen.

11 **III. Insolvenznaher Sozialplan.** Abgesehen davon, dass ein vor Insolvenzeröffnung aufgestellter Sozialplan Gegenstand einer **Insolvenzanfechtung** sein kann[12], gewährt § 124 I sowohl dem Insolvenzverwalter als auch dem BR ein Recht zum Widerruf solcher Sozialpläne, die nicht früher als drei Monate vor dem Eröffnungsantrag (§ 13) aufgestellt worden sind. **Eine Pflicht zum Widerruf** resultiert daraus nicht, kann sich aber aus anderen Gründen ergeben[13]. Die Ausübung des Widerrufsrechts ist weder fristgebunden noch bedarf sie eines sachlichen Grundes[14]. Der Widerruf **beseitigt den Sozialplan mit Rückwirkung ersatzlos**, so dass sämtliche darauf gestützten Ansprüche der ArbN entfallen. Allerdings schließt § 124 III 1 die Rückforderung vor dem Widerruf bereits ausgezahlter Leistungen über den Wortlaut hinaus auch dann aus, wenn die Auszahlung erst nach Insolvenzeröffnung erfolgt ist[15]. Sie sind aber bei der Bestimmung der absoluten Sozialplanaußenschranke nach § 123 I zu berücksichtigen (§ 124 III 2). Wird der Sozialplan widerrufen, so ist ein neuer Sozialplan unter Beachtung des § 123 aufzustellen.

---

1 So Nerlich/Römermann/*Hamacher*, § 123 InsO Rz. 18; *Oetker/Friese*, DZWIR 2001, 265 (269); siehe auch den abweichenden Lösungsansatz bei Kübler/Prütting/*Moll*, §§ 123, 124 InsO Rz. 48 mwN. | 2 Vgl. nur BAG v. 19.7.1995 – 10 AZR 885/94, AP Nr. 96 zu § 112 BetrVG 1972; aA *Hess*, NZA 1985, 205 (206). | 3 *Boemke/Tietze*, DB 1999, 1389 (1391); Kübler/Prütting/*Moll*, §§ 123, 124 InsO Rz. 43. | 4 Siehe dazu *Boemke/Tietze*, DB 1999, 1389 (1393); *Oetker/Friese*, DZWIR 2001, 265 (272). | 5 Vgl. für die Innenschranken *Willemsen*, Arbeitnehmerschutz bei Betriebsänderungen im Konkurs, 1980, S. 220; für die absoluten Außenschranken BT-Drs. 10/2129, S. 7; *Boemke/Tietze*, DB 1999, 1398 (1392); *Oetker/Friese*, DZWIR 2001, 265 (271). | 6 S. näher *Annuß*, NZI 1999, 344 (350); *Boemke/Tietze*, DB 1999, 1389 (1392); *Oetker/Friese*, DZWIR 2001, 265 (271). | 7 *Oetker/Friese*, DZWIR 2001, 265 (273). | 8 S. näher *Annuß*, NZI 1999, 344 (351). | 9 Vgl. Begr. RegE zu § 141 InsO, BT-Drs. 12/2443, S. 154. | 10 *Caspers*, Rz. 435; aA *Fitting*, §§ 112, 112a BetrVG Rz. 277, der für die Berechnung des zulässigen Gesamtvolumens sämtliche betroffenen ArbN berücksichtigen will; *Oetker/Friese*, DZWIR 2001, 265 (271). | 11 So aber DKK/*Däubler*, Anh. §§ 111–113, § 123 InsO Rz. 22; Kübler/Prütting/*Moll*, §§ 123, 124 InsO Rz. 32. | 12 Nachweise bei Richardi/*Annuß*, Anhang zu § 113 BetrVG Rz. 10. | 13 FK/*Eisenbeis*, § 124 InsO Rz. 6; s. dazu auch Kübler/Prütting/*Moll*, §§ 123, 124 InsO Rz. 92; für den Insolvenzverwalter kann sich bei unterbliebenem Widerruf eine Schadensersatzpflicht nach § 60 ergeben; Nerlich/Römermann/*Hamacher*, § 124 InsO Rz. 10. | 14 FK/*Eisenbeis*, § 124 InsO Rz. 5; Kübler/Prütting/*Moll*, §§ 123, 124 InsO Rz. 94; nach LAG Köln v. 17.10.2002 – 5 (4) TaBV 44/02, AP Nr. 1 zu § 124 InsO, kann der BR nach Insolvenzeröffnung wirksam auf den Widerruf verzichten. | 15 Im Ergebnis ebenso Nerlich/Römermann/*Hamacher*, § 124 InsO Rz. 18; Kübler/Prütting/*Moll*, §§ 123, 124 InsO Rz. 95; Begr. RegE zu § 142, BT-Drs. 12/2443, S. 155; aA wohl *Caspers*, Rz. 483; *Oetker/Friese*, DZWIR 2001, 265 (276).

Erfolgt kein Widerruf, so sind die noch nicht erfüllten Sozialplanansprüche in voller Höhe gewöhnliche Insolvenzforderungen nach § 38. Die Unterlassung des Widerrufs durch den Insolvenzverwalter begründet keine Masseverbindlichkeit gem. § 55 I Nr. 1[1]. Etwas anderes gilt wegen § 55 II für Sozialpläne, die ein „starker" vorläufiger Insolvenzverwalter vor Verfahrenseröffnung abschließt[2]. 12

IV. Abschlagszahlungen. Die in § 124 III 1 vorgesehene Pflicht des Insolvenzverwalters kann zu Konflikten mit der Pflicht zur Beachtung der relativen Sozialplanaußenschranke gem. § 123 II 2 führen, weshalb der Insolvenzverwalter die Leistungen zurückhaltend gewähren wird. Vorsorglich wird er dabei eine Rückzahlungsklausel für den Fall vereinbaren, dass die Leistung zu einer Überschreitung der Grenze des § 123 II 2 führt[3]. Das Vollstreckungsverbot in § 123 III 2 ist angesichts des prinzipiellen Charakters der Sozialplanverbindlichkeiten als Masseschulden erforderlich[4]. 13

125 *Interessenausgleich und Kündigungsschutz*

(1) Ist eine Betriebsänderung (§ 111 des Betriebsverfassungsgesetzes) geplant und kommt zwischen Insolvenzverwalter und Betriebsrat ein Interessenausgleich zu Stande, in dem die Arbeitnehmer, denen gekündigt werden soll, namentlich bezeichnet sind, so ist § 1 des Kündigungsschutzgesetzes mit folgenden Maßgaben anzuwenden:

1. **es wird vermutet, dass die Kündigung der Arbeitsverhältnisse der bezeichneten Arbeitnehmer durch dringende betriebliche Erfordernisse, die einer Weiterbeschäftigung in diesem Betrieb oder einer Weiterbeschäftigung zu unveränderten Arbeitsbedingungen entgegenstehen, bedingt ist;**
2. **die soziale Auswahl der Arbeitnehmer kann nur im Hinblick auf die Dauer der Betriebszugehörigkeit, das Lebensalter und die Unterhaltspflichten und auch insoweit nur auf grobe Fehlerhaftigkeit nachgeprüft werden; sie ist nicht als grob fehlerhaft anzusehen, wenn eine ausgewogene Personalstruktur erhalten oder geschaffen wird.**

Satz 1 gilt nicht, soweit sich die Sachlage nach Zustandekommen des Interessenausgleichs wesentlich geändert hat.

(2) Der Interessenausgleich nach Absatz 1 ersetzt die Stellungnahme des Betriebsrats nach § 17 Abs. 3 Satz 2 des Kündigungsschutzgesetzes.

I. Tatbestand des § 125 Abs. 1. § 125 enthält eine – nach erneuter Anfügung des § 1 V KSchG nur noch geringfügige – Modifikation des § 1 KSchG, die dem Insolvenzverwalter die zügige Durchführung einer Betriebsänderung ermöglichen soll[5]. Dem **vorläufigen Insolvenzverwalter** (§ 22 InsO) stehen die Möglichkeiten des § 125 nicht zur Verfügung[6], und zwar auch dann nicht, wenn dem Schuldner ein allgemeines Verfügungsverbot auferlegt worden ist. 1

Erforderlich ist in jedem Falle eine **geplante Betriebsänderung** iSd. § 111 BetrVG. Liegen dessen Voraussetzungen nicht vor, können die Wirkungen des § 125 auch nicht durch einen freiwilligen Interessenausgleich herbeigeführt werden[7]. Unschädlich ist es, wenn die ursprünglich konkret geplante Betriebsänderung in den Verhandlungen mit dem BR unter die Schwelle des § 111 BetrVG herabgedrückt wird[8]. Der Interessenausgleich kann auch eine Betriebsänderung betreffen, die nur im Falle von Widersprüchen gegen den Übergang von Arbeitsverhältnissen gem. § 613a BGB in Form des dann notwendigen Personalabbaus durchgeführt werden soll[9]. Erforderlich ist allerdings, dass die anstehende Betriebsänderung bereits in ihren Einzelheiten feststeht[10]. 2

Der **Begriff des Interessenausgleichs** in § 125 verweist auf § 112 BetrVG[11], so dass insb. das **Schriftformerfordernis** des § 112 I 1 BetrVG auch hinsichtlich der Namensliste zu beachten ist. Zu beachten ist also, dass Interessenausgleich und Namensliste eine Urkundeneinheit bilden[12]. Dafür soll es genügen, wenn im Interessenausgleich auf die Namensliste Bezug genommen wird und sie im Zeitpunkt der Unterzeichnung fest (etwa durch Heftklammer) mit dem Interessenausgleich verbunden ist, so dass 3

1 BAG v. 31.7.2002 – 10 AZR 275/01, NZA 2002, 1332; *Boemke/Tietze*, DB 1999, 1389 (1394); *Oetker/Friese*, DZWIR 2001, 265 (276) mwN; aA *Lakies*, BB 1999, 206 (210). | 2 BAG v. 31.7.2002 – 10 AZR 275/01, NZA 2002, 1332 (vgl. auch die Kritik zu dieser Entscheidung bei *Häsemeyer*, ZIP 2003, 229). | 3 *Annuß*, NZI 1999, 344 (350); Kübler/Prütting/*Moll*, §§ 123, 124 InsO Rz. 85. | 4 BAG v. 22.11.2005 – 1 AZR 458/04, AP Nr. 176 zu § 112 BetrVG 1972; vgl. allerdings LAG Hamm v. 27.10.2005 – 4 Sa 1709/04. | 5 Vgl. Begr. RegE zu § 128, BT-Drs. 12/2443, S. 149. | 6 LAG Hamm v. 12.1.2006 – 4 Sa 1511/05. | 7 BAG v. 16.5.2002 – 8 AZR 319/01, DB 2002, 2552; v. 28.8.2003 – 2 AZR 377/02, AP Nr. 134 zu § 102 BetrVG 1972; v. 20.9.2006 – 6 AZR 249/05, EzA § 613a BGB 2002 Nr. 62; v. 26.4.2007 – 8 AZR 695/05; FK/*Eisenbeis*, § 125 InsO Rz. 2; Nerlich/Römermann/*Hamacher*, § 125 InsO Rz. 9; *Hohenstatt*, NZA 1998, 846 (851); *Oetker/Friese*, DZWIR 2001, 177 mwN; aA *Kappenhagen*, NZA 1998, 968 ff., zu § 1 Abs. 5 KSchG aF. | 8 *Heinze*, NZA 1999, 57 (59). | 9 BAG v. 24.2.2000 – 8 AZR 180/99, AP Nr. 7 zu § 1 KSchG 1969 – Namensliste. | 10 Zur Unwirksamkeit eines „vorsorglichen" Interessenausgleichs § 112 BetrVG Rz. 8. | 11 *Giesen*, ZIP 1998, 46 (50); *Lakies*, RdA 1997, 145 (150); Kübler/Prütting/*Moll*, § 125 InsO Rz. 20; KR/*Weigand*, § 125 InsO Rz. 11; aA *Kania*, DStR 1996, 832, 834; *Schrader*, NZA 1997, 70 (73); *Warrikoff*, BB 1994, 2338 (2341); vgl. auch Begr. Rechtsausschuss zu § 143a, BT-Drs. 12/7302, S. 171. | 12 BAG v. 6.7.2006 – 2 AZR 520/05, AP Nr. 80 zu § 1 KSchG 1969; v. 26.4.2007 – 8 AZR 695/05.

eine Lösung „nur durch Gewaltanwendung (Lösen der Heftklammer)"[1] möglich ist. Eine gesonderte Unterschrift unter der Namensliste sei dann entbehrlich[2]. Ausreichend ist auch, wenn sich trotz fehlender körperlicher Verbindung die Urkundeneinheit zweifelsfrei aus der äußeren Gestaltung sowie dem inhaltlichen Zusammenhang entnehmen lässt[3]; in diesem Fall ist aber die Abschlussfunktion der Unterschrift unentbehrlich[4]. Die Schriftform wird nicht gewahrt durch einen einseitigen Hinweis im Interessenausgleich auf die Namensliste oder durch die bloße Verwahrung von Interessenausgleich und Namensliste im selben Ordner, „weil die Namensliste unter solchen Umständen problemlos ausgetauscht werden könnte" (s. allg. zum Schriftformerfordernis beim Interessenausgleich § 112 BetrVG Rz. 12)[5]. Aus der Verweisung des Gesetzes auf den allgemeinen Begriff des Interessenausgleichs folgt, dass § 125 in **Tendenzbetrieben** nicht anzuwenden ist (§ 118 II BetrVG)[6]. Wohl aber kann ein Interessenausgleich von einer nach § 117 Abs. 2 BetrVG gebildeten besonderen betriebsverfassungsrechtl. Vertretung vereinbart werden[7].

4 Zulässig ist eine **Beschränkung des Interessenausgleichs auf den Inhalt des § 125**. Deshalb müssen nicht notwendig neben der Namensliste auch Regelungen über das „Ob" und „Wie" der Betriebsänderung getroffen werden[8]. Sehen allerdings die Betriebsparteien mit der Aufstellung der Namensliste das Interessenausgleichsverfahren noch nicht als insgesamt abgeschlossen an, so ist – unbeschadet der Wirkung des § 125 – vor Umsetzung der Betriebsänderung die Herbeiführung eines Interessenausgleichs weiterhin zu versuchen oder das Verfahren nach § 122 durchzuführen (s. § 122 I 3), um der Nachteilsausgleichspflicht (§ 113 III BetrVG) zu entgehen. Möglich ist auch die Ergänzung eines über die Durchführung der Betriebsänderung bereits zu Stande gekommenen Interessenausgleichs um eine Regelung iSd. § 125 I, und zwar auch, wenn mit der Betriebsänderung bereits begonnen wurde[9]. Dafür genügt es, wenn die Namensliste unterschrieben und in ihr auf den Interessenausgleich Bezug genommen wird; eine besondere körperliche Verbindung mit dem im Übrigen fortbestehenden Interessenausgleich ist dann nicht erforderlich[10]. Die Möglichkeit der Aufstellung eines Interessenausgleichs iSd. § 125 wird nicht dadurch ausgeschlossen, dass bereits ein Verfahren nach § 126 eingeleitet worden ist (zu den Folgen für das Verfahren nach § 126 s. dort Rz. 2)[11].

5 Da **Interessenausgleich und Sozialplan** ohnehin **materiell abzugrenzen** sind, spielt es keine Rolle, wenn die Benennung der zu kündigenden ArbN in einem mit „Sozialplan" überschriebenen Dokument erfolgt[12]. Der Sache nach handelt es sich allerdings auch insoweit stets um eine Interessenausgleichsregelung, weshalb sie nicht durch Spruch der Einigungsstelle erzwungen werden kann[13].

6 § 125 InsO betrifft nur betriebsbedingte Kündigungen, die im **Rahmen der geplanten Betriebsänderung** ausgesprochen werden[14], was im Streitfalle der Insolvenzverwalter darlegen und beweisen muss[15]. Weiterhin regelt § 125 nur die Kündigung solcher ArbN, die vom BR repräsentiert werden, weshalb sich sein Anwendungsbereich insb. nicht auf leitende Angestellte iSd. § 5 III BetrVG erstreckt. Für diese ist auch keine freiwillige Aufstellung eines Interessenausgleichs durch den **SprAu** mit der Wirkung des § 125 I möglich. Ist der GBR für den Interessenausgleich zuständig, so kann mit ihm auch eine Namensliste mit der Wirkung des § 125 InsO vereinbart werden[16]. § 125 gilt sowohl für Beendigungs- als auch für Änderungskündigungen[17], wobei die Art der gegenüber den einzelnen ArbN jeweils auszusprechenden Kündigung im Interessenausgleich anzugeben ist, sofern sich nicht aus den Umständen ergibt, dass es nur zu Beendigungskündigungen kommen wird. Bei Änderungskündigungen sind die Änderungen der Arbeitsbedingungen im Interessenausgleich genau zu beschreiben[18]. Lässt sich die Kündigungsart dem Interessenausgleich nicht entnehmen, entfaltet er insoweit nicht die Wirkung nach Abs. 1 (zur Frage, inwieweit das Auswirkungen auf die Überprüfbarkeit der sonstigen im Interessenausgleich vorgesehe-

---

1 BAG v. 7.5.1998 – 2 AZR 55/98, AP Nr. 1 zu § 1 KSchG 1969 – Namensliste. | **2** BAG v. 7.5.1998 – 2 AZR 55/98, AP Nr. 1 zu § 1 KSchG 1969 – Namensliste; v. 26.4.2007 – 8 AZR 695/05. | **3** BAG v. 7.5.1998 – 2 AZR 55/98, AP Nr. 1 zu § 1 KSchG 1969 – Namensliste; v. 20.5.1999 – 2 AZR 278/98, ZInsO 2000, 351; s. auch BGH v. 24.9.1997 – XII ZR 234/95, NJW 1998, 58; v. 30.6.1999 – XII ZR 55/97, NJW 1999, 2591. | **4** AA offenbar LAG Schl.-Holst. v. 22.4.1998 – 2 Sa 556/97, LAGE § 1 KSchG – Interessenausgleich Nr. 5. | **5** BAG v. 20.5.1999 – 2 AZR 278/98, ZInsO 2000, 351. | **6** Im Ergebnis ebenso KDZ/*Däubler*, § 125 InsO Rz. 7; aA zu § 1 Abs. 5 KSchG *Bauer*, FS Wißmann, S. 215 (228 f.); *Lunk*, NZA 2005, 841 (847); *Thüsing/Wege*, BB 2005, 213 (215 f.). | **7** BAG v. 26.4.2007 – 8 AZR 695/05. | **8** AA offenbar Kübler/Prütting/*Moll*, § 125 InsO Rz. 28; wie hier *Caspers*, Rz. 427; FK/*Eisenbeis*, § 125 InsO Rz. 3; im Ergebnis auch *Schrader*, NZA 1997, 70 (73). | **9** Kübler/Prütting/*Moll*, § 125 InsO Rz. 35a; HK/*Irschlinger*, § 125 InsO Rz. 9. | **10** Vgl. näher BAG v. 22.1.2004 – 2 AZR 111/02, AP Nr. 1 zu § 112 BetrVG 1972 – Namensliste; MüKoBGB/*Einsele*, § 126 Rz. 8. | **11** Nerlich/Römermann/*Hamacher*, § 126 InsO Rz. 35; *Lakies*, RdA 1997, 145 (152); Kübler/Prütting/*Moll*, § 126 InsO Rz. 42; aA KDZ/*Däubler*, § 125 InsO Rz. 4: „Hat er den Antrag nach § 126 einmal gestellt, kommt kein Interessenausgleich nach § 125 mehr in Betracht"; *Zwanziger*, § 125 Rz. 16. | **12** Ebenso FK/*Eisenbeis*, § 125 InsO Rz. 4; *Hess*, § 125 Rz. 14; Kübler/Prütting/*Moll*, § 125 InsO Rz. 28; aA KDZ/*Däubler*, § 125 InsO Rz. 9; *Lakies*, BB 1999, 206 (207); KR/*Weigand*, § 125 InsO Rz. 14. | **13** ErfK/*Kiel*, § 125 Rz. 1; Kübler/Prütting/*Moll*, § 125 InsO Rz. 28. Zur Frage, ob nur Kündigungen im Geltungsbereich des KSchG erfasst werden Kübler/Prütting/*Moll*, § 128 InsO Rz. 33. | **14** *Caspers*, Rz. 168; *Hohenstatt*, NZA 1998, 846 (851 f.); aA *Ettwig*, Betriebsbedingte Kündigung in der Insolvenz, 2000, S. 87 f. | **15** *Berscheid*, MDR 2000, 216 (217); *Oetker/Friese*, DZWIR 2001, 177 (179). | **16** AA LAG MV v. 29.5.2006 – 1 Sa 349/05 mwN. | **17** *Lakies*, RdA 1997, 147 (149); *Schrader*, NZA 1997, 70 (74). | **18** Ebenso Nerlich/Römermann/*Hamacher*, § 125 InsO Rz. 28; Kübler/Prütting/*Moll*, § 125 InsO Rz. 30.

nen Kündigungen hat, Rz. 13)[1]. Die Wirkung der Namensliste betrifft nur solche Kündigungen, die im Zeitpunkt der Aufstellung des Interessenausgleichs mit Namensliste noch bevorstehen, wobei es nicht auf den Zugang, sondern auf den Ausspruch der Kündigung ankommt[2].

§ 125 verlangt die **namentliche Bezeichnung** der für Kündigungen vorgesehenen ArbN. Dafür genügt eine Nennung des Nachnamens oder eines betriebsüblichen Kosenamens, wenn keine Verwechslungsgefahr besteht[3]. Angesichts des eindeutigen Wortlauts ist eine andere als namentliche Individualisierung – etwa nach Betriebsabteilungen, Arbeitsgruppen oder Personalnummern oder die Aufstellung einer Negativliste der im Betrieb verbleibenden ArbN – nicht ausreichend[4]. Eine (zweifelhafte) Ausnahme wird für den Fall der Stilllegung des gesamten Betriebs gemacht, da hier ohnehin alle ArbN betroffen würden[5]. Über die namentliche Bezeichnung hinaus braucht der Interessenausgleich keine Angaben zu enthalten, so dass insb. eine Darstellung der Sozialauswahlkriterien[6] sowie der Kündigungsfristen und Kündigungstermine nicht erforderlich ist. 7

II. Rechtliche Wirkungen eines Interessenausgleichs mit Namensliste. 1. Vermutung der Betriebsbedingtheit der Kündigung. § 125 I 1 Nr. 1 vermutet einen betriebsbedingten Kündigungsgrund (§ 292 ZPO), so dass der Insolvenzverwalter nur das Vorliegen einer geplanten Betriebsänderung iSd. § 111 BetrVG sowie die namentliche Bezeichnung des Klägers im Interessenausgleich darzulegen und zu beweisen hat[7]. Nach Ansicht des BAG spricht eine Vermutung dafür, dass der BR-Vorsitzende bei der Unterzeichnung des Interessenausgleichs auf Grund und im Rahmen eines ordnungsgemäßen Beschlusses gehandelt hat. Soweit die Vermutung des § 125 I Nr. 1 reicht, obliegt dem ArbN der **Beweis des Gegenteils**. Es ist substantiierter Tatsachenvortrag erforderlich, der den gesetzlich vermuteten Umstand nicht nur in Zweifel zieht, sondern ausschließt[8]. Der ArbN hat deshalb darzulegen und zu beweisen, dass die Beschäftigungsmöglichkeit für ihn nicht weggefallen ist[9]. Steht durch Eingang eines Übernahmekonzeptes vor Ausspruch der Kündigungen fest, dass mangels endgültiger Stilllegungsabsicht die Kündigung nicht gerechtfertigt ist, greift die Vermutungsregel nicht ein[10]. § 125 InsO setzt sich nicht gegen einen Sonderkündigungsschutz durch[11]. 8

Zweifelhaft ist, ob das Fehlen einer **Weiterbeschäftigungsmöglichkeit** nur im selben Betrieb (vgl. § 1 KSchG Rz. 277 f.)[12] oder auch in einem anderen Betrieb desselben Unternehmens bzw. ausnahmsw. des Konzerns vermutet wird[13]. Angesichts des Wortlauts[14] sowie des grds. auf den Betrieb beschränkten Zuständigkeitsbereichs des BR[15] scheint vordergründig viel für die erste Ansicht zu sprechen. Blickt man allerdings auf das in der Entstehungsgeschichte deutlich zum Ausdruck gelangte Ziel der Norm, „die *soziale Rechtfertigung* der Kündigungen nur noch in Ausnahmefällen infrage zu stellen"[16], so spricht – bei Zugrundelegung der Kündigungsrechtsprechung des BAG im Übrigen – viel für die zweite Ansicht, zumal der BR seine Unterschrift vom Nachweis jeweils fehlender Weiterbeschäftigungsmöglichkeiten außerhalb des Betriebs abhängig machen kann. Der Wortlaut steht nicht entgegen, da nicht zuletzt § 126 I 2 zu entnehmen ist, dass der Gesetzgeber der InsO den Unterschied zwischen Unternehmen und Betrieb nicht strikt beachtet hat[17]. 9

---

1 Ebenso *Oetker/Friese*, DZWIR 2001, 177 (180). | 2 Ebenso KDZ/*Däubler*, § 125 InsO Rz. 13; *Oetker/Friese*, DZWIR 2001, 177, 178; aA *Nagel*, Die Stellung der Arbeitnehmer im neuen Insolvenzrecht, 1999, S. 49: Bereits gekündigte ArbN können noch in die Vereinbarung einbezogen werden. | 3 KR/*Weigand*, § 125 InsO Rz. 13; AA KDZ/*Däubler*, § 125 InsO Rz. 10; *Oetker/Friese*, DZWIR 2001, 177 (179); Kübler/Prütting/*Moll*, § 125 InsO Rz. 25, die jeweils eine Bezeichnung nach Vor- und Familiennamen verlangen. | 4 *Caspers*, Rz. 167; FK/*Eisenbeis*, § 125 InsO Rz. 3; *Zwanziger*, AuR 1997, 427; anders für den Fall der Schließung des gesamten Betriebs Kübler/Prütting/*Moll*, § 125 InsO Rz. 27; diff. KR/*Weigand*, § 125 InsO Rz. 13. | 5 Kübler/Prütting/*Moll*, § 125 InsO Rz. 27; *Oetker/Friese*, DZWIR 2001, 177 (179). | 6 So aber *Berscheid*, MDR 1998, 942, 945; *Lakies*, RdA 1997, 145 (149); wie hier Nerlich/Römermann/*Hamacher*, § 125 InsO Rz. 27; Kübler/Prütting/*Moll*, § 125 InsO Rz. 31; *Oetker/Friese*, DZWIR 2001, 177, 180. | 7 BAG v. 7.5.1998 – 2 AZR 55/98, AP Nr. 1 zu § 1 KSchG 1969 – Namensliste. | 8 BAG v. 22.1.2007 – 2 AZR 111/02, AP Nr. 1 zu § 112 BetrVG 1972 Namensliste; v. 26.4.2007 – 8 AZR 695/05. | 9 BAG v. 7.5.1998 – 2 AZR 536/97, AP Nr. 94 zu § 1 KSchG 1969 – Betriebsbedingte Kündigung; v. 24.2.2000 – 8 AZR 180/99, AP Nr. 7 zu § 1 KSchG 1969 – Namensliste. Das BAG ist also nicht der Ansicht gefolgt, wonach § 125 I Nr. 1 die Darlegungspflicht des Insolvenzverwalters unberührt lassen und nur die Beweislast betreffen soll. | 10 BAG v. 29.9.2005 – 8 AZR 647/04, nv. | 11 BAG v. 17.11.2005 – 6 AZR 118/05, AP Nr. 60 zu § 15 KSchG 1969. | 12 So *Fischermeier*, NZA 1997, 1089 (1096); wohl auch *Hohenstatt*, NZA 1998, 846 (851); nach st. Rspr. des BAG steht auch die Möglichkeit der Weiterbeschäftigung in einem anderen Betrieb des Unternehmens (bzw. ausnahmsweise des Konzerns) grds. der Wirksamkeit einer Kündigung entgegen. | 13 So *Caspers*, Rz. 171; ErfK/*Kiel*, § 125 InsO Rz. 4; *Lakies*, BB 1999, 206 (207 f.); Kübler/Prütting/*Moll*, § 125 InsO Rz. 36. | 14 Vgl. insoweit die abweichende Formulierung in § 1 V KSchG. | 15 Fehlerhaft ist es freilich, deshalb eine Zuständigkeit des GesamtBR annehmen zu wollen (in diese Richtung Nerlich/Römermann/*Hamacher*, § 125 InsO Rz. 41); denn Anknüpfungspunkt für § 125 ist die beteiligungspflichtige Betriebsänderung iSd. § 111 BetrVG. Bleibt sie auf einen Betrieb beschränkt, ist für eine originäre Zuständigkeit des GesamtBR kein Raum. | 16 Begr. RegE zu § 128, BT-Drs. 12/2443, S. 149; Hervorhebung hier. | 17 In der Praxis wird dieser Streit freilich keine besondere Rolle spielen. Denn selbst wenn man annimmt, dass die Vermutung sich nicht auch auf die Unmöglichkeit der Weiterbeschäftigung des jeweiligen Betriebs erstreckt, bewendet es dabei, dass der ArbGeb das Vorhandensein eines anderweitigen Arbeitsplatzes nur zu bestreiten braucht. Dann ist es Sache des ArbN darzulegen, wie er sich seine Weiterbeschäftigung vorstellt; s. nur BAG v. 7.5.1998 – 2 AZR 536/97, AP Nr. 94 zu § 1 KSchG 1969 – Betriebsbedingte Kündigung.

10 **2. Beschränkte Überprüfung der Sozialauswahl.** Nach § 125 I 1 Nr. 2 ist die gerichtl. Überprüfung der Sozialauswahl auf die **drei Kriterien**: Betriebszugehörigkeit, Lebensalter und Unterhaltspflichten beschränkt. Daraus ist zu ersehen, dass auch bei der Auswahl der zu kündigenden ArbN die Berücksichtigung weiterer Umstände nicht erforderlich ist[1]. Sie ist nach hM aber auch nicht ausgeschlossen. Zu beachten ist jedoch, dass bei der gerichtl. Überprüfung nur die in § 125 I 1 Nr. 2 genannten Kriterien betrachtet werden. Andere als die dort genannten Umstände können daher im Rahmen der Sozialauswahl nur berücksichtigt werden, soweit die allein anhand der drei gesetzl. Kriterien zu beurteilende Auswahlentscheidung dadurch nicht grob fehlerhaft wird[2]. Nach Ansicht des BAG betrifft die Beschränkung der gerichtl. Überprüfbarkeit nicht allein die Gewichtung der drei Sozialkriterien, sondern auch die Festlegung der auswahlrelevanten **Vergleichsgruppe**[3]. Nach Ansicht des LAG Köln ist die Gruppenbildung dann nicht grob fehlerhaft, wenn sie berücksichtigt, dass Umsetzungen, Neuschulungen oder Neueinarbeitungen weitgehend vermieden werden[4]. Gleiches gilt hinsichtlich **entgegenstehender betrieblicher Belange** iSd. § 1 III 2 KSchG[5]. Das BAG hat dies insbesondere für solche Fälle angenommen, in denen die Herausnahme der ArbN aus der Vergleichsgruppe dem Erhalt einer ausgewogenen Personalstruktur dient[6]. Nach Ansicht des BAG liegt keine grobe Fehlerhaftigkeit vor, wenn die Sozialauswahl auf einen von mehreren Geschäftsbereichen beschränkt wird, weil die ArbN in anderen Geschäftsbereichen nicht ohne Einarbeitungszeit beschäftigt werden können[7].

11 **Grob fehlerhaft ist die Sozialauswahl** nach Ansicht des BAG, wenn die Gewichtung der Kriterien jede Ausgewogenheit vermissen lässt[8]. Dies ist nicht nur dann der Fall, wenn ein Kriterium überhaupt nicht berücksichtigt wird, sondern allgemein, wenn „ein ins Auge springender, schwerer Fehler"[9] vorliegt. Dieser nicht weiter konkretisierbare Maßstab ist auch anzuwenden, soweit es um die Bestimmung der Vergleichsgruppe oder die Herausnahme einzelner ArbN aus der Sozialauswahl nach § 1 III 2 KSchG geht.

12 Nach § 125 I 1 Nr. 2, Hs. 2 ist eine Kündigung nicht als grob fehlerhaft anzusehen, wenn eine **ausgewogene Personalstruktur** erhalten oder – insoweit anders als § 1 V KSchG – geschaffen wird. Gemeint ist damit, dass eine Kündigung wirksam ist, wenn sie zur Erhaltung oder Schaffung einer ausgewogenen Personalstruktur erforderlich ist[10]. Dabei müssen die Kündigungen final auf dieses Ziel ausgerichtet sein[11]. In der Sache handelt es sich um einen über § 1 III 2 KSchG hinausgehenden[12] Sonderfall der Anerkennung berechtigter betrieblicher Bedürfnisse[13]. Der **Bezugspunkt für die Beurteilung der Ausgewogenheit** ist alles andere als klar. Einigkeit besteht darin, dass insoweit auf das Lebensalter der ArbN abgestellt werden kann[14]. Zulässig sei es daher, dass die Betriebsparteien im Interessenausgleich mehrere Altersgruppen bilden und festlegen, wie viele ArbN in jeder dieser Gruppen zu entlassen sind. Die Sozialauswahl soll sich dann auf die Angehörigen der jeweiligen Gruppe beschränken[15]. Während teilweise davon ausgegangen wird, dass ein berechtigtes Interesse des ArbGeb an einer bestimmten **Personalstruktur hinsichtlich anderer Merkmale als dem Lebensalter** nicht anzuerkennen sei[16], nimmt die

1 Wie hier KDZ/*Däubler*, § 125 InsO Rz. 17; insbesondere ist – auch bei Schwerbehinderten (vgl. dazu ausf. *Bütefisch*, Die Sozialauswahl, S. 443 ff.) – kein Rückgriff auf verfassungsrechtliche Wertungen erforderlich; hingegen verlangt § 1 III KSchG ausdrücklich die Berücksichtigung einer etwaigen Schwerbehinderung; vgl. zur Notwendigkeit der Berücksichtigung der Schwerbehinderung *Boemke*, NZI 2005, 209. | 2 Ebenso *Bütefisch*, Die Sozialauswahl, S. 451; Kübler/Prütting/*Moll*, § 125 InsO Rz. 48. | 3 BAG v. 7.5.1998 – 2 AZR 536/97, AP Nr. 94 zu § 1 KSchG 1969 – Betriebsbedingte Kündigung; v. 21.1.1999 – 2 AZR 624/98, AP Nr. 3 zu § 1 KSchG 1969 – Namensliste; v. 28.8.2003 – 2 AZR 368/02, AP Nr. 1 zu § 125 InsO; v. 21.7.2005 – 6 AZR 592/04, AP Nr. 50 zu § 113 BetrVG 1972; zust. LAG Nds. v. 12.4.2002 – 3 Sa 1638/01 NZI 2002, 570; *Caspers*, Rz. 187 ff.; *Hohenstatt*, NZA 1998, 846 (852); aA etwa LAG Düsseldorf v. 4.3.1998 – 12 (17) Sa 2125/97, LAGE § 1 KSchG – Interessenausgleich Nr. 3; *Stahlhacke/Preis*, WiB 1996, 1025 (1032); *Bütefisch*, Die Sozialauswahl, S. 454 ff. m. zahlr. wN. | 4 LAG Köln v. 2.5.2005 – 2 Sa 1511/04, nv.; vgl. auch LAG Hamm v. 12.11.2003 – 2 Sa 1232/03, ZInsO 2004, 1097. | 5 BAG v. 17.11.2005 – 6 AZR 107/05, AP Nr. 19 zu § 119 InsO; *Caspers*, Rz. 202; KDZ/*Däubler*, § 125 InsO Rz. 19; *Giesen*, ZfA 1997, 145 (174); *Hohenstatt*, NZA 1998, 846 (852); *Löwisch*, RdA 1997, 80 (81); aA *Bütefisch*, Die Sozialauswahl, S. 455; *Zwanziger*, § 125 InsO Rz. 53. | 6 BAG v. 28.8.2003 – 2 AZR 368/02, AP Nr. 1 zu § 125 InsO. | 7 BAG v. 17.11.2005 – 6 AZR 107/05, AP Nr. 19 zu § 113 InsO; allerdings wurde ausdrücklich offen gelassen, ob daran auch für einen Interessenausgleich fest zu halten ist, der erst nach Veröffentlichung der Entscheidung des BAG v. 28.10.2004 – 8 AZR 391/03, AP Nr. 69 zu § 1 KSchG 1969 – Soziale Auswahl, vereinbart worden ist; vgl. auch LAG Köln v. 11.12.2006 – 2 Sa 807/06. | 8 BAG v. 21.1.1999 – 2 AZR 624/98, AP Nr. 3 zu § 1 KSchG 1969 – Namensliste; v. 2.12.1999 – 2 AZR 757/98, AP Nr. 45 zu § 1 KSchG 1969 – Soziale Auswahl. | 9 Kübler/Prütting/*Moll*, § 125 InsO Rz. 62. | 10 In der Sache wesentlich weiter KR/*Weigand*, § 125 InsO Rz. 24: „Insofern sind Kündigungen, die zur Erhaltung oder Schaffung einer ausgewogenen Personalstruktur *beitragen*, zulässig" (Hervorhebung hier). | 11 ErfK/*Kiel*, § 125 InsO Rz. 6. | 12 § 1 III 2 KSchG gestattet lediglich die *Erhaltung* einer ausgewogenen bzw. der im Betrieb vorhandenen Personalstruktur; vgl. dazu ausf. *Bütefisch*, Die Sozialauswahl, S. 324 ff. | 13 LAG Hamm v. 28.5.1998 – 8 Sa 76/98, LAGE § 125 InsO Nr. 1; Kübler/Prütting/*Moll*, § 125 InsO Rz. 57. | 14 Siehe nur Nerlich/Römermann/*Hamacher*, § 125 InsO Rz. 56; Kübler/Prütting/*Moll*, § 125 InsO Rz. 59. | 15 LAG Hamm v. 5.6.2003 – 4 (16) Sa 1976/02, LAGE § 125 InsO Nr. 4; MünchArbR/*Berkowsky*, § 133 Rz. 41 f.; KR/*Weigand*, § 125 InsO Rz. 30; vgl. zum Aspekt der Altersdiskriminierung durch Altersgruppenbildung ArbG Osnabrück v. 5.2.2007 – 3 Ca 724/06, NZA 2007, 626, 627 f. (aufgehoben durch LAG Nds. v. 13.7.2007 – 16 Sa 274/07; vgl. auch BAG v. 19.6.2007 – 2 AZR 304/06). | 16 So zu § 1 III 2 KSchG aF; *Preis*, NZA 1997, 1073 (1084).

wohl überwiegende Ansicht an, dass verschiedenste Bezugspunkte, wie Leistungsfähigkeit, krankheitsbedingte Fehlzeiten, Berufsstand, Vertragstreue, Behinderung oder Geschlecht in Betracht kommen[1]. Da einschlägige Entscheidungen des BAG fehlen, ist aber Vorsicht geboten. Denn es dürfte davon auszugehen sein, dass die Frage, ob das von den Betriebsparteien gewählte Konzept zu einer ausgewogenen Personalstruktur führt, **gerichtlich voll** und nicht nur auf grobe Fehlerhaftigkeit **überprüfbar** ist[2]. Auch ein Beurteilungsspielraum wird den Betriebsparteien insoweit nicht einzuräumen sein[3]. Auf Basis dieser Annahme prüft das Gericht nach, ob die erstrebte Personalstruktur – gemessen an den vom Insolvenzverwalter verfolgten unternehmerischen und betrieblichen Zielen – ausgewogen ist. **Kollidieren sonstige berechtigte betriebliche Interessen** iSd. § 1 III 2 KSchG **mit dem Ziel der ausgewogenen Personalstruktur** und kann ihnen durch die Weiterbeschäftigung verschiedener, zu unterschiedlichen Gruppen gehörenden ArbN Rechnung getragen werden, so ist zwischen ihnen ohne Rücksicht auf die Gruppenzugehörigkeit nach den Grundsätzen der Sozialauswahl zu entscheiden. Nicht erforderlich ist, dass eine in jeder Hinsicht ausgewogene Personalstruktur geschaffen wird, sondern es genügt jede Verbesserung in diese Richtung. Daraus ergibt sich zugleich, dass der Anwendungsbereich der Vorschrift nicht auf Massenentlassungen beschränkt ist[4].

III. Wesentliche Änderung der Sachlage. § 125 I 2 macht deutlich, dass nicht jede Änderung der Sachlage nach Zustandekommen des Interessenausgleichs die Wirkungen nach S. 1 beseitigt[5]. Das Gesetz schweigt jedoch zu der Frage, wie die Wesentlichkeit zu bestimmen ist[6]. Die ganz hM bezieht sie auf die dem Interessenausgleich zugrunde liegende Betriebsänderung in ihrer Gesamtheit[7] und nimmt an, es müsse sich um einen **Wegfall der Geschäftsgrundlage** des Interessenausgleichs handeln[8]. Dem wird man in Anbetracht dessen, dass im Organisationsbereich jede und nicht nur eine gravierende Abweichung von einem Interessenausgleich als „neue Betriebsänderung“ erscheint und daher die Beteiligungsrechte nach §§ 111 f. BetrVG erneut auslöst, kaum folgen können. Richtig dürfte es sein, nicht die Betriebsänderung, sondern die Normwirkung des § 125 I 1 als Bezugspunkt der Beurteilung zu wählen. Zu fragen ist daher, ob der Interessenausgleich infolge nach seinem Abschluss eingetretener Veränderungen nicht mehr in der Lage ist, die Rechtsfolgenanordnungen in § 125 I 1 zu tragen. Schon der Wortlaut („soweit“) zeigt dabei an, dass es nicht lediglich um solche Fälle geht, in denen der Interessenausgleich insgesamt seine Bedeutung verliert[9], sondern hinsichtlich jedes einzelnen ArbN zu fragen ist, inwieweit die Rechtsfolgen des § 125 I 1 noch eingreifen können[10]. Werden bspw. einige der in der Namensliste bezeichneten ArbN nicht entlassen, so passt die Beschränkung des Prüfungsmaßstabs zwar weiterhin, soweit es um das Verhältnis der gekündigten ArbN zu den nicht auf der Liste stehenden sonstigen ArbN des Betriebs geht. Etwas anderes gilt hingegen für das Verhältnis der in der Namensliste aufgeführten ArbN zueinander. Unter ihnen ist nach den allgemeinen Grundsätzen der Sozialauswahl[11] ohne Beschränkung auf die drei in Nr. 2 genannten Sozialkriterien[12] und ohne die dort enthaltene Privilegierung auszuwählen. Etwas anderes gilt allerdings, wenn im Interessenausgleich für diesen Fall Vorsorge getroffen wurde und eine **Reihung der in der Namensliste genannten ArbN** erfolgt ist[13]. Auch dann ist aber jeweils zu prüfen, ob diese Regelung im Interessenausgleich für die konkret vorliegende Abweichung gelten soll. Angesichts seines Zwecks wird § 125 I 2 überwiegend dahin verstanden, dass er nur solche Veränderungen betrifft, die zwar nach Abschluss des Interessenausgleichs, aber **vor Ausspruch der Kündigung** eingetreten sind[14]. Bei danach liegenden Veränderungen komme nur ein **Wiedereinstellungsanspruch** in Betracht[15]. 13

IV. Betriebsratsanhörung, Massenentlassungsanzeige. Die Erstellung eines Interessenausgleichs mit Namensliste entbindet den ArbGeb nicht von der Pflicht zur **Anhörung des BR** gem. § 102 BetrVG im 14

1 Vgl. nur BAG v. 28.8.2003 – 2 AZR 368/02, AP Nr. 1 zu § 125 InsO; *Bütefisch*, Die Sozialauswahl, S. 462 f.; KR/*Weigand*, § 125 InsO Rz. 31 ff. | 2 MünchArbR/*Berkowsky*, § 133 Rz. 44; *Bütefisch*, Die Sozialauswahl, S. 471; *Zwanziger*, AuR 1997, 427, 431; aA *Schrader*, NZA 1997, 70 (74); vgl. weiterhin die Darstellung des Streitstandes bei *Zinecker*, Der Insolvenzverwalter als Arbeitgeber, 2001, S. 99 f. | 3 AA MünchAbR/*Berkowsky*, § 133 Rz. 43. | 4 *Linck*, AR-Blattei SD 1020.1.2. Rz. 89; KR/*Weigand*, § 125 InsO Rz. 28; aA *Preis*, NZA 1997, 1073 (1084). | 5 Das Wort „wesentlich“ wurde erst im Rechtsausschuss eingefügt; s. BT-Drs. 12/7302, S. 172 (zu § 143a Abs. 1). | 6 Auch die Materialien führen nicht weiter. Dort findet sich allein die Feststellung, dass es sich um eine „gravierende“ Änderung der Sachlage handeln müsse (BT-Drs. 12/7302, S. 172), ohne Anhaltspunkt für den insoweit anzulegenden Maßstab zu liefern. | 7 S. nur LAG Köln v. 1.8.1997 – 11 Sa 355/97, LAGE § 1 KSchG – Interessenausgleich Nr. 1; *Caspers*, Rz. 208; *Lakies*, RdA 1997, 145 (151); Kübler/Prütting/*Moll*, § 125 InsO Rz. 68; KR/*Weigand*, § 125 InsO Rz. 37. | 8 *Bader*, NZA 1996, 1125 (1133); *Bütefisch*, Die Sozialauswahl, S. 471 f.; *Giesen*, ZfA 1997, 145 (176 f.); Kübler/Prütting/*Moll*, § 125 InsO Rz. 68; LAG Hamm v. 25.11.2004 – 4 Sa 1120/03, LAGE § 125 InsO Nr. 5 (dazu *Fleddermann*, ZInsO 2005, 616); wohl auch BAG v. 22.1.2004 – 2 AZR 111/02, AP Nr. 1 zu § 112 BetrVG 1972 – Namensliste. | 9 So aber Kübler/Prütting/*Moll*, § 125 InsO Rz. 70. | 10 Im Ergebnis ebenso *Bütefisch*, Die Sozialauswahl, S. 473 f.; anders etwa *Oetker/Friese*, DZWIR 2001, 177 (182). | 11 Ebenso *Bütefisch*, Die Sozialauswahl, S. 474. | 12 Insoweit aA *Bütefisch*, Die Sozialauswahl, S. 474, die jedoch nicht zu erklären vermag, weshalb in der Insolvenz dann nicht generell eine Beschränkung auf die drei Kriterien notwendig sein sollte, was aber in der Konsequenz ihres Ansatzes läge. | 13 KDZ/*Däubler*, § 125 InsO Rz. 29. | 14 ArbG Aachen 6.8.1999 – 6 Ca 64/99, LAGE § 113 InsO Nr. 7; etwas anders ArbG Berlin 16.4.1997 – 69 Ca 49520/96, DB 1997, 1517 (Zugang); *Caspers*, Rz. 209; Kübler/Prütting/*Moll*, § 125 InsO Rz. 73 ff.; anders *Oetker/Friese*, DZWIR 2001, 177, 183. | 15 *Caspers*, Rz. 211 ff.

Hinblick auf jede einzelne Kündigung[1]. Allerdings ist zu beachten, dass es nach Ansicht des BAG im Verfahren des § 102 BetrVG keiner weiteren Darlegung der Kündigungsgründe durch den ArbGeb mehr bedarf, wenn der BR bei Einleitung des Verfahrens bereits über den erforderlichen Kenntnisstand verfügt, um zu der konkret beabsichtigten Kündigung eine sachgerechte Stellungnahme abgeben zu können[2]. Daher brauche der ArbGeb die dem BR aus den Verhandlungen über den Interessenausgleich mit Namensliste bekannten Tatsachen im Anhörungsverfahren nicht erneut vorzutragen[3]. Dabei ist es auch möglich, das Anhörungsverfahren nach § 102 BetrVG im Zusammenhang mit dem Interessenausgleichverfahren durchzuführen[4]. Ein Widerspruch gegen die Kündigung von in der Namensliste aufgeführten ArbN soll dem BR grds. nicht gestattet sein[5].

15 Nach Abs. 2 ersetzt der Interessenausgleich gem. Abs. 1 bei einer **Massenentlassung** die Stellungnahme des BR nach § 17 III 2 KSchG. Es genügt daher, wenn der vom ArbGeb zu erstattenden Massenentlassungsanzeige der Interessenausgleich beigefügt wird.

16 **V. Verhältnis zum KSchG.** Auch wenn ein ArbN in einer Namensliste iSd. § 125 namentlich bezeichnet worden ist, kann er im Kündigungsschutzprozess gem. § 1 III 1 Hs. 2 KSchG verlangen, dass der ArbGeb die Gründe angibt, die zu der getroffenen sozialen Auswahl geführt haben. Dazu gehören auch betriebl. Interessen, die zur Herausnahme vergleichbarer ArbN aus der Sozialauswahl geführt haben. Kommt der ArbGeb seiner daraus resultierenden Darlegungspflicht nicht nach, ist die Kündigung nach Auffassung des BAG ohne weiteres als sozialwidrig anzusehen[6]. Nicht abschließend geklärt ist bisher das Verhältnis eines Interessenausgleichs mit Namensliste zu einer **allgemeinen Auswahlrichtlinie iSd. § 95 BetrVG**[7]. Gesetzl. Bestimmungen über einen **Sonderkündigungsschutz** (§ 15 KSchG, § 9 MuSchG, § 18 BEEG) stehen neben § 125 und werden daher durch die namentliche Nennung im Interessenausgleich nicht berührt[8] (s. aber § 89 III Nr. 1 SGB IX für schwerbehinderte Menschen).

126 *Beschlussverfahren zum Kündigungsschutz*

(1) Hat der Betrieb keinen Betriebsrat oder kommt aus anderen Gründen innerhalb von drei Wochen nach Verhandlungsbeginn oder schriftlicher Aufforderung zur Aufnahme von Verhandlungen ein Interessenausgleich nach § 125 Abs. 1 nicht zu Stande, obwohl der Verwalter den Betriebsrat rechtzeitig und umfassend unterrichtet hat, so kann der Insolvenzverwalter beim Arbeitsgericht beantragen festzustellen, dass die Kündigung der Arbeitsverhältnisse bestimmter, im Antrag bezeichneter Arbeitnehmer durch dringende betriebliche Erfordernisse bedingt und sozial gerechtfertigt ist. Die soziale Auswahl der Arbeitnehmer kann nur im Hinblick auf die Dauer der Betriebszugehörigkeit, das Lebensalter und die Unterhaltspflichten nachgeprüft werden.

(2) Die Vorschriften des Arbeitsgerichtsgesetzes über das Beschlussverfahren gelten entsprechend; Beteiligte sind der Insolvenzverwalter, der Betriebsrat und die bezeichneten Arbeitnehmer, soweit sie nicht mit der Beendigung der Arbeitsverhältnisse oder mit den geänderten Arbeitsbedingungen einverstanden sind. § 122 Abs. 2 Satz 3, Abs. 3 gilt entsprechend.

(3) Für die Kosten, die den Beteiligten im Verfahren des ersten Rechtszugs entstehen, gilt § 12a Abs. 1 Satz 1 und 2 des Arbeitsgerichtsgesetzes entsprechend. Im Verfahren vor dem Bundesarbeitsgericht gelten die Vorschriften der Zivilprozessordnung über die Erstattung der Kosten des Rechtsstreits entsprechend.

1 **I. Allgemeines.** § 126 ermöglicht dem Insolvenzverwalter, die soziale Rechtfertigung betriebsbedingter Beendigungs- wie Änderungskündigungen in einem **einheitlichen Beschlussverfahren** mit der Bindungswirkung des § 127 II feststellen zu lassen[9]. Keine Rolle spielt, ob die Kündigungen bereits erfolgt sind oder erst während des Verfahrens bzw. nach dessen Abschluss ausgesprochen werden sollen[10]. Das Verfahren steht in Betrieben mit BR neben demjenigen nach § 122, kann aber zur Vermeidung von Zeitverlusten gleichzeitig mit diesem anhängig gemacht werden[11]. Unklarheit besteht darüber, ob § 126 nur anwendbar ist, wenn die Kündigungen durch eine den Begriff der Betriebsänderung iSd. § 111 BetrVG erfüllende Maßnahme in einem Unternehmen mit mehr als 20 ArbN veranlasst sind[12]. Im Übrigen soll die

---

1 BAG v. 28.8.2003 – 2 AZR 377/02, AP Nr. 134 zu § 102 BetrVG 1972; BAG v. 20.5.1999 – 2 AZR 148/99, AP Nr. 4 zu § 1 KSchG 1969 – Namensliste mwN; aA *Giesen*, ZfA 1997, 145 (175); vgl. auch LAG Düsseldorf v. 23.1.2003 – 11 (12) Sa 1057/02, LAGE § 125 InsO Nr. 3. | 2 BAG v. 20.5.1999 – 2 AZR 532/98, AP Nr. 5 zu § 1 KSchG 1969 – Namensliste. | 3 BAG v. 20.5.1999 – 2 AZR 532/98, AP Nr. 5 zu § 1 KSchG 1969 – Namensliste. | 4 LAG Düsseldorf v. 9.10.1997 – 13 Sa 996/97, DB 1998, 926; KR/*Weigand*, § 125 InsO Rz. 40. | 5 LAG Hamm v. 28.5.1998 – 8 Sa 76/98, LAGE § 125 InsO Nr. 1. | 6 BAG v. 10.2.1999 – 2 AZR 716/98, AP Nr. 40 zu § 1 KSchG 1969 – Soziale Auswahl. | 7 S. dazu *Bütefisch*, Die Sozialauswahl, S. 442. | 8 LAG Hamm v. 4.3.2005 – 10 Sa 1832/04, ZInsO 2005, 1344, mwN. | 9 Allgemein zu § 126: *Becker*, Das Beschlussverfahren zum Kündigungsschutz de lege lata und de lege ferenda, 2006. | 10 BAG v. 29.6.2000 – 8 ABR 44/99, AP Nr. 2 zu § 126 InsO; ArbG Hamburg v. 13.7.2005 – 18 BV 5/05. | 11 ErfK/*Kiel*, § 126 InsO Rz. 2; Kübler/Prütting/*Moll*, § 126 InsO Rz. 39. | 12 IdS Nerlich/Römermann/*Hamacher*, § 126 InsO Rz. 9; HK/*Irschlinger*, § 126 InsO Rz. 9; Kübler/Prütting/*Moll*, § 126 InsO Rz. 11 ff. Nach der Gegenansicht soll § 126 auch für alle betriebsbedingten Kündigungen gelten, für die ein Interessenausgleich – aus welchen rechtlichen Gründen auch immer – nicht möglich ist; so etwa ErfK/

Vorschrift nach wohl überwiegender Ansicht nur solche Arbeitsverhältnisse erfassen, die unter das KSchG fallen[1]. Nach Ansicht des LAG München ist vom Anwendungsbereich der Bestimmung „zumindest im Weg teleologischer Reduktion der Fall auszunehmen, dass lediglich ein einziger ArbN durch den Insolvenzverwalter gekündigt werden soll bzw. zum Zeitpunkt der Einleitung des Verfahrens gem. § 126 I InsO lediglich eine einzige Kündigung streitig ist“[2].

II. Verfahrensvoraussetzungen. Abgesehen von den Fällen des Nichtbestehens eines BR[3], in denen das Verfahren sogleich eingeleitet werden kann, ist erforderlich, dass **innerhalb von drei Wochen nach Verhandlungsbeginn** oder einer entsprechenden Aufforderung **kein Interessenausgleich** nach § 125 I zu Stande gekommen ist, obwohl der Verwalter den BR rechtzeitig und umfassend unterrichtet hat. Insoweit gilt Gleiches wie bei § 122 (s. § 122 Rz. 2 f.). Dem Verstreichen der Frist steht es nicht gleich, wenn die Verhandlungen bereits vor Ablauf der Frist „endgültig gescheitert“ sind[4]. Gelingt während eines bereits eingeleiteten Verfahrens doch noch ein Interessenausgleich nach § 125, so wird es unzulässig, soweit die Regelungswirkung des Interessenausgleichs reicht[5]. Ist nach den Vorstellungen der Betriebspartner im Interessenausgleich Einigkeit über die gesamte Betriebsänderung erzielt worden, so kann der Insolvenzverwalter keine Kündigungen über § 126 „nachschieben“[6]. Die **Sperrwirkung gilt allerdings nicht**, soweit es sich um eine neue, nicht dem Interessenausgleich zugrunde liegende Betriebsänderung handelt[7]. Im Übrigen wird angenommen, dass bei einem **Teilinteressenausgleich** das Verfahren nach § 126 insoweit nicht ausgeschlossen ist, wie zwischen Insolvenzverwalter und BR keine Einigung erzielt werden konnte[8]. 2

III. Durchführung des Verfahrens. Im Antrag hat der Insolvenzverwalter die betroffenen ArbN so genau zu bezeichnen, dass ein objektiver Betrachter allein daraus zweifelsfrei entnehmen kann, wer gemeint ist. Möglich ist auch die Stellung von **Hilfsanträgen** für den Fall, dass die Kündigung Einzelner im Hauptantrag bezeichneter Personen nicht sozial gerechtfertigt ist[9]. Im Antrag ist klarzustellen, ob es beim jeweiligen ArbN um eine **Beendigungs- oder Änderungskündigung** geht. Darüber hinaus ist der Kündigungstermin zu nennen. Soweit es sich um Änderungskündigungen handelt, ist auch die Änderung der Arbeitsbedingungen im Antrag zu bezeichnen[10]. Zweifelhaft ist die Zulässigkeit sog. **„Tabellenanträge“**, in denen eine Reihenfolge der zu kündigenden ArbN festgelegt ist[11]. Für die ordentliche Zuständigkeit des ArbG kommt es nicht auf den Sitz des Unternehmens, sondern auf den Sitz des Betriebes an[12]. 3

Verfahrensbeteiligte sind der Insolvenzverwalter (zur Beteiligung des Betriebserwerbers s. § 128 I 2), soweit vorhanden der BR und die im Antrag bezeichneten ArbN, falls sie nicht ihr **Einverständnis** mit der Kündigung erklärt haben. Ein solches ist nur anzunehmen, wenn der ArbN mit Blick auf den ihm im Einzelnen bekannten Kündigungssachverhalt mit bürgerlich rechtl. bindender Wirkung erklärt, er werde gegen die Kündigung nicht vorgehen[13]. Erfolgt die Einverständniserklärung während des Verfahrens, verliert der ArbN die Beteiligtenstellung[14]. 4

Das ArbG entscheidet darüber, ob die Kündigungen **sozial gerechtfertigt** sind. Es hat daher neben der Kündigungsbefugnis[15] zu prüfen, ob die Kündigungen durch dringende betriebl. Erfordernisse bedingt und ob die Grundsätze der Sozialauswahl eingehalten worden sind. Dabei wird auch beurteilt, ob die Herausnahme einzelner ArbN aus der Sozialauswahl nach § 1 III 2 KSchG zulässig ist[16]. Eine Vermutung der Betriebsbedingtheit oder Beschränkung der gerichtlichen Überprüfung wie bei § 125 I kommt dem Insolvenzverwalter insoweit nicht zugute[17], wobei die allgemeinen Grundsätze über die Beweislast gelten[18]. Maßgeblicher Beurteilungszeitpunkt ist der Schluss der mündlichen Anhörung, für bereits vorher erfolgte Kündigungen der Zeitpunkt ihres Zugangs[19]. Zu beachten ist, dass die Regeln des Beschlussverfahrens entsprechend anzuwenden sind. Es gilt daher der **Untersuchungsgrundsatz**, so dass auch nicht 5

Kiel, § 126 InsO Rz. 1; *Caspers*, Rz. 235 ff.; *Lakies*, RdA 1997, 145 (151); *Löwisch*, RdA 1997, 80 (85); KR/*Weigand*, § 126 InsO Rz. 3. | 1 MünchArbR/*Berkowsky*, § 133 Rz. 46; KDZ/*Däubler*, § 126 InsO Rz. 8; *Heinze*, NZA 1999, 57, 61; aA Kübler/Prütting/*Moll*, § 128 InsO Rz. 34. | 2 LAG München v. 2.1.2003 – 4 Ta 292/02, ZInsO 2003, 339. | 3 Bzw. der Nichterfüllung der Voraussetzungen des § 111 BetrVG aus anderen Gründen, sofern man der entsprechenden Ansicht folgt. | 4 So aber KDZ/*Däubler*, § 126 InsO Rz. 5; *Zwanziger*, § 126 InsO Rz. 12. | 5 Nerlich/Römermann/*Hamacher*, § 126 InsO Rz. 35; Kübler/Prütting/*Moll*, § 126 InsO Rz. 42; aA *Rummel*, DB 1997, 774 (776), der ein Verfahren nach § 16 generell auch dann für zulässig hält, „wenn der Betriebsrat lediglich in einer bestimmten Anzahl von Fällen der Aufnahme der zu kündigenden Arbeitnehmer in den Interessenausgleich zugestimmt hat“. | 6 BAG v. 20.1.2000 – 2 ABR 30/99, AP Nr. 1 zu § 126 InsO. | 7 BAG v. 20.1.2000 – 2 ABR 30/99, AP Nr. 1 zu § 126 InsO. | 8 Kübler/Prütting/*Moll*, § 126 InsO Rz. 41; offen gelassen BAG v. 20.1.2000 – 2 ABR 30/99, AP Nr. 1 zu § 126 InsO. | 9 KDZ/*Däubler*, § 126 InsO Rz. 11; Kübler/Prütting/*Moll*, § 126 InsO Rz. 23. | 10 Kübler/Prütting/*Moll*, § 126 InsO Rz. 21. | 11 Dafür *Heinze*, NZA 1999, 57 (61); KR/*Weigand*, § 126 InsO Rz. 13; dagegen Kübler/Prütting/*Moll*, § 126 InsO Rz. 38. | 12 ArbG Bautzen v. 30.11.2005 – 5 BV 5001/05, ZIP 2006, 732. | 13 *Caspers*, Rz. 250 ff.; Nerlich/Römermann/*Hamacher*, § 126 InsO Rz. 21. | 14 Nerlich/Römermann/*Hamacher*, § 126 InsO Rz. 23. | 15 Dazu BAG v. 29.6.2000 – 8 ABR 44/99, AP Nr. 2 zu § 126 InsO. | 16 ErfK/*Kiel*, § 126 InsO Rz. 3; KDZ/*Däubler*, § 126 InsO Rz. 21; aA *Lakies*, RdA 1997, 145 (151). | 17 Einhellige Meinung ErfK/*Kiel*, § 126 InsO Rz. 4; *Caspers*, Rz. 247; Kübler/Prütting/*Moll*, § 126 InsO Rz. 29. | 18 *Caspers*, Rz. 247; Kübler/Prütting/*Moll*, § 126 InsO Rz. 27. | 19 *Caspers*, Rz. 279; Nerlich/Römermann/*Hamacher*, § 126 InsO Rz. 49 f.

benannte Zeugen gehört werden können. Auch hier besteht aber Antragsbindung, weshalb das Gericht nicht auf eigene Initiative Einzelne im Antrag genannte ArbN durch andere ersetzen kann[1]. **Andere Unwirksamkeitsgründe** als die Sozialwidrigkeit (etwa Verstöße gegen § 102 BetrVG, §§ 85 ff. SGB IX, § 9 MuSchG, § 18 BEEG) werden im Verfahren nach § 126 nicht geprüft. Insoweit entfaltet eine Feststellung daher auch keine Bindungswirkung iSd. § 127 I. Zu prüfen ist aber die Kündigungsberechtigung des Insolvenzverwalters[2].

6 **IV. Rechtsmittel und Kosten.** Aus der Verweisung auf § 122 III folgt, dass gegen den Beschluss des ArbG keine Beschwerde an das LAG stattfindet und er deshalb grds. sofort rechtskräftig wird[3]. Ausnahmsw. findet eine Rechtsbeschwerde zum BAG statt, wenn sie im Beschluss des ArbG zugelassen wird (§ 122 III 2). Ist dies nicht der Fall, besteht **keine Möglichkeit der Nichtzulassungsbeschwerde**[4]. Wird die Rechtsbeschwerde zugelassen, ist das BAG daran gebunden[5]. Jeder der beteiligten ArbN kann selbständig Rechtsbeschwerde einlegen. Versäumt er dies, tritt jeweils ihm gegenüber Rechtskraft ein[6].

7 **Gerichtskosten** werden für das Verfahren gem. § 2 II GKG nicht erhoben. Für das Verfahren vor dem ArbG gilt § 12a I 1, 2 ArbGG entsprechend, so dass eine Kostenerstattung nicht stattfindet und jeder Beteiligte seine Kosten selbst trägt. Im Rechtsbeschwerdeverfahren trägt der Unterliegende auch die Kosten des Obsiegenden (Abs. 3 S. 2). Der BR hat in jedem Fall hinsichtlich der ihm entstehenden Kosten einen Erstattungsanspruch gegen den Insolvenzverwalter nach § 40 BetrVG. Nach ganz überwiegender Ansicht ist der **Gegenstandswert** gem. § 42 IV, V GKG (früher: § 12 VII ArbGG) zu berechnen[7].

127 *Klage des Arbeitnehmers*

(1) Kündigt der Insolvenzverwalter einem Arbeitnehmer, der in dem Antrag nach § 126 Abs. 1 bezeichnet ist, und erhebt der Arbeitnehmer Klage auf Feststellung, dass das Arbeitsverhältnis durch die Kündigung nicht aufgelöst oder die Änderung der Arbeitsbedingungen sozial ungerechtfertigt ist, so ist die rechtskräftige Entscheidung im Verfahren nach § 126 für die Parteien bindend. Dies gilt nicht, soweit sich die Sachlage nach dem Schluss der letzten mündlichen Verhandlung wesentlich geändert hat.

(2) Hat der Arbeitnehmer schon vor der Rechtskraft der Entscheidung im Verfahren nach § 126 Klage erhoben, so ist die Verhandlung über die Klage auf Antrag des Verwalters bis zu diesem Zeitpunkt auszusetzen.

1 **I. Bindungswirkung.** Die Vorschrift ergänzt die Bestimmung des § 126 und ordnet die bindende Wirkung der in einem danach durchgeführten Verfahren für individuelle Kündigungsschutzverfahren an. Wird einem Antrag nach § 126 entsprochen, so wird damit allein die **soziale Rechtfertigung** der Kündigung festgestellt, weshalb auch die Reichweite der Bindungswirkung hierauf beschränkt ist. Andere Unwirksamkeitsgründe können nach den für sie jeweils einschlägigen Regeln geltend gemacht werden. Ein Beschluss gem. § 126 führt daher nicht bereits zur Unzulässigkeit einer späteren Kündigungsschutzklage, sondern ist erst im Rahmen der Begründetheitsprüfung zu berücksichtigen. Im Falle der **Abweisung des vom Insolvenzverwalter gestellten Antrags** als unbegründet geht die überwiegende Ansicht davon aus, dass damit gleichzeitig die mangelnde soziale Rechtfertigung der Kündigung und folglich deren Unwirksamkeit festgestellt sei[8]. Wird der Antrag als unzulässig abgewiesen, entfaltet er keinerlei Bindungswirkung[9]. Für die Bindungswirkung reicht die formale Beteiligtenstellung des ArbN nicht aus, sondern es ist darüber hinaus erforderlich, dass er **tatsächlich ordnungsgemäß beteiligt worden** ist[10]. Sie greift daher insb. nicht im Verhältnis zu ArbN ein, die wegen ihres Einverständnisses mit der Kündigung bei Abschluss des Verfahrens nach § 126 nicht mehr an ihm beteiligt waren[11].

2 **II. Wesentliche Änderung der Sachlage.** Nach Abs. 1 S. 2 entfällt die Bindungswirkung, „soweit sich die Sachlage nach dem Schluss der letzten mündlichen Verhandlung wesentlich geändert hat". Der **Wortlaut ist zu weit geraten** und hat erkennbar allein jene Kündigungen im Auge, die den ArbN erst nach Abschluss des Verfahrens gem. § 126 zugehen. Er passt ersichtlich nicht für frühere Kündigungen, da ihre soziale Rechtfertigung auch im Verfahren des § 126 nach den Verhältnissen im Zeitpunkt des Kündigungszugangs zu beurteilen ist (s. § 126 Rz. 5). Mit Blick auf diese kommt daher im Falle wesentlicher

---

1 BAG v. 29.6.2000 – 8 ABR 44/99, AP Nr. 2 zu § 126 InsO; KDZ/*Däubler*, § 126 InsO Rz. 22; Nerlich/Römermann/*Hamacher*, § 126 InsO Rz. 38. | 2 BAG v. 29.6.2000 – 8 ABR 44/99, AP Nr. 2 zu § 126 InsO. | 3 BAG v. 14.8.2001 – 2 ABN 20/01, AP Nr. 44 zu § 72a ArbGG 1979 – Divergenz. | 4 BAG v. 14.8.2001 – 2 ABN 20/01, AP Nr. 44 zu § 72a ArbGG 1979 – Divergenz, mwN. | 5 BAG v. 29.6.2000 – 8 ABR 44/99, AP Nr. 2 zu § 126 InsO. | 6 BAG v. 29.6.2000 – 8 ABR 44/99, AP Nr. 2 zu § 126 InsO. | 7 So etwa ErfK/*Kiel*, § 126 Rz. 9; KDZ/*Däubler*, § 126 InsO Rz. 30; *Lakies*, RdA 1997, 145 (154); Kübler/Prütting/*Moll*, § 126 InsO Rz. 52; *Zwanziger*, § 126 InsO Rz. 9; aA *Müller*, NZA 1998, 1315 (1321): § 8 II 2 BRAGO. | 8 ErfK/*Kiel*, § 127 InsO Rz. 2; KDZ/*Däubler*, § 127 InsO Rz. 1; Nerlich/Römermann/*Hamacher*, § 127 InsO Rz. 4; aA Kübler/Prütting/*Moll*, § 127 InsO Rz. 22. | 9 *Giesen*, ZIP 1998, 46 (54); Nerlich/Römermann/*Hamacher*, § 127 InsO Rz. 5. | 10 ErfK/*Kiel*, § 127 InsO Rz. 2; Kübler/Prütting/*Moll*, § 127 InsO Rz. 20. | 11 Wie hier *Caspers*, Rz. 272 ff.; Nerlich/Römermann/*Hamacher*, § 127 InsO Rz. 6; aA ErfK/*Kiel*, § 127 InsO Rz. 2; *Löwisch*, RdA 1997, 80 (85).

nachträglicher Änderungen allenfalls ein **Wiedereinstellungsanspruch** nach den vom BAG entwickelten Grundsätzen in Betracht[1].

Der **Begriff** der wesentlichen Änderung der Sachlage wird hier überwiegend ebenso wie bei § 125 verstanden (s. dort Rz. 13), weshalb es sich um eine „breite, grundlegende Änderung“[2] handeln müsse[3]. Dem wird man indes kaum folgen können, da es bei Abs. 1 S. 1 um die Bindungswirkung in einem nachfolgenden Individualprozess geht und deshalb entscheidend darauf abzustellen ist, ob sich insoweit die Sachlage wesentlich geändert hat (s. bereits § 125 Rz. 13). Vielmehr dürfte davon auszugehen sein, dass eine wesentliche Änderung immer vorliegt, wenn die veränderte Tatsachenbasis zu einer veränderten Beurteilung der sozialen Rechtfertigung der Kündigung führt[4]. 3

III. Aussetzung des Verfahrens. Erhebt der ArbN vor der Rechtskraft der Entscheidung nach § 126 eine Kündigungsschutzklage, so ist sie zwar zulässig, aber nach Abs. 2 auf Antrag des Verwalters auszusetzen. Ein **Ermessensspielraum des Gerichts besteht** insoweit anders als bei § 148 ZPO **nicht**. Nichts anderes gilt, wenn die Kündigungsschutzklage bei Einleitung des Verfahrens nach § 126 bereits erhoben und noch anhängig war[5]. Umstritten ist, ob das ArbG daneben nach § 148 ZPO auch dann aussetzen kann, wenn der Insolvenzverwalter keinen Aussetzungsantrag gestellt hat[6]. Aus dem klaren Wortlaut ist jedenfalls zu erkennen, dass dem Insolvenzverwalter hier ein Entscheidungsermessen eingeräumt ist[7]. Stellt er den Antrag nicht, ist daher eine Beendigung des individuellen Kündigungsverfahrens möglich, das dann von einer insoweit abweichenden nachträglichen Entscheidung gem. § 126 nicht mehr berührt wird[8]. 4

128 *Betriebsveräußerung*

(1) Die Anwendung der §§ 125 bis 127 wird nicht dadurch ausgeschlossen, dass die Betriebsänderung, die dem Interessenausgleich oder dem Feststellungsantrag zugrunde liegt, erst nach einer Betriebsveräußerung durchgeführt werden soll. An dem Verfahren nach § 126 ist der Erwerber des Betriebs beteiligt.

(2) Im Falle eines Betriebsübergangs erstreckt sich die Vermutung nach § 125 Abs. 1 Satz 1 Nr. 1 oder die gerichtliche Feststellung nach § 126 Abs. 1 Satz 1 auch darauf, dass die Kündigung der Arbeitsverhältnisse nicht wegen des Betriebsübergangs erfolgt.

Nach der Begründung des Regierungsentwurfs trägt die Bestimmung dem Umstand Rechnung, dass gerade in Fällen, in denen „eine Betriebsveräußerung geplant ist, bei der der Betrieb auf die Erfordernisse des Erwerbers umgestellt werden und ein Teil der Arbeitsplätze wegfallen soll“, ein besonderes Bedürfnis für eine schnelle Klärung von Kündigungsstreitigkeiten bestehe[9]. § 128 will daher bereits dem Insolvenzverwalter eine Klärung der Wirksamkeit betriebsbedingter Kündigungen ermöglichen, auch wenn die Betriebsänderung erst vom Betriebserwerber durchgeführt werden soll[10]. Angesichts dieser Entstehungsgeschichte wird überwiegend angenommen, § 128 stelle die Zulässigkeit einer **„Kündigung auf Erwerberkonzept“**[11] klar[12]. Das hat allerdings kaum noch praktische Bedeutung, nachdem das BAG die Zulässigkeit einer solchen Kündigung prinzipiell anerkannt hat[13]. 1

§ 128 erstreckt nur die Rechtsfolgen der §§ 125 bis 127 auch auf den Erwerber, ermöglicht es diesem aber nicht, die entsprechenden Verfahren nach dem Betriebserwerb selbst durchzuführen[14]. Mit Rücksicht darauf, dass nach überwiegender Ansicht für die Zulässigkeit eines Verfahrens nach § 126 keine Betriebsänderung iSd. § 111 BetrVG vorliegen muss (s. § 126 Rz. 1 Fn. 3), wird teilweise der **Begriff der Betriebsänderung** in Abs. 1 S. 1 allgemein iSv. „betrieblicher Maßnahme“ verstanden[15]. Überwiegend wird im Übrigen davon ausgegangen, dass § 128 nicht nur im Falle der Veräußerung eines gesamten Betriebs, sondern ebenso anzuwenden ist, wenn es nur um die Veräußerung eines **Betriebsteils** geht[16]. 2

Teilweise wird vertreten, § 128 finde nur Anwendung auf solche Konstellationen, in denen bereits ein Konzept des Erwerbers den Gegenstand der Verhandlungen nach § 125 bzw. des Verfahrens nach § 126 3

1 *Caspers*, Rz. 280; Kübler/Prütting/*Moll*, § 127 InsO Rz. 31. | 2 Kübler/Prütting/*Moll*, § 127 InsO Rz. 34. | 3 Ebenso ErfK/*Kiel*, § 127 InsO Rz. 6; KR/*Weigand*, § 127 InsO Rz. 3; im Ergebnis auch Nerlich/Römermann/*Hamacher*, § 127 InsO Rz. 8 f., auch wenn er der Ansicht ist, die Definition könne nicht ohne weiteres aus § 125 übernommen werden. | 4 Im Ergebnis ebenso *Zwanziger*, § 127 Rz. 3. | 5 ErfK/*Kiel*, § 127 InsO Rz. 4; KDZ/*Däubler*, § 127 InsO Rz. 6. | 6 Dafür Nerlich/Römermann/*Hamacher*, § 127 InsO Rz. 15; dagegen Kübler/Prütting/*Moll*, § 127 InsO Rz. 37 f. | 7 *Giesen*, ZIP 1998, 46 (54). | 8 Nerlich/Römermann/*Hamacher*, § 127 InsO Rz. 14; aA *Zwanziger*, § 127 InsO Rz. 11, nach dessen Ansicht „immer dann, wenn beide nebeneinander laufen, das Beschlussverfahren vorgehen soll“ und bei bereits rechtskräftig entschiedenem Individualverfahren Restitutionsklage nach § 580 Nr. 6 ZPO in Betracht komme; wohl ErfK/*Kiel*, § 127 InsO Rz. 5. | 9 Begr. RegE zu § 131, BT-Drs. 12/2443, S. 150. | 10 Begr. RegE zu § 131, BT-Drs. 12/2443, S. 150. | 11 S. dazu allgemein § 613a BGB Rz. 314; Staudinger/*Annuß*, § 613a BGB Rz. 353 ff. | 12 Nerlich/Römermann/*Hamacher*, § 128 InsO Rz. 65; Kübler/Prütting/*Moll*, § 128 InsO Rz. 22. | 13 BAG v. 20.3.2003 – 8 AZR 97/02, AP Nr. 250 zu § 613a BGB. | 14 So aber KDZ/*Däubler*, § 128 InsO Rz. 2 ff.; wie hier *Caspers*, Rz. 304; Nerlich/Römermann/*Hamacher*, § 128 InsO Rz. 64; *Lakies*, RdA 1997, 145 (155). | 15 *Caspers*, Rz. 301; dagegen Kübler/Prütting/*Moll*, § 128 InsO Rz. 19. | 16 LAG Hamm v. 3.9.2003 – 2 Sa 331/03, ZInsO 2004, 820; Nerlich/Römermann/*Hamacher*, § 128 InsO Rz. 63; *Zwanziger*, § 128 InsO Rz. 6; aA KDZ/*Däubler*, § 128 InsO Rz. 6; *Tretow*, ZInsO 2000, 309 (312).

gebildet habe, weshalb die §§ 126, 127 allein zu Gunsten solcher Erwerber wirkten, die bereits am Beschlussverfahren nach § 126 beteiligt waren[1]. Nach anderer Ansicht werden auch solche Fälle erfasst, „in denen der Insolvenzverwalter zunächst eine eigene Betriebsänderung plant, im Nachhinein aber ein Erwerber den Betrieb übernimmt, der die Planungen des Insolvenzverwalters nicht ändert, sondern realisiert“[2].

4 Unklar ist, wie der Begriff des „**Erwerbers des Betriebs**“ iSd. Abs. 1 S. 2 zu verstehen ist. Einige nehmen an, dass darunter jeweils nur ein einziger Interessent verstanden werden könne, dessen Erwerbsabsicht rechtl. abgesichert sei[3]. Andere zählen dazu jeden Interessenten, „mit dem der Insolvenzverwalter in Verhandlungen steht und in dessen Interesse der Insolvenzverwalter das Beschlussverfahren betreibt“, wobei es sich auch um mehrere Personen handeln könne[4].

5 Gemäß Abs. 2 erstreckt sich die Feststellung nach § 126 I 1 auch darauf, dass die Kündigung der Arbeitsverhältnisse **nicht wegen des Betriebsübergangs** erfolgt ist. Selbständige Bedeutung hat dies nur, soweit man in den Anwendungsbereich des § 126 auch solche Arbeitsverhältnisse einbezieht, die nicht dem KSchG unterliegen (s. § 126 Rz. 1 Fn. 4). Die Aussagen in Abs. 2 zu § 125 I 1 Nr. 1 sind ohne sachliche Bedeutung, da der ArbN schon nach allgemeinen Grundsätzen darzulegen und zu beweisen hat, dass die Kündigung wegen eines Betriebsübergangs erfolgt ist[5]. In jedem Fall wird durch sie für den Anwendungsbereich des Abs. 2 klargestellt, dass jene Ansicht, die in § 613a IV BGB eine Vermutung zum Nachteil des ArbGeb „hineinlesen“ will[6], mit dem Gesetz nicht vereinbar ist[7].

---

1 So Nerlich/Römermann/*Hamacher*, § 128 InsO Rz. 69 ff. | 2 Kübler/Prütting/*Moll*, § 126 InsO Rz. 23. | 3 Nerlich/Römermann/*Hamacher*, § 128 InsO Rz. 72. | 4 Kübler/Prütting/*Moll*, § 126 InsO Rz. 24. | 5 Ebenso ErfK/*Kiel*, § 128 InsO Rz. 2; vgl. zur Bedeutung des § 128 II auch LAG Düsseldorf v. 23.1.2003 – 11 (12) Sa 1057/02, LAGE § 125 InsO Nr. 3. | 6 S. etwa *v. Alvensleben*, Die Rechte der Arbeitnehmer bei Betriebsübergang im Europäischen Gemeinschaftsrecht, 1992, S. 315. | 7 Ebenso *Lohkemper*, KTS 1996, 1 (30); s. dazu ausf. *Caspers*, Rz. 306 ff.

Gesetz zum Schutze der arbeitenden Jugend (Jugendarbeitsschutzgesetz – JArbSchG)

vom 12.4.1976 (BGBl. I S. 965),
zuletzt geändert durch VO vom 31.10.2006 (BGBl. I S. 2407)

Erster Abschnitt. Allgemeine Vorschriften

1 *Geltungsbereich*

(1) Dieses Gesetz gilt für die Beschäftigung von Personen, die noch nicht 18 Jahre alt sind,

1. in der Berufsausbildung,

2. als Arbeitnehmer oder Heimarbeiter,

3. mit sonstigen Dienstleistungen, die der Arbeitsleistung von Arbeitnehmern oder Heimarbeitern ähnlich sind,

4. in einem der Berufsausbildung ähnlichen Ausbildungsverhältnis.

(2) Dieses Gesetz gilt nicht

1. für geringfügige Hilfeleistungen, soweit sie gelegentlich

a) aus Gefälligkeit,

b) auf Grund familienrechtlicher Vorschriften,

c) in Einrichtungen der Jugendhilfe,

d) in Einrichtungen zur Eingliederung Behinderter erbracht werden,

2. für die Beschäftigung durch die Personensorgeberechtigten im Familienhaushalt.

I. Normzweck. Die Vorschrift bestimmt den Geltungsbereich des Gesetzes. Dieser ist weit gesteckt, da das JArbSchG umfassend die Gesundheit und Entwicklung des Minderjährigen in der Arbeitswelt schützen will. 1

II. Geltungsbereich. 1. Persönlicher. Das Gesetz erfasst auf der Seite der Beschäftigten alle Personen, die noch nicht 18 Jahre alt sind (vgl. § 2); für den Anwendungsbereich von § 9 I Nr. 1 und § 19 (§ 19 II Nr. 3) wird diese Altersgrenze sogar überschritten. Zum Kreis der beschäftigenden Personen vgl. § 3. 2

2. Sachlicher. Erfasst wird jede Beschäftigung eines Minderjährigen, sofern sie unter die Nr. 1–4 fällt. Unter Beschäftigung wird eine Tätigkeit in persönlicher Abhängigkeit, also eine **weisungsgebundene, fremdbestimmte Tätigkeit** verstanden[1]. Auf die Art oder Bezeichnung des Rechtsverhältnisses kommt es nicht an. Die Tätigkeit muss jedoch (auch) für einen anderen erfolgen. Nicht in den Anwendungsbereich fallen daher Tätigkeiten als Selbständiger[2] (zB Musiker, Künstler) oder die Erledigung eigener, selbst gewählter Aufgaben. Auch die rein schulische (Berufs-)Ausbildung ist keine Beschäftigung iSd. Gesetzes. Öffentl.-rechtl. Beschäftigungsverhältnisse werden nur erfasst, soweit das Gesetz dies vorsieht, wie zB in § 62. 3

Keine persönliche Abhängigkeit iSd. Gesetzes liegt vor, wenn der Minderjährige auf Grund und im Rahmen einer Vereinsmitgliedschaft tätig wird. Anders ist es, wenn der typische Rahmen der Vereinstätigkeit überschritten wird[3]. Im Bereich karitativer und religiöser Betätigung ist das sich aus Art. 140 GG iVm. Art. 137 III WRV ergebende Selbstbestimmungsrecht der Kirchen sowie die Religionsausübungsfreiheit gem. Art. 4 II GG zu beachten. Auf die Teilnahme an liturgischen Handlungen ist das JArbSchG daher nicht anwendbar[4]. Anders ist es für durch die Kirchen organisierte karitative Betätigungen[5]. 4

a) Fallgruppen. In der Berufsausbildung (Nr. 1). Das JArbSchG gilt für die Beschäftigung in allen anerkannten Ausbildungsberufen; diese sind in einem Verzeichnis aufgeführt, welches durch das Bundesinstitut für Berufsbildung jährlich herausgegeben wird[6]. Keine Anwendung findet das JArbSchG im Rahmen der rein schulischen Berufsausbildung (Rz. 3). 5

1 *Molitor/Volmer/Germelmann*, § 1 JArbSchG Rz. 17. | 2 Zur Verfassungsmäßigkeit *Zmarzlik/Anzinger*, § 1 JArbSchG Rz. 7. | 3 Vgl. OVG Münster v. 6.5.1985 – 12 A 2097/83, NJW 1987, 1443 f.: Regelmäßige Mitwirkung eines Chorvereins bei Opern und Konzerten. Allgemein Erman/*Edenfeld*, § 611 BGB Rz. 20. Vgl. auch § 2 I Nr. 4, 5 KindArbSchV v. 23.6.1998 (BGBl. I S. 1508). | 4 *Zmarzlik/Anzinger*, § 1 JArbSchG Rz. 46 f. | 5 Vgl. § 2 I Nr. 5 KindArbSchV v. 23.6.1998 (BGBl. I S. 1508). | 6 Vgl. im Internet unter http://www.bibb.de.

6 **Als ArbN oder Heimarbeiter (Nr. 2).** Das JArbSchG ist anzuwenden, wenn der Minderjährige als ArbN (dazu Vor § 611 BGB Rz. 19 ff.) oder als Heimarbeiter tätig wird. Als Heimarbeiter ist gem. § 2 I HAG anzusehen, wer in selbstgewählter Arbeitsstätte im Auftrag von Gewerbetreibenden oder Zwischenmeistern erwerbsmäßig arbeitet, jedoch die Verwertung der Arbeitsergebnisse dem unmittelbar oder mittelbar Gewerbetreibenden überlässt.

7 **Mit sonstigen, ähnlichen Dienstleistungen (Nr. 3).** Ein Arbeitsverhältnis mag im Einzelfall, zB wegen der Möglichkeit freier Zeiteinteilung[1] durch den Minderjährigen (Austragen von Reklamesendungen, Pflege von Tieren), abzulehnen sein. Für derartige Fälle dehnt Nr. 3 den Anwendungsbereich des Gesetzes mit dem Ziel aus, jede Form abhängiger Beschäftigung von Minderjährigen zu erfassen[2]. Dienstleistungen sind ähnlich, wenn die Arbeitsleitung in abhängiger Stellung auf Weisung eines anderen erbracht wird, wenn Arbeit im wirtschaftl. Sinn geleistet wird, die dem zugute kommt, der die Weisungen erteilt und eine feste, einem Arbeitsvertrag vergleichbare Bindung zu dem Weisungsgeber besteht[3]. Abzustellen ist auf das tatsächliche Erscheinungsbild, nicht auf die rechtl. Bezeichnung.

8 **In ähnlichen Ausbildungsverhältnissen (Nr. 4).** Nr. 4 erfasst Ausbildungsverhältnisse mit betrieblichen, nicht mit schulischen Ausbildungsgängen. Ein solches Verhältnis kann bestehen zu Praktikanten, Volontären, Minderjährigen im Rahmen der beruflichen Fortbildung oder Umschulung nach § 1 III und IV BBiG, Minderjährigen, die in Berufsbildungswerken, Berufsförderungswerken und Werkstätten für behinderte Menschen beschäftigt sind, Schülern während des sog. Betriebspraktikums im Rahmen der schulischen Ausbildung (vgl. § 5 II Nr. 2) oder in der über das Praktikum hinausgehenden sog. Schnupperlehre[4].

9 **b) Ausnahmen.** Beschäftigungsverhältnisse nach Abs. 1 unterfallen nicht dem JArbSchG, wenn eine der Ausnahmen nach **Abs. 2** eingreift.

9a **aa) Gelegentliche, geringfügige Hilfeleistungen (Nr. 1).** Unter Hilfeleistung wird eine unterstützende Tätigkeit für eine andere, hilfebedürftige Person verstanden; der Begriff ist also enger als der der „Arbeit"[5]. Die Tätigkeit ist geringfügig, wenn sie den Minderjährigen nach seinem Entwicklungsstand zeitlich und kräftemäßig wenig beansprucht[6]. Um eine gelegentliche Hilfeleistung handelt es sich, wenn die Tätigkeit nicht regelmäßig, also nur hin und wieder, auf Grund eines besonderen Anlasses hin erfolgt. Eine regelmäßige Arbeitsbereitschaft, die nur hin und wieder zur Tätigkeit führt, ist mehr als eine gelegentliche Hilfeleistung[7].

10 **Aus Gefälligkeit (Nr. 1a)** erfolgt eine Hilfeleistung, wenn sie nach den Gesamtumständen, insb. wegen ihrer Unentgeltlichkeit, als uneigennützig zu beurteilen ist. Eine kleinere Belohnung schließt die Uneigennützigkeit nicht aus.

11 **Auf Grund familienrechtlicher Vorschriften (Nr. 1b).** Gemeint sind insb. Hilfeleistungen auf Grund von § 1619 BGB, nach dem ein Kind, solange es dem elterlichen Hausstand angehört und von den Eltern erzogen oder unterhalten wird, verpflichtet ist, nach seinen Kräften und in einer seiner Lebensstellung entsprechenden Weise den Eltern in ihrem Hauswesen und Geschäft Dienste zu leisten. Unter „Geschäft" ist jede selbständig ausgeübte Erwerbstätigkeit zu verstehen, auch in der Landwirtschaft (vgl. auch Rz. 14) und im freien Beruf[8]. Im Übrigen kommen die (sehr beschränkte) Pflicht zur Mitarbeit des Ehegatten[9], die gegenseitige Unterhaltspflicht der Ehegatten nach § 1360 BGB und die Unterhaltspflicht von Verwandten gem. § 1612 I 2 BGB als familienrechtl. Vorschriften in Betracht.

12 **In Einrichtungen der Jugendhilfe (Nr. 1c).** Hierunter sind sämtliche Einrichtungen[10] nach dem SGB VIII zu verstehen, in denen die Erziehungsaufgabe durch Dritte übernommen wird (insb. § 24 Tageseinrichtungen und Kindertagespflege, § 32 Tagesgruppe, § 34 Heimerziehung). Die Beschäftigung von Minderjährigen außerhalb des JArbSchG in solchen Einrichtungen ist damit wesentlich beschränkter als die Beschäftigung durch den Personensorgeberechtigten im Familienhaushalt nach Nr. 2 (Rz. 14).

13 **In Einrichtungen zur Eingliederung Behinderter (Nr. 1d).** Dazu zählen insb. Tageseinrichtungen, teilstationäre Einrichtungen, Anstalten, Heime oder Werkstätten für behinderte Menschen (insb. § 35a II Nr. 2, 4 SGB VIII, §§ 55, 136 ff. SGB IX). Dass der Terminus „Behinderter" nicht durch „behinderte Menschen" ersetzt wurde, ist offenbar ein Redaktionsversehen.

14 **bb) Beschäftigung durch den Personensorgeberechtigten im Familienhaushalt (Nr. 2).** Das JArbSchG stellt sich dem Erziehungsprimat der Eltern aus Art. 6 II 1 GG nicht entgegen. Die Beschäftigung

1 Erman/*Edenfeld*, § 611 BGB Rz. 59. |2 BT-Drs. 7/2305 S. 26. Anders *Neuvians*, Die arbeitnehmerähnliche Person, 2002, S. 122 ff., die bei bloßer ArbN-Ähnlichkeit die Anwendung des Gesetzes ablehnt. |3 Ähnlich *Zmarzlik/Anzinger*, § 1 JArbSchG Rz. 20; *Molitor/Volmer/Germelmann*, § 1 JArbSchG Rz. 46. Zum ehrenamtlichen Einsatz von Jugendlichen in der Notfallrettung *Fehn/Selen*, MedR 2002, 449. |4 OLG Hamm v. 14.8.1987 – 6 Ss Owi 445/86, AiB 1989, 267. |5 BT-Drs. 3/1816 S. 17. |6 *Zmarzlik/Anzinger*, § 1 JArbSchG Rz. 31. |7 OLG Hamm v. 28.2.1978 – 4 Ss OWi 444/78, OLGSt zu § 1 JArbSchG. |8 MüKo/*v. Sachsen Gessaphe*, § 1619 BGB Rz. 18. |9 Vgl. MüKo/*Wacke*, § 1356 BGB Rz. 18 ff. Der die Mitarbeitspflicht konstitutierende § 1356 II BGB aF wurde mit dem Ersten Gesetz zur Reform des Ehe- und Familienrechts vom 14.6.1976 (BGBl. I S. 1421) abgeschafft. |10 Zum Einrichtungsbegriff MüKo/*Tillmanns*, § 4 SGB VIII Rz. 6.

im Haushalt ist Teil der Erziehung durch die Eltern, die durch das JArbSchG nicht beeinflusst werden soll. Grenzen werden der Erziehungsautonomie durch das Familienrecht, insb. durch § 1619 BGB (Rz. 11) und § 1618a BGB gezogen. Nach den Gesetzgebungsmaterialien soll unter Familienhaushalt „Haus und Hof", also auch der landwirtschaftl. Betrieb verstanden werden[1]. Die Privilegierung gilt für die personensorgeberechtigten Eltern bzw. den personensorgeberechtigten Elternteil (§§ 1626, 1626a, 1631, 1671 ff. BGB) oder sonstige Personensorgeberechtigte (zB § 1800 BGB Vormund). Ein sog. „kleines Personensorgerecht", welches sich auf Angelegenheiten des täglichen Lebens erstreckt, sieht § 1687b I BGB für den Stiefelternteil und § 9 Lebenspartnerschaftsgesetz für den gleichgeschlechtlichen Lebenspartner vor. Da Nr. 2 aber nicht nur geringfügige, gelegentliche Mitarbeit im Haushalt, sondern die ggf. dauerhafte und umfangreichere Beschäftigung im Familienhaushalt erfasst, dürften Personen, welchen nur ein „kleines Sorgerecht" zusteht, nicht mehr von der Regelung erfasst sein.

III. Kollisionsrecht. Das JArbSchG ist grds. dem öffentl. Recht zuzuordnen. Für Sachverhalte mit 15
Auslandsberührung gilt daher das Territorialitätsprinzip. Das JArbSchG findet also auf jede Beschäftigung eines Minderjährigen innerhalb des Gebiets der Bundesrepublik Deutschland Anwendung; auf Staatsangehörigkeit, Wohnsitz oder gewöhnlichen Aufenthalt des Minderjährigen kommt es nicht an.

Wird ein Jugendlicher im **Ausland beschäftigt**, findet das JArbSchG grds. keine Anwendung. Einzelne 16
Normen des JArbSchG können aber gem. Art. 34 EGBGB Anwendung beanspruchen (EGBGB Rz. 32 ff.). Daneben können die Normen des JArbSchG auch privatrechtl. (insb. für die Bestimmung der Leistungspflichten der Parteien) von Bedeutung sein (EGBGB Rz. 39). In diesem Rahmen können einzelne Vorschriften des JArbSchG auch Anwendung finden, wenn das Arbeitsverhältnis dem deutschen Recht unterliegt: So können entsprechende Normen des JArbSchG anwendbar sein, wenn der Minderjährige lediglich vorübergehend ins Ausland entsandt wurde (EGBGB Rz. 19 f.) oder die Vertragsparteien die Anwendung deutschen Rechts wirksam vereinbart haben (EGBGB Rz. 11 ff.). Der Anwendung des deutschen Rechts werden dabei jedoch auch durch Art. 32 II EGBGB Grenzen gezogen (EGBGB Rz. 39). Für die Binnenschifffahrt vgl. § 20 Rz. 2.

IV. Sofern das JArbSchG an das Alter eines jungen Menschen anknüpft, kann grds. eine Diskriminie- 17
rung wegen des Alters vorliegen. So könnten Jugendliche geltend machen, dass ihnen durch die Beschränkungen des Gesetzes berufliche Chancen entgehen. Das Benachteiligungsverbot des § 7 AGG ist allerdings wegen § 2 III 2 AGG nicht einschlägig. Denkbar ist aber immerhin, dass Normen des JArbSchG gegen europäisches Recht verstoßen, insbes. gegen den vom EuGH anerkannten Grundsatz des Verbots von Diskriminierungen wegen des Alters (vgl. dazu § 2 AGG Rz. 12). IdR dürften die Normen des JArbSchG aber dem Grundsatz der Verhältnismäßigkeit entsprechen.

2 *Kind, Jugendlicher*

(1) Kind im Sinne dieses Gesetzes ist, wer noch nicht 15 Jahre alt ist.

(2) Jugendlicher im Sinne dieses Gesetzes ist, wer 15, aber noch nicht 18 Jahre alt ist.

(3) Auf Jugendliche, die der Vollzeitschulpflicht unterliegen, finden die für Kinder geltenden Vorschriften Anwendung.

I. Begriffsbestimmung. Abs. 1 u. 2 enthalten die Definitionen der Begriffe Kind und Jugendlicher. Die 1
genaue Berechnung des Lebensalters erfolgt nach den §§ 186 ff. BGB. Zu einem Irrtum des ArbGeb über das Alter des Beschäftigten §§ 58–60 Rz. 4.

II. Jugendliche während der Vollzeitschulpflicht. Die ausnahmslose Erstreckung der Regelungen zu 2
Gunsten von Kindern iSd. Abs. 1 auf vollzeitschulpflichtige Kinder dient dem Ziel, eine gesundheitsschädliche Doppelbelastung durch Schule und Erwerbsarbeit zu verhindern. Vollzeitschulpflichtig ist, wer seinen Wohnsitz oder seinen gewöhnlichen Aufenthalt in der Bundesrepublik Deutschland hat; die Länge der Vollzeitschulpflicht ist in den Schul- bzw. Schulpflichtgesetzen der Länder geregelt. Sie beginnt einheitlich mit dem 6. LJ und endet nach 9 Schuljahren, bzw. in Berlin, Brandenburg, Bremen und Nordrhein-Westfalen nach 10 Schuljahren, und zwar am Tag der Übergabe des Abschlusszeugnisses[2]. Mit dieser Vorschrift genügt das Gesetz den Anforderungen des Art. 32 II der EU-Grundrechtscharta v. 7.12.2000[3].

3 *Arbeitgeber*

Arbeitgeber im Sinne dieses Gesetzes ist, wer ein Kind oder einen Jugendlichen gemäß § 1 beschäftigt.

I. Begriffsbestimmung. ArbGeb iSd. Norm ist derjenige, zu dessen Gunsten und unter dessen Lei- 1
tung die Beschäftigung iSd. § 1 ausgeübt wird. Der Begriff des ArbGeb ist weit auszulegen und die mit der ArbGebStellung verbundenen Rechte und Pflichten können auf verschiedene Personen verteilt

1 BT-Drs. 7/4544 S. 4. | 2 *Zmarzlik/Anzinger*, § 2 JArbSchG Rz. 16. | 3 ABl. EG 2000 C-364/1.

sein[1]. Auf die Unternehmensinhaberschaft oder eine eigene Gewinnerzielungsabsicht kommt es nicht an. ArbGeb können also auch die Eltern, der Heimleiter, der Betriebsleiter oder der Ausbilder sein. Auf die Unternehmensinhaberschaft ist aber bei den Zahlungs- und Leistungspflichten nach §§ 9 III, 10 II 2, 19 I und IV, 30, 43 abzustellen.

2 **II. Sonderfälle.** Bei den mittelbaren Arbeitsverhältnissen (Vor § 611 BGB Rz. 116) ist ArbGeb iSd. Norm idR der unmittelbare ArbGeb[2]. Bei Leiharbeitsverhältnissen ist der Verleiher ArbGeb; der Entleiher ist gem. § 10 VI AÜG jedoch – unbeschadet der Pflichten des Verleihers – zur Einhaltung arbeitsschutzrechtl. Vorschriften verpflichtet. ArbGeb nach dem Heimarbeitsgesetz ist der Auftraggeber und ggf. der Zwischenmeister (§§ 1 IIa, d, 2 III HAG).

4 *Arbeitszeit*

(1) Tägliche Arbeitszeit ist die Zeit vom Beginn bis zum Ende der täglichen Beschäftigung ohne die Ruhepausen (§ 11).

(2) Schichtzeit ist die tägliche Arbeitszeit unter Hinzurechnung der Ruhepausen (§ 11).

(3) Im Bergbau unter Tage gilt die Schichtzeit als Arbeitszeit. Sie wird gerechnet vom Betreten des Förderkorbes bei der Einfahrt bis zum Verlassen des Förderkorbes bei der Ausfahrt oder vom Eintritt des einzelnen Beschäftigten in das Stollenmundloch bis zu seinem Wiederaustritt.

(4) Für die Berechnung der wöchentlichen Arbeitszeit ist als Woche die Zeit von Montag bis einschließlich Sonntag zugrunde zu legen. Die Arbeitszeit, die an einem Werktag infolge eines gesetzlichen Feiertags ausfällt, wird auf die wöchentliche Arbeitszeit angerechnet.

(5) Wird ein Kind oder ein Jugendlicher von mehreren Arbeitgebern beschäftigt, so werden die Arbeits- und Schichtzeiten sowie die Arbeitstage zusammengerechnet.

1 **I. Normzweck.** Die Norm regelt zu Gunsten des geschützten Personenkreises zwingend die Voraussetzungen für die Bestimmung der Arbeitszeit. Ihre Geltung erstreckt sich auf alle Normen des JArbSchG. Sämtliche Regelungen der Arbeitszeit des JArbSchG gehen denen des ArbZG vor (§ 18 II ArbZG).

2 **II. Arbeitszeit (Abs. 1).** Von der Arbeitszeit werden außer den Ruhepausen sämtliche Zeiten der Beschäftigung iSd. § 1 I erfasst, dazu gehören auch Vorbereitungshandlungen (zB Anlegen von Schutzkleidung) und Abschlussarbeiten. Betriebsbedingte Wegezeiten[3] fallen in die Arbeitszeit, nicht aber der Weg zum Betrieb und zurück oder der Weg zur Berufsschule. Zeiten, in denen der Minderjährige ausgebildet wird, auch wenn die Ausbildung in reinen Unterrichtsveranstaltungen besteht, sind Arbeitszeit[4]. Dies gilt jedoch nicht für vom ArbGeb angebotene über die Ausbildung hinausgehende Unterrichtsveranstaltungen, für deren Besuch sich der Minderjährige freiwillig entscheiden kann (zB Sprachkurse). Der Berufsschulunterricht gehört nicht zur Arbeitszeit, wird aber nach §§ 9, 10 auf diese angerechnet. Zeiten der Arbeitsbereitschaft und des Bereitschaftsdienstes gehören zur Arbeitszeit (vgl. § 2 ArbZG Rz. 4 ff.); für Minderjährige ist dasselbe für die bloße Rufbereitschaft (§ 2 ArbZG Rz. 5) anzunehmen[5].

3 **III. Schichtzeiten (Abs. 2).** Bei der Berechnung von Schichtzeiten werden die Ruhepausen mitgerechnet; das gilt auch für mehrstündige Pausen, während derer der Minderjährige die Arbeitsstätte verlassen darf[6].

4 **IV. Bergbau (Abs. 3).** Für den Bergbau wird die Arbeitszeit mit der Schichtzeit gleichgesetzt.

5 **V. Wöchentliche Arbeitszeit (Abs. 4).** Die Norm setzt den Rahmen für die Berechnung der wöchentlichen Arbeitszeit nach § 8. Nach S. 2 wird die Arbeitszeit, die an einem Feiertag normalerweise angefallen wäre, zur wöchentlichen Arbeitszeit hinzugerechnet. Entgegen dem Wortlaut gilt dies auch für Feiertage, die auf einen Sonntag fallen[7]. Voraussetzung ist, dass der Feiertag die einzige Ursache für den Arbeitsausfall ist (anders zB bei Streik, Freistellung usw.). Hinzuzurechnen ist nur die Arbeitszeit, die tatsächlich ausgefallen ist (zB bei Kurzarbeit). Zur Anrechnung von Berufsschultagen, die auf einen Feiertag fallen, § 9 Rz. 4.

6 **VI. Mehrere Arbeitgeber.** Ist der Minderjährige bei mehreren ArbGeb beschäftigt, werden die Arbeitszeiten, Schichtzeiten und die Arbeitstage zusammengerechnet. Bei grober Überschreitung der Höchstarbeitszeit kann das zweite Beschäftigungsverhältnis nichtig sein[8], bei geringerer Überschreitung besteht, soweit die zulässige Arbeitszeit überschritten ist, ein Beschäftigungsverbot. Die Weisung des

1 OLG Köln v. 23.12.1983 – 1 Ss 368/83, NStZ 1984, 460. | 2 *Zmarzlik/Anzinger*, § 3 JArbSchG Rz. 11. | 3 BayObLG v. 23.3.1992 – 3 Ob OWi 18/92, NZA 1992, 811; LAG Köln v. 18.9.1998 – 12 Sa 549/98, AuR 1999, 52 (zu § 7 BBiG). | 4 VG Saarbrücken v. 15.1.1979 – 5 K 264/77, EzB VwGO § 40 Nr. 11. | 5 Ebenso *Zmarzlik/Anzinger*, § 4 JArbSchG Rz. 956; anders *Molitor/Volmer/Germelmann*, § 4 JArbSchG Rz. 14. | 6 BayObLG v. 28.1.1982 – 3 Ob OWi 213/81, AP Nr. 1 zu § 4 JArbSchG. | 7 *Molitor/Volmer/Germelmann*, § 4 JArbSchG Rz. 35. | 8 BAG v. 19.6.1959 – 1 AZR 565/57, BAG AP Nr. 1 zu § 611 BGB – Doppelarbeitsverhältnis.

zweiten ArbGeb, die Arbeit fortzuführen, ist gem. § 134 BGB nichtig; dh., der Minderjährige muss ihr nicht nachkommen[1]. Erbringt der Minderjährige die Arbeitsleistung, bleibt sein Vergütungsanspruch unberührt. Die Verantwortung für einen Verstoß gegen die Schutzvorschriften des JArbSchG trägt also regelmäßig der ArbGeb, der das Beschäftigungsverhältnis in der zeitlichen Reihenfolge als Zweiter begründet hat. Ist ein Minderjähriger bei mehreren ArbGeb mit Arbeiten beschäftigt, auf die jeweils unterschiedliche Schutzvorschriften Anwendung finden, so gelten grds. die Schutzvorschriften für die Arbeit, mit denen der Minderjährige überwiegend beschäftigt ist.

Zweiter Abschnitt. Beschäftigung von Kindern

5 *Verbot der Beschäftigung von Kindern*

(1) Die Beschäftigung von Kindern (§ 2 Abs. 1) ist verboten.

(2) Das Verbot des Absatzes 1 gilt nicht für die Beschäftigung von Kindern

1. zum Zwecke der Beschäftigungs- und Arbeitstherapie,

2. im Rahmen des Betriebspraktikums während der Vollzeitschulpflicht,

3. in Erfüllung einer richterlichen Weisung.

Auf die Beschäftigung finden § 7 Satz 1 Nr. 2 und die §§ 9 bis 46 entsprechende Anwendung.

(3) Das Verbot des Absatzes 1 gilt ferner nicht für die Beschäftigung von Kindern über 13 Jahre mit Einwilligung des Personensorgeberechtigten, soweit die Beschäftigung leicht und für Kinder geeignet ist. Die Beschäftigung ist leicht, wenn sie auf Grund ihrer Beschaffenheit und der besonderen Bedingungen, unter denen sie ausgeführt wird,

1. die Sicherheit, Gesundheit und Entwicklung der Kinder,

2. ihren Schulbesuch, ihre Beteiligung an Maßnahmen zur Berufswahlvorbereitung oder Berufsausbildung, die von der zuständigen Stelle anerkannt sind, und

3. ihre Fähigkeit, dem Unterricht mit Nutzen zu folgen,

nicht nachteilig beeinflusst. Die Kinder dürfen nicht mehr als zwei Stunden täglich, in landwirtschaftlichen Familienbetrieben nicht mehr als drei Stunden täglich, nicht zwischen 18 und 8 Uhr, nicht vor dem Schulunterricht und nicht während des Schulunterrichts beschäftigt werden. Auf die Beschäftigung finden die §§ 15 bis 31 entsprechende Anwendung.

(4) Das Verbot des Absatzes 1 gilt ferner nicht für die Beschäftigung von Jugendlichen (§ 2 Abs. 3) während der Schulferien für höchstens vier Wochen im Kalenderjahr. Auf die Beschäftigung finden die §§ 8 bis 31 entsprechende Anwendung.

(4a) Die Bundesregierung hat durch Rechtsverordnung mit Zustimmung des Bundesrates die Beschäftigung nach Absatz 3 näher zu bestimmen.

(4b) Der Arbeitgeber unterrichtet die Personensorgeberechtigten der von ihm beschäftigten Kinder über mögliche Gefahren sowie über alle zu ihrer Sicherheit und ihrem Gesundheitsschutz getroffenen Maßnahmen.

(5) Für Veranstaltungen kann die Aufsichtsbehörde Ausnahmen gemäß § 6 bewilligen.

I. Verbot der Beschäftigung von Kindern (Abs. 1). Ziel der Regelung ist es, Kinder iSd. § 2 I (und vollzeitschulpflichtige Jugendliche, vgl. § 2 III) vor Gefahren für ihre Gesundheit, ihre Entwicklung und ihre schulische Ausbildung zu schützen, die aus einer Beschäftigung resultieren können. Das Verbot der Kinderarbeit in Abs. 1 kann mit dem Erziehungsprimat der Eltern aus Art. 6 II 1 GG kollidieren. Durch die Beschränkungen des Anwendungsbereichs insb. in § 1 II Nr. 1b und Nr. 2 hat das Gesetz jedoch einen typisierenden, verfassungskonformen Ausgleich zwischen dem Grundrecht der Eltern und dem Anspruch des Kindes auf staatlichen Schutz aus Art. 6 II, Art. 2 I, Art. 2 II GG[2] gefunden. Mit der Regelung entspricht der Gesetzgeber Art. 1 I der RL Nr. 94/33/EG v. 22.6.1994 über den Jugendarbeitsschutz[3]. 1

Die Norm stellt ein Verbotsgesetz iSd. § 134 BGB dar; ein entsprechender Arbeitsvertrag ist nichtig (vgl. auch § 4 Rz. 6). Hinsichtlich der **Rechtsfolgen** gelten jedoch die Grundsätze über das faktische Arbeitsverhältnis, dh. eine Rückabwicklung der erbrachten Leistungen findet nicht statt (§ 119 BGB Rz. 15 ff.). Vielmehr ist für die geleistete Arbeit die vereinbarte Vergütung zu zahlen. Die Nichtigkeitswirkung tritt ex nunc ein. Ist zwischenzeitlich die Beschäftigung wegen des Überschreitens der entschei- 2

1 MünchArb/*Blomeyer* § 49 Rz. 59; *Henssler*; AcP 190 (1990), 538 (565). Für die Annahme eines Leistungsverweigerungsrechts (so *Zmarzlik/Anzinger* § 4 Rz. 38) ist kein Raum. | 2 Dazu MüKo/*Tillmanns*, § 1 SGB VIII Rz. 5. | 3 ABl. EG 1994 L-216/12, geändert durch die RL 2007/30, ABl. EG 2007, L-165/21; abgedr. auch bei *Zmarzlik/Anzinger* Anh. 10.

denden Altersgrenzen zulässig geworden, bleibt der Vertrag wirksam[1]. Die Beschäftigungsverbote sollen den Minderjährigen nur schützen, nicht aber zum Verlust eines Arbeitsverhältnisses führen, das mittlerweile zulässig ist.

3 **II. Ausnahmen für alle Kinder (Abs. 2).** Die in Abs. 2 aufgeführten Ausnahmevorschriften sind im Einklang mit der JugendarbeitsschutzRL (Rz. 1) auszulegen. Ist die Beschäftigung nach S. 1 zulässig, ist S. 2 zu beachten. Nach § 7 1 Nr. 2 muss die Beschäftigung leicht und für das Kind geeignet sein. Ferner sind die §§ 9–46 entsprechend anzuwenden.

4 **1. Beschäftigungs- und Arbeitstherapie (S. 1 Nr. 1).** Die Beschäftigung zu Therapiezwecken ist zulässig, wenn sie mit dem Ziel der Heilung eines therapiebedürftigen Kindes erfolgt. Eine solche Beschäftigung ist kein Arbeitsverhältnis iSd. Art. 2 I der JugendarbeitsschutzRL (Rz. 1).

5 **2. Betriebspraktikum (S. 1 Nr. 2).** Unter einem Betriebspraktikum wird eine Veranstaltung der Schule verstanden, die idR drei bis vier Monate dauert. Eine darüber hinausgehende Probearbeit („Schnupperlehre") ist nicht zulässig[2]. Da Art. 4 IIb der JugendarbeitsschutzRL (Rz. 1) ein Betriebspraktikum erst ab dem 14. LJ zulässt, ist der Anwendungsbereich der Vorschrift in richtlinienkonformer Auslegung (EGV Vorb. Rz. 18 f.) auf diese Altersgruppe zu reduzieren[3].

6 **3. Richterliche Weisung (S. 1 Nr. 3).** In Betracht kommen Weisungen des Jugendrichters nach §§ 10 I 3 Nr. 4, 23 JGG, die ab dem 14. LJ ergehen können (§ 1 II JGG). Durch Weisung des Richters, Arbeitsleistungen zu erbringen, entsteht idR ein Arbeitsverhältnis iSd. JugendarbeitsschutzRL (Rz. 1). Diese enthält jedoch keine der deutschen Regelung entsprechende Ausnahmevorschrift. Eine sich an Art. 4 IIc der RL orientierende Auslegung (Vorb. EGV Rz. 18 f.) der §§ 10 I 3 Nr. 4, 23 JGG ergibt daher, dass sich richterliche Weisungen für Kinder bis zum 15. LJ im Rahmen der Abs. 3–4a halten müssen, wobei die Einwilligung des Personensorgeberechtigten entfällt.

7 **III. Ausnahmen für Kinder ab 13 Jahren (Abs. 3 und 4a).** Kinder über 13 Jahren können mit Einwilligung des Personensorgeberechtigten (§ 1 Rz. 14) beschäftigt werden, wenn die Beschäftigung leicht und für Kinder geeignet ist. Dabei sind die Beschränkungen des S. 2 Nr. 1–3 zu beachten. In Ausführung der Bestimmung des Abs. 4a ist dazu die KinderarbeitsschutzVO ergangen, die die zulässigen Beschäftigungen in § 2 festlegt[4]. Nach S. 2 Nr. 3 darf die schulische Ausbildung des Kindes durch die Beschäftigung keinesfalls leiden. Daher ist die Beschäftigung von schulschwachen Kindern idR unzulässig. In S. 3 sind die zeitlichen Beschränkungen geregelt. Nach S. 4 iVm. § 15 darf auch diese Beschäftigung nur an fünf Tagen in der Woche erfolgen. Im Übrigen sind die §§ 16–31 entsprechend anzuwenden.

8 **IV. Beschäftigung während der Schulferien (Abs. 4).** Die Regelung gilt für vollzeitschulpflichtige Jugendliche (§ 2 Nr. 3). Diesen soll ein Ferienjob von maximal vier Wochen ermöglicht werden. Nach § 15 sind dies 20 Tage im Kalenderjahr, die auf die Ferienzeiten verteilt werden können.

9 **V. Unterrichtung der Personensorgeberechtigten (Abs. 5).** Nach § 28a hat der ArbGeb die Gefährdung Jugendlicher vor der Beschäftigung zu beurteilen. Bei Kindern und vollzeitschulpflichtigen Jugendlichen muss er die Personensorgeberechtigten (§ 1 Rz. 14) über diese Gefahren sowie über die zur Sicherheit und Gesundheit getroffenen Maßnahmen unterrichten. Zur inhaltlichen Ausgestaltung einer solchen Unterrichtung unten §§ 28a, 29 Rz. 1.

10 **VI. Veranstaltungen (Abs. 6).** Die behördliche Genehmigung von Beschäftigung bei Veranstaltungen richtet sich nach § 6.

6 *Behördliche Ausnahmen für Veranstaltungen*

(1) Die Aufsichtsbehörde kann auf Antrag bewilligen, dass

1. bei Theatervorstellungen Kinder über sechs Jahre bis zu vier Stunden täglich in der Zeit von 10 bis 23 Uhr,

2. bei Musikaufführungen und anderen Aufführungen, bei Werbeveranstaltungen sowie bei Aufnahmen im Rundfunk (Hörfunk und Fernsehen), auf Ton- und Bildträgern sowie bei Film- und Fotoaufnahmen

a) Kinder über drei bis sechs Jahre bis zu zwei Stunden täglich in der Zeit von 8 bis 17 Uhr,

b) Kinder über sechs Jahre bis zu drei Stunden täglich in der Zeit von 8 bis 22 Uhr

gestaltend mitwirken und an den erforderliche Proben teilnehmen. Eine Ausnahme darf nicht bewilligt werden für die Mitwirkung in Kabaretts, Tanzlokalen und ähnlichen Betrieben sowie auf Vergnügungsparks, Kirmessen, Jahrmärkten und bei ähnlichen Veranstaltungen, Schaustellungen oder Darbietungen.

---

1 Vgl. Erman/*Edenfeld*, § 611 Rz. 268. | 2 *Zmarzlik/Anzinger*, § 5 JArbSchG Rz. 14 f. | 3 ErfK/*Schlachter*, § 5 JArbSchG Rz. 4. | 4 Verordnung über den Kinderarbeitsschutz (Kinderarbeitsschutzverordnung) v. 23.6.1998 (BGBl. I S. 1508), näher dazu *Dembkowsky*, NJW 1998, 3540; *Kollmer*, NZA 1998, 1268; *Anzinger*, BB 1998, 1843.

(2) Die Aufsichtsbehörde darf nach Anhörung des zuständigen Jugendamtes die Beschäftigung nur bewilligen, wenn

1. die Personensorgeberechtigten in die Beschäftigung schriftlich eingewilligt haben,

2. der Aufsichtsbehörde eine nicht länger als vor drei Monaten ausgestellte ärztliche Bescheinigung vorgelegt wird, nach der gesundheitliche Bedenken gegen die Beschäftigung nicht bestehen,

3. die erforderlichen Vorkehrungen und Maßnahmen zum Schutze des Kindes gegen Gefahren für Leben und Gesundheit sowie zur Vermeidung einer Beeinträchtigung der körperlichen oder seelisch-geistigen Entwicklung getroffen sind,

4. Betreuung und Beaufsichtigung des Kindes bei der Beschäftigung sichergestellt sind,

5. nach Beendigung der Beschäftigung eine ununterbrochene Freizeit von mindestens 14 Stunden eingehalten wird,

6. das Fortkommen in der Schule nicht beeinträchtigt wird.

(3) Die Aufsichtsbehörde bestimmt,

1. wie lange, zu welcher Zeit und an welchem Tage das Kind beschäftigt werden darf,

2. Dauer und Lage der Ruhepausen,

3. die Höchstdauer des täglichen Aufenthalts an der Beschäftigungsstätte.

(4) Die Entscheidung der Aufsichtsbehörde ist dem Arbeitgeber schriftlich bekannt zu geben. Er darf das Kind erst nach Empfang des Bewilligungsbescheides beschäftigen.

I. Normzweck. Bestimmte Veranstaltungen machen die Mitwirkung von Kindern erforderlich. Zu diesem Zweck sieht § 6 entgegen § 5 I die Möglichkeit der Beschäftigung nach behördlicher Bewilligung vor. Erforderlich ist die Mitwirkung idR nur, wenn das Kind einen gestaltenden Beitrag (zB als Sänger, Statist) leistet. Eine Bewilligung ist nicht erforderlich, wenn die Mitwirkung keine Beschäftigung iSd. § 1 darstellt (zB Mitwirkung im Rahmen einer Vereinstätigkeit, vgl. § 1 Rz. 4). Zuständige Aufsichtsbehörde ist entsprechend den Landesgesetzen das Gewerbeaufsichtsamt oder das Arbeitsschutzamt. Örtlich zuständig ist die Behörde, in deren Bezirk sich der Betriebssitz des Veranstalters befindet (§ 3 I Nr. 2 VwVfG)[1]. 1

II. Bewilligungsfähige Veranstaltungen (Abs. 1). Unter Theateraufführungen iSv. S. 1 Nr. 1 werden auch rein konzertante Aufführungen verstanden. Zu den „anderen Aufführungen" nach S. 1 Nr. 2 gehören zB Ballettvorführungen, Puppenspiele, Modeschauen usw. Die Bewilligung soll idR für nicht mehr als 30 Tage im Jahr erteilt werden[2]. 2

III. Voraussetzungen, Festlegung und Bekanntgabe der Bewilligung (Abs. 2, 3 und 4). Die Voraussetzungen sind in Abs. 2 abschließend aufgezählt. Die Betreuung und Beaufsichtigung des Kindes bei der Beschäftigung erfasst auch den Weg zu und von dem Beschäftigungsort. Bei der Bewilligung und Festlegung des zeitlichen Umfangs der zulässigen Mitwirkung (Abs. 3) hat die Aufsichtsbehörde einen Ermessensspielraum; die Bewilligung ist ein Verwaltungsakt. Eine Beschäftigung ohne oder vor dem Zugang (Abs. 4) des Bewilligungsbescheides stellt eine Straftat oder Ordnungswidrigkeit nach §§ 58 I Nr. 2, III–VI, 59 I Nr. 1 dar. 3

7 *Beschäftigung von nicht vollzeitschulpflichtigen Kindern*

Kinder, die der Vollzeitschulpflicht nicht mehr unterliegen, dürfen

1. im Berufsausbildungsverhältnis,

2. außerhalb eines Berufsausbildungsverhältnisses nur mit leichten und für sie geeigneten Tätigkeiten bis zu sieben Stunden täglich und 35 Stunden wöchentlich

beschäftigt werden. Auf die Beschäftigung finden die §§ 8 bis 46 entsprechende Anwendung.

I. Normzweck. Die Norm ermöglicht es Kindern, die vor Erreichen des 15. Lebensjahres die Schule beendet haben, eine Berufsausbildung zu beginnen (S. 1 Nr. 1) oder eine sonstige Beschäftigung (S. 1 Nr. 2) aufzunehmen. 1

II. Beschäftigung nicht mehr vollzeitschulpflichtiger Kinder. Zur Dauer der Vollzeitschulpflicht § 2 Rz. 2. Auf die Beschäftigung finden die §§ 8–46 Anwendung. Im Einzelnen ist zu prüfen, ob die Vorschrift mit diesen Verweisungen den Anforderungen der JugendarbeitsschutzRL (§ 5 Rz. 1) genügt. Nicht richtlinienkonform (Vorb. EGV Rz. 13 ff.) ist der Verweis in S. 2 auf die §§ 13 und 14 I, da diese Art. 9 Ia und Art. 10 Ia der JugendarbeitsschutzRL nicht genügen[3]. 2

1 *Zmarzlik/Anzinger*, § 6 JArbSchG Rz. 30. | 2 BT-Drs. 7/2305 S. 28. | 3 ErfK/*Schlachter*, § 7 JArbSchG Rz. 1.

Dritter Abschnitt. Beschäftigung Jugendlicher

Erster Titel. Arbeitszeit und Freizeit

8 *Dauer der Arbeitszeit*

(1) Jugendliche dürfen nicht mehr als acht Stunden täglich und nicht mehr als 40 Stunden wöchentlich beschäftigt werden.

(2) Wenn in Verbindung mit Feiertagen an Werktagen nicht gearbeitet wird, damit die Beschäftigten eine längere zusammenhängende Freizeit haben, so darf die ausfallende Arbeitszeit auf die Werktage von fünf zusammenhängenden, die Ausfalltage einschließenden Wochen nur dergestalt verteilt werden, dass die Wochenarbeitszeit im Durchschnitt dieser fünf Wochen 40 Stunden nicht überschreitet. Die tägliche Arbeitszeit darf hierbei achteinhalb Stunden nicht überschreiten.

(2a) Wenn an einzelnen Werktagen die Arbeitszeit auf weniger als acht Stunden verkürzt ist, können Jugendliche an den übrigen Werktagen derselben Woche achteinhalb Stunden beschäftigt werden.

(3) In der Landwirtschaft dürfen Jugendliche über 16 Jahre während der Erntezeit nicht mehr als neun Stunden täglich und nicht mehr als 85 Stunden in der Doppelwoche beschäftigt werden.

1 **I. Normzweck.** Die Norm enthält ein Beschäftigungsverbot; abweichende Vereinbarungen sind gem. § 134 BGB nichtig (vgl. § 5 Rz. 2). Einer Weisung des ArbGeb, die Arbeit fortzuführen, braucht der Jugendliche nicht nachzukommen. In Notfällen ist Mehrarbeit zulässig, § 21 I. § 21a I Nr. 1 lässt kollektivvertragl. Abweichungen zu. § 8 ist ein Schutzgesetz gem. § 823 II BGB. Verstöße stellen eine Ordnungswidrigkeit oder Straftat nach § 58 I Nr. 5, III–VI dar.

2 **II. Tägliche und wöchentliche Arbeitszeit (Abs. 1).** Auf die zulässige Arbeitszeit von acht Stunden täglich und 40 Stunden wöchentlich wird die Zeit der Teilnahme am Berufsschulunterricht, an Prüfungen und an außerbetrieblichen Ausbildungsmaßnahmen nach Maßgabe der §§ 9 II, 10 II 1 angerechnet. Zur Lage der Arbeitszeit vgl. §§ 15–18. Zur Berechnung der Arbeitszeit vgl. § 4.

3 **III. Freizeit in Verbindung mit Feiertagen (Abs. 2).** Die Grenzen von Abs. 1 dürfen nach Maßgabe des Abs. 2 überschritten werden, um dem Jugendlichen eine zusammenhängende Freizeit zu ermöglichen. Die Beschränkung auf eine Arbeitszeit von maximal 8½ Arbeitsstunden täglich führt dazu, dass nur 1½ Arbeitstage vor- oder nachgearbeitet werden können.

4 **IV. Abweichende Verteilung der Arbeitszeit (Abs. 2a).** Die Zulassung einer Arbeitszeit von 8½ täglichen Arbeitsstunden mit dem Zweck einer Verkürzung der Arbeitszeit an einem anderen Tag (insb. Freitag) ermöglicht die Anpassung an die Arbeitszeiten der Erwachsenen und erleichtert die beschränkte Einführung von Gleitzeit auch für Jugendliche. Kollektivvertragl. ist eine maximale Arbeitszeit von 9 Arbeitsstunden täglich vereinbar, § 21 I Nr. 1.

5 **V. Beschäftigung in der Landwirtschaft (Abs. 3).** Weiter gehende Erleichterungen sind zu Gunsten der Landwirtschaft[1] zulässig.

9 *Berufsschule*

(1) Der Arbeitgeber hat den Jugendlichen für die Teilnahme am Berufsschulunterricht freizustellen. Er darf den Jugendlichen nicht beschäftigen

1. vor einem vor 9 Uhr beginnenden Unterricht; dies gilt auch für Personen, die über 18 Jahre alt und noch berufsschulpflichtig sind,

2. an einem Berufsschultag mit mehr als fünf Unterrichtsstunden von mindestens je 45 Minuten, einmal in der Woche,

3. in Berufsschulwochen mit einem planmäßigen Blockunterricht von mindestens 25 Stunden an mindestens fünf Tagen; zusätzliche betriebliche Ausbildungsveranstaltungen bis zu zwei Stunden wöchentlich sind zulässig.

(2) Auf die Arbeitszeit werden angerechnet

1. Berufsschultage nach Absatz 1 Nr. 2 mit acht Stunden,

2. Berufsschulwochen nach Absatz 1 Nr. 3 mit 40 Stunden,

3. im Übrigen die Unterrichtszeit einschließlich der Pausen.

(3) Ein Entgeltausfall darf durch den Besuch der Berufsschule nicht eintreten.

1 **I. Freistellung durch den Arbeitgeber (Abs. 1).** Abs. 1 konstituiert einen Freistellungsanspruch und ein Beschäftigungsverbot von Jugendlichen für den Zeitraum der Teilnahme am Berufsschulunterricht.

1 Zum Begriff *Molitor/Volmer/Germelmann*, § 5 JArbSchG Rz. 21 ff.

Einen dem S. 1 entsprechenden **Freistellungsanspruch** des (auch volljährigen) Auszubildenden gegenüber seinem Ausbilder enthält § 15 BBiG. Der Freistellungsanspruch bezieht sich auf die gesamte Teilnahme am Unterricht, dh. für die Zeit während der ersten und der letzten Unterrichtsstunde, auch wenn zwischen diesen eine Freistunde liegt. Der Anspruch erstreckt sich auf Wegezeiten von und zur Schule[1], auf zur Erholung und zur Einnahme von Mahlzeiten erforderliche Zeiten und auf Zeiten der Teilnahme an für den Jugendlichen verbindlichen Schulveranstaltungen. Er erstreckt sich nicht auf die für die Erledigung von Hausaufgaben erforderliche Zeit. Freizustellen ist der Jugendliche auch von der betrieblichen Ausbildung, wenn diese zeitlich mit dem Berufsschulunterricht kollidiert[2]. Verstöße stellen Ordnungswidrigkeiten oder Straftaten nach § 58 I Nr. 6, III–VI dar.

II. Das **Beschäftigungsverbot** (vgl. § 5 Rz. 2) des S. 2 gilt auch, wenn der ArbGeb den Verdacht hat, der Jugendliche werde dem Unterricht fernbleiben[3]. Der Ausbilder ist nach § 14 I Nr. 4 BBiG ohnehin verpflichtet, den Auszubildenden zum Besuch der Berufsschule anzuhalten. Das Beschäftigungsverbot entfällt auch nicht dadurch, dass besondere betriebl. Umstände die Beschäftigung dringend erforderlich machen (vgl. § 21). 2

Das Beschäftigungsverbot in Nr. 1 gilt auch, wenn der Unterricht vor 9 Uhr entfällt, dies dem Jugendlichen jedoch nicht rechtzeitig bekannt gemacht wurde. Für das Beschäftigungsverbot in Nr. 2 kommt es darauf an, ob tatsächlich mehr als fünf Unterrichtsstunden stattgefunden haben. Nr. 3 bezieht sich auf Blockunterricht von mindestens 25 Stunden an fünf Tagen. Hierbei sei auf den planmäßigen, nicht auf den tatsächlich stattgefundenen Unterricht abzustellen[4]. 3

III. Anrechnung auf die Arbeitszeit (Abs. 2). Nach dieser Regelung wird die Unterrichtszeit auf die Arbeitszeit angerechnet. Die Beschäftigungszeit innerhalb der Woche ist entsprechend zu verringern. Die Vorschrift gilt für die Berechnung der gesetzl. Arbeitszeit, nicht für tarifl. oder betriebliche Regelungen[5]. Eine Anrechnung erfolgt nicht, wenn der Jugendliche dem Unterricht ferngeblieben ist. Angerechnet werden jedoch Freistunden und ausgefallener Unterricht, wenn der Ausfall dem Jugendlichen nicht rechtzeitig bekannt gegeben wurde. Zu Wegezeiten vgl. § 4 Rz. 2. Eine Anrechnung nach Nr. 1 findet auch statt, wenn der Berufsschultag auf einen Feiertag fällt und die Voraussetzungen des Abs. 1 Nr. 2 erfüllt sind. 4

Da die Vorschrift gem. §§ 1 I Nr. 1, 2 II auf volljährige Auszubildende keine Anwendung findet, fehlt für diesen Personenkreis eine Anrechnungsvorschrift. Daher kann für solche Auszubildenden die Summe der Berufsschulzeiten und der betrieblichen Ausbildungszeiten kalenderwöchentlich größer sein als die regelmäßige tarifl. wöchentliche Ausbildungszeit[6]. 5

IV. Kein Entgeltausfall (Abs. 3). Zweck der Regelung ist es, dem Jugendlichen keinen Anreiz zu bieten, den Unterricht zu versäumen. Für (auch erwachsene) Auszubildende gilt § 19 I Nr. 1 BBiG. Nach dem Lohnausfallprinzip ist dem Jugendlichen der Lohn zu zahlen, den der ArbGeb schulden würde, wenn der Jugendliche statt des Besuchs der Berufsschule gearbeitet hätte. Zu vergüten sind damit idR die Zeiten der Freistellung nach Abs. 1, insb. auch die Wegezeiten[7]. Die Regelung enthält keinen Anspruch auf Kostenerstattung, etwa für Fahrtkosten oder Schulmittelkosten. 6

10 *Prüfungen und außerbetriebliche Ausbildungsmaßnahmen*

(1) Der Arbeitgeber hat den Jugendlichen

1. für die Teilnahme an Prüfungen und Ausbildungsmaßnahmen, die auf Grund öffentlich-rechtlicher oder vertraglicher Bestimmungen außerhalb der Ausbildungsstätte durchzuführen sind,

2. an dem Arbeitstag, der der schriftlichen Abschlussprüfung unmittelbar vorangeht,

freizustellen.

(2) Auf die Arbeitszeit werden angerechnet

1. die Freistellung nach Absatz 1 Nr. 1 mit der Zeit der Teilnahme einschließlich der Pausen,

2. die Freistellung nach Absatz 1 Nr. 2 mit acht Stunden.

Ein Entgeltausfall darf nicht eintreten.

I. Freistellung für Prüfungen (Abs. 1). Mit Prüfungen iSd. Abs. 1 sind insb. Prüfungen im Rahmen der Berufsbildung nach dem BBiG gemeint. Für Prüfungen im Rahmen des Berufsschulunterrichts gilt § 9. Zu den Ausbildungsmaßnahmen nach Nr. 1 zählen auch zusätzliche Maßnahmen, die freiwillig verein- 1

1 BAG v. 26.3.2001 – 5 AZR 413/99, AP Nr. 1 zu § 7 BBiG. | 2 BAG v. 26.3.2001 – 5 AZR 413/99, AP Nr. 1 zu § 7 BBiG. | 3 Im Ergebnis ebenso *Molitor/Volmer/Germelmann*, § 9 JArbSchG Rz. 8, 17a. | 4 Einschr. LAG Bremen v. 9.3.1984 – 1 Sa 130/83, EzB JArbSchG § 9 Nr. 8. Umfassend *Molitor/Volmer/Germelmann*, § 9 JArbSchG Rz. 24 ff. | 5 BAG v. 27.5.1992 – 5 AZR 252/91, AP Nr. 1 zu § 8 JArbSchG; LAG BW v. 28.6.1989 – 3 (5) Sa 39/89, ZTR 1989, 408. | 6 BAG v. 13.2.2003 – 6 AZR 537/01, AP Nr. 2 zu § 7 BBiG. | 7 LAG Köln v. 18.9.1998 – 12 Sa 549/98, AiB 1999, 52 (zu § 7 BBiG).

bart wurden. Abschlussprüfungen nach Nr. 2 sind solche nach § 37 BBiG; auf mündliche Abschlussprüfungen ist die Vorschrift analog anzuwenden[1]. Besteht am Tage vor der Prüfung ohnehin keine Arbeitspflicht, entfällt der Freistellungsanspruch. Für erwachsene Auszubildende gilt § 15 BBiG. Verstöße stellen Ordnungswidrigkeiten oder Straftaten nach § 58 I Nr. 7, III bis VI dar.

2 **II. Anrechnung auf die Arbeitszeit; kein Entgeltausfall (Abs. 2).** Zur Zeit der Teilnahme nach S. 1 Nr. 1 gehört die Zeit von der Ankunft des Jugendlichen an bis zur ausdrücklichen Entlassung. Anzurechnen sind auch Prüfungen, die an arbeitsfreien Tagen durchgeführt werden[2]. Für eine analoge Anwendung der Obergrenze von 8 Stunden für die Anrechnung aus § 9 II Nr. 1 auf die Anrechnung von Prüfungen nach Nr. 1[3] besteht kein ausreichender Grund. Zum Entgeltausfall vgl. § 9 Rz. 5.

11 *Ruhepausen, Aufenthaltsräume*

(1) Jugendlichen müssen im Voraus feststehende Ruhepausen von angemessener Dauer gewährt werden. Die Ruhepausen müssen mindestens betragen

1. 30 Minuten bei einer Arbeitszeit von mehr als viereinhalb bis zu sechs Stunden,

2. 60 Minuten bei einer Arbeitszeit von mehr als sechs Stunden.

Als Ruhepause gilt nur eine Arbeitsunterbrechung von mindestens 15 Minuten.

(2) Die Ruhepausen müssen in angemessener zeitlicher Lage gewährt werden, frühestens eine Stunde nach Beginn und spätestens eine Stunde vor Ende der Arbeitszeit. Länger als viereinhalb Stunden hintereinander dürfen Jugendliche nicht ohne Ruhepause beschäftigt werden.

(3) Der Aufenthalt während der Ruhepausen in Arbeitsräumen darf den Jugendlichen nur gestattet werden, wenn die Arbeit in diesen Räumen während dieser Zeit eingestellt ist und auch sonst die notwendige Erholung nicht beeinträchtigt wird.

(4) Absatz 3 gilt nicht für den Bergbau unter Tage.

1 **I. Ruhepausen (Abs. 1 u. 2).** Unter Ruhepausen sind im Voraus festgelegte Unterbrechungen der Arbeitszeit, in denen der ArbN weder Arbeit zu leisten noch sich dazu bereitzuhalten hat, zu verstehen[4]. Die Festlegung im Voraus darf nur entfallen, wenn sie wegen der Besonderheiten des Arbeitsablaufs nicht möglich ist. Die Pausenzeit muss dem Jugendlichen zur freien Verfügung stehen; er kann das Betriebsgelände verlassen. Der Hin- und Rückweg zur Berufsschule ist folglich keine Ruhepause iSd. Norm. Die in § 9 II Nr. 3 angeordnete Anrechnung der Unterrichtszeit auf die Arbeitszeit führt dazu, dass die Unterrichtszeit und auch die in ihr gewährten Pausen im Rahmen der Absätze 1 und 2 berücksichtigt werden müssen[5]. Hinsichtlich der Höchstdauer von Ruhepausen ergeben sich die Grenzen aus § 12. Für Abs. 1 S. 2 und Abs. 2 lässt § 21a I Nr. 2 abweichende kollektivvertragl. Regelungen zu. Verstöße stellen Ordnungswidrigkeiten oder Straftaten nach § 58 I Nr. 8, III–VI dar.

2 **II. Aufenthalt während der Ruhepausen (Abs. 3 u. 4).** Nach § 6 III ArbStättV hat ein ArbGeb einen leicht erreichbaren Pausenraum zur Verfügung zu stellen, wenn er mehr als 10 ArbN beschäftigt oder wenn gesundheitliche Gründe oder die Art der ausgeübten Tätigkeit dies erfordern. Nach Abs. 3 muss er ebenfalls einen Pausenraum einrichten, wenn er nicht bereit ist, die Arbeit in den Arbeitsräumen während der Pausen der Jugendlichen völlig einzustellen. Der ArbGeb hat die Jugendlichen ggf. gegen ihren Willen zu veranlassen, den Pausenraum aufzusuchen. Ein Verstoß gegen Abs. 3 stellt eine Ordnungswidrigkeit nach § 59 I Nr. 2 dar. Für den Bergbau unter Tage sieht Abs. 4 eine Privilegierung vor.

12 *Schichtzeit*

Bei der Beschäftigung Jugendlicher darf die Schichtzeit (§ 4 Abs. 2) 10 Stunden, im Bergbau unter Tage 8 Stunden, im Gaststättengewerbe, in der Landwirtschaft, in der Tierhaltung, auf Bau- und Montagestellen 11 Stunden nicht überschreiten.

1 **I. Zulässige Höchstdauer.** Mit der Regelung soll die Anwesenheitszeit am Arbeitsplatz auf die maximal zulässige Schichtzeit von 10 Stunden begrenzt werden, um dem Jugendlichen eine ununterbrochene Freizeit von mindestens 14 Stunden täglich zu gewähren. Nach § 4 II ist Schichtzeit die Arbeitszeit einschließlich der Ruhepausen nach § 11. Sonstige Unterbrechungen, die keine Ruhepausen iSd. § 12 sind[6] und/oder nicht als Arbeitszeit gelten, werden auf die Schichtzeit angerechnet. Zeiten der Teilnahme am Berufsschulunterricht usw. werden nach Maßgabe der §§ 9, 10 hinzugerechnet. Hinsichtlich der Wegezeiten vgl. § 4 Rz. 2. Abweichende kollektivvertragl. Regelungen sind nach § 21a I Nr. 3 möglich. Verstöße stellen Ordnungswidrigkeiten oder Straftaten nach § 58 I Nr. 9, III–VI dar.

1 *Zmarzlik/Anzinger*, § 10 JArbSchG Rz. 16. | 2 *Zmarzlik/Anzinger*, § 10 JArbSchG Rz. 24. | 3 Dafür *Zmarzlik/Anzinger*, § 10 JArbSchG Rz. 26. | 4 BAG v. 23.9.1992 – 4 AZR 562/91, AP Nr. 6 zu § 3 AZO Kr. | 5 *Zmarzlik/Anzinger*, § 11 JArbSchG Rz. 15. | 6 BayObLG v. 28.1.1982 – 3 ObOWi 213/81, AP Nr. 1 zu § 4 JArbSchG.

II. Besondere Schichtzeiten. Hinsichtlich des Bergbaus vgl. auch § 4 III. Die Privilegierung für das Gaststättengewerbe gilt auch für Hilfs- und Nebenbetriebe sowie für nichtgewerbliche Schank- und Speisewirtschaften zB in Kantinen[1]. Vgl. auch §§ 14 II Nr. 1 und 2, 16 II Nr. 6, 17 II 1 Nr. 8. Die Privilegierung erstreckt sich auf die Landwirtschaft (vgl. auch §§ 14 II Nr. 3, 16 II Nr. 4, 17 II 1 Nr. 2), Tierhaltung (vgl. auch §§ 16 II Nr. 4, 17 II 1 Nr. 2) und auf Bau- und Montagestellen. Für die Binnenschifffahrt gilt § 20 Nr. 1. 2

13 *Tägliche Freizeit*

Nach Beendigung der täglichen Arbeitszeit dürfen Jugendliche nicht vor Ablauf einer ununterbrochenen Freizeit von mindestens 12 Stunden beschäftigt werden.

I. Beschäftigungsverbot. Aus der Norm resultiert ein Beschäftigungsverbot (vgl. § 5 II), dass sich auf die Zeit zwischen Arbeitsende und Arbeitsbeginn erstreckt. Freizeit bedeutet das Freisein von Arbeit (vgl. § 4 Rz. 2). Hinsichtlich der Lage der Freizeit ist § 14 zu beachten. Verstöße stellen Ordnungswidrigkeiten oder Straftaten nach § 58 I Nr. 10, III–VI dar. Vor einem Berufsschultag ist § 14 IV zu beachten. 1

II. Ausnahmen. Eine Privilegierung besteht für die Binnenschifffahrt, § 20 Nr. 2. Eine Verschärfung sieht § 14 VII vor. 2

14 *Nachtruhe*

(1) Jugendliche dürfen nur in der Zeit von 6 bis 20 Uhr beschäftigt werden.

(2) Jugendliche über 16 Jahre dürfen

1. im Gaststätten- und Schaustellergewerbe bis 22 Uhr,

2. in mehrschichtigen Betrieben bis 23 Uhr,

3. in der Landwirtschaft ab 5 Uhr oder bis 21 Uhr,

4. in Bäckereien und Konditoreien ab 5 Uhr

beschäftigt werden.

(3) Jugendliche über 17 Jahre dürfen in Bäckereien ab 4 Uhr beschäftigt werden.

(4) An dem einem Berufsschultag unmittelbar vorangehenden Tag dürfen Jugendliche auch nach Absatz 2 Nr. 1 bis 3 nicht nach 20 Uhr beschäftigt werden, wenn der Berufsschulunterricht am Berufsschultag vor 9 Uhr beginnt.

(5) Nach vorheriger Anzeige an die Aufsichtsbehörde dürfen in Betrieben, in denen die übliche Arbeitszeit aus verkehrstechnischen Gründen nach 20 Uhr endet, Jugendliche bis 21 Uhr beschäftigt werden, soweit sie hierdurch unnötige Wartezeiten vermeiden können. Nach vorheriger Anzeige an die Aufsichtsbehörde dürfen ferner in mehrschichtigen Betrieben Jugendliche über 16 Jahre ab 5.30 Uhr oder bis 23.30 Uhr beschäftigt werden, soweit sie hierdurch unnötige Wartezeiten vermeiden können.

(6) Jugendliche dürfen in Betrieben, in denen die Beschäftigten in außergewöhnlichem Grade der Einwirkung von Hitze ausgesetzt sind, in der warmen Jahreszeit ab 5 Uhr beschäftigt werden. Die Jugendlichen sind berechtigt, sich vor Beginn der Beschäftigung und danach in regelmäßigen Zeitabständen arbeitsmedizinisch untersuchen zu lassen. Die Kosten der Untersuchungen hat der Arbeitgeber zu tragen, sofern er diese nicht kostenlos durch einen Betriebsarzt oder einen überbetrieblichen Dienst von Betriebsärzten anbietet.

(7) Jugendliche dürfen bei Musikaufführungen, Theatervorstellungen und anderen Aufführungen, bei Aufnahmen im Rundfunk (Hörfunk und Fernsehen), auf Ton- und Bildträger sowie bei Film- und Fotoaufnahmen bis 23 Uhr gestaltend mitwirken. Eine Mitwirkung ist nicht zulässig bei Veranstaltungen, Schaustellungen oder Darbietungen, bei denen die Anwesenheit Jugendlicher nach den Vorschriften des Jugendschutzgesetzes verboten ist. Nach Beendigung der Tätigkeit dürfen Jugendliche nicht vor Ablauf einer ununterbrochenen Freizeit von mindestens 14 Stunden beschäftigt werden.

I. Nachtarbeitsverbot (Abs. 1). Die Regelung normiert ein Beschäftigungsverbot (vgl. § 5 Rz. 2), um die Nachtruhe von Jugendlichen zu gewährleisten. Verstöße stellen Ordnungswidrigkeiten oder Straftaten nach § 58 I Nr. 11, III–VI dar. 1

II. Ausnahmen (Abs. 2–4). Die Ausnahme in Abs. 2 bezieht sich auf besondere Wirtschaftszweige. Die Beschäftigung ist auch hier nur zulässig, wenn gesundheitliche Risiken nicht bestehen (§§ 39 II, 40). Abs. 2 Nr. 2 findet nur Anwendung, wenn der Jugendliche selbst einen mehrschichtigen Arbeitsplatz innehat. Die Beschäftigung nach Abs. 2 Nr. 3 kann alternativ ab 5 oder bis 21 Uhr erfolgen. 2

---

1 *Zmarzlik/Anzinger*, § 12 JArbSchG Rz. 12.

3 Die Ausnahme in Abs. 3 gilt auch, wenn in der Bäckerei auch Konditorwaren hergestellt werden, der Jugendliche aber bis 5 Uhr lediglich mit der Herstellung von Backwaren beschäftigt ist[1].

4 Das Verbot der Beschäftigung nach 20 Uhr vor einem Berufsschultag (Abs. 3) erstreckt sich auch auf die Beschäftigung nach Abs. 2 Nr. 1–3, nicht aber auf die Ausnahme in Abs. 5[2]. Einen etwaigen Entgeltausfall kann der Jugendliche nach § 9 III geltend machen.

5 **III. Ausnahme nach Anzeige an die Aufsichtsbehörde (Abs. 5).** Diese Ausnahme wurde geschaffen, um der vielfachen Praxis zu entsprechen, Arbeitsbeginn und Arbeitsende nach dem Fahrplan öffentl. Verkehrsmittel, von Werksbussen oder Fahrgemeinschaften auszurichten. Die Nutzung dieser Verkehrsmittel soll den Jugendlichen ermöglicht werden, sofern ihnen dadurch unnötige Wartezeiten erspart bleiben. Als unnötig gelten Wartezeiten, in denen der Jugendliche lediglich auf die Fahrgelegenheit wartet. Auch Wartezeiten von weniger als 30 Minuten sind zu berücksichtigen[3]. Auf die Stellungnahme der Aufsichtsbehörde muss der ArbGeb nicht warten.

6 **IV. Ausnahme nach Bewilligung durch die Aufsichtsbehörde (Abs. 6 u. 7).** Der Antrag auf eine Bewilligung nach Abs. 6 u. 7 sollte begründet werden. Die Bewilligung ist eine Ermessensentscheidung nach § 54. Die Ausnahme in Abs. 6 gilt insb. für sog. Hitzebetriebe (zB Stahlwerke, Glashütten). Ausnahmen können auch für Betriebsteile bewilligt werden. Unter „warmer Jahreszeit" ist die Zeit von Mai/Juni bis August/September zu verstehen. Es ist nicht erforderlich, dass der Jugendliche selbst der Hitze ausgesetzt ist; organisatorische Schwierigkeiten durch unterschiedlichen Arbeitsbeginn genügen.

7 Zu Ausnahmen für besondere Veranstaltungen nach Abs. 7 vgl. § 6 Rz. 1 und 2. Veranstaltungen nach Abs. 7 S. 2 sind solche in Räumlichkeiten nach § 4 III, 5, 6, 11 JuSchG (zB Veranstaltungen in Nachtclubs, Spielhallen).

15 *Fünf-Tage-Woche*

Jugendliche dürfen nur an fünf Tagen in der Woche beschäftigt werden. Die beiden wöchentlichen Ruhetage sollen nach Möglichkeit aufeinander folgen.

1 S. 1 enthält ein **Beschäftigungsverbot** (vgl. § 5 Rz. 2), von dem durch kollektive Vereinbarung abgewichen werden kann, § 21a I Nr. 5. Die Woche berechnet sich gem. § 4 IV 1. Die Rechtsfolgen des Beschäftigungsverbots treffen den ArbGeb des später geschlossenen Beschäftigungsverhältnisses (§ 4 Rz. 6)[4]. Die Teilnahme am Berufsschulunterricht und Prüfungen außerhalb der Ausbildungsstelle (§ 10 I Nr. 1) stellen keine Beschäftigung iSd. Norm dar. Für eine Beschäftigung durch eine Ausbildungsmaßnahme iSd. § 10 I Nr. 1 gilt das jedoch nicht (vgl. auch § 16 III). Verstöße stellen Ordnungswidrigkeiten oder Straftaten nach § 58 I Nr. 12, III–VI dar.

2 S. 2 enthält eine Sollvorschrift; die Festlegung von zwei auseinanderliegenden Ruhetagen ist daher nur möglich, wenn **dringende betriebliche Gründe** bestehen[5]. Auf Grund der §§ 16, 17 liegen die beiden freien Tage idR am Wochenende. Zur Anrechnung von Feiertagen vgl. § 16 Rz. 6.

16 *Samstagsruhe*

(1) An Samstagen dürfen Jugendliche nicht beschäftigt werden.

(2) Zulässig ist die Beschäftigung Jugendlicher an Samstagen nur

1. in Krankenanstalten sowie in Alten, Pflege- und Kinderheimen,

2. in offenen Verkaufsstellen, in Betrieben mit offenen Verkaufsstellen, in Bäckereien und Konditoreien, im Friseurhandwerk und im Marktverkehr,

3. im Verkehrswesen,

4. in der Landwirtschaft und Tierhaltung.

5. im Familienhaushalt,

6. im Gaststätten- und Schaustellergewerbe,

7. bei Musikaufführungen, Theatervorstellungen und anderen Aufführungen, bei Aufnahmen im Rundfunk (Hörfunk und Fernsehen), auf Ton- und Bildträger sowie bei Film- und Fotoaufnahmen,

8. bei außerbetrieblichen Ausbildungsmaßnahmen,

9. beim Sport,

10. im ärztlichen Notdienst,

11. in Reparaturwerkstätten für Kraftfahrzeuge.

Mindestens zwei Samstage im Monat sollen beschäftigungsfrei bleiben.

1 *Zmarzlik/Anzinger*, § 14 JArbSchG Rz. 19. | 2 *Zmarzlik/Anzinger*, § 14 JArbSchG Rz. 24, 27. | 3 *Zmarzlik/Anzinger*, § 14 JArbSchG Rz. 31. | 4 *Zmarzlik/Anzinger*, § 15 JArbSchG Rz. 11. | 5 *Taubert*, BB 1997, 575 (576).

(3) Werden Jugendliche am Samstag beschäftigt, ist ihnen die Fünf-Tage-Woche (§ 15) durch Freistellung an einem anderen berufsschulfreien Arbeitstag derselben Woche sicherzustellen. In Betrieben mit einem Betriebsruhetag in der Woche kann die Freistellung auch an diesem Tage erfolgen, wenn die Jugendlichen an diesem Tage keinen Berufsschulunterricht haben.

(4) Können Jugendliche in den Fällen des Absatzes 2 Nr. 2 am Samstag nicht acht Stunden beschäftigt werden, kann der Unterschied zwischen der tatsächlichen und der nach § 8 Abs. 1 höchstzulässigen Arbeitszeit an dem Tage bis 13 Uhr ausgeglichen werden, an dem die Jugendlichen nach Absatz 3 Satz 1 freizustellen sind.

I. Beschäftigungsverbot (Abs. 1). Die Vorschrift normiert ein Beschäftigungsverbot (vgl. § 5 Rz. 2), von dem durch kollektive Vereinbarung abgewichen werden kann, § 21a I Nr. 4, 5. In Verbindung mit den §§ 17, 15 führt sie idR zu einem beschäftigungsfreien Wochenende des Jugendlichen. Keine Beschäftigung iSd. Norm ist der Besuch der Berufsschule und die Teilnahme an Prüfungen. Verstöße können als Ordnungswidrigkeiten oder Straftaten nach § 58 I Nr. 13, III–VI geahndet werden. 1

II. Ausnahmen (Abs. 2). Die Aufzählung in S. 1 ist abschließend und eng auszulegen[1]. Die Beschäftigungsfreiheit an zwei Samstagen im Monat nach S. 2 ist eine Sollvorschrift, die im Rahmen der Fürsorgepflicht des ArbGeb und der Ausübung seines Direktionsrechts (§ 106 GewO) relevant ist. 2

Unter Verkaufsstellen nach S. 1 **Nr. 2** werden dem Verkauf von Waren dienende Stellen iSd. § 1 LSchlG verstanden. Betriebe mit offenen Verkaufsstellen sind solche, in denen die zum Verkauf stehenden Waren selbst hergestellt oder bearbeitet werden (zB Metzgereien, Schneidereien). Unter Marktverkehr wird auch der Betrieb von Messen und Ausstellungen verstanden (vgl. §§ 64 ff. GewO). 3

Im Verkehrswesen iSd. S. 1 **Nr. 3** sind Betriebe tätig, die Personen, Waren oder Nachrichten befördern. Auch Neben- und Hilfsbetriebe sind erfasst, wenn sie für das reibungslose Funktionieren der Verkehrsbetriebe erforderlich sind[2]. 4

Mit der Beschäftigung im Familienhaushalt gem. S. 1 **Nr. 5** ist die Beschäftigung zB als Kindermädchen gemeint, nicht die durch den Personensorgeberechtigten (vgl. § 1 II Nr. 2). Unter außerbetrieblichen Ausbildungsmaßnahmen gem. S. 1 **Nr. 8** sind solche nach § 10 I Nr. 1 zu verstehen. Bei der Teilnahme an Sportveranstaltungen nach S. 1 **Nr. 9** ist zunächst zu prüfen, ob diese in den Anwendungsbereich des Gesetzes fällt (vgl. § 1 Rz. 3, 4). 5

III. Freistellung an einem anderen Tag (Abs. 3). Wird der Jugendliche an einem Samstag beschäftigt, ist er dafür an einem anderen, berufsschulfreien Arbeitstag freizustellen. Dies gilt auch, wenn der Beschäftigungszeitraum am Samstag nur sehr kurz ist. Eine Freistellung an einem Werktag, auf den ein Feiertag fällt, genügt nicht[3]. Die Freistellung kann auch an einem Samstag, Sonn- oder Feiertag erfolgen, wenn dieser Tag gem. §§ 16 II 1, 17 II 1, 18 II für den Jugendlichen ein Arbeitstag ist[4]. Ist dies nicht der Fall, muss die Freistellung in der vorausgehende Arbeitswoche zwischen Montag und Freitag erfolgen. Auch wenn der ArbGeb die Freistellung nicht gewährt, braucht der Jugendliche die Arbeit nicht aufzunehmen (§ 5 Rz. 2). Nach S. 2 kann auch an einem berufsschulfreien Betriebsruhetag freigestellt werden, auch wenn auf diesen Betriebsruhetag ein Feiertag fällt[5]. 6

IV. Freistellung in den Fällen des Abs. 2 S. 1 Nr. 2 (Abs. 4). Eine Privilegierung gilt für Betriebe in den Wirtschaftsbereichen gem. Abs. 2 S. 1 Nr. 2, weil diese durch die Regelungen des Ladenschlussgesetzes zusätzlich eingeschränkt sind. Mit dieser Regelung wird im Ergebnis die Sechs-Tage-Woche mit einem Arbeitstag bis 13:00 Uhr ermöglicht. 7

17 *Sonntagsruhe*

(1) An Sonntagen dürfen Jugendliche nicht beschäftigt werden.

(2) Zulässig ist die Beschäftigung Jugendlicher an Sonntagen nur

1. in Krankenanstalten sowie in Alten-, Pflege- und Kinderheimen,

2. in der Landwirtschaft und Tierhaltung mit Arbeiten, die auch an Sonn- und Feiertagen naturnotwendig vorgenommen werden müssen,

3. im Familienhaushalt, wenn der Jugendliche in die häusliche Gemeinschaft aufgenommen ist,

4. im Schaustellergewerbe,

5. bei Musikaufführungen, Theatervorstellungen und anderen Aufführungen sowie bei Direktsendungen im Rundfunk (Hörfunk und Fernsehen),

1 OLG Karlsruhe v. 14.1.1983 – 3 Ss 132/82, AP Nr. 1 zu § 16 JArbSchG. Zum Einsatz von Jugendlichen bei Inventuren *Wenzel*, DB 2001, 1613. | 2 OLG Karlsruhe v. 14.1.1983 – 3 Ss 132/82, AP Nr. 1 zu § 16 JArbSchG betr. Reparaturwerkstatt. | 3 BayObLG v. 21.2.1983 – ObOWi 14/83, AP Nr. 2 zu § 16 JArbSchG. | 4 *Zmarzlik/Anzinger*, § 16 JArbSchG Rz. 47. | 5 *Zmarzlik/Anzinger*, § 16 JArbSchG Rz. 54.

6. beim Sport,

7. im ärztlichen Notdienst,

8. im Gaststättengewerbe.

Jeder zweite Sonntag soll, mindestens zwei Sonntage im Monat müssen beschäftigungsfrei bleiben.

(3) Werden Jugendliche am Sonntag beschäftigt, ist ihnen die Fünf-Tage-Woche (§ 15) durch Freistellung an einem anderen berufsschulfreien Arbeitstag derselben Woche sicherzustellen. In Betrieben mit einem Betriebsruhetag in der Woche kann die Freistellung auch an diesem Tage erfolgen, wenn die Jugendlichen an diesem Tage keinen Berufsschulunterricht haben.

1 **I. Beschäftigungsverbot (Abs. 1).** Die Vorschrift stellt ein Beschäftigungsverbot (vgl. § 5 Rz. 2) dar, von dem durch kollektive Vereinbarung abgewichen werden kann, § 21a I Nr. 5, 6. Verstöße stellen Ordnungswidrigkeiten oder Straftaten nach § 58 I Nr. 14, III–VI dar.

2 **II. Ausnahmen (Abs. 2).** Die Aufzählung in S. 1 ist abschließend und eng auszulegen, vgl. § 16 Rz. 2–5. Die Beschäftigungsfreiheit an zwei Sonntagen im Monat nach S. 2 ist im Gegensatz zu § 16 II 2 zwingend.

3 **III. Freistellung an einem anderen Tag (Abs. 3).** Die Vorschrift entspricht § 16 III, vgl. dort Rz. 6.

18 *Feiertagsruhe*

(1) Am 24. und 31. Dezember nach 14 Uhr und an gesetzlichen Feiertagen dürfen Jugendliche nicht beschäftigt werden.

(2) Zulässig ist die Beschäftigung Jugendlicher an gesetzlichen Feiertagen in den Fällen des § 17 Abs. 2, ausgenommen am 25. Dezember, am 1. Januar, am ersten Osterfeiertag und am 1. Mai.

(3) Für die Beschäftigung an einem gesetzlichen Feiertag, der auf einen Werktag fällt, ist der Jugendliche an einem anderen berufsschulfreien Arbeitstag derselben oder der folgenden Woche freizustellen. In Betrieben mit einem Betriebsruhetag in der Woche kann die Freistellung auch an diesem Tage erfolgen, wenn die Jugendlichen an diesem Tage keinen Berufsschulunterricht haben.

1 **I. Beschäftigungsverbot (Abs. 1).** Die Vorschrift begründet ein weiteres Beschäftigungsverbot (vgl. § 5 Rz. 2). Die gesetzl. Feiertage werden durch den Landesgesetzgeber bestimmt (vgl. § 2 EFZG Rz. 12 ff.). Durch kollektive Vereinbarung kann lediglich im Rahmen des § 21a I Nr. 5 abgewichen werden. Verstöße können als Ordnungswidrigkeiten oder Straftaten nach § 58 I Nr. 15, III–VI geahndet werden.

2 **II. Ausnahmen (Abs. 2).** Die Norm begründet ein absolutes Beschäftigungsverbot für die sog. hohen Feiertage (1.1., 1.5., Ostersonntag, 25.12.). Die Beschäftigung an den in der Norm nicht genannten Feiertagen ist unter denselben Voraussetzungen wie die Sonntagsarbeit zulässig. Fällt der Feiertag auf einen Samstag, gehen die §§ 18 II, 17 II der Norm des § 16 II als Spezialvorschriften vor.

3 **III. Freistellung an einem anderen Tag (Abs. 3).** Der Freistellungsanspruch entspricht im Grundsatz denen aus §§ 16 III und 17 III, vgl. also § 16 Rz. 6. Fällt der gesetzl. Feiertag auf einen Sonntag ergibt sich der Freistellungsanspruch aus § 17 III. Werktag ist auch der Samstag. Fällt der Feiertag auf einen Samstag, gilt § 18 III als speziellere Regelung vor § 16 III[1].

19 *Urlaub*

(1) Der Arbeitgeber hat Jugendlichen für jedes Kalenderjahr einen bezahlten Erholungsurlaub zu gewähren.

(2) Der Urlaub beträgt jährlich

1. mindestens 30 Werktage, wenn der Jugendliche zu Beginn des Kalenderjahres noch nicht 16 Jahre alt ist,

2. mindestens 27 Werktage, wenn der Jugendliche zu Beginn des Kalenderjahres noch nicht 17 Jahre alt ist,

3. mindestens 25 Werktage, wenn der Jugendliche zu Beginn des Kalenderjahres noch nicht 18 Jahre alt ist.

Jugendliche, die im Bergbau unter Tage beschäftigt werden, erhalten in jeder Altersgruppe einen zusätzlichen Urlaub von drei Werktagen.

(3) Der Urlaub soll Berufsschülern in der Zeit der Berufsschulferien gegeben werden. Soweit er nicht in den Berufsschulferien gegeben wird, ist für jeden Berufsschultag, an dem die Berufsschule während des Urlaubs besucht wird, ein weiterer Urlaubstag zu gewähren.

---

1 So auch *Molitor/Volmer/Germelmann*, § 18 JArbSchG Rz. 22. Anders *Zmarzlik/Anzinger*, § 18 JArbSchG Rz. 16: Jugendlicher habe beide Ansprüche.

(4) Im Übrigen gelten für den Urlaub der Jugendlichen § 3 Abs. 2, §§ 4 bis 12 und § 13 Abs. 3 des Bundesurlaubsgesetzes. Der Auftraggeber oder Zwischenmeister hat jedoch abweichend von § 12 Nr. 1 des Bundesurlaubsgesetzes den jugendlichen Heimarbeitern für jedes Kalenderjahr einen bezahlten Erholungsurlaub entsprechend Absatz 2 zu gewähren; das Urlaubsentgelt der jugendlichen Heimarbeiter beträgt bei einem Urlaub von 30 Werktagen 11,6 vom Hundert, bei einem Urlaub von 27 Werktagen 10,3 vom Hundert und bei einem Urlaub von 25 Werktagen 9,5 vom Hundert.

I. Urlaubsanspruch (Abs. 1, 2). Der Urlaubsanspruch Jugendlicher wird abweichend von § 3 I BUrlG privilegiert geregelt, um dem besonderen Schutzbedürfnis Jugendlicher zu entsprechen und ihnen den Übergang in die Arbeitswelt zu erleichtern. Die Norm ist nicht dem öffentl. Recht zuzuordnen, da sie auf keiner Seite einen Träger hoheitlicher Gewalt berechtigt oder verpflichtet[1]. Verstöße stellen Ordnungswidrigkeiten oder Straftaten nach § 58 I Nr. 16, III–VI dar. 1

1. Persönlicher Anwendungsbereich. Die Norm findet auf **Jugendliche** (§ 2 II) Anwendung. Sie gilt zudem gem. Abs. 2 S. 1 Nr. 3 für Erwachsene, wenn sie zu Beginn des Kalenderjahres noch nicht 18 Jahre alt sind. Auf **Kinder** kann die Norm gem. § 5 II 2, III 4, IV 2 Anwendung finden. Ob im Rahmen unzulässiger Kinderarbeit Urlaubsansprüche im Rahmen eines faktischen Arbeitsverhältnisses bestehen[2], kann dahinstehen, da das Arbeitsverhältnis jedenfalls abzubrechen ist. Aus der Unwirksamkeit dürfen dem Kind keine Nachteile erwachsen, da die Beschäftigungsverbote dem Schutz der Kinder dienen. Wären bei Rechtswirksamkeit des Arbeitsverhältnisses dem Kind Ansprüche auf Urlaub entstanden, ist der Urlaub gem. Abs. 4 S. 1, § 7 IV BUrlG analog abzugelten bzw. das Kind durch einen Schadensersatzanspruch in Geld[3] zu entschädigen; Naturalrestitution scheidet nach § 251 I Alt. 1 BGB aus. Wurde der Urlaub gewährt, sind weder Vergütung noch Urlaubsgeld zurückzugewähren (vgl. § 5 Rz. 2). 2

2. Dauer des Urlaubs. Die Dauer des Urlaubs wird in Werktagen (vgl. § 3 II BUrlG) angegeben. Da Jugendliche idR (§ 15) nur fünf Arbeitstage in der Woche haben, ist zur Bestimmung der Anzahl der freien Arbeitstage eine Umrechnung erforderlich. Demgemäß stehen einem Jugendlichen bis zum 16. LJ 25 Arbeitstage, bis zum 17. LJ 22,5 Arbeitstage und bis zum 18. LJ 20,83 freie Arbeitstage zu. Die Aufrundungsregelung des § 5 II BUrlG ist nicht heranzuziehen, da sie nur auf Teilurlaub Anwendung findet[4]. Im Bergbau beschäftigte Jugendliche erhalten nach S. 2 weitere 2,5 Arbeitstage Urlaub. 3

II. Berufsschüler (Abs. 3). Nach S. 1 soll Berufsschülern der Urlaub in den Schulferien gewährt werden. Als Sollvorschrift ist die Regelung im Rahmen der Fürsorgepflicht des ArbGeb und bei der Ausübung seines Direktionsrechts (§ 106 GewO) relevant. Eine Gewährung außerhalb der Schulferien kommt nur im Ausnahmefall in Betracht. Wird der Urlaub außerhalb der Ferien gewährt, ist es dem ArbGeb rechtl. nicht möglich, den Jugendlichen an den Berufsschultagen von der Teilnahme am Unterricht „zu beurlauben". Für diesen Tag besteht also daher ursprüngliche Urlaubsanspruch fort. S. 2 hat insoweit nur klarstellenden Charakter[5]. Der Erfüllungsanspruch aus S. 2 besteht daher auch, wenn der Jugendliche dem Unterricht ferngeblieben ist[6], sofern er nicht von der Schulpflicht befreit wurde. 4

III. Anwendung des BUrlG (Abs. 4). In S. 1 werden beinahe sämtliche Regelungen des BUrlG für anwendbar erklärt. Für die Gewährung des Urlaubs gilt § 7 I BUrlG. Die zeitliche Festlegung erfolgt also durch den ArbGeb (vgl. § 7 BUrlG Rz. 2 ff.). Da nicht auf § 13 I, II BUrlG verwiesen wird, kann durch TV nicht zuungunsten von Jugendlichen von der gesetzl. Lage abgewichen werden. Über die Verweisung hinaus gelten auch besondere Schutzvorschriften, zB §§ 124 (Mehrarbeit), 125 (Zusatzurlaub) SGB IX. Für **jugendliche Heimarbeiter** gelten Abs. 4 S. 1, § 12 BUrlG. S. 2 weicht von dieser Regelung zu Gunsten der Jugendlichen ab. 5

20 *Binnenschifffahrt*

In der Binnenschifffahrt gelten folgende Abweichungen:

1. **Abweichend von § 12 darf die Schichtzeit Jugendlicher über 16 Jahre während der Fahrt bis auf 14 Stunden täglich ausgedehnt werden, wenn ihre Arbeitszeit sechs Stunden täglich nicht überschreitet. Ihre tägliche Freizeit kann abweichend von § 13 der Ausdehnung der Schichtzeit entsprechend bis auf 10 Stunden verkürzt werden.**
2. **Abweichend von § 14 Abs. 1 dürfen Jugendliche über 16 Jahre während der Fahrt bis 22 Uhr beschäftigt werden.**

---

1 Anders *Molitor/Volmer/Germelmann*, § 19 JArbSchG Rz. 36. Wie hier ErfK/*Dörner*, § 19 JArbSchG Rz. 2. | 2 Dafür *Leinemann/Linck*, BUrlG, 2. Aufl. 2001, Teil II A. JArbSchG Rz. 5; dagegen *Zmarzlik/Anzinger*, § 19 JArbSchG Rz. 6. | 3 Die Fallgestaltung ist parallel zu derjenigen, in der Urlaub wegen Beendigung des Arbeitsverhältnisses nicht mehr genommen werden kann, vgl. § 7 BUrlG Rz. 93 ff.; *Leinemann/Linck*, BUrlG, 2. Aufl. 2001, § 7 BUrlG Rz. 166. Anspruchsgrundlage kann auch § 823 II BGB sein, vgl. ErfK/*Dörner*, § 19 JArbSchG Rz. 4. | 4 *Leinemann/Linck*, § 7 BUrlG Rz. 8; dagegen *Zmarzlik/Anzinger*, § 19 JArbSchG Rz. 14. | 5 ErfK/*Dörner*, § 19 JArbSchG Rz. 14. | 6 ErfK/*Dörner*, § 19 JArbSchG Rz. 15. Anders *Zmarzlik/Anzinger*, § 19 JArbSchG Rz. 23: Kein Urlaubstag nach S. 2 bei „Schwänzen".

3. Abweichend von §§ 15, 16 Abs. 1, § 17 Abs. 1 und § 18 Abs. 1 dürfen Jugendliche an jedem Tag der Woche beschäftigt werden, jedoch nicht am 24. Dezember, an den Weihnachtsfeiertagen, am 31. Dezember, am 1. Januar, an den Osterfeiertagen und am 1. Mai. Für die Beschäftigung an einem Samstag, Sonntag und an einem gesetzlichen Feiertag, der auf einen Werktag fällt, ist ihnen je ein freier Tag zu gewähren. Diese freien Tage sind den Jugendlichen in Verbindung mit anderen freien Tagen zu gewähren, spätestens, wenn ihnen 10 freie Tage zustehen.

1 **I. Normzweck.** Durch die Regelung soll den speziellen Anforderungen der Binnenschifffahrt entsprochen werden; sie gilt daher nur für die Beschäftigung auf einem Schiff. Für die Binnenfischerei gelten die Regelungen über die Landwirtschaft. Die Norm findet auch auf die Hochsee- und Küstenschifffahrt keine Anwendung; für diese gilt das SeemG, vgl. auch § 61. Die Regelung ist abschließend. Verstöße können Ordnungswidrigkeiten oder Straftaten nach § 58 I Nr. 9, 10, 11, 13, 14 oder 15, III–VI sein.

2 **II. Kollisionsrecht.** Für das JArbSchG gilt das Territorialitätsprinzip (§ 1 Rz. 15). Das JArbSchG findet also Anwendung, solange das (deutsche oder ausländische) Binnenschiff ein Gewässer in der Bundesrepublik Deutschland befährt. Auf die Eintragung im Schiffsregister usw. kommt es nicht an. Beim Befahren von Grenzflüssen sind binationale Abkommen zu beachten[1].

21 *Ausnahmen in besonderen Fällen*

(1) Die §§ 8 und 11 bis 18 finden keine Anwendung auf die Beschäftigung Jugendlicher mit vorübergehenden und unaufschiebbaren Arbeiten in Notfällen, soweit erwachsene Beschäftigte nicht zur Verfügung stehen.

(2) Wird in den Fällen des Absatzes 1 über die Arbeitszeit des § 8 hinaus Mehrarbeit geleistet, so ist sie durch entsprechende Verkürzung der Arbeitszeit innerhalb der folgenden drei Wochen auszugleichen.

1 **I. Ausnahmen in Notfällen (Abs. 1).** Von den Anforderungen der §§ 8 u. 11–18 kann in Notfällen abgesehen werden. Die Norm ist eng auszulegen und begründet keine Leistungspflicht des Jugendlichen. Diese ergibt sich nur aus dem Arbeitsvertrag bzw. einer entsprechenden Nebenpflicht. Über die Norm hinaus (zB im Falle des Einsatzes von Kindern) kann ein Verstoß gegen die Normen des JArbSchG nach § 16 OWiG und § 34 StGB gerechtfertigt sein.

2 Ein **Notfall** ist ein für den Betrieb widriges, ungewöhnliches und unvorhergesehenes, vom Willen des Betroffenen unabhängiges, plötzlich eintretendes Ereignis, das die Gefahr eines unverhältnismäßigen Schadens mit sich bringt[2]. Beispiele können sein: Feuer, Explosionen, Deich- und Rohrbrüche, Stromausfall, Maschinenausfall, Hauseinsturz, Todesfälle, Naturereignisse wie Wirbelsturm, Blitzschlag, Sturmflut, Erdbeben, Überschwemmungen. Kein Notfall besteht, soweit die Gefahr voraussehbar war und der ArbGeb ihr arbeitsorganisatorisch hätte begegnen können, zB beim Ausfall von Arbeitskräften infolge Krankheit, langsam ansteigendem Hochwasser, vorhersehbarem Maschinenausfall.

3 Eine **vorübergehende** Tätigkeit soll maximal einen Tag umfassen. Sie ist **unaufschiebbar**, wenn sie notwendig ist, um drohende Gefahren abzuwehren. Insgesamt ist eine Güterabwägung nach den Maßstäben des Verhältnismäßigkeitsgrundsatzes (Geeignetheit, Erforderlichkeit, Angemessenheit) der Tätigkeit des Jugendlichen vorzunehmen.

4 **II. Ausgleich (Abs. 2).** Leistet der Jugendliche auf Grund des Notfalls Mehrarbeit, ist diese durch eine entsprechende Arbeitszeitvergütung innerhalb der nächsten drei Wochen auszugleichen. Mehrarbeit wird in der Arbeitszeit geleistet, welche über die in § 8 festgesetzte höchstzulässige Arbeitszeit hinausgeht. Die Frist kann aus Gründen, die in der Person des Jugendlichen liegen, verlängert werden. Der Ausgleichzeitraum beginnt mit der Woche, die auf die Beendigung der Tätigkeit folgt (§ 4 I). Eine Mehrarbeitsvergütung sieht das Gesetz nicht vor.

21a *Abweichende Regelungen*

(1) In einem Tarifvertrag oder auf Grund eines Tarifvertrages in einer Betriebsvereinbarung kann zugelassen werden,

1. abweichend von den §§ 8, 15, 16 Abs. 3 und 4, § 17 Abs. 3 und § 18 Abs. 3 die Arbeitszeit bis zu neun Stunden täglich, 44 Stunden wöchentlich und bis zu fünfeinhalb Tagen in der Woche anders zu verteilen, jedoch nur unter Einhaltung einer durchschnittlichen Wochenarbeitszeit von 40 Stunden in einem Ausgleichszeitraum von zwei Monaten,

2. abweichend von § 11 Abs. 1 Satz 2 Nr. 2 und Abs. 2 die Ruhepausen bis zu 15 Minuten zu kürzen und die Lage der Pausen anders zu bestimmen,

---

1 Vgl. dazu *Zmarzlik/Anzinger*, § 20 JArbSchG Rz. 8. | 2 OLG Hamburg v. 24.10.1962 – 1 Ss 90/62, DB 1963, 208.

3. abweichend von § 12 die Schichtzeit mit Ausnahme des Bergbaus unter Tage bis zu einer Stunde täglich zu verlängern,

4. abweichend von § 16 Abs. 1 und 2 Jugendliche an 26 Samstagen im Jahr oder an jedem Samstag zu beschäftigen, wenn statt dessen der Jugendliche an einem anderen Werktag derselben Woche von der Beschäftigung freigestellt wird,

5. abweichend von den §§ 15, 16 Abs. 3 und 4, § 17 Abs. 3 und § 18 Abs. 3 Jugendliche bei einer Beschäftigung an einem Samstag oder an einem Sonn- oder Feiertag unter vier Stunden an einem anderen Arbeitstag derselben oder der folgenden Woche vor- oder nachmittags von der Beschäftigung freizustellen,

6. abweichend von § 17 Abs. 2 Satz 2 Jugendliche im Gaststätten- und Schaustellergewerbe sowie in der Landwirtschaft während der Saison oder der Erntezeit an drei Sonntagen im Monat zu beschäftigen.

(2) Im Geltungsbereich eines Tarifvertrages nach Absatz 1 kann die abweichende tarifvertragliche Regelung im Betrieb eines nicht tarifgebundenen Arbeitgebers durch Betriebsvereinbarung oder, wenn ein Betriebsrat nicht besteht, durch schriftliche Vereinbarung zwischen dem Arbeitgeber und dem Jugendlichen übernommen werden.

(3) Die Kirchen und die öffentlich-rechtlichen Religionsgesellschaften können die in Absatz 1 genannten Abweichungen in ihren Regelungen vorsehen.

I. Abweichungen durch oder auf Grund von Tarifverträgen (Abs. 1). Durch die Vorschrift wird der 1 Jugendarbeitsschutz in einem gewissen Rahmen in die Hände der Tarifparteien gelegt, die schneller und unter Berücksichtigung regionaler und branchenspezifischer Umstände Regelungen schaffen können. Mit den Regelungen in Abs. 1 werden die meisten arbeitszeitlichen Regelungen der §§ 8–18 tarifdispositiv gestellt. Die durch die Tarifnormen entstehenden Arbeitspflichten gelten idR gem. §§ 3 II, 4 I 2 TVG auch für Jugendliche des Betriebs, die nicht oder anders organisiert sind, da die Tarifnorm in diesem Fall den Charakter einer Betriebsnorm hat[1].

Durch die Bestimmung in **Nr. 1** werden Regelungen ermöglicht, die eine Beschäftigung Jugendlicher 2 bis zu 9 Stunden täglich und 44 Stunden wöchentlich vorsehen. Ein solcher Arbeitszeitumfang steht jedoch nicht mit Art. 8 II der JugendarbeitsschutzRL (§ 5 Rz. 1) in Einklang. Art. 8 V 1 der RL sieht jedoch vor, dass von Abs. 2 durch eine Rechtsvorschrift abgewichen werden kann, wenn dies durch objektive Gründe gerechtfertigt ist. Die richtlinienkonforme Auslegung (Vorb. EGV Rz. 18 f.) führt demnach dazu, dass eine entsprechende Regelung durch oder auf Grund eines TV zulässig ist, wenn sie durch solche objektiven Gründe getragen wird. Ein derartiger Grund besteht, wenn die Regelung es den Jugendlichen ermöglichen soll, in eingeschränktem Umfang an einem Gleitzeitsystem teilzunehmen[2]. Hinsichtlich der übrigen Bestimmungen wird auf die Kommentierung zu §§ 11, 12, 15–18 verwiesen.

II. Übernahme tarifvertraglicher Abweichungen (Abs. 2). Im Geltungsbereich des TV kann ein nicht 3 tarifgebundener ArbGeb die nach Abs. 1 geschaffene Regelung durch BV oder, soweit ein BR nicht besteht, durch eine schriftl. Vereinbarung mit dem Jugendlichen übernehmen. Die abweichende Regelung muss **insgesamt** übernommen werden, da sie regelmäßig nur als Ganzes die vom Gesetzgeber erwartete ausgewogene Regelung enthält[3]. Die übernommene Regelung muss in der Betriebs- bzw. Einzelvereinbarung genannt werden.

III. Kirchenrechtliche Regelungen (Abs. 3). Zur Teilnahme Jugendlicher an von der Kirche organisier- 4 ten Tätigkeiten vgl. bereits § 1 Rz. 4. Soweit das JArbSchG Anwendung findet, berücksichtigt Abs. 3 die arbeitsrechtl. Regelungsautonomie der Kirchen und der öffentl.-rechtl. Religionsgemeinschaften gem. Art. 140 GG iVm. Art. 137 III WRV, indem ihnen die den Tarifparteien aus Abs. 1 zustehenden Regelungsbefugnisse eingeräumt werden.

IV. Verstöße gegen die abweichende Tarifnorm, Betriebs- oder Einzelvereinbarung werden wie ein 5 Verstoß gegen die Grundnorm behandelt.

21b *Ermächtigung*

Das Bundesministerium für Arbeit und Soziales kann im Interesse der Berufsausbildung oder der Zusammenarbeit von Jugendlichen und Erwachsenen durch Rechtsverordnung mit Zustimmung des Bundesrates Ausnahmen von den Vorschriften

1. des § 8, der §§ 11 und 12, der §§ 15 und 16, des § 17 Abs. 2 und 3 sowie des § 18 Abs. 3 im Rahmen des § 21a Abs. 1,

2. des § 14, jedoch nicht vor 5 Uhr und nicht nach 23 Uhr, sowie

3. des § 17 Abs. 1 und § 18 Abs. 1 an höchstens 26 Sonn- und Feiertagen im Jahr

---

1 Vgl. *Wiedemann*, TVG, § 1 Rz. 563, 573 ff., 581 ff., 584 ff., § 3 Rz. 127 ff., § 4 Rz. 316; aA *Kempen/Zachert*, TVG, § 3 Rz. 13. | 2 So auch ErfK/*Schlachter*, § 21a JArbSchG Rz. 4; anders *M. Schmidt*, BB 1998, 1362 (1363). | 3 *Zmarzlik/Anzinger*, § 21a JArbSchG Rz. 34 mwN.

zulassen, soweit eine Beeinträchtigung der Gesundheit oder der körperlichen oder seelisch-geistigen Entwicklung der Jugendlichen nicht zu befürchten ist.

1 **I. Normzweck.** Die Norm enthält eine Ermächtigungsgrundlage für RechtsVO, in denen im Interesse der Berufsausbildung oder der Zusammenarbeit mit Erwachsenen von den in Nr. 1–3 genannten Schutzvorschriften des JArbSchG abwichen wird. Die Abweichungen können nur für ganze Beschäftigungsbereiche erfolgen.

2 **II. Abweichungen nach Nr. 1** können mit tarifvertragl. Abweichungen nach § 21a I kollidieren. Nach dem Subsidiaritätsprinzip kann das BMAS eine VO nach Nr. 1 erst erlassen, wenn feststeht, dass die Tarifparteien nicht in der Lage sind, die ihnen übertragene Aufgabe, das Arbeitsleben der Jugendlichen sinnvoll zu ordnen, zu erfüllen, und der Schutz der Jugendlichen oder ein sonstiges öffentl. Interesse ein staatliches Eingreifen erfordert[1].

3 **III. Verstöße** gegen die RechtsVO werden wie ein Verstoß gegen die Grundnorm behandelt.

Zweiter Titel. Beschäftigungsverbote und -beschränkungen

22 *Gefährliche Arbeiten*

(1) Jugendliche dürfen nicht beschäftigt werden

1. mit Arbeiten, die ihre physische oder psychische Leistungsfähigkeit übersteigen,

2. mit Arbeiten, bei denen sie sittlichen Gefahren ausgesetzt sind,

3. mit Arbeiten, die mit Unfallgefahren verbunden sind, von denen anzunehmen ist, dass Jugendliche sie wegen mangelnden Sicherheitsbewusstseins oder mangelnder Erfahrung nicht erkennen oder nicht abwenden können,

4. mit Arbeiten, bei denen ihre Gesundheit durch außergewöhnliche Hitze oder Kälte oder starke Nässe gefährdet wird,

5. mit Arbeiten, bei denen sie schädlichen Einwirkungen von Lärm, Erschütterungen oder Strahlen ausgesetzt sind,

6. mit Arbeiten, bei denen sie schädlichen Einwirkungen von Gefahrstoffen im Sinne des Chemikaliengesetzes ausgesetzt sind,

7. mit Arbeiten, bei denen sie schädlichen Einwirkungen von biologischen Arbeitsstoffen im Sinne der Richtlinie 90/679/EWG des Rates vom 26. November 1990 zum Schutze der Arbeitnehmer gegen Gefährdung durch biologische Arbeitsstoffe bei der Arbeit ausgesetzt sind.

(2) Absatz 1 Nr. 3 bis 7 gilt nicht für die Beschäftigung Jugendlicher, soweit

1. dies zur Erreichung ihres Ausbildungszieles erforderlich ist,

2. ihr Schutz durch die Aufsicht eines Fachkundigen gewährleistet ist und

3. der Luftgrenzwert bei gefährlichen Stoffen (Absatz 1 Nr. 6) unterschritten wird.

Satz 1 findet keine Anwendung auf den absichtlichen Umgang mit biologischen Arbeitsstoffen der Gruppen 3 und 4 im Sinne der Richtlinie 90/679/EWG des Rates vom 26. November 1990 zum Schutze der Arbeitnehmer gegen Gefährdung durch biologische Arbeitsstoffe bei der Arbeit.

(3) Werden Jugendliche in einem Betrieb beschäftigt, für den ein Betriebsarzt oder eine Fachkraft für Arbeitssicherheit verpflichtet ist, muss ihre betriebsärztliche oder sicherheitstechnische Betreuung sichergestellt sein.

1 **I. Beschäftigungsverbote (Abs. 1).** Abs. 1 enthält unterschiedliche Beschäftigungsverbote, durch welche Jugendliche vor gesundheitlichen und sittlichen Gefahren geschützt werden sollen. Verstöße stellen Ordnungswidrigkeiten oder Straftaten nach § 58 I Nr. 18, III–VI dar. Daneben kommen Schadensersatzansprüche des Jugendlichen gem. § 280 bzw. § 823 I und II BGB in Betracht[2].

2 Im Rahmen der **Nr. 1** ist auf die individuelle Leistungsfähigkeit des Jugendlichen abzustellen. Verboten sind bspw. Heben, Tragen und Bewegen schwerer Lasten, dauerndes Stehen erfordernde Arbeiten, erzwungene Körperhaltung, hohe gleichmäßige Dauerleistung[3]. Vgl. auch §§ 23, 24. Zur Beurteilung sittlicher Gefahren in **Nr. 2** ist dagegen ein objektiver Maßstab anzulegen, welcher sich aus dem StGB und dem JuSchG ergeben kann. Unfallgefahren nach **Nr. 3** bestehen idR nicht, soweit sicherheitstechnische Vorschriften beachtet werden. Allgemein kommt es auf die Umstände im konkreten Betrieb[4] und

---

1 Vgl. BVerfG v. 24.5.1977 – 2 BvL 11/74, BVerfGE 44, 322, 342 zur Allgemeinverbindlicherklärung. Wie hier *Zmarzlik/Anzinger*, § 21b JArbSchG Rz. 9. Anders *Molitor/Volmer/Germelmann*, § 21b JArbSchG Rz. 11 f. | 2 Vgl. LAG BW v. 7.12.1994 – 2 Sa 14/93, nv. | 3 BT-Drs. 7/2305 S. 32. | 4 Vgl. OLG Karlsruhe 20.11.1984 – 4 Ss 114/84, JR 1985, 479 betr. Müllwerker.

auf den konkreten Jugendlichen an (zB besondere Waghalsigkeit). Als Beispiele für außergewöhnliche Hitze, Kälte oder starke Nässe nach **Nr. 4** kommen das Arbeiten in Gießereien, in der Nähe von Kühlräumen[1] oder Tiefbauarbeiten, nicht jedoch bei allgemein hohen Temperaturen[2] in Betracht.

Schädliche Einwirkungen nach **Nr. 5–7** sind insb. anzunehmen, wenn bestimmte Grenzwerte überschritten werden. Hinsichtlich der Einwirkungen nach **Nr. 5** ist insb. die ArbStättV, die StrahlenschutzV und die RöntgenV zu beachten. Die Gefahrstoffe iSd. ChemikalienG nach **Nr. 6** umfassen giftige, Krebs erregende, erbgutverändernde, fortpflanzungsgefährdende oder Stoffe, die den Menschen in sonstiger Weise chronisch schädigen. Dies ergibt sich aus den Anforderungen, welche Art. 7 II 1b, 2 der JugendarbeitsschutzRL (§ 5 Rz. 1) stellt. Im Anhang zu dieser RL werden unter I.3. die chemischen Gefahrstoffe näher konkretisiert. Eine weitere Konkretisierung sollte durch RechtsVO gem. § 26 Nr. 2 erfolgen. Die biologischen Arbeitsstoffe iSd. **Nr. 7** wurden durch die RL 90/679/EWG des Rates vom 26.11.1990[3] näher bestimmt. Diese ist allerdings aufgehoben und durch die RL 2000/54/EG vom 18.9.2000[4] ersetzt worden. 3

II. Ausnahmen (Abs. 2 und 3). Ausnahmen sind nur zulässig, wenn der Jugendliche in einem Ausbildungsverhältnis steht und die Außerachtlassung des Beschäftigungsverbots zur Erreichung des Ausbildungsziels erforderlich ist. Die notwendige Aufsicht eines Fachkundigen nach S. 1 Nr. 2 erfordert keine permanente Anwesenheit. Zur Betreuung nach Abs. 3 vgl. §§ 2, 5 ASiG. Der Luftgrenzwert nach Abs. 2 S. 1 Nr. 3 ist gem. § 3 der GefStoffV sowie die Technischen Regeln zur GefStoffV[5] zu bestimmen. 4

23 *Akkordarbeit; tempoabhängige Arbeiten*

(1) Jugendliche dürfen nicht beschäftigt werden

1. mit Akkordarbeit und sonstigen Arbeiten, bei denen durch ein gesteigertes Arbeitstempo ein höheres Entgelt erzielt werden kann,

2. in einer Arbeitsgruppe mit erwachsenen Arbeitnehmern, die mit Arbeiten nach Nummer 1 beschäftigt werden,

3. mit Arbeiten, bei denen ihr Arbeitstempo nicht nur gelegentlich vorgeschrieben, vorgegeben oder auf andere Weise erzwungen wird.

(2) Absatz 1 Nr. 2 gilt nicht für die Beschäftigung Jugendlicher,

1. soweit dies zur Erreichung ihres Ausbildungszieles erforderlich ist oder

2. wenn sie eine Berufsausbildung für diese Beschäftigung abgeschlossen haben

und ihr Schutz durch die Aufsicht eines Fachkundigen gewährleistet ist.

I. Beschäftigungsverbot (Abs. 1). Die Vorschrift enthält Beschäftigungsverbote, insb. für die Akkordarbeit und ähnliche Arbeiten. Verstöße stellen eine Ordnungswidrigkeit oder Straftat nach § 58 I Nr. 19, III–VI dar. Unter Akkordarbeit nach **Nr. 1** ist jede Arbeit zu verstehen, bei der die Vergütung nicht ausschließlich nach der Dauer der Arbeit – Stunden, Tage, Wochen, Monate –, sondern allein oder ergänzend nach dem erzielten Arbeitsergebnis bemessen wird. Das Verbot richtet sich gegen die Entlohnungsform, nicht gegen die Art der Tätigkeit[6]. Unter „sonstigen Arbeiten" werden vor allem Tätigkeiten verstanden, für die Quantitätsprämien gezahlt werden[7]. Es genügt, wenn die Aussicht auf den Prämienanteil einen spürbaren Anreiz für die Steigerung des Arbeitstempos bietet. Unter **Nr. 2** ist die Beschäftigung in einer Akkordgruppe zu verstehen. Tempoabhängige Arbeiten nach **Nr. 3** sind insb. Fließbandarbeiten und andere Tätigkeiten, bei denen der Jugendliche unter Zeitdruck arbeitet. 1

II. Ausnahmen (Abs. 2). Unter den Voraussetzungen der Nr. 1 und 2 ist lediglich die Arbeit des Jugendlichen in einer Akkordgruppe Erwachsener ArbN gestattet, in der der Jugendliche selbst nicht tempoabhängige Arbeiten verrichtet. Weitere Ausnahmen können nach § 27 III durch die Aufsichtsbehörde bewilligt werden. 2

24 *Arbeiten unter Tage*

(1) Jugendliche dürfen nicht mit Arbeiten unter Tage beschäftigt werden.

(2) Absatz 1 gilt nicht für die Beschäftigung Jugendlicher über 16 Jahre,

1. soweit dies zur Erreichung ihres Ausbildungszieles erforderlich ist,

2. wenn sie eine Berufsausbildung für die Beschäftigung unter Tage abgeschlossen haben oder

---

1 LAG BW v. 7.12.1994 – 2 Sa 14/93, nv., betr. Fleischfachverkäuferin. | 2 Näher *Grimm*, DB 2004, 1666. | 3 ABl. EG 1990 L-374/1. | 4 ABl. EG 2000 L-262/21. | 5 Vgl. im Internet das Bundesamt für Arbeitsschutz und Arbeitsmedizin: www.baua.de/prax. Nach der Neufassung der GefStoffVO (§§ 8 I, 21) sind diese jedoch zu überarbeiten. | 6 OLG Düsseldorf v. 28.1.1986 – 5 Ss (OWi) 74/85, GewArch 1986, 167. | 7 *Zmarzlik/Anzinger*, § 23 JArbSchG Rz. 4 f.

3. wenn sie an einer von der Bergbehörde genehmigten Ausbildungsmaßnahme für Bergjungarbeiter teilnehmen oder teilgenommen haben

und ihr Schutz durch die Aufsicht eines Fachkundigen gewährleistet ist.

1 **I. Beschäftigungsverbot (Abs. 1).** Mit der Vorschrift wird den Anforderungen des (von der Bundesrepublik nicht ratifizierten) Übereinkommens Nr. 123 und der Empfehlung Nr. 124 der Internationalen Arbeitsorganisation über das Mindestalter für die Zulassung zu Untertagearbeiten in Bergwerken[1] entsprochen. Das Verbot ist nicht auf den Bergbau unter Tage beschränkt. Verstöße können als Ordnungswidrigkeiten oder Straftaten nach § 58 I Nr. 20, III–VI geahndet werden.

2 **II. Ausnahmen (Abs. 2).** Die Ausnahmeregelung ermöglicht insb. die Ausbildung zum bzw. Tätigkeit als Bergjungarbeiter.

25 *Verbot der Beschäftigung durch bestimmte Personen*

(1) Personen, die

1. wegen eines Verbrechens zu einer Freiheitsstrafe von mindestens zwei Jahren,

2. wegen einer vorsätzlichen Straftat, die sie unter Verletzung der ihnen als Arbeitgeber, Ausbildender oder Ausbilder obliegenden Pflichten zum Nachteil von Kindern oder Jugendlichen begangen haben, zu einer Freiheitsstrafe von mehr als drei Monaten,

3. wegen einer Straftat nach den §§ 109h, 171, 174 bis 174c, 176 bis 181a, 182 bis 184e, 225, 232 bis 233a des Strafgesetzbuches,

4. wegen einer Straftat nach dem Betäubungsmittelgesetz oder

5. wegen einer Straftat nach dem Jugendschutzgesetz oder nach dem Gesetz über die Verbreitung jugendgefährdender Schriften wenigstens zweimal

rechtskräftig verurteilt worden sind, dürfen Jugendliche nicht beschäftigen sowie im Rahmen eines Rechtsverhältnisses im Sinne des § 1 nicht beaufsichtigen, nicht anweisen, nicht ausbilden und nicht mit der Beaufsichtigung, Anweisung oder Ausbildung von Jugendlichen beauftragt werden. Eine Verurteilung bleibt außer Betracht, wenn seit dem Tage ihrer Rechtskraft fünf Jahre verstrichen sind. Die Zeit, in welcher der Täter auf behördliche Anordnung in einer Anstalt verwahrt worden ist, wird nicht eingerechnet.

(2) Das Verbot des Absatzes 1 Satz 1 gilt auch für Personen, gegen die wegen einer Ordnungswidrigkeit nach § 58 Abs. 1 bis 4 wenigstens dreimal eine Geldbuße rechtskräftig festgesetzt worden ist. Eine Geldbuße bleibt außer Betracht, wenn seit dem Tage ihrer rechtskräftigen Festsetzung fünf Jahre verstrichen sind.

(3) Das Verbot des Absatzes 1 und 2 gilt nicht für die Beschäftigung durch die Personensorgeberechtigten.

1 **I. Beschäftigungsverbote.** Der Gesetzgeber hält Personen, welche die Voraussetzungen der Abs. 1 und 2 erfüllen, generell für nicht geeignet, Jugendliche zu beschäftigen, anzuweisen, zu beaufsichtigen oder auszubilden. Der Hinweis auf das Gesetz über die Verbreitung jugendgefährdender Schriften in Abs. 1 Nr. 5 dürfte dabei ein Redaktionsversehen sein, da das Gesetz am 31.3.2003 außer Kraft trat[2]. Für ältere Auszubildende wird das Verbot ergänzt durch §§ 33, 30, 29 BBiG und §§ 22, 22a, 24 HwO. Das Beschäftigungsverbot wird im Bundeszentralregister eingetragen. Verstöße stellen eine Ordnungswidrigkeit oder Straftat nach § 58 II–VI dar.

2 **1. Straftaten (Abs. 1).** Zum Verbrechensbegriff gem. S. 1 Nr. 1 vgl. § 12 I StGB. Bei den Straftaten nach S. 1 Nr. 3–5 kommt es auf das Strafmaß nicht an. Für die Beschäftigung nach S. 1 ist auf den weiten ArbGebBegriff des § 3 abzustellen. Ist der Jugendliche ArbN einer OHG, besteht das Beschäftigungsverbot schon, wenn nur ein Gesellschafter nach S. 1 vorbestraft ist; es genügt die Möglichkeit der Kontaktaufnahme[3]. Für eine Ausbildungsuntersagung nach § 24 II HwO bzw. § 24 I BBiG aF (jetzt § 33 BBiG) hat der BayVGH den Verdacht sexueller Belästigung genügen lassen[4].

3 **2. Ordnungswidrigkeiten (Abs. 2).** Das Verbot kommt erst zur Anwendung, wenn der dritte Bußgeldbescheid rechtskräftig geworden ist und seit dem Eintritt der Rechtskraft des ersten Bescheids noch nicht fünf Jahre vergangen sind.

4 **II. Ausnahmen (Abs. 3).** Für die Beschäftigung durch den Personensorgeberechtigten vgl. zunächst § 1 Rz. 14. Findet das JArbSchG auf die Beschäftigung keine Anwendung, kann ein Verbot nur nach § 1666 BGB ausgesprochen werden.

---

1 BT-Drs. V/1253 S. 2, V/1253 S. 17. | 2 BGBl. I 2002, 2730. | 3 OLG Celle v. 1.7.1963 – 3 Ws (B) 6/63, AP Nr. 1 zu § 39 JArbSchG. | 4 BayVGH v. 12.8.2004 – 22 CS 04.1679, GewArch 2005, 36.

26 *Ermächtigungen*

Das Bundesministerium für Arbeit und Soziales kann zum Schutze der Jugendlichen gegen Gefahren für Leben und Gesundheit sowie zur Vermeidung einer Beeinträchtigung der körperlichen oder seelisch-geistigen Entwicklung durch Rechtsverordnung mit Zustimmung des Bundesrates

1. die für Kinder, die der Vollzeitschulpflicht nicht mehr unterliegen, geeigneten und leichten Tätigkeiten nach § 7 Satz 1 Nr. 2 und die Arbeiten nach § 22 Abs. 1 und den §§ 23 und 24 näher bestimmen,

2. über die Beschäftigungsverbote in den §§ 22 bis 25 hinaus die Beschäftigung Jugendlicher in bestimmten Betriebsarten oder mit bestimmten Arbeiten verbieten oder beschränken, wenn sie bei diesen Arbeiten infolge ihres Entwicklungsstandes in besonderem Maße Gefahren ausgesetzt sind oder wenn das Verbot oder die Beschränkung der Beschäftigung infolge der technischen Entwicklung oder neuer arbeitsmedizinischer oder sicherheitstechnischer Erkenntnisse notwendig ist.

I. Normzweck. Die Norm enthält eine Ermächtigungsgrundlage für RechtsVO, durch welche die Tätigkeiten nach Nr. 1 konkretisiert und die Beschäftigungsverbote nach Nr. 2 verschärft werden können. 1

II. Erlassene Rechtsverordnungen. Nach § 37 II JArbSchG v. 9.8.1960 wurde § 9 der DruckLV und die JArbSchSittV erlassen. Gem. § 72 III sind diese VO weiterhin in Kraft. 2

III. Verstöße gegen die RechtsVO nach Nr. 1 werden wie ein Verstoß gegen die Grundnorm behandelt. Für Verstöße gegen eine RechtsVO nach Nr. 2 gilt § 58 I Nr. 26a. 3

27 *Behördliche Anordnungen und Ausnahmen*

(1) Die Aufsichtsbehörde kann in Einzelfällen feststellen, ob eine Arbeit unter die Beschäftigungsverbote oder -beschränkungen der §§ 22 bis 24 oder einer Rechtsverordnung nach § 26 fällt. Sie kann in Einzelfällen die Beschäftigung Jugendlicher mit bestimmten Arbeiten über die Beschäftigungsverbote und -beschränkungen der §§ 22 bis 24 und einer Rechtsverordnung nach § 26 hinaus verbieten oder beschränken, wenn diese Arbeiten mit Gefahren für Leben, Gesundheit oder für die körperliche oder seelisch-geistige Entwicklung der Jugendlichen verbunden sind.

(2) Die zuständige Behörde kann

1. den Personen, die die Pflichten, die ihnen kraft Gesetzes zu Gunsten der von ihnen beschäftigten, beaufsichtigten, angewiesenen oder auszubildenden Kinder und Jugendlichen obliegen, wiederholt oder gröblich verletzt haben,

2. den Personen, gegen die Tatsachen vorliegen, die sie in sittlicher Beziehung zur Beschäftigung, Beaufsichtigung, Anweisung oder Ausbildung von Kindern und Jugendlichen ungeeignet erscheinen lassen,

verbieten, Kinder und Jugendliche zu beschäftigen oder im Rahmen eines Rechtsverhältnisses im Sinne des § 1 zu beaufsichtigen, anzuweisen oder auszubilden.

(3) Die Aufsichtsbehörde kann auf Antrag Ausnahmen von § 23 Abs. 1 Nr. 2 und 3 für Jugendliche über 16 Jahre bewilligen,

1. wenn die Art der Arbeit oder das Arbeitstempo eine Beeinträchtigung der Gesundheit oder der körperlichen oder seelisch-geistigen Entwicklung des Jugendlichen nicht befürchten lassen und

2. wenn eine nicht länger als vor drei Monaten ausgestellte ärztliche Bescheinigung vorgelegt wird, nach der gesundheitliche Bedenken gegen die Beschäftigung nicht bestehen.

I. Beschäftigungsverbot in Einzelfällen (Abs. 1). Die zuständige Aufsichtsbehörde (vgl. § 6 Rz. 1) kann in Einzelfällen durch Verwaltungsakt die Beschäftigungsverbote nach §§ 22–24 u. 26 konkretisieren. Der Verwaltungsakt kann sich auch auf ein Beschäftigungsverbot für mehrere Jugendliche in einem bestimmten Betrieb bei einer bestimmten Tätigkeit beziehen[1]. 1

II. Beschäftigungsverbot für bestimmte Personen (Abs. 2). Durch diese Vorschrift wird § 25 JArbSchG und § 33 BBiG ergänzt und erweitert. Das Verbot kann auf unbestimmte Dauer verhängt werden, ist jedoch von der Behörde zu überprüfen, wenn über den Betroffenen längere Zeit nichts Nachteiliges bekannt wird[2]. Das Verbot wird im Bundeszentralregister eingetragen. 2

III. Ausnahmebewilligung (Abs. 3). Die Ausnahmebewilligung ist ein Verwaltungsakt, der im Ermessen der Behörde steht. Auf den Erlass der Bewilligung besteht also auch dann kein Rechtsanspruch, wenn die Voraussetzungen nach Nr. 1 u. 2 vorliegen[3]. 3

1 OVG Münster v. 12.10.1965 – II A 476/64, AP Nr. 1 zu § 37 JArbSchG. Es handelt sich dann um eine Allgemeinverfügung nach § 35 S. 2 VwVfG. | 2 BVerwG v. 14.12.1972 – V C 47/72, BVerwGE 41, 286. | 3 BVerwG v. 8.7.1964 – V C 126/62, AP Nr. 1 zu § 38 JArbSchG.

Dritter Titel. Sonstige Pflichten des Arbeitgebers

28 *Menschengerechte Gestaltung der Arbeit*

(1) Der Arbeitgeber hat bei der Einrichtung und der Unterhaltung der Arbeitsstätte einschließlich der Maschinen, Werkzeuge und Geräte und bei der Regelung der Beschäftigung die Vorkehrungen und Maßnahmen zu treffen, die zum Schutze der Jugendlichen gegen Gefahren für Leben und Gesundheit sowie zur Vermeidung einer Beeinträchtigung der körperlichen oder seelisch-geistigen Entwicklung der Jugendlichen erforderlich sind. Hierbei sind das mangelnde Sicherheitsbewusstsein, die mangelnde Erfahrung und der Entwicklungsstand der Jugendlichen zu berücksichtigen und die allgemein anerkannten sicherheitstechnischen und arbeitsmedizinischen Regeln sowie die sonstigen gesicherten arbeitswissenschaftlichen Erkenntnisse zu beachten.

(2) Das Bundesministerium für Arbeit und Soziales kann durch Rechtsverordnung mit Zustimmung des Bundesrates bestimmen, welche Vorkehrungen und Maßnahmen der Arbeitgeber zur Erfüllung der sich aus Absatz 1 ergebenden Pflichten zu treffen hat.

(3) Die Aufsichtsbehörde kann in Einzelfällen anordnen, welche Vorkehrungen und Maßnahmen zur Durchführung des Absatzes 1 oder einer vom Bundesministerium für Arbeit und Soziales gemäß Absatz 2 erlassenen Verordnung zu treffen sind.

1 **I. Normzweck.** Die Vorschrift verpflichtet den ArbGeb zum Schutze der Gesundheit und der körperlichen und geistigen Entwicklung des Jugendlichen die erforderlichen Maßnahmen zur Sicherung der Arbeitsstätte zu treffen. Unter Arbeitsstätte ist dabei jeder Ort zu verstehen, an dem der Jugendliche tätig wird, dazu gehören auch die Sanitärräume usw. Unter den sicherheitstechnischen und arbeitsmedizinischen Regeln sowie arbeitswissenschaftlichen Erkenntnissen sind zB DIN- oder ISO-Normen, die Unfallverhütungsvorschriften der Berufsgenossenschaften sowie ua. die Verzeichnisse[1], welche zum Geräte- und ProduktsicherheitsG erlassen wurden, zu verstehen[2]. Der ArbGeb kann daher zum Schutze der Jugendlichen verpflichtet sein, ein Rauchverbot auszusprechen[3]. Neben der Norm findet das ArbSchG Anwendung.

2 **II. Durchführungsvorschriften.** RechtsVO auf Grund von Abs. 2 sind bisher nicht ergangen. Zu den Anordnungen nach Abs. 3 vgl. entsprechend § 27 Rz. 1.

28a *Beurteilung der Arbeitsbedingungen*

Vor Beginn der Beschäftigung Jugendlicher und bei wesentlicher Änderung der Arbeitsbedingungen hat der Arbeitgeber die mit der Beschäftigung verbundenen Gefährdungen Jugendlicher zu beurteilen. Im Übrigen gelten die Vorschriften des Arbeitsschutzgesetzes.

29 *Unterweisung über Gefahren*

(1) Der Arbeitgeber hat die Jugendlichen vor Beginn der Beschäftigung und bei wesentlicher Änderung der Arbeitsbedingungen über die Unfall- und Gesundheitsgefahren, denen sie bei der Beschäftigung ausgesetzt sind, sowie über die Einrichtungen und Maßnahmen zur Abwendung dieser Gefahren zu unterweisen. Er hat die Jugendlichen vor der erstmaligen Beschäftigung an Maschinen oder gefährlichen Arbeitsstellen oder mit Arbeiten, bei denen sie mit gesundheitsgefährdenden Stoffen in Berührung kommen, über die besonderen Gefahren dieser Arbeiten sowie über das bei ihrer Verrichtung erforderliche Verhalten zu unterweisen.

(2) Die Unterweisungen sind in angemessenen Zeitabständen, mindestens aber halbjährlich, zu wiederholen.

(3) Der Arbeitgeber beteiligt die Betriebsärzte und die Fachkräfte für Arbeitssicherheit an der Planung, Durchführung und Überwachung der für die Sicherheit und den Gesundheitsschutz bei der Beschäftigung Jugendlicher geltenden Vorschriften.

1 **I. Beurteilung der Arbeitsbedingungen (§ 28a).** Die Vorschrift verfolgt das Ziel, den ArbGeb zu einer genauen Prüfung der möglichen Gefährdungen Jugendlicher zu veranlassen, um damit die in § 29 vorgesehene Unterrichtung des Jugendlichen vorzubereiten. Eine solche Beurteilungspflicht enthält auch § 5 I ArbSchG, zur Dokumentationspflicht vgl. § 6 ArbSchG[4].

2 **II. Unterweisung über Gefahren (§ 29).** Die Unterweisung hat vor Beginn der Beschäftigung zu erfolgen und ist gem. Abs. 2 in bestimmten Zeitabständen zu wiederholen. Die Unterweisung kann in Gruppen

---

1 Diese und weitere Regelungen finden sich im Internet unter www.baua.de/prax/geraete/ unter „Normenverzeichnisse". |2 Weiterführend *Zmarzlik/Anzinger*, § 28 JArbSchG Rz. 9 f. |3 *Bergwitz*, NZA-RR 2004, 169 (173). |4 Praktische Hinweise finden sich bei *Haase-Rieger*, AiB 1997, 334, sowie in den Gemeins. Grundsätzen zur Erstellung von Handlungshilfen zur Gefährdungsbeurteilung nach dem Arbeitsschutzgesetz v. 1.9.1997, BArbBl. 11/97 S. 74. Vgl. weiter www.baua.de unter „Themen von A–Z, ‚Gefährdungsbeurteilung'".

erfolgen; eine bloße schriftl. Unterweisung genügt nicht. Erforderlich sind mündliche Erläuterungen und praktische Vorführungen. Der ArbGeb kann mit der Unterweisung andere Personen beauftragen, jedoch müssen diese mit den konkreten Verhältnissen im Betrieb vertraut sein.

30 *Häusliche Gemeinschaft*

(1) Hat der Arbeitgeber einen Jugendlichen in die häusliche Gemeinschaft aufgenommen, so muss er

1. ihm eine Unterkunft zur Verfügung stellen und dafür sorgen, dass sie so beschaffen, ausgestattet und belegt ist und so benutzt wird, dass die Gesundheit des Jugendlichen nicht beeinträchtigt wird, und

2. ihm bei einer Erkrankung, jedoch nicht über die Beendigung der Beschäftigung hinaus, die erforderliche Pflege und ärztliche Behandlung zuteil werden lassen, soweit diese nicht von einem Sozialversicherungsträger geleistet wird.

(2) Die Aufsichtsbehörde kann im Einzelfall anordnen, welchen Anforderungen die Unterkunft (Absatz 1 Nr. 1) und die Pflege bei Erkrankungen (Absatz 1 Nr. 2) genügen müssen.

I. Aufnahme in die häusliche Gemeinschaft (Abs. 1). Eine Aufnahme in die häusl. Gemeinschaft liegt 1 vor, wenn der Jugendliche in den Familienhaushalt so aufgenommen ist, dass dieser zu seinem persönlichen Lebensmittelpunkt wird. Zu der Verpflichtung nach **Nr. 1** gehört auch die angemessene Verpflegung des Jugendlichen. Die Verpflichtung in **Nr. 2** zur Krankenpflege geht inhaltlich und zeitlich über § 617 BGB hinaus. Der ArbGeb trägt sämtl. Kosten zur Erfüllung seiner Verpflichtung, sofern diese nicht von einem SozV-Träger übernommen werden. Er ist ggf. zur Vorleistung verpflichtet. Die Fortzahlung des Entgelts gem. § 3 EFZG, § 19 I 2 BBiG kann gem. § 617 I 3 BGB analog angerechnet werden.

II. Anordnungen (Abs. 2). Die zuständige Aufsichtsbehörde (vgl. § 6 Rz. 1) kann in Einzelfällen durch 2 Verwaltungsakt die Verpflichtungen des ArbGeb nach Abs. 1 konkretisieren.

31 *Züchtigungsverbot; Verbot der Abgabe von Alkohol und Tabak*

(1) Wer Jugendliche beschäftigt oder im Rahmen eines Rechtsverhältnisses im Sinne des § 1 beaufsichtigt, anweist oder ausbildet, darf sie nicht körperlich züchtigen.

(2) Wer Jugendliche beschäftigt, muss sie vor körperlicher Züchtigung und Misshandlung und vor sittlicher Gefährdung durch andere bei ihm Beschäftigte und durch Mitglieder seines Haushalts an der Arbeitsstätte und in seinem Hause schützen. Er darf Jugendlichen unter 16 Jahren keine alkoholischen Getränke und Tabakwaren, Jugendlichen über 16 Jahre keinen Branntwein geben.

I. Züchtigungsverbot (Abs. 1). Verboten ist die körperliche Züchtigung. Ist der ArbGeb personensor- 1 geberechtigt, gilt § 1631 II BGB. Eine verbale Einwirkung oder leichte körperliche Berührung ist keine Züchtigung. Verstöße sind strafbar gem. §§ 223 ff. StGB. Daneben kommen Schadensersatzansprüche des Jugendlichen gem. §§ 280, 823 I u. II, 253 II BGB in Betracht.

II. Schutzgebote (Abs. 2 S. 1). Schutz muss auch vor Misshandlungen gewährt werden. Darunter ist 2 jede üble, unangemessene Behandlung, die das Wohlbefinden oder die körperliche Unversehrtheit nicht unerheblich beeinträchtigt, zu verstehen. Der Schutz vor sittlicher Gefährdung bedeutet, dass der Jugendliche nicht zusammen mit Personen beschäftigt werden darf, die wegen sittlicher Verfehlungen eine Gefahr darstellen können[1]. Stehen keine anderen Mittel zur Beseitigung der Gefahr zur Verfügung, muss er dem Jugendlichen kündigen[2]. Verstöße gegen Abs. 2 S. 1 können als Straftat des ArbGeb durch Unterlassen insb. gem. §§ 223 ff., 13 StGB zu bewerten sein, da die Norm eine Garantenstellung des ArbGeb begründet. Schadensersatzansprüche kommen gem. §§ 280, 278 BGB, § 823 (Organisationsverschulden) und § 831 BGB in Betracht.

III. Verbot der Abgabe von Alkohol und Tabak (Abs. 2 S. 2). Das Verbot richtet sich an den ArbGeb. 3 Gestattet dieser einem Dritten, zB in der Werkskantine Alkohol und Tabak zu verkaufen, muss er sicherstellen, dass ein Verkauf an Jugendliche nur in den Grenzen des Abs. 2 S. 2 erfolgt. Die bloße Anbringung eines Schildes genügt nicht. Verstöße stellen Ordnungswidrigkeiten oder Straftaten gem. § 58 I Nr. 21, III–VI dar.

1 Vgl. BVerwG v. 12.3.1965 – VII C 175/63, AP Nr. 3 zu § 20 HandwO. | 2 *Zmarzlik/Anzinger*, § 31 JArbSchG Rz. 8.

Vierter Titel. Gesundheitliche Betreuung

32 *Erstuntersuchung*
(1) Ein Jugendlicher, der in das Berufsleben eintritt, darf nur beschäftigt werden, wenn

1. er innerhalb der letzten vierzehn Monate von einem Arzt untersucht worden ist (Erstuntersuchung) und

2. dem Arbeitgeber eine von diesem Arzt ausgestellte Bescheinigung vorliegt.

(2) Absatz 1 gilt nicht für eine nur geringfügige oder eine nicht länger als zwei Monate dauernde Beschäftigung mit leichten Arbeiten, von denen keine gesundheitlichen Nachteile für den Jugendlichen zu befürchten sind.

33 *Erste Nachuntersuchung*
(1) Ein Jahr nach Aufnahme der ersten Beschäftigung hat sich der Arbeitgeber die Bescheinigung eines Arztes darüber vorlegen zu lassen, dass der Jugendliche nachuntersucht worden ist (erste Nachuntersuchung). Die Nachuntersuchung darf nicht länger als drei Monate zurückliegen. Der Arbeitgeber soll den Jugendlichen neun Monate nach Aufnahme der ersten Beschäftigung nachdrücklich auf den Zeitpunkt, bis zu dem der Jugendliche ihm die ärztliche Bescheinigung nach Satz 1 vorzulegen hat, hinweisen und ihn auffordern, die Nachuntersuchung bis dahin durchführen zu lassen.

(2) Legt der Jugendliche die Bescheinigung nicht nach Ablauf eines Jahres vor, hat ihn der Arbeitgeber innerhalb eines Monats unter Hinweis auf das Beschäftigungsverbot nach Absatz 3 schriftlich aufzufordern, ihm die Bescheinigung vorzulegen. Je eine Durchschrift des Aufforderungsschreibens hat der Arbeitgeber dem Personensorgeberechtigten und dem Betriebs- oder Personalrat zuzusenden.

(3) Der Jugendliche darf nach Ablauf von 14 Monaten nach Aufnahme der ersten Beschäftigung nicht weiterbeschäftigt werden, solange er die Bescheinigung nicht vorgelegt hat.

34 *Weitere Nachuntersuchungen*
Nach Ablauf jedes weiteren Jahres nach der ersten Nachuntersuchung kann sich der Jugendliche erneut nachuntersuchen lassen (weitere Nachuntersuchungen). Der Arbeitgeber soll ihn auf diese Möglichkeit rechtzeitig hinweisen und darauf hinwirken, dass der Jugendliche ihm die Bescheinigung über die weitere Nachuntersuchung vorlegt.

35 *Außerordentliche Nachuntersuchung*
(1) Der Arzt soll eine außerordentliche Nachuntersuchung anordnen, wenn eine Untersuchung ergibt, dass

1. ein Jugendlicher hinter dem seinem Alter entsprechenden Entwicklungsstand zurückgeblieben ist,

2. gesundheitliche Schwächen oder Schäden vorhanden sind,

3. die Auswirkungen der Beschäftigung auf die Gesundheit oder Entwicklung des Jugendlichen noch nicht zu übersehen sind.

(2) Die in § 33 Abs. 1 festgelegten Fristen werden durch die Anordnung einer außerordentlichen Nachuntersuchung nicht berührt.

36 *Ärztliche Untersuchungen und Wechsel des Arbeitgebers*
Wechselt der Jugendliche den Arbeitgeber, so darf ihn der neue Arbeitgeber erst beschäftigen, wenn ihm die Bescheinigung über die Erstuntersuchung (§ 32 Abs. 1) und, falls seit der Aufnahme der Beschäftigung ein Jahr vergangen ist, die Bescheinigung über die erste Nachuntersuchung (§ 33) vorliegen.

37 *Inhalt und Durchführung der ärztlichen Untersuchungen*
(1) Die ärztlichen Untersuchungen haben sich auf den Gesundheits- und Entwicklungsstand und die körperliche Beschaffenheit, die Nachuntersuchungen außerdem auf die Auswirkungen der Beschäftigung auf Gesundheit und Entwicklung des Jugendlichen zu erstrecken.

(2) Der Arzt hat unter Berücksichtigung der Krankheitsvorgeschichte des Jugendlichen auf Grund der Untersuchungen zu beurteilen,

1. ob die Gesundheit oder die Entwicklung des Jugendlichen durch die Ausführung bestimmter Arbeiten oder durch die Beschäftigung während bestimmter Zeiten gefährdet wird,

2. ob besondere der Gesundheit dienende Maßnahmen erforderlich sind,

3. ob eine außerordentliche Nachuntersuchung (§ 35 Abs. 1) erforderlich ist.

(3) Der Arzt hat schriftlich fest zu halten:

1. den Untersuchungsbefund,

2. die Arbeiten, durch deren Ausführung er die Gesundheit oder die Entwicklung des Jugendlichen für gefährdet hält,

3. die besonderen der Gesundheit dienenden Maßnahmen,

4. die Anordnung einer außerordentliche Nachuntersuchung (§ 35 Abs. 1).

38 *Ergänzungsuntersuchung*

Kann der Arzt den Gesundheits- und Entwicklungsstand des Jugendlichen nur beurteilen, wenn das Ergebnis einer Ergänzungsuntersuchung durch einen anderen Arzt oder einen Zahnarzt vorliegt, so hat er die Ergänzungsuntersuchung zu veranlassen und ihre Notwendigkeit schriftlich zu begründen.

39 *Mitteilung, Bescheinigung*

(1) Der Arzt hat dem Personensorgeberechtigten schriftlich mitzuteilen:

1. das wesentliche Ergebnis der Untersuchung,

2. die Arbeiten, durch deren Ausführung er die Gesundheit oder die Entwicklung des Jugendlichen für gefährdet hält,

3. die besonderen der Gesundheit dienenden Maßnahmen,

4. die Anordnung einer außerordentlichen Nachuntersuchung (§ 35 Abs. 1).

(2) Der Arzt hat eine für den Arbeitgeber bestimmte Bescheinigung darüber auszustellen, dass die Untersuchung stattgefunden hat und darin die Arbeiten zu vermerken, durch deren Ausführung er die Gesundheit oder die Entwicklung des Jugendlichen für gefährdet hält.

40 *Bescheinigung mit Gefährdungsvermerk*

(1) Enthält die Bescheinigung des Arztes (§ 39 Abs. 2) einen Vermerk über Arbeiten, durch deren Ausführung er die Gesundheit oder die Entwicklung des Jugendlichen für gefährdet hält, so darf der Jugendliche mit solchen Arbeiten nicht beschäftigt werden.

(2) Die Aufsichtsbehörde kann die Beschäftigung des Jugendlichen mit den in der Bescheinigung des Arztes (§ 39 Abs. 2) vermerkten Arbeiten im Einvernehmen mit einem Arzt zulassen und die Zulassung mit Auflagen verbinden.

41 *Aufbewahren der ärztlichen Bescheinigungen*

(1) Der Arbeitgeber hat die ärztlichen Bescheinigungen bis zur Beendigung der Beschäftigung, längstens jedoch bis zur Vollendung des 18. Lebensjahres des Jugendlichen aufzubewahren und der Aufsichtsbehörde sowie der Berufsgenossenschaft auf Verlangen zur Einsicht vorzulegen oder einzusenden.

(2) Scheidet der Jugendliche aus dem Beschäftigungsverhältnis aus, so hat ihm der Arbeitgeber die Bescheinigungen auszuhändigen.

42 *Eingreifen der Aufsichtsbehörde*

Die Aufsichtsbehörde hat, wenn die dem Jugendlichen übertragenen Arbeiten Gefahren für seine Gesundheit befürchten lassen, dies dem Personensorgeberechtigten und dem Arbeitgeber mitzuteilen und den Jugendlichen aufzufordern, sich durch einen von ihr ermächtigten Arzt untersuchen zu lassen.

43 *Freistellung für Untersuchungen*

Der Arbeitgeber hat den Jugendlichen für die Durchführung der ärztlichen Untersuchungen nach diesem Abschnitt freizustellen. Ein Entgeltausfall darf hierdurch nicht eintreten.

44 *Kosten der Untersuchungen*

Die Kosten der Untersuchungen trägt das Land.

45 *Gegenseitige Unterrichtung der Ärzte*
(1) Die Ärzte, die Untersuchungen nach diesem Abschnitt vorgenommen haben, müssen, wenn der Personensorgeberechtigte und der Jugendliche damit einverstanden sind,

1. dem staatlichen Gewerbearzt,

2. dem Arzt, der einen Jugendlichen nach diesem Abschnitt nachuntersucht,

auf Verlangen die Aufzeichnungen über die Untersuchungsbefunde zur Einsicht aushändigen.

(2) Unter den Voraussetzungen des Absatzes 1 kann der Amtsarzt des Gesundheitsamtes einem Arzt, der einen Jugendlichen nach diesem Abschnitt untersucht, Einsicht in andere in seiner Dienststelle vorhandene Unterlagen über Gesundheit und Entwicklung des Jugendlichen gewähren.

46 *Ermächtigungen*
(1) Das Bundesministerium für Arbeit und Soziales kann zum Zwecke einer gleichmäßigen und wirksamen gesundheitlichen Betreuung durch Rechtsverordnung mit Zustimmung des Bundesrates Vorschriften über die Durchführung der ärztlichen Untersuchungen und über die für die Aufzeichnungen der Untersuchungsbefunde, die Bescheinigungen und Mitteilungen zu verwendenden Vordrucke erlassen.

(2) Die Landesregierung kann durch Rechtsverordnung

1. zur Vermeidung von mehreren Untersuchungen innerhalb eines kurzen Zeitraumes aus verschiedenen Anlässen bestimmen, dass die Untersuchungen nach den §§ 32 bis 34 zusammen mit Untersuchungen nach anderen Vorschriften durchzuführen sind, und hierbei von der Frist des § 32 Abs. 1 Nr. 1 bis zu drei Monaten abweichen,

2. zur Vereinfachung der Abrechnung

a) Pauschbeträge für die Kosten der ärztlichen Untersuchungen im Rahmen der geltenden Gebührenordnungen festsetzen,

b) Vorschriften über die Erstattung der Kosten beim Zusammentreffen mehrerer Untersuchungen nach Nummer 1 erlassen.

1 **I. Normzweck.** Die §§ 32–46 haben insb. den Zweck, Gesundheitsschäden durch Berufsarbeit zu vermeiden. Dazu ist es erforderlich, den individuellen Gesundheitszustand und den körperlichen Entwicklungsstand des Jugendlichen durch einen Arzt feststellen zu lassen. Es werden aber auch allgemeine gesundheitspflegerische Ziele verfolgt (§§ 37, 38). Die §§ 32–46 stellen zwingendes Gesetzesrecht dar. Hinsichtlich der Untersuchungen findet die JugendarbeitsschutzuntersuchungsV Anwendung.

2 **II. Erstuntersuchung (§ 32).** Abs. 1 der Norm begründet ein Beschäftigungsverbot. Verstöße stellen Ordnungswidrigkeiten oder Straftaten gem. § 58 I Nr. 22, III–VI dar. Ohne Vorlage der Bescheinigung ist der Arbeitsvertrag gem. § 134 BGB nichtig; es gelten die Grundsätze über das faktische Arbeitsverhältnis. Wird die Bescheinigung nachgereicht, wird der Arbeitsvertrag wirksam (vgl. § 5 Rz. 2)[1]. Ärzte iSd. Norm sind Personen, die eine Approbation oder Bestallung als Arzt besitzen. Der Jugendliche kann den Arzt frei wählen; an Weisungen des ArbGeb ist er nicht gebunden. Die Verpflichtung, sich untersuchen zu lassen, ergibt sich als Nebenpflicht aus dem Arbeitsvertrag, nicht aus § 32.

3 Abs. 2 lässt Ausnahmen von der Untersuchungspflicht zu. Um eine geringfügige Beschäftigung handelt es sich, wenn sie den Jugendlichen unter Berücksichtigung seines Alters und seines Entwicklungsstandes nicht nennenswert beansprucht. Dies ist zB bei der Beschäftigung einer 17-jährigen Schülerin mit Verkaufstätigkeit in einem Blumen-Obstgeschäft mit einer wöchentlichen Arbeitszeit unter 10 Stunden, die auf mehrere Tage verteilt ist, in aller Regel anzunehmen[2]. Unter leichten Arbeiten sind daneben bspw. das Austragen von Zeitungen, kurze Statistenrollen im Theater zu verstehen. Auch die geringfügige Beschäftigung darf nur mit leichten Arbeiten erfolgen.

4 **III. Erste Nachuntersuchung (§ 33).** Die sich aus Abs. 1 ergebene Pflicht zur Nachuntersuchung bezweckt, die gesundheitlichen Auswirkungen der Tätigkeit auf den Jugendlichen festzustellen, um diesen bei seiner Berufswahl zu unterstützen. Die Untersuchung muss zwischen dem 9. und 12. Beschäftigungsmonat erfolgen. Unterbleibt sie, besteht nach Abs. 3 ab dem 14. Beschäftigungsmonat ein Beschäftigungsverbot (Rz. 2). Verstöße hiergegen werden als Ordnungswidrigkeiten oder Straftaten gem. § 58 I Nr. 23, III–VI geahndet.

5 Erfolgt die Untersuchung nicht, hat eine Aufforderung nach Abs. 2 zu ergehen, die auch an den Personensorgeberechtigten (vgl. § 1 Rz. 14) und den BR oder Personalrat zu senden ist. Ein Verstoß kann ein Bußgeld nach § 59 I Nr. 4 nach sich ziehen. Legt der Jugendliche die Bescheinigung weiterhin nicht vor, ist der ArbGeb idR zur Kündigung berechtigt[3].

1 Anders BAG 22.2.1972 – 2 AZR 205/71, AP Nr. 1 zu § 15 BBiG (§§ 308, 309 BGB aF). | 2 BayObLG v. 11.1.1983 – 3 Ob OWi 164/82, AP Nr. 1 zu § 32 JArbSchG. | 3 *Molitor/Volmer/Germelmann*, § 33 JArbSchG Rz. 33.

IV. Weitere Nachuntersuchungen (§ 34). Die Vorschrift ermöglicht dem Jugendlichen jährlich kosten- und lohnausfallfrei (§§ 44, 45) weitere Nachuntersuchungen. 6

V. Außerordentliche Nachuntersuchung (§ 35). § 35 normiert eine Verpflichtung des Arztes zu zusätzlichen Untersuchungen unter den Voraussetzungen von Abs. 1 Nr. 1–3. Die Anordnung durch den Arzt ist für den Jugendlichen nicht gem. § 35 verpflichtend; die Verpflichtung zur Untersuchung ergibt sich jedoch als Nebenpflicht aus dem Arbeitsvertrag. Verletzt der Jugendliche die Pflicht, können zudem eventuelle Schadensersatzansprüche des Jugendlichen gem. § 254 BGB gekürzt werden. Das Ergebnis der Untersuchung ist dem (§ 1 Rz. 14) Personensorgeberechtigten (§ 39 I), nicht aber dem ArbGeb mitzuteilen. Unabhängig von der Fristenregelung des Abs. 2 ersetzt die Nachuntersuchung nach § 35 die erste Nachuntersuchung, wenn sie in die Fristen des § 33 fällt[1]. 7

VI. Wechsel des Arbeitgebers (§ 36). § 36 begründet ein Beschäftigungsverbot (Rz. 2) beim neuen ArbGeb, wenn die genannten Bescheinigungen bei Beginn der Beschäftigung nicht vorliegen. Der Jugendliche kann gem. § 41 II die Herausgabe der Bescheinigungen beim alten ArbGeb verlangen. Verstöße stellen Ordnungswidrigkeiten oder Straftaten gem. § 58 I Nr. 24, III–VI dar. Kein Wechsel des ArbGeb iSd. § 36 liegt bei einem Betriebsübergang gem. § 613a BGB oder § 1922 BGB vor. 8

VII. Inhalt und Durchführung der ärztlichen Untersuchung (§ 37). Die Regelung wird durch die JugendarbeitsschutzuntersuchungsV (Rz. 1) näher konkretisiert[2]. Das Untersuchungsergebnis wird nur dem Personensorgeberechtigten (§ 1 Rz. 14) mitgeteilt (§ 39 I). 9

VIII. Ergängzungsuntersuchung (§ 38). Es handelt sich um eine Teilkörperuntersuchung. Hinsichtlich der Verpflichtung des Jugendlichen zur Durchführung der Untersuchung vgl. Rz. 7. Ohne die Ergänzungsuntersuchung kann er Arzt zudem die jeweilige Bescheinigung nicht ausstellen. 10

IX. Mitteilung, Bescheinigung (§ 39). Eine Mitteilung über das Ergebnis der Untersuchung erfolgt gem. § 39 I an den Personensorgeberechtigten (vgl. § 1 Rz. 14). Die Bescheinigung für den ArbGeb darf keine über Abs. 2 hinausgehenden Informationen enthalten. 11

X. Bescheinigung mit Gefährdungsvermerk (§ 40). Abs. 1 begründet ein Beschäftigungsverbot (Rz. 2), welches erst mit Volljährigkeit des Beschäftigten erlischt. Verstöße werden als Ordnungswidrigkeiten oder Straftaten gem. § 58 I Nr. 25 (vgl. auch Nr. 28), III–VI geahndet. Der Gefährdungsvermerk ist kein Verwaltungsakt. Der Jugendliche kann sich allenfalls um eine Zulassung nach Abs. 2 bemühen oder versuchen, eine Bescheinigung ohne Gefährdungsvermerk durch einen anderen Arzt zu erlangen. Bei Vorlage dieser Bescheinigung erlischt das Beschäftigungsverbot. Die Zulassung nach Abs. 2 kann auch im Einvernehmen mit einem anderen Arzt erfolgen. Gegen einen ablehnenden Bescheid, kann der Verwaltungsrechtsweg beschritten werden. 12

XI. Aufbewahrungspflicht (§ 41). Die Aufbewahrungspflicht besteht bis zur Volljährigkeit; danach hat der ArbGeb die Bescheinigungen an den Beschäftigten herauszugeben. Gegen den Herausgabeanspruch nach Abs. 2 kann der ArbGeb kein Zurückbehaltungsrecht geltend machen (vgl. entsprechend § 109 GewO Rz. 15a). Bei einem Verstoß kann ein Bußgeld gem. § 59 I Nr. 5 verhängt werden. 13

XII. Eingreifen der Aufsichtsbehörde (§ 42). Die Befugnisse nach § 42 bestehen für die Aufsichtsbehörde erst, wenn die gesetzl. vorgeschriebenen Untersuchungen durchgeführt wurden und dennoch Gefahren für die Gesundheit des Jugendlichen bestehen. Für die Untersuchung nach § 42 besteht keine freie Arztwahl. Der Jugendliche ist zur Untersuchung verpflichtet (vgl. Rz. 7). 14

XIII. Freistellung für Untersuchungen (§ 43). S. 1 begründet einen Freistellungsanspruch für sämtliche Untersuchungen mit Ausnahme der Erstuntersuchung, welche vor Beginn der Beschäftigung erfolgt. Die Freistellung erfolgt durch den ArbGeb; ein Recht, der Arbeit ohne weiteres fern zu bleiben, besteht nicht. Der Arztbesuch wird nicht auf die höchstzulässige Arbeitszeit gem. § 8 angerechnet. Der Jugendliche ist jedoch nicht zur Nacharbeit verpflichtet. Bei einem Verstoß kann ein Bußgeld gem. § 59 I Nr. 6 verhängt werden. Zur Lohnausfallerstattung nach S. 2 vgl. § 9 Rz. 5. 15

XIV. Kosten der Untersuchungen (§ 44). Der Anspruch gem. § 44 steht dem Arzt gegenüber dem Land zu. Voraussetzung ist, dass der Jugendliche einen Berechtigungsschein nach § 2 JugendarbeitsschutzuntersuchungsV[3] (Rz. 1) vorlegt. 16

XV. Gegenseitige Unterrichtung der Ärzte (§ 45). Abs. 1 normiert eine Verpflichtung der Ärzte, die die Untersuchungen durchgeführt haben, die Untersuchungsbefunde zur Einsicht auszuhändigen. Die Einsicht in Befunde des Amtsarztes nach Abs. 2 steht in dessen Ermessen. 17

XVI. Ermächtigungen (§ 46). Nach Abs. 1 der Norm ist die JugendarbeitsschutzuntersuchungsVO (Rz. 1) ergangen[4]. 18

---

1 *Zmarzlik/Anzinger*, § 35 JArbSchG Rz. 6. | 2 Zur Beschaffung der Erhebungsbogen- und Untersuchungsbogenvordrucke in den einzelnen Bundesländern *Zmarzlik/Anzinger*, § 37 Rz. 9 f. | 3 Zu den nach Landesrecht zuständigen Stellen *Zmarzlik/Anzinger*, § 44 JArbSchG Rz. 4. | 4 Zu den VO der Länder zur Koppelung von Untersuchungen vgl. *Zmarzlik/Anzinger*, § 46 Rz. 7 ff.

Vierter Abschnitt. Durchführung des Gesetzes

Erster Titel. Aushänge und Verzeichnisse

47 *Bekanntgabe des Gesetzes und der Aufsichtsbehörde*
Arbeitgeber, die regelmäßig mindestens einen Jugendlichen beschäftigen, haben einen Abdruck dieses Gesetzes und die Anschrift der zuständigen Aufsichtsbehörde an geeigneter Stelle im Betrieb zur Einsicht auszulegen oder auszuhängen.

48 *Aushang über Arbeitszeit und Pausen*
Arbeitgeber, die regelmäßig mindestens drei Jugendliche beschäftigen, haben einen Aushang über Beginn und Ende der regelmäßigen täglichen Arbeitszeit und der Pausen der Jugendlichen an geeigneter Stelle im Betrieb anzubringen.

49 *Verzeichnisse der Jugendlichen*
Arbeitgeber haben Verzeichnisse der bei ihnen beschäftigten Jugendlichen unter Angabe des Vor- und Familiennamens, des Geburtsdatums und der Wohnanschrift zu führen, in denen das Datum des Beginns der Beschäftigung bei ihnen, bei einer Beschäftigung unter Tage auch das Datum des Beginns dieser Beschäftigung, enthalten ist.

50 *Auskunft; Vorlage der Verzeichnisse*
(1) Der Arbeitgeber ist verpflichtet, der Aufsichtsbehörde auf Verlangen

1. die zur Erfüllung ihrer Aufgaben erforderlichen Angaben wahrheitsgemäß und vollständig zu machen,

2. die Verzeichnisse gemäß § 49, die Unterlagen, aus denen Name, Beschäftigungsart und -zeiten der Jugendlichen sowie Lohn- und Gehaltszahlungen ersichtlich sind, und alle sonstigen Unterlagen, die sich auf die nach Nummer 1 zu machenden Angaben beziehen, zur Einsicht vorzulegen oder einzusenden.

(2) Die Verzeichnisse und Unterlagen sind mindestens bis zum Ablauf von zwei Jahren nach der letzten Eintragung aufzubewahren.

1 **I. Normzweck.** Die Vorschriften dienen dem Zweck, Jugendliche über ihre Rechte nach diesem Gesetz zu informieren und die Wahrnehmung dieser Rechte zu fördern.

2 **II. Bekanntgabe des Gesetzes und der Aufsichtsbehörde (§ 47).** Es ist das Gesetz in der jeweils gültigen Fassung auszuhängen. Geeignet ist eine Stelle, an der der Jugendliche ohne Schwierigkeiten den Text zur Kenntnis nehmen kann; für einen Aufenthaltsraum des ArbGeb oder von Vorgesetzen gilt dies nicht[1]. Bei der Beschäftigung Jugendlicher, die der deutschen Sprache nicht mächtig sind, kann sich aus der Fürsorgepflicht des ArbGeb die Verpflichtung ergeben, den Text in deren Muttersprache auszuhängen. Übersetzungen des Gesetzes können bei den Berufsgenossenschaften, den Gewerkschaften oder der Aufsichtsbehörde erhältlich sein. Die zuständige Aufsichtsbehörde ergibt sich gem. § 51 (dort Rz. 1). Ein Verstoß gegen die Vorschrift kann zu einem Bußgeld nach § 59 I Nr. 7 führen.

3 **III. Aushang über Arbeitszeiten und Pausen (§ 48).** Durch die Vorschrift soll die Durchsetzung der §§ 8, 11 I u. II, 13–18 sichergestellt werden. Wird im Betrieb die Arbeitszeit von Tag zu Tag oder Woche zu Woche neu festgelegt, braucht kein Aushang zu erfolgen[2]. Eine Aushangpflicht besteht jedoch bei vorübergehenden Änderungen, die eine gewisse Zeit andauern, zB Kurzarbeit[3]. Ein Verstoß stellt eine Ordnungswidrigkeit nach § 59 I Nr. 8 dar.

4 **IV. Verzeichnisse der Jugendlichen (§ 49).** Das Verzeichnis soll die Aufsichtsbehörde gem. § 51 bei der Durchführung ihrer Aufgaben unterstützen. Ein Einsichtsrecht hat gem. § 80 II 2 Hs. 1 BetrVG auch der BR bzw. gem. § 70 II BetrVG die Jugendvertretung. Ein Verstoß gegen die Vorschrift kann zu einem Bußgeld nach § 59 I Nr. 9 führen.

5 **V. Auskunft und Vorlage des Verzeichnisses (§ 50).** Abs. 1 Nr. 1 normiert eine umfassende Auskunftspflicht des ArbGeb. „Sonstige Unterlagen" nach Abs. 1 Nr. 2 sind zB Stempelkarten, Lohnlisten, Briefwechsel mit der Berufsschule. Die Aufsichtsbehörde kann die Originalunterlagen verlangen. Sie hat ein Wahlrecht zwischen der Einsichtnahme und der Zusendung. Fertigt der ArbGeb Fotokopien an, ist er

1 *Zmarzlik/Anzinger*, § 47 JArbSchG Rz. 9. | 2 *Zmarzlik/Anzinger*, § 48 JArbSchG Rz. 6. | 3 ErfK/*Schlachter*, § 48 JArbSchG Rz. 3; anders *Zmarzlik/Anzinger*, § 48 JArbSchG Rz. 5.

zur Tragung der Kosten nicht verpflichtet. Er hat jedoch die Kosten der Übersendung zu tragen. Unterlagen, die der ArbGeb zur Führung des Betriebes benötigt, hat die Behörde umgehend zurückzusenden. Die Art und Weise der Aufbewahrung nach Abs. 2 ist dem ArbGeb freigestellt. Ein Verstoß stellt eine Ordnungswidrigkeit nach § 59 I Nr. 10 dar.

Zweiter Titel. Aufsicht

51 *Aufsichtsbehörde; Besichtigungsrechte und Berichtspflicht*

(1) Die Aufsicht über die Ausführung dieses Gesetzes und der auf Grund dieses Gesetzes erlassenen Rechtsverordnungen obliegt der nach Landesrecht zuständigen Behörde (Aufsichtsbehörde). Die Landesregierung kann durch Rechtsverordnung die Aufsicht über die Ausführung dieser Vorschriften in Familienhaushalten auf gelegentliche Prüfungen beschränken.

(2) Die Beauftragten der Aufsichtsbehörde sind berechtigt, die Arbeitsstätten während der üblichen Betriebs- und Arbeitszeit zu betreten und zu besichtigen; außerhalb dieser Zeit oder wenn sich die Arbeitsstätten in einer Wohnung befinden, dürfen sie nur zur Verhütung von dringenden Gefahren für die öffentliche Sicherheit und Ordnung betreten und besichtigt werden. Der Arbeitgeber hat das Betreten und Besichtigen der Arbeitsstätten zu gestatten. Das Grundrecht der Unverletzlichkeit der Wohnung (Artikel 13 des Grundgesetzes) wird insoweit eingeschränkt.

(3) Die Aufsichtsbehörden haben im Rahmen der Jahresberichte nach § 139b Abs. 3 der Gewerbeordnung über ihre Aufsichtstätigkeit gemäß Absatz 1 zu berichten.

52 *Unterrichtung über Lohnsteuerkarten an Kinder*

Über die Ausstellung von Lohnsteuerkarten an Kinder im Sinne des § 2 Abs. 1 und 3 ist die Aufsichtsbehörde durch die ausstellende Behörde zu unterrichten.

53 *Mitteilung über Verstöße*

Die Aufsichtsbehörde teilt schwerwiegende Verstöße gegen die Vorschriften dieses Gesetzes oder gegen die auf Grund dieses Gesetzes erlassenen Rechtsverordnungen der nach dem Berufsbildungsgesetz oder der Handwerksordnung zuständigen Stelle mit. Die zuständige Agentur für Arbeit erhält eine Durchschrift dieser Mitteilung.

54 *Ausnahmebewilligung*

(1) Ausnahmen, die die Aufsichtsbehörde nach diesem Gesetz oder den auf Grund dieses Gesetzes erlassenen Rechtsverordnungen bewilligen kann, sind zu befristen. Die Ausnahmebewilligungen können

1. mit einer Bedingung erlassen werden,

2. mit einer Auflage oder mit einem Vorbehalt der nachträglichen Aufnahme, Änderung oder Ergänzung einer Auflage verbunden werden und

3. jederzeit widerrufen werden.

(2) Ausnahmen können nur für einzelne Beschäftigte, einzelne Betriebe oder einzelne Teile des Betriebs bewilligt werden.

(3) Ist eine Ausnahme für einen Betrieb oder einen Teil des Betriebs bewilligt worden, so hat der Arbeitgeber hierüber an geeigneter Stelle im Betrieb einen Aushang anzubringen.

I. Aufsichtsbehörde; Besichtigungsrecht und Berichtspflicht (§ 51). Als zuständige Aufsichtsbehörde[1] 1
wurde von den meisten Ländern gem. Abs. 1 das Gewerbeaufsichtsamt bestimmt. Aufsichtsbehörde ist in Brandenburg, Hamburg und Thürigen das Amt für Arbeitsschutz, in Berlin das Landesamt für Arbeitsschutz, Gesundheitsschutz. Für bergbauliche Betriebe wurden in allen Bundesländer die Bergämter als Aufsichtsbehörden bestimmt. Die örtliche Zuständigkeit ergibt sich aus den VwVfG der Länder (§ 3). Gegen Maßnahmen der Aufsichtsbehörde ist der Verwaltungsrechtsweg eröffnet.

Gem. Abs. 2 haben die Beauftragten der Aufsichtsbehörde das Recht, die Arbeitsstätte des Kindes 2
oder Jugendlichen zu besichtigen. Die Üblichkeit der Betriebs- oder Arbeitszeit richtet sich nach den Verhältnissen des zu besichtigenden Betriebs. Eine vorherige Ankündigung ist weder zweckmäßig noch vorgesehen. Der ArbGeb erhält nach der Besichtigung idR ein Besichtigungsschreiben, in welchem etwaige Verstöße oder Mängel festgehalten sind.

1 Eine Zusammenstellung mit Adressmaterial findet sich bei *Zmarzlik/Anzinger*, § 47 JArbSchG Rz. 11 f.

3 Der gem. Abs. 3 vorzulegende Bericht wird veröffentlicht und dem jeweiligen Landtag vorgelegt (vgl. auch § 57 III).

4 **II. Unterrichtung über Lohnsteuerkarten an Kinder (§ 52).** Zweck des § 52 ist es, die Durchsetzung des Verbots der Kinderarbeit zu unterstützen. Die Verpflichtung obliegt der Behörde, welche die LStKarten ausstellt (vgl. § 39 EStG). Soweit Schüler ohne LStKarte beschäftigt werden dürfen, wird der Gesetzeszweck verfehlt[1].

5 **III. Mitteilung über Verstöße (§ 53).** Durch die Mitteilung an die zuständige Stelle (vgl. §§ 71–75, 81, 105 BBiG, § 41a HwO) nach S. 1 soll der Erlass eines Ausbildungsverbots gem. §§ 23, 24 BBiG ermöglicht werden. Die Durchschrift an das AA soll eine Vermittlung des Jugendlichen an entsprechende ArbGeb verhindern. Schwerwiegende Verstöße sind idR solche, welche gem. § 58 mit Strafe oder Bußgeld geahndet werden.

6 **IV. Ausnahmebewilligungen (§ 54).** Ausnahmebewilligungen sind zulässig gem. §§ 6, 14 VI und VII, 27 III, 40 II. Ein wiederholte Befristung ist unzulässig, wenn sie dem Zweck des Abs. 1 S. 1 zuwiderläuft. Eine Bewilligung ohne Befristung ist nichtig[2]. Die Bestimmung einer Bedingung oder Auflage nach Abs. 1 S. 2 Nr. 1 u. 2 steht im Ermessen der Behörde. Der Widerruf nach Abs. 1 S. 2 Nr. 3 setzt einen rechtmäßigen Verwaltungsakt voraus; er ist nicht an weitere Voraussetzungen gebunden, vgl. § 49 II 1 Nr. 1 VwVfG (Land). Die Entscheidung über den Widerruf erfolgt nach pflichtgemäßem Ermessen. Eine rechtswidrige Ausnahmebewilligung kann gem. § 48 I 1, III, IV VwVfG (Land) zurückgenommen werden. Ein Ausgleichsanspruch gem. §§ 48 III, 49 VI VwVfG (Land) wird idR nicht bestehen, da das Vertrauen auf den Bestand einer Ausnahmebewilligung wegen § 54 I 2 Nr. 3 nicht schützenswert ist. Gem. Abs. 2 erfolgt die Ausnahmebewilligung nur für den Einzelfall. Sie ist gem. Abs. 3 im Betrieb auszuhängen.

Dritter Titel. Ausschüsse für Jugendarbeitsschutz

55 *Bildung des Landesausschusses für Jugendarbeitsschutz*

(1) Bei der von der Landesregierung bestimmten obersten Landesbehörde wird ein Landesausschuss für Jugendarbeitsschutz gebildet.

(2) Dem Landesausschuss gehören als Mitglieder an:

1. je sechs Vertreter der Arbeitgeber und der Arbeitnehmer,

2. ein Vertreter des Landesjugendrings,

3. ein von der Bundesagentur für Arbeit benannter Vertreter und je ein Vertreter des Landesjugendamts, der für das Gesundheitswesen zuständigen obersten Landesbehörde und der für die berufsbildenden Schulen zuständigen obersten Landesbehörde und

4. ein Arzt.

(3) Die Mitglieder des Landesausschusses werden von der von der Landesregierung bestimmten obersten Landesbehörde berufen, die Vertreter der Arbeitgeber und Arbeitnehmer auf Vorschlag der auf Landesebene bestehenden Arbeitgeberverbände und Gewerkschaften, der Arzt auf Vorschlag der Landesärztekammer, die übrigen Vertreter auf Vorschlag der in Absatz 2 Nr. 2 und 3 genannten Stellen.

(4) Die Tätigkeit im Landesausschuss ist ehrenamtlich. Für bare Auslagen und für Entgeltausfall ist, soweit eine Entschädigung nicht von anderer Seite gewährt wird, eine angemessene Entschädigung zu zahlen, deren Höhe nach Landesrecht oder von der von der Landesregierung bestimmten obersten Landesbehörde festgesetzt wird.

(5) Die Mitglieder können nach Anhören der an ihrer Berufung beteiligten Stellen aus wichtigem Grund abberufen werden.

(6) Die Mitglieder haben Stellvertreter. Die Absätze 2 bis 5 gelten für die Stellvertreter entsprechend.

(7) Der Landesausschuss wählt aus seiner Mitte einen Vorsitzenden und dessen Stellvertreter. Der Vorsitzende und sein Stellvertreter sollen nicht derselben Mitgliedergruppe angehören.

(8) Der Landesausschuss gibt sich eine Geschäftsordnung. Die Geschäftsordnung kann die Bildung von Unterausschüssen vorsehen und bestimmen, dass ihnen ausnahmsweise nicht nur Mitglieder des Landesausschusses angehören. Absatz 4 Satz 2 gilt für die Unterausschüsse hinsichtlich der Entschädigung entsprechend. An den Sitzungen des Landesausschusses und der Unterausschüsse können Vertreter der beteiligten obersten Landesbehörden teilnehmen.

1 ErfK/*Schlachter*, §§ 55–57 JArbSchG Rz. 5; *Düwell*, NZA 2001, 308 (309 f.). | 2 *Zmarzlik/Anzinger*, § 54 JArbSchG Rz. 5.

56 *Bildung des Ausschusses für Jugendarbeitsschutz bei der Aufsichtsbehörde*

(1) Bei der Aufsichtsbehörde wird ein Ausschuss für Jugendarbeitsschutz gebildet. In Städten, in denen mehrere Aufsichtsbehörden ihren Sitz haben, wird ein gemeinsamer Ausschuss für Jugendarbeitsschutz gebildet. In Ländern, in denen nicht mehr als zwei Aufsichtsbehörden eingerichtet sind, übernimmt der Landesausschuss für Jugendarbeitsschutz die Aufgaben dieses Ausschusses.

(2) Dem Ausschuss gehören als Mitglieder an:

1. je sechs Vertreter der Arbeitgeber und der Arbeitnehmer,

2. ein Vertreter des im Bezirk der Aufsichtsbehörde wirkenden Jugendrings,

3. je ein Vertreter eines Arbeits-, Jugend- und Gesundheitsamts,

4. ein Arzt und ein Lehrer an einer berufsbildenden Schule.

(3) Die Mitglieder des Jugendarbeitsschutzausschusses werden von der Aufsichtsbehörde berufen, die Vertreter der Arbeitgeber und Arbeitnehmer auf Vorschlag der im Aufsichtsbezirk bestehenden Arbeitgeberverbände und Gewerkschaften, der Arzt auf Vorschlag der Ärztekammer, der Lehrer auf Vorschlag der nach Landesrecht zuständigen Behörde, die übrigen Vertreter auf Vorschlag der in Absatz 2 Nr. 2 und 3 genannten Stellen. § 55 Abs. 4 bis 8 gilt mit der Maßgabe entsprechend, dass die Entschädigung von der Aufsichtsbehörde mit Genehmigung der von der Landesregierung bestimmten obersten Landesbehörde festgesetzt wird.

57 *Aufgaben der Ausschüsse*

(1) Der Landesausschuss berät die oberste Landesbehörde in allen allgemeinen Angelegenheiten des Jugendarbeitsschutzes und macht Vorschläge für die Durchführung dieses Gesetzes. Er klärt über Inhalt und Ziel des Jugendarbeitsschutzes auf.

(2) Die oberste Landesbehörde beteiligt den Landesausschuss in Angelegenheiten von besonderer Bedeutung, insbesondere vor Erlass von Rechtsvorschriften zur Durchführung dieses Gesetzes.

(3) Der Landesausschuss hat über seine Tätigkeit im Zusammenhang mit dem Bericht der Aufsichtsbehörden nach § 51 Abs. 3 zu berichten.

(4) Der Ausschuss für Jugendarbeitsschutz bei der Aufsichtsbehörde berät diese in allen allgemeinen Angelegenheiten des Jugendarbeitsschutzes und macht dem Landesausschuss Vorschläge für die Durchführung dieses Gesetzes. Er klärt über Inhalt und Ziel des Jugendarbeitsschutzes auf.

I. Landesausschuss für Jugendarbeit (§ 55). Der Landesausschuss für Jugendarbeit soll die oberste Landesbehörde mit dem Ziel der besseren Durchsetzung des Gesetzes in der Praxis beraten. Die Landesregierungen haben bestimmt, dass der Landesausschuss für Jugendarbeit bei der für den Arbeitsschutz zuständigen obersten Landesbehörde angesiedelt ist[1]. Die Berufung der 18 Mitglieder nach Abs. 3 erfolgt durch die oberste Landesbehörde. 1

Auf die ehrenamtliche Tätigkeit (Abs. 4 S. 1) finden die §§ 81–87 VwVfG (Land) keine Anwendung, da diese sich nur auf Tätigkeiten im Verwaltungsverfahren nach § 9 VwVfG (Land) beziehen. Das Ausschussmitglied hat gegenüber seinem ArbGeb einen Anspruch auf Freistellung für die Ausschussarbeit gem. § 616 BGB.

Die Abberufung gem. Abs. 5 ist eine Ermessensentscheidung. Daneben kann das Ausschussmitglied das Mandat niederlegen. Durch eine Zurücknahme der Benennung der entsendenden Stelle (Abs. 3) erlischt das Mandat nicht. Das Mandat kann durch die oberste Landesbehörde im Rahmen pflichtgemäßen Ermessens befristet werden[2].

II. Ausschuss für Jugendarbeitsschutz bei der Aufsichtsbehörde (§ 56). Der Ausschuss für Jugendarbeitsschutz nach dieser Vorschrift soll die Aufsichtsbehörde beraten. Bei seiner Zusammensetzung sollen Praxisnähe und die Vertrautheit mit den örtlichen wirtschaftl. Verhältnissen Berücksichtigung finden. Der Lehrer einer berufsbildenden Schule nach Abs. 2 Nr. 4 ist als pädagogischer Fachmann, nicht als Interessenvertreter der Schulen hinzuzuziehen. 2

III. Aufgaben der Ausschüsse (§ 57). Die Aufgaben des Landesausschusses nach Abs. 1 kann dieser von sich aus oder auf Anregung der obersten Landesbehörde ergreifen. Allgemeine Angelegenheiten sind zB der Erlass von RechtsVO und RL, Aufklärungsaktionen. Nicht dazu gehören Maßnahmen zur Durchsetzung des Gesetzes im Einzelfall. Der Ausschuss ist zu eigener, aktiver Aufklärungstätigkeit nach Abs. 1 S. 2 verpflichtet. 3

Angelegenheiten von besonderer Bedeutung nach Abs. 2 sind solche, die wesentlichen Einfluss auf die nähere Ausgestaltung des Jugendarbeitsschutzes haben, insb. der Erlass von Verwaltungsvorschriften 4

1 Im Einzelnen *Zmarzlik/Anzinger*, § 55 JArbSchG Rz. 6. | 2 *Zmarzlik/Anzinger*, § 55 JArbSchG Rz. 15; aA *Schoden*, § 55 Rz. 18 (Befristung durch Geschäftsordnung des Ausschusses, Abs. 8).

und die Vorbereitung von Gesetzesinitiativen. Der Tätigkeitsbericht nach Abs. 3 wird zusammen mit dem Jahresbericht der Aufsichtsbehörden nach § 51 III veröffentlicht.

5 Die Ausschüsse bei der Aufsichtsbehörde haben entsprechende Aufgaben wie der Landesausschuss nach Abs. 1.

Fünfter Abschnitt. Straf- und Bußgeldvorschriften

58 *Bußgeld- und Strafvorschriften*

(1) Ordnungswidrig handelt, wer als Arbeitgeber vorsätzlich oder fahrlässig

1. entgegen § 5 Abs. 1, auch in Verbindung mit § 2 Abs. 3, ein Kind oder einen Jugendlichen, der der Vollzeitschulpflicht unterliegt, beschäftigt,

2. entgegen § 5 Abs. 3 Satz 1 oder Satz 3, jeweils auch in Verbindung mit § 2 Abs. 3, ein Kind über 13 Jahre oder einen Jugendlichen, der der Vollzeitschulpflicht unterliegt, in anderer als der zugelassenen Weise beschäftigt,

3. (aufgehoben)

4. entgegen § 7 Satz 1 Nr. 2, auch in Verbindung mit einer Rechtsverordnung nach § 26 Nr. 1, ein Kind, das der Vollzeitschulpflicht nicht mehr unterliegt, in anderer als der zugelassenen Weise beschäftigt,

5. entgegen § 8 einen Jugendlichen über die zulässige Dauer der Arbeitszeit hinaus beschäftigt,

6. entgegen § 9 Abs. 1 oder 4 in Verbindung mit Absatz 1 eine dort bezeichnete Person an Berufsschultagen oder in Berufsschulwochen nicht freistellt,

7. entgegen § 10 Abs. 1 einen Jugendlichen für die Teilnahme an Prüfungen oder Ausbildungsmaßnahmen oder an dem Arbeitstag, der der schriftlichen Abschlussprüfung unmittelbar vorangeht, nicht freistellt,

8. entgegen § 11 Abs. 1 oder 2 Ruhepausen nicht, nicht mit der vorgeschriebenen Mindestdauer oder nicht in der vorgeschriebenen zeitlichen Lage gewährt,

9. entgegen § 12 einen Jugendlichen über die zulässige Schichtzeit hinaus beschäftigt,

10. entgegen § 13 die Mindestfreizeit nicht gewährt,

11. entgegen § 14 Abs. 1 einen Jugendlichen außerhalb der Zeit von 6 bis 20 Uhr oder entgegen § 14 Abs. 7 Satz 3 vor Ablauf der Mindestfreizeit beschäftigt,

12. entgegen § 15 einen Jugendlichen an mehr als fünf Tagen in der Woche beschäftigt,

13. entgegen § 16 Abs. 1 einen Jugendlichen an Samstagen beschäftigt oder entgegen § 16 Abs. 3 Satz 1 den Jugendlichen nicht freistellt,

14. entgegen § 17 Abs. 1 einen Jugendlichen an Sonntagen beschäftigt oder entgegen § 17 Abs. 2 Satz 2 Halbsatz 2 oder Abs. 3 Satz 1 den Jugendlichen nicht freistellt,

15. entgegen § 18 Abs. 1 einen Jugendlichen am 24. oder 31. Dezember nach 14 Uhr oder an gesetzlichen Feiertagen beschäftigt oder entgegen § 18 Abs. 3 nicht freistellt,

16. entgegen § 19 Abs. 1, auch in Verbindung mit Abs. 2 Satz 1 oder 2, oder entgegen § 19 Abs. 3 Satz 2 oder Abs. 4 Satz 2 Urlaub nicht oder nicht mit der vorgeschriebenen Dauer gewährt,

17. entgegen § 21 Abs. 2 die geleistete Mehrarbeit durch Verkürzung der Arbeitszeit nicht ausgleicht,

18. entgegen § 22 Abs. 1, auch in Verbindung mit einer Rechtsverordnung nach § 26 Nr. 1, einen Jugendlichen mit den dort genannten Arbeiten beschäftigt,

19. entgegen § 23 Abs. 1, auch in Verbindung mit einer Rechtsverordnung nach § 26 Nr. 1, einen Jugendlichen mit Arbeiten mit Lohnanreiz, in einer Arbeitsgruppe mit Erwachsenen, deren Entgelt vom Ergebnis ihrer Arbeit abhängt, oder mit tempoabhängigen Arbeiten beschäftigt,

20. entgegen § 24 Abs. 1, auch in Verbindung mit einer Rechtsverordnung nach § 26 Nr. 1, einen Jugendlichen mit Arbeiten unter Tage beschäftigt,

21. entgegen § 31 Abs. 2 Satz 2 einem Jugendlichen für seine Altersstufe nicht zulässige Getränke oder Tabakwaren gibt,

22. entgegen § 32 Abs. 1 einen Jugendlichen ohne ärztliche Bescheinigung über die Erstuntersuchung beschäftigt,

23. entgegen § 33 Abs. 3 einen Jugendlichen ohne ärztliche Bescheinigung über die erste Nachuntersuchung weiterbeschäftigt,

24. entgegen § 36 einen Jugendlichen ohne Vorlage der erforderlichen ärztlichen Bescheinigungen beschäftigt,

25. entgegen § 40 Abs. 1 einen Jugendlichen mit Arbeiten beschäftigt, durch deren Ausführung der Arzt nach der von ihm erteilten Bescheinigung die Gesundheit oder die Entwicklung des Jugendlichen für gefährdet hält,

26. einer Rechtsverordnung nach

a) § 26 Nr. 2 oder

b) § 28 Abs. 2

zuwiderhandelt, soweit sie für einen bestimmten Tatbestand auf diese Bußgeldvorschrift verweist,

27. einer vollziehbaren Anordnung der Aufsichtsbehörde nach § 6 Abs. 3, § 27 Abs. 1 Satz 2 oder Abs. 2, § 28 Abs. 3 oder § 30 Abs. 2 zuwiderhandelt,

28. einer vollziehbaren Auflage der Aufsichtsbehörde nach § 6 Abs. 1, § 14 Abs. 7, § 27 Abs. 3 oder § 40 Abs. 2, jeweils in Verbindung mit § 54 Abs. 1, zuwiderhandelt,

29. einer vollziehbaren Anordnung oder Auflage der Aufsichtsbehörde auf Grund einer Rechtsverordnung nach § 26 Nr. 2 oder § 28 Abs. 2 zuwiderhandelt, soweit die Rechtsverordnung für einen bestimmten Tatbestand auf die Bußgeldvorschrift verweist.

(2) Ordnungswidrig handelt, wer vorsätzlich oder fahrlässig entgegen § 25 Abs. 1 Satz 1 oder Abs. 2 Satz 1 einen Jugendlichen beschäftigt, beaufsichtigt, anweist oder ausbildet, obwohl ihm dies verboten ist, oder einen anderen, dem dies verboten ist, mit der Beaufsichtigung, Anweisung oder Ausbildung eines Jugendlichen beauftragt.

(3) Absatz 1 Nr. 4, 6 bis 29 und Absatz 2 gelten auch für die Beschäftigung von Kindern (§ 2 Abs. 1) oder Jugendlichen, die der Vollzeitschulpflicht unterliegen (§ 2 Abs. 3), nach § 5 Abs. 2. Absatz 1 Nr. 6 bis 29 und Absatz 2 gelten auch für die Beschäftigung von Kindern, die der Vollzeitschulpflicht nicht mehr unterliegen, nach § 7.

(4) Die Ordnungswidrigkeit kann mit einer Geldbuße bis zu fünfzehntausend Euro geahndet werden.

(5) Wer vorsätzlich eine in Absatz 1, 2 oder 3 bezeichnete Handlung begeht und dadurch ein Kind, einen Jugendlichen oder im Falle des Absatzes 1 Nr. 6 eine Person, die noch nicht 21 Jahre alt ist, in ihrer Gesundheit oder Arbeitskraft gefährdet, wird mit Freiheitsstrafe bis zu einem Jahr oder mit Geldstrafe bestraft. Ebenso wird bestraft, wer eine in Absatz 1, 2 oder 3 bezeichnete Handlung beharrlich wiederholt.

(6) Wer in den Fällen des Absatzes 5 Satz 1 die Gefahr fahrlässig verursacht, wird mit Freiheitsstrafe bis zu sechs Monaten oder mit Geldstrafe bis zu einhundertachtzig Tagessätzen bestraft.

59 *Bußgeldvorschriften*

(1) Ordnungswidrig handelt, wer als Arbeitgeber vorsätzlich oder fahrlässig

1. entgegen § 6 Abs. 4 Satz 2 ein Kind vor Erhalt des Bewilligungsbescheides beschäftigt,

2. entgegen § 11 Abs. 3 den Aufenthalt in Arbeitsräumen gestattet,

3. entgegen § 29 einen Jugendlichen über Gefahren nicht, nicht richtig oder nicht rechtzeitig unterweist,

4. entgegen § 33 Abs. 2 Satz 1 einen Jugendlichen nicht oder nicht rechtzeitig zur Vorlage einer ärztlichen Bescheinigung auffordert,

5. entgegen § 41 die ärztliche Bescheinigung nicht aufbewahrt, vorlegt, einsendet oder aushändigt,

6. entgegen § 43 Satz 1 einen Jugendlichen für ärztliche Untersuchungen nicht freistellt,

7. entgegen § 47 einen Abdruck des Gesetzes oder die Anschrift der zuständigen Aufsichtsbehörde nicht auslegt oder aushängt,

8. entgegen § 48 Arbeitszeit und Pausen nicht oder nicht in der vorgeschriebenen Weise aushängt,

9. entgegen § 49 ein Verzeichnis nicht oder nicht in der vorgeschriebenenWeise führt,

10. entgegen § 50 Abs. 1 Angaben nicht, nicht richtig oder nicht vollständig macht oder Verzeichnisse oder Unterlagen nicht vorlegt oder einsendet oder entgegen § 50 Abs. 2 Verzeichnisse oder Unterlagen nicht oder nicht vorschriftsmäßig aufbewahrt,

11. entgegen § 51 Abs. 2 Satz 2 das Betreten oder Besichtigen der Arbeitsstätten nicht gestattet,

12. entgegen § 54 Abs. 3 einen Aushang nicht anbringt.

(2) Absatz 1 Nr. 2 bis 6 gilt auch für die Beschäftigung von Kindern (§ 2 Abs. 1 und 3) nach § 5 Abs. 2 Satz 1.

(3) Die Ordnungswidrigkeit kann mit einer Geldbuße bis zu zweitausendfünfhundert Euro geahndet werden.

60 *Verwaltungsvorschriften für die Verfolgung und Ahndung von Ordnungswidrigkeiten*
Der Bundesminister für Arbeit und Sozialordnung kann mit Zustimmung des Bundesrates allgemeine Verwaltungsvorschriften für die Verfolgung und Ahndung von Ordnungswidrigkeiten nach §§ 58 und 59 durch die Verwaltungsbehörde (§ 35 des Gesetzes über Ordnungswidrigkeiten) und über die Erteilung einer Verwarnung (§§ 56, 58 Abs. 2 des Gesetzes über Ordnungswidrigkeiten) wegen einer Ordnungswidrigkeit nach §§ 58 und 59 erlassen.

1 **I. Normzweck.** Durch die §§ 58–60 soll die Durchsetzung des Gesetzes in der Praxis gefördert werden. Dem ArbGeb soll durch die Verhängung von Bußgeldern deutlich gemacht werden, dass die Vorschriften des Gesetzes strikt einzuhalten sind. Es sollen zudem die wirtschaftl. Vorteile abgeschöpft werden, welche der ArbGeb mit der rechtswidrigen Beschäftigung von Kindern und Jugendlichen erzielen kann.

2 **II. Bußgeld- und Strafvorschriften (§§ 58, 59).** Die Norm enthält Tatbestände, die abhängig von der Schwere ihrer Begehung als Ordnungswidrigkeiten oder Straftaten verfolgt werden.

3 **1. Täter** nach Abs. 1 und 3 ist der ArbGeb. Zum Begriff des ArbGeb vgl. § 3. Ist ArbGeb eine juristische Person, eine Personenhandelsgesellschaft oder eine nicht geschäftsfähige natürliche Person gilt § 14 I StGB bzw. § 9 I OWiG, dh. als Täter kommt der Vertreter in Betracht. Durch § 14 II StGB, § 9 II OWiG kann Täter darüber hinaus eine beauftragte Person sein, wenn sie mit der Leitung des Betriebs, eines Betriebsteils oder mit der Erfüllung bestimmter Pflichten beauftragt ist.

4 **2. Irrtum über das Alter des Beschäftigten.** Hält der ArbGeb den Beschäftigten irrig für älter, so dass ein Verstoß gegen die Vorschriften des Gesetzes ausgeschlossen wäre, liegt ein Tatbestandsirrtum nach § 16 I StGB, § 11 I OWiG vor. Bei der Beweiswürdigung ist jedoch zu berücksichtigen, dass sich der ArbGeb auf die Angaben einer Person, welche nach ihrem äußeren Erscheinungsbild oder nach sonstigen Umständen (zB Schulpflicht) in den Anwendungsbereich der Vorschriften des JArbSchG fallen könnte, nicht verlassen darf, zumal sich das Alter durch Vorlage des Personalausweises unschwer ermitteln lässt[1].

5 **3. Irrtum über die Vorschriften des JArbSchG.** Irrt sich der ArbGeb über die Grenzen der Verbotstatbestände des Gesetzes, liegt ein Verbotsirrtum gem. § 17 StGB, § 11 II OWiG vor. Der ArbGeb handelt dann nicht schuldhaft, wenn der Verbotsirrtum unvermeidbar war. Ein Irrtum über die Vorschriften des JArbSchG ist aber idR vermeidbar. In diesem Fall kommt nur eine Milderung der Strafe nach § 49 I StGB bzw. eine Berücksichtigung des Irrtums bei der Bemessung des Bußgelds in Betracht.

6 **4. Ordnungswidrigkeiten.** Sie sind in § 58 I–IV, § 59 abschließend aufgezählt. Die Ordnungswidrigkeiten nach § 59 werden vom Gesetzgeber als weniger schwerwiegend eingestuft.

7 **5. Straftaten** nach § 58 V u. VI setzen voraus, dass der Verstoß gegen die Vorschriften des Gesetzes vorsätzlich erfolgt. Eine Gesundheitsgefährdung nach Abs. 5 S. 1 setzt die Wahrscheinlichkeit des Eintritt eines nicht unerheblichen Schadens an der Gesundheit oder Arbeitskraft voraus. Unter Arbeitskraft ist die von Natur aus vorhandene oder durch Ausbildung oder Übung erworbene bzw. zu erwerbende Fähigkeit, Arbeit zu leisten, zu verstehen[2]. Um eine beharrliche Wiederholung der Verstöße handelt es sich, wenn die erneute Zuwiderhandlung eine so rechtsfeindliche Einstellung gegen die betreffende Vorschrift erkennen lässt, dass eine Ahndung mit den Mitteln des Strafrechts gerechtfertigt erscheint[3]. Für die Straftat nach Abs. 6 genügt die fahrlässige Verursachung der Gefahr.

8 **III. Verwaltungsvorschriften (§ 60).** Eine Verwaltungsvorschrift durch das BMAS ist bisher noch nicht ergangen. Gem. Art. 83 GG sind die Länder damit weiterhin zur Ausführung des Gesetzes ermächtigt. Der Länderausschuss für Arbeitsschutz und Sicherheitstechnik (LASI) hat RL für die Verfolgung und Ahndung von Zuwiderhandlungen iSd. JArbSchG v. 17.9.1997 beschlossen, die bundeseinheitlich angewandt werden sollen[4]. Diese RL enthalten auch einen Bußgeldkatalog.

Sechster Abschnitt. Schlussvorschriften

61 *Beschäftigung von Jugendlichen auf Kauffahrteischiffen*
(1) Für die Beschäftigung von Jugendlichen auf Kauffahrteischiffen als Besatzungsmitglieder im Sinne des § 3 des Seemannsgesetzes gilt an Stelle dieses Gesetzes das Seemannsgesetz mit den nachfolgenden Änderungen.

(2) Das Seemannsgesetz wird wie folgt geändert: (vom Abdruck wurde abgesehen).

---

1 Vgl. BayObLG v. 11.11.1981 – 3 Ob OWi 186/81, AP Nr. 1 zu § 5 JArbSchG. | 2 *Zmarzlik/Anzinger*, § 58 JArbSchG Rz. 14. | 3 BT-Drs. 7/626, S. 14. | 4 Vgl. zB die Verwaltungsvorschrift zur Verfolgung und Ahndung von Zuwiderhandlung iSd. Jugendarbeitsschutzgesetzes und des Fahrpersonalgesetzes des Ministeriums für Soziales, Familie und Gesundheit Thüringen vom 17.12.1999, ThürStAnz Nr. 3/2000 S. 154.

62 *Beschäftigung im Vollzug einer Freiheitsentziehung*

(1) Die Vorschriften dieses Gesetzes gelten für die Beschäftigung Jugendlicher (§ 2 Abs. 2) im Vollzug einer gerichtlich angeordneten Freiheitsentziehung entsprechend, soweit es sich nicht nur um gelegentliche, geringfügige Hilfeleistungen handelt und soweit in den Absätzen 2 bis 4 nichts anderes bestimmt ist.

(2) Im Vollzug einer gerichtlich angeordneten Freiheitsentziehung finden § 19, §§ 47 bis 50 keine Anwendung.

(3) Die §§ 13, 14, 15, 16, 17 und 18 Abs. 1 und 2 gelten im Vollzug einer gerichtlich angeordneten Freiheitsentziehung nicht für die Beschäftigung jugendlicher Anstaltsinsassen mit der Zubereitung und Ausgabe der Anstaltsverpflegung.

(4) § 18 Abs. 1 und 2 gilt nicht für die Beschäftigung jugendlicher Anstaltsinsassen in landwirtschaftlichen Betrieben der Vollzugsanstalten mit Arbeiten, die auch an Sonn- und Feiertagen naturnotwendig vorgenommen werden müssen.

I. Beschäftigung von Jugendlichen auf Kauffahrteischiffen (§ 61). Für die Besatzungsmitglieder eines Kauffahrteischiffes sollen möglichst einheitliche Regelungen gelten. Aus diesem Grund wurde der Anwendungsbereich des JArbSchG eingeschränkt. Kauffahrteischiffe sind idR Handelsschiffe, dh. Seeschiffe, die dem Erwerb durch die Seefahrt dienen. Die Vorschriften des SeemG[1] gelten nur für Schiffe, die die Bundesflagge führen. Besatzungsmitglieder nach § 3 SeemG sind Schiffsoffiziere, sonstige Angestellte und Schiffsleute, dh. Personen, die zum Reeder in einem sog. Heuerverhältnis stehen. Für Jugendliche, auf die dies nicht zutrifft, findet das JArbSchG Anwendung (vgl. § 103 II SeemG), zB für auf dem Schiff tätige Friseure, Kellner oder Verkäufer. 1

II. Beschäftigung in Vollzug einer Freiheitsentziehung (§ 62). Mit der Vorschrift soll die sinngemäße Übertragung der für private Beschäftigungsverhältnisse geschaffenen Vorschriften des JArbSchG auf die öffentl.-rechtl. Gewaltverhältnisse in Strafvollzugsanstalten erreicht werden. 2

63–70 **(Änderung von Gesetzen und Verordnungen)**

71 *Berlin-Klausel*

(gegenstandslos)

72 *In-Kraft-Treten*

(1) Dieses Gesetz tritt am 1. Mai 1976 in Kraft.

(2) Zum gleichen Zeitpunkt treten außer Kraft: (vom Abdruck wurde abgesehen).

(3) Die auf Grund des § 37 Abs. 2 und des § 53 des Jugendarbeitsschutzgesetzes vom 9. August 1960, des § 20 Abs. 1 des Jugendschutzgesetzes vom 30. April 1938 und des § 120e der Gewerbeordnung erlassenen Vorschriften bleiben unberührt. Sie können, soweit sie den Geltungsbereich dieses Gesetzes betreffen, durch Rechtsverordnungen auf Grund des § 26 oder des § 46 geändert oder aufgehoben werden.

(4) Vorschriften in Rechtsverordnungen, die durch § 69 dieses Gesetzes geändert werden, können vom Bundesministerium für Arbeit und Soziales im Rahmen der bestehenden Ermächtigungen geändert oder aufgehoben werden.

(5) Verweisungen auf Vorschriften des Jugendarbeitsschutzgesetzes vom 9. August 1960 gelten als Verweisungen auf die entsprechenden Vorschriften dieses Gesetzes oder der auf Grund dieses Gesetzes erlassenen Rechtsverordnungen.

---

1 V. 26.7.1957, BGBl. II S. 713, zuletzt geändert durch Gesetz v. 24.12.2003, BGBl. I S. 3002.

Kündigungsschutzgesetz (KSchG)

in der Fassung der Bekanntmachung vom 25.8.1969 (BGBl. I S. 1317), zuletzt geändert durch Gesetz vom 26.3.2008 (BGBl. I S. 444)

Vor § 1

1 **I. Entstehung und Entwicklung.** Das KSchG beschränkt die Kündigungsfreiheit des ArbGeb und damit die **Vertragsfreiheit**. Die historische Entwicklung im 19. Jahrhundert hatte unter der Geltung nahezu reiner Vertragsfreiheit zu krassen Missständen auf Seiten der abhängig Beschäftigten geführt. Es zeigte sich, dass die für die Ordnungsfunktion des freien Vertragsschlusses erforderliche strukturelle Chancengleichheit der Vertragsparteien typischerweise beim Abschluss des Arbeitsvertrages fehlt. Hinzu trat die soziale und volkswirtschaftl. Bedeutung des Arbeitsverhältnisses: Es bildet für die ArbN und ihre unterhaltsberechtigten Angehörigen, also für den weitaus größten Teil der Bevölkerung, die lebenslange **Existenzgrundlage**. Staatliche Eingriffe in die Vertragsfreiheit wurden daher zum Schutz des ArbN und zur Stabilisierung seiner Existenzgrundlage notwendig[1]. Die Rechtfertigung dieser Beschränkung der Vertragsfreiheit wird für die heutigen Verhältnisse neuerdings gelegentlich in Frage gestellt[2] und in einem überzogenen Kündigungsschutz ein Einstellungshindernis gesehen[3]. Tatsächlich besteht ein Schutzbedürfnis auch heute, wobei man über das erforderliche Maß streiten mag[4].

2 Einen ersten allgemeinen, jedoch an die Mitwirkung des BR geknüpften Kündigungsschutz brachte nach dem 1. Weltkrieg das **Betriebsrätegesetz** vom 4.2.1920[5] für Betriebe mit mindestens 20 ArbN. In der Zeit des Nationalsozialismus räumte das Gesetz zur Ordnung der nationalen Arbeit (**AOG**) vom 20.1.1934[6] dem ArbN einen ähnlichen individuellen Schutz vor Kündigungen ein, der auf Betriebe mit mindestens 10 ArbN erweitert war. An die Stelle der kollektiven Beteiligungsrechte trat das „Führerprinzip". Nach dem 2. Weltkrieg bildete sich zunächst in den **Besatzungszonen** ein regional unterschiedliches Kündigungsschutzrecht heraus. Soweit ein Schutz vor Kündigungen nicht eigens geregelt war (so zB in der Britischen Besatzungszone), gewährte die Rspr. einen gewissen, konturenlosen Schutz über die §§ 138, 242 BGB[7].

3 Diesen Zustand beendete das am 14.8.1951 in Kraft getretene erste Kündigungsschutzgesetz vom 10.8.1951 **(KSchG 1951)**[8]. Es beruhte im Wesentlichen auf einem gemeins. Gesetzesvorschlag von ArbGebVerbänden und Gewerkschaften, dem sog. Hattenheimer Entwurf vom 13.1.1950[9]. Das KSchG 1951 führte den Begriff der sozial ungerechtfertigten Kündigung ein und beschränkte die Ausnahme von seinem Geltungsbereich auf Kleinbetriebe mit bis zu 5 ArbN. Änderungen brachte das 1. Arbeitsrechtsbereinigungsgesetz vom 14.8.1969[10], das eine Reihe von Vorschriften inhaltlich modifizierte und die §§ 2 und 8 neu einfügte[11]. Das Gesetz wurde am 25.8.1969 neu gefasst[12] und wird zur Unterscheidung auch „**KSchG 1969**" zitiert. Dies ist bei Heranziehung älterer Entscheidungen zu beachten. In der weiteren

1 Vgl. APS/*Preis*, Grundlagen A Rz. 1 ff.; *Göller*, Die Geschichte des Kündigungsschutzrechts in Deutschland, Diss. 1974, S. 34, 43 f. | 2 Vgl. etwa *Reuter*, FS 25 Jahre BAG 1979, S. 405 (424 ff.); *Rüthers*, NJW 1998, 1433; s. auch *v. Hoyningen-Huene/Linck*, Einl. KSchG Rz. 10 ff. mwN. | 3 *Rüthers*, NJW 2002, 1601 ff.; *Rüthers*, NJW 2003, 546 ff.; *Adomeit*, NJW 1998, 2951; *Buchner*, NZA 2002, 533 ff.; *Bauer*, NZA 2002, 529 ff.; dagegen aus empirischer Sicht *Bielinski/Hartmann/Pfarr/Seifert*, AuR 2003, 81 ff. | 4 BVerfG v. 27.1.1998 – 1 BvL 15/87 u. 1 BvL 22/93, EzA § 23 KSchG Nr. 17 u. 18; v. 19.10.1993 – 1 BvR 567/89, AP Nr. 35 zu Art. 3 GG; v. 7.2.1990 – 1 BvR 26/84, AP Nr. 65 zu Art. 12 GG; APS/*Preis*, Grundlagen B Rz. 29 ff. mwN; zusammenfassend *Preis*, RdA 2003, 65 ff. | 5 RGBl. I S. 147. | 6 RGBl. I S. 45. | 7 Vgl. näher *v. Hoyningen-Huene/Linck*, Einl. KSchG Rz. 19–25. | 8 BGBl. I S. 499. | 9 RdA 1950, 63. | 10 BGBl. I S. 1106. | 11 Näher zu den inhaltl. Änderungen *v. Hoyningen-Huene/Linck*, Einl. KSchG Rz. 36 f. | 12 BGBl. I S. 1317.

Folge erlebte das KSchG 1969 mehrfache **Änderungen**: 1972 führte der Erlass des BetrVG vom 15.1.1972 zu einer Verzahnung von kollektivem und individuellem Kündigungsschutz (vgl. § 1 II 2 KSchG einerseits und § 102 III Nr. 2–5 BetrVG andererseits); weiter wurde der Kündigungsschutz für Funktionsträger in der Betriebsverfassung verbessert (§ 15). 1974 traten entsprechende Regelungen im Hinblick auf das BPersVG vom 15.3.1974 in Kraft[1]. 1976 entfiel die bis dahin in § 1 geregelte Mindestaltersgrenze für den Kündigungsschutz von (zuletzt) 18 Jahren[2]. 1978 passte der Gesetzgeber die Vorschriften über Massenentlassungen (§§ 17 ff.) dem geänderten EG-Recht an[3].

Mit dem **Beitritt** der ehemaligen DDR am 3.10.1990 trat gem. Art. 8 des Einigungsvertrages[4] das KSchG ohne Änderungen auch in den neuen Bundesländern in Kraft. Für den öffentl. Dienst der neuen Bundesländer begründete der Einigungsvertrag aber gleichzeitig in seiner Anlage I Kapitel XIX Sachgebiet A Abschnitt III Nr. 1 Abs. 4 und 5 ein Sonderkündigungsrecht der öffentl. ArbGeb. Die dort für eine ordentl. Kündigung geregelten besonderen Kündigungstatbestände (Abs. 4) galten nur befristet in der Zeit vom 3.10.1990 bis 31.12.1993 und haben heute keine Bedeutung mehr[5]; die in Abs. 5 geregelten besonderen Gründe für eine außerordentl. Kündigung gelten dagegen unbefristet, haben inzwischen aber stark an praktischer Bedeutung verloren. 4

Das **Arbeitsrechtliche Beschäftigungsförderungsgesetz** vom 25.9.1996[6] erweiterte den Ausschluss von Kleinbetrieben aus dem Geltungsbereich des KSchG in § 23 auf Betriebe mit bis zu 10 ArbN, brachte Änderungen bei der Sozialauswahl gem. § 1 III und Erleichterungen für betriebsbedingte Kündigungen in besonderen Fallgestaltungen gem. § 1 IV und V. Diese Rechtslage galt nur für Kündigungen, die in der Zeit vom 1.10.1996 bis 31.12.1998 dem ArbN zugingen[7]. Art. 6 des Gesetzes zu Korrekturen in der Sozialversicherung und zur Sicherung der Arbeitnehmerrechte v. 19.12.1998 (sog. **Korrekturengesetz**[8]) stellte mWz. 1.1.1999 ohne Übergangsregelung im Wesentlichen wieder den früheren Rechtszustand her. Die Beschränkung der gerichtl. Überprüfung einer sozialen Auswahl auf Grund von betriebl. oder tarifl. Auswahlrichtlinien gem. § 1 IV 1 aF blieb jedoch mit Modifikationen erhalten[9]. 5

Mit dem Gesetz zu Reformen am Arbeitsmarkt v. 24.12.2003[10] (**Arbeitsmarktreformgesetz**) kehrte der Gesetzgeber mWz. 1.1.2004 nahezu vollständig wieder zu den Erleichterungen des Beschäftigungsförderungsgesetzes v. 25.9.1996 für betriebsbedingte Kündigungen zurück (§ 1 III, IV u. V); außerdem schuf er in § 1a für den Fall der betriebsbedingten Kündigung eine Abfindungsalternative zum Kündigungsschutzprozess, erstreckte die Klagefrist des § 4 S. 1 auf sämtliche Unwirksamkeitsgründe aller Arten von schriftl. Kündigungen und erhöhte die Anwendungsschwelle des KSchG in § 23 I wieder auf zehn ArbN unter weitgehender Wahrung des kündigungsrechtl. Besitzstandes für die Beschäftigten in Kleinbetrieben mit mehr als fünf und bis zu zehn ArbN, deren Arbeitsverhältnis vor dem 1.1.2004 begonnen hat. 6

II. Grundrechtlicher Rahmen. Das Kündigungsschutzrecht steht im Spannungsfeld widerstreitender Grundrechtspositionen von ArbGeb und ArbN[11]. Das **Interesse des ArbGeb** ist auf Kündigungsfreiheit gerichtet. Diese ist Teil der durch Art. 2 GG geschützten Vertragsfreiheit[12]. Im Bereich der Berufsausübung wird Art. 2 durch das speziellere Grundrecht der **Berufsfreiheit** in Art. 12 GG verdrängt[13]. Kündigungsfreiheit bringt in Wettbewerb sowie wirtschaftl. und sonstigen Wechselfällen größere Beweglichkeit. Ein übermäßiger Kündigungsschutz für ArbN würde unzulässig in die Berufsfreiheit des ArbGeb eingreifen (sog. Übermaßverbot, s. Art. 12 GG Rz. 73 ff.). Diese umfasst die Gründung und Führung von Unternehmen (Unternehmerfreiheit) und schließt die Disposition über die benötigte Anzahl von Arbeitskräften zur Verfolgung der unternehmerischen Ziele ein[14]. Der Schutz gilt auch der Tätigkeit von Großunternehmen und Konzernen[15]. 7

Der Schutz des **Eigentums** durch Art. 14 GG ist berührt, soweit nicht nur die unternehmerische Handlungsfreiheit, dh. die Chance auf Erwerb, betroffen ist, sondern die Beibehaltung und Verwendung des (rechtl. verfestigt) Erworbenen[16]. Ob dazu auch das Unternehmen oder der „eingerichtete und ausge- 8

---

1 Näher zu den vorgenannten Änderungen *v. Hoyningen-Huene/Linck*, Einl. KSchG Rz. 41 f. | **2** Erstes Gesetz zur Änderung des KSchG vom 5.7.1976, BGBl. I S. 1769. | **3** Zweites Gesetz zur Änderung des KSchG vom 27.4.1978, BGBl. I S. 550. | **4** Vertrag zwischen der Bundesrepublik Deutschland und der Deutschen Demokratischen Republik über die Herstellung der Einheit Deutschlands – Einigungsvertrag – vom 31.8.1990, BGBl. II S. 889. | **5** Sie verdrängten als lex specialis in ihrem Anwendungsbereich teilweise § 1 KSchG, BAG v. 24.9.1992 – 8 AZR 557/91, AP Nr. 3 zu Einigungsvertrag Anlage I Kapitel XIX mit insoweit zust. Anm. *v. Hoyningen-Huene*; vgl. näher zu den Kündigungsgründen des Abs. 4 KR/*Griebeling*, 4. Aufl., § 1 KSchG Rz. 640–677. | **6** BGBl. I S. 1476. | **7** Vgl. zu dieser Rechtslage HK/*Dorndorf*, § 1 KSchG Anh. 3. | **8** BGBl. I S. 3843. | **9** Vgl. zum sog. Korrekturengesetz *Preis*, RdA 1999, 311 sowie *Lakies*, NJ 1999, 74. | **10** BGBl. I S. 3002. | **11** Instruktiv BVerfG v. 30.7.2003 – 1 BvR 792/03, NJW 2003, 2815 (Kündigung einer Verkäuferin wegen Tragens eines islamischen Kopftuchs). | **12** BVerfG v. 12.11.1958 – 2 BvL 4/56 ua., E 8, 274 (328); BVerfG v. 19.10.1983 – 2 BvR 298/81, AP Nr. 2 zu § 1 BetrAVG – Unterstützungskassen. | **13** BVerfG v. 15.12.1987 – 1 BvR 563/85 ua., AP Nr. 62 zu Art. 12 GG. | **14** BVerfG v. 1.3.1979 – 1 BvR 532/77, AP Nr. 1 zu § 1 MitbestG; v. 27.1.1998 – 1 BvL 15/87, AP Nr. 17 zu § 23 KSchG 1969; v. 27.1.1998 – 1 BvL 15/87, E 97, 169 (176); BAG v. 3.4.1990 – 1 AZR 123/89, AP Nr. 56 zu Art. 9 GG. | **15** BVerfG 1.3.1979 – 1 BvR 532/77 ua., E 50, 290 (363 f.) = AP Nr. 1 zu § 1 MitbestG. | **16** BVerfG v. 10.3.1992 – 1 BvR 454/91, AP Nr. 1 zu Art. 38 EinigungsV; v. 25.5.1993 – 1 BvR 345/83, E 88, 366, 377.

übte Gewerbebetrieb" als solche gehören, ist bislang vom BVerfG nicht entschieden und im Übrigen streitig (vgl. Art. 14 GG Rz. 23 ff.). Zum geschützten Eigentum gehören jedenfalls die einzelnen materiellen und immateriellen Betriebs- und Produktionsmittel. Erst wenn eine übermäßige Vertragsbindung der im Betrieb beschäftigten ArbN diese Rechtspositionen ausnahmsw. in ihrer Substanz nachhaltig beeinträchtigt, kann ein Eingriff in das Grundrecht aus Art. 14 GG vorliegen[1].

9 Das **Interesse des ArbN** ist auf Bestandsschutz für sein Arbeitsverhältnis gerichtet. Seine persönl. Arbeitskraft ist naturgemäß begrenzt, bildet aber regelmäßig die Grundlage für seine wirtschaftl. und soziale Existenz und die seiner unterhaltsberechtigten Angehörigen. In Zeiten hoher Arbeitslosigkeit wie auch in vorgerücktem Lebensalter steigt sein Schutzbedürfnis. Das **Bestandsschutzinteresse** des ArbN fällt ebenso in den Schutzbereich des Art. 12 GG. Das Grundrecht schützt als „Beruf" jede Tätigkeit, die der Schaffung und Erhaltung einer Lebensgrundlage dient[2], in ihrer konkreten Ausübungsform („Arbeitsplatz"). Geschützt ist somit auch die berufl. Betätigung in der konkreten Form der abhängigen Arbeit[3]. Art. 12 GG schützt nur **Deutsche**, Ausländer erlangen über Art. 2 I GG als sog. „Auffanggrundrecht" einen ähnlichen, aber etwas abgeschwächten Schutz[4]. EG-Ausländer sind über Art. 2 I GG Deutschen praktisch gleichgestellt, weil der EuGH die Berufsfreiheit als einen allgemeinen Grundsatz des Gemeinschaftsrechts betrachtet[5].

10 Art. 12 GG begründet ua. das Freiheitsrecht, einen Arbeitsplatz, dh. jede konkrete Form einer Berufsausübung, nach eigener Wahl anzunehmen, beizubehalten oder aufzugeben[6]. Der Schutz richtet sich nicht nur gegen staatliche Eingriffe, sondern begründet insb. auch die **Schutzpflicht** für den Staat, eine aktive Teilhabe an der Freiheit zur Berufsausübung zu gewährleisten, wo diese signifikant durch sonstige Umstände bedroht ist[7]. Für das Arbeitsverhältnis und speziell den Arbeitsplatzschutz ergibt sich daraus die Pflicht des Gesetzgebers, einen wirksamen Mindestschutz gegenüber arbeitgeberseitigen Kündigungen zur Verfügung zu stellen (Untermaßverbot)[8]. Art. 12 GG begründet indessen weder einen Anspruch auf Bereitstellung eines Arbeitsplatzes eigener Wahl noch auf eine Bestandsgarantie für die Beibehaltung eines Arbeitsplatzes[9]. Zwischen Über- und Untermaßverbot steht dem Gesetzgeber ein weiter Beurteilungs- und Gestaltungsspielraum zur Verfügung[10]. In seiner derzeitigen Form hält sich das KSchG in diesem Rahmen[11].

11 Allerdings hat das BVerfG die **Herausnahme der Kleinbetriebe** mit seinerzeit bis zu fünf ArbN aus dem Geltungsbereich des KSchG (§ 23) ua. nur deshalb als mit Art. 12 GG vereinbar angesehen, weil auch außerhalb des KSchG über die §§ 138, 242 BGB ein durch Art. 12 GG gebotener Mindestschutz gewährleistet sei[12]. Vgl. Rz. 16; zum Einfluss des Grundrechts auf die Auslegung des Begriffs des Kleinbetriebes iSv. § 23 vgl. § 23 Rz. 10.

12 Neben dem allgemeinen Spannungsfeld des Art. 12 GG enthält das Grundgesetz eine Reihe unmittelbarer **Schutznormen** mit zT direkter privatrechtl. Wirkung für Kündigungen, so das Diskriminierungsverbot in Art. 3 Abs. 3 (die Diskriminierungsverbote des Art. 3 III GG werden überlagert durch die des AGG und der zu Grunde liegenden EG-Richtlinien, vgl. Rz. 16), den Schutz gewerkschaftl. Betätigung in Art. 9 III 2 GG, den Mutterschutz in Art. 6 IV GG, den Schutz von Bundestagsabgeordneten in Art. 48 II GG. Verfassungsrechtlich besonders geschützt ist das Selbstbestimmungsrecht der **Kirchen** gem. Art. 4, 140 GG iVm. Art. 136 f. WRV. Dies wirkt sich bei der kündigungsrechtl. Bewertung von Verstößen gegen kirchliche Glaubensregeln und Pflichten aus (s. Rz. 39 f. sowie § 1 Rz. 228). Zu **Tendenzunternehmen**, insb. Rundfunk und Presse (Art. 5 I 2 GG), vgl. Rz. 41.

13 Bei der Bewertung von Kündigungsgründen ist weiterhin die **Ausstrahlungswirkung** der Grundrechte zu beachten, so der Freiheit der Meinungsäußerung (Art. 5 I 1 GG[13]) und des Gewissens und der Religionsausübung (Art. 4 I GG)[14], des Schutzes der Familie (Art. 6 I GG), des Petitionsrechts (Art. 17 GG)[15]. Diese Grundrechte entfalten nach hM keine unmittelbare Drittwirkung gegenüber Privaten, haben aber Bedeutung im Privatrecht über die Auslegung unbestimmter Rechtsbegriffe, insb. der zivilrechtl. Generalklauseln, und gewähren hier Schutz gegen Grundrechtsverletzungen durch andere

1 Vgl. auch ErfK/*Dieterich*, Art. 14 GG Rz. 19 f.; *Kiel/Koch*, Rz. 3; APS/*Preis*, Grundlagen A Rz. 31. | 2 BVerfG v. 11.6.1958 – 1 BvR 596/56, E 7, 377, 397; v. 18.6.1980 – 1 BvR 697/77, E 54, 301 (313); v. 13.1.1982 – 1 BvR 848/77, AP Nr. 1 zu Art. 5 GG – Rundfunkfreiheit. | 3 BVerfG v. 24.4.1991 – 1 BvR 1341/90, AP Nr. 70 zu Art. 12 GG. | 4 BVerfG v. 15.1.2002 – BvR 1783/99, E 104, 337 (346); v. 10.5.1988 – 1 BvR 482/84, E 78, 179, 196 f. | 5 EuGH v. 14.5.1974 – C-4/73 („Nold"), Slg. 1974, 491 = EAS EG-Vertrag Art. 164 Nr. 5 Tz. 14; ErfK/*Dieterich*, Art. 12 GG Rz. 12. | 6 BVerfG v. 24.4.1991 – 1 BvR 1341/90, AP Nr. 70 zu Art. 12 GG. | 7 BVerfG v. 24.4.1991 – 1 BvR 1341/90, AP Nr. 70 zu Art. 12 GG. | 8 BVerfG v. 24.4.1991 – 1 BvR 1342/90, AP Nr. 70 zu Art. 12 GG; v. 21.2.1995 – 1 BvR 1397/93, E 92, 140 (153); v. 27.1.1998 – 1 BvL 15/87, AP Nr. 17 zu § 23 KSchG 1969. | 9 BVerfG v. 21.2.1995 – 1 BvR 1397/93, NZA 1995, 619. | 10 BVerfG v. 17.11.1992 – 1 BvR 168/89, E 87, 363, 383; v. 7.2.1990 – 1 BvR 26/84, AP Nr. 65 zu Art. 12 GG. | 11 BVerfG v. 27.1.1998 – 1 BvL 15/87, AP Nr. 17 zu § 23 KSchG 1969; v. 21.2.1995 – 1 BvR 1397/93, E 92, 140 (153). | 12 BVerfG v. 27.1.1998 – 1 BvL 15/87, DB 1998, 826. | 13 BAG v. 24.6.2004 – 2 AZR 63/03, NZA 2005, 158. | 14 BAG v. 10.10.2002 – 2 AZR 472/01, NZA 2003, 483 (Kündigung einer Verkäuferin wegen Tragens eines islamischen Kopftuchs); best. durch BVerfG v. 30.7.2003 – 1 BvR 792/03, NJW 2003, 2815 f. (instruktiv zum grundrechtlichen Spannungsverhältnis im Arbeitsverhältnis). | 15 BVerfG v. 2.7.2001 – 1 BvR 2049/00, AP Nr. 170 zu § 626 BGB; *Müller*, NZA 2002, 424 (430 f.).

Grundrechtsträger[1]. Der in Art. 3 GG wurzelnde arbeitsrechtl. **Gleichbehandlungsgrundsatz** wird vom BAG nicht unmittelbar auf das Kündigungsrecht des ArbGeb angewendet, so dass er nicht die Grundlage eines sonstigen Unwirksamkeitsgrundes iSv. § 13 III bilden kann. Dies sei mit der im Kündigungsrecht gebotenen Einzelfallabwägung unvereinbar. Die Behandlung gleich oder ähnlich liegender Kündigungssachverhalte durch den ArbGeb (auch in der Vergangenheit) ist aber im Rahmen der Interessenabwägung zu berücksichtigen, so etwa bei einer „herausgreifenden Kündigung"[2] (vgl. § 1 Rz. 71).

III. Kündigungsschutz außerhalb des KSchG. 1. Gesetzlicher Schutz. Der gesetzl. Kündigungsschutz ist in eine Vielzahl von Einzelvorschriften zersplittert. Eine Systematik fehlt. Von Form- und Fristerfordernissen abgesehen schützt das Gesetz im Wesentlichen auf vier unterschiedlichen Wegen vor Kündigungen; liegen die jeweiligen Voraussetzungen vor, greifen die Schutzregelungen nebeneinander ein **(Mehrfachschutz)**: 14

(1) Vorbeugenden Schutz vor dem Ausspruch einer Kündigung bezweckt die zwingend vorgesehene Einbeziehung von bestehenden **ArbN-Vertretungen** (BR: §§ 102 f. BetrVG; Personalvertretung: §§ 72, 79, 108 II BPersVG bzw. die jeweiligen Landespersonalvertretungsgesetze). Die Missachtung des Beteiligungsrechts führt zur Unwirksamkeit der Kündigung (§ 102 I 3 BetrVG, §§ 79 IV, 108 II BPersVG). 15

(2) Prinzipiell für alle Arbeitsverhältnisse gewähren im Einzelfall die Generalklauseln des Zivilrechts einen gewissen Kündigungsschutz (sog. „**Kündigungsschutz 2. Klasse**"[3]). Vor sittenwidrigen, willkürlichen und diskriminierenden Kündigungen bieten unter Einbeziehung der Wertentscheidungen des GG die §§ 138, 242 BGB Schutz. Grundlegend hierfür ist die Entscheidung des BVerfG v. 27.1.1998[4] zum Ausschluss der Kleinbetriebe aus dem Geltungsbereich des KSchG. **Willkürliche, evident unsachliche Gründe** werden danach der Wirksamkeit einer Kündigung entgegenstehen. Eine Kündigung verstößt gegen § 242 BGB, wenn sie Treu und Glauben aus Gründen verletzt, die von § 1 nicht erfasst sind. Der kündigungsrechtl. Verhältnismäßigkeitsgrundsatz findet keine Anwendung; auf eine anderweitige Weiterbeschäftigungsmöglichkeit sowie eine vorausgegangene Abmahnung kommt es daher grds. nicht an[5]. Eine willkürliche Kündigung liegt nicht vor, wenn ein irgendwie einleuchtender Grund für die Kündigung besteht[6]. Ferner hat die **Auswahl** „betriebsbedingt" zu entlassender ArbN auch außerhalb des KSchG gem. §§ 242, 315 BGB willkürfrei zu erfolgen[7]. Insb. darf ein durch langjährige Mitarbeit erdientes Vertrauen bei der Auswahlentscheidung nicht bedeutungslos sein[8]. Aus dem Vorbringen des ArbN muss sich hierbei ergeben, dass er mit den nicht gekündigten ArbN „auf den ersten Blick" vergleichbar ist[9]. Auch ohne Geltung eines Sonderkündigungsschutzes gebietet das GG bei derartigen Auswahlentscheidungen eine besondere Rücksichtnahme auf werdende Mütter, Schwerbehinderte, ältere ArbN und Alleinerziehende[10]. Der verfassungsrechtlich gebotene Schutz des ArbN setzt sich in einer abgestuften **Darlegungs- und Beweislast** fort[11]. Näher zu treu- und sittenwidrigen Kündigungen s. § 13 Rz. 19 u. 24 f. Zu beachten sind die allgemeinen Diskriminierungsverbote, so etwa Art. 3 III, 9 III 2 GG, § 612a BGB, § 75 I BetrVG, §§ 4 I u. II, 5 TzBfG ua. Das **AGG** gilt gem. § 2 IV AGG nicht unmittelbar für Kündigungen. Die Wertungen der zu Grunde liegenden EG-Richtlinien[12] wirken auf das Kündigungsrecht jedoch zumindest über eine gemeinschaftsrechtskonforme Auslegung[13], insb. der Generalklauseln (§§ 138, 242, 626 BGB, § 1 etc.). Auch ist insoweit eine Verteilung der Darlegungs- und Beweislast geboten, die im Ergebnis derjenigen des nicht direkt anwendbaren § 22 AGG entspricht[14] (vgl. Erl. zu §§ 1 u. 13 sowie zum AGG). Vor Kündigungen wegen eines Betriebsübergangs oder einer Umwandlung schützen §§ 613a IV BGB, 323 I UmwG. 16

(3) Dem Schutz bestimmter, besonders schutzwürdiger Personengruppen (sog. **Sonderkündigungsschutz**) dient eine Vielzahl von Einzelgesetzen. Diese verlangen entweder eine vorherige behördl. Ge- 17

---

1 BVerfG v. 15.7.1998 – 1 BvR 1554/89 ua., AP Nr. 26 zu § 18 BetrAVG; v. 19.10.1993 – 1 BvR 567/89 ua., AP Nr. 35 zu Art. 2 GG; v. 7.2.1990 – 1 BvR 26/84, AP Nr. 65 zu Art. 12 GG; v. 28.4.1976 – 1 BvR 71/73, AP Nr. 2 zu § 74 BetrVG; *Canaris*, AcP 184 (1984), 201 ff.; *Fastrich*, RdA 1997, 65 ff. | 2 BAG v. 22.2.1979 – 2 AZR 115/78, DB 1979, 1659; v. 28.4.1982 – 7 AZR 1139/79, DB 1982, 1776; für unmittelbare Anwendung des Gleichbehandlungsgrundsatzes, insb. außerhalb des KSchG, Stahlhacke/*Preis*, Rz. 319 ff. | 3 KDZ/*Däubler*, § 242 BGB Rz. 24. | 4 BVerfG v. 27.1.1998 – 1 BvL 15/87, DB 1998, 826. | 5 BAG v. 28.6.2007 – 6 AZR 750/06, NZA 2007, 1049; v. 21.2.2001 – 2 AZR 579/99, BAGE 97, 141, 148. | 6 BAG v. 28.8.2003 – 2 AZR 333/02, AP Nr. 17 zu § 242 BGB – Kündigung; v. 25.4.2001 – 5 AZR 360/99, DB 2001, 2504. | 7 So in Bezug auf die Sonderkündigungstatbestände des EinigungsV BAG v. 19.1.1995 – 8 AZR 914/93, AP Nr. 12 zu Art. 13 EinigungsV. | 8 BVerfG v. 27.1.1998 – 1 BvL 15/87, DB 1998, 826; s. hierzu *Hanau*, FS Dieterich 1999, S. 201; BAG v. 21.2.2001 – 2 AZR 15/00, RdA 2002, 99 m. Anm. *Otto*; krit. aus dogmatischer Sicht *Annuß*, BB 2001, 1898. | 9 BAG v. 6.2.2003 – 2 AZR 672/01, AP Nr. 30 zu § 23 KSchG 1969. | 10 BVerfG v. 24.4.91 – 1 BvR 1342/90, AP Nr. 70 zu Art. 12 GG. | 11 BVerfG v. 27.1.1998 – 1 BvL 15/87, DB 1998, 826; BAG v. 28.6.2007 – 6 AZR 750/06, NZA 2007, 1049 mwN. | 12 RL 76/207 EWG v. 9.2.1976 (ABl EG L 39/40 v. 14.12.1976) – Gleichberechtigung von Männern und Frauen – (geändert durch RL 2002/73 v. 23.9.2002, ABl EG L 269/25 v. 5.10.2002); RL 2000/43 EG v. 29.11.2000 (ABl EG L 180/22 v. 19.7.2000) – Rasse und Herkunft; RL 2000/78 EG v. 27.11.2000 (ABl EG L 303/16 v. 2.12.2000) – Rahmen; RL 97/80 EG v. 15.12.1997 (ABl EG L 14/6 v. 20.1.1998) – Beweislast bei Geschlechterdiskriminierung; ab 15.8.2008 ist für Geschlechterdiskriminierung RL 2006/54 EG v. 5.7.2006 (ABl EG L 204/23) v. 26.7.2006 maßgebend. | 13 Dazu BAG v. 23.3.2006 – 2 AZR 343/05, BB 2006, 1971 (Rz. 23 ff.). | 14 *Hanau*, ZIP 2006, 2189 (2192); *Hamacher/Ulrich*, NZA 2007, 657 (658 f.); *Kamanabrou*, RdA 2007, 199 (201).

nehmigung der Kündigung oder sie schließen generell eine ordentl. Kündigung aus oder gewähren Schutz durch Diskriminierungs- und Benachteiligungsverbote. Der **vorherigen behördlichen Erlaubnis** (Verbot mit Erlaubnisvorbehalt) bedürfen ordentl. wie außerordentl. Kündigungen nach § 9 MuSchG (Mutterschutz), § 18 BEEG (Elternzeit), §§ 85 f. SGB IX (Schutz schwerbehinderter Menschen) und den Bergmannsversorgungsscheingesetzen NRW, Nds. und Saarland. Die **ordentl. Kündigung** ist **ausgeschlossen** bei Mitgliedern der ArbN-Vertretungen und sonstigen Funktionsträgern, § 15 KSchG, § 47 BPersVG, § 96 III SGB IX, § 29a HAG; Immissionsschutz- und Störfallbeauftragten, §§ 58 II, 58d BImSchG; Abgeordneten, § 2 III 2 AbgG; Auszubildenden nach der Probezeit, § 22 II BBiG und Wehr- und Zivildienstleistenden, § 2 I ArbPlSchG[1], § 78 ZDG, § 2 I 1 EignungsÜG. **Diskriminierungs- und Benachteiligungsverbote** schützen vor Kündigungen nicht schlechthin, sondern nur soweit diese wegen des geschützten Status oder der geschützten Tätigkeit ausgesprochen werden. Hierher gehören: § 78 BetrVG (BR-Mitglieder), § 2 III 1 AbgG (Abgeordnete[2]), §§ 58, 58d BImSchG (Immissionsschutz und Störfallbeauftragte), § 36 III BDatSchG (Datenschutzbeauftragte), §§ 26 ArbGG, 20 SGG (ehrenamtl. Richter), § 26 MitbestG, § 76 II BetrVG 1952 iVm. § 78 BetrVG 1972 (ArbN-Vertreter im Aufsichtsrat), § 22 III SGB VII (Sicherheitsbeauftragte) und § 2 III SprAuG (Mitglieder des SprAu).

18 (4) Das **KSchG** gewährleistet einen **„allgemeinen Kündigungsschutz“** und füllt so die verbleibende Lücke: Es schützt vor ordentl. Kündigungen, soweit diese „sozial ungerechtfertigt“ sind; damit geht es weit über den Schutz der Generalklauseln der §§ 138, 242 BGB hinaus. Es schützt alle Arbeitsverhältnisse nach Ablauf von 6 Monaten (§ 1 I) und außerhalb der sog. Kleinbetriebe (§ 23 I) und damit nicht nur besondere Personengruppen. Der allgemeine Kündigungsschutz des KSchG ist somit das Herzstück des Kündigungsschutzrechts und steht im Zentrum der Kündigungsschutzpraxis und der rechtspolitischen Diskussion[3].

19 **2. Autonomer Schutz.** Der gesetzl. Kündigungsschutz wird ergänzt durch den **kollektiv- und einzelvertragl. Kündigungsschutz**. Die vertragl. Erweiterung des Kündigungsschutzes ist verfassungsrechtl. unbedenklich, solange dem ArbGeb die Lösung eines unzumutbar gewordenen Arbeitsverhältnisses durch außerordentl. Kündigung (§ 626 BGB) möglich bleibt[4]. Gelegentlich sind arbeitsvertragl. (vgl. Rz. 20), häufig tarifvertragl. Regelungen anzutreffen. Auch DV oder BV sind möglich, soweit entsprechende tarifl. Regelungen nicht üblich sind (§ 77 III BetrVG). Inhaltlich im Vordergrund des **tarifl. Kündigungsschutzes** steht der generelle oder teilweise Ausschluss der ordentl. Kündigung bei älteren ArbN[5] (**Unkündbarkeit**). Auf Entlassungsbedingungen ist das AGG gem. § 2 I Nr. 2 AGG anwendbar. Eine unzulässige Diskriminierung jüngerer ArbN dürfte gem. § 10 AGG ausscheiden, solange der Schutz (entgegen der noch hL) nicht zu einer Privilegierung in der Sozialauswahl nach § 1 III führt (vgl. Rz. 343 ff., 347) und an ein Lebensalter anknüpft, das bei typisierender Betrachtung bevorzugten Schutz rechtfertigt[6]. In Betracht kommt dann auch eine Einordnung als „positive Maßnahme“ iSv. § 5 AGG. Es erscheint allgemein gerecht, eine knappe Ressource (Unkündbarkeit) nach Bedürftigkeit „zuzuteilen“. Wo diese nicht sicher auszumachen ist, sollte an das Lebensalter angeknüpft werden können, damit grds. jeder in den Genuss kommen kann. Die Anknüpfung an das Alter wird zudem in der Praxis abgemildert durch die gleichzeitige Berücksichtigung der Betriebszugehörigkeit, für die als durch Betriebstreue erdienter Besitzstand eine sachliche Rechtfertigung iSv. § 3 II AGG bestehen dürfte[7]. Problematisch ist schließlich die Frage, ob sich bei etwaigem Verstoß gegen das AGG alle ArbN auf Unkündbarkeit berufen können[8]. Eine nachträgliche Verschlechterung des tarifl. Kündigungsschutzes ist auch für bereits geschützte ArbN möglich[9]. Soweit der Schutz die Zurücklegung einer Beschäftigungszeit erfordert, können Zeiten geringfügiger Beschäftigung nicht ausgenommen werden (§ 4 I TzBfG)[10]. Weiterer Gegenstand des tarifl. Kündigungsschutzes ist der befristete Ausschluss der ordentl. betriebsbedingten Kündigung als Ausgleich für eine befristete Verkürzung der Wochenarbeitszeit ohne Lohnausgleich zur **Arbeitsplatzsicherung**[11]. Ein Verstoß gegen derartige Schutzbestimmungen macht die Kündigung nicht sozialwidrig, sondern gem. § 134 BGB unwirksam. Die Klagefrist des § 4 S. 1 ist bei Zugang der (schriftl.) Kündigung nach dem 31.12.2003 generell zu beachten. Im Zweifel ist bei tarifl. Kündigungsschutz die ordentl. Änderungskündigung mit ausgeschlossen[12]. Vgl. zu den **Rechtsfolgen** der Unkündbarkeit § 1 Rz. 41, 284, 292 u.

1 Str., vgl. APS/Preis, § 2 AbgG Rz. 12. | 2 Zum Schutz von Abgeordneten der EU-, Landtags- und Kommunalparlamente vgl. KR/*Weigand*, ParlKSch Rz. 54 ff. | 3 Vgl. *Franz*, ZfA 1994, 439 f.; APS/*Preis*, Grundlagen B Rz. 29 ff. mwN; *Zöllner*, Gutachten D für den 52. DJT, Bd. 1, 1978, S. 119 f.; *Zöllner*, Arbeitsrecht und Marktwirtschaft, ZfA 1994, 423 f.; *v. Hoyningen-Huene/Linck*, Einl. KSchG Rz. 63 ff.; KDZ/*Kittner*, Einl. Rz. 949 ff. | 4 BAG v. 18.12.1961 u. v. 8.8.1963 – 5 AZR 404/61 u. 5 AZR 395/62, AP Nr. 1 u. 2 zu § 626 BGB – Kündigungserschwerung; v. 6.11.1956 – 3 AZR 42/55, AP Nr. 14 zu § 626 BGB. | 5 BAG v. 28.2.1990 – 2 AZR 425/89, DB 1990, 2609; v. 9.9.1992 – 2 AZR 190/92, AP Nr. 3 zu § 626 BGB – Krankheit; v. 4.2.1993 – 2 AZR 469/92, EZA § 626 BGB nF Nr. 144; zum TVöD vgl. *Bröhl*, ZTR 2006, 174 (178 ff.). | 6 *Brors*, AuR 2005, 41 (43); vgl. auch die Erwägungsgründe Nr. 8 u. 25 der RL 2000/78 EG. | 7 BVerfG v. 27.1.1998 – 1 BvL 15/87, DB 1998, 826; EuGH v. 3.10.2006 – C-17/05 (Cadman), NZA 2006, 1205 sieht das Kriterium des Dienstalters als durch das legitime Ziel einer Honorierung der Berufserfahrung gerechtfertigt an. | 8 So EuGH v. 7.2.1991 – C-184/89, DB 1991, 660 bei diskriminierender Anrechnung von Dienstzeiten; vgl. auch *Wank*, FS Wißmann, S. 599 (617); *Bepler*, NZA Sonderbeilage 2004 zu Heft 18, S. 3 f. | 9 BAG v. 2.2.2006 – 2 AZR 58/05, NZA 2006, 101. | 10 BAG v. 25.4.2007 – 6 AZR 746/06, NZA 2007, 881. | 11 Vgl. BAG v. 28.6.2001 – 6 AZR 114/00, NZA 2002, 331 ff. (ArbeitsplatzsicherungsTV Schulen Sa.-Anh.). | 12 BAG v. 10.3.1982 – 4 AZR 158/79, AP Nr. 2 zu § 2 KSchG 1969.

343 ff. Es stellt keine **Umgehung** des Schutzes dar, wenn die Kündigung unmittelbar vor seinem Einsetzen zugeht; anders uU, wenn sie in diesem Fall nicht zum nächstmöglichen Termin erklärt wird[1]. Zu weiteren Einzelheiten s. § 13 Rz. 26. **Weitere Fälle** des tarifl. Kündigungsschutzes: Rationalisierungsschutzabkommen[2], Wegfall bzw. Verkürzung der sechsmonatigen Wartezeit des § 1 I[3]; Erstreckung des KSchG auf Kleinbetriebe[4]; Kündigungsschutz für gewerkschaftl. Vertrauensleute (str.)[5]. Eine Erweiterung des Kündigungsschutzes durch **BV** ist außerhalb der Tarifsperre des § 77 III BetrVG im gleichen Umfang wie durch TV möglich[6]. Zudem gestattet es § 102 VI BetrVG, durch BV die ordentl. Kündigung von der Zustimmung des BR abhängig zu machen.

Die **einzelvertragl.** Erweiterung des Kündigungsschutzes ist zumindest im gleichen Maße zulässig. Als 20
Individualabrede hat sie besonderes Gewicht[7]. Zum Verzicht auf die Wartezeit des § 1 bzw. zur Vereinbarung der Anrechnung früherer Beschäftigungszeiten auf sie vgl. § 1 Rz. 9 u. 18. Ein beiderseitiger vertragl. Ausschluss der ordentl. Kündigung liegt in der Abrede einer **Befristung**, sofern nicht das Recht dazu einzelvertragl. oder im anwendbaren TV vereinbart ist, § 15 III TzBfG. Die (ordentl.) **Kündigung vor Dienstantritt** kann einzelvertragl. – auch stillschweigend – ausgeschlossen sein. Für eine Auslegung des Vertrages idS bedarf es besonderer Anhaltspunkte[8], anderenfalls ist die Kündigung vor Dienstantritt zulässig. Der BR ist anzuhören[9]. Ob in diesem Fall die Kündigungsfrist ab Zugang der Kündigung oder ab vorgesehenem Vertragsbeginn läuft, ist wiederum eine Frage der Auslegung[10]. Die Kündigungsfrist soll in erster Linie dem Vertragspartner Zeit geben, sich auf die neue Lage einzustellen; ihr Zweck besteht – ohne besondere Anhaltspunkte – nicht darin, eine bestimmte Mindestarbeitsleistung zu sichern. Deshalb wird die Frist im Zweifel mit Zugang der Kündigung zu laufen beginnen[11].

IV. Konzeption des Kündigungsschutzes im KSchG. Das KSchG enthält **drei** voneinander nahezu 21
unabhängige **Schutzregelungen**: Den allgemeinen Kündigungsschutz im 1. Abschnitt (§§ 1–14), den Kündigungsschutz im Rahmen der Betriebsverfassung und Personalvertretung (2. Abschnitt, §§ 15–16) und die besonderen Modalitäten für anzeigepflichtige Massenentlassungen (3. Abschnitt, §§ 17–22); Letztere dienen vor allem arbeitsmarktpolitischen Zwecken. Schwerpunkt des Gesetzes ist der **allgemeine Kündigungsschutz**. Er dient dem Individualschutz des einzelnen ArbN vor ordentl. Kündigung (einschließlich Änderungskündigung, § 2). Das Recht zur außerordentl. Kündigung (§ 626 BGB) bleibt – von Modifikationen in § 13 I abgesehen – grds. unberührt (§ 13 I 1). Das KSchG unterzieht die ordentl. Kündigung des ArbGeb einer nachträglichen Rechtskontrolle[12]. Die Initiative hierfür obliegt dem ArbN und ist fristgebunden. Maßstab ist – neben etwaigen sonstigen Unwirksamkeitsgründen – die **soziale Rechtfertigung** gem. § 1. Von der Rechtskontrolle auf soziale Rechtfertigung nimmt das Gesetz zwei wichtige Bereiche aus: Die sechsmonatige **Wartezeit** bis zum Einsetzen des Kündigungsschutzes (§ 1 I, s. § 1 Rz. 7 ff.) und insgesamt die Arbeitsverhältnisse in **Kleinbetrieben** (§ 23 I, s. dort). In den ausgenommenen Bereichen besteht Schutz nur nach den sonstigen Kündigungsschutzbestimmungen (s. Rz. 14 ff. u. 19 ff.).

Zugleich begrenzt das KSchG das Recht, die Unwirksamkeit einer Kündigung geltend zu machen, 22
durch Errichtung einer **Klagefrist**: Der ArbN muss die Feststellungsklage nach § 4 S. 1 innerhalb von 3 Wochen nach Zugang der schriftl. Kündigung erheben. Versäumt er die Frist, gilt die Kündigung als von Anfang an rechtswirksam (§ 7). Nur in den engen Grenzen der §§ 5 und 6 ist eine verspätete Klage möglich. Wegen dieser Fiktion ist eine sozialwidrige oder aus sonstigen Gründen rechtsunwirksame Kündigung stets bis zum Fristablauf bzw. bis zur rechtskräftigen Entscheidung über die Kündigungsschutzklage nur schwebend unwirksam (schon wegen der Möglichkeit der Klagerücknahme, § 269 III 1 Hs. 1 ZPO iVm. § 7). Die Klagefrist gilt für alle Arten von (schriftl.) Kündigungen (außerordentl. Kündigungen, § 13 I 2, oder Änderungskündigungen, §§ 2, 4 S. 2) sowie – bei Kündigungszugang nach dem 31.12.2003 – für **alle Unwirksamkeitsgründe**, nicht nur für die Sozialwidrigkeit; sie gilt auch während der Wartezeit sowie in Kleinbetrieben, für die § 23 I 2 nF insoweit keine Ausnahme mehr statuiert (vgl. zu den fortbestehenden Ausnahmen § 4 Rz. 5 ff.). Bei Zugang der Kündigung vor dem 1.1.2004 galt die Klagefrist (außerhalb der Insolvenz, § 113 II InsO aF) erst nach Ablauf der Wartezeit und nur für die Geltendmachung der Sozialwidrigkeit gem. §§ 4, 7, 13 III aF; im Übrigen war die Grenze der Verwirkung (vgl. § 7 Rz. 4) zu beachten. Diese Grenze gilt nach wie vor für mündliche oder sonst **formunwirksame Kündigungen**, die von der Klagefrist des § 4 S. 1 nF nicht erfasst werden. Vgl. § 4 Rz. 5 u. § 7 Rz. 4.

---

1 BAG v. 16.10.1997 – 7 AZR 204/87, AP Nr. 2 zu § 53 BAT. | 2 BAG v. 13.6.1996 – 2 AZR 547/95, NZA 1996, 1168. | 3 BAG v. 14.5.1987 – 2 AZR 380/86, DB 1987, 2575; v. 13.6.1996 – 2 AZR 547/95, NZA 1996, 1168; einen generellen Verzicht auf die Wartezeit im TV hält *Löwisch*, DB 1998, 877 (881) für unzulässig; aA zu Recht *Preis*, NZA 1997, 1256 (1259). | 4 BAG v. 28.2.1990 – 2 AZR 425/89, DB 1990, 2609; eine generelle tarifl. Erstreckung auf Kleinbetriebe für unzulässig hält *Löwisch/Spinner*, Vorb. zu § 1 KSchG Rz. 93 aE. | 5 APS/*Preis*, Grundlagen J Rz. 15 mwN; eine BAG-Entscheidung fehlt bislang. | 6 *Kania/Kramer*, RdA 1995, 287 (290). | 7 BAG v. 25.3.2004 – 2 AZR 153/03, DB 2004, 2219 zum einzelvertragl. Ausschluss der ordentl. Kündigung auf Lebenszeit. | 8 BAG v. 2.11.1978 – 2 AZR 74/77, AP Nr. 3 zu § 620 BGB (*M. Wolf*); v. 9.5.1985 – 2 AZR 372/84, AP Nr. 4 zu § 620 BGB (Verzicht auf Probezeit; Vertragsstrafenabrede etc.). | 9 Hess. LAG v. 31.5.1985 – 13 Sa 833/84, DB 1985, 2689. | 10 BAG v. 9.5.1985 – 2 AZR 372/84, AP Nr. 4 zu § 620 BGB; v. 9.2.2006 – 6 AZR 283/05, NZA 2006, 1207; vgl. eingehend *Joussen*, NZA 2002, 1177 ff. | 11 BAG v. 25.3.2004 – 2 AZR 324/03, NZA 2004, 1089; v. 9.2.2006 – 6 AZR 283/05, NZA 2006, 1207. | 12 BAG v. 26.5.1977 – 2 AZR 632/76, DB 1977, 2099.

23 Das KSchG zielt auf **Bestandsschutz** für das Arbeitsverhältnis. Dieses besteht infolge der Unwirksamkeit der Kündigung fort, die Vergütung ist vom ArbGeb nach Maßgabe von § 615 BGB, § 11 nachzuzahlen. In engen Grenzen ermöglicht § 9 eine gerichtl. Auflösung des sozial ungerechtfertigt gekündigten Arbeitsverhältnisses gegen Zahlung einer Abfindung. Eine Sonderstellung haben insoweit nur die leitenden Angestellten iSv. § 14 II 1, von denen sich der ArbGeb stets gegen Zahlung einer Abfindung trennen kann (§ 14 II 2, vgl. dort Rz. 8 ff.). Für nach dem 31.12.2003 zugegangene betriebsbedingte Kündigungen sieht § 1a zudem als Alternative zum Kündigungsschutzprozess eine Abfindungsregelung vor, die aber – ähnlich wie beim Abwicklungsvertrag – beiderseitiger Mitwirkung bedarf. In der **Praxis** des Kündigungsschutzes kommt es nur in einer sehr geringen Anzahl von Kündigungsfällen zu einer Fortsetzung des Arbeitsverhältnisses[1]. Kritiker sprechen daher auch von einem „Abfindungsgesetz"[2]. Die sichernde Wirkung des Gesetzes dürfte sich aber weniger in den ausgesprochenen Kündigungen und ihrem Schicksal als in den nicht ausgesprochenen Kündigungen zeigen, deren Anzahl im Dunkeln liegt.

24 **V. Zwingende Geltung, Verzicht und Ausgleichsquittung.** Der Schutz des KSchG wirkt zu Gunsten des ArbN zwingend. Günstigere, den Kündigungsschutz erweiternde Regelungen sind ohne weiteres zulässig (s. Rz. 19 f.). Zum Nachteil des ArbN vom KSchG **abweichende Vereinbarungen** sind dagegen generell nichtig, sofern sie im Vorhinein für eine erst noch auszusprechende Kündigung des ArbGeb getroffen werden und nicht der Sache nach einen (ohne weiteres zulässigen) Aufhebungsvertrag beinhalten[3]. Das gilt für einzelvertragl., betriebl. und tarifvertragl. Kündigungsbeschränkungen gleichermaßen[4]. Unzulässig ist nicht nur der Ausschluss, sondern jede Beschränkung des Kündigungsschutzes. **Beispiele:** Verlängerung der sechsmonatigen Wartezeit des § 1 I; Höchst- oder Mindestaltersgrenzen für den Kündigungsschutz; von § 1 III abweichende tarifl. oder betriebl. Auswahlrichtlinien[5] (für diese hat sich die Gestaltungsfreiheit allerdings durch § 1 IV erweitert); bedingter Aufhebungsvertrag für den Fall verspäteter Rückkehr aus dem Urlaub[6]; Vereinbarung konkreter „absoluter" Kündigungsgründe[7].

25 Der Ausschluss ordentl. Kündigungen gegenüber älteren ArbN in TV (sog. **Unkündbarkeit**) ist als Erweiterung des Kündigungsschutzes der betroffenen ArbN grds. zulässig. Wirkt er sich aber bei betriebsbedingten Kündigungen im Rahmen der Sozialauswahl lediglich verdrängend zu Lasten der ungeschützten ArbN aus, könnte dies gegen § 1 III verstoßen. Die Frage ist sehr streitig (vgl. § 1 Rz. 343 ff.). Die ohne sachlichen Grund erfolgte einzelvertragl. Einräumung der Unkündbarkeit in Ansehung konkret bevorstehender betriebsbedingter Kündigungen dürfte idR eine unzulässige Umgehung der Sozialauswahl darstellen[8]. Gem. § 3 BetrVG können vom Betrieb **abweichende Organisationseinheiten** für die Betriebsverfassung gebildet werden. Sie führen, wenn sie auf TV oder BV beruhen, gem. § 3 V 1 BetrVG zur Fiktion eines entsprechenden abweichenden Betriebes iSd. Betriebsverfassung. Dieser Betrieb ist für die Sozialauswahl nach § 1 III nicht maßgeblich; es gilt zwingend der kündigungsrechtl. Betriebsbegriff (vgl. § 1 Rz. 259, 336)[9]. Der vom ArbN geäußerte **Wunsch**, gekündigt zu werden, kann als vorheriger Verzicht auf den Kündigungsschutz grds. keine Wirkung entfalten. Denkbar ist unter Umständen eine Auslegung als Aufhebungsvertrag (vgl. aber § 623 BGB: Schriftform) mit gleichzeitiger Abrede eines Scheingeschäfts (§ 117 BGB). Bei ernsthafter und nachhaltiger Aufforderung zur Kündigung kann eine spätere Kündigungsschutzklage auch rechtsmissbräuchlich sein[10].

26 **Nach Ausspruch der Kündigung** ist der Verzicht auf Kündigungsschutz und Klageerhebung zulässig. Der ArbN könnte ebenso die Klagefrist verstreichen lassen oder einen Aufhebungsvertrag schließen. Der Verzicht kann bereits nach Zugang der Kündigung wirksam erklärt werden. Der ArbN braucht nicht den Ablauf der Klagefrist des § 4 abzuwarten[11]. Ein **wirksamer Verzicht** führt zur Beendigung des Arbeitsverhältnisses und zur Unbegründetheit einer Kündigungsschutzklage[12]. Der Verzicht kann das materielle Schutzrecht oder das Klagerecht (ggf. als Klagerücknahmeversprechen) betreffen. Er kann eigenständig oder in einem Aufhebungs- bzw. Abwicklungsvertrag oder Vergleich geregelt sein. Der Verzicht ist **grundsätzlich formfrei** (§ 397 BGB); wird er in unmittelbarem zeitlichen und sachlichen Zusammenhang mit einer Kündigung erklärt, handelt es sich um einen Auflösungsvertrag und es gilt § 623 BGB[13]. Bei mündl. Kündigung und gleichzeitigem mündl. Klageverzicht kann eine Umgehung von § 623 BGB vorliegen. Der Verzicht muss **unmissverständlich** und **eindeutig** zum Ausdruck kommen[14]. In der bloßen

---

1 *Falke/Höland/Rhode/Zimmermann*, RdA 1981, 300 ff. |2 Nachw. bei APS/*Preis*, Grundlagen B Rz. 27. |3 BAG v. 19.12.1974 – 2 AZR 565/73, BB 1975, 651; v. 11.3.1976 – 2 AZR 43/75, BB 1976, 883. |4 BAG v. 11.3.1976 – 2 AZR 43/75, BB 1976, 883. |5 BAG v. 11.3.1976 – 2 AZR 43/75, BB 1976, 883. |6 BAG v. 19.12.1974 – 2 AZR 565/73, BB 1975, 651. |7 BAG v. 11.3.1976 – 2 AZR 43/75, BB 1976, 883; solche Abreden können freilich für die Bestimmung von Inhalt und Gewicht der Vertragspflichten und damit mittelbar auch für die soziale Rechtfertigung einer entsprechenden Kündigung Bedeutung haben. Ähnlich *v. Hoyningen-Huene/Linck*, § 1 KSchG Rz. 8: Einfluss auf Interessenabwägung. „Absolute" Kündigungsgründe finden sich nur in § 64 I SeemG. |8 Ebenso HaKo/*Fiebig*, § 1 KSchG Rz. 11; Stahlhacke/*Preis*, Rz. 662. |9 BAG v. 31.5.2007 – 2 AZR 276/06, NZA 2008, 33. |10 LAG Köln v. 24.10.1990 – 7 Sa 638/90, LAGE § 242 BGB – Prozessverwirkung Nr. 4; LAG Berlin v. 31.10.1988 – 9 Sa 72/88, LAGE § 9 MuSchG Nr. 9; LAG Köln v. 11.1.1984 – 7 Sa 1094/83, DB 84, 1150; teilweise anders LAG Hess. v. 24.4.1987 – 13 Sa 1194/86, LAGE § 4 KSchG – Verzicht Nr. 1. |11 BAG v. 3.5.1979 – 2 AZR 679/77, AP Nr. 6 zu § 4 KSchG 1969; aA *Herschel*, Anm. zu BAG AP Nr. 4 zu § 4 KSchG 1969. |12 KR/*Friedrich*, § 4 KSchG Rz. 312. |13 BAG v. 19.4.2007 – 2 AZR 208/06, DB 2007, 2266. |14 BAG v. 3.5.1979 – 2 AZR 679/77, DB 1979, 1465.

wortlosen Hinnahme einer Kündigung liegt niemals ein Verzicht. Folgende Floskeln hat das BAG als Verzicht auf den Kündigungsschutz **nicht anerkannt**:

27
- „Mein Arbeitsverhältnis ist mit dem ... beendet. Es bestehen nunmehr keinerlei Rechte aus dem Arbeitsverhältnis“[1].
- „Ich erkläre hiermit, keine Rechte aus dem Arbeitsverhältnis und seiner Beendigung zu haben“[2].

Als unmissverständlichen Verzicht auf Kündigungsschutz **anerkannt** hat die Rspr.[3]:

- „Gegen die Kündigung werden von mir keine Einwendungen erhoben“[4].
- „Von meinem Recht, das Fortbestehen des Arbeitsverhältnisses geltend zu machen, nehme ich Abstand“[5].
- „Ich erhebe gegen die Kündigung keine Einwendungen und werde mein Recht, das Fortbestehen des Arbeitsverhältnisses geltend zu machen, nicht wahrnehmen oder eine mit diesem Ziel bereits erhobene Klage nicht mehr durchführen“[6].

Besonderes gilt für den Verzicht auf Kündigungsschutz in sog. **Ausgleichsquittungen**. Das sind vom ArbGeb vorformulierte Erklärungen, die dem ArbN bei Aushändigung der Arbeitspapiere oder Auszahlung restlicher Vergütung abverlangt werden. Auf die Quittierung einer in Empfang genommenen Leistung besteht ein Rechtsanspruch (§ 368 S. 1 BGB). Verweigert der Gläubiger die Quittung, steht dem Schuldner ein Zurückbehaltungsrecht zu[7]. Die Ausgleichsquittung beinhaltet dagegen zusätzlich ein negatives Schuldanerkenntnis oder einen Verzicht auf etwaige Rechte. Hierauf besteht grds. kein Rechtsanspruch. In der **Vergangenheit** hat das BAG den Verzicht auf Kündigungsschutz in einer Ausgleichsquittung grds. für rechtswirksam gehalten, sofern der Verzicht in der Urkunde selbst unmissverständlich zum Ausdruck kam (s. Rz. 26 f.)[8]. Dies stieß auf Widerspruch, da eine solche Verknüpfung als überraschende Klausel iSv. § 3 AGBG, der nach seinem Rechtsgedanken auf das Arbeitsverhältnis anzuwenden sei, nicht Vertragsbestandteil werden könne[9]. Zum Teil wurde eine gesonderte Urkunde oder doch eine gesonderte Unterschrift oder zumindest eine drucktechnische Hervorhebung gefordert[10]. Gegenüber ausländischen ArbN, die der deutschen Sprache nicht hinreichend mächtig sind, ist aus dem Gesichtspunkt der Fürsorge mit Recht eine Obliegenheit zur Übersetzung in die Muttersprache angenommen worden[11]. 28

Ein Klageverzicht im **Formularvertrag** unterliegt grds. der Kontrolle gem. §§ 305–310 BGB mit der Maßgabe, dass die im Arbeitsrecht geltenden Besonderheiten angemessen zu berücksichtigen sind (§ 310 IV 2 BGB). Er zählt ebenso wie ein Aufhebungsvertrag zu den Arbeitsverträgen iSd. § 310 IV BGB (als actus contrarius)[12] und unterliegt als Verbrauchervertrag iSd. § 310 III BGB[13] auch der **erweiterten Vertragskontrolle** des § 310 III Nr. 2 BGB für einseitig vorformulierte Individualabreden. Danach kann der formularmäßige Verzicht auf Kündigungsschutz etwa in einer Ausgleichsquittung schon als überraschende Klausel gem. § 305c I BGB unwirksam sein[14]. Er stellt im Übrigen regelmäßig eine Treu und Glauben widersprechende unangemessene Benachteiligung iSv. § 307 I 1 BGB dar, wenn er ohne Gegenleistung erfolgt[15] (vgl. Anh. §§ 305–310 BGB Rz. 33 f.). Anders ist die Rechtslage bei Aufhebungsverträgen. Ihr unmittelbarer Gegenstand sind die vertragl. Hauptleistungspflichten, deren Festlegung keiner Angemessenheitskontrolle nach §§ 307 ff. unterliegt[16]. 29

Für Aufhebungsvertrag und Ausgleichsquittung besteht **kein gesetzl. Widerrufsrecht** (§§ 312 I 1, 355 BGB)[17]. Sie stellen keine Regelungen über „besondere Vertriebsformen“ dar und sind damit keine Haustürgeschäfte iSv. § 312 I 1 BGB. Sie unterliegen ggf. der Anfechtung gem. §§ 119 f., 123 BGB. Im Einzelfall kann auch unterhalb der Schwelle dieser Bestimmungen eine Verletzung vertragl. Nebenpflichten (§§ 241 II, 242 BGB) im Wege des Schadensersatzes zu ihrer Beseitigung berechtigen (ähnlich § 611 BGB Rz. 424 aE). Vgl. im Übrigen zur Ausgleichsquittung und ihrer Anfechtung § 611 BGB Rz. 420 ff. 30

VI. Internationaler Geltungsbereich. Maßgeblich sind die **Art. 27–34 EGBGB** (vgl. Erl. zu Art. 27, 30, 34 EGBGB). Das gilt auch für Arbeitsverhältnisse, die noch vor Inkrafttreten des IPR-NeuregelungsG am 31

1 BAG v. 29.6.1978 – 2 AZR 681/76, DB 1978, 1842. | 2 BAG v. 3.5.1979 – 2 AZR 679/77, DB 1979, 1465 und Aufgabe früherer Rspr. v. 25.9.1969 – 2 AZR 524/68, AP Nr. 36 zu § 3 KSchG. | 3 Vgl. weitere Beispiele aus der Rspr. KR/*Friedrich*, § 4 KSchG Rz. 308 ff. | 4 BAG v. 6.4.1977 – 4 AZR 721/75, DB 1977, 1559. | 5 BAG v. 29.6.1978 – 2 AZR 681/76, DB 1978, 1842. | 6 BAG v. 20.6.1985 – 2 AZR 427/84, NZA 1986, 258. | 7 RG 82, 27. | 8 BAG v. 20.8.1980 – 5 AZR 759/78, AP Nr. 3 zu § 9 LohnFG. | 9 KR/*Friedrich*, § 4 KSchG Rz. 308; *v. Hoyningen-Huene/Linck*, § 1 KSchG Rz. 16 f.; HaKo/*Fiebig*, § 1 KSchG Rz. 19 mwN. | 10 LAG Berlin v. 18.1.1993 – 12 Sa 120/92, LAGE § 4 KSchG – Ausgleichsquittung Nr. 3; zur Einbeziehung einer Verfallklausel in den Arbeitsvertrag ähnlich BAG v. 29.11.1995 – 5 AZR 447/94, AP Nr. 1 zu § 3 AGBG. | 11 LAG Hamm v. 12.4.1984 – 6 Sa 1717/83, LAGE § 4 KSchG – Ausgleichsquittung Nr. 1. | 12 Ebenso *Henssler*, RdA 2002, 129 (139). | 13 BAG v. 25.5.2005 – 5 AZR 572/04, AP Nr. 1 zu § 310 BGB; str. | 14 LAG Düsseldorf v. 13.4.2005 – 12 Sa 154/05, DB 2005, 1463. | 15 BAG v. 6.9.2007 – 2 AZR 722/06. | 16 BAG v. 27.11.2003 – 2 AZR 153/03, AP Nr. 1 zu § 312 BGB. | 17 Ganz hM: BAG v. 27.11.2003 – 2 AZR 153/03, AP Nr. 1 zu § 312 BGB mwN; v. 22.4.2004 – 2 AZR 281/03, AP Nr. 27 zu § 620 BGB – Aufhebungsvertrag; aA *Däubler*, NZA 2001, 1329 (1332).

1.9.1986 begründet worden sind[1]. Der allgemeine Kündigungsschutz der §§ 1–14 ist einerseits weder international zwingend iSv. Art. 6 EGBGB (ordre public) oder Art. 34 EGBGB[2] noch andererseits territorial begrenzt. Zur Frage, ob der **betriebl. Geltungsbereich des § 23 KSchG** auf das Gebiet der Bundesrepublik Deutschland beschränkt ist, vgl. § 23 Rz. 2. Als vertragsrechtl. Regelung über das Erlöschen des Arbeitsverhältnisses (Art. 32 EGBGB) unterliegt der Kündigungsschutz dem Arbeitsvertragsstatut und ist gem. Art. 27 III, 30 EGBGB einer (stark) beschränkten Rechtswahl zugänglich[3].

32 **1. Objektive Anknüpfung.** Ohne Rechtswahl ist in Fällen mit Auslandsberührung der allgemeine Kündigungsschutz der §§ 1–14 gem. Art. 30 II EGBGB anzuwenden, wenn (Nr. 1) der **Ort der Arbeitsleistung** gewöhnlich in der BRD liegt[4]. Bsp.: Ausländer arbeitet in Deutschland; ausländischer ArbGeb hat rechtl. unselbständige Niederlassung in Deutschland; für ArbN bei den in Deutschland stationierten alliierten Streitkräften gilt das Zusatzabkommen vom 3.8.1959[5] zum NATO-Truppenstatut vom 19.1.1951[6], vgl. Rz. 37 f. Bei nur vorübergehender **Entsendung** in einen anderen Staat bleibt der gewöhnliche Arbeitsort entscheidend. Die zeitliche Grenze ist nach den Umständen des konkreten Falles zu bestimmen[7]. Eine Jahre zurückliegende Vereinbarung über eine bloße Rückkehrmöglichkeit soll nicht ohne weiteres genügen[8]. Auch bei nicht nur vorübergehender Entsendung kann eine aus sonstigen Umständen sich ergebende Verbindung zum Entsendestaat als engere Beziehung maßgeblich bleiben (s. Rz. 33). Ist die Arbeit gewöhnlich nicht in ein und demselben Staat zu erbringen, kommt es gem. Nr. 2 darauf an, ob sich die **Niederlassung**, die den ArbN eingestellt hat, in Deutschland befindet[9]. Arbeitsort und Niederlassung sind schließlich nicht maßgeblich, wenn **sonstige Umstände** für Arbeitsvertrag und Arbeitsverhältnis eine noch engere Verbindung zu einem Staat begründen; dann ist diese entscheidend (§ 30 II aE EGBGB)[10].

33 **2. Rechtswahl.** Eine Rechtswahl ist grds. auch **ohne Auslandsbezug** möglich. In diesem Fall darf sie gem. Art. 27 III EGBGB „zwingende Bestimmungen" des ansonsten anzuwendenden Rechts nicht berühren. Zu den zwingenden Bestimmungen iSd. Art. 27 III EGBGB zählt der allgemeine Kündigungsschutz in §§ 1–14. Er kann daher ohne tatsächlichen Auslandsbezug (wofür eine bloße internationale Gerichtsstandsvereinbarung nicht genügt) nicht abbedungen werden[11]. Besteht ein **tatsächlicher Auslandsbezug**, woran keine strengen Anforderungen zu stellen sind (es genügt zB unterschiedliche Staatsangehörigkeit der Vertragsparteien, ausländischer Arbeitsort, ausländischer Betriebssitz des ArbGeb mit Bezug zum Arbeitsverhältnis)[12], ist eine Rechtswahl gem. Art. 30 I EGBGB in erweitertem Maße zulässig. Allerdings darf dem ArbN nicht der „Schutz entzogen" werden, der ihm durch die zwingenden Bestimmungen des ohne Rechtswahl anzuwendenden Rechts gewährt wird (Art. 30 I EGBGB). Hierzu gehört auch der allgemeine Kündigungsschutz der §§ 1–14. Der Schutz wird nicht „entzogen", wenn das gewählte Recht in einem **Günstigkeitsvergleich** mit dem sonst anzuwendenden Recht nicht ungünstiger ist. Maßgeblich ist ein Sachgruppenvergleich[13]. Die Wahl eines anderen als des nach objektiver Anknüpfung anzuwendenden Rechts führt daher regelmäßig zu einem „Mischrecht" und findet sich in der Praxis kaum[14].

34 Gem. Art. 34 EGBGB sind durch Rechtswahl **nicht abdingbar** die Bestimmungen des deutschen Rechts, die unabhängig vom anzuwendenden Vertragsrecht den Sachverhalt zwingend regeln (sog. Eingriffsnormen)[15]. Hierzu gehören der Kündigungsschutz für Funktionsträger gem. §§ 15, 16[16] sowie der Massenentlassungsschutz der §§ 17 ff.[17]. Der Geltungsbereich dieser Bestimmungen ist zugleich territo-

1 BAG v. 11.12.2003 – 2 AZR 627/02, AP Nr. 6 zu Art. 27 EGBGB. | 2 HM: BAG v. 20.7.1967 – 2 AZR 372/66, AP Nr. 10 IPR-AR (*Gamillscheg*); v. 24.8.1989 – 2 AZR 3/89, AP Nr. 30 IPR-AR; v. 29.10.1992 – 2 AZR 267/92, AP Nr. 31 zu IPR-AR; aA *Birk*, RdA 1989, 201 (207); *Däubler*, RiW 1987, 249 (255). | 3 International zwingend, aber auf deutsches Territorium begrenzt sind dagegen gemäß Art. 34 EGBGB die im öffentl. Interesse stehenden Schutzbestimmungen des MuSchG (BAG v. 24.8.1989 – 2 AZR 3/89, AP Nr. 30 IPR-AR; v. 12.12.2001 – 5 AZR 255/00, NZA 2002, 734 ff.) und des Schwerbehindertenrechts (BAG v. 10.12.1964 – 2 AZR 369/63, AP Nr. 4 zu § 1 SchwBeschG). | 4 Gemeint ist der Ort der tatsächlichen Ausführung der Arbeit; die bloße organisatorische Zuordnung zu einer Niederlassung begründet noch nicht den Ort der Arbeitsleistung iSv. § 30 II Nr. 1 EGBGB. Auf die Niederlassung kommt es gem. Nr. 2 erst an, wenn die Arbeit gewöhnlich nicht in ein und demselben Staat zu erbringen ist: So instruktiv zum Fall einer Flugbegleiterin im internationalen Flugverkehr BAG v. 12.12.2001 – 5 AZR 255/00, NZA 2002, 734 ff. | 5 BGBl. 1961 II, S. 1218. | 6 BGBl. II S. 1190. | 7 BAG v. 25.4.1978 – 6 ABR 2/77, AP Nr. 16 zu IPR-AR zur früheren Rechtslage. | 8 BAG v. 7.12.1989 – 2 AZR 228/89, AP Nr. 27 zu IPR-AR m. Anm. *Lorenz*. | 9 Instruktives Bsp.: BAG v. 12.12.2001 – 5 AZR 255/00, NZA 2002, 734 ff. (Flugbegleiterin im internationalen Flugverkehr). | 10 BAG v. 24.8.1989 – 2 AZR 3/89, NZA 1990, 841: Amerikanischer Flugpilot wird von amerikanischer Fluglinie mit typisch amerikanischem Vertrag ausschließlich auf innerdeutschen Fluglinien eingesetzt: Es gilt amerikanisches Vertrags- und Kündigungsrecht; weiterhin BAG v. 11.12.2003 – 2 AZR 627/02, AP Nr. 6 zu Art. 27 EGBGB nF. | 11 *Birk*, RdA 1989, 201; ErfK/*Schlachter*, EGBGB Rz. 15. | 12 Vgl. auch ErfK/*Schlachter*, EGBGB Rz. 15. | 13 *Gamillscheg*, ZFA 1983, 307 (388); *Birk*, RdA 1989, 201; s. auch § 4 TVG Rz. 30; wohl überholt: BAG v. 10.4.1975 – 2 AZR 128/74, AP Nr. 12 zu IPR-AR, wonach der fehlende Kündigungsschutz des amerikanischen Arbeitsrechts durch höhere Löhne ausgeglichen werde; vgl. auch KDZ/*Däubler*, Einl. Rz. 921. | 14 *Junker*, NZA 2005, 199 (205) mwN. | 15 Zum nötigen Ausmaß des Inlandsbezuges für die Geltung zwingender Eingriffsnormen iSd. Art. 34 EGBGB vgl. BAG v. 12.12.2001 – 5 AZR 255/00, NZA 2002, 734 ff. (Flugbegleiterin) u. *Schlachter*, NZA 2000, 57 (61). | 16 BAG v. 9.11.1977 – 5 AZR 132/76, AP Nr. 13 zu IPR-AR. | 17 BAG v. 7.12.1989 – 2 AZR 228/89, AP Nr. 27 zu IPR-AR.

rial grds. auf Deutschland begrenzt[1]. Der **internationale Gerichtsstand** richtet sich nach den Vorschriften der ZPO über die örtliche Zuständigkeit[2] und – für Angehörige der EU-Mitgliedstaaten untereinander mit Ausnahme Dänemarks[3] – nach der Europäischen Gerichtsstands- und VollstreckungsVO (EuGVVO)[4]. Der deutschen Gerichtsbarkeit entzogen sind Kündigungsschutzklagen deutscher Angestellter ausländischer Botschaften und Konsulate, sofern den Angestellten hoheitliche Befugnisse übertragen sind (§ 20 II GVG)[5]. Vgl. zur internationalen Zuständigkeit § 1 ArbGG Rz. 9.

VII. Kündigungsschutz in besonderen Betrieben. 1. Grundsatz. Das KSchG gilt grds. für **alle Betriebe und Verwaltungen** des privaten und öffentl. Rechts (§ 23 I 1). Einschränkungen bestehen für den 3. Abschnitt (Massenentlassungsschutz, §§ 17–22) gem. §§ 17 I 1 Nr. 1, 22 und 23 II. Vom allgemeinen Kündigungsschutz der §§ 1–14 generell ausgenommen (mit Ausnahme der Regelungen über die Klagefrist) sind Kleinbetriebe (§ 23 I 2–4; s. dort Rz. 7 ff.). Gar kein Betrieb iSd. Gesetzes ist der private Haushalt. 35

2. Schifffahrt und Luftverkehr. Für Schifffahrt und Luftverkehr gelten gem. § 24 Besonderheiten. Näheres s. dort. 36

3. Alliierte Streitkräfte. Besonderheiten gelten für die **zivilen ArbN** bei den alliierten Streitkräften. Nach dem Zusatzabkommen vom 3.8.1959[6] zum NATO-Truppenstatut vom 19.1.1951 (NTS[7]) idF des Änderungsabkommens vom 18.3.1993[8] (im Folgenden ZA NTS) gilt im Wesentlichen deutsches Arbeitsrecht (Art. 56 Ia ZA NTS). Vertragspartner der Zivilbeschäftigten ist der Entsendestaat; seine Vertreter üben das Kündigungsrecht aus[9]. Klagen gegen den ArbGeb sind gem. Art. 56 VIII ZA NTS gegen die **Bundesrepublik Deutschland als Prozessstandschafterin** zu richten und unterliegen der deutschen Gerichtsbarkeit. Eine direkte Klage gegen den Entsendestaat ist damit unzulässig. Sie wahrt auch nicht die Klagefrist des § 4. IdR wird eine Berichtigung der Parteibezeichnung ausscheiden und ein Parteiwechsel vorliegen (vgl. § 4 Rz. 14). Nicht der deutschen Gerichtsbarkeit unterliegt gem. Art. 1 I (b) NTS das von den gewöhnlichen Zivilbeschäftigten zu unterscheidende sog. **„zivile Gefolge"**, also das der Truppe „folgende" Zivilpersonal, das seinen gewöhnlichen Aufenthaltsort nicht in der Bundesrepublik Deutschland hat[10]. Für diesen Personenkreis gilt das Recht des Entsendestaates. 37

Für die Zivilbeschäftigten gilt das **KSchG**[11]. Ausgenommen sind die Vorschriften über Massenentlassungen gem. § 23 II. Besondere Rücksichtspflichten erwachsen dem ArbN aus der militärischen Aufgabenstellung des ArbGeb (zB Geheimhaltung). Eine Auflösung des Arbeitsverhältnisses gem. § 9 I 2 kann der ArbGeb – im Rechtsstreit die Bundesrepublik Deutschland als Prozessstandschafterin – darauf stützen, dass der Fortsetzung des Arbeitsverhältnisses besonders schutzwürdige militärische Interessen entgegenstehen (Art. 56 IIa ZA NTS). Im Bestreitensfall genügt Glaubhaftmachung in nicht öffentl. Verhandlung[12]. Der vorläufige **Weiterbeschäftigungsanspruch** während des Kündigungsschutzprozesses ist seit Wegfall des Abs. 1c von Art. 56 ZA NTS mWz. 29.3.1998 durchsetzbar[13]. Im Übrigen werden die Arbeitsbedingungen durch den TV AL II geregelt. 38

4. Kirchen[14]. Art. 140 GG iVm. Art. 137 III WRV gewährt den Kirchen- und Religionsgemeinschaften das Recht, ihre Angelegenheiten in autonomer **Selbstbestimmung** zu verwalten. Hiervon mit umfasst sind ihre karitativen und erzieherischen Einrichtungen unabhängig von deren Rechtsform[15] (vgl. zur Abgrenzung § 118 BetrVG). Staatliche Gesetze dürfen das Selbstbestimmungsrecht nur beschränken, soweit sie für alle gelten (Art. 137 III WRV). Gehen die Kirchen zur Erfüllung ihrer Aufgaben Arbeitsverhältnisse ein[16] (vgl. zur Abgrenzung von karitativ oder religiös geprägten Dienstleistungen Vor § 611 BGB Rz. 35 ff.), sind sie grds. an die allgemeinen Vorschriften des Arbeitsrechts gebunden. Dazu gehört auch das KSchG. Aus dem Selbstbestimmungsrecht der Kirchen leitet das BVerfG die Befugnis ab, die **kirchlichen Grundpflichten** und damit Inhalt und Grad der geforderten Loyalität der ArbN nach eigenem Selbstverständnis verbindlich festzulegen. Hierzu gehört die Bestimmung dessen, was „die Glaubwürdigkeit der Kirche und ihrer Verkündung erfordert", was „spezifisch kirchliche Aufgaben" sind, was 39

---

1 Anders uU für §§ 15, 16 bei „Ausstrahlung", BAG v. 7.12.1989 – 2 AZR 228/89, AP Nr. 27 IPR-AR; vgl. auch BAG v. 12.12.2001 – 5 AZR 255/00, NZA 2002, 734 ff. | 2 Zum Gerichtsstand des Vermögens gem. § 23 S. 1 Alt. 1 ZPO vgl. BAG v. 17.7.1997 – 8 AZR 328/95, AP Nr. 13 zu § 38 ZPO – Internationale Zuständigkeit; BGH v. 12.11.1990 – II ZR 249/89, NJW-RR 1991, 423 (425). | 3 Für Dänemark gilt das EuGVÜ v. 27.9.1968, BGBl. II 1972, S. 773; konsolidierte Fassung in ABl. EG v. 26.1.1998, C 27/3 ff.; vgl. BAG v. 26.2.1985 – 3 AZR 1/83, AP Nr. 23 zu IPR-Arbeitsrecht; v. 3.5.1995 – 5 AZR 15/94, AP Nr. 32 zu IPR-Arbeitsrecht. | 4 VO (EG) Nr. 44/2001 v. 22.12.2000, ABl. L 12/1 v. 16.1.2001; vgl. dazu *Junker*, NZA 2005, 199 ff. | 5 BAG v. 25.10.2001 – 2 AZR 501/00, BB 2002, 787; v. 23.11.2000 – 2 AZR 490/99, AP Nr. 2 zu § 20 GVG. | 6 BGBl. II 1961, S. 1218. | 7 BGBl. II S. 1190. | 8 BGBl. II 1994, S. 2598. | 9 BAG v. 14.1.1993 – 2 AZR 387/92, NZA 1993, 981 ff. mwN. | 10 Vgl. hierzu BAG v. 28.5.2002 – 1 ABR 35/01, AP Nr. 23 zu Art. 56 ZA-NATO-Truppenstatut; näher KDZ/*Däubler*, Art. 56 NATO-ZusAbk Rz. 3. | 11 BAG v. 22.9.2005 – 2 AZR 544/04, NZA 2006, 558; v. 21.5.1970 – 2 AZR 294/69, AP Nr. 11 zu § 15 KSchG; v. 3.7.1969 – 2 AZR 424/68, AP Nr. 1 zu § 46 TV AL II. | 12 Vgl. auch KDZ/*Däubler*, Art. 56 NATO-ZusAbk Rz. 15; KR/*Weigand*, Art. 56 NATO-ZusAbk Rz. 34. | 13 Zur Vollstreckbarkeit bei NATO-Truppen allg. vgl. BAG v. 15.5.1991 – 5 AZR 115/90, NZA 1992, 43. | 14 Vgl. MünchArbR/*Richardi*, § 185 Rz. 1 ff. | 15 BAG v. 25.4.1978 – 1 AZR 70/76, EzA § 1 KSchG – Tendenzbetrieb Nr. 4 (Kindergarten); v. 31.10.1984 – 7 AZR 232/83, EzA § 1 KSchG – Tendenzbetrieb Nr. 16 (Bekenntnisschule); BVerfG v. 17.2.1981 – 2 BvR 384/78, EzA Art. 9 GG Nr. 32. | 16 Die ev. und die kath. Kirche gehören mit ihren Einrichtungen zu den nach der Anzahl der ArbN größten ArbGeb in Deutschland.

„Nähe" zu ihnen bedeutet und was als schwerer Verstoß gegen die „wesentlichen Grundsätze der Glaubens- und Sittenlehre" anzusehen ist. Diesen Schutz genießen nur die generellen und für ihren Bereich allgemein gültigen Festlegungen einer Kirche und nicht etwa beliebige Regelungen und Vorgaben eines konkreten kirchlichen ArbGeb[1].

40 Eine **Begrenzung** erfährt das Selbstbestimmungsrecht insoweit durch die Grundprinzipien der Rechtsordnung, das allgemeine Willkürverbot, die guten Sitten (§ 138 BGB) und den ordre public (Art. 6 EGBGB)[2]. Auch sonst bleiben die kündigungsrechtl. Vorschriften und Grundsätze anwendbar. Die staatlichen Gerichte prüfen, ob der behauptete Loyalitätsverstoß tatsächlich vorliegt. Ferner ist eine Interessenabwägung nicht ausgeschlossen; kirchliche Selbstbestimmung schafft keine absoluten Kündigungsgründe[3]. Doch sind die kirchlichen Vorgaben zu Inhalt und Grad der geforderten Loyalität mit Blick auf das grundrechtl. geschützte Selbstbestimmungsrecht zu würdigen. Auch ist die Nähe zum kirchlichen Verkündungsauftrag (Tendenzträgereigenschaft) in Betracht zu ziehen. Im Einzelfall kann ein besonderes Bestandsschutzinteresse des ArbN (Art. 12 GG) im Rahmen der Abwägung den Vorrang verdienen[4]. In § 9 AGG und Art. 4 II RL 2000/78/EG hat das Verbot der Diskriminierung wegen Religion oder Weltanschauung eine besondere Ausgestaltung erfahren. Zu **Einzelheiten** kirchentypischer Loyalitätskonflikte (zB Kirchenaustritt, Schwangerschaftsabbruch, künstliche Befruchtung, Ehebruch, Zölibatsverletzung, homosexuelle Praxis etc.) s. § 1 Rz. 228.

41 **5. Tendenzunternehmen.** Grundrechtl. **Tendenzschutz** für die Verfolgung ihrer jeweiligen geistig-ideellen Zielsetzung genießen Betriebe, die unmittelbar und überwiegend politischen, koalitionspolitischen, konfessionellen, karitativen, erzieherischen, wissenschaftlichen oder künstlerischen Bestimmungen oder Zwecken der Berichterstattung und Meinungsäußerung dienen. Zur Abgrenzung solcher Betriebe vgl. Erl. zu § 118 BetrVG[5]. Das KSchG findet Anwendung. Der Tendenzschutz hat allerdings zur Folge, dass die die vom ArbGeb vorgegebene Tendenz Verhaltenspflichten für die ArbN im inner- wie außerdienstlichen Bereich begründen kann. Solche Pflichten treffen insb. als sog. **Tendenzträger** die ArbN, die maßgeblich an der Verwirklichung der geistig-ideellen Zielsetzung mitzuwirken haben. Beispiele: Redakteure einer Tageszeitung[6]; Angestellte bei Caritas mit karitativen Aufgaben[7]; keine Tendenzträger sind etwa Schreib-, Handwerks- und Reinigungskräfte. Ob ein Verstoß gegen die Tendenzwahrungspflicht oder aber gegen eine sonstige Pflicht vorliegt, hat das Gericht zu beurteilen[8].

42 **VIII. Kündigungsschutz in besonderen Rechtslagen (insb. Insolvenz).** Die Eröffnung des **Insolvenzverfahrens** über das Vermögen des ArbGeb hat keine unmittelbare Auswirkung auf den Bestand der Arbeitsverhältnisse. Die Rechte und Pflichten des ArbGeb gehen einschließlich der Kündigungsbefugnis gem. § 80 InsO auf den Insolvenzverwalter über. Auch der vorläufige Insolvenzverwalter ist kündigungsberechtigt, sofern ein allgemeines Verfügungsverbot für den Gemeinschuldner erlassen wurde (§§ 21 II Nr. 2 Alt. 1, 22 I InsO)[9]. Zu seiner Befugnis zur Unternehmensstilllegung s. § 1 Rz. 311. Hat das Insolvenzgericht lediglich einen Zustimmungsvorbehalt nach der 2. Alt. des § 21 II Nr. 2 InsO angeordnet, bedarf die Kündigung durch den Insolvenzschuldner der Zustimmung des vorläufigen Insolvenzverwalters; ohne deren Vorlage kann der gekündigte ArbN die Kündigung gem. §§ 111 S. 2, 182 III BGB (unverzüglich) zurückweisen[10]. Die Klage gegen eine noch vom Insolvenzschuldner ausgesprochene Kündigung ist nach Eröffnung des Insolvenzverfahrens gegen den Verwalter zu richten. Zur Auslegung der Klage im Hinblick auf den richtigen Beklagten vgl. § 4 Rz. 14. Bei Unkenntnis von der Eröffnung kommt nachträgl. Zulassung gem. § 5 in Betracht (s. § 5 Rz. 29). Ein bei Insolvenzeröffnung bereits anhängiger **Kündigungsschutzprozess** wird wegen der möglichen Auswirkung auf die Insolvenzmasse stets unterbrochen (§ 240 ZPO). Er kann grds. gem. §§ 86 I Nr. 3 InsO vom Verwalter oder Gegner aufgenommen werden, sofern – wie idR – Masseverbindlichkeiten gem. § 55 I Nr. 2 InsO betroffen sein können. Steht lediglich ein Zeitraum vor Insolvenzeröffnung in Streit, können allein Insolvenzforderungen begründet sein; der Rechtsstreit kann dann nur nach Durchführung des insolvenzrechtlichen Feststellungsverfahrens aufgenommen werden (§§ 87, 174 ff InsO)[11].

43 **Kündigungen durch den Verwalter** unterliegen dem gesetzl. Kündigungsschutz. Sie bedürfen der sozialen Rechtfertigung gem. § 1[12]. Hierfür genügt die Insolvenz als solche nicht (vgl. § 1 Rz. 311). Auch

---

1 BVerfG v. 4.6.1985 – 2 BvR 1703/83 ua., AP Nr. 24 zu Art. 140 GG unter Aufhebung zweier BAG-Urteile, die den Grad der geschuldeten Loyalität gemäß der jeweiligen Funktion selbst beurteilten: BAG v. 21.10.1982 – 2 AZR 591/80, AP Nr. 14 zu § 140 GG und v. 22.3.1984 – 7 AZR 249/81, AP Nr. 16 zu Art. 140 GG; krit. zur Rspr. des BVerfG *Czermak*, PersR 1995, 458; ArbG Münster v. 3.9.1986 – 4 Ca 194/86, BB 1987, 128 (130). | 2 BVerfG v. 4.6.1985 – 2 BvR 1703/83, AP Nr. 24 zu Art. 140 GG. | 3 *Dütz*, NJW 1990, 2031. | 4 Ebenso ErfK/*Dieterich*, Art. 4 GG Rz. 44. | 5 Vgl. auch BAG v. 6.12.1979 – 2 AZR 1055/77, EzA § 1 KSchG – Tendenzbetrieb Nr. 5 (Gewerkschaften); v. 7.4.1981 – 1 ABR 62/78, EzA § 118 BetrVG 1972 Nr. 25 (Privatschulen, nicht aber reine Sprachschulen ohne erzieherischen Auftrag). | 6 BAG v. 19.5.1981 – 1 ABR 39/79, EzA § 118 BetrVG 1972 Nr. 30. | 7 BAG v. 14.10.1980 – 1 AZR 1274/79, EzA § 1 KSchG – Tendenzbetrieb Nr. 10. | 8 LAG Düsseldorf v. 23.11.1995 – 5 Sa 947/95, DB 1996 (943). | 9 Vgl. BAG v. 17.9.1974 – 1 AZR 16/74, EzA § 113 BetrVG 1972 Nr. 1; BAG v. 29.6.2000 – 8 ABR 44/99, EzA § 126 InsO Nr. 2. | 10 BAG v. 10.10.2002 – 2 AZR 532/01, AP Nr. 1 zu § 21 InsO. | 11 BAG v. 18.10.2006 – 2 AZR 563/05, NZA 2007, 765. | 12 BAG v. 16.9.1982 – 2 AZR 271/80, AP Nr. 4 zu § 22 KO.

gilt der besondere Kündigungsschutz der §§ 15, 16 sowie der Massenentlassungsschutz der §§ 17 ff. sowie der sonstige Sonderkündigungsschutz. Kündigungsschutzklagen sind in der Insolvenz gegen den Insolvenzverwalter als Partei kraft Amtes zu richten. Eine nach Eröffnung des Insolvenzverfahrens gegen den Insolvenzschuldner erhobene Klage wahrt nicht die Klagefrist des § 4; uU kommt eine Rubrumsberichtigung in Betracht (vgl. § 4 Rz. 14). Für Kündigungen des Verwalters gelten folgende **Besonderheiten**: § 113 S. 1 InsO begründet ein Sonderkündigungsrecht bei vertragl., auch kollektivvertragl.[1] Ausschluss der ordentl. Kündigung. Auch § 323 I UmwG steht dem nicht entgegen[2]. Der gesetzl. Kündigungsschutz bleibt aber bestehen. § 113 S. 2 InsO bringt eine abgekürzte Kündigungsfrist von 3 Monaten. Mit dieser Frist kann der Insolvenzverwalter auch (erneut) kündigen, wenn er zuvor als vorläufiger Insolvenzverwalter mit längerer Frist aus im Wesentlichen gleichen Gründen gekündigt hatte[3]. Für Kündigungen des Insolvenzverwalters gilt die Klagefrist des § 4 von 3 Wochen. Die §§ 120 ff. InsO sehen Besonderheiten für einen abgekürzten Interessenausgleich, Verkürzung des Kündigungsschutzes durch Erstellung von Namenslisten (§ 125 I InsO) und ein besonderes Beschlussverfahren zum Kündigungsschutz (sog. Sammelklage § 126 I InsO) vor. Vgl. die Erl. zu §§ 113, 120–128 InsO.

Das KSchG gilt grds. auch im **Arbeitskampf**. Gem. § 25 findet es allerdings keine Anwendung auf „Kündigungen und Entlassungen, die lediglich als Maßnahmen in wirtschaftl. Kämpfen zwischen ArbGeb und ArbN vorgenommen werden". Zu näheren Einzelheiten siehe dort. Ein **faktisches oder fehlerhaftes Arbeitsverhältnis** besteht, wenn der Arbeitsvertrag sich nachträglich etwa gem. §§ 134, 138 BGB als insgesamt nichtig erweist (vgl. § 119 BGB Rz. 15 ff.). Die Parteien haben hier ein jederzeitiges, weder frist- noch formgebundenes Lossagungsrecht, das dem KSchG nicht unterfällt[4]. Soweit gem. § 100 III BetrVG **vorläufige personelle Maßnahmen (Einstellungen)** zwei Wochen nach Rechtskraft einer gerichtlichen Entscheidung „enden" bzw. „nicht aufrecht erhalten werden" dürfen, erlischt nach zutreffender Auffassung lediglich die betriebsverfassungsrechtl. Zulässigkeit der vorläufigen Einstellung; Einstellung bedeutet die tatsächliche Eingliederung in den Betriebsablauf[5]. Will der ArbGeb das Arbeitsverhältnis insgesamt beenden, muss er kündigen (vgl. § 100 BetrVG Rz. 17). Auf die Kündigung finden das KSchG sowie der sonstige Kündigungsschutz grds. Anwendung. Ebenfalls dem KSchG und den sonstigen Kündigungsschutzbestimmungen unterliegt eine **Kündigung auf Verlangen des BR** gem. § 104 BetrVG. Weigert sich der ArbGeb und wird ihm auf Antrag des BR durch Beschluss des ArbG die Kündigung aufgegeben, wirkt diese Entscheidung allerdings im nachfolgenden Kündigungsschutzprozess präjudiziell. Da der ArbN im Beschlussverfahren zu beteiligen ist, kann er im späteren Kündigungsschutzprozess zu seiner Entlastung nur noch Umstände darlegen, die nach dem Schluss der Anhörung im Beschlussverfahren entstanden oder ihm bekannt geworden sind. Zu näheren Einzelheiten vgl. die Erl. zu § 104 BetrVG. 44

IX. Vertragspflichtverletzung durch rechtsunwirksame Kündigung. Nach hM soll in jeder rechtsunwirksamen Kündigung zugleich ein Verstoß gegen die vertragl. Nebenpflicht zur Leistungstreue (**Leistungstreuepflicht**, § 242 BGB) liegen, der Schadensersatzansprüche auslösen kann (aus § 280 BGB nF, früher pVV)[6]. Ein entschuldbarer Rechtsirrtum kommt nach der Rspr. des BGH nur in engen Grenzen in Betracht[7]. Entgegen der hM liegt allein im Ausspruch einer unwirksamen Kündigung ohne Hinzutreten weiterer Umstände **keine Vertragspflichtverletzung**. Kündigungsschutzbestimmungen begründen keine unmittelbaren Leistungstreuepflichten, sie sind „pflichtenneutral". Sie wirken wie Obliegenheiten durch ihre Unwirksamkeitssanktion. Das ist offenkundig etwa bei Formverstößen. Aber auch § 1 begründet für sich keine Vertragspflicht, sozialwidrige Kündigungen zu unterlassen. Eine Pflichtverletzung liegt aber im Ausspruch einer wissentlich rechtsunwirksamen Kündigung, ebenso wohl auch im leichtfertigen Ausspruch einer evident unwirksamen Kündigung. Hier fehlt ein schutzwürdiges Interesse des Kündigenden, welches das Leistungstreueinteresse des Gekündigten überwiegt. Praktisch spielt die Frage eines **Schadensersatzanspruchs** wegen rechtswidriger Kündigung nur eine geringe Rolle, weil es regelmäßig am Schaden fehlt. Der ArbN kann nach dem KSchG die Unwirksamkeit der Kündigung geltend machen und so seine Vergütungsansprüche erhalten (§ 615 BGB, § 11)[8]. Versäumt er die Klage- 45

1 Für TV: BVerfG v. 21.5.1999 – 1 BvL 22/98, NZA 1999, 923; BAG v. 19.1.2000 – 4 AZR 70/99, BB 2000, 1096; für BV: BAG v. 22.9.2005 – 6 AZR 526/04, NZA 2006, 658. | 2 BAG v. 22.9.2005 – 6 AZR 526/04, NZA 2006, 658. | 3 BAG v. 22.5.2003 – 2 AZR 255/02, AP Nr. 12 zu § 113 InsO; für den vorläufigen – auch den „starken" (§ 22 I InsO) – Verwalter gilt die verkürzte Frist des § 113 S. 2 nicht, BAG v. 20.1.2005 – 2 AZR 134/04, AP Nr. 18 zu § 113 InsO. | 4 BAG v. 16.9.1982 – 2 AZR 271/80, EzA § 123 BGB Nr. 22; v. 25.4.1963 – 5 AZR 398/62, DB 1963, 933; v. 15.11.1957 – 1 AZR 189/57, AP Nr. 2 zu § 125 BGB. | 5 BAG v. 28.4.1992 – 1 ABR 73/91, NZA 1992, 1141. | 6 BGH v. 14.1.1988 – IX ZR 265/86, NJW 1988, 1268 f. zum Mietvertrag; zust. Palandt/*Heinrichs*, 61. Aufl., Erg.-Bd., § 280 BGB Rz. 26; zum Arbeitsvertrag ErfK/*Oetker*, § 1 KSchG Rz. 23 (allerdings einschr. in Bezug auf das Verschulden); aA zum Mietvertrag *Klinkhammer*, NJW 1997, 221 ff. mwN u. zum Arbeitsvertrag wie hier Staudinger/*Löwisch*, vor §§ 275 ff. BGB Rz. 32; *Löwisch*, § 1 KSchG Rz. 105. | 7 St. Rspr., BGH v. 11.1.1984 – VIII ZR 255/82, BGHZ 89, 301; v. 14.6.1994 – XI ZR 210/93, NJW 94, 2754 (2755); Palandt/*Heinrichs*, 61. Aufl., Erg.-Bd., § 276 BGB Rz. 22 mwN; deutlich weiter aber BAG v. 13.6.2002 – 2 AZR 391/02, AP Nr. 97 zu § 615 BGB (bei objektiv zweifelhafter Rechtslage und sorgfältiger Prüfung). | 8 Zur Frage der Verzinsung, insb. des Vertretenmüssens iSv. § 286 IV BGB vgl. BAG v. 13.6.2002 – 2 AZR 391/01, AP Nr. 97 zu § 615 BGB und v. 22.3.2001 – 8 AZR 536/00, EzBAT § 8 BAT – Schadensersatzpflicht des ArbGeb Nr. 31 (entschuldigender Rechtsirrtum).

frist des § 4, entfällt wegen § 7 rückwirkend eine in der unwirksamen Kündigung ggf. liegende Vertragspflichtverletzung. Kommt es gem. §§ 9, 10 zur Auflösung des Arbeitsvertrages gegen Zahlung einer **Abfindung**, ist damit nach der Rspr. des BAG ein Schadensersatzanspruch für entgangenes Arbeitsentgelt nach dem Auflösungszeitpunkt ausgeschlossen[1].

46 Schadensersatzansprüche aus **Delikt** wegen rechtswidriger Kündigung scheiden idR aus. Es fehlt an der Rechtsgutverletzung iSv. § 823 I BGB. Auch ist § 1 kein Schutzgesetz iSv. § 823 II BGB, weil der allgemeine Kündigungsschutz – im Gegensatz etwa zu § 9 I MuSchG[2] oder § 2 BeschSchG[3] – allein die Vertragsbeziehung als solche schützt. Eine Deliktshaftung würde hier die Entscheidung des Gesetzgebers gegen eine allgemeine Haftung für Vermögensschäden unterlaufen[4]. Deliktische Ansprüche können ausnahmsw. bestehen, wenn die Kündigung das **Persönlichkeitsrecht** des Gekündigten verletzt (§ 823 I BGB) oder eine sittenwidrige vorsätzliche Schädigung darstellt (§ 826 BGB). Eine schwere rechtswidrige und schuldhafte Verletzung des Persönlichkeitsrechts kann ausnahmsw. im Arbeitsverhältnis einen Anspruch auf **Schmerzensgeld** entsprechend § 847 BGB aF begründen[5]. Der Geldersatzanspruch bei Verletzung des Persönlichkeitsrechts wird nach Streichung des § 847 BGB auf § 823 BGB iVm. Art. 1 I, 2 I GG gestützt[6].

Erster Abschnitt. Allgemeiner Kündigungsschutz

1 *Sozial ungerechtfertigte Kündigungen*

(1) Die Kündigung des Arbeitsverhältnisses gegenüber einem Arbeitnehmer, dessen Arbeitsverhältnis in demselben Betrieb oder Unternehmen ohne Unterbrechung länger als sechs Monate bestanden hat, ist rechtsunwirksam, wenn sie sozial ungerechtfertigt ist.

(2) Sozial ungerechtfertigt ist die Kündigung, wenn sie nicht durch Gründe, die in der Person oder in dem Verhalten des Arbeitnehmers liegen, oder durch dringende betriebliche Erfordernisse, die einer Weiterbeschäftigung des Arbeitnehmers in diesem Betrieb entgegenstehen, bedingt ist. Die Kündigung ist auch sozial ungerechtfertigt, wenn

1. in Betrieben des privaten Rechts

a) die Kündigung gegen eine Richtlinie nach § 95 des Betriebsverfassungsgesetzes verstößt,

b) der Arbeitnehmer an einem anderen Arbeitsplatz in demselben Betrieb oder in einem anderen Betrieb des Unternehmens weiterbeschäftigt werden kann

und der Betriebsrat oder eine andere nach dem Betriebsverfassungsgesetz insoweit zuständige Vertretung der Arbeitnehmer aus einem dieser Gründe der Kündigung innerhalb der Frist des § 102 Abs. 2 Satz 1 des Betriebsverfassungsgesetzes schriftlich widersprochen hat,

2. in Betrieben und Verwaltungen des öffentlichen Rechts

a) die Kündigung gegen eine Richtlinie über die personelle Auswahl bei Kündigungen verstößt,

b) der Arbeitnehmer an einem anderen Arbeitsplatz in derselben Dienststelle oder in einer anderen Dienststelle desselben Verwaltungszweiges an demselben Dienstort einschließlich seines Einzugsgebietes weiterbeschäftigt werden kann

und die zuständige Personalvertretung aus einem dieser Gründe fristgerecht gegen die Kündigung Einwendungen erhoben hat, es sei denn, dass die Stufenvertretung in der Verhandlung mit der übergeordneten Dienststelle die Einwendungen nicht aufrechterhalten hat.

Satz 2 gilt entsprechend, wenn die Weiterbeschäftigung des Arbeitnehmers nach zumutbaren Umschulungs- oder Fortbildungsmaßnahmen oder eine Weiterbeschäftigung des Arbeitnehmers unter geänderten Arbeitsbedingungen möglich ist und der Arbeitnehmer sein Einverständnis hiermit erklärt hat. Der Arbeitgeber hat die Tatsachen zu beweisen, die die Kündigung bedingen.

(3) Ist einem Arbeitnehmer aus dringenden betrieblichen Erfordernissen im Sinne des Absatzes 2 gekündigt worden, so ist die Kündigung trotzdem sozial ungerechtfertigt, wenn der Arbeitgeber bei der Auswahl des Arbeitnehmers die Dauer der Betriebszugehörigkeit, das Lebensalter, die Unterhalts-

1 BAG v. 22.4.1971 – 2 AZR 205/70, EZA § 7 KSchG Nr. 6; v. 15.2.1973 – 2 AZR 16/72, EZA § 9 KSchG nF Nr. 1; v. 16.5.1984 – 7 AZR 280/82, NZA 1985, 60; aA *Herschel*, Anm. AP Nr. 24 zu § 7 KSchG; zu Schadensersatz wegen Auflösungsverschuldens vgl. BAG v. 26.7.2001 – 8 AZR 739/00, NZA 2002, 325 ff. | 2 Vgl. Küttner/*Reinecke*, Personalbuch 2000, Mutterschutz Rz. 2; *Zmarzlik/Zipperer/Viethen*, MuSchG, 8. Aufl., Rz. 50. | 3 APS/*Preis*, § 4 BeschSchG Rz. 14. | 4 HM: ErfK/*Oetker*, § 1 KSchG Rz. 23; *v. Hoyningen-Huene/Linck*, § 1 KSchG Rz. 19; LAG Köln v. 23.2.1988 – 1 Sa 1094/87, NZA 1988, 548; vgl. auch BGH v. 8.6.1976 – VI ZR 50/75, BGHZ 66, 388 (390) sowie BAG v. 17.4.2002 – 5 AZR 89/01, AP Nr. 6 zu § 2 NachwG. | 5 BAG v. 21.2.1979 – 5 AZR 568/77, AP Nr. 13 zu § 847 BGB m. Anm. *Wiese*. | 6 So Begr. RegE, BT-Drs. 14/7752, S. 25; BGH v. 15.11.1994 – VI ZR 56/94, NJW 1995, 861; *Wagner*, NJW 2002, 2049 (2056 f.); Palandt/*Heinrichs*, § 253 BGB Rz. 10.

pflichten und die Schwerbehinderung des Arbeitnehmers nicht oder nicht ausreichend berücksichtigt hat; auf Verlangen des Arbeitnehmers hat der Arbeitgeber dem Arbeitnehmer die Gründe anzugeben, die zu der getroffenen sozialen Auswahl geführt haben. In die soziale Auswahl nach Satz 1 sind Arbeitnehmer nicht einzubeziehen, deren Weiterbeschäftigung, insbesondere wegen ihrer Kenntnisse, Fähigkeiten und Leistungen oder zur Sicherung einer ausgewogenen Personalstruktur des Betriebes, im berechtigten betrieblichen Interesse liegt. Der Arbeitnehmer hat die Tatsachen zu beweisen, die die Kündigung als sozial ungerechtfertigt im Sinne des Satzes 1 erscheinen lassen.

(4) Ist in einem Tarifvertrag, in einer Betriebsvereinbarung nach § 95 des Betriebsverfassungsgesetzes oder in einer entsprechenden Richtlinie nach den Personalvertretungsgesetzen festgelegt, wie die sozialen Gesichtspunkte nach Absatz 3 Satz 1 im Verhältnis zueinander zu bewerten sind, so kann die Bewertung nur auf grobe Fehlerhaftigkeit überprüft werden.

(5) Sind bei einer Kündigung auf Grund einer Betriebsänderung nach § 111 des Betriebsverfassungsgesetzes die Arbeitnehmer, denen gekündigt werden soll, in einem Interessenausgleich zwischen Arbeitgeber und Betriebsrat namentlich bezeichnet, so wird vermutet, dass die Kündigung durch dringende betriebliche Erfordernisse im Sinne des Absatzes 2 bedingt ist. Die soziale Auswahl der Arbeitnehmer kann nur auf grobe Fehlerhaftigkeit überprüft werden. Die Sätze 1 und 2 gelten nicht, soweit sich die Sachlage nach Zustandekommen des Interessenausgleichs wesentlich geändert hat. Der Interessenausgleich nach Satz 1 ersetzt die Stellungnahme des Betriebsrates nach § 17 Abs. 3 Satz 2.

I. Hinweis. Folgende allgemeine Fragen zum KSchG behandelt die **Vorbemerkung vor § 1**: 1

- Entstehung und Entwicklung (Vor § 1 Rz. 1 ff.)
- Grundrechtlicher Rahmen (Vor § 1 Rz. 7 ff.)
- Kündigungsschutz außerhalb des KSchG (Vor § 1 Rz. 14 ff.)
- Konzeption des Kündigungsschutzes im KSchG (Vor § 1 Rz. 21 ff.)
- Zwingende Geltung, Verzicht und Ausgleichsquittung (Vor § 1 Rz. 24 ff.)
- Internationaler Geltungsbereich (Vor § 1 Rz. 31 ff.)
- Kündigungsschutz in besonderen Betrieben (Vor § 1 Rz. 35 ff.)
- Kündigungsschutz in besonderen Rechtslagen (insb. Insolvenz) (Vor § 1 Rz. 42 ff.)
- Vertragspflichtverletzung durch rechtsunwirksame Kündigung (Vor § 1 Rz. 45 f.).

II. Voraussetzungen des Kündigungsschutzes. § 1 schützt ArbN (1) nach zurückgelegter Wartezeit von sechs Monaten (2) vor ordentl. Kündigungen des ArbGeb (3) außerhalb von Kleinbetrieben iSv. § 23 I (4). Alle **vier Voraussetzungen** müssen erfüllt sein. Weitere Einschränkungen ergeben sich aus den §§ 14, 23–25. Zur Darlegungs- und Beweislast für die Voraussetzungen des Kündigungsschutzes s. Rz. 51 ff. 2

1. Arbeitnehmer. a) Begriff. Das KSchG schützt nur ArbN. Es gilt nicht für sonstige Rechtsverhältnisse, auch nicht für sog. arbeitnehmerähnliche Personen. Maßgeblich ist der **allgemeine ArbN-Begriff** des Arbeitsrechts, wie ihn Rspr. und Lehre entwickelt haben. Ein eigenständiger ArbN-Begriff für den Kündigungsschutz besteht nicht. Zur Bestimmung und Abgrenzung von anderen Rechtsverhältnissen s. daher Vor § 611 BGB Rz. 19 ff. 3

b) Grundsatz und Ausnahmen. Grds. steht der allgemeine Kündigungsschutz **allen ArbN** zu. Auf die nähere Ausgestaltung des Arbeitsverhältnisses kommt es nicht an. Kündigungsschutz genießen daher Teilzeitbeschäftigte unabhängig vom Umfang ihrer Arbeitszeit einschließlich der geringfügig Beschäftigten iSv. § 8 I Nr. 1 SGB IV[1] und der ArbN in Arbeitsplatzteilung iSv. § 13 TzBfG; ebenso Mehrfachbeschäftigte[2], auch in nebenberufl. Tätigkeit[3]; bei Doppelarbeitsverhältnissen zu mehreren ArbGeb (zB Gesamthafengesellschaft und Einzelhafen) besteht Kündigungsschutz für jedes Arbeitsverhältnis[4]; ferner schützt das KSchG ArbN in befristeten Arbeitsverhältnissen vor vorzeitiger Kündigung, sofern die Wartezeit erfüllt ist (und ein Recht zu vorzeitiger Kündigung vereinbart wurde, § 15 III TzBfG); weiterhin leitende Angestellte (§ 14 II 1), deren Arbeitsverhältnisse allerdings erleichtert gegen Zahlung einer Abfindung aufgelöst werden können (§§ 14 II 2, 9 I 2); Lebensalter (Rentner, Jugendliche) und Nationalität des ArbN sind grds. unerheblich (zur Frage fehlender Arbeitserlaubnis s. Rz. 124). **Ausgenommen** vom Kündigungsschutz sind **gesetzl. Vertreter** juristischer Personen und Vertreter von Personengesamtheiten nach Maßgabe des § 14 I. Das gilt auch, wenn sie ausnahmsw. ArbN sind[5]. Zur Frage, ob etwa beim berufl. Aufstieg eines ArbN in die Stellung eines Vertretungsorgans des ArbGeb neben dem Anstellungsverhältnis ein ruhendes Arbeitsverhältnis fortbestehen kann, das weiterhin dem Kündigungsschutz unterliegt, vgl. § 14 Rz. 6. Kein Kündigungsschutz besteht auch in faktischen oder fehlerhaften (etwa gem. §§ 134, 138 BGB nichtigen) Arbeitsverhältnissen; hier können sich beide Seiten jederzeit lossagen, vgl. Rz. 43. 4

c) Besondere Arbeitsverhältnisse. Auszubildende sind zwar ebenfalls ArbN[6], jedenfalls sind die für den Arbeitsvertrag geltenden Rechtsvorschriften und -grundsätze gem. § 10 II BBiG auf den Berufsausbildungsvertrag anzuwenden, soweit sich aus seinem Wesen und Zweck sowie dem BBiG nichts anderes ergibt. Der allgemeine Kündigungsschutz der §§ 1 ff. geht hier jedoch ins Leere, da gem. §§ 20 S. 2, 22 II Nr. 1 BBiG das Berufsausbildungsverhältnis nach Ablauf der Probezeit von längstens 4 Monaten durch den Ausbildenden nur noch aus wichtigem Grund gekündigt werden kann[7]. Die dreiwöchige **Klagefrist** 5

1 BAG v. 13.3.1987 – 7 AZR 724/85, DB 1987, 1443. | 2 BAG v. 9.6.1983 – 2 AZR 494/81, BB 1984, 143. | 3 BAG v. 16.3.1972 – 5 AZR 460/71, AP Nr. 10 zu § 611 BGB – Lehrer, Dozenten. | 4 BAG v. 30.5.1985 – 2 AZR 321/84, NZA 1986, 155. | 5 BAG v. 17.1.2002 – 2 AZR 719/00, NZA 2002, 854 ff. zum Leiter des Eigenbetriebs einer bayerischen Gemeinde mit beschränkter gesetzlicher Vertretungsmacht. | 6 HM: BAG v. 12.6.1986 – 6 ABR 8/83, AP Nr. 33 zu § 5 BetrVG 1972; MünchArbR/*Richardi*, § 27 Rz. 25. | 7 Bei einem Wechsel des Ausbildungsberufs bei demselben Ausbildenden ist gem. § 20 BBiG erneut eine Probezeit zu vereinbaren; eine Probezeit-

nach § 13 I 2, § 4 S. 1 findet bei außerordentl. Kündigungen durch den Ausbildenden keine Anwendung, wenn ein **Schlichtungsausschuss** iSv. § 111 II 1 ArbGG zur Beilegung von Streitigkeiten aus bestehenden Berufsausbildungsverhältnissen gebildet ist. In diesem Fall ist dessen vorherige Anrufung unverzichtbare Zulässigkeitsvoraussetzung für eine Klage, § 111 II 5 ArbGG[1]. Die Klagefrist des § 4 greift nicht ein, auch nicht entsprechend für die Anrufung des Schlichtungsausschusses, die bis zur Grenze der Verwirkung möglich ist[2]. An dieser Rspr. dürfte sich durch die erweiterte Bedeutung der Klagefrist für alle Unwirksamkeitsgründe aller Kündigungen in §§ 4, 7, 13 I 2, 23 I 2 nF nichts ändern, da die hierfür maßgebliche Unvereinbarkeit der jeweiligen Fristen- und Verfahrensregeln fortbesteht. Nach ergangenem Spruch des Ausschusses gilt die zweiwöchige rein prozessuale Klagefrist des § 111 II 3 ArbGG. Besteht **kein Schlichtungsausschuss**, gilt die dreiwöchige Klagefrist gem. § 13 I 2, § 4 S. 1[3]; auf die Zurücklegung der Wartezeit (§ 1 I) kommt es nicht mehr an[4]. Zu weiteren Einzelheiten vgl. die Erl. zu § 111 ArbGG u. § 22 BBiG. Für **Volontäre, Praktikanten** (vgl. auch Rz. 10) und **Anlernlinge**, die nicht in einem Berufsausbildungsverhältnis iSv. § 1 III BBiG stehen, bei denen der Erwerb beruflicher Kenntnisse, Fähigkeiten und Erfahrungen gleichwohl zuvorderst Vertragsgegenstand ist, gilt gem. § 26 BBiG Entsprechendes wie beim Berufsausbildungsverhältnis. Steht der Ausbildungszweck nicht im Vordergrund, gilt ausschließlich allgemeines Arbeitsrecht und damit auch das KSchG[5]. **Studienpraktikanten**, die zur Ableistung des Praktikums innerhalb des Studiums in ein privatrechtl. Rechtsverhältnis zum Betriebsinhaber treten, sind ArbN iSd. KSchG und genießen Kündigungsschutz[6], ebenso berufl. Rehabilitanden iSd. früheren § 56 AFG, die eine „echte" betriebspraktische Ausbildung erhalten[7].

6 Sog. **Dienstordnungsangestellte** der Krankenkassen sind ArbN. Soweit ihr Arbeitsverhältnis durch Kündigung beendet werden soll, gilt das KSchG. Daneben besteht die Möglichkeit zu ihrer „Entlassung" gem. der auf Grundlage der früheren §§ 351, 352 RVO erlassenen Dienstordnung. Die Entlassung entstammt dem Beamtenrecht (Disziplinarrecht) und hat Sanktionscharakter. Auf sie ist das KSchG nicht anzuwenden[8]. Bei der Anwendung des KSchG auf **Gruppenarbeitsverhältnisse** in Form der sog. Eigengruppe sind Besonderheiten zu beachten. Die Eigengruppe ist im Gegensatz zur Betriebsgruppe (einer vom ArbGeb kraft Direktionsrechts zu gemeins. Arbeitsleistung gebildeten ArbN-Gruppe, zB Putzkolonne) ein aus eigener Initiative gebildeter Zusammenschluss von ArbN zu gemeins. Arbeitsleistung, die dem ArbGeb als solche angeboten wird (zB Maurer- oder Putzerkolonnen, Musikkapellen, Hausmeisterehepaare). Eine Kündigung ist hier nur gegenüber der **gesamten Gruppe** möglich, wofür allerdings ein Kündigungsgrund in der Person oder dem Verhalten nur eines der Gruppenmitglieder genügen kann[9]. Besteht nur in der Person eines Gruppenmitglieds ein besonderer Kündigungsschutz, wird dieser in der Regel auf die Gruppe durchschlagen[10]. Nicht zu einer Eigengruppe führt die bloße Arbeitsplatzteilung (Jobsharing), schon wegen der Entkoppelung der Arbeitsverhältnisse durch § 13 II 1 TzBfG. Zu kündigungsrechtl. Besonderheiten kann auch ein einheitliches Arbeitsverhältnis eines ArbN mit **mehreren ArbGeb** führen. Erforderlich ist ein rechtl. Zusammenhang zwischen den jeweiligen Arbeitsverträgen[11]. In einem **mittelbaren Arbeitsverhältnis** wird ein ArbN von einem Mittelsmann, der seinerseits selbst ArbN eines Dritten ist, beschäftigt, indem er unmittelbar mit Wissen des Dritten für diesen arbeitet[12]. Beispiel: Rundfunkanstalt – Orchesterleiter – Musiker[13]. Solche Fälle sind selten, da die Berechtigung zum Einsatz eigener ArbN nach der Rspr. ein starkes Indiz gegen die Annahme eines Arbeitsverhältnisses zwischen Mittelsmann und Drittem ist[14] und die Begründung eines mittelbaren Arbeitsverhältnisses zur Vermeidung von Gesetzesumgehungen idR eines sachlichen Grundes bedarf[15]. Die Kündigungsschutzklage ist gegen den jeweiligen Vertragspartner zu richten[16], außer im Falle einer rechtsmissbräuchlichen Gestaltung[17]. Kündigungsgründe aus dem einen Arbeitsverhältnis können hier auch für das andere Arbeitsverhältnis von Bedeutung sein.

---

kündigung gem. § 22 I BBiG wird hier auch dann zulässig sein, wenn die Ausbildungszeit aus beiden Ausbildungsverhältnissen sechs Monate überschreitet. Das Gleiche gilt, wenn dem Ausbildungsverhältnis ein Arbeitsverhältnis vorgeschaltet war. Die §§ 20, 22 I BBiG gehen gem. § 10 II BBiG dem allgemeinen Kündigungsschutz vor. | **1** BAG v. 17.6.1998 – 2 AZR 741/97, EzB § 15 Abs. 3 BBiG Nr. 37. | **2** BAG v. 13.4.1989 – 2 AZR 441/88, AP Nr. 21 zu § 4 KSchG 1969 m. krit. Anm. *Natzel*; aA GMPM/*Prütting*, § 111 ArbGG Rz. 22 ff. mwN. | **3** BAG v. 26.1.1999 – 2 AZR 134/98, DB 1999, 1408; krit. HK/*Dorndorf*, § 13 KSchG Rz. 34–30. | **4** *Richardi*, NZA 2003, 764 f.; KR/*Friedrich*, § 13 KSchG Rz. 36; anders zur früheren Rechtslage BAG v. 27.1.1955 – 2 AZR 418/54, AP Nr. 5 zu § 11 KSchG; v. 17.8.1972 – 2 AZR 415/71, EzA § 626 BGB nF Nr. 22; krit. *A. Hueck* in Anm. zu AP Nr. 5 zu § 11 KSchG. | **5** Vgl. KR/*Weigand*, §§ 14, 15 BBiG Rz. 13. | **6** BAG v. 30.10.1991 – 7 ABR 11/91, DB 1992, 1635; v. 18.11.1999 – 2 AZR 89/99, BB 200, 673. | **7** BAG v. 21.7.1993 – 7 ABR 35/92, BB 1994, 575 u. v. 26.1.1994 – 7 ABR 13/92, DB 1994, 1371 – im Gegensatz zur Ausbildung in reinen Ausbildungsbetrieben und Berufsbildungswerken. | **8** BAG v. 25.2.1998 – 2 AZR 256/97, NZA 1998, 1182. | **9** BAG v. 21.10.1971 – 2 AZR 17/71, AP Nr. 1 zu § 611 BGB – Gruppenarbeitsverhältnis (*Hanau*). | **10** BAG v. 21.10.1971 – 2 AZR 17/71, AP Nr. 1 zu § 611 BGB – Gruppenarbeitsverhältnis (*Hanau*); anders bei bloßer Hilfstätigkeit der geschützten Person BAG v. 17.5.1962 – 2 AZR 354/60, AP Nr. 2 zu § 620 BGB – Bedingung (*A. Hueck*); aA auch KR/*Griebeling*, § 1 KSchG Rz. 55 f. | **11** BAG v. 27.3.1981 – 7 AZR 523/78, AP Nr. 1 zu § 611 BGB – Arbeitgebergruppe (*Wiedemann*); v. 9.9.1982 – 2 AZR 253/80, ZIP 1983, 486; vgl. auch v. 21.1.1999 – 2 AZR 648/97, DB 1999, 806. | **12** BAG v. 21.2.1990 – 5 AZR 162/89, BB 1990, 1064. | **13** BAG v. 9.4.1957 – 3 AZR 435/54, RdA 1958, 121. | **14** BAG v. 27.6.2001 – 5 AZR 561/99, BB 2001, 2220; v. 12.12.2002 – 5 AZR 253/00, DB 2002, 1610 f. | **15** BAG v. 20.7.1982 – 3 AZR 446/80, NJW 1983, 645. | **16** BAG v. 9.4.1957 – 3 AZR 435/54, RdA 1958, 121. | **17** BAG v. 21.2.1990 – 5 AZR 162/89, BB 1990, 1064.

2. Wartezeit. a) Zweck und Bedeutung. Der Schutz vor sozialwidrigen Kündigungen setzt gem. § 1 voraus, dass das Arbeitsverhältnis **bei Zugang** der Kündigung in demselben Betrieb oder Unternehmen ohne Unterbrechung **länger als 6 Monate** bestanden hat. Unerheblich ist, wann die Kündigungsfrist abläuft (der sog. Kündigungstermin). **Zweck** der sog. Wartezeit ist es, dem ArbGeb Gelegenheit zu geben, den ArbN zunächst kennen zu lernen, ohne durch das Verbot sozial ungerechtfertigter Kündigungen gleich gebunden zu sein[1]. Auch im öffentl. Dienst wird der ArbGeb durch Art. 33 II GG nicht in dem Recht beschränkt, während der Wartezeit die Eignung, Befähigung und fachliche Leistung des neu eingestellten ArbN frei zu überprüfen[2]. Dem Erprobungszweck der Wartezeit steht nicht entgegen, dass für ihre Erfüllung allein der rechtl. Bestand des Arbeitsverhältnisses maßgeblich ist und nicht die Dauer der tatsächlichen Beschäftigung (vgl. Rz. 14 ff.)[3]; das Gesetz stellt hier lediglich aus Gründen der Rechtssicherheit auf die klarere Frist des Bestandes des Arbeitsverhältnisses ab[4]. Die **Vereitelung des Erprobungszwecks** (etwa wegen längerer Erkrankung des ArbN) hat keine automatische Verlängerung der Wartezeit zur Folge. Möglich ist eine Kündigung vor Ablauf der Probezeit und die Vereinbarung einer anschließenden angemessenen Probezeitbefristung (vgl. § 14 TzBfG Rz. 42, vgl. auch unten Rz. 20 aE)[5]. Dem ArbGeb steht es frei, vor Ablauf der Wartezeit zu kündigen; die Kündigung bedarf dann nicht der sozialen Rechtfertigung. Setzt der ArbGeb das Arbeitsverhältnis über den Ablauf der Wartezeit hinaus ohne weiteres fort, besteht unabhängig von einer tatsächlichen Erprobung Kündigungsschutz. Eine Schwangerschaft während der Wartezeit kann so wegen der Beschäftigungsverbote der §§ 3, 4, 6 MuSchG und des Kündigungsverbotes des § 9 MuSchG den Erprobungszweck vereiteln und in den Genuss des allgemeinen Kündigungsschutzes führen. 7

Für **außerordentl. Kündigungen** mit Zugang nach dem 31.12.2003 hat die Wartezeit auf Grund der Neufassung des Gesetzes keine Bedeutung mehr; die Klagefrist des § 4 S. 1 gilt schlechthin und damit auch für Klagen gegen (schriftl.) außerordentl. Kündigungen während der Probezeit, § 13 I 2[6] (anders die Rspr. zur früheren Rechtslage[7]; vgl. auch § 4 Rz. 4). Die Erfüllung der Wartezeit hat **keine Bedeutung** für die Frage, ob eine ordentl. Kündigung aus **sonstigen Gründen unwirksam** ist. Der ArbGeb hat während der Wartezeit somit einen etwaigen gesetzl. Sonderkündigungsschutz zu beachten (§ 9 MuSchG, § 15 II BBiG, § 2 ArbPlSchG; beim Kündigungsschutz schwerbehinderter Menschen gilt allerdings gem. § 90 I Nr. 1 SGB IX ebenfalls eine 6-Monats-Frist). Die Kündigung kann wegen Gesetzes- oder Sittenverstoßes gem. §§ 134, 138 BGB oder wegen Treuwidrigkeit (§ 242 BGB) unwirksam sein (vgl. § 13 Rz. 19 u. 24 f.). BR und Personalvertretung sind vor Kündigungen in der Wartezeit zu beteiligen. Tarifvertragl. Beschränkungen des Rechts zur betriebsbedingten Kündigung (Rationalisierungs- oder Arbeitsplatzsicherungsabkommen) gelten ebenfalls – bei Vorliegen der jeweiligen Voraussetzung – im Zweifel unabhängig von der Erfüllung der Wartezeit[8]. 8

b) Abweichende Vereinbarungen. Die Wartezeit hat zum Schutz der ArbN **einseitig zwingenden Charakter**. Sie kann weder durch Arbeitsvertrag noch durch TV verlängert werden. Eine entsprechende Vereinbarung ist unwirksam mit der Folge, dass der Kündigungsschutz nach 6 Monaten einsetzt[9]. Unzulässig ist es ebenso, statt auf den rechtl. Bestand des Arbeitsverhältnisses auf die tatsächliche Beschäftigungsdauer abzustellen[10]. Vgl. hierzu näher Vor § 1 Rz. 18 ff. Abweichungen **zu Gunsten des ArbN**, etwa Verkürzung oder völliger Verzicht auf die Wartezeit, sind zulässig[11]. Eine solche Vereinbarung kann auch stillschweigend getroffen werden. Ein Verzicht auf die Wartezeit liegt noch nicht vor, wenn der ArbGeb in einer Stellenanzeige oder im Einstellungsgespräch von einer „Dauerstellung" spricht[12]; anders, wenn der ArbN bei seiner Einstellung hervorhebt, dass er eine unkündbare Dauerstellung aufgebe und Wert auf eine Lebens- oder Dauerstellung lege, und der ArbGeb hierzu schweigt[13]. Aus dem Arbeitsvertrag kann sich eine ausdrückliche oder stillschweigende[14] Vereinbarung über die **Anrechnung** früherer Beschäftigungszeiten ergeben. Stellt ein Saisonbetrieb die früheren ArbN zu Saisonbeginn immer wieder ein, kann die Auslegung der Vereinbarung ergeben, dass die Wartezeit ungeachtet der rechtl. Unterbrechungen der Arbeitsverhältnisse berechnet werden soll[15]. Gelegentlich bestehen entsprechen- 9

---

1 BAG v. 15.3.1978 – 5 AZR 831/76, DB 1978, 1744. |2 BAG v. 1.7.1999 – 2 AZR 926/98, AP Nr. 10 zu § 242 BGB – Kündigung. |3 St. Rspr.: BAG v. 6.12.1976 – 2 AZR 470/75 u. v. 16.3.1989 – 2 AZR 407/88, AP Nr. 2 u. Nr. 6 zu § 1 KSchG 1969 – Wartezeit. |4 Vor Inkrafttreten des Ersten ArbeitsrechtsbereinigungsG am 1.9.1969 verlangte § 1 eine sechsmonatige ununterbrochene Beschäftigung; krit. zur Frage des Gesetzeszwecks nach der Neuregelung BAG v. 23.9.1976 – 2 AZR 309/75, DB 1977, 213; v. 12.2.1981 – 2 AZR 1108/78, AP Nr. 1 zu § 5 BAT. |5 Ebenso die Kündigung oder einvernehmliche Aufhebung mit verlängerter Frist zur Bewährung und ggf. Wiedereinstellung, vgl. BAG v. 7.3.2002 – 2 AZR 93/01 nv. |6 BAG v. 28.6.2007 – 6 AZR 873/06, NZA 2007, 972. |7 BAG v. 27.1.1955 – 2 AZR 418/54, AP Nr. 5 zu § 11 KSchG; v. 17.8.1972 – 2 AZR 415/71, EzA § 626 BGB nF Nr. 22; krit. *A. Hueck*, Anm. zu AP Nr. 5 zu § 11 KSchG (1951). |8 BAG v. 13.6.1996 – 2 AZR 547/95, EzA TVG § 4 – Luftfahrt Nr. 2. |9 BAG v. 15.8.1984 – 7 AZR 228/82, AP Nr. 8 zu § 1 KSchG 1969. |10 KR/*Griebeling*, § 1 KSchG Rz. 94. |11 BAG v. 14.5.1987 – 2 AZR 380/86 u. v. 28.2.1990 – 2 AZR 425/89, AP Nr. 5 u. Nr. 8 zu § 1 KSchG 1969 – Wartezeit; einschr. für Verzicht durch Tarifvertrag *Löwisch*, DB 1998, 877 (881); aA zu Recht *Preis*, NZA 1997, 1256 (1259). |12 BAG v. 8.6.1972 – 2 AZR 285/71, AP Nr. 1 zu § 1 KSchG 1969 (*Konzen*). |13 BAG v. 18.2.1967 – 2 AZR 114/66, AP Nr. 81 zu § 1 KSchG (*A. Hueck*). |14 So bei Weiterbeschäftigung als ArbN nach beendetem Geschäftsführervertrag, BAG v. 24.11.2005 – 2 AZR 614/04, DB 2006, 728. |15 *v. Hoyningen-Huene/Linck*, § 1 KSchG Rz. 87.

de **Tarifregelungen**; soweit darin die Betriebszugehörigkeit näher bestimmt wird, ist jeweils zu prüfen, ob davon die Wartezeit des § 1 betroffen ist[1].

10 **c) Arbeitsverhältnis.** Auf die Wartezeit sind **ausschließlich** Zeiten anzurechnen, die in einem Arbeitsverhältnis zurückgelegt wurden. Hierzu zählt eine Ausbildungszeit[2], ebenso die Zeit eines betrieblichen Praktikums, sofern es im Rahmen eines Arbeitsverhältnisses absolviert wird[3]. Das Praktikum als Arbeits- oder Ausbildungsverhältnis idS ist abzugrenzen einerseits von integrierten Bestandteilen einer (Fach-) Hochschulausbildung und andererseits von regelmäßig unentgeltlichen sog. „Einfühlungsverhältnissen" oder „Schnupperkursen" ohne wechselseitige Hauptleistungspflichten[4]. Eine Rahmenvereinbarung, welche nur die Bedingungen der erst noch abzuschließenden, auf den jeweiligen Einsatz befristeten Arbeitsverträge wiedergibt, selbst aber noch keine Verpflichtung zur Arbeitsleistung begründet, ist kein Arbeitsvertrag[5]. Die Beschäftigung im Rahmen einer Arbeitsbeschaffungsmaßnahme gem. §§ 260 ff. SGB III erfolgt idR in einem (befristeten) Arbeitsverhältnis und ist auf ein sich anschließendes weiteres Arbeitsverhältnis anzurechnen[6], ebenso die in einem sog. faktischen Arbeitsverhältnis[7]. Keine Anrechnung finden Zeiten aus **anders gearteten Rechtsverhältnissen**, so als Beamter, freier Mitarbeiter, Organ bzw. gesetzl. Vertreter des ArbGeb oder als LeihArbN beim Entleiher[8]. Ebenso bleiben unberücksichtigt Zeiten der Eingliederung eines Arbl. gem. §§ 229 ff. SGB III[9]. Erwerbsfähige Hilfebedürftige werden auf der Basis von § 16 III 2 SGB II (sog. Ein-Euro-Job) nicht in einem Arbeitsverhältnis, sondern in öffentl.-rechtl. Rechtsverhältnis tätig[10]. Die Zeit eines Arbeitsverhältnisses ist grds. unabhängig von seiner konkreten **Ausgestaltung** anzurechnen. Die Wartezeit verlängert sich daher nicht, wenn sie in Teilzeitbeschäftigung – gleich welchen Umfangs – erbracht wird[11]. Ferner ist unerheblich, in welchem Status (Arbeiter/Angestellter) der ArbN stand[12] oder ob die Wartezeit auf der Grundlage eines oder mehrerer, aneinander anschließender befristeter Arbeitsverträge zurückgelegt wurde. Schließlich betrifft § 1 I zunächst nur Zeiten „des" Arbeitsverhältnisses, also **desselben Rechtsverhältnisses** zweier bestimmter Vertragsparteien[13]. Ein Wechsel des ArbGeb, der zu einem neuen Rechtsverhältnis führt, unterbricht daher grds. die Wartezeit. Zur Ausnahme bei kurzer rechtl. Unterbrechung zwischen zwei Arbeitsverhältnissen derselben Vertragsparteien vgl. Rz. 16 ff.[14]. Dagegen findet in den Fällen der Rechtsnachfolge der bloße Eintritt einer neuen Vertragspartei in ein ansonsten fortbestehendes identisches Rechtsverhältnis statt, so insb. bei Gesamtrechtsnachfolge und Betriebsübergang. Hier ist der Wechsel des ArbGeb unschädlich (vgl. Rz. 12).

11 **d) Zugehörigkeit zu demselben Betrieb oder Unternehmen.** Es genügt nicht, dass das (identische) Arbeitsverhältnis länger als sechs Monate existiert, es muss (zusätzlich) auch „in demselben Betrieb oder Unternehmen" bestanden haben. Das Unternehmen ist der weitere **Begriff**. Während der Betrieb einem oder mehreren arbeitstechnischen Zwecken dient (vgl. § 23 Rz. 3), stellt das Unternehmen die einheitliche und organisierte Zusammenfassung der hinter den arbeitstechnischen Zwecken eines oder mehrerer Betriebe verfolgten wirtschaftl. oder ideellen Zwecke des Rechtsträgers dar[15]. Ein Betriebswechsel innerhalb desselben Unternehmens ist somit möglich und für die Wartezeit unschädlich. Umgekehrt schadet (theoretisch) auch ein Unternehmenswechsel nicht, wenn der ArbN demselben Betrieb weiter angehört, dieser also gleichzeitig einem anderen Unternehmen des ArbGeb zugeordnet wird. IdR führt ein ArbGeb nur ein Unternehmen. Bei einer Handelsgesellschaft ist das ausnahmslos und zwingend der Fall. Nach hM kann eine natürliche Person ausnahmsw. **Rechtsträger mehrerer Unternehmen** sein[16]. In diesen Fällen unterbricht ein Wechsel des Unternehmens auch die Wartezeit, wenn nicht zugleich mit dem ArbN auch der bisherige Beschäftigungsbetrieb dem anderen Unternehmen zugeordnet wird. Eine im Privathaushalt des ArbGeb etwa zurückgelegte Beschäftigungszeit ist daher nicht ohne weiteres gem. § 1 als Betriebs- oder Unternehmenszugehörigkeit in seinem Unternehmen anzurechnen.

---

1 Bejahend BAG v. 14.5.1987 – 2 AZR 386/86, DB 1987, 2575, zu einem TV des Garten-, Landschafts- und Sportplatzbaus; BAG v. 30.6.1988 – 2 AZR 71/88, nv. zu einem TV des saarl. Bewachungsgewerbes; verneinend für einen TV des nds. Bewachungsgewerbes BAG v. 28.2.1990 – 2 AZR 425/89, NZA 1990, 858, und für den öffentl. Dienst (§ 19 BAT/BAT-O) BAG v. 20.8.1998 – 2 AZR 83/98, DB 1998, 2475 u. v. 16.3.2000 – 2 AZR 828/98, AP Nr. 2 zu 67 LPVG Sa.-Anh. | 2 BAG v. 23.9.1976 – 2 AZR 309/75, DB 1977, 213. | 3 BAG v. 18.11.1999 – 2 AZR 89/99, BB 2000, 673. | 4 Vgl. näher – auch zur missbräuchlichen Gestaltung – *Maties*, RdA 2007, 135; *Dollmann*, ArbRB 2006, 306. | 5 BAG v. 31.7.2002 – 7 AZR 181/01, BB 2003, 525; krit. *Strasser/Melf*, AuR 2006, 342. | 6 BAG v. 12.2.1981 – 2 AZR 1108/78, AP Nr. 1 zu § 5 BAT (zu §§ 91 ff. AFG). | 7 *v. Hoyningen-Huene/Linck*, § 1 KSchG Rz. 77a; HaKo/*Gallner*, § 1 KSchG Rz. 77 f. | 8 Fehlt dem Verleiher die gem. § 1 Abs. 1 AÜG erforderliche Erlaubnis oder entfällt sie während der Leihe, fingieren §§ 9 S. 1, 10 I 1 Hs. 2 AÜG ein Arbeitsverhältnis zwischen LeihArbN und Entleiher ab dem Zeitpunkt der vorgesehenen Arbeitsaufnahme bzw. des (späteren) Wegfalls der Erlaubnis; die Wartezeit läuft erst ab diesen Zeitpunkten; ebenso HaKo/*Gallner*, § 1 KSchG Rz. 81. | 9 BAG v. 17.5.2001 – 2 AZR 10/00, DB 2001, 2354. | 10 BAG v. 26.9.2007 – 5 AZR 857/06, NZA 2007, 1422. | 11 BAG v. 21.12.1967 – 2 AZR 2/67, DB 1968, 228. | 12 BAG v. 23.9.1976 – 2 AZR 309/75, DB 1977, 213. | 13 Ebenso wie § 622 II BGB, § 4 BUrlG. | 14 Auf die Identität von Rechtsverhältnis und ArbGeb verzichtet BAG v. 27.6.2002 – 2 AZR 270/01, BB 2003, 583 ff., sofern der Betrieb identisch bleibt, und begründet dies mit dem Schutzzweck des § 613a BGB (der ArbN war kurz vor dem Betriebsübergang ausgeschieden und alsbald vom Erwerber wieder eingestellt worden). | 15 HK/*Dorndorf*, § 1 KSchG Rz. 68 mwN. | 16 *Windbichler*, Arbeitsrecht im Konzern, 1989, S. 294, 296 mwN; *v. Hoyningen-Huene/Linck*, § 1 KSchG Rz. 73; ErfK/*Oetker*, § 1 KSchG Rz. 88; HaKo/*Gallner*, § 1 KSchG Rz. 61; aA HK/*Dorndorf*, § 1 KSchG Rz. 73.

Ähnlich unterscheidet das Gesetz für den öffentl. Dienst, wenn es in § 1 II 2 Nr. 2b den Verwaltungszweig (zB Arbeits-, Finanz-, Justizverwaltung) – und nicht den Dienstherrn – mit dem Unternehmen in Nr. 1b gleichsetzt. Ob allerdings auch hier ein Wechsel des Verwaltungszweigs die Wartezeit unterbricht, erscheint fraglich. Jedoch wird in diesen Fällen der Identität des ArbGeb regelmäßig die Vertragsauslegung zu einer ausdrücklichen oder konkludenten **Anrechnungsvereinbarung** bezüglich der früheren Zeiten auf die Wartefrist führen[1]. Das gilt insb. bei Vereinbarung eines unternehmensübergreifenden Direktionsrechts. Ggf. kann Anlass zur Prüfung rechtsmissbräuchlicher Vereitelung des Kündigungsschutzes bestehen[2].

Im Falle einer **Rechtsnachfolge** beim Rechtsträger des Betriebs oder Unternehmens bleibt die beim Vorgänger zurückgelegte Wartezeit erhalten. Der Rechtsnachfolger tritt in die Rechte und Pflichten des fortbestehenden identischen Arbeitsverhältnisses ein. Sowohl Gesamtrechtsnachfolge (Erbfolge auf ArbGebSeite, §§ 1922, 1967 BGB; Verschmelzung von Kapitalgesellschaften, §§ 339 ff. AktG; Umwandlung durch Verschmelzung, Spaltung oder Vermögensübertragung, §§ 322 ff. UmwG) als auch Einzelrechtsnachfolge des Betriebs- oder Betriebsteilserwerbers gem. § 613a I BGB führen zu einem bloßen Austausch des Vertragspartners auf ArbGebSeite und berühren den Inhalt des ansonsten unveränderten Arbeitsverhältnisses nicht. Sie sind daher für die Zurücklegung der Wartezeit grds. unschädlich[3]. Wird gem. § 613a BGB nur ein **Betriebsteil** übertragen und beim Erwerber in einen vorhandenen Betrieb integriert und aufgelöst, erfordert es der Rechtsgedanke des § 613a I BGB, dem ArbN auch hier die zurückgelegte Wartezeit zu erhalten. Er ist so zu stellen, als habe nicht nur der ArbGeb, sondern auch das Unternehmen nicht gewechselt. Das gilt auch, wenn er zuvor einem anderen als dem übertragenen Betriebsteil angehörte; die Zugehörigkeit bestand zu dem gesamten Betrieb und galt für alle seine Teile. Im Falle einer **Unternehmensfusion** sind die zuvor in den Einzelunternehmen zurückgelegten Zeiten anzurechnen, unabhängig davon, in welchem Betrieb oder Unternehmensteil der ArbN nach der Fusion weiter tätig wird[4]. Im umgekehrten Fall einer **Unternehmensspaltung** ist die zuvor zurückgelegte Wartezeit im abgespaltenen Unternehmensteil ebenfalls anzurechnen, auch hier unabhängig davon, in welchem Unternehmensteil der ArbN nach der Spaltung weiterbeschäftigt wird[5]. Zusätzlich schützt den ArbN bei Spaltung und Teilübertragung im Rahmen einer Unternehmensumwandlung § 323 I UmwG (vgl. näher dort). Zeiten, die weder im selben Betrieb/Unternehmen noch beim selben ArbGeb bzw. seinem Rechtsvorgänger zurückgelegt wurden, werden von § 1 nicht erfasst. 12

Das gilt nach hM auch für Zeiten bei einer **anderen Konzerngesellschaft**[6]. Hier endet der Rechtsbereich des ArbGeb, ohne dass eine besondere Zurechnungsvorschrift wie in den Fällen der Rechtsnachfolge existiert. Das entspricht der ebenfalls auf das Unternehmen beschränkten Pflicht des ArbGeb zur Weiterbeschäftigung des ArbN auf freien Arbeitsplätzen gem. § 1 II 2[7] (vgl. Rz. 274 ff.). Dennoch kann sich bei einem Wechsel der Konzerngesellschaft nach hM aus der Auslegung des Arbeitsvertrages eine **Anrechnungsvereinbarung** ergeben. Erfolgt der Wechsel – wie in der Regel – einvernehmlich, dh. dreiseitig, müssten schon besondere Anhaltspunkte dafür bestehen, dass der ArbN in dem anderen Konzernunternehmen mit der Wartezeit wieder bei „null" anfangen soll[8]. Das gilt jedenfalls bei **konzernweiten Versetzungsklauseln** im Arbeitsvertrag. Besteht das Arbeitsverhältnis zur einstellenden Konzerngesellschaft fort, wird die im Wege der Abordnung, Leihe oder eines Doppelarbeitsverhältnisses bei einer anderen Konzerngesellschaft erbrachte Tätigkeitszeit zugleich auch als im Einstellungsunternehmen erbracht anzusehen sein, da sie (auch) auf der zu dessen Rechtsträger bestehenden Vertragsbindung beruht[9]. Anders liegt es, wenn der ArbN aus eigener Initiative und ohne Einflussnahme des ArbGeb dort ausscheidet und zu einer anderen Konzerngesellschaft wechselt. Hier bedürfte es besonderer Anhaltspunkte für eine Anrechnungsvereinbarung mit dem neuen ArbGeb[10]. Zur Berücksichtigung von Vordienstzeiten in der Sozialauswahl vgl. Rz. 371. 13

e) Ununterbrochener Bestand. Das Arbeitsverhältnis muss während der Wartezeit „ohne Unterbrechung" bestehen. Maßgeblich ist der rechtl. Bestand[11]. **Tatsächliche Unterbrechungen** der Beschäfti- 14

1 KR/*Griebeling*, § 1 KSchG Rz. 118; HaKo/*Gallner*, § 1 KSchG Rz. 61; v. *Hoyningen-Huene/Linck*, § 1 KSchG Rz. 74. | 2 Vgl. etwa HaKo/*Gallner*, § 1 KSchG Rz. 61. | 3 BAG v. 27.6.2002 – 2 AZR 270/01, BB 2003, 583; v. 18.9.2003 – 2 AZR 330/02, NZA 2004, 319; das gilt nicht für die bisherige Beschäftigtenzahl iSv. § 23, BAG v. 15.2.2007 – 8 AZR 397/06, BB 2007, 1453. | 4 *Löwisch*, § 1 KSchG Rz. 47; HaKo/*Gallner*, § 1 KSchG Rz. 64; *v. Hoyningen-Huene/Linck*, § 1 KSchG Rz. 72 f. | 5 *Löwisch*, § 1 KSchG Rz. 47; HaKo/*Gallner*, § 1 KSchG Rz. 65; *v. Hoyningen-Huene/Linck*, § 1 KSchG Rz. 72. | 6 BAG v. 29.4.1999 – 2 AZR 352/98, AP Nr. 21 zu § 23 KSchG 1969 (betr. Konzernholding); KR/*Griebeling*, § 1 KSchG Rz. 146; *Wiedemann/Strohn*, Anm. zu BAG v. 18.10.1976 – 3 AZR 576/75, AP Nr. 3 zu § 1 KSchG 1969 – Betriebsbedingte Kündigung; HaKo/*Gallner*, § 1 KSchG Rz. 61; HK/*Dorndorf*, § 1 KSchG Rz. 74 ff. | 7 BAG v. 14.10.1982 – AZR 568/80, AP Nr. 1 zu § 1 KSchG 1969 – Konzern (*Wiedemann*); v. 21.2.2001 – 2 AZR 579/99, NZA 2001, 951; v. 29.4.1999 – 2 AZR 352/98, DB 1999, 1710 (betr. Konzernholding). | 8 So im Ergebnis auch *v. Hoyningen-Huene/Linck*, § 1 KSchG Rz. 74; zurückhaltend HaKo/*Gallner*, § 1 KSchG Rz. 61; KR/*Griebeling*, § 1 KSchG Rz. 118. | 9 *v. Hoyningen-Huene/Linck*, § 1 KSchG Rz. 74; KR/*Griebeling*, § 1 KSchG Rz. 118; ähnlich HaKo/*Gallner*, § 1 KSchG Rz. 61. | 10 Ebenso HaKo/*Gallner*, § 1 KSchG Rz. 61. | 11 Das Erste ArbeitsrechtsbereinigungsG hat mWv. 1.9.1969 die frühere Rechtslage geändert, wonach die tatsächliche Beschäftigung maßgeblich war.

gung sind unschädlich, solange das Arbeitsverhältnis fortbesteht. Krankheit, Urlaub, Freistellungen, Mutterschutz etc. hindern damit den Lauf der Wartezeit nicht[1], ebenso wenig Streik und suspendierende Aussperrung[2]. Eine Änderung der Arbeitsbedingungen – ob einvernehmlich oder durch Änderungskündigung – unterbricht das Arbeitsverhältnis nicht, ebenso nicht unentschuldigtes Fehlen[3]. Hat der ArbN etwa wegen Erkrankung oder Schwangerschaft während der Wartezeit gar nicht gearbeitet, kann er sich dennoch auf ihren Ablauf berufen. Kraft ausdrücklicher **gesetzl. Regelung** sind die nachfolgenden Zeiten auf die Betriebszugehörigkeit und somit auch auf die Wartezeit anzurechnen (zumal ohnehin in den meisten der genannten Fälle das Arbeitsverhältnis rechtl. nicht unterbrochen ist):

15 • Zeiten des **Grundwehrdienstes** oder einer Wehrübung (§ 6 II 1 Hs. 1 ArbPlSchG für Zeiten nach Abschluss der Ausbildung; § 10 ArbPlSchG für freiwillige Wehrübungen bis zur Dauer von 6 Wochen je Kalenderjahr). Für Angehörige eines EU-Mitgliedstaates sind die für deutsche ArbN geltenden Kündigungsschutzbestimmungen entsprechend anzuwenden (Art. 7 EWG-VO 1612/68[4], geändert durch EWG-VO 312/76[5]). Dies gilt nicht für ArbN anderer ausländischer Staaten[6]. Haben solche ArbN einen verkürzten Wehrdienst abzuleisten, kann dies auch in fortbestehendem Arbeitsverhältnis erfolgen, zumal für den ArbN gem. § 275 III BGB ein Recht zur Verweigerung der Arbeitsleistung bestehen kann; dann ist die Zeit anzurechnen[7].

- Zeiten des Wehrdienstes als **Soldat auf Zeit** bis zur Dauer von 2 Jahren (§ 16a I ArbPlSchG)[8].
- Zeiten einer **Eignungsübung** bis zur Dauer von 4 Monaten (§ 1 EigÜbG iVm. § 8 VO EigÜbG).
- Zeiten des **Zivildienstes** (§ 78 ZDG)
- Zeiten der Heranziehung zum **Luftschutzdienst** oder zu Luftschutzübungen (§ 13 ZivilSchG)
- Zeiten der rechtl. Unterbrechung (!) sowie der vorausgegangenen Beschäftigungszeiten eines Arbeitsverhältnisses bei Eigenkündigung einer Frau während der **Schwangerschaft** und anschließender Wiedereinstellung binnen eines Jahres (§ 10 II MuSchG), sofern kein anderweitiges Arbeitsverhältnis zwischenzeitlich eingegangen wurde.

16 Nach der **Rspr.** sind darüber hinaus die Beschäftigungszeiten aus einem früheren Arbeitsverhältnis derselben Vertragsparteien trotz rechtl. Unterbrechung in den folgenden Fällen auf die Wartezeit des § 1 anzurechnen: Schließt ein Arbeitsverhältnis **ohne zeitliche Unterbrechung** an ein früheres an, wird der Ablauf der Wartezeit nicht unterbrochen[9]. Das gilt auch bei einer Änderung der Tätigkeit[10]. Unschädlich für den Lauf der Wartezeit ist auch die unmittelbare Aneinanderreihung mehrerer befristeter Arbeitsverträge, auch mit unterschiedlichen Arbeitsbedingungen[11]. Eines zusätzlichen sachlichen Zusammenhangs der Arbeitsverhältnisse bedarf es nicht[12]; der ArbGeb kann sein Erprobungsinteresse bei geänderten Arbeitsbedingungen durch eine Befristung wahren. Auch bei **kurzer zeitl. und rechtl. Unterbrechung** rechnet die Rspr. entgegen dem Gesetzeswortlaut auf die Wartezeit Zeiten eines früheren Arbeitsverhältnisses mit demselben ArbGeb an, wenn die Unterbrechung allein vom ArbGeb veranlasst ist und das neue Arbeitsverhältnis in einem engen sachlichen Zusammenhang mit dem früheren steht. Sinn und Zweck der gesetzl. Regelung und der Rechtsgedanke des § 162 BGB rechtfertigten bspw. bei einer Unterbrechung des Arbeitsverhältnisses für ein arbeitsfreies Wochenende nicht den Neubeginn der Wartezeit[13]. Entsprechendes gilt für Wartezeiten in anderen Gesetzen (§ 4 BUrlG, § 90 I Nr. 1 SGB IX, § 622 II BGB). Im Falle eines Betriebsübergangs nach § 613a BGB kann trotz Unterbrechung so auch eine beim Veräußerer zurückgelegte Zeit beim Erwerber, der den ArbN wiedereingestellt hat, anzurechnen sein[14]. Die Anrechnung des Unterbrechungszeitraumes scheidet hingegen grds. aus[15] (Ausnahme: § 10 II MuSchG).

17 Die zeitliche Unterbrechung zwischen den Arbeitsverhältnissen darf nur kurz sein. Starre Grenzen lassen sich nicht festlegen, es geht um einen Zeitraum von Tagen oder **maximal wenigen Wochen**. Je

---

1 AllgM, vgl. etwa *v. Hoyningen-Huene/Linck*, § 1 KSchG Rz. 80; HaKo/*Gallner*, § 1 KSchG Rz. 82. |2 *v. Hoyningen-Huene/Linck*, § 1 KSchG Rz. 80; HK/*Dorndorf*, § 1 KSchG Rz. 97. |3 Nimmt der ArbN die Tätigkeit unentschuldigt gar nicht erst auf, soll die Frist nach hM aber nicht zu laufen beginnen; vgl. Rz. 19. |4 Vom 15.10.1968, ABl. L 257/1. |5 Vom 9.2.1976, ABl. L 39/2. |6 BAG v. 22.12.1982 – 2 AZR 282/82, AP Nr. 23 zu § 123 BGB; v. 20.5.1988 – 2 AZR 682/87, AP Nr. 9 zu § 1 KSchG 1969 – Personenbedingte Kündigung (*Rüthers, Henssler, Kohte*). |7 BAG v. 7.9.1983 – 7 AZR 433/82, DB 1984, 132, für den auf 2 Monate verkürzten Wehrdienst eines türkischen ArbN. |8 Vgl. BAG v. 30.1.1985 – 7 AZR 414/82, AP Nr. 5 zu § 8 Soldatenversorgungsgesetz. |9 BAG v. 29.3.1976 – 2 AZR 309/75, DB 1977, 213. |10 BAG v. 29.3.1976 – 2 AZR 309/75, DB 1977, 213; *v. Hoyningen-Huene/Linck*, § 1 KSchG Rz. 82; aA für eine völlig anders geartete Tätigkeit ohne jeden Zusammenhang zur bisherigen *Löwisch*, § 1 KSchG Rz. 43 aE. |11 BAG v. 12.2.1981 – 2 AZR 1108/78, AP Nr. 1 zu § 5 BAT. |12 KR/*Griebeling*, § 1 KSchG Rz. 114; HK/*Dorndorf*, § 1 KSchG Rz. 100; KDZ/*Kittner*, § 1 KSchG Rz. 22; teilweise anders *Löwisch/Spinner*, § 1 KSchG Rz. 43 aE. |13 Grundl. BAG v. 23.9.1976 – 2 AZR 309/75, DB 1977, 213; zuletzt BAG v. 19.7.2007 – 2 AZR 94/06, NZA 2007, 1103. |14 BAG v. 27.6.2002 – 2 AZR 270/01, BB 2003, 583 ff., sofern der Betrieb identisch bleibt, begründet mit dem Schutzzweck des § 613a BGB (der ArbN war kurz vor dem Betriebsübergang ausgeschieden und alsbald vom Erwerber wieder eingestellt worden); an dieser Rechtslage hat auch die Erweiterung der Klageobliegenheit des § 4 nF nichts geändert (aA *Nebeling/Erwin*, NZA-RR 2006, 625 [627]). |15 BAG v. 17.6.2003 – 2 AZR 257/02, AP Nr. 61 zu § 622 BGB; aA APS/*Dörner*, § 1 KSchG Rz. 41.

länger der Zeitraum, desto stärker muss der innere Zusammenhang der Arbeitsverhältnisse sein. Dabei kommt es insb. auf Anlass und Dauer der Unterbrechung sowie auf die Art der Weiterbeschäftigung an[1]. Eine Anlehnung an die im früheren § 1 II BeschFG gesetzl. geregelte Unterbrechungszeit zwischen zwei befristeten Arbeitsverhältnissen (4 Monate) scheidet wegen der unterschiedlichen Gesetzeszwecke aus[2], ebenso an die entsprechende Regelung des § 14 III 3 TzBfG (6 Monate) oder an § 9 Nr. 3 AÜG (3 Monate). **Abgelehnt** hat die Rspr. eine Zusammenrechnung bei einer Unterbrechungsdauer von einem Monat und 10 Tagen[3] sowie anderthalb Monaten[4], einem Monat und 23 Tagen[5], zwei Monaten[6], zwei 2/3 Monaten[7] und knapp vier Monaten[8]. **Bejaht** wurde die Zusammenrechnung im Falle eines Lehrers bei einer Unterbrechungszeit von 6 1/2 Wochen zur Überbrückung der Sommerferien[9]. Wurde das erste Arbeitsverhältnis auf Initiative des ArbN aufgelöst, scheidet regelmäßig eine gesetzl. Anrechnung der darin zurückgelegten Wartezeit im Folgearbeitsverhältnis aus.

Den Vertragsparteien steht es frei, in ihrem individualrechtl. Verhältnis über den vorstehenden Umfang hinaus Beschäftigungszeiten aus früheren Arbeitsverhältnissen – auch stillschweigend[10] – durch eine **Anrechnungsvereinbarung** einzubeziehen (zur Auswirkung auf eine Sozialauswahl vgl. Rz. 371). Auch tarifvertragl. Regelungen über die Dauer der Betriebszugehörigkeit können für die Berechnung der Wartezeit von Bedeutung sein, wenn dies die Auslegung ergibt (vgl. auch Rz. 9 aE). Die im öffentl. Dienst in § 19 BAT bzw. BAT-O geregelte Beschäftigungsdienstzeit, die auch Beschäftigungszeiten aus einem früheren Arbeitsverhältnis mit demselben ArbGeb nach einer Unterbrechungszeit umfassen kann, ist allerdings für die Berechnung der Wartezeit nicht maßgeblich; es bleibt hier bei der Regelung des § 1 I[11]. 18

f) Berechnung der Sechs-Monats-Frist. Das Arbeitsverhältnis muss bei Zugang der Kündigung länger als 6 Monate bestanden haben. **Fristbeginn** ist der vereinbarte Zeitpunkt seines rechtl. Beginns[12] und nicht notwendig der Zeitpunkt des Vertragsschlusses oder der tatsächlichen oder vorgesehenen Arbeitsaufnahme. § 1 I stellt für die Wartezeit nur auf den rechtl. Bestand des Arbeitsverhältnisses und somit auf den Tag ab, an dem es nach dem Willen der Vertragsparteien beginnen soll. Unerheblich ist, ob sich der vertragl. vorgesehene Zeitpunkt der Arbeitsaufnahme durch Krankheit des ArbN oder durch Annahmeverzug des ArbGeb verzögert[13]. Nimmt der ArbN schuldhaft die Arbeit nicht auf, kann eine stillschweigende Abänderung des Vertragsbeginns anzunehmen oder die Berufung auf den ursprünglichen Beginn des Fristlaufes uU rechtsmissbräuchlich sein[14]. Der erste Tag des Arbeitsverhältnisses wird gem. § 187 II BGB als **erster Tag der Frist mitgerechnet**, wenn – wie idR – der Vertrag zeitlich vor dem Tag des vorgesehenen Vertragsbeginns abgeschlossen wurde[15]. Ist das Arbeitsverhältnis vertragl. „zum" 1.6. begründet, kann darin unabhängig vom Zeitpunkt des Vertragsschlusses die (zulässige) Vereinbarung liegen, dass die sechsmonatige Wartezeit ab Beginn dieses Tages laufen soll[16]. Wird das Arbeitsverhältnis im Verlaufe eines Tages mit sofortiger Wirkung begründet (ad-hoc-Einstellung), ist nach der Verkehrsanschauung dieser Tag gem. § 187 II BGB mitzurechnen, wenn die Vertragsparteien sich vor Beginn der betriebsüblichen Arbeitszeit über die Arbeitsaufnahme zu diesem Zeitpunkt verständigt haben, auch wenn sie erst im Verlaufe des Tages den Vertrag „endgültig" schließen[17]. In den (seltenen) verbleibenden Fällen berechnet sich der Beginn der Frist nach § 187 I BGB. 19

Das **Fristende** bestimmt sich nach § 188 II BGB. Läuft die Wartezeit zB ab dem 1.6., endet sie mit Ablauf des 30.11.; Kündigungsschutz besteht dann bei allen Kündigungen, die nach dem 30.11. zugehen. Früher zugehende Kündigungen unterfallen nicht dem Kündigungsschutz, unabhängig vom Ablauf der Kündigungsfrist, dem sog. Kündigungstermin. Der ArbGeb kann daher noch am letzten Tag der Wartezeit kündigen[18]. In der bloßen Ausschöpfung der Wartefrist, also einer Kündigung kurz vor Fristablauf, liegt **kein Rechtsmissbrauch**. Das gilt auch, wenn die Kündigung zum vorgesehenen Beendigungstermin noch nach Ablauf der Wartezeit rechtzeitig hätte ausgesprochen werden können[19]. Eine rechtsmissbräuchliche Vereitelung des Kündigungsschutzes kann vorliegen, wenn die vor Ablauf der Wartezeit ausgesprochene Kündigung nicht zum nächstmöglichen Beendigungstermin nach Ablauf der Wartezeit (zB Monatsende, Quartalsende), sondern erst zu einem späteren ausgesprochen wird. Hier kann das 20

1 BAG v. 20.8.1998 – 2 AZR 76/98, AP Nr. 9 zu § 1 KSchG 1969 – Wartezeit. | 2 BAG v. 10.5.1989 – 7 AZR 450/88, NZA 1990, 221. | 3 BAG v. 15.12.1983 – 2 AZR 166/82, nv. | 4 BAG v. 22.5.2003 – 2 AZR 426/02, SAE 2004, 46. | 5 BAG v. 20.8.1998 – 2 AZR 83/98, DB 1998, 2475. | 6 BAG v. 10.5.1989 – 7 AZR 450/88, DB 1990, 280. | 7 BAG v. 11.11.1982 – 2 AZR 552/81, NJW 1983, 1443. | 8 BAG v. 9.8.2000 – 7 AZR 339/99, RzK I 4 d Nr. 24. | 9 BAG v. 20.8.1998 – 2 AZR 76/98, DB 1998, 2533 (bei anschließender – bereits vorgesehener – Wiedereinstellung durch dieselbe Anstellungsbehörde); v. 19.7.2007 – 2 AZR 94/06, NZA 2007, 1103 (trotz Wechsels des Schulamtsbezirks und der Schulart – Schule für Lernbehinderte/Schule für geistig Behinderte – und Änderung des Stundenkontingents). | 10 Etwa bei regelmäßiger Wiedereinstellung von Saisonkräften, vgl. *v. Hoyningen-Huene/Linck*, § 1 KSchG Rz. 87; ErfK/*Oetker*, § 1 KSchG Rz. 73. | 11 BAG v. 20.8.1998 – 2 AZR 83/98, DB 1998, 2475; v. 16.3.2000 – 2 AZR 828/98, AP Nr. 2 zu § 67 LPVG Sa.-Anh. | 12 BAG v. 20.8.1998 – 2 AZR 83/98, DB 1998, 2475. | 13 *v. Hoyningen-Huene/Linck*, § 1 KSchG Rz. 77. | 14 *v. Hoyningen-Huene/Linck*, § 1 KSchG Rz. 77; ErfK/*Oetker*, § 1 KSchG Rz. 70; Stahlhacke/*Preis*, Rz. 904. | 15 BAG v. 2.11.1978 – 2 AZR 74/77, DB 1979, 1086; v. 27.6.2002 – 2 AZR 382/01, BB 2003, 312. | 16 BAG v. 27.6.2002 – 2 AZR 382/01, BB 2003, 312. | 17 BAG v. 27.6.2002 – 2 AZR 382/01, BB 2003, 312. | 18 BAG v. 16.6.1976 – 3 AZR 73/75, BB 1977, 41; v. 28.9.1998 – 2 AZR 2/77, BB 1979, 1094; v. 18.8.1982 – 7 AZR 437/80, DB 1983, 288. | 19 BAG v. 18.8.1982 – 7 AZR 437/80, DB 1983, 288.

KSchG in entsprechender Anwendung von § 162 BGB Geltung erlangen[1]. Gibt der ArbGeb dem ArbN nach nicht bestandener Probezeit eine Chance, indem er statt mit kurzer Probezeitfrist mit „überschaubarer, längerer Kündigungsfrist" kündigt und für den Fall der Bewährung Wiedereinstellung zusagt, wird darin idR keine rechtsmissbräuchliche Vereitelung des Kündigungsschutzes liegen[2].

21 **3. Ordentliche Kündigung des Arbeitgebers. a) Gegenstand des Kündigungsschutzes.** Dieser ist allein die ordentl. Kündigung des ArbGeb einschließlich der ordentl. Änderungskündigung (§ 2). Das Recht zur außerordentl. Kündigung bleibt gem. § 13 I 1 grds. unberührt (s. Rz. 40). Im Falle der Umdeutung einer außerordentl. in eine ordentl. Kündigung (vgl. § 13 Rz. 13) unterliegt diese als solche ebenfalls dem Kündigungsschutz. Das Gleiche gilt für eine vorsorgliche ordentl. Kündigung. Für die Prüfung auf soziale Rechtfertigung ist entgegen dem insoweit missverständl. Wortlaut des § 13 III unerheblich, ob die Kündigung außerdem **aus sonstigen Gründen rechtsunwirksam** ist. Die verschiedenen Kündigungsschutzregelungen bestehen nebeneinander[3]. Eine Ausnahme besteht für den Auflösungsantrag des ArbGeb nach § 9 (vgl. dort Rz. 11 f.). Für **formunwirksame Kündigungen** (§ 623 BGB) gilt allein die Frist des § 4 S. 1 nicht, die an eine schriftl. Kündigung anknüpft; im Übrigen ist das Gesetz auch auf sie anwendbar[4].

22 Hat der ArbGeb gar **keine Kündigung** ausgesprochen, etwa weil seine Erklärung objektiv einen anderen Inhalt hat (bloße Kündigungsandrohung, Rz. 25; Suspendierung, Rz. 47; Änderungsangebot; Angebot eines Aufhebungsvertrages, Rz. 45; Anfechtung, Rz. 43), dann fehlt es am punktuellen Prüfungsgegenstand iSd. §§ 1, 4 überhaupt. Hier findet das **KSchG insgesamt keine Anwendung**. Der ArbN hat (ggf. hilfsweise) gem. § 256 I ZPO seine Klage auf Feststellung zu richten, dass das Arbeitsverhältnis fortbestehe (§ 4 Rz. 49). Das Gericht hat hierauf gem. § 139 ZPO hinzuweisen; zumeist wird das Klagebegehren idS auch auslegbar sein. Das Gleiche gilt, wenn eine Kündigung **dem ArbGeb nicht zurechenbar** ist (fehlender Zugang, fehlende Vertretungsmacht oder Geschäftsfähigkeit, wirksame Anfechtung der Kündigung, vgl. näher § 4 Rz. 7).

23 Einstweilen frei.

24 **b) Ordentliche Kündigung als Rechtsgeschäft.** Die nachfolgend dargestellten **Wirksamkeitsvoraussetzungen einer Kündigung** als Rechtsgeschäft sind nicht als Voraussetzungen für die Anwendung des KSchG zu verstehen. Das KSchG kann auch auf Kündigungen Anwendung finden, die nicht rechtswirksam erklärt oder aus sonstigen Gründen unwirksam sind (vgl. Rz. 21).

25 **aa) Inhalt der Kündigungserklärung.** Die Kündigung ist eine einseitige empfangsbedürftige Willenserklärung mit dem **rechtsgestaltenden Inhalt**, ein Dauerschuldverhältnis für die Zukunft zu beenden. Aus ihrer einseitig rechtsgestaltenden Wirkung leitet die Rspr. die Grundsätze der Klarheit und Eindeutigkeit sowie der Bedingungsfeindlichkeit der Kündigung ab. Der Kündigende muss den eigenen rechtsgeschäftlichen Beendigungswillen **unmissverständlich** zum Ausdruck bringen. Die Auslegung seiner Erklärung erfolgt gem. §§ 133, 157 BGB aus der Sicht eines objektiv urteilenden Erklärungsempfängers nach Treu und Glauben unter Berücksichtigung der Verkehrssitte[5]. Das Wort „Kündigung" braucht nicht verwendet zu werden. Auch die Begriffe Aufhebung, Rücktritt, Anfechtung, Beendigung etc. können als Kündigung auszulegen sein, wenn der einseitige, auf die Zukunft gerichtete Beendigungswille aus den Gesamtumständen hinreichend erkennbar ist[6]. **Keine Kündigung** stellt die Mitteilung dar, einen befristeten Vertrag nicht verlängern zu wollen[7], ebenso wenig die Äußerung des ArbGeb, der ArbN habe die Arbeit eingestellt und er – der ArbGeb – betrachte deshalb das Arbeitsverhältnis als beendet[8], sofern nicht aus sonstigen Umständen auf einen eigenen, auf die Beendigung des Arbeitsverhältnisses gerichteten rechtsgeschäftlichen Gestaltungswillen des ArbGeb geschlossen werden kann. Auch die schriftl. „Bitte" des ArbGeb, der ArbN möge sich ab einem bestimmten Tag arbeitslos melden und werde wieder beschäftigt, wenn die Auftragslage besser sei, beinhaltet im Zweifel keine Kündigung[9].

26 Als einseitige Gestaltungserklärung ist die Kündigung grds. **bedingungsfeindlich**. Der Empfänger darf über die Rechtswirkung der Kündigung auf sein Schuldverhältnis nicht im Ungewissen gelassen werden. Eine bedingte Kündigung ist daher rechtsunwirksam (etwa: „Wenn Sie nach Ihrem Urlaub nicht pünktlich den Dienst antreten, sind Sie entlassen."). Auch die Verbindung mit einer auflösenden Bedingung führt zu Unwirksamkeit der Kündigung (etwa: „Die Kündigung wird bei Neubeauftragung unserer Firma gegenstandslos.")[10]. Auch die bedingte Kündigung unterfällt dem **Schutz des KSchG**,

---

1 BAG v. 18.8.1982 – 7 AZR 437/80, DB 1983, 288; v. 5.3.1987 – 2 AZR 187/86 nv.; zur Kündigung kurz vor Einsetzen eines tariflichen Kündigungsschutzes BAG v. 12.12.1996 – 2 AZR 7/96, EzA § 1 KSchG – Krankheit Nr. 41 („Rechtsprinzip des § 162 BGB") u. v. 16.10.1987 – 7 AZR 204/87, AP Nr. 2 zu § 53 BAT (*Clemens*) („Umgehung"). | 2 BAG v. 7.3.2002 – 2 AZR 93/01, DB 2002, 1997. | 3 AllgM, vgl. etwa HK/*Dorndorf*, § 13 KSchG Rz. 104; HaKo/*Pfeiffer*, § 13 KSchG Rz. 63 ff. | 4 Ebenso HaKo/*Gallner*, § 4 KSchG Rz. 2a. | 5 BAG v. 19.6.1980 – 2 AZR 660/78, DB 1980, 2246. | 6 ErfK/*Müller-Glöge*, § 620 BGB Rz. 18. | 7 BAG v. 15.3.1978 – 5 AZR 831/76 DB 1978, 1744. | 8 LAG Nürnberg v. 8.2.1994 – 2 Sa 766/93, NZA 1995, 174. | 9 LAG Hamm v. 7.7.1994 – 8 Ta 303/94, LAGE § 620 BGB – Kündigungserklärung Nr. 3. | 10 BAG v. 15.3.2002 – 2 AZR 705/99, NZA 2001, 1070: Insofern bedenklich, als hier eine Auslegung oder zumindest Umdeutung als unbedingte Kündigung mit bedingter Wiedereinstellungszusage möglich und diese Kündigung auf ihre soziale Rechtfertigung zu prüfen gewesen wäre. Der Unterschied zeigt sich zB bei Versäumung der Klagefrist nach § 4 aF: Die unbedingte Kündigung wäre dann wirksam!

dh. sie kann zusätzlich wegen Sozialwidrigkeit unwirksam sein und den ArbN nach Maßgabe des § 9 I 1 zur Auflösung des Arbeitsverhältnisses gegen Zahlung einer Abfindung berechtigen. Denn die Bedingungsfeindlichkeit der Kündigung schützt nicht den Erklärenden, sondern ausschließlich den Erklärungsempfänger (vgl. auch Rz. 12). Keine bedingte Kündigung idS und somit ohne weiteres zulässig ist die sog. **vorsorgliche Kündigung**[1]. Sie wird für den Fall ausgesprochen, dass das Arbeitsverhältnis nicht bereits auf Grund eines anderen Beendigungstatbestandes (etwa außerordentl. Kündigung, Befristung) gleichzeitig oder früher endet. Damit ist sie nicht iSv. § 158 BGB bedingt[2], da sie nicht von einem künftigen ungewissen Ereignis abhängt, sondern von der bei ihrem Zugang bereits objektiv bestehenden Rechtslage (zulässige sog. Rechtsbedingung)[3]. Die vorsorgliche Kündigung wird nach der Terminologie des BAG **„gegenstandslos"**, wenn das Arbeitsverhältnis auf Grund des anderen Auflösungstatbestandes endet. Werden im selben Rechtsstreit sowohl die vorsorgliche Kündigung als auch der andere, gleich- oder vorzeitige Beendigungstatbestand angegriffen, braucht über den Antrag zur vorsorglichen Kündigung nur entschieden zu werden, wenn dem anderen Antrag stattgegeben wird[4]; es handelt sich im Zweifel um einen sog. unechten Eventualantrag[5]. Wird die vorsorgliche Kündigung dagegen in einem gesonderten Rechtsstreit angegriffen, ist die Klage als unbegründet abzuweisen, wenn die anderweitige Beendigung rechtskräftig feststeht[6]. Eine Ausnahme vom Grundsatz der Bedingungsfeindlichkeit der Kündigung gilt für die sog. **Potestativbedingung**. Bei ihr hängt der Bedingungseintritt ausschließlich vom Willen des Kündigungsadressaten ab, der somit nicht vor einer Ungewissheit der Rechtslage geschützt zu werden braucht[7]. Die **Änderungskündigung** gem. § 2 ist ein gesetzl. geregelter Fall der zulässigen Potestativbedingung (etwa: „Für den Fall, dass Sie mit dem Änderungsangebot nicht einverstanden sind, kündige ich hiermit."). Unverzichtbar ist aber auch bei der Änderungskündigung, dass der Beendigungswille des Kündigenden für den Fall des Bedingungseintritts (der Nichtannahme des Änderungsangebotes) unmissverständlich deutlich wird. Bei einer nur als „Änderungskündigung" überschriebenen Erklärung, die ansonsten allein das Änderungsangebot zum Inhalt hat, ist das nicht ohne weiteres der Fall[8]. Lediglich die Ankündigung einer Änderungskündigung stellt die Mitteilung dar, dass „im Falle einer Ablehnung des Änderungsangebotes die Beendigungskündigung unvermeidlich" sei[9].

Im Unterschied zur außerordentl. Kündigung ist die **ordentl. Kündigung** der gesetzlich oder vertraglich vorgesehene „gewöhnliche" Weg zur einseitigen Beendigung des Dauerschuldverhältnisses. Sie ist gem. § 622 BGB grds. fristgebunden (vgl. zu den **Kündigungsfristen** die Erl. zu § 622 BGB). Durch TV können die ansonsten zwingenden gesetzl. Kündigungsfristen bis zur Fristlosigkeit abgekürzt werden (§ 622 IV 1 BGB). Dadurch ändert sich nicht ihr Charakter als ordentl. Kündigung, dh. sie unterliegt der Rechtskontrolle des § 1, sofern die weiteren Voraussetzungen (Wartezeit, Mindestbeschäftigtenzahl) erfüllt sind; BR bzw. Personalvertretung sind entsprechend dem für ordentl. Kündigungen geltenden Verfahren zu beteiligen. Eine ordentl. Kündigung ist auch die fristlos mögliche Probezeitkündigung nach § 15 I BBiG (sie unterliegt freilich nicht dem allgemeinen Kündigungsschutz). Gelten nach Gesetz oder TV in besonderen Lagen **verkürzte Kündigungsfristen** (zB für die Insolvenz gem. § 113 S. 2 InsO oder für saison- oder witterungsbedingte Kündigungen nach manchen TV), handelt es sich doch um ordentl. Kündigungen, auf die der Kündigungsschutz Anwendung findet. Schließt ein TV die ordentl. Kündigung aus und macht davon wiederum eine Ausnahme für bestimmte Fallgestaltungen (zB Betriebsschließungen), so handelt es sich auch dabei um ordentl. Kündigungen. Eine **„fristlose"** Kündigung ist im Regelfall eine außerordentl. Kündigung, sofern nicht ausnahmsw. die Möglichkeit zu einer entfristeten ordentl. Kündigung besteht. Umgekehrt soll eine „außerordentliche" Kündigung das Arbeitsverhältnis im Zweifel fristlos mit ihrem Zugang beenden. Sie kann aber auch mit einer sog. Auslauffrist erklärt werden. Dabei muss der Kündigende deutlich machen, dass trotz der Auslauffrist außerordentl. gekündigt werden soll[10] (vgl. aber Rz. 36 aE). Lassen weder die Kündigungserklärung noch die Umstände erkennen, ob die Kündigung ordentl. oder außerordentl. ausgesprochen ist (etwa: „Hiermit kündige ich das Arbeitsverhältnis"), wird die Kündigung **im Zweifel als ordentliche** zu verstehen sein und gilt zum nächstzulässigen Termin[11]. Das gilt auch für eine ordentl. Kündigung, die mit zu kurzer Kündigungsfrist ausgesprochen wird (im Wege der Auslegung oder der Umdeutung; im Einzelnen str., vgl. näher § 4 Rz. 6). Eine „fristgerechte" Kündigung „zum 1. Januar" des Folgejahres kann als Kündigung zum 31.12. des laufenden Jahres auszulegen sein, wenn eine Kündigung nur zum Monatsende ausgesprochen werden kann[12]. Enthält eine Kündigung widersprüchliche Bestimmungen über den Zeitpunkt der beabsichtigten Beendigung des Arbeitsverhältnisses, die aus der Sicht des Erklärungsemp- 27

1 BAG v. 12.10.1954 – 2 AZR 36/53, AP Nr. 5 zu § 3 KSchG. | 2 BAG v. 12.10.1954 – 2 AZR 36/53, AP Nr. 5 zu § 3 KSchG. | 3 BAG v. 16.1.1987 – 7 AZR 546/85, nv. | 4 BAG v. 23.9.1999 – 8 AZR 650/98, nv. | 5 So auch Stahlhacke/*Vossen* Rz. 1875. | 6 BAG v. 16.1.1987 – 7 AZR 546/85, nv. | 7 BAG v. 27.6.1968 – 2 AZR 329/67, DB 1968, 1588. | 8 Ähnlich: ArbG Solingen v. 10.5.1977 – 1 Ca 1005/76, AuR 1979, 27 für die bloße Mitteilung, dass „die Akkordsätze gekündigt und um 20% gesenkt werden"; *Löwisch/Spinner*, § 2 KSchG Rz. 7. | 9 LAG Hess. v. 9.4.1990 – 10/2 Sa 475/89, AuR 1991, 152 (L); HK/*Weller/Hauck*, § 2 KSchG Rz. 11. | 10 BAG v. 12.9.1974 – 2 AZR 535/73, AP Nr. 1 zu § 44 TVAL II; v. 14.7.1960 – 2 AZR 64/59, AP Nr. 13 zu § 123 BGB (*A. Hueck*); KR/*Fischermeier*, § 626 BGB Rz. 30 mwN. | 11 BAG v. 18.4.1985 – 2 AZR 197/84, AP Nr. 20 zu § 622 BGB. | 12 BAG v. 25.9.2002 – 10 AZR 7/02, DB 2003, 156 f.; LAG Köln v. 26.10.2001 – 11 Sa 832/01, LAGReport 2002, 305 f.

fängers nicht aufklärbar sind, verstößt sie gegen den Grundsatz der Bestimmtheit und Eindeutigkeit einer Gestaltungserklärung und ist insgesamt unwirksam[1].

28 **bb) Ort, Zeit und Form der Kündigung.** Die Kündigung kann grds. zu jeder Zeit und an jedem Ort erklärt werden[2], somit auch während des Urlaubs, der Krankheit sowie an Sonn- und Feiertagen (zum Zugang vgl. § 4 Rz. 26 ff.). Nur ganz ausnahmsw. kann eine sog. **ungehörige Kündigung**, die zur Unzeit ausgesprochen wird und den ArbN gerade wegen des Kündigungszeitpunkts besonders belastet, treuwidrig (§ 242 BGB) und damit rechtswidrig sein, wenn der ArbGeb absichtlich oder unter Missachtung der persönlichen Belange des ArbN den belastenden Zeitpunkt wählt[3]. In besonders krassen Fällen soll eine Kündigung zur Unzeit auch sittenwidrig sein können[4]. Eine Kündigung nach Vertragsschluss, aber **vor Dienstantritt** ist grds. zulässig. Sie kann jedoch vertragl. ausgeschlossen sein, was auch ohne ausdrückliche Abrede aus der Auslegung des Arbeitsvertrages folgen kann (vgl. Vor § 1 Rz. 20). Seit Inkrafttreten von § 623 BGB am 1.5.2000 bedarf jede Kündigung eines Dienst- und Arbeitsverhältnisses ausnahmslos der **Schriftform;** anderenfalls ist sie nichtig, § 125 BGB. Die elektronische Form ist ausgeschlossen (§ 623 Hs. 2 BGB). Zu den Einzelheiten des Formerfordernisses und der Geltendmachung etwaiger Formmängel vgl. die Erl. zu § 623 BGB. Zudem verlangen § 15 III BBiG für die Kündigung eines Berufsausbildungsverhältnisses nach Ablauf der Probezeit und § 9 III 2 MuSchG für die behördlich erlaubte Kündigung während des Mutterschutzes Schriftform sowie die Angabe der Kündigungsgründe. Die früher notwendige Prüfung tarif- und einzelvertragl. Schriftformklauseln auf konstitutive oder nur deklaratorische Bedeutung ist durch § 623 BGB entfallen.

29 Die **Angabe von Kündigungsgründen** in der Kündigungserklärung ist gesetzl. grds. nicht geboten. Dies gilt auch für die außerordentl. Kündigung (§ 623 II 3 BGB). Eine Sonderregelung besteht nur für die Kündigung von Berufsausbildungsverhältnissen nach Ablauf der Probezeit gem. § 15 III BBiG sowie im Mutterschutz gem. § 9 III 2 MuSchG (idF v. 1.3.1997) nach Zustimmung der zuständigen obersten Landesbehörde. Das Gleiche gilt, wenn im **Tarif- oder Einzelvertrag** die Angabe von Gründen in der Kündigung gefordert ist und die Auslegung ergibt, dass dies nicht nur klarstellende und beweissichernde, sondern konstitutive Bedeutung für die Kündigung hat[5]. In diesen Fällen müssen die Kündigungsgründe im Kündigungsschreiben jedenfalls so genau bezeichnet sein, dass im Prozess nicht ernsthaft streitig werden kann, auf welchen Lebenssachverhalt die Kündigung gestützt war; allein die Bezugnahme auf ein inhaltlich nicht näher umschriebenes Gespräch reicht dafür nicht[6]. Die Angabe von Gründen in der Kündigungserklärung als Wirksamkeitsvoraussetzung ist zu unterscheiden von der Frage, ob der ArbGeb dem ArbN **Auskunft** über die Kündigungsgründe schuldet. Eine Auskunftspflicht über die Kündigungsgründe ist gesetzl. in § 626 II 3 BGB für die außerordentl. Kündigung und in § 1 III 1 Hs. 2 in Bezug auf die Gründe der Sozialauswahl statuiert, jeweils allerdings nur auf Verlangen des ArbN. Sie soll darüber hinaus gem. § 242 BGB auch bei der ordentl. Kündigung in Bezug auf die Kündigungsgründe bestehen, sofern diese der sozialen Rechtfertigung bedürfen oder konkrete Anhaltspunkte für gesetzwidrige Gründe (§§ 134, 138, 242, 612a BGB etc.) bestehen und der ArbN jeweils die Auskunft zur Prüfung der Erfolgsaussichten einer Kündigungsschutzklage verlangt[7]. Eine Verletzung der Auskunftspflicht kann Schadensersatzansprüche begründen (etwa Kosten eines vergeblichen Kündigungsschutzprozesses)[8].

30 **cc) Vertretung.** Rechtsgeschäftliche Vertretung bei Ausspruch der Kündigung ist auf der **Erklärungs- wie auf der Empfängerseite** zulässig (§ 164 I und III BGB). Sie bedarf der Vollmacht, deren Erteilung grds. formfrei ist, § 167 II BGB (vgl. aber Rz. 31). Von der rechtsgeschäftl. Vertretung sind die gesetzl. und die organschaftl. Vertretung zu unterscheiden. Bei ihnen ist die Vertretungsmacht im Außenverhältnis gesetzlich geregelt[9]. Kein Fall der Vertretung ist das Handeln des Insolvenzverwalters, Testamentsvollstreckers oder Nachlassverwalters, die aus eigenem Recht kündigen können. **Vertretung ohne Vertretungsmacht** scheidet bei der Kündigung gem. § 180 S. 1 BGB grds. aus. Ob der vollmachtlos Vertretene gem. § 180 S. 2 BGB eine Kündigung noch mit Rückwirkung genehmigen kann, ist wegen ihrer rechtsgestaltenden Wirkung streitig[10]. Vom Fall seines Einverständnisses mit dem vollmachtlosen Handeln abgesehen ist dem Kündigungsempfänger nach zutreffender Ansicht kein Schwebezustand

1 BAG v. 21.10.1981 – 2 AZR 407/79, nv. | 2 BAG v. 14.11.1984 – 7 AZR 174/83, AP Nr. 88 zu § 626 BGB: Heiliger Abend. | 3 BAG v. 5.4.2001 – 2 AZR 185/00, EzA § 242 BGB – Kündigung Nr. 3 (Todesfall); v. 14.11.1984 – 7 AZR 174/83, AP Nr. 88 zu § 626 BGB (Heiliger Abend); jeweils v. BAG nicht beanstandet. | 4 BAG v. 5.4.2001 – 2 AZR 185/00, EzA § 242 BGB – Kündigung. Nr. 3. | 5 BAG v. 25.8.1977 – 3 AZR 705/75 u. v. 10.2.1999 – 2 AZR 176/98, AP Nr. 1 u. Nr. 2 zu § 54 BMT-G II. | 6 BAG v. 10.2.1999 – 2 AZR 176/98, AP Nr. 2 zu § 54 BMT-G II. | 7 So *Löwisch*, DB 1975, 349 (354); nicht so weit gehen KR/*Griebeling*, § 1 KSchG Rz. 681 und *v. Hoyningen-Huene*/*Linck*, § 1 KSchG Rz. 162 f. | 8 BAG v. 21.3.1959 – 2 AZR 450/58, AP Nr. 55 zu § 1 KSchG. | 9 Der Grundsatz der unbeschränkten Vertretungsmacht eines Geschäftsführers gilt nicht für den Rechtsverkehr zwischen der Gesellschaft und einem einzelnen Gesellschafter, der zugleich ArbN der Gesellschaft ist, BAG v. 11.3.1998 – 2 AZR 287/97, DB 1998, 1922. | 10 Ablehnend für Gestaltungserklärungen allgemein BGH v. 29.5.1991 – VIII ZR 214/90, BGHZ 114, 193; v. 22.10.1999 – V ZR 401/98, BGHZ 143, 42; für Kündigungen LAG Köln v. 16.11.2005 – 8 Sa 832/05, LAGE § 180 BGB 2002 Nr. 1; OLG Celle v. 2.12.98 – 2 U 60/98, MDR 99, 799; offen gelassen in BAG v. 10.2.2005 – 2 AZR 584/03, AP Nr. 18 zu § 174 BGB; für Kündigungen befürwortend ErfK/*Müller-Glöge*, § 620 BGB Rz. 28; MüKo/*Hesse*, Vor § 620 BGB Rz. 88 mwN.

zuzumuten, in dem das gegenwärtige Fortbestehen des Arbeitsverhältnisses offen ist. Auch dürfen Kündigungs- und Klagefristen nicht verkürzt werden. Eine rückwirkende Genehmigung scheidet daher insoweit aus. In Betracht kommt hier die (formgerechte) Neuvornahme des Rechtsgeschäfts gem. § 141 BGB. Im Übrigen ist Voraussetzung einer rückwirkenden Genehmigung, dass der Kündigungsempfänger die vom Vertreter behauptete Vertretungsmacht nicht bei Vornahme des Rechtsgeschäfts beanstandet, dh. die Kündigung unverzüglich zurückgewiesen[1] hat oder mit dem vollmachtlosen Handeln einverstanden gewesen ist. Auf seine Aufforderung hin muss der Vertretene die Genehmigung gem. § 177 II BGB binnen zwei Wochen ihm gegenüber erklären, anderenfalls sie als verweigert gilt. Da auch die Genehmigung nicht formgebunden ist (§ 182 II BGB), kann dies durch schlüssiges Verhalten des Vertretenen – etwa im Kündigungsrechtsstreit – geschehen. Die Genehmigung einer außerordentl. Kündigung nach Ablauf der zweiwöchigen Ausschlussfrist des § 626 II BGB scheidet aus[2].

Gem. **§ 174 BGB** ist – praktisch wichtiger – die Kündigung selbst eines bevollmächtigten Vertreters nichtig (und bedarf der Neuvornahme), wenn dieser keine **Vollmachtsurkunde** (**im Original**[3]) vorlegt und der Kündigungsempfänger die Kündigung aus diesem Grund unverzüglich zurückweist. § 174 BGB gilt auch im öffentl. Dienst. Er schützt allein vor der Ungewissheit über die Existenz einer rechtsgeschäftlich erteilten Vollmacht. Die Vorschrift findet daher weder auf gesetzliche noch auf organschaftliche Vertretung Anwendung[4]. Ebenso schützt sie nicht bei bloßer Ungewissheit über die Person des Erklärenden (etwa bei Unleserlichkeit der Unterschrift)[5]. Zur Anwendung der Klagefrist des § 4 auf § 174 BGB vgl. § 4 Rz. 7. Die **Zurückweisung** hat **unverzüglich** iSv. § 121 BGB zu erfolgen. Dem Erklärungsempfänger sind eine Bedenkzeit sowie die Möglichkeit, kurzfristig Rechtsrat einzuholen, zuzubilligen. Eine Zurückweisung binnen einer Woche wird idR noch rechtzeitig sein[6]. Eine Frist von 2 Wochen dürfte unter besonderen Umständen das Äußerste sein[7]. Nach Ablauf von 3 Wochen ist eine Zurückweisung in jedem Fall zu spät[8]. Die Zurückweisung muss „**aus diesem Grund**" erfolgen. Das braucht nicht ausdrücklich zu geschehen, sondern kann sich aus den Umständen ergeben, solange es nur eindeutig ist[9]. Erfolgt die Zurückweisung durch einen Bevollmächtigten, kann sie (als geschäftsähnliche Handlung) ihrerseits unter den Voraussetzungen des § 174 BGB zurückgewiesen werden[10]. Die Zurückweisung ist ausgeschlossen, wenn der Vertretene den Erklärungsgegner **von der Bevollmächtigung in Kenntnis gesetzt** hat, § 174 S. 2 BGB. Konkludente Mitteilung genügt, Kenntniserlangung auf sonstige Weise dagegen nicht[11]. Ein bloßer Aushang über die Bevollmächtigung am Schwarzen Brett dürfte idR keine ausreichende Bekanntgabe sein[12], ebenso wenig das einfache Einstellen einer Vertretungsregelung in ein betriebl. Intranet[13]. Ausreichend ist die öffentl. Bekanntmachung eines ministeriellen Erlasses[14]. Einer Mitteilung iSv. § 174 S. 2 BGB steht gleich, wenn der Vertretene den Vertreter erkennbar **in eine Stellung berufen** hat, die üblicherweise mit einer Kündigungsvollmacht verbunden ist[15]. Das ist bei einem Leiter der Personalabteilung idR anzunehmen[16], auch wenn er im Innenverhältnis Beschränkungen unterliegt[17]; bejaht auch für den Niederlassungsleiter eines Transportunternehmens[18]; **anders dagegen** idR bei einem Sachbearbeiter in der Personalabteilung[19] und – je nach den konkreten Umständen – dem Referatsleiter einer Polizeiverwaltungsbehörde[20] sowie dem Bauoberrat im Wasserwirtschaftsamt[21]; verneint auch für den kaufmännischen Leiter der Niederlassung eines Automobilherstellers[22] und einen Niederlassungsleiter mit 23 unterstellten ArbN, wenn die Personalabteilung bei einem Konzernunternehmen konzentriert ist[23]. Lässt sich ein Insolvenzverwalter durch einen assoziierten Rechtsanwalt seiner Kanzlei vertreten, muss dieser eine Vollmacht vorlegen wie bei der Vertretung jeder anderen Partei[24]. 31

1 Palandt/*Heinrichs*, § 111 BGB Rz. 5. | 2 BAG v. 26.3.1986 – 7 AZR 585/84, AP Nr. 2 zu § 180 BGB; v. 4.2.1987 – 7 AZR 583/85, AP Nr. 3 zu § 180 BGB. | 3 Unzureichend ist beglaubigte Abschrift: BGH v. 4.2.1981 – VIII ZR 313/79, AP Nr. 5 zu § 174 BGB; *Lohr*, MDR 2000, 620. | 4 BAG v. 10.2.2005 – 2 AZR 584/03 – und v. 20.9.2006 – 6 AZR 82/06, AP Nr. 18 u. 19 zu § 174 BGB. | 5 BAG v. 20.9.2006 – 6 AZR 82/06, AP Nr. 19 zu § 174 BGB. | 6 BAG v. 30.5.1978 – 2 AZR 633/76, AP Nr. 2 zu § 174 BGB; v. 31.8.1979 – 7 AZR 674/77, AP Nr. 3 zu § 174 BGB. | 7 LAG Düsseldorf v. 22.2.1995 – 4 Sa 1817/94, LAGE § 174 BGB Nr. 7; dem zuneigend BAG v. 11.3.1999 – 2 AZR 427/98, AP Nr. 150 zu § 626 BGB; die Beurteilung eines Zeitraums von neun Tagen als verspätet durch das Berufungsgericht hat das BAG revisionsrechtlich nicht beanstandet: BAG v. 5.4.2001 – 2 AZR 159/00, AP Nr. 171 zu § 626 BGB. | 8 BAG v. 11.3.1999 – 2 AZR 427/98, AP Nr. 150 zu § 626 BGB. | 9 Wohl zu streng BAG v. 18.12.1980 – 2 AZR 980/78, AP Nr. 4 zu § 174 BGB mit insoweit Bedenken äußernder Anmerkung *G. Hueck*; krit. auch *Beitzke*, SAE 1981, 170. | 10 ErfK/*Müller-Glöge*, § 620 BGB Rz. 23. | 11 BAG v. 12.1.2006 – 2 AZR 179/05, NZA 2006, 980. | 12 BAG v. 23.7.2003 – 2 AZR 235/02, DB 2004, 878. | 13 BAG v. 20.9.2006 – 6 AZR 82/06, AP Nr. 19 zu § 174 BGB. | 14 BAG v. 20.9.2006 – 6 AZR 82/06, AP Nr. 19 zu § 174 BGB. | 15 BAG v. 29.10.1992 – 2 AZR 460/92, AP Nr. 10 zu § 174 BGB; v. 22.1.1998 – 2 AZR 267/97, AP Nr. 11 zu § 174 BGB. | 16 BAG v. 30.5.1972 – 2 AZR 298/71, AP Nr. 1 zu § 174 BGB; v. 29.10.1992 – 2 AZR 460/92, AP Nr. 10 zu § 174 BGB; v. 22.1.1998 – 2 AZR 267/97, AP Nr. 11 zu § 174 BGB. | 17 BAG v. 29.10.1992 – 2 AZR 460/92, AP Nr. 10 zu § 174 BGB. | 18 Hess. LAG v. 20.6.2000 – 9 Sa 1899/99, LAGE § 174 BGB Nr. 11. | 19 BAG v. 30.5.1978 – 2 AZR 633/76, AP Nr. 2 zu § 174 BGB; vgl. aber BAG v. 29.6.1989 – 2 AZR 482/88, AP Nr. 7 zu § 174 BGB. | 20 BAG v. 20.8.1997 – 2 AZR 518/96, AP Nr. 11 zu § 620 BGB – Kündigungserklärung. | 21 BAG v. 12.1.2006 – 2 AZR 179/05, NZA 2006, 980. | 22 Hess. LAG v. 4.9.1997 – 3 Sa 1360/96, NZA-RR 1998, 396. | 23 LAG Berlin v. 28.6.2006 – 15 Sa 632/06, DB 2007, 468. | 24 BAG v. 18.4.2002 – 8 AZR 346/01, NZA 2002, 1207; LAG Köln v. 31.8.2000 – 6 Sa 862/00, LAGE § 174 BGB Nr. 12.

32 Der **Prokurist** bedarf bei ordnungsgemäßer Eintragung und Bekanntmachung der Prokura im Handelsregister keines Vollmachtsnachweises, selbst wenn er ohne Zusatz (ppa.) zeichnet[1]. Gesamtprokuristen und entsprechend GmbH-Geschäftsführer, die nur **gesamtvertretungsberechtigt** sind, haben grds. gemeinschaftlich zu zeichnen oder der Vornahme des Rechtsgeschäfts durch den anderen zuzustimmen; das kann durch interne, formlose Bevollmächtigung bzw. Ermächtigung geschehen[2]. Wird das nicht nach außen durch Mitteilung an den Erklärungsempfänger oder durch Vorlage der Vollmachtsurkunde dokumentiert, droht Zurückweisung gem. § 174 BGB[3]. Nachträgliche Genehmigung der Kündigung ist, sofern diese nicht gem. § 174 BGB zurückgewiesen wurde, gem. § 180 S. 2 BGB in Grenzen möglich (vgl. Rz. 30). **Minderjährige** sind in einem Arbeitsverhältnis, zu dessen Eingehung ihre gesetzl. Vertreter sie gem. § 113 BGB ermächtigt haben, grds. aktiv wie passiv kündigungsberechtigt. Kein Arbeitsverhältnis iSv. § 113 BGB ist nach hM wegen seiner besonderen Bedeutung für den Berufsweg des Jugendlichen das Berufsausbildungsverhältnis; es kann daher nur von und gegenüber den gesetzl. Vertretern des Jugendlichen gekündigt werden[4]. Regelungen in einer **Gemeindeordnung**, wonach das Kündigungsschreiben der Unterschrift bestimmter Personen und ggf. der Beifügung eines Dienstsiegels bedarf, dienen zum Schutz der Gemeinde der Legitimation des Erklärenden; sie sind daher keine Formvorschriften iSv. § 125 BGB, sondern Vertretungsregelungen[5]. Fehlt das Dienstsiegel, kann der Empfänger die Kündigung gem. § 174 BGB zurückweisen[6]. Rechtsgeschäftl. Erklärungen eines Bürgermeisters, dem nach der Gemeindeordnung das Alleinvertretungsrecht für die Gemeinde zusteht, sind regelmäßig für die Gemeinde auch ohne kommunalrechtl. intern erforderliche Beschlüsse der Gemeindevertretung bindend, da die Außenvertretungsmacht des Bürgermeisters unberührt bleibt[7].

33 Die sog. **Schriftsatzkündigung durch den Prozessbevollmächtigten** bereitet Probleme im Hinblick auf Vertretungsmacht, Formwahrung und Zugang. Alle Fragen sind für die Wirksamkeit der Kündigung von entscheidender Bedeutung. Die **Prozessvollmacht** gem. § 81 ZPO[8] berechtigt im Kündigungsrechtsstreit nach § 4 oder § 13 I regelmäßig nicht zum Ausspruch oder zur Entgegennahme weiterer Kündigungen, da diese nicht „den Rechtsstreit betreffen“; Streitgegenstand ist hier nur die Auflösung des Arbeitsverhältnisses durch eine bestimmte Kündigung (sog. punktueller Streitgegenstand, vgl. § 4 Rz. 48). Eine Schriftsatzkündigung des Prozessbevollmächtigten des ArbGeb kann daher gem. § 174 bzw. § 180 BGB zurückgewiesen werden, wenn nicht eine besondere Vollmacht erteilt und beigefügt ist. Entsprechend muss die Kündigung auf der Empfängerseite dem ArbN selbst zugehen, um die Klagefrist des § 4 in Gang zu setzen[9]. Abweichend hiervon soll die Vollmacht für eine Kündigungsschutzklage nach § 4 (sowie nach § 13 I) zum Ausspruch einer Wiederholungskündigung auf Grund desselben Kündigungssachverhalts berechtigen[10]. Hat der ArbN dagegen **allgemeine Feststellungsklage** nach § 256 ZPO erhoben, erfasst diese nach Auffassung des BAG auch nachfolgende Kündigungen während des Rechtstreits[11]. Die Vollmacht im Umfang des § 81 ZPO berechtigt den Prozessbevollmächtigten demgemäß zur Entgegennahme solcher Kündigungen[12]. Damit ist ihr Zugang erfolgt und die Klagefrist des § 4 in Gang gesetzt. Ebenso berechtigt die Vollmacht in diesem Fall zum Ausspruch weiterer Kündigungen[13]. Gleichwohl ist zur Vermeidung einer **Zurückweisung** gem. § 174 BGB auch bei der allgemeinen Feststellungsklage geboten, einer Prozesskündigung die Vollmacht im Original beizufügen. Das Prozessrecht schließt die Vollmachtsrüge nicht aus (§§ 80, 88 ZPO). Die Bestellung des Prozessbevollmächtigten im Rechtsstreit wird auch bei Beifügung einer Vollmacht für das Gericht weder als Vorlage einer Vollmachtsurkunde iSv. § 174 S. 1 BGB noch als In-Kenntnis-Setzen des Prozessgegners von der Bevollmächtigung durch den Vollmachtgeber gem. § 174 S. 2 BGB angesehen werden können[14]. Soweit vertreten wird, dass § 174 BGB im Rahmen des gesetzl. Umfangs einer Prozessvollmacht nach § 81 ZPO nicht anwendbar sei[15], kann dies nur für unmittelbare Prozesshandlungen gelten; anderenfalls wäre der Empfänger der Kündigung ent-

1 BAG v. 11.7.1991 – 2 AZR 107/91, AP Nr. 9 zu § 174 BGB. | 2 BAG v. 18.12.1980 – 2 AZR 980/78, AP Nr. 4 zu § 174 BGB. | 3 BAG v. 18.12.1980 – 2 AZR 980/78, AP Nr. 4 zu § 174 BGB. | 4 LAG Schl.-Holst. v. 22.12.1982 – 2 Sa 270/82, EzB BGB § 113 Nr. 2; LAG Nürnberg v. 21.6.1994 – 2 (4) Sa 510/91, LAGE § 15 BBiG Nr. 8; KR/*Weigand*, §§ 14, 15 BBiG Rz. 110 mwN; *Söllner*, Anm. zu BAG v. 25.11.1974 in EzA § 15 BBiG Nr. 3; offen gelassen in BAG v. 25.11.1976 – 2 AZR 751/75, AP Nr. 4 zu § 15 BBiG. | 5 BAG v. 29.6.1986 – 7 AZR 180/87, AP Nr. 6 zu § 174 BGB. | 6 Andererseits schließt die Beifügung eines Dienstsiegels eine Zurückweisung gem. § 174 BGB noch nicht aus, da sie für sich nicht die Vertretungsmacht des Erklärenden belegt: BAG v. 20.8.1997 – 2 AZR 518/96, AP Nr. 11 zu § 620 BGB – Kündigungserklärung. | 7 BAG v. 27.9.2001 – 2 AZR 389/00, NZA 2002, 1171; anders uU bei der Kündigung eines gemeindlichen Rechnungsprüfers, BAG v. 15.3.1990 – 2 AZR 440/89, PersR 1990, 336. | 8 § 81 ZPO umschreibt den gesetzlich festgelegten Umfang; zu einer erweiterten sog. Einheitsvollmacht vgl. LAG Düsseldorf v. 13.1.1999 – 12 Sa 1810/98, ZInsO 1999, 544. | 9 Stahlhacke/*Preis* verlangt wegen der „Verpackung“ der Kündigung im Schriftsatz darüber hinaus positive Kenntnisnahme; dagegen KR/*Fischermeier*, § 626 BGB Rz. 194. | 10 BAG v. 10.8.1977 – 5 AZR 394/76, EzA § 81 ZPO Nr. 1; krit. *Rimmelspacher* in Anm. AP Nr. 2 zu § 81 ZPO. | 11 BAG v. 21.1.1988 – 2 AZR 581/86, AP Nr. 19 zu § 4 KSchG 1969; best. durch BAG v. 13.3.1997 – 2 AZR 512/96, AP Nr. 38 zu § 4 KSchG 1969; dies gilt nur für den Zeitraum bis zur letzten mündlichen Verhandlung in den Tatsacheninstanzen. | 12 BAG v. 21.1.1988 – 2 AZR 581/86, AP Nr. 19 zu § 4 KSchG 1969; bestätigt durch BAG v. 13.3.1997 – 2 AZR 512/96, AP Nr. 38 zu § 4 KSchG 1969; KR/*Fischermeier*, § 626 BGB Rz. 195. | 13 KR/*Fischermeier*, § 626 BGB Rz. 195. | 14 *Rimmelspacher*, Anm. zu BAG v. 10.8.1977 – 5 AZR 394/76, AP Nr. 2 zu § 81 ZPO. | 15 *Rimmelspacher*, Anm. zu BAG v. 10.8.1977 – 5 AZR 394/76, AP Nr. 2 zu § 81 ZPO.

gegen § 174 BGB nicht in der Lage, sofortige Gewissheit über ihre Wirksamkeit und damit über das Fortbestehen seines Vertrages zu erlangen. Auch die Schriftsatzkündigung muss dem Empfänger **formgerecht zugehen**, §§ 130, 623 BGB[1]. Der Zugang einer beglaubigten Abschrift wahrt die Schriftform nur, wenn der Beglaubigungsvermerk von dem Bevollmächtigten eigenhändig unterzeichnet ist[2].

dd) Zugang. Vgl. zum Zugang der Kündigung § 4 Rz. 26 ff. 34

ee) Kündigungsschutzrechtliche Wirksamkeitsvoraussetzungen. Besteht ein **BR** oder eine **Personalvertretung**, bedarf die Kündigung zum vorbeugenden Schutz der ArbN zwingend deren vorheriger Beteiligung (§ 102 BetrVG, §§ 72, 79, 108 II BPersVG iVm. den jeweiligen Personalvertretungsgesetzen der Länder). Eine ohne Beteiligung der ArbN-Vertretung ausgesprochene Kündigung ist unheilbar unwirksam (§ 102 I 3 BetrVG, §§ 79 IV, 108 II BPersVG). Das Gleiche gilt bei nicht ordnungsgemäß durchgeführter Beteiligung. Die Beteiligungspflicht ist für ordentl. und außerordentl. Kündigung idR unterschiedlich ausgestaltet. Sie gilt jeweils auch für die Änderungskündigung[3]. Zu den näheren Einzelheiten der ordnungsgemäßen Beteiligung einer ArbN-Vertretung vor Ausspruch der Kündigung vgl. die Erl. zu § 102 BetrVG[4]. Der vorherigen **Zustimmung einer Behörde** bedarf die Kündigung von Schwerbehinderten (§§ 85 ff. SGB IX), Frauen im Mutterschutz (§ 9 III MuSchG) und Eltern in der Elternzeit (§ 18 BEEG). Fehlende Zustimmung macht die Kündigung unheilbar nichtig; sie bedarf der Neuvornahme. Im Übrigen ist der gesamte allgemeine und besondere gesetzl. (vgl. Vor § 1 Rz. 14 ff.) sowie der autonome Kündigungsschutz (vgl. Vor § 1 Rz. 19 ff.) zu beachten. Ein Verstoß gegen die jeweiligen zwingenden Schutzregelungen führt idR zur Unwirksamkeit der Kündigung. 35

ff) Umdeutung. Ist die Kündigung rechtsunwirksam, so gilt sie gem. **§ 140 BGB** als ein anderes Rechtsgeschäft, sofern sie dessen Erfordernissen entspricht und anzunehmen ist, dass der Kündigende die Geltung des anderen Rechtsgeschäfts bei Kenntnis der Unwirksamkeit der Kündigung gewollt hätte. Die Umdeutung tritt kraft Gesetzes ein und ist bei entsprechender Tatsachengrundlage im Rechtsstreit zu berücksichtigen, ohne dass sich eine Partei darauf berufen muss[5]. Das Ersatzgeschäft darf in seinen rechtl. Wirkungen nicht weiter reichen als das unwirksame[6], wohl aber weniger weit, sofern es den mit dem unwirksamen Rechtsgeschäft erstrebten wirtschaftl. Erfolg im Wesentlichen erreicht[7]. Danach kommt als **Ersatzgeschäft für eine ordentl. Kündigung** im Wesentlichen nur das Angebot zum Abschluss eines entsprechenden Aufhebungsvertrages in Betracht, vgl. dazu – auch im Hinblick auf die Form des § 623 BGB – sowie zur Frage der Annahme eines solchen Angebotes näher Anh. § 9 Rz. 4. Die Umdeutung der ordentl. Kündigung in eine Anfechtung, eine außerordentl. Kündigung oder eine Änderungskündigung scheidet grds. aus, da diese Rechtsgeschäfte in ihren rechtl. Wirkungen weiter reichen. Nach der bisherigen Rspr. des BAG soll auch die Umdeutung der ordentl. Kündigung eines tarifl. unkündbaren ArbN in eine **außerordentl. Kündigung mit sozialer Auslauffrist** ausscheiden[8]. Das erscheint bedenklich, da die Wirkungen der außerordentl. Kündigung mit sozialer Auslauffrist nicht weiter reichen als die der ordentl. Kündigung[9]. Zu beachten ist allerdings die Kündigungserklärungsfrist des § 626 II BGB. Die Beteiligung des BR oder der Personalvertretung hat in diesen Fällen ohnehin nach den Regeln für eine ordentl. Kündigung zu erfolgen[10]. 36

Als **Ersatzgeschäft einer außerordentl. Kündigung** kommt grds. die ordentl. Kündigung in Betracht, soweit nicht die Beteiligungsrechte von Betriebsrat/Personalvertretung oder behördliche Zustimmungserfordernisse übergangen werden (vgl. § 13 Rz. 13 ff.); die Umdeutung der außerordentl. Kündigung, die auf Täuschung oder Drohung gestützt ist, in eine Anfechtung kann ausnahmsw. erfolgen (str.[11]) (vgl. hierzu sowie zur Frage der umgekehrten Umdeutung § 626 BGB Rz. 454 ff.). Zur Umdeutung der außerordentl. Kündigung in einen Aufhebungsvertrag vgl. § 626 BGB Rz. 454 ff. Ebenso wie die ordentl. kann auch die außerordentl. Kündigung nicht in eine **Änderungskündigung** umgedeutet werden. Dabei handelt es sich zwar um eine kündigungsrechtl. weniger einschneidende Maßnahme, doch 37

1 LAG Düsseldorf v. 23.2.1978 – 3 Sa 630/77, EzA § 125 BGB Nr. 4. | 2 BGH v. 4.7.1986 – V ZR 41/86, NJW-RR 1987, 395; LAG Nds. v. 30.11.2001 – 10 Sa 1046/01, NZA-RR 2002, 242; KR/*Spilger*, § 623 BGB Rz. 142; ErfK/*Müller-Glöge*, § 623 BGB Rz. 22; enger Stahlhacke/*Preis* Rz. 199 (Verfasser des Schriftsatzes und Beglaubiger personengleich). | 3 Bei der Änderungskündigung kann zusätzlich der Beteiligungstatbestand der Versetzung (§§ 99, 95 Abs. 3 BetrVG, 75 Abs. 1 BPersVG oder einer Umgruppierung vorliegen. | 4 Zur Beteiligung der Personalvertretung nach dem BPersVG vgl. KR/*Etzel*, §§ 72, 79, 108 Abs. 2 BPersVG sowie die Kommentierungen zu den jeweiligen Personalvertretungsgesetzen der Länder. | 5 BAG v. 15.11.2001 – 2 AZR 310/00, AP Nr. 13 zu § 140 BGB; *Molkenbur/Krasshöfer-Pidde*, RdA 1989, 337 ff. | 6 BGH v. 15.12.1955 – II ZR 204/54, BGHZ 19, 269 (275); v. 14.5.1956 – II ZR 229/54, BGHZ 20, 363 (370); BGH LM Nr. 4 zu § 140 BGB. | 7 BGH v. 21.3.1977 – II ZR 96/75, BGHZ 68, 204 (206). | 8 BAG v. 12.9.1974 – 2 AZR 535/73, AP Nr. 1 zu § 44 TVAL II; v. 16.11.1979 – 2 AZR 1053/77, AP Nr. 1 zu § 154 BGB. | 9 Bedenken jetzt auch im Hinblick auf § 4 nF bei BAG v. 25.4.2007 – 6 AZR 746/06, NZA 2007, 881; dass der Verstoß gegen das tarifliche Kündigungsverbot nach der Umdeutung als „sonstiger Unwirksamkeitsgrund" entfällt, ist keine Frage der Reichweite des Rechtsgeschäfts; so aber BAG v. 12.9.1974 – 2 AZR 535/73, AP Nr. 1 zu § 44 TVAL II. Die Unwirksamkeit soll gerade durch die Umdeutung überwunden werden; die Erwägung des BAG stellt damit den Zweck des § 140 BGB, der auf Verwirklichung des Parteiwillens zielt, auf den Kopf. Auch die Schriftform (§ 623 BGB) ist gewahrt. | 10 BAG v. 5.2.1998 – 2 AZR 227/97, AP Nr. 143 zu § 626 BGB. | 11 Bejaht v. LAG Sa.-Anh. v. 14.3.1995 – 8 Sa 712/94, nv.; ebenso ErfK/*Müller-Glöge*, § 620 BGB Rz. 59.

werden ihre rechtl. Wirkungen für den ArbGeb (Änderungsangebot) von der bloßen Beendigungskündigung nicht umfasst. Zur Umdeutung einer (un)wirksamen Änderungskündigung in einen (vorbehaltenen) Widerruf oder eine arbeitsvertragl. Weisung vgl. § 2 Rz. 13 f. u. 42.

38 **gg) Beseitigung der Kündigung.** Für die einseitige Beseitigung oder Rückgängigmachung einer wirksamen Kündigung bestehen enge Grenzen. Nach ihrem Zugang kann sie nicht mehr einseitig widerrufen werden (§ 130 I 2 BGB). Die danach unwirksame einseitige **Rücknahme** der Kündigung ist regelmäßig als Angebot zu einer (ggf. rückwirkenden) Fortsetzung des alten, unter Umständen auch zur Begründung eines neuen Arbeitsverhältnisses auszulegen, vgl. zur Rücknahme sowie ihrer Auswirkung auf einen Kündigungsschutzprozess § 4 Rz. 44 ff. Neben der einvernehmlichen Aufhebung der Wirkung einer Kündigung kommt ansonsten nur ihre **Anfechtung** in Betracht (§§ 119, 123 BGB). Es gelten die gleichen Grundsätze wie bei der Anfechtung von Aufhebungsverträgen (s. Anh. § 9 Rz. 24 ff.).

39 **c) Kündigungsschutz und sonstige Beendigungstatbestände. aa) Eigenkündigung.** Auf sie findet der Kündigungsschutz **keine Anwendung**, selbst wenn sie vom ArbGeb veranlasst sind[1]. Hat außer dem ArbGeb auch der ArbN seinerseits zum gleichen oder einem früheren Termin gekündigt und steht die Wirksamkeit dieser Eigenkündigung fest, kann das Feststellungsinteresse für eine Kündigungsschutzklage nach § 4 fehlen[2]. Die ordentl. Eigenkündigung des ArbN kann nur aus den allgemeinen Unwirksamkeitsgründen wie Anfechtung und Nichtigkeit (Form, § 623 BGB) unwirksam sein. Die außerordentl. Eigenkündigung des ArbN bedarf dagegen – wie die des ArbGeb – zu ihrer Wirksamkeit gem. § 626 BGB eines wichtigen Grundes; fehlt es daran, ist sie regelmäßig in eine ordentl. Kündigung umzudeuten. Zum Lossagungsrecht des ArbN nach § 12 S. 1, bei dem es sich um ein Sonderkündigungsrecht handelt, vgl. dort.

40 **bb) Außerordentliche Kündigung.** Sie ist gem. § 13 I 1 **kein Gegenstand des Kündigungsschutzes** der §§ 1–14 (vgl. zur Unterscheidung Rz. 27). Maßstab für ihre Rechtmäßigkeit ist der wichtige Grund (§ 626 BGB), nicht die soziale Rechtfertigung iSv. § 1. Fehlt der wichtige Grund, wovon auch bei Versäumung der Erklärungsfrist des § 626 II BGB auszugehen ist, kommt die Umdeutung gem. § 140 BGB in eine ordentl. Kündigung in Betracht (vgl. Rz. 37). Diese unterliegt dem allgemeinen Kündigungsschutz. Für die (schriftl.) außerordentl. Kündigung gilt gem. § 13 I 2 die **dreiwöchige Klagefrist** des § 4 S. 1. Wird sie versäumt und kommt auch eine verspätete Klage gem. §§ 5, 6 nicht in Betracht, gilt die außerordentl. Kündigung gem. §§ 7, 13 I 2 als von Anfang an in jeder Hinsicht rechtswirksam. Für bis zum 31.12.2003 zugegangene Kündigungen galt das nur in Bezug auf den wichtigen Grund iSv. § 626 I BGB einschließlich der Wahrung der Kündigungserklärungsfrist des § 626 II BGB[3]; sog. sonstige Unwirksamkeitsgründe iSv. § 13 III konnten dagegen – wie auch heute noch die Formunwirksamkeit – innerhalb der Verwirkungsgrenzen geltend gemacht werden. Wird die Klagefrist gewahrt und fehlt ein wichtiger Grund, kann der ArbN (nicht der ArbGeb) die gerichtliche Auflösung des Arbeitsverhältnisses gegen Zahlung einer angemessenen Abfindung beantragen, wenn ihm die Fortsetzung des Arbeitsverhältnisses nicht zuzumuten ist (§ 13 I 3); dies gilt nach alter wie neuer Rechtslage.

41 Hat ein Tarif- oder Arbeitsvertrag die **ordentl. Kündigung ausgeschlossen** (vgl. Vor § 1 Rz. 19), ist eine dennoch ausgesprochene ordentl. Kündigung nicht sozialwidrig, sondern – unabhängig von Wartezeit und Betriebsgröße – aus sonstigen Gründen unwirksam (§ 134 BGB). Doch kann gerade die aus dem Ausschluss des ordentl. Kündigungsrechts folgende lange Bindungsdauer ausnahmsw. eine außerordentl. Kündigung rechtfertigen, da ein lang dauerndes sinnentleertes Arbeitsverhältnis idR unzumutbar ist. Das gilt insb. für Kündigungsgründe mit Dauerwirkung (Betriebsschließung[4], dauernde Arbeitsunfähigkeit[5]), kommt nach Auffassung des BAG aber auch für verhaltensbedingte Gründe in Betracht[6]. Der ArbGeb kann hier grds. erst dann außerordentl. kündigen, wenn trotz erheblich **gesteigerter Bemühungen** bis zur Grenze der Unzumutbarkeit eine Weiterbeschäftigung ausscheidet (s. Rz. 284). Wäre in diesen Fällen aber nach hypothetischer Prüfung ohne den Ausschluss nur eine ordentl. Kündigung gerechtfertigt, darf der ArbGeb die außerordentl. Kündigung nur **wie eine ordentliche** erklären. Andernfalls würde sich hier der Ausschluss der ordentl. Kündigung zum Nachteil des eigentlich geschützten ArbN kehren (vgl. auch § 626 BGB Rz. 100 ff.). Die außerordentl. Kündigung ist daher mit einer der ordentl. Kündigung entsprechenden **Auslauffrist** auszusprechen[7]. Dabei ist deutlich zu machen, dass es sich um eine außerordentl. Kündigung handelt[8] (vgl. aber Rz. 36 aE), und § 626 II BGB zu beachten[9]. Die

---

1 In diesem Fall zählen sie allerdings bei der Zahl der Entlassungen mit, die gemäß § 17 I 2 eine Anzeigepflicht gegenüber der AA auslösen kann. | 2 BAG v. 11.2.1981 – 7 AZR 12/79, AP Nr. 8 zu § 4 KSchG 1969 (*M. Wolf*). | 3 BAG v. 8.6.1972 – 2 AZR 336/71, AP Nr. 1 zu § 13 KSchG 1969. | 4 BAG v. 28.3.1985 – 2 AZR 113/84, NZA 1985, 559; v. 6.3.1986 – 2 ABR 15/85, DB 1986, 2605; zum tariflichen Kündigungsschutz nach §§ 53 III, 55 BAT vgl. auch BAG v. 27.6.2002 – 2 AZR 367/01, DB 2003, 102 f. | 5 BAG v. 4.2.1993 – 2 AZR 469/92, EZA § 626 BGB nF Nr. 144; v. 18.10.2000 – 2 AZR 627/99, EZA § 626 BGB – Krankheit Nr. 3; KR/*Fischermeier*, § 626 BGB Rz. 132. | 6 BAG v. 11.3.1999 – 2 AZR 427/98, AP Nr. 150 zu § 626 BGB (Primatenforscher); v. 21.6.2001 – 2 AZR 325/00, EZA § 626 BGB nF Nr. 189 (Steuerhinterziehung einer Finanzamtsangestellten); v. 15.11.2001 – 2 AZR 605/00, AP Nr. 175 zu § 626 BGB (Geschenkannahme durch Mitarbeiter eines Hochbauamtes). | 7 St. Rspr., vgl. etwa BAG v. 18.10.2000 – 2 AZR 627/99, EZA § 626 BGB – Krankheit Nr. 3. | 8 BAG v. 12.9.1974 – 2 AZR 535/73, AP Nr. 1 zu § 44 TVAL II; v. 14.7.1960 – 2 AZR 64/59, AP Nr. 13 zu § 123 BGB (*A. Hueck*); KR/*Fischermeier*, § 626 BGB Rz. 30 mwN. | 9 BAG v. 18.5.2006 – 2 AZR 207/05, DB 2006, 1851.

ArbN-Vertretung und sonstige ggf. einzubeziehende Stellen (etwa Integrationsamt) sind entsprechend dem Verfahren bei ordentl. Kündigung zu beteiligen[1]. Ggf. ist entsprechend § 1 III eine Sozialauswahl durchzuführen[2]. Eine **Umdeutung** der außerordentl. fristlosen Kündigung in eine solche mit Auslauffrist ist grds. möglich. Sie scheidet aber aus, wenn der BR der außerordentl. Kündigung nicht ausdrücklich zugestimmt hat[3] oder – bei Schwerbehinderung – die Zustimmung des Integrationsamt nur zur außerordentl. Kündigung vorliegt[4]. Ohne Umdeutung ist die fristlose Kündigung eines ordentl. unkündbaren ArbN demgemäß unwirksam, wenn dem ArbGeb die Fortsetzung des Arbeitsverhältnisses bis zum Ablauf der „fiktiven" Kündigungsfrist noch zugemutet werden kann[5]. Wegen der schwer abschätzbaren Grenze zwischen außerordentl. und ordentl. Kündigung empfiehlt es sich, die außerordentl. Kündigung mit Auslauffrist zumindest hilfsweise auszusprechen.

cc) Teilkündigung und Widerruf. Während die Änderungskündigung das Arbeitsverhältnis in seinem ganzen Bestand in Frage stellt, um auf diesem Weg beliebige Änderungen des Vertrages durchzusetzen, soll die **Teilkündigung** unter Aufrechterhaltung des Arbeitsvertrages im Übrigen nur einzelne Teile des Vertrages beseitigen[6]. Die Teilkündigung ist gesetzl. nicht vorgesehen. Ist das Recht zur Teilkündigung nicht vertragl. vereinbart, hat eine dennoch ausgesprochene Teilkündigung grds. keine Rechtswirkung. Der geänderte Vertragsinhalt hätte keine Grundlage mehr im übereinstimmenden Parteiwillen. Die Teilkündigung ist daher grds. unzulässig[7]. Ein Recht zur Teilkündigung kann in engen Grenzen **vereinbart werden**. Es kann sich auch aus der Auslegung des Vertrages ergeben[8]. Es darf aber nicht zu einer Veränderung des Gesamtgefüges von Leistung und Gegenleistung berechtigen, die sich als Aushöhlung oder Umgehung des zwingenden Kündigungsschutzes (§§ 1, 2) darstellt. Das ist der Fall, wenn der Kernbereich der wechselseitigen Hauptleistungspflichten betroffen ist[9]. Zulässig kann die Vereinbarung eines Teilkündigungsrechts etwa bei mehreren **lose zusammengesetzten Verträgen** sein, deren gesonderte Lösung das Gefüge von Leistung und Gegenleistung der übrigen Teilverträge nicht wesentlich berührt[10]. Eine danach ausnahmsw. zulässige Teilkündigung ist nicht mehr auf ihre soziale Rechtfertigung gem. §§ 1, 2 zu prüfen. Stellt sie sich faktisch als einseitige Leistungsbestimmung dar, handelt es sich in Wahrheit um einen Widerrufsvorbehalt, der gem. § 315 BGB nur in den Grenzen billigen Ermessens ausgeübt werden kann[11]. Einer Beteiligung von BR oder PersR bedarf es bei einer ausnahmsw. zulässigen Teilkündigung nicht[12]. Das KSchG nebst Klagefrist findet keine Anwendung[13]. Haben die Parteien einer Seite das Recht zur einseitigen Änderung einzelner Vertragsbedingungen eingeräumt, handelt es sich unabhängig von der gewählten Bezeichnung um eine von vornherein nur unter **Widerrufsvorbehalt** zugesagte Leistung[14] oder ein einseitiges Leistungsbestimmungsrecht iSv. § 315 BGB. Die Vereinbarung darf nicht zu einer Umgehung des KSchG, insb. des Inhaltsschutzes in § 2 oder der Kündigungsfristen führen[15]. Das ist der Fall, wenn wesentliche Elemente des Arbeitsvertrages einer einseitigen Änderung unterliegen sollen, durch deren Widerruf das Gleichgewicht von Leistung und Gegenleistung grundlegend gestört würde[16]. Bei zulässiger Vereinbarung unterliegt die Ausübung des Widerrufsrechts nicht dem KSchG, muss aber billigem Ermessen entsprechen (§ 315 BGB)[17]. Ein Widerrufsvorbehalt im Formulararbeitsvertrag kann gemäß § 308 Nr 4 BGB unwirksam sein[18] (vgl. Anh. §§ 305–310 BGB Rz. 20; § 611 BGB Rz. 512 f.). 42

dd) Nichtigkeit und Anfechtung. Erweist sich ein Arbeitsvertrag insgesamt als **nichtig**[19] (vgl. näher § 611 BGB Rz. 70 ff.), kann sich hierauf jede Partei jederzeit berufen. Diese form- und fristlose sog. **Los-** 43

1 St. Rspr., vgl. BAG v. 12.1.2006 – 2 AZR 242/05, NZA 2006, 512. | 2 BAG v. 5.2.1998 – 2 AZR 227/97, BAGE 88, 10 (22); wegen dieses Zwittercharakters wurde diese Form der Kündigung auch „Orlando-Kündigung" genannt, vgl. *Bröhl*, FS Schaub, 1998, S. 55 (72); vgl. näher zu dieser Kündigungsform *Quecke*, ZTR 2003, 6 ff. | 3 BAG v. 5.2.1998 – 2 AZR 227/97, BAGE 88, 10 (22). | 4 HM, vgl. APS/*Vossen*, § 21 SchwbG Rz. 23 f. mwN. | 5 BAG v. 27.4.2006 – 2 AZR 386/05, DB 2006, 1849. | 6 BAG v. 7.10.1982 – 2 AZR 455/80, AP Nr. 5 zu § 620 BGB – Teilkündigung; v. 14.11.1990 – 5 AZR 509/89, AP Nr. 25 zu § 611 BGB – Arzt-Krankenhaus-Vertrag. | 7 BAG v. 7.10.1982 – 2 AZR 455/80, AP Nr. 5 zu § 620 BGB – Teilkündigung; v. 25.2.1988 – 2 AZR 346/87, AP Nr. 18 zu § 611 BGB – Arzt-Krankenhaus-Vertrag; v. 23.8.1989 – 5 AZR 569/88, NZA 1990, 91; kritisch Stahlhacke/*Preis* Rz. 253 (255 f.). | 8 BAG v. 4.2.1958 – 3 AZR 110/55, AP Nr. 1 zu § 620 BGB – Teilkündigung (*A. Hueck*); v. 13.7.2007 – 9 AZR 612/05, BB 2007, 1115 (zur Abberufung eines betriebl. Datenschutzbeauftragten). | 9 BAG v. 12.12.1984 – 7 AZR 509/83, AP Nr. 6 zu § 2 KSchG 1969; v. 14.11.1990 – 5 AZR 509/89, NZA 1991, 377. | 10 BAG v. 8.11.1957 – 1 AZR 123/56, AP Nr. 2 zu § 242 BGB – Betriebliche Übung (*R. Denecke*); v. 14.11.1990 – 5 AZR 509/89, NZA 1991, 377, betreffend Zusatzregelung für Nebenkosten im Chefarztvertrag; zur Kündigung einer eigenständigen Nebenabrede über Bereitschaftsdienst vgl. BAG v. 15.2.1990 – 6 AZR 386/88, EzA BGB § 622 – Teilkündigung Nr. 1; zur Lösung der Vereinbarung über eine Dienstwohnung siehe BAG v. 23.8.1989 – 5 AZR 569/88, NZA 1990, 91; krit. hierzu Stahlhacke/*Preis* Rz. 254 mwN; kein Teilkündigungsrecht für Hausmeisterwohnung: LAG Rh.-Pf. v. 14.7.1992 – 5 Sa 155/92, EzBAT § 65 BAT Nr. 6. | 11 BAG v. 7.10.1982 – 2 AZR 455/80, AP Nr. 5 zu § 620 BGB – Teilkündigung (*M. Wolf*); v. 25.2.1988 – 2 AZR 346/87, DB 1988, 1504. | 12 Ganz hM, vgl. KR/*Etzel*, § 102 BetrVG Rz. 37 mwN. | 13 KR/*Friedrich*, § 4 KSchG Rz. 16c. | 14 BAG v. 7.10.1982 – 2 AZR 455/80, DB 1983, 1368. | 15 BAG v. 13.5.1987 – 5 AZR 125/86, NZA 1988, 95. | 16 ErfK/*Müller-Glöge*, § 620 BGB Rz. 46. | 17 BAG v. 15.11.1995 – 2 AZR 521/95, NZA 1996, 603 f. zum Entzug einer mit außertariflicher Zulage entgoltenen Zusatzaufgabe; v. 7.10.1982 – 2 AZR 455/80, DB 1983, 1368. | 18 BAG v. 11.10.2006 – 5 AZR 721/05, BB 2007, 109. | 19 Vgl. etwa BAG v. 27.11.1956 – 1 AZR 540/55, AP Nr. 2 zu § 4 MuSchG (*Bulla*); v. 8.9.1988 – 2 AZR 102/88, AP Nr. 1 zu § 8 MuSchG 1968 (*Fastrich*); BSG v. 4.12.1959 – 3 RK 52/56, RdA 1961, 41; BGH v. 18.7.1980 – 2 StR 348/80, AP Nr. 35 zu § 138 BGB (zur Ausübung der Prostitution im Bordell; wohl gesetzlich überholt durch ProstG).

sagung ist keine Kündigung, das KSchG und die sonstigen Kündigungsbestimmungen sind nicht anzuwenden[1]. Wurde das Arbeitsverhältnis bereits in Vollzug gesetzt, hat der ArbN also gearbeitet, wirkt die Lossagung vom nichtigen Arbeitsvertrag wegen der Schwierigkeit einer Rückabwicklung idR nur ex nunc bzw. frühestens ab dem Zeitpunkt, ab dem das Arbeitsverhältnis zuletzt „außer Funktion gesetzt" worden ist[2]. Für die Dauer des Vollzuges eines nichtigen Arbeitsverhältnisses besteht ein sog. faktisches oder fehlerhaftes Arbeitsverhältnis (vgl. § 611 BGB Rz. 80 ff.). Entsprechendes gilt für die **Anfechtung** gem. §§ 119, 123 BGB (vgl. auch die Erl. dort). Sie wirkt abweichend von § 142 BGB nicht zurück, soweit das Arbeitsverhältnis in Vollzug gesetzt worden ist. War es zuletzt wieder „außer Funktion" gesetzt worden, wirkt die Anfechtung auf diesen Zeitpunkt zurück[3], im Falle einer Arbeitsunfähigkeit auf den Zeitpunkt des Beginns der Krankheit[4]. Das Anfechtungsrecht wird nicht durch das Recht zur außerordentl. Kündigung verdrängt. Ein und derselbe Sachverhalt kann sowohl zur Anfechtung als auch zur außerordentl. und zur ordentl. Kündigung berechtigen[5]. Eine vor- oder gleichzeitig mit der Anfechtung ausgesprochene ordentl. oder außerordentl. Kündigung beinhaltet keine Bestätigung des Arbeitsvertrags iSv. § 144 BGB[6]. Das Anfechtungsrecht kann innerhalb der Anfechtungsfrist des § 124 I BGB nur ausnahmsw. nach § 242 BGB verwirken[7]. Sind Anfechtung und **außerordentl. Kündigung** damit in ihrer Wirkung auf den Bestand des Arbeitsverhältnisses einander angenähert, **unterscheiden** sie sich doch in ihren Voraussetzungen wesentlich: Für die Anfechtungsgründe sind die Verhältnisse im Zeitpunkt der Abgabe der angefochtenen Willenserklärung maßgeblich (Irrtum, Täuschung, Drohung). Die Kündigungsgründe beurteilen sich dagegen nach den Verhältnissen im Zeitpunkt des Ausspruchs der Kündigung und sind zukunftsbezogen (Prognoseprinzip, vgl. Rz. 62). Auf die Anfechtung finden die Kündigungsschutzbestimmungen (KSchG, § 9 MuSchG etc.) grds. keine Anwendung; BR oder Personalvertretung sind nicht zu beteiligen[8]. Die dreiwöchige Klagefrist des § 4 ist auf eine allgemeine Feststellungsklage gem. § 256 ZPO nach Anfechtung des Arbeitsvertrages auch nicht analog anzuwenden[9]; das gilt auch nach Erstreckung der Klagefrist auf alle Unwirksamkeitsgründe einer Kündigung. Zur Frage der Verwirkung des Klagerechts vgl. § 7 Rz. 4.

44 Die **Frist zur Anfechtung** nach § 123 BGB beträgt gem. § 124 BGB grds. ein Jahr ab Entdeckung der Täuschung bzw. Beendigung der Zwangslage[10]. Die Irrtumsanfechtung nach § 119 BGB hat gem. § 121 I BGB unverzüglich zu erfolgen, was nach Ansicht des BAG mit Blick auf § 626 II BGB bedeutet, dass sie spätestens innerhalb einer Frist von zwei Wochen nach Kenntnis der für die Anfechtung maßgeblichen Tatsachen erfolgen muss[11]. Das gilt auch für nachgeschobene neue Anfechtungsgründe[12]. Das Anfechtungsrecht gem. §§ 119, 123 BGB kann verwirken, wenn der Anfechtungsgrund im Zeitpunkt der Anfechtungserklärung seine Bedeutung für die weitere Durchführung des Arbeitsverhältnisses bereits verloren hatte[13]. Wirken die Anfechtungsgründe iSv. § 123 BGB auch in die Zukunft „stark nach", kann der ArbGeb an Stelle einer Anfechtung **wahlweise auch kündigen**. Dann hat er sämtliche Kündigungsschutzbestimmungen zu beachten[14]. Zur Auslegung einer Erklärung als Anfechtung oder außerordentl. Kündigung sowie zur Möglichkeit einer Umdeutung vgl. § 626 BGB Rz. 30 ff.

45 **ee) Aufhebungsvertrag.** Auf die Geltendmachung seiner Unwirksamkeit findet das KSchG wie alle übrigen Kündigungsschutzbestimmungen **grundsätzlich keine Anwendung**. Die Klagefrist des § 4 S. 1 gilt nicht. Doch zählt ein Ausscheiden auf Grund Aufhebungsvertrages bei der für die Anzeigepflicht gem. § 17 I maßgeblichen Zahl der Entlassungen mit, wenn sich der ArbN unter dem Eindruck einer vom ArbGeb beabsichtigten Kündigung dazu bereit erklärt[15]. Zu Abschluss, Anfechtung und Inhalt des Aufhebungsvertrages und seinen sozialrechtl. Folgen vgl. Anh. zu § 9.

46 **ff) Befristung und Bedingung. Befristete Arbeitsverhältnisse** enden mit Ablauf der vereinbarten Zeit (§ 15 I TzBfG) oder mit Erreichen ihren Zweckes und rechtzeitiger schriftl. Unterrichtung hierüber (§ 15 II TzBfG). **Auflösend bedingte Arbeitsverhältnisse** enden mit dem Eintritt der Bedingung sowie rechtzeitiger schriftl. Unterrichtung hierüber (§§ 21, 15 II TzBfG). Das KSchG sowie alle übrigen Kündigungsschutzbestimmungen sind auf diese Tatbestände nicht anzuwenden. Das gilt auch dort, wo der ArbGeb auf Grund tarifvertragl. Regelung eine sog. Nichtverlängerungsmitteilung abgeben muss, um eine An-

---

1 KR/*Griebeling*, § 1 KSchG Rz. 47; HaKo/*Gallner*, § 1 KSchG Rz. 35; Stahlhacke/*Preis* Rz. 146. | 2 BAG v. 5.12.1957 – 1 AZR 594/56, EzA § 123 BGB Nr. 1; v. 16.9.1982 – 2 AZR 228/80, AP Nr. 24 zu § 123 BGB; v. 29.8.1984 – 7 AZR 34/83, AP Nr. 27 zu § 123 BGB. | 3 BAG v. 5.12.1957 – 1 AZR 594/56, EzA § 123 BGB Nr. 1; v. 16.9.1982 – 2 AZR 228/80, AP Nr. 24 zu § 123 BGB, v. 29.8.1984 – 7 AZR 34/83, AP Nr. 27 zu § 123 BGB. | 4 BAG v. 3.12.1998 – 2 AZR 754/97, AP Nr. 49 zu § 123 BGB. | 5 BAG v. 16.12.2004 – 2 AZR 148/04, AP Nr. 64 zu § 123 BGB. | 6 BAG v. 16.12.2004 – 2 AZR 148/04, AP Nr. 64 zu § 123 BGB. | 7 BAG v. 6.11.1997 – 2 AZR 162/97, AP Nr. 45 zu § 242 BGB – Verwirkung. | 8 HM, Stahlhacke/*Preis* Rz. 148; *Fitting*, § 102 BetrVG Rz. 15; KR/*Etzel*, § 102 BetrVG Rz. 42; krit. DKK/*Kittner*, § 102 BetrVG Rz. 21. | 9 HM, Stahlhacke/*Preis* Rz. 148; HaKo/*Gallner*, § 1 KSchG Rz. 126. | 10 BAG v. 19.5.1983 – 2 AZR 171/81, AP Nr. 25 zu § 123 BGB; Stahlhacke/*Preis* Rz. 146. | 11 BAG v. 14.12.1979 – 7 AZR 38/78, AP Nr. 4 zu § 119 BGB; aA *Picker*, ZfA 1981, 1 (108 ff.). | 12 BAG v. 21.1.1981 – 7 AZR 1093/78, AP Nr. 5 zu § 119 BGB. | 13 BAG v. 18.9.1987 – 7 AZR 507/86, AP Nr. 32 zu § 123 BGB: Die bei Vertragsschluss verschwiegene und noch anzutretende Freiheitsstrafe stellte bei Anfechtung des Vertrages wegen des zwischenzeitlich erlangten Freigängerstatus kein Hindernis mehr dar. | 14 BAG v. 14.12.1979 – 7 AZR 38/78, AP Nr. 4 zu § 119 BGB. | 15 BAG v. 13.11.1996 – 10 AZR 340/96, NZA 1997, 390; v. 11.3.1999 – 2 AZR 461/98, NZA 1999, 761.

schlussbefristung zu verhindern[1]. Zu den Voraussetzungen für die wirksame Vereinbarung einer Befristung (ua. Schriftform) und die Geltendmachung ihrer Unwirksamkeit (Klagefrist) siehe näher §§ 14–21 TzBfG. Wird das befristete oder auflösend bedingte Arbeitsverhältnis außerordentl. oder ordentl. **gekündigt** (das Recht zur ordentl. Kündigung muss gem. § 15 III TzBfG vertragl. vereinbart oder nach Maßgabe des § 16 TzBfG infolge Unwirksamkeit der Befristung/Bedingung eröffnet sein), unterliegt diese Kündigung grds. den Bestimmungen des KSchG und des sonstigen Kündigungsschutzes. Die Mitteilung des ArbGeb, ein befristet abgeschlossener Arbeitsvertrag solle nicht verlängert werden, ist idR keine Kündigung[2]. Das Gleiche gilt für die Ablehnung der Weiterbeschäftigung unter Hinweis auf die Befristung[3]. Auch die schriftl. Mitteilung gem. § 15 II TzBfG über den Zeitpunkt der Zweckerreichung oder den Eintritt der auflösenden Bedingung (§ 21 TzBfG) ist nicht darauf gerichtet, das Arbeitsverhältnis durch rechtsgestaltende Willenserklärung zu beenden. Sie kann daher ohne weitere Anhaltspunkte nicht als Kündigung ausgelegt werden[4].

gg) Suspendierung. Sie zielt auf das vollständige oder teilweise Ruhen der Rechte und Pflichten aus 47
dem Arbeitsverhältnis. Sie ist **keine Kündigung**, das Arbeitsverhältnis besteht fort. Doch bedarf sie eines billigenswerten Grundes, auch wenn sie sich nur auf die Arbeitspflicht des ArbN beschränkt und die Vergütungspflicht des ArbGeb nicht berührt[5]. Solche Gründe können insb. in der Gefahr von Schädigungen oder schwerwiegenden Pflichtverletzungen im Falle der Weiterbeschäftigung liegen. Nur unter ganz besonderen Umständen, nämlich wenn für den ArbGeb jede weitere Annahme der Arbeitsleistung unzumutbar wäre, kann mit der Suspendierung auch zugleich die Vergütungspflicht entfallen. Die einvernehmliche Suspendierung der beiderseitigen Hauptpflichten führt idR zu einem ruhenden Arbeitsverhältnis; sie kann auch konkludent vereinbart werden[6]. Die Vereinbarung im Arbeitsvertrag, dass der ArbGeb den ArbN nach Ausspruch einer Kündigung für die Kündigungsfrist von der Arbeitsleistung unter Fortzahlung der Bezüge freistellen kann, ist rechtl. nicht zu beanstanden[7].

hh) Faktische Beendigung; Wegfall der Geschäftsgrundlage. Die **faktische Beendigung** des Arbeits- 48
verhältnisses kann als stillschweigende, formlose Aufhebungsvereinbarung zu verstehen sein. Die Geltendmachung ihrer Unwirksamkeit (§ 623 BGB) kann uU wegen Rechtsmissbrauchs[8] oder Verwirkung[9] scheitern. Fehlt es an einer Aufhebungsvereinbarung, etwa weil die Fortsetzung des Vollzuges des Arbeitsverhältnisses durch bloße äußere Umstände gehindert wurde (zB Inhaftierung), endet das Arbeitsverhältnis zunächst nicht. Es kann dem ArbN nach (längerem) Zeitablauf aber verwehrt sein, sich auf den Fortbestand des Arbeitsverhältnisses zu berufen[10]. Unter außergewöhnlichen Umständen kann das Arbeitsverhältnis durch faktische Beendigung ohne Kündigung oder Aufhebungsvertrag nach den Grundsätzen des **Wegfalls der Geschäftsgrundlage** sein Ende finden: Die Rspr. hat dies bei umstürzenden äußeren Ereignissen (Krieg oÄ) in engen Grenzen in Betracht gezogen[11]. Von derartigen Extremfällen abgesehen verdrängt das Recht zur Kündigung grds. die Regeln über den Wegfall der Geschäftsgrundlage[12]. § 313 III 2 BGB nF bestätigt dies jetzt ausdrücklich.

ii) Weitere Tatbestände. Arbeitskampfmaßnahmen, die auf die Lösung des Arbeitsverhältnisses ge- 49
richtet sind, stellen keine Kündigung dar und unterliegen nicht den Kündigungsschutzbestimmungen[13]. Zu Kündigungen in Arbeitskämpfen vgl. Erl. zu § 25. Soweit gem. § 100 III BetrVG **vorläufige personelle Maßnahmen** zwei Wochen nach Rechtskraft einer gerichtlichen Entscheidung „enden" bzw. „nicht aufrecht erhalten werden" dürfen, liegt darin entgegen einer verbreiteten Meinung keine rechtsgestaltende Entscheidung, die das Arbeitsverhältnis enden lässt (vgl. Vor § 1 Rz. 44). Zur Beendigung des Arbeitsverhältnisses bedarf es einer Kündigung. Ebenfalls dem KSchG und den sonstigen Kündigungsschutzbestimmungen unterliegt eine **Kündigung auf Verlangen des BR** gem. § 104 BetrVG. Vgl. die Erl. zu § 104 BetrVG.

4. Kein Kleinbetrieb. Gem. § 23 I 2 u. 3 gilt seit dem 1.1.2004 der allgemeine Kündigungsschutz nicht für 50
Betriebe und Verwaltungen, in denen idR **mehr als zehn ArbN** beschäftigt werden. Der nach der bisherigen Rechtslage bestehende **kündigungsrechtl. Besitzstand** für die Beschäftigten in Kleinbetrieben mit mehr als fünf und bis zu zehn ArbN, deren Arbeitsverhältnis vor dem 1.1.2004 begonnen hat, bleibt erhalten. Die Ausnahme für Kleinbetriebe soll ArbGeb von der Belastung des Kündigungsschutzes freistellen, die weniger leistungsfähig sind und wegen der engen persönlichen Zusammenarbeit eine größere Flexibilität bei der Auflösung eines Arbeitsverhältnisses benötigen[14]. Von der Ausnahme ausgenommen und damit wieder allgemein gültig sind gem. § 23 I 2 u. 3 die Regelungen über die Klagefrist (§§ 4–7, 13 I

1 BAG v. 23.10.1991 – 7 AZR 56/91, NZA 1992, 925. |2 BAG v. 15.3.1978 – 5 AZR 831/76, DB 1978, 1744. |3 BAG v. 26.4.1979 – 2 AZR 431/77, DB 1979, 1991. |4 KR/*Lipke*, § 15 TzBfG Rz. 10 mwN (bloße geschäftsähnliche Handlung). |5 BAG v. 15.6.1972 – 2 AZR 345/71, AP Nr. 7 zu § 628 BGB; BAG GS v. 27.2.1985 – GS 1/84, AP Nr. 14 zu § 611 BGB – Beschäftigungspflicht (*Gamillscheg*). |6 BAG v. 9.8.1995 – 10 AZR 539/94, DB 1996, 279. |7 Ebenso ErfK/*Müller-Glöge*, § 620 BGB Rz. 39. |8 *Preis/Gotthardt*, NZA 2000, 348 (354). |9 BAG v. 2.12.1999 – 8 AZR 890/98, NZA 2000, 540. |10 BAG v. 24.8.1995 – 8 AZR 134/94, NJW 1996, 476. |11 BAG v. 3.10.1961 – 3 AZR 138/60 u. v. 12.3.1963 – 3 AZR 60/63, AP Nr. 4 u. Nr. 5 zu § 242 BGB – Geschäftsgrundlage; v. 24.8.1995 – 8 AZR 134/94, NJW 1996, 476. |12 BAG v. 9.2.1995 – 2 AZR 389/94, NZA 1996, 249. |13 BAG GS v. 21.4.1971 – GS 1/68, AP Nr. 43 zu Art. 9 GG: Kollektivrechtlicher Lösungstatbestand eigener Art. |14 BVerfG v. 27.1.1998 – 1 BvL 15/87, AP Nr. 17 zu § 23 KSchG 1969.

1). Zu den näheren Einzelheiten wie Berechnung der ArbN-Zahl, Bezug des Schwellenwertes auf den Betrieb oder das Unternehmen sowie Verteilung der Darlegungs- und Beweislast s. Erl. zu § 23.

51 **5. Darlegungs- und Beweislast.** Grds. hat der **ArbN** alle Tatsachen darzulegen und zu beweisen, die Voraussetzungen sind für die Anwendung des allgemeinen Kündigungsschutzes auf die streitgegenständliche Kündigung. Die Darlegungslast kann im Einzelfall abgestuft verteilt sein, je nachdem wie substantiiert die Gegenseite ihrer Erklärungspflicht aus § 138 ZPO nachkommt. Zur Darlegungs- und Beweislast für die als Einwendung konzipierte Herausnahme der **Kleinbetriebe** aus dem Geltungsbereich des allgemeinen Kündigungsschutzes in § 23 I vgl. dort Rz. 17.

52 **a) Arbeitsverhältnis.** Der ArbN hat die Begründung eines Arbeitsverhältnisses darzulegen und zu beweisen. Hierzu gehören auch die Tatsachen, die eine rechtl. **Einordnung der Rechtsbeziehung** als Arbeitsverhältnis bedingen. Die Anforderungen an die Substantiierungslast – auch für das Bestreiten des ArbGeb (§ 138 ZPO) – können in den Grenzbereichen dieses unbestimmten Rechtsbegriffs hoch sein.

53 **b) Wartezeit.** Der ArbN hat im Weiteren zunächst nur darzulegen und zu beweisen, dass das Arbeitsverhältnis länger als 6 Monate vor Zugang der Kündigung **begründet** wurde. Damit spricht regelmäßig eine tatsächliche Vermutung dafür, dass das als Dauerschuldverhältnis angelegte Arbeitsverhältnis durchgehend bis zum Zeitpunkt des Kündigungszugangs fortbestanden hat[1]. Sodann ist es Sache des ArbGeb, einen **Beendigungstatbestand** für das vor mehr als 6 Monaten begründete Arbeitsverhältnis darzulegen und zu beweisen[2]. Das gilt auch bei Berufung auf eine Befristung[3]. Gelingt ihm dies, obliegt es wiederum dem ArbN, die Tatsachen vorzutragen, die entweder

- einen **engen sachlichen Zusammenhang** zwischen dem beendeten und dem nachfolgenden (und gekündigten Arbeitsverhältnis) begründen, der eine Zusammenrechnung der Beschäftigungszeiten gem. § 1 ermöglicht (vgl. Rz. 16)[4], oder
- den Schluss auf eine ausdrückl. oder konkludente **Anrechnungsvereinbarung** zulassen (vgl. Rz. 9)[5].

Ebenso hat der ArbN ggf. die Abrede eines vollständigen oder teilweisen **Verzichts** auf die Zurücklegung der Wartezeit zu beweisen.

54 **c) Ordentliche Kündigung des Arbeitgebers.** Die gem. § 4 zu treffende Feststellung, dass das Arbeitsverhältnis durch die Kündigung nicht aufgelöst ist, setzt die Erklärung einer ordentl. Kündigung voraus (vgl. Rz. 21). Für die **Kündigungserklärung** ist daher grds. der ArbN darlegungs- und beweispflichtig[6]. Ist fraglich, ob die Erklärung als Kündigung zu verstehen oder überhaupt zugegangen ist, berühmt sich der ArbGeb aber gleichwohl der Beendigung des Arbeitsverhältnisses durch eine solche Erklärung, sollte der ArbN zur Vermeidung unnötiger Beweisschwierigkeiten (ggf. hilfsweise) allgemeine Feststellungsklage auf Fortbestehen des Arbeitsverhältnisses gem. § 256 ZPO erheben. Hier trägt der ArbGeb die Darlegungslast für alle Tatsachen, aus denen die Beendigung des Arbeitsverhältnisses folgen soll[7].

55 **III. Allgemeines zur Sozialwidrigkeit. 1. Überblick.** Die **Dreiteilung** aller denkbaren sozial rechtfertigenden Kündigungsgründe in § 1 II KSchG in personen-, verhaltens- und betriebsbedingte unterscheidet nach Verantwortungs- bzw. Zurechnungssphären für den Kündigungsgrund. Dieser Binnendifferenzierung[8] liegt die Erkenntnis zugrunde, dass es für die soziale Rechtfertigung einer Kündigung einen Unterschied macht, ob dieselbe betriebliche Störung – etwa ein mehrwöchiger Arbeitsausfall – auf unentschuldigtem Fernbleiben von der Arbeit (verhaltensbedingt), auf Krankheit (personenbedingt) oder auf Mangel an Aufträgen (betriebsbedingt) beruht. Bei personen- und verhaltensbedingter Kündigung verlangt das Gesetz zur sozialen Rechtfertigung nur, dass sie durch entsprechende „Gründe bedingt" ist. Weder erläutert es die Gründe näher, noch kennzeichnet es die **unterschiedlichen Anforderungen** an die jeweilige Kategorie des Kündigungsgrundes. Es beschränkt sich auf die bloße Unterscheidung und überlässt die nähere Bestimmung der Rspr. Bei Gründen aus der eigenen Sphäre des ArbGeb wird das Gesetz deutlicher und verlangt für ihre soziale Rechtfertigung nicht bloß „betriebliche Gründe", sondern „dringende betriebliche Erfordernisse" und zusätzlich eine Sozialauswahl (§ 1 III).

56 In Abs. 2 S. 2 und 3 hat der Gesetzgeber nachträglich sog. **absolute Gründe**[9] der Sozialwidrigkeit eingefügt. Sie setzen einen vom Gericht zu prüfenden wirksamen Widerspruch der ArbN-Vertretung

---

1 Das BAG stellt allerdings nicht auf eine tatsächliche Vermutung, sondern darauf ab, dass der Beendigungstatbestand eine „rechtsvernichtende Einwendung" und damit vom Gegner zu beweisen sei (BAG v. 16.3.1989 – 2 AZR 407/88, AP Nr. 6 zu § 1 KSchG 1969 – Wartezeit). Das erscheint zweifelhaft, da das Arbeitsverhältnis nicht mit einem einmal begründeten und grundsätzlich immer währenden Recht gleichgesetzt werden kann. |2 BAG v. 16.3.1989 – 2 AZR 407/88, NZA 1989, 884. |3 BAG v. 12.10.1994 – 7 AZR 745/93, BB 1995, 467. |4 Ebenso KR/*Griebeling*, § 1 KSchG Rz. 130; HaKo/*Gallner*, § 1 KSchG Rz. 132; teilw. anders offenbar HK/*Dorndorf*, § 1 KSchG Rz. 156. |5 KR/*Griebeling*, § 1 KSchG Rz. 130; HaKo/*Gallner*, § 1 KSchG Rz. 132. |6 HK/*Dorndorf*, § 1 KSchG Rz. 157; KR/*Griebeling*, § 1 KSchG Rz. 159; nach HaKo/*Gallner*, § 1 KSchG Rz. 135, 136 gilt dies nur für die Abgabe der Kündigungserklärung, nicht aber für ihren Zugang. |7 HK/*Dorndorf*, § 1 KSchG Rz. 157; KR/*Griebeling*, § 1 KSchG Rz. 159; HaKo/*Gallner*, § 1 KSchG Rz. 135; ohne Unterscheidung nach dem Streitgegenstand *v. Hoyningen-Huene/Linck*, § 1 KSchG Rz. 98b. |8 Darum geht es in erster Linie, nicht um einen Numerus clausus zur Außenabgrenzung; so aber wohl *Löwisch*, § 1 KSchG Rz. 62. |9 BAG v. 13.9.1973 – 2 AZR 601/72, BB 1973, 1635.

gegen die Kündigung voraus, der auf bestimmte Widerspruchsgründe des § 102 III BetrVG gestützt ist (Verstoß gegen Richtlinie nach § 95 BetrVG; anderweitige Weiterbeschäftigungsmöglichkeit, ggf. nach zumutbarer Umschulung oder unter geänderten Arbeitsbedingungen). Die praktische Bedeutung dieser Sozialwidrigkeitsgründe ist gering. Bereits vor Inkrafttreten von Abs. 2 S. 2 und 3 war anerkannt, dass – auch ohne Widerspruch des BR – eine Kündigung bei Vorliegen der angeführten Widerspruchsgründe unter Beachtung des Verhältnismäßigkeitsgrundsatzes gem. Abs. 2 S. 1 sozial ungerechtfertigt ist[1]. Vgl. zu den absoluten Kündigungsgründen unten Rz. 446 f.

Die eigenartige **Normstruktur** mit ihrer dreifachen Verneinung (rechtsunwirksam – sozial ungerechtfertigt – nicht bedingt) hat vor allem rechtstechnische Gründe. Das gilt auch für den Begriff „sozial ungerechtfertigt", der in erster Linie der Unterscheidung von sozialwidrigen und aus sonstigen Gründen unwirksamen Kündigungen durch das KSchG dient[2]. Mit Blick auf die nur unvollständige und rudimentäre Konkretisierung in Abs. 2 und 3 kann dem Tatbestandsmerkmal „sozial ungerechtfertigt" immerhin der Hinweis auf den das Arbeitsrecht und insb. das Kündigungsschutzrecht bestimmenden Sozialbezug entnommen werden[3]. Die in Abs. 2 und 3 enthaltenen bzw. von der Rspr. zur näheren Konkretisierung entwickelten unbestimmten Rechtsbegriffe werden **revisionsgerichtlich** nur beschränkt daraufhin überprüft, ob das Berufungsgericht die Rechtsbegriffe verkannt hat, ob die Unterordnung des Sachverhaltes unter die Vorschrift des § 1 Denkgesetzen oder Erfahrungsregeln widerspricht und ob die ggf. erforderliche Interessenabwägung alle wesentlichen Umstände berücksichtigt, insb. ob sie widerspruchsfrei oder offensichtlich fehlerhaft ist[4]. 57

2. Allgemeine Merkmale des Kündigungsgrundes. Der sozial rechtfertigende Kündigungsgrund erfordert ein **Lösungsinteresse** des ArbGeb, das das Bestandsschutzinteresse des ArbN überwiegt. Daraus ergeben sich die von der Rspr. entwickelten nachfolgenden allgemeinen Anforderungen an den Kündigungsgrund. 58

a) Objektives Bestehen des Grundes bei Zugang der Kündigung. Rein subjektive Einschätzungen des ArbGeb können ein sozial rechtfertigendes Lösungsinteresse für eine Kündigung nicht begründen. Nur ein **objektiv vorhandener Kündigungsgrund** vermag das Bestandsschutzinteresse des ArbN hinter das Kündigungsinteresse des ArbGeb zurücktreten zu lassen. In diesem Sinne ist die Formel der Rspr. vom „verständig urteilenden ArbGeb"[5] zu verstehen und zu beachten[6]. Zwar bestehen auch geistige Vorstellungen objektiv, wie etwa ein Verdacht. Um eine Kündigung sozial zu rechtfertigen, genügt aber auch für den Verdacht nicht jede irgendwie geartete innere Vorstellung, so ausgeprägt sie auch sein mag. Erforderlich ist ein für den objektiven Betrachter dringender und auf tatsächlichen Anhaltspunkten beruhender Verdacht[7]. An der für die soziale Rechtfertigung einer Kündigung erforderlichen Objektivität des Grundes fehlt es auch, wenn die Parteien im Arbeitsvertrag **Kündigungsgründe „vereinbaren"**. Solche Gründe rechtfertigen eine Kündigung nur, wenn sie auch der Beurteilung eines objektiven Betrachters standhalten. Freilich kommt einer solchen Abrede für die Bestimmung von Inhalt und Gewicht der Vertragspflichten und damit mittelbar auch für die soziale Rechtfertigung einer Kündigung Bedeutung zu[8]. Objektivität idS bedeutet **keine schematische Einheitsbeurteilung** typischer Kündigungssachverhalte. Die Berücksichtigung der jeweiligen Umstände des Einzelfalles ist auch bei objektiver Betrachtung unverzichtbar. Dieselbe Pflichtverletzung kann hier eine Kündigung rechtfertigen, an anderer Stelle auf Grund besonderer Umstände dagegen nicht ausreichen[9]. Der Grund muss nicht Anlass für die Kündigung gewesen zu sein. Der ArbGeb braucht bei ihrem Ausspruch auch keine Kenntnis von ihm gehabt zu haben. Es genügt, dass bei Zugang der Kündigung der **Grund objektiv bestand** und der ArbGeb sich später im Rechtsstreit darauf beruft (sog. Nachschieben von Kündigungsgründen, s. Rz. 88 ff.). Das soll bei der Verdachtskündigung sogar dann gelten, wenn der Verdacht beim ArbGeb überhaupt erst nachträglich entstandenen ist, sofern sich nur die nachträglich bekannt gewordenen, den Verdacht begründenden Tatsachen vor Ausspruch der Kündigung ereignet haben[10]. 59

b) Störung des Vertragsverhältnisses. Der Kündigungsgrund muss einen Bezug zum Arbeitsvertrag aufweisen, wenn er das Lösungsinteresse des ArbGeb sozial rechtfertigen soll. Erforderlich ist eine konkrete Störung bzw. **Beeinträchtigung des Arbeitsverhältnisses**[11]. Es bedarf nicht notwendig einer 60

---

1 BAG v. 13.9.1973 – 2 AZR 601/72, BB 1973, 1635; v. 17.5.1984 – 2 AZR 109/83, NZA 1985, 489; st. Rspr. | 2 BAG v. 20.1.1961 – 2 AZR 495/59, NJW 1961, 940. | 3 Ebenso ErfK/*Oetker*, § 1 KSchG Rz. 109. | 4 BAG v. 12.8.1976 – 2 AZR 237/75, BB 1976, 1517; v. 17.10.1980 – 7 AZR 675/78, DB 1981, 747; st. Rspr. | 5 BAG v. 7.12.1988 – 7 AZR 122/88, AP Nr. 26 zu § 1 KSchG – Verhaltensbedingte Kündigung; BAG v. 21.5.1992 – 2 AZR 10/92, BB 1992, 2146. | 6 Bei diesem Verständnis ist die Formel auch nicht „inhaltsleer", wie *Preis*, DB 1990, 631 und ErfK/Oetker, § 1 KSchG Rz. 120 kritisieren; wie hier auch *Löwisch*, § 1 KSchG Rz. 68. | 7 St. Rspr., BAG v. 4.11.1957 – 2 AZR 57/56, AP Nr. 39 zu § 1 KSchG (1951); v. 13.9.1995 – 2 AZR 587/94, BB 1995, 2655; vgl. auch *Quecke*, NZA 1999, 1247 (1248). | 8 Ebenso im Ergebnis *v. Hoyningen-Huene/Linck*, § 1 KSchG Rz. 8. | 9 Etwa bei Duldung gleichartigen Fehlverhaltens durch den ArbGeb in der Vergangenheit: BAG v. 22.2.1979 – 2 AZR 115/78, DB 1979, 1659 = BB 1979, 1347. | 10 BAG v. 13.9.1995 – 2 AZR 587/94, BB 1995, 2655; ebenso KR/*Fischermeier*, § 626 BGB Rz. 216; bedenklich im Hinblick auf die unverzichtbaren vergeblichen Aufklärungsbemühungen vor der Verdachtskündigung. | 11 BAG v. 30.4.1987 – 2 AZR 184/86, NZA 1987, 776; v. 17.3.1988 – 2 AZR 576/87, AP Nr. 99 zu § 626 BGB; v. 16.2.1989 – 2 AZR 299/88, AP Nr. 10 zu § 1 KSchG 1969 – Krankheit (*Preis*); v. 17.1.1991 – 2 AZR 375/90, AP Nr. 25 zu § 1 KSchG 1969 – Verhaltensbedingte Kündigung (*Rüthers/Franke*).

konkreten Betriebsablaufstörung[1]. Eine kündigungsrelevante Beeinträchtigung des Arbeitsverhältnisses liegt schon in der bloßen Verletzung von Vertragspflichten. Haben diese außerdem betriebl. Störungen zur Folge, erhöht sich allerdings das Kündigungsinteresse des ArbGeb, der Kündigungsgrund erhält mehr Gewicht[2]. Nicht vertragsbezogen und damit kündigungsrechtl. grds. irrelevant sind Gründe, die sich nicht auf die Erfüllung von Vertragspflichten auswirken. Zu beachten ist aber der in einem Dauerschuldverhältnis stark erweiterte Kreis von **Nebenleistungs- und Verhaltenspflichten** (vgl. § 611 BGB Rz. 347 ff.). Exemplarisch gilt das für das an sich der Privatsphäre zugeordnete außerdienstliche Verhalten des ArbN. Wirkt es sich störend auf den Betriebsablauf aus[3], kann eine Pflicht oder Obliegenheit zu angepasstem Verhalten bestehen (so etwa im öffentl. Dienst nach dem früheren § 8 BAT; durchzechte Nacht mit Folgen für die Leistungsfähigkeit etc). Keinen Vertragsbezug haben idR etwa allgemeinpolitische Gründe (Kündigung, um Arbl. einstellen zu können) oder rein der Privatsphäre zuzurechnende Umstände (etwa die sexuelle Orientierung eines ArbN[4], Eheschließung, Partnerwahl, ungewöhnlicher Lebenswandel[5]). Vertragsbezug können auch **vor Beginn des Arbeitsverhältnisses** liegende, dem ArbGeb bei der Einstellung nicht bekannte Umstände oder Ereignisse haben, wenn sie das Vertrauen des ArbGeb in die Zuverlässigkeit und Redlichkeit des ArbN zerstören und deshalb einen Grund zur Kündigung darstellen. In Betracht kommt insoweit auch eine außerordentl. Kündigung[6]. Bei einem **Gruppenarbeitsverhältnis** begründet ein nur in einer Person bestehender Kündigungsgrund wegen der vertragl., schicksalhaften Verbundenheit idR zugleich für alle beteiligten ArbN den erforderlichen Vertragsbezug.

61 **c) Zukunftsbezogenheit.** Die Kündigung dient nicht dem Ausgleich von Störungen und Beeinträchtigungen in der Vergangenheit; sie hat **keine Sanktionsfunktion** und bezweckt auch keinen Schadensausgleich. Die Lösung des Vertragsverhältnisses soll den ArbGeb vor weiteren, zukünftigen Beeinträchtigungen seiner Rechtssphäre bewahren[7]. Erforderlich ist daher, dass solche zukünftigen Beeinträchtigungen zu besorgen sind; auch § 626 I BGB stellt auf die Unzumutbarkeit der Fortsetzung des Arbeitsverhältnisses ab. Für die **personen- und betriebsbedingten** Kündigungsgründe ist das unumstritten: Weder eine Erkrankung noch ein Auftragsmangel in der Vergangenheit vermögen eine Kündigung sozial zu rechtfertigen, wenn bei Ausspruch der Kündigung erkennbar ist, dass nach Ablauf der Kündigungsfrist der ArbN genesen bzw. die Auftragsbücher gefüllt sein werden. Es gilt im Grundsatz auch für die **verhaltensbedingte** Kündigung. Auch sie hat keinen Strafcharakter[8]. Maßgeblich ist daher auch hier allein, ob die verhaltensbedingten Gründe einer Fortsetzung des Arbeitsverhältnisses entgegenstehen. Die Unzumutbarkeit der Fortsetzung leitet sich hier aber in stärkerem Maße aus Vorgängen in der Vergangenheit ab als bei der personen- und betriebsbedingten Kündigung. Zu eng ist es, die Unzumutbarkeit für den ArbGeb allein aus einer Wiederholungsgefahr für weitere Vertragspflichtverletzungen herleiten zu wollen[9]. Vgl. zur Zukunftsbezogenheit der verhaltensbedingten Kündigung Rz. 184.

62 Die Feststellung, dass nach Ablauf der Kündigungsfrist zukünftige Beeinträchtigungen des Vertragsverhältnisses zu besorgen sind, die eine Kündigung zu rechtfertigen vermögen, ist im Zeitpunkt des Zugangs der Kündigung zu treffen (vgl. Rz. 73 f.). Sie bedarf daher einer Prognose (sog. **negative Zukunftsprognose**). Das hierfür benötigte Maß an Gewissheit erfordert mehr als nur überwiegende Wahrscheinlichkeit, nämlich eine an Sicherheit grenzende Wahrscheinlichkeit[10]. Dabei dürfen die Anforderungen nicht überspannt werden; es genügt, wenn nach menschlichem Ermessen vernünftige Zweifel schweigen[11]. Im Rechtsstreit kann uU aus dem tatsächlichen Eintritt der prognostizierten Entwicklung auf die Ernsthaftigkeit und Stichhaltigkeit der Prognose zurück geschlossen werden[12]. Im Bereich der

---

1 So zunächst irreführend BAG v. 7.12.1988 – 7 AZR 122/88, AP Nr. 26 zu § 1 KSchG 1969 – Verhaltensbedingte Kündigung; aufgegeben in BAG v. 17.1.1991 – 2 AZR 375/90, NZA 1991, 557; seitdem st. Rspr., vgl. etwa BAG v. 16.8.1991 – 2 AZR 604/90, AP Nr. 27 zu § 1 KSchG 1969 – Verhaltensbedingte Kündigung (*Rüthers/Müller*). | 2 BAG v. 17.1.1991 – 2 AZR 375/90, AP Nr. 25 zu § 1 KSchG 1969 – Verhaltensbedingte Kündigung (*Rüthers/Franke*). | 3 Hier kommt es in der Tat auf die Betriebsstörung an, da diese erst die Verhaltenspflicht oder Obliegenheit begründet. | 4 BAG v. 23.6.1994 – 2 AZR 617/93, AP Nr. 9 zu § 242 BGB – Kündigung (*v. Hoyningen-Huene*): sittenwidrig; vgl. aber BAG v. 30.6.1983 – 2 AZR 524/81, AP Nr. 15 zu Art. 140 GG (*Richardi*): Kündigung eines ArbN des Diakonischen Werkes wegen außerdienstlicher homosexueller Praxis nach Abmahnung; insoweit zu Recht krit. *v. Hoyningen-Huene/Linck*, § 1 KSchG Rz. 258. | 5 ArbG Passau v. 11.12.1997 – 2 Ca 711/97 D, NZA 1998, 427 zur Veröffentlichung „softpornografischer" Fotografien einer Büroangestellten in der Zeitschrift „Praline". | 6 BAG v. 5.4.2001 – 2 AZR 159/00, AP Nr. 171 zu § 626 BGB; v. 17.8.1972 – 2 AZR 415/71, BAGE 24, 401; LAG Köln v. 28.3.2001 – 8 Sa 405/00, NZA-RR 2002, 85 ff. (Pflichtverletzung beim Vorarbeitgeber im Konzern). | 7 BAG v. 17.3.1988 – 2 AZR 576/87, AP Nr. 99 zu § 626 BGB (*Kraft/Raab/Willemsen*); BVerfG v. 21.2.1995 – 1 BvR 1397/93, NZA 1995, 619; Stahlhacke/*Preis* Rz. 920 f.; *v. Hoyningen-Huene/Linck*, § 1 KSchG Rz. 126; KDZ/*Kittner*, § 1 KSchG Rz. 47; einschr. für die verhaltensbedingte Kündigung *Löwisch*, § 1 KSchG Rz. 99 („Wiederherstellung der Kündigungsfreiheit"). | 8 BAG v. 26.1.1995 – 2 AZR 649/94, NZA 1995, 1028; v. 10.11.1988 – 2 AZR 215/88, BB 1989, 1483; v. 26.1.1995 – 2 AZR 649/94, AP Nr. 34 zu § 1 KSchG 1969 – Verhaltensbedingte Kündigung (*Fleck*). | 9 So aber formal, wenn auch die Wiederholungsgefahr praktisch fingierend BAG v. 17.1.1991 – 2 AZR 375/90, AP Nr. 25 zu § 1 KSchG 1969 – Verhaltensbedingte Kündigung (*Rüthers/Franke*); Stahlhacke/*Preis* Rz. 1180; aA *Löwisch/Spinner*, § 1 KSchG Rz. 101; *Kraft*, ZfA 1994, 463 (475). | 10 Ausf. HK/*Dorndorf*, § 1 KSchG Rz. 308 ff. (316); *v. Hoyningen-Huene/Linck*, § 1 KSchG Rz. 133; HaKo/*Pfeiffer*, § 1 KSchG Rz. 141. | 11 So *v. Hoyningen-Huene/Linck*, § 1 KSchG Rz. 133. | 12 BAG v. 27.11.2003 – 2 AZR 48/03, NZA 2004, 477.

verhaltensbedingten Gründe bereitet die **tatsächliche Feststellung** der negativen Prognose meist keine besondere Schwierigkeit, da sie sich ganz wesentlich auf feststellbare Vorgänge in der Vergangenheit gründet (Vertragspflichtverletzung, Abmahnung, erneute Pflichtverletzung). Wird eine betriebsbedingte Kündigung auf eine noch umzusetzende unternehmerische Entscheidung, etwa zur Betriebsstilllegung, gestützt, braucht diese grds. bei Zugang der Kündigung noch nicht vollzogen zu sein. Festzustellen ist jedoch, dass die Entscheidung tatsächlich getroffen und ihre Umsetzung ernstlich gewollt ist[1]. Darüber hinaus verlangt die Rspr., dass die unternehmerische Entscheidung zum Zeitpunkt des Zugangs der Kündigung bereits greifbare Formen angenommen hat und eine vernünftige betriebswirtschaftl. Betrachtung die Prognose rechtfertigt, dass bis zum Auslaufen der Kündigungsfrist der ArbN entbehrt werden kann[2]. Zur problematischen Prognosestellung bei krankheitsbedingter Kündigung vgl. Rz. 103 ff., 142 ff., 147 ff.

d) Ultima Ratio. Der Grund vermag eine Kündigung nur dann sozial zu rechtfertigen, wenn kein 63
milderes Mittel zu seiner Behebung zur Verfügung steht. Eine ordentl. wie außerordentl. Kündigung kommt nach der Rspr. stets erst als **letztes Mittel** (Ultima Ratio) in Betracht[3]. Dies wird in § 1 II 1 eher dürftig mit dem Wort „bedingt" angedeutet, in den später eingefügten S. 2 und 3 kommt es dagegen klar zum Ausdruck. Diese Beschränkung des Kündigungsrechts ist Ausfluss des den Grundrechten immanenten **Verhältnismäßigkeitsgrundsatzes**, wonach eine Rechtsbeeinträchtigung nur zulässig ist, wenn sie zur Erreichung ihres Zwecks erforderlich, dh. geeignet sowie – bei mehreren zur Verfügung stehenden Mitteln – am wenigsten belastend ist (Verhältnismäßigkeit iSd. Ultima Ratio). In das Verhältnis privater Grundrechtsträger untereinander findet der Grundsatz Eingang über die Auslegung unbestimmter Rechtsbegriffe, insb. die zivilrechtl. Generalklauseln (vgl. Vor § 1 Rz. 11 ff.). Im Schutzbereich des Art. 12 GG hat der Gesetzgeber dem Verhältnismäßigkeitsgrundsatz in § 1 ein im Vergleich zur Generalklausel des § 242 BGB signifikant stärkeres Gewicht beigemessen und dies auch in § 2 II SGB III deutlich gemacht[4]. Bei allen Kündigungsarten ist daher stets zu prüfen, ob eine **anderweitige Weiterbeschäftigung** möglich und zumutbar ist, bei der die Störung des Arbeitsverhältnisses nicht mehr auftritt (Versetzung auf einen freien Arbeitsplatz, bei dem etwa eine spezifische Konfliktsituation mit Kollegen nicht besteht oder gesundheitliche Beeinträchtigungen die Arbeitsleistung nicht behindern oder das Beschäftigungsbedürfnis nicht entfallen ist). Die Prüfung, ob eine anderweitige Weiterbeschäftigung möglich ist, erstreckt sich über den Betrieb hinaus auf das gesamte Unternehmen (§ 1 II 2), nicht aber auf den Konzern[5]. Ein milderes Mittel gegenüber einer Beendigungskündigung ist auch die **Änderungskündigung**[6], sofern die Möglichkeit für ein entsprechendes Angebot besteht. Vgl. zur anderweitigen Weiterbeschäftigung unten Rz. 274. Im Bereich der verhaltensbedingten Kündigung ist insb. stets die Möglichkeit einer **Abmahnung** zu prüfen[7] (vgl. Rz. 186 ff.). Die bei Eintreten von „Schwierigkeiten" im Arbeitsverhältnis eines schwerbehinderten Menschen gem. § 84 I SGB IX gebotene Durchführung eines **Präventionsverfahrens** vor Ausspruch einer Kündigung stellt nach Auffassung des BAG eine Konkretisierung des Verhältnismäßigkeitsgrundsatzes dar[8].

e) Interessenabwägung. Erfüllt ein Kündigungsgrund die vorgenannten Merkmale (Objektivität, Ver- 64
tragsbezogenheit, Zukunftsbezogenheit, kein milderes Mittel), ist damit noch nichts über das **Gewicht des Grundes** gesagt, das zu verlangen ist, damit letztlich das Lösungsinteresse des ArbGeb das Bestandsschutzinteresse des ArbN insgesamt überwiegt. Erst diese Abwägung entscheidet, ob der Grund eine Kündigung sozial zu rechtfertigen vermag. Maßgeblich sind die jeweiligen Umstände des Einzelfalls. Absolute Kündigungsgründe bestehen nicht[9]. Eine Abwägung der Interessen ist **unverzichtbar**. Ob ein Arbeitsverhältnis aufgelöst werden kann, weil ein ArbN etwa trotz Abmahnung erneut einige Minuten zu spät zur Arbeit erscheint oder weil seine Eignung und Befähigung nicht zufrieden stellen oder weil für ihn vorübergehend kein Beschäftigungsbedarf besteht, entscheidet sich jeweils erst auf Grund einer Abwägung von Lösungsinteresse des ArbGeb und Bestandsschutzinteresse des ArbN. Es ist zu fragen, ob für die soziale Rechtfertigung einer Kündigung jede leichte Beeinträchtigung der Vertragsinteressen des ArbGeb genügt oder dem ArbGeb in Anbetracht des Bestandsschutzinteresses des ArbN gewisse Belastungen zuzumuten sind[10]. Das Gesetz selbst besagt hierzu nicht viel. Für die **personen- und verhaltensbedingte Kündigung** verlangt es schlicht „Gründe", für die betriebsbedingte dagegen – zweifach gesteigert – „dringende Erfordernisse". Im Umkehrschluss folgt daraus, dass die der Sphäre des ArbN entstammenden personen- und verhaltensbedingten Gründe eine Kündigung nicht „dringend erforder-

---

1 BAG v. 17.6.1999 – 2 AZR 522/98, DB 1999, 1910; v. 12.4.2002 – 2 AZR 256/01, NZA 2002, 1205. | 2 BAG v. 19.6.1991 – 2 AZR 127/91, NZA 1991, 891; v. 18.1.2001 – 2 AZR 514/99, NZA 2001, 719. | 3 Grundl. BAG v. 30.5.1978 – 2 AZR 630/76, AP Nr. 70 zu § 626 BGB (*Hueck*); v. 26.1.1995 – 2 AZR 649/94, AP Nr. 34 zu § 1 KSchG 1969 – Verhaltensbedingte Kündigung (*Fleck*). | 4 Vgl. zur umstrittenen Frage einer unmittelbaren kündigungsrechtlichen Bedeutung von § 2 Abs. 2 SGB III *v. Hoyningen-Huene/Linck*, § 1 KSchG Rz. 139a und Stahlhacke/*Preis* Rz. 919, jeweils mwN. | 5 BAG v. 14.10.1982 – 2 AZR 568/82, NJW 1984, 381; v. 22.5.1986 – 2 AZR 612/85, NZA 1987, 125. | 6 BAG v. 27.9.1984 – 2 AZR 62/83, AP Nr. 8 zu § 2 KSchG 1969; v. 22.9.2005 – 2 AZR 519/04, NZA 2006, 486. | 7 St. Rspr., BAG v. 17.2.1994 – 2 AZR 616/93, BB 1994, 1148. | 8 BAG v. 7.12.2006 – 2 AZR 182/06, NZA 2007, 617. | 9 Vgl. HK/*Dorndorf*, § 1 KSchG Rz. 512 u. 705; anders nur im SeemG. | 10 Es geht also nicht darum, dass „trotz Vorliegens eines Kündigungsgrundes" das Bestandsschutzinteresse noch einmal in die Waagschale gelegt wird (so aber *Löwisch/Spinner*, § 1 KSchG Rz. 63).

lich" machen müssen, hier also ein geringeres Lösungsinteresse auf Seiten des ArbGeb zur sozialen Rechtfertigung einer Kündigung ausreicht. Ausreichendes Gewicht für eine sozial gerechtfertigte Kündigung haben aber auch hier nur erhebliche Vertragsstörungen[1].

65 Nach allgemeiner Meinung ist bei der Abwägung des Gewichts personen- und verhaltensbedingter Gründe auch das **individuelle Maß** der Bestandsschutzinteressen des ArbN (Alter, Betriebszugehörigkeit etc.) zu berücksichtigen[2]. Dabei haben allgemeine Billigkeitserwägungen ohne Bezug zu Kündigungsgrund oder Arbeitsverhältnis außer Betracht zu bleiben[3]. Welche Interessen zu berücksichtigen sind und welches Gewicht sie erlangen können, hängt maßgeblich vom Kündigungsgrund ab und wird dort jeweils dargestellt[4]. Die Abstufung zwischen „Gründen" und „dringenden Erfordernissen" betrifft nicht in erster Linie die Frage, ob eine Kündigung nur als **letztes Mittel** in Betracht kommt; dies ist nach st. Rspr. des BAG in allen drei Kategorien der Kündigung stets zu beachten (vgl. Rz. 63). Die Abstufung zielt auf das Gewicht des Kündigungsgrundes[5]. Verlangt das Gesetz damit für die **betriebsbedingte Kündigung** ein gesteigertes Lösungsinteresse des ArbGeb, setzt die Feststellung eines „dringenden Erfordernisses" doch eine Abwägung von Bestandsschutz und Lösungsinteresse notwendig voraus; denn es gibt keine absoluten Erfordernisse. In Anbetracht der geforderten Dringlichkeit der betrieblichen Erfordernisse wird hier die Interessenabwägung allerdings nur noch in seltenen Ausnahmefällen von der individuellen Betroffenheit des ArbN entscheidend beeinflusst werden können[6]. Näheres vgl. Rz. 285.

66 **f) Abgrenzung zur außerordentlichen Kündigung.** Die außerordentl. Kündigung gem. § 626 BGB erfordert einen **wichtigen Grund**, der eine Fortsetzung des Arbeitsverhältnisses bis zum Ablauf der Kündigungsfrist bzw. bis zum nächstmöglichen Beendigungstermin unzumutbar macht. Sie unterscheidet sich von der sozial gerechtfertigten ordentl. Kündigung durch die Schwere und Intensität der erforderlichen Vertragsstörung[7], dh. im Rahmen der **Interessenabwägung**. Der wichtige Grund für die außerordentl. Kündigung etwa einer Führungskraft wegen Loyalitätsverstoßes fehlt nicht deshalb, weil für den ArbGeb die Möglichkeit der Freistellung unter Fortzahlung der Bezüge bis zum Ablauf einer ordentl. Kündigungsfrist besteht[8]. Nähere **Abgrenzungskriterien** lassen sich nicht aufstellen. Es kommt auf die umfassende Berücksichtigung aller Umstände und die Abwägung der beiderseitigen Interessen an (§ 626 I BGB). Wegen der geforderten Schwere und Intensität der Vertragsstörung kommen als wichtige Gründe zumeist vorsätzliche Vertragspflichtverletzungen in Betracht. Personenbedingte Gründe für eine außerordentl. Kündigung sind nicht grds. ausgeschlossen, sondern eine Frage der Interessenabwägung im Einzelfall[9], während betriebsbedingte Gründe für eine außerordentl. Kündigung regelmäßig ausscheiden, da der ArbGeb das Wirtschafts- und Betriebsrisiko nicht auf den ArbN verlagern kann[10]. **Lange Kündigungsfristen** können sich beim wichtigen Grund im Einzelfall zum Nachteil des eigentlich geschützten ArbN auswirken, wenn nämlich die Fortsetzung des Arbeitsverhältnisses bis zum Ablauf der ordentl. Kündigungsfrist gerade wegen deren Länge dem ArbGeb nicht zugemutet werden kann. Dies dürfte bei der idR nur einige Monate umfassenden Spannbreite der Kündigungsfristen aber eher selten auftreten und ist deshalb hinzunehmen[11].

67 Ist die **ordentl. Kündigung** tarifl. oder einzelvertragl. **ausgeschlossen** (vgl. Vor § 1 Rz. 19), so ist gem. § 626 I BGB die dauerhafte Fortsetzung des Arbeitsverhältnisses auf ihre Unzumutbarkeit zu prüfen. Dies kann dazu führen, dass eine außerordentl. Kündigung in Betracht kommt, wo ohne den Ausschluss der ordentl. Kündigung nur eine ordentl. Kündigung sozial gerechtfertigt wäre. Damit sich der Schutz in diesen Fällen **nicht zum Nachteil** des eigentlich geschützten ArbN auswirkt, korrigiert die Rspr. das Ergebnis auf der Rechtsfolgeseite, indem sie eine solche außerordentl. Kündigung in Bezug auf Kündigungsfrist, Beteiligung der ArbN-Vertretung und ggf. behördliche Zustimmungsverfahren wie eine ordentl. Kündigung behandelt (vgl. Rz. 41). Abweichend hiervon stellt das BAG bei dem gesetzl. Ausschluss der ordentl. Kündigung für **Funktionsträger** in der Betriebsverfassung nach § 15 bislang grds. nicht auf die zu erwartende, oft langjährige Fortdauer des Arbeitsverhältnisses ab, sondern auf die fiktive Kündigungsfrist (vgl. § 15 Rz. 41 ff.).

---

1 APS/*Dörner*, § 1 KSchG Rz. 64; *v. Hoyningen-Huene/Linck*, § 1 KSchG Rz. 127 ff. mwN. |2 St. Rspr., BAG v. 20.10.1954 – 1 AZR 193/54, AP Nr. 6 zu § 1 KSchG (*A. Hueck*); v. 7.3.1980 – 7 AZR 1093/77, AP Nr. 9 zu § 1 KSchG 1969 – Betriebsbedingte Kündigung; v. 20.1.2000 – 2 AZR 378/99, AP Nr. 38 zu § 1 KSchG 1969 – Krankheit; HK/*Dorndorf*, § 1 KSchG Rz. 283 ff.; Stahlhacke/*Preis* Rz. 922. |3 Stahlhacke/*Preis* Rz. 922. |4 Bei einer krankheitsbedingten Kündigung zB sind im Rahmen der Interessenabwägung die Schwerbehinderung und die Unterhaltspflichten des ArbN von den Gerichten stets mitzuberücksichtigen, BAG v. 20.1.2000 – 2 AZR 378/99, NZA 2000, 768. |5 Stahlhacke/*Preis* Rz. 950 ff.; aA *Löwisch/Spinner*, § 1 KSchG Rz. 272 ff. („Dringlichkeit als Ausdruck des Ultima-ratio-Grundsatzes"). |6 BAG v. 30.4.1987 – 2 AZR 184/86, NZA 1987, 776. |7 BAG v. 18.2.1993 – 2 AZR 526/92, AP Nr. 35 zu § 15 KSchG 1969; Staudinger/*Preis*, § 626 BGB Rz. 83 f.; *v. Hoyningen-Huene/Linck*, § 1 KSchG Rz. 124 f., beide mwN; abweichend *Ascheid*, KSchR, 1993, Rz. 128 ff., der für die außerordentl. Kündigung eine vorsätzl., „den Vertrag negierende Haltung" verlangt. |8 BAG v. 11.3.1999 – 2 AZR 507/98, AP Nr. 149 zu § 626 BGB; aA LAG Düsseldorf v. 5.6.1998 – 11 Sa 2062/97, LAGE § 626 BGB Nr. 120. |9 Stahlhacke/*Preis* Rz. 746 ff.; KR/*Fischermeier*, § 626 BGB Rz. 132, beide mwN. |10 BAG v. 28.9.1972 – 2 AZR 506/71, EzA § 626 BGB Nr. 17; v. 28.3.1985 – 2 AZR 113/84, AP Nr. 86 zu § 626 BGB (*Herschel*); Stahlhacke/*Preis* Rz. 767 mwN. |11 BAG v. 15.11.2001 – 2 AZR 605/00, AP Nr. 175 zu § 626 BGB.

3. Konkurrenz der Kündigungstatbestände. Die Dreiteilung der Kündigungsgründe in § 1 II dient der **Binnendifferenzierung** der denkbaren Kündigungsgründe in Verantwortungs- bzw. Zurechnungssphären (vgl. Rz. 55). Folge sind unterschiedliche Tatbestandsmerkmale der drei Kündigungsgründe, die teils gesetzl. vorgegeben, teils von der Rspr. entwickelt wurden. Die Einhaltung dieser Unterscheidung ist zur Vermeidung eines konturenlosen Billigkeitsrechts unverzichtbar. Die Prüfung eines Kündigungssachverhaltes auf soziale Rechtfertigung muss daher durch Subsumtion unter einen der drei Kündigungstatbestände des § 1 II erfolgen (sog. alternative Gesetzeskonkurrenz[1]). 68

a) Mehrere Sachverhalte. Wird eine Kündigung auf verschiedene Lebenssachverhalte gestützt, die **denselben Kündigungstatbestand** des § 1 II betreffen, entspricht es st. Rspr. des BAG, dass die durch die verschiedenen Sachverhalte verursachten Beeinträchtigungen des Arbeitsverhältnisses – sofern sie nicht bereits für sich die Kündigung rechtfertigen – in einer Gesamtbetrachtung zu würdigen sind, wenn sie sich wie die „Glieder einer Kette“ zusammenfassen lassen[2]. Auch im Rahmen desselben Kündigungstatbestandes ist bei einer Gesamtbetrachtung danach Vorsicht geboten, da sich das festzustellende Gewicht des Kündigungsgrundes nicht immer durch bloße „Addition“ ermitteln lässt (etwa: Häufige Verspätung + fahrlässig verursachter Sachschaden?). Es dürfte auf den „gemeinsamen Nenner“, das verbindende Element ankommen. Betreffen die verschiedenen Kündigungssachverhalte **verschiedene Kündigungstatbestände** des § 1 II, und rechtfertigt jeder für sich die Kündigung nicht, scheidet nach dem Grundsatz der alternativen Gesetzeskonkurrenz (vgl. Rz. 68) eine Gesamtbetrachtung aus[3]. Zwar hat das BAG ausgeführt, dass „im Wege einer einheitlichen Betrachtungsweise“ zu prüfen sei, „ob die einzelnen Kündigungsgründe in ihrer Gesamtheit Umstände darstellen, die bei verständiger Würdigung in Abwägung der Interessen der Vertragsparteien und des Betriebes die Kündigung als billigenswert und angemessen erscheinen lassen“[4]. Doch handelte es sich dabei nach den gerichtl. Feststellungen ausnahmslos um vorwerfbare Pflichtverletzungen und damit um verhaltensbedingte Gründe[5]. Allerdings wird vertreten, dass bei **Zusammentreffen verhaltens- und personenbedingter Sachverhalte** eine Gesamtbetrachtung gerechtfertigt sei („Addition“), da beide aus der Sphäre des ArbN rühren[6]. Das ist in dieser Allgemeinheit abzulehnen, weil es zu einer Aufgabe der – ohnehin unbestimmten – Merkmale der einzelnen Kündigungstatbestände des § 1 II und letztlich zu Rechtsunsicherheit führt[7]. Bei einer teilweise auf unentschuldigtes Fehlen und teilweise auf Krankheit gestützten Kündigung können die Fehlzeiten schon deshalb nicht pauschal in einer Gesamtbetrachtung zusammengefasst werden, weil die Voraussetzungen für die Feststellung einer negativen Zukunftsprognose unterschiedlich sind. Liegt hier aber jeweils für sich die negative Prognose vor, kann bei der Interessenabwägung nicht die identische Beeinträchtigung der Vertragsinteressen durch den anderen Kündigungsgrund ausgeblendet werden[8]. 69

b) „Gemischte“ Sachverhalte. Der Grundsatz der alternativen Gesetzeskonkurrenz (vgl. Rz. 68) schließt es nicht aus, denselben Lebenssachverhalt nacheinander **an allen drei Kündigungstatbeständen zu messen**. Es ist auch möglich, dass derselbe Lebenssachverhalt die Voraussetzungen verschiedener Kündigungstatbestände erfüllt und eine Kündigung daher unter mehreren Aspekten sozial rechtfertigt. Führt etwa der Pilot eines Passagierflugzeuges nach Abmahnung erneut einen Sturzflug durch, um den Fluggästen „etwas zu bieten“, rechtfertigt der Sachverhalt sowohl eine verhaltens- als auch eine personen-, nämlich eignungsbedingte Kündigung[9]. Daraus folgt **keine beliebige Zuordnung** des Lebenssachverhalts unter die Kündigungstatbestände des § 1 II. Wegen der unterschiedlichen Anforderungen der drei Tatbestände kommt es gerade in Grenzfällen entscheidend darauf an, anhand der von der Rspr. entwickelten Merkmale die für den jeweiligen Kündigungsgrund maßgeblichen Gesichtspunkte in dem Lebenssachverhalt zu erkennen[10], auch und gerade weil ein Kündigungssachverhalt unter jedem Aspekt 70

1 BAG v. 31.1.1996 – 2 AZR 158/95, AP Nr. 13 zu § 626 BGB – Druckkündigung; Stahlhacke/*Preis* Rz. 924 ff.; *Löwisch/Spinner*, § 1 KSchG Rz. 73 ff.; HK/*Dorndorf*, § 1 KSchG Rz. 336 ff.; ErfK/Oetker, § 1 KSchG Rz. 162; *Rüthers/Henssler*, ZfA 1988, 31 (36 ff.). |2 BAG v. 22.7.1982 – 2 AZR 30/81, AP Nr. 5 zu § 1 KSchG 1969 – Verhaltensbedingte Kündigung, das allerdings missverständlich allgemein auf eine „einheitliche Betrachtungsweise“ und die „Gesamtheit der Umstände“ abstellt, tatsächlich aber nur vorwerfbare Vertragspflichtverletzungen zu beurteilen hatte (Bummelei, Alkoholverstöße, Schlechtleistung); v. 10.4.1975 – 2 AZR 113/74, EzA § 626 nF BGB Nr. 37; v. 10.12.1992 – 2 ABR 32/92, AP Nr. 4 zu § 87 ArbGG 1979; v. 20.11.1997 – 2 AZR 643/96, AP Nr. 43 zu § 1 KSchG 1969; zust. insoweit auch HK/*Dorndorf*, § 1 KSchG Rz. 328 ff. |3 Ganz hM, HK/*Dorndorf*, § 1 KSchG Rz. 228 ff., *Löwisch/Spinner*, § 1 KSchG Rz. 73; KR/*Griebeling*, § 1 KSchG Rz. 259; Stahlhacke/*Preis* Rz. 926. |4 BAG v. 22.7.1982 – 2 AZR 30/81, AP Nr. 5 zu § 1 KSchG 1969 – Verhaltensbedingte Kündigung. |5 Ebenso in den weiteren Entscheidungen BAG v. 10.4.1975 – 2 AZR 113/74, AP Nr. 7 zu § 626 BGB – Ausschlussfrist; v. 10.12.1992 – 2 ABR 32/92, AP Nr. 4 zu § 87 ArbGG 1979; v. 20.11.1997 – 2 AZR 643/96, AP Nr. 43 zu § 1 KSchG 1969. |6 *v. Hoyningen-Huene/Linck*, § 1 KSchG Rz. 169 f.; einschr. *Löwisch/Spinner*, § 1 KSchG Rz. 74, für den Fall, dass die unterschiedlichen Kündigungsgründe gleichgerichtet das Vertragsgleichgewicht stören. |7 So auch Stahlhacke/*Preis* Rz. 926 f.; HK/*Dorndorf*, § 1 KSchG Rz. 331. |8 Insoweit kann *Löwisch/Spinner*, § 1 KSchG Rz. 74, gefolgt werden. |9 Ebenso BAG v. 10.10.2002 – 2 AZR 472/01, AP Nr. 44 zu § 1 KSchG 1969 – Verhaltensbedingte Kündigung (Kündigung einer Verkäuferin wegen Tragens eines islamischen Kopftuches). |10 So richtig BAG v. 17.5.1984 – 2 AZR 109/83, DB 1985, 1190; v. 21.11.1985 – 2 AZR 21/85, NZA 1986, 713; v. 13.3.1987 – 7 AZR 724/85, DB 1987, 1443; v. 6.11.1997 – 2 AZR 94/97, NZA 1998, 143.

geprüft werden kann[1]. Es ist genau zu unterscheiden, worin etwa beim Abkehrwillen als Kündigungsgrund[2], bei der grundlosen Zurückweisung eines Bauarbeiters durch den libyschen Auftraggeber[3] oder der fehlenden Lehrbefähigung eines Lehrers[4] die personen-, verhaltens- oder betriebsbedingten Aspekte bestehen[5]. Doch kann der Rspr. bei der **Einordnung von Grenzfällen** unter die Kündigungstatbestände des § 1 II nicht immer gefolgt werden[6]. Das BAG stellt auf die „letzte und eigentliche" Ursache der Störung ab[7]. Auf die zeitlich letzte Ursache kommt es aber nicht an, dies ist vom Zufall abhängig. Maßgeblich ist, welchem der Kündigungstatbestände des § 1 II die jeweilige **Störquelle** zuzuordnen ist. Ist etwa die gehörerkrankte schwerbehinderte Presserin nach Zusammenlegung von Presserei und Schweißerei wegen der damit verbundenen Lärmentwicklung aus gesundheitlichen Gründen nicht mehr in der Lage, ihre ansonsten unveränderte Arbeit zu verrichten, liegt nicht deshalb ein betriebsbedingter Kündigungsgrund vor, weil zunächst die Gehörerkrankung bestand und erst danach die Zusammenlegung von Presserei und Schweißerei erfolgte[8]. Richtigerweise handelt es sich um eine personenbedingte Kündigung, weil für die ArbNin auch nach der betriebl. Änderung noch vertragsgemäße Arbeit vorhanden war; ihr Einsatz scheiterte allein an ihrer außergewöhnlichen Gesundheitskonstitution[9].

71 **4. Gleichbehandlung.** Der arbeitsrechtl. Gleichbehandlungsgrundsatz (vgl. § 611 BGB Rz. 181 ff.) hat im Kündigungsrecht nur eine **sehr eingeschränkte Bedeutung**. Das BAG lehnt es unter Hinweis auf das Gebot der Einzelfallprüfung ab, das Kündigungsrecht der Pflicht zur Gleichbehandlung zu unterwerfen. Die Unwirksamkeit einer Kündigung lässt sich danach nicht unmittelbar aus einer Verletzung des Gleichbehandlungsgrundsatzes herleiten. Ein sonstiger Unwirksamkeitsgrund iSv. § 13 III besteht nicht[10]. Eine unterschiedliche Behandlung wirklich vergleichbarer Kündigungssachverhalte durch den ArbGeb kann aber bei der Prüfung eines sozial rechtfertigenden oder wichtigen Grundes im Rahmen der **Interessenabwägung** mittelbar von Bedeutung sein. Sie kann Rückschlüsse darauf zulassen, welche Bedeutung der ArbGeb selber der Beeinträchtigung seiner Vertragsinteressen beimisst und welches Gewicht sein Lösungsinteresse damit hat. Das gilt auch – weiter gehend als beim Gleichbehandlungsgrundsatz – für den Umgang mit vergleichbaren Fällen in der Vergangenheit. Bei der sog. **herausgreifenden Kündigung** eines ArbN aus einer Gruppe gleich belasteter ArbN wird der ArbGeb daher die unterschiedliche Behandlung rechtfertigen müssen. Anderenfalls fällt die Interessenabwägung zu seinen Lasten aus. Erfolgt die unterschiedliche Behandlung aus einem **diskriminierenden Motiv** iSd. AGG, ist die Kündigung (wegen § 2 IV AGG) jedenfalls in EG-richtlinienkonformer Auslegung von §§ 138, 242 BGB unwirksam[11]. Sonstige Diskriminierungsverbote, etwa §§ 75 I, 78 S. 2 BetrVG, führen bei Verstößen dagegen gem. § 134 BGB unmittelbar zur Unwirksamkeit[12]. Die **Auswahl** betriebsbedingt zu kündigender ArbN nach sozialen Gesichtspunkten gem. § 1 III wirkt wie ein gesetzl. konkretisiertes Gleichbehandlungsgebot. Auch außerhalb des Geltungsbereichs des KSchG hat die Auswahl willkürfrei und unter Berücksichtigung besonderer Schutzbedürftigkeit im Lichte des Art. 12 GG zu erfolgen[13].

72 **5. Verzeihung, Verzicht, Verwirkung.** Der ArbGeb ist **grundsätzlich frei** darin, von einem einmal entstandenen Kündigungsrecht Gebrauch zu machen oder davon abzusehen. In Kenntnis des Kündigungsgrundes kann er überdies ohne Schranken rechtsverbindlich auf die Ausübung des konkreten Kündigungsrechts verzichten[14]. Der Verzicht auf die Ausübung eines Gestaltungsrechts ist einseitig möglich[15] und wird als empfangsbedürftige Willenserklärung mit dem Zugang beim ArbN wirksam (§ 130 BGB). Grds. sind an die Feststellung eines rechtsgeschäftlichen Verzichtswillens strenge Anforderungen zu stellen; er ist nicht zu vermuten[16]. Der ArbGeb verzichtet konkludent auf sein Kündigungsrecht, wenn er die ihm bekannten Kündigungsgründe zum Gegenstand einer **Abmahnung** oder Rüge macht. Eine

---

1 *Löwisch/Spinner*, § 1 KSchG Rz. 75; Stahlhacke/*Preis* Rz. 925; *Rüthers/Henssler*, ZfA 1988, 31 (42 f.); HK/*Dorndorf*, § 1 KSchG Rz. 340. | 2 BAG v. 22.10.1964 – 2 AZR 515/63, DB 1965, 38. | 3 BAG v. 19.6.1986 – 2 AZR 563/86, NZA 1987, 21. | 4 BAG v. 17.5.1984 – 2 AZR 109/83, NZA 1985, 489. | 5 Weitere Bsp. aus der Rspr.: Führungsmängel eines Konzertmeisters, BAG v. 29.7.1976 – 3 AZR 50/75, BB 1976, 1560; Betriebsstörung durch übermäßige Lohnpfändung, BAG v. 4.11.1981 – 7 AZR 264/77, BB 1982, 556; schwere Beleidigung von ArbGeb und Kollegen durch verschuldensunfähig erkrankten ArbN, BAG v. 22.1.1999 – 2 AZR 665/98, AP Nr. 151 zu § 626 BGB. | 6 Vgl. etwa BAG v. 17.5.1984 – 2 AZR 109/83, NZA 1985, 489 (Lehrer ohne Lehrbefähigung: Betriebsbedingt); v. 22.1.1999 – 2 AZR 665/98, AP Nr. 151 zu § 626 BGB (fortgesetzte Beleidigung durch schuldunfähigen ArbN: Verhaltensbedingt); v. 4.6.1997 – 2 AZR 526/96, AP Nr. 137 zu § 626 BGB (*Felderhoff*) (hochgradige Alkoholisierung eines U-Bahnführers beim Führen seines privaten Kfz mit Unfallfolge: Personenbedingt mit Abmahnerfordernis!); v. 20.11.1997 – 2 AZR 643/96, AP Nr. 43 zu § 1 KSchG 1969 (außerdienstliche Straftaten einer Schreibkraft im öffentlichen Dienst: Wohl zutr. verhaltensbedingt wegen § 8 BAT). | 7 BAG v. 6.11.1997 – 2 AZR 94/97, NZA 1998, 143. | 8 So aber BAG v. 6.11.1997 – 2 AZR 94/97, NZA 1998, 143; zust. HK/*Dorndorf*, § 1 KSchG Rz. 338a ff. | 9 IdS auch Stahlhacke/*Preis* Rz. 928. | 10 BAG v. 14.10.1965 – 2 AZR 455/64, AP Nr. 27 zu § 66 BetrVG 1952; v. 21.10.1969 – 1 AZR 93/68, EzA § 626 BGB nF Nr. 1; v. 25.3.1976 – 2 AZR 163/75 AP Nr. 6 zu § 103 BetrVG 1972; v. 22.2.1979 – 2 AZR 115/78, EzA § 103 BetrVG 1972 Nr. 23. | 11 *Kamanabrou*, RdA 2007, 199 (200); *Bayreuther*, DB 2006, 1842 f.; aA *Diller/Krieger/Arnold*, NZA 2006, 887 (889), wenn sie „objektiv" sozial gerechtfertigt ist. | 12 BAG v. 14.10.1965 – 2 AZR 455/64, AP Nr. 27 zu § 66 BetrVG 1952; v. 21.10.1969 – 1 AZR 93/68, EzA § 626 BGB nF Nr. 1; v. 25.3.1976 – 2 AZR 163/75, AP Nr. 6 zu § 103 BetrVG 1972; v. 22.2.1979 – 2 AZR 115/78, EzA § 103 BetrVG 1972 Nr. 23. | 13 BVerfG v. 24.4.1991 – 1 BvR 1341/90, AP Nr. 70 zu Art. 12 GG; v. 27.1.1998 – 1 BvL 15/87, AP Nr. 17 zu § 23 KSchG 1969; BAG v. 19.1.1995 – 8 AZR 914/93, DB 1995, 1415; v. 21.2.2001 – 2 AZR 15/00, NZA 2001, 833. | 14 BAG v. 10.11.1988 – 2 AZR 215/88, BB 1989, 1483. | 15 Palandt/*Heinrichs*, § 397 BGB Rz. 1. | 16 BGH v. 20.12.1983 – VI ZR 19/82, NJW 1984, 1346.

spätere Kündigung kann er dann nicht allein auf diese Gründe stützen. Doch kann er bei späterem Hinzutreten oder Bekanntwerden weiterer kündigungserheblicher Gründe hierauf unterstützend zurückgreifen[1]. Erklärt der ArbGeb vor Ablauf der Ausschlussfrist des § 626 II BGB eine ordentl. Kündigung, wird darin entsprechend der Verzicht auf das Recht zur außerordentl. Kündigung liegen[2]. Ob neben dem Verzicht auf das Kündigungsrecht auch die **Verzeihung** des Kündigungsgrundes eine eigenständige rechtl. Bedeutung hat[3], ist zweifelhaft[4]. Eine Verzeihung des Kündigungsgrundes, die ohne rechtsgeschäftlichen Verzichtswillen erfolgt, wird man unter dem Gesichtspunkt des Vertrauensschutzes (widersprüchliches Verhalten, § 242 BGB) würdigen müssen[5]. Das Recht, auf einen Kündigungsgrund mit einer Kündigung zu reagieren, unterliegt nicht der Verjährung. Auch gilt für die ordentl. Kündigung nach allgM die Kündigungserklärungsfrist des § 626 II BGB nicht entsprechend. Doch kann das Kündigungsrecht gem. § 242 BGB **verwirken**. Im Geltungsbereich des KSchG ist das Kündigungsrecht an einen Kündigungsgrund gebunden. Ist seit Verwirklichung des Grundes beträchtliche Zeit verstrichen (Zeitmoment) und hat der ArbGeb beim ArbN den Eindruck erweckt, er werde nicht mehr kündigen, und hat schließlich der ArbN sich darauf eingestellt (Umstandsmoment), ist das Recht zur Kündigung wegen dieses Grundes verwirkt[6]. Eine Verwirkung wird idR erst nach Verstreichen **mehrerer Wochen oder Monate** in Betracht kommen. Maßgeblich ist die Zeit seit Kenntniserlangung durch den ArbGeb. Die Rspr. zur Verwirkung des Klagerechts (vgl. § 7 Rz. 4) lässt sich nur bedingt auf die Verwirkung des Kündigungsrechts übertragen. Das Zeitmoment ist abhängig vom Umstandsmoment. Die weitere vorbehaltlose Zusammenarbeit von ArbGeb und ArbN (Umstandsmoment) kann aber für die Frage der Begründung eines Vertrauenstatbestandes nicht ohne weiteres gleichgesetzt werden mit der Nichterhebung einer Klage.

6. Beurteilungszeitpunkt. Die Kündigung wird wirksam mit ihrem Zugang, § 130 I 1 BGB. Maßgeblich 73
für die Beurteilung der sozialen Rechtfertigung einer Kündigung ist daher die Sachlage im **Zeitpunkt ihres Zugangs**[7]. Nachträglich entstandene Tatsachen haben grds. keinen Einfluss auf die Wirksamkeit der Kündigung[8]. Rechtfertigen sie eine Kündigung, kann der ArbGeb darauf nur eine weitere, noch auszusprechende Kündigung stützen. Lassen sie umgekehrt den Kündigungsgrund für eine bereits ausgesprochene Kündigung nachträglich entfallen, berührt das die Rechtswirksamkeit der Kündigung idR ebenfalls nicht. In Ausnahmefällen kann ein Wiedereinstellungsanspruch entstehen (vgl. Rz. 75 ff.). Da es für die soziale Rechtfertigung einer Kündigung auf die **objektive Sachlage** ankommt (vgl. Rz. 59), sind sämtliche Tatsachen zu berücksichtigen, die vor Zugang der Kündigung bereits verwirklicht waren. Werden sie dem ArbGeb erst nachträglich bekannt oder bewertet er sie erst nachträglich als kündigungsrelevant, kann er sie grds. „nachschieben“. Das gilt auch für den Verdacht als Grund einer Kündigung, die zunächst auf die Tatverwirklichung gestützt wurde, sofern die sonstigen Voraussetzungen der Verdachtskündigung erfüllt sind (insb. vorherige Anhörung des ArbN sowie Dringlichkeit und Gewicht des Verdachts); die ursprüngliche Überzeugung von der Tatverwirklichung umschließt insoweit auch den Verdacht[9]. Vgl. zum Nachschieben von Kündigungsgründen und seinen Grenzen, insb. im Hinblick auf die vorherige Beteiligung einer ArbN-Vertretung, Rz. 88 ff.

Die für den Kündigungsgrund erforderlichen Prognosetatsachen müssen bei Zugang der Kündigung 74
bestehen. **Nachträglich entstandene Tatsachen** können zur Bestätigung oder Entkräftung der Prognose nur herangezogen werden, soweit sie Rückschlüsse darauf zulassen, dass prognoserelevante Tatsachen bereits bei Zugang der Kündigung objektiv existiert haben[10]. Entsprechend ist im Bereich der **krankheitsbedingten Kündigung** für die negative Prognose danach zu unterscheiden, ob später bekannt gewordene Tatsachen über die Gesundheitsentwicklung den Rückschluss darauf zulassen, dass bereits bei Zugang der Kündigung objektiv prognoserelevante Tatsachen vorgelegen hatten, oder ob sie einen neuen, unvorhersehbaren Kausalverlauf darstellen. Keineswegs kann die spätere Entwicklung unbesehen als Bestätigung oder Korrektur der Prognose herangezogen werden[11]. Besonderheiten gelten für die **Verdachtskündigung**. Zwar stellt das BAG für die Beurteilung ihrer sozialen Rechtfertigung

1 St. Rspr., BAG v. 31.7.1986 – 2 AZR 559/85, nv.; v. 10.11.1988 – 2 AZR 215/88, BB 1989, 1483. | 2 St. Rspr., BAG v. 31.7.1986 – 2 AZR 559/85, nv.; v. 10.11.1988 – 2 AZR 215/88, BB 1989, 1483. | 3 So HK/*Dorndorf*, § 1 KSchG Rz. 323; ErfK/*Oetker*, § 1 KSchG Rz. 165. | 4 Abl. *Löwisch/Spinner*, § 1 KSchG Rz. 90. | 5 Ebenso HK/*Dorndorf*, § 1 KSchG Rz. 323; abzulehnen ErfK/*Oetker*, § 1 KSchG Rz. 165, wonach die Verzeihung den Kündigungsgrund sozusagen ungeschehen mache; der Kündigungssachverhalt wird trotz der Verzeihung etwa im Wiederholungsfall Bedeutung erlangen können. | 6 BAG v. 28.5.1998 – 2 AZR 615/97, AP Nr. 48 zu § 2 KSchG 1969 (*Löwisch*); v. 28.2.1990 – 7 AZR 143/89, NZA 1990, 746. | 7 Das gilt grds. auch für die Rechtslage. Allerdings sind nachträgliche Änderungen der Rechtslage – bis zum Zeitpunkt der letzten mündlichen Verhandlung in der Revisionsinstanz – zu berücksichtigen, sofern sie ausnahmsweise Rückwirkung auf den Zeitpunkt der Tatbestandsverwirklichung (hier also des Zugangs der Kündigung) beanspruchen (BGH v. 21.2.1962 – VI ZR 144/60, NJW 1962, 961 f.; BAG v. 26.11.1955 – 2 AZR 209/55, BAGE 2, 226). | 8 BAG v. 29.3.1960 – 3 AZR 568/58, AP Nr. 7 zu § 7 KSchG; v. 15.8.1984 – 7 AZR 536/82, NZA 1985, 357; v. 29.7.1993 – 2 AZR 155/93, NZA 1994, 67; v. 27.2.1997 – 2 AZR 160/96, DB 1997, 1414; v. 29.4.1999 – 2 AZR 431/98, NZA 1999, 978. | 9 BAG v. 3.4.1986 – 2 AZR 324/85 u. v. 20.8.1997 – 2 AZR 620/96, AP Nr. 18 u. 27 zu § 626 BGB – Verdacht strafbarer Handlung. | 10 BAG v. 27.11.2003 – 2 AZR 48/03, NZA 2004, 477. | 11 BAG v. 7.11.2002 – 2 AZR 599/01, AP Nr. 40 zu § 1 KSchG 1969 – Krankheit; v. 29.4.1999 – 2 AZR 431/98, NZA 1999, 978; v. 9.4.1987 – 2 AZR 210/86, BB 1987, 1815; diff. HK/*Weller/Dorndorf*, § 1 KSchG Rz. 389 ff.

im Grundsatz ebenfalls auf den Zeitpunkt ihres Zugangs ab. Doch gestattet es dem ArbN als Ausgleich für die Anknüpfung der sozialen Rechtfertigung an einen bloßen Verdacht, sich nachträglich von dem Verdacht zu „reinigen"[1]. Wird der Verdacht – auch auf Grund nachträglicher Tatsachen – ausgeräumt, schließt das BAG daraus, dass er von Anfang an nicht bestanden habe. Die Kündigung ist dann sozial ungerechtfertigt und unwirksam[2]. Nach rechtskräftigem Abschluss des Kündigungsschutzprozesses kommt aus nachwirkender Fürsorge ein Wiedereinstellungsanspruch bei späterer Rehabilitierung in Betracht (vgl. Rz. 82)[3]. Zum Problem des Beurteilungszeitpunkts bei der **betriebsbedingten Kündigung** vgl. Rz. 289.

75 **7. Wiedereinstellungsanspruch. a) Prognoserisiko.** Der sozial rechtfertigende Kündigungsgrund steht der künftigen Fortsetzung des Arbeitsverhältnisses entgegen und ist immer **zukunftsbezogen** (vgl. Rz. 61 f.). Für die Beurteilung der Wirksamkeit einer Kündigung ist dagegen stets der Zeitpunkt ihres Zugangs maßgeblich, § 130 I BGB (vgl. Rz. 73 f.). Stellt sich die Prognose nachträglich als falsch heraus, fehlt der Kündigungsgrund. Zeigt sich dies zeitnah und stehen die Gesichtspunkte der Klarheit und Rechtssicherheit sowie des Vertrauensschutzes nicht entgegen, besteht keine Rechtfertigung dafür, den ArbN dennoch mit dem Prognoserisiko zu belasten. Hier ist eine **verfassungskonforme Verteilung** des Prognoserisikos geboten[4]. Die ursprünglich wirksame Kündigung kann allerdings wegen des Gebots der Rechtsklarheit und Bedingungsfeindlichkeit einer Kündigung nicht nachträglich unwirksam werden[5]. Die Rspr. und das ganz überwiegende Schrifttum gewähren dem ArbN daher einen Wiedereinstellungsanspruch[6]. Dessen Rechtsgrundlage sowie seine Voraussetzungen und Rechtsfolgen sind in ihren Einzelheiten noch nicht hinreichend geklärt.

76 **b) Rechtsgrundlage.** Die Rechtsgrundlage des Wiedereinstellungsanspruchs ist **umstritten**[7]. Der 7. Senat leitet den Anspruch in einer Grundsatzentscheidung aus einer vertragl. Nebenpflicht des ArbGeb ab[8]. In der Lit. wird eine Vielzahl dogmatischer Begründungen erwogen[9]. Der hier vertretene Ansatz einer verfassungskonformen Verteilung des Prognoserisikos (vgl. Rz. 75) sieht den Wiedereinstellungsanspruch als Korrektiv des kündigungsrechtl. Prognoseprinzips. Es handelt sich danach um eine dem gesetzl. System des Kündigungsrechts immanente richterrechtl. Rechtsfortbildung im Lichte von Art. 12 GG[10].

77 **c) Voraussetzungen.** Der Wiedereinstellungsanspruch hat im Wesentlichen **vier Voraussetzungen**:

- Kündigung des ArbGeb (aa)
- Erfordernis eines Grundes für die Kündigung (idR also Anwendbarkeit des KSchG) (bb)
- Änderung der Prognose noch innerhalb der Kündigungsfrist (positive Zukunftsprognose) (cc)
- Keine anderweitigen Dispositionen des ArbGeb (Vertrauensschutz) (dd)

78 **aa) Kündigung des Arbeitgebers.** Der ArbGeb muss das Arbeitsverhältnis **gekündigt** haben. Ein schwebender Kündigungsschutzprozess ist vorgreiflich, da die Wiedereinstellung ein wirksam gekündigtes Arbeitsverhältnis voraussetzt. Ein Wiedereinstellungsantrag kann als Hilfsantrag mit einem Kündigungsschutz- oder allgemeinen Feststellungsantrag verbunden werden[11]. Haben die Parteien an Stelle einer Kündigung einen **Aufhebungsvertrag** oder nach einer Kündigung einen **Abfindungsvergleich** geschlossen, kommt es zu deren Wirksamkeit auf eine Prognose nicht an. Ein Wiedereinstellungsanspruch kann hier allenfalls nach den Grundsätzen des Wegfalls der Geschäftsgrundlage im Wege einer Vertragsanpassung (§ 313 I BGB) entstehen, ausnahmsw. auch aus § 242 BGB[12]. Möglich ist auch ein Rücktritt

1 BAG v. 4.6.1964 – 2 AZR 310/63, AP Nr. 13 zu § 626 BGB – Verdacht strafbarer Handlung (*A. Hueck*); v. 18.11.1999 – 2 AZR 743/98, NZA 2000, 418. | 2 BAG v. 4.6.1964 – 2 AZR 310/63 u. v. 30.4.1987 – 2 AZR 283/86, AP Nr. 13 und 19 zu § 626 BGB – Verdacht strafbarer Handlung; v. 14.9.1994 – 2 AZR 164/94, DB 1995, 534; KR/*Fischermeier*, § 626 BGB Rz. 233; HK/*Dorndorf*, § 1 KSchG Rz. 849; aA (idR nur Wiedereinstellungsanspruch) *Ascheid*, KSchR, 1993, Rz. 165; *v. Hoyningen-Huene/Linck*, § 1 KSchG Rz. 266; *Löwisch/Spinner*, § 1 KSchG Rz. 231. | 3 BAG v. 20.8.1997 – 2 AZR 620/96, BB 1997, 2484. | 4 So auch *Raab*, RdA 2000, 147 (152); *Raab*, RdA 2001, 248 (250); *Elz*, Der Wiedereinstellungsanspruch des Arbeitnehmers nach Wegfall des Kündigungsgrundes, 2002, S. 59 ff.; KR/*Griebeling*, § 1 KSchG Rz. 729. | 5 BAG v. 27.2.1958 – 2 AZR 445/55, BAGE 6, 1; v. 27.2.1997 – 2 AZR 160/96, DB 1997, 1414; v. 29.4.1999 – 2 AZR 431/98, NZA 1999, 978; anders die bisherige Rspr. allerdings bei der Verdachtskündigung, wenn der Verdacht im Laufe der Kündigungsprozesses bis zum Schluss der mündlichen Verhandlung entfällt (Rehabilitationsinteresse): BAG v. 4.6.1964 – 2 AZR 310/63, NJW 1964, 1918; v. 18.11.1999 – 2 AZR 743/98, DB 2000, 726; für wirksame Kündigung und Wiedereinstellungsanspruch auch insoweit BGH v. 13.7.1956 – VI ZR 88/55, AP Nr. 1 zu § 611 BGB – Fürsorgepflicht. | 6 BAG v. 27.2.1958 – 2 AZR 445/55, BAGE 6, 1; v. 27.2.1997 – 2 AZR 160/96, DB 1997, 1414; v. 29.4.1999 – 2 AZR 431/98, NZA 1999, 978; KR/*Griebeling*, § 1 KSchG Rz. 729 ff. mwN. | 7 Offen gelassen von BAG v. 27.2.1997 – 2 AZR 160/96, DB 1997, 1414; eine – zunächst angenommene – Herleitung aus EU-richtlinienkonformer Auslegung des § 613a BGB lehnt das BAG inzwischen ab: BAG v. 13.5.2004 – 8 AZR 198/03, AP Nr. 264 zu § 613a BGB. | 8 BAG v. 28.6.2000 – 7 AZR 904/98, NZA 2000, 1097; krit. hierzu LAG Berlin v. 18.6.2002 – 12 Sa 2413/01, NZA-RR 2003, 66 ff. | 9 Vgl. die Nachw. bei *Elz*, Der Wiedereinstellungsanspruch des Arbeitnehmers nach Wegfall des Kündigungsgrundes, 2002, S. 31 ff. | 10 Ebenso *Raab*, RdA 2000, 147 (152); *Raab*, RdA 2001, 248 (259); *Elz*, Der Wiedereinstellungsanspruch des Arbeitnehmers nach Wegfall des Kündigungsgrundes, 2002, S. 59 ff.; KR/*Griebeling*, § 1 KSchG Rz. 729 ff. | 11 *Oetker*, ZIP 2000, 643 (652). | 12 BAG v. 21.2.2002 – 2 AZR 749/00, BB 2002, 2335.

(§ 313 III BGB). Der nachträgliche Wegfall des Kündigungsgrundes führt aber idR nicht zum Wegfall der Geschäftsgrundlage oder gem. § 779 BGB zur Unwirksamkeit des Vergleichs, sondern nur dann, wenn das Festhalten an ihm für eine Partei unzumutbar ist, was insb. bei Vereinbarung einer Abfindungszahlung kaum in Betracht kommt[1]. Bei der Auswahlentscheidung über die wieder einzustellenden ArbN kann der ArbGeb außerdem berücksichtigen, dass er mit einem ArbN einen Abfindungsvergleich geschlossen hat[2]. Für ursprünglich wirksam **befristete Arbeitsverträge** entsteht kein Anspruch auf Wiedereinstellung bei nachträglichem Wegfall des Befristungsgrundes, sofern nicht tarif- oder einzelvertragl. etwas anderes vereinbart ist[3]. Die sachliche Rechtfertigung für die Befristungsabrede liegt hier in der Prognose selbst, nicht in deren tatsächlichem Eintritt; auf die spätere Entwicklung kommt es daher nicht entscheidend an[4]. Nach einer **Eigenkündigung** des ArbN kommt ein Wiedereinstellungsanspruch nicht in Betracht, auch wenn sie durch einen Hinweis des ArbGeb auf eine drohende betriebsbedingte Kündigung veranlasst wurde, der sich nachträglich als falsch erweist[5]. Die Eigenkündigung selbst bedarf zu ihrer Wirksamkeit keiner negativen Zukunftsprognose und damit auch nicht des Korrektivs eines Wiedereinstellungsanspruchs[6].

bb) Anwendbarkeit des KSchG. Ein Prognoserisiko entsteht grds. nur dort, wo das Gesetz einen **Kündigungsgrund** verlangt. Der Wiedereinstellungsanspruch setzt daher idR die Anwendbarkeit des KSchG voraus[7]. Auch die außerordentl. Kündigung bedarf eines Grundes und damit einer Prognose. Erweist sich die Prognose innerhalb der (fiktiven) Kündigungsfrist als falsch, besteht ein Anspruch auf Wiedereinstellung[8], der aber außerhalb des KSchG nur bis zum Ablauf der Kündigungsfrist reicht. Entfällt hier der Kündigungsgrund später, scheidet eine Wiedereinstellung schon deshalb aus[9]. 79

cc) Nachträglicher Wegfall des Kündigungsgrundes innerhalb der Kündigungsfrist. Die Prognose muss bei Zugang der Kündigung den Anforderungen genügt haben (vgl. Rz. 73 f.) und sich **erst nachträglich als unzutreffend** erweisen; bei ursprünglich unzureichender Prognose kommt nur fristgerechte Kündigungsschutzklage in Betracht (arg. §§ 4, 7). Unerheblich dürfte allerdings sein, ob die Kündigung aus anderen, prognoseunabhängigen Gründen ursprünglich unwirksam war; eine rechtzeitig erhobene Kündigungsschutzklage ist aber vorgreiflich. Der Nichteintritt des Kündigungsgrundes muss **positiv feststehen**[10]. Die Wiedereinstellungspflicht kann nicht nur bei Wegfall des „eigentlichen" Kündigungsgrundes entstehen, sondern auch, wenn sich nachträglich eine anderweitige Beschäftigungsmöglichkeit (vgl. Rz. 63) auf einem unvorhergesehen frei werdenden oder neu geschaffenen Arbeitsplatz ergibt, auf den der ArbN ohne Änderung des Arbeitsvertrages versetzt werden könnte[11]. Die nachträgliche Möglichkeit der Weiterbeschäftigung zu geänderten Arbeitsbedingungen begründet den Wiedereinstellungsanspruch dagegen aus Gründen der Rechtsklarheit nicht. Ob der prognostizierte Grund nicht eingetreten ist, beurteilt sich im Übrigen jeweils nach seiner Eigenart (s. Rz. 82). 80

Der **Zeitpunkt der Prognoseänderung** ist umstritten. Nach einer Entscheidung des BAG muss der Nichteintritt des prognostizierten Kündigungsgrundes grds. noch **innerhalb der Kündigungsfrist** feststehen, anderenfalls scheidet ein Wiedereinstellungsanspruch aus[12]. Dem ist schon aus Gründen der Rechtssicherheit und Rechtsklarheit zuzustimmen. Auch eine grundrechtskonforme Verteilung des Prognoserisikos verlangt keine spätere Zäsur. Vor Ablauf der Kündigungsfrist muss lediglich feststehen, dass der Kündigungsgrund wegfällt. Das ist auch der Fall, wenn die Weiterbeschäftigung selbst erst alsbald nach Ablauf der Kündigungsfrist möglich sein wird[13]. Eine **Ausnahme** soll gelten für den Fall einer etappenweisen Entlassung, die auf einheitlichem ArbGebEntschluss beruht[14], sowie uU für den Fall eines Betriebsübergangs nach Ablauf der Kündigungsfrist bei Übernahme der Hauptbeleg- 81

1 BAG v. 28.6.2000 – 7 AZR 904/98, AP Nr. 6 zu § 1 KSchG 1969 – Wiedereinstellung; v. 10.12.1998 – 8 AZR 324/97, AP Nr. 185 zu § 613a BGB; weiter gehend aber BAG v. 27.2.1997 – 2 AZR 160/96 u. v. 4.12.1997 – 2 AZR 140/97, AP Nr. 1 u. 4 zu § 1 KSchG 1969 – Wiedereinstellung. | 2 BAG v. 28.6.2000 – 7 AZR 904/98, NZA 2000, 1097. | 3 BAG v. 20.2.2002 – 7 AZR 600/00, NZA 2002, 896. | 4 Im Ergebnis ebenso, aber vom Standpunkt einer vertraglichen Nebenabrede ausgehend BAG v. 20.2.2002 – 7 AZR 600/00, NZA 2002, 896. | 5 Bei arglistiger Täuschung und rechtswidriger Drohung gilt § 123 BGB. | 6 Ebenso *Elz*, Der Wiedereinstellungsanspruch des Arbeitnehmers nach Wegfall des Kündigungsgrundes, 2002, S. 100 f.; aA *Hambitzer*, Der Wiedereinstellungsanspruch des Arbeitnehmers nach wirksamer Kündigung, 1987, S 96 f.; *Nägele*, BB 1998, 1686 (1687); ggf. kann der ArbN anfechten. | 7 Hess. LAG v. 7.3.2000 – 9 Sa 1077/99, ZInsO 2000, 625; APS/Kiel, § 1 KSchG Rz. 787 mwN. | 8 Dieses unbezweifelbare Ergebnis lässt sich kaum mit einer vertraglichen Nebenpflicht (so der 7. Senat), aber zwanglos mit einer gesetzesimmanenten Korrektur des Prognoserisikos begründen. | 9 Denkbar ist allerdings nach Ausspruch einer Verdachtskündigung ein Ausgleich für die grundlos entfallene Kündigungsfrist aus dem Gesichtspunkt der Rehabilitierung bzw. Wiedergutmachung. | 10 BAG v. 17.6.1999 – 2 AZR 639/98, NJW 2000, 2762. | 11 So für den Fall der betriebsbedingten Kündigung BAG v. 28.6.2000 – 7 AZR 904/98, NZA 2000, 1097; aA *Raab*, RdA 2000, 147 (154). | 12 BAG v. 28.6.2000 – 7 AZR 904/98, NZA 2000, 1097; offen gelassen bislang vom 2. Senat, BAG v. 4.12.1997 – 2 AZR 140/97, NZA 1998, 701 („zeitlich begrenzt"); anders der 8. Senat für den Betriebsübernehmer, wenn ein unvorhergesehener Betriebsübergang erst nach Ablauf der Kündigungsfrist zu Stande kommt, BAG v. 13.11.1997 – 8 AZR 295/95, BB 1998, 319, u. v. 12.11.1998 – 8 AZR 265/97, DB 1999, 485. | 13 LAG Sa.-Anh. v. 26.4.2005 – 8 Sa 509/04 (juris); *Beckschulze*, DB 1998, 417 (418); *Elz*, Der Wiedereinstellungsanspruch des Arbeitnehmers nach Wegfall des Kündigungsgrundes, 2002, S. 114; aA wohl BAG v. 13.5.2004 – 8 AZR 198/03, AP Nr. 264 zu § 613a BGB: Betriebsübergang noch innerhalb der Kündigungsfrist – jedenfalls in der Insolvenz. | 14 KR/*Griebeling*, § 1 KSchG Rz. 737; *Raab*, RdA 2000, 215.

schaft[1]. Eine Ausnahme macht die ganz hM auch im Falle der Verdachtskündigung wegen des hier anzuerkennenden besonderen Wiedergutmachungsinteresses[2].

82 Bei **verhaltensbedingten** Kündigungsgründen wird ein Wiedereinstellungsanspruch kaum je in Betracht kommen. Die Gründe, die hier einer Fortsetzung des Arbeitsverhältnisses entgegenstehen, haben regelmäßig ihre Wurzeln in der Vergangenheit und können nachträglich kaum mehr entfallen. Will der ArbN geltend machen, dass die Gründe von Anfang an nicht bestanden haben, muss er dies im Kündigungsschutzprozess tun. Für die Kündigung wegen **Krankheit** hat das BAG die Frage eines Wiedereinstellungsanspruchs bislang ausdrücklich offen gelassen[3]. Abgelehnt hat es einen Wiedereinstellungsanspruch, wenn die „nachträgliche überraschende grundlegende Besserung" des Gesundheitszustandes erst nach Ablauf der Kündigungsfrist eingetreten ist[4]. Auch genügt nicht eine Erschütterung der negativen Gesundheitsprognose, sondern es bedarf einer positiven Prognose. Im Falle einer Alkoholabhängigkeit genügt die Teilnahme an einer Entziehungskur dafür nicht[5]. Damit scheidet in diesen Fällen ein Wiedereinstellungsanspruch wohl insgesamt aus. Allgemein dürfte eine grundlegende Prognoseänderung innerhalb der Kündigungsfrist bei krankheitsbedingter Kündigung nur selten auftreten. Anerkannt ist ein Anspruch auf Wiedereinstellung in dem Sonderfall einer **Verdachtskündigung**, wenn sich nachträglich die Unschuld des ArbN herausstellt oder zumindest Umstände bekannt werden, die den Verdacht beseitigen[6]. Allein ein Freispruch aus Mangel an Beweisen oder die Einstellung des staatsanwaltschaftlichen Ermittlungsverfahrens gem. § 170 II StPO genügt dafür nicht[7]. Wegen der gesteigerten nachwirkenden Fürsorgepflicht (Rehabilitations- oder Wiedergutmachungsinteresse) sind nach einer Verdachtskündigung idR aber auch Entlastungstatsachen zu berücksichtigen, die erst nach Ablauf der Kündigungsfrist zutage treten[8]. Bei anhängigem Kündigungsschutzprozess soll die Beseitigung des Verdachts bis zum Schluss der mündlichen Verhandlung in der Tatsacheninstanz die Kündigung sogar (rückwirkend) unwirksam machen[9]. Dem **betriebsbedingt** gekündigten ArbN kann nach mittlerweile st. Rspr. des BAG ein Wiedereinstellungsanspruch ausnahmsw. zustehen, wenn sich noch innerhalb der Kündigungsfrist unvorhergesehen eine Möglichkeit zur Weiterbeschäftigung herausstellt[10]. Das ist nicht nur dann anzunehmen, wenn wider Erwarten der bisherige Arbeitsplatz des ArbN doch erhalten bleibt, sondern auch in den Fällen, in denen sich innerhalb der Kündigungsfrist eine anderweitige Beschäftigungsmöglichkeit auf einem unvorhergesehen frei werdenden oder neu geschaffenen Arbeitsplatz ergibt, auf dem der ArbGeb den ArbN ohne Änderung des Arbeitsvertrages umsetzen könnte[11]. Dies wird auch dann gelten, wenn ein sozial schwächerer, auf Grund der Sozialauswahl nicht gekündigter ArbN nachträglich ausscheidet. Zu den relativ häufigsten Fällen eines Wiedereinstellungsanspruchs infolge nachträglich sich ergebenden **Betriebsübergangs** s. § 613a BGB Rz. 308.

83 **dd) Keine anderweitige Disposition des Arbeitgebers.** Der Wiedereinstellungsanspruch wird aus Gründen des **Vertrauensschutzes** begrenzt durch entgegenstehende berechtigte Interessen des ArbGeb. Hat der ArbGeb in gutem Glauben bereits anderweitige Dispositionen getroffen, insb. den unvorhergesehen frei gewordenen Arbeitsplatz mit einem anderen ArbN besetzt, erlischt der Anspruch[12]. Zu berücksichtigen sind auch zwischenzeitliche unternehmerische Entscheidungen des ArbGeb, die einer Wiedereinstellung des ArbN entgegenstehen oder sie unzumutbar machen. Dies gilt nicht, wenn der ArbGeb den Anspruch treuwidrig vereitelt (§ 162 BGB), etwa indem er pflichtwidrig über die Wiedereinstellungsmöglichkeit nicht unterrichtet (vgl. Rz. 85) oder ein begründetes Wiedereinstellungsverlangen übergeht und die Stelle anderweitig besetzt[13]. Auch die **Geltendmachung** des Wiedereinstellungsanspruchs unterliegt engen **zeitlichen Grenzen**. Jedenfalls im Falle eines nachträglich sich ergebenden Betriebsübergangs hat sie nach der Rspr. „noch während des Arbeitsverhältnisses oder zumindest unverzüglich nach Kenntniserlangung" zu erfolgen[14]. Eine Angleichung an die einmonatige Widerspruchsfrist des § 613a VI BGB liegt nahe. Eine Klagefrist entsprechend § 4 besteht nicht[15].

---

1 BAG v. 13.11.1997 – 8 AZR 295/95, AP Nr. 169 zu § 613a BGB; offen gelassen aber in BAG v. 13.5.2004 – 8 AZR 198/03, AP Nr. 264 zu § 613a BGB. | 2 BAG v. 4.6.1964 – 2 AZR 310/63, EzA § 626 BGB Nr. 5; v. 14.9.1994 – 2 AZR 164/94, DB 1995, 534; Stahlhacke/*Preis*, Rz. 766 mwN. | 3 BAG v. 17.6.1999 – 2 AZR 639/98, NZA 1999, 1328; v. 27.6.2001 – 7 AZR 662/99, NZA 2001, 1135; abl. LAG Berlin v. 18.6.2002 – 12 Sa 2413/01, NZA-RR 2003, 66 ff.; befürwortend dagegen *Löwisch/Spinner*, § 1 KSchG Rz. 83. | 4 BAG v. 27.6.2001 – 7 AZR 662/99, NZA 2001, 1135. | 5 BAG v. 17.6.1999 – 2 AZR 639/98, NZA 1999, 1328. | 6 BAG v. 20.8.1997 – 2 AZR 620/96, AP Nr. 27 zu § 626 BGB – Verdacht strafbarer Handlung; v. 14.12.1956 – 1 AZR 29/55, AP Nr. 3 zu § 611 BGB – Fürsorgepflicht. | 7 BAG v. 20.8.1997 – 2 AZR 620/96, BB 1997, 2484. | 8 BAG v. 4.6.1964 – 2 AZR 310/63, EzA § 626 BGB Nr. 5; v. 14.9.1994 – 2 AZR 164/94, DB 1995, 534. | 9 BAG v. 4.6.1964 – 2 AZR 310/63, NJW 1964, 1918; v. 18.11.1999 – 2 AZR 743/98, NZA 2000, 418; für wirksame Kündigung und Wiedereinstellungsanspruch insoweit BGH v. 13.7.1956 – VI ZR 88/55, AP Nr. 1 zu § 611 BGB – Fürsorgepflicht – sowie die hM in der Lit., vgl. Stahlhacke/*Preis*, Rz. 766 mwN. | 10 BAG v. 27.2.1958 – 2 AZR 445/55, BAGE 6, 1; v. 27.2.1997 – 2 AZR 160/96, DB 1997, 1414; v. 28.6.2000 – 7 AZR 904/98, NZA 2000, 1097, mwN, auch zum ganz überwiegend zust. Schrifttum. | 11 So für den Fall der betriebsbedingten Kündigung BAG v. 28.6.2000 – 7 AZR 904/98, NZA 2000, 1097; aA *Raab*, RdA 2000, 147 (154). | 12 BAG v. 27.2.1997 – 2 AZR 160/96, BAGE 85, 194; v. 28.6.2000 – 7 AZR 904/98, NZA 2000, 1097. | 13 BAG v. 28.6.2000 – 7 AZR 904/98, NZA 2000, 1097. | 14 BAG v. 12.11.1998 – 8 AZR 265/97, AP Nr. 5 zu § 1 KSchG 1969 Wiedereinstellung (3 Wochen); BAG v. 13.11.1997 – 8 AZR 295/95, AP Nr. 169 zu § 613a BGB (Verwirkung?). | 15 Für entsprechende Anwendung aber *Luke*, NZA 2005, 92 f.

d) Rechtsfolgen. aa) Wiedereinstellungsanspruch. Der Anspruch ist gerichtet auf Wiedereinstellung. Nach wirksamer Kündigung bedarf es des **Neuabschlusses eines Arbeitsvertrages**[1]. Der Inhalt des Vertrages ist ansonsten unverändert; ein Anspruch auf Abschluss eines beliebigen anderen Vertrages besteht nicht. Die bestehenden Rechtspositionen und Vordienstzeiten aus dem alten Arbeitsverhältnis bleiben erhalten[2]. Der Anspruch auf Neuabschluss des Vertrages, dh. auf Annahme eines entsprechenden Angebotes des ArbN, wird frühestens mit Zugang des Angebotes beim ArbGeb fällig. IdR wird eine angemessene Prüffrist hinzutreten, insb. wenn der ArbGeb eine Auswahlentscheidung zu treffen hat. Bei der **Auswahl** eines wieder einzustellenden ArbN aus mehreren Bewerbern darf der ArbGeb nicht willkürlich vorgehen, sondern hat anhand betrieblicher Belange und sozialer Gesichtspunkte eine den §§ 242, 315 BGB genügende Auswahlentscheidung zu treffen[3]. Eine Auswahl allein anhand der Kriterien des § 1 III lehnt das BAG ab. 84

bb) Informationsanspruch. Der ArbGeb kann aus **Treu und Glauben** (§ 242 BGB) zusätzlich verpflichtet sein, die entlassenen ArbN über die sich ergebende Wiedereinstellungsmöglichkeit zu informieren. Ggf. wird er eine angemessene Erklärungsfrist setzen müssen. Inhalt und Umfang der Informationspflicht bestimmen sich nach den Umständen des Einzelfalles[4]. Eine Informationspflicht wird im Rahmen des Zumutbaren anzunehmen sein, wenn anderenfalls der Wiedereinstellungsanspruch vereitelt würde. Beruht der Wegfall des Kündigungsgrundes darauf, dass der ArbGeb an seiner eigenen unternehmerischen Entscheidung nicht mehr festhält, dürften gesteigerte Pflichten bestehen. 85

e) Darlegungs- und Beweislast. Die Darlegungs- und Beweislast für den Wiedereinstellungsanspruch trägt grds. der **ArbN**[5]. Dazu gehört in erster Linie der nachträgliche Wegfall der negativen Zukunftsprognose. Da sich dieser Sachvortrag auf Umstände aus der Sphäre des ArbGeb bezieht, dürfen die Anforderungen nicht überspannt werden; auch hat der ArbGeb gem. § 138 II ZPO substantiiert zu bestreiten (sog. abgestufte Darlegungslast)[6]. Der **ArbGeb** hat dagegen eine etwaige anderweitige Disposition über den Arbeitsplatz oder eine sonstige Unzumutbarkeit der Wiedereinstellung darzulegen und zu beweisen[7]. 86

f) Prozessuales. Die Klage ist auf Verurteilung zur Annahme des in der Klage enthaltenen Angebotes auf Abschluss eines Arbeitsvertrages und damit auf **Abgabe einer Willenserklärung** zu richten[8]. Diese gilt nach § 894 ZPO erst mit Eintritt der Rechtskraft eines der Klage stattgebenden Urteils als abgegeben. Erst damit kommt der Arbeitsvertrag zu Stande[9]. Die Klage kann allerdings gem. § 311a I BGB auf **rückwirkende Wiedereinstellung** gerichtet werden[10]. Entgegen der früheren Rspr. wird sie dadurch nicht insoweit unbegründet[11]. Die Klage betrifft einen anderen Streitgegenstand als die Kündigungsschutzklage; uU empfiehlt sich eine Verbindung als Hilfsantrag. Eine Auslegung bzw. Umdeutung des Kündigungsschutzantrages in einen Wiedereinstellungsantrag im dargelegten Sinne scheidet idR aus[12]. Das soll auch für einen Weiterbeschäftigungsantrag gelten[13]. Ggf. ist ein Hinweis gem. § 139 ZPO geboten. Da die Bedingungen des Angebotes mit den bisherigen Arbeitsbedingungen übereinstimmen müssen, ist die Bestimmtheit des Klagebegehrens gewährleistet. Zur rechtzeitigen Geltendmachung und der Frage der entsprechenden Anwendung der **Klagefrist** des § 4 s. Rz. 83. 87

8. Nachschieben von Kündigungsgründen. a) Grundsatz. Für die soziale Rechtfertigung der Kündigung kommt es auf die objektive Sachlage im Zeitpunkt ihres Zugangs an (vgl. Rz. 59). Daraus folgt der Grundsatz, dass es **kündigungsrechtl. zulässig** ist, im Kündigungsschutzprozess Kündigungsgründe nachzuschieben, die bei Ausspruch der Kündigung bereits bestanden haben[14]. Es besteht kein Begründungszwang für die Kündigungserklärung. Selbst wenn bestimmte Gründe angegeben werden, können grds. unbeschränkt andere Gründe zur Stützung der Kündigung nachgeschoben werden[15]. Ggf. entstehen Schadensersatzpflichten (vgl. Rz. 29). Kündigungsrechtl. ist es auch grds. zulässig, eine zunächst mit der Tatbegehung begründete Kündigung nachträglich auf den **Verdacht** der Tat zu stützen[16]. Voraussetzung ist, dass sich der ArbGeb hierauf beruft und auch die weiteren Tatbestandsmerkmale der Verdachtskündigung erfüllt sind (insb. Anhörung des ArbN sowie Dringlichkeit und Gewicht des Ver- 88

---

1 BAG v. 29.4.1998 – 2 AZR 431/98 u. v. 17.6.1999 – 2 AZR 639/98, AP Nr. 37 u. 38 zu § 1 KSchG 1969 – Krankheit; zT wird angenommen, dass er uU auf „Fortsetzung" des Arbeitsverhältnisses gerichtet sei, so LAG Köln v. 10.1.1989 – 4/2 Sa 860/88, LAGE § 611 BGB – Einstellungsanspruch Nr. 1. | 2 HM, *Raab*, RdA 2000, 147 (157); *Oetker*, ZIP 2000, 1787 (1788); *Otto*, FS Kraft, S. 451 (451). | 3 BAG v. 4.12.1997 – 2 AZR 140/97 u. v. 28.6.2000 – 7 AZR 904/98, AP Nr. 4 und Nr. 6 zu § 1 KSchG 1969 – Wiedereinstellung. | 4 BAG v. 28.6.2000 – 7 AZR 904/98, AP Nr. 6 zu § 1 KSchG 1969 – Wiedereinstellung; aA *Löwisch*, § 1 KSchG Rz. 263. | 5 BAG v. 17.6.1999 – 2 AZR 639/98, BAGE 92, 96. | 6 HM, APS/*Kiel*, § 1 KSchG Rz. 803; *Ziemann*, MDR 1999, 716 (721) jeweils mwN. | 7 *Oetker*, ZIP 2000, 643 (653); *Ziemann*, MDR 1999, 716 (721). | 8 BAG v. 6.8.1997 – 7 AZR 557/96 u. v. 28.6.2000 – 7 AZR 904/98, AP Nr. 2 und Nr. 6 zu § 1 KSchG 1969 – Wiedereinstellung. | 9 BAG v. 6.8.1997 – 7 AZR 557/96, DB 1998, 423. | 10 BAG v. 9.11.2006 – 2 AZR 509/05, DB 2007, 861. | 11 So noch BAG v. 13.5.2004 – 8 AZR 198/03, DB 2004, 2107; dagegen schon die Vorauflagen. | 12 BAG v. 19.9.2001 – 7 AZR 574/00, AiB 2002, 637; anders nur für einen Sonderfall BAG v. 27.2.1997 – 2 AZR 160/96, DB 1997, 1414. | 13 BAG v. 19.9.2001 – 7 AZR 574/00, AiB 2002, 637; aA MünchArbR/*Wank* § 118 Rz. 118. | 14 BAG v. 11.4.1985 – 2 AZR 239/84, AP Nr. 39 zu § 102 BetrVG, 1972 (*Kraft*); v. 4.6.1997 – 2 AZR 362/96, NZA 1997, 1158. | 15 Stahlhacke/*Preis*, Rz. 602. | 16 BAG v. 20.8.1997 – 2 AZR 620/96, BB 1997, 2484; v. 3.4.1986 – 2 AZR 324/85, NZA 1986, 677.

dachts). Erweist sich umgekehrt bei einer zunächst auf den Verdacht gestützten Kündigung nachträglich die Tatbegehung, bedarf es keines Nachschiebens. Denn die Verdachtskündigung umfasst ohne weiteres die Tatkündigung (arg. a maiore ad minus)[1]. Darüber hinaus hält es das BAG für möglich, einen überhaupt erst **nachträglich entstandenen** Verdacht als Kündigungsgrund nachzuschieben, sofern sich die nachträglich bekannt gewordenen Tatsachen vor Ausspruch der Kündigung ereignet haben[2]. Das erscheint jedenfalls wegen der fehlenden vergeblichen Aufklärungsbemühungen des ArbGeb bedenklich.

89 **b) Grenzen des Nachschiebens. aa) Verwirkung gemäß § 626 II BGB.** Gem. § 626 II BGB kann die außerordentl. Kündigung nur **innerhalb von zwei Wochen** ab dem Zeitpunkt erfolgen, ab dem der Kündigungsberechtigte von den für die Kündigung maßgeblichen Tatsachen Kenntnis erlangt hat. Wurde die Kenntnis von den bereits vor Ausspruch der Kündigung bestehenden Gründen erst nach ihrem Ausspruch erlangt (die Kündigung also zunächst auf andere Gründe gestützt), brauchen die neuen Gründe nicht binnen zwei Wochen im Prozess nachgeschoben zu werden. Die Kündigung ist hier sogar vor Kenntniserlangung von den Gründen erfolgt und somit dem Zweck des § 626 II BGB Genüge getan. Ein Begründungszwang für die Kündigung besteht nicht bzw. nur nach Maßgabe des Prozessrechts (vgl. Rz. 91)[3]. Waren die anderweitigen Kündigungsgründe dagegen schon **vor Ausspruch** der außerordentl. Kündigung **bekannt**, können sie zu deren Begründung grds. nur herangezogen werden, wenn die Kündigung innerhalb der Frist von zwei Wochen nach ihrer Kenntnisnahme erfolgte (§ 626 II BGB). Ausnahmsw. sind länger bekannte Kündigungsgründe zu beachten und können daher auch nachgeschoben werden, wenn sich die späteren, nicht gem. § 626 II BGB verwirkten Kündigungsgründe wie ein weiteres und letztes „Glied in der Kette" dieser Gründe darstellen[4].

90 **bb) Kollektivrechtliche Grenzen.** In Betrieben und Verwaltungen mit **ArbN-Vertretungen** sind diese vor ordentl. wie außerordentl. Kündigungen zu beteiligen (§ 102 BetrVG; §§ 72, 79, 108 II BPersVG). Insb. sind sie über die Gründe einer Kündigung zu unterrichten. Eine ohne ordnungsgemäße Beteiligung erfolgte Kündigung ist unwirksam. Schiebt der ArbGeb im Rechtsstreit neue Gründe nach, zu denen er die ArbN-Vertretung nicht zuvor beteiligt hat, ist die Kündigung zwar nicht gem. § 102 I BetrVG, § 108 II BPersVG unwirksam, sofern die Beteiligung hinsichtlich der sonstigen Gründe ordnungsgemäß erfolgte. Die Kündigung kann in diesem Fall aber nicht auf die nachgeschobenen Gründe gestützt werden[5]. Neue Gründe sind dabei zu unterscheiden von bloßer nachträglicher Konkretisierung der bisherigen Gründe; diese ist zulässig[6]. Eine **Nachholung der Beteiligung** kommt nach der Rspr. nur in engen Grenzen in Betracht: Waren dem ArbGeb die nachzuschiebenden Gründe vor Ausspruch der Kündigung bekannt, scheidet eine nachträgliche Beteiligung der ArbN-Vertretung zu diesen Gründen generell aus. Das gilt auch, wenn der ArbGeb die Kündigung zunächst tatsächlich nicht auf die Gründe stützen wollte, es sich aber später anders überlegt. Denn der Zweck der Beteiligung, der ArbN-Vertretung Gelegenheit zur Einwirkung auf den Kündigungsentschluss im Hinblick auf die bekannten Gründe zu geben, ist nicht mehr erreichbar[7]. Die ArbN-Vertretung ist hier zu einer neuen, noch auszusprechenden Kündigung zu beteiligen. Waren dem ArbGeb bei Ausspruch der Kündigung die nachzuschiebenden **Gründe noch unbekannt**, können sie im Rechtsstreit nach vorheriger Beteiligung der ArbN-Vertretung nachgeschoben werden[8]. Der ArbGeb hat seine nachträgliche Kenntniserlangung im Prozess darzulegen und zu beweisen.

91 **cc) Prozessrechtliche Grenzen.** Neue Kündigungsgründe sind **neue Tatsachen** und können im Rechtsstreit nur bis zum Schluss der mündlichen Verhandlung in der Berufungsinstanz vorgetragen werden. Zu beachten sind die besondere Prozessförderungspflicht im Kündigungsschutzverfahren (§ 61a V ArbGG) sowie die Regelungen über die Zulassung neuer Angriffs- und Verteidigungsmittel im Berufungsverfahren (§ 67 ArbGG). Nähere Einzelheiten vgl. jeweils dort.

92 **IV. Personenbedingte Kündigung. 1. Überblick. a) Gesetzliche Grundlage.** Gem. § 1 II 1 ist eine Kündigung sozial ungerechtfertigt, wenn sie nicht durch Gründe, die in der Person des ArbN liegen, bedingt ist. Liegen solche Gründe vor, ist die Kündigung gem. § 1 II 2 Nr. 1b dennoch sozial ungerechtfertigt, wenn der ArbN an einem anderen Arbeitsplatz in demselben Betrieb oder in einem anderen Betrieb des Unternehmens weiterbeschäftigt werden kann. Für den öffentl. Dienst gilt Entsprechendes, vgl. § 1 II 2 Nr. 2b. Zur Frage der Notwendigkeit eines Widerspruchs des BR bzw. PersR gem. § 1 II 2, s. Rz. 446. Sozial ungerechtfertigt ist die Kündigung ferner trotz Vorliegens personenbedingter Gründe, wenn die

---

1 So wohl auch BAG v. 14.9.1994 – 2 AZR 164/94, DB 1995, 534; v. 13.9.1995 – 2 AZR 587/94, NZA 1996, 81; Stahlhacke/*Preis*, Rz. 757. |2 BAG v. 13.9.1995 – 2 AZR 587/94, NZA 1996, 81. |3 BAG v. 4.6.1997 – 2 AZR 362/96, DB 1997, 2080. |4 BAG v. 10.4.1975 – 2 AZR 113/74, AP Nr. 7 zu § 626 BGB – Ausschlussfrist (*Herschel*); v. 16.6.1976 – 3 AZR 1/75, EzA § 626 BGB nF Nr. 47; aA Stahlhacke/*Preis*, Rz. 605. |5 St. Rspr., BAG v. 3.4.1986 – 2 AZR 324/85, NZA 1986, 677. |6 BAG v. 27.2.1997 – 2 AZR 302/96, NZA 1997, 761. |7 BAG v. 29.1.1980 – 6 AZR 1148/78, nv.; v. 1.4.1981 – 7 AZR 1003/78, AP Nr. 23 zu § 102 BetrVG 1972 (*G. Hueck*); v. 11.4.1985 – 2 AZR 239/84, AP Nr. 39 zu § 102 BetrVG 1972 (*Kraft*); v. 2.4.1987 – 2 AZR 418/86, EzA § 626 BGB nF Nr. 108; v. 26.9.1991 – 2 AZR 132/91, NZA 1992, 1073; insofern zweifelhaft, als die Kündigung bereits (aus anderen Gründen) ausgesprochen worden ist und die Mitteilung weiterer Gründe kaum zu ihrem Unterbleiben hätte beitragen können. |8 BAG v. 11.4.1985 – 2 AZR 239/84, AP Nr. 39 zu § 102 BetrVG 1972 (*Kraft*), st. Rspr.

Weiterbeschäftigung des ArbN nach zumutbaren Umschulungs- oder Fortbildungsmaßnahmen oder eine Weiterbeschäftigung des ArbN unter geänderten Arbeitsbedingungen möglich ist und der ArbN sein Einverständnis hiermit erklärt hat, vgl. § 1 II 3.

b) Begriffsbestimmung. aa) Eine **Definition** des personenbedingten Kündigungsgrundes enthält das Gesetz ebenso wenig wie für die anderen in § 1 II genannten Kündigungsgründe. Allerdings ergibt sich aus der im Gesetz genannten verhaltensbedingten Kündigung, dass der Grund für eine personenbedingte Kündigung zwar in der Person des ArbN, nicht aber in dessen Verhalten liegen muss. Die Störung der Vertragserfüllung basiert demnach bei der personenbedingten Kündigung auf persönl. Voraussetzungen und Verhältnissen des ArbN. So kommen insb. dessen schlechter Gesundheitszustand, mangelnde Eignung, fehlende Fähigkeiten oder Kenntnisse sowie die Interessen des Betriebes erheblich beeinträchtigende persönl. Verbindungen des ArbN zu einer anderen (natürlichen oder juristischen) Person als personenbedingter Kündigungsgrund in Betracht. Es müssen also Störungen sein, die durch die persönl. Verhältnisse und Eigenschaften des ArbN verursacht werden, mithin aus der persönl. Sphäre des ArbN stammen[1]. 93

bb) Fehlende Fähigkeit oder Eignung. Eine personenbedingte Kündigung kommt dabei stets nur in Betracht, wenn die **Fähigkeit oder Eignung** des ArbN **zur ordnungsgemäßen Erfüllung der vertragl. geschuldeten Arbeitsleistung** zum Zeitpunkt des Kündigungsausspruchs nicht nur vorübergehend ganz oder teilweise **fehlen**[2]. Hierdurch muss das Austauschverhältnis des Arbeitsvertrages nachhaltig, also in erheblichem Umfang gestört sein. Dies ist nicht bereits bei jedem Leistungsdefizit im Vergleich zu anderen ArbN mit vergleichbaren Arbeitsaufgaben anzunehmen. Vielmehr muss eine **erhebliche Differenz** zwischen dem durchschnittlichen arbeitsplatzbezogenen Anforderungsprofil und dem persönl. Leistungsprofil des ArbN auszumachen sein. Diese Störung kann auf **objektiven** Eignungsmängeln beruhen, zB fehlendes Gesundheitszeugnis eines in der Gastronomie beschäftigten ArbN, Verlust des Führerscheins oder der Fahrerlaubnis eines Kraftfahrers, Versagung der Arbeitserlaubnis eines ausländischen ArbN, nicht aber der Wegfall der Sozialversicherungsfreiheit einer studentischen Hilfskraft[3]. Eine kündigungsrelevante Störung des Arbeitsverhältnisses kann aber auch durch **subjektive**, unmittelbar in der Person des ArbN begründete Leistungsdefizite verursacht werden, die auf fehlender körperlicher, geistiger, fachlicher oder charakterlicher Eignung beruhen. Derartige subjektive Leistungsmängel bedürfen, insb. wenn sie nur das individuelle Leistungsniveau des ArbN betreffen, einer genauen Darlegung des ArbGeb darüber, welche konkreten Umständen ein objektiv feststellbares erhebliches Leistungsdefizit verursachen. Immer darf eine solche Leistungsminderung nicht auf einem steuerbaren, insb. schuldhaften Verhalten des ArbN beruhen, denn dann ist nur eine verhaltensbedingte Kündigung möglich (s. Rz. 181). 94

2. Allgemeine Grundsätze. a) Ursache der Leistungsstörung. Die Ursache für das Fehlen der persönl. Eignung oder Fähigkeit zur Leistungserbringung spielt für die Feststellung, ob ein personenbedingter Kündigungsgrund vorliegt, grds. keine Rolle. Es ist danach bei der Prüfung zunächst unerheblich, ob der ArbN die geschuldete Arbeitsleistung, ohne dies steuern zu können nicht erbringen kann, er seine Fähigkeit und Eignung durch Eigeninitiative, zB durch Ablegung von Prüfungen, den Besuch von Fortbildungsveranstaltungen oder Ähnlichem aufrechterhalten oder wiedererlangen könnte oder er ohne Verschulden, zB aus Gewissensgründen die geforderte Arbeitsleistung nicht zu erbringen vermag. Hierdurch unterscheidet sich die personenbedingte wesentlich von der verhaltensbedingten Kündigung. Bei Letzterer ist gerade die durch den ArbN durch sein Verhalten schuldhaft verursachte Leistungsstörung der Kündigungsgrund. Wohingegen bei der personenbedingten Kündigung die ganz oder teilweise fehlende Leistungsfähigkeit an sich den Kündigungsgrund darstellt, worauf diese auch immer zurückzuführen ist. 95

Welche Umstände die fehlende persönl. Eignung oder Fähigkeit des ArbN herbeigeführt haben, kann aber im Rahmen der anzustellenden **Interessenabwägung** Gewicht erlangen und dadurch zur Sozialwidrigkeit der Kündigung führen. Ist zB eine fehlende Qualifikation des ArbN durch dessen Lern- und Fortbildungsbereitschaft zu beheben, die der ArbN jedoch trotz Hinweises bzw. Abmahnung (s. Rz. 97) nicht zeigt, kann dies bei der Interessenabwägung zu Lasten des ArbN gehen. Ein auf unzureichende Sicherheitsvorkehrungen des ArbGeb zurückzuführender Arbeitsunfall, der die Arbeitsunfähigkeit verursacht hat, führt demgegenüber zu einer strengeren Abwägung der ArbGebInteressen. Das Gleiche gilt für die Verursachung des Kündigungsgrundes durch arbeitsplatzbedingte Verschleißerscheinungen des ArbN. Erst im Rahmen der Interessenabwägung und nicht bei der Feststellung des Kündigungsgrundes als solchem werden somit Umstände, die die fehlende Eignung oder Fähigkeit des ArbN verursacht haben, in die Prüfung der Sozialwidrigkeit der Kündigung einbezogen. Hier wird sodann maßgeblich, ob eine etwa vorhandene Ursache für die Leistungsstörung aus der Sphäre des ArbGeb oder derjenigen des ArbN stammt. 95a

b) Verantwortlichkeit für die Leistungsstörung/Verschulden. Ein Verschulden des ArbN bzw. des ArbGeb an dem Eintritt der mangelnden Fähigkeit des ArbN zur ordnungsgemäßen Vertragserfüllung 96

1 BAG v. 13.3.1987 – 7 AZR 724/85, NZA 1987, 629. | 2 BAG v. 20.5.1988 – 2 AZR 682/87, NZA 1989, 464; v. 10.10.2002 – 2 AZR 472/01, NZA 2003, 483. | 3 BAG v. 18.1.2007 – 2 AZR 731/05, NZA 2007, 680.

ist für die Feststellung des Kündigungsgrundes grds. unerheblich. Allerdings ist ein eventuelles Verschulden bzw. eine Verantwortlichkeit für die eingetretene Leistungsstörung bei der Interessenabwägung zu Lasten der jeweiligen Arbeitsvertragspartei zu berücksichtigen.

97 **c) Abmahnung.** Die Abgrenzungsprobleme zur verhaltensbedingten Kündigung zeigen sich insb. bei der Frage, ob auch vor Ausspruch einer personenbedingten Kündigung möglicherweise eine Abmahnung erforderlich ist. Die überwiegenden Gründe für die fehlende Eignung oder Befähigung des ArbN, die vertragl. geschuldete Arbeitsleistung zu erbringen, sind darauf zurückzuführen, dass der ArbN die Arbeitsleistung nicht erbringen kann. Damit sind personenbedingte Kündigungsgründe einer Abmahnung an sich nicht zugänglich, da eine Abmahnung die zur Kündigung berechtigenden Ursachen nicht zu beeinflussen vermag. Eine vorhergehende Abmahnung ist deshalb bei einer personenbedingten Kündigung idR nicht erforderlich. Die Funktion einer Abmahnung besteht darin, dem ArbN deutlich zu machen, dass der ArbGeb die eingetretene Leistungsstörung nicht weiter hinzunehmen bereit ist. Hierdurch soll der ArbN gewarnt und insb. veranlasst werden, zukünftig derartige Leistungsstörungen zu unterlassen, um den Bestand des Arbeitsverhältnisses nicht zu gefährden. Ist jedoch der ArbN gar nicht in der Lage, die Ursachen für seine fehlende Eignung und Fähigkeit zur Leistungserbringung zu beeinflussen, kann eine Abmahnung diese Funktion nicht erfüllen. Im Übrigen bringt der ArbGeb durch eine Abmahnung regelmäßig zum Ausdruck, dass er ein vertragswidriges, wenn auch nicht unbedingt schuldhaftes Verhalten des ArbN missbilligt. Dies ist jedoch bei einer personenbedingten Kündigung verfehlt, da der personenbedingte Kündigungsgrund idR nicht durch ein vertragswidriges Verhalten des ArbN geschaffen wird. Spricht der ArbGeb aber eine Abmahnung aus, ist eine danach aus denselben Gründen ausgesprochene personenbedingte Kündigung – unabhängig davon, ob es einer Abmahnung bedurft hätte – regelmäßig unwirksam[1] (s. auch Rz. 72).

98 Wenn der Verlust der zu fordernden Eignung oder Fähigkeit zur Leistungserfüllung **ausnahmsw.** auf einem **steuerbaren Verhalten** des ArbN beruht, wird teilweise auch bei der personenbedingten Kündigung der Ausspruch einer vorherigen Abmahnung für notwendig gehalten[2]. Dies wird mit dem Grundsatz der Verhältnismäßigkeit begründet, führt aber zu vermeidbaren Abgrenzungsschwierigkeiten zur verhaltensbedingten Kündigung. Kann der ArbN zB seine fehlende Eignung oder Fähigkeit durch Qualifizierungs- oder Fortbildungsmaßnahmen wiedererlangen, soll der ArbGeb verpflichtet sein, den ArbN durch den Ausspruch einer Abmahnung darauf hinzuweisen, dass ohne die entsprechende Eigeninitiative des ArbN wegen dessen fehlender Eignung und Fähigkeit eine personenbedingte Kündigung droht[3]. Dies scheint verfehlt, schließlich verhält sich auch ein ArbN, der eine Fortbildungschance zur Sicherung seines Arbeitsplatzes nicht ergreift, idR nicht vertragswidrig. Ist ein ArbN arbeitsvertragl. zur Fortbildung verpflichtet, deren Ableistung er verweigert, kommt ohnehin nur eine verhaltensbedingte Kündigung in Betracht, wenn diese mit der Weigerung des ArbN begründet wird. Auch ein vom ArbN beeinflussbares genesungswidriges Verhalten führt nicht dazu, dass vor Ausspruch der wegen Krankheit, also aus personenbedingtem Grund erfolgenden Kündigung eine vorhergehende Abmahnung erforderlich wird. Ein solches Verhalten kann bei der Interessenabwägung ausreichend berücksichtigt werden. Stellt das genesungswidrige Verhalten selbst den Kündigungsgrund dar, muss der ArbGeb eine verhaltensbedingte Kündigung aussprechen; dieser hat dann idR eine Abmahnung voranzugehen. **Für die Praxis** bedeutet diese von der Rspr. nicht eindeutige Trennung zwischen verhaltens- und personenbedingter Kündigung hinsichtlich des Abmahnerfordernisses, dass ein ArbGeb bei steuerbaren, behebbaren Eignungsmängeln des ArbN diesen vor Ausspruch einer Kündigung zumindest durch konkrete Hinweise, wenn nicht gar durch eine Abmahnung darauf aufmerksam machen sollte, dass für den Fall, dass der ArbN die Eignungsmängel nicht abstellt, eine personenbedingte Kündigung bevorsteht.

99 **d) Weiterbeschäftigungsmöglichkeit.** Bei der personenbedingten Kündigung darf keine Weiterbeschäftigungsmöglichkeit des ArbN auf einem anderen **freien Arbeitsplatz** bestehen, auf dem die fehlende Eignung oder Fähigkeit des ArbN gar nicht oder kaum ins Gewicht fällt. Als frei sind Arbeitsplätze anzusehen, die zum Zeitpunkt der Kündigung nicht besetzt sind, alsbald frei werden oder bei Ablauf der Kündigungsfrist nicht (mehr) besetzt sein werden[4]. Der ArbGeb ist also nicht verpflichtet, einen leidensgerechten Arbeitsplatz für den ArbN durch **Freikündigung** zu schaffen[5]; allerdings darf er die (sich ihm aufdrängende) Weiterbeschäftigungsmöglichkeit auch nicht treuwidrig vereiteln[6]. Als milderes Mittel gegenüber der Kündigung hat der ArbGeb vorab zu prüfen, ob er im Wege der Umorganisation des Personaleinsatzes durch Wahrnehmung seines **Direktionsrechts** unter Einhaltung des § 315 BGB gegenüber einem anderen ArbN einen freien leidensgerechten Arbeitsplatz schaffen kann. Durch eine derartige Maßnahme verhält sich der ArbGeb auch gegenüber dem bisherigen Arbeitsplatzinhaber ver-

1 LAG Köln v. 16.9.2004 – 5 Sa 592/04, LAGReport 2005, 87. | 2 BAG v. 4.6.1997 – 2 AZR 526/96, NZA 1997, 1281; v. 15.8.1984 – 7 AZR 228/82, NJW 1985, 2158; LAG Nürnberg v. 12.6.2007 – 6 Sa 37/07; aA Stahlhacke/*Preis*, Rz. 725; APS/*Dörner*, § 1 KSchG Rz. 120. | 3 BAG v. 15.8.1984 – 7 AZR 228/82, NJW 1985, 2158; v. 7.12.2000 – 2 AZR 459/99, AP Nr. 23 zu § 1 KSchG 1969 – personenbedingte Kündigung; aA APS/*Dörner*, § 1 KSchG Rz. 131. | 4 BAG v. 1.3.2007 – 2 AZR 650/05, DB 2007, 1540; v. 2.2.2006 – 2 AZR 38/05, AP Nr. 142 zu § 1 KSchG 1969 – Betriebsbedingte Kündigung. | 5 LAG Hamm v. 31.3.2004 – 18 Sa 2219/03, AuA 2004, 48. | 6 BAG v. 24.11.2005 – 2 AZR 514/04, AuA 2006, 490.

tragsgerecht und greift in dessen Rechtsposition in zulässiger Weise ein. Soweit eine solche Maßnahme gegenüber dem an sich nicht betroffenen, anderen ArbN eine Versetzung iSv. §§ 95 III, 99 I BetrVG darstellt, muss sich der ArbGeb um die Zustimmung des BR bemühen. Dem ArbGeb ist allerdings die Durchführung eines Zustimmungsersetzungsverfahrens gem. § 99 IV BetrVG idR nicht zumutbar. Wenn der BR dem Versetzungsantrag nicht zustimmt, darf sich der ArbGeb also grds. darauf berufen, dass eine mildere Maßnahme als die personenbedingte Kündigung gegenüber dem betroffenen ArbN nicht zur Verfügung steht[1]. Bei krankheitsbedingter Kündigung kommt im Rahmen dieser Prüfung den vorbeugenden Maßnahmen eines Präventionsverfahrens gem § 84 SGB IX, insb. eines **betrieblichen Eingliederungsmanagements** Bedeutung zu[2] (s. Rz. 137a).

e) **Sozialauswahl.** Eine direkte Anwendung von § 1 III auf die personenbedingte Kündigung kommt schon wegen des Wortlauts der Bestimmung nicht in Betracht. Eine entsprechende Anwendung ist ebenfalls ausgeschlossen. Das Erfordernis der Sozialauswahl bei betriebsbedingten Kündigungen stellt eine gesetzl. Ausnahme von dem Grundsatz dar, dass der allgemeine Kündigungsschutz arbeitsvertragsbezogen ausgestaltet ist, eine Beendigung des Arbeitsverhältnisses also nur aus Gründen in Betracht kommt, die das Verhältnis zwischen ArbGeb und dem einzelnen ArbN betreffen. Bei personen- oder verhaltensbedingten Kündigungen steht der zu kündigende ArbN alleine bereits auf Grund der kündigungsrelevanten fehlenden Eignung oder des zur Kündigung führenden Fehlverhaltens fest, weshalb eine Auswahlentscheidung zur personellen Konkretisierung des zu kündigenden ArbN nicht erforderlich ist. Würde man auch in diesen Fällen den ArbGeb zu einer Austauschkündigung berechtigen oder verpflichten, würde in die vertragl. begründete Rechtsposition eines anderen ArbN eingegriffen, ohne dass dieser hierfür persönlich einen Grund gesetzt hat. Das aber ist jedenfalls ohne eine ausdrückliche gesetzl. Anordnung nicht möglich[3]. 100

f) **Beurteilungszeitpunkt.** Maßgeblicher Zeitpunkt für die Feststellung der sozialen Rechtfertigung der personenbedingten Kündigung ist der Zeitpunkt des **Zugangs der Kündigung**. Die zu diesem Zeitpunkt herrschenden tatsächlichen objektiven Verhältnisse sind der Prüfung der Sozialwidrigkeit der Kündigung zugrunde zu legen. Ohne Bedeutung ist deshalb, ob der ArbN die Fähigkeit und Eignung nie besessen hat oder sie (wieder) erlangen kann. Ein (unerwartet) positiver Krankheitsverlauf nach Ausspruch der Kündigung ist also ebenso unmaßgeblich, wie eine etwa während des Prozesses abgelegte Eignungsprüfung, sofern mit dieser Entwicklung nicht bereits zum Zeitpunkt des Zugangs der Kündigung gerechnet werden konnte. Nach Zugang der Kündigung eintretende Ereignisse, die auf neu entstehenden Geschehensabläufen beruhen, sind damit grds. nicht zu berücksichtigen. Zeigt sich der ArbN bspw. erst infolge des Kündigungsausspruchs therapiebereit oder lässt er nun doch eine Operation durchführen, nachdem er diese Maßnahmen zuvor abgelehnt hatte, setzt der ArbN hiermit einen neuen Kausalverlauf in Gang, der auf die ursprüngliche Kündigungsberechtigung des ArbGeb keinen Einfluss hat[4]. 101

3. Prüfungsschema bei der personenbedingten Kündigung. a) Überblick. Die Überprüfung der Sozialwidrigkeit einer personenbedingten Kündigung ist in **drei Stufen** vorzunehmen. Zunächst ist festzustellen, ob Mängel in der persönlichen Eignung oder Fähigkeit des ArbN zur ordnungsgemäßen Leistungserfüllung nachhaltig im Sinne einer **negativen Prognose** über den Ablauf der Kündigungsfrist hinaus zu erwarten sind **(1. Stufe)**. Die im Rahmen der negativen Prognose festgestellten zu erwartenden Störungen des Arbeitsverhältnisses müssen zu einer **erheblichen Beeinträchtigung betrieblicher Interessen** führen, mit der in Zukunft zu rechnen ist **(2. Stufe)**. Diese beiden Elemente bilden zusammen den Kündigungsgrund[5]. Sodann ist mit Hilfe einer einzelfallbezogenen **Interessenabwägung** zu klären, ob unter Berücksichtigung der wechselseitigen Interessen dem ArbGeb die Fortsetzung des Arbeitsverhältnisses nicht weiter zumutbar ist **(3. Stufe)**. Bei einzelnen personenbedingten Kündigungsgründen, insb. bei der krankheitsbedingten Kündigung sind bei dieser Prüfung Besonderheiten zu beachten, die bei den betreffenden Kündigungsgründen behandelt werden. 102

b) Die Prüfungsschritte im Einzelnen. aa) 1. Stufe: Negative Prognose der fehlenden Fähigkeit oder Eignung des Arbeitnehmers. Zum Zeitpunkt des Ausspruchs der Kündigung muss die durch objektive Tatsachen begründete ernsthafte Besorgnis weiterer Störungen des Arbeitsverhältnisses auf Grund der fehlenden Eignung oder Fähigkeit des ArbN bestehen (**Prognose-Prinzip**). Hierzu muss anhand objektiver Tatsachen ermittelt werden, ob eine alsbaldige Herstellung bzw. Wiedererlangung der persönl. Eignung und Fähigkeit des ArbN zur ordnungsgemäßen Erbringung der geschuldeten Arbeitsleistung ausgeschlossen scheint. Es kommt also darauf an, dass die in der Person des ArbN begründeten Störungen des Arbeitsverhältnisses (auch) zukünftig zu erwarten sind. Hierbei sind die **objektiven Tatsachen und Umstände zum Zeitpunkt der Kündigung**[6] und nicht die subjektiven Vorstellungen und Erwartungen des ArbGeb oder des ArbN maßgeblich. 103

---

1 BAG v. 22.9.2005 – 2 AZR 519/04, NZA 2006, 486; v. 29.1.1997 – 2 AZR 9/96, NZA 1997, 709. | 2 LAG Nds. v. 29.3.2005 – 1 Sa 1429/04, AuA 2005, 433; aA *Namendorf/Natzel*, DB 2005, 1794. | 3 BAG v. 29.1.1997 – 2 AZR 9/96, NZA 1997, 709. | 4 BAG v. 6.9.1989 – 2 AZR 118/89, NZA 1990, 305. | 5 BAG v. 29.7.1993 – 2 AZR 155/93, NZA 1994, 67; v. 6.9.1989 – 2 AZR 224/89, NZA 1990, 434. | 6 BAG v. 12.4.2002 – 2 AZR 148/01, NZA 2002, 1081.

104 Je nach Ursache für die fehlende Eignung oder Fähigkeit des ArbN, seine vertragl. Arbeitspflichten zu erfüllen, kann sich die negative Prognose bereits aus der Art des Mangels selbst ergeben. Dies ist insb. bei **objektiven Eignungsmängeln** der Fall, zB bei rechtskräftig oder sonst endgültig feststehendem Verlust der Arbeitserlaubnis[1] (s. Rz. 124). Dies kann auch zutreffen, wenn dem ArbN eine zur Erfüllung der arbeitsvertragl. geschuldeten Leistung erforderliche fachliche Qualifikation fehlt, er sie verliert oder nicht erwirbt, zB Führerscheinentzug, Nichtbestehen notwendiger Prüfungs- oder Berufsabschlüsse. Bei subjektiven Leistungsmängeln kann sich die negative Prognose nur ausnahmsw. bereits aus der Art des Mangels selbst ergeben, zB wenn sich der ArbN aus Gewissensgründen ernsthaft weigert, die geschuldete Arbeitsleistung künftig zu erbringen (s. Rz. 133). In all diesen Fällen ist davon auszugehen, dass die fehlende Fähigkeit oder Eignung des ArbN auch zukünftig zu Störungen des Arbeitsverhältnisses führen wird, so dass die negative Prognose feststeht.

105 Hingegen bedarf die Feststellung einer negativen Prognose bei **subjektiven Eignungsmängeln** idR einer genauen Betrachtung und damit substantiierten Darlegung der die einzelnen Störungen jeweils herbeiführenden Umstände. Grund der Kündigung sind nicht die bisher aufgetretenen Störungen oder der Eignungs- bzw. Gesundheitszustand zum Zeitpunkt der Kündigung, sondern die zu diesem Zeitpunkt in Zukunft zu erwartende Entwicklung der persönl. Eignung; bei der krankheitsbedingten Kündigung insb. der zu erwartende Krankheitsverlauf. Den Umständen, auf denen die negative Prognose beruht, muss danach zumindest eine **Wiederholungsgefahr** innewohnen. Auf einmalige Ursachen oder Ereignisse zurückzuführende in der Vergangenheit aufgetretene vorübergehende Fehlzeiten, wie zB Unfall, Mandeloperation, ausgeheilte Krankheiten oÄ rechtfertigen deshalb idR keine negative Prognose. Dies folgt daraus, dass die bisherigen, das konkrete Arbeitsverhältnis störenden Geschehensabläufe lediglich tatsächliche Anhaltspunkte für die zu erwartende Entwicklung bieten und nicht selbst Kündigungsgrund sind. Ihnen kann allerdings **Indizwirkung** für eine negative Prognose zukommen, und zwar dann, wenn die festgestellten Ursachen der Eignungsmängel erwarten lassen, dass sie dauerhaft oder jedenfalls auch in absehbarer Zukunft entsprechende Störungen herbeiführen werden. Die Zuverlässigkeit der negativen Prognose hängt damit wesentlich davon ab, wie genau die Hintergründe und Ursachen für die bisherigen Störungen des Arbeitsverhältnisses beleuchtet und berücksichtigt werden (können).

105a Es liegt im Interesse des ArbGeb, der die negative Prognose darzulegen und ggf. zu beweisen hat (s. Rz. 170), die Art, die Dauer und die Häufigkeit der bisherigen Ausfallzeiten bzw. Leistungsdefizite sowie deren Ursachen bereits vor Ausspruch der Kündigung zu kennen. Zwar ist er nicht verpflichtet, derartige Erkundigungen einzuholen[2]. Auch besteht grds. **keine vorprozessuale Mitwirkungspflicht** des ArbN[3]. Der ArbN ist deshalb vor Ausspruch der Kündigung idR nicht zu Auskünften und bei der krankheitsbedingten Kündigung nicht zur Entbindung seiner Ärzte von der Schweigepflicht verpflichtet[4]. Allerdings verlangt § 84 II SGB IX seit 1.5.2004 vom ArbGeb, auch bei nicht schwerbehinderten ArbN die Sicherung des Arbeitsplatzes durch ein **betriebliches Eingliederungsmanagement** zu klären[5] (s. Rz. 137a). Im Falle des Einverständnisses des ArbN zu derartigen Maßnahmen erhält der ArbGeb Kenntnis von den die aufgetretenen sowie die in Zukunft zu erwartenden Störungen bedingenden Umständen, so dass ihm substantiierter Vortrag möglich wird.

106 **bb) 2. Stufe: Erhebliche Beeinträchtigung betrieblicher Interessen.** Die so festgestellte negative Prognose kann eine personenbedingte Kündigung nur rechtfertigen, wenn die zukünftig für das Arbeitsverhältnis zu erwartenden Störungen zu einer erheblichen Beeinträchtigung betriebl. Interessen führen. Die Beeinträchtigung der betriebl. Interessen ist **Teil des Kündigungsgrundes**[6]. Es kommen insoweit **erhebliche Betriebsablaufstörungen**, aber auch **erhebliche wirtschaftliche Beeinträchtigungen betrieblicher Interessen** in Betracht. Für die Frage, ob erhebliche Betriebsablaufstörungen oder erhebliche wirtschaftl. Beeinträchtigungen betriebl. Interessen in Zukunft zu befürchten sind, ist auf die künftig zu erwartenden Auswirkungen der fehlenden Eignung oder Fähigkeit des ArbN zur Erfüllung der geschuldeten Arbeitsleistung abzustellen. Sowohl der Eintritt von erheblichen Betriebsablaufstörungen als auch die Feststellung erheblicher wirtschaftl. Belastungen des ArbGeb hängen wesentlich von der **Position des** zu kündigenden **ArbN** im Betrieb oder Unternehmen ab. Eine besondere Qualifikation des ArbN kann zB dazu führen, dass Ersatzpersonal nicht oder jedenfalls nicht nur vorübergehend beschafft werden kann.

107 Als **Betriebsablaufstörungen** wegen (wiederholter) Ausfallzeiten des ArbN kommen insb. ein Stillstand von Maschinen und sonstige Störungen des Arbeitsablaufs, wie Produktionsausfälle oder Produktionsstillstände in Betracht. Auch kann der Rückgang der Produktion wegen erst einzuarbeitenden Ersatzpersonals oder auf Grund des Abzugs von an sich benötigten Arbeitskräften aus anderen Arbeitsbereichen entstehen. Ferner sind Störungen infolge nicht beschaffbaren Ersatzpersonals und/oder

---

1 BAG v. 7.2.1990 – 2 AZR 359/89, NZA 1991, 341. | 2 BAG v. 15.8.1984 – 7 AZR 536/82, AP Nr. 16 zu § 1 KSchG 1969 – Krankheit = NJW 1985, 2783. | 3 BAG v. 25.11.1982 – 2 AZR 140/81, AP Nr. 7 zu § 1 KSchG 1969 – Krankheit = NJW 1983, 2897. | 4 BAG v. 12.4.2002 – 2 AZR 148/01, NZA 2002, 1081. | 5 BAG v. 12.7.2007 – 2 AZR 716/06; v. 28.6.2007 – 6 AZR 750/06, NZA 2007, 1049; v. 7.12.2006 – 2 AZR 182/06, NZA 2007, 617. | 6 BAG v. 29.7.1993 – 2 AZR 155/93, NZA 1994, 67; v. 6.9.1989 – 2 AZR 224/89, NZA 1990, 434.

durch wiederkehrende Überlastung des verbliebenen Personals denkbar. Ebenso kommen Folgen nicht eingehaltener Liefertermine, zB die Verärgerung von Kunden oder gar der Verlust von Kundenaufträgen in Betracht. Ausfallzeiten des ArbN können außerdem die Verringerung von Abnahmemengen durch Produktionsausfälle und damit Störungen der Lieferantenverträge bedingen. Behauptet der ArbGeb zB eine qualifizierte, eine Einarbeitungszeit von einem halben bis einem Jahr erfordernde Tätigkeit des ausfallenden ArbN, die deshalb von Aushilfskräften nicht erledigt werden könne, so dass Ausfallzeiten nur durch Umsetzungsmaßnahmen ausgeglichen werden könnten, muss der ArbGeb konkret darstellen, welche Umsetzungsmaßnahmen tatsächlich vorgenommen wurden. Ferner ist darzulegen, ob die ergriffenen Maßnahmen mit Ableistung von Mehrarbeit, etwa auch durch das in den von der Umsetzung betroffenen anderen Arbeitsbereichen verbliebene Personal, und insoweit mit einer Überlastung dieses Personals verbunden sind[1]. Zu beachten ist, dass erhebliche Betriebsablaufstörungen bereits bei jährlichen Ausfallzeiten von weniger als sechs Wochen (Entgeltfortzahlungszeitraum) vorliegen können[2].

Solche Betriebsablaufstörungen sind aber nur dann als Kündigungsgrund geeignet, wenn sie nicht durch mögliche **Überbrückungsmaßnahmen** vermieden werden können. Hierzu gehören Maßnahmen, die anlässlich des konkreten Ausfalls des ArbN ergriffen werden, zB die Neueinstellung einer Aushilfskraft, die Umorganisation des Arbeitsablaufs, der Einsatz eines ArbN aus einer vorgehaltenen Personalreserve (Springer). Werden auf diese Weise Ausfälle tatsächlich überbrückt, so liegt bereits objektiv keine erhebliche Beeinträchtigung betriebl. Interessen und damit kein zur Kündigung geeigneter Grund vor. Allerdings ist zB bei häufigen Kurzerkrankungen die Verpflichtung zur Einstellung von Aushilfskräften eingeschränkt, da deren Einsatz nicht kalkulierbar ist[3]. Eine Überbrückungsmaßnahme kann auch die **Umsetzung** des betroffenen ArbN selbst sein oder durch ein gem. § 84 I oder II SGB IX vorzuschaltendes Präventionsverfahren oder **betriebliches Eingliederungsmanagement** erreicht werden (s. Rz. 137a). Können dessen Fehlzeiten durch die Versetzung auf einen anderen freien Arbeitsplatz erheblich reduziert oder gar vermieden werden oder tritt der konkrete Eignungsmangel nur auf dem von ihm besetzten, nicht aber auf einem anderen freien Arbeitsplatz auf, auf dem er eingesetzt werden könnte, kann es an einer durch seine Person herbeigeführten erheblichen Beeinträchtigung betriebl. Interessen fehlen[4]. Zur Vermeidung einer außerordentl. Kündigung, insb. bei einer solchen wegen verminderter Leistungsfähigkeit eines älteren ArbN, kann auch die Umgestaltung des Arbeitsplatzes in Betracht kommen[5]. Insb. wenn der ArbN krankheitsbedingt auf Dauer nicht mehr in der Lage ist, die geschuldete Arbeit auf seinem bisherigen Arbeitsplatz zu leisten, so ist er zur Vermeidung einer Kündigung auf einem leidensgerechten Arbeitsplatz im Betrieb oder Unternehmen weiter zu beschäftigen, falls ein solch gleichwertiger oder jedenfalls zumutbarer Arbeitsplatz frei und der ArbN für die dort zu leistende Arbeit geeignet ist. Ggf. hat der ArbGeb einen solchen Arbeitsplatz durch Ausübung seines Direktionsrechts frei zu machen und sich um die eventuell notwendige Zustimmung des BR zu bemühen. Zu einer weiter gehenden Umorganisation oder zur Durchführung eines Zustimmungsersetzungsverfahrens gem. § 99 IV BetrVG ist der ArbGeb dagegen idR nicht verpflichtet[6]. 108

Zweifelhaft erscheint, ob ein ArbGeb im Kündigungsschutzprozess eines ArbN, dessen Ausfall durch Springer ausgeglichen werden könnte, unabhängig davon, ob er eine die durchschnittlichen Fehlzeiten von ArbN ausgleichende **Personalreserve** tatsächlich vorhält, so zu stellen ist, als wäre ihm diese Überbrückungsart möglich[7]. Teilweise wird sogar erörtert, dass diese Personalreserve nicht nur der durchschnittlichen Krankheitsquote entsprechen dürfe, sondern auch andere zu erwartende Abwesenheitszeiten, zB solche durch (ausländischen) Wehrdienst verursachte, berücksichtigen müsse[8]. Das bedeutete, dass jede durch den zumutbaren Einsatz von Springern überbrückbare Fehlzeit von ArbN unabhängig davon, ob der ArbGeb solche Springer beschäftigt, keine erheblichen Beeinträchtigungen betriebl. Interessen nach sich ziehen könnte. Wie sich der ArbGeb jedoch entscheidet, ob er überhaupt eine Personalreserve vorhält bzw. auf welchen Prozentsatz er diese bemisst, stellt eine freie Unternehmerentscheidung dar, die nur einer beschränkten Kontrolle durch die Gerichte unterliegt, ob sie offenbar unsachlich, unvernünftig oder willkürlich ist[9]. Es würde einen indirekten Eingriff in die unternehmerische Gestaltungsfreiheit darstellen, wollte man dem ArbGeb, der keine Personalreserve vorhält, eine krankheitsbedingte Kündigung auf Grund erheblicher Entgeltfortzahlungskosten grds. verwehren, während man bei dem ArbGeb, der eine noch so geringe Personalreserve vorhält, die Kündigung allein auf Grund der Entgeltfortzahlungskosten zulässt und sogar noch bei der Interessenabwägung die Personalreserve zu seinen Gunsten berücksichtigt[10]. 109

Die Beantwortung der Frage, ob erhebliche **wirtschaftliche Beeinträchtigungen** betriebl. Interessen zu befürchten sind, hängt davon ab, welche Kostenbelastungen der ArbGeb durch die in der Person des 110

---

1 BAG v. 7.12.1989 – 2 AZR 225/89, EzA Nr. 30 zu § 1 KSchG – Krankheit. | 2 BAG v. 7.12.1989 – 2 AZR 225/89, EzA Nr. 30 zu § 1 KSchG – Krankheit. | 3 BAG v. 16.2.1989 – 2 AZR 299/88, NZA 1989, 923. | 4 BAG v. 20.5.1988 – 2 AZR 682/87, NZA 1989 464. | 5 BAG v. 12.7.1995 – 2 AZR 762/94, NZA 1995, 1100 = DB 1995, 2617. | 6 BAG v. 22.9.2005 – 2 AZR 519/04, NZA 2006, 486; v. 29.1.1997 – 2 AZR 9/96, NZA 1997, 709. | 7 So APS/*Dörner*, § 1 KSchG Rz. 155. | 8 *Kohte*, Anm. zu BAG v. 20.5.1988 – 2 AZR 682/87 in AP Nr. 9 zu § 1 KSchG – Personenbedingte Kündigung. | 9 Stahlhacke/*Preis*, Rz. 626. | 10 BAG v. 29.7.1993 – 2 AZR 155/93, NZA 1994, 67 = DB 1993, 2439.

ArbN begründeten Störungen des Arbeitsverhältnisses in Zukunft zu besorgen hat[1]. Von einer erheblichen wirtschaftl. Belastung des ArbGeb ist auszugehen, wenn zB infolge immer neuer beträchtlicher krankheitsbedingter Fehlzeiten des ArbN und entsprechender Mehraufwendungen für die Beschäftigung von Aushilfskräften zu rechnen ist. Auch allein die zu erwartende wirtschaftl. Belastung mit außergewöhnlich hohen Entgeltfortzahlungskosten, die jährlich jeweils für einen Zeitraum von mehr als sechs Wochen aufzuwenden sind, kann einen zur sozialen Rechtfertigung der Kündigung geeigneten Grund darstellen. Es ist nicht erforderlich, dass neben derartigen Entgeltfortzahlungskosten weitere Belastungen des ArbGeb, wie etwa Betriebsablaufstörungen oder Vorhaltekosten für eine Personalreserve entstehen. Auch wenn sie fehlen, können allein die Entgeltfortzahlungskosten zu einer wirtschaftl. Belastung des ArbGeb werden, die dieser billigerweise nicht mehr hinzunehmen hat[2]. Dabei ist nur auf die Kosten des Arbeitsverhältnisses und nicht auf die Gesamtbelastung des Betriebes mit Entgeltfortzahlungskosten abzustellen[3].

111 Ist eine festgestellte Beeinträchtigung betriebl. Interessen mit Überbrückungs- oder Umsetzungsmaßnahmen nicht zu vermeiden, so gehört ebenfalls noch zum Kündigungsgrund, dass die Störung **erheblich** ist. Nicht jede Beeinträchtigung betriebl. Belange durch die in Zukunft zu erwartenden Störungen des Arbeitsverhältnisses auf Grund der fehlenden Eignung und Fähigkeit des ArbN kann eine personenbedingte Kündigung rechtfertigen, da sonst der Verhältnismäßigkeitsgrundsatz verletzt wird. So können nur schwerwiegende Störungen des Betriebsablaufs bzw. negative wirtschaftl. Auswirkungen von beachtlichem Gewicht kündigungsrelevant werden.

112 **cc) 3. Stufe: Interessenabwägung.** Die soziale Rechtfertigung einer personenbedingten Kündigung setzt in der dritten Stufe voraus, dass die festgestellten, infolge der negativen Prognose zukünftig zu erwartenden erheblichen Beeinträchtigungen betriebl. Belange wirtschaftl. oder sonstiger Art zu einer **billigerweise nicht mehr hinzunehmenden Belastung** des ArbGeb führen[4]. Ob eine derartige erhebliche Äquivalenzstörung des Arbeitsverhältnisses vorliegt, ist im Rahmen einer auf den **Einzelfall** bezogenen, die jeweiligen besonderen Interessen der Parteien berücksichtigenden Interessenabwägung zu beurteilen. Alle im konkreten Fall in Betracht kommenden Umstände sind zu berücksichtigen und gegeneinander abzuwägen. Maßgeblich sind in erster Linie arbeitsplatzbezogene Kriterien. Erst wenn der Kündigungsgrund feststeht, also tatsächlich von einer negativen Prognose auszugehen ist und durch die in Zukunft zu erwartenden Fehlzeiten bzw. sonstigen Störungen des Arbeitsverhältnisses erhebliche Betriebsablaufstörungen oder erhebliche wirtschaftl. Belastungen des ArbGeb zu besorgen sind, ist in der dritten Stufe bei der Interessenabwägung zu prüfen, ob dem ArbGeb weiter gehende Überbrückungsmaßnahmen zumutbar sind[5]. Es gibt **keinen abgeschlossenen Kriterienkatalog**. Ebenso wenig ist ein bestimmtes Ausmaß an Fehlzeiten immer geeignet, die Fortsetzung des Arbeitsverhältnisses für den ArbGeb unzumutbar erscheinen zu lassen. Viele Kriterien können je nach Sachlage zu Gunsten des ArbGeb oder zu Gunsten des ArbN zu berücksichtigen sein, ohne für sich alleine in jedem Fall ein Abwägungskriterium darzustellen. Die Relevanz eines Abwägungskriteriums resultiert vielmehr aus den konkreten Umständen des jeweiligen Arbeitsverhältnisses.

113 **Abwägungskriterien sind zum Beispiel: Dauer des Arbeitsverhältnisses:** Je länger das Arbeitsverhältnis ohne Störungen bestanden hat, umso strenger ist die Abwägung der ArbGebInteressen gegenüber dem Bestandsschutzinteresse des ArbN vorzunehmen. Eine lange Dauer des Beschäftigungsverhältnisses kann insb. dazu führen, dass der ArbGeb über einen längeren Zeitraum geeignete und zumutbare Überbrückungsmaßnahmen hinzunehmen hat[6]. Hingegen kann eine kurze Dauer des Arbeitsverhältnisses auch bei verhältnismäßig geringen Belastungen der ArbGebInteressen eine Kündigung rechtfertigen. Ein **ungestörter Verlauf** des Arbeitsverhältnisses liegt nicht schon dann vor, wenn der ArbN im Jahr nicht länger als sechs Wochen arbeitsunfähig erkrankt gewesen ist[7].

114 **Alter des ArbN:** Das verhältnismäßig hohe Alter eines ArbN, insb. dessen ohnehin zeitnahes Ausscheiden[8], kann bei einem schon lang währenden Arbeitsverhältnis dem ArbGeb eine größere Rücksichtnahme abverlangen, wohingegen es bei einem relativ kurzen Arbeitsverhältnis für sich alleine kein wesentliches Kriterium darstellt. Andererseits kann ein niedriges Lebensalter gerade für erhebliche in der Zukunft weiter zu erwartende Ausfallzeiten sprechen, so dass es zu Lasten des ArbN berücksichtigt werden kann[9]. Wegen der Korrelation mit der Betriebszugehörigkeit liegt in dieser Differenzierung keine mittelbare Altersdiskriminierung. **Soziale Schutzbedürftigkeit des ArbN:** Hier sind der Familienstand, die Unterhaltspflichten oder auch eine bestehende Schwerbehinderung des ArbN von Bedeutung. Ebenso können schlechte Chancen auf dem Arbeitsmarkt zu Gunsten des ArbN einzubeziehen sein.

---

1 BAG v. 7.12.1989 – 2 AZR 225/89, EzA Nr. 30 zu § 1 KSchG – Krankheit. | 2 BAG v. 29.7.1993 – 2 AZR 155/93, NZA 1994, 67 = DB 1993, 2439; v. 5.7.1990 – 2 AZR 154/90, NZA 1991, 185. | 3 BAG v. 7.11.1985 – 2 AZR 657/84, NZA 1986, 359 = NJW 1986, 2392; v. 15.2.1984 – 2 AZR 573/82, NZA 1984, 86 = NJW 1984, 2655. | 4 BAG v. 12.4.2002 – 2 AZR 148/01, NZA 2002, 1081; v. 29.4.1999 – 2 AZR 431/98, NZA 1999, 978; v. 21.5.1992 – 2 AZR 399/91, NZA 1993, 497. | 5 BAG v. 16.2.1989 – 2 AZR 299/88, NZA 1989, 923. | 6 BAG v. 22.2.1980 – 7 AZR 295/78, DB 1980, 1446; LAG Hamm v. 13.6.2007 –18 Sa 85/07. | 7 BAG v. 6.9.1989 – 2 AZR 224/89, NZA 1990, 434. | 8 LAG Hamm v. 26.2.2004 – 8 Sa 1897/03, LAGReport 2005, 11; v. 14.7.2004 – 2 Sa 1512/03, nv. | 9 BAG v. 17.6.1999 – 2 AZR 639/98, NZA 1999, 1328; v. 6.9.1989 – 2 AZR 19/89, NZA 1990, 307.

Besonderer Kündigungsschutz: Bei einem auf Grund tarifvertragl. oder einzelvertragl. Bestimmungen ordentl. unkündbaren ArbN ist bei der Interessenabwägung dessen besonderer Kündigungsschutz zusätzlich zu seinen Gunsten zu berücksichtigen. Um in einem solchen Fall eine außerordentl. Kündigung ohne Einhaltung der einer (fiktiven) ordentl. Kündigungsfrist entsprechenden Auslauffrist gerechtfertigt erscheinen zu lassen, bedarf es der Erwartung besonders gravierender Beeinträchtigungen der betriebl. Interessen des ArbGeb, zB durch massive Betriebsablaufstörungen oder erhebliche weitere Entgeltfortzahlungskosten, die bei Beachtung der Frist eintreten würden. Andernfalls dürfte die Einhaltung der Auslauffrist dem ArbGeb billigerweise zuzumuten sein[1].

Ursache der Störung: Die Ursache für die eingetretene Störung des Arbeitsverhältnisses kann je nach 115
Sachlage zu Gunsten der einen oder anderen Arbeitsvertragspartei zu berücksichtigen sein. Beruht etwa ein Unfall, der zum Ausfall des ArbN führt, auf unvorsichtigem Verhalten oder gar Verschulden des ArbN, wird dies zu seinen Lasten gehen. Dies gilt auch für **genesungswidriges** oder gesundheitsschädliches **Verhalten**. Andererseits ist an die Sozialwidrigkeit der Kündigung ein strenger Maßstab anzulegen, wenn ein Betriebsunfall bspw. auf Unterlassung von Unfallschutzmaßnahmen oder die Umgehung von Unfallschutzvorschriften zurückzuführen ist. Betriebliche Besonderheiten, wie etwa ein immissionsbelasteter Arbeitsplatz, können eine Rolle spielen, wobei allerdings eine besondere gesundheitliche Veranlagung des ArbN im Falle ihrer (Mit-)Ursächlichkeit ebenfalls in die Abwägung einzubeziehen ist[2]. **Personaleinsatzprobleme:** Fehlende oder wesentlich erschwerte Planungsmöglichkeit, Probleme in der Zusammenarbeit der Kollegen des betroffenen ArbN oder die Unzumutbarkeit der weiteren Überlastung anderer ArbN sind auf Seiten des ArbGeb zu berücksichtigen.

Belastbarkeit des ArbGeb: Die weitere wirtschaftl. Belastbarkeit des ArbGeb hängt wesentlich von der 116
Größe des Betriebes ab. Aber auch bei der Bewertung der Unzumutbarkeit weiterer Betriebsablaufstörungen kann die Betriebsgröße eine Rolle spielen. **Vorhaltekosten:** Hält der ArbGeb eine die durchschnittliche Ausfallzeit vergleichbarer ArbN ausgleichende **Personalreserve** vor, sind die hierfür aufzuwendenden Vorhaltekosten zu Gunsten des ArbGeb bei der Interessenabwägung zu berücksichtigen[3]. **Zumutbarkeit weiterer Überbrückungsmaßnahmen:** Weitere Überbrückungsmaßnahmen können insb. dann zumutbar sein, wenn mit der Wiedererlangung der Eignung und Fähigkeit des ArbN zur Erfüllung der geschuldeten Arbeitsleistung in absehbarer Zeit zu rechnen ist. Andererseits kann auch bei den an die Interessenabwägung nach Betriebsunfällen zu stellenden strengen Maßstäben eine Verpflichtung des ArbGeb zur Beschäftigung des ArbN mit unproduktiver Tätigkeit nicht verlangt werden kann[4].

4. Einzelfälle (alphabetisch) 117

● **Aids.** Die **Infektion** mit dem HI-Virus beeinträchtigt den ArbN idR nicht in seiner Eignung oder 118
Fähigkeit, die arbeitsvertragl. geschuldete Arbeitsleistung zu erbringen, so dass sie an sich keinen personenbedingten Kündigungsgrund darstellen kann. Eine allein wegen des Bekanntwerdens der Infektion ausgesprochene Kündigung kann treuwidrig iSv. § 242 BGB sein, da sie den ArbN bewusst wegen eines Umstands benachteiligt, der das Arbeitsverhältnis (noch) nicht beeinträchtigt[5]. Besteht allerdings auf Grund der Art der geschuldeten Tätigkeit eine Gefahr Dritter, sich ebenfalls zu infizieren, kann die Infektion als solche eine personenbedingte Kündigung rechtfertigen. Ebenso kann es sich verhalten, wenn der infizierte ArbN Verhaltensweisen zeigt, die zur Störung des Arbeitsverhältnisses führen, zB Selbstmordversuch mit anschließender Arbeitsunfähigkeit. In diesem Fall nimmt der ArbGeb nicht nur die Infektion, sondern weitere Umstände als Kündigungsgrund in Anspruch, die die Kündigung sozial

1 BAG v. 18.10.2000 – 2 AZR 627/99, NZA 2001, 219. | 2 BAG v. 5.7.1990 – 2 AZR 154/90, NZA 1991, 185. | 3 BAG v. 29.7.1993 – 2 AZR 155/93, NZA 1994, 67. | 4 LAG Düsseldorf v. 17.10.1972 – 11 Sa 593/72, DB 1973, 2307. | 5 APS/*Dörner*, § 1 KSchG Rz. 225; KR/*Griebeling*, § 1 KSchG Rz. 282; BAG v. 16.12.1989 – 2 AZR 347/88, NZA 1989, 962.

rechtfertigen können, ohne dass sie treuwidrig erscheint[1]. Führt die Infektion mit dem HI-Virus jedoch zu Krankheitssymptomen und dadurch verursachten Arbeitsunfähigkeitszeiten, gelten die Grundsätze der krankheitsbedingten Kündigung, wobei je nach Situation der Erkrankung eine Kündigung wegen häufiger Kurzerkrankungen bzw. eine solche wegen lang anhaltender oder dauernder Erkrankung in Betracht kommt (s. dort Rz. 136 ff.). Für die Feststellung einer negativen Gesundheitsprognose ist bei Aids zu beachten, dass ersten Krankheitszeichen idR eine lange beschwerdefreie Zeit folgt. Erst die zweite Phase der Erkrankung, das sog. ARC (Aids Related Complex)-Stadium führt zu jahrelang sich hinziehenden, unspezifischen Beschwerden wie Müdigkeit, Abgeschlagenheit, Konzentrationsverlust, Nervenlähmungen, unerklärlichem Fieber und Durchfällen. Hierdurch bedingte häufige und wechselnde Ausfallzeiten können bei Vorliegen der sonstigen Voraussetzungen (3-stufige Prüfung) eine personenbedingte Kündigung sozial rechtfertigen. Bei einer Infektionskrankheit wie Aids kann darüber hinaus eine **Druckkündigung** (s. Rz. 126) in Betracht kommen[2]. Da der ArbN alleine durch seine Infektionskrankheit noch keinen zur personenbedingten Kündigung rechtfertigenden Grund setzt, ist bei Auftreten einer Drucksituation hier in besonderem Maße vom ArbGeb zu verlangen, alle Möglichkeiten zu ergreifen, um eine solche Kündigung zu vermeiden[3]. Etwa dadurch, dass er die Belegschaft durch Aufklärung von der nahezu ausgeschlossenen Infektionsgefahr zu überzeugen versucht. Auch hat er zu prüfen, ob der betroffene oder die den Druck ausübenden ArbN umgesetzt werden können oder eine sonstige der Druckentlastung dienende Organisationsänderung vorgenommen werden kann. Ein ArbGeb, der die Drucksituation selbst herbeiführt, indem er die Belegschaft über eine bisher unbekannte Aids-Infektion eines Mitarbeiters unterrichtet, kann die selbst geschaffene Drucksituation idR nicht zur Begründung einer Kündigung des infizierten ArbN heranziehen[4].

119 • **Alkohol-, Drogen- und Spielsucht. Grundsätzliches.** Die Kündigung wegen Alkoholsucht ist nach den für die **krankheitsbedingte Kündigung** geltenden Grundsätzen zu beurteilen[5]. Hat die Alkohol-, Drogen- oder **Spielsucht**[6] nämlich das Stadium einer Krankheit erreicht, kann dem ArbN, der Arbeitsvertragspflichten verletzt, die auf seiner Abhängigkeit beruhen, indem er zB während der Arbeit Alkohol zu sich nimmt, infolge dieser Abhängigkeit zum Zeitpunkt der Pflichtverletzung kein Schuldvorwurf gemacht werden. Eine verhaltensbedingte Kündigung wegen Pflichtverletzungen, die auf krankhafter Sucht beruhen, wäre daher idR schon mangels Verschuldens des ArbN sozial ungerechtfertigt. Eine verhaltensbedingte Kündigung könnte allenfalls darauf gestützt werden, der ArbN habe seine – sich negativ auf das Arbeitsverhältnis auswirkende – Alkoholabhängigkeit schuldhaft herbeigeführt. Demgegenüber kommt es bei der krankheitsbedingten Kündigung auf die Frage, wer die Krankheit bzw. hier die Abhängigkeit verschuldet hat, grds. nicht an. Bei der krankheitsbedingten Kündigung ist nur im Rahmen der Interessenabwägung auf die Ursache und auf eine mögliche schuldhafte Herbeiführung der Krankheit einzugehen. Eine **krankhafte Alkoholsucht** liegt vor, wenn der gewohnheitsmäßige, übermäßige Alkoholgenuss trotz besserer Einsicht nicht aufgegeben oder reduziert werden kann. Wesentliche Merkmale dieser Erkrankung sind die physische und psychische Abhängigkeit vom Alkohol sowie der Verlust der Selbstkontrolle[7]. Im Falle der Unzulässigkeit einer ordentl. Kündigung kommt ausnahmsw. eine außerordentl. Kündigung mit sozialer Auslauffrist wegen Suchterkrankung in Betracht. Die 3-stufige Prüfung muss in diesem Fall den hohen Anforderungen Rechnung tragen, die an eine außerordentl. Kündigung zu stellen sind[8].

120 **Prüfungsschema.** Danach ist auch die Prüfung einer wegen Alkohol- oder Drogensucht ausgesprochenen krankheitsbedingten Kündigung in **drei Stufen** vorzunehmen: **1. Stufe: Negative Prognose.** Auch die soziale Rechtfertigung einer wegen Suchterkrankung ausgesprochenen Kündigung setzt in der ersten Stufe eine negative Prognose hinsichtlich des voraussichtlichen weiteren Krankheitsverlaufs voraus. Bei einer Suchtkrankheit sind an die negative Gesundheitsprognose je nach Art und Bedeutung der Aufgaben des ArbN im Betrieb unter Umständen geringere Anforderungen zu stellen[9]. Ist der ArbN **im Zeitpunkt der Kündigung nicht therapiebereit**, ist ohne weiteres von einer negativen Gesundheitsprognose auszugehen, da angenommen werden kann, dass der ArbN in absehbarer Zeit nicht geheilt sein wird[10]. Eine erst nach Ausspruch der Kündigung eintretende Therapiebereitschaft setzt einen neuen Kausalverlauf in Gang, der die ursprüngliche negative Prognose nicht fehlerhaft erscheinen lässt. **In der Praxis** empfiehlt es sich für den ArbGeb, vor Ausspruch der Kündigung ein klärendes Gespräch mit dem ArbN zu führen. Der ArbGeb, der wegen Alkoholmissbrauchs im Betrieb eine verhaltensbedingte Kündigung ausspricht, läuft Gefahr, dass sich der ArbN auf eine bestehende Alkoholsucht beruft oder im Falle einer krankheitsbedingten Kündigung behauptet, er hätte sich zur Durchführung einer Therapie entschlossen, wenn der ArbGeb zuvor mit ihm gesprochen hätte.

---

1 BAG v. 16.2.1989 – 2 AZR 347/88, NZA 1989, 962; die Entscheidung betrifft allerdings einen ArbN, der noch keinen Kündigungsschutz genoss. | 2 ArbG Berlin v. 16.6.1987 – 24 Ca 319/86, NZA 1987, 637; KR/*Griebeling*, § 1 KSchG Rz. 283. | 3 APS/*Dörner*, § 1 KSchG Rz. 227. | 4 BAG v. 26.1.1962 – AZR 244/61, DB 1962, 744. | 5 BAG v. 13.12.1990 – 2 AZR 336/90, EzA Nr. 33 zu § 1 KSchG – Krankheit; v. 9.4.1987 – 2 AZR 210/86, NZA 1987, 811. | 6 ArbG Berlin v. 13.2.2004 – 31 Ca 12306/03, DB 2005, 1274. | 7 BAG v. 1.6.1983 – 5 AZR 536/80, AP § 1 LohnFG Nr. 52 = NJW 1983, 2695. | 8 BAG v. 9.7.1998 – 2 AZR 201/98, nv.; v. 16.9.1999 – 2 AZR 123/99, NZA 2000, 141. | 9 BAG v. 9.4.1987 – 2 AZR 210/86, NZA 1987, 811; v. 17.6.1999 – 2 AZR 639/98, NZA 1999, 1328; v. 16.9.1999 – 2 AZR 123/99, NZA 2000, 141. | 10 BAG v. 9.4.1987 – 2 AZR 210/86, NZA 1987, 811.

Der ArbGeb, der **Anhaltspunkte für eine bestehende Suchterkrankung** hat, muss dem ArbN nach dem Grundsatz der Verhältnismäßigkeit vor Ausspruch der Kündigung, die Chance zu einer Entziehungskur oder sonst geeigneten Therapiemaßnahme bieten[1]. Erklärt sich der ArbN bis zum Ausspruch der Kündigung **therapie- bzw. rehabilitationsbereit**, muss der ArbGeb den Erfolg einer derartigen Maßnahme idR abwarten. Etwas anders gilt, wenn der ArbN erst kürzlich eine derartige Maßnahme schuldhaft abgebrochen oder eine solche Maßnahme nur zeitweilig Erfolg hatte, ohne dass inzwischen Umstände auszumachen sind, die für die Annahme einer größeren Einsicht des ArbN in die Notwendigkeit einer Therapie sprechen. Entsprechendes gilt, wenn Veränderungen der Umstände, die zur Sucht beigetragen haben, eingetreten sind. In diesem Zusammenhang, insb. im Falle eines Rückfalls ist auch die Art und Dauer der vorgesehenen Maßnahme von Bedeutung. War der ArbN bisher nur zur kurzfristigen stationären Entgiftung bereit und erklärt er jetzt (vor Ausspruch der Kündigung) seine Bereitschaft, an einer Entziehungskur teilzunehmen, ist ihm Gelegenheit zu geben, seine Fähigkeit zur störungsfreien Erbringung der Arbeitsleistung auf diese Weise wieder herzustellen. Dem ArbGeb kann nicht vorgeschrieben werden, auf welche Weise er eine bestehende Alkoholisierung nachweist. Wegen des Eingriffs in sein Persönlichkeitsrecht und seine körperliche Unversehrtheit muss der ArbN idR von sich aus die Durchführung eines Alkoholtests anbieten, wenn er einen auf Grund objektiver Anhaltspunkte bestehenden Verdacht einer Alkoholisierung im Dienst entkräften möchte[2], schließlich kann ein solcher Test nicht nur zur Entlastung, sondern auch zur Bestätigung des Alkoholgenusses und zur Feststellung des Alkoholisierungsgrades führen. 120a

2. Stufe: Erhebliche Beeinträchtigung der betrieblichen Interessen. Hier gelten im Wesentlichen die bei der krankheitsbedingten Kündigung dargestellten Grundsätze (s. Rz. 144, 150). Eine erhebliche Beeinträchtigung betriebl. Belange kann bei einer Suchterkrankung insb. daraus resultieren, dass der ArbN auf seinem Arbeitsplatz nicht mehr einsetzbar ist. Etwa weil die Tätigkeit des ArbN mit einer Selbstgefährdung oder einer Gefährdung Dritter verbunden ist und der ArbGeb nicht darauf vertrauen kann, dass der ArbN nüchtern ist[3]. Auch bei einer Suchterkrankung ist von einer gravierenden Äquivalenzstörung auszugehen, wenn für die Zukunft mit immer neuen, außergewöhnlich hohen Entgeltfortzahlungskosten zu rechnen ist, die pro Jahr für einen Zeitraum von mehr als sechs Wochen aufzuwenden sind[4]. Bei Vorliegen zwingender betriebl. Auswirkungen kann es dem ArbGeb unzumutbar sein, das Arbeitsverhältnis bis zum Erfolg einer Therapie fortzusetzen. Dies ist der Fall, wenn Überbrückungsmaßnahmen auf Grund der Tätigkeit des ArbN nicht möglich sind, zB wenn der Einsatz von Springern oder die Einstellung und Einarbeitung zusätzlicher Hilfskräfte auf Zeit nicht möglich ist, der Arbeitsplatz aber besetzt werden muss[5]. 121

3. Stufe: Interessenabwägung. Ein verhältnismäßig niedriges Lebensalter kann bei einer wegen Alkoholsucht ausgesprochenen krankheitsbedingten Kündigung zu Gunsten des ArbGeb berücksichtigt werden, da wegen der negativen Prognose auf nicht absehbare Zeit mit erheblichen krankheitsbedingten Ausfällen und Entgeltfortzahlungskosten zu rechnen ist[6]. Bei einer krankheitsbedingten Kündigung, also auch derjenigen wegen krankhafter Sucht sind im Rahmen der Interessenabwägung die Schwerbehinderung und die Unterhaltspflichten des ArbN mit zu berücksichtigen[7]. Im Übrigen gelten die Grundsätze der Interessenabwägung jeder personenbedingten Kündigung (s. Rz. 112). 122

● **Alter und Rentenalter.** Das Alter des ArbN kann alleine keine personenbedingte Kündigung rechtfertigen. Insb. ist die Erreichung des 65. Lebensjahres kein in der Person des ArbN liegender Kündigungsgrund[8]. Ebenso wenig stellt die Möglichkeit des ArbN, Altersrente oder ATZ in Anspruch zu nehmen, allein einen zur Kündigung berechtigenden Grund dar. Nur wenn eine deutliche **altersbedingte Minderung der Leistungsfähigkeit** in qualitativer oder quantitativer Hinsicht im Verhältnis zu vergleichbaren ArbN objektiv feststellbar eintritt und dies zu erheblichen Beeinträchtigungen der betriebl. Interessen führt, kann eine Kündigung sozial gerechtfertigt sein. Nicht ausreichend ist jedoch der normale altersbedingte Leistungsabfall eines ArbN, diesen hat der ArbGeb hinzunehmen[9]. Bei der **Interessenabwägung** ist das Alter des ArbN insb. bei einer langen Betriebszugehörigkeit zu Gunsten des ArbN zu berücksichtigen. Bei einem älteren ArbN hat der ArbGeb unter Umständen auch längere altersbedingte Ausfallzeiten hinzunehmen als bei einem jüngeren ArbN. Hingegen birgt ein niedriges Lebensalter insb. bei ungewissem Krankheitsverlauf ein größeres Risiko ständig erneut anfallender Entgeltfortzahlungskosten, so dass dies zu Lasten des jüngeren ArbN in die Interessenabwägung einfließen kann. 123

● **Arbeitserlaubnis.** Bei der sozialen Rechtfertigung einer wegen Fehlens der Arbeitserlaubnis ausgesprochenen Kündigung ist zu unterscheiden, ob die Arbeitserlaubnis bereits rechtskräftig versagt ist oder das Verfahren über die Versagung der Arbeitserlaubnis noch nicht abgeschlossen ist. Ist einem ausländischen ArbN die nach § 284 I SGB III (früher: § 19 I AFG) erforderliche Arbeitserlaubnis **rechts-** 124

---

1 BAG v. 17.6.1999 – 2 AZR 639/98, NZA 1999, 1328. |**2** BAG v. 16.9.1999 – 2 AZR 123/99, NZA 2000, 141. |**3** BAG v. 13.12.1990 – 2 AZR 336/90, EzA Nr. 33 zu § 1 KSchG – Krankheit. |**4** BAG v. 29.7.1993 – 2 AZR 155/93, NZA 1994, 67. |**5** LAG Hamm v. 2.5.1986 – 16 Sa 1987/85, LAGE Nr. 4 § 1 KSchG – Personenbedingte Kündigung. |**6** BAG v. 17.6.1999 – 2 AZR 639/98, NZA 1999, 1328; v. 6.9.1989 – 2 AZR 19/89, NZA 1990, 307. |**7** BAG v. 20.1.2000 – 2 AZR 378/99, NZA 2000, 768. |**8** BAG v. 28.9.1961 – 2 AZR 428/60, DB 1961, 1651. |**9** BAG v. 20.11.1987 – 2 AZR 284/86, NZA 1988, 617; v. 6.7.1977 – 4 AZR 116/75, nv.

kräftig versagt worden, so ist eine ordentl. Kündigung regelmäßig sozial gerechtfertigt, weil der ArbN infolge des Beschäftigungsverbots zur Leistung der vertragl. geschuldeten Dienste dauernd außer Stande ist. Ist hingegen über die von dem ausländischen ArbN beantragte Arbeitserlaubnis noch nicht rechtskräftig entschieden, so ist für die soziale Rechtfertigung einer wegen des Fehlens dieser Erlaubnis ausgesprochenen Kündigung auf Folgendes abzustellen: War für den ArbGeb bei objektiver Beurteilung im Zeitpunkt des Zugangs der Kündigung mit der Erteilung der Erlaubnis in absehbarer Zeit nicht zu rechnen und konnte der Arbeitsplatz für den ArbN ohne erhebliche betriebl. Beeinträchtigungen nicht offen gehalten werden, kann eine Kündigung gerechtfertigt sein. Die Prüfung der Erfolgsaussichten für die Erteilung einer Arbeitserlaubnis ist nur unter dem Gesichtspunkt vorzunehmen, ob im Zeitpunkt der Kündigung die gegebenen Umstände offensichtlich für oder gegen die Erteilung sprechen oder die Entscheidung von einer eingehenden Wertung durch die zuständigen Behörden bzw. Gerichte abhängt und deshalb mit einem Verfahren von nicht absehbarer Dauer zu rechnen ist[1].

125 • **Beschäftigungsverbot.** Fehlt einem ArbN eine zur Ausübung des Berufes notwendige (behördliche) Erlaubnis, verliert er diese während des Arbeitsverhältnisses oder steht seiner Beschäftigung ein Beschäftigungshindernis entgegen (zB unzulässige Sonntagsarbeit[2]), resultiert hieraus für den ArbGeb regelmäßig ein gesetzl. Beschäftigungsverbot dieses ArbN auf dem vereinbarten Arbeitsplatz, zB Gesundheitszeugnis, Arbeitserlaubnis (s. Rz. 124), Fluglizenz (s. Rz. 131), Führerschein (s. Rz. 130). Besteht keine anderweitige Beschäftigungsmöglichkeit für den ArbN, liegt regelmäßig ein personenbedingter Kündigungsgrund vor, da dem ArbN die notwendige Eignung zur Ausübung der vertragl. vereinbarten Arbeitsleistung fehlt. Gleiches gilt bei dem Verlust polizeilicher Befugnisse[3], zB als Wachmann oder Flugleiter tätig werden zu können. Verliert eine studentischen Hilfskraft jedoch die bisherige Sozialversicherungsfreiheit, liegt hierin kein Fall der fehlenden Eignung zur Erbringung der vertragl. Arbeitsleistung[4].

126 • **Druckkündigung.** Eine Druckkündigung liegt vor, wenn der ArbGeb einem ArbN kündigt, weil auf ihn durch Dritte in der Weise Druck ausgeübt wird, dass er seiner Entschlussfreiheit weitgehend beraubt wird. Einen derartigen Druck können die Belegschaft, der Betriebs- bzw. Personalrat oder auch Geschäftspartner verursachen, wenn sie zB als Kunden mit dem Abbruch von Geschäftsbeziehungen oder als ArbN mit dem Ausspruch von Eigenkündigungen drohen. Als personenbedingte Kündigung kommt eine solche Druckkündigung in Betracht, wenn das Entlassungsbegehren durch einen personenbedingten Grund, den der betroffene ArbN setzt, **gerechtfertigt** ist. Dies kann der Fall sein, wenn der Druck wegen fehlender fachl. oder persönl. Eignung des ArbN ausgeübt wird, zB wegen fehlender Führungsqualität[5]. Fehlt es jedoch in Wirklichkeit an einem Kündigungsgrund, darf der ArbGeb den auf ihn ausgeübten Druck nicht zum Ausspruch einer Kündigung nutzen, ohne zuvor alle Möglichkeiten ergriffen zu haben, um dem Druck entgegenzuwirken und den drohenden Schaden zu vermeiden, zB durch Aufklärung oder Umsetzung. Erst wenn er dem ausgeübten Druck trotz intensiver Bemühungen nicht mehr mit rechtl. Mitteln begegnen kann und die Kündigung das praktisch einzige in Betracht kommende Mittel ist, um den Schaden abzuwenden, kann der ArbGeb kündigen[6]. Auf eine Drucksituation, die der ArbGeb durch eigenes, ihm vorwerfbares Verhalten herbeigeführt hat, kann er sich nicht berufen[7].

127 • **Eheschließung und Ehescheidung.** Sog. **Zölibatsklauseln** sind idR wegen Verstoßes gegen Art. 6 I GG unwirksam, da eine Eheschließung und auch eine Ehescheidung an sich ein Arbeitsverhältnis nicht beeinträchtigen[8]. Etwas anderes gilt, wenn das Arbeitsverhältnis konkret beeinträchtigt wird, zB im Rahmen von Sicherheitsbedenken oder im kirchlichen Bereich (s. dort Rz. 160 bzw. Rz. 134). Auseinandersetzungen im Zusammenhang mit dem Scheitern einer Ehe können das für die Fortsetzung eines **Arbeitsverhältnisses zwischen Ehegatten** notwendige Vertrauen zerstören. Je nach den Umständen des Einzelfalls können daraus Gründe im Verhalten oder in der Person des ArbN erwachsen, die eine verhaltensbedingte bzw. personenbedingte Kündigung sozial rechtfertigen. Allerdings muss eine zerrüttete Ehe nicht in jedem Fall Auswirkungen auf das Arbeitsverhältnis zwischen den Eheleuten bzw. das Arbeitsverhältnis zwischen einem Ehegatten und dem Unternehmen, in dem der andere Ehegatte ArbGebFunktionen wahrnimmt, haben. Ohne konkrete, vom ArbGeb im Einzelnen darzulegende, nachteilige Auswirkungen auf das Arbeitsverhältnis ist die Zerrüttung bzw. das Scheitern der Ehe für die Frage der sozialen Rechtfertigung der Kündigung ohne Belang[9]. Nur wenn sich die ehelichen Auseinandersetzungen nach den tatsächlichen Umständen des Einzelfalls dergestalt auf das Arbeitsverhältnis auswirken, dass der ArbGeb nachvollziehbare Gründe zu der Annahme hat, der ArbN werde seine arbeitsvertragl. Pflichten nicht mit der geschuldeten Sorgfalt und Loyalität erfüllen bzw. es werde im Arbeitsverhältnis zu einer Fortsetzung der ehelichen Streitigkeiten und damit zu einer Störung des Betriebsfriedens kommen, kann eine Kündigung sozial gerechtfertigt sein.

---

1 BAG v. 7.2.1990 – 2 AZR 359/89, NZA 1991, 341. | 2 BAG v. 24.2.2005 – 2 AZR 211/04, NZA 2005, 759. | 3 BAG v. 18.3.1981 – 5 AZR 1096/78, AP Nr. 2 zu § 611 BGB – Arbeitsleistung; v. 23.9.1983 – 7 AZR 85/82, nv. | 4 BAG v. 18.1.2007 – 2 AZR 731/05, NZA 2007, 680. | 5 BAG v. 31.1.1996 – 2 AZR 158/95, NZA 1996, 581. | 6 BAG v. 19.6.1986 – 2 AZR 563/85, DB 1986, 2498. | 7 BAG v. 26.1.1962 – AZR 244/61, DB 1962, 744. | 8 BAG v. 10.5.1957 – 1 AZR 249/56, DB 1957, 482, 993. | 9 BAG v. 9.2.1995 – 2 AZR 389/94, NZA 1996, 249.

• **Ehrenamt und Nebentätigkeit.** Die Ausübung eines Ehrenamtes oder einer Nebentätigkeit durch den ArbN können einen personenbedingten Kündigungsgrund allenfalls dann bilden, wenn sich eine solche Tätigkeit durch konkret feststellbare Störungen negativ auf das Arbeitsverhältnis, insb. die darauf beruhenden **Loyalitätspflichten** in der Weise auswirkt, dass die persönliche Eignung des ArbN zur Vertragserfüllung zweifelhaft wird. Übt ein Beamter eine Nebentätigkeit aus, kann eine personenbedingte Kündigung dieses Arbeitsverhältnisses nicht darauf gestützt werden, der ArbN sei als Beamter wirtschaftl. und sozial abgesichert[1]. Denn aus seiner Beamtenstellung resultiert keine Störung des Nebentätigkeitsarbeitsverhältnisses, sie tangiert die Eignung und Fähigkeit des ArbN nicht, seine dort geschuldete Arbeitsleistung zu erbringen. 128

• **Erwerbs- und Berufsunfähigkeit.** Die nur befristete Gewährung einer Erwerbsunfähigkeitsrente und das aus diesem Grund in § 59 I BAT/§ 33 II TVöD vorgesehene Ruhen des Arbeitsverhältnisses schließen eine Kündigung wegen dauerhafter Arbeitsunfähigkeit des ArbN nicht aus[2]. Allerdings ist auch im Falle der vollen Erwerbsunfähigkeit nicht notwendigerweise von einer das Arbeitsverhältnis beeinträchtigenden Arbeitsunfähigkeit auszugehen. Denn gem. § 43 II SGB VI ist Erwerbsunfähigkeit bereits anzunehmen, wenn der ArbN nicht mindestens drei Stunden täglich unter üblichen Bedingungen des Arbeitsmarktes erwerbstätig sein kann. Die teilweise oder volle Erwerbsunfähigkeit kann danach den personenbedingten Kündigungsgrund nicht alleine begründen, sondern nur die tatsächliche krankheitsbedingte Leistungsminderung und die sich daraus für das Arbeitsverhältnis ergebenden konkreten negativen Folgen. Damit sind die Grundsätze der krankheitsbedingten Kündigung anzuwenden. 129

• **Fahrerlaubnis.** Bei einem als Kraftfahrer beschäftigten ArbN kann der Entzug der Fahrerlaubnis einen personenbedingten Kündigungsgrund darstellen[3]. Der Verlust des Führerscheins führt zu einem Beschäftigungsverbot, das den ArbGeb hindert, den ArbN weiter als Kraftfahrer einzusetzen. Trifft ein ArbGeb die unternehmerische Entscheidung, als Beifahrer nur solche ArbN einzusetzen, die über eine entsprechende Fahrerlaubnis verfügen, kann der Verlust des Führerscheins oder der Fahrerlaubnis auch bei einem als Beifahrer beschäftigten ArbN die personenbedingte Kündigung rechtfertigen[4]. Gleiches kann für eine Betriebsfahrberechtigung gelten, die ein Betrieb von Kraftfahrtunternehmen im Personenbeförderungsverkehr ihren ArbN nach einer allgemeinen Dienstanweisung erteilt[5]. 130

• **Fluglizenz.** Hat ein ArbN durch eine nicht bestandene Prüfung die für die Ausübung seiner Tätigkeit erforderliche Lizenz verloren, so ist dieser Umstand an sich geeignet, eine personenbedingte Kündigung zu rechtfertigen, da dem ArbN dadurch das Erbringen seiner vertragl. geschuldeten Arbeitsleistung rechtl. unmöglich wird. Dies setzt voraus, dass im Zeitpunkt des Zugangs der Kündigung weder mit der Erneuerung der Erlaubnis in absehbarer Zeit zu rechnen noch eine Weiterbeschäftigung zu geänderten Arbeitsbedingungen möglich war[6]. Vor Ausspruch einer Kündigung muss der ArbGeb dem ArbN Gelegenheit geben, die Prüfung zu wiederholen, wenn mit deren Bestehen durch den ArbN in absehbarer Zeit zu rechnen ist. Gegebenenfalls hat er den ArbN sogar darauf zu verweisen. Andernfalls läuft der ArbGeb Gefahr, dass die Kündigung nicht als mildestes Mittel (ultima ratio) der möglichen Reaktionen des ArbGeb auf das Nichtbestehen der Prüfung zu bewerten ist[7]. Es gelten die Grundsätze über die abgestufte Darlegungs- und Beweislast bei Entschuldigungs- und Rechtfertigungsvorbringen des ArbN. Bringt der ArbN durch Benennung konkreter Anhaltspunkte vor, die Nichtverlängerung der Verkehrsflugzeugführerlizenz sei auf überspannte Checkanforderungen zurückzuführen und nicht durch fliegerische Leistungsmängel verursacht, hat der ArbGeb diese Behauptung zu widerlegen[8]. Dies spielt insb. bei internen Prüfungen des ArbGeb eine Rolle; ist aber weniger von Bedeutung, wenn es sich um amtliche, vom ArbGeb in ihren Inhalten nicht zu beeinflussende Prüfungen handelt. 131

• **Geschäfts- und Betriebsgeheimnisse.** Der Verrat von Geschäfts- oder Betriebsgeheimnissen stellt einen Fall der verhaltensbedingten Kündigung dar. Allerdings kann bei Bekleidung einer Vertrauensposition wie bei sonstigen Sicherheitsbedenken (s. Rz. 160) eine personenbedingte Kündigung in Betracht kommen, wenn konkrete Anhaltspunkte für eine fehlende Eignung und darauf beruhende Störungen des Arbeitsverhältnisses vorliegen, zB auf Grund persönl. Beziehungen zu einer dritten Person oder einem Konkurrenzunternehmen. 132

• **Gewissenskonflikt.** Subjektive Leistungsmängel des ArbN können dadurch verursacht werden, dass der ArbN sich aus einer ernsthaften Gewissensentscheidung heraus nicht in der Lage sieht, die von ihm geforderte Arbeitsleistung zu erbringen. Maßgebend ist der sog. subjektive Gewissensbegriff[9]. Ein vom ArbGeb hinzunehmender und vom ArbN konkret darzulegender Gewissenskonflikt liegt allerdings nur vor, wenn vom ArbN eine nach dem Arbeitsvertrag und den betriebl. Besonderheiten an sich nicht zu erwartende Arbeitsleistung verlangt wird. Also nicht, wenn der ArbN bereits bei Abschluss des Arbeits- 133

1 BAG v. 13.3.1987 – 7 AZR 724/85, NZA 1987, 629. |2 BAG v. 3.12.1998 – 2 AZR 773/97, NZA 1999, 440 = DB 1999, 589. |3 BAG v. 30.5.1978 – 2 AZR 630/76, DB 1978, 1790. |4 BAG v. 16.8.1990 – 2 AZR 526/96, nv. |5 BAG v. 25.4.1996 – 2 AZR 74/95, NZA 1996, 1201. |6 BAG v. 31.1.1996 – 2 AZR 68/95, NZA 1996, 819. |7 BAG v. 7.12.2000 – 2 AZR 459/99, AP Nr. 23 § 1 KSchG 1969 – Personenbedingte Kündigung; v. 7.12.2000 – 2 AZR 460/99, AP Nr. 24 § 1 KSchG 1969 – Personenbedingte Kündigung. |8 BAG v. 31.1.1996 – 2 AZR 68/95, NZA 1996, 819. |9 BAG v. 22.5.2003 – 2 AZR 426/02, AP Nr. 18 zu § 1 KSchG 1969 – Wartezeit.

vertrages mit der Übertragung der geforderten Arbeitsaufgaben rechnen musste und der ArbGeb aus betriebl. Erfordernissen darauf bestehen muss, dass gerade der sich auf den Gewissenskonflikt berufende ArbN den Auftrag ausführt[1]. Ein zu respektierender Gewissenskonflikt berechtigt zur Leistungsverweigerung, so dass der ArbGeb die unzumutbare Tätigkeit nicht verlangen darf. Bestehen keine anderweitigen Beschäftigungsmöglichkeiten für den ArbN kann hieraus ein personenbedingter Kündigungsgrund entstehen[2] (s. auch *Religionsausübung* Rz. 135). Im Falle der unberechtigten Arbeitsverweigerung auf Grund Gewissensnot kommt eine verhaltensbedingte Kündigung in Betracht. In die Interessenabwägung einer wegen eines zu respektierenden Gewissenskonflikts ausgesprochenen personenbedingten Kündigung ist die Glaubens-, Gewissens- und Bekenntnisfreiheit des ArbN nach Art. 4 I und II GG einzubeziehen[3].

134 • **Kirche und Religionsausübung.** Das verfassungsrechtl. (Art. 140 GG iVm. Art. 137 III WRV) garantierte Recht der **Kirche** und sonstiger Religionsgemeinschaften auf Selbstbestimmung und Selbstordnung ist bei der Prüfung der sozialen Rechtfertigung der Kündigung eines ihrer ArbN zu berücksichtigen. Welche kirchl. Grundverpflichtungen als Gegenstand des Arbeitsverhältnisses bedeutsam sein können, richtet sich nach den von der verfassten Kirche anerkannten Maßstäben. Es kommt dabei weder auf die Auffassung der einzelnen betroffenen kirchl. Einrichtungen noch auf diejenige breiter Kreise unter Kirchenmitgliedern oder gar Einzelner bestimmter Tendenzen verbundener Mitarbeiter an. Die ArbG haben die vorgegebenen kirchl. Maßstäbe für die Bewertung vertragl. Loyalitätspflichten zugrunde zu legen, soweit die Verfassung das Recht der Kirchen anerkennt, hierüber selbst zu befinden. Es bleibt danach grds. den verfassten Kirchen überlassen, verbindlich zu bestimmen, was die Glaubwürdigkeit der Kirche und ihrer Verkündigung erfordert, was spezifisch kirchliche Aufgaben sind, was Nähe zu ihnen bedeutet, welches die wesentlichen Grundsätze der Glaubenslehre und Sittenlehre sind und was als – ggf. schwerer – Verstoß gegen diese anzusehen ist. Auch die Entscheidung darüber, ob und wie innerhalb der im kirchl. Dienst tätigen Mitarbeiter eine Abstufung von Loyalitätspflichten eingreifen soll, ist grds. eine dem kirchl. Selbstbestimmungsrecht unterliegende Angelegenheit[4].

134a Liegt danach eine Verletzung von Loyalitätspflichten vor, so ist die weitere Frage, ob sie eine Kündigung des kirchl. Arbeitsverhältnisses sachlich rechtfertigt, nach §§ 1 KSchG, 626 BGB zu beantworten. Einer bei einem kath. Missionsgymnasium beschäftigten kath. Lehrerin kann aus personenbedingten Gründen gekündigt werden, wenn sie einen geschiedenen Mann heiratet. Die soziale Rechtfertigung einer derartigen Kündigung erfordert allerdings eine an den Besonderheiten des Einzelfalls orientierte umfassende Interessenabwägung, in deren Rahmen das verfassungsrechtl. verbürgte Selbstordnungs- und Selbstverwaltungsrecht der Kirche (Art. 140 GG iVm. Art. 137 III WRV) gegenüber den Grundrechten des ArbN (zB Art. 6 I GG) abzuwägen ist[5]. Der Austritt aus der kath. Kirche kann bei einem in einem kath. Krankenhaus beschäftigten Arzt einen personenbedingten Kündigungsgrund iS des § 1 II darstellen. Dies gilt auch für einen Assistenzarzt, sofern er seine ärztlichen Aufgaben unmittelbar am Patienten ausübt. Denn die mit ärztlichen und pflegerischen Aufgaben beschäftigten Mitarbeiter eines kirchl. Krankenhauses gehören grds. zu solchen Mitarbeitern, die durch ihre vertragl. Arbeitsleistung Funktionen der Kirche im karitativen Bereich wahrnehmen[6]. Eine ArbNin in einem ev. Kindergarten, die in der Öffentlichkeit werbend für eine andere Glaubensgemeinschaft (hier: Universale Kirche/Bruderschaft der Menschheit) auftritt und deren von den Glaubenssätzen der ev. Kirche erheblich abweichende Lehre verbreitet, bietet regelmäßig keine hinreichende Gewähr mehr dafür, dass sie der arbeitsvertragl. übernommenen Verpflichtung zur Loyalität gegenüber der ev. Kirche nachkommt[7]. Art. 5 I der Grundordnung der Katholischen Kirche, wonach bei Verstößen gegen Loyalitätsobliegenheiten ein klärendes Gespräch zu führen ist, enthält eine den ArbGeb bindende Verfahrensnorm[8]. Hat sich ein ArbGeb selbst gebunden, bei bestimmten Verhaltensverstößen vor Ausspruch einer Kündigung zunächst mit dem ArbN ein klärendes Gespräch zu führen, so verstößt eine Kündigung ohne vorhergehendes Gespräch regelmäßig gegen den Verhältnismäßigkeitsgrundsatz und ist deshalb sozialwidrig[9].

135 Ein ArbN verzichtet mit Abschluss des Arbeitsvertrages nicht auf sein verfassungsrechtl. in Art. 4 I und II GG gesichertes Grundrecht auf **Religionsausübung**. Allerdings ist ein ArbGeb nicht verpflichtet, Gebetspausen eines muslimischen ArbN hinzunehmen, wenn hierdurch betriebl. Störungen verursacht werden[10]. Sofern durch die Gebetsausübung die persönl. Eignung des ArbN zur Erbringung der geschuldeten Arbeitsleistung fehlt und hierdurch erhebliche, auch bei größtmöglicher zumutbarer Anstrengung des ArbGeb nicht vermeidbare Betriebsstörungen eintreten, kann eine personenbedingte Kündigung in Frage kommen. Ein ArbN kann auf Grund von fundamentalen, unüberwindbaren Glaubenshindernissen die Fähigkeit oder Eignung verlieren, die unmittelbar vertragl. geschuldete Arbeitsleistung überhaupt

1 BAG v. 22.5.2003 – 2 AZR 426/02, AP Nr. 18 zu § 1 KSchG 1969 – Wartezeit. | **2** BAG v. 24.5.1989 – 2 AZR 285/88, NZA 1990, 144. | **3** BAG v. 21.2.2001 – 2 AZR 139/00, NZA 2001, 1136; BVerfG v. 7.3.2002 – 1 BvR 1962/01, NZA 2002, 609. | **4** BVerfG v. 4.6.1985 – 2 BvR 1703/83, DB 1985, 2103. | **5** BAG v. 31.10.1984 – 7 AZR 232/83, NZA 1985, 215; v. 25.5.1988 – 7 AZR 506/87, AP Nr. 36 zu Art. 140 GG. | **6** BAG v. 12.12.1984 – 7 AZR 418/83, DB 1985, 1647. | **7** BAG v. 21.2.2001 – 2 AZR 139/00, NZA 2001, 1136; BVerfG v. 7.3.2002 – 1 BvR 1962/01, NZA 2002, 609. | **8** BAG v. 16.9.1999 – 2 AZR 712/98, AP Nr. 1 zu Art. 4 GrO – Kath. Kirche. | **9** BAG v. 24.4.1996 – 2 AZR 74/95 (Betriebsfahrerlaubnis betreffend), nv. | **10** LAG Hamm v. 18.1.2002 – 5 Sa 1782/01, NZA 2002, 675.

zu erbringen. Dies ist bei einer ein islamisches Kopftuch tragenden Verkäuferin in einem Warenhaus nicht ohne weiteres anzunehmen[1].

● **Krankheit. Überblick.** Die auf Krankheit beruhende personenbedingte Kündigung kann wegen **häufiger Kurzerkrankungen**, wegen **lang anhaltender** oder **dauernder Erkrankung** oder auch wegen **krankheitsbedingter Minderung der Leistungsfähigkeit** gerechtfertigt sein, wenn diese zu einer erheblichen Beeinträchtigung betriebl. Interessen führen und die Interessenabwägung ergibt, dass die (auch) zukünftig zu erwartenden Störungen dem ArbGeb nicht weiter zumutbar sind. Der arbeitsrechtl. **Krankheitsbegriff** folgt dem medizinischen. Danach liegt eine Krankheit vor, wenn ein regelwidriger physischer oder psychischer Zustand die Notwendigkeit einer Heilbehandlung auslöst[2]. Fehlt dem Gericht die notwendige Fachkenntnis, ob ein bestimmtes Leiden die ungestörte Erfüllung der geschuldeten Arbeitsleistung zur Folge hat, muss idR das Gutachten eines Arbeitsmediziners eingeholt werden[3]. 136

Die Erkrankung als solche stellt keinen Kündigungsgrund dar. Nur wenn sich ein Krankheitszustand auf die vertragl. zu erbringende Arbeitsleistung negativ auswirkt und zu erwarten ist, dass sich dies in absehbarer Zeit nicht ändern wird (**1. Stufe:** Negative Gesundheitsprognose), kann er zur Grundlage einer krankheitsbedingten Kündigung werden. Wie bei jeder personenbedingten Kündigung ist zweite Voraussetzung, dass die für die Zukunft prognostizierten Fehlzeiten bzw. die zu erwartenden sonstigen Störungen zu einer erheblichen Beeinträchtigung der betrieblichen Interessen (**2. Stufe**) führen. Im Anschluss hieran ist im Rahmen einer umfassenden Interessenabwägung (**3. Stufe**) zu prüfen, ob die festgestellten, durch die Krankheit des ArbN verursachten erheblichen Beeinträchtigungen betriebl. Belange zu einer dem ArbGeb billigerweise nicht mehr zumutbaren betriebl. und wirtschaftl. Belastung führen[4], die nicht durch weitere zumutbare Überbrückungsmaßnahmen vermieden werden kann. Allein mit dem Hinweis auf den Umfang der krankheitsbedingten Ausfälle des ArbN (im entschiedenen Fall ca. 1/3 der Jahresarbeitszeit) und die geringe Größe eines Betriebes lässt sich eine personenbedingte Kündigung nicht begründen[5]. Ebenso wenig gibt es **feste Grenzwerte** krankheitsbedingter Ausfalltage oder aufzuwendender Entgeltfortzahlungskosten, mit denen eine Kündigung allein begründet werden könnte[6]. Vielmehr sind immer die Besonderheiten des Einzelfalls maßgeblich. Soweit keine anders lautenden tarifl. Normen auf das Arbeitsverhältnis Anwendung finden, die eine Kündigung des Arbeitsverhältnisses während einer Erkrankung verbieten, hindert eine Erkrankung weder den Ausspruch einer Kündigung noch hat sie Einfluss auf den Lauf der Kündigungsfrist. 137

Grds. gibt es vorprozessual weder eine Informationspflicht des ArbN[7] noch eine **Erkundigungspflicht** des ArbGeb[8] über Art und Verlauf der Krankheit sowie der Genesungsfortschritte. Jedoch gebietet § 84 SGB IX seit 1.5.2004 nicht nur bei schwerbehinderten ArbN ein **betriebliches Eingliederungsmanagement**. Dies ist durchzuführen, wenn Beschäftigte innerhalb eines Jahres länger als sechs Wochen ununterbrochen oder wiederholt arbeitsunfähig sind. Unter Einbindung des BR, bei schwerbehinderten Menschen auch der Schwerbehindertenvertretung, sind mit Zustimmung des betroffenen ArbN die Möglichkeiten zu klären, wie die Arbeitsunfähigkeit möglichst überwunden werden und mit welchen Leistungen oder Hilfen erneuter Arbeitsunfähigkeit vorgebeugt und der Arbeitsplatz erhalten werden kann. Zwar ist die Durchführung eines betriebl. Eingliederungsmanagements keine formelle Wirksamkeitsvoraussetzung für eine personenbedingte Kündigung aus krankheitsbedingten Gründen. Die gesetzl. Regelung ist aber Ausprägung des das Kündigungsrecht beherrschenden Verhältnismäßigkeitsgrundsatzes[9]. Sofern eine geeignete Gesundheitsprävention nicht von vornherein ausscheidet oder der ArbN seine Zustimmung zur Maßnahme verweigert, erhält der ArbGeb durch ein betriebl. Eingliederungamnagement nicht nur Kenntnis von den Umständen, auf denen die Störungen des Arbeitsverhältnisses beruhen. Die gehörige Durchführung des Präventionsverfahrens klärt auch, ob Möglichkeiten bestehen, die Kündigung zu vermeiden (ultima ratio). 137a

Auch bei der krankheitsbedingten Kündigung ist **maßgeblicher Beurteilungszeitpunkt** für die Rechtmäßigkeit einer Kündigung der Zeitpunkt des Zugangs der Kündigung[10]. Beurteilungsgrundlage sind danach die zu diesem Zeitpunkt herrschenden objektiven Verhältnisse. Eine etwaige Prognosekorrektur bzw. -bestätigung kann in die Prüfung nur insoweit einbezogen werden, als sie auf Umständen beruht, die bereits zum Kündigungszeitpunkt objektiv vorlagen bzw. angelegt waren. Nachträglich eintretende Umstände, insb. solche, die einen neuen Kausalverlauf in der Entwicklung der Erkrankung des ArbN in Gang setzen, sind danach in die Prüfung nicht einzubeziehen. Unerheblich ist deshalb, ob der neue Kausalverlauf durch subjektiv vom ArbN beeinflussbare Umstände ausgelöst wurde, wie zB eine vom ArbN zuvor abgelehnte Operation bzw. Therapie oder eine Änderung der Lebensführung[11], oder durch 138

1 BAG v. 10.10.2002 – 2 AZR 472/01, NZA 2003, 483. | 2 BAG v. 5.4.1976 – 5 AZR 397/75, DB 1976, 1386; v. 25.6.1981 – 6 AZR 940/78, NJW 1982, 712. | 3 BAG v. 28.2.1990 – 2 AZR 401/89, NZA 1990, 727. | 4 BAG v. 29.7.1993 – 2 AZR 155/93, NZA 1994, 67. | 5 BAG v. 17.6.1999 – 2 AZR 574/98, nv. | 6 BAG v. 6.9.1989 – 2 AZR 224/89, NZA 1990, 434. | 7 BAG v. 12.4.2002 – 2 AZR 148/01, NZA 2002, 1081. | 8 BAG v. 25.11.1982 – 2 AZR 140/81, DB 1983, 1047. | 9 BAG v. 12.7.2007 –2 AZR 716/06; v. 28.6.2007 – 6 AZR 750/06, NZA 2007, 1049; v. 7.12.2006 – 2 AZR 182/06, NZA 2007, 617 (das Präventionsverfahren gem. § 84 I SBG IX betreffend). | 10 BAG v. 29.4.1999 – 2 AZR 431/98, NZA 1999, 978. | 11 BAG v. 6.9.1989 – 2 AZR 118/89, NZA 1990, 305.

außerhalb seines Einflussbereichs liegende Umstände, wie zB die Entwicklung oder das Bekanntwerden einer neuen Heilmethode oder die Anwendung eines schon bekannten, aber vom behandelnden Arzt nicht erwogenen Heilmittels erst nach Ausspruch der Kündigung[1].

139 Bei der Prüfung der **erheblichen Beeinträchtigung betrieblicher Interessen** (2. Stufe) auf Grund der festgestellten negativen Gesundheitsprognose kommt der Unterscheidung, ob die negative Prognose auf häufigen Kurzerkrankungen, auf lang anhaltender bzw. dauernder Arbeitsunfähigkeit oder auf krankheitsbedingter Minderung der Leistungsfähigkeit des ArbN beruht, wesentliche Bedeutung zu. Die jeweils hieraus folgenden betriebl. Auswirkungen sind idR unterschiedlich (s. Rz. 144, 150, 153). Unabhängig von einer eventuellen betriebl. Ursache für die Erkrankung des ArbN ist nach dem Grundsatz der Verhältnismäßigkeit zu prüfen, ob durch eine **Umsetzung** des ArbN auf einen anderen freien Arbeitsplatz oder ein betriebl. Eingliederungsmanagement (s. Rz. 137a) die betriebl. Beeinträchtigungen vermieden werden können[2]. Führt der ArbGeb kein betriebl. Eingliederungsmanagement durch, kann dies Folgen für die Darlegungs- und Beweislast im Rahmen der Prüfung der betriebl. Auswirkungen von erheblichen Fehlzeiten haben[3].

140 Eine Kündigung wegen Krankheit ist nur dann sozial gerechtfertigt, wenn die **Interessenabwägung** (3. Stufe) ergibt, dass der ArbGeb die infolge der negativen Gesundheitsprognose zu erwartenden erheblichen betriebl. Beeinträchtigungen billigerweise nicht weiter hinzunehmen hat und weitere Überbrückungsmaßnahmen zur Erhaltung des Arbeitsplatzes des arbeitsunfähigen ArbN nicht mehr möglich oder zumutbar sind[4]. Wie bei jeder personenbedingten Kündigung sind auch bei der krankheitsbedingten Kündigung für die Interessenabwägung alle konkreten Umstände des Einzelfalls maßgeblich (s. Rz. 112). Bei einer krankheitsbedingten Kündigung ist im Rahmen der Interessenabwägung eine besondere **soziale Schutzbedürftigkeit** des ArbN, zB eine bestehende Schwerbehinderung oder auch Unterhaltspflichten des ArbN mit zu berücksichtigen[5]. Ein **genesungswidriges Verhalten** des ArbN kann ebenso wie ein eventuelles Verschulden des ArbN an der Erkrankung oder der Herbeiführung eines Unfalls zu seinen Lasten anzurechnen sein. Eine eventuelle **betriebliche Ursache** der Erkrankung eines ArbN ist bei der Interessenabwägung idR zu Gunsten des ArbN einzubeziehen[6]. Etwa wenn die konkreten Arbeitsplatzbedingungen die Erkrankung oder die schwindende Leistungsfähigkeit herbeigeführt haben, zB permanenter Aufenthalt in gesundheitsbeeinträchtigender Umgebung oder jahrelange schwere körperliche Arbeit. Wenn jedoch betriebl. Verhältnisse (zB Staubluft) nicht die alleinige und primäre Ursache für krankheitsbedingte Fehlzeiten sind, sondern sich nur in Verbindung mit einer besonderen Veranlagung des ArbN (zB erhöhte Reizbarkeit des Bronchialsystems) auswirken können, sind sie zwar für die Interessenabwägung bei einer krankheitsbedingten Kündigung nicht unerheblich, ob einer möglichen Mitursächlichkeit betriebl. Ursachen bei einer solchen Konstellation jedoch entscheidendes Gewicht beizumessen ist, hängt von den Umständen des Einzelfalls ab[7].

141 Bei einem Ausschluss der ordentl. Kündigung auf Grund tarifvertragl. Vorschriften kann in Ausnahmefällen eine krankheitsbedingte **außerordentl. Kündigung** in Betracht kommen, die dann allerdings mit einer der ordentl. Kündigungsfrist entsprechenden sozialen Auslauffrist auszusprechen ist[8], dies gilt insb. für häufige langfristige Erkrankungen oder dauernde Leistungsunfähigkeit[9]. An die Bemühungen des ArbGeb, eine andere Beschäftigungsmöglichkeit zu finden und an die Obliegenheit des ArbN, an diesen Versuchen des ArbGeb kooperativ mitzuwirken, sind dann erhebliche Anforderungen zu stellen[10]. Die Fortsetzung des Arbeitsverhältnisses mit ordentl. kündbaren ArbN ist allerdings bei krankheitsbedingter Kündigung regelmäßig bis zum Ablauf der ordentl. Kündigungsfrist zumutbar, zumal der ArbGeb gewöhnlich bereits von seiner Entgeltfortzahlungspflicht befreit ist[11].

142 **– Kündigung wegen häufiger Kurzerkrankungen. (1) Negative Gesundheitsprognose.** Die soziale Rechtfertigung einer wegen häufiger Kurzerkrankungen ausgesprochenen Kündigung bedarf zunächst der Feststellung einer negativen Gesundheitsprognose hinsichtlich der in Zukunft zu erwartenden Fehlzeiten des ArbN. Im Zeitpunkt der Kündigung müssen objektive Tatsachen vorliegen, die die ernste Besorgnis auch in Zukunft auftretender weiterer Erkrankungen des ArbN im bisherigen, zumindest in erheblichem Umfang rechtfertigen[12]. Hierbei können häufige Kurzerkrankungen in der Vergangenheit für einen entsprechenden Krankheitsverlauf in der Zukunft sprechen (**Indizwirkung**). Voraussetzung ist allerdings, dass die Ursachen der bisherigen Kurzerkrankungen eine Wiederholungsgefahr in sich tragen. Auf welchen **Zeitraum** in der Vergangenheit abzustellen ist, lässt sich nicht generell sagen, da dies

1 BAG v. 21.2.2001 – 2 AZR 558/99, NZA 2001, 1071. |2 BAG v. 12.7.2007 – 2 AZR 716/06; v. 20.5.1988 – 2 AZR 682/87, NZA 1989, 464; LAG Nds. v. 29.3.2005 – 1 Sa 1429/04, AuA 2005, 433. |3 BAG v. 12.7.2007 – 2 AZR 716/06. |4 BAG v. 20.10.1983 – 2 AZR 286/82, nv.; v. 16.2.1989 – 2 AZR 299/88, NZA 1989, 923. |5 BAG v. 20.1.2000 – 2 AZR 378/99, NZA 2000, 768. |6 BAG v. 6.9.1989 – 2 AZR 118/89, NZA 1990, 305. |7 BAG v. 5.7.1990 – 2 AZR 154/90, DB 1990, 2274 = NZA 1991, 185. |8 BAG v. 12.1.2006 – 2 AZR 242/05, NZA 2006, 512; v. 12.7.1995 – 2 AZR 762/94, NZA 1995, 1100; v. 9.9.1992 – 2 AZR 190/92, NZA 1993, 598; v. 18.10.2000 – 2 AZR 627/99, NZA 2001, 219; v. 18.1.2001 – 2 AZR 616/99, NZA 2002, 455; v. 15.11.2001 – 2 AZR 605/00, ZTR 2002, 339. |9 BAG v. 27.11.2003 – 2 AZR 601/02, NZA 2004, 1118. |10 BAG v. 13.5.2004 – 2 AZR 36/04, NZA 2004, 1271. |11 BAG v. 18.10.2000 – 2 AZR 627/99, NZA 2001, 219; v. 15.3.2001 – 2 AZR 624/99, NZA-RR 2002, 20. |12 BAG v. 6.9.1989 – 2 AZR 19/89, NZA 1990, 307; v. 17.6.1999 – 2 AZR 639/98, NZA 1999, 1328.

wesentlich von dem bisherigen Verlauf des Arbeitsverhältnisses und der Art der Fehlzeiten abhängt. Ausreichend für eine Indizwirkung sind hinreichend prognosefähige Fehlzeitenräume. Häufige Kurzerkrankungen über einen längeren Zeitraum von **etwa zwei bis drei Jahren** werden idR geeignet sein, eine sichere Gesundheitsprognose zuzulassen[1]. Die notwendige **Dauer der künftig zu erwartenden Ausfallzeiten** für die soziale Rechtfertigung einer derartigen Kündigung kann ebenfalls nicht generell bestimmt werden. Ein nicht weiter zumutbares Ausmaß an Fehlzeiten hängt von den zu befürchtenden betriebl. Beeinträchtigungen sowie der anschließend vorzunehmenden Interessenabwägung ab. Die vom ArbN ausgeübte Position im Betrieb spielt dabei eine wesentliche Rolle. Bestimmten **Ursachen für vorübergehende Fehlzeiten** der Vergangenheit muss bereits auf Grund ihrer Eigenart die Eignung für eine auf sie aufbauende Gesundheitsprognose abgesprochen werden. Einmalige Ursachen für Fehltage können eine negative Zukunftsprognose nicht rechtfertigen[2]. Hierunter fallen alle Erkrankungen, denen ihrer Natur nach oder auf Grund ihrer Entstehung keine Aussagekraft für eine **Wiederholungsgefahr** beizumessen ist. Der Bildung einer negativen Prognose steht aber nicht entgegen, dass Fehlzeiten auf unterschiedlichen prognosefähigen Erkrankungen beruhen. Die bisherigen krankheitsbedingten Fehlzeiten sind deshalb auf ihre einzelnen Ursachen hin zu untersuchen. Nur Arbeitsunfähigkeitszeiten, die auch in Zukunft erhebliche Fehlzeiten erwarten lassen, können eine negative Gesundheitsprognose auf Grund häufiger Kurzerkrankungen begründen. Unterschiedliche Erkrankungen können zudem den Schluss auf eine gewisse Krankheitsanfälligkeit des ArbN zulassen und damit eine negative Prognose begründen[3]. So kann auch aus der Häufigkeit der auf Unfall beruhenden Fehlzeiten, besonders wenn sie auf regelmäßiger oder häufiger Sportausübung oder bestimmten anderen Freizeitaktivitäten beruhen, im Rahmen des auszuübenden richterlichen Ermessens nach § 286 ZPO geschlossen werden, dass der ArbN für diese Aktivitäten entweder besonders verletzungsanfällig oder bei ihrer Ausübung besonders unvorsichtig ist[4].

Kennt der ArbGeb die Ursachen der einzelnen Krankheitszeiten des ArbN nicht, genügt er seiner **Darlegungslast** zunächst, in dem er die Fehlzeiten im Einzelnen nach Datum und jeweiliger Dauer in ihrer zeitlichen Abfolge benennt. Trägt der ArbGeb ihm bekannte Ursachen der Erkrankung vor, muss seine Darlegung auch den Vortrag umfassen, weshalb diesen Erkrankungen Indizwirkung für die zukünftige Entwicklung der Ausfallzeiten des ArbN zukommt. Im Rahmen seiner **prozessualen Mitwirkungspflicht** nach § 138 II ZPO obliegt es sodann dem ArbN, darzulegen, weshalb die Besorgnis weiterer Erkrankungen unberechtigt sein soll. Dieser Mitwirkungspflicht genügt er schon dann, wenn er die Behauptungen des ArbGeb bestreitet und seine Ärzte von der Schweigepflicht entbindet. Dies gilt allerdings nur dann, wenn darin die Darlegung liegt, seine Ärzte hätten ihm gegenüber die künftige gesundheitliche Entwicklung bereits tatsächlich positiv beurteilt. Andernfalls tritt er nur einen unzulässigen Ausforschungsbeweis an, der einem unsubstantiierten Bestreiten des Vortrags des ArbGeb gleichkommt[5]. In diesem Fall ist der ArbN so zu behandeln, als hätte er zu den dargelegten Fehlzeiten nichts vorgetragen. Die Behauptungen des ArbGeb gelten dann als zugestanden. Trägt der ArbN selbst konkrete Umstände, wie die Krankheitsursachen vor, so müssen diese geeignet sein, die **Indizwirkung** der bisherigen Fehlzeiten zu **erschüttern**[6]. Dies kann einerseits dadurch geschehen, dass der ArbN die Gründe für die fehlende Wiederholungsgefahr vorträgt, zB durch Benennung der Umstände, aus denen sich ergibt, dass eine Erkrankung ausgeheilt ist, aber auch durch konkrete Darlegung, welche der genannten Fehlzeiten auf welche einmaligen Ursachen zurückzuführen sind. **Sodann hat der ArbGeb** die vom ArbN bestrittenen Krankheitsursachen bzw. die Umstände **zu beweisen**, aus denen sich die vom ArbN erschütterte Indizwirkung doch ergibt. Hierfür ist er idR darauf angewiesen, dass der ArbN die zum Beweis genannten Ärzte als Zeugen von der Schweigepflicht entbindet bzw. sich einer Sachverständigenbegutachtung unterzieht. Verweigert der ArbN diese Maßnahmen, vereitelt er die Beweisführung durch den ArbGeb, so dass die Indizwirkung anzunehmen ist. Von dem Ergebnis der Beweisaufnahme hängt dann ab, ob eine ausreichende Anzahl an Fehlzeiten bestehen bleibt, aus denen eine negative Gesundheitsprognose für die Zukunft herzuleiten ist. 143

(2) Erhebliche Beeinträchtigung betrieblicher Interessen bei häufigen Kurzerkrankungen. Grundlage der Prüfung, ob häufige Kurzerkrankungen eines ArbN zu einer erheblichen Beeinträchtigung betriebl. Interessen führen, sind allein die auf Grund der festgestellten negativen Prognose auch in Zukunft zu erwartenden Fehlzeiten des ArbN. **Betriebsablaufstörungen:** Für die Frage, ob erhebliche Betriebsablaufstörungen in Zukunft zu befürchten sind, ist unmaßgeblich, ob der gesetzl. Mindestzeitrahmen von sechs Wochen Entgeltfortzahlungspflicht im Jahr überschritten worden ist[7]. Dieses Mindestmaß gilt nur für die wirtschaftl. Belastung durch Entgeltfortzahlungskosten. Störungen des Betriebsablaufs können selbst bei jährlichen Ausfallzeiten von weniger als sechs Wochen erheblich sein[8]. Andererseits führen 144

---

1 BAG v. 10.11.2005 – 2 AZR 44/05, NZA 2006, 655; v. 18.5.1993 – 2 AZR 598/92, nv. |2 BAG v. 14.1.1993 – 2 AZR 343/92, NZA 1994, 309. |3 BAG v. 10.11.2005 – 2 AZR 44/05, NZA 2006, 655. |4 BAG v. 2.11.1989 – 2 AZR 335/89, nv. |5 BAG v. 6.9.1989 – 2 AZR 19/89, NZA 1990, 307; aA LAG Hamm – 8 (11) Sa 432/05. |6 BAG v. 7.11.2002 – 2 AZR 599/01, NZA 2003, 816 = DB 2003, 724; LAG Düsseldorf v. 19.11.2004 – 7 (11) Sa 1292/04, AuA 2005, 185. |7 BAG v. 6.9.1989 – 2 AZR 224/89, NZA 1990, 434. |8 BAG v. 7.12.1989 – 2 AZR 225/89, EzA Nr. 30 zu § 1 KSchG – Krankheit.

deutlich überdurchschnittliche Fehlzeiten eines ArbN bei Vorhalten einer an der durchschnittlichen Fehlzeitenquote ausgerichteten **Personalreserve** durch den ArbGeb nicht notwendigerweise zu Betriebsablaufstörungen. Das hängt vielmehr davon ab, ob während der jeweiligen Fehlzeiten tatsächlich Springer zur Verfügung standen, etwa deshalb, weil zu dieser Zeit im Übrigen die Fehlzeitenquote unter dem betriebl. Durchschnitt lag und Springer frei waren. Das ist nicht von vornherein ausgeschlossen, weil die Personalreserve an den auf Erfahrungsregeln beruhenden Durchschnittswerten ausgerichtet ist und mit ihr damit auch überdurchschnittliche Ausfallzeiten einzelner ArbN ausgeglichen werden. Betriebsablaufstörungen sind auch bei der krankheitsbedingten Kündigung nur dann als Kündigungsgrund geeignet, wenn sie nicht durch mögliche **Überbrückungsmaßnahmen** vermieden werden können. Hierzu gehören Maßnahmen, die anlässlich des konkreten Ausfalls eines ArbN ergriffen werden, wie die Neueinstellung einer Arbeitskraft, der Einsatz eines ArbN aus einer vorgehaltenen Personalreserve (Springer) oder die Durchführung eines betriebl. Eingliederungsmanagements (s. Rz. 137a). Werden auf diese Weise Ausfälle tatsächlich überbrückt, so liegt bereits objektiv keine erhebliche Betriebsablaufstörung und damit insoweit kein zur Kündigung geeigneter Grund vor. Die Möglichkeit der Einstellung von Aushilfskräften ist allerdings bei Kurzerkrankungen gegenüber lang anhaltenden Arbeitsunfähigkeitszeiten eingeschränkt[1].

145 **Erhebliche Beeinträchtigung der wirtschaftlichen Interessen des ArbGeb:** Wie bei jeder personenbedingten Kündigung kann auch die erhebliche Beeinträchtigung der wirtschaftl. Interessen des ArbGeb die Kündigung wegen häufiger Kurzerkrankungen rechtfertigen. Hierher gehören insb. außergewöhnlich hohe **Entgeltfortzahlungskosten**, wenn durch sie das Austauschverhältnis auf unbestimmte Zeit schwerwiegend gestört wird. Von einer gravierenden Äquivalenzstörung ist idR auszugehen, wenn für die Zukunft mit immer neuen, außergewöhnlich hohen Entgeltfortzahlungskosten zu rechnen ist, die pro Jahr für einen Zeitraum von mehr als sechs Wochen aufzuwenden sind[2]. Dies gilt auch dann, wenn der ArbGeb Betriebsablaufstörungen nicht vorträgt und keine Personalreserve vorhält[3]. Das bedeutet: Hohe Entgeltfortzahlungskosten können nicht nur in Verbindung mit Störungen des Betriebsablaufes bei krankheitsbedingten Fehlzeiten zu einer unzumutbaren Belastung des ArbGeb führen[4]. Für die Beurteilung der Frage, ob Entgeltfortzahlungskosten eine Kündigung rechtfertigen, ist auf die Kosten des Arbeitsverhältnisses abzustellen. Der Vergleich mit Entgeltfortzahlungskosten, die der ArbGeb für ArbN mit vergleichbarer Tätigkeit unter ähnlichen Bedingungen aufzuwenden hat, erlangt insb. dann Bedeutung, wenn auch die vergleichbaren ArbN überdurchschnittliche Entgeltfortzahlungskosten verursachen[5]. Maßgeblich sind allein die Entgeltfortzahlungskosten, die auf Grund der im Rahmen der negativen Gesundheitsprognose ermittelten Ausfallzeiten in Zukunft zu erwarten sind. Danach bleiben bei der Berechnung der **prognoserelevanten Kosten** diejenigen außer Betracht, die der ArbGeb für einmalige Erkrankungen, deren Wiederholung nicht zu besorgen ist, in der Vergangenheit aufgewendet hat[6]. Ferner müssen auch die Ausfallzeiten unberücksichtigt bleiben, für die keine Entgeltfortzahlungspflicht besteht, weil die einzelne Krankheit den Zeitraum von sechs Wochen überschritten hat, für den nach den gesetzl. Vorschriften das Arbeitsentgelt fortzuzahlen ist. Denn dieser Zeitraum ist für die wirtschaftl. Belastung des ArbGeb mit Entgeltfortzahlungskosten irrelevant[7]. Hält ein ArbGeb eine nach anerkannten betriebswirtschaftl. Regeln bemessene **Personalreserve** vor, liegt eine unzumutbare wirtschaftl. Belastung des ArbGeb bereits vor, wenn noch erhebliche Entgeltfortzahlungskosten hinzutreten[8]. Sieht ein TV eine über die gesetzl. Entgeltfortzahlungsfrist hinausgehende Zahlungspflicht des ArbGeb vor (zB Zuschuss zum Krankengeld), kann daraus allein nicht gefolgert werden, dass auch krankheitsbedingte Ausfallzeiten des ArbN, die sechs Wochen im Jahr übersteigen, grds. nicht geeignet sind, eine ordentl. Kündigung sozial zu rechtfertigen. Etwas anderes gilt allenfalls dann, wenn den tarifvertragl. Bestimmungen zu entnehmen ist, dass ein verbesserter Kündigungsschutz gewährt werden soll[9]. Die Berücksichtigung der Entgeltfortzahlungskosten für die Kündigung stellt keinen Wertungswiderspruch und keinen Verstoß gegen das Maßregelungsverbot dar[10]. Wenn auf Grund der negativen Prognose über den künftigen Krankheitsverlauf sowie erheblicher und unzumutbarer wirtschaftl. Belastungen eine Kündigung nach § 1 sozial gerechtfertigt ist, dann greift auch das Maßregelungsverbot des § 612a BGB nicht. Eine erhebliche Beeinträchtigung wirtschaftl. Interessen des ArbGeb kann ferner durch Kosten der Überbrückung von Betriebsablaufstörungen verursacht werden. Etwa durch unverhältnismäßig hohe **Kosten für Aushilfen**, insb. wenn diese trotz einer vorhandenen, an sich ausreichend bemessenen Personalreserve aufzuwenden sind.

146 **(3) Interessenabwägung bei häufigen Kurzerkrankungen.** Wie bei jeder krankheitsbedingten Kündigung sind bei der Interessenabwägung insb. betriebl. Ursachen für die häufigen Krankheitszeiten zu Lasten des ArbGeb zu berücksichtigen. Häufige Fehlzeiten eines ArbN muss der ArbGeb unter Umstän-

1 BAG v. 25.4.1985 – 2 AZR 127/84, nv.; v. 23.6.1983 – 2 AZR 15/82, DB 1983, 2524. | 2 BAG v. 17.6.1999 – 2 AZR 639/98, NZA 1999, 1328; v. 29.7.1993 – 2 AZR 155/93, DB 1993, 2439. | 3 BAG v. 5.7.1990 – 2 AZR 154/90, AP Nr. 26 zu § 1 KSchG 1969 – Krankheit; v. 29.7.1993 – 2 AZR 155/93, DB 1993, 2439. | 4 BAG v. 16.2.1989 – 2 AZR 299/88, NZA 1989, 923. | 5 BAG v. 10.5.1990 – 2 AZR 580/89, EzA Nr. 31 zu § 1 KSchG – Krankheit. | 6 BAG 6.9.1989 – 2 AZR 19/89, NZA 1990, 307. | 7 BAG v. 7.12.1989 – 2 AZR 225/89, EzA Nr. 30 zu § 1 KSchG – Krankheit. | 8 BAG v. 16.2.1989 – 2 AZR 299/88, NZA 1989, 923; v. 6.9.1989 – 2 AZR 19/89, NZA 1990, 307. | 9 Offen gelassen BAG v. 6.9.1989 – 2 AZR 224/89, NZA 1990, 434. | 10 BAG v. 16.2.1989 – 2 AZR 299/88, NZA 1989, 923.

den verstärkt hinnehmen, wenn vergleichbare ArbN ebenfalls erhöhte Fehlzeiten aufweisen. Eine solche Konstellation deutet auf eine betriebl. Ursache für die häufigen Erkrankungen der ArbN hin. Dies kann auch zur Vermeidung einer mittelbaren Altersdiskriminierung relevant werden[1]. Beruhen häufige Kurzerkrankungen hingegen auf besonderen Verhaltensweisen oder Veranlagungen des ArbN, zB außergewöhnliche sportliche Betätigung, erhöhte Verletzungsanfälligkeit, übermäßige Beanspruchung durch Nebentätigkeiten, sind diese zu Lasten des ArbN in die Interessenabwägung einzubeziehen (s. auch Rz. 112).

– **Kündigung wegen lang andauernder, dauernder Erkrankung und ungewisser Dauer der Erkrankung. (1) Negative Gesundheitsprognose.** Auch die ordentl. Kündigung aus Anlass einer Langzeiterkrankung ist erst dann sozial gerechtfertigt, wenn eine negative Prognose hinsichtlich der voraussichtlichen weiteren Dauer der Arbeitsunfähigkeit vorliegt[2]. Hierfür ist nicht in erster Linie der Gesundheitszustand des ArbN zum Zeitpunkt des Ausspruchs der Kündigung, sondern der zu erwartende weitere Krankheitsverlauf maßgeblich. Für die negative Prognose muss danach festgestellt werden, ob für die Zukunft auf Grund objektiver Umstände mit einer lang anhaltenden, dauernden oder zumindest auf absehbare Zeit ungewissen Dauer der Arbeitsunfähigkeit zu rechnen ist. Allerdings ist hierfür eine bestimmte Dauer der Erkrankung in der Vergangenheit idR unmaßgeblich, denn daraus folgt nicht zwangsläufig, dass die Arbeitsunfähigkeit anhält. Andererseits kann einer zum Zeitpunkt der Kündigung bereits über einen längeren Zeitraum bestehenden Arbeitsunfähigkeit eine Indizwirkung für die Zukunft beizumessen sein. Auch bei erst kurzer Dauer der Erkrankung kann eine negative Prognose auf Grund der Art der Erkrankung, zB schwere Unfallverletzung, gerechtfertigt sein, sofern sie dem ArbN die geschuldete Arbeitsleistung voraussichtlich auf lange Zeit oder auf Dauer unmöglich macht. Der dauernden Leistungsunfähigkeit steht die **Ungewissheit der Wiederherstellung** der Arbeitsfähigkeit gleich, wenn in den **nächsten 24 Monaten** mit einer anderen Prognose nicht gerechnet werden kann[3]. In diesen Prognosezeitraum sind die vor Ausspruch der Kündigung liegenden Krankheitszeiten nicht einzubeziehen[4]. 147

Maßgebliche Beurteilungsgrundlage für die Rechtmäßigkeit einer derartigen Kündigung sind wiederum die objektiven Verhältnisse im Zeitpunkt des Zugangs der Kündigungserklärung. Die objektiven Kriterien, nach denen der ArbGeb seine Zukunftsprognose zur weiteren Dauer der Arbeitsunfähigkeit des ArbN anzustellen hat, müssen deshalb beim Zugang der Kündigungserklärung vorliegen[5]. Die spätere tatsächliche Entwicklung einer Erkrankung kann weder zur Bestätigung noch zur Korrektur der Prognose verwertet werden[6]. Hiervon zu unterscheiden ist eine Korrektur der Beurteilung der negativen Prognose im Prozess auf Grund von Umständen der Erkrankung des ArbN, die bereits zum Zeitpunkt der Kündigung bestanden. Der ArbGeb braucht die Erfolgsaussichten einer möglichen, aber mit einem erheblichen Risiko behafteten Operation jedenfalls dann nicht in seine Prognose über die weitere Dauer der Arbeitsunfähigkeit einzubeziehen, wenn der ArbN sich auch nach mehrmonatiger Bedenkzeit noch unentschlossen zeigt, ob er sich der Operation unterziehen soll[7]. 148

Der ArbGeb trägt die **Darlegungs- und Beweislast** für die negative Gesundheitsprognose. Der ArbN kann die durch den ArbGeb zunächst darzulegende negative Prognose durch substantiierten Vortrag erschüttern. Hierzu muss er vortragen, auf Grund welcher konkret zu benennenden Umstände, zB wegen einer bestimmten bereits begonnenen Behandlungsweise, Kur oder Therapie, mit der alsbaldigen Wiederherstellung seiner Leistungsfähigkeit zur Erbringung der geschuldeten Arbeitsleistung zu rechnen ist. Ohne einen entsprechenden Vortrag zu begründen, reicht danach die bloße Behauptung einer Heilungschance nicht aus[8]. Im Falle des substantiierten Bestreitens der negativen Gesundheitsprognose durch den ArbN muss der ArbGeb den Beweis für die Richtigkeit der von ihm behaupteten Prognose führen. Auch bei der lang andauernden Erkrankung ist der ArbN nicht im Vorfeld der Kündigung zu Auskünften über den zu erwartenden Krankheitsverlauf oder zur Begutachtung durch einen Sachverst. verpflichtet. Auch wenn der ArbN vor Ausspruch der Kündigung die Entbindung seiner Ärzte von der Schweigepflicht verweigert hat, kann er im Kündigungsschutzprozess die negativen Prognose unter Bezugnahme auf ärztliches Zeugnis bestreiten[9]. 149

(2) Erhebliche Beeinträchtigung betrieblicher Interessen bei lang andauernder, dauernder bzw. ungewisser Dauer der Erkrankung. Steht zum Zeitpunkt der Kündigung fest, dass der ArbN in Zukunft die geschuldete Arbeitsleistung überhaupt nicht mehr erbringen kann, so ist schon aus diesem Grund das Arbeitsverhältnis auf Dauer ganz erheblich gestört, so dass bei krankheitsbedingter dauernder Leistungsunfähigkeit idR ohne weiteres von einer erheblichen Beeinträchtigung der betriebl. Interessen auszugehen ist[10]. Die auf das jeweilige Arbeitsverhältnis bezogene, betriebl. Beeinträchtigung besteht 150

1 LAG BW v. 18.6.2007 – 4 Sa 14/07, AuA 2007, 624. | 2 BAG v. 29.4.1999 – 2 AZR 431/98, DB 1999, 1861 = NZA 1999, 978. | 3 BAG v. 19.4.2007 – 2 AZR 239/06, NZA 2007, 1041. | 4 BAG v. 12.4.2002 – 2 AZR 148/01, NZA 2002, 1081; v. 29.4.1999 – 2 AZR 431/98, NZA 1999, 978. | 5 BAG v. 15.8.1984 – 7 AZR 536/82, NZA 1985, 357 = DB 1985, 976. | 6 BAG v. 12.4.2002 – 2 AZR 148/01, NZA 2002, 1081. | 7 BAG v. 15.8.1984 – 7 AZR 536/82, NZA 1985, 357 = DB 1985, 976. | 8 BAG v. 19.5.1993 – 2 AZR 539/92, nv. | 9 BAG v. 12.4.2002 – 2 AZR 148/01, NZA 2002, 1081. | 10 BAG v. 19.4.2007 – 2 AZR 239/06, NZA 2007, 1041; v. 18.1.2007 – 2 AZR 759/05, nv.; v. 29.4.1999 – 2 AZR 431/98, DB 1999, 1861.

darin, dass der ArbGeb damit rechnen muss, der ArbN werde auf Dauer außer Stande sein, die von ihm geschuldete Arbeitsleistung zu erbringen. In diesem Fall liegt die erhebliche betriebl. Beeinträchtigung darin, dass der ArbGeb auf unabsehbare Zeit gehindert ist, sein Direktionsrecht auszuüben. Eine irgendwie geartete Planung des Einsatzes des betroffenen ArbN ist ebenso wenig möglich wie der von Vertretungskräften. Der ArbGeb kann nicht gehindert werden, für die Tätigkeit des ArbN auf Dauer einen anderen ArbN einzusetzen[1]. Eine lang anhaltende Erkrankung vermag eine Kündigung ohne Rücksicht auf zusätzliche wirtschaftl. Belastungen des ArbGeb bereits dann sozial zu rechtfertigen, wenn im Zeitpunkt der Kündigung die Wiederherstellung der Arbeitsfähigkeit völlig ungewiss ist und die Krankheit bereits längere Zeit (im entschiedenen Fall: 1 ½ Jahre) angedauert hat. Diese **Ungewissheit** kann wie eine feststehende dauernde Arbeitsunfähigkeit zu erheblichen Beeinträchtigungen betriebl. Interessen führen[2]. Denn dann ist der ArbGeb in einer dem Fall der feststehenden Leistungsunfähigkeit vergleichbaren Lage. Dies gilt insb. dann, wenn zum Zeitpunkt des Kündigungszugangs auf Grund objektiver Umstände mit einer Arbeitsunfähigkeit auf nicht absehbare Zeit zu rechnen ist und gerade diese Ungewissheit zu unzumutbaren betriebl. oder wirtschaftl. Belastungen führt[3]. Die Ungewissheit der Wiederherstellung der Arbeitsfähigkeit steht einer krankheitsbedingten dauernden Leistungsunfähigkeit dann gleich, wenn in den nächsten 24 Monaten mit einer anderen Prognose nicht gerechnet werden kann[4]. Denn für die betriebl. Beeinträchtigungen kommt es auf den künftigen Handlungsspielraum des ArbGeb im Zeitpunkt der Kündigung an. Für den Zeitraum von 24 Monaten kann er befristet eine Ersatzkraft einstellen und damit die betriebl. Beeinträchtigungen überbrücken[5]. Im Falle einer feststehenden dauernden Leistungsunfähigkeit oder einer völligen Ungewissheit über die Wiederherstellung der Arbeitsfähigkeit kommt es hingegen auf etwaige Vertretungsmöglichkeiten nicht an[6].

151 **(3) Interessenabwägung bei lang andauernder Erkrankung.** Die dauernde Leistungsunfähigkeit des ArbN führt idR zu einer für den ArbGeb nicht mehr tragbaren betriebl. Beeinträchtigung[7]. Nur bei Vorliegen einer besonderen Schutzbedürftigkeit des ArbN kann die Interessenabwägung zu einem anderen Ergebnis führen[8], wenn zB betriebl. Umstände für die Erkrankung des ArbN verantwortlich sind. Beruht die Erkrankung des ArbN auf einem **Betriebsunfall** sind an die Interessenabwägung strengere Anforderungen zu stellen. Hier ist insb. von Bedeutung, ob der ArbGeb oder der ArbN für den Betriebsunfall verantwortlich ist. Ggf. sind dem ArbGeb weiter gehende Überbrückungsmaßnahmen oder Umsetzungsmaßnahmen zumutbar, um dem ArbN eine seine Verletzungen berücksichtigende Beschäftigung zu sichern, zB durch die Schaffung eines leidensgerechten Arbeitsplatzes durch dessen zumutbare Umgestaltung als Teilzeitarbeitsplatz oder in technischer Hinsicht, etwa auch unter Inanspruchnahme öffentl. Leistungen zur Teilhabe am Arbeitsleben gem. §§ 33 ff. SGB IX. Zu den vom ArbGeb in Erwägung zu ziehenden Überbrückungsmaßnahmen gehört unter Umständen auch die Einstellung einer Aushilfskraft auf unbestimmte Zeit. Der ArbGeb hat konkret darzulegen, weshalb die Einstellung einer Aushilfskraft nicht möglich oder nicht zumutbar sein soll[9] (s. auch Rz. 112).

152 **– Kündigung wegen krankheitsbedingter Minderung der Leistungsfähigkeit. (1) Negative Gesundheitsprognose.** Die krankheitsbedingte Minderung der Leistungsfähigkeit kann einen in der Person des ArbN liegenden Kündigungsgrund darstellen, wenn sie zu einer erheblichen Beeinträchtigung betriebl. Interessen führt[10]. Die negative Gesundheitsprognose muss sich in dieser Fallkonstellation darauf beziehen, dass auch in Zukunft eine erhebliche Minderung der Leistungsfähigkeit zu besorgen ist, zB eine um 1/3 gegenüber der Normalleistung verminderte Arbeitsleistung. Die Feststellung der negativen Prognose setzt somit voraus, dass zum Zeitpunkt der Kündigung ein objektiv messbarer erheblicher Leistungsabfall in quantitativer oder qualitativer Hinsicht besteht. Den normalen altersbedingten Leistungsabfall eines ArbN hat der ArbGeb hinzunehmen[11]. Andererseits kann von einer Leistungsminderung nicht mehr die Rede sein, wenn der ArbN im Betrieb überhaupt nicht mehr sinnvoll eingesetzt werden kann[12]. Eine „Kündigung aus Fürsorge" ist auch dann nicht ohne weiteres möglich, wenn ein arbeitsmedizinisches Gutachten dem ArbN empfiehlt, zur Vermeidung einer Verschlechterung seines Gesundheitszustandes die vertragl. geschuldete Arbeitsleistung nicht weiter zu erbringen[13]. Es kommt vielmehr auf das Verhalten des ArbN und die tatsächlichen Auswirkungen auf das Arbeitsverhältnis an[14].

153 **(2) Erhebliche Beeinträchtigung betrieblicher Interessen bei krankheitsbedingter Minderung der Leistungsfähigkeit.** Bei einer in Zukunft zu erwartenden krankheitsbedingten Leistungsminderung des ArbN wird die erhebliche Beeinträchtigung betriebl. Interessen idR wirtschaftl. Natur sein. Denn der Zahlung des vollen Zeitlohns steht bei einer krankheitsbedingten Leistungsminderung des ArbN keine

1 BAG v. 21.5.1992 – 2 AZR 399/91, NZA 1993, 497 = DB 1993, 1292. | 2 BAG v. 21.5.1992 – 2 AZR 399/91, NZA 1993, 497 = DB 1993, 1292. | 3 BAG v. 25.11.1982 – 2 AZR 140/81, DB 1983, 1047. | 4 BAG v. 12.4.2002 – 2 AZR 148/01, NZA 2002, 1081. | 5 BAG v. 29.4.1999 – 2 AZR 431/98. | 6 BAG v. 19.4.2007 – 2 AZR 239/06, NZA 2007, 1041. | 7 BAG v. 21.5.1992 – 2 AZR 399/91, NZA 1993, 497; v. 30.1.1986 – 2 AZR 668/84, NZA 1987, 555. | 8 BAG v. 18.1.2007 – 2 AZR 759/05, nv. | 9 BAG v. 25.11.1982 – 2 AZR 140/81, DB 1983, 1047. | 10 BAG v. 26.9.1991 – 2 AZR 132/91, NZA 1992, 1073; v. 11.12.2003 – 2 AZR 667/02, AuA 2004, 44. | 11 BAG v. 20.11.1987 – 2 AZR 284/86, NZA 1988, 617. | 12 BAG v. 18.1.2001 – 2 AZR 616/99, NZA 2002, 455. | 13 KR/*Griebeling*, § 1 KSchG Rz. 379. | 14 Zur eventuellen Schadenersatzpflicht des ArbGeb: BAG v. 13.12.2001 – 8 AZR 131/01, DB 2002, 1508.

nach betriebswirtschaftl. und arbeitswissenschaftl. Grundsätzen ausgerichtete adäquate Arbeitsleistung gegenüber. Da die Beeinträchtigung betriebl. Interessen erheblich sein muss, genügt nicht jede geringfügige Minderleistung. Das BAG hat eine Minderleistung für ausreichend angesehen, die dazu führte, dass der ArbGeb für 1/3 des vollen Zeitlohns keine Gegenleistung erhielt[1].

(3) Interessenabwägung bei der krankheitsbedingten Minderung der Leistungsfähigkeit. Bei einer Kündigung wegen Minderung der Leistungsfähigkeit hat der ArbGeb vor allem bei älteren ArbN zu prüfen, ob der Leistungsminderung nicht durch organisatorische Maßnahmen (Änderung des Arbeitsablaufs, Umgestaltung des Arbeitsplatzes, Umverteilung der Aufgaben) begegnet werden kann[2]. Die weitere Zumutbarkeit derartiger Maßnahmen ist bei der Interessenabwägung besonders zu berücksichtigen (s. auch Rz. 112). 154

● **Kur.** Durch einen Kuraufenthalt, den der ArbN zur Besserung oder Wiedererlangung seiner Arbeitsfähigkeit unternimmt, setzt der ArbN keinen eine personenbedingte Kündigung rechtfertigenden Grund. Dies folgt schon aus der durch die Kur gerade beabsichtigten Verbesserung der Gesundheitsprognose. Insb. eine im Anschluss an eine lang andauernde Erkrankung durchgeführte Kur des ArbN, die nach ärztlicher Erkenntnis mit Aussicht auf Wiederherstellung der Erwerbsfähigkeit angetreten wird, verpflichtet den ArbGeb idR, den Erfolg dieser Kur vor Ausspruch einer Kündigung abzuwarten. Dies gilt insb. auch bei einer Entziehungskur wegen Alkohol- oder Drogensucht (s. dort Rz. 119). 155

● **Minderleistung.** Eine Minderleistung kann insb. auf Defiziten fachlicher, pädagogischer[3] oder die Persönlichkeit betreffender Art, wie zB bei einem ArbN mit Führungsverantwortung[4], beruhen. Die völlige Erfolglosigkeit eines ArbN im Akquisitionsgeschäft[5] stört das Austauschverhältnis von Leistung und Gegenleistung nachhaltig, so dass eine personenbedingte Kündigung wegen fehlender persönlicher Eignung gerechtfertigt sein kann. Eine personenbedingte Kündigung wegen Minderleistung setzt nicht voraus, dass der ArbN gegen die subjektiv zu bestimmende Leistungspflicht verstößt. Merkmal der personenbedingten Kündigung ist vielmehr, dass die Minderleistung trotz Ausschöpfung der persönl. Leistungsfähigkeit des ArbN eintritt. Es kommt darauf an, ob die Arbeitsleistung die berechtigte Erwartung des ArbGeb von der Gleichwertigkeit der beiderseitigen Leistungen in einem Maße unterschreitet, dass ihm ein Festhalten an dem (unveränderten) Arbeitsvertrag unzumutbar ist[6]. 155a

● **Öffentlicher Dienst.** Ein im öffentl. Dienst beschäftigter Angestellter hat auch außerhalb des Dienstes die Rechtsordnung zu wahren. Zur politischen Betätigung eines im öffentl. Dienst Beschäftigten s. dort Rz. 158. Außerdienstlich begangene Straftaten sind jedenfalls dann zur Rechtfertigung einer Kündigung geeignet, wenn sie ein gewisses Gewicht haben[7]. Dabei ist die Reaktionsbefugnis des öffentl. ArbGeb auf außerdienstl. Straftaten nicht auf solche Verhaltensweisen des ArbN beschränkt, die ihrer Art nach geeignet sind, das Vertrauen des ArbGeb in die konkrete Arbeitsleistung zu erschüttern. Die Tauglichkeit von Angestellten im öffentl. Dienst zur Erbringung ihrer Arbeitsleistung kann nicht nur durch Störungen des Vertrauensverhältnisses zwischen den Arbeitsvertragsparteien selbst beeinträchtigt werden. Vielmehr kommt es, da sie als Repräsentanten des Staates gegenüber der Öffentlichkeit auftreten – abhängig von der konkreten Dienstfunktion – auch auf ihr Ansehen in der Öffentlichkeit an[8]. Begeht ein im öffentl. Dienst Beschäftigter ein vorsätzliches Tötungsdelikt, so ist es dem öffentl. ArbGeb idR unzumutbar, ihn weiter zu beschäftigen, ohne dass eine konkret messbare Ansehensschädigung nachgewiesen werden müsste[9]. Eine kündigungsrelevante Beeinträchtigung des Ansehens der öffentl. Verwaltung wird auch bei einem Angestellten der Finanzbehörde, der eine Steuerhinterziehung in erheblichem Umfang begangen hat, bejaht, und zwar unabhängig von einer geschehenen Selbstanzeige gem. § 371 AO[10]. 156

● **Persönliche und familiäre Verhältnisse.** Besondere persönl. oder familiäre Beziehungen des ArbN zu Dritten stellen für sich alleine keinen die personenbedingte Kündigung rechtfertigenden Grund dar. Vielmehr müssen auch hier konkrete Beeinträchtigungen des Arbeitsverhältnisses dargelegt werden, auf Grund derer die fehlende persönl. Eignung des ArbN zur ordnungsgemäßen, insb. loyalen Erbringung der Arbeitsleistung für die Zukunft zu besorgen ist. So folgt aus dem Wechsel des Lebenspartners zu einem Konkurrenzunternehmen und dessen dortige leitende Stellung ohne konkrete negative Auswirkungen auf das Arbeitsverhältnis des verbleibenden ArbN kein personenbedingter Kündigungsgrund[11]. Ein in der Person des ArbN liegender Grund kann aber die Unmöglichkeit der Einhaltung betriebl. Arbeitszeiten auf Grund der Betreuung Angehöriger (zB Betreuung erkrankter Kinder[12]) darstellen oder die hierauf beruhende fehlende Möglichkeit des ArbN, eine Vollzeitstelle zu bekleiden, wenn eine Teilzeitbeschäftigung nicht möglich ist. 157

---

1 BAG v. 26.9.1991 – 2 AZR 132/91, NZA 1992, 1073. | 2 BAG v. 12.7.1995 – 2 AZR 762/94, DB 1995, 2617. | 3 BAG v. 6.3.2003 – 2 AZR 232/02, NZA 2004, 231. | 4 LAG Hess. v. 19.10.2004 – 1 Sa 19/04, AuA 2005, 311. | 5 BAG v. 3.6.2004 – 2 AZR 386/03, NZA 2004, 1380. | 6 BAG v. 11.12.2003 – 2 AZR 667/02, NZA 2004, 784; v. 10.2.2005 – 2 AZR 584/03, nv. | 7 BAG v. 8.6.2000 – 2 AZR 638/99, NZA 2000, 1282. | 8 BAG v. 20.11.1997 – 2 AZR 643/96, NZA 1998, 323; v. 8.6.2000 – 2 AZR 638/99, NZA 2000, 1282; v. 21.6.2001 – 2 AZR 325/00, NZA 2002, 1030. | 9 BAG v. 8.6.2000 – 2 AZR 638/99, NZA 2000, 1282. | 10 BAG v. 21.6.2001 – 2 AZR 325/00, NZA 2002, 1030. | 11 LAG Hamm v. 29.1.1997 – 14 Sa 1862/96, NZA 1999, 656. | 12 *Kießling/Jünemann*, DB 2005, 1684.

158 • **Politische Betätigung.** Einen personenbedingten Kündigungsgrund wegen fehlender Eignung auf Grund von Zweifeln an der Erfüllung der einfachen **politischen Loyalitätspflicht** eines im öffentl. Dienst tätigen ArbN stellt eine politische Betätigung nur dar, wenn sie in die Dienststelle hineinwirkt und entweder die allgemeine Aufgabenstellung des öffentl. ArbGeb oder das konkrete Arbeitsgebiet des ArbN berührt. So können insb. die bei einem Lehrer auf Grund vergangener oder gegenwärtiger politischer Betätigung bestehenden Zweifel an seiner Einstellung zu einem freiheitlichen und demokratischen Rechtsstaat dessen persönliche Eignung für die geschuldete Lehrtätigkeit in Frage stellen. Die bei jeder personenbedingten Kündigung festzustellende negative Prognose zum Zeitpunkt des Kündigungsausspruchs muss insb. bei vergangener politischer Aktivität des Lehrers (zB herausgehobene parteipolitische Tätigkeit für die SED) die Prüfung einer eventuellen Änderung der politischen Einstellung umfassen[1]. So kann das Verhalten eines ArbN nach der Wende (auch eines früheren Mitarbeiters des Ministeriums für Staatssicherheit der DDR) bei konkreter Würdigung seiner Persönlichkeit und Betätigung dazu führen, dass Zweifel an seiner persönl. Eignung für die geschuldete Tätigkeit nicht mehr bestehen bzw. aufrechterhalten werden können[2]. Liegen Indizien für die fehlende Bereitschaft des ArbN zur Verfassungstreue vor, hat nicht der ArbN diese zu entkräften, sondern der ArbGeb muss durch den Vortrag konkreter Umstände diese Indizien personalisieren und verstärken, so dass sie die Feststellung der fehlenden Eignung (Verfassungstreue) rechtfertigen. Derartige Umstände können sich aus dem bisherigen dienstl. oder außerdienstl. Verhalten des ArbN sowie insb. aus seinem durch Anhörung zu ermittelnden Verfassungsverständnis ergeben[3]. S. auch Sicherheitsbedenken Rz. 160. Auch in der Privatwirtschaft sind Arbeitsplätze denkbar, bei denen eine frühere Tätigkeit des Einzustellenden bzw. ArbN für das Ministerium für Staatssicherheit der DDR gravierende Eignungsmängel erkennen lässt[4].

159 • **Schulden und Lohnpfändungen.** Die nicht durch eine persönl. Notlage verursachten hohen Schulden eines in einer Vertrauensstellung beschäftigten ArbN können einen personenbedingten Kündigungsgrund darstellen, wenn sie in relativ kurzer Zeit zu häufigen Lohnpfändungen führen und sich aus der Art und Höhe der Schulden ergibt, dass der ArbN voraussichtlich noch längere Zeit in ungeordneten Verhältnissen leben wird. Bei Vorliegen dieser Voraussetzungen fehlt es idR an der persönl. Eignung des ArbN für die ihm übertragene Vertrauensstellung[5]. Bei der Interessenabwägung können auf der ArbGeb-Seite insb. die Größe und Struktur des Betriebes, die Art und das Ausmaß des Arbeitsaufwandes, die Gefahr von Drittschuldnerklagen und auf der ArbN-Seite die Anzahl der Lohnpfändungen, Dauer der Betriebszugehörigkeit, Lebensalter, Unterhaltspflichten, Wiedereinstellungschancen des ArbN, Vorliegen einer finanziellen Notlage zu berücksichtigen sein[6].

160 • **Sicherheitsbedenken.** Sicherheitsbedenken gegenüber dem ArbN, die sich aus der vom ArbGeb vermuteten fehlenden Verfassungstreue ergeben, sind von diesem unter Berücksichtigung der dem ArbN obliegenden politischen Treuepflicht bezogen auf sein Tätigkeitsgebiet und den behördlichen Aufgabenbereich konkret unter Anführung greifbarer Tatsachen darzulegen[7]. Es müssen also tatsächlich Umstände vorgebracht werden, aus denen die Sicherheitsbedenken hergeleitet werden. Das Gericht hat sodann zu entscheiden, ob wegen des vorgetragenen Sachverhalts und der sich daraus ergebenden Sicherheitsbedenken die Kündigung sozial gerechtfertigt ist[8]. Eine personenbedingte Kündigung kann zB bei einer Schreibkraft im Bundesministerium der Verteidigung wegen Sicherheitsbedenken gerechtfertigt sein, wenn deren hohe Verschuldung, die teilweise auf rechtskräftig verurteilte Straftaten im Vermögensbereich zurückzuführen ist, erst auf längere Sicht wird getilgt werden können[9].

161 • **Straf- und Untersuchungshaft.** Die soziale Rechtfertigung einer ordentl. Kündigung wegen Inhaftierung, auch derjenigen wegen Untersuchungshaft, hängt von der (voraussichtlichen) Dauer der Haft sowie insb. der Art und dem Ausmaß der betriebl. Auswirkungen der Arbeitsverhinderung ab[10]. Die haftbedingte Arbeitsverhinderung rechtfertigt alleine nicht die personenbedingte Kündigung; sie muss vielmehr das Arbeitsverhältnis konkret – über die bloße Abwesenheit des ArbN hinaus – in einer dem ArbGeb nicht zumutbaren Weise beeinträchtigen[11]. Eine bestimmte Dauer der Haft ist dafür nicht allein maßgebliches Kriterium, diese verursacht nur ggf. besondere betriebl. Beeinträchtigungen. Befindet sich der ArbN in Untersuchungshaft und hat die Hauptverhandlung noch nicht begonnen, kommt als Kündigungsgrund auch die Ungewissheit über die Rückkehr des ArbN oder zumindest deren Zeitpunkt in Betracht[12]. Kriterien für die Art und das Ausmaß der betriebl. Beeinträchtigungen durch die Haft sind etwa bereits eingetretene und insb. in Zukunft zu erwartende Betriebsstörungen, wie Schichtausfälle, Schwierigkeiten bei der Beschaffung einer Aushilfskraft oder deren notwendige Ausbildung, entstandene oder zu erwartende Schäden, möglicherweise auch immaterieller Art durch etwa eingetretenen

---

1 BVerfG v. 8.7.1997 – 1 BvR 1243/95, NZA 1997, 932 = EzA Nr. 58 zu Art. 20 EinigungsV. | 2 BAG v. 13.3.1997 – 2 AZR 506/96, nv. | 3 BAG v. 28.9.1989 – 2 AZR 317/86, NJW 1990, 1196. | 4 BAG v. 25.10.2001 – 2 AZR 559/00, NZA 2002, 639 (zur sog. Fragebogenlüge). | 5 BAG v. 29.8.1980 – 7 AZR 726/77, nv.; v. 15.10.1992 – 2 AZR 188/92, EzA Nr. 45 zu § 1 KSchG – Verhaltensbedingte Kündigung. | 6 BAG v. 4.11.1981 – 7 AZR 264/79, DB 1982, 498. | 7 BAG v. 20.7.1989 – 2 AZR 114/87, NZA 1990, 614. | 8 BAG v. 21.3.1996 – 2 AZR 479/95, nv. | 9 LAG Köln v. 9.5.1996 – 10 Sa 22/96, ZTR 1997, 188. | 10 BAG v. 20.11.1997 – 2 AZR 805/96, nv.; v. 22.9.1994 – 2 AZR 719/93, NZA 1995, 119. | 11 BAG v. 22.9.1994 – 2 AZR 719/93, NZA 1995, 119; v. 15.11.1984 – 2 AZR 613/83, NZA 1985, 661. | 12 BAG v. 22.9.1994 – 2 AZR 719/93, NZA 1995, 119.

Ansehensverlust, die Notwendigkeit der dauernden Einstellung einer Ersatzkraft. Da der ArbGeb den durch die Haft an der Erfüllung der Arbeitsleistung verhinderten ArbN nicht vergüten muss, wird er wirtschaftl. nicht belastet. Er wird daher zumutbare Überbrückungsmaßnahmen auszunutzen haben. Allerdings ist im Rahmen der Interessenabwägung zu berücksichtigen, dass der ArbN seine Leistungsverhinderung idR zu vertreten hat.

• **Straftat.** Eine personenbedingte Kündigung wegen einer Straftat kommt nur für solche Straftaten in Betracht, die **außerdienstlich** begangen werden. Eine im Betrieb verübte Straftat stellt eine Verletzung der arbeitsvertragl. Pflichten des ArbN dar, so dass sie eine verhaltensbedingte Kündigung rechtfertigen kann (s. Rz. 243). Außerdienstl. Verhalten des ArbN, insb. eines, mit dem der ArbN eine Straftat verwirklicht, rechtfertigt nur dann eine personenbedingte Kündigung, wenn durch die Tat das Arbeitsverhältnis konkret berührt wird und die **Eignung** des ArbN für die vertragl. geschuldete Arbeitsleistung in Frage steht (s. *Öffentlicher Dienst* Rz. 156). **Beispiele**, bei denen ein derartiger Eignungsmangel in Betracht kommt: Ladendiebstahl zu Lasten einer Konzernschwester des ArbGeb[1] oder von einer bei der Staatsanwaltschaft beschäftigten Gerichtshelferin[2]; Vermögensdelikt eines bei einer Bank beschäftigten Kassierers; Steuerhinterziehung einer Angestellten der Finanzbehörde, und zwar unabhängig von einer geschehenen Selbstanzeige gem. § 371 AO[3]; Verkehrsdelikte bei Berufskraftfahrern, insb. Trunkenheitsfahrt[4], auch eines U-Bahn-Zugführers[5] oder eines Leiters eine Kfz-Prüfstelle mit anschließender Unfallflucht[6], Betäubungsmitteldelikt eines Krankenpflegers[7]. 162

• **Tendenzbetrieb.** Soweit ein ArbN als sog. Tendenzträger auf Grund seiner konkret geschuldeten Arbeitsleistung an der Verwirklichung der geistig-ideellen Ziele des Tendenzunternehmens mitzuwirken hat, ist er grds. zur Loyalität gegenüber seinem ArbGeb auch hinsichtlich dessen Zielsetzung verpflichtet. Ein Loyalitätskonflikt ist nicht nur im kirchl. Bereich (s. Rz. 134), sondern auch in Unternehmen bestimmter politischer, karikativer, erzieherischer, wissenschaftlicher oder künstlerischer Bestimmung möglich. Eine personenbedingte Kündigung kann jedoch auch in diesem Fall nur gerechtfertigt sein, wenn der ArbN etwa durch eine der Tendenz entgegenstehende politische Betätigung das Arbeitsverhältnis konkret stört, zB durch die Zugehörigkeit zu oder gar öffentl. Propaganda zu Gunsten einer rechts- oder linksradikalen Partei seitens eines verantwortlichen Redakteurs, der damit die Glaubwürdigkeit einer Zeitung mit entgegengesetzter Tendenz nachhaltig in Frage stellt[8]. 163

• **Verdachtskündigung.** Durch den gegen einen ArbN bestehenden dringenden Verdacht, eine Straftat begangen zu haben, kann dessen **Eignung**, die vertragl. geschuldete Arbeitsleistung zu erbringen, beeinträchtigt sein. Auch hier wird allgemein – wie bei der erwiesenen Straftat – zwischen außerhalb und innerhalb des dienstlichen Bereichs gezeigtem Verhalten des ArbN unterschieden, mit dem der dringende Verdacht, eine Straftat verübt zu haben, begründet wird. Da die Verdachtskündigung regelmäßig einen schwerwiegenden Vorwurf enthält, der den Ausspruch einer außerordentl. Kündigung rechtfertigen kann, wird auf die unter § 626 BGB dargestellten Grundsätze der außerordentl. Verdachtskündigung verwiesen (s. § 626 BGB Rz. 323 ff.). Allerdings handelt es sich bei einer Verdachtskündigung tatsächlich unabhängig davon, ob außerdienstl. oder innerdienstl. Verhalten des ArbN den dringenden Verdacht auslöst, an sich um eine personenbedingte Kündigung. Denn der schwerwiegende Verdacht eines (nicht erwiesenen) strafbaren bzw. vertragswidrigen Verhaltens zerstört bei dieser Kündigungsart das für die Fortsetzung des Arbeitsverhältnisses erforderliche Vertrauen. Der Verdacht einer strafbaren Handlung stellt gegenüber dem Vorwurf, der ArbN habe die Tat begangen, einen eigenständigen Kündigungsgrund dar[9]. Der durch bestimmte objektive, zum Zeitpunkt der Kündigung vorliegende Indiztatsachen begründete Verdacht zerstört das für die Aufrechterhaltung des Arbeitsverhältnisses erforderliche **Vertrauen** in die Eignung des ArbN, die vertragl. geschuldete Arbeitsleistung zu erbringen. Der Verdacht einer schwerwiegenden strafbaren Handlung ist grds. auch dann geeignet, dem ArbGeb die Fortsetzung des Arbeitsverhältnisses für die Dauer einer längeren Frist unzumutbar zu machen, wenn der ArbN bereits von der Arbeitspflicht freigestellt ist. Die unwiderrufliche **Freistellung** des ArbN ist allerdings bei der Interessenabwägung zu berücksichtigen[10]. Auch vor Beginn des Arbeitsverhältnisses liegende, dem ArbGeb bei der Einstellung nicht bekannte Umstände oder Ereignisse können das Vertrauen des ArbGeb in die Zuverlässigkeit und Redlichkeit des ArbN zerstören[11]. Soweit der dringende Tatverdacht außerdienstl. Verhalten des ArbN betrifft, ist für die hierauf gestützte Kündigung wiederum Voraussetzung, dass durch den gegen den ArbN bestehenden Verdacht das Arbeitsverhältnis beeinträchtigt und damit seine Eignung zur ordnungsgemäßen Erbringung der Arbeitsleistung zweifelhaft wird. Dies wird bei einem als Bankkassierer tätigen ArbN, gegen den sich der Verdacht des Bankeinbruchs in eine fremde Bank richtet, in Betracht kommen[12]. Ähnliches wird für den Verdacht der Untreue 164

1 BAG v. 20.9.1984 – 2 AZR 233/83, NZA 1985, 285. | 2 LAG Frankfurt v. 4.7.1985 – 12 Sa 1329/84, LAGE Nr. 22 zu § 626 BGB. | 3 BAG v. 21.6.2001 – 2 AZR 325/00, NZA 2002, 1030. | 4 BAG v. 22.8.1963 – 2 AZR 114/63, DB 1963, 1580. | 5 BAG v. 4.6.1997 – 2 AZR 526/96, NZA 1997, 1281. | 6 LAG Köln v. 25.8.1988 – 8 Sa 1334/87, LAGE Nr. 34 zu § 626 BGB. | 7 LAG Hamm v. 8.2.2007 – 17 Sa 1403/06. | 8 BAG v. 28.8.2003 – 2 ABR 48/02, NZA 2004, 501. | 9 BAG v. 5.4.2001 – 2 AZR 217/00, nv.; v. 10.2.2005 – 2 AZR 189/04, nv. | 10 BAG v. 5.4.2001 – 2 AZR 217/00, nv. | 11 BAG v. 21.2.2001 – 2 AZR 139/00, NZA 2001, 1136 (eine außerordentl. verhaltensbedingte Kündigung betreffend). | 12 KR/*Griebeling*, § 1 KSchG Rz. 392.

oder Unterschlagung gegen einen nebenberuflich als Vermögensberater oder Versicherungsvertreter tätigen Bankangestellten gelten oder des gegen einen angestellten Arzt gerichteten Verdachts der unterlassenen Hilfeleistung mit gravierenden Folgen für den Verletzten.

165 • **Wehrdienst.** Gem. § 2 I ArbPlSchG genießen deutsche ArbN von der Zustellung des Einberufungsbescheids bis zur Beendigung des Grundwehrdienstes sowie während einer Wehrübung Kündigungsschutz. Dieser Schutz wird auch Staatsangehörigen der Mitgliedstaaten der EU zuzubilligen sein, nicht jedoch **Angehörigen von** Staaten, die **nicht EU-Mitglieder** sind. Diesen wird je nach den Umständen des Einzelfalls ein **Leistungsverweigerungsrecht** für eine Dauer von **längstens zwei Monaten** zugestanden[1]. Es gilt aber auch für eine derart kurze Dauer nicht absolut und schließt deshalb die soziale Rechtfertigung einer personenbedingten Kündigung nicht grds. aus, zB wenn der wehrdienstbedingte Ausfall des ArbN zu einer erheblichen Beeinträchtigung der betrieblichen Interessen führt und nicht durch zumutbare personelle oder organisatorische Maßnahmen zu überbrücken ist. Da eine eventuelle Weiterbeschäftigungsmöglichkeit des ArbN unternehmensbezogen zu untersuchen ist, muss ein ArbGeb, insb. wenn er im Unternehmen Arbeitsplatzabbau plant oder durchführt, prüfen, ob er durch eine befristete Versetzung eines anderen ArbN des Unternehmens die Weiterbeschäftigung des ausländischen Wehrdienstpflichtigen gewährleisten kann[2]. Vgl. hierzu näher oben die Komm. zum ArbPlSchG.

166 **5. Wiedereinstellungsanspruch.** Ob bei einer personenbedingten und im Besonderen bei einer krankheitsbedingten Kündigung die Möglichkeit eines Wiedereinstellungsanspruchs (zu dessen Grundsätzen s. Rz. 75) bejaht werden kann, obwohl der Kündigungsgrund der Sphäre des ArbN entstammt, ist zweifelhaft. Denn Voraussetzung eines Wiedereinstellungsanspruchs ist, dass sich zwischen dem Ausspruch der Kündigung und dem Ablauf der Kündigungsfrist unvorhergesehen eine Weiterbeschäftigungsmöglichkeit ergibt und der Wiedereinstellung keine berechtigten Interessen des ArbGeb, insb. wegen zwischenzeitlicher anderweitiger Dispositionen entgegenstehen. Ein Wiedereinstellungsanspruch kann deshalb jedenfalls nur dann in Betracht kommen, wenn eine positive Prognose hinsichtlich der zunächst als fehlend oder mangelhaft angenommenen Eignung und Fähigkeit des ArbN zur Erbringung der Arbeitsleistung vor Ablauf der Kündigungsfrist feststeht[3]. Für die Begründung eines Wiedereinstellungsanspruchs nach einer wirksamen krankheitsbedingten Kündigung genügt es deshalb nicht, dass der hierfür darlegungs- und beweispflichtige ArbN Tatsachen vorträgt, die die negative Gesundheitsprognose erschüttern; vielmehr wird ein Wiedereinstellungsanspruch allenfalls dann möglich, wenn nach dem Vorbringen des ArbN von einer positiven Gesundheitsprognose auszugehen ist, die Besorgnis der wiederholten Erkrankung also ausgeräumt ist. Diese Veränderung ist zwingende Voraussetzung für einen Wiedereinstellungsanspruch, weil andernfalls dem ArbGeb die Annahme des Vertragsangebots auf Abschluss eines Arbeitsvertrages zu den bisherigen Bedingungen des durch die wirksame Kündigung an sich aufgelösten Arbeitsverhältnisses nicht zumutbar ist[4].

167 **6. Beteiligung des Betriebs- bzw. Personalrats.** Für die Beteiligung des BR bzw. PersR vor Ausspruch der personenbedingten Kündigung gelten die bei der Erörterung des Anhörungsverfahrens nach § 102 BetrVG dargelegten Grundsätze. Eine Kündigung ist danach nicht erst dann unwirksam, wenn die Unterrichtung der Mitarbeitervertretung ganz unterblieben ist, sondern bereits dann, wenn der ArbGeb seiner Unterrichtungspflicht nicht richtig, insb. nicht ausführlich genug nachkommt. Der ArbGeb hat dem BR bzw. PersR grds. die Personalien des zu kündigenden ArbN, dessen Beschäftigungsdauer, die Kündigungsart sowie die aus seiner Sicht tragenden Kündigungsgründe (**sog. subjektive Determination**) umfassend mitzuteilen. Durch die seitens des ArbGeb erteilten Informationen muss die ArbN-Vertretung ohne eigene Nachforschungen selbst die Stichhaltigkeit der Kündigungsgründe prüfen können und in der Lage sein, sich ein Bild zu machen. Der ArbGeb genügt daher der ihm obliegenden Mitteilungspflicht nicht, wenn er den Kündigungssachverhalt nur pauschal, schlagwort- oder stichwortartig umschreibt oder lediglich ein Werturteil abgibt, ohne die für seine Bewertung maßgeblichen Tatsachen mitzuteilen[5]. Der Grundsatz der vertrauensvollen Zusammenarbeit gebietet es dem ArbGeb im Anhörungsverfahren nach § 102 BetrVG, dem BR Informationen zu geben bzw. nicht vorzuenthalten, ohne die bei ihm ein falsches Bild über den Kündigungssachverhalt entstehen. Eine bewusst und gewollt unrichtige Mitteilung der für den Kündigungsentschluss des ArbGeb maßgeblichen Kündigungsgründe führt zu einem fehlerhaften und damit unwirksamen Anhörungsverfahren[6]. Bei einer Kündigung wegen **häufiger Kurzerkrankungen** hat der ArbGeb dem BR nicht nur die bisherigen Fehlzeiten und die Art der Erkrankungen (soweit ihm bekannt) im Einzelnen mitzuteilen, sondern auch die Betriebsbeeinträchtigungen, die infolge der Fehlzeiten entstanden sind und mit denen er noch rechnet[7]. An die Mitteilungspflicht des ArbGeb gegenüber dem BR sind allerdings hinsichtlich der wirtschaftl. und betriebl. Belastungen keine so strengen Anforderungen zu stellen, wie an seine Darlegungslast im Kündigungsschutzprozess. Sie kann sogar entbehrlich sein, wenn der BR oder der BR-Vorsitzende die Folgen wiederholter Fehlzeiten genau kennen[8].

---

1 BAG v. 20.5.1988 – 2 AZR 682/87, NZA 1989, 464. | 2 BAG v. 20.5.1988 – 2 AZR 682/87, NZA 1989, 464. | 3 BAG v. 27.6.2001 – 7 AZR 662/99, ZTR 2002, 91. | 4 BAG v. 17.6.1999 – 2 AZR 639/98, NZA 1999, 1328; KR/*Griebeling*, § 1 KSchG Rz. 739. | 5 BAG v. 21.6.2001 – 2 AZR 30/00. | 6 BAG v. 31.5.1990 – 2 AZR 78/89, nv. | 7 BAG v. 7.11.2002 – 2 AZR 493/01, Der PR 2003, 451. | 8 BAG v. 24.11.1983 – 2 AZR 347/82, DB 1984, 1149.

Auch bei der personenbedingten Kündigung gilt, dass der ArbGeb ihm bekannte, dem BR aber nicht mitgeteilte **Kündigungsgründe** auch dann nicht zur Rechtfertigung der Kündigung **nachschieben** kann, wenn der BR der Kündigung auf Grund der mitgeteilten Gründe zugestimmt hat[1]. Dem ArbGeb ist im Kündigungsprozess verwehrt, Gründe nachzuschieben, die über die Erläuterung des mitgeteilten Sachverhalts hinausgehen[2]. Da eine **außerordentl. Kündigung** wegen Krankheit idR nur in Betracht kommt, wenn eine ordentl. Kündigung tarifl. oder vertragl. ausgeschlossen ist, ist die Umdeutung einer derartigen außerordentl. fristlosen Kündigung in eine außerordentl. Kündigung mit der notwendigen Auslauffrist grds. nur möglich, wenn eine Beteiligung des Betriebs- bzw. Personalrats nach den für eine ordentl. Kündigung geltenden Bestimmungen erfolgt ist[3]. Es gelten die Grundsätze der **abgestuften Darlegungslast**. Hat der ArbGeb die Beteiligung des Betriebs-/Personalrats im Prozess hinreichend konkret dargelegt, ist es Aufgabe des ArbN, deutlich zu machen, welche der Angaben er aus welchem Grund weiterhin bestreiten will. Nur hinsichtlich der außerhalb seiner Wahrnehmung liegenden Umstände kann er sich auf Nichtwissen berufen[4]. **167a**

7. Darlegungs- und Beweislast/Prozessuales. a) Verhalten vor Ausspruch der Kündigung. Grds. ist der ArbN vor Ausspruch der Kündigung dem ArbGeb nicht zu Auskünften oder – bei der krankheitsbedingten Kündigung – zur Entbindung seiner Ärzte von der Schweigepflicht verpflichtet. Der ArbN, der auf entsprechende Ansinnen des ArbGeb nicht reagiert, verliert im Prozess idR nicht das Recht, sich auf Fehler in der Einschätzung der durch den ArbGeb behaupteten negative Prognose hinsichtlich des zu erwartenden weiteren Verlaufs seiner Eignung und Fähigkeit zur Erfüllung der vertragl. Pflichten zu berufen. Insb. ist ein solches Verhalten idR nicht als treuwidrig gem. § 242 BGB anzusehen[5]. Dies folgt daraus, dass der ArbGeb einem solchen Verhalten nicht schutzlos gegenüber steht. Einerseits kann er entsprechende Verpflichtungen mit dem ArbN vertragl. vereinbaren, so dass bei Verletzung dieser Pflicht nach Abmahnung eine verhaltensbedingte Kündigung in Betracht kommen kann. Andererseits verliert der ArbGeb im Prozess durch das Verhalten des ArbN keine Rechtsposition, da im Prozess immer die objektiven Umstände zum Zeitpunkt des Ausspruchs der Kündigung maßgeblich sind, wobei ein Präventionsverfahren gem. § 84 I oder II SGB IX in diesem Zusammenhang bedeutsam werden kann (s. Rz 137a). Der ArbN, der rechtswidrig und schuldhaft eine Fehleinschätzung des Prozessrisikos beim ArbGeb herbeiführt, kann diesem gegenüber zum Ersatz des entstandenen Schadens (vergeblich aufgewendete Rechtsverfolgungskosten) verpflichtet sein[6]. **168**

b) Darlegungs- und Beweislast im Kündigungsschutzprozess. Der ArbGeb ist letztlich darlegungs- und beweispflichtig für die soziale Rechtfertigung und das Fehlen sonstiger Unwirksamkeitsgründe der von ihm ausgesprochenen Kündigung. Deshalb hat der ArbGeb den Kündigungsgrund, der aus der negativen Prognose und der erheblichen Beeinträchtigung betriebl. Interessen besteht, sowie die hierauf beruhende, im Rahmen der Interessenabwägung festzustellende Unzumutbarkeit der Fortsetzung des Arbeitsverhältnisses substantiiert darzulegen und im Bestreitensfall zu beweisen. Ebenso trägt er die Beweislast für die ordnungsgemäße Beteiligung des Betriebs-/Personalrats vor Ausspruch der Kündigung. **169**

aa) Negative Prognose. Der ArbGeb hat die Umstände, aus denen sich die negative Prognose hinsichtlich der auch in Zukunft zu erwartenden fehlenden Eignung und Fähigkeit des ArbN zur Erfüllung der geschuldeten Arbeitsleistung ergibt, konkret darzulegen und zu beweisen[7]. Obwohl der ArbGeb für die **negative Gesundheitsprognose** gem. § 1 II 4 beweispflichtig ist, ist seine Behauptungslast abgestuft. Krankheitsbedingte Fehlzeiten in der Vergangenheit sind für die Vortragslast insoweit bedeutsam, als sie die Gefahr künftiger Erkrankungen indizieren können, wenn dem nicht die objektiven Verhältnisse bei Zugang der Kündigung entgegenstehen[8]. Neben der Art und Dauer der bisherigen Fehlzeiten hat der ArbGeb die Umstände vorzutragen, aus denen sich die Erwartung weiterer Arbeitsausfälle des ArbN in erheblichem Umfang ergibt. Durch den Hinweis auf eine bestimmte Krankheitsquote genügt der ArbGeb selbst dann nicht der ihm obliegenden Darlegungslast, wenn die Krankheitsquote des gekündigten ArbN ganz erheblich von der im Betrieb üblichen Krankheitsquote abweicht[9]. Treten während eines Zeitraums von drei Jahren jährlich mehrere Kurzerkrankungen auf, sprechen diese für ein entsprechendes künftiges Erscheinungsbild. Der ArbGeb darf sich in einer derartigen Gestaltung zunächst darauf beschränken, die Fehlzeiten in der Vergangenheit darzulegen und zu behaupten, in Zukunft seien Krankheitszeiten in entsprechendem Umfang zu erwarten[10]. Ein kürzerer Beobachtungszeitraum wird nur in Ausnahmefällen die Annahme einer negativen Gesundheitsprognose bei häufigen Kurzerkrankungen rechtfertigen. **170**

---

1 BAG v. 26.9.1991 – 2 AZR 132/91, DB 1992, 2196. |2 BAG v. 7.11.2002 – 2 AZR 599/01, AP Nr. 40 zu § 1 KSchG 1969 – Krankheit; LAG Schl.-Holst. v. 1.9.2004 – 3 Sa 210/04, LAGReport 2004, 375. |3 BAG v. 12.1.2006 – 2 AZR 242/05, NZA 2006, 512; v. 18.12.2000 – 2 AZR 627/99, NZA 2001, 219. |4 BAG v. 18.1.2001 – 2 AZR 616/99, NZA 2002, 455 = DB 2002, 100. |5 BAG v. 12.4.2002 – 2 AZR 148/01, NZA 2002, 1081. |6 BAG v. 12.4.2002 – 2 AZR 148/01, NZA 2002, 1081 (offen gelassen). |7 LAG Rh.-Pf. v. 30.8.2004 – 7 Sa 447/04, NZA-RR 2005, 368. |8 BAG v. 17.6.1999 – 2 AZR 639/98, AP Nr. 37 zu § 1 KSchG 1969 – Krankheit; v. 23.6.1983 – 2 AZR 15/82, DB 1983, 2524. |9 BAG v. 2.11.1983 – 7 AZR 272/82, DB 1984, 831 = BB 1984, 1165. |10 BAG v. 17.6.1999 – 2 AZR 639/98, AP Nr. 37 zu § 1 KSchG 1969 – Krankheit; v. 16.2.1989 – 2 AZR 299/88, AP Nr. 20 zu § 1 KSchG 1969 – Krankheit; v. 6.9.1989 – 2 AZR 19/89, DB 1990, 429.

171 Der ArbN ist sodann gem. § 138 II ZPO gehalten vorzutragen, weshalb (bei Zugang der Kündigung) trotz der aufgetretenen Fehlzeiten mit seiner baldigen oder bereits erfolgten Gesundung zu rechnen war[1] oder weitere Kurzerkrankungen nicht oder in geringerem Umfang zu erwarten sind. Der ArbN genügt seiner **prozessualen Mitwirkungspflicht** bei unzureichender ärztlicher Aufklärung oder fehlender Kenntnis von seinem Gesundheitszustand bzw. deren Entwicklung grds. schon dann, wenn er die Behauptung des ArbGeb bestreitet und die behandelnden Ärzte von der Schweigepflicht entbindet[2]. Allerdings muss darin die Darstellung liegen, die Ärzte hätten die künftige gesundheitliche Entwicklung ihm gegenüber als günstig beurteilt. Unsubstantiiert ist die Einlassung des ArbN dagegen dann, wenn die Berufung auf die behandelnden Ärzte erkennen lässt, dass sich auch der ArbN erst durch das Zeugnis die fehlende Kenntnis über den weiteren Verlauf seiner Erkrankung verschaffen will[3]. Trägt er selbst konkrete Umstände, wie Krankheitsursachen vor, so müssen diese geeignet sein, die Indizwirkung der bisherigen Fehlzeiten zu erschüttern; er muss jedoch nicht den Gegenbeweis führen, dass nicht mit weiteren künftigen Erkrankungen zu rechnen sei[4]. Die prozessuale Mitwirkungspflicht des ArbN wird insb. dann bedeutsam, wenn er die Wiederholungsgefahr der in der Vergangenheit aufgetretenen Fehlzeiten erschüttern will. Beruhen einzelne Fehlzeiten der Vergangenheit auf Einzelereignissen, wie Unfällen oder Erkrankungen ohne Wiederholungsgefahr (zB Zahnextraktion, ausgeheilter Knochenbruch), ist es im dringenden Interesse des ArbN, die Art dieser Erkrankungen unter Nennung der auf sie entfallenden Fehlzeiten genau zu bezeichnen. Er kann mit diesem Vortrag die Indizwirkung der Erkrankungen in der Vergangenheit für die künftig zu erwartende negative Gesundheitsentwicklung erschüttern. Die **Entbindung von der Schweigepflicht** kann auch Zeugen, der Gegenpartei oder dem Gericht gegenüber erklärt werden. Da es sich bei den Daten, die der Schweigepflicht unterliegen, um geheim zu haltende Angelegenheiten höchstpersönlicher Art handelt, muss nur sichergestellt sein, dass die Befreiungserklärung von dem Rechtsträger selbst ausgeht. Sie kann deshalb grds. auch durch einen Prozessbevollmächtigten erfolgen und sogar schon in der Benennung einer der in § 383 Nr. 6 ZPO bezeichneten Personen als Zeuge zu sehen sein[5]. Unterlässt der ArbN eine substantiierte Auseinandersetzung mit dem Vortrag des ArbGeb zur negativen Prognose hinsichtlich der Besorgnis seiner zukünftig fehlenden Eignung und Fähigkeit oder verweigert er bei der krankheitsbedingten Kündigung die Entbindung seiner Ärzte von der Schweigepflicht, gilt der Vortrag des ArbGeb als zugestanden (§ 138 III ZPO)[6].

172 Erschüttert der ArbN hingegen die negative Prognose durch seine Darlegungen, hat der ArbGeb die Berechtigung der von ihm behaupteten, durch entsprechende substantiierte Einlassung auf den ArbN-Vortrag ggf. zu konkretisierende Besorgnis der in Zukunft zu erwartenden fehlenden Eignung oder Fähigkeit des ArbN zu beweisen. Stellt sich durch eine Beweisaufnahme heraus, dass ein vorprozessual erstelltes Gutachten zu Unrecht von einer zum Zeitpunkt des Kündigungsausspruchs bestehenden negativen Gesundheitsprognose ausgegangen ist, ist die negative Prognose erschüttert, sofern auch das neue Gutachten lediglich auf den zu diesem Zeitpunkt herrschenden objektiven Umständen basiert. Dies gilt auch für ein Gutachten, das der ArbGeb vor Ausspruch einer Kündigung wegen darin festgestellter fehlender Eignung eines mit der Personenbeförderung beauftragten Kraftfahrers eingeholt hat und dessen Richtigkeit durch ein gerichtlich eingeholtes Gutachten erschüttert wird. Für die Unwirksamkeit der Kündigung wegen der nicht bewiesenen negativen Prognose ist nicht erforderlich, dass das gerichtliche Gutachten die Eignung des ArbN positiv feststellt[7].

173 **bb) Erhebliche Beeinträchtigung betrieblicher Interessen.** Für die infolge der festgestellten negativen Prognose zu erwartenden erheblichen Beeinträchtigungen betriebl. Belange durch unzumutbare Betriebsablaufstörungen oder wirtschaftl. Belastungen ist der ArbGeb darlegungs- und beweispflichtig. Er hat die negativen betriebl. Auswirkungen der fehlenden Eignung und Fähigkeit des ArbN, die geschuldete Arbeitsleistung zu erbringen, konkret dazulegen. Jede pauschalierte Darstellung ist unzureichend, da der ArbGeb auf Grund seiner Sachnähe zu detaillierter Darlegung der bereits eingetretenen und in Zukunft zu erwartenden Beeinträchtigungen in der Lage ist. Betriebsablaufstörungen sind danach konkret ihrer Art, Dauer und Auswirkung nach sowie hinsichtlich der Unmöglichkeit ihrer Vermeidbarkeit zu bezeichnen. Erhebliche wirtschaftl. Belastungen, zB durch Entgeltfortzahlungskosten sind ihrer Ursache und Höhe nach konkret darzulegen und zu beweisen.

174 **cc) Interessenabwägung.** Auch hinsichtlich der Interessenabwägung trifft den ArbGeb die volle Darlegungs- und Beweislast. Er hat alle Umstände vorzutragen, die die Fortsetzung des Arbeitsverhältnisses für ihn billigerweise nicht zumutbar erscheinen lassen. In Konkretisierung des Verhältnismäßigkeitsgrundsatzes gehört hierzu auch ein Vortrag zu einem evtl. durchzuführenden oder durchgeführten Präventionsverfahren gem. § 84 SGB IX (s. Rz. 137a). Trägt der ArbN für ihn günstige, dem ArbGeb bisher unbekannte Umstände vor, hat der ArbGeb diese Umstände ggf. zu widerlegen[8]. Im Rahmen der Inter-

1 BAG v. 17.6.1999 – 2 AZR 639/98, AP Nr. 37 zu § 1 KSchG 1969 – Krankheit; v. 6.9.1989 2 AZR 19/89, DB 1990, 429. | 2 BAG v. 25.4.1985 – 2 AZR 127/84, nv.; v. 23.6.1983 – 2 AZR 15/82, DB 1983, 2524 = NJW 1984, 1836. | 3 BAG v. 17.6.1999 – 2 AZR 639/98, AP Nr. 37 zu § 1 KSchG 1969 – Krankheit; v. 6.9.1989 – 2 AZR 19/89, DB 1990, 429. | 4 BAG v. 6.9.1989 – 2 AZR 19/89, DB 1990, 429. | 5 BAG v. 12.1.1995 – 2 AZR 366/94, nv. | 6 BAG v. 6.9.1989 – 2 AZR 19/89, DB 1990, 429. | 7 LAG Köln v. 9.2.2000 – 3 Sa 942/99, NZA 2001, 34. | 8 BAG v. 6.9.1989 – 2 AZR 19/89, DB 1990, 429.

essenabwägung einer krankheitsbedingten Kündigung ist von erheblicher Bedeutung, dass die Krankheit des ArbN nicht auf betriebl. Ursachen zurückzuführen ist. Der ArbGeb trägt die Darlegungs- und Beweislast dafür, dass ein solcher vom ArbN behaupteter Zusammenhang nicht besteht. Der ArbGeb genügt seiner Darlegungslast zunächst, wenn er die betriebl. Tätigkeit des ArbN vorträgt und einen ursächlichen Zusammenhang mit den Fehlzeiten bestreitet. Der ArbN muss dann gem. § 138 II ZPO dartun, weshalb der ursächliche Zusammenhang bestehen soll[1]. Er genügt dieser prozessualen Mitwirkungspflicht, wenn er für seine Behauptung die behandelnden Ärzte von der Schweigepflicht entbindet. Erst nach einem solchen Vortrag des ArbN ist es Sache des ArbGeb, die fehlende Ursächlichkeit näher darzulegen und sodann zu beweisen. Das Gericht muss zur Klärung dieses streitigen Sachverhalts die angebotenen Beweise erheben und ggf. Sachverständigengutachten einholen. Es darf nicht ohne weitere Aufklärung und Begründung davon ausgehen, ein ursächlicher Zusammenhang sei nicht auszuschließen und deshalb zu Lasten des ArbGeb zu berücksichtigen[2].

dd) Weiterbeschäftigungsmöglichkeit. Die fehlende Weiterbeschäftigungsmöglichkeit zu anderen Be- 175
dingungen hat der ArbGeb darzulegen und zu beweisen. Allerdings gilt auch insoweit der Grundsatz der abgestuften Darlegungs- und Beweislast. Das bedeutet, dass der ArbGeb seinen Vortrag zunächst darauf beschränken kann, die Weiterbeschäftigung des ArbN zu den bisherigen Bedingungen führe zu erheblichen betriebl. Beeinträchtigungen. Sollte dies zutreffen, hängt es von dem weiteren Vorbringen des ArbN ab, ob die Möglichkeit der Weiterbeschäftigung zu anderen Bedingungen geprüft wird. Denn der ArbN hat nun zunächst vorzutragen, wie er sich eine Weiterbeschäftigung vorstellt. Es genügt nicht, dass er lediglich behauptet, eine Weiterbeschäftigung sei möglich, ohne konkrete Vorstellungen über die Art und Weise der von ihm für möglich gehaltenen Weiterbeschäftigung zu äußern. Sodann hat der ArbGeb substantiiert darzulegen, warum eine Weiterbeschäftigung entgegen der Behauptung des ArbN nicht möglich ist. Dies gilt insbesondere, wenn der ArbGeb durch ein Präventionsverfahren oder ein betriebl. Eingliederungsmanagement gem. § 84 SGB IX zu näheren Darlegungen in der Lage wäre oder er ein solches Verfahren fälschlicherweise unterlassen hat (s. Rz 137a)[3].

V. Verhaltensbedingte Kündigung. 1. Überblick. Eine Kündigung ist gem. § 1 II 1 auch sozial gerecht- 176
fertigt, wenn sie durch Gründe in dem Verhalten des ArbN bedingt ist. Das **Gesetz** unterscheidet damit bei den arbeitnehmerbezogenen Kündigungsgründen nach Verhaltens- und Personenbedingtheit. Deren weitere Konkretisierung sowie die Entwicklung von Kriterien für ihre Unterscheidung überlässt es der Rspr. Es müssen die von der **Rspr.** anerkannten allgemeinen Tatbestandsmerkmale des sozial rechtfertigenden Grundes (vgl. oben Rz. 55) jeweils verwirklicht sein. Die Frage des ausreichenden Lösungsinteresses ist im Einzelfall in einer Interessenabwägung zu entscheiden. Insoweit lassen sich kaum allgemeine Aussagen machen. Nach einer sehr vagen Formel sollen solche im Verhalten des ArbN liegende Umstände eine verhaltensbedingte Kündigung rechtfertigen, die einen „ruhig und verständig urteilenden ArbGeb in Abwägung der Interessen der Vertragsparteien und des Betriebes die Kündigung als billigenswert und angemessen erscheinen lassen"[4]. In dieser Lage trägt eine vorsichtige, nicht schematische Orientierung an den von der Rspr. typisierend gebildeten Fallgruppen zur Rechtssicherheit bei (vgl. unten Rz. 213 ff.).

Das BAG hat zur weiteren Konkretisierung des verhaltensbedingten Kündigungsgrundes – und eben- 177
so des wichtigen Grundes iSv. § 626 BGB – eine **zweistufige Prüfung** entwickelt[5]: Auf der ersten Stufe prüft es, ob das beanstandete Verhalten an sich geeignet ist, einen Kündigungsgrund abzugeben. Auf der zweiten Stufe schließt sich eine umfassende Abwägung der beiderseitigen Interessen anhand der konkreten Umstände des Einzelfalles an. Der Wert dieses **Prüfungsschemas** ist **umstritten**[6]. Einen „Kündigungsgrund an sich" gibt es nicht. Gemeint sein kann daher nur, auf der ersten Stufe zu prüfen, ob ein Grund vorliegt, der die einzelnen von der Rspr. anerkannten Tatbestandsmerkmale erfüllt (Vertragspflichtverletzung durch steuerbares Verhalten, Zukunftsbezogenheit, kein milderes Mittel), und auf der zweiten Stufe, ob dessen Gewicht ein überwiegendes Lösungsinteresse des ArbGeb begründet (Interessenabwägung, vgl. Rz. 208 f.). So verstanden trägt die zweistufige Prüfung zu einer rationaleren Bewertung verhaltensbedingter Kündigungsgründe bei, weil sie die letztlich entscheidende und nur schwer objektivierbare Interessenabwägung von vorgelagerten Fragen entlastet.

2. Der Tatbestand: Schuldhafte Vertragspflichtverletzung. Eine nähere Bestimmung des verhaltens- 178
bedingten Grundes enthält das Gesetz nicht. Rspr. und Rechtswissenschaft haben seine spezifischen Tatbestandsmerkmale insb. aus der **Unterscheidung von der personenbedingten Kündigung** entwickelt. Der Sinn der Abgrenzung der verhaltensbedingten von den personenbedingten Kündigungsgründen wird allgemein darin gesehen, dass das Verhalten steuerbar ist. Verursacht ein solches Verhalten Vertragsstörungen, wird es idR spätestens deshalb zugleich pflichtwidrig sein. Die verhaltensbedingte

1 BAG v. 13.6.1996 – 2 AZR 497/95, nv. | 2 BAG v. 6.9.1989 – 2 AZR 118/89, DB 1990, 431. | 3 BAG v. 12.7.2007 – 2 AZR 716/06; v. 7.12.2006 – 2 AZR 182/06, NZA 2007, 617. | 4 BAG v. 21.11.1996 – 2 AZR 357/95, AP Nr. 130 zu § 626 BGB; v. 26.1.1995 – 2 AZR 649/94, NZA 1996, 268. | 5 BAG v. 20.9.1984 – 2 AZR 233/83, v. 13.3.1987 – 7 AZR 601/85 u. v. 17.1.1991 – 2 AZR 375/90, AP Nr. 13, 18 u. 25 zu § 1 KSchG 1969 – Verhaltensbedingte Kündigung. | 6 Krit. etwa *Preis*, Prinzipien, S. 479; *Wank*, RdA 1993, 79 (84); zust. HK/*Dorndorf*, § 1 KSchG Rz. 498 ff.

Kündigung erfordert daher eine **Vertragspflichtverletzung durch steuerbares Verhalten**. Erst diese Zuspitzung rechtfertigt die pauschale Trennung von personen- und verhaltensbedingten Gründen[1]. In aller Regel wird eine Vertragspflichtverletzung durch steuerbares Verhalten auch schuldhaft pflichtwidrig sein. Wo dies ausnahmsw. nicht der Fall ist (zB entschuldbarer Verbotsirrtum), wird es regelmäßig schon an der negativen Zukunftsprognose, spätestens aber im Rahmen der Interessenabwägung am überwiegenden Lösungsinteresse des ArbGeb fehlen. Fehlt es überhaupt an der Steuerbarkeit des Verhaltens, etwa weil sich der ArbN krankheitsbedingt nicht anders verhalten konnte, handelt es sich um eine personenbedingte Kündigung[2].

179 **a) Vertragspflichtverletzung.** Die verhaltensbedingte Kündigung erfordert nach heute übereinstimmender Auffassung **ohne Ausnahme** eine rechtswidrige Vertragspflichtverletzung. Ein Verhalten des ArbN, das nicht vertragswidrig ist, kann schlechterdings kein verhaltensbedingter Kündigungsgrund sein[3]. Die Vertragspflichtverletzung muss objektiv bei Zugang der Kündigung verwirklicht sein; ob der ArbGeb zu diesem Zeitpunkt bereits Kenntnis von ihr hatte, ist unerheblich (vgl. Rz. 59). Der Arbeitsvertrag regelt den **Inhalt der Vertragspflichten**. Seine Hauptpflicht, die Arbeitsleistung, kann der ArbN durch Nichterfüllung (etwa unentschuldigtes Fehlen[4]) oder durch Schlechterfüllung (etwa unsorgfältige oder fehlerhafte Arbeit) verletzen. Darüber hinaus bestehen eine Vielzahl von Nebenpflichten, die teils im Gesetz (zB Anzeige- und Nachweispflicht bei Krankheit, § 5 EFZG), teils ausdrücklich im Vertrag (zB Genehmigungspflicht für Nebentätigkeit) und zu einem großen Teil stillschweigend in der allgemeinen arbeitsvertragl. Treuepflicht begründet sind (vgl. § 611 BGB Rz. 347 ff.). Bei den ausdrücklich vereinbarten Nebenpflichten ist zu prüfen, ob sie wirksam vereinbart sind (§ 310 IV 2 BGB) und nicht gegen höherrangiges Recht verstoßen. Keine Verletzung von Vertragspflichten betrifft der Vorwurf, der ArbN habe nicht den erwarteten, vertragl. aber nicht geschuldeten **Leistungserfolg** (etwa bestimmte Verkaufsergebnisse) erreicht. Es gibt auch keinen Beweis des ersten Anscheins, dass aus einem unzureichenden Leistungserfolg auf eine entsprechende Verletzung vertragl. Leistungspflichten geschlossen werden kann. Kündigungsrelevant sind vielmehr nur konkrete Pflichtverletzungen[5]. Es bedarf nicht notwendig einer konkreten **Betriebsablaufstörung**[6]. Der Kündigungsgrund muss einen Bezug zum Arbeitsvertrag aufweisen; erforderlich ist eine Störung bzw. Beeinträchtigung des Arbeitsverhältnisses[7]. Die Verletzung von Vertragspflichten stellt stets eine kündigungsrelevante Beeinträchtigung des Arbeitsverhältnisses dar. Hat sie außerdem betriebliche Störungen zur Folge, ist dies in der Interessenabwägung zu berücksichtigen. Das Kündigungsinteresse des ArbGeb erhöht sich, der Kündigungsgrund erhält mehr Gewicht[8].

180 Für das **außerdienstliche Verhalten** gilt grds., dass der ArbN in seiner privaten Lebensführung frei ist. Alkoholgenuss in der Freizeit, exzessives Nachtleben oder das Betreiben gefährlicher Sportarten verletzen für sich idR nicht Vertragspflichten, ebenso wenig außerdienstliche Straftaten, die den ArbGeb weder direkt noch indirekt schädigen. Das außerdienstliche Verhalten kann allerdings die persönliche Eignung des ArbN für die vertragl. Tätigkeit in Frage stellen und deshalb einen personenbedingten Kündigungsgrund bilden[9]. Außerdienstliches Verhalten des ArbN kann eine verhaltensbedingte Kündigung dann rechtfertigen, wenn es sich konkret **nachteilig auf das Arbeitsverhältnis oder den Betriebsablauf**[10] auswirkt und der ArbN dadurch gegen vertragl. Nebenpflichten verstößt. In Betracht kommen zB Unterlassung von Konkurrenztätigkeit (Wettbewerbsverbot, § 60 HGB); Unterlassung geschäftsschädigender Äußerungen gegenüber Dritten; Pflicht zu genesungsförderndem Verhalten[11]; im öffentl. Dienst bestehen gesteigerte Anforderungen an das außerdienstliche Verhalten (§ 8 BAT, § 41 S. 2 TVöD [abge-

---

1 BAG v. 24.5.1989 – 2 AZR 285/88, AP Nr. 1 zu § 611 BGB – Gewissensfreiheit (*Wiedemann* u. *Arnold*). | 2 Abw. BAG v. 21.1.1999 – 2 AZR 665/98, AP Nr. 151 zu § 626 BGB (*v. Hoyningen-Huene*), das „ausnahmsweise" auch schuldloses, im konkreten Fall nicht steuerbares Handeln genügen lässt; dagegen zu Recht *Löwisch/Spinner*, § 1 KSchG Rz. 96; *Ascheid*, KSchR, Rz. 291; *Rost*, Verhaltensbedingte Kündigung, in Henssler/Moll (Hrsg.), Kündigung und Kündigungsschutz in der betrieblichen Praxis, 2000, S. 38 Rz. 10; Stahlhacke/*Preis*, Rz. 1168; *Quecke*, ZTR 2003, 6 (8 f.); im Ergebnis auch steuerbares Verhalten fordernd *v. Hoyningen-Huene*, Anm. zu AP Nr. 151 zu § 626 BGB. | 3 BAG v. 14.2.1996 – 2 AZR 274/95, NZA 1996, 873. | 4 BAG v. 17.3.1988 – 2 AZR 576/87, AP Nr. 99 zu § 626 BGB. | 5 BAG v. 11.12.2003 – 2 AZR 667/02; LAG Hamm – 19 (11) 1167/02, LAGReport 2003, 184 ff.; LAG Düsseldorf v. 19.12.1990 – 4 Sa 1442/90, BB 1991, 911. | 6 So aber zunächst irreführend BAG v. 7.12.1988 – 7 AZR 122/88, AP Nr. 26 zu § 1 KSchG 1969 – Verhaltensbedingte Kündigung; aufgegeben in BAG v. 17.1.1991 – 2 AZR 375/90, NZA 1991, 557; seitdem st. Rspr., vgl. etwa BAG v. 16.8.1991 – 2 AZR 604/90, AP Nr. 27 zu § 1 KSchG 1969 – Verhaltensbedingte Kündigung (*Rüthers/Müller*). | 7 BAG v. 30.4.1987 – 2 AZR 184/86, AP Nr. 42 zu § 1 KSchG 1969 – Betriebsbedingte Kündigung; v. 17.3.1988 – 2 AZR 576/87, AP Nr. 99 zu § 626 BGB; v. 16.2.1989 – 2 AZR 299/88, AP Nr. 10 zu § 1 KSchG 1969 – Krankheit (*Preis*); v. 17.1.1991 – 2 AZR 375/90, AP Nr. 25 zu § 1 KSchG 1969 – Verhaltensbedingte Kündigung (*Rüthers/Franke*). | 8 BAG v. 17.1.1991 – 2 AZR 375/90, AP Nr. 25 zu § 1 KSchG 1969 – Verhaltensbedingte Kündigung (*Rüthers/Franke*); v. 7.12.1988 – 7 AZR 122/88, AP Nr. 26 zu § 1 KSchG 1969 – Verhaltensbedingte Kündigung. | 9 BAG v. 29.8.1980 – 7 AZR 726/77, nv. (außerdienstl. Vermögensdelikt bzw. zerrüttete Vermögensverhältnisse eines Angestellten in Vertrauensstellung); v. 4.6.1997 – 2 AZR 526/96, NZA 1997, 1281 (private Trunkenheitsfahrt mit Führerscheinentzug eines U-Bahnfahrers). | 10 Bei außerdienstl. Verhalten kommt es auf die Betriebsstörung an, da erst sie die Verhaltenspflicht oder Obliegenheit auslöst. | 11 BAG v. 26.8.1993 – 2 AZR 154/93, BB 1994, 142 = DB 1993, 2534; v. 13.11.1979 – 6 AZR 934/77, AP Nr. 5 zu § 1 KSchG 1969 – Krankheit (*Herschel*).

schwächt]), so zur Unterlassung von Straftaten[1] oder verfassungsfeindlicher Betätigung eines Lehrers[2]; in sog. Tendenzunternehmen, zB Kirchen, können im außerdienstlichen Bereich gesteigerte Verhaltensanforderungen an Sittlichkeit und Loyalität bestehen[3]. Auch **vorvertragl. Verhalten** kann eine Vertragspflichtverletzung beinhalten. So werden Loyalitätsverstöße eines Angestellten in gehobener Stellung beim Vorarbeitgeber auf ein Folgearbeitsverhältnis im Konzern durchschlagen, wenn die Konzernzugehörigkeit im Folgearbeitsverhältnis Anrechnung findet und so zur Unkündbarkeit des ArbN führt[4]. Pflichtverletzungen bei Eingehung des Arbeitsverhältnisses, etwa Verstöße gegen die Offenbarungspflicht, können eine verhaltensbedingte Kündigung rechtfertigen (vgl. Rz. 237). Verletzen **BR-Mitglieder** oder andere Funktionsträger in der betrieblichen Mitbest. Pflichten aus dem BetrVG, liegt darin allein keine Verletzung des Arbeitsvertrags. Sie können – ggf. nach Androhung – gem. § 23 BetrVG ihres Amtes enthoben werden. Eine verhaltensbedingte Kündigung ist nur gerechtfertigt, wenn zugleich arbeitsvertragl. Pflichten verletzt werden (zB Entfernung vom Arbeitsplatz, ohne dass dies für BR-Aufgaben erforderlich war)[5]. In Betracht kommt – ggf. nach Abmahnung – nur eine außerordentl. Kündigung gem. § 15; Näheres vgl. dort.

b) Steuerbares Verhalten. Wesentliches **Unterscheidungsmerkmal** des verhaltensbedingten vom personenbedingten Grund ist die Anknüpfung an ein **grundsätzlich steuerbares Verhalten** des ArbN. Der ArbN muss daher allgemein schuldfähig sein, damit sein Verhalten den Maßstäben der verhaltensbedingten Kündigung unterworfen ist. Bei Schuldunfähigkeit kommt nur eine personenbedingte Kündigung in Betracht[6]. Die Steuerbarkeit des Verhaltens ist **ausnahmslos** Voraussetzung der verhaltensbedingten Kündigung[7]. Eine Abmahnung ist nur bei steuerbarem Verhalten ein geeignetes Mittel zur Beseitigung der Störung[8], bei fehlender Steuerbarkeit finden dagegen die in Bezug auf die Interessenabwägung strengeren Anforderungen der personenbedingten Kündigung Anwendung[9]. Die verhaltensbedingte Kündigung erfordert darüber hinaus regelmäßig zu ihrer sozialen Rechtfertigung **Verschulden** iSv. § 276 BGB, also in Bezug auf die konkrete Pflichtverletzung. Fahrlässigkeit genügt grds. Der Grad des Verschuldens spielt erst im Rahmen der Prognose und der Interessenabwägung eine entscheidende Rolle. Je stärker das Verschulden, umso eher ist eine verhaltensbedingte Kündigung gerechtfertigt. Ein **Irrtum** über vertragl. Verhaltenspflichten ist schuldhaft und die Zuwiderhandlung ist damit kündigungsrelevant, wenn der ArbN bei Anwendung der erforderlichen Sorgfalt den Irrtum hätte erkennen können[10]. Daran kann es etwa bei einem rechtswidrigen, aber gewerkschaftlich geführten Streik fehlen[11]. Zum Rechtsirrtum bei beharrlicher Arbeitsverweigerung vgl. Rz. 223. Eines Verschuldens idS bedarf es dagegen nicht zur **Unterscheidung** der verhaltens- von der personenbedingten Kündigung. Befindet sich der ArbN etwa in einem entschuldigenden Irrtum über seine Vertragspflichten (zB bei der Teilnahme an einem Streik, dessen Rechtswidrigkeit er selbst nicht erkennen konnte[12]), mag zwar eine Kündigung sozial ungerechtfertigt sein[13]; dies gilt schon wegen der auf Grund des Irrtums fehlenden negativen Zukunftsprognose. Der Sachverhalt fällt aber nicht in die Kategorie der personenbedingten Kündigung, solange er auf steuerbarem Verhalten beruht. 181

c) Grenzfälle. Die Prüfung, welcher **Kategorie von Kündigungsgründen** ein Sachverhalt zuzuordnen ist (vgl. Rz. 70), kann auch in Bezug auf verhaltensbedingte Gründe mitunter Schwierigkeiten bereiten. Verursachen etwa **zahlreiche Lohnpfändungen** bei einem ArbN wegen des beträchtlichen Arbeitsaufwands in der Personalabteilung des ArbGeb wesentlichen Störungen im Arbeitsablauf[14], dürfte ein verhaltensbedingter Kündigungsgrund in Betracht kommen, wenn der ArbN im Zeitpunkt der Kündigung seine Vermögensverhältnisse noch gestalten und die betrieblichen Störungen abbauen kann. War der ArbN dagegen bereits hoffnungslos überschuldet, sind die strengeren Voraussetzungen der personenbe- 182

1 Wegen §§ 6, 8 BAT verhaltensbedingt BAG v. 20.11.1997 – 2 AZR 642/96, AP Nr. 43 zu § 1 KSchG 1969; aA Stahlhacke/*Preis*, Rz. 927. | 2 BAG v. 13.10.1988 – 6 AZR 144/85, BB 1988, 2109 = NJW 1989, 2562. | 3 BAG v. 21.2.2001 – 2 AZR 139/00, AP Nr. 29 zu § 611 BGB – Kirchendienst; bei einem Mitarbeiter der ev. Kirche, dessen außerdienstl. Lebensführung als Homosexueller den Grundsätzen der Kirche widersprach, hat das BAG eine vorherige Abmahnung vor Ausspruch der Kündigung für grds. erforderlich gehalten: BAG v. 30.6.1984 – 2 AZR 524/81, NJW 1984, 1917; für eine Einordnung allenfalls als personenbedingter Grund *v. Hoyningen-Huene/Linck*, § 1 KSchG Rz. 258. | 4 LAG Köln v. 28.3.2001 – 8 Sa 405/00, NZA-RR 2002, 85 ff.; vgl. auch BAG v. 5.4.2001 – 2 AZR 159/00, AP Nr. 171 zu § 626 BGB; v. 17.8.1972 – 2 AZR 415/71, BAGE 24, 401. | 5 BAG v. 31.8.1994 – 7 AZR 893/93, NZA 1995, 225. | 6 BAG v. 21.11.1996 – 2 AZR 357/95, AP Nr. 130 zu § 626 BGB (*Bernstein*). | 7 Str., wie hier *Löwisch/Spinner*, § 1 KSchG Rz. 96; ErfK/*Oetker*, § 1 KSchG Rz. 286; Stahlhacke/*Preis*, Rz. 1168 mwN; *v. Hoyningen-Huene/Linck*, § 1 KSchG Rz. 279; HK/*Dorndorf*, § 1 KSchG Rz. 526 ff.; *Rost*, Verhaltensbedingte Kündigung, in Henssler/Moll (Hrsg.), Kündigung und Kündigungsschutz in der betrieblichen Praxis, 2000, S. 38 Rz. 8, 10; *Quecke*, ZTR 2003, 6 ff. (8 f.); aA für Ausnahmefälle BAG v. 21.1.1999 – 2 AZR 665/98, AP Nr. 151 zu § 626 BGB; MünchArbR/*Berkowsky*, § 137 Rz. 32 ff. (37); Kasseler Kommentar/*Isenhardt*, § 626 BGB Rz. 497. | 8 So zutr. Stahlhacke/*Preis*, Rz. 1190 mwN; KR/*Griebeling*, § 1 KSchG Rz. 269. | 9 Stahlhacke/*Preis*, Rz. 1200 ff. mwN. | 10 BAG v. 12.4.1973 – 2 AZR 291/72, AP Nr. 24 zu § 611 BGB – Direktionsrecht; v. 29.11.1983 – 1 AZR 469/82, AP Nr. 78 zu § 626 BGB. | 11 BAG v. 12.1.1988 – 1 AZR 219/86, BB 1988, 978. | 12 BAG v. 12.1.1988 – 1 AZR 219/86, BB 1988, 978. | 13 Im Gegensatz zu einer Abmahnung: BAG v. 12.1.1988 – 1 AZR 219/86, BB 1988, 978. | 14 BAG v. 4.11.1981 – 7 AZR 264/79, AP Nr. 4 zu § 1 KSchG 1969 – Verhaltensbedingte Kündigung (*v. Hoyningen-Huene*); eine solche Störung kann natürlich allenfalls in ganz besonderen Ausnahmefällen eine Kündigung sozial rechtfertigen.

dingten Kündigung zu prüfen. Eine Abmahnung ist problematisch, weil sie eine Pflichtverletzung voraussetzt, wird hier aber doch einer Kündigung voraus zu gehen haben[1]. Ähnlich liegt es bei Vertragsstörungen im Zusammenhang mit **Alkoholgenuss**. Beruhen sie nicht auf Alkoholabhängigkeit, kommt – idR nach erfolgloser Abmahnung – eine verhaltensbedingte Kündigung in Betracht[2]. Dagegen ist Alkoholabhängigkeit nach der Rspr. des BAG eine Krankheit im medizinischen Sinne[3] (vgl. Rz. 119 u. Rz. 215). Eine Kündigung wegen Pflichtverletzungen, die auf Alkoholabhängigkeit beruhen, ist idR nicht verhaltensbedingt, weil dem ArbN im Zeitpunkt der Pflichtverletzung kein Schuldvorwurf zu machen ist[4]. Es finden die strengeren Voraussetzungen der personenbedingten Kündigung Anwendung. Das gilt aber nicht ausnahmslos. Die gegen Arbeitskollegen gerichtete **Beschaffungskriminalität** eines Suchtkranken etwa wird idR zumindest auf noch steuerbarem Verhalten beruhen und daher schuldhaft sein und einen verhaltensbedingten Grund darstellen[5]. Eine auf Grund der Suchterkrankung strafrechtl. verminderte Schuldfähigkeit ist nicht gleichzusetzen mit dem Fehlen jeder willentlichen Steuerung. Dass die Sucht eine Krankheit ist, bedeutet nicht, dass das gesamte suchtbezogene Verhalten einer willentlichen Beeinflussung entzogen wäre. Es handelt sich bei suchtbedingten Pflichtverstößen häufig um „gemischte" Sachverhalte, die sowohl personen- als auch verhaltensbedingte Aspekte aufweisen und bei derartig erheblicher Pflichtverletzung auch der verhaltensbedingten Kündigung zuzuordnen sind[6].

183 Ähnlich ist allgemein zwischen **Leistungs- und Eignungsmängeln** zu unterscheiden. Es kommt darauf an, ob die konkrete Vertragspflichtverletzung unmittelbar auf steuerbarem Verhalten beruht. Vor der Kündigung eines Konzertmeisters wegen fehlender Führungseigenschaften verlangt das BAG eine vorherige Abmahnung[7], desgleichen vor der Kündigung eines Orchestermusikers wegen Eignungsmängeln im subjektiv künstlerischen Bereich[8]. Abmahnen lassen sich hier allerdings nur in der konkreten Situation vermeidbare Führungs- bzw. Kunstfehler oder aber Verstöße gegen vorausgegangene Weiterbildungs- und Übungspflichten, nicht dagegen fehlende Eignung. Der Unterschied wird sich häufig erst nach einer vergeblichen Abmahnung zeigen. Beeinträchtigt der ArbN durch seinen Lebenswandel die Genesung von einer **Krankheit** nachhaltig, verstößt er gegen die vertragl. Nebenpflicht, sich so zu verhalten, dass er möglichst bald wieder gesund wird, und alles zu unterlassen, was seine Genesung verzögern könnte[9]. Dieser Pflichtverstoß kann im Einzelfall sogar zu einer außerordentl. Kündigung ohne vorherige Abmahnung berechtigen[10]. Die Abgrenzung von personen- und verhaltensbedingtem Grund erfolgt auch bei der Leistungsverweigerung aus **Gewissensgründen oder religiöser Überzeugung** danach, ob der ArbN auf Grund fundamentaler, unüberwindbarer Gewissens- oder Glaubenshindernisse seine Fähigkeit und Eignung verliert, die geschuldete Arbeitsleistung zu erbringen[11]; solche Hindernisse stehen der kündigungsrechtl. Einordnung der Leistungsverweigerung unter das Tatbestandsmerkmal des steuerbaren Verhaltens entgegen. Der **Abkehrwille** des ArbN stellt schon deshalb keinen verhaltensbedingten Kündigungsgrund dar, weil es an einer Vertragspflichtverletzung fehlt; wo er ausnahmsw. eine Kündigung rechtfertigen soll, handelt es sich möglicherweise um einen betriebsbedingten Grund[12]. Die fortgesetzte Beleidigung von ArbGeb und Kollegen durch einen **schuldunfähigen ArbN** kann richtigerweise nur der personenbedingten Kündigung zugeordnet werden, sofern die konkrete Vertragsstörung auf nicht steuerbarem Verhalten beruht[13]. Weitere Grenzfälle sind in ihrer Einordnung durch die Rspr. umstritten (vgl. Rz. 70).

184 **3. Negative Zukunftsprognose.** Die verhaltensbedingte Kündigung hat **keinen Strafcharakter** (vgl. Rz. 61 f.)[14]. Maßgeblich ist daher auch hier allein, ob die verhaltensbedingten Gründe einer Fortsetzung des Arbeitsverhältnisses entgegenstehen. Die Zukunftsgerichtetheit des Kündigungsgrundes ist ausdrücklich in § 626 I BGB, dessen Hauptanwendungsfälle verhaltensbedingte Gründe sind, normiert.

1 AA BAG v. 4.11.1981 – 7 AZR 264/79, AP Nr. 4 zu § 1 KSchG 1969 – Verhaltensbedingte Kündigung; wie hier *v. Hoyningen-Huene* in Anm. zum AP-Abdruck. | 2 BAG v. 22.7.1982 – 2 AZR 30/81, AP Nr. 5 zu § 1 KSchG 1969 – Verhaltensbedingte Kündigung; v. 26.1.1995 – 2 AZR 649/94, AP Nr. 34 zu § 1 KSchG 1969 – Verhaltensbedingte Kündigung (*Fleck*); *Künzl*, BB 1993, 1581, 1586 mwN. | 3 BAG v. 15.3.1979 – 2 AZR 329/77, nv.; v. 9.4.1987 – 2 AZR 210/86, AP Nr. 18 zu § 1 KSchG 1969 – Krankheit; v. 13.12.1990 – 2 AZR 336/90, EzA § 1 KSchG – Krankheit Nr. 33; v. 1.6.1983 – 5 AZR 536/80, AP Nr. 52 zu § 1 LohnFG; *Willemsen/Brune*, DB 1988, 2304 ff. | 4 Eingehend BAG v. 9.4.1987 – 2 AZR 210/86, AP Nr. 18 zu § 1 KSchG 1969 – Krankheit. | 5 Im Ergebnis wie hier LAG Köln v. 12.3.2002 – 1 Sa 1354/01, NZA-RR 2002, 519 f., das jedoch ohne Not auf das Verschuldensmerkmal bei der verhaltensbedingten Kündigung verzichtet. | 6 Vgl. auch *Freihube*, DB 2005, 1274 f. | 7 BAG v. 29.7.1976 – 3 AZR 50/75, DB 1976, 2356. | 8 BAG v. 15.8.1984 – 7 AZR 228/82, NJW 1985, 2158. | 9 Hier geht es nur um Verhaltensweisen, die offenkundig und jedem einleuchtend der Genesung abträglich sind. Im Übrigen ist der Arbeitnehmer in seiner Entscheidung frei, welche Verhaltensweisen und medizinischen Behandlungsmethoden er für geeignet und vertretbar hält. | 10 BAG v. 26.8.1993 – 2 AZR 154/93, BB 1994, 142. | 11 BAG v. 24.5.1989 – 2 AZR 285/88, BAGE 62, 59; v. 10.10.2002 – 2 AZR 472/01, AP Nr. 44 zu § 1 KSchG 1969 – Verhaltensbedingte Kündigung. | 12 So BAG v. 22.10.1964 – 2 AZR 515/63, DB 1965, 38. | 13 AA aber BAG v. 22.1.1999 – 2 AZR 665/98, AP Nr. 151 zu § 626 BGB (verhaltensbedingt); ebenso BAG v. 16.2.1989 – 2 AZR 287/88, nv. (beide Entscheidungen ergingen zu fristlosen Kündigungen von ArbN, die sich später auf Psychosen beriefen); wie hier Stahlhacke/*Preis*, Rz. 1168; KR/*Fischermeier*, § 626 BGB Rz. 139; *Löwisch*/*Spinner*, § 1 KSchG Rz. 96; HK/*Dorndorf*, § 1 KSchG Rz. 531; APS/*Dörner*, § 1 KSchG Rz. 75; *Quecke*, ZTR 2003, 6 ff. (8 f.). | 14 BAG v. 26.1.1995 – 2 AZR 649/94, NZA 1995, 1028; v. 10.11.1988 – 2 AZR 215/88, AP Nr. 3 zu § 1 KSchG 1969 – Abmahnung; v. 26.1.1995 – 2 AZR 649/94, AP Nr. 34 zu § 1 KSchG 1969 – Verhaltensbedingte Kündigung (*Fleck*).

Die aus einer schuldhaften Vertragspflichtverletzung zu besorgende **künftige Vertragsstörung** liegt idR darin, dass mit weiteren Vertragsverletzungen zu rechnen ist (Wiederholungsgefahr) oder wegen der Art und Schwere des Vertragsverstoßes das Vertrauen in künftiges vertragsgetreues und loyales Verhalten des Mitarbeiters zerstört ist. Die Besorgnis künftiger Vertragsstörungen darf nicht zu eng auf eine Wiederholungsgefahr eingegrenzt werden[1]; es genügt, dass sich das vorangegangene Ereignis in irgendeiner Weise auch künftig belastend auf das Arbeitsverhältnis auswirkt[2]. Die tatsächliche **Feststellung** der negativen Zukunftsprognose leitet sich bei dem verhaltensbedingten Grund in stärkerem Maße aus Vorgängen in der Vergangenheit ab als bei personen- und betriebsbedingten Gründen. Neben Art und Schwere der Pflichtverletzungen, insb. dem Grad des Verschuldens[3], können ihre Häufigkeit und ggf. eine oder mehrere **vergebliche Abmahnungen**[4] von Bedeutung sein. Insb. Verstöße im Vertrauensbereich zwischen ArbGeb und ArbN führen häufig zu einer negativen Prognose. Eine negative Prognose entfällt, wenn die Pflichtverletzung des ArbN in einer spezifischen, arbeitsplatzbezogenen Schlechtleistung bestand und weitere Störungen nach Versetzung in einen anderen Arbeitsbereich ausgeschlossen sind[5].

4. Kündigung als letztes Mittel. Die Kündigungsgründe „bedingen" eine sozial gerechtfertigte Kündigung nur, wenn die Kündigung notwendig ist. Sie muss das unabweisbar letzte Mittel zur Vermeidung der zu besorgenden Vertragsstörung sein (Ultima Ratio). Solange geeignete **mildere Mittel** zur Verfügung stehen, verstößt eine Kündigung gegen den Verhältnismäßigkeitsgrundsatz und ist sozial ungerechtfertigt (vgl. Rz. 63). Typisches milderes Mittel bei verhaltensbedingten Vertragsstörungen ist die **Abmahnung**, die das Verhalten beanstandet und für den Wiederholungsfall arbeitsrechtl. Konsequenzen androht. Vgl. zur Abmahnung sogleich Rz. 186 ff. Ein milderes Mittel liegt auch in einer **anderweitigen Weiterbeschäftigungsmöglichkeit**, bei der mit weiteren Vertragsstörungen nicht zu rechnen ist. Hierfür kommt nur ein freier Arbeitsplatz[6] bei gleichen oder schlechteren, grds. nicht besseren[7] Arbeitsbedingungen in Betracht. Der ArbN muss für den freien Arbeitsplatz geeignet sein. Je nach der Vertragslage kann die anderweitige Weiterbeschäftigung durch Versetzung oder Änderungskündigung[8] herbeigeführt werden. Bei verhaltensbedingten Vertragsverstößen setzt eine anderweitige Weiterbeschäftigung voraus, dass die **Pflichtverstöße arbeitsplatzbezogen** waren und auf dem anderen Arbeitsplatz nicht zu erwarten sind[9]. Das wird nur selten der Fall sein, so bei leichteren Tätlichkeiten zwischen zwei verfeindeten ArbN, wenn für einen von ihnen ein anderweitiger geeigneter Arbeitsplatz vorhanden ist[10]. Ist wegen der Schwere oder der Art des Pflichtverstoßes auch auf anderen Arbeitsplätzen mit künftigem Fehlverhalten zu rechnen, scheidet die Möglichkeit idR aus[11], so zB bei wiederholter Verletzung eines Alkoholverbotes, ständiger Unpünktlichkeit, Vorlage gefälschter Arbeitsbescheinigungen oder Diebstahl des Kassierers. 185

5. Vorherige Abmahnung. a) Abmahnung und Kündigung. aa) Grundsatz: Abmahnung erforderlich. 186
Die Abmahnung ist notwendiger Bestandteil des Prognoseprinzips. Sie dient der Objektivierung der negativen Prognose (s. Rz. 184). Sie ist zugleich aber auch Ausdruck des Verhältnismäßigkeitsprinzips (s. Rz. 185). Eine Abmahnung ist als im Verhältnis zur Kündigung milderes Mittel erforderlich, soweit sie zur **Vermeidung künftiger Vertragsstörungen** geeignet ist. Das ist grds. der Fall, wenn die Vertragsstörung auf steuerbarem, willentlich beeinflussbarem Verhalten des ArbN beruht, also im Bereich der verhaltensbedingten Kündigung (s. Rz. 179 ff.). Die Abmahnung ist zur Beseitigung der Störung regelmäßig geeignet im sog. **Leistungsbereich**, also bei Verletzung der Arbeitspflicht. Nach neuerer Rspr. gilt dies grds. auch für Störungen im **Vertrauensbereich**[12]. Die frühere Unterscheidung nach Störbereichen, wonach im Vertrauensbereich eine Abmahnung grds. entbehrlich und nur ausnahmsw. erforderlich war[13], hat das BAG aufgegeben. Das Erfordernis einer Abmahnung ist daher vor jeder Kündigung zu prüfen, die wegen eines steuerbaren Verhaltens des ArbN ausgesprochen werden soll. Das gilt erst recht bei **unverschuldeten Pflichtverstößen**, sofern sie auf steuerbarem Verhalten beruhen (Teilnahme des ArbN an einem Streik, dessen Rechtswidrigkeit er selbst nicht erkennen konnte)[14]. Einer Prognose für künftiges Fehlverhalten fehlt hier ohne Abmahnung die Grundlage. Eine Abmahnung erfordert demge-

---

1 So aber formal, wenn auch die Wiederholungsgefahr praktisch fingierend BAG v. 17.1.1991 – 2 AZR 375/90, AP Nr. 25 zu § 1 KSchG 1969 – Verhaltensbedingte Kündigung (*Rüthers/Franke*); Stahlhacke/*Preis*, Rz. 1180; anders *Löwisch/Spinner*, § 1 KSchG Rz. 101, und *Kraft*, ZfA 1994, 463 (475), die von einer Art Verwirkung des Kündigungsschutzes ausgehen. | 2 *Rost*, Verhaltensbedingte Kündigung, in Henssler/Moll (Hrsg.), Kündigung und Kündigungsschutz in der betrieblichen Praxis, 2000, S. 40 Rz. 15. | 3 BAG v. 26.1.1995 – 2 AZR 649/94, AP Nr. 34 zu § 1 KSchG 1969 – Verhaltensbedingte Kündigung; v. 21.11.1996 – 2 AZR 357/95, AP Nr. 130 zu § 626 BGB. | 4 BAG v. 26.1.1995 – 2 AZR 649/94, AP Nr. 34 zu § 1 KSchG 1969 – Verhaltensbedingte Kündigung. | 5 BAG v. 9.3.1995 – 2 AZR 461/94, NZA 1995, 678. | 6 BAG v. 3.2.1977 – 2 AZR 476/75, NJW 1977, 1846. | 7 BAG v. 29.3.1990 – 2 AZR 396/89, NJW 1991, 587. | 8 BAG v. 27.9.1984 – 2 AZR 62/83, AP Nr. 8 zu § 2 KSchG 1969. | 9 BAG v. 16.1.1997 – 2 AZR 98/96, nv.; v. 9.3.1995 – 2 AZR 461/94, NZA 1995, 678; v. 31.3.1993 – 2 AZR 492/92, AP Nr. 32 zu § 626 BGB – Ausschlussfrist; v. 22.7.1982 – 2 AZR 30/81, AP Nr. 5 zu § 1 KSchG 1969 – Verhaltensbedingte Kündigung. | 10 BAG v. 9.3.1995 – 2 AZR 461/94, NZA 1995, 678. | 11 BAG v. 31.3.1993 – 2 AZR 492/92, AP Nr. 32 zu § 626 BGB – Ausschlussfrist; v. 27.9.1984 – 2 AZR 62/83, AP Nr. 8 zu § 2 KSchG 1969. | 12 Grundl. BAG v. 4.6.1997 – 2 AZR 526/96, AP Nr. 137 zu § 626 BGB (*Felderhoff*). | 13 Etwa BAG v. 30.11.1978 – 2 AZR 145/77, AP Nr. 1 zu § 64 SeemG. | 14 BAG v. 12.1.1988 – 1 AZR 219/86, DB 1988, 1270.

mäß kein schuldhaftes Verhalten[1]. Sie wirkt zwar belastend auf das Arbeitsverhältnis, enthält aber selbst keine Sanktion. Der ArbGeb übt sein vertragl. Gläubigerrecht aus und schützt sich vor künftigen Störungen. Zur Unverhältnismäßigkeit einer Abmahnung vgl. Rz. 197. Hat ein ArbN **keinen Kündigungsschutz**, weil er entweder noch keine sechs Monate (Wartezeit, § 1) oder in einem Kleinbetrieb beschäftigt ist (§ 23 I), so bedarf eine ordentl. Kündigung idR keiner vorherigen Abmahnung[2]. Dem ArbGeb ist es aber unbenommen, auch hier eine Abmahnung auszusprechen, wenn er sich nicht sogleich vom ArbN trennen will.

187 **bb) Ausnahme: Abmahnung entbehrlich.** Für Dauerschuldverhältnisse allgemein vgl. §§ 314 II 2, 323 II BGB. Die Abmahnung ist entbehrlich, wo sie zur Beseitigung der Störung nicht geeignet ist. Das ist insb. bei **schweren Pflichtverletzungen** anzunehmen, deren Rechtswidrigkeit dem ArbN ohne weiteres erkennbar und deren Hinnahme durch den ArbGeb offensichtlich ausgeschlossen ist. Dem (verständigen) ArbN muss bewusst sein, dass er seinen Arbeitsplatz aufs Spiel setzt[3]. Entbehrlich ist die Abmahnung weiterhin, wenn der ArbN etwa in Kenntnis der Vertragswidrigkeit seines Verhaltens daran **hartnäckig und uneinsichtig** festhält; damit gibt er zu erkennen, dass er auch zukünftig nicht bereit ist, sich vertragstreu zu verhalten[4], und zwar auch um den Preis der Kündigung nicht[5]. Hier ist eine Abmahnung weder zur Vermeidung künftiger Störungen geeignet noch ist sie für eine negative Zukunftsprognose erforderlich. Bloße Vermutungen genügen insoweit aber nicht[6]. Beispiele aus dem sog. **Leistungsbereich**: Hartnäckige Weigerung, eine bestimmte Tätigkeit zu einem bestimmten Zeitpunkt an einem bestimmten Ort entsprechend der vertragl. Verpflichtung zu verrichten[7] (hier wird freilich die Hartnäckigkeit zumeist erst durch eine vergebliche vorherige Abmahnung offenbar); mehrtägiges unentschuldigtes Fehlen[8] (im Ruhrbergbau idR drei Tage); eigenmächtige Urlaubsverlängerung; mehrfache grob fahrlässige Pflichtverletzung mit erheblicher Schadensfolge[9]; vorsätzliche Missachtung von Arbeitsschutzvorschriften bei besonderer Gefährdung anderer Personen.

188 Berührt die Pflichtverletzung den **Vertrauensbereich**, dh. das Vertrauen des ArbGeb in die Loyalität und Ehrlichkeit des ArbN[10], so ist eine Abmahnung grds. ebenfalls erforderlich[11], insb. dann, wenn der ArbN mit vertretbaren Gründen, etwa auf Grund einer unklaren Regelung oder Anweisung, annehmen konnte, sein Verhalten sei nicht vertragswidrig oder werde vom ArbGeb zumindest nicht als ein erhebliches, den Bestand des Arbeitsverhältnisses gefährdendes Verhalten angesehen[12] oder wenn aus sonstigen Gründen eine Wiederherstellung des Vertrauens erwartet werden kann[13]. Das ist nicht der Fall, wo es um **schwere Pflichtverletzungen** geht, deren Rechtswidrigkeit dem ArbN ohne weiteres erkennbar und deren Hinnahme durch den ArbGeb offensichtlich ausgeschlossen ist und bei denen dem ArbN bewusst sein muss, dass er seinen Arbeitsplatz aufs Spiel setzt[14]. **Straftaten** zu Lasten des ArbGeb oder der Kollegen[15] rechtfertigen hiernach grds. auch ohne vorherige Abmahnung eine Kündigung. Nur unter besonderen Umständen kann bei Bagatelldelikten ohne kriminellen Charakter ausnahmsw. eine Abmahnung erforderlich sein, so bei dem Verzehr eines Bienenstichs durch Konditoreifachkraft[16]. Entbehrlich sein wird eine Abmahnung regelmäßig auch bei Vortäuschen einer Krankheit, Fälschen einer Arbeitsunfähigkeitsbescheinigung, Manipulationen bei der Arbeitszeiterfassung zur Erlangung einer unberechtigten Zeitgutschrift. Bei Beleidigungen, Tätlichkeiten und sexueller Belästigung von Mitarbeitern kommt es dagegen auf die Umstände des Einzelfalles, insb. die Schwere der Verfehlung an.

189 **cc) Erfordernis weiterer Abmahnungen.** War der ArbN bereits abgemahnt, bleibt doch zu prüfen, ob es einer weiteren Abmahnung bedarf. Die Abmahnung ist **kein formelles Erfordernis**, sondern Ausfluss des kündigungsrechtl. Ultima-ratio-Grundsatzes. Es ist zu fragen, ob trotz der vorausgegangenen eine

1 BAG v. 12.1.1988 – 1 AZR 219/86, DB 1988, 1270; v. 10.11.1993 – 7 AZR 682/92, BB 1994, 1290; v. 30.3.1982 – 1 AZR 265/80, BB 1983, 766. | 2 BAG v. 21.2.2001 – 2 AZR 579/99, NZA 2001, 951. | 3 BAG v. 12.1.2006 – 2 AZR 21/05, NZA 2006, 917; v. 10.2.1999 – 2 ABR 31/98, BAGE 91, 30; v. 12.7.1984 – 2 AZR 320/83, BB 1985, 1599. | 4 BAG v. 4.6.1997 – 2 AZR 526/96, AP Nr. 137 zu § 626 BGB (*Felderhoff*). | 5 BAG v. 18.5.1994 – 2 AZR 626/93, NZA 1995, 65. | 6 BAG v. 17.2.1994 – 2 AZR 616/93, AP Nr. 116 zu § 626 BGB. | 7 BAG v. 18.5.1994 – 2 AZR 626/93, NZA 1995, 65. | 8 BAG v. 17.1.1991 – 2 AZR 375/90, AP Nr. 25 zu § 1 KSchG 1969 – Verhaltensbedingte Kündigung. | 9 Sehr weitgehend LAG Köln v. 26.8.1986 – 1 Sa 525/86, LAGE § 611 BGB – Abmahnung Nr. 4 (außerordentl. Kündigung ohne Abmahnung bei mit mittlerer Fahrlässigkeit verursachtem Verkehrsunfall mit erheblichem Schaden). | 10 LAG Köln v. 10.6.1994 – 13 Sa 228/94, NZA 1995, 792. | 11 BAG v. 4.6.1997 – 2 AZR 526/96, NZA 1997, 1281. | 12 BAG v. 13.12.1984 – 2 AZR 454/83, BB 1985, 1069. | 13 BAG v. 4.6.1997 – 2 AZR 526/96, NZA 1997, 1281; im Hinblick auf die Beweislast gem. § 1 II 4 müsste es heißen: „es sei denn, dass eine Wiederherstellung des Vertrauens nicht erwartet werden kann“, vgl. HK/*Dorndorf*, § 1 KSchG Rz. 605. | 14 BAG v. 10.2.1999 – 2 ABR 31/98, AP Nr. 42 zu § 15 KSchG 1969; BAG v. 12.7.1984 – 2 AZR 320/83, AP Nr. 32 zu § 102 BetrVG 1972; *Rost*, Die verhaltensbedingte Kündigung, in Henssler/Moll (Hrsg.), Kündigung und Kündigungsschutz in der betrieblichen Praxis, 2000, S. 41 Rz. 19. | 15 BAG v. 12.7.1984 – 2 AZR 320/83, AP Nr. 32 zu § 102 BetrVG 1972 (grobe Beleidigung und Schlag ins Gesicht ohne Provokation); LAG Köln v. 12.3.2002 – 1 Sa 1354/01, NZA-RR 2002, 519 f. (Diebstahl; Beschaffungskriminalität). | 16 BAG v. 17.5.1984 – 2 AZR 3/83, NZA 1985, 91; vgl. auch BAG v. 13.12.1984 – 2 AZR 454/83, AP Nr. 81 zu § 626 BGB (Wegnahme von 20 l Dieselkraftstoff bei 13-jähriger Betriebszugehörigkeit: keine Abmahnung, uU aber nur fristgerechte Kündigung); v. 11.12.2003 – 2 AZR 36/03, AP Nr. 179 zu § 626 BGB (Diebstahl abgeschriebener Ware durch Verkäuferin); LAG Sa.-Anh. v. 17.7.2007 – 8 TaBV 4/07 (Hinzuziehung einer postfremden Person zur Postzustellung, § 206 StGB) vgl. auch unten Einzelfälle, Stichwort: „Straftaten“, 243.

erneute Abmahnung noch ein geeignetes milderes Mittel zur Vermeidung weiterer kündigungsrelevanter Vertragsstörungen ist. Entscheidende Gesichtspunkte sind insoweit:

- Einschlägigkeit des abgemahnten Vertragsverstoßes;
- Wirkkraft der früheren Abmahnung (zB Zeitablauf);
- Gewicht des abgemahnten und des neuerlichen Vertragsverstoßes.

Einschlägigkeit besteht, wenn Abmahnung und Kündigungsgrund ein innerer Zusammenhang verbindet[1]. Die Warnung der Abmahnung reicht nur soweit, wie dem ArbN klargemacht worden ist, welches konkrete Verhalten beanstandet wurde und worauf er zukünftig zu achten hat. Dabei darf kein allzu enger Maßstab angelegt werden. Die Pflichtverstöße müssen nicht identisch sein, sondern nur auf einer Ebene liegen (zB Abmahnung wegen Unpünktlichkeit und unentschuldigtes Fehlen; verspätete Arbeitsaufnahme oder vorzeitiges Verlassen des Arbeitsplatzes und Kartenspielen während der Arbeit; unentschuldigtes Fehlen und verspätete Krankmeldung[2], wohl aber nicht mehr verspätete Übersendung der Arbeitsunfähigkeitsbescheinigung). IdR **nicht vergleichbar** sind Schlechtleistungen einerseits und Arbeitszeitverstöße andererseits sowie insb. Pflichtverletzungen im Leistungsbereich und solche im Vertrauensbereich[3]. Keine ausreichende Vergleichbarkeit begründet schon der gemeins. Vorwurf der Unzuverlässigkeit[4]. Jedoch kann eine Vielzahl ungleichartiger Pflichtverletzungen uU das allgemeine Urteil der Unzuverlässigkeit und damit eine Kündigung rechtfertigen[5] (vgl. auch Rz. 69). Auch im **gleich gelagerten Wiederholungsfall** nach einschlägiger Abmahnung ist eine Kündigung noch nicht in jedem Fall begründet. Kleinere Pflichtverletzungen, etwa Nachlässigkeiten ohne nennenswerte betriebliche Auswirkungen (kleinere Unpünktlichkeiten oder verspätete Übersendung einer Arbeitsunfähigkeitsbescheinigung) erfordern uU mehrere Abmahnungen. In einer Interessenabwägung sind alle Umstände zu würdigen, insb. das Gewicht der Pflichtverletzung und die inzwischen verstrichene Zeit, in der sich der ArbN ggf. vertragstreu verhalten hat. Eine hartnäckige Missachtung auch unbedeutenderer Vertragspflichten braucht der ArbGeb aber nicht hinzunehmen. 190

Eine lange zurückliegende einschlägige Abmahnung kann **durch Zeitablauf wirkungslos** werden. Feste zeitliche Grenzen hierfür (zB zwei oder drei Jahre) lassen sich nicht allgemein bestimmen. Es kommt auf die Umstände an, insb. die Art und Schwere des abgemahnten Pflichtverstoßes und das Verhalten des ArbN wie auch des ArbGeb nach der Abmahnung (zB einer späteren unklaren Reaktion des ArbGeb auf ähnliche Pflichtverletzungen anderer ArbN)[6]. Abgeschwächte Wirkung wird auch eine Abmahnung haben, die zwar selbst noch nicht lange zurückliegt, aber ein schon längere Zeit **zurückliegendes Fehlverhalten** beanstandet[7]. Die Warnung ist eindringlicher, wenn sie in nahem zeitlichem Zusammenhang mit dem Verstoß erfolgt. **Zahlreiche folgenlose Abmahnungen** wegen gleichartiger Pflichtverletzungen können die Warnfunktion der Abmahnung ebenfalls abschwächen. Der ArbGeb muss dann die letzte Abmahnung vor Ausspruch der Kündigung besonders eindringlich gestalten, um dem ArbN klar zu machen, dass weitere derartige Pflichtverletzungen nunmehr wirklich zum Ausspruch einer Kündigung führen werden[8]. Bei leichter wiegenden Vertragsverstößen kann idR nicht schon die dritte Abmahnung als wirkungslos angesehen werden[9]. 191

Eine **vorweggenommene Abmahnung**, die – etwa am „Schwarzen Brett“ oder im Arbeitsvertrag – vorbeugend für ein näher bezeichnetes Fehlverhalten eine Kündigung androht, hat nicht die Wirkung einer gewöhnlichen Abmahnung. Sie wendet sich an alle ArbN ohne Unterschied und führt dem betroffenen ArbN nicht ein eigenes Fehlverhalten vor Augen. Ihr fehlt die typische zugespitzte Warnwirkung der Abmahnung. Dennoch konkretisiert die vorweggenommene Abmahnung die Vertragspflichten des ArbN und verleiht ihnen Gewicht und Nachdruck. Je nach der Art des Pflichtverstoßes und den konkreten Umständen des Einzelfalles wird sie daher kündigungsrechtl. Bedeutung erlangen, eine Abmahnung bei späterer Zuwiderhandlung aber wohl nur ausnahmsw. entbehrlich machen[10]. Besteht die Beanstandung in einem nicht ohne weiteres und kurzfristig abstellbaren Leistungsmangel, ist dem abgemahnten ArbN ein ausreichender **Anpassungszeitraum** einzuräumen, so etwa bei Beanstandung mangelnden Führungsverhaltens[11] oder der (künstlerischen) Qualität der Leistungsergebnisse[12]. 192

b) Voraussetzungen einer wirksamen Abmahnung. aa) Objektive Vertragspflichtverletzung. Gegenstand der Abmahnung ist grds. ein auf steuerbarem Verhalten beruhender tatsächlicher Vertragsverstoß (s. Rz. 179 ff.; zur sog. vorweggenommenen Abmahnung s. Rz. 192). Sie setzt **kein Verschulden** voraus[13] 193

---

1 BAG v. 16.1.1992 – 2 AZR 412/91, NZA 1992, 1023; v. 10.12.1992 – 2 ABR 32/92, AP Nr. 4 zu § 87 ArbGG 1979. | 2 LAG Berlin v. 5.12.1995 – 12 Sa 111/95, LAGE § 1 KSchG – Verhaltensbedingte Kündigung Nr. 52. | 3 Vgl. auch HK/*Dorndorf*, § 1 KSchG Rz. 653 ff. | 4 BAG v. 27.2.1985 – 7 AZR 525/83, nv. | 5 LAG Rh.-Pf. v. 5.11.1982 – 6 Sa 549/82, DB 1983, 1554 (LS). | 6 BAG v. 18.11.1986 – 7 AZR 674/84, AP Nr. 17 zu § 1 KSchG 1969 – Verhaltensbedingte Kündigung; v. 27.1.1988 – 5 AZR 604/86, ZTR 1988, 309. | 7 BAG v. 15.1.1986 – 5 AZR 70/84, DB 1986, 1075. | 8 BAG v. 15.11.2001 – 2 AZR 609/00, AP Nr. 4 zu § 1 KSchG 1969 – Abmahnung; krit. hierzu *Kammerer*, BB 2002, 1747 ff. | 9 BAG v. 16.9.2004 – 2 AZR 406/03, BB 2005, 716 f. | 10 Zu weitgehend LAG Hamm v. 16.12.1982 – 10 Sa 965/82, BB 1983, 1601. | 11 Vgl. etwa BAG v. 29.7.1976 – 3 AZR 50/75, DB 1976, 2356. | 12 Vgl. etwa BAG v. 15.8.1984 – 7 AZR 228/82, NJW 1985, 2158. | 13 BAG v. 12.1.1988 – 1 AZR 219/86, DB 1988, 1270; v. 10.11.1993 – 7 AZR 682/92, BB 1994, 1290.

(s. Rz. 186), da sie selbst noch nicht sanktioniert. Ausnahmsweise kommt eine Abmahnung auch bei personenbedingten Vertragsstörungen in Betracht (s. Rz. 183). Der Gleichbehandlungsgrundsatz findet grds. wie allgemein im Kündigungsrecht (s. Rz. 71) keine Anwendung[1]. Dagegen kann eine Abmahnung eine verbotene Benachteiligung iSd. § 2 I Nr. 2 **AGG** darstellen[2], zumindest sind die Wertungen der zu Grunde liegenden EG-Richtlinien über §§ 138, 242 u. 826 BGB zu berücksichtigen.

194 Die Abmahnung bedarf **keiner kündigungsrechtl. Verhältnismäßigkeitsprüfung** in Bezug auf den Vertragsverstoß, da sie nicht sanktioniert. Sie ist daher nicht schon deshalb unverhältnismäßig, weil auch im Falle einer einmaligen Wiederholung des Fehlverhaltens eine Kündigung noch nicht begründet wäre[3]. Doch begrenzt der aus Treu und Glauben (§ 242 BGB) abgeleitete Grundsatz der Verhältnismäßigkeit in Gestalt des **Übermaßverbots (Schikaneverbot)** auch das Abmahnungsrecht[4]. Danach ist die Abmahnung unzulässig, wenn sie der Gegenseite unverhältnismäßig große Nachteile zufügt und andere, weniger schwerwiegende Maßnahmen möglich sind, die den Interessen des Berechtigten ebenso gut Rechnung tragen und ihm zumutbar sind. Das ist bei einer zu den Personalakten genommene Abmahnung wegen einer geringfügigen Vertragspflichtverletzung denkbar, etwa bei einmaliger Verspätung um fünf Minuten oder Verteilung gewerkschaftlichen Werbematerials während der Arbeitszeit[5].

195 **bb) Inhaltliche Gestaltung.** Nach ihrem kündigungsrechtl. Zweck hat die Abmahnung zugleich **Rüge- und Warnfunktion.** Sie muss in einer für den ArbN hinreichend deutlich erkennbaren Art und Weise Pflichtverstöße beanstanden und damit den Hinweis verbinden, dass im Wiederholungsfalle der Inhalt oder der Bestand des Arbeitsverhältnisses gefährdet ist[6]. Sind diese Merkmale erfüllt, handelt es sich um eine Abmahnung im kündigungsrechtl. Sinne. Die **Bezeichnung** als „Abmahnung", „Ermahnung" oder „Rüge" ist dann unerheblich. Fehlt andererseits der warnende Hinweis auf den Bestand des Arbeitsverhältnisses, so handelt es sich ggf. um eine Rüge, nicht aber um eine Abmahnung im kündigungsrechtl. Sinne, auch wenn sie als solche bezeichnet ist. Verwarnung und Verweis sind Begriffe aus Betriebsbußenregelungen (s. Rz. 199). Die **konkrete Rüge** hat dem ArbN deutlich vor Augen zu führen, welches Verhalten beanstandet wird. Allgemeine Hinweise (zB „schlechte Arbeitsmoral", „unzureichende Leistungen" oder „flegelhaftes Verhalten") genügen nicht. Fügt der ArbGeb eine rechtl. Würdigung hinzu, darf sie nicht fehlerhaft sein und den Vorwurf dadurch schwerwiegend darstellen, als er tatsächlich ist. Rügt die Abmahnung mehrere Verstöße gleichzeitig, ist sie schon dann vollständig aus der Personalakte zu entfernen, wenn nur einer von ihnen nicht zutrifft[7]. Das gilt auch für den Vorwurf eines „zum wiederholten Male" gezeigten Verhaltens, wenn der Beweis für den früheren Verstoß nicht geführt werden kann. Der ArbGeb kann allerdings nachfolgend eine Abmahnung aussprechen, die sich auf den zutreffenden Vorwurf beschränkt.

196 Unverzichtbarer Bestandteil einer Abmahnung ist weiter die **Warnung**, dass im Wiederholungsfall das unveränderte Fortbestehen des Arbeitsverhältnisses gefährdet ist. Nicht erforderlich ist, dass bestimmte kündigungsrechtl. Maßnahmen (zB ordentl. oder außerordentl. Kündigung) angedroht werden. Dem ArbN muss aber unmissverständlich deutlich werden, dass im Wiederholungsfall der Inhalt oder der Bestand des Arbeitsverhältnisses gefährdet ist[8]. Unzureichend dürften folgende Formulierungen sein[9]:

- „Wir machen Sie darauf aufmerksam, dass wir dieses Fehlverhalten nicht länger hinnehmen werden."
- „Bitte bemühen Sie sich, künftig pünktlich am Arbeitsplatz zu erscheinen."
- „Wir weisen Sie ausdrücklich darauf hin, dass wir von Ihnen eine Steigerung Ihrer Arbeitsleistungen erwarten."
- „Wir raten Ihnen in Ihrem eigenen Interesse dringend, künftig unsere Anordnungen und Hinweise in diesem Schreiben zu befolgen."

197 Unzureichend dürfte auch der Hinweis des ArbGeb sein, dass er sich **arbeitsrechtl. Konsequenzen** vorbehalte. Je nach den Umständen des Einzelfalles könnten solche Konsequenzen auch darin bestehen, dass der ArbGeb den Lohn für versäumte Arbeitszeit einbehält. In jedem Falle ausreichend ist der Hinweis, dass im Wiederholungsfall eine Kündigung (gleich welcher Art) droht. Alle Merkmale einer ordnungsgemäßen Abmahnung kann auch eine **frühere Kündigung** erfüllen, wenn der Kündigungssachverhalt feststeht und die Kündigung aus anderen Gründen, zB wegen fehlender Abmahnung, für sozialwidrig erachtet worden ist[10]. Enthält die Abmahnung **keine ausreichende Warnung**, bleibt doch die Rüge. Der ArbN wird sich in einem Wiederholungsfall darüber bewusst sein, dass der ArbGeb sein Verhalten für vertragswidrig hält. Enthält die Abmahnung ein **Unwerturteil** über die Person des ArbN und nicht nur

---

1 LAG Schl.-Holst. v. 29.11.2005 – 2 Sa 350/05, NZA-RR 2006, 180; *Hoß*, MDR 1999, 334. | 2 *Kleinebrink*, FA 2007, 230. | 3 BAG v. 13.11.1991 – 5 AZR 74/91, BB 1992, 781. | 4 BAG v. 13.11.1991 – 5 AZR 74/91, BB 1992, 781. | 5 BAG v. 13.11.1991 – 5 AZR 74/91, BB 1992, 781. | 6 BAG v. 18.1.1980 – 7 AZR 75/78, DB 1980, 1351. | 7 BAG v. 13.3.1991 – 5 AZR 133/90, BB 1991, 1926. | 8 BAG v. 18.1.1980 – 7 AZR 75/78, DB 1980, 1351. | 9 Nach *Beckerle/Schuster*, Die Abmahnung, 5. Aufl., S. 70–71. | 10 BAG v. 31.8.1989 – 2 AZR 13/89, NZA 1990, 433; ebenso die Einleitung eines Zustimmungsersetzungsverfahrens nach § 103 BetrVG, BAG v. 15.11.2001 – 2 AZR 609/00, AP Nr. 4 zu § 1 KSchG 1969 – Abmahnung.

über sein Verhalten, könnte darin eine Sanktion liegen, die den Charakter einer Betriebsbuße annimmt und dann mitbestimmungspflichtig ist (s. Rz. 199). Ein persönlicher Angriff oder überhaupt ein Missgriff im Tonfall können zudem eine rechtswidrige Verletzung des Persönlichkeitsrechts des ArbN oder des Arbeitsvertrages darstellen, auch wenn die Abmahnung im Übrigen zu Recht ergangen ist.

cc) Formelle Anforderungen. Der **Rechtscharakter** der Abmahnung als einseitiges empfangsbedürftiges Rechtsgeschäft[1] oder geschäftsähnliche Handlung[2] ist umstritten. Auf Seiten des ArbGeb **abmahnungsberechtigt** sind nach hM nicht nur kündigungsberechtigte Personen[3], sondern alle in Bezug auf das beanstandete Verhalten anweisungsberechtigten Mitarbeiter[4]. Gegenüber LeihArbN sind daher Verleiher wie Entleiher abmahnberechtigt[5]. In der betriebl. Praxis ist die Abmahnbefugnis häufig intern auf einen bestimmten Kreis von Führungskräften beschränkt. Eine allgemeine Pflicht des ArbGeb zur **Anhörung des ArbN** vor Ausspruch einer Abmahnung besteht nicht. Anders gem. § 3 IV 4 TV-L im öffentl. Dienst der Bundesländer. Hier ist eine ohne vorherige Anhörung des ArbN in die Personalakte genommene Abmahnung auf sein Verlangen wieder zu entfernen. Dennoch behält sie die Warnwirkung für eine verhaltensbedingte Kündigung, da § 3 IV 4 TV-L (wie zuvor § 13 II BAT) allein den Schutz der Personalakte bezweckt[6]. Im TVöD (Bund und Gemeinden) fehlt eine entsprechende Regelung. 198

Bei Abmahnungen besteht **kein Beteiligungsrecht des BR**[7]. Der ArbGeb macht lediglich von seinem vertragl. Rügerecht Gebrauch. Unerheblich ist, ob die gerügte Vertragsverletzung zugleich gegen die betriebl. Ordnung verstößt. Es besteht kein Informationsanspruch[8], auch nicht nach Ausspruch der Abmahnung[9]. In der betriebl. Praxis wird der BR jedoch häufig davon unterrichtet. Dagegen ist der BR vor Ausspruch einer verhaltensbedingten Kündigung gem. § 102 BetrVG über etwaige Abmahnungen zu unterrichten, wenn sich der ArbGeb zur Begründung der Kündigung darauf stützen will. Durch **freiwillige BV** kann ein Beteiligungsrecht des BR begründet werden, nicht aber durch Spruch der Einigungsstelle[10]. Soll die Abmahnung den Vertragsverstoß etwa als disziplinarähnliche Maßnahme sanktionieren („strenger Verweis" oÄ), so handelt es sich um eine **Betriebsbuße**, die gem. § 87 I Nr. 1 BetrVG der Mitbest. des BR bedarf[11] (vgl. § 87 BetrVG Rz. 63). Der ArbGeb ist bei Bestehen einer Betriebsbußenordnung aber nicht gehindert, einen Vertragsverstoß mit einer mitbestimmungsfreien Abmahnung zu belegen[12]. Einige **Landespersonalvertretungsgesetze** verlangen vor Ausspruch der Abmahnung die Anhörung des Personalrates[13]. Unterbleibt sie, ist die Abmahnung auf Verlangen aus der Personalakte zu entfernen. Sie entfaltet jedenfalls keine kündigungsrechtl. Warnwirkung, während ihre Rügefunktion erhalten bleiben dürfte[14]. Die Abmahnung kann ggf. nach vorheriger Anhörung des Personalrates erneut ausgesprochen werden. Die **Schwerbehindertenvertretung** ist ggf. gem. § 95 II SGB IX zu beteiligen (str.). Die Verletzung dieser Beteiligungspflicht hat keine Auswirkungen auf die Rechtmäßigkeit der Maßnahme, hier der Abmahnung[15]. 199

Die Abmahnung bedarf **keiner Schriftform**. Sie kann mündlich, auch fernmündlich ausgesprochen werden. Die Schriftform empfiehlt sich jedoch zu Dokumentationszwecken und aus Beweisgründen. Auch erzeugt eine schriftl. Abmahnung idR nachhaltigere Wirkung. Es gibt **keine Regelausschlussfrist**, in der ein vertragl. Rügerecht, also hier die Abmahnung, ausgeübt werden muss[16]. Ihre Warnwirkung kann aber durch die Zwischenzeit, in der sich der ArbN vertragstreu verhalten hat, abgeschwächt werden[17]. Der ArbGeb kann einen ArbN wegen eines Sachverhalts abmahnen, der Gegenstand einer vorausgegangenen, aus anderweitigen Gründen **unwirksamen Kündigung** war. Das Abmahnrecht ist hier nicht verbraucht[18]. Alle Merkmale einer ordnungsgemäßen Abmahnung kann auch die frühere Kündigung selbst erfüllen, wenn der Kündigungssachverhalt feststeht[19]. Die Abmahnung bedarf als empfangsbedürftige Erklärung des **Zugangs** beim Abmahnungsgegner (§ 130 BGB). Nach hM ist darüber hinaus grds. **Kenntnisnahme** des Empfängers von ihrem Inhalt erforderlich[20]. Die Berufung auf die fehlende Kenntnis kann rechtsmissbräuchlich sein, wenn sich der ArbN nicht innerhalb angemessener Frist um Kenntnisnahme bemüht hat. Muss ein ausländischer ArbN zB wegen eines Pflichtverstoßes 200

1 BAG v. 9.8.1984 – 2 AZR 400/83, AP Nr. 12 zu § 1 KSchG 1969 – Verhaltensbedingte Kündigung; *Löwisch/Spinner*, § 1 KSchG Rz. 113. | 2 BAG v. 21.5.1992 – 2 AZR 551/91, DB 1992, 2143. | 3 So *Pauly*, NZA 1995, 449 (452); *Adam*, DB 1996, 476. | 4 BAG v. 18.1.1980 – 7 AZR 75/78, DB 1980, 1351; v. 5.7.1990 – 2 AZR 8/90, NZA 1991, 667; v. 15.7.1992 – 7 AZR 466/91, AP Nr. 9 zu § 611 BGB – Abmahnung. | 5 *Kleinebrink*, FA 2007, 230 (232). | 6 BAG v. 21.5.1992 – 2 AZR 551/91, DB 1992, 2143. | 7 BAG v. 17.10.1989 – 1 ABR 100/88, NZA 1990, 193. | 8 LAG Schl.-Holst. v. 27.5.1983 – 3 (4) TaBV 31/82, BB 1983, 1282; LAG Hamburg v.16.6.1983 – 7 TaBV 1/83, nv.; aA *Pfarr*, AuR 1976, 198. | 9 AA LAG Nds. v. 24.2.1984 – 3 TaBV 9/83, AuR 1985, 99. | 10 BAG v. 30.8.1995 – 1 ABR 4/95, NZA 1996, 218. | 11 Hess. LAG v. 18.10.1988 – 5 TaBV 168/87, NZA 1989, 273 (betriebliche Regelung einer automatischen Beförderungssperre für ein Jahr ohne Prüfung des Einzelfalls für den Fall einer Abmahnung). | 12 BAG v. 30.1.1979 – 1 AZR 342/76, DB 1979, 1511; v. 7.11.1979 – 5 AZR 962/77, BB 1980, 414. | 13 ZB § 74 LPVG NW, § 67 II LPVG Sa.-Anh., § 80 III 1 Saarl. LPVG; § 78 II Nr. 14 LPVG Rh.-Pf. 1992 enthält sogar ein volles Mitbestimmungsrecht des Personalrats bei schriftlichen Abmahnungen. | 14 LAG Köln v. 28.3.1988 – 5 Sa 90/88, LAGE Nr. 10 zu § 611 BGB – Abmahnung. | 15 BAG v. 28.7.1983 – 2 AZR 122/82, DB 1984, 133. | 16 BAG v. 14.12.1994 – 5 AZR 137/94, NZA 1995, 676 | 17 BAG v. 15.1.1986 – 5 AZR 70/84, DB 1986, 1075. | 18 BAG v. 7.9.1988 – 5 AZR 625/87, DB 1989, 284. | 19 BAG v. 31.8.1989 – 2 AZR 13/89, NZA 1990, 433; aA KDZ/*Kittner*, KSchR, Einl. Rz. 121. | 20 BAG v. 9.8.1994 – 2 AZR 400/83, NZA 1985, 124; aA *Löwisch*, § 1 KSchG Rz. 111.

mit einer Abmahnung rechnen, wird er bei Übergabe der in deutscher Sprache abgefassten Abmahnung auf seine fehlende Sprachkenntnis hinweisen oder seinerseits unverzüglich für eine Übersetzung sorgen müssen[1].

201 c) **Rechtswirkungen der Abmahnung.** Sie hat in erster Linie tatsächliche Wirkungen. Als **Vertragsrüge** stellt sie klar, dass der ArbGeb an den bisherigen vertragl. Rechten und Pflichten festhält, und verhindert damit eine schleichende Vertragsänderung. Die **Warnung** vor einem Wiederholungsfall hat vor allem Bedeutung für eine nachfolgende Kündigung, da sie bei erneutem Verstoß die negative Zukunftsprognose begründen kann (s. Rz. 186 ff.). Die schriftl. Abmahnung in der Personalakte **dokumentiert** den Pflichtverstoß des ArbN, was für spätere Personalentscheidungen von Bedeutung sein kann. Mit der Abmahnung **verzichtet** der ArbGeb ferner nach hM stillschweigend auf eine Kündigung wegen der abgemahnten Verstöße. Er kann eine spätere Kündigung daher nicht allein auf diese stützen, sondern hierauf nur dann unterstützend zurückgreifen, wenn weitere kündigungsrechtl. erhebliche Umstände eintreten oder ihm nachträglich bekannt werden[2]. Eine in den Personalakten befindliche und vom ArbN nicht angegriffene Abmahnung erbringt in einem nachfolgenden Kündigungsschutzprozess **keinen Beweis** für die darin gerügte Vertragspflichtverletzung[3]. Der ArbN ist insofern nicht gezwungen, gegen eine Abmahnung vorzugehen. Veranlasst er den ArbGeb arglistig, auf die Unstreitigkeit des abgemahnten Sachverhalts zu vertrauen und Beweismittel nicht aufzubewahren, so darf dem ArbGeb hierdurch nach Treu und Glauben kein Rechtsnachteil entstehen. Das bloße Untätigbleiben des ArbN stellt jedoch noch kein unredliches Verhalten dar. Eine **rechtswidrige Abmahnung** hat idR keine kündigungsrechtl. Restwirkung[4]. War die Abmahnung aus der Personalakte zu entfernen, weil der Vorwurf in tatsächlicher Hinsicht unbegründet war, bleibt aber der Hinweis auf die Einhaltung konkreter Vertragspflichten; nur die Warnwirkung entfällt. Das Gleiche dürfte gelten, wenn die Abmahnung wegen unterbliebener Anhörung des Personalrats aus der Personalakte zu entfernen ist (s. Rz. 199). War die Abmahnung zu entfernen, weil die gem. § 3 IV 4 TV-L gebotene Anhörung des ArbN unterblieben ist, behält sie ausnahmsw. als mündliche Abmahnung ihre volle Wirkung, da sie nur formell unwirksam ist (s. Rz. 198).

202 d) **Rechtsschutz gegen Abmahnungen.** Der ArbN kann auf **dreierlei Weise** gegen eine Abmahnung vorgehen: Gegendarstellung, Beschwerde und Klage auf Entfernung der Abmahnung aus der Personalakte. Er ist dazu – auch zur Vermeidung von Rechtsnachteilen – aber nicht gehalten. Eine unbeanstandete Abmahnung erbringt allein noch keinen Beweis für den abgemahnten Vertragsverstoß (s. Rz. 201).

203 aa) **Gegendarstellung.** Auf Verlangen des ArbN muss der ArbGeb eine Gegendarstellung zur Abmahnung **in die Personalakten** aufnehmen, § 83 II BetrVG. Der Anspruch besteht auch für leitende Angestellte und ArbN in Betrieben ohne BR. Im öffentl. Dienst der Bundesländer folgt ein gleich lautender Anspruch aus § 3 VI 4 u. 5 TV-L. Danach ist der Angestellte vor Aufnahme „von Beschwerden und Behauptungen tatsächlicher Art, die für ihn ungünstig sind oder ihm nachteilig werden können", in die Personalakte anzuhören. Seine Äußerung ist zu den Personalakten zu nehmen. Der ArbGeb muss die Gegendarstellung grds. auch in die Personalakte aufnehmen, wenn er sie für unzutreffend hält.

204 bb) **Beschwerde.** Nach § 84 I BetrVG hat der ArbN das Recht zur Beschwerde bei seinem **Vorgesetzten.** Er kann hierzu ein Mitglied des BR hinzuziehen. Der ArbGeb hat den ArbN über seine Beschwerde zu bescheiden und, soweit er sie für berechtigt hält, ihr abzuhelfen. Dem ArbN dürfen wegen der Beschwerde keine Nachteile entstehen (§ 84 III BetrVG). Der ArbN kann sich auch gem. § 85 BetrVG mit seiner Beschwerde an den **BR**[5] oder einen etwa besonders gebildeten Ausschuss wenden. BR oder Ausschuss müssen sich mit der Beschwerde befassen. Zweckmäßigerweise hören sie den Beschwerdeführer vor Beschlussfassung an. Wird die Beschwerde für berechtigt erachtet, hat der BR seinerseits beim ArbGeb auf Abhilfe hinzuwirken. Einigen sich ArbGeb und BR in der folgenden Verhandlung über die Berechtigung der Abmahnung nicht, so kann der BR nicht die Einigungsstelle anrufen, da es um einen Rechtsanspruch des ArbN auf Entfernung der Abmahnung aus der Personalakte geht (§ 85 II 3 BetrVG). Ein entsprechender Antrag an das ArbG auf Einrichtung einer Einigungsstelle gem. § 98 ArbGG dürfte wegen offensichtlicher Unzuständigkeit der Einigungsstelle aussichtslos sein[6].

205 cc) **Entfernungsanspruch.** Der ArbN hat einen Rechtsanspruch auf Entfernung rechtswidriger Abmahnungen aus der Personalakte. Sie verletzen sowohl sein allgemeines **Persönlichkeitsrecht** in Bezug auf Ansehen, soziale Geltung und berufliches Fortkommen als auch sein Recht auf ungestörte Durchführung des Arbeitsvertrages[7]. Auch rechtmäßige Abmahnungen sollen nach Ablauf ihrer Wirkungszeit

---

1 BAG v. 9.8.1994 – 2 AZR 400/83, NZA 1985, 124. |2 BAG v. 10.11.1988 – 2 AZR 215/88, BB 1989, 1483. |3 BAG v. 13.3.1987 – 7 AZR 601/85, BB 1987, 1741. |4 BAG v. 5.8.1992 – 5 AZR 531/91, ZTR 1993, 120. |5 Für den öffentlichen Dienst enthalten die meisten Personalvertretungsgesetze ebenfalls die Bestimmung, dass der Personalrat bei einer Beschwerde, die er für berechtigt hält, durch Verhandlung mit der Leitung der Dienststelle auf ihre Erledigung hinzuwirken hat. |6 LAG Rh.-Pf. v. 17.1.1985 – 5 TaBV 36/84, NZA 1985, 190; LAG Hamm v. 16.4.1986 – 12 TaBV 170/85, BB 1986, 1359; LAG Berlin v. 19.8.1988 – 2 TaBV 4/88, BB 1988, 2040 (LS); aA LAG Köln v. 16.11.1984 – 7 TaBV 40/84, NZA 1985, 191; LAG Hamburg v. 10.7.1985 – 8 TaBV 11/85, BB 1985, 1729. |7 BAG v. 27.11.1985 – 5 AZR 101/84, NZA 1986, 227; v. 18.1.1996 – 6 AZR 314/95, ZTR 1996, 475; st. Rspr.

aus der Personalakte zu entfernen sein[1]. Der Anspruch richtet sich gegen den ArbGeb, der die Personalakten führt. Die Abmahnung ist in **folgenden Fällen** aus der Personalakte zu entfernen:

- Der mit der Abmahnung gerügte Sachverhalt trifft ganz oder teilweise nicht zu[2];
- der zutreffende Sachverhalt stellt keine Vertragspflichtverletzung dar oder jedenfalls nicht eine so schwerwiegende, wie sie gerügt wurde;
- die im Übrigen berechtigte Abmahnung stellt eine verbotene Benachteiligung iSd. AGG dar (s. Rz. 193);
- die nach dem früheren § 13 II BAT, jetzt nur noch gem. § 3 VI 4 TV-L (Bundesländer) vorgeschriebene Anhörung des betroffenen ArbN ist unterblieben[3];
- die nach einem Landespersonalvertretungsgesetz vorgeschriebene vorherige Anhörung des Personalrats ist unterblieben[4];
- die Abmahnung stellt auf Grund besonderer Umstände eine mitbestimmungspflichtige Betriebsbuße dar, ohne dass das Mitbestimmungsverfahren eingehalten wurde[5];
- die ansonsten zutreffende Abmahnung wird in ehrverletzender Form erteilt;
- die ansonsten rechtmäßige Abmahnung hat durch Zeitablauf ihre Wirkung verloren[6].

Die Abmahnung ist **vollständig und ersatzlos** aus der Personalakte zu entfernen. Ein etwaiges Leer- 206
blatt in einer paginierten[7] Personalakte darf keinen Hinweis auf die entfernte Abmahnung aufweisen. Die Ablage der Abmahnung in einer Nebenakte zur Personalakte ist unzulässig. **Nach Beendigung des Arbeitsverhältnisses** hat der ArbN regelmäßig mangels Rechtsbeeinträchtigung keinen Anspruch mehr auf die Entfernung einer zu Unrecht erteilten Abmahnung aus der Personalakte. Anders, wenn ausnahmsweise objektive Anhaltspunkte dafür bestehen, dass die Abmahnung dem ArbN auch nach Beendigung seines Arbeitsverhältnisses noch schaden kann. Das ist regelmäßig bei einem ArbGebWechsel im öffentl. Dienst der Fall, weil hier die Personalakte „wandert"[8]. Der Anspruch auf Entfernung einer Abmahnung aus der Personalakte kann nicht verfallen[9]. Zwar unterliegt er grds. **tarifvertragl. Ausschlussfristen**. Solange sich aber die rechtswidrige Abmahnung in der Personalakte befindet, verletzt sie den ArbN fortlaufend in seinen Rechten. Der Anspruch auf ihre Entfernung entsteht daher immer neu. Enthält eine mündl. Abmahnung unrichtige Tatsachenbehauptungen, so kann der ArbN in engen Grenzen vom ArbGeb den **Widerruf**[10] solcher Behauptungen oder die Erklärung verlangen, dass die Behauptung nicht aufrechterhalten werde. Ein solcher Anspruch kann auch nach Entfernung einer schriftl. Abmahnung aus der Personalakte geltend gemacht werden[11]. Im ersten Fall ist vom ArbN die Unwahrheit der Tatsachenbehauptung zu beweisen, im zweiten Fall verschiebt sich die Beweislast zum ArbGeb. Voraussetzung ist jeweils, dass die widerrechtl. Abmahnung eine fortwirkende Störung des Arbeitsverhältnisses oder des Persönlichkeitsrechts des ArbN darstellt und der Widerruf zur Beseitigung der Störung geeignet ist. Beides wird in der Praxis nur selten vorkommen[12].

Die **Klage** ist als Leistungsklage auf Entfernung der Abmahnung aus der Personalakte zu richten. Eine 207
auf Feststellung ihrer Unwirksamkeit gerichtete Klage ist unzulässig[13]. Die **Beweislast** für die Tatsachen, aus denen eine abgemahnte Vertragspflichtverletzung des ArbN folgt, trägt im Kündigungsschutzprozess gem. § 1 II 4 der ArbGeb[14]. Dies gilt nach wohl hM auch im Abmahnungsprozess[15]. Wendet der ArbN Rechtfertigungsgründe ein, muss er sie im Einzelnen konkret darlegen. Sodann hat der ArbGeb zu beweisen, dass der Rechtfertigungsgrund in Wahrheit nicht bestanden hat[16]. Ein Entfernungsanspruch nach Beendigung des Arbeitsverhältnisses erfordert objektive Anhaltspunkte dafür, dass die Abmah-

---

1 BAG v. 27.1.1988 – 5 AZR 604/86, ZTR 1988, 309; v. 13.4.1988 – 5 AZR 537/86, AP Nr. 100 zu § 611 BGB – Fürsorgepflicht (*Conze*); v. 14.12.1994 – 5 AZR 137/94, AP Nr. 15 zu § 611 BGB – Abmahnung; die Voraussetzungen eines solchen Anspruchs sind allerdings völlig unklar; krit. auch *v. Hoyningen-Huene/Linck*, § 1 KSchG Rz. 300 mwN; MünchArbR/*Berkowsky*, § 137 Rz. 392. | 2 BAG v. 27.11.1985 – 5 AZR 101/84, NZA 1986, 227; v. 18.1.1996 – 6 AZR 314/95, ZTR 1996, 475; st. Rspr. | 3 BAG v. 21.5.1992 – 2 AZR 551/91, DB 1992, 2143. | 4 LAG Köln v. 28.3.1988 – 5 Sa 90/88, LAGE Nr. 10 zu § 611 BGB – Abmahnung. | 5 Hess. LAG v. 18.10.1988 – 5 TaBV 168/87, NZA 1989, 273 (betriebliche Regelung einer automatischen Beförderungssperre für ein Jahr ohne Prüfung des Einzelfalls für den Fall einer Abmahnung. | 6 BAG v. 14.12.1994 – 5 AZR 137/94, AP Nr. 15 zu § 611 BGB – Abmahnung; die Voraussetzungen eines solchen Anspruchs sind unklar; krit. auch *v. Hoyningen-Huene/Linck*, § 1 KSchG Rz. 300 mwN; MünchArbR/*Berkowsky*, § 137 Rz. 392. | 7 Ein Anspruch auf Paginierung (fortlaufende Nummerierung) der Personalakte besteht grds. nicht, BAG v. 16.10.2007 – 9 AZR 110/07, PM. | 8 BAG v. 14.9.1994 – 5 AZR 632/93, NZA 1995, 220. | 9 BAG v. 14.12.1994 – 5 AZR 137/94, NZA 1995, 676. | 10 Zur Auslegung eines Antrages auf „Entfernung aus der Personalakte und Rücknahme" vgl. LAG Sa.-Anh. v. 19.12.2001 – 3 Sa 479/01, nv. | 11 BAG v. 15.4.1999 – 7 AZR 716/97, AP Nr. 22 zu § 611 BGB – Abmahnung. | 12 BAG v. 15.4.1999 – 7 AZR 716/97, AP Nr. 22 zu § 611 BGB – Abmahnung; vgl. auch LAG Sa.-Anh. v. 19.12.2001 – 3 Sa 479/01, nv.; *Schunck*, NZA 1993, 828 (831). | 13 BAG v. 17.10.1989 – 1 ABR 100/88, NZA 1990, 193. | 14 Hess. LAG v. 31.10.1986 – 13 Sa 613/86, LAGE § 611 BGB – Abmahnung Nr. 5; allgM, vgl. *v. Hoyningen-Huene/Linck*, § 1 KSchG Rz. 303 f. | 15 Indirekt BAG v. 27.11.1985 – 5 AZR 101/84, AP Nr. 93 zu § 611 BGB – Fürsorgepflicht; LAG Bremen v. 6.3.1992 – 4 Sa 295/91, LAGE § 611 BGB – Abmahnung Nr. 31; *v. Hoyningen-Huene/Linck*, § 1 KSchG Rz. 303 f.; HaKo/*Fiebig*, § 1 KSchG Rz. 281; aA *Kopke*, NZA 2007, 1211. | 16 LAG Bremen v. 6.3.1992 – 4 Sa 295/91, LAGE § 611 BGB – Abmahnung Nr. 31.

nung dem ArbN noch schaden kann; dafür ist der ArbN darlegungs- und beweispflichtig[1]. Die Vereinbarung in einem **Prozessvergleich**, dass eine Abmahnung nach Ablauf einer bestimmten Frist seit ihrer Erteilung aus der Personalakte zu entfernen ist, beinhaltet im Zweifel keine Anerkennung der Begründetheit der Abmahnung. In einem späteren Kündigungsschutzprozess kann daher das Fehlverhalten, das der Abmahnung zugrunde lag, noch bestritten werden[2]. Umgekehrt wird ein solcher Vergleich nicht so zu verstehen sein, dass nach Entfernung der Abmahnung aus der Personalakte feststeht, dass die Abmahnung unberechtigt gewesen ist und dem ArbN im Falle eines nachfolgenden erneuten Vertragsverstoßes der frühere nicht mehr vorgehalten werden könnte. Im Zweifel dürfte die Vereinbarung dahin auszulegen sein, dass die Parteien die Berechtigung der Abmahnung nicht vollständig klären wollten, sondern lediglich die Beseitigung ihrer kündigungsrechtl. Wirkung und die Bereinigung der Personalakte nach Fristablauf bezweckten (Beseitigung der Warn- und Dokumentationsfunktion). Einschlägige Rspr. hierzu fehlt bislang. Bei dem Streit über die Entfernung einer Abmahnung aus der Personalakte wird die Höhe des **Streitwertes** regelmäßig mit einem Monatsverdienst, bei mehreren Abmahnungen im selben Rechtsstreit mit maximal zwei Monatsverdiensten anzusetzen sein[3]. Es handelt es sich um eine vermögensrechtl. Streitigkeit, da die Androhung einer Kündigung das Arbeitsverhältnis insgesamt betrifft.

208 **6. Interessenabwägung.** Ist eine Vertragspflichtverletzung „an sich" für eine Kündigung geeignet (vgl. Rz. 177), bedarf es abschließend in einer umfassenden Interessenabwägung der Prüfung, ob der Grund **ausreichendes Gewicht** hat, damit das Lösungsinteresse des ArbGeb das Bestandsschutzinteresse des ArbN insgesamt überwiegt (vgl. Rz. 64). Zugleich soll damit eine schematische Betrachtungsweise verhindert und die Besonderheit des jeweiligen Einzelfalles gewürdigt werden[4]. Nach der Rspr. ist eine verhaltensbedingte Kündigung auf Grund solcher Tatsachen gerechtfertigt, die einem **verständig urteilenden ArbGeb** bei gewissenhafter Abwägung der beiderseitigen Interessen eine Kündigung als billigenswert und angemessen erscheinen lassen[5]. Es gilt ein objektiver Maßstab, nicht die subjektive Sicht des jeweiligen ArbGeb[6]. Die auf Seiten des ArbGeb zu fordernden Vertrags- und Interessenbeeinträchtigungen brauchen dabei idR nicht das Ausmaß wie bei der personenbedingten Kündigung zu erreichen, da es der ArbN selbst in der Hand hat, sich vertragsgetreu zu verhalten[7]. Sie bedürfen aber in Anbetracht des allgemeinen Bestandsschutzinteresses des ArbN (vgl. Vor § 1 Rz. 9 f.) stets einer gewissen Erheblichkeit[8].

209 Auf Seiten des **ArbGeb** wird das Lösungsinteresse maßgeblich von dem Gewicht der Vertragspflichtverletzung bestimmt. Dieses richtet sich nach der Bedeutung der verletzten Pflicht für das Arbeitsverhältnis, der Intensität der Pflichtverletzung in Bezug auf Beharrlichkeit und Häufigkeit[9] sowie dem Grad des Verschuldens[10]. Dabei ist ein etwaiges Mitverschulden des ArbGeb zu berücksichtigen. Konkrete **Betriebsablaufstörungen oder Schäden** sind zwar nicht notwendige Voraussetzung einer verhaltensbedingten Kündigung[11]; auch die folgenlose Verletzung von Vertragspflichten kann für sich eine Kündigung rechtfertigen, etwa bei beharrlicher Missachtung[12]. Der Eintritt konkreter betrieblicher Störungen oder Schäden ist aber in der Interessenabwägung zu berücksichtigen. Das Kündigungsinteresse des ArbGeb erhöht sich, der Kündigungsgrund erhält mehr Gewicht[13]. Das gilt in gleichem Maße für Störungen des Betriebsfriedens[14], der Arbeitsdisziplin[15] und den Eintritt von Ruf- und Vermögensschäden[16]. Die Höhe eines fahrlässig verursachten Schadens ist von Bedeutung, soweit sie auf erhöhtes Verschulden schließen lässt oder die Gefahr künftiger hoher Schäden zu besorgen ist.

210 Das allgemeine Bestandschutzinteresse eines **ArbN** mit Kündigungsschutz erfordert bereits eine gewisse Mindesterheblichkeit des Kündigungsgrundes[17]. Es kann sich auf Grund individueller Umstände

---

1 BAG v. 14.9.1994 – 5 AZR 632/93, AP Nr. 13 zu § 611 BGB – Abmahnung. |2 LAG Hamm v. 5.2.1990 – 2 Sa 1487/89, NZA 1990, 540. |3 LAG Schl.-Holst. v. 7.6.1995 – 1 Ta 63/95, BB 1995, 1596; LAG Hamm v. 16.8.1989 – 2 Sa 308/89, DB 1989, 2032; der Abstand zur „Deckelung" des Wertes von Bestandsstreitigkeiten in § 12 VII ArbGG muss gewahrt bleiben. |4 Vgl. KR/*Griebeling*, § 1 KSchG Rz. 410. |5 BAG v. 22.7.1982 – 2 AZR 30/81, AP Nr. 5 zu § 1 KSchG – Verhaltensbedingte Kündigung (*Otto*); v. 7.12.1988 – 7 AZR 122/88, EzA § 1 KSchG – Verhaltensbedingte Kündigung Nr. 26 (*Rüthers*); v. 21.11.1996 – 2 AZR 357/95, AP Nr. 130 zu § 626 BGB (*Bernstein*). |6 BAG v. 21.11.1996 – 2 AZR 357/95, AP Nr. 130 zu § 626 BGB (*Bernstein*); v. 21.5.1992 – 2 AZR 10/92, AP Nr. 29 zu § 1 KSchG – Verhaltensbedingte Kündigung. |7 Ebenso *v. Hoyningen-Huene/Linck*, § 1 KSchG Rz. 277. |8 Ebenso *v. Hoyningen-Huene/Linck*, § 1 KSchG Rz. 127 ff. mwN. |9 BAG v. 21.1.1999 – 2 AZR 665/98, AP Nr. 151 zu § 626 BGB (*v. Hoyningen-Huene*). |10 BAG v. 25.4.1991 – 2 AZR 624/90, AP Nr. 104 zu § 626 BGB; KR/*Fischermeier*, § 626 BGB Rz. 242 ff. mwN. |11 So aber zunächst irreführend BAG v. 7.12.1988 – 7 AZR 122/88, AP Nr. 26 zu § 1 KSchG 1969 – Verhaltensbedingte Kündigung; aufgegeben in BAG v. 17.1.1991 – 2 AZR 375/90, AP Nr. 25 zu § 1 KSchG 1969 – Verhaltensbedingte Kündigung; seitdem st. Rspr., vgl. etwa BAG v. 16.8.1991 – 2 AZR 604/90, AP Nr. 27 zu § 1 KSchG 1969 – Verhaltensbedingte Kündigung (*Rüthers/Müller*). |12 BAG v. 17.1.1991 – 2 AZR 375/90, AP Nr. 25 zu § 1 KSchG 1969 – Verhaltensbedingte Kündigung. |13 BAG v. 17.1.1991 – 2 AZR 375/90, AP Nr. 25 zu § 1 KSchG 1969 – Verhaltensbedingte Kündigung (*Rüthers/Franke*); v. 7.12.1988 – 7 AZR 122/88, AP Nr. 26 zu § 1 KSchG 1969 – Verhaltensbedingte Kündigung. |14 BAG v. 17.1.1991 – 2 AZR 375/90, AP Nr. 25 zu § 1 KSchG 1969 – Verhaltensbedingte Kündigung; v. 17.3.1988 – 2 AZR 576/87, AP Nr. 99 zu § 626 BGB. |15 *Bitter/Kiel*, RdA 1995, 26 (33). |16 BAG v. 17.1.1991 – 2 AZR 375/90, AP Nr. 25 zu § 1 KSchG 1969 – Verhaltensbedingte Kündigung (*Rüthers/Franke*). |17 HM, vgl. *v. Hoyningen-Huene/Linck*, § 1 KSchG Rz. 127 ff. mwN.

auf Seiten des ArbN erhöhen. Gegenüber verhaltensbedingten und damit verschuldeten Gründen sind der Rücksichtnahme jedoch Grenzen gesetzt. Mit zunehmendem Gewicht der Gründe, insb. zunehmendem Verschulden, müssen besondere Bestandsschutzinteressen des ArbN zurücktreten[1]. In erster Linie zu berücksichtigen ist die Dauer der – ungestörten – **Betriebszugehörigkeit**[2]. Mit der Dauer wächst das schon angesichts der allgemeinen menschlichen Unzulänglichkeit bis zu einem gewissen Grad hinzunehmende Risiko eines Fehlers und damit auch einer Pflichtverletzung; zugleich steigert sich bei beanstandungsfreiem Verlauf die Intensität der wechselseitigen Bindung. Bei Straftaten zu Lasten des ArbGeb kann die Dauer der Betriebszugehörigkeit aber nur in engen Grenzen zu Gunsten des ArbN ins Gewicht fallen[3]. Nach der Rspr. des BAG kommt dem bloßen **Lebensalter** bei der verhaltensbedingten Kündigung idR nur eine untergeordnete Rolle zu[4]. Allgemein erhöht sich mit zunehmendem Alter das Schutzbedürfnis des zu seinem Lebensunterhalt auf Arbeit angewiesenen ArbN wegen der verstärkt drohenden Arbeitslosigkeit[5]; signifikant gesteigerte Rücksichtnahme darauf dürfte der ArbGeb bei verhaltensbedingten und damit verschuldensabhängigen Gründen idR aber nur dann schulden, wenn diese mit dem Lebensalter zusammenhängen. Auch **Unterhaltspflichten** haben Bezug zum Arbeitsverhältnis, es bildet für sie die wirtschaftl. Grundlage. Sie können bei der Interessenabwägung auch im Rahmen einer verhaltensbedingten Kündigung Bedeutung erlangen[6]. Dabei sind sie von größerem Gewicht, wenn sie mit dem verhaltensbedingten Kündigungsgrund im Zusammenhang stehen[7]. Dass der ArbN mit der Eingehung des Arbeitsverhältnisses idR für den ArbGeb erkennbar gerade auch den Zweck verfolgt, seine Unterhaltspflichten erfüllen zu können, tritt dagegen in den Hintergrund, wenn der ArbN gewichtige Pflichten aus dem Arbeitsvertrag trotz Abmahnung wiederholt vorsätzlich verletzt[8]; in diesem Fall können die Unterhaltspflichten des ArbN bei der Interessenabwägung kaum von Gewicht und im Extremfall sogar völlig vernachlässigbar sein[9]. Zur **Abgrenzung** der ordentl. verhaltensbedingten Kündigung von der außerordentl. Kündigung vgl. Rz. 66.

7. Beweislast. Der **ArbGeb** trägt im Kündigungsschutzprozess gem. § 1 II 4 die Beweislast für die Tatsachen, aus denen die schuldhafte Vertragspflichtverletzung des ArbN, die negative Zukunftsprognose und das überwiegende Lösungsinteresse des ArbGeb im Rahmen der Interessenabwägung folgen[10]. Es bedarf eines konkreten Tatsachenvortrags. Pauschale Werturteile und schlagwortartige Angaben genügen nicht (zB „ständige Schlechtleistungen", „ständige Störung des Betriebsfriedens", „gravierende Leistungsmängel"). Will sich der ArbGeb auf eine vorausgegangene **Abmahnung** berufen, so hat er im Prozess die Abmahnung selbst nach Inhalt, Zeit und Ort und – im Bestreitensfalle – die ihr zugrunde liegende Pflichtverletzung darzulegen und zu beweisen[11]. Eine in den Personalakten befindliche und vom ArbN nicht angegriffene Abmahnung erbringt in einem nachfolgenden Kündigungsschutzprozess keinen Beweis für die darin gerügte Vertragspflichtverletzung[12]. Bei der **anderweitigen Weiterbeschäftigungsmöglichkeit** (vgl. Rz. 185) gilt eine abgestufte Darlegungslast. Mit der Darlegung des Kündigungsgrundes hat der ArbGeb idR zumindest stillschweigend das Bestehen einer solchen Möglichkeit in Abrede gestellt. Es ist daher Sache des ArbN vorzutragen, wie er sich eine andere, weitere Vertragsstörungen vermeidende Beschäftigung vorstellt. Sodann hat der ArbGeb das Fehlen einer solchen Möglichkeit im Einzelnen darzulegen und zu beweisen[13]. Anders uU bei tarifl. unkündbaren ArbN (s. Rz. 292). Der ArbGeb braucht nicht von vorn herein alle denkbaren **Rechtfertigungsgründe** auszuschließen. Wendet der ArbN Rechtfertigungsgründe ein, muss er sie gem. § 138 II ZPO im Einzelnen darlegen. Sodann hat der ArbGeb zu beweisen, dass der Rechtfertigungsgrund in Wahrheit nicht bestanden hat[14]. Denn es fehlt bereits an einer Vertragspflichtverletzung, wenn das Verhalten des ArbN nach den konkreten Umständen erlaubt war[15]. 211

Beruft sich der ArbN gegenüber dem Vorwurf des unentschuldigten Fehlens ohne ärztliches Attest auf eine **Krankheit**, so hat er vorzutragen, welche tatsächlichen physischen oder psychischen Hinderungsgründe vorgelegen haben und wo er sich zum fraglichen Zeitpunkt aufgehalten hat[16]. Der ArbGeb hat 212

1 BAG v. 25.4.1991 – 2 AZR 624/90, AP Nr. 104 zu § 626 BGB; KR/*Fischermeier*, § 626 BGB Rz. 242 ff. mwN. | 2 BAG v. 13.12.1984 – 2 AZR 454/83, AP Nr. 81 zu § 626 BGB; v. 31.3.1993 – 2 AZR 492/92, AP Nr. 32 zu § 626 BGB – Ausschlussfrist; v. 30.9.1993 – 2 AZR 188/93, EzA § 626 BGB Nr. 152. | 3 BAG v. 13.12.1984 – 2 AZR 454/83, AP Nr. 81 zu § 626 BGB (Entwendung von 20 l Dieselkraftstoff bei 13-jähriger beanstandungsfreier Betriebszugehörigkeit uU nur ordentliche Kündigung). | 4 BAG v. 5.4.2001 – 2 AZR 159/00, AP Nr. 171 zu § 626 BGB. | 5 BAG v. 11.3.1999 – 2 AZR 507/98, AP Nr. 149 zu § 626 BGB. | 6 BAG v. 27.4.2006 2 AZR 415/05, NZA 2006, 1033. | 7 Vgl. BAG v. 2.3.1989 – 2 AZR 280/88, AP Nr. 101 zu § 626 BGB; *Bitter/Kiel*, RdA 1995, 33. | 8 BAG v. 2.3.1989 – 2 AZR 280/88, AP Nr. 101 zu § 626 BGB. | 9 BAG v. 27.2.1997 – 2 AZR 302/96, AP Nr. 36 zu § 1 KSchG – Verhaltensbedingte Kündigung; v. 16.3.2000 – 2 AZR 75/99, AP Nr. 114 zu § 102 BetrVG (bei eigenmächtiger Urlaubnahme „allenfalls marginale Bedeutung"). | 10 Hess. LAG v. 31.10.1986 – 13 Sa 613/86, LAGE § 611 BGB – Abmahnung Nr. 5; allgM, vgl. *v. Hoyningen-Huene/Linck*, § 1 KSchG Rz. 303 f. | 11 Hess. LAG v. 31.10.1986 – 13 Sa 613/86, LAGE § 611 BGB – Abmahnung Nr. 5; allgM, vgl. *v. Hoyningen-Huene/Linck*, § 1 KSchG Rz. 303 f. | 12 BAG v. 13.3.1987 – 7 AZR 601/85, BB 1987, 1741 = DB 1987, 1495. | 13 BAG v. 7.2.1991 – 2 AZR 205/90, EzA § 1 KSchG – Personenbedingte Kündigung. | 14 BAG v. 26.8.1993 – 2 AZR 154/93, AP Nr. 112 zu § 126 BGB (*Berning*). | 15 BAG v. 26.8.1993 – 2 AZR 154/93, AP Nr. 112 zu § 126 BGB (*Berning*); v. 6.8.1987 – 2 AZR 226/87, AP Nr. 97 zu § 626 BGB (*Baumgärtel*); Entsprechendes gilt für die Widerlegung einer näher behaupteten Notwehrlage bei Tätlichkeiten, BAG v. 31.5.1990 – 2 AZR 535/89, nv. | 16 BAG v. 26.8.1993 – 2 AZR 154/93, AP Nr. 112 zu § 126 BGB (*Berning*).

das zu widerlegen. Legt der ArbN ein **ärztliches Attest** vor, so begründet dieses idR den Beweis für die Tatsache der arbeitsunfähigen Erkrankung. Ein solches Attest hat einen hohen Beweiswert, da es der gesetzl. vorgesehene und wichtigste Beweis für die Tatsache der krankheitsbedingten Arbeitsunfähigkeit ist. Bezweifelt der ArbGeb die Arbeitsunfähigkeit, beruft er sich insb. darauf, der ArbN habe den Arzt getäuscht oder der Arzt habe den Begriff der krankheitsbedingten Arbeitsunfähigkeit verkannt, dann muss er die Umstände, die gegen die Arbeitsunfähigkeit sprechen, näher darlegen und notfalls beweisen, um dadurch die Beweiskraft des Attestes zu erschüttern[1]. Gelingt ihm das, hat nunmehr der **ArbN** angesichts der Umstände, die gegen eine Arbeitsunfähigkeit sprechen, weiter zu substantiieren, welche Krankheiten vorgelegen haben, welche gesundheitlichen Einschränkungen bestanden haben, welche Verhaltensmaßregeln der Arzt gegeben hat, welche Medikamente zB bewirkt haben, dass zwar noch nicht die geschuldete Arbeit, wohl aber anderweitige Tätigkeiten verrichtet werden konnten. Ggf. hat er die behandelnden Ärzte von ihrer Schweigepflicht zu entbinden. Sodann muss der **ArbGeb** auf Grund der ihm obliegenden Beweislast den konkreten Sachvortrag des ArbN widerlegen[2]. Auch ist zu prüfen, ob die Umstände, die den Beweiswert des ärztlichen Attests erschüttern, nicht als so gravierend anzusehen sind, dass sie ein starkes Indiz für die Behauptung des ArbGeb darstellen, die Krankheit sei nur vorgetäuscht gewesen, so dass der ArbN dieses Indiz entkräften muss[3].

213 **8. Einzelfälle (alphabetisch).** Die nachfolgende Auflistung enthält typische Fälle verhaltensbedingter Vertragsstörungen und ihre kündigungsrechtl. Konsequenzen (Abmahnung, ordentl. Kündigung, außerordentl. Kündigung). Sie beruht auf der hierzu ergangenen Rspr. Dabei ist unbedingt zu beachten, dass es sich um Einzelfälle handelt, die nicht schematisch mit anderen Sachverhalten gleichgesetzt werden können. Sie bieten nur eine erste Orientierung.

214 ● **Abkehrwille.** Dem ArbN steht es frei, sein Arbeitsverhältnis aufzulösen. Darin liegt grds. kein kündigungsrelevantes Verhalten. Abkehr und Abkehrwille stellen **keine Vertragspflichtverletzungen** dar, so dass es schon deshalb an einem verhaltensbedingten Kündigungsgrund fehlt. Wo er unter ganz besonderen Umständen eine Kündigung rechtfertigen soll, handelt es sich möglicherweise um einen betriebsbedingten Grund[4] (vgl. auch Rz. 326). Zu Pflichtverletzungen des ArbN im Zusammenhang mit seinem Ausscheiden, etwa vertragswidriger Vorbereitung von Konkurrenztätigkeit, Verrat von Betriebsgeheimnissen oder Abwerbung von Arbeitskollegen, vgl. jeweils dort.

215 ● **Alkohol und Drogen.** Die kündigungsrechtl. Beurteilung von alkoholbedingtem Fehlverhalten des ArbN bedarf zunächst im Einzelfall der **Abgrenzung**, ob verhaltensbedingte Gründe vorliegen oder ob die strengen Maßstäbe einer personenbedingten Kündigung aus Krankheitsgründen anzuwenden sind (vgl. auch Rz. 182). Nach der Rspr. des BAG ist **Alkoholabhängigkeit** eine Krankheit im medizinischen

1 BAG v. 26.8.1993 – 2 AZR 154/93, AP Nr. 112 zu § 126 BGB (*Berning*). | 2 BAG v. 26.8.1993 – 2 AZR 154/93, AP Nr. 112 zu § 126 BGB (*Berning*). | 3 BAG v. 26.8.1993 – 2 AZR 154/93, AP Nr. 112 zu § 126 BGB (*Berning*). | 4 So BAG v. 22.10.1964 – 2 AZR 515/63, DB 1965, 38.

Sinne[1]. Von krankhaftem Alkoholismus ist auszugehen, wenn infolge psychischer und physischer Abhängigkeit Gewohnheits- und übermäßiger Alkoholgenuss trotz besserer Einsicht nicht aufgegeben oder reduziert werden kann[2]. Eine verhaltensbedingte Kündigung wegen Pflichtverletzungen, die auf Alkoholabhängigkeit beruhen, ist idR sozialwidrig, weil dem ArbN im Zeitpunkt der Pflichtverletzung kein Schuldvorwurf zu machen ist[3]. Vgl. im Übrigen zur personenbedingten Kündigung wegen Alkoholabhängigkeit Rz. 119. Die Entscheidung des ArbN, nach einer erfolgreichen Entziehungskur die zunächst aufgenommenen Besuche in einer Selbsthilfegruppe von **anonymen Alkoholikern** abzubrechen, weil er sich hiermit überfordert fühlt, gehört zum privaten Lebensbereich. Hiermit verletzt er keine Haupt- oder Nebenpflichten aus dem Arbeitsverhältnis. Selbst wenn er dem ArbGeb, der einen solchen Besuch einer Selbsthilfegruppe verlangt, vortäuscht, er setze diese Besuche fort, rechtfertigt dies keine ordentl. verhaltensbedingte Kündigung[4]. Häufig besteht auch bei Alkoholabhängigkeit eine **Reststeuerungsfähigkeit**, die den betroffenen ArbN für sein Handeln verantwortlich sein lässt. In einem solchen Fall kann unter Umständen auch ein alkoholabhängiger ArbN im Falle alkoholbedingter Pflichtverletzungen abgemahnt oder ggf. gekündigt werden[5]. Die gegen Arbeitskollegen gerichtete Beschaffungskriminalität eines Suchtkranken etwa wird idR zumindest auf noch steuerbarem Verhalten beruhen und daher schuldhaft sein und einen verhaltensbedingten Grund darstellen[6] (vgl. Rz. 182).

216 Besteht dagegen **keine Alkoholabhängigkeit**, kann Alkoholgenuss bzw. Alkoholisierung im Betrieb vertragl. Nebenpflichten verletzen und daher – idR nach erfolgloser Abmahnung[7] – eine verhaltensbedingte Kündigung rechtfertigen[8]. Ohne ein (absolutes) betriebliches Alkoholverbot wird grds. nur ein geringer Alkoholkonsum erlaubt sein (zB das Glas Sekt bei der Beförderungsfeier, ein Glas Bier in der Pause)[9]. Der ArbN darf sich durch Alkoholgenuss nicht in einen Zustand versetzen, in dem er sich oder andere gefährden oder seine vertragl. Pflichten nicht mehr erfüllen kann (vgl. auch die Unfallverhütungsvorschrift in § 38 I VBG I). Für leitende Angestellte und Repräsentanten können gesteigerte Anforderungen bestehen. Der ArbN hat die Pflicht, seine Arbeitsfähigkeit auch nicht durch **privaten Alkoholgenuss** zu beeinträchtigen[10]. Auf strafrechtl. Promillegrenzen kommt es ebenso wenig an[11] wie darauf, ob der ArbN alkoholisiert zur Arbeit erscheint oder erst im Betrieb alkoholische Getränke zu sich nimmt. Bei Tätigkeiten im **sicherheitsrelevanten Bereich** kann die Pflicht, die Arbeitsfähigkeit nicht durch Alkoholgenuss zu beeinträchtigen, schon bei sehr geringen Alkoholmengen verletzt sein[12]. Das gilt insb. bei Tätigkeiten, die mit einer besonderen Unfallgefahr verbunden sind. Zuwiderhandlung sind hier besonders schwerwiegend und können uU auch ohne vorherige Abmahnung eine (auch außerordentl.) Kündigung rechtfertigen[13]. Beispiele: Kraftfahrer[14] (siehe auch dort), Kranführer, Lokführer, Chirurg, Pilot.

217 Die Übertretung eines allgemeinen **betrieblichen Alkoholverbotes** kann nach Abmahnung eine Kündigung rechtfertigen[15]. Der ArbGeb ist im Allgemeinen berechtigt, für den Betrieb und die betriebl. Tätigkeiten ein Alkoholverbot zu verhängen. Dem BR steht gem. § 87 I Nr. 1 BetrVG ein MitbestR zu. Ist der Genuss von Alkohol lediglich während der Arbeitszeit untersagt und im Übrigen nur verboten, sich vor Beginn der Arbeit oder in den Pausenzeiten in einen Zustand zu versetzen, in dem man sich selbst oder andere ArbN gefährdet oder seine Pflichten aus dem Arbeitsverhältnis nicht erfüllen kann, handelt es sich um ein sog. relatives Alkoholverbot. Es entspricht weitgehend der allgemeinen arbeitsvertragl. Nebenpflicht, insb. bleibt es erlaubt, in den Pausenzeiten in Maßen alkoholische Getränke zu sich zu nehmen[16]. Ein **absolutes Alkoholverbot** untersagt Alkoholgenuss und Alkoholisierung im Betrieb vollständig. Es regelt nicht unmittelbar die zu erbringende Arbeitsleistung, sondern dient einer vorbeugenden Gefahrenabwehr und damit der Verhütung von Dienst- und Arbeitsunfällen. Damit betrifft es – auch

1 BAG v. 9.4.1987 – 2 AZR 210/86, AP Nr. 18 zu § 1 KSchG 1969 – Krankheit; v. 13.12.1990 – 2 AZR 336/90, EzA § 1 KSchG – Krankheit Nr. 33; v. 1.6.1983 – 5 AZR 536/80, AP Nr. 52 zu § 1 LohnFG; *Willemsen/Brune*, DB 1988, 2304 ff. | 2 BAG v. 1.6.1983 – 5 AZR 536/80, AP Nr. 52 zu § 1 LohnFG. | 3 BAG v. 9.4.1987 – 2 AZR 210/86, AP Nr. 18 zu § 1 KSchG 1969 – Krankheit. | 4 LAG Düsseldorf v. 25.2.1997 – 8 Sa 167/96, LAGE § 1 KSchG – Verhaltensbedingte Kündigung Nr. 57. | 5 BAG v. 30.9.1993 – 2 AZR 188/93, EzA § 626 BGB nF Nr. 152. | 6 Im Ergebnis wie hier LAG Köln v. 12.3.2002 – 1 Sa 1354/01, NZA-RR 2002, 519 f. (Spielsucht), das jedoch ohne Not auf das Verschuldensmerkmal bei der verhaltensbedingten Kündigung verzichtet. | 7 LAG Hess. v. 20.3.1986 – 12 Sa 182/85 u. LAG Hamm v. 15.12.1989 – 18 Sa 814/89, LAGE § 1 KSchG – Verhaltensbedingte Kündigung Nr. 9 u. 26. | 8 BAG v. 22.7.1982 – 2 AZR 30/81, AP Nr. 5 zu § 1 KSchG 1969 – Verhaltensbedingte Kündigung; v. 26.1.1995 – 2 AZR 649/94, EzA § 1 KSchG – Verhaltensbedingte Kündigung Nr. 46. | 9 Weiter gehend – bis zu feststellbaren Ausfallerscheinungen – bei „branchenüblichem" Alkoholgenuss LAG Köln v. 11.9.1987 – 9 Sa 222/87, LAGE § 1 KSchG – Verhaltensbedingte Kündigung Nr. 14. | 10 BAG v. 26.1.1995 – 2 AZR 649/94, EzA § 1 KSchG – Verhaltensbedingte Kündigung Nr. 46; *Künzl*, BB 1993, 1581 (1586). | 11 BAG v. 26.1.1995 – 2 AZR 649/94, EzA § 1 KSchG – Verhaltensbedingte Kündigung Nr. 46. | 12 BAG v. 26.1.1995 – 2 AZR 649/94, EzA § 1 KSchG – Verhaltensbedingte Kündigung Nr. 46; *Künzl*, BB 1993, 1581. | 13 LAG Hamm v. 23.8.1990 – 16 Sa 293/90, LAGE § 626 BGB Nr. 52. | 14 Vgl. zu Gabelstaplerfahrern BAG v. 23.9.1986 – 1 AZR 83/85, AP Nr. 20 zu § 75 BPersVG. | 15 BAG v. 26.1.1995 – 2 AZR 649/94, AP Nr. 34 zu § 1 KSchG 1969 – Verhaltensbedingte Kündigung; LAG Berlin v. 1.6.1985 – 9 Sa 29/85, LAG Köln v. 11.9.1987 – 9 Sa 222/87, LAG Hamm v. 15.12.1989 – 18 Sa 814/89 u. v. 11.11.1996 – 10 Sa 1789/95, LAGE § 1 KSchG – Verhaltensbedingte Kündigung Nr. 4, 14, 26 u. 56; LAG Hamm v. 23.8.1990 – 16 Sa 293/90, AuR 1991, 380. | 16 BAG v. 26.1.1995 – 2 AZR 649/94, EzA § 1 KSchG – Verhaltensbedingte Kündigung Nr. 46.

bei Kraftfahrern – die Frage der Ordnung im Betrieb bzw. der Dienststelle, das Verhalten der Beschäftigten bzw. der ArbN, nicht aber das Arbeitsverhalten, und unterliegt der Mitbest. nach § 87 I Nr. 1 BetrVG und § 75 III Nr. 15 BPersVG[1].

218 Im Kündigungsrechtsstreit muss der ArbGeb den Alkoholverstoß **darlegen und beweisen**. Hierzu gehört ggf. auch, dass durch Alkoholisierung des ArbN ein erhöhtes Unfallrisiko besteht oder die vertragl. Arbeitspflichten nicht mehr ordnungsgemäß erfüllt werden können. Der ArbN ist nicht verpflichtet, sich auf Veranlassung des ArbGeb einer Blut- oder Atemalkoholanalyse (Alkomat) zu unterziehen. Der ArbGeb muss dann den Nachweis der Alkoholisierung anhand der typischen Alkoholbegleiterscheinungen führen (Fahne, lallende Sprache, schwankender Gang etc.). Bestreitet der ArbN seine Alkoholisierung, so hat ihm der ArbGeb zur Entlastung einen **Alkomattest** anzubieten, sofern er über die technischen Voraussetzungen hierzu verfügt[2]. Will sich der ArbN bei einem auf Grund objektiver Anhaltspunkte bestehenden Verdacht einer Alkoholisierung im Dienst mit Hilfe eines Alkoholtests entlasten, muss er idR einen entsprechenden Wunsch von sich aus – schon wegen des damit verbundenen Eingriffs in sein Persönlichkeitsrecht – an den ArbGeb herantragen[3]. Ein ArbN ist regelmäßig nicht verpflichtet, im laufenden Arbeitsverhältnis **routinemäßigen Blutuntersuchungen** auf Alkohol- oder Drogenabhängigkeit zuzustimmen[4]. Einer solchen Untersuchung muss sich der ArbN nur unterziehen, wenn hinreichend sichere tatsächliche Anhaltspunkte bestehen, die einen derartigen Eignungsmangel als nahe liegend erscheinen lassen. Liegen diese Voraussetzungen nicht vor, braucht der ArbN einer entsprechenden Aufforderung nicht Folge zu leisten[5]. Wirkt ein Heimerzieher trotz des im Heim bestehenden generellen Drogenverbots an dem **Cannabisverbrauch** eines der ihm anvertrauten Heiminsassen mit, so ist dies als wichtiger Grund zur außerordentl. Kündigung nach § 626 BGB an sich geeignet[6].

219 • **Anzeige.** In der Anzeige gegen seinen ArbGeb oder einen seiner Repräsentanten kann **eine erhebliche Verletzung einer arbeitsvertragl. Nebenpflicht** durch den ArbN liegen, die den betroffenen ArbGeb zu einer Kündigung berechtigen kann. Dies kommt insb. dann in Betracht, wenn eine vom ArbN veranlasste Strafanzeige wissentlich unwahre oder leichtfertig falsche Angaben enthält oder wenn sie in Schädigungsabsicht bzw. aus Rache erfolgt. Je nach den Umständen kann dies auch der Fall sein, wenn der ArbN nicht vorab eine innerbetriebl. Klärung versucht hat. Ein solcher Versuch kann dem ArbN insb. bei Fehlverhalten anderer Betriebsangehöriger, das sich gegen den ArbGeb selbst richtet, zumutbar sein, wenn er bei objektiver Betrachtung erwarten kann, der von ihm informierte ArbGeb werde der Beschwerde nachgehen. In einem solchen Fall steht dem möglichen Vorrang einer innerbetriebl. Klärung nicht die grundrechtl. geschützte Wahrnehmung staatsbürgerlicher Rechte bei Erstattung einer Anzeige entgegen[7]. Die **Wahrnehmung staatsbürgerlicher Rechte** bei Erstattung einer Strafanzeige ist grundrechtl. geschützt. Sie kann im Regelfall aus rechtsstaatlichen Gründen eine (fristlose) Kündigung des Arbeitsverhältnisses nicht rechtfertigen, soweit nicht wissentlich unwahre oder leichtfertig falsche Angaben gemacht werden[8]. Bei lediglich haltlosen Vorwürfen aus verwerflichen Motiven wird eine (auch außerordentl.) Kündigung gerechtfertigt sein. Sagt ein ArbN von sich aus vor der Staatsanwaltschaft aus und übergibt aus eigenem Antrieb Unterlagen, ist zu beachten, dass es sich dabei um die Wahrnehmung staatsbürgerlicher Rechte in einem Strafverfahren handelt (Art. 2, 17 GG)[9].

220 Die **bisherige** Rspr.[10] gab der Loyalitätspflicht des ArbN stärkeres Gewicht als seinen staatsbürgerlichen Rechten in einem Ermittlungsverfahren, wozu auch das Anzeigerecht gehört. Die Erstattung von Anzeigen wird trotz „abnehmender Tendenz" der Anforderungen an die Loyalitätspflicht des ArbN[11] bis heute als unfreundlicher, feindlicher Akt angesehen, der nur bei berechtigtem Eigeninteresse oder erheblichem öffentl. Interesse und grds. nur nach dem Versuch innerbetriebl. Abhilfe in Betracht kommt[12]. Die nachfolgend wiedergegebene Rspr. steht unter dem Vorbehalt eines Anschauungswandels. Bestehen im Betrieb Missstände oder Rechtsverstöße, so ist der ArbN vor Einschaltung außerbetriebl. Stellen regelmäßig gehalten, sich zunächst **innerbetrieblich um Abhilfe** zu bemühen[13], wie § 21 VI Gef-

---

1 BAG v. 23.9.1986 – 1 AZR 83/85, AP Nr. 20 zu § 75 BPersVG. | 2 BAG v. 26.1.1995 – 2 AZR 649/94, EzA § 1 KSchG – Verhaltensbedingte Kündigung Nr. 46. | 3 BAG v. 16.9.1999 – 2 AZR 123/99, AP Nr. 159 zu § 626 BGB (*Fleck*). | 4 BAG v. 12.8.1999 – 2 AZR 55/99, AP Nr. 41 zu § 1 KSchG – Verhaltensbedingte Kündigung. | 5 BAG v. 12.8.1999 – 2 AZR 55/99, AP Nr. 41 zu § 1 KSchG – Verhaltensbedingte Kündigung; vgl. BVerfGE 89, 69 (85 f.) zu der Anforderung eines medizinisch-psychologischen Gutachtens über die Eignung zum Führen von Kraftfahrzeugen nach einmaligem Haschischkonsum des Betreffenden. | 6 BAG v. 18.10.2000 – 2 AZR 131/00, AP Nr. 169 zu § 626 BGB. | 7 BAG v. 3.7.2003 – 2 AZR 235/02, NZA 2004, 427; krit. *Peters*, AuR 2004, 429. | 8 BVerfG v. 2.7.2001 – 1 BvR 2049/00, AP Nr. 170 zu § 626 BGB („Whistleblowing"); vgl. dazu *Müller*, NZA 2002, 424 ff.; *Deiseroth*, AuR 2002, 161 ff. | 9 BVerfG v. 2.7.2001 – 1 BvR 2049/00, AP Nr. 170 zu § 626 BGB („Whistleblowing") (fristlose Kündigung eines langjährig beschäftigten ArbN, der im Ermittlungsverfahren gegen seine ArbGeb bereitwillig Auskünfte erteilt und auf Aufforderung hin umfangreiche selbst gesammelte Unterlagen überreicht hat; das Ermittlungsverfahren wurde nachfolgend gemäß § 170 II StPO eingestellt, zT mangels Beweisbarkeit, zT wegen Verjährung der Vorwürfe). | 10 Vgl. zuletzt noch BAG v. 11.3.1999 – 2 AZR 507/98, BB 1999, 1166. | 11 *Müller*, NZA 2002, 424 (432 ff.) mwN; *Deiseroth*, AuR 2002, 161 (166). | 12 Vgl. KR/*Fischermeier*, § 626 BGB Rz. 408 mwN; *Müller*, NZA 2002, 424 (432 ff.). | 13 LAG BW v. 7.2.1987 – 7(13) Sa 95/86, NZA 1987, 756.

StoffVO bei Gesundheitsgefährdung am Arbeitsplatz ausdrücklich vorsieht. Erreicht der ArbN auf diesem Wege keine Abhilfe, so kann er außerbetriebl. Stellen angehen, wenn dies in Wahrnehmung berechtigter Interessen geschieht. Stellt etwa ein Lkw-Fahrer seinen LKW auf Grund konkreter Zweifel an dessen Verkehrstüchtigkeit der Polizei zur Überprüfung vor, nachdem er den ArbGeb zuvor vergeblich zur Behebung des Mangels aufgefordert hatte, verletzt er keine Vertragspflichten[1]. Bei ArbN des **öffentl. Dienstes** stellt es keinen verhaltensbedingten Kündigungsgrund dar, wenn sie vom Petitionsrecht (Art. 17 GG) Gebrauch machen und auf Missstände in ihrem Amt hinweisen[2]. Ein ArbN, dem die **Verantwortung für die Sicherheit** von betriebl. Einrichtungen übertragen ist, hat das Recht, Bedenken gegen den sicheren Zustand solcher Einrichtungen bei allen zuständigen Stellen in der gehörigen Form zu erheben. Er hat ferner Anspruch darauf, dass diese Bedenken, soweit das möglich ist, widerlegt werden. Erst wenn die Zweifel des ArbN nach objektiven Maßstäben ausgeräumt sein müssen, kann die Fortsetzung seiner Kritik als Grund für eine ordentl. Kündigung in Betracht kommen[3].

Eine Anzeige des ArbN gegen seinen objektiv rechtmäßig handelnden ArbGeb bei einer zuständigen 221
Stelle kann für sich eine außerordentl. Kündigung rechtfertigen, wenn **völlig haltlose und unfundierte Vorwürfe** in einer zudem nach Art und Inhalt erheblich zu missbilligenden Beschwerde aus einer verwerflichen Motivation (Rache, Schädigungsabsicht) erhoben werden[4]. Eine vom ArbN gegen den ArbGeb erstattete Anzeige (hier wegen Steuerhinterziehung) kann einen wichtigen Grund zur außerordentl. Kündigung darstellen. Will der ArbN den ArbGeb „fertig machen", so kann eine Mitteilung an das FA vom Vorliegen einer strafbaren Handlung auch bei gleichzeitiger Selbstanzeige uU nicht als **Wahrnehmung berechtigter Interessen** anerkannt werden[5]. Das Gleiche gilt idR, wenn der ArbN den ArbGeb gegenüber der **Presse anschwärzt**. Setzt ein Bankangestellter in leitender Position den ArbGeb durch die Androhung von Presseveröffentlichungen („Dinge im Zusammenhang mit Luxemburg") mit dem Ziel unter Druck, von arbeitsrechtl. Sanktionen – wie Versetzung und Kündigung – Abstand zu nehmen, liegt darin ein schwerer Vertragsverstoß, der auch ohne Abmahnung eine Kündigung begründen kann[6]. Der wesentliche Grund dürfte hier nicht so sehr in dem angedrohten Anschwärzen selbst als vielmehr in der (strafbaren) Nötigung liegen.

● **Arbeitskampf.** Die Teilnahme an einem rechtmäßigen Streik stellt keine Vertragspflichtverletzung dar 222
und kann daher nicht zu einer Kündigung führen[7]. Die Teilnahme an einem **rechtswidrigen Streik** kann unter Umständen eine – auch außerordentl. – Kündigung rechtfertigen, wenn sich der ArbN der Rechtswidrigkeit bewusst war[8]. Hat er sie dagegen nicht gekannt, etwa bei einem von der Gewerkschaft geführtem Streik, wird eine Kündigung nicht in Betracht kommen[9]. Folgt der ArbN einem Streikaufruf der Gewerkschaft, obwohl der ArbGeb zutreffend auf die Rechtswidrigkeit des Streiks hingewiesen hat, handelt er grds. auf eigene Gefahr. Die Rspr. berücksichtigt aber zu seinen Gunsten mildernd den psychologischen Druck, unter dem er ggf. durch die Einforderung seiner Solidarität stand[10]. Dies mildert sein Verschulden und damit das Gewicht des Kündigungsgrundes. Kommt es bei einem – auch rechtmäßigen – Streik zu **Übergriffen** (Sachschäden, Beleidigungen), kann eine (ggf. außerordentl.) Kündigung gerechtfertigt sein.

● **Arbeitsverweigerung.** Die **beharrliche Weigerung**, trotz Drohung mit einer Kündigung eine vertragl. 223
geschuldete und angewiesene Arbeit zu leisten, kann eine ordentl. oder außerordentl. Kündigung rechtfertigen[11]. Beharrlichkeit liegt nur bei bewusster und nachhaltiger Weigerung vor und ist idR gegeben, wenn der ArbN trotz Abmahnung an seiner Haltung festhält. Arbeiten, die er **vertragl. nicht schuldet**, braucht der ArbN nicht zu leisten, es sei denn, es liegt ein Notfall vor (Brand, Überschwemmung etc.)[12]. Der Inhalt der Arbeitspflicht ergibt sich unter Berücksichtigung der Verkehrssitte aus dem Arbeitsvertrag und ggf. aus TV oder BV[13]. Ein **Irrtum** über seine Arbeitspflicht entschuldigt den ArbN bei beharrlicher Weigerung nur, wenn er nach sorgfältiger Erkundigung und Prüfung der Rechtslage die Überzeugung gewinnen durfte, zur Arbeit nicht verpflichtet zu sein[14]. Zur Leistung von **Überstunden** ist der ArbN

---

1 LAG Köln v. 23.2.1996 – 11 (13) Sa 976/95, LAGE § 626 BGB Nr. 94. | 2 BAG v. 18.6.1970 – 2 AZR 369/69, AP Nr. 82 zu § 1 KSchG. | 3 BAG v. 14.12.1972 – 2 AZR 115/72, AP Nr. 8 zu § 1 KSchG 1969 – Verhaltensbedingte Kündigung; vgl. auch LAG Hamm v. 12.11.1990 – 19 (16) Sa 6/90, LAGE § 626 BGB Nr. 54; vgl. aber auch BAG v. 4.7.1991 – 2 AZR 80/91 nv.; LAG BW v. 20.10.1976 – 6 Sa 51/76, EzA Nr. 8 zu § 1 KSchG – Verhaltensbedingte Kündigung. | 4 BAG v. 5.2.1959 – 2 AZR 90/56, AP Nr. 2 zu § 70 HGB; LAG Hess. v. 12.2.1987 – 12 Sa 1249/86, LAGE § 626 BGB Nr. 28; weiter gehend LAG Hess. v. 14.2.1991 – 12 Sa 846/90, NZA 1992, 124 („leichtfertige" Anzeige). | 5 BAG v. 4.7.1991 – 2 AZR 80/91, nv. (der ArbN hätte wohl vor der Selbstanzeige den ArbGeb informieren müssen). | 6 BAG v. 11.3.1999 – 2 AZR 507/98, AP Nr. 149 zu § 626 BGB. | 7 BAG v. 17.12.1976 – 1 AZR 605/75, AP Nr. 51 zu Art. 9 GG – Arbeitskampf. | 8 BAG v. 14.2.1978 – 1 AZR 76/76, AP Nr. 58 zu Art. 9 GG; v. 14.2.1978 – 1 AZR 103/76, AP Nr. 59 zu Art. 9 GG; v. 29.11.1983 – 1 AZR 469/82, NZA 1984, 34. | 9 BAG v. 12.1.1988 – 1 AZR 219/86, BB 1988, 978. | 10 BAG v. 14.2.1978 – 1 AZR 103/76, AP Nr. 59 zu Art. 9 GG. | 11 BAG v. 21.5.1992 – 2 AZR 10/92, EzA § 1 KSchG – Verhaltensbedingte Kündigung Nr. 43 (*Kraft*). | 12 BAG v. 12.4.1973 – 2 AZR 291/72, BB 1973, 1356 = DB 1973, 1904. | 13 Vgl. etwa zur Weigerung eines Hausmeisters mit dem erlernten Beruf Elektromonteur, turnusmäßige Überprüfungen ortsveränderlicher elektrischer Geräte vorzunehmen LAG Sa.-Anh. v. 25.6.2002 – 8 Sa 845/01. | 14 BAG v. 14.10.1960 – 1 AZR 254/58, BB 1961, 178; v. 29.11.1983 – 1 AZR 469/82, AP Nr. 78 zu § 626 BGB (*Herschel*); LAG Berlin v. 6.12.1993 – 9 SA 12/93, LAGE § 1 KSchG – Verhaltensbedingte Kündigung Nr. 42 (beide zum Streik).

außer in Notfällen nur verpflichtet, wenn für ihre Anordnung eine besondere vertragl. oder tarifvertragl. Rechtsgrundlage besteht und die gesetzl. zulässigen Höchstarbeitszeiten nicht überschritten werden[1] (vgl. auch § 611 BGB Rz. 314 f.). Die Anordnung von Überstunden muss zudem gem. § 315 BGB billigem Ermessen entsprechen, woran es bei kurzfristigem Anfall und privaten Hinderungsgründen (Kinderbetreuung) fehlen kann. Ebenso ist der ArbN berechtigt, verbotene Sonntagsarbeit zu verweigern[2]. In Betrieben mit BR ist dessen vorherige Zustimmung Wirksamkeitsvoraussetzung für die Anordnung der Überstunden (§ 87 I Nr. 3 BetrVG)[3]. Einer vertragsgemäßen Versetzung unter **Verletzung des MitbestR** des BR aus § 99 BetrVG braucht der ArbN nicht nachzukommen, da das Beteiligungsrecht auch zu seinem Schutz besteht (§ 99 II Nr. 4 BetrVG)[4]. Dagegen kann die fehlende Zustimmung des BR zur (Wieder-)Einstellung des ArbN für diesen ein Leistungsverweigerungsrecht nur dann zu begründen, wenn der BR sich auf die Verletzung seines MitbestR beruft und die Aufhebung der Einstellung verlangt[5]. Bei Arbeitsverhältnissen in **Vermittlungsgesellschaften** ohne Beschäftigung kann die einzel- oder tarifvertragl. begründete Hauptpflicht darin bestehen, ein zumutbares Beschäftigungsverhältnis in einem Konzernunternehmen dauerhaft einzugehen. Ein Verstoß kann nach Abmahnung eine verhaltensbedingte Kündigung rechtfertigen[6].

224 Dem ArbN kann ausnahmsw. auch ein **Leistungsverweigerungsrecht** (§ 273 BGB) zur Seite stehen. So kann er bestimmte Tätigkeiten ggf. unter Berufung auf **Glaubens- oder Gewissensfreiheit** verweigern (zB den Druck von kriegsverherrlichenden Schriften)[7]; es kann sich dann auch um einen personenbedingten Sachverhalt handeln, vgl. Rz. 133 u. 183. Ein muslimischer ArbN wird unter Berücksichtigung der betriebl. Belange wegen seiner Grundrechte aus Art. 4 I und II GG gem. § 616 BGB seinen Arbeitsplatz zur Abhaltung kurzzeitiger Gebete nicht ohne Rücksprache mit seinem Vorgesetzten auch über den genauen Zeitpunkt innerhalb des vom Glauben vorgegebenen Zeitraums verlassen dürfen[8]. Das Tragen eines **„islamischen Kopftuchs“** aus religiöser Überzeugung fällt in den Schutzbereich der grundrechtl. geschützten Glaubensfreiheit. Zwischen ihr und der grundrechtlich geschützten unternehmerischen Betätigungsfreiheit ist ein Ausgleich zu suchen. Allein die Sorge, dass die Beschäftigung einer Verkäuferin mit Kopftuch in einem Kaufhaus zu wirtschaftlichen Nachteilen etwa durch negative Kundenreaktionen führt, rechtfertigt keine Kündigung. Der ArbGeb hat idR abzuwarten, ob die Störungen eintreten und ihnen ggf. nicht auf andere Weise zu begegnen ist[9]. Eine ArbNin kann sich gegenüber der bestehenden Arbeitspflicht auf eine **Pflichtenkollision** wegen der Personensorge für ihr Kind (§ 1627 BGB) und damit ein Leistungsverweigerungsrecht (§§ 273, 320 BGB) oder eine Unmöglichkeit bzw. Unzumutbarkeit der Arbeitsleistung (§ 275 III BGB) nur berufen, wenn unabhängig von der notwendigen Abwägung der beiderseitigen schutzwürdigen Interessen überhaupt eine unverschuldete Zwangslage vorliegt[10]. Ein **Zurückbehaltungsrecht** an der Arbeitsleistung kommt weiter in Betracht, wenn der ArbGeb seinerseits nicht nur unwesentlich im **Lohnrückstand**[11] ist oder **Arbeitsschutzbestimmungen** nicht einhält. § 21 VI 2 GefStoffVO gibt dem ArbN ein besonderes Leistungsverweigerungsrecht, wenn an seinem Arbeitsplatz infolge Überschreitung von Belastungsgrenzen unmittelbare Gefahr für Leben und Gesundheit besteht; ergänzend greift § 273 BGB iVm. sonstigen Schutzvorschriften ein[12].

225 ● **Außerdienstliches Verhalten.** In der Gestaltung seiner privaten Lebensführung ist der ArbN grds. frei, solange sich sein privates Verhalten nicht **störend auf das Vertragsverhältnis auswirkt**[13] (zB bei unzureichender Arbeitsleistung nach durchzechter Nacht oder bei Konkurrenztätigkeit). Außerdienstl. Verhalten kann einen Kündigungsgrund darstellen, wenn es nachhaltig auf das Arbeitsverhältnis einwirkt und betriebl. Interessen verletzt. Da eine verhaltensbedingte Kündigung ausnahmslos die Verletzung von Vertragspflichten erfordert (vgl. Rz. 179), müssen sich diese ausnahmsw. auf den außerdienstl. Bereich erstrecken. Wo das nicht der Fall ist, kann ein personenbedingter Grund vorliegen. Hat das Privatleben keine Auswirkungen auf das Arbeitsverhältnis, sind arbeitsvertragl. Pflichten nicht berührt, verhaltensbedingte Kündigungsgründe scheiden aus: So besteht grds. keine Vertragspflicht zu einem **„gesitteten Lebenswandel“**. Intime, auch außereheliche Beziehungen zwischen Mitarbeitern

---

1 LAG Hess. v. 21.3.1986 – 13 Sa 1250/85, LAGE § 626 BGB Nr. 25; LAG Köln v. 27.4.1999 – 13 Sa 1380/98, LAGE § 626 BGB Nr. 126 (*Adam*). |2 LAG Düsseldorf v. 21.1.1964 – 8 Sa 438/63, BB 1964, 515 = DB 1964, 628. |3 HM, vgl. *Fitting*, § 87 BetrVG Rz. 571 mwN. |4 BAG v. 30.9.1993 – 2 AZR 283/93, AP Nr. 33 zu § 2 KSchG 1969 (*Wlotzke*); v. 26.1.1988 – 1 AZR 531/86, AP Nr. 50 zu § 99 BetrVG 1972; aA *v. Hoyningen-Huene/Linck*, § 1 KSchG Rz. 318 ff. |5 BAG v. 5.4.2001 – 2 AZR 580/99, NZA 2001, 893. |6 BAG v. 2.2.2006 – 2 AZR 222/05, AP Nr. 52 zu § 1 KSchG 1969 – Verhaltensbedingte Kündigung; einschränkend LAG Sa.-Anh. v. 6.12.2005 – 8 Sa 310/05, NZA-RR 2006, 467. |7 BAG v. 20.12.1984 – 2 AZR 436/83, BB 1986, 385; v. 24.5.1989 – 2 AZR 285/88, BB 1990, 212. |8 LAG Hamm v. 26.2.2002 – 5 Sa 1582/01, AP Nr. 3 zu § 611 BGB – Gewissensfreiheit. |9 BAG v. 10.10.2002 – 2 AZR 472/01, AP Nr. 44 zu § 1 KSchG 1969 – Verhaltensbedingte Kündigung; bestätigt durch BVerfG v. 30.7.2003 – 1 BvR 792/03, NJW 2003, 2815. |10 BAG v. 21.5.1992 – 2 AZR 10/92, EzA § 1 KSchG – Verhaltensbedingte Kündigung Nr. 43 (*Kraft*). |11 BAG v. 9.5.1996 – 2 AZR 387/95, AP Nr. 5 zu § 273 BGB. |12 BAG v. 19.7.1997 – 5 AZR 982/94, EzA § 618 BGB Nr. 13 zu baurechtlichen Asbestrichtlinien mwN. |13 BAG v. 24.9.1987 – 2 AZR 26/87, AP Nr. 19 zu § 1 KSchG 1969 – Verhaltensbedingte Kündigung – spricht die Bereiche der Leistung, der betrieblichen Verbundenheit aller Mitarbeiter, des personalen Vertrauens und des Unternehmens an.

berühren das Arbeitsverhältnis nur dann, wenn die Arbeitsleistung oder die betriebl. Ordnung oder Zusammenarbeit konkret beeinträchtigt werden; im Verhältnis zwischen Vorgesetzten und Auszubildenden oder jugendlichen ArbN sind allerdings Vertragspflichten berührt; eine verhaltensbedingte Kündigung kann daher gerechtfertigt sein[1]. Zu außerdienstlichem Verhalten vgl. auch oben Rz. 180 sowie § 611 BGB Rz. 376 f.

Außerdienstl. Pflichten sind von der **vertragl. Aufgabe und Stellung** abhängig. Zahlreiche Spielbankbesuche des Zweigstellenleiters einer Bank verletzen grds. keine Vertragspflichten[2]; drohende Spielsucht oder Vermögensverfall können hier personenbedingte Gründe darstellen. Keine Vertragspflichten verletzen dürfte auch die Veröffentlichung „softpornografischer“ Fotografien einer Büroangestellten[3]. Besteht die Tätigkeit einer Angestellten in der Betreuung und psychologischen Beratung von Menschen in akuten Krisensituationen, so stellt die Mitgliedschaft und aktive Betätigung in der Scientology-Organisation einen Grund für eine außerordentl. Kündigung dar[4]. **Straftaten**, die außerhalb des Arbeitsverhältnisses zu Lasten Dritter begangen werden, können kündigungsrelevant werden, wenn sie die Eignung des ArbN für die vertragl. geschuldete Tätigkeit in Frage stellen, etwa bei Führerscheinentzug des U-Bahnführers infolge einer privaten Trunkenheitsfahrt[5] oder bei Vermögensdelikten eines ArbN in besonderem Vertrauensverhältnis. Hierbei handelt es sich uU um personenbedingte Kündigungsgründe (vgl. Rz. 180). Der **Ladendiebstahl einer Bankangestellten** zu Lasten eines Warenkaufhauses, das mit der Bank in einem Konzernverbund steht, verletzt noch keine Vertragspflichten. Waren der Angestellten besondere Rabattbedingungen für den Einkauf bei dem Warenkaufhaus eingeräumt, folgen daraus Obhuts- und Interessenwahrungspflichten gegenüber diesem Konzernunternehmen. Dann stellt der Diebstahl eine Vertragspflichtverletzung dar, die grds. eine verhaltensbedingte Kündigung rechtfertigen kann[6]. Ansonsten kommt nur eine personenbedingte Kündigung in Betracht, wenn das Verhalten nachhaltige Zweifel an der Eignung der ArbNin für ihre Banktätigkeit begründet. 226

Im **öffentlichen Dienst** ist die Regelung des früheren § 8 I 1 BAT, wonach der ArbN durch seine private Lebensführung dem Ansehen des öffentl. Dienstes nicht schaden durfte, in die neuen TV nicht übernommen worden. Gem. § 3 I 2 TV-L müssen die Beschäftigten der Länder sich allerdings durch ihr gesamtes Verhalten zur freiheitlich demokratischen Grundordnung iSd. GG bekennen. Zwar konnte der ArbN nach dem früheren § 8 I 1 BAT sein Privatleben nach seinen Vorstellungen gestalten; doch durfte er gegen die ungeschriebenen Anstandsgesetze nicht gröblich verstoßen[7]. Die Rspr. sah daher insb. in **außerdienstlichen Straftaten** eines ArbN des öffentl. Dienstes eine Vertragsverletzung[8]. Nach der neuen Tariflage dürften solche Straftaten, sofern sie nicht in besonderer Weise die Interessen des Dienstherrn berühren, nur noch als eignungs- und damit personenbedingter Grund in Betracht kommen. **Beispiele der früheren Rspr.** zu außerdienstl. Pflichtverstößen im öffentl. Dienst: Verbreitung ausländerfeindlicher Pamphlete[9]; außerdienstl. Betrügereien einer Schreibkraft im öffentl. Dienst[10]; vorsätzliches Tötungsdelikt mit Freiheitsstrafe auf Bewährung[11]; Bewährungshelferin, die einen nicht aus dem Hafturlaub zurückgekehrten Häftling für ein Wochenende in ihre Wohnung aufnimmt (mit intimen Beziehungen)[12]; Bewerbungsgespräche für den öffentl. Dienst außerhalb der Dienstzeit in Saunabetrieb[13]; Ladendiebstahl einer Gerichtshelferin bei der Staatsanwaltschaft[14]; Steuerhinterziehung einer Finanzamtsangestellten[15]. 227

Aus dem Selbstbestimmungsrecht der **Kirchen** gem. Art. 140 GG iVm. Art. 136 WRV leitet das BVerfG die Befugnis ab, die kirchlichen Grundpflichten und damit Inhalt und Grad der geforderten Loyalität der ArbN nach eigenem Selbstverständnis verbindlich festzulegen[16] (vgl. Vor § 1 Rz. 39 f.). § 9 II AGG lässt diese Befugnis ausdrücklich vom Verbot der Diskriminierung wegen der Religion unberührt. Häufig handelt es sich bei Loyalitätskonflikten um personenbedingte Gründe im Grenzbereich zu verhaltensbedingten. Bei der gebotenen Interessenabwägung[17] ist die Nähe des ArbN zum Verkündungsauftrag (Tendenznähe) zu berücksichtigen[18]. Die nach Art. 5 Abs. 1 der **Grundordnung der katholischen Kir-** 228

1 Vgl. *v. Hoyningen-Huene/Linck*, § 1 KSchG Rz. 323 mwN. | 2 LAG Hamm v. 14.1.1998 – 3 Sa 1087/97, LAGE § 626 BGB Nr. 119. | 3 In der Zeitschrift „Praline“, ArbG Passau v. 11.12.1997 – 2 Ca 711/97 D, NZA 1998, 427 (anders aber, wenn es sich um eine Repräsentantin des Unternehmens handelt). | 4 LAG Berlin v. 11.6.1997 – 13 Sa 19/97, LAGE § 626 BGB Nr. 112. | 5 BAG v. 4.6.1997 – 2 AZR 526/96, NZA 1997, 1281. | 6 BAG v. 20.9.1984 – 2 AZR 233/83, BB 1985, 1198. | 7 BAG v. 20.11.1997 – 2 AZR 643/96, AP Nr. 43 zu § 1 KSchG 1969; *Scheuring*, ZTR 1999, 337. | 8 BAG v. 20.11.1997 – 2 AZR 643/96, AP Nr. 43 zu § 1 KSchG 1969. | 9 BAG v. 14.2.1996 – 2 AZR, AP Nr. 26 zu § 626 BGB – Verdacht strafbarer Handlung. | 10 BAG v. 20.11.1997 – 2 AZR 643/96, AP Nr. 43 zu § 1 KSchG 1969; vgl. auch LAG Berlin v. 27.9.1982 – 9 Sa 52/82, LAGE § 626 BGB Nr. 14. | 11 BAG v. 8.6.2000 – 2 AZR 638/99, AP Nr. 163 zu § 626 BGB. | 12 LAG Sachs. v. 17.12.1997 – 2 Sa 648/97, LAGE § 1 KSchG – Verhaltensbedingte Kündigung Nr. 61. | 13 LAG Berlin v. 15.8.1989 – 13 Sa 50/89, LAGE § 1 KSchG – Verhaltensbedingte Kündigung Nr. 24. | 14 LAG Hess. v. 4.7.1985 – 12 Sa 1329/84, LAGE § 626 BGB Nr. 22 (außerordentliche Kündigung). | 15 BAG v. 21.6.2001 – 2 AZR 325/00, AP Nr. 5 zu § 54 BAT. | 16 BVerfG v. 4.6.1985 – 2 BvR 1703/83 ua., AP Nr. 24 zu Art. 140 GG unter Aufhebung zweier BAG-Urteile, die den Grad der geschuldeten Loyalität gemäß der jeweiligen Funktion selbst beurteilten: BAG v. 21.10.1982 – 2 AZR 591/80, AP Nr. 14 zu § 140 GG u. v. 22.3.1984 – 7 AZR 249/81, AP Nr. 16 zu Art. 140 GG; krit. zur Rspr. des BVerfG *Czermak*, PersR 1995, 458; ArbG Münster v. 3.9.1986 – 4 Ca 194/86, BB 1987, 128 (130). | 17 Das kirchliche Selbstbestimmungsrecht schafft keine „absoluten“ Kündigungsgründe: BAG v. 4.3.1980 – 1 AZR 125/78, AP Nr. 3 zu Art. 140 GG; *Dütz*, NJW 1990, 2031. | 18 BAG v. 6.12.1979 – 2 AZR 1055/77, DB 1980, 547.

che[1] bestehende Verpflichtung, bei Verstößen gegen Loyalitätsobliegenheiten vor Ausspruch einer Kündigung mit dem kirchlichen Mitarbeiter ein Beratungsgespräch bzw. ein „klärendes Gespräch" zu führen, enthält eine bindende Verfahrensnorm[2]. Kündigt der hieran gebundene ArbGeb ohne ein solches Gespräch, führt dies regelmäßig zu Sozialwidrigkeit der Kündigung[3]. Eine **Erzieherin** in einem evangelischen Kindergarten, die in der Öffentlichkeit werbend für eine andere Glaubensgemeinschaft auftritt und deren von den Glaubenssätzen der evangelischen Kirche erheblich abweichende Lehre verbreitet, bietet regelmäßig keine hinreichende Gewähr mehr dafür, dass sie der arbeitsvertragl. übernommenen Verpflichtung zur Loyalität gegenüber der evangelischen Kirche nachkommt. Ein solches Verhalten kann eine außerordentl. Kündigung rechtfertigen[4]. Weitere **Beispiele** kirchentypischer Loyalitätskonflikte: Kirchenaustritt[5], Eintritt eines Arztes in kath. Krankenhaus für legalen Schwangerschaftsabbruch[6], künstliche Befruchtung durch Chefarzt in kath. Krankenhaus vor Klärung ihrer kirchenrechtl. Zulässigkeit (Abmahnung)[7], Ehebruch und Zölibatsverletzung (zB Eheschließung eines ArbN der kath. Kirche mit kath. getrautem geschiedenen Partner)[8], Kündigung eines ArbN des Diakonischen Werkes wegen außerdienstl. homosexueller Praxis nach Abmahnung[9]. Zu **sonstigen außerdienstlichen Vertragsverletzungen** vgl. die Stichworte *Schulden* (Lohnpfändung), *Treuepflicht* (Wettbewerb, Konkurrenz), *Straftaten*, *Alkohol*.

229 • **Beleidigung, Tätlichkeiten.** Beleidigungen, die zu einer **erheblichen Ehrverletzung**[10] eines Vorgesetzten oder des ArbGeb führen, können eine Kündigung, in schweren Fällen auch eine außerordentl. Kündigung rechtfertigen. Einer Abmahnung bedarf es nicht, wenn das Vertrauensverhältnis durch die Beleidigung so stark belastet ist, dass eine weitere Zusammenarbeit unzumutbar erscheint. Es sind aber die gesamten Umstände wie Gesprächssituation, Ernsthaftigkeit, üblicher Umgangston etc. zu berücksichtigen[11]. Ist der ArbN seinerseits zu der beleidigenden Äußerung provoziert worden, erscheint sein Verhalten in milderem Licht[12]. Von der Beleidigung ist die **sachliche Kritik** zu unterscheiden (vgl. auch Rz. 235). Sie fällt grds. in den Schutzbereich der Meinungsäußerungsfreiheit (Art. 5 I 1 GG), auch wenn sie in polemischer und verletzender Form vorgebracht wird. Erst Schmähkritik und Formalbeleidigungen sind ausgenommen[13]. Entsprechendes gilt für bewusst wahrheitswidrig aufgestellte ehrverletzende Tatsachenbehauptungen, etwa wenn sie den Tatbestand einer üblen Nachrede ausfüllen. Die Meinungsäußerungsfreiheit wird im Übrigen nicht schrankenlos gewährt, sondern ist insb. durch das Recht der persönlichen Ehre gem. Art. 5 II GG beschränkt und muss in ein ausgeglichenes Verhältnis mit diesem gebracht werden[14]. Nach einer Entscheidung des BAG soll die Grenze zur Störung des **Betriebsfriedens** überschritten sein, wenn der ArbGeb auf einer Betriebsversammlung mit den Vorwürfen der Gemeinheit, Schikane und Günstlingswirtschaft konfrontiert wird[15].

230 Abfällige, selbst unwahre Äußerungen über den ArbGeb oder Vorgesetzte in einem **kollegialen Gespräch**, rechtfertigen idR eine Kündigung nicht, wenn der ArbN nach den Umständen nicht mit ihrer Verbreitung rechnen musste[16]. UU kann allerdings den Denunzianten eine Kündigung treffen, wenn sein Verhalten nachhaltig den Betriebsfrieden beeinträchtigt, insb. eine Zusammenarbeit mit ihm abgelehnt wird[17]. Das Gleiche gilt, wenn unberechtigt schwerwiegende Vorwürfe gegen Mitarbeiter im Betrieb erhoben werden[18]. Beleidigungen von **Arbeitskollegen** können eine Kündigung rechtfertigen, wenn hierdurch das Betriebsklima nachhaltig belastet wird, insb. wenn diese sich weigern, mit dem ArbN weiterhin zusammenzuarbeiten[19]. Auch hier sind Provokationen mildernd zu berücksichtigen, etwa bei Bezeichnung des Personalsachbearbeiters einer Gemeinde durch eine Gemeindearbeiterin als „blöder Sack", wenn der Sachbearbeiter der ArbNin zu Unrecht Vorwürfe gemacht und sie darüber hinaus mit unsachgemäßen Äußerungen provoziert hat[20]. **Ausländerfeindliche** oder antisemitische Äußerungen

1 GrO für den kirchlichen Dienst im Rahmen kirchlicher Arbeitsverhältnisse vom 22.9.1993. | 2 BAG v. 16.9.1999 – 2 AZR 712/98, AP Nr. 1 zu § 4 GrO kath. Kirche (*Thüsing*). | 3 BAG v. 25.4.1996 – 2 AZR 74/95, AP Nr. 18 zu § 1 KSchG – Personenbedingte Kündigung. | 4 BAG v. 21.2.2001 – 2 AZR 139/00, AP Nr. 29 zu § 611 BGB – Kirchendienst. | 5 BAG v. 4.3.1980 – 1 AZR 1151/78 u. v. 23.3.1984 – 7 AZR 249/81, AP Nr. 4 u. 16 zu Art. 140 GG; v. 16.9.1999 – 2 AZR 712/99, AP Nr. 1 zu Art. 4 GrO kath. Kirche. | 6 BAG v. 15.1.1986 – 7 AZR 545/85, nv. | 7 BAG v. 7.10.1993 – 2 AZR 226/93, AP Nr. 114 zu § 626 BGB. | 8 BAG v. 4.3.1980 – 1 AZR 125/78, AP Nr. 3 zu Art. 140 GG; v. 31.10.1984 – 7 AZR 232/83, EzA § 1 KSchG – Tendenzbetrieb Nr. 16; v. 25.5.1988 – 7 AZR 506/87, nv.; v. 14.10.1980 – 1 AZR 1274/79, EzA § 1 KSchG – Tendenzbetrieb Nr. 10 (neue Eheschließung einer kath. getrauten Angestellten der Caritas zu Lebzeiten ihres geschiedenen Ehegatten); v. 24.4.1997 – 2 AZR 268/96, AP Nr. 27 zu § 611 BGB – Kirchendienst, Ehebruch eines leitenden Mitglieds der Mormonenkirche (außerordentliche Kündigung). | 9 BAG v. 30.6.1983 – 2 AZR 524/81, AP Nr. 15 zu Art. 140 GG (*Richardi*); insoweit zu Recht krit. *v. Hoyningen-Huene/Linck*, § 1 KSchG Rz. 258. | 10 Eingehend dazu *Schmitz-Scholemann*, BB 2000, 926 ff. | 11 BAG v. 6.2.1997 – 2 AZR 38/96, nv. (Bezeichnung des ArbGeb als „Betrüger, Gauner und Halsabschneider" auf Belegschaftsversammlung). | 12 BAG v. 3.2.1982 – 7 AZR 907/79, BB 1983, 1215; LAG Berlin v. 17.11.1980 – 9 Sa 69/80, AP Nr. 72 zu § 626 BGB. | 13 BVerfG 16.10.1998 – 1 BvR 1685/92, AP Nr. 24 zu § 611 BGB – Abmahnung (Leserbrief einer Gemeindeangestellten über die Person des Bürgermeisters in Tageszeitung). | 14 BAG v. 17.2.2000 – 2 AZR 927/98, nv. | 15 BAG v. 22.10.1964 – 2 AZR 479/63, AP Nr. 4 zu § 1 KSchG – Verhaltensbedingte Kündigung (*Herschel*). | 16 BAG v. 30.11.1972 – 2 AZR 79/72, AP Nr. 66 zu § 626 BGB; v. 17.2.2000 – 2 AZR 927/98, nv. | 17 BAG v. 21.10.1965 – 2 AZR 2/65, BB 1966, 124. | 18 LAG Rh.-Pf. v. 16.2.1996 – 10 Sa 1090/95, NZA-RR 1997, 169. | 19 BAG v. 15.12.1977 – 3 AZR 186/76, AP Nr. 69 zu § 626 BGB. | 20 LAG Köln v. 7.12.1995 – 10 Sa 717/95, BB 1996, 1225 (lediglich Abmahnung).

können eine ordentl. oder außerordentl. Kündigung nach sich ziehen[1]. **Tätlichkeiten** gegen ArbGeb oder Vorgesetzten rechtfertigen regelmäßig eine außerordentl. Kündigung, es sei denn, es liegt eine erhebliche Provokation oder eine Notwehrlage vor. Der tätliche Angriff auf **Arbeitskollegen** ist stets eine schwerwiegende Verletzung vertragl. Nebenpflichten und nur bei Notwehr gerechtfertigt[2]. Er kann ohne vorherige Abmahnung eine außerordentl. Kündigung zur Folge haben[3]. Zu berücksichtigen sind auch hier vorausgegangene Provokationen. Bei leichteren Vorfällen genügt uU die Versetzung auf einen anderen freien Arbeitsplatz oder aber auch eine bloße Abmahnung[4]. Ggf. können auch beide Kontrahenten entlassen werden. Das systematische Anfeinden, Schikanieren oder Diskriminieren von Arbeitskollegen ist ein Fall des **Mobbings**[5]. Steht es mit einem der in § 1 AGG genannten verpönten Merkmale „in Zusammenhang“, handelt es sich um eine besonders gravierende Form der verbotenen Belästigung iSv. § 3 III AGG. Verstoßen Beschäftigte gegen das Verbot, ist der ArbGeb gem § 12 III AGG verpflichtet, die im Einzelfall geeigneten, erforderlichen und angemessenen Maßnahmen bis hin zur Kündigung zu ergreifen. Zur sexuellen Belästigung vgl. Rz. 242.

• **Kraftfahrer.** Ein Kraftfahrer muss bei seiner **Einstellung** eine bestehende Trunksucht oder den Entzug seines Führerscheines ungefragt offenbaren. Andernfalls kann der ArbGeb den Arbeitsvertrag anfechten oder fristlos kündigen[6]. Der **Führerscheinentzug** rechtfertigt zunächst eine personenbedingte Kündigung, wenn eine anderweitige Beschäftigungsmöglichkeit nicht besteht[7]. Der ArbGeb gerät in diesem Fall nicht in Annahmeverzug. Das gilt grds. auch für den vorläufigen Entzug der Fahrerlaubnis. Hier ist allerdings besonders sorgfältig die Möglichkeit einer Überbrückungsbeschäftigung zu prüfen (vgl. auch Rz. 185). Der Führerscheinentzug eines Berufskraftfahrers kann uU ein wichtiger Grund zur **außerordentl. Kündigung** sein, wenn er auf einer außerhalb der Arbeitszeit im Zustand der Trunkenheit durchgeführten Privatfahrt beruht[8]. Gleiches gilt, wenn das Führen eines Kraftfahrzeuges zwar nicht die alleinige, jedoch eine wesentliche Verpflichtung aus dem Arbeitsvertrag darstellt, weil die Haupttätigkeit ohne Firmenfahrzeug nicht ausgeübt werden kann[9]. Das BAG hat hierin einen personenbedingten Grund zur außerordentl. Kündigung gesehen[10]. Zu bedenken ist auch eine Vertragspflicht, für die Erhaltung der Fahrerlaubnis Sorge zu tragen. Auch ohne Führerscheinentzug begründet **Trunkenheit am Steuer** außerhalb des Dienstes erhebliche Zweifel an der Eignung für die Tätigkeit als Kraftfahrer. Bei mehrjähriger beanstandungsfreier Beschäftigung eines U-Bahnfahrers rechtfertigt der Entzug des – dienstlich nicht benötigten – Führerscheins auf Grund einer einmaligen außerdienstlichen Alkoholfahrt die Kündigung ohne vorausgegangene Abmahnung dann nicht, wenn für eine Alkoholanfälligkeit ansonsten keine Hinweise bestehen[11]. Trunkenheit am Steuer **während des Dienstes** stellt stets eine schwerwiegende Vertragsverletzung dar, die ohne Abmahnung eine – auch fristlose – Kündigung rechtfertigen kann[12]. Alkohol am Steuer kann bei einem Kraftfahrer auch unabhängig von Promillewert oder konkreter Fahruntüchtigkeit kündigungsrelevant werden. 231

• **Krankheit und Vertragspflichten.** Die Krankheit selbst kann allenfalls eine personenbedingte Kündigung begründen (vgl. Rz. 136). Es besteht aber eine Reihe **krankheitsbezogener Pflichten**, deren Verletzung je nach Art und Umständen eine verhaltensbedingte Kündigung rechtfertigen kann. Gem. § 5 I EFZG ist der ArbN verpflichtet, die Arbeitsunfähigkeit und deren voraussichtliche Dauer dem ArbGeb unverzüglich anzuzeigen (Anzeigepflicht). Dauert die Arbeitsunfähigkeit länger als drei Kalendertage, so hat der ArbN spätestens am darauf folgenden Arbeitstag eine ärztliche Arbeitsunfähigkeitsbescheinigung vorzulegen (Nachweispflicht). Weiterhin obliegt dem erkrankten ArbN die Pflicht zu einem genesungsfördernden Verhalten[13]. Die wiederholte Verletzung der **Anzeigepflicht** kann nach ein- oder mehrmaliger Abmahnung eine ordentl. Kündigung rechtfertigen[14], und zwar auch dann, wenn es dadurch nicht zu einer Störung der Arbeitsorganisation oder des Betriebsfriedens gekommen ist[15]. Der Eintritt solcher Störungen ist in der Interessenabwägung zu Lasten des ArbN zu berücksichtigen. Eine außerordentl. Kündigung ohne vorausgegangene Abmahnung hat das BAG ausnahmsw. bei einem leitenden 232

1 BVerfG v. 2.1.1995 – 1 BvR 320/94, AP Nr. 53 zu Art. 103 GG; BAG v. 14.2 1996 – 2 AZR, AP Nr. 26 zu § 626 BGB – Verdacht strafbarer Handlung; v. 1.7.1999 – 2 AZR 676/98, AP Nr. 11 zu § 15 BBiG („Arbeit macht frei – Türkei schönes Land“); LAG Hamm v. 11.11.1994 – 10 (19) Sa 100/94, LAGE § 626 BGB Nr. 82; LAG Köln v. 11.8.1995 – 12 Sa 426/95, LAGE § 15 BBiG Nr. 40; vgl. ausf. *Schmitz-Scholemann*, BB 2000, 926 ff. | 2 BAG v. 12.3.1987 – 2 AZR 176/86, BB 1988, 976 = DB 1988, 658; v. 30.9.1993 – 2 AZR 188/93, EzA § 626 BGB nF Nr. 152; Spucken ins Gesicht nach Provokation: LAG Düsseldorf v. 21.7.2004 – 12 Sa 620/04, LAGE § 1 KSchG – Verhaltensbedingte Kündigung Nr. 85. | 3 BAG v. 12.7.1984 – 2 AZR 320/83, AP Nr. 32 zu § 102 BetrVG 1972; v. 6.10.2005 – 2 AZR 280/04, DB 2006, 675 (Ohrfeige ohne Provokation). | 4 BAG v. 9.3.1995 – 2 AZR 461/94, NZA 1995, 678. | 5 BAG v. 15.1.1997 – 7 ABR 14/96, BB 1997, 1480. | 6 BAG v. 20.5.1999 – 2 AZR 320/98, AP Nr. 50 zu § 123 BGB (Anfechtung); ArbG Kiel v. 21.1.1982 – 2c Ca 2062/81, BB 1982, 804. | 7 BAG v. 30.5.1978 – 2 AZR 630/76, AP Nr. 70 zu § 626 BGB; v. 14.2.1991 – 2 AZR 525/90, nv.; v. 25.4.1996 – 2 AZR 74/95, NZA 1996, 1201. | 8 BAG v. 14.2.1991 – 2 AZR 525/90, nv. | 9 BAG v. 14.2.1991 – 2 AZR 525/90, nv.; auch zur Frage, ob der ArbGeb den Einsatz der Ehefrau des ArbN als Fahrerin des Firmenwagens akzeptieren muss. | 10 BAG v. 12.1.1956 – 2 AZR 117/54, BB 1956, 175; v. 22.8.1963 – 2 AZR 114/63, AP Nr. 51 zu § 626 BGB; v. 14.2.1991 – 2 AZR 525/90, nv. | 11 BAG v. 4.6.1997 – 2 AZR 526/96, NZA 1997, 1281. | 12 BAG v. 22.8.1963 – 2 AZR 114/63, AP Nr. 51 zu § 626 BGB; v. 30.5.1978 – 2 AZR 630/76, AP Nr. 70 zu § 626 BGB. | 13 BAG v. 26.8.1993 – 2 AZR 154/93, AP Nr. 112 zu § 626 BGB (*Berning*). | 14 BAG v. 23.9.1992 – 2 AZR 199/92, EzA § 1 KSchG – Verhaltensbedingte Kündigung Nr. 44. | 15 BAG v. 16.8.1991 – 2 AZR 604/90, AP Nr. 27 zu § 1 KSchG 1969 – Verhaltensbedingte Kündigung.

Angestellten anerkannt, der dringende betriebliche Dispositionen zu treffen hatte und ohne jede Krankmeldung der Arbeit fern blieb[1]. Unverzügliche Krankmeldung bedeutet, dass der ArbGeb ohne schuldhaftes Zögern (§ 121 BGB), dh. in aller Regel telefonisch, in Kenntnis gesetzt wird, um seine Dispositionen treffen zu können. Zu bedenken ist dabei, ob der ArbN gesundheitlich und nach seinen Verhältnissen hierzu auch in der Lage war.

233 Der ArbGeb ist berechtigt, die Fortzahlung des Arbeitsentgelts zu verweigern, solange der ArbN seiner **Nachweispflicht** nicht nachkommt (§ 7 I Nr. 1 EFZG). Gelingt es dem ArbN, einen Nachweis für seine Erkrankung auf andere Weise zu führen als durch Vorlage eines ärztlichen Attestes, so ist der ArbGeb zur Entgeltfortzahlung verpflichtet. Gleichwohl verletzt der ArbN seine Nachweispflicht, wenn er ein ärztliches Attest nicht vorlegt. Wiederholte Verstöße können nach Abmahnung auch insoweit eine Kündigung rechtfertigen[2], ausnahmsw. unter erschwerenden Umständen auch eine außerordentl. Kündigung[3]. Anzeige- und Nachweispflichten gelten auch für **Folgeerkrankungen**, und zwar auch über die Dauer von sechs Wochen hinaus (vgl. die Erl. zu § 5 EFZG). Lehnt es der ArbN ab, sich auf Verlangen der Krankenkasse einer gutachterlichen Untersuchung des **Sozialmedizinischen Dienstes** zu unterziehen (§ 275 SGB V), so wird dies idR ein (dauerhaftes) Leistungsverweigerungsrecht für den ArbGeb und die Krankenkasse begründen. Ist er tarifvertragl. verpflichtet, sich der ärztlichen Untersuchung zu unterziehen, kann er im Weigerungsfall nach Abmahnung gekündigt werden[4]. Der ArbN ist weiterhin verpflichtet, im Falle einer krankheitsbedingten Arbeitsunfähigkeit nach Möglichkeit für eine **baldige Genesung** Sorge zu tragen. Grob gesundheitswidrige Verhaltensweisen, die den Heilungsprozess verzögern, stellen Vertragspflichtverletzungen dar, die eine Kündigung rechtfertigen können (zB Nebentätigkeiten, ggf. sportliche Betätigungen, Feiern)[5], in besonderen Fällen auch ohne vorherige Abmahnung[6]. Extrem genesungswidrige Verhaltensweisen (zB Vollzeit-Nebentätigkeit während Nachtschicht) dürften allerdings ein starkes Indiz dafür sein, dass in Wahrheit eine Erkrankung nicht vorgelegen hat, sondern nur vorgetäuscht wurde[7].

234 Das **Vortäuschen** einer Krankheit stellt idR einen strafbaren Betrug und stets einen Sachverhalt dar, der an sich für eine außerordentl. Kündigung ohne vorherige Abmahnung geeignet ist[8]. Schwierig ist hier allerdings für den ArbGeb die Beweislage. Indizien für ein Vortäuschen der Krankheit können in ihrer Ankündigung, in vorausgegangenen betriebl. Auseinandersetzungen und unliebsamen Weisungen des ArbGeb sowie in dem Verhalten des ArbN während der Arbeitsunfähigkeitszeit selbst liegen (Feier, Sport, Nebentätigkeit). Es muss allerdings stets die Art der jeweiligen Erkrankung berücksichtigt werden. Der ArbGeb schuldet im Kündigungsschutzprozess den **Nachweis** für die Feststellung, dass die Krankheit nur vorgetäuscht war. Legt der ArbN ein ordnungsgemäß ausgestelltes ärztliches Attest vor, so hat dies grds. einen hohen Beweiswert und erbringt im Regelfall den Beweis für die Arbeitsunfähigkeit[9]. Allein die Häufigkeit und Regelmäßigkeit von ordnungsgemäß attestierten und vom ArbGeb durch Gewährung vom Lohnfortzahlung anerkannten **Urlaubserkrankungen** eines Gastarbeiters lassen ohne eine Auswertung der den Attesten im Einzelnen zugrunde liegenden Befunde sowie der durchgeführten Behandlungsmaßnahmen noch keine zuverlässigen Rückschlüsse zu[10]. Gelingt dem ArbGeb jedoch bspw. der Nachweis, dass ein Reisebürokaufmann während der Krankschreibung Bausparverträge und Versicherungen vermittelt, so kann eine Kündigung gerechtfertigt sein[11]. Vgl. näher zur Beweislastverteilung bei Zweifeln an einer Erkrankung bzw. an einem Attest Rz. 212. Schließlich kann die bloße **Androhung einer Krankmeldung**, die ohne jedes Krankheitsanzeichen lediglich zur Durchsetzung einer verweigerten Urlaubsverlängerung erfolgt, bereits für sich genommen Grund zur außerordentl. Kündigung ohne vorherige Abmahnung sein[12]. In diesem Verhalten liegt eine erhebliche Verletzung arbeitsvertragl. Rücksichtnahmepflichten und damit bereits eine konkrete Störung des Arbeitsverhältnisses. Die Vorlage einer Arbeitsunfähigkeitsbescheinigung im Nachhinein ändert daran nichts[13].

---

1 BAG v. 30.1.1976 – 2 AZR 518/74, BB 1976, 696 = DB 1976, 1067. | **2** BAG v. 16.8.1991 – 2 AZR 604/90, AP Nr. 27 zu § 1 KSchG 1969 – Verhaltensbedingte Kündigung; LAG Köln v. 22.6.1995 – 5 Sa 250/95, BB 1996, 596. | **3** BAG v. 15.1.1986 – 7 AZR 128/83, AP Nr. 93 zu § 626 BGB. | **4** BAG v. 6.11.1997 – 2 AZR 801/96, AP Nr. 142 zu § 626 BGB; v. 7 11.2002 – 2 AZR 475/01; weiter gehend LAG Düsseldorf v. 8.4.1993 – 12 Sa 74/93, LAGE § 615 BGB Nr. 39 (Treu und Glauben). | **5** BAG v. 26.8.1993 – 2 AZR 154/93, AP Nr. 112 zu § 626 BGB (*Berning*); v. 13.11.1979 – 6 AZR 934/77, AP Nr. 5 zu § 1 KSchG 1969 – Krankheit (*Herschel*) (Nebentätigkeit); LAG Hamm v. 11.5.1982 – 13 Sa 85/82, EzA § 1 KSchG – Krankheit Nr. 9 (Casino-Besuch); LAG Nds. v. 1.9.1983 – 11 Sa 20/83, BB 1984, 1233 (Linienrichter beim Fußball); LAG Hamm v. 28.5.1998 – 4 Sa 1550/97, LAGE § 1 KSchG – Verhaltensbedingte Kündigung Nr. 69 (Vollzeittätigkeit hinter der Theke in der Gaststätte des Ehepartners); LAG Köln v. 9.10.1998 – 11 Sa 400/98, LAGE § 1 KSchG – Verhaltensbedingte Kündigung Nr. 73 (Hilfe bei Wohnungsrenovierung). | **6** BAG v. 2.3.2006 – 2 AZR 53/05, NZA-RR 2006, 636 (Skiurlaub eines ärztl. Gutachters des Medizinischen Dienstes trotz langwieriger Hirnhauterkrankung). | **7** BAG v. 26.8.1993 – 2 AZR 154/93, AP Nr. 112 zu § 626 BGB (*Berning*). | **8** BAG v. 26.8.1993 – 2 AZR 154/93, AP Nr. 112 zu § 626 BGB (*Berning*). | **9** BAG v. 15.7.1992 – 5 AZR 312/91, BB 1992, 2222 = NZA 1993, 23. | **10** LAG Düsseldorf v. 15.1.1986 – 6 Sa 1446/85, DB 1986, 1180; anders bei weiter gehenden Anhaltspunkten LAG Düsseldorf v. 3.6.1981 – 22 Sa 203/81, DB 1981, 1731. | **11** BAG v. 13.11.1979 – 6 AZR 934/77, BB 1980, 836 = DB 1980, 741. | **12** BAG v. 5.11.1992 – 2 AZR 147/92, AP Nr. 2 zu § 626 BGB – Krankheit. | **13** BAG v. 5.11.1992 – 2 AZR 147/92, AP Nr. 2 zu § 626 BGB – Krankheit.

● **Meinungsäußerung.** Meinungsäußerungen im Betrieb unterliegen dem Schutz des **Art. 5 I 1 GG.** 235
Sachliche Kritik, politische Anschauungen und die Mitgliedschaft in einer Partei oder Gewerkschaft rechtfertigen daher grds. eine Kündigung nicht[1]. Etwas anderes kann bei provokativer Meinungskundgabe gelten, die den Betriebsfrieden konkret stört[2]. Sachliche Kritik fällt auch dann in den Schutzbereich des Art. 5 GG, wenn sie in polemischer und verletzender Form vorgebracht wird[3]. Dies gilt umso mehr, wenn die Kritik im Rahmen einer öffentl. Debatte geäußert wird[4]. Erst **Schmähkritik und Formalbeleidigungen** sind ausgenommen (vgl. Rz. 229)[5]. Nach einer Entscheidung des BAG soll die Grenze zur Ehrverletzung und Störung des Betriebsfriedens überschritten sein, wenn der ArbGeb auf einer Betriebsversammlung mit den Vorwürfen der Gemeinheit, Schikane und Günstlingswirtschaft konfrontiert wird[6]. Bei Verbreitung **neonazistischer Thesen** gegenüber den Auszubildenden eines Betriebes kommt eine außerordentl. Kündigung ohne vorherige Abmahnung in Betracht[7], ebenso bei der Anbringung eines gut sichtbaren Hitlerbildes im Büro[8]. Das Tragen parteipolitischer Plaketten soll nach Abmahnung eine Kündigung rechtfertigen, wenn es auf Grund ihres besonders provokanten Inhalts oder auf Grund sonstiger besonderer Umstände zu betriebl. Störungen führt[9]. Ob **außerdienstliche Äußerungen** in einem gewerkschaftl. Intranet zu Personen und Vorgängen im Betrieb des ArbGeb die vertragl. Rücksichtnahmepflicht (§ 241 II BGB) verletzt, ist unter Beachtung des Grundrechts auf Meinungsfreiheit (Art. 5 GG) zu würdigen[10].

● **Nebentätigkeit**, auch in einem weiteren Arbeitsverhältnis, ist **grundsätzlich zulässig**, soweit sie die 236
Arbeitskraft des ArbN im Hauptarbeitsverhältnis nicht beeinträchtigt oder unzulässiger Wettbewerb ausgeübt wird[11]. Eine Vertragspflichtverletzung liegt in einer Nebentätigkeit, die dem ArbGeb Konkurrenz macht[12] (vgl. Rz. 249) oder die wegen ihrer besonderen Belastungen die im Hauptarbeitsverhältnis geschuldete Arbeitskraft des ArbN beeinträchtigt. In diesen Fällen muss der ArbN dem ArbGeb die Nebentätigkeit außerdem anzeigen[13]. **Verbote und Genehmigungsvorbehalte** in Arbeitsverträgen bedürfen im Lichte von Art. 12 GG eines berechtigten Interesses des ArbGeb. Dieses ist insb. anzunehmen, soweit die Nebentätigkeit die Arbeitskraft des ArbN im Hauptarbeitsverhältnis zu beeinträchtigen droht oder unzulässiger Wettbewerb ausgeübt wird[14]. **Beispiele** zulässiger Nebentätigkeitsbeschränkung: DGB-Rechtsschutzsekretär und Nebentätigkeit als Rechtsanwalt[15]; Busfahrer und Nebentätigkeit als Kraftfahrer[16]; Krankenpfleger und Nebentätigkeit als Bestatter[17]; Hörfunksprecher und Nebentätigkeit bei Wettbewerber[18]. **Weiter gehende Verbote** oder Genehmigungsvorbehalte in Arbeitsverträgen wurden von der Rspr. grundrechtskonform (Art. 12 GG) auf solche Nebentätigkeiten begrenzt, an deren Unterlassung der ArbGeb ein berechtigtes Interesse hatte[19]. Ob an dieser geltungserhaltenden Reduktion im Hinblick auf § 306 II BGB festgehalten werden kann, erscheint zweifelhaft. Ob die Einführung von generellen Regeln zur Ausübung von Nebentätigkeiten der Mitbest. des BR nach § 87 I Nr. 1 BetrVG unterliegt, hat das BAG bislang offen gelassen[20]. Soweit ein **Genehmigungsvorbehalt** wirksam vereinbart ist (§§ 306 II, 310 IV BGB), stellt es eine Vertragspflichtverletzung dar, wenn der ArbN eine an sich genehmigungsfähige Tätigkeit ohne Einholung der Genehmigung verrichtet. Nach Abmahnung kommt eine Kündigung in Betracht[21]. Die vorgenannten Verstöße können idR nach Abmahnung, in schwerwiegenden, insb. Wettbewerbsinteressen berührenden Fällen allerdings auch ohne Abmahnung zur Kündigung berechtigen[22]. Vgl. zur Nebentätigkeit auch § 611 BGB Rz. 368 ff.

● **Offenbarungspflicht.** Der ArbGeb darf den Bewerber bei der Einstellung nach **Vorstrafen** fragen, so- 237
weit die Art des zu besetzenden Arbeitsplatzes dies erfordert[23]. Die wahrheitswidrige Beantwortung einer zulässigen Frage kann eine verhaltensbedingte Kündigung begründen[24]. Bei der Prüfung der Eig-

---

1 BAG v. 22.10.1964 – 2 AZR 479/63, AP Nr. 4 zu § 1 KSchG – Verhaltensbedingte Kündigung. | 2 BAG v. 9.12.1982 – 2 AZR 620/80, AP Nr. 73 zu § 626 BGB; v. 26.5.1977 – 2 AZR 632/76, AP Nr. 5 zu § 611 BGB – Beschäftigungspflicht. | 3 BAG v. 24.11.2005 – 2 AZR 584/04, DB 2006, 1277 (für Konzernangehörige zugängliche Internet-Bildanimation zu betriebl. Trennungsgesprächen). | 4 BAG v. 12.1.2006 – 2 AZR 21/05, NZA 2006, 917. | 5 BVerfG v. 16.10.1998 – 1 BvR 1685/92, AP Nr. 24 zu § 611 BGB – Abmahnung (Leserbrief einer Gemeindeangestellten über die Person des Bürgermeisters in Tageszeitung). | 6 BAG v. 22.10.1964 – 2 AZR479/63, AP Nr. 4 zu § 1 KSchG – Verhaltensbedingte Kündigung (*Herschel*). | 7 LAG Köln v. 11.8.1995 – 12 Sa 426/95, LAGE § 15 BBiG Nr. 10. | 8 ArbG Frankfurt/M v. 28.1.1993 – 2 Ca 238/92, AuR 1993, 415. | 9 BAG v. 9.12.1982 – 2 AZR 620/80, DB 1983, 2578 (Anti-Strauß-Plakette); zu Recht krit. hierzu *Kohte*, AuR 1984, 125. | 10 BAG v. 24.6.2004 – 2 AZR 63/03, BAGReport 2005, 87. | 11 BAG v. 3.12.1970 – 2 AZR 110/70, AP Nr. 60 zu § 626 BGB; v 26.8.1976 – 2 AZR 377/75, AP Nr. 68 zu § 626 BGB. | 12 BAG v. 15.3.1990 – 2 AZR 484/89, nv. | 13 BAG v. 18.1.1996 – 6 AZR 314/95, AP Nr. 25 zu § 242 BGB – Auskunftspflicht. | 14 BAG v. 3.12.1970 – 2 AZR 110/70, AP Nr. 60 zu § 626 BGB; v. 26.8.1976 – 2 AZR 377/75, AP Nr. 68 zu § 626 BGB. | 15 BAG v. 21.9.1999 – 9 AZR 759/98, AP Nr. 6 zu § 611 BGB – Nebentätigkeit. | 16 BAG v. 26.6.2001 – 9 AZR 343/00, NZA 2002, 98. | 17 BAG v. 28.2.2002 – 6 AZR 357/01, AP Nr. 1 zu § 5 AVR Caritasverband. | 18 BAG v. 24.6.1999 – 6 AZR 605/97, AP Nr. 5 zu § 611 BGB – Nebentätigkeit (*Wank*). | 19 BAG v. 3.12.1970 – 2 AZR 110/70, AP Nr. 60 zu § 626 BGB; v. 26.8.1976 – 2 AZR 377/75, AP Nr. 68 zu § 626 BGB; für Betriebsvereinbarungen BAG v. 15.3.1990 – 2 AZR 484/89, nv. | 20 BAG v. 28.5.2002 – 1 ABR 32/01, NZA 2003, 166 ff. | 21 LAG Berlin v. 25.1.1988 – 9 Sa 108/87, LAGE § 4 ArbGG 1979 Nr. 18; BAG v. 20.5.1988 – 2 AZN 153/88, nv. | 22 BAG v. 3.12.1970 – 2 AZR 110/70, AP Nr. 60 zu § 626 BGB; v. 26.8.1976 – 2 AZR 377/75, AP Nr. 68 zu § 626 BGB; LAG BW v. 8.5.1970 – 4 Sa 15/70, DB 1970, 2452. | 23 St. Rspr. seit BAG v. 5.12.1957 – 1 AZR 594/56, AP Nr. 2 zu § 123 BGB. | 24 BAG v. 15.1.1970 – 2 AZR 64/69, AP Nr. 7 zu § 1 KSchG – Verhaltensbedingte Kündigung (*Herschel*).

nung des Bewerbers für die geschuldete Tätigkeit kann es je nach den Umständen (zB Einstellung in den Polizeivollzugsdienst) zulässig sein, dass der ArbGeb den Bewerber auch nach **laufenden Ermittlungsverfahren** fragt bzw. verpflichtet, während eines längeren Bewerbungsverfahrens anhängig werdende einschlägige Ermittlungsverfahren nachträglich mitzuteilen. Die wahrheitswidrige Beantwortung einer danach zulässigen Frage nach Vorstrafen und laufenden Ermittlungsverfahren bzw. die pflichtwidrige Unterlassung der nachträglichen Mitteilung eines Ermittlungsverfahrens rechtfertigen unter den Voraussetzungen der §§ 123, 124 BGB die Anfechtung des Arbeitsvertrages[1]. Fragen nach einer früheren Tätigkeit für das **Ministerium für Staatssicherheit** der ehemaligen DDR (MfS) im Personalfragebogen und im Antrag auf Anerkennung von Vordienstzeiten sind zulässig und wahrheitsgemäß zu beantworten[2]. Eine vorsätzliche Falschbeantwortung der Frage bewirkt eine konkrete Störung des Arbeitsverhältnisses im Vertrauensbereich[3], rechtfertigt für sich aber nicht ohne weiteres eine Kündigung. Entscheidend sind die Umstände des Einzelfalles, insb. wie lange die Tätigkeit zurückliegt und wie schwerwiegend sie war[4]. Vgl. zur Offenbarungspflicht auch § 611 BGB Rz. 11.

238 • **Rauchverbot.** Verstößt ein ArbN trotz wiederholter Abmahnungen erneut gegen ein im Betrieb zwingend vorgeschriebenes Rauchverbot, kann eine Kündigung auch bei langjähriger Betriebszugehörigkeit sozial gerechtfertigt sein[5].

239 • **Schlechtleistung, Minderleistung.** Das Maß der vom ArbN geschuldeten **Arbeitskraft** bestimmt sich im Hinblick auf § 613 BGB und das Fehlen von Gewährleistungsregeln nach seiner individuellen Leistungsfähigkeit[6]. Er ist verpflichtet, innerhalb der vereinbarten Arbeitszeit die Leistung zu erbringen, die er bei normaler Anspannung seiner Fähigkeiten auf Dauer ohne gesundheitliche Schäden verrichten kann. Erbringt ein ArbN diese Leistung, verletzt er auch dann nicht seine Arbeitspflicht, wenn die Leistung hinter der betriebl. **Durchschnittsleistung** zurückbleibt. Eine Kündigung wegen schuldhafter Minderleistung setzt die Feststellung voraus, dass der ArbN hinter seiner individuellen Normalleistung zurückbleibt. Bleibt die Leistung längerfristig erheblich hinter der betriebl. Durchschnittsleistung zurück, liegt darin ein Indiz für vertragswidrige Minderleistung. Legt der ArbGeb dies im Prozess dar, so muss der ArbN erläutern, warum er trotz unterdurchschnittlicher Leistungen seine Leistungsfähigkeit ausschöpft[7]. Nach hM schuldet der ArbN keine Arbeitsleistung „mittlerer Art und Güte" (§ 243 I BGB). Bleibt er aber auch bei gehöriger Anspannung seiner individuellen Kräfte erheblich hinter einem objektiv zu erwartenden „**Normalmaß**" zurück, so kann dies auf einem Eignungsmangel beruhen, der eine personenbedingte Kündigung rechtfertigen kann[8]. Für die Feststellung verminderter Leistungsfähigkeit genügt nicht allein der Hinweis auf eine im Verhältnis zu den übrigen ArbN unterdurchschnittliche Leistung. Denn in einer sehr guten Gruppe ist schon der gute ArbN unterdurchschnittlich[9]. Wegen der schwierigen Abgrenzung zwischen verhaltens- und personenbedingten Sachverhalten ist dem ArbN idR mit einer **Abmahnung** ausreichend Gelegenheit zu geben, seine Leistung anzupassen[10]. Im Rahmen der Interessenabwägung ist zu Gunsten des ArbN zu berücksichtigen, wenn er nach jahrelanger ordnungsgemäßer Arbeitsleistung altersbedingt zurückstecken muss (vgl. Rz. 123). Vgl. zu Umfang und Güte der geschuldeten Arbeitsleistung auch § 611 BGB Rz. 299 ff.

240 **Schuldhafte Schlechtleistungen**, die Schäden beim ArbGeb verursachen, können idR erst nach Abmahnung eine ordentl. Kündigung rechtfertigen. Das gilt auch bei fahrlässig verursachten großen Schäden[11]. Hier wird es jedoch entscheidend auf den Verschuldensgrad ankommen. Wiederholte hohe Mankobeträge, die ein ArbN fahrlässig verursacht, können nach Abmahnung eine ordentl. Kündigung rechtfertigen[12]. Bei vorsätzlicher Schadenszufügung ist idR die außerordentl. Kündigung ohne vorherige Abmahnung gerechtfertigt[13]. Bei leitenden Angestellten oder besonders **verantwortungsvoller Tätigkeit** (Pilot, Chirurg) kann allerdings auch ohne einen Schadenseintritt ein einmaliges Versagen eine Kündigung rechtfertigen, wenn dieses berechtigte Zweifel an der Eignung des ArbN für die verantwortungsvolle Tätigkeit begründet[14]. Die Kündigung eines Lehrers, der im Schulunterricht menschenverachtende Witze über den Holocaust erzählt, bedarf auch als verhaltensbedingte idR keiner vorherigen Abmahnung[15].

---

1 BAG v. 20.5.1999 – 2 AZR 320/98, AP Nr. 50 zu § 123 BGB. | **2** BVerfG v. 8.7.1997 – 1 BvR 2111/94 ua., AP Nr. 39 zu Art. 2 GG; BAG v. 26.8.1993 – 8 AZR 561/92, AP Nr. 8 zu Art. 20 Einigungsvertrag. | **3** BAG v. 20.8.1998 – 2 AZR 736/97, ZTR 1998, 565. | **4** BAG v. 4.12.1997 – 2 AZR 750/96, NZA 1998, 474; v. 18.10.2000 – 2 AZR 369/99, nv. | **5** LAG Düsseldorf v. 17.6.1997 – 16 Sa 346/97, LAGE § 1 KSchG – Verhaltensbedingte Kündigung Nr. 58 (hier: Frischfleischverarbeitungsbetrieb). | **6** BAG v. 17.3.1988 – 2 AZR 576/87, AP Nr. 99 zu § 626 BGB. | **7** BAG v. 17.1.2008 – 2 AZR 536/06, PM; v. 11.12.2003 – 2 AZR 667/02, NJW 2004, 784; v. 21.5.1992 – 2 AZR 551/91, BB 1992, 2079 (gutachterlich tätiger Arzt mit nur halb so vielen Gutachten wie seine Kollegen bei absteigender Tendenz). | **8** BAG v. 26.9.1991 – 2 AZR 132/91, AP Nr. 28 zu § 1 KSchG 1969 – Krankheit (2/3 der Normalleistung). | **9** BAG v. 22.7.1982 – 2 AZR 30/81, AP Nr. 5 zu § 1 KSchG 1969 – Verhaltensbedingte Kündigung. | **10** BAG v. 27.9.1976 – 3 AZR 50/75, DB 1976, 2356. | **11** LAG Köln v. 2.7.1987 – 3/7 Sa 113/87, LAGE § 626 BGB Nr. 32. | **12** BAG v. 17.4.1956 – 2 AZR 340/55, AP Nr. 8 zu § 626 BGB. | **13** LAG Sachs. v. 25.6.1996 – 9 Sa 257/96, LAGE § 626 BGB Nr. 102 (Vertriebsmitarbeiter, der die eigenen Produkte gegenüber einem Kunden kritisiert, ein Konkurrenzprodukt empfiehlt und den Kontakt zum Konkurrenzunternehmen herstellt). | **14** LAG Berlin v. 11.6.1990 – 9 Sa 30/90, LAGE § 626 BGB Nr. 46. | **15** BAG v. 5.11.1992 – 2 AZR 287/92, AuR 1993, 124 ff. (die Frage der pädagogischen Eignung hat das BAG offen gelassen).

• **Schulden.** Die privaten finanziellen Verhältnisse des ArbN können grds. eine verhaltensbedingte Kündigung nicht rechtfertigen. Bei einem Angestellten in **besonderer Vertrauensstellung**, der über erhebliche Vermögenswerte disponieren kann, kommt im Falle völliger Überschuldung eine personenbedingte Kündigung in Betracht[1]. Führen die privaten finanziellen Verhältnisse des ArbN zu **zahlreichen Lohnpfändungen** durch seine Gläubiger, so kann dies nur in ganz seltenen Ausnahmefällen eine Kündigung rechtfertigen, etwa wenn die Pfändungen zu nachhaltigen und wesentlichen Störungen im Verwaltungsablauf des ArbGeb als Drittschuldner führen, die nicht länger hinzunehmen sind. Weitere Voraussetzung ist nach richtiger Auffassung eine vorausgegangene Abmahnung[2] (vgl. auch Rz. 182). 241

• **Sexuelle Belästigung.** Sie gehört gem. § 3 IV AGG zu den verbotenen Benachteiligungen wegen des Geschlechts. Betroffen ist jedes **vorsätzliche, sexuell bestimmte Verhalten**, das die Würde von Beschäftigten am Arbeitsplatz verletzt. Dazu gehören neben strafbaren Handlungen sexuelle Handlungen und Aufforderungen dazu, sexuell bestimmte körperliche Berührungen, Bemerkungen sexuellen Inhalts sowie das Zeigen und sichtbare Anbringen von pornografischen Darstellungen, die von den Betroffenen erkennbar abgelehnt werden (§ 3 IV AGG). Die erkennbare Ablehnung muss nach außen in Erscheinung getreten sein[3]. Sexuelle Belästigungen im Betrieb verletzen arbeitsvertragl. Pflichten. Der ArbGeb ist gem. § 12 AGG seinerseits verpflichtet, darauf angemessen, dh. unter Beachtung des **Verhältnismäßigkeitsgrundsatzes** zu reagieren. Sein Kündigungsrecht wird hierdurch nicht erweitert[4]. Es kann je nach den Umständen eine ordentl. oder außerordentl. Kündigung gerechtfertigt sein. In leichteren Fällen wird zunächst eine Abmahnung erfolgen müssen, ggf. eine Versetzung auf einen anderen Arbeitsplatz (§ 12 III AGG). Maßgeblich ist die **Intensität der Belästigung**, ggf. ihre Häufigkeit und die Reaktion der Betroffenen. Eine massive Belästigung dürfte auch bei einmaligem Vorfall eine Kündigung rechtfertigen[5]. Sexuelle Belästigungen von Auszubildenden durch den Ausbilder wiegen besonders schwer[6]. Der BR kann gem. § 98 II BetrVG die Abberufung des Ausbilders verlangen und gem. Abs. 5 gerichtlich durchsetzen. Die Abberufung ist von der Kündigung zu unterscheiden. Die Betroffenen haben das Recht, sich zu **beschweren**, ohne dass ihnen hieraus Nachteile entstehen dürfen. Die wahrheitswidrige Behauptung einer sexuellen Belästigung durch einen Vorgesetzten kann jedoch ihrerseits eine Kündigung rechtfertigen; das setzt voraus, dass die Wahrheitswidrigkeit vom ArbGeb bewiesen wird[7]. 242

• **Straftaten.** Straftaten **innerhalb des Arbeitsverhältnisses** rechtfertigen regelmäßig auch ohne Abmahnung eine außerordentl. oder ordentl. Kündigung. Dies gilt sowohl für Straftaten gegen den ArbGeb als auch gegen Kollegen oder Vertragspartner des ArbGeb[8]. Denn in allen Fällen werden Vertragspflichten gegenüber dem ArbGeb verletzt. Dies kann im Einzelfall auch bei einer Straftat gegenüber einem Konzernunternehmen der Fall sein, wenn gegenüber diesem Unternehmen besondere Interessenwahrungs- und Rücksichtnahmepflichten begründet worden waren (vgl. Rz. 226). Insb. **Vermögensdelikte** zu Lasten des ArbGeb rechtfertigen idR ohne vorherige Abmahnung die außerordentl. Kündigung. Das gilt grds. auch für die Entwendung oder Unterschlagung nur geringwertiger Sachen. Einen „Freibrief" für Vermögensdelikte bis zu einer bestimmten Höchstgrenze erkennt die Rspr. grds. nicht an[9]. Hiervon abgesehen ist jedoch bei **Bagatelldelikten** durchaus der Einzelfall zu würdigen: Es ist zu unterscheiden, ob die Straftat starken kriminellen Einschlag hat oder sonst eindeutig und grob vertragswidrig war (Griff in die Kasse), oder ob es sich um einen Gelegenheitsübertritt handelte, bei dem nach Ausspruch einer Abmahnung durchaus mit der Wiederherstellung des Vertrauens gerechnet werden kann. Bei einer Buffetkraft in einem großen Kaufhaus, die erstmalig bei unberechtigtem Verzehr eines Stückes **Bienenstichs** im Wert von 1 DM erwischt wurde, hat das BAG die Kündigung ohne vorherige Abmahnung für möglich gehalten und den Rechtsstreit zur Durchführung einer Interessenabwägung an die Vorinstanz zurückverwiesen[10]. Nach den gesamten Umständen hatte das Verhalten aber keinen so eindeutig kriminellen oder grob vertragswidrigen Charakter, dass eine Abmahnung entbehrlich gewesen wäre[11]. Ebenso wenig ist eine verhaltensbedingte Kündigung gerechtfertigt, wenn eine Krankenschwester aus dem Medikamentenschrank des Krankenhauses zehn Tabletten eines Beruhigungsmittels entwendet und anschließend damit einen Suizidversuch unternimmt[12]. 243

---

1 BAG v. 29.8.1980 – 7 AZR 726/77, nv. |2 AA BAG v. 4.11.1981 – 7 AZR 264/77, BB 1982, 556; wie hier *v. Hoyningen-Huene/Linck*, § 1 KSchG Rz. 343 ff. mwN. |3 BAG v. 25.3.2004 – 2 AZR 341/03, AP Nr. 189 zu § 626 BGB. |4 BAG v. 8.6.2000 – 2 ABR 1/00, EzA § 15 KSchG nF Nr. 50. |5 LAG Hamm v. 22.10.1996 – 6 Sa 730/96, DB 1997, 482; LAG Hess. v. 20.8.1995 – 3 Sa 636/94, nv. (Griff an die Brust); LAG Hamm v. 10.3.1999 – 18 Sa 2328/98, NZA-RR 1999, 623 ff. (Aufforderung zu sexuellen Handlungen iVm. Drohbriefen an die Privatanschrift). |6 BAG v. 9.1.1986 – 2 AZR 24/85, AP Nr. 20 zu § 626 BGB – Ausschlussfrist. |7 LAG Rh.-Pf. v. 16.2.1996 – 10 Sa 1090/95, NZA-RR 1997, 169. |8 BAG v. 17.5.1984 – 2 AZR 3/83, DB 1984, 2702; LAG Nürnberg v. 29.8.1985 – 1 Sa 4/85, LAGE § 626 BGB Nr. 24. |9 BAG v. 17.5.1984 – 2 AZR 3/83, DB 1984, 2702; LAG Nürnberg v. 29.8.1985 – 1 Sa 4/85, LAGE § 626 BGB Nr. 24; BAG v. 11.12.2003 – 2 AZR 36/03, AP Nr. 179 zu § 626 BGB (Diebstahl abgeschriebener Ware). |10 BAG v. 17.5.1984 – 2 AZR 3/83, DB 1984, 2702; LAG Nürnberg v. 29.8.1985 – 1 Sa 4/85, LAGE § 626 BGB Nr. 24. |11 Zur Frage einer Abmahnung bei Diebstahl abgeschriebener Ware durch eine Verkäuferin BAG v. 11.12.2003 – 2 AZR 36/03, AP Nr. 179 zu § 626 BGB; zur Hinzuziehung einer postfremden Person zur Postzustellung (§ 206 StGB) vgl. LAG Sa.-Anh. v. 17.7.2007 – 8 TaBV 4/07. |12 LAG Sa.-Anh. v. 14.1.2003 – 8 Sa 341/02.

244 Auch der gegen den ArbN gerichtete dringende **Verdacht** eines Eigentums- oder Vermögensdelikts zum Nachteil des ArbGeb ist an sich geeignet, eine außerordentl. Kündigung zu rechtfertigen. Dies gilt grds. auch bei geringwertigen Gegenständen. Erschwerend wirkt sich aus, wenn das Delikt unter Verletzung konkreter vertragl. Obhutspflichten verübt wird[1]. Vgl. näher zur Verdachtskündigung § 626 BGB Rz. 323 ff. Eine **heimliche Videoüberwachung**[2] ist ein Eingriff in das allgemeine Persönlichkeitsrecht des ArbN. Ein Beweisverwertungsverbot folgt daraus nicht, wenn der Verdacht konkret ist, weniger einschneidende Aufklärungsmittel ausgeschöpft sind und die Maßnahme insgesamt nicht unverhältnismäßig ist. Unter diesen Voraussetzungen steht auch die Missachtung des MitbestR des BR (§ 87 I Nr. 6 BetrVG)[3] der Verwertung jedenfalls dann nicht entgegen, wenn der BR der Verwendung des Beweismittels und der darauf gestützten Kündigung zustimmt[4]. In öffentlich zugänglichen Räumen ist bei einer – offenen oder verdeckten – Videoüberwachung § 6b BDSG zu beachten. Straftaten zu Lasten des ArbGeb begründen im Rahmen der **Interessenabwägung** ein so starkes Lösungsinteresse, dass individuelle Bestandsschutzinteressen des ArbN idR nur eine untergeordnete Bedeutung erlangen können[5]. Gleichwohl ist in die Interessenabwägung die Dauer der Betriebszugehörigkeit des ArbN auch dann einzubeziehen, wenn es um die Frage einer ordentl. statt einer außerordentl. Kündigung wegen Diebstahls zum Nachteil des ArbGeb geht[6].

245 Auch bei einem **Spesenbetrug** sind stets alle Umstände abzuwägen. Eine grob aufgerundete Kilometerangabe bei Abrechnung von Fahrtkosten etwa wird idR zunächst nur zu einer Abmahnung führen können. Das gilt jedenfalls dann, wenn der ArbGeb eine derartige Abrechnungspraxis längere Zeit unbeanstandet hingenommen hat. Schwerer wiegt es, wenn Spesen insgesamt vorgetäuscht werden, die gar nicht entstanden sind. Hier kann bei einem ArbN in besonderer Vertrauensstellung eine sofortige fristlose Entlassung ohne Abmahnung gerechtfertigt sein[7]. Umgekehrt kann bei einem langjährig beanstandungsfrei beschäftigten ArbN die Kündigung wegen Spesenbetrugs unwirksam sein, wenn dieser den einmaligen Verstoß zugegeben und den Schaden wieder gutgemacht hat und aus seinem gesamten Verhalten hervorgeht, dass eine weitere Verfehlung nicht wieder vorkommen wird[8]. Der Missbrauch von **Stempeluhren** zur Erlangung eines unberechtigten Arbeitszeitguthabens stellt einen schweren Verstoß gegen die Vertragspflichten und idR auch einen Betrugsversuch dar. Wer die Stempeluhr von einem Arbeitskollegen bedienen lässt, um den ArbGeb über den Umfang seiner tatsächlich erbrachten Arbeitsleistung zu täuschen, kann idR fristlos entlassen werden[9]. Wer Zeitangaben auf der Stempelkarte verändert, um zusätzliche Arbeitszeit vorzutäuschen, begeht ein Urkundsdelikt und setzt sich regelmäßig einer fristlosen Entlassung ohne vorherige Abmahnung aus[10]. Entsprechendes gilt für den Missbrauch sonstiger Zeiterfassungseinrichtungen[11].

246 Straftaten **außerhalb des Arbeitsverhältnisses** stellen im Allgemeinen keine Vertragspflichtverletzung dar, sofern sie nicht in besonderer Weise nachteilig auf die Interessen des ArbGeb einwirken. Sie können jedoch als personenbedingter Kündigungsgrund Bedeutung gewinnen. So können bei leitenden Angestellten oder sonstigen ArbN in besonderer Vertrauensstellung außerdienstl. Straftaten je nach den Umständen die Eignung des ArbN in Frage stellen. Nach § 25 JArbSchG etwa dürfen mit der Beaufsichtigung Jugendlicher solche Personen nicht beschäftigt werden, die wegen bestimmter Straftaten verurteilt worden sind. Lehrer und Erzieher, die wegen Körperverletzungs- oder Sittlichkeitsdelikten verurteilt worden sind, können entlassen werden[12]. Zu den Anforderungen im öffentl. Dienst vgl. Rz. 227.

247 • **Telefonieren und Internet.** Deklariert der ArbN **private Telefongespräche** auf einer digitalen Telefonnebenstellenanlage entgegen betriebl. Regelung fälschlich durch Vorwahl bestimmter Ziffern als vom ArbGeb zu zahlende Dienstgespräche, so liegt darin eine Vertragspflichtverletzung, die den Vertrauensbereich, also Loyalität und Ehrlichkeit des ArbN berührt. Dieses Verhalten ist an sich geeignet, eine – auch außerordentl. – Kündigung zu begründen. Im Rahmen der umfassenden Interessenabwägung wird es entscheidend auf das Ausmaß der Verfehlung sowie auch auf die Dauer der Betriebszugehörigkeit ankommen[13]. Gelegentliche Falschdeklarierungen machen eine **Abmahnung** auch dann nicht in jedem Fall entbehrlich, wenn sie nicht auf Versehen beruhen[14]. Das gilt auch für übermäßige Nutzung grds. gestatteter Privatgespräche über den Dienstapparat. Eine **rechtswidrige Kontrolle** der Telefonkommunikation am Arbeitsplatz kann zu einem Verwertungsverbot im Rechtsstreit führen[15]. Die **private Inter-**

1 BAG v. 12.8.1999 – 2 AZR 923/98, AP Nr. 28 zu § 626 BGB – Verdacht strafbarer Handlungen. | 2 Vgl. dazu *Grimm/Brock/Windeln*, ArbRB 2006, 179. | 3 BAG v. 29.6.2004 – 1 ABR 21/03, NZA 2004, 1278. | 4 BAG v. 27.3.2003 – 2 AZR 51/02, NZA 2003, 1193. | 5 BAG v. 25.4.1991 – 2 AZR 624/90, AP Nr. 104 zu § 626 BGB; KR/*Fischermeier*, § 626 BGB Rz. 242 ff. mwN. | 6 BAG v. 13.12.1984 – 2 AZR 454/83, AP Nr. 81 zu § 626 BGB (Entwendung von 20 l Dieselkraftstoff durch Bauarbeiter nach 13-jähriger, unbeanstandeter Betriebszugehörigkeit); v. 27.3.2003 – 2 AZR 51/02, NZA 2003, 1193 (Wegnahme abgeschriebener Ware). | 7 BAG v. 2.6.1960 – 2 AZR 91/58, DB 1960, 1012. | 8 LAG Hess. v. 5.7.1988 – 5 Sa 585/88, BB 1988, 2178. | 9 BAG v. 27.1.1977 – 2 ABR 77/76, DB 1977, 869; v. 24.11.2005 – 2 AZR 39/05, NJW 2006, 1545; zu einem Ausnahmefall ohne die Absicht zur Erlangung eines rechtswidrigen Vermögensvorteils vgl. LAG Sa.-Anh. v. 11.3.1997 – 8 Sa 723/96, nv. | 10 LAG Hamm v. 20.2.1986 – 4 Sa 1288/85, DB 1986, 1338. | 11 BAG v. 13.8.1987 – 2 AZR 629/86, nv.; v. 12.8.1999 – 2 AZR 832/98, AP Nr. 51 zu § 123 BGB. | 12 LAG Berlin v. 15.12.1989 – 2 Sa 29/89, BB 1990, 286. | 13 LAG Sa.-Anh. v. 23.11.1999 – 8 TaBV 6/99, LAGE § 103 BetrVG Nr. 15; LAG Köln v. 4.11.1999 – 6 Sa 493/99, nv. | 14 LAG Nds. 13.1.1998 – 13 Sa 1235/97, BB 1998, 1112. | 15 Vgl. näher *Mengel*, BB 2004, 1445 (1451 f.).

netnutzung eines dienstl. Anschlusses kann folgende Vertragspflichten verletzen: Unberechtigte Inanspruchnahme von Betriebsmitteln, insbesondere wenn sie Kosten auslöst; Versäumung der Arbeitspflicht während der Arbeitszeit; Gefährdung des betriebl. Datensystems durch unbefugten „Download" erheblicher Datenmengen; Rufschädigung des Arbeitgebers durch – grds. rückverfolgbaren – Besuch von Internetseiten mit pornografischem oder gesetzwidrigem Inhalt[1]. Die unbefugte Installation einer Anonymisierungssoftware auf dem dienstl. Rechner stellt eine erhebliche Pflichtverletzung dar und kann eine Kündigung ohne vorherige Abmahnung rechtfertigen[2]. Die private Intenetnutzung entgegen einem ausdrücklichen Verbot kann – ggf. nach Abmahnung – ebenfalls eine Kündigung rechtfertigen[3]. War die private Nutzung genehmigt oder über einen längeren Zeitraum hinweg widerspruchslos geduldet worden, wird nur eine exzessive Nutzung Vertragspflichten verletzen. Eine Abmahnung ist hier nur ausnahmsw. entbehrlich[4], wohl aber bei exzessiver Nutzung und gleichzeitigem Herunterladen pornografischer Dateien[5]. Eine Genehmigung ist vom ArbN substantiiert darzulegen, sodann hat der ArbGeb ihr Fehlen zu beweisen (abgestufte Darlegungs- und Beweislast). Lädt ein ArbN während der Arbeitszeit **pornographisches Bildmaterial** aus dem Internet, das er auf Datenträgern des ArbGeb speichert, und nutzt er den Internetzugang zum Einrichten einer Web-Page sexuellen Inhalts, rechtfertigt dies ohne vorherige Abmahnung eine außerordentl. Kündigung[6]. Eine **rechtswidrige Kontrolle** der Telekommunikation am Arbeitsplatz kann zu einem Verwertungsverbot im Rechtsstreit führen[7].

● **Treuepflicht.** Der ArbN hat die **berechtigten Interessen des ArbGeb** so zu wahren, wie dies von ihm 248
unter Berücksichtigung seiner Stellung im Betrieb, seiner eigenen Interessen und der Interessen der anderen ArbN des Betriebes nach Treu und Glauben billigerweise verlangt werden kann. Hieraus folgt eine Reihe von Einzelpflichten, deren Verletzung kündigungsrechtl. Folgen haben kann. Der ArbN ist verpflichtet, **Betriebs- und Geschäftsgeheimnisse** zu wahren, an deren Geheimhaltung ein berechtigtes betriebl. Interesse besteht[8]. Die Verletzung dieser Pflicht während der Dauer des Arbeitsverhältnisses ist nach Maßgabe des § 17 UWG strafbewehrt. BR-Mitglieder unterliegen zusätzlich der besonderen Schweigepflicht aus § 79 BetrVG. Betriebs- oder Geschäftsgeheimnis ist jede im Zusammenhang mit einem Betrieb stehende Tatsache, die nicht offenkundig, sondern nur einem eng begrenzten Personenkreis bekannt ist und nach dem Willen des Betriebsinhabers auf Grund eines **berechtigten wirtschaftl. Interesses** geheim gehalten werden soll[9]. Die Verletzung der Schweigepflicht kann je nach den Umständen eine ordentl. oder außerordentl. Kündigung rechtfertigen[10]. **Geschäftsschädigendes Verhalten**, insb. kreditgefährdende Äußerungen, die ohne berechtigtes Eigeninteresse oder gar wahrheitswidrig in Schädigungsabsicht gegenüber Dritten getätigt werden, berechtigten regelmäßig zur außerordentl. Kündigung[11]. Ein Vertriebsmitarbeiter, der die eigenen Produkte gegenüber einem Kunden kritisiert, ein Konkurrenzprodukt empfiehlt und den Kontakt zum Konkurrenzunternehmen herstellt, kann uU ohne Abmahnung fristlos entlassen werden[12]. Vgl. zur Treuepflicht auch § 611 BGB Rz. 347 ff.

Während des Arbeitsverhältnisses ist der ArbN gem. § 60 HGB, § 113 GewO verpflichtet, jeglichen 249
Wettbewerb zu Lasten seines ArbGeb zu unterlassen[13]. Bei Zuwiderhandlung kann eine fristlose Kündigung gerechtfertigt sein[14]. Untersagt ist sowohl eigener Wettbewerb[15] als auch Unterstützung fremden Wettbewerbs[16]; auch die Beteiligung am Unternehmen eines Wettbewerbers kann uU gegen das Wettbewerbsverbot verstoßen[17]. Bloße **Vorbereitungshandlungen** für die Aufnahme des Geschäftsbetriebes wie Anmietung von Geschäftsräumen, Begründung von Arbeitsverhältnissen etc. fallen noch nicht unter das Wettbewerbsverbot[18]. Der ArbN darf aber nicht bei den Kunden des ArbGeb „vorfühlen" oder auf Arbeitskollegen ernsthaft einwirken, um sie abzuwerben. Beides kann idR eine außerordentl. Kündigung ohne vorherige Abmahnung rechtfertigen. Die **Abwerbung** von Kollegen rechtfertigt allerdings nur unter besonderen Umständen die außerordentl. oder ordentl. verhaltensbedingte Kündigung des abwerbenden ArbN. Zum Begriff der Abwerbung gehört, dass auf den ArbN mit einer gewissen Ernsthaftigkeit und Beharrlichkeit eingewirkt wird mit dem Ziel, ihn zur Aufgabe des einen zwecks Begründung eines neuen Arbeitsverhältnisses zu bewegen. Das gemeins. Pläneschmieden von ArbN, von denen der eine sich selbständig machen will unter Einbeziehung von Kollegen, stellt im Lichte von Art. 2, 5 I u. XII GG

---

1 BAG v. 31.5.2007 – 2 AZR 200/06, NZA 2007, 922. |2 BAG v. 12.1.2006 – 2 AZR 179/05, ZTR 2006, 559. |3 Übersicht bei *Kramer*, NZA 2004, 457 ff.; *Hanau/Hoeren*, Private Internetnutzung durch Arbeitnehmer, 2003, S. 28 ff. |4 ArbG Wesel v. 21.3.2001 – 5 Ca 4021/00, NZA 2001, 786 (Nutzungsdauer von 80–100 Stunden innerhalb eines Jahres); ArbG Hannover v. 1.12.2000 – 1 Ca 504/00 B, NZA 2001, 1022; *Ernst*, NZA 2002, 585 (590). |5 BAG v. 7.5.2005 – 2 AZR 581/04, NZA 2006, 98 |6 ArbG Hannover v. 1.12.2000 – 1 Ca 504/00 B, NZA 2001, 1022; zum Aufruf einer Internetseite mit pornographischem Inhalt am Arbeitsplatz: LAG Rh.-Pf. v. 18.12.2003 – 4 Sa 1288/03, BB 2004, 1682 (Kündigung nicht in jedem Fall gerechtfertigt); zu ca. 50-stündigem privaten Surfen vorrangig auf pornografischen Seiten durch den ordentl. nicht kündbaren Beschäftigten einer Bundesbehörde vgl. BAG v. 27.4.2006 – 2 AZR 386/05, DB 2006, 1849. |7 Vgl. näher *Mengel*, BB 2004, 1445 (1451 f.). |8 BAG v. 26.9.1990 – 2 AZR 602/89, nv. |9 BAG v. 26.2.1987 – 6 ABR 46/84, AP Nr. 2 zu § 79 BetrVG 1972 (*Teplitzky*). |10 BAG v. 4.4.1974 – 2 AZR 452/73, BB 1974, 739. |11 LAG BW v. 27.11.1967 – 4 Sa 107/67, DB 1968, 359, 491. |12 LAG Sachs. v. 25.6.1996 – 9 Sa 257/96, LAGE § 626 BGB Nr. 102. |13 BAG v. 17.10.1969 – 3 AZR 442/68, AP Nr. 7 zu § 611 BGB – Treuepflicht (*Canaris*). |14 BAG v. 6.8.1987 – 2 AZR 226/87, BB 1988, 487; v. 16.8.1990 – 2 AZR 113/90, NZA 1991, 141. |15 BAG v. 16.8.1990 – 2 AZR 113/90, NZA 1991, 141. |16 BAG v. 21.11.1996 – 2 AZR 852/95, EzA § 60 HGB Nr. 13; v. 23.4.1998 – 2 AZR 442/97, nv. |17 LAG Hess. v. 28.4.1998 – 9 Sa 2007/97, BB 1998, 1899 m. abl. Anm. *Hohmeister*. |18 BAG v. 31.1.1996 – 2 AZR 68/95, NZA 1996, 819.

nicht in jedem Fall eine Treuepflichtverletzung dar[1]. Anders liegt es bei der Abwerbung von Kunden. Während eines **Kündigungsschutzprozesses** besteht regelmäßig Unklarheit über den Fortbestand des Arbeitsverhältnisses und damit des Wettbewerbsverbotes. Erweist sich die Kündigung später als unwirksam, so wird ein etwaiger zwischenzeitlicher Wettbewerbsverstoß des ArbN nur dann Vertragspflichten verletzt haben, wenn dadurch in substanzielle Interessen des ArbGeb schädigend eingegriffen wurde. Die Berufung des ArbGeb auf einen bloßen formellen Wettbewerbsverstoß wäre angesichts seines eigenen Verhaltens (Kündigung) unzulässig[2].

250 Die Annahme von **Schmiergeld** kann grds. eine fristlose Kündigung rechtfertigen. Sie zerstört das Vertrauen in die Zuverlässigkeit und Redlichkeit des ArbN[3]. Das Schmiergeld dient dazu, das Verhalten des ArbN zu Gunsten des Dritten und zum Nachteil des ArbGeb zu beeinflussen. Es kommt nicht darauf an, ob der ArbN tatsächlich zum Schaden des ArbGeb gehandelt hat[4]. Wer zB für betriebl. Bestellungen zuständig ist und einen Lieferanten veranlasst, an ihn privat Ware im Wert von 300 DM ohne Bezahlung zu liefern, kann fristlos entlassen werden[5]. Der mehrfache Verstoß eines Angestellten im öffentl. Dienst gegen das Verbot, ohne Zustimmung des ArbGeb Belohnungen oder Geschenke in Bezug auf seine dienstl. Tätigkeit anzunehmen (§ 10 BAT, § 3 II TVöD), ist an sich geeignet, einen wichtigen Grund zur außerordentl. Kündigung darzustellen[6]. Das außerdienstl. Verhalten eines ArbN (Forderung und Kassierung einer „**Vermittlungsprovision**“ für die Einstellung eines ArbN), das weder zur konkreten Beeinträchtigung des Arbeitsverhältnisses noch zur „konkreten Gefährdung“ im Vertrauensbereich führt, soll dagegen nicht geeignet sein, einen Grund im Verhalten des ArbN zu bilden[7]. Keine Pflichtverletzung stellt die Annahme üblicher **Gelegenheitsgeschenke** dar, wobei die Abgrenzung zum Schmiergeld unter Berücksichtigung der Branchengepflogenheiten nach Treu und Glauben zu erfolgen hat (übliche Gelegenheitsgeschenke sind – je nach den Umständen – bspw. Taschenkalender, Kugelschreiber, Flasche Sekt etc.). Auch die **aktive Bestechung** eines potentiellen Kunden des ArbGeb kann uU eine Kündigung rechtfertigen. Sie erfolgt allerdings regelmäßig im Interesse des ArbGeb. Gleichwohl stellt sie eine Straftat gem. § 299 II StGB dar. Freilich ist stets zu prüfen, ob der ArbGeb das Handeln des ArbN, das in seinem Interesse erfolgte, nicht gekannt und geduldet hat.

251 ● **Unentschuldigtes Fehlen.** Unbefugtes Fernbleiben von der Arbeit kann – je nach den Umständen – eine ordentl. oder außerordentl. Kündigung rechtfertigen[8]. Eine **dreitägige unentschuldigte Fehlzeit** kann eine außerordentl. Kündigung nach sich ziehen. Kürzere Fehlzeiten, die einmalig auftreten und keine besonderen betriebl. Schwierigkeiten verursachen, bedürfen vor Ausspruch der Kündigung einer Abmahnung. Häufige **Unpünktlichkeit** kann nach mehrfacher Abmahnung eine ordentl. oder außerordentl. Kündigung rechtfertigen. Ebenso kann das Verlassen des Arbeitsplatzes vor Arbeitsende oder das Überziehen der Pausen nach – ggf. mehrfachen – vergeblichen Abmahnungen Grund für eine ordentl. Kündigung sein[9]. Für die **Prognose** künftiger Unpünktlichkeit kommt es auf die Umstände des Einzelfalls an, insb. die Ursache und Häufigkeit der bisherigen Verspätungen sowie die Anzahl der Abmahnungen[10]. Ob die Unpünktlichkeit eine betriebl. Störung verursacht hat, ist nur im Rahmen der Interessenabwägung von Bedeutung (vgl. Rz. 179) und jedenfalls dann unerheblich, wenn das Verhalten des ArbN schon als beharrliche Pflichtverletzung anzusehen ist[11]. Ein einschlägig abgemahnter ArbN wird gegen künftige Verspätungen erhöhte Vorsorge zu treffen haben[12].

252 ● **Unfallschutz.** Der Verstoß gegen Arbeitsschutzbestimmungen kann – je nach den Umständen – mit oder ohne Abmahnung eine ordentl. oder auch außerordentl. Kündigung rechtfertigen. Es kommt hier entscheidend darauf an, welche **Gefahr** bei einem Verstoß droht. Nicht maßgeblich ist, ob die Gefahr sich verwirklicht hat. Ein Verstoß gegen das Rauchverbot untertage dürfte wegen der besonderen Gefahr für eine Vielzahl von Bergleuten eine außerordentl. Kündigung ohne vorherige Abmahnung rechtfertigen[13]. Demgegenüber bedarf es grds. einer einschlägigen vorausgegangenen Abmahnung, wenn der ArbN entlassen werden soll, weil er vorschriftswidrig einen **Schutzhelm** nicht trägt. Insoweit dürfte auch eine sog. vorweggenommene Abmahnung am „Schwarzen Brett“, die sich an alle ArbN wendet, nicht die ausreichende Zuspitzung und Intensität haben, um eine Abmahnung bei einmaligem Verstoß entbehrlich zu machen (näher Rz. 192).

253 ● **Urlaub.** Der Urlaub ist stets **vom ArbGeb zu gewähren**. Weigert sich der ArbGeb rechtswidrig, den Urlaub zu gewähren, so kann sich der ArbN an den BR wenden (§§ 85, 87 I Nr. 5 BetrVG) oder er muss gerichtl. Hilfe in Anspruch nehmen (Klage, einstw. Verfügung). Ein Recht zur „Selbstbeurlaubung“ steht ihm nicht zu. Der **eigenmächtige Antritt** eines vom ArbGeb abgelehnten Urlaubs rechtfertigt idR

1 LAG Rh.-Pf. v. 7.2.1992 – 6 Sa 528/91, NZA 1993, 265 f. | 2 Vgl. hierzu aber BAG v. 25.4.1991 – 2 AZR 624/90, BB 1992, 72. | 3 LAG Düsseldorf v. 12.8.1980 – 8 Sa 235/80, LAGE § 626 Nr. 8. | 4 BAG v. 15.11.1995 – 2 AZR 974/94, AP Nr. 73 zu § 102 BetrVG 1972. | 5 LAG Schl.-Holst. v. 6.5.1996 – TaBV 14/96, LAGE § 626 BGB Nr. 5. | 6 BAG v. 15.11.2001 – 2 AZR 605/00, AP Nr. 175 zu § 626 BGB. | 7 BAG v. 24.9.1987 – 2 AZR 26/87, BB 1988, 1466; zu Recht krit. KR/*Fischermeier*, § 626 BGB Rz. 447 mwN. | 8 BAG v. 17.1.1991 – 2 AZR 375/90, DB 1991, 1637. | 9 BAG v. 23.9.1992 – 2 AZR 199/92, AP Nr. 44 zu § 1 KSchG – Verhaltensbedingte Kündigung. | 10 BAG v. 17.1.1991 – 2 AZR 375/90, BB 1991, 1051. | 11 BAG v. 17.1.1991 – 2 AZR 375/90, BB 1991, 1051. | 12 BAG v. 27.2.1997 – 2 AZR 302/96, NZA 1997, 761. | 13 Brandgefahr: LAG BW v. 23.10.1951 – I Sa 118/51, DB 1952, 232; LAG München v. 18.1.1961 – 5 Sa 233/60 N, BB 1961, 1325.

eine außerordentl. Kündigung ohne vorherige Abmahnung, wenn der ArbGeb den Urlaub zu Recht abgelehnt hat[1]. Eine rechtswidrige Ablehnung ist zu Gunsten des ArbN im Rahmen der Interessenabwägung zu berücksichtigen, so dass im Einzelfall eine außerordentl. oder auch ordentl. Kündigung unbegründet sein kann[2]. Das Gleiche gilt, wenn der ArbN das Arbeitsverhältnis gekündigt hat und den Resturlaub in der Kündigungsfrist nehmen will, der ArbGeb jedoch ohne Gründe die Urlaubsgewährung verweigert. Im Kündigungsschutzprozess ist der **ArbGeb beweispflichtig** dafür, dass der Urlaub nicht genehmigt, sondern verweigert worden ist. Es gilt aber eine abgestufte Darlegungslast. Behauptet der ArbGeb unentschuldigtes Fehlen, muss der ArbN im Einzelnen die Urlaubsbewilligung darlegen; sodann hat der ArbGeb sie zu widerlegen. Auch die **eigenmächtige Überschreitung** des bewilligten Urlaubs ohne Rechtfertigungs- oder Entschuldigungsgrund (zB Fluglotsenstreik am Urlaubsort) kann eine außerordentl. Kündigung rechtfertigen. Dies hängt davon ab, ob die Überschreitung erheblich ist oder aus sonstigen Gründen eine beharrliche Arbeitsverweigerung darstellt[3]. Eine Überschreitung für ein bis zwei Tage wird nur unter solchen besonderen Umständen eine außerordentl. Kündigung ohne vorherige Abmahnung rechtfertigen. Bei **Erkrankung am Urlaubsort** werden die durch ärztliches Zeugnis nachgewiesenen Tage der Arbeitsunfähigkeit auf den Jahresurlaub nicht angerechnet (§ 9 BUrlG). Der bewilligte Urlaub verlängert sich dadurch allerdings nicht um die Krankheitstage. Vielmehr hat der ArbN nach Ablauf des Urlaubs- bzw. Krankheitszeitraums die Arbeit anzutreten oder ggf. eine Verlängerungsbewilligung einzuholen[4].

● **Verdacht.** Zum Verdacht als Kündigungsgrund s. Rz. 164 sowie eingehend § 626 BGB Rz. 323 ff. 254

VI. Betriebsbedingte Kündigung. 1. Überblick. Gem. § 1 II ist eine Kündigung auch sozial gerechtfertigt, wenn sie „durch **dringende betriebliche Erfordernisse**, die einer Weiterbeschäftigung des Arbeitnehmers in diesem Betrieb entgegenstehen, bedingt ist“. Es muss nicht nur eine Weiterbeschäftigung des ArbN im bisherigen Tätigkeitsbereich ausscheiden, sondern auch eine anderweitige Weiterbeschäftigung zu gleichen oder geänderten Bedingungen, ggf. nach zumutbaren Umschulungs- oder Fortbildungsmaßnahmen. Auch dann ist die Kündigung gem. § 1 III 1 noch sozial ungerechtfertigt und damit unwirksam, wenn nicht alle vergleichbaren ArbN gekündigt werden und der ArbGeb bei der Auswahl der zu Kündigenden soziale Gesichtspunkte nicht ausreichend beachtet hat (**Sozialauswahl**). Die betriebsbedingte Kündigung ist danach in **drei Schritten** zu prüfen: 255

(1) Kann der ArbN in seinem alten Tätigkeitsbereich nicht mehr weiterbeschäftigt werden?

(2) Besteht eine anderweitige freie Beschäftigungsmöglichkeit, auch zu geänderten Arbeitsbedingungen (ggf. nach Umschulung/Fortbildung)?

(3) Wenn die Zahl der vergleichbaren ArbN die Zahl der zu kündigenden übersteigt: Wem ist nach den Grundsätzen der Sozialauswahl zu kündigen?

Die betriebsbedingte Kündigung steht in besonderer Weise im Spannungsfeld **widerstreitender Grundrechtsinteressen**. Art. 12 GG schützt die „Unternehmerfreiheit“, dh. die freie Gründung und Führung von Unternehmen. Zugleich fällt in den Schutzbereich des Grundrechts auch das Bestandsschutzinteresse des ArbN, das einen wirksamen Mindestschutz gegen arbeitgeberseitige Kündigungen erfordert (vgl. Vor § 1 Rz. 7 ff.). Das Tatbestandsmerkmal „dringende betriebliche Erfordernisse“ und das Gebot der Sozialauswahl bezwecken den Ausgleich dieser Interessen. 256

2. Dringende betriebliche Erfordernisse. a) „Betriebliche“ Erfordernisse. aa) Sphäre des Arbeitgebers. 257
In **Abgrenzung** zu personen- und verhaltensbedingten Gründen aus der Sphäre des ArbN stammen betriebsbedingte Gründe aus der Sphäre des ArbGeb. Auch Gründe aus der Sphäre des ArbN haben „Betriebsbezug“, dh. sie rechtfertigen eine Kündigung idR erst, wenn sie sich störend auf den Betrieb auswirken. Maßgeblich für die Abgrenzung ist, in wessen Sphäre die Störung ihren Kern hat, wem sie also **bei wertender Betrachtung** zuzuordnen ist. In Grenzfällen bereitet die Zuordnung Probleme. Die Drohung der Belegschaft mit Arbeitsniederlegung und Abwanderung für den Fall, dass der ArbGeb nicht einen bestimmten ArbN entlässt, ist dem ArbN zuzurechnen, wenn er sie mit seiner Person oder seinem Verhalten veranlasst hat und dies bei wertender Betrachtung seiner Sphäre zuzuordnen ist (sog. unechte Druckkündigung[5]). Beruht die Drohung dagegen bspw. auf ausländerfeindlicher Gesinnung, kann ihr Ursprung nicht dem ausländischen ArbN, sondern nur den Kollegen zugerechnet werden (echte **Druckkündigung**). Dies fällt hier in die Sphäre des ArbGeb, da es seine Vertragspartner sind. Der ArbGeb muss alle Mittel – bis hin zur Entlassung – ausschöpfen, um sich schützend vor den betroffenen ArbN zu stellen. Eine Kündigung dieses ArbN verstieße gegen Art. 3 I 1 GG und § 75 I 1 BetrVG. Nur ganz ausnahmsw. wird der ArbGeb dem grundlosen Druck von dritter Seite nachgeben dürfen, um schwere Schäden vom Betrieb abzuwenden. Eine solche Kündigung fällt bei wertender Betrachtung in die betriebliche Sphäre des ArbGeb[6]. Erfolgt der Druck wegen eines verpönten Merkmals iSv. § 1 AGG,

---

1 BAG v. 20.1.1994 – 2 AZR 521/93, NZA 1994, 548. | 2 BAG v. 20.1.1994 – 2 AZR 521/93, NZA 1994, 548. | 3 LAG Düsseldorf v. 29.4.1981 – 22 Sa 82/81, LAGE § 626 BGB Nr. 12. | 4 LAG Schl.-Holst. v. 9.2.1988 – 1 Sa 814/87, LAGE § 626 BGB Nr. 36. | 5 Vgl. zur Abgrenzung *Deinert*, RdA 2007, 275 (277 ff.). | 6 BAG v. 19.6.1986 – 2 AZR 563/86, AP Nr. 33 zu § 1 KSchG 1969 – Betriebsbedingte Kündigung (*Gamillscheg*) (grundlose Zurückweisung eines Bauarbeiters auf libyscher Baustelle mit Boykottdrohung).

werden gem. §§ 138, 242, 826 BGB die Wertungen der zu Grunde liegenden EG-Richtlinien einschließlich der Beweislastverteilung zu beachten sein[1]. Dabei sind auch die dem ArbGeb in § 12 AGG auferlegten Schutzpflichten zu berücksichtigen. Vgl. zu weiteren Grenzfällen Rz. 68 ff. und Rz. 326.

258 **bb) Betriebsbezogenheit.** Nicht jeder Umstand aus der Sphäre des ArbGeb ist schon **betrieblicher Art**. Rein außerbetriebl. Gründe scheiden ebenso aus wie solche Gründe, die nur für einen Betriebsteil von Bedeutung sind, der ArbN etwa in einem anderen Betriebsteil weiterbeschäftigt werden kann. Auf die Verhältnisse einer Abteilung kommt es nicht an[2]. Umgekehrt fehlt allgemein arbeitsmarkt- und beschäftigungspolitischen Motiven der erforderliche Betriebsbezug, etwa wenn der ArbGeb an Stelle der eigenen ArbN arbeitslose Jugendliche oder Schwerbehinderte einstellen will[3]. Auch wirtschaftl. Faktoren wie gesamtwirtschaftl. oder branchenspezifische Lage, technische Entwicklung, Steueränderungen etc. sind erst kündigungsrelevant, wenn sie sich unmittelbar oder auf Grund einer Anpassung des unternehmerischen Konzepts konkret betrieblich auswirken.

259 Der Betriebsbegriff wird im gesamten KSchG einheitlich gebraucht. Der **Betrieb iSd. KSchG** ist idR identisch mit dem Betrieb iSv. § 1 BetrVG (vgl. zum Begriff näher dort). Abweichend stellt das BAG aber für den Betrieb iSd. KSchG entscheidend auf den einheitlichen organisatorischen Leitungsapparat für personelle und soziale Entscheidungen ab[4]. Die bundesweit verstreuten Filialen eines zentral gelenkten Unternehmens können so einen einheitlichen Betrieb iSd. KSchG bilden[5]. Die für den **Betrieb iSd. BetrVG** gem. § 4 S. 1 Nr. 1 BetrVG grds. wichtige räumliche Entfernung von anderen Betriebsstätten ist kündigungsschutzrechtl. allenfalls von untergeordneter Bedeutung. Bei einheitlicher Leitung besteht hier grds. nur ein Betrieb iSd. KSchG, so dass die Schließung einer Betriebsstätte auch für die ArbN der anderen Betriebsstätten mit eigenem BR ein „betriebliches" Erfordernis zur Kündigung darstellt (im Wege der Sozialauswahl, vgl. Rz. 336)[6]. Abweichende betriebsverfassungsrechtl. Strukturen iSv. § 3 BetrVG sowie betriebsverfassungsrechtl. verbindliche Entscheidungen über die Betriebsabgrenzung gem. § 18 II BetrVG sind für das KSchG grds. nicht maßgeblich[7]. Bilden mehrere rechtl. selbständige Unternehmen einen **gemeins. Betrieb** (§ 23 Rz. 6), sind für den Kündigungsschutz die Verhältnisse in dem gemeins. Betrieb maßgeblich. Solange dort eine Weiterbeschäftigungsmöglichkeit besteht, scheidet eine betriebsbedingte Kündigung aus. Unerheblich ist, ob diese Beschäftigungsmöglichkeit intern einem anderen ArbGeb zugeordnet ist (s. Rz. 277). Zur sozialen Auswahl in diesen Fällen vgl. Rz. 336.

260 **cc) Inner- und außerbetriebliche Ursachen.** Einer **klareren Erfassung** der betriebsbedingten Kündigungsgründe dient die Unterscheidung nach ihren Ursachen. Zu den außerbetriebl. Ursachen gehören zB Rohstoffmangel, Umsatz- oder Auftragsrückgang, zu den innerbetriebl. Ursachen dagegen gestaltende Maßnahmen des ArbGeb, wie etwa Fremdvergabe einer bislang betrieblich verrichteten Tätigkeit (zB Gebäudereinigung), Stilllegung des Betriebes oder Rationalisierung[8]. Eigentliches betriebl. Erfordernis für eine Kündigung ist in allen diesen Fällen der Personalüberhang mit seiner Kostenbelastung[9]. Doch schärft die Unterscheidung von inner- und außerbetriebl. Ursachen den Blick dafür, den Personalüberhang festzustellen. Nimmt etwa ein Kaufhaus den andauernden Rückgang des Umsatzes zum Anlass, die Lebensmittelabteilung zu schließen, ist der (außerbetriebl.) Umsatzrückgang nur **Motiv** für die Schließung der Abteilung. Für den Personalüberhang ist die Schließung selbst die entscheidende (innerbetriebl.) Ursache. Entschließt sich der ArbGeb dagegen nicht zur Änderung seines Konzepts (hier: Teilstilllegung), sondern zur Reduzierung des Personals entsprechend dem Umsatzrückgang, ergibt sich ein Personalüberhang ausschließlich durch die Auswirkung des (außerbetriebl.) Umsatzrückgangs auf den Personalbedarf; diese ist vom ArbGeb im Kündigungsschutzprozess im Einzelnen darzulegen[10]. In der Praxis **treffen** inner- und außerbetriebl. Umstände häufig **zusammen**, etwa wenn ein dauerhafter Umsatzrückgang die Beschäftigungsmöglichkeit für 1,5 ArbN entfallen lässt, der ArbGeb zwei ArbN kündigt und die verbleibende Arbeitsmenge innerbetrieblich neu verteilt (durch Leistungsverdichtung). Der Wegfall von zwei Arbeitsplätzen folgt hier erst aus dem Rückgang der Arbeitsmenge und der Neuverteilung der verbliebenen Arbeit. Der ArbGeb hat grds. beides im Einzelnen darzulegen und kann sich nicht lediglich auf eine „gestaltende" innerbetriebl. Entscheidung zum Abbau von zwei Arbeitsplätzen zurückziehen[11].

---

1 *Kamanabrou*, RdA 2007, 199 (201); zur Benachteiligung wegen ethnischer Herkunft auf Grund von Kundenwünschen vgl. EuGH-Vorlage Rs. C-54/07. |2 BAG v. 11.10.1989 – 2 AZR 61/89, DB 1990, 2024; v. 10.11.1994 – 2 AZR 242/94, NZA 1995, 566; v. 15.12.1994 – 2 AZR 327/94, NZA 1995, 521. |3 BAG v. 13.3.1987 – 7 AZR 724/85, NZA 1987, 629. |4 BAG v. 21.6.1995 – 2 AZR 693/94, AP Nr. 16 zu § 1 BetrVG 1972; v. 20.8.1998 – 2 AZR 84/98, BB 1999, 320; LAG Sa.-Anh. v. 11.1.2000 – 8 Sa 449/99, NZA-RR 2001, 81; Stahlhacke/*Preis*, Rz. 888; aA *Kania/Gilberg*, NZA 2000, 678 ff. |5 BAG v. 18.1.1990 – 2 AZR 355/89, DB 1991, 500; v. 29.5.1991 – 7 ABR 54/90, BB 1991, 2373. |6 BAG v. 3.6.2004 – 2 AZR 577/03, NZA 2005, 175; v. 26.6.1995 – 2 AZR 693/94, EzA § 23 KSchG Nr. 14; v. 20.8.1998 – 2 AZR 84/98, NZA 1999, 255; ähnlich auch LAG Sa.-Anh. v. 11.1.2000 – 8 Sa 449/99, nv.; zust. Stahlhacke/*Preis* Rz. 888; aA *Kania/Gilberg*, NZA 2000, 678 ff. |7 BAG v. 18.10.2006 – 2 AZR 434/05, DB 2007, 810 (Rz. 44). |8 St. Rspr., vgl. BAG v. 13.3.1987 – 7 AZR 724/85, BB 1987, 1320; v. 26.9.1996 – 2 AZR 200/96, BB 1997; v. 30.5.1985 – 2 AZR 321/84, NZA 1986, 155. |9 Vgl. *Quecke*, NZA 1999, 1247 ff. |10 BAG v. 15.6.1989 – 2 AZR 600/88, NZA 1990, 65; das BAG spricht hier irreführend von „selbstbindender Unternehmerentscheidung"; dazu kritisch HK/*Dorndorf*, § 1 KSchG Rz. 861. |11 BAG v. 17.6.1999 – 2 AZR 141/99, AP Nr. 101 zu § 1 KSchG 1969 – Betriebsbedingte Kündigung (*Ehmann*; *Krebber*); *Quecke*, NZA 1999, 1247 (1249); *Junker*, EWiR 1999, 1179.

dd) Die „eigentlichen" betrieblichen Erfordernisse. Bei der **Einteilung** betriebl. Erfordernisse sind auch Kündigungsgründe ins Auge zu fassen, die idR nur Anlass für eine Änderungskündigung geben. Auch sie bedürfen gem. § 2 S. 1 iVm. § 1 II eines „dringenden betrieblichen Erfordernisses". Der Wegfall des Beschäftigungsbedarfs ist der mit Abstand praktisch wichtigste betriebsbedingte Kündigungsgrund. Hinzu treten die Änderung des Beschäftigungsbedarfs sowie ausnahmsw. Gründe bei unverändertem Beschäftigungsbedarf. 261

(1) Wegfall des Beschäftigungsbedarfs. Der Wegfall des Beschäftigungsbedarfs führt zu einem Personalüberhang. Er bildet den **Hauptfall** eines betriebl. Erfordernisses[1]. Sein Abbau zielt auf Entlastung des Betriebes von Kosten für eine nicht benötigte Gegenleistung, da für den ArbN keine Arbeit vorhanden ist. Das Arbeitsverhältnis ist auf den Austausch von Leistungen gerichtet, mit dem Beschäftigungsbedarf ist seine Grundlage entfallen. Die Entlastung von solchen Kosten stellt daher stets ein betriebl. Erfordernis dar und in aller Regel auch ein dringendes (vgl. Rz. 285 ff.). Der **Personalüberhang** besteht in der Differenz zwischen Personalbestand und Personalbedarf. Der Personalbedarf bildet sich aus den Faktoren Arbeitsmenge und Arbeitsverteilung. Diese bestimmen zugleich über die sog. Arbeitsdichte (Arbeitsmenge pro Zeiteinheit pro Kopf). Ein Personalüberhang kann durch außerbetriebl. Gründe oder durch innerbetriebl. Maßnahmen des ArbGeb entstehen (vgl. Rz. 260). Durch den Überhang an Arbeitskräften entfällt unmittelbar oder mittelbar (über die Sozialauswahl) das Bedürfnis zur Weiterbeschäftigung eines oder mehrerer ArbN[2]. Dabei ist nicht auf einen „bestimmten räumlich fixierten Arbeitsplatz" abzustellen, weil Art und Ort der Tätigkeit eines ArbN oft wechseln und es wegen des Gebotes der sozialen Auswahl nach § 1 III KSchG bei mehreren vergleichbaren Arbeitsplätzen kündigungsrechtl. unerheblich ist, welcher bestimmte Arbeitsplatz entbehrlich geworden ist[3]. 262

(2) Änderung des Beschäftigungsbedarfs. Die Änderung des Beschäftigungsbedarfs führt wie sein ersatzloser Wegfall dazu, dass der ArbGeb bei unverändertem Fortbestehen des Arbeitsverhältnisses Entgelt für eine **nicht benötigte Leistung** zu zahlen hätte. Sein Arbeitsbedarf stimmt nicht mehr mit der vertragl. gebundenen Arbeitsleistung überein. Doch geht es nicht um eine Verringerung des Personalbedarfs, sondern um eine inhaltliche Änderung der benötigten Arbeitsleistung. Unterscheiden sich alte und neue Tätigkeiten nicht wesentlich, kann uU eine gesteigerte Verpflichtung des ArbGeb entstehen, dem ArbN die geänderte Tätigkeit auch bei Umwandlung in eine Beförderungsstelle anzubieten[4] (vgl. Rz. 276). Auch kann eine gesteigerte Verpflichtung zur Umschulung des betroffenen ArbN bestehen[5]. Die Änderung des Beschäftigungsbedarfs kann auf außerbetriebl. Gründen oder innerbetriebl. Maßnahmen des ArbGeb beruhen (vgl. Rz. 260). Sie kann hinsichtlich Art, Ort oder Zeit der Arbeitsleistung eintreten. 263

Die **Bedarfsänderung** muss von der Kündigung losgelöst, ihr sozusagen vorgelagert sein. Es kommt darauf an, das genau zu erfassen. In der bloßen Entscheidung für eine Kündigung oder einen anderen Vertragsinhalt liegt noch kein der Kündigung vorgelagerter Umstand, der den betriebl. Beschäftigungsbedarf ändert. Kündigt der ArbGeb etwa einer Vollzeitkraft unter gleichzeitigem Angebot einer Halbtagsstelle, weil er zukünftig nur noch **Halbtagskräfte** einsetzen und demgemäß noch eine weitere Halbtagskraft einstellen will, folgt daraus nicht ohne weiteres ein geänderter Beschäftigungsbedarf. Das BAG prüft hier, ob der ArbGeb eine freie unternehmerische „Organisationsentscheidung" getroffen hat, für bestimmte Arbeiten nur noch Halbtagskräfte vorzusehen[6]. Diese ist nur auf Willkür zu prüfen (vgl. Rz. 267). Eine gestaltende unternehmerische Maßnahme, die den Beschäftigungsbedarf ändert, ist zB anzunehmen, wenn die Halbtagskräfte gleichzeitig arbeiten sollen, etwa wegen des besonderen Geschäftsanfalls um diese Tageszeit. Ist Derartiges nicht der Fall, ist ein geänderter Bedarf und damit ein betriebl. Erfordernis nicht ersichtlich[7]. Vgl. auch § 2 Rz. 17. 264

(3) Betriebliche Erfordernisse bei unverändertem Beschäftigungsbedarf. Bei unverändertem Beschäftigungsbedarf können betriebl. Erfordernisse nur ausnahmsw. bestehen. Die ArbN werden hier unverändert für die vertragl. vereinbarten Tätigkeiten benötigt. Hauptfall ist die Änderungskündigung zur **Entgeltkürzung**. Ein (dringendes) betriebl. Erfordernis, das der Weiterbeschäftigung zu unveränderten Bedingungen entgegensteht und so die Entgeltkürzung bedingt, kann nicht in der bloßen Entlastung von Kosten liegen; diese ist der ArbGeb vertragl. eingegangen. Auch Gewinnverfall oder Verluste werden nicht genügen. Sie fallen idR in den alleinigen Risikobereich des ArbGeb. Vielmehr wird die Grundlage des Arbeitsverhältnisses, der betriebl. Beschäftigungsbedarf, bei unveränderter Fortsetzung des Arbeitsverhältnisses ernstlich bedroht sein müssen[8]. Vgl. näher § 2 Rz. 17. Unter ganz besonderen Umständen soll auch die eindeutig und ernsthaft erklärte Absicht eines ArbN, bei nächster Gelegenheit den Arbeitsplatz wechseln zu wollen (sog. **Abkehrwille**), trotz unverändertem (sogar dringendem) Beschäftigungsbedarf eine betriebsbedingte Kündigung rechtfertigen, so wenn der abkehrwillige ArbN 265

---

1 Vgl. etwa BAG v. 7.12.1978 – 2 AZR 155/77, BB 1980, 1103; v. 30.5.1985 – 2 AZR 321/84, DB 1986, 232. | 2 BAG v. 1.7.1976 – 2 AZR 322/75, BB 1976, 1416; v. 16.9.1982 – 2 AZR 271/80, DB 1983, 504. | 3 BAG v. 30.5.1985 – 2 AZR 321/84, DB 1986, 232. | 4 BAG v. 10.11.1994 – 2 AZR 242/94, NZA 1995, 566. | 5 BAG v. 7.5.1968 – 1 AZR 407/67, DB 1968, 1319 (Umschulung eines Piloten von Propeller- auf Düsenflugzeuge). | 6 BAG v. 22.4.2004 – 2 AZR 385/03, AP Nr. 74 zu § 2 KSchG 1969; v. 3.12.1998 – 2 AZR 341/98, BB 1999, 847. | 7 BAG v. 12.8.1999 – 2 AZR 12/99, NZA 2000, 30. | 8 BAG v. 12.11.1998 – 2 AZR 91/98, NZA 1999, 471; v. 12.1.2006 – 2 AZR 126/05, BB 2006, 1115.

eine hochspezialisierte oder sonst besonders qualifizierte, für den Betrieb wichtige Tätigkeit ausübt und auf dem Arbeitsmarkt eine sonst schwer zu findende Ersatzkraft gerade zu haben ist[1]. Das BAG hat den Sachverhalt zutreffend als betriebsbedingt eingeordnet. Es treffen zwei Ursachen zusammen, nämlich der nicht zu beanstandende und vertragsgemäße Abkehrwille des ArbN und die betriebl. Abhängigkeit von der Fachkraft, der durch Bindung eines Ersatzmannes Rechnung getragen werden könnte. Bei wertender Betrachtung liegt der Kündigungsgrund angesichts der Kündigungsfreiheit des ArbN hier in der besonderen betriebl. Notlage und der sich bietenden Chance[2]. Zur **Druckkündigung** vgl. Rz. 257.

266 **b) Betriebliche Erfordernisse auf Grund unternehmerischer Entscheidung. aa) Unternehmerische Freiheit und KSchG.** Ein betriebl. Erfordernis für eine Kündigung entsteht idR durch einen **gestaltenden Eingriff** des ArbGeb in Art und Umfang der betriebl. Tätigkeit und ihre Organisation, so bei der Stilllegung eines Betriebes, der Rationalisierung oder der Fremdvergabe betrieblicher Tätigkeiten, aber auch bei der Einführung von Schichtarbeit oder Samstagsarbeit etc. Das KSchG verlangt erst für die Kündigung selbst ein dringendes betriebl. Erfordernis. In seiner Entscheidung über **Art und Umfang der betrieblichen Tätigkeit sowie ihre innerbetriebliche Organisation** schränkt es den ArbGeb dagegen grds. nicht ein. Er trägt auch allein das wirtschaftl. Risiko[3]. Die vorgenannte Entscheidung darf nicht verwechselt werden mit einer bloßen Entscheidung, den **Personalbestand auf Dauer zu reduzieren**. Entgegen einer verbreiteten Ansicht lässt eine solche Entscheidung für sich Beschäftigungsbedarf nicht entfallen[4] (vgl. zur Kritik Rz. 270). Wenn gesagt wird, dass der ArbGeb über das personelle Konzept und damit über Stärke und Zusammensetzung der Belegschaft frei entscheide[5], kann damit nur ein unternehmerisches Konzept im vorgenannten Sinne gemeint sein, aus dem sich der jeweilige Personalbedarf tatsächlich ergibt[6]. Das Konzept muss sich auf die betrieblich benötigte Arbeitsmenge und/oder ihre Verteilung beziehen[7]. Das personelle Konzept kann auch in einer **Verdichtung der Arbeitsleistung** (Arbeitsmenge pro Zeiteinheit pro Kopf) bestehen, wenn das Konzept durchführbar ist[8]. Darin liegt kein Eingriff in den Vertragsinhalt der betroffenen Arbeitsverhältnisse, solange keine überobligationsmäßige Leistung verlangt wird[9]; das Ziel könnte ebenso über den Weg der „natürlichen Fluktuation" erreicht werden. Im **öffentl. Dienst** stellen Stellenstreichungen in einem Haushaltsplan ebenso wie das Anbringen eines kw-Vermerks („künftig wegfallend") an einer Personalstelle eine von den Gerichten nicht nachprüfbare Entscheidung dar, dass die bezeichnete Stelle für die einzelne Dienststelle entbehrlich ist. Dies setzt eine nach sachlichen Merkmalen genau bestimmte Stelle voraus, weil andernfalls nicht festgestellt werden kann, ob im konkreten Fall der ausgesprochenen Kündigung ein dringendes betriebl. Erfordernis bzw. mangelnder Bedarf zugrunde liegt[10].

267 Unternehmerische Entscheidungen im o.g. Sinne unterliegen nach hM grds. nicht **gerichtlicher Kontrolle** anhand des KSchG auf ihre Notwendigkeit und Zweckmäßigkeit. Das gilt auch bei betriebl. Umorganisation, die zur Veränderung der Arbeitszeit führt (Halbtagsarbeit)[11]. Das Merkmal des dringenden betriebl. Erfordernisses gilt nicht der unternehmerischen Entscheidung, sondern erst der Kündigung. Soweit unternehmerische Entscheidungen Vorgaben schaffen, die eine Kündigung dringend erforderlich machen, ist das grds. hinzunehmen. Deshalb kann idR nicht geprüft werden, ob der Nutzen des neuen Konzepts in einem – noch angemessenen – vertretbaren Verhältnis zu den Nachteilen für den betroffenen ArbN steht[12]. Von den ArbG voll nachzuprüfen ist dagegen, ob eine unternehmerische Entscheidung tatsächlich vorliegt und durch ihre Umsetzung das Beschäftigungsbedürfnis für einzelne ArbN entfallen ist[13]. Ebenfalls gerichtl. Überprüfung unterliegt die Frage, ob das unternehmerische Konzept gegen andere zwingende Rechtsvorschriften verstößt, etwa § 4 I TzBfG[14] oder zwingend geltende TV[15]. Gleichfalls der gerichtl. Kontrolle unterliegt die Frage, ob die unternehmerische Entscheidung offenbar **unsachlich, unvernünftig oder willkürlich** ist[16]. Gemeint sind im Wesentlichen die Fälle, in denen die

---

1 BAG v. 22.10.1964 – 2 AZR 515/63, DB 1965, 38. | 2 Es handelt sich um einen eher theoretischen Ausnahmefall, der kaum jemals überhaupt eine Kündigung rechtfertigen dürfte. | 3 St. Rspr., BAG v. 26.9.1996 – 2 AZR 200/96, BB 1997, 260; v. 29.3.1990 – 2 AZR 361/89, NZA 1991, 181; v. 7.12.1978 – 2 AZR 155/77, BB 1980, 1103. | 4 So aber – missverständlich – BAG v. 17.6.1999 – 2 AZR 141/99 u. 522/98, AP Nr. 101 u. Nr. 102 zu § 1 KSchG – Betriebsbedingte Kündigung. | 5 BAG v. 24.4.1997 – 2 AZR 352/96, NZA 1997, 1047. | 6 BAG v. 24.4.1997 – 2 AZR 352/96, NZA 1997, 1047; *Löwisch*, § 1 KSchG Rz. 252. | 7 Vgl. *Quecke*, NZA 1999, 1247 ff. | 8 BAG v. 24.4.1997 – 2 AZR 352/96, NZA 1997, 1047; Stahlhacke/*Preis*, Rz. 933; *Löwisch/Spinner*, § 1 KSchG Rz. 259; *Quecke*, NZA 1999, 1247 (1250 f.). | 9 *Quecke*, NZA 1999, 1247 (1251); *Löwisch/Spinner*, § 1 KSchG Rz. 259; aA *Preis*, NZA 1995, 241 (246 f.). | 10 BAG GS v. 28.11.1956 – GS 3/56, AP Nr. 20 zu § 1 KSchG; BAG v. 18.11.1999 – 2 AZR 77/99, DB 2000, 883. | 11 BAG v. 22.4.2004 – 2 AZR 385/03, NZA 2004, 1158; v. 15.7.2004 – 2 AZR 376/03, NZA 2005, 523; BAG v. 18.2.2003 – 9 AZR 164/02, DB 2003, 2443 ff. verlangt dagegen für den Anspruch auf Arbeitszeitverringerung nach § 8 TzBfG eine Interessenabwägung zwischen den für die unternehmerische Entscheidung sprechenden Gründen und den Belangen des ArbN; krit. dazu *Bayreuther*, DB 2004, 1726 ff. | 12 BAG v. 27.9.2001 – 2 AZR 246/00, EzA § 2 KSchG Nr. 41; aA *Preis*, NZA 1995, 241 (248 ff.), der „triftige Gründe" für die Unternehmerentscheidung fordert; krit. ebenfalls *Kühling*, AuR 2003, 92 ff.; *Stein*, BB 2000, 457; *Colneric*, Betriebsbedingte Kündigungen im Widerstreit, Schriftenreihe der Otto-Brenner-Stiftung, 1997 S. 11 ff. (33 ff.). | 13 St. Rspr., BAG v. 26.9.1996 – 2 AZR 200/96, BB 1997, 260. | 14 BAG v. 24.4.1997 – 2 AZR 352/96, AP Nr. 42 zu § 2 KSchG 1969 (zu § 2 BeschFG). | 15 BAG v. 18.12.1997 – 2 AZR 709/96, NZA 1998, 304; v. 10.2.1999 – 2 AZR 422/98, NZA 1999, 657; v. 17.6.1999 – 2 AZR 456/98, BB 2000, 413. | 16 St. Rspr., BAG v. 26.9.1996 – 2 AZR 200/96, BB 1997, 260; v. 29.3.1990 – 2 AZR 361/89, NZA 1991, 181; v. 7.12.1978 – 2 AZR 155/77, BB 1980, 1103.

Kündigung nicht durch die Betriebsänderung, sondern die Betriebsänderung durch den Wunsch des ArbGeb bedingt ist, sich von missliebigen ArbN zu trennen[1]. Rechtsmissbrauch idS hat das BAG erstmals angenommen bei der Entscheidung eines ArbGeb, einen Betriebsteil durch eine noch zu gründende, finanziell, wirtschaftl. und organisatorisch in sein Unternehmen voll eingegliederte Organgesellschaft mit von dieser neu einzustellenden ArbN betreiben zu lassen[2]. Der ArbN hat die Umstände darzulegen und im Streitfall zu beweisen, aus denen sich ergeben soll, dass die getroffene innerbetriebl. Strukturmaßnahme offensichtlich unsachlich, unvernünftig oder willkürlich ist[3]. Beweist er Indizien, die eine **Benachteiligung iSd. § 1 AGG** bzw. der zu Grunde liegenden EG-Richtlinien (s. Vor § 1 Rz. 16) vermuten lassen, etwa weil die unternehmerische Entscheidung auch auf diskriminierenden Motiven beruht, wird der ArbGeb das Gegenteil beweisen müssen. Fraglich ist hier die Rechtsfolge einer verbotenen Diskriminierung, wenn der ArbGeb die Entscheidung tatsächlich umsetzt (etwa den Betrieb schließt, nur um die dort beschäftigten Frauen zu schädigen). Anders als bei diskriminierenden Auswahlentscheidungen (Rz. 385, 405) wird hier eine Unwirksamkeitssanktion ausscheiden und nur ein Schadensersatz- bzw. Entschädigungsanspruch über § 826 BGB in Betracht kommen.

bb) Abgrenzung der Unternehmerentscheidung von der Kündigung. Kündigung und Unternehmerentscheidung sind sorgfältig zu **unterscheiden**[4]. Die Kündigung bedarf eines dringenden betriebl. Erfordernisses, die unternehmerische Entscheidung nicht. Kündigt etwa eine städtische **Musikschule** ihren Musiklehrern, um diese künftig als freie Mitarbeiter einzusetzen, weil die weitere Finanzierung der Schule ungeklärt ist, liegt allein in der „Ungeklärtheit" der Finanzierung kein dringendes betriebl. Erfordernis. In der bloßen Umstellung der Vertragsverhältnisse der angestellten Musikschullehrer auf freie Mitarbeit sah das BAG mit Recht ebenfalls keinen Kündigungsgrund. Es fehlt eine organisatorische Maßnahme, die den Bedarf an betrieblicher Arbeitsleistung entfallen lässt und nur noch freie Mitarbeit erfordert. Die Art der betriebl. Tätigkeit hat sich nicht geändert[5]. Anders liegt es, wenn der ArbGeb die bislang von ArbN verrichtete Außendiensttätigkeit (Gruppenleitertätigkeit als „**weight-watcher**") im Rahmen eines „Partnerkonzepts" künftig nur noch selbständig unternehmerisch tätigen Personen überträgt, die in der Gestaltung ihrer Arbeitszeit, der Wahl des näheren Arbeitsortes und der Art und Weise ihrer Tätigkeit im Rahmen eines allgemeinen Konzepts weitgehend frei sind, die Tätigkeit allerdings persönlich erbringen müssen, wobei sie nach eigenem Gutdünken Hilfskräfte hinzuziehen können[6]. Das Partnerkonzept erschöpfte sich nicht in der bloßen „Umbenennung" einer ansonsten unveränderten Tätigkeit, sondern führte auch inhaltlich zum Wegfall des Bedarfs an weisungsgebundener Arbeitsleistung, an deren Stelle freie unternehmerische Tätigkeit trat. Darin liegt eine dem Kündigungsausspruch vorgelagerte unternehmerische Entscheidung[7]. Freilich ist sorgfältig zu prüfen, ob es sich nicht lediglich um sog. **Scheinselbständigkeit** handelt. 268

LeihArbN verrichten dagegen weisungsgebundene Tätigkeiten wie ArbN. Entschließt sich der ArbGeb, ArbN durch Leiharbeiter zu ersetzen, werden dadurch keine betriebl. Vorgaben geschaffen, die den Bedarf an Arbeitsleistung entfallen ließen und einen Personalüberhang erzeugten. Es handelt sich um eine bloße Auswechslung der Vertragsart und damit um eine unzulässige **Austauschkündigung**[8]. Führt der ArbGeb ohne Not **Kurzarbeit**[9] nicht ein, obwohl die Voraussetzungen bestehen (insb. vorübergehender Arbeitsmangel sowie individual- und kollektivrechtl. Zulässigkeit), verzichtet er auf ein milderes Mittel, das dem betriebl. Erfordernis, nämlich dem Kostendruck für die Dauer des Arbeitsmangels, ebenso Rechnung tragen könnte (vgl. auch Rz. 272)[10]. Er kann sich nicht auf eine freie Unternehmerentscheidung berufen, wenn er stattdessen wegen Arbeitsmangels[11] kündigt. Das BAG nimmt einen Vorrang der Kurzarbeit allerdings nur an, wenn der BR von seinem Initiativrecht gem. § 87 I Nr. 3 BetrVG Gebrauch macht[12]. Weigert sich der BR, Kurzarbeit einzuführen, braucht der ArbGeb ein Einigungsstellenverfahren nicht zu betreiben[13]. Bei der Umwandlung von Vollzeit- in **Halbtagsstellen**[14] (vgl. Rz. 264) lässt sich eine gestaltende unternehmerische Maßnahme, die die Kündigung erforderlich macht, zB dann annehmen, wenn die Halbtagskräfte gleichzeitig arbeiten sollen, etwa wegen des besonderen Geschäftsanfalls um diese Tageszeit. Ist das nicht der Fall, ist ein Kündigungsgrund nicht ersichtlich. Der bloße Wille zur Vertragsänderung stellt ebenso wenig wie die Kündigung selbst eine unternehmerische 269

---

1 BAG v. 24.10.1979 – 2 AZR 940/77, DB 1980, 1400; das ist an sich ein Fall der Umgehung. | 2 BAG v. 26.9.2002 – 2 AZR 636/01, NZA 2003, 549; krit. dazu *Annuß*, NZA 2003, 783 u. *Adomeit*, SAE 2003, 237; zu einem Umgehungsfall vgl. LAG Berlin v. 1.3.2007 – 2 Sa 18/07, nv. | 3 BAG v. 27.9.2001 – 2 AZR 246/00, EzA § 2 KSchG Nr. 41. | 4 St. Rspr., vgl. BAG v. 12.4.2001 – 2 AZR 740/00, nv.; v. 17.6.1999 – 2 AZR 141/99, NZA 1999, 1098. | 5 BAG v. 20.2.1986 – 2 AZR 212/85, BB 1986, 2129. | 6 BAG v. 9.5.1996 – 2 AZR 438/95, NZA 1996, 1145. | 7 Dadurch unterscheidet sich der Fall vom Musiklehrerfall; krit. aber *Preis*, NZA 1999, 1073 (1079); einer Änderungskündigung mit dem Angebot freier Mitarbeit bedarf es nicht, vgl. BAG v. 21.2.2002 – 2 AZR 556/00, DB 2002, 2276. | 8 BAG v. 16.12.2004 – 2 AZR 66/04, NZA 2005, 761; v. 26.9.1996 – 2 AZR 200/96, NZA 1997, 202 (Crewing); v. 16.12.2004 – 2 AZR 66/04, NZA 2005, 761 (Produktionsleiter/Teamdispatcher); LAG Bremen v. 2.12.1997 – 1 (2) Sa 340/96, ZIP 1998, 572 (Leiharbeit); *Mummenhoff*, SAE 2002, 47 (50 f.). | 9 Kug nach Maßgabe der §§ 169 ff. SGB III. | 10 Ebenso *Preis*, DB 1988, 1391; KR/*Griebeling*, § 1 KSchG Rz. 531 mwN. | 11 Anders bei Stilllegung; das soll auch gelten, wenn der ArbGeb sich vorbehält, den Stilllegungsbeschluss bei einer Änderung der Verhältnisse zu revidieren, BAG v. 27.2.1987 – 7 AZR 652/85, NZA 1987, 700. | 12 BAG v. 4.3.1986 – 1 ABR 15/84, DB 1986, 1395; v. 11.9.1986 – 2 AZR 564/85, BB 1987, 1882. | 13 So auch im Ergebnis KR/*Griebeling*, § 1 KSchG Rz. 531; Stahlhacke/*Preis*, Rz. 1021. | 14 Vgl. BAG v. 3.12.1998 – 2 AZR 341/98, BB 1999, 847.

Organisationsentscheidung dar, die eine (Änderungs-)Kündigung betrieblich erforderlich machen könnte[1]. Vgl. zur Sozialauswahl in solchen Fällen Rz. 363 ff.

270 Der bloße **Entschluss zum Abbau von Arbeitsplätzen** lässt als solcher noch keinen Beschäftigungsbedarf entfallen (s. Rz. 266 f.). Allerdings hat das BAG in neuerer Rspr. vertreten, dass die Entscheidung des ArbGeb, Personal auf Dauer zu reduzieren, als freie unternehmerische Maßnahme zum Wegfall von Arbeitsplätzen führe und den entsprechenden Beschäftigungsbedarf entfallen lasse. Allein zur Überprüfung auf Willkür sei eine solche Unternehmerentscheidung hinsichtlich ihrer organisatorischen Durchführbarkeit und ihrer Dauerhaftigkeit zu „verdeutlichen“[2]. Dem kann nicht uneingeschränkt gefolgt werden: Die dauerhafte organisatorische Durchführbarkeit des Arbeitsplatzabbaus ist **keine Frage der Willkür, sondern des Kündigungsgrundes** selbst (Wegfall des Beschäftigungsbedarfs). Der ArbGeb muss daher grds. darlegen und ggf. beweisen, welche Arbeitsmenge auf Grund der Auftragslage zu erwarten ist und wie sie auf die verbleibenden ArbN verteilt werden soll[3] (s. Rz. 271). Er kann sich nicht auf eine schlichte „unternehmerische Entscheidung zum Abbau von Arbeitsplätzen“ zurückziehen[4]. Für den Fall, dass die Organisationsentscheidung des ArbGeb und sein Kündigungsentschluss ohne nähere Konkretisierung „praktisch deckungsgleich“ sind, bedarf es somit grds. zur Darlegung des **Kündigungsgrundes** konkreten Sachvortrags, in welchem Umfang ggf. Arbeiten zukünftig im Vergleich zum bisherigen Zustand entfallen und ob sich die Organisationsentscheidung iS einer dauerhaften Reduzierung des Personalbedarfs auswirkt[5]. Die schlichte Entscheidung des ArbGeb, betriebl. Tätigkeiten nur noch in dem Umfang ausführen zu lassen, der von der neu festgelegten, reduzierten Personalstärke bewältigt werden kann, bildet daher nach zutreffender Auffassung erst dann einen Kündigungsgrund, wenn sich ihre dauerhafte organisatorische Durchführbarkeit mit hinreichender Gewissheit feststellen lässt[6]. Werden betriebl. Tätigkeiten nur teilweise ausgegliedert, sieht das BAG schon in der schlichten Festlegung einer bestimmten verminderten Personalstärke durch den ArbGeb (hier: amerikanische Streitkräfte) eine nur noch auf Willkür zu überprüfende Unternehmerentscheidung, die zum Wegfall der überzähligen Arbeitsplätze führe[7]. Das erscheint zu weitgehend; erforderlich dürfte zumindest eine plausible Darlegung sein, dass das verminderte Personal die verbleibenden Aufgaben voraussichtlich dauerhaft bewältigen kann (s. Rz. 271).

271 Die **Darlegung** der Verteilung der verbleibenden Arbeit auf die verbleibenden Arbeitskräfte bereitet im Rechtstreit häufig Schwierigkeiten. Sie wird vom ArbGeb oft nur auf Grund von kaum objektivierbaren Erfahrungswerten anhand einiger äußerer Anhaltspunkte „geschätzt“. Diese Einschätzung ist dem Gericht so plausibel zu machen, dass es den Wegfall des Beschäftigungsbedarfs feststellen kann. Hierzu bedarf es nicht stets einer detaillierten Darlegung der Arbeitsverteilung „bis zum letzten Handgriff“[8]. Entschließt sich zB der Träger einer Vielzahl von **Kinderbetreuungseinrichtungen**, seinen Personalbestand entsprechend einem geänderten landesgesetzlichen Mindestpersonalschlüssel zu senken, bedarf es im Rechtsstreit zur Darstellung des hieraus folgenden Personalüberhangs idR keiner näheren Darlegung von organisatorischer Durchführbarkeit und Dauerhaftigkeit der Maßnahme, solange der ArbN nicht seinerseits aufzeigt, warum die Personalreduzierung gem. der landesrechtl. Vorgabe ausnahmsw. nicht durchführbar ist[9]. Im öffentl. Dienst hinterfragt das BAG idR eine konkrete Stellenstreichung im Haushaltsplan nicht, wenn keine Anhaltspunkte für einen Missbrauch des Kündigungsrechts bestehen[10].

272 **c) Ultima Ratio.** Gibt es außer einer Kündigung andere, für den ArbN mildere Möglichkeiten, um dem betriebl. Missstand abzuhelfen, dann ist die Kündigung eben nicht das **letzte Mittel** (Ultima Ratio) und damit auch nicht durch „dringende Erfordernisse bedingt“. Das gilt insb. im Hinblick auf § 2 SGB III: Danach soll der ArbGeb vorrangig durch betriebl. Maßnahmen die Inanspruchnahme von Leistungen der Arbeitsförderung sowie Entlassungen von ArbN vermeiden. Eine Beendigungskündigung wegen Rückgangs bzw. Wegfalls des Beschäftigungsbedarfs kann uU durch den **Abbau von Überstunden** vermieden werden, wenn dadurch im Einzelfall ein sinnvoller Arbeitsplatz ausgefüllt wird[11]. Erst recht kann

1 BAG v. 12.8.1999 – 2 AZR 12/99, NZA 2000, 30; im Hinblick auf § 8 II u. IV TzBfG fordert BAG v. 18.2.2003 – 9 AZR 164/02, DB 2003, 2443 ff. auch für § 1 II eine Interessenabwägung zwischen den Gründen für die unternehmerische Organisationsentscheidung und den Belangen des ArbN. | 2 BAG v. 17.6.1999 – 2 AZR 456/98, 522/98 und 141/99, NZA 1999, 1095, 1098 und 1157 mwN; v. 2.6.2005 – 2 AZR 480/04, DB 2006, 110. | 3 *Quecke*, NZA 1999, 1247 ff.; *Quecke*, DB 2000, 2429; *Zepter*, DB 2000, 474; *Franzen*, NZA 2001, 805 (810); *Henssler*, Unternehmerische Entscheidungsfreiheit, in Henssler/Moll (Hrsg.), Kündigung und Kündigungsschutz in der betrieblichen Praxis, 2000, S. 99 Rz. 18 f.; *Lakies*, NJ 1999, 666; *Rommé/Pauker*, NZA-RR 2000, 281 (287); aA *Singer/v. Finckenstein*, SAE 2000, 282 (285); *Bitter*, DB 2000, 1760 ff. | 4 BAG v. 17.6.1999 – 2 AZR 141/99, NZA 1999, 1157; aA *Rieble* in Anm. zu EzA § 1 KSchG – Betriebsbedingte Kündigung, Nr. 101 und 102. | 5 So zutreffend BAG v. 12.4.2002 – 2 AZR 740/00 (Rz. 23), EzA § 1 KSchG – Betriebsbedingte Kündigung Nr. 117. | 6 Bedenklich insoweit BAG v. 22.9.2005 – 2 AZR 365/04, nv., das diese Unternehmerentscheidung als Kündigungsgrund ohne weiteres hinnimmt. | 7 BAG v. 18.5.2006 – 2 AZR 245/05, ZTR 2007, 50. | 8 Instruktiv LAG Düsseldorf v. 7.5.2003 – 12 Sa 1437/02, LAGReport 2003, 267 ff. | 9 BAG v. 22.5.2003 – 2 AZR 326/02, ZTR 2003, 521 (zum Sächs. KindertagesstättenG); LAG Sa.-Anh. v. 16.5.2000 – 8 (10) Sa 991/99, LAGE § 1 KSchG – Betriebsbedingte Kündigung Nr. 56a. | 10 BAG v. 23.11.2004 – 2 AZR 38/04, DB 2005, 1225; ähnlich für amerikanische Streitkräfte BAG v. 18.5.2006 – 2 AZR 245/05, ZTR 2007, 50. | 11 Vgl. Stahlhacke/*Preis*, Rz. 1023 mwN.

der Abbau etwaiger dauerhafter **Leiharbeit** im Betrieb einen Personalüberhang beseitigen und die Kündigung überflüssig machen[1]. Die Entscheidung des ArbGeb für den Einsatz von LeihArbN an Stelle eigener ArbN stellt keine unternehmerische Maßnahme dar, die den Bedarf an weisungsgebundener Tätigkeit entfallen ließe[2] (s. Rz. 269). Hierdurch unterscheidet sie sich von der Fremdvergabe betrieblicher Tätigkeiten an selbständige Dritte. **Kurzarbeit** gem. § 87 I Nr. 3 BetrVG entlastet den ArbGeb von den Lohnkosten während der Zeit des Arbeitsmangels und bildet damit ein milderes Mittel im Vergleich zur Kündigung wegen Arbeitsmangels (vgl. Rz. 269). Das BAG lehnt einen Vorrang der Kurzarbeit ab, wenn der BR nicht von seinem Initiativrecht Gebrauch macht[3]. Kurzarbeit ist nur bei vorübergehendem Arbeitsmangel sowie individual- und kollektivrechtl. Zulässigkeit ein geeignetes milderes Mittel[4]. Der ArbGeb ist kündigungsrechtl. nicht gehalten, Kurzarbeit gegen den BR über die Einigungsstelle durchzusetzen[5]. Geht es nicht um vorübergehenden Arbeitsmangel, sondern um eine dauerhafte Betriebseinschränkung auf Grund unternehmerischer Entscheidung, stellt Kurzarbeit kein geeignetes milderes Mittel dar[6]. Eine solche Entscheidung kann auch nach Einführung von Kurzarbeit noch getroffen werden[7]. Vereinbarungen zwischen ArbGeb und BR zur **Beschäftigungssicherung gem. § 92a BetrVG** können den ArbGeb binden und einer Kündigung entgegenstehen[8].

Eine **allgemeine Arbeitszeitverkürzung** durch eine Vielzahl von Änderungskündigungen an Stelle einiger weniger Beendigungskündigungen stellt kein milderes Mittel dar[9]. Bevor ein ArbGeb wegen anhaltender Verluste zur Erhaltung des Betriebes **Entgeltkürzungen** durchsetzen kann, wird er alle sonstigen Möglichkeiten zur Kostensenkung ausschöpfen müssen (Sanierungsplan, vgl. § 2 Rz. 17)[10]. Die Möglichkeit einer anderweitigen Beschäftigung – auch zu geänderten Bedingungen – geht einer Beendigungskündigung als milderes Mittel immer vor (vgl. Rz. 274 ff.). Ist der ArbN **tarifl. unkündbar**, kommt eine außerordentl. Kündigung aus betriebsbedingten Gründen ausnahmsw. dann in Betracht, wenn für den ArbN bis zum Erreichen der Altersgrenze keine Beschäftigungsmöglichkeit mehr besteht und für den ArbGeb die Fortsetzung eines solchen sinnentleerten Arbeitsverhältnisses unzumutbar ist. Dabei gilt ein strenger Prüfungsmaßstab, insb. haben betriebl. Umorganisationen und gesteigerte Umschulungsanstrengungen zur Vermeidung der Kündigung Vorrang. Im Kündigungsschutzprozess hat der ArbGeb die Unmöglichkeit oder Unzumutbarkeit solcher Maßnahmen als Teil des Kündigungsgrundes darzulegen[11] (vgl. auch Rz. 284). Die außerordentl. Kündigung ist in jeder Hinsicht wie eine ordentl. auszusprechen (vgl. Rz. 41). 273

d) Keine anderweitige Weiterbeschäftigung. Das betriebl. Erfordernis muss einer Weiterbeschäftigung des ArbN **nicht nur in seinem alten Tätigkeitsbereich**, sondern „in diesem Betrieb entgegenstehen", und zwar zu unveränderten oder zu geänderten Bedingungen. Andernfalls hätten Versetzung oder Änderungskündigung als mildere Mittel Vorrang[12]. 274

aa) Freier Arbeitsplatz. Die anderweitige Weiterbeschäftigung betrifft nur freie Arbeitsplätze[13]. Es geht an dieser Stelle **nicht um eine Verdrängung** im Rahmen der sozialen Auswahl (vgl. Rz. 327 ff.), sondern um die Vermeidung einer Beendigungskündigung überhaupt. Das ist nur möglich, soweit ein freier Arbeitsplatz zur Verfügung steht. Der ArbGeb ist nicht verpflichtet, einen neuen Arbeitsplatz zu schaffen, den er nicht benötigt. Ist der ArbGeb bei der Besetzung einer unbesetzten Stelle gebunden, etwa bei der körperschaftlichen Umbildung eines öffentl.-rechtl. Dienstherrn (Verwaltungsgemeinschaft) gem. §§ 128 ff. BRRG, ist die Stelle nicht frei[14]. Nicht frei ist auch die Stelle eines erkrankten ArbN, selbst wenn dessen Rückkehr ausgeschlossen ist, solange der ArbGeb die Stelle tatsächlich nicht neu besetzen will[15]. Als freie Arbeitsplätze für eine anderweitige Weiterbeschäftigung kommen solche in Betracht, bei denen im **Zeitpunkt des Zugangs** der Kündigung bereits feststeht, dass sie bei Ablauf der Kündigungsfrist oder in absehbarer Zeit danach frei sein werden, sofern dem ArbGeb die **Überbrückung** dieses Zeitraums zumutbar ist. Zumutbar ist jedenfalls ein Zeitraum, den ein anderer Stelleninhaber zur Einarbeitung benötigen würde[16]. Bei Bemessung der Zumutbarkeit wird ua. die Dauer der Betriebszugehörigkeit von Bedeutung sein (vgl. Rz. 287). Der ArbGeb hat die Möglichkeit einer anderweitigen Weiter- 275

---

1 LAG Hamm v. 5.3.2007 – 11 Sa 1338/06, DB 2007, 1701; HK/*Weller/Dorndorf*, § 1 KSchG Rz. 940; Stahlhacke/*Preis*, Rz. 1023; aA *v. Hoyningen-Huene/Linck*, § 1 KSchG Rz. 396 („hinzunehmende unternehmerische Entscheidung"); *Löwisch/Spinner*, § 1 KSchG Rz. 276; *Simon/Greßlin*, BB 2007, 2454. | 2 BAG v. 26.9.1996 – 2 AZR 200/96, NZA 1997, 202 (Crewing); LAG Bremen v. 2.12.1997 – 1 (2) Sa 340/96, ZIP 1998, 572 (Leiharbeit); *Mummenhoff*, SAE 2002, 47 (50). | 3 BAG v. 4.3.1986 – 1 ABR 15/84, DB 1986, 1395; v. 11.9.1986 – 2 AZR 564/85, BB 1987, 1882. | 4 LAG Hamm v. 15.12.1982 – 12 Sa 993/82, DB 1983, 506. | 5 So auch im Ergebnis KR/*Griebeling*, § 1 KSchG Rz. 531; Stahlhacke/*Preis*, Rz. 1021. | 6 BAG v. 26.6.1997 – 2 AZR 494/96, NZA 1997, 1286. | 7 LAG Schl.-Holst. v. 29.9.1988 – 4 Sa 367/88, NZA 1989, 275. | 8 BAG v. 18.10.2006 – 2 AZR 434/05, DB 2007, 810 (Rz. 25). | 9 BAG v. 19.5.1993 – 2 AZR 584/92, AP Nr. 31 zu § 2 KSchG 1969; LAG Hamm v. 15.12.1982 – 12 Sa 993/82, DB 1983, 506. | 10 BAG v. 11.10.1989 – 2 AZR 375/88, RzK I, 7b Nr. 9; v. 20.8.1998 – 2 AZR 84/98, BB 1999, 320. | 11 BAG v. 8.4.2003 – 2 AZR 355/02, BB 2003, 2130 ff.; v. 27.6.2002 – 2 AZR 367/01, DB 2003, 102 ff. (zu §§ 53, 55 BAT). | 12 BAG v. 27.9.1984 – 2 AZR 62/83, BB 1985, 1130; v. 29.1.1997 – 2 AZR 49/96, AuR 1997, 166. | 13 BAG v. 15.12.1994 – 2 AZR 320/94, BB 1995, 930; v. 15.12.1994 – 2 AZR 324/94, AP Nr. 77 zu § 1 KSchG 1969 – Betriebsbedingte Kündigung; v. 12.11.1997 – 7 ABR 73/96 und 7 ABR 63/96, DB 1998, 720 und DB 1998, 1423. | 14 BAG v. 23.11.2004 – 2 AZR 38/04, DB 2005, 1225. | 15 BAG v. 2.2.2006 – 2 AZR 38/05, PersV 2006, 297. | 16 BAG v. 15.12.1994 – 2 AZR 327/94, DB 1995, 979; v. 29.3.1990 – 2 AZR 369/89, NZA 1991, 181.

beschäftigung zu berücksichtigen, sobald er vom Wegfall des bisherigen Arbeitsplatzes des ArbN **Kenntnis** erlangt und eine Kündigung in Erwägung zieht. Er darf dann nicht mehr durch Neueinstellungen vollendete Tatsachen schaffen und so eine gegebene Weiterbeschäftigungsmöglichkeit vereiteln[1]. War bei Zugang der Kündigung eine Weiterbeschäftigungsmöglichkeit nicht absehbar, ergibt sie sich aber nachträglich vor Ablauf der Kündigungsfrist, bleibt die Kündigung wirksam. In Betracht kommt nur ein Wiedereinstellungsanspruch (s. Rz. 75 ff.). Frei ist nach hM auch ein Arbeitsplatz, auf dem **LeihArbN** beschäftigt werden. Hier besteht kein Arbeitsverhältnis zum ArbGeb, das Leihverhältnis kann kurzfristig beendet werden (s. Rz. 272). Zu prüfen ist aber, ob eine dauerhafte Beschäftigung auf diesem Arbeitsplatz möglich ist. Vgl. auch Rz. 269 u. 272.

276 **bb) Art des Arbeitsplatzes.** In Betracht kommen nur **geeignete Arbeitsplätze**, die vom ArbN ausgefüllt werden können. Entscheidend sind das Anforderungsprofil des Arbeitsplatzes und die Eignung des ArbN. Zuschnitt, **Anforderungsprofil** und erforderliche Qualifikation bestimmt der ArbGeb in freier unternehmerischer Entscheidung[2]. Die Entscheidungsfreiheit ist beschränkt durch den Ultima-ratio-Grundsatz, wonach der bisherige Arbeitsplatzinhaber im Rahmen des Möglichen und Zumutbaren weiter zu beschäftigen ist. Die geforderten Qualifikationsmerkmale erfordern einen nachvollziehbaren Bezug zur konkreten Arbeitsaufgabe; die Festlegung rein persönlicher Merkmale ohne einen solchen Bezug genügt nicht[3]. Der Gefahr einer missbräuchlichen Gestaltung des Anforderungsprofils, etwa um die Weiterbeschäftigung bestimmter ArbN auf freien Arbeitsplätzen zu verhindern, ist nach der Rspr. mit einer Kontrolle der unternehmerischen Entscheidung auf Willkür zu begegnen (s. Rz. 267)[4]. Grds. scheiden freie **Beförderungsstellen** als Weiterbeschäftigungsmöglichkeiten aus. Der Schutz des KSchG geht nicht über den vom ArbN erreichten „Besitzstand" hinaus. Fällt der alte Arbeitsplatz aber nicht ersatzlos weg, sondern wird vom ArbGeb lediglich dahin umgestaltet, dass neben den nach wie vor im Wesentlichen unveränderten Arbeiten einige zusätzliche qualifiziertere Tätigkeiten anfallen, kann der ArbN ausnahmsw. auch dann Weiterbeschäftigung auf diesem Arbeitsplatz verlangen, wenn es sich nunmehr um eine Beförderungsstelle handelt. Voraussetzung ist, dass er für die Tätigkeit gem. den vom ArbGeb festgelegten Anforderungen geeignet ist[5]. Nach Ansicht des BAG kommen nur solche Arbeitsplätze in Betracht, die auch dem ArbN **zumutbar** sind[6]. Vgl. Rz. 282.

277 **cc) Betrieb – Unternehmen – Konzern.** Es genügt, dass sich der freie Arbeitsplatz in einem anderen Betrieb des Unternehmens befindet. Die Möglichkeit der Weiterbeschäftigung ist **unternehmensbezogen** zu prüfen. Das stellt § 1 II 2 Nr. 1a ausdrücklich klar (auf den dort erwähnten Widerspruch des BR kommt es nicht an, s. Rz. 446)[7]. Der Unternehmensbezug hier entspricht der Regelung bei der Wartezeit (vgl. Rz. 11), während die Sozialauswahl grds. betriebsbezogen erfolgt (vgl. aber Rz. 283). Findet deutsches Kündigungsrecht auf das Arbeitsverhältnis Anwendung (s. Vor § 1 Rz. 31), kann sich der ArbN auch auf einen freien Arbeitsplatz in einem ausländischen Betrieb des Unternehmens berufen[8]. Im öffentl. Dienst erstreckt sich die Weiterbeschäftigungspflicht auf andere Dienststellen des Dienstherrn im selben Verwaltungszweig am Dienstort einschließlich seines Einzugsgebiets (§ 1 II 2 Nr. 2 b)[9]. Das ist – sofern nicht tariflich erweitert – das Gebiet, das auf einer üblicherweise befahrenen Strecke nicht mehr als 30 km vom Dienstort entfernt ist[10]. Bei einem **Gemeinschaftsbetrieb** mehrerer Unternehmen (vgl. § 23 Rz. 6) kommt jede Weiterbeschäftigungsmöglichkeit in diesem Betrieb in Betracht, auch so weit sie einem anderen ArbGeb zugeordnet ist[11]. Über den Gemeinschaftsbetrieb hinaus besteht Unternehmensbezug nur zum eigenen ArbGeb. Für eine Erstreckung auf die anderen beteiligten Unternehmen über den Gemeinschaftsbetrieb hinaus fehlt eine rechtl. Grundlage[12]. Zur sozialen Auswahl im Gemeinschaftsbetrieb s. Rz. 336. Eine Ausnahme vom Grundsatz des Unternehmensbezugs könnte § 323 I UmwG machen, wonach sich bei **Aufspaltung und Teilübertragung** von Unternehmen die kündigungsrechtl. Stellung der ArbN für die Dauer von zwei Jahren nicht verschlechtert. Hierdurch soll den ArbN in den Teileinheiten die Berufung auf freie Arbeitsplätze im Altunternehmen eröffnet bleiben[13] (vgl. auch die Erl. zu § 323 UmwG).

278 Eine kündigungsrechtl. Weiterbeschäftigungspflicht im **Konzern** besteht grds. nicht[14]. Ausnahmen hiervon sind denkbar, wenn sich ein anderes Konzernunternehmen ausdrücklich zur Übernahme des

---

1 Vgl. zu einer ähnlichen Sachlage BAG v. 10.11.1994 – 2 AZR 242/94, NZA 1995, 566; LAG Berlin v. 29.8.1988 – 12 Sa 40/88, DB 1988, 2264; enger *Löwisch/Spinner*, § 1 KSchG Rz. 278. | 2 BAG v. 7.2.1991 – 2 AZR 205/90, NZA 1991, 806; v. 10.11.1994 – 2 AZR 242/94, NZA 1995, 566; v. 7.11.1996 – 2 AZR 811/95, BB 1997, 895. | 3 BAG v. 24.6.2004 – 2 AZR 326/03, AP Nr. 76 zu § 1 KSchG 1969; v. 10.11.1994 – 2 AZR 242/94, NZA 1995, 566; v. 30.8.1995 – 1 ABR 11/95, BB 1996, 797; LAG Hessen v. 18.12.2003 – 14 Sa 1102/03, LAGReport 2004, 271. | 4 BAG v. 27.9.2001 – 2 AZR 246/00, RdA 2002, 372; *Quecke*, NZA 1999, 1247 (1250 ff.) und unten Rz. 314. | 5 BAG v. 10.11.1994 – 2 AZR 242/94, NZA 1995, 566. | 6 BAG v. 7.5.1968 – 1 AZR 407/67, DB 1968, 1319. | 7 BAG v. 14.10.1982 – 2 AZR 568/82, DB 1983, 2635; v. 22.5.1986 – 2 AZR 612/85, NZA 1987, 125; v. 23.3.2006 – 2 AZR 162/05, DB 2006, 2351. | 8 *Wisskirchen*, DB 2007, 340 (345 f.); aA ArbG Frankfurt/M. v. 21.8.2002 – 2 Ca 1502/02, nv. | 9 BAG v. 6.2.1997 – 2 AZR 50/96, nv. | 10 BAG v. 22.9.2005 – 2 AZR 544/04, NZA 2006, 558. | 11 BAG v. 5.5.1994 – 2 AZR 917/93, NZA 1994, 1023; v. 18.1.1990 – 2 AZR 355/89, BB 1990, 2050. | 12 AA *Däubler*, FS Zimmer, S. 19 ff. (36). | 13 So *Löwisch/Spinner*, § 1 KSchG Rz. 286 mwN. | 14 BAG v. 14.10.1982 – 2 AZR 568/82, DB 1983, 2635; v. 22.5.1986 – 2 AZR 612/85, NZA 1987, 125; v. 27.11.1991 – 2 AZR 255/91, BB 1992, 1062; v. 21.1.1999 – 2 AZR 648/97, DB 1999, 806.

ArbN bereit erklärt hat oder sich seine Übernahmeverpflichtung unmittelbar aus dem Arbeitsvertrag oder anderen vertragl. Absprachen (Erstreckung der Arbeitspflicht auf den Konzern[1]; tarifvertragl. konzernweite Weiterbeschäftigungspflicht[2]) ergibt; hinzutreten muss ein – tatsächlicher oder rechtl. gesicherter – bestimmender Einfluss des Beschäftigungsbetriebs bzw. des vertragsschließenden Unternehmens auf die „Versetzung"[3]. In diesem Fall kommt auch eine Berufung auf einen freien Arbeitsplatz im Ausland in Betracht[4], sofern deutsches Kündigungsrecht gilt (s. Vor § 1 Rz. 31). Ob die **Verlagerung** der unveränderten Tätigkeiten auf ein anderes Konzernunternehmen zu einer Weiterbeschäftigungspflicht des ArbGeb führen kann, hat das BAG bislang offen gelassen[5]; hierfür genügt es jedenfalls nicht, dass eines von zwei Konzernunternehmen mit gleichartigem Tätigkeitsfeld stillgelegt wird und das andere ohne erhebliche Aufstockung der Belegschaft weiterhin am Markt auftritt[6]. Zur Anrechnung von Vordienstzeiten im Konzern vgl. Rz. 13.

dd) Zustimmung der ArbN-Vertretung. Die Weiterbeschäftigung auf einem anderen Arbeitsplatz im Betrieb stellt idR eine **Versetzung** iSv. § 95 III BetrVG dar und bedarf gem. § 99 BetrVG der Zustimmung des BR[7] (ähnlich § 75 I Nr. 2 u. 3 BPersVG). Wird ein ArbN auf Dauer in einen anderen Betrieb des ArbGeb versetzt, bedarf es neben der Zustimmung des BR des aufnehmenden Betriebes auch der Zustimmung des BR des abgebenden Betriebes, wenn der ArbN mit der Versetzung nicht einverstanden ist; bei freiem Einverständnis entfällt das Beteiligungsrecht des abgebenden BR[8]. Für die Wahrnehmung dieser MitbestR ist nicht der GBR zuständig. Dies gilt auch dann, wenn der ArbGeb eine Reihe von Versetzungen in einer sog. Personalrunde zusammenfasst und deshalb mehrere BR betroffen sind[9]. Bei formell wirksamer **Zustimmungsverweigerung** des BR ist der ArbGeb nicht gezwungen, ein Zustimmungsersetzungsverfahren zu betreiben[10]. Er kann im Kündigungsschutzprozess vorbringen, dass eine Versetzungsmöglichkeit wegen begründeter Zustimmungsverweigerung des BR nicht bestehe[11]. Das soll auch gelten, wenn der ArbGeb die Zustimmung des BR erst gar nicht beantragt hat[12]. Beantragt der ArbGeb dagegen gem. § 99 IV BetrVG die Ersetzung der Zustimmung beim ArbG und lehnt das Gericht dies rechtskräftig ab, scheidet die Weiterbeschäftigungsmöglichkeit endgültig aus. 279

ee) Zumutbare Umschulungs- und Fortbildungsmaßnahmen. Die Kündigung ist auch sozialwidrig, wenn die Weiterbeschäftigung des ArbN nach zumutbaren Umschulungs- oder Fortbildungsmaßnahmen[13] möglich ist (vgl. § 1 II 3, der auch ohne Widerspruch des BR greift[14]). **Voraussetzung** ist, dass bei Ausspruch der Kündigung ein entsprechender anderweitiger Arbeitsplatz frei oder mit hinreichender Sicherheit voraussehbar ist, dass nach Abschluss der Maßnahmen eine Beschäftigungsmöglichkeit auf Grund der durch die Fortbildung oder Umschulung erworbenen Qualifikation besteht[15]. Was dem ArbGeb **zumutbar** ist, hängt von einer sorgfältigen Abwägung aller Umstände ab, neben Erfolgsaussichten, Kosten und Dauer der Maßnahme (uU bis zu 6 Monaten), wirtschaftl. Belastbarkeit des ArbGeb[16] insb. auch von der Beschäftigungsdauer des ArbN[17], aber auch – negativ – von seinem Alter. Von Bedeutung ist auch die arbeitsvertragl. vereinbarte Tätigkeit; eine Ausbildung zu höherwertiger Tätigkeit ist grds. nicht geboten[18]. Erforderlich sind das Einverständnis des ArbN und ggf. des BR gem. § 98 III BetrVG. Das BAG hat so die betriebsbedingte Kündigung eines **Piloten** für Propellerflugzeuge wegen Umstellung des Flugzeugparks auf Düsenjets abgelehnt, da der ArbN vertragl. nicht nur auf Propellermaschinen einsetzbar war und die Umstellung des Flugzeugparks bei seiner Einstellung bereits abgesehen werden konnte. Dem ArbGeb sei unter diesem Umständen die Umschulung des Piloten zuzumuten[19]. 280

ff) Besonderheiten bei der Weiterbeschäftigung zu geänderten Arbeitsbedingungen. Bestehen Weiterbeschäftigungsmöglichkeiten sowohl zu unveränderten als auch zu geänderten Bedingungen, haben Erstere als **mildere Mittel** Vorrang. Kann der ArbN nur zu geänderten Bedingungen weiterbeschäftigt werden, hat dies Vorrang vor einer Beendigungskündigung. Der ArbGeb kann eine entsprechende Änderungskündigung aussprechen oder dem ArbN vor Ausspruch einer Kündigung zunächst die Weiterbeschäftigung zu geänderten Bedingungen von sich aus anbieten. Bei einem **Änderungsangebot vor Beendigungskündigung** hat der ArbGeb deutlich zu machen, dass bei Ablehnung des Änderungsangebotes 281

---

1 BAG v. 14.10.1982 – 2 AZR 568/82, DB 1983, 2635; v. 27.11.1991 – 2 AZR 255/91, BB 1992, 1062. | 2 BAG v. 10.5.2007 – 2 AZR 626/05, NZA 2007, 1278. | 3 Zusammenfassend BAG v. 23.11.2004 – 2 AZR 24/04, NZA 2005, 929; v. 18.9.2003 – 2 AZR 139/03, AP Nr. 12 zu § 1 KSchG 1969 – Konzern; vgl. auch *Bayreuther*, NZA 2006, 819. | 4 *Wisskirchen*, DB 2007, 340 (345 f.). | 5 BAG v. 26.9.2002 – 2 AZR 636/01, NZA 2003, 549. | 6 BAG v. 18.9.2003 – 2 AZR 139/03, AP Nr. 12 zu § 1 KSchG 1969 – Konzern. | 7 BAG v. 8.8.1989 – 1 ABR 63/88, NZA 1990, 198. | 8 BAG v. 20.9.1990 – 1 ABR 37/90, NZA 1991, 195. | 9 BAG v. 26.1.1993 – 1 ABR 303/92, AP Nr. 102 zu § 99 BetrVG 1972. | 10 Das gilt idR auch bei Schwerbehinderung trotz § 81 IV SGB IX, BAG v. 22.9.2005 – 2 AZR 519/04, NZA 2006, 486. | 11 BAG v. 29.1.1997 – 2 AZR 9/96, NZA 1997, 709 (sofern er die Zustimmung nicht selbst treuwidrig vereitelt hat, etwa durch Unterlassung einer geforderten innerbetrieblichen Ausschreibung). | 12 BAG v. 13.9.1973 – 2 AZR 601/72, BB 1973, 1635; kritisch zu dieser hypothetischen Beurteilung HK/*Weller/Dorndorf*, § 1 KSchG Rz. 930; Stahlhacke/*Preis*, Rz. 1005 Fn. 282; vgl. auch BAG v. 29.1.1997 – 2 AZR 9/96, NZA 1997, 709. | 13 Vgl. §§ 1, 53, 58 BBiG. | 14 BAG v. 14.10.1982 – 2 AZR 568/82, DB 1983, 2635; v. 22.5.1986 – 2 AZR 612/85, NZA 1987, 125. | 15 BAG v. 7.2.1991 – 2 AZR 205/90, NZA 1991, 806. | 16 BAG v. 7.5.1968 – 1 AZR 407/67, DB 1968, 1319. | 17 Vgl. HK/*Dorndorf*, § 1 KSchG Rz. 923 sowie Stahlhacke/*Preis*, Rz. 1018, jeweils mwN. | 18 LAG Köln v. 31.5.1989 – 2 Sa 1076/88, DB 1989, 2234. | 19 BAG v. 7.5.1968 – 1 AZR 407/67, DB 1968, 1319.

eine Beendigungskündigung droht. Willigt der ArbN in die Änderung der Arbeitsbedingungen vorbehaltlos ein, gelten die neuen Bedingungen. Lehnt der ArbN das Angebot ab oder äußert er sich nicht, kann der ArbGeb grds. nur eine Änderungskündigung aussprechen. Nur dann, wenn er dem ArbN eine der Frist des § 2 S. 2 entsprechende Bedenkzeit eingeräumt hat und die Ablehnung des Angebots durch den ArbN unmissverständlich so zu verstehen ist, dass auch im Falle einer Änderungskündigung eine Annahme unter Vorbehalt gem. § 2 ausscheidet, kann der ArbGeb eine Beendigungskündigung aussprechen[1]. Der ArbN kann dann im Prozess nicht einwenden, er hätte auf dem angebotenen, aber nicht akzeptierten Arbeitsplatz weiterbeschäftigt werden können[2]. Der ArbN kann das Änderungsangebot auch entsprechend § 2 **unter Vorbehalt** annehmen. In diesem Fall kann der ArbGeb nur eine Änderungskündigung aussprechen[3]. Wird später durch Urteil festgestellt, dass die Änderung sozialwidrig ist, muss der ArbGeb den ArbN gem. § 159 BGB so stellen, wie er stünde, wenn er von vornherein zu den bisherigen Bedingungen weitergearbeitet hätte[4].

282 Macht der ArbGeb dem ArbN **kein Angebot**, obwohl ihm die Weiterbeschäftigung möglich und zumutbar ist, ist eine nachfolgende Beendigungskündigung unwirksam, wenn – so bislang das BAG – der ArbN dem möglichen Änderungsangebot zumindest unter Vorbehalt zugestimmt hätte[5]. Fällt etwa ein Aufgabenbereich nur teilweise fort und will der ArbGeb die verbliebenen Aufgaben im Rahmen einer Halbtagstätigkeit ausführen lassen, so ist eine Beendigungskündigung unwirksam, wenn der ArbGeb dem gekündigten ArbN nicht zuvor erfolglos die Teilzeittätigkeit angeboten hat[6]. Der ArbGeb braucht nur **geeignete freie Arbeitsplätze** anzubieten. Beförderungsstellen scheiden idR aus (vgl. Rz. 276). Umgekehrt ist der qualifiziertere Mitarbeiter keineswegs für jede einfachere Tätigkeit geeignet, etwa der Prokurist für eine Pförtnertätigkeit. Bei teilweisem Wegfall des Bedarfs kommt das Angebot von Teilzeitarbeit in Betracht[7]. Der ArbGeb muss eine bestehende Weiterbeschäftigungsmöglichkeit anbieten. Ob diese zumutbar ist, entscheidet grds. der ArbN[8]. Ist mit dem anderweitigen Arbeitsplatz nach der bestehenden Vergütungsordnung eine schlechtere Vergütung verbunden, hat der ArbN das hinzunehmen, sofern kein geeigneter freier Arbeitsplatz zu besseren Bedingungen vorhanden ist.

283 **gg) Konkurrenz um freie Arbeitsplätze.** Welchem von mehreren zur Kündigung anstehenden ArbN etwa ein anderweitiger freier Arbeitsplatz anzubieten ist, richtet sich grds. nach den Kriterien der **Sozialauswahl** (§ 1 III). Es findet aber keine gemeins. Sozialauswahl zwischen solchen ArbN statt, die nur im Wege der Änderungskündigung auf den freien Arbeitsplatz gelangen können, und solchen, die dorthin nur versetzt zu werden brauchen. Letztere haben **Vorrang.** § 1 III verlangt nicht, dass der ArbGeb die Vergleichbarkeit der ArbN erst über eine Änderung ihrer Arbeitsbedingungen herstellt[9] (s. Rz. 360). Die Grundsätze der Sozialauswahl gelten (mit der vorgenannten Einschränkung) auch, wenn mehrere ArbN eines Betriebes um einen freien Arbeitsplatz in einem **anderen Betrieb** des ArbGeb konkurrieren. Zumindest analog gelten die Grundsätze weiterhin dann, wenn ArbN aus mehreren Betrieben in Wettbewerb um einen freien Arbeitsplatz in einem dritten Betrieb stehen. Konkurrieren schließlich außerdem noch ArbN aus eben diesem Betrieb, deren Arbeitsplätze ebenso weggefallen sind, zusammen mit den anderen um den dort vorhandenen freien Arbeitsplatz, gelangt das BAG auch hier über § 315 BGB (billiges Ermessen) praktisch zu einer Art überbetriebl. Sozialauswahl[10] (s. zur sozialen Auswahl in solchen Fällen Rz. 334 ff.).

284 **hh) Anderweitige Weiterbeschäftigung bei tariflicher Unkündbarkeit.** Ist das Recht zur ordentlichen Kündigung tarif- oder einzelvertraglich ausgeschlossen (s. Rz. 41 und Vor § 1 Rz. 19), kommt nur eine Kündigung aus wichtigem Grund in Betracht (s. Rz. 41 sowie § 626 BGB Rz. 100 ff.). Der ArbGeb schuldet hier **gesteigerte Bemühungen** für eine anderweitige Weiterbeschäftigung der „Unkündbaren". Er hat „mit allen Mitteln" eine Fortsetzung des Arbeitsverhältnisses zu versuchen, wobei es für die Frage der Zumutbarkeit auf die jeweilige Ausgestaltung des tariflichen Schutzes ankommt[11]. In Betracht kommen deutlich längere Überbrückungs-, Einarbeitungs-, Umschulungszeiten, weiterhin organisatorische Umstrukturierungen zur Schaffung eines geeigneten, nicht aber eines zusätzlichen Arbeitsplatzes[12]; ausgeschlossen sind Beförderung und nach hier vertretener Auffassung **Freikündigung**[13] (anders bei gesetzl.

---

1 BAG v. 21.4.2005 – 2 AZR 132/04, AP Nr. 79 zu § 2 KSchG 1969 gegen BAG v. 27.9.1984 – 2 AZR 62/83, BB 1985, 1130. | **2** BAG v. 27.9.1984 – 2 AZR 62/83, BB 1985, 1130. | **3** BAG v. 27.9.1984 – 2 AZR 62/83, BB 1985, 1130. | **4** BAG v. 27.9.1984 – 2 AZR 62/83, BB 1985, 1130; LAG Schl.-Holst. v. 29.4.2002 – 2 Sa 615/01, nv. | **5** BAG v. 27.9.1984 – 2 AZR 62/83, BB 1985, 1130; Bedenken hiergegen äußert BAG v. 21.4.2005 – 2 AZR 132/04, BB 2005, 2691. | **6** BAG v. 21.4.2005 – 2 AZR 132/04, BB 2005, 2691. | **7** LAG Düsseldorf v. 6.5.1977 – 16 Sa 173/77, DB 1977, 1370; LAG Köln v. 1.2.1995 – 2 Sa 1248/94, LAGE § 1 KSchG – Betriebsbedingte Kündigung Nr. 29. | **8** BAG v. 21.4.2005 – 2 AZR 132/04, BB 2005, 2691: Ausgenommen sind lediglich Extremfälle (Pförtnerstelle für Personalchef). | **9** BAG v. 17.9.1998 – 2 AZR 725/97, BB 1999, 961. | **10** BAG v. 15.12.1994 – 2 AZR 320/94, NZA 1995, 413; v. 21.9.2000 – 2 AZR 385/99, DB 2001, 1207; die Frage einer analogen Anwendung von § 1 III hat das BAG offen gelassen. | **11** BAG v. 10.5.2007 – 2 AZR 626/05, NZA 2007, 1278. | **12** BAG v. 5.2.1998 – 2 AZR 227/97, NZA 1998, 771; v. 17.9.1998 – 2 AZR 419/97, NZA 1999, 258; zur Änderungskündigung s. BAG v. 2.3.2006 – 2 AZR 64/05, NZA 2006, 985; besonders strenge Anforderungen („extreme Ausnahmefälle") waren für den einer beamtenähnlichen Sicherung nahe kommenden früheren § 55 II BAT zu erfüllen, vgl. BAG v. 6.10.2005 – 2 AZR 362/04, ZTR 2006, 437 u. v. 18.5.2006 – 2 AZR 207/05, AP Nr. 5 zu § 55 BAT. | **13** Zurückhaltend zur Freikündigung jetzt auch BAG v. 18.5.2006 – 2 AZR 207/05, DB 2006, 1851.

Weiterbeschäftigungspflicht gem. § 15 IV). Eine Kündigung, die ausschließlich dem Zweck dient, einen Arbeitsplatz für einen anderen, tarifl. geschützten ArbN freizumachen, ist nicht durch einen sozial gerechtfertigten Grund iSv. § 1 bedingt[1]. Zur – anders gelagerten[2] – Frage der Vergleichbarkeit mit kündbaren ArbN im Rahmen der Sozialauswahl s. Rz. 343 ff. u. Rz. 362. Scheidet danach eine Weiterbeschäftigung aus, kommt in Ausnahmefällen eine Kündigung der „Unkündbaren" aus wichtigem Grund in Betracht (außerordentl. Kündigung mit Auslauffrist, s. Rz. 41). Besonderheiten gelten für die Darlegungs- u. Beweislast, vgl. Rz. 292.

e) Dringlichkeit und Interessenabwägung. Die betriebl. Erfordernisse, die eine Kündigung bedingen, 285
müssen dringend sein. Das Wort „Erfordernisse" im Gegensatz zu dem unmittelbar zuvor im Gesetz verwendeten Wort „Gründe" drückt eine **gesteigerte Notwendigkeit** aus, noch mehr die Wendung „dringende Erfordernisse". Die Bedeutung des Merkmals der Dringlichkeit erschöpft sich nach zutreffender Auffassung nicht in dem Postulat des mildesten Mittels, das auch für die personen- und verhaltensbedingte Kündigung gilt[3]. Das Merkmal stellt erhöhte Anforderungen an das **Gewicht** des Kündigungsgrundes und steigert damit bei Gründen aus der Sphäre des ArbGeb den Bestandsschutz des ArbN[4]. Das ist bei der Interessenabwägung zu beachten. Die Bedeutung der Dringlichkeit für das Gewicht des Kündigungsgrundes ist anerkannt etwa in der Rspr. zur **Entgeltkürzung**, die nicht schon bei Unrentabilität nur einer Abteilung oder gar eines Arbeitsplatzes gerechtfertigt ist, sondern erst, wenn die Beschäftigungsgrundlage selbst bedroht ist (s. Rz. 265). In den Fällen der Druckkündigung[5] und des Abkehrwillens (s. Rz. 257 u. Rz. 326) sind entsprechend hohe Anforderungen zu stellen. Dem ArbGeb müssen hier Störungen oder Schäden drohen, die im Betriebsmaßstab erheblich sind.

Da es **keine absoluten Erfordernisse** gibt, bedarf die Feststellung eines dringenden betriebl. Erfor- 286
dernisses denknotwendig einer Interessenabwägung. Neben dem allgemeinen Bestandsschutzinteresse des ArbN muss dabei seine individuelle, in den Sozialdaten ausgedrückte Betroffenheit zurücktreten. Das folgt nicht aus § 1 III, der lediglich bei Auswahlentscheidungen eingreift und das Verhältnis der ArbN untereinander regelt (sog. iustitia distributiva), nicht aber das hier maßgebliche Verhältnis von Lösungs- und Bestandsinteresse (iustitia commutativa). Doch sinkt als notwendige Folge erhöhter Anforderungen an den betriebsbedingten Kündigungsgrund das **relative Gewicht** der individuellen Bestandsschutzinteressen des ArbN. So kann bei endgültigem **Wegfall des Beschäftigungsbedürfnisses** das Lösungsinteresse des ArbGeb durch besondere individuelle Bestandsschutzinteressen des konkret betroffenen ArbN idR nicht mehr aufgewogen werden[6]. Im Gegensatz zu den zuvor genannten Fällen (Rz. 285) benötigt der ArbGeb die Arbeitsleistung des ArbN nicht mehr, er hat lediglich noch die Kosten. Die Grundlage des Arbeitsverhältnisses als Austauschverhältnis, der Beschäftigungsbedarf, ist entfallen. In Abkehr von seiner früheren Rspr. nimmt das BAG seit der Entscheidung vom 30.4.1987 daher zu Recht an, dass sich bei einer „an sich betriebsbedingten Kündigung" (zB Wegfall des Arbeitsplatzes) eine Interessenabwägung nur in seltenen Fällen zu Gunsten des ArbN auswirken kann[7].

Entfällt der Beschäftigungsbedarf nur **vorübergehend**, weil für den ArbN nach kurzer Übergangszeit 287
eine anderweitige Beschäftigung in Betracht kommt, ist eine Kündigung jedoch nicht ohne weiteres „dringend erforderlich". Die Rspr. orientiert sich hier (zumindest) an dem für die Einarbeitung einer Ersatzkraft erforderlichen Einarbeitungszeitraum[8]. Bei Fortbildungs- oder Umschulungsmaßnahmen sollen uU längere Zeiträume zumutbar sein, obwohl sie zusätzliche Kosten für den ArbGeb verursachen (vgl. Rz. 280). In solchen Fällen bedarf es daher für die Feststellung des dringenden Erfordernisses einer **umfassenden Interessenabwägung**, in der es auf Seiten des ArbN ua. auf die Dauer seiner Betriebszugehörigkeit ankommt[9]. Eine etwaige Unternehmerentscheidung bleibt davon unberührt. Auch bei **witterungsbedingter Arbeitseinstellung** besteht nur ein vorübergehender Personalüberhang. Ob dieser eine Kündigung dringend erforderlich macht, hängt insb. von seiner Dauer und der Anzahl der betroffenen Arbeitsverhältnisse sowie der für sie geltenden Kündigungsfristen ab[10]. Die Dringlichkeit einer Kündigung wegen Personalüberhangs wird anders zu beurteilen sein, wenn ausnahmsw. **keine Personalkosten** anfallen, etwa bei lang andauernder Erkrankung oder Beurlaubung ohne Bezüge, Elternzeit oder sonstigem Ruhen des Arbeitsverhältnisses[11]. Ein endgültiger Wegfall der Beschäftigungsmöglichkeit (zB Betriebsschließung) rechtfertigt aber auch hier eine betriebsbedingte Kündigung.

---

1 Zutreffend *Breschendorf*, BB 2007, 661 (665 f.); aA *Horcher*, NZA 2006, 393 (398 f.). | 2 Vgl. zur Abgrenzung *Breschendorf*, BB 2007, 661 (662 f.). | 3 Grundl. BAG v. 30.5.1978 – 2 AZR 630/76, AP Nr. 70 zu § 626 BGB (*Hueck*); v. 26.1.1995 – 2 AZR 649/94, NZA 1995, 517; das Postulat hat schon in dem Wort „bedingt" seinen Niederschlag im Gesetz gefunden: BAG v. 24.6.2004 – 2 AZR 326/03, AP Nr. 76 zu § 1 KSchG 1969. | 4 Str.; ebenso Stahlhacke/*Preis*, Rz. 950 ff. mwN; aA *Löwisch/Spinner*, § 1 KSchG Rz. 272 ff. | 5 Vgl. etwa *Löwisch*, § 1 KSchG Rz. 334. | 6 Grundl. BAG v. 30.4.1987 – 2 AZR 184/86, NZA 1987, 776. | 7 BAG v. 30.4.1987 – 2 AZR 184/86, NZA 1987, 776. | 8 BAG v. 15.12.1994 – 2 AZR 327/94, DB 1995, 979. | 9 Stahlhacke/*Preis*, Rz. 1018; ErfK/*Oetker*, § 1 KSchG Rz. 568; *Bitter/Kiel*, RdA 1994, 344; *Löwisch/Spinner*, § 1 KSchG Rz. 295; *Berkowsky*, Betriebsbedingte Kündigung, § 10 Rz. 47 ff.; vgl. auch LAG Hess. v. 19.7.1999 – 16 Sa 1898/98, LAGE § 1 KSchG – Betriebsbedingte Kündigung Nr. 55. | 10 Vgl. auch BAG v. 7.3.1996 – 2 AZR 180/95, BB 1996, 1557. | 11 BAG v. 26.2.1987 – 2 AZR 177/86, NZA 1987, 775; HK/*Dorndorf*, § 1 KSchG Rz. 1051.

288 Die Frage der Dringlichkeit des Kündigungsgrundes stellt sich auch, wenn ein florierendes Unternehmen nach mehrjährigen Rekordgewinnen zur **weiteren Gewinnsteigerung** leistungsverdichtende organisatorische Maßnahmen trifft, um Personalbedarf abzubauen und Kosten zu senken[1]. Die innerbetriebl. Organisation der Arbeit, also auch ihre Verteilung auf die ArbN, stellt kündigungsrechtl. eine hinzunehmende unternehmerische Maßnahme dar. Sie führt zu einem Personalüberhang, sofern die verbleibenden ArbN nicht über das geschuldete Leistungsmaß hinaus in Anspruch genommen werden. Der Personalüberhang hat hier wie auch sonst die Auswirkung, dass Kosten anfallen ohne Gegenleistung und damit die Grundlage des Arbeitsverhältnisses entfällt. Die hM bejaht daher ein Kündigungsrecht[2]. Gleichwohl hat der Gesichtspunkt der **Kostenentlastung** hier nicht das Gewicht wie etwa im Falle einer Sanierung. Der Personalüberhang beruht auf der freien, gerichtlich nur auf Willkür zu prüfenden Organisationsentscheidung des Unternehmers, die ihrerseits nicht äußerer Notwendigkeit, sondern Gewinnstreben entspringt. Darin liegt keine Willkür[3]. Der ArbGeb wird auch nicht dauerhaft ein Arbeitsverhältnis aufrechterhalten müssen, das er nach seinem Konzept nicht benötigt[4]. Das widerspräche dem Austauschcharakter des Arbeitsverhältnisses. Doch wird er ggf. deutlich längere Überbrückungs- und Umschulungszeiten hinzunehmen haben, wenn dies die Möglichkeit zu anderweitiger Weiterbeschäftigung eröffnet[5].

289 **f) Beurteilungszeitpunkt.** Für die Beurteilung der Rechtswirksamkeit der betriebsbedingten Kündigung ist gem. § 130 BGB auf den Zeitpunkt ihres **Zugangs** beim Empfänger abzustellen[6] (s. Rz. 73). Die ordentl. Kündigung beendet das Arbeitsverhältnis erst zum Ablauf ihrer Frist. Erst dann muss der Beendigungsgrund bestehen. Zudem ist der Beendigungsgrund zukunftsbezogen, dh. er muss einer künftigen Fortsetzung des Arbeitsverhältnisses entgegenstehen (s. Rz. 61 f.). Um in dieser Lage im Zeitpunkt des Zugangs der Kündigung ihre Wirksamkeit beurteilen zu können, bedarf es einer **Prognose**[7]. **Grundlage** der Prognose können nur bei Zugang der Kündigung existierende Tatsachen sein. Der tatsächliche Eintritt der prognostizierten Entwicklung kann aber Rückschlüsse auf die Ernsthaftigkeit und Stichhaltigkeit der Prognose zulassen[8]. Wird die Kündigung auf die künftige Entwicklung der betrieblichen Verhältnisse, etwa eine beabsichtigte Stilllegung gestützt, so kann sie ausgesprochen werden, wenn bei ihrem Zugang über den Stilllegungsentschluss hinaus die betriebl. Umstände **greifbare Formen** angenommen haben und eine vernünftige, betriebswirtschaftl. Betrachtung die Prognose rechtfertigt, dass bis zum Auslaufen der einzuhaltenden Kündigungsfrist die geplante Maßnahme durchgeführt und der ArbN entbehrlich ist[9]. Die der Prognose zugrunde liegende **Entscheidung** muss bereits endgültig gefallen sein. Eine Kündigung wegen Betriebsschließung ist nicht gerechtfertigt, solange der ArbGeb den Stilllegungsbeschluss lediglich erwägt oder plant, aber noch nicht gefasst hat[10]. Das Gleiche gilt, wenn sich etwa ein Reinigungsunternehmen, dessen noch laufender Reinigungsauftrag nicht verlängert worden ist, an der Neuausschreibung beteiligt und bei Ausspruch der Kündigung die Neuvergabe noch offen ist. Auch der Zwang zur Einhaltung längerer Kündigungsfristen rechtfertigt hier grds. keine andere Beurteilung[11]. Eine gesellschafts- oder vereinsrechtl. **unwirksame Beschlussfassung** über die Stilllegung steht der Kündigung nicht entgegen, sofern nur im Zeitpunkt ihres Zugangs die Prognose gerechtfertigt ist, dass der Beschäftigungsbedarf bei Ablauf der Kündigungsfrist entfallen sein wird[12]. Dem ArbN kann ausnahmsw. ein **Anspruch auf Wiedereinstellung** zustehen, wenn die kündigungsbegründende Zukunftsprognose noch während des Laufs der Kündigungsfrist entfällt (zB weil es statt der Stilllegung wider Erwarten zu einem Betriebsübergang kommt). Die Kündigung bleibt in diesem Fall wirksam. Vgl. zum Wiedereinstellungsanspruch Rz. 75.

290 **g) Darlegungs- und Beweislast.** Im Kündigungsschutzprozess trägt der **ArbGeb** die Darlegungs- und Beweislast dafür, dass die Kündigung durch dringende betriebl. Erfordernisse bedingt ist, ohne dass eine andere Beschäftigungsmöglichkeit besteht, § 1 II 4[13]. Es genügen grds. keine pauschalen schlagwortartigen Angaben wie „Umsatzrückgang in Höhe von x%" oder „unternehmerische Entscheidung zum Abbau von x Arbeitsplätzen" (s. Rz. 270 f. und Rz. 315 f.). Der Kündigungsgrund, idR also der Wegfall des Beschäftigungsbedürfnisses, ist schlüssig darzulegen. Die Anforderung an die weitere Darlegung hängt davon ab, wie substantiiert sich der ArbN gem. § 138 II ZPO auf den Vortrag des ArbGeb einlässt. Bei substantiiertem Bestreiten sind sie entsprechend hoch. Die Darlegung wird häufig dadurch er-

---

1 Nach ArbG Gelsenkirchen v. 28.10.1997 – 2 Ca 3762/96, NZA 1998, 944. | 2 KR/*Griebeling*, § 1 KSchG Rz. 588; *v. Hoyningen-Huene/Linck*, § 1 KSchG Rz. 371c; APS/*Kiel*, § 1 KSchG Rz. 471, alle mwN. | 3 So aber Bader/Brams/Dörner/Wenzel/*Brams*, § 1 KSchG Rz. 263b (Missbrauch). | 4 Vgl. *Quecke*, NZA 1999, 1247 (1251). | 5 Ähnlich, zT weiter gehend (iS einer beschränkten gerichtlichen Kontrolle der unternehmerischen Entscheidung) Stahlhacke/*Preis*, Rz. 950 f.; KDZ/*Kittner*, § 1 KSchG Rz. 341; *Kühling*, AuR 2003, 92 ff. | 6 BAG v. 30.5.1985 – 2 AZR 321/84, DB 1986, 232. | 7 BAG v. 19.6.1991 – 2 AZR 127/91, NZA 1991, 891. | 8 BAG v. 27.11.2003 – 2 AZR 48/03, NZA 2004, 477. | 9 St. Rspr., BAG v. 26.6.1975 – 2 AZR 499/74 u. v. 19.6.1991 – 2 AZR 127/91, AP Nr. 1 u. 53 zu § 1 KSchG 1969 – Betriebsbedingte Kündigung; v. 11.3.1998 – 2 AZR 414/97, AP Nr. 43 zu § 111 BetrVG 1972; v. 5.4.2001 – 2 AZR 696/99, NZA 2001, 949. | 10 BAG v. 10.10.1996 – 2 AZR 477/95, DB 1997, 279. | 11 BAG v. 12.4.2002 – 2 AZR 256/01, NZA 2002, 1205 (unzulässige „Vorratskündigung"); aA für den Fall einer Existenzbedrohung des Unternehmens LAG Sa.-Anh. v. 7.8.2001 – 8 (2) Sa 142/01, DB 2003, 563; vgl. auch BAG v. 27.2.1987 – 2 AZR 652/85, NZA 1987, 700. | 12 BAG v. 5.4.2001 – 2 AZR 696/99, NZA 2001, 949. | 13 BAG v. 7.12.1978 – 2 AZR 155/77, DB 1979, 650.

schwert, dass der ArbGeb selbst nur sehr vage Vorstellungen über die konkrete Verteilung der Arbeit hat (vgl. Rz. 271). Bei rein **außerbetrieblichen Umständen** (s. Rz. 260) ist dezidiert der Wegfall der auf die gekündigten ArbN entfallenden Arbeitsmenge darzulegen. Nur in Ausnahmefällen wird ein Umsatzrückgang sich direkt proportional zum Rückgang der Arbeitsmenge verhalten (unter Umständen etwa in der Verpackungsabteilung eines Produktionsbetriebes, der nur ein gleichartiges Produkt herstellt, s. Rz. 294). Zu den vom ArbGeb darzulegenden und zu beweisenden Tatsachen gehören auch die für die Dringlichkeit sprechenden Umstände, etwa warum ein nur kurzfristiger, vorübergehender Arbeitsmangel (zB bei witterungsbedingtem Arbeitsausfall) betrieblich ausnahmsw. nicht überbrückbar ist. Rein **innerbetriebliche Ursachen**, die erst noch betrieblich umzusetzen sind (Stilllegung, Rationalisierung etc.), müssen bei Zugang der Kündigung endgültig beschlossen sein und bereits „greifbare Formen" angenommen haben sowie erwarten lassen, dass bei Ablauf der Kündigungsfrist der Beschäftigungsbedarf entfallen ist (s. Rz. 289). Verläuft die Umsetzung des unternehmerischen Konzepts sodann planmäßig, lässt dies den Rückschluss zu, dass es bei Zugang der Kündigung von einer betriebswirtschaftl. vernünftigen Prognose getragen und realisierbar gewesen war[1].

Ist bestritten, dass ein **Stilllegungsentschluss** im Kündigungszeitpunkt bereits gefasst war, so muss 291
der ArbGeb substantiiert darlegen, dass und zu welchem Zeitpunkt er diejenigen organisatorischen Maßnahmen geplant hat, die sich rechtl. als Betriebsstilllegung darstellen. Hierzu gehören neben der vollständigen Aufgabe des Betriebszwecks die Einstellung der Betriebstätigkeit (insb. Produktion und Vertrieb) sowie die Auflösung der Betriebseinheit von materiellen, immateriellen und personellen Mitteln[2]. Die Motive des ArbGeb für die gestaltende Maßnahme sind regelmäßig nur im Rahmen der Prüfung auf Willkür oder Umgehung von Bedeutung (Rz. 267). Bestehen die Ursachen in einer **Umorganisation** der Betriebsabläufe, hat der ArbGeb den danach bestehenden Beschäftigungsbedarf, dh. die Verteilung der vorhandenen Arbeitsmenge, genau darzustellen[3]. Bei **gemischt** außer- und innerbetriebl. Ursachen (zB Umsatzrückgang und gleichzeitiger verdichtender Neuverteilung der Arbeit) hat der ArbGeb beide Ursachen genau darzustellen (s. Rz. 260). Die Darlegungs- und Beweislast für **Willkür**, also für eine ausnahmsw. offenbar unsachliche, unvernünftige oder willkürliche unternehmerische Entscheidung, trägt hingegen der ArbN[4]. IdR geht das BAG davon aus, dass eine tatsächliche Vermutung für sachliche Gründe der Unternehmerentscheidung spreche[5].

Schließlich hat der ArbGeb auch darzulegen, dass **mildere Mittel** wie Abbau von Überstunden, Ein- 292
führung von Kurzarbeit[6] etc. nicht in Betracht kamen. Das Gleiche gilt für die fehlende Möglichkeit einer **anderweitigen Weiterbeschäftigung**. In beiden Fällen gilt aber gem. § 138 II ZPO eine abgestufte Darlegungslast. Es genügt zunächst, wenn der ArbGeb pauschal auf die fehlenden Ausweichmöglichkeiten verweist. Ein solcher Hinweis wird idR schon in der Darlegung des Wegfalls des bisherigen Beschäftigungsbedarfs liegen. Es ist dann Sache des ArbN, etwaige Weiterbeschäftigungsmöglichkeiten oder mildere Mittel näher zu spezifizieren. Fehlen ihm nähere Kenntnisse, braucht er nur den Bereich zu bezeichnen, in dem er weiter eingesetzt werden könnte[7]. Sodann hat der ArbGeb genau darzulegen und zu beweisen, dass solche Möglichkeiten nicht bestanden haben[8]. Bei der außerordentl. betriebsbedingten Kündigung tarifvertragl. **Unkündbarer** (s. Vor § 1 Rz. 19 sowie § 1 Rz. 41) gehört abweichend hiervon das Fehlen jeglicher anderweitiger Beschäftigungsmöglichkeiten schon zum wichtigen Grund iSv. § 626 BGB und ist von vornherein vom ArbGeb darzulegen[9]. Beruft sich der ArbN zur Unwirksamkeit der Kündigung allein auf **§ 613a IV BGB**, hat er dessen Voraussetzungen darzulegen und zu beweisen[10]. Zur Darlegungs- und Beweislast bei Kündigungen gem. **Interessenausgleich mit Namensliste** nach § 1 V s. Rz. 435.

h) Einzelfälle. Die nachfolgende Aufzählung von Einzelfällen aus der Rspr. folgt der oben Rz. 261 ff. 293
gewählten Einteilung der „eigentlichen" Kündigungsgründe in Wegfall und Änderung des Beschäftigungsbedarfs sowie sonstige Gründe bei unverändertem Beschäftigungsbedarf. Dabei werden bewusst auch die typischen Gründe für betriebsbedingte Änderungskündigungen einbezogen. Die Fallbeispiele betreffen den jeweiligen „unmittelbaren" Kündigungsgrund; darüber hinaus ist stets die Möglichkeit der Weiterbeschäftigung auf einem anderen freien Arbeitsplatz im Unternehmen zu prüfen (vgl. Rz. 274 ff.).

aa) Wegfall des Beschäftigungsbedarfs. (1) Auftragsmangel/Umsatzrückgang. Beruft sich der ArbGeb 294
allein auf (außerbetriebl.) Auftragsmangel bzw. Umsatzrückgang, hat er darzulegen, dass dadurch mindestens die der Anzahl der gekündigten ArbN entsprechende **Arbeitsmenge entfallen** ist[11]. Allein die Angabe des Umsatzrückganges genügt idR nicht, um Art und Umfang des verminderten Personalbe-

---

1 LAG Düsseldorf v. 7.5.2003 – 12 Sa 1437/02, LAGE § 1 KSchG – Betriebsbedingte Kündigung Nr. 66. | 2 BAG v. 19.6.1991 – 2 AZR 127/91, BB 1992, 1067. | 3 BAG v. 12.4.2002 – 2 AZR 740/00, EzA § 1 KSchG – Betriebsbedingte Kündigung Nr. 117. | 4 BAG v. 9.5.1996 – 2 AZR 438/95, BB 1996, 2048; v. 27.9.2001 – 2 AZR 246/00, EzA § 2 KSchG Nr. 41. | 5 BAG v. 9.5.1996 – 2 AZR 438/95, BB 1996, 2048. | 6 BAG v. 25.6.1964 – 2 AZR 382/63, DB 1964, 958. | 7 BAG v. 25.2.1988 – 2 AZR 500/87, nv.; v. 27.9.1984 – 2 AZR 62/83, NZA 1985, 455. | 8 BAG v. 20.1.1994 – 2 AZR 489/93, NZA 1994, 653; v. 24.3.1983 – 2 AZR 21/82, NJW 1984, 78. | 9 BAG v. 6.10.2005 – 2 AZR 362/04, AP Nr. 8 zu § 53 BAT; v. 2.3.2006 – 2 AZR 64/05, NZA 2006, 985 (Rz. 29). | 10 BAG v. 15.5.1985 – 5 AZR 276/84 u. v. 22.5.1985 – 5 AZR 173/84, AP Nr. 41 u. 43 zu § 613a BGB. | 11 BAG v. 11.9.1986 – 2 AZR 564/85, BB 1987, 1882; v. 15.6.1989 – 2 AZR 600/88, BB 1989, 2119.

darfs für die verschiedenen betrieblichen Tätigkeiten erkennen zu lassen. Es bedarf näherer Darlegung seiner Auswirkungen auf die jeweilige Tätigkeit, dh. der Personalbedarf als das Produkt aus Arbeitsmenge und Arbeitsverteilung ist darzustellen (vgl. Rz. 291)[1]. Das ist nur dann ausnahmsw. anders, wenn der Umsatzrückgang direkt und gleichmäßig proportional zu einem Beschäftigungsrückgang führt[2]. Der gekündigte ArbN muss vom Rückgang der Arbeitsmenge betroffen sein; hierfür genügt es grds., dass er zum Kreis der in die Sozialauswahl einzubeziehenden ArbN gehört[3]. Auftragsmangel liegt noch nicht vor, wenn sich ein Reinigungsunternehmen, dessen noch laufender **Auftrag nicht verlängert** worden ist, an der Neuausschreibung beteiligt und bei Ausspruch der Kündigung die Neuvergabe noch offen ist[4]. Anders dagegen, wenn sich der ArbGeb nicht an der Neuausschreibung beteiligt[5]. **Material-, Rohstoff- oder Energiemangel** kann ebenfalls Beschäftigungsbedarf entfallen lassen. Unter den hiesigen wirtschaftl. Verhältnissen wird es sich aber meist nur um eine vorübergehende Lage handeln, eine Kündigung daher nur selten in Betracht kommen. Anders, wenn die Lage zum Anlass einer unternehmerischen Entscheidung (zB Schließung) genommen wird. Ein dauerhafter Auftragsmangel ist bei einem **Leiharbeitsunternehmen** nicht schon anzunehmen, wenn der konkrete Einsatz des LeihArbN beendet ist, ohne dass ein Anschlussauftrag vorliegt. Es müssen vielmehr weitere Anhaltspunkte für eine dauerhafte Prognose bestehen und auch ein anderweitiger Einsatz des LeihArbN – ggf. nach Umschulung – ausscheiden[6].

295 Sofern ein Umsatz- oder Auftragsrückgang etc. nur **Motiv** für eine unternehmerische Maßnahme ist, die dann ihrerseits den Beschäftigungsbedarf entfallen lässt (etwa eine (Teil-)Stilllegung oder Rationalisierung), kommt es auf die außerbetriebl. Ursache nicht mehr an. Der Kündigungsgrund beurteilt sich ausschließlich nach Maßgabe der unternehmerischen Entscheidung (vgl. jeweils dort). Das gilt uU auch dann, wenn sich der ArbGeb vorbehält, seinen Entschluss bei Änderung der Verhältnisse zu revidieren[7]. Häufig wird zusätzlich zu einem Auftragsrückgang die verbleibende Arbeit neu verteilt (ggf. auch verdichtet); dann ergibt sich der vollständige Personalüberhang erst aus beiden Ursachen. Zur Frage, ob der ArbGeb vor einer Kündigung Überstunden bzw. Leiharbeit abbauen oder bei vorübergehendem Auftragsmangel **Kurzarbeit** einführen muss, s. Rz. 272. Auch nach Einführung von Kurzarbeit können uU Beendigungskündigungen erforderlich werden, etwa wenn unternehmerische Maßnahmen zum endgültigen Wegfall des Beschäftigungsbedarfs führen[8]. Eine allgemeine Arbeitszeitverkürzung an Stelle weniger Kündigungen gebietet der Ultima-ratio-Grundsatz nicht[9].

296 **(2) Ausgliederung und Verlagerung von Arbeiten.** Die Entscheidung, bisher betrieblich verrichtete Arbeiten auf ein **Fremdunternehmen zur selbstständigen Durchführung** auszulagern, bedarf keines dringenden Erfordernisses, auch wenn sie zu einem Personalüberhang führt, der seinerseits betriebsbedingte Kündigungen dringend erforderlich macht (vgl. auch Rz. 268). Der Unternehmer kann grds. ohne Beschränkung durch das KSchG über Art und Umfang der betrieblichen Tätigkeit und ihre innerbetriebliche Organisation entscheiden. **Beispiele** für Ausgliederungen: Vergabe von Wartungsarbeiten[10], Reinigungsarbeiten[11], Tor- und Sicherheitskontrollen[12], Lackierarbeiten in einem Metallbetrieb[13] sowie von Flämmarbeiten an Brammen[14]. Auf den betriebswirtschaftl. Nutzen kommt es nach hM nicht an[15]. Eine Überprüfung auf Notwendigkeit und Zweckmäßigkeit findet nicht statt. Die Entscheidung des ArbGeb unterliegt aber einer Kontrolle auf **Willkür** und Umgehung (s. Rz. 267). Auch ist sie abzugrenzen von der Entscheidung, betriebl. Tätigkeiten auf Dritte nicht zur selbstständigen Durchführung zu übertragen, sondern unter unveränderter Aufrechterhaltung des typischen arbeitsvertragl. Direktionsrechts gegenüber den ArbN des Dritt-ArbGeb. Darauf zielende Kündigungen sind **unzulässige Austauschkündigungen** (s. Rz. 268 f.). Hierzu zählt die Entscheidung, angestellte Musiklehrer einer Musikschule künftig nur noch als freie Mitarbeiter zu beschäftigen; ebenso der Entschluss, die formale ArbGebStellung aufzugeben und stattdessen LeihArbN einzusetzen. Anderes gilt bei Umstellung einer Außendiensttätigkeit von weisungsabhängiger Arbeit auf der Sache nach freie selbständige Tätigkeit im Rahmen eines Partnerkonzepts („weight-watchers"). Bei einer **Teilauslagerung** von betriebl. Tätigkeiten soll die Festlegung der danach verbleibenden Personalstärke eine nur noch auf

---

1 BAG v. 30.5.1985 – 2 AZR 321/84, NZA 1986, 155. | **2** BAG v. 15.6.1989 – 2 AZR 600/88, BB 1989, 2119 (werden in der Verpackungsabteilung gleichartige Artikel vor dem Versand verpackt, geht bei Rückgang des Umsatzes für diese Artikel die Arbeit der Abteilung entsprechend zurück). | **3** BAG v. 7.12.1978 – 2 AZR 155/77, DB 1979, 650. | **4** BAG v. 12.4.2002 – 2 AZR 256/01, NZA 2002, 1205; vgl. aber zu einem Stilllegungsbeschluss unter dem Vorbehalt seiner Revidierung in ähnlicher Lage BAG v. 27.2.1987 – 7 AZR 652/85, NZA 1987, 700. | **5** BAG v. 15.7.2004 – 2 AZR 376/03, NZA 2005, 523. | **6** BAG v. 18.5.2006 – 2 AZR 412/05, DB 2006, 1962; dazu *Bayreuther*, RdA 2007, 176. | **7** BAG v. 27.2.1987 – 7 AZR 652/85, NZA 1987, 700. | **8** BAG v. 17.10.1980 – 7 AZR 675/78, BB 1981, 835; v. 26.6.1997 – 2 AZR 494/96, BB 1997, 2655. | **9** BAG v. 19.5.1993 – 2 AZR 584/92, AP Nr. 31 zu § 2 KSchG 1969; LAG Hamm v. 15.12.1982 – 12 Sa 993/82, DB 1983, 506. | **10** BAG 10.12.1979 – 7 AZR 959/77, BB 1980, 1163. | **11** BAG v. 30.4.1987 – 2 AZR 184/86, BB 1987, 2303; v. 7.3.1980 – 7 AZR 1003/77, AP Nr. 9 zu § 1 KSchG 1969 – Betriebsbedingte Kündigung. | **12** BAG v. 5.5.1992 – 1 ABR 78/91, NZA 1992, 1044. | **13** BAG v. 6.9.1991 – 1 ABR 45/90, DB 1992, 327. | **14** BAG v. 5.3.1991 – 1 ABR 39/90, BB 1991, 1338. | **15** BAG v. 30.4.1987 – 2 AZR 184/86, BB 19987, 2303; v. 7.3.1980 – 7 AZR 1093/77, AP Nr. 9 zu § 1 KSchG 1969 – Betriebsbedingte Kündigung; v. 27.9.2001 – 2 AZR 246/00, EzA § 2 KSchG Nr. 41; aA *Preis*, NZA 1995, 241 (248 ff.), der „triftige Gründe" für die Unternehmerentscheidung fordert.

Willkür überprüfbare Unternehmerentscheidung darstellen, die zum Wegfall der überzähligen Arbeitsplätze führe[1] (zur Kritik s. Rz. 270).

Von der Fremdvergabe betrieblicher Tätigkeit („Outsourcing") ist die **Aufspaltung** eines Unternehmens zu unterscheiden. Hierdurch wird die Grundlage des Arbeitsverhältnisses, der Beschäftigungsbedarf des ArbGeb, unmittelbar nicht betroffen. Zusätzlich schützt § 323 I UmwG die kündigungsrechtl. Stellung der ArbN für die Dauer von zwei Jahren. Die Fremdvergabe betriebl. Tätigkeiten erfüllt als bloße Funktionsnachfolge nicht die Voraussetzungen eines **Betriebsübergangs** gem. § 613a BGB[2]. Anderes kann bei Übernahme der Stammbelegschaft gelten[3]. Mit der Fremdvergabe kann eine Teilbetriebsschließung verbunden sein, die idR eine Betriebsänderung iSv. § 111 BetrVG darstellt, wenn die Entlassungszahlen des § 17 I erreicht werden[4]. 297

Die bloße Umgestaltung und **Verlagerung von Arbeiten** in eine andere Betriebsabteilung rechtfertigt allein keine betriebsbedingten Kündigungen, soweit nach wie vor im Wesentlichen die gleichen Arbeiten zu verrichten und die bisherigen ArbN hierzu persönlich und fachlich geeignet sind. Das gilt selbst dann, wenn es sich bei den neu eingerichteten Arbeitsplätzen um Beförderungsstellen handelt[5]. Soll und kann die Arbeit dagegen von den verbleibenden ArbN miterledigt werden, entfällt entsprechend der Bedarf an Arbeitskräften. In diesem Fall findet zwischen den betroffenen ArbN, die nach der Umgestaltung des Arbeitsablaufs für eine Weiterbeschäftigung persönlich und fachlich geeignet sind, eine Sozialauswahl nach den Grundsätzen des § 1 III statt. Dies kann der ArbGeb nicht dadurch umgehen, dass er zunächst die verbleibenden Arbeitsplätze ohne Beachtung sozialer Gesichtspunkte besetzt und erst danach den nicht übernommenen ArbN kündigt[6]. Diese Grundsätze gelten wegen der unternehmensbezogenen Weiterbeschäftigungspflicht (vgl. Rz. 277) auch bei einer Verlagerung von Arbeiten in einen **anderen Betrieb** des Unternehmens[7]. Zur Verlagerung auf ein anderes Konzernunternehmen vgl. Rz. 278. Wird das Arbeitsgebiet eines ArbN auf den ArbGeb selbst verlagert (bzw. den persönlich haftenden Gesellschafter), handelt es sich um eine grds. hinzunehmende unternehmerische Entscheidung, die Beschäftigungsbedarf entfallen lässt[8]. Sie wird jedoch wegen der Gefahr einer Umgehung des Kündigungsschutzes sorgfältig auf ihre dauerhafte Realisierbarkeit zu prüfen sein. Nimmt der ArbGeb einen zurückgehenden Arbeitsanfall zum Anlass, einfachere Tätigkeiten auf qualifiziertere ArbN (Facharbeiter) zu übertragen, kann hierdurch der Beschäftigungsbedarf für Hilfsarbeiter (Bauwerker) entfallen[9]. 298

Einstweilen frei. 299

(3) Betriebsstilllegung. Sie bedeutet die **Auflösung der Betriebs- und Produktionsgemeinschaft** zwischen ArbGeb und ArbN. Der ArbGeb stellt die wirtschaftl. Betätigung in der ernstlichen Absicht ein, den bisherigen Betriebszweck dauernd oder für eine ihrer Dauer nach unbestimmte, wirtschaftl. nicht unerhebliche Zeitspanne nicht weiter zu verfolgen[10]. Eine betriebsbedingte Kündigung ist idR bereits dann gerechtfertigt, wenn der Unternehmer **im Zeitpunkt des Zugangs der Kündigung** den ernsthaften und endgültigen (s. Rz. 302) **Entschluss** gefasst hat, den Betrieb nicht nur vorübergehend stillzulegen[11]. Das Gleiche gilt für die Stilllegung eines Betriebsteils[12]. Bei alsbaldiger Wiedereröffnung des Betriebes spricht eine tatsächliche Vermutung gegen eine ernsthafte Stilllegungsabsicht[13]. Ein erst nach Zugang der Kündigung gefasster endgültiger Stilllegungsentschluss kann nur eine nachfolgende neue Kündigung rechtfertigen[14]. Der **Grund für den Entschluss** ist unmaßgeblich. Die Ernsthaftigkeit und Endgültigkeit einer Unternehmerentscheidung setzt nicht voraus, dass ihre Verwirklichung dem Wunsch des ArbGeb entspricht. Sieht er sich zu ihr durch Umstände gezwungen, die er nicht nach seinem Willen gestalten kann, so kann es uU unschädlich sein, wenn er sich vorbehält, seinen Entschluss nicht zu verwirklichen, falls sich die Verhältnisse wider Erwarten anders als bei vernünftiger Betrachtung vorhersehbar entwickeln[15]. Im Übrigen muss sich der ArbGeb an seinem eigenen unternehmerischen Konzept festhalten lassen[16]. Ein Beschluss der Gesellschafter, die GmbH zu liquidieren, besagt allein noch nicht, dass auch der Betrieb stillgelegt werden soll. Im Zuge einer **Liquidation der Gesellschaft** kommt auch eine Veräußerung des Betriebes in Betracht[17]. Die unternehmerische Entscheidung zur Stilllegung des 300

1 BAG v. 18.5.2006 – 2 AZR 245/05, ZTR 2007, 50 (amerikanische Streitkräfte). |2 St. Rspr. des BAG im Anschluss an das Urteil des EuGH vom 11.3.1997 – Rs. C-13/95, EuGHE I 1997, 1259 = DB 1997, 628 f. (Ayse Süzen); vgl. BAG v. 11.12.1997 – 8 AZR 426/94, AP Nr. 171 zu § 613a BGB; v. 16.7.1998 – 8 AZR 77/97, nv. |3 BAG v. 22.5.1997 – 8 AZR 101/96, NZA 1997, 1050. |4 BAG v. 27.6.2002 – 2 AZR 489/01, EzA § 1 KSchG – Betriebsbedingte Kündigung (instruktiv zur Schließung eines Krankenhauslabors und Fremdvergabe der Laborarbeiten). |5 BAG v. 10.11.1994 – 2 AZR 242/94, NZA 1995, 566. |6 BAG v. 10.11.1994 – 2 AZR 242/94, NZA 1995, 566. |7 BAG v. 10.11.1994 – 2 AZR 242/94, NZA 1995, 566. |8 BAG v. 22.3.1990 – 2 AZR 144/89, nv. |9 BAG v. 11.6.1986 – 2 AZR 564/85, BB 1987, 1882. |10 BAG v. 21.6.2002 – 2 AZR 137/00, AP Nr. 50 zu § 50 KSchG 1969. |11 BAG v. 27.2.1987 – 7 AZR 652/85, NZA 1987, 700; v. 18.1.2001 – 2 AZR 514/99, AP Nr. 115 zu § 1 KSchG 1969 – Betriebsbedingte Kündigung; zur Stilllegung durch einen Pächter vgl. BAG v. 27.4.1995 – 8 AZR 197/94, EzA § 613a BGB Nr. 126; durch den Mieter eines Einzelhandelsgeschäfts BAG v. 22.5.1997 – 8 AZR 101/96, AP Nr. 154 zu § 613a BGB. |12 BAG v. 4.12.1997 – 2 AZR 140/97, BB 1998, 1108. |13 BAG v. 21.6.2002 – 2 AZR 137/00, AP Nr. 50 zu § 15 KSchG 1969. |14 BAG v. 4.12.1986 – 2 AZR 564/85, BB 1987, 1882. |15 BAG v. 27.2.1987 – 7 AZR 652/85, NZA 1987, 700; vgl. aber BAG v. 12.4.2002 – 2 AZR 256/01, NZA 2002, 1205 („unzulässige Vorratskündigung"). |16 BAG v. 18.1.1990 – 2 AZR 183/89, AP Nr. 27 zu § 2 KSchG 1969. |17 LAG Sa.-Anh. v. 11.1.2000 – 4 Sa 791/99, nv.

Betriebes einer GmbH kann entsprechende Kündigungen auch dann sozial rechtfertigen, wenn ihr **kein wirksamer Beschluss** der Gesellschafter zugrunde liegt[1]. Zur Betriebsstilllegung nach Spaltung und Teilübertragung einer Kapitalgesellschaft s. Rz. 307. Zur Stilllegung durch den (starken) vorläufigen Insolvenzverwalter s. Rz. 311.

301 Die **vorübergehende Stilllegung** steht der dauerhaften gleich, wenn sie für einen erheblichen Zeitraum erfolgt (zB knappes Dreivierteljahr[2]). Im Kündigungszeitpunkt muss davon auszugehen sein, dass eine eventuelle Wiederaufnahme der Produktion erst nach einem längeren, wirtschaftl. nicht unerheblichen Zeitraum erfolgen kann, dessen Überbrückung mit weiteren Vergütungszahlungen dem ArbGeb nicht zugemutet werden kann[3]. Dabei wird auch die Möglichkeit der Inanspruchnahme von Kug zu berücksichtigen sein. Im Falle witterungsbedingter vorübergehender Betriebseinstellung kommt es darauf an, ob bei Zugang der Kündigung der Zeitpunkt der Arbeitsaufnahme bereits absehbar und die Überbrückung des Zeitraums unter Berücksichtigung der Kündigungsfrist zumutbar war (vgl. Rz. 287). Dabei sind witterungsbedingte Betriebsschließung und etwaiger Auftragsmangel getrennt zu prüfende Gesichtspunkte[4].

302 Der ArbGeb hat noch keinen endgültigen Stilllegungsentschluss gefasst, solange er **über die Veräußerung des Betriebes noch ernsthaft verhandelt** und nur vorsorglich für den Fall des Scheiterns der Verhandlungen kündigt[5]. Der bloße Vorbehalt des Konkursverwalters, eine sich wider Erwarten doch noch bietende Möglichkeit zur Betriebsveräußerung wahrnehmen zu wollen, steht einer ernsthaften und endgültigen Stilllegungsabsicht im Kündigungszeitpunkt aber nicht entgegen[6]. Kommt es trotz endgültiger und ernsthafter Stilllegungsabsicht des ArbGeb nach Ausspruch der Kündigung wider Erwarten doch noch zu einer Fortsetzung des Betriebes[7], etwa weil sich ein Erwerber gefunden hat, können **Wiedereinstellungsansprüche** der gekündigten ArbN gegenüber dem Betriebserwerber entstehen (vgl. Rz. 75). Im Zeitpunkt des Zugangs der Kündigung muss die Stilllegung noch nicht durchgeführt sein. Es genügt, wenn sie endgültig beschlossen ist (vgl. Rz. 300) und bereits **greifbare Formen** angenommen hat (vgl. Rz. 289). Die „greifbaren Formen" können je nach den Umständen des Einzelfalles die Gründe für die Stilllegungsabsicht oder auch ihre Durchführungsformen betreffen; mit der Durchführung der Stilllegung muss daher nicht notwendig begonnen worden sein[8]. Greifbare Formen liegen dann vor, wenn im Zeitpunkt des Ausspruchs der Kündigung auf Grund einer vernünftigen, betriebswirtschaftl. Betrachtung davon auszugehen ist, dass mit einiger Sicherheit der Eintritt eines die Entlassung erforderlich machenden betriebl. Grundes gegeben ist. Das ist der Fall bei dem Entschluss des ArbGeb, ab sofort **keine neuen Aufträge** mehr anzunehmen, allen ArbN zum nächstmöglichen Kündigungstermin zu kündigen, zur Abarbeitung der vorhandenen Aufträge eigene ArbN nur noch während der jeweiligen Kündigungsfristen einzusetzen und so den Betrieb schnellstmöglich stillzulegen[9]. Ein solches Stilllegungskonzept wird nicht dadurch in Frage gestellt, dass es bei der restlichen Abwicklung auf Grund unvorhergesehenen extrem hohen Krankenstandes zum Einsatz von LeihArbN an Stelle bereits gekündigter ArbN kommt[10].

303 Eine **anderweitige Weiterbeschäftigung** auf einem freien Arbeitsplatz in einem anderen Betrieb des Unternehmens hat Vorrang vor einer Beendigungskündigung (Rz. 277). Sind bei einer Betriebsstilllegung freie Arbeitsplätze in einem anderen Betrieb des Unternehmens zu besetzen, erfolgt die **Auswahl** der zu kündigenden ArbN gem. § 1 III nach sozialen Gesichtspunkten[11] (vgl. Rz. 283 u. Rz. 334 ff.). Auch bei etappenweiser Stilllegung oder Stilllegung nur eines Betriebsteils[12] findet jeweils eine betriebsweite Sozialauswahl statt[13]. Zur Frage einer konzernweiten Weiterbeschäftigungspflicht vgl. Rz. 278. Die Stilllegung des Betriebes rechtfertigt bei fehlender anderweitiger Weiterbeschäftigungsmöglichkeit die außerordentl. Kündigung von tarif- oder einzelvertragl. **„unkündbaren" ArbN**[14]. Eine solche Kündigung kann nur wie eine ordentl. Kündigung ausgesprochen werden (insb. mit Auslauffrist, vgl. Rz. 41). Die behördliche Zustimmung zur Kündigung während des Mutterschutzes bzw. der Elternzeit (§ 9 MuSchG, § 18 BEEG) wird regelmäßig erteilt[15]. Die Betriebsschließung stellt kein dringendes betriebliches Erfordernis für die Kündigung eines ArbN dar, mit dem **Block-ATZ** vereinbart ist und der sich bereits in der **Freistellungsphase** befindet. Der Wegfall aller Beschäftigungsmöglichkeiten erfordert keine Kündigung, wenn der in ATZ befindliche ArbN die geschuldete Arbeitsleistung bereits in vollem Umfang erbracht und der ArbGeb ihn deshalb nicht weiter zu beschäftigen hat. Das gilt auch in der

---

1 BAG v. 5.4.2001 – 2 AZR 696/99, NZA 2001, 949; zur Beschlussfassung eines Vereins vgl. LAG Sa.-Anh. v. 7.8.2001 – 8 (2) Sa 142/01, DB 2003, 563. | **2** BAG v. 27.4.1995 – 8 AZR 200/94, EzA § 1 KSchG – Betriebsbedingte Kündigung Nr. 83; v. 21.6.2002 – 2 AZR 137/00, AP Nr. 50 zu § 15 KSchG 1969. | **3** BAG v. 21.6.2002 – 2 AZR 137/00, AP Nr. 50 zu § 15 KSchG 1969. | **4** BAG v. 7.3.1996 – 2 AZR 180/95, BB 1996, 1557. | **5** BAG v. 10.10.1996 – 2 AZR 477/95, NZA 1997, 251. | **6** BAG v. 7.3.1996 – 2 AZR 298/95, nv. | **7** BAG v. 28.4.1988 – 2 AZR 623/87, NZA 1989, 265. | **8** BAG v. 19.6.1991 – 2 AZR 127/91, NZA 1991, 891. | **9** BAG v. 18.1.2001 – 2 AZR 514/99, NJW 2001, 2116; v. 7.7.2005 – 2 AZR 447/04, NZA 2005, 1351. | **10** BAG v. 18.1.2001 – 2 AZR 514/99, NJW 2001, 2116. | **11** LAG Hamm v. 30.6.1989 – 18 (7) Sa 1639/88, LAGE § 1 KSchG – Soziale Auswahl Nr. 5. | **12** BAG v. 16.9.1982 – 2 AZR 271/80, DB 1983, 504. | **13** LAG Hamm v. 3.4.1987 – 17 Sa 2043/86, NZA 1987, 636. | **14** St. Rspr. seit BAG v. 28.3.1985 – 2 AZR 113/84, NZA 1985, 559; v. 6.3.1986 – 2 ABR 15/85, DB 1986, 2605. | **15** BAG v. 20.1.2005 – 2 AZR 500/03, AP Nr. 8 zu § 18 BErzGG.

Insolvenz (vgl. Rz. 311)[1]. Anders dagegen in der **Arbeitsphase**, selbst wenn zwischen Kündigungstermin und Beginn der Freistellungsphase nur ein Monat liegt[2].

Bei der Stilllegung von Betrieben und Betriebsteilen kommt es zumeist zu **Massenentlassungen** iSv. § 17. Diese stellen **Betriebsänderungen** iSv. § 111 BetrVG dar, über die der ArbGeb in Unternehmen mit mehr als 20 ArbN gem. § 112 BetrVG einen Interessenausgleich mit dem BR herbeizuführen versuchen muss (vgl. die Erl. dort)[3]. Unterlässt er dies oder weicht er von einem vereinbarten Interessenausgleich ab, drohen Nachteilsausgleichsansprüche der gekündigten ArbN (§ 113 BetrVG). 304

(4) Betriebsübergang. Bei ihm bleibt in Abgrenzung zur Stilllegung die Identität der wirtschaftl. Einheit erhalten[4] (vgl. zum Begriff die Erl. zu § 613a BGB). Eine Kündigung wegen Betriebsübergangs ist **schlechthin unwirksam**; das Recht zur Kündigung aus anderen Gründen bleibt unberührt (§ 613a IV BGB). Das gilt auch in der Insolvenz. § 613a BGB ist ein eigenständiger Unwirksamkeitsgrund. Eine Kündigung wegen Betriebsübergangs ist daher auch unwirksam, wenn das KSchG keine Anwendung findet[5]. Das gilt für die Kündigung des Veräußerers wie die des Erwerbers. Seit dem 1.1.2004 ist für die Geltendmachung der Unwirksamkeit der Kündigung gem. § 613a IV BGB die Klagefrist des § 4 S. 1 zu beachten (s. § 4 Rz. 6). Eine Kündigung „wegen" des Betriebsübergangs iSv. § 613a IV BGB liegt vor, wenn dieser zwar nicht der einzige, aber doch der **ausschlaggebende Beweggrund** ist[6]. Dies hat der ArbN zu beweisen. Hierfür spricht eine tatsächliche Vermutung, wenn die Kündigung äußerlich in zeitlichem und sachlichem Zusammenhang mit einem Betriebsübergang erfolgte. Der ArbGeb muss dann ggf. seine andersartigen Gründe näher vortragen, damit sich der ArbN mit dieser Motivlage auseinander setzen kann[7]. 305

Eine Kündigung „aus anderen Gründen" ist auch gegeben, wenn der bisherige Betriebsinhaber **Rationalisierungs- oder Teilstilllegungsmaßnahmen** durchführt, auch wenn dies nur geschieht, um die Chancen für eine anschließende Veräußerung zu erhöhen[8]. Voraussetzung ist ein auf die Fortführung des zu übertragenden Betriebes oder Betriebsteils gerichtetes unternehmerisches Konzept sowie der Wegfall des Beschäftigungsbedarfs im Übrigen. Die Kündigung des Veräußerers auf Grund eines **Erwerberkonzepts** verstößt dann nicht gegen § 613a IV BGB, wenn ein verbindliches Konzept oder ein Sanierungsplan des Erwerbers vorliegt, dessen Durchführung im Zeitpunkt des Zugangs der Kündigung bereits greifbare Formen angenommen hat[9]. Zumindest in der Insolvenz des Veräußerers kommt es dabei nicht darauf an, ob dieser das Erwerberkonzept ohne die Veräußerung selbst hätte durchführen können[10]. Richtigerweise wird dies auch **außerhalb der Insolvenz** allgemein gelten. § 613a IV 2 BGB lässt das Recht zur Kündigung aus anderen Gründen unberührt. Das für die am Betriebsübergang Beteiligten verbindliche Erwerberkonzept ist auch dann wie eine unternehmerische Entscheidung des Veräußerers anzuerkennen, wenn es ausschließlich der Erwerber durchführen kann. Die durch § 613a BGB hergestellte Kontinuität der Arbeitsverhältnisse wirkt sich hier im Sinne einer Einheit von Veräußerer und Erwerber aus; könnte erst der Erwerber kündigen, käme es nur zu einer von § 613a BGB nicht intendierten künstlichen Verlängerung von Arbeitsverhältnissen[11]. Zur Vermeidung von Umgehungsmöglichkeiten muss das Konzept hinreichend konkret sowie rechtsverbindlich – etwa durch einen Vorvertrag[12] – abgesichert sein. Zur Sozialauswahl in diesen Fällen vgl. Rz. 337. 306

Widerspricht ein ArbN dem Übergang seines Arbeitsverhältnisses gem. § 613a VI BGB schriftl. binnen eines Monats nach Unterrichtung, geht es nicht über. Der ArbN muss aber mit einer betriebsbedingten Kündigung des Veräußerers rechnen, wenn dort eine Beschäftigungsmöglichkeit fehlt. Zur Sozialauswahl in diesem Fall vgl. Rz. 338. Vgl. zu Vorstehendem im Einzelnen die **Erl. zu § 613a BGB**, zum Betriebsübergang in der Insolvenz zudem **§ 128 InsO**. Gem. § 324 UmwG gilt § 613a I und IV BGB auch bei **Umwandlungen** von Kapitalgesellschaften in Form von Verschmelzung, Spaltung und Vermögensübertragung, sofern in diesem Zuge ein Betrieb oder Betriebsteil auf einen anderen Rechtsträger übergeht. Nach § 323 I UmwG verschlechtert sich die kündigungsrechtl. Stellung des ArbN auf Grund einer Spaltung oder Teilübertragung für die Dauer von zwei Jahren nicht. Dies steht einer Kündigung wegen nachfolgender Stilllegung nicht entgegen, da diese nicht unmittelbare Folge der Umwandlung ist[13]. Vgl. näher jeweils dort. 307

---

1 BAG v. 5.12.2002 – 2 AZR 571/01, NZA 2003, 789. | 2 BAG v. 16.6.2005 – 6 AZR 476/04, AP Nr. 13 zu § 3 ATG. | 3 Zur Frage einer Betriebsänderung iSv. § 111 BetrVG instruktiv BAG v. 27.6.2002 – 2 AZR 489/01, EzA § 1 KSchG – Betriebsbedingte Kündigung Nr. 117 (Schließung eines Krankenhauslabors). | 4 Vgl. BAG v. 16.2.2006 – 8 AZR 204/05, NZA 2006, 794 (Handwerksbetrieb) u. v. 4.5.2006 – 8 AZR 299/05, NZA 2006, 1096 (Frauenhaus). | 5 BAG v. 31.1.1985 – 2 AZR 530/83, NZA 1985, 593; v. 5.12.1985 – 2 AZR 3/85, BB 1986, 1092. | 6 BAG v. 26.5.1983 – 2 AZR 477/81, BB 1983, 2116 (Kündigung, weil Erwerber den ArbN als „zu teuer" abgelehnt hat); v. 18.7.1996 – 8 AZR 127/94, BB 1996, 2350. | 7 BAG v. 3.7.1986 – 2 AZR 68/85, NZA 1987, 123; zur Abgrenzung von Betriebsübergang und Betriebsstilllegung vgl. auch BAG v. 12.2.1987 – 2 AZR 247/86, BB 1987, 2370. | 8 BAG v. 18.7.1996 – 8 AZR 127/94, BB 1996, 2305. | 9 BAG v. 26.5.1983 – 2 AZR 477/81, AP Nr. 34 zu § 613a BGB; v. 18.7.1996 – 8 AZR 127/94, AP Nr. 147 zu § 613a BGB. | 10 BAG v. 20.3.2003 – 8 AZR 97/02, AP Nr. 250 zu § 613a BGB; dazu *Gaul*, DB 2003, 1902 ff.; anders außerhalb der Insolvenz noch BAG v. 26.5.1983 – 2 AZR 477/81, AP Nr. 34 zu § 613a BGB. | 11 Ebenso für „Sanierungsfälle" ErfK/*Preis*, § 613a Rz. 163 ff. (166). | 12 *Willemsen*, ZIP 1983, 414 f. | 13 BAG v. 22.9.2005 – 6 AZR 526/04, BB 2006, 1278.

308 Beruft sich der ArbGeb auf eine **Betriebsstilllegung**, muss er im Zeitpunkt des Zugangs der Kündigung den ernsthaften und endgültigen Entschluss zur Stilllegung gefasst und diese bereits greifbare Formen angenommen haben (vgl. Rz. 302). Wird der Betrieb später tatsächlich doch noch veräußert, spricht dies gegen die ursprüngliche Stilllegungsabsicht. Der ArbGeb wird angesichts der nachfolgenden Veräußerung genauestens darzulegen haben, dass er tatsächlich die ernsthafte und endgültige Absicht zur Stilllegung gehabt hatte[1]. Gelingt ihm das, bleibt die Kündigung wirksam, es kommt aber ein Wiedereinstellungsanspruch für die gekündigten ArbN in Betracht (vgl. Rz. 75). Der bloße Vorbehalt des Konkursverwalters, eine sich wider Erwarten bietende, zurzeit nicht erkennbare Möglichkeit zur Betriebsveräußerung wahrnehmen zu wollen, steht einer ernsthaften und endgültigen Stilllegungsabsicht im Kündigungszeitpunkt nicht entgegen[2].

309 Bei **Anwendung des KSchG** und fristgerechter Klage muss der ArbGeb die Kündigungsgründe gem. § 1 II 4 **darlegen und beweisen**. Der Betriebsübergang ist kein dringendes betriebl. Erfordernis für eine Kündigung. Er führt weder zu einer Veränderung noch zu einem Wegfall des Beschäftigungsbedarfs. Die Arbeitsverhältnisse gehen mit allen Rechten und Pflichten auf den Erwerber über, § 613a I BGB. Hat der Veräußerer vor dem Betriebsübergang gekündigt, kann die **Kündigungsschutzklage** gegen ihn gerichtet werden. Das soll auch gelten, wenn der Betrieb zwischen Kündigung und Klageerhebung auf den Erwerber übergegangen ist[3]. Die Klage sollte hier außerdem gegen den Erwerber gerichtet werden (subj. Klagehäufung). Stützt sich die Kündigungsschutzklage gegen den Veräußerer allein auf die Behauptung, der Betrieb sei vor der Kündigung auf den Erwerber übergegangen, so führt dies zur Unschlüssigkeit der Klage[4]. Nach dem Betriebsübergang kann die Klage gegen die Kündigung des Veräußerers auch gegen den Erwerber gerichtet werden, wenn der ArbN einen Übergang seines Arbeitsverhältnisses auf den Erwerber geltend macht[5].

310 **(5) Drittmittel.** Der **Entzug oder die Kürzung** von sog. Drittmitteln, mit denen ein Dritter bestimmte Tätigkeiten des ArbGeb (zB im Forschungsbereich) finanziert, stellt für sich keinen betriebsbedingten Kündigungsgrund dar. Er verändert oder verringert selbst nicht den Beschäftigungsbedarf[6]. Das gilt erst recht für die bloße Befürchtung der Streichung von Drittmitteln[7]. Trifft der ArbGeb aber eine unternehmerische Entscheidung, etwa zur Einstellung oder Reduzierung der fraglichen Tätigkeiten, beurteilt sich die Kündigung nach deren Inhalt und kann eine Kündigung rechtfertigen. Es unterliegt auch der freien unternehmerischen Entscheidung, das **Anforderungsprofil** für einen eingerichteten Arbeitsplatz festzulegen (vgl. Rz. 276)[8]. Dies gilt insb., wenn bei drittfinanzierten Arbeitsverträgen das festgelegte Anforderungsprofil den Vorgaben des Drittmittelgebers entspricht. Eine Entgeltreduzierung aus Anlass der Drittmittelkürzung kommt nur unter den von der Rspr. dafür aufgestellten besonderen Voraussetzungen in Betracht (vgl. § 2 Rz. 17).

311 **(6) Insolvenz.** Auch die Kündigung des Insolvenzverwalters gem. § 113 InsO setzt gem. § 1 ein dringendes betriebl. Erfordernis voraus, das einer **Weiterbeschäftigung** des ArbN entgegensteht. Allein das Fehlen hinreichender finanzieller Mittel stellt keinen ausreichenden Kündigungsgrund dar[9]. Die Insolvenz des ArbGeb als solche lässt den Beschäftigungsbedarf nicht entfallen, solange nicht der Verwalter den Betrieb oder Teile davon zB stillegt oder rationalisiert (s. dazu jeweils dort). Der Insolvenzverwalter kann sich das verbindliche Rationalisierungskonzept eines Betriebserwerbers zu Eigen machen und darauf eine Kündigung stützen (vgl. Rz. 306). Mit der verkürzten Frist des § 113 S. 2 InsO kann der Insolvenzverwalter auch (erneut) kündigen, wenn er zuvor als (starker) **vorläufiger Insolvenzverwalter** mit längerer Frist aus im Wesentlichen gleichen Gründen gekündigt hatte[10]. Der (starke) vorläufige Insolvenzverwalter bedarf für eine Unternehmensstilllegung gem. § 22 I 2 Nr. 2 InsO zwar der Zustimmung des Insolvenzgerichts[11]; diese ist aber keine Wirksamkeitsvoraussetzung für stilllegungsbedingte Kündigungen[12]. Die Stilllegung des Betriebes stellt aber auch in der Insolvenz kein dringendes betriebl. Erfordernis für die Kündigung eines ArbN dar, mit dem **Block-ATZ** vereinbart ist und der sich bereits in der **Freistellungsphase** befindet. Der mit einer Betriebsstilllegung verbundene Wegfall aller Beschäftigungsmöglichkeiten erfordert keine Kündigung, wenn der in ATZ befindliche ArbN die geschuldete Arbeitsleistung bereits in vollem Umfang erbracht hat und der ArbGeb ihn deshalb nicht weiterbeschäftigen muss[13]. Vgl. im Übrigen zu den besonderen Kündigungsregelungen für Arbeitsverhältnisse in der Insolvenz den Überblick in Vor § 1 Rz. 42 f. sowie die Erl. zu §§ 113 ff. InsO.

312 **(7) Öffentlicher Dienst.** Nach der Rspr. des BAG können **Stellenstreichungen** im Haushaltsplan[14] ebenso wie das Anbringen eines konkret (im laufenden Haushaltsjahr) datierten sog. „kw-Vermerks"

---

1 BAG v. 28.4.1988 – 2 AZR 623/87, NZA 1989, 265. | 2 BAG v. 7.3.1996 – 2 AZR 298/95, nv. | 3 BAG v. 20.3.1997 – 8 AZR 769/95, NZA 1997, 937; v. 18.3.1999 – 8 AZR 306/98, AP Nr. 44 zu § 4 KSchG 1969. | 4 BAG v. 18.4.2002 – 8 AZR 346/01, AP Nr. 232 zu § 613a BGB. | 5 KR/*Pfeiffer*, § 613a BGB, Rz. 205; *Hillebrecht*, NZA 1989, Beilage 4, S. 14 (19). | 6 BAG v. 20.2.1986 – 2 AZR 212/85, NZA 1986, 823; v. 7.11.1996 – 2 AZR 811/95, NZA 1997, 523. | 7 BAG v. 24.8.1989 – 2 AZR 653/88, nv. | 8 BAG v. 7.11.1996 – 2 AZR 811/95, NZA 1997, 523; v. 10.11.1994 – 2 AZR 242/94, NZA 1995, 566. | 9 BAG v. 5.12.2001 – 2 AZR 571/01, NZA 2003, 789. | 10 BAG v. 22.5.2003 – 2 AZR 255/02, AP Nr. 12 zu § 113 InsO. | 11 BAG v. 29.6.2000 – 8 ABR 44/99, AP Nr. 2 zu § 126 InsO. | 12 BAG v. 27.10.2005 – 6 AZR 5/05, ZIP 2006, 585. | 13 BAG v. 5.12.2001 – 2 AZR 571/01, NZA 2003, 789; krit. *Hanau*, RdA 2003, 230 f. | 14 BAG v. 28.11.1956 – GS 3/56, BAGE 3, 245; v. 21.1.1993 – 2 AZR 330/92, NZA 1993, 1099.

(„künftig wegfallend") an einer Personalstelle im Haushaltsplan[1] eine von den Gerichten nicht nachprüfbare Entscheidung darstellen, dass die bezeichnete Stelle für die einzelne Dienststelle entbehrlich ist. Besteht keine anderweitige Weiterbeschäftigungsmöglichkeit, kann eine Kündigung gerechtfertigt sein. Dies setzt eine nach sachlichen Merkmalen genau bestimmte Stelle sowie ein auf den Bedarf der jeweiligen Dienststelle zugeschnittenes **Konzept** der zuständigen Verwaltung voraus, weil anderenfalls nicht festgestellt werden kann, ob im konkreten Fall der ausgesprochenen Kündigung ein dringendes betriebliches Erfordernis zugrunde liegt[2]. Wurde eine konkrete Stelle im Haushaltsplan gestrichen und bestehen keine Anhaltspunkte für einen Missbrauch des Kündigungsrechts (etwa gleichzeitige Arbeitszeiterhöhungen, Neueinstellungen oder Umsetzung), soll die organisatorische Umsetzbarkeit der Maßnahme grds. keiner näheren Darlegung mehr bedürfen[3]. Diese Befreiung des öffentl. ArbGeb von der grds. gebotenen Darlegung des dauerhaften Wegfalls des Beschäftigungsbedarfs allein auf Grund seines – nur intern bindenden – Stellenplans erscheint sehr weitgehend (s. Rz. 270). Bezeichnet dagegen ein Haushaltsplan 110 von 204 Arbeiterstellen einer Landesanstalt für Umwelt als zum Ende des Haushaltsjahres „künftig wegfallend", ohne sich mit ihrer Zuordnung zu den einzelnen im gesamten Land verteilten Standorten näher zu befassen, liegt darin allein noch keine bindende unternehmerische Vorgabe, die den Beschäftigungsbedarf entfallen ließe[4]. Beschließt eine Kommune, den Personalbedarf für **Kindertageseinrichtungen** nach dem Bedarfsschlüssel des LandesKitaG zu berechnen und das Personal entsprechend zu reduzieren, ist eine damit begründete betriebsbedingte Kündigung idR nicht sozialwidrig, sofern keine Anhaltspunkte für fortbestehenden Beschäftigungsbedarf oder eine Überforderung des verbleibenden Personals bestehen[5]. Der Darlegung eines konkreten Konzepts zur Umsetzung der geplanten Maßnahme bedarf es ohne solche Anhaltspunkte nicht.

Die **Streichung einer Halbtagsstelle** im öffentl. Haushalt sagt für sich genommen noch nichts dazu aus, ob nicht lediglich eine Überkapazität im Umfang einer Halbtagsstelle abgebaut werden soll, so dass dem durch eine entsprechende Änderungskündigung gegenüber einer sozial weniger schutzbedürftigen Vollzeitkraft Rechnung getragen werden könnte[6]. Vgl. zur sozialen Auswahl insoweit Rz. 366. Die Umwandlung der Vollzeitstelle einer **Gleichstellungsbeauftragten** durch Gemeinderatsbeschluss in eine halbe Stelle kann eine entsprechende Änderungskündigung sozial rechtfertigen, sofern keine anderweitige Beschäftigungsmöglichkeit besteht[7]. Umgekehrt kann die Verwaltung auch **ohne Stellenplanänderung** ein Konzept zur Einsparung vorhandener Stellen entwickeln und umsetzen (Rationalisierung). Die Streichung einer Stelle im Haushaltsplan ist nicht unabdingbare Voraussetzung einer betriebsbedingten Kündigung im öffentl. Dienst[8]. Die Organisationsentscheidung des öffentl. ArbGeb, eine Angestelltenstelle, auf der hoheitliche Aufgaben erledigt werden, in eine **Beamtenstelle** umzuwandeln und mit einem Beamten zu besetzen, kann ein dringendes betriebl. Erfordernis zur Kündigung des bisherigen Stelleninhabers darstellen, wenn dieser die Voraussetzungen für die Übernahme in ein Beamtenverhältnis nicht erfüllt. Erfüllt der bisherige Stelleninhaber jedoch das Anforderungsprofil der neu geschaffenen Beamtenstelle, besteht kein dringendes betriebl. Erfordernis zu seiner Kündigung[9]. Bei der körperschaftlichen Umbildung eines öffentl.-rechtl. Dienstherrn können uU die §§ 128 ff. BRRG auch für die ArbN zur Anwendung gelangen[10]. Zur Kürzung von Drittmitteln vgl. Rz. 310. Zur eingeschränkten Anzeigepflicht von Massenentlassungen im öffentl. Dienst vgl. § 23 II. 313

(8) Rationalisierung. Innerbetriebl. Maßnahmen des ArbGeb technischer oder organisatorischer Art, die Beschäftigungsbedarf entfallen lassen, sind sog. **freie unternehmerische Entscheidungen** (vgl. Rz. 266 ff.). Auch wenn sie zu einer Verringerung des Personalbedarfs führen, bedürfen sie selbst keines dringenden betriebl. Erfordernisses. Erst die Kündigung bedarf der sozialen Rechtfertigung[11]. Das gilt ebenso für überbetriebl. Maßnahmen, die sich betrieblich auswirken. So kann die definitiv geplante Verlegung eines Betriebs und gleichzeitige Vereinigung mit einem anderen Betrieb am neuen Standort zum Wegfall des Beschäftigungsbedarfs für einen der Betriebsleiter führen und eine vorherige Kündigung zum Termin der Vereinigung rechtfertigen[12]. Zur Sozialauswahl in diesem Fall vgl. Rz. 336. Rationalisierungsmaßnahmen sind nach hM auch nicht darauf zu prüfen, ob die aus ihnen **zu erwartenden Vorteile** (etwa Kostenersparnis) in einem „vernünftigen Verhältnis" zu den Nachteilen für die ArbN stehen[13]. Sie dürfen jedoch, wie jede Rechtshandlung, nicht lediglich eine Schädigung des Vertragspart- 314

1 BAG v. 6.9.1978 – 4 AZR 84/77, BB 1979, 424; v. 19.3.1998 – 8 AZR 626/96, NZA 1999, 90; v. 18.11.1999 – 2 AZR 77/99, AP Nr. 55 zu § 2 KSchG 1969; v. 18.11.1999 – 2 AZR 357/99, nv.; vgl. eingehend *Lakies*, NZA 1997, 745. | 2 BAG v. 7.10.2004 – 2 AZR 122/04, NZA 2005, 352; v. 19.3.1998 – 8 AZR 626/96, NZA 1999, 90; v. 18.11.1999 – 2 AZR 77/99, AP Nr. 55 zu § 2 KSchG 1969; v. 18.11.1999 – 2 AZR 357/99, nv.; zur Auflösung einer Pfarrdienststelle: BAG v. 2.2.2006 – 2 AZR 154/05, ZTR 2006, 604. | 3 BAG v. 23.11.2004 – 2 AZR 38/04, DB 2005, 1225. | 4 BAG v. 19.3.1998 – 8 AZR 626/96, NZA 1999, 90. | 5 BAG v. 22.5.2003 – 2 AZR 326/02, ZTR 2003, 521 ff.; LAG Sa.-Anh. v. 16.5.2000 – 8 (10) Sa 991/99, ZTR 2001, 282 f. | 6 BAG v. 12.8.1999 – 2 AZR 12/99, BB 1999, 2509. | 7 BAG v. 23.11.2000 – 2 AZR 617/99, AP Nr. 63 zu § 2 KSchG 1969. | 8 BAG v. 26.6.1975 – 2 AZR 499/74, AP Nr. 1 zu § 1 KSchG 1969 – Betriebsbedingte Kündigung. | 9 BAG v. 21.9.2000 – 2 AZR 440/99, NZA 2001, 255. | 10 BAG v. 23.11.2004 – 2 AZR 38/04, DB 2005, 1225. | 11 St. Rspr., BAG v. 26.9.1996 – 2 AZR 200/96, BB 1997, 260; v. 29.3.1990 – 2 AZR 361/89, NZA 1991, 181; v. 7.12.1978 – 2 AZR 155/77, BB 1980, 1103. | 12 BAG v. 18.10.2006 – 2 AZR 676/05, NZA 2007, 798. | 13 BAG v. 30.4.1987 – 2 AZR 184/86, NZA 1987, 776; aA *Preis*, NZA 1995, 248; KDZ/*Kittner*, § 1 KSchG Rz. 346.

ners zur Folge haben (hier den Verlust des Arbeitsplatzes), sondern müssen grds. durch schutzwürdige Eigeninteressen gedeckt sein. Anderenfalls wäre die Ausübung des Kündigungsrechts rechtsmissbräuchlich (§ 242 BGB)[1]. Auch kann die unternehmerische Maßnahme der bloßen Umgehung des Kündigungsschutzes dienen[2]. An solche Ausnahmefälle sind strenge Anforderungen zu stellen. Allein die offensichtliche Unzweckmäßigkeit einer Maßnahme soll nach einer Entscheidung des BAG nicht genügen[3] (vgl. zur sog. Willkürkontrolle auch Rz. 267). Darlegungs- und beweispflichtig für den Rechtsmissbrauch ist der ArbN[4].

315 Vom **ArbGeb darzulegen** und zu beweisen ist, ob durch die Rationalisierungsmaßnahme tatsächlich Beschäftigungsbedarf in dem der Personalreduzierung entsprechenden Umfang entfallen ist. Der bloße Entschluss, Personal dauerhaft abzubauen und zukünftig die Arbeiten mit weniger Personal zu verrichten, lässt noch keinen Beschäftigungsbedarf entfallen (vgl. Rz. 270). Vielmehr sind im Einzelnen die künftig nach den technischen und organisatorischen unternehmerischen Vorgaben zu erwartende Arbeitsmenge und ihre Verteilung auf die ArbN darzustellen (vgl. Rz. 290)[5].

316 Bei unveränderter Arbeitsmenge kann sich der Personalbedarf reduzieren, wenn der ArbGeb die Arbeit neu verteilt und so durch **Leistungsverdichtung** Personal einspart. Auch darin liegt eine gestaltende unternehmerische Maßnahme, die den Bedarf an benötigter Arbeitszeit und damit an Personal verringert. Sie führt zu einer Kostenentlastung und beruht daher auf schutzwürdigen Eigeninteressen des ArbGeb. Die Grenze bildet erst das von den verbleibenden ArbN geschuldete Leistungsmaß (Arbeitsmenge pro Zeiteinheit pro Kopf)[6]. Die Freiheit zu einer solchen organisatorischen Maßnahme steht nach bisheriger Rspr. grds. auch dem ArbGeb zu, der schon vor der Rationalisierung glänzende Gewinne erzielt hat (vgl. Rz. 266 u. 288). Gerade bei der Leistungsverdichtung ist der Wegfall des Beschäftigungsbedarfs infolge der **Neuverteilung der Arbeit im Einzelnen darzulegen**. Der Darlegung eines konkreten Konzepts zur Neuverteilung der Arbeit bedarf es ausnahmsw. nicht, wenn sich der Träger einer Kinderbetreuungseinrichtung entschließt, seinen Personalbestand entsprechend einem geänderten **landesrechtl. Mindestpersonalschlüssel** zu senken und keine Anhaltspunkte für fortbestehenden Beschäftigungsbedarf oder Überforderung des verbleibenden Personals bestehen[7].

317 Zu Rationalisierungsmaßnahmen, die nicht zum Wegfall, sondern zu einer Änderung des Beschäftigungsbedarfs führen, vgl. auch Rz. 319. Zu beachten ist, dass für Rationalisierungen häufig **tarifvertragl. Kündigungsbeschränkungen** oder Entgeltsicherungen gelten (vgl. Vor § 1 Rz. 19). Tariflich „unkündbare" ArbN haben Anspruch auf gesteigerte Weiterbeschäftigungsbemühungen des ArbGeb und können nur ganz ausnahmsw. im Zuge von Rationalisierungsmaßnahmen betriebsbedingt gekündigt werden[8]. Die außerordentl. Kündigung ist dann wie eine ordentl. auszusprechen (vgl. Rz. 41).

318 **(9) Unrentabilität; Gewinnverfall; Verlust.** Unrentabilität, Gewinnverfall oder Verluste lassen für sich genommen den **Beschäftigungsbedarf** nicht entfallen und können daher als solche eine Beendigungskündigung nicht sozial rechtfertigen. Sie sind aber häufig Anlass für unternehmerische Maßnahmen, die ihrerseits den Beschäftigungsbedarf verändern (zB Stilllegung, Ausgliederung von Arbeit, Rationalisierung, siehe jeweils dort). Zur Entgeltkürzung wegen anhaltender Verluste siehe § 2 Rz. 17.

319 **bb) Änderung des Beschäftigungsbedarfs.** Hat sich der Beschäftigungsbedarf nicht nach der Menge (vgl. Rz. 294 ff.), sondern nach **Art, Ort und Zeit** der benötigten Arbeitsleistung geändert und kann der ArbGeb dem nicht mit dem milderen Mittel des Direktionsrechts Rechnung tragen, besteht auch hier ein Erfordernis zur (Änderungs-)Kündigung. Für die unveränderte Fortsetzung der vereinbarten Tätigkeit fehlt der Bedarf, doch benötigt der ArbGeb weiterhin eine zumindest ähnliche, vom Arbeitsvertrag aber nicht mehr umfasste Arbeitsleistung. Wegen der Nähe zwischen altem und neuem Beschäftigungsbedarf ist die Feststellung eines dringenden betriebl. Erfordernisses hier oft erschwert; auch können den ArbGeb gesteigerte Weiterbeschäftigungspflichten treffen. In den meisten Fällen wird die Änderung des Bedarfs auf **unternehmerischer Entscheidung** beruhen, etwa zur Verlegung des Betriebes, zur Einführung von Schichtarbeit oder zur Änderung der Arbeitsorganisation. Es empfehlen sich drei Prüfungsschritte:

- Zunächst ist die unternehmerische Maßnahme festzustellen, die zur **Änderung des Bedarfs** geführt hat. Sie ist insb. von der Kündigung selbst zu unterscheiden, die nur dem geänderten Bedarf Rechnung tragen soll (vgl. Rz. 268).

1 Vgl. Palandt/*Heinrichs*, § 242 BGB Rz. 50 ff. mwN. | 2 Das BAG spricht auch insoweit von Rechtsmissbrauch, vgl. etwa BAG v. 24.10.1979 – 2 AZR 940/77, AP Nr. 8 zu § 1 KSchG 1969 – Betriebsbedingte Kündigung. | 3 BAG v. 30.4.1987 – 2 AZR 184/86, NZA 1987, 776; in dieser Allgemeinheit bedenklich; vgl. auch BAG v. 26.9.2002 – 2 AZR 636/01, NZA 2003, 549. | 4 BAG v. 9.5.1996 – 2 AZR 438/95, BB 1996, 1170, 2048; v. 27.9.2001 – 2 AZR 246/00, EzA § 2 KSchG Nr. 41. | 5 BAG v. 17.6.1999 – 2 AZR 141/99, NZA 1999, 1098; *Quecke*, NZA 1999, 1247 ff. | 6 BAG v. 24.4.1997 – 2 AZR 352/96, BB 1997, 1950; *Quecke*, NZA 1999, 1247 ff.; HK/*Weller*/*Dorndorf*, § 1 KSchG Rz. 879 mwN; str. | 7 LAG Sa.-Anh. v. 16.5.2000 – 8 (10) Sa 991/99, ZTR 2001, 282 f.; idS auch BAG v. 22.5.2003 – 2 AZR 326/02, ZTR 2003, 521 ff. | 8 Vgl. BAG v. 8.4.2003 – 2 AZR 355/02, BB 2003, 2130; v. 5.2.1998 – 2 AZR 227/97, EzA § 626 BGB – Unkündbarkeit Nr. 2; v. 17.9.1998 – 2 AZR 419/97, NZA 1999, 258 (längere Überbrückungs-, Einarbeitungs-, Umschulungszeiten; organisatorische Umstrukturierungen zur Schaffung eines geeigneten, nicht aber eines zusätzlichen Arbeitsplatzes; keine Freikündigung und keine Beförderung).

- Sodann ist zu prüfen, ob es zur Umsetzung der unternehmerischen Entscheidung der Änderungskündigung bedarf, diese also „**letztes Mittel**" zu ihrer Verwirklichung ist und nicht zB die Ausübung des Direktionsrechts genügt (vgl. Rz. 272).
- Schließlich ist zu untersuchen, ob die Maßnahme ausnahmsw. **willkürlich** ist (vgl. Rz. 267 u. 314).

Entscheidet sich bspw. der ArbGeb für den Einsatz von **Halbtagskräften**, verändert das allein den Beschäftigungsbedarf noch nicht; die Entscheidung zielt zunächst nur auf einen anderen Vertragsinhalt. Geht sie aber dahin, verstärkt am Vormittag zu arbeiten, liegt ein veränderter Bedarf vor. Eine andere Möglichkeit zur Verwirklichung der unternehmerischen Entscheidung ist nicht ersichtlich. Die Entscheidung ist nur auf Rechtsmissbrauch zu prüfen (vgl. Rz. 267). Diesen hat idR der ArbN darzulegen. Daran fehlt es jedenfalls, wenn etwa erhöhter Geschäftsanfall am Vormittag Anlass für die Maßnahme war. Die Änderungskündigung ist in diesem Fall sozial gerechtfertigt[1]. 320

(1) Änderung von Art und Ort der Arbeit. Bei **Umgestaltung und Verlagerung** von Arbeiten in eine andere Betriebsabteilung ist eine Beendigungskündigung der bisher mit diesen Arbeiten beschäftigten ArbN sozial ungerechtfertigt, wenn die ArbN für die im Wesentlichen unveränderten Arbeiten persönlich und fachlich geeignet sind. Das gilt selbst dann, wenn es sich bei den so veränderten Arbeitsplätzen nunmehr um Beförderungsstellen handelt, solange diese nur trotz höherer Bewertung im wesentlich noch identisch mit den Arbeitsplätzen sind, für die diese ArbN einmal eingestellt worden waren[2]. Das Gleiche gilt bei Verlagerung der Arbeitsplätze in einen anderen Betrieb des ArbGeb, wobei hier ggf. eine Änderungskündigung wegen der Änderung des vereinbarten Arbeitsortes auszusprechen ist[3]. Entfallen die von einem ArbN bisher verrichteten Arbeiten infolge **technischer Veränderungen** (technisches Zeichnen nach Einführung der CAD-Technik), und fehlt ein freier Arbeitsplatz, auf dem der ArbN ggf. nach zumutbarer Umschulung oder Fortbildung weiterbeschäftigt werden könnte, ist eine betriebsbedingte Beendigungskündigung idR sozial gerechtfertigt[4]. Zur Frage ggf. gesteigerter zumutbarer Umschulungsmaßnahmen vgl. Rz. 280[5]. 321

Der ArbGeb kann Zuschnitt und **Anforderungsprofil** der betrieblich benötigten Tätigkeit grds. frei bestimmen[6]. Eine betriebsbedingte Kündigung wegen geänderter Anforderungen setzt voraus, dass der ArbN zur Ausführung der geänderten Tätigkeit – ggf. nach Umschulung – nicht in der Lage ist. Die Änderungsentscheidung des ArbGeb ist zudem auf Willkür bzw. Umgehung zu prüfen. Zu beachten ist das Zustimmungsrecht des BR nach § 99 BetrVG bei **Versetzungen** iSv. § 95 III BetrVG in Unternehmen mit mehr als 20 ArbN. Fehlt die Zustimmung, ist eine Änderungskündigung deshalb nicht unwirksam. Der ArbGeb kann dem ArbN die geänderte Tätigkeit solange nicht wirksam zuweisen, bis das Verfahren nach § 99 BetrVG durchgeführt ist; bis dahin muss er ihn im alten Arbeitsbereich einsetzen[7]. Zur Zustimmungsverweigerung vgl. Rz. 279. 322

(2) Änderung der Arbeitszeit. Eine Änderung der vertragl. vereinbarten Arbeitszeit kann dringend betrieblich erforderlich sein, wenn nur auf diesem Wege ein **geändertes unternehmerisches Konzept** der betriebl. Tätigkeit umgesetzt werden kann (zur Prüfung auf Willkür vgl. Rz. 267). Dabei ist das MitbestR des BR aus § 87 I Nr. 2 und 3 BetrVG zu beachten[8]. Auch ist zu prüfen, ob die geänderten Arbeitszeiten nicht kraft Weisung des ArbGeb durchgesetzt werden können, da es dann für eine Vertragsänderung keine Rechtfertigung gäbe. Die Bestimmung der Lage der Arbeitszeit unterliegt weitgehend dem Weisungsrecht des ArbGeb (vgl. § 611 BGB Rz. 310 ff.). Schließlich darf die Kündigung nicht der Durchsetzung von Verstößen gegen zwingendes Tarifrecht oder Gesetz dienen. Die Einführung von **Samstagsarbeit** stellt eine unternehmerische Entscheidung dar, die den Beschäftigungsbedarf verändert. Sie ist gem. § 87 I Nr. 2 BetrVG mitbestimmungspflichtig. Eine Änderungskündigung kann sozial ungerechtfertigt sein, wenn sie der Umsetzung einer tarifwidrigen Arbeitszeitgestaltung dient[9]. Ist das Änderungsangebot selbst tarifwidrig, kann die Kündigung nicht nur sozialwidrig, sondern wegen Verstoßes gegen den TV (§ 4 III TVG) insgesamt gem. §§ 134 bzw. 138 BGB unwirksam sein. Das konnte gem. § 4 S. 1 aF auch außerhalb der dreiwöchigen Klagefrist sowie außerhalb des KSchG geltend gemacht werden[10]. Für 323

---

1 Vgl. zur organisatorischen Entscheidung des ArbGeb für Teilzeit- bzw. Vollzeitarbeit BAG v. 12.8.1999 – 2 AZR 12/99, BB 1999, 2509; v. 3.12.1998 – 2 AZR 341/98, BB 1999, 847; v. 19.5.1993 – 2 AZR 584/92, NZA 1993, 1075. | **2** BAG v. 10.11.1994 – 2 AZR 242/94, NZA 1995, 566. | **3** BAG v. 5.10.1995 – 2 AZR 269/95, NZA 1996, 524; zur Verlagerung von Tätigkeiten im Konzern vgl. *Wiedemann*, Anm. zu BAG AP Nr. 1 zu § 1 KSchG 1969 – Konzern – u. *Windbichler*, SAE 1984, 145. | **4** BAG v. 27.1.1997 – 2 AZR 49/96, AuR 1997, 166. | **5** BAG v. 7.5.1968 – 1 AZR 407/67, DB 1968, 1319. | **6** BAG v. 7.11.1996 – 2 AZR 811/95, NZA 1997, 253; v. 10.11.1994 – 2 AZR 242/94, NZA 1995, 566; v. 21.9.2000 – 2 AZR 440/99, BB 2001, 416. | **7** BAG v. 30.9.1993 – 2 AZR 283/93, BB 1994, 426; v. 26.5.1988 – 1 ABR 18/87, NZA 1989, 438; v. 27.3.1980 – 2 AZR 506/78, BB 1980, 1267. | **8** Eine Verletzung des MitbestR aus § 87 BetrVG berührt anders als beim Anhörungsrecht nach § 102 BetrVG die Wirksamkeit der Änderungskündigung selbst nicht, wohl aber ihre praktische Umsetzung, BAG v. 17.6.1998 – 2 AZR 336/97, NZA 1998, 1225 (str.). | **9** BAG v. 18.12.1997 – 2 AZR 709/96, NZA 1998, 304 (Versetzung eines ArbN, der an einer tarifwidrigen Samstagsarbeitsregelung nicht teilnehmen wollte, in einen anderen Betrieb). | **10** BAG v. 10.2.1999 – 2 AZR 422/98, BB 1999, 1063; hierzu eingehend *Quecke*, NZA 2001, 812; abw. ErfK/*Oetker*, § 1 KSchG Rz. 431.

nach dem 31.12.2003 zugegangene Änderungskündigungen ist die Klagefrist gem. §§ 4 S. 1, 23 I 2 nF stets zu beachten.

324 Die Einführung eines **Mehrschichtsystems** an Stelle des bisherigen Einschichtsystems sowie die Bildung fester Arbeitsgruppen stellen grds. bindende organisatorische Maßnahmen des ArbGeb dar, die den Beschäftigungsbedarf verändern. Die Änderungskündigung gegenüber einem ArbN, der an dem Schichtsystem aus besonderen persönlichen Gründen nicht teilnehmen will, mit dem Ziel, die geänderten Arbeitszeiten (Schichtzeiten) durchzusetzen, ist aber dann nicht dringend erforderlich, wenn der ArbGeb das Mehrschichtsystem auch ohne diesen ArbN einführen kann, etwa weil ein anderer Freiwilliger zur Verfügung steht[1]. Verrichten die ArbN bestimmte Arbeiten auf Grund von besonderen Vereinbarungen bislang außerhalb der regulären Arbeitszeit in **Überstunden**, so rechtfertigt die organisatorische Entscheidung des ArbGeb, diese Arbeiten künftig in die reguläre Arbeitszeit zu verlegen, eine entsprechende Änderungskündigung, sofern dadurch das Maß der geschuldeten Arbeitsleistung (Arbeitsmenge pro Zeiteinheit pro Kopf) nicht überschritten wird[2]. Der Abbau von Überstunden unterliegt überdies nicht der Mitbest. des BR nach § 87 I Nr. 3 BetrVG[3].

325 Ein Änderungsangebot zur Lage der Arbeitszeit eines **teilzeitbeschäftigten ArbN**, das im Verhältnis zu Vollzeitbeschäftigten gegen § 4 I TzBfG verstößt, führt zur Sozialwidrigkeit der entsprechenden Änderungskündigung[4]. Die Umwandlung einer Halbtagsstelle in eine Ganztagstätigkeit kann eine Beendigungskündigung rechtfertigen, wenn der ArbN zu eine Ganztagstätigkeit nicht bereit ist (auch nicht unter Vorbehalt, vgl. Rz. 281). Voraussetzung ist, dass der ArbGeb die angestrebte ganztägige Tätigkeit nur auf diese Weise und nicht etwa durch den Einsatz anderer ArbN verwirklichen kann. Die bloße Entscheidung für einen geänderten Vertragsinhalt begründet kein dringendes betriebl. Erfordernis[5]. Zur Entscheidung zum Einsatz von **Halbtagskräften** vgl. Rz. 264, 267 u. 320.

326 **cc) Betriebsbedingte Kündigung bei unverändertem Beschäftigungsbedarf.** Bei unverändertem Beschäftigungsbedarf kann eine betriebsbedingte Kündigung nur in engen Grenzen anerkannt werden. Sie zielt hier auf eine Kürzung des Entgelts oder auf einen Austausch des ArbN. Vgl. zur **Entgeltkürzung** näher § 2 Rz. 17, zur sog. **Druckkündigung** oben Rz. 257 u. § 626 BGB Rz. 337 ff. Der bloße **Abkehrwille** des ArbN, also die Absicht, das Arbeitsverhältnis demnächst zu beenden, verletzt keine Vertragspflichten. Er kann daher allenfalls als betriebsbedingter Grund in Betracht kommen (vgl. zur Abgrenzung Rz. 265). Das soll möglich sein, wenn der ArbN gegenüber dem ArbGeb seinen Abkehrwillen deutlich geäußert und der ArbGeb gerade Gelegenheit zur Einstellung einer sonst nur schwer zu findenden Ersatzkraft hat[6]. Doch wird der ArbGeb vor Ausspruch der Kündigung eine Klärung herbeiführen müssen, wobei auch die Möglichkeit eines vertragl. Ausschlusses des Kündigungsrechts für bestimmte Zeit bei gleichzeitiger Vertragsstrafenbewehrung in Betracht zu ziehen ist. Zu Vertragspflichtverletzungen im Zusammenhang mit dem Ausscheiden, insb. Wettbewerb, vgl. Rz. 249.

327 **3. Sozialauswahl. a) Überblick.** Liegen dringende betriebl. Erfordernisse vor, so ist eine betriebsbedingte Kündigung gem. § 1 III 1 dennoch sozial ungerechtfertigt, wenn der ArbGeb bei der Auswahl des ArbN soziale Gesichtspunkte nicht oder nicht ausreichend berücksichtigt hat. Die Abs. 3–5 sind in der Zeit von 1996 bis 2004 mehrfach geändert worden (vgl. Vor § 1 Rz. 5 f.). Das ist bei der Heranziehung von Rspr. und Lit. aus dieser Zeit zu beachten. **Voraussetzung einer Auswahl** ist, dass die Anzahl der auf dem jeweiligen Kündigungsentschluss beruhenden Kündigungen geringer ist als die Anzahl der für sie in Betracht kommenden ArbN. Dies ist auch bei einer Betriebsstilllegung in Etappen der Fall[7]. Keine Sozialauswahl findet statt unter ArbN, denen auf Grund eines einheitlichen Kündigungsentschlusses im Wesentlichen gleichzeitig gekündigt wird; das gilt auch bei unterschiedlich langen Kündigungsfristen[8]. **Abs. 3 S. 1** gebietet grds. eine Auswahl nach sozialer Schutzbedürftigkeit, nämlich unter ausreichender Berücksichtigung von bestimmten sozialen Gesichtspunkten. **Abs. 3 S. 2** lockert diese Vorgaben und gestattet dem ArbGeb, solche ArbN nicht in die Auswahl einzubeziehen, deren Weiterbeschäftigung im berechtigten betriebl. Interesse liegt. Die soziale Auswahl erfolgt danach grds. in **drei Schritten**[9]:

328 (1) Zunächst ist die **Auswahlgruppe** der ArbN zu bilden, die für eine Sozialauswahl in Betracht kommen. Hierzu zählen die ArbN, deren Kündigung dem jeweiligen betriebl. Erfordernis unmittelbar oder mittelbar – über den Austausch mit unmittelbar betroffenen ArbN – Rechnung tragen könnte. Zur Bildung der Auswahlgruppe im Einzelnen vgl. Rz. 333 ff.

329 (2) Aus der Auswahlgruppe sind sodann unter „ausreichender“ Berücksichtigung der **sozialen Gesichtspunkte** Betriebszugehörigkeit, Lebensalter, Unterhaltspflichten und Schwerbehinderung die zu

---

1 BAG v. 18.1.1990 – 2 AZR 183/89, NZA 1990, 734. | 2 BAG v. 16.1.1997 – 2 AZR 240/96, RzK I, 7a Nr. 37. | 3 BAG v. 25.10.1977 – 1 AZR 452/74, DB 1978, 403. | 4 BAG v. 24.4.1997 – 2 AZR 352/96, AP Nr. 42 zu § 2 KSchG 1969 zum früheren § 2 BeschFG. | 5 BAG v. 12.8.1999 – 2 AZR 12/99, NZA 2000, 30; eine Interessenabwägung fordernd BAG v. 18.2.2003 – 9 AZR 164/02, DB 2003, 2443 ff. | 6 BAG v. 22.10.1964 – 2 AZR 515/63, DB 1965, 38. | 7 BAG v. 16.9.1982 – 2 AZR 271/80, AP Nr. 4 zu § 22 KO (*Herschel*). | 8 BAG v 22.9.2005 – 6 AZR 526/04, ZIP 2006, 631. | 9 BAG v. 12.4.2002 – 2 AZR 706/00, NZA 2003, 42 ff.; *Willemsen/Annuß*, NJW 2004, 177 (178).

Kündigenden in der dem jeweiligen dringenden betrieblichen Erfordernis entsprechenden Anzahl auszuwählen (§ 1 III 1). Insb. ist das Verhältnis der vier sozialen Kriterien zueinander zu gewichten. Zu den sozialen Gesichtspunkten im Einzelnen vgl. Rz. 367 ff.

(3) Schließlich ist zu prüfen, ob von den so ausgewählten Betroffenen[1] ArbN nicht einzubeziehen sind, 330
deren Weiterbeschäftigung gem. § 1 III 2 im **berechtigten betrieblichen Interesse** liegt. In diesem Fall trifft die Kündigung den in der Reihenfolge gem. (2) nächsten ArbN. Vgl. im Einzelnen Rz. 391 ff.

Die **Abs. 4 und 5** bringen weitere Erleichterungen für den ArbGeb: Ist das Verhältnis der vier sozialen 331
Gesichtspunkte nach Abs. 3 S. 1 zueinander in einer Kollektivvereinbarung festgelegt, kann die Bewertung nur auf grobe Fehlerhaftigkeit geprüft werden (Abs. 4, vgl. Rz. 406 ff.). Sind schließlich die zu kündigenden ArbN in einem Interessenausgleich nach § 112 BetrVG namentlich bezeichnet (sog. Namensliste), bestehen weitere erhebliche Beschränkungen der gerichtl. Überprüfung nicht nur der Sozialauswahl, sondern auch der dringenden betriebl. Erfordernisse (Abs. 5, vgl. Rz. 418 ff.). Besonderheiten für die soziale Auswahl bestehen schließlich bei Betriebsänderungen in der **Insolvenz** gem. §§ 125 ff. InsO (vgl. näher dort).

Für die **gerichtliche Kontrolle** der Auswahl sind grds. die objektiven Umstände entscheidend, nicht die 332
subjektiven Überlegungen des ArbGeb. Fehlerhafte Auswahlerwägungen können daher – zufällig – zu einem objektiv „ausreichenden" Ergebnis führen. Der ArbN muss – wenn er über die entsprechenden Daten verfügt – im Rechtsstreit unter Angabe der Gründe den ArbN benennen, dem an seiner Stelle hätte gekündigt werden müssen (Rz. 440 ff.). Problematisch ist die Rechtsfolge fehlerhafter Sozialauswahl bei einer Mehrzahl von Kündigungen. Nach früherer Rspr. sollten sich alle sozial schwächeren gekündigten ArbN in ihrem jeweiligen individuellen Kündigungsschutzprozess darauf berufen können, dass ein einziger sozial stärkerer ArbN weiterbeschäftigt wird. Es konnte dann wegen dieses einen Fehlers eine Vielzahl von Kündigungen unwirksam sein (**Dominoeffekt**)[2]. Das Ergebnis ist unangemessen. Die fehlerhafte Sozialauswahl kann hier grds. die Sozialwidrigkeit solcher Kündigungen nicht bewirken, die auch ohne den Fehler bei jedem Zuschnitt einer ausreichenden Sozialauswahl angestanden hätten[3]. Für sie war der Fehler nicht kausal. Wird die Unwirksamkeit einer „kausalen" Kündigung nachfolgend nicht geltend gemacht, ändert das an der Wirksamkeit der übrigen Kündigungen nichts. Dem ist das BAG („jedenfalls") für den Fall gefolgt, dass der ArbGeb sein Beurteilungsermessen in Bezug auf die Sozialauswahl durch Festlegung einer sozialen Rangfolge in einem zulässigen **Punkteschema** selbst ausgeübt hat[4]. Gegenüber dem nach dieser Rangfolge schutzwürdigsten der gekündigten ArbN kann der ArbGeb nicht einwenden, dass er die Rangfolge im Rahmen seines Beurteilungsspielraums auch anders hätte bestimmen können; er bleibt an seine Auswahlüberlegungen, die er ggf. auch dem BR mitgeteilt hat, gebunden. Gehören zu den schutzwürdigsten nicht gekündigten ArbN aber mehrere ArbN mit gleicher Punktzahl, ohne dass der ArbGeb bei Zugang der Kündigung insoweit eine Reihenfolge bestimmt hat, werden diese sich allesamt auf den Auswahlfehler berufen können. Die aus dem Fehler folgende Vermutung für die Sozialwidrigkeit der Kündigung (Rz. 444 f.) streitet hier für jeden der betroffenen ArbN. Der ArbGeb wird von seinem insoweit zunächst nicht ausgeübten Beurteilungsermessen nicht nachträglich im Rechtsstreit Gebrauch machen können. Sonst bliebe die Wirksamkeit der jeweiligen Kündigungen solange in der Schwebe. Dass dadurch mehrere Kündigungen wegen des einen Auswahlfehlers unwirksam sind, lässt sich hier nicht vermeiden. Entsprechendes wird auch für die sonstigen Fälle gelten, in denen der Auswahl bei Zugang der Kündigung **kein Punkteschema** und damit auch keine festgelegte soziale Rangfolge zugrunde lag. Der ArbGeb wird im Rechtsstreit nur einwenden können, dass sich der Auswahlfehler bei keinem denbaren Zuschnitt der Sozialauswahl unter Berücksichtigung seines Beurteilungsspielraums (Rz. 385 ff.) ausgewirkt, der ArbN also stets zur Kündigung angestanden hätte[5]. Alle ArbN, für die das nicht gilt, können sich hier weiterhin auf die Sozialwidrigkeit ihrer Kündigung berufen. Näher zur Darlegungs- und Beweislast Rz. 440 ff. Als unbestimmter Rechtsbegriff unterliegt die Sozialauswahl nur einer beschränkten revisionsrichterlichen Kontrolle.

b) Bildung der Auswahlgruppe. aa) Betriebsbezogenheit der Sozialauswahl. Im Gegensatz zur unter- 333
nehmensbezogenen Weiterbeschäftigungspflicht (vgl. Rz. 277) ist die Verdrängung anderer ArbN im Rahmen der sozialen Auswahl grds. **auf den Betrieb beschränkt**[6]. Das gilt auch bei einem betriebsübergreifenden Versetzungsrecht[7]. Für die Sozialauswahl ist es daher idR unerheblich, ob in einem anderen Betrieb des ArbGeb ein weniger schutzwürdiger vergleichbarer Mitarbeiter arbeitet. Wäre der Arbeitsplatz dort allerdings frei, käme keine Beendigungskündigung, sondern (je nach Vertragslage) nur eine Versetzung oder Änderungskündigung in Betracht (vgl. Rz. 274 ff.). Die Entscheidung, welcher ArbN auf

1 Ebenso *Willemsen/Annuß*, NJW 2004, 177 (178). | 2 BAG v. 18.10.1984 – 2 AZR 543/83, BB 1985, 1263; v. 25.4.1985 – 2 AZR 140/84, NZA 1986, 64. | 3 *Bütefisch*, Die Sozialauswahl, 2000, S. 354 ff. mwN. | 4 BAG v. 9.11.2006 – 2 AZR 812/05, DB 2007, 1087; vgl. dazu *Bauer/Gotham*, BB 2007, 1729. | 5 Ebenso *Bütefisch*, Die Sozialauswahl, 2000, S. 354 ff. mwN; ähnlich darf der BR sein Widerspruchsrecht aus § 102 III Nr. 3 BetrVG in einer Mehrzahl von Kündigungsfällen nicht auf denselben Auswahlfehler stützen: BAG v. 9.7.2003 – 5 AZR 305/02, BB 2003, 2400. | 6 St. Rspr., BAG v. 17.9.1998 – 2 AZR 725/97, BB 1999, 961; v. 5.5.1994 – 2 AZR 917/93, NZA 1994, 1023. | 7 BAG v. 2.6.2005 – 2 AZR 158/04, DB 2005, 2244; v. 15.12.2005 – 6 AZR 199/05, NJW 2006, 1757.

den freien Arbeitsplatz wechselt, erfolgt im Falle einer Änderungskündigung nach sozialer Auswahl gem. § 1 III[1]; bei „betriebsbedingter Versetzung“ dürfte analog § 315 BGB (billiges Ermessen) eine entsprechende Auswahlentscheidung zu treffen sein.

334 Um eine Frage der **überbetrieblichen Konkurrenz um freie Arbeitsplätze** handelt es sich dagegen, wenn in mehreren Betrieben des ArbGeb gleichzeitig eine Anzahl vergleichbarer Arbeitsplätze entfällt, während in einem dieser Betriebe oder in einem weiteren Betrieb des ArbGeb eine geringere Anzahl entsprechender Arbeitsplätze frei ist. Hier kann die Auswahl für die freien Arbeitsplätze nur betriebsübergreifend erfolgen, da wegen der unternehmensbezogenen Weiterbeschäftigungspflicht (s. Rz. 277 f.) alle vergleichbaren ArbN der Betriebe, in denen Arbeitsplätze entfallen sind, in die Auswahl für die freien Arbeitsplätze einzubeziehen sind[2]. Führt die unternehmensbezogene Weiterbeschäftigungspflicht dazu, dass mehrere ArbN aus verschiedenen Betrieben eines Unternehmens um denselben Arbeitsplatz in einem der Betriebe konkurrieren, so hat der ArbGeb bei seiner Entscheidung über die Besetzung dieses Arbeitsplatzes die sozialen Belange der betroffenen ArbN „zumindest“ nach § 315 BGB zu berücksichtigen, richtigerweise aber wohl gem. Abs. 3 analog[3].

335 Die überbetriebl. Auswahl beschränkt sich auf die Auswahl für die **freien Arbeitsplätze**. Sie erstreckt sich nicht überhaupt auf die Auswahl der zu kündigenden ArbN, da sonst in einem Betrieb uU mehr ArbN zu Kündigung anstehen könnten, als dort Arbeitsplätze entfallen sind. Dann würde es an einem „betrieblichen“ Erfordernis für diese Kündigungen fehlen. Die betriebsübergreifende Sozialauswahl für die freien Arbeitsplätze erfolgt demnach erst aus dem Kreis der ArbN, die zuvor entsprechend dem jeweiligen betriebl. Erfordernis **nach betrieblicher Auswahl** zur Kündigung anstanden. Die **Vergleichbarkeit** fehlt dabei zwischen solchen ArbN, die nur im Wege der Änderungskündigung auf den freien Arbeitsplatz gelangen können, und solchen, die dorthin nur versetzt zu werden brauchen. Letztere haben Vorrang. Vom ArbGeb ist nicht zu verlangen, dass er die Vergleichbarkeit der ArbN erst über eine Änderung von Arbeitsbedingungen herstellt[4] (vgl. Rz. 360 ff.). Umgekehrt darf der ArbGeb die Sozialauswahl nicht dadurch umgehen, dass er zunächst die freien Arbeitsplätze ohne Beachtung sozialer Gesichtspunkte besetzt und erst danach den nicht übernommenen ArbN kündigt[5].

336 Die Sozialauswahl erstreckt sich auf den **gesamten Betrieb**. Das gilt auch in der Insolvenz[6]. Eine Beschränkung auf eine Abteilung scheidet aus, sofern es im Betrieb noch vergleichbare ArbN gibt. Die Sozialauswahl zielt nicht nur auf die zufällig unmittelbar vom Wegfall der Arbeit betroffenen, sondern auf alle mit ihnen vergleichbaren ArbN des Betriebes. Fällt in einem Reinigungsbetrieb mit zahlreichen Beschäftigten in verschiedenen Objekten ein Reinigungsauftrag weg, sind – vorbehaltlich ihrer Vergleichbarkeit im Hinblick auf vertragl. Beschränkungen des Direktionsrechts (Rz. 360 ff.) und die jeweilige Arbeitszeit (Rz. 363) – die ArbN in allen Reinigungsobjekten in die Sozialauswahl einzubeziehen[7]. Zu den daraus uU folgenden Problemen bei Massenkündigungen vgl. Rz. 398 ff. Zum **Betriebsbegriff iSd. KSchG** vgl. Rz. 259. Auch räumlich weit entfernte Betriebsteile können einen einheitlichen Betrieb iSd. KSchG bilden. Dies gilt uU auch dann, wenn sie jeweils als selbständige betriebsratsfähige Betriebe iSv. § 4 S. 1 Nr. 1 BetrVG gelten (Rz. 259). Grds. hat hier eine gemeins. Sozialauswahl zwischen allen vergleichbaren Beschäftigten der Standorte stattzufinden (vgl. aber Rz. 361)[8]. Das wird auch gelten, wenn sich der Betrieb auf das **Ausland** erstreckt oder dort gelegen ist (vgl. § 23 Rz. 2). Allerdings kann der Vergleichbarkeit der ArbN in diesen Fällen ein unterschiedliches Vertragsstatut entgegenstehen. Für Kündigungen aus Anlass der **Vereinigung zweier Betriebe** ist die Sozialauswahl gemäß dem unternehmerischen Konzept bereits vorher auf den Gesamtbetrieb zu erstrecken[9]. Unterhalten mehrere Unternehmen einen **gemeins. Betrieb** (vgl. § 23 Rz. 6), sind die vergleichbaren ArbN des gesamten Betriebes in die Sozialauswahl einzubeziehen; maßgeblich ist, ob auf Grund einer einheitlichen Betriebsleitung die Zuweisung eines verbleibenden Arbeitsplatzes möglich ist[10]. Wird der gemeins. Betrieb aufgelöst und einer der ehemaligen Betriebsteile später stillgelegt, entfällt eine gemeins. Sozialauswahl[11]. Es genügt, wenn auf Grund einer unternehmerischen Entscheidung, die bereits greifbare Formen angenommen hat, feststeht, dass er bei Ablauf der Kündigungsfrist des ArbN stillgelegt sein wird, und die Zuweisung eines verbleibenden Arbeitsplatzes durch den VertragsArbGeb rechtl. nicht mehr durchsetzbar ist[12]. Keine gemeins. Auswahl findet bei Abordnungen in eine ARGE statt (Rz. 350).

1 BAG v. 10.11.1994 – 2 AZR 242/94, NZA 1995, 566; v. 15.12.1994 – 2 AZR 320/94, BB 1995, 930. | 2 BAG v. 15.12.1994 – 2 AZR 320/94, BB 1995, 930; das BAG gelangt hier über den Weg des billigen Ermessens gemäß § 315 BGB zu einer „Quasi-Sozialauswahl“. | 3 Dazu neigend BAG v. 22.9.2006 – 2 AZR 544/04, NZA 2006, 558; noch auf § 315 BGB abstellend BAG v. 21.9.2000 – 2 AZR 385/99, DB 2001, 1207; v. 15.12.1994 – 2 AZR 320/94, BB 1995, 930; einschränkend *Haas/Salomon*, NZA 2006, 1192, 1194 (Vorrang der innerbetriebl. Bewerber). | 4 BAG v. 17.9.1998 – 2 AZR 725/97, BB 1999, 961. | 5 BAG v. 10.11.1994 – 2 AZR 242/94, NZA 1995, 566. | 6 BAG v. 28.10.2004 – 8 AZR 391/03, NZA 2005, 285; grobe Fehlerhaftigkeit iSv. § 125 I 1 Nr. 2 InsO (Namensliste) bei nur abteilungsweiter Sozialauswahl offen gelassen in BAG v. 17.11.2005 – 6 AZR 107/05, DB 2006, 844. | 7 BAG v. 17.1.2002 – 2 AZR 15/01, EzA § 1 KSchG – Soziale Auswahl Nr. 47. | 8 BAG v. 3.6.2004 – 2 AZR 577/03, NZA 2005, 175; LAG Sa.-Anh. v. 11.1.2000 – 8 Sa 449/99, NZA-RR 2001, 81. | 9 So wohl BAG v. 18.10.2006 – 2 AZR 676/05, NZA 2007, 798. | 10 BAG v. 24.2.2005 – 2 AZR 214/04, NZA 2005, 867; v. 5.5.1994 – 2 AZR 917/93, BB 1994, 1644. | 11 BAG v. 13.9.1995 – 2 AZR 954/94, DB 1996, 330; v. 22.9.2005 – 6 AZR 526/04, NZA 2006, 658. | 12 BAG v. 18.9.2003 – 2 AZR 79/02, NZA 2004, 375.

Bei Kündigungen, die im Zusammenhang mit einem **Betriebsübergang** aus anderen Gründen iSv. § 613a IV 2 BGB ausgesprochen werden[1] (vgl. Rz. 305 ff.), ist für die Bestimmung des maßgeblichen Betriebs zu unterscheiden. Kündigt der **Veräußerer** vor Übergang, erstreckt sich die Auswahl grds. auf den gesamten Betrieb in seiner bisherigen Form. Das gilt auch, wenn nur ein **Betriebsteil** übertragen und der Restbetrieb stillgelegt werden soll[2]. In diesem Fall wird der ArbGeb die ArbN den Betriebsteilen vor dem Teilbetriebsübergang entsprechend der Sozialauswahl zuordnen müssen[3]. Kündigt der Veräußerer noch vor dem Übergang gem. einem Konzept des Erwerbers (vgl. Rz. 306), hat er die Sozialauswahl so durchzuführen, wie es dem Erwerber nach dessen Konzept obläge[4]. Das folgt aus der Anerkennung des (verbindlichen) Erwerberkonzepts als Kündigungsgrund für den Veräußerer. Bei Kündigung durch den **Erwerber** erstreckt sich die Sozialauswahl auf den Betrieb, wie er nach dem Übergang besteht. Führt der Erwerber den Betrieb oder Betriebsteil eigenständig weiter, beschränkt sie sich darauf; vereinigt er ihn mit einem anderen Betrieb, sind bei nachfolgenden Kündigungen gem. § 1 III alle ArbN des dann maßgeblichen vereinigten Betriebes unter Beachtung ihrer bisherigen jeweiligen Betriebszugehörigkeit einzubeziehen; auf den früheren Betrieb kommt es nicht mehr an[5]. Das gilt auch im Falle der **Umwandlung** nach § 323 I UmwG[6] (vgl. auch die Erl. dort). 337

Widerspricht ein ArbN einem **Teilbetriebsübergang** gem. § 613a VI BGB[7], war nach **bisheriger Rspr.** bei fehlendem Beschäftigungsbedarf eine soziale Auswahl unter den im Restbetrieb verbliebenen vergleichbaren ArbN vorzunehmen, auch wenn sie vom Betriebsübergang nicht betroffen waren[8]. Der widersprechende ArbN konnte danach einen sozial stärkeren ArbN verdrängen, der nicht durch § 613a BGB gesichert ist und seinen Arbeitsplatz ersatzlos verlor. Doch waren die Gründe für den Widerspruch des ArbN bei der sozialen Auswahl zu berücksichtigen. War nach dem unternehmerischen Konzept des Erwerbers zB mit dem baldigen Wegfall des übergegangenen Arbeitsplatzes und einer Kündigung zu rechnen, konnte der widersprechende ArbN einen nach üblichem Maßstab sozial stärkeren Kollegen verdrängen. Ohne solche Gründe konnte er nur einen erheblich weniger schutzwürdigen Kollegen verdrängen. Diese Rspr. ließ sich mit Blick auf die beschränkte Anzahl sozialer Pflichtkriterien gem. § 1 III 1 nF **nicht aufrechterhalten**. Das BAG und ein Teil der Lit. befürworten daher die unbeschränkte Einbeziehung der widersprechenden ArbN in die Sozialauswahl[9]. Dem steht jedoch der Schutzzweck des § 613a BGB und der zu Grunde liegenden RL 2001/23 EG entgegen. Es müsste infolge des Teilbetriebsübergangs und des Widerspruchs uU ein ArbN ausscheiden, obwohl beim Erwerber ein Arbeitsplatz frei bliebe. Für die „Opferung" dieses unbeteiligten ArbN im Wege der Sozialauswahl zu Gunsten des widersprechenden ArbN, der seinen durch § 613a BGB gesicherten Arbeitsplatz aufgibt, findet sich keine Rechtfertigung. Die Rechtsfolgen des Widerspruchs sind daher in Bezug auf die Sozialauswahl teleologisch zu reduzieren. Der widersprechende ArbN kann seinen Verbleib im Restbetrieb grds. nicht im Wege der Sozialauswahl durchsetzen, sondern nur, wenn dort ein Arbeitsplatz frei ist. Dies ist ausnahmsweise dann anders, wenn spätestens beim Betriebsübergang feststeht, dass der widersprechende ArbN sonst beim Erwerber zeitnah gekündigt würde[10]. 338

bb) Von der Sozialauswahl generell ausgenommene Arbeitnehmer. (1) Arbeitnehmer ohne Kündigungsschutz. Die Sozialauswahl erstreckt sich nicht auf ArbN, die noch keinen Kündigungsschutz genießen, also noch **keine sechs Monate** beschäftigt sind (§ 1). Anderenfalls würden diese ArbN entgegen der gesetzl. Wertung bei betriebsbedingten Kündigungen in den Kündigungsschutz einbezogen. Sie sind daher grds. unabhängig von ihren Sozialdaten vorab zu kündigen[11], sofern nicht gem. § 1 III 2 ihre Weiterbeschäftigung im berechtigten betriebl. Interesse liegt[12]. 339

(2) Ausschluss der ordentlichen Kündigung durch Gesetz. Nicht einzubeziehen in die Sozialauswahl sind weiter solche ArbN, deren ordentl. Kündigung durch besondere gesetzl. Regelung ausgeschlossen ist (vgl. Vor § 1 Rz. 17). Sie können **nur aus wichtigem Grund** außerordentl. gekündigt werden. Dies wirkt sich zu Lasten der ungeschützten ArbN aus, da sich der Auswahlkreis auf sie verengt. Das besondere Schutzgesetz nimmt in Kauf, dass damit ggf. abweichend von § 1 III ein sozial schutzbedürftigerer ArbN durch den privilegierten ArbN verdrängt wird. Maßgeblich ist der Zeitpunkt des Zugangs der Kündigung. Das gilt selbst dann, wenn der Sonderkündigungsschutz alsbald endet und dann eine Kündigung des ArbN noch zum selben Termin möglich wäre, zu dem der konkurrierende ArbN gekündigt werden 340

1 BAG v. 26.5.1983 – 2 AZR 477/81, BB 1983, 2116. | **2** BAG v. 28.10.2004 – 8 AZR 391/03, NZA 2005, 285; v. 24.2.2005 – 2 AZR 214/04, AP Nr. 4 zu § 1 KSchG – Gemeinschaftsbetrieb; vgl. dazu *Quecke*, BAGReport 2005, 142. | **3** *Quecke*, BAGReport 2005, 97 (100); aA *Moll/Steinbach*, MDR 1997, 711 (713). | **4** *Loritz*, RdA 1997, 65 (84); HK/*Dorndorf*, § 1 KSchG Rz. 1036; ErfK/*Preis*, § 613a BGB Rz. 168. | **5** HK/*Dorndorf*, § 1 KSchG Rz. 1038 mwN; das gilt nicht nur für den Fall der Eingliederung eines übernommenen Betriebsteils beim Erwerber, sondern ebenso bei Eingliederung eines übernommenen Gesamtbetriebs, da § 1 III auf den jeweiligen Betrieb abstellt; aA insoweit ErfK/*Preis*, § 613a BGB Rz. 168. | **6** BAG v. 22.9.2005 – 6 AZR 526/04, NZA 2006, 658. | **7** Unzureichend ist ein lediglich freiwilliges Übernahmeangebot außerhalb von § 613a BGB, BAG v. 5.12.2002 – 2 AZR 522/01, AuR 2003, 470. | **8** BAG v. 5.12.2002 – 2 AZR 522/01, AuR 2003, 470; v. 18.3.1999 – 8 AZR 190/98, NZA 1999, 870. | **9** BAG v. 31.5.2007 – 2 AZR 276/06, NZA 2008, 33; KR/*Pfeiffer*, § 613a BGB Rz. 116 ff. mwN. | **10** *Quecke*, ZIP 2007, 338. | **11** St. Rspr. seit BAG v. 25.4.1985 – 2 AZR 140/84, NZA 1986, 64. | **12** BAG v. 25.4.1985 – 2 AZR 140/84, NZA 1986, 64 zu § 1 III 2 aF; an dieser Rechtslage hat die Neufassung des § 1 III 2 mWz. 1.1.2004 nichts geändert.

kann[1]. Zu den Ausnahmefällen, in denen auch diesem Personenkreis aus betriebsbedingten Gründen gekündigt werden kann, vgl. Rz. 41 und die Erl. zu § 15 IV u.V.

341 **(3) Behördliche Zustimmung.** Einen Sonderfall bilden die ArbN, deren Kündigung der vorherigen Zustimmung einer Behörde bedarf, also:

- Frauen während der **Schwangerschaft** und bis zum Ablauf von vier Monaten nach der Entbindung (§ 9 MuSchG); die Erlaubnis wird hier nur „in besonderen Fällen ausnahmsweise" erteilt, § 9 III MuSchG.
- Mütter und Väter in der **Elternzeit**; auch hier wird die Erlaubnis nur „in besonderen Fällen ausnahmsweise" erteilt, § 18 I BEEG.
- **Schwerbehinderte Menschen** (§§ 85 ff. SGB IX); hier ist die Zustimmung der Behörde bei Stilllegung und wesentlicher Einschränkung von Betrieben nach näherer Maßgabe des § 89 SGB IX obligatorisch zu erteilen, wenn eine anderweitige Weiterbeschäftigung nicht möglich ist. Ansonsten hat das Integrationsamt nach pflichtgemäßem Ermessen zu entscheiden. Die Zustimmung zur außerordentl. Kündigung soll gem. § 91 IV SGB IX erteilt werden, wenn der Kündigungsgrund nicht im Zusammenhang mit der Behinderung steht. Die außerordentl. Kündigung scheidet bei betriebsbedingten Gründen aus; bei tarifl. Unkündbarkeit ist die außerordentl. Kündigung auch vor dem Integrationsamt wie eine ordentl. zu betreiben (vgl. Rz. 41).
- Inhaber von **Bergmannsversorgungsscheinen** in NRW, Nds. und dem Saarland.

342 Diese ArbN sind jedenfalls dann in die soziale Auswahl einzubeziehen, wenn die jeweilige **Zustimmung der Behörde vorliegt**. Im Rahmen der Auswahl kann dann ihrer besonderen Schutzbedürftigkeit Rechnung getragen werden. Liegt die Zustimmung nicht vor, sind sie nicht in die Sozialauswahl einzubeziehen, bleiben also privilegiert. Auch eine Verpflichtung zur Einholung der Zustimmung zur Kündigung besteht nach hM nicht[2].

343 **(4) Ausschluss der ordentlichen Kündigung durch Tarifvertrag und Arbeitsvertrag.** Sehr umstritten ist die Frage, ob ArbN, die tarifvertragl. oder einzelvertragl. nur noch aus wichtigem Grund gekündigt werden können (sog. **Unkündbare**), von der Sozialauswahl zu Lasten der übrigen ArbN ausgenommen sind. Bis heute fehlt eine ausdrückliche Entscheidung des BAG hierzu[3]. Das Problem ist angesiedelt an einem Schnittpunkt zwischen verteilender und ausgleichender Gerechtigkeit[4]. Nach wohl noch hM bleiben diese ArbN von der Sozialauswahl verschont mit der Folge, dass an ihrer Stelle ungeschützte ArbN zu kündigen sind[5]. Dies wird von einer im Vordringen befindlichen Meinung mit Recht in Frage gestellt[6]. Auf der einen Seite steht die **zwingende Verteilungsregelung** des § 1 III. Auf der anderen Seite ist es nach dem **Günstigkeitsprinzip** zulässig, im Austauschverhältnis zwischen ArbGeb und ArbN den gesetzl. Kündigungsschutz für ArbN bis zur Grenze des § 626 BGB zu verstärken und sie im Voraus vom Risiko der Kündigung freizustellen. Bei personen- und verhaltensbedingten Kündigungen hat der ArbGeb dann minderschwere Belastungen durch „unkündbare" ArbN bis zur Grenze des wichtigen Grundes hinzunehmen. Das Gleiche gilt nach allgM auch für betriebsbedingte Kündigungen, wenn es nur um einen einzelnen Arbeitsplatz geht, ohne dass eine Sozialauswahl in Betracht kommt (s. Rz. 284). Der so verstandene tarifl. Kündigungsschutz stellt eine im Vergleich zu § 1 II für den ArbN „günstigere" Regelung dar.

344 Bei Auswahlentscheidungen im Zusammenhang mit betriebsbedingten Kündigungen gerät das Günstigkeitsprinzip in Konflikt mit der zwingenden Verteilungsregelung des § 1 III. Die noch hM behauptet hier eine **reflexhafte Verdrängungswirkung** der tarifl. Unkündbarkeitsregeln. Da das Gebot der Sozialauswahl nur für die ordentl. Kündigung gelte, die hier ausgeschlossen sei, könne der ArbGeb an Stelle des tarifl. geschützten ArbN einen nach sozialen Gesichtspunkten schutzwürdigeren ArbN entlassen[7].

---

1 BAG v. 21.4.2005 – 2 AZR 241/04, AP Nr. 74 zu § 1 KSchG 1969 – Soziale Auswahl. |2 HK/*Dorndorf*, § 1 KSchG Rz. 1053; Stahlhacke/*Preis*, Rz. 1073; KR/*Griebeling*, § 1 KSchG Rz. 664 aE; aA *Bütefisch*, Die Sozialauswahl, 2000, S. 136 f. (bei Massenentlassungen, sofern die Pflichtquote des § 71 SGB IX nicht unterschritten wird, da hier das Ermessen des Integrationsamtes gem. § 89 I 2 SGB IX beschränkt ist); *Gragert*, FS Schwerdtner, S. 57 (bei deutlich höherer Schutzwürdigkeit des nicht schwerbehinderten ArbN); MünchArbR/*Berkowsky*, § 136 Rz. 96 (Antrags-, aber nicht Klageobliegenheit des ArbGeb). |3 BAG v. 17.5.1984 – 2 AZR 161/83, AP Nr. 3 zu § 55 BAT unterstellt allerdings die Wirksamkeit der tariflichen Unkündbarkeit iS einer „Verdrängungsregelungen"; ebenso offenbar BAG v. 17.9.1998 – 2 AZR 419/97, AP Nr. 148 zu § 626 BGB ohne jede Auseinandersetzung mit der Streitfrage. |4 *Canaris*, Die Bedeutung der iustitia distributiva im deutschen Vertragsrecht, München 1997, S. 35 ff. |5 Vgl. nur HK/*Dorndorf*, § 1 KSchG Rz. 1055; Stahlhacke/*Preis*, Rz. 1074 mwN; KR/*Griebeling*, § 1 KSchG Rz. 666; *Kiel*, NZA 2005, Beilage 1, S. 18 (27): Alle unter Bezugnahme auf *Weller*, RdA 1986, 230 mit dem Argument, der tarifliche Kündigungsschutz stehe nicht in einem Konkurrenzverhältnis zur Sozialauswahl, Auswirkungen insoweit seien als Reflex des individuellen Kündigungsschutzes hinzunehmen. |6 Vgl. nur *Löwisch*, DB 1998, 877, 880; *Bröhl*, FS Schaub, 1998, S. 55 ff.; *Oetker*, FS Wiese, 1998, S. 333, 341; *Oetker*, ZfA 2001, 287 (322); *v. Hoyningen-Huene/Linck*, § 1 KSchG Rz. 456 ff.; *Linck*, Die soziale Auswahl bei betriebsbedingter Kündigung, 1990, S. 39 f.; *Berkowsky*, Die betriebsbedingte Kündigung, 5. Aufl., § 8 Rz. 95 ff.; *Rieble*, NZA 2003, 1243 f.; vgl. auch ArbG Cottbus v. 17.5.2000 – 6 Ca 38/00, NZA-RR 2000, 580 f. |7 *Weller*, RdA 1986, 230.

Damit wird dem ArbGeb gestattet, seine eigene Verpflichtung aus dem Kündigungsverzicht abzuwälzen. Der eigentlich von ihm zu tragende erweiterte Kündigungsschutz mutiert zur reinen Verdrängungsregelung und bloßen **Umgehung** der Sozialauswahl. Der Charakter der Tarifnorm ändert sich von einer individualrechtl. Vergünstigung im Verhältnis zwischen den Vertragsparteien hin zu einer privilegierenden Regelung der Lastenverteilung im Verhältnis zu anderen ArbN, in der das Günstigkeitsprinzip keine Berechtigung hat (Vertrag zu Lasten Dritter). Der ArbGeb hat hier in Wahrheit nicht auf sein Recht zur ordentl. Kündigung verzichtet, sondern lediglich zugesagt, dieses Kündigungsrecht zu Lasten eines anderen ArbN auszuüben. In dieser Auslegung verstößt die tarifl. Unkündbarkeit gegen § 1 III. Die tarifl. Unkündbarkeitskriterien weisen zT **erhebliche Abweichungen** von den Kriterien der Sozialauswahl nach § 1 III auf[1]. Sie vernachlässigen regelmäßig das unverzichtbare Kriterium der Unterhaltspflichten (Art. 6 GG) und können daher im Einzelfall zu einer Verletzung der zwingenden gesetzl. Anordnung des § 1 III führen. Das wird offenkundig, wenn sie nicht – wie idR – an Alter und Betriebszugehörigkeit anknüpfen, sondern etwa an eine tarifl. Leistungsbewertung, was nach dem Günstigkeitsprinzip im Verhältnis zwischen ArbGeb und ArbN grds. zulässig ist.

Richtigerweise ist die Frage, welcher ArbN in betriebsbedingten Fällen zur Kündigung ansteht, also die Frage der Sozialauswahl, der Frage **vorgelagert**, ob der so identifizierte ArbN über tarifl. Kündigungsschutz verfügt. Trifft die Sozialauswahl einen geschützten ArbN, hat der Verzicht auf das Recht zur ordentl. Kündigung hier keine andere Wirkung als auch sonst: Der ArbGeb kann diesem ArbN nur aus wichtigem Grund kündigen. Er darf nicht an seiner Stelle einem anderen, sozial schutzwürdigeren ArbN kündigen. Dem steht die zwingende Regelung des § 1 III entgegen, solange sie nicht – de lege ferenda – tarifdispositiv ausgestaltet ist. 345

Die tarifl. Unkündbarkeit ist damit im Falle einer Sozialauswahl keineswegs wirkungslos[2]. Vielmehr hat der ArbGeb wie auch sonst (Rz. 343) zunächst die dem wichtigen Grund geschuldeten **strengeren Anforderungen für eine anderweitige Weiterbeschäftigung** der „Unkündbaren" zu erfüllen (s. näher Rz. 284). Auch ist eine Erweiterung des Kreises der mit ihnen vergleichbaren ArbN in Betracht zu ziehen (s. Rz. 362). Dies begründet kein berechtigtes betriebl. Interesse für die Nichteinbeziehung der Unkündbaren in die Sozialauswahl gem. § 1 III 2, da es um eine den ArbGeb treffende Rechtspflicht geht. Scheidet auch danach eine Weiterbeschäftigung aus, kommt in Ausnahmefällen eine Kündigung der „Unkündbaren" aus wichtigem Grund in Betracht (außerordentl. Kündigung mit Auslauffrist, s. Rz. 41). Eine ggf. erforderliche Auswahl unter ihnen hat in entsprechender Anwendung von § 1 III zu erfolgen[3]. 346

Die Unkündbarkeitsregeln knüpfen idR an Alter und Betriebszugehörigkeit an und dürften daher eher selten von der nach § 1 III gebotenen Auswahl abweichen (vgl. aber Rz. 344 aE). Nach Art. 6 I 2a der sog. **Rahmenrichtlinie** 2000/78/EG (vgl. Vor § 1 Rz. 16) bedarf allerdings jede weniger günstige Behandlung wegen des Alters zu ihrer Rechtfertigung eines legitimen Ziels; zudem müssen die Mittel zu seiner Erreichung angemessen und erforderlich sein. Dies gilt gem. §§ 2 I Nr. 2, 10 AGG ohne weiteres auch für Entlassungsbedingungen in TV. Ein Kündigungsverbot für ältere ArbN hält diesem Prüfungsmaßstab für sich genommen stand (vgl. Vor § 1 Rz. 19). Soweit es aber ohne Rücksicht auf ihre soziale Schutzbedürftigkeit jüngere ArbN in einer Sozialauswahl verdrängt, ist es unverhältnismäßig und verstößt gegen die hier zu berücksichtigende (vgl. Vor § 1 Rz. 16) Rahmenrichtlinie[4]. § 10 III Nr. 7 AGG aF[5] sah daher vor, Unkündbarkeitsklauseln zu Gunsten älterer ArbN nur anzuwenden, soweit sie im Rahmen der Sozialauswahl den Schutz anderer ArbN nicht „grob fehlerhaft" minderten. Unabhängig von der Streichung der Norm wird die Unkündbarkeit europarechtlich nicht einmal mit dieser Maßgabe eine Herausnahme der begünstigten ArbN aus der Sozialauswahl rechtfertigen können[6]. Denn es erscheint weder als legitimes Ziel noch als verhältnismäßiges Mittel, durch Altersdiskriminierung von der eigentlich gebotenen Sozialauswahl (dh. nach Verdienst und Bedürftigkeit) bis zur Grenze der groben Fehlerhaftigkeit abzuweichen. 347

Auch der **einzelvertragl. Ausschluss** der ordentl. Kündigung führt nach noch hM grds. zu einer Verdrängung sozial schutzwürdigerer ArbN. Eine solche Abrede wird allerdings unter dem Gesichtspunkt der Umgehung der Sozialauswahl geprüft, insb. wenn sie in Ansehung konkret bevorstehender Kündigungen erfolgt[7]. Richtigerweise gelten hier die vorstehenden Grundsätze, dh., es findet keine Verdrängung statt. 348

(5) Befristet beschäftigte Arbeitnehmer. Befristet beschäftigte ArbN, mit denen die Möglichkeit der ordentl. Kündigung vertragl. nicht gem. § 15 III TzBfG vereinbart oder gem. § 16 S. 2 TzBfG eröffnet ist, sind nach ganz hM ebenfalls zu Lasten kündbarer ArbN **von der Sozialauswahl ausgenommen**[8]. Auch 349

1 ZB § 4.4 MTV Metallindustrie Nordbaden: Ab Vollendung des 53. LJ und drei Jahren Betriebszugehörigkeit (Beispiel nach *Weller*, RdA 1986, 229). | 2 So aber MünchArbR/*Berkowsky*, § 139 Rz. 104; *Rieble*, NZA 2003, 1243 f.; ähnlich *Oetker*, ZfA 2001, 286 (326), der eine teleologischen Restriktion des tarifl. Kündigungsschutzes annimmt. | 3 BAG v. 5.2.1998 – 2 AZR 227/97, AP Nr. 143 zu § 626 BGB. | 4 Bedenken auch bei *Linsenmaier*, RdA 2003, Sonderbeilage Heft 5, S. 22 (32); *Kamanabrou*, NZA Sonderbeilage 2006, Heft 24, S. 138 (144). | 5 IdF v. 14.8.2006, BGBl. I S. 2745. | 6 AA KR/*Pfeiffer*, AGG Rz. 123. | 7 Vgl. ErfK/*Oetker*, § 1 KSchG Rz. 475 mwN. | 8 HK/*Dorndorf*, § 1 KSchG Rz. 1056 mwN.

dem kann nicht gefolgt werden. Es gilt das Gleiche wie bei tarifl. Unkündbarkeit: Der ArbGeb hat mit seiner Vertragsgestaltung[1] auf das Recht zur ordentl. Kündigung verzichtet. Er hat deshalb auch die Lasten aus dieser Vereinbarung zu tragen. Der ArbGeb muss für den Personalabbau den Befristungsablauf abwarten oder die qualifizierten Anforderungen einer Kündigung aus wichtigem Grund erfüllen. Eine Verlagerung des Kündigungsrisikos auf die übrigen ArbN findet nicht statt, zumal der befristet beschäftigte ArbN im Falle seiner Entlassung weniger verliert als der unbefristete. S. im Einzelnen Rz. 343 ff.

350 **(6) Ruhende Arbeitsverhältnisse.** Bei ArbN, deren Arbeitsverhältnisse ruhen, ist zu unterscheiden: Werden etwa ArbN im Baugewerbe längerfristig für Großbauprojekte zu sog. Arbeitsgemeinschaften (**ARGE**) mehrerer Bauunternehmen abgestellt, begründen sie gem. § 9 BRTV-Bau zu der ARGE ein Arbeitsverhältnis, während ihr Arbeitsverhältnis zum bisherigen ArbGeb ruhend fortbesteht. Fällt bei diesem ein Arbeitsplatz weg, sind sie nicht in die Sozialauswahl einzubeziehen, wenn die Abstellung zur ARGE noch längere Zeit andauert. Durch ihre Kündigung würde der Personalüberhang mit seiner Kostenbelastung beim bisherigen ArbGeb nicht abgebaut. Ein noch längere Zeit ruhendes Arbeitsverhältnis verursacht keine Kosten, die durch Kündigung eingespart werden könnten[2]. Steht das Ende des Ruhenszeitraums, also die Rückkehr des ArbN in den Betrieb, aber unmittelbar bevor, ist er in die Sozialauswahl einzubeziehen. Dies gilt sinngemäß auch bei **längerfristigen Beurlaubungen**.

351 **(7) Vorläufig weiterbeschäftigte Arbeitnehmer.** ArbN, die nach einer vorausgegangenen Kündigung **während des Kündigungsrechtsstreits** gem. § 102 BetrVG oder auf Grund Urteils bis zur rechtskräftigen Entscheidung vorläufig weiterbeschäftigt werden, sind bei einer in dieser Zeit anstehenden betriebsbedingten Kündigung in die Sozialauswahl einzubeziehen. Ihnen ist dann ggf. erneut zu kündigen[3].

352 **cc) Vergleichbarkeit.** Die Vergleichbarkeit unterliegt grds. der **vollen Rechtskontrolle**, nicht nur der beschränkten Prüfung nach Abs. 3 oder 4 (vgl. Rz. 385 u. 412 f.); diese bezieht sich nur auf die ausreichende Berücksichtigung der vier sozialen Grunddaten und ihre Gewichtung. Dagegen wird die Vergleichbarkeit beim Interessenausgleich mit Namensliste gem. § 1 V von der Beschränkung der gerichtl. Prüfung auf grobe Fehlerhaftigkeit erfasst (vgl. Rz. 428). Bei **zu enger Gruppenbildung** ist die Kündigung gem. Abs. 3 sozialwidrig, wenn bei korrekter Grenzziehung ein anderer ArbN hätte ausgewählt werden müssen[4]. Eine **zu weite Gruppenbildung** verstößt dagegen nicht gegen Abs. 3, sondern trägt sogar seinem Zweck verstärkt Rechnung. Sie verletzt aber Abs. 2, da sie sich nicht auf solche ArbN beschränkt, die nach den von der Rspr. für die Vergleichbarkeit entwickelten Kriterien ersetzt werden können. Die Kündigung ist hier nicht mehr allein durch das (lediglich um die gesetzl. vorgeschriebene Sozialauswahl „erweiterte") dringende betriebl. Erfordernis bedingt[5] (vgl. aber Rz. 362). Eine zu weite Gruppenbildung kann auch nicht als „günstigere" Regelung im Vergleich zur gesetzl. anerkannt werden; im Verhältnis der ArbN untereinander greift das Günstigkeitsprinzip nicht. Allerdings gesteht die Rspr. Vergleichsgruppenbildungen in betriebl. Auswahlrichtlinien eine besondere Richtigkeitsgewähr zu[6].

353 Zur Gruppe der ArbN, die in die Sozialauswahl einzubeziehen sind, gehören zunächst alle ArbN, deren **Tätigkeit unmittelbar entfallen** ist. Werden zB in einem Betrieb die Arbeiten für Schlosser idR gleichmäßig verteilt und reduzieren sie sich um 50 %, sind alle Schlosser als Gruppe unmittelbar vom Rückgang des Beschäftigungsbedarfs betroffen. Vergibt der ArbGeb die bislang innerbetrieblich ausgeführte Gebäudereinigung an eine externe Fachfirma, ist jede einzelne Reinigungskraft unmittelbar vom Wegfall des Beschäftigungsbedarfs betroffen (sofern nicht ein Betriebsübergang vorliegt). Über den Kreis der unmittelbar betroffenen ArbN hinaus sind sodann alle ArbN in die Sozialauswahl einzubeziehen, die mit diesen **vergleichbar** sind. Hierzu zählen ArbN mit **identischer Tätigkeit**, etwa bei Stilllegung einer von mehreren im Betrieb vorhandenen gleichartigen Maschinen alle ArbN, die an identischen Maschinen arbeiten und deshalb von den unmittelbar betroffenen ersetzt werden können. Der jeweilige Qualifikations- und Ausbildungsstand ist hier wegen der Identität der ausgeübten Tätigkeit ohne Bedeutung[7]. Er kann uU ein berechtigtes betriebl. Interesse iSv. § 1 III 2 darstellen (vgl. Rz. 391 ff.).

354 Darüber hinaus sind aber auch solche ArbN in die Sozialauswahl einzubeziehen, die nur teilweise identische oder aber **nur ähnliche Tätigkeiten** ausüben. Diese Erweiterung des Kreises der vergleichbaren ArbN kommt nach der Rspr. des BAG unter **drei Voraussetzungen** in Betracht:

(1) Die einzubeziehenden ArbN müssen der gleichen betrieblichen Ebene angehören,

(2) sie müssen nach ihrer Tätigkeit von den unmittelbar betroffenen ArbN ersetzt werden können (Austauschbarkeit) und

1 Es handelt sich nicht um einen gesetzl. Kündigungsausschluss; so aber von *Hoyningen-Huene/Link*, § 1 KSchG Rz. 920. | 2 BAG v. 26.2.1987 – 2 AZR 177/86, NZA 1987, 775; HK/*Dorndorf*, § 1 KSchG Rz. 1051 mwN. | 3 HK/*Dorndorf*, § 1 KSchG Rz. 1058; KR/*Griebeling*, § 1 KSchG Rz. 668. | 4 Vgl. auch ErfK/*Oetker*, § 1 KSchG Rz. 535 mwN. | 5 So zutr. ErfK/*Oetker*, § 1 KSchG Rz. 535. | 6 Schon nach der bis zum 30.9.1996 geltenden Rechtslage bestand für sie ein weiter Beurteilungsspielraum: BAG v. 15.6.1989 – 2 AZR 580/88 u. v. 18.1.1990 – 2 AZR 357/89, AP Nr. 18 u. 19 zu § 1 KSchG 1969 – Soziale Auswahl; vgl. auch BAG v. 5.12.2002 – 2 AZR 549/01, NZA 2003, 791 (793), wonach schon die formlose Abstimmung eines Punkteschemas mit der Arbeitnehmervertretung größere Richtigkeitsgewähr bieten könne. | 7 Vgl. etwa KR/*Griebeling*, § 1 KSchG Rz. 618.

(3) der Austausch muss ohne Änderung des Arbeitsvertrages des unmittelbar betroffenen ArbN im Wege des Direktionsrechts möglich sein.

(1) **Gleiche betriebliche Ebene.** Die andersartige Tätigkeit muss gleichwertig sein. Der Vergleich vollzieht sich auf derselben Ebene der Betriebshierarchie (sog. **horizontale Vergleichbarkeit**). ArbN auf höheren oder niedrigeren Hierarchieebenen des Betriebes können in die Sozialauswahl nicht einbezogen werden (sog. vertikale Vergleichbarkeit)[1]. Entfallen zB bei einer Umstrukturierung zwei Sachbearbeiterstellen einer Abteilung und ist gleichzeitig die Stelle des **Abteilungsleiters** neu zu besetzen, so steht es dem ArbGeb frei, die Leitungsaufgabe dem sozial weniger schutzwürdigen Sachbearbeiter zu übertragen und dem schutzwürdigeren zu kündigen[2]. Nach Wegfall der Sachbearbeiterstellen besteht kein Anspruch auf Weiterbeschäftigung auf der freien Beförderungsstelle als Abteilungsleiter; das KSchG schützt nur den erreichten Vertragsbestand (vgl. Rz. 276); eine Sozialauswahl im Hinblick auf diese Stelle scheidet daher aus. Nach seiner Beförderung befindet sich der (neue) Abteilungsleiter auf einer anderen Ebene der Betriebshierarchie und ist im Rahmen der Sozialauswahl nicht mehr mit dem anderen Sachbearbeiter vergleichbar. Das Gleiche gilt bei **verschlechterten Arbeitsbedingungen**. Der Facharbeiter, dessen Arbeit entfallen ist, kann nicht den Hilfsarbeiter verdrängen, dessen Tätigkeit noch vorhanden ist. Allerdings kann der ArbGeb die Hilfsarbeitertätigkeiten auf die Facharbeiter verteilen. Dies ist nicht willkürlich oder rechtsmissbräuchlich. Entfällt dadurch der Bedarf für die Beschäftigung eines Hilfsarbeiters, kann dieser gekündigt werden, da er mit dem Facharbeiter nicht vergleichbar ist[3]. Zur Frage, ob die Vergleichbarkeit durch vorherige Vertragsänderung hergestellt werden kann, vgl. Rz. 360. 355

(2) **Austauschbarkeit.** In die Sozialauswahl einzubeziehen sind nur solche ArbN, deren Tätigkeit der unmittelbar betroffene ArbN arbeitsplatzbezogen auf Grund seiner **Kenntnisse, Fähigkeiten und Ausbildung** übernehmen kann[4]. Denn ohne einen solchen (einseitigen[5]) Austausch könnte die Kündigung eines anderen Beschäftigten den Personalübergang nicht an der Stelle abbauen, an der er besteht. Da die Arbeitsplätze hier nicht identisch sind, ist die Austauschbarkeit in erster Linie anhand des **individuellen Ausbildungs- und Qualifikationsstandes** des ArbN festzustellen. Dem ArbGeb steht es grds. frei, das Anforderungsprofil einem geänderten Zuschnitt der Arbeit anzupassen (vgl. Rz. 276); die bloße Entscheidung zum Einsatz besser qualifizierter ArbN ohne einen solchen sachlichen Zusammenhang lässt die Austauschbarkeit nicht entfallen[6]. Ebenso besteht Austauschbarkeit, wenn der ArbGeb umgekehrt ArbN mit und ohne einschlägige Berufsausbildung für die gleiche Tätigkeit einsetzt[7]. Sind mehrere ArbN unmittelbar betroffen und ist ihr Ausbildungs- und Qualifikationsstand unterschiedlich, variiert uU der Kreis der jeweils einzubeziehenden ArbN entsprechend. Sind **beispielsweise** A und B gelernte Tiefbaufacharbeiter und ist B darüber hinaus auch Hochbaufacharbeiter (Doppelqualifikation) und in beiden Funktionen eingesetzt worden, ist bei Wegfall eines Arbeitsplatzes im Tiefbau der Kreis der mit A vergleichbaren ArbN auf die Tiefbaufacharbeiter beschränkt. B könnte hingegen auch auf den etwa sozial weniger schutzwürdigen Hochbaufacharbeiter C verweisen, dessen Tätigkeit er ohne weiteres ausüben könnte. Ist danach B sozial schutzwürdiger als A, muss A gehen. Ist umgekehrt A sozial schutzwürdiger als B, trifft es nicht B, sondern C, obwohl dieser reiner Hochbaufacharbeiter ist und ausschließlich ein Arbeitsplatz für Tiefbaufacharbeiter entfallen ist[8]. 356

Allein eine gleiche Berufsausbildung macht ArbN häufig noch nicht austauschbar. Gerade bei qualifizierteren Tätigkeiten mit **hohem Spezialisierungsgrad** wird einem aktuellen Stand an Kenntnissen und Fertigkeiten ausschlaggebende Bedeutung zukommen. Eine kurze **Einarbeitungszeit** von wenigen Wochen (etwa zum Ausgleich eines „aktuellen Routinevorsprungs“) steht der Austauschbarkeit zwar nicht entgegen[9]. Doch fehlt sie bei einem Ingenieur, der zur Einarbeitung auf dem neuen Arbeitsplatz – insb. im Hinblick auf die dort geforderten CAD- und PC-Kenntnisse – drei Monate benötigt hätte; maßgeblich ist idR der aktuelle Stand von Kenntnissen und Fähigkeiten[10]. Umschulungs- oder Fortbildungsmaßnahmen kommen zur bloßen Herstellung der Austauschbarkeit nicht in Betracht (evtl. anders bei tarifl. oder einzelvertragl. „unkündbaren“ ArbN, vgl. Rz. 362). Bei **einfacheren Tätigkeiten** kann schon die Eingruppierung in dieselbe Lohngruppe ausreichendes Anzeichen für Austauschbarkeit sein. Das gilt insbesondere im öffentl. Dienst[11]. Kann ein ArbN etwa eine schon früher einmal ausgeübte einfache Tätigkeit nach kurzer Einarbeitung wieder übernehmen, wofür bei ausgesprochenen Hilfstätigkeiten schon die 357

1 St. Rspr., BAG v. 15.6.1989 – 2 AZR 580/88, BB 1990, 351; v. 29.3.1990 – 2 AZR 369/89, NZA 1991, 181; v. 4.2.1993 – 2 AZR 463/92, RZK I 5 d Nr. 31; v. 17.9.1998 – 2 AZR 725/9, NZA 1998, 1332; v. 3.12.1998 – 2 AZR 341/99, BB 1999, 847. | 2 BAG v. 29.3.1990 – 2 AZR 369/89, NZA 1991, 181; ähnlich auch BAG v. 17.9.1998 – 2 AZR 725/97, NZA 1998, 1332. | 3 BAG v. 11.9.1986 – 2 AZR 564/85, DB 1987, 1882. | 4 BAG v. 15.6.1989 – 2 AZR 580/88, BB 1990, 351. | 5 Die umgekehrte Austauschbarkeit ist hier ohne Belang, da die Arbeit des unmittelbar betroffenen ArbN gerade entfallen ist: BAG v. 15.6.1989 – 2 AZR 580/88, BB 1990, 351. | 6 LAG Hessen v. 18.12.2003 – 14 Sa 1102/03, LAGReport 2004, 271. | 7 BAG v. 6.7.2006 – 2 AZR 442/05, NZA 2007, 139 (Erzieherinnen mit und ohne Abschluss). | 8 Ähnlich BAG v. 15.6.1989 – 2 AZR 580/88, BB 1990, 351. | 9 BAG v. 2.6.2005 – 2 AZR 480/04, BAGE 115, 92; v. 23.11.2004 – 2 AZR 38/04, BAGE 112, 361; v. 15.6.1989 – 2 AZR 580/88, BB 1990, 351. | 10 BAG v. 5.5.1994 – 2 AZR 917/93, NZA 1994, 1023; v. 29.3.1990 – 2 AZR 369/89, NZA 1991, 181. | 11 BAG v. 23.11.2004 – 2 AZR 38/04, BAGE 112, 361; v. 5.12.2002 – 2 AZR 697/01, BAGE 104, 138; v. 2.3.2006 – 2 AZR 23/05, NZA 2006, 1350.

identische Eingruppierung spricht, ist er mit den dort beschäftigten ArbN vergleichbar[1] (sofern er ohne Änderung seines Arbeitsvertrags dorthin versetzt werden kann, vgl. Rz. 360 ff.). In höheren Lohngruppen für qualifiziertere und stärker spezialisierte Tätigkeiten kann aber allein aus der gleichen Eingruppierung nicht schon auf Austauschbarkeit geschlossen werden.

358 **Gesundheitliche Leistungsmängel**, etwa häufig wiederkehrende Erkrankungen, stehen der Austauschbarkeit nicht entgegen. Lassen sie aber die Eignung des ArbN für die andersartige Tätigkeit entfallen, besteht keine Vergleichbarkeit. Kann etwa ein Maschinist, dessen Arbeitsplatz entfallen ist, aus gesundheitlichen Gründen nicht schwer heben, ist er nicht mit einem sozial weniger schutzwürdigen Lagerarbeiter zu vergleichen, der regelmäßig schwere Lasten heben muss. Eine Umgestaltung der Arbeitsplätze im Lager dahin, dass ein ArbN nicht für schwere Lasten zuständig ist, kann vom ArbGeb allein zur Herstellung der Austauschbarkeit nicht verlangt werden (Ausnahmen: § 81 IV SGB IX oder uU bei gesteigerter Weiterbeschäftigungspflicht gegenüber „unkündbaren" ArbN[2]).

359 Die Austauschbarkeit kann fehlen, weil mit ihr eine **Versetzung** iSv. § 95 III BetrVG verbunden ist und der BR die gem. § 99 BetrVG erforderliche Zustimmung rechtswirksam verweigert. Ein gerichtl. Verfahren auf Ersetzung der Zustimmung nach § 99 IV BetrVG, nur um die Austauschbarkeit herzustellen, ist dem ArbGeb nicht zuzumuten[3].

360 **(3) Keine Vertragsänderung.** Vergleichbar sind nur solche ArbN eines Betriebes (Rz. 336 ff.), deren Tätigkeit den unmittelbar betroffenen ArbN nach ihrem Arbeitsvertrag im Wege des **Direktionsrechts** übertragen werden könnte[4]. Die Sozialauswahl erstreckt sich auf ArbN, deren Arbeit unmittelbar gar nicht entfallen ist, nur soweit sie von den direkt betroffenen ArbN ohne weiteres ersetzt werden können, also austauschbar sind. Daran fehlt es, wenn die Austauschbarkeit erst durch eine Änderung des Arbeitsvertrages des unmittelbar betroffenen ArbN hergestellt werden müsste. Wurde etwa einem ArbN unter Abänderung seines Arbeitsvertrages die **Leitung** eines konkreten Arbeitsbereichs übertragen und kündigt der ArbGeb später betriebsbedingt, weil dieser Arbeitsbereich wegfällt, so ist dieser ArbN idR nicht in die Sozialauswahl mit den ehemals vergleichbaren, ohne Leitungsfunktion auch in anderen Arbeitsbereichen einsetzbaren ArbN einzubeziehen[5]. Nach Auffassung des BAG soll die Vergleichbarkeit grds. auch nicht durch eine **vorherige Vertragsänderung** aus Anlass des zur Kündigung führenden Ereignisses hergestellt werden können[6]. Das erscheint nicht gerechtfertigt. Maßgeblicher Zeitpunkt für die Beurteilung der Vergleichbarkeit ist grds. der des Zugangs der Kündigung. Vorherige Vertragsänderungen sind zu berücksichtigen. Für eine Umgehung der Sozialauswahl bedarf es besonderer Anhaltspunkte, woran es bei tatsächlicher Änderung des Vertragsinhalts idR fehlen dürfte. Im Übrigen fördert die Vertragsänderung zur Herstellung der Vergleichbarkeit gerade den Zweck der Sozialauswahl, da sie letztlich den sozial schwächeren ArbN schützt. Das gilt ebenso, wenn sich auf Grund besonderer Umstände der Vertragsinhalt ausnahmsweise im Sinne einer Vertragsänderung **stillschweigend konkretisiert** hat[7].

361 Maßgeblich ist die **Reichweite des Direktionsrechts**. Ein Unternehmen, dessen Niederlassungen trotz weiter räumlicher Entfernung einen einheitlichen Betrieb iSd. KSchG bilden, hat zwar bei Schließung eines Standorts eine einheitliche, betriebsweite Sozialauswahl durchzuführen (s. Rz. 336). Die ArbN der anderen Standorte sind aber nur in die Sozialauswahl einzubeziehen, soweit sie von ArbN des zu schließenden Standorts etwa auf Grund einer Versetzungsklausel ohne Vertragsänderung ersetzt werden können[8]. Beruft sich der zu kündigende ArbN auf eine Versetzungsklausel im eigenen Arbeitsvertrag, um einen sozial weniger schutzbedürftigen ArbN in die Auswahl einzubeziehen, erscheint fraglich, ob dem ArbGeb die Berufung auf die **Unwirksamkeit der selbst verwendeten Versetzungsklausel** gem. §§ 305 ff. BGB (vgl. Anh. §§ 305–310 BGB Rz. 17) verwehrt ist[9]. Dies wird nicht der Fall sein, da wegen des objektiv nicht bestehenden Direktionsrechts die Vergleichbarkeit fehlt und zudem die Berufung des ArbGeb nicht zu eigenen Gunsten erfolgt[10]. Auch würde sich sonst der auf diese Weise in die Sozialauswahl einbezogene ArbN seinerseits auf die fehlende Austauschbarkeit seines Kollegen berufen können, ohne die er nicht zur Kündigung anstünde (s. Rz. 352). Kann ein ArbN nach seinem Arbeitsvertrag nur innerhalb eines bestimmten Arbeitsbereichs versetzt werden, sind bei Wegfall dieses Arbeitsbereichs keine vergleichbaren ArbN anderer Arbeitsbereiche in die Sozialauswahl einzubeziehen[11]. Bei betriebs-

1 BAG v. 15.6.1989 – 2 AZR 580/88, BB 1990, 351 (Pedalmontage durch Reinigungskraft); vgl. auch BAG v. 25.4.1985 – 2 AZR 140/84, NZA 1986, 64. | 2 Vgl. zu dieser Pflicht BAG v. 5.2.1998 – 2 AZR 227/97, NZA 1998, 771; v. 17.9.1998 – 2 AZR 419/97, NZA 1999, 258. | 3 So auch *Löwisch/Spinner*, § 1 KSchG Rz. 354. | 4 St. Rspr., BAG v. 15.6.1989 – 2 AZR 580/88, NZA 1990, 226; v. 29.3.1990 – 2 AZR 369/89, NZA 1991, 181; v. 17.9.1998 – 2 AZR 725/97, NZA 1998, 1332; v. 3.12.1998 – 2 AZR 341/98, BB 1999, 1847; aA *Löwisch/Spinner*, § 1 KSchG Rz. 352 f.; HK/*Dorndorf*, § 1 KSchG Rz. 1043a. | 5 BAG v. 17.9.1998 – 2 AZR 725/97, NZA 1998, 1332 (st. Rspr.). | 6 BAG v. 18.10.2006 – 2 AZR 676/05, NZA 2007, 798; ähnlich KR/*Griebeling*, § 1 KSchG Rz. 622 (Vertrag zu Lasten Dritter). | 7 AA wohl BAG v. 3.6.2004 – 2 AZR 577/03, NZA 2005, 577. | 8 LAG Sa.-Anh. v. 11.1.2000 – 8 Sa 449/99, NZA-RR 2001, 81. | 9 IdS grds. wohl BGH v. 4.12.1997 – VII ZR 187/96, BB 1998, 915; v. 2.4.1998 – IX ZR79/97, MDR 1998, 759; dem folgend BAG v. 27.10.2005 – 8 AZR 3/05, BB 2006, 1003; offen gelassen für die Sozialauswahl aber in BAG v. 15.12.2005 – 6 AZR 199/05, NJW 2006, 1757 (Rz. 26). | 10 Ebenso *Dzida/Schramm*, BB 2007, 1221 (1224). | 11 BAG v. 17.2.2000 – 2 AZR 142/99, NZA 2000, 822; v. 17.9.1998 – 2 AZR 725/97, AP Nr. 36 zu § 1 KSchG 1996; vgl. auch BAG v. 11.9.1986 – 2 AZR 564/85, DB 1987, 1882 (Bauwerker/Baufacharbeiter).

bedingter Kündigung eines **Angestellten im öffentl. Dienst** sind in die Sozialauswahl nur Angestellte derselben Vergütungsgruppe einzubeziehen[1].

Stehen tarifl. oder einzelvertragl. **„unkündbare" ArbN** nach Sozialauswahl eigentlich zur Kündigung an (entgegen der noch hM, vgl. Rz. 343 ff.), schuldet der ArbGeb ihnen gesteigerte Bemühungen zur Weiterbeschäftigung (vgl. Rz. 284). Aus dem besonderen Schutz dieser Personengruppe wird eine Erweiterung des Kreises der mit ihnen vergleichbaren ArbN auch auf solche folgen, deren Arbeitsplätze von ihnen erst nach längeren Einarbeitungs- und Umschulungszeiten oder auch erst nach einer Vertragsänderung eingenommen werden könnten. Mit dem Ausschluss der ordentl. Kündigung trifft den ArbGeb gegenüber den „Unkündbaren" eine gesteigerte Pflicht zur Weiterbeschäftigung[2]. Für die übrigen ArbN stellt sich insoweit die Lage nicht anders dar als bei einer entsprechenden Erweiterung des Direktionsrechts des ArbGeb gegenüber den geschützten ArbN. Es würde so ein sozial stärkerer ArbN gekündigt; die mit dem Austausch der ArbN verbundenen Lasten (Umschulung etc.) und Risiken (Vertragsänderung) hätte bis zur Grenze der Zumutbarkeit der ArbGeb zu tragen, der sie auch vertragl. (durch den Verzicht auf die ordentl. Kündigung) übernommen hat. 362

Unterschiedliche Arbeitszeiten können ein Problem für die Austauschbarkeit darstellen. Grds. fehlt diese, wenn den unterschiedlichen Arbeitszeiten eine **betriebliche Organisationsentscheidungen** zugrunde liegt, wonach bestimmten Tätigkeiten bestimmte Arbeitszeiten zugeordnet sind. Das gilt auch für die Auswahl zwischen Teilzeitbeschäftigten mit unterschiedlichen Arbeitszeiten[3]. Das unternehmerische Konzept ist nachvollziehbar darzulegen. Eine bloße Entscheidung für einen bestimmten Vertragsinhalt, die nicht auf dem betriebl. Bedarf gründet, genügt nicht[4]. Nach hM erfolgt eine Prüfung des Konzepts nur auf Willkür bzw. Rechtsmissbrauch (vgl. Rz. 266 ff.). Eine Änderung des Arbeitsvertrages des unmittelbar betroffenen ArbN, um seine Austauschbarkeit herzustellen, braucht der ArbGeb grds. nicht vorzunehmen[5]. Doch spricht der Rechtsgedanke der §§ 4, 8 u. 9 TzBfG dafür, bei vorheriger (vorbehaltloser) Bereitschaft der betroffenen ArbN zur **einvernehmlichen Anpassung** der Arbeitszeiten eine gemeinsame Sozialauswahl durchzuführen[6] (vgl. auch Rz. 360). 363

Will der ArbGeb lediglich das **Arbeitszeitvolumen** abbauen, stehen unterschiedliche Arbeitszeiten einer Vergleichbarkeit grds. nicht entgegen. Das Arbeitszeitvolumen ist grds. nach der Reihenfolge der Sozialauswahl abzubauen. Trifft etwa bei Wegfall einer ganzen Stelle die Sozialauswahl auf eine Teilzeitkraft, ist ihr gegenüber eine Beendigungskündigung auszusprechen und im verbleibenden Volumen dem nächststärkeren ArbN eine Änderungskündigung[7]. Das Gleiche gilt bei Wegfall einer halben Stelle; trifft hier die Sozialauswahl eine Vollzeitkraft, ist ihr eine Änderungskündigung auszusprechen. Das gilt grds. auch bei vorbehaltloser Ablehnung des Änderungsangebotes. Der ArbGeb ist dann gehalten, eine Teilzeitkraft neu einzustellen[8]. Diese Grundsätze (Rz. 363, 364) gelten auch im öffentl. Dienst[9] und sind mit europäischem Recht vereinbar[10]. 364

Keine Frage der Sozialauswahl stellt sich allerdings, wenn der ArbGeb quasi **„mit dem Rasenmäher"** die Arbeitszeiten sämtlicher vergleichbarer ArbN **gleichmäßig um ein bestimmtes Maß** reduziert (zB um 10 %)[11]. Bei entsprechendem Wegfall des Beschäftigungsbedarfs besteht hier für jede einzelne Kündigung ein dringendes betriebl. Erfordernis. Eine Auswahl findet nicht statt; § 1 III gelangt nicht zur Anwendung. Aus der Vorschrift folgt auch kein über ihren unmittelbaren Anwendungsbereich hinauswirkendes Prinzip, wonach sich ein Abbau des Personalbestandes stets nur nach den Kriterien der Sozialauswahl vollziehen dürfte[12]. Kürzt der ArbGeb die Arbeitszeit dagegen **ungleichmäßig**, etwa von zuvor unterschiedlichem Umfang auf ein einheitliches Maß, trifft er gegenüber den einzelnen ArbN unterschiedliche Maßnahmen und wählt damit unweigerlich aus. Fehlt eine anzuerkennende betriebl. Organisationsentscheidung für das angestrebte einheitliche Arbeitszeitvolumen, kommt eine Abweichung von der Sozialauswahl gem. § 1 III 2 nF nur bei berechtigten betriebl. Interessen in Betracht; solche liegen nicht schon in dem bloßen – betrieblich nicht veranlassten – Wunsch nach einem bestimmten Arbeitszeitvolumen; der ArbGeb kann insb. nicht seine Vorstellungen von sozialer Gerechtigkeit an die Stelle von § 1 III setzen. Vgl. zur Frage der Arbeitszeit auch Rz. 264 u. 323 ff. 365

---

1 BAG v. 23.11.2004 – 2 AZR 38/04, NZA 2005, 986; zur Auslegung von Tätigkeitsangaben im Arbeitsvertrag s. BAG v. 2.3.2006 – 2 AZR 23/05, NJW 2006, 3514 (Reinigungskraft) und v. 31.5.2007 – 2 AZR 306/06, DB 2007, 2210 (Wirtschaftshilfe). |2 Längere Überbrückungs-, Einarbeitungs-, Umschulungszeiten; organisatorische Umstrukturierungen zur Schaffung eines geeigneten, nicht aber eines zusätzlichen Arbeitsplatzes; keine Freikündigung und keine Beförderung, vgl. BAG v. 5.2.1998 – 2 AZR 227/97, NZA 1998, 771; v. 17.9.1998 – 2 AZR 419/97, NZA 1999, 258. |3 Für objektbezogene individuelle Arbeitszeiten in Reinigungsunternehmen bejaht von BAG v. 15.7.2004 – 2 AZR 376/03, NZA 2005, 523; verneint von BAG v. 22.4.2004 – 2 AZR 244/03, NZA 2004, 1389. |4 BAG v. 12.8.1999 – 2 AZR 12/99, AP Nr. 44 zu § 1 KSchG 1969 – Soziale Auswahl; v. 19.5.1993 – 2 AZR 584/92, AP Nr. 31 zu § 2 KSchG 1969; v. 18.2.2003 – 9 AZR 164/02, DB 2003, 2443 ff. fordert sogar eine Interessenabwägung. |5 BAG v. 7.12.2006 – 2 AZR 748/05, NZA-RR 2007, 460; v. 3.12.1998 – 2 AZR 341/98 u. v. 12.8.1999 – 2 AZR 12/99, AP Nr. 39 u. 44 zu § 1 KSchG 1969 – Soziale Auswahl. |6 Insoweit zutr. LAG Hessen v. 14.7.1997 – 16 Sa 2411/96, DB 1998, 783. |7 BAG v. 15.7.2004 – 2 AZR 376/03, NZA 2005, 523. |8 BAG v. 3.12.1998 – 2 AZR 341/98 u. v. 12.8.1999 – 2 AZR 12/99, AP Nr. 39 u. Nr. 44 zu § 1 KSchG 1969 – Soziale Auswahl. |9 BAG v. 12.8.1999 – 2 AZR 12/99, BB 1999, 2509. |10 EuGH v. 26.9.2000 – C-322/98, EuGHE I 2000 I, 7505. |11 LAG Berlin v. 30.10.2003 – 16 Sa 1052/03, LAGReport 2004, 206. |12 BAG v. 19.5.1993 – 2 AZR 584/92, NZA 1993, 1075.

366 Ist danach zB bei **Wegfall einer halben Stelle** eine Sozialauswahl zwischen einer Ganztags- und einer Halbtagskraft (vormittags) durchzuführen und dabei eine **ganztägige Besetzung** der Stelle zu gewährleisten, müsste bei geringerer Schutzbedürftigkeit der Vollzeitkraft dieser eine Änderungskündigung für Halbtagstätigkeit am Nachmittag ausgesprochen werden. Müsste der ArbGeb bei vorbehaltloser Ablehnung einer solchen Tätigkeit befürchten, auch auf dem Arbeitsmarkt niemanden hierfür zu finden, dürfte ein berechtigtes betriebl. Bedürfnis gem. § 1 III 2 vorliegen, das die Weiterbeschäftigung der Vollzeitkraft bedingt. Kommt es dem ArbGeb nach seiner Organisationsentscheidung darauf an, **nur vormittags**, dann aber mit zwei Kräften gleichzeitig zu arbeiten, käme in der vorstehenden Konstellation unabhängig von der sozialen Schutzwürdigkeit nur eine Änderungskündigung gegenüber der Vollzeitkraft in Betracht, da nur dort Nachmittagsarbeit abgebaut werden könnte. Ginge es etwa darum, vertrauliche Aufgaben nur einer Person zu übertragen, bliebe nur die Kündigung gegenüber der Teilzeitkraft, auch wenn sie sozial schutzwürdiger wäre. Eine Änderung ihrer Arbeitszeit auf Vollzeit, um die Vergleichbarkeit mit der anderen Vollzeitkraft herzustellen, braucht der ArbGeb nicht vorzunehmen[1]; doch dürfte eine einvernehmliche Änderung im Vorhinein zulässig sein (str., vgl. Rz. 360).

367 **c) Die vier sozialen Gesichtspunkte und ihre Bewertung. aa) Allgemeines.** Gem. § 1 III 1 in der am 1.1.2004 in Kraft getretenen **Neufassung** (vgl. Vor § 1 Rz. 6) hat der ArbGeb bei der Auswahl der zu Kündigenden die Dauer der Betriebszugehörigkeit, das Lebensalter, die Unterhaltspflichten und die Schwerbehinderung des ArbN ausreichend zu berücksichtigen. Anderenfalls ist auch eine ansonsten betriebsbedingte Kündigung sozial ungerechtfertigt. Die **Begrenzung** der nach früherer Rechtslage zu berücksichtigenden „sozialen Gesichtspunkte" auf vier Grundkriterien erfolgte aus Gründen der Rechtssicherheit[2]. Damit folgt aus § 1 III weder ein Gebot noch die Notwendigkeit, bei der Auswahl des ArbN sonstige soziale Gesichtspunkte – gleich welcher Art – zu berücksichtigen. Die Rechtsfolge der Vorschrift tritt nur bei unzureichender Berücksichtigung der vier Grunddaten ein. Soweit nach der Begründung des Gesetzesentwurfs „die Beachtung unbilliger Härten im Einzelfall" nicht ausgeschlossen sein soll[3], macht ihre Missachtung nach dem insoweit eindeutigen Gesetzeswortlaut die Kündigung doch nicht sozialwidrig[4]. Zur Frage, ob sonstige soziale Gesichtspunkte berücksichtigt werden dürfen, ohne damit eine ausreichende Berücksichtigung der vier Grunddaten in Frage zu stellen, vgl. Rz. 381 ff.

368 Über die **Gewichtung der Grundkriterien** trifft das Gesetz nur die Aussage, dass alle vier ausreichend zu berücksichtigen sind. Damit ist keines allein ausschlaggebend, keines zu vernachlässigen. In der älteren Rspr. wurde der Betriebszugehörigkeit zumeist eine gewisse Priorität eingeräumt, weil sie auch bei der Bemessung der Höhe einer Abfindung gem. § 10 sowie bei der Dauer der Mindestkündigungsfristen gem. § 622 BGB ausschlaggebend ist[5]. Doch betreffen diese Normen das Austauschverhältnis zwischen ArbGeb und ArbN, während es in § 1 III 1 um die gerechte Lastenverteilung der ArbN untereinander geht. Für die Frage, welcher ArbN auf seinen Arbeitsplatz am ehesten verzichten kann, haben Lebensalter und Unterhaltspflichten wie auch Schwerbehinderung aber unabweisbare Bedeutung. Das BAG hat daher mit Recht festgestellt, dass der Betriebszugehörigkeit **keine Priorität** gegenüber Lebensalter und Unterhaltspflichten zukomme[6]. Zugleich hat es abgelehnt, für die Gewichtung dieser drei Grundkriterien abstrakte Vorgaben zu machen; damit würde in den vom Gesetz bewusst eingeräumten Wertungsspielraum des ArbGeb eingegriffen[7]. Das gilt auch für die Schwerbehinderung. Neben der allgemeinen Gewichtung der vier sozialen Gesichtspunkte hängt die Auswahl vor allem von dem **konkreten Ausmaß** ab, in dem sie jeweils verwirklicht sind. Gegenüber einem 32-jährigen ledigen ArbN mit fünf Jahren Betriebszugehörigkeit kann ein 30-jähriger ArbN mit drei Jahren Betriebszugehörigkeit schutzbedürftiger sein, wenn er vier Kinder hat. Eine schematische Betrachtungsweise, wonach die Sozialauswahl stets den ArbN trifft, der zumindest in zwei von drei Regelkriterien weniger schutzwürdig ist, ist daher nicht stets gerechtfertigt. Zum Beurteilungsspielraum des ArbGeb vgl. Rz. 385 f.

369 Maßgeblich für die Sozialauswahl sind die **tatsächlichen Grunddaten** der ArbN. Unzureichend ist es, unbesehen die Daten der Personalakten oder LStKarten zugrunde zu legen. Es besteht eine **Erkundigungspflicht**; an die darauf erteilten Auskünfte sind die ArbN gebunden (vgl. Rz. 377, 379). Der **Datenschutz** steht der für eine Sozialauswahl erforderlichen Erhebung und Verarbeitung von Sozialdaten nicht entgegen. Es handelt sich durchweg um Daten, die im Rahmen der Zweckbestimmung des Arbeitsverhältnisses erhoben werden, § 28 I Nr. 1 BDSG[8]. Die Sozialdaten müssen **objektiv bestehen**. Sie können mit einzelnen ArbN grds. nicht zu Lasten der übrigen „vereinbart" werden (etwa eine längere

---

1 BAG v. 3.12.1998 – 2 AZR 341/98, BB 1999, 847; vgl. auch BAG v. 24.4.1997 – 2 AZR 352/96, BB 1997, 1950; v. 19.5.1993 – 2 AZR 584/92, NZA 1993, 1075 sowie v. 12.8.1999 – 2 AZR 12/99, BB 1999, 2509 (Streichung einer Halbtagsstelle im Haushaltsplan). | 2 Vgl. Begr. des Gesetzentwurfs der Fraktionen SPD und BÜNDNIS 90/DIE GRÜNEN v. 24.6.2003, BT-Drs. 15/1204, S. 15; Entwurf und Begr. sind wortgleich mit dem RegE v. 18.6.2003, BR-Drs. 421/03. | 3 Begr. RegE, BR-Drs. 421/03, S. 15. | 4 *Löwisch*, NZA 2003, 689 (691); *Quecke*, RdA 2004, 86 (87). | 5 BAG v. 24.3.1983 – 2 AZR 21/82, BB 1983, 1665; v. 18.10.1984 – 2 AZR 543/83, BB 1985, 1263; v. 18.1.1990 – 2 AZR 357/89, NZA 1990, 729. | 6 BAG v. 2.12.1999 – 2 AZR 757/98, AP Nr. 45 zu § 1 KSchG 1969 – Soziale Auswahl – (zum KSchG 1996); bestätigt auch für die nachfolgende Gesetzesfassung durch BAG v. 5.12.2002 – 2 AZR 549/01, NZA 2003, 791 ff. | 7 BAG v. 5.12.2002 – 2 AZR 549/01, NZA 2003, 791 ff. | 8 BAG v. 24.3.1983 – 2 AZR 21/82, BB 1983, 2057 (*Berkowsky*).

Betriebszugehörigkeit, höheres Lebensalter oder mehr Unterhaltspflichten, als tatsächlich gegeben). Die Tatsache der Vereinbarung ist kein sozialer Gesichtspunkt, die höhere Schutzbedürftigkeit existiert in Wirklichkeit nicht. Eine solche Vereinbarung kann zwar im Individualverhältnis zwischen ArbGeb und ArbN Auswirkungen haben, etwa zur Abkürzung der Wartezeit des § 1 oder zur Erlangung einer tarifl. geregelten Unkündbarkeit, nicht aber ohne weiteres im Verhältnis zu den übrigen ArbN. Zu den Ausnahmen vgl. Rz. 371 aE. **Maßgeblicher Zeitpunkt** für die Feststellung der Daten ist der des Zugangs der Kündigung, wobei auch Umstände zu berücksichtigen sind, die erst bei Ablauf der Kündigungsfrist oder sogar danach eintreten werden, sofern ihr Eintritt bereits hinreichend sicher feststeht[1].

Das Gesetz verlangt vom ArbGeb nur eine **„ausreichende" Berücksichtigung** der vier sozialen Gesichtspunkte (§ 1 III 1) und eröffnet dem ArbGeb damit einen Beurteilungsspielraum (vgl. Rz. 385 f.). Ist das Verhältnis der Auswahlgesichtspunkte zueinander in einem TV oder einer BV (bzw. DV) festgelegt, kann diese Bewertung gem. § 1 IV nur auf grobe Fehlerhaftigkeit überprüft werden (vgl. Rz. 412 ff.). Weiter gehende Beschränkungen der Überprüfbarkeit bestehen bei einem Interessenausgleich mit Namensliste gem. § 1 V (vgl. Rz. 429) sowie in der Insolvenz gem. §§ 125 f. InsO. Zu beachten sind schließlich ohne Beurteilungsspielraum spezialgesetzliche **Benachteiligungsverbote** in § 2 II ArbPlSchG, § 78 I Nr. 1 ZDG, § 2 II EignungsÜbG, §§ 9 II, 13 III ZivilSchG und § 4 I TzBfG. 370

bb) Betriebszugehörigkeit. Nach ihrer Dauer bemisst sich die erbrachte Betriebstreue, woraus eine **gesteigerte Bindung** der Vertragsparteien folgt[2]. Deren Berücksichtigung in einer Auswahlkonkurrenz ist gerechtfertigt (als „besseres" Recht). Mit der Dauer der Betriebszugehörigkeit steigt zudem idR auch unabhängig davon sowie vom Lebensalter die Schutzwürdigkeit des ArbN[3]. Diese Gesichtspunkte rechtfertigen die mit der Einbeziehung der Betriebszugehörigkeit verbundene mittelbar unterschiedliche Betroffenheit nach dem Lebensalter, so dass eine mittelbare Altersdiskriminierung gem. Art. 2 IIa) i) RL 2000/78 EG (vgl. Vor § 1 Rz. 16) schon tatbestandlich ausscheidet. Sie bieten zudem eine ausreichende Legitimation iSv. Art. 6 II der RL. Bei ausreichender Berücksichtigung der weiteren Auswahlkriterien erscheint eine linear ansteigende Bewertung als Mittel zur Einbeziehung dieser Gesichtspunkte als angemessen und erforderlich. Die Betriebszugehörigkeit genießt aber gegenüber den beiden anderen Kriterien der Sozialauswahl keine Priorität (Rz. 368). Betriebszugehörigkeit ist die Zeit des **rechtl. ununterbrochenen Bestandes** des Arbeitsverhältnisses, gleich in welchem Betrieb des ArbGeb sie zurückgelegt wurde. Ihre Dauer kann wirksam grds. nur im Verhältnis zum ArbGeb (vgl. Rz. 18), nicht aber im Hinblick auf die Sozialauswahl zu Lasten anderer ArbN „frei vereinbart" werden[4] (vgl. Rz. 369). Die Anrechnung von **Vorbeschäftigungszeiten** mit Wirkung für die Sozialauswahl ist dagegen zulässig und hält sich im Wertungsspielraum einer „ausreichenden" Sozialauswahl, wenn sie willkürfrei aus sachlichem Grund erfolgt[5]. Im Übrigen gelten dieselben Grundsätze wie bei der Berechnung der Wartezeit gem. § 1 I (vgl. Rz. 11 ff. u. 14 ff.). Die Beschäftigungszeit iSd. § 19 BAT ist daher bspw. nicht mit der Dauer der Betriebszugehörigkeit als Sozialdatum gleichzusetzen[6]. Das wird auch für die Beschäftigungszeit iSv. § 34 III TVöD bzw. TV-L gelten. 371

cc) Lebensalter. Es hat als soziales Kriterium ambivalente Bedeutung[7]. **Arbeits- und Erwerbsfähigkeit** werden vom Alter beeinflusst. Der Arbeitsmarkt spiegelt das wider. Die Chancen der 45-jährigen und älteren ArbN sinken im Allgemeinen stark[8]. Auch sind Menschen dieses Alters idR weniger flexibel als jüngere. Das wird sowohl unmittelbar für die Fähigkeiten gelten, neue berufliche Herausforderungen zu meistern, als auch im Hinblick darauf, dass nach der Lebenserfahrung mit fortschreitendem Lebensalter zunehmend Entscheidungen getroffen werden, die zu einer „Verwurzelung" führen und sich nur noch mit größerem Aufwand abändern lassen[9]. Die soziale Schutzbedürftigkeit eines höheren Lebensalters findet demgemäß in vielen Gesetzen ihren Niederschlag (§ 127 SGB III, § 75 I 2 BetrVG, § 622 II 3 BGB, § 10 II KSchG). Sie dürfte im Rahmen der Sozialauswahl bei Erreichen der **regulären Altersrente** entfallen[10], was aber die Schutzbedürftigkeit in Bezug auf die weiteren Kriterien des Abs. 4 unberührt lässt[11]. Abs. 3 S. 1 gebietet keine kontinuierlich ansteigende Bewertung des ansteigenden Alters[12], sondern eine „ausreichende". Bei hoher struktureller Arbeitslosigkeit wird die Schutzwürdigkeit eines höheren Lebensalters mit der Annäherung an das Rentenalter daher schon vor diesem Zeitpunkt sinken[13]. Nach Wegfall des § 41 IV 2 SGB VI aF dürfte dies auch für das vorgezogene Altersruhegeld gelten[14]. Dagegen darf die Möglichkeit zur Inanspruchnahme von ATZ-Arbeit gem. § 8 I ATZG bei der Sozialauswahl nicht 372

1 Vgl. etwa BAG v. 27.11.2003 – 2 AZR 48/03, NZA 2004, 477. | 2 Vgl. auch BVerfG v. 27.1.1998 – 1 BvL 15/87, BB 1998, 1058. | 3 *Brors*, AuR 2005, 41 (43). | 4 Ebenso LAG Hamm v. 27.5.2002 – 8 Sa 134/02, nv.; offen gelassen in BAG v. 11.12.2003 – 2 AZR 536/02, AiB 2005, 55. | 5 BAG v. 2.6.2005 – 2 AZR 480/04, NJW 2006, 315 (in Prozessvergleich anerkannte Vorbeschäftigungszeiten); LAG Köln v. 17.9.1998 – 10 Sa 631/98, nv. (vereinbarte Vorbeschäftigungszeiten aus konzernzugehörigem Unternehmen); *Dathe*, NZA 2007, 1205. | 6 BAG v. 6.2.2003 – 2 AZR 623/01, ZTR 2003, 507 f. | 7 BAG v. 8.8.1985 – 2 AZR 464/84, DB 1986, 1577. | 8 BVerfG v. 27.1.1998 – 1 BvL 15/87, BB 1998, 1058. | 9 Ebenso KR/*Pfeiffer*, AGG Rz. 121. | 10 *Löwisch/Spinner*, § 1 KSchG Rz. 368. | 11 LAG Düsseldorf v. 21.1.2004 – 12 Sa 1188/03, LAGReport 2004, 130; ArbG Paderborn v. 22.3.2006 – 3 Ca 1947/05, AE 2007, 65. | 12 So aber LAG Düsseldorf v. 13.7.2005 – 12 Sa 616/05, AuR 2006, 69. | 13 Vgl. auch BAG v. 18.1.1990 – 2 AZR 357/89, NZA 1990, 727. | 14 Str., wie hier HK/*Dorndorf*, § 1 KSchG Rz. 1983; aA *Löwisch/Spinner*, § 1 KSchG Rz. 368.

zum Nachteil des ArbN bewertet werden[1]. Eine Bewertung des Lebensalters als Auswahlkriterium erscheint danach als sachgerecht, wenn ihm etwa bis zum 35. Lebensjahr nur leicht, dann aber bis etwa zum 53. Lebensjahr stärker ansteigende und anschließend wieder sinkende[2], jedenfalls nicht weiter steigende Bedeutung beigemessen wird. Eine Bewertung des ansteigenden Lebensalters in der Weise, dass es in fast allen Fällen gegenüber den anderen Kriterien nicht mehr ins Gewicht fällt, genügt in keinem Fall[3].

373 Die **RL 2000/78 EG** (vgl. Vor § 1 Rz. 16) steht gem. Art. 6 I einer Ungleichbehandlung wegen des Alters durch einzelstaatl. Regelung nicht entgegen, soweit diese ein legitimes Ziel verfolgt und hierzu angemessene und erforderliche Mittel einsetzt. Außerdem gestattet Art. 7 I der RL den Mitgliedstaaten positive Maßnahmen zur Gewährleistung der völligen Gleichstellung benachteiligter Gruppen im Berufsleben. Der Schutz vor einer Benachteiligung im Berufsleben wegen eines höheren Lebensalters (Rz. 372) verstößt daher grds. nicht gegen die RL, sondern ist eines ihrer Anliegen (vgl. Erwägung Nr. 8 und Nr. 25 der RL)[4]. Doch schützt die RL jedes Alter vor Benachteiligung, nicht nur ein hohes. Aus diesen Grund ist sehr streitig, ob im Rahmen der Sozialauswahl eine ausreichende Legitimation und Verhältnismäßigkeit iSd. Art. 6 I besteht, ein höheres Lebensalter etwa in Punkteschemata durchweg gegenüber einem niedrigeren zu privilegieren, zumal schon die Berücksichtigung der Betriebszugehörigkeit mittelbar ein höheres Alter begünstigt (Rz. 371). Es wird vorgeschlagen, nach Berufsgruppen, Branchen und Regionen differenziert die jeweils schützenswerten Altersgruppen zu bestimmen (ggf. mittels einer Auskunft der Agentur für Arbeit) und nur diese bei der Sozialauswahl zu privilegieren[5]. Ein solches Vorgehen dürfte der RL gerecht werden, doch wäre das Alter als Auswahlkriterium kaum noch handhabbar. Der Befund dürfte keine klare Zäsur zu Tage bringen, sondern wiederum eine ansteigende Schutzbedürftigkeit mit fließenden Übergängen. Schon aus Gründen der Rechtssicherheit ist bei der Sozialauswahl eine typisierende Betrachtung geboten (Rz. 367). Angesichts der – bei stark typisierender Betrachtung – mit dem Lebensalter kontinuierlich steigenden Schutzbedürftigkeit (Rz. 372) erscheint es daher gerechtfertigt, dieses weiterhin grds. ansteigend zu privilegieren[6]. Dabei sollte ihm kein Vorrang gegenüber den anderen Kriterien zukommen und eine klar erkennbar anders gelagerte Schutzwürdigkeit des Lebensalters im Einzelfall berücksichtigt werden.

374 **dd) Unterhaltspflichten.** Sie zählen zu den unverzichtbaren Gesichtspunkten der Sozialauswahl. Das Arbeitsverhältnis ist typischerweise **wirtschaftl. Grundlage** des Lebensunterhalts des ArbN wie seiner unterhaltsberechtigten Angehörigen. Eine nachrangige Berücksichtigung der Unterhaltspflichten hinter der Betriebszugehörigkeit und dem Lebensalter lässt sich nicht daraus ableiten, dass die Unterhaltspflichten in § 622 II BGB und § 10 II im Gegensatz zu den anderen Kriterien nicht angeführt sind. Dort geht es um das individuelle Austauschverhältnis zwischen ArbGeb und ArbN, bei der sozialen Auswahl dagegen in erster Linie um das Verhältnis der ArbN untereinander. Hier hat die Zahl der von einem Arbeitseinkommen auf Grund gesetzl. Unterhaltspflicht abhängigen Personen unbezweifelbares Gewicht[7] (vgl. auch Rz. 368). Die Berücksichtigung von Unterhaltspflichten führt nicht etwa wegen einer typischerweise unterschiedlichen Betroffenheit nach dem Lebensalter zu einer mittelbaren Altersdiskriminierung, da sie jedenfalls iSv. Art. 2 II a) i) RL 2000/78 EG einem rechtmäßigen Ziel in angemessener und erforderlicher Weise dient (vgl. zur Anwendung der RL Vor § 1 Rz. 16).

375 Es kommt nur auf **gesetzl. Unterhaltspflichten** an. Solche bestehen gegenüber Ehegatten, Kindern und bedürftigen Eltern sowie gegenüber Partnern nach dem Lebenspartnerschaftsgesetz[8], nicht aber in nur faktischen Lebensgemeinschaften oder bloßen Bedarfsgemeinschaften iSv. § 9 II SGB II. Die Unterhaltspflicht muss bei Ausspruch der Kündigung bestehen oder sicher abzusehen sein. Ob der ArbN ihr tatsächlich nachkommt, ist unerheblich[9]. Dem Gesetzeszweck entspricht es, grds. auf die **konkrete Belastung** eines ArbN durch Unterhaltspflichten abzustellen, dh. eigene Einkünfte der unterhaltsberechtigten Angehörigen mindernd zu berücksichtigen (§§ 1316 ff., 1569 ff. und 1601 ff. BGB) und nicht lediglich auf deren Kopfzahl abzustellen[10]. Art. 6 GG wird dadurch nicht verletzt[11]. Die darin liegende faktische Diskriminierung verheirateter Frauen, die weitaus häufiger als verheiratete Männer **Doppelverdienerinnen** sind, ist wegen der objektiven Unterschiede in der gesetzl. Unterhaltsbelastung sachlich

---

1 Vgl. hierzu *Stück*, NZA 2000, 749. | 2 LAG Nds. v. 23.5.2005 – 5 Sa 198/05, MDR 2005, 1176; aA LAG Düsseldorf v. 13.7.2005 – 12 Sa 616/05, AuR 2006, 69. | 3 Nicht einmal für eine Auswahlrichtlinie, BAG v. 18.10.2006 – 2 AZR 473/05, DB 2007, 922. | 4 EuGH v. 16.10.2007 – C-411/05, NJW 2007, 3339; *Bauer*, NJW 2001, 2672; *Weber*, AuR 2002, 401 (404); *Löwisch*, NZA 2003, 689 (691); *Linsenmaier*, RdA 2003, Sonderbeilage Heft 5, S. 22 (32). | 5 *Annuß*, BB 2006, 325 (326); *Annuß*, BB 2006, 1629 (1633 ff.); *Kamanabrou*, RdA 2007, 199 (202 f.); *Willemsen/Schweibert*, NJW 2006, 2583 (2586); *Hamacher/Ulrich*, NZA 2007, 657 (662). | 6 KR/*Pfeiffer*, AGG Rz. 121; APS/*Kiel*, § 1 KSchG Rz. 718 f.; *Hanau*, ZIP 2006, 2189 (2198); *Löwisch*, BB 2006, 2582. | 7 BAG v. 24.3.1983 – 2 AZR 21/82, NJW 1984, 78; v. 18.10.1984 – 2 AZR 543/83, NZA 1985, 423; v. 18.1.1990 – 2 AZR 357/89, NZA 1990, 729 (der Heranziehung von Art. 6 I GG bedarf es wohl nicht). | 8 *Powietzka*, BB 2002, 146. | 9 *Fischermeier*, NZA 1997, 1089 (1094). | 10 BAG v. 8.8.1985 – 2 AZR 464/84, NZA 1986, 679; v. 24.3.1983 – 2 AZR 21/82, NJW 1984, 78; *v. Hoyningen-Huene/Linck*, DB 1997, 41 (42); *Bader*, NZA 1996, 1125 (1128); aA *Fischermeier*, NZA 1997, 1089 (1094), der eigene Einkünfte eines Unterhaltsberechtigten bei der Feststellung von Unterhaltspflichten unberücksichtigt lassen und allein auf die gesetzlich bestehende Pflicht abstellen will. | 11 LAG Düsseldorf v. 4.11.2004 – 11 Sa 957/04, DB 2005, 454; offen gelassen in BAG v. 5.12.2002 – 2 AZR 549/01, NZA 2003, 791.

gerechtfertigt[1]. Doch dürfte hier die Datenerhebung und ihre Bewertung außerordentl. unpraktikabel sein. In jüngerer Zeit hat es das BAG daher abgelehnt, dem ArbGeb für die Berücksichtigung eines Doppelverdienstes abstrakte Vorgaben zu machen[2]. Dagegen ist ein auf dem Einkommen des Ehegatten gründender **eigener Unterhaltsanspruch** des ArbN über die Neutralisierung seiner Unterhaltspflicht hinaus nicht nachteilig zu berücksichtigen (s. Rz. 383).

Unterhaltsleistungen **außerhalb gesetzl. Verpflichtung** brauchen nach der Neufassung ebenfalls nicht berücksichtigt zu werden. Sie hatten nach bisheriger Rechtslage allenfalls stark abgeschwächt und auch nur unter ganz besonderen Umständen Bedeutung, etwa bei gesteigerter sittlicher Verpflichtung[3]. Ihre weitere Einbeziehung in die Sozialauswahl stünde dem Zweck der Neuregelung, die Sozialauswahl für den ArbGeb rechtssicherer und berechenbarer zu machen[4], entgegen. Aus dem gleichen Grund wird auch eine Differenzierung der Unterhaltspflichten in „normale" und gesteigerte, etwa wegen besonderer **Pflegebedürftigkeit** des Angehörigen, nicht gefordert. Eine Pflicht zu derart differenzierter Bewertung der drei Grundkriterien widerspräche dem auf Vereinfachung zielenden Gesetzeszweck[5]. Die Möglichkeit dazu ist andererseits aber auch nicht ausgeschlossen (vgl. Rz. 382). **376**

Für den ArbGeb besteht eine **Erkundigungspflicht** in Bezug auf die **Unterhaltspflichten**. Er kann sich nicht auf die Personalakten oder gar die begrenzten Informationen der LStKarte verlassen[6]. Die LStKarte gibt nur grob unvollständige Auskunft zu einem Verdienst des Ehepartners; die Anzahl der Kinder ist nicht bei jeder Steuerklasse aus der Karte zu ersehen. Maßgeblich sind die tatsächlichen Verhältnisse. Zwar trägt grds. der ArbN die Verantwortung für die Unterrichtung des ArbGeb über seine Personalien[7]. Eine allg. Meldepflicht zu den Sozialdaten widerspräche aber dem Persönlichkeitsschutz. Der ArbGeb muss sich daher aus Anlass der ihm obliegenden Sozialauswahl über die relevanten Gesichtspunkte bei den ArbN Gewissheit verschaffen. Sonst ginge die Sozialauswahl an der Realität vorbei. Die ArbN sind sodann an ihre Auskünfte gebunden[8]. **377**

ee) Schwerbehinderung. Sie ist gem. Abs. 3 S. 1 als zusätzlicher sozialer Gesichtspunkt **zwingend** zu berücksichtigen. Das gilt nach hM für Gleichgestellte nach § 68 III SGB IX entsprechend[9]. Trotz obligatorischer Berücksichtigung der Schwerbehinderung als Pflichtkriterium besteht für den ArbGeb **keine Verpflichtung zur Einbeziehung** des schwerbehinderten ArbN in die Kündigungsauswahl und damit zur Einholung der Zustimmung des Integrationsamts (vgl. Rz. 342). An der schon bisher bestehenden Rechtslage[10] dürfte die Einbeziehung der Schwerbehinderung in die Auswahlkriterien durch die Neufassung des Abs. 3 nichts geändert haben, da die Schwerbehinderung schon damals zu erhöhter sozialer Schutzbedürftigkeit des ArbN geführt hat[11]. Die Einbeziehung schwerbehinderter ArbN in die Sozialauswahl wird daher weiterhin die Ausnahme bleiben. **378**

Für die Gleichstellung ist die **behördliche Anerkennung** gem. § 68 III SGB IX konstitutiv; sie muss daher bei Zugang der Kündigung vorliegen. Die Fiktion ihrer Rückwirkung gem. § 68 II 2 SGB IX dürfte die Sozialauswahl nicht nachträglich fehlerhaft machen[12]. Bei der Schwerbehinderung kommt es gem. § 2 II SGB IX auf deren objektives Bestehen an; sie bedarf (anders als für den Sonderkündigungsschutz der §§ 85 ff. SGB IX, vgl. § 90 Abs. 2a SGB IX) grds. weder ihrer Anerkennung noch deren Beantragung gem. § 69 SGB IX. Ist die Schwerbehinderung aber weder anerkannt noch offenkundig, kann der ArbGeb sie bei der Sozialauswahl nicht – auch nicht vorsorglich – berücksichtigen; ihm kann angesichts bestehender dringender betriebl. Erfordernisse für die Kündigung nicht zugemutet werden, den ungewissen Ausgang eines Anerkennungsverfahrens abzuwarten oder die schwebende Unwirksamkeit seiner Kündigung allein wegen der Ungeklärtheit eines Auswahlgesichtspunktes hinzunehmen[13]. Kündigt der ArbGeb daher nach vorsorglich eingeholter Zustimmung des Integrationsamts, kann er eine zwar zur Feststellung beantragte, aber noch nicht anerkannte und auch nicht offenkundige Schwerbehinderung in der Sozialauswahl nicht zu berücksichtigen, ohne sich der Gefahr eines Auswahlfehlers auszusetzen. Den ArbGeb wird im Rahmen der Sozialauswahl eine **Erkundigungspflicht** nach bestehender Schwer- **379**

1 Vgl. HK/*Dorndorf*, § 1 KSchG Rz. 1076; *Linck*, Die soziale Auswahl bei betriebsbedingter Kündigung, 1990, S. 94 f.; *Bütefisch*, Die Sozialauswahl, 2000, S. 228 f. | **2** BAG v. 5.12.2002 – 2 AZR 549/01, NZA 2003, 791. | **3** LAG Köln v. 7.4.1995 – 13 Sa 1258/94, LAGE § 1 KSchG – Betriebsbedingte Kündigung Nr. 33 (Unterhaltsleistungen an ein Stiefkind). | **4** Vgl. Begr. RegE, BR-Drs. 421/03, S. 14 f. | **5** *Thüsing/Stelljes*, BB 2003, 1673 (1674); *Fischermeier*, NZA 1997, 1089 (1094); aA *von Hoyningen-Huene/Linck*, DB 1997, 41 (42). | **6** So Begr. RegE, BR-Drs. 421/03, S. 14; hM, LAG Hamm v. 29.3.1985 – 2 Sa 560/85, LAGE § 1 KSchG – Soziale Auswahl Nr. 1; *Gaul/Lunk*, NZA 2004, 184 (187); APS/*Kiel*, § 1 KSchG Rz. 734 ff.; aA *Fischermeier*, NZA 1997, 1089 (1094). | **7** BAG v. 6.7.2006 – 2 AZR 520/05, NZA 2007, 139. | **8** HK/*Dorndorf*, § 1 KSchG Rz. 1074. | **9** HM, *Löwisch*, BB 2004, 154 f.; *Quecke*, RdA 2004, 86 (87 f.); *Lunk*, NZA 2005, 43. | **10** KR/*Griebeling*, § 1 KSchG Rz. 664 mwN; aA *Bütefisch*, Die Sozialauswahl, 2000, S. 136 f., für schwerbehinderte ArbN bei Massenentlassungen, sofern die Pflichtquote des § 71 SGB IX nicht unterschritten wird, da hier das Ermessen des Integrationsamtes gem. § 89 I 2 SGB IX beschränkt ist. | **11** BAG v. 24.3.1983 – 2 AZR 21/82, NJW 1984, 78; *Bütefisch*, Die Sozialauswahl, 2000, S. 248 ff. mwN; zum KSchG 1996 vgl. *Düwell*, DB 2003, 1574 f. | **12** *Löwisch*, BB 2004, 154 (155); *Bauer/Powietzka*, NZA 2004, 505 (508). | **13** Anders als im Individualschutz nach §§ 85 ff. SGB IX scheidet hier ein vorsorgliches Verfahren aus; das verkennen *Bauer/Powietzka*, NZA 2004, 505 (509); wie hier *Lunk*, NZA 2005, 41 (44) u. *Osterheider*, FA 2004, 171 (173).

behinderung bzw. Gleichstellung treffen (wie bei den Unterhaltspflichten, vgl. Rz. 377)[1]. Erhält er von der Schwerbehinderung dennoch keine Kenntnis, weil sie weder offenkundig ist noch auf Befragen mitgeteilt wurde, findet sie jedenfalls in der Sozialauswahl keine Berücksichtigung; der ArbN muss sich nach Treu und Glauben an seinem Schweigen festhalten lassen. Zur Berufung auf die Schwerbehinderung bei fehlender Kenntnis des ArbGeb vgl. im Übrigen § 85 SGB IX Rz. 12 ff. (23).

380 Für die abstrakte **Gewichtung der Schwerbehinderung** im Verhältnis zu den übrigen Sozialdaten gibt es keine Vorgaben (vgl. Rz. 368 u. 385). Bei der konkreten Gewichtung kommt eine Differenzierung nach ihrem Grad in Betracht (zwischen 50 und 100). Darüber hinaus soll es nach der Rspr. darauf ankommen, in welchem Maß die Arbeitsmarktchancen des ArbN durch die Schwerbehinderung beeinträchtigt sind[2]. In den **ersten sechs Monaten** des Arbeitsverhältnisses besteht für den schwerbehinderten ArbN weder der Sonderkündigungsschutz (§ 90 I Nr. 1 SGB IX) noch der allgemeine Kündigungsschutz (§ 1 I); eine Sozialauswahl entfällt, der ArbN ist vorab vor den übrigen vergleichbaren ArbN zu kündigen (vgl. Rz. 339).

381 **ff) Sonstige Kriterien?** § 1 III nF verpflichtet den ArbGeb bei der Sozialauswahl auf die vier Grunddaten; das Gesetz enthält aber **keinen Ausschluss** zusätzlicher sozialer Gesichtspunkte, solange die vier Grundkriterien ausreichend berücksichtigt bleiben[3]. Ob Letzteres zutrifft, kann verlässlich kaum bestimmt werden. Die Gesetzesbegründung formuliert daher vorsichtig, dass die Beschränkung auf die obligatorischen Grunddaten „die Beachtung unbilliger Härten im Einzelfall nicht ausschließe“[4]. Dabei könne es nur um Tatsachen gehen, die „in einem unmittelbaren spezifischen Zusammenhang mit den Grunddaten stehen (...) oder sich aus solchen betrieblichen Gegebenheiten herleiten, die evident einsichtig sind“[5]. So soll etwa eine Berufskrankheit oder ein unverschuldeter Arbeitsunfall berücksichtigungsfähig sein[6]. Die – gesetzl. nicht gebotene – Auswahl nach zusätzlichen sozialen Gesichtspunkten birgt die Gefahr, dass die nach dem Gesetz allein maßgeblichen vier Grundkriterien auch unter Beachtung des dem ArbGeb zustehenden **Beurteilungsspielraums** (vgl. Rz. 385) nicht mehr ausreichend berücksichtigt werden. Zu der bis zum 31.12.2003 geltenden Gesetzesfassung hatte sich bereits eine zunehmende Tendenz zur Begrenzung sozialer Auswahlkriterien auf solche mit konkretem Bezug zum Arbeitsverhältnis herausgebildet[7]. Nach der Neuregelung ist für zusätzliche Gesichtspunkte erst recht auf einen unmittelbaren und sozialtypischen Bezug zum Arbeitsverhältnis als wirtschaftl. und sozialer Existenzgrundlage des ArbN zu achten. Wählt der ArbGeb nach zusätzlichen Kriterien aus, tritt Selbstbindung ein und alle ArbN können sich darauf berufen. Zur Berücksichtigung der **Gründe für den Widerspruch** eines ArbN gegen einen Teilbetriebsübergang nach § 613a BGB im Rahmen der Sozialauswahl hat vgl. Rz. 338.

382 Dauerhafte **Gesundheitsbeeinträchtigungen** stehen in einem sozialtypischen Zusammenhang mit dem Arbeitsverhältnis. Sie können in der Sozialauswahl zu Gunsten eines ArbN bewertet werden, wenn sie die Erwerbschancen mindern oder im betroffenen Arbeitsverhältnis erlitten wurden[8]. Eine Kündigung in der Mutterschutz- oder Elternzeit bedarf gem. § 9 MuSchG, § 18 BEEG der vorherigen Zustimmung der zuständigen Behörde; zu deren Einholung und damit zur Einbeziehung in die Sozialauswahl ist der ArbGeb nicht verpflichtet[9]. Liegt die erforderl. Zustimmung vor, so bildet die Schwangerschaft einen zusätzlich zu berücksichtigenden sozialen Gesichtspunkt in der Sozialauswahl (Art. 6 IV GG)[10]. Krankheit oder Pflegebedürftigkeit eines nahen Angehörigen können berücksichtigt werden, sofern sie konkrete wirtschaftl. Belastungen oder Beschränkungen bei der Arbeitsplatzwahl zur Folge haben[11].

383 Der **eigene Unterhaltsanspruch des ArbN** gegen seinen (mit)verdienenden Ehegatten kann über die Neutralisierung seiner Unterhaltspflicht gegenüber diesem Ehegatten hinaus (vgl. Rz. 375) nicht zu Lasten des ArbN im Vergleich mit einem alleinverdienenden Kollegen berücksichtigt werden. Eine Pflicht dazu bestand schon nach der vorausgegangenen Fassung des Gesetzes nicht und verstieße gegen Art. 6 GG[12]. Der Unterhaltsanspruch gründet sich auf (veränderliche) Umstände aus dem privaten Umfeld des ArbN, die weder mit dem Arbeitsverhältnis noch mit der Person des ArbN in einem untrennbaren Zusammenhang stehen[13]. Nach der Neufassung von Abs. 3 S. 1 sind ohnehin nur Unterhaltspflichten, nicht auch Ansprüche gegen Dritte zu berücksichtigen. Das Gleiche gilt für Unterhaltsansprüche gegen Eltern. Ebenso bleiben **private Umstände** wie Vermögen, Mieteinkünfte, Erbschaften, Lottogewinn oder Schulden außer Betracht. Ihre Berücksichtigung würde die Sozialauswahl mit praktisch kaum be-

1 Ebenso APS/*Kiel*, § 1 KSchG Rz. 335 f.; aA KR/*Griebeling*, § 1 KSchG Rz. 678a; *Lunk*, NZA 2005, Beilage Nr. 1, S. 41 (44). | 2 BAG v. 24.3.1983 – 2 AZR 21/82, NJW 1984, 78. | 3 *Löwisch*, NZA 2003, 689 (691); *Willemsen/Annuß*, NJW 2004, 177 f.; *Quecke*, RdA 2004, 86 (88); *Fischermeier*, NZA 1997, 1089 (1094), zum KSchG 1996; aA *von Hoyningen-Huene/Link*, § 1 KSchG Rz. 930. | 4 Begr. RegE, BR-Drs. 421/03, S. 15. | 5 Begr. RegE, BR-Drs. 421/03, S. 15. | 6 Vgl. Begr. RegE, BR-Drs. 421/03, S. 15. | 7 *Preis*, RdA 1999, 311 ff. | 8 BAG v. 24.3.1983 – 2 AZR 21/82, DB 1983, 1822; v. 18.1.1990 – 2 AZR 357/89, NZA 1990, 730. | 9 HK/*Dorndorf*, § 1 KSchG Rz. 1053; Stahlhacke/*Preis*, Rz. 1073; KR/*Griebeling*, § 1 KSchG Rz. 664. | 10 BAG v. 24.3.1983 – 2 AZR 21/82, DB 1983, 1822; v. 18.1.1990 – 2 AZR 357/89, NZA 1990, 730; HK/*Dorndorf*, § 1 KSchG Rz. 1080; *Kittner*, AuR 1997, 182 (186). | 11 Str., wie hier KR/*Griebeling*, § 1 KSchG Rz. 678n mwN; aA HK/*Dorndorf*, § 1 KSchG Rz. 1087. | 12 BAG v. 5.12.2002 – 2 AZR 549/01, NZA 2003, 791 ff., unter Hinweis auf Art. 6 I GG; vgl. auch *Fischermeier*, NZA 1997, 1089 (1094) mwN. | 13 HK/*Dorndorf*, § 1 KSchG Rz. 1086; *Preis*, RdA 1999, 311 (317 Fn. 79 mwN).

herrschbaren Risiken belasten und ist auch nicht ihre Aufgabe[1]. Es fehlt an dem sozialtypischen Bezug zum Arbeitsverhältnis. Auch die Belastung eines ArbN mit Grundschulden auf seinem selbstgenutzten Heim kann keine Beachtung finden. Solche Belastungen drücken sich zT schon in den Unterhaltspflichten aus; soweit sie darüber hinausgehen, sind sie der privaten Lebensgestaltung zuzuordnen.

Die allgemeinen **Chancen auf dem Arbeitsmarkt** sind als Auswahlkriterium problematisch. Grds. besteht ein Sozialbezug zum Arbeitsverhältnis[2]. Da vergleichbare ArbN im Allgemeinen derselben Berufsgruppe angehören werden, unterscheiden sich ihre Chancen insoweit schon kaum. Ein Altersunterschied ist beim Lebensalter berücksichtigt. Zur Bewertung von Gesundheitsbeeinträchtigungen und ähnlichen Beschränkungen vgl. Rz. 382. Sonstige Aspekte bei der Vermittelbarkeit müssen, soweit sie nicht ausnahmsw. Bezug zum Arbeitsverhältnis haben, außer Betracht bleiben. Aspekte aus der **Interessenssphäre des ArbGeb** (zB leistungs-, verhaltens- oder personenbedingte Gesichtspunkte) scheiden als zusätzliche soziale Gesichtspunkte aus; zu berechtigten betriebl. Interessen, die gem. Abs. 3 S. 2 zur Abweichung von der Sozialauswahl berechtigen können, vgl. Rz. 391 ff. 384

gg) Beurteilungsspielraum. Wegen fehlerhafter Sozialauswahl ist die betriebsbedingte Kündigung nur dann sozial ungerechtfertigt, wenn der ArbGeb bei der Auswahl des ArbN die aufgezählten sozialen Gesichtspunkte **„nicht oder nicht ausreichend“** berücksichtigt hat. Damit gesteht das Gesetz dem ArbGeb einen Beurteilungsspielraum zu[3], den die Rspr. nicht mit abstrakten Vorgaben beschränkt[4]. Es wird genügen, wenn der ArbGeb jeden der vier Auswahlgesichtspunkte in so beachtlichem Umfang berücksichtigt, dass er in der Gesamtbewertung zum Tragen kommt und nicht „untergeht“. Dabei darf er „Akzente setzen“[5]. Der Beurteilungsspielraum des ArbGeb erlaubt es, neben den vier Grunddaten **sonstige soziale Gesichtspunkte** für die Auswahl heranzuziehen. Dabei darf aber eine ausreichende Berücksichtigung der vier Grunddaten nicht verloren gehen. Vgl. näher Rz. 381 ff. Die Ausnutzung des Beurteilungsspielraums in Verfolgung **diskriminierender Ziele** iSd. AGG bzw. der zu Grunde liegenden EG-Richtlinien führt zu weniger günstiger Behandlung von bestimmten ArbN aus einem verpönten Grund. Knüpft diese dem Anschein nach an neutrale Kriterien an (etwa: um möglichst viele – idR kinderreiche – Ausländer zu treffen, werden die Unterhaltspflichten besonders gering bewertet), liegt darin eine (zumindest) mittelbare Diskriminierung iSd. Art. 2 IIb RL 2000/78 EG, für die eine Rechtfertigung fehlt[6]. Das bloße Bestehen eines Beurteilungsspielraums und dessen Einhaltung bietet für die diskriminierende Ausrichtung der Auswahl keine Rechtfertigung. Bei der gebotenen europarechtskonformen Auslegung des Abs. 3 S. 1 (vgl. Vor § 1 Rz. 16) überschreitet eine solche Auswahl daher den Beurteilungsspielraum des ArbGeb selbst dann, wenn sie sich ohne Diskriminierungsabsicht noch in dessen Rahmen hielte[7]. Das gilt in gleicher Weise für die Auswahl gem. Abs. 4 und 5, da europarechtlich eine entsprechende Privilegierung fehlt. Für die Annahme überwiegender Wahrscheinlichkeit einer Diskriminierungsabsicht bedarf es aber auch in Anwendung von Art. 10 RL 2000/78 EG (entspricht § 22 AGG) idR der Darlegung weiterer Umstände als nur einer überproportionalen Betroffenheit der diskriminierten Gruppe (vgl. die Erl. zu § 22 AGG). 385

Bestehen zwischen zwei ArbN nur **geringfügige Unterschiede** in der sozialen Schutzbedürftigkeit, halten beide Auswahlentscheidungen einer Überprüfung gem. § 1 III Stand[8]. Die Auswahlentscheidung muss „vertretbar“ sein und braucht nicht unbedingt einer gerichtl. Auswahl zu entsprechen. Es können daher mehrere Entscheidungen sozial gerechtfertigt sein[9]. Wo die **Geringfügigkeitsgrenze** liegt, lässt sich angesichts der Unwägbarkeiten der Kriterien kaum allgemein sagen. „Grobe Fehlerhaftigkeit“ iSv. § 1 IV liegt nach hM vor, wenn eines der vier Grundkriterien nicht einbezogen wird oder jede Ausgewogenheit in ihrer Gewichtung fehlt (s. Rz. 414). Nicht mehr „ausreichend“ iSv. § 1 III ist die Sozialauswahl dagegen bereits dann, wenn der ArbGeb einen im Hinblick auf die vier Grundkriterien **deutlich weniger schutzwürdigen** vergleichbaren ArbN verschont hat[10]. Zur Frage der abstrakten und konkreten Gewichtung der Grundkriterien vgl. Rz. 368. Die Kündigung ist nicht allein deshalb sozial ungerechtfertigt, weil der ArbGeb den sozial stärkeren ArbN auf Grund **fehlerhafter Überlegungen** entlassen hat[11]. Zu prüfen ist das Ergebnis seiner Auswahl. Eine fehlerhafte Auswahlüberlegung führt grds. nur dann zur Sozialwidrigkeit der Kündigung, wenn sie sich auf das Ergebnis bei noch gesetzeskonformer Abwägung auswirkt. Sie begründet allerdings für die Fehlerhaftigkeit der Auswahl eine Vermutung (Rz. 444). Zu diskriminierenden Auswahlmotiven vgl. Rz. 385. 386

1 HK/*Dorndorf*, § 1 KSchG Rz. 1084 (str.). | 2 BAG v. 24.3.1983 – 2 AZR 21/82, BB 1983, 1665; str., vgl. HK/*Dorndorf*, § 1 KSchG Rz. 1081 mwN. | 3 BAG v. 18.10.1984 – 2 AZR 543/83, NZA 1985, 423; v. 25.4.1985 – 2 AZR 140/84, NZA 1986, 64; v. 13.6.1986 – 7 AZR 623/84, BB 1987, 475; v. 18.1.1990 – 2 AZR 357/89, NZA 1990, 729; v. 5.12.2002 – 2 AZR 549/01, NZA 2003, 791 ff. | 4 BAG v. 5.12.2002 – 2 AZR 549/01, NZA 2003, 791 ff. | 5 BAG v. 5.12.2002 – 2 AZR 549/01, NZA 2003, 791 ff. (Unterhaltspflichten; Ehepartner). | 6 *Hanau*, ZIP 2006, 2189 (2196). | 7 Ebenso *Kamanabrou*, RdA 2007, 199 (200); im Erg. auch *Hamacher/Ulrich*, NZA 2007, 657 (661 f.), die § 242 BGB heranziehen wollen; aA (nur Entschädigungsanspruch) *Diller/Krieger/Arnold*, NZA 2007, 887 (892). | 8 BAG v. 18.10.1984 – 2 AZR 543/83, NZA 1985, 423. | 9 BAG v. 5.12.2002 – 2 AZR 549/01, NZA 2003, 791 ff. | 10 BAG v. 25.4.1985 – 2 AZR 140/84, NZA 1986, 64; v. 18.10.1984 – 2 AZR 543/83, NZA 1985, 423. | 11 LAG Köln v. 3.5.2000 – 2 Sa 252/00 u. LAG Nds. v. 11.6.2001 – 5 Sa 1832/00, LAGE § 1 KSchG – Soziale Auswahl Nr. 33 u. Nr. 37; APS/*Kiel*, § 1 KSchG Rz. 776.

387 **hh) Punktetabellen.** Die Verwendung eines Punkteschemas soll nach neuerer Rspr. des BAG als betriebl. Auswahlrichtlinie iSv. § 95 BetrVG auch dann der Mitbestimmung des BR unterliegen, wenn das Schema nur für konkret bevorstehende Kündigungen und nicht generell gilt[1]. Das ist in dieser Allgemeinheit abzulehnen[2]. Allerdings ist die ordnungsgemäße Beteiligung des BR nach § 95 BetrVG keine Wirksamkeitsvoraussetzung für die unter Anwendung des Punkteschemas ausgesprochene Kündigung[3]. Zur gerichtl. Prüfung von Auswahlrichtlinien s. Rz. 412 f. Nach **früherer Rechtslage** musste die Sozialauswahl grds. die Besonderheiten des konkreten Einzelfalles berücksichtigen. Damit war die Würdigung allein anhand einer Punktetabelle nicht zu vereinbaren. Es war unerlässlich, die besonderen Umstände des Einzelfalles in einer abschließenden individuellen Überprüfung zu würdigen[4]. Insb. bei Massenentlassungen waren Punktetabellen so nur ein wichtiges Hilfsmittel des ArbGeb bei der Vorauswahl.

388 Nach der zum 1.1.2004 in Kraft getretenen Beschränkung der Sozialauswahl auf vier Sozialdaten bedarf es **keiner individuellen Abschlussprüfung** bei Anwendung von Punktetabellen mehr[5]. Der ArbGeb braucht sonstige soziale Gesichtspunkte nicht mehr zu berücksichtigen, so dass allein mit ausreichender Gewichtung der vier Grunddaten idR die sozial schutzwürdigsten ArbN ermittelt werden können. Auch in Grenzfällen führt ein ausgewogenes Schema zu „ausreichenden" Ergebnissen iSv. Abs. 3 S. 1; eine Korrektur würde die gewählten Maßstäbe verschieben und zu Widersprüchen führen. Zugleich dient der Verzicht auf die individuelle Abschlussprüfung der von der Neufassung angestrebten höheren Rechtssicherheit (Rz. 376).

389 Eine **Vorauswahl** anhand des nachfolgenden Punkteschemas, das nicht der nur eingeschränkten Prüfung von Auswahlrichtlinien nach § 1 IV nF unterlag, hat das BAG für noch geeignet gehalten[6].

Betriebszugehörigkeit	Bis 10 Jahre je Dienstjahr	1 Punkt
	Ab dem 11. Jahr bis maximal zum 55. Lebensjahr je Dienstjahr Maximal	2 Punkte 70 Punkte
Lebensalter	Je Lebensjahr bis maximal zum 55. Lebensjahr	1 Punkt
Unterhaltspflichten	Ehepartner Kind	8 Punkte 4 Punkte

Ein Grad der Behinderung (GdB) von 50 wurde zusätzlich mit 5 Punkten bewertet (und für jeweils weitere 10 GdB mit einem weiteren Punkt). Die starke Bewertung der ehelichen Unterhaltspflicht hielt sich nach Auffassung des BAG im Beurteilungsspielraum des ArbGeb. Das Punkteschema wird der neuen Rechtslage auch ohne individuelle Abschlussprüfung genügen. Das dürfte auch für das nachfolgende Punkteschema[7] gelten, in dem die Schwerbehinderung eher hoch bewertet erscheint[8].

Betriebszugehörigkeit	Je 5 Jahre	1 Punkt
Lebensalter	20 Lebensjahre Je weitere 7 Lebensjahre	1 Punkt 1 Punkt
Unterhaltspflichten	Je Person	2 Punkte
Schwerbehinderung	Je 10 Grad der Behinderung	1 Punkt

390 Einstweilen frei.

391 **d) Nichteinbeziehung von Arbeitnehmern in die Sozialauswahl (Abs. 3 S. 2). aa) Allgemeines.** Nach der am 1.1.2004 in Kraft getretenen **Fassung** des § 1 III 2 (vgl. Vor § 1 Rz. 6) sind in die Sozialauswahl ArbN nicht einzubeziehen, deren Weiterbeschäftigung, insb. wegen ihrer Kenntnisse, Fähigkeiten und Leistungen oder zur Sicherung einer ausgewogenen Personalstruktur des Betriebes, im berechtigten betriebl. Interesse liegt. Das entspricht wortgleich der Regelung im KSchG 1996. Maßgeblich für die Anwendung der Neufassung ist der Zeitpunkt des Zugangs der Kündigung[9]. **Zweck** der Neuregelung ist

1 BAG v. 26.7.2005 – 1 ABR 29/04, AP Nr. 43 zu § 95 BetrVG 1972. |2 *Quecke*, RdA 2007, 335 (336 ff.). |3 BAG v. 9.11.2006 – 2 AZR 812/05, DB 2007, 1087. |4 BAG v. 24.3.1983 – 2 AZR 21/82, BB 1983, 1665; BAG v. 18.1.1990 – 2 AZR 357/89, NZA 1990, 729; v. 5.12.2002 – 2 AZR 549/01, NZA 2003, 791 ff.; krit. dazu *Quecke*, RdA 2007, 335 (338 f.). |5 BAG v. 9.11.2006 – 2 AZR 812/05, DB 2007, 1087; aA noch die Vorauflage. |6 BAG v. 18.1.1990 – 2 AZR 357/89, NZA 1990, 729; bestätigt durch BAG v. 5.12.2002 – 2 AZR 549/01, NZA 2003, 791 ff.; abl. LAG Nds. v. 11.6.2001 – 5 Sa 1832/00, LAGE § 1 KSchG – Soziale Auswahl Nr. 37; *v. Hoyningen-Huene/Linck*, DB 1997, 44. |7 Nach KR/*Griebeling*, § 1 KSchG Rz. 678r. |8 Gem. § 1 III 1 nF gehört eine Behinderung unterhalb des Grades von 50 nicht zu den Pflichtkriterien. |9 BAG v. 21.1.1999 – 2 AZR 624/98, NZA 1999, 866 (zum Übergang auf das am 1.10.1996 in Kraft getretene Arbeitsrechtliche Beschäftigungsförderungsgesetz v. 25.9.1996 = KSchG 1996).

es nach der Entwurfsbegründung, im Interesse der Erhaltung der Leistungsfähigkeit des Betriebes die betriebl. Erfordernisse gegenüber sozialen Gesichtspunkten stärker zu betonen[1]. Zum **Prüfungsaufbau** war seit dem KSchG 1996 streitig, ob nach Abs. 3 S. 2 ArbN bereits von vornherein nicht in die Sozialauswahl „einzubeziehen" oder erst nach Bildung einer sozialen Rangfolge wieder davon auszunehmen waren, wie es der bisherigen Rechtslage entsprach. Das BAG hat die Frage im letztgenannten Sinne entschieden, so dass sich die Rechtslage an dieser Stelle nicht geändert hat[2]. Danach ist zunächst eine soziale Reihung unter den vergleichbaren ArbN vorzunehmen, die dann auch maßgeblich ist, wenn für die Nichteinbeziehung nach Abs. 3 S. 2 aus mehreren ArbN eine Auswahl zu treffen ist[3].

bb) Berechtigte betriebliche Interessen. Sie sollen nach der Neufassung des Gesetzes (Rz. 391) **leichter zur Geltung gebracht** werden können. Nach der Vorgängerregelung mussten „berechtigte betriebliche Bedürfnisse die Weiterbeschäftigung eines oder mehrerer bestimmter Arbeitnehmer bedingen" und damit einer Sozialauswahl „entgegenstehen". Die Begrenzung auf bestimmte ArbN, das Bedingtsein durch Bedürfnisse und das Erfordernis des „Entgegenstehens" sind entfallen. 392

Zu den „**betrieblichen**" Interessen zählen sowohl betriebstechnische als auch wirtschaftl. Interessen. 393
Schon die Vorgängerbestimmung fasste beides als „betriebliche" Aspekte auf. Das Merkmal dient der Abgrenzung zu rein unternehmensbezogenen, allgemein gesellschaftlichen oder privaten Interessen. Auf betriebl. Interessen kann sich **nur der ArbGeb berufen**[4]. Weder ein ArbN noch das ArbG können von sich aus bestimmen, was betrieblich von Interesse ist. Hat der ArbGeb aber die Weiterbeschäftigung eines sozial stärkeren ArbN mit einem bestimmten betriebl. Interesse gerechtfertigt, können sich in gleicher Lage auch andere ArbN ihm gegenüber auf dieses Bedürfnis berufen (sog. Selbstbindung)[5].

Das betriebl. Interesse an der Weiterbeschäftigung muss „**berechtigt**" sein. Die Interessen müssen – im 394
Rahmen des vorgegebenen unternehmerischen Konzepts – objektiv vorteilhaft sein. Dies unterliegt einer gerichtl. Kontrolle[6]. Zwischen dem Grundsatz der Sozialauswahl und der Nichteinbeziehung in die Auswahl gilt ein **Regel-Ausnahme-Verhältnis**[7]. Nach der Rspr. kann die Berechtigung betriebl. Interessen – wie nach hM schon früher in Bezug auf betriebliche Bedürfnisse – nur auf Grund einer **Abwägung** mit dem jeweiligen konkreten Schutzinteresse des sozial schwächeren ArbN festgestellt werden. Je schwerer dabei das soziale Interesse wiegt, umso gewichtiger müssen die Gründe für eine Ausklammerung aus der Sozialauswahl sein[8]. Das abzuwägende soziale Interesse kann dabei nur in der **Differenz** bestehen, um die die Schutzbedürftigkeit des sozial schwächsten zu kündigenden ArbN die des weiterzubeschäftigenden ArbN übersteigt, da dieser anderenfalls selbst zur Kündigung anstünde. Reine **Nützlichkeitserwägungen** reichen daher allenfalls bei relativ geringfügiger Differenz in der sozialen Schutzbedürftigkeit, sonst könnte sogleich nach Leistung ausgewählt werden, zumal die Neufassung eine Nichteinbeziehung nicht mehr auf „einen oder mehrere bestimmte" ArbN begrenzt. Eine Leistungsauswahl widerspräche dem Regel-Ausnahme-Verhältnis. Wird bei Auswahl nach sozialen Gesichtspunkten die **Leistungsfähigkeit des Betriebes** beeinträchtigt, besteht ein berechtigtes betriebl. Interesse für die Ausklammerung von ArbN, deren Weiterbeschäftigung die Leistungsfähigkeit sichern kann[9]. Zur Abwägung bei der Sicherung der Personalstruktur vgl. Rz. 401 f.

cc) Einzelfälle berechtigter betrieblicher Interessen. Ihre Aufzählung in Abs. 3 S. 2 ist nicht abschlie- 395
ßend („insbesondere"). **Erhebliche Leistungsunterschiede** können zur Erhaltung der Leistungsfähigkeit des Betriebes eine Abweichung von der Sozialauswahl rechtfertigen. Zu beachten ist der Ausnahmecharakter der Regelung. Die Sozialauswahl darf nicht zu einer Leistungsauswahl geraten. Die erheblichen Leistungsunterschiede wie auch ihre Bedeutung für den Betrieb sind vom ArbGeb im Einzelnen darzulegen und zu beweisen[10]. Anders als nach bisheriger Rechtslage wird die Nichteinbeziehung leistungsstarker ArbN nicht notwendig auf Einzelfälle begrenzt bleiben müssen (etwa bei sonst drohendem Verlust der betriebl. Leistungsfähigkeit). Doch kann auch ein erheblich leistungsfähigerer ArbN nicht stets gehalten werden. Damit der Grundsatz der Sozialauswahl nicht zur Ausnahme wird, müssen auf dem fortbestehenden Arbeitsplatz die erheblichen Leistungsunterschiede dem Betrieb nicht unerhebliche Vorteile bringen[11]. Die allgemeine Vorteilhaftigkeit höherer Leistungsfähigkeit genügt nicht. Entsprechendes gilt für sog. Leistungsträger sowie für ArbN auf Schlüsselpositionen.

---

1 So die Begr. des Entwurfs in BT-Drs. 15/1204 v. 24.6.2003, S. 15; ebenso die Begr. zum gleich lautenden KSchG 1996, Begr. RegE, BT-Drs. 13/4612, S. 8 f. |2 BAG v. 12.4.2002 – 2 AZR 706/00, NJW 2002, 3797, u. v. 5.12.2002 – 2 AZR 697/01, NZA 2003, 849; zum Meinungsstand in der Lit. vgl. die Nachw. bei KR/*Griebeling*, § 1 KSchG Rz. 627. |3 Die Gegenansicht hat hier Abs. 3 S. 2 analog angewendet. |4 *Thüsing/Wege*, RdA 2005, 12 (13 f.). |5 *Bader*, NZA 2004, 74. |6 BAG v. 12.4.2002 – 2 AZR 706/00, NJW 2002, 3797; v. 20.4.2005 – 2 AZR 201/04, NZA 2005, 877; *Fischermeier*, NZA 1997, 1089 (1092). |7 BAG v. 12.4.2002 – 2 AZR 706/00, NJW 2002, 3797; *Preis*, NZA 1997, 1073 (1084). |8 BAG v. 31.5.2007 – 2 AZR 306/06, DB 2007, 2210; v. 12.4.2002 – 2 AZR 706/00, NJW 2002, 3797; *Quecke*, RdA 2004, 86 (88); aA *Willemsen/Annuß*, NJW 2004, 177 (179); *Bader*, NZA 2004, 65 (73 f.), *Thüsing/Stelljes*, BB 2003, 1673 (1675): Anerkennung solcher Interessen, die in Anbetracht der generellen Bedeutung der Sozialauswahl von „einiger Erheblichkeit" für den Betrieb sind. |9 So die Entwurfsbegründung der Fraktionen SPD und BÜNDNIS 90/DIE GRÜNEN, BT-Drs. 15/1204, S. 15. |10 BAG v. 24.3.1983 – 2 AZR 21/82, BB 1983, 1665; v. 20.10.1983 – 2 AZR 211/82, BB 1984, 671. |11 ZB der „Starverkäufer" eines Autohauses; idS auch Stahlhacke/*Preis*, Rz. 1125 f.

396 **Besondere Kenntnisse, Fähigkeiten** und Qualifikationen werden häufig schon der Vergleichbarkeit der ArbN entgegenstehen (vgl. Rz. 356 ff.). Anders, wenn sie für die „reguläre" Arbeitsaufgabe nicht benötigt werden. Sie können dann jedoch gem. § 1 III 2 zur Herausnahme dieser ArbN aus der Sozialauswahl berechtigen, etwa wenn von Zeit zu Zeit ein betrieblicher Bedarf für diese Fähigkeiten besteht[1], so bei vielseitiger Verwendbarkeit[2] eines ArbN als Springer oder auswärts oder bei Spezialkenntnissen, die nur gelegentlich im Betrieb gefragt sind (zB Fremdsprachen oder EDV-Kenntnisse)[3]. Besondere Kundenkontakte, die mit der Person eines ArbN verknüpft sind und für den Betrieb wirtschaftl. Bedeutung haben, können ebenfalls ein Abweichen von der Sozialauswahl rechtfertigen[4]. Die geplante Übertragung einer **Führungsaufgabe** kann die Herausnahme aus der Sozialauswahl bedingen, wenn sie hinreichend konkret und zeitlich absehbar ist[5]. Für die geplante Übertragung müssen greifbare Anhaltspunkte bestehen, etwa die Entsendung zu Fortbildungen durch den ArbGeb oder die vertretungsweise Übernahme der Aufgaben in der Vergangenheit. Hat ein öffentl. ArbGeb auf Grund gesetzl. Anordnung Brandschutz und Hilfeleistung sicher zu stellen, kann die Weiterbeschäftigung eines Mitglieds der freiwilligen Feuerwehr als berechtigtes betriebl. Interesse anzuerkennen sein[6].

397 Häufige **krankheitsbedingte Fehlzeiten** eines ArbN können die Weiterbeschäftigung eines anderen ArbN entgegen der Sozialauswahl gem. § 1 III 2 grds. nicht rechtfertigen[7]. Auch nach der Neufassung des Gesetzes findet **keine „Negativ-Auswahl"** statt. Eine Auswahl nach dem jeweiligen Krankenstand darf nicht das Regel-Ausnahme-Verhältnis der Sätze 1 und 2 des Abs. 3 verkehren (Rz. 394). Ein berechtigtes betriebl. Interesse mag im Einzelfall zur Erhaltung der Leistungsfähigkeit des Betriebes in Betracht kommen, wenn sonst ein deutlich weniger krankheitsanfälliger Kollege gekündigt werden müsste, während die verbleibende Tätigkeit aus besonderen Gründen eine gesteigerte Zuverlässigkeit und Präsenz erfordert[8]. UU ist ein häufig erkrankter ArbN für diese Tätigkeit ungeeignet und damit schon nicht vergleichbar (s. Rz. 356 ff.). Auch **Gründe im Verhalten** eines ArbN können in dieser Allgemeinheit kein berechtigtes Interesse für die Weiterbeschäftigung eines anderen entgegen der Sozialauswahl darstellen. Zu erheblichen Leistungsunterschieden, vielseitiger Verwendbarkeit etc. s. Rz. 395 ff.

398 Die mit jeder sozialen Auswahl bei einer **Massenkündigung** im Rahmen der Stilllegung eines Betriebsteils verbundenen **betrieblichen Ablaufstörungen** können berechtigte betriebl. Interessen zur Weiterbeschäftigung von ArbN darstellen. Diese Schwierigkeiten erlauben es dem ArbGeb aber nicht, von einer Auswahl nach sozialen Gesichtspunkten völlig abzusehen. Er muss vielmehr darlegen und ggf. unter Beweis stellen („plausibel, nicht mathematisch genau"), wie viele vergleichbare ArbN der jeweiligen Qualifikationsstufe zwischen den verschiedenen Betriebsteilen ausgetauscht werden können, ohne dass der ordnungsgemäße Ablauf des Betriebs durch den Verlust von arbeitsplatzspezifischer Qualifikation und Erfahrung gestört wird. Die danach aus betriebl. Gründen nicht austauschbaren ArbN sind aus der Sozialauswahl herauszunehmen; ggf. ist unter ihnen in den jeweiligen Betriebsteilen nach sozialen Gesichtspunkten auszuwählen. Unter den übrigen vergleichbaren ArbN ist eine betriebsweite Sozialauswahl durchzuführen[9]. Bei Herausnahme von 70% der Belegschaft aus der Sozialauswahl spricht eine Vermutung für deren Fehlerhaftigkeit[10].

399 **dd) Ausgewogene Personalstruktur.** Die Auswahl nach sozialen Gesichtspunkten kann insb. bei Massenentlassungen zu starken **Verzerrungen** der Personalstruktur führen. Ein berechtigtes betriebl. Interesse zur Nichteinbeziehung von ArbN in die Sozialauswahl kann daher gem. Abs. 3 S. 2 auch die Sicherung einer ausgewogenen Personalstruktur sein. Sicherung der Personalstruktur bedeutet ihre **Erhaltung**, nicht auch – wie nach § 125 InsO in der Insolvenz – ihre Schaffung[11]. Es soll die bisherige Personalstruktur vor einer Verschlechterung durch die Sozialauswahl bewahrt werden (s. Rz. 391); ob die Struktur zuvor objektiv „ausgewogen" war, ist daher unerheblich[12]. Das Abstellen auf eine „ausgewogene" statt auf die „bisherige" Personalstruktur verdeutlicht lediglich, dass es nicht um die bloße Wahrung des Status quo geht, sondern um die Vermeidung einer Verschlechterung. Nur daran besteht ein berechtigtes Interesse.

400 Der **Begriff „Personalstruktur"** umfasst nicht nur die Altersstruktur (s. Rz. 402 ff.), sondern die Zusammensetzung der Belegschaft nach personalen Merkmalen[13]. In Betracht kommen zB Geschlecht[14], Qualifikation und Ausbildung (vgl. auch Rz. 398). Zu beachten sind Diskriminierungsverbote insb. des

---

1 BAG v. 25.4.1985 – 2 AZR 140/84, DB 1985, 2205. | 2 Ist sie nicht nur gelegentlich nützlich, sondern mit dem vorgesehenen Einsatz notwendig verbunden, dürfte es bereits an der Vergleichbarkeit der ArbN fehlen. | 3 LAG Hamm v. 5.2.1987 – 10 Sa 1500/86, LAGE § 1 KSchG – Soziale Auswahl Nr. 2. | 4 *Preis*, RdA 1999, 311 (319). | 5 LAG Hamm v. 5.2.1987 – 10 Sa 1500/86, LAGE § 1 KSchG – Soziale Auswahl Nr. 2 – betreffend einen Betriebsmeister in spe. | 6 BAG v. 7.12.2006 – 2 AZR 748/05, NZA-RR 2007, 460. | 7 BAG v. 31.5.2007 – 2 AZR 306/06, DB 2007, 2210; v. 24.3.1983 – 2 AZR 21/82, BB 1983, 1665. | 8 BAG v. 31.5.2007 – 2 AZR 306/06, DB 2007, 2210. | 9 BAG v. 5.12.2002 – 2 AZR 697/01, NZA 2003, 849; v. 25.4.1985 – 2 AZR 140/84, DB 1985, 2205. | 10 BAG v. 5.12.2002 – 2 AZR 697/01, NZA 2003, 849. | 11 Ganz hM, vgl. auch BAG v. 23.11.2000 – 2 AZR 533/99, NZA 2001, 601; *Willemsen/Annuß*, NJW 2004, 177 (179); *Quecke*, RdA 2004, 86 (88). | 12 HM, vgl. *Ascheid*, RdA 1997, 338; *Fischermeier*, NZA 1997, 1089 (1093); aA *Bader*, NZA 1996, 1129. | 13 Insoweit ähnlich KR/*Griebeling*, § 1 KSchG Rz. 644 ff.; zweifelnd *Preis*, NZA 1997, 1073 (1084); *Lakies*, NJ 1997, 124. | 14 Zutr. KR/*Griebeling*, § 1 KSchG Rz. 649; aA *Preis*, NZA 1997, 1073 (1084); *Fischermeier*, NZA 1997, 1089 (1093).

AGG bzw. der zu Grunde liegenden EG-Richtlininien (s. Vor § 1 Rz. 16) sowie etwa der Art. 3 III, 9 III 2 GG. Kein Merkmal der Personalstruktur sind allerdings Vertragstreue und Häufigkeit krankheitsbedingter Fehlzeiten[1]. Auch die „Leistungsfähigkeit" der einzelnen ArbN nach subjektiver Beurteilung des ArbGeb gehört nicht hierher[2]; Abs. 3 S. 2 weist sie den individuellen Sachgründen zu („oder"). Kaum objektivierbare individuelle Einschätzungen der einzelnen ArbN zählen nicht zu der „Struktur", dh. dem Gefüge, dem inneren Aufbau und damit den **anhaftenden objektiven Merkmalen des Personals**. Sonst könnte etwa in der Insolvenz gem. § 125 InsO eine reine Leistungsauswahl stattfinden. Gleichwohl kann die Sicherung einer ausgewogenen Personalstruktur letztlich der Erhaltung der Leistungsfähigkeit des Betriebs dienen, wie das Beispiel des Alters zeigt. Maßgeblich ist die Personalstruktur des Betriebes, nicht des Unternehmens („betriebliche" Interessen). Welche Merkmalstruktur er erhalten will, **entscheidet allein der ArbGeb**. Sie muss – im Rahmen des vorgegebenen unternehmerischen Konzepts – objektiv vorteilhaft sein. Dies unterliegt einer gerichtl. Kontrolle auf Plausibilität, nicht nur auf Willkür.

Voraussetzung für die Sicherung der Personalstruktur gem. Abs. 3 S. 2 ist – wie bei den individuellen Sachgründen zu Abweichung von der Sozialauswahl auch (Rz. 394) – ein berechtigtes betriebl. Interesse. Die Personalstruktur müsste sich zunächst bei hypothetischer Betrachtung durch eine reine Sozialauswahl nach Abs. 3 S. 1 in Bezug auf ein Merkmal nachteilig verändern. Dies gehört zum schlüssigen Sachvortrag des ArbGeb[3]. Erforderlich ist ein Vergleich der Struktur in den jeweiligen Auswahlgruppen (Rz. 352 ff.) vor und nach einer (hypothetischen) Sozialauswahl. Regelmäßig wird eine erhebliche Veränderung der Zusammensetzung der einzelnen Auswahlgruppen nur bei **Massenentlassungen** iSv. § 17 auftreten[4]. Umstritten ist, ob die Sicherung der Personalstruktur bei drohender erheblicher Veränderung schon per se ein berechtigtes betriebl. Interesse iSv. Abs. 3 S. 2 darstellt[5] oder ob auch hier eine **Abwägung** zwischen dem Interesse an der Erhaltung einer bestimmten Merkmalstruktur einerseits und der Abweichung von der „reinen" Sozialauswahl andererseits erforderlich ist[6]. Da die Erhaltung einer bestimmten Personalstruktur wegen der erforderlichen Gruppenbildung idR zu erheblichen Abweichungen führt (s. Rz. 404), kommt sie grds. nur in Betracht, wenn an der Sicherung des Strukturmerkmals über die bloße Erhaltung des Status quo hinaus ein ausreichendes betriebl. Interesse besteht (Rz. 399). Es muss eine **nachteilige Veränderung** der Personalstruktur drohen. Das ist etwa bei der Erhaltung eines bestimmten Geschlechterproporzes im Einzelnen darzulegen (hier bedarf es wegen des verpönten Diskriminierungsmerkmals ohnehin ganz besonderer Gründe), gilt aber auch sonst (zum Alter vgl. Rz. 402). Als nachteilige Auswirkungen der Veränderung kommen etwa in Betracht „Kahlschlag" in einer bestimmten Altersgruppe und absehbare Pensionierungswelle, Verlust von Know-how, Erschwerung eines (in Bezug auf die Diskriminierung legitimen) Unternehmenskonzepts oder Kundenwünsche[7]. Je stärker der Eingriff in die „reine" Sozialauswahl ist, umso gewichtiger müssen die Gründe für die Erhaltung einer bestimmten Personalstruktur sein[8]. 401

Das mit Abstand wichtigste Strukturmerkmal für Abs. 3 S. 2 ist das **Alter**. Gerade die Altersstruktur wird durch die Sozialauswahl – etwa bei Massenentlassungen – verzerrt, da die Auswahlkriterien ein höheres Lebensalter begünstigen. Bei anderen Strukturmerkmalen wird eine Veränderung der Ausgewogenheit eher zufällig auftreten. Auch die Sicherung der bestehenden Altersstruktur vor erheblicher Verzerrung ist aber nicht stets und ohne weiteres als **berechtiges Interesses** iSv. Abs. 3 S. 2 anzuerkennen (Rz. 401)[9]. Theoretisch kann sich die Verzerrung – je nach unternehmerischem Konzept – als günstig erweisen. Allein die Erhaltung des Status quo rechtfertigt daher auch hier keine Abweichung von der Sozialauswahl, zumal diese bei der gebotenen Gruppenbildung (Rz. 404) idR erheblich ausfällt. Die Nachteile aus der Veränderung des Altersaufbaus sind vom ArbGeb daher grds. konkret und auf die jeweiligen Auswahlgruppen bezogen darzulegen. Ihre Vermeidung muss zugleich die Diskriminierung nach dem Alter rechtfertigen (vgl. Rz. 405). In Betracht kommt – in Abhängigkeit vom Ausmaß der Veränderung – die Gefahr des Verlustes von betrieblichem Know-how oder Kunden oder der Verhinderung eines (legitimen) unternehmerischen Konzepts. Würde sich der Altersaufbau bei „reiner" Sozialauswahl stark verändern, liegen die nachteiligen betriebl. Auswirkungen aber häufig auf der Hand. So hat das BAG in der Erhaltung einer ausgewogenen Altersstruktur bei der Entlassung von 66 aus 150 Erzieherinnen wegen der konkret drohenden nachteiligen betriebl. Folgen (nur noch Erzieherinnen im „Großmütteralter") ein berechtigtes betriebl. Interesse iSv. § 1 III 2 anerkannt[10]. 402

---

1 Ebenso *Thüsing/Wege*, RdA 2005, 12 (15, 24); *Brors*, AuA 2005, 41 (44); aA KR/*Griebelingl*, § 1 KSchG Rz. 647 f. | 2 AA *Thüsing/Wege*, RdA 2005, 12 (23); KR/*Griebelingl*, § 1 KSchG Rz. 646. | 3 AllgM, BAG v. 20.4.2005 – 2 AZR 201/04, NZA 2005, 877. | 4 Ebenso *Thüsing/Wege*, RdA 2005, 12 (25); andere wollen die – höheren – Zahlen des § 112a BetrVG zugrunde legen, vgl. *Wank*, RdA 2006, 238 (240). | 5 So in Bezug auf die Altersstruktur LAG Düsseldorf v. 17.3.2000 – 9 (6) Sa 84/00, LAGE § 1 KSchG – Soziale Auswahl Nr. 32; *Wank*, RdA 2006, 238 (241). | 6 So wohl BAG v. 20.4.2005 – 2 AZR 201/04, NZA 2005, 877. | 7 Zur Benachteiligung wegen ethnischer Herkunft auf Grund von Kundenwünschen vgl. EuGH-Vorlage Rs. C-54/07. | 8 BAG v. 12.4.2002 – 2 AZR 706/00, NJW 2002, 3797; sehr str., vgl. oben Rz. 394. | 9 So aber LAG Düsseldorf v. 17.3.2000 – 9 (6) Sa 84/00, LAGE § 1 KSchG – Soziale Auswahl Nr. 32; *Wank*, RdA 2006, 238 (241); APS/*Kiel*, § 1 KSchG Rz. 769. | 10 BAG v. 23.11.2000 – 2 AZR 533/99, AP Nr. 114 zu § 1 KSchG 1969 (*Bütefisch*); BAG v. 12.4.2002 – 2 AZR 706/00, NJW 2002, 3797; Kündigung von 174 aus 616 Erzieherinnen: BAG v. 6.7.2006 – 2 AZR 442/05, NZA 2007, 139.

403 Die Erhaltung der Altersstruktur erfolgt idR durch **Bildung von Altersgruppen** in den jeweiligen Auswahlgruppen. Die vergleichbaren ArbN werden etwa in die Gruppen der bis 30-jährigen, der 31- bis 40-jährigen, der 41- bis 50-jährigen, der 51- bis 60-jährigen und der älter als 60-jährigen eingeteilt[1]. Sodann ist entsprechend der Gesamtkündigungsquote der Auswahlgruppe aus den jeweiligen Altersgruppen nach sozialen Gesichtspunkten auszuwählen. **Beispiel:** Es handelt sich um eine Auswahlgruppe von 50 Erzieherinnen, von denen 20 zu entlassen sind (Quote: 40 %). Damit sind 40 % der ArbN jeder Altersgruppe von Kündigung bedroht.

Altersgruppen	**Anzahl der ArbN**	**Kündigungen (40 %)**
Bis 30 Jahre	10	4
31–40 Jahre	20	8
41–50 Jahre	15	6
51–60 Jahre	4	~ 2
61–65 Jahre	1	~ 0
Gesamt	50	20

404 Bei diesem Vorgehen bleibt der Altersaufbau im Wesentlichen unverändert. Innerhalb der Altersgruppen ist die jeweilige Anzahl der zu Kündigenden nach sozialen Gesichtspunkten auszuwählen. Die Abweichung von der „reinen" Auswahl gem. Abs. 3 S. 1 ist groß. Bedeutung kommt dabei dem **Zuschnitt der Altersgruppen** zu. Der ArbGeb hat hier einen gewissen Beurteilungsspielraum[2]. Je größer die Anzahl der Altersgruppen, desto stärker ist die Abweichung von der Sozialauswahl. Eine Aufteilung in Dekaden (wie im Beispiel oben) dürfte idR angemessen sein[3]; auch eine Aufteilung in 5-Jahres-Schritte hält sich noch im Beurteilungsspielraum des ArbGeb[4]. Eine Bildung von Altersgruppen in den jeweiligen Auswahlgruppen mit unregelmäßigen Zeitsprüngen (etwa 3er, 5er und 8er-Schritten) erscheint zur bloßen Sicherung der Altersstruktur kaum tauglich und legt den Verdacht einer gezielten Diskriminierung nahe[5] (Rz. 385).

405 Ob die **Rahmenrichtlinie 2000/78 EG**[6] einer Altersgruppenbildung gem. Abs. 3 S. 2 entgegen steht, ist streitig. Dies lässt sich jedenfalls nicht dadurch vermeiden, dass vom ArbGeb keine Darlegung konkreter Nachteile aus dem veränderten Altersaufbau und damit uU eine diskriminierende Begründung für die Altersgruppenbildung verlangt wird[7]. Die Altersgruppen knüpfen unmittelbar an ein verpöntes Merkmal an und bedürfen daher bei der gebotenen richtlinienkonformen Auslegung von Abs. 3 S. 2 (vgl. Vor § 1 Rz. 16) einer Legitimation iSv. Art. 6 I der RL (entspricht § 10 AGG). Eine Diskriminierung scheidet auch nicht deshalb aus, weil die Bildung von Altersgruppen möglicherweise nur einen unverhältnismäßigen Altersschutz aus Abs. 3 S. 1 korrigiert[8]. Eine ungünstigere Behandlung zumindest einzelner ArbN infolge der Altersgruppenbildung lässt sich kaum vermeiden, selbst wenn Vergleichsmaßstab nicht nur eine altersgruppenfreie, sondern eine vollkommen altersunabhängige Auswahl wäre. Richtigerweise ist aber davon auszugehen, dass die Altersgruppenbildung angesichts ihres – jedenfalls im Vergleich zur gänzlich altersunabhängigen Auswahl – relativ geringfügigen Benachteiligungspotenzials in verhältnismäßiger Weise einem legitimen Ziel iSd. Art. 6 I 1 der RL dient, soweit sie den Schutz berechtigter betriebl. Interessen (Rz. 402) verfolgt[9].

406 **e) Auswahlrichtlinien (Abs. 4). aa) Allgemeines.** Die am 1.1.2004 in Kraft getretene Fassung des Abs. 4 ist zum Rechtszustand des KSchG 1996 zurückgekehrt (vgl. Vor § 1 Rz. 5 f.)[10]. Bis zum 30.9.1996 galten für Auswahlrichtlinien grds. keine Besonderheiten; die Rspr. gestand ihnen allerdings schon auf damaliger Rechtsgrundlage einen weiten Beurteilungsspielraum zu[11]. Die Neufassung des Abs. 4 findet **Anwendung** auf Kündigungen, die nach dem 31.12.2003 zugehen. Die Auswahlrichtlinie, auf der sie beruhen, kann älter sein. Abs. 4 knüpft an ihr Bestehen für Kündigungen, die nach seinem Inkrafttreten am 1.1.2004 wirksam werden, die angeordnete Rechtsfolge[12]. Die **Auslegung** der Norm bereitet Schwierigkeiten. Sie fordert auf der Tatbestandsseite Festlegungen über eine Bewertung in einer Auswahlrichtlinie

1 Ähnlich BAG v. 23.11.2000 – 2 AZR 533/99, AP Nr. 114 zu § 1 KSchG 1969 (*Bütefisch*). | 2 BAG v. 20.4.2005 – 2 AZR 201/04, NZA 2005, 877. | 3 Ebenso *Wank*, RdA 2006, 238 (240). | 4 BAG v. 20.4.2005 – 2 AZR 201/04, NZA 2005, 877. | 5 LAG Hamm v. 5.6.2003 – 4 (16) Sa 1976/02, NZA-RR 2004, 132. | 6 ABl. 2000 I 303/16. | 7 So aber *Wank*, RdA 2006, 238 (241). | 8 So wohl LAG Bremen v. 22.11.2006 – 2 Sa 205/06, AE 2007, 146; *Bauer*, NJW 2001, 2672 (2674); wohl auch *Wank*, RdA 2006, 238 (241) sowie die Vorauflagen; aA *Weber*, AuR 2002, 401 (404). | 9 LAG Bln.-Bbg. v. 13.4.2007 – 13 Sa 2208/06, nv. (= BAG 2 AZR 418/07); LAG Nds. v. 13.7.2007 – 16 Sa 269/07, nv. (= BAG 2 AZR 709/07); *Kamanabrou*, RdA 2007, 199 (203); vgl. auch BAG v. 19.6.2007 – 2 AZR 304/06; aA *Bertelsmann*, AuR 2007, 369. | 10 Die Auswahlrichtlinien in Betrieben ohne Arbeitnehmervertretung auf Grund eines Belegschaftsquorums (§ 1 IV 2 KSchG 1996) hat die Neuregelung allerdings nicht mehr aufgegriffen. | 11 BAG v. 15.6.1989 – 2 AZR 580/88 u. v. 18.1.1990 – 2 AZR 357/89, AP Nr. 18 u. 19 zu § 1 KSchG 1969 – Soziale Auswahl. | 12 BAG v. 21.1.1999 – 2 AZR 624/98, NZA 1999, 866 (zum Übergang auf das am 1.10.1996 in Kraft getretene Arbeitsrechtliche BeschäftigungsförderungsG v. 25.9.1996 = KSchG 1996).

und ordnet auf der Rechtsfolgeseite eine nur begrenzte Prüfung der Bewertung auf grobe Fehlerhaftigkeit an. Der Bezug zur konkreten Kündigung bleibt unklar, insb. der Kausalzusammenhang (Rz. 414) sowie die Fragen, wie die tarifl. Richtlinie für das betroffene Arbeitsverhältnis gelten muss, ob sich mit der Begrenzung des Prüfungsmaßstabs auch materiellrechtl. der Beurteilungsspielraum für die Gestaltung der Richtlinie erweitert hat und ob sich der begrenzte Prüfungsmaßstab auf die Richtlinie oder die – gar nicht erwähnte – Kündigung oder beide bezieht.

bb) Wirksame Auswahlrichtlinie. Voraussetzung für die Anwendung des § 1 IV ist grds. eine rechtswirksame Richtlinie. Sie muss wirksam zu Stande gekommen sein und darf nicht gegen zwingende Gesetze, etwa solche zum Schutze vor Diskriminierungen, verstoßen[1]. Abs. 4 regelt nicht den Bezug zur konkreten Kündigung, insb. nicht den Geltungsgrund der Richtlinie. **Tarifliche** Auswahlrichtlinien sind nach hM Betriebsnormen, da sich die Sozialauswahl notwendig auf alle (vergleichbaren) ArbN des Betriebes erstreckt. Sie gelten damit schon dann für alle ArbN des Betriebes, wenn (nur) der ArbGeb tarifgebunden ist (§ 3 II TVG)[2]. Bei fehlender Tarifbindung dürfte die Bezugnahme auf einen einschlägigen TV durch vertragl. Einheitsregelung gleichstehen. Keine tarifl. Auswahlrichtlinie ist der tarifvertragl. Ausschluss der ordentl. Kündigung[3]. Er regelt nicht die Auswahl der zu Kündigenden, sondern nur den Verzicht auf das Recht zur ordentl. Kündigung. Zu seiner Bedeutung im Rahmen der Sozialauswahl s. Rz. 343 ff. 407

Auswahlrichtlinien in **Betriebs- und Dienstvereinbarungen** gelten ohne weiteres für die betroffenen Arbeitsverhältnisse. Für sie besteht ein Schriftformgebot (vgl. § 77 II 1 BetrVG bzw. die PersVG der Länder). Eine auf der Grundlage des Personalvertretungsrechts aufgestellte Auswahlrichtlinie ist keine „entsprechende Richtlinie" iSv. Abs. 4, wenn sie durch einseitige Letztentscheidung der obersten Dienstbehörde zustandegekommen ist (etwa gem. § 69 IV 4 BPersVG)[4]. Auswahlrichtlinien bedürfen nach § 95 I BetrVG der Zustimmung des BR (s. näher die Erl. dort). Das soll nach neuerer Rspr. des BAG auch für die einmalige Verwendung eines Punkteschemas gelten (Rz. 387). Die ordnungsgemäße Beteiligung des BR oder PersR an der Erstellung der Richtlinie ist keine Wirksamkeitsvoraussetzung für die unter Anwendung des Punkteschemas ausgesprochene Kündigung; der ArbGeb kann sich aber nicht auf den beschränkten Prüfungsmaßstab des Abs. 4 berufen[5]. Ob auch die mit einer kirchl. Mitarbeitervertretung förmlich vereinbarte Auswahlrichtlinie unter Abs. 4 fällt, hat das BAG offen gelassen[6]; dabei hat es darauf hingewiesen, dass nach Auffassung des Gesetzgebers – wie § 1 IV zeige – das mit einer gewählten ArbN-Vertretung abgestimmte Punkteschema größere Gewähr für eine sachlich ausgewogene Berücksichtigung der Sozialdaten biete als eine vom ArbGeb allein aufgestellte Regelung. Der **Interessenausgleich** gem. § 112 BetrVG ist keine BV; darin enthaltene Bewertungen iSv. § 1 IV werden daher nicht unmittelbar erfasst. Doch drängt sich nach dem Normzweck des Abs. 4 eine entsprechende Anwendung auf[7]. Zum Interessenausgleich mit sog. Namensliste gem. § 1 V vgl. Rz. 418 ff. sowie in der Insolvenz § 125 InsO. 408

Nach ihrem Inhalt muss die Richtlinie eine **Bewertung der vier Auswahlgesichtspunkte** im Verhältnis zueinander enthalten. Dies geschieht idR durch ein Punkteschema. Die Richtlinien können **abschließende Festlegungen** treffen; eine Beschränkung auf eine bloße Vorauswahl zur abschließenden Einzelfallprüfung ist seit der Neufassung von Abs. 3 S. 1 nicht mehr geboten[8]. Die Bewertung der Pflichtkriterien des Abs. 3 S. 1 in ihrem Verhältnis zueinander kann nur auf grobe Fehlerhaftigkeit überprüft werden; darin liegt die Einräumung eines weiten Ermessensspielraums bei der Normsetzung, der über den bisher von der Rspr. zugestandenen Beurteilungsspielraum hinausgeht[9]. Berücksichtigt die Richtlinie neben den vier obligatorischen Kriterien nach Abs. 3 S. 1 **weitere soziale Gesichtspunkte**, ist das – ebenso wie bei Abs. 3 S. 1 (vgl. Rz. 381) – grds. unschädlich. Auch dann liegt noch eine Bewertung der vier Grundkriterien in ihrem Verhältnis zueinander vor[10]. Doch unterliegt nur diese Bewertung dem Privileg des Abs. 4[11]. Ob die vier Grundkriterien bei Heranziehung weiterer Gesichtspunkte überhaupt noch ausreichend berücksichtigt sind (also nicht nur „in ihrem Verhältnis zueinander"), ist unverändert am Maßstab des Abs. 3 S. 1 zu prüfen. Das Gleiche gilt, wenn die Richtlinie Festlegungen zur Bildung von Auswahlgruppen (**Vergleichbarkeit**) oder zu **berechtigten betrieblichen Interessen** iSv. § 1 III 2[12] enthält[13]. Dies betrifft andere Fragen als die Gewichtung der sozialen Auswahlgesichtspunkte[14]. Solche Festlegun- 409

---

1 *Preis*, RdA 1999, 311 (320 f.) mwN. | 2 *Weller*, RdA 1986, 222 (229); eingehend *Bütefisch*, Die soziale Auswahl, 2000, S. 405 f.; aA *Buschmann*, AuR 1996, 285 (288). | 3 ErfK/*Oetker*, § 1 KSchG Rz. 523; *Weller*, RdA 1986, 222 (229). | 4 *Fischermeier*, NZA 1997, 1095; aA *Coulin*, PersR 1996, 461. | 5 BAG v. 9.11.2006 – 2 AZR 812/05, DB 2007, 1087. | 6 BAG v. 5.12.2002 – 2 AZR 549/01, NZA 2003, 791 (793); bejaht von LAG Nds. v. 11.6.2001 – 5 Sa 1832/00, LAGE § 1 KSchG – Soziale Auswahl Nr. 37. | 7 I. Erg. ebenso *Preis*, RdA 1999, 311 (320) mwN („Redaktionsversehen des Gesetzgebers"); *v. Hoyningen-Huene/Linck*, § 1 KSchG Rz. 482d; *Kittner*, AuR 1997, 186; APS/*Kiel*, § 1 KSchG Rz. 761; aA KR/*Griebeling*, § 1 KSchG Rz. 695. | 8 BAG v. 9.11.2006 – 2 AZR 812/05, DB 2007, 1087; *Quecke*, RdA 2007, 335 (338 f.). | 9 *Fischermeier*, NZA 1997, 1089 (1096). | 10 *Fischermeier*, NZA 1997, 1089 (1096); *Quecke*, RdA 2004, 86 (89). | 11 So wohl auch *Fischermeier*, NZA 1997, 1089 (1096). | 12 Vgl. den Fall BAG v. 15.6.1989 – 2 AZR 580/88, BB 1990, 143, 351; zur Frage, ob dies Gegenstand des MitbestR nach § 95 BetrVG oder nur freiwilliger Mitbest. ist, vgl. *Weller*, RdA 1986, 222 ff. | 13 Anders als bei Abs. 5, vgl. BAG v. 21.1.1999 – 2 AZR 624/98, DB 1999, 1556; v. 7.5.1998 – 2 AZR 536/97, BB 1998, 1111. | 14 Vgl. *Preis*, RdA 1999, 311 (320).

gen unterliegen grds. der vollen und nicht nur der eingeschränkten Rechtskontrolle des § 1 III 1[1] (vgl. aber Rz. 413). Für die Gewichtung der vier Grundkriterien in ihrem Verhältnis zueinander verbleibt es dagegen bei dem beschränkten Prüfungsmaßstab des § 1 IV. Soweit dem ArbGeb ein Spielraum für eine abschließende Entscheidung verbleibt, unterliegt diese allerdings dem Kontrollmaßstab des § 1 III 1[2].

410 Tarifl. wie betriebl. Auswahlrichtlinien müssen sich grds. im zwingend vorgegebenen **gesetzl. Rahmen** halten. § 1 III 1 geht ihnen als höherrangige Rechtsquelle vor[3]. Doch indem § 1 IV als Rechtsfolge kündigungsrechtl. den Prüfungsmaßstab auf grobe Fehlerhaftigkeit reduziert, könnte er zugleich den Beurteilungsspielraum für Auswahlrichtlinien auf der Tatbestandsseite erweitert haben[4]. Die Wirksamkeit der Richtlinie wird zur Entlastung des Kündigungsschutzprozesses von schwer kalkulierbaren Unwägbarkeiten zumindest **kündigungsrechtl. fingiert**. Das gilt auch in Bezug auf eine allgemeine Inhalts- und Billigkeitskontrolle betriebsverfassungsrechtl. Auswahlrichtlinien[5]. Wortlaut und Systematik sprechen eher gegen eine tarif- und betriebsdispositive Ausgestaltung des Abs. 3 S. 1 durch Abs. 4[6]. Im Hinblick auf den weiten Beurteilungsspielraum, den die bisherige Rspr. den Tarif- und Betriebsparteien schon im Rahmen von § 1 III zugestanden hatte[7], wird die Frage aber kaum praktisch werden.

411 **Verstößt** eine Kündigung gegen eine wirksame Auswahlrichtlinie in einer Betriebs- oder Dienstvereinbarung, ist sie gem. § 1 II 2 Nr. 1a bzw. 2a sozial ungerechtfertigt und damit unwirksam; das gilt nach hM auch ohne Widerspruch des BR[8]. Bei Verstoß gegen eine im Betrieb geltende tarifl. Auswahlrichtlinie ist die Kündigung, sofern die Richtlinie selbst wirksam ist, wegen Verstoßes gegen zwingendes Tarifrecht gem. 134 BGB unwirksam. Enthält die Richtlinie keine Festlegungen zu den berechtigten betriebl. Interessen iSv. Abs. 3 S. 2, kann sich der ArbGeb bei im Übrigen richtlinienkonformer Auswahl uneingeschränkt darauf berufen.

412 **cc) Beschränkte Überprüfbarkeit.** § 1 IV bestimmt als Rechtsfolge, dass bei entsprechender Festlegung in einer Richtlinie die **Bewertung der vier sozialen Grunddaten im Verhältnis zueinander** nur auf grobe Fehlerhaftigkeit überprüft werden kann. Nach dem Wortlaut der Norm bezieht sich die beschränkte kündigungsrechtl. Überprüfung auf die Bewertung in der Auswahlrichtlinie. Dadurch wird ihre Anwendung sicherer. Hält sich der ArbGeb an die abschließende Festlegung der nicht grob fehlerhaften Bewertung einer Richtlinie, kann die Bewertung kündigungsrechtl. nicht beanstandet werden[9]. Zur Frage der Kausalität der Richtlinie für die abschließende Festlegung vgl. Rz. 414. Keine Anwendung findet das Privileg einer beschränkten gerichtl. Prüfung von Auswahlrichtlinien in Bezug auf **Diskriminierungen** iSd. AGG bzw. der zu Grunde liegenden EG-Richtlinien. Für diese verbleibt es bei dem europarechtlich gebotenen Prüfungsmaßstab nebst Beweiserleichterungen (s. Rz. 385).

413 Enthält die Richtlinie **weiter gehende Festlegungen**, gilt für diese grds. der allgemeine Prüfungsmaßstab. Ob die vier Grundkriterien bei Heranziehung weiterer Gesichtspunkte überhaupt noch ausreichend berücksichtigt sind (also nicht nur „in ihrem Verhältnis zueinander"), ist unverändert am Maßstab des Abs. 3 S. 1 zu prüfen. Für Vergleichsgruppenbildung sowie Nichteinbeziehung von ArbN gem. Abs. 3 S. 2 gilt ebenfalls die volle Rechtskontrolle[10]. Doch hat die Rspr. derartigen Festlegungen in Auswahlrichtlinien der Tarif- und Betriebspartner stets eine besondere Richtigkeitsgewähr zuerkannt[11]. Gegenstand der beschränkten gerichtlichen Prüfung sind sämtliche Kündigungen, die von den Festlegungen der Auswahlrichtlinie betroffen sind. Das können auch **Änderungskündigungen** sein, für die § 1 IV u. V gilt[12]. Dagegen spricht nicht, dass § 2 S. 1 nur auf § 1 II u. III Bezug nimmt, da dies allein zur Bestimmung des Begriffs „sozial ungerechtfertigt" geschieht. Abs. 4 u. 5 enthalten dazu aber keine (abweichenden) Bestimmungen, sondern Regelungen zur Beweislast und zum Prüfungsmaßstab. Demgemäß ist nach allgM auch der – ebenfalls in § 2 nicht erwähnte – § 1 II 4 auf Änderungskündigungen anzuwenden.

414 **„Grob fehlerhaft"** ist die Bewertung der Grunddaten in ihrem Verhältnis zueinander, wenn sie nicht alle berücksichtigt oder diese „völlig unausgewogen" bewertet. Schon der Beurteilungsspielraum nach Abs. 3 S. 1 wird erst überschritten bei „deutlich geringerer Schutzwürdigkeit" eines weiterbeschäftigten

---

1 Stahlhacke/*Preis*, Rz. 1161. |2 *Quecke*, RdA 2007, 335 (339) mwN. |3 Vgl. für TV BAG v. 11.3.1976 – 2 AZR 43/75, BB 1976, 883; für BV vgl. BAG v. 15.6.1989 – 2 AZR 580/88, BB 1990, 143, 153; v. 18.1.1990 – 2 AZR 357/89, NZA 1990, 729. |4 So *Preis*, RdA 1999, 311 (320); aA *Bütefisch*, Die Sozialauswahl, 2000, S. 398 ff. |5 HM, vgl. *v. Hoyningen-Huene/Linck*, DB 1997, 41 (44) mwN; *Bütefisch*, Die Sozialauswahl, 2000, S. 401 ff.; aA *Bader*, NZA 1996, 1125 (1130). |6 Ebenso *Bütefisch*, Die Sozialauswahl, 2000, S. 399; *Quecke*, RdA 2004, 86 (89). |7 BAG v. 15.6.1989 – 2 AZR 580/88 u. v. 18.1.1990 – 2 AZR 357/89, NZA 1990, 729; v. 5.12.2002 – 2 AZR 549/01, NZA 2003, 791 (793). |8 LAG Sachs. v. 21.9.2000 – 6 Sa 153/00, NZA-RR 2001, 586; str.; vgl. zum Meinungsstand KR/*Griebeling*, § 1 KSchG Rz. 700. |9 LAG Nds. v. 28.5.2004 – 10 Sa 2180/03, LAGReport 2005, 52; *Fischermeier*, NZA 1997, 1089 (1096); *Löwisch*, § 1 KSchG Rz. 386. |10 *Bader*, NZA 2004, 75; *Quecke*, RdA 2004, 86 (89 f.). |11 Schon nach der bis zum 30.9.1996 geltenden Rechtslage bestand für sie ein weiter Beurteilungsspielraum: BAG v. 15.6.1989 – 2 AZR 580/88 u. v. 18.1.1990 – 2 AZR 357/89, AP Nr. 18 u. 19 zu § 1 KSchG 1969 – Soziale Auswahl; vgl. auch BAG v. 5.12.2002 – 2 AZR 549/01, NZA 2003, 791 (793), wonach schon die formlose Abstimmung eines Punkteschemas mit der ArbN-Vertretung größere Richtigkeitsgewähr bieten könne. |12 *Löwisch*, RdA 1997, 80 (81); *Fischermeier*, NZA 1997, 1089 (1100); *Zwanziger*, BB 1997, 626 f.; aA *Kittner*, AuR 1997, 182 (190).

ArbN (Rz. 386). Die grob fehlerhafte Bewertung muss daher mit einem schweren, ins Auge springenden Fehler belastet sein, der im Hinblick auf die Gerechtigkeitsfunktion der Sozialauswahl nicht mehr hinzunehmen ist[1]. Eine Beschränkung auf die vier Hauptkriterien und ihre angemessene Gewichtung (wie etwa in den Beispielen für Punktetabellen oben Rz. 388 f.) entspricht der gesetzl. Vorgabe und kann nicht deshalb grob fehlerhaft sein. Eine individuelle Abschlussprüfung braucht nicht vorbehalten zu werden (Rz. 409). Zur Erleichterung bei der Feststellung der Unterhaltspflichten soll die Auswahlrichtlinie dem ArbGeb auch gestatten können, sich auf die Informationen aus den LStKarten zu beschränken[2]. Soweit schwerbehinderte ArbN nicht betroffen sind, wird die unterbliebene Berücksichtigung dieses singulären Kriteriums der Anwendung von Abs. 4 nicht entgegenstehen. Der grobe Fehler der Richtlinie muss für die Kündigung des ArbN **kausal** sein, sonst bleibt es grds. bei dem Privileg des Abs. 4. Liegt der grobe Fehler in der (fast) vollständigen Vernachlässigung eines Kriteriums, das bei allen ArbN vorliegt (Alter, Betriebszugehörigkeit), wird die Richtlinie aber auch ohne Kausalität dieses Fehlers für die konkrete Auswahl „die Voraussetzungen des Abs. 4 insgesamt nicht erfüllen“, so dass der Maßstab des Abs. 3 gilt[3]. Man wird besser umgekehrt für die Privilegierung des Abs. 4 verlangen müssen, dass die Auswahl anhand der Richtlinie für die konkrete Kündigung kausal ist. Denn nur dann kann sich die aus der Einbindung der ArbN-Vertretung folgende gesteigerte Richtigkeitsgewähr auswirken. **Beispiele** aus der Rspr.: Als grob fehlerhaft angesehen wurde die Auswahl eines ArbN mit einer Betriebszugehörigkeit von 22 Jahren, einem Lebensalter von 53 Jahren und Unterhaltspflicht für zwei Kinder gegenüber einem vergleichbaren ArbN mit 15 Jahren Betriebszugehörigkeit, 46 Lebensjahren und ohne Unterhaltspflichten[4]; ebenso die Auswahl eines ArbN mit 14 Jahren längerer Betriebszugehörigkeit und 15 Jahre höherem Lebensalter bei gleicher Unterhaltsbelastung[5] sowie die Auswahl eines ArbN, der bei etwa gleicher Betriebszugehhörigkeit und gut vier Jahren geringerem Lebensalter Unterhaltspflichten für drei Familienangehörige hatte, während die Vergleichsperson keinerlei Unterhaltspflichten traf[6]. Dagegen hielt das BAG die Auswahl eines ArbN für nicht grob fehlerhaft bei gleicher Betriebszugehörigkeit und Unterhaltsbelastung und zehn Jahre höherem Lebensalter[7].

Ist die **Auswahlrichtlinie grob fehlerhaft**, muss deshalb die darauf gestützte Auswahlentscheidung nicht in jedem Fall sozialwidrig sein. Die konkrete Auswahlentscheidung kann (zufällig) soziale Gesichtspunkte „ausreichend“ iSv. § 1 III 1 berücksichtigen. Das bleibt in diesem Fall zu prüfen[8]. 415

dd) Darlegungs- und Beweislast in Abs. 4. Der ArbGeb hat die **Voraussetzungen** des § 1 IV zu beweisen, wenn er die Rechtsfolge für sich in Anspruch nehmen will. Die Darlegungs- und Beweislast erstreckt sich auf die Existenz einer wirksamen tarifl. oder betriebl. Auswahlrichtlinie iSv. Abs. 4 sowie ihre Geltung für das Arbeitsverhältnis. Steht die Geltung der Richtlinie fest, gilt für die soziale Auswahl der Prüfungsmaßstab der groben Fehlerhaftigkeit; hierdurch werden die allgemeinen Grundsätze der Verteilung der Darlegungs- und Beweislast bei der Sozialauswahl nicht geändert[9]. Vgl. Rz. 440 ff. 416

Einstweilen frei. 417

f) Interessenausgleich mit Namensliste. aa) Allgemeines. Mit dem **am 1.1.2004 in Kraft** getretenen Abs. 5 ist das Gesetz wieder zum Rechtszustand des KSchG 1996 zurückgekehrt. In der bis zum 31.12.2003 geltenden Gesetzesfassung des sog. Korrekturengesetzes (vgl. Vor § 1 Rz. 5) hatte die Vorschrift keine Entsprechung. Allerdings war zeitgleich mit dem KSchG 1996 am 1.10.1996 die Parallelregelung des § 125 InsO vorzeitig in Kraft gesetzt worden[10], die bis heute fortbesteht. Aus ihrem geringfügig abweichenden Wortlaut ergeben sich Zweifelsfragen in Bezug auf Voraussetzungen und Reichweite der Vermutung in Abs. 5 S. 1 (vgl. Rz. 428). Einen Interessenausgleich mit namentlicher Zuordnung von ArbN in Fällen der Unternehmensumwandlung sieht § 323 II UmwG vor (vgl. näher dort). Der **zeitliche Anwendungsbereich** des Abs. 5 erstreckt sich auf Kündigungen, die nach dem 31.12.2003 zugehen[11]. Der Interessenausgleich, in dem die gekündigten ArbN namentlich bezeichnet sind, wird bereits vorher abgeschlossen sein können. Seine Wirksamkeit hängt nicht vom Inkrafttreten des Abs. 5 ab, eine entsprechende Regelungsbefugnis der Betriebspartner besteht unabhängig von Abs. 5[12]. Die Norm 418

---

1 BAG v. 21.9.2006 – 2 AZR 284/06, nv.; vgl. auch zum KSchG 1996 BAG v. 2.12.1999 – 2 AZR 757/98, BB 200, 1040, sowie v. 21.1.1999 – 2 AZR 624/98, NZA 1999, 866. | 2 Nur soweit sie überhaupt Auskunft gibt, was in Bezug auf die Kinderzahl (StKl. V) nur beschränkt der Fall ist; vgl. auch BAG v. 21.1.1999 – 2 AZR 624/98, BB 1999, 1556 zu § 1 Abs. 5 aF. | 3 BAG v. 18.10.2006 – 2 AZR 473/05, DB 2007, 922; dogmatisch schwer verständlich, da es doch um einen groben Fehler der Richtlinie geht. | 4 ArbG Gelsenkirchen v. 1.10.1997 – 4 Ca 32/97, AiB 1999, 48. | 5 LAG Düsseldorf v. 25.2.1998 – 17(4) Sa 1788/97, LAGE § 1 KSchG – Interessenausgleich Nr. 9. | 6 LAG Hamm v. 23.4.1998 – 12 Sa 64/98, nv. | 7 BAG v. 21.1.1999 – 2 AZR 624/99, NZA 1999, 866. | 8 APS/*Kiel* § 1 KSchG Rz. 776; *Bader*, NZA 1999, 64 (70). | 9 BAG v. 10.2.1999 – 2 AZR 716/98, NZA 1999, 702 f.; v. 24.2.2000 – 8 AZR 180/99, NZA 2000, 785; v. 21.2.2002 – 2 AZR 581/00, EzA § 1 KSchG – Interessenausgleich – Nr. 10. | 10 Zunächst nur im Geltungsbereich der früheren Konkursordnung, also in den alten Bundesländern, vgl. Art. 6 des Arbeitsrechtlichen BeschäftigungsförderungsG v. 25.9.1996 (BGBl. I S. 1476); seit dem 1.1.1999 bundesweit, vgl. Art. 110 EGInsO v. 5.10.1994 (BGBl. I S. 2911). | 11 BAG v. 21.1.1999 – 2 AZR 624/98, NZA 1999, 866 (zum Übergang auf das am 1.10.1996 in Kraft getretene Arbeitsrechtliche BeschäftigungsförderungsG v. 25.9.1996 = KSchG 1996). | 12 Der Interessenausgleich mit Namensliste wirkt nach hM nicht normativ, vgl. *Fischermeier*, NZA 1997, 1089 (1097) und die Nachw. bei HK/*Dorndorf*, Anhang 3 zu § 1 KSchG Rz. 1159*.

knüpft an das Vorhandensein eines solchen Interessenausgleichs lediglich kündigungsrechtl. Folgen. Dazu genügt es, dass im zeitl. Geltungsbereich des Abs. 5 der Interessenausgleich besteht und eine Kündigung wirksam wird (§ 130 BGB).

419 Gegen Abs. 5 werden rechtspolitische wie auch **verfassungsrechtl. Bedenken** erhoben. Die Norm enthält für den gekündigten ArbN einschneidende Rechtsfolgen. Insb. auf Grund der Vermutung in S. 1 bleiben ihm im Kündigungsschutzprozess kaum Erfolgschancen[1]. Es ist zu fragen, ob im Lichte von Art. 12 GG der BR zu einem so weit reichenden faktischen Eingriff in die individualrechtl. Stellung des ArbN legitimiert ist; ferner, ob Abs. 5 – außerhalb der Sonderlage der Insolvenz – der aus Art. 12 GG folgenden staatl. Pflicht zur Gewährleistung eines Mindestbestandsschutzes[2] unter Beachtung des Verhältnismäßigkeitsgrundsatzes noch ausreichend gerecht wird[3].

420 **bb) Voraussetzungen.** Es bedarf einer **Betriebsänderung iSv. § 111 BetrVG.** Ein freiwilliger Interessenausgleich außerhalb des Anwendungsbereichs der §§ 111, 112 BetrVG genügt nicht[4]. Damit ist Abs. 5 im Geltungsbereich der Personalvertretungsgesetze nicht anwendbar (§ 130 BetrVG)[5], ebenso gem. § 118 II BetrVG nicht im Bereich der Kirchen und ihrer karitativen und erzieherischen Einrichtungen. Auch für Tendenzbetriebe gilt Abs. 5 grds. nicht, da dort nach hM gem. § 118 I 2 BetrVG der Abschluss eines Interessenausgleichs nicht angestrebt werden muss[6]. Doch wird vertreten, dass bei Verzicht des Tendenzunternehmers auf den Ausschluss des Interessenausgleichs und daraufhin vereinbartem Interessenausgleich mit Namensliste die Wirkung von § 125 InsO bzw. § 1 V eintrete[7]. Ausgeschlossen vom Anwendungsbereich des Abs. 5 sind Kleinunternehmen mit bis zu 20 ArbN (§ 111 I 1 BetrVG). Bei reinem Personalabbau müssen für eine Betriebsänderung iSv. § 111 BetrVG die von der Rspr. geforderten **Schwellenwerte** der auf einheitlicher unternehmerischer Planung beruhenden Entlassungen erreicht sein; bei mehreren „Entlassungswellen" in zeitlich geringem Abstand wird eine einheitliche Planung vermutet[8]. Nicht erfasst von Abs. 5 werden die vom BR nicht repräsentierten leitenden Angestellten (§ 5 III BetrVG).

421 Eine **nur geplante Betriebsänderung genügt nicht**. Abweichend von § 125 InsO[9] verlangt Abs. 5 eine „Kündigung auf Grund einer Betriebsänderung". Es muss sich daher auch nach den Vereinbarungen des Interessenausgleichs noch um eine Betriebsänderung iSd. § 111 BetrVG handeln. Wird die geplante Maßnahme im Zuge der Interessenausgleichsverhandlung auf ein Maß unterhalb der Schwelle der Betriebsänderung reduziert, gelangt Abs. 5 nicht zur Anwendung. Zu den Voraussetzungen einer Betriebsänderung im Einzelnen vgl. die Erl. zu § 111 BetrVG. Die Kündigung muss „**auf Grund**" einer Betriebsänderung ausgesprochen worden sein. Das erfordert schon auf der Tatbestandsseite des Abs. 5 einen Kausalzusammenhang zwischen Betriebsänderung und Kündigung[10]. Dieser ist etwa anzunehmen, wenn die Kündigung ArbN eines zu schließenden oder einzuschränkenden Betriebsteils betrifft und der Interessenausgleich die Kündigung der Betriebsänderung zuordnet. Die Kündigung erfolgt auch dann „auf Grund einer Betriebsänderung" iSv. Abs. 5 S. 1, wenn sie im Interessenausgleich von dem Widerspruch des ArbN gegen den Übergang seines Arbeitsverhältnisses gem. § 613a BGB abhängig gemacht wird[11].

422 Umstritten war schon beim KSchG 1996, ob Abs. 5 auch auf **Änderungskündigungen** Anwendung findet[12]. Eine geforderte[13] Klarstellung hat der Gesetzgeber unterlassen. Obwohl Abs. 5 S. 1 – anders als § 125 I Nr. 1 InsO – eine ausdrückl. Einbeziehung nicht enthält, erfasst auch er Änderungskündigungen. Abs. 5 S. 1 enthält eine Spezialregelung zur Beweislastverteilung des Abs. 2 S. 4, während Abs. 5 S. 2 lediglich den Prüfungsmaßstab bei der sozialen Auswahl beschränkt. Ebenso wie die allgemeine Regelung zur Beweislastverteilung nach Abs. 2 S. 4 finden auch die Regelungen des Abs. 5 auf eine Änderungskündigung Anwendung, ohne dass es einer besonderen Bezugnahme bedürfte[14]. Die Frage wird nur von geringer praktischer Bedeutung sein. Denn mit der namentlichen Bezeichnung der zu Kündigenden im Interessenausgleich verlangt Abs. 5 S. 1 zugleich, die Kündigungsmaßnahme konkret festzulegen; hierzu gehört bei der Änderungskündigung auch der Inhalt des Änderungsangebotes[15].

423 Abs. 5 verlangt einen **Interessenausgleich**, in dem die zu kündigenden ArbN namentlich bezeichnet sind. Ist auf BR-Seite ausnahmsw. der **GBR oder KBR** zum Abschluss des Interessenausgleichs gem.

---

1 *Fischermeier*, NZA 1997, 1089 (1096). | 2 BVerfG v. 24.4.1991 – 1 BvR 1342/90, AP Nr. 70 zu Art. 12 GG; v. 21.2.1995 – 1 BvR 1397/93, E 92, 140 (153); v. 27.1.1998 – 1 BvL 15/87, AP Nr. 17 zu § 23 KSchG 1969. | 3 Ohne Bedenken allerdings BAG v. 7.5.1998 – 2 AZR 536/97, NZA 1998, 933 (936) u. LAG Berlin v. 5.11.2004 – 6 Sa 1544/04, AuA 2005, 48; eingehend LAG Nds. v. 30.6.2006 – 10 Sa 1816/05, AiB 2007, 124 sowie LAG Rh.-Pf. v. 2.2.2006 – 1 Sa 673/05, NZA-RR 2006, 296; zweifelnd HK/*Dorndorf*, Anhang § 1 Rz. 1160*; *Preis*, RdA 2003, 65 (75); *Kohte*, BB 1998, 946 (953); anders *Thüsing/Stelljes*, BB 2003, 1673 (1676) (noch im Gestaltungsspielraum des Gesetzgebers). | 4 HM, vgl. *Hohenstatt*, NZA 1998, 846 (851); *Kohte*, BB 1998, 946 (949) mwN. | 5 *Hamer*, PersR 1997, 357. | 6 BAG v. 17.8.1982 – 1 ABR 40/80, BB 1983, 501. | 7 ErfK/*Kania*, § 118 BetrVG Rz. 18; *Thüsing/Wege*, BB 2005, 213 (215); das dürfte aus Gründen der Verfahrensgerechtigkeit voraussetzen, dass dem BR gemäß § 112 III BetrVG der Weg bis in die Einigungsstelle eröffnet ist. | 8 BAG v. 22.1.2004 – 2 AZR 111/02, AP Nr. 1 zu § 112 BetrVG 1972 – Namensliste. | 9 Vgl. dazu *Moll* in Kübler/Prütting, § 125 InsO Rz. 12. | 10 BAG v. 6.7.2006 – 2 AZR 520/05, NZA 2007, 266. | 11 BAG v. 24.2.2000 – 8 AZR 180/99, NZA 2000, 785 (787). | 12 *Löwisch*, RdA 1997, 80 (81). | 13 *Löwisch*, NZA 2003, 689 (692). | 14 AA *Gaul*, BB 2004, 2686 (2688). | 15 Vgl. auch *Moll* in Kübler/Prütting, § 125 InsO Rz. 30; *Quecke*, RdA 2004, 86 (90 f.).

§ 50 I BetrVG originär zuständig, dürfte sich diese Zuständigkeit – anders als beim Sozialplan[1] – auch auf die einzelnen betrieblichen Namenslisten erstrecken, da sie nach Abs. 5 Bestandteil des Interessenausgleichs sein müssen[2]. Der Interessenausgleich mit Namensliste muss nach hM bereits vor Ausspruch der Kündigung, dh. nicht nur vor ihrem Zugang, formgültig abgeschlossen worden sein[3]. Für die **Schriftform** des Interessenausgleichs[4] gem. § 112 I, III 3 BetrVG gilt § 126 I BGB. Als Bestandteil des Interessenausgleichs unterliegt die Namensliste ebenfalls dem Schriftformgebot. Die Liste kann mit dem Interessenausgleich eine einheitliche Urkunde bilden, die sich etwa aus einer fortlaufenden Paginierung oder aus dem Textzusammenhang zweifelsfrei ergibt; durch die abschließenden Unterschriften wird sie damit integraler Bestandteil des Interessenausgleichs[5]. Die Namensliste kann auch vom übrigen Interessenausgleich getrennt erstellt werden, muss dann aber (vor Abgabe der Kündigungserklärung) gesondert unterzeichnet sein und auf den Interessenausgleich Bezug nehmen oder von ihm in Bezug genommen sein[6]. Wird die Namensliste als nicht unterzeichnete Anlage einem Interessenausgleich angehängt, so muss sie bei dessen Unterzeichnung[7] mit ihm körperlich fest verbunden sein, etwa durch Heftklammer; Büroklammer genügt nicht[8]. Kommt der Interessenausgleich vor der Einigungsstelle zu Stande, ist er zudem von ihrem Vorsitzenden zu unterzeichnen, § 112 III 3 BetrVG; dies ist Wirksamkeitsvoraussetzung[9].

Streitig ist, ob sich der Interessenausgleich **inhaltlich in der bloßen Namensliste** der zu kündigenden ArbN erschöpfen kann[10]. Nach hM ist der – gesetzl. nicht geregelte – Gegenstand des Interessenausgleichs das „Ob" und „Wie" einer Betriebsänderung. Der Interessenausgleich kann die vom ArbGeb geplanten Maßnahmen ohne Änderung beinhalten, sie modifizieren oder ganz von ihnen absehen. Die Rechtsfolgen des Abs. 5 können nur an eine von den Betriebspartnern gemeins. zugrunde gelegte Betriebsänderung anknüpfen[11]. Diese muss daher im Interessenausgleich hinreichend klar umrissen sein. Da eine Betriebsänderung auch in einem bloßen Personalabbau bestehen kann[12], wird in solchen Fällen eine bloße Namensliste ausreichen, sofern ihr entnommen werden kann, dass sich der Personalabbau auf die bezeichneten ArbN beschränkt. Eine nicht abschließende Liste (**Teilliste**), die lediglich einige zu kündigende ArbN aufführt und keine Aussage über die Frage weiterer Kündigungen enthält, genügt wohl nicht[13]; anders bei geplanten Entlassungswellen und Einigung auf eine für die erste Welle abschließende Liste[14]. Unabhängig davon verlangt Abs. 5 stets eine abschließende, dh. nicht bloß vorläufige Festlegung der zu kündigenden ArbN in dem Interessenausgleich[15]. 424

Der ArbGeb kann von der Kündigung namentlich aufgeführter ArbN absehen (etwa wenn ein anderer, nicht aufgeführter ArbN inzwischen von sich aus ausgeschieden ist). Enthält die Namensliste in diesem Fall keine **soziale Reihenfolge** in der jeweiligen Vergleichsgruppe, kann die Wirkung des Abs. 5 ganz oder teilweise entfallen (vgl. Rz. 430). Auch gilt der beschränkte Prüfungsmaßstab nicht für die Frage der Zuordnung des nicht in der Namensliste aufgeführten ArbN zu einer der Vergleichsgruppen, wenn der Interessenausgleich hierzu keine Aussage trifft. Ist die **Namensliste in einem Sozialplan** enthalten, findet Abs. 5 dennoch Anwendung, wenn der Sozialplan der Sache nach – wenn auch unter falscher Bezeichnung – Regelungen über das „Ob" und „Wie" der Betriebsänderung enthält. Die bloße Zuordnung von Abfindungsbeträgen zu namentlich aufgeführten ArbN ohne solche Festlegungen genügt dagegen nicht[16]. Ein nicht freiwillig, sondern durch Spruch der Einigungsstelle zu Stande gekommener Sozialplan fällt nicht unter Abs. 5. 425

Die **namentliche Bezeichnung** iSv. Abs. 5 S. 1 muss – zumindest im Zusammenhang mit der umschriebenen Betriebsänderung, einer Berufsangabe oder sonstigen Anhaltspunkten im Interessenausgleich – die zweifelsfreie Identifikation der gemeinten Person ermöglichen. Unter Umständen ist neben dem Nachnamen auch die Angabe des Vornamens oder einer sonstigen Kennzeichnung (junior) erforderlich. Auch Spitznamen sind bei zweifelsfreier Zuordnung unschädlich. Die Angabe einer Abteilung oder Kostenstelle genügt nicht. Eine sog. Negativliste der nicht zu kündigenden ArbN ist unzureichend, da hier nicht allein aus der schriftl. Urkunde zu entnehmen ist, wem gekündigt werden soll[17]. Aus dem gleichen Grund bedarf es auch bei einer Betriebsstillegung stets der namentlichen Bezeichnung aller betroffenen ArbN im Interessenausgleich; anderenfalls würde jeder Interessenausgleich bei einer Betriebsschlie- 426

1 BAG v. 23.10.2003 – 7 ABR 55/01, AP Nr. 26 zu § 50 BetrVG 1972. | 2 Ebenso *Gaul*, BB 2004, 2686 (2687); aA *U. Fischer*, BB 2004, 1001 (1003 f.). | 3 Vgl. *Willemsen/Annuß*, NJW 2004, 177 (180) mwN. | 4 Eingehend hierzu *Kohte*, BB 1998, 946 ff. | 5 BGH v. 24.9.1997 – XII ZR 234/95, BB 1998, 288. | 6 BAG v. 21.2.2002 – 2 AZR 581/00, EzA § 1 KSchG – Interessenausgleich Nr. 10; v. 22.1.2004 – 2 AZR 111/02, AP Nr. 1 zu § 112 BetrVG 1972 – Namensliste. | 7 BAG v. 6.7.2006 – 2 AZR 520/05, NZA 2007, 139. | 8 BAG v. 7.5.1998 – 2 AZR 55/98, NZA 1998, 1770; v. 6.12.2001 – 2 AZR 422/00, EzA § 1 KSchG – Interessenausgleich Nr. 9. | 9 BAG v. 9.7.1985 – 1 AZR 323/83, AP Nr. 13 zu § 113 BetrVG 1972. | 10 So FK-InsO/*Eisenbeis*, § 125 InsO Rz. 3; *Schrader*, NZA 1997, 70 (73); *Quecke*, RdA 2004, 86 (91). | 11 BAG v. 24.2.2000 – 8 AZR 180/99, NZA 2000, 785 (787). | 12 BAG v. 21.2.2002 – 2 AZR 581/00, EzA § 1 KSchG – Interessenausgleich Nr. 10. | 13 *Moll* in Kübler/Prütting, § 125 InsO Rz. 28; aA *Piehler*, NZA 1998, 970. | 14 BAG v. 22.1.2004 – 2 AZR 111/02, AP Nr. 1 zu § 112 BetrVG 1972 – Namensliste. | 15 BAG v. 6.12.2001 – 2 AZR 422/00, EzA § 1 KSchG – Interessenausgleich Nr. 9. | 16 FK-InsO/*Eisenbeis*, § 125 Rz. 4; *Moll* in Kübler/Prütting, § 125 InsO Rz. 28. | 17 Ebenso *Moll* in Kübler/Prütting, § 125 InsO Rz. 26; aA ArbG Essen v. 6.5.1997 – 2 Ca 32/97, DB 1998, 1998; *Schiefer*, DB 1998, 927.

ßung die Vermutungswirkung des Abs. 5 S. 1 bzw. des § 125 I 1 Nr. 1 InsO auslösen[1]. Die Angabe der sozialen Auswahlkriterien und ihrer Bewertung ist nach hM nicht erforderlich[2].

427 **cc) Rechtsfolgen für die soziale Rechtfertigung.** Auf der Rechtsfolgeseite stellt Abs. 5 S. 1 zunächst die **Vermutung** auf, „dass die Kündigung durch dringende betriebl. Erfordernisse iSd. Abs. 2 bedingt ist". Es handelt sich um eine gesetzl. Vermutung iSd. § 292 ZPO, die eine vollständige **Umkehr der Beweislast** bewirkt (lex specialis zu Abs. 2 S. 4)[3]. Es ist Sache des gekündigten ArbN darzulegen und zu beweisen, dass keine dringenden betriebl. Erfordernisse für die Kündigung bestehen. Bloße Zweifel genügen nicht. Der ArbGeb braucht zur Rechtfertigung der Kündigung zunächst keine weiteren Tatsachen vorzutragen[4] (vgl. aber Rz. 433). Trägt der ArbN erhebliche Tatsachen vor, wird der ArbGeb schon aus dem Gesichtspunkt der Sachnähe gem. § 138 II ZPO substantiiert bestreiten müssen[5].

428 Die **Reichweite der Vermutung** erstreckt sich gem. dem klaren Wortlaut des Abs. 5 auf das Vorliegen dringender betriebl. Erfordernisse iSd. Abs. 2, dh. nach zutreffender, aber bestrittener Auffassung auch in Bezug auf das Unternehmen[6]. Das gilt entgegen der hM auch für die Parallelnorm des § 125 I Nr. 1 InsO[7]. Dort wird vermutet, dass die Kündigung durch dringende betriebl. Erfordernisse bedingt ist, die einer Weiterbeschäftigung in diesem Betrieb entgegenstehen. Damit wird der Wortlaut des § 1 II 1 KSchG wiederholt, soweit er die betriebsbedingte Kündigung betrifft. § 1 II 1 umfasst aber über seinen betriebsbezogenen Wortlaut hinaus auch die Weiterbeschäftigung im Unternehmen[8]. Die Unternehmensbezogenheit der Vermutung korrespondiert weiterhin mit dem Widerspruchsrecht des BR nach § 102 III Nr. 3 BetrVG. Schließlich spricht gerade die gleichzeitige Inkraftsetzung der Parallelnormen am 1.10.1996 dafür, dass der eindeutige Wortlaut des Abs. 5 nach dem Willen des zeitnahen Gesetzgebers von 1996 auf die Auslegung des § 125 I Nr. 1 InsO aus dem Jahre 1994[9] ausstrahlt, da die Reichweite der insolvenzrechtl. Norm nicht hinter derjenigen der allgemeinen Norm zurückbleiben kann[10]. Diesen Befund hat der Gesetzgeber in der Begründung zu dem Entwurf des § 1 V nF für diese Norm klargestellt[11]. Das Gleiche muss gelten für die Vermutung fehlender Weiterbeschäftigungsmöglichkeiten zu **geänderten Arbeitsbedingungen** oder nach zumutbaren **Umschulungs- und Fortbildungsmaßnahmen**[12]. Kommt es zu einem Betriebsübergang, so erstreckt sich die Vermutung aber nicht darauf, dass die Kündigung nicht iSv. § 613a IV BGB wegen eines Betriebsübergangs erfolgt sei (arg. e contrario aus § 128 II InsO).

429 Weitere Rechtsfolge der Namensliste ist gem. Abs. 5 S. 2, dass „**die soziale Auswahl**" im Kündigungsschutzprozess nur auf grobe Fehlerhaftigkeit geprüft werden kann. Das BAG sieht davon auch die Bildung der Vergleichsgruppen erfasst[13], hat dies für Abs. 3 S. 2 aber ausdrücklich offen gelassen[14] und insoweit bisher nur im Insolvenzfall bejaht[15]. Nach der Begründung des Gesetzentwurfs erfasst Abs. 5 beide Aspekte der Sozialauswahl und damit die Konkretisierung auf die zu kündigenden Personen in jeder Hinsicht[16]. Das erscheint naheliegend, da Abs. 5 S. 2 an eine konkrete Namensliste anknüpft. Im Übrigen erstreckt sich nach st. Rspr. des BAG auch die Auskunftspflicht des ArbGeb aus Abs. 3 S. 2 Hs. 2 über die Gründe, die zu der getroffenen „sozialen Auswahl" geführt haben, auf etwaige betriebl. Interessen iSv. Abs. 3 S. 2[17]. Keine Anwendung findet das Privileg einer beschränkten gerichtl. Prüfung der sozialen Auswahl in Bezug auf **Diskriminierungen** iSd. AGG bzw. der zu Grunde liegenden EG-Richtlinien. Für diese verbleibt es bei dem europarechtlich gebotenen Prüfungsmaßstab nebst Beweiserleichterungen (s. Rz. 385). Zu den Auswirkungen auf die Darlegungs- und Beweislast vgl. Rz. 440 ff.

430 **Kündigt der ArbGeb nicht allen** im Interessenausgleich namentlich bezeichneten ArbN, so gilt die Beschränkung der Auswahlkontrolle auf grobe Fehlerhaftigkeit nach Abs. 5 S. 2 im Verhältnis dieser ArbN untereinander nur, wenn der Interessenausgleich unmissverständlich für die jeweiligen Vergleichsgruppen eine soziale Reihenfolge festgelegt hat. Fehlt sie, gilt insoweit § 1 III 1[18]. Die Rspr. zur Beschränkung des Prüfungsmaßstabs auf grobe Fehlerhaftigkeit ist bei § 125 InsO insolvenzbedingt großzügiger,

---

1 So aber *Moll* in Kübler/Prütting, § 125 InsO Rz. 27; *Oetker/Friese*, DZWIR 2001, 177 (179). | 2 Vgl. *Moll* in Kübler/Prütting, § 125 InsO Rz. 31 mwN. | 3 BAG v. 7.5.1998 – 2 AZR 536/97, NZA 1998, 933; v. 21.2.2002 – 2 AZR 581/00, EzA § 1 KSchG – Interessenausgleich Nr. 10. | 4 BAG v. 7.5.1998 – 2 AZR 536/97, NZA 1998, 933 (934); aA *Zwanziger*, AuR 1997, 427. | 5 *Lakies*, RdA 1997, 145 (150); *Warrikoff*, BB 1994, 2341. | 6 AA *Kohte*, BB 1998, 946 (950), der eine auf den Betrieb begrenzte Reichweite der Vermutung daraus ableitet, dass in Ermangelung näherer Kenntnisse des BR über die Lage in anderen Betrieben ein sachgerechter Zusammenhang zwischen Vermutungsbasis und Vermutung fehle; dagegen spricht das Widerspruchsrecht des BR aus § 102 III Nr. 3 BetrVG. | 7 Ebenso *Lakies*, BB 1999, 206 (207); *Moll* in Kübler/Prütting, § 125 InsO Rz. 36; HWK/*Annuß*, § 125 InsO Rz. 9 mwN. | 8 Dies gilt seit Inkrafttreten der Sätze 2 und 3 des § 1 II KSchG im Jahre 1972, vgl. BAG v. 17.5.1984 – 2 AZR 109/83, NZA 1995, 489. | 9 Vgl. Art. 110 EGInsO vom 5.10.1994 (BGBl. I S. 2911). | 10 LAG Rh.-Pf. v. 2.2.2006 – 1 Sa 673/05, NZA-RR 2006, 296; *Lakies*, BB 1999, 206 (207 f.); *Moll* in Kübler/Prütting, § 125 InsO Rz. 36. | 11 BT-Drs. 15/1204, S. 22. | 12 *Bader*, NZA 1996, 1133; *Gaul*, AuA 1998, 169; aA *Kohte*, BB 1998, 950; *Fischermeier*, NZA 1997, 1089 (1097). | 13 BAG v. 7.5.1998 – 2 AZR 536/97, NZA 1998, 933; v. 21.1.1999 – 2 AZR 624/98, NZA 1999, 866. | 14 Für den Erhalt und die Schaffung einer ausgewogenen Personalstruktur gemäß § 125 InsO aber bejaht in BAG v. 28.8.2003 – 2 AZR 368/02, AP Nr. 1 zu § 125 InsO. | 15 BAG v. 21.7.2005 – 6 AZR 592/04, NZA 2006, 162; v. 17.11.06 – 6 AZR 107/05, DB 2006, 844. | 16 BT-Drs. 15/1204, S. 22; aA zum KSchG 1996 *Kohte*, BB 1998, 946 (950). | 17 BAG v. 10.2.1999 – 2 AZR 716/98, NZA 1999, 702 f.; v. 12.4.2002 – 2 AZR 706/00, NJW 2002 3797. | 18 IdS wohl auch BAG v. 24.2.2000 – 8 AZR 180/99, NZA 2000, 985 (987).

kann aber mit dieser Einschränkung herangezogen werden[1]. Zum Begriff der **groben Fehlerhaftigkeit** vgl. Rz. 414.

431 **dd) Betriebsratsbeteiligung bei Kündigung auf Grund Namensliste.** Gem. Abs. 5 S. 4 ersetzt der Interessenausgleich mit Namensliste die **Stellungnahme des BR zur Massenentlassung** nach § 17 III 2. Der ArbGeb hat daher an Stelle einer besonderen Stellungnahme des BR den Interessenausgleich mit Namensliste seiner Anzeige an die AA beizufügen. Die **Anhörung des BR vor der Kündigung** nach § 102 BetrVG ist in Abs. 5 S. 4 nicht erwähnt. Daraus folgert die Rspr. im Umkehrschluss, dass der ArbGeb trotz Erstellung eines Interessenausgleichs mit Namensliste nicht von seiner Anhörungspflicht nach § 102 BetrVG entbunden ist[2]. Die Anhörung des BR muss den Anforderungen des § 102 BetrVG genügen (vgl. die Erl. dort). Der Abschluss eines Interessenausgleichs enthebt den ArbGeb nicht von der Pflicht, den BR gem. § 102 I 2 BetrVG über den Kündigungsgrund zu unterrichten. Hierzu gehören die dringenden betriebl. Erfordernisse iSd. § 1 II sowie die Sozialauswahl gem. § 1 III. Der Vermutungstatbestand des Abs. 5 S. 1 ist auf das individualrechtl. Kündigungsschutzverfahren beschränkt und lässt das Anhörungsrecht des BR nach § 102 BetrVG unberührt.

432 Der BR ist daher **nach allgemeinen Grundsätzen** in der Weise zu unterrichten, dass er sich ohne eigene Nachforschungen eine Meinung bilden und Stellung nehmen kann. Hierzu gehören zunächst die Umstände, die den Wegfall des Beschäftigungsbedarfs begründen. Bei Durchführung einer Sozialauswahl hat der ArbGeb außerdem die seiner Ansicht nach maßgeblichen Vergleichsgruppen, die entsprechenden Sozialdaten und seine weiteren Auswahlüberlegungen mitzuteilen. Ohne eine entsprechende Unterrichtung ist die Kündigung somit auch dann gem. § 102 I 3 BetrVG unwirksam, wenn der BR einen vorgelegten Interessenausgleich mit Namensliste „blindlings" unterschreibt[3]. Verfügt der BR bei Einl. des Anhörungsverfahrens bereits über **Vorkenntnisse**, etwa aus zuvor durchgeführten Interessenausgleichsverhandlungen, bedarf es insoweit keiner erneuten Unterrichtung[4]. Der ArbGeb kann die Anhörung auch mit den Verhandlungen über den Interessenausgleich zeitlich verbinden. Seine Unterrichtungspflicht aus § 102 BetrVG wird hierdurch allerdings nicht berührt. Auch hat er gegenüber dem BR hinreichend deutlich zu machen, dass er – fristauslösend – um Stellungnahme gem. § 102 BetrVG ersucht[5]. Eine Klarstellung über Durchführung und Abschluss des Anhörungsverfahrens im Interessenausgleich empfiehlt sich.

433 Im Rechtsstreit obliegt dem ArbGeb nach st. Rspr. die **Darlegungs- und Beweislast für die ordnungsgemäße Anhörung** des BR[6]. Zwar kann der ArbGeb auf eine vorausgegangene Unterrichtung des BR im Rahmen von Interessenausgleichsverhandlungen verweisen. Im Bestreitensfalle, zulässigerweise mit Nichtwissen (§ 138 IV ZPO), hat er diese aber im Einzelnen vorzutragen und unter Beweis zu stellen. Das gilt auch für die Unterrichtung über dringende betriebl. Erfordernisse. Aus der Unterzeichnung des Interessenausgleichs mit Namensliste folgt keine tatsächliche Vermutung für eine ordnungsgemäße Unterrichtung im Anhörungsverfahren. Wenn auch die Unterrichtung des BR durch den ArbGeb nicht denselben Anforderungen genügen muss wie die Darlegung der Kündigungsgründe durch den ArbGeb im Kündigungsschutzprozess[7], bietet doch die dem ArbGeb obliegende Darlegung der ordnungsgemäßen Unterrichtung des BR über die Kündigungsgründe gewisse Ansatzpunkte für die dem ArbN obliegende Widerlegung der Vermutung aus Abs. 5 S. 1.

434 **ee) Änderung der Umstände (Abs. 5 S. 3).** Weder die Vermutung des S. 1 noch die Beschränkung der Auswahlkontrolle auf grobe Fehlerhaftigkeit nach Satz 2 gelten gem. Abs. 5 S. 3, soweit sich die Sachlage nach Zustandekommen des Interessenausgleichs wesentlich geändert hat. **Maßgeblicher Zeitpunkt** für die Beurteilung, ob sich die Sachlage nach Zustandekommen des Interessenausgleichs wesentlich geändert hat, ist der Zugang der Kündigung. Bei späteren Änderungen kommt nur ein Wiedereinstellungsanspruch in Betracht[8]. Nach hM erfordert eine wesentliche Veränderung der Sachlage schon auf der Tatbestandsseite des Abs. 5 den **Wegfall der Geschäftsgrundlage** für den Interessenausgleich insgesamt[9]. Dann hätte Abs. 5 S. 3 rein deklaratorischen Inhalt, da § 313 BGB die Frage inzwischen regelt[10]. Die Gegenmeinung sieht in Abs. 5 S. 3 auch eine Einschränkung der Rechtsfolgen der Sätze 1 und 2, so dass jede Veränderung der Sachlage wesentlich sein kann, soweit sie die Vermutungswirkung bzw. die Beschränkung des Prüfungsmaßstabes für eine konkrete Kündigung in Frage stellt[11].

435 Richtigerweise wird es neben dem Wegfall der Geschäftsgrundlage **weitere Anwendungsfälle** des Abs. 5 S. 3 geben. Bspw. wird das freiwillige Ausscheiden eines nicht im Interessenausgleich bezeich-

---

1 Vgl. etwa BAG v. 28.8.2003 – 2 AZR 368/02, AP Nr. 1 zu § 125 InsO. | 2 BAG v. 28.8.2003 – 2 AZR 377/02, SAE 2005, 45 (Leipold); v. 20.5.1999 – 2 AZR 532/98, NZA 1999, 1101 ff.; aA *Giesen*, ZfA 1997, 145 (175). | 3 BAG v. 20.5.1999 – 2 AZR 148/99, NZA 1999, 1039 f. | 4 BAG v. 20.5.1999 – 2 AZR 532/98, NZA 1999, 1101 f. | 5 BAG v. 20.5.1999 – 2 AZR 532/98, NZA 1999, 1101 f. | 6 BAG v. 19.8.1975 – 1 AZR 613/74, BB 1975, 1485, st. Rspr. | 7 BAG v. 24.2.2000 – 8 AZR 180/99, NZA 2000, 785 (789). | 8 BAG v. 21.2.2001 – 2 AZR 39/00, ZIP 2001, 1825. | 9 LAG Köln v. 1.8.1997 – 11 Sa 355/97, LAGE § 1 KSchG – Interessenausgleich Nr. 1; wohl auch BAG v. 21.2.2001 – 2 AZR 39/00, ZIP 2001, 1825; *Bader*, NZA 2004, 65 (75); KR/*Weigand*, § 125 InsO Rz. 37. | 10 Vgl. zur Anwendung der Regeln über den Wegfall der Geschäftsgrundlage auf Kollektivverträge BAG v. 10.8.1994 – 10 ABR 61/93, DB 1995, 480; v. 5.10.2000 – 1 AZR 48/00, NZA 2001, 849. | 11 *Bütefisch*, Die Betriebsbedingte Kündigung, 2000, S. 474; *Willemsen/Annuß*, NJW 2004, 177 (181); *Quecke*, RdA 2004, 86 (93); *Löwisch*, BB 2004, 154 (156).

neten, vergleichbaren ArbN nach Zustandekommen des Interessenausgleichs und vor Zugang der Kündigung die Vermutung des Abs. 5 S. 1 insoweit entfallen lassen, als damit feststeht, dass für einen der namentlich bezeichneten ArbN die aus der Betriebsänderung folgenden dringenden betriebl. Erfordernisse entfallen sind. Auch über die Vergleichbarkeit der in der Namensliste aufgeführten ArbN mit dem freiwillig ausgeschiedenen ArbN trifft der Interessenausgleich idR keine Aussage; enthält darüber hinaus die Namensliste keine soziale Reihenfolge der aufgeführten jeweils vergleichbaren ArbN, kann auch für den Vergleich dieser ArbN untereinander keine Beschränkung des Prüfungsmaßstabes eingreifen[1].

436 **ff) Darlegungs- und Beweislast bei Abs. 5.** Die Darlegungs- und Beweislast für die **Vermutungsbasis** des Abs. 5 S. 1 trägt im Rechtsstreit der ArbGeb. Das gilt für die Betriebsänderung iSd. § 111 BetrVG[2] ebenso wie für den wirksamen Interessenausgleich mit Namensliste, aus dem sich die Zuordnung der Kündigung des ArbN zur Betriebsänderung ergibt[3]. Es gilt weiterhin dafür, dass die Kündigung „auf Grund" der Betriebsänderung ausgesprochen wurde. Betrifft die Kündigung bspw. Beschäftigte, die von der Betriebsänderung, etwa der grundlegenden Änderung der Betriebsanlagen (§ 111 S. 3 Nr. 4 BetrVG), nicht unmittelbar betroffen sind, ist auch die Kausalverknüpfung zwischen der Kündigung und der Betriebsänderung substantiiert darzulegen. Zur Darlegung des Interessenausgleichs gehört sein formgültiger Abschluss[4]. Ist der Interessenausgleich vom BR-Vorsitzenden unterzeichnet, spricht eine widerlegbare Vermutung dafür, dass der BR einen entsprechenden Beschluss gefasst hat[5].

437 Die Tatsachen, die eine **wesentliche Veränderung der Sachlage** nach Zustandekommen des Interessenausgleichs begründen, stellen nach allgemeinen Grundsätzen eine Einwendung dar. Ihre Rechtsfolge nimmt der ArbN für sich in Anspruch („Sätze 1 und 2 gelten nicht, ..."); daher hat er auch ihre Voraussetzungen darzulegen und zu beweisen. Bei erheblichem Sachvortrag hat der ArbGeb – schon aus dem Gesichtspunkt der Sachnähe – substantiiert zu bestreiten (§ 138 II ZPO). Zu den Auswirkungen der Vermutung des Abs. 5 S. 1 auf die Darlegungs- und Beweislast für die dringenden betriebl. Erfordernisse vgl. Rz. 427 f.; zu den Auswirkungen der Beschränkung des Prüfungsmaßstabs in Abs. 5 S. 2 auf die Darlegungs- und Beweislast der Sozialauswahl vgl. Rz. 440 ff.

438 **g) Auskunftspflicht.** Gem. § 1 III 1 Hs. 2 ist der ArbGeb **auf Verlangen** des ArbN verpflichtet, diesem die Gründe anzugeben, die zu der getroffenen sozialen Auswahl geführt haben. Der ArbN soll dadurch die Aussichten einer Kündigungsschutzklage im Hinblick auf eine fehlerhafte Sozialauswahl beurteilen können[6]. Dafür trägt der ArbN im Prozess die Beweislast (§ 1 III 4). Dem kann er idR nur nachkommen, wenn der ArbGeb zuvor seiner Auskunftspflicht genügt hat (vgl. zur Darlegungslast im Prozess sogleich Rz. 440 ff.). Das gilt ohne Einschränkung auch bei nur beschränkter gerichtlicher Überprüfbarkeit (grobe Fehlerhaftigkeit) gem. Abs. 4 u. 5[7]. Die Auskunft ist nach Ausspruch der Kündigung auf Verlangen des ArbN **unverzüglich** zu erteilen[8]. Grds. kann das mündlich geschehen. Umfangreiche und komplexe Angaben muss der ArbGeb nach Treu und Glauben (§ 242 BGB) aber schriftl. tätigen oder aber sonst eine ausreichende Kenntnisnahme ermöglichen[9].

439 Die Auskunft hat sich auf **alle Gründe** zu erstrecken, die **subjektiv beim ArbGeb** zu der getroffenen Sozialauswahl geführt haben, idR also die Auswahlkriterien und ihre Gewichtung, die einbezogenen ArbN und ihre Sozialdaten[10]. Ist der ArbGeb aus berechtigten betriebl. Interessen gem. § 1 III 2 von der Sozialauswahl abgewichen (vgl. Rz. 391 ff.), hat er auch insoweit Auskunft zu geben. Es handelt sich dabei ebenfalls um Gründe, die zu der konkreten Auswahl geführt haben. Ohne diese Angaben könnte der ArbN die Richtigkeit der Auswahl nicht überprüfen[11]. Kommt der ArbGeb seiner Auskunftspflicht schuldhaft nicht oder nicht vollständig bzw. wahrheitsgemäß nach, ist das für die Wirksamkeit der Kündigung grds. unbeachtlich (vgl. aber zu den prozessualen Konsequenzen Rz. 440 ff.). Der ArbGeb macht sich aber **schadensersatzpflichtig**. Der Schaden kann in den Kosten eines vergeblichen Kündigungsschutzprozesses[12] bestehen; bei arglistiger Täuschung ist auch Schadensersatz für den Verlust des Arbeitsplatzes wegen unterlassener Kündigungsschutzklage denkbar[13].

440 **h) Darlegungs- und Beweislast für die Sozialauswahl.** Der **ArbN** hat gem. § 1 III 4 die Tatsachen zu beweisen, die die Kündigung wegen fehlerhafter Sozialauswahl als sozial ungerechtfertigt erscheinen

1 *Bütefisch*, Die Betriebsbedingte Kündigung, 2000, S. 474; *Willemsen/Annuß*, NJW 2004, 177 (181); *Quecke*, RdA 2004, 86 (93). | 2 Bei reinem Personalabbau ist das Erreichen der erforderlichen Schwellenwerte (s. Rz. 420) darzulegen, BAG v. 31.5.2007 – 2 AZR 254/06, DB 2007, 2376. | 3 BAG v. 7.5.1998 – 2 AZR 536/97, NZA 1998, 933. | 4 *Musielak*, Grundlagen der Beweislast im Zivilprozess, 1975, S. 310 f., 316 f., 371. | 5 BAG v. 24.2.2000 – 8 AZR 180/99, NZA 2000, 785; v. 21.2.2002 – 2 AZR 581/00, EzA § 1 KSchG – Interessenausgleich Nr. 10; es dürfte sich um eine tatsächliche Vermutung handeln, die schon bei Erschütterung durch geeigneten Tatsachenvortrag entfällt; ebenso *Kohte*, BB 1998, 946 (950). | 6 BAG v. 24.3.1983 – 2 AZR 21/82, BB 1983, 1665; BAG v. 21.7.1988 – 2 AZR 75/88, BB 1989, 75. | 7 BAG v. 10.2.1999 – 2 AZR 716/98, NZA 1999, 702 f. | 8 Vgl. KR/*Griebeling*, § 1 KSchG Rz. 680. | 9 So ArbG Hamburg v. 29.3.1993 – 21 Ca 382/92, RZK I 5 d) Nr. 32; aA KR/*Griebeling*, § 1 KSchG Rz. 681. | 10 BAG v. 5.12.2002 – 2 AZR 697/01, NZA 2003, 849; v. 24.3.1983 – 2 AZR 21/82, BB 1983, 1665; v. 21.7.1988 – 2 AZR 75/88, BB 1989, 75. | 11 BAG v. 10.2.1999 – 2 AZR 716/98, NZA 1999, 702 f.; v. 12.4.2002 – 2 AZR 706/00, AP Nr. 56 zu § 1 KSchG 1969 – Soziale Auswahl; HK/*Dorndorf*, § 1 KSchG Rz. 1170. | 12 Nicht der Kosten eines erstinstanzlichen Prozessbevollmächtigten (§ 12a I ArbGG), BAG v. 30.4.1992 – 8 AZR 288/91, AP Nr. 6 zu § 12a ArbGG; *v. Hoyningen-Huene/Linck*, § 1 KSchG Rz. 491. | 13 Zu eng *v. Hoyningen-Huene/Linck*, § 1 KSchG Rz. 163 und ErfK/*Oetker*, § 1 KSchG Rz. 113 (nur negatives Interesse).

lassen. Hierzu gehört grds. die Weiterbeschäftigung eines – bei Kenntnis zu benennenden (Rz. 441) – vergleichbaren, aber sozial deutlich weniger schutzbedürftigen ArbN und deren Ursächlichkeit für die Kündigung des ArbN (Rz. 332). Die Darlegungs- und Beweislast wird erleichtert durch den Auskunftsanspruch des ArbN gegen den ArbGeb aus § 1 III 1 Hs. 2 (vgl. Rz. 438 f.). Für die berechtigten betriebl. Interessen (§ 1 III 2, vgl. Rz. 391 ff.) trägt die Darlegungs- und Beweislast der ArbGeb[1]. Daraus ergibt sich für den „Normalfall" des **Abs. 3** die nachfolgende **abgestufte Darlegungs- und Beweislast**[2]. Sie gilt entsprechend bei nur beschränkter gerichtl. Überprüfbarkeit der Gewichtung der Auswahlkriterien (**Abs. 4**) bzw. der Sozialauswahl (**Abs. 5**) auf grobe Fehlerhaftigkeit[3]. Anders liegt es für die Darlegung von Diskriminierungstatbeständen (Wahrscheinlichkeit genügt, vgl. Rz. 385 aE).

Der ArbN hat zunächst die Sozialauswahl als fehlerhaft bzw. grob fehlerhaft zu rügen. Hat er von den maßgeblichen Tatsachen **Kenntnis**, muss er sie substantiiert vortragen und ggf. beweisen. Das erfordert die namentliche Bezeichnung des sozial weniger schutzwürdigen Kollegen[4]. Zur Kausalität dieses Auswahlfehlers für die eigene Kündigung (s. Rz. 332) muss er zunächst nicht vortragen. Der Einwand fehlender Kausalität obliegt dem ArbGeb, da § 1 III 1 ihm einen Beurteilungsspielraum einräumt[5]. 441

Hat der ArbN von den maßgeblichen Tatsachen **keine Kenntnis**, kann er im Prozess von seinem Auskunftsanspruch Gebrauch machen. Dann hat der ArbGeb die von ihm subjektiv angestellten (Rz. 439) Auswahlüberlegungen substantiiert vorzutragen. Hierzu gehören die Sozialdaten der in den Vergleich einbezogenen ArbN, ihre Bewertung (etwa in Form eines Punkteschemas) sowie die berechtigten betriebl. Interessen iSv. Abs. 3 S. 2, für die der ArbGeb darlegungs- und im Bestreitensfall beweispflichtig ist[6] (also etwa für bestimmte Fähigkeiten von ArbN und deren betriebliche Relevanz; zur Darlegung von Betriebsablaufstörungen bei Massenkündigungen vgl. Rz. 398). 442

Kommt der ArbGeb dem **vollständig und schlüssig** nach (wobei der unterschiedliche Beurteilungsspielraum nach den Abs. 3–5 zu beachten ist), ist es wiederum Sache des ArbN, konkret vorzutragen und zu beweisen, warum die Auswahl des ArbGeb fehlerhaft bzw. grob fehlerhaft war, etwa eine vergleichbare Person (nicht nur geringfügig) sozial weniger schutzwürdig bzw. die Auswahl völlig unausgewogen (vgl. Rz. 414) ist[7]. Ergibt der konkrete Vortrag des ArbN dabei, dass **noch weitere ArbN** in die Sozialauswahl einzubeziehen sind als geschehen, muss der ArbGeb gem. Abs. 3 S. 1 Hs. 2 deren Sozialdaten ergänzen. Anderenfalls ist die Behauptung des ArbN, dass die Sozialauswahl fehlerhaft sei, nicht ausreichend bestritten[8]. Das gilt grds. auch bei nur beschränkter Überprüfbarkeit der Vergleichsgruppenbildung nach Abs. 5[9], sofern dem Vortrag des ArbN eine grob fehlerhafte Vergleichsgruppenbildung durch den ArbGeb zu entnehmen ist. 443

Erweisen sich bereits die Angaben des ArbGeb als **unschlüssig**, also entsprechen seine Auswahlerwägungen objektiv nicht den gesetzl. Anforderungen bzw. sind völlig unausgewogen, wird die (grobe) Fehlerhaftigkeit der Sozialauswahl vermutet. Der ArbGeb muss dann ergänzend vortragen und beweisen, warum die Auswahl dennoch im Ergebnis richtig war[10]. Dazu kann er sich auch darauf berufen, dass ein **Auswahlfehler** für die konkrete Kündigung des Klägers **nicht kausal** war, weil dieser auch ohne den Fehler bei jedem denkbaren Zuschnitt einer ausreichenden Sozialauswahl zur Kündigung angestanden hätte. Hat der ArbGeb bei der Auswahl ein zulässiges **Punkteschema** verwendet, aus dem sich die soziale Rangfolge der Auswahlgruppe ergibt, kann er sich schon darauf berufen, dass nach dieser Rangfolge, also nicht nur bei jedem denkbaren Zuschnitt der Sozialauswahl, der Auswahlfehler für die Kündigung des Klägers nicht kausal war[11] (s. Rz. 332). Er wird insoweit aber darlegen müssen, dass er sein Beurteilungsermessen bereits bei Ausspruch der Kündigung entsprechend ausgeübt hatte. Im Rechtsstreit kann er es nicht mehr ausüben (s. Rz. 332). 444

Kommt der ArbGeb hingegen schon von vornherein seiner Auskunftspflicht nicht oder **nicht vollständig** nach und kann der ArbN deshalb seinerseits nicht näher zur Unrichtigkeit der Sozialauswahl vortragen, ist ohne weiteres von einer fehlerhaften Sozialauswahl auszugehen[12]. Das gilt auch bei nur beschränkter Überprüfbarkeit auf grobe Fehlerhaftigkeit nach Abs. 4 u. 5[13]. 445

---

1 AllgM, *v. Hoyningen-Huene/Linck*, DB 1997, 43. | **2** BAG v. 24.3.1983 – 2 AZR 21/82, BB 1983, 1665; v. 18.10.1984 – 2 AZR 543/83, NZA 1985, 423; v. 8.8.1985 – 2 AZR 464/84, NZA 1986, 679; v. 21.7.1988 – 2 AZR 75/88, BB 1989, 75; v. 15.6.1989 – 2 AZR 580/88, BB 1990, 143, 153. | **3** BAG v. 10.2.1999 – 2 AZR 716/98, NZA 1999, 702 f.; v. 24.2.2000 – 8 AZR 180/99, NZA 2000, 785; v. 21.2.2002 – 2 AZR 581/00, EzA § 1 KSchG – Interessenausgleich – Nr. 10. | **4** BAG v. 18.10.2006 – 2 AZR 473/05, DB 2007, 922; v. 5.12.2002 – 2 AZR 697/01, NZA 2003, 849; v. 18.10.1984 – 2 AZR 543/83, NZA 1985, 423; v. 24.3.1983 – 2 AZR 21/82, BB 1983, 1665. | **5** BAG v. 9.11.2006 – 2 AZR 812/05, NZA 2007, 549. | **6** AllgM, vgl. *v. Hoyningen-Huene/Linck*, DB 1997, 43. | **7** BAG v. 24.2.2000 – 8 AZR 180/99, NZA 2000, 785. | **8** BAG v. 15.6.1989 – 2 AZR 580/88, BB 1990, 143, 153. | **9** BAG v. 10.2.1999 – 2 AZR 716/98, NZA 1999, 702 f. (zur Herausnahme nach Abs. 3 S. 2 trotz etwaiger beschränkter Überprüfbarkeit); v. 24.2.2000 – 8 AZR 180/99, NZA 2000, 785; v. 21.2.2002 – 2 AZR 581/00, EzA § 1 KSchG – Interessenausgleich – Nr. 10. | **10** BAG v. 15.6.1989 – 2 AZR 580/88, BB 1990, 143, 153; v. 18.10.1984 – 2 AZR 543/83, NZA 1985, 423; v. 20.10.1983 – 2 AZR 211/82, BB 1984, 671. | **11** BAG v. 9.11.2006 – 2 AZR 812/05, NZA 2007, 549. | **12** BAG v. 12.4.2002 – 2 AZR 706/00, NJW 2002, 3797. | **13** BAG v. 10.2.1999 – 2 AZR 716/98, NZA 1999, 702 f. (zur Herausnahme nach Abs. 3 S. 2 trotz etwaiger beschränkter Überprüfbarkeit nach Abs. 5); vgl. auch BAG v. 12.4.2002 – 2 AZR 706/00, NJW 2002, 3797.

446 **4. Widerspruchstatbestände (Abs. 2 S. 2 u. 3).** Nach Abs. 2 S. 2 und 3 des § 1 ist die Kündigung „auch" sozial ungerechtfertigt, wenn

1. die Kündigung gegen eine Auswahlrichtlinie nach § 95 BetrVG verstößt oder
2. der ArbN an einem anderen (freien) Arbeitsplatz in demselben oder einem anderen Betrieb des Unternehmens zu unveränderten oder – bei Einverständnis des ArbN – zu geänderten Arbeitsbedingungen oder nach zumutbaren Umschulungsmaßnahmen weiterbeschäftigt werden kann

und der BR oder Personalrat der Kündigung ordnungsgemäß aus einem dieser Gründe widersprochen hat.

Die Bestimmung knüpft an das (deckungsgleiche) Widerspruchsrecht des BR in **§ 102 BetrVG** an. Die Widerspruchsgründe gelten für alle Kündigungsgründe, haben aber ihren Schwerpunkt bei der betriebsbedingten Kündigung. Die unmittelbare **Bedeutung** der Vorschrift für den Kündigungsschutz des ArbN ist gering: In allen genannten Fällen kann sich der ArbN auch ohne einen Widerspruch[1] des BR oder Personalrats und in Bezug auf einen Weiterbeschäftigungsanspruch auch in Betrieben ohne ArbN-Vertretung auf die Unwirksamkeit der Kündigung berufen. Zum Widerspruchsrecht des BR und seiner ordnungsgemäßen Ausübung vgl. die Erl. zu § 102 BetrVG.

447 Liegt ein form- und fristgerecht erhobener Widerspruch des BR vor und ist er in der Sache berechtigt, ist die Kündigung sozialwidrig. Einer **Interessenabwägung** bedarf es dann nicht mehr („absolute" Sozialwidrigkeit). Abs. 2 S. 2 u. 3 bildet keinen sonstigen Unwirksamkeitsgrund iSv. § 13 III und setzt daher fristgemäße Klageerhebung voraus (§ 7). Zur **Weiterbeschäftigungspflicht** des ArbGeb vgl. Rz. 274 ff. Der BR muss den anderen Arbeitsplatz in seinem Widerspruch konkret bezeichnen[2]. Hat er geltend gemacht, dass der ArbN zwar nicht auf einem „anderen", doch auf seinem alten Arbeitsplatz weiterbeschäftigt werden könnte, soll darin ein wirksamer Widerspruch nicht liegen[3]. Die **Beweislast** für einen ordnungsgemäßen Widerspruch des BR trägt grds. der ArbN. Der ArbGeb hat insoweit substantiiert zu bestreiten. Die Darlegungs- und Beweislast dafür, dass der Widerspruch des BR inhaltlich unberechtigt ist, trifft dagegen den ArbGeb[4]. Die Darlegungslast ist abgestuft; der ArbGeb wird sich mit den Gründen des Widerspruchs des BR auseinanderzusetzen haben. Das gilt auch, wenn ausnahmsw. ein konzernweiter Weiterbeschäftigungsanspruch geltend gemacht wird[5]. Bei Abweichung von einer Auswahlrichtlinie kann und muss der ArbGeb darlegen und beweisen, dass dies zur Wahrung der gesetzl. Anforderungen des § 1 III erforderlich war[6].

1a *Abfindungsanspruch bei betriebsbedingter Kündigung*

(1) Kündigt der Arbeitgeber wegen dringender betrieblicher Erfordernisse nach § 1 Abs. 2 Satz 1 und erhebt der Arbeitnehmer bis zum Ablauf der Frist des § 4 Satz 1 keine Klage auf Feststellung, dass das Arbeitsverhältnis durch die Kündigung nicht aufgelöst ist, hat der Arbeitnehmer mit dem Ablauf der Kündigungsfrist Anspruch auf eine Abfindung. Der Anspruch setzt den Hinweis des Arbeitgebers in der Kündigungserklärung voraus, dass die Kündigung auf dringende betriebliche Erfordernisse gestützt ist und der Arbeitnehmer bei Verstreichenlassen der Klagefrist die Abfindung beanspruchen kann.

(2) Die Höhe der Abfindung beträgt 0,5 Monatsverdienste für jedes Jahr des Bestehens des Arbeitsverhältnisses. § 10 Abs. 3 gilt entsprechend. Bei der Ermittlung der Dauer des Arbeitsverhältnisses ist ein Zeitraum von mehr als sechs Monaten auf ein volles Jahr aufzurunden.

1 **I. Gegenstand und Zweck.** Normzweck ist es, eine **vorgerichtlichen Klärung** der Beendigung des Arbeitsverhältnisses nach arbeitgeberseitiger betriebsbedingter Kündigung zu erleichtern. Hierzu soll ein einfacher, effizienter und kostengünstiger Weg eröffnet werden[7]. Der ArbGeb ist bei Aufnahme eines entsprechenden Hinweises in das Kündigungsschreiben (Abs. 1 S. 2) zur Zahlung einer Abfindung verpflichtet, sofern der ArbN die Klagefrist des § 4 S. 1 verstreichen und damit die Wirkung des § 7 eintreten lässt. Die Höhe der Abfindung ist in Abs. 2 festgelegt. Die am **1.1.2004** in Kraft getretene Vorschrift (vgl. Vor § 1 Rz. 6) erfasst nur Kündigungen mit Hinweis nach Abs. 1 S. 2, die nach dem 31.12.2003 zugegangen sind. Abfindungsabreden im Zusammenhang mit früher zugegangenen Kündigungen beurteilen sich allein nach den allgemeinen Regeln des Vertragsrechts.

2 Die Regelung wird zu Recht als **rechtspolitisch verfehlt** kritisiert[8]. Gegen die Akzeptanz der Vorschrift dürfte ua. sprechen, dass bei Zweifeln an der Zahlungswilligkeit des ArbGeb die Kündigungsschutzklage mit der Option eines vollstreckbaren gerichtl. Vergleichs (§ 794 I Nr. 1 ZPO) vorzugswürdig bleibt. Auch

---

1 BAG v. 17.5.1984 – 2 AZR 109/83, NZA 1985, 489. | 2 BAG v. 11.5.2000 – 2 AZR 54/99, NZA 2000, 1055. | 3 BAG v. 12.5.1985 – 2 AZR 324/84, EzA § 102 BetrVG 1972 Nr. 61; aA KR/*Griebeling*, § 1 KSchG Rz. 719 mwN. | 4 BAG v. 20.1.1994 – 2 AZR 489/93, NZA 1994, 653; v. 24.3.1983 – 2 AZR 21/82, NJW 1984, 78. | 5 BAG v. 20.1.1994 – 2 AZR 489/93, NZA 1994, 653. | 6 BAG v. 20.10.1983 – 2 AZR 211/82, DB 1984, 563. | 7 Begr. des Gesetzentwurfs, BT-Drs. 15/1204, S. 23. | 8 Vgl. *Meinel*, DB 2003, 1438 (1439); *Thüsing*, NJW 2003, 1989 (1990); *Willemsen/Annuß*, NJW 2004, 177 (181); *Preis*, DB 2004, 70 (75); weniger skeptisch *Löwisch*, NZA 2003, 689 (693).

die fehlende insolvenzrechtl. Absicherung des Abfindungsanspruchs nach § 1a als bloße Insolvenzforderung (§§ 38, 108 II InsO) bildet einen Anreiz zur Kündigungsschutzklage, da ein nach Insolvenzeröffnung mit dem Verwalter geschlossener Vergleich eine Masseforderung begründet (§§ 53, 55 I Nr. 1 InsO)[1]. Die Vorschrift ist **rechtstechnisch kaum begreifbar**. Da beide Parteien durch bewusstes oder doch planbares Verhalten an der Entstehung des Abfindungsanspruchs mitwirken, stellt sich die Frage nach der Unterscheidung von einer bloßen vertragl. Regelung. Unklar ist auch, ob abweichende vertragl. Regelungen beschränkt oder ausgeschlossen werden und in welchem Verhältnis der Abfindungsanspruch nach Abs. 1 S. 1 zu etwaigen Sozialplanabfindungen steht.

II. Abgrenzung zu rein vertraglichen Gestaltungen. Die tatbestandl. Voraussetzungen des § 1a unterscheiden sich vom **Aufhebungsvertrag** dadurch, dass die Auflösung des Arbeitsverhältnisses allein durch die arbeitgeberseitige Kündigung und die Fiktion des § 7 eintritt. Vom **Abwicklungsvertrag** unterscheidet sich die Vorschrift, weil der ArbN nicht auf sein Klagerecht verzichtet, sondern bis zum Fristablauf frei bleibt. Doch ließe sich ohne weiteres eine dem § 1a entsprechende privatautonome Regelung denken, etwa die Einigung über eine Abfindungszahlung unter der (Potestativ-)Bedingung, dass der ArbN keine Klage erhebt[2]; ferner das Angebot einer Abfindung im Kündigungsschreiben für den Fall der Nichterhebung der Klage, das der ArbN durch schlüssiges Verhalten (Verstreichenlassen der Klagefrist) annimmt, wobei der ArbGeb auf den Zugang dieser Erklärung gem. § 151 BGB verzichtet hat[3]. Solche Vertragsgestaltungen verstoßen nicht gegen § 612a BGB[4]. 3

Vor diesem Hintergrund wird der Tatbestand des Abs. 1 zT rein **konsensual gedeutet**, entsprechende Willenserklärungen der Parteien würden, sofern sie nicht ohnehin in dem vom Tatbestand geforderten Verhalten zu sehen seien, gesetzl. zumindest fingiert[5]. Da dieser Weg auch ohne § 1a kraft Vereinbarung gangbar ist (vgl. Rz. 3), erschöpfte sich die Wirkung der Norm in der Festlegung der Abfindungshöhe nach Abs. 2. Ist diese aber – wie nahezu einhellig angenommen wird (vgl. Rz. 13) – abdingbar, bliebe allenfalls eine Orientierungsgröße oder eine Auslegungsregel bei Unklarheiten und damit weitgehend ein „rechtliches Nullum"[6]. 4

Die besseren Gründe sprechen für die Annahme eines neuartigen **gesetzl. Anspruchs**[7]. Dahin deuten bereits Aufbau und Wortlaut der Norm[8]. Auch die Gesetzesbegründung spricht von einem „gesetzlichen Abfindungsanspruch". Da der vom ArbGeb geforderte Hinweis sich inhaltlich mit der ausgelösten Rechtsfolge nahezu deckt und jedenfalls rechtsgeschäftl. Charakter hat[9], lässt sich § 1a auch als neu geschaffenes einseitiges Verpflichtungsgeschäft deuten[10]. Zwar lässt sich auch das vom ArbN geforderte **Verstreichenlassen der Klagefrist** uU als rechtsgeschäftl. Willenserklärung auslegen, deren Zugang an den Vertragspartner überdies gem. § 151 BGB verzichtbar ist[11]. Doch verlangt § 1a gerade keine Willensäußerung des ArbN, sondern als bloßen Realakt das faktische Verstreichenlassen der Klagefrist, woran das Gesetz die Rechtsfolgen der §§ 1a und 7 knüpft. Ferner bietet eine konsensuale Deutung der Vorschrift keine Lösung im Falle eines **Verstoßes gegen die Formvorschrift** des Abs. 1 S. 2. Bei Annahme eines formungültigen einseitigen Rechtsgeschäfts im Rahmen eines gesetzl. Anspruchs ist die Umdeutung in ein formlos mögliches Angebot auf Abschluss einer Abfindungsvereinbarung offen. Nach der Konsensualtheorie bleibt indessen kein Raum für eine Umdeutung des formunwirksamen Angebots des ArbGeb[12]. 5

Schließlich spricht auch der **sozialrechtl. Hintergrund** für das hier vertretene Verständnis der Norm. Gem. §§ 144 I Nr. 1, 128 SGB III droht dem ArbN eine Sperrzeit beim Alg, wenn er das Beschäftigungsverhältnis ohne wichtigen Grund „löst". Nach ihrer noch aktuellen Dienstanweisung vermutet die BA einen solchen Lösungssachverhalt, wenn der ArbN – auch ohne vorherige Absprache – das mit einer Kündigung verbundene Abfindungsangebot annimmt und auf die Kündigungsschutzklage verzichtet, obwohl er die Rechtswidrigkeit der Kündigung erkennt[13]. Nach der Rspr. des BSG löst der ArbN das Beschäftigungsverhältnis, wenn er nach Ausspruch einer Kündigung des ArbGeb mit diesem innerhalb der Klagefrist eine Vereinbarung über die Hinnahme der Kündigung (Abwicklungsvertrag) trifft[14]. Hier 6

1 *Preis*, DB 2004, 70 (75 f.); *Löwisch*, NZA 2003, 689 (694). | 2 Ein solches Angebot könnte als rechtlich lediglich vorteilhaft vom ArbN gemäß § 151 BGB stillschweigend angenommen werden. | 3 IdS *Preis*, DB 2004, 70 (71 f.). | 4 BAG v. 15.2.2005 – 9 AZR 116/04, AP Nr. 15 zu § 612a BGB. | 5 So wohl *Preis*, DB 2004, 70 (71 f.); *Löwisch*, NZA 2003, 689 (694); *Thüsing/Stelljes*, BB 2003, 1673 (1677); *Ziemann*, Schriftliche Stellungnahme für die Anhörung im BT-Ausschuss für Wirtschaft und Arbeit, Ausschuss-Drs. 15(9)564, S. 71; *Rolfs*, ZIP 2004, 333 (336 f.); APS/*Ascheid*, § 1a KSchG Rz. 5. | 6 So in der Tat *Preis*, DB 2004, 70 (75). | 7 So *Willemsen/Annuß*, NJW 2004, 177 (182); *Grobys*, DB 2003, 2174; *Maschmann*, AuA 2003, Nr. 10 S. 6 ff.; *Quecke*, RdA 2004, 86 (94 f.); *Bader*, NZA 2004, 65 (70); *Giesen/Besgen*, NJW 2004, 185; *Hanau*, ZIP 2004, 1169 (1177); *Raab*, RdA 2005, 1 (2 ff.); KR/*Spilger*, § 1a KSchG Rz. 34 ff. | 8 AllgM, vgl. *Quecke*, RdA 2004, 86 (94); *Löwisch*, NZA 2003, 689 (694); *Grobys*, DB 2003, 2174; *Maschmann*, AuA 2003, Nr. 10 S. 6 (10). | 9 BT-Drs. 15/1204, S. 23 f. | 10 Eine rechtsgeschäftliche Willenserklärung ist auf die (unmittelbare) Herbeiführung einer Rechtswirkung gerichtet, während die geschäftsähnliche Handlung eine auf einen tatsächlichen Erfolg gerichtete Erklärung ist, deren Rechtsfolgen kraft Gesetzes eintreten. | 11 Vgl. *Preis*, DB 2004, 70 (71 f.). | 12 Vgl. näher *Quecke*, RdA 2004, 86 (95). | 13 DA 144.20, Stand 8/2003. | 14 BSG v. 18.12.2003 – B 11 AL 35/03 R, AP Nr. 3 zu § 144 SGB III; vgl. dazu *Gagel*, ZIP 2005, 332; zur weiteren Entwicklung *Preis/Schneider*, NZA 2006, 1297.

bietet der mit § 1a eröffnete Weg, das Arbeitsverhältnis ohne jede rechtsgeschäftl. Willenserklärung gegen Zahlung einer Abfindung aufzulösen, in der Tat eine sichere Alternative.

7 **III. Voraussetzungen im Einzelnen. 1. Kündigung.** § 1a gilt nur für Kündigungen, die dem **allgemeinen Kündigungsschutz** unterliegen. Gem. §§ 1 I 1, 23 I 2 findet er daher auf Kündigungen während der Wartezeit oder in Kleinbetrieben keine Anwendung. Nur wenn die Kündigung eines Grundes bedarf, macht eine Abfindungsregelung als Alternative zum Kündigungsschutzprozess Sinn. Ohnehin führt die Berechnung der Beschäftigungszeit gem. Abs. 2 S. 3 erst nach Ablauf von mehr als sechs Monaten zu einem Anspruch. Entgegen dem zu weit gefassten Wortlaut des § 13 III findet § 1a jedoch auf Kündigungen Anwendung, die bereits aus anderen als den in § 1 II und III bezeichneten Gründen rechtsunwirksam sind. Es macht keinen Sinn, eine Vorschrift, welche die gerichtl. Klärung der Wirksamkeit einer arbeitgeberseitigen Kündigung entbehrlich machen will, nur anzuwenden, wenn die Kündigung in bestimmter Hinsicht wirksam ist. Kündigt der **falsche Arbeitgeber** (etwa bei Betriebsübergang) und scheiden Genehmigung gem. § 180 BGB oder Einwilligung gem. § 185 BGB durch den richtigen ArbGeb aus (vgl. § 1 Rz. 30), wird das Arbeitsverhältnis nicht beendet. Es läuft weder eine Klagefrist (vgl. § 4 Rz. 7) noch wird grds. – mangels Arbeitsverhältnisses – ein Anspruch aus § 1a entstehen, sondern allenfalls ein vertraglicher Anspruch außerhalb der Norm[1].

8 Abs. 1 S. 1 greift seinem Wortlaut nach nur bei Kündigungen **wegen dringender betrieblicher Erfordernisse**. Wie die Gesetzesbegründung hervorhebt[2], sollen dadurch Gründe aus der Sphäre des ArbN, dh. personen- und verhaltensbedingte Gründe, ausgeschieden werden. Ob die betriebsbedingten Gründe die Kündigung sozial rechtfertigen können, ist unerheblich, da die Vorschrift diese Prüfung gerade entbehrlich machen will[3]. Verbindet der ArbGeb eine personen- oder verhaltensbedingte Kündigung mit dem Hinweis nach S. 2, kann er sich gegenüber dem Abfindungsverlangen des ArbN nach Verstreichenlassen der Klagefrist nicht auf das Fehlen einer betriebsbedingten Kündigung als Anspruchsvoraussetzung des § 1a berufen. Darin läge eine unzulässige Rechtsausübung wegen widersprüchlichen Verhaltens[4]. Die Begrenzung auf Kündigungen aus betriebsbedingten Gründen ist allerdings unverständlich. Der ArbGeb hat es mit dem Hinweis nach Abs. 1 S. 2 in der Hand, den Abfindungsanspruch auszulösen. Auch bei personen- und verhaltensbedingten Gründen kann hierzu Anlass bestehen[5].

9 Der Abfindungsanspruch setzt eine **ordentl. Kündigung** voraus. Das folgt aus seinem Standort im 1. Abschnitt des KSchG, aus der Beschränkung auf betriebsbedingte Gründe sowie aus dem in S. 1 angeordneten Entstehungszeitpunkt „mit dem Ablauf der Kündigungsfrist". Dies steht der entsprechenden Anwendung auf außerordentl. Kündigungen mit Auslauffrist bei tarifl. unkündbaren ArbN nicht entgegen[6]. § 1a eröffnet einen vereinfachten Weg zur Beendigung des Arbeitsverhältnisses gegen Zahlung einer Abfindung bei betriebsbedingter Kündigung. Zur Vermeidung von Wertungswidersprüchen muss dieser Weg auch den besonders geschützten unkündbaren ArbN offen stehen, wenn sie ausnahmsw. außerordentl. mit Auslauffrist aus betriebsbedingten Gründen gekündigt werden können[7]. § 1a wird auch auf betriebsbedingte **Änderungskündigungen** Anwendung finden[8]. Die Kündigung und der Hinweis nach Abs. 1 S. 2 werden hier für den Fall der vorbehaltlosen Ablehnung des Änderungsangebots erklärt. Die Ablehnung wird unter Umständen eine Sperrzeit auslösen können (§ 144 I Nr. 1 SGB III).

10 **2. Hinweis gemäß Abs. 1 S. 2.** Der Abfindungsanspruch erfordert den Hinweis des ArbGeb in der Kündigungserklärung, dass die Kündigung auf dringende betriebl. Erfordernisse gestützt ist und der ArbN bei Verstreichenlassen der Klagefrist die Abfindung beanspruchen kann. Die Anbringung des Hinweises hat **rechtsgeschäftlichen Charakter** und ist zumindest geschäftsähnliche Handlung (vgl. Rz. 5). Damit unterliegt sie den allgemeinen Regeln über Geschäftsfähigkeit, Willensmängel, Zugang und Stellvertretung[9]. Ein Widerruf nach Zugang scheidet aus (§ 130 I 2 BGB)[10]. Anfechtung ist möglich. Bei hier ausnahmsw. zulässiger Teilanfechtung[11] nur des Abfindungshinweises kann der ArbN innerhalb der Sechs-Monats-Frist des § 5 III 2 nachträgliche Zulassung der Kündigungsschutzklage beantragen; im Übrigen ist die Haftung des Anfechtenden für Vertrauensschäden gem. § 122 BGB zu beachten.

11 Der Hinweis muss „in" der Kündigungserklärung erfolgen. Es gilt **Schriftform** gem. §§ 623, 126 BGB. Als Bestandteil der Erklärung wird der Hinweis von der Unterschrift abgedeckt sein müssen. Die Beifügung eines nicht unterzeichneten Formulars sowie ein gesondert erteilter Hinweis genügen nicht,

1 Einschränkend *Kortstock*, NZA 2007, 297 (298) für den Fall, dass ein „eventuell" noch bestehendes Arbeitsverhältnis gekündigt werden sollte. | 2 BT-Drs. 15/1204, S. 24. | 3 Ebenso *Grobys*, DB 2003, 2174 (2176); *Preis*, DB 2004, 70 (73); *Quecke*, RdA 2004, 86 (95). | 4 *Palandt/Heinrichs*, § 242 BGB Rz. 55 ff. | 5 So mit Recht *Thüsing/Stelljes*, BB 2003, 1673 (1677). | 6 I. Erg. ebenso *Grobys*, DB 2003, 2174; *Willemsen/Annuß*, NJW 2004, 177 (182); *Preis*, DB 2004, 70 (73). | 7 St. Rspr., vgl. BAG v. 28.3.1985 – 2 AZR 113/84, NZA 1985, 559; v. 27.6.2002 – 2 AZR 367/01, DB 2003, 102. | 8 Ebenso *Maschmann*, AuA 2003, Nr. 10 S. 6 (8). | 9 So auch *Löwisch*, NZA 2003, 689 (694); *Maschmann*, AuA 2003, Nr. 10 S. 6 (10); vgl. aber BAG v. 14.8.2002 – 5 AZR 341/01, NJW 2003, 230 zur nur beschränkten Anwendung der allgemeinen rechtsgeschäftlichen Vorschriften auf geschäftsähnliche Handlungen. | 10 HM, vgl. KR/*Spilger*, § 1a KSchG Rz. 45; anders nur *Raab*, RdA 2005, 1 (6 f.), der hier zu unrecht eine Parallele zur nicht empfangbedürftigen (!) Auslobung (§ 658 BGB) zieht. | 11 Vgl. zur Frage der Zulässigkeit einer Teilanfechtung MüKo/*Mayer-Maly/Busche*, § 143 BGB Rz. 11; BGH v. 5.4.1973 – II ZR 45/71, MDR 1973, 653.

ebenso wenig ein mündlicher Hinweis. Die Regelung bezweckt, dem ArbN als Empfänger der Erklärung Rechtsklarheit und Beweissicherheit als Grundlage für seine Entscheidung zu verschaffen und irrtümliche Erklärungen zu vermeiden[1]. Nach seinem Inhalt muss der Hinweis als Kündigungsgrund dringende betriebl. Erfordernisse angeben, wobei die **Bezeichnung als betriebsbedingt** ausreicht[2]. Die Angabe soll offenbar dem ArbGeb den späteren Einwand gegenüber dem Abfindungsanspruch abschneiden, er hätte nicht aus betriebsbedingten, dh. in seiner Sphäre liegenden Gründen gekündigt (vgl. Rz. 8). Einer näheren Begründung der Kündigung bedarf es dagegen nicht[3].

Weiterer Bestandteil des Hinweises ist die **Mitteilung**, dass der ArbN bei Verstreichenlassen der Klagefrist die Abfindung beanspruchen kann. Gemeint ist die gesetzl. Abfindung nach Abs. 2. Nicht erforderlich ist eine wörtliche Wiedergabe der Formel. Im Zweifel wird – schon wegen der Verbindung mit dem Kündigungsschreiben – ein Hinweis nach § 1a anzunehmen sein. Ein abweichender Erklärungsinhalt muss daher hinreichend deutlich zu Ausdruck kommen. Eine **Bezifferung** ist nicht erforderlich. Erfolgt sie und weicht sie von der gesetzl. Höhe ab, ist es eine Frage der Auslegung, ob der ArbGeb einen Hinweis nach Abs. 1 S. 2, oder ein abweichendes, nicht unter § 1a fallendes Angebot getätigt hat[4]. Letzteres muss unmissverständlich zum Ausdruck kommen[5]. Ist das der Fall, handelt es sich um ein bloßes Vertragsangebot[6]. 12

§ 1a enthält **kein Verbot abweichender vertragl. Gestaltungen**[7]. Hierfür lässt sich angesichts der Möglichkeit des ArbGeb, auch ohne jede Abfindung betriebsbedingt zu kündigen oder einen Aufhebungsvertrag mit beliebigem Inhalt zu schließen, keine Rechtfertigung finden. Erfüllt der Hinweis des ArbGeb die gesetzl. Anforderungen an Form oder Inhalt nicht, findet § 1a keine Anwendung (vgl. zur Frage der Auslegung Rz. 12). Zu prüfen bleibt ein vertragl. Anspruch, der durch stillschweigende Annahme des ArbN und Verstreichenlassen der Klagefrist entstehen kann (vgl. Rz. 3). Das Gleiche gilt, wenn der Hinweis außerhalb des Anwendungsbereichs des § 1a oder unmissverständlich abweichend mit einem anderweitigen Abfindungsangebot ergeht (vgl. Rz. 12). 13

3. Verstreichenlassen der Klagefrist. Das Verstreichenlassen der Klagefrist des § 4 S. 1 ist nach hier vertretener Auffassung **bloßer Realakt**, der kündigungsrechtl. die Folge des § 7 auslöst (vgl. Rz. 5). Es ist daher nicht erforderlich, dass der ArbN willentlich die Frist verstreichen lässt. Versehentliche Versäumung löst den Anspruch nach § 1a ebenfalls aus. Fordert man – wie die Vertreter der Konsensualtheorie (vgl. Rz. 4) – eine Annahme des Abfindungsangebotes durch den ArbN, kommt es indessen auf den Annahmewillen an, da § 151 BGB nach hM nur auf den Zugang der Annahmeerklärung, nicht aber auf diese selbst verzichtet[8]. Dies führt zu Anfechtungsproblemen. 14

Erhebt der ArbN fristgerecht Kündigungsschutzklage, entsteht der Anspruch nicht. Das gilt auch bei **späterer Klagerücknahme**. Die Fiktion des § 269 III ZPO, wonach in diesem Fall der Rechtsstreit als nicht anhängig geworden anzusehen ist, hat zwar zur Folge, dass die Kündigung gem. § 7 als von Anfang an rechtswirksam anzusehen ist. Dies lässt aber nicht rückwirkend den Abfindungsanspruch entstehen. Zweck des § 1a ist es gerade, eine gerichtl. Auseinandersetzung um die Kündigung von vorn herein zu vermeiden. Dieses Ziel ist bereits durch die ursprüngliche Klageerhebung vereitelt. Die Fiktion des § 269 III ZPO ist daher für den Tatbestand des § 1a ohne Bedeutung[9]. Das Gleiche muss gelten für die **verlängerte Anrufungsfrist nach § 6**. Hier stellt der ArbN die Wirksamkeit der Kündigung mit einer anderen Klage als nach § 4 S. 1 in Frage und kann in unmittelbarer oder analoger Anwendung von § 6 S. 1 bis zum Schluss der mündlichen Verhandlung 1. Instanz zur Kündigungsschutzklage übergehen. Dies würde den Zweck der Norm, eine vorgerichtl. Klärung herbeizuführen, ebenso vereiteln[10]. 15

Übersehen hat der Gesetzgeber offenbar den Fall der **nachträglichen Zulassung** der Klage gem. § 5. Der Anspruch kann hier bereits mit Verstreichen von Klage- und Kündigungsfrist entstanden sein. Dadurch hat der ArbN das Recht zur Beantragung der nachträgl. Zulassung noch nicht verloren. Erst das Einfordern und die Annahme der Abfindung können einem nachfolgenden Antrag auf nachträgl. Zulassung der Kündigungsschutzklage entgegenstehen (sei es aus Vertrag, sei es aus Treu und Glauben), sofern nicht die Voraussetzungen für eine Anfechtung gem. §§ 119 f., 123 BGB vorliegen. Nach seiner **Ratio** wird der Abfindungsanspruch jedoch spätestens mit der nachträgl. Zulassung der Kündigungsschutzklage durch das ArbG rückwirkend entfallen, da der ArbN hinsichtlich der Fiktion des § 7 dann so gestellt ist, als hätte er rechtzeitig Klage erhoben. Nach zutreffender Ansicht wird der Anspruch bereits mit Eingang des Antrags auf nachträgl. Zulassung (verbunden mit der Kündigungsschutzklage, § 5 II 1) bei Gericht entfallen, da hierdurch bereits eine rein vorgerichtl. Klärung vereitelt wird[11]. Nach der Konsensualtheorie folgt dies aus einer stillschweigend vereinbarten auflösenden Bedingung für den Fall der nachträgl. 16

1 Begr. des Gesetzentwurfs, BT-Drs. 15/1204, S. 24. |2 Begr. des Gesetzentwurfs, BT-Drs. 15/1204, S. 24. |3 Begr. des Gesetzentwurfs, BT-Drs. 15/1204, S. 24. |4 BAG v. 19.6.2007 – 1 AZR 340/06, NJW 2008, 169; LAG BW v. 26.6.2006 – 4 Sa 24/06, LAGE § 1a KSchG Nr. 4 (= BAG 2 AZR 663/06); LAG Hamm v. 7.6.2005 – 12 Sa 2165/04, NZA 2005, 1123 (Hinweis auf Abfindung in Höhe des Sozialplans bei „Rechtskraft" der Kündigung keine Erklärung nach § 1a). |5 BAG v. 13.12.2007 – 2 AZR 807/06, PM. |6 *Bauer/Krieger*, NZA 2004, 77 (78). |7 BAG v. 19.6.2007 – 1 AZR 340/06, NJW 2008, 169. |8 MüKo/*Kramer*, § 151 BGB Rz. 50. |9 BAG v. 13.12.2007 – 2 AZR 971/06, PM. |10 Ebenso *Preis*, DB 2004, 70 (75); *Grobys*, DB 2003, 2174 (2175 f.). |11 BAG v. 13.12.2007 – 2 AZR 971/06, PM; *Raab*, RdA 2005, 1 (9) mwN.

Zulassung der Klage bzw. deren Beantragung[1], nach hier vertretener Auffassung aus einer teleologischen Reduktion der Norm oder auch aus dem Gesichtspunkt der Zweckverfehlung gem. § 812 I 2 Alt. 2 BGB.

17 Ist zwischen Zugang der Kündigung und Ablauf ihrer Frist der betriebsbedingte Kündigungsgrund entfallen, kann ein **Wiedereinstellungsanspruch** entstehen (vgl. § 1 Rz. 75 ff.). Im Hinblick auf den Abfindungsanspruch, der nach Verstreichen der Klagefrist und vor Ablauf der Kündigungsfrist bereits als Anwartschaft bestehen dürfte, wird der Wiedereinstellungsanspruch, sofern er überhaupt noch in Betracht kommt, qualifizierte Anforderungen erfüllen müssen; nach Annahme der Abfindung oder Einfordern des fälligen Anspruchs wird eine Wiedereinstellung regelmäßig ausscheiden[2]. Kommt es zur nahtlosen Wiedereinstellung, ohne dass mit Ablauf der Kündigungsfrist das Arbeitsverhältnis geendet hat, wird der Abfindungsanspruch aus § 1a nicht entstehen (Abs. 1 S. 1 aE). Kommt es erst nach Ablauf der Kündigungsfrist zur Wiedereinstellung, wird der ArbGeb eine bereits geleistete Abfindung gem. § 812 I 2 Alt. 2 BGB wegen **Zweckverfehlung** zurückfordern bzw. der Einforderung einer noch nicht geleisteten Abfindung die Einrede der Bereicherung (§ 821 BGB) entgegenhalten können[3]. Denn die Abfindung bezweckt nicht allein die Vermeidung des Streits um die Kündigung, sondern dient außerdem dem Ausgleich und der Milderung der Nachteile aus dem Verlust des Arbeitsplatzes. Dieser Zweck wird bei Wiedereinstellung verfehlt. Vom Standpunkt der Konsensualtheorie gelangt man über den Wegfall der Geschäftsgrundlage gem. § 313 III 1 BGB zur Anwendung von Rücktrittsrecht[4].

18 Unbeschadet seines Abfindungsanspruchs ist der ArbN berechtigt, die Einhaltung einer **zu kurzen Kündigungsfrist** klageweise geltend zu machen. Dafür braucht er die Klagefrist nicht zu wahren, da er nicht iSv. § 4 geltend macht, dass das Arbeitsverhältnis nicht aufgelöst ist, und weil außerdem eine ordentl. Kündigung idR dahin auszulegen ist, dass mit der maßgeblichen Frist, frühestens aber zu dem genannten Termin gekündigt wird[5]. Die Wirksamkeit der Kündigung wird durch das Einfordern der Kündigungsfrist somit nicht iSv. § 1a I, § 4 S. 1 in Frage gestellt.

19 **IV. Rechtsfolgen.** Der Anspruch auf Abfindung entsteht gem. Abs. 1 S. 1 mit **Ablauf der Kündigungsfrist**, frühestens aber mit Verstreichen der Klagefrist. Zugleich treten Fälligkeit und Verzug (§ 286 II Nr. 2 BGB) ein. Beendigungstatbestände vor diesem Zeitpunkten (etwa Tod, außerordentl. Kündigung), verhindern sein Entstehen[6], ein Betriebübergang vor dem Zeitpunkt lässt den Anspruch ausschließlich gegen den Erwerber entstehen, bei wirksamem Widerspruch des ArbN bleibt es beim Veräußerer[7]. Der Anspruch wird grds. von einer Ausschlussfrist erfasst[8]. In der Insolvenz ist er Masseverbindlichkeit, wenn die Kündigung vom Insolvenzverwalter oder vom „starken" vorläufigen Verwalter ausgesprochen wurde[9]. Nicht zur Rechtsfolge der Norm gehört der Verzicht des ArbN auf eine Kündigungsschutzklage. Er bleibt in seiner Entscheidung insoweit frei (vgl. Rz. 14 u. 16).

20 Die **Höhe des Anspruchs** beträgt 0,5 Monatsverdienste für jedes Jahr des Bestehens des Arbeitsverhältnisses (Abs. 2 S. 1). Ein Zeitraum von mehr als sechs Monaten wird aufgerundet (Abs. 2 S. 3), ein solcher von bis zu sechs Monaten dementsprechend abgerundet[10]. Für die Feststellung der Dauer des Bestehens des Arbeitsverhältnisses gelten die von der Rspr. zu § 1 I 1 entwickelten Grundsätze (vgl. § 1 Rz. 7 ff.). Zum Begriff des Monatsverdienstes vgl. die Erläuterung zu § 10 III, ebenso zur steuerrechtl. Behandlung der Abfindung. Die **starre Berechnungsformel** für die Abfindung soll die praktische Anwendbarkeit der Norm erhöhen. Sie führt aber zu unangemessenen Ergebnissen bei ArbN mit langer Betriebszugehörigkeit kurz vor dem Rentenalter. Auch bestehen Bedenken an ihrer Verhältnismäßigkeit im Hinblick auf eine mittelbare Altersdiskriminierung[11] (vgl. auch Vor § 1 Rz. 16). Die Anwendung des § 1a ist nicht zwingend (vgl. Rz. 13); eine unterschiedliche Behandlung einzelner ArbN bei Kündigungen aus demselben Sachverhalt bedarf nach dem Gleichbehandlungsgrundsatz aber sachlicher Gründe für die Differenzierung.

21 Unklar ist das **Verhältnis zu Sozialplanabfindungen**. Gesetzliche Vorgaben bestehen nicht. Ob die Abfindung nach § 1a und eine etwaige Sozialplanabfindung aufeinander anzurechnen sind, ist daher eine Frage der Auslegung des vom ArbGeb mit seinem Hinweis Gewollten. Im Zweifel wird der ArbGeb, wenn er nach § 1a vorgeht, nicht einen Anspruch auf zusätzliche Abfindung begründen wollen. Zu berücksichtigen ist aber, dass eine Sozialplanabfindung nach der Rspr. des BAG nicht an das Junktim der Unterlassung einer Kündigungsschutzklage gebunden werden darf[12]. Liegt bei Ausspruch der Kündigung bereits ein Sozialplan vor und beschreitet der ArbGeb dennoch den Weg des § 1a, kann darin eine

---

1 *Preis*, DB 2004, 70 (74). | **2** Vgl. BAG v. 28.6.2000 – 7 AZR 904/98, NZA 2000, 1097; aA *Kortstock*, NZA 2007, 297 (300). | **3** I. Erg. ebenso KR/*Spilger*, § 1a KSchG Rz. 117 ff. | **4** *Preis*, DB 2004, 70 (74). | **5** BAG v. 15.12.2005 – 2 AZR 148/05; DB 2006, 1116. | **6** BAG v. 10.5.2007 – 2 AZR 45/06, DB 2007, 1930. | **7** KR/*Spilger*, § 1a KSchG Rz. 115 f. | **8** *Bader*, NZA 2004, 65 (72); aA KR/*Spilger*, § 1a KSchG Rz. 109. | **9** *Peters-Lange/Gagel*, NZA 2005, 740 (743). | **10** Nach der Begr. des Gesetzentwurfs bedurfte es der Aufrundungsregelung des Abs. 2 S. 3, damit unterjährig beschäftigte ArbN nach Ablauf der sechsmonatigen Wartezeit des § 1 I überhaupt eine Abfindung nach § 1a erlangen können (BT-Drs. 15/1204, S. 25). | **11** *Kamanabrou*, RdA 2007, 199 (206). | **12** BAG v. 20.12.1983 – 1 AZR 442/82, AP Nr. 17 zu § 112 BetrVG 1972; bestätigt für den erzwingbaren Sozialplan auch in Ansehung des § 1a KSchG durch BAG v. 31.5.2005 – 1 AZR 254/04, DB 2005, 1744; lediglich die Fälligkeit kann auf den Zeitpunkt des rechtskräftigen Abschlusses des Kündigungsschutzprozesses verschoben werden.

Verletzung seiner Pflicht auf Durchführung des Sozialplanes liegen. Allerdings können kollektivrechtl. Regelungen zum Ausgleich wirtschaftl. Nachteile aus einer Betriebsänderung die Anrechenbarkeit von Leistungen nach § 1a vorsehen[1]. Bei **Abweichungen in der Höhe** des vom ArbGeb mit dem Hinweis ausgelösten gesetzl. Abfindungsanspruchs von einer bereits festgelegten Sozialplanabfindung ist zu unterscheiden: Überschreitet die Höhe des gesetzl. Abfindungsanspruchs nach Abs. 2 die Sozialplanabfindung, wird diese darin enthalten sein und allein der Mehrbetrag vom Verstreichenlassen der Klagefrist abhängen. Im umgekehrten Fall kann der Anspruch aus § 1a dagegen als zusätzliche, unter den qualifizierten Voraussetzungen dieser Norm zugesagte Abfindung zu verstehen sein. Der Abfindungsanspruch aus einem späteren Sozialplan wird hingegen stets mit dem Abfindungsanspruch aus § 1a zu verrechnen sein, da er keinem weiter gehenden Zweck dient[2].

2 *Änderungskündigung*

Kündigt der Arbeitgeber das Arbeitsverhältnis und bietet er dem Arbeitnehmer im Zusammenhang mit der Kündigung die Fortsetzung des Arbeitsverhältnisses zu geänderten Arbeitsbedingungen an, so kann der Arbeitnehmer dieses Angebot unter dem Vorbehalt annehmen, dass die Änderung der Arbeitsbedingungen nicht sozial ungerechtfertigt ist (§ 1 Abs. 2 Satz 1 bis 3, Abs. 3 Satz 1 und 2). Diesen Vorbehalt muss der Arbeitnehmer dem Arbeitgeber innerhalb der Kündigungsfrist, spätestens jedoch innerhalb von drei Wochen nach Zugang der Kündigung erklären.

I. Vorbemerkung. 1. Dogmatische Einordnung. Die gesetzl. Regelung in § 2 (Änderungskündigung) schützt den Kernbereich des Arbeitsverhältnisses. Dieser darf nicht einseitig betreffend die Arbeitspflichten des ArbN dem Inhalt bzw. dem Umfang nach in einer sich auf die Vergütung auswirkenden Weise – und damit sowohl Leistung als auch Gegenleistung – geändert werden[3]. Gelingt es dem ArbGeb nicht, eine einvernehmliche Änderung der Arbeitsbedingungen zu erreichen (Änderungsvereinbarung), bedarf es einer Änderungskündigung, die nicht in erster Linie auf die Beendigung des Arbeitsverhältnisses, sondern auf eine weitere Beschäftigung zu geänderten Bedingungen abzielt. Im Vordergrund steht bei dieser deshalb nicht der Bestandsschutz des Arbeitsverhältnisses, sondern der Vertragsinhaltsschutz[4]. 1

Der dogmatische Hauptstreit bezüglich des Bestandsschutzes des Arbeitsverhältnisses einerseits und des Vertragsinhaltsschutzes andererseits besteht darin, ob die Kündigung oder die Änderung der Arbeitsbedingungen sozial gerechtfertigt sein muss[5]. Der Begriff **Vertragsinhaltsschutz** muss jedoch unabhängig davon im Verhältnis zum Bestandsschutz des Arbeitsverhältnisses gesehen werden. Bei einer Beendigungskündigung geht es in erster Linie um den Bestandsschutz des Arbeitsverhältnisses. Aus diesem Element besteht die Änderungskündigung ebenfalls. Weiter gehend wird aber bei dieser zusätzlich – und zwar in der Praxis in erster Linie – über die Fortsetzung des Arbeitsverhältnisses zu geänderten Arbeitsbedingungen gestritten. Also steht bei Änderungskündigungen jedenfalls aus der Sicht des ArbN der Schutz des bisherigen Vertragsinhalts im Vordergrund. Dies rechtfertigt die Auffassung, dass § 2 auch dem Vertragsinhaltsschutz dient. So geht es in der Praxis im Rahmen von Änderungskündigungen oder Änderungsvereinbarungen zB um die Art der Tätigkeit, die Arbeitszeit, die Vergütung einschließlich etwaiger Nebenleistungen wie vermögenswirksame Leistungen, Gratifikationen, Fahrtkosten, Leistungen der betriebl. Altersversorgung, Versicherungsschutz, Dienstwagen oder sonstige geldwerte Vorteile oder etwa um die Anzahl der Urlaubstage, das Verhalten im Krankheitsfalle, Wettbewerbsverbote sowie sonstige vertragl. Bedingungen. 2

2. Überblick über die Wirksamkeitsvoraussetzungen. Eine Änderungskündigung unterliegt allen Wirksamkeitsvoraussetzungen einer Beendigungskündigung. Die Änderungskündigung muss **schriftlich** erfolgen, § 623 BGB. Sie kann ebenso wie eine einfache Beendigungskündigung nicht per Fax wirksam ausgesprochen werden. Das Schriftformerfordernis erstreckt sich bei einer Änderungskündigung auch auf das Änderungsangebot[6]. Auch mit Blick auf dieses Erfordernis sollte das Änderungsangebot zur Vermeidung von Rechtsnachteilen zudem möglichst so vollständig und umfassend in dem Sinne sein, dass der ArbN es mit einem einfachen „Ja" annehmen kann. Auch bei **Änderungsvereinbarungen** bedarf es einer vollständigen Einigung über alle zu regelnden Änderungen, zumal Arbeitsverträge häufig vorsehen, dass alle Änderungen der Schriftform bedürfen. Nach wie vor können die Parteien auch beim Fehlen einer solchen Schriftform durch konkludentes Verhalten eine Vertragsänderung bewirken, etwa durch die widerspruchslose Fortsetzung des Arbeitsverhältnisses nach einer vom ArbGeb angekündigten und anschließend vorgenommenen einseitigen Änderung der Arbeitsbedingungen, bspw. durch eine Kürzung der Vergütung. 3

Der **BR** muss ordnungsgemäß angehört werden, § 102 BetrVG. Anders als bei der Beendigungskündigung muss der zuständige BR ggf. zusätzlich gem. § 99 BetrVG ordnungsgemäß beteiligt werden (Versetzung und/oder Einstellung). 4

1 BAG v. 19.6.2007 – 1 AZR 340/06, NJW 2008, 169. |2 ZT anders *Rolfs*, ZIP 2004, 333 (342) mwN. |3 BAG v. 21.4.1993 – 7 AZR 297/92, NZA 1994, 476. |4 BAG v. 25.2.1988 – 2 AZR 611/87, RzK I 7a Nr. 9. |5 Vgl. dazu statt aller *Hromadka*, DB 2002, 1322 mwN. |6 BAG v. 16.9.2004 – 2 AZR 628/03, NZA 2005, 635.

5 Im Übrigen sind vor Kündigungsausspruch die **notwendigen Zustimmungen** zuvor einzuholen (vgl. zB § 85 SGB IX, § 9 I, III MuSchG, § 18 BEEG, § 15 KSchG). Fehlt es an der Erfüllung dieser zusätzlichen Voraussetzungen, so ist die Kündigung rechtsunwirksam. Denn nur eine wirksame Beendigungskündigung kann, wenn der ArbN die Änderung der Arbeitsbedingungen ablehnt, das Arbeitsverhältnis beenden, und nur sie hat dem ArbGeb Gelegenheit zum Abschluss eines geänderten Vertrages geboten[1].

6 Schließlich sind noch als **allgemeine Rechtsunwirksamkeitsgründe** zu nennen wie Sittenwidrigkeit gem. § 138 BGB, Unwirksamkeit wegen Verstoß gegen zwingende Rechtsnormen iSv. § 134 BGB zB iVm. § 4 TVG bei dem Versuch, tarifl. gesicherte Leistungen durch eine Änderungskündigung abzubauen.

7 Außerdem sind die Bestimmungen des **NachwG** auch bei Vertragsänderungen zu beachten. Danach hat der ArbGeb spätestens einen Monat nach dem vereinbarten Beginn des Arbeitsverhältnisses die wesentlichen Vertragsbedingungen schriftl. niederzulegen, die Niederschrift zu unterzeichnen und dem ArbN auszuhändigen (§ 2 I NachwG). Nach § 3 NachwG gilt dasselbe für die Änderung der wesentlichen Vertragsbedingungen, die ebenfalls spätestens einen Monat nach der Änderung schriftl. mitzuteilen sind (vgl. die Erl. zum NachwG).

8 Im Rahmen von Änderungskündigungen und Änderungsvereinbarungen ist jetzt auch das seit dem 1.1.2002 geltende **Schuldrechtsreformgesetz** zu beachten (vgl. die Erl. zu §§ 305–310 BGB).

9 **3. Kündigungsverbote und -ausschlüsse.** Auf Grund entsprechender Regelungen in einem TV, in einer BV oder im Einzelarbeitsvertrag kann das Kündigungsrecht ausgeschlossen sein, so dass nicht aus betriebsbedingten Gründen gekündigt werden darf. Von einem solchen Kündigungsverbot wird auch die Änderungskündigung erfasst[2]. Folglich sind Änderungskündigungen unwirksam, wenn im Zeitpunkt ihres Zugangs ein Kündigungsverbot bestanden hat. Aber auch dann, wenn kein solches Kündigungsverbot besteht, ist zu prüfen, ob der Änderungskündigung im Zeitpunkt ihres Zugangs sonstige – zB tarifl. – Vorschriften entgegen stehen[3]. Selbst wenn die Arbeitsvertragsparteien nicht tarifgebunden sind, können sie gleichwohl Tarifnormen verbindlich, zB durch arbeitsvertragl. Inbezugnahme, vereinbaren. Ebenso gelten BV gem. § 77 IV BetrVG unmittelbar und zwingend wie Tarifnormen. Hieraus kann sich eine Besserstellung des ArbN ergeben, die zur Folge hat, dass sowohl eine Änderungskündigung als auch eine Änderungsvereinbarung unwirksam ist. Hierauf kann der ArbN nicht verzichten. Die Befugnis, auf Rechte aus der BV zu verzichten, steht alleine dem BR gegenüber dem ArbGeb – und nicht dem ArbN gegenüber dem ArbGeb – zu (vgl. § 77 IV BetrVG).

10 **4. Beendigungskündigung und Änderungskündigung.** Es verstößt gegen den **Grundsatz der Verhältnismäßigkeit**, wenn der ArbGeb sofort eine ordentl. Beendigungskündigung ausspricht, obwohl die Möglichkeit besteht, den – ArbN auf einem anderen freien – Arbeitsplatz auch zu geänderten Bedingungen weiterzubeschäftigen. Eine solche Weiterbeschäftigungsmöglichkeit hat der ArbGeb dem ArbN anzubieten[4]. Das Angebot kann lediglich in Extremfällen (zB offensichtlich völlig unterwertige Beschäftigung) unterbleiben. Der ArbGeb kann Angebot und Kündigung miteinander verbinden, indem er ohne vorherige Verhandlungen mit dem ArbN sofort eine Änderungskündigung ausspricht. Macht der ArbGeb vor Ausspruch einer Kündigung dem ArbN das Angebot, den Vertrag der noch bestehenden Weiterbeschäftigungsmöglichkeit anzupassen, und lehnt der ArbN dieses Angebot ab, so ist der ArbGeb regelmäßig nach dem Verhältnismäßigkeitsgrundsatz verpflichtet, trotzdem eine Änderungskündigung auszusprechen. Eine Beendigungskündigung ist nur dann zulässig, wenn der ArbN unmissverständlich zum Ausdruck gebracht hat, er werde die geänderten Arbeitsbedingungen im Fall des Ausspruchs einer Änderungskündigung nicht, auch nicht unter dem Vorbehalt ihrer sozialen Rechtfertigung annehmen. Spricht der ArbGeb ohne vorheriges oder gleichzeitiges Angebot der geänderten Arbeitsbedingungen sofort eine Beendigungskündigung aus, so ist diese Kündigung regelmäßig sozialwidrig. Folglich gerät der ArbGeb regelmäßig in Annahmeverzug, wenn er dem ArbN nicht mehr die ursprünglich geschuldete Arbeit anbietet[5].

11 Während das BAG in seiner Entscheidung vom 27.8.1982[6] noch die Frage gestellt hat, ob die Änderungskündigung Vorrang vor der Beendigungskündigung hat, hat es sich bereits in seiner Entscheidung vom 27.9.1984[7] auf den Standpunkt gestellt, dass eine Beendigungskündigung sozial ungerechtfertigt ist, wenn der ArbGeb es unterlassen hat, dem ArbN vor Ausspruch dieser Beendigungskündigung ein mögliches und zumutbares Änderungsangebot zu unterbreiten, dem der ArbN bei einem entsprechenden vor der Kündigung gemachten entsprechenden Vorschlag des ArbGeb zumindest unter Vorbehalt zugestimmt hätte. Mit Urt. v. 21.9.2006 – 2 AZR 607/05 hat das BAG hierzu u.a. ausgeführt: „Der ArbGeb muss vor jeder ordentlichen Beendigungskündigung von sich aus dem ArbN grundsätzlich eine Beschäftigung

---

1 *Hromadka*, DB 2002, 1322 (1323). | 2 BAG v. 27.9.2001 – 6 AZR 404/00, EzA-SD 2001 Nr. 25, 9–12. | 3 BAG v. 10.3.1982 – 4 AZR 158/79, DB 1982, 1520. | 4 Vgl. dazu BAG v. 21.4.2005 – 2 AZR 132/04, NZA 2005, 1289 auch zu den Bedenken einer fiktiven Prüfung, ob eine Annahme jedenfalls unter Vorbehalt erfolgt wäre. | 5 So zutr. BAG v. 27.1.1994 – 2 AZR 584/93, NZA 1994, 840. | 6 BAG v. 27.8.1982 – 7 AZR 195/80, nv. | 7 BAG v. 27.9.1984 – 2 AZR 62/83, NZA 1985, 455.

auf einen freien Arbeitsplatz auch zu geänderten Arbeitsbedingungen anbieten. Eine Änderungskündigung darf nur in ‚Extremfällen' unterbleiben, wenn der ArbGeb bei vernünftiger Betrachtung nicht mit einer Annahme des neuen Vertragsangebotes durch den ArbN rechnen konnte und ein derartiges Angebot vielmehr beleidigenden Charakter gehabt hätte. Grundsätzlich soll der ArbN selbst entscheiden können, ob er eine Weiterbeschäftigung unter erheblich verschlechterten Arbeitsbedingungen für zumutbar hält oder nicht. Insbesondere darf der ArbGeb ein erheblich verschlechterndes Angebot nicht allein mit der Begründung unterlassen, mit dem zu erzielenden Einkommen könne der ArbN seine Familie nicht ernähren oder er verdiene weniger, als er Sozialleistungen erhalten würde, wenn dieses Angebot die einzige Alternative zu einer Beendigungskündigung ist. Es mag gute Gründe geben (lange Bindung an den ArbGeb die Region oder den örtlichen Bekanntenkreis, familiäres Umfeld, Hoffnung ‚auf Besserung' im Arbeitsverhältnis uÄ), warum sich ein ArbN mit den schlechteren Arbeitsbedingungen arrangieren will."[1]

Wenn der ArbGeb die Möglichkeit hat, dem ArbN eine zumutbare anderweitige Beschäftigungsmöglichkeiten anzubieten, dieses aber gleichwohl unterlässt und stattdessen eine Beendigungskündigung ausspricht, besteht für ihn das Risiko, dass diese Beendigungskündigung sozialwidrig ist, weil der betreffende ArbN zu geänderten und ihm zumutbaren Arbeitsbedingungen weiter beschäftigt werden kann; es muss allerdings davon ausgegangen werden können, dass der ArbN ein entsprechendes Angebot auch angenommen hätte. Hat der ArbGeb diesbezüglich keine **Überlegungsfrist von einer Woche** eingeräumt, so geht dieses zu seinen Lasten; hat er dem ArbN jedoch eine solche Überlegungsfrist eingeräumt und dieser das Angebot unter einem dem § 2 entsprechenden Vorbehalt angenommen, muss der ArbGeb eine Änderungskündigung aussprechen[2]. Hat der ArbN das Änderungsangebot trotz Einräumung einer Überlegungsfrist von einer Woche jedoch vorbehaltlos und endgültig abgelehnt, so kann der ArbGeb eine Beendigungskündigung aussprechen[3]. 12

Bestehen mehrere **verschiedene Möglichkeiten** im Betrieb des ArbGeb, das Arbeitsverhältnis zu geänderten Arbeitsbedingungen fortzusetzen und vermag der ArbGeb entsprechend dem Regelfall nicht genau zu beurteilen, welche dieser Möglichkeiten der ArbN vorzieht, so hat er ihm alle zumutbaren Möglichkeiten anzubieten. Es können dabei verschiedene Angebote zur Fortsetzung des Arbeitsverhältnisses zu geänderten Arbeitsbedingungen unterbreitet werden. Kommt der ArbGeb diesen Anforderungen nicht nach, geht dieses uU zu seinen Lasten. 13

Nicht aber besteht stets die Pflicht, viele Änderungskündigungen statt weniger Beendigungskündigungen auszusprechen[4]. 14

II. Voraussetzungen der Änderungskündigung. 1. Anwendungsbereich. Eine Änderungskündigung genießt nur dann den Schutz gem. § 2, wenn das Arbeitsverhältnis zum einen in demselben Betrieb oder Unternehmen ohne Unterbrechung länger als **sechs Monate** bestanden hat (§ 1 I) und es sich zum anderen nicht um einen sog. **Kleinbetrieb** handelt (vgl. § 23 I 2). Insoweit s. die Komm. zu §§ 1 und 23. Hinsichtlich der Verwaltungen eines ausländischen Staates, die in Deutschland die Voraussetzungen des § 23 I erfüllen, wenn nach dem Arbeitsvertrag deutsches Kündigungsrecht anzuwenden ist, wird auf die BAG-Entscheidungen v. 29.10.1998 – 2 AZR 759/97 und 2 AZR 6/98 sowie vom 23.4.1998 – 2 AZR 498/97, AP Nr. 19 zu § 23 KSchG 1969 verwiesen. 15

Es ist in der Rspr. seit langem unumstritten, dass eine Änderungskündigung sowohl als **ordentl.** wie auch als **außerordentl. Kündigung** zulässig ist und dass § 2 auf die außerordentl. Änderungskündigung entsprechend anwendbar ist[5]. Denkbar ist folglich auch eine befristete außerordentl. Änderungskündigung aus wichtigem Grund, zB iSd. § 54 BAT[6]. 16

Es ist auch denkbar, dass einem ArbN mit dem Ziel der endgültigen Beendigung des Arbeitsverhältnisses gekündigt wird, und zwar verbunden mit dem Angebot, ihn als **freien Mitarbeiter** zu beschäftigen[7]. 17

Wenn der ArbGeb dem ArbN im Zusammenhang mit einer Kündigung nur noch eine **befristete Weiterbeschäftigung** anbietet, so handelt es sich nicht um eine Änderungskündigung, die unter dem Vorbehalt des § 2 S. 2 angenommen und mit einer Änderungskündigungsschutzklage nach § 4 S. 2 bekämpft werden kann[8]. Grund ist der Umstand, dass eine Befristung nicht auf ihre soziale Rechtfertigung überprüft werden kann. Ebenso bedarf die Befristung einzelner Vertragsbedingungen eines Sachgrundes jedenfalls dann, wenn sie im Falle der unbefristeten Vereinbarung dem Änderungsschutz nach § 2 unterliegen würden. Auf § 1 BeschFG idF vom 25.9.1996 kann die Befristung einzelner Vertragsbedingungen ebenso wenig gestützt werden wie auf § 14 TzBfG[9]. Davon zu trennen ist die nachträgliche Befristung eines zunächst auf unbestimmte Zeit eingegangenen Arbeitsverhältnisses im Wege der Änderungskündigung. 18

1 BAG v. 21.9.2006 – 2 AZR 607/05, DB 2007, 1032. | 2 BAG v. 27.9.1984 – 2 AZR 62/83, NZA 1985, 455. | 3 BAG v. 27.9.1984 – 2 AZR 62/83, NZA 1985, 455. | 4 Vgl. ArbG Bocholt v. 22.6.1982 – 2 Ca 605/82, DB 1982, 1938 u. BAG v. 19.5.1993 – 2 AZR 584/92, DB 1993, 1879. | 5 BAG v. 19.6.1986 – 2 AZR 565/85, NZA 1987, 94. | 6 BAG v. 17.5.1984 – 2 AZR 161/83, AP Nr. 3 zu § 55 BAT. | 7 Vgl. bereits BAG v. 9.5.1996 – 2 AZR 438/95, DB 1996, 2033. | 8 BAG v. 17.5.1984 – 2 AZR 109/83, DB 1985, 1190. | 9 BAG v. 23.1.2002 – 7 AZR 563/00, DB 2002, 1326.

Die Änderung der Arbeitsbedingungen ist aber unwirksam, wenn die Befristung nicht aus sachlichen Gründen gerechtfertigt ist[1].

19 Bedarf es der Änderungskündigung nicht, so ist sie unwirksam.

20 **2. Abgrenzung zu anderen Rechtsinstituten.** Im Rahmen der Änderungskündigung stellen sich viele Abgrenzungsfragen. Grds. ist die Änderungskündigung zB ein geeignetes Gestaltungsmittel zur **Entkoppelung des früher den Krankenhausärzten zugebilligten Liquidationsrechts**. Die Vertragsanpassung (an das neue Krankenhausrecht) kann weiter insb. durch die Ausübung eines vertragl. Widerrufsvorbehaltes, den Ausspruch einer vertragl. vorgesehenen Teilkündigung, den Abschluss eines Änderungsvertrages und ggf. durch die begründete Geltendmachung des Fortfalls der Geschäftsgrundlage erfolgen. Zum Abschluss eines Änderungsvertrages kann der begünstigte ArbN auf Grund einer in Altverträgen enthaltenen Änderungsklausel verpflichtet sein[2].

21 Eine Änderungskündigung iSv. § 2 liegt nicht vor, wenn an den Arbeitsbedingungen eines ArbN überhaupt **nichts geändert werden soll**[3] oder wenn die vom ArbGeb mit der Änderungskündigung angebotenen Arbeitsbedingungen **bereits für das Arbeitsverhältnis gelten**. Sieht ein TV vor, dass sich die Eingruppierung bei ansonsten gleicher Tätigkeit nach Schwellenwerten richtet – hier: Durchschnittsbelegung von Kindertagesstätten –, so bedarf es keiner Änderungskündigung, wenn der ArbGeb die Vergütung des Angestellten bei Unterschreitung des Schwellenwertes entsprechend der geänderten Eingruppierung herabsetzt[4].

22 Nicht ohne weiteres zum Anwendungsbereich von Änderungskündigungen gehören Vereinbarungen, die dem ArbGeb das **Recht zur einseitigen Änderung einzelner Arbeitsbedingungen** einräumen, etwa auf Grund Versetzungsklausel oder Widerrufsvorbehalt[5]. Diese sind grds. zulässig. Nur wenn wesentliche Elemente des Vertrages der einseitigen Änderung durch den ArbGeb unterliegen und dadurch das bisherige Gleichgewicht des Vertrages, also das Verhältnis von Leistung und Gegenleistung, grundlegend gestört wird, wird die Grenze des gesetzl. Schutzes anlässlich von Änderungskündigungen überschritten, vgl. Rz. 27 f.

23 Eine Änderungskündigung ist zB unwirksam, wenn sie mit dem Ziel ausgesprochen wird, eine betriebliche Leistung einzustellen, die bereits wegen eines vorbehaltenen Widerrufs hätte entzogen werden können[6]. Das folgt aus dem Grundsatz der Verhältnismäßigkeit. Erfolgt der Widerruf aber im Zusammenhang mit einer Änderungskündigung und nimmt der ArbN das darin liegende Änderungsangebot unter Vorbehalt an, so ist auch die Änderungskündigung sozial gerechtfertigt, wenn die Ausübung des Widerrufsrechts billigem Ermessen entspricht[7]. Hier stellt sich nur die Frage, wer die Kosten des Rechtsstreits trägt (s. Rz. 126 ff.).

24 Es empfiehlt sich in solchen Zweifelsfällen in erster Linie eine einseitige Leistungsbestimmung in Verbindung mit einer **vorsorglichen Änderungskündigung**. Durch einseitige Leistungsbestimmung, etwa durch Ausübung des Direktionsrechts, kann vom ArbGeb eine Anordnung getroffen werden. Eine vorsorgliche Änderungskündigung bedeutet typischerweise, dass sie nur für den Fall Rechtswirkungen entfalten soll, dass die erstrebte Änderung nicht schon aus anderen Rechtsgründen – zB auf Grund Direktionsrecht – folgt.

25 In der Praxis stützen sich ArbGeb in Zusammenhang mit einseitigen Änderungsmaßnahmen häufig auf ihr (nicht selten nur vermeintliches) allgemeines **Direktionsrecht**. Im Anschluss daran wird dann über die Grundlagen und die Grenzen dieses Direktionsrechts gestritten. Der frühere dogmatische Streit über die Einordnung dieses Rechtsinstituts hat sich durch das Gesetz zur Änderung der Gewerbeordnung und sonstiger gewerberechtl. Vorschriften vom 7.6.2002 erledigt. § 106 der neu gefassten GewO enthält eine Legaldefinition des Weisungsrechts des ArbGeb. Danach kann dieser „Inhalt, Ort und Zeit der Arbeitsleistung nach billigem Ermessen näher bestimmen ...". Hierbei hat er aber stets die arbeitsvertragl. Vereinbarungen sowie die tarifl. und gesetzl. Vorschriften und auch die Regelungen in etwaigen BV zu beachten. Damit hat sich der Gesetzgeber offenbar der Auffassung des BAG angeschlossen, wonach im Rahmen der Ausübung des Direktionsrechts das billige Ermessen iSv. § 315 BGB einzuhalten ist.

26 Individualrechtlich können der Ausübung des Direktionsrechts Grenzen gesetzt sein, die unter Umständen nur schwer bestimmt werden können. Einerseits kommen sog. Änderungsvorbehalte, andererseits enge Eingrenzungen durch arbeitsvertragl. Regelungen in Betracht. Diese sind grds. zulässig. Jedoch darf ein arbeitsvertragl. vereinbartes Direktionsrecht des ArbGeb nicht in den kündigungsschutzrechtl. geschützten Kernbereich des Arbeitsverhältnisses eingreifen. Dementsprechend bestehen keine rechtl. Bedenken gegen eine arbeitsvertragl. Vereinbarung, wonach sowohl höherwertige

1 BAG v. 25.4.1996 – 2 AZR 609/95, NZA 1996, 1197. | 2 BAG v. 30.5.1980 – 7 AZR 215/78, DB 1980, 1954. | 3 BAG v. 10.12.1975 – 4 AZR 41/75, AP Nr. 90 zu §§ 22, 23 BAT. | 4 BAG v. 19.3.2003 – 4 AZR 391/02, DB 2005, 342. | 5 Vgl. dazu *Hromadka*, DB 2002, 1322 (1323). | 6 BAG v. 9.2.1989 – 6 AZR 11/87, RzK I 7a Nr. 5c. | 7 BAG v. 15.11.1995 – 2 AZR 521/95, NZA 1996, 603.

als auch nicht so hochwertige Arbeiten zu verrichten sind[1]. Eine objektive Umgehung des gesetzl. Änderungskündigungsschutzes, die zu der Unwirksamkeit der Befristung einzelner Arbeitsvertragsbedingungen führt, liegt noch nicht bereits in der Befristung einer Provisionszusage, die neben das Tarifgehalt tritt und lediglich 15% der Gesamtvergütung ausmacht[2]. Zum Direktionsrecht vgl. auch die Erl. zu § 106 GewO.

In diesen Fällen darf der ArbGeb auf Grund seines allgemeinen Direktions- bzw. Weisungsrechts oder eines Änderungsvorbehalts iS einer Versetzungsklausel oder eines Widerrufsvorbehalts vorgehen, ohne dass es dazu des Ausspruchs einer Änderungskündigung bedarf. Da er im Rahmen der gegebenen Arbeitsbedingungen handelt, sollen diese überhaupt nicht geändert werden, weshalb keine Änderungskündigung iSv. § 2 vorliegt[3]. Der Arbeitsvertrag hat bereits den vom ArbGeb gewünschten Inhalt. Wenn er gleichwohl dem ArbN im Rahmen einer Änderungskündigung die Fortsetzung des Arbeitsverhältnisses zu geänderten Arbeitsbedingungen anbietet, so geht dieses ins Leere, weil die angebotenen Arbeitsbedingungen ohnehin bereits für das Arbeitsverhältnis gelten[4]. Zu beachten ist jedoch in diesem Zusammenhang, dass eine unwirksame Änderungskündigung unter Umständen in die wirksame Ausübung des Direktionsrechts **umgedeutet** werden kann[5]. 27

Die **Grenzen solcher Änderungsvorbehalte** in Vertragsklauseln können jedoch erreicht sein, wenn von vornherein in das Verhältnis von Leistung und Gegenleistung eingegriffen wird. So werden in der Praxis häufig Zulagen, Leistungszuschläge, Gratifikationen und sonstige Sonderleistungen unter dem **Vorbehalt des Widerrufs** vereinbart. Wenn dieser Vorbehalt auch grds. wirksam ist, darf der ArbGeb von seinem Widerrufsrecht jedoch nur in den Grenzen billigen Ermessens Gebrauch machen, das von den ArbG gem. bzw. entsprechend § 315 BGB überprüfbar ist. Eine Vertragsklausel in einem Formulararbeitsvertrag, nach der dem ArbGeb das Recht zustehen soll, sog. „übertarifliche Lohnbestandteile jederzeit unbeschränkbar zu widerrufen", ist gem. § 308 Nr. 4 BGB unwirksam. Im Zweifel ist bei der Ausübung des Widerrufsvorbehalts die ordentl. Kündigungsfrist zu beachten. Dieser Ausübung steht zB entgegen, wenn sich die Tätigkeit über lange Jahre hinweg auf einen bestimmten Aufgabenbereich konkretisiert hat. Nicht vom Direktionsrecht umfasst sind Änderungen in Zusammenhang mit der dauerhaften Absenkung der Qualität der Arbeitsleistung oder die Übertragung einer Stabsfunktion statt einer zuvor ausgeübten Linienfunktion. Hier bedarf es jeweils des Ausspruchs einer Änderungskündigung. Mithin stellt das Direktionsrecht für den ArbGeb nicht ohne weiteres eine geeignete Rechtsgrundlage für einseitige Änderungen des Arbeitsverhältnisses dar. Besonderheiten können sich wegen des NachwG und auf Grund tarifl. Regelungen ergeben. 28

Weiterhin ist die Änderungskündigung abzugrenzen von der nach allgemeiner Auffassung unzulässigen **Teilkündigung**. Eine solche liegt begrifflich vor, wenn der ArbGeb nicht das gesamte Arbeitsverhältnis im Wege der Beendigungskündigung beenden will, sondern seine Kündigungserklärung über sein Direktionsrecht hinausgehend auf einzelne Vertragsbedingungen beschränkt. Die hM geht zutreffend davon aus, dass eine solche Teilkündigung unzulässig ist und deshalb zur Anpassung von Arbeitsbedingungen nicht in Betracht kommt. Davon zu unterscheiden ist eine nur vermeintliche Teilkündigung im Rahmen eines zusammengesetzten Rechtsverhältnisses. Dies kommt etwa vor, wenn dieselben Parteien zum einen einen Arbeitsvertrag und zum anderen zB einen Miet- oder einen Darlehensvertrag abschließen. Wenn die Parteien vereinbart haben, dass die verschiedenen Rechtsgeschäfte selbständig kündbar sind, so bestehen hiergegen keine durchgreifenden Bedenken. Demgemäß ist aber auch eine Vereinbarung der Parteien dergestalt denkbar, dass die verschiedenen Rechtsgeschäfte nicht unabhängig voneinander gekündigt werden dürfen. Soweit es an einer ausdrücklichen Regelung fehlt, muss durch Auslegung ermittelt werden, ob die verschiedenen Rechtsgeschäfte eine Einheit bilden und das eine nicht ohne das andere gekündigt werden darf oder ob dieses nach dem Willen der Parteien möglich sein soll. Die Auslegung kann ergeben, dass die Kündigung nur eines von mehreren Verträgen nicht rechtswirksam erfolgen kann. Außerdem kann sich aus TV ein üblicherweise als Teilkündigung bezeichnetes Gestaltungsrecht zur einseitigen Änderung einer Vertragsbedingung unter Aufrechterhaltung des Arbeitsverhältnisses ergeben. 29

Davon wiederum zu trennen ist die Berechtigung zu einem einseitigen **Widerruf eines Zusatzvertrages** zu einem Arbeitsvertrag nur hinsichtlich solcher Abreden, die weder die Arbeitsleistung des ArbN noch die Gegenleistung des ArbGeb betreffen. Bezieht sich der Widerrufsvorbehalt demgegenüber auf wesentliche Elemente der beiderseitigen arbeitsvertragl. Beziehungen, so ist eine gleichwohl abgegebene Widerrufserklärung unter Umständen als unzulässige Teilkündigung anzusehen. 30

Davon zu unterscheiden ist der Fall, dass in einem **(Arzt-)Vertrag** die Kostenerstattung für Leistungen des Krankenhauses niedergelegt ist, die der Arzt im Rahmen seiner Privatliquidation in Anspruch nimmt und der Zusatzvertrag nur einen Berechnungsmodus für die Kostenerstattung enthält. Dann kann der Zusatzvertrag selbständig durch Kündigung beendet werden, wenn ein entsprechendes Kün- 31

---

1 BAG v. 6.11.1985 – 4 AZR 265/84, AP Nr. 3 zu § 1 TVG – Tarifverträge: Papierindustrie. | 2 BAG v. 21.4.1993 – 7 AZR 297/92, NZA 1994, 476. | 3 Vgl. BAG v. 10.12.1975 – 4 AZR 41/75, AP Nr. 90 zu §§ 22, 23 BAT. | 4 BAG v. 16.3.1988 – 7 AZR 363/87. | 5 Vgl. LAG Berlin v. 29.11.1999 – 9 Sa 1277/99, NZA-RR 2000, 131.

digungsrecht vereinbart wurde. Eine – unzulässige – Teilkündigung liegt hier nicht vor, weil die Grundlage der im Arbeitsvertrag geregelten Kostenerstattung unberührt bleibt[1].

32 Sehen die Parteien eines Arbeitsvertrages für die Änderung gesetzl. Vorschriften sowie der wissenschaftl. und gesellschaftl. Entwicklung eine Anpassung vor, die beide Parteien bei Scheitern einer Einigung über die Anpassung zur Kündigung dieses Vertrages mit einer Frist von sechs Monaten zum Ende des Kalenderjahres berechtigt, so kann darin unter Umständen – jedenfalls im Nebentätigkeitsbereich – die Einräumung eines vertragl. Bestimmungsrechts bei **Änderungen der Geschäftsgrundlage** gesehen werden, das an §§ 242, 315 BGB zu messen ist. Die Ausübung des Bestimmungsrechts stellt in diesem Falle keine Änderungskündigung dar[2].

33 **3. Begriff und Elemente der Änderungskündigung.** Nach § 2 ist Voraussetzung für eine wirksame Änderungskündigung, dass der ArbGeb das Arbeitsverhältnis zum einen kündigt und dem ArbN zum anderen im Zusammenhang mit der Kündigung die Fortsetzung des Arbeitsverhältnisses zu geänderten Arbeitsbedingungen anbietet und somit ein Bezug zum bisherigen Arbeitsvertrag besteht. Die Änderungskündigung ist daher ein aus zwei Willenserklärungen zusammengesetztes einseitiges Rechtsgeschäft.

34 Die unterschiedlichen Abläufe bei einer Änderungskündigung stellen sich im Rahmen eines **Schaubildes** wie folgt dar:

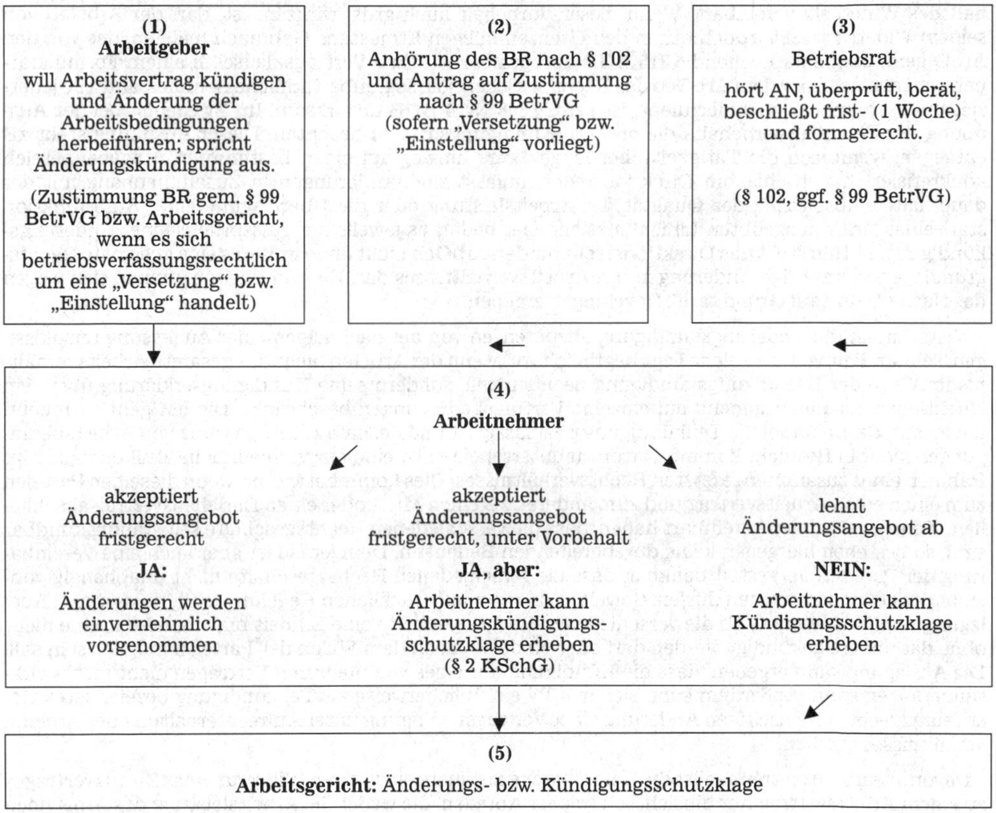

35 **a) Beendigungskündigung.** Die Beendigungskündigung ist das erste Element einer wirksamen Änderungskündigung. Sie bedarf nach ganz hM ab dem 1.5.2000 stets der **Schriftform** gem. § 623 BGB[3]. Sie muss dem Empfänger – dh. dem ArbN – ordnungsgemäß zugehen. Dies muss im Streitfall von demjenigen, der diese Erklärung abgibt, dargelegt und bewiesen werden. Das Wort „Kündigung" muss nicht unbedingt ausdrücklich verwendet werden. Es muss jedoch aus der Erklärung klar und eindeutig hervorgehen, dass diese auf die Beendigung des Arbeitsverhältnisses zu einem bestimmten Zeitpunkt jedenfalls dann hinzielt, wenn kein Änderungsvertrag zu Stande kommt. Davon kann nicht ohne weite-

1 BAG v. 14.11.1990 – 5 AZR 509/89, NZA 1991, 377. | 2 BAG v. 10.12.1992 – 2 AZR 269/92, DB 1993, 1038. | 3 *Wallner*, Die ordentliche Änderungskündigung des Arbeitgebers, S. 48 mwN.

res ausgegangen werden, wenn lediglich einzelne Vertragsbedingungen gekündigt werden. Hier kann unter Umständen lediglich von einer unzulässigen sog. „Teilkündigung" auszugehen sein. Zur Vermeidung von Zweifeln bietet sich etwa folgende Formulierung an:

Hiermit wird das zwischen Ihnen und uns/mir bestehende Arbeitsverhältnis im Wege der Beendigungskündigung form- und fristgerecht unter Einhaltung der maßgeblichen Kündigungsfrist aus personen- bzw. verhaltens- bzw. betriebsbedingten Gründen zum ... (Beispiel 31.12.2007) gekündigt. Gleichzeitig bieten wir Ihnen/biete ich Ihnen die Fortsetzung des Arbeitsverhältnisses ab 1.1.2008 zu folgenden Bedingungen .../zu den Bedingungen des anliegenden Entwurfes eines neuen Arbeitsvertrages an.

36 Zunächst prüfen die Gerichte für Arbeitssachen nach näherer Maßgabe des Erforderlichkeitsgrundsatzes (**Ultima-Ratio-Prinzip**), ob das erste Element – die Beendigungskündigung – überhaupt erforderlich war. Auf dieser ersten Prüfungsstufe geht es um das sog. Ob, also um die Methode der Änderungskündigung als Mittel der beabsichtigten Änderung der Arbeitsbedingungen[1].

37 Eine ordentl. Änderungskündigung, die auf eine **vor Ablauf der Kündigungsfrist** des betreffenden ArbN wirksam werdende Verschlechterung der Arbeitsbedingungen zielt, ist nach § 1 II, § 2 KSchG sozial ungerechtfertigt. Das Angebot des ArbGeb bei einer ordentl. Änderungskündigung, die Arbeitsbedingungen schon vor Ablauf der ordentl. Kündigungsfrist zu ändern, kann nicht allgemein als Angebot ausgelegt werden, die neuen Arbeitsbedingungen bei Unzulässigkeit der vorfristigen Änderung erst mit dem Ablauf der ordentl. Kündigungsfrist eintreten zu lassen. Die Rechtslage bei der Änderungskündigung ist insoweit nicht mit der bei der Beendigungskündigung vergleichbar[2].

38 **b) Änderungsangebot.** Zur Kündigungserklärung muss als zweites Element ein bestimmtes bzw. bestimmbares, somit den Voraussetzungen des § 145 BGB entsprechendes Angebot auf Fortsetzung des Arbeitsverhältnisses zu geänderten Bedingungen hinzukommen. Dieses Angebot muss entspr. dem Schriftformerfordernis des § 623 BGB erfolgen[3].

39 Der notwendige **Zusammenhang** zwischen Beendigungskündigung und Änderungsangebot besteht nur dann, wenn das Änderungsangebot spätestens mit dem Zugang der Kündigungserklärung abgegeben wird. In der Praxis wird überwiegend aus gutem Grund von der Möglichkeit Gebrauch gemacht, die Beendigungskündigung und das Änderungsangebot gleichzeitig – in einer Urkunde – auszusprechen. Ein nach Zugang der Beendigungskündigung unterbreitetes Änderungsangebot ist nicht zu berücksichtigen[4].

40 Dennoch gebietet es der Schutz des ArbN, ihm die Möglichkeit einzuräumen, hiergegen gerichtlich innerhalb der Drei-Wochen-Frist mit dem Antrag nach § 4 S. 2 vorzugehen, der jedoch in diesem besonderen Fall um einen Antrag gem. § 256 ZPO ergänzt werden sollte. Wird die Beendigungskündigung, der unzulässigerweise ein Änderungsangebot nachfolgt, nämlich zB nicht fristgerecht binnen drei Wochen mit der Änderungskündigungsschutz- bzw. Kündigungsschutzklage angegriffen, so kann die Sozialwidrigkeit einer solchen Beendigungskündigung nicht mehr geltend gemacht werden.

41 Unschädlich ist es, wenn die Beendigungskündigung dem Änderungsangebot zeitlich nachfolgt, zB weil zunächst Verhandlungen mit dem Ziel einer einvernehmlichen Änderung der Vertragsbedingungen geführt werden sollen und der ArbGeb die Beendigungskündigung erst dann aussprechen will, wenn die Verhandlungen gescheitert sind. Nicht einheitlich beurteilt wird die Variante, dass eine Beendigungskündigung ausgesprochen wird und darin ein Änderungsangebot lediglich in Aussicht gestellt wird. Hier kann sich durch Auslegung ergeben, dass überhaupt keine Änderungskündigung, sondern lediglich eine Beendigungskündigung vorliegt.

42 Der in S. 1 geforderte Zusammenhang zwischen der Beendigungskündigung und dem Änderungsvorschlag des ArbGeb kann auch dadurch hergestellt werden, dass die Kündigung einer **aufschiebenden oder auflösenden Bedingung** unterworfen wird. Zwar ist die Kündigung als einseitiges Rechtsgeschäft grds. bedingungsfeindlich, denn der Kündigungsempfänger ist der Gestaltungserklärung passiv ausgesetzt und könnte bei einer echten Bedingung keine Klarheit über „Ob" und „Wann" der Kündigung erlangen. Wenn aber der Bedingungseintritt lediglich von seinem Verhalten abhängt, bedarf er dieses Schutzes nicht. Kündigungen unter sog. Potestativbedingungen sind daher ohne weiteres wirksam[5].

43 Der ArbGeb ist aber **nicht verpflichtet**, mit dem Änderungsangebot zugleich eine Änderungs- oder ggf. eine Beendigungskündigung auszusprechen, um eine gerichtl. Prüfung der sozialen Rechtfertigung der erstrebten Änderung des Beschäftigungsumfangs zu ermöglichen. Einer Kündigung bedarf es nicht, wenn der ArbN sein Einverständnis mit den neuen Bedingungen erklärt hat. Erst dann, wenn der ArbN das Angebot nicht annimmt und somit kein Änderungsangebot zu Stande gekommen ist, muss der ArbGeb zur Durchsetzung der Vertragsänderung eine Änderungskündigung aussprechen[6].

1 Vgl. dazu iE *Wallner*, Die ordentliche Änderungskündigung des Arbeitgebers, S. 60 ff. | 2 BAG v. 21.9.2006 – 2 AZR 120/06, DB 2007, 634. | 3 BAG v. 16.9.2004 – 2 AZR 628/03, NZA 2005, 635. | 4 BAG v. 17.5.2001 – 2 AZR 460/00, NZA 2002, 54. | 5 *Wallner*, Die ordentliche Änderungskündigung des Arbeitgebers, S. 29 f. | 6 BAG v. 13.3.2007 – 9 AZR 588/06, EzA-SD 2007, 17, 6.

44 Inhaltlich ist darüber hinaus aber stets zu fordern, dass die geänderten Arbeitsbedingungen in **Bezug zum Inhalt** des bis zum Zeitpunkt der Beendigungskündigung geltenden **Arbeitsvertrages** stehen müssen[1]. Dies gilt insb. auch mit Blick auf die ordnungsgemäße BR-Anhörung gem. § 102 BetrVG (s. Rz. 4).

45 Im Rahmen der Änderungskündigung gibt der ArbGeb gegenüber seinem ArbN ein Änderungsangebot ab. **Drittpersonen** sind daran nicht beteiligt. Deshalb kann auch dann, wenn zwischen zwei juristischen Personen enge Verflechtungen bestehen, weil sie einem Konzern angehören, die eine juristische Person, nämlich der ArbGeb, keine Änderungskündigung mit dem Angebot gegenüber ihrem ArbN aussprechen, mit der anderen juristischen Person einen Arbeitsvertrag abzuschließen.

46 Ein Änderungsangebot ist gem. S. 1 daran zu messen, ob es durch **Kündigungsgründe iSv. § 1** bedingt ist und ob sich der ArbGeb darauf beschränkt hat, nur solche Änderungen vorzunehmen, die der ArbN billigerweise hinnehmen muss. Ein Änderungsangebot muss dem **Gleichbehandlungsgrundsatz** entsprechen. Sonst ist es nicht hinzunehmen[2].

47 Für den ArbN als Empfänger des Änderungsangebots gibt es **drei Möglichkeiten**:

(1) Er kann es **ablehnen**. Dadurch wird das Änderungsangebot endgültig wirkungslos. Nimmt ein ArbN das mit der Änderungskündigung verbundene Änderungsangebot nicht bzw. nicht rechtzeitig an, so handelt er auf eigenes Risiko. Erweist sich die Änderungskündigung nämlich als im Übrigen wirksam und sozial gerechtfertigt, so ist das Arbeitsverhältnis mangels Vorbehaltsannahme beendet. Dementsprechend wird im anschließenden Kündigungsschutzprozesses bei endgültiger Ablehnung des Änderungsangebots nicht mehr im Rahmen einer Änderungskündigungsschutzklage gem. § 2 darüber gestritten, ob die Änderung der Arbeitsbedingungen sozial ungerechtfertigt ist oder nicht. Vielmehr geht es im Rahmen einer normalen Kündigungsschutzklage nur noch gem. § 1 um die Frage, ob die Beendigungskündigung sozial gerechtfertigt ist oder nicht.

48 (2) Er kann das Änderungsangebot **ohne Vorbehalt annehmen**. Dadurch kommt ein Änderungsvertrag nach näherer Maßgabe des Änderungsangebots zu Stande. Diese Annahme ist nicht zwingend an die Frist des S. 2 gebunden[3]. Mit Urt. v. 1.2.2007[4] hat das BAG entschieden, dass die Fristbestimmung iSv. § 148 BGB nicht nur durch die Festlegung eines konkreten Termins oder durch die Festsetzung eines Zeitraums erfolgen, sondern sich auch aus den Umständen ergeben kann. Ausreichend sei jede zeitliche Konkretisierung, durch die der Antragende zu erkennen gibt, er wolle von der gesetzl. Regelung des § 147 BGB nach oben oder unten abweichen. Allerdings müsse im Hinblick auf § 2 S. 2 die Mindestannahmefrist drei Wochen betragen. Mit der Formulierung „teilen Sie uns umgehend mit, ob Sie ... einverstanden" sind, werde eine Annahmefrist iSv. von § 148 BGB bestimmt. Diese unterschreite zwar die grds. maßgebliche Mindestfrist des § 2. Dies führe jedoch nicht dazu, dass es überhaupt an einer Fristsetzung für eine vorbehaltlose Annahme des Änderungsangebots fehlt und die Frist nach § 147 BGB zu bestimmen wäre. An die Stelle der zu kurzen Frist trete vielmehr die Frist des § 2 S. 2[5]. Die Frist zur Erklärung des Vorbehalts nach § 2 S. 2 gilt dabei als Mindestfrist auch für die Erklärung der vorbehaltlosen Annahme des Änderungsangebots[6].

49 Alleine die **widerspruchslose Weiterarbeit** des ArbN auf dem ihm angebotenen neuen Arbeitsplatz ist jedenfalls idR solange nicht als vorbehaltlose Annahme des Änderungsangebotes und damit als Verzicht auf die Geltendmachung der Unwirksamkeit der Änderungskündigung zu verstehen, wie der ArbN noch rechtzeitig, dh. ohne schuldhaftes Zögern, einen Vorbehalt entsprechend § 2 erklären kann[7]. Demgegenüber kann jedoch in der widerspruchs- und vorbehaltslosen Weiterarbeit zu geänderten Arbeitsbedingungen eine Annahme des Änderungsangebots gesehen werden, wenn sich die neuen Arbeitsbedingungen alsbald auf das Arbeitsverhältnis auswirken[8]. Insoweit kommt allerdings eine Irrtumsanfechtung gem. § 119 I BGB in Betracht, wenn dem ArbN das Bewusstsein fehlt, dass in einem stillschweigenden Weiterarbeiten seine Einverständniserklärung gesehen werden kann. Eine solche Anfechtung muss dann jedoch unverzüglich iSv. § 121 I BGB erfolgen.

50 (3) Er kann das Änderungsangebot **unter dem Vorbehalt annehmen**, dass die Änderung der Arbeitsbedingungen nicht sozial ungerechtfertigt ist. Diesen Vorbehalt muss der ArbN dem ArbGeb innerhalb der Kündigungsfrist, spätestens jedoch innerhalb von **drei Wochen nach Zugang** der Kündigung erklären, dh. der Vorbehalt muss dem ArbGeb – und nicht etwa nur dem ArbG – innerhalb von drei Wochen nach Zugang der Kündigung zugehen[9]. § 270 III ZPO gilt nämlich nicht für die Annahme der Änderungskündigung unter Vorbehalt[10].

51 Im Gesetz ist keine **Form** für die Vorbehaltserklärung vorgeschrieben. Der Vorbehalt kann deshalb auch mündlich erklärt werden, und zwar sogar durch schlüssiges Verhalten. Trotzdem sollte der ArbN

1 BAG v. 25.2.1988 – 2 AZR 611/87, RzK I 7a Nr. 9. | 2 Vgl. BAG v. 3.7.2003 – 2 AZR 617/02, AP Nr. 74 zu § 2 KSchG 1969. | 3 Vgl. BAG v. 6.2.2003 – 2 AZR 674/01, DB 2003, 1178. | 4 BAG v. 1.2.2007 – 2 AZR 44/06, DB 2007, 1474. | 5 BAG v. 1.2.2007 – 2 AZR 44/06, DB 2007, 1474. | 6 Vgl. auch BAG v. 18.5.2006 – 2 AZR 230/05, DB 2006, 1790. | 7 BAG v. 27.3.1987 – 7 AZR 790/85, NZA 1988, 737. | 8 BAG v. 19.6.1986 – 2 AZR 565/85, NZA 1987, 94. | 9 BAG v. 17.6.1998 – 2 AZR 336/97, NZA 1998, 1225. | 10 BAG v. 17.6.1998 – 2 AZR 336/97, NZA 1998, 1225.

den Vorbehalt zur Vermeidung von Rechtsnachteilen stets schriftl. erklären und dessen Zugang beim ArbGeb ordnungsgemäß nachweisen können. Wird die Vorbehaltserklärung durch den **Anwalt des ArbN** abgegeben, so sollte dessen Originalvollmacht beigefügt sein. Dessen Vorbehaltserklärung sollte klar sein. In der Erklärung, dass die ArbNin „unter dem Vorbehalt gerichtlicher Prüfung natürlich ein Änderungsangebot annehmen wird", kann kein erklärter Vorbehalt einer gerichtl. Nachprüfung gesehen werden[1].

Daneben ist zu beachten, dass außerdem im Falle des § 2 innerhalb von drei Wochen nach deren Zugang **Klage beim ArbG** mit dem Antrag auf Feststellung zu erheben ist, dass die Änderung der Arbeitsbedingungen sozial ungerechtfertigt ist (§ 4). Hat der ArbN zwar das mit einer Änderungskündigung verbundene Angebot unter dem Vorbehalt des § 2 angenommen, hat er jedoch die dreiwöchige Klagefrist des § 4 nicht eingehalten, so kann er sich folglich nur noch auf sonstige Unwirksamkeitsgründe (zB § 102 BetrVG) berufen[2]. 52

Ob eine **Ausnahme** von der Einhaltung der dreiwöchigen Frist für die Abgabe der Vorbehaltserklärung zu machen ist, wenn die Kündigungsfrist länger als drei Wochen beträgt, ist fraglich. Dies soll ausnahmsw. der Fall sein, wenn die Vorbehaltserklärung noch vor Ablauf der Kündigungsfrist zusammen mit der innerhalb der Drei-Wochen-Frist eingereichten Klageschrift dem ArbGeb nach Ablauf von drei Wochen zugeht. Dieses lässt sich angesichts des klaren Gesetzeswortlauts von S. 2 aber allenfalls dann rechtfertigen, wenn der ArbN nach Ablauf der Kündigungsfrist bspw. zu geänderten Bedingungen weiterarbeitet, jedoch Kündigungsschutzklage erhoben hatte und vor diesem Hintergrund die Vorbehaltserklärung als rechtzeitig angesehen werden konnte[3]. Im Falle der Annahme unter Vorbehalt ist problematisch, ob Auflösungsantrag gestellt werden kann[4]. 53

Ob die Parteien eine Vereinbarung treffen können, den ArbN nach Ausspruch einer Änderungskündigung bis zur rechtskräftigen Entscheidung zu den ursprünglichen Bedingungen tatsächlich weiterzubeschäftigen, hängt in der Praxis davon ab, ob der ArbGeb dazu bereit ist. Dies dürfte idR nicht der Fall sein. Liegen im Rahmen des Änderungskündigungsrechtsstreits sonstige Unwirksamkeitsgründe vor, wird also nicht nur über die Sozialwidrigkeit gestritten, so kommt ein **Weiterbeschäftigungsanspruch** in Betracht. Dann jedoch, wenn die Parteien im Rahmen einer Änderungsschutzklage nach § 4 S. 2 um die Wirksamkeit des vom ArbN nach § 2 erklärten Vorbehalts streiten, darf der ArbGeb nicht zur Weiterbeschäftigung des ArbN zu den angefochtenen geänderten Bedingungen verurteilt werden, solange kein der Änderungsschutzklage stattgebendes Urteil vorliegt[5]. Der ArbGeb ist nämlich nicht auf Grund des allgemeinen Beschäftigungsanspruchs verpflichtet, den ArbN vorläufig zu den bisherigen Bedingungen weiterzubeschäftigen. Ein solcher Beschäftigungsanspruch kann aber nach § 102 V BetrVG bestehen, wenn der BR einer mit der Änderung der Arbeitsbedingungen verbundenen Versetzung oder Umgruppierung widersprochen hat, die Zustimmung nicht ersetzt worden ist und es dem ArbGeb auch verwehrt ist, die Maßnahmen vorläufig durchzuführen[6]. Somit ist der ArbN, wenn er den Vorbehalt erklärt hat, daran bis zum rechtskräftigen Abschluss des Kündigungsschutzverfahrens gebunden. 54

Geht es um eine **außerordentl. Änderungskündigung**, so hat der ArbN nach deren Zugang unverzüglich zu erklären, ob er das Änderungsangebot ablehnt oder es mit oder ohne den in § 2 bezeichneten Vorbehalt annimmt[7] [8]. Er muss sich sozusagen von einem auf den anderen Tag entscheiden, ob er die ihm zugewiesene neue Aufgabe zu den geänderten Vertragsbedingungen jedenfalls zunächst übernimmt oder ob er sich weigert, dieses zu tun. Da insoweit eine Frist von im Regelfall ein bis zwei Tagen diskutiert wird, muss der ArbN sofort reagieren und sich – ggf. nach anwaltlicher Beratung – entscheiden, und zwar wie bei der ordentl. Änderungskündigung. Er kann das Änderungsangebot ablehnen oder ohne bzw. mit Vorbehalt annehmen. In der Praxis wird die außerordentl. bzw. fristlose Änderungskündigung demgemäß gelegentlich dazu benutzt, um den ArbN unter Entscheidungsdruck zu setzen. 55

III. Sozialwidrigkeit der Änderungskündigung. 1. Allgemeines. Reicht die Ausübung des Direktionsrechts nicht aus, muss geprüft werden, ob eine Änderungskündigung oder eine Beendigungskündigung auszusprechen ist. 56

Eine betriebsbedingte Änderungskündigung ist sozial gerechtfertigt, wenn der ArbGeb sich bei einem an sich anerkennenswerten Anlass darauf beschränkt hat, nur solche Änderungen vorzuschlagen, die der ArbN billigerweise hinnehmen muss[9], die also sozial gerechtfertigt sind. Handelt es sich um mehrere voneinander trennbare **verschiedene Arbeitsbedingungen**, so muss jede einzelne Änderung im Änderungsangebot des ArbGeb darauf geprüft werden, ob sie sozial gerechtfertigt ist. Das gilt auch dann, wenn der ArbN das Änderungsangebot ablehnt. Zwar wird dann die vom ArbGeb ausgesprochene Änderungskündigung zur Beendigungskündigung. Gleichwohl muss auch hier geprüft werden, ob die angestrebte Änderung der Arbeitsbedingungen den gesetzl. Voraussetzungen genügt. 57

1 BAG v. 13.3.2007 – 9 AZR 588/06, EzA-SD 2007, 17, 6 | 2 BAG v. 28.5.1998 – 2 AZR 615/97, DB 1998, 2168. | 3 Vgl. BAG v. 17.6.1998 – 2 AZR 336/97, NZA 1998, 1225. | 4 Vgl. etwa *Müller*, DB 2002, 2597 f. | 5 BAG v. 28.3.1985 – 2 AZR 548/83, NZA 1985, 709. | 6 BAG v. 18.1.1990 – 2 AZR 183/89, NZA 1990, 734. | 7 BAG v. 27.3.1987 – 7 AZR 790/85, NZA 1988, 737. | 8 BAG v. 19.6.1986 – 2 AZR 565/85, NZA 1987, 94. | 9 BAG v. 19.5.1993 – 2 AZR 584/92, NZA 1993, 1075.

58 In Zusammenhang mit einer etwaigen **Schwerbehinderteneigenschaft** haben die ArbG bei der Prüfung der Sozialwidrigkeit einer ordentl. Kündigung oder des wichtigen Grundes für eine außerordentl. Kündigung die Schwerbehinderteneigenschaft des ArbN ebenso zu berücksichtigen, wie dies im Zustimmungsverfahren beim zuständigen Integrationsamt der Fall wäre. Dies gilt vor allem dann, wenn die Kündigung auf Gründe gestützt wird, die mit der Behinderung in Zusammenhang stehen. Entsprechendes gilt auch bei der Prüfung der Sozialwidrigkeit einer Änderungskündigung[1].

59 Bei Störungen des Arbeitsverhältnisses im sog. **Leistungs- und ggf. auch im Vertrauensbereich** ist regelmäßig vor Ausspruch einer Beendigungskündigung eine vergebliche Abmahnung erforderlich. Diese Grundsätze gelten entsprechend für eine ordentl. Änderungskündigung. Folglich muss auch dort eine Abmahnung im Rechtssinne gegeben sein. Diese liegt nur dann vor, wenn der ArbGeb in einer für den ArbN hinreichend deutlich erkennbaren Art und Weise Leistungsmängel beanstandet und damit den Hinweis verbindet, dass im Wiederholungsfalle der Inhalt oder der Bestand des Arbeitsverhältnisses gefährdet sei[2].

60 Entsprechend dem Grundsatz, dass eine betriebsbedingte Änderungskündigung zu ihrer Wirksamkeit nicht nur eines zumutbaren Änderungsangebots bedarf, sondern auch aus einem der in § 1 II genannten Gründen bedingt sein muss, folgt, dass der ArbGeb sich nicht auf dringende betriebl. Erfordernisse berufen kann, wenn ein **anderer freier Arbeitsplatz** zum Zeitpunkt der Kündigung vorhanden war, auf dem der gekündigte ArbN hätte weiterbeschäftigt werden können. Die Möglichkeit, den ArbN in einem anderen Betrieb des Unternehmens oder in einer anderen Dienststelle desselben Verwaltungszweiges an demselben Dienstort einschließlich seines Einzugsgebiets weiterzubeschäftigen, ist bereits nach der Generalklausel des § 1 II 1 zu berücksichtigen. Wird dennoch eine Beendigungskündigung ausgesprochen, so ist diese idR sozialwidrig[3]. Das gilt allerdings nur dann, wenn der BR bzw. PersR einer ordentl. Kündigung deswegen nicht widersprochen hat.

61 Wird eine Betriebsabteilung stillgelegt und kann ein dort beschäftigtes **BR-Mitglied** nach entsprechender Änderungskündigung zu den im Übrigen unveränderten Bedingungen auf einem freien Arbeitsplatz in einer anderen Betriebsabteilung weiterbeschäftigt werden, so ist der ArbGeb grds. nicht verpflichtet, einen örtlich näher gelegenen und deshalb das BR-Mitglied weniger belastenden Arbeitsplatz freizukündigen[4].

62 Eine objektive **Umgehung des gesetzl. Änderungskündigungsschutzes**, die zu der Unwirksamkeit der Befristung einzelner Arbeitsvertragsbedingungen führt, kann zur Sozialwidrigkeit der Änderungskündigung führen. Während dazu nicht bereits etwa die Befristung einer Provisionszusage gehört, kann ein Eingriff in den durch die gesetzl. Änderungskündigungsschutzregelung geschützten Kernbereich des Arbeitsverhältnisses darin liegen, dass in die Arbeitspflicht des ArbN ihrem Inhalt und Umfang nach in einer sich unmittelbar auf die Vergütung auswirkenden Weise eingegriffen wird, indem sowohl die Leistung als auch die Gegenleistung geändert werden[5]. So stellt eine arbeitsvertragl. Vereinbarung, die bei arbeitszeitabhängiger Vergütung den ArbGeb berechtigen soll, eine zunächst konkret festgelegte Arbeitszeit später einseitig je nach Bedarf zu reduzieren, eine objektive Umgehung von zwingenden Vorschriften des Kündigungs- und Kündigungsschutzrechts dar und ist deshalb bereits nach § 134 BGB nichtig[6]. Entsprechendes gilt für eine arbeitsvertragl. Vereinbarung, die bei arbeitszeitabhängiger Vergütung den ArbGeb berechtigen soll, die zunächst festgelegte Arbeitszeit später einseitig nach Bedarf zu reduzieren[7].

63 Hat der ArbGeb dem ArbN statt einer gem. dem Ultima-ratio-Prinzip erforderlichen Änderungskündigung eine Beendigungskündigung ausgesprochen, die deshalb sozial ungerechtfertigt ist, so kommt der ArbGeb – jedenfalls im Regelfalle – in **Annahmeverzug**, wenn er dem ArbN nicht die ursprünglich geschuldete Arbeit anbietet[8].

64 **2. Die personen-, verhaltens- und betriebsbedingte ordentliche Änderungskündigung.** Wird eine ordentl. Kündigung mit einem Kündigungssachverhalt begründet, der mehrere in § 1 II 1 geregelte Gründe berührt (sog. Kündigung wegen eines Mischtatbestandes), so richtet sich der Prüfungsmaßstab in erster Linie danach, aus welchem der im Gesetz genannten Bereiche die Störung kommt, die sich auf das Arbeitsverhältnis nachteilig auswirkt[9]. In einem ersten Schritt ist zu prüfen, ob der danach maßgebliche Kündigungsgrund die Änderung der Arbeitsbedingungen rechtfertigt. In einem weiteren zweiten Schritt wird sodann geprüft, ob der Inhalt der beabsichtigten Änderung vom ArbN billigerweise hingenommen werden muss.

65 **a) Personenbedingte Änderungskündigung.** Diese beruht auf fehlenden persönlichen Eigenschaften und Fähigkeiten des ArbN. Dazu gehören zB mangelnde körperliche bzw. geistige Eignung oder Erkran-

1 BAG v. 17.2.1977 – 2 AZR 687/75, DB 1977, 636. | 2 BAG v. 12.9.1980 – 7 AZR 775/78, nv. | 3 Vgl. im Einzelnen BAG v. 21.4.2005 – 2 AZR 132/04, NZA 2005, 1289 mwN und 2 AZR 244/04, NZA 2005, 1294. | 4 BAG v. 28.10.1999 – 2 AZR 437/98, DB 2000, 578. | 5 BAG v. 21.4.1993 – 7 AZR 297/92, NZA 1994, 476. | 6 BAG v. 28.10.1987 – 5 AZR 390/86, nv. | 7 BAG v. 12.12.1984 – 7 AZR 509/83, DB 1985, 1240. | 8 BAG v. 27.1.1994 – 2 AZR 584/93, NZA 1994, 840. | 9 BAG v. 21.11.1985 – 2 AZR 21/85, DB 1986, 2133.

kungen, die dazu führen, dass die Verwendbarkeit des ArbN erheblich herabgesetzt ist sowie unter Umständen eine altersbedingte Abnahme der Leistungsfähigkeit, vgl. § 1 Rz. 92 ff.

b) Verhaltensbedingte Änderungskündigung. Diese liegt vor, wenn das Arbeitsverhältnis durch schuldhaftes Tun oder Unterlassen des ArbN konkret berührt wird, und zwar insb. im Leistungsbereich und im persönlichen Vertrauensbereich. Hinsichtlich der Rechtfertigung einer verhaltensbedingten Änderungskündigung sind nach ganz hM in Rspr. und Lit. idR die Grundsätze heranzuziehen, die für die verhaltensbedingte Beendigungskündigung maßgeblich sind, vgl. § 1 Rz. 176 ff. 66

c) Betriebsbedingte Änderungskündigung. Hierbei handelt es sich regelmäßig um eine ordentl. Änderungskündigung unter Einhaltung der Kündigungsfrist. Als Gründe für die soziale Rechtfertigung einer solchen betriebsbedingten Änderungskündigung kommen zB in Betracht: Auftragsrückgang, Umsatzminderung, Gewinnverfall, Auslaufen einer Drittmittelfinanzierung, Betriebseinschränkungen infolge schlechter wirtschaftl. Lage sowie wesentliche Störungen des Betriebsfriedens wegen einer Ungleichbehandlung von ArbN[1], vgl. § 1 Rz. 255 ff. 67

Hinsichtlich der einzelnen betriebsbedingten Kündigungsgründe wird zunächst auf die Komm. zu § 1 Bezug genommen, weil für die betriebsbedingte Änderung idR Entsprechendes gilt. Hinsichtlich der anerkennenswerten Anlässe für eine betriebsbedingte Änderungskündigung und dazu, was der ArbN hinnehmen muss, wird auf BAG v. 23.6.2005 – 2 AZR 642/04 verwiesen. Bezüglich verschiedener Einzelfälle einer Änderungskündigung, bei denen Gründe für ein dringendes betriebl. Erfordernis fehlen, wird auf die Entscheidungen des BAG v. 22.1.1981 – 2 AZR 945/78 und v. 6.5.1980 – 6 AZR 220/78 verwiesen. 68

Bei der Prüfung, ob ein dringendes betriebl. Erfordernis zu einer Änderung der Arbeitsbedingungen einzelner ArbN besteht, ist nicht nur auf den unselbständigen Betriebsteil abzustellen, in dem der ArbN beschäftigt wird. Die Unrentabilität einer unselbständigen Betriebsabteilung kann lediglich dann ein dringendes betriebl. Erfordernis darstellen, wenn sie auf das wirtschaftl. Ergebnis des **Gesamtbetriebs bzw. Unternehmens** durchschlägt und ohne Anpassung der Personalkosten Beendigungskündigungen nicht zu vermeiden wären. Eine betriebsbedingte Änderungskündigung, die eine sonst erforderlich werdende Beendigungskündigung – zB wegen Stilllegen des Gesamtbetriebs oder einer Betriebsabteilung – vermeidet, ist grds. möglich. Die Anforderungen an eine solche Änderungskündigung sind aber nicht geringer anzusetzen als die Anforderungen an eine Beendigungskündigung wegen beabsichtigter Teil-Betriebsstilllegung[2]. 69

Organisatorische Unternehmerentscheidungen (vgl. Komm. zu § 1) werden im Kündigungsrechtsstreit nicht auf ihre Zweckmäßigkeit, sondern nur darauf überprüft, ob sie offenbar unsachlich, unvernünftig oder willkürlich sind (sog. Missbrauchskontrolle)[3]. Dies macht es jedoch nicht entbehrlich, gerichtlich zu prüfen, ob die Organisationsänderung eine Beendigungs- oder Änderungskündigung unvermeidbar macht oder ob das geänderte unternehmerische Konzept nicht auch durch andere Maßnahmen verwirklicht werden kann[4]. Weil das KSchG nicht betriebs-, sondern unternehmensbezogen ist, hat sich diese Prüfung nicht auf den Betrieb zu beschränken, sondern auf das gesamte Unternehmen zu erstrecken[5]. 70

Ein Missbrauch der unternehmerischen Organisationsfreiheit liegt etwa vor, wenn die Umgestaltung der Arbeitsabläufe sich als rechtswidrige Maßregelung iSv. § 612a BGB erweist oder gesetzliche Vorgaben umgangen werden[6]. Besonderheiten gelten, wenn durch das Änderungsangebot neben der Tätigkeit (Arbeitsleistungspflicht) auch die Gegenleistung (Vergütung) geändert werden soll; dann sind beide Elemente des Änderungsangebots am Verhältnismäßigkeitsgrundsatz zu messen[7]. 71

Hinsichtlich der Anforderungen an die **Darlegung eines geplanten Einsparungskonzepts** wird auf BAG v. 12.12.1996 – 2 AZR 879/95, verwiesen. Im Rahmen einer solchen unternehmerischen Organisationsentscheidung lässt sich dem KSchG, insb. dessen § 1 II und III nicht die Wertung entnehmen, dass der ArbGeb im Rahmen einer Rationalisierung an Stelle mehrerer Änderungskündigungen stets eine geringere Anzahl von Beendigungskündigungen aussprechen muss[8]. 72

Der Entschluss des ArbGeb, die **Lohnkosten zu senken** oder den Mietzuschuss zu streichen und eine zu diesem Zweck ausgesprochene Änderungskündigung sind keine im Kündigungsschutzprozess von den Gerichten als vorgegeben hinzunehmende grds. bindende Unternehmerentscheidungen[9]. Hinsichtlich der Anforderungen an die Darlegung dringender betriebl. Erfordernisse bei einer Änderungskündigung zwecks Streichung bzw. Kürzung einer vereinbarten Zulage vgl. BAG v. 11.11.1993 – 2 AZR 476/93, nv., und – 2 AZR 454/93, nv. Im Übrigen stellt die **Gleichbehandlung mit anderen ArbN** kein dringendes betriebl. Erfordernis iSv. § 1 II 1 dar, das die Verschlechterung einer arbeitsvertragl. Vergütungsregelung 73

1 BAG v. 28.4.1982 – 7 AZR 1139/79, NJW 1982, 2687. | 2 BAG v. 12.11.1998 – 2 AZR 91/98, NZA 1999, 471. | 3 BAG v. 26.1.1995 – 2 AZR 371/94, NZA 1995, 626; vgl. auch BAG v. 29.5.1985 – 7 AZR 248/84, RzK I 7b 2. | 4 BAG v. 18.1.1990 – 2 AZR 183/89, NZA 1990, 734. | 5 BAG v. 17.5.1984 – 2 AZR 109/83, DB 1985, 1190. | 6 BAG v. 22.4.2004 – 2 AZR 385/03, DB 2004, 1890. | 7 BAG v. 29.3.2007 – 2 AZR 31/06, DB 2007, 1762. | 8 BAG v. 19.5.1993 – 2 AZR 584/92, NZA 1993, 1075. | 9 BAG v. 20.3.1986 – 2 AZR 294/85, NZA 1986, 824; v. 11.10.1989 – 2 AZR 375/88, nv.

im Wege der Änderungskündigung bedingen kann[1]. Eine wirksame Änderungskündigung zur Entgeltsenkung kommt jedoch dann in Betracht, wenn der Betrieb ansonsten stillgelegt oder die Belegschaft reduziert werden müsste. Allerdings wird dem ArbGeb in einem solchen Falle ein umfassender Sanierungsplan abverlangt, mit dem alle gegenüber der beabsichtigten Änderungskündigung milderen Mittel ausgelotet und ausgeschöpft werden[2].

74 Eine Änderungskündigung zur Entgeltsenkung ist nicht allein deshalb sozial gerechtfertigt, weil eine neue gesetzl. Regelung die Möglichkeit vorsieht, durch Parteivereinbarung einen geringeren (tariflichen) Lohn festzulegen, als er dem ArbN bisher gesetzlich oder vertraglich zustand[3].

75 Im Rahmen der **Verteilung der Arbeitszeit**, die nicht durch Direktionsrecht geändert werden kann, sind dringende betriebl. Erfordernisse und damit die soziale Rechtfertigung für die Änderungskündigung zwar vom ArbGeb darzulegen. Die Gerichte für Arbeitssachen prüfen auch hier jedoch nur, ob diese Maßnahme offenbar unvernünftig oder willkürlich ist, nicht dagegen jedoch die sachl. Rechtfertigung oder Zweckmäßigkeit[4].

76 Entsprechendes dürfte für andere reine Organisationsänderungen gelten. Dazu gehört auch der Fall, in dem sich ein ArbGeb zu einer betriebl. Umorganisation entschließt, die zu einer anderen zeitlichen Lage und zur Herabsetzung der Dauer der Arbeitszeit führt[5].

77 Zur Behandlung von **Lenkzeitunterbrechungen** als unbezahlte Ruhepausen vgl. BAG v. 9.2.1989 – 6 AZR 11/87, nv.

78 Schließlich ist ein typischer Beispielsfall für eine betriebsbedingte Änderungskündigung das Vorliegen eines **Arbeitskräfteüberhangs** bzw. die **Verringerung der Arbeitsmenge**. Hier muss wie bei einer entsprechenden betriebsbedingten Beendigungskündigung im Ergebnis vom ArbGeb ganz konkret dargelegt werden, dass eine hinreichende Auftragsmenge (Arbeitsmenge) in Zusammenhang mit der zur Verfügung stehenden Arbeitszeit nicht mehr vorhanden ist. Daraus muss sich ein ganz konkreter Arbeitskräfteüberhang ergeben. Liegt dieser vor, dürften Arbeitskräfte abgebaut werden. Der ArbGeb muss aber nicht zB statt einer Beendigungskündigung mehrere Änderungskündigungen jeweils mit Arbeitszeit-Reduzierungen aussprechen.

79 Das Gebot der ausreichenden Berücksichtigung sozialer Gesichtspunkte bei der Auswahl des zu kündigenden ArbN gilt auch für betriebsbedingte Änderungskündigungen. Für die Frage der in die **Sozialauswahl** einzubeziehenden vergleichbaren ArbN kommt es bei einer Änderungskündigung nicht nur darauf an, ob die betreffenden ArbN nach ihren bisherigen Tätigkeiten miteinander verglichen werden können und damit auf ihren innegehabten Arbeitsplätzen gegeneinander austauschbar waren. Hinzu kommen muss, dass diese ArbN auch für die Tätigkeit, die Gegenstand des Änderungsangebots ist, mindestens annähernd gleich geeignet sind. Die Austauschbarkeit muss sich also auch auf den mit der Änderungskündigung angebotenen Arbeitsplatz beziehen. Mit einzubeziehen sind sowohl die Belegschaftsmitglieder, die in der bisherigen Position vergleichbar waren als auch diejenigen, die auf der neuen Position vergleichbar werden[6]. Es liegt nur dann eine zutreffende Sozialauswahl vor, wenn der ArbGeb die Frage der Austauschbarkeit auch auf den mit der Änderungskündigung angebotenen Arbeitsplatz bezieht und im Rahmen der sozialen Auswahl darüber hinaus prüft, welcher der vergleichbaren ArbN durch die angebotenen neuen Arbeitsbedingungen schwerer belastet wird als die anderen. Dieser ist bei im Übrigen gleicher Ausgangslage sozial schutzwürdiger. Insoweit können ua. Vorbildung und persönliche Eigenschaften wie Wendigkeit, schnelle Auffassungsgabe, Anpassungsfähigkeit und Gesundheitszustand von Bedeutung sein[7].

80 Im Rahmen der sozialen Auswahl hat der ArbGeb zwar keinen Ermessens- wohl aber einen **Wertungsspielraum**. Dieser führt dazu, dass nur deutlich schutzwürdigere ArbN mit Erfolg die Fehlerhaftigkeit der sozialen Auswahl rügen können[8]. Wird jedoch **mehreren ArbN** aus dringenden betrieblichen Gründen zur selben Zeit gekündigt, einem vergleichbaren ArbN dagegen nicht, der erheblich weniger hart von der Kündigung betroffen wäre, so können sich alle gekündigten ArbN auf diesen Auswahlfehler mit Erfolg berufen. Unter Umständen kann der ArbGeb aber Auswahlfehler, die ihm insoweit unterlaufen sind, nachträglich korrigieren[9].

81 Bei der Gewichtung der Sozialdaten spielt die Überschreitung der Altersgrenze von 50 Lebensjahren dann keine maßgebliche Rolle, wenn es um eine Änderungskündigung geht[10].

82 Sind wegen Wegfalls von qualifizierten Arbeitsplätzen lediglich Änderungskündigungen zum Zwecke der **Herabgruppierung** um eine Vergütungsgruppe erforderlich, dann darf der ArbGeb einen vergleichbaren kündbaren Angestellten jedenfalls nur dann einem unkündbaren vorziehen, wenn ihm die Her-

1 BAG v. 20.1.2000 – 2 ABR 40/99, DB 2000, 1666. | 2 Vgl. BAG v. 27.9.2001 – 2 AZR 236/00, NZA 2002, 750. | 3 BAG v. 12.1.2006 – 2 AZR 126/05, DB 2006, 1114. | 4 BAG v. 27.9.2001 – 2 AZR 246/00, EzA § 2 KSchG Nr. 41. | 5 BAG v. 22.4.2004 – 2 AZR 385/03, DB 2004, 1890. | 6 Vgl. BAG v. 13.6.1986 – 7 AZR 623/84, NZA 1987, 155. | 7 BAG v. 13.6.1986 – 7 AZR 623/84, NZA 1987, 155. | 8 BAG v. 18.1.2007 – 2 AZR 796/05, ArbuR 2007, 283. | 9 BAG v. 18.10.1984 – 2 AZR 543/83, NZA 1985, 423. | 10 BAG v. 18.1.2007 – 2 AZR 796/05, ArbuR 2007, 283

abgruppierung des kündbaren ArbN wegen gravierender Leistungsunterschiede unzumutbar ist oder wenn dem unkündbaren Angestellten auch wegen dauernder Leistungsunfähigkeit eine Änderungskündigung ausgesprochen werden könnte[1].

Für die Sozialauswahl gilt nach § 2 I auch **§ 1 III**. Gegenüber der Beendigungskündigung bestehen deshalb keine Besonderheiten. Nur dann, wenn alle ArbN von Änderungskündigungen betroffen sind, bedarf es keiner Sozialauswahl. Werden Änderungskündigungen aber nur gegenüber einzelnen ArbN ausgesprochen, muss die Sozialauswahl stets nach näherer Maßgabe des § 1 III beachtet werden. 83

3. Die außerordentliche Änderungskündigung. Es ist auch denkbar der Fall einer außerordentl. betriebsbedingten Änderungskündigung mit § 626 BGB als Prüfungsmaßstab[2]. Neben dessen Abs. 1 ist in einem solchen Falle stets die Ausschlussfrist von zwei Wochen des § 626 II BGB zu beachten[3]. 84

Bei einer solchen Änderungskündigung gelten grds. dieselben Voraussetzungen wie bei der Beendigungskündigung aus wichtigem Grund. Eine außerordentl. Änderungskündigung ist nur wie eine ordentl. Änderungskündigung begründet, wenn sie notwendig ist und die neuen Bedingungen für den ArbN zumutbar sind. Das Änderungsangebot muss der Billigkeit entsprechen. Diese Voraussetzung muss grds. für jeden einzelnen Änderungsvorschlag erfüllt sein, wenn der ArbGeb den Arbeitsvertrag in mehreren Punkten ändern möchte. Doch kann die Gesamtabwägung der beiderseitigen Interessen ergeben, dass entweder der ArbN eine an sich unzumutbare einzelne Änderung hinnehmen muss oder der ArbGeb eine an sich berechtigte Änderungskündigung nicht durchsetzen kann, weil eine besonders gewichtige einzelne Änderung für den ArbN unannehmbar ist[4].

Wie der Prüfungsmaßstab bei der außerordentl. Änderungskündigung anzulegen ist, ist ebenso wie bei der ordentl. Änderungskündigung nicht von der Reaktion des ArbN abhängig. Wie bei der Beendigungskündigung kommen auch bei der außerordentl. Änderungskündigung alle wichtigen Gründe in Frage, und zwar ohne Einschränkungen. Denkbar sind deshalb auch personen-, verhaltens- und betriebsbedingte Kündigungsgründe. Im Rahmen der betriebsbedingten Kündigungsgründe ergeben sich Besonderheiten betreffend den wichtigen Grund iSv. § 626 I BGB. Mehrere Fallgruppen sind hervorzuheben: 85

Wenn **kurzfristige Änderungen der Arbeitsbedingungen** unumgänglich sind, jedoch lange tarifl. oder gesetzl. Kündigungsfristen eingehalten werden müssen, wird allgemein anerkannt, dass es Möglichkeiten geben muss, kurzfristig solche Änderungen der Arbeitsbedingungen zu erreichen, die die Existenz des Betriebes nicht gefährden. 86

Dem wegen langer Betriebszugehörigkeit und höheren Lebensalters **nicht mehr ordentl. kündbaren ArbN** kann zur Änderung der Arbeitsbedingungen auch nicht mehr eine Änderungskündigung ausgesprochen werden. Die sog. „Unkündbarkeit" soll diesen ArbN den einmal erreichten Status sichern. Das gilt jedoch nicht, wenn es sich um eine als unabweisbar notwendig erkannte Änderung der Arbeitsbedingungen handelt. Dann ist eine außerordentl. Änderungskündigung auch in solchen Fällen möglich. Zugleich ist zu prüfen, ob die längste gesetzl. oder tarifl. Kündigungsfrist hierbei als Auslauffrist zu beachten ist. 87

Im Falle der außerordentl. Änderungskündigung eines ordentlich unkündbaren ArbN ist entscheidender Gesichtspunkt, ob das geänderte unternehmerische Konzept die vorgeschlagene Änderung erzwingt oder ob es im Wesentlichen auch ohne – oder mit weniger einschneidenden – Änderungen im Arbeitsvertrag des Gekündigten durchsetzbar bleibt. Außerdem muss der ArbGeb bereits bei der Erstellung des unternehmerischen Konzepts die in Form von vereinbarten Kündigungsausschlüssen bestehenden arbeitsvertraglich übernommenen Garantien ebenso wie andere schuldrechtliche Bindungen berücksichtigen[5]. 88

Bei der nach § 55 II Unterabs. 1 S. 2, Unterabs. 3 BAT aus dienstl. Gründen mit einer Frist von sechs Monaten zum Schluss des Kalendervierteljahres zugelassenen Änderungskündigung eines unkündbaren Angestellten zum Zwecke der **Herabgruppierung** um eine Vergütungsgruppe handelt es sich um eine sog. befristete außerordentl. Änderungskündigung aus wichtigem Grund iSv. § 54 BAT, § 626 I BGB. Auch im Rahmen dieser Vorschriften kann ein wichtiger Grund vorliegen, wenn die Änderung der Arbeitsbedingungen das Ziel hat, der konkreten Gefahr einer Betriebsschließung wegen Insolvenz zu begegnen[6]. 89

Weiterhin kommt in Betracht eine außerordentl. Änderungskündigung in Gestalt einer **Massenänderungskündigung** gegenüber BR-Mitgliedern, anderen Amtsträgern und Wahlbewerbern nach § 15 KSchG[7]. 90

IV. Andere Unwirksamkeitsgründe. Änderungskündigungen sind insb. unwirksam, wenn zB keine ordnungsgemäße Anhörung des BR vorliegt oder im Zeitpunkt des Zugangs der Änderungskündigung ein 91

1 BAG v. 17.5.1984 – 2 AZR 161/83, AP Nr. 3 zu § 55 BAT. | 2 BAG v. 21.6.1995 – 2 ABR 28/94, NZA 1995, 1157. | 3 Vgl. dazu im Einzelnen BAG v. 25.3.1976 – 2 AZR 127/75, DB 1976, 1066. | 4 BAG v. 7.6.1973 – 2 AZR 450/72, DB 1973, 1706. | 5 BAG v. 2.3.2006 – 2 AZR 64/05, DB 2006, 1740. | 6 BAG v. 1.3.2007 – 2 AZR 580/05, DB 2007, 1413. | 7 Vgl. BAG v. 21.6.1995 – 2 ABR 28/94, NZA 1995, 1157.

Kündigungsverbot bestanden hat, etwa auf Grund eines TV[1]. Vgl. oben Rz. 3 ff. sowie unten Rz. 130 „Änderungskündigung von A–Z“.

92 **V. Betriebliche Mitbestimmung. 1. § 102 BetrVG, § 72 BPersVG.** Der BR ist vor dem Ausspruch von Änderungskündigungen – ebenso wie bei Beendigungskündigungen – anzuhören. Dabei ist er über das Änderungsangebot zu unterrichten[2]. Die nicht ordnungsgemäße Mitteilung des Änderungsangebots führt gem. § 102 I 3 BetrVG zur Rechtsunwirksamkeit der Änderungskündigung[3]. Will der ArbGeb im Wege der Änderungskündigung die Arbeitsbedingungen einseitig ändern, so hat er dem BR das Änderungsangebot und die Gründe für die beabsichtigte Änderung der Arbeitsbedingungen mitzuteilen. Das Gleiche gilt, wenn er sich eine Beendigungskündigung vorbehalten und dazu eine erneute Anhörung ersparen will, um zu verdeutlichen, dass er im Falle des Ablehnungsänderungsangebotes durch den ArbN eine Beendigungskündigung beabsichtigt. Bleibt für den BR offen, ob die Ablehnung des Änderungsangebotes die Beendigungskündigung zur Folge haben soll, so liegt keine ordnungsgemäße Anhörung des BR iSd. § 102 I BetrVG zu der vom ArbGeb ausgesprochenen Beendigungskündigung vor[4]. Der ArbGeb kann den BR im Übrigen nicht wirksam zu einer Kündigung anhören, ohne bereits einen aktuellen Kündigungsentschluss gefasst zu haben.

93 Hat der ArbGeb den BR nur über eine **beabsichtigte Beendigungskündigung** unterrichtet und dem ArbN erst nach Durchführung des Anhörungsverfahrens ein Änderungsangebot gemacht und diesem gegenüber sodann eine Änderungskündigung ausgesprochen, dürfte von einer nicht ordnungsgemäßen Unterrichtung des BR auszugehen sein[5].

94 Zu einer ordnungsgemäßen Anhörung des BR im Falle einer betriebsbedingten Änderungskündigung gehört grds. auch die **Angabe der Kündigungsfristen** der betroffenen ArbN, und zwar insb. dann, wenn sich erst daraus die Tragweite der geplanten personellen Maßnahme (zB die Reduzierung des Weihnachtsgeldes), bezogen auf das laufende oder das nachfolgende Kalenderjahr, ermitteln lässt[6]. Jedoch ist die Unterrichtung des BR bzw. PersR über eine beabsichtigte ordentl. Kündigung gem. § 102 I BetrVG bzw. § 72 BPersVG nicht alleine deshalb fehlerhaft, weil der ArbGeb eine unrichtige Kündigungsfrist oder einen unrichtigen Endtermin angegeben hat, zu dem die Kündigung wirksam werden kann[7].

95 Bezweckt eine Änderungskündigung eine **Umsetzung** iSv. § 75 I Nr. 3 BPersVG, so hat die Dienststelle hinsichtlich der Änderungskündigung das Mitwirkungsverfahren und hinsichtlich der Umsetzung das Mitbestimmungsverfahren einzuleiten. Entscheidet der Leiter der obersten Dienststelle im Stufenverfahren aus Anlass einer von der Beschäftigungsdienststelle beabsichtigten Beendigungskündigung, lediglich eine Änderungskündigung mit dem Ziel einer Umsetzung iSv. § 75 I Nr. 3 BPersVG auszusprechen, so steht das MitbestR bei der Umsetzung der Hauptbetriebsvertretung zu[8]. Haben ArbGeb und BR abweichend von § 102 BetrVG vereinbart, dass Kündigungen der ausdrücklichen Zustimmung des BR bedürfen und dass bei Meinungsverschiedenheiten die Einigungsstelle entscheidet, so kann der ArbGeb seine Mitteilungen zu den Kündigungsgründen auch noch im Verfahren vor der Einigungsstelle vervollständigen[9].

96 Besonderheiten können für **Änderungskündigungen gegenüber BR-Mitgliedern** nach Stilllegung einer Abteilung[10] gelten.

97 Im Übrigen wird hinsichtlich der Anforderungen an eine ordnungsgemäße BR-Anhörung hinsichtlich des Kündigungsgrundes bzw. der Kündigungsgründe auf die Komm. zu § 102 BetrVG verwiesen.

98 **2. § 99 BetrVG.** Personelle Einzelmaßnahmen iSv. § 99 BetrVG sind mitbestimmungspflichtig, bedürfen also der Zustimmung des BR, dem ein Vetorecht zusteht. Ggf. kann die Zustimmung des BR durch das ArbG ersetzt werden.

Beispiel: Der ArbN A im Unternehmen B soll im Wege der Änderungskündigung von der Niederlassung Hamburg in die Niederlassung München versetzt werden. § 99 BetrVG ist neben § 102 BetrVG (Anhörung des BR Hamburg) zu beachten, und zwar bezogen auf beide BR. Der BR Hamburg ist gem. § 99 BetrVG wegen Versetzung und der BR München wegen Einstellung zu beteiligen.

99 Eine Änderungskündigung kann auch dann wirksam ausgesprochen werden, wenn die verweigerte Zustimmung des BR zur Versetzung noch nicht durch das ArbG ersetzt worden ist. Es ist Auffassung des BAG, dass § 99 BetrVG gegenüber § 102 BetrVG nicht die speziellere Regelung ist und § 102 BetrVG daher nicht verdrängt[11]. Gegen die Annahme eines solchen Spezialitätsverhältnisses spricht schon, dass § 99 BetrVG und § 102 BetrVG in Voraussetzung und Wirkung unterschiedlich sind. Während § 102

1 BAG v. 10.3.1982 – 4 AZR 158/79, DB 1982, 1520. | 2 BAG v. 10.3.1982 – 4 AZR 158/79, DB 1982, 1520. | 3 BAG v. 3.4.1987 – 7 AZR 66/86, NZA 1988, 37; v. 3.4.1987 – 7 AZR 65/86, nv. | 4 BAG v. 30.11.1989 – 2 AZR 197/89, NZA 1990, 529. | 5 BAG v. 27.5.1982 – 2 AZR 96/80, BB 1985, 56. | 6 BAG v. 29.3.1990 – 2 AZR 420/89, NZA 1990, 894. | 7 BAG v. 29.1.1986 – 7 AZR 257/84, NZA 1987, 32. | 8 BAG v. 6.8.2002 – 1 ABR 47/01, nv. | 9 BAG v. 7.12.2000 – 2 AZR 391/99, NZA 2001, 495. | 10 BAG v. 28.10.1999 – 2 AZR 437/98, DB 2000, 578. | 11 So bereits *Hanau*, BB 1972, 455.

II BetrVG das Zustimmungsverfahren beim ArbG erfolgreich durchgeführt haben. Das gilt auch für den Fall einer Änderungskündigung, die sich gegen den ArbN als Einzelnen richtet[1].

105 **VII. § 17 KSchG.** Der Massenentlassungsschutz des § 17 gilt nicht für Änderungskündigungen, die von den ArbN unter dem Vorbehalt ihrer sozialen Rechtfertigung angenommen worden sind[2].

106 **VIII. Insolvenz.** Auch im Rahmen einer Insolvenz kommen Änderungskündigungen in Betracht. Diese müssen zunächst durch den Insolvenzverwalter ausgesprochen werden. In der Insolvenz gelten abgekürzte Fristen. In Betracht kommen zum einen außerordentl. fristlose Änderungskündigungen und zum anderen ordentl. Änderungskündigungen. Soweit es sich in diesem Zusammenhang um eine Betriebsänderung handelt, greift § 125 InsO ein. Im Übrigen bedarf es auch in der Insolvenz der Betriebsbedingtheit. Nicht selten versuchen Insolvenzverwalter, das Einkommensniveau der ArbN zu Gunsten der Überlebensfähigkeit bzw. Veräußerungsfähigkeit des Betriebs abzusenken. Für die Sozialauswahl gelten keine Besonderheiten. Die Änderungskündigung kommt unter Umständen als geeignetes Instrument in Betracht, ArbN aus einem sich im Insolvenzverfahren befindlichen Unternehmen „herauszukündigen" und in einer Beschäftigungs- und Qualifizierungsgesellschaft zu „parken". Schließlich stellt sich im Insolvenzverfahren unter Umständen die Frage, ob der Insolvenzverwalter berechtigt ist, die Änderungskündigung durch die Notwendigkeit der Erfüllung eines bestimmten „Quorums" mit der Zustimmung der ArbN zu verbinden. Einerseits ist zu beachten, dass jede Kündigung bedingungsfeindlich ist. Gleichwohl lässt sich die These aufstellen, dass Bedingungen, die nicht am Kündigungsgrund anknüpfen, sondern im Änderungsangebot verankert sind, zulässig sind[3]. Auch im Insolvenzverfahren gilt § 17. Deshalb ist der Insolvenzverwalter verpflichtet, bei einer nach § 17 I gegebenen Anzeigepflichtigkeit die Massenentlassungsanzeige zu erstatten.

107 **IX. Prozessuale Fragen. 1. Allgemeines und Anträge.** Nimmt der ArbN das Änderungsangebot **ohne Vorbehalt an**, kommt es regelmäßig nicht zu einer Klage.

108 **Lehnt der ArbN** das Änderungsangebot **ab**, kommt keine Änderungskündigungsschutzklage, sondern eine normale Kündigungsschutzklage gegen die in der Änderungskündigung als erstes Element enthaltene Beendigungskündigung in Betracht. Dies hat mit der dafür vorgesehenen Antragstellung zu geschehen (vgl. die Komm. zu §§ 1, 4).

109 Wird das Änderungsangebot **unter Vorbehalt angenommen**, soll jedoch gleichzeitig geltend gemacht werden, dass die Änderungskündigung sozial ungerechtfertigt ist, so muss innerhalb von drei Wochen nach Zugang der Änderungskündigung Klage beim ArbG mit dem dafür gem. § 4 S. 2 vorgesehenen Antrag auf Feststellung erhoben werden, dass die Änderung der Arbeitsbedingungen sozial ungerechtfertigt ist. Darüber hinaus kann der ArbN gem. § 256 ZPO auf Feststellung klagen, dass die Änderung der Arbeitsbedingungen im Zusammenhang mit einer bestimmten Änderungskündigung unwirksam ist. Ist dies geschehen, so ist auch die sich aus § 15 ergebende Unzulässigkeit einer Änderungskündigung zu berücksichtigen[4].

110 Demgemäß ist bei der gerichtl. Nachprüfung der Wirksamkeit einer vom ArbGeb erklärten Änderungskündigung nicht auf die Frage der Beendigung des Arbeitsverhältnisses, sondern auf das Angebot des ArbGeb abzustellen, das Arbeitsverhältnis unter bestimmten anderen Bedingungen fortzusetzen. Dies gilt auch dann, wenn der ArbN das Angebot ablehnt, sich aber gegen die Wirksamkeit der Beendigungskündigung im Klagewege wendet.

111 Streiten die Parteien im Rahmen einer Änderungsschutzklage nach § 4 S. 2 nur um die **Wirksamkeit des** vom ArbN nach § 2 erklärten **Vorbehalts**, so ist nicht nur der Inhalt, sondern der Bestand des Arbeitsverhältnisses im Prozess streitig[5]. Allgemein wird jedoch angenommen, dass die Fassung des Gesetzes nicht so eng aufgefasst werden darf und sich der Streitgegenstand nicht allein auf die Sozialwidrigkeit der Änderungskündigung beschränkt, sondern die Wirksamkeit der Änderung der Arbeitsbedingungen insgesamt Streitgegenstand ist[6]. In der Praxis sollte sich der ArbN auch zur Vermeidung von Rechtsnachteilen vor Klageerhebung eindeutig entscheiden, ob er das Änderungsangebot ablehnt und Kündigungsschutzklage erhebt oder ob er das Änderungsangebot unter Vorbehalt annimmt und Änderungskündigungsschutzklage erhebt. Wird der Vorbehalt nämlich erst nach Klageerhebung erklärt, muss der Antrag umgestellt werden. Abgesehen davon kann der ArbGeb aus der vorherigen Erhebung der Kündigungsschutzklage mit dem normalen Feststellungsantrag nur schließen, dass lediglich die Wirksamkeit der Beendigungskündigung angegriffen wird, ohne dass der ArbN den Vorbehalt erklärt hat. Ist diese Klage bereits zugestellt worden, bevor der Vorbehalt erklärt worden ist, so ist damit von der Wahlmöglichkeit Gebrauch gemacht und die Änderung der Arbeitsbedingungen endgültig abgelehnt worden. Somit kann der Vorbehalt nur noch zwischen dem Eingang der Klage beim ArbG bis zu deren Zustellung erklärt werden, wobei tunlichst der Klageantrag entsprechend geändert werden sollte.

1 BAG v. 12.8.1976 – 2 AZR 303/75, BB 1976, 1415. | 2 BAG v. 10.3.1982 – 4 AZR 158/79, DB 1982, 1520. | 3 *Fischer*, Die Änderungskündigung in der Insolvenz, NZA 2002, 536 (539). | 4 BAG v. 29.1.1981 – 2 AZR 778/78, DB 1981, 2283. | 5 BAG v. 28.3.1985 – 2 AZR 548/83, NZA 1985, 709. | 6 BAG v. 27.6.1985 – 2 AZR 385/84, nv.; vgl. auch BAG v. 21.1.1993 – 2 AZR 330/92, NZA 1993, 1099.

BetrVG nur bei Kündigungen des ArbGeb eingreift, ist es für die Anwendung des § 99 BetrVG gar nicht von Belang, ob der beabsichtigten Maßnahme eine Kündigung oder das Einverständnis der Parteien zugrunde liegt oder ob sie auf dem Direktionsrecht des ArbGeb beruht[1]. Das Einverständnis des ArbN macht das Beteiligungsverfahren nach § 99 BetrVG bezüglich der Versetzung nur dann entbehrlich, wenn zB der ArbN diese selbst gewünscht hat oder sie jedenfalls seinen Wünschen und seiner freien Entscheidung entspricht. Für eine derartige Annahme reicht allerdings der Verzicht auf die Klageerhebung gegen eine entsprechende Änderungskündigung noch nicht aus. Grund für den Wegfall des Beteiligungsverfahrens nach § 99 BetrVG ist der Umstand, dass der BR das freiwillige Ausscheiden eines ArbN aus dem Betrieb letztlich nicht verhindern kann. In einem solchen Fall beschränkt sich die Beteiligung des BR des abgebenden Betriebs auf eine Unterrichtung nach § 99 I BetrVG[2].

Der BR kann im Rahmen seiner Rechte nach § 99 BetrVG einerseits und gem. § 102 BetrVG andererseits durchaus zu unterschiedlichen Entscheidungen kommen, zB der Änderungskündigung nach § 102 BetrVG widersprechen, der Entscheidung des ArbGeb gem. § 99 BetrVG jedoch zustimmen[3]. Verweigert der BR seine Zustimmung zur Versetzungsabsicht des ArbGeb nach § 99 BetrVG und spricht der ArbGeb gegenüber dem betroffenen ArbGeb gleichwohl die Änderungskündigung aus, die dieser wirksam unter Vorbehalt annimmt, so ergibt sich folgende Fallkonstellation: Die Änderungskündigung ist zwar vom ArbGeb ausgesprochen worden, er kann sie aber nicht umsetzen. Nach herrschender Auffassung[4] ist der hieraus resultierende Konflikt zwischen der möglichen Wirksamkeit der Änderungskündigung und der möglichen Folge, dass sie nach endgültiger Verweigerung der Zustimmung nicht mehr durchgeführt werden kann, in Kauf zu nehmen. 100

Im Übrigen lässt die unterlassene Beteiligung des BR nach § 99 I BetrVG die Wirksamkeit der Änderungskündigung unberührt. 101

3. § 87 Abs. 1 Nr. 10 BetrVG. Die allgemeine Abänderung einer zB auf vertragl. Einheitsregelungen beruhenden Auslösung bedarf kollektivrechtl. nach § 87 I Nr. 10 BetrVG der Mitbest. des BR sowie individualrechtl. der Änderungsvereinbarung oder Änderungskündigung. Weder das kollektivrechtl. noch das individualrechtl. Erfordernis ist vorrangig. Eine nicht mitbestimmte, aber sozial gerechtfertigte Änderung der Vertragsbedingungen kann der ArbGeb lediglich nicht durchsetzen, solange die Mitbest. nicht durchgeführt ist[5]. Mithin ist die vorhergehende Mitbest. des BR gem. § 87 I Nr. 10 BetrVG für die Wirksamkeit der Änderungskündigung nicht erforderlich. Im Falle rechtzeitiger Vorbehaltsannahme gem. § 2 ist lediglich die Durchsetzung der Änderung davon abhängig, dass die Mitbest. des BR erfolgt ist. Nimmt ein ArbN das mit der Änderungskündigung verbundene Änderungsangebot aber nicht oder nicht rechtzeitig an, so handelt er auf eigenes Risiko. Erweist sich die Änderungskündigung als im Übrigen wirksam bzw. sozial gerechtfertigt, ist das Arbeitsverhältnis mangels Vorbehaltsannahme beendet und infolge dessen wird die Durchsetzung der Mitbest. für diesen ArbN nicht mehr relevant[6]. 102

4. Zuweisung einer Tätigkeit auf Grund Tarifvertrag. Es ist denkbar, dass ein TV den ArbGeb berechtigt, ohne Änderung des Arbeitsvertrages bei Erfüllung der tarifl. Erfordernisse dem ArbN einseitig eine andere, auch nach einer niedrigeren Lohngruppe zu vergütende Tätigkeit zuzuweisen. Diese tarifl. Regelung verstößt nicht gegen vorrangiges staatliches Recht. Von dieser Tarifnorm abweichende einzelvertragl. Vereinbarungen sind rechtl. möglich. Die Zuweisung einer tarifl. niedriger zu bewertenden Tätigkeit kann im Bereich des öffentl. Dienstes mitbestimmungspflichtig iSv. § 75 I Nr. 2 BPersVG erfolgen. Die Verweigerung der Zustimmung der Personalvertretung zu einer solchen Personalmaßnahme ist unbeachtlich, wenn Verweigerungsgründe überhaupt nicht angegeben sind oder bereits nach dem Vorbringen der Personalvertretung das Nichtvorliegen von Verweigerungsgründen iSv. § 77 II BPersVG offensichtlich ist[7]. 103

VI. § 15 KSchG. Nach § 15 ist eine ordentl. Kündigung, die gegenüber einem Mitglied des BR oder der Personalvertretung oder einem der sonst geschützten ArbN zum Zweck der Änderung der Arbeitsbedingungen ausgesprochen wird, auch dann unzulässig, wenn gleichzeitig allen anderen ArbN des Betriebes oder einer Betriebsabteilung eine derartige Änderungskündigung (sog. Gruppen- oder Massenänderungskündigung) erklärt wird. Die sich aus § 15 ergebende Unzulässigkeit einer Änderungskündigung ist bei einer Klage gegen eine nach § 2 unter Vorbehalt angenommene Kündigung jedenfalls dann zu berücksichtigen, wenn der ArbN über den nach § 4 S. 2 vorgesehenen Antrag hinaus auf Feststellung klagt, dass die Änderung der Arbeitsbedingungen in Zusammenhang mit einer bestimmten Änderungskündigung unwirksam ist[8]. Im Übrigen steht dem Mitglied eines Wahlvorstands der besondere Kündigungsschutz des § 15 III 1 KSchG iVm. § 103 BetrVG auch dann zu, wenn in dem Betrieb noch kein BR besteht. Hier muss der ArbGeb, bevor er eine außerordentl. Kündigung wirksam aussprechen kann, analog § 103 104

---

1 BAG v. 3.7.1986 – 2 AZR 343/85, nv. | 2 *Fitting*, § 99 BetrVG Rz. 147 mwN. | 3 Vgl. BAG v. 30.9.1993 – 2 AZR 283/93, NZA 1994, 615. | 4 Vgl. BAG v. 30.9.1993 – 2 AZR 283/93, NZA 1994, 615. | 5 BAG v. 17.6.1998 – 2 AZR 336/97, NZA 1998, 1225. | 6 BAG v. 23.11.2000 – 2 AZR 690/99, nv. | 7 BAG v. 22.5.1985 – 4 AZR 427/83, NZA 1986, 166. | 8 BAG v. 29.1.1981 – 2 AZR 778/78, DB 1981, 2283; bestätigt durch BAG v. 2.4.1992 – 2 AZR 481/91, nv.

lich gewesen ist[1]. Dies gilt insb. auch für anderweitige Beschäftigungsmöglichkeiten, die zu einem geringeren Verdienst führen als die angebotene[2].

120 Auch im Änderungskündigungsschutzprozess gilt der Grundsatz, dass der ArbGeb sich nur auf diejenigen Gründe berufen kann, die bereits Gegenstand des **Anhörungsverfahrens nach § 102 BetrVG** waren[3].

121 **3. Weiterbeschäftigung.** Nicht selten wird auch im Änderungskündigungsschutzprozess vom ArbN der allgemeine Weiterbeschäftigungsanspruch geltend gemacht. Wenn dieser aber die Änderungskündigung unter Vorbehalt nach § 2 angenommen hat, so ist der ArbGeb nicht auf Grund des allgemeinen Beschäftigungsanspruchs verpflichtet, den ArbN vorläufig zu den bisherigen Bedingungen weiterzubeschäftigen. Allerdings kann entsprechend § 102 V BetrVG ein solcher Beschäftigungsanspruch dann bestehen, wenn der BR einer mit der Änderung der Arbeitsbedingungen verbundenen Versetzung oder Umgruppierung widersprochen hat, die Zustimmung nicht ersetzt worden ist und es dem ArbGeb auch verwehrt ist, die Maßnahmen vorläufig durchzuführen[4].

122 **4. Rechtsfolgen. Nimmt der ArbN** das Änderungsangebot **ohne Vorbehalt an**, so wird das Arbeitsverhältnis ohne weiteres zu den geänderten Bedingungen fortgesetzt.

123 **Lehnt der ArbN** das Änderungsangebot **ab** oder nimmt er es nicht rechtzeitig an und klagt er auch nicht gegen die in der Änderungskündigung enthaltene Beendigungskündigung rechtzeitig, so endet das Arbeitsverhältnis entweder mit Ablauf der in der Beendigungskündigung vorgesehenen Frist bzw. bei außerordentl. Beendigungskündigungen entweder mit deren Zugang oder mit dem Ende der dort vorgesehenen Auslauffrist. Klagt der ArbN dagegen fristgerecht gegen die in der Änderungskündigung enthaltene Beendigungskündigung, so handelt es sich um eine ganz normale Kündigungsschutzklage. Also endet das Arbeitsverhältnis, falls der ArbN in diesem Prozess rechtskräftig unterliegt. Lehnt der ArbN nach Ausspruch einer Änderungskündigung durch den ArbGeb die Fortsetzung des Arbeitsverhältnisses zu geänderten Arbeitsbedingungen ab, so kann hierin ein **böswilliges Unterlassen** liegen, zumutbare Arbeiten anzunehmen (§ 11 S. 1 Nr. 2)[5].

124 **Nimmt der ArbN** das Änderungsangebot fristgerecht **unter Vorbehalt** an und klagt er dagegen ebenfalls fristgerecht mit dem Antrag nach § 4 S. 2 KSchG und/oder § 256 ZPO, so steht der Bestand des Arbeitsverhältnisses als solcher nicht im Streit und ist deshalb für den ArbN nicht in Gefahr. Wenn sich im Prozess rechtskräftig erweist, dass die Änderung der Arbeitsbedingungen auf Grund der Änderungskündigung sozial ungerechtfertigt ist, so wird das Arbeitsverhältnis zu den bisherigen Arbeitsbedingungen fortgesetzt. Steht dagegen rechtskräftig fest, dass die Änderungskündigung sozial gerechtfertigt ist, wird das Arbeitsverhältnis nach näherer Maßgabe des Änderungsangebots fortgesetzt.

125 **5. Rücknahme der Änderungskündigung.** Die Rücknahme der Änderungskündigung erfolgt wie bei der Beendigungskündigung durch einen sog. Aufhebungsvertrag. Eine einseitige Rücknahme durch den ArbGeb ist nicht möglich. Begehrt der ArbN in dieser Situation die Fortführung des Änderungskündigungsschutzprozesses, so stellt sich die Frage, ob insoweit noch ein Rechtsschutzbedürfnis besteht[6]. Es spricht einiges dafür, dem ArbN einen Anspruch darauf zu gewähren, dass die vom ArbGeb nicht wirksam zurückgenommene Änderungskündigung durch entsprechende gerichtl. Feststellungsentscheidung wieder beseitigt. Demgegenüber wird allerdings auch die Meinung vertreten, dass die Klage des ArbN in einem solchen Falle mangels Rechtsschutzbedürfnis kostenpflichtig abzuweisen ist. Haben sich ArbGeb und ArbN materiell über die Rücknahme der Änderungskündigung geeinigt, kommt eine Prozessbeendigung durch übereinstimmende Erledigungserklärungen der Parteien gem. § 91a ZPO oder durch Klagerücknahme oder durch Abschluss eines Vergleichs mit dem Inhalt der einvernehmlichen Rücknahme der Änderungskündigung in Betracht.

126 **6. Kosten.** Hinsichtlich der Kosten bestehen grds. keine Besonderheiten. Einschlägig sind die §§ 91, 92, 97 ZPO. In der 1. Instanz ist jedoch hinsichtlich der Kostenerstattung § 12a ArbGG zu beachten. Das Verhältnis der Änderungskündigungsschutzklage zur Klage auf Weiterbeschäftigung dürfte mit $^3/_4$ zu $^1/_4$ bewertet werden.

127 Besonderheiten ergeben sich im Rahmen nur vermeintlicher Änderungskündigungen im Rechtssinne und den ins Leere gehenden formell wirksamen Änderungskündigungen. Richtet der ArbGeb eine nur vermeintliche – nämlich nur scheinbare – „Änderungskündigung“ im Rechtssinne an den ArbN und soll diese anschließend durch eine entsprechende gerichtl. Feststellungsentscheidung wieder aus der Welt geschaffen werden, so gehen die Kosten des dadurch verursachten Rechtsstreits zu Lasten des Veranlassers, also des ArbGeb. Das gilt jedenfalls dann, wenn es unabhängig von den Klageanträgen im Kern alleine darum geht, ob es sich um eine rechtswirksame „Änderungskündigung“ im Rechtssinne gehandelt hat oder nicht und dies zu verneinen ist bzw. zu verneinen gewesen wäre[7].

---

1 BAG v. 7.11.1985 – 2 AZR 649/84, nv. | 2 BAG v. 21.1.1993 – 2 AZR 330/92, NZA 1993, 1099. | 3 BAG v. 11.10.1989 – 2 AZR 61/89, NZA 1990, 607. | 4 BAG v. 18.1.1990 – 2 AZR 183/89, NZA 1990, 734; vgl. auch BAG v. 19.12.1991 – 2 AZR 280/91, nv. | 5 Vgl. BAG v. 16.6.2004 – 5 AZR 508/03, NZA 2004, 1155. | 6 Vgl. BAG v. 27.5.1982 – 2 AZR 178/80, nv. | 7 Vgl. div. diesbezügliche Entscheidungen des LAG Sa.-Anh. v. 23.1.2002 – 4 Sa 829/99, 4 Sa 830/99, 4 Sa 831/99, 4 Sa 860/99, 4 Sa 948/99, nv.

Gelegentlich wird im Kündigungsschutzprozess darüber gestritten, ob der ArbN das Änderungsangebot des ArbGeb durch eine **form- und fristgerechte Erklärung** angenommen hat. Dann sollte in erster Linie der Änderungskündigungsschutzantrag und in zweiter Linie hilfsweise der normale Kündigungsschutzantrag gestellt werden. Analog § 6 kann nämlich die hilfsweise Kündigungsschutzklage auch noch erhoben werden, wenn die Drei-Wochen-Frist des § 4 abgelaufen ist. Allerdings muss die Änderungskündigungsschutzklage innerhalb der Drei-Wochen-Frist erhoben worden sein. Dies gilt nur dann nicht, wenn andere Unwirksamkeitsgründe geltend gemacht werden (sollen). 112

Im Rahmen der Antragstellung sollte beachtet werden, dass § 4 S. 2 nur einen Teil der Unwirksamkeitsgründe, nämlich die Sozialwidrigkeit, erfasst. Wenn **weitere Unwirksamkeitsgründe** geltend gemacht werden und vom Gericht geprüft werden sollen, mag daneben oder stattdessen der weiter gehende Antrag nach § 256 ZPO gestellt werden. 113

Wenn der ArbN das mit der Änderungskündigung verbundene Angebot unter dem Vorbehalt des § 2 angenommen hat, kann er sich auf sonstige Unwirksamkeitsgründe – zB gem. § 102 BetrVG – jetzt nicht mehr berufen, wenn er die Klage nach Ablauf der **Frist des § 4** erhebt[1]. Jedoch ist das Rechtsschutzbedürfnis für eine Kündigungsschutzklage fraglich, wenn das Arbeitsverhältnis unter geänderten Arbeitsbedingungen auf Grund Änderungskündigung fortgesetzt wird[2]. 114

Wenn ein ArbGeb mit Blick auf die schwierige Abgrenzung zwischen noch zulässiger Ausübung des **Direktionsrechts** und der Notwendigkeit der Änderungskündigung die Änderungskündigung nur **vorsorglich** ausspricht und gleichzeitig die Änderung der Arbeitsbedingungen per Direktionsrecht anordnet, muss der ArbN hierauf mit entsprechenden Anträgen reagieren, nämlich erstens dem Antrag auf Feststellung, dass die Änderung der Arbeitsbedingungen per Direktionsrecht unwirksam ist und zweitens dem Antrag festzustellen, dass die Änderung der Arbeitsbedingungen gem. der vorsorglichen Änderungskündigung sozial ungerechtfertigt ist. Entsprechendes gilt für die Ausübung des Widerrufsrechts. 115

Bietet der ArbGeb dem ArbN im Zusammenhang mit einer Kündigung nur noch eine **befristete Weiterbeschäftigung** an, so handelt es sich nicht um eine Änderungskündigung, die unter dem Vorbehalt des § 2 S. 2 angenommen und mit einer Änderungsschutzklage nach § 4 S. 2 bekämpft werden kann[3]. Deshalb muss sich der ArbN hier gegen die Beendigungskündigung wenden (vgl. § 4). Außerdem sollte daneben der allgemeine Feststellungsantrag nach § 256 ZPO gestellt werden. Bei der Klage zur **Kontrolle der Befristung einzelner Vertragsbedingungen** handelt es sich auch um eine allgemeine Feststellungsklage nach § 256 I ZPO[4]. 116

Ob der ArbN daneben im Rahmen einer Änderungskündigungsschutzklage einen **Auflösungsantrag** stellen kann, wird nicht einheitlich beurteilt. Falls das Änderungsangebot abgelehnt und eine ganz normale Kündigungsschutzklage erhoben worden ist, können beide Seiten unter den Voraussetzungen der §§ 9, 10 Auflösungsantrag stellen. Hat der ArbN das Änderungsangebot des ArbGeb jedoch unter Vorbehalt angenommen, steht nicht der Bestandsschutz des Arbeitsverhältnisses, sondern nur der Vertragsinhaltsschutz im Streit. Das rechtfertigt die Auffassung, dass im Rahmen einer Änderungskündigungsschutzklage der Antrag auf Auflösung des Arbeitsverhältnisses gem. § 9 I wegen der unter Vorbehalt angenommenen Änderungskündigung abzulehnen ist. Auch eine entsprechende Anwendung des § 9 I kommt nicht in Betracht. 117

2. Darlegungs- und Beweislast, Verwertungsbeschränkungen. Auch für Änderungskündigungen gilt zunächst einmal der Grundsatz des § 1 II 4, wonach der ArbGeb die Tatsachen zu beweisen hat, die die Kündigung bedingen. Für die rechtzeitige Annahme des Änderungsangebots ohne oder unter Vorbehalt ist jedoch der ArbN ebenso darlegungs- und beweispflichtig wie für die fristgerechte Erhebung der Änderungsschutzklage. Durch die rechtzeitige Klageerhebung ist die rechtzeitige Annahme des Änderungsangebots mit oder ohne Vorbehalt keinesfalls gewährleistet. Deshalb sollte einerseits die Klage beim ArbG binnen drei Wochen erhoben und andererseits die Annahmeerklärung mit oder ohne Vorbehalt *direkt* gegenüber dem ArbGeb ebenfalls binnen drei Wochen erfolgen, und zwar nebst ordnungsgemäßem Zugangsnachweis bspw. durch Boten, förmliche Zustellung oder Einwurf- bzw. Übergabeeinschreiben. Weiterhin muss der ArbN im Kündigungsprozess darlegen und unter Beweis stellen, dass er einem vor der Beendigungskündigung gemachten entsprechenden Änderungsangebot zumindest unter Vorbehalt zugestimmt hätte[5]. 118

Im Rahmen einer **betriebsbedingten Änderungskündigung** gelten die Grundsätze der **abgestuften Darlegungslast**, wonach der ArbN darzulegen hat, wie er sich eine anderweitige Beschäftigung vorstellt, wenn sein bisheriger Arbeitsplatz tatsächlich weggefallen ist. Sodann muss der ArbGeb eingehend erläutern, aus welchen Gründen eine Umsetzung auf einen entsprechenden freien Arbeitsplatz nicht mög- 119

1 BAG v. 28.5.1998 – 2 AZR 615/97, DB 1998, 2168. | 2 BAG v. 27.5.1982 – 2 AZR 178/80, nv. | 3 BAG v. 17.5.1984 – 2 AZR 109/83, DB 1985, 1190. | 4 BAG v. 23.1.2002 – 7 AZR 563/00, DB 2002, 1326. | 5 BAG v. 27.9.1984 – 2 AZR 62/83, NZA 1985, 455.

128 Von der nur vermeintlichen „Änderungskündigung" im Rechtssinne ist die Änderungskündigung zu unterscheiden, die zwar formell in Ordnung und damit eine echte Änderungskündigung im Rechtssinne ist, die jedoch ins Leere geht, weil sie etwa lediglich auf die Erreichung eines Rechtszustandes hinzielt, der ohnehin bereits gilt. Wenn eine solche Änderungskündigung materiell ins Leere geht, so könnte das auch für die dagegen gerichtete Klage gelten, die deshalb kostenpflichtig abzuweisen ist[1]. Dabei ist jedoch Folgendes zu berücksichtigen: Setzt der ArbGeb eine Änderungskündigung betreffend einen ohnehin geltenden Rechtszustand als Verursacher in die Welt, so ist sie auf seine Kosten durch entsprechende gerichtl. Entscheidung wieder aus der Welt zu schaffen. Daran ändert nichts der Umstand, dass die Änderungskündigung vom ArbGeb nur vorsorglich ausgesprochen wurde. Gleichwohl muss der ArbN gegen sie zunächst schon zur Wahrung der Klagefrist gerichtlich vorgehen, auch wenn sich später erweist, dass diese Änderungskündigung von Anfang an ins Leere gegangen ist. In einer solchen Fallkonstellation ist es allerdings auch denkbar, die Kosten des Rechtsstreits unter Berücksichtigung des bisherigen Sach- und Streitstandes nach billigem Ermessen unter Heranziehung der §§ 91, 92, 97 ZPO gegeneinander aufzuheben[2].

129 Über den **Streitwert** bei einer Änderungskündigung lässt sich trefflich streiten. Die Bandbreite der Meinungen ist groß. Zum Teil wird von einem Streitwert von drei Bruttomonatsverdiensten ausgegangen[3]. Das BAG hat sich in seiner Entscheidung vom 23.3.1989[4] auf den Standpunkt gestellt, Rechtsgrundlage für die Bemessung des Gebührenstreitwerts bei einer Änderungsschutzklage seien die §§ 12 ff. GKG, insb. § 17 III GKG iVm. § 3 ZPO. Dementsprechend meint das LAG Hamburg in mehreren Entscheidungen betreffend die Wertberechnung bei einer Änderungskündigungsschutzklage, es sei gem. § 17 III GKG iVm. § 3 ZPO grds. vom dreifachen Jahresbetrag des Differenzwertes zwischen ehemaligen und geänderten Vertragsbedingungen auszugehen. Da die in § 12 VII 1 ArbGG aF genannte Höchstgrenze jedoch niedriger sei, könne der Gegenstandswert dem Wert der Kündigungsschutzklage entsprechend auf 3 Monatsgehälter festgesetzt werden[5]. Die erste Kammer des LAG Sa.-Anh. hat sich in ihrem Beschl. v. 1.2.2000 – 1 Ta 136/99 auf den Standpunkt gestellt, der Gegenstandswert der anwaltlichen Tätigkeit berechne sich unter Heranziehung der entstehenden Gehaltsdifferenz, wenn die Änderungskündigung unter Vorbehalt angenommen worden sei. Habe die Änderungskündigung zusätzlich weitere nachteilige Folgen, könne dies werterhöhend gem. § 3 ZPO zu berücksichtigen sein. *Germelmann/Matthes/Prütting/Müller-Glöge*[6] sprechen sich demgegenüber für eine pauschalierte Art der Wertberechnung entsprechend den Erfordernissen der Praxis nach einer einheitlichen und einfach zu handhabenden Streitwertfestsetzung aus, die zur Rechtssicherheit und Vorhersehbarkeit der Rechtsanwendung bezüglich der Kosten führe. Damit könne außerdem eine Entlastung der Gerichte bei den Streitwertfestsetzungen erreicht werden. Unter Bezugnahme hierauf kann als Regelwert bei Änderungskündigungen ein Monatsbruttoverdienst in Betracht kommen, wenn nicht davon ausgegangen werden muss, dass es sich um einen besonders schwierigen Prozess handelt oder werterhöhende Umstände vorliegen. Das gilt jedenfalls dann, wenn die dreimonatige Gehaltsdifferenz niedriger ist als ein Monatsbruttoverdienst. Kommt es zu weiteren Änderungskündigungen, so sollte sich der Streitwert für jede weitere Änderungskündigung um jeweils einen halben Monatsbruttoverdienst erhöhen[7]. Dies sollte auch gelten, wenn es sich um eine Änderungskündigung mit gleich bleibender Vergütung handelt. Hat der ArbN das Änderungsangebot des ArbGeb abgelehnt oder seinen Vorbehalt nicht wirksam oder nicht rechtzeitig erklärt und handelt es sich im Gefolge dessen ausschließlich um einen Rechtsstreit über die Beendigungskündigung, so gelten die dort maßgeblichen Grundsätze, so dass dort idR von drei Monatsbruttoverdiensten auszugehen ist.

130 **X. Änderungskündigung von A-Z.** Nachfolgend sind von **A bis Z** verschiedene Stichworte in Zusammenhang mit einer Änderungskündigung nebst Fundstellennachweisen aufgelistet: **Arbeitsbedingungen** (vgl. BAG v. 10.12.1975 – 4 AZR 41/75, AP Nr. 90 zu §§ 22, 23 BAT; v. 24.4.1996 – 5 AZR 1032/94, nv.); **Arbeitsbereitschaft** (vgl. BAG v. 12.2.1986 – 7 AZR 358/84, DB 1987, 995); **Arbeitsvertrag** (vgl. BAG v. 9.2.1989 – 6 AZR 11/87, nv.; v. 6.11.1985 – 4 AZR 265/84, AP Nr. 3 zu § 1 TVG – TV: Papierindustrie); **Arbeitszeit** (vgl. BAG v. 9.2.1989 – 6 AZR 11/87, nv.; v. 27.6.1985 – 2 AZR 385/84, nv.; v. 12.12.1984 – 7 AZR 509/83, DB 1985, 1240); *Befristete Änderung der Arbeitszeit* (vgl. BAG v. 4.6.2003 – 7 AZR 406/02, BB 2003, 1683); *Erhöhung* (vgl. BAG v. 9.5.1980 – 7 AZR 409/78, nv.); *Reduzierung* (vgl. BAG v. 28.10.1987 – 5 AZR 390/86, nv.; v. 22.5.1985 – 4 AZR 427/83, NZA 1986, 166: Bundesbahn; v. 27.6.1985 – 2 AZR 385/84, nv.; v. 31.1.1985 – 2 AZR 393/83, nv.); *Reduzierung wegen Herbeiführung der SozV-Freiheit* (vgl. BAG v. 27.6.1985 – 2 AZR 385/84, nv.); *FirmenTV* (vgl. BAG v. 25.10.2000 – 4 AZR 438/99, NZA 2001, 328); *Aufhebung (konkludent)* (vgl. BAG v. 25.4.2002 – 2 AZR 315/01, nv.); **Ausländischer Staat** (vgl. BAG v. 29.10.1998 – 2 AZR 759/97, nv.; v. 29.10.1998 – 2 AZR 6/98, nv.; v. 23.4.1998 – 2 AZR 489/97, DB 1998, 2167 =

1 Vgl. BAG v. 24.8.2004 – 1 AZR 419/03, NZA 2005, 51. | 2 So Beschl. des LAG Sa.-Anh. v. 23.1.2002 – 4 Sa 332/00, nv. | 3 Vgl. etwa LAG Sa.-Anh. v. 6.7.1999 – 5 Ta 101/99, nv. | 4 BAG v. 23.3.1989 – 7 AZR 527/85, AP Nr. 1 zu § 17 GKG. | 5 Vgl. LAG Hamburg v. 28.10.1996 – 4 Ta 18/96, LAGE § 12 ArbGG 1979, 110 – Streitwert, und LAG Hamburg v. 2.6.1998 – 4 Ta 8/98, BB 1998, 1695; vgl. dazu auch LAG Rh.-Pf. v. 19.3.1999 – 6 Ta 48/99, DB 2000, 152 und LAG Berlin v. 29.5.1998 – 7 Ta 129/97 (Kost), LAGE § 12 ArbGG 1979, 114 – Streitwert. | 6 GMPM, § 12 ArbGG Rz. 112 ff. mwN. | 7 So versch. Beschl. des LAG Sa.-Anh. zB v. 17.7.2000 – 4 Ta 196/99, nv., u. v. 23.1.2002 – 4 Sa 948/99; 4 Sa 829/99 und 4 Sa 827/99, nv.

NZA 1998, 995); **Befristung** (vgl. BAG v. 8.7.1998 – 7 AZR 245/97, NZA 1999, 81; v. 20.11.1997 – 2 AZR 631/96, NZA 1998, 813; v. 25.4.1996 – 2 AZR 609/95, NZA 1996, 1197; v. 21.4.1993 – 7 AZR 297/92, NZA 1994, 476; v. 13.6.1986 – 7 AZR 650/84, NZA 1987, 241; v. 23.1.2002 – 7 AZR 563/00, DB 2002, 1326 sowie BAG v. 14.1.2004 – 7 AZR 213/03, NZA 2004, 719 zur Befristung einzelner Arbeitsbedingungen – Dauer der wöchentlichen Arbeitszeit – und BAG v. 4.6.2003 – 7 AZR 159/02, NZA 2004, 498 bzgl. Befristung einer erhöhten Arbeitszeit); **Betriebliche Übung** (vgl. BAG v. 9.2.1989 – 6 AZR 11/87, nv.); **Bestimmungsrecht** (vgl. BAG v. 10.12.1992 – 2 AZR 269/92, DB 1993, 1038); **Beschäftigungsförderungsgesetz** (vgl. BAG v. 12.3.1992 – 6 AZR 311/90, NZA 1992, 938); **Chefarzt, Entkoppelung** (vgl. BAG v. 30.5.1980 – 7 AZR 215/78, DB 1980, 1954); **DB TV** (vgl. BAG v. 22.5.1985 – 4 AZR 427/83, NZA 1986, 166); **Direktionsrecht** (vgl. BAG v. 21.1.1988 – 2 AZR 533/87, nv.; v. 3.7.1986 – 2 AZR 343/85, nv.; v. 9.5.1980 – 7 AZR 409/78, nv.); **DKP-Zugehörigkeit** (vgl. BAG v. 20.7.1989 – 2 AZR 114/87, DB 1990, 635); **Eingruppierung** einer Schulleiterin bei Absinken der Schülerzahlen (vgl. BAG v. 24.6.2004 – 8 AZR 22/03, NZA 2005, 656). **Einsatzort/-bezirk** (vgl. BAG v. 19.5.1971 – 5 AZR 368/70, DB 1971, 1824); **Einheitsregelung** (vgl. BAG v. 17.6.1998 – 2 AZR 336/97, NZA 1998, 1225); **Entgeltkürzung** – ggf. auf Grund eines Sanierungsplans – (vgl. BAG v. 20.8.1998 – 2 AZR 84/98, NZA 1999, 255; v. 30.10.1987 – 7 AZR 659/86, nv.; v. 20.3.1986 – 2 AZR 294/85, NZA 1986, 824; v. 1.7.1999 – 2 AZR 826/98, DB 1999, 2320; v. 27.9.2001 – 2 AZR 236/00, NZA 2002, 750 und v. 27.3.2003 – 2 AZR 74/02, NZA 2003, 1029 zu den Maßstäben bei einer Anpassung vertragl. Nebenabreden an geänderte Umstände) und ggü. einer LeihArbNin mit Besitzstandszulage (vgl. BAG v. 12.1.2006 – 2 AZR 126/05, DB 2006, 1114); **Ferienüberhang** (vgl. BAG v. 26.1.1995 – 2 AZR 428/94, AP Nr. 37 zu § 2 KSchG 1969 = NZA 1995, 628; v. 26.1.1995 – 2 AZR 371/94, NZA 1995, 626); **FirmenTV** (vgl. BAG v. 25.10.2000 – 4 AZR 438/99, NZA 2001, 328; v. 21.2.1991 – 2 AZR 432/90, nv.; v. 12.12.1984 – 7 AZR 509/83, DB 1985, 1240); **Freizeitausgleich** (vgl. BAG v. 23.11.2000 – 2 AZR 547/99, NZA 2001, 492); **Freikündigung** (vgl. BAG v. 28.10.1999 – 2 AZR 437/98, DB 2000, 578); **Freier Arbeitsplatz** (vgl. BAG v. 7.11.1985 – 2 AZR 649/84, nv.; v. 27.9.1984 – 2 AZR 62/83, NZA 1985, 455); **Freier Mitarbeiter – Weight Watchers** – (vgl. BAG v. 24.1.1985 – 2 AZR 36/84, nv.); **Fortfall Aufgabenbereich (Militarisierung)** (vgl. BAG v. 29.1.1986 – 7 AZR 257/84, NZA 1987, 32); **Grundsatz der Gleichbehandlung** (vgl. BAG v. 28.4.1982 – 7 AZR 1139/79, NJW 1982, 2687; v. 20.1.2000 – 2 ABR 40/99, DB 2000, 1666); **Grundsatz der Verhältnismäßigkeit** (vgl. BAG v. 27.9.1984 – 2 AZR 62/83, NZA 1985, 455); **Gemeindeordnung** (vgl. BAG v. 21.1.1993 – 2 AZR 330/92, NZA 1993, 1099); **Gleichstellungsbeauftragte** (vgl. BAG v. 23.11.2000 – 2 AZR 617/99, NZA 2001, 500); **Höherwertige Tätigkeit – Befristete Übertragung** (vgl. BAG v. 13.6.1986 – 7 AZR 650/84, NZA 1987, 241); **Herabgruppierung** (vgl. BAG v. 21.6.1983 – 7 AZR 382/81, nv.; v. 27.5.1983 – 7 AZR 449/81, nv.; v. 16.2.1983 – 7 AZR 73/81, nv.); **Insolvenz** (vgl. **Fischer**, Die Änderungskündigung in der Insolvenz, NZA 2002, 536); **kw-Vermerk** (vgl. BAG v. 18.11.1999 – 2 AZR 77/99, NZA 2000, 484); **Lenkzeitunterbrechung** (vgl. BAG v. 9.2.1989 – 6 AZR 11/87, nv.); **Massenänderungskündigung** (vgl. BAG v. 2.4.1992 – 2 AZR 481/91, nv.; v. 10.3.1982 – 4 AZR 158/79, DB 1982, 1520); **Mehrarbeit** (vgl. BAG v. 23.11.2000 – 2 AZR 547/99, NZA 2001, 492); **Mietzuschuss** (vgl. BAG v. 11.10.1989 – 2 AZR 375/88, nv.); **Nachwirkung** (vgl. BAG v. 27.9.2001 – 2 AZR 236/00, NZA 2002, 750); **Nebenabreden** (vgl. zum Prüfungsmaßstab BAG v. 27.3.2003 – 2 AZR 74/02, NZA 2003, 1029); **Qualifikation** (vgl. BAG v. 17.5.1984 – 2 AZR 109/83, DB 1985, 1190); **Rückgruppierung** (vgl. BAG v. 15.3.1991 – 2 AZR 591/90, EzA § 2 KSchG Nr. 17; v. 27.8.1982 – 7 AZR 195/80, nv. und v. 19.3.2003 – 4 AZR 391/02, DB 2005, 342); **Rationalisierungsschutz** (vgl. BAG v. 6.5.1980 – 6 AZR 220/78, nv.); **Schwerbehindertenschutz** (vgl. BAG v. 4.7.1979 – 4 AZR 782/77, AP Nr. 25 zu §§ 22, 23 BAT 1975); **Sozialleistung** (vgl. BAG v. 9.2.1989 – 6 AZR 11/87, nv.; v. 28.4.1982 – 7 AZR 1139/79, NJW 1982, 2687); **Teilzeit** (vgl. BAG v. 23.11.2000 – 2 AZR 617/99, NZA 2001, 500); **TV** (vgl. zuletzt etwa BAG v. 7.11.2001 – 4 AZR 724/00, DB 2002, 746); **Überstundenabbau** (vgl. BAG v. 16.1.1997 – 2 AZR 240/96, nv.); **Versetzung** (vgl. BAG v. 15.2.1989 – 7 AZR 210/88, nv.; v. 21.1.1988 – 2 AZR 533/87, nv.); **Vollzeit – Teilzeit** (vgl. BAG v. 23.11.2000 – 2 AZR 617/99, NZA 2001, 500); **Wegfall Aufgaben** (vgl. BAG v. 29.1.1986 – 7 AZR 257/84, NZA 1987, 32); **Weiterbeschäftigung** (vgl. BAG v. 28.3.1985 – 2 AZR 548/83, NZA 1985, 709); **Wartezeiten** (vgl. BAG v. 12.2.1986 – 7 AZR 358/84, DB 1987, 995); **Widerruf** (vgl. BAG v. 9.2.1989 – 6 AZR 11/87, nv.; v. 31.1.1985 – 2 AZR 393/83, nv.; v. 28.4.1982 – 7 AZR 1139/79, NJW 1982, 2687); **Zulage** (vgl. BAG v. 11.10.1989 – 2 AZR 61/89, NZA 1990, 607); *Streichung von* (vgl. BAG v. 11.11.1993 – 2 AZR 476/93, nv.; v. 11.11.1993 – 2 AZR 454/93, nv.).

3 *Kündigungseinspruch*

Hält der Arbeitnehmer eine Kündigung für sozial ungerechtfertigt, so kann er binnen einer Woche nach der Kündigung Einspruch beim Betriebsrat einlegen. Erachtet der Betriebsrat den Einspruch für begründet, so hat er zu versuchen, eine Verständigung mit dem Arbeitgeber herbeizuführen. Er hat seine Stellungnahme zu dem Einspruch dem Arbeitnehmer und dem Arbeitgeber auf Verlangen schriftlich mitzuteilen.

1 Der Vorschrift des § 3 kommt in der arbeitsgerichtl. Praxis keine besondere **Bedeutung** zu[1]. Dementsprechend ist bereits in der Vergangenheit die Frage gestellt worden, ob die Vorschrift obsolet ist[2]. Im

1 So zutr. KR/*Rost*, § 3 KSchG Rz. 7 mwN.

2 Vgl. dazu *Moehn*, NZA 1995, 113 und anschl. nochmals *Fischer*, NZA 1995, 1133.

Übrigen war eine Beteiligung des BR bereits im Betriebsrätegesetz vom 4.2.1920 vorgesehen. Nunmehr ist die Beteiligung des BR bei Kündigungen in den §§ 102, 103 BetrVG angesiedelt.

Der **Anwendungsbereich** des § 3 erstreckt sich nicht auf das BPersVG. Dagegen bleibt das Einspruchsverfahren nach § 3 auch dann bestehen, wenn erweiterte Beteiligungsrechte des BR gem. § 102 VI BetrVG auf Grund BV bestehen. Im Übrigen werden von § 3 sowohl Beendigungs- als auch Änderungskündigungen erfasst. Entsprechend dem Wortlaut von § 3 muss es sich jedoch jeweils um Kündigungen handeln, die der ArbN für sozial ungerechtfertigt hält. Dagegen werden sonstige Kündigungen (vgl. § 13) vom Anwendungsbereich des § 3 nicht erfasst. Das gilt mit Blick auf § 13 I 2 auch für außerordentl. Kündigungen. Bei diesen ist für eine Anwendung des § 3 allenfalls dann Raum, wenn Kündigungsgründe iSv. § 1 zugrunde liegen, also etwa einem ordentl. unkündbaren ArbN aus Gründen iSv. § 1 mit Auslauffrist gekündigt wird. Das kann ggf. eine entsprechende Anwendung des § 3 rechtfertigen. 2

Wegen § 14 II 1 gilt § 3 nur für **Arbeitsverhältnisse** zwischen ArbGeb und ArbN, nicht jedoch für Arbeits- bzw. Dienstverhältnisse von Geschäftsführern, Betriebsleitern und ähnlichen leitenden Angestellten, soweit sie zur selbständigen Einstellung oder Entlassung von ArbN berechtigt sind. Zu diesem Personenkreis gehören ganz unzweifelhaft auch Personalleiter. Für diesen Personenkreis ist der BR nach dem BetrVG nicht zuständig. 3

Jeder ArbN muss an sich wissen, dass die Einlegung des Kündigungseinspruchs nach § 3 keinerlei Einfluss auf den Lauf der **dreiwöchigen Klagefrist** des § 4 hat. Gleichwohl kommt es in der Praxis immer wieder vor, dass ein ArbN zunächst einmal das Ergebnis seines Kündigungseinspruchs nach § 3 abwartet, um erst anschließend Kündigungsschutzklage zu erheben. Ein solcher Irrtum des ArbN rechtfertigt regelmäßig nicht die nachträgliche Zulassung seiner Kündigungsschutzklage nach näherer Maßgabe des § 5. § 4 I 3 bestimmt, dass der ArbN seiner Kündigungsschutzklage die Stellungnahme des BR beifügen soll, falls er Einspruch gem. § 3 beim BR eingelegt hat. Dies geschieht in der Praxis in aller Regel nicht. Das hat jedoch keinerlei rechtl. Konsequenzen. Im Übrigen hat § 3 ausschließlich individualrechtl. Bedeutung und gilt unabhängig von den betriebsverfassungsrechtl. Beteiligungsrechten des BR nach §§ 102–103 BetrVG. 4

Für den Kündigungseinspruch nach § 3 gilt keine bestimmte **Form**. Er kann deshalb sowohl mündlich als auch schriftl. erfolgen und bedarf außerdem keinerlei Begründung. Erklärungsempfänger des Kündigungseinspruchs ist der BR. Erklärungen an den BR sind nach dem BetrVG im Regelfalle an dessen Vorsitzenden zu richten. Für § 3 gilt nichts anderes. Übergibt der ArbN den Kündigungseinspruch an ein BR-Mitglied, so ist dieses Empfangsbote. Der Kündigungseinspruch ist dem BR in diesem Falle erst zugegangen, wenn das BR-Mitglied ihn an den BR-Vorsitzenden übergibt. § 3 S. 1 bestimmt, dass der ArbN den Kündigungseinspruch binnen einer Woche nach der Kündigung einzulegen hat. Nach allgemeiner Auffassung handelt es sich bei dieser Frist nicht um eine Ausschlussfrist. Der BR kann auch einen verspäteten Einspruch entgegennehmen. Tut er dies, darf der ArbGeb die Verhandlungen mit dem BR über den Einspruch nicht allein wegen der Fristversäumnis ablehnen. Sodann hat der BR zunächst durch ordnungsgemäßen Beschluss (vgl. § 33 BetrVG) darüber zu befinden, ob er den Kündigungseinspruch des ArbN für begründet oder für unbegründet erachtet. Erachtet er den Einspruch des ArbN für begründet, so hat er zu versuchen, eine Verständigung mit dem ArbGeb herbeizuführen. In diesem Zusammenhang nimmt der BR ausschließlich eine Vermittlerrolle ein. Er hat insb. nicht die Vollmacht, für den ArbN Vereinbarungen zu schließen. Gegenstand solcher Verhandlungen kann es aber gleichwohl sein, mit dem ArbGeb zu klären, ob dieser zB bereit ist, die Kündigung zurückzunehmen, eine Abfindung bzw. eine höhere Abfindung zu zahlen oder die Kündigungsfrist zu verlängern. Macht der ArbGeb ein entsprechendes Angebot, so ist der BR befugt, dieses als Empfangsbote des ArbN entgegenzunehmen und an diesen weiterzuleiten. An ein solches Angebot ist der ArbGeb gebunden. Es ist ihm verwehrt, sich darauf zu berufen, das Angebot sei nur dem BR gemacht und gegenüber dem ArbN nicht abgegeben worden. 5

Gem. § 3 S. 3 hat der **BR** seine Stellungnahme zu dem Einspruch sowohl dem ArbN als auch dem ArbGeb auf Verlangen schriftl. mitzuteilen. Nach allgemeiner Ansicht reicht eine einfache Mitteilung des BR dazu nicht aus. Vielmehr ist eine Begründung der Entscheidung zu verlangen[1]. Hierbei ist der BR nicht an die Stellungnahme gebunden, die er bereits im Beteiligungsverfahren nach den §§ 102, 103 BetrVG abgegeben hat. Er kann insb. neue Umstände berücksichtigen. Hat der BR den ArbN nicht im Rahmen von § 102 II 4 BetrVG angehört, so kann der ArbN über seinen Kündigungseinspruch gem. § 3 erreichen, dass der BR zu dieser Kündigung schriftl. Stellung nimmt, selbst wenn der BR dieses im Rahmen seiner Beteiligung nach §§ 102, 103 BetrVG gerade nicht beabsichtigte. Wenn der BR allerdings im Rahmen seiner Beteiligung nach §§ 102, 103 BetrVG eine ordnungsgemäße Stellungnahme abgegeben hat und sich auch keine neuen Aspekte ergeben haben, kann es ausreichen, wenn der BR im Rahmen des Kündigungseinspruchs nach § 3 lediglich auf diese von ihm im Beteiligungsverfahren nach §§ 102, 103 BetrVG abgegebene Stellungnahme Bezug nimmt. Die schriftl. Stellungnahme des BR muss auf einem ordnungsgemäßen BR-Beschluss gem. § 33 BetrVG beruhen. Die Stellungnahme des BR im 6

1 KR/*Rost*, § 3 KSchG Rz. 24 und ErfK/*Ascheid*, § 3 KSchG Rz. 4.

Rahmen des § 3, dem nur individualrechtl. Bedeutung zukommt, kann im Kündigungsschutzprozess von Bedeutung sein. Die Gerichte für Arbeitssachen sind zwar an die Beurteilung des BR nicht gebunden, allerdings kann mit einer gewissen Wahrscheinlichkeit davon ausgegangen werden, dass der BR im betreffenden Bereich über einen hinreichenden Überblick verfügt, wenn dieser auch nicht überschätzt werden sollte[1].

7 § 3 ist **kein Schutzgesetz** iSv. **§ 823 II BGB**. Die Mitglieder des BR – der BR selbst ist außerhalb des BetrVG nicht rechtsfähig und kann deshalb gegenüber dem ArbN nicht haften – machen sich deshalb gegenüber den ArbN nicht schadenersatzpflichtig, wenn sie ihre Verpflichtungen im Rahmen des § 3 rechtswidrig und schuldhaft verletzen. Auch der ArbGeb, der eine sozialwidrige Kündigung gegenüber dem ArbN ausspricht, macht sich nicht gem. § 823 II BGB schadenersatzpflichtig.

4 *Anrufung des Arbeitsgerichtes*

Will ein Arbeitnehmer geltend machen, dass eine Kündigung sozial ungerechtfertigt oder aus anderen Gründen rechtsunwirksam ist, so muss er innerhalb von drei Wochen nach Zugang der schriftlichen Kündigung Klage beim Arbeitsgericht auf Feststellung erheben, dass das Arbeitsverhältnis durch die Kündigung nicht aufgelöst ist. Im Falle des § 2 ist die Klage auf Feststellung zu erheben, dass die Änderung der Arbeitsbedingungen sozial ungerechtfertigt oder aus anderen Gründen rechtsunwirksam ist. Hat der Arbeitnehmer Einspruch beim Betriebsrat eingelegt (§ 3), so soll er der Klage die Stellungnahme des Betriebsrates beifügen. Soweit die Kündigung der Zustimmung einer Behörde bedarf, läuft die Frist zur Anrufung des Arbeitsgerichtes erst von der Bekanntgabe der Entscheidung der Behörde an den Arbeitnehmer ab.

1 **I. Gegenstand und Zweck.** S. 1 statuiert eine **dreiwöchige Klagefrist** für die Geltendmachung der Unwirksamkeit einer schriftl. Kündigung. Zugleich begrenzt er den Streitgegenstand der Klage auf die Feststellung, dass das Arbeitsverhältnis durch diese konkrete Kündigung nicht aufgelöst wurde; daraus folgt nach hM, dass jede Kündigung grds. gesondert angegriffen werden muss (vgl. Rz. 48). Die Klagefrist wird durch die §§ 5 u. 6 abgemildert. Ihre Versäumung hat gem. § 7 vor allem die materiell-rechtl. Wirkung, dass die Kündigung als von Anfang an rechtswirksam gilt. Der fristgebundene Klagezwang dient so dem **Zweck**, im Interesse von ArbGeb und ArbN baldmöglichst Gewissheit über den Fortbestand oder das Ende des Arbeitsverhältnisses zu erlangen[2]. Die Vorschrift ist mWz. 1.1.2004 neu gefasst worden[3]. Die Neuregelung erstreckt die dreiwöchige Klagefrist des S. 1, die vorher nur für die Geltendmachung der Sozialwidrigkeit einer Kündigung bzw. des Fehlens eines wichtigen Grundes galt, auf **alle Unwirksamkeitsgründe** mit Ausnahme des Schriftformmangels (vgl. aber Rz. 5 ff.). § 113 II InsO, der schon zuvor eine allgemeine dreiwöchige Frist für Klagen gegen Kündigungen des Insolvenzverwalters aufgestellt hatte, wurde aufgehoben[4].

2 Die Klagefrist gilt nach § 4 S. 2 iVm. § 7 in gleicher Weise für die **Änderungskündigung**. Hat der ArbN gem. § 3 zunächst Einspruch gegen die Kündigung beim BR eingelegt und hat dieser bereits eine Stellungnahme abgegeben, soll der ArbN seiner Kündigungsschutzklage nach § 4 S. 3 diese Stellungnahme beifügen. Hängt die Kündigung des Arbeitsverhältnisses von der **Zustimmung einer Behörde** ab, beginnt die Klagefrist für den ArbN erst mit Bekanntgabe der Entscheidung an ihn, sofern diese nach der Kündigung erfolgt, S. 4 (vgl. Rz. 41 ff.).

3 **II. Geltungsbereich. Zeitlich** erfasst die erweiterte Klagefrist alle Kündigungen, die nach dem 31.12.2003 zugehen[5]. Sie gilt abweichend von der bis zum 31.12.2003 geltenden Rechtslage **grundsätzlich für alle Kündigungen**, deren Unwirksamkeit der ArbN geltend macht. Sie gilt daher auch für Kündigungen in Kleinbetrieben (§ 23 I 2) sowie vor zurückgelegter Wartezeit (§ 1 I), da sie nicht mehr allein der Geltendmachung der Sozialwidrigkeit dient. Und sie betrifft **grundsätzlich Unwirksamkeitsgründe aller Art** (vgl. aber Rz. 5 ff.).

4 Für die **außerordentl. Kündigung** verweist § 13 I 2 auf die Klagefrist in S. 1. Auf den Ablauf der Wartezeit und die Größe des Betriebes kommt es nicht an[6]. Gem. S. 2 gilt die Klagefrist nach allgM auch für außerordentl. oder ordentl. **Änderungskündigungen** (obwohl § 13 I 2 nur auf § 4 S. 1 verweist).

5 Die Klagefrist gilt nicht ausnahmslos. Wo sie **keine Anwendung** findet, kann das Klagerecht aber verwirken (vgl. § 7 Rz. 4). Sonderregelungen gelten für Betriebe der Schifffahrt und des Luftverkehrs gem. § 24 (vgl. dort) sowie für Wehr- und Zivildienstleistende gem. § 2 IV ArbPlSchG (vgl. dort). Zu den Fällen nachträglicher behördlicher Zustimmung (S. 4) vgl. Rz. 41 ff. Unanwendbar ist die Klagefrist auf formnichtige Kündigungen (vgl. die Erl. zu § 623 BGB). Das Gleiche gilt bei unzulässiger Bedingung (vgl.

---

1 Vgl. KR/*Rost*, § 3 KSchG Rz. 25. | 2 BAG v. 27.1.1955 – 2 AZR 418/54, AP Nr. 5 zu § 11 KSchG; v. 23.2.1978 – 2 AZR 462/7, AP Nr. 3 zu § 12 SchwbG; v. 14.9.1994 – 2 AZR 182/94, AP Nr. 32 zu § 4 KSchG 1969. | 3 Art. 1 des Gesetzes zu Reformen am Arbeitsmarkt v. 24.12.2003, BGBl. I S. 3002; vgl. hierzu *Quecke*, RdA 2004, 86 (99 ff.). | 4 Art. 4 des Gesetzes zu Reformen am Arbeitsmarkt v. 24.12.2003, BGBl. I S. 3002 (3004). | 5 Außerdem frühere Kündigungen, die erst 2004 angegriffen wurden, BAG v. 9.2.2006 – 6 AZR 283/05, NZA 2006, 1207. | 6 BAG v. 28.6.2007 – 6 AZR 873/06, DB 2007, 1986; v. 9.2.2006 – 6 AZR 283/05, NZA 2006, 1207.

§ 1 Rz. 26)[1]. Eine Auflösung auf Antrag des ArbN und die dafür erforderliche Feststellung der Sozialwidrigkeit der (mündlichen) Kündigung dürften davon unberührt bleiben. Die Frist greift ferner nicht für Berufsausbildungsverhältnisse, sofern nach § 111 II 5 ArbGG eine Verhandlung vor einem zur Beilegung von Streitigkeiten aus dem Berufsausbildungsverhältnis gebildeten Ausschuss stattfinden muss[2]. Andererseits ist die Klagefrist zu beachten, wo ein solcher Ausschuss nicht gebildet wurde[3]; das gilt jetzt für alle Unwirksamkeitsgründe (vgl. auch § 1 Rz. 5).

Weiter gilt die Klagefrist nicht, wenn die Parteien allein über die zutreffende **Kündigungsfrist** streiten. 6
Dies betrifft nicht den von §§ 4, 7 geregelten Streit, „ob" die Kündigung wirksam ist und das Arbeitsverhältnis aufgelöst hat, sondern lediglich die Frage, zu welchem Zeitpunkt sie es beendete. Auch führt die Angabe eines unzutreffenden Beendigungszeitpunkts in der ordentlichen Kündigung idR nicht zu ihrer Unwirksamkeit, sondern infolge Auslegung zum richtigen Beendigungszeitpunkt[4]. Zur vorzeitigen Kündigung gem. § 15 IV vgl. dort Rz. 59. Die **Massenentlassungsanzeige** gem. § 17 muss nach neuerer Rspr. des EuGH vor Ausspruch der Kündigung erfolgen[5]. Ob ihre Unterlassung zur Unwirksamkeit der Kündigung führt oder nur ein „dauerhaftes Umsetzungsdefizit" bewirkt, hat das BAG ebenso offen gelassen wie die Anwendbarkeit der Klagefrist[6]. Bedarf bereits der Ausspruch der Kündigung der vorherigen Anzeige, wird die zutreffende Rechtsfolge eines Verstoßes Unwirksamkeit der Kündigung sein. Diese kann daher nur durch fristgerechte Klage gerügt werden[7]. Auch die Unwirksamkeit einer Kündigung gem. **§ 613a IV 1 BGB** ist durch fristgerechte Klageerhebung geltend zu machen. Da sich die Unwirksamkeit häufig erst verspätet zeigt, soll in europarechtskonformer Auslegung der Lauf der Klagefrist erst mit dem Betriebsübergang einsetzen[8]. Bloße Ungewissheitslagen sind jedoch – wie auch sonst – kein Grund für eine Durchbrechung der Klagefrist. Bei bewusst falscher Auskunft des ArbGeb über seine Absichten (etwa Stilllegung statt Betriebsveräußerung) wird dem Gemeinschaftsrecht ausreichend durch § 5 Rechnung getragen (vgl. dort Rz. 26).

Ferner findet die den ArbGeb schützende Wirksamkeitsfiktion der §§ 4, 7 (Rz. 1) auf Grund teleologi- 7
scher Reduktion keine Anwendung auf Kündigungen, die dem **ArbGeb nicht zuzurechnen** sind[9]. Das gilt für das gesamte KSchG (s. § 1 Rz. 22). Bei **Mängeln in der Geschäftsfähigkeit** ist die Kündigung des geschäftsunfähigen wie des beschränkt geschäftsfähigen ArbGeb gem. §§ 105, 111 BGB unwirksam. Die Wirksamkeitsfiktion des § 7 kann hier nicht zu Lasten des ArbGeb eingreifen, zumal ihr Eintritt allein zur Disposition des ArbN stünde. Da die Wirksamkeit des Rechtsgeschäfts nur einheitlich beurteilt werden kann, scheidet insoweit auch eine Anwendung zu Lasten des ArbN aus[10]. Bei **fehlender Vertretungsmacht** des Kündigenden (vgl. § 1 Rz. 30 ff.) schützt das Gesetz sowohl den Vertretenen (§ 177 BGB) wie den Erklärungsempfänger (§ 180 BGB). Der Schutz des ArbGeb kann auch hier nicht zur Disposition des ArbN stehen. Der ArbGeb wird daher unabhängig von der Wahrung der Klagefrist durch den ArbN das Fehlen der Vertretungsmacht geltend machen können. Dann muss sich auch der ArbN unabhängig von der Frist darauf berufen können, da sonst die Wirksamkeit der Kündigung nach Ablauf der Frist allein vom Willen des ArbGeb abhinge. Das gilt sowohl bei unverzüglicher Beanstandung durch den ArbN gem. § 180 S. 1 BGB[11] als auch grds. bei deren Unterbleiben, solange der ArbGeb nicht genehmigt (§§ 180 S. 2, 177 BGB)[12]. Genehmigt der ArbGeb, begibt er sich des Schutzes des § 177 BGB. Klagefrist und Wirksamkeitsfiktion der §§ 4, 7 kommen hier zur Anwendung, in entsprechender Anwendung von § 4 S. 4 aber erst mit Zugang der Genehmigung[13]. Das gilt unabhängig davon, dass die rückwirkende Genehmigung einer Kündigung gem. §§ 180 S. 2, 177 BGB idR ausscheidet (vgl. § 1 Rz. 30). Soweit der **Zugang** (Rz. 26 ff.) der Erklärung oder ihre Auslegung als Kündigung (vgl. § 1 Rz. 22, 25 ff.) im Streit steht[14], sowie auf Kündigungserklärungen, die ohne den Willen des ArbGeb und ohne sein Verschulden seinen Herrschaftsbereich verlassen haben oder von ihm gem. §§ 119 ff. BGB angefochten wurden[15], findet die Klagefrist (wie das KSchG insgesamt) ebenfalls keine Anwendung. Im Falle der **Zurückweisung gem. § 174 BGB** (vgl. näher § 1 Rz. 31) ist die Kündigung dagegen dem ArbGeb zurechenbar und allein zum Schutze des Erklärungsempfängers unwirksam, da Vertretungsmacht besteht. Eine Heilung gem. § 7 ist hier anders als bei § 180 BGB grds. möglich. Der im Interesse des ArbGeb auf baldige Klärung der Rechtslage gerichtete Zweck der Norm erfordert vom ArbN daher fristgerechte Klage[16], auch wenn ihn das faktisch (mangels Kenntnis über die Vertretungsmacht) dazu zwingt, auch im Falle einer Beanstandung nach § 180 BGB fristgerecht zu klagen.

---

1 *Raab*, RdA 321 (323) mwN; *Fornasier/Werner*, NJW 2007, 2729 (2734); aA *Hanau*, ZIP 2004, 1169 (1175). | 2 BAG v. 7.5.1990 – 2 AZR 53/90, AP Nr. 23 zu § 4 KSchG 1969; das gilt auch für die Neufassung des § 4, vgl. *Quecke*, RdA 2004, 86 (100 f.). | 3 BAG v. 26.1.1999 – 2 AZR 134/98, DB 1999, 1408; krit. HK/*Dorndorf*, § 13 KSchG Rz. 34–30. | 4 BAG v. 15.12.2005 – 2 AZR 148/05, NZA 2006, 791; v. 6.7.2006 – 2 AZR 215/05, NZA 2006, 1405; v. 9.2.2006 – 6 AZR 283/05, NZA 2006, 1207. | 5 EuGH v. 27.1.2005 – C-133/03, NJW 2005, 1099. | 6 BAG v. 23.6.2006 – 2 AZR 343/05, BB 2006, 1971. | 7 Ebenso *Fornasier/Werner*, NJW 2007, 2729 (2734) mwN. | 8 *Sprenger*, AuR 2005, 175. | 9 *Fornasier/Werner*, NJW 2007, 2729. | 10 *Raab*, RdA 2004, 321 (323 f.) mwN; *Fornasier/Werner*, NJW 2007, 2729 (2732). | 11 *Raab*, RdA 2004, 321 (324); *Fornasier/Werner*, NJW 2007, 2729 (2732). | 12 *Hanau*, ZIP 2004, 1169 (1175); *Fornasier/Werner*, NJW 2007, 2729 (2732). | 13 *Bender/Schmidt*, NZA 2004, 358 (362); *Raab*, RdA 2004, 321 (324). | 14 *Quecke*, RdA 2004, 86 (100). | 15 *Fornasier/Werner*, NJW 2007, 2729 (2732). | 16 Sehr str., wie hier *Bender/Schmidt*, NZA 2004, 358 (362); *Fornasier/Werner*, NJW 2007, 2729 (2733); aA *Raab*, RdA 2004, 321 (325); *Hanau*, ZIP 2004, 1169 (1175).

8 Schließlich gilt die Klagefrist des § 4 nicht, wenn der ArbN die Unwirksamkeit von **sonstigen einseitigen Maßnahmen** des ArbGeb geltend machen will, etwa einer Versetzung des ArbN, der Änderung des arbeitsvertragl. Leistungsinhalts (durch Teilkündigung, vgl. § 1 Rz. 42) oder der Ausübung eines Widerrufsvorbehalts[1]. Das Gleiche gilt für die **Anfechtung** des Arbeitsvertrags durch den ArbGeb (vgl. § 1 Rz. 43) oder seine sog. Lossagung von einem faktischen Arbeitsverhältnis (vgl. § 119 BGB Rz. 15 ff.)[2]. Die **Unwirksamkeit der Befristung** des Arbeitsvertrages muss dagegen gem. § 17 TzBfG innerhalb von 3 Wochen nach dessen vereinbartem Ende durch Klage beim ArbG geltend gemacht werden; wegen der Einzelheiten vgl. die Erl. zu § 17 TzBfG.

9 **III. Kündigungsschutzklage (S. 1)**. Ein ArbN, der die Sozialwidrigkeit oder sonstige Rechtsunwirksamkeit einer (schriftl.) Kündigung seines Arbeitsverhältnisses geltend machen will, muss innerhalb von drei Wochen beim ArbG auf Feststellung klagen, dass das Arbeitsverhältnis durch die Kündigung nicht aufgelöst ist. Damit schreibt das Gesetz dem ArbN präzise die Klageart, den Klageantrag, die Klagefrist und das zuständige Gericht vor.

10 **1. Klageart.** Die Kündigungsschutzklage ist **Feststellungsklage**. Die Wirksamkeit oder Unwirksamkeit der Kündigung besteht grds. unabhängig von der Klage kraft Gesetzes. Zur Aufhebung der Kündigung bedarf es keines richterlichen Gestaltungsakts[3]. Der fristgebundene Klagezwang des § 4 dient allein der Vermeidung der Wirksamkeitsfiktion des § 7; wegen dieser Option sind unwirksame Kündigungen stets nur „schwebend" unwirksam.

11 Im Rahmen seiner Kündigungsschutzklage muss ein ArbN das besondere **Feststellungsinteresse** gem. § 256 ZPO nicht im Einzelnen darlegen. Die Notwendigkeit dieser Klage ergibt sich aus der zwingenden Regelung in § 7, nach der bei Ablauf der Klagefrist die Kündigung wirksam wird[4]. Das Feststellungsinteresse des ArbN entfällt auch nicht dadurch, dass er inzwischen ein neues Arbeitsverhältnis eingegangen ist oder sein altes Arbeitsverhältnis keinesfalls fortsetzen will[5]. Ausnahmsw. kann das besondere Feststellungsinteresse des ArbN von vornherein fehlen oder im Verlauf des Kündigungsrechtsstreits entfallen, etwa wenn auf Grund einer Vereinbarung der Arbeitsvertragsparteien oder einer rechtskräftigen Entscheidung des Gerichts feststeht, dass das Arbeitsverhältnis vor oder gleichzeitig mit dem Ablauf der Kündigungsfrist aus einem anderen Grund wirksam beendet worden ist[6].

12 **2. Form und Inhalt der Klage.** Ein ArbN kann seine Kündigungsschutzklage sowohl **schriftlich** einreichen als auch zu Protokoll der Geschäftsstelle des ArbG erklären (§§ 46 II ArbGG, 496 ZPO). Die Klage kann auch telegrafisch, fernschriftl. oder durch Telekopie (**Telefax**) eingelegt werden[7].

13 Die Kündigungsschutzklage muss im Übrigen grds. von dem ArbN oder seinem Prozessbevollmächtigten **eigenhändig unterschrieben** sein (§§ 253 IV, 130 Nr. 6 ZPO). Ein Schriftsatz ohne eigenhändige Unterschrift stellt allenfalls einen Klageentwurf dar. Ihm muss für eine ordnungsgemäße Klageerhebung mindestens ein Schriftstück beigefügt werden, aus dem sich ergibt, dass die Klage mit Wissen und Wollen des Verfassers beim Gericht eingegangen ist. Dazu reicht allerdings die vom ArbN unterschriebene Prozessvollmacht nicht aus, wenn die nicht unterzeichnete Klageschrift von seinem Prozessbevollmächtigten stammt[8]. Der Mangel einer fehlenden Unterschrift wird durch rügelose Einlassung des Beklagten gem. § 295 ZPO **rückwirkend geheilt**[9]. Schließlich ist die Kündigungsschutzklage in deutscher Sprache abzufassen, da die Gerichtssprache gem. § 184 GVG deutsch ist[10].

14 Zum notwendigen Inhalt der Klageschrift gehört nach § 253 II ZPO die präzise **Bezeichnung der Parteien** und des angerufenen Gerichts. Zur richtigen Beklagtenpartei vgl. Rz. 17. Bei nicht eindeutiger Bezeichnung ist die Partei durch Auslegung zu ermitteln. Selbst bei äußerlich eindeutiger, aber offenkundig unrichtiger Bezeichnung ist grundsätzlich diejenige Person als Partei angesprochen, die bei objektiver Würdigung des Erklärungsinhalts durch die Parteibezeichnung betroffen werden soll. Eine ungenaue oder erkennbar falsche Parteibezeichnung ist unschädlich und kann jederzeit von Amts wegen richtig gestellt werden[11]. Eine **Berichtigung des Passivrubrums** kann aber nicht die Identität der beklagten Partei ändern, indem nach Ablauf der Klagefrist der falsche Beklagte durch den richtigen ArbGeb ersetzt wird; in diesem Fall liegt ein **Parteiwechsel** vor. So wahrt eine nach Eröffnung des Insolvenzverfahrens gegen den Insolvenzschuldner an Stelle des Insolvenzverwalters erhobene Klage grds. nicht die Frist des § 4 (vgl. Vor § 1 Rz. 42 ff.)[12]; das gilt auch, wenn der Verwalter die Klage tatsächlich erhält[13]. Ebenso wenig wahrt grds. die Klage gegen den Entsendestaat von NATO-Truppen an Stelle

---

1 BAG v. 20.1.1960 – 4 AZR 267/59, DB 1960, 442; v. 27.3.1980 – 2 AZR 506/78, ZIP 1980, 672. | **2** BAG v. 16.9.1982 – 2 AZR 271/80, EzA § 123 BGB Nr. 22; v. 25.4.1963 – 5 AZR 398/62, DB 1963, 933; v. 15.11.1957 – 1 AZR 189/57, BAGE 5, 58; LAG Hamm v. 29.3.1972 – 5 Sa 969/71 – DB 1972, 711. | **3** BAG GS v. 27.2.1985 – GS 1/84, NZA 1985, 818. | **4** BAG v. 11.2.1981 – 7 AZR 12/79, DB 1981, 2233. | **5** *Herschel/Löwisch*, § 4 KSchG Rz. 30. | **6** BAG v. 11.2.1981 – 7 AZR 12/79, DB 1981, 2233; LAG Köln v. 15.7.2004 – 6 (9) Sa 195/04, nv. (juris). | **7** KR/*Friedrich*, § 4 KSchG Rz. 148 mwN. | **8** BAG v. 26.1.1976 – 2 AZR 506/74, AP Nr. 1 zu § 4 KSchG 1969; v. 26.6.1986 – 2 AZR 358/85, AP Nr. 14 zu § 4 KSchG 1969; anders bei vom ArbN selbst verfasster Klageschrift LAG Nürnberg – 6 Ta 15/82, AmtsBl Bay 1983, C 17. | **9** BAG v. 26.6.1986 – 2 AZR 358/85, NZA 1986, 761. | **10** BAG v. 17.2.1982 – 7 AZR 846/79, AP Nr. 1 zu § 15 SchwbG. | **11** BAG v. 1.3.2007 – 2 AZR 525/05, NZA 2007, 1013 mwN. | **12** BAG v. 17.1.2002 – 2 AZR 57/01, EzA § 4 nF KSchG Nr. 62. | **13** BAG v. 21.9.2006 – 2 AZR 573/05, NJW 2007, 458.

der BRD als Prozessstandschafterin die Klagefrist (vgl. § 1 Rz. 37 ff.)[1]. Doch kommt eine Rubrumsberichtigung in Betracht, wenn sich aus den der Klage durch **Auslegung beigefügter Unterlagen** der richtige Beklagte noch innerhalb der Klagefrist zweifelsfrei entnehmen lässt[2]. Bei einer Personengesellschaft (etwa KG oder GbR, Partnerschaftsgesellschaften[3]) als ArbGeb ist besonders sorgfältig zu prüfen, ob lediglich eine falsche Parteibezeichnung vorliegt, wenn deren Gesellschafter verklagt sind. Maßgeblich ist nicht allein die formelle Bezeichnung der Partei in der Klageschrift. Lässt sich aus der Klageschrift oder den beigefügten Unterlagen entnehmen, dass die Gesellschaft als ArbGebin gekündigt hat und sich die Klage gegen eine Kündigung der ArbGebin richtet, ist regelmäßig eine Klarstellung des Klagerubrums möglich und erforderlich. Für eine gegenteilige Auslegung bedarf es besonderer Anhaltspunkte[4]. Das Revisionsgericht hat die in der Klageschrift enthaltene Parteibezeichnung als prozessuale Willenserklärung selbst auszulegen[5].

15 Ferner muss die Klageschrift gem. § 253 ZPO die bestimmte Angabe des Gegenstandes und des Grundes des erhobenen Anspruchs sowie einen **bestimmten Antrag** enthalten. Zweckmäßigerweise ist der Klageantrag nach § 4 auf die Feststellung zu richten, dass eine bestimmte Kündigung das Arbeitsverhältnis der Parteien nicht aufgelöst hat (vgl. näher Rz. 48). Zur Auslegung unklarer Anträge genügt es, wenn in der Klage der Wille des ArbN hinreichend deutlich zum Ausdruck kommt, eine bestimmte Kündigung anzugreifen[6]. In diesem Fall wahrt auch ein sog. allgemeiner Feststellungsantrag (vgl. Rz. 49) die Frist des S. 1, ohne dass auf § 6 zurückgegriffen werden muss[7]. Der Streitgegenstand, dh. der **prozessuale Klagegrund** iSv. § 253 II Nr. 2 ZPO[8], ergibt sich aus dem Klageantrag **und** dem zu seiner Begründung angeführten konkreten Lebenssachverhalt. Dazu genügt die Darstellung, bei wem der ArbN beschäftigt ist, und die Berufung auf die Unwirksamkeit einer bestimmten Kündigung, die idR schon aus dem Klageantrag folgt[9]. Ob es sich bei der angegriffenen Kündigung um eine ordentl. oder außerordentl. Kündigung handelt, muss der ArbN in der Klageschrift nicht angeben[10]. Ein falsches oder fehlendes Datum der Kündigung in der Klageschrift schadet nicht, soweit sich aus den Umständen zweifelsfrei ermitteln lässt, auf welche konkrete(n) Kündigung(en) die Klage abzielt[11]. Keine Frage des ausreichend bestimmten Klagegrundes iSv. § 253 ZPO und damit ihrer Zulässigkeit ist die Schlüssigkeit der Klage. Zur Schlüssigkeit bei Geltendmachung der Sozialwidrigkeit der Kündigung vgl. § 1 Rz. 51 ff.

16 Ist die Klage allein auf die **Zahlung einer Abfindung** iSd. §§ 9, 10 gerichtet, kann die Auslegung des Klageantrags dazu führen, dass die Feststellung der Unwirksamkeit der Kündigung gewollt ist[12]. Dagegen genügt ein Klageantrag nicht den Anforderungen des § 4, wenn er lediglich auf die **Leistung fälliger Lohnansprüche** gerichtet ist. In diesem Fall kann der ArbN allerdings in entsprechender Anwendung von § 6 S. 1 die Unwirksamkeit der Kündigung noch bis zum Schluss der mündlichen Verhandlung 1. Instanz geltend machen[13]; das Gleiche gilt für eine Klage des ArbN auf **Weiterbeschäftigung** (vgl. § 6 Rz. 6). § 4 erfordert die Begründung eines **unbedingten Prozessrechtsverhältnisses**; die sog. subjektive eventuelle Klageerhebung gegen einen weiteren Beklagten genügt nicht, da es hier an einem bereits bestehenden Prozessrechtsverhältnis fehlt, das die Bedingung für die Klage gegen den Dritten zur zulässigen innerprozessualen Bedingung macht[14]. Dagegen genügt zur Wahrung der Klagefrist die vorsorgliche Erhebung einer Klage, etwa durch die Stellung eines Hilfsantrags im Rahmen eines anhängigen Hauptprozesses[15]. Innerhalb der Klagefrist kann die Kündigungsschutzklage auch als Widerklage und noch in der Berufungsinstanz durch Klageänderung oder Klageerweiterung erhoben werden[16].

17 **3. Richtiger Beklagter.** Bei dem Beklagten im Kündigungsschutzprozess handelt es sich um den **ArbGeb** als den unmittelbaren Vertragspartner des ArbN. Bei sog. mittelbaren Arbeitsverhältnissen (vgl. Vor § 611 BGB Rz. 116 ff.) ist ArbGeb der Mittelsmann[17]. Im Rahmen eines Leiharbeitsverhältnisses oder bei gewerblicher AÜ ist die Kündigungsschutzklage gegen den Verleiher als den ArbGeb des LeihArbN zu richten. Handelt es sich bei dem ArbGeb um eine **juristische Person**, etwa in der Form einer GmbH, einer AG oder eines rechtsfähigen Vereins, ist die Kündigungsschutzklage gegen diese zu richten. Das gilt nach § 50 II ZPO auch für einen nichtrechtsfähigen Verein. In gleicher Weise kann eine Partnergesellschaft als ArbGeb unter ihrem Namen nach § 7 II PartGG verklagt werden. Handelt es sich bei dem

1 ArbG Berlin v. 10.3.1988 – 19 Ca 128/87, DB 1988, 1608. | 2 BAG v. 12.2.2004 – 2 AZR 136/03, AP Nr. 50 zu § 4 KSchG 1969; v. 17.1.2002 – 2 AZR 57/01, EzA § 4 nF KSchG Nr. 62; v. 15.3.2001 – 2 AZR 141/00, EZA § 4 KSchG nF Nr. 61; v. 18.4.2002 – 8 AZR 346/01, NZA 2002, 1207 ff. (bei der Klage beigefügtem Kündigungsschreiben des Insolvenzverwalters); LAG Düsseldorf v. 15.2.2005 – 16 Sa 1723/04, nv. (juris); zum falschen Beklagten bei NATO-Truppen: LAG Rh.-Pf. v. 27.4.1990 – 9 Ta 65/90, NZA 1991, 613; vgl. auch *Ettwig*, ArbRB 2007, 18. | 3 PartnerschaftsgesellschaftsG v. 25.7.1994 BGBl. I S. 1744. | 4 BAG v. 1.3.2007 – 2 AZR 525/05, NZA 2007, 1013. | 5 BGH v. 4.6.1981 – VII ZR 174/80, WM 1981, 829. | 6 BAG v. 21.5.1981 – 2 AZR 133/79, AP Nr. 7 zu § 4 KSchG 1969. | 7 BAG v. 12.5.2005 – 2 AZR 426/04, NZA 2005, 1259. | 8 Thomas/Putzo/*Reichold*, § 253 ZPO Rz. 10 ff. | 9 BAG v. 21.5.1981 – 2 AZR 133/79, AP Nr. 7 zu § 4 KSchG 1969. | 10 BAG v. 11.9.1956 – 3 AZR 163/54, AP Nr. 8 zu § 3 KSchG. | 11 BAG v. 21.5.1981 – 2 AZR 133/79, AP Nr. 7 zu § 4 KSchG 1969. | 12 BAG v. 13.12.1956 – 2 AZR 353/54, AP Nr. 5 zu § 7 KSchG 1951. | 13 BAG v. 30.11.1961 – 2 AZR 295/61, AP Nr. 3 zu § 5 KSchG 1951. | 14 BAG v. 31.3.1993 – 2 AZR 467/92, AP Nr. 27 zu § 4 KSchG 1969; LAG Düsseldorf v. 19.12.2002 – 7 Sa 1181/02, nv. (juris); zum PKH-Antrag mit bedingter Kündigungsschutzklage vgl. LAG Nürnberg v. 23.10.2003 – 7 Ta 174/03, LAGE § 114 ZPO 2002 Nr. 1. | 15 BAG v. 21.12.1967 – 2 AZR 105/67, AP Nr. 33 zu § 3 KSchG. | 16 BAG v. 10.12.1970 – 2 AZR 82/70, AP Nr. 40 zu § 3 KSchG. | 17 BAG v. 21.2.1990 – 5 AZR 162/89, BB 1990, 1064.

ArbGeb um eine **Personengesellschaft** in der Form einer einer offenen Handelsgesellschaft (OHG) oder einer Kommanditgesellschaft (KG), ist die Gesellschaft als Vertragspartner des ArbN unter ihrer Firma zu verklagen (§§ 124 I, 161 II HGB). Für die Gesellschaft bürgerlichen Rechts (**GbR**) folgt es daraus, dass sie als Außengesellschaft bürgerlichen Rechts nach neuerer Rspr. rechts- und parteifähig ist[1]. Allerdings steht bei einer GbR nicht in jedem Fall mit Sicherheit fest, dass eine Außengesellschaft existiert und diese der richtige ArbGeb ist[2]. Auch kann – ebenso wie bei den Handelsgesellschaften – fraglich sein, ob Gesamthandsvermögen vorhanden ist. Daher empfiehlt es sich in diesen Fällen für den ArbN, die Klage neben der Gesellschaft auch gegen die Gesellschafter persönlich zu richten[3]. Dies stellt sicher, dass die Klage die Frist des § 4 wahrt, und ermöglicht bei Verbindung mit Zahlungsanträgen eine unmittelbare Zwangsvollstreckung in das Vermögen der Gesellschafter. Bei **gesetzl. Prozessstandschaft** ist die Klage gegen den Prozessstandschafter zu richten (vgl. zum Insolvenzverwalter Vor § 1 Rz. 42 f., zum NATO-Truppenstatut Vor § 1 Rz. 37 ff.).

18 Bei **Zweifeln**, welche von mehreren miteinander verbundenen Gesellschaften, ggf. auch deren Gesellschafter oder Geschäftsführer persönlich als ArbGeb anzusehen ist, sollte der Kündigungsschutzklage neben der schriftl. Kündigungserklärung ein schriftl. Arbeitsvertrag oder der Nachweis nach dem NachwG sowie ggf. weiterer Schriftverkehr während des Arbeitsverhältnisses beigefügt werden. Dies kann für die **Auslegung der Klage** im Hinblick auf den Beklagten Aufschluss geben (vgl. näher Rz. 14). Entsprechendes gilt für unklare ArbGebStellung bei einer in Gründung befindlichen Gesellschaft, bei der GbR (Innen-/Außengesellschaft) oder bei dem Handeln eines Vertreters des ArbGeb, der seine Vertreterstellung gegenüber dem ArbN nicht zu erkennen gibt (§ 164 II BGB).

19 Wird das Arbeitsverhältnis eines ArbN vor einem **Betriebsübergang** iSd. § 613a BGB gekündigt, ist die Kündigungsschutzklage gegen den bisherigen ArbGeb zu richten, da er weiter passivlegitimiert und prozessführungsbefugt bleibt[4]. Ist das Arbeitsverhältnis des ArbN nach einem Betriebsübergang gekündigt worden, ist die Kündigungsschutzklage grds. gegen den Erwerber des Betriebs zu richten, der die Kündigung ausgesprochen hat. Hat der Veräußerer nach dem Betriebsübergang das Arbeitsverhältnis gekündigt, ist er nur dann für die Kündigungsschutzklage passivlegitimiert und prozessführungsbefugt, wenn der ArbN sich auf seinen Widerspruch gegen den Übergang des Arbeitsverhältnisses beruft[5]. In der Praxis ist es häufig zweifelhaft, ob die tatsächlichen Voraussetzungen für einen Betriebsübergang vorliegen (vgl. die Erl. zu § 613a BGB). Daran ändert auch die in § 613a V BGB vorgesehene Unterrichtungspflicht des ArbGeb nichts, da sie den Übergang eines Betriebs oder Betriebsteils bereits voraussetzt.

Tipp für die Praxis: Bei Unklarheit über einen Betriebsübergang ist die Kündigungsschutzklage im Zweifel gegen den bisherigen ArbGeb zu richten und mit einer allgemeinen Feststellungsklage nach § 256 ZPO gegen den möglichen Betriebserwerber zu verbinden.

20 **4. Zuständiges Gericht.** Nach dem Wortlaut des S. 1 ist die Klage beim **ArbG** zu erheben. Dazu reicht es aus, wenn die Kündigungsschutzklage am letzten Tag der Frist zu Protokoll der Geschäftsstelle des ArbG erklärt wird oder beim Gericht schriftl. eingeht.

21 Wird die Klage bei dem **Gericht eines anderen Rechtswegs** erhoben, hat es den Rechtsstreit nach den §§ 48 ArbGG, 17 ff. GVG an das ArbG zu verweisen. Nach § 17b I 2 GVG bleiben alle Wirkungen der Rechtshängigkeit bestehen. Daher wird die Drei-Wochen-Frist auch durch eine Kündigungsschutzklage gewahrt, die rechtzeitig beim SG, beim VerwG, beim AG oder LG eingegangen ist und von dort erst nach Fristablauf an das ArbG verwiesen wird.

22 Ausnahmsw. ist das ArbG nicht zuständig, wenn TV-Parteien gem. § 101 II ArbGG für bürgerliche Rechtsstreitigkeiten aus einem Arbeitsverhältnis, das dem TV unterliegt, die Arbeitsgerichtsbarkeit ausgeschlossen und an Stelle dessen ein **Schiedsgericht** vorgesehen haben. Das gilt für TV, deren persönlicher Geltungsbereich überwiegend Bühnenkünstler, Filmschaffende, Artisten oder Kapitäne und Besatzungsmitglieder iSd. SeemG umfasst. Zu diesen bürgerlichen Rechtsstreitigkeiten gehören auch Kündigungsschutzklagen. Diese sind innerhalb von drei Wochen nach Zugang der Kündigung beim Schiedsgericht einzureichen[6]. Wird die Kündigungsschutzklage gleichwohl vor dem ArbG erhoben, kann der ArbGeb die **Einrede** des Bestehens eines Schiedsvertrags erheben. Da die Verweisung des Rechtsstreits in diesem Fall gesetzl. nicht vorgesehen ist, muss die Klage als unzulässig abgewiesen werden. Dem kann der ArbN durch Rücknahme der Klage und Erhebung der Schiedsklage innerhalb einer angemessenen Zeit entgehen[7].

23 Wird ein **Berufsausbildungsverhältnis** gekündigt und ist gem. § 111 II 1 ArbGG ein Ausschuss zur Beilegung von Streitigkeiten gebildet, muss sich der Auszubildende zunächst an diesen wenden. Eine Kla-

---

1 BGH v. 29.1.2001 – II ZR 331/00, AP Nr. 9 zu § 50 ZPO; BAG v. 1.12.2004 – 5 AZR 597/03, AP Nr. 14 zu § 50 ZPO. | 2 LAG Düsseldorf v. 17.7.2006 – 14 Sa 334/06, AE 2007, 261 (zur Vereinigung von Versicherern verschiedener Sparten). | 3 BGH v. 29.1.2001 – II ZR 331/00, NJW 2001, 1056 (Rz. 37). | 4 BAG v. 14.2.1978 – 1 AZR 154/76, NJW 1979, 233; v. 18.3.1999 – 8 AZR 306/98, AP Nr. 44 zu § 4 KSchG 1969; aA bei Klageerhebung nach Betriebsübergang LAG Hamm v. 12.12.1996, LAGE Nr. 60 zu § 613a BGB; RGRK/*Ascheid*, § 613a BGB Rz. 290. | 5 KR/*Friedrich*, § 4 KSchG Rz. 96d unter Hinweis auf BAG v. 9.10.1997 – 2 AZR 586/96, nv. | 6 KR/*Friedrich*, § 4 KSchG Rz. 189. | 7 BAG v. 24.9.1970 – 5 AZR 54/70, AP Nr. 37 zu § 3 KSchG.

ge- oder Ausschlussfrist muss nicht eingehalten werden (vgl. § 111 ArbGG Rz. 15 ff.). Besteht dagegen ein derartiger Ausschuss nicht, muss der Auszubildende bei Vorliegen der persönlichen und betrieblichen Voraussetzungen des KSchG seine Kündigungsschutzklage rechtzeitig beim ArbG einreichen[1].

Grds. ist die Kündigungsschutzklage bei dem örtlich zuständigen ArbG zu erheben. Die **örtliche Zuständigkeit** bestimmt sich nach den §§ 12–37 ZPO. Danach kann die Kündigungsschutzklage auch an dem Gerichtsstand der Niederlassung gem. § 21 ZPO erhoben werden, wenn der Arbeitsvertrag von der Niederlassung aus oder in der Niederlassung abgeschlossen wurde (vgl. näher § 2 ArbGG Rz. 145 ff.). Das gilt in gleicher Weise für den Gerichtsstand des Erfüllungsortes nach § 29 ZPO (vgl. näher § 2 ArbGG Rz. 143 f.). Darüber hinaus können die **TV-Parteien** nach § 48 II Nr. 1 ArbGG für Streitigkeiten aus Arbeitsverhältnissen, die dem TV unterliegen, ein an sich örtlich unzuständiges Gericht bestimmen. So sieht etwa der Manteltarifvertrag für die ArbN der DB AG in § 14 I vor, dass für Rechtsstreitigkeiten aus dem Arbeitsverhältnis das ArbG zuständig ist, in dessen Bezirk der Betrieb des ArbN seinen Sitz hat. 24

5. Frist für die Klageerhebung. Grds. muss die Kündigungsschutzklage innerhalb einer Frist von **3 Wochen** erhoben werden. Dabei beginnt die Frist mit dem Zugang der schriftl. Kündigung. Sie zählt zu den empfangsbedürftigen Willenserklärungen, deren Zugang unter Abwesenden in § 130 I 1 BGB ausdrücklich geregelt ist. Für den Zugang einer Erklärung unter Anwesenden gilt § 130 I 1 BGB entsprechend[2]. Nach dieser Bestimmung muss die Erklärung so in den Machtbereich des Empfängers gelangen, dass er unter normalen Verhältnissen von ihr Kenntnis nehmen kann. 25

a) Zugang der schriftlichen Kündigungserklärung. Nach § 130 I 1 BGB wird die Kündigung als **empfangsbedürftige Willenserklärung** mit ihrem Zugang beim Empfänger wirksam. Hat der Empfänger einen Empfangsvertreter bestellt (vgl. Rz. 28), genügt Zugang bei diesem. Zur Frage, ob der Prozessbevollmächtigte Empfangsvertreter oder nur Empfangsbote ist, vgl. § 1 Rz. 33. Bis zu ihrem Zugang kann der Kündigende seine Erklärung widerrufen, § 130 I 2 BGB. Die Kündigung ist dem Empfänger zugegangen, wenn sie so in seinen Machtbereich gelangt ist, dass er unter gewöhnlichen Umständen von ihr Kenntnis nehmen kann Die Kündigung gegenüber einem **Minderjährigen** erfolgt gegenüber seinem gesetzl. Vertreter (§ 131 BGB), sofern dieser ihn nicht gem. § 113 BGB zur Eingehung eines Arbeitsverhältnisses ermächtigt hat (vgl. § 1 Rz. 32). Wegen des Schriftformgebots (§ 623 BGB) kommt es bei der Kündigung **unter Anwesenden** allein darauf an, ob die schriftl. Erklärung ordnungsgemäß übergeben worden ist. Wann der Empfänger den Inhalt dieser Erklärung zur Kenntnis nimmt, spielt für den Zugang keine Rolle[3]. Ausreichend ist es, wenn dem Empfänger das Original zum Durchlesen überlassen und anschließend versehentlich nur eine Kopie zum Verbleib ausgehändigt wird[4]. 26

Für den Zugang einer Kündigungserklärung **unter Abwesenden** kommt es weder auf den Zeitpunkt ihrer Abgabe noch auf den der tatsächlichen Kenntnisnahme ihres Inhalts an. Entscheidend ist der Zeitpunkt, in dem der Kündigungsempfänger nach dem gewöhnlichen Verlauf der Dinge vom Inhalt der Kündigungserklärung Kenntnis erlangen kann. Wird die Kündigungserklärung durch einen Boten oder durch die Post beim Empfänger in den **Briefkasten eingeworfen**, geht sie in dem Zeitpunkt zu, in dem nach den üblichen Postzustellungszeiten mit einer Leerung zu rechnen ist. Wird das Kündigungsschreiben erst am späten Abend oder in der Nacht durch einen Boten in den Briefkasten geworfen, geht es erst am nächsten Tag zu[5]. Dieselben Grundsätze gelten auch für einen Geschäftsbriefkasten. Wird das Kündigungsschreiben an ein **Postschließfach** des Empfängers übersandt, geht es in dem Zeitpunkt zu, in dem üblicherweise mit dessen Leerung zu rechnen ist[6]. Hat der Empfänger einen **Nachsendeantrag** gestellt, geht ihm die Kündigungserklärung erst an dem Ort zu, an dem sie ihn tatsächlich bestimmungsgemäß erreicht[7]. Handelt es sich bei dem Kündigungsschreiben um eine **postlagernde Sendung**, geht diese in dem Zeitpunkt zu, in dem sie zur Abholung beim Postamt bereitliegt und mit der Abholung gerechnet werden kann[8]. Wird die Kündigungserklärung per **Einschreiben** übersandt, ist zu unterscheiden: das **Einwurf-Einschreiben** gelangt wie ein normaler Brief in den Briefkasten oder das Postfach des Empfängers. Daher gelten für seinen Zugang dieselben Grundsätze wie bei einem Brief. Allerdings kann der Einwurf in den Briefkasten und das Einlegen in das Postschließfach durch die entsprechende Dokumentation bei der Post nachgewiesen werden. In diesem Fall soll der Beweis des ersten Anscheins für den Zugang sprechen[9]. Beim **Übergabe-Einschreiben** ist der Zugang erst dann bewirkt, wenn die Sendung dem Empfänger oder einer empfangsberechtigten Person ausgehändigt wird, dh. in deren Machtbereich gelangt. Hinterlässt die Post lediglich einen Benachrichtigungszettel über die eingeschriebene Sendung, ersetzt dieser nicht den Zugang des Einschreibens selbst[10]. Beim **Einschreiben mit Rückschein** ist seit dem 1.7.2002 die für die gerichtl. Zustellung gem. § 175 ZPO geltende – widerlegbare – 27

1 BAG v. 5.7.1990 – 2 AZR 53/90, AP Nr. 23 zu § 4 KSchG 1969. | 2 RGRK/*Krüger-Nieland*, § 130 BGB Rz. 30. | 3 *Bader/Bram/Dörner/Wenzel*, § 4 KSchG Rz. 108c. | 4 BAG v. 4.11.2004 – 2 AZR 17/04, NJW 2005, 1533. | 5 BAG v. 8.12.1983 – 2 AZR 337/82, AP Nr. 12 zu § 130 BGB; LAG Hamm v. 26.5.2004 – 14 Sa 182/04, nv. (Zugang am selben Tag bei Einwurf um 12.40 Uhr). | 6 BAG v. 24.10.1985 – 2 AZR 521/84, AP Nr. 38 zu § 794 ZPO. | 7 LAG Hamm v. 25.2.1988 – 8 Ta 321/88, LAGE Nr. 11 zu § 130 BGB. | 8 Staudinger/*Dilcher*, § 130 BGB Rz. 35. | 9 So AG Paderborn v. 2.8.2000 – 51 C 76/2000, NJW 2000, 3722. | 10 BAG v. 25.4.1996 – 2 AZR 13/95, AP Nr. 35 zu § 4 KSchG 1969.

Vermutung auch im Privatrecht zu beachten, dass das Einschreiben an dem im Rückschein genannten Datum zugestellt worden ist[1]. Den Beweis für den Inhalt des Schreibens schuldet aber der Absender. Erteilt der Absender zur Übergabe des Kündigungsschreibens einen **Postzustellungsauftrag**, gilt für den Zugang nichts anderes als für den Zugang einer eingeschriebenen Briefsendung. Hinterlässt die Post beim Adressaten lediglich einen Benachrichtigungszettel über die Hinterlegung der Sendung beim Postamt, gilt die Kündigungserklärung noch nicht als zugestellt. Vielmehr wird die Zustellung erst durch die Abholung der Sendung beim Postamt bewirkt. Eine entsprechende Anwendung des § 132 BGB scheidet aus[2]. Nur bei der Zustellung einer Kündigungserklärung durch Vermittlung eines **Gerichtsvollziehers** bewirkt auch die Ersatzzustellung durch Niederlegung den Zugang gem. § 132 BGB.

28 Der Zugang eines Kündigungsschreibens wird auch dadurch bewirkt, dass es von einem **Empfangsbevollmächtigten** des Adressaten entgegengenommen wird und dieser die Möglichkeit hat, von dem Schreiben Kenntnis zu nehmen. Dazu gehören der Ehegatte, der Lebenspartner, die Eltern, andere Familienangehörige oder sonstige in der Wohnung des Adressaten lebende Personen wie Hausangestellte oder Zimmervermieter. Denn sie gelten nach der Verkehrsanschauung als ermächtigt, eingehende Post für den Adressaten entgegenzunehmen[3]. Wird das Kündigungsschreiben einem **Rechtsanwalt** übermittelt, kommt es für die Frage des Zugangs darauf an, ob er empfangsbevollmächtigt ist. Die Prozessvollmacht im Zusammenhang mit einer Kündigungsschutzklage ermächtigt den Rechtsanwalt nicht ohne weiteres zur Entgegenahme weiterer Kündigungen (vgl. näher § 1 Rz. 33). Besteht Empfangsvollmacht, kommt es nicht darauf an, in welchem Zeitpunkt der ArbN selbst Kenntnis erlangt[4]. Auch die Schriftsatzkündigung muss dem Empfänger **formgerecht zugehen**, §§ 130, 623 BGB[5]. Der Zugang einer beglaubigten Abschrift wahrt die Schriftform nur, wenn der Beglaubigungsvermerk von dem Bevollmächtigten eigenhändig unterzeichnet ist[6].

29 Die Abwesenheit des Adressaten wegen **Urlaub, Krankenhausaufenthalt oder Kur** steht dem Zugang von schriftl. Kündigungserklärungen unter seiner gewöhnlichen Anschrift nicht entgegen. Das gilt auch dann, wenn dem Absender bekannt ist, dass der Empfänger während eines Urlaubs verreist ist. Ist der Empfänger in Untersuchungshaft oder Auslieferungshaft genommen worden, kann der Zugang einer Kündigungserklärung gleichwohl unter seiner gewöhnlichen Anschrift bewirkt werden. Dadurch entstehen dem betroffenen ArbN idR keine Nachteile, weil er bei unverschuldeter Säumnis nach § 5 die nachträgliche Zulassung einer Kündigungsschutzklage erreichen kann. In gleicher Weise kann eine ArbNin die Mitteilung nach § 9 I 1 Hs. 2 MuSchG über ihre Schwangerschaft gegenüber dem ArbGeb nachholen[7]. Zur nachträglichen Zulassung der Kündigungsschutzklage bei unerkannter Schwangerschaft gem. § 5 I 2 vgl. dort.

30 Eine **treuwidrige Zugangsvereitelung** des Empfängers liegt vor, wenn er sich ohne triftigen Grund weigert, ein Kündigungsschreiben entgegenzunehmen. Es gilt dann auch ohne wiederholte Zustellung als zugegangen[8]. Bei treuwidriger **Zugangsverzögerung** – etwa durch Angabe falscher Adresse – wird der Zugang als rechtzeitig fingiert, wenn der Kündigende alles Erforderliche und Zumutbare zur Bewirkung des Zugangs getan hat[9]. Ein **triftiger** Grund für die Annahmeverweigerung kann sich aber aus der mangelhaften Adressierung oder der unzureichenden Frankierung des Schreibens ergeben. Wird das Kündigungsschreiben per Übergabe-Einschreiben versandt und verweigert der Empfänger grundlos die Annahme oder holt er trotz Kenntnis des Benachrichtigungszettels die Einschreibesendung nicht beim Postamt ab, muss er sich so behandeln lassen, als sei ihm die Kündigung zugegangen[10]. Das gilt schließlich auch, wenn der Empfänger seine Familienangehörigen ausdrücklich anweist, die Annahme eingehender Postsendungen seines ArbGeb zu verweigern[11]. Dabei kann für die Praxis dahingestellt bleiben, ob mit der Rspr. auf ein rechtsmissbräuchliches Verhalten des Empfängers oder auf die Verwirkung seines Klagerechts oder den Rechtsgedanken des § 162 BGB abzustellen ist[12].

31 Einstweilen frei.

32 **b) Länge der Klagefrist.** Für die **Berechnung der Frist** gelten die §§ 187, 193 BGB. Nach § 187 I BGB wird der Tag, an dem die Kündigung dem ArbN zugeht, nicht mitgerechnet. Die Frist endet nach § 188 II BGB 3 Wochen später an dem gleichen Wochentag, an dem die Kündigung zuging. Handelt es sich dabei um einen Samstag, einen Sonntag oder einen staatlich anerkannten Feiertag, endet die Klagefrist gem. § 193 BGB erst am folgenden Werktag. Wird die Kündigung unzulässigerweise mündlich oder sonst

---

1 Palandt/*Heinrichs*, § 130 BGB Rz. 21. | 2 BAG v. 30.6.1983 – 2 AZR 10/82, AP Nr. 11 zu § 12 SchwbG. | 3 BAG v. 16.1.1976 – 2 AZR 619/74, AP Nr. 7 zu § 130 BGB. | 4 BAG v. 21.1.1988 – 2 AZR 581/86, AP Nr. 19 zu § 4 KSchG 1969. | 5 LAG Düsseldorf v. 23.2.1978 – 3 Sa 630/77, EzA § 125 BGB Nr. 4. | 6 BGH v. 4.7.1986 – V ZR 41/86, NJW-RR 1987, 395; LAG Nds. v. 30.11.2001 – 10 Sa 1046/01, NZA-RR 2002, 242; KR/*Spilger*, § 623 BGB Rz. 142; ErfK/*Müller-Glöge*, § 623 BGB Rz. 22; enger Stahlhacke/*Preis*, Rz. 199 (Verfasser des Schriftsatzes und Beglaubiger personengleich). | 7 BAG v. 16.3.1988 – 7 AZR 587/87, AP Nr. 16 zu § 130 BGB. | 8 LAG Düsseldorf v. 28.6.1974 – 15 Ta 57/74, DB 1974, 1584. | 9 BAG v. 22.9.2005 – 2 AZR 366/04, AP Nr. 24 zu § 130 BGB (Angabe einer postalisch nicht erreichbaren Anschrift). | 10 BAG v. 15.11.1962 – 2 AZR 301/62, AP Nr. 4 zu § 130 BGB. | 11 BAG v. 11.11.1992 – 2 AZR 328/92, AP Nr. 18 zu § 130 BGB. | 12 KR/*Friedrich*, § 4 KSchG Rz. 126a.

formunwirksam erklärt, muss der ArbN die Klagefrist nach § 4 nicht einhalten. Es gilt die Grenze der Verwirkung (vgl. näher § 7 Rz. 4).

Die Klagefrist von drei Wochen ist zwar eine prozessuale Klageerhebungsfrist[1]. An die Versäumung dieser Frist knüpfen sich allerdings **materiell-rechtl. Folgen**. Denn mit dem Ablauf der Klagefrist gilt eine der Sache nach sozial ungerechtfertigte oder aus sonstigen Gründen rechtsunwirksame Kündigung als in jeder Hinsicht rechtswirksam. Damit handelt es sich bei der Erhebung der Kündigungsschutzklage um eine Prozesshandlung mit materiell-rechtl. Wirkung[2]. 33

Das ArbG muss die Einhaltung der Klagefrist **von Amts wegen** prüfen, auch wenn der ArbGeb sich im Prozess nicht ausdrücklich auf deren Versäumung berufen hat[3]. Die Einhaltung der Drei-Wochen-Frist für die Erhebung der Kündigungsschutzklage ist im Gesetz zwingend vorgeschrieben. Diese Frist kann weder durch eine Vereinbarung der Parteien noch durch eine BV oder durch einen TV verlängert oder verkürzt werden[4]. 34

c) Wahrung der Klagefrist. Für die Wahrung der Klagefrist kommt es auf den Zeitpunkt an, in dem die Klage beim ArbG eingeht. Zwar tritt die **Rechtshängigkeit** einer Klage erst ein, wenn sie dem Beklagten zugestellt wird (§§ 261 I, 253 I ZPO). Die Klagefrist nach § 4 ist jedoch bereits gewahrt, wenn sie innerhalb von drei Wochen beim ArbG eingegangen ist und die Klage demnächst dem ArbGeb zugestellt wird gem. den §§ 46 II ArbGG iVm. 495, 270 III ZPO[5]. Grds. gilt eine Zustellung als demnächst erfolgt, wenn sie innerhalb einer den jeweiligen Umständen nach angemessenen Frist geschieht. Danach ist eine Zustellung innerhalb von zehn Tagen nach Ablauf der Drei-Wochen-Frist noch ausreichend, selbst wenn der Kläger die Verantwortung für diese Verzögerung trägt[6]. Auch bei Verzögerungen zwischen 14 und 20 Tagen gilt die Zustellung der Klage noch als demnächst erfolgt[7]. Beruht die Verzögerung der Zustellung nicht auf einem Verschulden des Klägers, stehen selbst längere Zeiträume zwischen Eingang und Zustellung der Klageschrift nicht der Annahme entgegen, diese sei noch demnächst erfolgt[8]. 35

Die Klagefrist wird nicht gewahrt, wenn die Klage zwar rechtzeitig beim ArbG eingeht, die Zustellung an den Beklagten **auf Bitten des Klägers** vorläufig noch nicht erfolgt. Kommt das Gericht dieser Bitte nach, führt das zu einer unangemessenen Verzögerung der Zustellung[9]. Der Kläger kann, um sein Arbeitsverhältnis oder schwebende Vergleichsverhandlungen nicht mit dem Prozess zu belasten, beantragen, zunächst von der Bestimmung eines Verhandlungstermins abzusehen. Will das ArbG dem nachkommen, wird es zuvor das Einverständnis der Beklagtenpartei einholen, da grds. auf Grund der besonderen Prozessförderungspflicht in Kündigungsstreitigkeiten nach § 61a ArbGG und allgemein nach § 216 II ZPO unverzüglich Verhandlungstermin zu bestimmen und eine baldige Klärung der Rechtslage herbeizuführen ist[10]. 36

IV. Änderungskündigung (S. 2). Auch eine ordentl. oder außerordentl. Änderungskündigung muss innerhalb der Klagefrist des § 4 angegriffen werden. Nur so kann der ArbN vermeiden, dass diese Kündigung nach § 7 als von Anfang an rechtswirksam gilt. Die Erhebung der Kündigungsschutzklage ist notwendig, wenn der ArbN nach Erhalt der Änderungskündigung das Angebot des ArbGeb zur Änderung der Arbeitsbedingungen **nicht unter dem Vorbehalt** angenommen hat, dass diese Änderungen der Arbeitsbedingungen sozial gerechtfertigt sind. In diesem Fall handelt es sich um eine ganz normale Kündigungsschutzklage. Der Klageantrag ist nach § 4 S. 1 allein auf die Feststellung zu richten, dass das Arbeitsverhältnis durch die Änderungskündigung nicht aufgelöst ist. Das ArbG hat die Änderungskündigung dann im Hinblick auf alle in Betracht kommenden Unwirksamkeitsgründe hin zu prüfen[11]. 37

Hat der ArbN das Angebot des ArbGeb zur Änderung der Arbeitsbedingungen **unter Vorbehalt** angenommen, muss er nach S. 2 eine Änderungsschutzklage erheben. Sein Antrag ist dann auf die Feststellung zu richten, dass die Änderung der Arbeitsbedingungen sozial ungerechtfertigt oder aus anderen Gründen rechtsunwirksam ist. Nach dem Wortlaut des § 4 S. 2 aF beschränkte sich der Streitgegenstand nur auf die Sozialwidrigkeit der Änderung der Arbeitsbedingungen. Gleichwohl war schon damals die generelle Unwirksamkeit der Änderung im Hinblick auf die gebotene Gleichstellung mit der allgemeinen Kündigungsschutzklage als Streitgegenstand anzusehen[12]. Dies hat nach Erstreckung der Klagefrist auf alle Unwirksamkeitsgründe Eingang in den Wortlaut des Klageantrags gefunden. 38

Mit der Annahme des Änderungsangebots unter Vorbehalt steht fest, dass das Arbeitsverhältnis in jedem Fall fortbesteht. Erklärt der ArbGeb danach die **Rücknahme seiner Änderungskündigung**, liegt darin eine Einigung der Arbeitsvertragsparteien auf den ursprünglichen Vertragsinhalt[13]. Erfolgt dies 39

1 BAG v. 26.6.1986 – 2 AZR 358/85, NZA 1986, 761; *Vollkommer*, AcP 161, 332. | 2 *Berkowsky*, NZA 1997, 353. | 3 BAG v. 20.9.1955 – 2 AZR 317/55, AP Nr. 7 zu § 3 KSchG. | 4 KR/*Friedrich*, § 4 KSchG Rz. 138; *v. Hoyningen-Huene/Linck*, § 4 KSchG Rz. 53. | 5 BAG v. 13.7.1989 – 2 AZR 571/88, RzK I 8h Nr. 6; BGH v. 13.7.1972 – III ZR 36/70, DB 1972, 2108. | 6 BAG v. 8.4.1976 – 2 AZR 583/74, DB 1976, 1534. | 7 BAG v. 13.5.1987 – 5 AZR 106/86, AP Nr. 3 zu § 209 BGB; LAG München v. 12.1.1982 – 4 Ta 145/82, ZIP 1983, 614. | 8 BAG v. 8.4.1976 – 2 AZR 583/74, DB 1976, 1534; BGH v. 16.12.1959 – IV ZR 103/59, BGHZ 31, 342; v. 9.11.1994 – VIII ZR 327/93, NJW-RR 1995, 254. | 9 KR/*Friedrich*, § 4 KSchG Rz. 144. | 10 KR/*Friedrich*, § 4 KSchG Rz. 145. | 11 BAG v. 29.1.1981 – 2 AZR 778/78, NJW 1982, 252. | 12 BAG v. 23.3.1983 – 7 AZR 157/81, DB 1983, 1716. | 13 *v. Hoyningen-Huene/Linck*, § 4 KSchG Rz. 45.

nach Erhebung der Änderungsschutzklage, tritt eine Erledigung des Rechtsstreits in der Hauptsache ein, soweit nicht ein förmliches Anerkenntnis vorliegt. Der ArbGeb hat idR gem. §§ 91a, 93 ZPO die bis dahin angefallenen Kosten des Rechtsstreits zu tragen[1].

40 **V. Stellungnahme des Betriebsrats (S. 3).** Wenn der ArbN nach § 3 beim BR Einspruch gegen die Kündigung eingelegt hat, **soll** er nach S. 3 die schriftl. Stellungnahme des BR seiner Kündigungsschutzklage beifügen. Ein Verstoß gegen diese Vorschrift hat nach allgM **keinerlei Folgen.** Er führt weder zur Unzulässigkeit der Kündigungsschutzklage noch hat er Einfluss auf die Wahrung der Klagefrist.

41 **VI. Behördliche Zustimmung zur Kündigung (S. 4).** Das Gesetz verändert den Beginn der Klagefrist, wenn die Kündigung der Zustimmung einer Behörde bedarf. In diesem Fall beginnt die Frist erst mit **Bekanntgabe der Entscheidung** an den ArbN, sofern diese nach Zugang der Kündigung erfolgt. Die Regelung galt in der alten Fassung des § 4 sowohl für die seltenen, landesrechtl. geregelten Fälle der nachträglichen Zustimmung[2] als auch bei notwendiger vorheriger behördlicher Zustimmung[3], die dem ArbN erst nachträglich bekannt gegeben wird[4]. Wird die behördlichen Zustimmung durch Zeitablauf fingiert (zB §§ 88 V, 91 II 3 SGB IX), soll die Frist trotz bereits ausgesprochener Kündigung entsprechend S. 4 erst laufen, wenn der ArbN Kenntnis von den die Fiktion begründenden Tatsachen erlangt[5]. Wann das der Fall ist und wie dies in der Praxis für alle Beteiligten feststellbar sein soll, ist nicht ersichtlich[6].

42 **§ 4 S. 4 aF** galt nach neuerer Rspr. zur umfassenden Klagefrist des § 113 II InsO aF, der § 4 S. 4 ausdrücklich in Bezug nahm, auch, wenn der ArbGeb **gar keinen Antrag auf Zustimmung** gestellt hat. Da hier eine behördliche Entscheidung nicht bekannt gegeben werden kann, sollte die Kündigungsschutzklage in diesen Fällen trotz der umfassenden Klagefrist des § 113 II InsO aF in den Grenzen der Verwirkung (vgl. § 7 Rz. 4), ausgehend vom Zugang der Kündigung, erhoben werden können[7]. Diese Rspr. hat das BAG auf die **Neufassung des § 4** übertragen. Kündigt der ArbGeb in Kenntnis der Schwerbehinderung eines ArbN, läuft die Klagefrist gem. § 4 S. 4 erst ab Bekanntgabe der Entscheidung des Integrationsamtes nach § 85 SGB IX an den ArbN. Hat der ArbGeb die Zustimmung gar nicht beantragt, kann der ArbN die Unwirksamkeit der Kündigung in den Grenzen der Verwirkung (vgl. § 7 Rz. 4) gerichtlich geltend machen[8]. Voraussetzung ist aber, dass der ArbN noch mit der Bekanntgabe der behördlichen Zustimmung rechnen muss. Weiß er dagegen, dass der ArbGeb mangels Kenntnis von Schwangerschaft oder Schwerbehinderung die Zustimmung gar nicht beantragt haben kann, ist S. 4 nicht anzuwenden und die Frist läuft gem. S. 1 ab Zugang der Kündigung[9].

43 Es bestehen **Bedenken**, dieser Rspr. zu folgen, soweit es um die Erteilung einer notwendigen **vorherigen Zustimmung** geht (§ 85 SGB IX, § 9 MuSchG, § 18 BEEG). Nach Erstreckung der Klagefrist auf grds. alle Unwirksamkeitsgründe hat sich die Bedeutung des S. 4 geändert[10]. Soweit die Wirksamkeit der Kündigung grds. ohne Schwebezustand bei ihrem Zugang feststeht, wie es im Hinblick auf vorherige Zustimmungserfordernisse der Fall ist, gibt es keinen Grund mehr für einen späteren Fristbeginn[11]. Der ArbN, dem eine behördliche Entscheidung vor Ausspruch der Kündigung nicht bekannt gegeben wurde, befindet sich hier in der gleichen Lage wie zB im Hinblick auf die ihm unbekannte vorherige Anhörung des BR oder ihm nicht ohne weiteres erkennbare dringende betriebliche Erfordernisse. Wegen der fehlenden Bekanntgabe (zB entgegen § 88 II 1 SGB IX) hat er sogar eher Anlass, an der Wirksamkeit der Kündigung zu zweifeln und Klage zu erheben. Er bedarf der Hilfe des S. 4 weniger als in anderen Fällen, in denen die Frist ohne weiteres nach S. 1 einsetzt. Anderes gilt allein für landesrechtl. geregelte Fälle der **nachträglichen Zustimmung** (Rz. 41). Hier hat der Gesetzgeber selbst einen Schwebezustand geschaffen und das Interesse des ArbGeb an baldiger Rechtssicherheit zuurückgestellt. S. 4 ist somit als Ausnahmevorschrift zum Grundsatz des S. 1 teleologisch einschränkend nur auf diese Fälle anzuwenden[12].

44 **VII. Rücknahme der Kündigung.** Bei der Kündigung eines Arbeitsverhältnisses handelt es sich um eine **einseitige empfangsbedürftige rechtsgestaltende Willenserklärung**, die gem. § 130 I 1 BGB im Zeitpunkt des Zugangs wirksam wird. Die Kündigung wird gem. § 130 I 2 BGB nur dann nicht wirksam, wenn dem

1 *v. Hoyningen-Huene/Linck*, § 4 KSchG Rz. 46. | **2** So für Inhaber von Bergmannsversorgungsscheinen, vgl. NRW GVBl. 1983, 635, und für religiös, rassisch oder politisch Verfolgte, vgl. BW RegBl. 1947, 101; Berlin GVBl. 1961, 1611. | **3** Der vorherigen Zustimmung einer Behörde bedürfen die Kündigungen von Schwangeren (§ 9 MuSchG), von ArbN in der Elternzeit (§ 18 BErzGG) oder von Schwerbehinderten (§§ 85, 91 I SGB IX). | **4** BAG v. 17.2.1982 – 7 AZR 846/79, DB 1982, 1329. | **5** So KR/*Friedrich*, § 4 KSchG Rz. 202b. | **6** Krit. auch *Zeising/Kröpelin*, DB 2005, 1626 (1629 f.). | **7** BAG v. 3.7.2003 – 2 AZR 487/02, NZA 2003, 1335 zur Kündigung eines im Erziehungsurlaub befindlichen ArbN durch den Insolvenzverwalter gemäß §§ 113 II 2 InsO aF iVm. § 4 S. 4. | **8** BAG v. 13.2.2008 – 2 AZR 864/06, PM. | **9** LAG Berlin v. 4.12.2006 – 7 Ta 207/06, BB 2007, 447; *J. Schmidt*, NZA 2004, 79 ff.; *Preis*, DB 2004, 70 (77). | **10** Ähnlich *Zeising/Kröpelin*, DB 2005, 1626 (1628 ff.). | **11** *Fornasier/Werner*, NJW 2007, 2729 (2731); ähnlich *Zeising/Kröpelin*, DB 2005, 1626 (1628 ff.) mwN; aA *Raab*, RdA 2004, 321 (330 f.) mwN; teilweise anders die Vorauflage. | **12** *Fornasier/Werner*, NJW 2007, 2729 (2731); ähnlich *Zeising/Kröpelin*, DB 2005, 1626 (1628 ff.) mwN; aA *Raab*, RdA 2004, 321 (330 f.) mwN; das gilt entgegen der Voraufl. sowohl bei Erteilung wie bei Versagung der Zustimmung.

ArbN vorher oder gleichzeitig ein Widerruf zugeht. Nach dem Zugang der Kündigung ist deren Rücknahme durch den ArbGeb grds. nicht mehr möglich, da die Gestaltungswirkung der Kündigung in diesem Zeitpunkt bereits eingetreten ist[1].

Die Rücknahme der Kündigung ist als **Angebot des ArbGeb** zu werten, das Arbeitsverhältnis fortzusetzen. Der gekündigte ArbN kann dieses Angebot annehmen oder ablehnen. Die **Annahme** dieses Angebots kann in der Weise geschehen, dass er – außergerichtlich – die Fortsetzung seines Arbeitsverhältnisses verlangt. Ab diesem Zeitpunkt besteht das Arbeitsverhältnis zu den alten Bedingungen fort[2]. Ist der ArbN mit der Kündigung einverstanden, kann er das in der Rücknahme der Kündigung liegende Angebot des ArbGeb auf Fortsetzung des Arbeitsverhältnisses einfach dadurch **ablehnen**, dass er keine Kündigungsschutzklage erhebt. Nach § 7 ggf. iVm. § 13 gilt die Kündigung nach Ablauf der vorgeschriebenen Klagefrist als von Anfang an wirksam[3]. Erklärt der ArbGeb die Rücknahme seiner Kündigung erst, nachdem der ArbN eine Kündigungsschutzklage erhoben hat, enthält die Rücknahme neben dem Angebot, das Arbeitsverhältnis fortzusetzen, auch eine **Anerkennung des Klageanspruchs**[4]. Will der ArbN das Angebot des ArbGeb auf Fortsetzung des Arbeitsverhältnisses annehmen, kann er unter den Voraussetzungen des § 307 ZPO ein Anerkenntnisurteil beantragen oder aber den Rechtsstreit in der Hauptsache für erledigt erklären. Dagegen liegt allein in der Erhebung der Kündigungsschutzklage keine vorweggenommene (antizipierte) Zustimmung des ArbN zur Rücknahme der Kündigung durch den ArbGeb[5]. Nimmt der ArbN das Angebot des ArbGeb auf Fortsetzung des Arbeitsverhältnisses nicht an, entfällt nicht automatisch das **Rechtsschutzinteresse** an der Fortsetzung des Kündigungsschutzprozesses. Vielmehr verbleibt dem ArbN die Möglichkeit, eine **Auflösung** seines Arbeitsverhältnisses unter Zahlung einer Abfindung nach § 9 zu beantragen[6]. 45

Der ArbN ist nicht gehalten, auf die Rücknahme der Kündigung unverzüglich zu reagieren. Insb. liegt in der bloßen **Fortführung des Kündigungsschutzprozesses** ohne unverzüglichen Auflösungsantrag nach § 9 keine stillschweigende Annahme des Angebots auf Fortsetzung des Arbeitsverhältnisses[7]. Letztlich kann der ArbGeb durch eine Rücknahme der Kündigung den ArbN weder daran hindern, einen Antrag auf Auflösung seines Arbeitsverhältnisses gegen Zahlung einer Abfindung gem. § 9 zu stellen, noch ihm die Möglichkeit nehmen, gem. § 12 die Fortsetzung der Arbeit zu verweigern, weil er inzwischen ein neues Arbeitsverhältnis eingegangen ist[8]. 46

VIII. Entscheidung des Arbeitsgerichts. Der ArbN kann gem. § 269 I ZPO die **Klage zurücknehmen**, ohne Einwilligung des Beklagten allerdings nur bis zum Beginn der mündlichen Verhandlung, dh. bis zur Stellung des Klageabweisungsantrags durch den ArbGeb im Kammertermin (§ 137 ZPO)[9]. Erfolgt die Klagerücknahme nach Ablauf der Klagefrist des § 4, gilt die Kündigung nach § 7 als von Anfang an wirksam (§ 269 III 1 ZPO). War die Klagefrist noch nicht abgelaufen, ist der ArbN nicht gehindert, erneut Kündigungsschutzklage zu erheben. Erklärt der ArbN den Verzicht auf seinen Feststellungsanspruch nach § 4, ist auf Antrag des ArbGeb die Klage gem. § 306 ZPO abzuweisen. Vor Ausspruch der Kündigung kann der ArbN weder auf seinen gesetzl. Kündigungsschutz noch auf sein Klagerecht wirksam verzichten (vgl. Vor § 1 Rz. 24 ff.). 47

Im **Urteil** des Kündigungsschutzprozesses entscheidet das ArbG ausschließlich, ob die in der Kündigungsschutzklage nach § 4 konkret bezeichnete Kündigung das Arbeitsverhältnis aufgelöst hat. Dem liegt der sog. **punktuelle Streitgegenstandsbegriff** zugrunde, der sich auf den Wortlaut des Gesetzes und dessen historische Entwicklung stützen kann[10]. Bei **rechtskräftiger Abweisung** steht je nach Urteilsbegründung fest, dass das Arbeitsverhältnis durch diese Kündigung aufgelöst worden ist oder im Kündigungstermin gar nicht mehr bestanden hat. Ob es zu einem früheren Zeitpunkt bestanden hat, ist damit nicht entschieden[11]. In einem Folgeprozess kann sich der ArbN nicht mehr auf andere Mängel dieser Kündigung berufen (Präklusion)[12]. Auch bei Versäumung der Klagefrist wird die Kündigungsschutzklage als unbegründet abgewiesen, da die Kündigung gem. § 7 als von Anfang an wirksam gilt[13]. Zur Auswirkung der Abweisung auf den gesonderten Prozess um eine weitere vorsorgliche Kündigung vgl. § 1 Rz. 26. Im Falle **rechtskräftiger Stattgabe** steht fest, dass das Arbeitsverhältnis durch diese Kündigung nicht aufgelöst ist und dass zum Zeitpunkt des Zugangs der Kündigung, richtiger zum Zeitpunkt des Kündigungstermins, ein Arbeitsverhältnis bestanden hat[14]. Damit wird wegen des beschränkten punktuellen Streitgegenstands noch nicht feststehen, dass das Arbeitsverhältnis auch nicht durch eine 48

---

1 BAG v. 21.2.1957 – 2 AZR 410/54, AP Nr. 22 zu § 1 KSchG; v. 19.8.1982 – 2 AZR 230/80, BB 1983, 704. | 2 KR/*Friedrich*, § 4 KSchG Rz. 58. | 3 *v. Hoyningen-Huene/Linck*, § 4 KSchG Rz. 28. | 4 BAG v. 29.1.1981 – 2 AZR 1055/78, AP Nr. 6 zu § 9 KSchG 1969. | 5 BAG v. 19.8.1982 – 2 AZR 230/80, BB 1983, 704. | 6 BAG v. 19.8.1982 – 2 AZR 230/80, BB 1983, 704. | 7 *v. Hoyningen-Huene/Linck*, § 4 KSchG Rz. 31; *Knorr/Bichlmeier/Kremhelmer*, Kap. 11 Rz. 127; Stahlhacke/*Preis*, Rz. 131; aA KR/*Friedrich*, § 4 KSchG Rz. 64. | 8 *v. Hoyningen-Huene/Linck*, § 4 KSchG Rz. 32. | 9 KR/*Friedrich*, § 4 KSchG Rz. 293. | 10 BAG v. 13.11.1958 – 2 AZR 573/57, DB 1959, 768; v. 13.3.1997 – 2 AZR 512/96, NZA 1997, 844. | 11 BAG v. 15.1.1991 – 1 AZR 94/90, NZA 1991, 681. | 12 BAG v. 12.6.1986 – 2 AZR 426/85, NZA 1987, 273. | 13 BAG v. 26.6.1986 – 2 AZR 358/85, NZA 1986, 761. | 14 So zutr. BAG v. 13.3.1997 – 2 AZR 512/96, NZA 1997, 844; vgl. auch BAG v. 12.1.1977 – 5 AZR 593/75, DB 1977, 961; aA *v. Hoyningen-Huene/Linck*, § 4 KSchG Rz. 89 mwN, wonach der Bestand des Arbeitsverhältnisses nur eine Vorfrage für die Entscheidung über die Kündigungsschutzklage ist.

andere Kündigung zum selben Kündigungstermin aufgelöst wurde[1] (steht umgekehrt vor Schluss der mündlichen Verhandlung fest, dass das Arbeitsverhältnis zum selben Termin auf Grund eines anderen Beendigungstatbestandes endete, fehlt für die Kündigungsschutzklage idR ein Rechtsschutzbedürfnis, vgl. Rz. 11). Eine nach Rechtskraft eines stattgebenden Urteils aus denselben Gründen ausgesprochene Kündigung muss der ArbN zwar erneut mit fristgerechter Klage angreifen; dieser Klage ist aber ohne weiteres stattzugeben, wenn die Kündigungsgründe im Vorprozess als unzureichend beurteilt wurden, also präjudiziert sind (sog. **Trotzkündigung**)[2]. Das Gleiche soll gelten, wenn die Folgekündigung noch vor rechtskräftigem Abschluss des Vorprozesses ausgesprochen wird (**Wiederholungskündigung**)[3]. Das BAG begründet dies materiell-rechtl. mit dem Verbrauch des Gestaltungsrechts[4] und prozessrechtl. mit mit einer erweiterten Rechtskraft des Urteils über ein Gestaltungsrecht[5]. Das soll auch gelten, wenn im Vorprozess ein Instanzgericht der Klage rechtskräftig stattgegeben hat und dabei sein Urteil neben unzureichenden Kündigungsgründen auch auf formelle Mängel (fehlerhafte Personalratsbeteiligung) gestützt hat[6]. Das erscheint bedenklich, da der ArbGeb allein wegen der formellen Mängel seiner Kündigung an einer Überprüfung des Urteils in Bezug auf die Kündigungsgründe gehindert gewesen sein oder von ihr abgesehen haben könnte. Nicht präjudiziell ist das Urteil über eine Beendigungskündigung für eine nachfolgende Änderungskündigung, da sich die Tatbestandsmerkmale unterscheiden[7]. Bei jeder Folgekündigung ist unabhängig von Rechtshängigkeit oder Rechtskraft eines früheren Kündigungsrechtsstreits regelmäßig der BR erneut zu beteiligen (vgl. näher § 102 BetrVG Rz. 21).

49 Grds. kann ein ArbN neben der nach § 4 gegen eine bestimmte Kündigung gerichteten Klage eine **allgemeine Feststellungsklage** nach § 256 ZPO auf Feststellung des Fortbestands des Arbeitsverhältnisses zu unveränderten Bedingungen über den Kündigungsendtermin hinaus erheben und damit zwei selbständige prozessuale Ansprüche geltend machen. Diese Anträge kann er gem. § 260 ZPO zulässig in einer Klage verbinden[8]. Streitgegenstand einer solchen Feststellungsklage ist im Allgemeinen die Frage, ob ein Arbeitsverhältnis über diesen Termin hinaus im Zeitpunkt der letzten mündlichen Verhandlung in der Tatsacheninstanz fortbesteht. Die Rechtskraft eines positiven Feststellungsurteils erfasst dann alle nach dem Vortrag der Parteien bis zu diesem Zeitpunkt in Betracht kommenden Beendigungsgründe[9]. Sie betrifft schon wegen des anderen Feststellungszeitpunkts einen **anderen Streitgegenstand** als die Kündigungsschutzklage und ist aus diesem Grund auch im Hinblick auf die gleichzeitig gem. S. 1 gesondert angegriffene Kündigung nicht wegen doppelter Rechtshängigkeit (§ 261 III Nr. 1 ZPO) teilweise unzulässig; von der Frage der (teilweisen) Identität des Streitgegenstandes ist die Frage der Vorgreiflichkeit des Kündigungsschutzantrags für den allgemeinen Feststellungsantrag zu unterscheiden. Die allgemeine Feststellungsklage erfasst daher zB nicht Kündigungen, die nach dem Schluss der mündlichen Verhandlung vor dem ArbG ausgesprochen und vom ArbN mit gesonderter Klage angegriffen werden[10].

50 Der allgemeine Feststellungsantrag erfordert gem. § 256 ZPO ein besonderes **Feststellungsinteresse**. Hierzu muss der ArbN bis zum Schluss der mündlichen Verhandlung (§ 136 IV ZPO iVm. § 53 II ArbGG) belegen, dass sich der ArbGeb im Verlauf des Kündigungsschutzprozesses auf weitere Beendigungstatbestände, bspw. auf weitere Kündigungen berufen wird[11]. Die rechtskräftige Stattgabe dieses Antrags erfasst dann weitere Beendigungstatbestände bis zum Zeitpunkt der letzten Tatsachenverhandlung erster Instanz (§ 6)[12]. Diese müssen im Sachvortrag der Parteien zumindest „im Ansatz angedeutet" werden[13]. Der zusätzlich gestellte allgemeine Feststellungsantrag eignet sich so als wirksames Mittel zur Vermeidung der Wirksamkeitsfiktion des § 7 in Bezug auf etwaige nachgeschobene Prozesskündigungen (sog. „Schleppnetzantrag")[14].

51 Die **Verjährung von Lohnansprüchen** hindert nur eine entsprechende, diese Ansprüche betreffende Rechtsverfolgung (§§ 203, 204 BGB). Die Kündigungsschutzklage nach § 4 unterbricht oder hemmt die Verjährung solcher Ansprüche nicht[15]. Das gilt in gleicher Weise für Ansprüche des ArbN auf Urlaub oder Urlaubsabgeltung, deren Erlöschen durch Zeitablauf die Kündigungsschutzklage nicht verhindert[16]. Um seine Urlaubs- oder Urlaubsabgeltungsansprüche zu sichern, muss er diese zusätzlich und fristgerecht geltend machen, um den ArbGeb ggf. in Verzug zu setzen und sich Schadensersatzansprüche zu sichern (vgl. § 7 BUrlG).

---

1 Offen gelassen von BAG v. 25.3.2004 – 2 AZR 399/03, NZA 2004, 1216. | 2 BAG v. 26.8.1993 – 2 AZR 159/93, NZA 1994, 70; v. 22.5.2003 – 2 AZR 485/02, NZA 2003, 1086. | 3 BAG v. 26.8.1993 – 2 AZR 159/93, NZA 1994, 70. | 4 BAG v. 26.8.1993 – 2 AZR 159/93, NZA 1994, 70; v. 22.5.2003 – 2 AZR 485/02, NZA 2003, 1086; zu Recht krit. insoweit *Lingemann/Beck*, NZA-RR 2007, 225 (226) mwN. | 5 BAG v. 26.8.1993 – 2 AZR 159/93, NZA 1994, 70. | 6 BAG v. 12.2.2004 – 2 AZR 307/03, ZTR 2004, 653. | 7 BAG v. 18.5.2006 – 2 AZR 207/05, DB 2006, 1851. | 8 BAG v. 21.1.1988 – 2 AZR 581/86, NZA 1988, 651; v. 12.5.2005 – 2 AZR 426/04, NJW 2006, 395. | 9 BAG v. 12.5.2005 – 2 AZR 426/04, NJW 2006, 395. | 10 BAG v. 10.10.2002 – 2 AZR 622/01, NZA 2003, 684. | 11 BAG v. 27.1.1994 – 2 AZR 484/93, NZA 1994, 812. | 12 BAG v. 13.3.1997 – 2 AZR 512/96, NZA 1997, 844. | 13 BAG v. 10.10.2002 – 2 AZR 622/01, NZA 2003, 684. | 14 BAG v. 13.3.1997 – 2 AZR 512/96, NZA 1997, 844; *Boewer*, NZA 1997, 359 (361 ff.). | 15 BAG v. 7.11.1991 – 2 AZR 159/91, NZA 1992, 1025. | 16 BAG v. 21.9.1999 – 9 AZR 705/98, BB 2000, 881; v. 1.12.1983 – 6 AZR 299/80, BAGE 44, 278.

Dagegen wahrt die Kündigungsschutzklage tarifl. oder vertragl. sog. **einstufige Ausschlussfristen**, nach der Ansprüche innerhalb einer bestimmten Frist (schriftl. oder mündl.) geltend zu machen sind[1], für Ansprüche auf Lohnzahlung nach dem Zeitpunkt, zu dem das Arbeitsverhältnis auf Grund der Kündigung enden soll. Dazu bedarf es der fristgerechten Geltendmachung des Urlaubs- oder Abgeltungsanspruchs. Die Ausschlussfrist wird durch diese Klage allerdings nur gewahrt, wenn sie dem ArbGeb innerhalb der Frist zugestellt wird; § 270 III ZPO gilt nicht. Die Kündigungsschutzklage setzt den ArbGeb aber nicht in Bezug auf urlaubsrechtl. Ansprüche des gekündigten ArbN in Verzug[2]. Bestimmt eine tarifl. Ausschlussklausel, dass Ansprüche nach erfolgloser schriftl. Geltendmachung innerhalb einer bestimmten Frist gerichtlich geltend gemacht werden müssen (sog. **zweistufige Ausschlussfrist**), so genügt dem nur die fristgerechte Zahlungsklage. Die Kündigungsschutzklage wahrt hier auch nicht solche Zahlungsansprüche des ArbN, die vom Fortbestand des Arbeitsverhältnisses abhängen. Dem daraus folgenden Zwang, Lohnklagen noch vor Beendigung des Kündigungsschutzverfahrens zu erheben, kann durch den Verzicht des ArbGeb begegnet werden, sich bezüglich solcher Zahlungsansprüche, die vom Fortbestand des Arbeitsverhältnisses abhängen, vor Ablauf der von der Beendigung des Kündigungsschutzverfahrens an berechneten Klagefrist zu berufen[3]. 52

IX. Weiterbeschäftigungsanspruch. Im Falle eines fristgerechten und ordnungsgemäßen **Widerspruchs von BR oder Personalrat** gegen eine Kündigung steht dem gekündigten ArbN nach Ablauf der Kündigungsfrist bis zum rechtskräftigen Abschluss des Kündigungsschutzprozesses nach § 102 V BetrVG bzw. § 79 II BPersVG oder den entsprechenden Bestimmungen der Landespersonalvertretungsgesetze ein Anspruch auf Weiterbeschäftigung zu unveränderten Arbeitsbedingungen zu. 53

Auch unabhängig von einem Widerspruch des BR oder Personalrats kann ein ArbN nach der Rspr. verlangen, vorläufig weiter beschäftigt zu werden (**sog. allgemeiner vorläufiger Weiterbeschäftigungsanspruch**). Für die Dauer eines Kündigungsrechtsstreits besteht dieser Anspruch, wenn die Interessen des ArbN an seiner Weiterbeschäftigung die des ArbGeb an der Nichtbeschäftigung übersteigen oder wenn die Kündigung offensichtlich unwirksam ist[4]. Nach einer **Änderungskündigung** kann der ArbN vorläufige Weiterbeschäftigung zu den bisherigen Arbeitsbedingungen nur verlangen, wenn er die Änderung seiner Arbeitsbedingungen nicht unter Vorbehalt angenommen, sondern abgelehnt hat. In einer Annahme unter Vorbehalt liegt die Einwilligung zur vorläufigen Weiterbeschäftigung zu den geänderten Bedingungen[5]. Ein Anspruch auf vorläufige Weiterbeschäftigung steht dem ArbN auch dann zu, wenn er mit dem ArbGeb darüber streitet, ob sein Arbeitsverhältnis in Folge einer Befristung oder einer auflösenden Bedingung wirksam aufgelöst worden ist oder fortbesteht[6]. 54

Abgesehen von den Fällen einer offensichtlich unwirksamen Kündigung besteht ein **allgemeiner Weiterbeschäftigungsanspruch** des gekündigten ArbN, wenn ein die Unwirksamkeit der Kündigung feststellendes Urteil ergeht und keine besonderen Umstände vorliegen, die ein überwiegendes Interesse des ArbGeb an der Nichtbeschäftigung des ArbN begründen. Dieses Interesse des ArbGeb überwiegt, wenn ihm eine weitere Beschäftigung rechtl. oder tatsächlich nicht möglich ist oder zumindest unzumutbar wäre, wenn er eine weitere nicht offensichtlich unwirksame Kündigung ausgesprochen hat oder wenn er sich auf Umstände berufen kann, die ihn auch zu einer vorläufigen Suspendierung des ArbN berechtigen würden[7]. Sein Interesse an der Nichtbeschäftigung überwiegt auch, wenn er in einem Kündigungsschutzprozess eines leitenden Angestellten zulässigerweise einen Auflösungsantrag gestellt hat[8]. 55

Der Anspruch auf vorläufige Weiterbeschäftigung kann zum Gegenstand einer eigenen Klage gemacht werden. Verbindet der ArbN diesen Anspruch mit seiner Kündigungsschutzklage, handelt es sich bei dem Weiterbeschäftigungsantrag um einen **unechten Hilfsantrag**. Denn er wird nur für den Fall des Obsiegens mit der Kündigungsschutzklage gestellt[9]. Der Antrag muss grds. die Tätigkeit genau umschreiben, deren vorläufige Fortsetzung begehrt wird. Besteht darüber kein Streit, genügt auch der Antrag auf Weiterbeschäftigung „zu unveränderten Bedingungen"[10]. Im Falle einer **Vereinbarung** über die vorläufige Weiterbeschäftigung bis zum Abschluss des Kündigungsrechtsstreits (Schriftform, §§ 14 IV, 21 TzBfG!) wird das gekündigte Arbeitsverhältnis auflösend bedingt durch die rechtskräftige Abweisung der Kündigungsschutzklage fortgesetzt. Dem ArbN stehen dann alle Vergütungsansprüche nach den bisherigen Arbeitsvertrag zu einschließlich der gesetzl. Lohnfortzahlungsansprüche[11]. Geschieht die vorläufige Weiterbeschäftigung nicht freiwillig, sondern zur Abwendung oder auf Grund einer **Zwangsvollstreckung**, und wird die Kündigungsschutzklage rechtskräftig abgewiesen, richten sich die Zahlungsansprüche des ArbN für die erbrachten Arbeitsleistungen nach den Grundsätzen über die unge- 56

1 BAG v. 9.8.1990 – 2 AZR 579/89, AP Nr. 46 zu § 615 BGB. | 2 BAG v. 21.9.1999 – 9 AZR 705/98, BB 2000, 881; v. 17.1.1995 – 9 AZR 664/93, BB 1995, 1039. | 3 BAG v. 22.2.1978 – 5 AZR 805/76, NJW 1978, 1942; v. 13.9.1984 – 6 AZR 379/81, DB 1985, 707; v. 9.8.1990 – 2 AZR 579/89 u. v. 21.3.1991 – 2 AZR 577/90, AP Nr. 46 und 49 zu § 615 BGB. | 4 BAG v. 27.2.1985 – GS 1/84, NZA 1985, 818; v. 26.5.1977 – 2 AZR 632/76, NJW 1978, 239. | 5 BAG v. 18.1.1990 – 2 AZR 183/89, AP Nr. 27 zu § 2 KSchG 1969. | 6 BAG v. 13.6.1985 – 2 AZR 410/84, NZA 1986, 562. | 7 BAG v. 19.12.1985 – 2 AZR 190/85, BB 1986, 1435; LAG Hamburg v. 6.8.1985 – 1 Sa 24/85, DB 1985, 2463. | 8 BAG v. 16.11.1995 – 8 AZR 864/93, DB 1996, 838. | 9 BAG v. 8.4.1988 – 2 AZR 777/87, NZA 1988, 741. | 10 *Ehler*, BB 1996, 377. | 11 BAG v. 4.9.1986 – 8 AZR 636/84, BAGE 53, 17; v. 15.1.1986 – 5 AZR 237/84, BB 1986, 1157.

rechtfertigte Bereicherung. Da dem ArbGeb die Herausgabe der Arbeitsleistung unmöglich ist, hat er gem. § 818 II BGB deren Wert zu ersetzen[1]. Drohen dem ArbN wegen der unterbleibenden Beschäftigung nach Ablauf der Kündigungsfrist erhebliche Nachteile, kann er einen Anspruch auf vorläufige Weiterbeschäftigung für die Dauer des Kündigungsrechtsstreits auch im Wege einer **einstw. Verfügung** geltend machen[2].

5 *Zulassung verspäteter Klagen*

(1) War ein Arbeitnehmer nach erfolgter Kündigung trotz Anwendung aller ihm nach Lage der Umstände zuzumutenden Sorgfalt verhindert, die Klage innerhalb von drei Wochen nach Zugang der schriftlichen Kündigung zu erheben, so ist auf seinen Antrag die Klage nachträglich zuzulassen. Gleiches gilt, wenn eine Frau von ihrer Schwangerschaft aus einem von ihr nicht zu vertretenden Grund erst nach Ablauf der Frist des § 4 Satz 1 Kenntnis erlangt hat.

(2) Mit dem Antrag ist die Klageerhebung zu verbinden; ist die Klage bereits eingereicht, so ist auf sie im Antrag Bezug zu nehmen. Der Antrag muss ferner die Angabe der die nachträgliche Zulassung begründenden Tatsachen und der Mittel für deren Glaubhaftmachung enthalten.

(3) Der Antrag ist nur innerhalb von zwei Wochen nach Behebung des Hindernisses zulässig. Nach Ablauf von sechs Monaten, vom Ende der versäumten Frist an gerechnet, kann der Antrag nicht mehr gestellt werden.

(4) Das Verfahren über den Antrag auf nachträgliche Zulassung ist mit dem Verfahren über die Klage zu verbinden. Das Arbeitsgericht kann das Verfahren zunächst auf die Verhandlung und Entscheidung über den Antrag beschränken. In diesem Fall ergeht die Entscheidung durch Zwischenurteil, das wie ein Endurteil angefochten werden kann.

(5) Hat das Arbeitsgericht über einen Antrag auf nachträgliche Klagezulassung nicht entschieden oder wird ein solcher Antrag erstmals vor dem Landesarbeitsgericht gestellt, entscheidet hierüber die Kammer des Landesarbeitsgerichts. Absatz 4 gilt entsprechend.

[Fassung bis 31.3.2008: (4) Über den Antrag entscheidet die Kammer durch Beschluss, der ohne mündliche Verhandlung ergehen kann. Gegen diesen ist die sofortige Beschwerde zulässig.][3]

1 **I. Gegenstand und Zweck.** § 5 bringt eine **Durchbrechung der Klagefrist** des § 4 und der an ihre Versäumung gebundenen Wirksamkeitsfiktion des § 7. War der ArbN trotz Anwendung aller ihm nach Lage der Umstände zuzumutenden Sorgfalt verhindert, die Kündigungsschutzklage rechtzeitig zu erheben, kann er ihre nachträgliche Zulassung beantragen (Rz. 6 ff.). Allerdings ist diese nachträgliche Zulassung ihrerseits nur innerhalb bestimmter Fristen zulässig (Rz. 10 ff.). Verfahren und Entscheidung sind zur Entlastung des Hauptverfahrens besonders ausgestaltet. Die bisherige Ausgestaltung nach Abs. 4 aF (Rz. 23b) ist mWz. 1.4.2008 einer **Neuregelung gem. Abs. 4 u. 5 nF** (Rz. 16 ff.) unterzogen worden. Eine Übergangsregelung fehlt, so dass die Neuregelung grds. für alle am 1.4.2008 noch nicht abgeschlossenen Verfahren auf Zulassung verspäteter Klagen gilt (vgl. Rz. 23a).

2 § 5 bildet eine gegenüber der Wiedereinsetzung in den vorigen Stand nach §§ 233 ff. ZPO **eigenständige und abschließende Regelung**[4]. Die Maßstäbe, nach denen eine verspätete Klage gem. § 5 nachträglich zuzulassen ist, entsprechen aber weitgehend denen des § 233 ZPO. Rspr. und Lit. zu dieser Vorschrift können grds. zum Vergleich herangezogen werden, wobei zu berücksichtigen ist, dass § 5 auf die individuelle Möglichkeit des gekündigten ArbN und seine Sorgfalt bei der Klageerhebung abstellt (vgl. Rz. 4), § 233 ZPO dagegen auf die bei der Prozessführung allgemein übliche Sorgfalt.

3 Die Zulassung einer verspäteten Kündigungsschutzklage fingiert die Rechtzeitigkeit der Klageerhebung[5] und vermeidet so die **materiell-rechtl. Auswirkungen** des § 7. Bei der nachträglichen Zulassung handelt es sich daher um einen materiell-rechtl. Teil des Verfahrens[6].

4 **II. Schuldlose Verhinderung (Abs. 1).** Die nachträgliche Zulassung einer verspäteten Klage setzt nach Abs. 1 S. 1 voraus, dass der ArbN trotz Anwendung aller ihm nach der Lage der Umstände zuzumutenden Sorgfalt verhindert war, die Klage innerhalb von drei Wochen nach Zugang der Kündigung zu erheben. Nach dem Wortlaut dieser Vorschrift darf den ArbN keinerlei Verschulden treffen, nicht einmal leichte Fahrlässigkeit[7]. Dabei orientiert sich das Gesetz zunächst an einem **subjektiven Sorgfaltsmaßstab**, weil es auf die im Einzelfall gegebenen individuellen Möglichkeiten des ArbN ankommt. Danach darf von einem leitenden Angestellten eine größere Sorgfalt erwartet werden als von einem Hilfsarbeiter[8]. Da das Gesetz gleichzeitig von der Anwendung aller zumutbaren Sorgfalt spricht, schaden dem

1 BAG v. 10.3.1987 – 8 AZR 146/84, NZA 1987, 373; v. 12.2.1992 – 5 AZR 297/90, BB 1992, 2005. | 2 KR/*Etzel*, § 102 BetrVG Rz. 289 ff. | 3 Vgl. 1. Aufl. § 1 III–IV KSchG. | 4 *v. Hoyningen-Huene/Linck*, § 5 KSchG Rz. 3; KR/*Friedrich*, § 5 KSchG Rz. 16. | 5 Ebenso zu § 233 ZPO Thomas/Putzo/*Hüßtege*, § 233 ZPO Rz. 1. | 6 KR/*Friedrich*, § 5 KSchG Rz. 7; *Reinecke*, NZA 1985, 244. | 7 *v. Hoyningen-Huene/Linck*, § 5 KSchG Rz. 2; KR/*Friedrich*, § 5 KSchG Rz. 10; *Bader/Bram/Dörner/Wenzel*, § 5 KSchG Rz. 73. | 8 KR/*Friedrich*, § 5 KSchG Rz. 13 unter Hinweis auf LAG BW v. 18.10.1993 – 9 Ta 26/93, nv.

ArbN bereits leichteste Unsorgfältigkeiten. Denn ihm ist bei einer so wichtigen Angelegenheit wie der Beendigung seines Arbeitsverhältnisses durch eine Kündigung eine gesteigerte Sorgfalt abzuverlangen. Zu Einzelfällen aus der Rspr. vgl. Rz. 24 ff.

Ergänzend zur allgemeinen Klagefrist gilt die Regelung des mWv. 1.1.2004 eingefügten § 5 I 2 für den Fall, dass eine Frau von ihrer **Schwangerschaft** aus einem von ihr nicht zu vertretenden Grund erst nach Ablauf der Frist des § 4 S. 1 Kenntnis erlangt hat. § 9 I 1 Hs. 2 MuSchG ermöglicht der Frau in diesem Fall eine unverzügliche verspätete Inkenntnissetzung des ArbGeb. Gem. Abs. 1 S. 2 kann die Frau unter den gleichen Voraussetzungen, aber mit der zweiwöchigen Frist nach Satz 1 den Antrag auf nachträgliche Zulassung stellen. Beide Erklärungen müssen rechtzeitig gegenüber den unterschiedlichen Adressaten (ArbGeb und ArbG) erfolgen. Abs. 1 S. 2 fällt nicht unter die Generalklausel des Abs. 1 S. 1, da die ArbNin an der rechtzeitigen Klageerhebung nicht gehindert ist, sondern lediglich ihren Kündigungsschutz nicht kennt. Dieser Grund eröffnet im Allgemeinen nicht die nachträgliche Zulassung und hat hier seine Wurzeln in dem Schutzgebot des Art. 6 IV GG[1]. § 4 S. 4 ist nicht einschlägig, da die ArbNin mangels Kenntnis der ArbGeb von ihrer Schwangerschaft nicht mit der Bekanntgabe einer Behördenentscheidung rechnen kann (vgl. § 4 Rz. 42 f.). Obwohl der ArbNin allein der Unwirksamkeitsgrund des § 9 MuSchG unbekannt gewesen ist, eröffnet ihr die uneingeschränkte nachträgliche Zulassung wie in den Fällen des Abs. 1 S. 1 die **Berufung auf sämtliche Unwirksamkeitsgründe**. 5

III. Antrag (Abs. 2). Die nachträgliche Zulassung der Kündigungsschutzklage erfolgt nur auf Antrag. Dieser kann schriftl. beim ArbG eingereicht oder mündlich zu Protokoll der Geschäftsstelle erklärt werden. Dabei muss der ArbN die eine nachträgliche Zulassung begründenden Tatsachen und die Mittel für deren Glaubhaftmachung angeben. Gleichzeitig hat er die versäumte Kündigungsschutzklage zu erheben. War sie schon erhoben, muss er in seinem Antrag nach § 5 auf diese Bezug nehmen. An die Form seines Antrags sind keine hohen Anforderungen zu stellen. Eine ausdrückliche Antragstellung ist nicht erforderlich, solange sich aus der Eingabe hinreichend deutlich ergibt, dass sie die Zulassung einer verspäteten Kündigungsschutzklage anstrebt[2]. 6

Der Antrag auf nachträgliche Zulassung muss bei dem **zuständigen ArbG** eingereicht werden. Der Eingang bei einem örtlich unzuständigen ArbG genügt, wenn dort die Kündigungsschutzklage schon anhängig ist, gleichzeitig anhängig gemacht wird oder noch anhängig gemacht werden soll. Der Antrag kann dann, wenn die Kündigungsschutzklage dem ArbGeb alsbald zugestellt wird, an das zuständige ArbG verwiesen werden. Das gilt auch, wenn der Antrag nach § 5 bei einem Gericht eines anderen Rechtswegs eingeht und der Rechtsstreit nach alsbaldiger Zustellung der Kündigungsschutzklage an das zuständige ArbG gem. den §§ 48 ArbGG, 17 ff. GVG verwiesen wird[3]. 7

Der ArbN muss in seinem Antrag nach Abs. 2 S. 2 die **Tatsachen** angeben, die eine nachträgliche Zulassung seiner Kündigungsschutzklage begründen. Dabei muss er seine Schuldlosigkeit an der Fristversäumung nach allen Richtungen hin schlüssig dartun[4]. Er muss in allen Einzelheiten darlegen, auf Grund welcher konkreten Umstände er gehindert war, die Kündigungsschutzklage rechtzeitig zu erheben, in welchem Zeitpunkt genau dieses Hindernis behoben war, wann die Klage fertig gestellt wurde, wann und wie sie auf den Weg zum Gericht gebracht wurde und auf Grund welcher konkreten Umstände er an der Verspätung schuldlos gewesen ist[5]. 8

Nach Abs. 2 S. 2 muss der ArbN in seinem Antrag auf nachträgliche Zulassung die **Mittel zur Glaubhaftmachung** angeben. Dabei kann es sich um schriftl. Zeugenaussagen, Urkunden, amtliche Auskünfte oder anwaltliche Versicherungen handeln. Zwar können die Angabe der Mittel zur Glaubhaftmachung und die Begründung des Antrags nachgeholt werden, allerdings nur bis zum Ablauf der Antragsfrist. Danach können sie nicht mehr berücksichtigt werden, soweit es sich nicht lediglich um bloße Ergänzungen, Konkretisierungen oder die Vervollständigung der vorgetragenen Gründe für die Zulassung und der fristgerecht angegebenen Mittel der Glaubhaftmachung handelt[6]. Insoweit ist das Verfahren über die nachträgliche Zulassung der Kündigungsschutzklage strenger ausgestaltet als das Wiedereinsetzungsverfahren gem. § 236 II 1 Hs. 2 ZPO. Ebenso wenig wie dort müssen die Mittel zur Glaubhaftmachung allerdings dem Antrag unmittelbar beigefügt werden[7]. Abs. 2 S. 2 betrifft nicht die Zulässigkeit des Antrags, sondern enthält lediglich eine Ausschlussfrist für die Mittel zur Glaubhaftmachung der Tatsachen. Bleiben diese unbestritten, sind sie gemäß dem Beibringungsgrundsatz der Entscheidung zugrunde zu legen[8]. 9

IV. Fristen (Abs. 3). Der Antrag auf nachträgliche Zulassung einer Kündigungsschutzklage ist fristgebunden. Er muss innerhalb von **2 Wochen** nach Behebung des Hindernisses, spätestens aber innerhalb von **6 Monaten** nach Ablauf der Klagefrist gestellt werden gem. Abs. 3. Wegen einer Versäumung dieser 10

1 BVerfG v. 13.11.1979 – 1 BvL 24/77 u. 19/78 u. 38/79, AP Nr. 7 zu § 9 MuSchG 1968. | 2 BAG v. 9.2.1961 – 2 AZR 144/59, AP Nr. 1 zu § 41 VwGO; LAG Berlin v. 11.2.1964 – 3 Ta 6/94, AP Nr. 11 zu § 4 KSchG. | 3 KR/*Friedrich*, § 5 KSchG Rz. 98, 99; *Bader/Bram/Dörner/Wenzel*, § 5 KSchG Rz. 38. | 4 *Wenzel*, MDR 1978, 277. | 5 LAG Frankfurt v. 22.12.1983 – 12 Ta 256/83, NZA 1984, 40; LAG Köln v. 30.8.1989 – 5 Ta 176/89, LAGE Nr. 42 zu § 5 KSchG; LAG BW v. 25.11.1954 – 1 Ta 32/54, AP Nr. 6 zu § 4 KSchG 1951. | 6 KR/*Friedrich*, § 5 KSchG Rz. 86 ff. | 7 LAG Berlin v. 20.7.1983 – 9 Ta 6/83, BB 1984, 885. | 8 LAG Berlin v. 4.12.2006 – 7 Ta 207/06, BB 2007, 447.

Fristen gibt es in dem Verfahren über die nachträgliche Zulassung einer Kündigungsschutzklage keine Wiedereinsetzung in den vorigen Stand[1]. Wird nach Ablauf dieser Fristen ein Antrag auf nachträgliche Zulassung gestellt, ist er als unzulässig zu verwerfen.

11 Die Frist von zwei Wochen für den Antrag auf nachträgliche Zulassung **beginnt** in dem Zeitpunkt, in dem das Hindernis behoben ist, das der rechtzeitigen Klageerhebung entgegenstand. Da dieses Hindernis anhand eines subjektiven Beurteilungsmaßstab festzustellen ist, beginnt auch die Antragsfrist in dem Zeitpunkt, in dem der ArbN den Wegfall des Hindernisses für die rechtzeitige Klageerhebung erkannt hat oder bei Aufbietung der ihm zumutbaren Sorgfalt hätte erkennen können. In diesem Fall ist die fortbestehende Unkenntnis nicht mehr unverschuldet[2]. Hat der ArbN einen Prozessbevollmächtigten bestellt, ist auf dessen Kenntnis abzustellen[3].

12 Grds. ist der Antrag auf nachträgliche Zulassung nach Abs. 2 **mit der Kündigungsschutzklage zu verbinden**. Gleichwohl kann der ArbN zunächst den Antrag auf nachträgliche Zulassung beim ArbG einreichen und erst später die Kündigungsschutzklage erheben, so lange das innerhalb der zweiwöchigen Frist nach Abs. 3 geschieht[4]. Obsiegt ein ArbN mit seiner verspäteten Kündigungsschutzklage, weil diese Verspätung übersehen worden ist, und erkennt er nunmehr sein Versäumnis, darf er den Antrag auf nachträgliche Zulassung seiner Kündigungsschutzklage nicht zurückstellen, bis der ArbGeb ein Rechtsmittel eingelegt hat[5].

13 Da für die Berechnung der Fristen nach Abs. 3 die allgemeinen Bestimmungen der §§ 187 ff. BGB gelten, wird der Tag, an dem das Hindernis für die Klageerhebung wegfällt, nicht mitgerechnet. Die **Antragsfrist** läuft mit dem Tag nach zwei Wochen ab, der dem Tag entspricht, an dem das Hindernis fortgefallen ist. Entsprechendes gilt für den Ablauf der sechsmonatigen Frist[6].

14 **V. Verfahren und Entscheidung (Abs. 4).** Der Zulassungsantrag dient der Einführung eines alternativen Begründungsweges zur Vermeidung der Wirkung des § 7. Trotz dieser materiell-rechtl. Wirkung (Rz. 3) ist er (stillschweigender) ausschließlich **verfahrensrechtl. Hilfsantrag**, der nicht zu einer Anspruchshäufung iSv. § 260 ZPO führt, sondern allein die (eine) Kündigungsschutzklage stützt. Es handelt sich um eines von mehreren auf denselben Klaganspruch zielenden Angriffsmitteln iSv. § 146 ZPO. Das ArbG braucht über den Antrag allerdings grds. erst zu entscheiden, wenn es die Klage für verspätet hält[7], was **im Hauptverfahren** zu klären ist. Erforderlich sind die Feststellungen, ob überhaupt eine schriftl. Kündigung vorliegt, ob sie dem ArbGeb zuzurechnen ist, wann sie dem ArbN zugegangen und wann die Kündigungsschutzklage beim ArbG eingegangen ist. Ggf. ist – ohne die Erleichterungen des Abs. 2 S. 2 – Beweis zu erheben. Erst wenn das ArbG danach Verspätung annimmt, soll für die Entscheidung über die nachträgliche Zulassung ein **Rechtsschutzbedürfnis** bestehen[8]. Nach hier vertretener Auffassung kann das ArbG hingegen etwa aus prozessökonomischen Gründen zu Gunsten des ArbGeb unterstellen, dass die Klage verspätet ist, wenn dem Hilfsantrag auf nachträgliche Zulassung ohne weiteres stattzugeben ist[9].

15 Es genügt gem. Abs. 2 S. 2 **Glaubhaftmachung** der die nachträgliche Zulassung begründenden Tatsachen. Den Beweiswert würdigt das Gericht frei. Überwiegende Wahrscheinlichkeit genügt. Dies bezieht sich nicht auf die dem Strengbeweis unterliegende Frage der Versäumung der Klagefrist (vgl. Rz. 14), sondern allein auf die Schuldlosigkeit daran (Abs. 1 S. 1). Insoweit sind alle Beweismittel einschließlich der Versicherung an Eides statt zugelassen, § 294 ZPO. Das gilt auch für die Widerlegung. Die Glaubhaftmachung muss ebenso wie eine grds. statthafte Beweisaufnahme „sofort" (§ 294 II ZPO), dh. im Zeitpunkt der Entscheidung über die nachträgliche Zulassung möglich sein. Die Beweismittel müssen von der Partei selbst zur Stelle gebracht sein[10]. Das Gericht ist nicht zur Heranziehung bezeichneter Beweismittel gehalten und darf allein zu diesem Zweck seine Verhandlung auch nicht vertagen. Das schließt eine Heranziehung im Wege prozessleitender Verfügung (§ 56 ArbGG) nicht aus.

16 MWz. 1.4.2008 wurden **Verfahren und Entscheidung über den Zulassungsantrag neu ausgestaltet**[11]. Ziel war zum einen die Beschleunigung des Verfahrens und zum anderen die Eröffnung des Rechtsweges bis zum BAG. Grundsätzlich ist das Antragsverfahren nunmehr nach Abs. 4 S. 1 wie im Wiedereinset-

---

1 BAG v. 16.3.1988 – 7 AZR 587/87, AP Nr. 16 zu § 130 BGB. | 2 LAG Köln v. 8.11.1994 – 6 Ta 209/94, LAGE Nr. 70 zu § 5 KSchG; LAG Hamm v. 4.11.1996 – 12 Ta 105/96, LAGE Nr. 81 zu § 5 KSchG. | 3 LAG Hess. v. 11.3.2005 – 15 Ta 638/04, NZA-RR 2005, 322. | 4 LAG Düsseldorf v. 31.10.1975 – 16 Ta 41/75, DB 1976, 106; LAG BW v. 8.3.1988, 8 Ta 8/88 – LAGE Nr. 37 zu § 5 KSchG. | 5 LAG Hamm v. 5.4.1982 – 8 Ta 61/82, BB 1982, 1671. | 6 KR/*Friedrich*, § 5 KSchG Rz. 120 f. | 7 Insoweit zutr. BAG v. 28.4.1983 – 2 AZR 438/81, DB 1984, 1628; v. 5.4.1984 – 2 AZR 67/83, NZA 1984, 124; vgl. die Darstellungen zum Streitstand bei: KR/*Friedrich*, § 5 KSchG Rz. 158; *Bader/Bram/Dörner/Wenzel*, § 3 KSchG Rz. 22 ff. | 8 So zum Wiedereinsetzungsantrag nach § 233 ZPO BGH v. 27.5.2003 – VI ZB 77/02, NJW 2003, 2460. | 9 In BGH v. 27.5.2003 – VI ZB 77/02, NJW 2003, 2460 (vgl. vorige Fußnote) hatte die Vorinstanz Wiedereinsetzung versagt und das Rechtsmittel als unzulässig verworfen, ohne überhaupt zu klären, ob die Rechtsmittelfrist versäumt war. Dies wäre aber selbstverständliche (kumulative) Voraussetzung der Verwerfung gewesen; auf die Frage des Rechtsschutzbedürfnisses bzw. der Vorgreiflichkeit dieser Klärung für den Wiedereinsetzungsantrag hätte der BGH daher nicht abzustellen brauchen. | 10 BGH v. 11.9.2003 – IX ZB 37/03, NJW 2003, 3558. | 11 Gesetz zur Änderung des SGG und des ArbGG v. 26.3.2008, BGBl. I S. 444.

zungsverfahren gem. § 238 I 1 ZPO mit dem Klageverfahren zu verbinden. Das Gericht kann aber auch gem. Abs. 4 S. 2 (wortgleich: § 238 I 2 ZPO) zunächst das Verfahren auf die Verhandlung und Entscheidung über den Antrag beschränken. Die prozessleitende **Entscheidung über Verbindung oder Beschränkung** steht im freien Ermessen des ArbG und ist unanfechtbar. Sie erfolgt durch Terminsbestimmung zur Verhandlung nur über den Antrag oder über Antrag und Klage. Solange das ArbG die Verhandlung und Entscheidung nicht auf den Zulassungsantrag beschränkt, wird im Zweifel vom Regelfall der Verbindung auszugehen sein. Von der Möglichkeit der Beschränkung nach Abs. 4 S. 2 wird das ArbG etwa Gebrauch machen bei rechtlich oder tatsächlich schwierigen Fragen der nachträglichen Zulassung, insbesondere wenn die Bestätigung einer gewährten nachträglichen Zulassung durch die höhere Instanz zweifelhaft erscheint und ggf. eine Entscheidung über die Kündigungsschutzklage in der Sache entbehrlich wird[1]. Bei diesem Vorgehen und Ausreizung des Instanzenzugs bleibt allerdings die gebotene Beschleunigung des Kündigungsschutzverfahrens (§ 61a V ArbGG) auf der Strecke.

Im **Regelfall der Verbindung** entscheidet das Gericht in gewöhnlicher Besetzung auf Grund mündlicher Verhandlung grds. einheitlich über Antrag und Klage durch **Endurteil**. Stattgabe, Verwerfung oder Zurückweisung des Antrags müssen in der Urteilsformel, die der Kündigungsschutzklage stattgibt oder sie abweist, nicht notwendig Ausdruck finden[2]. Zu beachten ist bei einheitlicher Entscheidung das unterschiedliche Beweismaß für die Feststellung streitiger Tatsachen (vgl. Rz. 15). 17

Bei **Beschränkung** des Verfahrens auf die Verhandlung und Entscheidung über den Antrag gem. Abs. 4 S. 2 (wortgleich: § 238 I 2 ZPO) ist die Entscheidung gem. Abs. 4 S. 3 auf Grund mündlicher Verhandlung durch **Zwischenurteil** zu treffen, das den Antrag (als unzulässig) verwirft bzw. (als unbegründet) zurückweist oder (stattgebend) die Kündigungsschutzklage nachträglich zulässt. Das Gleiche gilt, wenn das Gericht – bei noch verbundenem Verfahren – sich erst in der mündlichen Verhandlung entschließt, zunächst nur über den Antrag zu befinden. Die Entscheidung ergeht in gewöhnlicher Besetzung. Das Zwischenurteil kann kraft ausdrücklicher Regelung in Abs. 4 S. 3 wie ein Endurteil angefochten werden (wie § 280 I 1 ZPO; abweichend § 238 III ZPO), dh. grds. durch Berufung und Revision. Das **Hauptsacheverfahren** ist grds. bis zum Eintritt der Rechtskraft **gem. § 148 ZPO auszusetzen**. Die Anordnung der Verhandlung über die Hauptsache auf Antrag einer Partei ist anders als in § 280 II 2 ZPO nicht vorgesehen. Ergeht dennoch ein Urteil des ArbG in der Hauptsache, ist es auflösend bedingt durch die Aufhebung des Zwischenurteils[3]. 18

Die gesonderte Entscheidung über die nachträgliche Zulassung erwächst nicht in materieller Rechtskraft[4]. Zu beachten ist aber die **Bindung des ArbG gem. § 318 ZPO** im fortzusetzenden Hauptprozess. Ihre Reichweite war nach bisheriger Rechtslage umstritten. Da der Beschluss nach § 5 IV aF inhaltlich ohnehin einem Zwischenurteil gleichstand[5], stellt sich die Frage der Reichweite nach der Neufassung unverändert. Das BAG und ein Teil der Literatur nahmen eine Bindungswirkung auch hinsichtlich der „im Verfahren nach § 5 festgestellten" Verspätung der Klage an[6]. Die Verspätung war und ist aber gerade nicht in diesem Verfahren festzustellen, sondern im Klageverfahren mit seinem Strengbeweis (vgl. Rz. 15). Nach zutreffender Ansicht erstreckte sich die Bindungswirkung daher allein auf die im Verfahren nach § 5 entschiedene Frage, ob die Klage als rechtzeitig erhoben fingiert wird (Rz. 3), nicht aber auf die Gründe einschließlich etwaiger Vorfragen (Verspätung etc.)[7]. Dies entspricht der allgemeinen Auffassung zur Bindungswirkung des § 318 ZPO[8]. Zudem müsste anderenfalls das Rechtsmittelgericht im summarischen Verfahren über die nachträgliche Zulassung Fragen klären, die dem Vollbeweis unterliegen. Das im Klageverfahren erkennende Gericht wie auch das nachfolgende Rechtsmittelgericht haben daher die Frage der Verspätung selbst zu beurteilen und sind nicht an etwaige ursprüngliche Annahmen aus dem Antragsverfahren gebunden (vgl. auch Rz. 14 aE). Ist dagegen die Kündigungsschutzklage rechtskräftig nachträglich zugelassen, steht unabhängig von der Frage der Verspätung fest, dass die Wirkung des § 7 nicht eintritt (vorbehaltlich späterer Klagerücknahme). 19

Die Entscheidung über Zulassungsantrag ist unabhängig von Verbindung oder Beschränkung des Verfahrens inhaltlich wie folgt zu treffen: Der Antrag ist als **unzulässig zu verwerfen**, wenn er nicht innerhalb der zweiwöchigen Frist oder erst nach Ablauf der sechsmonatigen Frist gestellt wird oder keine Tatsachen enthält, die eine Verspätung der Kündigungsschutzklage entschuldigen sollen[9]. Werden im Antrag entgegen Abs. 2 S. 2 die Mittel der Glaubhaftmachung nicht bezeichnet, führt dies nur zum Ausschluss solcher Mittel und macht den Antrag nicht unzulässig (vgl. Rz. 9 aE). Der Zulassungsantrag ist 20

1 Vgl. Gegenäußerung der Bundesregierung zur Stellungnahme des Bundesrats. BT-Drucks. 16/7716, S. 68. | 2 So für die Stattgabe bei § 238 ZPO Thomas/Putzo/*Hüßtege*, § 238 Rz. 10; unverzichtbar aber in den Gründen. | 3 BGH v. 17.1.1973 – VIII ZR 48/71, NJW 1973, 467. | 4 So zum – formell rechtskräftigen – Zwischenurteil nach § 304 ZPO BGH v. 14.4.1987 – IX ZR 149/86, MDR 1987, 841. | 5 *Quecke*, NZA 2007, 897 (899) mwN. | 6 BAG v. 5.4.1984 – 2 AZR 67/83, NZA 1984, 124; Stahlhacke/*Vossen* Rz. 1871; APS/*Ascheid*/*Hesse*, § 5 KSchG Rz. 129. | 7 LAG Hess. v. 17.2.2005 – 15 Ta 578/04, nv.; LAG Köln v. 17.8.2001 RzK I 10d Nr. 109; LAG Düsseldorf v. 17.7.2002 – 15 Ta 291/02; Hess. LAG v. 24.8.2004 LAGE KSchG § 5 Nr. 108b und v. 17.2.2005 – 15 Ta 578/04; *Berkowsky* NZA 1997, 352 (356); ErfK/*Kiel* Rz. 30; KR/*Friedrich* Rz. 134; HaKo/*Gallner* Rz. 83; *v. Hoyningen-Huene*/*Linck* Rz. 65. | 8 BGH v. 14.6.2002 – V ZR 79/01, NJW 2002, 3478; Thomas/Putzo/*Reichold*, § 318 ZPO Rz. 1. | 9 *Herschel*/*Löwisch*, § 5 KSchG Rz. 25; *Bader*/*Bram*/*Dörner*/*Wenzel*, § 5 KSchG Rz. 158 und 159.

als **unbegründet** zurückzuweisen, wenn die vorgetragenen Tatsachen die Verspätung der Kündigungsschutzklage nicht entschuldigen (Rz. 24 ff.) oder nicht glaubhaft erscheinen (Rz. 15). Im Übrigen ist die Kündigungsschutzklage nachträglich zuzulassen.

21 Bei **Säumnis des Klägers** ergeht im verbundenen Verfahren (Rz. 17) auf Antrag des Beklagten nach alter wie neuer Rechtslage abweisendes Versäumnisurteil ohne Rücksicht auf die Frage der nachträglichen Zulassung, wobei der Vorsitzende gem. § 55 I Nr. 4 ArbGG allein entscheidet. War die Verhandlung von vornherein auf den Zulassungsantrag beschränkt (vgl. Rz. 18), wird der Antrag auch nur insoweit durch „Versäumnis-Zwischenurteil" abgewiesen werden können. Dem Kläger steht, anders als nach § 238 II 2 ZPO, der Einspruch gegen das Versäumnisurteil zu. Beantragt der beklagte ArbGeb gegen den säumigen Kläger im Kammertermin gem. §§ 331a, 251a II ZPO eine Entscheidung nach Lage der Akten, kann der Vorsitzende gem. § 55 I Nr. 4 ArbGG unter den Voraussetzungen des § 251a II ZPO ggf. durch Endurteil entscheiden. Dies soll auch gelten, wenn noch keine Sachanträge in einem vorangegangenen (Güte-)Termin gestellt worden sind[1].

22 Bei **Säumnis des Beklagten** im verbundenen Verfahren (Rz. 17) erlässt der Vorsitzende gem. § 55 I Nr. 4 ArbGG auf Antrag des Klägers ein Versäumnisurteil gemäß dem Kündigungsschutzantrag, wenn er die Klage nicht für verspätet hält. Da die Wahrung der Klagefrist nicht zur Disposition der Parteien steht (§ 4 Rz. 34), ist sie grds. wie im Falle der Wiedereinsetzung (§ 238 ZPO) von Amts wegen zu prüfen (ggf. durch Beweiserhebung; es gilt der Grundsatz des Freibeweises[2]). Dabei bleibt jedoch schriftsätzliches Vorbringen des nicht erschienenen Beklagten außer Betracht, da trotz Amtsprüfung der Beibringungsgrundsatz gilt[3]. Hält der Vorsitzende die Klage für verspätet, hat er neben der Zulässigkeit der Klage aus den gleichen Gründen und in gleicher Weise auch Zulässigkeit und Begründetheit des Zulassungsantrags von Amts wegen zu prüfen. Dabei sind auch hier das Vorbringen des säumigen Beklagten und seine Mittel zur Glaubhaftmachung nicht zu berücksichtigen[4]. Die Frage der Verspätung wird dahingestellt bleiben können, wenn jedenfalls die nachträgliche Zulassung zu gewähren ist (vgl. Rz. 14 aE). Anders als nach früherem Recht (Abs. 4 S. 1 aF) ergeht diese Säumnisentscheidung nicht durch die Kammer, sondern gem. § 55 I Nr. 4 ArbGG durch den Vorsitzenden. Rechtsmittel für den Beklagten: Einspruch. War die Verhandlung von vornherein auf den Zulassungsantrag beschränkt (vgl. Rz. 18), gilt Entsprechendes mit der Maßgabe, dass hier nur ein „Versäumnis-Zwischenurteil" über diesen Antrag in Betracht kommt.

23 Statthaftes **Rechtsmittel** gegen End- wie Zwischenurteil ist die **Berufung**. Für das Zwischenurteil ordnet Abs. 4 S. 3 dies ausdrücklich an (wie § 280 I 1 ZPO; abweichend § 238 III ZPO). Für Verfahren und Entscheidung gelten die allgemeinen Grundsätze. Insbesondere besteht abweichend von der bisherigen Rechtslage[5] Vertretungszwang gem. § 11 II ArbGG. Das LAG kann bei Berufung gegen ein Endurteil des ArbG über Antrag und Klage seinerseits zunächst die Verhandlung auf den Antrag beschränken und durch Zwischenurteil gesondert über diesen entscheiden. Das wird nur bei Zulassung der Revision Sinn machen, uU aber auch umgekehrt, um eine im Hauptverfahren zuzulassende Revision nicht mehr mit der Frage der nachträglichen Zulassung zu belasten. Entscheidet das ArbG über den Antrag auf nachträgliche Zulassung der Kündigungsschutzklage statt durch Zwischenurteil fälschlich durch Beschluss, kann gegen diese Entscheidung nach dem Grundsatz der Meistbegünstigung sowohl Berufung als auch sofortige Beschwerde eingelegt werden[6]. Gegen die Entscheidung des Berufungsgerichts findet nach Maßgabe der §§ 72–72b ArbGG **Revision**, Nichtzulassungsbeschwerde oder Verspätungsbeschwerde statt. Nimmt erstmals das Revisionsgericht Verspätung an, ist über einen gem. Abs. 3 rechtzeitig gestellten Antrag erstmals zu entscheiden; hierzu ist das Urteil des LAG aufzuheben[7] und der Rechtsstreit zur erneuten Verhandlung und Entscheidung, insb. über den Antrag auf nachträgliche Zulassung der Kündigungsschutzklage (analog Abs. 5 S. 1), an das LAG zurückzuverweisen.

23a Die gesetzl. Neuregelung des Verfahrensrechts enthält **keine Übergangsregelung**. Nach den Grundsätzen des intertemporalen Prozessrechts erfasst eine Änderung des Verfahrensrechts grundsätzlich auch anhängige Rechtsstreite[8]. Danach findet das neue Recht ohne weiteres auf **erstinstanzlich anhängige Verfahren** Anwendung. Das ArbG hat über Verbindung oder Beschränkung der Verhandlung und entsprechend sodann durch End- oder Zwischenurteil zu entscheiden. Das Gleiche gilt, sofern das LAG gem. Abs. 5 S. 1 in 2. Instanz erstmals über die nachträgliche Zulassung zu entscheiden hat. Für **anhängige Beschwerdeverfahren** nach altem Recht ist der prozessrechtl. Grundsatz der Rechtsmittelsicherheit zu beachten. Danach lässt eine prozessrechtl. Einschränkung der Statthaftigkeit von Rechtsmitteln oder die Verschärfung ihrer Zulässigkeitsvoraussetzungen grds. ein Rechtsmittel nicht unzulässig werden, das noch nach altem Rechtszustand zulässig eingelegt wurde; anderes gilt nur, wenn es durch eine hinreichend deutliche gesetzl. Übergangsregelung angeordnet wird[9]. Anhängige Beschwerden bleiben

---

1 Hess. LAG v. 31.10.2000 – 9 Sa 2072/99, MDR 2001, 517. |2 BGH v. 4.11.1999 – III ZR 306/98, NJW 2000, 289. |3 Thomas/Putzo/*Reichold*, Vorbem. § 253 Rz. 12. |4 *G. Reinecke*, NZA 1985, 243 (244). |5 Vgl. GMPM/*Müller-Glöge*, § 78 ArbGG Rz. 20. |6 BAG v. 14.10.1982 – 2 AZR 570/80, AP Nr. 2 zu § 72 ArbGG 1979 zum umgekehrten Fall. |7 Vgl. zur alten Rechtslage LAG Hamm v. 11.8.1970 – 3 Sa 361/70, DB 1970, 1694; LAG Nürnberg v. 29.8.1995 – 2 Sa 203/95, AP Nr. 6 zu § 15 Schwerbehindertengesetz 1986. |8 BVerfG v. 31.5.1960 – 2 BvL 4/59, BVerfGE 11, 139; v. 7.7.1992 – 2 BvR 1631/90 u. 1728/90, NJW 1993, 1123. |9 BVerfG v. 7.7.1992 – 2 BvR 1631/90 u. 1728/90, NJW 1993, 1123.

danach weiterhin zulässige Rechtsmittel gegen Beschlüsse des ArbG über die nachträgliche Zulassung. Nach Wegfall der eigenständigen, nur zwei Instanzen umfassenden alten Rechtswegregelung des Abs. 4 S. 2 aF („Verfahren ‚sui generis'"[1], vgl. Rz. 23b) ist an deren Stelle nicht etwa die allgemeine Beschwerderegelung des § 78 ArbGG iVm. §§ 567 I, 574 I ZPO getreten, sondern eine Entscheidung auf Grund mündlicher Verhandlung durch Urteil mit der Möglichkeit der Revisionszulassung. Über anhängige Beschwerden wird daher nach der Neufassung des Gesetzes ebenfalls die Kammer des LAG durch Zwischenurteil zu entscheiden haben, gegen das nach Maßgabe der §§ 72 ff. ArbGG Revision statthaft ist[2]. Dies trägt der neuen Rechtslage Rechnung (Entscheidung durch Kammer; Instanzenzug zum BAG) und beeinträchtigt die Rechtsstellung des Beschwerdeführers nicht ernstlich. Er ist zwar nunmehr gehalten, sich gem. § 11 II ArbGG spätestens in der mündlichen Verhandlung vor dem LAG vertreten zu lassen, doch musste er damit auch nach bisheriger Rechtslage rechnen, wenn nämlich das LAG über seine Beschwerde ausnahmsweise auf Grund mündlicher Verhandlung entscheiden wollte[3]. Entscheidet das LAG dagegen nach altem Recht durch Beschluss, dürfte hiergegen mangels Zulassung zwar keine Revision, wohl aber nach dem Grundsatz der Meistbegünstigung[4] in entsprechender Anwendung von § 72a ArbGG die Nichtzulassungsbeschwerde statthaft sein. Bei **Verfahren zwischen den Instanzen** wird der Rechtsmittelführer grds. binnen zwei Wochen sofortige Beschwerde gegen einen unter der Geltung des alten Rechts ergangenen Beschluss einlegen müssen. War die Beschwerdefrist bei Inkrafttreten der Neuregelung noch nicht abgelaufen, besteht für die Anwendung des Grundsatzes der Meistbegünstigung im Hinblick auf die nunmehr geltende einmonatige Frist für Berufungen gegen Zwischenurteile kein Raum, da weder eine inkorrekte Entscheidung vorliegt noch die Rechtsmittelfrist für Beschwerden geändert wurde.

Rechtsmittel nach alter Rechtslage: Gem. Abs. 4 S. 1 aF hatte das ArbG bis zum 31.3.2008 bei Annahme einer Verspätung der Klage auf Antrag stets vorab durch **Beschluss der Kammer** über die Zulassung zu entscheiden. Dagegen war nach Abs. 4 S. 2 aF die **sofortige Beschwerde** binnen einer Notfrist von zwei Wochen seit Zustellung beim LAG oder beim ArbG statthaft. Eine **Abhilfeentscheidung** des ArbG gem. § 572 I 1 schied gem. §§ 572 I 2, 318 ZPO nach zutreffender Auffassung aus[5]. Die zweitinstanzliche **Entscheidung des Beschwerdegerichts** erging gem. § 78 S. 3 ArbGG durch den Vorsitzenden allein. Abs. 4 S. 1 aF trat hier zurück. Gegen die Entscheidung des LAG fand nach hM **keine Rechtsbeschwerde** statt[6]. Stellte sich die **Verspätung erst in 2. oder 3. Instanz** heraus, hatte der ArbN aber rechtzeitig einen (Hilfs-)Antrag auf Zulassung gestellt, musste die Hauptsache zurückverwiesen werden und das ArbG über diesen Antrag entscheiden. Das Urteil des ArbG war aufzuheben und der Rechtsstreit zu erneuten Verhandlung und Entscheidung, insb. über den Antrag auf nachträgliche Zulassung der Kündigungsschutzklage, an das ArbG zurückzuverweisen[7]. 23b

VI. Einzelfälle (alphabetisch). 24

- Der **ArbGeb** ist grds. nicht verpflichtet, den ArbN im Zusammenhang mit einer Kündigung des Arbeitsverhältnisses auf die Klagefrist hinzuweisen[8]. Veranlasst der ArbGeb jedoch den ArbN arglistig, von der Erhebung einer Kündigungsschutzklage abzusehen, trifft diesen an der Versäumung der Klagefrist keine Schuld[9]. So, wenn er die Kündigung als „noch nicht verbindlich" darstellt[10], nicht aber, wenn er nur ihre Rücknahme in Aussicht stellt[11].

- Ist die **Auskunft** einer geeigneten Stelle falsch, an die sich der ArbN wegen der Kündigung wendet, trifft ihn kein Verschulden, wenn er von der Kompetenz des Ratgebers ausgehen durfte[12]. Grds. ist jede Stelle als geeignet zur Auskunft anzusehen, die über die erforderliche Sachkunde verfügt und unmittelbar zu entsprechenden Auskünften berufen ist. Das gilt etwa für die Rechtsantragstelle des ArbG, einen Rechtsanwalt oder die Rechtsschutzstelle der Gewerkschaft. Ungeeignet zur Auskunft sind dagegen Kanzleimitarbeiter von Gerichten und Anwälten, die Schadensabteilungen von Rechtsschutzversicherungen, die AA oder der BR bzw. Personalrat[13]. 25

- Ein **Irrtum** des ArbN oder seine falsche Beurteilung der Erfolgsaussichten einer Kündigungsschutzklage rechtfertigen deren nachträgliche Zulassung im Allg. nicht, es sei denn, der ArbGeb hat die Klage- 26

1 BAG v. 15.9.2005 – 3 AZB 48/05, NZA-RR 2006, 211. | 2 Schon nach alter Rechtslage war zB die „Berufung" gegen eine damals fehlerhafte Entscheidung über die nachträgliche Zulassung durch Urteil als sofortige Beschwerde zu behandeln und darüber endgültig durch Beschluss zu entscheiden, vgl. BAG v. 14.10.1982 – 2 AZR 570/80, NJW 1984, 254. | 3 GMPM/*Müller-Glöge*, § 78 ArbGG Rz. 36; GK-ArbGG/*Wenzel* § 78 ArbGG Rz. 44; Schwab/Weth/*Schwab* § 78 ArbGG Rz. 32. | 4 Thomas/Putzo/*Reichold*, Vorbem. vor § 511 Rz. 6 ff. | 5 LAG Sa.-Anh. v. 7.8.2003 – 11 Ta 205/03, nv.; LAG Berlin – 6 Ta 1733/04, LAGE § 5 KSchG Nr. 109; APS/*Hesse*, § 5 KSchG Rz. 110; eingehend *Quecke*, NZA 2007, 897; aA LAG Bln.-Bbg. v. 16.4.2007 – 19 Ta 199/07, nv.; KR/*Friedrich*, § 5 KSchG Rz. 151a. | 6 BAG v. 20.8.2002 – 2 AZB 16/02, AP Nr. 14 zu § 5 KSchG 1969; v. 15.9.2005 – 3 AZB 48/05, NZA-RR 2006, 211; aA HWK/*Kalb*, § 78 ArbGG Rz. 29 mwN. | 7 LAG Hamm v. 11.8.1970 – 3 Sa 361/70, DB 1970, 1694; LAG Nürnberg v. 29.8.1995 – 2 Sa 203/95, AP Nr. 6 zu § 15 Schwerbehindertengesetz 1986. | 8 BAG v. 26.8.1993 – 2 AZR 376/93, NZA 1994, 281. | 9 LAG Frankfurt v. 17.8.1954 – IV LA-B 28/54, NJW 1954, 1952; LAG BW v. 26.3.1965 – 4 Ta 3/65, BB 1965, 669; LAG Köln v. 9.10.2000 – 8 Sa 84/00, nv. (juris); aA LAG Hamm v. 29.10.1987 – 8 Ta 106/87, LAGE Nr. 33 zu § 5 KSchG; *v. Hoyningen-Huene/Linck*, § 5 KSchG Rz. 5. | 10 LAG München v. 26.4.2005 – 11 Ta 427/04, nv. | 11 LAG Köln v. 19.4.2004 – 5 Ta 63/04, LAGE § 5 KSchG Nr. 108a. | 12 KR/*Friedrich*, § 5 KSchG Rz. 30; *v. Hoyningen-Huene/Linck*, § 5 KSchG Rz. 6. | 13 LAG Rh.-Pf. v. 23.7.2004 – 8 Ta 154/04, nv.; aA LAG Sachs. v. 27.7.1998 – 6 Ta 273/97, NZA-RR 1999, 266.

erhebung durch eine entsprechende bewusst falsche Auskunft verhindert. Kündigt der ArbGeb etwa „wegen Stilllegung des Betriebs“, obwohl er hierzu nicht endgültig entschlossen ist, und kommt es nachfolgend zu einem **Betriebsübergang**, wird nachträgliche Zulassung zu gewähren sein. Bei tatsächlichen oder vermeintlichen Betriebsübergängen führt die Wahl des falschen Beklagten idR zu verschuldeter Versäumung der Klagefrist[1]. Die Versäumung der Klagefrist ist auch verschuldet, wenn sie auf Fehlinterpretation einer zutreffenden Rechtsbehelfsbelehrung eines Zustimmungsbescheids des Integrationsamtes beruht[2]. Eine Ausnahme bildet gem. § 5 I 2 die zunächst unverschuldet nicht erkannte Schwangerschaft einer ArbNin, wenn die Mitteilung an den ArbGeb unverzüglich gem. § 9 I 1 Hs. 2 MuSchG nachgeholt wird (vgl. Rz. 5). Zur Frage des Vertretenmüssens der Unkenntnis vgl. die Erl. zu § 9 MuSchG.

27 ● Die **Krankheit** eines ArbN rechtfertigt allein nicht die Zulassung der Kündigungsschutzklage. Es kommt darauf an, ob ihm die rechtzeitige Klageerhebung wegen der Erkrankung objektiv unmöglich war[3]. Selbst bei einer stationären Krankenhausbehandlung muss der ArbNin die Möglichkeit in Betracht ziehen, Angehörige oder Bekannte mit der Erhebung der Kündigungsschutzklage zu beauftragen[4].

28 ● Will der ArbN seine Kündigungsschutzklage mit der **Post** befördern, muss er sie so rechtzeitig aufgeben, dass sie innerhalb der Regelpostlaufzeiten, auf die der ArbN vertrauen darf, beim Gericht eingeht. Störungen bei der Beförderung oder der Zustellung der Post hat der ArbN nicht zu vertreten[5].

29 ● Bei **unverschuldeter Unkenntnis** ist zu unterscheiden: Unkenntnis der Klagefrist ist grds. verschuldet; eine fehlerhafte Auskunft einer kompetenten Stelle (Rz. 25) dürfte praktisch ausscheiden. Unkenntnis von einer nach Ausspruch der Kündigung erfolgten Insolvenzeröffnung kann dagegen unverschuldet sein, sodass eine zunächst fälschlich gegen den Schuldner erhobene und erst nachträglich gegen den Verwalter gerichtete Klage auf Antrag zuzulassen ist[6]. Unkenntnis vom Unwirksamkeitsgrund für die Kündigung genügt idR nicht. Die Klagefrist soll auch in diesem Fall für Rechtssicherheit sorgen (vgl. § 4 Rz. 1). Anderes gilt bei bewusst falscher Auskunft des ArbGeb (Rz. 26), da er hier nicht schutzwürdig ist, oder bei erst nachträglich entstandener Unwirksamkeit[7], da der ArbN sonst zur Klage „ins Blaue hinein“ gezwungen wäre.

30 ● Grds. muss ein ArbN die Kündigungsschutzklage auch während seines **Urlaubs** rechtzeitig erheben. Wird sein Arbeitsverhältnis während des Urlaubs gekündigt, geht ihm das an seine Wohnanschrift gerichtete Kündigungsschreiben zu, auch wenn er verreist ist[8]. Erhält der ArbN jedoch erst nach seiner Rückkehr und nach Ablauf der Klagefrist Kenntnis vom Zugang der Kündigung, kann er erfolgreich die nachträgliche Zulassung der Kündigungsschutzklage beantragen[9]. Bei einem mehr als sechswöchigen Urlaub hat der ArbN aber dafür zu sorgen, dass er von eingehender Post zeitnah Kenntnis erlangt[10]. Kehrt der ArbN noch innerhalb der dreiwöchigen Klagefrist aus dem Urlaub zurück, muss er sich unverzüglich beraten lassen und die Klage erheben[11].

31 ● Das Verschulden seines gesetzl. **Vertreters** muss sich ein ArbN nach § 51 II ZPO anrechnen lassen[12]. Das Verschulden seines Prozessbevollmächtigten bei der Versäumung der Klagefrist muss sich ein ArbN in unmittelbarer oder entsprechender Anwendung des § 85 II ZPO anrechnen lassen[13]. Es kommt nicht darauf an, dass § 7 an die Versäumung der Klagefrist materiellrechtl. Folgen knüpft; entscheidend ist, dass die Prozesshandlung der Klageerhebung nach § 4 von der Ratio des § 85 II ZPO erfasst wird, der vertretenen Prozesspartei den Einwand des fehlenden eigenen Verschuldens in Bezug auf Prozesshandlungen ihres Vertreters abzuschneiden. Das Verschulden des Hilfspersonals seines Prozessbevollmächtigten ist hiervon nicht erfasst, da § 85 II ZPO auf deren Tätigkeit keine Anwendung findet. Hierzu zählen Versäumnisse eines Kurierdienstes, der von einer Einzelgewerkschaft mit der Weiterleitung eines Klageauftrags an die DGB Rechtsschutz GmbH beauftragt worden war[14]. Das Verschulden des **Rechtsschutzsekretärs** einer rechtsschutzgewährenden Einzelgewerkschaft muss sich der ArbN bei unmittelbarer Vertretung durch die DGB Rechtsschutz GmbH nur dann zurechnen lassen, wenn dessen Stellung nach der Gewerkschaftssatzung der eines Korrespondenzanwalts weitestgehend gleicht, insb. also zur Vornahme von Prozesshandlungen berechtigt[15].

---

1 LAG Rh.-Pf. v. 21.10.2004 – 7 Ta 173/04, LAGReport 2005, 275. |2 LAG Köln v. 14.3.2005 – 2 Ta 9/05, nv. |3 *Schaub*, § 136 II 3 Rz. 44. |4 LAG Hamm v. 31.1.1990 – 8 Ta 490/89, LAGE Nr. 45 zu § 5 KSchG; LAG Köln v. 1.9.1993 – 10 Ta 118/93, LAGE Nr. 62 zu § 5 KSchG. |5 LAG Nürnberg v. 31.10.1991 – 7 Ta 121/91, LAGE Nr. 56 zu § 5 KSchG. |6 BAG v. 21.9.2006 – 2 AZR 573/05, NJW 2007, 458. |7 BAG v. 17.6.2003 – 2 AZR 245/02, NZA 2003, 1329 (zur Anfechtung eines Zustimmungsbescheides nach § 9 III MuSchG); desgleichen bei unterlassener Massenentlassungsanzeige gemäß § 17; vgl auch *Richardi*, NZA 2003, 764 (766). |8 BAG v. 16.3.1988 – 7 AZR 587/87, AP Nr. 16 zu § 130 BGB. |9 LAG Köln v. 9.2.2004 – 3 Ta 430/03, NZA-RR 2005, 215; LAG Köln v. 4.3.1996 – 10 Ta 322/95, LAGE Nr. 75 zu § 4 KSchG. |10 LAG Hess. v. 17.2.2005 – 15 Ta 578/04; BVerfG v. 11.2.1976 – 2 BvR 849/75, NJW 1976, 1537; BAG v. 16.3.1988 – 7 AZR 587/87, AP Nr. 16 zu § 130 BGB. |11 *v. Hoyningen-Huene/Linck*, § 5 KSchG Rz. 18. |12 LAG Frankfurt v. 15.11.1988 – 7 Ta 347/88, LAGE Nr. 41 zu § 5 KSchG. |13 Wohl hM, vgl. zum Streitstand KR/*Friedrich*, § 5 KSchG Rz. 70 mwN. |14 LAG Thür. v. 10.12.2004 – 7 Ta 142/04, LAGE § 5 KSchG Nr. 110. |15 LAG Sa.-Anh. v. 8.3.2005 – 11 Ta 3/05, nv.; aA LAG BW v. 12.7.2004 – 12 Ta 10/04, nv.

6 *Verlängerte Anrufungsfrist*
Hat ein Arbeitnehmer innerhalb von drei Wochen nach Zugang der schriftlichen Kündigung im Klagewege geltend gemacht, dass eine rechtswirksame Kündigung nicht vorliege, so kann er sich in diesem Verfahren bis zum Schluss der mündlichen Verhandlung erster Instanz zur Begründung der Unwirksamkeit der Kündigung auch auf innerhalb der Klagefrist nicht geltend gemachte Gründe berufen. Das Arbeitsgericht soll ihn hierauf hinweisen.

I. Gegenstand und Zweck. § 6 bringt neben § 5 eine weitere **Durchbrechung der Klagefrist** des § 4 und der an ihre Versäumung gebundenen Wirksamkeitsfiktion des § 7. Die Norm gestattet dem ArbN, später als drei Wochen nach Zugang der schriftl. Kündigung deren Rechtsunwirksamkeit in der durch § 4 S. 1 vorgegebenen Art und Weise, nämlich durch einen auf diese konkrete Kündigung bezogenen Feststellungsantrag, geltend zu machen. Voraussetzung hierfür ist, dass der ArbN nur überhaupt innerhalb von drei Wochen nach der Kündigung deren Rechtsunwirksamkeit (irgendwie) „im Klagewege geltend gemacht" hat. Der häufig nicht rechtskundige ArbN soll seinen Kündigungsschutz nicht verlieren, wenn er durch rechtzeitige Anrufung des ArbG nur genügend klar zum Ausdruck gebracht hat, er wolle die Wirksamkeit der Kündigung bekämpfen[1]. Das Interesse des ArbGeb an baldiger Klärung der Rechtslage (vgl. § 4 Rz. 1) und sein Vertrauen in den Bestand der Kündigung werden hierdurch kaum berührt und müssen zurücktreten. 1

§ 6 alter Fassung sah eine verlängerte Geltendmachung der Unwirksamkeit der Kündigung gemäß § 1 II u. III vor, sofern nur rechtzeitig im Klagewege die Rechtsunwirksamkeit der Kündigung aus anderen Gründen geltend gemacht worden war. Notwendig, aber auch hinreichend für die „Geltendmachung" iSv. § 6 aF war (und ist) gem. § 4 S. 1 die Erhebung der dort vorgesehenen Klage mit ihrem begrenzten punktuellen Streitgegenstand. Nach der st. Rspr. des BAG handelt es sich bei dieser Klage um einen etwa gegenüber der allgemeinen Feststellungsklage grds. selbständigen prozessualen Anspruch (vgl. § 4 Rz. 48 ff.)[2]. Für die Anrufung (so die unveränderte amtl. Überschrift, nicht „Berufung"!) des ArbG mit diesem Antrag sah § 6 aF daher eine verlängerte Frist vor. Auf die Besonderheit dieser speziellen Antragstellung hatte das ArbG den ArbN, der erkennbar die Wirksamkeit der Kündigung angreifen wollte, ohne den Antrag gestellt zu haben, gem. § 6 S. 2 aF hinzuweisen. Die am 1.1.2004 in Kraft getretene **Neufassung** wollte nach der Gesetzesbegründung am bisherigen Zweck der Norm nichts ändern, sondern sie lediglich an die Erstreckung der Klagefrist in § 4 auf alle Unwirksamkeitsgründe redaktionell anpassen[3]. Statt dessen sieht § 6 nF aber vor, dass sich der ArbN auf innerhalb der Klagefrist nicht geltend gemachte Gründe verlängert „berufen" kann. Der **redaktionell missglückte Wortlaut**[4] unterstellt, dass sich der ArbN grds. auf alle Unwirksamkeitsgründe, die er gegen die Kündigung anführen will, innerhalb der Klagefrist „berufen" müsse und dies gem. § 6 ausnahmsw. bis zum Schluss der mündlichen Verhandlung nachholen könne. Nach § 4 S. 1 genügt jedoch für die Geltendmachung jedweder Unwirksamkeit der Kündigung die rechtzeitige Klageerhebung mit dem dort bezeichneten Streitgegenstand. Eine irgendwie geartete „Berufung" auf Unwirksamkeitsgründe wird nicht gefordert. Der Wortlaut von § 6 widerspricht außerdem der in der Gesetzesbegründung zum Ausdruck gekommenen Absicht des Gesetzgebers (s.o.) sowie der unveränderten amtl. Überschrift der Norm, die eine „verlängerte Anrufungsfrist" und keine zusätzlichen Anforderungen für die Geltendmachung der Unwirksamkeit einer Kündigung ankündigt. Das Erfordernis einer fristgerechten „Berufung" auf alle Unwirksamkeitsgründe nach Art einer formelhaften Litanei würde eine Singularität im deutschen Recht darstellen und mutet mittelalterlich an. Es steht schließlich im Widerspruch zum prozessualen Novenrecht der §§ 61a, 67 ArbGG; eine Verdrängung des § 61a ArbGG durch § 6 scheidet aus, da „sich Berufen" etwas anderes ist als das dort geforderte Vorbringen von Angriffs- und Verteidigungsmitteln. Dennoch soll § 6 nach wohl hM[5] gemäß seinem Wortsinn auszulegen sein. Dem hat sich das **BAG** nunmehr angeschlossen[6]. Nach hier vertretener Auffassung ist die Norm dagegen **teleologisch korrigierend** dahin auszulegen, dass ein ArbN, der innerhalb von drei Wochen auf irgendeine (§ 4 S. 1 nicht entsprechende) Weise im Klagewege die Unwirksamkeit der Kündigung geltend gemacht hat, innerhalb der verlängerten Frist den Klageantrag nach § 4 S. 1 nachholen kann[7]. Einer gesonderten „Berufung" auf Unwirksamkeitsgründe bedarf es nicht. Ist die Klage gem. § 4 S. 1 form- und fristgerecht erhoben, findet § 6 keine Anwendung. In dieser Auslegung entspricht § 6 nF im Ergebnis auch der hM zu § 113 II InsO aF[8]. 2

II. Voraussetzungen. Die Verlängerung der Anrufungsfrist erfordert **Klageerhebung binnen 3 Wochen** nach Zugang der schriftl. Kündigung. Grds. verlangt § 6 ein aktives gerichtl. Vorgehen des ArbN; die Erhebung einer **Widerklage** genügt, nicht aber bloßes Bestreiten der Wirksamkeit der Kündigung außer- 3

1 BAG v. 13.8.1987 – 2 AZR 599/86, AP Nr. 3 zu § 6 KSchG 1969. | 2 BAG v. 12.5.2005 – 2 AZR 426/04, NJW 2006, 395. | 3 BT-Drs. 15/1204, S. 26. | 4 *Quecke*, RdA 2004, 86 (101 f.); *Bader*, NZA 2004, 65 (68). | 5 *Stahlhacke/Vossen*, Rz. 1816; *Bader*, NZA 2004, 65 (69); APS/*Hesse*, § 4 KSchG Rz. 3. | 6 BAG v. 8.11.2007 – 2 AZR 314/06, PM. | 7 *Bender/Schmidt*, NZA 2004, 358 (365); *Quecke*, RdA 2004, 86 (101 f.); *Raab*, RdA 2004, 321 (328 f.) mwN. | 8 LAG Sa.-Anh. v. 8.6.2001 – 2 Sa 138/01, LAGE § 113 InsO Nr. 8 sowie *Moll* in Kübler/Prütting, § 113 InsO Rz. 96 ff. (98); *Quecke*, RdA 2004, 86 (102); aA *Boewer*, RdA 2001, 380 (391); *Schaub*, DB 1999, 224; andere wollten, vom selben Ausgangspunkt ausgehend, § 6 wenigstens analog anwenden, so etwa *Berscheid*, ZInsO, 1998, 167; KDZ/*Däubler*, § 113 InsO Rz. 52; ebenso LAG Hamm, 25.10.2000 – 4 Sa 821/00; unentschieden BAG v. 19.1.2000 – 4 AZR 70/79, NZA 2000, 658.

halb eines Prozesses oder im Rahmen der Erwiderung auf eine ArbGebKlage (zB auf Herausgabe von Werkzeug)[1]. Zur Verfügungsklage vgl. Rz. 6. Es genügt Klageerhebung bei einem unzuständigen Gericht (vgl. § 4 Rz. 20 ff.). Ist die Klage erst nach Ablauf der Frist erhoben worden, gilt die Kündigung gem. § 7 in jeder Hinsicht als von Anfang an rechtswirksam. In Betracht kommt allein ihre nachträgliche Zulassung gem. § 5. Zur **Fristwahrung** vgl. § 4 Rz. 25 ff.

4 Der ArbN muss mit der Klage die **Unwirksamkeit der Kündigung geltend machen**. Das ist der Fall, wenn sein Klagebegehren auf der Unwirksamkeit der Kündigung aufbaut. Es kommt nicht darauf an, aus welchen Gründen die Unwirksamkeit hergeleitet wird[2]. Liegen diese Voraussetzungen vor, findet § 6 unmittelbare und nicht nur entsprechende Anwendung; das gilt auch für Leistungsklagen (vgl. Rz. 6).

5 Einer verlängerten Anrufungsfrist nach § 6 bedarf es nicht bei fristgerechter Klageerhebung gem. § 4 S. 1; hierzu gehört auch ein sog. **allgemeiner Feststellungsantrag** (vgl. § 4 Rz. 49), wenn in der Klage der Wille des ArbN hinreichend deutlich zum Ausdruck kommt, eine bestimmte Kündigung anzugreifen[3]. Ohne einen solchen konkreten Bezug genügt die allgemeine Feststellungsklage für eine fristgerechte Klage nach § 4 S. 1 nicht (vgl. § 4 Rz. 49); da sie aber auf den Fortbestand des Arbeitsverhältnisses bis zum Schluss der mündlichen Verhandlung in den Tatsacheninstanzen gerichtet ist, macht sie zugleich auch die Unwirksamkeit etwaiger Kündigungen geltend; § 6 ist hier anwendbar.

6 In gleicher Weise genügt auch eine **Leistungsklage** den Voraussetzungen des § 6, wenn der ArbN aus der Unwirksamkeit der Kündigung zB Ansprüche auf Weiterbeschäftigung oder Lohn herleitet[4], also für Zeiten nach dem Zugang der fristlosen Kündigung oder nach dem Fristablauf einer ordentl. Kündigung[5]. Das Gleiche dürfte für den Antrag auf Erlass einer **einstw. Verfügung** gelten, der auf solche Ansprüche gerichtet ist[6]. Eine Klage auf Leistungen aus der Zeit vor der Kündigung eröffnet dagegen selbst dann nicht die verlängerte Anrufungsfrist nach § 6, wenn in der Klage die Unwirksamkeit der Kündigung erwähnt wird[7].

7 Die verlängerte Anrufungsfrist nach § 6 kommt auch dann in Betracht, wenn der ArbN zunächst nur innerhalb von drei Wochen eine **Änderungsschutzklage** nach § 4 S. 2 erhoben hat und sich im Prozess herausstellt, dass er das Änderungsangebot des ArbGeb nicht wirksam unter Vorbehalt angenommen hat; der ArbN kann hier die Sozialwidrigkeit oder sonstige Unwirksamkeit der Kündigung als Beendigungskündigung auch noch zu einem späteren Zeitpunkt geltend machen[8]. Nach hM zu § 6 aF konnte auch die nur auf **Einhaltung der Kündigungsfrist** gerichtete Klage innerhalb der verlängerten Frist mit der Sozialwidrigkeit der Kündigung begründet (aber nicht erweitert) werden[9]; das erscheint bedenklich, da hier bei zutreffender Auslegung der Kündigungserklärung gerade nicht ihre Unwirksamkeit, sondern ihre wahre Rechtsfolge geltend gemacht wird (vgl. § 4 Rz. 6 mwN).

8 Einstweilen frei.

9 Die verlängerte Anrufungsfrist nach § 6 kommt auch dann in Betracht, wenn ein ArbN die Unwirksamkeit einer ihm gegenüber erklärten **fristlosen Kündigung** zunächst nur aus anderen Gründen geltend macht, ohne sich für den Fall ihrer Umdeutung auf die Sozialwidrigkeit oder andere spezielle Unwirksamkeitsgründe einer ordentl. Kündigung zu berufen[10]. Das soll auch gelten, wenn ein ArbGeb eine außerordentl. und zugleich eine hilfsweise ordentl. Kündigung ausgesprochen hat, der ArbN innerhalb der Klagefrist nach § 4 nur die außerordentl. Kündigung angegriffen hat[11]. Eine verlängerte Anrufungsfrist kommt nur dann nicht infrage, wenn sich der ArbN mit der bei Unwirksamkeit der außerordentl. Kündigung im Wege der Umdeutung gewonnenen ordentl. Kündigung bereits einverstanden erklärt hat[12].

10 **III. Rechtsfolge.** Nach Ansicht des BAG und eines Teils der Lit. besteht die Rechtsfolge in einer Verlängerung der (im Gesetz überhaupt nicht geregelten!) Frist zur „Berufung auf Unwirksamkeitsgründe“. Ihre Versäumung soll eine Berufung auf solche nicht geltend gemachte Gründe ausschließen[13]. Entgegen dem redaktionell missglückten Wortlaut der Neufassung des § 6 besteht dagegen nach hier vertretener Auffassung die Rechtsfolge nicht in einer solchen (nicht existierenden) Frist, sondern in der **verlängerten Frist zur Erhebung der konkreten Kündigungsschutzklage** nach § 4 S. 1 (vgl. Rz. 1 f.)[14]. War die ursprüngliche Klage eine allgemeine Feststellungsklage nach § 256 ZPO (vgl. Rz. 5), dient es zumindest der Klarstellung, nunmehr den Feststellungsantrag nach § 4 (ggf. zusätzlich) zu stellen. Hatte der

---

1 KR/*Friedrich*, § 6 KSchG Rz. 29; *v. Hoyningen-Huene/Linck*, § 6 KSchG Rz. 7; *Bader/Bram/Dörner/Wenzel*, § 6 KSchG Rz. 11. | **2** KR/*Friedrich*, § 6 KSchG Rz. 10 f. | **3** BAG v. 12.5.2005 – 2 AZR 426/04, nv. | **4** BAG v. 30.11.1961 – 2 AZR 295/61, AP Nr. 3 zu § 5 KSchG. | **5** KR/*Friedrich*, § 6 KSchG Rz. 24. | **6** BAG v. 9.11.1967 – 2 AZR 435/66, BB 1968, 293. | **7** LAG Hamm v. 2.11.1953 – 3 Ta 88/53, AP 1954 Nr. 91. | **8** BAG v. 23.3.1983 – 7 AZR 157/81, DB 1983, 1716. | **9** Vgl. KR/*Friedrich*, § 6 KSchG Rz. 12 ff. mwN; *Bader/Bram/Dörner/Wenzel*, § 6 KSchG Rz. 23; aA ArbG Hamburg v. 1.3.1957 – 2 Ca 76/56, AP Nr. 2 zu § 5 KSchG. | **10** BAG v. 30.11.1961 – 2 AZR 295/61, DB 1962, 411. | **11** BAG v. 16.11.1970 – 2 AZR 33/70, AP Nr. 38 zu § 3 KSchG. | **12** BAG v. 13.8.1987 – 2 AZR 599/86, NZA 1988, 129. | **13** BAG v. 8.11.2007 – 2 AZR 314/06, PM; zur Lit. vgl. Rz. 2 aE. | **14** *Quecke*, RdA 2004, 86 (101 f.); *Raab*, RdA 2004, 321 (325) mwN.

ArbN zunächst nur eine Leistungsklage erhoben, muss er bis zum Schluss der mündlichen Verhandlung einen Feststellungsantrag nach § 4 stellen[1]. Der **Schluss der mündlichen Verhandlung** 1. Instanz tritt gem. § 136 IV ZPO iVm. § 53 II ArbGG ein, wenn nach Ansicht des Gerichts die Sache vollständig erörtert ist und der Vorsitzende die mündliche Verhandlung, schließt; dies kann schlüssig zB durch Bestimmung eines Verkündungstermins geschehen.

IV. Hinweispflicht (S. 2). S. 2 iVm. S. 1 nF verpflichtet das ArbG dem Wortlaut nach, den ArbN, der seine Klage bisher nur auf andere Unwirksamkeitsgründe gestützt hat, auf die Möglichkeit hinzuweisen, sich nunmehr zur Begründung der Unwirksamkeit der Kündigung auch auf innerhalb der Klagefrist nicht geltend gemachte Gründe zu berufen. Dies erscheint im Hinblick auf die **richterliche Unparteilichkeit** bedenklich, da es weder um einen Hinweis nach § 139 ZPO noch um den Hinweis nach § 6 aF geht, die Sozialwidrigkeit mit dem sachgerechten Klageantrag nach § 4 S. 1 geltend zu machen. Eine Hinweispflicht darauf, dass der ArbN sich noch auf andere Unwirksamkeitsgründe „berufen" kann (und nicht etwa nur angedeutete Gründe näher spezifiziert), erscheint befremdlich[2]. Der Hinweis nach § 6 S. 2 aF rechtfertigte sich aus der Statuierung eines befristeten Klagezwangs in § 4 S. 1 mit vorgeschriebenem, punktuell konkretisiertem Streitgegenstand. Der ArbN, der die Unwirksamkeit der Kündigung gem. S. 1 im Klagewege geltend macht, ohne den vorgeschriebenen Klagantrag zu stellen, hat diesen formalen Gesichtspunkt offenbar übersehen und soll durch den Hinweis zu einem im Hinblick auf sein erkennbares Klageziel **sachgerechten Klagantrag** veranlasst werden. So dürfte die Hinweispflicht auch in der (missglückten) Neufassung zu verstehen sein (vgl. Rz. 1 f.). 11

Verletzt das ArbG seine Hinweispflicht nach S. 2, handelt es sich um einen **Verfahrensfehler**. In diesem Fall muss es dem ArbN möglich sein, sich auch noch bis zum Schluss der mündlichen Verhandlung im Berufungsverfahren auf die Sozialwidrigkeit oder sonstige Unwirksamkeit der Kündigung zu berufen[3]. Nach dem hier vertretenen Verständnis enthält Satz 1 ohnehin nur eine Verlängerung der Frist zur Stellung des konkreten Antrags nach § 4 S. 1 (vgl. Rz. 1 f.), nicht aber eine Ausschlussfrist zur Berufung auf Unwirksamkeitsgründe. Ist mangels Hinweises diese Antragstellung unterblieben und daher die Kündigungsschutzklage nicht Streitgegenstand geworden, bleibt in Abweichung von § 68 ArbGG nur die Zurückverweisung des Verfahrens an das ArbG[4]. 12

7 *Wirksamwerden der Kündigung*

Wird die Rechtsunwirksamkeit einer Kündigung nicht rechtzeitig geltend gemacht (§ 4 Satz 1, §§ 5 und 6), so gilt die Kündigung als von Anfang an rechtswirksam; ein vom Arbeitnehmer nach § 2 erklärter Vorbehalt erlischt.

§ 7 regelt die **Folgen nicht rechtzeitiger Klageerhebung** nach Maßgabe der §§ 4, 5 und 6, indem er die Rechtswirksamkeit der schriftl. Kündigung fingiert bzw. den Vorbehalt einer Änderungskündigung erlöschen lässt. Die am 1.1.2004 in Kraft getretene Neufassung findet Anwendung, soweit für eine Kündigung die Klagefrist des § 4 nF maßgeblich ist (vgl. § 4 Rz. 3). Für frühere Kündigungen, die nach § 4 aF nur zur Geltendmachung der Sozialwidrigkeit fristgerechter Klage bedurften, fingierte § 7 aF deren Rechtswirksamkeit auch nur insoweit; ihre anderweitige Unwirksamkeit konnte unabhängig von einer Klagefrist in den Grenzen der Verwirkung (vgl. Rz. 4) geltend gemacht werden[5]. War die Klage rechtzeitig erhoben und damit die Sozialwidrigkeit der Kündigung geltend gemacht worden, wurde diese auch im Hinblick auf alle übrigen in Betracht kommenden Unwirksamkeitsgründe überprüft[6]. Das gilt nach Vereinheitlichung der Klagefrist grds. ebenso (vgl. aber § 6). 1

Ist die rechtzeitige Geltendmachung versäumt, wird eine (etwaige) Unwirksamkeit der Kündigung gem. § 7 nach allgM **rückwirkend geheilt**. Rechtzeitige Geltendmachung iSv. § 7 kann außer durch fristgerechte Klageerhebung nach § 4 S. 1 aber auch durch nachträgliche Zulassung einer verspäteten Klage gem. § 5 oder innerhalb der verlängerten Anrufungsfrist nach § 6 erfolgen. 2

Die Rechtsunwirksamkeit einer Kündigung wird trotz rechtzeitig erhobener Kündigungsschutzklage auch durch spätere **Klagerücknahme** gem. § 269 III ZPO sowie späteren **Klageverzicht** gem. § 306 ZPO geheilt. Bei einer Klagerücknahme gilt der Rechtsstreit als nicht anhängig geworden. Mit der Klagerücknahme treten die Rechtswirkungen des § 7 rückwirkend auf den Tag des Ausspruchs der Kündigung ein[7]. Neben dem Klageverzicht kann der ArbN auch außerhalb eines Prozesses gegenüber dem ArbGeb eine Erklärung abgeben, durch die er auf den Kündigungsschutz und die Erhebung eine Klage nachträglich verzichtet. Denn er ist grds. auch nicht daran gehindert, sein Arbeitsverhältnis jederzeit einvernehmlich aufzuheben[8]. 3

---

1 BAG v. 30.11.1961 – 2 AZR 295/61, DB 1962, 411. | 2 Vgl. zur – begründeten – Ablehnung eines Richters nach Hinweis auf Verjährung der Klageforderung BGH v. 2.10.2003 – V ZB 22/03, BB 2003, 2595. | 3 *Bader/Bram/Dörner/Wenzel*, § 6 KSchG Rz. 62; jetzt auch KR/*Friedrich*, § 6 KSchG Rz. 38 sowie *Bader*, NZA 2004, 65 (68 f.) unter Hinweis auf §§ 520 III 2 Nr. 4, 531 II Nr. 2 ZPO. | 4 So BAG v. 30.11.1961 – 2 AZR 295/61, DB 1962, 411. | 5 BAG v. 19.1.1961 – 2 AZR 197/59, BB 1961, 370. | 6 KR/*Rost*, § 7 KSchG Rz. 5. | 7 KR/*Rost*, § 7 KSchG Rz. 8. | 8 *Herschel/Löwisch*, § 7 KSchG Rz. 4.

4 Soweit die Geltendmachung der Unwirksamkeit einer Kündigung keiner fristgerechten Klageerhebung bedarf (vgl. zu den Ausnahmen § 4 Rz. 5 ff.), kann dies allerdings nicht zeitlich unbegrenzt geschehen. Vielmehr kann das Recht dazu gem. § 242 BGB verwirken (sog. **Prozessverwirkung**). Das ist anhand aller Umstände des Einzelfalls zu beurteilen. Neben dem Zeitmoment, für das feste Grenzen fehlen, müssen Umstände vorliegen, auf Grund derer der ArbGeb annehmen konnte, der ArbN werde die Kündigung hinnehmen (sog. Umstandsmoment)[1]. Dabei sind Zeit- und Umstandsmoment unabhängig voneinander zu prüfen. Ist bereits das Zeitmoment nicht erfüllt, kommt es auf das Umstandsmoment nicht mehr an. Ist das Zeitmoment erfüllt, kann das Umstandsmoment nicht deshalb verneint werden, weil der ArbGeb vor Ablauf des Zeitmoments über den Arbeitsplatz bereits verfügt hat[2]. Hat der ArbN nach Zeit- und Umstandsmoment die Möglichkeit verwirkt, sich auf Mängel einer Kündigung zu berufen, ist seine Klage als unbegründet abzuweisen[3]. Die Spannbreite des Zeitmoments erstreckt sich nach der Rspr. in Abhängigkeit vom Umstandsmoment auf bis zu etwa drei, in besonderen Ausnahmefällen sechs Monate[4] (zB drei Monate bei Widerspruch vor Ablauf der Kündigungsfrist[5] oder bei Betriebsübergang[6]).

5 § 7 fingiert grds. die **Rechtswirksamkeit der Kündigung in jeder Hinsicht**. Doch gibt es Ausnahmen, in denen die Klagefrist nicht zu wahren ist (vgl. näher § 4 Rz. 5 ff.). Auf Grund der Fiktion kann sich der ArbN auch in Folgeprozessen mit seinem ArbGeb nicht mehr auf die Unwirksamkeit der Kündigung berufen[7]. Das gilt etwa für die Streitigkeiten über den Verfall einer Vertragsstrafe oder über die Rückzahlung einer Gratifikation. Allerdings beschränkt sich die Fiktion des § 7 in diesem Zusammenhang ausschließlich auf die Tatsache der Beendigung des Arbeitsverhältnisses. Ob die vom ArbGeb behaupteten Kündigungsgründe vorliegen, steht damit noch nicht fest[8].

6 Bei **Änderungskündigungen** erlischt ein vom ArbN nach § 2 erklärter Vorbehalt gem. Hs. 2, wenn er nicht rechtzeitig innerhalb der dreiwöchigen Klagefrist eine Änderungsschutzklage erhebt. Indem dieser Vorbehalt erlischt, wird die Annahme des Änderungsangebots endgültig wirksam. Mit einer später erhobenen Kündigungsschutzklage kann der ArbN auch nicht mehr sonstige Unwirksamkeitsgründe geltend machen[9].

8 *Wiederherstellung der früheren Arbeitsbedingungen*

Stellt das Gericht im Falle des § 2 fest, dass die Änderung der Arbeitsbedingungen sozial ungerechtfertigt ist, so gilt die Änderungskündigung als von Anfang an rechtsunwirksam.

1 Durch § 8 werden die **Rechtsfolgen** klargestellt, die eintreten, wenn ein ArbN mit seiner Änderungsschutzklage Erfolg hat. In diesem Fall gilt die **Änderungskündigung** als von Anfang an rechtsunwirksam. Um die Beendigung des Arbeitsverhältnisses wird aber gar nicht mehr gestritten, wenn der ArbN das Änderungsangebot unter Vorbehalt angenommen hat. Im Streit ist dann ausschließlich das mit der Kündigung verbundene Änderungsangebot. Dessen Annahme unter Vorbehalt stellt eine Annahme des Angebots unter einer auflösenden Bedingung iSd. § 158 BGB dar. Obsiegt der ArbN mit seiner Änderungsschutzklage, tritt diese Bedingung ein. Gem. § 158 II BGB würde der frühere Zustand grds. erst mit dem Eintritt dieser auflösenden Bedingung wiederhergestellt werden. Demgegenüber stellt § 8 klar, dass die Annahme des Änderungsangebots durch den ArbN als nicht erfolgt gelten soll. Die rechtl. Bedeutung dieser Vorschrift liegt damit in der Begründung einer Rückwirkung des Bedingungseintritts[10]. Danach muss der ArbGeb den ArbN entsprechend § 159 BGB so stellen, als ob die Änderungskündigung nicht erfolgt wäre und der ArbN von vornherein zu unveränderten Bedingungen gearbeitet hätte.

2 Nach ihrem Wortlaut erfasst die Regelung in § 8 nur den Fall der **Unwirksamkeit** der Änderung der Arbeitsbedingungen auf Grund ihrer Sozialwidrigkeit. Das Gericht kann die Unwirksamkeit der Änderung der Arbeitsbedingungen aber auch daraus entnehmen, dass der BR zu der Änderungskündigung nicht ordnungsgemäß angehört worden ist. Auch in diesen Fällen ist in weiter Auslegung des § 8 die Änderungskündigung als von Anfang an rechtsunwirksam anzusehen[11].

3 Grds. ist der ArbN verpflichtet, zu den geänderten Arbeitsbedingungen tätig zu werden, wenn er die Änderungskündigung unter Vorbehalt angenommen hat[12]. Obsiegt der ArbN mit seiner Änderungsschutzklage, hat der ArbGeb rückwirkend die früheren Arbeitsbedingungen wieder herzustellen. War durch das Änderungsangebot das Arbeitsentgelt verringert worden, hat der ArbN Anspruch auf die Differenz zwischen dem tatsächlich erhaltenen **Lohn** und dem, den er bei unveränderten Arbeitsbedin-

1 BAG v. 20.5.1988 – 2 AZR 711/87, NZA 1989, 16. | 2 BAG v. 2.12.1999 – 8 AZR 890/98, DB 2000, 932. | 3 KR/*Rost*, § 7 KSchG Rz. 38. | 4 Vgl. die Nachw. bei KR/*Rost*, § 7 KSchG Rz. 41 f. | 5 LAG Hamm v. 25.7.1986 – 16 Sa 691/86, LAGE § 134 BGB Nr. 3. | 6 BAG v. 31.1.1985 – 2 AZR 530/83, DB 1985, 1842. | 7 *Herschel/Löwisch*, § 7 KSchG Rz. 4. | 8 BAG v. 23.5.1984 – 4 AZR 129/82, DB 1984, 2143. | 9 KR/*Rost*, § 7 KSchG Rz. 14b–g; *v. Hoyningen-Huene/Linck*, § 7 KSchG Rz. 8; aA zur früheren Rechtslage BAG v. 28.5.1998 – 2 AZR 615/97, AP Nr. 48 zu § 2 KSchG 1969. | 10 KR/*Rost*, § 2 KSchG Rz. 58; ErfK/*Ascheid*, § 8 KSchG Rz. 1; *Herschel/Löwisch*, § 8 KSchG Rz. 3. | 11 KR/*Rost*, § 8 KSchG Rz. 8; *Richardi*, ZfA 1971, 101. | 12 BAG v. 18.1.1990 – 2 AZR 183/89, AP Nr. 27 zu § 2 KSchG 1969.

gungen erhalten hätte. War die Arbeitszeit verkürzt worden, hat der ArbN Anspruch auf Lohnersatz für die Zeit, in der er nicht gem. seinen ursprünglichen Arbeitsbedingungen eingesetzt wurde. Allerdings muss sich der ArbN anderweitig erzieltes Entgelt anrechnen lassen[1]. Da diese Ansprüche des ArbN erst mit der Rechtskraft der gerichtl. Entscheidung in dem Änderungsschutzverfahren fällig werden, beginnen zu diesem Zeitpunkt auch erst **tarifl. Ausschlussfristen** und die **Verjährung**[2]. Schließlich ist die Regelung in § 8 auch im Fall einer außerordentl. Änderungskündigung entsprechend anwendbar[3]. Hat der ArbN dem Übergang seines Arbeitsverhältnisses durch **Betriebsübergang** wirksam widersprochen sowie eine Beschäftigung bei dem Betriebserwerber abgelehnt und auf Beschäftigung bei seinem bisherigen ArbGeb bestanden, so beruht der Ausfall der Arbeit nicht etwa auf einem fehlenden Arbeitswillen, wenn der ArbN arbeitsunfähig erkrankt[4].

9 *Auflösung des Arbeitsverhältnisses durch Urteil des Gerichts; Abfindung des Arbeitnehmers*

(1) Stellt das Gericht fest, dass das Arbeitsverhältnis durch die Kündigung nicht aufgelöst ist, ist jedoch dem Arbeitnehmer die Fortsetzung des Arbeitsverhältnisses nicht zuzumuten, so hat das Gericht auf Antrag des Arbeitnehmers das Arbeitsverhältnis aufzulösen und den Arbeitgeber zur Zahlung einer angemessenen Abfindung zu verurteilen. Die gleiche Entscheidung hat das Gericht auf Antrag des Arbeitgebers zu treffen, wenn Gründe vorliegen, die eine den Betriebszwecken dienliche weitere Zusammenarbeit zwischen Arbeitgeber und Arbeitnehmer nicht erwarten lassen. Arbeitnehmer und Arbeitgeber können den Antrag auf Auflösung des Arbeitsverhältnisses bis zum Schluss der letzten mündlichen Verhandlung in der Berufungsinstanz stellen.

(2) Das Gericht hat für die Auflösung des Arbeitsverhältnisses den Zeitpunkt festzusetzen, an dem es bei sozial gerechtfertigter Kündigung geendet hätte.

I. Inhalt und Zweck. Wird im arbeitsgerichtl. Kündigungsschutzverfahren festgestellt, dass die Kündigung des ArbGeb sozialwidrig ist, eröffnet § 9 dem ArbN wie dem ArbGeb die Möglichkeit, das Arbeitsverhältnis durch das Gericht auflösen zu lassen. Allerdings räumt das KSchG im Fall einer sozialwidrigen Kündigung dem Fortbestand des Arbeitsverhältnisses grds. den Vorrang ein. Denn es handelt sich beim KSchG um ein **Bestandsschutzgesetz** und nicht um ein Abfindungsgesetz[5]. Die Vorschrift ist verfassungsgemäß und verstößt weder gegen den Gleichheitssatz des Art. 3 I GG noch gegen die Eigentumsgarantie des Art. 14 GG oder das Rechtsstaatsprinzip nach Art. 20 III GG[6]. Auch wird ein über die Regelungen des KSchG hinausgehender Bestandsschutz nicht durch Art. 12 I GG gefordert[7]. Eine Auflösung des Arbeitsverhältnisses gem. § 9 kommt daher nur ausnahmsw. in Betracht. Dabei sind an die Auflösungsgründe strenge Anforderungen zu stellen und die wechselseitigen Grundrechtspositionen des ArbGeb und des ArbN sind gegeneinander abzuwägen[8]. 1

Zwar wird das Bestandsschutzprinzip des KSchG durch die Möglichkeit einer gerichtlichen Auflösung des Arbeitsverhältnisses durchbrochen. Das Gesetz knüpft diese Möglichkeit in § 9 jedoch an den Antrag einer der Arbeitsvertragsparteien und an das Vorliegen bestimmter **Auflösungsgründe**, so dass weder der ArbGeb noch der ArbN beliebig zwischen der Fortsetzung des Arbeitsverhältnisses und seiner Auflösung gegen Abfindungszahlung wählen können. Der Auflösungsantrag kann nicht losgelöst von einem Kündigungsschutzprozess geltend gemacht werden. Schließlich rechtfertigt sich die Pflicht zur Zahlung einer angemessenen Abfindung nach Abs. 1 daraus, dass der ArbN letztlich seinen Arbeitsplatz zu Unrecht verliert[9], weshalb der ArbN zunächst gerichtlich gegen die Kündigung vorgehen muss. Nach Abs. 2 wird das Arbeitsverhältnis zu dem **Zeitpunkt** aufgelöst, in dem es bei sozial gerechtfertigter Kündigung geendet hätte. 2

II. Auflösungsantrag. Die gerichtliche Auflösung des Arbeitsverhältnisses nach § 9 kann nur im Rahmen eines **Kündigungsschutzprozesses** geltend gemacht werden. Der isolierte Auflösungsantrag des ArbN ohne gleichzeitige Stellung eines Feststellungsantrags nach § 4 ist unzulässig[10]. Grds. kann über die Auflösung des Arbeitsverhältnisses und die Wirksamkeit der Kündigung nur eine einheitliche gerichtliche Entscheidung ergehen[11]. Allerdings soll ausnahmsw. der Erlass eines Teil-Anerkenntnisurteils über die Sozialwidrigkeit der Kündigung zulässig sein[12]. 3

Grds. kommt eine gerichtl. Auflösung des Arbeitsverhältnisses nach § 9 nicht in Betracht, wenn ein ArbN eine **Änderungsschutzklage** nach § 4 S. 2 erhoben hat. Denn in diesem Fall geht es nicht um die 4

1 *Herschel/Löwisch*, § 8 KSchG Rz. 5. | 2 LAG Thür. v. 18.12.1996 – 7 Ta 43/96, LAGE Nr. 21 zu § 2 KSchG. | 3 KR/*Rost*, § 8 KSchG Rz. 14; *Herschel/Löwisch*, § 8 KSchG Rz. 7. | 4 BAG v. 24.3.2004 – 5 AZR 355/03, NZA 2004, 872. | 5 BAG v. 10.10.2002 – 2 AZR 240/01, DB 2003, 999; v. 2.6.2005 – 2 AZR 234/04, AP Nr. 51 zu § 9 KSchG 1969; BVerfG v. 22.10.2004 – 1 BvR 1944/01, NZA 2005, 41. | 6 BAG v. 16.5.1984 – 7 AZR 280/82, NZA 1985, 60; BVerfG v. 29.1.1990 u. v. 9.2.1990 – 1 BvR 42/82 und 1 BvR 717/87, EzA Nr. 34 und 36 zu § 9 KSchG nF. | 7 BVerfG v. 22.10.2004 – 1 BvR 1944/01, NZA 2005, 41. | 8 Hess. LAG v. 23.4.2007 – 7 Sa 1298/06. | 9 BVerfG v. 12.5.1976 – 1 BvL 31/73, AP Nr. 1 zu § 117 AFG. | 10 BAG v. 29.5.1959 – 2 AZR 450/58, AP Nr. 19 zu § 3 KSchG 1951. | 11 BAG v. 4.4.1957 – 2 AZR 456/54, AP Nr. 1 zu § 301 ZPO; v. 9.12.1971 – 2 AZR 118/71, AP Nr. 3 zu Art. 56 ZA NATO-Truppenstatut. | 12 BAG v. 29.1.1981 – 2 AZR 1055/78, DB 1981, 2438.

Frage, ob das Arbeitsverhältnis durch die Änderungskündigung aufgelöst worden ist oder nicht. Hat der ArbN allerdings das Änderungsangebot des ArbGeb abgelehnt und eine Kündigungsschutzklage nach § 4 S. 1 erhoben, ist der Bestand des Arbeitsverhältnisses im Streit und der Antrag auf Auflösung dieses Arbeitsverhältnisses zulässig[1]. Streiten die Parteien über die Wirksamkeit einer außerordentl. Kündigung eines **Ausbildungsverhältnisses**, ist dessen gerichtliche Auflösung gem. § 9 nicht möglich[2].

5 Einen Antrag auf Auflösung des Arbeitsverhältnisses kann im Fall einer **ordentl. Kündigung** sowohl der ArbGeb als auch der ArbN stellen. Streiten die Parteien über die Wirksamkeit einer **außerordentl. Kündigung**, kann nur der ArbN, nicht dagegen der ArbGeb die Auflösung beantragen (§ 13 I 3). Wird der Betrieb des ArbGeb im Verlauf des Kündigungsschutzprozesses veräußert, kann der ArbN einen Auflösungsantrag nur gegenüber dem Betriebserwerber stellen[3].

6 Da der **ArbN** seinen Auflösungsantrag nur für den Fall stellt, dass er mit seinem Feststellungsantrag nach § 4 erfolgreich ist, handelt es sich um einen sog. **uneigentlichen Eventualantrag**[4]. Dagegen ist der Antrag des **ArbGeb** auf Auflösung des Arbeitsverhältnisses ein **echter Eventualantrag**, der für den Fall gestellt wird, dass sein Antrag auf Abweisung der Feststellungsklage nach § 4 erfolglos bleibt[5].

7 Für den **Wortlaut des Antrags** auf Auflösung des Arbeitsverhältnisses nach § 9, der schriftl., zu Protokoll der Geschäftsstelle oder in der mündlichen Verhandlung gestellt werden kann, ist eine bestimmte Formulierung im Gesetz nicht vorgesehen. Es muss weder die Festsetzung einer Abfindung noch ein bezifferter Betrag neben der Auflösung des Arbeitsverhältnisses beantragt werden. Ob überhaupt ein Antrag auf Auflösung des Arbeitsverhältnisses vorliegt, ist durch Auslegung zu ermitteln. So genügt ein Antrag des ArbN auf Zahlung einer Abfindung, da sie nur in Betracht kommt, wenn das Arbeitsverhältnis gerichtlich aufgelöst wird[6]. Hat der ArbN zunächst die Abweisung des arbeitgeberseitigen Auflösungsantrags begehrt und erst im Berufungsverfahren eine höhere als die vom ArbG festgesetzte Abfindung verlangt, liegt darin kein eigener Auflösungsantrag des ArbN[7].

8 Der Antrag auf Auflösung des Arbeitsverhältnisses nach § 9 kann zugleich mit der Feststellungsklage nach § 4 oder auch noch zu einem späteren Zeitpunkt bis zum Schluss der **letzten mündlichen Verhandlung in der Berufungsinstanz** gestellt werden. Wann die Gründe für die Auflösung des Arbeitsverhältnisses entstanden sind, ist insoweit unerheblich. Bis zum Schluss der letzten mündlichen Verhandlung in der Berufungsinstanz kann der Antrag auf Auflösung des Arbeitsverhältnisses zurückgenommen werden. Allerdings kann ein ArbN keine Berufung gegen ein obsiegendes arbeitsgerichtl. Urteil einlegen, um im Berufungsverfahren erstmals einen Auflösungsantrag zu stellen oder seinen erstinstanzlich gestellten (erfolgreichen) Auflösungsantrag zurück zu nehmen und die Fortsetzung des Arbeitsverhältnisses zu erreichen[8]. Nimmt ein ArbGeb seine Berufung gegen ein Urt. des ArbG in einem Kündigungsschutzprozess zurück, nachdem der ArbN in der Berufungsinstanz erstmals einen Auflösungsantrag gestellt hat, ist über die Begründetheit des Antrags des ArbN jedenfalls dann noch zu entscheiden, wenn der Auflösungsantrag zum Zeitpunkt der Berufungsrücknahme rechtshängig war[9].

9 Bei der **Rücknahme der Kündigung** durch den ArbGeb handelt es sich lediglich um ein Angebot an den ArbN, das Arbeitsverhältnis ungekündigt und ununterbrochen fortzusetzen. Der ArbN kann dieses Angebot annehmen. Er kann es aber auch zum Anlass nehmen, die Auflösung seines Arbeitsverhältnisses nach § 9 neben der Entscheidung über die Sozialwidrigkeit der Kündigung zu verlangen[10].

10 **III. Sozialwidrigkeit der Kündigung.** Voraussetzung für die gerichtliche Auflösung des Arbeitsverhältnisses nach § 9 ist wegen § 13 III die **gerichtliche Feststellung**, dass die vom ArbGeb erklärte Kündigung gem. § 1 sozial ungerechtfertigt ist. Ist die Kündigung sozial gerechtfertigt, scheidet eine Auflösung des Arbeitsverhältnisses aus. Dann weist das Gericht die Kündigungsschutzklage des ArbN ab. Ist die Kündigung zwar nicht sozialwidrig, aber aus anderen Gründen unwirksam, scheidet eine Auflösung des Arbeitsverhältnisses gleichfalls aus (§ 13 III). Das Gericht gibt vielmehr der Kündigungsschutzklage statt und stellt den Fortbestand des Arbeitsverhältnisses fest. Ausnahmen gelten nach § 13 nur für ungerechtfertigte außerordentl. Kündigungen und sittenwidrige Kündigungen.

11 Für den **Auflösungsantrag nach § 9** ist allerdings nach alter wie neuer Rechtslage[11] zu unterscheiden: Der Auflösungsantrag gem. § 9 I setzt gem. § 13 III grds. voraus, dass die Kündigung nicht aus einem sonstigen Grund unwirksam und ihre Sozialwidrigkeit gem. § 4 S. 1 aF festgestellt ist. Das erfordert nach hM stets eine sozialwidrige Kündigung. Beim Auflösungsantrag des **ArbN** nach § 9 I 1 können aber entgegen § 13 III der Wirksamkeit der Kündigung **zusätzlich weitere Gründe** entgegenstehen; denn es wäre widersinnig, dem ArbN dieses Recht nur deshalb zu nehmen, weil die Kündigung des ArbGeb nicht

1 BAG v. 29.1.1981 – 2 AZR 1055/78, DB 1981, 2438. | **2** BAG v. 29.11.1984 – 2 AZR 354/83, NZA 1986, 230. | **3** BAG v. 20.3.1997 – 8 AZR 769/95, NZA 1997, 937. | **4** BAG v. 5.11.1964 – 2 AZR 15/64, AP Nr. 20 zu § 7 KSchG 1951. | **5** BAG v. 4.4.1957 – 2 AZR 456/54, AP Nr. 1 zu § 301 ZPO. | **6** BAG v. 13.12.1956 – 2 AZR 353/54, AP Nr. 5 zu § 7 KSchG 1951. | **7** BAG v. 28.1.1961 – 2 AZR 482/59, AP Nr. 8 zu § 7 KSchG 1951. | **8** BAG v. 23.6.1993 – 2 AZR 56/93, NZA 1994, 264. | **9** LAG Bremen v. 29.6.2006 – 3 Sa 222/06. | **10** BAG v. 19.8.1982 – 2 AZR 230/80, DB 1983, 663. | **11** So ausdrücklich der Änderungsantrag der Fraktionen SPD und Bündnis 90/Die Grünen v. 23.9.2003, Ausschuss-Drs. 15 (9) 637, S. 2, auf den die Beibehaltung des § 13 III zurückgeht.

nur sozialwidrig, sondern auch aus anderem Grund rechtswidrig ist[1]. Das gilt nicht, wo die sonstige Unwirksamkeit gerade den Schutz des ArbGeb bezweckt. Hier kann er sich gegenüber dem Auflösungsantrag des ArbN auf sonstige Unwirksamkeitsgründe für die Kündigung berufen, so bei Geschäftsunfähigkeit, § 105 I BGB, bei wirksamer Anfechtung der eigenen Kündigung, §§ 123, 142 BGB, ebenso bei fehlendem Zugang der Kündigung – arg. § 132 I 2 BGB – und bei fehlender Zurechenbarkeit fremden Vertreterhandelns, vgl. § 4 Rz. 7.

Der Auflösungsantrag des **ArbGeb** gem. § 9 I 2 scheidet dagegen gem. § 13 III generell aus, wenn seine Kündigung nicht nur sozialwidrig, sondern auch sonst rechtsunwirksam ist[2]. Für lediglich aus sonstigen Gründen unwirksame Kündigungen räumt das Gesetz dem ArbGeb ein Auflösungsrecht nicht ein. Es wäre auch hier widersinnig und ein Verstoß gegen § 13 III, es dem ArbGeb nur deshalb zuzugestehen, weil seine Kündigung obendrein noch sozialwidrig ist (ganz hM). Das gilt hier für alle Unwirksamkeitsgründe[3]. 12

IV. Bestand des Arbeitsverhältnisses im Auflösungszeitpunkt. Eine gerichtl. Auflösung des Arbeitsverhältnisses nach § 9 setzt voraus, dass das Arbeitsverhältnis noch in dem Zeitpunkt besteht, der nach Abs. 2 für die Auflösung festgesetzt wird[4]. Eine **vorzeitige Beendigung**, etwa in Folge des Todes des ArbN oder des Eintritts einer auflösenden Bedingung, erledigt die Kündigungsschutzklage bereits in der Hauptsache, so dass kein Raum für eine richterliche Gestaltung nach § 9 bleibt. Hat das Arbeitsverhältnis aus anderen Gründen nach dem Zeitpunkt geendet, der nach Abs. 2 festzusetzen ist, aber vor Erlass des gerichtl. Auflösungsurteils, kann dieses noch ergehen, und zwar auf der Grundlage einer hypothetischen Prüfung der zukünftigen Entwicklung des Arbeitsverhältnisses[5]. 13

Hat im Verlauf des Kündigungsschutzprozesses ein **Betriebsübergang** stattgefunden, kann der ArbN seinen Auflösungsantrag nach § 9 nur gegenüber dem Betriebserwerber stellen, auf den er den Prozess erstrecken muss[6]. Nur auf diese Weise wird auch dem Betriebserwerber die Möglichkeit eingeräumt, seinerseits einen Auflösungsantrag zu stellen, wenn Gründe dafür vorliegen. Ist allen Beteiligten des Kündigungsrechtsstreits der Betriebsübergang unbekannt, muss der Betriebserwerber die Rechtsfolgen aus der gerichtlichen Entscheidung einschließlich der Auflösung des Arbeitsverhältnisses gegen sich gelten lassen. Stützt der ArbN die Gründe für seinen Auflösungsantrag allein auf Umstände aus seinem Arbeitsverhältnis bei dem Betriebsveräußerer, muss er dem Übergang seines Arbeitsverhältnisses nach § 613a BGB widersprechen, wenn sein Auflösungsantrag Erfolg haben soll. Der kündigende ArbGeb, der Betriebsveräußerer ist, kann zumindest dann selbst einen Auflösungsantrag stellen, wenn der Auflösungszeitpunkt zeitlich vor dem Betriebsübergang liegt[7]. 14

V. Auflösungsgrund des Arbeitnehmers (Abs. 1 S. 1). Das ArbG hat nach Abs. 1 S. 1 das Arbeitsverhältnis nur dann auf Antrag des ArbN aufzulösen, wenn ihm die Fortsetzung nicht zuzumuten ist. Bei der **Unzumutbarkeit der Fortsetzung des Arbeitsverhältnisses** handelt es sich um einen unbestimmten Rechtsbegriff, dessen Voraussetzungen das Gericht in vollem Umfang nachzuprüfen hat[8]. Dabei hat das Gericht alle Umstände zugrunde zu legen, die bis zum Zeitpunkt der letzten mündlichen Verhandlung über den Auflösungsantrag eingetreten sind[9]. Allerdings müssen die Gründe für die Auflösung des Arbeitsverhältnisses im Zusammenhang mit der Kündigung oder mit dem Kündigungsschutzprozess stehen[10]. 15

Der **Beurteilungsmaßstab** für die Unzumutbarkeit der Fortsetzung des Arbeitsverhältnisses gem. Abs. 1 S. 1 ist nicht derselbe wie in § 626 I BGB. Dort beschränkt sich die Frage der Zumutbarkeit der Fortsetzung des Arbeitsverhältnisses auf die Zeit bis zum Ablauf der Kündigungsfrist oder bis zum vereinbarten Ende des Arbeitsverhältnisses. Im Rahmen des § 9 kommt es dagegen darauf an, ob das Arbeitsverhältnis auf unbestimmte Dauer in zumutbarer Weise fortgesetzt werden kann[11]. Die Zumutbarkeitsprüfung betrachtet danach die maßgeblichen Umstände bezogen auf ihre Wirkung für die Zukunft des Arbeitsverhältnisses, nicht im Hinblick auf die Vergangenheit. Dementsprechend müssen sich im Fall des Betriebsübergangs die Gründe für die Unzumutbarkeit auf die Fortsetzung des Arbeitsverhältnisses mit dem Betriebserwerber beziehen. Die Fortsetzung des Arbeitsverhältnisses nach § 9 ist immer dann unzumutbar, wenn dem ArbN ein eigener Grund zur fristlosen Kündigung des Arbeitsverhältnisses nach § 626 BGB zur Seite steht (in diesem Fall kann der ArbN aber auch den Weg über §§ 626, 628 II BGB wählen). Darüber hinaus genügen für die Auflösung des Arbeitsverhältnisses auch Gründe von geringerem Gewicht. 16

1 BAG v. 29.1.1981 – 2 AZR 1055/78, DB 1981, 2438; v. 20.3.1997 – 8 AZR 769/95, NZA 1997, 937. | 2 BAG v. 10.2.2005 – 2 AZR 584/03; v. 10.10.2002 – 2 AZR 240/01, DB 2003, 999. | 3 AA BAG v. 10.11.1994 – 2 AZR 207/94, NZA 1995, 309 für ein allein dem Schutz des ArbGeb dienendes Genehmigungserfordernis; abl. *v. Hoyningen-Huene/Linck*, § 9 KSchG Rz. 15a ff.; Bader/Bram/Dörner/Wenzel/*Bader*, § 9 KSchG Rz. 4. | 4 BAG v. 15.12.1960 – 2 AZR 79/59, AP Nr. 17 zu § 7 KSchG 1951. | 5 BAG v. 21.1.1965 – 2 AZR 38/64, AP Nr. 21 zu § 7 KSchG 1951. | 6 BAG v. 20.3.1997 – 8 AZR 769/95, AP Nr. 30 zu § 9 KSchG 1969. | 7 BAG v. 24.5.2005 – 8 AZR 246/04, AuA 2005, 430. | 8 BAG v. 25.11.1982 – 2 AZR 21/81, AP Nr. 10 zu § 9 KSchG 1969. | 9 BAG v. 18.1.1962 – 2 AZR 179/59, AP Nr. 20 zu § 66 BetrVG 1952. | 10 BAG v. 24.9.1992 – 8 AZR 537/91, AP Nr. 3 zu Einigungsvertrag Anlage I Kapitel XIX. | 11 BAG v. 26.11.1981 – 2 AZR 509/79, AP Nr. 8 zu § 9 KSchG 1969.

17 Die Unzumutbarkeit der Fortsetzung des Arbeitsverhältnisses kann sich zunächst aus den **Umständen beim Ausspruch der Kündigung** selbst ergeben. Etwa wenn durch unzutreffende, beleidigende und ehrverletzende Behauptungen des ArbGeb über die Person oder das Verhalten des ArbN das Vertrauensverhältnis zwischen den Arbeitsvertragsparteien unheilbar zerrüttet ist[1]. Das gilt auch für beleidigende und ehrverletzende Äußerungen des ArbGeb anlässlich einer betriebsbedingten Kündigung[2]. Ebenso kann eine völlig unberechtigte Suspendierung des ArbN während der Kündigungsfrist einen Auflösungsantrag rechtfertigen[3]. Dagegen genügt es für einen begründeten Auflösungsantrag noch nicht, wenn sich lediglich die Tatsachenbehauptungen des ArbGeb zur Begründung seiner Kündigung als unzutreffend oder nicht beweisbar herausstellen[4]. Allerdings kann der unberechtigte Vorwurf des Spesenbetrugs eine ehrverletzende Behauptung darstellen, die das Arbeitsverhältnis zerrüttet und die Auflösung rechtfertigt[5]. Dies gilt insb. bei einem leichtfertig ausgesprochenen Verdacht ohne Vorhandensein objektiver Tatsachen[6]. Auch Mobbing-Verhalten des ArbGeb kann den Auflösungsantrag begründen[7].

18 Die Unzumutbarkeit der Fortsetzung des Arbeitsverhältnisses iSv. § 9 kann sich auch aus **Umständen im Verlauf des Kündigungsrechtsstreits** ergeben. Das gilt etwa für den Fall, dass der ArbGeb das Kündigungsschutzverfahren über eine offensichtlich sozialwidrige Kündigung mit einer derartigen Schärfe führt, dass der ArbN mit einem schikanösen Verhalten des ArbGeb und der anderen Mitarbeiter rechnen muss, wenn er in den Betrieb zurückkehrt[8]. Insoweit können auch beleidigende und ehrverletzende Äußerungen in der mündlichen Verhandlung oder in Schriftsätzen die Unzumutbarkeit begründen, da derartige Äußerungen idR nicht mit der Wahrnehmung berechtigter Interessen gerechtfertigt werden können. Das Verhalten eines Dritten kann der ArbN nur dann als Auflösungsgrund heranziehen, wenn der ArbGeb es selbst entscheidend veranlasst hat[9]. Die Unzumutbarkeit der Fortsetzung des Arbeitsverhältnisses kann sich auch daraus ergeben, dass der ArbN befürchten muss, nach seiner Rückkehr in den Betrieb nicht mehr einwandfrei behandelt zu werden, zB weil sich der ArbGeb oder ein Vorgesetzter wegen des verlorenen Prozesses rächen will oder, weil Spannungen mit Mitarbeitern zu erwarten sind, die der ArbN im Kündigungsschutzprozess als sozial weniger schutzbedürftig im Rahmen der Sozialauswahl benannt hat[10]. Wird hingegen der Prozess sachlich und ohne persönliche Schärfen geführt, rechtfertigt der Umstand, dass der ArbN gehalten ist, wegen § 7 gegen die Kündigung gerichtlich gegen den ArbGeb vorzugehen, allein nicht bereits die Unzumutbarkeit der Fortsetzung des Arbeitsverhältnisses[11]. Ebenso wenig reicht die Drohung des ArbGeb mit einer erneuten – von ihm nunmehr für sozial gerechtfertigt gehaltenen – Kündigung.

19 Zur Begründung seines Auflösungsantrags kann der ArbN sich nicht darauf berufen, er sei inzwischen ein **neues Arbeitsverhältnis** eingegangen, denn die daraus resultierenden Konsequenzen sind in § 12 abschließend geregelt[12]. Der Auflösungsantrag des ArbN ist auch dann unbegründet, wenn er die Umstände, die die Unzumutbarkeit der Fortsetzung des Arbeitsverhältnisses begründen sollen, selbst in treuwidriger Weise herbeigeführt hat oder er diese zu verantworten hat[13].

20 **VI. Auflösungsgrund des Arbeitgebers (Abs. 1 S. 2).** Der Auflösungsantrag des ArbGeb ist nach Abs. 1 S. 2 nur begründet, wenn eine den **Betriebszwecken dienliche weitere Zusammenarbeit** zwischen ArbGeb und ArbN **nicht zu erwarten** ist. Dabei sind zwar grds. strenge Anforderungen zu stellen, weil das Kündigungsschutzgesetz den ArbN vor dem Verlust des Arbeitsplatzes durch sozialwidrige Kündigungen bewahren will[14]. Gleichwohl müssen die Auflösungsgründe nicht das Gewicht haben, das eine außerordentl. Kündigung oder auch nur eine ordentl. Kündigung rechtfertigen würde[15]. Zur Begründung seines Auflösungsantrags kann sich der ArbGeb auch auf Gründe berufen, auf die er zuvor (erfolglos) die ausgesprochene Kündigung gestützt hat. Allerdings muss er zusätzlich greifbare Tatsachen dafür vortragen, dass der Kündigungssachverhalt gleichwohl so beschaffen ist, dass er eine weitere gedeihliche Zusammenarbeit nicht erwarten lässt[16].

21 Als Auflösungsgründe für den ArbGeb kommen solche Umstände in Betracht, die das persönliche Verhältnis zum ArbN, die Wertung seiner Persönlichkeit, seiner Leistung oder seiner Eignung für die ihm gestellten Aufgaben und sein Verhältnis zu den übrigen Mitarbeitern betreffen. Die Gründe müssen nicht im Verhalten des ArbN liegen, insb. muss diesen an den Auflösungsgründen kein Verschulden treffen[17]. Denkbar sind aber etwa Beleidigungen, ehrverletzende Äußerungen oder Angriffe des ArbN

1 BAG v. 27.3.2003 – 2 AZR 9/02, BAGReport 2003, 268. | 2 LAG Hamm v. 27.5.1993 – 16 Sa 1612/92, AuR 1993, 415. | 3 BAG v. 24.9.1992 – 8 AZR 537/91, AP Nr. 3 zu Einigungsvertrag Anlage I Kapitel XIX. | 4 LAG Köln v. 26.1.1995 – 10 Sa 1134/94, LAGE Nr. 25 zu § 9 KSchG. | 5 LAG Nds. v. 4.6.2004 – 10 Sa 198/04, LAGReport 2005, 103. | 6 LAG Schl.-Holst. v. 25.2.2004 – 3 Sa 491/03, NZA-RR 2005, 132. | 7 LAG Rh.-Pf. v. 19.4.2007 – 11 Sa 7/07. | 8 BAG v. 27.3.2003 – 2 AZR 9/02, AP Nr. 48 zu § 9 KSchG 1969. | 9 BAG v. 14.5.1987 – 2 AZR 294/86, NZA 1988, 16. | 10 LAG Köln v. 2.2.1987 – 2 Sa 1265/86, LAGE Nr. 5 zu § 9 KSchG; LAG Hamm v. 23.5.1975 – 3 Sa 251/75, DB 1975, 1514. | 11 LAG Hamm v. 4.2.2005 – 15 Sa 2013/04. | 12 BAG v. 19.10.1972 – 2 AZR 150/72, AP Nr. 1 zu § 12 KSchG 1969. | 13 BAG v. 24.9.1992 – 8 AZR 537/91, AP Nr. 3 zu Einigungsvertrag Anlage I Kapitel XIX. | 14 BAG v. 16.5.1984 – 7 AZR 280/82, AP Nr. 12 zu § 9 KSchG 1969. | 15 BAG v. 29.3.1960 – 3 AZR 568/58, AP Nr. 7 zu § 7 KSchG 1951; v. 30.9.1976 – 2 AZR 402/75, AP Nr. 3 zu § 9 KSchG 1969. | 16 BVerfG v. 22.10.2004 – 1 BvR 1944/01, NZA 2005, 41. | 17 BAG v. 23.6.2005 – 2 AZR 256/04, NZA 2006, 363; v. 7.3.2002 – 2 AZR 158/01, NZA 2003, 261.

gegen den ArbGeb, Vorgesetzte oder Kollegen. Auch die Kenntnisnahme von Äußerungen gegenüber Dritten, die den ArbGeb als unfähig und dumm kennzeichnen, kann den Auflösungsantrag des ArbGeb rechtfertigen[1]. Kritische Äußerungen des ArbN gegenüber dem ArbGeb – zB in Betriebsversammlungen – rechtfertigen einen Auflösungsantrag jedoch nicht ohne weiteres[2]. Nicht als Auflösungsgrund geeignet sind idR wirtschaftl. Schwierigkeiten des ArbGeb oder andere betriebliche Gegebenheiten, wie etwa der Wegfall des Arbeitsplatzes, die keinen oder ausschließlich wirtschaftl. Bezug zur Person oder zum Verhalten des ArbN haben[3]. Allerdings setzt die Regelung eine differenzierende Würdigung der Betriebszwecke voraus[4]. So kann eine den Betriebszwecken dienliche weitere Zusammenarbeit zu verneinen sein, wenn der ArbN den Kontakt zum Betrieb und zu seiner Arbeit in einem Umfang verloren hat, dass er sie auch nach angemessener Einarbeitungszeit nicht mehr sachgerecht erledigen kann[5]. Die erforderliche Gesamtabwägung verlangt eine Berücksichtigung aller Umstände, die für oder gegen die Prognose einer künftigen gedeihlichen Zusammenarbeit sprechen. Trägt der ArbGeb als Auflösungsgründe bestimmte Verhaltensweisen des ArbN vor, die eine negativen Prognose befürchten lassen, so kann der Anlass, der zur Kündigung geführt hat, die schlechte Prognose für eine den Betriebszwecken dienliche weitere Zusammenarbeit verstärken. Die Kündigungsgründe können geeignet sein, den sonstigen Auflösungsgründen besonderes Gewicht zu verleihen[6]. Der Auflösungsgrund kann schließlich im **prozessualen Verhalten** des ArbN bestehen, etwa durch diskreditierende Äußerungen im Prozess oder in der Öffentlichkeit[7], wobei dem ArbN das Verhalten seines Prozessbevollmächtigten grds. zuzurechnen ist[8]. Bei einer Arbeitsverweigerung des ArbN ist zu prüfen, ob diese als endgültig anzusehen ist oder daher rührt, dass der ArbN wegen des Festhaltens des ArbGeb an seiner Kündigung nicht zur Vertragserfüllung verpflichtet ist[9]. Wegen des zukunftsbezogenen Zwecks der Auflösung können **zwischenzeitliche Veränderungen** in den betrieblichen Verhältnissen auch zum Wegfall eines ursprünglich vorhandenen Auflösungsgrundes führen[10].

Auch der ArbGeb kann dem Rechtsgedanken des § 162 BGB zufolge seinen Auflösungsgrund nicht auf Umstände stützen, die er selbst treuwidrig herbeigeführt hat[11]. Auf das Verhalten Dritter kann sich der ArbGeb zur Begründung seines Auflösungsantrags nur berufen, wenn der ArbN es durch eigenes Tun entscheidend veranlasst hat. Ist der gekündigte ArbN im Verlauf des Kündigungsschutzprozesses in den **BR oder PersR** gewählt worden, kommt eine Auflösung seines Arbeitsverhältnisses nach § 9 nur in Betracht, wenn die vom ArbGeb vorgebrachten Gründe auch eine außerordentl. Kündigung des Arbeitsverhältnisses rechtfertigen würden[12], sofern die Auflösungsgründe nicht lange vor Eintritt des Sonderkündigungsschutzes entstanden sind[13]. Ein betriebsverfassungs- oder personalvertretungsrechtl. Verwertungsverbot für nicht mitgeteilte Kündigungsgründe erstreckt sich nicht auf die Verwendung dieser Gründe im Rahmen eines Auflösungsantrags des ArbGeb nach Abs. 1 S. 2[14]. 22

VII. Beiderseitiger Auflösungsantrag. Stellen beide Parteien im Verlauf des Kündigungsschutzprozesses einen Antrag auf Auflösung des Arbeitsverhältnisses nach § 9, bedarf es **keiner inhaltlichen Überprüfung** dieser Auflösungsanträge, solange nur die Kündigung zumindest auch sozialwidrig ist[15]. Das ArbG hat nur noch über die Höhe der Abfindung zu entscheiden. Im Übrigen steht es den Parteien bei einem beiderseitigen Auflösungsantrag frei, sich auf eine vergleichsweise Beendigung des Arbeitsverhältnisses zu einigen. Dem können allerdings die unterschiedlichen Vorstellungen über die Höhe einer Abfindung entgegenstehen. 23

VIII. Entscheidung des Gerichts (Abs. 2). Nach Abs. 2 hat das ArbG den **Auflösungszeitpunkt** festzusetzen, in dem das Arbeitsverhältnis bei sozial gerechtfertigter Kündigung geendet hätte. Da es allein auf die einzuhaltende Kündigungsfrist ankommt, hat das Gericht keinerlei Spielraum für Billigkeitserwägungen[16]. Die gestaltende Wirkung der gerichtlichen Entscheidung tritt erst mit Rechtskraft des Urteils ein[17]. Es ist idR ermessensfehlerhaft, über einen Kündigungsschutzantrag und dessen auf die streitgegenständliche Kündigung bezogenen Auflösungsantrag eher zu entscheiden, als über einen zeitlich vorgehenden Auflösungsantrag[18]. 24

Entscheidung **ohne Auflösung**: Erweist sich die Kündigung im Verlauf des Kündigungsschutzprozesses als sozial gerechtfertigt, ist der Auflösungsantrag unbegründet. Die Klage wird insgesamt abgewiesen. Erweist sich die Kündigung zwar als sozialwidrig, der Auflösungsantrag des ArbN jedoch als unbegründet, muss das Gericht feststellen, dass das Arbeitsverhältnis durch die Kündigung nicht aufgelöst 25

1 LAG Köln v. 15.12.2003 – 2 Sa 816/03, NZA-RR 2004, 527. | 2 BAG v. 12.1.2006 – 2 AZR 21/05, NZA 2006, 917. | 3 LAG Köln v. 28.1.2004 – 8 Sa 1084/03, LAGReport 2004, 270. | 4 BVerfG v. 2.2.1990 – 1 BvR 717/87, EzA Nr. 36 zu § 9 KSchG 1969. | 5 BAG v. 25.11.1982 – 2 AZR 21/82, AP Nr. 10 zu § 9 KSchG 1969. | 6 BAG v. 23.6.2005 – 2 AZR 256/04, NZA 2006, 363. | 7 Hess. LAG v. 23.4.2007 – 7 Sa 1298/06. | 8 BAG v. 14.5.1987 – 2 AZR 294/86, AP Nr. 18 zu § 9 KSchG 1969; v. 30.6.1959 – 3 AZR 111/58, AP Nr. 56 zu § 1 KSchG 1951. | 9 BAG v. 27.11.2003 – 2 AZR 692/02, NZA 2004, 452. | 10 BAG v. 7.3.2002 – 2 AZR 158/01, NZA 2003, 261. | 11 BAG v. 15.2.1973 – 2 AZR 16/72, AP Nr. 2 zu § 9 KSchG 1969. | 12 BAG v. 7.12.1972 – 2 AZR 235/72, AP Nr. 1 zu § 9 KSchG 1969. | 13 LAG BW v. 12.3.2003 – 4 Sa 45/02, BehR 2003, 154. | 14 BAG v. 10.10.2002 – 2 AZR 240/01, NZA 2003, 483. | 15 BAG v. 29.3.1960 – AP Nr. 7 zu § 7 KSchG 1951; offen gelassen in BAG v. 23.6.1993 – 2 AZR 56/93, AP Nr. 23 zu § 9 KSchG 1969; str. | 16 BAG v. 25.11.1982 – 2 AZR 21/81, AP Nr. 10 zu § 9 KSchG 1969. | 17 BAG v. 28.1.1961 – 2 AZR 482/59, AP Nr. 8 zu § 7 KSchG 1951. | 18 BAG v. 27.4.2006 – 2 AZR 360/05, NZA 2007, 229.

worden ist, und im Übrigen die Klage abweisen. Die Entscheidung über den Auflösungsantrag kann erst ergehen, wenn über den Feststellungsantrag hinsichtlich der Unwirksamkeit der Kündigung entschieden ist. Das muss nicht zwangsläufig gleichzeitig geschehen[1].

26 Entscheidung **mit Auflösung**: Haben sowohl der Feststellungsantrag als auch der Auflösungsantrag des ArbN Erfolg, genügt die Feststellung des Gerichts, dass das Arbeitsverhältnis mit Ablauf der Kündigungsfrist aufgelöst wird und der ArbGeb an den ArbN eine Abfindung zu zahlen hat. Die Entscheidung über die Zahlung dieser Abfindung ergeht von Amts wegen und bedarf keines Antrags des ArbN. Ein Auflösungsantrag des ArbN unter der Bedingung, dass ihm eine Abfindung in einer bestimmten Mindesthöhe zu zahlen ist, ist allerdings unzulässig. Das Gericht ist an bezifferte Anträge der Parteien nicht gebunden. Weicht das Gericht von diesen Anträgen in seinem Urteil ab, ist das im Rahmen der Kostenentscheidung zu berücksichtigen[2].

27 **IX. Verhältnis zu anderen Abfindungsregelungen.** Die Vorschrift des § 9 findet keine Anwendung, wenn ein ArbN die Zahlung einer **Abfindung aus einem Sozialplan** nach § 112 BetrVG oder die Zahlung eines **Nachteilsausgleichs** nach § 113 BetrVG begehrt. Denn in diesen Fällen bedarf es keiner gerichtlichen Auflösung des Arbeitsverhältnisses. Vielmehr gehen die §§ 111 ff. BetrVG von der Wirksamkeit der Kündigung des ArbGeb aus und bezwecken lediglich eine erleichterte Anpassung des ArbN im weiteren Arbeitsleben[3]. Nichts anderes gilt für den in einem TV für den Fall der Kündigung des Arbeitsverhältnisses auf Grund von Rationalisierungsmaßnahmen vorgesehenen Abfindungsanspruch[4].

28 Danach kann ein ArbN im Zusammenhang mit einer Kündigung seines Arbeitsverhältnisses möglicherweise auf **verschiedenen Wegen** Abfindungsansprüche verfolgen. So kann zweifelhaft sein, ob eine Kündigung dringend betrieblich erforderlich war, ob der ArbN sozial gerecht ausgewählt worden ist und ob der ArbGeb ohne dringenden Grund von einem Interessenausgleich abgewichen ist. In einem derartigen Fall kann das Gericht die Zahlung einer Abfindung nicht alternativ auf § 9 oder auf § 113 BetrVG stützen[5]. Der ArbN wird allerdings in erster Linie die Sozialwidrigkeit der Kündigung geltend machen und ggf. einen Auflösungsantrag nach § 9 stellen und nur hilfsweise für den Fall der sozialen Rechtfertigung der Kündigung eine Abfindung nach § 113 BetrVG verlangen. Ein Zusammentreffen mit dem Abfindungsanspruch aus § 1a scheidet schließlich aus, da § 9 die Geltendmachung der Sozialwidrigkeit der Kündigung voraussetzt und § 1a sie ausschließt.

Anhang § 9: Aufhebungsverträge

1 **I. Abschluss.** Ein Aufhebungsvertrag, dh. die Einigung der Arbeitsvertragsparteien über die Beendigung des Arbeitsverhältnisses, kommt wie jeder Vertrag durch Angebot und Annahme zu Stande, §§ 145 ff. BGB. Der Gesetzgeber verwendet in § 623 BGB den in der Praxis weniger gebräuchlichen Begriff des Auflösungsvertrages, der synonym zu verstehen ist[6]. Der Aufhebungsvertrag ist allerdings von der nachträglichen Befristung des Arbeitsverhältnisses abzugrenzen, die idR zu ihrer Wirksamkeit eines sachlichen Grundes bedarf[7].

2 **1. Schriftform.** Bei dem Abschluss eines Aufhebungsvertrages ist seit dem 1.5.2000 gem. § 623 BGB zwingend die Einhaltung der **Schriftform** erforderlich[8]. Diese kann durch notarielle Beurkundung (§ 126 IV BGB) oder gerichtlichen Vergleich (§ 127a BGB), nicht aber durch die elektronische Form (§ 623 Hs. 2 BGB) ersetzt werden.

3 Das Formerfordernis erstreckt sich auf den Aufhebungsvertrag in seiner Gesamtheit, dh. alle den Vertragsinhalt wesentlich bestimmenden Abreden, aus denen sich nach dem Willen der Parteien der Aufhebungsvertrag zusammensetzt, zB die Zahlung einer Abfindung, der Verzicht auf weitere Ansprüche, sowie alle späteren Änderungen oder Ergänzungen des Aufhebungsvertrages[9]. Hingegen bedarf die bloße Änderung einzelner Arbeitsbedingungen nicht der Schriftform, da diese Vereinbarungen auf die Fortsetzung des Arbeitsverhältnisses, nicht auf dessen Beendigung gerichtet sind[10].

4 Der Aufhebungsvertrag muss von **beiden Vertragsparteien auf derselben Urkunde unterzeichnet** sein, § 126 II 1 BGB. Der Austausch einseitiger Erklärungen ist nicht ausreichend. Ein Aufhebungsvertrag kommt auch nicht dadurch zu Stande, dass der ArbN die arbeitgeberseitige Kündigung gegenzeichnet.

---

1 BAG v. 29.1.1981 – 2 AZR 1055/78, AP Nr. 6 zu § 9 KSchG 1969. | 2 BAG v. 26.6.1986 – 2 AZR 522/85, AP Nr. 3 zu § 10 KSchG 1969. | 3 BAG v. 31.10.1995 – 1 AZR 372/95, AP Nr. 29 zu § 72 ArbGG 1979. | 4 BAG v. 27.4.2006 – 6 ZR 364/05, NZA 2006, 1282. | 5 *v. Hoyningen-Huene/Linck*, § 9 KSchG Rz. 95 ff.; *Herschel/Löwisch*, Rz. 9. | 6 ErfK/*Müller-Glöge*, § 623 BGB Rz. 4. | 7 BAG v. 15.2.2007 – 6 AZR 286/06, NZA 2007, 614. | 8 Gesetz zur Vereinfachung und Beschleunigung des arbeitsgerichtlichen Verfahrens v. 30.3.2000, BGBl. I 2000, S. 333. | 9 BGH v. 27.10.1982 – V ZR 136/81, NJW 1983, 565; ErfK/*Müller-Glöge*, § 623 BGB Rz. 13; Staudinger/*Oetker*, § 623 BGB Rz. 62; *Preis/Gotthardt*, NZA 2000, 348 (355); *Caspers*, RdA 2001, 28 (33); *Bauer*, NZA 2002, 169 (170). | 10 ErfK/*Müller-Glöge*, § 623 BGB Rz. 4; *Preis/Gotthardt*, NZA 2000, 348 (355); *Richardi/Annuß*, NJW 2000, 1231 (1233).

Auch ein vom ArbN auf dem Original gegengezeichneter, aber lediglich per Telefaxkopie zurückgesandter Aufhebungsvertrag entspricht nicht dem Schriftformerfordernis des § 623 BGB[1]. Ebenfalls nicht ausreichend sind sog. Ausgleichsquittungen, die nur vom ArbN unterzeichnet werden, weil die einseitige Unterzeichnung den Anforderungen des § 126 II BGB nicht genügt[2]. Ausreichend ist allerdings, wenn jede Partei die für die andere Seite bestimmte Urkunde unterzeichnet, § 126 II 2 BGB. Rein äußerlich muss die **Einheitlichkeit der Urkunde** feststellbar sein. Eine körperliche Verbindung ist nicht zwingend erforderlich. Die Einheitlichkeit kann sich zweifelsfrei aus fortlaufender Paginierung oder Nummerierung der einzelnen Bestimmungen, der einheitlichen grafischen Gestaltung, dem inhaltlichen Zusammenhang des Textes oder vergleichbaren Merkmalen ergeben[3].

Durch einen **gerichtl. Vergleich** im schriftlichen Verfahren nach § 278 Abs. 6 ZPO wird die für Aufhebungsverträge erforderliche Schriftform nach § 623 BGB gewahrt[4]. Durch die Einführung des Vergleichsabschlusses im schriftlichen Verfahren ist nachträglich eine Regelungslücke entstanden, die durch analoge Anwendung des § 127a BGB zu schließen ist. 4a

Wird der Aufhebungsvertrag nicht schriftl. abgeschlossen, ist er gem. § 125 S. 1 BGB **nichtig**. Das Arbeitsverhältnis besteht ungekündigt fort. Bereits erbrachte Leistungen sind nach §§ 812 ff. BGB rückabzuwickeln (§ 623 BGB Rz. 49 f.). **Annahmeverzug** nach § 615 BGB setzt die Leistungsbereitschaft des ArbN voraus. Diese fehlt, wenn der ArbN durch Zustimmung zu einem Aufhebungsvertrag dokumentiert, ab einem darin bestimmten Zeitpunkt keine Arbeitsleistung mehr erbringen zu wollen, auch dann, wenn der Aufhebungsvertrag mangels Schriftform formnichtig ist[5]. Ist das Zustandekommen eines Aufhebungsvertrags zwischen den Arbeitsvertragsparteien streitig, bedarf es zur Begründung des Annahmeverzugs des ArbGeb idR eines tatsächlichen Angebots der Arbeitsleistung durch den ArbN[6]. 5

Die Formvorschrift des **§ 623 BGB gilt nicht** für den Abschluss eines **echten Abwicklungsvertrages**. Der Abwicklungsvertrag löst das Arbeitsverhältnis gerade nicht auf, sondern regelt lediglich die Modalitäten einer ausgesprochenen Kündigung (zB Erhebung einer Kündigungsschutzklage, Verzicht auf Rüge mangelnder Sozialauswahl, Zahlung einer Abfindung). Folgeregelungen einer **wirksamen** Beendigung des Arbeitsverhältnisses werden von § 623 BGB nicht erfasst, denn in diesem Fall beendet nicht der Abwicklungsvertrag, sondern die zugrunde liegende formgerechte Kündigung das Arbeitsverhältnis[7]. Dies erscheint vor allem angesichts der Folgen eines Verstoßes sinnvoll: Eine etwaige Unwirksamkeit würde lediglich den Abwicklungsvertrag, nicht aber die Kündigung betreffen[8]. Auch eine Vereinbarung über ein **zukünftiges Verhalten** nach Ausspruch einer bevorstehenden formgerechten Kündigung ist nicht formbedürftig, da das Arbeitsverhältnis in diesem Fall letztendlich durch die Kündigung aufgelöst wird und nicht durch die Vereinbarung der Parteien[9]. Führt hingegen erst der (unechte) „Abwicklungsvertrag" die Beendigung des Arbeitsverhältnisses herbei, weil die zugrundeliegende Kündigung formunwirksam ist, ist er nach § 623 BGB formbedürftig, weil der Formmangel der Kündigung nicht durch die Fiktion des § 7 KSchG geheilt wird. In diesem Fall handelt es sich in Wahrheit um einen Aufhebungsvertrag[10]. Teilweise wird vertreten, dass auch der Abwicklungsvertrag von § 623 BGB erfasst werde[11] bzw. diese Vorschrift auf Abwicklungsverträge analog anzuwenden sei[12]. 6

Allerdings nimmt das BAG neuerdings an, dass **Klageverzichtsvereinbarungen**, die im unmittelbaren zeitlichen und sachlichen Zusammenhang mit dem Auspruch einer Kündigung getroffen werden, keine (formfreien) Abwicklungs-, sondern formbedürftige Auflösungsverträge iSd. § 623 BGB seien und deshalb der Schriftform bedürfen[13]. Der Verzichtsvertrag werde gerade deshalb geschlossen, weil bei seinem Abschluss aus Sicht des ArbGeb noch unsicher sei, ob die bereits ausgesprochene Kündigung und noch angreifbare Kündigung ihr Ziel herbeiführen werde. Die nach Ausspruch der Kündigung einzige dem ArbN verbleibende rechtliche Handhabe – die Möglichkeit der Kündigungsschutzklage – solle beseitigt werden. Der Zweck des § 623 BGB – Schutz vor Übereilung und Beweissicherung – greife daher ein. Ob jedweder Abwicklungsvertrag, der innerhalb der Drei-Wochen-Frist des § 4 S. 1 KSchG geschlossen wird, formbedürftig nach § 623 BGB ist, lässt das BAG zwar offen; der Praxis ist jedoch vorsorglich die Wahrung der Schriftform zu empfehlen. Der ohne Gegenleistung erklärte, formularmäßige Verzicht des ArbN auf die Erhebung einer Kündigungsschutzklage stellt eine unangemessene Benachteiligung iSv. § 307 I 1 BGB dar[14]. 6a

Nach **Treu und Glauben** (§ 242 BGB) kann es einer Partei versagt sein, sich auf die Nichteinhaltung der Formvorschrift zu berufen. Voraussetzung ist, dass die Folgen andererseits nicht nur hart, sondern 7

---

1 LAG Düsseldorf v. 29.11.2005 – 16 Sa 1030/05, AuA 2006, 176 (LS). | 2 *Preis/Gotthardt*, NZA 2000, 348 (355). | 3 BAG v. 7.5.1998 – 2 AZR 55/98, NZA 1998, 1110 (1111 f.). | 4 BAG v. 23.11.2006 – 6 AZR 394/06, NZA 2007, 466. | 5 LAG Thür. v. 27.1.2004 – 5 Sa 131/02, ArbRB 2004, 198. | 6 BAG v. 7.12.2005 – 5 AZR 19/05, NZA 2006, 435. | 7 BAG v. 23.11.2006 – 6 AZR 394/06, NZA 2007, 466; LAG Köln v. 21.4.2005 – 6 Sa 87/05, nv.; ErfK/*Müller-Glöge*, § 623 BGB Rz. 8; *Appel/Kaiser*, AuR 2000, 281 (285); *Dahlem/Weisner*, BZA 2004, 530 (531); *Preis/Gotthardt*, NZA 2000, 348 (354). | 8 *Bauer*, NZA 2002, 169 (170). | 9 Ebenso: ErfK/*Müller-Glöge*, § 623 BGB Rz. 8; *Müller-Glöge/von Senden*, AuA 2000, 199 (200). | 10 ErfK/*Müller-Glöge*, § 623 BGB Rz. 8; *Appel/Kaiser*, AuR 2000, 281 (285). | 11 *Richardi*, NZA 2001, 57 (61). | 12 *Schaub*, NZA 2000, 344 (347). | 13 BAG v. 19.4.2007 – 2 AZR 208/06, NZA 2007, 1227. | 14 BAG v. 6.9.2007 – 2 AZR 722/06, NZA 2008, 219.

untragbar wären[1]. Wenn die Formvorschriften des bürgerlichen Rechts nicht ausgehöhlt werden sollen, kann ein Formmangel nur ausnahmsw. nach § 242 BGB als unbeachtlich angesehen werden[2].

8 **2. Konkludente Vereinbarung.** Bis zum Inkrafttreten des § 623 BGB am 1.5.2000 war die konkludente Aufhebung von Arbeitsverträgen möglich. Dies wurde insb. diskutiert, wenn ein ArbN zum **Organ einer Gesellschaft** berufen bzw. ein **Vorstands-** oder **Geschäftsführer-Dienstvertrag** abgeschlossen wurde. Ob das alte Arbeitsverhältnis ruhte oder beseitigt worden war, wurde nach verschiedenen Auslegungskriterien (zB Änderung der Arbeitsbedingungen, Erhöhung der Vergütung) entschieden[3]. Zuletzt nahm das BAG an, dass im Zweifel das ursprüngliche Arbeitsverhältnis aufgehoben ist. Das BAG wies jedoch bereits darauf hin, dass im Lichte des § 623 BGB eine Neubewertung vorzunehmen sei[4].

9 Diese Neubewertung hat das BAG jüngst vorgenommen: Schließt ein ArbN mit seinem ArbGeb einen **schriftlichen Geschäftsführerdienstvertrag**, wird vermutet, dass das bis dahin bestehende Arbeitsverhältnis mit Beginn des Geschäftsführerdienstverhältnisses einvernehmlich beendet wird, soweit nicht klar und eindeutig etwas anderes vertraglich vereinbart worden ist. Durch einen schriftlichen Geschäftsführerdienstvertrag wird in diesen Fällen das Schriftformerfordernis des § 623 BGB für den Auflösungsvertrag gewahrt[5]. Ist die Auflösung des Arbeitsverhältnisses nicht ausdrücklich vereinbart, ist im Wege der Auslegung der getroffenen schriftl. Vereinbarung festzustellen, ob der Wille, das Arbeitsverhältnis zu beenden, in der schriftl. Vereinbarung zum Ausdruck gekommen ist. Hierbei dürfen auch außerhalb der Urkunde liegende Umstände berücksichtigt werden, wenn der rechtsgeschäftl. Wille der Parteien in der Urkunde einen – wenn auch nur unvollkommenen oder andeutungsweisen – Ausdruck gefunden hat (sog. **Andeutungstheorie**). Der Wille, das zuvor begründete Arbeitsverhältnis zu beenden, kommt im schriftlichen Geschäftsführerdienstvertrag hinreichend deutlich zum Ausdruck[6]. Der von § 623 BGB bezweckte Übereilungsschutz steht dem nicht entgegen[7]. Insoweit ist zu berücksichtigen, dass mit dem schriftlichen Dienstvertrag eine Vertragsurkunde vorliegt, die dem ArbN verdeutlicht, dass nunmehr die vertraglichen Beziehungen zu seinem ArbGeb auf eine neue rechtliche Grundlage gestellt werden. Der von § 623 BGB bezweckten Warnung des ArbN wird damit genügt.

9a Beim Abschluss des Dienstvertrages wird es für den Abschluss eines konkludenten Aufhebungsvertrages häufig an einer ordnungsgemäßen Vertretung der Gesellschaft fehlen: Gegenüber Geschäftsführern bzw. Vorständen wird die Gesellschaft idR durch die Gesellschafter bzw. den Aufsichtsrat vertreten[8]. Für den Abschluss von Aufhebungsverträgen mit ArbN sind diese Organe idR nicht zuständig. Möglicherweise wird ein Arbeitsverhältnis daher häufig selbst dann nicht wirksam beendet, wenn es im Dienstvertrag ausdrücklich aufgehoben wird[9]. In der Praxis ist daher bei einer „Beförderung" zum Organ dringend zu empfehlen, das Schicksal des bisherigen Arbeitsvertrages ausdrücklich zu regeln: Entweder sollte ein schriftl. Aufhebungsvertrag abgeschlossen oder klargestellt werden, dass das bisherige Arbeitsverhältnis ruht[10].

10 **3. Einzelfälle. Minderjährige** können Aufhebungsverträge grds. nur mit Einwilligung bzw. Genehmigung ihrer gesetzl. Vertreter abschließen, §§ 107, 108 BGB. Ermächtigt der gesetzl. Vertreter den Minderjährigen, ein Arbeitsverhältnis einzugehen, kann der Minderjährige auch den Aufhebungsvertrag wirksam ohne die Zustimmung des Vertreters abschließen, § 113 I 1 BGB; allerdings ist in der bloßen Mitunterzeichnung des Arbeitsvertrages diese Ermächtigung noch nicht zu sehen[11]. Berufsausbildungsverhältnisse unterfallen nicht § 113 BGB, hier ist stets die Einwilligung des gesetzl. Vertreters erforderlich[12].

11 Nichtig sind Aufhebungsverträge, die von **Geschäftsunfähigen** sowie von Personen, die im Zustande der Bewusstlosigkeit oder vorübergehender Störung der Geistestätigkeit handeln, abgeschlossen werden, §§ 104, 105 BGB. Dies ist jedenfalls dann der Fall, wenn die freie Willensbildung ausgeschlossen ist, also der Vertragsschließende nicht in der Lage ist, seine Entscheidung von vernünftigen Erwägungen abhängig zu machen[13]. Es genügt nicht eine bloße Willensschwäche oder leichte Beeinflussbarkeit[14] und auch nicht das Unvermögen, den Inhalt und das Wesen der vorgenommenen Handlung zu erkennen[15]. Die **Beweislast** trägt derjenige, der sich auf die fehlende Geschäftsfähigkeit beruft, idR also der ArbN[16].

---

1 BAG v. 27.3.1987 – 7 AZR 527/85, DB 1987, 1996; *Kliemt*, Formerfordernisse im Arbeitsverhältnis, S. 546 ff. | 2 BAG v. 16.9.2004 – 2 AZR 659/03, NZA 2005, 162. | 3 BAG v. 8.6.2000 – 2 AZR 207/99, NZA 2000, 1013 (1015). | 4 BAG v. 25.4.2002 – 2 AZR 352/01, NZA 2003, 272 (273). | 5 BAG v. 19.7.2007 – 6 AZR 774/06, NZA 2007, 2093. | 6 BAG v. 19.7.2007 – 6 AZR 774/06, NZA 2007, 2093. Ebenso *Baeck/Hopfner*, DB 2000, 1914, 1915; *Langner*, DStR 2007, 535, 539; ErfK/*Müller-Glöge*, § 623 BGB Rz. 12. Enger *Krause*, ZIP 2000, 2284, 2289; KR/*Spilger*, 8. Aufl. § 623 BGB Rz. 239; Staudinger/*Oetker*, BGB [2002] § 623 Rz. 65. | 7 AA *Bauer*, GmbHR 2000, 767 (769); *Fischer*, NJW 2003, 2417 (2418); *Dollmann*, BB 2003, 1838 (1840). | 8 Die Problematik ansprechend, aber offen lassend: BAG v. 19.7.2007 – 6 AZR 774/06, NZA 2007, 2093. | 9 Zutr. *Fischer*, NJW 2003, 2417 (2419). | 10 Vgl. *Hahn*, GmbHR 2004, 279 ff. | 11 LAG Hamm v. 8.9.1970 – 3 Sa 481/70, DB 1971, 779 (780). AA LAG Bremen v. 15.10.1971 – 1 Sa 90/71, DB 1971, 2318: Auch die ausdrückliche Ermächtigung zum Abschluss eines Arbeitsvertrages umfasst nicht die Ermächtigung zum Abschluss eines Aufhebungsvertrages. | 12 Vgl. *Bauer*, Aufhebungsverträge, Rz. 308. | 13 BAG v. 26.11.1981 – 2 AZR 664/79, nv. | 14 BAG v. 14.2.1996 – 2 AZR 234/95, NZA 1996, 811 (812). | 15 BAG v. 30.1.1986 – 2 AZR 196/85, NZA 1988, 91 (93). | 16 BAG v. 17.2.1994 – 8 AZR 275/92, NZA 1994, 693 (694).

Bei einem Aufhebungsvertrag mit einem **Ausländer** kann eine wirksame Zustimmung zum Aufhebungsvertrag nur dann vorliegen, wenn dieser verstanden hat, dass es sich um einen Aufhebungsvertrag handelt[1]. 12

4. Wirksamkeit. Aufhebungsverträge sind im Grundsatz ohne besondere Voraussetzungen für beide Seiten verbindlich. **Kündigungsfristen** brauchen nicht eingehalten zu werden. Allerdings können sich bei der Nichteinhaltung der Kündigungsfristen sowohl für den ArbN als auch für den ArbGeb nachteilige sozialversicherungsrechtl. Folgen ergeben (Rz. 48 f.). Vor dem Abschluss des Aufhebungsvertrages braucht auch der **BR nicht gehört** zu werden. Die Zustimmung des BR zu einem Aufhebungsvertrag mit einem BR-Mitglied ist nicht erforderlich. Ebenso wenig müssen **behördliche Genehmigungen**, etwa bei Schwangeren nach § 9 MuSchG oder bei behinderten Menschen nach §§ 85 ff. SGB IX, eingeholt werden[2]. Vereinbaren ArbGeb und ArbN mündlich, dass zur Beendigung ihres Arbeitsverhältnisses eine Kündigung seitens des ArbGeb ausgesprochen und ein Abwicklungsvertrag geschlossen werden soll, ist die Kündigung kein Scheingeschäft. Der BR ist zu ihr nach § 102 BetrVG anzuhören[3]. 13

Liegt ein **Betriebsübergang** vor, dürfen die zwingenden Rechtsfolgen des § 613a IV 1 BGB durch Abschluss eines Aufhebungsvertrages nicht umgangen werden. Eine Umgehung liegt insb. dann vor, wenn ein neues Arbeitsverhältnis zum Betriebsübernehmer zu veränderten Konditionen vereinbart oder zumindest verbindlich in Aussicht gestellt wird, und der ArbN unter Hinweis darauf veranlasst wird, einem Aufhebungsvertrag zuzustimmen. Ein diesen Zweck verfolgender Aufhebungsvertrag ist gem. § 134 BGB nichtig[4]. Hiervon zu unterscheiden sind zwischen dem ArbN und dem alten oder dem neuen Betriebsinhaber geschlossene Vereinbarungen, die auf ein **endgültiges Ausscheiden** des ArbN aus dem Betrieb gerichtet sind. Solche Verträge werden von der Rspr. des BAG ohne Rücksicht auf ihre sachliche Berechtigung als wirksam angesehen[5]. Dies gilt auch, wenn eine Beschäftigungs- und Qualifizierungsgesellschaft zwischengeschaltet ist[6]. Damit trägt die Rspr. dem Umstand Rechnung, dass der ArbN dem Übergang seines Arbeitsverhältnisses auf den Betriebserwerber widersprechen und damit den Eintritt der Rechtsfolgen des § 613a BGB verhindern kann[7]. Täuscht der ArbGeb den ArbN darüber, dass ein Betriebsübergang geplant ist, indem er wahrheitswidrig eine Betriebsstilllegung vorspiegelt und veranlasst den ArbN dadurch zum Abschluss eines Aufhebungsvertrages, kann dieser unter dem Gesichtspunkt der Anfechtung oder des Wegfalls der Geschäftsgrundlage unwirksam sein[8]. 14

Schließt der **Insolvenzverwalter** eines insolventen Betriebes mit sämtlichen ArbN Aufhebungsverträge mit geringen Abfindungen (zB 20 % eines Monatsgehaltes) und werden die ArbN unmittelbar im Anschluss an den vereinbarten Ausscheidenszeitpunkt von einem Betriebsübernehmer wieder eingestellt, so ist die bisherige Betriebszugehörigkeit trotz des Aufhebungsvertrages im neuen Beschäftigungsverhältnis anzurechnen[9]. 14a

Die mit einem Aufhebungsvertrag bezweckte Entlassung ist – bei Vorliegen der Voraussetzungen einer **Massenentlassung** – gem. §§ 17, 18 KSchG so lange unwirksam, bis eine formgerechte Massenentlassungsanzeige (§ 17 III KSchG) bei der AA eingereicht und die Sperrfrist abgelaufen ist bzw. die Zustimmung eingeholt ist[10]. 15

Grundsätzlich ist nicht erforderlich, dass der ArbGeb dem ArbN eine **Bedenkzeit** oder ein **Rücktritts- oder Widerrufsrecht** vor Abschluss des Aufhebungsvertrages einräumt oder ihm vor einem beabsichtigten Gespräch über einen Aufhebungsvertrag dessen Thema mitteilt[11]. Abweichendes kann sich aus tarifvertragl. Regelungen ergeben. 16

5. Aufklärungs- und Hinweispflichten. Grundsätzlich muss sich jeder ArbN vor dem Abschluss eines Aufhebungsvertrages selbst über die rechtl. Folgen dieses Schrittes Klarheit verschaffen[12]. Dies gilt insb., wenn die Initiative zur Aufhebung des Arbeitsvertrages von ihm selber ausging[13]. Jeder Vertragspartner hat grds. selbst für die Wahrnehmung seiner Interessen zu sorgen. Der ArbGeb ist in aller Regel nicht gehalten, von sich aus auf schädliche Folgen von Aufhebungsverträgen hinzuweisen[14]. 17

Bei **Hinzutreten besonderer Umstände** kann ausnahmsw. eine Aufklärungspflicht des ArbGeb bestehen. Diese Aufklärungspflicht resultiert aus § 242 BGB und ist eine Nebenpflicht aus dem Arbeitsverhältnis. Hierbei hat eine **Abwägung** zwischen dem Informationsinteresse des ArbN und der Beratungsmöglichkeit des ArbGeb zu erfolgen[15]. Dabei kommt es ua. darauf an, von wem die Initiative zum 18

---

1 *Weber/Ehrich/Burmester*, Aufhebungsverträge, Teil 1 Rz. 20; *Bengelsdorf*, Aufhebungsverträge, S. 45. | 2 BAG v. 27.3.1958 – 2 AZR 20/56, BB 1958, 593. | 3 BAG v. 28.6.2005 – 1 ABR 25/04, DB 2005, 2827. | 4 BAG v. 18.8.2005 – 8 AZR 523/04, NZA 2006. 145 (147); v. 28.4.1987 – 3 AZR 75/86, NZA 1988, 198 (199); v. 11.2.1992 – 3 AZR 117/91, NZA 1993, 20 (21). | 5 BAG v. 23.11.2006 – 8 AZR 349/06, NZA 2007, 866; v. 11.12.1997 – 8 AZR 654/95, NZA 1999, 262 (263). | 6 BAG v. 23.11.2006 – 8 AZR 349/06, NZA 2007, 866; v. 18.8.2005 – 8 AZR 523/04, NZA 2006, 145 (148). | 7 BAG v. 11.7.1995 – 3 AZR 154/95, NZA 1996, 207 (208). | 8 BAG v. 23.11.2006 – 8 AZR 349/06, NZA 2007, 866. | 9 LAG Nürnberg v. 19.4.2005 – 6 Sa 897/04, NZA-RR 2005, 469. | 10 BAG v. 11.3.1999 – 2 AZR 461/98, NZA 1999, 761 (762). | 11 BAG v. 30.9.1993 – 2 AZR 268/93, NZA 1994, 209 (211); v. 14.2.1996 – 2 AZR 234/95, NZA 1996, 811 (812). | 12 BAG v. 3.7.1990 – 3 AZR 382/89, NZA 1990, 971 (973). | 13 BAG v. 10.3.1988 – 8 AZR 420/85, NZA 1988, 837 (838). | 14 BAG v. 11.12.2001 – 3 AZR 339/00, NZA 2002, 1150 (1152). | 15 BAG v. 17.10.2000 – 3 AZR 605/99, NZA 2001, 206 (207).

Abschluss der Aufhebungsvereinbarung ausgegangen ist und ob der ArbGeb Kenntnis davon hat, dass dem ArbN wesentliche Vermögenseinbußen drohen (zB Sperrzeit in Bezug auf Alg, Nachteile in Bezug auf Rente oder Zusatzversorgung)[1]. Eine Aufklärung über eine evtl. drohende Sperrfrist nach § 144 SGB III ist erforderlich, wenn der ArbGeb den Abschluss der Aufhebungsvereinbarung veranlasst hat oder erkennt, dass der ArbN sich über die Folgen und die Tragweite seines Handelns im Unklaren ist. Erhöhte Hinweis- und Aufklärungspflichten bestehen, wenn der ArbGeb den Eindruck erweckt, er werde auch, zB bei Abschluss eines neuen Arbeitsvertrages mit einem Tochterunternehmen, die Interessen des ArbN wahrnehmen[2].

19 Die Schutz- und Fürsorgepflichten dürfen aber **nicht überspannt** werden[3]. Sollte dem ArbGeb zwar ein Hinweis, nicht aber eine inhaltliche Belehrung möglich sein, ist diese auch nicht erforderlich. Vielmehr kann dann wiederum vom ArbN verlangt werden, dass er sich auf Grund des arbeitgeberseitigen Hinweises selbst die notwendigen Informationen verschafft. Ebenso bestehen keine Aufklärungs- und Hinweispflichten, wenn der ArbN **anwaltlich beraten** ist, er bereits über Folgen der Auflösung belehrt ist oder auf eine solche Belehrung ausdrücklich **verzichtet**. Darüber hinaus ist der ArbGeb grds. nicht verpflichtet, den ArbN von sich aus darüber aufzuklären, dass weitere Entlassungen beabsichtigt sind, die uU zu einer sozialplanpflichtigen Betriebsänderung führen könnten[4].

20 **Sonderregelungen** bestehen für Bereiche der betrAV sowie zu der Meldepflicht bei der AA (s. Rz. 54).

21 Stellt der ArbN ausdrücklich **Fragen** bezüglich der rechtl. Auswirkungen des Aufhebungsvertrages auf Altersversorgung oder Alg, müssen diese vom ArbGeb wahrheitsgemäß beantwortet werden, soweit er über die entsprechenden Informationen verfügt. Ist der ArbGeb hierzu nicht in der Lage, muss er den ArbN an die zuständige Stelle verweisen. Erteilt der ArbGeb **Auskünfte**, müssen diese **zutreffend** und **vollständig** sein. Ansonsten setzt sich der ArbGeb ebenso einer Schadensersatzpflicht aus, wie bei der Verletzung einer bestehenden Hinweis- und Aufklärungspflicht[5].

22 Unterlassene, unzutreffende und nur scheinbar vollständige oder sonst irreführende Auskünfte führen nicht zur Unwirksamkeit des Aufhebungsvertrages[6]. Vielmehr ist der ArbGeb bei **Verletzung seiner Hinweis- und Auskunftspflichten** zu **Schadensersatz** nach § 280 BGB verpflichtet[7]. In der Praxis hat sich deshalb die Aufnahme eines Hinweises in den Aufhebungsvertrag eingebürgert, wonach der ArbN selbst verpflichtet ist, bei SozV-Trägern, FA und anderen geeigneten Auskunftsstellen Informationen über die sozialversicherungs- und steuerrechtl. Folgen eines Aufhebungsvertrages einzuholen. Allerdings reicht ein solcher allgemeiner Hinweis und die bloße Verweisung an eine zur Information berufene Stelle unter Einräumung einer Bedenkzeit uU nicht aus, wenn dem ArbN ein schwerwiegender Vermögensnachteil droht[8]. Ein Schadensersatzanspruch setzt voraus, dass sich der ArbN bei richtiger Auskunft anders entschieden hätte[9]. Dies ist bei Sachverhalten anzunehmen, in denen für den ArbN Handlungsalternativen in Betracht kommen und die vom ArbGeb zumindest mitveranlasste Entscheidung für den ArbN nachteilig war[10]. Aus Treu und Glauben kann sich bei besonderen Erklärungen des ArbGeb vor Abschluss des Aufhebungsvertrages ein Wiedereinstellungsanspruch ergeben[11]. Ein nach §§ 249 ff. BGB ersatzfähiger Vermögensschaden wegen Verletzung bestehender Aufklärungspflichten des ArbGeb liegt noch nicht vor, wenn der Sperrzeitbescheid der BA von dem ArbN angegriffen worden ist und noch keine rechtskräftige Entscheidung vorliegt[12]. In diesem Fall kommt statt einer Zahlungs- eine Feststellungsklage in Betracht. Die **Beweislast** für die behauptete falsche Beratung durch den ArbGeb trägt der ArbN[13].

23 Unterlässt der ArbGeb eine an sich erforderliche Aufklärung, kann einem Schadensersatzanspruch des ArbN dessen überwiegendes **Mitverschulden** gem. § 254 BGB entgegenstehen, wenn der ArbN zumutbare Maßnahmen zur Abwendung des Schadens unterlässt[14].

23a **6. Hinzuziehung von Betriebsratsmitgliedern.** ArbN haben nur dann nach § 82 II 2 BetrVG einen Anspruch auf Hinzuziehung eines BR-Mitglieds zu einem Personalgespräch über einen Aufhebungsvertrag, wenn es in dem Gespräch zumindest auch um eines der in § 82 II 1 BetrVG genannten Themen (Arbeitsentgelt, Leistungsbeurteilung, berufliche Entwicklung) geht. Daran fehlt es, wenn nur noch die Modalitäten des Aufhebungsvertrages besprochen werden[15].

---

1 BAG v. 17.10.2000 – 3 AZR 605/99, NZA 2001, 206 (207). | 2 BAG v. 17.10.2000 – 3 AZR 605/99, NZA 2001, 206 (207); v. 21.2.2002 – 2 AZR 749/00, BB 2002, 2335 (2337); v. 22.4.2004 – 2 AZR 281/03, NZA 2004, 1295 zu bevorstehendem Sozialplanabschluss. | 3 BAG v. 11.12.2001 – 3 AZR 339/00, NZA 2002, 1150 (1152). | 4 BAG v. 13.11.1996 – 10 AZR 340/96, NZA 1997, 390 (392). | 5 BAG v. 17.10.2000 – 3 AZR 605/99, NZA 2001, 206 (207); *Schulte*, ArbRB 2004, 26 ff. | 6 BAG v. 10.3.1988 – 8 AZR 420/85, AP Nr. 99 zu § 611 BGB – Fürsorgepflicht; *Bauer*, Aufhebungsverträge, Rz. 86. | 7 BAG v. 3.7.1990 – 3 AZR 382/89, NZA 1990, 971 (973). | 8 BAG v. 17.10.2000 – 3 AZR 605/99, NZA 2001, 206 f. zu Nachteilen in Bezug auf Zusatzversorgung im öff. Dienst. | 9 BAG v. 19.8.2003 – 9 AZR 611/02, AP Nr. 20 zu § 1 TVG – Tarifverträge: Luftfahrt. | 10 BAG v. 21.11.2000 – 3 AZR 13/00, NZA 2002, 618 (620 f.). | 11 BAG v. 21.2.2002 – 2 AZR 749/00, BB 2002, 2335 (2337). | 12 LAG Hamm v. 7.6.2005 – 19 (2) Sa 30/05, NZA-RR 2005, 606; LAG Nds. v. 28.3.2003 – 16 Sa 19/03, NZA-RR 2004, 46. | 13 BAG v. 9.7.1991 – 3 AZR 354/90, ZTR 1992, 116. | 14 BAG v. 12.12.2002 – 8 AZR 497/01, AP Nr. 25 zu § 611 BGB – Haftung des Arbeitgebers. | 15 BAG v. 16.11.2004 – 1 ABR 53/03, NZA 2005, 416.

7. Beweislast. Im Regelfall genügt es, dass der ArbGeb, der sich auf die wirksame Auflösung des Arbeitsverhältnisses beruft, den schriftl. Aufhebungsvertrag (§ 623 BGB) vorlegt. Es obliegt dann dem ArbN, die Vermutung der beabsichtigten Vertragsauflösung zu erschüttern, indem er vorträgt, dass ein vom eindeutigen Wortlaut des Auflösungsvertrages abweichender übereinstimmender Wille der Parteien vorlag und dass hierfür Tatsachen streiten, aus denen sich die ernsthafte Möglichkeit eines atypischen Geschehensablaufs ergibt. Gelingt dem ArbN der Nachweis der ernsthaften Möglichkeit eines atypischen Geschehensablaufs, muss der ArbGeb nun seinerseits der ihn treffenden Darlegungs- und Beweislast in vollem Umfang nachkommen[1]. 23b

II. Anfechtung, Widerruf, Rücktritt. Der Aufhebungsvertrag unterliegt den allgemeinen Bestimmungen über Willenserklärungen und Verträge des BGB. 24

1. Anfechtung. Die Willenserklärungen, die auf den Abschluss eines Aufhebungsvertrages gerichtet sind, sind nach den allgemeinen Regeln der §§ 119 ff. BGB anfechtbar. Die Anfechtung wegen **widerrechtl. Drohung** (§ 123 BGB) setzt voraus, dass dem ArbN vom ArbGeb widerrechtl. ein künftiges Übel angekündigt wurde, das den ArbN in eine Zwangslage versetzt hat[2]. Kam der Aufhebungsvertrag auf Grund der Drohung des ArbGeb mit einer außerordentl. Kündigung zu Stande, ist eine Anfechtung dann nicht möglich, wenn ein verständiger ArbGeb die Kündigung ernsthaft in Erwägung ziehen durfte; dabei ist nicht erforderlich, dass sich die angekündigte Kündigung, wenn sie ausgesprochen worden wäre, in einem Kündigungsschutzprozess als rechtsbeständig erwiesen hätte[3]. Die für die angedrohte Entlassung herangezogenen Pflichtverletzungen müssen lediglich grds. geeignet sein, einen Kündigungsgrund abzugeben. Maßgeblich ist der **objektiv mögliche hypothetische Wissensstand** des ArbGeb, der verantwortliche Ermittlungen angestellt hätte. Nicht maßgeblich ist der tatsächliche subjektive Wissensstand des konkreten ArbGeb[4]. Es kommt auch nicht darauf an, ob eine Straftat bewiesen werden kann. Der ArbGeb darf aber durchaus eine Strafanzeige in Erwägung ziehen und diese dem ArbN ankündigen sowie eine außerordentl. Kündigung androhen, wenn eine Straftat konkret das Arbeitsverhältnis berührt[5]; eine wirksame Anfechtung ist in diesem Fall nicht möglich. Dem ArbN ist es – wenn er zu Unrecht verdächtigt werden sollte – zumutbar, diesem Druck standzuhalten[6]. **Widerrechtl.** kann die Drohung mit einer außerordentl. Kündigung sein, wenn ein vernünftiger ArbGeb auf Grund der Umstände davon ausgehen muss, die angedrohte Kündigung werde einer arbeitsgerichtl. Nachprüfung wegen Versäumung der Ausschlussfrist gem. § 626 II BGB nicht standhalten[7]. Gleiches gilt, wenn eine erforderliche Abmahnung oder – bei angedrohter Verdachtskündigung – die hierfür erforderliche Aufklärung fehlt. Droht der ArbGeb dem ArbN mit einer fristlosen Kündigung, die ein verständiger ArbGeb nicht in Betracht gezogen hätte, um den ArbN zum Abschluss eines Aufhebungsvertrags zu veranlassen, wird die Widerrechtlichkeit der Drohung nicht durch eine dem ArbN vom ArbGeb eingeräumte Bedenkzeit beseitigt[8]. Die **Darlegungs- und Beweislast** für sämtliche Voraussetzungen des Anfechtungstatbestandes, dh. für alle Tatsachen, die die angedrohte Kündigung als widerrechtl. erscheinen lassen, trägt der die Anfechtung erklärende ArbN[9]. 25

Eine zur Anfechtung berechtigende **arglistige Täuschung** durch Unterlassung iSd. § 123 BGB begeht, wer bei den Vertragsverhandlungen einen Umstand verschweigt, hinsichtlich dessen ihn gegenüber seinem Vertragspartner eine Aufklärungspflicht trifft[10]. Zum Bestehen einer Aufklärungspflicht vgl. Rz. 17 ff. Zur wahrheitswidrigen Vorspiegelung einer Betriebsstilllegung vgl. Rz. 14. 25a

Das Bestehen von **Sonderkündigungsschutz** führt nicht zur Unwirksamkeit eines Aufhebungsvertrages. Eine Irrtumsanfechtung wegen Unkenntnis einer **Schwangerschaft** bzw. deren mutterschutzrechtl. Folgen ist nicht möglich[11]. Gleiches gilt für die **Schwerbehinderteneigenschaft**. 26

2. Widerrufsrecht. Grundsätzlich besteht kein Recht, den Aufhebungsvertrag zu widerrufen. Allerdings kann ein befristetes Widerrufsrecht bei Abschluss des Aufhebungsvertrages vereinbart werden[12]. Diese Möglichkeit wird va. bei im Rahmen von Kündigungsschutzprozessen vor Gericht geschlossenen Abwicklungsvereinbarungen genutzt. 27

Zuweilen sehen auch **TV** (zB § 11 X des MTV Einzelhandel-NRW) ein Widerrufsrecht vor. Deren Bedeutung ist gering. Die Widerrufsfrist beginnt unabhängig davon zu laufen, ob der ArbGeb auf das tarifliche Widerrufsrecht hingewiesen hat[13]. Darüber hinaus kann auf ein solches Widerrufsrecht im Aufhebungsvertrag **verzichtet** werden[14]. 28

---

1 LAG Hamm v. 12.10.2004 – 6 Sa 621/04, nv. |2 BAG v. 30.9.1993 – 2 AZR 268/93, NZA 1994, 209 (210). |3 BAG v. 5.12.2002 – 2 AZR 478/01, DB 2003, 1685 (zur Eigenkündigung). |4 BAG v. 30.1.1986 – 2 AZR 196/85, NZA 1987, 91 (91 f.). |5 BAG v. 30.1.1986 – 2 AZR 196/85, NZA 1987, 91 (92). |6 Fallbeispiele, in denen der ArbGeb eine fristlose Kündigung in Erwägung ziehen darf, bei *Weber/Ehrich/Burmester*, Aufhebungsverträge, Teil 1 Rz. 846 m. Rspr.-Nachw. |7 BAG v. 3.7.2003 – 2 AZR 327/02, AuA 2004, Nr 6, 46. |8 BAG v. 28.11.2007 – 6 AZR 1108/06. |9 BAG v. 12.8.1999 – 2 AZR 832/98, NZA 2000, 27 (29). |10 BAG v. 22.4.2004 – 2 AZR 281/03, NZA 2004, 1295; v. 13.11.1996 – 10 AZR 340/96, AP Nr. 4 zu § 620 BGB – Aufhebungsvertrag. |11 BAG v. 6.2.1992 – 2 AZR 408/91, DB 1992, 1529; v. 16.2.1983 – 7 AZR 134/81, DB 1983, 1663. |12 ErfK/*Müller-Glöge*, § 620 BGB Rz. 13 f. |13 LAG Köln v. 11.4.1990 – 7 Sa 67/90, BB 1990, 2047. |14 BAG v. 30.9.1993 – 2 AZR 268/93, NZA 1994, 209 (211).

29 Mit Wirkung zum 1.1.2002 wurden im Zuge der Schuldrechtsreform das HaustürWG und das VerbrKrG in das BGB eingegliedert. Seitdem normiert **§ 312 I BGB** ein unter bestimmten Voraussetzungen bestehendes Widerrufsrecht. Ob dieses Widerrufsrecht auch für Arbeitsverträge eingreift, war zunächst umstritten[1]. In einer **Grundsatzentscheidung** vom 27.11.2003 hat das BAG zu Recht entschieden, dass durch § 312 I BGB **kein gesetzl. Widerrufsrecht bei Aufhebungsverträgen** geschaffen worden ist – auch wenn sie in dem Personalbüro des ArbGeb geschlossen worden sind[2]. Es könne dahinstehen, ob der ArbN Verbraucher iSd. § 13 BGB ist und ein arbeitsrechtl. Aufhebungsvertrag (ohne Abfindung) eine entgeltliche Leistung zum Vertragsgegenstand habe. Nach der Entstehungsgeschichte der gesetzl. Systematik sowie nach Sinn und Zweck des § 312 BGB unterfielen derartige Beendigungsvereinbarungen nicht dem Anwendungsbereich der Norm. Sie würden nicht in einer für das abzuschließende Rechtsgeschäft atypischen Umgebung abgeschlossen. Das Personalbüro des ArbGeb sei vielmehr ein Ort, an dem typischerweise arbeitsrechtl. Fragen – vertragl. – geregelt würden. Von einer überraschenden Situation auf Grund des Verhandlungsortes, wie sie dem Widerrufsrecht bei Haustürgeschäften als „besonderer Vertriebsform" zugrunde liegt, könne deshalb keine Rede sein.

30 **3. Rücktritt.** Der ArbGeb muss dem ArbN vor Abschluss einer Aufhebungsvereinbarung **keine Bedenkzeit** und kein Rücktrittsrecht einräumen[3]. Der ArbN kann allerdings unter den Voraussetzungen des § 323 BGB vom Aufhebungsvertrag zurücktreten. Dies ist bspw. der Fall, wenn der ArbGeb mit der Abfindungszahlung in Verzug geraten ist und ihm der ArbN eine Frist zur Leistung oder Nacherfüllung gesetzt hat[4]. Beim Abschluss eines gerichtlichen Vergleichs kann im Einzelfall das Rücktrittsrecht stillschweigend ausgeschlossen sein[5].

31 **4. Rückabwicklung.** Die Rückabwicklung erfolgt bei einem wirksam angefochtenen, widerrufenen oder nichtigen Aufhebungsvertrag nach allgemeinem Bereicherungsrecht. Gezahlte Abfindungen sind zurückzugewähren, es sei denn, es wäre ein Fortfall der Bereicherung eingetreten, § 818 III BGB. War dem Leistenden die Formnichtigkeit des Aufhebungsvertrages bekannt, kann er seine Leistung nicht nach § 814 BGB zurückfordern[6]. Ist dem Aufhebungsvertrag keine Kündigung vorausgegangen, besteht das Arbeitsverhältnis zu den ursprünglichen Bedingungen fort. Problematisch ist die Frage, ob der ArbN für nicht geleistete Arbeit Vergütung verlangen kann.

32 Wird das Arbeitsverhältnis vor dem im Aufhebungsvertrag vereinbarten Ende wirksam **außerordentl. gekündigt**, wird der Aufhebungsvertrag gegenstandslos[7]. Eine vereinbarte Abfindung ist nicht zu zahlen.

33 **III. Inhalt.** Der Aufhebungsvertrag löst das Arbeitsverhältnis zum vereinbarten Zeitpunkt auf. Die Auflösung kann mit sofortiger Wirkung oder für einen zukünftigen Termin vereinbart werden. Die rückwirkende Auflösung ist nur möglich, wenn das Arbeitsverhältnis bereits außer Vollzug gesetzt war[8] oder es vor Aufnahme der Tätigkeit einvernehmlich beendet wird[9].

34 **1. Grundsätze.** Die Parteien sind grds. frei in den zu treffenden Vereinbarungen. Grenzen für zulässige Regelungen ergeben sich aus dem **Kündigungsschutz**, der nicht umgangen werden darf. Für den Abschluss **aufschiebend bedingter Aufhebungsverträge** ist deshalb im Anwendungsbereich des KSchG, genauso wie für auflösend bedingte Arbeitsverträge, ein sachlicher Grund erforderlich. Unzulässig ist die Vereinbarung einer Beendigung für den Fall, dass eine bestimmte Quote von Fehltagen überschritten wird[10] oder dass der ArbN nicht rechtzeitig aus dem Urlaub zurückkehrt[11]. Gleiches gilt für eine Beendigung bei erneutem Alkoholkonsum[12]. Zulässig ist es jedoch, bei **Nichtbestehen der Probezeit** an Stelle einer Kündigung einen unbedingten Aufhebungsvertrag über eine angemessene Verlängerung des Arbeitsverhältnisses mit bedingter Wiedereinstellungszusage für den Fall der Bewährung des ArbN zu vereinbaren[13].

35 **2. AGB-Kontrolle.** Auf Aufhebungsverträge sind die Vorschriften der AGB-Kontrolle gem. § 310 IV iVm. §§ 305 ff. BGB anwendbar, wobei die im Arbeitsrecht geltenden Besonderheiten angemessen zu berücksichtigen sind. Zwar bezieht sich § 310 IV BGB seinem Wortlaut nach nur auf Arbeitsverträge; jedoch ist die Norm auch auf Aufhebungsverträge als actus contrarius anzuwenden[14].

36 Um allgemeine Geschäftsbedingungen („AGB") handelt es sich, wenn der Aufhebungsvertrag für eine Vielzahl von Verträgen vorformuliert und nicht individuell ausgehandelt wird. Dies ist in der Praxis

---

1 Pro: ArbG Berlin v. 2.4.2003 – 31 Ca 33694/02, EzA-Schnelldienst 18/2003, S. 5; *Schleusener*, NZA 2002, 949 (952); *Hümmerich/Holthausen*, NZA 2002, 173 (178). Contra: *Weber/Ehrich/Burmester*, Aufhebungsverträge, Teil 1 Rz. 865; *Bauer*, NZA 2002, 169 (171); *Mengel*, DB 2003, 1278 (1280). | 2 BAG v. 27.11.2003 – 2 AZR 135/03, 2 AZR 177/03, AP Nr. 1, 2 zu § 312 BGB; v. 22.4.2004 – 2 AZR 281/03, NZA 2004, 1295. | 3 BAG v. 16.2.1996 – 2 AZR 234/95, EzA § 611 BGB – Aufhebungsvertrag Nr. 21; LAG Rh.-Pf. v. 14.5.2004 – 3 Sa 82/04, AuA 2004, 48. | 4 *Bauer*, NZA 2002, 169 (170 f.). | 5 LAG Köln v. 5.1.1996 – 4 Sa 909/94, BB 1996, 907. | 6 ErfK/*Müller-Glöge*, § 623 BGB Rz. 14. | 7 Vgl. BAG v. 29.1.1997 – 2 AZR 292/96, NZA 1997, 813 (816 f.). | 8 BAG v. 10.12.1998 – 8 AZR 324/97, NZA 1999, 422 (424). | 9 *Bauer*, Aufhebungsverträge, Rz. 7. | 10 LAG BW v. 15.10.1990 – 15 Sa 92/90, DB 1991, 918. | 11 BAG v. 13.12.1984 – 2 AZR 294/83, NZA 1985, 324 (325). | 12 LAG München v. 29.10.1987 – 4 Sa 783/87, DB 1988, 506. | 13 BAG v. 7.3.2002 – 2 AZR 93/01, DB 2002, 1997 (1998). | 14 ErfK/*Müller-Glöge*, § 620 BGB Rz. 15; *Bauer*, NZA 2002, 169 (172); *Lingemann*, NZA 2002, 181 (183).

häufig der Fall: Um AGB handelt es sich bereits dann, wenn einzelne Punkte (zB Abfindungshöhe, Beendigungszeitpunkt, Freistellung etc.) ausgehandelt werden, der ArbGeb jedoch zur näheren Ausgestaltung dieses Verhandlungsergebnisses vorformulierte Vertragsbedingungen (zB Mustertextbausteine) verwendet. Ausreichend ist hierbei die Benutzung eines gebräuchlichen Vertragsmusters (zB aus einem Formularhandbuch), auch wenn es an der Wiederholungsabsicht fehlt[1]. Eine echte Individualabrede liegt nur vor, wenn ein wirkliches Aushandeln der gesamten Vertragsformulierung zwischen den Parteien stattfindet; einzelne ausgehandelte Klauseln oder Vereinbarungsbestandteile hindern die Kontrolle im Übrigen nicht[2]. Die vertragswesentlichen Gegenstände eines Aufhebungsvertrages (Abfindungshöhe, Ausscheidenszeitpunkt, Beendigung) sind gem. § 307 III BGB einer Inhaltskontrolle entzogen, da es sich bei der Auflösung des Arbeitsverhältnisses nicht um eine von Rechtsvorschriften abweichende oder ergänzende Regelung handelt[3].

3. Einzelne Klauseln. Ein Aufhebungsvertrag kann insb. zu folgenden Gesichtspunkten Regelungen enthalten: 37

a) Art und Zeitpunkt der Beendigung. Neben dem Zeitpunkt der Beendigung wurde auf Grund der Voraussetzungen der zum 31.12.2005 aufgehobenen Steuerbegünstigung nach § 3 Nr. 9 EStG meist vereinbart, dass das Arbeitsverhältnis auf Veranlassung des ArbGeb aufgelöst worden ist (vgl. Rz. 40). Die früher häufig verwendete Klausel, wonach die Aufhebung zur Vermeidung einer ansonsten unvermeidlichen betriebsbedingten Kündigung erfolgt, ist meist ohne Wirkung (zu der neuerdings geltenden Ausnahme bei Abfindungen bis zu 0,5 Monatsentgelten vgl. Rz. 49a). Auf Grund der Dienstanweisung der BA zu § 144 SGB III an die örtlichen AA ist der ArbN idR gehalten, zunächst die Kündigung durch den ArbGeb abzuwarten. Geschieht dies nicht, wird beim Abschluss eines Aufhebungsvertrages eine Sperrzeit ausgelöst, es sei denn, es läge für die Auflösung ein wichtiger Grund vor (vgl. im Einzelnen Rz. 49 ff.). 38

b) Freistellung und Urlaub. Durch eine lediglich widerrufliche Freistellung wird der Urlaubsanspruch nicht erfüllt. Stellt der ArbGeb den ArbN unter Anrechnung auf den Urlaub von der Arbeitsleistung frei, liegt hierin idR eine unwiderrufliche Freistellung, auch wenn die Unwiderruflichkeit nicht explizit zum Ausdruck kommt[4]. Verabreden die Parteien eine unwiderrufliche Freistellung des ArbN von der Arbeitsleistung, ohne dass eine Anrechnung auf Urlaubsansprüche vereinbart wird, ist der Urlaubsanspruch idR noch nicht erfüllt[5]. Dies hat zur Folge, dass der ArbN auch nach monatelanger Freistellung noch Urlaubsabgeltung verlangen kann. Ggf. ist zu regeln, ob auch Ansprüche aus Arbeitszeitkonten angerechnet werden sollen. Eine in einem Aufhebungsvertrag enthaltene Klausel, nach der alle gegenseitigen Forderungen erledigt sind, bewirkt nicht das Erlöschen des gekürzten Vollurlaubsanspruchs nach § 5 I Buchst. c BUrlG[6]. Ist vertragl. eine Freistellung vereinbart oder sollen mit der Freistellung Urlaubsansprüche des ArbN erfüllt werden, erfolgt keine Anrechnung anderweitigen Erwerbs nach § 615 S. 2 BGB[7]. Das vertragl. Wettbewerbsverbot nach § 60 HGB bleibt grds. auch während der Freistellungsphase weiter bestehen[8]. 39

Vorsicht ist bei der Vereinbarung einer **unwiderruflichen Freistellung** geboten. Das BSG scheint in diesem Fall eine Beendigung des sozialversicherungsrechtl. Beschäftigungsverhältnisses und damit eine Beendigung der Sozialversicherungspflicht anzunehmen[9]. Damit würden in der Zeit der unwiderruflichen Freistellung die Rentenanwartschaften nicht mehr ansteigen und nach einem Monat die Krankenversicherung erlöschen. Eine etwaige Sperrzeit nach § 144 SGB III (vgl. Rz. 49 ff.) beginnt bereits mit dem Ende des Beschäftigungsverhältnisses. Verhindert werden kann dies durch die Vereinbarung einer widerruflichen Freistellung oder dadurch, dass außerhalb der Aufhebungsvereinbarung durch den ArbGeb eine einseitige Freistellung erklärt wird. 39a

c) Entgeltfortzahlung. Die Auslegung der Vereinbarung, dass der ArbN unter Fortzahlung der Bezüge unwiderruflich von der Arbeit freigestellt wird, führt idR nur dazu, dass die Arbeitspflicht entfällt, ohne dass ein Anspruch auf Arbeitsvergütung über die gesetzlichen Grundlagen (zB Entgeltfortzahlung im Krankheitsfall) hinaus begründet wird. Die Zahlung der Arbeitsvergütung wird daher nur bei Arbeitsfähigkeit bzw. nach den Vorschriften der Entgeltfortzahlung im Krankheitsfall geschuldet[10]. 39b

d) Abfindung. Die Kennzeichnung „brutto=netto" ist ihrerseits nicht eindeutig und ggf. auslegungsbedürftig[11]. Wird lediglich ein Betrag genannt, gilt dieser im Zweifel als Bruttobetrag, so dass der ArbN die LSt trägt[12]. Nach **§ 3 Nr. 9 EStG aF** waren Abfindungen je nach Alter und Betriebszugehörigkeit bis 40

1 Palandt/*Heinrichs*, § 305 BGB Rz. 9. | 2 BGH v. 18.5.1983 – VIII ZR 20/82, NJW 1983, 1603; v. 16.7.1998 – VII ZR 9/97, NJW 1998, 3488. Dies verkennend: *Weber/Ehrich/Burmester*, Aufhebungsverträge, Teil 1 Rz. 809a, die davon ausgehen, dass Aufhebungsverträge idR keine AGB seien, weil sie ausgehandelt würden. | 3 BAG v. 22.4.2004 – 2 AZR 281/03, NZA 2004, 1295; v. 27.11.2003 – 2 AZR 135/03, AP Nr. 2 zu § 312 BGB. | 4 BAG v. 14.3.2006 – 9 AZR 11/05, NZA 2006, 1008. | 5 BAG v. 9.6.1998 – 9 AZR 43/97, NZA 1999, 80; v. 31.5.1990 – 8 AZR 132/89, DB 1991, 392. | 6 BAG v. 9.6.1998 – 9 AZR 43/97, NZA 1999, 80. | 7 BAG v. 19.3.2002 – 9 AZR 16/01, EzA Nr. 108 zu § 615 BGB. | 8 BAG v. 30.5.1978 – 2 AZR 598/76, DB 1978, 2177. | 9 BSG v. 25.4.2002 – B 11 AL 65/01 R, NZA-RR 2003, 105; *Lindemann/Simon*, BB 2005, 2462; aA *Schlegel*, NZA 2005, 972. | 10 BAG v. 23.1.2008 – 5 AZR 393/07. | 11 BAG v. 21.11.1985 – 2 AZR 6/85, RzK I 9j Nr 2; LAG BW v. 17.4.1997 – 11 Sa 132/96, NZA-RR 1998, 56 (57). | 12 BAG v. 27.4.2000 – 6 AZR 754/98, nv.

zur Höhe von **7200 Euro/9000 Euro/11 000 Euro** steuerfrei, wenn die Auflösung des Arbeitsverhältnisses vom ArbGeb veranlasst oder gerichtlich ausgesprochen wird. § 3 Nr. 9 EStG aF ist mit Wirkung zum 31.12.2005 aufgehoben; die **Steuerfreibeträge sind entfallen**[1]. Das **Fünftelungsprinzip** nach §§ 24, 34 EStG bleibt bestehen. Nach Sinn und Zweck der Steuerbegünstigung sind Entschädigungen regelmäßig nur dann außerordentliche Einkünfte iSd. §§ 24, 34 EStG, wenn sie **zusammengeballt** in einem Betrag, jedenfalls aber in einem Bemessungszeitraum gezahlt werden. Ergänzende Zusatzleistungen, wie die Nachbesserung auf Grund eines Sozialplans, sind für die tarifbegünstigte Besteuerung der Hauptleistung jedoch unschädlich, wenn es sich betragsmäßig lediglich um einen Zusatz zur Hauptleistung handelt (im entschiedenen Fall: Aufstockung um 42,3 %)[2].

40a § 52 IVa EStG enthält eine **Übergangsregelung**: § 3 Nr. 9 aF ist weiter anwendbar für vor dem 1.1.2006 entstandene Abfindungsansprüche (zB auf Grund eines Aufhebungsvertrages), für Abfindungen wegen einer vor dem 1.1.2006 getroffenen Gerichtsentscheidung (zB Auflösungsurteil) oder wegen einer vor dem 1.1.2006 anhängigen Klage. Im letzteren Fall genügt – wenngleich der Gesetzeswortlaut uneindeutig ist – auch der erst nach dem 31.12.2005 erfolgende Abschluss eines gerichtlichen Vergleiches oder eines Abwicklungsvertrages. Voraussetzung für die Steuerprivilegierung ist jedoch stets, dass die Abfindung dem ArbN noch **vor dem 1.1.2008** zugeflossen ist.

40b Vereinbaren die Parteien ausdrücklich, dass der ArbGeb für die Dauer der Arbeitslosigkeit die **Steuern** übernimmt, soweit sie auf ein einzelvertragl. vereinbartes Übergangsgeld anfallen, ist der ArbGeb auch zur Erstattung der progressionsbedingten steuerlichen Mehrbelastung verpflichtet und der ArbN kann vom ArbGeb Zahlung an sich verlangen, wenn er die Steuerschuld bereits getilgt hat[3].

40c Die Abfindung ist **sozialversicherungsfrei**. Besteht das Arbeitsverhältnis jedoch weiter fort und wird die Abfindung zur Kompensation einer eintretenden Verschlechterung der Arbeitsbedingungen gezahlt (zB Umwandlung von Vollzeit- in geringfügiges Arbeitsverhältnis [„400 Euro-Job"] oder Absenkung der Vergütung), besteht SozV-Pflicht[4].

41 Die **Fälligkeit** der Abfindung kann abweichend von der **Entstehung** des Anspruchs vereinbart werden[5]. Ist in einem Abfindungsvergleich oder einem Aufhebungsvertrag der Fälligkeitszeitpunkt nicht bestimmt, ist die Abfindung auf Grund der Umstände nach § 271 I BGB im Zweifel erst zum Zeitpunkt der Beendigung des Arbeitsverhältnisses zur Zahlung fällig[6]. Allerdings ist der ArbGeb in Zweifel berechtigt, vor der Fälligkeit zu zahlen. Daher besteht keine Schadensersatzpflicht des ArbGeb bei vorfälliger Zahlung, wenn hierdurch dem ArbN Steuernachteile entstehen[7]. Wünscht der ArbN aus steuerlichen Gründen eine Auszahlung nicht vor einem bestimmten Zeitpunkt, sollte dies daher im Aufhebungsvertrag explizit vereinbart werden.

41a Wird die Fälligkeit auf den vorgesehenen Beendigungszeitpunkt festgesetzt, ist idR davon auszugehen, dass der Abfindungsanspruch bereits mit Abschluss der Vereinbarung entsteht und auf die **Erben** übergeht, wenn der ArbN vor dem festgelegten Auflösungszeitpunkt verstirbt[8]. Soll das Erleben des vereinbarten Beendigungszeitpunktes Voraussetzung für die Zahlung einer Abfindung sein, ist idR eine ausdrückliche Parteivereinbarung erforderlich. Fehlt eine solche, kann das gleiche Ergebnis aus der im Vertrag verlautbarten Interessenlage folgen[9]. Dies ist insb. angenommen worden, wenn bei einem Frühpensionierungsprogramm die Abfindung vor allem dem Zweck dienen sollte, den Verdienstausfall des ArbN auszugleichen[10]. Demgegenüber entsteht der Anspruch nach § 1a KSchG erst mit Ablauf der Frist der zugrunde liegenden betriebsbedingten Kündigung. Endet das Arbeitsverhältnis vorher durch Tod des ArbN, kann der Anspruch deshalb nicht nach § 1922 I BGB auf den Erben übergehen[11].

41b Die **Verjährungsfrist** für Abfindungsansprüche beträgt drei Jahre, § 195 BGB[12]. Rechtskräftig festgestellte oder in vollstreckbaren Vergleichen geregelte Ansprüche verjähren erst nach 30 Jahren, § 197 I Nr. 3 bzw. 4 BGB.

42 Ein Anspruch auf die Abfindung entsteht nicht, wenn das Arbeitsverhältnis vor dem vereinbarten Beendigungszeitpunkt aus einem anderen Grund, etwa einer **fristlosen Kündigung**, beendet wird[13]. Gleiches gilt für die vorzeitige Beendigung auf Grund Rentengewährung wegen zeitlich nicht befristeter **Erwerbsunfähigkeit**[14].

43 **e) Vorzeitige Beendigung und Gehaltskapitalisierung.** Vereinbaren die Parteien, dass der ArbN die Möglichkeit hat, die Beendigung des Arbeitsverhältnisses vorzuziehen und sich in diesem Fall seine Abfindung auf Grund der Ersparnis weiterer Bruttogehälter erhöht, ist klarzustellen, dass der ArbN

1 BR-Drs. 855/05 v. 21.12.2005, BT-Drs. 16/255 v. 14.12.2005, BT-Drs. 16/105 v. 29.11.2005. | 2 BFH v. 21.1.2004 – XI R 33/02, BB 2004, 1202. | 3 BAG v. 29.7.2003 – 9 AZR 100/02, NZA 2003, 1276 (1277). | 4 SozG Dortmund v. 20.10.2006 – S 34 R 217/05. | 5 BAG v. 16.5.2000 – 9 AZR 277/99, NZA 2000, 1236. | 6 BAG v. 15.7.2004 – 2 AZR 630/03, NZA 2005, 292. AA LAG Hamm v. 16.5.1991, LAGE § 9 KSchG Nr. 21. | 7 LAG Bremen v. 3.11.2005 – 3 Sa 111/05, NZA-RR 2006, 260. | 8 BAG v. 22.5.2003 – 2 AZR 250/02, BB 2004, 894. | 9 BAG v. 26.8.1997 – 9 AZR 227/96, NZA 1998, 643 (644). | 10 BAG v. 16.5.2000 – 9 AZR 277/99, NZA 2000, 1236. | 11 BAG v. 10.5.2007 – 2 AZR 45/06, NZA 2007, 1043. | 12 Vgl. BAG v. 15.6.2004 – 9 AZR 513/03, NZA 2005, 295. | 13 BAG v. 5.4.2001 – 2 AZR 217/00, NZA 2001, 837 (839). | 14 BAG v. 26.9.2001 – 4 AZR 497/00, NZA 2002, 584 (LS).

lediglich den Zeitpunkt der Beendigung durch einseitige Erklärung vorverlegt und die vorzeitige Beendigung im Interesse des ArbGeb liegt. Ansonsten ist die Steuerbegünstigung der Abfindung gefährdet.

f) Nachvertragliches Wettbewerbsverbot. Grundsätzlich besteht kein nachvertragl. Wettbewerbsverbot. Ein solches bedarf einer gesonderten Vereinbarung unter Beachtung der §§ 74 ff. HGB (s. dort). Falls bereits im Arbeitsvertrag eine Vereinbarung gem. §§ 74 ff. HGB getroffen wurde, kann diese jederzeit einvernehmlich aufgehoben werden. Die Karenzentschädigung kann – soweit dies ausdrücklich geregelt wird – auch in der Abfindung enthalten sein. Ob eine allgemeine Erledigungsklausel ein zuvor vereinbartes nachvertragl. Wettbewerbsverbot erfasst, hängt von den Umständen des Einzelfalles ab[1]. Es empfiehlt sich daher eine eindeutige Regelung. 44

g) Abwicklung des Arbeitsverhältnisses. Weiter können zB Regelungen über Arbeitspapiere (LStKarte, SozV-Nachweis, Arbeitsbescheinigung, SozV-Ausweis), etwaige Darlehen, rückständige Vergütung, Tantiemen, Provisionen, Gewinnbeteiligungen, Dienstwagen, Werkswohnung, Spesenabrechnung, Erfindungen, Firmenunterlagen und Schadensersatz aufgenommen werden. Sofern mit zukünftigen Ansprüchen des ArbN Verrechnungen vorgenommen werden, sind die Pfändungsschutzvorschriften gem. §§ 850 ff. ZPO zu beachten. Nach Fälligkeit eines unpfändbaren Anspruchs kann jedoch über diesen verfügt werden[2]. Es ist zulässig, eine **Rückzahlung** eines Überbrückungsgeldes für den Fall zu vereinbaren, dass der ArbGeb nach § 147a SGB III (früher § 128 AFG) in Anspruch genommen wird[3]. 45

h) Zeugnis. Zulässig ist sowohl die deklaratorische Übernahme der Zeugniserteilungspflicht gem. § 109 GewO (s. dort Rz. 2) als auch die Aufnahme bestimmter Bewertungen oder Formulierungen. Mitunter wird sogar der vollständige Zeugnisinhalt vereinbart und der Zeugnisentwurf als Anlage dem Aufhebungsvertrag beigefügt. 46

i) Ausgleichsklausel. Sofern das Arbeitsverhältnis noch fortdauert, kann eine allgemeine Ausgleichsklausel hinsichtlich ihres Umfangs auslegungsbedürftig sein. Da die Parteien idR in einem Aufhebungsvertrag das Arbeitsverhältnis abschließend bereinigen wollen, sind Ausgleichsklauseln grds. „weit" auszulegen[4]. Fehlen entsprechende Regelungen, sind von einer allgemeinen Ausgleichsklausel Zeugnisansprüche[5] sowie Ansprüche aus betrAV nicht umfasst[6], wohl aber ein nachvertragl. Wettbewerbsverbot nebst Karenzentschädigung[7]. Ist bis zur Beendigung des Arbeitsverhältnisses eine „ordnungsgemäße Abrechnung" vereinbart, ohne dies näher zu beziffern, verliert die Ausgleichsklausel ihre Wirkung. 47

IV. Sozialversicherungsrecht. Auf Grund eines Aufhebungsvertrages können sich unterschiedliche sozialversicherungsrechtl. Konsequenzen für ArbN und ArbGeb ergeben. 48

1. Sperrzeit. Bei einer einvernehmlichen Aufhebung des Arbeitsverhältnisses tritt für den ArbN idR gem. § 144 I Nr. 1 SGB III eine Sperrzeit in Bezug auf das Alg ein. Grund für die Sperrzeit ist, dass der ArbN durch seine Mitwirkung an dem Aufhebungsvertrag selbst für das Lösen des Arbeitsverhältnisses verantwortlich ist und damit ein Tatbestandsmerkmal („Lösung des Beschäftigungsverhältnisses") des § 144 I SGB III erfüllt ist[8]. Gem. § 144 I Hs. 2 SGB III tritt in diesem Fall eine Sperrzeit nur dann nicht ein, wenn der Arbl. für sein Verhalten einen **wichtigen Grund** hatte. Hierfür genügt es **nicht** allein, dass er dem Ausspruch einer ansonsten **drohenden Kündigung** zuvorkommen will[9]. Wird ein Aufhebungsvertrag geschlossen, der eine Beendigung des Beschäftigungsverhältnisses durch bezahlte Freistellung bis zum Ende des Arbeitsverhältnisses vorsieht, liegt selbst dann noch kein wichtiger Grund vor, wenn durch die Vereinbarung die Lösung des Arbeitsverhältnisses zu dem Zeitpunkt erfolgt, zu dem auch eine rechtmäßige betriebsbedingte Kündigung gedroht hätte[10]. Ein wichtiger Grund ist aber idR gegeben, wenn die **Kündigung objektiv rechtmäßig** gewesen wäre und dem ArbN die Hinnahme der Kündigung **nicht zuzumuten** war[11]. Nicht zumutbar ist das Abwarten der Kündigung, wenn sich für den Arbl. seine **Mitwirkung positiv** auf die weiteren Eingliederungsmöglichkeiten **auswirkt**, etwa dadurch, dass er durch eine einverständliche Lösung des Arbeitsverhältnisses Nachteile vermeiden kann, die sich durch eine Kündigung des ArbGeb für sein berufliches Fortkommen ergeben hätten[12]. Ein wichtiger Grund kann auch vorliegen, wenn ein älterer ArbN in einer krisenhaften Situation des Betriebes einer Auflösung des Arbeitsverhältnisses zustimmt[13]. Neben Nachteilen für das berufliche Fortkommen können auch sonstige Umstände (zB Sicherung einer Abfindung, die ArbN ansonsten nicht zugestanden hätte) zur Unzumutbarkeit des Abwartens der arbeitgeberseitigen Kündigung führen. So liegt ein wichtiger Grund bspw. auch dann vor, wenn ein **leitender Angestellter** iSv. § 14 KSchG einen Aufhebungsvertrag unter Einhaltung der Kündigungsfrist schließt, da der ArbGeb dessen Beschäftigungslosigkeit ohnehin – auch bei Nichtvorliegen eines Kündigungsgrundes – spätestens durch einen Auflösungsantrag nach § 9 49

1 BAG v. 19.11.2003 – 10 AZR 174/03, NZA 2004, 554; v. 31.7.2002 – 10 AZR 513/01, NZA 2003, 100 (102); v. 20.10.1981 – 3 AZR 1013/78, DB 1982, 907. | 2 BAG v. 18.8.1976 – 5 AZR 95/75, DB 1977, 310 (311). | 3 BAG v. 25.1.2000 – 9 AZR 144/99, NZA 2000, 886 (887). | 4 BAG v. 7.9.2004 – 9 AZR 612/03, NZA 2005, 1376. | 5 BAG v. 16.9.1974 – 5 AZR 255/74, NJW 1975, 407 (408). | 6 BAG v. 17.10.2000 – 3 AZR 69/99, NZA 2001, 203 (204). | 7 BAG v. 19.11.2003 – 10 AZR 174/03, NZA 2004, 554. | 8 BSG v. 9.11.1995 – 11 Rar 27/95, NZA-RR 1997, 109 (110). | 9 BSG v. 25.4.2002 – B 11 AL 100/01 R, AuR 2003, 239. | 10 BSG v. 17.10.2002 – B 7 AL 92/01 R, info also 2003, 77. | 11 BSG v. 25.4.2002 – B 11 AL 65/01 R, NZA-RR 2003, 105 (106). | 12 BSG v. 25.4.2002 – B 11 AL 65/01 R, NZA-RR 2003, 105 (106). | 13 BSG v. 29.11.1989 – 7 Rar 86/88, NZA 1990, 628 (630).

KSchG herbeiführen könnte und der ltd. Angestellte sich durch den Aufhebungsvertrag die Zahlung einer Abfindung sichert[1]. Trotz Wechsels von unbefristetem in befristetes Arbeitsverhältnis tritt keine Sperrzeit ein, wenn die Aufnahme des befristeten Arbeitsverhältnisses mit einem Wechsel in ein neues Berufsfeld und mit der Erlangung zusätzlicher beruflicher Fähigkeiten verbunden ist[2].

49a Ein ArbN kann sich auf einen – die Sperrzeit wegen Arbeitsaufgabe ausschließenden – wichtigen Grund für die Lösung des Beschäftigungsverhältnisses durch Aufhebungsvertrag mit Abfindungsregelung auch dann berufen, wenn ihm ansonsten eine **rechtmäßige ArbGeb-Kündigung** aus nicht verhaltensbedingten Gründen zum gleichen Zeitpunkt droht. In seiner richtungsweisenden Entscheidung vom **12.7.2006** hat das **BSG** angekündigt, jedenfalls für Streitfälle ab dem 1.1.2004 unter Heranzeihung der Grundsätze des § 1a KSchG auf eine Prüfung der Rechtmäßigkeit der ArbGeb-Kündigung zu verzichten, wenn eine betriebsbedingte Kündigung unter Einhaltung der einschlägigen Kündigungsfrist ausgesprochen worden wäre und die Abfindungshöhe die in § 1a II KSchG vorgesehene nicht überschreitet[3]. Dies ist per Oktober 2007 auch in den Dienstwanweisungen der BA umgesetzt worden, wobei allerdings auf die Prüfung der Rechtmäßigkeit der hypothetischen Kündigung nur verzichtet wird, wenn die vereinbarte Abfindung zwischen 0,25 und 0,5 Monatsentgelten liegt.

50 Die sperrzeitrechtl. Auswirkungen eines sog. **Abwicklungsvertrages**[4], in dem die Parteien sich darauf beschränkten, **nach** Ausspruch einer Kündigung lediglich die Folgen des beendeten Beschäftigungsverhältnisses zu regeln (in der Hauptsache Verzicht auf Kündigungsschutzklage und Zahlung einer Abfindung), waren lange Zeit umstritten[5]. Das **BSG** hat mit **Urteil v. 18.12.2003**[6] klargestellt, dass der ArbN im Grundsatz auch durch den Abschluss eines Abwicklungsvertrages, in dem er ausdrücklich oder konkludent auf die Geltendmachung seines Kündigungsschutzes verzichtet, einen wesentlichen Beitrag zur Herbeiführung seiner Beschäftigungslosigkeit leiste. Es komme nicht entscheidend darauf an, ob eine Vereinbarung über die Hinnahme der ArbGebKündigung vor oder nach deren Ausspruch getroffen werde. **IdR liege ein Auflösungstatbestand vor, so dass eine Sperrzeit eintrete. Ausnahmen** von diesem Grundsatz gelten aber dann, wenn die ausgesprochene **Kündigung objektiv rechtmäßig** ist[7]. Gleiches gilt, wenn vor einem **ArbG** ohne vorherige Absprache ein Vergleich über die Auflösung des Arbeitsverhältnisses zu Stande kommt[8]. Ein gerichtl. Vergleich, der die Arbeitslosigkeit nicht zu einem früheren Zeitpunkt herbeiführt, als die vorausgegangene Kündigung, löst daher keine Sperrzeit aus, es sei denn, es läge eine Umgehung (zB Vorfeldabsprache) vor. Eine Sperrzeit tritt auch dann nicht ein, wenn ein ArbN ohne Vorfeldabsprache eine betriebsbedingte Kündigung, in der ihm ein **Abfindungsangebot nach § 1a KSchG** unterbreitet worden ist, lediglich hinnimmt. Ansonsten würde die in § 1a KSchG zu Tage tretende gesetzgeberische Grundentscheidung konterkariert[9].

51 Die Sperrzeit führt zum **Ruhen des Alg-Anspruchs** für die **Dauer** von **zwölf Wochen**. Darüber hinaus **verkürzt** sich der Anspruch auf Alg um mindestens $^1/_4$ der Anspruchsdauer, die dem ArbN an sich gem. § 127 SGB III zusteht. Die Sperrzeit beginnt mit dem Tag nach dem Ereignis, das die Sperrzeit begründet. Dies ist die Beschäftigungslosigkeit in Folge des Aufhebungsvertrages[10]. Wird der ArbN bis zur Beendigung des Arbeitsverhältnisses beschäftigt, fallen Ende des Arbeitsverhältnisses und Beginn der Beschäftigungslosigkeit zusammen. Ist eine Freistellung – ggf. auch unter Fortzahlung des Entgelts – vereinbart, beginnt die Sperrzeit mit deren Beginn, da bereits hierdurch Beschäftigungslosigkeit vorliegt[11]. Die Sperrzeit kann aber frühestens mit dem Abschluss des Aufhebungsvertrages beginnen.

52 **2. Anrechnung von Entlassungsentschädigungen.** Hierzu gehören alle Zahlungen, die in einem ursächlichen Zusammenhang mit der Beendigung des Arbeitsverhältnisses stehen, weil der ArbN sie ohne die Beendigung nicht beanspruchen könnte. Sie sind nach Aufhebung von §§ 115a AFG, 140 SGB III aF **grds. nicht** auf das Alg anzurechnen. Wird das Arbeitsverhältnis hingegen **ohne Einhaltung der Kündigungsfrist** beendet und erhält der ArbN eine Entlassungsentschädigung bzw. kann diese beanspruchen, **ruht** gem. § 143a SGB III der Anspruch auf Alg bis zu dem Zeitpunkt, zu dem das Arbeitsverhältnis einseitig unter Wahrung der ordentl. Kündigungsfrist durch den ArbGeb hätte gekündigt werden können. Während dessen besteht auch kein Krankenversicherungsschutz. Der ArbN muss diesen ggf. durch eine freiwillige Weiterversicherung aufrechterhalten. Ist die **ordentl. Kündigung ausgeschlossen**, gilt gem. § 143a I 3 SGB III eine Kündigungsfrist von 18 Monaten. Kann dem Arbl. nur gegen Zahlung einer Entlassungsentschädigung gekündigt werden, gilt eine Kündigungsfrist von zwölf Monaten. Dabei ist die rechtl. Grundlage für die Abfindung unerheblich[12].

53 **3. Ruhen des Arbeitslosengeldanspruchs aus anderen Gründen.** Der Anspruch auf Alg ruht gem. § 143 I SGB III während der Zeit, für die der Arbl. **Arbeitsentgelt** erhält oder zu beanspruchen hat (zB

1 BSG v. 17.11.2005 – B 11a/11 AL 69/04 R, ArbRB 2006, 74. | 2 BSG v. 12.7.2006 – B 11a AL 55/05 R, NJW 2006, 3517 (Wechsel Innendienst zur Kinderanimateurin). | 3 BSG v. 12.7.2006 – B 11a AL 47/05 R, NZA 2006, 1359. | 4 *Hümmerich*, NZA 2001, 1280. | 5 Vgl. einerseits *Geiger*, NZA 2003, 838 ff., andererseits *Bauer/Hümmerich*, NZA 2003, 1076 ff. | 6 BSG v. 18.12.2003 – B 11 AL 35/03 R, NZA 2004, 661. Vgl. *Kliemt*, ArbRB 2004, 212 ff. | 7 BSG v. 2.9.2004 – B 7 AL 78/03 R, BSGE 93, 159. | 8 BSG v. 17.10.2007 – B 11 AL 51/06 R. | 9 Vgl. auch BSG v. 12.7.2006 – B 11 AL 47/05 R, NZA 2006, 1359. | 10 BSG v. 25.4.2002 – B 11 AL 65/01 R, NZA-RR 2003, 105 (107). | 11 BSG v. 25.4.2002 – B 11 AL 65/01 R, NZA-RR 2003, 105 (107). | 12 BSG v. 19.12.2001 – B 11 AL 53/01 R, NZA-RR 2002, 217 (218).

bei Annahmeverzug). Wird in einem Aufhebungsvertrag die Zahlung von **Urlaubsabgeltung** geregelt, so ruht gem. § 143 II SGB III der Anspruch auf Alg für die Zeit des abgegoltenen Urlaubs.

4. Meldepflicht. Der ArbN hat sich wie bei einer Kündigung gem. § 37b S. 1 SGB III drei Monate vor der Beendigung des Arbeitsverhältnisses, spätestens jedoch drei Tage nach Kenntnis des Beendigungszeitpunktes bei der AA arbeitssuchend zu melden. Verstößt der ArbN gegen diese Meldepflicht, droht nach § 144 I 2 Nr. 7, VI SGB III eine Sperrzeit in Bezug auf das Alg von einer Woche. Der **ArbGeb** soll den ArbN gem. § 2 II 2 Nr. 3 SGB III auch bei Abschluss eines Aufhebungsvertrages hierüber sowie über die Notwendigkeit eigener Aktivitäten bei der Suche nach einer anderen Beschäftigung **informieren**. Verletzt der ArbG diese Hinweispflicht, begründet dies keinen Schadensersatzanspruch des ArbN[1]. § 2 II 2 Nr. 3 SGB III dient nicht dem Schutz des Vermögens des ArbN. Dennoch empfiehlt sich, vorsorglich einen entsprechenden Hinweis bereits in das Kündigungsschreiben oder den Aufhebungsvertrag aufzunehmen. 54

5. Erstattungsansprüche gegen Arbeitgeber. Der ArbGeb kann Erstattungsansprüchen der AA ausgesetzt sein. 55

a) Gesetzlicher Forderungsübergang. Wird ein Aufhebungsvertrag geschlossen, **nachdem** der ArbN bereits Alg bzw. andere Sozialleistungen erhalten hat, bestehen uU Erstattungsansprüche der AA gem. **§ 115 SGB X.** 56

b) Ältere Arbeitnehmer. Die Erstattungspflicht des ArbGeb bei **Entlassung älterer ArbN** stellt sich nach dem Gesetz zu Reformen am Arbeitsmarkt vom 24.12.2003[2] wie folgt dar: 57

Gem. § 434l III SGB III ist § 147a SGB III in der bis zum **31.12.2003** geltenden Fassung weiterhin anzuwenden, wenn der Anspruch auf Alg bis zu diesem Tag entstanden ist oder wenn der ArbGeb das Arbeitsverhältnis bis zum 26.9.2003 beendet hat. Beendigung ist iSd. Ausspruchs der Kündigung bzw. der Abgabe der zum Aufhebungsvertrag führenden Willenserklärung durch den ArbGeb zu verstehen; ein Ausscheiden aus dem Arbeitsverhältnis ist nicht erforderlich. Nach der **Altregelung** hat der ArbGeb, bei dem der Arbl. in den letzten vier Jahren vor dem Tag der Arbeitslosigkeit mindestens 24 Monate versicherungspflichtig beschäftigt war, grds. das Alg für die Zeit nach Vollendung des **58. Lebensjahres** zu erstatten, längstens jedoch für **24 Monate**. Die Erstattungspflicht **entfällt** gem. § 147a S. 2 SGB III ua., wenn das Arbeitsverhältnis vor Vollendung des **56. Lebensjahres** beendet worden ist oder der ArbGeb idR nicht mehr als 20 ArbN ausschließlich der zu ihrer Berufsausbildung Beschäftigten beschäftigt oder der ArbGeb bei Beendigung des Arbeitsverhältnisses berechtigt war, das Arbeitsverhältnis aus wichtigem Grund ohne Einhaltung einer Kündigungsfrist zu kündigen. § 147a I 2 Nr. 3 SGB III kann nicht einschränkend dahingehend ausgelegt werden, dass ein auf Wunsch des Arbl. geschlossener Aufhebungsvertrag den Befreiungstatbestand erfüllt[3]. Zu den Einzelheiten und weiteren Ausnahmefällen vgl. § 147a SGB III Rz. 25 ff. 58

Für Personen, deren Anspruch auf Alg **nach dem 31.1.2006** entstanden ist (1. Tag der Arbeitslosigkeit), gilt gem. § 434l SGB III die Neuregelung: Deren Anspruchsdauer auf Alg ist von 32 auf maximal 18 Monate verkürzt, § 127 SGB III nF. Eine Erstattungspflicht nach § 147a SGB III, der insoweit ersatzlos aufgehoben ist, besteht für sie nicht. 59

Für ArbN, deren Arbeitsverhältnis nach dem 26.9.2003 beendet worden ist, und deren Anspruch auf Alg **zwischen dem 31.12.2003 und dem 1.2.2006** entstanden ist, gilt § 147a SGB III nF. Hiernach besteht eine Erstattungspflicht bereits für die Zeit ab dem **57. Lebensjahr**. Der maximale Erstattungszeitraum ist auf **32 Monate** verlängert. Die Erstattungspflicht entfällt auf Grund des Alters, wenn das Arbeitsverhältnis vor Vollendung des **55. Lebensjahres** beendet wurde. 60

c) Karenzentschädigung. Die Erstattungspflicht des ArbGeb bei Zahlung einer **Karenzentschädigung** für ein Wettbewerbsverbot nach § 148 SGB III ist durch das Dritte Gesetz zu Reformen am Arbeitsmarkt vom 23.12.2003 aufgehoben worden[4]. Bei vor dem 31.12.2003 geschlossenen Aufhebungsverträgen tritt die Erstattungspflicht nicht ein, wenn der ArbGeb gegenüber dem ArbN auf die Einhaltung des nachvertragl. Wettbewerbsverbots eindeutig und zweifelsfrei verzichtet hat[5]. 61

10 *Höhe der Abfindung*

(1) Als Abfindung ist ein Betrag bis zu 12 Monatsverdiensten festzusetzen.

(2) Hat der Arbeitnehmer das fünfzigste Lebensjahr vollendet und hat das Arbeitsverhältnis mindestens fünfzehn Jahre bestanden, so ist ein Betrag bis zu fünfzehn Monatsverdiensten, hat der Arbeitnehmer das fünfundfünfzigste Lebensjahr vollendet und hat das Arbeitsverhältnis mindestens zwanzig Jahre bestanden, so ist ein Betrag bis zu achtzehn Monatsverdiensten festzusetzen. Dies gilt nicht, wenn der Arbeitnehmer in dem Zeitpunkt, den das Gericht nach § 9 Abs. 2 für die Auflösung des

---

1 BAG v. 29.9.2005 – 8 AZR 571/04, NZA 2005, 2751 mwN. AA *Seel*, MDR 2005, 241 (246); *Gaul/Otto*, DB 2002, 2486. | 2 BGBl. I 2003, S. 3002 (3004). | 3 BSG v. 27.1.2005 – B 7a/7 AL 32/04 R, NZA 2005, 680. | 4 BGBl. I 2003, S. 2848 (2863). | 5 *Weber/Ehrich/Burmester*, Aufhebungsverträge, Teil 1 Rz. 723.

Arbeitsverhältnisses festsetzt, das in der Vorschrift des Sechsten Buches Sozialgesetzbuch über die Regelaltersrente bezeichnete Lebensalter erreicht hat.

(3) Als Monatsverdienst gilt, was dem Arbeitnehmer bei der für ihn maßgebenden regelmäßigen Arbeitszeit in dem Monat, in dem das Arbeitsverhältnis endet (§ 9 Abs. 2), an Geld und Sachbezügen zusteht.

1 **I. Inhalt.** Während § 9 I 1 den Grundsatz der Angemessenheit der Abfindung aufstellt, legt § 10 die **Höchstgrenzen** und die **Bemessungsfaktoren** für eine vom Gericht festzusetzende Abfindung fest. Diese Grenzen und Bemessungsfaktoren gelten nicht für einzelvertragl. Vereinbarungen zwischen ArbGeb und ArbN. Ebenso wenig sind sie bei außergerichtlichen oder gerichtlichen Vergleichen zwingend zu berücksichtigen. Dagegen findet die Bestimmung des § 10 **entsprechende Anwendung** bei der gerichtlichen Auflösung des Arbeitsverhältnisses nach einer unwirksamen außerordentl. oder einer sittenwidrigen Kündigung gem. § 13. Darüber hinaus ist die Abfindung nach § 10 zu bemessen, die der ArbGeb nach § 113 I BetrVG zu zahlen hat, wenn er von einem Interessenausgleich über eine geplante Betriebsänderung ohne zwingenden Grund abweicht und hierdurch Entlassungen notwendig werden. Eine derart zu bemessende Abfindung hat der Unternehmer nach § 113 III BetrVG zu zahlen, wenn er eine geplante Betriebsänderung durchführt, ohne über sie einen Interessenausgleich mit dem BR versucht zu haben, und ArbN deswegen entlassen werden oder andere wirtschaftl. Nachteile erleiden[1]. Ferner nimmt § 1a II zur Bestimmung eines Monatsverdienstes für die Berechnung der Abfindung nach § 1a I auf § 10 III Bezug. Schließlich orientiert sich der im Schadenersatzanspruch nach § 628 II BGB enthaltene angemessene Ausgleich für den Verlust des durch das KSchG vermittelten Bestandsschutzes an der Abfindungsregelung der §§ 9, 10[2].

2 **II. Bemessung der Abfindung. 1. Höchstgrenzen. Nach Abs. 1** ist die Abfindung im **Regelfall** auf einen Betrag in Höhe von bis zu 12 Monatsverdiensten festzusetzen. Dem ArbG steht bei der Festlegung der Höhe der Abfindung zwar ein **Ermessen** zu, und es ist an die Anträge der Parteien insoweit nicht gebunden[3]. Das ArbG ist aber nicht befugt, die in § 10 festgelegten Höchstgrenzen zu überschreiten. Dies gilt für die Grenze in Abs. 1, sofern nicht die Voraussetzungen des Abs. 2 für einen der dort geregelten Fälle der Erhöhung der Abfindung vorliegen, und für die in Abs. 2 festgelegten Grenzen ebenso. Nicht erforderlich ist es, eine Abfindung festzusetzen, die genau dem Vielfachen eines Monatsverdienstes entspricht. Das Gericht hat aber stets auf eine bestimmte Summe zu erkennen, damit die Entscheidung vollstreckt werden kann.

3 Nach **Abs. 2 S. 1** kann die Abfindung auf bis zu 15 Monatsverdienste erhöht werden, wenn der ArbN bereits das 50. LJ vollendet hat und das Arbeitsverhältnis mindestens 15 Jahre bestanden hat. Sofern der ArbN bereits das 55. LJ vollendet hat und das Arbeitsverhältnis mindestens 20 Jahre bestanden hat, beträgt die Höchstgrenze für die Abfindung 18 Monatsverdienste. Beide Voraussetzungen müssen in der Person des ArbN jeweils nebeneinander vorliegen. **Maßgeblicher Zeitpunkt** für die Prüfung, ob der ArbN die Voraussetzungen des Abs. 2 erfüllt, ist dabei derjenige, zu dem das Gericht das Arbeitsverhältnis gem. § 9 II aufzulösen hat. Liegt der Auflösungsentscheidung eine ordentl. Kündigung des ArbGeb zugrunde, handelt es sich um den letzten Tag der Kündigungsfrist. Bei einer außerordentl. fristlosen Kündigung ist gem. § 13 I 4 der Zeitpunkt maßgeblich, zu dem sie ausgesprochen wurde.

4 Gem. **Abs. 2 S. 2** kommt keine Überschreitung der Höchstgrenze des Abs. 1 in Betracht, wenn der ArbN in dem Zeitpunkt, den das Gericht nach § 9 II für die Auflösung des Arbeitsverhältnisses festsetzt, das nach SBG VI maßgebliche Lebensalter für die **Regelaltersrente** erreicht hat (§ 35 SGB VI).

5 **2. Berechnung des Monatsverdienstes (Abs. 3).** Als Monatsverdienst gilt nach § 10 III die Summe aus Geld und Sachbezügen, die der ArbN in dem **letzten Monat seines Arbeitsverhältnisses** verdient hätte. Dabei ist nicht die betriebsübliche Arbeitszeit zugrunde zu legen, sondern die für den konkreten ArbN maßgebende regelmäßige Arbeitszeit. Ob hierbei Überstunden oder Arbeitszeitverkürzungen Berücksichtigung finden, hängt davon ab, ob die veränderte Arbeitszeit inzwischen zur regelmäßigen Arbeitszeit geworden ist. Grds. ist der Monatsverdienst so zu berechnen, als ob der ArbN im letzten Monat seines Arbeitsverhältnisses tatsächlich gearbeitet hätte. Unregelmäßige Schwankungen durch Kurzarbeit, Krankheit, Urlaub oder eine Stilllegung des Betriebs sind nicht zu berücksichtigen. Bei einer Akkordvergütung ist der mutmaßliche Verdienst des ArbN im Auflösungsmonat zu ermitteln[4].

6 Der Monatsverdienst setzt sich zusammen aus **Geld- und Sachbezügen**. Hierzu zählen Grundvergütung und Zuwendungen mit Entgeltcharakter einschließlich der Naturalleistungen, soweit der ArbN diese regelmäßig erhalten hätte. Das schließt Zulagen, Tantiemen, Umsatzbeteiligungen, Jahresabschlussvergütungen, 13. oder 14. Monatsgehälter, Deputate sowie die Überlassung von Wohnraum oder Fahrzeugen ein. Nicht zum regelmäßigen Monatsverdienst gehören dagegen Zuwendungen mit Aufwendungscharakter wie etwa Schmutzzulagen oder Spesen, Zuwendungen mit Gratifikationscharakter wie

1 BAG v. 22.7.2003 – 1 AZR 541/02 u. v. 8.4.2003 – 2 AZR 15/02, AP Nr. 42 u. 40 zu § 113 BetrVG 1972. | 2 BAG v. 20.11.2003 – 8 AZR 608/02, EzA Nr. 3 zu § 628 BGB 2002. | 3 BAG v. 28.11.1968 – 2 AZR 76/68, AP Nr. 19 zu § 1 KSchG – Betriebsbedingte Kündigung. | 4 *v. Hoyningen-Huene/Linck*, § 10 KSchG Rz. 15.

etwa Jubiläumsgelder, Weihnachtsgratifikationen, Urlaubsgelder und Trinkgelder, da sie dem regelmäßigen Einkommen des ArbN nicht zugerechnet werden können[1].

3. Höhe der Abfindung. Das ArbG hat bei Auflösung des Arbeitsverhältnisses gem. § 9 I eine **angemessene Abfindung** festzusetzen, wobei die für den **Zweck der Abfindung** maßgeblichen Umstände des Einzelfalls zu berücksichtigen sind. Der ArbN soll mit der Abfindung eine die Vermögens- und Nichtvermögensschäden ausgleichende Entschädigung erhalten, die ihm aus dem an sich nicht gerechtfertigten Verlust seines Arbeitsplatzes entstehen. Nach gerichtlicher Auflösung des Arbeitsverhältnisses sind deshalb weitere Schadenersatzansprüche wegen des Verlustes des Arbeitsplatzes ausgeschlossen[2]. Außerdem soll die Abfindung das Verhalten des ArbGeb sanktionieren und ihn davon abhalten, in Zukunft sozial ungerechtfertigte Kündigungen auszusprechen[3]. Für die die Höchstgrenzen nach Abs. 2 bestimmenden Faktoren Lebensalter und Dauer des Arbeitsverhältnisses kommt es auf die Verhältnisse zum Auflösungszeitpunkt an. Im Übrigen ist für die gerichtliche Bewertung der einzelnen die Abfindungshöhe beeinflussenden Umstände der **Zeitpunkt der letzten mündlichen Verhandlung** in der Tatsacheninstanz maßgeblich. Neben den bereits in Abs. 2 und 3 genannten Faktoren können alle weiteren Umstände des Einzelfalls die Abfindungshöhe beeinflussen. Als **Bemessungsfaktoren** kommen insb. in Betracht: 7

- **Lebensalter des ArbN.** Das Alter ist nicht nur zur Bestimmung der Höchstgrenzen nach Abs. 2 für die Höhe der Abfindung ein wesentliches Kriterium, da die Chancen eines ArbN auf dem Arbeitsmarkt erheblich von seinem Alter abhängen. Andererseits kann aus Abs. 2 S. 2 entnommen werden, dass die Nähe zur Regelaltersgrenze auch zur Verringerung der Abfindung führen kann. Jedenfalls schließt Abs. 2 S. 2 die Anhebung der Höchstgrenzen aus, wenn der ArbN in dem Zeitpunkt, in dem sein Arbeitsverhältnis aufgelöst wird, das 65. LJ bereits erreicht hat (s. Rz. 4). 8

- **Dauer des Arbeitsverhältnisses.** Für die Berechnung der Dauer des Arbeitsverhältnisses zu dem vom Gericht im Urteil festzusetzenden Auflösungszeitpunkt gelten die gleichen Grundsätze wie für die **Berechnung der Wartezeit** nach § 1 I[4] (s. *Quecke*, § 1 Rz. 7). Danach sind Zeiten der beruflichen Ausbildung sowie Praktikanten- und Volontärzeiten mit zu berücksichtigen, soweit sie unmittelbar vor der Begründung des Arbeitsverhältnisses zurückgelegt wurden. 9

- **Sonstige Lebensumstände des ArbN.** Bei der Bemessung der Abfindung ist zu berücksichtigen, welche **Chancen** der ArbN **auf dem Arbeitsmarkt hat.** Denn die Abfindung soll gerade den Schaden ausgleichen, der dem ArbN durch den Verlust seines Arbeitsplatzes entsteht[5]. Daher wird die Abfindungssumme geringer zu bemessen sein, wenn der ArbN bereits eine neue gleichwertige Stelle gefunden hat. Ferner können im Rahmen der Ermessensentscheidung des ArbG **weitere Sozialdaten** des ArbN heranzuziehen sein, wie sein Familienstand, die Zahl der unterhaltspflichtigen Personen und sein Gesundheitszustand[6]. Die **wirtschaftl. Situation** des ArbN ist bereits nach den Vorstellungen des Gesetzgebers kein geeignetes Bemessungskriterium für die Höhe der Abfindung[7]. Danach darf dem ArbN kein Nachteil daraus erwachsen, dass er mit seinem früheren Arbeitseinkommen sparsam und vorsorglich umgegangen ist. Andererseits folgt aus dem Zweck der Abfindung, dass kündigungsbedingte oder vom ArbGeb zu vertretende wirtschaftl. Notlagen des ArbN berücksichtigt werden können. 10

- **Verliert** der ArbN durch die Auflösung seines Arbeitsverhältnisses eine verfallbare **Anwartschaft auf Ruhegeld**, kann diesem Umstand bei der Bemessung der Abfindung ein wesentliches Gewicht zukommen[8]. Dagegen ist die Abfindung geringer zu bemessen, wenn dem ArbN bereits nach seinem Arbeitsvertrag oder einem TV ein Anspruch auf eine Abfindung für den Verlust des Arbeitsplatzes oder auf ein Überbrückungsgeld zusteht. 11

- **Maß der Sozialwidrigkeit.** Bei der Bemessung der Abfindung ist auch das Maß der Sozialwidrigkeit der Kündigung von Bedeutung[9]. Ein hohes Maß an Sozialwidrigkeit, das die Festsetzung einer hohen Abfindung rechtfertigt, kann sich daraus ergeben, dass die Kündigungsgründe vollkommen ungeeignet sind, eine Kündigung sozial zu rechtfertigen, oder daraus, dass der ArbGeb bei der Kündigung keinerlei Rücksicht auf soziale Gesichtspunkte genommen hat. Ergibt sich die Sozialwidrigkeit der Kündigung erst im Rahmen der Interessenabwägung, erscheint das Maß der Sozialwidrigkeit so gering, dass auch die Abfindung geringer zu bemessen ist. Das gilt auch, wenn den ArbN ein Verschulden trifft, das zwar die Kündigung nicht rechtfertigt, sie aber in einem milderen Licht erscheinen lässt[10]. Bei der Bemessung der Abfindung kann das Gericht auch die **Verantwortlichkeit für die Auflösungsgründe** berücksichtigen, insb. ob und von welcher der Arbeitsvertragsparteien diese schuldhaft herbeigeführt worden sind[11]. 12

---

1 *v. Hoyningen-Huene/Linck*, § 10 KSchG Rz. 13, 15; APS/*Biebl*, § 10 KSchG Rz. 18; aA ErfK/*Ascheid*, § 10 KSchG Rz. 3; HK/*Hauck*, § 10 KSchG Rz. 11. | **2** BAG v. 12.6.2003 – 8 AZR 341/02, AP Nr. 16 zu § 628 BGB. | **3** BAG v. 15.2.1973 – 2 AZR 16/72, AP Nr. 2 zu § 9 KSchG 1969. | **4** BAG v. 26.8.1976 – 2 AZR 377/75, AP Nr. 68 zu § 626 BGB. | **5** BAG v. 15.2.1973 – 2 AZR 16/72, AP Nr. 2 zu § 9 KSchG 1969. | **6** BAG v. 25.11.1982 – 2 AZR 21/81, AP Nr. 10 zu § 9 KSchG 1969. | **7** BT-Drs. X/3913, S. 9. | **8** BAG v. 28.11.1968 – 2 AZR 76/68, AP Nr. 19 zu § 1 KSchG – Betriebsbedingte Kündigung. | **9** BAG v. 29.3.1960 – 3 AZR 568/58, AP Nr. 7 zu § 7 KSchG. | **10** LAG Schl.-Holst. v. 22.1.1987 – 4 Sa 509/86, NZA 1987, 601. | **11** BAG v. 15.2.1973 – 2 AZR 16/72, AP Nr. 2 zu § 9 KSchG 1969.

13 • Auch die **wirtschaftl. Lage des ArbGeb** kann bei der Bemessung der Abfindung berücksichtigt werden. Dabei ist allerdings auf die wirtschaftl. Situation und die Leistungsfähigkeit des Gesamtunternehmens abzustellen, nicht auf die des einzelnen Betriebs. Die Höhe der Abfindung darf nicht zu einer Gefährdung des gesamten Unternehmens und der Arbeitsplätze anderer ArbN führen[1]. Schließlich kann auch der Umstand, dass es sich bei dem Betrieb des ArbGeb lediglich um einen sog. Kleinbetrieb handelt, abfindungsmindernd berücksichtigt werden[2].

14 **III. Rechtliche Einordnung des Anspruchs.** Die Abfindung nach § 10 ist als **Entschädigung** für den Verlust des Arbeitsplatzes zu verstehen, der eingetreten ist, obwohl die Kündigung sozial ungerechtfertigt war. Deshalb handelt es sich bei dieser Abfindung weder um Arbeitsentgelt noch um einen Ersatz für Arbeitsentgelt[3].

15 **1. Verhältnis zu anderen Ansprüchen.** Auf Grund ihres Entschädigungscharakters schließt eine Abfindung Ansprüche des ArbN auf **Schadensersatz** wegen des Verlustes seines bisherigen Arbeitsplatzes aus[4]. Nicht ausgeschlossen sind dagegen sonstige Schadensersatzansprüche, die mit dem Verlust des Arbeitsplatzes nichts zu tun haben[5]. Das gilt etwa für Schadensersatzansprüche wegen unrichtiger Erteilung von Auskünften, unzutreffender Beurteilungen in Zeugnissen oder der verspäteten Herausgabe von Arbeitspapieren. Auch Ansprüche des ArbN auf Entgelt werden durch seinen Anspruch auf Abfindung nicht beeinträchtigt.

16 **2. Vererbung und Abtretung.** Der Anspruch des ArbN auf Zahlung einer Abfindung nach § 10 ist sowohl **abtretbar** als auch **vererblich**. Selbst eine Vorausabtretung ist zulässig[6]. Das gilt jedenfalls für den Abfindungsanspruch, der aus einer rechtskräftigen Verurteilung folgt. Er geht auch dann auf die Erben über, wenn der ArbN vor dem im Urteil festgesetzten Auflösungszeitpunkt verstirbt[7]. Stirbt der ArbN nach Ablauf der Kündigungsfrist und hatte er zuvor einen Auflösungsantrag gestellt, können die Erben den laufenden Prozess fortführen und die Zahlung der Abfindung verlangen, sofern der ArbN nicht vor der letzten mündlichen Verhandlung verstirbt.

17 **3. Pfändung und Insolvenz.** Trotz ihres Entschädigungscharakters gehören Abfindungen nach § 10 zum **Arbeitseinkommen iSv. § 850 ZPO**[8]. Da es sich nicht um ein Arbeitseinkommen handelt, das für einen fest umrissenen Zeitraum gezahlt wird, unterliegt die Abfindung nicht dem Pfändungsschutz des § 850c ZPO. Vielmehr handelt es sich um nicht wiederkehrende zahlbare Vergütungen nach § 850i ZPO[9]. Da der Abfindungsanspruch grds. pfändbar ist, kann der ArbGeb gegen ihn aufrechnen. Der Anspruch auf Zahlung einer Abfindung nach § 10 ist eine **Insolvenzforderung** nach den §§ 38, 108 II InsO. Wird das Arbeitsverhältnis allerdings auf Grund einer vom Insolvenzverwalter erklärten Kündigung nach den §§ 9, 10 aufgelöst, handelt es sich bei dem Anspruch auf Abfindung um eine **Masseverbindlichkeit** nach § 55 I Nr. 1 InsO[10].

18 **4. Steuer- und Sozialversicherungsrecht.** Abfindungen wegen einer vom ArbGeb veranlassten[11] oder gerichtlich ausgesprochenen Auflösung des Arbeitsverhältnisses können bei der Besteuerung des ArbN gem § 3 Nr. 9 aF EStG steuerbefreit sein, soweit die Übergangsregelung des § 52 IVa EStG eingreift. Danach gilt die zum 1.1.2006 aufgehobene Steuerfreiheit von Abfindungen gem. § 3 Nr. 9 aF EStG nur noch für vor dem 1.1.2006 entstandene Ansprüche, für vor dem 1.1.2006 getroffene Gerichtsentscheidungen oder für am 31.12.2005 anhängige Klagen, soweit die Abfindungen dem ArbN vor dem 1.1.2008 zugeflossen sind.

19 Die Abfindung unterliegt grds. der **Steuerpflicht** des **ArbN**. In seiner Entscheidung setzt das Gericht die Abfindungssumme als **Bruttobetrag** fest, da auch bei der Ermittlung der Höchstgrenzen vom Bruttomonatsverdienst des ArbN auszugehen ist. In Abfindungsvereinbarungen oder -vergleichen kann jedoch auch die Zahlung eines Nettobetrags vereinbart werden. Damit ist gleichzeitig die Übernahme anfallender Steuern durch den ArbGeb vereinbart. Die häufig anzutreffende Formel „Brutto = Netto" ist sinnlos. In diesem Fall muss aus anderen Umständen ermittelt werden, was die Parteien damit vereinbart haben[12]. Vgl. auch §§ 19/38 EStG Rz. 66 f.

20 Der Abfindungsbetrag nach § 10 stellt **kein versicherungspflichtiges Arbeitsentgelt** dar. Daher sind von der Abfindung keine Beiträge zur SozV zu leisten[13]. Das gilt allerdings nicht, wenn die Abfindung verdeckt rückständiges Arbeitsentgelt enthält[14].

21 Nach bisheriger Rspr. des BSG löst die Einigung der Arbeitsvertragsparteien im Rahmen eines Kündigungsschutzverfahrens über das betriebsbedingte Ausscheiden des ArbN gegen Zahlung einer Abfin-

---

1 APS/*Biebl*, § 10 KSchG Rz. 29. | 2 BAG v. 20.11.1997 – 2 AZR 803/96, RzK I 11c Nr. 13. | 3 BAG v. 6.12.1984 – 2 AZR 348/81, AP Nr. 14 zu § 61 KO. | 4 BAG v. 12.6.2003 – 8 AZR 341/02, AP Nr. 16 zu § 628 BGB. | 5 BAG v. 22.4.1971 – 2 AZR 205/70, AP Nr. 24 zu § 7 KSchG. | 6 *v. Hoyningen-Huene/Linck*, § 10 KSchG Rz. 40. | 7 BAG v. 25.6.1987 – 2 AZR 504/86 – EzA Nr. 23 zu § 9 KSchG 1969; v. 22.5.2003 – 2 AZR 250/02, AP Nr. 8 zu § 767 ZPO. | 8 BAG v. 12.9.1979 – 4 AZR 420/77, AP Nr. 10 zu § 850 ZPO. | 9 BAG v. 13.11.1991 – 4 AZR 39/91, RzK I 11c Nr. 8. | 10 BAG v. 22.7.2003 – 1 AZR 541/02, AP Nr. 42 zu § 113 BetrVG 1972. | 11 BFH v. 10.11.2004 – XI R 51/03, NZA 2005, 864. | 12 LAG BW v. 17.4.1997 – 11 Sa 132/96, LAGE Nr. 31 zu § 9 KSchG. | 13 BAG v. 9.11.1988 – 4 AZR 433/88, AP Nr. 6 zu 10 KSchG 1969; BSG v. 21.2.1990 – 12 RK 20/88, EzA Nr. 35 zu 9 nF KSchG. | 14 BSG v. 25.10.1990 – 12 RK 40/89, EzA Nr. 38 zu § 9 nF KSchG.

dung durch gerichtl. Vergleich (anders als die außergerichtl. Einigung) keine **Sperrzeit** wegen Arbeitsaufgabe nach § 144 I Nr. 1 SGB III aus[1] (s. iÜ § 143a SGB III Rz. 12 und § 144 SGB III Rz. 5 ff.).

IV. Entscheidung des Gerichts. Das Gericht hat von Amts wegen **ohne bezifferten Antrag** über die Höhe der Abfindung durch Festlegung eines bestimmten Betrages zu entscheiden. Ist gleichwohl vom ArbN ein Mindestbetrag beziffert worden und unterschreitet das Gericht ihn, hat es den ArbN nach § 92 ZPO an den Kosten zu beteiligen[2]. Daher empfiehlt es sich bereits aus Kostengründen, von einem bezifferten Antrag abzusehen. Im Übrigen kann der ArbN die Entscheidung des Gerichts bereits dann mit einem Rechtsmittel angreifen, wenn der Abfindungsbetrag unterhalb der gesetzl. Höchstgrenze liegt oder hinter der in der Antragsbegründung dargestellten Höhe zurückbleibt[3]. Dagegen ist der ArbGeb beschwert, wenn die gerichtliche Festlegung des Abfindungsbetrags seines Erachtens zu hoch ist. 22

11 *Anrechnung auf entgangenen Zwischenverdienst*

Besteht nach der Entscheidung des Gerichts das Arbeitsverhältnis fort, so muss sich der Arbeitnehmer auf das Arbeitsentgelt, das ihm der Arbeitgeber für die Zeit nach der Entlassung schuldet, anrechnen lassen,

1. was er durch anderweitige Arbeit verdient hat,

2. was er hätte verdienen können, wenn er es nicht böswillig unterlassen hätte, eine ihm zumutbare Arbeit anzunehmen,

3. was ihm an öffentlich-rechtlichen Leistungen infolge Arbeitslosigkeit aus der Sozialversicherung, der Arbeitslosenversicherung, der Sicherung des Lebensunterhalts nach dem Zweiten Buch Sozialgesetzbuch oder der Sozialhilfe für die Zwischenzeit gezahlt worden ist. Diese Beträge hat der Arbeitgeber der Stelle zu erstatten, die sie geleistet hat.

I. Inhalt und Zweck. § 11 legt fest, was sich der ArbN **auf die Vergütung anrechnen** lassen muss, die ihm der ArbGeb für den Zeitraum zwischen der tatsächlichen Beendigung des Arbeitsverhältnisses und der Wiederaufnahme der Arbeit schuldet. Mit der ausführlichen Anrechnungsbestimmung will das Gesetz sicherstellen, dass der Verdienst des ArbN durch die sozialwidrige Kündigung weder höher noch niedriger ist als der arbeitsvertragl. Verdienst bei Vollzug des Arbeitsverhältnisses. In vermögensrechtl. Hinsicht soll der ArbN weder besser noch schlechter gestellt sein als bei ungestörter Durchführung seines Arbeitsverhältnisses[4]. 1

Mit der Vorschrift des § 11 wird die allgemeine Regelung über den Gläubigerverzug im Dienst- und Arbeitsverhältnis in § 615 BGB ergänzt und verändert. Allerdings bildet § 11 ebenso wie § 615 BGB **keine Anspruchsgrundlage** für Vergütungsansprüche des ArbN. Er regelt nicht die Voraussetzungen des Annahmeverzugs, sondern nur einen Teil der Rechtsfolgen, indem er den Umfang des anrechenbaren Zwischenverdienstes bestimmt. Gegenüber der allgemeinen Anrechnungsvorschrift des § 615 S. 2 BGB geht § 11 als Spezialgesetz vor[5]. Die Anspruchsgrundlage für den Nachzahlungsanspruch des ArbN folgt aus den jeweiligen arbeitsvertragl., tarifvertragl. oder gesetzl. Regelungen über die Vergütungsleistung in Verbindung mit den Vorschriften der §§ 293 ff., 615 S. 1 BGB über den Annahmeverzug. Während von der allgemeinen Anrechnungsregelung des § 615 S. 2 BGB durch einzelvertragl. oder kollektivrechtl. Vereinbarungen abgewichen werden kann, ist die Vorschrift des § 11 **zwingendes Recht**, so dass von den Regelungen nicht zum Nachteil des ArbN abgewichen werden darf[6]. 2

Keine Anwendung findet § 11, wenn das Arbeitsverhältnis nach § 9 aufgelöst wird. Wenn sich der ArbGeb bis zum Auflösungszeitpunkt in Annahmeverzug befunden hat, richtet sich die Anrechnung anderweitiger Einkünfte ausschließlich nach der generelleren Regelung des § 615 S. 2 BGB. Ebenso wenig findet § 11 Anwendung, wenn der ArbN nach Ablauf der Kündigungsfrist weiter beschäftigt wird. 3

Dagegen erhält § 11 **entsprechende Anwendung** für die Fälle einer außerordentl. Kündigung oder einer sittenwidrigen Kündigung nach § 13. Ebenso kommt es gem. § 12 S. 5 zur entsprechenden Anwendung von § 11, wenn der ArbN ein neu eingegangenes Arbeitsverhältnis fortsetzen will. Schließlich gilt § 11 entsprechend, wenn die Parteien das Arbeitsverhältnis einvernehmlich fortsetzen, ohne dass es zu einer gerichtlichen Entscheidung oder einer Absprache über Entgeltansprüche gekommen ist[7]. 4

II. Annahmeverzug. Zu den gesetzl. Voraussetzungen der Anrechnungsbestimmung des § 11 gehört neben der gerichtlichen Feststellung, dass das Arbeitsverhältnis durch die Kündigung des ArbGeb nicht aufgelöst worden ist, der Annahmeverzug des ArbGeb. Die **Voraussetzungen** des Annahmeverzugs des ArbGeb richten sich nach den §§ 293 ff. BGB. Der Gläubiger kommt nach § 293 BGB nur in Verzug, wenn er die ihm angebotene Leistung nicht annimmt. Sie muss ihm gem. § 294 BGB tatsächlich so angeboten 5

---

1 BSG v. 18.12.2003 – B 11 AL 35/03 R, NZA 2004, 661; kritisch *Schuldt*, NZA 2005, 861. | 2 BAG v. 26.6.1986 – 2 AZR 522/85, AP Nr. 3 zu § 10 KSchG 1969. | 3 LAG Köln v. 21.3.2005 – 2 Sa 1499/04. | 4 BAG v. 16.12.1982 – 6 AZR 1193/79. | 5 BAG v. 16.6.2004 – 5 AZR 508/03, NZA 2004, 1155; v. 6.9.1990 – 2 AZR 165/90, NZA 1991, 221. | 6 ErfK/*Kiel*, § 11 KSchG Rz. 3. | 7 BAG v. 26.7.1995 – 2 AZR 665/94; v. 17.4.1986 – 2 AZR 308/85, NZA 1987, 17.

werden, wie sie zu bewirken ist. Nach § 295 BGB genügt ein wörtliches Angebot, wenn der ArbGeb dem ArbN erklärt hat, er werde die Leistung nicht annehmen, oder wenn zur Bewirkung der Leistung eine Handlung des ArbGeb erforderlich ist. Ist dafür eine Zeit nach dem Kalender bestimmt, so muss der ArbN gem. § 296 BGB auch kein wörtliches Angebot abgeben, wenn der ArbGeb die Handlung nicht rechtzeitig vornimmt. Die Mitwirkungshandlung des ArbGeb besteht darin, dem ArbN einen funktionsfähigen Arbeitsplatz zur Verfügung zu stellen und ihm die Arbeit zuzuweisen. Hat er dagegen mit der Kündigung einen entgegengesetzten Willen zu erkennen gegeben, muss er den ArbN zur Arbeit auffordern, wenn er für die Zeit nach der Kündigung nicht in Annahmeverzug geraten will. Weder ein tatsächliches noch ein wörtliches Angebot des ArbN ist somit erforderlich[1]. Ferner setzt der Annahmeverzug des ArbGeb voraus, dass der ArbN für den Zeitraum nach Ablauf der Kündigungsfrist arbeitswillig und arbeitsfähig ist[2]. Allerdings tritt der Annahmeverzug des ArbGeb auch ohne besondere Anzeige der Wiederherstellung der Arbeitsfähigkeit durch den ArbN ein, wenn dieser dem ArbGeb durch Erhebung der Kündigungsschutzklage oder einen sonstigen Widerspruch gegen die Kündigung seine Leistungsbereitschaft deutlich gemacht hat[3]. Der Annahmeverzug endet, wenn der ArbGeb den ArbN zur Wiederaufnahme der geschuldeten Arbeitsleistung auffordert, spätestens mit der vertragsgemäßen Weiterbeschäftigung des ArbN im Anschluss an eine erfolgreiche Kündigungsschutzklage[4]. Der ArbN kann für die infolge des Verzugs nicht geleisteten Dienste das Arbeitsentgelt verlangen, ohne zur Nachleistung verpflichtet zu sein.

6 **III. Höhe des Verzugslohns.** Die Höhe des Verzugslohns richtet sich nach § 615 S. 1 BGB. Nach dem **Lohnausfallprinzip** hat der ArbGeb dem ArbN die vereinbarte Vergütung zu zahlen, die dem ArbN beim Fortbestand des Arbeitsverhältnisses zugestanden hätte. Dabei handelt es sich grds. um einen Bruttobetrag. Neben der Grundvergütung kann der ArbN auch sonstige Leistungen mit Entgeltcharakter beanspruchen, wie Zulagen, Gratifikationen, Umsatzbeteiligungen und Sachbezüge in Höhe des Steuer- und SozV-Werts, nicht aber Leistungen mit Aufwendungscharakter wie Fernauslösungen und Reisekosten[5]. Dabei kommen dem ArbN zwischenzeitlich eingetretene Vergütungserhöhungen ebenso zugute wie er Minderungen des Nachzahlungsanspruchs durch wirksam angeordnete Kurzarbeit gegen sich gelten lassen muss[6].

7 **1. Anrechnung des tatsächlichen anderweitigen Verdienstes (Nr. 1).** Nach Nr. 1 muss sich der ArbN auf seinen Nachzahlungsanspruch anrechnen lassen, was er durch anderweitige Arbeit verdient hat. Dabei muss es sich gerade um Einkommen handeln, das der ArbN nur dadurch erzielen konnte, dass er die Arbeitsleistung bei seinem ArbGeb nicht erbringen musste[7]. **Nebeneinkünfte**, die der ArbN auch bei tatsächlicher Arbeitsleistung hätte erzielen können, fallen nicht darunter[8]. Der anrechenbare Verdienst muss nicht in Arbeitsentgelt bestehen. Es kann sich auch um Gewinne aus einer selbständigen Tätigkeit oder um den Erlös aus Schwarzarbeit handeln[9]. Während der ArbN zusätzliche Aufwendungen für Werkzeug, Arbeitsmaterial oder Fahrtkosten von dem anrechnungsfähigen anderweitigen Verdienst abziehen kann, muss er sich, anders als nach § 615 S. 2 BGB, ersparte Aufwendungen für die Anreise zur Arbeitsstätte seines ArbGeb nicht hinzurechnen lassen[10].

8 Der anderweitige Verdienst ist nicht nur auf den Zeitraum, in dem er erzielt wurde, anrechenbar, sondern auf die Vergütung des ArbN für die gesamte Dauer des Annahmeverzugs. Es gilt das **Prinzip der Gesamtabrechnung**[11]. Da sich der Umfang der Anrechnung nur nach der beim ArbGeb maßgebenden Arbeitszeit richtet, muss sich ein teilzeitbeschäftigter ArbN auch nur den Verdienst anrechnen lassen, der durch das Freiwerden seiner Arbeitskraft ermöglicht worden ist[12].

9 Grds. trägt der ArbGeb die **Darlegungs- und Beweislast** für den Umfang der Einnahmen, die der ArbN anderweitig erzielt hat. Allerdings ist der ArbN verpflichtet, dem ArbGeb **Auskunft** über die Höhe seiner anderweitig erzielten Einnahmen zu erteilen. Geschieht das nicht oder nicht vollständig, kann der ArbGeb bis zur Erteilung der Auskunft ein Leistungsverweigerungsrecht gegenüber dem Verzugslohnanspruch geltend machen[13].

10 **2. Anrechnung des möglichen anderweitigen Verdienstes (Nr. 2).** Besteht nach einer gerichtlichen Entscheidung das Arbeitsverhältnis fort, muss sich der ArbN nach § 11 S. 1 Nr. 2 auf das Arbeitsentgelt, das ihm der ArbGeb für die Zeit nach der Entlassung schuldet, das anrechnen lassen, was er hätte verdienen können, wenn er es nicht böswillig unterlassen hätte, eine ihm zumutbare Arbeit anzuneh-

1 BAG v. 19.4.1990 – 2 AZR 591/89, NZA 1991, 228; v. 24.11.1994 – 2 AZR 179/94, NZA 1995, 263; v. 19.1.1999 – 9 AZR 679/97, NZA 1999, 925. | 2 BAG v. 6.11.1986 – 2 AZR 744/85, RzK I 13 b Nr. 4; v. 9.8.1984 – 2 AZR 374/83, NZA 1985, 119. | 3 BAG v. 24.11.1994 – 2 AZR 179/84, NZA 1995, 263; aA BBDW/*Dörner*, § 11 KSchG Rz. 12. | 4 BBDW/*Dörner*, § 11 KSchG Rz. 15. | 5 BBDW/*Dörner*, § 11 KSchG Rz. 21–24. | 6 BAG v. 7.4.1970 – 2 AZR 201/69, AP 3 zu 615 BGB. | 7 BAG v. 1.3.1958 – 2 AZR 533/55, AP Nr. 1 zu § 9 KSchG; v. 6.9.1990 – 2 AZR 165/90, NZA 1991, 221. | 8 BAG v. 14.8.1974 – 5 AZR 497/73, AP Nr. 3 zu § 13 KSchG. | 9 BAG v. 16.6.2004 – 5 AZR 508/03, NZA 2004, 1155; BBDW/*Dörner*, § 11 KSchG Rz. 30. | 10 *v. Hoyningen-Huene/Linck*, § 11 KSchG Rz. 27 ff. | 11 BAG v. 22.11.2005 – 1 AZR 407/04, NZA 2006, 736; v. 29.7.1993 – 2 AZR 110/93, NZA 1994, 116. | 12 BAG v. 6.9.1990 – 2 AZR 165/90, NZA 1991, 221. | 13 BAG v. 19.7.1978 – 5 AZR 748/77, DB 1978, 2417; v. 29.7.1993 – 2 AZR 110/93, NZA 1994, 116.

men. Diese Anrechnungsvorschrift ist eine Sonderregelung zu § 615 S. 2 BGB. Trotz des nicht völlig identischen Wortlauts sind die Vorschriften inhaltsgleich. Nach beiden Bestimmungen ist im jeweiligen Einzelfall zu prüfen, ob dem ArbN nach Treu und Glauben (§ 242 BGB) sowie unter Beachtung des Grundrechts auf freie Arbeitsplatzwahl (Art. 12 GG) die Aufnahme einer anderweitigen Arbeit zumutbar ist. Die Unzumutbarkeit kann sich aus verschiedenen Gründen, insb. die Arbeitsbedingungen betreffend, ergeben. Eine Anrechnung kommt auch in Betracht, wenn die Beschäftigungsmöglichkeit bei dem ArbGeb besteht, der sich mit der Annahme der Dienste des ArbN in Verzug befindet. Allerdings ist die Arbeit bei dem bisherigen ArbGeb dabei nur zumutbar, wenn sie auf den Erwerb von Zwischenverdienst gerichtet ist. Auf eine dauerhafte Änderung des Arbeitsvertrags braucht sich der Arbeitnehmer nicht einzulassen[1]. Die Unzumutbarkeit der Arbeit kann sich unter verschiedenen Gesichtspunkten ergeben, insb. aus der Wertigkeit, Vergütung oder Gefährlichkeit der Beschäftigung, der Dauer und der Lage der Arbeitszeit, der sonstigen Arbeitsbedingungen sowie der Person des ArbGeb oder der Größe seines Betriebs[2].

Den Begriff der **Böswilligkeit** verwendet das Gesetz in Nr. 2 in dem gleichen Sinn wie in § 326 BGB. 11
Danach handelt ein ArbN böswillig, wenn er während des Annahmeverzugs trotz Kenntnis aller objektiven Umstände (Arbeitsmöglichkeit, Zumutbarkeit der Arbeit und Nachteilsfolgen für den ArbGeb) vorsätzlich untätig bleibt oder die Aufnahme der Arbeit bewusst verhindert. Nicht erforderlich ist eine direkte Absicht des ArbN, dem ArbGeb zu schaden[3]. Auch die Ablehnung des mit einer Änderungskündigung verbundenen Arbeitsangebots kann böswillig iSv. Nr. 2 sein. Den ArbN trifft allerdings nur die Obliegenheit, seine Arbeitskraft zu aktuell zumutbaren Bedingungen zur Verfügung zu stellen. Der Maßstab des § 2 S. 1 ist ein anderer als der des § 11 S. 1 Nr. 2. Bei § 11 S. 1 Nr. 2 kommt es in erster Linie auf die Verhältnisse des gekündigten ArbN an[4].

Grds. ist der ArbN nicht verpflichtet, sich um einen anderweitigen Dauerarbeitsplatz zu bemühen, 12
wenn dadurch die spätere Fortsetzung des alten Arbeitsverhältnisses erschwert würde. Dennoch muss sich der ArbN ernsthaft um eine Beschäftigung bemühen, wozu die Auseinandersetzung mit Angeboten, insb. der Arbeitsverwaltung und einschlägiger Medien gehört. Der ArbN hat sich deshalb bei der Arbeitsverwaltung **arbeitslos zu melden**[5]. Dem ArbN kann keine Böswilligkeit vorgehalten werden, wenn er einen Weiterbeschäftigungstitel 1. Instanz weder vollstreckt noch dessen Vollstreckung androht. Anders aber, wenn der ArbN in diesem Fall ohne Hinzutreten weiterer Umstände einer Aufforderung zur Prozessbeschäftigung nicht nachkommt[6]. Auch wenn der ArbGeb dem ArbN bis zur Rechtskraft des Urteils im Kündigungsschutzprozess ein befristetes Arbeitsverhältnis anbietet, ihn also vor die Wahl der Annahme oder der Ablehnung dieses Angebots stellt, ist in der Ablehnung ein böswilliges Unterlassen anderweitigen Erwerbs zu sehen[7]. Ein mehrmonatiger Aufenthalt im Ausland stellt kein böswilliges Unterlassen iSd. Nr. 2 dar, solange im Inland nicht zumutbare Arbeitsmöglichkeiten vorhanden waren[8].

3. Anrechnung öffentlich-rechtlicher Leistungen (Nr. 3). Soweit der ArbN im Nachzahlungszeitraum 13
öffentl.-rechtl. Leistungen infolge Arbeitslosigkeit erhalten hat, sind diese gem. § 11 Nr. 3 auf seinen Nachzahlungsspruch anrechenbar. Dieser Vorschrift kommt indessen praktisch **keine selbständige Bedeutung** mehr zu, da § 115 SGB X einen gesetzl. Forderungsübergang auf den Leistungsträger anordnet, der die in Nr. 3 genannten Sozialleistungen erbracht hat. Auf Grund dieses gesetzl. Forderungsübergangs ist für eine Anrechnung und Erstattung dieser Leistungen, wie sie § 11 Nr. 3 vorsieht, kein Raum[9]. Bezieht der ArbN während des Annahmeverzugs des ArbGeb Arbeitslosengeld und unterlässt er zugleich böswillig einen ihm zumutbaren Erwerb, hat eine proportionale Zuordnung der Anrechnung nach § 11 S. 1 Nr. 2 und 3 KSchG zu erfolgen[10].

Dem ArbGeb steht wegen dieses gesetzl. Forderungsübergangs **kein Auskunftsanspruch** gegen den 14
ArbN über den Umfang und die Höhe der gezahlten öffentl.-rechtl. Leistungen zu. Bei der Anrechenbarkeit dieser Leistungen handelt es sich nicht um einen Einwand des ArbGeb gegenüber dem Nachzahlungsanspruch des ArbN, den er darzulegen und zu beweisen hätte. Vielmehr kann sich der ArbGeb damit begnügen, auf Grund des gesetzl. Forderungsübergangs die Aktivlegitimation des ArbN zu bestreiten. Zur Schlüssigkeit der Zahlungsklage des ArbN gehört in diesem Fall die Darlegung der erhaltenen öffentl.-rechtl. Leistungen[11].

1 BAG v. 11.1.2006 – 5 AZR 98/05, NZA 2006, 314. | 2 BAG v. 16.6.2004 – 5 AZR 508/03, NZA 2004, 1155; BBDW/*Dörner*, § 11 KSchG Rz. 38. | 3 BAG v. 22.2.2000 – 9 AZR 194/99, NZA 2000, 817; v. 16.6.2004 – 5 AZR 508/03, NZA 2004, 1155. | 4 BAG v. 11.10.2006 – 5 AZR 754/05, AP Nr. 119 zu § 615 BGB. | 5 BBDW/*Dörner*, § 11 KSchG Rz. 41a; ErfK/Kiel, § 11 KSchG Rz. 9; *v. Hoyningen-Huene/Linck*, § 11 KSchG Rz. 45; aA BAG v. 16.5.2000 – 9 AZR 203/99, NZA 2001, 26. | 6 BAG v. 24.9.2003 – 5 AZR 500/02, NZA 2004, 90. | 7 BAG v. 14.11.1985 – 2 AZR 98/84, NZA 1986, 637; v. 22.2.2000 – 9 AZR 194/99, NZA 2000, 817; LAG Hamm v. 4.11.2004 – 8 Sa 1322/04, NZA-RR 2005, 416. | 8 BAG v. 11.7.1985 – 2 AZR 106/84, AP Nr. 35a zu § 615 BGB. | 9 ErfK/*Kiel*, § 11 KSchG Rz. 13; BBDW/*Dörner*, § 11 KSchG Rz. 43. | 10 BAG v. 11.1.2006 – 5 AZR 125/05, NZA 2006, 313. | 11 BBDW/*Dörner*, § 11 Rz. 43 f.; *v. Hoyningen-Huene/Linck*, § 11 KSchG Rz. 49.

12 *Neues Arbeitsverhältnis des Arbeitnehmers; Auflösung des alten Arbeitsverhältnisses*

Besteht nach der Entscheidung des Gerichts das Arbeitsverhältnis fort, ist jedoch der Arbeitnehmer inzwischen ein neues Arbeitsverhältnis eingegangen, so kann er binnen einer Woche nach der Rechtskraft des Urteils durch Erklärung gegenüber dem alten Arbeitgeber die Fortsetzung des Arbeitsverhältnisses bei diesem verweigern. Die Frist wird auch durch eine vor ihrem Ablauf zur Post gegebene schriftliche Erklärung gewahrt. Mit dem Zugang der Erklärung erlischt das Arbeitsverhältnis. Macht der Arbeitnehmer von seinem Verweigerungsrecht Gebrauch, so ist ihm entgangener Verdienst nur für die Zeit zwischen der Entlassung und dem Tag des Eintritts in das neue Arbeitsverhältnis zu gewähren. § 11 findet entsprechende Anwendung.

1 **I. Inhalt und Zweck.** Grds. befindet sich der ArbN im Verlauf eines Kündigungsschutzprozesses in einer **Interessen- und Pflichtenkollision**. Während er verpflichtet ist, sich um eine zumutbare anderweitige Arbeit zu bemühen, muss er gleichzeitig damit rechnen, bei einem Erfolg seiner Klage die Arbeit bei seinem alten ArbGeb wieder aufnehmen zu müssen. In dieser Situation räumt das Gesetz dem ArbN ein fristgebundenes Recht ein, gegenüber dem alten ArbGeb die Fortsetzung des Arbeitsverhältnisses zu verweigern. Dabei handelt es sich nicht bloß um ein Leistungsverweigerungsrecht des ArbN, sondern um ein gesetzl. in besonderer Weise geregeltes einseitiges Gestaltungsrecht des ArbN zur Beendigung des alten, durch die angegriffene Kündigung nicht beendeten Arbeitsverhältnisses[1]. Das Gesetz gewährt dem ArbN in § 12 damit ein **Wahlrecht** zwischen den beiden Arbeitsverhältnissen, bindet dieses Recht aber im Interesse des alten ArbGeb an eine verhältnismäßig kurze Frist.

2 **II. Voraussetzungen des Wahlrechts (S. 1).** Das Wahlrecht des ArbN gelangt nach § 12 S. 1 erst zur **Anwendung**, wenn ein Gericht auf die Kündigungsschutzklage des ArbN nach den §§ 4 oder 13 I 3 oder II feststellt, dass sein Arbeitsverhältnis durch die angegriffene Kündigung nicht aufgelöst worden ist. Dagegen eröffnet eine erfolgreiche Klage nach § 13 III das Wahlrecht nach § 12 nicht[2]. Wird das Arbeitsverhältnis nach den §§ 9 und 10 aufgelöst, bleibt selbstverständlich für die Ausübung des Wahlrechts nach § 12 kein Raum. Wird dagegen der Antrag des ArbN auf Auflösung seines Arbeitsverhältnisses abgewiesen, steht ihm das Wahlrecht nach § 12 zu[3].

3 Darüber hinaus setzt das Wahlrecht nach § 12 voraus, dass der ArbN nach dem Zugang der angefochtenen Kündigung und vor Rechtskraft des Urteils in dem Kündigungsschutzprozess ein **neues Arbeitsverhältnis** eingegangen ist. In welchem Zeitpunkt der ArbN seine Arbeit tatsächlich anzutreten hat, ist im Rahmen des § 12 ohne Belang. Das neue Arbeitsverhältnis muss allerdings die Rechtskraft des Urteils in dem Kündigungsschutzverfahren überdauern. Das neue Arbeitsverhältnis iSd. § 12 kann **von jeder Art**, also auch als Probe-, Aushilfs-, Teilzeit- oder Leiharbeitsverhältnis ausgestaltet sein. Es kann sich auch um ein Berufsausbildungsverhältnis handeln und um ein Dienstverhältnis als Geschäftsführer einer GmbH oder als Vorstand einer Aktiengesellschaft[4]. Es muss sich allerdings um ein Arbeitsverhältnis handeln, so dass die Aufnahme einer selbständigen Tätigkeit[5] ein Wahlrecht nach § 12 ebenso wenig auslöst wie die kapitalmäßige Beteiligung an einem Wirtschaftsunternehmen.

4 **III. Ausübung des Wahlrechts (S. 1–3).** Der ArbN muss sich binnen **einer Woche** entscheiden, ob er sein altes Arbeitsverhältnis fortsetzt oder nicht. Dazu muss er gegenüber seinem alten ArbGeb eine Erklärung abgeben, die gem. § 623 BGB der **Schriftform** bedarf. Denn diese Erklärung bewirkt wie eine fristlose Kündigung mit ihrem Zugang die sofortige Beendigung des alten Arbeitsverhältnisses. Dabei kommt der Schriftform mindestens ihre Klarstellungs- und Beweisfunktion zu. Bei der Erklärungsfrist, die mit der Rechtskraft des Urteils beginnt, handelt es sich um eine materiell-rechtl. Ausschlussfrist, gegen deren Versäumung es keine Wiedereinsetzung in den vorigen Stand gibt. Lässt der ArbN die Frist verstreichen oder gibt er seine Erklärung nicht rechtzeitig ab, erlischt sein Wahlrecht. Er muss sein ursprüngliches Arbeitsverhältnis fortsetzen. Allerdings kann eine nicht rechtzeitige Erklärung gem. § 140 BGB in eine ordentl. Kündigung umgedeutet werden[6].

5 **1. Fortsetzung des alten Arbeitsverhältnisses.** Will der ArbN trotz der Begründung eines neuen Arbeitsverhältnisses nach einer erfolgreichen Kündigungsschutzklage sein altes Arbeitsverhältnis fortsetzen, muss er dazu keine besondere Erklärung abgeben. Vielmehr kann er sein **Wahlrecht in der Weise ausüben**, dass er die Wochenfrist des § 12 verstreichen lässt. Im Rahmen des neu eingegangenen Arbeitsverhältnisses steht ihm dagegen kein besonderes Auflösungsrecht und auch kein Recht zur außerordentl. Kündigung zu. Da der ArbN dieses neue Arbeitsverhältnis grds. nur ordentl. kündigen kann, ist er auch erst nach Ablauf der Kündigungsfrist verpflichtet, bei seinem alten ArbGeb die Arbeit wieder aufzunehmen. Keinesfalls kann der alte ArbGeb eine erneute Kündigung darauf stützen, dass er den ArbN bereits vor Ablauf dieser Kündigungsfrist aus betrieblichen Gründen dringend benötigt[7]. Allerdings sollte der ArbN in diesem Fall den alten ArbGeb darüber unterrichten, dass er im neuen Arbeits-

1 BAG v. 16.12.1982 – 6 AZR 1193/79. |2 BBDW/*Dörner*, § 12 KSchG Rz. 5; aA im Hinblick auf § 12 S. 4 und 5 KSchG: BAG v. 19.7.1978 – 5 AZR 748/77, DB 1978, 2417. |3 BAG v. 19.10.1972 – 2 AZR 150/72, AP Nr. 1 zu § 12 KSchG 1969. |4 ErfK/*Kiel*, § 12 KSchG Rz. 4; aA BBDW/*Dörner*, § 12 KSchG Rz. 10. |5 BAG v. 25.10.2007 – 6 AZR 662/06. |6 LAG Berlin v. 15.10.1999 – 6 Sa 1235/99, MDR 2000, 281. |7 LAG Köln v. 23.11.1994 – 8 Sa 862/94, LAGE Nr. 2 zu § 12 KSchG.

verhältnis die Kündigungsfrist einzuhalten hat. Äußert er sich weder innerhalb der Erklärungsfrist des § 12 noch auf die Aufforderung des ArbGeb hin, die Arbeit wieder aufzunehmen, kann er sich zur Rechtfertigung seines Leistungsverweigerungsrecht nicht darauf berufen, er könne das neu begründete Arbeitsverhältnis nur mit der maßgeblichen Kündigungsfrist beenden[1].

2. **Beendigung des alten Arbeitsverhältnisses.** Das Arbeitsverhältnis zu dem alten ArbGeb erlischt gem. § 12 S. 3 **mit Zugang der Verweigerungserklärung** des ArbN. Allerdings kann sich der ArbN bereits im Verlauf des Kündigungsschutzprozesses vorsorglich schriftl. gem. § 12 erklären[2]. Denn § 12 S. 1 bestimmt nur das Ende der Frist, bis zu dem die Erklärung abgegeben werden kann, nicht aber den Beginn dieser Frist. Doch entfaltet diese Erklärung erst **mit Eintritt der Rechtskraft** des Feststellungsurteils ihre Wirkung. Daraus können wegen der zeitlichen Begrenzung der Annahmeverzugsfolgen gem. § 12 S. 4 erhebliche Nachteile für den ArbN resultieren. Ist im Zeitpunkt des Zugangs der Verweigerungserklärung die Kündigungsfrist für die vom alten ArbGeb erklärte Kündigung noch nicht abgelaufen, soll das Arbeitsverhältnis entgegen dem Wortlaut des § 12 S. 3 ausnahmsw. erst in dem Zeitpunkt erlöschen, zu dem auch die Kündigung des ArbGeb wirken sollte[3]. 6

Dem ArbN steht es unabhängig von § 12 frei, sein altes Arbeitsverhältnis ordentl. zu kündigen. Die Begründung eines neuen Arbeitsverhältnisses ist jedoch **kein wichtiger Grund** zur außerordentl. Kündigung gem. § 626 I BGB. 7

IV. Vergütungsansprüche (S. 4 u. 5). Wenn der ArbN von seinem Verweigerungsrecht nach S. 1 Gebrauch macht, stehen ihm Verzugslohnansprüche nach § 615 BGB nur bis zur Beendigung des alten Arbeitsverhältnisses zu. Hat der ArbN bereits vor der Rechtskraft des Feststellungsurteils eine neue Beschäftigung aufgenommen, **begrenzt S. 4 den Verzugslohnanspruch** des ArbN auf die Zeit bis zum Eintritt in das neue Arbeitsverhältnis[4]. Dabei kommt es auf den Tag der Arbeitsaufnahme im Rahmen des neuen Arbeitsverhältnisses an und nicht auf den Abschluss des Arbeitsvertrags, im Gegensatz zu der Regelung in S. 1. Auf diese Weise vermeidet das Gesetz eine Verrechnung der Einkünfte des ArbN aus dem alten und aus dem neuen Arbeitsverhältnis, was bei einem niedrigeren Verdienst in dem neuen Arbeitsverhältnis zu Nachteilen für den ArbN führen kann[5]. 8

Keine Begrenzung der Verzugslohnansprüche nach S. 4 tritt ein, wenn der ArbN das alte Arbeitsverhältnis im Wege eines Aufhebungsvertrages oder durch ordentl. Kündigung beendet. In diesen Fällen behält er seinen vollen Anspruch auf Verzugslohn, allerdings unter Berücksichtigung erzielter oder mutmaßlicher Zwischenverdienste nach § 11[6]. Im Übrigen findet § 11 entsprechend Anwendung, soweit es um die Anrechnung von Zwischenverdiensten auf den Nachzahlungsanspruch des ArbN bis zur Beendigung seines alten Arbeitsverhältnisses geht. Das folgt aus S. 5. 9

13 *Außerordentliche, sittenwidrige und sonstige Kündigungen*

(1) Die Vorschriften über das Recht zur außerordentlichen Kündigung eines Arbeitsverhältnisses werden durch das vorliegende Gesetz nicht berührt. Die Rechtsunwirksamkeit einer außerordentlichen Kündigung kann jedoch nur nach Maßgabe des § 4 Satz 1 und der §§ 5 bis 7 geltend gemacht werden. Stellt das Gericht fest, dass die außerordentliche Kündigung unbegründet ist, ist jedoch dem Arbeitnehmer die Fortsetzung des Arbeitsverhältnisses nicht zuzumuten, so hat auf seinen Antrag das Gericht das Arbeitsverhältnis aufzulösen und den Arbeitgeber zur Zahlung einer angemessenen Abfindung zu verurteilen. Das Gericht hat für die Auflösung des Arbeitsverhältnisses den Zeitpunkt festzulegen, zu dem die außerordentliche Kündigung ausgesprochen wurde. Die Vorschriften der §§ 10 bis 12 gelten entsprechend.

(2) Verstößt eine Kündigung gegen die guten Sitten, so finden die Vorschriften des § 9 Abs. 1 Satz 1 und Abs. 2 und der §§ 10 bis 12 entsprechende Anwendung.

(3) Im Übrigen finden die Vorschriften dieses Abschnitts mit Ausnahme der §§ 4 bis 7 auf eine Kündigung, die bereits aus anderen als den in § 1 Abs. 2 und 3 bezeichneten Gründen rechtsunwirksam ist, keine Anwendung.

I. Inhalt und Zweck. § 13 erfasst Kündigungen, die wegen sonstiger Mängel, nicht aber wegen ihrer Sozialwidrigkeit unwirksam sind. Gleichzeitig stellt die Regelung die Bedeutung dieser Mängel für den Kündigungsschutz des ArbN fest. In Abs. 1 räumt sie dem ArbN für die **außerordentl. Kündigung** und in Abs. 2 für die **sittenwidrige Kündigung** ein Auflösungsrecht ein. Schließlich nimmt das Gesetz in Abs. 3 Kündigungen, die nicht wegen Sozialwidrigkeit, sondern **aus anderen Gründen rechtsunwirksam** sind, von dem Anwendungsbereich des ersten Abschnitts – mit Ausnahme der §§ 4–7 – aus. 1

---

1 LAG Sachsen v. 19.5.2004 – 5 Sa 873/03. | 2 BAG v. 19.10.1972 – 2 AZR 150/72, AP Nr. 1 zu § 12 KSchG 1969. | 3 APS/*Biebl*, § 12 KSchG Rz. 12; aA BBDW/*Dörner*, § 12 KSchG Rz. 16. | 4 BAG v. 19.7.1978 – 5 AZR 748/77, DB 1978, 2417. | 5 BBDW/*Dörner*, § 12 KSchG Rz. 32; KDZ/*Kittner*, § 12 KSchG Rz. 20. | 6 BAG v. 6.11.1986 – 2 AZR 744/85, RzK I 13b Nr. 4.

2 Die Unwirksamkeit all dieser Kündigungen ist innerhalb der **Klagefrist des § 4 S. 1** geltend zu machen. Daraus folgt: Auch wenn der ArbGeb das Arbeitsverhältnis innerhalb der sechsmonatigen Wartezeit des § 1 außerordentlich kündigt, hat der ArbN, der die Unwirksamkeit der Kündigung geltend machen will, gem. § 13 I 2, § 4 S. 1 innerhalb von drei Wochen nach Zugang der Kündigung Kündigungsschutzklage zu erheben[1]. Demgegenüber kann der ArbN, der nur die Nichteinhaltung der Kündigungsfrist rügen will, dies auch weiterhin außerhalb der fristgebundenen Klage nach § 4 S. 1 geltend machen[2]. Zu den Einzelheiten der Klagefrist s. § 4 Rz. 3 ff. u. 23.

3 Einstweilen frei.

4 **II. Die außerordentliche Kündigung (Abs. 1).** Seinem Wortlaut nach erfasst Abs. 1 **jede außerordentl. Kündigung** eines Arbeitsverhältnisses durch einen ArbGeb. Damit sind zunächst außerordentl. Kündigungen aus wichtigem Grund iSd. § 626 I BGB bzw. im Sinne entsprechender tarifvertragl. Bestimmungen einschließlich der außerordentl. Änderungskündigung gemeint[3]. Dabei kommt es nicht darauf an, ob die außerordentl. Kündigung fristlos oder unter Einhaltung einer Auslauffrist oder Schonfrist erklärt wird. Entscheidend ist, dass sie als außerordentl. Kündigung ausgesprochen wird[4]. Gleichgültig ist auch, ob die außerordentl. Kündigung im Rahmen eines unbefristeten oder eines befristeten Arbeitsverhältnisses erklärt wird[5]. Grds. gilt § 13 auch für die Kündigung von Berufsausbildungsverhältnissen aus wichtigem Grund gem. § 22 BBiG (zur Klagefrist s. § 4 Rz. 5 u. 23 sowie § 111 ArbGG Rz. 15 ff.)[6], allerdings kommt die Auflösung eines Ausbildungsverhältnisses gem. § 13 I 3 nicht in Betracht[7]. Die Kündigung des Arbeitsverhältnisses durch den Insolvenzverwalter nach § 113 InsO ist keine außerordentl. Kündigung iSd. § 13, da insoweit lediglich besondere Regelungen über die Kündigungsfristen gelten.

5 Schließt ein **TV** das Recht zur ordentl. Kündigung aus, während er eine Kündigung aus wichtigem Grunde zulässt, handelt es sich dabei um eine außerordentl. Kündigung iSd. § 13[8]. Sieht der TV dagegen nur eine Abkürzung der Kündigungsfrist auf null vor, wie es § 622 IV 1 BGB grds. gestattet, wird damit selbst dann keine außerordentl. Kündigung, sondern eine ordentl. Kündigung geregelt, wenn im TV besondere Gründe festgelegt worden sind[9].

6 **1. Recht zur außerordentlichen Kündigung (Abs. 1 S. 1).** Das Gesetz trifft in Abs. 1 S. 1 bewusst und ausdrücklich **keine Regelung über den wichtigen Grund**, dh. über die Voraussetzungen, unter denen ein Arbeitsverhältnis wirksam außerordentl. gekündigt werden kann. Dies ist ausschließlich über § 626 I BGB, bei Auszubildenden nach § 22 II Nr. 1 BBiG und gegenüber den Besatzungsmitgliedern in der Seeschifffahrt gem. § 64 SeemG zu klären.

7 **2. Geltendmachung der Unwirksamkeit (Abs. 1 S. 2).** Will ein ArbN die Unwirksamkeit einer außerordentl. Kündigung geltend machen, muss er gem. Abs. 1 S. 2 iVm. § 4 S. 1 innerhalb von 3 Wochen nach Zugang der schriftl. Kündigung **fristgerecht Klage** beim ArbG auf Feststellung erheben, dass das Arbeitsverhältnis durch die außerordentl. Kündigung nicht aufgelöst ist; eine rechtzeitig erhobene allgemeine Feststellungsklage nach § 256 ZPO wahrt die Frist[10]. Eine nachträgliche Zulassung der Klage gem. § 5 ist möglich. Schließlich kann sich der ArbN auf die Unwirksamkeit der außerordentl. Kündigung auch im Rahmen der verlängerten Anrufungsfrist des § 6 berufen[11]. Versäumt es der ArbN, die Unwirksamkeit der außerordentl. Kündigung rechtzeitig geltend zu machen, gilt auch die außerordentl. Kündigung nach § 7 in jeder Hinsicht als von Anfang an rechtswirksam, ohne dass es darauf ankommt, ob ein befristetes oder ein unbefristetes Arbeitsverhältnis bestand[12].

8 Grds. sieht das Gesetz im Fall einer außerordentl. Kündigung des Arbeitsverhältnisses keinen **Einspruch bei dem BR** iSv. § 3 vor. Gleichwohl ist der ArbN nicht gehindert, sich auch in diesem Fall an den BR zu wenden. Ebenso kann sich der BR im Falle einer außerordentl. Kündigung des Arbeitsverhältnisses um eine Verständigung mit dem ArbGeb bemühen.

9 **3. Auflösung des Arbeitsverhältnisses (Abs. 1 S. 3).** Das Gesetz eröffnet im Fall einer außerordentl. Kündigung gem. Abs. 1 S. 3 **ausschließlich dem ArbN** die Möglichkeit, die gerichtliche Auflösung des Arbeitsverhältnisses zu erreichen. Dazu bedarf es erstens der gerichtl. Feststellung, dass die außerordentl. Kündigung unbegründet ist, zweitens der Unzumutbarkeit für den ArbN, das Arbeitsverhältnis fortzusetzen, sowie drittens eines entsprechenden Antrags des ArbN. Dagegen hat der Gesetzgeber die unberechtigte außerordentl. Kündigung eines ArbGeb als derart gravierend angesehen, dass dem ArbGeb nicht die Möglichkeit gegeben wurde, sich im Wege der Auflösung des Arbeitsverhältnisses von dem ArbN zu trennen[13].

---

1 BAG v. 28.6.2007 – 6 AZR 873/06, NZA 2007, 972. | 2 BAG v. 15.12.2005 – 2 AZR 148/05, NZA 2006, 791. | 3 BAG v. 19.6.1986 – 2 AZR 565/85, NZA 1987, 94. | 4 BAG v. 13.1.1982 – 7 AZR 757/79, DB 1982, 2577. | 5 BAG v. 8.6.1972 – 2 AZR 336/71, DB 1972, 1784. | 6 BAG v. 5.7.1990 – 2 AZR 53/90, NZA 1991, 671. | 7 BAG v. 29.11.1984 – 2 AZR 354/83, NZA 1986, 230. | 8 BAG v. 29.8.1991 – 2 AZR 59/91, NZA 1992, 416. | 9 BBDW, § 13 KSchG Rz. 7; aA *v. Hoyningen-Huene/Linck*, § 13 KSchG Rz. 9. | 10 BAG v. 12.5.2005 – 2 AZR 426/04, NZA 2005, 1259. | 11 BAG v. 28.6.1973 – 2 AZR 378/72, DB 1973, 2100; LAG Düsseldorf v. 9.6.2004 – 9 Sa 202/04, LAGReport 2005, 106. | 12 BAG v. 13.4.1967 – 2 AZR 180/66, AP Nr. 10 zu § 11 KSchG. | 13 BAG v. 15.3.1978 – 5 AZR 831/76, DB 1978, 1744; v. 26.10.1979 – 7 ARZ 752/77, DB 1980, 356.

Voraussetzung für die Auflösung des Arbeitsverhältnisses auf Antrag des ArbN ist, dass die Unwirksamkeit der außerordentl. Kündigung zumindest **auch auf dem Fehlen eines wichtigen Grundes** iSd. § 626 I BGB beruht, wozu auch die Versäumung der Zwei-Wochen-Frist des § 626 II BGB gehört. Als **Auflösungszeitpunkt** hat das Gericht gem. § 13 I 4 den Zeitpunkt festzulegen, zu dem die außerordentl. Kündigung ausgesprochen wurde, also dem ArbN zugegangen ist oder eine etwaige Auslauf- oder Schonfrist endete. Über mehrere Auflösungsanträge mit mehreren Streitgegenständen ist idR zeitgleich zu entscheiden[1]. 10

Gem. Abs. 1 S. 5 finden die **§§ 10–12 entsprechende Anwendung**. Danach wird die Höhe der Abfindung im Falle einer Auflösung des Arbeitsverhältnisses nach § 10 berechnet. Auch bei Fortsetzung des Arbeitsverhältnisses wegen Unwirksamkeit einer außerordentl. Kündigung muss sich der ArbN entgangenen Zwischenverdienst gem. § 11 anrechnen lassen. Außerdem kann der ArbN nach § 12 die Fortsetzung des Arbeitsverhältnisses beim alten ArbGeb verweigern. 11

4. Umdeutung der außerordentlichen Kündigung. Erweist sich die vom ArbGeb ausgesprochene außerordentl. Kündigung **im Prozess als unwirksam**, stellt sich die Frage, ob eine Umdeutung nach § 140 BGB in eine andere wirksame Willenserklärung in Betracht kommt. 12

Die Umdeutung einer unwirksamen außerordentl. Kündigung in ein Angebot des ArbGeb auf Abschluss eines **Aufhebungsvertrags** mit sofortiger Wirkung scheitert daran, dass auch diese Willenserklärung nach § 623 BGB der Schriftform bedarf. Dagegen ist eine Umdeutung in eine **Anfechtungserklärung** möglich[2]. 13

Die Umdeutung einer unwirksamen außerordentl. Kündigung in eine wirksame **ordentl. Kündigung** gem. § 140 BGB setzt zunächst voraus, dass nicht bereits im Wege der **vorrangigen Auslegung** nach den §§ 133, 157 BGB festgestellt werden kann, ob der ArbGeb zumindest hilfsweise eine ordentl. Kündigung erklärt hat. Die Auslegung geht der Umdeutung vor. Dabei ist die außerordentl. Kündigung des ArbGeb als einseitige empfangsbedürftige Willenserklärung so auszulegen, wie sie der ArbN als Erklärungsempfänger auf Grund des aus der Erklärung erkennbaren Willens des Kündigenden unter Berücksichtigung der ihm erkennbaren Begleitumstände nach Treu und Glauben vernünftigerweise verstehen konnte[3]. 14

Hat der ArbGeb dagegen das Arbeitsverhältnis sowohl außerordentl. als auch hilfsweise ordentl. gekündigt, muss der ArbN beide Kündigungen mit einer fristgerechten Feststellungsklage gem. § 4 angreifen, wenn er gegen beide vorgehen will. Das Gericht hat die Wirksamkeit der ordentl. Kündigung erst zu prüfen, wenn die Unwirksamkeit der außerordentl. Kündigung feststeht. Erweisen sich beide Kündigungen als unwirksam, steht dem ArbN hinsichtlich der außerordentl. Kündigung der Auflösungsantrag gem. Abs. 1 S. 3 und bezogen auf die ordentl. Kündigung der Auflösungsantrag nach § 9 I 1 zu. Dagegen kann der ArbGeb einen Auflösungsantrag ausschließlich bezüglich der hilfsweise ausgesprochenen ordentl. Kündigung stellen. Über mehrere Auflösungsanträge mit mehreren Streitgegenständen ist idR zeitgleich zu entscheiden[4]. 15

Demgegenüber setzt die Umdeutung gem. § 140 BGB voraus, dass die außerordentl. Kündigung als das nichtige Rechtsgeschäft den tatsächlichen Erfordernissen und **sämtlichen Wirksamkeitsvoraussetzungen** des anderen Rechtsgeschäfts einer ordentl. Kündigung entspricht. So darf die ordentl. Kündigung nicht kraft Arbeitsvertrags, TV oder Gesetzes ausgeschlossen sein. Eine Kündigung, die zu ihrer Wirksamkeit der vorherigen Anhörung des BR nach § 102 I BetrVG bedarf, kann – wenn die Anhörung zu einer hilfsweise ordentl. Kündigung fehlt – allenfalls dann in eine ordentl. Kündigung umgedeutet werden, wenn der BR der außerordentl. Kündigung ausdrücklich und vorbehaltlos zugestimmt hat[5] (s. *Sandmann*, § 626 BGB Rz. 452). Bedurfte die Kündigung einer behördlichen Genehmigung, zB der Zustimmung des Integrationsamts nach § 91 SGB IX, so kommt eine Umdeutung der unwirksamen außerordentl. Kündigung nur in Betracht, wenn das Integrationsamt ausdrücklich auch zu einer (hilfsweise) ordentl. Kündigung eine Zustimmung gem. § 85 SGB IX erteilt hat[6]. Sind hingegen derartige Zustimmungen auf Grund des Ablaufs von Fristen lediglich fingiert worden, kann die vom ArbGeb erklärte außerordentl. Kündigung nicht in eine ordentl. Kündigung des Arbeitsverhältnisses umgedeutet werden. 16

Darüber hinaus setzt eine Umdeutung gem. § 140 BGB voraus, dass das Rechtsgeschäft, in das umgedeutet werden soll, dem **mutmaßlichen Willen** des ArbGeb im Zeitpunkt des Ausspruchs der unwirksamen außerordentl. Kündigung entsprach und der ArbN diesen hypothetischen Willen des ArbGeb erkennen konnte[7]. Das Gericht kann die Umdeutung nur vornehmen, wenn das tatsächliche Vorbringen des ArbGeb den Schluss zulässt, dass er die Kündigung zumindest als ordentl. zum nächstmöglichen 17

---

1 BAG v. 27.4.2006 – 2 AZR 360/05, NZA 2007, 229. | 2 *Preis/Gotthardt*, NZA 2000, 348. | 3 BAG v. 11.6.1959 – 2 AZR 334/57, AP Nr. 1 zu § 130 BGB; v. 2.3.1973 – 3 AZR 265/72, AP Nr. 35 zu § 133 BGB. | 4 BAG v. 27.4.2006 – 2 AZR 360/05, NZA 2007, 229. | 5 BAG v. 16.3.1978 – 2 AZR 424/76; v. 18.10.2000 – 2 AZR 627/99, NZA 2001, 219. | 6 LAG Berlin v. 9.7.1984 – 12 Sa 18/84, NZA 1985, 95; LAG Köln v. 13.2.1991 – 7 Sa 48/90, RzK I 6a 69. | 7 BAG v. 31.3.1993 – 2 AZR 492/92, AP Nr. 32 zu § 626 BGB – Ausschlussfrist; v. 15.11.2001 – 2 AZR 310/00, AP Nr. 13 zu § 140 BGB.

Termin aussprechen wollte[1]; eine Umdeutung gegen den ausdrücklichen Parteiwillen kommt nicht in Betracht[2]. Der ArbGeb muss sich im Rechtsstreit nicht ausdrücklich auf die Umdeutung berufen. Das Gericht hat von sich aus zu prüfen, ob das Rechtsgeschäft auf Grund der feststehenden Tatsachen umzudeuten ist[3]. Der ArbGeb kann die für eine Umdeutung erforderlichen Tatsachen ggf. auch noch in der Berufungsinstanz vortragen. IdR wird eine Umdeutung nicht an einem fehlenden mutmaßlichen Willen des ArbGeb zur Beendigung des Arbeitsverhältnisses unter Einhaltung einer Kündigungsfrist scheitern.

18 Rechtsdogmatisch setzt die Umdeutung einer unwirksamen außerordentl. Kündigung in eine ordentl. Kündigung an sich voraus, dass die ordentl. Kündigung wirksam ist, so dass insb. nicht in eine sozial ungerechtfertigte ordentl. Kündigung iSd. § 1 umgedeutet werden kann. Da die **Auflösung des Arbeitsverhältnisses** nach den §§ 9 I und 13 I 3 aber voraussetzt, dass die Kündigung zumindest auch sozial ungerechtfertigt ist, wird vertreten, dass weder der ArbN noch der ArbGeb auf der Grundlage der unwirksamen ordentl. Kündigung die Auflösung beantragen können[4]. Gleichwohl wird überwiegend die Möglichkeit angenommen, das Arbeitsverhältnis auch im Hinblick auf eine Umdeutung einer außerordentl. Kündigung nach den allgemeinen Vorschriften auf Antrag der Parteien aufzulösen[5]. Der ArbN kann in dieser Situation entscheiden, ob er die Auflösung auf der Grundlage der außerordentl. oder der ordentl. Kündigung beantragen will.

19 **III. Die sittenwidrige Kündigung (Abs. 2).** Die sittenwidrige Kündigung spielt in der **gerichtlichen Praxis** keine große Rolle. Verstößt eine außerordentl. oder ordentl. Kündigung gegen die guten Sitten, ist sie gem. § 138 I BGB nichtig. Eine Kündigung, die bereits nach § 1 sozial ungerechtfertigt ist oder der es an einem wichtigen Grund iSd. § 626 I BGB fehlt, muss nicht zusätzlich als sittenwidrig qualifiziert werden, so dass die Sittenwidrigkeit nicht auf Gründe gestützt werden kann, die in den Schutzbereich des KSchG fallen[6].

20 Die Kündigung eines Arbeitsverhältnisses, die ihrem Inhalt nach an sich wertfrei ist, kann sittenwidrig sein, wenn ihre Gründe oder ihr Motiv, ihr Zweck oder die Umstände, unter denen sie ausgesprochen wurde, den allgemeinen Wertvorstellungen grob widersprechen[7]. Dabei sind an die Sittenwidrigkeit einer Kündigung **strenge Anforderungen** zu stellen, die eine Gesamtwürdigung aller Umstände des Einzelfalls erfordern[8]. Eine völlig grundlose und selbst eine willkürliche Kündigung sind noch nicht als sittenwidrig zu qualifizieren. Dazu muss die Kündigung auf einem verwerflichen Motiv des ArbGeb beruhen, wie etwa Rachsucht oder Vergeltung. Übt der ArbN ihm zustehende Rechte aus (zB gewerkschaftliche Betätigung[9]), kann die Kündigung einen Verstoß gegen das Maßregelungsverbot des § 612a BGB darstellen, das insoweit lex specialis ist[10]. Die **Darlegungs- und Beweislast** für Tatsachen, aus denen sich die Sittenwidrigkeit der Kündigung ergibt, obliegt dem ArbN[11].

21 Ist eine Kündigung wegen des Verstoßes gegen die guten Sitten nichtig, kann der ArbN dies gem. den §§ 4–7 nur innerhalb der allgemeinen Klagefrist geltend machen. Abs. 2 gewährt (nur) dem ArbN ein **Auflösungsrecht** und verweist für den Auflösungszeitpunkt auf § 9 II und damit den Beendigungszeitpunkt bei sozial gerechtfertigter, also fristgerechter Kündigung. IÜ sind auf die sittenwidrige Kündigung die §§ 10–12 entsprechend anzuwenden.

22 **IV. Die aus sonstigen Gründen unwirksame Kündigung (Abs. 3).** Die Vorschriften der §§ 1–14 finden mit Ausnahme der §§ 4–7 gem. § 13 III keine Anwendung auf eine nach dem 31.12.2003 zugegangene Kündigung, die nicht wegen des Fehlens eines wichtigen Grundes oder wegen fehlender sozialer Rechtfertigung, sondern aus anderen Gründen unwirksam ist. Die **Klagefrist** der §§ 4–7 ist zu wahren. Die **Darlegungs- und Beweislast** für derartige sonstige Unwirksamkeitsgründe liegt beim ArbN[12].

23 Die Unwirksamkeit der Kündigung aus sonstigen Gründen wird im Wege einer **allgemeinen Feststellungsklage** gem. § 256 I ZPO geltend gemacht. Der ArbN ist jedoch nicht gehindert, sogleich eine Leistungsklage auf Zahlung der Vergütung zu erheben. Ist ihm die Fortsetzung des Arbeitsverhältnisses nicht mehr zuzumuten, kann er seinerseits nach § 626 BGB fristlos kündigen und Schadensersatz gem. § 628 BGB verlangen, falls der ArbGeb schuldhaft gehandelt hat (s. § 628 BGB Rz. 25).

24 **1. Gesetzliche Kündigungsbeschränkungen.** Der praktisch wichtigste Fall einer aus anderen Gründen unwirksamen Kündigung ist der Verstoß gegen ein **gesetzl. Verbot**, der gem. § 134 BGB die Nichtigkeit der Kündigung zur Folge hat. Ob tatsächlich ein gesetzl. Kündigungsverbot vorliegt, ist der Formulierung des Gesetzes oder seinem Sinn und Zweck zu entnehmen. So kann sich die Unwirksamkeit der

---

1 BAG v. 13.8.1987 – 2 AZR 599/86, NZA 1988, 129. |2 BAG v. 24.6.2004 – 2 AZR 656/02, AP Nr. 180 zu § 626 BGB. |3 BAG v. 15.11.2001 – 2 AZR 310/00, DB 2002, 1562. |4 BBDW, § 13 KSchG Rz. 35, 36; *Lipke*, BlStSozArbR 1984, 340. |5 BAG v. 26.8.1993 – 2 AZR 159/93, NZA 1994, 70; KR/*Friedrich*, § 13 KSchG Rz. 107, 108; *v. Hoyningen-Huene/Linck*, § 13 KSchG Rz. 51. |6 BAG v. 21.2.2001 – 2 AZR 15/00, NZA 2001, 833. |7 BAG v. 23.11.1961 – 2 AZR 301/61, AP Nr. 22 zu § 138 BGB; v. 16.2.1989 – 2 AZR 347/88, NZA 1989, 962. |8 BAG v. 28.4.1994 – 2 AZR 726/93. |9 BAG v. 5.3.1987 – 2 AZR 187/86 – RzK I 8l Nr. 6. |10 BAG 22.5.2003 – 2 AZR 426/02, NZA 2004, 399; v. 14.12.2004 – 9 AZR 23/04, NZA 2005, 637. |11 BAG v. 21.2.2001 – 2 AZR 15/00, NZA 2001, 833; v. 19.7.1973 – 2 AZR 464/72, AP Nr. 32 zu § 138 BGB. |12 BAG v. 23.6.1994 – 2 AZR 617/93, NZA 1994, 1080.

Kündigung auch aus der Verletzung von Grundrechten ergeben, die auf Grund ihrer sog. mittelbaren Drittwirkung auf den Privatrechtsverkehr anzuwenden sind[1]. Daneben finden sich gesetzl. Kündigungsverbote in zahlreichen Vorschriften[2].

Auch der Verstoß einer Kündigung gegen den Grundsatz von **Treu und Glauben** nach § 242 BGB stellt einen sonstigen Unwirksamkeitsgrund iSd. Abs. 3 dar. Eine Kündigung verstößt dann gegen § 242 BGB und ist nichtig, wenn sie aus Gründen, die von § 1 KSchG nicht erfasst sind, Treu und Glauben verletzt. Die Kündigung darf also nicht bereits aus Gründen des § 1 unwirksam sein[3]. Dies gilt auch für eine Kündigung, bei der wegen Nichterfüllung der sechsmonatigen Wartezeit nach § 1 I das KSchG keine Anwendung findet. Sonst würde in diesen Fällen über § 242 BGB der kraft Gesetzes ausgeschlossene Kündigungsschutz doch gewährt und die Möglichkeit des ArbGeb eingeschränkt werden, die Eignung des ArbN für die geschuldete Tätigkeit in seinem Betrieb während der Wartezeit zu überprüfen. Bei der Qualifikation einer Kündigung als treuwidrig geht es vor allem darum, den ArbN vor einer willkürlichen oder auf sachfremden Motiven beruhenden Kündigung zu schützen[4]. Der Vorwurf einer willkürlichen, sachfremden oder diskriminierenden Ausübung des Kündigungsrechts scheidet aus, wenn ein irgendwie einleuchtender Grund für die Rechtsausübung vorliegt. Die **Darlegungs- und Beweislast** für das Vorliegen derjenigen Tatsachen, aus denen sich die Treuwidrigkeit ergeben soll, liegt beim ArbN, allerdings gilt der Grundsatz der abgestuften Darlegungs- und Beweislast[5]. Die wegen des Verstoßes gegen § 242 BGB sog. Treuwidrigkeit der Kündigung kann sich ergeben aus einem widersprüchlichen Verhalten des ArbGeb oder aus der verletzenden Form, in der die Kündigung ausgesprochen wird. Darunter fallen auch Kündigungen, die wegen ihres Zeitpunktes oder des Übergabeortes als ungehörig oder anstößig anzusehen sind[6]. Es handelt sich allerdings nicht allein deswegen um eine **Kündigung zur Unzeit**, weil sie am 24. Dezember eines Jahres zugeht[7]. Das gilt auch für eine Kündigung, die kurz vor Ablauf der Wartezeit des § 1 ausgesprochen wird, es sei denn, der ArbGeb bezweckt damit gerade eine Vereitelung des Kündigungsschutzes[8]. Zu den typischen Tatbeständen treuwidriger Kündigungen zählen Rechtsmissbrauch, wenn die Ausübung des Rechts als Vorwand dient, vertragsfremde oder unlautere Zwecke zu erreichen, oder Diskriminierung, wenn die Kündigung eine nach Art. 3 III 1 GG oder Art. 3 I GG verbotene Benachteiligung enthält[9]. 25

Das **AGG** gilt gem. § 2 IV AGG nicht unmittelbar für Kündigungen. Die Wertungen der zu Grunde liegenden EG-Richtlinien[10] wirken auf das Kündigungsrecht jedoch zumindest über eine gemeinschaftsrechtskonforme Auslegung[11], insb. der Generalklauseln (§§ 138, 242, 626 BGB, § 1 etc.). Erfolgt eine unterschiedliche Behandlung aus einem **diskriminierenden Motiv** iSd. AGG, so ist die Kündigung wegen § 2 IV AGG jedenfalls in EG-richtlinienkonformer Auslegung von §§ 138, 242 BGB unwirksam[12]. Auch ist insoweit eine Verteilung der Darlegungs- und Beweislast geboten, die im Ergebnis derjenigen des nicht direkt anwendbaren § 22 AGG entspricht[13]. Problematisch ist in diesem Zusammenhang insb. die Frage, ob sich bei etwaigem Verstoß gegen die RL alle ArbN auf Unkündbarkeit berufen können[14]. Vgl. iÜ die Erl. zu § 1 und zum AGG. 26

2. Tarifvertragliche Kündigungsbeschränkungen. Die Unwirksamkeit einer Kündigung aus sonstigen Gründen iSd. Abs. 3 kann sich auch aus tarifl. Vorschriften ergeben, die eine ordentl. Kündigung des Arbeitsverhältnisses ausschließen (sog. **Unkündbarkeit**). Dazu zählen die Bestimmungen in den TV des öffentl. Dienstes, die nach der Vollendung eines bestimmten Lebensjahres und einer bestimmten Anzahl von Beschäftigungsjahren ausschließlich eine Kündigung aus wichtigem Grund zulassen. Entsprechende Regelungen sind in Rationalisierungsschutzabkommen verschiedener Branchen enthalten. Ferner kann die Unwirksamkeit einer Kündigung iSd. Abs. 3 darauf beruhen, dass die im TV vorgesehene Angabe der Kündigungsgründe oder eine vorgeschriebene Zustimmung des BR nicht vorliegen. Eine **Änderungskündigung** kann unwirksam sein, wenn mit ihr der Abbau tarifl. gesicherter Leistungen bezweckt wird. Nicht zur Unwirksamkeit der Kündigung führt die Nichteinhaltung einer **tarifvertragl. oder** 27

---

1 BAG v. 28.9.1972 – 2 AZR 469/71, AP Nr. 2 zu § 134 BGB; BVerfG v. 23.4.1986 – 2 BvR 487/80, AP Nr. 28 zu Art. 2 GG. | **2** S. die Auflistung bei KR/*Friedrich*, § 13 KSchG Rz. 204 ff. | **3** BAG v. 23.6.1994 – 2 AZR 617/93, NZA 1994, 1080; v. 21.2.2001 – 2 AZR 15/00, NZA 2001, 833. | **4** BAG v. 6.2.2003 – 2 AZR 672/01, NZA 2003, 717. | **5** BAG v. 28.8.2003 – 2 AZR 333/02, NZA 2004, 1296; v. 6.11.2003 – 2 AZR 690/02, NZA 2005, 218. | **6** BAG v. 25.4.2001 – 5 AZR 360/99, NZA 2002, 87. | **7** BAG v. 14.11.1984 – 7 ARZ 174/83, NZA 1986, 97. | **8** BAG v. 20.9.1957 – 1 AZR 136/56, AP Nr. 34 zu § 1 KSchG. | **9** BAG v. 22. 5 2003 – 2 AZR 426/02, NZA 2004, 399. | **10** RL 76/207 EWG v. 9.2.1976 (ABl. EG L 39/40 v. 14.12.1976) – Gleichberechtigung von Männern und Frauen – (geändert durch RL 2002/73 v. 23.9.2002 ABl. EG L 269/25 v. 5.10.2002); RL 2000/43 EG v. 29.11.2000 (ABl. EG L 180/22 v. 19.7.2000) – Rasse und Herkunft; RL 2000/78 EG v. 27.11.2000 (ABl. EG L 303/16 v. 2.12.2000) – Rahmen; RL 97/80 EG v. 15.12.1997 (ABl. EG L 14/6 v. 20.1.1998) – Beweislast bei Geschlechterdiskriminierung; ab 15.8.2008 ist für Geschlechterdiskriminierung RL 2006/54 EG v. 5.7.2006 (ABl. EG L 204/23) v. 26.7.2006 maßgebend. | **11** Dazu BAG v. 23.3.2006 – 2 AZR 343/05, BB 2006, 1971 (Rz. 23 ff.), NZA 2006, 971. | **12** *Kamanabrou*, RdA 2007, 199 (200); *Bayreuther*, DB 2006, 1842 f.; aA *Diller/Krieger/Arnold*, NZA 2006, 887 (889), wenn sie „objektiv" sozial gerechtfertigt ist. | **13** *Hanau*, ZIP 2006, 2189 (2192); *Hamacher/Ulrich*, NZA 2007, 657 (658 f.); *Kamanabrou*, RdA 2007, 199 (201). | **14** So EuGH v. 7.2.1991 – C-184/89, DB 1991, 660 bei diskriminierender Anrechnung von Dienstzeiten; vgl. auch *Wank*, FS Wißmann. S. 599 (617); *Bepler*, NZA Sonderbeilage 2004 zu Heft 18, S. 3 f.

gesetzl. Kündigungsfrist. Vielmehr ist die Kündigung gem. § 140 BGB als unter Einhaltung der Frist ausgesprochen anzusehen[1]; nach aA folgt dies aus der zutreffenden Auslegung der Kündigungserklärung[2].

28 **3. Arbeitsvertragliche Kündigungsbeschränkungen.** Eine Kündigung ist iSv. Abs. 3 unwirksam, wenn sie gegen einen im Arbeitsvertrag vereinbarten Ausschluss der ordentl. Kündigung auf Zeit oder auf Dauer verstößt[3]. Der Ausschluss einer Kündigung kann sich auch daraus ergeben, dass die Parteien den Arbeitsvertrag von vornherein befristet abgeschlossen und ein Kündigungsrecht nicht vereinbart haben.

29 **4. Erklärungs- und Willensmängel der Kündigung.** Eine Kündigung erweist sich auch dann als aus sonstigen Gründen unwirksam iSd. § 13 III, wenn sie unter Verstoß gegen allg. **rechtsgeschäftl. Wirksamkeitsvoraussetzungen** erklärt wird. Das gilt etwa für die Kündigung eines Geschäftsunfähigen, die fehlende Zustimmung bei einem nicht voll Geschäftsfähigen, die Kündigung durch einen Vertreter ohne Vertretungsmacht, die fehlende Vorlage einer Vollmachtsurkunde im Fall der Vertretung, eine Kündigung, die auf Willensmängeln iSd. §§ 116 ff. BGB beruht oder bei einem fehlenden Zugang der Kündigung[4].

14 *Angestellte in leitender Stellung*

(1) Die Vorschriften dieses Abschnitts gelten nicht

1. in Betrieben einer juristischen Person für die Mitglieder des Organs, das zur gesetzlichen Vertretung der juristischen Person berufen ist,

2. in Betrieben einer Personengesamtheit für die durch Gesetz, Satzung oder Gesellschaftsvertrag zur Vertretung der Personengesamtheit berufenen Personen.

(2) Auf Geschäftsführer, Betriebsleiter und ähnliche leitende Angestellte, soweit diese zur selbständigen Einstellung oder Entlassung von Arbeitnehmern berechtigt sind, finden die Vorschriften dieses Abschnitts mit Ausnahme des § 3 Anwendung. § 9 Abs. 1 Satz 2 findet mit der Maßgabe Anwendung, dass der Antrag des Arbeitgebers auf Auflösung des Arbeitsverhältnisses keiner Begründung bedarf.

1 **I. Inhalt und Zweck.** Die Vorschrift des § 14 schließt bestimmte Personen von dem Geltungsbereich des ersten Abschnitts über den allgemeinen Kündigungsschutz aus. Vollständig ausgenommen werden zunächst die unmittelbaren **organschaftlichen Vertreter** von juristischen Personen und Personengesamtheiten. Diese sind regelmäßig ohnehin keine ArbN, weil sie nicht in einem persönlichen Abhängigkeitsverhältnis zu einem ArbGeb stehen. Insoweit hat § 14 nur klarstellende Bedeutung[5]. Für den Kreis der **leitenden Angestellten** nach Abs. 2, bei denen es sich um ArbN iSd. Arbeitsrechts handelt, gelten die Bestimmungen über den allgemeinen Kündigungsschutz mit Ausnahme des Einspruchs beim BR nach § 3 und der Notwendigkeit, den arbeitgeberseitigen Auflösungsantrag nach § 9 I 2 zu begründen.

2 **II. Vertreter von juristischen Personen (Abs. 1 Nr. 1).** Abs. 1 Nr. 1 nimmt die gesetzl. Vertreter (nicht aber die rechtsgeschäftlich bestellten Vertreter, s. § 5 ArbGG Rz. 15) juristischer Personen vom kündigungsrechtl. Bestands- und Abfindungsschutz aus, weil ihre organschaftliche Stellung sie zum Repräsentanten der juristischen Person macht. Dabei kommt es nicht darauf an, ob ihrer Bestellung als Organ ausnahmsw. ein Arbeitsverhältnis zugrunde liegt.

3 Die **Organvertreter** bei der Aktiengesellschaft sind nach § 78 I AktG die Mitglieder des Vorstands, nicht aber die Mitglieder des Aufsichtsrats einschließlich etwaiger ArbN-Vertreter. Zu den Organvertretern zählen auch die Vorstandsmitglieder einer Genossenschaft nach § 24 I GenG, eines rechtsfähigen Vereins nach § 26 II BGB sowie einer rechtsfähigen Stiftung nach den §§ 86, 26 II BGB und die Geschäftsführer einer Gesellschaft mit beschränkter Haftung nach § 35 GmbHG. Bei den Organvertretern einer Kommanditgesellschaft auf Aktien handelt es sich um die persönlich haftenden Gesellschafter gem. den §§ 278 II AktG iVm. 161 II, 125 HGB. Der Geschäftsführer einer GmbH & Co. KG, der nicht nur Organvertreter der Komplementär-GmbH ist, sondern zugleich in einem Arbeitsverhältnis zur KG steht, genießt hingegen für dieses Arbeitsverhältnis den allgemeinen Kündigungsschutz nach dem Ersten Abschnitt[6].

4 Um Organvertreter iSd. Abs. 1 Nr. 1 handelt es sich ferner bei den nicht beamteten organschaftlichen Vertretern der **juristischen Personen des öffentl. Rechts**, wie etwa Gemeinden, Kreisen, Handwerksinnungen oder Berufsgenossenschaften. Die zB durch Vorschriften einer Gemeindeordnung gegenständlich beschränkte Vertretungsbefugnis steht der Anwendung des Abs. 1 Nr. 1 nicht entgegen[7]. Auch

---

1 BAG v. 4.2.1960 – 3 AZR 25/58, AP Nr. 5 zu § 1 KSchG – Betriebsbedingte Kündigung; LAG Berlin v. 10.11.2004 – 9 Sa 1854/04. | 2 *Quecke*, RdA 2004, 86 (97 f.). | 3 BAG v. 28.4.1994 – 2 AZR 730/93, NZA 1994, 934. | 4 KR/*Friedrich*, § 13 KSchG Rz. 282–298a. | 5 BAG v. 28.9.1961 – 2 AZR 428/60, AP Nr. 1 zu § 1 KSchG – Personenbedingte Kündigung; v. 15.4.1982 – 2 AZR 1101/79, AP Nr. 1 zu § 14 KSchG 1969. | 6 BAG v. 15.4.1982 – 2 AZR 1101/79, AP Nr. 1 zu § 14 KSchG 1969. | 7 BAG v. 17.1.2002 – 2 AZR 719/00, NZA 2002, 854.

der zum ständigen Vertreter des Hauptgeschäftsführers einer Handwerkskammer bestellte Geschäftsführer soll Organvertreter sein[1], dagegen bestehen jedoch wegen §§ 89, 60 HandwO Bedenken.

Der Bestellung als Organvertreter einer juristischen Person liegt in aller Regel ein Anstellungsvertrag in der Form eines **Dienstvertrags** zugrunde (s. § 5 ArbGG Rz. 14). Bereits das Selbstverständnis der Organvertreter und derjenigen, die sie berufen, verbietet die Annahme, es handele sich bei den Organvertretern um abhängige weisungsgebundene ArbN. Soweit die Organvertreter Maßnahmen umzusetzen haben, die von den Aufsichtsräten oder Gesellschafts- bzw. Vereinsversammlungen beschlossen wurden, handelt es sich um gesellschaftsrechtl. Weisungen, die den Organvertreter im Innenverhältnis idR nicht auch bei seiner Alltagsarbeit gegenüber der Gesellschafterversammlung abhängig und weisungsgebunden macht. 5

Unsicher ist die Rechtslage nach wie vor, wenn ein **ArbN einer juristischen Person zum Organvertreter** bestellt wird und im Hinblick auf die Beendigung des Arbeitsverhältnisses keine eindeutigen Erklärungen abgegeben werden. In diesen Fällen ist die Rspr. zunächst davon ausgegangen, das Arbeitsverhältnis ruhe lediglich und lebe wieder auf, wenn die gesellschaftsrechtl. Bestellung des vormaligen ArbN beendet wird[2]. Später ist angenommen worden, im Zweifel werde mit dem Abschluss des Geschäftsführerdienstvertrags das bisherige Arbeitsverhältnis aufgehoben[3]. Durch den schriftlichen Geschäftsführerdienstvertrag wird das Schriftformerfordernis des § 623 BGB für den Aufhebungsvertrag gewahrt[4] (s. § 5 ArbGG Rz. 16). 6

III. Vertreter von Personengesamtheiten (Abs. 1 Nr. 2). Von dem Geltungsbereich des allgemeinen Kündigungsschutzes sind nach Abs. 1 Nr. 2 auch die Personen ausgenommen, die in Betrieben einer Personengesamtheit durch **Gesetz, Satzung oder Gesellschaftsvertrag** zur Vertretung berufen sind. Dabei handelt es sich um die vertretungsberechtigten Gesellschafter einer Gesellschaft des bürgerlichen Rechts gem. § 705 BGB oder einer offenen Handelsgesellschaft gem. § 105 HGB, die Komplementäre einer Kommanditgesellschaft gem. § 161 HGB und die Vorstandsmitglieder eines nicht rechtsfähigen Vereins gem. § 54 BGB. Nicht unter diese Regelung fallen die nicht zur Vertretung berechtigten Gesellschafter von Personengesellschaften sowie die nicht organschaftl. Vertreter, wie etwa Prokuristen, Generalbevollmächtigte und Handlungsbevollmächtigte (s. § 5 ArbGG Rz. 15). 7

IV. Leitende Angestellte (Abs. 2). Bei den in Abs. 2 genannten Personen handelt es sich im Gegensatz zu den organschaftl. Vertretern um **echte ArbN**, die vom allgemeinen Kündigungsschutz des ersten Abschnitts nicht ausgenommen sind. Allerdings durchbricht Abs. 2 das Prinzip des KSchG als Bestandsschutzgesetz[5] gegenüber diesen ArbN erheblich, da die Auflösung des Arbeitsverhältnisses für den ArbG wesentlich vereinfacht wird. Denn der ArbGeb kann die Beendigung des Arbeitsverhältnisses selbst bei Sozialwidrigkeit seiner Kündigung durch einen Auflösungsantrag nach § 9 herbeiführen, ohne diesen begründen zu müssen. 8

Der **Begriff** des leitenden Angestellten wird nicht nur in § 14, sondern auch im BetrVG, im SprAuG und im MitbestG verwendet. Abs. 2 konkretisiert jedoch seine Anwendbarkeit gegenüber § 5 BetrVG dahingehend, dass es sich um Geschäftsführer, Betriebsleiter oder ähnliche leitende Angestellte handeln muss, soweit diese zur selbständigen Einstellung oder Entlassung von ArbN berechtigt sind; dabei muss diese Funktion zum Zeitpunkt der Kündigung tatsächlich ausgeübt werden[6]. Abs. 2 verwendet den Begriff **Geschäftsführer** nicht im gesellschaftsrechtl. Sinn. Vielmehr sind Personen gemeint, die leitende unternehmerische Aufgaben wahrnehmen und dabei im kaufmännischen, organisatorischen, technischen oder personellen Bereich die Führung des Unternehmens oder eines Betriebs zu verantworten haben. Bei **Betriebsleitern** iSd. Abs. 2 handelt es sich um Personen, die einen Betrieb oder den Betriebsteil eines Unternehmens eigenverantwortlich führen und dabei bedeutungsvolle unternehmerische Teilaufgaben wahrnehmen[7]. Sie müssen gegenüber den Beschäftigten des Betriebs eine Vorgesetztenstellung einnehmen und das Weisungsrecht des ArbGeb ausüben. Eine bloße Aufsichtsfunktion über ArbN oder über den technischen Ablauf des Betriebs genügt nicht. Wird der Betrieb einer Filiale im Wesentlichen von der Zentrale geleitet, ist der Filialleiter noch kein Betriebsleiter iSd. Abs. 2[8]. Auch die **ähnlichen leitenden Angestellten** iSd. Abs. 2 müssen eine Vorgesetztenstellung gegenüber den Beschäftigten des Betriebs innehaben und ArbGebFunktionen wie das Weisungsrecht ausüben. Dazu genügt eine bloße Vertrauensstellung allein nicht[9]. Ein Weisungsrecht gegenüber einem kleinen Kreis von Mitarbeitern ist nicht ausreichend, vielmehr muss der ähnliche leitende Angestellte eine Führungsaufgabe wahrnehmen, wie etwa ein kaufmännischer oder technischer Leiter, der Leiter einer Rechtsabteilung oder der Regionaldirektor einer Versicherung[10]. 9

1 BGH v. 25.7.2002 – III ZR 207/01, NZA 2002, 1040; aA LAG Hamm v. 5.7.2002 – 15 Sa 1756/01, nv. | 2 BAG v. 9.5.1985 – 2 AZR 330/84, AP Nr. 3 zu § 5 ArbGG 1979. | 3 BAG v. 8.6.2000 – 2 AZR 207/99, AP Nr. 49 zu § 5 ArbGG 1979. | 4 BAG v. 19.7.2007 – 6 AZR 774/06, NZA 2007, 1095. | 5 BAG v. 10.10.2002 – 2 AZR 240/01, AP Nr. 45 zu § 9 KSchG 1969. | 6 ArbG München v. 26.8.2004 – 28 Ca 12794/03, NZA-RR 2005, 194. | 7 BAG v. 28.9.1961 – 2 AZR 428/60, AP Nr. 1 zu § 1 KSchG – Personenbedingte Kündigung. | 8 BAG v. 25.11.1993 – 2 AZR 517/93, AP Nr. 3 zu § 14 KSchG 1969. | 9 BAG v. 28.9.1961 – 2 AZR 428/60, AP Nr. 1 zu § 1 KSchG – Personenbedingte Kündigung. | 10 BAG v. 18.10.2000 – 2 AZR 465/99, AP Nr. 39 zu § 9 KSchG 1969.

10 Nicht nur die ähnlichen leitenden Angestellten, sondern auch Geschäftsführer und Betriebsleiter iSd. Abs. 2 müssen zur **selbständigen Einstellung oder Entlassung** von ArbN berechtigt sein[1]. Die Befugnis zur Einstellung oder Entlassung von ArbN muss sowohl im Außen- als auch im Innenverhältnis bestehen. Die Übertragung der Befugnis zur Außenvertretung im Wege der sog. Titularprokura genügt nicht[2]. Die Berechtigung zur selbständigen Einstellung oder Entlassung muss sich nicht auf das gesamte Unternehmen oder den gesamten Betrieb erstrecken. Es reicht aus, wenn sich die Befugnis auf eine Abteilung des Betriebs beschränkt, solange davon eine bedeutende Anzahl von Beschäftigten erfasst wird[3]. Die Selbständigkeit bei der Einstellung oder Entlassung von ArbN setzt ihrerseits **eigenverantwortliches Handeln** des leitenden Angestellten voraus, das nicht von der Zustimmung anderer Personen abhängig ist. Interne Einstellungs- oder Entlassungsrichtlinien, allgemeine arbeitgeberseitige Auswahlregeln sowie die notwendige Rücksprache oder Beratung mit einer anderen Abteilung des Betriebs schränken die Selbständigkeit des leitenden Angestellten nicht ein, wohl aber das Erfordernis von Zustimmung oder Abstimmung mit Fachvorgesetzten oder Geschäftsführern, wenn dadurch die Eigenverantwortlichkeit der Entscheidung entfällt[4]. Die Tätigkeit des leitenden Angestellten muss durch die unternehmerische Funktion im Rahmen der Einstellung oder Entlassung von ArbN schwerpunktmäßig bestimmt werden[5].

11 Das **Einspruchsrecht** gegenüber dem BR nach § 3 steht einem leitenden Angestellten iSd. Abs. 2 nicht zu, sofern er gleichzeitig ein leitender Angestellte iSd. BetrVG ist, s. § 5 BetrVG Rz. 47 ff.

12 Die Vorschrift des § 9 I 2 findet gem. Abs. 2 S. 2 nur mit der Maßgabe Anwendung, dass der **Antrag des ArbGeb auf Auflösung** des Arbeitsverhältnisses keiner Begründung bedarf. Der ArbGeb muss in dem Kündigungsschutzprozess, in dem er den Auflösungsantrag nach § 9 stellt, also nicht darlegen und beweisen, aus welchen Gründen eine den Betriebszwecken dienliche weitere Zusammenarbeit mit dem leitenden Angestellten nicht mehr erwartet werden kann. Allein auf Grund der besonderen Stellung eines leitenden Angestellten im Betrieb, die wegen der herausgehobenen Funktion das Vertrauen des ArbGeb voraussetzt, geht der Gesetzgeber davon aus, dass die Vertragsbeziehung zwischen ArbGeb und ArbN schon durch die Tatsache einer ausgesprochenen Kündigung nachhaltig gestört sein kann. Der ArbGeb erhält in dieser Situation durch Abs. 2 die Möglichkeit, sich von dem leitenden Angestellten zu trennen, ohne dies näher begründen zu müssen. Auf die Begründung der Kündigung, insb. ob tatsächlich eine Störung des Vertrauensverhältnisses oder betriebsbedingte Gründe für die Kündigung vorliegen, kommt es nicht an. Allerdings muss das Gericht in jedem Fall zunächst die Sozialwidrigkeit der Kündigung feststellen. Darüber hinaus hat der ArbGeb die vom Gericht festzusetzende Entschädigung nach § 10 zu zahlen. Hat der ArbGeb einen Auflösungsantrag gestellt, ist er zu einer Weiterbeschäftigung des leitenden Angestellten bis zum Ablauf des Kündigungsschutzprozesses nicht verpflichtet[6]. Der jeweilige Anstellungsstatus kann nicht wirksam durch Abberufung beendet werden, selbst wenn dieses vertraglich vorgesehen ist; mit einer solchen Vereinbarung wird der gesetzl. (Änderungs-) Kündigungsschutz umgangen[7].

Zweiter Abschnitt. Kündigungsschutz im Rahmen der Betriebsverfassung und Personalvertretung

15 *Unzulässigkeit der Kündigung*

(1) Die Kündigung eines Mitglieds eines Betriebsrats, einer Jugend- und Auszubildendenvertretung, einer Bordvertretung oder eines Seebetriebsrats ist unzulässig, es sei denn, dass Tatsachen vorliegen, die den Arbeitgeber zur Kündigung aus wichtigem Grund ohne Einhaltung einer Kündigungsfrist berechtigen, und dass die nach § 103 des Betriebsverfassungsgesetzes erforderliche Zustimmung vorliegt oder durch gerichtliche Entscheidung ersetzt ist. Nach Beendigung der Amtszeit ist die Kündigung eines Mitglieds eines Betriebsrats, einer Jugend- und Auszubildendenvertretung oder eines Seebetriebsrats innerhalb eines Jahres, die Kündigung eines Mitglieds einer Bordvertretung innerhalb von sechs Monaten, jeweils vom Zeitpunkt der Beendigung der Amtszeit an gerechnet, unzulässig, es sei denn, dass Tatsachen vorliegen, die den Arbeitgeber zur Kündigung aus wichtigem Grund ohne Einhaltung einer Kündigungsfrist berechtigen; dies gilt nicht, wenn die Beendigung der Mitgliedschaft auf einer gerichtlichen Entscheidung beruht.

(2) Die Kündigung eines Mitglieds einer Personalvertretung, einer Jugend- und Auszubildendenvertretung oder einer Jugendvertretung ist unzulässig, es sei denn, dass Tatsachen vorliegen, die den Arbeitgeber zur Kündigung aus wichtigem Grund ohne Einhaltung einer Kündigungsfrist berechtigen,

1 BAG v. 18.10.2000 – 2 AZR 465/99, AP Nr. 39 zu § 9 KSchG 1969. |2 BAG v. 11.3.1982 – 6 AZR 136/79, AP Nr. 28 zu § 5 BetrVG 1972; v. 11.1.1995 – 7 ABR 33/94, AP Nr. 55 zu § 5 BetrVG 1972. |3 BAG v. 11.3.1982 – 6 AZR 136/79, AP Nr. 28 zu § 5 BetrVG 1972; LAG Nds. v. 8.1.2004 – 7 Sa 219/03, NZA-RR 2004, 524. |4 LAG Nds. v. 8.1.2004 – 7 Sa 219/03, NZA-RR 2004, 524. |5 BAG v. 18.10.2000 – 2 AZR 465/99, AP Nr. 39 zu § 9 KSchG 1969. |6 BAG v. 16.11.1995 – 8 AZR 864/93, AP Nr. 54 zu Einigungsvertrag Anlage I Kapitel XIX. |7 BAG v. 9.2.2006 – 6 AZR 47/05, NZA 2006, 1046.

und dass die nach dem Personalvertretungsrecht erforderliche Zustimmung vorliegt oder durch gerichtliche Entscheidung ersetzt ist. Nach Beendigung der Amtszeit der in Satz 1 genannten Personen ist ihre Kündigung innerhalb eines Jahres, vom Zeitpunkt der Beendigung der Amtszeit an gerechnet, unzulässig, es sei denn, dass Tatsachen vorliegen, die den Arbeitgeber zur Kündigung aus wichtigem Grund ohne Einhaltung einer Kündigungsfrist berechtigen; dies gilt nicht, wenn die Beendigung der Mitgliedschaft auf einer gerichtlichen Entscheidung beruht.

(3) Die Kündigung eines Mitglieds eines Wahlvorstands ist vom Zeitpunkt seiner Bestellung an, die Kündigung eines Wahlbewerbers vom Zeitpunkt der Aufstellung des Wahlvorschlags an, jeweils bis zur Bekanntgabe des Wahlergebnisses unzulässig, es sei denn, dass Tatsachen vorliegen, die den Arbeitgeber zur Kündigung aus wichtigem Grund ohne Einhaltung einer Kündigungsfrist berechtigen, und dass die nach § 103 des Betriebsverfassungsgesetzes oder nach dem Personalvertretungsrecht erforderliche Zustimmung vorliegt oder durch eine gerichtliche Entscheidung ersetzt ist. Innerhalb von sechs Monaten nach Bekanntgabe des Wahlergebnisses ist die Kündigung unzulässig, es sei denn, dass Tatsachen vorliegen, die den Arbeitgeber zur Kündigung aus wichtigem Grund ohne Einhaltung einer Kündigungsfrist berechtigen; dies gilt nicht für Mitglieder des Wahlvorstands, wenn dieser durch gerichtliche Entscheidung durch einen anderen Wahlvorstand ersetzt worden ist.

(3a) Die Kündigung eines Arbeitnehmers, der zu einer Betriebs-, Wahl- oder Bordversammlung nach § 17 Abs. 3, § 17a Nr. 3 Satz 2, § 115 Abs. 2 Nr. 8 Satz 1 des Betriebsverfassungsgesetzes einlädt oder die Bestellung eines Wahlvorstands nach § 16 Abs. 2 Satz 1, § 17 Abs. 4, § 17a Nr. 4, § 63 Abs. 3, § 115 Abs. 2 Nr. 8 Satz 2 oder § 116 Abs. 2 Nr. 7 Satz 5 des Betriebsverfassungsgesetzes beantragt, ist vom Zeitpunkt der Einladung oder Antragstellung an bis zur Bekanntgabe des Wahlergebnisses unzulässig, es sei denn, dass Tatsachen vorliegen, die den Arbeitgeber zur Kündigung aus wichtigem Grund ohne Einhaltung einer Kündigungsfrist berechtigen; der Kündigungsschutz gilt für die ersten drei in der Einladung oder Antragstellung aufgeführten Arbeitnehmer. Wird ein Betriebsrat, eine Jugend- und Auszubildendenvertretung, eine Bordvertretung oder ein Seebetriebsrat nicht gewählt, besteht der Kündigungsschutz nach Satz 1 vom Zeitpunkt der Einladung oder Antragstellung an drei Monate.

(4) Wird der Betrieb stillgelegt, so ist die Kündigung der in den Absätzen 1 bis 3 genannten Personen frühestens zum Zeitpunkt der Stilllegung zulässig, es sei denn, dass ihre Kündigung zu einem früheren Zeitpunkt durch zwingende betriebliche Erfordernisse bedingt ist.

(5) Wird eine der in den Absätzen 1 bis 3 genannten Personen in einer Betriebsabteilung beschäftigt, die stillgelegt wird, so ist sie in eine andere Betriebsabteilung zu übernehmen. Ist dies aus betrieblichen Gründen nicht möglich, so findet auf ihre Kündigung die Vorschrift des Absatzes 4 über die Kündigung bei Stilllegung des Betriebs sinngemäß Anwendung.

I. Inhalt und Zweck. § 15 gewährt bestimmten Amts- und Funktionsträgern aus Betriebsverfassung 1
und Personalvertretung einen **besonderen Kündigungsschutz**. Erfasst werden gewählte Mitglieder der Vertretungsorgane der Betriebsverfassung (Abs. 1) und der Personalvertretung (Abs. 2) und bestimmte an der Wahl beteiligte ArbN, nämlich Wahlvorstandsmitglieder und Wahlbewerber (Abs. 3) sowie Initiatoren betriebsverfassungsrechtl. Wahlen (Abs. 3a). Kündigungen sind nach dem jeweiligen S. 1 der Abs. 1–3a grds. unzulässig, sofern sie nicht aus wichtigem Grund erfolgen und – mit Ausnahme der Initiatoren des Abs. 3a – die Zustimmung der zuständigen ArbN-Vertretung vorliegt oder gerichtlich ersetzt ist. Der jeweilige S. 2 der Abs. 1–3 erstreckt den Schutz vor ordentl. Kündigung über die Amts- bzw. Funktionszeit hinaus auf eine sog. Nachwirkungszeit von einem Jahr, ausnahmsw. sechs Monaten,

wobei es hier nicht mehr der Zustimmung der ArbN-Vertretung zur außerordentl. Kündigung bedarf, sondern nur noch ihrer gewöhnlichen Beteiligung; keinen Nachwirkungsschutz genießen wiederum die Initiatoren nach Abs. 3a. Abweichend von diesen Regelungen sind nach Maßgabe der Abs. 4 und 5 ordentl. Kündigungen im Falle der Stilllegung eines Betriebs (Abs. 4) oder einer Betriebsabteilung (Abs. 5) zulässig.

2 § 15 soll dem geschützten Personenkreis eine **unabhängige Amts- oder Funktionsausübung** ohne Furcht vor Repressalien durch den ArbGeb ermöglichen und zugleich die Kontinuität der personellen Zusammensetzung der jeweiligen ArbN-Gremien erhalten[1]. Die Vorschrift dient somit in erster Linie kollektiven ArbN-Interessen. Zugleich schützt sie auch die Individualinteressen der betroffenen ArbN[2], wie der nachwirkende Schutz sowie der Umstand belegen, dass sie den allgemeinen Kündigungsschutz des § 1 verdrängt (vgl. Rz. 8). Es handelt sich um zwingendes Recht, das vor Ausspruch der Kündigung – auch internationalrechtl. (vgl. Vor § 1 Rz. 34) – nicht wirksam abbedungen werden kann (vgl. auch Vor § 1 Rz. 24 f.). § 15 ist kein Schutzgesetz iSv. § 823 II BGB[3], weil er – anders als etwa § 9 I MuSchG oder § 12 AGG – kein individuelles Rechtsgut iSd. § 823 BGB unmittelbar schützt, sondern Kollektivinteressen und die Vertragsbeziehung der betroffenen ArbN (vgl. näher Vor § 1 Rz. 46).

3 Bedarf die außerordentl. Kündigung der Zustimmung der ArbN-Vertretung und muss diese gerichtlich ersetzt werden, kommt es zu einem **komplizierten Zusammenspiel** mit den Regelungen des § 626 BGB und der §§ 103 BetrVG, 47, 108 BPersVG. Die Rspr. hat insb. im Hinblick auf die Kündigungserklärungsfrist des § 626 II BGB Maßgaben entwickelt, deren genaue Einhaltung ebenso schwierig wie unverzichtbar ist und große Umsicht erfordert[4] (vgl. Rz. 39).

4 **II. Betrieblicher Geltungsbereich.** Der Zweite Abschnitt des KSchG (§§ 15, 16) gilt gem. § 23 I 1 in **allen Betrieben und Verwaltungen** des privaten und öffentl. Rechts. Die Kleinbetriebsklausel des § 23 I 2 schränkt den Geltungsbereich des Zweiten Abschnitts nicht ein. Allerdings darf der Betrieb bei Begründung des Schutzes nicht offenkundig betriebsratsunfähig gewesen sein; ein späteres Absinken der ArbN-Zahl unter die Grenze des § 1 I BetrVG beendet zwar das Betriebsratsamt, lässt aber den nachwirkenden Schutz unberührt[5]. Erweckt ein ArbGeb nach einer Betriebsspaltung gegenüber dem BR den Eindruck, mit einem anderen Unternehmen einen Gemeinschaftsbetrieb zu führen, muss er sich in Bezug auf den Schutz des § 15 daran festhalten lassen[6].

5 § 15 gilt grds. auch in **Tendenzbetrieben**[7]. Gem. § 118 I BetrVG bedarf aber die außerordentl. Kündigung eines als Tendenzträger beschäftigten BR-Mitglieds aus tendenzbezogenen Gründen entgegen § 15 I 1 nicht der Zustimmung des BR nach § 103 BetrVG, sondern lediglich seiner Anhörung nach § 102 BetrVG[8]; doch bleibt es beim Ausschluss der ordentl. Kündigung durch § 15, da § 118 I BetrVG insoweit keine Einschränkung des Schutzes gebietet und grundrechtl. geschützte Positionen des Tendenzträgers im Rahmen der Interessenabwägung des § 626 I BGB berücksichtigt werden können[9]. Keine Anwendung findet § 15 im Bereich der **Kirchen**, da für sie die Betriebs- und Personalverfassungen nicht gelten (vgl. §§ 118 II, 130 BetrVG und die PersVG); soweit eigene Mitarbeitervertretungsordnungen bestehen[10], ist darin idR auch ein eigenständiger Schutz für die betroffenen ArbN vorgesehen. Auf **Flugbetriebe**, dh. die Gesamtheit der Luftfahrzeuge eines Luftverkehrsbetriebes, findet der Zweite Abschnitt gem. § 24 I grds. Anwendung. Doch sind die im Flugbetrieb beschäftigten ArbN von Luftfahrtunternehmen gem. § 117 I BetrVG von der Betriebsverfassung ausgenommen; für sie kann gem. § 117 II BetrVG nur durch TV eine Vertretung errichtet werden. Deren Mitglieder dürften unter den Schutz des § 15 fallen[11].

6 **Im öffentl. Dienst** findet § 15 gem. Abs. 2 überall Anwendung, wo Personalvertretungen gebildet werden. Hierzu gehören die nach Art. 56 IX Zusatzabkommen zum NATO-Truppenstatut errichteten Betriebsvertretungen der zivilen ArbN bei den alliierten Streitkräften[12] (vgl. auch Vor § 1 Rz. 37 f.). Das BPersVG und einige PersVG der Länder enthalten keine dem § 118 I BetrVG entsprechende Beschränkung des Zustimmungserfordernisses aus § 15 KSchG iVm. §§ 47 I, 108 I BPersVG für den „Tendenzschutz" des demokratisch legitimierten öffentl. Dienstherrn. Eine Beschränkung dürfte aber grundrechtl. in gleichem Maße geboten sein[13].

---

1 Vgl. Amtl. Begr. RdA 1951, 65; BAG v. 17.2.1983 – 2 AZR 481/81, BB 1983, 1218. | **2** APS/*Linck*, § 15 KSchG Rz. 4 mwN; enger BAG v. 6.11.1959 – 1 AZR 329/58, AP Nr. 15 zu § 13 KSchG. | **3** HM, vgl. KR/*Etzel*, § 15 KSchG Rz. 149. | **4** Anschaulich *Diller*, NZA 1998, 1163 und NZA 2004, 579. | **5** ArbG Berlin v. 29.9.1980 – 35 Ca 295/80, AuR 1981, 320; ErfK/*Kiel*, § 15 KSchG Rz. 36. | **6** BAG v. 18.10.2000 – 2 AZR 494/99, NZA 2001, 321. | **7** BAG v. 3.11.1982 – 7 AZR 5/81, AP Nr. 12 zu § 15 KSchG 1969. | **8** BAG v. 28.8.2003 – 2 ABR 48/02, AP Nr. 49 zu § 103 BetrVG 1972. | **9** HM, vgl. *v. Hoyningen-Huene/Linck*, § 15 KSchG Rz. 10 mwN. | **10** Ev. Kirche: KirchenG über Mitarbeitervertretung in der EKD (MVG) v. 6.11.1992, AmtsBl. EKD S. 445 (muss zT noch von den Gliedkirchen übernommen werden); Kath. Kirche: Rahmenordnung für eine Mitarbeitervertretungsordnung (MAVO) gemäß Beschl. v. 20.11.1995 (muss von den örtlichen Bischöfen jeweils umgesetzt werden); vgl. näher KR/*Friedrich*, § 13 KSchG Rz. 210a. | **11** Str., wie hier *v. Hoyningen-Huene/Linck*, § 15 KSchG Rz. 9a mwN; aA LAG Hess. v. 4.10.1983 – 3 Sa 215/83, nv. | **12** BAG v. 29.1.1981 – 2 AZR 778/78, AP Nr. 10 zu § 15 KSchG 1969. | **13** Vgl. zur Frage des notwendigen Letztentscheidungsrechts BVerfG v. 5.12.2002 – 2 BvL 5/98, BVerfGE 107, 59; v. 24.5.1995 – 2 BvF 1/92, BVerfGE 93, 37; wie hier *v. Hoyningen-Huene/Linck*, § 15 KSchG Rz. 13.

III. Verhältnis zum sonstigen Kündigungsschutz. Der sonstige Kündigungsschutz **außerhalb des KSchG** (§ 85 SGB IX, § 9 MuSchG, § 18 BEEG etc.) bleibt von § 15 unberührt. In der Insolvenz wird § 15 wie auch der sonstige gesetzl. Kündigungsschutz von § 113 S. 1 InsO nicht durchbrochen[1]. § 125 InsO gilt für Kündigungen nach § 15 nicht[2]. Wo § 15 nicht greift, kann ein Verstoß gegen den Wahlschutz vorliegen (§ 20 BetrVG, § 24 BPersVG)[3]. Auf Grund einer Spaltung oder Teilübertragung iSv. **§ 323 I UmwG** darf sich die kündigungsrechtl. Stellung des ArbN auf die Dauer von zwei Jahren ab der Spaltung bzw. Teilübertragung nicht verschlechtern. Besteht kein Übergangsmandat (§ 21a BetrVG), endet an sich der volle Kündigungsschutz. § 323 I UmwG schützt die kündigungsrechtl. Stellung des ArbN für die Dauer von zwei Jahren vor unmittelbaren nachteiligen Einwirkung durch eine Spaltung/Teilübertragung (Verschlechterungsverbot; vgl. § 323 UmwG Rz. 13 mwN)[4]. Nach zutreffender Auffassung behält er bis zu zwei Jahren den vollen Schutz mitsamt Zustimmungserfordernis (bei fehlendem BR beim ArbG zu beantragen, vgl. Rz. 51). Dies gilt aber nur, wenn seine verbleibende Amtszeit so lange gedauert hätte; bei kürzerer Amtszeit wechselt er entsprechend in den nachwirkenden Schutz des § 15. Mit dessen Ablauf, spätestens aber nach zwei Jahren, endet der Schutz. Entsprechendes gilt, wenn sich der ArbN schon bei der Spaltung/Teilübertragung im Nachwirkungszeitraum befand. Eine weiter reichende kündigungsrechtl. Stellung hatte er nicht innegehabt[5]. 7

Innerhalb des KSchG bildet der Zweite Abschnitt (§§ 15, 16) eine in sich geschlossene eigenständige Schutzregelung (lex specialis zu § 1). Bei der **ordentl. Kündigung** verdrängen sowohl deren grds. Unzulässigkeit gem. Abs. 1 bis 3a als auch deren eingeschränkte Zulässigkeit nach Maßgabe der Abs. 4 und 5 nach hM als lex specialis für den betroffenen Personenkreis die Vorschriften über die Sozialwidrigkeit der Kündigung (§ 1)[6]. Dabei ist zT eine erweiternde Auslegung der Abs. 4 und 5 zur Angleichung an den Schutzumfang des § 1 geboten (vgl. Rz. 57). Gem. § 13 III nF ist die **Klagefrist** der §§ 4–7 einzuhalten[7]; im Übrigen findet der Erste Abschnitt keine Anwendung. Insb. kann der ArbN keine gerichtl. Auflösung gem. §§ 9, 10 verlangen, auch nicht mit dem Argument, dass die Kündigung außer nach § 15 zusätzlich nach § 1 wegen Sozialwidrigkeit unwirksam ist (vgl. § 1 Rz. 22), da § 1 gerade verdrängt wird[8]. Das gilt auch, wenn etwa bei einer Betriebsstilllegung gem. Abs. 4 ausnahmsw. wegen tarifl. Unkündbarkeit an Stelle einer ordentl. eine außerordentl. Kündigung mit sozialer Auslauffrist ausgesprochen wird; denn diese ist in jeder Hinsicht wie eine ordentl. Kündigung zu behandeln[9]. Der Massenentlassungsschutz des Dritten Abschnitts steht dagegen nicht in Konkurrenz zu §§ 15, 16 und ist in den Fällen der ordentl. Kündigung nach Abs. 4 und 5 kumulativ zu beachten[10]. 8

Bei der **außerordentl. Kündigung** ist gem. § 13 I 2 nF ebenfalls die **Klagefrist** der §§ 4 S. 1, 5–7 zu wahren, und zwar unabhängig davon, ob das Fehlen eines wichtigen Grundes oder ein anderer Unwirksamkeitsgrund (zB Fehlen der Zustimmung der ArbN-Vertretung) geltend gemacht wird[11]. Nach Maßgabe des § 13 I 3–5 kann der ArbN hier gerichtliche Auflösung des Arbeitsverhältnisses verlangen, wenn die außerordentl. Kündigung unbegründet ist. Das gilt auch, wenn sie außerdem aus anderem Grund unwirksam ist, etwa wegen fehlender Zustimmung der ArbN-Vertretung (vgl. § 1 Rz. 22). 9

IV. Geschützter Personenkreis. Geschützt werden gewählte ArbN-Vertreter, nämlich Mitglieder der Betriebsverfassungsorgane (Abs. 1) und der Personalvertretungen (Abs. 2), sowie bestimmte an der Wahl beteiligte ArbN, nämlich Wahlvorstandsmitglieder und Wahlbewerber (Abs. 3) und Initiatoren betriebsverfassungsrechtl. Wahlen (Abs. 3a). Der Schutz besteht während der jeweiligen **Amts- bzw. Funktionszeit** und – in abgeschwächter Form sowie nicht bei den Wahlinitiatoren – auch während einer **Nachwirkungszeit** (vgl. Rz. 28 ff.). 10

1. Gewählte Mitglieder der Vertretungsorgane (Abs. 1 u. 2). a) Mitgliedschaft. Abs. 1 u. 2 schützen die gewählten Mitglieder der ArbN-Vertretungen aus Betriebsverfassung und Personalvertretung. Eine **nichtige Wahl** begründet keine Mitgliedschaft in einem Vertretungsorgan und damit keinen Schutz. In Betracht kommt nur ein nachwirkender Schutz als Wahlbewerber (vgl. Rz. 28 ff.); die Nichtigkeit der Wahl kann der ArbGeb im Kündigungsschutzprozess geltend machen[12]. Bei nur anfechtbarer Wahl besteht der Schutz des § 15 bis zur rechtskräftigen Feststellung ihrer Unwirksamkeit nach § 19 BetrVG[13]. Zur Frage eines nachwirkenden Schutzes in diesem Fall vgl. Rz. 32. 11

Abs. 1 und 2 knüpfen den vollen Schutz (S. 1) an die **Dauer der persönlichen Mitgliedschaft** des ArbN in dem Vertretungsorgan; der nachwirkende Schutz (S. 2) schließt sich grds. an die Beendigung der persönlichen Mitgliedschaft an[14]. Die Amtszeit eines erstmals oder eines außerhalb des regelmäßigen 12

---

1 BAG v. 5.12.2002 – 2 AZR 571/01, DB 2003, 1334. | 2 LAG Hamm v. 4.3.2005 – 10 Sa 1832/04, nv.; für analoge Anwendung LAG BW v. 20.5.2005 – 4 Sa 51/04, nv. | 3 Vgl. BAG v. 4.4.1974 – 2 AZR 452/73, DB 1974, 1067. | 4 Vgl. BAG v. 22.9.2005 – 6 AZR 526/04, noch nv. | 5 Sehr str., aA etwa ErfK/*Kiel*, § 15 KSchG Rz. 36 (voller Schutz für zwei Jahre, da § 323 I UmwG dem § 15 I 2 vorgehe) sowie HWK/*Willemsen*, § 323 UmwG Rz. 13 (stets zwei Jahre nur nachwirkender Schutz); offen gelassen von BAG v. 18.10.2000 – 2 AZR 494/99, NZA 2001, 321. | 6 KR/*Etzel*, § 15 KSchG Rz. 93 mwN. | 7 ErfK/*Kiel*, § 15 KSchG Rz. 4; APS/*Linck*, § 15 KSchG Rz. 189 ff. | 8 HM, vgl. *v. Hoyningen-Huene/Linck*, § 15 Rz. 163 mwN. | 9 BAG v. 18.9 1997 – 2 ABR 15/97, AP Nr. 35 zu § 103 BetrVG 1972. | 10 AllgM, vgl. KR/*Etzel*, § 15 KSchG Rz. 151 mwN. | 11 APS/*Linck*, § 15 KSchG Rz. 189 ff. | 12 BAG v. 27.4.1976 – 1 AZR 482/75, NJW 1976, 2229; v. 7.5.1986 – 2 AZR 349/85, NZA 1986, 753. | 13 BAG v. 29.9.1983 – 2 AZR 212/82, DB 1984, 302. | 14 BAG v. 5.7.1979 – 2 AZR 521/77, BB 1979, 1769.

Wahlzeitraums gewählten BR und damit die persönliche Mitgliedschaft der gewählten ArbN **beginnt** gem. § 21 S. 2 Hs. 1 BetrVG mit Bekanntgabe des Wahlergebnisses, bei der regulären Neuwahl eines bestehenden BR mit Ablauf der Amtszeit des alten BR (zum Schutz der gewählten Wahlbewerber in der Zwischenzeit vgl. Rz. 24). Zum Beginn der Amtszeit vgl. auch die Erl. zu § 21 BetrVG. Abweichend hiervon will das BAG die persönliche Mitgliedschaft in einer Jugendvertretung und damit den Schutz des § 78a BetrVG bereits vor Beginn deren Amtszeit mit der Stimmauszählung beginnen lassen[1]. Das ist abzulehnen, weil es eine Mitgliedschaft zu einem (noch) nicht existierenden Organ nicht geben kann. Für die übrigen in Abs. 1 und 2 genannten Vertretungen wie auch für die spezialgesetzlich geregelten Fälle (vgl. Rz. 16) gilt nach den jeweiligen Bestimmungen mit geringfügigen Abweichungen (vgl. etwa § 26 BPersVG) Entsprechendes.

13 Die persönliche **Mitgliedschaft endet** mit dem Ende der Amtszeit des betreffenden Vertretungsorgans (beim BR §§ 21–22 BetrVG[2]), dessen gerichtlicher Auflösung (§§ 23 I, 24 Nr. 5 BetrVG) oder mit dem Ausscheiden des einzelnen Mitglieds aus dem Organ (§ 24 Nr. 2–6 BetrVG), etwa auf Grund Amtsniederlegung oder wirksamer Versetzung in einen anderen Betrieb (§ 24 Nr. 2 u. 4 BetrVG). Die Beendigung auf Grund gerichtlicher Entscheidung (§ 24 Nr. 5, 6 BetrVG) tritt erst mit deren Rechtskraft ein, so zB bei gerichtlicher Entscheidung über die Eigenschaft eines gewählten Mitglieds als leitender Angestellter[3]; bis zum Eintritt der Rechtskraft besteht somit Schutz (zur Nachwirkung vgl. Rz. 32). Die Amtszeit eines BR endet außerdem mit dem Absinken der Zahl der wahlberechtigten ArbN unter fünf (sofern kein Restmandat besteht); es schließt sich der nachwirkende Schutz an[4]. In den Fällen der Spaltung, Zusammenlegung oder Stilllegung eines Betriebs oder Betriebsteils ist das Übergangs- bzw. Restmandat des BR zu beachten (§§ 21a, 21b BetrVG). Vgl. hierzu auch § 613a BGB Rz. 285. Für die übrigen in Abs. 1 und 2 genannten Vertretungen wie auch die spezialgesetzlich geregelten Fälle (vgl. Rz. 16) gilt dies nach den jeweiligen Bestimmungen entsprechend. Zu Beginn und Ende des Schutzes eines Ersatzmitgliedes vgl. Rz. 18 f.

14 **b) Betriebsverfassung.** Abs. 1 erfasst die Mitglieder der **betriebsverfassungsrechtl. Vertretungsorgane**, nämlich des BR, der JAV, der Bordvertretung und des SeeBR. Da sich GBR, KBR und GesamtJAV ausschließlich aus diesem Personenkreis zusammensetzen, bedürfen deren Mitglieder keiner eigenen Erwähnung. Auszubildende genießen als Mitglieder eines Vertretungsorgans zusätzlich gem. § 78a BetrVG Schutz gegen die Nichtübernahme in ein unbefristetes Arbeitsverhältnis. Gem. § 40 I EBRG findet § 15 I, III–V entsprechende Anwendung auf Mitglieder eines **EBR** und weitere Funktionsträger (§ 40 II EBRG), die im Inland beschäftigt sind (vgl. EBRG Rz. 46). Mitglieder einer **anderen Vertretung iSv. § 3 I Nr. 1–3 BetrVG**, die auf Grund TV oder BV gebildet wurden und an die Stelle des BR treten, werden ebenfalls erfasst[5], nicht aber Mitglieder zusätzlicher Vertretungen nach § 3 I Nr. 4 u. 5 BetrVG, sofern sie nicht außerdem Mitglieder des BR oder eines anderen geschützten Gremiums sind. Zu Mitgliedern der ArbN-Vertretungen von Flugbetrieben vgl. Rz. 5.

15 **c) Personalvertretungen.** Abs. 2 erfasst die Mitglieder der Vertretungsorgane der Personalvertretung im öffentl. Dienst, also der verschiedenen Personalvertretungen, der JAV und der Jugendvertretung. Zu den Personalvertretungen zählen der Personalrat sowie die in mehrstufigen Verwaltungen unmittelbar gewählten **Stufenvertretungen** (Bezirks- und Hauptpersonalräte, § 53 I BPersVG) und ein Gesamtpersonalrat (§ 55 BPersVG). Entsprechendes gilt für die Stufenvertretungen der JAV (§ 64 I BPersVG) und die GesamtJAV (§ 64 II BPersVG). Eine Ausnahme besteht gem. § 47 III BPersVG für ArbN, die in einer dem Vorbereitungsdienst für Beamte entsprechenden Berufsausbildung stehen. Für den Bereich der Länder gelten deren jeweilige PersVG, wobei § 108 I BPersVG rahmenrechtl. das Zustimmungserfordernis der zuständigen Personalvertretung vorgibt. Zur **zuständigen Personalvertretung** bei außerordentl. Kündigung vgl. Rz. 28 u. 49, bei ordentl. Kündigung (Abs. 4) vgl. Rz. 57. Gem. Art. 56 IX Zusatzabkommen zum NATO-Truppenstatut gehören die nach dem BPersVG gebildeten Betriebsvertretungen der zivilen ArbN bei den **alliierten Streitkräften** ebenfalls zu den geschützten Gremien[6] (vgl. auch Vor § 1 Rz. 37 f.).

16 **d) Weitere Vertretungsorgane.** Gem. §§ 96 III, 97 VII SGB IX haben die **Vertrauenspersonen schwerbehinderter Menschen** und ihre Stellvertreter (während der Dauer der Vertretung sowie bei besonderer Heranziehung nach § 95 I 4 SGB IX, vgl. Rz. 20) die gleiche persönliche Rechtsstellung wie ein nach § 15 geschützter ArbN, dh. ihre außerordentl. Kündigung bedarf der Zustimmung der zuständigen ArbN-Vertretung, ihre ordentl. Kündigung ist nur nach Maßgabe des § 15 IV u. V zulässig. Ist die geschützte Person selbst schwerbehindert, ist zudem gem. §§ 85 ff. SGB IX die vorherige Zustimmung des Integrationsamts erforderlich[7]. Zum Schutz der an den Wahlen zur Schwerbehindertenvertretung beteiligten ArbN gem. § 94 VI 2 SGB IX vgl. Rz. 21. Zum Schutz der Mitglieder eines **EBR** und weiterer besonderer

---

1 BAG v. 22.9.1983 – 6 AZR 323/81, AP Nr. 11 zu § 78a BetrVG 1972 mit abl. Anm. *Löwisch.* | 2 Vgl. zur Weiterführung der Geschäfte gemäß § 22 BetrVG BAG v. 27.9.1957 – 1 AZR 493/55, AP Nr. 7 zu § 13 KSchG. | 3 BAG v. 29.9.1983 – 2 AZR 212/82, DB 1984, 302. | 4 ArbG Berlin v. 29.9.1980 – 35 Ca 295/80, AuR 1981, 320; ErfK/*Kiel,* § 15 KSchG Rz. 36. | 5 AllgM, vgl. *v. Hoyningen-Huene/Linck,* § 15 Rz. 9a mwN. | 6 BAG v. 29.1.1981 – 2 AZR 778/78, NJW 1982, 252. | 7 BAG v. 11.5.2000 – 2 AZR 276/99, NZA 2000, 1106.

Funktionsträger in der europäischen Betriebsverfassung vgl. auch Rz. 14. Heimarbeitern gewährt § 29a HAG einen dem § 15 nachgebildeten Kündigungsschutz.

e) **Nicht geschützte Vertreter.** § 15 enthält – vorbehaltlich spezialgesetzlicher Ergänzungen (vgl. Rz. 16) – eine **abschließende Aufzählung** der geschützten ArbN. Nicht erfasst werden daher Mitglieder sonstiger Gremien der Mitbest. in Betrieb oder Unternehmen (sofern sie nicht zugleich Mitglieder des BR oder eines anderen geschützten Gremiums sind): Mitglieder von betrieblichen Einigungs- und Beschwerdestellen (§§ 76, 86 BetrVG), tarifl. Schlichtungsstellen (§ 76 VIII BetrVG), des Wirtschaftsausschusses (§ 106 BetrVG), einer zusätzlichen ArbN-Vertretung nach § 3 I Nr. 4 u. 5[1], des Sprecherausschusses der leitenden Angestellten (§ 1 SprAuG) oder des Aufsichtsrats[2]. Sie genießen aber nach § 78 BetrVG, § 2 III SprAuG bzw. den jeweiligen Gesetzen der Unternehmensmitbestimmung einen relativen Schutz vor Behinderung und Benachteiligung. Auch der Immissionsschutzbeauftragte hat gem. § 58 II BImSchG nur relativen Schutz[3]. Keine Anwendung findet § 15 auf Mitglieder von ArbN-Vertretungen der Kirchen (vgl. Rz. 5). 17

2. **Ersatzmitglieder.** Ersatzmitglieder der in Abs. 1 u. 2 genannten Vertretungsorgane genießen als vormalige Wahlbewerber den nachwirkenden Schutz der Wahlbewerber von sechs Monaten nach Abs. 3 S. 2. Den vollen Schutz der Abs. 1 u. 2 erlangen sie mit ihrem endgültigen oder vorübergehenden Nachrücken. Zum **endgültigen Nachrücken** kommt es, wenn ein BR-Mitglied vorzeitig aus dem BR ausscheidet (§§ 25 I 1, 24 Nr. 2–6 BetrVG). Mit dem Ausscheiden rückt das Ersatzmitglied automatisch nach und erlangt den vollen Schutz; einer Amtsausübung, Annahmeerklärung, Benachrichtigung oder auch nur Kenntnisnahme bedarf es nicht[4] (vgl. auch die Erl. zu § 25 BetrVG). 18

Zu einem **vorübergehenden Nachrücken** kommt es bei Vertretung eines zeitweilig verhinderten ordentl. Mitglieds (§ 25 I 2 BetrVG). Auch hier steht dem Ersatzmitglied mit dem Eintritt des Vertretungsfalls, dh. grds. mit der Arbeitsaufnahme am ersten Tag der Verhinderung[5], der volle Schutz zu, dies aber nur für die Dauer der Vertretung einschließlich einer ausreichenden Vorbereitungszeit[6]. Der Schutz ist nicht auf die Zeit der Geschäftswahrnehmung beschränkt, sondern erstreckt sich auf die gesamte Dauer der Vertretung[7]. Das gilt auch für einen Zeitraum, in dem der Vertreter seinerseits (zB krankheitsbedingt) verhindert ist, sofern die Verhinderung im Verhältnis zur Gesamtdauer der Vertretung nicht zu lange währt[8]. Ein vorübergehend nachrückendes weiteres Ersatzmitglied genießt unter den gleichen Voraussetzungen ebenfalls Schutz. Zum **Vertretungsfall** vgl. § 25 BetrVG Rz. 3 ff. Stellt sich nachträglich heraus, dass ein Vertretungsfall nicht vorgelegen hat, bleibt es beim Schutz für die Dauer der vermeintlichen Vertretung, sofern nicht Vertreter und Vertretener kollusiv zusammengewirkt haben[9]. Zum nachwirkenden Schutz von Ersatzmitgliedern vgl. Rz. 31. 19

Die **stellvertretende Vertrauensperson** der schwerbehinderten ArbN besitzt gem. § 96 III 2 SGB IX während der Stellvertretung die gleiche persönliche Rechtsstellung wie die Vertrauensperson selbst und damit wie ein Mitglied von BR oder Personalvertretung. Zu Beginn und Ende des Schutzes vgl. Rz. 18 f. Denselben Schutz genießt die stellvertretende Vertrauensperson, wenn sie nach § 95 I 4 SGB IX ohne Verhinderungsfall zu bestimmten Aufgaben herangezogen wird. Außerhalb der vorgenannten Zeiten besteht Schutz wie bei einem Ersatzmitglied von BR oder Personalvertretung (Nachwirkung). 20

3. **Mitglieder des Wahlvorstands und Wahlbewerber (Abs. 3).** Die Vorschrift schützt Mitglieder des Wahlvorstands und Wahlbewerber **nur für bestimmte Wahlen**, nämlich die zu den in Abs. 1 u. 2 genannten ArbN-Vertretungen. Kein Schutz besteht somit nach hM etwa für die Wahlbewerber zum Wahlvorstand[10]; einen gewissen Schutz bieten hier die Bestimmungen über den Wahlschutz (§ 20 BetrVG, § 24 BPersVG). Gem. § 94 VI 2 SGB IX gilt § 15 III sinngemäß für Wahlvorstand und Wahlbewerber zur Wahl einer **Schwerbehindertenvertretung**; das Zustimmungserfordernis des Satz 1 bezieht sich dabei nach hM auf den BR bzw. die zuständige Personalvertretung, nicht auf das Integrationsamt[11]. 21

a) **Wahlvorstand.** Für die Mitglieder des Wahlvorstands **beginnt** der Schutz vom Zeitpunkt ihrer **Bestellung** an. Diese erfolgt nach den jeweiligen Vorschriften (für den BR nach §§ 16, 17 u. 17a BetrVG). Unter Bestellung ist auch die Wahl zum Wahlvorstand (§ 17 II BetrVG) zu verstehen[12]. Ist die Bestellung 22

1 KDZ/*Kittner*, § 15 Rz. 9 ff. mwN. | 2 BAG v. 4.4.1974 – 2 AZR 452/73, DB 1974, 1067. | 3 BAG v. 22.7.1992 – 2 AZR 85/92, AP Nr. 1 zu § 58 BImSchG. | 4 BAG v. 17.1.1979 – 5 AZR 891/77, BB 1979, 888. | 5 BAG v. 17.1.1979 – 5 AZR 891/77, BB 1979, 888; anders anscheinend BAG v. 12.2.2004 – 2 AZR 163/03, AiB 2005, 376 (mit Heranziehung zur Betriebsratsarbeit). | 6 BAG v. 9.11.1977 – 5 AZR 175/76 – u. v. 6.9.1979 – 2 AZR 548/77, AP Nr. 3 u. Nr. 7 zu § 15 KSchG 1969; ab Ladung zur BR-Sitzung, idR genügen aber drei Tage: BAG v. 17.1.1979 – 5 AZR 891/77, BB 1979, 888; weiter KDZ/*Kittner*, § 15 KSchG Rz. 19. | 7 BAG v. 9.11.1977 – 5 AZR 175/76, BB 1978, 359; v. 17.1.1979 – 5 AZR 891/77, BB 1979,888; zur gleichen Rechtslage bei der Jugendvertretung vgl. BAG v. 13.3.1986 – 6 AZR 381/85 – u. v. 13.3.1986 – 6 AZR 207/85, AP Nr. 2 u. Nr. 3 zu § 9 BPersVG. | 8 BAG v. 9.11.1977 – 5 AZR 175/76, BB 1978, 359; v. 6.9.1979 – 2 AZR 548/77, DB 1980, 451. | 9 BAG v. 5.9.1986 – 7 AZR 175/85, AP Nr. 26 zu § 15 KSchG 1969; v. 12.2.2004 – 2 AZR 163/03, AiB 2005, 376. | 10 LAG BW v. 31.5.1974 – 7 Sa 680/74, BB 1974, 885; *v. Hoyningen-Huene/Linck*, § 15 KSchG Rz. 16 mwN. | 11 *v. Hoyningen-Huene/Linck*, § 15 KSchG Rz. 27 mwN (die Zustimmung des Integrationsamtes ist zusätzlich einzuholen, wenn der betroffene ArbN selbst schwerbehindert ist). | 12 BAG v. 7.5.1986 – 2 AZR 349/85, NZA 1986, 753.

zum Wahlvorstand nichtig, greift der Schutz des Abs. 3 nicht[1]. Nichtigkeit liegt etwa vor, wenn die Einladung für die Betriebsversammlung zur Wahl des Wahlvorstands nicht ausreichend bekannt gemacht oder sonst bekannt geworden ist und hierdurch das Wahlergebnis beeinflusst werden konnte[2]. Eine bloß fehlerhafte Bestellung, die lediglich zur Anfechtbarkeit der BR-Wahl nach § 19 BetrVG führt, hindert den Eintritt des Schutzes dagegen nicht. Der volle Schutz des Abs. 3 S. 1 **endet** kraft ausdrücklicher Bestimmung mit der **Bekanntgabe des Wahlergebnisses** (vgl. dazu § 18 III BetrVG, § 23 II BPersVG), obwohl das Amt des Wahlvorstands erst mit der Einberufung des neuen BR zur konstituierenden Sitzung erlischt[3]. Es schließt sich die Nachwirkung des S. 2 an. Ein vorzeitiges Ende des Schutzes nach S. 1 tritt mit vorzeitigem Ende des Amtes ein, etwa durch Niederlegung oder durch gerichtliche Ersetzung des Wahlvorstands gem. § 18 I 2 BetrVG, § 23 I 2 und 3 BPersVG (für diesen Fall schließt Abs. 3 S. 2 Hs. 2 sogar die Nachwirkung aus).

23 **b) Wahlbewerber.** Der Wahlbewerber muss **wählbar** sein, dh. im Zeitpunkt der BR-Wahl 18-jährig und dem Betrieb, Unternehmen oder Konzern sechs Monate angehörig (§ 8 BetrVG)[4]. Nicht erforderlich ist, dass diese Voraussetzungen schon im Zeitpunkt des Kündigungszuganges erfüllt sind[5]. Die Wählbarkeit besteht auch im gekündigten Arbeitsverhältnis bei schwebendem Kündigungsschutzprozess[6]. Der Schutz **beginnt** vom Zeitpunkt der **Aufstellung des Wahlvorschlags** an. Das setzt die Eröffnung des Wahlverfahrens durch die Errichtung eines Wahlvorstands und die vom Willen des ArbN getragene Benennung auf einem Wahlvorschlag mit ausreichender Zahl von Stützunterschriften (§§ 14 IV–V, 63 II BetrVG, §§ 19 IV–VIII, 60 I BPersVG) voraus. Ist der Wahlvorschlag nicht von vornherein ungültig, sind behebbare Mängel unschädlich[7]. Auf die Einreichung des Wahlvorschlags beim Wahlvorstand kommt es nach bisher hM nicht an[8]. Wird ein ursprünglich gültiger Wahlvorschlag durch spätere Streichung von Stützunterschriften ungültig (§ 8 I Nr. 3 iVm. § 6 VWO-BetrVG), entfällt nach der ratio legis der Schutz des § 15 jedenfalls nicht rückwirkend[9]; allerdings entfällt der Wahlbewerberstatus mit fruchtlosem Ablauf der in diesem Fall zu setzenden Nachfrist für die Beibringung der erforderlichen Unterschriften (§ 6 V 2 WO-BetrVG) mit der Folge, dass anschließend nur noch nachwirkender Schutz (§ 15 III 2) besteht[10]. Die Nichtigkeit der BR-Wahl wird dem Schutz des Wahlbewerbers gem. dem Gesetzeszweck nur dann entgegenstehen, wenn bei Beginn des Schutzes die Nichtigkeitsgründe bereits vorlagen. Anderenfalls entfällt der Schutz erst ab Eintritt der Nichtigkeitsgründe; anschließend greift der nachwirkende Schutz des Wahlbewerbers[11].

24 Der Status als Wahlbewerber und damit der Vollschutz nach Abs. 3 S. 1 **endet** im Regelfall **mit Bekanntgabe des Wahlergebnisses** (vgl. dazu § 18 III BetrVG, § 23 II BPersVG). Vorzeitig endet er bei nachträglichem Ungültigwerden eines ursprünglich gültigen Wahlvorschlags (vgl. Rz. 23), nachträglichem Eintritt von Nichtigkeitsgründen für die BR-Wahl, nachträglichem Verlust der Wählbarkeit (§ 24 Nr. 4 BetrVG) oder Rücknahme der Bewerbung[12]. Über den Zeitpunkt der Bekanntgabe des Wahlergebnisses hinaus besteht der volle Schutz, also auch das Erfordernis der Zustimmung der ArbN-Vertretung, im Ergebnis nach ganz hM für solche **gewählten Wahlbewerber** fort, deren BR-Amt gem. § 21 S. 2, 2. Alt. BetrVG erst mit Ablauf der Amtszeit des alten BR beginnt[13].

25 **4. Initiatoren der Betriebsratswahl (Abs. 3a).** Die mWz. 24.7.2001 eingefügte Bestimmung erstreckt den Kündigungsschutz – ohne das Erfordernis der Zustimmung der ArbN-Vertretung und ohne nachwirkenden Schutz – auf ArbN, die die Initiative zur Errichtung eines **Wahlvorstands nach dem BetrVG** ergreifen. Dies kann durch Einladung zu einer Betriebs-, Wahl- oder Bordversammlung zur Wahl eines Wahlvorstands in Betrieben ohne BR (§ 17 III BetrVG), in Kleinbetrieben (§ 17a Nr. 3 S. 2 BetrVG) oder auf Schiffen (§ 115 II Nr. 8 S. 2 BetrVG) erfolgen oder durch Antrag auf gerichtliche Bestellung eines Wahlvorstands in den aufgeführten gesetzl. geregelten Fällen. Für die Initiatoren der Wahl einer **Schwerbehindertenvertretung** gilt der Schutz gem. § 94 VI 2 SGB IX sinngemäß[14]. Sowohl die Einladung zur Versammlung als auch die Antragstellung müssen nach den jeweiligen Wahlvorschriften von mindestens **drei wahlberechtigten ArbN** ausgehen. Bei Unterschreitung dieser Zahl ist die Initiative unwirksam; es entsteht kein Schutz[15]. Andererseits ist der Schutz zur Verhinderung von Missbrauch auf die ersten drei

1 BAG v. 7.5.1986 – 2 AZR 349/85, NZA 1986, 753; v. 29.9.1988 – 2 AZR 107/88, AP Nr. 76 zu § 613a BGB (aE). | 2 So – im Leitsatz sehr streng – BAG v. 7.5.1986 – 2 AZR 349/85, AP Nr. 18 zu § 15 KSchG 1969; es dürfte wohl auf die konkreten Umstände ankommen (im Fall wurden ca. 30% der ArbN nicht informiert). | 3 BAG v. 14.11.1975 – 1 ABR 61/75, AP Nr. 1 zu § 18 BetrVG 1972. | 4 BAG v. 26.9.1996 – 2 AZR 528/95, NZA 1997, 666. | 5 LAG Hamm v. 21.4.1982 – 3 Sa 188/82, DB 1982, 2709. | 6 BAG v. 14.5.1997 – 7 ABR 26/96, AP Nr. 6 zu § 8 BetrVG 1972. | 7 BAG v. 4.3.1976 – 2 AZR 620/74, DB 1976, 1335; v. 17.3.2005 – 2 AZR 275/04, NZA 2005, 1064. | 8 BAG v. 4.3.1976 – 2 AZR 620/74, DB 1976, 1335; v. 5.12.1980 – 7 AZR 781/78, DB 1981, 1142; offen gelassen in BAG v. 17.3.2005 – 2 AZR 275/04, NZA 2005, 1064 mwN. | 9 BAG v. 5.12.1980 – 7 AZR 781/78, DB 1981, 1142. | 10 AA wohl BAG v. 5.12.1980 – 7 AZR 781/78, DB 1981, 1142; wie hier *v. Hoyningen-Huene/Linck*, § 15 KSchG Rz. 20. | 11 LAG Düsseldorf v. 24.8.1978 – 7 Sa 326/78, BB 1979, 575. | 12 BAG v. 17.3.2005 – 2 AZR 275/04, NZA 2005, 1064. | 13 Vgl. APS/*Linck*, § 15 KSchG Rz. 62 mwN; das Ergebnis dürfte durch eine teleologische Extension des § 15 III 1 zu gewinnen sein. | 14 Nach § 1 II WO-Schwerbehindertenvertretung idF v. 19.6.2001 (BGBl. I S. 1046) können u.a. drei Wahlberechtigte zur Versammlung für die Wahl eines Wahlvorstands einladen. | 15 *Löwisch*, BB 2002, 1503.

in der Einladung oder Antragstellung aufgeführten ArbN begrenzt (S. 1 Hs. 2). Bei mehreren unabhängigen Initiativen ist nur die zeitlich erste zulässig und geschützt[1].

Der **Schutz beginnt** mit der Bekanntmachung der Einladung bzw. mit dem Eingang des Antrags beim ArbG[2]. Formelle Mängel des Einladungsschreibens sind unschädlich, wenn die wesentlichen Formvoraussetzungen erfüllt sind, dh. die Einladung Zeitpunkt, Ort und Gegenstand der Betriebsversammlung sowie die mindestens drei Einladenden nennt und so bekannt gemacht wird, dass alle ArbN des Betriebes von ihr Kenntnis nehmen und an der Versammlung teilnehmen können[3]. Wird der Antrag auf Bestellung eines Wahlvorstandes mangels BR-Fähigkeit des Betriebs zurückgewiesen, dürfte der Schutz des Abs. 3a dennoch greifen, sofern dies nicht offenkundig war (vgl. Rz. 4). Zur Dauer des Schutzes in diesem Fall vgl. Rz. 27. 26

Der **Schutz endet** nach S. 1 mit der Bekanntgabe des Wahlergebnisses (§ 18 III BetrVG). Findet keine Wahl des Vertretungsorgans statt, endet der Kündigungsschutz gem. S. 2 nach Ablauf von drei Monaten von der Einladung oder Antragstellung an. Die Frist erscheint insb. bei (Rechtskraft erfordernder!) gerichtlicher Bestellung des Wahlvorstands im Hinblick auf die Fristen des Wahlverfahrens knapp bemessen. Die Zeit von der Antragstellung bis zur Wahl kann durchaus länger dauern. Deshalb dürfte die Frist des S. 2 nur eingreifen, wenn vor Fristablauf feststeht, dass die Wahl nicht stattfindet. Ist das nicht der Fall, wird der Schutz jedenfalls solange fortbestehen, wie das auf dieser Initiative beruhende Wahlverfahren ernstlich betrieben wird. Nimmt ein geschützter ArbN seinen **Antrag beim ArbG zurück**, wird sein Schutz unabhängig davon, ob am Ende gewählt wird oder nicht, vorzeitig enden. Ein etwaiger weiterer Antragsteller wird in den Kreis der drei geschützten ArbN „nachrücken"; fehlt ein solcher, endet wegen Unterschreitung der Mindestzahl auch für die beiden anderen ArbN der Schutz, die insoweit in einer Art Schicksalsgemeinschaft stehen. Anders als bei nachträglicher Ungültigkeit des ursprünglich wirksamen Wahlvorschlags eines Wahlbewerbers (vgl. Rz. 24) sieht das Gesetz hier eine Nachwirkung nicht vor. Auch dürfte S. 2 nicht greifen, da sonst der zurücknehmende ArbN bei Unterbleiben der Wahl besser stünde als bei ihrer Durchführung. 27

V. Nachwirkung. S. 2 der Abs. 1 bis 3 verlängert den Schutz der in S. 1 jeweils genannten Personen um eine sog. Nachwirkungszeit, um insb. eine Abkühlung etwaiger Spannungen mit dem ArbGeb aus der Amts- bzw. Funktionsausübung zu ermöglichen[4]. Ihre **Dauer** beträgt grds. ein Jahr, für Mitglieder der in Abs. 1 genannten Bordvertretung und Mitglieder des Wahlvorstands und Wahlbewerber (Abs. 3) nur sechs Monate. Keinen nachwirkenden Schutz haben die Wahl-Initiatoren des Abs. 3a. Im Nachwirkungszeitraum besteht ein **abgeschwächter Schutz**, der zwar wie zuvor einen wichtigen Grund für die Kündigung verlangt (mit den Ausnahmen der Abs. 4 und 5), aber **keine Zustimmung** der ArbN-Vertretung mehr; insoweit genügt ihre gewöhnliche Beteiligung. Im öffentl. Dienst ist dafür anders als bei zustimmungsbedürftiger Kündigung die bei der entscheidungsbefugten Behörde gebildete Personalvertretung zuständig (vgl. Rz. 49). 28

Entscheidend ist, welcher Schutz **bei Zugang der Kündigung** (vgl. § 4 Rz. 26 ff.) besteht. Wird dies übersehen und bei lediglich nachwirkendem Schutz anstatt zu kündigen beim ArbG die Ersetzung der (verweigerten) Zustimmung zu einer außerordentl. Kündigung beantragt (vgl. Rz. 50), droht die Versäumung der Kündigungserklärungsfrist des § 626 II BGB (vgl. Rz. 48). Das Gleiche gilt, wenn während des ursprünglich zu Recht eingeleiteten Zustimmungsersetzungsverfahrens das Zustimmungserfordernis entfällt, weil der ArbN (etwa mangels Wiederwahl) nur noch nachwirkenden Schutz genießt. Hierdurch erledigt sich das Verfahren und die außerordentl. Kündigung ist unverzüglich auszusprechen; anderenfalls ist sie gem. § 626 II BGB verwirkt[5]. 29

Für den **Beginn der Nachwirkungszeit** stellt das Gesetz auf die Beendigung der Amtszeit (Abs. 1 und 2) bzw. auf die Bekanntgabe des Wahlergebnisses ab (Abs. 3). Bei vorzeitigem Ende der persönlichen Amts- bzw. Funktionszeit endet aber auch der (volle) Schutz des Satz 1 und die Nachwirkung beginnt vorzeitig[6]. Vgl. hierzu näher bei gewählten Mitgliedern einer ArbN-Vertretung (Abs. 1 und 2) Rz. 13, bei Ersatzmitgliedern Rz. 18 f., bei Wahlvorstandsmitgliedern Rz. 22 und bei Wahlbewerbern Rz. 24. Die **Nachwirkungszeit endet** mit Ablauf der einjährigen bzw. sechsmonatigen Frist (vgl. Rz. 28); gem. § 187 I BGB wird bei der Berechnung der Frist der Tag der Beendigung der (persönlichen) Amts- oder Funktionszeit bzw. der Bekanntgabe des Wahlergebnisses nicht mitgerechnet. Die Nachwirkungszeit behält auch dann grds. ihre volle Länge und erfährt **keine Verkürzung**, wenn die Amts- bzw. Funktionszeit nur kurz war (zB infolge einer Amtsniederlegung)[7]. Zur Nachwirkung bei Spaltung oder Teilübertragung iSv. § 323 I UmwG vgl. Rz. 7. 30

Vorübergehend nachgerückte Ersatzmitglieder genießen nach Beendigung der zeitweiligen Vertretung nach hM nachwirkenden Schutz nur, wenn sie während der Vertretungszeit überhaupt tatsächlich Aufgaben des Vertretungsorgans wahrgenommen haben. Die Teilnahme eines Ersatzmitglieds an einer 31

1 KR/*Etzel*, § 15 KSchG Rz. 140. | 2 KR/*Etzel*, § 15 KSchG Rz. 139, 141. | 3 ArbG Frankfurt/M. v. 9.4.2002 – 20 Ca 8024/01, AuR 2002, 394. | 4 BAG v. 13.6.1996 – 2 AZR 431/95, NZA 1996, 1032. | 5 BAG v. 30.5.1978 – 2 AZR 637/76, AP Nr. 4 zu § 15 KSchG 1969. | 6 BAG v. 5.7.1979 – 2 AZR 521/77, AP Nr. 6 zu § 15 KSchG 1969. | 7 BAG v. 6.9.1979 – 2 AZR 548/77, AP Nr. 7 zu § 15 KSchG 1969.

BR-Sitzung kann der ArbGeb nicht ohne weiteres mit Nichtwissen bestreiten[1]. Die Nachwirkung erstreckt sich auf die volle Dauer (ein Jahr[2]) und wird durch jeden Vertretungsfall erneut ausgelöst. Sie greift nach ihrem Schutzzweck[3] auch, wenn sich nachträglich herausstellt, dass ein Vertretungsfall nicht vorgelegen hat, das Ersatzmitglied insoweit aber gutgläubig gewesen war.

32 Gem. S. 2 Hs. 2 der Abs. 1 bis 3 ist die **Nachwirkung ausgeschlossen**, wenn die Beendigung der Mitgliedschaft auf einer gerichtlichen Entscheidung beruht (Abs. 1 und 2) bzw. der Wahlvorstand durch gerichtliche Entscheidung ersetzt worden ist (Abs. 3). In allen Fällen bedarf es der **Rechtskraft** der Entscheidung[4]. Auf einer gerichtlichen Entscheidung beruht die Beendigung der Mitgliedschaft in den Fällen des § 24 Nr. 5 BetrVG bzw. der entsprechenden personalvertretungsrechtl. Bestimmungen. Die hM wendet den Ausschluss der Nachwirkung auch auf die gerichtliche Feststellung der Nichtwählbarkeit eines ArbN gem. § 24 Nr. 6 BetrVG an[5]. Das Gleiche soll nach hM für die erfolgreiche Anfechtung einer Wahl gelten[6]. Doch wird hierdurch – ebenso wie bei nichtiger Wahl (vgl. Rz. 11) – ein wirksam begründeter nachwirkender Schutz als Wahlvorstandsmitglied oder Wahlbewerber nicht tangiert. Das erscheint widersprüchlich. Der Ersetzung des Wahlvorstands durch gerichtliche Entscheidung gem. § 18 I 2 BetrVG steht nach hM seine Ersetzung durch den Leiter der Dienststelle gem. § 23 I 2 BPersVG gleich[7].

33 **VI. Ausschluss der ordentlichen Kündigung. 1. Ordentliche Kündigung.** Abs. 1–3a erklären eine Kündigung gegenüber allen dort genannten Personen sowohl während ihrer Amts- und Funktionszeit (S. 1) als auch während der jeweiligen Nachwirkungszeit (S. 2 der Abs. 1 bis 3) für **unzulässig**, sofern nicht Tatsachen vorliegen, die zur Kündigung aus wichtigem Grund ohne Einhaltung einer Kündigungsfrist berechtigen. Damit sind ordentl. Kündigungen grds. unwirksam (§ 134 BGB)[8]. Das gilt auch in der Insolvenz (vgl. § 113 InsO Rz. 2), im Falle des § 624 BGB sowie in Tendenzbetrieben (vgl. Rz. 5). Ausgenommen sind Kündigungen bei Betriebs- und Betriebsteilstilllegung gem. Abs. 4 und 5. Es handelt sich um einen sonstigen Unwirksamkeitsgrund iSv. § 13 III; die Klagefrist der §§ 4 bis 7 ist einzuhalten (vgl. Rz. 8). Die **Auslegung** einer fristgerechten Kündigung als außerordentl. Kündigung mit Auslauffrist lehnt das BAG selbst bei Vorliegen eines wichtigen Grundes ab, wenn der ArbGeb nicht nach außen erkennbar von seinem Gestaltungsrecht zur außerordentl. Kündigung Gebrauch macht[9]. Auch eine **Umdeutung** dahin gem. § 140 BGB nimmt es bislang grds. nicht vor[10] (vgl. § 1 Rz. 36).

34 Maßgeblicher Zeitpunkt für das Eingreifen des Schutzes ist der des Wirksamwerdens der Kündigung mit ihrem **Zugang** (§ 130 BGB; vgl. näher § 4 Rz. 26 ff.). Fällt er in die Schutzzeit des gekündigten ArbN, ist die ordentl. Kündigung endgültig unwirksam. Nach Ablauf der Schutzzeit einschließlich der Nachwirkung kann der ArbGeb nach allgemeinen Grundsätzen eine Kündigung auch auf Gründe stützen, die sich in der Schutzzeit ereigneten, sofern sie nicht verwirkt sind[11] oder sich die Kündigung als nachträgliche Maßregelung darstellt (§ 78 S. 2 BetrVG, § 134 BGB). Geht die Kündigung zu, bevor der ArbN den Schutz erlangt hat, ist sie grds. wirksam und beendet das Arbeitsverhältnis, auch wenn der ArbN den Schutz noch vor Ablauf der Kündigungsfrist erlangt. Zu prüfen bleibt ein Verstoß gegen den Wahlschutz (§ 20 BetrVG, § 24 BPersVG).

35 **2. Änderungskündigung.** § 15 gilt auch für die Änderungskündigung; eine ordentl. Änderungskündigung gegenüber dem in Abs. 1 bis 3a geschützten Personenkreis ist daher unzulässig[12]. Das gilt auch für eine ordentl. sog. **Massenänderungskündigung**[13], auch in der Nachwirkungszeit[14]. Auch wenn die ordentl. Massenänderungskündigung auf eine allgemeine Anpassung der Arbeitsbedingungen etwa im Rahmen eines Sanierungskonzepts[15] oder bei unternehmensweitem Wegfall einer Hierarchiestufe[16] zielt, sieht das BAG in ihrem Ausschluss durch § 15 keinen Verstoß gegen das Verbot der Begünstigung von BR-Mitgliedern (§ 78 BetrVG), sondern eine bewusste gesetzl. Spezialregelung[17]. Es verweist auf die Möglichkeit einer **außerordentl. betriebsbedingten Änderungskündigung** mit sozialer Auslauffrist (vgl. näher Rz. 38). Eine Umdeutung lässt das BAG nicht zu (vgl. Rz. 33).

---

1 BAG v. 12.2.2004 – 2 AZR 163/03, AiB 2005, 376. | 2 BAG v. 6.9.1979 – 2 AZR 548/77, AP Nr. 7 zu § 15 KSchG 1969. | 3 BAG v. 5.9.1986 – 7 AZR 175/85, BB 1987, 1319; v. 12.2.2004 – 2 AZR 163/03, AiB 2005, 376. | 4 BAG v. 29.9.1983 – 2 AZR 212/82, DB 1984, 302. | 5 BAG v. 29.9.1983 – 2 AZR 212/82, DB 1984, 302. | 6 *v. Hoyningen-Huene/Linck*, § 15 KSchG Rz. 52 mwN. | 7 APS/*Linck*, § 15 KSchG Rz. 147 mwN. | 8 BAG v. 5.7.1979 – 2 AZR 521/77, AP Nr. 6 zu § 15 KSchG 1969; v. 28.4.1994 – 8 AZR 209/93, NZA 1995, 168. | 9 BAG v. 5.7.1979 – 2 AZR 521/77, AP Nr. 6 zu § 15 KSchG 1969 mit insoweit abl. Anm. *Richardi*; v. 23.1.1958 – 2 AZR 206/55, AP Nr. 50 zu § 1 KSchG mit abl. Anm. *Herschel*; v. 16.7.1959 – 1 AZR 193/57, AP Nr. 31 zu § 626 BGB mit zust. Anm. *A. Hueck*; v. 13.1.1982 – 7 AZR 757/79, AP Nr. 2 zu § 620 BGB – Kündigungserklärung. | 10 Krit. insoweit *Richardi* in Anm. zu AP Nr. 6 zu § 15 KSchG 1969. | 11 BAG v. 13.6.1996 – 2 AZR 431/95, NZA 1996, 1032; vgl. auch BAG v. 14.2.2002 – 8 AZR 175/01, DB 2002, 2000. | 12 St. Rspr., BAG v. 29.1.1981 – 2 AZR 778/78 u. v. 6.3.1986 – 2 ABR 15/85, AP Nr. 10 u. Nr. 19 zu § 15 KSchG 1969. | 13 St. Rspr., BAG v. 6.3.1986 – 2 ABR 15/85, v. 7.10.2004 – 2 AZR 81/04 u. v. 17.3.2005 – 2 ABR 2/04, AP Nr. 19, Nr. 56 u. Nr. 57 zu § 15 KSchG 1969. | 14 BAG v. 9.4.1987 – 2 AZR 279/86, AP Nr. 28 zu § 15 KSchG 1969. | 15 BAG v. 7.10.2004 – 2 AZR 81/04, NZA 2005, 156. | 16 BAG v. 17.3.2005 – 2 ABR 2/04, NZA 2005, 949; v. 21.6.1995 – 2 ABR 28/94, DB 1995, 2429. | 17 BAG v. 7.10.2004 – 2 AZR 81/04, NZA 2005, 156; aA etwa ErfK/*Kiel*, § 15 KSchG Rz. 22 mwN.

3. Andere Tatbestände. § 15 betrifft **ausschließlich Kündigungen**. Die Beendigung des Arbeitsverhältnisses der geschützten ArbN auf Grund von Aufhebungsverträgen, Befristungen[1], Anfechtungserklärungen, tarifl. geregelten Beendigungsmitteilungen[2] oder Lossagung von nichtigen Arbeitsverhältnissen usw. bleibt unberührt. Das gilt auch für die beamtenrechtl. Vorschriften folgende „Entlassung" des Dienstordnungsangestellten eines Sozialversicherungsträgers[3]. Auch eine Abmahnung wegen Vertragspflichtverletzung ist innerhalb der Schutzzeit zulässig[4]. 36

VII. Außerordentliche Kündigung. 1. Überblick. Gegenüber den geschützten ArbN ist eine Kündigung aus wichtigem Grund materiellrechtl. grds. zulässig. § 15 verstärkt den Schutz jedoch in S. 1 der Abs. 1 bis 3 dahin, dass diese Kündigung während der Amts- bzw. Funktionszeit nur mit **vorheriger Zustimmung der ArbN-Vertretung** oder ihrer gerichtlichen Ersetzung ausgesprochen werden kann. Dies gilt nicht im Nachwirkungszeitraum (Satz 2); hier genügt die gewöhnliche Beteiligung der ArbN-Vertretung. Maßgeblich ist der bei Zugang der Kündigung bestehende Schutz. Das ist genau zu beachten (vgl. Rz. 29). Keinen verstärkten Schutz genießen die Wahl-Initiatoren (Abs. 3a); ihre außerordentl. Kündigung bedarf stets nur der gewöhnlichen Beteiligung der ArbN-Vertretung. Zur eingeschränkten Geltung des Zustimmungserfordernisses für Tendenzträger in Tendenzbetrieben vgl. Rz. 5, im öffentl. Dienst Rz. 6. Zur Fortgeltung des Zustimmungserfordernisses nach Spaltung oder Teilübertragung iSv. § 323 UmwG vgl. Rz. 7. Zu beachten ist ferner, dass nach der Rspr. in einigen Sonderfällen die Ersetzung der Zustimmung **direkt beim ArbG zu beantragen** ist (zB in Betrieben ohne BR bei erstmaliger Wahl; vgl. näher Rz. 52). Kündigt der ArbGeb ohne die erforderliche Zustimmung oder ihre Ersetzung und ist die Kündigung offensichtlich unwirksam, kann der geschützte ArbN zum Schutze seiner Amtsausübung einstw. Rechtsschutz in Anspruch nehmen[5]. 37

§ 15 gilt für **alle Arten der Kündigung aus wichtigem Grund** (§ 626 BGB, § 22 II Nr. 1 BBiG, §§ 64 ff. SeemG) und findet daher auch auf das (fortbestehende) außerordentl. Kündigungsrecht nach Art. 20 I iVm. Anlage I Kapitel XIX Sachgebiet A Abschnitt III Nr. 1 Abs. 5 Einigungsvertrag Anwendung[6]. Nach der Rspr. gilt § 15 mitsamt dem Zustimmungserfordernis auch für die **außerordentl. Änderungskündigung**, auch als sog. Massenänderungskündigung; die ordentl. Änderungskündigung ist ausgeschlossen (vgl. Rz. 35). Zum Prüfungsmaßstab für den wichtigen Grund in diesen Fällen vgl. Rz. 44. Die Kündigung aus wichtigem Grund bedarf einer nach außen erkennbaren **Erklärung als außerordentl. Kündigung** (vgl. § 1 Rz. 26). In diesem Fall kann sie auch unter Einräumung einer sozialen Auslauffrist ausgesprochen werden[7]. Eine ordentl. Kündigung ist dagegen selbst bei Vorliegen eines wichtigen Grundes unzulässig, eine Umdeutung in eine außerordentl. Kündigung mit Auslauffrist scheidet nach der Rspr. aus (vgl. Rz. 33). 38

Die bei außerordentl. Kündigung geltende **zweiwöchige Erklärungsfrist** gem. § 626 II BGB ist mit dem Erfordernis der vorherigen Zustimmung (vgl. Rz. 49) und ihrer **gerichtlichen Ersetzung** (vgl. Rz. 50 f.) **in Einklang** zu bringen (vgl. näher Rz. 48). Danach ergeben sich folgende **Prüfungsschritte** bis zum Ausspruch einer außerordentl. Kündigung nach § 15: 39

- Liegt ein wichtiger Grund vor (vgl. Rz. 40 ff.)?
- Rechtfertigt der Grund eine fristlose Kündigung oder bedarf es einer der ordentl. Kündigungsfrist entsprechenden Auslauffrist (vgl. Rz. 43)?
- Bedarf die Kündigung im Zeitpunkt ihres (voraussichtlichen) Zugangs der Zustimmung der ArbN-Vertretung (vgl. Rz. 37)?
- Wenn nein: Innerhalb der Frist des § 626 II BGB gewöhnliches Beteiligungsverfahren bei außerordentl. Kündigung (zB § 102 BetrVG) *und* kündigen.
- Wenn ja: Besteht funktionsfähige ArbN-Vertretung (vgl. Rz. 52)?
- Wenn nein: Direkt Ersetzungsantrag an das ArbG innerhalb der Frist des § 626 II BGB. Entfällt die Zustimmungsbedürftigkeit bis zum rechtskräftigen Abschluss des Verfahrens: unverzüglich kündigen (Ausnahme: erstmals gewählter BR ist vorher gem. § 102 BetrVG anzuhören); ansonsten nach rechtskräftiger Ersetzung der Zustimmung unverzüglich kündigen.
- Wenn ja: Innerhalb der Frist des § 626 II BGB Antrag auf Zustimmung zur außerordentl. Kündigung *und*
- bei Zustimmung kündigen.
- bei Verweigerung der Zustimmung Ersetzung beim ArbG beantragen. Entfällt die Zustimmungsbedürftigkeit bis zum rechtskräftigen Abschluss des Verfahrens oder wird die Zustimmung von der ArbN-Vertretung nachträglich erteilt: unverzüglich kündigen; ansonsten nach rechtskräftiger Ersetzung der Zustimmung unverzüglich kündigen.

1 BAG v. 17.2.1983 – 2 AZR 481/81, AP Nr. 14 zu § 15 KSchG 1969. | 2 BAG v. 20.1.2004 – 9 AZR 291/02, NZA 2004, 1058. | 3 BAG v. 5.9.1986 – 7 AZR 193/85, AP Nr. 27 zu § 15 KSchG 1969. | 4 BAG v. 3.4.1979 – 6 ABR 29/77, DB 1979, 2186; v. 19.7.1983 – 1 AZR 307/81, DB 1983, 2695. | 5 LAG Hamm v. 24.9.2004 – 10 TaBV 95/04, nv. | 6 BAG v. 28.4.1994 – 8 AZR 209/93, NZA 1995, 168. | 7 BAG v. 27.9.2001 – 2 AZR 487/00, EzA § 15 nF KSchG Nr. 54.

40 **2. Wichtiger Grund. a) Geeignete Kündigungsgründe.** Es müssen „Tatsachen vorliegen, die den ArbGeb zur Kündigung aus wichtigem Grund ohne Einhaltung einer Kündigungsfrist berechtigen". Für den Begriff des wichtigen Grundes iSd. § 15 gelten danach die **allgemeinen Grundsätze**, wie sie zu § 626 BGB entwickelt wurden (vgl. auch die Erl. dort). In Betracht kommen insb. schwere Vertragspflichtverletzungen, im Hinblick auf die lange Bindungsdauer aber ausnahmsw. auch personen- und betriebsbedingte Gründe. Kein geeigneter Grund ist die **reine Verletzung von Amtspflichten**; dieser kann der ArbGeb mit dem Amtsenthebungsverfahren nach § 23 BetrVG begegnen[1]. Liegen zugleich Amts- und Vertragspflichtverletzungen vor, kommt sowohl eine Amtsenthebung nach § 23 BetrVG als auch eine außerordentl. Kündigung in Betracht[2]. Nach dem Grundsatz der Verhältnismäßigkeit kann der ArbGeb aber gehalten sein, sich auf das Amtsenthebungsverfahren als mildere Maßnahme zu beschränken, wenn daraus für das Arbeitsverhältnis eine günstige Prognose folgt[3] (vgl. auch Rz. 45 ff.).

41 **b) Prüfungsmaßstab.** Umstritten ist, ob als Prüfungsmaßstab auf die Dauer einer **fiktiven Kündigungsfrist** oder die zu erwartende **tatsächlich längere Bindungsdauer** des geschützten ArbN (verbleibende Amtszeit nebst Nachwirkung und Kündigungsfrist) abzustellen ist.

42 **Fristlos** kann einem BR-Mitglied nach § 15 KSchG iVm. § 626 BGB nur gekündigt werden, wenn dem ArbGeb bei einem vergleichbaren Nichtmitglied dessen Weiterbeschäftigung bis zum Ablauf der einschlägigen ordentl. Kündigungsfrist (sog. **fiktive Kündigungsfrist**) unzumutbar wäre[4]. Das gilt auch im Nachwirkungszeitraum[5]. Bei fristloser Kündigung muss die tatsächlich längere Bindungsdauer des geschützten ArbN außer Betracht bleiben, weil sich sonst der Kündigungsschutz funktionswidrig zum Nachteil des geschützten ArbN auswirkte, wenn ein vergleichbarer ungeschützter ArbN mangels Grundes zur fristlosen Kündigung nur ordentl. gekündigt werden könnte[6]. In Betracht kommt eine **Umdeutung** der außerordentl. fristlosen Kündigung in eine außerordentl. Kündigung mit Auslauffrist[7].

43 Die tatsächlich längere Bindungsdauer kann aber ohne Benachteiligung des geschützten ArbN bei einer außerordentl. Kündigung mit **Auslauffrist** berücksichtigt werden, sofern die Auslauffrist der ordentl. Kündigungsfrist entspricht. Ist die Fortsetzung des Arbeitsverhältnisses zwar nicht für die Dauer einer fiktiven Kündigungsfrist, wohl aber für die **tatsächlich längere Bindungsdauer** des geschützten ArbN unzumutbar, darf dies bei Dauertatbeständen nicht ausgeblendet werden, sonst bleibt auch die Zumutbarkeitsprüfung fiktiv. Dies entspricht der Rechtslage bei tarifl. Ausschluss der ordentl. Kündigung in der jüngeren Rspr. (vgl. § 1 Rz. 41) und vermeidet eine durch § 15 insoweit nicht gebotene Begünstigung der geschützten ArbN (§ 78 S. 2 BetrVG). Zwar stellt § 15 im Wortlaut nur auf wichtige Gründe ab, die zur „Kündigung ohne Einhaltung einer Kündigungsfrist" berechtigen; doch folgt daraus ebenso wie bei § 103 BetrVG nach hM in der **Literatur** keine Abweichung vom Prüfungsmaßstab des § 626 BGB[8]. Die Dauer des künftigen Bindungszeitraums bestimmt sich nach der bei Zugang der Kündigung mit hinreichender Sicherheit zu stellenden Prognose (zB verbleibende Amtszeit nebst Nachwirkung zzgl. dann geltender Kündigungsfrist; bloße Chancen auf eine Wiederwahl etc. bleiben außer Betracht). Demgegenüber hatte die **Rechtsprechung** bislang bei einer Kündigung wegen häufiger krankheitsbedingter Fehlzeiten noch ausdrücklich am Prüfungsmaßstab der „fiktiven Kündigungsfrist" festgehalten und eine Kündigung mit Auslauffrist abgelehnt[9]. Für verhaltensbedingte Gründe hat sie dies später ausdrücklich offen gelassen[10].

44 In den Fällen einer außerordentl. **betriebsbedingten Massenänderungskündigung mit Auslauffrist** stellt das BAG dagegen in Abkehr von früherer Rspr. nicht mehr auf die fiktive Kündigungsfrist, sondern die zu erwartende tatsächliche Bindungsdauer ab[11]. Das gilt etwa im Rahmen eines Sanierungskonzepts[12] oder bei unternehmensweitem Wegfall einer Hierarchiestufe[13]. Damit ist in diesen Fällen der Prüfungsmaßstab dem bei ordentl. Kündigung angenähert. Es bleibt aber das Zustimmungserfordernis gem. S. 1 der Abs. 1–3. Auch darf nach dem Grundsatz der Verhältnismäßigkeit dem ArbN nur die mildest mögliche Änderung der Vertragsbedingungen angeboten werden[14]. Eine fristlose außerordentl. Änderungskündigung kann in eine solche mit Auslauffrist umzudeuten sein (vgl. Rz. 42).

---

1 BAG v. 16.10.1986 – 2 ABR 71/85, AP Nr. 95 zu § 626 BGB. | **2** So kann ein Zustimmungsersetzungsantrag nach § 103 BetrVG mit dem Hilfsantrag auf Ausschluss des ArbN aus dem BR nach § 23 BetrVG verbunden werden: BAG v. 21.2.1978 – 1 ABR 54/76, BB 1978, 1116. | **3** KR/*Etzel* § 15 KSchG Rz. 26a. | **4** BAG v. 21.6.1995 – 2 ABR 28/94, DB 1995, 2429; v. 27.9.2001 – 2 AZR 487/00, AiB 2002, 446. | **5** BAG v. 10.2.1999 – 2 ABR 31/98, NZA 1999, 708 mwN; v. 15.3.2001 – 2 AZR 624/99, NZA-RR 2002, 20. | **6** St. Rspr., vgl. BAG v. 10.2.1999 – 2 ABR 31/98, NZA 1999, 708 mwN; v. 15.3.2001 – 2 AZR 624/99, NZA-RR 2002, 20. | **7** Im Zusammenhang mit § 15 KSchG hatte sich diese Frage dem BAG noch nicht gestellt; vgl. aber BAG v. 5.2.1998 – 2 AZR 227/97, NZA 1998, 771. | **8** KR/*Etzel*, § 15 KSchG Rz. 22; ErfK/*Müller-Glöge*, § 626 BGB Rz. 76; *Fitting*, § 103 BetrVG Rz. 28; APS/*Linck*, § 15 KSchG Rz. 125, 129, jeweils mwN; aufschlussreich zur Entstehung des Wortlauts *v. Hoyningen-Huene/Linck*, § 15 KSchG Rz. 130; aA KR/*Fischermeier*, § 626 BGB Rz. 133 mwN. | **9** BAG v. 18.2.1993 – 2 AZR 526/92, NZA 1994, 74 (als „ältere" Entscheidung bezeichnet in BAG v. 27.9.2001 – 2 AZR 487/00, AiB 2002, 446). | **10** BAG v. 10.2.1999 – 2 ABR 31/98, NZA 1999, 708. | **11** BAG v. 10.2.1999 – 2 ABR 31/98, NZA 1999, 708; v. 15.3.2001 – 2 AZR 624/99 – u. v. 27.9.2001 – 2 AZR 487/00, EzA § 15 nF KSchG Nr. 52 u. Nr. 54. | **12** BAG v. 7.10.2004 – 2 AZR 81/04, NZA 2005, 156. | **13** BAG v. 17.3.2005 – 2 ABR 2/04, NZA 2005, 949; v. 21.6.1995 – 2 ABR 28/94, DB 1995, 2429 (noch ohne auf Einräumung einer Auslauffrist abzustellen). | **14** BAG v. 21.6.1995 – 2 ABR 28/94, DB 1995, 2429; v. 27.9.2001 – 2 AZR 487/00, AiB 2002, 446; v. 17.3.2005 – 2 ABR 2/04, NZA 2005, 949.

c) **Interessenabwägung.** Das notwendige Gewicht des wichtigen Grundes iSd. § 15 unterscheidet sich 45
grds. nicht von dem des § 626 BGB. Allerdings soll das kollektive Interesse der Belegschaft an der Erhaltung der gewählten Vertretung im Rahmen der Interessenabwägung zu berücksichtigen sein[1]. Dies würde für gewählte ArbN-Vertreter zu grds. erhöhten Anforderungen an den wichtigen Grund führen, was sich aus § 15 nicht herleiten lässt. Dagegen können bei Vertragspflichtverletzungen mit Bezug zur Amts- oder Funktionsausübung **strengere Anforderungen** an den wichtigen Grund zu stellen sein als bei anderen ArbN[2]. Darin liegt keine ungerechtfertigte Begünstigung dieser ArbN iSv. § 78 BetrVG[3], sondern die gebotene Berücksichtigung ihrer erhöhten Gefährdung, in der exponierten Konfliktstellung gegenüber dem ArbG, die mit der Amts- oder Funktionsausübung idR einhergeht, nicht immer das rechte Maß zu erkennen[4].

d) **Einzelfälle.** Für Kündigungsgründe **ohne Bezug** zur Amts-/Funktionsausübung gelten keine Beson- 46
derheiten: In der Rspr. **anerkannt** wurden zB Manipulationen bei der Zeiterfassung[5], sexuelle Belästigungen[6], Selbstbeurlaubung[7], vorsätzliche Falschaussage gegen den ArbGeb[8] oder Bereiterklärung hierzu[9], unerlaubte Privattelefonate mit erheblichen Kosten[10]. **Abgelehnt** wurden zB dauerhafte Erkrankung im Nachwirkungszeitraum (auch bei Einhaltung einer Auslauffrist)[11], häufige krankheitsbedingte Fehlzeiten[12] (vgl. Rz. 43), Verdacht einer Kassenmanipulation[13], Haschischrauchen im BR-Büro[14]. Zur betriebsbedingten Massenänderungskündigung vgl. Rz. 44.

Für Kündigungsgründe **mit Bezug** zur Amts-/Funktionsausübung gelten strengere Anforderungen 47
(vgl. Rz. 45): **Anerkannt** hat die Rspr. zB Verkauf von betriebseigenem Schrott zu Gunsten der „Sozialkasse" des BR[15], schwere Beleidigung des Werksleiters („KZ-Methoden")[16], bewusst wahrheitswidrige und den Betriebsfrieden störende Behauptungen in Flugblatt[17]. **Abgelehnt** wurden zB herabsetzende Äußerungen über den ArbGeb in Gewerkschaftszeitung[18], öffentl. Leserbrief über innerbetriebliche Fragen[19], verbale Entgleisung des BR-Vorsitzenden auf Betriebsversammlung[20].

3. Erklärungsfrist (§ 626 Abs. 2 BGB). Sie gilt nach heute ganz hM auch für die Kündigung aus wich- 48
tigem Grund nach § 15 I–IIIa[21]. Die Kündigung muss daher grds. **binnen zwei Wochen** nach Kenntnis des ArbGeb von den Gründen dem ArbN zugehen. Innerhalb dieser Frist ist die ArbN-Vertretung zu beteiligen, dh. die Zustimmung einzuholen (vgl. Rz. 49) oder das gewöhnliche Anhörungsverfahren durchzuführen. In beiden Fällen bestehen dreitägige Äußerungsfristen, so dass die Verfahren spätestens am zehnten Tag nach Kenntnis einzuleiten sind, damit am 14. Tag noch der Zugang der Kündigung bewirkt werden kann. Verweigert die ArbN-Vertretung die erforderliche Zustimmung oder ist deren Ersetzung sogleich bei Gericht zu beantragen (vgl. Rz. 52), lässt die Rspr. in Anlehnung an § 91 SGB IX (früher § 21 V SchwbG) den rechtzeitigen Eingang des **Zustimmungsersetzungsantrags** bei Gericht innerhalb der Frist des § 626 II BGB genügen; die Kündigung muss dann nach rechtskräftiger Ersetzung der Zustimmung **unverzüglich** ausgesprochen werden (vgl. näher Rz. 50 f.). Entfällt die Zustimmungsbedürftigkeit während des Ersetzungsverfahrens oder erteilt die ArbN-Vertretung die zunächst verweigerte Zustimmung nachträglich, erledigt sich ein bereits eingeleitetes Ersetzungsverfahren; auch dann ist die außerordentl. Kündigung unverzüglich auszusprechen (vgl. Rz. 50 f.). Zum Beginn der Erklärungsfrist vgl. die Erl. zu § 626 II; zum Zugang der Kündigung vgl. § 4 Rz. 26 ff.

4. Zustimmung der Arbeitnehmervertretung. Bedarf die außerordentl. Kündigung der Zustimmung 49
der ArbN-Vertretung (vgl. Rz. 37), muss diese **vor Ausspruch der Kündigung** erteilt sein. Andernfalls ist die Kündigung unheilbar nichtig (§ 134 BGB)[22]. Die Zustimmung muss (ebenso wie die gewöhnliche Anhörung nach § 102 BetrVG) grds. innerhalb der Kündigungserklärungsfrist des § 626 II BGB eingeholt werden (vgl. Rz. 48). **Zuständige ArbN-Vertretung** ist in der Betriebsverfassung der BR[23] bzw. die See- oder Bordvertretung. In der Personalvertretung ist nach §§ 47, 108 I BPersVG nicht – wie sonst – die bei der für die Kündigung entscheidungsbefugten Behörde gebildete Vertretung zuständig, sondern die Vertretung, der das zu entlassende Mitglied angehört[24]; bei mehrfacher Mitgliedschaft sind sämtliche betroffenen Vertretungen zu beteiligen[25]. Zur Einl. und Durchführung des Zustimmungsverfahrens vgl.

---

1 So *v. Hoyningen-Huene/Linck*, § 15 KSchG Rz. 87 mwN. | **2** HM, vgl. BAG v. 16.10.1986 – 2 ABR 71/85, DB 1987, 1304; APS/*Linck*, § 15 KSchG Rz. 135 mwN. | **3** So aber KR/*Etzel*, § 15 KSchG Rz. 26a mwN. | **4** Ebenso BAG v. 25.5.1982 – 7 AZR 155/80, nv. | **5** BAG v. 27.1.1977 – 2 ABR 77/76, BB 1977, 544. | **6** BAG v. 8.6.2000 – 2 ABR 1/00, AP Nr. 3 zu § 2 BeschSchG. | **7** BAG v. 22.1.1998 – 2 ABR 19/97, NZA 1998, 708. | **8** LAG Berlin v. 29.8.1988 – 9 TaBV 4/88, LAGE § 15 KSchG Nr. 6. | **9** BAG v. 16.10.1986 – 2 ABR 71/85, DB 1987, 1304. | **10** BAG v. 4.3.2004 – 2 AZR 147/03, NZA 2004, 717. | **11** BAG v. 15.3.2001 – 2 AZR 624/99, NZA-RR 2002, 20: Abwarten der Nachwirkung zumutbar, da keine Entgeltzahlungspflicht. | **12** BAG v. 18.2.1993 – 2 AZR 526/92, NZA 1994, 74. | **13** BAG v. 21.3.1991 – 2 ABR 64/90, nv. | **14** LAG BW v. 19.10.1993 – 11 TaBV 9/93, LAGE § 626 BGB Nr. 76. | **15** BAG v. 10.2.1999 – 2 ABR 31/98, NZA 1999, 708 (hier hätte ein gewisser Bezug zur Amtsausübung stärker gewürdigt werden können). | **16** BAG v. 2.4.1987 – 2 AZR 418/86, AP Nr. 96 zu § 626 BGB. | **17** BAG v. 26.5.1977 – 2 AZR 632/76, BB 1977, 1504. | **18** LAG Berlin v. 19.9.1996 – 12 Sa 70/96, nv. | **19** LAG Hamm v. 21.1.1987 – 3 Sa 1576/86, AuR 1988, 186. | **20** BAG v. 15.6.1991 – 2 ABR 83/90, RzK II 3 Nr. 19. | **21** BAG v. 18.8.1977 – 2 ABR 19/77, AP Nr. 10 zu § 103 BetrVG 1972, st. Rspr. | **22** St. Rspr., vgl. BAG v. 30.5.1978 – 2 AZR 637/76, BB 1979, 323. | **23** BAG v. 26.1.1993 – 1 AZR 303/92, NZA 1993, 714; ganz ausnahmsweise der GesamtBR: BAG v. 21.3.1996 – 2 AZR 559/95, NZA 1996, 974. | **24** BVerwG v. 9.7.1980 – 6 P 43/79, PersV 1981, 370. | **25** BVerwG v. 8.12.1986 – 6 P 20/84, NJW 1987, 2601.

die Erl. zu § 103 BetrVG. Die Zustimmung bedarf keiner Form und ist ein **eigenständiges Rechtsinstitut**; §§ 182 III, 111 S. 2 und 3 BGB finden keine Anwendung[1]. Gibt die ArbN-Vertretung innerhalb von drei Tagen keine Erklärung ab, gilt die Zustimmung als verweigert[2]. Sie kann aber nachträglich erteilt werden, sofern sie rechtzeitig und ordnungsgemäß beantragt worden war; in diesem Fall erledigt sich ein eingeleitetes Zustimmungsersetzungsverfahren; die Kündigung ist unverzüglich auszusprechen[3]. Das Gleiche gilt bei nachträglichem Wegfall der Zustimmungsbedürftigkeit, etwa infolge der Beendigung der Amts- und Funktionszeit (vgl. näher Rz. 50 f.).

50 **5. Zustimmungsersetzung.** Verweigert der BR die erforderliche Zustimmung (vgl. Rz. 37, 49), kann der ArbGeb gem. § 103 BetrVG beim ArbG ihre Ersetzung beantragen. Bedarf es gem. Abs. 2 und 3 der Zustimmung einer Personalvertretung nach §§ 47, 108 BPersVG, ist das VerwG zuständig. Der Ersetzungsantrag ist grds. nur zulässig nach vorausgegangener ordnungsgemäßer Beteiligung der ArbN-Vertretung[4]. Zum Ersetzungsverfahren im Einzelnen, insb. zum Nachschieben von Kündigungsgründen, vgl. die Erl. zu § 103 BetrVG. Zur Wahrung der **Kündigungserklärungsfrist des § 626 II BGB** (vgl. Rz. 48) lässt die Rspr. in Anlehnung an § 91 V SGB IX (früher § 21 V SchwbG) den rechtzeitigen Eingang des Zustimmungsersetzungsantrags bei Gericht innerhalb der Frist des § 626 II BGB genügen; die Kündigung muss dann nach rechtskräftiger Ersetzung der Zustimmung **unverzüglich** ausgesprochen werden[5]. Für mehrstufige personalvertretungsrechtl. Beteiligungsverfahren gilt uU Besonderes[6]. Eine vor **Rechtskraft** der Ersetzungsentscheidung ausgesprochene Kündigung ist unheilbar nichtig[7]. Zugleich wird hierdurch ein anhängiges Ersetzungsverfahren gegenstandslos, die Zustimmung müsste erneut bei der ArbN-Vertretung beantragt werden, sofern die Erklärungsfrist des § 626 II BGB noch nicht abgelaufen ist[8]. Hat das LAG die Rechtsbeschwerde nicht zugelassen, tritt formelle Rechtskraft gleichwohl erst mit Ablauf der Frist zur Einlegung der Nichtzulassungsbeschwerde oder deren Ablehnung durch das BAG ein[9].

51 Ein **Ersetzungsverfahren erledigt** sich, wenn die Zustimmungsbedürftigkeit während des Ersetzungsverfahrens entfällt (vgl. Rz. 29) oder die Zustimmung von der ArbN-Vertretung während des Ersetzungsverfahrens nachträglich erteilt wird (vgl. Rz. 49). In beiden Fällen ist die außerordentl. Kündigung unverzüglich auszusprechen[10]. Der vorherigen Durchführung des gewöhnlichen Beteiligungsverfahrens der ArbN-Vertretung vor Ausspruch von außerordentl. Kündigungen bedarf es hier im Hinblick auf deren Beteiligung im Zustimmungsverfahren grds. nicht mehr[11] (anders bei erstmalig gewähltem BR, vgl. Rz. 52). Im öffentl. Dienst kann bei nachträglichem Wegfall der Zustimmungsbedürftigkeit eine andere Personalvertretung für das gewöhnliche Beteiligungsverfahren zuständig sein (vgl. Rz. 49); in diesem Fall dürfte deren (unverzügliche) Beteiligung vor Ausspruch der Kündigung erforderlich sein.

52 In **betriebsratslosen Betrieben**[12] ist nach st. Rspr. in der Schutzzeit des Abs. 3 S. 1 mangels BR analog § 103 BetrVG die Ersetzung der Zustimmung direkt beim ArbG zu beantragen[13]. Das kommt in Betracht für die außerordentl. Kündigung von Wahlvorstandsmitgliedern und Wahlbewerbern bei **erstmaliger BR-Wahl**. Während gewählte Wahlbewerber hier mit Bekanntgabe des Wahlergebnisses den vollen Schutz behalten (nunmehr als amtierende BR-Mitglieder, vgl. Rz. 12), tritt für die nicht gewählten Wahlbeteiligten nach Abs. 3 der nachwirkende Schutz ein und das Zustimmungserfordernis entfällt. Ein eingeleitetes Ersetzungsverfahren erledigt sich; vor der nunmehr unverzüglich auszusprechenden Kündigung ist hier der neu gewählte BR erstmals (unverzüglich) **gem. § 102 BetrVG anzuhören**[14]. Auch in Betrieben mit BR ist die Ersetzung der Zustimmung direkt bei Gericht zu beantragen in Fällen arbeitskampfbedingten Kündigungen[15] oder bei Funktionsunfähigkeit des BR, etwa bei beabsichtigter Kündigung des einzigen Mitglieds und Fehlen eines Ersatzmitglieds[16].

53 **6. Schwerbehinderung.** Ist der nach § 15 geschützte ArbN schwerbehindert, kann die **Anhörung** der ArbN-Vertretung sowohl vor als auch – unverzüglich[17] – nach Erteilung der rechtzeitig gem. § 91 II SGB IX beantragten Zustimmung des Integrationsamtes erfolgen[18]. Bei vorheriger Anhörung ist eine erneute

---

1 BAG v. 4.3.2004 – 2 AZR 147/03, AP Nr. 50 zu § 103 BetrVG 1972. | 2 BAG v. 18.8.1977 – 2 ABR 19/77, AP Nr. 10 zu § 103 BetrVG 1972, st. Rspr. | 3 BAG v. 17.9.1981 – 2 AZR 402/79, AP Nr. 14 zu § 103 BetrVG 1972. | 4 BAG v. 7.5.1986 – 2 ABR 27/85 – u. v. 24.10.1996 – 2 AZR 3/96, AP Nr. 18 u. Nr. 32 zu § 103 BetrVG 1972. | 5 BAG v. 18.8.1977 – 2 ABR 19/77, AP Nr. 10 zu § 103 BetrVG 1972; v. 17.2.1994 – 2 AZR 673/93, RzK II 2 Nr. 7. | 6 BAG v. 2.2.2006 – 2 AZR 57/05, ZTR 2006, 440. | 7 BAG v. 11.11.1976 – 2 AZR 457/75, AP NR. 8 zu § 103 BetrVG 1972. | 8 So – zT formalistisch – BAG v. 24.10.1996 – 2 AZR 3/96, AP Nr. 32 zu § 103 BetrVG 1972; v. 9.7.1998 – 2 AZR 142/98, AP NR. 36 zu § 103 BetrVG 1972. | 9 BAG v. 9.7.1998 – 2 AZR 142/98, AP Nr. 36 zu § 103 BetrVG 1972; bei offensichtlicher Aussichtslosigkeit einer Nichtzulassungsbeschwerde soll auch schon vorher gekündigt werden können – „auf eigenes Risiko". | 10 BAG v. 30.5.1978 – 2 AZR 637/76, AP Nr. 4 zu § 15 KSchG 1969; v. 17.9.1981 – 2 AZR 402/79, AP Nr. 14 zu § 103 BetrVG 1972. | 11 BAG v. 8.6.2000 – 2 AZN 276/00, AP Nr. 41 zu § 103 BetrVG 1972; v. 17.3.2005 – 2 AZR 275/04, AP Nr. 6 zu § 27 BetrVG 1972. | 12 Es darf auch kein Übergangsmandat bestehen. | 13 BAG v. 12.8.1976 – 2 AZR 303/75, AP Nr. 2 zu § 15 KSchG 1969; v. 16.12.1982 – 2 AZR 76/81, AP Nr. 13 zu § 15 KSchG 1969; v. 24.10.1996 – 2 AZR 3/96, AP Nr. 32 zu § 103 BetrVG 1972. | 14 BAG v. 30.5.1978 – 2 AZR 637/76, AP Nr. 4 zu § 15 KSchG. | 15 BAG v. 14.2.1978 – 1 AZR 54/76, BB 1978, 913. | 16 BAG v. 16.12.1982 – 2 AZR 76/81, DB 1983, 1049; ebenso bei krankheitsbedingter Verhinderung sämtlicher Mitglieder: BAG v. 5.9.1986 – 7 AZR 175/85, DB 1987, 1641 (Beschlussunfähigkeit allein genügt nicht: BAG v. 18.8.1982 – 7 AZR 437/80, BB 1983, 251). | 17 BAG v. 22.1.1987 – 2 ABR 6/86, NZA 1987, 563. | 18 BAG v. 3.7.1980 – 2 AZR 340/78, AP Nr. 2 zu § 18 SchwbG.

Anhörung nur erforderlich, wenn sich die maßgeblichen Umstände zwischenzeitlich geändert haben[1]. Dies wird auf den **Antrag auf Zustimmung nach § 103 BetrVG** zu übertragen sein. Der ArbGeb kann daher nach Zustimmung des Integrationsamtes unverzüglich die Zustimmung der ArbN-Vertretung und nach deren Verweigerung unverzüglich ihre **Ersetzung** durch das ArbG beantragen[2]. Hatte der BR die Zustimmung zu einer außerordentl. Kündigung bereits zuvor verweigert, kann der Antrag auf Ersetzung der Zustimmung in entsprechender Anwendung von § 91 V SGB IX noch unverzüglich nach Erteilung der Zustimmung durch das Integrationsamt oder nach Eintritt der Zustimmungsfiktion des § 91 III 2 SGB IX gestellt werden[3]. Der umgekehrte Weg, dh. zunächst Ersetzung der Zustimmung der ArbN-Vertretung und dann Einholung der Zustimmung des Integrationsamtes, ist wegen § 91 II SGB IX nicht gangbar. Liegt die Zustimmung des Integrationsamtes erst nach Ablauf der Frist des § 626 II BGB vor und hatte der BR bereits zugestimmt, ist die **Kündigung** gem. § 91 V SGB IX unverzüglich nach Erteilung der Zustimmung auszusprechen. Erteilt ist die Zustimmung idS nicht erst mit ihrer Zustellung, sondern bereits mit ihrer mündlichen oder fernmündlichen Bekanntgabe an den ArbGeb[4]. Liegt die Zustimmung ausnahmsw. bereits vor Ablauf der Zwei-Wochen-Frist des § 626 II BGB vor, kann der ArbGeb diese Frist voll ausschöpfen und muss nicht unverzüglich kündigen[5]. Das Integrationsamt prüft die Wahrung der Frist des § 91 II SGB IX mit Tatbestandswirkung für die ArbG; die Einhaltung der Frist des § 626 II BGB ist dagegen vom ArbG eigenständig zu prüfen[6].

7. Zustimmungsersetzung und Kündigungsschutzprozess. Hat der ArbGeb nach rechtskräftiger gerichtlicher Ersetzung der Zustimmung außerordentl. gekündigt, kann der ArbN Kündigungsschutzklage erheben. Dabei hat er ungeachtet des geltend gemachten Unwirksamkeitsgrundes stets die **dreiwöchige Klagefrist** zu wahren (vgl. Rz. 9). Das vorausgegangene Ersetzungsverfahren steht nicht entgegen[7]. Doch ist das ArbG im Kündigungsschutzprozess an die dort getroffene Feststellung gebunden, dass die außerordentl. Kündigung unter Berücksichtigung aller Umstände gerechtfertigt ist (Präklusionswirkung); der ArbN kann sich nur auf solche Tatsachen berufen, die er im Ersetzungsverfahren nicht geltend machen konnte[8]. Die Präklusion gilt nicht für eine ordentl. Kündigung, die der ArbGeb nach Ablauf der Schutzzeit aus demselben Grund ausspricht[9]. Vgl. auch die Erl. zu § 103 BetrVG. 54

VIII. Kündigung bei Betriebsstilllegung (Abs. 4). Die Norm beschränkt den Sonderkündigungsschutz des § 15, indem sie Kündigungen der geschützten ArbN für zulässig erklärt, wenn der **gesamte Betrieb** stillgelegt wird (vgl. Rz. 56). Dabei ist der Zeitpunkt der Stilllegung idR der frühestmögliche Kündigungstermin (vgl. Rz. 58 f.). Es handelt sich um eine ordentl. Kündigung, die eine entsprechende Beteiligung der ArbN-Vertretung erfordert (vgl. Rz. 57). Eine Kündigungsschutzklage hat nach § 13 III die dreiwöchige Klagefrist der §§ 4–7 zu wahren. Wegen des Verhältnisses des Abs. 4 zum sonstigen Kündigungsschutz und zum Ersten und Dritten Abschnitt des KSchG vgl. Rz. 7 f. Entgegen seinem Wortlaut erfasst Abs. 4 auch die in Abs. 3a geschützten Initiatoren der BR-Wahl[10]. 55

Der Begriff der **Betriebsstilllegung** entspricht dem in § 111 S. 2 Nr. 1 BetrVG (vgl. näher § 1 Rz. 300 ff. sowie § 111 BetrVG Rz. 23). Keine Betriebsstilllegung ist die Insolvenzeröffnung als solche[11]. Dem Betrieb entspricht im Bereich der Personalvertretung die Dienststelle; das gilt auch bei einem Mitglied der Bezirks- oder Hauptpersonalvertretung[12]. Der **Betriebsübergang** nach § 613a BGB ist keine Betriebsstilllegung. Wegen der Abgrenzung von der Betriebsstilllegung vgl. § 1 Rz. 308. Der Betriebsnachfolger tritt in die Arbeitsverhältnisse ein. Bleibt die Identität des Betriebs gewahrt, besteht der BR grds. fort[13]. Ansonsten kann ein Übergangs- oder Restmandat nach §§ 21a, 21b BetrVG bestehen. Beim Übergang eines **Betriebsteils** endet das BR-Amt, sofern kein Rest- oder Übergangsmandat besteht. In diesem Fall setzt der nachwirkende Schutz ein. Vgl. näher § 613a BGB Rz. 285. Widerspricht der geschützte ArbN dem Übergang seines Arbeitsverhältnisses gem. § 613a VI BGB, verbleibt er beim bisherigen ArbGeb. Besteht dort – wie im Falle eines Teilbetriebsübergangs möglich – der BR fort, bleibt der ArbN im Amt; anderenfalls setzt der nachwirkende Schutz ein. Zum Fall einer Spaltung oder Teilübertragung iSv. § 323 I UmwG vgl. Rz. 7. 56

Als Rechtsfolge erklärt Abs. 4 die Kündigung im Falle der Betriebsstilllegung für zulässig. Es handelt sich um eine **ordentl. Kündigung**[14]. Vor dieser bietet § 15 den geschützten ArbN grds. abschließenden Schutz; § 1 findet daneben keine Anwendung, ebenso wenig § 125 InsO (vgl. Rz. 8). Doch ist Abs. 4 zur Angleichung des Schutzumfangs der besonders geschützten ArbN an den des § 1 einschränkend dahin auszulegen, dass die ordentl. Kündigung auch im Falle einer Betriebsstilllegung nur zulässig ist, wenn 57

1 BAG v. 1.4.1981 – 7 AZR 1003/78, DB 1981, 2128; v. 18.5.1994 – 2 AZR 626/93, NZA 1995, 65. | 2 Ebenso KR/*Fischermeier*, § 626 BGB Rz. 341. | 3 So zum SchwbG BAG v. 22.1.1987 – 2 ABR 6/86, NZA 1987, 563. | 4 BAG v. 21.4.2005 – 2 AZR 255/04, NZA 2005, 991 (ebenso bei Erteilung durch Widerspruchsausschuss). | 5 BAG v. 15.11.2001 – 2 AZR 380/00, NZA 2002, 970. | 6 BAG v. 2.3.2006 – 2 AZR 46/05, NZA 2006, 563. | 7 BAG v. 24.4.1975 – 2 AZR 118/74, BB 1975, 1014. | 8 BAG v. 24.4.1975 – 2 AZR 118/74, BB 1975, 1014; v. 11.5.2000 – 2 AZR 276/99, NZA 2000, 1106. | 9 BAG v. 15.8.2002 – 2 AZR 214/01, NZA 2003, 432. | 10 BAG v. 4.11.2004 – 2 AZR 96/04, AP Nr. 57 zu § 15 KSchG („Redaktionsversehen"). | 11 BAG v. 16.9.1982 – 2 AZR 271/80, DB 1983, 504. | 12 BAG v. 22.9.2005 – 2 AZR 544/04, NZA 2006, 558. | 13 BAG v. 5.2.1991 – 1 ABR 32/90, AP Nr. 89 zu § 613a BGB. | 14 BAG v. 23.4.1980 – 5 AZR 49/78, NJW 1980, 2543; v. 18.9.1997 – 2 ABR 15/97, NZA 1998, 189.

eine **Weiterbeschäftigung in einem anderen Betrieb** des ArbGeb gem. den zu § 1 entwickelten Grundsätzen nicht möglich ist[1] (vgl. § 1 Rz. 274 ff., insb. 277). Die Kündigung nach Abs. 4 erfordert **keine Zustimmung** der ArbN-Vertretung, sondern deren gewöhnliche Beteiligung vor ordentl. Kündigung[2]. Ohne diese ist sie unwirksam[3]. Im öffentl. Dienst ist hier abweichend von der zustimmungsbedürftigen Kündigung (vgl. Rz. 49) die bei der entscheidungsbefugten Behörde gebildete **Personalvertretung zuständig**[4].

58 Bei der Kündigung nach Abs. 4 ist die einschlägige **Kündigungsfrist** zu wahren[5]. Ist die ordentl. Kündigung tarifvertragl. ausgeschlossen, kommt eine außerordentl. Kündigung mit Auslauffrist entsprechend der sonst geltenden Frist in Betracht[6], sofern nicht beim ArbGeb noch eine Möglichkeit zur anderweitigen Weiterbeschäftigung, ggf. nach Umschulung, besteht[7]. Die außerordentl. Kündigung bedarf hier nicht der Zustimmung der ArbN-Vertretung[8] (vgl. § 1 Rz. 41). Die Kündigung darf grds. frühestens zum **Zeitpunkt der Stilllegung** erfolgen, so dass die geschützten ArbN mit der letzten Gruppe entlassen werden[9]. Eine vorzeitige Entlassung ist nur zulässig, wenn sie durch „zwingende betriebliche Erfordernisse bedingt" ist, etwa wenn keinerlei Beschäftigungsmöglichkeit mehr besteht[10]. Für freigestellte ArbN-Vertreter scheidet eine vorzeitige Entlassung aus. Können bei etappenweiser Stilllegung eines Betriebs nicht alle geschützten Personen bis zur endgültigen Schließung weiterbeschäftigt werden, findet unter ihnen eine Sozialauswahl entsprechend § 1 III statt[11]. Zu beachten ist das **Restmandat** des letzten funktionsfähigen BR gem. § 21b BetrVG, das ggf. auch über die Beendigung des Arbeitsverhältnisses hinaus besteht.

59 Eine **bewusst vorzeitige Kündigung** ohne zwingendes betriebliches Erfordernis ist unwirksam. Sie kann bei fristwahrender, uU nachträglich zuzulassender Klage umgedeutet werden in eine Kündigung zum Zeitpunkt der Betriebsstilllegung, wenn bei ihrem Zugang der Stilllegungszeitpunkt feststeht. Ist das nicht der Fall, dürfte eine Umdeutung am Grundsatz der Bedingungsfeindlichkeit, Bestimmtheit und Eindeutigkeit einer Gestaltungserklärung scheitern (vgl. § 1 Rz. 26, 27 aE). Tritt nach Ausspruch der Kündigung zum geplanten Stilllegungszeitpunkt eine **unvorhergesehene Verzögerung** ein, soll das Arbeitsverhältnis ohne weiteres erst zum nächsten Kündigungstermin nach tatsächlicher Stilllegung enden („gesetzliche Bedingung"); entfällt die Stilllegung nachträglich ganz, soll die Kündigung „gegenstandslos" werden[12]. Ob sich diese Rspr. mit der – hier wohl auch anwendbaren – allgemeinen Klagefrist der §§ 4, 7, 13 III vereinbaren lässt, erscheint fraglich. In Betracht kommt bei ursprünglich wirksamer Kündigung jedenfalls ein Wiedereinstellungsanspruch, da auch die Kündigung nach Abs. 4 auf einer Prognose gründet (vgl. näher § 1 Rz. 75 ff.).

60 **IX. Stilllegung einer Betriebsabteilung (Abs. 5).** Abs. 5 **beschränkt den Sonderkündigungsschutz** des § 15 über Abs. 4 hinaus auch bei Stilllegung (vgl. Rz. 56) einer Betriebsabteilung (vgl. Rz. 61). Eine dort beschäftigte geschützte Person ist zwar grds. in eine andere Betriebsabteilung zu übernehmen (vgl. Rz. 62 f.). Ist dies aber aus betrieblichen Gründen nicht möglich (vgl. Rz. 63), findet das Kündigungsrecht des Abs. 4 sinngemäß Anwendung (vgl. Rz. 57 ff.). Entgegen seinem Wortlaut erfasst Abs. 5 ebenso wie Abs. 4 auch die Wahl-Initiatoren des Abs. 3a (vgl. Rz. 55).

61 **Betriebsabteilung** ist die räumlich, organisatorisch und personell abgegrenzte Einheit eines Betriebs mit eigenen technischen Betriebsmitteln und regelmäßig **eigenem Betriebszweck**, wozu auch Hilfsaufgaben für den Gesamtbetrieb zählen[13] (zB Stepperei einer Schuhfabrik[14]). Befinden sich in mehreren nahe gelegenen Betriebsteilen eines Betriebs jeweils organisatorisch abgrenzbare Arbeitseinheiten, die denselben Betriebszweck verfolgen (zB in den benachbarten Betriebsteilen eines Garnherstellers jeweils eine Zwirnerei), so bilden diese Arbeitseinheiten eine einheitliche Betriebsabteilung iSv. Abs. 5; die Stilllegung nur einer Zwirnerei ist dann keine Stilllegung der gesamten Abteilung[15]. Das Gleiche dürfte für mehrere gleichartige Filialen eines Einzelhandelsunternehmens in einer Stadt gelten[16]. Ein eigenständiger Betriebszweck kann aber auf Grund der weiten Entfernung vom Hauptbetrieb anzunehmen sein[17]. Hat ein **betriebsratsfähiger Betriebsteil** iSv. § 4 I BetrVG einen eigenen BR gewählt, ist dieser Teil nach dem Zweck des § 15 als Betrieb iSv. Abs. 4 zu behandeln[18]. Hat er gem. § 4 I 2 BetrVG an der BR-Wahl im Hauptbetrieb teilgenommen, ist er als Betriebsabteilung iSv. Abs. 5 anzusehen[19].

62 Die Verpflichtung zur **Übernahme** in eine andere Betriebsabteilung ist grds. auf den Betrieb bzw. die Dienststelle begrenzt. Das gilt auch für Mitglieder von Bezirks- oder Hauptpersonalvertretungen im

1 BAG v. 22.9.2005 – 2 AZR 544/04, NZA 2006, 558; v. 13.8.1992 – 2 AZR 22/92, NZA 1993, 224. | 2 BAG v. 18.9.1997 – 2 ABR 15/97, NZA 1998, 189. | 3 BAG v. 29.3.1977 – 1 AZR 46/75, BB 1977, 947. | 4 *Quecke*, ZTR 1998, 344 (345). | 5 BAG v. 29.3.1977 – 1 AZR 46/75, BB 1977, 947. | 6 BAG v. 29.3.1985 – 2 AZR 113/84, AP Nr. 86 zu § 626 BGB. | 7 BAG v. 13.6.2002 – 2 AZR 391/01, AP Nr. 97 zu § 615 BGB (zu einem TV der Wohnungswirtschaft). | 8 BAG v. 18.9.1997 – 2 ABR 15/97, NZA 1998, 189. | 9 BAG v. 26.10.1967 – 2 AZR 422/66, AP Nr. 17 zu § 13 KSchG. | 10 KR/*Etzel*, § 15 KSchG Rz. 103 ff. | 11 BAG v. 16.9.1982 – 2 AZR 271/80, DB 1983, 504. | 12 BAG v. 23.4.1980 – 5 AZR 49/78, NJW 1980, 2543; v. 14.9.1994 – 2 AZR 75/94, EzA § 103 BetrVG 1972 Nr. 36. | 13 BAG v. 30.5.1958 – 1 AZR 478/57, AP Nr. 13 zu § 13 KSchG; v. 20.1.1984 – 7 AZR 443/82, NZA 1984, 38. | 14 ArbG Offenbach v. 15.3.1972 – 2 BV 2/72, DB 1972, 1730. | 15 BAG v. 20.1.1984 – 7 AZR 443/82, NZA 1984, 38. | 16 KR/*Etzel*, § 15 KSchG Rz. 121. | 17 BAG v. 28.10.1999 – 2 AZR 437/98, DB 2000, 578 (150 km von der Hauptstelle entfernte Berufsbildungsstätte). | 18 BAG v. 4.11.2004 – 2 AZR 96/04, AP Nr. 57 zu § 15 KSchG 1969. | 19 BAG v. 28.10.1999 – 2 AZR 437/98, DB 2000, 578.

öffentl. Dienst[1]. Die Übernahmepflicht gilt auch für nachgerückte Ersatzmitglieder sowie in der Nachwirkungszeit[2]. Neben der Übernahmepflicht ist die Pflicht zur Weiterbeschäftigung in einem anderen Betrieb zu beachten, die sich nur auf freie Arbeitsplätze bezieht (vgl. Rz. 57). Sie kommt insb. in Betracht, wenn ein geeigneter gleichwertiger Arbeitsplatz im Betrieb fehlt (vgl. Rz. 63). Das Übernahmegebot dient allein dem Interesse der Belegschaft an der kontinuierlichen Amtsausübung durch die Funktionsträger. Eine unter Verstoß gegen die Übernahmepflicht dennoch erfolgte Kündigung ist nur auf Grund dieses Schutzzwecks unwirksam. Das BAG versagt dem betroffenen ArbN daher Schadensersatzansprüche aus der Verletzung des Übernahmegebots[3].

Die Übernahme iSv. Abs. 5 erfolgt in erster Linie auf einen geeigneten **gleichwertigen Arbeitsplatz**; ein geringerwertiger Arbeitsplatz bei gleicher Vergütung genügt nicht, sofern ein gleichwertiger vorhanden ist[4]. Der ArbGeb ist verpflichtet, die Übernahme des BR-Mitglieds in eine andere Betriebsabteilung notfalls durch **Freikündigen** eines geeigneten Arbeitsplatzes sicherzustellen[5]. Ob dabei die Interessen des durch die erforderliche Freikündigung betroffenen ArbN gegen die Interessen des BR-Mitglieds und die Interessen der Belegschaft an der Kontinuität der Besetzung des BR abzuwägen sind, hat das BAG offen gelassen. Gegen eine Abwägung spricht der Wortlaut des Abs. 5, wonach eine Übernahme nur ausscheidet, wenn sie aus „betrieblichen Gründen" nicht möglich ist[6]. Kann ein geschützter ArbN nach Änderungskündigung zu im Übrigen unveränderten Bedingungen auf einem freien Arbeitsplatz in einer anderen Betriebsabteilung weiterbeschäftigt werden, ist der ArbGeb aber nicht verpflichtet, einen örtlich näher gelegenen und deshalb den ArbN weniger belastenden Arbeitsplatz freizukündigen[7]. 63

Fehlt ein geeigneter gleichwertiger Arbeitsplatz, hat der ArbGeb einen geeigneten **geringerwertigen Arbeitsplatz** in einer anderen Betriebsabteilung anzubieten und notfalls – nach erklärter Annahme – freizukündigen. Ist in einem solchen Fall zugleich ein gleichwertiger Arbeitsplatz in einem anderen Betrieb frei, sollte der ArbGeb beide Arbeitsplätze anbieten (vgl. Rz. 57). **Konkurrieren** ein ordentl. Mitglied der ArbN-Vertretung und ein Ersatzmitglied mit nachwirkendem Schutz um einen geeigneten Arbeitsplatz in einer anderen Betriebsabteilung, kommt dem ordentl. Mitglied nach dem auf Kontinuität der personellen Zusammensetzung gerichteten Normzweck Vorrang zu[8]. Unter ordentl. Mitgliedern ist eine Sozialauswahl analog § 1 III vorzunehmen. Eine Übernahme ist **aus betrieblichen Gründen unmöglich**, wenn kein geeigneter gleichwertiger oder geringerwertiger Arbeitsplatz vorhanden ist. In diesem Fall kann der ArbGeb nach Maßgabe des Abs. 4 kündigen (vgl. Rz. 57 ff.). Ist zwar ein solcher Arbeitsplatz vorhanden, wird er aber vom ArbN nicht akzeptiert, hat der ArbGeb nach dem Grundsatz der Verhältnismäßigkeit idR dennoch eine Änderungskündigung aussprechen; denn dem nach § 15 geschützten ArbN wird in entsprechender Anwendung von § 2 auch die Möglichkeit der Annahme unter Vorbehalt zuzugestehen sein. Nur bei endgültiger Ablehnung des Angebots, auch seiner Annahme unter Vorbehalt, sowie nach ausreichender Bedenkzeit (idR drei Wochen) kommt auch eine Beendigungskündigung in Betracht[9]. Dieser Weg dürfte insb. vor einer Freikündigung des Arbeitsplatzes einzuschlagen sein. 64

16 *Neues Arbeitsverhältnis; Auflösung des alten Arbeitsverhältnisses*

Stellt das Gericht die Unwirksamkeit der Kündigung einer der in § 15 Abs. 1 bis 3a genannten Personen fest, so kann diese Person, falls sie inzwischen ein neues Arbeitsverhältnis eingegangen ist, binnen einer Woche nach Rechtskraft des Urteils durch Erklärung gegenüber dem alten Arbeitgeber die Weiterbeschäftigung bei diesem verweigern. Im Übrigen finden die Vorschriften des § 11 und des § 12 Satz 2 bis 4 entsprechende Anwendung.

§ 16 räumt den durch § 15 geschützten Personen nach rechtskräftig festgestellter Unwirksamkeit der Kündigung ein **Wahlrecht** zwischen der Fortsetzung eines zwischenzeitlich eingegangenen Arbeitsverhältnisses und der Rückkehr in das unwirksam gekündigte Arbeitsverhältnis ein. Mit der Bezugnahme auf § 11 und § 12 S. 2–4 gelten diese Bestimmungen des Ersten Abschnitts inhaltsgleich auch für alle unwirksamen Kündigungen nach § 15. Auf die Erl. zu §§ 11, 12 wird verwiesen. 1

Wählt der ArbN die Fortsetzung des neuen, zwischenzeitlich eingegangenen Arbeitsverhältnisses, kann er gem. § 12 S. 4 **entgangenen Verdienst** nur für die Zeit zwischen der Entlassung und dem Beginn dieses Arbeitsverhältnisses verlangen. Das wirkt sich bei niedrigerem Verdienst des ArbN in dem neuen Arbeitsverhältnis nachteilig aus. Vgl. näher die Erl. zu §§ 11, 12. 2

1 BAG v. 22.9.2005 – 2 AZR 544/04, NZA 2006, 558. | 2 LAG Hamburg v. 26.5.2004 – 5 Sa 65/03, nv. | 3 BAG v. 14.2.2002 – 8 AZR 175/01, DB 2002, 2000. | 4 BAG v. 1.2.1957 – 1 AZR 478/54, AP Nr. 5 zu § 13 KSchG. | 5 BAG v. 18.10.2000 – 2 AZR 494/99, NZA 2001, 321; v. 25.11.1981 – 7 AZR 382/79, DB 1982, 809. | 6 Sehr str., wie hier etwa KDZ/*Kittner*, § 15 KSchG Rz. 77a; aA zB LAG Düsseldorf v. 15.9.2005 – 11 Sa 788/05, nv., und v. 25.11.1997 – 8 Sa 1358/97, LAGE § 15 KSchG Nr. 16; KR/*Etzel*, § 15 KSchG Rz. 126 mwN; *Horcher*, NZA-RR 2006, 393 (397). | 7 BAG v. 28.10.1999 – 2 AZR 437/98, AP Nr. 44 zu § 15 KSchG 1969. | 8 BAG v. 2.3.2006 – 2 AZR 83/05, NZA 2006, 988; die Nachrangigkeit des Nachrückens betont auch BAG v. 18.10.2000 – 2 AZR 494/99, NZA 2001, 321. | 9 BAG v. 21.4.2005 – 2 AZR 132/04, NZA 2005, 1289.

Dritter Abschnitt. Anzeigepflichtige Entlassungen

17 *Anzeigepflicht*

(1) Der Arbeitgeber ist verpflichtet, der Agentur für Arbeit Anzeige zu erstatten, bevor er

1. in Betrieben mit in der Regel mehr als 20 und weniger als 60 Arbeitnehmern mehr als 5 Arbeitnehmer,

2. in Betrieben mit in der Regel mindestens 60 und weniger als 500 Arbeitnehmern 10 vom 100 der im Betrieb regelmäßig beschäftigten Arbeitnehmer oder aber mehr als 25 Arbeitnehmer,

3. in Betrieben mit in der Regel mindestens 500 Arbeitnehmern mindestens 30 Arbeitnehmer

innerhalb von 30 Kalendertagen entlässt. Den Entlassungen stehen andere Beendigungen des Arbeitsverhältnisses gleich, die vom Arbeitgeber veranlasst werden.

(2) Beabsichtigt der Arbeitgeber, nach Absatz 1 anzeigepflichtige Entlassungen vorzunehmen, hat er dem Betriebsrat rechtzeitig die zweckdienlichen Auskünfte zu erteilen und ihn schriftlich insbesondere zu unterrichten über

1. die Gründe für die geplanten Entlassungen,

2. die Zahl und die Berufsgruppen der zu entlassenden Arbeitnehmer,

3. die Zahl und die Berufsgruppen der in der Regel beschäftigten Arbeitnehmer,

4. den Zeitraum, in dem die Entlassungen vorgenommen werden sollen,

5. die vorgesehenen Kriterien für die Auswahl der zu entlassenden Arbeitnehmer,

6. die für die Berechnung etwaiger Abfindungen vorgesehenen Kriterien.

Arbeitgeber und Betriebsrat haben insbesondere die Möglichkeiten zu beraten, Entlassungen zu vermeiden oder einzuschränken und ihre Folgen zu mildern.

(3) Der Arbeitgeber hat gleichzeitig der Agentur für Arbeit eine Abschrift der Mitteilung an den Betriebsrat zuzuleiten; sie muss zumindest die in Absatz 2 Satz 1 Nr. 1 bis 5 vorgeschriebenen Angaben enthalten. Die Anzeige nach Absatz 1 ist schriftlich unter Beifügung der Stellungnahme des Betriebsrates zu den Entlassungen zu erstatten. Liegt eine Stellungnahme des Betriebsrates nicht vor, so ist die Anzeige wirksam, wenn der Arbeitgeber glaubhaft macht, dass er den Betriebsrat mindestens zwei Wochen vor Erstattung der Anzeige nach Absatz 2 Satz 1 unterrichtet hat, und er den Stand der Beratungen darlegt. Die Anzeige muss Angaben über den Namen des Arbeitgebers, den Sitz und die Art des Betriebes enthalten, ferner die Gründe für die geplanten Entlassungen, die Zahl und die Berufsgruppen der zu entlassenden und der in der Regel beschäftigten Arbeitnehmer, den Zeitraum, in dem die Entlassungen vorgenommen werden sollen und die vorgesehenen Kriterien für die Auswahl der zu entlassenden Arbeitnehmer. In der Anzeige sollen ferner im Einvernehmen mit dem Betriebsrat für die Arbeitsvermittlung Angaben über Geschlecht, Alter, Beruf und Staatsangehörigkeit der zu entlassenden Arbeitnehmer gemacht werden. Der Arbeitgeber hat dem Betriebsrat eine Abschrift der Anzeige zuzuleiten. Der Betriebsrat kann gegenüber der Agentur für Arbeit weitere Stellungnahmen abgeben. Er hat dem Arbeitgeber eine Abschrift der Stellungnahme zuzuleiten.

(3a) Die Auskunfts-, Beratungs- und Anzeigepflichten nach den Absätzen 1 bis 3 gelten auch dann, wenn die Entscheidung über die Entlassungen von einem den Arbeitgeber beherrschenden Unternehmen getroffen wurde. Der Arbeitgeber kann sich nicht darauf berufen, dass das für die Entlassungen verantwortliche Unternehmen die notwendigen Auskünfte nicht übermittelt hat.

(4) Das Recht zur fristlosen Entlassung bleibt unberührt. Fristlose Entlassungen werden bei Berechnung der Mindestzahl der Entlassungen nach Absatz 1 nicht mitgerechnet.

(5) Als Arbeitnehmer im Sinne dieser Vorschrift gelten nicht

1. in Betrieben einer juristischen Person die Mitglieder des Organs, das zur gesetzlichen Vertretung der juristischen Person berufen ist,

2. in Betrieben einer Personengesamtheit die durch Gesetz, Satzung oder Gesellschaftsvertrag zur Vertretung der Personengesamtheit berufenen Personen,

3. Geschäftsführer, Betriebsleiter und ähnliche leitende Personen, soweit diese zur selbständigen Einstellung oder Entlassung von Arbeitnehmern berechtigt sind.

1 **I. Inhalt und Zweck.** Mit § 17 beginnt der Dritte Abschnitt des Gesetzes. Er regelt die sog. anzeigepflichtigen Entlassungen. Diese Vorschriften dienen der Erfassung und Steuerung einer auf einmal oder in kurzen zeitlichen Abständen erfolgenden größeren Zahl von Entlassungen. Die Bestimmungen des Dritten Abschnitts verfolgen in erster Linie einen **arbeitsmarktpolitischen Zweck**. Die Arbeitsverwaltung soll durch die Anzeige des ArbGeb in die Lage versetzt werden, sich rechtzeitig auf zu erwartende Entlassungen größeren Umfangs einzustellen und Maßnahmen zu treffen, sei es mit dem Ziel, die Entlassungen ganz zu vermeiden, sei es, neue Arbeitsplätze nachzuweisen, so dass eine längere Arbeits-

losigkeit der betroffenen ArbN möglichst vermieden wird[1]. Neben diesem arbeitsmarktpolitischen Zweck dient die Regelung auch dem Schutz des einzelnen Arbeitsverhältnisses[2]. Das folgt bereits aus dem Umstand, dass bei den Entscheidungen der Agentur für Arbeit (AA) nach § 20 IV auch die Interessen der zu entlassenden ArbN zu berücksichtigen sind. Der Stärkung des Schutzes des ArbN bei Massenentlassungen dient ausdrücklich auch die Richtlinie des Rates 98/59/EG zur Angleichung der Rechtsvorschriften der Mitgliedstaaten über Massenentlassungen vom 20.7.1998[3].

Auf Grund der Bestimmungen in den §§ 17 ff. kann die Arbeitsverwaltung die Entlassungen letztlich zwar nicht verhindern. Durch die Sperrfrist gem. § 18, deren Lauf mit der Anzeige beginnt, können jedoch die **Entlassungen hinausgezögert** werden. Dadurch gewinnt die Arbeitsverwaltung Zeit zur Einleitung wirksamer Maßnahmen[4]. 2

Der Massenentlassungsschutz nach den §§ 17 ff. und der **individuelle Kündigungsschutz** nach § 1 bestehen nebeneinander. So kann eine Kündigung sozialwidrig sein, obwohl die AA nach § 18 der Abkürzung einer Sperrfrist zugestimmt hat. Umgekehrt kann eine Kündigung sozial gerechtfertigt sein, obwohl ein Verstoß gegen die Bestimmungen der §§ 17 ff. vorliegt[5]. Ist eine Kündigung wegen des Verstoßes gegen die §§ 17 ff. unwirksam, handelt es sich um einen sonstigen Grund iSd. § 13 III; nach der am 1.1.2004 in Kraft getretenen Fassung der §§ 4, 13 III kann er grds. nur durch fristgerechte Klage geltend gemacht werden, während das nach früherer Rechtslage nicht erforderlich war[6]. Im Anschluss an die sog. Junk-Entscheidung des EuGH v. 27.1.2005[7] sind verschiedene BAG-Urteile zu Entlassung = Ausspruch der Kündigung und erst danach erstatteter Massenentlassungsanzeige ergangen. Hier wird nach wie vor ggf. eine nachträgliche Zulassung der Kündigungsschutzklage nach § 5 helfen müssen[8]. 3

1. Persönlicher Geltungsbereich (Abs. 5). Grds. erfasst die Bestimmung des § 17 **alle ArbN** iSd. § 1. Dazu zählen alle Angestellten und Arbeiter, Auszubildende und Volontäre, Teilzeitbeschäftigte und auch die ArbN, die eine Beschäftigungszeit von weniger als sechs Monaten aufweisen[9]. Keine Anwendung findet die Vorschrift auf freie Mitarbeiter, Heimarbeiter und andere arbeitnehmerähnliche Personen. Ausdrücklich ausgenommen vom Anwendungsbereich des § 17 sind die in Abs. 5 aufgeführten vertretungsberechtigten Organmitglieder einer juristischen Person, die zur Vertretung einer Personengesamtheit berufenen Personen und die sog. leitenden Angestellten, soweit sie zur selbständigen Einstellung oder Entlassung von ArbN berechtigt sind. Diese Ausnahmeregelung in Abs. 5 entspricht der Ausnahmeregelung in § 14, auf deren Kommentierung verwiesen werden kann. 4

2. Sachlicher Geltungsbereich (Abs. 4). Grds. erfasst der Geltungsbereich des § 17 alle Entlassungen auf Grund einer **ordentl. Kündigung** des ArbGeb[10]. Dabei kommt es auch nicht auf den Grund für die Kündigung an. Selbst personen- und verhaltensbedingte Kündigungen können einen anzeigepflichtigen Sachverhalt iSd. § 17 herbeiführen[11]. Ausdrücklich ausgenommen vom sachlichen Geltungsbereich sind nach Abs. 4 fristlose Entlassungen von ArbN. Diese werden nach Abs. 4 S. 2 auch bei der Berechnung der Mindestzahl der Entlassungen nach Abs. 1 nicht mitgerechnet. 5

II. Voraussetzungen für die Anzeigepflicht (Abs. 1). Ein ArbGeb ist nur dann gem. Abs. 1 zur Erstattung einer Anzeige gegenüber der AA verpflichtet, wenn er in einem Betrieb bestimmter Größe eine bestimmte Zahl von Entlassungen innerhalb von 30 Kalendertagen nach einem bestimmten Verhältnis dieser Entlassungen zur gesamten Größe des Betriebs vornehmen will[12]. 6

1. Betrieblicher Anwendungsbereich. Die Anzeigepflicht von Entlassungen betrifft nur Betriebe und Verwaltungen des privaten Rechts sowie Betriebe der öffentl. Verwaltung, die wirtschaftl. Zwecke verfolgen. Der Begriff des **Betriebs** entspricht den §§ 1 und 23, die auf den Vorschriften der §§ 1, 4 BetrVG beruhen[13]. Nach dem Gebot der richtlinienkonformen Auslegung nationalen Rechts ist der Begriff des Betriebs wie in der MassenentlassungsRL gemeinschaftsrechtlich zu definieren[14]. Danach ist unter einem Betrieb nach Maßgabe der Umstände die Einheit zu verstehen, der die von der Entlassung betroffenen ArbN zur Erfüllung ihrer Aufgaben angehören. Dabei ist ohne Bedeutung, ob diese Einheit eine Leitung besitzt, die selbständig Massenentlassungen vornehmen kann[15]. Die Anzeigepflicht nach § 17 greift auch dann ein, wenn zwei selbständige Unternehmen einen **gemeins. Betrieb** bilden, in dem sie mit ihren ArbN arbeitstechnische Zwecke innerhalb einer organisatorischen Einheit verfolgen und eine entsprechende rechtl. Bindung besteht[16]. Auf **Kleinbetriebe**, in denen regelmäßig höchstens 20 ArbN beschäftigt werden, findet § 17 keine Anwendung. Verfügt ein Unternehmen über mehrere Betriebsstätten, 7

1 Begr. RegE RdA 1951, 65. | 2 BAG v. 11.3.1999 – 2 AZR 461/98, AP Nr. 12 zu § 17 KSchG 1969. | 3 ABl. Nr. L 225/16. | 4 KR/*Weigand*, § 17 KSchG Rz. 8. | 5 KR/*Weigand*, § 17 KSchG Rz. 10. | 6 BAG v. 31.7.1986 – 2 AZR 594/85, AP Nr. 5 zu § 17 KSchG 1969. | 7 EuGH v. 27.1.2005 – C-188/03, NZA 2005, 213. | 8 Vgl. hierzu auch *Bauer/Krieger*, Kündigungsrecht – Reformen 2004, S. 156 f. | 9 BAG v. 13.3.1969 – 2 AZR 157/68, AP Nr. 10 zu § 15 KSchG. | 10 BAG v. 6.12.1973 – 2 AZR 10/73, AP Nr. 1 zu § 17 KSchG 1969. | 11 BAG v. 8.6.1989 – 2 AZR 624/88, AP Nr. 6 zu § 17 KSchG 1969. | 12 *v. Hoyningen-Huene/Linck*, § 17 KSchG Rz. 2. | 13 BAG v. 13.4.2000 – 2 AZR 215/99, AP Nr. 13 zu § 17 KSchG 1969. | 14 KR/*Weigand*, § 17 KSchG Rz. 15a; ErfK/*Ascheid*, § 17 KSchG Rz. 8; APS/*Moll*, § 17 KSchG Rz. 8; *Wißmann*, RdA 1998, 221. | 15 EuGH v. 7.12.1995 – Rs. C-449/93 (Rockfon), Slg. 1995 I, 4291, 4316 = EzA Nr. 59 zu § 17 KSchG. | 16 BAG v. 29.1.1987 – 6 AZR 23/85, AP Nr. 6 zu § 1 BetrVG 1972.

Nebenbetriebe oder Betriebsteile, so ist anhand von § 4 BetrVG zunächst zu prüfen, ob es sich dabei jeweils um selbständige Betriebe handelt[1]. Schließlich kann die Anzeigepflicht nach § 17 auch die **betriebsverfassungsrechtl. Organisationseinheiten** erfassen, die nach § 3 BetrVG durch TV oder BV gebildet worden sind und gem. § 3 V 1 BetrVG als Betriebe iSd. BetrVG gelten[2].

8 **2. Zahl der beschäftigten Arbeitnehmer.** Die Anzeigepflicht nach Abs. 1 hängt zunächst von der Anzahl der ArbN ab, die in der Regel im Betrieb beschäftigt sind. Bei der Ermittlung dieser Anzahl kommt es auf den **Zeitpunkt der Entlassung** an, der jetzt richtlinienkonform mit dem Zeitpunkt der Kündigung übereinstimmt (vgl. Rz. 39)[3]. Denn die Anzeige der Massenentlassung soll die Arbeitsverwaltung in die Lage versetzen, zum Zeitpunkt des tatsächlichen Ausscheidens der ArbN die notwendigen Maßnahmen zu ergreifen. Demgegenüber ist der Zeitpunkt der Kündigung nur für den individuellen Kündigungsschutz von Bedeutung[4].

9 Die Zahl der im Betrieb in der Regel beschäftigten ArbN bestimmt sich nach denselben Grundsätzen wie bei § 23 I 2[5]. Es handelt sich hier um einen Anwendungsfall der st. Rspr. des BAG zur Beschäftigtenzahl im Rahmen der Anzeigepflicht gem. Abs. 1 S. 1 Nr. 1[6]. Danach ist die Anzahl der ArbN anhand des **regelmäßigen Betriebsablaufs** festzustellen, nicht aber anhand der zufällig im Zeitpunkt der Entlassung bestehenden Arbeitsverhältnisse. Vielmehr bedarf es grds. eines Rückblicks auf die bisherige personelle Stärke des Betriebs und einer Prognose über die künftige Personalentwicklung[7]. Zeiten außergewöhnlichen Geschäftsanfalls (Weihnachtsgeschäft, Jahresabschlussarbeiten) müssen bei der Feststellung der regelmäßigen Beschäftigtenzahl ebenso außer Betracht bleiben wie die außergewöhnliche Drosselung des Geschäftsbetriebs (Ferienzeiten, Nachsaison)[8]. Bei einer schwankenden Zahl von Beschäftigten kommt es darauf an, ob die erhöhte Anzahl in der Eigenart des Betriebs oder in bloßen Zufälligkeiten begründet ist[9]. Unberücksichtigt bleiben ArbN, die nur vorübergehend als Urlaubs- oder Krankheitsvertreter oder zur Aushilfe eingestellt worden sind, jedenfalls soweit sie kürzer als 6 Monate beschäftigt werden[10]. Bei dem Rückblick auf die bisherige personelle Stärke eines Betriebs kann ein fester Zeitraum nicht zugrunde gelegt werden[11].

10 Hängt die Massenentlassung mit einer **Betriebsstilllegung** zusammen, entfällt eine Zukunftsprognose. In diesem Fall ist auf die Stärke der Belegschaft zurückzugreifen, die in Zeiten ungestörten und regelmäßigen Betriebsablaufs vorhanden war[12].

11 Nimmt ein ArbGeb **stufenweise Entlassungen** vor, ist die Anzahl der idR beschäftigten ArbN anhand des zugrunde liegenden Konzepts zu ermitteln. Fasst der ArbGeb von vornherein den Beschluss, eine Betriebseinschränkung größeren Umfangs oder eine Betriebsstilllegung durchzuführen, bleibt trotz des stufenweisen Personalabbaus die Anzahl der ArbN maßgeblich, die im Zeitpunkt seines Beschlusses regelmäßig beschäftigt waren[13]. Hatte der ArbGeb dagegen zunächst nur eine Betriebseinschränkung geplant und erst im weiteren Verlauf seiner Betriebstätigkeit mit verringerter Belegschaft erkannt, eine vollständige Stilllegung durchführen zu müssen, kommt es für die Anzahl der in der Regel bei ihm beschäftigten ArbN auf den Zeitpunkt nach der ersten Reduzierung der Belegschaft an[14].

12 **3. Zahl der Entlassungen.** Die Anzeigepflicht nach Abs. 1 trifft den ArbGeb, der in einem Betrieb von 21 bis 59 regelmäßig Beschäftigten 6 oder mehr ArbN entlassen will. In einem Betrieb mit 60 bis 499 regelmäßig Beschäftigten entsteht die Anzeigepflicht, wenn der ArbGeb 26 oder mehr ArbN entlassen will. Bereits eine geringere Zahl von Entlassungen ist bei dieser Betriebsgrößenordnung anzeigepflichtig, wenn 10% der regelmäßig Beschäftigten betroffen sind. In Betrieben mit mindestens 500 regelmäßig beschäftigten ArbN entsteht die Anzeigepflicht bereits bei 30 Entlassungen[15].

13 **a) Kündigung durch Arbeitgeber.** Bereits nach dem allgemeinen Sprachgebrauch versteht man unter Entlassung iSd. Abs. 1 die auf Grund einer **ordentl. Kündigung** des ArbGeb erfolgte tatsächliche Beendigung des Arbeitsverhältnisses[16]; vgl. dazu auch Rz. 39. Dabei kommt es auf die Gründe für die arbeitgeberseitige Kündigung nicht an. Die Anzeigepflicht in Abs. 1 erfasst danach auch Entlassungen, denen personenbedingte oder verhaltensbedingte Kündigungen zugrunde liegen. Auch eine **Änderungskündigung** des ArbGeb wird von der Anzeigepflicht erfasst, wenn sie zur Beendigung des Arbeitsverhältnisses

1 *Bader/Bram/Dörner/Wenzel*, § 17 KSchG Rz. 6; KR/*Weigand*, § 17 KSchG Rz. 16. |2 *Busch*, DB 1992, 1474; KDZ/*Kittner*, § 17 KSchG Rz. 6; HaKo/*Pfeiffer*, § 17 KSchG Rz. 17. |3 BAG v. 13.4.2000 – 2 AZR 215/99, AP Nr. 13 zu § 17 KSchG 1969. |4 *Bader/Bram/Dörner/Wenzel*, § 17 KSchG Rz. 14. |5 BAG v. 22.3.2001 – 8 AZR 565/00, AP Nr. 59 zu Art. 101 GG; v. 31.7.1986 – 2 AZR 594/85, AP Nr. 5 zu § 17 KSchG 1969. |6 BAG v. 24.2.2005 – 2 AZR 207/04, EzA-SD 2005, Nr. 13, 7. Auch zur Verteilung der Darlegungs- und Beweislast für das Vorliegen der tatsächlichen Voraussetzungen der Anzeigepflicht nach § 17 I KSchG. |7 BAG v. 13.4.2000 – 2 AZR 215/99, AP Nr. 13 zu § 17 KSchG 1969. |8 KR/*Weigand*, § 17 KSchG Rz. 28; *Bader/Bram/Dörner/Wenzel*, § 17 KSchG Rz. 11. |9 *v. Hoyningen-Huene/Linck*, § 17 KSchG Rz. 12. |10 BAG v. 12.10.1976 – 1 ABR 1/76, AP Nr. 1 zu § 8 BetrVG 1972. |11 *Bader/Bram/Dörner/Wenzel*, § 17 KSchG Rz. 12; aA BAG v. 13.4.2000 – 2 AZR 215/99, AP Nr. 13 zu § 17 KSchG 1969: 2 Monate; *v. Hoyningen-Huene/Linck*, § 17 KSchG Rz. 12a: 12 Monate. |12 BAG v. 13.4.2000 – 2 AZR 215/99, AP Nr. 13 zu § 17 KSchG 1969. |13 BAG v. 8.6.1989 – 2 AZR 624/88, AP Nr. 6 zu § 17 KSchG 1969. |14 BAG v. 13.4.2000 – 2 AZR 215/99, AP Nr. 13 zu § 17 KSchG 1969. |15 *Bader/Bram/Dörner/Wenzel*, § 17 KSchG Rz. 32–34. |16 BAG v. 31.7.1986 – 2 AZR 594/85, AP Nr. 5 zu § 17 KSchG 1969.

führt. Das hängt davon ab, ob der ArbN die Änderung der Arbeitsbedingungen vorbehaltlos oder unter dem Vorbehalt des § 2 annimmt. Daher empfiehlt es sich für den ArbGeb, gerade bei einer größeren Zahl von Änderungskündigungen vorsorglich das Anzeigeverfahren nach § 17 zu betreiben, um keine unwirksamen Entlassungen zu riskieren[1]. Handelt es sich bei der Kündigung des ArbGeb allerdings um eine **außerordentl. fristlose Kündigung** oder um eine außerordentl. Kündigung mit sozialer Auslauffrist, wird sie gem. Abs. 4 von der Anzeigepflicht nicht erfasst. Dagegen handelt es sich bei einer sog. entfristeten Kündigung um eine ordentl. Kündigung, bei der auf Grund einzelvertragl. oder tarifvertragl. Regelung eine Kündigungsfrist nicht einzuhalten ist, die aber eine Entlassung iSd. Abs. 1 darstellt.

b) Andere Beendigungen des Arbeitsverhältnisses (Abs. 1 S. 2). Der ordentl. Kündigung des Arbeitsverhältnisses stellt das Gesetz andere Beendigungen gleich, soweit sie vom ArbGeb veranlasst worden sind. Dazu zählen auch **Eigenkündigungen** des ArbN, wenn sie auf der Erklärung des ArbGeb beruhen, er werde anderenfalls zu demselben Zeitpunkt kündigen[2]. Um eine andere Beendigung des Arbeitsverhältnisses iSv. Abs. 1 S. 2 handelt es sich auch bei einem **Aufhebungsvertrag**, wenn feststeht, dass der ArbGeb in jedem Fall eine Kündigung zu demselben Zeitpunkt ausgesprochen hätte[3]. Ob der ArbN in diesem Zusammenhang eine Abfindung erhält, ist für die Anzeigepflicht ohne Bedeutung[4]. Um eine Entlassung iSd. Abs. 1 handelt es sich auch, wenn der ArbN in Folge eines außergerichtl. oder gerichtl. **Vergleichs** im Anschluss an eine ArbGebKündigung ausscheidet[5]. Die Anzeigepflicht nach Abs. 1 wird nicht dadurch ausgelöst, dass das Arbeitsverhältnis auf Grund einer wirksamen **Befristung** oder auf Grund einer wirksamen auflösenden **Bedingung** oder in Folge einer **Anfechtung** des Arbeitsvertrags beendet wird[6]. An der Anzeigepflicht nach Abs. 1 ändert auch der Umstand nichts, dass der ArbGeb im Zusammenhang mit der Entlassung von ArbN im gleichen oder in geringerem Umfang neue ArbN einstellt[7]. 14

4. Zeitraum der Entlassungen. Die Anzeigepflicht nach Abs. 1 setzt voraus, dass die Entlassungen, die jetzt richtlinienkonform (vgl. Rz. 39) der Kündigung entsprechen, innerhalb eines Zeitraums von **30 Kalendertagen** abgewickelt werden. Der Ausspruch der Kündigungen muss jetzt also innerhalb eines Zeitraums von 30 Tagen liegen, wobei die Frist immer mit dem Tag neu beginnt, an dem eine Entlassung/Kündigung durchgeführt wird[8]. Nimmt der ArbGeb Entlassungen/Kündigungen nach Ablauf dieser Frist und jeweils knapp unterhalb der Bemessungsgrenzen des Abs. 1 vor, liegt darin keine unzulässige Gesetzesumgehung. Vielmehr entspricht eine derartige Planung und Durchführung aufseiten des ArbGeb gerade den Vorstellungen des Gesetzgebers, der den Arbeitsmarkt von einer zeitlich konzentrierten Belastung verschonen will[9]. Andererseits kann nachträglich eine Anzeigepflicht gem. Abs. 1 entstehen, wenn innerhalb des Zeitraums von 30 Kalendertagen zu einer Anzahl von Entlassungen/Kündigungen, die ursprünglich nicht anzeigepflichtig waren, nachträglich weitere Entlassungen hinzutreten. 15

Einstweilen frei. 16

III. Beteiligung des Betriebsrats (Abs. 2). Bei Massenentlassungen iSv. Abs. 1 ist dem Anzeigeverfahren gegenüber der AA ein **betriebsinternes Beteiligungsverfahren** zwischen ArbGeb und BR vorgeschaltet. Es handelt sich um ein betriebsverfassungsrechtl. Mitwirkungsrecht des BR in personellen und wirtschaftl. Angelegenheiten, das systemwidrig im KSchG geregelt ist[10]. 17

In diesem betriebsinternen Beteiligungsverfahren stehen sich als **Beteiligte** der ArbGeb als Vertragspartner der zur Entlassung anstehenden ArbN sowie der BR gegenüber, in dessen Wahlbereich die Massenentlassung geplant ist. Dabei handelt aufseiten des ArbGeb der Betriebsinhaber, der Geschäftsführer der GmbH oder der Vorstand der AG bzw. ein anderer Bevollmächtigter wie etwa der Werksleiter[11]. Aufseiten des BR handelt der Vorsitzende und, wenn mehrere Betriebe des Unternehmens betroffen sind, die jeweiligen Vorsitzenden der örtlichen BR. Eine Zuständigkeit des GBR kann sich durch Beauftragung nach § 50 II BetrVG oder gem. § 50 I 1 Hs. 2 BetrVG ergeben, wenn auch ein betriebsratsloser Betrieb betroffen ist. Unter denselben Voraussetzungen kann sich die Zuständigkeit eines KBR nach § 58 I 1 Hs. 2, Alt. 2 BetrVG ergeben. 18

Soweit von einer Massenentlassung **leitende Angestellte** iSd. § 5 III BetrVG betroffen sind, die nach Abs. 5 Nr. 3 von den Regelungen in Abs. 1 u. 2 ausgenommen sind, muss der ArbGeb bei richtlinienkonformer Auslegung der Vorschrift an Stelle des BR den SprAu gem. §§ 31, 32 SprAuG beteiligen[12]. 19

---

1 BAG v. 10.3.1982 – 4 AZR 158/79, AP Nr. 2 zu § 2 KSchG 1969. | 2 BAG v. 6.12.1973 – 2 AZR 10/73, AP Nr. 1 zu § 17 KSchG 1969. | 3 BAG v. 11.3.1999 – 2 AZR 461/98, AP Nr. 12 zu § 17 KSchG 1969. | 4 *Bauer/Röder*, NZA 1985, 203; HaKo/*Pfeiffer*, § 17 KSchG Rz. 27; aA *v. Hoyningen-Huene/Linck*, § 17 KSchG Rz. 19. | 5 BAG v. 13.3.1969 – 2 AZR 157/68, AP Nr. 10 zu § 15 KSchG. | 6 KDZ/*Kittner*, § 17 KSchG Rz. 24; *Bader/Bram/Dörner/Wenzel*, § 17 KSchG Rz. 21; HK-KSchG/*Hauck*, § 17 Rz. 19. | 7 BAG v. 13.3.1969 – 2 AZR 157/68, AP Nr. 10 zu § 15 KSchG. | 8 KDZ/*Kittner*, § 17 KSchG Rz. 38. | 9 BAG v. 6.12.1973 – 2 AZR 10/73, AP Nr. 1 zu § 17 KSchG 1969. | 10 ErfK/*Ascheid*, § 17 KSchG Rz. 19; KDZ/*Kittner*, § 17 KSchG Rz. 29. | 11 *v. Hoyningen-Huene/Linck*, § 17 KSchG Rz. 47. | 12 KR/*Weigand*, § 17 KSchG Rz. 62i; ErfK/*Ascheid*, § 17 KSchG Rz. 18; *v. Hoyningen-Huene/Linck*, § 17 KSchG Rz. 46; HK-KSchG/*Hauck*, § 17 Rz. 29; *Löwisch*, § 17 KSchG Rz. 39; *Wißmann*, RdA 1998, 221; aA KDZ/*Kittner*, § 17 KSchG Rz. 39; APS/*Moll*, § 17 KSchG Rz. 57; *Bader/Bram/Dörner/Wenzel*, § 17 KSchG Rz. 38; HaKo/*Pfeiffer*, § 17 KSchG Rz. 50.

20 **1. Auskunftspflicht.** Nach Abs. 2 S. 1 hat der ArbGeb im Vorfeld anzeigepflichtiger Massenentlassungen dem BR zunächst **rechtzeitig** die zweckdienlichen Auskünfte zu erteilen und ihn schriftl. über bestimmte Einzelheiten zu unterrichten. Auch wenn der Schwerpunkt der Beteiligungsrechte des BR bei der Unterrichtung liegt, kommt seinem Auskunftsrecht selbständige Bedeutung zu. Bereits vor der Unterrichtung durch den ArbGeb kann der BR Auskünfte über die geplanten Entlassungen verlangen. Nach der Unterrichtung kann er Auskunft über die Tatsachen verlangen, die ihm für die Ausübung seines Mitwirkungsrechts erforderlich erscheinen. Inhaltlich sind Unterrichtungspflicht und Auskunftsrecht jedoch deckungsgleich[1].

21 **2. Unterrichtungspflicht.** Nach Abs. 2 S. 1 hat der ArbGeb dem BR im Vorfeld anzeigepflichtiger Massenentlassungen die Gründe und eine Reihe von Einzelheiten über die betroffenen ArbN in **schriftl. Form** mitzuteilen. Dabei muss diese Unterrichtung so rechtzeitig vor den beabsichtigten Entlassungen erfolgen, dass die in Abs. 2 S. 2 vorgesehene Beratung zwischen ArbGeb und BR möglich und sinnvoll bleibt. Eine zeitliche Grenze ist im Gesetz nicht vorgesehen. Sie ließe sich allenfalls aus der zweiwöchigen Frist in Abs. 3 S. 3 ableiten[2].

22 Nach Abs. 2 S. 1 Nr. 1 erstreckt sich die Unterrichtungspflicht des ArbGeb zunächst auf die **Gründe für die geplanten Entlassungen**. Dazu gehören der Sachverhalt und der wirtschaftl. Hintergrund für den Personalabbau sowie dessen Auswirkungen auf den Ablauf und die Organisation des Betriebs. Nach Abs. 2 S. 1 Nr. 2 hat der ArbGeb auch über die **Zahl und die Berufsgruppen der zu entlassenden ArbN** zu unterrichten. Ihnen hat er nach Abs. 2 S. 1 Nr. 3 die **Zahl und die Berufsgruppen der idR beschäftigten ArbN** gegenüber zu stellen. Aus dem Verhältnis dieser Zahlen kann sich der BR ein Bild darüber machen, ob und in welchem Umfang die Anzeigepflicht nach Abs. 1 ausgelöst worden ist. Wegen der Berufsgruppen kann der ArbGeb auf das Verzeichnis der BA zurückgreifen[3]. Bei der Unterrichtung gem. Abs. 2 S. 1 Nr. 4 über den **Zeitraum**, in dem die Entlassungen vorgenommen werden sollen, handelt es sich um die Termine für die beabsichtigten Entlassungen, anhand derer der maßgebliche Zeitraum von 30 Kalendertagen gem. Abs. 1 S. 1 errechnet werden kann[4].

23 Bei den vorgesehenen **Kriterien für die Auswahl** der zu entlassenden ArbN, über die der ArbGeb gem. Abs. 2 S. 1 Nr. 5 zu unterrichten hat, handelt es sich auf Grund des arbeitsmarktpolitischen Normzwecks in erster Linie um die fachlichen und persönlichen Daten[5]. Schließlich hat der ArbGeb gem. Abs. 2 S. 1 Nr. 6 auch über die vorgesehenen Kriterien für die Berechnung etwaiger **Abfindungen** zu unterrichten. Diese Regelung beruht darauf, dass nicht jede Massenentlassung zugleich einen sozialplanpflichtigen Personalabbau zur Folge haben muss[6]. Inhaltlich kann es sich um dieselben Kriterien wie bei § 10 handeln, also das Lebensalter, die Beschäftigungszeit und den jeweiligen Bruttoverdienst.

24 **3. Beratungspflicht.** Nach Abs. 2 S. 2 haben ArbGeb und BR insb. die Möglichkeiten zu beraten, Entlassungen zu vermeiden oder einzuschränken und ihre Folgen zu mildern. Dabei besteht die Pflicht zur Beratung **nur für den ArbGeb**, und zwar auch dann, wenn es sich bei diesem um einen Tendenzunternehmer handelt[7]. Wegen Verletzung dieser Pflicht lässt sich durch gemeinschaftsrechtskonforme Auslegung zwar kein Anspruch auf Nachteilsausgleich begründen[8]. Allerdings wird sich der BR bereits aus eigenem Interesse dieser Beratung nicht verweigern. Die Beratung muss nicht zu einer Einigung der Betriebsparteien führen. Ein Widerspruch oder eine Zustimmung des BR sind im Gesetz nicht vorgesehen und daher rechtl. ohne Bedeutung. Der ArbGeb muss die Beratung mit dem gesamten Gremium des BR durchführen, soweit nicht ein Ausschuss nach den §§ 27, 28 BetrVG zuständig ist[9].

25 **4. Sonstige Pflichten.** Im Zusammenhang mit Massenentlassungen ergeben sich für den ArbGeb weitere Pflichten aus dem BetrVG. Nach **§ 92 I BetrVG** hat er den BR über die Personalplanung, den gegenwärtigen und künftigen Personalbedarf sowie über die sich daraus ergebenden personellen Maßnahmen rechtzeitig und umfassend zu unterrichten. Nach **§ 111 BetrVG** hat er den BR ferner ab einer bestimmten Betriebsgröße über geplante Betriebsänderungen zu unterrichten, die wesentliche Nachteile für die Belegschaft oder erhebliche Teile der Belegschaft zur Folge haben können. Vor dem Ausspruch von Kündigungen hat der ArbGeb den BR gem. **§ 102 BetrVG** unter Mitteilung der Kündigungsgründe anzuhören. Schließlich kann der ArbGeb nach **§ 106 BetrVG** gegenüber einem Wirtschaftsausschuss verpflichtet sein, diesen rechtzeitig und umfassend über die wirtschaftl. Angelegenheiten des Unternehmens und die daraus resultierenden Wirkungen auf die Personalplanung zu unterrichten.

26 Der ArbGeb ist nicht daran gehindert, dass betriebsinterne Beteiligungsverfahren nach Abs. 2 mit seinen übrigen Unterrichtungspflichten nach dem BetrVG zu **verbinden**. Er muss allerdings gegenüber dem BR und nach außen hin deutlich machen, dass er diese Pflichten gleichzeitig erfüllen will. Äußerlich kann er das erreichen durch eine förmliche Einladung, eine Tagesordnung oder ein Protokoll über die Beratung mit dem BR. Inhaltlich muss der ArbGeb allerdings die unterschiedliche Tiefe und Dichte der

---

1 *Bader/Bram/Dörner/Wenzel*, § 17 KSchG Rz. 41. | 2 KR/*Weigand*, § 17 KSchG Rz. 58; *v. Hoyningen-Huene/Linck*, § 17 KSchG Rz. 48; KDZ/*Kittner*, § 17 KSchG Rz. 31; aA *Bader/Bram/Dörner/Wenzel*, § 17 KSchG Rz. 42. | 3 KR/*Weigand*, § 17 KSchG Rz. 62d. | 4 APS/*Moll*, § 17 KSchG Rz. 66. | 5 BAG v. 14.8.1986 – 2 AZR 616/85, RzK I 8 b Nr. 8. | 6 BT-Drs. XIII/668, S. 14. | 7 BAG v. 18.11.2003 – 1 AZR 637/02, NZA 2004, 741. | 8 BAG v. 18.11.2003 – 1 AZR 637/02, DB 2004, 1372. | 9 *v. Hoyningen-Huene/Linck*, § 17 KSchG Rz. 51.

jeweiligen Informationen sowie die unterschiedlichen Fristen bei der Beteiligung des BR berücksichtigen. Diese Umstände bergen in der Praxis ein erhebliches Risiko, weil die Beteiligten vielfach den Überblick über den Umfang und die Art der Beteiligungsrechte und der Erfüllung der arbeitgeberseitigen Unterrichtungspflichten verlieren[1].

IV. Anzeigepflicht (Abs. 3). Die Anzeigepflicht bei Massenentlassungen folgt für den ArbGeb bereits aus Abs. 1 S. 1. Das Verfahren im Einzelnen regelt Abs. 3. Wenn der ArbGeb Entlassungen in einem anzeigepflichtigen Umfang beabsichtigt und den BR darüber rechtzeitig unterrichtet, hat er als Nächstes der AA eine entsprechende Anzeige zu erstatten. Das Vorhaben des ArbGeb ist der AA in diesem Zeitpunkt allerdings bereits bekannt. Denn der ArbGeb ist verpflichtet, den BR und die AA gleichzeitig über seine Absicht zu unterrichten, anzeigepflichtige Entlassungen vorzunehmen. 27

1. Verfahren, Form und Zeitpunkt der Anzeige (Abs. 3 S. 1). Die **örtlich zuständige AA** erhält nach Abs. 3 S. 1 bereits dadurch Kenntnis von den beabsichtigten Entlassungen, dass der ArbGeb ihr seine Mitteilung an den BR einschließlich der Informationen nach Abs. 2 S. 1 Nr. 1–6 zuleitet. Diese Mitteilung hat aufseiten des ArbGeb der Vertragspartner der zur Entlassung anstehenden ArbN zu veranlassen, also der Betriebsinhaber, der Geschäftsführer der GmbH oder der Vorstand der AG. Allerdings kann sich der ArbGeb auch eines Bevollmächtigten bzw. eines Rechtsanwalts bedienen[2]. Die Mitteilung nach Abs. 3 S. 1 ist ebenso wie die Anzeige nach Abs. 1 S. 1 an die AA zu richten, in deren Bezirk der Betrieb liegt. Auf den Sitz des Unternehmens kommt es nicht an. Ist die AA, der die Anzeige übersandt wird, unzuständig, ist sie verpflichtet, die Anzeige weiterzuleiten. Wirksam wird die Anzeige erst mit dem Eingang bei der zuständigen AA[3]. 28

Die Anzeige nach Abs. 1 S. 1 bedarf zwingend der **Schriftform**. Das folgt aus Abs. 3 S. 2. Danach muss der ArbGeb oder sein Bevollmächtigter die Anzeige eigenhändig unterzeichnen. Allerdings kann der ArbGeb der Schriftform durch die Übersendung einer Telekopie genügen, soweit er die notwendigen Anlagen einschließlich der Stellungnahme des BR beifügt[4]. 29

Nunmehr hat die Anzeige richtlinienkonform vor dem Ausspruch der Kündigung zu erfolgen, vgl. im Einzelnen Rz. 39. Bei stufenweisen Entlassungen im Rahmen einer sich länger hinziehenden Betriebseinschränkung ist der ArbGeb verpflichtet, die Entlassungsdaten stets daraufhin zu überprüfen, ob in dem maßgeblichen Zeitraum von 30 Kalendertagen die Schwellenzahl nach Abs. 1 überschritten wird. Dadurch kann die Pflicht zu einer erneuten Anzeige entstehen. Bereits durchgeführte Entlassungen können sich nachträglich als anzeigepflichtig erweisen. In diesen Fällen ist ausnahmsw. eine nachträgliche Anzeige zulässig, aber auch erforderlich[5]. 30

Grds. kann der ArbGeb auch eine **vorsorgliche Anzeige** nach Abs. 1 erstatten[6]. Allerdings würde es dem Zweck des Gesetzes widersprechen und daher rechtsmissbräuchlich erscheinen, wenn der ArbGeb eine derartige Vorratsanzeige ohne vernünftigen Anlass erstattet, nur um für alle Fälle freie Hand zu haben[7]. In Betracht kommt eine vorsorgliche Anzeige dagegen, wenn der ArbGeb die Notwendigkeit und die Anzahl der Entlassungen auf Grund einer wirtschaftl. unklaren Situation nicht sicher voraussehen kann oder wenn es um den Ausspruch von Änderungskündigungen geht, da es bei ihnen von der Reaktion der ArbN abhängt, ob es zu Entlassungen kommt. 31

2. Stellungnahme des Betriebsrats (Abs. 3 S. 2 und 3). Der ArbGeb hat seiner Anzeige an die AA gem. Abs. 3 S. 2 die Stellungnahme des BR beizufügen. Dabei handelt es sich um eine **Wirksamkeitsvoraussetzung** für die Anzeige[8]. Allerdings genügt es, wenn der ArbGeb seiner Anzeige einen wirksamen Interessenausgleich iSd. § 1 V beifügt, in dem die zu entlassenden ArbN namentlich bezeichnet sind[9]. Ist in dem Betrieb des ArbGeb kein BR gebildet, muss der ArbGeb in seiner Anzeige auf diesen Umstand ausdrücklich hinweisen[10]. Gibt der BR seine Stellungnahme fälschlicherweise nicht gegenüber dem ArbGeb, sondern direkt gegenüber der AA ab, steht das der Wirksamkeit der Anzeige nach Abs. 3 S. 2 nicht entgegen[11]. Ein Interessenausgleich mit Namensliste gem. § 1 V ersetzt die Stellungnahme des BR nach § 17 III 2 (§ 1 V 4). 32

Liegt dem ArbGeb und der AA **keine Stellungnahme** des BR vor, ist die Anzeige des ArbGeb gem. Abs. 3 S. 3 gleichwohl wirksam, wenn er glaubhaft macht, den BR mindestens zwei Wochen vor der Erstattung der Anzeige unterrichtet zu haben, und wenn er den Stand der Beratungen der AA darlegt. Zur Glaubhaftmachung kann sich der ArbGeb dabei auf eine Empfangsbestätigung über die Unterrichtung nach Abs. 2 S. 1 durch den BR-Vorsitzenden oder auf eine eidesstattliche Versicherung beziehen. 33

1 HK-KSchG/*Hauck*, § 17 Rz. 43. | 2 BAG v. 14.8.1986 – 2 AZR 616/85, RzK I 8 b Nr. 8. | 3 *Bader/Bram/Dörner/Wenzel*, § 17 KSchG Rz. 54; KR/*Weigand*, § 17 KSchG Rz. 74. | 4 *Bader/Bram/Dörner/Wenzel*, § 17 KSchG Rz. 55; KR/*Weigand*, § 17 KSchG Rz. 72a. | 5 BAG v. 24.10.1996 – 2 AZR 895/95, AP Nr. 8 zu 17 KSchG 1969. | 6 BAG v. 3.10.1963 – 2 AZR 160/63, AP Nr. 9 zu § 15 KSchG. | 7 *v. Hoyningen-Huene/Linck*, § 17 KSchG Rz. 82; KDZ/*Kittner*, § 17 KSchG Rz. 42. | 8 BAG v. 11.3.1999 – 2 AZR 461/98, AP Nr. 12 zu § 17 KSchG 1969. | 9 HK-KSchG/*Hauck*, § 17 Rz. 57; *Bader*, NZA 1996, 1125. | 10 KDZ/*Kittner*, § 17 KSchG Rz. 49; APS/*Moll*, § 17 KSchG Rz. 120; *v. Hoyningen-Huene/Linck*, § 17 KSchG Rz. 76. | 11 LAG Hamm v. 6.6.1986 – 16 Sa 2188/86, LAGE Nr. 2 zu § 17 KSchG.

Durch die Frist von zwei Wochen wird dem BR die Möglichkeit genommen, dass Anzeigeverfahren zeitlich durch die Verweigerung einer Stellungnahme hinauszuzögern. An der Wirksamkeit der Anzeige ändert sich auch dann nichts, wenn sich im Nachhinein herausstellt, dass der ArbGeb den BR tatsächlich nicht ordnungsgemäß iSd. Abs. 2 unterrichtet hat[1].

34 **3. Mindestinhalt der Anzeige (Abs. 3 S. 4).** Das Gesetz schreibt in Abs. 3 S. 4 ausdrücklich vor, welche Angaben die Anzeige des ArbGeb enthalten muss. Die Angaben sind **Wirksamkeitsvoraussetzung** für die Anzeige. Es handelt sich um den Namen des ArbGeb, den Sitz und die Art des Betriebs, die Gründe für die geplanten Entlassungen, die Zahl und die Berufsgruppen der zu entlassenden ArbN und der in der Regel beschäftigten ArbN, den Zeitraum, in dem die Entlassungen stattfinden sollen, und die vorgesehenen Kriterien für die Auswahl. Diese Angaben decken sich mit dem notwendigen Inhalt der Unterrichtung des BR durch den ArbGeb im Vorfeld der Anzeige nach Abs. 2 S. 1. Unterlässt der ArbGeb eine dieser Angaben, ist seine Anzeige unwirksam[2]. Zwar kann der ArbGeb unterlassene Angaben nachholen. Seine Anzeige gilt dann aber erst mit der Vervollständigung als wirksam erhoben. Zu seiner eigenen Sicherheit sollte der ArbGeb auf die Vordrucke zurückgreifen, die die AA zur Verfügung stellt.

35 **4. Sollangaben der Anzeige (Abs. 3 S. 5).** Im Einvernehmen mit dem BR soll der ArbGeb gem. Abs. 3 S. 5 in der Anzeige weitere Angaben über die zu entlassenden ArbN machen. Dabei handelt es sich um das Geschlecht, das Alter, den Beruf und die Staatsangehörigkeit der ArbN. Mithilfe dieser Angaben soll den AA die Vermittlung der zu entlassenden ArbN erleichtert werden. Unterlässt der ArbGeb diese Angaben, hat das auf die Wirksamkeit seiner Anzeige keinerlei Einfluss. Nimmt der ArbGeb jedoch diese Angaben in seine Anzeige vorbehaltlos auf, ist er im Rahmen der Durchführung der Massenentlassung daran gebunden[3].

36 **5. Unterrichtung zwischen Arbeitgeber und Betriebsrat (Abs. 3 S. 6–8).** Der ArbGeb hat dem BR nach Abs. 3 S. 6 eine **Abschrift seiner Anzeige** an die AA zuzuleiten. Auf diese Weise erhält der BR zunächst Gelegenheit, den Inhalt der Anzeige mit den Informationen abzugleichen, die er gem. Abs. 2 unmittelbar vom ArbGeb erhalten hat. Er kann dann gem. Abs. 3 S. 7 selbst gegenüber der AA weitere Stellungnahmen abgeben, die er gem. Abs. 3 S. 8 dem ArbGeb in Abschrift zuleiten muss. Ein Anlass für diese weiteren Stellungnahmen des BR können Differenzen zwischen dem Inhalt der Anzeige und den bisherigen Informationen durch den ArbGeb sein. Darüber hinaus kann eine Veränderung der tatsächlichen Verhältnisse im Betrieb eine zusätzliche Stellungnahme erforderlich oder sinnvoll erscheinen lassen[4].

37 **V. Beherrschungsklausel (Abs. 3a).** Die Auskunfts-, Beratungs- und Anzeigepflichten im Zusammenhang mit Massenentlassungen treffen den ArbGeb nach Abs. 3a auch dann, wenn die Entscheidung über diese Entlassungen von einem den ArbGeb **beherrschenden Unternehmen** getroffen wird. Er kann sich insb. nicht darauf berufen, dass er die notwendigen Auskünfte von diesem Unternehmen nicht erhalten hat. Diese Regelung ist zugeschnitten auf **Konzernunternehmen**. Um ein beherrschendes Unternehmen handelt es sich nach den Bestimmungen der §§ 17, 18 AktG, wenn es auf ein anderes Unternehmen unmittelbar oder mittelbar Einfluss nehmen kann. Dazu genügt bereits die Möglichkeit der Einflussnahme, wenn diese beständig und gesellschaftsrechtl. abgesichert ist. Die Abhängigkeit eines Unternehmens kann sich auch daraus ergeben, dass es sich im Mehrheitsbesitz eines anderen Unternehmens befindet[5].

38 **VI. Rechtsfolgen der Anzeige.** Durch die Anzeige des ArbGeb über eine beabsichtigte Massenentlassung wird die **Sperrfrist des § 18** in Lauf gesetzt, innerhalb deren er Entlassungen nur mit Zustimmung der AA vornehmen kann.

39 Unterließ der ArbGeb die Anzeige oder fehle dieser eine zwingende Wirksamkeitsvoraussetzung, so galt früher, dass die gleichwohl durchgeführten **Entlassungen unwirksam** waren. Jeder ArbN, der im Rahmen einer Massenentlassung von der Kündigung seines Arbeitsverhältnisses betroffen war, konnte diese Unwirksamkeit in einem arbeitsgerichtl. Verfahren geltend machen[6]. Doch musste sich der betroffene ArbN ausdrücklich auf die unterlassene oder fehlerhafte Anzeige der Massenentlassung berufen, da sie **nicht von Amts wegen** durch die ArbG überprüft wurden[7]. Aus einem Verstoß des ArbGeb gegen seine Anzeigepflichten gegenüber der AA nach Abs. 3 können **Nachteilsausgleichsansprüche** aus § 113 III BetrVG auch im Wege einer richtlinienkonformen Auslegung nicht hergeleitet werden[8]. Jetzt gilt richtlinienkonform, dass der Begriff der Entlassungen den Ausspruch der Kündigungen meint. Die Anzeige hat also jetzt zur sicheren Vermeidung der Unwirksamkeit der Kündigungen vor deren Ausspruch zu erfolgen.

40 Das BAG hat zunächst am 18.9.2003[9] entschieden, dass bei fehlender oder fehlerhafter Massenentlassungsanzeige nach §§ 17, 18 nur die Entlassung des betreffenden ArbN unzulässig sei. Ein Verstoß des

---

1 *Löwisch*, NJW 1978, 1237; *Pulte*, BB 1978, 1269. | 2 KR/*Weigand*, § 17 KSchG Rz. 83; KDZ/*Kittner*, § 17 KSchG Rz. 43. | 3 BAG v. 6.10.1960 – 2 AZR 47/59, AP Nr. 7 zu § 15 KSchG. | 4 *v. Hoyningen-Huene/Linck*, § 17 KSchG Rz. 61. | 5 KR/*Weigand*, § 17 KSchG Rz. 98b. | 6 BAG v. 13.4.2000 – 2 AZR 215/99, AP Nr. 13 zu § 17 KSchG 1969. | 7 BAG v. 31.7.1986 – 2 AZR 594/85, AP Nr. 5 zu § 17 KSchG 1969. | 8 BAG v. 30.3.2004 – 1 AZR 7/03, NZA 2004, 931. | 9 BAG v. 18.9.2003 – 2 AZR 79/02, DB 2004, 2817.

ArbGeb gegen seine Pflichten aus § 17 führte nicht zur Unwirksamkeit der Kündigung. Diese lasse sich auch nicht mit der im Hinblick auf die RL 98/59/EG erforderliche gemeinschaftskonforme Auslegung der §§ 17, 18 begründen. Im Anschluss daran heißt es in der weiteren Entscheidung des BAG v. 16.6.2005[1], dass eine gänzlich unterbliebene Massenentlassungsanzeige dazu führe, dass das Arbeitsverhältnis nicht zu dem in der Kündigung genannten Termin ende, denn die Entlassung dürfe nicht vollzogen werden, auch wenn es für die Wirksamkeit der Kündigung nicht darauf ankomme, ob eine Massenentlassungsanzeige nach § 17 erfolgt sei oder nicht. Im Falle der Nichtanzeige der Massenentlassung führten die Rspr. des BAG und die Entscheidung des EuGH v. 27.1.2005 (Junk[2]) dazu, dass das Arbeitsverhältnis zum in der Kündigung vorgesehenen Termin nicht aufgelöst wurde. In diesem Zusammenhang ist es zu umfangreichen Stellungnahmen in der arbeitsgerichtl. Lit. gekommen[3]. Im Kern geht es dort stets um die Frage, ob die betreffende(n) Kündigung(en) bei fehlender oder fehlerhafter Massenentlassungsanzeige gem. § 17 auch unter Berücksichtigung der RL 98/59/EG unwirksam ist bzw. sind.

Entsprechend der vorgenannten Rspr. des BAG in den Entscheidungen v. 18.9.2003 und v. 16.6.2005 **41** könne ein Verstoß des ArbGeb gegen seine Pflichten aus §§ 17 ff. nicht unbedingt zur Unwirksamkeit der im Streit stehenden Kündigung führen. Denn die im Zeitpunkt des Zugangs der Kündigung fehlende oder fehlerhafte Massenentlassungsanzeige hat auf das Individual-Arbeitsverhältnis zwischen ArbN und ArbGeb keinen Einfluss[4]. Die Entscheidung des EuGH v. 27.1.2005 ergebe keinen anderen Befund. Das BAG habe nämlich im Anschluss an diese Entscheidung durch Urt. v. 16.6.2005 erneut den Standpunkt vertreten, dass die RL 98/59/EG im nationalen deutschen Recht keine unmittelbare Anwendung finde, und gem. Art. 249 III EGV zwar für jeden Mitgliedstaat bezüglich des zu erreichenden Ziels verbindlich sei, es aber den innerstaatlichen Stellen überlassen bleibe, die betreffende Form und das betreffende Mittel zu wählen. Dies habe der deutsche Gesetzgeber getan. Er habe in § 18 als Rechtsfolge eines Verstoßes des ArbGeb gegen seine Anzeigepflicht gem. § 17 nur eine Entlassungssperre festgelegt. Darüber hinaus habe der deutsche Gesetzgeber davon Abstand genommen, bei fehlender oder fehlerhafter Massenentlassungsanzeige gem. § 17 die betreffende(n) Kündigung(en) deswegen für unwirksam zu erklären. Demgemäß folge aus der Verletzung der Anzeigepflicht gem. § 17 die Verpflichtung des ArbGeb, das Entgelt der betreffenden ArbN bis zum Ablauf der Kündigungsfrist zu zahlen, die dann von einer Nachholung der korrekten Anzeige unter Berücksichtigung der Sperrfrist neu zu berechnen sei. Im Übrigen könne der ArbN nach Ablauf der Kündigungsfrist unabhängig von etwaigen Verstößen des ArbGeb gegen §§ 17 ff. aus dem Arbeitsverhältnis ausscheiden. Andererseits könne ein ArbN aber auch gegenüber dem ArbGeb auf Grund Geltendmachung der Verletzung der Verpflichtung zur Massenentlassungsanzeige gem. § 17 die Beendigung seines Arbeitsverhältnisses verhindern. Die dazu vorliegenden dogmatischen Begründungen könnten dahinstehen. Die Entlassungswirkung sei in dem Sinne gehemmt, dass das Arbeitsverhältnis zum in der Kündigung vorgesehenen Termin nicht aufgelöst werde[5].

Aktuell existieren inzwischen verschiedene BAG-Urteile. Danach gilt nunmehr Folgendes: § 17 I 1 ist **41a** richtlinienkonform dahingehend auszulegen, dass Entlassung den Anspruch der Kündigung meint[6]. Die Massenentlassungsanzeige muss vor Erklärung der Kündigungen erstattet werden[7]. Dies ergebe sich aus dem Urt. des EuGH v. 27.1.2005[8]. Der Wirksamkeit einer Kündigung steht nicht unbedingt entgegen, dass der ArbGeb die Massenentlassung erst nach Ausspruch der Kündigung der AA anzeigt. Durch das Urt. des BAG v. 18.9.2003, das die Möglichkeit einer Auslegung von § 17 KSchG im Sinne der Entscheidung des EuGH v. 27.1.2005 (Junk) ausdrücklich verneint hat, ist ein entsprechender Vertrauenstatbestand geschaffen worden. Liegt die Erklärung der Kündigung des Arbeitsverhältnisses vor Verkündung des Urt. des EuGH v. 27.1.2005 (Junk), kann der kündigende ArbGeb auf die Rechtslage vertrauen, wie sie sich nach der damaligen Rechtsprechung des BAG darstellte[9]. Bis zum Bekanntwerden der v.g. Entscheidung des EuGH v. 27.1.2005 durften ArbGeb folglich auf die st. Rspr. des BAG und die durchgängige Verwaltungspraxis der AA vertrauen, wonach die Anzeige auch noch nach Erklärung der Kündigung erfolgen konnte[10].

1 BAG v. 16.6.2005 – 6 AZR 451/04, DB 2005, 2141. | 2 EuGH v. 27.1.2005 – C-188/03, NZA 2005, 213. | 3 Vgl. dazu etwa *Hennings*, EWiR 2005, 69; *Bell*, AiB 2005, 18; *Bauer* ua., DB 2005, 445; *Diller*, EuroAS 2005, 37; *Nicolai*, NZA 2005, 206; *Riesenhuber*, NZA 2005, 568; *Pomberg*, EWiR 2005, 197; *Grimm/Brock*, EWiR 2005, 213; *Riesenhuber*, EWS 2005, 97, *Osnabrügge*, NJW 2005, 1093; *Siafarikas*, ZInsO 2005, 594; *Löwisch*, GPR 2005, 150; *Schrader* ua., ZInsO 2005, 910; *Löwisch*, DB 2005, 554; *Wolter*, ArbuR 2005, 135; *Schlachter*, Arbeitsrecht im sozialen Dialog 2005, 412; *Ferme*, ZIP 2005, 593; *Dornbusch* ua., BB 2005, 885; *Appel*, DB 2005, 1002; *Kleinebrink*, FA 2005, 130; *Wagner*, FA 2005, 143; *Wolf*, AuA 2005, 340; *Rehwald*, AiB 2005, 323; *Hillgruber*, GS für Meinhard Heinze 2005, 367; *Gotthardt*, NZA 2005, 737; *Schipp*, LAGReport 2005, 161; *Bauer* ua., DB 2005, 1570; *Braun*, ArbRB 2005, 209; *Hamm*, AiB 2005, 436; *Walker*, LAGReport 2005, 270; *Hjort*, AiB 2005, 570; *Stück*, PERSONAL 2005, Nr. 10, 56; *Gaul*, Brennpunkte des Arbeitsrechts 2005, 67; *Bauer*, NZA 2005, 1046; *Seebacher*, AiB 2005, 579. | 4 *Mues/Eisenbeis/Legerlotz/Laber*, Handbuch zum Kündigungsrechtrecht, Teil 2 Rz. 620 mwN. | 5 Vgl. statt aller BAG v. 16.6.2005 – 6 AZR 451/04, DB 2005, 2141. | 6 BAG v. 23.3.2006 – 2 AZR 343/05, NZA 2006, 971; v. 6.7.2006 – 2 AZR 520/05, ZIP 2006, 2329; v. 13.7.2006 – 6 AZR 25/06, nv.; v. 13.7.2006 – 6 AZR 198/06, NZA 2007, 25. | 7 BAG v. 13.7.2006 – 6 AZR 198/06, NZA 2007, 25. | 8 EuGH v. 27.1.2005 – Rs. C-188/03, NZA 2005, 213. | 9 BAG v. 22.3.2007 – 6 AZR 499/05,DB 2007, 1596. | 10 BAG v. 20.9.2006 – 6 AZR 219/06, nv.; v. 21.9.2006 – 2 AZR 284/06, nv.; v. 13.7.2006 – 6 AZR 198/06, NZA 2007, 25; v. 1.2.2007 – 2 AZR 15/06, nv.

42 Der ArbGeb kann eine unterlassene **Anzeige nachholen** oder eine fehlerhafte Anzeige korrigieren. Dadurch kann die Entlassung zu einem späteren Zeitpunkt wirksam werden. Das gilt jedoch nur, soweit die Entlassungen nicht bereits vollzogen und diese sowie die ihnen zugrunde liegenden Kündigungen unwirksam geworden sind[1]. Hat die AA trotz Fehler des ArbGeb bei seiner Anzeige nach § 17 den Entlassungen zugestimmt, sind diese als wirksam anzusehen[2]. Schließlich kann der ArbGeb seine Anzeige nach § 17 jederzeit zurück nehmen. Dadurch werden ihre Wirkungen wieder beseitigt.

18 *Entlassungssperre*

(1) Entlassungen, die nach § 17 anzuzeigen sind, werden vor Ablauf eines Monats nach Eingang der Anzeige bei der Agentur für Arbeit nur mit deren Zustimmung wirksam; die Zustimmung kann auch rückwirkend bis zum Tage der Antragstellung erteilt werden.

(2) Die Agentur für Arbeit kann im Einzelfall bestimmen, dass die Entlassungen nicht vor Ablauf von längstens zwei Monaten nach Eingang der Anzeige wirksam werden.

(3) (aufgehoben)

(4) Soweit die Entlassungen nicht innerhalb von 90 Tagen nach dem Zeitpunkt, zu dem sie nach den Absätzen 1 und 2 zulässig sind, durchgeführt werden, bedarf es unter den Voraussetzungen des § 17 Abs. 1 einer erneuten Anzeige.

1 **I. Inhalt und Zweck.** Die §§ 18 und 19 regeln die Rechtsfolgen, die sich aus der Anzeige von Massenentlassungen nach § 17 ergeben. Dabei handelt es sich zunächst um eine **zeitlich begrenzte Entlassungssperre**. Dadurch soll das überraschende Auftreten einer übermäßigen Arbeitslosigkeit vermieden werden. Gleichzeitig soll die Arbeitsverwaltung Gelegenheit erhalten, Maßnahmen zur Vermittlung der frei werdenden Arbeitskräfte zu ergreifen[3]. Bei fehlender oder fehlerhafter Massenentlassungsanzeige gem. den §§ 17, 18 kann die Entlassung des betreffenden ArbN unzulässig sein (vgl. im Einzelnen zum Begriff der Entlassung mit umfangreichen Nachw. § 17 Rz. 39 ff.). Während der Dauer dieser Sperrfrist werden Entlassungen nur mit Zustimmung der AA wirksam. Unter Umständen kann die AA die Sperrfrist verlängern. Nach dem Ablauf der Sperrfrist tritt eine zeitlich begrenzte Freifrist ein, innerhalb derer die angezeigten Massenentlassungen durchgeführt werden können. Dadurch wird der ArbGeb gezwungen, seine Planungen so umzusetzen, dass die Vorsorgemaßnahmen der AA nicht ins Leere gehen[4]. Denn der ArbGeb ist zu einer erneuten Anzeige nach § 17 verpflichtet, wenn die Entlassungen nicht innerhalb der Freifrist durchgeführt werden.

2 Der Zweck des § 18, insb. der Sperrfrist, liegt allein im **öffentl. Interesse**. Die von einer Massenentlassung betroffenen ArbN können davon nur mittelbar profitieren, wenn sie sich gegen die Unwirksamkeit ihrer Entlassung wegen eines Verstoßes gegen die §§ 17 ff. wehren[5].

3 **II. Sperrfrist (Abs. 1).** Die Sperrfrist von einem Monat nach § 18 I **beginnt** mit dem Eingang der Anzeige nach § 17 bei der zuständigen AA. Das setzt eine wirksame, insb. vollständige Anzeige der Massenentlassung voraus. Diese Anzeige muss bei der örtlich zuständigen AA eingehen, in deren Bezirk der Betrieb seinen Sitz hat. Wird die Anzeige bei einer unzuständigen AA eingereicht, beginnt die Sperrfrist erst, wenn die Anzeige an die zuständige AA weitergeleitet worden ist[6]. Für die Berechnung der Sperrfrist sind die §§ 187–193 BGB heranzuziehen. Unterbleibt eine Massenentlassungsanzeige ganz, so endet das Arbeitsverhältnis nicht zum Kündigungstermin. Die Entlassung darf nämlich nicht vollzogen werden, auch wenn es für die Wirksamkeit der Kündigung nicht darauf ankommt, ob eine Massenentlassungsanzeige nach § 17 erfolgt ist oder nicht[7]. Mit seiner Auffassung, dass das Arbeitsverhältnis nicht zum Kündigungstermin endet, steht das BAG[8] in Einklang mit der Entscheidung des EuGH v. 27.1.2005[9].

4 **III. Entlassungen während der Sperrfrist.** Bereits vor dem Ablauf der Sperrfrist ist eine wirksame Entlassung von ArbN möglich. Dazu bedarf es einer **Zustimmung der AA**. Diese setzt einen besonderen Antrag des ArbGeb voraus. Er liegt regelmäßig nicht in der Anzeige nach § 17[10]. Allerdings kann die Auslegung der Anzeige nach § 17 ergeben, dass darin bereits ein Antrag auf Zustimmung zur Entlassung von ArbN vor Ablauf der Sperrfrist enthalten ist[11]. Zweckmäßigerweise sollte der ArbGeb seinen Antrag auf Zustimmung gegenüber der AA mit der Anzeige der Massenentlassung gem. § 17 hinreichend deutlich zum Ausdruck bringen.

---

1 *Bader/Bram/Dörner/Wenzel*, § 17 KSchG Rz. 65a. | 2 BAG v. 24.10.1996 – 2 AZR 895/95, AP Nr. 8 zu § 17 KSchG 1969; aA *Zwanziger*, NJW 1995, 916. | 3 KR/*Weigand*, § 18 KSchG Rz. 3. | 4 *Bader/Bram/Dörner/Wenzel*, § 18 KSchG Rz. 1. | 5 ErfK/*Ascheid*, § 18 KSchG Rz. 1. | 6 KR/*Weigand*, § 18 KSchG Rz. 7; ErfK/*Ascheid*, § 18 KSchG Rz. 5; *v. Hoyningen-Huene/Linck*, § 18 KSchG Rz. 3a; aA *Löwisch*, § 18 KSchG Rz. 2. | 7 BAG v. 16.6.2005 – 6 AZR 451/04, DB 2005, 2141. | 8 BAG v. 13.4.2000 – 2 AZR 215/99, NZA 2001, 144. | 9 EuGH v. 27.1.2005 – C 188/03, NZA 2005, 213. | 10 KR/*Weigand*, § 18 KSchG Rz. 11; *Bader/Bram/Dörner/Wenzel*, § 18 KSchG Rz. 7. | 11 *v. Hoyningen-Huene/Linck*, § 18 KSchG Rz. 5; HK-KSchG/*Hauck*, § 18 Rz. 7; APS/*Moll*, § 18 KSchG Rz. 13.

Die AA hat ihre Zustimmungsentscheidung gegenüber dem ArbGeb als Antragsteller zu treffen. Die Zustimmung stellt einen **begünstigenden Verwaltungsakt** dar, der nach § 37 SGB X mit seiner Bekanntgabe an den ArbGeb wirksam wird. Sie kann nach Abs. 1 Hs. 2 allerdings auch rückwirkend bis zum Tag der Antragstellung erteilt werden. Dieser Tag bildet auch dann die Grenze für eine Rückwirkung der Zustimmung, wenn es sich um stufenweise Entlassungen handelt, bei der frühere zunächst wirksame Entlassungen dadurch unwirksam werden, dass innerhalb der Frist von 30 Kalendertagen weitere Entlassungen hinzutreten und die Anzeigepflicht nach § 17 I auslösen. Auf Grund des eindeutigen Gesetzeswortlauts kann die Rückwirkung der Zustimmung nicht bis auf den Tag der früheren Entlassung ausgedehnt werden[1]. 5

Nach dem Wortlaut des Gesetzes hängt die **Wirksamkeit der Zustimmung** nicht davon ab, ob sie dem ArbN bekannt gegeben wird. Auch der ArbGeb ist nicht verpflichtet, dem ArbN die Zustimmung der AA mitzuteilen. Beruft er sich in einer späteren Auseinandersetzung auf die Erteilung der Zustimmung, ist er daran nach Treu und Glauben nicht gehindert[2]. 6

Das Gesetz enthält keine Bestimmung dazu, ob die AA ihre **Zustimmung unter bestimmten Bedingungen** erteilen oder von besonderen Auflagen abhängig machen kann. Gleichwohl wird allgemein angenommen, dass die AA ihre Zustimmung von der Zahlung einer Abfindung an die betroffenen ArbN oder ihrer Wiedereinstellung für den Fall einer Besserung der wirtschaftl. Lage abhängig machen kann[3]. Abgesehen von der zweifelhaften Durchsetzbarkeit dieser Bedingungen und Auflagen und dem öffentl.-rechtl. Zweck des § 18 beeinträchtigen derartige **Nebenbestimmungen** die Möglichkeit, den Umfang, den Inhalt und die Wirksamkeit der Zustimmung rechtssicher beurteilen zu können[4]. 7

Geht die AA nach einer Anzeige des ArbGeb irrtümlich davon aus, dass die Voraussetzungen einer Massenentlassungsanzeige nach § 17 nicht vorliegen, handelt es sich bei der entsprechenden Mitteilung an den ArbGeb um ein sog. **Negativattest**, das wie eine Zustimmung zur vorzeitigen Entlassung wirkt. Im Vertrauen darauf kann der ArbGeb nunmehr die Entlassungen unverzüglich vornehmen[5]. 8

Lehnt die AA den Antrag des ArbGeb auf Zustimmung ab, kann er sich dagegen mit einem **Widerspruch** und mit einer verwaltungsgerichtlichen Verpflichtungsklage wehren. Anderenfalls muss er die von ihm geplanten Entlassungen entsprechend der weiterbestehenden Sperrfrist hinausschieben. 9

Nimmt der ArbGeb gleichwohl Massenentlassungen während der Sperrfrist vor, werden diese erst mit Ablauf der Sperrfrist oder mit Zustimmung der AA wirksam. Bis zu diesem Zeitpunkt werden sie in ihrer **Wirksamkeit gehemmt**[6]. Das gilt auch, wenn die Kündigung zu einem bestimmten Termin ausgesprochen werden muss, etwa zum Ende des Monats oder zum Ende des Quartals. Liegt dieser Termin innerhalb der Sperrfrist, läuft das Arbeitsverhältnis mit deren Ablauf und nicht etwa erst zum nächsten Kündigungstermin aus[7]. 10

Da sich die Vorschriften über die anzeigepflichtigen Entlassungen allein an den ArbGeb richten, ist der ArbN nicht verpflichtet, über den Zeitpunkt der Kündigung hinaus weiter zu arbeiten, wenn er das nicht will. Denn die Kündigung ist wegen eines Verstoßes gegen die §§ 17 ff. nur dann unwirksam, wenn sich der gekündigte ArbN **auf die Unwirksamkeit gegenüber dem ArbGeb beruft**[8]. Die Kündigung ist auflösend bedingt wirksam, wobei die Geltendmachung der Unwirksamkeit durch den ArbN als sog. Potestativbedingung allein von seinem Verhalten abhängt[9]. Beruft sich der ArbN auf die Unwirksamkeit der Kündigung wegen eines Verstoßes gegen die Vorschriften der §§ 17 ff., kann er unter den Voraussetzungen des Annahmeverzugs sein Arbeitsentgelt bis zu dem hinausgeschobenen Wirksamkeitszeitpunkt der Kündigung verlangen[10]. Bei dem Verstoß gegen die Anzeigepflicht handelt es sich um einen sonstigen Unwirksamkeitsgrund iSd. § 13 III. Bei rechtzeitiger Klageerhebung kann daher die Unwirksamkeit gemäß §§ 17, 18 nachgeschoben werden[11]. 11

Zwar unterliegen auch Tendenzunternehmer der weiter gehenden **Beratungspflicht** des § 17 II KSchG, Art. 2 II, III RL 98/59/EG. Auch durch eine gemeinschaftsrechtskonforme Auslegung der §§ 18 I KSchG, 118 I 2 BetrVG lässt sich aber ein Anspruch auf Nachteilsausgleich wegen Verletzung dieser Pflicht weder gegenüber einem Tendenzunternehmer noch gegenüber anderen Unternehmern begründen[12]. 11a

1 KR/*Weigand*, § 18 KSchG Rz. 17; KDZ/*Kittner*, § 18 KSchG Rz. 11; APS/*Moll*, § 18 KSchG Rz. 21; aA *v. Hoyningen-Huene/Linck*, § 18 KSchG Rz. 9; HK-KSchG/*Hauck*, § 18 Rz. 11; *Löwisch*, § 18 KSchG Rz. 7. | **2** *Bader/Bram/Dörner/Wenzel*, § 18 KSchG Rz. 12; APS/*Moll*, § 18 KSchG Rz. 18; aA HK-KSchG/*Hauck*, § 18 Rz. 9; *v. Hoyningen-Huene/Linck*, § 18 KSchG Rz. 7; KR/*Weigand*, § 18 KSchG Rz. 13. | **3** *v. Hoyningen-Huene/Linck*, § 18 KSchG Rz. 14; KR/*Weigand*, § 18 KSchG Rz. 26. | **4** *Bader/Bram/Dörner/Wenzel*, § 18 KSchG Rz. 13; APS/*Moll*, § 18 KSchG Rz. 25; KPK/*Schiefer*, Teil H §§ 17–22 KSchG Rz. 119. | **5** BAG v. 21.5.1970 – 2 AZR 294/69, AP Nr. 11 zu § 15 KSchG. | **6** BAG v. 22.3.2001 – 8 AZR 565/00, AP Nr. 49 zu Art. 101 GG. | **7** KR/*Weigand*, § 18 KSchG Rz. 31a; *v. Hoyningen-Huene/Linck*, § 18 KSchG Rz. 20; aA *Berscheid*, ZIP 1987, 1516; KDZ/*Kittner*, § 18 KSchG Rz. 23. | **8** BAG v. 13.4.2000 – 2 AZR 215/99, AP Nr. 13 zu § 17 KSchG 1969; vgl. zur Kündigung einerseits und zur Entlassung iSv. §§ 17, 18 andererseits oben Rz. 1 und BAG v. 18.9.2003 – 2 AZR 79/02, BB 2004, 1223. | **9** BAG v. 23.10.1959 – 2 AZR 181/56, AP Nr. 5 zu § 15 KSchG. | **10** *Bader/Bram/Dörner/Wenzel*, § 18 KSchG Rz. 20; *v. Hoyningen-Huene/Linck*, § 18 KSchG Rz. 31. | **11** KR/*Weigand*, § 18 KSchG Rz. 40; vgl. aber auch BAG v. 16.6.2005 – 6 AZR 451/04, DB 2005, 2141 zu LS 3. | **12** BAG v. 18.11.2003 – 1 AZR 637/02, DB 2004, 1372, NZA 2004, 741 u. v. 30.3.2004 – 1 AZR 7/03, BB 2004, 1791, NZA 2004, 931.

12 **IV. Verlängerung der Sperrfrist (Abs. 2).** Im Einzelfall kann die AA nach Abs. 2 bestimmen, dass die Entlassungen nicht vor Ablauf von **längstens zwei Monaten** nach dem Eingang der Anzeige wirksam werden. Dabei ist anhand der individuellen Verhältnisse des betroffenen Betriebs zu prüfen, ob eine Verlängerung der Sperrfrist aus arbeitsmarktpolitischen Gründen in Betracht kommt. Die AA muss die Höchstfrist von zwei Monaten nicht ausschöpfen. Die Anordnung der Verlängerung, bei der es sich wiederum um einen belastenden Verwaltungsakt handelt, muss dem ArbGeb vor Ablauf der Monatsfrist des Abs. 1 zugegangen sein. Ist die Sperrfrist bereits abgelaufen, kann die Verlängerungsentscheidung keine Wirkungen mehr auslösen[1]. Die nach Ablauf der gesetzl. Sperrfrist bereits vollzogenen Entlassungen bleiben wirksam.

13 **V. Freifrist (Abs. 4).** Nach Ablauf der gesetzl. oder der durch die AA verlängerten Sperrfrist steht dem ArbGeb eine sog. Freifrist von **90 Tagen** zur Verfügung, um die beabsichtigten Entlassungen durchzuführen. Diese Frist kann weder verlängert noch verkürzt werden. Da das Arbeitsverhältnis innerhalb dieser Freifrist beendet sein muss, genügt es nicht, wenn nur die Kündigung des Arbeitsverhältnisses in diesem Zeitraum ausgesprochen wird. Vielmehr muss die tatsächliche Beendigung des Arbeitsverhältnisses innerhalb der Freifrist liegen[2]. Entlassungen, die wegen der Länge der Kündigungsfrist oder einer verspäteten Kündigungserklärung des ArbGeb erst außerhalb der Freifrist durchgeführt werden können, müssen unter den Voraussetzungen des § 17 I **erneut angezeigt** werden. Allerdings hat der ArbGeb die Möglichkeit, diese Entlassungen zeitlich so zu entzerren, dass die Schwellenwerte des § 17 nicht mehr erreicht werden[3].

19 *Zulässigkeit von Kurzarbeit*

(1) Ist der Arbeitgeber nicht in der Lage, die Arbeitnehmer bis zu dem in § 18 Abs. 1 und 2 bezeichneten Zeitpunkt voll zu beschäftigen, so kann die Bundesagentur für Arbeit zulassen, dass der Arbeitgeber für die Zwischenzeit Kurzarbeit einführt.

(2) Der Arbeitgeber ist im Falle der Kurzarbeit berechtigt, Lohn oder Gehalt der mit verkürzter Arbeitszeit beschäftigten Arbeitnehmer entsprechend zu kürzen; die Kürzung des Arbeitsentgelts wird jedoch erst von dem Zeitpunkt an wirksam, an dem das Arbeitsverhältnis nach den allgemeinen gesetzlichen oder den vereinbarten Bestimmungen enden würde.

(3) Tarifvertragliche Bestimmungen über die Einführung, das Ausmaß und die Bezahlung von Kurzarbeit werden durch die Absätze 1 und 2 nicht berührt.

1 **I. Inhalt und Zweck.** Als Ergänzung zu § 18 eröffnet § 19 dem ArbGeb die Möglichkeit, nach Zulassung durch die BA bis zum Ende der Sperrfrist einseitig Kurzarbeit einzuführen. Dadurch kann die noch vorhandene Arbeit auf alle ArbN verteilt werden. Zugleich wird der ArbGeb finanziell entlastet. Die praktische Bedeutung der Vorschrift ist gering. Denn bis zum Ende der jeweiligen Kündigungsfrist muss der ArbGeb den vollen Lohn zahlen. Nur selten ist die Sperrfrist länger als diese Kündigungsfrist. Im Übrigen bleibt das MitbestR des BR nach § 87 I Nr. 3 BetrVG unberührt. Schließlich haben tarifvertragl. Regelungen über die Einführung von Kurzarbeit gem. Abs. 3 Vorrang.

2 **II. Zulassung der Kurzarbeit (Abs. 1).** Die Zulassung von Kurzarbeit nach Abs. 1 setzt zunächst eine **ordnungsgemäße Anzeige** des ArbGeb nach § 17 über eine beabsichtigte Massenentlassung voraus, auf Grund der eine Sperrfrist nach § 18 eintritt. Erst dann kann der ArbGeb einen Antrag auf Zulassung von Kurzarbeit stellen. Allerdings kann dieser Antrag auch stillschweigend gestellt werden und sich durch Auslegung der Massenentlassungsanzeige des ArbGeb ergeben[4]. Materiell-rechtl. setzt die Zulassung von Kurzarbeit voraus, dass der ArbGeb nicht in der Lage ist, die ArbN bis zum Ablauf der Sperrfrist voll zu beschäftigen. Dabei handelt es sich nicht um eine objektive Unmöglichkeit der Vollbeschäftigung. Vielmehr ist eine **besondere Unzumutbarkeit aus wirtschaftl. Gründen** gemeint[5].

3 Die Entscheidung über die Zulassung von Kurzarbeit trifft die BA anhand der konkreten Umstände des Einzelfalls nach pflichtgemäßem Ermessen durch privatrechtsgestaltenden Verwaltungsakt[6]. Mit der Bekanntgabe an den ArbGeb wird der Verwaltungsakt wirksam. Die Entscheidung der BA kann im sozialgerichtl. Verfahren überprüft werden[7].

4 Die Zulassung der Kurzarbeit ist auf die Dauer der Sperrfrist beschränkt. Sie kann auch einen kürzeren Zeitraum betreffen. Die BA kann die Kurzarbeit für die gesamte Belegschaft, einzelne Betriebsabteilungen oder für bestimmte Gruppen von ArbN zulassen. Stets muss eine bestimmte wöchentliche Mindest-

1 KR/*Weigand*, § 18 KSchG Rz. 23. | 2 KR/*Weigand*, § 18 KSchG Rz. 47; ErfK/*Ascheid*, § 18 KSchG Rz. 17; *v. Hoyningen-Huene/Linck*, § 18 KSchG Rz. 24. | 3 *Bader/Bram/Dörner/Wenzel*, § 18 KSchG Rz. 19; KR/*Weigand*, § 18 KSchG Rz. 49. | 4 *Bader/Bram/Dörner/Wenzel*, § 19 KSchG Rz. 4; *v. Hoyningen-Huene/Linck*, § 19 KSchG Rz. 5; APS/*Moll*, § 19 KSchG Rz. 7. | 5 KR/*Weigand*, § 19 KSchG Rz. 7; HK-KSchG/*Hauck*, § 19 Rz. 7; ErfK/*Ascheid*, § 19 KSchG Rz. 2; KDZ/*Kittner*, § 19 KSchG Rz. 3. | 6 *v. Hoyningen-Huene/Linck*, § 19 KSchG Rz. 6; *Bader/Bram/Dörner/Wenzel*, § 19 KSchG Rz. 5. | 7 KR/*Weigand*, § 19 KSchG Rz. 16; *Löwisch*, § 19 KSchG Rz. 11.

arbeitszeit vorgeschrieben werden. Eine rückwirkende Zulassung von Kurzarbeit ist auf der Grundlage des § 19 unzulässig[1].

III. Durchführung der Kurzarbeit (Abs. 2). Die Zulassung der Kurzarbeit durch die BA stellt lediglich eine **Ermächtigung für den ArbGeb** dar. Auf ihrer Grundlage kann der ArbGeb die arbeitsvertragl. Bedingungen ändern, ohne eine Änderungskündigung erklären zu müssen[2]. Will der ArbGeb von der Ermächtigung Gebrauch machen, muss er das dem ArbN ankündigen und die Kurzarbeit anordnen. Diese Anordnung stellt keine Kündigung dar. Der ArbGeb muss keine Kündigungsfrist einhalten. Zweckmäßigerweise wird er den Beginn der Kurzarbeit aber zum Ablauf der Kündigungsfrist ankündigen. Denn erst ab diesem Zeitpunkt ist eine Kürzung des Lohns und des Gehalts gem. Abs. 2 zulässig[3]. In welchem zeitlichen und inhaltlichen Umfang der ArbGeb von der Ermächtigung Gebrauch macht, steht ihm grds. frei[4]. 5

In Betrieben mit **BR** finden bestehende BV über die Arbeitszeit auf die Anordnung der Kurzarbeit nach § 19 keine Anwendung. Denn durch Abs. 3 wird nur tarifvertragl. Bestimmungen eine Vorrangstellung eingeräumt[5]. Gleichwohl verbleibt dem BR ein MitbestR gem. § 87 I Nr. 3 BetrVG bei der vorübergehenden Verkürzung der betriebsüblichen Arbeitszeit durch die Einführung von Kurzarbeit. Denn durch die Ermächtigung der BA wird diese Kurzarbeit nicht zwingend eingeführt. Vielmehr kann der ArbGeb auf Grund der Ermächtigung frei entscheiden, ob und in welchem Umfang er Kurzarbeit einführen will[6]. 6

Ist die Einführung von Kurzarbeit tarifl. geregelt, bleibt für deren Zulassung durch die BA kein Raum. Der **Vorrang des Tarifrechts** gem. Abs. 3 greift nicht nur ein, wenn ArbGeb und ArbN tarifgebunden sind, sondern auch dann, wenn sie die Geltung der tarifl. Bestimmungen arbeitsvertragl. vereinbart haben. Denn das Gesetz sieht eine entsprechende Unterscheidung nicht vor[7]. 7

Nach Abs. 2 S. 1 Hs. 1 ist der ArbGeb berechtigt, den Lohn oder das Gehalt der mit verkürzter Arbeitszeit beschäftigten ArbN entsprechend zu kürzen. Das gilt nach Abs. 2 S. 1 Hs. 2 erst von dem Zeitpunkt an, zu dem das Arbeitsverhältnis nach den allgemeinen gesetzl. oder den vereinbarten Bestimmungen enden würde. Als allgemeine gesetzl. Bestimmung ist § 622 BGB anzusehen. Auf besondere gesetzl. Sonderkündigungsschutzbestimmungen kommt es hingegen nicht an[8]. Zu den vereinbarten Bestimmungen iSd. Abs. 2 gehören die tarifvertragl. und arbeitsvertragl. Regelungen der Kündigungsfrist, unabhängig davon, ob sie länger oder kürzer als die gesetzl. Kündigungsfristen sind[9]. Die der gesetzl. oder vertragl. vereinbarten Kündigungsfrist entsprechende Frist, während der noch der volle Lohn zu zahlen ist, beginnt grds. mit der Ankündigung der Kurzarbeit. Hat der ArbGeb bereits vor der Ankündigung der Kurzarbeit den Arbeitsvertrag gekündigt, beginnt die Frist bereits in diesem Zeitpunkt[10]. 8

20 *Entscheidungen der Agentur für Arbeit*

(1) Die Entscheidungen der Agentur für Arbeit nach § 18 Abs. 1 und 2 trifft deren Geschäftsführung oder ein Ausschuss (Entscheidungsträger). Die Geschäftsführung darf nur dann entscheiden, wenn die Zahl der Entlassungen weniger als 50 beträgt.

(2) Der Ausschuss setzt sich aus dem Geschäftsführer, der Geschäftsführerin oder dem oder der Vorsitzenden der Geschäftsführung der Agentur für Arbeit oder einem von ihm oder ihr beauftragten Angehörigen der Agentur für Arbeit als Vorsitzenden und je zwei Vertretern der Arbeitnehmer, der Arbeitgeber und der öffentlichen Körperschaften zusammen, die von dem Verwaltungsausschuss der Agentur für Arbeit benannt werden. Er trifft seine Entscheidungen mit Stimmenmehrheit.

(3) Der Entscheidungsträger hat vor seiner Entscheidung den Arbeitgeber und den Betriebsrat anzuhören. Dem Entscheidungsträger sind, insbesondere vom Arbeitgeber und Betriebsrat, die von ihm für die Beurteilung des Falles erforderlich gehaltenen Auskünfte zu erteilen.

(4) Der Entscheidungsträger hat sowohl das Interesse des Arbeitgebers als auch das der zu entlassenden Arbeitnehmer, das öffentliche Interesse und die Lage des gesamten Arbeitsmarktes unter besonderer Beachtung des Wirtschaftszweiges, dem der Betrieb angehört, zu berücksichtigen.

---

1 *v. Hoyningen-Huene/Linck*, § 19 KSchG Rz. 9–11; KR/*Weigand*, § 19 KSchG Rz. 18; *Bader/Bram/Dörner/Wenzel*, § 19 KSchG Rz. 9. | 2 *Bader/Bram/Dörner/Wenzel*, § 19 KSchG Rz. 10; ErfK/*Ascheid*, § 19 KSchG Rz. 4. | 3 KR/*Weigand*, § 19 KSchG Rz. 37. | 4 KR/*Weigand*, § 19 KSchG Rz. 35; ErfK/*Ascheid*, § 19 KSchG Rz. 9. | 5 KR/*Weigand*, § 19 KSchG Rz. 29; *v. Hoyningen-Huene/Linck*, § 19 KSchG Rz. 16. | 6 KR/*Weigand*, § 19 KSchG Rz. 31; ErfK/*Ascheid*, § 19 KSchG Rz. 5; *v. Hoyningen-Huene/Linck*, § 19 KSchG Rz. 17; aA *Löwisch*, § 19 KSchG Rz. 10; APS/*Moll*, § 19 KSchG Rz. 24; *Bader/Bram/Dörner/Wenzel*, § 19 KSchG Rz. 12. | 7 *Bader/Bram/Dörner/Wenzel*, § 19 KSchG Rz. 13; aA KR/*Weigand*, § 19 KSchG Rz. 28; ErfK/*Ascheid*, § 19 KSchG Rz. 6; APS/*Moll*, § 19 KSchG Rz. 39. | 8 BAG v. 7.4.1970 – 2 AZR 201/69, AP Nr. 3 zu § 615 BGB. | 9 *v. Hoyningen-Huene/Linck*, § 19 KSchG Rz. 34; *Löwisch*, § 19 KSchG Rz. 18. | 10 *v. Hoyningen-Huene/Linck*, § 19 KSchG Rz. 35; *Bader/Bram/Dörner/Wenzel*, § 19 KSchG Rz. 16.

1 Das Gesetz regelt die **Zuständigkeiten** für Entscheidungen nach § 18 I und III, die Zusammensetzung des Ausschusses bei der AA, das Verfahren des Entscheidungsträgers sowie die Maßstäbe für seine Entscheidung. Die Geschäftsführung der örtlich zuständigen AA entscheidet, wenn es um eine Massenentlassung von bis zu 49 ArbN geht. Soll diese Zahl überschritten werden, tritt an ihre Stelle ein besonderer Ausschuss, der aus 7 Mitgliedern besteht. Ihm gehören neben dem Vorsitzenden 6 Beisitzer an, die der Verwaltungsausschuss der AA bestimmt.

2 Nach Abs. 3 müssen vor einer Entscheidung der ArbGeb und der BR angehört werden. Die **Anhörung** kann mündlich oder schriftl. erfolgen[1]. Zwar kann auf die Anhörung nicht verzichtet werden. Doch hat der Entscheidungsträger keine Möglichkeit, Stellungnahmen oder Auskünfte zu erzwingen. Allerdings wird dieses Verhalten in aller Regel zu Lasten dessen gehen, der die Information zurückhält[2]. Im Übrigen kann der Entscheidungsträger Informationen auch von dritter Seite einholen, zB von Wirtschaftsverbänden, den ArbN des Betriebs oder von einem Sachverst.[3].

3 Bei seinen Entscheidungen hat die Geschäftsführung oder der Ausschuss der örtlich zuständigen AA zunächst zu prüfen, ob eine anzeigepflichtige Entlassung iSd. § 17 vorliegt. Anderenfalls hat sie bzw. er ein sog. **Negativattest** zu erteilen[4]. Daneben sind zunächst die formellen Voraussetzungen der Anzeige nach § 17 sowie die ordnungsgemäße Beteiligung des BR durch den ArbGeb zu prüfen[5].

4 **Inhaltlich** geht es bei den Entscheidungen gem. § 20 darum, ob den angezeigten Massenentlassungen vor Ablauf der einmonatigen Sperrfrist zugestimmt wird und ob im Fall der Ablehnung die Sperrfrist verlängert wird. Bei diesen Entscheidungen sind nach Abs. 4 sowohl das Interesse des ArbGeb als auch das der zu entlassenden ArbN, das öffentl. Interesse und die Lage des gesamten Arbeitsmarktes zu berücksichtigen. Dabei ist eine umfassende Beurteilung aller Umstände des Einzelfalls geboten[6]. Neben den in Abs. 4 genannten Kriterien ist im Rahmen der Interessenabwägung auch die Möglichkeit der Anordnung von Kurzarbeit zu berücksichtigen[7].

21 *Entscheidungen der Zentrale der Bundesagentur für Arbeit*

Für Betriebe, die zum Geschäftsbereich des Bundesministers für Verkehr oder des Bundesministers für Post und Telekommunikation gehören, trifft, wenn mehr als 500 Arbeitnehmer entlassen werden sollen, ein gemäß § 20 Abs. 1 bei der Zentrale der Bundesagentur für Arbeit zu bildender Ausschuss die Entscheidungen nach § 18 Abs. 1 und 2. Der zuständige Bundesminister kann zwei Vertreter mit beratender Stimme in den Ausschuss entsenden. Die Anzeigen nach § 17 sind in diesem Falle an die Zentrale der Bundesagentur für Arbeit zu erstatten. Im Übrigen gilt § 20 Abs. 1 bis 3 entsprechend.

1 Das Gesetz schreibt eine besondere Zuständigkeit für die Anzeige von Massenentlassungen und die dazu erforderlichen Entscheidungen der Arbeitsverwaltung für Betriebe des **Verkehrswesens, der Post und Telekommunikation** vor, die unmittelbar der Bundesregierung unterstehen. In diesen Fällen ist die Zentrale der BA zuständig, bei der ein Ausschuss iSv. § 20 II gebildet wird, in den der zuständige Bundesminister zwei weitere Vertreter mit beratender Stimme entsenden kann.

2 Aus § 23 II folgt, dass die besondere Zuständigkeit der Zentrale der BA nur gegeben ist, wenn in einem wirtschaftl. Betrieb **mehr als 500 ArbN** entlassen werden sollen. Bei der Ermittlung dieser Zahl ist nach dem Wortlaut des Gesetzes allein auf den Betrieb, nicht aber auf das Unternehmen abzustellen[8].

3 Die Unternehmen der ehemaligen **Deutschen Bundespost** sind zwar inzwischen privatisiert. Sie gehören jedoch noch so lange zum Geschäftsbereich des Ministers, wie der Bund die Mehrheit der Aktien hält[9]. Zum Geschäftsbereich des Bundesministers für Verkehr gehören die der **Eisenbahnverkehrsverwaltung** des Bundes unterliegenden Betriebe der aus dem Bundeseisenbahnvermögen hervorgegangenen Aktiengesellschaften sowie die Betriebe, die das bundeseigene Vermögen der Bundeswasserstraßen und der Bundesfernstraßen verwalten. Nicht zum Geschäftsbereich des Bundesverkehrsministers gehören die privaten Verkehrsunternehmen wie Lufthansa und die anderen Fluggesellschaften sowie Bahnlinien[10].

---

1 KR/*Weigand*, § 20 KSchG Rz. 41; *v. Hoyningen-Huene/Linck*, § 20 KSchG Rz. 13; APS/*Moll*, § 20 KSchG Rz. 24. | 2 *v. Hoyningen-Huene/Linck*, § 20 KSchG Rz. 14; *Bader/Bram/Dörner/Wenzel*, § 20 KSchG Rz. 7. | 3 KR/*Weigand*, § 20 KSchG Rz. 44. | 4 *v. Hoyningen-Huene/Linck*, § 20 KSchG Rz. 23; KR/*Weigand*, § 20 KSchG Rz. 56. | 5 *Bader/Bram/Dörner/Wenzel*, § 20 KSchG Rz. 9. | 6 BSG v. 21.3.1978 – 7/12 RAr 6/77, BSGE 46, 99; v. 5.12.1978 – 7 RAr 32/78, DB 1979, 1283. | 7 *Bader/Bram/Dörner/Wenzel*, § 20 KSchG Rz. 11. | 8 *v. Hoyningen-Huene/Linck*, § 21 KSchG Rz. 2; *Bader/Bram/Dörner/Wenzel*, § 21 KSchG Rz. 3; aA KR/*Weigand*, § 21 KSchG Rz. 5; KDZ/*Kittner*, § 21 KSchG Rz. 3. | 9 *Bader/Bram/Dörner/Wenzel*, § 21 KSchG Rz. 4. | 10 BAG v. 4.3.1993 – 2 AZR 451/92, AP Nr. 60 zu § 1 KSchG 1969 – Betriebsbedingte Kündigung.

22 *Ausnahmebetriebe*

(1) Auf Saisonbetriebe und Kampagne-Betriebe finden die Vorschriften dieses Abschnitts bei Entlassungen, die durch diese Eigenart der Betriebe bedingt sind, keine Anwendung.

(2) Keine Saisonbetriebe oder Kampagne-Betriebe sind Betriebe des Baugewerbes, in denen die ganzjährige Beschäftigung nach dem Dritten Buch Sozialgesetzbuch gefördert wird. Das Bundesministerium für Arbeit und Soziales wird ermächtigt, durch Rechtsverordnung Vorschriften zu erlassen, welche Betriebe als Saisonbetriebe oder Kampagne-Betriebe im Sinne des Absatzes 1 gelten.

Durch § 22 werden **Saison- und Kampagne-Betriebe** aus dem betriebl. Geltungsbereich des Massenentlassungsrechts ausgeklammert. Diese Ausklammerung ist aber auf diejenigen Massenentlassungen beschränkt, die durch die Eigenart des Betriebes bedingt sind. Damit trägt das Gesetz dem Umstand Rechnung, dass die Zahl der ArbN in diesen Betrieben regelmäßig starken Schwankungen unterworfen ist. Die Saison- und Kampagne-Betriebe können sich auf ihren besonderen Status jedoch nur dann berufen, wenn zwischen der Eigenart ihres Betriebs und der Massenentlassung ein unmittelbarer Zusammenhang besteht[1]. Die **praktische Bedeutung** der Vorschrift ist stark eingeschränkt. Denn in vielen Saison- und Kampagne-Betrieben sind nicht so viele Mitarbeiter beschäftigt, dass die Schwellenwerte des § 17 überschritten werden. Darüber hinaus wird in diesen Betrieben regelmäßig zu Recht die Befristung von Arbeitsverträgen vereinbart[2]. 1

Bisher hat das Ministerium von seiner Ermächtigung nach Abs. 2 S. 2 keinen Gebrauch gemacht, in einer RechtsVO eine genaue Bestimmung der Saison- und Kampagne-Betriebe vorzunehmen. Beide Begriffe sind daher nach den allgemeinen arbeitsrechtl. Grundsätzen zu verstehen[3]. Danach handelt es sich um einen **Saisonbetrieb**, wenn in ihm zwar ganzjährig gearbeitet wird, die Arbeitsmenge aber in einer bestimmten Jahreszeit regelmäßig stark zunimmt. Das gilt etwa bei witterungsabhängigen Betrieben oder bei Dienstleistungsbetrieben in Feriengebieten. Dazu zählen auch Produktionsbetriebe, die zu bestimmten Anlässen zusätzliche Produkte herstellen[4]. Um **Kampagne-Betriebe** handelt es sich, wenn in ihnen nur einige Zeit im Jahr überhaupt gearbeitet wird, etwa weil Ernteerzeugnisse rasch verarbeitet werden müssen. Die ganzjährige Beschäftigung von Stammarbeitnehmern in der Verwaltung oder zur Instandhaltung von Maschinen schließt die Annahme eines Kampagnebetriebes nicht aus[5]. 2

Grds. können auch **Baubetriebe** als Saisonbetriebe eingestuft werden, wenn die Betriebstätigkeit witterungsbedingt eingestellt wird. Das gilt gem. Abs. 2 S. 1 dann nicht, wenn die ganzjährige Beschäftigung gem. § 211 SGB III gefördert wird. 3

22a (aufgehoben)

Vierter Abschnitt. Schlussbestimmungen

23 *Geltungsbereich*

(1) Die Vorschriften des Ersten und Zweiten Abschnitts gelten für Betriebe und Verwaltungen des privaten und des öffentlichen Rechts, vorbehaltlich der Vorschriften des § 24 für die Seeschifffahrts-, Binnenschifffahrts- und Luftverkehrsbetriebe. Die Vorschriften des Ersten Abschnitts gelten mit Ausnahme der §§ 4 bis 7 und des § 13 Abs. 1 Satz 1 und 2 nicht für Betriebe und Verwaltungen, in denen in der Regel fünf oder weniger Arbeitnehmer ausschließlich der zu ihrer Berufsbildung Beschäftigten beschäftigt werden. In Betrieben und Verwaltungen, in denen in der Regel zehn oder weniger Arbeitnehmer ausschließlich der zu ihrer Berufsbildung Beschäftigten beschäftigt werden, gelten die Vorschriften des Ersten Abschnitts mit Ausnahme der §§ 4 bis 7 und des § 13 Abs. 1 Satz 1 und 2 nicht für Arbeitnehmer, deren Arbeitsverhältnis nach dem 31. Dezember 2003 begonnen hat; diese Arbeitnehmer sind bei der Feststellung der Zahl der beschäftigten Arbeitnehmer nach Satz 2 bis zur Beschäftigung von in der Regel zehn Arbeitnehmern nicht zu berücksichtigen. Bei der Feststellung der Zahl der beschäftigten Arbeitnehmer nach den Sätzen 2 und 3 sind teilzeitbeschäftigte Arbeitnehmer mit einer regelmäßigen wöchentlichen Arbeitszeit von nicht mehr als 20 Stunden mit 0,5 und nicht mehr als 30 Stunden mit 0,75 zu berücksichtigen.

(2) Die Vorschriften des Dritten Abschnitts gelten für Betriebe und Verwaltungen des privaten Rechts sowie für Betriebe, die von einer öffentlichen Verwaltung geführt werden, soweit sie wirtschaftliche Zwecke verfolgen. Sie gelten nicht für Seeschiffe und ihre Besatzung.

---

1 *Bader/Bram/Dörner/Wenzel*, § 22 KSchG Rz. 6; KR/*Weigand*, § 22 KSchG Rz. 11; *v. Hoyningen-Huene/Linck*, § 22 KSchG Rz. 8. | 2 BAG v. 29.1.1987 – 2 AZR 109/86, AP Nr. 1 zu § 620 BGB – Saisonarbeit. | 3 *v. Hoyningen-Huene/Linck*, § 22 KSchG Rz. 2. | 4 *Bader/Bram/Dörner/Wenzel*, § 22 KSchG Rz. 3; KR/*Weigand*, § 22 KSchG Rz. 6; *v. Hoyningen-Huene/Linck*, § 22 KSchG Rz. 4. | 5 KR/*Weigand*, § 22 KSchG Rz. 7; *Bader/Bram/Dörner/Wenzel*, § 22 KSchG Rz. 4; *v. Hoyningen-Huene/Linck*, § 22 KSchG Rz. 7.

1 **I. Inhalt und Zweck.** Neben den besonderen Bestimmungen in den §§ 17 I, 22 und 24 I enthält § 23 eine **allgemeine Regelung des betrieblichen Geltungsbereichs** des Gesetzes. Insb. werden auch die Verwaltungen des öffentl. Dienstes einbezogen. Dadurch geht der betriebl. Geltungsbereich des KSchG über den des BetrVG hinaus und erfasst dem Grunde nach das gesamte Arbeitsleben in Deutschland. § 23 I bringt jedoch in den Sätzen 2–4 (sog. Kleinbetriebsklausel) Einschränkungen des betriebl. Geltungsbereichs für den Ersten Abschnitt des KSchG (allgemeiner Kündigungsschutz der §§ 1–14). Abs. 2 bestimmt den Geltungsbereich des Dritten Abschnitts des KSchG (anzeigepflichtige Entlassungen, §§ 17–22). In Betrieben der Seeschifffahrt, der Binnenschifffahrt und des Luftverkehrs gelten die Vorschriften des Ersten und Zweiten Abschnitts nur nach der besonderen Maßgabe des § 24. Für Seeschiffe und ihre Besatzung gelten die Vorschriften des Dritten Abschnitts nicht (Abs. 2 S. 2).

2 **II. Geltungsbereich des Ersten und Zweiten Abschnitts (Abs. 1). 1. Internationaler Geltungsbereich.** Die Vorschriften des Ersten und Zweiten Abschnitts des KSchG gelten für Betriebe und Verwaltungen des privaten und des öffentl. Rechts (zu Seeschifffahrts-, Binnenschifffahrts- und Luftverkehrsbetrieben vgl. § 24). Die Voraussetzungen des § 23 I können nach **bisheriger Rspr.** nur durch einen **in Deutschland gelegenen Betrieb** erfüllt werden. Das KSchG soll danach nur für Betriebe auf dem Gebiet der Bundesrepublik Deutschland gelten, dh. die entsprechende Mindestzahl an ArbN müsste innerhalb der Bundesrepublik Deutschland beschäftigt sein[1]. Unterhält ein ausländisches Unternehmen in Deutschland eine Niederlassung und bildet diese zusammen mit dem im Ausland befindlichen Betrieb einen gemeins. Betrieb, sollen die im Ausland tätigen ArbN bei der Berechnung der maßgeblichen Beschäftigtenzahl nicht mit eingerechnet werden[2]. Nur ganz geringfügig im Inland ausgebildete betriebl. Strukturen (Briefkastenfirma) genügten für die Anwendung des § 23 nicht[3]. Dagegen wird in der **Literatur** mit Recht eingewendet, dass – bei Anwendung deutschen Vertrags- und Kündigungsrechts (s. Vor § 1 Rz. 31 ff.) – ein (auf Deutschland beschränkter) „räumlicher Geltungsbereich" des KSchG nicht existiert[4]. Auch eine im Ausland gelegene organisatorische Einheit kann daher grds. einen Betrieb iSd. § 23 bilden.

3 **2. Betriebe und Verwaltungen (Abs. 1 S. 1).** Der Erste und Zweite Abschnitt des KSchG gelten grds. in allen Betrieben und Verwaltungen des privaten und öffentl. Rechts. Den **Begriff des Betriebs** definiert das Gesetz nicht. Maßgeblich ist der allgemeine arbeitsrechtl. Betriebsbegriff. Danach ist ein Betrieb die organisatorische Einheit, innerhalb derer ein Unternehmer allein oder in Gemeinschaft mit seinen Mitarbeitern mithilfe von sachlichen und immateriellen Mitteln bestimmte arbeitstechnische Zwecke fortgesetzt verfolgt, die sich nicht in der Befriedigung von Eigenbedarf erschöpfen[5]. Vgl. näher zum Betriebsbegriff des KSchG unten Rz. 9 sowie § 1 Rz. 259. Auch „Verwaltungen" des privaten Rechts (etwa Verbände, private Stiftungen und sonstige Vereinigungen auf privatrechtl. Grundlage[6]) sind Betriebe iSd. Gesetzes[7].

4 Um einen **Betrieb des öffentl. Rechts** handelt es sich, wenn dessen Inhaber eine juristische Person des öffentl. Rechts ist und diese den Betrieb unmittelbar leitet (sog. Eigenbetrieb). Ist der Inhaber des Betriebs eine juristische Person oder eine Personengesamtheit des Privatrechts, handelt es sich auch dann nicht um einen Betrieb des öffentl. Rechts, wenn die öffentl. Hand durch entsprechende Kapitalbeteiligung maßgeblichen Einfluss besitzt[8].

5 Im **öffentl. Dienst** knüpft Abs. 1 im Übrigen an den Begriff der **Verwaltung** und nicht der Dienststelle an. Eine Verwaltung kann auch die Zusammenfassung mehrerer Dienststellen zu einer administrativen Hierarchie darstellen[9].

6 Mehrere Unternehmen können einen **gemeins. Betrieb** bilden, wenn sie im Rahmen einer gemeins. Arbeitsorganisation unter einheitlicher Leitungsmacht arbeitstechnische Zwecke fortgesetzt verfolgen. Erforderlich ist eine ausdrückliche oder stillschweigende rechtl. Leitungsvereinbarung, die sich jedoch aus den Umständen des Einzelfalls ergeben kann. Einen Anhaltspunkt dafür bietet die einheitliche Ausübung von ArbGebFunktionen im sozialen und personellen Bereich[10]. Ob eine einheitliche Leitung hinsichtlich der wesentlichen ArbGebFunktionen vorliegt, beurteilt sich nach der innerbetrieblichen Entscheidungsfindung und deren Umsetzung[11]. Die betriebsverfassungsrechtl. Vermutung eines gemeins. Betriebs (§ 1 II BetrVG) dürfte auch kündigungsrechtl. maßgeblich sein (vgl. näher dort). Nach bisheri-

1 BAG v. 9.10.1997 – 2 AZR 64/97, EzA § 23 KSchG Nr. 16; v. 3.6.2004 – 2 AZR 386/03, AP Nr. 33 zu § 23 KSchG 1969; KR/*Weigand*, § 23 KSchG Rz. 19 mwN. | 2 BAG v. 7.11.1996 – 2 AZR 648/95 – RzK I 4c Nr. 24; v. 9.10.1997 – 2 AZR 64/97, EzA § 23 KSchG Nr. 16; aA KDZ/*Kittner*, § 23 KSchG Rz. 22; *Löwisch/Spinner*, vor § 1 KSchG Rz. 33. | 3 BAG v. 3.6.2004 – 2 AZR 386/03, AP Nr. 33 zu § 23 KSchG 1969. | 4 W. *Gravenhorst*, FA 2005, 34; *Junker*, FS Konzen (2006), S. 367 ff.; *Maurer*, FS Leinemann (2006), S. 733 (740 ff.); *A. C. Gravenhorst*, RdA 2007, 283. | 5 BAG v. 26.8.1971 – 2 AZR 233/70, AP Nr. 1 zu § 23 KSchG 1969; BVerfG v. 27.1.1998 – 1 BvL 15/87, AP Nr. 17 zu § 23 KSchG 1969. | 6 KR/*Weigand*, § 23 KSchG Rz. 29. | 7 *Bader/Bram/Dörner/Wenzel*, § 23 KSchG Rz. 4. | 8 APS/*Moll*, § 23 KSchG Rz. 22; aA KR/*Weigand*, § 23 KSchG Rz. 30. | 9 BAG v. 23.4.1998 – 2 AZR 489/97, AP Nr. 19 zu § 23 KSchG 1969. | 10 BAG v. 23.3.1984 – 7 AZR 515/82, AP Nr. 4 zu § 23 KSchG 1969; v. 18.1.1990 – 2 AZR 355/89, BB 1990, 2050. | 11 BAG v. 24.1.1996 – 7 ABR 10/95, AP Nr. 8 zu § 1 BetrVG 1972 – Gemeinsamer Betrieb.

ger Rspr. trägt der ArbN die Darlegungs- und Beweislast für die Tatsachen, die den Schluss auf einen gemeins. Betrieb mehrerer Unternehmen zulassen[1].

3. Kleinbetriebsklausel (Abs. 1 S. 2–4). a) Inhalt und Zweck. Die sog. Kleinbetriebsklausel in Abs. 1 S. 2–4 ist mWz. 1.1.2004 novelliert worden. Gem. S. 2 und 3 nF finden die Vorschriften des Ersten Abschnitts des Gesetzes (§§ 1–14) mit Ausnahme der §§ 4–7 und § 13 I S. 1 und 2 in Kleinbetrieben keine Anwendung. Der allg. Kündigungsschutz (§§ 1, 2) sowie die gerichtl. Auflösung des Arbeitsverhältnisses gem. §§ 9, 10 gelten somit nicht. Dagegen sind die Vorschriften über die **Klagefrist** (§§ 4–7, 13 I S. 1 u. 2) seit dem 1.1.2004 auch in Kleinbetrieben zu beachten. Für die Abgrenzung des Kleinbetriebs und damit für die Geltung des allg. Kündigungsschutzes maßgeblich ist die Anzahl der Beschäftigten (Schwellenwert). Das Überschreiten des Schwellenwerts begründet keinen persönlichen Besitzstand des ArbN, der etwa im Falle eines Teilbetriebsübergangs gem. § 613a I BGB erhalten bliebe; es kommt auf die jeweilige betriebl. Lage an[2]. Im Übrigen hat die Neufassung in dem neu eingefügten S. 3 nF die Kleinbetriebsausnahme auf Betriebe mit **bis zu zehn ArbN** erweitert bei gleichzeitiger **Besitzstandswahrung** für alle bisher Beschäftigten. Es sind nunmehr zwei Schwellenwerte zu beachten, je nachdem ob das Arbeitsverhältnis des zu kündigenden ArbN vor dem 1.1.2004 begonnen hat (im Folgenden Alt-ArbN) oder nicht. Danach findet der allgemeine Kündigungsschutz des Ersten Abschnitts des KSchG keine Anwendung 7

- auf Neu-ArbN (deren Arbeitsverhältnis nach dem 31.12.2003 begonnen hat), wenn im Betrieb nicht mehr als zehn ArbN beschäftigt werden (S. 3 Hs. 1);
- auf Alt-ArbN, wenn im Betrieb nicht mehr als fünf ArbN beschäftigt werden (S. 2), wobei bis zur Beschäftigung von insgesamt zehn ArbN nur Alt-ArbN zählen (S. 3 Hs. 2).

Zweck der Regelung ist es, den besonderen Verhältnissen in Kleinbetrieben Rechnung zu tragen. Diese Verhältnisse sind gekennzeichnet durch die persönlichen Beziehungen des Inhabers zu seinen wenigen ArbN, die geringere wirtschaftl. Belastbarkeit eines kleinen Betriebs und das Bedürfnis nach größerer arbeitsmarktpolitischer Freizügigkeit[3]. In einem kleinen Betrieb hängt der wirtschaftl. Erfolg von der Leistungsfähigkeit und der Persönlichkeit jedes einzelnen ArbN ab. Der Ausfall eines Mitarbeiters lässt sich dort schwerer ausgleichen als in einem großen Betrieb. Auf Grund der engen Zusammenarbeit mit dem Betriebsinhaber kommt dem Vertrauensverhältnis zu den ArbN ein besonderer Stellenwert zu. In einem kleinen Betrieb sind finanzielle Ausstattung und Verwaltungsapparat regelmäßig geringer als in einem großen Unternehmen.

8 Diese besonderen Umstände in Kleinbetrieben lassen es als mit dem **Grundgesetz vereinbar** erscheinen, deren Mitarbeiter aus dem allgemeinen Kündigungsschutz herauszunehmen. Die Regelung in Abs. 1 S. 2 verletzt weder Art. 12 I GG noch Art. 3 I GG und ist daher hinsichtlich des Schwellenwertes von fünf ArbN verfassungsgemäß, da die zivilrechtl. Generalklauseln den durch Art. 12 I GG gebotenen **Mindestschutz der Arbeitnehmer** gewährleisten[4] (vgl. näher Vor § 1 Rz. 11 u. 16). Auch die Berücksichtigung von Teilzeitbeschäftigten nach Abs. 1 S. 3 ist nicht verfassungswidrig[5]. Beide Regelungen des Abs. 1 sind mit Art. 92 I EWG-Vertrag und der GleichbehandlungsRL 76/207 vereinbar[6]. Die Erweiterung der Kleinbetriebsausnahme auf Betriebe mit bis zu zehn ArbN dient dem Zweck, kleinen Unternehmen die Entscheidung zu Neueinstellungen zu erleichtern[7]. Sie dürfte die Gruppe der schutzwürdigen Kleinunternehmer ebenfalls – gerade noch – mit hinreichender Genauigkeit treffen und so verfassungsgemäß sein[8].

9 Für die Anwendbarkeit der Vorschriften über den allgemeinen Kündigungsschutz kommt es nach dem arbeitsrechtl. Betriebsbegriff allein auf die Zahl der Mitarbeiter an, die in einem Betrieb beschäftigt sind. Danach könnten auch **Teile eines größeren Unternehmens** unter die Kleinbetriebsklausel fallen, obwohl es dafür an einer sachlichen Rechtfertigung fehlt. Diese Besonderheit zwingt allerdings nicht zu einer Modifizierung des allgemeinen Betriebsbegriffes und führt auch nicht zu einer ArbGeb- oder Unternehmensbezogenheit des allgemeinen Kündigungsschutzes[9]. Vielmehr ist der Betriebsbegriff in Abs. 1 S. 2 im Wege der **verfassungskonformen Auslegung** auf die Einheiten zu beschränken, für deren Schutz die Kleinbetriebsklausel bestimmt ist und bei denen eine Benachteiligung der betroffenen ArbN sachlich begründet erscheint[10]. Durch eine derartige am Sinn und Zweck der Kleinbetriebsklausel orientierte Auslegung lässt sich der Anwendungsbereich des Abs. 1 S. 2 auf kleine Betriebsstätten im Bereich des Handwerks, des Handels und der Dienstleistung beschränken.

1 BAG v. 23.3.1984 – 7 AZR 515/82, AP Nr. 4 zu § 23 KSchG 1969. | 2 BAG v. 15.2.2007 – 8 AZR 397/06, NZA 2007, 739. | 3 BAG v. 19.4.1990 – 2 AZR 487/89, AP Nr. 8 zu § 23 KSchG 1969. | 4 BVerfG v. 27.1.1998 – 1 BvL 15/87, AP Nr. 17 zu § 23 KSchG 1969. | 5 BVerfG v. 27.1.1998 – 1 BvL 22/93, AP Nr. 18 zu § 23 KSchG 1969. | 6 EuGH v. 30.11.1993 – Rs. C 189/91, AP Nr. 13 zu § 23 KSchG 1969. | 7 Gesetzentwurf v. 24.6.2003, BT-Drs. 15/1204, S. 14 und 28; zu der erst im Vermittlungsausschuss zu Stande gekommenen Gesetzesfassung fehlt eine eigene Begründung. | 8 BAG v. 21.9.2006 – 2 AZR 840/05, NZA 2007, 438 (sehr knapp); krit. *Buschmann*, AuR 2004, 1 (2). | 9 *v. Hoyningen-Huene/Linck*, § 23 KSchG Rz. 19b; *Bader/Bram/Dörner/Wenzel*, § 23 KSchG Rz. 12; HaKo/*Pfeiffer*, § 23 KSchG Rz. 11; aA *Bepler*, AuR 1997, 58; *Joost*, Betrieb und Unternehmen als Grundbegriffe im Arbeitsrecht, 1988, S. 344; *Kittner*, NZA 1998, 732; *Lakies*, DB 1997, 1078; *Preis*, RdA 1999, 311. | 10 BVerfG v. 27.1.1998 – 1 BvL 15/87, AP Nr. 17 zu § 23 KSchG 1969.

10 **b) Neu-Arbeitnehmer.** Für die Erfüllung des Ausschlusstatbestandes nach S. 3 Hs. 1 kommt es darauf an, dass das Arbeitsverhältnis des ArbN nach dem 31.12.2003 begonnen hat und im Betrieb (idR) nicht mehr als zehn ArbN beschäftigt werden. „Begonnen" hat ein Arbeitsverhältnis mit seinem vereinbarten rechtl. Beginn, idR also mit dem Tag der vereinbarten Arbeitsaufnahme; nicht maßgeblich ist der Zeitpunkt des Vertragsschlusses oder der tatsächlichen Arbeitsaufnahme[1]. Hat das Arbeitsverhältnis danach vor dem Stichtag begonnen, fällt es nicht unter S. 3 Hs. 1, unabhängig davon, ob die Wartezeit schon erfüllt war und damit persönlich Kündigungsschutz bestand. Für die Abgrenzung zwischen der Fortsetzung eines alten und dem Beginn eines neuen Arbeitsverhältnisses wird man auf die zur Wartezeit gem. § 1 I ergangene Rspr. zurückzugreifen haben (vgl. § 1 Rz. 14 ff.)[2]. Zur Ermittlung des betriebl. Schwellenwerts vgl. Rz. 13 ff.

11 **c) Alt-Arbeitnehmer.** Für ArbN, die nicht unter die Spezialregelung des S. 3 Hs. 1 fallen, also für „Alt-ArbN", bleibt grds. der bisherige allgemeine Schwellenwert von fünf ArbN gem. dem insoweit unveränderten S. 2 maßgeblich. Nach S. 3 Hs. 2 sind allerdings für die Feststellung dieses Schwellenwertes bis zur Beschäftigung von insgesamt zehn ArbN nur Alt-Arbeitsverhältnisse zu berücksichtigen. Für Alt-Arbeitsverhältnisse besteht somit (erst) dann kein Kündigungsschutz, wenn weder mehr als insgesamt zehn ArbN noch mehr als fünf Alt-ArbN beschäftigt werden[3]. Läuft die Wartezeit eines Arbeitsverhältnisses, das vor dem 1.1.2004 begonnen hat, erst nach dem 31.12.2003 ab, setzt ab diesem Zeitpunkt der persönliche Kündigungsschutz ein, sofern dann die betrieblichen Voraussetzungen nach S. 2 iVm. S. 3 Hs. 2 noch erfüllt sind. S. 3 führt in Betrieben mit mehr als fünf und nicht mehr als zehn ArbN zu einer kündigungsschutzrechtl. „gespaltenen" Belegschaft, nämlich den Alt-ArbN mit Kündigungsschutz und den Neu-ArbN ohne. Im Rahmen einer sozialen Auswahl gem. § 1 III werden Letztere wie ArbN zu behandeln sein, deren Wartezeit noch nicht abgelaufen ist. Sie sind daher vorab zu kündigen[4], können aber gem. § 1 III 2 wegen berechtigter betrieblicher Interessen zu Lasten von ArbN mit Kündigungsschutz weiterbeschäftigt werden[5]. Die Neuregelung und damit auch die Besitzstandswahrung gelten zeitlich unbegrenzt[6].

12 Bei **Beschäftigung von insgesamt mehr als zehn ArbN** zählen diese ungeachtet des Beginns ihres Arbeitsverhältnisses allesamt bei der Feststellung des Schwellenwerts von fünf ArbN nach S. 2 mit, so dass dieser „schlagartig" deutlich überschritten werden kann. Wird die Grenze der Beschäftigung von zehn ArbN nicht überschritten, sind bei der Feststellung des **Schwellenwerts von fünf ArbN** nach S. 2 gem. S. 3 Hs. 2 nur Alt-ArbN zu berücksichtigen. Jedes der Alt-Arbeitsverhältnisse muss vor dem 1.1.2004 begonnen und bis zum Zugang der Kündigung bestanden haben (vgl. Rz. 10). Der Besitzstand geht verloren, wenn die Zahl der Alt-ArbN auf fünf oder weniger sinkt. Neueinstellungen nach dem 31.12.2003 zählen gem. S. 3 Hs. 2 nicht mit[7], auch nicht bei **Ersatzeinstellung** für einen zuvor ausgeschiedenen Alt-ArbN[8]; ebenso wohl Aufstockungen der Arbeitszeit von bislang teilzeitbeschäftigten ArbN[9]. Der Besitzstand kann durch Fluktuation verloren gehen; darin liegt keine grundrechtswidrige Vertrauensschutzverletzung[10]. Einer „Flucht aus dem Kündigungsschutz" steht § 162 II BGB entgegen.

13 **d) Feststellung der Arbeitnehmerzahl.** Es zählen nur Beschäftigte, die den allgemeinen arbeitsrechtl. Begriff des **ArbN** erfüllen. Mitzuzählen sind die zu kündigenden ArbN selbst, auch wenn die Kündigungen auf einer unternehmerischen Entscheidung zum Abbau von Arbeitsplätzen beruhen[11]. Ausgenommen sind kraft ausdrücklicher gesetzl. Anordnung die zur Berufsbildung Beschäftigten iSv. § 1 I BBiG (Berufsausbildung, berufliche Fortbildung, berufliche Umschulung und Ausbildungsvorbereitung). Hat der Ausbildungszweck allerdings im Verhältnis zur Arbeitsleistung nur untergeordnete Bedeutung, sind auch Umschüler, Anlernlinge, Praktikanten und Volontäre bei der Ermittlung der ArbN-Zahl zu berücksichtigen[12].

14 **Keine ArbN** iSv. Abs. 1 S. 2 sind LeihArbN im Betrieb des Entleihers, Heimarbeiter, Hausgewerbetreibende und arbeitnehmerähnliche Personen. Familienmitglieder zählen nur mit, wenn sie in einem Arbeitsverhältnis zum Inhaber des Betriebs stehen[13]. Mitzuzählen sind ferner leitende Angestellte iSd. § 14 II, nicht aber organschaftliche Vertreter einer juristischen Person. Schließlich zählen auch die ArbN mit, deren Arbeitsverhältnis wegen ihres Wehrdienstes, ihrer Elternzeit oder auf Grund einer unbezahlten

1 Nach der Gesetzesbegründung zur nicht Gesetz gewordenen Entwurfsfassung des § 23, die aber ebenfalls auf den „Beginn" des Arbeitsverhältnisses abstellte, soll „der vereinbarte Tag der Arbeitsaufnahme" maßgeblich sein (BT-Drs. 15/1204, S. 28). | 2 *Bader*, NZA 2004, 65 (67); *Quecke*, RdA 2004, 86 (103); *Bender/Schmidt*, NZA 2004, 358 (359). | 3 BAG v. 21.9.2006 – 2 AZR 840/05, NZA 2007, 438. | 4 St. Rspr. seit BAG v. 25.4.1985 – 2 AZR 140/84, NZA 1986, 64. | 5 IdS BAG v. 25.4.1985 – 2 AZR 140/84, NZA 1986, 64 zu § 1 Abs. 3 Satz 2 aF; zust. die hM in der Lit., vgl. KR/*Griebeling*, § 1 KSchG Rz. 636 u. *v. Hoyningen-Huene/Linck*, § 1 KSchG Rz. 460, jeweils mwN; an dieser Rechtslage hat die Neufassung des § 1 III 2 mWz. 1.1.2004 nichts geändert. | 6 Anders noch die Besitzstandsregelung des § 23 I 4 KSchG 1996, die auf drei Jahre befristet war. | 7 *Quecke*, RdA 2004, 86 (105); *Bender/Schmidt*, NZA 358 (360). | 8 BAG v. 21.9.2006 – 2 AZR 840/05, NZA 2007, 438; dazu *Niklas*, NZA 2006, 1395. | 9 *Quecke*, RdA 2004, 86 (105); aA *Bender/Schmidt*, NZA 358 (360); *Hanau*, ZIP 2004, 1169 (1170). | 10 BAG v. 21.9.2006 – 2 AZR 840/05, NZA 2007, 438. | 11 BAG v. 22.1.2004 – 2 AZR 237/03, NZA 2004, 479. | 12 KR/*Weigand*, § 23 KSchG Rz. 43; *Bader/Bram/Dörner/Wenzel*, § 23 KSchG Rz. 14; *v. Hoyningen-Huene/Linck*, § 23 KSchG Rz. 21. | 13 KR/*Weigand*, § 23 KSchG Rz. 41; *Bader/Bram/Dörner/Wenzel*, § 23 KSchG Rz. 15.

Freistellung längere Zeit ruht[1]. Hat der ArbGeb allerdings eine Ersatzkraft eingestellt, wird der Arbeitsplatz nur einmal berücksichtigt[2].

Nach Abs. 1 S. 4 sind **teilzeitbeschäftigte ArbN** mit einer regelmäßigen wöchentlichen Arbeitszeit von nicht mehr als 20 Stunden mit 0,5 und nicht mehr als 30 Stunden mit 0,75 zu berücksichtigen. Ergibt sich nach dieser Berechnungsmethode ein Gesamtarbeitsvolumen des Betriebes in Höhe von mindestens 5,25 (nach S. 2) bzw. 10,25 (nach S. 3), sind die jeweiligen Schwellenwerte überschritten und der Kündigungsschutz erfasst grds. alle Arbeitsverhältnisse bzw. Alt-Arbeitsverhältnisse. Maßgeblich ist allein die vereinbarte regelmäßige wöchentliche Arbeitszeit, wobei Überstunden außer Betracht bleiben. Bei unregelmäßigen Arbeitszeiten ist auf den Jahresdurchschnitt abzustellen[3]. 15

Die Schwellenwerte in S. 2 und 3 stellen auf die Zahl der **„in der Regel“** Beschäftigten ab. Sie ist zu ermitteln im Zeitpunkt des Zugangs einer Kündigung, nicht etwa im Zeitpunkt der Beendigung des Arbeitsverhältnisses[4]. Auf die Zahl der regelmäßig Beschäftigten hat eine vorübergehende Erhöhung oder Verminderung der Belegschaftsstärke keinen Einfluss. Die Zahl der Beschäftigten, die für einen Betrieb kennzeichnend ist, lässt sich durch einen Rückblick auf die bisherige personelle Situation und eine Prognose der zukünftigen Entwicklung ermitteln[5]. Die zu kündigenden ArbN selbst sind auch dann mitzuzählen, wenn die Kündigungen auf einer unternehmerischen Entscheidung zum Abbau von Arbeitsplätzen beruhen[6]. Das wird auch für andere ArbN gelten, die auf Grund derselben unternehmerischen Entscheidung, aber mit geringfügig früherem Kündigungszugang gekündigt wurden. Bei **schwebendem Rechtsstreit** über die Wirksamkeit der weiter zurückliegenden Kündigung eines anderen ArbN wird dieser nur dann mitzählen, wenn trotz der Kündigung ausreichende Anhaltspunkte dafür bestehen, dass das von diesem ArbN erbrachte Arbeitsvolumen weiterhin für die Betriebsgröße kennzeichnend sein wird. 16

e) Die **Darlegungs- und Beweislast** dafür, dass in einem Betrieb mehr als fünf ArbN regelmäßig beschäftigt sind, obliegt nach **bisheriger Rspr.**[7] dem ArbN. Allerdings musste ein ArbGeb im Prozess im Einzelnen darlegen, wie er eine geringere Zahl der regelmäßig Beschäftigten von fünf oder weniger errechnet[8]. Mit der schon bisher hM in der Lit. wird die Beweislast – bei abgestufter Darlegungslast – spätestens mit der Neufassung des § 23 I dem ArbGeb obliegen; hierfür sprechen der durchweg als Einwendung gefasste Gesetzestext („gilt nicht“, „ist nicht zu berücksichtigen“), der Gesichtspunkt der Sachnähe sowie das quantitative Regel-Ausnahmeverhältnis von ArbN mit und ohne Kündigungsschutz[9]. Ein zu erbringender Negativbeweis (nicht mehr als ... Beschäftigte) steht der Beweislast grds. nicht entgegen[10]. Im Kündigungsschutzprozess wird der ArbGeb, wenn er sich auf die Nichtgeltung des KSchG gem. Abs. 1 berufen will, demnach darzulegen haben, 17

- für *Neu-ArbN:* Dass das Arbeitsverhältnis nach dem 31.12.2003 begonnen hat und im Betrieb nicht mehr als zehn ArbN beschäftigt werden (S. 3 Hs. 1); trägt der ArbN substantiiert vor, dass in engem sachlichen und zeitlichen Zusammenhang bereits zuvor ein Alt-Arbeitsverhältnis zwischen denselben Parteien bestanden hatte, wird der ArbGeb dies zu widerlegen haben;
- *ansonsten:* Dass im Betrieb weder mehr als fünf Alt-ArbN noch insgesamt mehr als zehn ArbN beschäftigt werden (S. 2 iVm. S. 3 Hs. 2); es braucht für die Anwendung dieser Regelung nicht dargelegt zu werden, wann das gekündigte Arbeitsverhältnis begonnen hat; darauf kommt es nur im Rahmen von S. 3 Hs. 1 an. Dass ein Arbeitsverhältnis beim Schwellenwert nach S. 2 nicht zu berücksichtigen ist, weil es gem. S. 3 Hs. 2 nach dem 31.12.2003 begonnen hat, ist ebenfalls vom ArbGeb zu beweisen, wenn er sich darauf berufen will.

Das wird grds. auch für den **Gemeinschaftsbetrieb**[11] mehrerer Unternehmen gelten. Allerdings bedarf es für diese Ausnahmekonstellation konkreten Sachvortrags des ArbN im Rahmen seiner sekundären Darlegungslast (§ 138 II ZPO), etwa zum Bestehen eines gemeinsamen BR. Anderenfalls hat der ArbGeb keinen Anlass für nähere Darlegungen zum Fehlen eines Gemeinschaftsbetriebs.

III. Geltungsbereich des 3. Abschnitts (Abs. 2). Die Vorschriften über **anzeigepflichtige Massenentlassungen** gelten nach Abs. 2 für Betriebe und Verwaltungen des privaten Rechts sowie für Betriebe, die von einer öffentl. Verwaltung geführt werden, soweit sie wirtschaftl. Zwecke verfolgen. Dagegen sind Seeschiffe und ihre Besatzung von dem betriebl. Geltungsbereich dieser Vorschriften ausgenommen. 18

1 KR/*Weigand*, § 23 KSchG Rz. 40; *v. Hoyningen-Huene/Linck*, § 23 KSchG Rz. 26; *Bader/Bram/Dörner/Wenzel*, § 23 KSchG Rz. 22. | 2 BAG v. 31.1.1991 – 2 AZR 356/90, AP Nr. 11 zu § 23 KSchG 1969. | 3 *v. Hoyningen-Huene/Linck*, DB 1997, 42; APS/*Moll*, § 23 KSchG Rz. 32. | 4 BAG v. 16.6.1976 – 3 AZR 73/75, AP Nr. 8 zu 611 BGB – Treuepflicht. | 5 BAG v. 31.1.1991 – 2 AZR 356/90, AP Nr. 11 zu § 23 KSchG 1969. | 6 BAG v. 22.1.2004 – 2 AZR 237/03, NZA 2004, 479. | 7 BAG v. 18.1.1990 – 2 AZR 355/89, AP KSchG 1969 § 23 Nr. 9; zuletzt offen gelassen in BAG v. 24.2.2005 – 2 AZR 373/03, AP Nr. 34 zu § 23 KSchG 1969 (unter Bezeichnung als „bisherige Rechtsprechung“). | 8 Zusammenfassend zum Meinungsstand BAG v. 24.2.2005 – 2 AZR 373/03, AP Nr. 34 zu § 23 KSchG 1969 unter Bezugnahme auf BVerfG v. 27.1.1998 – 1 BvR 15/87, BVerfGE 97, 169. | 9 *Quecke*, RdA 2004, 86 (105) mwN; vgl. auch *Hanau*, ZIP 2004, 1169 (1170); *Nägele*, ArbRB 2005, 18 f.; offen gelassen von BAG v. 24.2.2005 – 2 AZR 373/03, AP Nr. 34 zu § 23 KSchG 1969. | 10 BAG v. 5.11.2003 – 10 AZB 38/03, NZA 2004, 117. | 11 AA in st. Rspr. BAG v. 18.10.2006 – 2 AZR 434/05, DB 2007, 810 mwN.

Ausgenommen sind nach § 17 auch alle Kleinbetriebe, in denen regelmäßig weniger als 20 ArbN beschäftigt werden. Eine weitere Ausnahme gilt nach § 22 für Saison- und Kampagne-Betriebe. Schließlich finden die Vorschriften über anzeigepflichtige Massenentlassungen keine Anwendung auf öffentl. Betriebe, die keine wirtschaftl. Zwecke verfolgen. Dabei handelt es sich um alle hoheitlich organisierten Verwaltungen wie Behörden, Ministerien, Polizei und Bundeswehr[1]. Im Übrigen verfolgen öffentl. Betriebe keine wirtschaftl., sondern kulturelle oder karitative Zwecke, wenn es sich um Kindergärten, Schulen, Universitäten, Forschungseinrichtungen, Kirchen und Einrichtungen der reinen Wohlfahrtspflege handelt[2].

19 Dagegen fallen unter den Geltungsbereich des Dritten Abschnitts des KSchG neben den Betrieben und Verwaltungen des privaten Rechts auch solche öffentl. Betriebe, die **wirtschaftl. Zwecke** verfolgen. Dazu zählen die sog. Regiebetriebe der öffentl. Hand, wie etwa Gas-, Wasser- und Elektrizitätswerke, Verkehrsbetriebe, Theater, Sparkassen, Krankenhäuser, Alten- und Pflegeheime oder Stadthallen[3]. Werden diese Betriebe in der Form einer juristischen Person des Privatrechts geführt, fallen sie bereits aus diesem Grund unter den Geltungsbereich des Dritten Abschnitts des KSchG[4]. Für die Verfolgung eines wirtschaftl. Zwecks kommt es nicht darauf an, ob der Betrieb mit der Absicht einer Gewinnerzielung handelt. Es genügt, dass er sich wie ein privatwirtschaftl. geführter Betrieb am Wirtschaftsleben beteiligt[5]. Das kann für Betriebe der Stationierungsstreitkräfte gelten, die Dienstleistungen für die Angehörigen der Streitkräfte erbringen[6], nicht aber für Einrichtungen, die ausschließlich für den internen Bereich der Streitkräfte bei interner Verrechnung Leistungen erbringen[7].

24 *Anwendung des Gesetzes auf Betriebe der Schifffahrt und des Luftverkehrs*

(1) Die Vorschriften des Ersten und Zweiten Abschnitts finden nach Maßgabe der Absätze 2 bis 5 auf Arbeitsverhältnisse der Besatzung von Seeschiffen, Binnenschiffen und Luftfahrzeugen Anwendung. Als Betrieb im Sinne dieses Gesetzes gilt jeweils die Gesamtheit der Seeschiffe oder der Binnenschiffe eines Schifffahrtsbetriebs oder der Luftfahrzeuge eines Luftverkehrsbetriebs.

(2) Dauert die erste Reise eines Besatzungsmitglieds im Dienste einer Reederei oder eines Luftverkehrsbetriebs länger als sechs Monate, so verlängert sich die Sechsmonatsfrist des § 1 Abs. 1 bis drei Tage nach Beendigung dieser Reise.

(3) Die Klage nach § 4 ist binnen drei Wochen, nachdem das Besatzungsmitglied zum Sitz des Betriebes zurückgekehrt ist, zu erheben, spätestens jedoch binnen sechs Wochen nach Zugang der Kündigung. Wird die Kündigung während der Fahrt des Schiffes oder des Luftfahrzeuges ausgesprochen, so beginnt die sechswöchige Frist nicht vor dem Tage, an dem das Schiff oder das Luftfahrzeug einen deutschen Hafen oder Liegeplatz erreicht. An die Stelle der Dreiwochenfrist in § 6 treten die hier in den Sätzen 1 und 2 bestimmten Fristen.

(4) Für Klagen der Kapitäne und der Besatzungsmitglieder im Sinne der §§ 2 und 3 des Seemannsgesetzes nach § 4 dieses Gesetzes tritt an die Stelle des Arbeitsgerichts das Gericht, das für Streitigkeiten aus dem Arbeitsverhältnis dieser Personen zuständig ist. Soweit in Vorschriften des Seemannsgesetzes für die Streitigkeiten aus dem Arbeitsverhältnis Zuständigkeiten des Seemannsamtes begründet sind, finden die Vorschriften auf Streitigkeiten über Ansprüche aus diesem Gesetz keine Anwendung.

(5) Der Kündigungsschutz des Ersten Abschnitts gilt, abweichend von § 14, auch für den Kapitän und die übrigen als leitende Angestellte im Sinne des § 14 anzusehenden Angehörigen der Besatzung.

1 **I. Inhalt und Zweck.** Das Gesetz erstreckt den Geltungsbereich der Vorschriften des KSchG über den allgemeinen und den besonderen Kündigungsschutz im Gegensatz zu früheren Regelungen auch auf die Besatzungen von **Seeschiffen, Binnenschiffen und Luftfahrzeugen**. Daneben sieht es einen eigenständigen Betriebsbegriff vor, um die Land- und die Bodenbetriebe voneinander abzugrenzen. Die übrigen Regelungen tragen den Besonderheiten dieses Wirtschaftszweiges Rechnung, wobei das Gesetz in erster Linie die Verhältnisse in der Seeschifffahrt zugrunde legt[8].

2 **II. Geltungsbereich des Ersten u. Zweiten Abschnitts (Abs. 1).** Das Gesetz erklärt in Abs. 1 S. 1 zunächst die Vorschriften über den allgemeinen und besonderen Kündigungsschutz für anwendbar, soweit es die Arbeitsverhältnisse der **Schiffs- und Luftfahrzeugbesatzungen** angeht. Für die ArbN der Land- und Bodenbetriebe gelten ohnehin die üblichen Kündigungsschutzbestimmungen[9]. Zur Besatzung eines Seeschiffes gehören alle Beschäftigten, die in einem **Heuerverhältnis** zum Reeder stehen. Dazu

---

1 KR/*Weigand*, § 23 KSchG Rz. 76; *v. Hoyningen-Huene/Linck*, § 23 KSchG Rz. 32. | 2 KR/*Weigand*, § 23 KSchG Rz. 76; *v. Hoyningen-Huene/Linck*, § 23 KSchG Rz. 32. | 3 KR/*Weigand*, § 23 KSchG Rz. 71; *v. Hoyningen-Huene/Linck*, § 23 KSchG Rz. 33. | 4 *Bader/Bram/Dörner/Wenzel*, § 23 KSchG Rz. 38. | 5 KR/*Weigand*, § 23 KSchG Rz. 71; *Löwisch*, § 23 KSchG Rz. 28. | 6 BAG v. 21.5.1970 – 2 AZR 294/69, NJW 1970, 2045 (Wäscherei und chemische Reinigung). | 7 BAG v. 22.9.2005 – 2 AZR 544/04, NZA 2006, 558 (Druckerei). | 8 KR/*Weigand*, § 24 KSchG Rz. 6. | 9 BAG v. 28.12.1956 – 2 AZR 207/56, AP Nr. 1 zu § 22 KSchG.

gehört neben den Schiffsoffizieren, Matrosen und sonstigen Angestellten auch der Kapitän. Nicht dazu zählen selbständige Gewerbetreibende und deren Mitarbeiter, da sie zu dem Reeder in einem anderen Rechtsverhältnis stehen[1]. Zur Besatzung eines Luftfahrzeugs gehört neben dem **fliegenden Personal auch das Bordpersonal**, das mit dem Luftfahrtunternehmer einen Arbeitsvertrag geschlossen hat. Dazu zählen neben dem Flugzeugführer, dem Flugingenieur, dem Flugnavigator auch die Flugbegleiter[2].

Nach Abs. 1 S. 2 gilt als **Betrieb iSd. KSchG** jeweils auch die Gesamtheit der Seeschiffe, der Binnenschiffe oder der Luftfahrzeuge eines Schifffahrts- oder Luftverkehrsbetriebs. Dadurch werden die Schiffe und die Flugzeuge im Wege einer gesetzl. Fiktion zu einem selbständigen Betrieb zusammengefasst mit der Folge, dass der Land- bzw. der Bodenbetrieb des Schifffahrts- bzw. Luftfahrtunternehmers kündigungsrechtl. ebenfalls einen eigenständigen Betrieb darstellt[3]. Bedeutung erlangt diese Zusammenfassung bei der Ermittlung der Zahl der Beschäftigten nach den §§ 17 I und 23 I 2, bei § 1 II 1, soweit an die betrieblichen Erfordernisse im Zusammenhang mit der Kündigung angeknüpft wird und im Rahmen der sozialen Auswahl nach § 1 III[4]. Im Rahmen der fiktiv zusammengefassten Betriebe können auch einzelne Betriebsabteilungen gebildet werden, die gem. § 15 von Bedeutung sein können[5]. 3

III. Verlängerung der Wartezeit (Abs. 2). Grds. erwerben alle ArbN eines Schifffahrts- oder eines Luftverkehrsbetriebs den allgemeinen Kündigungsschutz erst nach Ablauf von sechs Monaten. Davon nimmt Abs. 2 ein Besatzungsmitglied aus, dessen **erste Reise** länger als sechs Monate dauert. Dessen Wartezeit verlängert sich bis zum Ablauf von drei Tagen nach Ende der Reise. Dadurch soll der Reeder die Gelegenheit erhalten, bei seiner Entscheidung über die weitere Zusammenarbeit mit dem ArbN den Bericht des Kapitäns über den Verlauf dieser ersten Reise zu berücksichtigen. Ferner soll der Kapitän im Interesse des Betriebsfriedens nicht gezwungen sein, eine Kündigung bereits im Verlauf der Reise auszusprechen[6]. Praktische Bedeutung kommt dieser Regelung kaum zu. Bei Binnenschiffen und Flugzeugen dauern Reisen regelmäßig keine sechs Monate. Bei Seeschiffen wird die erste Fahrt eines Besatzungsmitglieds regelmäßig in einem befristeten Heuerverhältnis angetreten[7]. 4

IV. Klagefrist (Abs. 3). Grds. muss auch ein Besatzungsmitglied innerhalb von drei Wochen nach Zugang der Kündigung seines Heuerverhältnisses Klage beim ArbG erheben, wenn er geltend machen will, dass die Kündigung sozial ungerechtfertigt ist. Das gilt insb., wenn ihm die Kündigung vor dem Antritt einer Fahrt oder nach der Rückkehr von einer Fahrt zugeht. Erhält das Besatzungsmitglied dagegen die **Kündigung während einer Fahrt**, gelten die Besonderheiten des Abs. 3. Die Klagefrist von drei Wochen beginnt in diesem Fall erst mit der Rückkehr des Besatzungsmitglieds an den Sitz seines Betriebs. Gleichzeitig wird der Zeitraum für die Klageerhebung begrenzt durch den Ablauf von sechs Wochen nach dem Zugang der Kündigung. Durch diese Grenze soll verhindert werden, dass das Besatzungsmitglied seine Rückkehr ins Inland verzögert und die Klärung über die Wirksamkeit der Kündigung unangemessen hinausschiebt[8]. Der Betriebssitz bestimmt sich nach den handelsrechtl. Vorschriften. Maßgeblich ist der Ort der Hauptverwaltung des Reeders oder des Luftfahrtunternehmers. Fehlt eine Hauptverwaltung, kommt es auf den Heimathafen an[9]. 5

Wird die Kündigung während der Fahrt eines Schiffes oder eines Luftfahrzeugs ausgesprochen, beginnt die sechswöchige Frist iSd. Abs. 3 S. 1 nach Abs. 3 S. 2 erst, wenn das Schiff oder das Flugzeug einen **deutschen Flughafen oder Liegeplatz** erreicht. Hat das Besatzungsmitglied sein Fahrzeug während der Fahrt verlassen und kommt es früher in Deutschland an als sein Schiff oder Flugzeug, beginnt die sechswöchige Frist erst mit dessen Ankunft. Kommt dagegen das Besatzungsmitglied nach der Ankunft des Schiffes oder Flugzeugs in Deutschland an, läuft die Frist erst mit seiner Ankunft[10]. 6

V. Zuständigkeit (Abs. 4). Diese Regelung ist seit 1953 **überholt und gegenstandslos**. Die Seeämter sind bei kündigungsschutzrechtl. Streitigkeiten nicht mehr zuständig. Dazu sind ausschließlich die ArbG anzurufen. Lediglich ausländische Seemannsämter können nach § 69 SeemG vorläufig über die im Ausland ausgesprochenen außerordentl. Kündigungen entscheiden. Diese Entscheidungen binden allerdings die Gerichte nicht[11]. 7

VI. Kapitäne und andere leitende Angestellte (Abs. 5). Durch diese Regelung sollten die Vorschriften über den allgemeinen Kündigungsschutz auch auf Kapitäne und sonstige leitende Angestellte von Schiffen und Luftfahrzeugen erstreckt werden. Dieser ursprüngliche Gesetzeszweck ist durch die Neuregelung des § 14 II überholt. 8

---

1 *Bader/Bram/Dörner/Wenzel*, § 24 KSchG Rz. 6; APS/*Moll*, § 24 KSchG Rz. 4; *v. Hoyningen-Huene/Linck*, § 24 KSchG Rz. 2a; aA KR/*Weigand*, § 24 KSchG Rz. 11; HK/*Kriebel*, § 24 KSchG Rz. 5. | 2 KR/*Weigand*, § 24 KSchG Rz. 13. | 3 BAG v. 28.12.1956 – 2 AZR 207/56, AP Nr. 1 zu § 22 KSchG. | 4 ErfK/*Kiel*, § 24 KSchG Rz. 4; *v. Hoyningen-Huene/Linck*, § 24 KSchG Rz. 5. | 5 *Bader/Bram/Dörner/Wenzel*, § 24 KSchG Rz. 4; KR/*Weigand*, § 24 KSchG Rz. 15. | 6 KR/*Weigand*, § 24 KSchG Rz. 23; *v. Hoyningen-Huene/Linck*, § 24 KSchG Rz. 6. | 7 *Bader/Bram/Dörner/Wenzel*, § 24 KSchG Rz. 12. | 8 BAG v. 9.1.1986 – 2 AZR 163/85, AP Nr. 1 zu § 24 KSchG 1969. | 9 KR/*Weigand*, § 24 KSchG Rz. 26; *Löwisch*, § 24 KSchG Rz. 11; ErfK/*Kiel*, § 24 KSchG Rz. 11. | 10 *Bader/Bram/Dörner/Wenzel*, § 24 KSchG Rz. 17; *v. Hoyningen-Huene/Linck*, § 24 KSchG Rz. 10. | 11 *Bader/Bram/Dörner/Wenzel*, § 24 KSchG Rz. 20; KR/*Weigand*, § 24 KSchG Rz. 32; *v. Hoyningen-Huene/Linck*, § 24 KSchG Rz. 13.

25 *Kündigung in Arbeitskämpfen*
Die Vorschriften dieses Gesetzes finden keine Anwendung auf Kündigungen und Entlassungen, die lediglich als Maßnahmen in wirtschaftlichen Kämpfen zwischen Arbeitgebern und Arbeitnehmern vorgenommen werden.

1 Die Vorschrift beruht auf der sog. **individuellen Arbeitskampftheorie**, die bei der Schaffung des KSchG vorherrschte. Danach konnte einem ArbN gekündigt werden, wenn er sich an einem Streik beteiligte, ohne selbst vorher gekündigt zu haben. Sein Verhalten berechtigte den ArbGeb zur fristlosen Entlassung wegen beharrlicher Arbeitsverweigerung. Gleichzeitig konnte der ArbGeb bei Arbeitskämpfen sog. Kampfkündigungen aussprechen. In diesen Fällen sollten die Vorschriften des KSchG gem. § 25 keine Anwendung finden. Stattdessen dienten besondere arbeitskampfrechtl. Regelungen dazu, den Rechtsfrieden nach einem Arbeitskampf wieder herzustellen[1].

2 Durch die Entwicklung der Arbeitskampfrechtsprechung ist dieser ursprüngliche **Zweck von § 25 weitgehend überholt**. Das BAG hat die kollektive Arbeitskampftheorie begründet und fortentwickelt[2]. Danach stellt die Teilnahme an einem rechtmäßigen Arbeitskampf keine Verletzung der arbeitsvertragl. Pflichten dar. Das gilt auch für ArbN, die nicht gewerkschaftlich organisiert sind. Durch die Teilnahme an dem Streik werden die Hauptpflichten aus dem Arbeitsverhältnis suspendiert. Während der ArbN keine Arbeitsleistung erbringen muss, hat der ArbGeb kein Arbeitsentgelt zu leisten. Der Bestand der Arbeitsverhältnisse wird durch die Teilnahme an einem Streik nicht berührt. Dem ArbGeb steht als Gegenmittel die Aussperrung zur Verfügung. Zu einer Kündigung des Arbeitsverhältnisses auf Grund des Streiks eines ArbN ist er dagegen nicht berechtigt. Auch die Aussperrung führt grds. nur zu einer Suspendierung der Pflichten aus dem Arbeitsverhältnis. Lediglich im Ausnahmefall soll dem ArbGeb die Möglichkeit gegeben werden, auf Grund der Teilnahme eines ArbN an einem wilden Streik das Arbeitsverhältnis durch Aussperrung zu lösen. Allerdings soll der ArbGeb verpflichtet sein, den ArbN nach Beendigung des Arbeitskampfes in jedem Falle wieder einzustellen[3]. Abgesehen davon, dass dieser Fall noch nicht praktisch geworden ist, handelt es sich bei der sog. lösenden Abwehraussperrung um einen kollektivrechtl. Tatbestand eigener Art, nicht aber um eine Kündigung[4].

3 Grds. geht § 25 davon aus, dass eine Kündigung als Maßnahme in wirtschaftl. Kämpfen zwischen ArbGeb und ArbN ausgesprochen wird. Indessen sind derartige Kündigungen nach der **kollektiven Arbeitskampftheorie** schlechthin unzulässig[5]. Wählt der ArbGeb dagegen sog. aussperrungsbedingte Massenänderungskündigungen, um geänderte Arbeitsbedingungen durchzusetzen, greift die Regelung des § 25 nicht ein. Auf derartige Kündigungen ist das KSchG in jeder Hinsicht anwendbar[6]. Wehrt sich der ArbGeb bei einem rechtswidrigen Streik durch den Ausspruch von ordentl. oder außerordentl. Kündigungen, ist auch auf diese das KSchG in vollem Umfang anwendbar[7]. Beruft sich der ArbGeb zur Begründung einer Kündigung auf einen sog. Arbeitskampfexzess, bestimmt sich die Wirksamkeit dieser Kündigung gleichfalls nach den allgemeinen Bestimmungen des KSchG. Dabei handelt es sich um besondere Verstöße gegen die arbeitsvertragl. Pflichten, die für einen rechtmäßigen Arbeitskampf nicht erforderlich sind und sich innerhalb eines rechtswidrigen Arbeitskampfes als Handlungen mit besonderem Unrechtsgehalt darstellen[8].

25a *Berlin-Klausel*
(gegenstandslos)

26 *Inkrafttreten*
Dieses Gesetz tritt am Tage nach seiner Verkündung in Kraft.

1 Das Kündigungsschutzgesetz in der Fassung vom 10.8.1951 (BGBl. I 499) ist am 13.8.1951 verkündet worden und daher am 14.8.1951 in Kraft getreten.

1 *Bader/Bram/Dörner/Wenzel*, § 25 KSchG Rz. 1. |2 BAG v. 28.1.1955 – GS 1/54, AP Nr. 1 zu Art. 9 GG – Arbeitskampf; v. 21.4.1971 – GS 1/68, AP Nr. 43 zu Art. 9 GG – Arbeitskampf; v. 26.4.1988 – 1 AZR 399/86, AP Nr. 101 zu Art. 9 GG – Arbeitskampf. |3 BAG v. 21.4.1971 – GS 1/68, AP Nr. 43 zu Art. 9 GG – Arbeitskampf. |4 APS/*Moll*, § 25 KSchG Rz. 4. |5 BAG v. 17.12.1976 – 1 AZR 605/75, AP Nr. 51 zu Art. 9 GG – Arbeitskampf. |6 BAG v. 1.2.1957 – 1 AZR 521/54, AP Nr. 4 zu § 56 BetrVG. |7 BAG v. 14.2.1978 – 1 AZR 76/76, AP Nr. 58 zu Art. 9 GG – Arbeitskampf; aA *v. Hoyningen-Huene/Linck*, § 25 KSchG Rz. 20. |8 BAG v. 21.10.1969 – 1 AZR 93/68, AP Nr. 41 zu Art. 9 GG – Arbeitskampf; *v. Hoyningen-Huene/Linck*, § 25 KSchG Rz. 19.

enthält[1]. Die beteiligten Gesellschaften haben des weiteren einen Verschmelzungsbericht zu verfassen (§ 122e UmwG).

4 Der für grenzüberschreitende Sachverhalte zu erstellende Verschmelzungsplan ist dem aus innerstaatlichen Sachverhalten bekannten Verschmelzungsvertrag iSv. § 5 UmwG vergleichbar[2]. Allerdings besteht aus „arbeitsrechtlicher" Sicht ein wichtiger Unterschied: Während bei innerstaatl. Sachverhalten Angaben über die Folgen der Verschmelzung für die ArbN und ihre Vertretungen sowie über die insoweit vorgesehenen Maßnahmen in den Verschmelzungs*vertrag* aufzunehmen sind (§ 5 I Nr. 9 UmwG), gehören Angaben über die **„Auswirkungen der grenzüberschreitenden Verschmelzung auf die Arbeitnehmer"** nicht etwa in den Verschmelzungsplan[3], sondern in den Verschmelzungsbericht (§ 122e S. 1 UmwG). Folgerichtig sieht das Gesetz vor, dass bei grenzüberschreitenden Sachverhalten der Verschmelzungs*bericht* einen Monat vor Beschlussfassung der Anteilseigner über den Verschmelzungsplan **dem zuständigen BR zugänglich zu machen** ist (§ 122e S. 2 UmwG), während bei innerstaatlichen Sachverhalten der Verschmelzungs*vertrag* an die zuständigen Betriebsräte der beteiligten Rechtsträger zugeleitet wird (§ 5 III UmwG). Falls es bei der grenzüberschreitenden Verschmelzung keinen BR gibt, ist der Verschmelzungsbericht den ArbN zugänglich zu machen (§ 122e S. 2 UmwG), während eine solche Pflicht bei innerstaatl. Verschmelzungen nach richtiger Ansicht nicht besteht[4]. Anders als bei innerstaatl. Sachverhalten dürfte es bei grenzüberschreitenden Verschmelzungen dem Wortlaut des § 122 S. 2 UmwG gemäß ausreichen, Angaben über die Auswirkung der Verschmelzung „auf die Arbeitnehmer" in den Verschmelzungsbericht aufzunehmen, so dass auf Angaben über die Auswirkung der Verschmelzung auf ArbN-Vertretungen verzichtet werden kann[5]. Dies ergibt sich aus einem Vergleich des Wortlauts des § 122 S. 2 UmwG mit § 5 I Nr. 9 UmwG, welcher für innerstaatl. Sachverhalte Angaben im Verschmelzungsvertrag über die Auswirkung der Verschmelzung auf ArbN-Vertretungen – im Unterschied zu § 122 S. 2 UmwG – ausdrücklich verlangt.

5 Der Verschmelzungsplan bzw. sein Entwurf wird sodann von einem sachverst. Dritten geprüft (§§ 9 ff. UmwG), anschließend haben die Anteilseigner über den Verschmelzungsplan zu beschließen (§ 122g UmwG). Sodann erfolgt die Eintragung der Verschmelzung in das Handelsregister. Im Falle der Hereinverschmelzung (deutsche Gesellschaft als übernehmender Rechtsträger) wird die Verschmelzung mit der Eintragung in das deutsche Handelsregister wirksam (§ 20 UmwG), im Falle der Herausverschmelzung (deutsche Gesellschaft als übertragender Rechtsträger) richtet sich der Zeitpunkt des Wirksamwerdens nach dem Recht, dem die übernehmende bzw. neu gegründete Gesellschaft unterliegt[6].

6 **III. Struktur des Gesetzes.** Ähnlich wie bei der Gründung einer SE wird die Mitbestimmung bei grenzüberschreitenden Verschmelzungen vorrangig kraft Vereinbarung geregelt (§§ 6–22). Die Regelungen über Mitbestimmung kraft Gesetzes (§§ 23–28) finden in den in § 23 geregelten Fällen Anwendung (s. Rz. 19). In beiden Fällen gelten bestimmte Schutzbestimmungen (§§ 31–33) sowie Straf- und Bußgeldvorschriften (§§ 34, 35). Das MgVG gilt räumlich für eine aus einer grenzüberschreitenden Verschmelzung hervorgehende Gesellschaft mit Sitz im Inland sowie unabhängig vom Sitz der Gesellschaft für die in Deutschland beschäftigten ArbN einer aus einer grenzüberschreitenden Verschmelzung hervorgehenden Gesellschaft sowie für deutsche beteiligte Gesellschaften, betroffene Tochtergesellschaften und betroffene Betriebe (§ 3). Das MgVG lässt die betriebsverfassungsrechtl. Strukturen nach Maßgabe des § 29 unberührt. Während bei der SE ein EBR nicht zu bilden ist (s. SEBG Rz. 42), kann bei der aus einer grenzüberschreitenden Verschmelzung hervorgehenden Gesellschaft bei Vorliegen der Voraussetzungen des EBRG ein EBR gebildet werden.

7 **IV. Definition der wichtigsten Begriffe.** § 2 enthält zahlreiche Definitionen im MgVG verwendeter Begriffe. Die Terminologie ist an diejenige des SEBG angelehnt (s. § 2 SEBG), jedoch ist die Bedeutung der Begriffe in beiden Gesetzen nur teilweise identisch. **„Beteiligte Gesellschaften"** sind die Kapitalgesellschaften, die unmittelbar an der Verschmelzung beteiligt sind (§ 2 II). **„Tochtergesellschaften"** sind rechtlich selbständige Unternehmen, auf die eine andere Gesellschaft einen beherrschenden Einfluss im Sinne der EBR-Richtlinie ausüben kann; § 6 II–IV EBRG ist anzuwenden (§ 2 III). **„Betroffene Tochtergesellschaften"** oder **„betroffene Betriebe"** sind Tochtergesellschaften oder Betriebe einer beteiligten Gesellschaft, die zu Tochtergesellschaften oder Betrieben der aus einer grenzüberschreitenden Verschmelzung hervorgehenden Gesellschaft werden sollen (§ 2 IV). **„Leitung"** ist das Organ der unmittelbar an der Verschmelzung beteiligten Gesellschaften oder der aus einer grenzüberschreitenden Verschmelzung hervorgehenden Gesellschaft selbst, das die Geschäfte der Gesellschaft führt und zu ihrer Vertretung berechtigt ist (§ 2 V). Ebenso wie im SEBG wird der Begriff **„Mitbestimmung"** im MgVG iSv. „Unternehmensmitbestimmung" verwendet[7]: Der Begriff umfasst die Einflussnahme der ArbN auf die Angelegenheiten einer Gesellschaft durch die Wahrnehmung des Rechts, einen Teil der Mitglieder des Aufsichts- oder Verwaltungsorgans der Gesellschaft zu wählen oder zu bestellen, oder die Bestellung

1 *Kiem*, WM 2006, 1091 (1094). | 2 Kallmeyer/*Marsch-Barner*, § 122c Rz. 1. | 3 In diesen sind nach § 122c II Nr. 4 UmwG lediglich „Auswirkungen der Verschmelzung auf die Beschäftigung" aufzunehmen, s. hierzu Kallmeyer/*Marsch-Barner*, § 122c Rz. 4. | 4 Kallmeyer/*Willemsen*, § 5 Rz. 74 ff.; aA *Pfaff*, BB 2002, 1604 (1608). | 5 AA *Vetter*, AG 2006, 613 (620). | 6 *Rubner*, NJW-Spezial 2007, 219 (220). | 7 *Nagel*, NZG 2007, 57.

Gesetz über die Mitbestimmung der Arbeitnehmer bei einer grenzüberschreitenden Verschmelzung (MgVG)

vom 21.12.2006 (BGBl. I S. 3332)

I. Allgemeines. Durch die Umsetzung der Richtlinie über die Verschmelzung von Kapitalgesellschaften aus verschiedenen Mitgliedstaaten (Verschmelzungsrichtlinie)[1] in deutsches Recht werden grenzüberschreitende Verschmelzungen erleichtert bzw. ermöglicht[2]. Damit wird das Recht grenzüberschreitender Unternehmenstransaktionen in der Europäischen Union und den anderen Vertragsstaaten des Abkommens über den EWR liberalisiert[3]. Die mitbestimmungsrechtl. Vorgaben der RL werden durch das MgVG umgesetzt, das am 29.12.2006 in Kraft trat. Die gesellschaftsrechtl. Vorgaben der RL wurden durch die neuen §§ 122a–122l UmwG umgesetzt[4], die am 25.4.2007 in Kraft traten. Auf europäischer Ebene war der Verabschiedung der VerschmelzungsRL ein langwieriger Verhandlungsprozess vorausgegangen, da der Umgang mit der deutschen Unternehmensmitbestimmung lange Zeit eine Einigung verhinderte. Erst als auf europäischer Ebene eine Einigung über das Statut der Europäischen Gesellschaft (SE) erzielt war (s. SEBG Rz.1), war der Weg frei für eine Regelung grenzüberschreitender Verschmelzungen. Die VerschmelzungsRL und das MgVG lehnen sich folglich in vielen Punkten an die in der SE-RL und dem SEBG gefundenen Lösungen an, enthalten andererseits jedoch wichtige Abweichungen. 1

Die wesentlichen **Strukturunterschiede zwischen einer SE-Verschmelzung und einer Richtlinien-Verschmelzung**, die im Hinblick auf die Mitbestimmung der ArbN und unter Corporate-Governance-Gesichtspunkten bestehen[5], lassen sich wie folgt zusammenfassen. Während bei der SE-Verschmelzung ein einseitiger Verzicht der Unternehmensleitung auf Verhandlungen mit dem besonderen Verhandlungsgremium (BVG) nicht vorgesehen ist, ist dies bei der Richtlinien-Verschmelzung unter bestimmten Voraussetzungen möglich, so dass (nur) bei letzterer ein Mittel zur Beschleunigung der Transaktion gegeben ist[6] (s. Rz. 20). Während bei der SE-Verschmelzung die Auffangregelung für die Mitbestimmung kraft Gesetzes eingreift, wenn für mindestens ein Viertel der ArbN Mitbestimmung galt, liegt dieser Schwellenwert bei der Richtlinien-Verschmelzung bei einem Drittel[7] (s. Rz. 19). Anders als die SE-Verschmelzung sieht die Richtlinien-Verschmelzung für nachfolgende Umstrukturierungen einen (lediglich) drei Jahre währenden Bestandsschutz vor; nach Ablauf dieser Frist ist ein Abstreifen der Mitbestimmung möglich[8] (s. Rz. 28). Während das SEBG die Bildung eines SE-Betriebsrats regelt, ist im MgVG keine Bildung eines Betriebsrats für das gesamte, aus der grenzüberschreitenden Verschmelzung hervorgehende Unternehmen vorgesehen[9]. Folgerichtig entfällt bei der SE die Bildung eines EBR, während diese nach einer grenzüberschreitenden Verschmelzung möglich bleibt (s. Rz. 6). Unter Corporate-Governance-Gesichtspunkten sieht die SE-Verschmelzung ein Wahlpflichtrecht zwischen monistischem und dualistischem Leitungssystem vor, während das MgVG keine Regelungen zur Ausgestaltung des Leitungssystems enthält[10]. 2

II. Gesellschaftsrechtliche Grundlagen. Grenzüberschreitende Umwandlungen nach Deutschland oder aus Deutschland heraus waren im deutschen Umwandlungsrecht bislang nicht geregelt. Die analoge Anwendung der Vorschriften des UmwG auf solche Sachverhalte war umstritten[11]. Ende 2005 hatte der EuGH in der Rechtssache *Sevic* entschieden, dass eine Hereinverschmelzung nach Deutschland nicht wegen des ausländischen Sitzes der Gesellschaft verweigert werden darf[12]. Durch §§ 122a–122l UmwG sind grenzüberschreitende Verschmelzungen von Kapitalgesellschaften, bei denen mindestens eine der beteiligten Gesellschaften dem Recht eines anderen Mitgliedstaats der EU oder eines anderen Vertragsstaats des EWR unterliegt, nunmehr ausdrücklich gesetzlich geregelt. Verschmelzungen mit Gesellschaften aus Drittstaaten werden von §§ 122a–122l UmwG nicht erfasst[13]. Eine grenzüberschreitende Verschmelzung erfolgt auf der Grundlage eines Verschmelzungsplans (§ 122c UmwG)[14], der insb. Angaben über die an der Verschmelzung beteiligten Gesellschaften und den Ablauf der Verschmelzung 3

---

1 Richtlinie 2005/56/EG des Europäischen Parlaments und des Rates vom 26.10.2005 über die Verschmelzung von Kapitalgesellschaften aus verschiedenen Mitgliedstaaten, ABl. EU Nr. L 310 vom 25.11.2005, S. 1 ff. | 2 *Herrler*, EuZW 2007, 295. | 3 *Schubert*, RdA 2007, 9. | 4 *Neye/Timm*, GmbHR 2007, 561; *Heckschen*, DNotZ 2007, 444 (445). | 5 Siehe *Seibt* in Willemsen/Hohenstatt/Schweibert/Seibt, F 137i, zu den Strukturunterschieden auch im Hinblick auf Transaktionssicherheit, Corporate Identity, Unternehmensmobilität, Anteilseignerschutz, Gläubigerschutz und Ertragsteuerneutralität. | 6 *Seibt* in Willemsen/Hohenstatt/Schweibert/Seibt, F 137i. | 7 *Seibt* in Willemsen/Hohenstatt/Schweibert/Seibt, F 137i. | 8 *Seibt* in Willemsen/Hohenstatt/Schweibert/Seibt, F 137i. | 9 *Seibt* in Willemsen/Hohenstatt/Schweibert/Seibt, F 137i. | 10 *Seibt* in Willemsen/Hohenstatt/Schweibert/Seibt, F 137i. | 11 Für analoge Anwendung Kallmeyer/*Kallmeyer*, § 1 Rz. 17, aA *Herrler*, EuZW 2007, 295. | 12 EuGH v. 13.12.2005, C-411/03, *Sevic*, AG 2006, 80 ff.; *Kallmeyer/Kappes*, AG 2006, 224. | 13 *Seibt* in Willemsen/Hohenstatt/Schweibert/Seibt, F 135a. | 14 *Kallmeyer*, AG 2007, 472.

eines Teils oder aller Mitglieder des Aufsichts- oder Verwaltungsorgans der Gesellschaft zu empfehlen oder abzulehnen (§ 2 VII).

V. Voraussetzung für die Anwendung der Mitbestimmung kraft Vereinbarung oder kraft Gesetzes. Auf eine Gesellschaft, die aus einer grenzüberschreitenden Verschmelzung hervorgeht, finden grds. diejenigen Regelungen zur Unternehmensmitbestimmung Anwendung, die in dem Mitgliedstaat gelten, in dem die Gesellschaft ihren satzungsmäßigen[1] Sitz hat (§ 4). Abweichend von diesem Grundsatz finden die Regelungen des MgVG über die Mitbestimmung der ArbN kraft Vereinbarung oder kraft Gesetzes Anwendung, wenn eine der drei folgenden Voraussetzungen vorliegt: (1) In den sechs Monaten vor der Veröffentlichung des Verschmelzungsplans beschäftigt mindestens eine der beteiligten Gesellschaften durchschnittlich mehr als 500 ArbN und in dieser Gesellschaft besteht „Mitbestimmung" iSd. § 2 VII (wobei eine freiwillig eingeführte Mitbestimmung genügen soll[2]); oder (2) das innerstaatl. Recht, das für die aus einer grenzüberschreitenden Verschmelzung hervorgehende Gesellschaft maßgeblich ist, sieht nicht mindestens den gleichen Umfang an Mitbestimmung vor, wie er in den jeweiligen an der Verschmelzung beteiligten Gesellschaften bestand (wobei sich dem „Umfang" der Mitbestimmung an dem Anteil der ArbN-Vertreter im Verwaltungs- oder Aufsichtsorgan, in den Ausschüssen, in denen die Mitbestimmung erfolgt oder im Leitungsgremium bemisst); oder (3) das innerstaatl. Recht, das für die aus einer grenzüberschreitenden Verschmelzung hervorgehende Gesellschaft maßgeblich ist, sieht für ArbN in Betrieben dieser Gesellschaft, die sich in *anderen* Mitgliedstaaten befinden, nicht den gleichen Anspruch auf Ausübung von Mitbestimmung vor, wie sie in demjenigen Mitgliedstaat gewährt werden, in dem die aus der grenzüberschreitenden Verschmelzung hervorgehende Gesellschaft ihren Sitz hat (§ 5). Bei den drei in § 5 genannten Fällen ist es ausreichend, wenn *eine* der drei Alternativen erfüllt ist[3]: § 5 Nr. 2 und Nr. 3 sind durch das Wort „oder" verbunden. Daraus ergibt sich, dass alle drei Fälle in einem Alternativverhältnis zueinander stehen; hierfür war es gesetzgebungstechnisch nicht erforderlich, auch Nr. 1 und Nr. 2 mit dem Wort „oder" zu verknüpfen. Unterstrichen wird dies durch Art. 16 II der Verschmelzungsrichtlinie, dessen Wortlaut die in § 5 Nr. 1 und 2 geregelten Sachverhalte mit dem Wort „oder" verbindet[4]. 8

VI. Besonderes Verhandlungsgremium (BVG). 1. Zusammensetzung. Ebenso wie die EBR-RL und die SE-RL basiert auch die VerschmelzungsRL auf dem Primat der Verhandlungslösung (s. SEBG Rz. 8). Das BVG spielt daher auch im Rahmen des MgVG eine entscheidende Rolle. § 7 regelt die Zusammensetzung des BVG; die Vorschrift ist mit der Parallelvorschrift in § 5 SEBG inhaltlich identisch, so dass auf die entsprechende Kommentierung verwiesen werden kann (s. SEBG Rz. 9 ff.)[5]. Insbesondere sieht auch § 7 IV (ebenso wie § 5 IV SEBG) ohne Rechtsgrundlage in der VerschmelzungsRL vor, dass das BVG infolge von Veränderungen, die während der Tätigkeitsdauer des BVG eintreten, ggf. neu zusammengesetzt werden muss (s. SEBG Rz. 11)[6]. 9

2. Einleitung des Verfahrens zur Bildung des BVG. Die Einleitung des Verfahrens zur Bildung des BVG erfolgt ebenso wie nach dem SEBG auf Initiative der Leitungen. § 6 entspricht inhaltlich vollen Umfangs § 4 SEBG, so dass wegen der Einzelheiten auf die entsprechende Kommentierung verwiesen werden kann (s. SEBG Rz. 12 f.). 10

3. Persönliche Voraussetzungen der Mitglieder des BVG und Verteilung der auf das Inland entfallenden Sitze. Die hierfür ausschlaggebenden §§ 8, 9 sind mit §§ 6, 7 SEBG inhaltlich identisch (s. SEBG Rz. 14 ff.). Insbesondere muss gem. § 8 III jedes dritte Mitglied des BVG Vertreter einer im betreffenden Unternehmen bzw. Betrieb vertretenen Gewerkschaft sein. 11

4. Wahl der Mitglieder des BVG durch Wahlgremium. Wie bei der SE wird das BVG nicht direkt sondern durch ein Wahlgremium in geheimer und unmittelbarer Wahl gewählt (§ 10 I). Eine Ausnahme gilt nur für den Fall, dass keine ArbN-Vertretung im Inland besteht; dann erfolgt die Wahl unmittelbar durch die ArbN (§ 10 VII). Die §§ 10–12 sind inhaltlich identisch mit den §§ 8–10 SEBG (s. SEBG Rz. 18 ff.). 12

5. Konstituierung des BVG; Dauer der Verhandlungen. Die Leitungen laden unverzüglich nach Benennung der Mitglieder oder nach Ablauf der Zehn-Wochen-Frist gem. § 13 I zur konstituierenden Sitzung (vgl. § 14, inhaltlich identisch mit § 12 SEBG, s. SEBG Rz. 25). Die Dauer der Verhandlungen über eine Vereinbarung über die Mitbestimmung der ArbN können bis zu sechs Monate dauern (§ 21 I); die Frist beginnt mit dem Zugang der Einladung zur konstituierenden Sitzung. Die Sechsmonatsfrist kann auf bis zu ein Jahr verlängert werden (§ 21 II). § 21 entspricht § 20 SEBG (s. SEBG Rz. 25). 13

---

1 *Forsthoff*, DStR 2006, 613 (615); *Schubert*, RdA 2007, 9. | 2 Kommissionsvorschlag v. 18.11.2003, 2003/0277/COD, S. 7; siehe zu privatautonomen Mitbestimmungsvereinbarungen aus Sicht des deutschen Rechts: *Seibt*, AG 2005, 413 ff. | 3 So auch *Krause/Janko*, BB 2007, 2194 (2196); aA *Lunk/Hinrichs*, NZA 2007, 773 (774): § 5 Nr. 1 und 2 müssen kumulativ vorliegen („zudem"). | 4 *Kisker*, RdA 2006, 206 (211), weist allerdings zu Recht darauf hin, dass Art. 16 II und Erwägungsgrund 13 der Verschmelzungsrichtlinie in Widerspruch zueinander stehen und sich aus dieser systematischen Ungereimtheit ein Argument dafür gewinnen lässt, Nr. 1 und Nr. 2 kumulativ statt alternativ zu verstehen. | 5 Siehe spezifisch zum MgVG *Lunk/Hinrichs*, NZA 2007, 773 (776). | 6 Kritisch *Lunk/Hinrichs* NZA 2007, 773 (776).

14 **VII. Mitbestimmung kraft Vereinbarung. 1. Grundsätze der Zusammenarbeit.** Nach § 15 I schließt das BVG mit den Leitungen eine schriftliche Vereinbarung „über die Mitbestimmung der ArbN in der aus der grenzüberschreitenden Verschmelzung hervorgehenden Gesellschaft" ab. Zu diesem Zweck sollen die Parteien vertrauensvoll zusammenarbeiten (vgl. § 13 I SEBG). § 15 II entspricht im Wesentlichen § 13 II SEBG (s. SEBG Rz. 26). Die Hinzuziehung von Sachverständigen[1] durch das BVG regelt § 16 I (vgl. § 14 I SEBG, s. SEBG Rz. 26).

15 **2. Beschlussfassung im BVG.** § 17 entspricht weitgehend § 15 SEBG (s. SEBG Rz. 27). Für die „Minderung der Mitbestimmungsrechte" ist auch hier ein zweifaches Quorum von zwei Dritteln erforderlich, „sofern sich die Mitbestimmung [vor der Verschmelzung[2]] auf mindestens 25 Prozent der Gesamtzahl der ArbN der beteiligten Gesellschaften und der betroffenen Tochtergesellschaften erstreckt" (dies entspricht § 15 III Nr. 1 SEBG, s. SEBG Rz. 28). Leicht abweichend geregelt ist die Definition der Minderung der Mitbestimmungsrechte insofern, als § 17 III Nr. 1 nicht nur auf den Anteil der ArbN-Vertreter im Verwaltungs- oder Aufsichtsorgan abstellt (so § 15 IV Nr. 1 SEBG, s. SEBG Rz. 29), sondern auch auf deren Anteil in mitbestimmungsrelevanten Ausschüssen (lit. b) oder im „Leitungsgremium, das für die Ergebniseinheiten der Gesellschaften zuständig ist"[3] (lit. c).

16 **3. Nichtaufnahme oder Abbruch der Verhandlungen.** § 18 entspricht weitgehend § 16 I SEBG (s. SEBG Rz. 30). Allerdings verweist § 18 S. 3 auf die nationalen Vorschriften zur Mitbestimmung im Sitzstaat (sofern Deutschland also der Sitzstaat ist, gilt ggf. das DrittelbG oder das MitbestG), während ein Beschluss nach § 16 I SEBG zur Folge hat, dass die SE auf Unternehmensebene mitbestimmungsfrei bleibt (s. SEBG Rz. 30). Für die Niederschrift eines Beschlusses gem. § 18 s. § 19 S. 1 Nr. 2. Im Fall der grenzüberschreitenden Verschmelzung gilt generell das im Sitzstaat anwendbare Recht betr. den Europäischen Betriebsrat, unabhängig davon, ob die Verhandlungen nicht aufgenommen bzw. abgebrochen werden oder ob eine Vereinbarung zu Stande kommt[4] (vgl. auch § 29); bei der SE gilt das EBRG hingegen nur im Fall des § 16 I SEBG. Die Wiederaufnahme einmal abgebrochener Verhandlungen ist – anders als in § 18 SEBG – im MgVG nicht vorgesehen.

17 **4.** § 22 regelt den **Inhalt der Vereinbarung**. § 22 I stimmt weitgehend mit § 21 I SEBG überein (s. SEBG Rz. 34 f.). Da sich die Vereinbarung bei grenzüberschreitenden Verschmelzungen nur auf die Mitbestimmung bezieht, sind allerdings Regelungspunkte, die sich auf den SE-Betriebsrat beziehen (§ 21 I Nrn. 2–5 SEBG) entfallen. § 22 I Nrn. 3–5 entsprechen § 21 III SEBG. § 22 I Nr. 3 umfasst auch die Befugnis, die Größe des Mitbestimmungsorgans (vgl. SEBG Rz. 36)[5] festzulegen, weshalb die Vereinbarung in Deutschland zur Verkleinerung zB des Aufsichtsrates genutzt werden kann. Auch soll festgelegt werden, dass vor strukturellen Änderungen (s. SEBG Rz. 33) der Gesellschaft Verhandlungen über die Mitbestimmung der ArbN aufgenommen werden sollen (§ 22 II entspricht § 21 IV SEBG).

18 **5. Formelle Anforderungen an die Vereinbarung; Rechtswirkungen.** § 22 I verlangt zwingend Schriftform (s. § 21 I SEBG, s. SEBG Rz. 39). Die Unterzeichnung seitens des BVG erfolgt durch den Vorsitzenden (§ 14 I 2). Das BVG muss einen entsprechenden Beschluss fassen, der den Anforderungen von § 17 genügen muss. Alle Leitungen müssen gesondert unterschreiben, sofern sie nicht ein einheitliches Verhandlungsorgan gebildet haben (s. SEBG Rz. 39).

19 **VIII. Mitbestimmung kraft Gesetzes. 1. Voraussetzungen.** Die Regelungen über die Mitbestimmung kraft Gesetzes finden Anwendung, wenn (1) die Parteien die Anwendung der **gesetzl. Auffangregelung vereinbaren** oder (2) bis zum Ende des auf sechs Monate begrenzten Verhandlungszeitraums (der auf bis zu zwölf Monate verlängert werden kann) **keine Vereinbarung mit dem BVG** zu Stande gekommen ist und das BVG keinen Beschluss über die Nichtaufnahme oder den Abbruch der Verhandlungen gefasst hat oder (3) die Leitungen der an der Verschmelzung beteiligten Gesellschaften entscheiden, dass die Mitbestimmung kraft Gesetzes **ohne vorhergehende Verhandlungen** unmittelbar ab dem Zeitpunkt der Eintragung anzuwenden sind (§ 23 I 1). In den beiden zuletzt genannten Fällen ist allerdings zusätzlich erforderlich, dass in einer oder mehrerer der beteiligten Gesellschaften eine oder mehrere Formen der Mitbestimmung bestanden haben, die (1) sich auf mindestens ein Drittel der Gesamtzahl der ArbN aller beteiligten Gesellschaften und betroffenen Tochtergesellschaften erstreckten, oder (2) sich auf weniger als ein Drittel erstreckte und das BVG einen entsprechenden Beschluss fasst (§ 23 I 2 iVm. II Nr. 2). Im Vergleich zum SEBG, in dem der Schwellenwert ein Viertel der Gesamtzahl der ArbN beträgt (§ 34 I Nr. 2a SEBG), ist der Schwellenwert im Rahmen des MgVG somit auf ein Drittel heraufgesetzt worden, was eine Gestaltungserleichterung darstellt[6]. Allerdings besteht ebenso wie im Rahmen des SEBG die Möglichkeit, dass das BVG bei Unterschreiten des Schwellenwerts die Anwendung der Auffangregelung gleichwohl beschließt[7].

1 Siehe hierzu *Lunk/Hinrichs*, NZA 2007, 773 (778). | 2 Vgl. *Freis* in Nagel/Freis/Kleinsorge, § 15 Rz. 11 f.; *Schubert*, RdA 2007, 9 (13). | 3 Lit. c dürfte auf eine Besonderheit des finnischen Mitbestimmungsrechts zurückgehen und nach deutschem Recht kaum relevant werden; vgl. hierzu *Kisker*, RdA 2006, 206 (210 f.) mwN; *Nagel*, NZG 2007, 57 (58). | 4 Vgl. *Kisker*, RdA 2006, 206 (209); *Lunk/Hinrichs*, NZA 2007, 773 (780). | 5 Wie hier *Nagel*, NZG 2007, 57 (58); *Teichmann*, Der Konzern 2007, 89 (95 f.); wohl auch *H.-F. Müller*, ZIP 2007, 1081 (1085); aA *Habersack*, AG 2006, 345 (352 ff.); *Lunk/Hinrichs*, NZA 2007, 773 (778). | 6 *Seibt* in Willemsen/Hohenstatt/Schweibert/Seibt, F 135b. | 7 *Seibt* in Willemsen/Hohenstatt/Schweibert/Seibt, F 135b.

Die Möglichkeit, dass die Leitungen der an der Verschmelzung beteiligten Gesellschaften die Mitbestimmung kraft Gesetzes **ohne vorhergehende Verhandlungen mit dem BVG** beschließen, weicht von der vergleichbaren Regelung des § 22 SEBG ab. Grund hierfür ist, dass eine Möglichkeit geschaffen werden sollte, grenzüberschreitende Verschmelzungen zu beschleunigen und diese ohne das schwerfällige und langwierige Verhandlungsverfahren durchführen zu können[1]. Das MgVG stellt damit eine Möglichkeit der Beschleunigung der Transaktion zur Verfügung, die im SEBG nicht vorgesehen ist[2]. **20**

2. Festlegung der Form der Mitbestimmung. Wenn vor Anwendung der Mitbestimmung kraft Gesetzes in den verschiedenen beteiligten Gesellschaften unterschiedliche Formen der Mitbestimmung Anwendung fanden, stellt sich die Frage, welche Form der Mitbestimmung bei der aus der grenzüberschreitenden Verschmelzung hervorgehenden Gesellschaft gelten soll. Vorrangig entscheidet das BVG, welche Form der Mitbestimmung in der aus der grenzüberschreitenden Verschmelzung hervorgehenden Gesellschaft eingeführt wird (§ 23 II 1). Fasst das BVG hierüber keinen Beschluss und ist eine mitbestimmte inländische Gesellschaft an der Verschmelzung beteiligt, so findet Mitbestimmung in der Form des Repräsentationsmodells gem. § 2 VII Nr. 1 Anwendung, dh. die ArbN haben das Recht, einen Teil der Mitglieder des Aufsichts- oder Verwaltungsorgans der Gesellschaft zu wählen oder zu bestellen. Ist dagegen keine mitbestimmte inländische Gesellschaft an der Verschmelzung beteiligt, so findet entweder das Repräsentationsmodell oder das Kooptationsmodell Anwendung (§ 2 VII Nr. 1 bzw. Nr. 2), je nachdem, welches Modell für die höchste Zahl der in den beteiligten Gesellschaften beschäftigten ArbN gilt (§ 23 II 3)[3]. **21**

3. Umfang der Mitbestimmung. Liegen die Voraussetzungen der Mitbestimmung kraft Gesetzes vor und steht fest, welche Form der Mitbestimmung anwendbar ist, so ist als nächstes der Umfang der Mitbestimmung zu klären, also die Frage, mit welchem Anteil die ArbN im Aufsichts- oder Verwaltungsorgan der aus der grenzüberschreitenden Verschmelzung hervorgehenden Gesellschaft vertreten sind. Die Zahl der ArbN-Vertreter bemisst sich nach dem höchsten Anteil an ArbN-Vertretern, der in den Organen der beteiligten Gesellschaften vor der Eintragung der aus der grenzüberschreitenden Verschmelzung hervorgehenden Gesellschaft bestanden hat (§ 24 I). Damit bleibt das höchste Mitbestimmungsniveau erhalten, allerdings gilt dieses Mitbestimmungsniveau *statisch* fort[4]; wird beispielsweise eine Drittelbeteiligung im AR der aus der grenzüberschreitenden Verschmelzung hervorgehenden Gesellschaft festgeschrieben, besteht keine Gefahr, dass auf Grund späterer Neueinstellungen eine paritätische Mitbestimmung eingeführt werden muss. Damit ist es durch eine grenzüberschreitende Verschmelzung möglich, ein **bestehendes Mitbestimmungsniveau einzufrieren**[5]. Dies gilt allerdings „in beide Richtungen“: Sinkt die Zahl der ArbN unter einen nach innerstaatlichem Recht relevanten Schwellenwert ab, ändert sich das Mitbestimmungsniveau bei der aus der grenzüberschreitenden Verschmelzung hervorgegangenen Gesellschaft nicht. Ebenso wie das SEBG gewährleistet auch das MgVG nur eine Beibehaltung des *Anteils* von ArbN-Vertretern, nicht dagegen die Wahrung der *absoluten Zahl* der Vertreter[6]. **22**

4. Sitzverteilung. Steht der Anteil der ArbN-Vertreter im Aufsichts- oder Verwaltungsorgan der SE fest, so ist im nächsten Schritt die Verteilung der Sitze auf die einzelnen Mitgliedstaaten vorzunehmen. Im Unterschied zu einem nach MitbestG oder DrittelbG mitbestimmten AR sollen im Anwendungsbereich des MgVG ArbN aus möglichst vielen Mitgliedstaaten repräsentiert sein. Die Verteilung der Sitze obliegt dem BVG (§ 25 I 1), das folgende Vorgaben zu beachten hat. Die Verteilung richtet sich nach dem jeweiligen Anteil der in den einzelnen Mitgliedstaaten beschäftigten ArbN der aus der grenzüberschreitenden Verschmelzung hervorgehenden Gesellschaft, ihrer Tochtergesellschaften und Betriebe (§ 25 I 2). Stehen nicht genügend Sitze zur Verfügung, um alle Mitgliedstaaten zu berücksichtigen, so hat das BVG den letzten zu verteilenden Sitz an einen bisher unberücksichtigten Mitgliedstaat zuzuweisen (§ 25 I 3). Soweit angemessen, soll dieser letzte Sitz dem Mitgliedstaat zugewiesen werden, in dem die aus der grenzüberschreitenden Verschmelzung hervorgehende Gesellschaft ihren Sitz haben wird (§ 25 I 4). **23**

Steht die Verteilung der Sitze auf die einzelnen Mitgliedstaaten fest, so ist zu bestimmen, **welche Personen** die Sitze im Aufsichts- oder Verwaltungsorgan besetzen. Für die deutschen ArbN-Vertreter im Aufsichts- oder Verwaltungsorgan gilt, dass sie von einem Wahlgremium bestimmt werden, das ebenso zusammengesetzt ist, wie das Wahlgremium bei der Bildung des BVG (§ 25 III). Für die ausländischen ArbN-Vertreter regelt das Recht des jeweiligen Mitgliedstaates, wie die Person bestimmt wird, die den Sitz im Aufsichts- oder Verwaltungsorgan einnimmt. Hat ein Mitgliedstaat keine entsprechende Regelung getroffen, wird der ArbN-Vertreter durch das BVG bestimmt (§ 25 II). **24**

5. Wahlanfechtung. Ist bei der Wahl eines inländischen ArbN-Vertreters im Aufsichts- oder Verwaltungsorgan gegen wesentliche Vorschriften über das Wahlrecht, die Wählbarkeit oder das Wahlverfahren verstoßen worden, kann nach Maßgabe des § 26 II unter anderem durch mindestens drei Wahlberechtigte ArbN oder die Leitung der aus der grenzüberschreitenden Verschmelzung hervorgehenden Gesell- **25**

1 *Schubert*, RdA 2007, 9 (14); *Kisker*, RdA 2006, 206 (211). | 2 *Seibt* in Willemsen/Hohenstatt/Schweibert/Seibt, F 135i. | 3 Siehe hierzu jedoch *Lunk/Hinrichs*, NZA 2007, 773 (779). | 4 *Seibt* in Willemsen/Hohenstatt/Schweibert/Seibt, F 135b. | 5 *Seibt* in Willemsen/Hohenstatt/Schweibert/Seibt, F 135c. | 6 Ebenso *Lunk/Hinrichs*, NZA 2007, 773 (779).

schaft eine Wahlanfechtung erfolgen. Die Wahlanfechtung muss innerhalb eines Monats nach der Bekanntgabe des Wahlergebnisses erfolgen (§ 26 II 3). Bei besonders schwerwiegenden Verstößen gegen Wahlvorschriften ist die Wahl ex tunc nichtig[1]. Die **Nichtigkeit** kann auch außerhalb der genannten Monatsfrist geltend gemacht werden. Unterlaufen während des Wahlverfahrens Fehler, die zur Anfechtbarkeit oder Nichtigkeit der Wahl führen würden, so kann das Wahlverfahren auf Antrag der Leitung der SE durch **einstweilige Verfügung** abgebrochen werden[2].

26 **6. Sonstiges.** Den ArbN-Vertretern im Aufsichts- oder Verwaltungsorgan stehen die **gleichen Rechte und Pflichten** wie den Vertretern der Anteilseigner zu (§ 27 I). Ein Mitglied des Leitungsorgans ist für den Bereich Arbeit und Soziales zuständig, allerdings nicht bei der Rechtsform der KGaA (§ 27 II 1 SEBG).

27 **IX. Nachfolgende innerstaatliche Verschmelzungen.** Bei innerstaatl. Verschmelzungen, die einer grenzüberschreitenden Verschmelzung nachfolgen, sieht Art. 16 VII der VerschmelzungsRL einen Umgehungsschutz vor, wonach das im Rahmen der grenzüberschreitenden Verschmelzung errichtete Mitbestimmungsregime für einen Zeitraum von drei Jahren ab Wirksamwerden der innerstaatlichen Verschmelzung aufrecht erhalten werden muss. § 30 setzt diese Vorgabe in deutsches Recht um: Bei einer nachfolgenden innerstaatl. Verschmelzung in Deutschland findet grds. deutsches Mitbestimmungsrecht Anwendung, also das MitbestG, DrittelbG usw (§ 30 S. 1). Ist dagegen die Unternehmensmitbestimmung in der aus der grenzüberschreitenden Verschmelzung hervorgegangenen Gesellschaft weitergehend als nach deutschem Mitbestimmungsrecht, gilt die intensivere Mitbestimmung für die Dauer von drei Jahren ab Eintragung der innerstaatl. Verschmelzung fort (§ 30 S. 2)[3].

28 Die Umsetzung von Art. 16 VII der VerschmelzungsRL dürfte insbesondere in Mitgliedstaaten, deren jeweiliges nationales Recht keine Unternehmensmitbestimmung kennt, Möglichkeiten zum **Absteifen der Mitbestimmung** eröffnen. Die bei einer grenzüberschreitenden Verschmelzung entstandene Mitbestimmung kann durch eine nachfolgende innerstaatliche Verschmelzung mittelfristig wieder beseitigt werden. So könnte bspw. eine deutsche Gesellschaft zunächst auf eine englische Gesellschaft verschmolzen werden. Anschließend erfolgt eine weitere, diesmal jedoch innerstaatliche Verschmelzung auf eine englische Gesellschaft[4]. Da das englische Recht keine Unternehmensmitbestimmung vorsieht, ist ein Abstreifen der Mitbestimmung nach Ablauf der dreijährigen Karenzzeit möglich.

29 **X. Tendenzschutz.** Auf Tendenzunternehmen findet die Mitbestimmung kraft Gesetzes sowie der Umgehungsschutz gem. § 30 keine Anwendung (§ 28). Wie im MitbestG und DrittelbG werden Tendenzunternehmen somit auch im Anwendungsbereich des MgVG von der Unternehmensmitbestimmung ausgenommen. Wie bei § 39 SEBG stellt sich auch bei § 28 die Frage, ob die Umsetzung in deutsches Recht **richtlinienkonform** ist, da Art. 16 III Buchst. f der VerschmelzungsRL für den Tendenzschutz auf Art. 8 der SE-RL 2001/86/EG verweist, der Wortlaut des § 28 jedoch über den Wortlaut des Art 8 III der SE-RL hinausgeht und den Tendenzschutz auch auf konfessionell, karitativ, erzieherisch, wissenschaftl. oder künstlerisch ausgerichtete Gesellschaften erstreckt. Unseres Erachtens ist § 28 gleichwohl richtlinienkonform: Art. 16 III Buchst. f VerschmelzungsRL iVm. Art. 8 SE-RL bezweckt, Systemwidersprüche zum bestehenden Recht einzelner Mitgliedstaaten zu vermeiden[5]. Zu einem Systemwiderspruch käme es aber, wenn bspw. eine deutsche AG nach § 1 IV 1 MitbestG bzw. § 1 II 1 DrittelbG mitbestimmungsfrei wäre, während bei der aus einer grenzüberschreitenden Verschmelzung hervorgehenden Gesellschaft identischen Unternehmensgegenstands Unternehmensmitbestimmung Anwendung fände. § 28 ist daher vom Zweck der Art. 16 III Buchst. f VerschmelzungsRL iVm. Art. 8 SE-RL gedeckt.

30 **XI. Grundsätze der Zusammenarbeit und Schutzbestimmungen.** Abgerundet wird das Gesetz durch einige Grundsätze und Schutzbestimmungen, darunter Geheimhaltungs- und Vertraulichkeitspflichten (§ 31). Mitglieder des BVG sowie die ArbN-Vertreter im Aufsichtsrat oder Verwaltungsrat der aus einer grenzüberschreitenden Verschmelzung hervorgehenden Gesellschaft werden durch § 32 insbesondere im Hinblick auf Kündigungsschutz und Entgeltfortzahlung geschützt: Sie unterliegen den gleichen Schutzvorschriften, denen ArbN-Vertreter nach den Gesetzen des Mitgliedstaats, in dem sie beschäftigt sind, unterliegen. Hierbei ist zu beachten, dass der Kündigungsschutz des § 15 KSchG auf ArbN-Vertreter im Aufsichtsrat keine Anwendung findet. **Straf- und Bußgeldvorschriften** flankieren schließlich insb. die Geheimhaltungs- und Vertraulichkeitspflicht, das Verbot, die Bildung eines BVG sowie dessen Tätigkeit zu stören oder zu behindern (§§ 34, 35).

---

1 Vgl. zur Differenzierung zwischen Anfechtbarkeit und Nichtigkeit einer BR-Wahl: *Dzida/Hohenstatt*, Special zu BB 2005, Heft 50, S. 1 ff. | 2 Vgl. zum Abbruch einer BR-Wahl durch einstweilige Verfügung: *Dzida/Hohenstatt*, Special zu BB 2005, Heft 50, S. 1 ff. | 3 *Schubert*, RdA 2007, 9 (15 f.). | 4 Beispiel bei *Forsthoff*, DStR 2006, 613 (615 f.). | 5 MüKoAktG/*Jacobs*, § 39 SEBG Rz. 2 und Lutter/Hommelhoff/*Oetker*, § 39 SEBG Rz. 7 im Hinblick auf die entsprechende Problematik bei der SE.

Gesetz über die Mitbestimmung der Arbeitnehmer (Mitbestimmungsgesetz – MitbestG)

vom 4.5.1976 (BGBl. I S. 1153), zuletzt geändert durch Gesetz vom 14.8.2006 (BGBl. I S. 1911)

Erster Teil. Geltungsbereich

1 *Erfasste Unternehmen*

(1) In Unternehmen, die

1. in der Rechtsform einer Aktiengesellschaft, einer Kommanditgesellschaft auf Aktien, einer Gesellschaft mit beschränkter Haftung oder einer Genossenschaft betrieben werden und

2. in der Regel mehr als 2000 Arbeitnehmer beschäftigen,

haben die Arbeitnehmer ein Mitbestimmungsrecht nach Maßgabe dieses Gesetzes.

(2) Dieses Gesetz ist nicht anzuwenden auf die Mitbestimmung in Organen von Unternehmen, in denen die Arbeitnehmer nach

1. dem Gesetz über die Mitbestimmung der Arbeitnehmer in den Aufsichtsräten und Vorständen der Unternehmen des Bergbaus und der Eisen und Stahl erzeugendenden Industrie vom 21. Mai 1951 (Bundesgesetzbl. I S. 347) – Montan-Mitbestimmungsgesetz –, oder

2. dem Gesetz zur Ergänzung des Gesetzes über die Mitbestimmung der Arbeitnehmer in den Aufsichtsräten und Vorständen der Unternehmen des Bergbaus und der Eisen und Stahl erzeugenden Industrie vom 7. August 1956 (Bundesgesetzbl. I S. 707) – Mitbestimmungsergänzungsgesetz –,

ein Mitbestimmungsrecht haben.

(3) Die Vertretung der Arbeitnehmer in den Aufsichtsräten von Unternehmen, in denen die Arbeitnehmer nicht nach Absatz 1 oder nach den in Absatz 2 bezeichneten Gesetzen ein Mitbestimmungsrecht haben, bestimmt sich nach den Vorschriften des Drittelbeteiligungsgesetzes (BGBl. I S. 974).

(4) Dieses Gesetz ist nicht anzuwenden auf Unternehmen, die unmittelbar und überwiegend

1. politischen, koalitionspolitischen, konfessionellen, karitativen, erzieherischen, wissenschaftlichen oder künstlerischen Bestimmungen oder

2. Zwecken der Berichterstattung oder Meinungsäußerung, auf die Artikel 5 Abs. 1 Satz 2 des Grundgesetzes anzuwenden ist,

dienen. Dieses Gesetz ist nicht anzuwenden auf Religionsgemeinschaften und ihre karitativen und erzieherischen Einrichtungen unbeschadet deren Rechtsform.

I. Anwendungsbereich (Abs. 1). 1. Allgemeines. Ein AR mit hälftiger Besetzung mit ArbN-Vertretern 1
(**sog. paritätische Unternehmensmitbestimmung**) ist grds. in allen Unternehmen mit der Rechtsform einer AG, KGaA, GmbH oder Genossenschaft (früher Erwerbs- und Wirtschaftsgenossenschaft) (dazu Rz. 2 ff.) zu bilden, die idR mehr als 2000 ArbN beschäftigen (dazu Rz. 11 f.) und weder den Montan-Mitbestimmungsgesetzen unterfallen (dazu Rz. 17 f.) noch als Tendenzbetriebe (dazu Rz. 13 ff.) zu charakterisieren sind.

Dem MitbestG unterfielen zum 31.12.2006 721 Unternehmen, davon 319 AG, 352 GmbH und 50 Unternehmen sonstiger Rechtsformen. Seit Inkrafttreten des MitbestG hat die Zahl der dem Gesetz unterfallenden Unernehmen erheblich zugenommen[1].

2. Rechtsform. Das MitbestG erfasst nur Unternehmen in den Rechtsformen der AG, KGaA, GmbH 2
oder der Genossenschaft (Abs. 1 Nr. 1). Die Aufzählung der Rechtsformen in Abs. 1 Nr. 1 ist **abschließend und einer analogen Anwendung auf andere (in- oder ausländische) Rechtsformen nicht zugänglich** (zur fehlenden Analogiefähigkeit bei sog. Pseudo-Auslandsgesellschaften Rz. 8 ff.)[2]. Das gilt auch für den VVaG, auf den lediglich die drittelparitätische Unternehmensmitbest. nach § 1 I Nr. 4 DrittelbG Anwendung findet (s. § 1 DrittelbG Rz. 47). Die Nicht-Einbeziehung von VVaG in § 1 I verstößt nicht gegen Art. 3 I GG.

---

1 Eine Statistik zu den mitbestimmten Unternehmen gemäß MitbestG von 1978 bis 2006 enthält *Ehrenstein* in Mitbestimmung Heft 9/2007, 70. | 2 ErfK/*Oetker*, § 1 MitbestG Rz. 2; UHH/*Ulmer*/*Habersack*, § 1 MitbestG Rz. 31; *Raiser*, § 1 MitbestG Rz. 10.

3 Für die Anwendung des MitbestG ist es unerheblich, wer Anteilseigner des Unternehmens ist. So gilt das MitbestG auch, wenn ein Unternehmen in einer Rechtsform des Abs. 1 Nr. 1 in öffentl. Trägerschaft geführt wird[1]. Nicht unter das Gesetz fallen Einzelunternehmen und Personengesellschaften mit Ausnahme der Fälle des § 4 (und zwar auch, wenn deren sämtliche Gesellschafter juristische Personen sind), ideelle und wirtschaftl. Vereine, Stiftungen sowie Unternehmen, die als Körperschaften oder Anstalten des öffentl. Rechts organisiert sind[2].

4 **3. Gründungsstadium.** Für die Zusammensetzung des AR eines Unternehmens im Gründungsstadium s. § 1 DrittelbG Rz. 8 und 31.

5 **4. Europäische Aktiengesellschaft (Societas Europaea).** Die SE ist nicht vom sachlichen Anwendungsbereich des MitbestG erfasst. Die Rechtsregeln über die Europäische Aktiengesellschaft sind in der EU-VO des Rates über das Statut der Europäischen Gesellschaft (SE-VO[3]) sowie in der ergänzenden Richtlinie hinsichtlich der Beteiligung der ArbN (Mitbest-RL[4]) enthalten und durch das SEEG[5] in das deutsche Recht transformiert worden. Die SE ist eine Gesellschaft mit eigener Rechtspersönlichkeit und beschränkter Haftung (Art. 1 SE-VO), deren Grundkapital mindestens 120 000 Euro beträgt (Art. 4 II SE-VO) und in Aktien zerlegt ist (Art. 1 II 1 SE-VO); soweit nicht anderes bestimmt ist, wird eine SE wie eine nach dem Recht des Sitzstaates gegründete Aktiengesellschaft behandelt (Art. 10 SE-VO)[6]. Der Bestand von ArbN ist keine Gründungsvoraussetzung[7].

6 Mit der Mitbest-RL wird auf ein einheitliches europäisches Modell der Unternehmensmitbest. verzichtet, vielmehr unterliegen deren Umfang und Ausgestaltung der **Vereinbarung von ArbGeb- und ArbN-Vertretern**[8]. Zu diesem Zweck wird ein besonderes Verhandlungsgremium als Vertretung der ArbN gebildet, dem auch Gewerkschaftsvertreter angehören können, die nicht ArbN einer der betroffenen Gesellschaften sind. Für den Fall, dass auf diesem Weg nicht innerhalb von 6 bzw. maximal 12 Monaten eine Einigung zu Stande kommt, oder bei entsprechender Vereinbarung der Parteien sieht die Mitbest-RL als **gesetzl. Auffanglösung** das weitestgehende nationale Mitbestimmungsmodell der Gründungsgesellschaften vor, sofern ein bestimmter, nach der Art der Gründung differenzierter, prozentualer Anteil aller späteren ArbN der zukünftigen SE dieser Mitbest. unterliegt. Im Fall einer Gründung der SE durch Umwandlung (Formwechsel) gilt im Grundsatz die bisherige Mitbestimmungsregelung in der SE fort („Vorher-Nachher-Vergleich"; Art. 4 IV Mitbest-RL, § 21 VI SEBG)[9]. In allen anderen Fällen erstreckt sich das strengste Mitbestimmungsstatut einer der beteiligten Gesellschaften auf die gesamte SE, unabhängig von ihrem Sitz. Zudem beinhaltet die Auffanglösung die obligatorische Bildung einer ArbN-Vertretung, deren Befugnisse denen des EBR entsprechen[10]. Für den Fall, dass das ausgehandelte Unternehmensmitbestimmungsstatut hinter dem Mitbestimmungsniveau eines der Gründungsunternehmen zurück bleibt, bedarf das ausgehandelte Modell der Zustimmung von mindestens zwei Drittel der ArbN-Vertreter. Kommt es nach Abschluss einer Mitbestimmungsvereinbarung „zu strukturellen Änderungen der SE" (d.s. korporative Akte von ganz erheblichem Gewicht wie Verschmelzungen), die geeignet sind, Beteiligungsrechte der ArbN zu mindern, sind Neuverhandlungen aufzunehmen (§ 18 III SEBG)[11].

7 **5. Ausländische Unternehmen.** Das MitbestG findet wegen des **völkerrechtl. Territorialitätsprinzips** nur auf inländische Unternehmen Anwendung, dh. im Umkehrschluss nicht auf ausländische Unternehmen (dh. Unternehmen mit tatsächlichem Verwaltungssitz im Ausland)[12]. Dies gilt auch, wenn das ausländische Unternehmen rechtlich unselbständige Betriebe in Deutschland hat (zB American Express, FedEx, McKinsey, John Deere)[13] oder zusammen mit inländischen Unternehmen einer einheitlichen Leitung unterliegen[14].

8 Noch nicht abschließend geklärt ist die Frage, ob das MitbestG nicht auch bei einem nach ausländischem Recht gegründeten Unternehmen Geltung verlangt, das seinen formalen Sitz im Ausland, seinen tatsächlichen Verwaltungssitz jedoch in Deutschland hat (**sog. Pseudo-Auslandsgesellschaften**). Dies

---

1 BGH v. 3.7.1975 – II ZR 35/73, NJW 1975, 1657; ErfK/*Oetker*, § 1 MitbestG Rz. 1; *Raiser*, § 1 MitbestG Rz. 11. | 2 *Raiser*, § 1 MitbestG Rz. 10. | 3 Nr. 2157/2001, ABl. Nr. L 294 v. 10.11.2001, S. 1–21. | 4 Nr. 2001/86/EG, ABl. Nr. L 294 v. 10.11.2001, S. 22–32. | 5 BGBl. I 2004, 3675 ff. | 6 Zu Anwendungsfeldern der SE *Seibt/Saame*, AnwBl. 2005, 225 (227 f.); *Blanquet*, ZGR 2002, 20 (39 ff.); *Teichmann*, ZGR 2002, 383 (389, 409 ff.); *Kallmeyer*, AG 2003, 197 ff. – Zu Gründungsformen ausf. zB *Herfs-Röttgen*, NZA 2001, 424 (426); *Hommelhoff*, AG 2001, 279 (280); *Lutter*, BB 2002, 1 (4); *Schwarz*, ZIP 2001, 1847 (1851 ff.). | 7 Ausf. *Seibt*, ZIP 2005, 2248 ff.; vgl. LG Hamburg v. 30.9.2005 – 417 T 15/05, ZIP 2005, 2017. | 8 Hierzu ausf. *Seibt*, AG 2005, 413 ff.; *Oetker*, BB 2005, 2 (6); Lutter/Hommelhoff/*Oetker*, § 21 SEBG Rz. 34; *Reichert/Brandes*, ZGR 2003, 767 ff.; *Köstler*, ZGR 2003, 800 ff.; *Herfs-Röttgen*, NZA 2002, 358 ff.; *Rieble*, BB 2006, 2018 (2019 f.). | 9 Hierzu *Seibt/Reinhard*, Konzern 2005, 407 ff. | 10 *Lutter*, BB 2002, 1 (6). | 11 Hierzu *Seibt*, AG 2005, 413 (427); *Wollburg/Banerjea*, ZIP 2005, 277 (278). | 12 LG Düsseldorf v. 5.6.1979 – 25 AktE 1/78, DB 1979, 1451; OLG Stuttgart v. 30.3.1995 – 8 W 355/93, ZIP 1995, 1004; *Willemsen/Seibt*, Unternehmensumstrukturierung, F 123; ErfK/*Oetker*, § 1 MitbestG Rz. 3; *Raiser*, § 1 MitbestG Rz. 13; UHH/*Ulmer/Habersack*, § 1 MitbestG Rz. 33; MünchArbR/*Wißmann*, § 377 Rz. 2; *Thüsing*, ZIP 2004, 381 (382). | 13 *Willemsen/Seibt*, Unternehmensumstrukturierung, F 123; ErfK/*Oetker*, § 1 MitbestG Rz. 3; *Raiser*, § 1 MitbestG Rz. 13; *Birk*, RIW 1975, 594; kritisch Staudinger/*Großfeld*, Internationales Gesellschaftsrecht, Rz. 515 ff. | 14 ErfK/*Oetker*, § 1 MitbestG Rz. 3; UHH/*Ulmer/Habersack*, § 1 MitbestG Rz. 6.

betrifft in der Praxis bislang vor allem die nicht seltenen Fälle, bei denen der Komplementär einer Kapitalgesellschaft & Co. KG eine nach ausländischem Recht gegründete Gesellschaft mit statutarischem Auslandssitz ist, deren Tätigkeit sich auf die Leitung der inländischen Kommanditgesellschaft beschränkt und der überwiegend im Inland verwaltet wird[1]. In Zukunft wird sich diese Frage aber auch im Hinblick auf Konzernobergesellschaften stellen, die aus Gründen der Corporate Governance (zB Wahl einer monistischen Verwaltungsstruktur[2], Etablierung eines CEO-Modells unter Ausschluss des Kollegialitätsprinzips beim Vorstand[3] oder Vermeidung der Unternehmensmitbestimmung[4]) im EU- oder EWR-Ausland oder in den USA gegründet worden sind.

9 Für im EU-Ausland wirksam gegründete Gesellschaften, die ihren tatsächlichen Verwaltungssitz nach Deutschland verlegt haben (sog. Zuzugsfall), gilt nach der **EuGH-Rspr.** die **Gründungstheorie**, derzufolge sämtliche EU-Mitgliedstaaten diese als Gesellschaft des Gründungsstaates (keine Umqualifikation in eine Gesellschaftsform deutschen Rechts) anzuerkennen haben[5]. Dies gilt nach der EuGH-Rspr. auch für den Fall, dass eine Gesellschaft in einem EU-Mitgliedstaat nur gegründet wird, um in den Genuss vorteilhafter Rechtvorschriften zu kommen, und zwar auch dann, wenn die betreffende Gesellschaft ihre Tätigkeit hauptsächlich oder gar ausschließlich in einem anderen Mitgliedstaat ausübt[6]. Zwar kann der nationale Gesetzgeber bei „zwingenden Gründen des Gemeinwohls", zu denen auch der Schutz der Interessen der ArbN gehören[7], besondere Rechtsvorschriften für im Ausland gegründete Gesellschaften einführen. Allerdings stellte sich eine unternehmensmitbestimmungsrechtliche Gleichstellung von den deutschen mitbestimmungspflichtigen Gesellschaftsformen entsprechenden EU-Kapitalgesellschaftstypen im Wege einer Sonderanknüpfung (Analogie zu §§ 1, 4 MitbestG) bzw. Spaltung des Gesellschaftsstatuts oder durch Erweiterung des Rechtsformkatalogs in Abs. 1 Nr. 1 als *unverhältnismäßige* Beschränkung der Niederlassungsfreiheit (Art. 43, 48 EGV) von EU-Kapitalgesellschaften dar[8]. Die Anwendung des deutschen MitbestR führte ansonsten zu hybriden aus ausländischem Gesellschaftsrecht und deutschem MitbestR zusammengesetzten Gesellschaftstypen, was einen tiefen Eingriff in die Binnenorganisation der Auslandsgesellschaft bedeuten und in der praktischen Anwendung schwer zu überwindende Anpassungsprobleme nach sich ziehen würde[9]. Hinzu kommt, dass die Interessen der ArbN an einer wirksamen Interessenvertretung bereits in hinreichendem Maße durch das BetrVG und die betriebliche Mitbest. gesichert werden[10]. Einen Zwang zur Gründung einer inländischen Tochtergesellschaft mit einem mitbestimmten AR zur Durchsetzung des deutschen Unternehmensmitbestimmungsrechts lässt sich ebenfalls mit der EU-Niederlassungsfreiheit nicht vereinbaren[11]. Keine entsprechende Anwendung finden schließlich die Sonderregeln der EU-Richtlinie zur Europäischen Aktiengesellschaft (Rz. 5 f.) auf ausländische Gesellschaftsformen mit tatsächlichem Verwaltungssitz in Deutschland[12].

---

1 Hierzu zB *Willemsen/Seibt*, Unternehmensumstrukturierung, F 19; *Wisskirchen/Bissels/Dannhorn*, DB 2007, 2258 (2260). | 2 Vgl. Art. 38 lit. b SE-VO (Rz. 5); *Merkt*, ZGR 2003, 650 ff. für Europäische Aktiengesellschaft; *Teichmann*, ZGR 2001, 645 ff. für Corporate Governance-Systeme in Europa. | 3 Hierzu *von Hein*, ZHR 2002, 464 ff. | 4 Pressebekannte Beispiele sind Kühne & Nagel AG (Luxemburg) & Co. KG (hierzu *Hansen*, ZfA 2005, 225 [228]), Air Berlin plc & Co. KG (Handelsblatt v. 13.1.2006, S. 14) und das Tiefdruck-JV Prinovis Ltd. & Co. KG. In 2006 bestanden in Deutschland 8 KG mit mehr als 2000 Arbeitnehmern mit ausländischem Komplementär (vgl. Anhang 5 Bericht der wissenschaftliche Mitglieder der Kommission zur Modernisierung der deutschen Mitbestimmung, 2006). | 5 EuGH v. 5.11.2002 – Rs C-208/00, NJW 2002, 3614 (3615 Tz. 80) – Überseering; EuGH v. 30.9.2003 – Rs. C-167/01, NJW 2003, 3331 ff. (Tz. 9 ff.) – Inspire Art; *Wisskirchen/Bissels/Dannhorn*, DB 2007, 2258 (2260 f.); *Henssler*, RdA 2005, 330 (332); *Binz/Mayer*, GmbHR 2003, 249 (254 f.); *Eidenmüller*, ZIP 2002, 2233 (2238); *Kallmeyer*, DB 2002, 2521; *Lutter*, BB 2003, 7 (9); *Müller-Bonanni*, GmbHR 2003, 1235 (1236); *Schanze/Jüttner*, AG 2003, 30 (33); *Veit/Wichert*, AG 2004, 14 (17); *Zimmer*, BB 2003, 1 (5). | 6 EuGH v. 30.9.2003 – Rs. C-167/01, NJW 2003, 3331 (3333 Tz. 96). | 7 Vgl. EuGH v. 5.11.2002 – Rs. C-208/00, NJW 2002, 3614, 3615 (Tz. 92): „Es lässt sich nicht ausschließen, dass zwingende Gründe des Gemeinwohls, wie der Schutz der Interessen der Gläubiger, der Minderheitsgesellschafter, der Arbeitnehmer oder auch des Fiskus, unter bestimmten Umständen und unter Beachtung bestimmter Voraussetzungen Beschränkungen der Niederlassungsfreiheit rechtfertigen können". In Abschnitt 50 der Schlussanträge des Generalanwalts *Colomer*, NZG 2002, 17, 21 (Überseering) bezeichnet dieser den Schutz der Arbeitnehmer durch die Verpflichtung zur betrieblichen Mitbestimmung nach den gesetzlich festgelegten Bedingungen als zwingende Gründe des allgemeinen Interesses iSd. EuGH-Rspr. – Zu einem Gesetzgebungsvorschlag des DGB zur Erweiterung von § 1 I Nr. 1 auf typengleiche EU-ausländische Rechtsformen FAZ v. 2.10.2003, S. 15. | 8 *Binz/Mayer*, GmbHR 2003, 249 (257); *Eidenmüller*, ZIP 2002, 2233 (2242); *Forsthoff*, DB 2002, 2471 (2477); *Kallmeyer*, DB 2002, 2521 (2522); *Müller-Bonanni*, GmbHR 2003, 1235 (1237); *Ulmer*, JZ 1999, 662 (663); wohl auch *Paefgen*, DB 2003, 487 (491); *Ziemons*, ZIP 2003, 1913 (1918); aA *Kindler*, NJW 2003, 1073 (1078 f.); *von Halen*, WM 2003, 571 (577); *Grundmann/Möslein*, ZGR 2003, 313 (350 f.); zweifelnd *Bayer*, BB 2004, 1 (5); aA zumindest für ausländische Gesellschaften mit tatsächlichem Verwaltungssitz in Deutschland *Thüsing*, TIP 2004, 381 (383 ff.). | 9 *Willemsen/Seibt*, Unternehmensumstrukturierung, F 127c; *Binz/Mayer*, GmbHR 2003, 249 (257); *Merkt*, Gesellschaftsrecht in der Diskussion 1999, 111, 143 f.; *Müller-Bonanni*, GmbHR 2003, 1235 (1237); *Sigle*, FS Peltzer, S. 539, 552; *Veit/Wichert*, AG 2004, 14 (18); ErfK/*Oetker*, § 1 MitbestG Rz. 5. | 10 So auch *Binz/Mayer*, GmbHR 2003, 249 (257); *Forsthoff*, DB 2002, 2471 (2477); *Paefgen*, DB 2003, 487 (492). | 11 *Willemsen/Seibt*, Unternehmensumstrukturierung, F 127c; *Müller-Bonanni*, GmbHR 2003, 1235 (1239); *Paefgen*, DB 2003, 487 (491 f.); *Schutz/Sester*, EWS 2002, 545 (551); aA Staudinger/*Großfeld*, Internationales Gesellschaftsrecht, Rz. 518 ff. | 12 *Müller-Bonanni*, GmbHR 2003, 1235 (1238); *Binz/Mayer*, GmbHR 2003, 249 (257); *Veit/Wichert*, AG 2004, 14 (19); *Zimmer*, NJW 2003, 3585 (3591); aA *Schanze/Jüttner*, AG 2003, 30 (35 ff.); *Bayer*, BB 2003, 2357 (2365).

10 Das Gleiche gilt für **US-amerikanische Kapitalgesellschaften**, da nach Art. XXV Abs. 5 S. 2 des Freundschafts-, Handels- und Schifffahrtsvertrages zwischen der Bundesrepublik Deutschland und den USA vom 29.10.1954 (BGBl. II 1956, 488) der Status einer Gesellschaft, die in dem Gebiet eines Vertragsteils nach dessen Gesetzen und Vorschriften rechtmäßig gegründet worden ist, in dem Gebiet des anderen Staates anzuerkennen ist. Damit gilt auch im Verhältnis der USA zu Deutschland und umgekehrt das Gründungs- und nicht das Sitzrecht[1]. Schließlich gelten dieselben Grundsätze für **in EWR-Ländern gegründete Gesellschaften**[2]. Bei abkommensrechtlich nicht privilegierten Drittstaaten gilt dagegen die Sitztheorie[3].

11 **6. Arbeitnehmerzahl.** Nach Abs. 1 Nr. 2 ist das MitbestG nur auf Unternehmen anzuwenden, die idR mehr als 2000 ArbN beschäftigen. Zum Merkmal der Regelmäßigkeit s. § 1 DrittelbG Rz. 11. Sinkt die ArbN-Zahl daher nur vorübergehend unter 2000, führt dies nicht zur Beendigung der paritätischen Mitbest.[4], sowie gleichermaßen auch das vorübergehende Überschreiten einer ArbN-Zahl von mehr als 2000 nicht zur Begründung der Mitbest. nach dem MitbestG führt.

12 Bei **Gemeinschaftsbetrieben** ist eine Zurechnung der ArbN zu allen Trägerunternehmen des Gemeinschaftsbetriebes unabhängig vom Vorliegen arbeitsvertragl. Bindungen anzunehmen, jedenfalls insoweit, als das betreffende Trägerunternehmen die Leitung über den Gemeinschaftsbetrieb mit den anderen Unternehmen gemeins. ausübt[5]. Dies ergibt sich aus dem *Telos* des MitbestG, die Beteiligung der ArbN in Organen des Unternehmens zu ermöglichen, in dem die für die ArbN wesentlichen Entscheidungen gefällt werden.

13 **II. Tendenzunternehmen (Abs. 4). 1. Regelungsinhalt.** Vor dem Hintergrund der verfassungsrechtl. Gewährleistungen (Art. 4, 140 GG iVm. Art. 137 III WRV, Art. 5 I 2 GG, Art. 5 III GG, Art. 21 GG, Art. 9 III GG) entfällt eine Beteiligung der ArbN in Aufsichtsräten bei Tendenzunternehmen (Abs. 4 S. 1) und Religionsgemeinschaften sowie deren karikativen und erzieherischen Einrichtungen (Abs. 4 S. 2), wenn die Unternehmen diesen Zwecken unmittelbar und überwiegend dienen[6]. **Unmittelbarkeit** liegt vor, wenn die geschützte Tendenz im statutarischen Unternehmenszweck enthalten ist und die im Unternehmen ablaufenden Arbeits- und Produktionszwecke darauf ausgerichtet sind; nicht ausreichend ist alleine die Gewinnverwendung für einen unter den Tendenzschutz fallenden Zweck[7]. Der Tendenzzweck wird **überwiegend** verfolgt, wenn der geistigideelle Zweck dem Unternehmen im Hinblick auf seine Zielsetzung und seine Tätigkeit das Gepräge gibt (**sog. Geprägetheorie**), wobei quantitative Gesichtspunkte nicht entscheidend sind[8]. Der Tendenzschutz entfällt, wenn die kommerziellen Aspekte überwiegen, zB bei kommerziell betriebenen Forschungsinstituten[9] und Krankenhäusern[10] sowie solche Medienunternehmen, die sich allein auf die rein technische Herstellung von Medienträgern (Druckerzeugnisse, Schallplatten, CD, DVD etc.) beschränken[11]. Gemeins. Einrichtungen der TV-Parteien iSv. § 4 II TVG unterliegen dem Tendenzschutz (Abs. 4 S. 1 Nr. 1), wenn sie Leistungsansprüche zu Gunsten tarifgebundener ArbN begründen[12]. Einen inhaltlich vergleichbaren Tendenzschutz enthält § 118 BetrVG für die betriebl. Mitbest. (dazu § 118 BetrVG).

14 **2. Tendenzschutz im Konzern. a) Tendenzschutz abhängiger Tendenzunternehmen.** Abhängige Tendenzunternehmen genießen Tendenzschutz nach Abs. 4. Aus dem verfassungsrechtlich zwingend gebotenen Tendenzschutz folgt eine Beschränkung der Konzernleitungsmacht des ggf. mitbestimmten AR der Konzernobergesellschaft[13]. Allerdings sind die ArbN des abhängigen Konzernunternehmens an der Wahl zum AR des herrschenden Unternehmens zu beteiligen[14].

---

1 Vgl. BGH v. 29.1.2003 – VIII ZR 155/02, IPRax 2003, 265 (266); v. 13.10.2004 – I ZR 245/01, NZG 2005, 44; v. 5.7.2004 – II ZR 389/02, NZG 2004, 1001; hierzu *Bungert*, DB 2003, 1043; *Thömmes*, DB 2003, 1200 (1203); *Ebke*, JZ 2003, 927 (929); *Drouven/Mödl*, NZG 2007, 7 (9 f.). | 2 Vgl. BGH v. 19.9.2005 – II ZR 372/03, NJW 2005, 3351. | 3 Vgl. OLG Hamburg v. 30.3.2007 – II U 231/04, DB 2007, 1245 (Ltd. Isle of Man); OLG Köln v. 31.1.2006 – 22 U 109/05, ZIP 2007, 935 (südafr. Ltd.); vgl. auch *Horn*, NJW 2004, 897. | 4 OLG Frankfurt v. 7.6.1985 – 20 W 281/84, EWiR 1985, 607. | 5 *Willemsen/Seibt*, Unternehmensumstrukturierung, F 16a; ähnlich WWKK/*Wißmann*, § 10 MitbestG Rz. 10, § 5 MitbestG Rz. 46 (anders noch Voraufl. § 10 MitbestG Rz. 13); *Zöllner*, FS Semler, S. 995, 1012 ff.; aA (Vertragsbeziehung erforderlich) *Bonanni*, Der gemeinsame Betrieb, S. 295; ErfK/*Oetker*, § 2 DrittelbG Rz. 16; aA (Leitungsrecht nicht erforderlich); UHH/*Henssler*, § 10 MitbestG Rz. 7; *Hanau*, ZfA 1990, 115 (127); *Hjort*, NZA 2001, 696 (699); *Däubler*, FS Zeuner, S. 19, 31; aA (Aufteilung der Betriebsbelegschaft) BAG v. 1.12.1961 – 1 ABR 15/60, AP Nr. 1 zu § 77 BetrVG 1952; *Säcker*, Wahlordnungen, Rz. 195; *Wiedemann*, SAE 1962, 212 (213). | 6 Abweichend für eine wortlautgestützte Privilegierung von Religionsgemeinschaften (S. 2) *Thüsing*, ZTR 2002, 56 (64). | 7 Vgl. *Raiser*, § 1 MitbestG Rz. 43; OLG Stuttgart v. 3.5.1989 – 8 W 38/89, BB 1989, 1005 (zu § 118 BetrVG). | 8 Vgl. *Raiser*, § 1 MitbestG Rz. 43; UHH/*Ulmer/Habersack*, § 1 MitbestG Rz. 59. | 9 BAG v. 20.11.1990 – 1 ABR 87/89, NJW 1991, 2165; *Raiser*, § 1 MitbestG Rz. 41; aA UHH/*Ulmer/Habersack*, § 1 MitbestG Rz. 63. | 10 Vgl. BayObLG v. 10.8.1995 – 3 Z BR 149/93, ZIP 1995, 1671 – Rhön-KLINIKUM AG; *Raiser*, § 1 MitbestG Rz. 41. | 11 OLG Hamburg v. 22.1.1980 – 11 W 38/79, NJW 1980, 1803 – Polygram; BAG v. 31.10.1975 – 1 ABR 64/74, BB 1976, 136; *Raiser*, § 1 MitbestG Rz. 41 u. 42. | 12 Ausf. *Oetker*, GS Heinze, 2005, S. 597, 607 ff. | 13 Hierzu *Lorenz*, ZfA 1985, 495, 515 (519 ff.); *Willemsen/Seibt*, Unternehmensumstrukturierung, F 29. | 14 ErfK/*Oetker*, § 2 DrittelbG Rz. 5; *Fitting*, § 76 BetrVG 52 Rz. 103; MüKoAktG/*Gach*, § 1 MitbestG Rz. 36.

b) Tendenzschutz des herrschenden Unternehmens. Auch eine Konzernobergesellschaft genießt dann Tendenzschutz des Abs. 4, wenn sie selbst ein Tendenzunternehmen mit operativem Geschäftsbereich ist[1]. Aus dem Tendenzschutz für das herrschende Unternehmen folgt allerdings nicht automatisch auch die Mitbestimmungsfreiheit von Aufsichtsräten bei abhängigen Konzernunternehmen, sondern diese müssen selbst Tendenzunternehmen iSv. Abs. 4 sein[2]. 15

c) Holding bei Mischkonzernen. Für Holdinggesellschaften (einschl. Religionsgemeinschaften iSv. Abs. 4 S. 2) bei Mischkonzernen, bei denen ein Teil der abhängigen Unternehmen Tendenzunternehmen sind, ein anderer Teil jedoch nicht, kommt es nach zutreffender hM auf eine Gesamtbeurteilung des Konzerns an (sog. Gesamtgepräge)[3]. Der Konzernobergesellschaft kommt dann Tendenzschutz zu, wenn das dem Gesamtgepräge des Konzerns im Hinblick auf seine Zielsetzung und seine Tätigkeit entspricht; dabei sind quantitative Gesichtspunkte, wie etwa der Umsatz oder die Beschäftigtenzahl der einzelnen Konzernunternehmen, nicht entscheidend[4]. 16

III. Abgrenzung zu anderen Mitbestimmungsstatuten (Abs. 2 u. 3). Sofern die Anwendungsvoraussetzungen des Montan-MitbestG oder des MitbestErgG auf ein Unternehmen Anwendung finden, ist der Anwendungsbereich des MitbestG insoweit eingeschränkt (Abs. 2). Greift eine Mitbest. nach MitbestG, Montan-MitbestG oder MitbestErgG nicht ein, so kann nach Maßgabe des DrittelbG eine drittelparitätische Mitbest. im AR eingreifen (Abs. 3). 17

Die unterschiedl. Anwendungsbereiche des MitbestG können wie folgt zusammengefasst werden[5]: 18

Mitbestimmungsform Kriterien	**DrittelbG**	**MitbestG 1976**	**MontanMitbestG**	**MitbestErgG**
Rechtsform	– AG/KGaA – GmbH – e.G. – VVaG (mit bestehendem AR)	– AG/KGaA – GmbH – e.G. – Kapitalgesellschaft & Co. KG[6]	– AG – GmbH	– AG – GmbH
Besonderer Unternehmensgegenstand	nein	nein	ja (Bergbau, Eisen- und stahlerzeugende Industrie)	ja (Bergbau, Eisen- und stahlerzeugende Industrie)
Tendenzschutz	ja (§ 1 II 1 Nr. 2, S. 2 DrittelbG)	ja (§ 1 IV MitbestG)	ja (besonderer Unternehmensgegenstand)	ja (besonderer Unternehmensgegenstand)
Inländischer Sitz	ja	ja	ja	ja
Arbeitnehmerzahl	AG/KGaA: 0/ = 500[7] GmbH/e.G./VVaG: > 500	> 2000 Sollzahl der AR-Mitglieder bei Mitarbeiter: = 10 000: 12 > 10 000: 16 > 20 000: 20 (§ 7 I MitbestG)	> 1000	> 2000

1 BAG v. 30.6.1981 – 1 ARB 30/79, AP Nr. 20 zu § 118 BetrVG 1972; LG Hamburg v. 24.6.1999 – 321 T 86/98, NZA-RR 2000, 209 (210) – Stella; *Willemsen/Seibt*, Unternehmensumstrukturierung, F 29; UHH/*Ulmer/Habersack*, § 5 MitbestG Rz. 65; *Loritz*, ZfA 1985, 497 (501 f.); aA GK-MitbestG/*Schneider*, § 5 Rz. 18. | 2 Vgl. BAG v. 30.6.1981 – 1 ABR 30/79, AP Nr. 20 zu § 118 BetrVG 1972; BVerfG v. 29.4.2003 – 1 BvR 62/99, NJW 2003, 3189 (3190) (Zustellunternehmen für Tageszeitung); ErfK/*Oetker*, § 5 MitbestG Rz. 16. | 3 OLG Hamburg v. 22.1.1980 – 11 W 38/79, NJW 1980, 1803 f. – Polygram; LG Hamburg v. 24.6.1999 – 321 T 86/98, NZA-RR 2000, 209 (210 f.) – Stella; *Willemsen/Seibt*, Unternehmensumstrukturierung, F 30; *Loritz*, ZfA 1985, 497 (504 ff.); MünchArbR/*Wißmann*, § 367 Rz. 35; aA KölnKommAktG/*Mertens*, Anh. § 96 Rz. 12; *Wiedemann*, BB 1978, 5 (9 f.). | 4 OLG Hamburg v. 22.1.1980 – 11 W 38/79, NJW 1980, 1803 f.; *Willemsen/Seibt*, Unternehmensumstrukturierung, F 30; aA MünchArbR/*Wißmann*, § 367 Rz. 31. | 5 Übersicht entnommen aus *Willemsen/Seibt*, Unternehmensumstrukturierung, F 166. | 6 Nur bei Eingreifen einer der Zurechnungsnormen gemäß §§ 4 I, 5 I. | 7 Mindest-Arbeitnehmerzahl von 500 nur bei Aktiengesellschaften, (1) die nach dem 9.8.1994 eingetragen worden sind, oder (2) vor dem 10.8.1994 eingetragen worden, aber als Familiengesellschaft iSv. § 1 I Nr. 1 DrittelbG zu qualifizieren sind.

Mitbestimmungsform Kriterien	DrittelbG	MitbestG 1976	MontanMitbestG	MitbestErgG
Kapitalhöhe	Höchstzahl der AR-Mitglieder bei Gesellschaftskapital: > 1,5 Mio. Euro: 9 > 1,5 Mio. Euro: 15 > 10 Mio. Euro: 21 (§ 95 AktG)	nein	Erhöhung der AR-Mitgliederzahl (11) durch Satzung möglich bei Gesellschaftskapital: > 10 Mio. Euro: 15 > 25 Mio. Euro: 21 (§ 9 MontanMitbestG)	Erhöhung der AR-Mitgliederzahl (15) durch Satzung möglich bei Gesellschaftskapital: > 25 Mio. Euro: 21 (§ 5 I MitbestErgG)
Konzernzurechnung	ja – bei Beherrschungsvertrag – bei Eingliederung (§ 2 II DrittelbG)	ja (§§ 5, 32 MitbestG)		

19 **IV. Privatautonome Mitbestimmungsvereinbarungen.** Die im MitbestG geregelte paritätische Unternehmensmitbestimmung ist im Grundsatz zwingender Natur. Von ihr kann nicht zu Lasten der ArbN durch vertragl. Vereinbarung abgewichen werden[1]. Ebenso wenig sind Vereinbarungen zulässig, die den verfassungsrechtlich gewährleisteten Tendenzschutz (Art. 4, 140 GG, Art. 5 I 2 GG, Art. 5 III GG, Art. 21 GG, Art. 9 III GG) einschränken[2] oder mit dem vertragl. eine „Überparität" zu Gunsten der ArbN-Vertreter im AR geregelt werden soll (Art. 14 I GG)[3].

20 Allerdings sind Mitbestimmungsvereinbarungen in engen Grenzen zulässig[4], wobei drei Fallgruppen unterschieden werden sollten: (1) **Vereinbarungen zur einvernehmlichen Klärung zweifelhafter Rechts- und Sachfragen** (zB Bestimmung des Kreises der Wahlberechtigten oder der Teilkonzernspitze iSv. § 5 III) sind zulässig, sofern die Voraussetzungen eines Vergleichs iSv. § 779 BGB erfüllt sind[5]. (2) **Vereinbarungen zur Vereinfachung oder Anpassung gesetzl. Mitbestimmungsregelungen** (zB Wahlverfahren) an Einzelfallumstände des betroffenen Unternehmens (**sog. Rationalisierungsvereinbarungen**) sind ebenfalls zulässig[6]. (3) Vereinbarungen über die Einrichtung eines mitbestimmten AR bei Unternehmen, die an sich keinem gesetzl. Mitbestimmungsregime unterfallen wie Vereinbarungen über die Anhebung des mitbestimmungsrechtl. Niveaus (Grenze: Überparität; **sog. statusändernde Mitbestimmungsvereinbarungen**) sind bei Personengesellschaften[7] und der GmbH[8], nicht jedoch bei der AG (Gebot der Satzungsstrenge; § 23 V AktG) zulässig und rechtlich verbindlich[9]. Allerdings sind solche Mitbestimmungsvereinbarungen nichtig, die gegen zwingende gesellschaftsrechtl. Vorschriften (insb. zur Kompetenzzuweisung zur Anteilseignerversammlung) verstoßen[10]. Die Zuständigkeit zum Abschluss statusändernder Mitbestimmungsvereinbarungen für die Gesellschaft kommt alleine der Gesellschafterversammlung (Beschluss mit satzungsändernder Mehrheit) zu, ansonsten den Geschäftsführern[11]; auf ArbN-Seite kommt mangels ausdrücklicher gesetzl. Regelung den im Unternehmen vertretenden Gewerkschaften und des zuständigen BR, hilfsweise der Unternehmensbelegschaft in ihrer Gesamtheit, eine konkurrie-

1 Vgl. *Willemsen/Seibt*, Unternehmensumstrukturierung, F 13; *Raiser*, § 1 MitbestG Rz. 49; *Ihrig/Schlitt*, NZG 1999, 333 (334). | 2 *Willemsen/Seibt*, Unternehmensumstrukturierung, F 13; *Seibt*, AG 2005, 413 (416); *Raiser*, § 1 MitbestG Rz. 49. | 3 *Willemsen/Seibt*, Unternehmensumstrukturierung, F 13; *Seibt*, AG 2005, 413 (416); *Lutter*, ZGR 1977, 194 (202 f.); diff. *Henssler*, ZfA 2000, 241 (261 f.) (zB Zulässigkeit der Ad hoc-Wahl eines Arbeitnehmervertreters als Aufsichtsratsvorsitzenden). | 4 Zum Stand der Diskussion und beachtlichen rechtspolitischen Vorschlägen *Hanau*, ZGR 2001, 75 ff.; *Seibt*, AG 2005, 413 ff. | 5 Vgl. *Willemsen/Seibt*, Unternehmensumstrukturierung, F 14; *Raiser*, BB 1977, 1461 (1466); UHH/*Ulmer*, Einl. MitbestG Rz. 47; *Ihrig/Schlitt*, NZG 1999, 333 (334); zweifelnd *Hüffer*, § 96 AktG Rz. 3; KölnKommAktG/*Mertens*, 2. Aufl. 1996, § 96 Rz. 20; MüKoAktG/*Semler*, § 96 Rz. 55 und 56; aA *Raiser*, § 1 MitbestG Rz. 49. | 6 *Willemsen/Seibt*, Unternehmensumstrukturierung, F 14; *Raiser*, BB 1977, 1461 (1466 f.); MünchGesR/*Hoffmann-Becking*, Bd. 4: AG, § 28 Rz. 48; *Ihrig/Schlitt*, NZG 1999, 333 (334); aA *Hüffer*, § 96 AktG Rz. 3; UHH/*Ulmer*, Einl. MitbestG Rz. 3. | 7 *Willemsen/Seibt*, Unternehmensumstrukturierung, F 14; *Hanau*, ZGR 2001, 75 (98 f.). | 8 *Willemsen/Seibt*, Unternehmensumstrukturierung, F 14; *Hommelhoff*, ZHR 1984, 118 (133); *Ihrig/Schlitt*, NZG 1999, 333 (336); *Henssler*, ZfA 2000, 241 (265). | 9 *Willemsen/Seibt*, Unternehmensumstrukturierung, F 14; *Hüffer*, § 96 AktG Rz. 3; MünchGesR/*Hoffmann-Becking*, Bd. 4: AG, § 28 Rz. 49; MüKoAktG/*Semler*, § 96 Rz. 46 und 54; *Raiser*, BB 1977, 1461 (1467 f.); *Mertens*, AG 1982, 141 (150 ff.); *Hommelhoff*, ZHR 1984, 118 (134); *Konzen*, AG 1983, 289 (302 f.); UHH/*Ulmer*, Einl. MitbestG Rz. 48 und § 1 Rz. 20; aA *Fabricius*, FS Hilger/Stumpf, S. 155, 158 f. | 10 *Willemsen/Seibt*, Unternehmensumstrukturierung, F 14. | 11 Vgl. *Willemsen/Seibt*, Unternehmensumstrukturierung, F 15a; *Seibt*, AG 2005, 413 (417); KölnKomm/*Mertens*, § 96 AktG Rz. 18; *Konzen*, AG 1983, 289 (294); *Beuthien*, ZfA 1983, 152; *Henssler*, ZfA 2000, 241 (265); MünchArbR/*Wißmann*, § 365 Rz. 20; aA MüKo/*Semler*, § 96 AktG Rz. 63.

rende Regelungskompetenz zu[1]. Die Mitbestimmungsvereinbarung ist weder TV noch BV und kann nicht durch Arbeitskampf erzwungen werden[2].

2 *Anteilseigner*

Anteilseigner im Sinne dieses Gesetzes sind je nach der Rechtsform der in § 1 Abs. 1 Nr. 1 bezeichneten Unternehmen Aktionäre, Gesellschafter oder Mitglieder einer Genossenschaft.

§ 2 definiert abschließend den im MitbestG als Oberbegriff verwendeten Begriff des Anteilseigners. 1

3 *Arbeitnehmer und Betrieb*

(1) Arbeitnehmer im Sinne dieses Gesetzes sind

1. die in § 5 Abs. 1 des Betriebsverfassungsgesetzes bezeichneten Personen mit Ausnahme der in § 5 Abs. 3 des Betriebsverfassungsgesetzes bezeichneten leitenden Angestellten,

2. die in § 5 Abs. 3 des Betriebsverfassungsgesetzes bezeichneten leitenden Angestellten.

Keine Arbeitnehmer im Sinne dieses Gesetzes sind die in § 5 Abs. 2 des Betriebsverfassungsgesetzes bezeichneten Personen.

(2) Betriebe im Sinne dieses Gesetzes sind solche des Betriebsverfassungsgesetzes. § 4 Abs. 2 des Betriebsverfassungsgesetzes ist anzuwenden.

I. Arbeitnehmerbegriff. Abs. 1 enthält eine Umschreibung des ArbN-Begriffes für Zwecke des MitbestG, also insb. für die Vorschriften zur Anwendbarkeit (§ 1), zur Zahl der AR-Mitglieder (§ 7) und zu den Wahlmodalitäten (§ 9). Danach sind ArbN des Unternehmens die Arbeiter und Angestellten (Abs. 1 S. 1 Nr. 1) unter Einbeziehung der leitenden Angestellten (Abs. 1 S. 1 Nr. 2), indes mit Ausnahme der in § 5 II BetrVG bezeichneten Personen (Abs. 1 S. 2; hierzu § 5 BetrVG). Bei der Bestimmung der leitenden Angestellten ist trotz der fehlenden Verweisung in Abs. 1 S. 1 Nr. 2 § 5 IV BetrVG heranzuziehen[3]. Für weitere Einzelheiten s. § 3 DrittelbG Rz. 2 f. 1

II. Betrieb. Abs. 2 S. 1 enthält eine Umschreibung des Betriebsbegriffs durch Verweisung auf das BetrVG, also auf (1) den allgemeinen betriebsverfassungsrechtl. Betriebsbegriff (dazu § 1 BetrVG), (2) die Vermutung eines gemeins. Betriebs (§ 1 II BetrVG), (3) die auf Grund TV oder BV gebildeten betriebsverfassungsrechtl. Organisationseinheiten (§ 3 V BetrVG), (4) die in § 4 I aufgeführten Betriebsteile sowie (5) Kleinstbetriebe (§ 4 II BetrVG). 2

4 *Kommanditgesellschaft*

(1) Ist ein in § 1 Abs. 1 Nr. 1 bezeichnetes Unternehmen persönlich haftender Gesellschafter einer Kommanditgesellschaft und hat die Mehrheit der Kommanditisten dieser Kommanditgesellschaft, berechnet nach der Mehrheit der Anteile oder der Stimmen, die Mehrheit der Anteile oder der Stimmen in dem Unternehmen des persönlich haftenden Gesellschafters inne, so gelten für die Anwendung dieses Gesetzes auf den persönlich haftenden Gesellschafter die Arbeitnehmer der Kommanditgesellschaft als Arbeitnehmer des persönlich haftenden Gesellschafters, sofern nicht der persönlich haftende Gesellschafter einen eigenen Geschäftsbetrieb mit in der Regel mehr als 500 Arbeitnehmern hat. Ist die Kommanditgesellschaft persönlich haftender Gesellschafter einer anderen Kommanditgesellschaft, so gelten auch deren Arbeitnehmer als Arbeitnehmer des in § 1 Abs. 1 Nr. 1 bezeichneten Unternehmens. Dies gilt entsprechend, wenn sich die Verbindung von Kommanditgesellschaften in dieser Weise fortsetzt.

(2) Das Unternehmen kann von der Führung der Geschäfte der Kommanditgesellschaft nicht ausgeschlossen werden.

I. Regelungsinhalt. Die Unternehmensmitbest. nach dem MitbestG ist strikt rechtsformabhängig ausgestaltet (§ 1 I Nr. 1) und hat insb. Personengesellschaften keiner Unternehmensmitbest. unterstellt. Die Privilegierung von Personengesellschaften sah der Gesetzgeber wegen der typischerweise bestehenden persönlichen Haftung der Gesellschafter für gerechtfertigt an[4]. Mit der **Ausnahmevorschrift** des § 4 wird die Mitbest. mittelbar auf Kommanditgesellschaften erstreckt, wenn diese als Kapitalgesellschaft & Co. KG strukturiert sind. Rechtstechnisch wird dies nicht durch einen Zwang zur Bildung eines mitbestimmten AR bei der KG erreicht, sondern durch die Zurechnung der bei der KG beschäftigten ArbN zur Komplementärgesellschaft in der Rechtsform einer Kapitalgesellschaft. Der gesetzl. angeordneten ArbN-Zurechnung liegt der Gedanke zugrunde, dass bei einer Unternehmenseinheit von KG und 1

---

1 Ausf. *Seibt*, AG 2005, 413 (418); *Willemsen/Seibt*, Unternehmensumstrukturierung, F 15a; UHH/*Ulmer/Habersack*, § 5 MitbestG Rz. 76; *Mertens*, AG 1982, 141 (150); hiergegen MüKo/*Semler*, § 96 AktG Rz. 64. | 2 *Willemsen/Seibt*, Unternehmensumstrukturierung, F 15. | 3 ErfK/*Oetker*, § 3 MitbestG Rz. 2; *Raiser*, § 3 MitbestG Rz. 26. | 4 Hierzu GK-MitbestG/*Naendrup*, § 4 Rz. 2.

Komplementärkapitalgesellschaft und der damit verbundenen einheitlichen Willensbildung die Mitbest. nicht auf Grund der Wahl der für eine Personengesellschaft atypischen Gesellschaftsform entfallen soll[1]. Die ArbN-Zurechnung ist in doppelter Hinsicht systemkonform, nämlich zum einen deswegen, da hierdurch die Mitbest. nur in einem Organ einer Kapitalgesellschaft iSv. § 1 I Nr. 1 erfolgt und zum anderen deshalb, da die für die ArbN relevanten Entscheidungen der Geschäftsleitung in der bzw. durch die Komplementärkapitalgesellschaft erfolgt (§§ 164, 170 HGB). Allerdings setzt die gesetzl. Zurechnung der ArbN der KG zur Komplementärgesellschaft voraus, dass (1) eine Mehrheitsidentität zwischen den Kommanditisten der KG und den Gesellschaftern der Komplementärkapitalgesellschaft besteht (dazu Rz. 4 ff.) (2) und die Komplementärgesellschaft keinen eigenen Geschäftsbetrieb mit idR mehr als 500 ArbN hat (dazu Rz. 7).

2 Die Ausnahmevorschrift des § 4 ist eng auszulegen und taugt nicht als Analogiebasis. Auf die **kapitalistische KGaA** (zB GmbH & Co. KGaA) findet § 4 I keine (auch nicht analoge) Anwendung[2]. Das Gleiche gilt für eine OHG, deren Gesellschafter ausschließlich Kapitalgesellschaften sind (zB **GmbH & Co. OHG**)[3]. § 4 kann auch nicht in der Weise entsprechend angewendet werden, dass die OHG-Gesellschafter, soweit sie in einer der Unternehmensmitbestimmung zugänglichen juristischen Person organisiert sind, einen mitbestimmten AR zu bilden haben, an deren AR-Wahlen die ArbN der OHG teilnehmen dürfen[4]; selbstverständlich bleibt § 5 in diesem Fall unberührt.

3 **II. Einfache Kapitalgesellschaft & Co. KG (Abs. 1 S. 1). 1. Rechtsform der Komplementärin.** Für die ArbN-Zurechnung nach Abs. 1 S. 1 ist vorausgesetzt, dass ein in § 1 I Nr. 1 bezeichnetes Unternehmen (AG, KGaA, GmbH, Genossenschaft) Komplementärin ist. Daher findet keine ArbN-Zurechnung nach Abs. 1 S. 1 bei der **Stiftung & Co. KG** (zB Lidl)[5] oder zum **Familienverein & Co. KG**[6] statt. Demgegenüber kann die Errichtung eines mitbestimmten AR bei der Komplementärkapitalgesellschaft wegen Abs. 1 im Regelfall nicht dadurch vermieden werden, dass neben der Komplementärkapitalgesellschaft zusätzlich noch eine natürliche Person als persönlich haftender Gesellschafter der Gesellschaft beitritt[7]. Allerdings kann im Einzelfall, abhängig insb. von der tatsächlichen Ausgestaltung der Geschäftsführungs- und Vertretungsbefugnisse und dem Grad des tatsächlichen Haftungsrisikos für die natürliche Person, eine Zurechnung der ArbN zur Komplementärkapitalgesellschaft ausscheiden[8].

4 Eine ArbN-Zurechnung nach Abs. 1 erfolgt nicht, wenn die persönlich haftende Gesellschafterin eine **ausländische Kapitalgesellschaft** ist (s. auch § 1 Rz. 8 ff.)[9]. Dies gilt auch, wenn neben einer inländischen Komplementärkapitalgesellschaft eine ausländische Kapitalgesellschaft als persönlich haftende Gesellschafterin tritt und die inländische Gesellschaft vollständig von der Geschäftsführung ausgeschlossen wird; Abs. 2 sperrt hier nicht, da die ausländische Kapitalgesellschaft geschäftsführungsbefugt bleibt[10].

5 Die mit der Veränderung in der Person des Komplementärs bei der KG erforderliche **Änderung des Gesellschaftsvertrages** (zB Eintritt einer natürlichen Person oder einer ausländischen Gesellschaft an Stelle einer inländischen Kapitalgesellschaft als Komplementär) ist nicht etwa deshalb nichtig, weil die Gesellschafter hiermit (auch) die Vermeidung der Unternehmensbestimmung bezweckt haben. Vielmehr gehört die Ausgestaltung der konkreten Gesellschaftsstruktur zum Kernbereich der Struktur- und Organisationsfreiheit der Gesellschafter (Art. 14 GG), die für die Anwendung der Rechtsinstitute des Verbots des Rechts- bzw. Gestaltungsmissbrauchs oder der Gesetzesumgebung nur einen ganz engen, auf wenige extreme Einzelfälle beschränkten Anwendungsbereich belassen[11].

6 **2. Mehrheitsidentität.** Die ArbN-Zurechnung zur Komplementärkapitalgesellschaft setzt eine Mehrheitskongruenz der Gesellschafterkreise der KG und der Komplementärkapitalgesellschaft voraus, wobei sich die Mehrheitsidentität auf Stimm- oder Anteilsmehrheit bezieht[12]. Das Merkmal der Mehrheits-

1 Vgl. BT-Drs. 7/2172, S. 20; *Reich/Lewerenz*, AuR 1976, 261 (267); ErfK/*Oetker*, § 4 MitbestG Rz. 2. | 2 BGH v. 24.2.1997 – II ZR 11/96, BGHZ 134, 392 ff.; *Henssler*, FS BGH II S. 387, 406; *Hoffmann-Becking/Herfs*, FS Sigle, S. 273, 279; *Sigle*, FS Peltzer, S. 539, 553; *Willemsen/Seibt*, Unternehmensumstrukturierung, F 61 FN 194; aA ErfK/*Oetker*, § 4 MitbestG Rz. 1; UHH/*Ulmer/Habersack*, § 1 MitbestG Rz. 39 f.; *Raiser*, § 4 MitbestG Rz. 45; *Joost*, ZGR 1998, 334 (343 ff.); *Hanau/Wackerbarth*, FS Lutter, S. 425, 445 f.; *Ullrich*, Unternehmensmitbestimmung in der kapitalistischen KGaA, S. 87 ff. | 3 Zutr. *Säcker*, DB 2003, 2535 (2536); *Bäumer*, Anwendung des MitbestG auf KG, S. 177 ff.; *U. H. Schneider*, ZGR 1977, 335 (444); *Kunze*, ZGR 1978, 321 (343 ff.); aA GroßKommAktG/*Oetker*, § 4 MitbestG Rz. 2; *Raiser*, § 4 MitbestG Rz. 5; *Wiesner*, GmbHR 1981, 36 (37). | 4 Zutr. *Säcker*, DB 2003, 2535 (2536); aA GK-MitbestG/*Naendrup*, § 25 Rz. 31. | 5 Vgl. *Willemsen/Seibt*, Unternehmensumstrukturierung, F 25; UHH/*Ulmer/Habersack*, § 4 MitbestG Rz. 7; *Wisskirchen/Bissels/Dannhorn*, DB 2007, 2258 (2259); *Brandmüller*, Gewerbliche Stiftung, 2. Aufl. (1998), S. 107; *Seifart/von Kampenhausen/Pöllath*, Hdb. Stiftungsrecht, 2. Aufl. (1999), § 13 Rz. 98; *Hennerkes*, StbJb. 1984/85, S. 117. | 6 Vgl. *Willemsen/Seibt;* Unternehmensumstrukturierung, F 25; *Sigle*, FS Peltzer, S. 539, 542, 548. | 7 ErfK/*Oetker*, § 4 MitbestG Rz. 1; *Raiser*, § 4 MitbestG Rz. 7; *Rowedder/Rittner/Schmidt-Leithoff*, GmbHG, Einl. Rz. 179; aA *Wiesner*, GmbHR 1981, 36 (39); *Lieb*, JA 1978, 262 (267); wohl auch *Zöllner*, ZGR 1977, 319 (331). | 8 Hierzu *Willemsen/Seibt*, Unternehmensumstrukturierung, F 26. | 9 Hierzu *Willemsen/Seibt*, Unternehmensumstrukturierung, F 19 u. 19a; *Werner*, GmbHR 2005, 288 (293 f.). | 10 *Willemsen/Seibt*, Unternehmensumstrukturierung, F 19a; aA UHH/*Ulmer/Habersack*, § 4 MitbestG Rz. 28. | 11 LG Düsseldorf v. 30.10.1979 – 25 AktE 1/77, AG 1980, 139 – Vorwerk & Co.; *Willemsen/Seibt*, Unternehmensumstrukturierung, F 26a; *Henssler*, ZfA 2000, 240 (250). | 12 ErfK/*Oetker*, § 4 MitbestG Rz. 3; UHH/*Ulmer/Habersack*, § 4 MitbestG Rz. 13; *Raiser*, § 4 MitbestG Rz. 9.

kongruenz liegt auch bei **sog. Einheitsgesellschaften** vor, bei der die KG die Anteile an der Komplementärin mehrheitlich oder alleine hält[1]. Die von einem **fremdnützigen Treuhänder oder Strohmann** ausgeübten Stimmen bzw. gehaltenen Anteile sind dem Treugeber zuzurechnen[2]. Demgegenüber führen weder **Stimmbindungsverträge**[3] noch **familienrechtl. Bindungen**[4] allein zu einer Anteils- oder Stimmenzurechnung im Rahmen von § 4; sie können indes Indiz für eine fremdnützige Treuhandschaft zu Gunsten der Mehrheitsgesellschafter bei der KG sein[5]. Werden **Anteile von verbundenen Unternehmen gehalten** oder bestehen **eigene Anteile** der Gesellschaften, finden § 16 II–IV AktG entsprechende Anwendung[6].

Besteht bei der KG ein **Beirat**, zu dessen Gunsten Zustimmungsvorbehalte bei bestimmten Maßnahmen und Rechtsgeschäften bestehen, und dessen Mitglieder durch die bzw. einzelne Kommanditisten bestimmt werden, so führt dies ohne Hinzutreten besonderer Umstände (zB Weisungsrechte zu Gunsten der KG-Mehrheitsgesellschafter) nicht zu einer von Abs. 1 vorausgesetzten Mehrheitsidentität unter besonderen Umständen[7]. 7

Streitig ist, ob die Sondervorschrift des § 4 I den **Rückgriff auf § 5 I bei Kapitalgesellschaften & Co. KG** sperrt[8]. Gegen die Sperrwirkung spricht, dass die Sonderzurechnungsnorm des § 4 I eine Gleichschaltung der Willensbildung der Komplementärin mit derjenigen der KG voraussetzt, während die Zurechnungsregelung in § 5 I den umgekehrten Fall der Beherrschung der KG durch die Komplementärin erfasst. Da die Komplementärin im Regelfall weder am Kapital der KG beteiligt sein noch ihr die Mehrheit der Stimmrechte zukommen wird, sondern gem. § 164 S. 1 HGB nur Geschäftsführungstätigkeiten gewöhnlicher Art für die KG ausüben wird, liegt im Normalfall keine Leitung iSv. § 18 AktG, § 5 I 1 durch die Komplementär-Kapitalgesellschaft vor. Eine beherrschende Stellung der Komplementärin, die zur Konzernzurechnung nach § 5 I 1 führen würde, kann erst angenommen werden, wenn diese auch berechtigt ist, ungewöhnliche Geschäfte ohne Zustimmung der Kommanditisten vorzunehmen[9]. 8

3. Kein eigener Geschäftsbetrieb mit idR mehr als 500 Arbeitnehmern. Eine Zurechnung der bei der KG beschäftigten ArbN zur Komplementärkapitalgesellschaft erfolgt nicht, wenn die persönlich haftenden Kapitalgesellschaft einen eigenen Geschäftsbetrieb mit idR mehr als 500 ArbN hat, der einer gegenüber den wirtschaftl. Zielen der KG **selbständigen, im Eigeninteresse ausgeübten Tätigkeit** dient[10]. Denn in diesem Fall liegt typischerweise kein einheitliches Unternehmen vor. Stattdessen ist dann bei der Komplementär-Kapitalgesellschaft nach §§ 4 I, 1 I DrittelbG ein drittelparitätisch besetzter AR einzurichten. Bei der Bestimmung der ArbN-Zahl werden nur solche ArbN berücksichtigt, die in einem solchermaßen qualifizierten Geschäftsbetrieb (Bestimmung nach wirtschaftl.-organisatorischen Kriterien[11]) beschäftigt sind, wobei die allgemeinen Konzernzurechnungsregeln gelten[12]. Mit der ausschließlichen Wahrnehmung der Komplementärfunktion betraute ArbN sind für Abs. 1 S. 1 nicht zu berücksichtigen[13]. 9

4. Sonderfälle. Ist eine Kapitalgesellschaft an mehreren KG sternförmig als jeweils persönlich haftende Gesellschafterin beteiligt, so werden ihr alle ArbN der KG zugerechnet, bei denen die Voraussetzungen 10

1 OLG Celle v. 30.8.1979 – 9 Wx 8/78, GmbHR 1979, 277 (278) – Stiebel-Eltron; *Willemsen/Seibt*, Unternehmensumstrukturierung, F 21; *Hölters*, DB 1977, 2232 (2233); *Kunze*, ZGR 1978, 321 (335); UHH/*Ulmer/Habersack*, § 4 MitbestG Rz. 17. |2 OLG Celle v. 30.8.1979 – 9 Wx 8/78, GmbHR 1979, 277, 278 – Stiebel-Eltron; LG Bremen v. 6.12.1979 – 20 Z 362/1977c, DB 1980, 349 (350) – Kühne & Nagel; OLG Bremen v. 30.4.1980 – 1 W 3/80(c), DB 1980, 1332 (1333) – Kühne & Nagel; *Willemsen/Seibt*, Unternehmensumstrukturierung, F 21; ErfK/*Oetker*, § 4 MitbestG Rz. 4; *Raiser*, § 4 MitbestG Rz. 11 (jedenfalls sofern nicht legitime wirtschaftliche Zwecke bestehen); UHH/*Ulmer/Habersack*, § 4 MitbestG Rz. 18; *Hölters*, DB 1979, 2232 (2233). |3 OLG Bremen v. 30.4.1980 – 1 W 3/80(c), DB 1980, 1332 (1333) – Kühne & Nagel; *Willemsen/Seibt*, Unternehmensumstrukturierung, F 21; *Raiser*, § 4 MitbestG Rz. 12; UHH/*Ulmer/Habersack*, § 4 MitbestG Rz. 15; einschr. MünchGesR/*Riegger*, Bd. 3: KG, § 7 Rz. 10; MünchArbR/*Wißmann*, § 367 Rz. 27. |4 OLG Bremen v. 30.4.1980 – 1 W 3/80(c), DB 1980, 1332 (1334) – Kühne & Nagel; *Raiser*, § 4 MitbestG Rz. 12; UHH/*Ulmer/Habersack*, § 4 MitbestG Rz. 15; *Wiesner*, GmbHR 1981, 36 (40); einschr. *Hölters*, DB 1977, 2232 (2233); vgl. auch zu § 5 I MitbestG BayObLG v. 6.3.2002 – 3 Z BR 343/00, NZG 2002, 579 (582) – Walter Holding II („Es gibt nämlich keinen Erfahrungssatz, wonach Familienangehörige stets gleichgerichtete Interessen verfolgen"). |5 Vgl. *Willemsen/Seibt*, Unternehmensumstrukturierung, F 21; ErfK/*Oetker*, § 4 MitbestG Rz. 4; UHH/*Ulmer/Habersack*, § 4 MitbestG Rz. 15; *Raiser*, § 4 MitbestG Rz. 12. |6 Vgl. *Willemsen/Seibt*, Unternehmensumstrukturierung, F 21; ErfK/*Oetker*, § 4 MitbestG Rz. 4; *Raiser*, § 4 MitbestG Rz. 10. |7 OLG Bremen v. 30.4.1980 – 1 W 3/80(c), DB 1980, 1322 ff. – Kühne & Nagel; *Willemsen/Seibt*, Unternehmensumstrukturierung, F 22 und 23. |8 Gegen Sperrwirkung ErfK/*Oetker*, § 5 MitbestG Rz. 4; UHH/*Ulmer/Habersack*, § 5 MitbestG Rz. 9; *Raiser*, § 5 MitbestG Rz. 20 f.; *Kunze*, ZGR 1978, 321 (330); *U. H. Schneider*, ZGR 1977, 335 (346); aA (für Sperrwirkung); *Binz*, Die GmbH & Co., § 16 Rz. 50 ff.; *Hölters*, RdA 1979, 335 (338); *Joost*, ZGR 1998, 334 (346 ff.); *Sigle*, FS Peltzer, S. 539, 550. |9 So auch *Willemsen/Seibt*, Unternehmensumstrukturierung, F 24; *Raiser*, § 5 MitbestG Rz. 21; UHH/*Ulmer/Habersack*, § 5 MitbestG Rz. 9; *Großmann*, BB 1996, 1392 ff.; *Zöllner*, ZGR 1977, 319 (334); iE auch OLG Celle v. 30.8.1979 – 9 Wx 8/78, GmbHR 1979, 277 ff. – Stiebel-Eltron; OLG Bremen v. 30.4.1980 – 1 W 3/80(c), DB 1980, 1332 ff. – Kühne & Nagel; aA WWKK/*Wißmann*, § 5 MitbestG Rz. 21; *Kunze*, ZGR 1978, 321 (328); *Sigle*, FS Peltzer, S. 539, 550. |10 Vgl. ErfK/*Oetker*, § 4 MitbestG Rz. 5; UHH/*Ulmer/Habersack*, § 4 MitbestG Rz. 19. |11 Vgl. *Raiser*, § 4 MitbestG Rz. 16. |12 Vgl. ErfK/*Oetker*, § 4 MitbestG Rz. 5; UHH/*Ulmer/Habersack*, § 4 MitbestG Rz. 20; *Kunze*, ZGR 1978, 321 (324); aA *Raiser*, § 5 MitbestG Rz. 16; *Hoffmann/Lehmann/Weinmann*, § 4 MitbestG Rz. 12. |13 Ähnlich ErfK/*Oetker*, § 4 MitbestG Rz. 5.

des Abs. 1 S. 1 vorliegen[1]. Hat eine KG mehrere Kapitalgesellschaften als persönlich haftende Gesellschafter, so werden jeder von ihnen alle ArbN der KG zugerechnet[2]. Halten natürliche Personen die das gesamte Unternehmen ausmachenden Geschäftsbereiche über solche Kapitalgesellschaften & Co. KG, bei denen keiner der Komplementärkapitalgesellschaften mehr als 2000 ArbN zuzurechnen sind, greift Abs. 1 S. 1 auch nicht vor dem Hintergrund des Gestaltungsmissbrauchs ein.

11 **III. Doppel- und mehrstöckige Kapitalgesellschaft & Co. KG.** Abs. 1 S. 2 und 3 erstrecken die Zurechnungsnorm des Abs. 1 S. 1 auf die doppel- und mehrstöckige Kapitalgesellschaft & Co. KG, also Gesellschaften, bei denen eine Kapitalgesellschaft & Co. KG ihrerseits Komplementärin einer KG ist bzw. sich dies fortsetzt (Gesetzgeberisches Ziel: Umgehungsschutz). Die Zurechnung der ArbN der nachfolgenden KG erfolgt lediglich bei der persönlich haftenden Kapitalgesellschaft als Komplementärin der obersten KG. Eine Zurechnung auf die Komplementär-KG der zweiten oder X. Stufe unterbleibt[3]. Die Voraussetzungen des Abs. 1 S. 1 müssen wegen des ausdrücklichen Wortlauts von § 4 I 2 nur für die Komplementärkapitalgesellschaft und nicht auch für die Komplementär-KG vorliegen[4].

12 **IV. Ausschluss von der Geschäftsführung (Abs. 2).** Abs. 2 erklärt für Zwecke des MitbestR den Ausschluss der eigentlich dem MitbestG unterworfenen Komplementärkapitalgesellschaft von der Geschäftsführung (§§ 114 I, 161 II HGB) für unzulässig, damit die mittelbare Mitbest. in der KG nach Abs. 1 S. 1 nicht faktisch vermieden werden kann[5]. Andere gesellschaftsvertragl. Regelungen zum Innenverhältnis der Gesellschafter werden im Grundsatz durch Abs. 2 (analog) nicht begrenzt, da eine weitere Einschränkung des das Recht der Personengesellschaften beherrschenden Vertragsfreiheit einer ausdrücklichen gesetzl. Regelung bedürfte. Dementsprechend ist entgegen der hM der **Ausschluss der Vertretungsmacht** (§§ 125 I, 161 II HGB) zu Gunsten eines weiteren Komplementärs nicht unzulässig[6]. Ebenso wenig steht Abs. 2 dem **Widerspruchsrecht weiterer Komplementäre** gem. § 115 I HGB oder den **Zustimmungsrechten der Kommanditisten** nach § 164 HGB entgegen[7]. Alleine die Einräumung einer Weisungsbefugnis der KG oder der Kommanditisten gegenüber der Komplementärkapitalgesellschaften in *allen* Angelegenheiten der laufenden Geschäftsführung unterfällt wegen der Ähnlichkeit zum Geschäftsführungsausschluss dem Nichtigkeitsverdikt von Abs. 2 (analog)[8].

5 *Konzern*

(1) Ist ein in § 1 Abs. 1 Nr. 1 bezeichnetes Unternehmen herrschendes Unternehmen eines Konzerns (§ 18 Abs. 1 des Aktiengesetzes), so gelten für die Anwendung dieses Gesetzes auf das herrschende Unternehmen die Arbeitnehmer der Konzernunternehmen als Arbeitnehmer des herrschenden Unternehmens. Dies gilt auch für die Arbeitnehmer eines in § 1 Abs. 1 Nr. 1 bezeichneten Unternehmens, das persönlich haftender Gesellschafter eines abhängigen Unternehmens (§ 18 Abs. 1 des Aktiengesetzes) in der Rechtsform einer Kommanditgesellschaft ist.

(2) Ist eine Kommanditgesellschaft, bei der für die Anwendung dieses Gesetzes auf den persönlich haftenden Gesellschafter die Arbeitnehmer der Kommanditgesellschaft nach § 4 Abs. 1 als Arbeitnehmer des persönlich haftenden Gesellschafters gelten, herrschendes Unternehmen eines Konzerns (§ 18 Abs. 1 des Aktiengesetzes), so gelten für die Anwendung dieses Gesetzes auf den persönlich haftenden Gesellschafter der Kommanditgesellschaft die Arbeitnehmer der Konzernunternehmen als Arbeitnehmer des persönlich haftenden Gesellschafters. Absatz 1 Satz 2 sowie § 4 Abs. 2 sind entsprechend anzuwenden.

(3) Stehen in einem Konzern die Konzernunternehmen unter der einheitlichen Leitung eines anderen als eines in Absatz 1 oder 2 bezeichneten Unternehmens, beherrscht aber die Konzernleitung über ein in Absatz 1 oder 2 bezeichnetes Unternehmen oder über mehrere solcher Unternehmen andere Konzernunternehmen, so gelten die in Absatz 1 oder 2 bezeichneten und der Konzernleitung am nächsten stehenden Unternehmen, über die die Konzernleitung andere Konzernunternehmen beherrscht, für die Anwendung dieses Gesetzes als herrschende Unternehmen.

1 **I. Regelungsinhalt.** Es ist eine der Leitideen des MitbestG, die Mitwirkung der ArbN an unternehmensbezogenen Entscheidungsprozessen über eine Beteiligung von ArbN-Vertretern im Geschäftsleitungskontrollorgan der Gesellschaft sicherzustellen, bei der auch die für den ArbN wichtigen unternehmerischen Entscheidungen getroffen werden[9]. Es ist daher überzeugend, über Konzernzurechnungsvor-

1 Vgl. ErfK/*Oetker*, § 5 MitbestG Rz. 6; UHH/*Ulmer/Habersack*, § 5 MitbestG Rz. 10; *Raiser*, § 4 MitbestG Rz. 6. |2 Vgl. UHH/*Ulmer/Habersack*, § 5 MitbestG Rz. 24; *Raiser*, § 5 MitbestG Rz. 17. |3 Vgl. ErfK/*Oetker*, § 4 MitbestG Rz. 7. |4 Vgl. ErfK/*Oetker*, § 4 MitbestG Rz. 7; UHH/*Ulmer/Habersack*, § 4 MitbestG Rz. 22; aA *Raiser*, § 4 MitbestG Rz. 15. |5 Vgl. BT-Drs. 7/2172, S. 21. |6 *Hoffmann/Lehmann/Weinmann*, § 4 MitbestG Rz. 52; aA UHH/*Ulmer/Habersack*, § 4 MitbestG Rz. 27; *Raiser*, § 4 MitbestG Rz. 25. |7 Vgl. UHH/*Ulmer/Habersack*, § 4 MitbestG Rz. 29; *Raiser*, § 4 MitbestG Rz. 25. |8 UHH/*Ulmer/Habersack*, § 4 MitbestG Rz. 30; *Raiser*, § 4 MitbestG Rz. 25; aA *Hoffmann/Lehmann/Weinmann*, § 4 MitbestG Rz. 58. |9 Vgl. BayObLG v. 24.3.1998 – 3 Z BR 236/96, NZA 1998, 956 (957) – Walter Holding I; BAG v. 18.6.1970 – 1 ABR 3/70, DB 1970, 1595 f.; *Lutter*, Mitbestimmung und Konzern, S. 6; WWKK/*Wißmann*, § 5 MitbestG Rz. 2; *Raiser*, § 5 MitbestG Rz. 1; *Willemsen/Seibt*, Unternehmensumstrukturierung, F 35.

schriften wie § 5 die ArbN-Vertretung grds. im AR der Konzernobergesellschaft anzusiedeln, da dort idR die für alle beteiligten Konzernunternehmen maßgebliche Kontrolle ausgeübt wird. Darüber hinaus wirkt die Konzernzurechnungsklausel des § 5 Gestaltungen entgegen, durch Verlagerung von Geschäftsbereichen in nachgelagerte Konzernstufen die Unternehmensmitbest. zu vermeiden.

Liegen die Konzernvoraussetzungen des § 5 vor, so gelten die ArbN der abhängigen Unternehmen (Rz. 5) zugleich als solche des herrschenden Unternehmens (Rz. 4) und sind bei der Feststellung der ArbN-Zahl des herrschenden Unternehmens (§§ 1 I Nr. 2, 7 I) zu berücksichtigen. Weiterhin kommen den ArbN des abhängigen Unternehmens auch ein aktives sowie passives Wahlrecht für den AR des herrschenden Unternehmens zu. Ob darüber hinaus auch im abhängigen Unternehmen ein mitbestimmter AR zu bilden ist, richtet sich davon isoliert nach den Mitbestimmungsgesetzen. 2

II. Unterordnungskonzern. 1. Konzernbegriff. Die Zurechnung der ArbN von Konzernunternehmen zur Konzernobergesellschaft setzt voraus, dass jene in einer der in § 1 I Nr. 1 aufgeführten Rechtsform verfasst und herrschendes Unternehmen eines Konzerns ist. Für den Konzernbegriff verweist Abs. 1 S. 1 auf § 18 I AktG. Da allerdings § 5 dem Schutz der Mitbest. der ArbN dient und nicht dem Schutz von Minderheitsgesellschaftern und Gläubigern, wie die aktienrechtl. Konzernvorschriften, ist der Konzernbegriff im Rahmen von § 5 **originär mitbestimmungsrechtlich zu konturieren**[1]. 3

2. Herrschendes Unternehmen. Herrschendes Unternehmen iSv. Abs. 1 S. 1 kann jedes Unternehmen sein, das in einer der in § 1 I Nr. 1 aufgeführten Rechtsform verfasst ist. Abweichend vom Aktienkonzernrecht bedarf es darüber hinaus keiner eigenen Unternehmenstätigkeit und keiner maßgeblichen Beteilung des herrschenden Unternehmens an weiteren Gesellschaften[2]. Auch eine arbeitnehmerlose Gesellschaft kann herrschendes Unternehmen iSv. § 5 I 1 sein[3]. 4

3. Abhängiges Unternehmen. Abhängiges Unternehmen iSv. Abs. 1 S. 1 kann jedes Unternehmen, unabhängig von dessen Rechtsform, sein[4]. Dies gilt auch für Körperschaften und Anstalten des öffentl. Rechts, wenngleich die Ausgestaltung der Leitungsmacht durch das herrschende Unternehmen im Einzelfall auf öffentl.-rechtl. Vorgaben Rücksicht nehmen muss[5]. 5

4. Leitung. Abweichend vom Aktienkonzernrecht gilt bei Abs. 1 S. 1 nach hM ein weiter Begriff der einheitlichen Leitung, für dessen Annahme es genügt, wenn das herrschende Unternehmen einzelne Unternehmensbereiche (Sparten, Funktionen) des abhängigen Unternehmens leitet[6]. Dabei wird die einheitliche Leitung des oder der abhängigen Unternehmen durch das herrschende Unternehmen vermutet (§ 18 I 3 AktG)[7]. Die **Vermutung** nach §§ 17 II, 18 I 3 AktG ist allerdings auch im Rahmen von § 5 **widerlegbar**, wobei entsprechend des *Telos* der Unternehmensmitbest. in Konzernen der Gegenstand der Widerlegung der Umstand ist, dass das herrschende Unternehmen eine solche einheitliche Leitung nicht ausübt[8]. Zur Widerlegung der Vermutung muss der Nachweis erbracht sein, dass das herrschende Unternehmen die Mittel, welche die Ausübung einer einheitlichen Leitung möglich machen, nicht zu diesem Zweck einsetzt, und dass die Bereiche, in denen die einheitliche Leitung üblicherweise sichtbar werden, ausschließlich und nachhaltig nach dem uneingeschränkten Eigeninteresse des abhängigen Unternehmens gesteuert werden, wobei vereinzelte Einflussnahmen der herrschenden Gesellschaft der Widerlegung nicht entgegenstehen[9]. Die Konzernvermutung nach § 18 I AktG kann zB durch den Abschluss eines sog. Entherrschungsvertrages zwischen dem herrschenden und den abhängigen Unternehmen widerlegt werden[10]. 6

5. Sonderfall: Vermögensholding. Eine einheitliche Leitung iSv. Abs. 1 S. 1 liegt nicht vor und die Konzernvermutung nach § 18 I AktG ist widerlegt, wenn es sich bei der Konzernobergesellschaft um 7

---

1 Vgl. BayObLG v. 24.3.1998 – 3 Z BR 236/96, NZA 1998, 956 (957) – Walter Holding I; OLG Düsseldorf v. 30.1.1979 – 19 W 17/78, AG 1979, 318 (319) – Hoechst/Herberts; OLG Zweibrücken v. 9.11.1983 – 3 W 25/83, AG 1984, 80 (81) – Hochtief/Streif; OLG Frankfurt/M. v. 10.11.1986 – 20 W 27/86, WM 1987, 237 (238) – VDM; LG München I v. 25.9.1995 – 21 O 21794/93, AG 1996, 186 (187) – RWE/Lech-Elektrizitätswerke; ErfK/*Oetker*, § 5 MitbestG Rz. 2; UHH/*Ulmer/Habersack*, § 5 MitbestG Rz. 11. | 2 BayObLG v. 24.3.1998 – 3 Z BR 236/96, NZA 1998, 956 (957) – Walter Holding I; OLG Stuttgart v. 3.5.1989 – 3 W 25/83, BB 1989, 1005 (1006) – Mahle-Beteiligungen; ErfK/*Oetker*, § 5 MitbestG Rz. 3; UHH/*Ulmer/Habersack*, § 5 MitbestG Rz. 16; *Raiser*, § 5 MitbestG Rz. 5. | 3 BayObLG v. 24.3.1998 – 3 Z BR 236/96, NZA 1998, 956 (957) – Walter Holding I, OLG Stuttgart v. 3.5.1989 – 3 W 38/89, BB 1989, 1005 (1006) – Mahle-Beteiligungen; ErfK/*Oetker*, § 5 MitbestG Rz. 3; aA OLG Bremen v. 30.4.1980 – 1 W 3/80 (c), DB 1980, 1332 (1334) – Kühne & Nagel. | 4 ErfK/*Oetker*, § 5 MitbestG Rz. 5; *Raiser*, § 5 MitbestG Rz. 7. | 5 Vgl. ErfK/*Oetker*, § 5 MitbestG Rz. 5; *Raiser*, § 5 MitbestG Rz. 9; vgl. auch VerfGH Berlin v. 21.10.1999 – VerfGH 42/99, DVBl 2000, 51 ff.; *Schuster*, FS Bezzenberger, S. 757 ff. | 6 Vgl. BayObLG v. 24.3.1998 – 3 Z BR 236/96, NZA 1998, 956 (958) – Walter Holding I; OLG Düsseldorf v. 30.1.1979 – 19 W 17/78, AG 1979, 318 (319) – Hoechst/Herberts; LG Köln v. 3.4.1984 – 3 AktE 1/82, AG 1985, 252 (253) – Industrieverwaltung; ErfK/*Oetker*, § 5 MitbestG Rz. 6; UHH/*Ulmer/Habersack*, § 5 MitbestG Rz. 23; *Raiser*, § 5 MitbestG Rz. 13; aA *Hoffmann/Lehmann/Weinmann*, § 5 MitbestG Rz. 22. | 7 Vgl. UHH/*Ulmer/Habersack*, § 5 MitbestG Rz. 27; *Raiser*, § 5 MitbestG Rz. 14. | 8 Vgl. BayObLG v. 6.3.2002 – 3 Z BR 343/00, NZG 2002, 579 (581) – Walter Holding II; ArbG Düsseldorf v. 8.9.2004 – 10 BVGa 23/04, AuR 2005, 338; GroßKommAktG/*Oetker*, § 5 MitbestG Rz. 4; *Willemsen/Seibt*, Unternehmensumstrukturierung, F 35a. | 9 Vgl. BayObLG v. 6.3.2002 – 3 Z BR 343/00, NZG 2002, 579 (581) – Walter Holding II; *Willemsen/Seibt*, Unternehmensumstrukturierung, F 35a. | 10 Hierzu GroßKommAktG/*Windbichler*, § 17 Rz. 76; *Willemsen/Seibt*, Unternehmensumstrukturierung, F 35a.

eine reine Vermögensholding (im Gegensatz zu einer Management-, Führungs- oder Mischholding) handelt, die sich, **ohne Führungsaufgaben in den Tochtergesellschaften wahrzunehmen**, auf die **bloße Verwaltung ihre Beteiligungen**, einschließlich der damit verbundenen Finanzierungs- und Verwaltungsaufgaben beschränkt. Dabei wird die Annahme einer Vermögensholding nicht alleine dadurch ausgeschlossen, dass sie die Überwachung der Geschäftsführung in den Tochterunternehmen über von ihr gewählte AR-Mitglieder durchführt[1]. Ferner kann die Ausübung einheitlicher Leitung auch durch Abschluss eines **sog. Entherrschungsvertrages** zwischen dem herrschenden Unternehmen und dem bzw. den abhängigen Unternehmen ausgeschlossen werden[2].

8 **6. Sonderfall: Konzern im Konzern.** In mehrstufigen Konzernen werden die ArbN von Enkelunternehmen unter den Voraussetzungen des Abs. 1 ebenso wie die von Tochterunternehmen der Konzernobergesellschaft zugerechnet. Nach hM (und abweichend vom Aktienkonzernrecht[3]) erfolgt eine Zurechnung von ArbN nachgeordneter Unternehmen zu einer Konzernzwischengesellschaft nach § 5 I 1, wenn die Konzernzwischengesellschaft einen von der Konzernobergesellschaft eingeräumten Entscheidungsspielraum hat und insoweit Leitungsmacht über die nachgeordneten Konzernunternehmen ausübt (Problem des Konzerns im Konzern)[4]. Der hM ist zuzustimmen, da sie bei einer dezentralisierten Konzernorganisation mit Leitungsmacht auf verschiedenen Stufen den *Telos* der Unternehmensmitbestimmung entsprechend, mitbestimmte Aufsichtsräte bei sämtlichen Leitungsgesellschaften einzurichten hilft, bei denen maßgebliche, die ArbN betreffende Entscheidungen gefällt werden. Ob eine Zwischenholdinggesellschaft tatsächlich eigenverantwortlich einen Konzernteil führt und es sich nicht nur um eine von der Konzernobergesellschaft delegierte, abgeleitete Leitung handelt, ist nach den Umständen des Einzelfalls zu prüfen. Dabei sind **strenge Anforderungen an die eigenverantwortliche Leitung durch die Zwischenholdinggesellschaft** zu stellen; bei Zweifeln ist vom Regelfall auszugehen, nämlich von der Ausübung einer einheitlichen Leitungsmacht durch die Konzernobergesellschaft[5]. Eine dezentralisierte Unternehmensstruktur oder ein eigener Konzernabschluss bzw. Konzerngeschäftsbericht der Zwischenholding ist kein Indiz für eine Aufspaltung der Leitungsmacht[6]. Die Konzernobergesellschaft muss vielmehr ihre zentrale Leitungsbefugnis im vollen Umfang an die Zwischengesellschaft abgegeben haben, so dass zwischen ihr und jener nur noch eine lose Rechtsbeziehung verbleibt und der AR der Konzernobergesellschaft seine Aufsichtsfunktion hinsichtlich der an die Zwischengesellschaft abgegebenen Geschäftsbereiche nicht mehr wahrzunehmen vermag[7]. Gegen eine solche Abgabe der zentralen Leitungsbefugnisse sprechen als Indizien zB das Bestehen eines Beherrschungsvertrages zwischen der Konzernobergesellschaft und der Zwischenholdinggesellschaft (ggf. mit zahlreichen Zustimmungsvorbehalten zu Gunsten der Konzernleitung[8]) oder eines zentralisierten Berichtswesens und Controlling[9]. Auch die Personalunion der Führungspersonen in Konzernobergesellschaften und nachgeordneten Zwischengesellschaften oder die Konzernsteuerung mithilfe dafür eingesetzter zentraler Gremien sind ein starkes Indiz für eine fehlende eigenverantwortliche Führung durch die Zwischenholdinggesellschaft[10].

9 **7. Sonderfall: Tendenzkonzern.** Siehe hierzu § 1 Rz. 13 ff.

10 **III. Gemeinschaftsunternehmen.** Sind zwei (oder mehrere) Muttergesellschaften gemeins. in der Weise an einem anderen Unternehmen beteiligt, dass sie nur auf Grund dauerhafter gemeins. Willensbildung Einfluss auf das Gemeinschaftsunternehmen nehmen können, so bildet nach hM das Gemeinschaftsunternehmen mit beiden Muttergesellschaften einen Unterordnungskonzern, mit der Folge, dass

---

1 BayObLG v. 24.3.1998 – 3 Z BR 236/96, NZA 1998, 956 (957) – Walter Holding I; *Willemsen/Seibt*, Unternehmensumstrukturierung, F 35a. | 2 *Willemsen/Seibt*, Unternehmensumstrukturierung, F 35. | 3 Vgl. *Hüffer*, § 18 AktG Rz. 14; MüKoAktG/*Bayer*, § 18 Rz. 42. | 4 OLG Düsseldorf v. 30.1.1979 – 25 AktE 1/78, AG 1979, 318 (319) – Hoechst/Herberts; OLG Zweibrücken v. 9.11.1983 – 3 W 25/83, AG 1984, 80 (81) – Hochtief/Streif; OLG Frankfurt v. 10.11.1986 – 20 W 27/86, WM 1987, 237 (238) – VDM; LG München I v. 25.9.1995 – 21 O 21794/93, AG 1996, 186 (187) – RWE/Lech-Elektrizitätswerke; LG Hamburg v. 26.6.1995 – 321 T 61/94, AG 1996, 89 f. – AMB/Volksfürsorge; ErfK/*Oetker*, § 5 MitbestG Rz. 8; UHH/*Ulmer/Habersack*, § 5 MitbestG Rz. 38 f.; *Raiser*, § 5 MitbestG Rz. 23; MüKoAktG/*Gach*, § 5 MitbestG Rz. 24 f.; *Willemsen/Seibt*, Unternehmensumstrukturierung, F 46; *Duden*, ZHR 1977, 145 (158); *Konzen*, ZIP 1984, 269 ff.; *Geßler*, BB 1997, 1313 (1318); offen OLG Düsseldorf v. 27.12.1996 – 19 W 4/96, AG 1997, 129 (130) – Babcock/BSH; aA *Richardi*, FS Zeuner, S. 147, 158; *Meik*, BB 1991, 2441 (2443 f.); *Windbichler*, Arbeitsrecht im Konzern, S. 524 ff.; *Meilicke/Meilicke*, BB 1978, 406 (409). | 5 So auch ErfK/*Oetker*, § 5 MitbestG Rz. 9; UHH/*Ulmer/Habersack*, § 5 MitbestG Rz. 42; *Raiser*, § 5 MitbestG Rz. 24; zu einer Analyse der strengen Rspr. der ordentlichen Gerichte *Richardi*, FS Zeuner, S. 147, 155 ff.; *Oetker*, ZGR 2000, 19 (32 f.). | 6 OLG Zweibrücken v. 9.11.1983 – 3 W 25/83, AG 1984, 80 (81) – Hochtief/Streif; LG Hamburg v. 26.6.1995 – 321 T 61/94, AG 1996, 89 (90) – AMB/Volksfürsorge; LG München I v. 25.9.1995 – 21 O 21794/93, AG 1996, 186 (187) – RWE/Lech-Elektrizitätswerke; ErfK/*Oetker*, § 5 MitbestG Rz. 9. | 7 OLG Düsseldorf v. 27.12.1996 – 19 W 4/96, AG 1997, 129, 130 – Babcock BSH; OLG Zweibrücken v. 9.11.1983 – 3 W 25/83, AG 1984, 80 (81) – Hochtief/Streif; ErfK/*Oetker*, § 5 MitbestG Rz. 9. | 8 Vgl. OLG Zweibrücken v. 9.11.1983 – 3 W 25/83, AG 1984, 80 (81) – Hochtief/Streif; OLG Frankfurt v. 10.11.1986 – 20 W 27/86, WM 1987, 237 (238) – VDM; *Willemsen/Seibt*, Unternehmensumstrukturierung, F 46; *Raiser*, § 5 MitbestG Rz. 24. | 9 Vgl. OLG Düsseldorf v. 27.12.1996 – 19 W 4/96, AG 1997, 129 (130) – Babcock BSH; LG München I v. 25.9.1995 – 21 O 21794/93, AG 1996, 186 (187), RWE/Lech-Elektrizitätswerke; *Willemsen/Seibt*, Unternehmensumstrukturierung, F 46; *Raiser*, § 5 MitbestG Rz. 24. | 10 Vgl. LG Hamburg v. 26.6.1995 – 321 T 61/94, AG 1996, 89 (90) – AMB/Volksfürsorge; *Willemsen/Seibt*, Unternehmensumstrukturierung, F 46; *Raiser*, § 5 MitbestG Rz. 24.

(1) die ArbN des Gemeinschaftsunternehmens gem. Abs. 1 auch beiden Muttergesellschaften zugerechnet und (2) die ArbN in beiden Konzernsträngen aktiv und passiv wahlberechtigt werden[1]. Dabei sind an das Erfordernis einer dauerhaften einheitlichen Leitung durch mehrere Muttergesellschaften strenge Anforderungen zu stellen. Das Bestehen einer 50 : 50-Beteiligung ohne weitere Absprachen reicht hierfür nicht aus[2]. Vielmehr bedarf es **besonderer satzungsrechtl. oder vertragl. Gestaltungen**, wie des Abschlusses eines Konsortial-, Stimmenpool- oder sonstigen Koordinationsvertrages, um eine einheitliche Leitungsgemeinschaft des Unternehmens herzustellen und auf Dauer zu gewährleisten[3]. Die **bloße Personenidentität der Geschäftsleitungsorgane** der gemeins. mehrheitsbeteiligten Unternehmen reicht ebenso wenig aus[4] wie eine bloße Interessenparallelität im Hinblick auf die Unternehmenspolitik[5].

IV. Kapitalgesellschaft & Co. KG als Konzernspitze (Abs. 1 S. 2, Abs. 2). Abs. 2 S. 1 bestimmt für den Fall, dass eine Kapitalgesellschaft & Co. KG herrschendes Unternehmen eines Konzerns ist, dass die ArbN der abhängigen Unternehmen nach Abs. 1 S. 1 der Komplementärkapitalgesellschaft zuzurechnen sind, wenn die Voraussetzungen des § 4 I zwischen der herrschenden KG und ihrer Komplementärin gegeben sind[6]. Nach Abs. 2 S. 2 Hs. 1 iVm. Abs. 1 S. 2 sind der Komplementärkapitalgesellschaft die ArbN von Komplementärkapitalgesellschaften abhängiger Kapitalgesellschaften & Co. KG zuzurechnen. Ist die Komplementärkapitalgesellschaft der abhängigen KG selbst abhängiges Unternehmen der herrschenden KG, greift allerdings bereits Abs. 2 S. 1 ein. Zudem bestimmt Abs. 2 S. 2 Hs. 2 durch Verweis auf § 4 II, dass die mitbestimmte Komplementärkapitalgesellschaft nicht von der Geschäftsführung der herrschenden AG ausgeschlossen werden darf (s. § 4 Rz. 10). 11

V. Teilkonzernspitze (Abs. 3). 1. Grundfall. Der mit Abs. 1 S. 1 verfolgte Leitsatz, dass die Konzernmitbest. im herrschenden Unternehmen anzusiedeln ist, scheitert, wenn die Konzernobergesellschaft selbst nicht mitbestimmungspflichtig ist. Dies ist zB der Fall, wenn das herrschende Unternehmen in einer nicht unter § 1 I Nr. 1 aufgeführten Rechtsform verfasst ist (zB einzelkaufmännisches Unternehmen, Personengesellschaft, Stiftung, Verein), eine reine Vermögensholding ist (dazu Rz. 7), seinen tatsächlichen Verwaltungssitz im Ausland hat (dazu Rz. 14) oder als Tendenzunternehmen nicht der Mitbest. unterfällt (dazu Rz. 13 und § 1 Rz. 13 ff.). Um diesem vom Gesetzgeber als unbefriedigend empfundenen Ergebnis zu begegnen, ist in Abs. 3 vorgesehen, dass die Konzernmitbest. solchenfalls in dem der Konzernobergesellschaft am nächsten stehenden Unternehmen stattfindet, welches die gesetzl. Voraussetzungen erfüllt. Ob für das in Abs. 3 enthaltene Merkmal der Beherrschung der Konzernleitung *über* nachgeordnete Konzernunternehmen erforderlich ist, dass das der Konzernleitung am nächsten stehende Unternehmen wenigstens noch gewisse Mindestfunktionen einer Konzernleitung erfüllen muss (zB in Gestalt der Weiterleitung von Weisungen der Konzernobergesellschaft an die weiteren Konzernunternehmen[7]) oder ob es alleine auf die Kapitalverflechtung zwischen diesen beiden Gesellschaften ankommt[8], ist streitig. Der Annahme, dass eine bloße **Kapitalverflechtung ohne Ausübung gewisser Leitungsfunktionen durch die Teilkonzernspitze** ausreichend sei, ist nicht überzeugend, da Abs. 3 nur einen Sonderfall einer (fiktiven) Teilkonzernspitze regelt und insofern die gleichen Rspr.-Grundsätze zur Anerkennung eines Konzerns im Konzern gelten sollten[9]. Die gegenteilige Ansicht könnte auch dazu führen, dass ein mitbestimmter AR in solchen Zwischenunternehmen zu bilden ist, die keine Informationen über Leitungsentscheidung auf der Konzernobergesellschaft bekommen und damit praktisch funktionslos sind[10]. 12

---

1 BAG v. 16.8.1995 – 7 ABR 57/94, AG 1996, 367 (368 f.) = AP Nr. 30 zu § 76 BetrVG 1952 m. zust. Anm. *Hueck*; v. 30.10.1986 – 6 ABR 19/85, WM 1987, 1551 (1554) – Gildemeister (zu § 54 BetrVG); LAG Hamm v. 17.8.1977 – 3 Ta BV 46/77, DB 1977, 2052; *Willemsen/Seibt*, Unternehmensumstrukturierung, F 51; ErfK/*Oetker*, § 5 MitbestG Rz. 13; UHH/*Ulmer/Habersack*, § 5 MitbestG Rz. 47 f.; *Raiser*, § 5 MitbestG Rz. 26 f.; *Lutter*, Mitbestimmung im Konzern, S. 11; *Knaub*, Unternehmerische Mitbestimmung im Konzern, S. 266 ff.; *Klückers*, Problemfälle der Arbeitnehmerzurechnung, S. 177 f.; *Klinkhammer*, Mitbestimmung in Gemeinschaftsunternehmen, S. 143 ff.; *Löwisch*, FS Schlechtriem, S. 832, 843 ff.; aA *Hoffmann/Lehmann/Weinmann*, § 5 MitbestG Rz. 39 ff.; *Bayer*, ZGR 1977, 173 (187 ff.); *Duden*, ZHR 1977 (145); *Wessing/Hölters*, DB 1977, 864 (866); *Windbichler*, Arbeitsrecht im Konzern, S. 522 ff. |2 *Willemsen/Seibt*, Unternehmensumstrukturierung, F 51; *Böttcher/Liekefett*, NZG 2003, 701 (703); *Hüffer*, § 17 AktG Rz. 16; GK-BetrVG/*Kraft*, § 76 BetrVG 1952 Rz. 162 ff.; aA ErfK/*Oetker*, § 5 MitbestG Rz. 11. |3 Ausf. *Böttcher/Liekefett*, NZG 2003, 701 (703 ff.); vgl. auch *Willemsen/Seibt*, Unternehmensumstrukturierung, F 51. |4 BAG v. 16.8.1995 – 7 ABR 57/94, AG 1996, 367 (386 f.) = AP Nr. 30 zu § 76 BetrVG 1952 m. zust. Anm. *Hueck*; *Willemsen/Seibt*, Unternehmensumstrukturierung, F 51. |5 Wohl aA BAG v. 13.10.2004 – 7 ABR 56/03, NZG 2005, 512 (514) (zu § 54 BetrVG). |6 ErfK/*Oetker*, § 5 MitbestG Rz. 17. |7 So LG Hamburg v. 26.6.1995 – 321 T 61/94, AG 1996, 89 f. – AMB/Volksfürsorge; OLG Celle v. 22.3.1993 – 9 W 130/92, BB 1993, 957 (959) – Preussag/Salzgitter; LG Stuttgart v. 11.5.1993 – 2 AktE 1/92, ZIP 1993 (1406 ff.) – Charles Vögele (Vorinstanz, aufgehoben durch OLG Stuttgart); *Willemsen/Seibt*, Unternehmensumstrukturierung, F 49; ErfK/*Oetker*, § 5 MitbestG Rz. 20; UHH/*Ulmer/Habersack*, § 5 MitbestG Rz. 70; *Meilicke/Meilicke*, BB 1978, 406 (410); *Wisskirchen/Bissels/Dannhorn*, DB 2007, 2258 (2261). |8 So OLG Stuttgart v. 10.3.1995 – 8 W 355/93, ZIP 1995, 1004 ff. m. zust. Anm. *Mankowski* – Charles Vögele; OLG Düsseldorf v. 30.10.2006 – I-26 W 14/06, WM 2007, 165 (167); MüKoAktG/*Gach*, § 5 MitbestG Rz. 38; *Lutter*, ZGR 1977, 195 (213); *Romeikat*, Konzernmitbestimmung auf nachgeordneten Konzernstufen, S. 136 f. |9 *Willemsen/Seibt*, Unternehmensumstrukturierung, F 49; schwächer ErfK/*Oetker*, § 5 MitbestG Rz. 20: geringere Anforderungen als in Fällen des Konzern im Konzern. |10 Kritisch zu Recht *Willemsen/Seibt*, Unternehmensumstrukturierung, F 49; *Theisen*, AG 1998, 153 (158); ErfK/*Oetker*, § 5 MitbestG Rz. 21; *Hanau/Wackerbarth*, FS Lutter, S. 425, 440 f.; *Marsch-Barner*, WuB 1995, 901.

13 **2. Tendenzunternehmen.** Ist ein herrschendes Unternehmen iSv. § 1 I Nr. 1 nach § 1 IV (Tendenzunternehmen) nicht mitbestimmungspflichtig, so scheidet wegen dessen Wortlaut eine unmittelbare Anwendung des Abs. 3 aus. Sofern nachgeordnete Konzernunternehmen selbst keinen Tendenzcharakter aufweisen, ist jedoch Abs. 3 entsprechend anzuwenden[1].

14 **3. Ausländische Unternehmen.** Auf Grund des völkerrechtl. Territorialitätsprinzips ist der Geltungsbereich des MitbestG auf das Inland beschränkt (hierzu § 1 Rz. 7). Dies hat zur Folge, dass ArbN ausländischer Tochtergesellschaften der Konzernobergesellschaft nicht zugerechnet werden und dass bei einer ausländischen Konzernobergesellschaft jede ArbN-Zurechnung nach Abs. 1 zu ihr entfällt[2]. In diesem Fall kann allerdings die Teilkonzernregelung in Abs. 3 Anwendung finden (Rz. 12). Ein grenzüberschreitender Beherrschungsvertrag zwischen der ausländischen Konzernobergesellschaft und der inländischen Teilkonzernspitze ist zulässig und lässt im Regelfall die Unternehmensmitbest. in der inländischen Teilkonzernspitze entfallen[3].

15 **4. Europäische Aktiengesellschaft (Societas Europaea).** Keine Anwendung findet Abs. 3 auf die mitbestimmungsfreie SE deutscher Prägung als Konzernspitze auf der Ebene der von dieser SE gehaltenen Zwischenholding, die über eine der in § 1 I Nr. 1 genannten Rechtsformen verfügt. Sinn und Zweck des Abs. 3 ist, das Versagen der Konzernmitbest. auf der Ebene der Konzernobergesellschaft zu kompensieren, mithin die dadurch entstehende und vom Gesetzgeber als unbefriedigend empfundene Mitbestimmungslücke zu schließen (Rz. 12). Hier unterliegt die SE als Konzernspitze zwar nicht der Mitbest. nach dem MitbestG, aber der durch das SEBG geregelten Mitbest., so dass der Normzweck der Vorschrift gegen eine Anwendung des Abs. 3 spricht[4]. Dies gilt auch bei Gründung der SE durch Umwandlung (vgl. Art. 37 SE-VO). In diesem Fall unterliegen die Mitbestimmungsrechte zwar dem Bestandsschutz der §§ 21 VI, 35 I SEBG, aber der Zweck des Abs. 3 gebietet nicht, dass auf der Ebene der unmittelbar der SE nachgeordneten inländischen Tochtergesellschaft zusätzliche Mitbestimmungsrechte entstehen[5].

Zweiter Teil. Aufsichtsrat

Erster Abschnitt. Bildung und Zusammensetzung

6 *Grundsatz*

(1) Bei den in § 1 Abs. 1 bezeichneten Unternehmen ist ein Aufsichtsrat zu bilden, soweit sich dies nicht schon aus anderen gesetzlichen Vorschriften ergibt.

(2) Die Bildung und die Zusammensetzung des Aufsichtsrats sowie die Bestellung und die Abberufung seiner Mitglieder bestimmen sich nach den §§ 7 bis 24 dieses Gesetzes und, soweit sich dies nicht schon aus anderen gesetzlichen Vorschriften ergibt, nach § 96 Abs. 2, den §§ 97 bis 101 Abs. 1 und 3 und den §§ 102 bis 106 des Aktiengesetzes mit der Maßgabe, dass die Wählbarkeit eines Prokuristen als Aufsichtsratsmitglied der Arbeitnehmer nur ausgeschlossen ist, wenn dieser dem zur gesetzlichen Vertretung des Unternehmens befugten Organ unmittelbar unterstellt und zur Ausübung der Prokura für den gesamten Geschäftsbereich des Organs ermächtigt ist. Andere gesetzliche Vorschriften und Bestimmungen der Satzung (des Gesellschaftsvertrags, des Statuts) über die Zusammensetzung des Aufsichtsrats sowie über die Bestellung und die Abberufung seiner Mitglieder bleiben unberührt, soweit Vorschriften dieses Gesetzes dem nicht entgegenstehen.

(3) Auf Genossenschaften sind die §§ 100, 101 Abs. 1 und 3 und die §§ 103 und 106 des Aktiengesetzes nicht anzuwenden. Auf die Aufsichtsratsmitglieder der Arbeitnehmer ist § 9 Abs. 2 des Genossenschaftsgesetzes nicht anzuwenden.

1 **I. Obligatorische Bildung des Aufsichtsrats.** Abs. 1 schreibt vor, in allen dem MitbestG unterfallenden Unternehmen einen AR zu bilden. Eigenständige Bedeutung hat diese Vorschrift nur für die GmbH, da AG (§§ 95 ff. AktG), KGaA (§ 278 III iVm. §§ 95 ff. AktG) sowie Genossenschaften (§ 9 I GenG) schon

---

1 So auch ErfK/*Oetker*, § 5 MitbestG Rz. 22; UHH/*Ulmer/Habersack*, § 5 MitbestG Rz. 73; *Raiser*, § 5 MitbestG Rz. 38; aA GK-MitbestG/*Schneider*, § 5 Rz. 114; *Hölters*, RdA 1979, 335 (339); *Loritz*, ZfA 1985, 497 (528 f.). | 2 LG Stuttgart v. 11.5.1993 – 2 AktE 1/92, ZIP 1993, 1406 – Charles Vögele; ErfK/*Oetker*, § 5 MitbestG Rz. 14. | 3 *Bayer*, Der grenzüberschreitende Beherrschungsvertrag, S. 96 ff., 142; *Bauschatz*, Konzern 2003, 805 (806); *Bärwaldt-Schabacker*, AG 1998, 182 (185); *Selzner/Sustmann*, Konzern 2003, 85 (93); *Henssler*, ZfA 2005, 289 (307); *Willemsen/Seibt*, Unternehmensumstrukturierung, F 49; *Wisskirchen/Bissels/Dannhorn*, DB 2007, 2258 (2262); aA *Bernstein-Koch*, ZHR 1979, 522 (535); *Däubler*, RabelsZ 1975, 444 (473); *Duden*, ZHR 1977, 145 (188). | 4 *Habersack*, Konzern 2006, 105 (111); abweichend (für Anwendung von Abs. 3) *Müller-Bonnani/Melot de Beauregard*, GmbHR 2005, 195 (198) (aber: „wertungswidersprüchlich"). | 5 Ebenso *Habersack*, Konzern 2006, 105 (111).

nach gesellschaftsrechtl. Bestimmungen zur AR-Bildung verpflichtet sind. Zur Bildung des (ersten) AR im Gründungsstatus s. § 1 DrittelbG Rz. 8 u. 31. Zur formwechselnden Umwandlung s. § 203 UmwG.

II. Änderungen der Zusammensetzung des Aufsichtsrats und Statusverfahren. 1. Zweck des Statusverfahrens. Bei sämtlichen mitbestimmten Gesellschaften ist für den Fall, dass der AR nicht nach den für ihn eigentlich maßgebenden gesetzl. Vorschriften zusammengesetzt ist, ein Statusverfahren nach den §§ 97 ff. AktG durchzuführen. Das Statusverfahren soll sicherstellen, dass der eingerichtete AR zu jeder Zeit eine sichere Rechtsgrundlage besitzt. Trotz möglicherweise erheblich veränderter tatsächlicher Verhältnisse bleiben die Vorschriften über die Zusammensetzung des AR maßgebend, nach denen der AR bisher zusammengesetzt war, bis das Statusverfahren vollständig abgeschlossen ist. Dies ermöglicht eine jederzeit rechtmäßige Beschlussfassung des AR und garantiert bei einem Wechsel in der AR-Zusammensetzung die Funktionsfähigkeit des Unternehmens[1]. 2

2. Anwendungsbereich. Das Statusverfahren ist zunächst in den Fällen durchzuführen, in denen es zu einem **Wechsel von einer in § 96 I AktG aufgeführten Mitbestimmungsform** (Mitbestimmungsfreiheit; DrittelbG; MitbestG; MontanMitbestG; MitbestErgG) **in eine andere** kommt[2]. Hierunter fallen also zB die Fälle, (1) bei denen sich das Mitbestimmungsniveau bei einer Gesellschaft zB wegen einer Umstrukturierung ändert (zB Wechsel von einem drittelparitätischen Mitbestimmungsregime gem. DrittelbG zum paritätischen Mitbestimmungsregime nach dem MitbestG oder umgekehrt) einschließlich des Falles, in dem der bereits bestehende, indes mitbestimmungsfreie AR nach der Umstrukturierung mit ArbN-Vertretern zu besetzen ist (zB Erhöhung der mitbestimmungsrelevanten ArbN-Zahl auf mehr als 500 bei einer nach dem 9.8.1994 eingetragenen AG), oder (2) in denen der bislang mitbestimmte AR mitbestimmungsfrei wird. Dabei ist unerheblich, durch welche Rechtsgestaltung der Wechsel beim Mitbestimmungsregime erfolgt, insb. gelten grds. keine Sondervorschriften bei Umwandlungen iSv. § 1 UmwG[3]. Auch in Fällen, in denen beim Unternehmen bislang noch kein AR bestand und nunmehr wegen Vorliegens der mitbestimmungsgesetzl. Voraussetzungen ein mitbestimmter AR gebildet werden muss, ist – über Abs. 2 iVm. §§ 97 ff. AktG bzw. über die Vorschriften zur Bildung des ersten AR gem. §§ 30, 31 AktG (für die GmbH: analog) – das Statusverfahren entsprechend §§ 97 ff. AktG durchzuführen, da der auf Rechtssicherheit gerichtete Regelungszweck des Statusverfahrens ebenfalls hier Geltung verlangt[4]. Kommt es hingegen wegen einer Umwandlung zum Wegfall des (bislang nach dem MitbestG zusammengesetzten) AR als Gesellschaftsorgan (Formwechsel einer AG/GmbH in eine Personengesellschaft), ist kein Statusverfahren durchzuführen, da in diesen Fällen durch Registergerichtprüfung und Handelsregistereintragung keine Rechtsunsicherheit eintreten kann[5]. 3

Bei mitbestimmungspflichtigen Gesellschaften ist ein Statusverfahren auch dann durchzuführen, wenn innerhalb desselben Mitbestimmungsstatuts **zwingende gesetzl. Schwellenwerte** überschritten werden, die zur Folge haben, dass der bestehende AR nicht nach den maßgebenden gesetzl. Vorschriften zusammengesetzt ist, die Zahl der AR-Mitglieder also entweder erhöht oder verringert werden muss[6]. Hierzu gehört vor allem der Fall, dass wegen einer Erhöhung der ArbN-Zahl eine Vergrößerung des nach § 7 I zusammengesetzten AR erforderlich ist, ebenso wie der Fall, in dem bei einem dem DrittelbG unterfallenden Unternehmen eine Kapitalherabsetzung durchgeführt und damit gegen § 1 I Nr. 3 DrittelbG iVm. § 95 AktG verstoßen wird[7]. Dagegen ist ein Statusverfahren nicht durchzuführen, wenn trotz Veränderung mitbestimmungsrelevanter Parameter eine Änderung des AR nicht zwingend geboten, sondern nur zulässig ist (vgl. § 7 I 1 Nr. 2 und 3)[8]. Kein Statusverfahren ist ferner durchzuführen, wenn sich – zB durch einen Formwechsel – nur faktisch des Mitbestimmungsniveau ändert (insb. Kompetenzänderungen beim AR), die gesetzl. Vorschriften *zur Zusammensetzung des Aufsichtsrates* indes in gleicher Weise weitergelten. Schließlich sind die §§ 97–99 AktG nicht (entsprechend) auf den Fall anzuwenden, dass eine Vergrößerung oder Verkleinerung des AR zwar nicht gesetzl. zwingend, aber wegen einer **Satzungsänderung** notwendig wird[9]. 4

---

1 Vgl. *Willemsen/Seibt*, Unternehmensumstrukturierung, F 141; *Oetker*, ZHR 1985, 575 (576 f.); *Martens*, DB 1978, 1065 (1068). | 2 Vgl. *Willemsen/Seibt*, Unternehmensumstrukturierung, F 143; *Hüffer*, § 96 AktG Rz. 13 und § 97 Rz. 3; *Göz*, ZIP 1998, 1523 (1524). | 3 Vgl. *Willemsen/Seibt*, Unternehmensumstrukturierung, F 143; *Kiem/Uhrig*, NZG 2001, 680; *Lutter/Grunewald*, § 20 UmwG Rz. 30. | 4 Vgl. *Willemsen/Seibt*, Unternehmensumstrukturierung, F 144; *Göz*, ZIP 1998, 1523 (1524); aA *Hachenburg/Raiser*, § 52 GmbHG Rz. 161; *Lutter/Hommelhoff*, § 52 GmbHG Rz. 22; *Fitting*, § 77 BetrVG 1952 Rz. 12. | 5 Vgl. *Willemsen/Seibt*, Unternehmensumstrukturierung, F 144; Lutter/*Decher*, § 203 UmwG Rz. 8 und 14; Kallmeyer/*Meister/Klöcker*, § 197 UmwG Rz. 65; *Henssler*, ZfA 2000, 241 (255); *Raiser*, § 1 MitbestG Rz. 24; *Weiler*, NZG 2004, 988 (989 ff.); aA noch 1. Aufl. Rz. 3; *Jung*, Umwandlungen unter Mitbestimmungsverlust, S. 105. | 6 OLG Hamburg v. 26.8.1988 – 11 W 53/88, AG 1989, 64 (65) = WuB § 7 MitbestG 1/89 (*Peterhoff*); OLG Düsseldorf v. 20.6.1978 – 19 W 3/78, DB 1978, 1358; *Willemsen/Seibt*, Unternehmensumstrukturierung, F 145; *Hüffer*, § 97 AktG Rz. 3; *Martens*, DB 1978, 1065 (1068 f.); *Oetker*, ZHR 1985, 575 (577 ff.); *Raiser*, § 6 MitbestG Rz. 5; UHH/*Ulmer/Habersack*, § 6 MitbestG Rz. 14; aA *Rosendahl*, AG 1985, 325 (326 f.); *Göz*, ZIP 1998, 1523 (1525 f.). | 7 OLG Düsseldorf v. 20.6.1998 – 19 W 3/78, DB 1978, 1358; *Willemsen/Seibt*, Unternehmensumstrukturierung, F 145; *Martens*, DB 1978, 1065 (1068 f.); *Wiesner*, DB 1977, 1747 (1749 f.); *Raiser*, § 6 MitbestG Rz. 5. | 8 *Willemsen/Seibt*, Unternehmensumstrukturierung, F 146; MünchGesR/*Hoffmann-Becking*, Bd. 4: AG, § 28 Rz. 53. | 9 OLG Hamburg v. 26.8.1988 – 11 W 53/88, AG 1989, 64 (65 f.) = WuB § 7 MitbestG 1/89 (*Peterhoff*); OLG Dresden v. 18.2.1997 – 14 W 1396/96, ZIP 1997, 589 (591 Ziff. 3); LAG Düsseldorf v. 18.12.1987 – 10 Ta BV 132/87, AG 1989, 66 (67) – Alexanderwerk;

5 Bei der satzungsmäßigen Vergrößerung des AR ist der AR lediglich durch Nachwahl oder gerichtl. Bestellung zu ergänzen[1]. Dabei kann bereits die über die entsprechende Satzungsänderung beschließende Anteilseignerversammlung die neuen Mitglieder mit der Maßgabe zuwählen, dass deren Amt erst mit der Eintragung der Satzungsänderung beginnt[2]; das Gleiche gilt auch für die nach den mitbestimmungsrechtl. Vorschriften zu wählenden ArbN-Vertreter[3]. Ein Statusverfahren ist nicht durchzuführen.

6 **3. Ablauf des Statusverfahrens und Rechtsfolgen.** Das Statusverfahren kann in zwei Abschnitte geteilt werden, die zueinander in einem Stufenverhältnis stehen. Auf einer ersten Stufe erfolgt die für alle Beteiligten verbindliche Festlegung der nunmehr auf den AR anzuwendenden gesetzl. Vorschriften durch die Bekanntmachung des Vorstandes, falls diese unangefochten bleibt (§ 97 II 1 AktG; sog. Bekanntmachungsverfahren), oder durch eine Entscheidung vor den ordentl. Gerichten (§ 98 IV 1 AktG; sog. gerichtl. Feststellungsverfahren). Anschließend wird in einer zweiten Stufe die Überleitung vollzogen, indem nach § 97 II AktG die entgegenstehenden Satzungsbestimmungen geändert werden oder kraft Gesetzes außer Kraft treten, alle bisherigen AR-Mandate erlöschen und eine vollständige Neubesetzung des AR stattfindet.

7 **a) Verbindliche Feststellung der maßgeblichen Vorschriften durch Bekanntmachungsverfahren.** Die Initiativbefugnis für eine außergerichtliche Klärung des auf das Unternehmen anwendbaren Mitbestimmungsregimes kommt ausschließlich dem Geschäftsführungsorgan des betroffenen Rechtsträgers zu, bei der AG also dem Vorstand, bei der KGaA dem Komplementär und bei der GmbH den Geschäftsführern. Ist das Geschäftsführungsorgan der Ansicht, dass der AR nicht mehr nach den maßgebenden gesetzl. Vorschriften zusammengesetzt ist, ist es nach § 97 I AktG verpflichtet, seine Ansicht über die anzuwendenden gesetzl. Vorschriften in den Gesellschaftsblättern sowie gleichzeitig durch Aushang in sämtlichen Betrieben der Gesellschaft und ihrer inländischen Konzernunternehmen bekannt zu machen. Die Bekanntmachung ist auch dann erforderlich, wenn zwischen allen Beteiligten Einigkeit über die erforderliche Änderung im Hinblick auf die Größe und Zusammensetzung des AR besteht[4].

8 Der **Bekanntmachungstext** muss mindestens drei Angaben enthalten:

- Die Feststellung, dass nach Auffassung des Geschäftsführungsorgans der AR nicht nach den für ihn maßgebenden gesetzl. Vorschriften zusammengesetzt ist;
- die Vorschriften, nach welchen der AR gebildet werden muss (einschließlich der betreffenden Satzungsbestimmungen, die eine vom gesetzl. Regelfall abweichende Anzahl der AR-Mitglieder regeln);
- die Ankündigung, dass der AR nach diesen Vorschriften zusammengesetzt wird, wenn das nach § 98 I AktG zuständige Gericht nicht innerhalb eines Monats nach Bekanntmachung im Bundesanzeiger von den nach § 98 II AktG genannten Antragsberechtigten angerufen wird.

9 Wenn das Geschäftsführungsorgan § 7 für anwendbar hält, muss es auch die auf Grund der Zahl der ArbN maßgebliche Regelungsvariante des § 7 I 1 zur Größe des AR bezeichnen[5]. Hat die Anteilseignerversammlung nach § 7 I 2 durch Satzungsregelung eine höhere Mitgliederzahl von 16 oder 20 Mitgliedern beschlossen, so ist auch dieses im Bekanntmachungstext aufzunehmen[6]. Der Text sollte mit Ort, Datum (wobei der Bekanntmachungsmonat genügt) und dem Hinweis auf das Geschäftsleitungsorgan abgeschlossen werden; die Namen der einzelnen Organmitglieder brauchen nicht angegeben werden. Weitere Angaben in der Bekanntmachung sind rechtlich nicht gefordert[7].

10 Nach § 97 I 1 AktG hat die Bekanntmachung unverzüglich (vgl. § 121 I 1 BGB) zu erfolgen; das Erfordernis der **Unverzüglichkeit** ist auch dann noch erfüllt, wenn das Geschäftsführungsorgan zunächst eine detaillierte Prüfung der Sach- und Rechtslage nach der Umstrukturierung unternimmt oder sich zunächst mit dem bestehenden AR verständigt[8]. Ist eine mitbestimmungsrelevante Änderung der tat-

---

Willemsen/Seibt, Unternehmensumstrukturierung, F 147; *Hüffer*, § 97 AktG Rz. 3; MünchGesR/*Hoffmann-Becking*, Bd. 4: AG, § 28 Rz. 54; *Martens*, DB 1978, 1065 (1069); *Rosendahl*, AG 1985, 325 (328 f.); *Göz*, ZIP 1998, 1523 (1526); *Raiser*, § 6 MitbestG Rz. 5 und § 7 Rz. 5; UHH/*Ulmer/Habersack*, § 6 MitbestG Rz. 15 und UHH/*Henssler*, § 7 MitbestG Rz. 29; aA BAG v. 3.10.1989 – 1 ABR 12/88, WM 1990, 633 (635 f.); Geßler/Hefermehl/Eckardt/Kropff/*Geßler*, § 95 AktG Rz. 31 und § 96 AktG Rz. 52; *Oetker*, ZHR 1985, 575 (584 f.); *Scholz/U. H. Schneider*, §§ 52 GmbHG Rz. 35. |1 Vgl. *Willemsen/Seibt*, Unternehmensumstrukturierung, F 150; *Hüffer*, § 97 AktG Rz. 5; *Raiser*, § 7 MitbestG Rz. 5; UHH/*Henssler*, § 7 MitbestG Rz. 29; *Dietz/Richardi*, 6. Aufl. 1982, § 76 BetrVG 1952 Rz. 126; *Fitting*, § 76 BetrVG 1952 Rz. 140 aE; aA WWKK/*Wißmann*, § 7 MitbestG Rz. 10. |2 So auch *Willemsen/Seibt*, Unternehmensumstrukturierung, F 150; KölnKommAktG/*Mertens*, § 95 Rz. 24; *Hüffer*, § 95 AktG Rz. 5. |3 *Willemsen/Seibt*, Unternehmensumstrukturierung, F 150. |4 Vgl. *Willemsen/Seibt*, Unternehmensumstrukturierung, F 152; MünchGesR/*Hoffmann-Becking*, Bd. 4: AG, § 28 Rz. 55. |5 *Willemsen/Seibt*, Unternehmensumstrukturierung, F 153; UHH/*Ulmer/Habersack*, § 6 MitbestG Rz. 21; MünchGesR/*Hoffmann-Becking*, Bd. 4: AG, § 28 Rz. 57. |6 *Willemsen/Seibt*, Unternehmensumstrukturierung, F 153; UHH/*Ulmer/Habersack*, § 6 MitbestG Rz. 21; *Raiser*, § 6 MitbestG Rz. 13; aA *Hoffmann/Lehmann/Weinmann*, § 37 MitbestG Rz. 10. |7 Vgl. *Willemsen/Seibt*, Unternehmensumstrukturierung, F 153; *Hüffer*, § 97 AktG Rz. 4; *Göz*, ZIP 1998, 1523; aA *Oetker*, ZHR 1985, 575 (592 f.) (Angabe „des die gesetzlichen Vorschriften verwirklichenden Lebenssachverhalts", zB die nach §§ 4 und 5 zuzurechnenden Konzernunternehmen, die Zahl der beschäftigten ArbN). |8 *Willemsen/Seibt*, Unternehmensumstrukturierung, F 155; *Raiser*, § 6 MitbestG Rz. 11; *Kiem/Uhrig*, NZG 2001, 680 (681).

sächlichen Verhältnisse bereits mit hinreichender Sicherheit absehbar, *kann* auch schon vor dem rechtl. Wirksamwerden der maßgebenden Umstrukturierungsmaßnahme die Bekanntmachung erfolgen[1]. Darüber hinaus kann das langwierige Verfahren der ArbN-Wahlen auch – wie in der Praxis – vor der Bekanntmachung nach § 97 I AktG eingeleitet, wenn ansonsten zu befürchten ist, dass diese Wahlen nicht innerhalb der sechsmonatigen Regelfrist gem. § 97 II 2 und 3 AktG abgeschlossen werden können, und eine Bestellung der fehlenden ArbN-Vertretung nach § 104 II AktG durch das Registergericht vermieden werden soll[2].

Für **Unternehmenskäufe oder Umstrukturierungen**, die nach der gesetzl. Wertung oder gesellschaftsvertragl. Regelungen eines Beschlusses des AR oder der Anteilseignerversammlung bedürfen, gilt Folgendes: Das Geschäftsführungsorgan ist jedenfalls mit dinglichem Vollzug des Unternehmenskaufs bzw. -verkaufs oder der Umstrukturierungsmaßnahme befugt, das Bekanntmachungsverfahren nach § 97 I AktG durchzuführen. Dem steht nicht entgegen, dass Gremienbeschlüsse noch ausstehen oder gegen diese Anfechtungsklagen erhoben worden sind. Denn zum einen tritt die Nichtigkeit der Befugnisse erst mit Eintritt der Rechtskraft des einer Anfechtungsklage stattgebenden Urteils ein (§§ 241 Nr. 5, 248 I 1 AktG) und zudem berühren die Anfechtungsklagen in aller Regel nicht die Wirksamkeit der dinglichen Rechtsgeschäfte[3]. 11

Bei **Verschmelzungen und Spaltungen nach dem UmwG** kommt es zum dinglichen Übergang der Vermögensgegenstände und damit zur etwaigen Änderung des Mitbestimmungsregimes erst mit Eintragung der Umwandlung im Handelsregister der betreffenden Rechtsträger (§ 20 I, § 131 I UmwG). Es wird regelmäßig im Interesse der beteiligten Unternehmen sein, bereits die über die Umwandlung beschließenden Hauptversammlungen auch dazu zu nutzen, aufschiebend bedingt auf die Eintragung der Umwandlung in die Handelsregister der betreffenden Rechtsträger die notwendigen Satzungsänderungen zu beschließen sowie die entsprechenden Anteilseignervertreter im AR zu wählen. Denn hierdurch wird zum einen erreicht, dass bereits mit Wirksamwerden der Umwandlung die für die an der Umwandlung beteiligten Rechtsträger geeigneten Aufsichtsräte platziert sind und die für das Mitbestimmungsregime passenden Satzungsbestimmungen gelten, ohne dass es hierfür einer weiteren – in den meisten Fällen: außerordentl. – Hauptversammlung bedarf. Es bestehen auch weder erhebliche rechtliche Bedenken dagegen, dass das Geschäftsführungsorgan bereits vor Wirksamwerden der Umwandlung das Statusverfahren mit der Bekanntmachung eröffnet (wenn denn das Wirksamwerden der Umwandlung nach pflichtgemäßer Prüfung durch das Geschäftsführungsorgan hinreichend wahrscheinlich erscheint), noch dagegen, dass die Hauptversammlung die Satzungsänderungen und die Anteilseignervertreter im AR aufschiebend bedingt auf die Eintragung der Umwandlung in den Handelsregistern der betreffenden Rechtsträger beschließt bzw. wählt[4]. Die Einl. des Wahlverfahrens für die ArbN-Vertreter im AR könnte dann ebenfalls vor der Eintragung der Umwandlung in den Handelsregistern der betreffenden Rechtsträger eingeleitet werden; für etwaige Übergangszeiten können die fehlenden ArbN-Vertreter bis zum Abschluss der Wahlen gerichtlich gem. § 104 AktG bestellt werden[5]. 12

Sieht der Vorstand von einer unverzüglichen Bekanntmachung nach § 97 I AktG ab, obwohl ein ordentl. und gewissenhafter Geschäftsleiter Zweifel an der richtigen Zusammensetzung des AR hätte haben müssen, und unterlässt er auch die Einl. des gerichtlichen Feststellungsverfahrens, so haftet er der Gesellschaft gegenüber nach § 93 II AktG (für GmbH: § 43 II GmbHG) auf **Schadenersatz** (allerdings in keinem Fall gegenüber ArbN, BR oder Gewerkschaften). Da ein Schaden wegen fehlerhafter Zusammensetzung des AR regelmäßig nicht nachweisbar sein dürfte (die Weiterzahlung der Bezüge an AR-Mitglieder, deren Amt bei rechtzeitigem Handeln des Vorstandes früher erloschen wäre, stellt keinen Schaden dar), ist die Verletzung der Verpflichtung nach §§ 97, 98 AktG praktisch sanktionslos[6]. Insbesondere stellt die Verkennung der anwendbaren Vorschriften weder eine Ordnungswidrigkeit noch eine Straftat dar. Auch sind die Beschlüsse des nicht nach den gesetzl. Vorschriften zusammengesetzten AR wirksam (arg. § 250 I Nr. 1 AktG)[7]. 13

Ruft kein nach § 98 II AktG Antragsberechtigter (zB AR-Mitglieder, Aktionäre, BR bzw. GBR, ggf. auch ArbN und Gewerkschaften) innerhalb eines Monats nach der Bekanntmachung im Bundesanzeiger[8] das nach § 98 I AktG zuständige Gericht an, so ist der neue AR nach den in der Bekanntmachung 14

---

1 *Willemsen/Seibt*, Unternehmensumstrukturierung, F 155; weiter gehend KölnKommAktG/*Mertens*, §§ 97–99 Rz. 3 (zwingende Einleitung); enger MünchGesR/*Hoffmann-Becking*, Bd. 4: AG, § 28 Rz. 58 (and. noch Voraufl. in § 28 Rz. 50); *Lutter/Grunewald*, § 20 UmwG Rz. 28. | 2 *Willemsen/Seibt*, Unternehmensumstrukturierung, F 155; KölnKommAktG/*Mertens*, §§ 97–99 Rz. 25; *Hoffmann/Lehmann/Weinmann*, § 37 MitbestG Rz. 26; *Kiem/Uhrig*, NZG 2001, 680 (687); aA wohl *Säcker*, Wahlordnungen zum MitbestG, Rz. 40. | 3 So auch LG Mainz v. 8.6.1998 – 4 O 189/97, DB 1998, 2052 f.; *Willemsen/Seibt*, Unternehmensumstrukturierung, F 155a; *Oetker*, ZGR 2000, 19 (39). | 4 Vgl. *Willemsen/Seibt*, Unternehmensumstrukturierung, F 155a; *Kiem/Uhrig*, NZG 2001, 680 (683 ff.); MünchGesR/*Hoffmann-Becking*, Bd. 4: AG, § 28 Rz. 50, 62. | 5 *Willemsen/Seibt*, Unternehmensumstrukturierung, F 155a. | 6 Vgl. *Willemsen/Seibt*, Unternehmensumstrukturierung, F 155c; KölnKommAktG/*Mertens*, §§ 97–99 Rz. 7 f. | 7 Vgl. *Willemsen/Seibt*, Unternehmensumstrukturierung, F 155c; iE auch *Martens*, DB 1978, 1065 (1068). | 8 Eine frühere oder spätere Veröffentlichung in anderen Gesellschaftsblättern ist für die Fristberechnung unerheblich, es sei denn, der BAnz. zählt nicht zu den Gesellschaftsblättern der betreffenden Gesellschaft (was nur in den seltensten Fällen bei GmbH vorkommen dürfte); in diesem Fall ist auf die

des Geschäftsleitungsorgans angegebenen Vorschriften zusammenzusetzen (§ 97 II 1 AktG). Kommt es hingegen zu einer Anrufung des Gerichts innerhalb dieser Anrufungsfrist, so tritt das gerichtl. Feststellungsverfahren an die Stelle des Bekanntmachungsverfahrens und die gerichtl. Entscheidung an die Stelle der Bekanntmachung des Geschäftsleitungsorgans. Sollte es später zu keiner gerichtl. Entscheidung kommen (zB weil der Antragsberechtigte seinen Antrag zurücknimmt), kann der AR nach Ablauf (des Rests) der Anrufungsfrist entsprechend der Bekanntmachung des Geschäftsleitungsorgans zusammengesetzt werden[1].

15 **b) Verbindliche Feststellung der maßgeblichen Vorschriften durch gerichtliches Feststellungsverfahren.** Ist streitig oder ungewiss, nach welchen gesetzl. Vorschriften sich die Größe und Zusammensetzung des AR bestimmen, kann der nach § 98 II AktG antragsberechtigte Personenkreis (neben dem Geschäftsführungsorgan in seiner Gesamtheit, den AR-Mitgliedern und den Aktionären zB der BR bzw. GBR der Gesellschaft und – wenn die Anwendung des MitbestG beantragt wird – die im Unternehmen oder einem nach § 5 MitbestG einbezogenen Konzernunternehmen vertretenen Gewerkschaften) ein gerichtliches Verfahren zur Klärung der Zusammensetzung des AR nach §§ 98, 99 AktG einleiten. Ein gerichtlicher Antrag ist nicht abhängig von der Einl. des Statusverfahrens durch Bekanntmachung nach § 97 I AktG und kann somit sowohl vor einer Bekanntmachung als auch während der einmonatigen Anrufungsfrist gem. § 97 I 3 AktG als auch – jedenfalls wenn neue Tatsachen vorgebracht werden können – noch danach gestellt werden[2]. Allerdings ist der Vorstand daran gehindert, ein Statusverfahren durch Bekanntmachung gem. § 97 I AktG einzuleiten, nachdem ein gerichtliches Entscheidungsverfahren nach den §§ 98, 99 AktG anhängig gemacht wurde (§ 97 III AktG). Das zuständige Gericht entscheidet über den Antrag im Verfahren der freiwilligen Gerichtsbarkeit und unter Beachtung der besonderen Regelungen des § 99 AktG. Sowohl der Antrag (ohne Begründung!) als auch die Entscheidung (ohne Gründe!) sind vom Gericht in den Gesellschaftsblättern der betroffenen Gesellschaft bekannt zu machen; darüber hinaus hat der Vorstand die Entscheidung nach Rechtskraft zum Handelsregister einzureichen. Die rechtskräftige Entscheidung wirkt für und gegen alle (§ 95 V 2 AktG).

16 Das vor den ordentl. Gerichten durchzuführende Statusverfahren hat **Konzentrationswirkung**. So kann bspw. die Wahl von ArbN-Vertretern im AR nicht mit der Begründung erfolgreich angefochten werden, dass die Zusammensetzung des AR nicht den gesetzl. Bestimmungen entspreche (arg. § 96 II AktG)[3]. Ein gleichwohl eingeleitetes Wahlanfechtungsverfahren ist zwar – nach der BAG-Rspr. – nicht unzulässig, hat aber „offensichtlich keine Aussicht auf Erfolg"[4]. Bei Meinungsverschiedenheiten darüber, ob zB ArbN abhängiger Gesellschaften nach §§ 4, 5 MitbestG für die Wahl zum AR des herrschenden Unternehmens wahlberechtigt sind, ist für die Frage nach der **Zuständigkeit der Arbeits- oder der ordentl. Gerichtsbarkeit** zu differenzieren[5]: Die ArbG sind zuständig, solange die Einbeziehung der ArbN anderer Konzerngesellschaften die Größe des AR nicht beeinflusst, da insoweit alleine die Wahl der ArbN-Vertreter berührende Fragen im Streit stehen. Sobald allerdings der Streit zu Auswirkungen auf die Größe des AR führt, muss die Einbeziehung der ArbN im Statusverfahren geklärt werden.

17 **c) Vollzug der Überleitung.** Steht auf Grund der unangefochten gebliebenen Bekanntmachung des Geschäftsführungsorgans oder der rechtskräftigen gerichtl. Entscheidung fest, welche (andere als zuvor geltenden) mitbestimmungsrechtl. Vorschriften für die Größe und Zusammensetzung des AR maßgebend sind, beginnt der **Überleitungsvollzug** gem. § 97 II AktG. Hierzu bedarf es dreierlei, nämlich (1) der Anpassung der Satzung, (2) der Beendigung der Mandate der bisherigen AR-Mitglieder und (3) der Bestellung der neuen AR-Mitglieder nach den nunmehr geltenden Vorschriften; darüber hinaus sind die Änderungen zum Handelsregister einzutragen.

18 Nach der Vorstellung des Gesetzgebers findet regelmäßig während einer Frist von sechs Monaten nach Ablauf der Monatsfrist für die Anrufung des Gerichts im Falle des Bekanntmachungsverfahrens gem. § 97 I AktG bzw. ab Eintritt der Rechtskraft der gerichtlichen Entscheidung im gerichtlichen Entscheidungsverfahren gem. §§ 98, 99 AktG eine Versammlung der Anteilseigner der betroffenen Gesellschaft statt, in der die Satzung angepasst und alle Anteilseignervertreter im AR neu bestellt werden. Die Amtszeit der neu gewählten Anteilseignervertreter sowie der ArbN-Vertreter, die bereits zum Zeitpunkt dieser Hauptversammlung gewählt sind, beginnt mit dem Ablauf der Versammlung der Anteilseigner. Zögert sich die Wahl der ArbN-Vertreter über den Zeitpunkt der Anteilseignerversammlung hinaus, wie dies regelmäßig der Fall ist, werden die noch fehlenden ArbN-Vertreter nach § 104 II AktG auf Antrag

---

zeitlich zuletzt erfolgte Veröffentlichung in einem Gesellschaftsblatt abzustellen; vgl. *Hoffmann/Lehmann/Weinmann*, § 37 MitbestG Rz. 7 f. | 1 Vgl. *Willemsen/Seibt*, Unternehmensumstrukturierung, F 156; Geßler/Hefermehl/Eckardt/Kropff/*Geßler*, § 97 AktG Rz. 33; zweifelnd *Hüffer*, § 97 AktG Rz. 6. | 2 *Willemsen/Seibt*, Unternehmensumstrukturierung, F 157; *Göz*, ZIP 1998, 1523; *Hoffmann/Lehmann/Weinmann*, § 37 MitbestG Rz. 27 f. | 3 *Willemsen/Seibt*, Unternehmensumstrukturierung, F 157a. | 4 BAG v. 22.12.1993 – 7 AZB 11/93, nv.; vgl. auch *Willemsen/Seibt*, Unternehmensumstrukturierung, F 157a; *Oetker*, ZGR 2000, 19 (22); *Henssler*, FS BGH II, S. 387, 390 f. | 5 Wie hier *Henssler*, FS BGH II, S. 387, 391; *Oetker*, ZGR 2000, 19 (22); für einen generellen Vorrang des Statusverfahrens LAG Düsseldorf v. 24.1.1978 – 5 Ta BV 105/77, DB 1978, 987 f. – Herberts; OLG Düsseldorf v. 20.6.1978 – 19 W 3/78, DB 1978, 1358 f. – Herberts; aA Vorinstanz LG Düsseldorf v. 8.3.1978 – 25 AktE 3/77, DB 1978, 988 f. – Herberts.

durch das Registergericht für die Zeit bis zum Abschluss der ArbN-Vertreterwahlen bestellt. Falls die Sechs-Monats-Frist ohne eine Versammlung der Anteilseigner verstreicht oder zwar eine solche Versammlung stattfindet, aber keine Satzungsanpassung beschlossen wird, treten die mit dem neuen Mitbestimmungsstatuts unvereinbaren Satzungsbestimmungen außer Kraft und werden durch die anwendbaren gesetzl. Vorschriften ersetzt. Die amtierenden AR-Mitglieder verlieren ihr Mandat (und zwar alle AR-Mitglieder) mit Beendigung der ersten Anteilseignerversammlung, die nach Abschluss der ersten Stufe des Statusverfahrens einberufen wird, spätestens jedoch sechs Monate nach diesem Zeitpunkt (§ 97 II 3 AktG). Dies gilt auch dann, wenn (noch) kein neuer AR bestellt worden ist. Wer Mitglied des AR „bleiben" soll, muss neu bestellt werden[1]. Bis zur Beendigung der Anteilseignerversammlung oder bis Ablauf der Sechs-Monats-Frist gelten nach dem sog. status quo- oder Kontinuitätsprinzip die bisherigen mitbestimmungsrechtl. Bestimmungen allerdings fort[2].

Der Ablauf des Statusverfahrens wird mit der nachfolgenden Übersicht noch einmal zusammengefasst[3]: 19

Zweistufiger Ablauf des Statusverfahrens

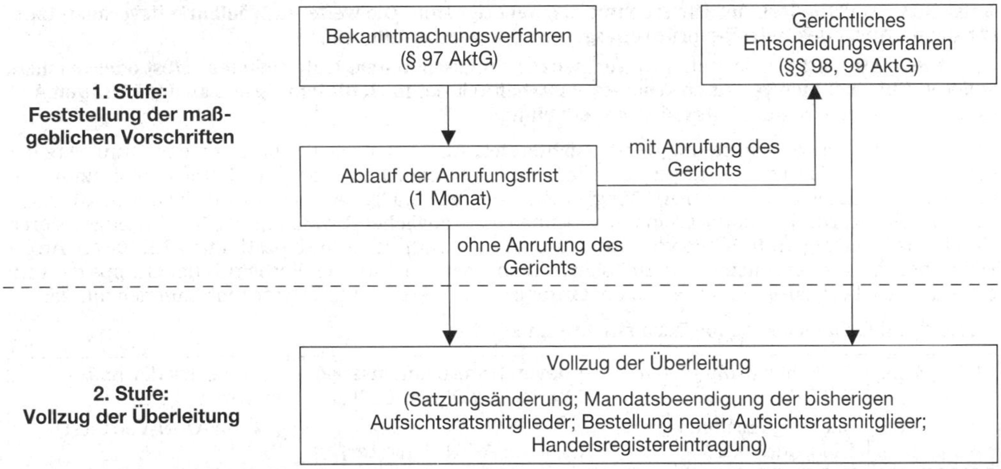

III. Bestellung und Abberufung von Aufsichtsratsmitgliedern. Vorbehaltlich der insoweit vorrangigen §§ 7 ff. finden für die Bestellung und Abberufung von AR-Mitgliedern die §§ 100, 101 I und III, 102–106 AktG Anwendung (Abs. 2 S. 1). Für Genossenschaften gelten indes nur die §§ 102, 104 und 105 AktG (Abs. 3 S. 1) und daneben die §§ 9, 36, 37 GenG; abweichend von § 9 II GenG müssen indes nur die AR-Mitglieder der Anteilseigner zugleich Mitglieder der Genossenschaft sein (Abs. 3 S. 2). 20

In Abweichung von § 105 I AktG bestimmt § 6 II 1 Hs. 2 zu Gunsten der leitenden Angestellten, dass **Prokuristen des Unternehmens** als AR-Mitglieder der ArbN nur dann ausscheiden, wenn sie dem zur gesetzl. Vertretung des unternehmensbefugten Organs unmittelbar unterstellt sind (dh. in der vertikalen Organisationsgliederung des Unternehmens auf zweitoberster Ebene stehen) und die Prokura sich (auch im Innenverhältnis) auf die Vertretung des gesamten Unternehmens erstreckt[4]. 21

7 *Zusammensetzung des Aufsichtsrats*

(1) Der Aufsichtsrat eines Unternehmens

1. mit in der Regel nicht mehr als 10 000 Arbeitnehmern setzt sich zusammen aus je sechs Aufsichtsratsmitgliedern der Anteilseigner und der Arbeitnehmer;

2. mit in der Regel mehr als 10 000, jedoch nicht mehr als 20 000 Arbeitnehmern setzt sich zusammen aus je acht Aufsichtsratsmitgliedern der Anteilseigner und der Arbeitnehmer;

3. mit in der Regel mehr als 20 000 Arbeitnehmern setzt sich zusammen aus je zehn Aufsichtsratsmitgliedern der Anteilseigner und der Arbeitnehmer.

Bei den in Satz 1 Nr. 1 bezeichneten Unternehmen kann die Satzung (der Gesellschaftsvertrag, das Statut) bestimmen, dass Satz 1 Nr. 2 oder 3 anzuwenden ist. Bei den in Satz 1 Nr. 2 bezeichneten Unter-

1 Vgl. *Willemsen/Seibt*, Unternehmensumstrukturierung, F 158; *Hüffer*, § 97 AktG Rz. 4; *Kiem/Uhrig*, NZG 2001, 680 (681). |2 *Hüffer*, § 96 AktG Rz. 13; *Göz*, ZIP 1998, 1523 (1524); *Rittner*, DB 1969, 2165 (2167). |3 Die Übersicht ist entnommen aus *Willemsen/Seibt*, Unternehmensumstrukturierung, F 159. |4 Vgl. ErfK/*Oetker*, § 6 MitbestG Rz. 6; UHH/*Ulmer/Habersack*, § 6 MitbestG Rz. 52; MüKoAktG/*Gach*, § 6 MitbestG Rz. 7.

nehmen kann die Satzung (der Gesellschaftsvertrag, das Statut) bestimmen, dass Satz 1 Nr. 3 anzuwenden ist.

(2) Unter den Aufsichtsratsmitgliedern der Arbeitnehmer müssen sich befinden

1. in einem Aufsichtsrat, dem sechs Aufsichtsratsmitglieder der Arbeitnehmer angehören, vier Arbeitnehmer des Unternehmens und zwei Vertreter von Gewerkschaften;

2. in einem Aufsichtsrat, dem acht Aufsichtsratsmitglieder der Arbeitnehmer angehören, sechs Arbeitnehmer des Unternehmens und zwei Vertreter von Gewerkschaften;

3. in einem Aufsichtsrat, dem zehn Aufsichtsratsmitglieder der Arbeitnehmer angehören, sieben Arbeitnehmer des Unternehmens und drei Vertreter von Gewerkschaften.

(3) Die in Absatz 2 bezeichneten Arbeitnehmer des Unternehmens müssen das 18. Lebensjahr vollendet haben und ein Jahr dem Unternehmen angehören. Auf die einjährige Unternehmensangehörigkeit werden Zeiten der Angehörigkeit zu einem anderen Unternehmen, dessen Arbeitnehmer nach diesem Gesetz an der Wahl von Aufsichtsratsmitgliedern des Unternehmens teilnehmen, angerechnet. Diese Zeiten müssen unmittelbar vor dem Zeitpunkt liegen, ab dem die Arbeitnehmer zur Wahl von Aufsichtsratsmitgliedern des Unternehmens berechtigt sind. Die weiteren Wählbarkeitsvoraussetzungen des § 8 Abs. 1 des Betriebsverfassungsgesetzes müssen erfüllt sein.

(4) Die in Absatz 2 bezeichneten Gewerkschaften müssen in dem Unternehmen selbst oder in einem anderen Unternehmen vertreten sein, dessen Arbeitnehmer nach diesem Gesetz an der Wahl von Aufsichtsratsmitgliedern des Unternehmens teilnehmen.

1 **I. Größe und Zusammensetzung des Aufsichtsrates.** Abs. 1 S. 1 regelt zum einen den Grundsatz der paritätischen AR-Besetzung durch Vertreter der Anteilseigner und der ArbN (**Paritätsprinzip**) und bindet zum anderen die Zahl der AR-Mitglieder an die regelmäßige ArbN-Zahl, die nach den §§ 1, 3, 4, 5 zu ermitteln ist. Die Vorschrift ist mit Ausnahme einer möglichen Erhöhung der Mitgliederzahl durch Gesellschaftsvertrag im Rahmen von Abs. 1 S. 2 und 3 zwingend[1]. Ferner bestimmt § 7 II für die ArbN-Vertreter das Gruppenprinzip, dem zu Folge diese in einem bestimmten Verhältnis der Gruppe der vom Unternehmen beschäftigten ArbN und der Gruppe der Gewerkschaftsvertreter entstammen müssen.

2 Es ergibt sich danach folgende Zusammensetzung:

ArbN-Zahl	Sollzahl AR-Mitglieder (§ 7 I 1) [zulässige Erhöhung, § 7 I 2, 3]	davon Unternehmensangehörige (§ 7 II; mind. 1 ltd. Angestellter, § 15 I 2) [% von ArbN-Vertreter]	davon Gewerkschaftsvertreter (§ 7 II) [% von ArbN-Vertreter]
= 10 000	12 [16, 20]	4 [2/3]	2 [1/3]
> 10 000	16 [20]	6 [3/4]	2 [1/4]
> 20 000	20	7 [7/10]	3 [3/10]

Zum 31.12.2005 waren bei den insgesamt 729 dem MitbestG unterfallenden Unternehmen 487 Aufsichtsräte 12-köpfig, 100 Aufsichtsräte 16-köpfig und 142 Aufsichtsräte 20-köpfig besetzt[2].

3 **II. Wählbarkeit der Unternehmensangehörigen.** Die vom Unternehmen beschäftigten ArbN müssen sowohl den Anforderungen der §§ 100 I u. II, 105 AktG iVm. § 6 II 1 als auch denjenigen in § 7 III erfüllen, dh. die ArbN müssen zu Beginn der Amtszeit des AR in einem Arbeitsverhältnis zu dem an der Wahl beteiligten Unternehmen stehen, die Unternehmenszugehörigkeit muss (bei Beginn der Amtszeit) seit mindestens einem Jahr vorliegen und sie müssen zum Amtsantritt das 18. Lebensjahr vollendet haben. Zu den weiteren Wählbarkeitsvoraussetzungen nach § 8 I BetrVG iVm. § 7 III 4 siehe § 8 BetrVG. Wird ein nicht zu dem Unternehmen gehörender ArbN gewählt, ist die Wahl nichtig[3]; scheidet ein in den AR gewählter ArbN nachträglich aus dem Unternehmen aus, so erlischt sein Amt (§ 24 I).

4 **III. Wählbarkeit der Gewerkschaftsvertreter.** Für die Gewerkschaftsvertreter, die nach § 16 II ausschließlich durch die Gewerkschaften zur Wahl vorgeschlagen werden (Vorschlagsrecht und kein Ernennungsrecht), gelten die aktienrechtl. Wählbarkeitsvoraussetzungen der §§ 100 I u. II, 105 AktG iVm. § 6 II 1. Sie müssen nicht in dem an einer Wahl beteiligten Unternehmen beschäftigt oder in einer Gewerkschaft organisiert sein[4]. Das Vorschlagsrecht steht nur solchen Gewerkschaften zu, die in einem Unternehmen, dessen ArbN an der Wahl teilnehmen, vertreten sind, dh. mindestens dort ein Mitglied haben[5].

1 ErfK/*Oetker*, § 7 MitbestG Rz. 1; UHH/*Henssler*, § 7 MitbestG Rz. 1; *Raiser*, § 7 MitbestG Rz. 2. Zur berechtigten rechtspolitischen Forderung nach einer Verkleinerung der Aufsichtsräte zB *Berrar*, NZG 2001, 1113 (1114); *Claussen*, DB 1998, 177 (182 f.); *Lutter*, ZGR 2001, 224 (236); dagegen zB *Herrmann*, BKR 2002, 193 (194). | 2 Quelle: Hans-Böckler-Stiftung. | 3 Vgl. *Raiser*, § 7 MitbestG Rz. 11 und § 22 MitbestG Rz. 21. | 4 ErfK/*Oetker*, § 7 MitbestG Rz. 3; UHH/*Henssler*, § 7 MitbestG Rz. 33, 78; *Raiser*, § 7 MitbestG Rz. 21. | 5 Vgl. BayObLG v. 14.12.2004 – 3Z BR 134/04, AG 2005, 350 (351); BAG v. 4.11.1960 – 1 ABR 4/60, AP Nr. 2 zu § 16 BetrVG 1952; ErfK/*Oetker*, § 7 MitbestG Rz. 3; UHH/*Henssler*, § 7 MitbestG Rz. 70; *Raiser*, § 7 MitbestG Rz. 19.

Gewerkschaften sind hierbei (1) Vereinigungen von ArbN, die auf freiwilligem Zusammenschluss beruhen, (2) in ihrem Bestand vom Wechsel der Mitglieder, (3) von Staat, Kirchen und Parteien und (4) in ihrer Willensbildung von ArbGeb unabhängig sind, (5) überbetrieblich organisiert sind, (6) eine Verbesserung der Arbeits- und Wirtschaftsbedingungen ihrer Mitglieder anstreben, (7) das geltende Tarifrecht als für sich verbindlich anerkennen und (8) in der Lage sind, durch Ausüben von Druck auf den Tarifpartner zu einem Tarifabschluss zu kommen[1]. In den Fällen der §§ 4 und 5 genügt es, dass die Gewerkschaft in der Kommanditgesellschaft bzw. in einem der Konzernunternehmen vertreten ist[2]. Entfällt diese Voraussetzung während der Amtszeit des betreffenden AR-Mitglieds, so erlischt sein Amt (§ 24 I analog)[3].

Zweiter Abschnitt. Bestellung der Aufsichtsratsmitglieder

Erster Unterabschnitt. Aufsichtsratsmitglieder der Anteilseigner

8 **(1) Die Aufsichtsratsmitglieder der Anteilseigner werden durch das nach Gesetz, Satzung oder Gesellschaftsvertrag zur Wahl von Mitgliedern des Aufsichtsrats befugte Organ (Wahlorgan) und, soweit gesetzliche Vorschriften dem nicht entgegenstehen, nach Maßgabe der Satzung oder des Gesellschaftsvertrags bestellt.**

(2) § 101 Abs. 2 des Aktiengesetzes bleibt unberührt.

I. Wahl der Anteilseignervertreter. Abs. 1 (iVm. § 6) bestätigt für die Wahl der Anteilseignervertreter 1
im AR, dass hier das spezifische Gesellschaftsrecht bzw. die spezifischen gesellschaftsvertragl. Regelungen gelten. Zwingendes Wahlorgan ist bei AG und KGaA die Hauptversammlung (§§ 101 I, 278 III AktG), bei eingetragenen Genossenschaften die General- oder Vertreterversammlung (§§ 36, 43a GenG, § 6 III) und bei der GmbH die Gesellschafterversammlung, sofern die GmbH-Satzung die Zuständigkeit nicht auf eine anderes Gremium übertragen hat (§ 8 I iVm. § 52 GmbHG)[4]. Die Anteilseigner sind bei der Wahl grds. frei, insb. nicht an Wahlvorschläge der Verwaltungsorgane gebunden (§ 101 I 2 AktG). Das Wahlverfahren richtet sich bei AG und KGaA nach § 8 I iVm. §§ 124, 127, 133 bis 137 (iVm. § 278 III AktG). Bei der GmbH sind die Regelungen des Gesellschaftsvertrags (§ 8 I iVm. § 45 II GmbHG) oder hilfsweise die §§ 47–51 GmbHG anzuwenden. Bei der eingetragenen Genossenschaft gelten die §§ 36 I, 43–47 GenG.

II. Entsendungsrechte. Bei AG und KGaA kann die Satzung einem bestimmten Aktionär oder den 2
Inhaber bestimmter Aktien, wenn sie auf den Namen lauten oder vinkuliert sind, das Recht einräumen, eine oder mehrere Personen in den AR zu entsenden, wobei alle Entsendungsrechte zusammen höchstens ein Drittel der den Aktionären zustehenden AR-Mandate erreichen darf (§ 101 II). Bei der GmbH und der eingetragenen Genossenschaft sind die aktienrechtl. Schranken des Entsendungsrechts unanwendbar; jedem Gesellschafter oder Dritten kann ein Entsendungsrecht gewährt werden und die Zahl der Entsandten kann über das aktienrechtlich bestimmte Drittel der AR-Mandate hinausgehen[5].

Zweiter Unterabschnitt. Aufsichtsratsmitglieder der Arbeitnehmer, Grundsatz

9 **(1) Die Aufsichtsratsmitglieder der Arbeitnehmer (§ 7 Abs. 2) eines Unternehmens mit in der Regel mehr als 8000 Arbeitnehmern werden durch Delegierte gewählt, sofern nicht die wahlberechtigten Arbeitnehmer die unmittelbare Wahl beschließen.**

(2) Die Aufsichtsratsmitglieder der Arbeitnehmer (§ 7 Abs. 2) eines Unternehmens mit in der Regel nicht mehr als 8000 Arbeitnehmern werden in unmittelbarer Wahl gewählt, sofern nicht die wahlberechtigten Arbeitnehmer die Wahl durch Delegierte beschließen.

(3) Zur Abstimmung darüber, ob die Wahl durch Delegierte oder unmittelbar erfolgen soll, bedarf es eines Antrags, der von einem Zwanzigstel der wahlberechtigten Arbeitnehmer des Unternehmens unterzeichnet sein muss. Die Abstimmung ist geheim. Ein Beschluss nach Absatz 1 oder 2 kann nur unter Beteiligung von mindestens der Hälfte der wahlberechtigten Arbeitnehmer und nur mit der Mehrheit der abgegebenen Stimmen gefasst werden.

---

1 BAG v. 6.6.2000 – 1 ABR 21/99, BAGE 95, 47; BayObLG v. 20.8.1997 – 3Z BR 193/97, AG 1998, 36; v. 14.12.2004 – 3 Z BR 134/04, AG 2005, 350 (351). | 2 Vgl. *Raiser*, § 7 MitbestG Rz. 20. | 3 Ähnlich ErfK/*Oetker*, § 7 MitbestG Rz. 3; aA UHH/*Henssler*, § 7 MitbestG Rz. 75; *Raiser*, § 24 MitbestG Rz. 2. | 4 Scholz/*U. H. Schneider*, § 52 GmbHG Rz. 149; Baumbach/Hueck/*Zöllner/Noack*, § 52 GmbHG Rz. 157. | 5 Scholz/*U. H. Schneider*, § 52 GmbHG Rz. 134; *Hachenburg/Raiser*, § 52 GmbHG Rz. 42; LW/*Metz*, § 36 GenG Rz. 11.

Dritter Unterabschnitt. Wahl der Aufsichtsratsmitglieder der Arbeitnehmer durch Delegierte

10 *Wahl der Delegierten*

(1) In jedem Betrieb des Unternehmens wählen die Arbeitnehmer in geheimer Wahl und nach den Grundsätzen der Verhältniswahl Delegierte.

(2) Wahlberechtigt für die Wahl von Delegierten sind die Arbeitnehmer des Unternehmens, die das 18. Lebensjahr vollendet haben. § 7 Satz 2 des Betriebsverfassungsgesetzes gilt entsprechend.

(3) Zu Delegierten wählbar sind die in Absatz 2 Satz 1 bezeichneten Arbeitnehmer, die die weiteren Wählbarkeitsvoraussetzungen des § 8 des Betriebsverfassungsgesetzes erfüllen.

(4) Wird für einen Wahlgang nur ein Wahlvorschlag gemacht, so gelten die darin aufgeführten Arbeitnehmer in der angegebenen Reihenfolge als gewählt. § 11 Abs. 2 ist anzuwenden.

11 *Errechnung der Zahl der Delegierten*

(1) In jedem Betrieb entfällt auf je 90 wahlberechtigte Arbeitnehmer ein Delegierter. Ergibt die Errechnung nach Satz 1 in einem Betrieb mehr als

1. 25 Delegierte, so vermindert sich die Zahl der zu wählenden Delegierten auf die Hälfte; diese Delegierten erhalten je zwei Stimmen;

2. 50 Delegierte, so vermindert sich die Zahl der zu wählenden Delegierten auf ein Drittel; diese Delegierten erhalten je drei Stimmen;

3. 75 Delegierte, so vermindert sich die Zahl der zu wählenden Delegierten auf ein Viertel; diese Delegierten erhalten je vier Stimmen;

4. 100 Delegierte, so vermindert sich die Zahl der zu wählenden Delegierten auf ein Fünftel; diese Delegierten erhalten je fünf Stimmen;

5. 125 Delegierte, so vermindert sich die Zahl der zu wählenden Delegierten auf ein Sechstel; diese Delegierten erhalten je sechs Stimmen;

6. 150 Delegierte, so vermindert sich die Zahl der zu wählenden Delegierten auf ein Siebtel; diese Delegierten erhalten je sieben Stimmen.

Bei der Errechnung der Zahl der Delegierten werden Teilzahlen voll gezählt, wenn sie mindestens die Hälfte der vollen Zahl betragen.

(2) Unter den Delegierten müssen in jedem Betrieb die in § 3 Abs. 1 Nr. 1 bezeichneten Arbeitnehmer und die leitenden Angestellten entsprechend ihrem zahlenmäßigen Verhältnis vertreten sein. Sind in einem Betrieb mindestens neun Delegierte zu wählen, so entfällt auf die in § 3 Abs. 1 Nr. 1 bezeichneten Arbeitnehmer und die leitenden Angestellten mindestens je ein Delegierter; dies gilt nicht, soweit in dem Betrieb nicht mehr als fünf in § 3 Abs. 1 Nr. 1 bezeichnete Arbeitnehmer oder leitende Angestellte wahlberechtigt sind. Soweit auf die in § 3 Abs. 1 Nr. 1 bezeichneten Arbeitnehmer und die leitenden Angestellten lediglich nach Satz 2 Delegierte entfallen, vermehrt sich die nach Absatz 1 errechnete Zahl der Delegierten des Betriebs entsprechend.

(3) Soweit nach Absatz 2 auf die in § 3 Abs. 1 Nr. 1 bezeichneten Arbeitnehmer und die leitenden Angestellten eines Betriebs nicht mindestens je ein Delegierter entfällt, gelten diese für die Wahl der Delegierten als Arbeitnehmer des Betriebs der Hauptniederlassung des Unternehmens. Soweit nach Absatz 2 und nach Satz 1 auf die in § 3 Abs. 1 Nr. 1 bezeichneten Arbeitnehmer und die leitenden Angestellten des Betriebs der Hauptniederlassung nicht mindestens je ein Delegierter entfällt, gelten diese für die Wahl der Delegierten als Arbeitnehmer des nach der Zahl der wahlberechtigten Arbeitnehmer größten Betriebs des Unternehmens.

(4) Entfällt auf einen Betrieb oder auf ein Unternehmen, dessen Arbeitnehmer nach diesem Gesetz an der Wahl von Aufsichtsratsmitgliedern des Unternehmens teilnehmen, kein Delegierter, so ist Absatz 3 entsprechend anzuwenden.

(5) Die Eigenschaft eines Delegierten als Delegierter der Arbeitnehmer nach § 3 Abs. 1 Nr. 1 oder § 3 Abs. 1 Nr. 2 bleibt bei einem Wechsel der Eigenschaft als Arbeitnehmer nach § 3 Abs. 1 Nr. 1 oder § 3 Abs. 1 Nr. 2 erhalten.

12 *Wahlvorschläge für Delegierte*

(1) Zur Wahl der Delegierten können die wahlberechtigten Arbeitnehmer des Betriebs Wahlvorschläge machen. Jeder Wahlvorschlag muss von einem Zwanzigstel oder 50 der jeweils wahlberechtigten in § 3 Abs. 1 Nr. 1 bezeichneten Arbeitnehmer oder der leitenden Angestellten des Betriebs unterzeichnet sein.

(2) Jeder Wahlvorschlag soll mindestens doppelt so viele Bewerber enthalten, wie in dem Wahlgang Delegierte zu wählen sind.

13 *Amtszeit der Delegierten*

(1) Die Delegierten werden für eine Zeit gewählt, die der Amtszeit der von ihnen zu wählenden Aufsichtsratsmitglieder entspricht. Sie nehmen die ihnen nach den Vorschriften dieses Gesetzes zustehenden Aufgaben und Befugnisse bis zur Einleitung der Neuwahl der Aufsichtsratsmitglieder der Arbeitnehmer wahr.

(2) In den Fällen des § 9 Abs. 1 endet die Amtszeit der Delegierten, wenn

1. die wahlberechtigten Arbeitnehmer nach § 9 Abs. 1 die unmittelbare Wahl beschließen;

2. das Unternehmen nicht mehr die Voraussetzungen für die Anwendung des § 9 Abs. 1 erfüllt, es sei denn, die wahlberechtigten Arbeitnehmer beschließen, dass die Amtszeit bis zu dem in Absatz 1 genannten Zeitpunkt fortdauern soll; § 9 Abs. 3 ist entsprechend anzuwenden.

(3) In den Fällen des § 9 Abs. 2 endet die Amtszeit der Delegierten, wenn die wahlberechtigten Arbeitnehmer die unmittelbare Wahl beschließen; § 9 Abs. 3 ist anzuwenden.

(4) Abweichend von Absatz 1 endet die Amtszeit der Delegierten eines Betriebs, wenn nach Eintreten aller Ersatzdelegierten des Wahlvorschlags, dem die zu ersetzenden Delegierten angehören, die Gesamtzahl der Delegierten des Betriebs unter die im Zeitpunkt ihrer Wahl vorgeschriebene Zahl der auf den Betrieb entfallenden Delegierten gesunken ist.

14 *Vorzeitige Beendigung der Amtszeit oder Verhinderung von Delegierten*

(1) Die Amtszeit eines Delegierten endet vor dem in § 13 bezeichneten Zeitpunkt

1. durch Niederlegung des Amtes,

2. durch Beendigung der Beschäftigung des Delegierten in dem Betrieb, dessen Delegierter er ist,

3. durch Verlust der Wählbarkeit.

(2) Endet die Amtszeit eines Delegierten vorzeitig oder ist er verhindert, so tritt an seine Stelle ein Ersatzdelegierter. Die Ersatzdelegierten werden der Reihe nach aus den nicht gewählten Arbeitnehmern derjenigen Wahlvorschläge entnommen, denen die zu ersetzenden Delegierten angehören.

15 *Wahl der unternehmensangehörigen Aufsichtsratsmitglieder der Arbeitnehmer*

(1) Die Delegierten wählen die Aufsichtsratsmitglieder, die nach § 7 Abs. 2 Arbeitnehmer des Unternehmens sein müssen, geheim und nach den Grundsätzen der Verhältniswahl für die Zeit, die im Gesetz oder in der Satzung (im Gesellschaftsvertrag) für die durch das Wahlorgan der Anteilseigner zu wählenden Mitglieder des Aufsichtsrats bestimmt ist. Dem Aufsichtsrat muss ein leitender Angestellter angehören.

(2) Die Wahl erfolgt auf Grund von Wahlvorschlägen. Jeder Wahlvorschlag für

1. Aufsichtsratsmitglieder der Arbeitnehmer nach § 3 Abs. 1 Nr. 1 muss von einem Fünftel oder 100 der wahlberechtigten Arbeitnehmer des Unternehmens unterzeichnet sein;

2. das Aufsichtsratsmitglied der leitenden Angestellten wird auf Grund von Abstimmungsvorschlägen durch Beschluss der wahlberechtigten leitenden Angestellten aufgestellt. Jeder Abstimmungsvorschlag muss von einem Zwanzigstel oder 50 der wahlberechtigten leitenden Angestellten unterzeichnet sein. Der Beschluss wird in geheimer Abstimmung gefasst. Jeder leitende Angestellte hat so viele Stimmen, wie für den Wahlvorschlag nach Absatz 3 Satz 2 Bewerber zu benennen sind. In den Wahlvorschlag ist die nach Absatz 3 Satz 2 vorgeschriebene Anzahl von Bewerbern in der Reihenfolge der auf sie entfallenden Stimmenzahlen aufzunehmen.

(3) Abweichend von Absatz 1 findet Mehrheitswahl statt, soweit nur ein Wahlvorschlag gemacht wird. In diesem Fall muss der Wahlvorschlag doppelt so viele Bewerber enthalten, wie Aufsichtsratsmitglieder auf die Arbeitnehmer nach § 3 Abs. 1 Nr. 1 und auf die leitenden Angestellten entfallen.

16 *Wahl der Vertreter von Gewerkschaften in den Aufsichtsrat*

(1) Die Delegierten wählen die Aufsichtsratsmitglieder, die nach § 7 Abs. 2 Vertreter von Gewerkschaften sind, in geheimer Wahl und nach den Grundsätzen der Verhältniswahl für die in § 15 Abs. 1 bestimmte Zeit.

(2) Die Wahl erfolgt auf Grund von Wahlvorschlägen der Gewerkschaften, die in dem Unternehmen selbst oder in einem anderen Unternehmen vertreten sind, dessen Arbeitnehmer nach diesem Gesetz

an der Wahl von Aufsichtsratsmitgliedern des Unternehmens teilnehmen. Wird nur ein Wahlvorschlag gemacht, so findet abweichend von Satz 1 Mehrheitswahl statt. In diesem Falle muss der Wahlvorschlag mindestens doppelt so viele Bewerber enthalten, wie Vertreter von Gewerkschaften in den Aufsichtsrat zu wählen sind.

17 *Ersatzmitglieder*

(1) In jedem Wahlvorschlag kann zusammen mit jedem Bewerber für diesen ein Ersatzmitglied des Aufsichtsrats vorgeschlagen werden. Für einen Bewerber, der Arbeitnehmer nach § 3 Abs. 1 Nr. 1 ist, kann nur ein Arbeitnehmer nach § 3 Abs. 1 Nr. 1 und für einen leitenden Angestellten nach § 3 Abs. 1 Nr. 2 nur ein leitender Angestellter als Ersatzmitglied vorgeschlagen werden. Ein Bewerber kann nicht zugleich als Ersatzmitglied vorgeschlagen werden.

(2) Wird ein Bewerber als Aufsichtsratsmitglied gewählt, so ist auch das zusammen mit ihm vorgeschlagene Ersatzmitglied gewählt.

Vierter Unterabschnitt. Unmittelbare Wahl der Aufsichtsratsmitglieder der Arbeitnehmer

18 **Sind nach § 9 die Aufsichtsratsmitglieder der Arbeitnehmer in unmittelbarer Wahl zu wählen, so sind die Arbeitnehmer des Unternehmens, die das 18. Lebensjahr vollendet haben, wahlberechtigt. § 7 Satz 2 des Betriebsverfassungsgesetzes gilt entsprechend. Für die Wahl sind die §§ 15 bis 17 mit der Maßgabe anzuwenden, dass an die Stelle der Delegierten die wahlberechtigten Arbeitnehmer des Unternehmens treten.**

1 **I. Überblick über die Wahl der Arbeitnehmervertreter im Aufsichtsrat.** Die Wahl der ArbN-Vertreter in den AR ist in den §§ 9–18 sowie ergänzend durch drei auf der Grundlage von § 39 erlassene Wahlordnungen geregelt (hierzu § 39 Rz. 1). Die 1. Wahlordnung zum Mitbestimmungsgesetz (1. WO) gilt für Unternehmen, die nur aus einem Betrieb bestehen, die 2. Wahlordnung zum Mitbestimmungsgesetz (2. WO) für solche Unternehmen, die aus mehreren Betrieben bestehen, und die 3. Wahlordnung zum Mitbestimmungsgesetz (3. WO) für solche Unternehmen, bei denen auch ArbN anderer Unternehmen auf der Grundlage von § 4 oder § 5 bei einer Wahl der ArbN-Vertreter teilnehmen. Die Aufteilung in drei WO soll der einfacheren Handhabung durch die Unternehmen dienen, da das Wahlverfahren, trotz der identischen Gesamtkonzeption, wegen der verschiedenen Struktur der vom Wahlverfahren betroffenen Unternehmen bei zahlreichen Einzelheiten (zB Zuständigkeiten und Fristen) differenzieren muss[1]. Die Wahlordnungen enthalten im Grundsatz **zwingendes Recht**[2], sind allerdings **privatautonomen Mitbestimmungsvereinbarungen** insoweit zugänglich, als es um die vergleichsweise Klärung (iSv. § 779 BGB) zweifelhafter Rechts- und Sachfragen (zB im Hinblick auf die Bestimmung des Kreises der Wahlberechtigten oder die Bestimmung einer Teilkonzernspitze iSv. § 5 III[3]) oder um die Berücksichtigung von Einzelfallumständen des betroffenen Unternehmens (sog. Rationalisierungsvereinbarung; hierzu § 1 Rz. 20) geht[4].

2 Für die Wahl der AR-Mitglieder der ArbN unterscheiden MitbestG und WO zwischen einem mittelbaren und einem unmittelbaren Wahlverfahren. Nach § 9 I Hs. 1 werden die AR-Mitglieder der ArbN eines Unternehmens mit idR mehr als 8000 ArbN durch Delegierte gewählt, die ihrerseits zuvor von den wahlberechtigten ArbN gewählt werden (**sog. mittelbare Wahl oder Delegiertenwahl**; §§ 10–17). In Unternehmen mit idR nicht mehr als 8000 ArbN wählen die ArbN nach § 9 II Hs. 1 ihre AR-Mitglieder grds. selbst (**sog. unmittelbare Wahl oder Urwahl**; § 18). Diese nach der Zahl der ArbN differenzierende Vorgabe für die Wahlart ist zwingend[5], wenngleich die wahlberechtigten ArbN (nicht jedoch der AR, die BR oder die Anteilseigner durch Satzungsregelung) sich in einem besonderen Abstimmungsverfahren für die jeweils andere Wahlart entscheiden können (§ 9 I Hs. 2, II Hs. 2, III). Dabei ist auch die gesetzgeberische Entscheidung zwingend, dass alle AR-Mitglieder der ArbN, und damit auch die Vertreter von Gewerkschaften (§ 7 II), von den ArbN des Unternehmens gewählt werden, den Gewerkschaften also kein Entsendungs-, sondern nur ein unverbindliches Vorschlagsrecht (§ 16) zukommt.

3 Das Wahlverfahren ist durch das **Betriebsverfassungsreformgesetz vom 23.7.2001**[6] insb. in zwei Punkten geändert worden, nämlich durch (1) die Einführung eines aktiven Wahlrechts für LeihArbN, wenn diese länger als 3 Monate im Betrieb eingesetzt werden (vgl. §§ 10 II 2, 18 S. 2 iVm. § 7 S. 2 BetrVG), sowie (2) die Abschaffung des überkommenen Gruppenprinzips, also der organisatorischen Trennung zwi-

1 Vgl. *Raiser*, vor § 9 MitbestG Rz. 2; WWKK/*Wißmann*, vor § 9 MitbestG Rz. 7 f. | 2 Vgl. *Raiser*, vor § 9 MitbestG Rz. 2. | 3 Vgl. *Willemsen/Seibt*, Unternehmensumstrukturierung, F 14; *Raiser*, BB 1977, 1461 (1466); UHH/*Ulmer*, Einl. MitbestG Rz. 47; *Ihrig/Schlitt*, NZG 1999, 333 (334); zweifelnd *Hüffer*, § 96 AktG Rz. 3; KölnKommAktG/*Mertens*, § 96 Rz. 20; aA *Raiser*, § 1 MitbestG Rz. 49. | 4 Vgl. *Willemsen/Seibt*, Unternehmensumstrukturierung, F 14; *Raiser*, BB 1977, 1461 (1466 f.); *Ihrig/Schlitt*, NZG 1999, 333 (334); aA *Hüffer*, § 96 AktG Rz. 3; UHH/*Ulmer*, Einl. MitbestG Rz. 3. | 5 Vgl. *Raiser*, § 9 MitbestG Rz. 6. | 6 BGBl. I 2001, 1852 ff.

schen Arbeitern und Angestellten. Allerdings verbleibt es für die leitenden Angestellten bei einer Reihe von Sonderregeln, so dass insofern eine gewisse Trennung erhalten bleibt. Durch das **Gesetz zur Vereinfachung der Wahl der Arbeitnehmervertreter in den Aufsichtsrat vom 27.3.2002**[1] sowie die zum 30.5.2002 in Kraft getretenen **Neufassungen der drei WO**[2] wurden ua. eine Reduktion der Delegiertenzahl, eine Abschaffung der Unternehmenswahlvorstände bei Wahlen der ArbN-Vertreter zum AR einer Konzernobergesellschaft und die Regeln zur einjährigen Unternehmensangehörigkeit für das passive Wahlrecht von ArbN geregelt[3].

Der **Ablauf des gesetzl. Wahlverfahrens** lässt sich schematisch wie folgt zusammenfassen: 4

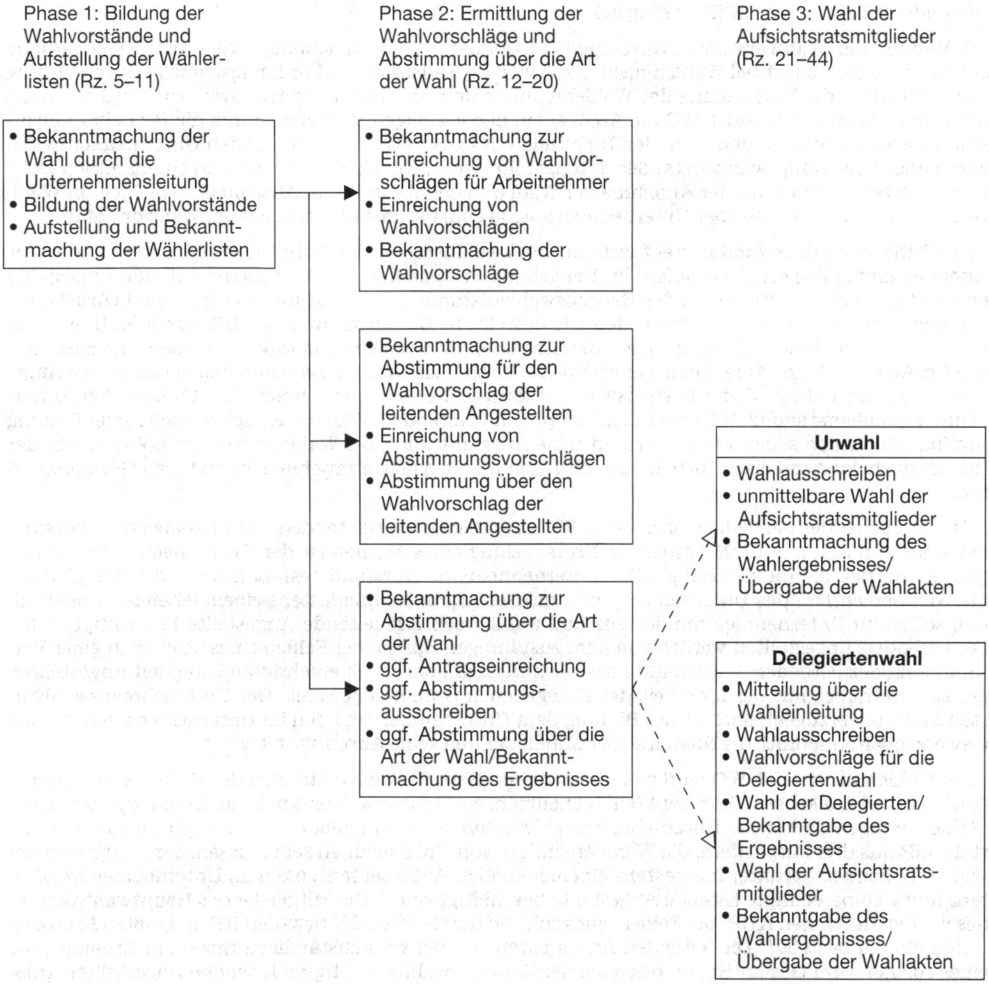

II. Verfahrenseinleitende Wahlabschnitte. 1. Bekanntmachung der Wahl durch die Unternehmensleitung. Das Wahlverfahren wird durch die Bekanntmachung der Unternehmensleitung eingeleitet, dass AR-Mitglieder der ArbN zu wählen sind[4]. Diese Bekanntmachung veröffentlicht das Unternehmen spätestens 19 Wochen (1. WO), 23 Wochen (2. WO) bzw. 25 Wochen (3. WO) vor dem voraussichtlichen Beginn der Amtszeit der zu wählenden AR-Mitglieder der ArbN. Bei Wahlen nach der 3. WO erfolgt die Mitteilung vom herrschenden Unternehmen (bei Wahlen nach § 5) bzw. von der Komplementär-Kapitalgesellschaft (bei Wahlen nach § 4) an die anderen Unternehmen (Konzerngesellschaften oder Kommanditgesellschaften), deren ArbN nach §§ 4, 5 an der Wahl teilnehmen dürfen. Die Mitteilung enthält ua. die Zahl der zu wählenden AR-Mitglieder der ArbN. Sie ist durch Aushang an einer den Wahlberech- 5

1 BGBl. I 2002, 1129 ff. | 2 BGBl. I 2002, 1682 ff. (1. WO), 1708 ff. (2. WO) und 1741 ff. (3. WO). | 3 Zu diesen und weiteren Änderungen im Einzelnen *Sieg/Siebels*, NZA 2002, 697 ff.; *Wolf*, DB 2002, 790 ff. | 4 § 2 I 1. WO; § 2 I 2. WO; § 2 I 3. WO.

tigten zugänglichen Stelle im Betrieb oder durch Einsatz der im Unternehmen vorhandenen Informations- und Kommunikationstechnik bekannt zu machen[1]. Im Falle von Wahlen nach der 3. WO erfolgt die Bekanntmachung nicht durch die Konzernobergesellschaft bzw. die Komplementär-Kapitalgesellschaft sondern durch die Unternehmen, deren ArbN nach §§ 4, 5 zugerechnet werden. Die Unternehmen übersenden die Bekanntmachung unverzüglich dem BR und dem SprAu, bei Wahlen nach der 2. WO auch dem GBR und dem GesamtSprAu, bei Wahlen nach der 3. WO zusätzlich dem KBR und dem KonzernSprAu sowie (bei allen Wahlen) den in den Unternehmen vertretenen Gewerkschaften[2]. Die Bekanntmachung hat nur deklaratorische Wirkung und ist nicht zwingende Voraussetzung für die Einl. des Wahlverfahrens, so dass bei Säumnis der Unternehmensleitung die Wahleinleitung auch auf Initiative anderer Beteiligter (zB BR) erfolgen kann[3].

6 **2. Bildung der Wahlvorstände.** Unverzüglich nach der Bekanntmachung werden die Wahlvorstände gebildet[4]. Dabei obliegt bei Wahlen nach der 1. WO die Einleitung und ordnungsgemäße Durchführung der Wahl sowie die Feststellung der Wahlergebnisse dem (alleinigen) Betriebswahlvorstand, während bei Wahlen nach der 2. und 3. WO die AR-Wahl in den jeweiligen Betrieben durch die Betriebswahlvorstände, aber im Auftrag und nach den Richtlinien des zusätzlich einzurichtenden Unternehmenswahlvorstandes bzw. Hauptwahlvorstandes durchgeführt wird[5]. Die Wahlvorstände sind ehrenamtlich tätig. Ihre Amtszeit beginnt mit der Annahme der Wahl und endet mit ihrem Abschluss[6]. Scheidet ein Wahlvorstand aus dem Betrieb oder Unternehmen aus, so endet seine Mitgliedschaft im Wahlvorstand[7].

7 Der **Betriebswahlvorstand** besteht grds. aus drei wahlberechtigten Mitgliedern, darunter mindestens einem leitenden Angestellten, sofern im Betrieb mindestens fünf wahlberechtigte leitende Angestellte beschäftigt sind[8]. Die Mitglieder des Betriebswahlvorstandes, die ArbN iSv. § 3 I Nr. 1 sind (ArbN ohne leitende Angestellte), werden durch den BR bestellt, in Ermangelung eines BR durch Wahl in einer Betriebsversammlung[9]. Die auf die leitenden Angestellten entfallenen Mitglieder werden vom zuständigen SprAu bestellt, in Ermangelung eines SprAu durch Wahl in einer Versammlung der leitenden Angestellten des Betriebes[10]. Jeder Betriebswahlvorstand teilt dem Unternehmen (1. WO) bzw. dem Unternehmenswahlvorstand (2. WO) oder dem Hauptwahlvorstand (3. WO) unverzüglich nach seiner Bildung schriftl. die Namen seiner Mitglieder und seine Anschrift mit[11]; bei Wahlen nach der 1. WO macht der Betriebswahlvorstand diese Mitteilung auch gegenüber den im Unternehmen vertretenen Gewerkschaften.

8 Die Mitglieder des bei Wahlen nach der 2. WO zusätzlich einzurichtenden **Unternehmenswahlvorstandes** werden durch den GBR bestellt, in Ermangelung eines solchen ist der BR im nach ArbN-Zahlen größten Betrieb hierfür zuständig[12]. Der Unternehmenswahlvorstand besteht idR aus drei Mitgliedern, die Wahlberechtigte des Unternehmens sein müssen, darunter mindestens einem leitenden Angestellten, sofern im Unternehmen mindestens fünf wahlberechtigte leitende Angestellte beschäftigt sind[13]. Die leitenden Angestellten werden von dem zuständigen SprAu, bei Fehlen eines solchen in einer Versammlung der leitenden Angestellten des nach der Zahl der wahlberechtigten leitenden Angestellten größten Betriebes mit der Mehrheit der abgegebenen Stimmen gewählt. Der Unternehmenswahlvorstand teilt unverzüglich nach seiner Bildung dem Unternehmen und den im Unternehmen vertretenen Gewerkschaften schriftl. die Namen seiner Mitglieder und seine Anschrift mit[14].

9 Bei Wahlen nach der 3. WO wird zusätzlich zu den Betriebswahlvorständen der Unternehmen, deren ArbN gem. §§ 4, 5 MitbestG an der Wahl teilnehmen, ein **Hauptwahlvorstand** (nach der Neufassung der Wahlordnungen aber keine Unternehmenswahlvorstände mehr) gebildet. Der Hauptwahlvorstand besteht idR aus drei Mitgliedern, die Wahlberechtigte von Unternehmen sein müssen, deren ArbN an der Wahl teilnehmen, darunter mindestens einem leitenden Angestellten, sofern im Unternehmen mindestens fünf wahlberechtigte leitende Angestellte beschäftigt sind[15]. Die Mitglieder des Hauptwahlvorstandes werden durch den KBR, bei Fehlen eines solchen durch den GBR bzw. den BR im größten Konzernunternehmen bestellt[16]. Die leitenden Angestellten werden vom zuständigen SprAu, in Ermangelung eines solchen vom GesamtSprAu des nach der Zahl der wahlberechtigten leitenden Angestellten größten Unternehmens bestellt oder in einer Versammlung der leitenden Angestellten des nach der Zahl der wahlberechtigten leitenden Angestellten größten Betriebes der Unternehmen mit der Mehrheit der abgegebenen Stimmen gewählt. Der Hauptwahlvorstand teilt unverzüglich nach seiner Bildung den Un-

1 § 2 II 1 1. WO; § 2 II 1 2. WO; § 2 II 2 3. WO. | **2** § 2 III 1. WO; § 2 III 2. WO; § 2 III 3. WO. | **3** LAG Hamm v. 27.5.1977 – 3 Ta BV 35/77, DB 1977, 1269; *Raiser*, vor § 9 MitbestG Rz. 5; WWKK/*Wißmann*, vor § 9 MitbestG Rz. 12. | **4** § 4 S. 1 1. WO; § 3 III 1 2. WO; § 3 III 3. WO; zur inneren Ordnung der Wahlvorstände § 7 1. WO; § 7 2. WO; § 7 3. WO. | **5** § 3 1. WO; § § 3 II 2. WO; § 3 II 3. WO; zu den Kompetenzen des Wahlvorstandes LAG BW v. 15.2.1988 – 8 Ta BV 2/88, BB 1988, 1344; v. 3.10.1989 – 8 Ta BV 4/89, BB 1990, 14 (15); BAG v. 20.2.1991 – 7 ABR 85/89, BB 1991, 2446 f.; zu Einzelheiten WWKK/*Wißmann*, vor § 9 MitbestG Rz. 14 ff. | **6** LAG Hamburg v. 31.1.1979 – 5 Ta BV 8/78, DB 1979, 899 (900); BAG v. 25.8.1981 – 1 ABR 61/79, DB 1982, 546; v. 7.6.1984 – 6 AZR 3/82, DB 1984, 2358; *Raiser*, vor § 9 MitbestG Rz. 12. | **7** Vgl. *Raiser*, vor § 9 MitbestG Rz. 12; UHH/*Henssler*, vor § 9 MitbestG Rz. 22. | **8** § 5 II S. 2 1. WO; § 5 II S. 2 2. WO; § 5 II S. 2 3. WO. | **9** § 5 IV 1. WO. | **10** § 5 V 1 und 2 1. WO; § 5 V 1 und 2 2. WO; § 5 V 1 und 2 3. WO. | **11** § 6 1. WO; § 6 II 2. WO; § 6 II 3. WO. | **12** § 4 IV 2. WO. | **13** § 4 I, II 2 2. WO. | **14** § 6 I 2. WO. | **15** § 4 II 2 3. WO. | **16** § 4 IV 3. WO.

ternehmen, den Betriebswahlvorständen und den im Unternehmen vertretenen Gewerkschaften schriftl. die Namen seiner Mitglieder und seine Anschrift sowie zusätzlich den Betriebswahlvorständen mit, welche Gewerkschaften die Mitteilung erhalten haben[1].

3. Aufstellung und Bekanntmachung der Wählerlisten. Jeder Betriebswahlvorstand stellt unverzüglich nach seiner Bildung eine Liste der wahlberechtigten ArbN des Betriebes auf, wobei die ArbN iSv. § 3 I Nr. 1 (ArbN ohne leitende Angestellte) und die leitenden Angestellten getrennt aufzuführen sind[2]. Das Unternehmen hat dem Betriebswahlvorstand alle dazu erforderlichen Auskünfte zu erteilen und die erforderlichen Unterlagen zur Verfügung zu stellen[3]. Nur ArbN, die in der fortlaufend zu aktualisierenden Wählerliste eingetragen sind, können an den Abstimmungen und Wahlen teilnehmen (zur Aktualisierungspflicht zB bei Unternehmenskäufen und -verkäufen § 4 DrittelbG Rz. 13)[4]. Dennoch ist die **Eintragung nicht konstitutiver Natur**, dh., sie kann die materielle Rechtslage nicht ändern[5]. 10

Der Betriebswahlvorstand ist verpflichtet, unverzüglich und bis zum Abschluss der AR-Wahl die Einsichtnahme in die Wählerliste, das Mitbestimmungsgesetz und die jeweils einschlägige Wahlordnung zu ermöglichen[6]. Gleichzeitig (1) macht er die Namen seiner Mitglieder und seine Anschrift bekannt, (2) gibt er ua. an, dass an Wahlen und Abstimmungen nur ArbN teilnehmen können, die in der Wählerliste eingetragen sind, und (3) weist er darauf hin, dass Einsprüche gegen die Richtigkeit der Wählerliste nur innerhalb von einer Woche seit Erlass der Bekanntmachung schriftl. beim Betriebswahlvorstand eingelegt werden können (sog. Änderungsverlangen)[7]. Nach Fristablauf übersendet der Betriebswahlvorstand bei Wahlen nach der 2. WO dem Unternehmenswahlvorstand, bei Wahlen nach der 3. WO dem Hauptwahlvorstand mindestens eine Kopie der Wählerliste und teilt ihm die Zahlen der idR im Betrieb beschäftigten ArbN und leitenden Angestellten mit[8]. 11

4. Drei Bekanntmachungen der Wahlvorstände. Hiernach veröffentlicht der Betriebswahlvorstand (1. WO) bzw. der Unternehmenswahlvorstand (2. WO) oder Hauptwahlvorstand (3. WO) gleichzeitig drei Bekanntmachungen zur (1) Einreichung von Wahlvorschlägen für ArbN iSv. § 3 I Nr. 1, (2) Abstimmung für den Wahlvorschlag der leitenden Angestellten und (3) Abstimmung über die Art der Wahl, die jeweils einen eigenständigen Verfahrensabschnitt in Gang setzen. 12

a) Bekanntmachung zur Einreichung von Wahlvorschlägen für die Arbeitnehmer iSv. § 3 Abs. 1 Nr. 1. Unverzüglich nach Ablauf der Frist für Änderungsverlangen veröffentlicht der Betriebswahlvorstand (1. WO) bzw. unverzüglich nach Übersendung der Wählerlisten der Unternehmenswahlvorstand (2. WO) oder der Hauptwahlvorstand (3. WO) eine Bekanntmachung, in der ua. darauf hingewiesen wird, dass die wahlberechtigten ArbN Wahlvorschläge beim Betriebswahlvorstand innerhalb von sechs Wochen einreichen können[9]. Bei Wahlen nach der 1. WO übersendet der Betriebswahlvorstand diese Bekanntmachung unverzüglich dem Unternehmen und den im Unternehmen vertretenen Gewerkschaften, bei Wahlen nach der 2. und 3. WO übersendet der Unternehmenswahlvorstand bzw. der Hauptwahlvorstand die Bekanntmachung den Betriebswahlvorständen und teilt ihnen mit, ab wann sie in den Betrieben bekannt zu machen ist; ferner übersendet der Unternehmenswahlvorstand bzw. der Hauptwahlvorstand unverzüglich nach ihrem Erlass die Bekanntmachung den Unternehmen und den in diesen Unternehmen vertretenen Gewerkschaften[10]. 13

Jeder Wahlvorschlag muss von einem Fünftel oder 100 der wahlberechtigten ArbN unterzeichnet sein[11]. Die Wahlvorschläge müssen innerhalb von sechs Wochen seit Erlass der Bekanntmachung beim Betriebswahlvorstand (1. WO) bzw. beim Unternehmenswahlvorstand (2. WO) oder Hauptwahlvorstand (3. WO) schriftl. eingereicht werden[12]. Dabei können die im Unternehmen vertretenen Gewerkschaften Wahlvorschläge zur Wahl von AR-Mitgliedern machen[13]. Für Wahlvorschläge der leitenden Angestellten ist dagegen ein eigenständiges Abstimmungsverfahren vorgesehen (vgl. Rz. 15 ff.). In den Wahlvorschlägen kann außerdem für jeden Bewerber jeweils ein Ersatzmitglied des AR vorgeschlagen werden[14]. Ist nach Ablauf der Frist kein gültiger Wahlvorschlag eingereicht worden, so erlässt der Betriebswahlvorstand (1. WO) bzw. der Unternehmenswahlvorstand (2. WO) oder Hauptwahlvorstand 3. WO) unverzüglich eine Bekanntmachung und setzt eine Nachfrist von einer weiteren Woche[15]. Spätestens zwei Wochen vor dem ersten Tag der Stimmabgabe sind die gültigen Wahlvorschläge von den Betriebswahlvorständen (bei Wahlen nach der 2. und 3. WO nach Übersendung durch den Unternehmenswahlvorstand oder den Hauptwahlvorstand) in den Betrieben bekannt zu machen[16]. 14

b) Bekanntmachung zur Abstimmung für den Wahlvorschlag der leitenden Angestellten. Gleichzeitig mit der Bekanntmachung zur Abstimmung über die Wahlart veröffentlicht der Betriebswahlvorstand 15

1 § 6 I 3. WO. |**2** § 8 I 1 1. WO; § 8 I 1 2. WO; § 8 I 1 3. WO. |**3** § 8 III 1 1. WO; § 8 III 1 2. WO; § 8 III 1 3. WO. |**4** § 8 V 1. WO; § 8 V 2. WO; § 8 V 3. WO. |**5** Vgl. *Raiser*, vor § 9 MitbestG Rz. 18. |**6** § 9 I 1 1. WO; § 9 I 1 2. WO; § 9 I 1 3. WO. |**7** § 9 II 1 und 4 Nr. 3 1. WO; § 9 II 1 und 4 Nr. 3 2. WO; § 9 II 1 und 4 Nr. 4 3. WO; zu Einzelheiten vgl. § 10 1., 2. und 3. WO. |**8** § 11 I 1 2. WO; § 11 II 1 3. WO. |**9** § 24 I 2 Nr. 4 1. WO; § 26 I 2 Nr. 3 2. WO; § 26 I 2 Nr. 3 2. WO. |**10** § 24 IV 1. WO; § 26 III 1, Abs. 5 2. WO; § 26 III 1, V 3. WO. |**11** § 25 I 2 1. WO; § 27 I 2 2. WO; § 27 I 2 3. WO. |**12** § 25 II 1. WO; § 27 II 2. WO; § 27 II 3. WO. |**13** § 26 I 1. WO; § 28 I 2. WO; § 28 I 3. WO. |**14** § 27 1. WO; § 29 2. WO; § 29 3. WO. |**15** § 34 I 1 1. WO; § 36 I 1 2. WO; § 36 I 1 3. WO. |**16** § 35 II 1. WO; § 37 II 2 WO; § 37 II 3 WO.

(1. WO) bzw. der Unternehmenswahlvorstand (2. WO) oder Hauptwahlvorstand (3. WO) eine Bekanntmachung über die Abstimmung für den Wahlvorschlag der leitenden Angestellten, die ua. die Angabe enthält, dass der Wahlvorschlag der leitenden Angestellten auf Grund von Abstimmungsvorschlägen durch Beschluss der wahlberechtigten leitenden Angestellten in geheimer Abstimmung aufgestellt wird[1]. Bei Wahlen nach der 2. und 3. WO übersendet der Hauptwahlvorstand anschließend die Bekanntmachung den Betriebswahlvorständen und teilt ihnen mit, ab wann sie in den Betrieben bekannt zu machen ist[2].

16 Die wahlberechtigten leitenden Angestellten können Abstimmungsvorschläge für den Beschluss über den Wahlvorschlag machen, wobei jeder Vorschlag von einem Zwanzigstel oder 50 der wahlberechtigten leitenden Angestellten unterzeichnet sein muss[3]. Die Abstimmungsvorschläge sind innerhalb einer Frist von zwei Wochen beim Betriebswahlvorstand (1. WO) bzw. beim Unternehmenswahlvorstand (2. WO) oder Hauptwahlvorstand (3. WO) schriftl. einzureichen[4]. Der Betriebswahlvorstand bzw. der Unternehmenswahlvorstand oder Hauptwahlvorstand prüft sodann die Abstimmungsvorschläge[5]. Bei Wahlen nach der 1. WO macht der Betriebswahlvorstand die gültigen Vorschläge bis zu dem Tag bekannt, an dem der Wahlvorschlag der leitenden Angestellten vorliegt; im Falle von Wahlen nach der 2. und 3. WO übersendet der Unternehmenswahlvorstand bzw. der Hauptwahlvorstand die gültigen Vorschläge unverzüglich den Betriebswahlvorständen, welche diese sodann bekannt machen.

17 Die Aufstellung des Wahlvorschlags der leitenden Angestellten erfolgt nach der Neufassung der WO nicht mehr in einem zweistufigen Abstimmungsverfahren, sondern nur noch im Wege einer Abstimmung. Dabei formuliert der Betriebswahlvorstand bzw. der Unternehmenswahlvorstand oder Hauptwahlvorstand diese Abstimmung so, dass der Wahlvorschlag der leitenden Angestellten spätestens sieben (1. WO) bzw. acht (2. WO) oder neun Wochen (3. WO) seit dem für die Bekanntmachung über die Einreichung von Wahlvorschlägen bestimmten Zeitpunkt vorliegt[6]. Die Kandidaten, die in dieser Abstimmung die meisten Stimmen erhalten, werden – entsprechend der notwendigen Anzahl für einen zulässigen Wahlvorschlag[7] – in den Wahlvorschlag aufgenommen. Bei Wahlen nach der 1. WO stellt der Betriebswahlvorstand in einer Niederschrift ua. die Namen der in den Wahlvorschlag aufgenommenen Bewerber und Ersatzmitglieder fest und macht spätestens zwei Wochen vor dem ersten Tag der Stimmabgabe die gültigen Wahlvorschläge bekannt, bei Wahlen nach der 2. und 3. WO übermittelt der Unternehmensvorstand bzw. der Hauptwahlvorstand das Abstimmungsergebnis nach Prüfung den Betriebswahlvorständen, die sodann die Bekanntmachung für die Dauer von zwei Wochen vornehmen.

18 c) **Bekanntmachung zur Abstimmung über die Art der Wahl.** Sind in einem Unternehmen idR (hierzu § 1 Rz. 11) mehr als 8000 ArbN (§ 3) beschäftigt, findet die Wahl der ArbN-Vertreter durch Delegierte nach §§ 10 bis 17 statt, ansonsten eine unmittelbare Wahl (sog. Urwahl) nach § 18 (§ 9 I u. II). Die Belegschaft hat allerdings das Recht, eine Änderung der in § 9 I u. II vorgeschriebenen Wahlart herbeizuführen (Rz. 2). Dabei erlässt der Betriebswahlvorstand (1. WO) bzw. der Unternehmenswahlvorstand (2. WO) oder Hauptwahlvorstand (3. WO) zur Einl. des Abstimmungsverfahrens unverzüglich nach Ablauf der Frist für Änderungsverlangen (bei Wahlen nach der 1. WO) bzw. unverzüglich nach Übersendung der Wählerlisten (bei Wahlen nach der 2. und 3. WO) eine Bekanntmachung, in der er ua. mitteilt, dass die AR-Mitglieder der ArbN – je nach ArbN-Zahl – in unmittelbarer Wahl bzw. im Wege der Delegiertenwahl gewählt werden, wenn nicht die Wahlberechtigten die jeweils andere Wahlart beschließen[8]. Die Bekanntmachung ist bei Wahlen nach der 1. WO unverzüglich nach ihrer Veröffentlichung dem Unternehmen und den im Unternehmen vertretenen Gewerkschaften zu übersenden, bei Wahlen nach der 2. und 3. WO zusätzlich den Betriebswahlvorständen unter Angabe des Zeitpunktes, von dem ab die Bekanntmachung in den Betrieben zu erfolgen hat[9].

19 Liegt ein gültiger Antrag auf Abstimmung über die Art der Wahl vor, so erlässt der Betriebswahlvorstand (1. WO) bzw. der Unternehmenswahlvorstand (2. WO) oder Hauptwahlvorstand (3. WO) unverzüglich ein **Abstimmungsausschreiben**, welches ua. den Inhalt des Antrags, sowie Ort, Tag und Zeit der Stimmabgabe enthält[10]. Bei Wahlen nach der 2. und 3. WO übersendet der Unternehmenswahlvorstand bzw. der Hauptwahlvorstand das Abstimmungsausschreiben an die Betriebswahlvorstände, die das Abstimmungsausschreiben bis zum Abschluss der Stimmabgabe durch Aushang bekannt machen. Die Abstimmung über die Wahlart soll innerhalb von zwei Wochen seit dem für die Bekanntmachung des Abstimmungsausschreibens bestimmten Zeitpunkt stattfinden[11]. Ein Beschluss kann nur gefasst werden, wenn sich mindestens die Hälfte der wahlberechtigten ArbN an der Abstimmung beteiligt haben (einschließlich Stimmenthaltungen und ungültigen Stimmen)[12]. Er bedarf der einfachen Mehrheit der abgegebenen Stimmen (§ 9 III 3).

---

1 § 28 I 2 Nr. 3 1. WO; § 30 I 2 Nr. 3 2. WO; § 30 I 2 Nr. 3 3. WO. | **2** § 30 III 1 2. WO; § 30 III 1 3. WO. | **3** § 29 I 1 1. WO; § 31 I 1 2. WO; § 31 I 1 3. WO. | **4** § 29 I 3 1. WO; § 31 I 3 und 4 2. WO; § 31 I 3 und 4 3. WO. | **5** § 29 IV 1. WO; § 31 IV 2. WO; § 31 IV 3. WO. | **6** § 30 I 1. WO; § 32 II 2. WO; § 32 II 3. WO. | **7** § 24 I 2 Nr. 8 1. WO; § 26 I Nr. 7 2. WO; § 26 I Nr. 7 3. WO. | **8** § 12 I 3 Nr. 2 iVm. II 2 Nr. 2 1. WO; § 13 I 2 Nr. 2 iVm. II 2 Nr. 2 2. WO und 3. WO. | **9** § 12 IV 1. WO; § 13 III, IV 2. WO; § 13 III, IV 3. WO. | **10** § 14 I 1 1. WO; § 15 I 1 2. WO; § 15 I 1 3. WO. | **11** § 14 I 2 1. WO; § 15 I 2 2. WO; § 15 I 2 3. WO. | **12** Vgl. UHH/*Henssler*, § 9 MitbestG Rz. 15; *Raiser*, § 9 MitbestG Rz. 8.

Den Betriebswahlvorständen obliegt es, einen vorschriftsmäßigen Abstimmungsvorgang zu organisieren[1]. Unverzüglich nach Abschluss der Stimmabgabe zählt der Betriebswahlvorstand öffentl. die Stimmen aus, wobei dies – wie auch die Stimmabgabe – mithilfe von Wahlgeräten erfolgen kann[2]. Das Abstimmungsergebnis stellt der Betriebswahlvorstand anschließend in einer Abstimmungsniederschrift fest und macht es für die Dauer von zwei Wochen bekannt[3]. Bei Wahlen nach der 2. und 3. WO übersendet der Betriebswahlvorstand die Niederschrift unverzüglich dem Unternehmenswahlvorstand bzw. dem Hauptwahlvorstand, der sodann anhand der Abstimmungsniederschriften das Abstimmungsergebnis, das in einer weiteren Niederschrift festgehalten wird, ermittelt; hiernach übersendet der Unternehmenswahlvorstand bzw. Hauptwahlvorstand das Abstimmungsergebnis den Betriebswahlvorständen, die es für die Dauer von zwei Wochen bekannt machen[4]. 20

III. Delegiertenwahl. 1. Anwendungsbereich. Sind wegen der gesetzl. Anordnung in § 9 I oder nach entsprechender Abstimmung nach § 9 III (iVm. §§ 12 ff. 1. WO, §§ 13 ff. 2. WO, §§ 13 ff. 3. WO) die ArbN-Vertreter durch Delegierte zu wählen, so richtet sich der weitere Verfahrensablauf nach §§ 50 ff. 1. WO, §§ 54 ff. 2. WO bzw. §§ 54 ff. 3. WO. Allerdings gibt es folgende Ausnahmen: Eine Delegiertenwahl nach der 1. oder 2. WO findet dann nicht statt, wenn (1) die ArbN auch an der AR-Wahl anderer Unternehmen durch Delegierte teilnehmen und (2) der Betriebswahlvorstand bzw. der Unternehmenswahlvorstand nach § 55 3. WO beschlossen hat, dass die in dem Unternehmen für die Wahl der AR-Mitglieder eines anderen Unternehmens zu wählenden Delegierten auch die nach den Vorschriften der 1. bzw. 2. WO zu wählenden AR-Mitglieder wählen[5]. Umgekehrt findet eine Delegiertenwahl für die AR-Wahl nach der 3. WO nicht statt, wenn (1) in einem abhängigen Unternehmen die ArbN-Vertreter für den Aufsichtsrats dieses Unternehmens auch durch Delegierte gewählt werden und (2) der Betriebs- bzw. Unternehmenswahlvorstand des abhängigen Unternehmens innerhalb des Wahlverfahrens für den AR dieses Unternehmens nach § 51 1. WO bzw. § 55 2. WO beschlossen hat, dass die zu wählenden Delegierten auch als Delegierte zur Wahl des AR der Obergesellschaft teilnehmen[6]. Schließlich findet eine Delegiertenwahl auch in denjenigen Betrieben nicht statt, in denen Delegierte nach einer der drei WO bereits gewählt worden sind und deren Amtszeit iSv. § 13 bei Beginn der Amtszeit der zu wählenden AR-Mitglieder noch nicht beendet ist[7]. 21

2. Wahl der Delegierten. a) Aktives und passives Wahlrecht (§ 10 Abs. 2, Abs. 3). Für die Wahl von Delegierten sind alle ArbN iSv. § 3 des Unternehmens wahlberechtigt, welche (1) das 18. Lebensjahr zum letzten Wahltag[8] vollendet haben und (2) in ihm zum Zeitpunkt der Wahl tatsächlich beschäftigt sind[9]. Die Wählbarkeit steht allen wahlberechtigten ArbN des Unternehmens zu, welche die weiteren Voraussetzungen des § 8 BetrVG erfüllen (§ 10 III). Das gilt auch im Hinblick auf die Errechnung der Länge der Betriebszugehörigkeit; § 7 III 2 und 3 gelten nicht für das passive Wahlrecht bei der Delegiertenwahl. 22

b) Zahl der Delegierten (§ 11). Nach der Grundregel des § 11 I entfällt in jedem Betrieb auf je 90 wahlberechtigte ArbN (dh. bezogen auf die in der Wählerliste eingetragenen tatsächlich Beschäftigten) ein Delegierter; Teilzahlen sind zu berücksichtigen, wenn sie sich auf mindestens die Hälfte der vollen Zahl (= 45) belaufen (§ 11 I 3). In großen Betrieben, auf die bei dieser Berechnungsweise mehr als 25 Delegierte entfallen würden, vermindert sich die Delegiertenzahl stufenweise und erhöht sich entsprechend die Stimmenzahl pro Delegierten (§ 11 I 2; **sog. Reduktionsverfahren**) wie folgt: 23

ArbN-Zahl	**Delegiertendivisor (§ 11 I 1 und 2)**	**Anzahl Delegierter**	**Stimmenzahl pro Delegiertem**
ab 45	1 : 90 (S. 1)	1	1
ab 135	1 : 90 (S. 1)	2	1
ab 2205	1 : 90 (S. 1)	25	1
ab 2295	1/2 : 90 (S. 2 Nr. 1)	13	2
ab 4545	1/3 : 90 (S. 2 Nr. 2)	17	3
ab 6795	1/4 : 90 (S. 2 Nr. 3)	19	4
ab 9045	1/5 : 90 (S. 2 Nr. 4)	20	5
ab 11 295	1/6 : 90 (S. 2 Nr. 5)	21	6
ab 13 545	1/7 : 90 (S. 2 Nr. 6)	22	7

Das **Verhältnis von ArbN** iSv. § 3 I 1 Nr. 1 **und leitenden Angestellten** muss sich bei der Verteilung der Delegierten widerspiegeln (§ 11 II 1 und 2). Ein nachträglicher Gruppenwechsel lässt allerdings das Amt des Delegierten unberührt (§ 11 V)[10]. Ist auf Grund der geringen ArbN-Zahl einer Gruppe im Betrieb kein 24

---

1 § 16 1. WO; § 17 2. WO; § 17 3. WO. | 2 § 20 1. WO; § 21 2. WO; § 21 3. WO. | 3 §§ 21, 22 1. WO. | 4 §§ 22, 24 2. WO; §§ 22, 24 3. WO. | 5 § 50 1. WO; § 54 2. WO. | 6 § 54 3. WO. | 7 § 67 1. WO; § 73 2. WO; § 73 3. WO. | 8 Vgl. *Raiser*, § 10 MitbestG Rz. 12; WWKK/*Wißmann*, § 10 MitbestG Rz. 25. | 9 Vgl. *Raiser*, § 10 MitbestG Rz. 11; UHH/*Henssler*, § 10 MitbestG Rz. 22. | 10 LAG Nds. v. 25.5.1988 – 5 TaBV 58/87, DB 1988, 1760; ErfK/*Oetker*, § 18 MitbestG Rz. 4.

Delegierter zu wählen, so werden aus Gründen des Minderheitenschutzes diese ArbN für die Wahl der Delegierten den ArbN ihrer Gruppe der Hauptniederlassung des Unternehmens bzw. dem nach der ArbN-Zahl größten Betrieb des Unternehmens zugerechnet (§ 11 III). Das gilt auch, wenn auf einen Betrieb oder ein nach § 5 zuzurechnenden Unternehmen kein Delegierter entfällt (§ 11 IV).

25 **c) Amtszeit der Delegierten (§§ 13, 14).** Die Amtszeit der Delegierten des Unternehmens ist jeweils gleich lang, beginnt mit der Einl. der Wahl der AR-Mitglieder (= Einberufung der Delegiertenversammlung[1]) und dauert so lange, bis eine Neuwahl der AR-Mitglieder der ArbN durch die Einberufung der Delegiertenversammlung eingeleitet wird (§ 13 I 2)[2]. Damit stehen die Delegierten nach Abschluss der AR-Wahl noch für Nachwahlen oder Abberufung (§ 23) zur Verfügung. Die Amtszeit der Delegierten endet vorzeitig in den in § 13 II bis IV geregelten Fällen, bei Niederlegung des Amtes (§ 14 I Nr. 1), bei Beendigung der Beschäftigung des Delegierten im Betrieb (§ 14 I Nr. 2[3]) sowie bei Verlust der Wählbarkeit (§ 14 I Nr. 3). Die Amtszeit der Delegierten endet auch, wenn der Betrieb aufgelöst[4], stillgelegt oder an ein Unternehmen veräußert wird, dessen ArbN an der Wahl der AR-Mitglieder nicht teilnehmen[5].

26 An die Stelle eines vorzeitig ausscheidenden Delegierten oder eines aus tatsächl. oder rechtl. Gründen vorübergehend verhinderten (dh. Unmöglichkeit der Teilnahme an einer Sitzung[6]) Delegierten tritt ein Ersatzdelegierter (§ 14 II). Ist die Wahlliste erschöpft, endet die Amtszeit aller Delegierten (§ 11 IV).

27 **d) Wahlgrundsätze und Wahlverfahren (§ 10 Abs. 1, § 12, §§ 15–17).** Die Delegierten sind getrennt nach Betrieben zu wählen (sofern dort mindestens 45 ArbN beschäftigt sind), wobei die Wahl geheim und nach den Grundsätzen der Verhältniswahl erfolgt (§ 10 I). Das Wahlverfahren beginnt mit der Veröffentlichung eines Wahlausschreibens für die Wahl der Delegierten durch den Betriebswahlvorstand, die vorzunehmen ist, sobald feststeht, dass die AR-Mitglieder durch Delegierte zu wählen sind (bei Wahlen nach der 1. WO) bzw. unverzüglich nach Eingang der entsprechenden Mitteilung des Unternehmenswahlvorstandes (2. WO) bzw. Hauptvorstandes (3. WO). In dieser Bekanntmachung ist ua. die Angabe enthalten, dass Wahlvorschläge für die Wahl der Delegierten innerhalb von zwei Wochen seit Erlass des Wahlausschreibens schriftl. beim Betriebswahlvorstand eingereicht werden können[7]. Der Betriebswahlvorstand bzw. der Unternehmenswahlvorstand oder Hauptwahlvorstand errechnet hiernach die Zahl der zu wählenden Delegierten sowie ihre Verteilung auf die ArbN iSv. § 3 I Nr. 1 einerseits und die leitenden Angestellten andererseits (hierzu Rz. 24)[8].

28 Jeder Wahlvorschlag für Delegierte der ArbN iSv. § 3 I Nr. 1 bzw. der leitenden Angestellten muss von einem Zwanzigstel oder 50 der wahlberechtigten ArbN bzw. der leitenden Angestellten des Betriebs unterzeichnet sein (§ 12 I)[9]. Die Wahlvorschläge sind innerhalb von zwei Wochen nach Erlass des Wahlausschreibens beim Betriebswahlvorstand schriftl. einzureichen[10]. Die Wahlvorschläge in Form von Vorschlagslisten sollen (keine Wirksamkeitsvoraussetzung[11]) mindestens doppelt so viele Bewerber enthalten, wie in dem Wahlgang Delegierte zu wählen sind (§ 12 II; Zweck: Sicherstellung von Ersatzdelegierten). Ist nach Ablauf dieser Frist kein gültiger Wahlvorschlag eingereicht worden, so erlässt der Betriebswahlvorstand unverzüglich eine Bekanntmachung und setzt eine Nachfrist von einer weiteren Woche[12]. Der Betriebswahlvorstand macht die gültigen Wahlvorschläge spätestens zwei Wochen vor dem ersten Tag der Stimmabgabe bekannt[13].

29 Liegen für einen Wahlgang mehrere gültige Wahlvorschläge vor, so kann der Wähler seine Stimme nur für einen dieser Wahlvorschläge (in Form einer Vorschlagsliste) abgeben[14]. Unverzüglich nach Abschluss der Stimmabgabe zählt der Betriebswahlvorstand öffentl. die Stimmen aus[15]. Anhand des festgestellten Ergebnisses ermittelt der Betriebswahlvorstand die Verteilung der in dem Wahlgang zu besetzenden Mandate auf die Listen nach Maßgabe der auf sie entfallenen Stimmzahlen nach dem d'Hondt'schen Höchstzahlverfahren[16]. Hiernach werden die auf die einzelnen Vorschlagslisten entfallenden Stimmen der Reihe nach durch 1, 2, 3 usw. geteilt, und unter den gefundenen Teilzahlen werden so viele Höchst-

---

1 Vgl. ErfK/*Oetker*, § 18 MitbestG Rz. 5; UHH/*Henssler*, § 13 MitbestG Rz. 9; *Raiser*, § 13 MitbestG Rz. 4; MüKo-AktG/*Gach*, § 13 MitbestG Rz. 4; aA GK-MitbestG/*Matthes*, § 13 Rz. 16; *Hoffmann/Lehmann/Weinmann*, § 13 MitbestG Rz. 32. |2 Vgl. ErfK/*Oetker*, § 18 MitbestG Rz. 5; *Raiser*, § 13 MitbestG Rz. 4. |3 Dies gilt auch beim Übergang in ein ruhendes Arbeitsverhältnis, wenn der ArbN voraussehbar keine Tätigkeit mehr erbringen wird; vgl. BAG v. 25.10.2000 – 7 ABR 18/00, AP Nr. 32 zu § 76 BetrVG 1952 (ATZ nach Blockmodell); ErfK/*Oetker*, § 18 MitbestG Rz. 5 aE. |4 BAG v. 13.5.1998 – 7 ABR 5/97, AP Nr. 1 zu § 12 MitbestG. |5 Vgl. ErfK/*Oetker*, § 18 MitbestG Rz. 5; UHH/*Henssler*, § 13 MitbestG Rz. 55; *Raiser*, § 13 MitbestG Rz. 14. |6 Vgl. ErfK/*Oetker*, § 18 MitbestG Rz. 6; UHH/*Henssler*, § 14 MitbestG Rz. 30; *Raiser*, § 14 MitbestG Rz. 6. |7 § 53 I 1. WO; § 59 I 2. WO; § 59 I 2. WO. |8 § 52 I 1. WO; § 56 I 2. WO; § 56 I 3. WO. |9 Vgl. auch § 54 I 2 1. WO; § 60 I 2 2. WO; § 60 I 2 3. WO; die Halbierung des Quorums (vorher: 1/10 oder 100) ist Reaktion auf die Feststellung der Verfassungswidrigkeit (Grundsatz der Wahlgleichheit) von § 12 I 2 MitbestG aF, BVerfG v. 23.10.2004 – 1 BvR 2130/98, WM 2004, 2355 – Deutsche Bahn = WuB § 12 MitbestG 1.05 (zust. *Richardi/Kortstock*), abweichend noch BAG v. 13.5.1998 – 7 ABR 5/97, AP Nr. 1 zu § 12 MitbestG (Vorinstanz). |10 § 54 I 3 1. WO; § 60 I 3 2. WO; § 60 I 3 3. WO. |11 Vgl. *Raiser*, § 12 MitbestG Rz. 6. |12 § 57 I 1 1. WO; § 63 I 1 2. WO; § 63 I 1 3. WO. |13 § 58 II 1 1. WO; § 64 II 1 2. WO; § 64 II 1 2. WO. |14 § 59 I 1 1. WO; § 65 I 1 2. WO; § 65 I 1 3. WO. |15 § 60 I 1. WO; § 66 I 2. WO; § 66 I 3. WO. |16 § 61 I 1. WO; § 67 I 2. WO; § 67 I 3. WO.

zahlen ausgesondert und nach der Höhe geordnet wie Delegierte zu bestellen sind. Wird die niedrigste in Betracht kommende Höchstzahl von zwei Vorschlagslisten gleich erreicht, so entscheidet das Los. Enthält eine Vorschlagsliste weniger Bewerber als Höchstzahlen auf sie entfallen, so gehen die überzähligen Sitze auf die folgenden Höchstzahlen der anderen Wahllisten über[1].

Rechenbeispiel: Zu einem Betrieb gehören 1000 ArbN, die gem. § 11 I 11 Delegierte zu stellen haben (die Überzahl von 10 ArbN bleibt unberücksichtigt). Entfallen auf Liste A 420 Stimmen, auf Liste B 300 Stimmen und auf Liste C 280 Stimmen, so errechnet sich die Verteilung der Sitze wie folgt (gewählte Bewerber sind unterstrichen):

Liste A	Liste B	Liste C
Nr. 1 420 : 1 = 420	Nr. 1 300 : 1 = 300	Nr. 1 280 : 1 = 280
Nr. 2 420 : 2 = 210	Nr. 2 300 : 2 = 150	Nr. 2 280 : 2 = 140
Nr. 3 420 : 3 = 140	Nr. 3 300 : 3 = 100	Nr. 3 280 : 3 = 93,3
Nr. 4 420 : 4 = 105	Nr. 4 300 : 4 = 75	Nr. 4 280 : 4 = 70
Nr. 5 420 : 5 = 84	Nr. 5 300 : 5 = 60	Nr. 5 280 : 5 = 56

30 Wird nur ein gültiger Wahlvorschlag eingereicht, so findet dieser Wahlgang nicht statt, sondern es gelten so viele der in dem Wahlvorschlag aufgeführte Bewerber in der dort angegebenen Reihenfolge als gewählt, wie Delegierte zu wählen sind[2]. Der Betriebswahlvorstand hält das Wahlergebnis in einer Niederschrift fest. Bei Wahlen nach der 2. und 3. WO übermittelt der Betriebswahlvorstand das Wahlergebnis unverzüglich dem Unternehmensvorstand bzw. Hauptwahlvorstand[3]. Der Betriebswahlvorstand macht das Wahlergebnis gleichzeitig unverzüglich für die Dauer von zwei Wochen bekannt und benachrichtigt die Gewählten von ihrer Wahl[4].

31 **3. Wahl der Aufsichtsratsmitglieder durch die Delegierten. a) Wahl unternehmensangehöriger Aufsichtsratsmitglieder (§ 15).** Die Delegierten wählen die AR-Mitglieder, die nach § 7 II unternehmensangehörig sein müssen nach den Grundsätzen der Verhältniswahl (**Prinzip des Gruppenproporz**; § 15 I 1), modifiziert durch den **Minderheitenschutz zu Gunsten leitender Angestellter** (§ 15 I 2). Zwar ist § 15 I 2 zwingend, ansonsten gibt es kein gesetzl. Gebot, dass die einer Gruppe zustehenden AR-Sitze nur mit Mitgliedern der betreffenden Gruppe besetzt werden können[5]. Das Wahlverfahren wird dadurch eingeleitet, dass der Betriebswahlvorstand (1. WO) bzw. der Unternehmensvorstand (2. WO) oder Hauptwahlvorstand (3. WO) zunächst eine Delegiertenliste, getrennt nach Delegierten der ArbN iSv. § 3 I Nr. 1 und solchen der leitenden Angestellten erstellt[6]. Hinter den Namen des jeweiligen Delegierten ist die Zahl seiner Stimmen zu vermerken. Hiernach teilt der Betriebswahlvorstand (1. WO) bzw. der Unternehmenswahlvorstand (2. WO) oder Hauptwahlvorstand (3. WO) jedem Delegierten ua. mit, dass an der Wahl nur Delegierte teilnehmen können, die in der Delegiertenliste eingetragen sind und dass die Stimmabgabe an Wahlvorschläge gebunden ist[7]. Bei Wahlen nach der 1. WO übersendet der Betriebswahlvorstand anschließend Kopien dieser Mitteilungen an das Unternehmen und die in diesem vertretenen Gewerkschaften, bei Wahlen nach der 2 und 3. WO übersendet der Unternehmenswahlvorstand bzw. Hauptwahlvorstand diese Kopien den Betriebswahlvorständen, dem Unternehmen und den dort vertretenen Gewerkschaften[8].

32 Die Delegierten wählen die AR-Mitglieder der ArbN in einer Delegiertenversammlung, die vom Betriebswahlvorstand (1. WO) bzw. vom Unternehmenswahlvorstand (2. WO) oder vom Hauptwahlvorstand (3. WO) geleitet wird und spätestens vier Wochen nach der Wahl der Delegierten stattfinden soll[9]. Wahlvorschläge für die den regulären ArbN zustehenden AR-Sitze können nur die wahlberechtigten ArbN des Unternehmens, Abstimmungsvorschläge für die leitenden Angestellten nur die wahlberechtigten Mitglieder dieser Gruppe machen. Anderen Personen (zB Unternehmensorgane, BR, Wahlvorstand oder Gewerkschaften) steht kein Vorschlagsrecht zu[10]. Die Voraussetzungen für einen wirksamen Wahlvorschlag sind in § 15 II für jede Gruppe gesondert geregelt. Vorgeschlagen werden kann nur, wer wählbar ist. Auch Delegierte können kandidieren[11].

33 Sind mehrere Mandate in einem Wahlgang zu verteilen und liegen für die Besetzung dieser Mandate mehrere gültige Wahlvorschläge vor, so kann der Delegierte seine Stimme nur für einen dieser Wahlvorschläge abgeben[12]. Die Verteilung der Mandate auf die einzelnen Vorschlagslisten folgt im Verhältnis der auf sie entfallenen Stimmen nach dem d'Hondt'schen Höchstzahlverfahren (hierzu auch Rz. 29 f.)[13]; die

1 § 61 II 1. WO; § 67 II 2. WO; § 67 II 3. WO. |2 § 62 I 1. WO; § 68 I 2. WO; § 68 I 3. WO. |3 § 71 2. WO; § 71 3. WO. |4 § 66 1. WO; § 72 2. WO; § 72 3. WO. |5 So auch *Raiser*, § 15 MitbestG Rz. 9; aA UHH/*Henssler*, § 13 MitbestG Rz. 30. |6 § 69 I 1 1. WO; § 75 I 1 2. WO; § 75 I 1 3. WO. |7 § 71 I Nr. 1 und 6 1. WO; § 77 I Nr. 1 und 6 2. WO; § 77 I Nr. 1 und 6 3. WO. |8 § 71 II 1. WO; § 77 II 2. WO; § 77 II 3. WO. |9 § 68 I 1, II 2 1. WO; § 74 I 1, II 2 2. WO; § 74 I 1, II 2 3. WO. |10 Vgl. *Raiser*, § 15 MitbestG Rz. 18. |11 Vgl. *Raiser*, § 15 MitbestG Rz. 20; WWKK/*Wißmann*, § 15 MitbestG Rz. 32. |12 § 72 I 1 1. WO; § 78 I 1 2. WO; § 78 I 1 3. WO. |13 § 74 I 1. WO; § 80 I 2. WO; § 80 I 3. WO.

Reihenfolge der Bewerber innerhalb der einzelnen Wahlvorschläge bestimmt sich nach der Reihenfolge ihrer Benennung[1].

34 Liegt nur ein Wahlvorschlag vor, so kann der Delegierte seine Stimme nur für die in diesem Wahlvorschlag aufgeführten Bewerber abgeben[2]. Gewählt sind dann so viele Bewerber, wie in dem Wahlgang AR-Mitglieder zu wählen sind, nach der Reihenfolge der auf sie entfallenen Stimmzahlen[3]. Unverzüglich nach Abschluss der Stimmabgabe zählt der Betriebswahlvorstand (1. WO) bzw. der Unternehmenswahlvorstand (2. WO) oder der Hauptwahlvorstand (3. WO) öffentl. die Stimmen aus. Nachdem ermittelt ist, wer gewählt ist, stellt der Betriebswahlvorstand (1. WO) bzw. der Unternehmenswahlvorstand (2. WO) oder Hauptwahlvorstand (3. WO) in einer Niederschrift ua. die Namen der gewählten AR-Mitglieder fest[4]. Sodann gibt der Betriebswahlvorstand (1. WO) bzw. der Unternehmenswahlvorstand (2. WO) oder Hauptwahlwahlvorstand (3. WO) der Delegiertenversammlung das Wahlergebnis und die Namen der Gewählten bekannt[5].

35 Bei Wahlen nach der 1. WO gibt der Betriebswahlvorstand das Wahlergebnis und die Namen der Gewählten unverzüglich für die Dauer von zwei Wochen bekannt, benachrichtigt gleichzeitig die Gewählten schriftl. von ihrer Wahl und übermittelt das Wahlergebnis und die Namen der Gewählten dem Unternehmen und den dort vertretenen Gewerkschaften[6]. Bei Wahlen nach der 2. WO und 3. WO übermittelt der Unternehmenswahlvorstand bzw. Hauptwahlvorstand das Wahlergebnis und die Namen der Gewählten den Betriebswahlvorständen, die diese Angaben unverzüglich für die Dauer von zwei Wochen bekannt machen, benachrichtigt die Gewählten schriftl. von ihrer Wahl und übermittelt das Wahlergebnis und die Namen der Gewählten dem Unternehmen und den dort vertretenen Gewerkschaften[7].

36 Schließlich übergibt der Betriebswahlvorstand (1. WO) bzw. der Unternehmenswahlvorstand (2. WO) oder Hauptwahlvorstand (3. WO) und jeder Betriebswahlvorstand dem Unternehmen die Wahlakten, die mindestens für die Dauer von fünf Jahren aufzubewahren sind[8].

37 **b) Wahl von Gewerkschaftsvertretern (§ 16).** Die nach § 7 II zu wählenden Gewerkschaftsvertreter werden nach § 16 I von den Delegierten des Unternehmens in gemeins. Wahl (keine Gruppentrennung) gewählt[9]. Die Wahl ist geheim und folgt den Grundsätzen der Verhältniswahl, sofern mehr als ein Wahlvorschlag gemacht wurde, ansonsten findet eine Mehrheitswahl statt, wobei dann der Vorschlag mindestens doppelt so viele Bewerber wie zu bestellende Vertreter enthalten muss (§ 16 II). **Vorschlagsberechtigt** sind die Gewerkschaften, die in dem Unternehmen oder einem Unternehmen, dessen ArbN an der Wahl beteiligt sind, vertreten sind (dh. denen mindestens ein ArbN des Unternehmens angehört)[10]. Die reguläre Amtszeit der Gewerkschaftsvertreter im AR entspricht der Amtszeit der übrigen AR-Mitglieder. Weder das Ausscheiden aus dem Unternehmen noch doch der Austritt aus der vorschlagenden Gewerkschaft führt zum Verlust des AR-Amtes[11].

38 **c) Wahl von Ersatzmitgliedern (§ 17).** Zur Präzisierung der aktienrechtl. Vorschriften (§ 101 III AktG iVm. § 6 II) bestimmt § 17 I, dass für jedes AR-Mitglied der ArbN ein Ersatzmitglied bestellt werden kann, das jeweils derselben Gruppe bzw. Untergruppe wie die Mitglieder selbst angehören muss (§ 17 I 2). Ein Bewerber kann nicht zugleich als Ersatzmitglied vorgeschlagen werden (§ 17 I 3). Für jedes AR-Mitglied kann nur ein Ersatzmitglied bestellt werden[12], allerdings kann ein Ersatzmitglied für mehrere Bewerber auf einer Wahlliste bestellt werden[13]. Für die Wahl der Ersatzmitglieder findet **kein gesonderter Wahlakt** statt, sondern sie sind mit dem Bewerber gewählt, für den sie vorgeschlagen wurden (§ 17 II). Allerdings ist eine gesonderte Anfechtung der Wahl der Ersatzmitglieder sowie eine gesonderte Abberufung zulässig.

39 Die **Rechtsstellung der Ersatzmitglieder** bestimmt sich nach § 101 III AktG iVm. § 6 II. Danach vertritt das Ersatzmitglied das Hauptmitglied nicht, sondern tritt erst an dessen Stelle, wenn es vor Ablauf der Amtszeit endgültig ausscheidet.

40 **IV. Urwahl. 1. Grundsatz.** Sind die AR-Mitglieder unmittelbar durch die ArbN des Unternehmens zu wählen (Urwahl), so ist das Verfahren der §§ 15–17 (hierzu Rz. 21 ff.) entsprechend mit der Maßgabe anzuwenden, dass an die Stelle der Delegierten die Gruppen der wahlberechtigten ArbN treten (§ 18 S. 2).

41 **2. Wahlverfahren.** Das Wahlverfahren wird eingeleitet durch ein Wahlausschreiben des Betriebswahlvorstandes (1. WO) bzw. des Unternehmenswahlvorstandes (2. WO) oder Hauptwahlvorstandes (3. WO), indem dieser mitteilt, dass die AR-Mitglieder der ArbN von allen Wahlberechtigten in unmittelbarer Wahl zu wählen sind[14]. Darüber hinaus enthält das Wahlausschreiben den Zeitpunkt, bis zu dem

---

1 § 74 III 1. WO; § 80 III 2. WO; § 80 III 3. WO. | 2 § 75 I 1 1. WO; § 81 I 1 2. WO; § 81 I 1 3. WO. | 3 § 77 S. 1 1. WO; § 83 S. 1 2. WO; § 83 S. 1 3. WO. | 4 § 79 Nr. 7 1. WO; § 85 Nr. 7 2. WO; § 85 Nr. 7 3. WO. | 5 § 80 I 1 1. WO; § 86 I 2. WO; § 86 I 3. WO. | 6 § 80 II 1. WO. | 7 § 86 II, III 2 WO; § 86 II, III 3. WO. | 8 § 81 1. WO; § 87 2. WO; § 87 3. WO. | 9 ErfK/*Oetker*, § 18 MitbestG Rz. 8; *Raiser*, § 16 MitbestG Rz. 1. | 10 *Raiser*, § 16 MitbestG Rz. 3. | 11 *Raiser*, § 16 MitbestG Rz. 5. | 12 ErfK/*Oetker*, § 18 MitbestG Rz. 9; UHH/*Henssler*, § 17 MitbestG Rz. 9; *Raiser*, § 17 MitbestG Rz. 3. | 13 ErfK/*Oetker*, § 18 MitbestG Rz. 9; UHH/*Henssler*, § 17 MitbestG Rz. 12; *Raiser*, § 17 MitbestG Rz. 3. | 14 § 37 I 1. WO; § 39 I 2. WO; § 39 I 3. WO.

Wahlvorschläge noch eingereicht werden können sowie den Hinweis, dass die Stimmabgabe an Wahlvorschläge gebunden ist.

Stehen mehrere AR-Mitglieder zur Wahl und liegen für den Wahlgang mehrere gültige Wahlvorschläge vor, so kann der Wähler seine Stimme nur für einen dieser Wahlvorschläge abgeben. – (hierzu auch Rz. 29 f.)[1]. Die Stimmzettel sollen die Angabe enthalten, dass nur ein Wahlvorschlag angekreuzt werden kann. Die Verteilung der AR-Sitze wird nach dem d'Hondt'schen Höchstzahlverfahren ermittelt[2]. Sofern mehrere AR-Mitglieder zu wählen sind, jedoch nur ein gültiger Wahlvorschlag vorliegt, kann der Wähler seine Stimme nur für die in dem Wahlvorschlag aufgeführten Bewerber abgeben[3]. Die Stimmzettel sollen die Angabe enthalten, wie viele Bewerber der Wähler insgesamt ankreuzen kann. Es dürfen jedoch nicht mehr Bewerber angekreuzt werden, als AR-Mitglieder zu wählen sind[4]. Anschließend ermittelt der Betriebswahlvorstand, bei Wahlen nach der 2. und 3. WO der Unternehmenswahlvorstand oder Hauptwahlvorstand anhand der Wahlniederschriften der Betriebswahlvorstände, die Gewählten, wobei nach den Grundsätzen der Mehrheitswahl so viele Bewerber gewählt sind, wie in dem Wahlgang AR-Mitglieder zu wählen waren und zwar nach der Reihenfolge der auf sie entfallenden Stimmzahlen[5]. Ist nur ein AR-Mitglied zu wählen, so kann der Wähler seine Stimme nur für einen der vorgeschlagenen Bewerber abgeben[6]. Die Stimmzettel sollen die Angabe enthalten, dass der Wähler nur einen Bewerber ankreuzen kann. Gewählt ist derjenige Bewerber, auf den die meisten Stimmen entfallen. 42

Bei Wahlen nach der 1. WO macht der Betriebswahlvorstand nach der Auszählung der Stimmen das Wahlergebnis und die Namen der Gewählten unverzüglich für zwei Wochen bekannt, übermittelt diese Angaben dem Unternehmen und den dort vertretenen Gewerkschaften und benachrichtigt die Gewählten von ihrer Wahl. Bei Wahlen nach der 2. und 3. WO übermittelt der Unternehmenswahlvorstand bzw. Hauptwahlvorstand das Wahlergebnis und die Namen der Gewählten den Betriebswahlvorständen, welche die Angaben unverzüglich für die Dauer von zwei Wochen bekannt machen. Gleichzeitig benachrichtigt der Unternehmenswahlvorstand bzw. der Hauptwahlvorstand die Gewählten und übermittelt das Wahlergebnis dem Unternehmen und den dort vertretenen Gewerkschaften. Schließlich übergeben der Betriebswahlvorstand, bei Wahlen nach der 2. und 3. WO der Unternehmenswahlvorstand bzw. Hauptwahlvorstand und jeder Betriebswahlvorstand dem Unternehmen die Wahlakten, die mindestens für die Dauer von fünf Jahren aufzubewahren sind[7]. 43

V. Amtsdauer. Die ArbN-Vertreter im AR werden nach §§ 15 I, 16 I für die gleiche Amtszeit gewählt, wie die AR-Mitglieder der Anteilseigner. Die Amtszeit endet daher gemäß § 102 I AktG iVm. § 6 II spätestens mit Beendigung der Anteilseignerversammlung, die über die Entlastung für das vierte Geschäftsjahr nach dem Beginn der Amtszeit beschließt, wobei das Geschäftsjahr nicht mitgerechnet wird, in dem die Amtszeit beginnt. Im Regelfall dauert sie also höchstens fünf Jahre, kann aber durch Satzung oder Anteilseignerbeschluss auf eine kürzere Frist reduziert werden. Es ist allerdings nicht zwingend, dass die Amtsperioden der Anteilseigner- und ArbN-Vertreter auch zeitlich parallel liegen müssen[8]. Denn in einer Phasenverschiebung liegt keine Ungleichbehandlung der Organmitglieder. Zur Zulässigkeit des Staggered Board § 5 DrittelbG Rz. 8. 44

Fünfter Unterabschnitt. Weitere Vorschriften über das Wahlverfahren sowie über die Bestellung und Abberufung von Aufsichtsratsmitgliedern

19 *Bekanntmachung der Mitglieder des Aufsichtsrats*

Das zur gesetzlichen Vertretung des Unternehmens befugte Organ hat die Namen der Mitglieder und der Ersatzmitglieder des Aufsichtsrats unverzüglich nach ihrer Bestellung in den Betrieben des Unternehmens bekannt zu machen und im elektronischen Bundesanzeiger zu veröffentlichen. Nehmen an der Wahl der Aufsichtsratsmitglieder des Unternehmens auch die Arbeitnehmer eines anderen Unternehmens teil, so ist daneben das zur gesetzlichen Vertretung des anderen Unternehmens befugte Organ zur Bekanntmachung in seinen Betrieben verpflichtet.

I. Bekanntmachungspflicht. Nach S. 1 hat das gesetzl. Vertretungsorgan des Unternehmens die Namen der Mitglieder und Ersatzmitglieder des AR unverzüglich (§ 121 I 1 BGB) nach ihrer Bestellung (1) im Betrieb und (2) durch Veröffentlichung im elektronischen Bundesanzeiger bekannt zu machen. Die Bekanntmachung in den Betrieben kann durch dortigen Aushang, aber auch auf sonstige Weise erfolgen (zB durch E-Mail oder andere Mittel moderner Kommunikationstechnik)[9]. Ferner hat eine 1

1 § 38 I 1 1. WO; § 40 I 1 2. WO; § 40 I 1 3. WO. |**2** § 40 I 1. WO; § 43 II 2. WO; § 43 II 3. WO. |**3** § 41 I 1 1. WO; § 44 I 1 2. WO; § 44 I 1 3. WO. |**4** § 41 III 2 und 3 1. WO; § 44 II 2 und 3 2. WO; § 44 II 2 und 3 3. WO. |**5** § 43 S. 1 1. WO; § 47 S. 2 2. WO; § 47 S. 2 3. WO. |**6** § 44 I 1. WO; § 48 I 2. WO; § 48 I 3. WO. |**7** § 49 1. WO; § 53 2. WO; § 53 2. WO 3. WO. |**8** *Raiser*, § 15 MitbestG Rz. 31; aA GroßKommAktG/*Hopt*/*Roth*/*Peddinghaus*, § 102 AktG Rz. 58; WWKK/*Wißmann*, § 15 MitbestG Rz. 140; MünchArbR/*Wißmann*, § 378 Rz. 11. |**9** Vgl. BR-Drs. 1069/01, S. 17; *Raiser*, § 19 MitbestG Rz. 1.

Bekanntmachung in den Gesellschaftsblättern und durch Einreichung zum Handelsregister zu erfolgen (§ 6 II, III MitbestG iVm. § 106 AktG; Ausnahme: eingetragene Genossenschaft). Nach S. 2 trifft eine Pflicht zur Bekanntmachung im Betrieb (nicht auch im Bundesanzeiger) ebenso die gesetzl. Vertretungsorgane der Unternehmen, deren ArbN an der Wahl der AR-Mitglieder zu beteiligen waren (vgl. §§ 4, 5).

2 Die Bekanntmachung muss bei jeder Bestellung, dh. auch bei einer gerichtlichen Bestellung (§ 104 AktG), beim Eintritt eines Ersatzmitglieds oder bei Nachwahlen erfolgen[1]. Beim **Ausscheiden von AR-Mitgliedern** findet § 19 keine entsprechende Anwendung[2]; es greift die Bekanntmachungspflicht nach § 6 II, III MitbestG iVm. § 106 AktG ein. Die Bekanntmachung nach § 19 hat für die Bestellung zum AR nur deklaratorische Bedeutung und ist im Wesentlichen nur für den Beginn der Wahlanfechtungsfrist (§ 22 II 2) von Bedeutung.

3 **II. Inhalt der Bekanntmachung.** Bekannt zu machen sind nur die Namen der AR-Mitglieder und Ersatzmitglieder, nicht hingegen deren Beruf, Gruppenzugehörigkeit oder sonstige Angaben zur Person[3].

20 *Wahlschutz und Wahlkosten*

(1) Niemand darf die Wahlen nach den §§ 10, 15, 16 und 18 behindern. Insbesondere darf niemand in der Ausübung des aktiven und passiven Wahlrechts beschränkt werden.

(2) Niemand darf die Wahlen durch Zufügung oder Androhung von Nachteilen oder durch Gewährung oder Versprechen von Vorteilen beeinflussen.

(3) Die Kosten der Wahlen trägt das Unternehmen. Versäumnis von Arbeitszeit, die zur Ausübung des Wahlrechts oder der Betätigung im Wahlvorstand erforderlich ist, berechtigt den Arbeitgeber nicht zur Minderung des Arbeitsentgelts.

1 Diese Vorschrift enthält zwei sachlich nicht zusammenhängende Regelungen, nämlich (1) den Schutz der Wahlen vor Behinderung, Beschränkung des Wahlrechts und anderer unerwünschter Einflussnahme (Abs. 1 und 2) sowie (2) die Pflicht des Unternehmens, die Kosten der Wahl zu tragen (Abs. 3). Inhaltlich deckt sie sich mit § 20 BetrVG (dazu § 20 BetrVG).

21 *Anfechtung der Wahl von Delegierten*

(1) Die Wahl der Delegierten eines Betriebs kann beim Arbeitsgericht angefochten werden, wenn gegen wesentliche Vorschriften über das Wahlrecht, die Wählbarkeit oder das Wahlverfahren verstoßen worden und eine Berichtigung nicht erfolgt ist, es sei denn, dass durch den Verstoß das Wahlergebnis nicht geändert oder beeinflusst werden konnte.

(2) Zur Anfechtung berechtigt sind

1. mindestens drei wahlberechtigte Arbeitnehmer des Betriebs,

2. der Betriebsrat,

3. der Sprecherausschuss,

4. das zur gesetzlichen Vertretung des Unternehmens befugte Organ.

Die Anfechtung ist nur binnen einer Frist von zwei Wochen, vom Tage der Bekanntgabe des Wahlergebnisses an gerechnet, zulässig.

1 **I. Regelungsinhalt.** § 21 regelt die isolierte Anfechtung der Delegiertenwahl (§ 10), deren Zulassung bezweckt zu verhindern, dass die Fehlerhaftigkeit der Delegiertenwahl zur Anfechtbarkeit der Wahl der AR-Mitglieder selbst führt[4]. Gründe, die eine Anfechtung der Delegiertenwahl rechtfertigen, können daher gegen die Wahl der AR-Mitglieder nicht mehr geltend gemacht werden, wenn eine Anfechtung der Delegiertenwahl nicht innerhalb einer Frist von zwei Wochen (Abs. 2 S. 2) erfolgt ist[5]. Die Anfechtung kann sich auf die Wahl eines einzelnen Delegierten, einer Gruppe von Delegierten oder sämtlicher Delegierte beziehen[6].

2 **II. Anfechtungsgründe.** Die Anfechtung der Wahl von Delegierten ist aus denselben Gründen möglich, wie die Anfechtung der Wahl von BR-Mitglieder (§ 19 I BetrVG). Wird die Wahl nur eines einzelnen Delegierten angefochten, kann die Anfechtung nur auf solche Gründe gestützt werden, die ausschließlich in dieser Person vorliegen[7]. Eine Geltendmachung von Fehlern im Wege der Anfechtung ist aus-

1 ErfK/*Oetker*, § 19 MitbestG Rz. 2; UHH/*Henssler*, § 19 MitbestG Rz. 4; *Raiser*, § 19 MitbestG Rz. 1. | 2 ErfK/*Oetker*, § 19 MitbestG Rz. 2; UHH/*Henssler*, § 19 MitbestG Rz. 4; *Raiser*, § 19 MitbestG Rz. 3; WWKK/*Wißmann*, § 19 MitbestG Rz. 3 (anders noch Voraufl. § 19 MitbestG Rz. 3). | 3 ErfK/*Oetker*, § 19 MitbestG Rz. 2; UHH/*Henssler*, § 19 MitbestG Rz. 5; *Raiser*, § 19 MitbestG Rz. 1. | 4 BT-Drs. 7/2172, S. 25. | 5 ErfK/*Oetker*, § 21 MitbestG Rz. 1; UHH/*Henssler*, § 21 MitbestG Rz. 2; *Raiser*, § 21 MitbestG Rz. 1. | 6 ErfK/*Oetker*, § 21 MitbestG Rz. 3; UHH/*Henssler*, § 21 MitbestG Rz. 2; *Raiser*, § 21 MitbestG Rz. 7. | 7 BAG v. 11.6.1997 – 7 ABR 24/96, AP Nr. 1 zu § 22 MitbestG; ErfK/*Oetker*, § 21 MitbestG Rz. 2.

geschlossen, wenn der Einfluss des Wahlfehlers auf das Wahlergebnis durch eine Berichtigung oder zB durch Wiederholung fehlerhafter Verfahrensabschnitte beseitigt wurde[1].

III. Anfechtungsberechtigte und Anfechtungsgegner. Abs. 2 S. 1 zählt die Anfechtungsberechtigten abschließend auf. Anfechtungsgegner sind die Delegierten, deren Wahl angefochten wird (Analogie zu § 19 BetrVG)[2]. 3

IV. Rechtswirkung der Anfechtung. Mit Rechtskraft der Entscheidung steht die Ungültigkeit der Wahl endgültig und mit Wirkung erga omnes, allerdings nur für die Zukunft fest[3]. 4

V. Nichtigkeit der Wahl. Neben der Anfechtung kommt nach allgemeinen gesellschafts- und arbeitsrechtl. Grundsätzen die Nichtigkeit der Wahl der Delegierten in Betracht, wenn so grob und offensichtlich gegen die grundlegenden Wahlregeln verstoßen wurde, dass auch der Anschein einer Wahl nicht mehr vorliegt[4]. Die Nichtigkeit der Wahl kann von jedermann in jedem Verfahren ohne zeitliche Beschränkung geltend gemacht werden. Sie wirkt ex tunc[5]. 5

22 *Anfechtung der Wahl von Aufsichtsratsmitgliedern der Arbeitnehmer*

(1) Die Wahl eines Aufsichtsratsmitglieds oder eines Ersatzmitglieds der Arbeitnehmer kann beim Arbeitsgericht angefochten werden, wenn gegen wesentliche Vorschriften über das Wahlrecht, die Wählbarkeit oder das Wahlverfahren verstoßen worden und eine Berichtigung nicht erfolgt ist, es sei denn, dass durch den Verstoß das Wahlergebnis nicht geändert oder beeinflusst werden konnte.

(2) Zur Anfechtung berechtigt sind

1. mindestens drei wahlberechtigte Arbeitnehmer des Unternehmens,

2. der Gesamtbetriebsrat des Unternehmens oder, wenn in dem Unternehmen nur ein Betriebsrat besteht, der Betriebsrat sowie, wenn das Unternehmen herrschendes Unternehmen eines Konzerns ist, der Konzernbetriebsrat, soweit ein solcher besteht,

3. der Gesamt- oder Unternehmenssprecherausschuss des Unternehmens oder, wenn in dem Unternehmen nur ein Sprecherausschuss besteht, der Sprecherausschuss sowie, wenn das Unternehmen herrschendes Unternehmen eines Konzerns ist, der Konzernsprecherausschuss, soweit ein solcher besteht,

4. der Gesamtbetriebsrat eines anderen Unternehmens, dessen Arbeitnehmer nach diesem Gesetz an der Wahl der Aufsichtsratsmitglieder des Unternehmens teilnehmen, oder, wenn in dem anderen Unternehmen nur ein Betriebsrat besteht, der Betriebsrat,

5. der Gesamt- oder Unternehmenssprecherausschuss eines anderen Unternehmens, dessen Arbeitnehmer nach diesem Gesetz an der Wahl der Aufsichtsratsmitglieder des Unternehmens teilnehmen, oder, wenn in dem anderen Unternehmen nur ein Sprecherausschuss besteht, der Sprecherausschuss,

6. jede nach § 16 Abs. 2 vorschlagsberechtigte Gewerkschaft,

7. das zur gesetzlichen Vertretung des Unternehmens befugte Organ.

Die Anfechtung ist nur binnen einer Frist von zwei Wochen, vom Tage der Veröffentlichung im elektronischen Bundesanzeiger an gerechnet, zulässig.

I. Regelungsinhalt. § 22 regelt die Anfechtbarkeit der Wahl der AR-Mitglieder oder der Ersatzmitglieder der ArbN zwingend und abschließend[6]. Die Anfechtung der Wahl der Anteilseignervertreter erfolgt bei AG und KGaA nach § 6 II MitbestG iVm. §§ 243, 251 AktG, bei der GmbH nach § 251 AktG analog[7] und bei der eingetragenen Genossenschaft nach § 6 II MitbestG iVm. § 51 GenG. 1

II. Anfechtungsgründe. Nach hM können Gründe, die zur Anfechtung nach § 21 berechtigen, nur dann gegen die Wahl der AR-Mitglieder und Ersatzmitglieder nach § 22 vorgebracht werden, wenn das Verfahren nach § 21 auch erfolgreich durchgeführt wurde[8]. Bei einer Urwahl (§§ 9, 18) kann die Anfechtung dagegen auf sämtliche Anfechtungsgründe gestützt werden[9]. 2

III. Anfechtungsberechtigter und Anfechtungsgegner. Die Anfechtungsberechtigten zählt Abs. 2 S. 1 abschließend auf. Anfechtungsgegner sind die AR-Mitglieder und Ersatzmitglieder, deren Wahl ange- 3

1 BAG v. 20.2.1991 – 7 ABR 85/89, AP Nr. 1 zu § 9 MitbestG; ErfK/*Oetker*, § 21 MitbestG Rz. 1. | 2 ErfK/*Oetker*, § 21 MitbestG Rz. 3; UHH/*Henssler*, § 21 MitbestG Rz. 13; *Raiser*, § 21 MitbestG Rz. 9. | 3 Zur Wirkung pro futuro *Raiser*, § 21 MitbestG Rz. 11; *Hoffmann/Lehmann/Weinmann*, § 21 MitbestG Rz. 36 ff. | 4 ErfK/*Oetker*, § 21 MitbestG Rz. 5; *Raiser*, § 21 MitbestG Rz. 13; BAG v. 27.4.1976 – 1 AZR 482/75, AP Nr. 4 zu § 19 BetrVG 1972; v. 10.6.1983 – 6 ABR 50/82, DB 1983, 2142. | 5 *Raiser*, § 21 MitbestG Rz. 14. | 6 ErfK/*Oetker*, § 22 MitbestG Rz. 1; *Raiser*, § 22 MitbestG Rz. 4. | 7 *Scholz/U. H. Schneider*, § 52 GmbHG Rz. 152. | 8 ErfK/*Oetker*, § 22 MitbestG Rz. 1; UHH/*Henssler*, § 22 MitbestG Rz. 2; MüKoAktG/*Gach*, § 22 MitbestG Rz. 3; *Matthes*, DB 1978, 635 (636). | 9 ErfK/*Oetker*, § 22 MitbestG Rz. 2; *Raiser*, § 22 MitbestG Rz. 5.

fochten wird[1]. Ein auf ein einzelnes AR-Mitglied beschränkter Anfechtungsantrag ist nur zulässig, wenn der Anfechtungsgrund auf dieses AR-Mitglied beschränkt ist[2]. Betrifft der Anfechtungsgrund die Wahl aller Gewählten (zB Verstoß gegen das Gebot der öffentl. Stimmauszählung), dann muss deren Wahl insgesamt (einschließlich der Ersatzmitglieder) angefochten werden[3].

4 **IV. Anfechtungsfrist.** Die Anfechtung ist nur innerhalb von zwei Wochen nach Veröffentlichung des Wahlergebnisses im elektronischen Bundesanzeiger (§ 19) zulässig (Abs. 2 S. 2). Einzelne Entscheidungen und Maßnahmen des Wahlvorstands können im Verfahren nach den §§ 2a Nr. 3, 80 I ArbGG bereits vor Abschluss der Wahl während des Wahlverfahrens selbständig angegriffen werden[4].

5 **V. Rechtswirkung der Anfechtung.** S. § 21 Rz. 4. Zur Ergänzung des AR § 24 Rz. 3.

6 **VI. Nichtigkeit der Wahl.** S. § 21 Rz. 5.

23 *Abberufung von Aufsichtsratsmitgliedern der Arbeitnehmer*

(1) Ein Aufsichtsratsmitglied der Arbeitnehmer kann vor Ablauf der Amtszeit auf Antrag abberufen werden. Antragsberechtigt sind für die Abberufung eines

1. Aufsichtsratsmitglieds der Arbeitnehmer nach § 3 Abs. 1 Nr. 1 drei Viertel der wahlberechtigten Arbeitnehmer nach § 3 Abs. 1 Nr. 1,

2. Aufsichtsratsmitglieds der leitenden Angestellten drei Viertel der wahlberechtigten leitenden Angestellten,

3. Aufsichtsratsmitglieds, das nach § 7 Abs. 2 Vertreter einer Gewerkschaft ist, die Gewerkschaft, die das Mitglied vorgeschlagen hat.

(2) Ein durch Delegierte gewähltes Aufsichtsratsmitglied wird durch Beschluss der Delegierten abberufen. Dieser Beschluss wird in geheimer Abstimmung gefasst; er bedarf einer Mehrheit von drei Vierteln der abgegebenen Stimmen.

(3) Ein von den Arbeitnehmern unmittelbar gewähltes Aufsichtsratsmitglied wird durch Beschluss der wahlberechtigten Arbeitnehmer abberufen. Diese Beschluss wird in geheimer, unmittelbarer Abstimmung gefasst; er bedarf einer Mehrheit von drei Vierteln der abgegebenen Stimmen.

(4) Die Absätze 1 bis 3 sind für die Abberufung von Ersatzmitgliedern entsprechend anzuwenden.

1 **I. Regelungsinhalt.** § 23 regelt die Abberufung der AR-Mitglieder der ArbN (Abs. 1–3) sowie der Ersatzmitglieder (Abs. 4, § 17) ohne wichtigen Grund zwingend. Die Abberufung der Anteilseignervertreter erfolgt bei der AG und KGaA nach § 6 II, III MitbestG iVm. § 103 I, II AktG, bei der GmbH nach § 52 I GmbHG iVm. § 103 I 1 und 2 AktG und bei der eingetragenen Genossenschaft nach § 6 II, III MitbestG iVm. § 36 III GenG.

2 **II. Abberufungsverfahren.** Der Kreis der Antragsberechtigten für den Abberufungsantrag ist in Abs. 1 S. 2 so bestimmt, dass jeweils die Gruppe der ArbN, der das AR-Mitglied zuzuordnen ist, antragsberechtigt ist. Neben der dort festgelegten 3/4-Mehrheit der Abberufungsberechtigten bedarf es keines besonderen Grundes für die Abberufung. Das Verfahren ist in den WO näher geregelt (§§ 82 ff. 1. WO, §§ 88 ff. 2. WO, §§ 88 ff. 3. WO). Der Beschluss über die Abberufung bedarf einer 3/4-Mehrheit des Gremiums, das das AR-Mitglied nach §§ 15 III, 18 gewählt hat (Abs. 2, Abs. 3). Das Mandat erlischt mit Bekanntgabe der Beschlüsse[5]. Dies ist dann den Gesellschaftsblättern und zum Handelsregister mitzuteilen (§ 6 II MitbestG iVm. § 106 AktG), die Bestellung des Ersatzmitglieds oder die Neuwahl ist ferner im Unternehmen bekannt zu machen (§ 19).

3 **III. Abberufung aus wichtigem Grund.** Neben § 23 findet das gerichtliche Abberufungsverfahren aus wichtigem Grund sowohl für die Anteilseignervertreter als auch für die ArbN-Vertreter Anwendung (§ 103 III u. IV AktG)[6]. Der Abberufungsantrag bedarf eines AR-Beschlusses mit einfacher Mehrheit der abgegebenen Stimmen, wobei dem betroffenen Mitglied kein Stimmrecht zukommt[7]. Für das Vorliegen eines wichtigen Grundes ist jeder Umstand ausreichend, der es **für die Gesellschaft unzumutbar** macht, dass dieses Mitglied weiterhin im AR verbleibt und damit die **Funktionserfüllung des Organs AR erheblich gefährdet**[8]. Als wichtiger Grund anzusehen sind zB die Verletzung der Verschwiegenheitspflicht[9]

1 ErfK/*Oetker*, § 22 MitbestG Rz. 3; *Raiser*, § 22 MitbestG Rz. 15. | 2 BAG v. 11.6.1997 – 7 ABR 24/96, AP Nr. 1 zu § 22 MitbestG; ErfK/*Oetker*, § 22 MitbestG Rz. 3. | 3 BAG v. 11.6.1997 – 7 ABR 24/96, AP Nr. 1 zu § 22 MitbestG; ErfK/*Oetker*, § 22 MitbestG Rz. 3. | 4 LAG BW v. 15.2.1988 – 8 Ta BV 2/88, BB 1988, 1344 (1345); LAG Düsseldorf v. 19.12.1977 – 2 Ta BV 37/77, DB 1978, 255; ErfK/*Oetker*, § 22 MitbestG Rz. 4; *Raiser*, § 22 MitbestG Rz. 24. | 5 Vgl. ErfK/*Oetker*, § 23 MitbestG Rz. 1; *Raiser*, § 23 MitbestG Rz. 6. | 6 Vgl. LG Frankfurt/M. v. 14.10.1986 – 3/11 T 29/85, NJW 1987, 505; *Scholz/U. H. Schneider*, § 52 GmbHG Rz. 207; *Raiser*, § 23 MitbestG Rz. 1. | 7 *Raiser*, § 6 MitbestG Rz. 36; UHH/*Ulmer/Habersack*, § 6 MitbestG Rz. 70; *Scholz/U. H. Schneider*, § 52 Rz. 207. | 8 Vgl. LG Frankfurt/M. v. 14.10.1986 – 3/11 T 29/85, NJW 1987, 505 f.; *Hüffer*, § 103 AktG Rz. 10; UHH/*Ulmer/Habersack*, § 6 MitbestG Rz. 71. | 9 Vgl. *Hüffer*, § 103 AktG Rz. 11; AG München v. 2.5.1985 – HRB 2212, WM 1986, 974 (einmalige Bekanntmachung geplanter Dividendenerhöhung und des Abstimmungsverhaltens anderer Aufsichtsratsmitglieder in Betriebsversammlung soll nicht genügen).

oder die unzulässige Kontaktaufnahme mit Geschäftspartnern der Gesellschaft[1]. Wesentliche und nicht nur vorübergehende Interessenkonflikte in der Person eines AR-Mitglieds (zB allgemeinpolitische Tätigkeit eines Gewerkschaftsfunktionärs gegen wesentliche Interessen des Unternehmens) können im Einzelfall einen solchen wichtigen Grund bilden[2]. In Ausnahmefällen kann ein wichtiger Grund auch in der mangelnden Qualifikation des AR-Mitglieds liegen, wenn ihm nachweisbar die zur ordnungsgemäßen Wahrnehmung der AR-Tätigkeit erforderlichen Mindestkenntnisse (zB Financial Literacy[3]), Fähigkeiten und fachliche Erfahrungen fehlen[4]. Bloße Interessengegensätze, die im AR aufeinander stoßen, sind grds. innerhalb des Organs auszutragen und berechtigen nicht zu einem Vorgehen nach § 103 III und IV AktG[5].

Ein Grund, der die fristlose Kündigung eines im Unternehmen beschäftigten ArbN-Vertreters rechtfertigt, stellt nicht zwingend auch einen wichtigen Grund für eine gerichtl. Abberufung dar[6]; allerdings wird es häufig ein Indiz für die Unzumutbarkeit des Verbleibens im AR sein. 4

IV. Streitigkeiten im Zusammenhang mit der Abberufung eines AR-Mitglieds der ArbN gem. § 23 sind nach § 2a I Nr. 3 ArbGG im arbeitsgerichtl. Beschlussverfahren auszutragen. Zur Ergänzung des AR § 24 Rz. 3. 5

24 *Verlust der Wählbarkeit und Änderung der Zuordnung unternehmensangehöriger Aufsichtsratsmitglieder*

(1) Verliert ein Aufsichtsratsmitglied, das nach § 7 Abs. 2 Arbeitnehmer des Unternehmens sein muss, die Wählbarkeit, so erlischt sein Amt.

(2) Die Änderung der Zuordnung eines Aufsichtsratsmitglieds zu den in § 3 Abs. 1 Nr. 1 oder § 3 Abs. 1 Nr. 2 genannten Arbeitnehmern führt nicht zum Erlöschen seines Amtes.

I. Regelungsinhalt. Nach Abs. 1 verliert ein AR-Mitglied sein Amt, wenn es die Wählbarkeit verliert. Dies gilt nach seinem Wortlaut nur für die Mitglieder der ArbN im AR, die nach § 7 II dem Unternehmen angehören müssen; für die Gewerkschaftsvertreter ist Abs. 1 entsprechend anzuwenden (s. § 7 Rz. 4)[7]. Der Wechsel der Gruppenzugehörigkeit lässt das Amt des AR-Mitglieds unberührt (Abs. 2). Die Regelungen des § 24 sind auf Ersatzmitglieder (§ 17) entsprechend anzuwenden[8]. 1

II. Verlustgründe. Abs. 1 findet nur Anwendung, sofern sich das Erlöschen des AR-Amts nicht bereits aus aktienrechtl. Regeln ergibt (Verlust der Amtsvoraussetzung nach § 6 II MitbestG iVm. § 100 I, II AktG). Zu einem Verlust der Wählbarkeit iSv. Abs. 1 kommt es insb. bei Verlust der ArbN-Eigenschaft (§ 3 I iVm. § 5 BetrVG)[9], bei Ausscheiden des AR-Mitglieds aus dem Unternehmen (und keinem gleichzeitigen Eintritt in ein Unternehmen, dessen ArbN nach §§ 4 und 5 an der Wahl zu beteiligen waren)[10], bei Ruhen des Arbeitsverhältnisses, sofern feststeht, dass der ArbN nach Beendigung des Ruhenstatbestands keine Tätigkeiten mehr für das Unternehmen erbringen wird[11], und bei Ausscheiden eines abhängigen Unternehmens aus dem Konzernverbund (zB Unternehmensverkauf), wenn das AR-Mitglied dort beschäftigt ist[12]. 2

III. Ergänzungen des Aufsichtsrats. Fällt ein Vertreter der ArbN im Aufsichtsrat weg (§§ 22–24), so wird die Vakanz primär durch Nachrücken des entsprechenden Ersatzmitglieds gefüllt; ansonsten hat eine Nachwahl zu erfolgen (arg. § 104 V AktG)[13]. Eine solche ist ausnahmsw. nicht notwendig (in der Praxis ist dies allerdings die Regel), wenn ihre Durchführung zB wegen der zeitlichen Nähe zur nächsten turnusmäßigen AR-Wahl oder wegen hoher Kosten für das Unternehmen unzumutbar wäre (Grundsatz der Verhältnismäßigkeit). In solchen Fällen kommt eine Ersatzbestellung durch Gericht gem. § 104 AktG (das nach freiem Ermessen und ohne Bindung an Anträge entscheidet) in Betracht[14]. Das gerichtl. 3

1 OLG Zweibrücken v. 28.5.1990 – 3 W 93/90, WM 1990, 1388. |2 Vgl. auch Ziff. 5.5.3 S. 2 DCGK; hierzu *Seibt*, AG 2003, 465 (472 Fn. 71 und 475 f.); einschr. *Möllers*, NZG 2003, 697 ff. (zum Fall Lufthansa/Bsirske); zur Streikteilnahme von Arbeitnehmervertretern ausf. *Lutter/Krieger*, Rz. 305; *Köstler/Kittner/Zachert/Müller*, Aufsichtsratspraxis, Rz. 736 ff.; vgl. auch OLG Hamburg v. 23.1.1990 – 11 W 92/89, AG 1990, 218 ff. – HEW/Jansen; *Hüffer*, § 103 AktG Rz. 11. |3 Hierzu Bericht Regierungskommission Corporate Governance, Rz. 310. |4 Vgl. BGH v. 15.11.1982 – II ZR 27/82, BGHZ 85, 293, 295 f. – Hertie; KölnKommAktG/*Mertens*, § 116 Rz. 5 ff.; vgl. auch weiter gehend Ziff. 5.4.1 S. 1 DCGK. |5 Vgl. KölnKommAktG/*Mertens*, § 103 Rz. 32; *Scholz/U. H. Schneider*, § 52 Rz. 208. |6 BGH v. 21.2.1963 – II ZR 76/62, AP Nr. 12 zu § 76 BetrVG 1952 (zu § 76 BetrVG 1952). |7 ErfK/*Oetker*, § 24 MitbestG Rz. 1; *Raiser*, § 24 MitbestG Rz. 2. |8 ErfK/*Oetker*, § 24 MitbestG Rz. 1; UHH/*Henssler*, § 24 MitbestG Rz. 6; *Raiser*, § 24 MitbestG Rz. 3. |9 Vgl. *Raiser*, § 24 MitbestG Rz. 2; *Scholz/U. H. Schneider*, § 52 GmbHG Rz. 176. |10 Vgl. *Raiser*, § 24 MitbestG Rz. 2. |11 BAG v. 25.10.2000 – 7 ABR 18/00, AP Nr. 32 zu § 76 BetrVG 1952 – Blockmodell der Altersteilzeit; *Windbichler*, SAE 2001, 210. |12 Vgl. UHH/*Henssler*, § 24 MitbestG Rz. 8; *Raiser*, § 24 MitbestG Rz. 2; *Scholz/U. H. Schneider*, § 52 GmbHG Rz. 176. |13 Vgl. LAG Köln v. 30.6.2000 – 12 (4) Ta BV 11/00, NZA-RR 2001, 317 f. – Deutsche Telekom. |14 Vgl. LAG Köln v. 30.6.2000 – 12 (4) Ta BV 11/00, NZA-RR 2001, 317 f. – Deutsche Telekom; OLG Karlsruhe v. 10.12.1985 – 8 U 107/85, NJW-RR 1986, 710 (711); BayObLG v. 20.8.1997 – 3 Z BR 193/97, AG 1998, 36 f.; v. 14.12.2004 – 3 Z BR 134/04, AG 2005, 350 f.; WWKK/*Wißmann*, § 16 MitbestG Rz. 151; UHH/*Henssler*, § 22 MitbestG Rz. 21; *Fuchs/Köstler*, Handbuch zur Aufsichtsratswahl, Rz. 592.

Ermessen wird allerdings durch § 104 IV AktG, § 7 II MitbestG eingeschränkt. Sind nach § 7 II Vertreter von Gewerkschaften zu bestellen, hat das Gericht dem Antrag einer vorschlagsberechtigten Gewerkschaft in personeller Hinsicht *grundsätzlich* zu folgen. Eine Ablehnung ist nur möglich, sofern überwiegende Belange der Gesellschaft oder der Allgemeinheit der Bestellung des Vorgeschlagenen entgegenstehen[1]. Liegen verschiedene Anträge konkurrierender Gewerkschaften vor, kann das Gericht im Rahmen der Vorschläge frei auswählen (zum Gewerkschaftsbegriff § 7 Rz. 4)[2].

Dritter Abschnitt. Innere Ordnung, Rechte und Pflichten des Aufsichtsrats

25 *Grundsatz*

(1) Die innere Ordnung, die Beschlussfassung sowie die Rechte und Pflichten des Aufsichtsrats bestimmen sich nach den §§ 27 bis 29, den §§ 31 und 32 und, soweit diese Vorschriften dem nicht entgegenstehen,

1. für Aktiengesellschaften und Kommanditgesellschaften auf Aktien nach dem Aktiengesetz,

2. für Gesellschaften mit beschränkter Haftung nach § 90 Abs. 3, 4 und 5 Satz 1 und 2, den §§ 107 bis 116, 118 Abs. 2, § 125 Abs. 3 und 4 und den §§ 170, 171 und 268 Abs. 2 des Aktiengesetzes,

3. für Genossenschaften nach dem Genossenschaftsgesetz.

§ 4 Abs. 2 des Gesetzes über die Überführung der Anteilsrechte an der Volkswagenwerk Gesellschaft mit beschränkter Haftung in private Hand vom 21. Juli 1960 (Bundesgesetzbl. I S. 585), zuletzt geändert durch das Zweite Gesetz zur Änderung des Gesetzes über die Überführung der Anteilsrechte an der Volkswagenwerk Gesellschaft mit beschränkter Haftung in private Hand vom 31. Juli 1970 (Bundesgesetzbl. I S. 1149), bleibt unberührt.

(2) Andere gesetzliche Vorschriften und Bestimmungen der Satzung (des Gesellschaftsvertrags) oder der Geschäftsordnung des Aufsichtsrats über die innere Ordnung, die Beschlussfassung sowie die Rechte und Pflichten des Aufsichtsrats bleiben unberührt, soweit Absatz 1 dem nicht entgegensteht.

1 **I. Regelungsinhalte.** Nach Abs. 1 S. 1 finden für die innere Ordnung, die Beschlussfassung sowie die Rechte und Pflichten des AR primär die Bestimmung des MitbestG Anwendung, die den Vorsitz im AR (§ 27), dessen Beschlussfähigkeit (§ 28), die für das Zustandekommen eines Beschlusses erforderlichen Mehrheiten (§ 29), die Bestellung und Abberufung von Mitgliedern des Vertretungsorgans (§ 31) sowie die Ausübung von Beteiligungsrechten (§ 32) betreffen. In zweiter Linie sind dann abhängig von der Rechtsform das AktG (AG und KGaA; § 1 I Nr. 1), bestimmte aktienrechtl. Vorschriften (GmbH; § 1 I Nr. 2) bzw. das GenG (Genossenschaften; § 1 I Nr. 3) anzuwenden. Damit bezweckte der Gesetzgeber, dass die wesentlichen Bestimmungen für die AR-Arbeit für alle mitbestimmten Unternehmen einheitlich geregelt sind und sich der AR trotzdem in die jeweilige Rechtsform mit seiner besonderen Kompetenzstruktur einfügt[3]. In dritter Linie gelten für den AR die nicht in Abs. 1 S. 1 in Bezug genommenen gesetzl. Vorschriften sowie privatautonome Regeln in der Satzung, in der Geschäftsordnung des AR oder in Corporate Governance-Grundsätzen des Unternehmens, soweit diesen die in Abs. 1 S. 1 aufgeführten Vorschriften nicht entgegenstehen (Abs. 2).

2 Abs. 1 S. 1 kann nicht entnommen werden, dass die den im MitbestG innewohnenden Leitideen eine maßgebliche Richtlinie für die Auslegung von Regelungslücken sind, die durch gesellschaftsrechtl. Normen zu füllen sind. Der Regelungszweck des MitbestG kann auch nicht herangezogen werden, um die nur partikulären Bestimmungen der §§ 27–29, 31 und 32 über ihren Regelungsbereich auszudehnen[4]. Die Heranziehung gesellschaftsrechtl. Vorschriften steht zwar nicht unter dem Vorbehalt gleichmäßiger Berücksichtigung der Interessen der Anteilseigner und ArbN, darf andererseits aber auch nicht dazu führen, dass zwingendes MitbestR unterlaufen wird[5]. So ergeben sich **mitbestimmungsrechtliche Beschränkungen** für solche privatautonome Regelungen, die die Funktionsfähigkeit des AR als Unternehmensorgan vermindern oder faktisch die Beteiligung der ArbN bei der Entscheidungsfindung im Unternehmen beseitigen würden[6].

3 **II. Innere Ordnung des Aufsichtsrats. 1. AG, KGaA, GmbH.** Die innere Ordnung und Beschlussfassung des AR bestimmt sich bei der AG, der KGaA und der GmbH nach §§ 27, 28 und 29 sowie § 25 I 1 Nr. 1 bzw. Nr. 2 MitbestG iVm. §§ 107–110 AktG.

4 Der AR hat einen **Vorsitzenden** und mindestens einen Stellvertreter zu wählen (§ 107 I AktG). Dem Vorsitzenden können und – entsprechend den Empfehlungen und Anregungen des DCGK – sollen neben

---

1 BayObLG v. 14.12.2004 – 3 Z BR 134/04, AG 2005, 350 (351). | 2 BayObLG v. 14.12.2004 – 3 Z BR 134/04, AG 2005, 350 (351); v. 20.8.1997 – 3 Z BR 193/97, AG 1998, 36. | 3 Vgl. BT-Drs. 7/2172, S. 27; vgl. auch ErfK/*Oetker*, § 25 MitbestG Rz. 1. | 4 BGH v. 25.2.1982 – II ZR 102/81, BGHZ 83, 144, 148; vgl. auch ErfK/*Oetker*, § 25 MitbestG Rz. 5. | 5 BGH v. 25.2.1982 – II ZR 102/81, BGHZ 83, 144, 149; vgl. auch ErfK/*Oetker*, § 25 MitbestG Rz. 5. | 6 Vgl. ErfK/*Oetker*, § 25 MitbestG Rz. 7; UHH/*Ulmer/Habersack*, § 25 MitbestG Rz. 11; *Raiser*, § 25 MitbestG Rz. 13; *Rittner*, DB 1980, 2493 (2499 ff.); *Wiedemann*, ZGR 1977, 160 (167).

den vom Gesetz zugewiesenen weitere Aufgaben insb. durch Geschäftsordnung übertragen werden[1]. S. § 27.

Der AR kann nach § 107 III AktG **Ausschüsse** bestellen und dies entspricht auch guter Unternehmensführung, um die Effizienz der AR-Tätigkeit zu erhöhen[2]. Über die Einrichtung und Besetzung von Ausschüssen entscheidet der AR autonom, wobei idR die Geschäftsordnung des AR Besetzungsregelungen enthält. Nach zutreffender hM gibt es kein Paritätsgebot, demzufolge die paritätische Besetzung mit ArbN-Vertretern im AR-Plenum in den Ausschüssen in gleicher Weise abgebildet werden müsste. Vielmehr darf nach Aufgabe des Ausschusses und Befähigung der in Betracht kommenden Personen differenziert werden, so lange nur sachwidrige Differenzierung nach Gruppenzugehörigkeit der AR-Mitglieder unterbleiben (**Grundsatz des allgemeinen Diskriminierungsverbots**)[3]. Auch der DCGK empfiehlt keine Beachtung des Paritätsgebots[4]. Im Regelfall wird allerdings zur Gewährleistung eines ausreichenden Informationsflusses an die ArbN-Vertreter in jeden Aufsichtsratsausschuss mindestens ein ArbN-Vertreter zu wählen sein[5]. Für den mitbestimmungsrechtlich besonders wichtigen Personalausschuss des AR hat der BGH dies ausdrücklich entschieden[6]. Die Besetzung des AR bzw. von AR-Ausschüssen (insb. des Bilanz- und Prüfungsausschusses/Audit Committee) mit unternehmensangehörigen ArbN-Vertretern verstößt nicht gegen das im **US-amerikanischen Sabarnes-Oxley Act of 2002** enthaltenen Unabhängigkeitserfordernis, da insoweit (Ausnahme: Prokuristen) die SEC eine Ausnahmeregelung veröffentlicht hat[7]. Erfolgen die Wahlen zu AR-Ausschüssen entgegen den vorgenannten Grundsätzen, so sind diese nichtig[8]. 5

Ziff. 3.6 S. 1 DCGK regt als Maßnahme guter Unternehmensführung an, dass die Vertreter der Anteilseigner und der ArbN die Sitzung des AR jeweils gesondert, ggf. mit den Vorstandsmitgliedern, vorbereiten (Ziff. 3.6 S. 1 DCGK)[9]. Diese Anregung soll ebenso wie die Empfehlung der jährlichen Effizienzprüfung der AR-Tätigkeit (Ziff. 5.6 DCGK)[10], periodische *in camera* Sitzungen des AR ohne Vorstand (Ziff. 3.6 S. 2 DCGK) oder gruppenpsychologische Maßnahmen wie Fortbildungskurse, gemeins. Ausflüge etc. der Schaffung einer offenen und vertrauensvollen Diskussionskultur dienen. 6

2. Genossenschaft. Bei der eingetragenen Genossenschaft finden für die innere Ordnung und Beschlussfassung des AR neben §§ 27–29, 31 und 32 die §§ 36 ff. GenG Anwendung. Auf Grund der geringen Regelungsdichte im GenG für diese Fragen kommt der General- bzw. Vertreterversammlung oder dem AR eine größere Gestaltungsfreiheit zu. Fehlen im Statut, in der Geschäftsordnung des AR oder in den Corporate Governance-Grundsätzen entsprechende Regelungen, so finden allgemeine Verfahrensgrundsätze über die Einberufung von Sitzungen, über die Sitzungsleitung, die Beschlussfassung sowie die Erstellung von Niederschriften entsprechende Anwendung[11]. 7

III. Rechte, Pflichten und Kompetenzen des Aufsichtsrats. 1. Allgemeines. Die Kompetenzen des AR bestimmen sich nach §§ 31 und 32 sowie nach § 25 I 1 MitbestG iVm. dem spezifischen Gesellschaftsrecht. Nur soweit die zwingenden Vorschriften des MitbestG oder die gesellschaftsrechtl. Vorschriften zur Satzungsstrenge (§§ 23 V AktG, 18 GenG) reichen, wird die Regelungsbefugnis der Anteilseigner und des AR eingeschränkt. Daher sind die Kompetenzen des AR von der Rechtsform des Unternehmens sowie ggf. von privatautonomen Regelungen in der Satzung, in der Geschäftsordnung des AR oder in Corporate Governance-Grundsätzen abhängig. 8

2. AG. Dem AR kommt nach § 31 zwingend die Personalkompetenz hinsichtlich des Vorstands zu. Das betrifft zum einen die Bestellung und Abberufung der Vorstandsmitglieder, zum anderen den Abschluss, die Änderung und die Beendigung der Vorstands-Anstellungsverträge. Des Weiteren ist der AR verpflichtet, den Vorstand zu überwachen (§ 25 I 1 Nr. 1 MitbestG iVm. § 111 I AktG). Hierzu kommen dem AR eine Vielzahl von Informations- und Untersuchungsrechten zu, die entsprechend den Grundsätzen 9

---

1 Hierzu Ziff. 5.2 DCGK; vgl. auch *Seibt/Wilde* in Hommelhoff/Hopt/von Werder, Handbuch Corporate Governance, S. 377, 388 ff.; *Kremer* in Ringleb/Kremer/Lutter/von Werder, DCGK, Rz. 664 ff.; *Semler*, Arbeitshandbuch für Aufsichtsratsmitglieder, F1 ff. | 2 Hierzu zB Ziff. 5.3 DCGK; *Lutter*, ZGR 2001, 224 (229); *Semler*, Arbeitshandbuch für Aufsichtsratsmitglieder, G 1 ff. | 3 BGH v. 17.5.1993 – II ZR 89/92, BGHZ 122, 342, 354 ff. – Hamburg-Mannheimer (zu MitbestG); OLG Hamburg v. 29.9.1995 – 11 U 20/95, AG 1996, 84 ff. – Volksfürsorge Deutsche Lebensversicherung (zu MitbestG); OLG München v. 27.1.1995 – 23 U 4282/94, AG 1995, 466 (467) – Voigt Elektronik (zu BetrVG 1952); LG Frankfurt/Main v. 19.12.1995 – 2/14 O 183/95, ZIP 1996, 1661 – Deutsche Börse (zu BetrVG 1952; Vergleich vor OLG Frankfurt); *Hüffer*, § 107 AktG Rz. 21; *Brandes*, WM 1994, 2177 (2182); *Mertens*, AG 1981, 113 (131); *Zöllner*, AG 1981, 13 (15); UHH/*Ulmer/Habersack*, § 25 MitbestG Rz. 127 ff.; aA (Paritätsgebot) GK-MitbestG/*Naendrup*, § 25 MitbestG Rz. 35; *Nagel*, DB 1979, 1799 (1801); *Henssler*, FS BGB II, S. 387, 395 ff. | 4 Zutr. *Kremer* in Ringleb/Kremer/Lutter/von Werder, DCGK, Rz. 684 und 696. | 5 *Willemsen/Seibt*, Unternehmensumstrukturierung, F 57; *Seibt*, DB 2002, 529 (531) (zum sog. Übernahmeausschuss; § 27 I WpÜG). | 6 BGH v. 17.5.1993 – II ZR 89/92, BGHZ 122, 342, 358 ff. – Hamburg-Mannheimer. | 7 § 240. 10A-3 (b) (1) (iv) (c) (Text unter www.sec.gov/rules/final/33-8220.htm); hierzu *Gruson/Kubicek*, AG 2003, 337 (350 f.); zum sog. independence requirement Sec. 10 A (m) (3) Securities Exchange Act of 1934 idF v. Sec. 301 Sarbarnes-Oxley-Act of 2002. | 8 BGH v. 17.5.1993 – II ZR 89/92, BGHZ 122, 342, 354 ff. – Hamburg-Mannheimer; *Willemsen/Seibt*, Unternehmensumstrukturierung, F 57. | 9 Hierzu *von Werder* in Ringleb/Kremer/Lutter/von Werder, DCGK, Rz. 288 ff. | 10 Hierzu ausf. *Seibt*, DB 2003, 2107 ff. | 11 Vgl. ErfK/*Oetker*, § 25 MitbestG Rz. 10; UHH/*Ulmer/Habersack*, § 25 MitbestG Rz. 42.

guter Unternehmensführung in einer Informationsordnung zusammengefasst sein sollten[1]. Schließlich kommen dem AR eine Reihe von Mitentscheidungsrechten zu, namentlich (1) Zustimmungsvorbehalte bei bestimmten Geschäftsführungsmaßnahmen (§ 25 I 1 Nr. 1 MitbestG iVm. § 111 IV AktG), (2) Feststellung des Jahresabschlusses und Billigung des Konzernabschlusses (§ 25 I 1 Nr. 1 MitbestG iVm. § 171 II 3 bis 5, § 172 I AktG) sowie (3) Gewinnverwendung durch Einstellung in die Rücklagen (§ 25 I 1 Nr. 1 MitbestG iVm. § 58 II AktG).

10 **3. KGaA.** Bei der KGaA sind die Kompetenzen des AR kraft Gesetzes deutlich schwächer ausgestaltet als bei der AG. So kommt dem AR bei der KGaA keine Personalkompetenz über den Komplementär zu (§ 31 I 2). Ferner gilt bei der KGaA die Verpflichtung nicht, dass in der Satzung Zustimmungsvorbehalte für bestimmte Geschäftsführungsmaßnahmen zu Gunsten des AR vorgesehen sein müssen (vgl. § 278 II AktG). Vielmehr können die Komplementäre die gewöhnlichen Geschäfte allein ausführen, während zu den außergewöhnlichen Geschäften die Zustimmung der Hauptversammlung notwendig ist (§ 278 II AktG iVm. §§ 116, 164 HGB). Allerdings ist die Zuständigkeitsverteilung bei der KGaA dispositives Recht, so dass die Satzung (nicht allerdings der AR autonom) dem AR zB die Rechte nach § 111 IV 2 AktG oder sogar weiter gehende Geschäftsführungs- und Weisungsbefugnisse gegenüber den Komplementären einräumen kann[2]. Schließlich obliegt die Feststellung des Jahresabschlusses bei der KGaA der Hauptversammlung mit Zustimmung der Komplementäre (§ 25 I 1 Nr. 1 MitbestG iVm. § 286 I AktG).

11 **4. GmbH.** Auf die GmbH sind nach Abs. 1 S. 1 Nr. 2 nur ein Teil der aktienrechtl. Kompetenzbestimmungen zu Gunsten des AR anzuwenden. Zwar kommt dem AR auch bei der GmbH die **Personalkompetenz** zur Bestellung und Abberufung der Geschäftsführer (§ 31) einschließlich der Annexkompetenz zum Abschluss, zur Änderung und zur Beendigung der Anstellungsverträge der Geschäftsführer zu (hierzu § 31 Rz. 11). Dagegen ist der AR nicht zwingend berechtigt, eine Geschäftsordnung für die Geschäftsführer aufzustellen (§ 77 AktG), Grundzüge für die Geschäftsführerbezüge festzulegen (§ 87 AktG), Befreiung vom Wettbewerbsverbot zu erteilen (§ 88 AktG) und über Kredite an Vorstandsmitglieder zu beschließen (§ 89 AktG), da Abs. 1 S. 1 Nr. 2 auf diese aktienrechtl. Vorschriften nicht verweist[3]. Auch für die Bestellung von Prokuristen und Handlungsbevollmächtigten für den gesamten Geschäftsbetrieb bleibt im Normstatut die Gesellschafterversammlung zuständig[4].

12 Im Hinblick auf die **Überwachungskompetenz** des AR sind die Geschäftsführer der GmbH mangels Verweises in Abs. 1 S. 1 Nr. 2 auf die §§ 90 I, II, 170 AktG nicht zu selbständigen periodischen Berichterstattung bzw. Vorlage des Jahresabschlusses und des Lageberichts verpflichtet[5]. Allerdings kann der Aufsichtsrat Informationslücken dadurch schließen, indem er sein Berichtsverlangen nach Abs. 1 S. 1 Nr. 2 MitbestG iVm. § 90 III AktG in Form einer Informationsordnung entsprechend ausgestaltet[6].

13 Bei der Aufstellung des Jahresabschlusses bleibt dem AR zwar die Prüfungspflicht gem. § 171 AktG, festgestellt wird der Jahresabschluss bei der GmbH jedoch von der Gesellschafterversammlung (§ 46 Nr. 1, § 42a GmbHG); §§ 172, 173 AktG sind ebenso wenig auf die GmbH anzuwenden wie § 58 II AktG (Gewinnverwendung durch Rücklageneinstellung), so dass der Einfluss des AR auf die Bilanzpolitik des Unternehmens im Normstatut (abweichende Satzungsregelung zulässig[7]) entfällt. Die gesetzl. verpflichtend vorzusehenden Zustimmungsvorbehalte zu Gunsten des AR nach Abs. 1 S. 1 Nr. 2 iVm. § 111 IV 2 AktG können bei der GmbH in Konflikt mit dem Weisungsrecht der Gesellschafterversammlung gegenüber den Geschäftsführern geraten. Diese **Mitbestimmungskompetenz** des AR kann nicht durch die Satzung eingeschränkt oder gar beseitigt werden[8]. Nach hM kann die Gesellschafterversammlung allerdings durch einen mit einfacher Mehrheit gefassten Beschluss (Abs. 1 S. 1 Nr. 2 iVm. § 111 IV 4 AktG gilt für die GmbH mit der Gesellschafterversammlung als oberstem Organ nicht) eine Geschäftsführungsmaßnahme letztlich durchsetzen, auch wenn der AR die Zustimmung verweigert hatte[9]. Dabei ist die Gesellschafterversammlung nicht auf das Verlangen der Geschäftsführer angewiesen, da die Kompetenz der Gesellschafterversammlung zur Geschäftsführung im Rahmen des MitbestG fortbesteht; § 119 II AktG gilt für die GmbH nicht entsprechend[10].

---

1 Hierzu *Seibt/Wilde* in Hommelhoff/Hopt/von Werder, Handbuch Corporate Governance, S. 377, 390 ff.; *Lutter*, ZGR 2001, 224 (232); vgl. auch Ziff. 3.4 DCGK. | 2 GroßKommAktG/*Assmann/Sethe*, § 287 Rz. 44 f.; *Kallmeyer*, ZGR 1983, 57 (69); *Raiser*, § 25 MitbestG Rz. 85. | 3 So auch *Raiser*, § 25 MitbestG Rz. 87; aA UHH/*Ulmer/Habersack*, § 31 MitbestG Rz. 40 (Anwendung von §§ 87–89 AktG analog). | 4 Vgl. *Scholz/U. H. Schneider*, § 52 GmbHG Rz. 100a; *Zöllner*, ZGR 1977, 319 (326); *Hommelhoff*, ZGR 1978, 119 (137); *Lutter/Krieger*, Rz. 945; aA WWKK/*Wißmann*, § 25 MitbestG Rz. 67. | 5 Vgl. ErfK/*Oetker*, § 25 MitbestG Rz. 13; UHH/*Ulmer/Habersack*, § 25 MitbestG Rz. 55; aA GK-MitbestG/*Naendrup*, § 25 Rz. 151. | 6 Vgl. ErfK/*Oetker*, § 25 MitbestG Rz. 13; *Lutter/Krieger*, Rz. 922 f.; *v. Hoyningen-Huene/Powietzka*, BB 2001, 529 ff. | 7 Vgl. *Scholz/U. H. Schneider*, § 52 GmbHG Rz. 91. | 8 Vgl. ErfK/*Oetker*, § 25 MitbestG Rz. 14; UHH/*Ulmer/Habersack*, § 25 MitbestG Rz. 64; *Raiser*, § 25 MitbestG Rz. 92; *Ballerstedt*, ZGR 1977, 133 (152); *Scholz/U. H. Schneider*, § 52 GmbHG Rz. 78; aA *Hölters*, BB 1975, 797 (799); diff. *Lutter/Krieger*, Rz. 338. | 9 Vgl. *Scholz/U. H. Schneider*, § 52 GmbHG Rz. 83 f.; Baumbach/Hueck/*Zöllner/Noack*, § 52 GmbHG Rz. 114; *Lutter/Krieger*, Rz. 926; *Lutter/Hommelhoff*, § 52 GmbHG Rz. 10a; strenger (3/4-Mehrheit nach § 111 IV 4 AktG) ErfK/*Oetker*, § 25 MitbestG Rz. 14; UHH/*Ulmer/Habersack*, § 25 MitbestG Rz. 66; *Raiser*, § 25 MitbestG Rz. 89; *Säcker*, DB 1977, 1845 (1848). | 10 Vgl. *Scholz/U. H. Schneider*, § 52 GmbHG Rz. 83; ErfK/*Oetker*, § 25 MitbestG Rz. 14; UHH/*Ulmer/Habersack*, § 25 MitbestG

5. Genossenschaft. Bei eingetragenen Genossenschaften bestimmen sich die Rechte und Pflichten des AR neben den §§ 31, 32 zunächst ausschließlich nach dem GenG. Die aktienrechtl. Vorschriften, namentlich die Berichtspflicht nach § 90 oder die Zustimmungsvorbehalte bei Geschäftsführungsmaßnahmen nach § 111 IV AktG gelten nicht, auch nicht analog[1]. Bei der Aufstellung des Jahresabschlusses kommt dem AR nur eine Prüfungs- und Berichtspflicht zu (§ 33 GenG), während er an der Feststellung selbst nicht teilnimmt (vgl. § 48 I GenG). Allerdings kann das Statut dem AR Zustimmungsrechte einräumen (vgl. § 38 III GenG)[2]. 14

IV. Rechtsstellung der Aufsichtsratsmitglieder. 1. AG, KGaA, GmbH. Die Rechtsstellung der AR-Mitglieder bestimmt sich über die Regelung in § 26 hinaus nach den aktienrechtl. Vorschriften (Abs. 1 S. 1 Nr. 1 u. 2). Danach haben die Mitglieder des AR, gleich ob Anteilseigner- oder ArbN-Vertreter, die gleichen Rechte und Pflichten, insb. stehen ihnen die gleichen Mitwirkungs-, Informations- und Stimmrechte sowie Vergütungs- und Aufwendungsersatzansprüche[3] zu, sind aber andererseits auch in gleichem Maße zur Amtsausübung verpflichtet und gegenüber der Gesellschaft haftungsrechtlich verantwortlich[4]. Jedes AR-Mitglied hat dafür zu sorgen, dass die dem AR übertragenen Zuständigkeiten und Aufgaben mit der Sorgfalt eines ordentl. Überwachers und Beraters wahrgenommen werden (**Grundsatz der Gesamtverantwortung**; § 116 AktG). Der Grundsatz der Gesamtverantwortung schließt jedoch nicht aus, dass bestimmte AR-Aufgaben einzelnen AR-Mitgliedern oder einem Ausschuss zugewiesen werden. Bei ernsthaften Zweifeln an der sachgemäßen Erledigung der Aufgaben hat indes jedes AR-Mitglied die Pflicht, der Zuweisung zu widersprechen und den Aufgabenbereich oder die Einzelentscheidung in das Gesamtgremium zurückzuholen. Das einzelne AR-Mitglied haftet nicht für Fehler des betrauten AR-Mitglieds oder der Ausschussmitglieder, wenn er sich auf eine zweckgerechte Erfüllung der Aufgaben verlassen konnte. Er haftet nur bei fehlerhafter Zuweisung, mangelhafter Überwachung, unterlassener Zurückholung in das Gesamtgremium sowie bei versäumter Information der Gesellschafter bzw. Einleitung von rechtl. Schritten gegen Organmitglieder[5]. 15

Auch bei den **Empfehlungen und Anregungen des DCGK** ist nicht zwischen Anteilseigner- und ArbN-Vertretern zu differenzieren. ArbN-Vertreter genießen insb. keine Sonderstellung im Hinblick auf die Kodex-Bestimmungen zur Vergütung (Ziff. 5.4.5 S. 4 und 5 DCGK), zum Selbstbehalt bei D&O-Versicherungen (Ziff. 3.8 S. 3 DCGK), zur Offenlegung und Behandlung von Interessenkonflikten (Ziff. 5.5.2, 5.5.3 S. 1 DCGK) sowie zur Effizienzprüfung der AR-Tätigkeit (Ziff. 5.6 DCGK; zB Zulässigkeit der Beurteilung der einzelnen Aufsichtsratsmitglieder[6])[7]. 16

Im Rahmen ihrer Organtätigkeit sind die AR-Mitglieder weder an Weisungen des Bestellungsorgans, des Entsendungsberechtigten oder eines Dritten gebunden, noch können sie sich selbst solchen Weisungsrechten unterwerfen[8]. Die AR-Mitglieder müssen ihr Amt eigenverantwortlich und persönlich wahrnehmen. Eine dauerhafte Übertragung der Aufgaben auf Dritte ist daher unzulässig (§ 111 V AktG; **Vertretungs- und Delegationsverbot**)[9], nicht jedoch eine Unterstützung durch Assistenten oder eine Beratung durch Sachverst. in einzelnen, besondere Fachkenntnisse verlangenden Aufgaben[10]. 17

2. Genossenschaft. Für die AR-Mitglieder eingetragener Genossenschaften gelten neben § 26 nach § 25 I Nr. 3 MitbestG die §§ 36 ff. GenG. Bestehen im GenG Regelungslücken, sind die aktienrechtl. Grundsätze entsprechend anzuwenden[11]. 18

26 *Schutz von Aufsichtsratsmitgliedern vor Benachteiligung*

Aufsichtsratsmitglieder der Arbeitnehmer dürfen in der Ausübung ihrer Tätigkeit nicht gestört oder behindert werden. Sie dürfen wegen ihrer Tätigkeit im Aufsichtsrat eines Unternehmens, dessen Arbeitnehmer sie sind oder als dessen Arbeitnehmer sie nach § 4 oder § 5 gelten, nicht benachteiligt werden. Dies gilt auch für ihre berufliche Entwicklung.

I. Regelungsinhalt. § 26 enthält für die ArbN-Vertreter ein Behinderungs- und Benachteiligungsverbot zum Schutz ihrer Tätigkeit im AR sowie vor persönlichen und beruflichen Nachteilen. Diese Bestimmung ist ein Verbotsgesetz iSv. § 134 BGB, das sich gegen jedermann richtet[12]. Die Vergabe von sachlich 1

Rz. 67; *Raiser*, § 25 MitbestG Rz. 90; *Säcker*, DB 1977, 1845 (1849); iE auch BGH v. 6.3.1997 – II ZR B 4/96, BGHZ 135, 48, 55 f.; aA *Reich/Lewerenz*, AuR 1976, 261 (272). | 1 Vgl. *Raiser*, § 25 MitbestG Rz. 95. | 2 Vgl. hierzu *Müller*, § 38 GenG Rz. 47 ff.; Lang/Weidmüller/Metz/Schaffland/*Metz*, § 38 GenG Rz. 32; *Beuthien*, § 38 GenG Rz. 8. | 3 Gewerkschaftsmitglieder sind zur Abführung von Aufsichtsratsvergütung nur bei Einverständnis verpflichtet, vgl. LG München I v. 17.3.2005 – 6 O 19204/04, NZG 2005, 522. | 4 Vgl. BGH v. 25.2.1982 – II ZR 123/81, BGHZ 83, 106, 112 f. – Siemens; v. 15.12.1986 – II ZR 18/86, BGHZ 99, 211, 216; v. 15.11.1993 – II ZR 235/92, BGHZ 124, 111, 127; *Lutter/Krieger*, Rz. 279. | 5 Vgl. *Scholz/U. H. Schneider*, § 52 GmbHG Rz. 334a; UHH/*Ulmer/Habersack*, § 25 MitbestG Rz. 120. | 6 Hierzu *Seibt*, DB 2003, 2107 (2109). | 7 Hierzu *Seibt*, AG 2003, 465, (476). | 8 Vgl. MünchGesR/*Hoffmann-Becking*, § 33 Rz. 6 ff.; *Lutter/Krieger*, Rz. 280; *Scholz/U.* H. Schneider, § 52 GmbHG Rz. 232. | 9 Hierzu BGH v. 15.11.1982 – II ZR 27/82, BGHZ 85, 293, 295 f. – Hertie; *Hüffer*, § 111 AktG Rz. 23. | 10 Vgl. *Hüffer*, § 111 AktG Rz. 23; Geßler/Hefermehl/Eckhardt/Kropff/*Geßler*, § 111 AktG Rz. 89. | 11 Vgl. ErfK/*Oetker*, § 25 MitbestG Rz. 15; UHH/*Ulmer/Habersack*, § 25 MitbestG Rz. 71. | 12 Vgl. ErfK/*Oetker*, § 26 MitbestG Rz. 1; UHH/*Henssler*, § 26 MitbestG Rz. 19; *Raiser*, § 26 MitbestG Rz. 2.

ungerechtfertigten Begünstigungen an AR-Mitglieder der ArbN werden zwar nicht von § 26 ausdrücklich verboten, sind jedoch wegen des arbeitsrechtl. Gleichbehandlungsgrundsatzes untersagt[1].

2 **II. Behinderungsverbot.** S. 1 verbietet jedes Handeln oder Unterlassen, das die Tätigkeit der ArbN-Vertreter im Aufsichtsrat in objektiv feststellbarer Weise tatsächlich beeinträchtigt[2].

3 Mit der Bestellung zum AR-Mitglied entsteht ein gesetzl. Schuldverhältnis zum Unternehmen (§§ 662 ff., 675 BGB), das bei den im Unternehmen beschäftigten ArbN neben deren Arbeitsverhältnissen zu diesem tritt. Der ArbN-Vertreter hat die Pflichten aus beiden Rechtsverhältnissen sorgfältig und pflichtgemäß zu erfüllen. Ein gesetzl. **Anspruch auf entgeltliche Arbeitsfreistellung zur Erfüllung der AR-Pflichten besteht nicht**[3]. Kollidieren die Verpflichtungen aus beiden Rechtsverhältnissen miteinander, zB weil die Wahrnehmung der AR-Tätigkeit nur während der Arbeitszeit möglich ist, geht zwar das AR-Mandat wegen S. 1 vor[4], der ArbN verliert allerdings nach § 326 I BGB auch seinen arbeitsvertragl. Entgeltanspruch, jdf. in dem Fall und in der Höhe, wie eine angemessene Vergütung für die AR-Tätigkeit (§ 113 I AktG) festgelegt ist[5]. In der Praxis wird freilich häufig Arbeitsentgelt und AR-Vergütung in voller Höhe nebeneinander gezahlt, unabhängig ob Arbeitszeit zur Wahrnehmung des AR-Mandats versäumt wurde, was wegen des arbeitsrechtl. Gleichbehandlungsgebots nicht unproblematisch ist[6].

4 Sofern die AR-Tätigkeit besondere fachliche Anforderungen stellt, die **Fortbildungsmaßnahmen** zwingend notwendig machen, steht dem AR-Mitglied ein Aufwendungsersatzanspruch gem. §§ 675, 670 BGB gegen das Unternehmen zu[7]; § 37 VI BetrVG kann nicht analog angewendet werden[8].

5 **III. Benachteiligungsverbot.** Das Benachteiligungsverbot in § 26 S. 2 u. 3 schützt die ArbN-Vertreter während ihrer gesamten Amtszeit des AR (mit einer gewissen Vor- und Nachwirkung) vor objektiver Schlechterstellung, die nicht durch sachliche Gründe gerechtfertigt sind[9]. Bei einem schuldhaften Verstoß gegen das Benachteiligungsverbot steht dem AR-Mitglied ein Schadenersatzanspruch gegen die Gesellschaft nach § 823 II BGB zu[10].

6 **IV. Kündigungsschutz.** Ein absoluter Kündigungsschutz für ArbN-Vertreter im AR ergibt sich weder aus § 26 noch aus einer analogen Anwendung von § 15 KSchG[11]. Allerdings ist eine ordentliche Kündigung dann nach § 26 unzulässig, wenn mit ihr ausschließlich die Absicht verfolgt wird, einen ArbN-Vertreter aus dem AR hinauszudrängen oder für seine Tätigkeit dort zu maßregeln[12]. Ferner ist bei der Abwägung der Kündigungsgründe im Rahmen von § 1 KSchG, § 626 BGB eine AR-Mitgliedschaft zu Gunsten des ArbN zu berücksichtigen[13]. Hat der ArbN ausschließlich gegen Pflichten aus seiner Amtsstellung als AR-Mitglied verstoßen, kommt alleine eine Abberufung gem. § 6 II MitbestG iVm. § 103 III AktG in Betracht, nicht auch eine Kündigung aus wichtigem Grund nach § 626 BGB[14]. Verstößt die inkriminierende Handlung allerdings auch gegen arbeitsvertragl. Pflichten, ist § 626 BGB anwendbar[15].

27 *Vorsitz im Aufsichtsrat*

(1) Der Aufsichtsrat wählt mit einer Mehrheit von zwei Dritteln der Mitglieder, aus denen er insgesamt zu bestehen hat, aus seiner Mitte einen Aufsichtsratsvorsitzenden und einen Stellvertreter.

(2) Wird bei der Wahl des Aufsichtsratsvorsitzenden oder seines Stellvertreters die nach Absatz 1 erforderliche Mehrheit nicht erreicht, so findet für die Wahl des Aufsichtsratsvorsitzenden und seines Stellvertreters ein zweiter Wahlgang statt. In diesem Wahlgang wählen die Aufsichtsratsmitglieder der Anteilseigner den Aufsichtsratsvorsitzenden und die Aufsichtsratsmitglieder der Arbeitnehmer den Stellvertreter jeweils mit der Mehrheit der abgegebenen Stimmen.

---

1 Vgl. ErfK/*Oetker*, § 26 MitbestG Rz. 1; UHH/*Henssler*, § 26 MitbestG Rz. 2. | 2 ErfK/*Oetker*, § 26 MitbestG Rz. 2; WWKK/*Wißmann*, § 26 MitbestG Rz. 6 f. | 3 Vgl. ErfK/*Oetker*, § 26 MitbestG Rz. 3; UHH/*Henssler*, § 26 MitbestG Rz. 5; *Raiser*, § 26 MitbestG Rz. 6. | 4 So ErfK/*Oetker*, § 26 MitbestG Rz. 4; UHH/*Henssler*, § 26 MitbestG Rz. 5; *Raiser*, § 26 MitbestG Rz. 6; MüKoAktG/*Gach*, § 26 MitbestG Rz. 6. | 5 Vgl. ErfK/*Oetker*, § 26 MitbestG Rz. 4; UHH/*Henssler*, § 26 MitbestG Rz. 5; *Raiser*, § 26 MitbestG Rz. 6; aA (Analogie zu § 37 II BetrVG); WWKK/*Wißmann*, § 26 MitbestG Rz. 11; *Reich/Lewerenz*, AuR 1976, 353 (366); *Jacklofsky*, Arbeitnehmerstellung und Aufsichtsratsamt, S. 82 ff. | 6 AA *Raiser*, § 26 MitbestG Rz. 6 aE. | 7 Vgl. ErfK/*Oetker*, § 26 MitbestG Rz. 5; UHH/*Henssler*, § 26 MitbestG Rz. 6; *Säcker*, NJW 1979, 1521, 1526; MüKoAktG/*Gach*, § 26 MitbestG Rz. 8; aA *Raiser*, § 26 MitbestG Rz. 7 (kein Rechtsanspruch); *Faude*, DB 1983, 2249 (2251). | 8 Vgl. ErfK/*Oetker*, § 26 MitbestG Rz. 5; *Jacklofsky*, Arbeitnehmerstellung und Aufsichtsratsamt, S. 116 ff. | 9 Vgl. ErfK/*Oetker*, § 26 MitbestG Rz. 6; WWKK/*Wißmann*, § 26 MitbestG Rz. 14 f. | 10 Vgl. ErfK/*Oetker*, § 26 MitbestG Rz. 6; UHH/*Henssler*, § 26 MitbestG Rz. 19. | 11 Vgl. BAG v. 4.4.1974 – 2 AZR 452/73, DB 1974, 1067 (1068); ErfK/*Oetker*, § 26 MitbestG Rz. 7; UHH/*Henssler*, § 26 MitbestG Rz. 13; *Raiser*, § 26 MitbestG Rz. 8; MüKoAktG/*Gach*, § 26 MitbestG Rz. 11; *Jacklofsky*, Arbeitnehmerstellung und Aufsichtsratsamt, S. 201 ff.; aA *Reich/Lewerenz*, AuR 1976, 353 (365). | 12 Vgl. ErfK/*Oetker*, § 26 MitbestG Rz. 7; UHH/*Henssler*, § 26 MitbestG Rz. 12; *Raiser*, § 26 MitbestG Rz. 8; offen gelassen von BAG v. 4.4.1974 – 2 AZR 452/73, DB 1974, 1067 ff. | 13 Vgl. ErfK/*Oetker*, § 26 MitbestG Rz. 7; UHH/*Henssler*, § 26 MitbestG Rz. 14; *Raiser*, § 26 MitbestG Rz. 8 f. | 14 Vgl. ErfK/*Oetker*, § 26 MitbestG Rz. 7. | 15 Für einen strengen Maßstab bei Anwendung von § 626 BGB zB BAG v. 16.10.1986 – 2 AR B 71/85, BB 1987, 1952; v. 18.2.1993 – 2 AZR 526/92, BB 1993, 2381; UHH/*Henssler*, § 26 MitbestG Rz. 16; WWKK/*Wißmann*, § 26 MitbestG Rz. 22.

(3) Unmittelbar nach der Wahl des Aufsichtsratsvorsitzenden und seines Stellvertreters bildet der Aufsichtsrat zur Wahrnehmung der in § 31 Abs. 3 Satz 1 bezeichneten Aufgabe einen Ausschuss, dem der Aufsichtsratsvorsitzende, sein Stellvertreter sowie je ein von den Aufsichtsratsmitgliedern der Arbeitnehmer und von den Aufsichtsratsmitgliedern der Anteilseigner mit der Mehrheit der abgegebenen Stimmen gewähltes Mitglied angehören.

I. Regelungsinhalt. In Ergänzung zu § 25 I 1 MitbestG iVm. § 107 I AktG regeln § 27 I und II, dass der AR unmittelbar nach dessen Neuwahl bzw. nach Beendigung der Amtsdauer der bisherigen Amtsinhaber zur Herbeiführung seiner Arbeitsfähigkeit einen Vorsitzenden und dessen Stellvertreter zu wählen hat. Unmittelbar im Anschluss an diese Wahl ist ein ständiger AR-Ausschuss (sog. Vermittlungsausschuss) zu bilden, der in bestimmten Fällen bei der Wahl von Mitgliedern des Vertretungsorgans vermitteln soll (Abs. 3). Die Vorschriften enthalten zwingendes Recht[1]. 1

II. Aufsichtsratsvorsitzender und Stellvertreter (Abs. 1 u. 2). 1. Wahl. Den AR als Gesamtgremium trifft die Verpflichtung, einen AR-Vorsitzenden und einen Stellvertreter aus der Mitte des AR zu wählen. Die Wahl kann keinem AR-Ausschuss, keinem anderen Organ oder außenstehenden Dritten überlassen werden[2]; ebenso wenig sind Vorschlags- oder Zustimmungsrechte zu Gunsten bestimmter Personen oder Gruppen zulässig[3]. **Besondere (persönliche) Voraussetzungen** (zB Gruppenzugehörigkeit; Familienangehörigkeit) für die Wahl des AR-Vorsitzenden oder dessen Stellvertreter können weder in der Satzung noch in der Geschäftsordnung des AR oder in den Corporate Governance-Grundsätzen der Gesellschaft geregelt werden[4]. 2

Im ersten Wahlgang erfordert die Wahl des AR-Vorsitzenden und seines Stellvertreters eine Mehrheit von zwei Dritteln der gesetzl. (§ 7 I) Mitgliederzahl des AR (Abs. 1). Entgegen der hM bestehen wegen des Zweitstimmrechts des AR-Vorsitzenden (§§ 29 II, 31 IV) durchaus verfassungsrechtliche Bedenken gegen die Wahl eines ArbN-Vertreters zum AR-Vorsitzenden (**Verbot der Überparität**)[5]. Wenngleich die Wahl sowohl für den AR-Vorsitzenden und dessen Stellvertreter getrennt oder auch in einem gemeins. Wahlgang durchgeführt werden kann, sind deren Wirksamkeit miteinander verkoppelt. Erreicht nur der Vorsitzende oder dessen Vertreter die erforderliche 2/3-Mehrheit der gesetzl. Mitgliederzahl, so hat im Grundsatz ein zweiter Wahlgang für beide Positionen stattzufinden. Allerdings kann mit Einverständnis sämtlicher Teilnehmer auch der erste Wahlgang wiederholt werden[6]. Im zweiten Wahlgang genügt die einfache Mehrheit der Mitglieder der Anteilseigner für die Wahl des Vorsitzenden und der Mitglieder der ArbN für die Wahl des Stellvertreters. Entsprechend § 28 ist jede der beiden Gruppen beschlussfähig, wenn mindestens die Hälfte ihrer Mitglieder (§ 7 I) an der Abstimmung teilnimmt[7]. 3

Wegen des zwingenden Charakters von Abs. 1 u. 2 sind Regelungen in der Satzung, der Geschäftsordnung des AR oder in den Corporate Governance-Grundsätzen unwirksam, wenn diese privatautonomen Vereinbarungen die Struktur des Verfahrens ändern (zB höhere oder niedrigere Beschlussmehrheit im ersten Wahlgang)[8]. Durch privatautonome Regelungen kann allerdings die Wahl weiterer Stellvertreter vorgesehen werden, wobei nach hM die Wahl unter Beachtung von § 29 zu erfolgen hat[9]. Allerdings sind Bestimmungen in der Satzung oder in der Geschäftsordnung unzulässig, demzufolge der oder die weiteren Stellvertreter Vertreter der Anteilseigner sein müssen[10]. 4

Kommt es nicht zu einer Wahl des Aufsichtsratsvorsitzenden oder seines Stellvertreters, ist eine **gerichtliche Ersatzbestellung analog § 104 II AktG** zulässig[11]. 5

2. Abberufung und Amtszeit. Die Dauer der Bestellung zum AR-Vorsitzenden oder zu dessen Stellvertreter richtet sich primär nach der Satzungsregelung[12]. Trotz der Koppelung der Wahlverfahren für beide Positionen müssen sich beide Amtsperioden nicht decken[13]. Im Zweifel erstrecken sich die Amtsperioden auf die gesamte Amtsdauer als AR-Mitglied[14]. Scheidet das AR-Mitglied vor Ablauf der Amts- 6

1 ErfK/*Oetker*, § 27 MitbestG Rz. 1; UHH/*Ulmer/Habersack*, § 27 MitbestG Rz. 1; *Raiser*, § 27 MitbestG Rz. 14 u. 35. | 2 Vgl. *Hüffer*, § 107 AktG Rz. 3; *Raiser*, § 27 MitbestG Rz. 9. | 3 Vgl. *Raiser*, § 27 MitbestG Rz. 9. | 4 Vgl. BGH v. 25.2.1982 – II ZR 123/81, BGHZ 83, 106, 112 – Siemens; *Hüffer*, § 107 AktG Rz. 3; ErfK/*Oetker*, § 27 MitbestG Rz. 2; *Raiser*, § 27 MitbestG Rz. 9. | 5 AA UHH/*Ulmer/Habersack*, § 27 MitbestG Rz. 7; *Raiser*, § 27 MitbestG Rz. 11. | 6 Vgl. *Hüffer*, § 107 AktG Rz. 4; ErfK/*Oetker*, § 27 MitbestG Rz. 3; UHH/*Ulmer/Habersack*, § 27 MitbestG Rz. 6; *Raiser*, § 27 MitbestG Rz. 12; WWKK/*Wißmann*, § 27 Rz. 10; enger GK-MitbestG/*Föhr*, § 27 Rz. 6 (Einverständnis aller Aufsichtsratsmitglieder). | 7 Vgl. UHH/*Ulmer/Habersack*, § 27 MitbestG Rz. 8; *Raiser*, § 27 MitbestG Rz. 13. | 8 Vgl. *Raiser*, § 27 MitbestG Rz. 14. | 9 OLG Hamburg v. 23.7.1982 – 11 U 179/80, AG 1983, 21 – Beiersdorf; UHH/*Ulmer/Habersack*, § 27 MitbestG Rz. 20; *Raiser*, § 27 MitbestG Rz. 15; Scholz/*U. H. Schneider*, § 52 GmbHG Rz. 216 f.; *Martens*, DB 1980, 1381, 1386 (jeweils analoge Anwendung von § 27 I u. II). | 10 Vgl. BGH v. 25.2.1982 – II ZR 123/81, BGHZ 83, 106, 111 – Siemens (zur Geschäftsordnung); *Hüffer*, § 107 AktG Rz. 11. | 11 Vgl. KölnKommAktG/*Mertens*, § 107 AktG Rz. 18; *Hüffer*, § 107 Rz. 3b; UHH/*Ulmer/Habersack*, § 27 MitbestG Rz. 4; aA MünchGesR/*Hoffmann-Becking*, Bd. 4: AG, § 31 Rz. 7. | 12 Vgl. *Hüffer*, § 107 AktG Rz. 4; *Raiser*, § 27 MitbestG Rz. 16. | 13 Vgl. KölnKommAktG/*Mertens*, § 107 Rz. 25; aA ErfK/*Oetker*, § 27 MitbestG Rz. 5; UHH/*Ulmer/Habersack*, § 27 MitbestG Rz. 10; *Raiser*, § 27 MitbestG Rz. 16; Scholz/*U. H. Schneider*, § 52 GmbHG Rz. 218. | 14 Vgl. ErfK/*Oetker*, § 27 MitbestG Rz. 5; *Raiser*, § 27 MitbestG Rz. 16; KölnKommAktG/*Mertens*, § 107 Rz. 26.

zeit aus oder endet das Amt aus einem anderen Grund, so entfällt auch die Bestellung als Vorsitzender oder Stellvertreter[1]. In diesem Fall ist eine Nachwahl durchzuführen (eine präventive Ersatzwahl oder eine Bestellung eines Ersatzmitglieds sind unzulässig[2]), die sich ebenfalls nach Abs. 1 u. 2 richtet[3]. War das weggefallene AR-Mitglied nach § 27 I gewählt, kann sich die Nachwahl auf das offene Amt beschränken[4]. Kommt bei der Nachwahl die 2/3-Mehrheit nicht zu Stande und wird daher ein zweiter Wahlgang erforderlich, so genügt es, wenn die jeweils zuständige Gruppe wählt[5]. Das Gleiche gilt, wenn schon bei der ursprünglichen Wahl der AR-Vorsitzende und dessen Stellvertreter durch Gruppenwahl nach Abs. 2 gewählt worden war[6]. Allerdings können die Satzung, die Geschäftsordnung des AR oder die Corporate Governance-Grundsätze vorschreiben, dass mit dem Wegfall des AR-Vorsitzenden oder seines Stellvertreters auch das Amt des anderen in jedem Fall endet und die Nachwahl stets für beide Positionen vorzunehmen ist, wenngleich dies die Arbeitsfähigkeit des AR beeinträchtigen dürfte[7].

7 Die Bestellung ist jederzeit frei widerruflich[8]. Der Beschluss bedarf derselben Mehrheit wie die Bestellung[9]. Erfolgte die ursprüngliche Bestellung durch Gruppenwahl nach Abs. 2, so ist nur die ursprünglich wahlberechtigte Gruppe widerrufsberechtigt, da ansonsten die jeweils andere Gruppe durch sofortigen Widerruf die Bestellung behindern könnte[10].

8 **3. Rechte.** Nach § 29 II, § 31 IV steht dem Vorsitzenden bei Stimmengleichheit im AR bei wiederholter Abstimmung ein Zweitstimmrecht zu. Darüber hinaus hat er insb. folgende Aufgaben und Rechte[11]: Er ist aufgefordert, die Arbeit des AR zu koordinieren und dessen Sitzungen vorzubereiten, einzuberufen und zu leiten (§ 110 I 1 und III AktG; Ziff. 5.2 S. 1 DCGK) sowie die Niederschrift über die AR-Sitzung zu unterzeichnen (§ 107 II 1 AktG); er wird häufig kraft Satzungsregelung die Hauptversammlung leiten. Der Vorsitzende ist weiter Adressat von Vorstandsberichten an den AR, insb. bei wichtigen Anlässen (§ 90 I 3 AktG[12]) und soll mit dem Vorstand regelmäßig Kontakt halten und mit ihm die Strategie, die Geschäftsentwicklung und das Risikomanagement des Unternehmens beraten[13]. Er vertritt den Aufsichtsrat und hat eine Reihe von Formalpflichten (zB Unterzeichnung von Handelsregisteranmeldungen; vgl. §§ 184 I, 188 I, 195, 207 II, 223, 229 III, 237 II AktG).

9 **III. Ständiger Ausschuss/Vermittlungsausschuss (Abs. 3). 1. Zusammensetzung.** Dem Vermittlungsausschuss gehören der Vorsitzende und dessen Stellvertreter kraft Amtes sowie jeweils ein von den AR-Mitgliedern der Anteilseigner und der ArbN gewähltes weiteres Mitglied an. Die Zusammensetzung regelt Abs. 3 abschließend und zwingend[14]; insb. sind Satzungsregelungen unzulässig, die für die zu wählenden Mitglieder einschränkende Bestimmungen enthalten[15].

10 **2. Aufgaben.** Dem Vermittlungsausschuss obliegt zwingend die Vermittlung bei einer gescheiterten Wahl der Mitglieder des gesetzl. Vertretungsorgans gem. § 31 III 1 (dazu § 31 Rz. 6 ff.). Es bestehen keine Bedenken, diesem Ausschuss weitere Aufgaben zu übertragen[16].

11 Nimmt der Vermittlungsausschuss seine Aufgabe nach § 31 III wahr, so ist er nur beschlussfähig, wenn sämtliche Mitglieder anwesend sind und an der Vermittlung mitwirken[17]. Die Beschlussfassung erfolgt nach allgemeinen Grundsätzen mit der Mehrheit der abgegebenen Stimmen[18]. Ein Zweitstimmrecht des AR-Vorsitzenden besteht nicht und kann auch durch Satzungsbestimmung nicht gewährt werden[19].

---

1 Vgl. ErfK/*Oetker*, § 27 MitbestG Rz. 5. | 2 ErfK/*Oetker*, § 27 MitbestG Rz. 5; UHH/*Ulmer/Habersack*, § 27 MitbestG Rz. 11; *Raiser*, § 27 MitbestG Rz. 21; aA *Philipp*, ZGR 1978, 60, 74. | 3 Vgl. UHH/*Ulmer/Habersack*, § 27 MitbestG Rz. 11; *Raiser*, § 27 MitbestG Rz. 21. | 4 Vgl. UHH/*Ulmer/Habersack*, § 27 MitbestG Rz. 11; *Raiser*, § 27 MitbestG Rz. 22; *Hoffmann/Lehmann/Weinmann*, § 27 MitbestG Rz. 29. | 5 So auch ErfK/*Oetker*, § 27 MitbestG Rz. 5; UHH/*Ulmer/Habersack*, § 27 MitbestG Rz. 11; *Raiser*, § 27 MitbestG Rz. 22; *Philipp*, ZGR 1978, 60 ff.; *Meyer-Landrut*, DB 1978, 443 (444); WWKK/*Wißmann*, § 27 MitbestG Rz. 16 (anders noch Voraufl., sog. Tandem-Theorie). | 6 *Raiser*, § 27 MitbestG Rz. 23; *Philipp*, ZGR 1978, 60 (68 f.). | 7 Ebenso *Raiser*, § 27 MitbestG Rz. 25; *Hoffmann/Lehmann/Weinmann*, § 27 MitbestG Rz. 26; *Philipp*, ZGR 1978, 60 (68 f.); aA *Lutter/Krieger*, Rz. 552; KölnKommAktG/*Mertens*, § 117B, § 27 MitbestG Rz. 8. | 8 KölnKommAktG/*Mertens*, § 107 Rz. 27 ff. und Anh. § 117B, § 27 MitbestG Rz. 9 f.; ErfK/*Oetker*, § 27 MitbestG Rz. 4; *Raiser*, § 27 MitbestG Rz. 17. | 9 ErfK/*Oetker*, § 27 MitbestG Rz. 4. | 10 Vgl. ErfK/*Oetker*, § 27 MitbestG Rz. 4; UHH/*Ulmer/Habersack*, § 27 MitbestG Rz. 13a; WWKK/*Wißmann*, § 27 MitbestG Rz. 18. | 11 Hierzu ausf. *Hüffer*, § 107 AktG Rz. 5; KölnKommAktG/*Mertens*, § 107 Rz. 33 ff.; *Semler*, Arbeitshandbuch Aufsichtsrat, F 1 ff.; *Lutter/Krieger*, Rz. 553 ff. | 12 Hierzu zB *Seibt/Wilde* in Hommelhoff/Hopt/von Werder, Handbuch Corporate Governance, S. 377, 388 ff.; vgl. auch Ziff. 5.2 S. 5 und 6 DCGK. | 13 Vgl. Ziff. 5.2 Satz 4 DCGK; hierzu *Kremer* in Ringleb/Kremer/Lutter/von Werder, DCGK, Rz. 674. | 14 Vgl. ErfK/*Oetker*, § 27 MitbestG Rz. 9; UHH/*Ulmer/Habersack*, § 27 MitbestG Rz. 21. | 15 LG München I v. 16.1.1980 – 6 O 1172/79, DB 1980, 678 (679). | 16 Vgl. ErfK/*Oetker*, § 27 MitbestG Rz. 9; UHH/*Ulmer/Habersack*, § 27 MitbestG Rz. 25; *Raiser*, § 27 MitbestG Rz. 37. | 17 Vgl. ErfK/*Oetker*, § 27 MitbestG Rz. 9; UHH/*Ulmer/Habersack*, § 27 MitbestG Rz. 23; *Raiser*, § 27 MitbestG Rz. 36; WWKK/*Wißmann*, § 27 MitbestG Rz. 28; aA *Hoffmann/Lehmann/Weinmann*, § 27 MitbestG Rz. 47 (zwei Mitglieder). | 18 Vgl. ErfK/*Oetker*, § 27 MitbestG Rz. 9; *Raiser*, § 27 MitbestG Rz. 36. | 19 Vgl. BGH v. 25.2.1982 – II ZR 123/81, BGHZ 83, 106, 117 ff. – Siemens; *Raiser*, § 27 MitbestG Rz. 36; *Hüffer*, § 107 AktG Rz. 20.

28 *Beschlussfähigkeit*
Der Aufsichtsrat ist nur beschlussfähig, wenn mindestens die Hälfte der Mitglieder, aus denen er insgesamt zu bestehen hat, an der Beschlussfassung teilnimmt. § 108 Abs. 2 Satz 4 des Aktiengesetzes ist anzuwenden.

I. Gesetzesstatut. Die Beschlussfähigkeit des AR setzt nach § 28 (entspricht § 108 II AktG) voraus, dass mindestens die Hälfte der Mitglieder, aus denen er nach § 7 I oder nach einer gem. dieser Vorschrift zulässigen Satzungsbestimmung zu bestehen hat, an dem Beschluss teilnimmt. Damit kann keine der Gruppen die AR-Arbeit blockieren, und die Gefahr bloßer Zufallsmehrheiten ist weitgehend ausgeschlossen[1]. Die **Teilnahme** eines AR-Mitglieds wird durch die Abgabe einer Stimme (Ja, Nein, Enthaltung) dokumentiert; eine bloße Sitzungsanwesenheit ohne Abstimmungsbeteiligung ist demgegenüber keine Teilnahme[2]. S. 2 iVm. § 108 II 4 AktG stellt für die eingetragene Genossenschaft klar, dass bei einer unvollständigen Besetzung die Beschlussfähigkeit nach S. 1 auch dann gegeben ist, wenn das durch § 7 I vorgegebenen Zahlenverhältnis zwischen den Gruppen nicht gewahrt ist[3]. 1

II. Satzungsbestimmungen. S. 1 erhält zwingendes Recht, soweit er die Mindestanforderung für die Beschlussfähigkeit regelt[4]. Für statutarische Verschärfung der Anforderungen gilt, dass jdf. solche Satzungsbestimmungen wegen des Grundsatzes der Rechtsgleichheit aller AR-Mitglieder unzulässig sind, welche die Beschlussfähigkeit einseitig davon abhängig machen, dass eine bestimmte Mindestzahl von Vertretern der Anteilseigner an der Abstimmung teilnimmt oder die Beschlussfähigkeit an die Teilnahme des Aufsichtsratsvorsitzenden oder eines anderen bestimmten AR-Mitglieds binden[5]. Demgegenüber sind solche Satzungsbestimmungen zulässig, welche die Beschlussfähigkeit des AR ohne Unterscheidung zwischen AR-Mitgliedern der Anteilseigner und der ArbN davon abhängig machen, dass mehr als die Hälfte der gesetzl. Mitgliederzahl des Aufsichtsrats an der Abstimmung teilnimmt[6]. Ebenfalls mit S. 1 vereinbar sind Satzungsregelungen, die dem AR-Vorsitzenden das Recht einräumen, die Sitzung nach pflichtgemäßem Ermessen zu vertagen[7]. Die Ermessensausübung ist allerdings dann pflichtwidrig, wenn durch eine mehrfache und zeitlich unbeschränkte Vertagung S. 1 umgangen wird[8]. 2

Beschlüsse des AR, die gegen § 28 verstoßen, sind nichtig[9]. Ebenso sind Satzungsbestimmungen nach § 241 Nr. 3 AktG nichtig, die mit § 28 nicht vereinbar sind[10]. 3

29 *Abstimmungen*
(1) Beschlüsse des Aufsichtsrats bedürfen der Mehrheit der abgegebenen Stimmen, soweit nicht in Absatz 2 und in den §§ 27, 31 und 32 etwas anderes bestimmt ist.

(2) Ergibt eine Abstimmung im Aufsichtsrat Stimmengleichheit, so hat bei einer erneuten Abstimmung über denselben Gegenstand, wenn auch sie Stimmengleichheit ergibt, der Aufsichtsratsvorsitzende zwei Stimmen. § 108 Abs. 3 des Aktiengesetzes ist auch auf die Abgabe der zweiten Stimme anzuwenden. Dem Stellvertreter steht die zweite Stimme nicht zu.

I. Regelungsinhalt. Abs. 1 wiederholt die allgemeine gesellschaftsrechtl. Regel, wonach Organbeschlüsse grds. der Mehrheit der abgegebenen Stimmen bedürfen (vgl. § 32 I 3 BGB). Sie impliziert bei einem paritätisch besetzten AR die Ablehnung eines Beschlussantrags, wenn alle AR-Mitglieder an der Abstimmung teilnehmen und eine der beiden Gruppen geschlossen dagegen stimmt. Zur Pattauflösung sieht Abs. 2 (der in § 31 IV wiederholt wird) ein Zweitstimmrecht des AR-Vorsitzenden für den Fall der Stimmengleichheit in einer zusätzlichen Abstimmung vor. Hiermit wird – nach Art. 14 GG zwingend – der Anteilseignerseite ein gewisses Übergewicht dem AR zugestanden. Neben § 29 finden über § 25 I die Vorschriften des AktG und des GenG Anwendung. 1

1 ErfK/*Oetker*, § 28 MitbestG Rz. 1; *Raiser*, § 28 MitbestG Rz. 1. |2 Vgl. KölnKommAktG/*Mertens*, § 108 Rz. 57; *Hüffer*, § 108 AktG Rz. 10 aE und 11. |3 UHH/*Ulmer/Habersack*, § 28 MitbestG Rz. 3; *Raiser*, § 28 MitbestG Rz. 2. |4 Vgl. ErfK/*Oetker*, § 28 MitbestG Rz. 2; *Hüffer*, § 108 AktG Rz. 13. |5 BGH v. 25.2.1982 – II ZR 145/80, BGHZ 83, 151, 154 – Bilfinger & Berger; ErfK/*Oetker*, § 28 MitbestG Rz. 2; *Raiser*, § 28 MitbestG Rz. 3; UHH/*Ulmer/Habersack*, § 28 MitbestG Rz. 4; *Säcker*, JZ 1980, 84 ff.; *Raiser*, NJW 1980, 211 ff.; *Wiesner*, AG 1979, 205 (206); *Köstler/Kittner/Zachert/Müller*, Aufsichtsratspraxis, Rz. 433; aA OLG Hamburg v. 4.4.1984 – 2 W 25/80, DB 1984, 1616 (1617 f.) – Hamburg Mannheimer (Beschlussfähigkeit bei Anwesenheit von 3/4 der Mitglieder oder der Hälfte der Mitglieder mit Aufsichtsratsvorsitzendem); *Heinsius*, AG 1977, 282 f.; *Preusche*, AG 1980, 125 (126 f.); *Rittner*, DB 1980, 2502 f.; *Feldmann*, DB 1985, 29. |6 So KölnKommAktG/*Mertens*, Anhang § 117B, § 28 MitbestG Rz. 2; *Lutter/Krieger*, Rz. 242; *Feldmann*, DB 1986, 29; aA GroßKommAktG/*Oetker*, § 28 MitbestG Rz. 8; UHH/*Ulmer/Habersack*, § 28 MitbestG Rz. 4; *Raiser*, § 28 MitbestG Rz. 3; *Säcker*, JZ 1980, 82 (84 ff.); *Wiesner*, AG 1979, 205 (206). |7 Vgl. ErfK/*Oetker*, § 28 MitbestG Rz. 3; UHH/*Ulmer/Habersack*, § 28 MitbestG Rz. 7; *Raiser*, § 28 MitbestG Rz. 4; aA *Köstler/Kittner/Zachert/Müller*, Aufsichtsratspraxis, Rz. 434. |8 Vgl. ErfK/*Oetker*, § 28 MitbestG Rz. 3; *Raiser*, § 28 MitbestG Rz. 4; *Scholz/U. H. Schneider*, § 52 GmbHG Rz. 287. |9 *Raiser*, § 28 MitbestG Rz. 4. |10 BGH v. 25.2.1982 – II ZR 123/81, BGHZ 83, 106 – Siemens; BGH v. 25.2.1982 – II ZR 145/80, BGHZ 83, 151, 152 f. – Bilfinger & Berger; *Raiser*, § 28 MitbestG Rz. 4.

2 **II. Abstimmung im Aufsichtsrat. 1. Beschluss.** Entscheidungen trifft der AR durch Beschluss (vgl. § 108 I AktG). Dabei ist ein Beschluss die Bildung des Organwillens durch Abstimmung über einen Antrag und hiermit ein mehrseitiges, aber nicht vertragl. Rechtsgeschäft eigener Art[1]. Der AR muss seine Beschlüsse ausdrücklich fassen; stillschweigende oder konkludente Zustimmung oder Meinungsäußerung des AR haben nicht die Rechtswirkung eines Beschlusses[2]. Nach hM ist eine geheime Stimmabgabe im AR zulässig[3]. Kraft seiner Leitungsbefugnis entscheidet der AR-Vorsitzende nach pflichtgemäßen Ermessen, ob an Stelle einer offenen eine geheime Abstimmung erfolgen soll[4]; daneben kann jdf. auch eine Minderheit von zwei AR-Mitgliedern eine geheime Abstimmung verlangen[5].

3 **2. Mehrheitsprinzip.** Nach Abs. 1 bedarf ein AR-Beschluss idR der Mehrheit der abgegebenen Stimmen. Von dieser Regel weicht das MitbestG ab in § 27 I, II und III, § 31 II bzw. III und IV sowie §§ 32, 35 I Nr. 10b MitbestG iVm. § 124 III AktG. Enthaltungen und ungültige Stimmen zählen für die Mehrheitsberechnung nicht mit[6], allerdings kann in der Satzung oder in der Geschäftsordnung Abweichendes geregelt werden[7]. Nach hM ist Abs. 1 **zwingendes Recht**, mit der Folge, dass Satzungs- oder Geschäftsordnungsregelungen, die höhere Mehrheitserfordernisse aufstellen oder einzelnen AR-Mitgliedern unterschiedliche Stimmrechte oder Zustimmungsbefugnisse einräumen, unwirksam sind[8].

4 **3. Stimmverbot.** Das AR-Mitglied unterliegt einem Stimmverbot, wenn der Beschluss die Vornahme eines Rechtsgeschäfts mit ihm oder die Einl. oder Erledigung eines Rechtsstreits zwischen ihm und dem Unternehmen betrifft (§ 34 BGB analog)[9]. Kein Stimmverbot existiert für das AR-Mitglied, das für den Vorsitz im Aufsichtsrat oder die Mitgliedschaft im Vertretungsorgan kandidiert[10]. Nicht nur unerhebliche **Interessenkollisionen in der Person eines AR-Mitglieds** können aber zum Stimmverbot führen[11]; gute Unternehmenspraxis entspricht es, bei wesentlichen und nicht nur vorübergehenden Interessenkonflikten das Mandat niederzulegen[12]. In jedem Fall hat das AR-Mitglied den Interessenkonflikt dem Gesamtorgan gegenüber offen zu legen[13]. Der AR sollte dann in seinem Bericht an die Hauptversammlung über aufgetretene Interessenkonflikte und deren Behandlung (zB Nichtbeteiligung des betreffenden AR-Mitglieds an der Abstimmung) informieren[14].

5 **III. Zweitstimme des Aufsichtsratsvorsitzenden (Abs. 2).** Nach Abs. 2 S. 2 hat der AR-Vorsitzende eine Zweitstimme, wenn sowohl die Erste als auch die zweite Abstimmung über denselben Gegenstand zur Stimmengleichheit im AR geführt hat. Stimmengleichheit liegt vor, wenn ein Beschlussantrag eine identische Zahl von Ja- und Nein-Stimmen erzielt hat, wobei die Ursache der Stimmengleichheit unerheblich ist[15]. Entgegen allgemeinen gesellschaftsrechtl. Grundsätzen ist der Antrag in diesem Fall nicht abgelehnt, sofern über ihn alsbald nochmals abgestimmt wird und es sich um eine Beschlussfassung iSv. Abs. 1 handelte[16]. Ohne entsprechende (zulässige) Satzungs- oder Geschäftsordnungsregelung findet Abs. 2 auf Beschlüsse von AR-Ausschüssen keine Anwendung[17].

6 Findet keine erneute Abstimmung über denselben Beschlussgegenstand statt, so ist der Antrag endgültig abgelehnt[18]. Eine gesetzl. Pflicht zur nochmaligen Abstimmung über den Beschlussgegenstand existiert nicht, sondern der AR-Vorsitzende entscheidet nach pflichtgemäßem Ermessen im Rahmen seiner Sitzungsleitungskompetenz hierüber, sofern der AR nicht mehrheitlich einen abweichenden Beschluss fasst[19]. Allerdings kann durch Satzung oder Geschäftsordnung geregelt werden, dass eine solche zweite Abstimmung erfolgen soll, wenn dies ein AR-Mitglied oder eine bestimmte Anzahl von Mitgliedern verlangen[20]. Auch sind Satzungs- oder Geschäftsordnungsregelungen zulässig, die festlegen, dass die nochmalige Abstimmung in derselben oder in der nächsten AR-Sitzung stattzufinden hat oder im zeitlichen Zusammenhang mit der ersten Abstimmung stehen muss[21]. Eine Entscheidungskompetenz

---

1 Vgl. *Hüffer*, § 108 AktG Rz. 3. | 2 BGH v. 11.7.1953 – II ZR 126/52, BGHZ 10, 187, 194; v. 6.4.1964 – II ZR 75/62, BGHZ 41, 282, 286; v. 19.12.1988 – II ZR 74/88, NJW 1989, 1928, 1929; OLG Schleswig v. 16.11.2000 – 5 U 66/99, AG 2001, 651 (653); *Hüffer*, § 108 AktG Rz. 4. | 3 Vgl. *Hüffer*, § 108 AktG Rz. 5; *Lutter/Krieger*, Aufsichtsrat, § 6 Rz. 243; UHH/*Ulmer/Habersack*, § 25 MitbestG Rz. 26; *Ulmer*, AG 1983, 300 (301 ff.); aA KölnKommAktG/*Mertens*, § 108 Rz. 38; *Hachenburg-Raiser*, § 52 GmbHG Rz. 214. | 4 Vgl. *Hüffer*, § 108 AktG Rz. 5a. | 5 Vgl. *Hüffer*, § 108 AktG Rz. 5a; *Ulmer*, AG 1982, 300 (305 f.). | 6 ErfK/*Oetker*, § 29 MitbestG Rz. 2; UHH/*Habersack*, § 29 MitbestG Rz. 6; *Raiser*, § 29 MitbestG Rz. 6. | 7 ErfK/*Oetker*, § 29 MitbestG Rz. 2; *Raiser*, § 29 MitbestG Rz. 6; MünchArbR/*Wißmann*, § 370 Rz. 9; aA UHH/*Habersack*, § 29 MitbestG Rz. 6. | 8 Vgl. ErfK/*Oetker*, § 29 MitbestG Rz. 2; UHH/*Habersack*, § 29 MitbestG Rz. 8; *Raiser*, § 29 MitbestG Rz. 7. | 9 Vgl. *Hüffer*, § 108 AktG Rz. 9; *Lutter/Krieger*, Rz. 606. | 10 Vgl. *Lutter/Krieger*, Rz. 606; MünchGesR/*Hoffmann-Becking*, Bd. 4: AG, § 31 Rz. 59; *Wilhelm*, NJW 1983, 912, 915; aA UHH/*Ulmer/Habersack*, § 31 MitbestG Rz. 18a; *Ulmer*, NJW 1982, 2288, 2293; Baumbach/Hueck/*Zöllner/Noack*, § 52 GmbHG Rz. 85. | 11 Vgl. Baumbach/Hueck/*Zöllner/Noack*, § 52 GmbHG Rz. 85. | 12 Vgl. Ziff. 5.5.3 S. 2 DCGK; hierzu *Kremer* in Ringleb/Kremer/Lutter/von Werder, DCGK, Rz. 806. | 13 Vgl. Ziff. 5.5.2 DCGK. | 14 Vgl. Ziff. 5.5.3 S. 1 DCGK; hierzu *Kremer* in Ringleb/Kremer/Lutter/von Werder, DCGK, Rz. 802. | 15 Vgl. ErfK/*Oetker*, § 29 MitbestG Rz. 4; UHH/*Habersack*, § 29 MitbestG Rz. 11; *Raiser*, § 29 MitbestG Rz. 9. | 16 Vgl. ErfK/*Oetker*, § 29 MitbestG Rz. 4; UHH/*Habersack*, § 29 MitbestG Rz. 9; *Raiser*, § 29 MitbestG Rz. 8. | 17 Vgl. ErfK/*Oetker*, § 29 MitbestG Rz. 4. | 18 Vgl. UHH/*Habersack*, § 29 MitbestG Rz. 13; *Raiser*, § 29 MitbestG Rz. 10. | 19 Vgl. ErfK/*Oetker*, § 29 MitbestG Rz. 5; UHH/*Habersack*, § 29 MitbestG Rz. 13; MünchArbR/*Wißmann*, § 370 Rz. 10. | 20 So ErfK/*Oetker*, § 29 MitbestG Rz. 5; UHH/*Habersack*, § 29 MitbestG Rz. 19; *Paefgen*, Struktur und Aufsichtsratsverfassung der mitbestimmten AG, S. 243. | 21 Vgl. ErfK/*Oetker*, § 29 MitbestG Rz. 5; *Raiser*, § 29 MitbestG Rz. 15; *Paefgen*, Struktur und Aufsichtsratsverfassung der mitbestimmten AG, S. 255 ff.

des Vorstands kann allerdings nicht geregelt werden, da dies in die Beschlussautonomie des AR unangemessen eingreifen würde[1].

Der Beschlussantrag muss für die **zweite Abstimmung** unverändert aufrecht erhalten werden. Bei Antragsänderungen muss zunächst eine erste Beschlussfassung nach § 29 I stattfinden[2]. Bei Beschlussanträgen des Vorstands kann der Vorstand an Stelle einer Zweitabstimmung nach § 29 II 1 verlangen, dass die Hauptversammlung hierüber beschließt (§ 111 IV 3 und 4 AktG). Zieht das antragstellende AR-Mitglied den Beschlussantrag zurück, ist eine zweite Beschlussfassung nur möglich, wenn sich ein anderes AR-Mitglied den Antrag zu Eigen macht[3]. Der Kreis der Abstimmenden in der zweiten Abstimmung muss nicht identisch sein mit demjenigen der ersten Stimmabgabe[4]. Ergibt sich in der zweiten Abstimmung wiederum Stimmengleichheit, steht dem AR-Vorsitzenden eine zweite Stimme zu (§ 29 II 1). Dabei ist der AR-Vorsitzende in der Ausübung der Zweitstimme nicht gebunden, sondern sie obliegt seiner pflichtgemäßen Entscheidung[5]. Eine Einschränkung dieses Ermessensspielraums durch abweichende Satzungs- oder Geschäftsordnungsregelung ist unwirksam[6]. 7

Ist der AR-Vorsitzende bei der Beschlussfassung abwesend, so kann er die Zweitstimme mittels Stimmboten abgeben (Abs. 2 S. 2, § 108 III AktG). Demgegenüber kann der AR-Vorsitzende sein Stimmrecht nicht auf Dritte, insb. nicht auf seinen Stellvertreter übertragen[7]. Die Zweitstimme steht auch dann nicht dem Stellvertreter zu, wenn der AR-Vorsitzende verhindert ist, ohne dass er seine Zweitstimme schriftl. niedergelegt hat, oder sein Amt vorzeitig beendet ist (Abs. 2 S. 3). 8

Dritter Teil. Gesetzliches Vertretungsorgan

30 *Grundsatz*

Die Zusammensetzung, die Rechte und Pflichten des zur gesetzlichen Vertretung des Unternehmens befugten Organs sowie die Bestellung seiner Mitglieder bestimmen sich nach den für die Rechtsform des Unternehmens geltenden Vorschriften, soweit sich aus den §§ 31 bis 33 nichts anderes ergibt.

I. Regelungsinhalt. Die Grundsatznorm des § 30 bestimmt den Vorrang mitbestimmungsrechtl. Vorschriften über die Bestellung der Mitglieder des gesetzl. Vertretungsorgans (§ 31), dessen Rechte und Pflichten (§ 32) und dessen Zusammensetzung (§ 33). Daneben wird klargestellt, dass das für die jeweilige Rechtsform spezifische Gesellschaftsrecht Anwendung findet. 1

II. AG. Für den Vorstand der AG ergeben sich Besonderheiten auf Grund der §§ 30 bis 33 insb. für die Zahl der Vorstandsmitglieder nach § 76 II AktG (hierzu § 33 Rz. 2: im Regelfall zwei Mitglieder) sowie den Umfang der Vertretungsmacht nach § 78 I AktG (hierzu § 32 und § 33). Die Bestellung und Abberufung von Vorstandsmitgliedern regelt § 31 durch Bezugnahme auf die §§ 84 und 85 AktG abschließend und zwingend. 2

III. KGaA. Die Rechte und Pflichten sowie der Umfang der Geschäftsführungs- und Vertretungsbefugnis der persönlich haftenden Gesellschafter (vertretungsberechtigtes Organ der KGaA) ergeben sich maßgeblich aus der Satzung iVm. §§ 114 ff., 125, 161 II HGB. Diese Strukturen lässt das MitbestG zu Recht weitgehend unberührt, indem es die Vorschriften über die Bestellung des geschäftsführenden und vertretungsbefugten Organs durch den Aufsichtsrat (Grund: Grundsatz der Selbstorganschaft) und über den Arbeitsdirektor auf die KGaA für unanwendbar erklärt (§§ 31 I 2, 33 I 2). 3

IV. GmbH. Für die Geschäftsführer der GmbH ergeben sich auf Grund der §§ 30 bis 33 erhebliche Abweichungen zum gesellschaftsrechtl. Normalstatut. Die Kompetenz zur Bestellung und Abberufung der Geschäftsführer sowie für den Abschluss, die Änderung und die Beendigung der Anstellungsverträge steht nicht der Gesellschafterversammlung, sondern hier dem AR zu (§ 31 I; hierzu § 31 Rz. 11). Weiterhin ergeben sich Auswirkungen auf die Mindestzahl der Geschäftsführer (hierzu § 33 Rz. 2: im Regelfall zwei) und zum zwingenden Umfang der Geschäftsführungs- und Vertretungsbefugnis (hierzu § 32 und § 33). 4

1 So auch ErfK/*Oetker*, § 29 MitbestG Rz. 5; *Raiser*, § 29 MitbestG Rz. 14; *Säcker/Theisen*, AG 1980, 29, 38; *Paefgen*, Struktur und Aufsichtsratsverfassung der mitbestimmten AG, S. 244. | 2 Vgl. ErfK/*Oetker*, § 29 MitbestG Rz. 6. | 3 Vgl. ErfK/*Oetker*, § 29 MitbestG Rz. 6; UHH/*Habersack*, § 29 MitbestG Rz. 12. | 4 Vgl. UHH/*Habersack*, § 29 MitbestG Rz. 15; *Raiser*, § 29 MitbestG Rz. 12. | 5 So ErfK/*Oetker*, § 29 MitbestG Rz. 7; UHH/*Habersack*, § 29 MitbestG Rz. 16; *Raiser*, § 29 MitbestG Rz. 12; MüKoAktG/*Gach*, § 29 MitbestG Rz. 13; aA *Säcker/Theisen*, AG 1980, 29 (38); *Paefgen*, Struktur und Aufsichtsratsverfassung der mitbestimmten AG, S. 261 (automatische Doppelzählung). | 6 Vgl. ErfK/*Oetker*, § 29 MitbestG Rz. 7; UHH/*Habersack*, § 29 MitbestG Rz. 20; *Raiser*, § 29 MitbestG Rz. 16; aA *Säcker/Theisen*, AG 1980, 29 (38); *Paefgen*, Struktur und Aufsichtsratsverfassung der mitbestimmten AG, S. 261. | 7 Vgl. ErfK/*Oetker*, § 29 MitbestG Rz. 8; UHH/*Habersack*, § 29 MitbestG Rz. 17; *Wank*, AG 1980, 148 (151).

5 **V. Genossenschaft.** Aus § 31 I folgt, dass der Vorstand der eingetragenen Genossenschaft (§§ 24 ff. GenG) nicht wie im Normalstatut durch die Generalversammlung, sondern durch den AR gewählt wird. Dem AR kommt ferner auch die Annexkompetenz zum Abschluss, zur Änderung und zur Beendigung der Anstellungsverträge mit den Vorstandsmitgliedern zu (hierzu § 31 Rz. 12).

31 *Bestellung und Widerruf*

(1) Die Bestellung der Mitglieder des zur gesetzlichen Vertretung des Unternehmens befugten Organs und der Widerruf der Bestellung bestimmen sich nach den §§ 84 und 85 des Aktiengesetzes, soweit sich nicht aus den Absätzen 2 bis 5 etwas anderes ergibt. Dies gilt nicht für Kommanditgesellschaften auf Aktien.

(2) Der Aufsichtsrat bestellt die Mitglieder des zur gesetzlichen Vertretung des Unternehmens befugten Organs mit einer Mehrheit, die mindestens zwei Drittel der Stimmen seiner Mitglieder umfasst.

(3) Kommt eine Bestellung nach Absatz 2 nicht zu Stande, so hat der in § 27 Abs. 3 bezeichnete Ausschuss des Aufsichtsrats innerhalb eines Monats nach der Abstimmung, in der die in Absatz 2 vorgeschriebene Mehrheit nicht erreicht worden ist, dem Aufsichtsrat einen Vorschlag für die Bestellung zu machen; dieser Vorschlag schließt andere Vorschläge nicht aus. Der Aufsichtsrat bestellt die Mitglieder des zur gesetzlichen Vertretung des Unternehmens befugten Organs mit der Mehrheit der Stimmen seiner Mitglieder.

(4) Kommt eine Bestellung nach Absatz 3 nicht zu Stande, so hat bei einer erneuten Abstimmung der Aufsichtsratsvorsitzende zwei Stimmen; Absatz 3 Satz 2 ist anzuwenden. Auf die Abgabe der zweiten Stimme ist § 108 Abs. 3 des Aktiengesetzes anzuwenden. Dem Stellvertreter steht die zweite Stimme nicht zu.

(5) Die Absätze 2 bis 4 sind für den Widerruf der Bestellung eines Mitglieds des zur gesetzlichen Vertretung des Unternehmens befugten Organs entsprechend anzuwenden.

1 **I. Regelungsinhalt.** Mit § 31 wird die Kompetenz zur Bestellung und Abberufung der Mitglieder des Vertretungsorgans (Personalkompetenz) zu Gunsten des AR geregelt und dadurch gewährleistet, dass die Unternehmensleitung sowohl durch die Anteilseigner als auch durch die ArbN legitimiert ist[1]. Dabei soll das in Abs. 2–4 geregelte dreistufige Bestellungsverfahren sicherstellen, dass sich die Unternehmensleitung auf eine möglichst breite Mehrheit im AR stützen kann[2]. Für die KGaA gilt § 31 nicht (Abs. 1 S. 2; s. § 30 Rz. 3).

2 **II. Bestellung. 1. Aufsichtsratskompetenz.** Die Bestellung der Mitglieder des Vertretungsorgans richtet sich nach Abs. 1 iVm. §§ 84, 85 AktG, sofern Abs. 2–4 keine abweichenden Bestimmungen trifft (Abs. 1 S. 1). Das gilt auch für die Bestellung des Arbeitsdirektors (§ 33) sowie gesetzl. zwingend zu bestellenden Stellvertretern der Mitglieder des Vertretungsorgans (§ 94 AktG, § 44 GmbHG, § 35 GenG)[3]. Die Bestellung hat rechtsgeschäftl. Natur und erfolgt durch Beschlussfassung des AR als Gesamtorgan (§ 25 I MitbestG iVm. § 107 III 2 AktG), dessen Kundgabe an das künftige Organmitglied und dessen Annahmeerklärung gegenüber dem Aufsichtsrat[4]. **Satzungsregelungen**, die unangemessene Einschränkungen der Wahlfreiheit des AR enthalten (zB Bindung der Stimmrechtsausübung der AR-Mitglieder an die Entscheidung Dritter[5]), sind wegen Verstoßes gegen Abs. 1 S. 1 unwirksam. Demgegenüber kann die Satzung persönliche Eignungsvoraussetzungen für die Mitglieder des Vertretungsorgans vorsehen, sofern sie nicht ausnahmsw. die Wahlfreiheit des AR (und damit auch die MitbestR der ArbN) unangemessen beeinträchtigen[6]. Der Bestellungszeitraum beträgt höchstens fünf Jahre (§ 84 I AktG).

3 **2. Wahlverfahren. a) Dreistufiges Wahlverfahren.** Über jedes Mitglied des Vertretungsorgans wird selbständig im dreistufigen Verfahren nach Abs. 2–4 abgestimmt. Daher können die Kandidaten in unterschiedlichen Verfahrensabschnitten erfolgreich sein. Vorschlagsberechtigt sind alle Mitglieder des AR[7].

4 **b) Erster Wahlgang.** Im ersten Wahlgang ist gewählt, wer mindestens 2/3 aller bestehenden Stimmen auf sich vereinigt (Abs. 2)[8]. Die AR-Mitglieder, die selbst zur Wahl als Mitglied des Vertretungsorgans kandidieren, unterliegen keinem Stimmverbot (hierzu auch § 29 Rz. 4)[9].

5 **c) Vermittlungsverfahren und zweiter Wahlgang.** Für diejenigen Sitze, die mangels 2/3-Mehrheit nicht im ersten Wahlgang besetzt werden, ist zwingend der Vermittlungsausschuss (§ 27 III) einzuschalten,

1 Hierzu BT-Drs. 7/2172, S. 28. | 2 Vgl. ErfK/*Oetker*, § 31 MitbestG Rz. 1; UHH/*Ulmer/Habersack*, § 31 MitbestG Rz. 1; für rechtspolitische Kritik hieran zB *Baums*, Handelsblatt v. 1.8.2005, S. 2. | 3 Vgl. ErfK/*Oetker*, § 31 MitbestG Rz. 3. | 4 Vgl. *Hüffer*, § 84 AktG Rz. 3 f. | 5 Vgl. ErfK/*Oetker*, § 31 MitbestG Rz. 2; *Raiser*, § 31 MitbestG Rz. 8. | 6 Vgl. ErfK/*Oetker*, § 31 MitbestG Rz. 2; UHH/*Ulmer/Habersack*, § 31 MitbestG Rz. 13; *Raiser*, § 31 MitbestG Rz. 9; MüKoAktG/*Gach*, § 31 MitbestG Rz. 8; aA *Säcker*, DB 1977, 1791 (1792); GK-MitbestG/*Naendrup*, § 25 Rz. 105 f. | 7 Vgl. ErfK/*Oetker*, § 31 MitbestG Rz. 4; *Raiser*, § 31 MitbestG Rz. 13. | 8 Vgl. UHH/*Ulmer/Habersack*, § 31 MitbestG Rz. 19; *Raiser*, § 31 MitbestG Rz. 14. | 9 Vgl. ErfK/*Oetker*, § 31 MitbestG Rz. 5; *Raiser*, § 31 MitbestG Rz. 13; MüKoAktG/*Gach*, § 31 MitbestG Rz. 9; aA UHH/*Ulmer/Habersack*, § 31 MitbestG Rz. 18a.

der innerhalb eines Monats einen Wahlvorschlag zu machen hat (Abs. 3 S. 1)[1]. Allerdings ist der AR an einer weiteren Beschlussfassung nicht gehindert, wenn ein Vorschlag des Vermittlungsausschusses nach Ablauf der Monatsfrist nicht vorliegt[2]. Über den Vorschlag des Vermittlungsausschusses hat der AR abzustimmen (Abs. 3 S. 2), wobei er an den Vorschlaginhalt nicht gebunden ist (Abs. 3 S. 1 Hs. 2) Ein Kandidat ist im zweiten Wahlgang gewählt, wenn er die absolute Mehrheit sämtlicher bestehender Stimmen auf sich vereint (Abs. 3 S. 2).

d) Dritter Wahlgang. Wird die absolute Mehrheit im zweiten Wahlgang verfehlt, kann ein dritter Wahlgang durchgeführt werden, bei dem der AR-Vorsitzende über zwei Stimmen verfügt (Abs. 4 S. 1). Bei dieser Abstimmung ist der AR nicht an die Vorschläge der vorherigen Wahlgänge gebunden[3]. Aus einem Wortlautvergleich von Abs. 4 mit § 29 II ergibt sich, dass die Zweitstimme des AR-Vorsitzenden diesem sofort zusteht und er diese auch nicht nur einsetzen kann, um die nach Abs. 4 S. 1 erforderliche absolute Mehrheit herzustellen[4]. Ist der AR-Vorsitzende bei der Beschlussfassung abwesend, so kann er die Zweitstimme mittels Stimmboten nach § 108 III abgeben (Abs. 4 S. 2 iVm. § 108 III AktG). Dem Stellvertreter steht die zweite Stimme nicht zu (Abs. 4 S. 3) und der AR-Vorsitzende kann ihn auch zur Ausübung nicht bevollmächtigen. Der AR-Vorsitzende ist nicht verpflichtet, die zweite Stimme abzugeben. 6

e) Notbestellung. Wird auch im dritten Wahlgang die absolute Mehrheit nicht erreicht, ist der Kandidat nicht gewählt und das Wahlverfahren hat ggf. von vorn zu beginnen. In dringenden Fällen besteht die Möglichkeit der gerichtlichen Notbestellung (Abs. 1 iVm. § 85 I AktG)[5]. 7

III. Widerruf der Bestellung. Auf den Widerruf der Bestellung finden primär die Bestellungsvorschriften in Abs. 2–4 entsprechende Anwendung, subsidiär hierzu § 84 III AktG (Abs. 5). Danach bedarf es zur Abberufung unabhängig von der Rechtsform des Unternehmens zwingend eines **wichtigen Grundes**[6]. Ein solcher Grund ist namentlich grobe Pflichtverletzung, Unfähigkeit zur ordnungsgemäßen Geschäftsführung oder Vertrauensentzug durch die Hauptversammlung, es sei denn, dass das Vertrauen aus offenbar unsachlichen Gründen (zB bloße Nähe zu den ArbN) entzogen würde (vgl. § 84 III AktG)[7]. Während nach Aktienrecht über die Abberufung ein mit einfacher Mehrheit gefasster AR-Beschluss ausreicht (Ausnahme: Vertrauensentzug bedarf Beschluss der Hauptversammlung), gilt hier das in Abs. 2–4 geregelte Verfahren. Wird im ersten Wahlgang die 2/3-Mehrheit (Abs. 2) verfehlt, so hat der Vermittlungsausschuss innerhalb der Monatsfrist zur Abberufung Stellung zu nehmen[8]. Wird im ersten Wahlgang sogar die einfache Stimmenmehrheit verfehlt, ist das Verfahren auf Grund der Eindeutigkeit des Ergebnisses zu Gunsten des Mitglieds des Vertretungsorgans zu beenden[9]. 8

IV. Bestellung und Abberufung des Vorstandsvorsitzenden. Wenngleich Abs. 1 S. 1 für die Personalkompetenz nur auf die „Bestellung" der Mitglieder des Vertretungsorgans insgesamt in Bezug nimmt, ist der AR auf Grund des engen Zusammenhangs auch für die „Ernennung" und Abberufung des Vorstandsvorsitzenden (vgl. § 84 II AktG, auf den Abs. 1 S. 1 mit verweist) unabhängig von der Rechtsform (also auch bei der GmbH) zuständig[10]. Die Bestellung eines Vorstandsvorsitzenden (bzw. eines Vorstandssprechers) entspricht den Grundsätzen guter Unternehmensführung[11], kann aber wegen des ansonsten verletzten Autonomiebereiches des AR weder durch die Satzung noch durch die Hauptversammlung zwingend vorgeschrieben werden[12]. Das Verfahren für Bestellung und Abberufung des Vorstandsvorsitzenden richtet sich nicht nach § 31 II–IV, sondern nach der Grundnorm des § 29[13]. 9

V. Arbeitsrechtlicher Anstellungsvertrag. Von der kooperationsrechtl. Organstellung zu unterscheiden sind die in einem arbeitsrechtl. Anstellungsvertrag geregelten schuldrechtl. Beziehungen des Organmitglieds zur Gesellschaft. Für die **AG** ergibt sich aus § 25 I 1 Nr. 1 MitbestG iVm. § 84 I 5 AktG, dass ausschließlich der AR für den Abschluss des Anstellungsvertrages sowie für seine spätere Änderung und Beendigung zuständig ist. Dabei können diese Kompetenzen auch auf einen AR-Ausschuss übertragen 10

1 Vgl. ErfK/*Oetker*, § 31 MitbestG Rz. 6; UHH/*Ulmer/Habersack*, § 31 MitbestG Rz. 20; *Raiser*, § 31 MitbestG Rz. 16. | 2 Vgl. ErfK/*Oetker*, § 31 MitbestG Rz. 6; *Raiser*, § 31 MitbestG Rz. 20. | 3 Vgl. ErfK/*Oetker*, § 31 MitbestG Rz. 7. | 4 So auch ErfK/*Oetker*, § 31 MitbestG Rz. 7; UHH/*Ulmer/Habersack*, § 31 MitbestG Rz. 22; *Hoffmann/Lehmann/Weinmann*, § 31 MitbestG Rz. 23; aA *Raiser*, § 31 MitbestG Rz. 17 aE; WWKK/*Wißmann*, § 31 MitbestG Rz. 19; *Lutter/Krieger*, § 31 Rz. 133; *Reich/Lewerenz*, AuR 1976, 261 (270). | 5 Vgl. ErfK/*Oetker*, § 31 MitbestG Rz. 8; UHH/*Ulmer/Habersack*, § 31 MitbestG Rz. 24. | 6 Vgl. ErfK/*Oetker*, § 31 MitbestG Rz. 9; UHH/*Ulmer/Habersack*, § 31 MitbestG Rz. 29. | 7 Vgl. ErfK/*Oetker*, § 31 MitbestG Rz. 9; *Raiser*, § 31 MitbestG Rz. 32. | 8 Vgl. ErfK/*Oetker*, § 31 MitbestG Rz. 9; UHH/*UlmerHabersack*, § 31 MitbestG Rz. 33; *Raiser*, § 31 MitbestG Rz. 33. | 9 Vgl. ErfK/*Oetker*, § 31 MitbestG Rz. 9; UHH/*Ulmer/Habersack*, § 31 MitbestG Rz. 33; *Raiser*, § 31 MitbestG Rz. 34; *Säcker*, BB 1979, 1321 (1322 Fn. 8); abweichend LG Ravensburg vom 4.3.1985, EWiR § 31 MitbestG 1/85 *(Wiesner)*; *Riegger*, NJW 1988, 2991. | 10 So auch ErfK/*Oetker*, § 31 MitbestG Rz. 10; UHH/*Ulmer/Habersack*, § 31 MitbestG Rz. 28; *Raiser*, § 31 MitbestG Rz. 29; GK-MitbestG/*Rumpff*, § 31 MitbestG Rz. 18; *Lutter/Krieger*, Rz. 943; aA *Werner*, FS Fischer, S. 821, 826; *Hoffmann/Lehmann/Weinmann*, § 31 MitbestG Rz. 47; *Henssler*, GmbHR 2004, 321 (323 f.). | 11 Vgl. Ziff. 4.2.1 Satz 1 DCGK; hierzu *Ringleb*, in Ringleb/Kremer/Lutter/von Werder, DCGK, Rz. 482 ff. | 12 So auch KölnKommAktG/*Mertens*, § 84 Rz. 88; aA *Krieger*, Personalentscheidung, S. 252 f.; (für die GmbH) *Henssler*, GmbHR 2004, 321 (326 f.). | 13 Vgl. UHH/*Ulmer/Habersack*, § 31 MitbestG Rz. 28; *Raiser*, § 31 MitbestG Rz. 34; *Hüffer*, § 84 AktG Rz. 20; MüKoAktG/*Gach*, § 31 MitbestG Rz. 21.

werden, da die in § 107 III 2 AktG (iVm. § 25 I 1 Nr. 1) geregelte Sperrwirkung nur für die kooperationsrechtliche Bestellung und Abberufung gilt[1].

11 Nach hM kommt bei einer dem MitbestG unterfallenden **GmbH** – abweichend von den gesellschaftsrechtl. Grundsätzen zur Annexkompetenz der Gesellschafterversammlung und zur Rechtslage bei § 1 I Nr. 3 DrittelbG (s. auch § 1 DrittelbG Rz. 40[2]) – dem AR die Kompetenz zu, über den Abschluss, die Änderung und die Beendigung von Geschäftsführer-Anstellungsverträgen zu beschließen[3]. Allerdings kann die Satzung allgemeine Richtlinien über den Inhalt des Anstellungsvertrages (zB Vergütungsstruktur für Geschäftsführer) festlegen, sofern dies die Auswahl- und Widerrufsfreiheit des AR nicht unangemessen beschränkt[4].

12 Auch für die eingetragene **Genossenschaft** folgt aus Abs. 1 die Kompetenz des AR, die Anstellungsverträge mit dem Vorstand abzuschließen, zu ändern oder zu beenden[5].

32 *Ausübung von Beteiligungsrechten*

(1) Die einem Unternehmen, in dem die Arbeitnehmer nach diesem Gesetz ein Mitbestimmungsrecht haben, auf Grund von Beteiligungen an einem anderen Unternehmen, in dem die Arbeitnehmer nach diesem Gesetz ein Mitbestimmungsrecht haben, zustehenden Rechte bei der Bestellung, dem Widerruf der Bestellung oder der Entlastung von Verwaltungsträgern sowie bei der Beschlussfassung über die Auflösung oder Umwandlung des anderen Unternehmens, den Abschluss von Unternehmensverträgen (§§ 291, 292 des Aktiengesetzes) mit dem anderen Unternehmen, über dessen Fortsetzung nach seiner Auflösung oder über die Übertragung seines Vermögens können durch das zur gesetzlichen Vertretung des Unternehmens befugte Organ nur auf Grund von Beschlüssen des Aufsichtsrats ausgeübt werden. Diese Beschlüsse bedürfen nur der Mehrheit der Stimmen der Aufsichtsratsmitglieder der Anteilseigner; sie sind für das zur gesetzlichen Vertretung des Unternehmens befugte Organ verbindlich.

(2) Absatz 1 ist nicht anzuwenden, wenn die Beteiligung des Unternehmens an dem anderen Unternehmen weniger als ein Viertel beträgt.

1 **I. Regelungsinhalt.** § 32 enthält – ähnlich wie § 15 MitbestErgG – eine **Spezialvorschrift zur Beschränkung der Geschäftsführungs- und Vertretungsbefugnis des Vertretungsorgans** für den Fall, dass ein nach dem MitbestG mitbestimmtes Unternehmen (Obergesellschaft) an einem anderen, gleichfalls nach dem MitbestG mitbestimmten Unternehmen (Untergesellschaft) mit mindestens 25 % beteiligt ist. Denn die Mitbest. im Aufsichtsrat der Obergesellschaft könnte deren Vertretungsorgan veranlassen, bei der Ausübung der der Obergesellschaft zustehenden Stimmrechte in der Anteilseignerversammlung der Untergesellschaft auch ArbN-Interessen zu berücksichtigen, was zu einer Kumulation der MitbestR führen könnte[6]. Daneben sollen Grundlagenentscheidungen, die in unabhängigen Unternehmen der Anteilseignerversammlung vorbehalten sind, auch in abhängigen Unternehmen ohne ArbN-Einfluss getroffen werden[7]. Beide Ziele verwirklicht § 32 durch eine **doppelte Modifikation der aktienrechtl. Regeln über Vorstand und AR**: In einem ersten Schritt wird bestimmt, dass die aus der Beteiligung fließenden Rechte nicht vom Vorstand der Obergesellschaft allein wahrgenommen werden können, sondern nur auf Grund eines diesen bindenden AR-Beschlusses; in einem zweiten Schritt wird der Beschluss des GesamtAR durch einen Sonderbeschluss der Anteilseignervertreter ersetzt, wodurch im Ergebnis die Wahrnehmung der Beteiligungsrechte vom Vorstand auf die Anteilseignerseite im AR verlagert wird[8].

2 **II. Anwendungsbereich.** Die Anwendung von Abs. 1 S. 1 setzt voraus, dass sowohl die Ober- als auch die Untergesellschaft der Mitbest. nach dem MitbestG (nicht anderer Mitbestimmungsgesetze) unterliegt. § 32 findet auch auf KGaA als Obergesellschaft Anwendung, da Ausnahmevorschriften wie §§ 31 I 2, 33 I 2 hier fehlen[9]. Ist die Obergesellschaft eine Kapitalgesellschaft & Co. KG iSv. § 4 I, so werden die ihr zustehenden Beteiligungsrechte durch die Komplementär-Kapitalgesellschaft ausgeübt und unterliegen dort der Mitbest. des AR und somit der Gefahr einer Potenzierung des ArbN-Einflusses. Nach seinem Schutzgedanken und wegen der vergleichbaren Interessenlage findet Abs. 1 auf diese Fälle entsprechende Anwendung[10].

1 BGH v. 23.10.1975 – II ZR 90/73, BGHZ 65, 190, 193; *Hüffer*, § 107 AktG Rz. 18. | 2 Vgl. BGH v. 3.7.2000 – II ZR 282/98, ZIP 2000, 1442 (1443). | 3 Vgl. BGH v. 14.11.1983 – II ZR 33/83, BGHZ 89, 48, 57; ErfK/*Oetker*, § 31 MitbestG Rz. 12; UHH/*Ulmer/Habersack*, § 31 MitbestG Rz. 39; *Raiser*, § 31 MitbestG Rz. 25; *Henssler*, FS BGH II, S. 387, 402; aA *Werner*, FS Fischer, S. 821 ff. | 4 Vgl. UHH/*Ulmer/Habersack*, § 31 MitbestG Rz. 40; *Raiser*, § 31 MitbestG Rz. 26; *Krieger*, Personalentscheidung, S. 288 ff. | 5 Vgl. ErfK/*Oetker*, § 31 MitbestG Rz. 13; UHH/*Ulmer/Habersack*, § 31 MitbestG Rz. 39; *Raiser*, § 31 MitbestG Rz. 24. | 6 Vgl. BT-Drs. 7/2172, S. 28; vgl. auch *Raiser*, § 32 MitbestG Rz. 1; *Weiss*, Konzern 2005, 590. | 7 Vgl. ErfK/*Oetker*, § 32 MitbestG Rz. 1; UHH/*Ulmer/Habersack*, § 32 MitbestG Rz. 2. | 8 Vgl. *Raiser*, § 1 MitbestG Rz. 1. | 9 Im Ergebnis ebenso WWKK/*Wißmann*, § 32 MitbestG Rz. 5; aA ErfK/*Oetker*, § 32 MitbestG Rz. 2; UHH/*Ulmer/Habersack*, § 32 MitbestG Rz. 5; schwächer *Raiser*, § 32 MitbestG Rz. 5 (Ausnahme zu erwägen). | 10 So auch ErfK/*Oetker*, § 32 MitbestG Rz. 2; UHH/*Ulmer/Habersack*, § 32 MitbestG Rz. 8.

Nach Abs. 2 muss die Obergesellschaft an der Untergesellschaft mit mindestens der Anteile oder der Stimmen beteiligt sein[1]. Die Berechnungsvorschriften des § 16 II 2 und 3 sowie IV AktG sind nicht anzuwenden, da § 32 hierauf nicht verweist[2]. 3

III. Weisungsrecht des Aufsichtsrats. Sind die Voraussetzungen des § 32 erfüllt, wird die Entscheidungsbefugnis für die Ausübung von Beteiligungsrechten (Stimmrechte, Entsendungs- und andere Sonderrechte) in Bezug auf die in Abs. 1 S. 1 abschließend[3] aufgezählten Geschäfte dem AR zugewiesen, in dem die Ausübung durch das vertretungsberechtigte Gesellschaftsorgan an einen diesen bindenden Beschluss des AR geknüpft wird. Hierdurch wird das Vertretungsorgan der Gesellschaft nicht nur in seiner Geschäftsführungsbefugnis, sondern abweichend von § 82 I AktG, § 37 II GmbHG, § 27 II GenG zugleich in seiner Vertretungsmacht beschränkt[4]. Bei Zuwiderhandeln des Vertretungsorgans kann sich dieses schadenersatzpflichtig machen (§ 93 AktG, § 43 GmbHG)[5]. Fehlt ein Beschluss oder weicht das Vertretungsorgan unberechtigt von diesem ab, so ist die Wahrnehmung der Beteiligungsrechte in der Untergesellschaft nach § 180 S. 1 BGB unwirksam[6]; eine nachträgliche Genehmigung mit Ex-tunc-Wirkung gem. §§ 180 S. 2, 177, 184 I BGB wird im Regelfall zulässig sein[7]. Der jeweilige Beschluss in der Versammlung der Untergesellschaft ist nach § 243 AktG (für GmbH analog) anfechtbar, soweit der Beschluss auf der Mitwirkung der Obergesellschaft beruht[8]. 4

Die Geschäftsführungsentscheidung des AR mit Weisungscharakter erfolgt durch Beschluss der AR-Mitglieder der Anteilseigner. Die **ArbN-Vertreter** können an der beschlussfassenden Sitzung teilnehmen und haben Anspruch auf die gleichen Informationen wie die Anteilseignervertreter[9], können allerdings nicht an im Zusammenhang mit den materiellen Beschlüssen stehenden Verfahrensentscheidungen teilnehmen und Anträge zur Geschäftsordnung stellen[10]. Die Beschlussfähigkeit setzt entsprechend § 28 die Teilnahme mindestens der Hälfte aller AR-Mitglieder der Anteilseigner voraus, bezogen auf die gesetzl. oder satzungsgemäße (§ 7 I) Mitgliederzahl[11]. Der Beschluss bedarf der absoluten Mehrheit der Stimmen, dh. der Mehrheit der im AR tatsächlich vertretenen Mitglieder der Anteilseigner[12]. 5

Der AR kann und sollte die Zuständigkeit nach § 32 auf einen **sog. Beteiligungsausschuss** übertragen; § 107 III AktG steht dem nicht entgegen[13]. Für die Besetzung des Beteiligungsausschusses gelten die allgemeinen Regeln (§ 25 Rz. 5), wobei hier auch eine Besetzung ohne ArbN-Vertreter zulässig ist[14]. Eine zeitlich und sachgegenständlich begrenzte Vorausermächtigung des Vorstands ist (im Gegensatz zu einer Generalvollmacht) – alternativ und in Kombination zur Ausschussübertragung – zulässig[15]. 6

---

1 Vgl. UHH/*Ulmer/Habersack*, § 32 MitbestG Rz. 6; *Raiser*, § 32 MitbestG Rz. 7. | 2 Vgl. ErfK/*Oetker*, § 32 MitbestG Rz. 3; UHH/*Ulmer/Habersack*, § 32 MitbestG Rz. 7; *Raiser*, § 32 MitbestG Rz. 7; MüKoAktG/*Gach*, § 32 MitbestG Rz. 6 f.; *Weiss*, Konzern 2005, 590 (594 f.); *Spieker*, FS Däubler, 1999, S. 406, 410 f.; aA GK-MitbestG/*Schneider*, § 32 Rz. 19. | 3 Hierzu *Weiss*, Konzern 2005, 590 (593 f.); MüKoAktG/*Gach*, § 32 MitbestG Rz. 22 f.; *Raiser*, § 32 MitbestG Rz. 16. | 4 So auch *Hüffer*, § 78 AktG Rz. 8a; ErfK/*Oetker*, § 32 MitbestG Rz. 4; UHH/*Ulmer/Habersack*, § 32 MitbestG Rz. 15; *Raiser*, § 32 MitbestG Rz. 24; WWKK/*Wißmann*, § 32 MitbestG Rz. 23; *Semler*, FS Kropff, S. 301, 306; aA *Crezelius*, ZGR 1980, 359 (372 f.); *Eichler*, BB 1977, 1064; *Säcker*, DB 1977, 2031 (2035). | 5 *Weiss*, Konzern 2005, 590 (595); *Raiser*, § 32 MitbestG Rz. 23. | 6 Vgl. ErfK/*Oetker*, § 32 MitbestG Rz. 4; *Raiser*, § 32 MitbestG Rz. 24 f.; aA *Philipp*, DB 1976, 1622 (1625). | 7 Vgl. KölnKommAktG/*Mertens*, Anh. § 117B § 32 MitbestG Rz. 14; *Raiser*, § 32 MitbestG Rz. 24; UHH/*Ulmer/Habersack*, § 32 MitbestG Rz. 16; *Weiss*, Konzern 2005, 590 (602); aA *Philipp*, DB 1976, 1622 (1626); WWKK/*Wißmann*, § 32 MitbestG Rz. 24. | 8 *Weiss*, Konzern 2005, 590 (596); UHH/*Ulmer/Habersack*, § 32 MitbestG Rz. 15; aA MüKoAktG/*Gach*, § 32 MitbestG Rz. 14. | 9 Vgl. UHH/*Ulmer/Habersack*, § 32 MitbestG Rz. 24; *Raiser*, § 32 MitbestG Rz. 18; WWKK/*Wißmann*, § 32 MitbestG Rz. 16; KölnKommAktG/*Mertens*, Anh. § 117B § 32 MitbestG Rz. 17; MüKoAktG/*Gach*, § 32 MitbestG Rz. 24; aA *Philipp*, DB 1976, 1622 (1627); *Hoffmann/Lehmann/Weinmann*, § 32 MitbestG Rz. 54. | 10 So auch UHH/*Ulmer/Habersack*, § 32 MitbestG Rz. 25; KölnKommAktG/*Mertens*, Anh. § 117B § 32 MitbestG Rz. 17; *Lutter/Krieger*, Rz. 198; *Philipp*, DB 1976, 1622 (1627); aA *Raiser*, § 32 MitbestG Rz. 18; WWKK/*Wißmann*, § 32 MitbestG Rz. 16; *Spieker*, FS Däubler, S. 406, 414. | 11 Vgl. ErfK/*Oetker*, § 32 MitbestG Rz. 5; UHH/*Ulmer/Habersack*, § 32 MitbestG Rz. 26; *Raiser*, § 32 MitbestG Rz. 20; MüKoAktG/*Gach*, § 32 MitbestG Rz. 24; *Philipp*, DB 1976, 1622 (1628); *Lutter/Krieger*, Rz. 198; aA *Hoffmann/Lehmann/Weinmann*, § 32 MitbestG Rz. 56 (mindestens drei Mitglieder). | 12 Vgl. ErfK/*Oetker*, § 32 MitbestG Rz. 5; UHH/*Ulmer/Habersack*, § 32 MitbestG Rz. 27; *Raiser*, § 32 MitbestG Rz. 20; MüKoAktG/*Gach*, § 32 MitbestG Rz. 25; *Lutter/Krieger*, Rz. 198; aA (Mehrheit der tatsächlich abgegebenen Stimmen) *Hoffmann/Lehmann/Weinmann*, § 32 MitbestG Rz. 55; *Säcker*, DB 1977, 2031 (2035). | 13 Vgl. LG München v. 16.1.1980 – 6 O 1172/79, DB 1980, 678 (679) (obiter dictum); ErfK/*Oetker*, § 32 MitbestG Rz. 6; UHH/*Ulmer/Habersack*, § 32 MitbestG Rz. 28; *Raiser*, § 32 MitbestG Rz. 21; *Hoffmann/Lehmann/Weinmann*, § 32 MitbestG Rz. 57; MüKoAktG/*Gach*, § 32 MitbestG Rz. 27; *Weiss*, Konzern 2005, 590 (597 ff.) (mit GeschäftsO-Formulierung); *Spieker*, FS Däubler, 1999, S. 406, 415 f.; *Säcker*, DB 1977, 2031 (2035); *Lutter/Krieger*, Rz. 199; aA *Philipp*, DB 1976, 1622 (1628). | 14 *Weiss*, Konzern 2005, 590 (598); *Lutter/Krieger*, Rechte und Pflichten des Aufsichtsrats, Rz. 504; aA *Raiser*, § 32 MitbestG Rz. 21; UHH/*Ulmer/Habersack*, § 32 MitbestG Rz. 28. | 15 Ausf. *Weiss*, Konzern 2005, 590 (599 ff.); MüKoAktG/*Gach*, § 32 MitbestG Rz. 15; enger *Spieker*, FS Däubler, 1999, S. 406, 417; *Raiser*, § 32 MitbestG Rz. 19.

33 *Arbeitsdirektor*

(1) Als gleichberechtigtes Mitglied des zur gesetzlichen Vertretung des Unternehmens befugten Organs wird ein Arbeitsdirektor bestellt. Dies gilt nicht für Kommanditgesellschaften auf Aktien.

(2) Der Arbeitsdirektor hat wie die übrigen Mitglieder des zur gesetzlichen Vertretung des Unternehmens befugten Organs seine Aufgaben im engsten Einvernehmen mit dem Gesamtorgan auszuüben. Das Nähere bestimmt die Geschäftsordnung.

(3) Bei Genossenschaften ist auf den Arbeitsdirektor § 9 Abs. 2 des Genossenschaftsgesetzes nicht anzuwenden.

1 **I. Regelungsinhalt.** Nach § 33 ist die Bestellung eines Arbeitsdirektors als gleichberechtigtes Mitglied des gesetzl. Vertretungsorgans zwingend, der im Wesentlichen für Sozial- und Personalfragen zuständig ist. Dies gilt auch für arbeitnehmerlose Konzernobergesellschaften[1], nicht aber für Unternehmen in der Rechtsform der KGaA (Abs. 1 S. 2). Zwar ging man während des Gesetzgebungsverfahrens davon aus, dass der Arbeitsdirektor (entsprechend der Praxis zu § 13 MitbestErgG) auf das Vertrauen der ArbN angewiesen sein wird, einen gesetzl. Niederschlag hat dies allerdings nicht gefunden, so dass eine Bestellung auch gegen den Willen der ArbN-Vertreter im AR erfolgen kann.

2 Der Arbeitsdirektor ist wie die anderen Mitglieder des Vertretungsorgans im Verfahren nach § 31 II–IV zu bestellen, und zwar unabhängig davon, ob es sich bei dem Kandidaten bereits um ein Mitglied des Vertretungsorgans handelt oder nicht[2]. Aus der Bedeutung von § 33 für die Verwirklichung des Mitbestimmungsgedankens auch im gesetzl. Vertretungsorgan folgt, dass der Arbeitsdirektor den ihm zugeordneten Kernbereich der Personal- und Sozialfragen (Rz. 3 f.) effektiv ausüben können muss, so dass die Besetzung des Vertretungsorgans im Regelfall (teleologische Reduktion zB bei funktionsloser Zwischenholdinggesellschaft) mit mindestens zwei Mitgliedern erforderlich ist[3]. Ist ein Arbeitsdirektor (noch) nicht bestellt, ist das Vertretungsorgan trotzdem handlungsfähig, sofern es nur die zur gesetzl. Vertretung des Unternehmens erforderliche Mitgliederzahl besitzt. Kommt es nicht zur Bestellung eines Arbeitsdirektors, so kann entsprechend § 85 I AktG gerichtlich ein Notvorstand als Arbeitsdirektor bestellt werden, sofern nur ein „dringender Fall" vorliegt. Ein solcher ist allerdings nur ausnahmsw. anzunehmen, nämlich wenn der Vorstand in seiner Gesamtheit wegen des Fehlens des Arbeitsdirektors zur Erfüllung der ihm obliegenden Aufgaben nicht in der Lage ist[4]. Das nach Abs. 2–4 durchzuführende Widerrufsverfahren ist auch dann durchzuführen, wenn der Arbeitsdirektor wegen anderer Ressortzuweisung lediglich seine Funktion, nicht aber seine Organstellung im Vertretungsorgan verlieren soll[5].

3 **II. Geschäftsbereich des Arbeitsdirektors. 1. Mindestzuständigkeit.** Zwar umschreibt § 33 den Aufgabenbereich des Arbeitsdirektors nicht, seiner Konzeption nach umfasst es aber insb. die **Personal- und Sozialangelegenheiten der ArbN des Unternehmens**[6]. Nach hM wird dem Arbeitsdirektor durch die Bestellung kraft Gesetzes zugleich ein unabdingbarer Mindestzuständigkeitsbereich (Kernbereich) zugewiesen, der ihm weder durch Satzung noch durch Geschäftsordnung entzogen werden kann[7] und der insb. das Personalwesen, das Gesundheitswesen, den Arbeitsschutz, die Berufsaus- und Weiterbildung sowie die Sozial- und Altersfürsorge umfasst[8]. Der Personal- und Sozialbereich der leitenden Angestellten gehört demgegenüber nicht zur zwingenden Kernzuständigkeit des Arbeitsdirektors[9]. Der konkrete Geschäftsbereich des Arbeitsdirektors ist abhängig von der im Einzelfall gegebenen Konzernorganisation (zB Beschränkung der Zuständigkeiten bei abhängigen Unternehmen, soweit Teil-Entherrschungsvertrag für Personal- und Sozialangelegenheiten besteht)[10].

4 Das Bestehen eines Mindestzuständigkeitsbereichs setzt nicht voraus, dass dem Arbeitsdirektor die Alleinzuständigkeit in Personal- und Sozialangelegenheiten oder ein Letztentscheidungsrecht für sein Ressort zukommt[11]. Allerdings wäre eine Regelung wegen Verletzung der zwingenden Kernzuständigkeit unwirksam, derzufolge dem Arbeitsdirektor lediglich eine reine Informations- und Beratungstätig-

---

1 *Raiser*, § 33 MitbestG Rz. 18; *Däubler*, NZG 2005, 617 (619). |**2** Vgl. ErfK/*Oetker*, § 33 MitbestG Rz. 3; UHH/*Ulmer*/*Habersack*, § 33 MitbestG Rz. 9. |**3** Strenger (ohne Ausnahmen) *Hüffer*, § 76 AktG Rz. 24; ErfK/*Oetker*, § 33 MitbestG Rz. 3; UHH/*Ulmer*/*Habersack*, § 33 MitbestG Rz. 2 und § 30 Rz. 6; *Raiser*, § 33 MitbestG Rz. 6; aA (Zulässigkeit eines einköpfigen Organs) *Overlack*, ZHR 1977, 125 (128 ff.). |**4** Vgl. ErfK/*Oetker*, § 33 MitbestG Rz. 5; *Hoffmann*, BB 1977, 17 (21); aA MüKoAktG/*Gach*, § 33 MitbestG Rz. 14. |**5** Vgl. ErfK/*Oetker*, § 33 MitbestG Rz. 6. |**6** Vgl. BT-Drs. 7/4845, S. 9 f.; vgl. auch BVerfG v. 1.3.1979 – 1 BvR 532, 533/77, 419/78 und 1 BvL 21/78, BVerfGE 50, 290, 378; BGH v. 14.11.1983 – II ZR 33/83, BGHZ 89, 48, 59; *Hoffmann*, BB 1977, 17 (21). |**7** Vgl. OLG Frankfurt/M. v. 23.4.1985 – 5 U 149/84, DB 1985, 1459 – Sperry; ErfK/*Oetker*, § 33 MitbestG Rz. 18; *Säcker*, DB 1977, 1993 (1994); aA *Hoffmann*, BB 1977, 17 (19). |**8** Hierzu *Spieker*, BB 1968, 1089 (1090); *Köstler*/*Kittner*/*Zachert*/*Müller*, Aufsichtsratspraxis, Rz. 642 f.; ErfK/*Oetker*, § 33 MitbestG Rz. 19; vgl. auch LG Frankfurt/M. v. 26.4.1984 – 3/6 O 210/83, AG 1984, 276 (277) – Sperry. |**9** Vgl. ErfK/*Oetker*, § 33 MitbestG Rz. 20; *Raiser*, § 33 MitbestG Rz. 17; *Hoffmann*, BB 1976, 1233 (1234); aA *Reich*/*Lewerenz*, AuR 1976, 353 (368); *Säcker*, DB 1977, 1993 (1994). |**10** Enger *Däubler*, NZG 2005, 617 (620); vgl. auch MüKoAktG/*Gach*, § 33 MitbestG Rz. 40 ff. |**11** Vgl. OLG Frankfurt/M. v. 23.4.1985 – 5 U 149/84, DB 1985, 1459 (1460) – Sperry; ErfK/*Oetker*, § 33 MitbestG Rz. 21.

keit für die sonstige Geschäftsleitung zukommt und ihm eine Entscheidungsbefugnis auch für relativ unbedeutende Angelegenheiten fehlte[1].

2. Verantwortlichkeit für weitere Aufgabenbereiche. Nach hM soll die Zuweisung zusätzlicher Aufgaben neben dem zwingenden Mindestzuständigkeitsbereich nur ausnahmsw. (zB als Stellvertreter eines anderen Geschäftsleitungsmitglieds) möglich und auch nur dann sein, soweit hierdurch nicht die eigentliche Aufgabenerfüllung leidet[2]. Zutreffenderweise hängt der zulässige Umfang weiterer Aufgabenbereiche von dem Ausmaß der Personal- und Sozialangelegenheiten im konkreten Unternehmen[3] sowie der wirtschaftl. und tatsächlichen Lage des Unternehmens ab, so dass dem Arbeitsdirektor durchaus im Einzelfall zusätzliche Funktionen (zB Vorstandsvorsitzender[4]) oder Aufgabenbereiche im Unternehmen oder bei verbundenen Unternehmen zugewiesen werden können. 5

3. Repräsentation des Unternehmens. Auf Grund seiner gleichberechtigten Stellung in der Geschäftsleitung (Rz. 7 ff.) ist der Arbeitsdirektor im Rahmen der Ressortverteilung grds. berechtigt, das Unternehmen nach außen zu repräsentieren[5]. 6

III. Gleichberechtigte Stellung im Vertretungsorgan. 1. Gesetzliches Normstatut. Nach Abs. 1 S. 1 ist der Arbeitsdirektor ein **gleichberechtigtes Mitglied des gesetzl. Vertretungsorgans.** Hieraus ergibt sich, dass der Arbeitsdirektor nach dem gesetzl. Normstatut die gleichen Rechte, die gleichen Pflichten (zB Verschwiegenheitspflicht) und die gleiche Verantwortung (zB ordnungsgemäße Berichterstattung an den Aufsichtsrat, Feststellung des Jahresabschlusses und seine Vorlage an den AR, ordnungsgemäße Buchführung, Haftung für sorgfaltsgemäße Pflichterfüllung) hat. 7

2. Ausgestaltung durch Satzung. Soweit das spezifische, auf das Unternehmen anwendbare Gesellschaftsrecht die Ausgestaltung der Rechtsstellung der Mitglieder des gesetzl. Vertretungsorgans zulässt, kann auch diejenige des Arbeitsdirektors eingeschränkt werden, sofern diesem nur die zwingende Mindestzuständigkeit verbleibt (Rz. 3 f.) und seine Stellung als gleichberechtigtes Organmitglied unangetastet bleibt; andernfalls ist die Satzungsregelung nach § 134 BGB nichtig[6]. Aus der Stellung als gleichberechtigtem Organmitglied folgt allerdings **kein Anspruch** des Arbeitsdirektors darauf, **Alleinvertretungsbefugnis** zu erhalten, wenn auch den übrigen Mitgliedern des Vertretungsorgans diese Befugnis verliehen ist[7]. Dies ist nur anders, wenn es sich bei der Nichteinräumung der Alleinvertretungsbefugnis bzw. bei einer anderen differenzierenden Behandlung um eine offensichtliche Diskriminierung und Herabsetzung handelt. Der Arbeitsdirektor unterliegt wie jedes andere Mitglied des Vertretungsorgans den Mehrheitsentscheidungen des Gesamtorgans[8]. Ein **Vetorecht mit endgültiger Wirkung zu Gunsten eines Vorstandsmitglieds** (zB Vorstandsvorsitzender oder -sprecher) ist unzulässig[9]. Allerdings ist zur Funktionssicherung des Organs ein Stichentscheidungsrecht des Vorsitzenden zur Auflösung von Patt-Situationen zulässig, sofern dem Gesamtorgan mehr als zwei Mitglieder angehören[10]. 8

Sieht eine Geschäftsordnung des Vertretungsorgans vor, dass ein Organmitglied zum Sprecher des Vertretungsorgans bestellt wird, ist dies im Regelfall zulässig, sofern das Vertretungsorgan aus mehr als zwei Mitgliedern besteht[11] und hierdurch nicht gegenüber den übrigen Organmitgliedern diskriminiert wird (zB Abstimmungserfordernis mit dem Vorstandssprecher ausschließlich für den Arbeitsdirektor)[12]. 9

Vierter Teil. Seeschifffahrt

34 **(1) Die Gesamtheit der Schiffe eines Unternehmens gilt für die Anwendung dieses Gesetzes als ein Betrieb.**

(2) Schiffe im Sinne dieses Gesetzes sind Kauffahrteischiffe, die nach dem Flaggenrechtsgesetz die Bundesflagge führen. Schiffe, die in der Regel binnen 48 Stunden nach dem Auslaufen an den Sitz eines Landbetriebs zurückkehren, gelten als Teil dieses Landbetriebs.

---

1 Vgl. ErfK/*Oetker*, § 33 MitbestG Rz. 21; *Hoffmann*, BB 1977, 17 (19); vgl. auch LG Frankfurt/M. v. 26.4.1984 – 3/6 O 210/83, AG 1984, 276 (277 f.) – Sperry. | 2 Vgl. ErfK/*Oetker*, § 33 MitbestG Rz. 23; MüKoAktG/*Gach*, § 33 MitbestG Rz. 31; *Spieker*, BB 1968, 1089 f.; *Köstler/Kittner/Zachert/Müller*, Aufsichtsratspraxis, Rz. 643; aA *Hoffmann*, BB 1977, 17 (21); *Säcker*, DB 1977, 1993 (1995). | 3 So auch ErfK/*Oetker*, § 33 MitbestG Rz. 23. | 4 Beispiel: Norddeutsche Affinerie AG; aA ErfK/*Oetker*, § 33 MitbestG Rz. 23. | 5 Vgl. OLG Frankfurt/M. v. 23.4.1985 – 5 U 149/84, DB 1985, 1459 – Sperry; ErfK/*Oetker*, § 33 MitbestG Rz. 22 u. 24; *Hoffmann*, BB 1977, 17 (22); *Spieker*, BB 1968, 1089 (1090); *Köstler/Kittner/Zachert/Müller*, Aufsichtsratspraxis, Rz. 644. | 6 ErfK/*Oetker*, § 33 MitbestG Rz. 8. | 7 Vgl. ErfK/*Oetker*, § 33 MitbestG Rz. 10; *Hoffmann*, BB 1977, 17 (21). | 8 Vgl. BGH v. 14.11.1983 – II ZR 33/83, BGHZ 89, 49 (59); ErfK/*Oetker* – Reemtsma, § 33 MitbestG Rz. 12. | 9 Vgl. BGH v. 14.11.1983 – II ZR 33/83, BGHZ 89, 49 (59) – Reemtsma; *Hüffer*, § 77 AktG Rz. 13 und 23; KölnKomm-AktG/*Mertens*, § 77 Rz. 10; MünchGesR/*Wiesner*, § 22 Rz. 10. | 10 Vgl. *Hüffer*, § 77 AktG Rz. 11 und 23; ErfK/*Oetker*, § 33 MitbestG Rz. 12; *Hoffmann*, BB 1977, 17 (22); *Säcker*, DB 1977, 1993 (1999 F. 52). | 11 Vgl. LG Frankfurt/M. v. 26.4.1984 – 3/6 O 210/83, AG 1984, 276, 277 – Sperry. | 12 Vgl. LG Frankfurt/M. v. 26.4.1984 – 3/6 O 210/83, AG 1984, 276, 278 – Sperry.

(3) Leitende Angestellte im Sinne des § 3 Abs. 1 Nr. 2 dieses Gesetzes sind in einem in Absatz 1 bezeichneten Betrieb nur die Kapitäne.

(4) Die Arbeitnehmer eines in Absatz 1 bezeichneten Betriebs nehmen an einer Abstimmung nach § 9 nicht teil und bleiben für die Errechnung der für die Antragstellung und für die Beschlussfassung erforderlichen Zahl von Arbeitnehmern außer Betracht.

(5) Werden die Aufsichtsratsmitglieder der Arbeitnehmer durch Delegierte gewählt, so werden abweichend von § 10 in einem in Absatz 1 bezeichneten Betrieb keine Delegierten gewählt. Abweichend von § 15 Abs. 1 nehmen die Arbeitnehmer dieses Betriebs unmittelbar an der Wahl der Aufsichtsratsmitglieder der Arbeitnehmer teil mit der Maßgabe, dass die Stimme eines dieser Arbeitnehmer als ein Neunzigstel der Stimme eines Delegierten zu zählen ist; § 11 Abs. 1 Satz 3 ist entsprechend anzuwenden.

(6) (aufgehoben)

Fünfter Teil. Übergangs- und Schlussvorschriften

35 (aufgehoben)

36 *Verweisungen*

(1) Soweit in anderen Vorschriften auf Vorschriften des Betriebsverfassungsgesetzes 1952 über die Vertretung der Arbeitnehmer in den Aufsichträten von Unternehmen verwiesen wird, gelten diese Verweisungen für die in § 1 Abs. 1 dieses Gesetzes bezeichneten Unternehmen als Verweisungen auf dieses Gesetz.

(2) Soweit in anderen Vorschriften für das Gesetz über die Mitbestimmung der Arbeitnehmer in den Aufsichtsräten und Vorständen der Unternehmen des Bergbaus und der Eisen und Stahl erzeugenden Industrie vom 21. Mai 1951 (Bundesgesetzbl. I S. 347) die Bezeichnung „Mitbestimmungsgesetz" verwendet wird, tritt an ihre Stelle die Bezeichnung „Montan-Mitbestimmungsgesetz".

37 *Erstmalige Anwendung des Gesetzes auf ein Unternehmen*

(1) Andere als die in § 97 Abs. 2 Satz 2 des Aktiengesetzes bezeichneten Bestimmungen der Satzung (des Gesellschaftsvertrags), die mit den Vorschriften dieses Gesetzes nicht vereinbar sind, treten mit dem in § 97 Abs. 2 Satz 2 des Aktiengesetzes bezeichneten Zeitpunkt oder, im Falle einer gerichtlichen Entscheidung, mit dem in § 98 Abs. 4 Satz 2 des Aktiengesetzes bezeichneten Zeitpunkt außer Kraft. Eine Hauptversammlung (Gesellschafterversammlung, Generalversammlung), die bis zu diesem Zeitpunkt stattfindet, kann an Stelle der außer Kraft tretenden Satzungsbestimmungen mit einfacher Mehrheit neue Satzungsbestimmungen beschließen.

(2) Die §§ 25 bis 29, 31 bis 33 sind erstmalig anzuwenden, wenn der Aufsichtsrat nach den Vorschriften dieses Gesetzes zusammengesetzt ist.

(3) Die Bestellung eines vor dem Inkrafttreten dieses Gesetzes bestellten Mitglieds des zur gesetzlichen Vertretung befugten Organs eines Unternehmens, auf das dieses Gesetz bereits bei seinem Inkrafttreten anzuwenden ist, kann, sofern die Amtszeit dieses Mitglieds nicht aus anderen Gründen früher endet, nach Ablauf von fünf Jahren seit dem Inkrafttreten dieses Gesetzes von dem nach diesem Gesetz gebildeten Aufsichtsrat jederzeit widerrufen werden. Für den Widerruf bedarf es der Mehrheit der abgegebenen Stimmen der Aufsichtsratsmitglieder, aller Stimmen der Aufsichtsratsmitglieder der Anteilseigner oder aller Stimmen der Aufsichtsratsmitglieder der Arbeitnehmer. Für die Ansprüche aus dem Anstellungsvertrag gelten die allgemeinen Vorschriften. Bis zum Widerruf bleiben für diese Mitglieder Satzungsbestimmungen über die Amtszeit abweichend von Absatz 1 Satz 1 in Kraft. Diese Vorschriften sind entsprechend anzuwenden, wenn dieses Gesetz auf ein Unternehmen erst nach dem Zeitpunkt des Inkrafttretens dieses Gesetzes erstmalig anzuwenden ist.

(4) Absatz 3 gilt nicht für persönlich haftende Gesellschafter einer Kommanditgesellschaft auf Aktien.

1 **I. Regelungsinhalt.** Für den Fall der erstmaligen Anwendung des MitbestG auf ein Unternehmen bestimmt § 37 Ergänzungen für das nach § 6 II MitbestG iVm. §§ 97, 98 AktG durchzuführende Statusverfahren (hierzu § 6 Rz. 2 ff.).

2 **II. Außerkrafttreten von Satzungsvorschriften (Abs. 1).** Abs. 1 S. 1 erweitert das durch § 97 II 2 AktG als Folge des Statusverfahrens angeordnete Außerkrafttreten von Satzungsvorschriften auf solche Regelungen, die § 27 II 2 AktG nicht umfasst, dem MitbestG (insb. §§ 25–31) aber widersprechen. Sie treten

nach den in §§ 97 II 2, 98 IV 2 AktG genannten Fristen außer Kraft, wobei die Anteilseignerversammlung nach Abs. 1 S. 2 die Möglichkeit hat, die Satzungsregelungen, die nach Abs. 1 S. 1 ihre Geltung verlieren, vor Ablauf der Frist durch einfachen Mehrheitsbeschluss durch andere Vorschriften zu ersetzen. Bestimmungen im Gesellschaftsvertrag einer KG, die in den Anwendungsbereich des § 4 fallen (Kapitalgesellschaft & Co. KG) und Bestimmungen des MitbestG entgegenstehen, werden zwar von Abs. 1 nicht erfasst, sind jedoch nach § 134 BGB nichtig, sobald der mitbestimmte AR in der Komplementärkapitalgesellschaft gebildet ist[1]. Die Lücken sind durch Gesellschaftsvertragsänderung oder nach den Regeln der ergänzenden Vertragsauslegung zu füllen.

III. Anwendbarkeit der §§ 25–29, 31–33 (Abs. 2). Die Vorschriften über die innere Ordnung des AR und die Rechten und Pflichten seiner Mitglieder (§§ 25–29) sowie über das gesetzl. Vertretungsorgan des Unternehmens (§§ 31–33) finden erstmals Anwendung, wenn der mitbestimmte AR gebildet ist (Abs. 2). Die Geschäftsordnungsregeln des AR, die §§ 25 bis 29 widersprechen, treten mit diesem Zeitpunkt außer Kraft; die Geschäftsordnungsregeln des Vertretungsorgans sind nach § 134 BGB nichtig, wenn sie gegen die §§ 31–33 verstoßen[2]. Besonderheiten gelten allerdings für den Zeitpunkt der erstmaligen Bestellung eines Arbeitsdirektors, da den Mitgliedern des gesetzl. Vertretungsorgans kraft Gesetzes (Abs. 3) und häufig auf kraft Anstellungsvertrages Bestandsschutz zukommt[3]. Nach hM bedarf es keiner (Neu-)Bestellung eines Arbeitsdirektors nach den §§ 33, 31, sofern ein Mitglied des gesetzl. Vertretungsorgans bereits vor Bildung des mitbestimmten AR mit dem Ressort für Arbeits- und Sozialfragen betraut ist[4]. Eine Neuwahl ist erst erforderlich, wenn dessen Amtszeit ausläuft. 3

IV. Amtszeit der Mitglieder des gesetzlichen Vertretungsorgans (Abs. 3). Die erstmalige Bildung eines mitbestimmten AR lässt die Amtszeit der Mitglieder des gesetzl. Vertretungsorgans des Unternehmens im Grundsatz unberührt. Bei der AG endet sie nach spätestens fünf Jahren (§ 84 I AktG). Bei der GmbH und der eingetragenen Genossenschaft bestimmt Abs. 3, dass die an sich unbefristet gestaltbare Bestellung nach fünf Jahren widerrufen werden kann. Wächst ein Unternehmen erst nachträglich in den Anwendungsbereich des MitbestG hinein, berechnet sich die Fünfjahresfrist ab dem Zeitpunkt der Unanfechtbarkeit der Bekanntmachung nach § 97 I AktG bzw. der Rechtskraft der Entscheidung nach § 98 I AktG[5]. 4

Der Widerruf der Bestellung bedarf nach Fristablauf keines wichtigen Grundes und ist nicht fristgebunden[6]. Er ist mit der in Abs. 3 S. 2 bestimmten Mehrheit durch den AR zu beschließen. Allerdings lässt der Widerruf der Organstellung den Anstellungsvertrag unberührt (Abs. 3 S. 4). Die Beendigung des arbeitsrechtl. Anstellungsvertrages ist nur nach den allgemeinen Vorschriften möglich, wobei ein Widerruf allein keinen wichtigen Grund iSv. § 626 BGB darstellt[7]. 5

38 *Übergangsvorschrift*
(aufgehoben)

39 *Ermächtigung zum Erlass von Rechtsverordnungen*

Die Bundesregierung wird ermächtigt, durch Rechtsverordnung Vorschriften über das Verfahren für die Wahl und die Abberufung von Aufsichtsratsmitgliedern der Arbeitnehmer zu erlassen, insbesondere über

1. **die Vorbereitung der Wahl oder Abstimmung, die Bestellung der Wahlvorstände und Abstimmungsvorstände sowie die Aufstellung der Wählerlisten,**
2. **die Abstimmungen darüber, ob die Wahl der Aufsichtsratsmitglieder in unmittelbarer Wahl oder durch Delegierte erfolgen soll,**
3. **die Frist für die Einsichtnahme in die Wählerlisten und die Erhebung von Einsprüchen,**
4. **die Errechnung der Zahl der Aufsichtsratsmitglieder der Arbeitnehmer sowie ihre Verteilung auf die in § 3 Abs. 1 Nr. 1 bezeichneten Arbeitnehmer, die leitenden Angestellten und die Gewerkschaftsvertreter,**

1 Vgl. UHH/*Ulmer/Habersack*, § 37 MitbestG Rz. 12; *Raiser*, § 37 MitbestG Rz. 5. | 2 Vgl. ErfK/*Oetker*, § 37 MitbestG Rz. 4. | 3 Vgl. ErfK/*Oetker*, § 37 MitbestG Rz. 5; *Säcker*, DB 1977, 1993, 1996. | 4 Vgl. ErfK/*Oetker*, § 37 MitbestG Rz. 5; UHH/*Ulmer/Habersack*, § 37 MitbestG Rz. 21; *Raiser*, § 37 MitbestG Rz. 7; *Ballerstedt*, ZGR 1977, 133 (147); *Mertens*, AG 1979, 334 (337); *Peltzer*, DB 1978, 984; *Säcker*, DB 1977, 1993 (1996 f.); aA AG Bremen v. 5.12.1978 – 38 HRB 3079, WM 1979, 154 (155); LG Kreuznach v. 3.10.1979 – 2 T 78/79, BB 1979, 1680 (1681) – Seitz Werke; WWKK/*Wißmann*, § 37 MitbestG Rz. 18. | 5 So auch UHH/*Ulmer/Habersack*, § 37 MitbestG Rz. 29; abweichend (Zeitpunkt des Außerkrafttretens von Satzungsbestimmungen nach § 97 II 2 AktG) *Hachenburg/Mertens*, § 35 GmbHG Rz. 27; aA (tatsächliches Vorliegen der Voraussetzungen der §§ 1–5 MitbestG) WWKK/*Wißmann*, § 37 MitbestG Rz. 27; *Raiser*, § 37 MitbestG Rz. 12; *Hoffmann/Lehmann/Weinmann*, § 37 MitbestG Rz. 68. | 6 Vgl. ErfK/*Oetker*, § 37 MitbestG Rz. 8. | 7 Vgl. ErfK/*Oetker*, § 37 MitbestG Rz. 9; UHH/*Ulmer/Habersack*, § 37 MitbestG Rz. 34; *Raiser*, § 37 MitbestG Rz. 19.

5. die Errechnung der Zahl der Delegierten,

6. die Wahlvorschläge und die Frist für ihre Einreichung,

7. die Ausschreibung der Wahl oder der Abstimmung und die Fristen für die Bekanntmachung des Ausschreibens,

8. die Teilnahme von Arbeitnehmern eines in § 34 Abs. 1 bezeichneten Betriebs an Wahlen und Abstimmungen,

9. die Stimmabgabe,

10. die Feststellung des Ergebnisses der Wahl oder der Abstimmung und die Fristen für seine Bekanntmachung,

11. die Aufbewahrung der Wahlakten und der Abstimmungsakten.

1 Die Bundesregierung hat am 27.5.2002 die 1. WO zu Wahlen in Unternehmen mit nur einem Betrieb (BGBl. I S. 1682 ff.), die 2. WO zu Wahlen in Unternehmen mit mehreren Betrieben (BGBl. I S. 1708 ff.) und die 3. WO zu Wahlen für mehrere Unternehmen eines Konzerns oder einer GmbH & Co. KG (BGBl. I S. 1741 ff.) erlassen.

40 *Übergangsregelung*

(1) Auf Wahlen oder Abberufungen von Aufsichtsratsmitgliedern der Arbeitnehmer, die nach dem 28. Juli 2001 bis zum 26. März 2002 eingeleitet wurden, ist das Mitbestimmungsgesetz vom 4. Mai 1976 (BGBl. I S. 1153) in der durch Artikel 12 des Betriebsverfassungs-Reformgesetzes vom 23. Juli 2001 (BGBl. I S. 1852) geänderten Fassung anzuwenden. Abweichend von Satz 1 findet § 11 des Mitbestimmungsgesetzes vom 4. Mai 1976 (BGBl. I S. 1153) in der durch Artikel 1 des Gesetzes zur Vereinfachung der Wahl der Arbeitnehmervertreter in den Aufsichtsrat vom 23. März 2002 (BGBl. I S. 1130) geänderten Fassung Anwendung, wenn feststeht, dass die Aufsichtsratsmitglieder der Arbeitnehmer durch Delegierte zu wählen sind und bis zum 26. März 2002 die Errechnung der Zahl der Delegierten noch nicht erfolgt ist.

(2) Auf Wahlen oder Abberufungen von Aufsichtsratsmitgliedern der Arbeitnehmer, die nach dem 28. Juli 2001 eingeleitet wurden, findet die Erste Wahlordnung zum Mitbestimmungsgesetz vom 23. Juni 1977 (BGBl. I S. 861), geändert durch Artikel 1 der Verordnung vom 9. November 1990 (BGBl. I S. 2487), die Zweite Wahlordnung zum Mitbestimmungsgesetz vom 23. Juni 1977 (BGBl. I S. 893), geändert durch Artikel 2 der Verordnung vom 9. November 1990 (BGBl. I S. 2487) und die Dritte Wahlordnung zum Mitbestimmungsgesetz vom 23. Juni 1977 (BGBl. I S. 934), geändert durch Artikel 3 der Verordnung vom 9. November 1990 (BGBl. I S. 2487) bis zu deren Änderung entsprechende Anwendung. Für die entsprechende Anwendung ist für Wahlen oder Abberufungen von Aufsichtsratsmitgliedern der Arbeitnehmer, die in dem Zeitraum nach dem 28. Juli 2001 bis zum 26. März 2002 eingeleitet wurden, das Mitbestimmungsgesetz vom 4. Mai 1976 (BGBl. I S. 1153) in der nach Absatz 1 anzuwendenden Fassung maßgeblich; für Wahlen oder Abberufungen von Aufsichtsratsmitgliedern der Arbeitnehmer, die nach dem 26. März 2002 eingeleitet werden, ist das Mitbestimmungsgesetz vom 4. Mai 1976 (BGBl. I S. 1153) in der durch Artikel 1 des Gesetzes zur Vereinfachung der Wahl der Arbeitnehmervertreter in den Aufsichtsrat vom 23. März 2002 (BGBl. I S. 1130) geänderten Fassung maßgeblich.

1 § 40 enthält eine Übergangsregelung bis zur Anpassung der nach § 39 erlassenen WO, die den durch Art. 12 BetrVerf-ReformG herbeigeführten Änderung (zB Aufhebung des Gruppenprinzips zwischen Arbeitern und Angestellten) noch nicht berücksichtigt. Sie ist durch den Erlass der drei WO am 27.5.2002 gegenstandslos geworden (hierzu § 39 Rz. 1).

41 *Inkrafttreten*

Dieses Gesetz tritt am 1. Juli 1976 in Kraft.

Gesetz zum Schutz der erwerbstätigen Mutter (Mutterschutzgesetz – MuSchG)

in der Fassung der Bekanntmachung vom 20.6.2002 (BGBl. I S. 2318), zuletzt geändert durch Art. 2 Abs. 10 des Gesetzes zur Einführung des Elterngeldes vom 5.12.2006 (BGBl. I S. 2748).

Erster Abschnitt. Allgemeine Vorschriften

1 *Geltungsbereich*

Dieses Gesetz gilt

1. für Frauen, die in einem Arbeitsverhältnis stehen,

2. für weibliche in Heimarbeit Beschäftigte und ihnen Gleichgestellte (§ 1 Abs. 1 und 2 des Heimarbeitsgesetzes vom 14.3.1951, BGBl. I S. 191), soweit sie am Stück mitarbeiten.

I. Inhalt und Zweck. Das MuSchG ist Ausdruck des **verfassungsrechtl. Auftrags** aus Art. 6 IV GG, nach dem jede Mutter einen Anspruch auf Schutz und Fürsorge durch die Gemeinschaft hat. Die Vorschriften entfalten ihren Schutz zum einen zu Gunsten der **Gesundheit** der Mutter und des Kindes, zum anderen im Hinblick auf drohende **finanzielle** Einbußen bzw. den **Verlust des Arbeitsplatzes** in der Zeit während der Schwangerschaft und in den Monaten nach der Entbindung. Die geltende Fassung ist das Ergebnis der Umsetzung der Vorgaben des **Gemeinschaftsrechts** (EG-MutterschutzRL 92/85/EWG). Zu beachten ist, dass das MuSchG durch andere Vorschriften (zB RVO, ArbStättV) ergänzt wird und für den Regelungskomplex „Mutterschaft“ insoweit nicht abschließend ist. 1

II. Persönlicher und sachlicher Geltungsbereich. 1. Frauen. In den geschützten Kreis des Abs. 1 Nr. 1 sind alle **weiblichen Personen** einbezogen, die in einem **Arbeitsverhältnis** stehen. Nicht relevant sind dabei Alter, Familienstand, Zugehörigkeit zu einer Krankenversicherung, Staatsangehörigkeit, Art und Umfang der Tätigkeit oder die Einkommenshöhe. 2

2. Arbeitsverhältnis. Ein Arbeitsverhältnis ist ein **privatrechtl.** Rechtsverhältnis zwischen der einzelnen ArbNin und dem ArbGeb, auf Grund dessen die ArbNin zur weisungsgebundenen Leistung von Diensten gegen Zahlung des Entgeltes verpflichtet ist. Maßgebend ist dabei die persönliche Abhängigkeit der ArbNin (vgl. Vor § 611 BGB Rz. 21 ff.). Auf die Gültigkeit kommt es nicht an (**fehlerhaftes Arbeitsverhältnis**)[1]. Der zugrundeliegende ArbN-Begriff des MuSchG kennt im Gegensatz zu anderen Gesetzen keine Einschränkung, sondern bezieht auch Personen ein, die zwar rechtlich selbständig, aber vergleichbar schutzbedürftig sind[2]. Umfasst werden Angestellte und Arbeiterinnen, Auszubildende, Volontäre, Praktikantinnen, Leiharbeits-, Probearbeits-, Teilzeitverhältnisse, mittelbare Arbeitsverhältnisse (auch bei Bestehen eines Weiterbeschäftigungsanspruchs), ArbNinnen der NATO-Streitkräfte (Art. 56 des Zusatzabkommens zum NATO-Truppenstatut) und von internationalen Organisationen, wenn keine Befreiung auf Grund eines eigenständigen sozialen Systems besteht[3]. Nach Nr. 2 entfaltet das MuSchG Wirkung für Frauen, die in **Heimarbeit** beschäftigt oder diesen gleichgestellt sind. Gem. § 2 I HAG ist ein solches Rechtsverhältnis geprägt durch die **selbständige Wahl der Arbeitsstätte**. Mit der gesonderten Anführung stellt der Gesetzgeber klar, dass Heimarbeitsverhältnisse keine ArbN-Eigenschaft begründen, jedoch trotzdem unter das MuSchG fallen. 3

Keine Anwendung findet das MuSchG auf Hausfrauen, selbständig Erwerbstätige, Handelsvertreterinnen, unterstützende Familienangehörige ohne Arbeitsvertrag, ehrenamtlich Tätige, Strafgefangene, Schülerinnen, Studentinnen, Soldatinnen, Beamtinnen sowie auf arbeitnehmerähnliche Personen und Organmitglieder[4]. 4

III. Räumlicher Geltungsbereich. Maßgeblich für die Geltung des MuSchG ist, dass der **Arbeitsort** (nicht Wohnort, Sitz des Unternehmens) **in der Bundesrepublik Deutschland** liegt (auch diplomatische Vertretungen). Die Vereinbarung der Geltung ausländischen Rechts sowie ein kurzfristiger Arbeitsaufenthalt im Ausland haben auf seine Rechtswirkungen keinen Einfluss (sog. Ausstrahlung). Liegt dagegen der ständige Arbeitsort im Ausland, ist das dort geltende Recht anwendbar, sofern nicht ausnahmsw. mit dem **deutschen** ArbGeb eine anderweitige Vereinbarung getroffen wurde[5]. Für **Wander-** 5

---

1 *Zmarzlik/Zipperer/Viethen/Vieß*, § 1 MuSchG Rz. 4. |2 BAG v. 16.7.1997 – 5 AZB 29/96, AP Nr. 37 zu § 5 ArbGG 1979. |3 *Zmarzlik/Zipperer/Viethen/Vieß*, § 1 MuSchG Rz. 27, 29. |4 *Buchner/Becker*, § 1 MuSchG Rz. 78 ff. |5 *Heilmann*, § 1 MuSchG Rz. 53.

arbeitnehmerinnen aus Mitgliedstaaten der EU trifft das Gemeinschaftsrecht Sonderregeln (VO 1408/71/EWG und VO 574/72/EWG).

2 *Gestaltung des Arbeitsplatzes*

(1) Wer eine werdende oder stillende Mutter beschäftigt, hat bei der Einrichtung und der Unterhaltung des Arbeitsplatzes einschließlich der Maschinen, Werkzeuge und Geräte und bei der Regelung der Beschäftigung die erforderlichen Vorkehrungen und Maßnahmen zum Schutze von Leben und Gesundheit der werdenden oder stillenden Mutter zu treffen.

(2) Wer eine werdende oder stillende Mutter mit Arbeiten beschäftigt, bei denen sie ständig stehen oder gehen muss, hat für sie eine Sitzgelegenheit zum kurzen Ausruhen bereitzustellen.

(3) Wer eine werdende oder stillende Mutter mit Arbeiten beschäftigt, bei denen sie ständig sitzen muss, hat ihr Gelegenheit zu kurzen Unterbrechungen ihrer Arbeit zu geben.

(4) Die Bundesregierung wird ermächtigt, durch Rechtsverordnung mit Zustimmung des Bundesrates

1. den Arbeitgeber zu verpflichten, zur Vermeidung von Gesundheitsgefährdungen der werdenden oder stillenden Mütter oder ihrer Kinder Liegeräume für diese Frauen einzurichten und sonstige Maßnahmen zur Durchführung des in Absatz 1 enthaltenen Grundsatzes zu treffen,

2. nähere Einzelheiten zu regeln wegen der Verpflichtung des Arbeitgebers zur Beurteilung einer Gefährdung für die werdenden oder stillenden Mütter, zur Durchführung der notwendigen Schutzmaßnahmen und zur Unterrichtung der betroffenen Arbeitnehmerinnen nach Maßgabe der insoweit umzusetzenden Art. 4 bis 6 der Richtlinie 92/85/EWG des Rates vom 19. Oktober 1992 über die Durchführung von Maßnahmen zur Verbesserung der Sicherheit und des Gesundheitsschutzes von schwangeren Arbeitnehmerinnen, Wöchnerinnen und stillenden Arbeitnehmerinnen am Arbeitsplatz (ABl. EG Nr. L 348 S. 1).

(5) Unabhängig von den auf Grund des Absatzes 4 erlassenen Vorschriften kann die Aufsichtsbehörde in Einzelfällen anordnen, welche Vorkehrungen und Maßnahmen zur Durchführung des Absatzes 1 zu treffen sind.

1 **I. Normzweck.** § 2 ergänzt als speziellere Norm die sonstigen Arbeitsschutzvorschriften (zB § 12 I HAG, § 28 I JArbSchG, § 3 I ArbSchG). Die Norm konkretisiert die **Fürsorgepflicht** des ArbGeb. Die Regelungen im Einzelnen sind weder kollektiv- noch individualrechtlich abdingbar und greifen unmittelbar kraft Gesetzes ein[1]. Missachtet der ArbGeb die Schutzvorschrift, steht der ArbNin ein Leistungsverweigerungsrecht sowie Schadensersatz zu. Über den Wortlaut hinaus erstreckt sich der Schutzzweck nicht nur „auf werdende und stillende Mütter", sondern auch auf die Gesundheit und das Leben des Kindes, was sich auch aus Abs. 4 Nr. 1 („oder ihrer Kinder") ergibt.

2 **II. Schutz am Arbeitsplatz.** Abs. 1 legt den allgemeinen Grundsatz fest, dass der ArbGeb unabhängig von den Konkretisierungen der Abs. 2 und 3 bzw. einer RechtsVO nach Abs. 4 dafür zu sorgen hat, dass der Arbeitsplatz der ArbNin den Umständen einer Schwangerschaft und Stillzeit gerecht wird. Dabei ist sowohl die Arbeitsorganisation (Art, Umfang, Lage und Tempo der Tätigkeiten) als auch die Gestaltung des Arbeitsplatzes anhand der **individuellen** Fähigkeiten auszurichten, wenn Gefährdungen nicht anders vermieden werden können und dies nach Stand der Technik und Medizin geboten ist. So soll in jedem Fall eine Überanstrengung umgangen und der Arbeitsplatzwechsel vermieden werden[2] (zur Möglichkeit der Umsetzung vgl. § 3 Rz. 6). Dem BR kommen dabei nach § 90 BetrVG Beteiligungsrechte, über § 80 I Nr. 1 BetrVG Überwachungsrechte zu.

3 Der Begriff des **Arbeitsplatzes** erfasst zunächst den Ort, an dem die ArbNin ihren Arbeitspflichten nachkommen muss. Um dem umfassenden Schutzzweck der Regelung nachzukommen, ist die Auslegung entsprechend dem Begriff der Arbeitsstätte in § 2 ArbStättV großzügig vorzunehmen, so dass auch Verkehrswege und Nebenräume einbezogen werden, nicht jedoch der Weg zur Arbeit und zurück[3]. Bspw. müssen körpergerechte Sitzplätze, ausreichende Belüftung und Beleuchtung, trittsichere Fußbodenbeläge vorhanden und der Schutz vor Schadstoffeinwirkung gewährleistet sein.

4 **III. Beschäftigung im Stehen oder Gehen (Abs. 2) bzw. Sitzen (Abs. 3).** Bei der „ständigen" Belastung durch Stehen oder Gehen bzw. Sitzen besteht die Gefahr einer Gesundheitsbeeinträchtigung, so dass deshalb die Gelegenheit zur **kurzen Unterbrechung** gegeben sein muss (vgl. auch § 4 II Nr. 2). Dies ist notwendig, wenn die Tätigkeit gerade durch die genannten Haltungen charakterisiert wird (zB Verkäuferin). Rechtsfolge ist ein bezahlter **Freistellungsanspruch.** Die Fortzahlung des Entgelts ergibt sich aus dem Grundsatz des § 616 S. 1 BGB bzw. wird aus dem Schutzzweck der Norm hergeleitet[4]. Die Dauer der Unterbrechung ist im Einzelfall mit den betrieblichen Erfordernissen in Einklang zu bringen.

1 *Buchner/Becker*, § 2 MuSchG Rz. 8. | 2 *Graue*, § 2 MuSchG Rz. 10. | 3 *Zmarzlik/Zipperer/Viethen/Vieß*, § 2 MuSchG Rz. 12. | 4 *Buchner/Becker*, § 2 MuSchG Rz. 46.

IV. Verordnungsermächtigung. Bislang wurde keine RechtsVO nach **Abs. 4 Nr. 1 („Liegeräume")** erlassen, weil der ArbGeb im Geltungsbereich der ArbStättV ohnedies entsprechende Vorkehrungen zu treffen bzw. Ruhepausen zu gestatten hat, vgl. § 3 I iVm. Anhang ArbStättV. Außerdem wird der ArbGeb zu entsprechenden Maßnahmen bereits durch Abs. 1 verpflichtet sein, wenn die Umstände des Betriebes dies erfordern[1]. Demgegenüber wurde auf Grund der Verordnungsermächtigung in **Abs. 4 Nr. 2 („präventive Schutzmaßnahmen")** zur Umsetzung der RL 92/85/EWG die VO zum Schutze der Mütter am Arbeitsplatz[2] erlassen. Die MuSchArbPlV normiert in ihren §§ 1–5 einen stufenweisen Pflichtenkatalog für den ArbGeb: Beurteilung der potenziellen Gefahren im Einzelfall, außerdem Unterrichtung der ArbNin und Verpflichtung zur Abhilfe der gewonnenen Erkenntnisse, Umgestaltung oder Wechsel des Arbeitsplatzes sowie Verbot der Beschäftigung bzw. besondere Beschäftigungsbeschränkungen. 5

V. Aufsichtsbehörde (Abs. 5). Die Aufsichtsbehörde ist berechtigt, Vorkehrungen und Maßnahmen zum Schutz der ArbNin anzuordnen und mittels Zwangsgeld gegen den ArbGeb durchzusetzen (vgl. auch § 20). Ist die Durchführung nicht möglich oder unzumutbar, kann ein Beschäftigungsverbot (zB § 4 V) in Betracht kommen[3]. Zuwiderhandlungen gegen Verfügungen sind nach § 21 I Nr. 5 (Straftaten und Ordnungswidrigkeiten) sanktioniert. 6

Zweiter Abschnitt. Beschäftigungsverbote

Vor §§ 3 bis 8

I. System der Beschäftigungsverbote. Das MuSchG unterscheidet **individuelle** und **generelle** Beschäftigungsverbote **vor** und **nach** der Entbindung, die in ihrer Wirkung regelmäßig zwingend und unabdingbar ausgestaltet sind. Sie dienen dem Schutz der Gesundheit von Mutter und Kind vor Gefährdungen und Überbeanspruchung im Arbeitsverhältnis. Kern des Schutzes sind die Mutterschutzfristen gem. § 3 II und 6 I. Auf Grund Art. 8 der Mutterschutzrichtlinie 92/85/EWG ist jeder ArbNin 14 Wochen Mutterschutz zu gewähren, so dass sich bei einer vorzeitigen Entbindung nach § 6 I 2 der Zeitraum nach der Geburt entsprechend verlängert. Werden konkrete Situationen nicht durch spezielle Verbote (vgl. auch §§ 4 und 5 MuSchArbPlV, dazu § 2 Rz. 5) erfasst, so sind stets individuelle Verbote über die Generalnormen §§ 3 I, 6 II denkbar. Dem **ArbGeb** obliegt als mutterschutzrechtliche Pflicht der **Abgleich** der Tätigkeiten der ArbNin mit den Voraussetzungen der Beschäftigungsverbote, § 1 I MuSchArbPlV. Bei generellen Verboten kommt es nicht auf die individuelle körperliche und gesundheitliche Konstitution der Frau an. Eine Abgrenzung zur krankheitsbedingten Arbeitsunfähigkeit ist deshalb in diesen Fällen nicht notwendig[4]. Insbesondere ist zu beachten, dass bei individuellen Verboten diese Differenzierung nur im Hinblick auf die Rechtsfolgen relevant ist (vgl. § 3 Rz. 5), nicht auf das Verbot der Arbeit selbst nach §§ 3 ff.[5] 1

II. Einsetzen der Beschränkungen, Fristberechnung. Die Normen des MuSchG stellen auf **verschiedene Zeitpunkte** vor und nach der Entbindung ab. Für Zeiträume vor der Entbindung ist die Mitteilung des mutmaßlichen Entbindungstermins durch die Schwangere ausschlaggebend, § 5 I. Über den Wortlaut des **§ 5 II** hinaus („in § 3 II bezeichnete Zeiträume") wird der Termin für **alle** Zeiträume vor der Entbindung durch das Zeugnis eines Arztes oder einer Hebamme verbindlich festgelegt[6]. Nach der Rspr. des BAG wird der Beginn der Schwangerschaft durch Rückrechnung **um 280 Tage** vom festgestellten Tag der Niederkunft ermittelt[7]. Die Fristberechnung unterliegt den Vorschriften der §§ 187 I, 188 I BGB, so dass der Entbindungstag (bzw. der **Beginn der Schwangerschaft** bei anderen Vorschriften) nicht mitzuzählen ist. Bei Monatsfristen und Wochenfristen ist § 188 II BGB neben § 187 I BGB anzuwenden[8]. 2

III. Rechtswirkungen der Beschäftigungsverbote. Greifen Beschäftigungsverbote ein, so wird dem ArbGeb die **tatsächliche** Beschäftigung der Schwangeren bzw. Mutter untersagt. Der **Bestand** des Arbeitsverhältnisses wird **nicht berührt**. Liegt im Zeitpunkt des Vertragsschlusses eine Schwangerschaft vor und besteht die Tätigkeit fast ausschließlich aus Gefährdungen (zB im Rahmen des § 4), so ist selbst hier das Arbeitsverhältnis weder nach § 134 BGB nichtig noch kann der ArbGeb sich durch Anfechtung gem. §§ 123 I oder 119 II BGB einseitig lösen (vgl. § 5 Rz. 5 mwN)[9]. Der ArbGeb ist grds. berechtigt, die ArbNin mit anderen Aufgaben zu beschäftigen, § 3 II, III MuSchArbPlV, sofern die Umsetzung der ArbNin **zumutbar** ist. Die neue Tätigkeit muss sich nicht zwingend im Rahmen der vertragl. geschulde- 3

1 *Buchner/Becker*, § 2 MuSchG Rz. 35. | 2 MuSchArbPlV v. 15.4.1997, BGBl. I S. 782, verkündet als Art. 1 der MuSchRiV; zuletzt geändert durch Art. 440 der Neunten Zuständigkeitsanpassungsverordnung vom 31.10.2006, BGBl. I S. 2407. | 3 *Graue*, § 2 MuSchG Rz. 29. | 4 *Buchner/Becker*, Vor §§ 3–8 MuSchG Rz. 6. | 5 *Buchner/Becker*, Vor §§ 3–8 MuSchG Rz. 8. | 6 *Heilmann*, Vor §§ 1–2 MuSchG Rz. 3. | 7 BAG v. 7.5.1998 – 2 AZR 417/97, AP Nr. 24 zu § 9 MuSchG 1968. | 8 *Meisel/Sowka*, § 9 MuSchG Rz. 101a (mit Beispielsrechnung in Rz. 101b); *Zmarzlik/Zipperer/Viethen/Vieß*, § 6 MuSchG Rz. 22 f. | 9 Vgl. auch *Graue*, § 4 MuSchG Rz. 4 ff.

ten Tätigkeit halten[1]. Die Grenze der Zumutbarkeit ist erreicht, wenn die Tätigkeit in ihrer **sozialen Wertigkeit** nicht vergleichbar ist, objektive Belastungsgrenzen überschreitet oder die familiären Verpflichtungen der ArbNin dies nicht zulassen[2]. Bei zumutbaren Umsetzungen ist keine Änderungskündigung notwendig[3]. Verweigert die ArbNin die zulässige Umsetzung, hat sie keinen Anspruch auf Mutterschutzlohn.

4 Um der Mutter jeden Anreiz zur Weiterarbeit zu nehmen und den Lebensstandard während der Verbote zu garantieren, ist unter den Voraussetzungen der §§ 11 ff. ihr **Entgelt gesichert**. Zusätzlich stehen ihr **Gratifikationen** (zB Weihnachts- oder Urlaubsgeld, 13. Monatsgehalt) weiterhin zu, sofern sie nicht in die Berechnung des Durchschnittsverdienstes fallen (vgl. § 11 Rz. 8). Der Anspruch auf **Erholungsurlaub** wird durch das Aussetzen der Arbeit wegen bestehender Beschäftigungsverbote grundsätzlich nicht berührt (Ausnahme § 17 I BEEG). Die ArbNin kann nicht gezwungen werden, den Jahresurlaub während eines Beschäftigungsverbots oder der Mutterschutzfristen zu nehmen[4]. Dies gilt auch, wenn die Betriebsferien in die Mutterschutzfristen fallen[5]. Der krankenversicherungsrechtliche Status wird idR nicht berührt, vgl. auch § 192 I Nr. 2 SGB V. Während der Schutzfristen entfällt die Beitragsleistung zur RV (Anrechnung dennoch über § 58 I Nr. 2 SGB VI). Bezieht die Frau Mutterschutzgeld, entfällt der Beitrag zur Pflegeversicherung gem. § 56 III SGB XI.

5 Hat die ArbNin einen Schaden auf Grund der Nichtbeachtung der Verbote bzw. Beschränkungen, so besteht ein Anspruch aus § 280 I BGB (Fürsorgepflichtverletzung) und § 823 I BGB. Beschäftigungsverbote sind daneben Schutzgesetze iSd. § 823 II BGB. Gleichzeitig kann sie ein Leistungsverweigerungsrecht als Einrede geltend machen. Dadurch kommt sie weder in Leistungsverzug noch liegt ihrerseits eine Vertragspflichtverletzung vor[6]. Für den ArbGeb ergeben sich Sanktionen aus § 21.

3 *Beschäftigungsverbote für werdende Mütter*

(1) Werdende Mütter dürfen nicht beschäftigt werden, soweit nach ärztlichem Zeugnis Leben oder Gesundheit von Mutter oder Kind bei Fortdauer der Beschäftigung gefährdet ist.

(2) Werdende Mütter dürfen in den letzten sechs Wochen vor der Entbindung nicht beschäftigt werden, es sei denn, dass sie sich zur Arbeitsleistung ausdrücklich bereit erklären; die Erklärung kann jederzeit widerrufen werden.

1 **I. Individuelles Beschäftigungsverbot (Abs. 1). 1. Voraussetzungen.** In zeitlicher Hinsicht umfasst die Norm die Schwangerschaft, dh. die Zeit ab Befruchtung der Eizelle oder deren Implantation bis zu der Entbindung, einer Fehlgeburt oder dem Schwangerschaftsabbruch. Für die Tatsache der Schwangerschaft ist nicht erforderlich, dass ein gesundes Kind zur Welt kommt, so dass auch die Bauchhöhlenschwangerschaft erfasst wird[7].

2 Als Nachweis **für die potentielle Gefährdung** des Kindes oder der Mutter muss ein ärztliches Zeugnis vorgebracht werden. Ursache und Art der Gefährdung sind nicht entscheidend, sondern allein die Tatsache, dass die bisherige Beschäftigung nicht fortgesetzt werden kann, ohne eine aus der **individuellen** Situation der Schwangeren resultierende Gesundheitsgefährdung mit gewisser Wahrscheinlichkeit zu riskieren. Ist die Sachlage nicht klar, so ist bis zur Aufklärung ein **vorläufiges** Zeugnis ausreichend[8]. Eine Gefährdung auf Grund des Weges zur Arbeit ist keine Grundlage für ein Beschäftigungsverbot[9].

3 Das **ärztliche Zeugnis** ist **für das Verbot** konstitutiv[10] und unterliegt dem Wortlaut nach keiner Form. Erforderlich ist das Zeugnis eines approbierten Arztes, nicht jedoch einer Hebamme. IdR wird es schriftl. verfasst. Inhaltlich sind die konkret gefährdenden Arbeitsbedingungen zu bezeichnen, um dem ArbGeb die Möglichkeit zur Beseitigung zu geben. Darüber hinaus müssen präzise Angaben über die Dauer und den Umfang des Verbots enthalten sein (zB partielles Verbot für einzelne Tätigkeiten), nicht jedoch über die genauen medizinischen Gründe. Über den Umfang und nichtmedizinische Gründe kann der ArbGeb den Arzt befragen, ohne dass eine Entbindung von der Schweigepflicht vorliegen muss. Bei **begründeten Bedenken** des ArbGeb gebietet es die arbeitsvertragl. **Treuepflicht** der ArbNin, sich einer Nachuntersuchung durch einen anderen Arzt zu unterziehen. Dabei obliegt die konkrete Auswahl des Arztes grds. weiterhin der ArbNin, sofern nicht ein Fach- oder Amtsarzt vorgeschlagen wird und kein dringender Grund zur Ablehnung vorliegt[11]. Die ArbNin verhält sich rechtsmissbräuchlich, wenn sie die Nachuntersuchung verweigert und dennoch Mutterschutzlohn fordert[12]. Die Kosten für die Nachuntersuchung trägt der ArbGeb[13].

---

1 *Buchner/Becker*, Vor §§ 3–8 MuSchG Rz. 35. | 2 BAG v. 21.4.1999 – 5 AZR 174/98, AP Nr. 5 zu § 4 MuSchG 1968. | 3 ErfK/*Schlachter*, § 3 MuSchG Rz. 4. | 4 *Heilmann*, Vor § 3 MuSchG Rz. 27. | 5 EuGH v. 18.3.2004 – Rs. C 342/01, AP Nr. 10 zu EWG-Richtlinie 93/104. | 6 *Zmarzlik/Zipperer/Viethen/Vieß*, Vor § 3 MuSchG Rz. 4. | 7 *Graue*, § 3 MuSchG Rz. 16. | 8 BAG v. 11.11.1998 – 5 AZR 49/98, AP Nr. 12 zu § 3 MuSchG 1968. | 9 *Buchner/Becker*, § 3 MuSchG Rz. 12 f.; aA *Heilmann*, § 3 MuSchG Rz. 6. | 10 BAG v. 9.10.2002 – 5 AZR 443/01, AP Nr. 23 zu § 11 MuSchG 1968. | 11 *Zmarzlik/Zipperer/Viethen/Vieß*, § 3 MuSchG Rz. 16; aA *Heilmann*, § 3 MuSchG Rz. 10. | 12 *Zmarzlik/Zipperer/Viethen/Vieß*, § 3 MuSchG Rz. 16. | 13 *Buchner/Becker*, § 3 MuSchG Rz. 23.

Prozessual kommt die Schwangere durch Vorlage eines schriftl. Beschäftigungsverbots ihrer Darlegungs- und Beweislast nach. Dem Zeugnis kommt dabei ein **hoher Beweiswert** zu, wenn die Gefährdung für Mutter oder Kind im konkreten Einzelfall nachvollziehbar dargelegt wird[1]. Die Beweisführung ist auch durch andere Beweismittel möglich (Arzt bei Zeugenvernehmung möglicherweise von Schweigepflicht zu befreien). Die Beweiskraft kann durch gegenteiliges Vorbringen des ArbGeb und zusätzliche ärztliche Untersuchungen erschüttert werden[2]. 4

Für die Zahlung des Mutterschaftslohns gem. § 11 ist es nach dem BAG von entscheidender Bedeutung, dass die Ursache für das Beschäftigungsverbot allein in der Schwangerschaft liegt (vgl. § 3 EFZG Rz. 19: Prinzip der **Monokausalität**)[3]. Begründet wird dies mit der Risikoverteilung zu Lasten der Versicherungsgemeinschaft und der Lückenfunktion des § 11 I 1[4]. Ist dagegen ein krankhafter, die Arbeitsunfähigkeit begründender Zustand gegeben, „sei es im Zusammenhang mit der Schwangerschaft, sei es unabhängig von dieser"[5], so hat die ArbNin (selbst bei gleichzeitigem Beschäftigungsverbot) keinen Anspruch aus § 11 I 1 auf Mutterschaftslohn gegen den ArbGeb, sondern auf Lohnfortzahlung im Krankheitsfall gem. § 3 EFZG (zB bei Schwangerschaftsabbruch, anomalem Schwangerschaftsverlauf). Dieser erlischt nach sechs Wochen und wird als Krankengeld gegen die Krankenkasse gem. § 44 SGB V fortgesetzt. Bewirkt indessen eine vorhandene Krankheit erst bei Fortführung der Beschäftigung die Arbeitsunfähigkeit und liegt die Ursache dafür **ausschließlich in der** Schwangerschaft, ist der Anspruch aus § 11 nicht ausgeschlossen[6]. Der behandelnde Arzt hat die im Einzelfall schwierige Entscheidung zu treffen (zB bei einer Risikoschwangerschaft), ob der Zustand Krankheitswert hat. Dabei steht ihm ein Beurteilungsspielraum zu, jedoch sollte er im Zweifel ein Verbot gem. Abs. 1 aussprechen[7]. 5

2. Wirkung des Beschäftigungsverbots. Liegt ein Verbot nach Abs. 1 vor, ist die Beschäftigung zwingend verboten, „soweit" das ärztliche Zeugnis dies bescheinigt. Ist jede Beschäftigung untersagt, ist selbst mit Einverständnis der Schwangeren keine Umsetzung möglich. Die Aufsichtsbehörde hat entgegen § 4 V keine Eingriffskompetenz. 6

II. Generelles Beschäftigungsverbot (Abs. 2). 1. Voraussetzungen. Die Beschäftigung der Schwangeren ist 6 Wochen vor dem mutmaßlichen Entbindungstermin unabhängig von der Konstitution der Frau oder ihrem Gesundheitszustand generell verboten. Die Frist berechnet sich nach dem Zeugnis eines Arztes oder einer Hebamme nach § 5 II (zur Berechnung vgl. Vor §§ 3 bis 8 Rz. 2). Ist dem ArbGeb dieser Termin bekannt, hat er als **selbständige Pflicht die Frist zu ermitteln**[8]. Sonstige Beschäftigungen, die nicht „durch den ArbGeb" (vgl. § 21 I Nr. 1) veranlasst sind, sind nicht verboten (zB Berufsschule, selbständige Tätigkeit). Fällt die Schutzfrist in den Zeitraum eines **Sabbaticals**, darf deren Dauer nicht mit dem Sabbatical verrechnet werden, da ansonsten die werdende Mutter in einem flexiblen Teilzeitarbeitsverhältnis gegenüber einer solchen in einem Normalarbeitsverhältnis benachteiligt würde[9]. 7

2. Dispositionsbefugnis der Arbeitnehmerin. Die zwingende Wirkung des Beschäftigungsverbots kann ausnahmsw. dann durchbrochen werden, wenn sich die werdende Mutter **ausdrücklich** zur Arbeitsleistung im Vorhinein bereit erklärt und so auf ihre mutterschutzrechtl. Vorteile verzichtet. Zum Teil wird vertreten, dass keine wörtliche oder schriftl. Erklärung erforderlich ist, sondern es ausreicht, dass sich ein entsprechender Wille aus den Umständen ergibt (zB Weiterarbeit nach Beginn der Frist trotz Unterrichtung)[10]. Da jedoch durch die Betätigung ein öffentl.-rechtl. Verbot außer Kraft gesetzt und der Schutz der rechtl. Vermutung umgangen wird, sind strenge Anforderungen an die Erklärung zu stellen und eine **eindeutige** Erklärung der Frau zu fordern[11]. Die Erklärung einer **Minderjährigen** bedarf der Zustimmung des gesetzl. Vertreters[12]. **Unverzichtbar** ist das Recht auf **jederzeitigen Widerruf** dieser Entscheidung. Im Hinblick auf die arbeitsvertragl. Treuepflicht hat die ArbNin jedoch eine kurze Ankündigungsfrist einzuhalten[13]. 8

4 *Weitere Beschäftigungsverbote*

(1) Werdende Mütter dürfen nicht mit schweren körperlichen Arbeiten und nicht mit Arbeiten beschäftigt werden, bei denen sie schädlichen Einwirkungen von gesundheitsgefährdenden Stoffen oder Strahlen, von Staub, Gasen oder Dämpfen, von Hitze, Kälte oder Nässe, von Erschütterungen oder Lärm ausgesetzt sind.

(2) Werdende Mütter dürfen insbesondere nicht beschäftigt werden

1. mit Arbeiten, bei denen regelmäßig Lasten von mehr als fünf Kilogramm Gewicht oder gelegentlich Lasten von mehr als zehn Kilogramm Gewicht ohne mechanische Hilfsmittel von Hand gehoben,

---

1 BAG v. 31.7.1996 – 5 AZR 474/95, AP Nr. 8 zu § 3 MuSchG 1968. | 2 BAG v. 31.7.1996 – 5 AZR 474/95, AP Nr. 8 zu § 3 MuSchG 1968. | 3 BAG v. 13.2.2002 – 5 AZR 588/00, AP Nr. 22 zu § 11 MuSchG 1968. | 4 BAG v. 9.10.2002 – 5 AZR 443/01, AP Nr. 23 zu § 11 MuSchG 1968. | 5 BAG v. 9.10.2002 – 5 AZR 443/01, AP Nr. 23 zu § 11 MuSchG 1968. | 6 BAG v. 13.2.2002 – 5 AZR 588/00, AP Nr. 22 zu § 11 MuSchG 1968. | 7 *Zmarzlik/Zipperer/Viethen/Vieß*, § 3 MuSchG Rz. 4. | 8 *Heilmann*, § 3 MuSchG Rz. 21. | 9 *Mehl*, Freistellungszeiten bei flexibler Teilzeitarbeit, 2004, S. 211. | 10 *Meisel/Sowka*, § 3 MuSchG Rz. 35. | 11 *Heilmann*, § 3 MuSchG Rz. 25. | 12 HM: *Zmarzlik/Zipperer/Viethen/Vieß*, § 3 MuSchG Rz. 41; aA *Meisel/Sowka*, § 3 MuSchG Rz. 35. | 13 *Buchner/Becker*, § 3 MuSchG Rz. 47.

bewegt oder befördert werden. Sollen größere Lasten mit mechanischen Hilfsmitteln von Hand gehoben, bewegt oder befördert werden, so darf die körperliche Beanspruchung der werdenden Mutter nicht größer sein als bei Arbeiten nach Satz 1,

2. nach Ablauf des fünften Monats der Schwangerschaft mit Arbeiten, bei denen sie ständig stehen müssen, soweit diese Beschäftigung täglich vier Stunden überschreitet,

3. mit Arbeiten, bei denen sie sich häufig erheblich strecken oder beugen oder bei denen sie dauernd hocken oder sich gebückt halten müssen,

4. mit der Bedienung von Geräten und Maschinen aller Art mit hoher Fußbeanspruchung, insbesondere von solchen mit Fußantrieb,

5. mit dem Schälen von Holz,

6. mit Arbeiten, bei denen sie infolge ihrer Schwangerschaft in besonderem Maße der Gefahr, an einer Berufserkrankung zu erkranken, ausgesetzt sind oder bei denen durch das Risiko der Entstehung einer Berufskrankheit eine erhöhte Gefährdung für die werdende Mutter oder eine Gefahr für die Leibesfrucht besteht,

7. nach Ablauf des dritten Monats der Schwangerschaft auf Beförderungsmitteln,

8. mit Arbeiten, bei denen sie erhöhten Unfallgefahren, insbesondere der Gefahr auszugleiten, zu fallen oder abzustürzen, ausgesetzt sind.

(3) Die Beschäftigung von werdenden Müttern mit

1. Akkordarbeit und sonstigen Arbeiten, bei denen durch ein gesteigertes Arbeitstempo ein höheres Entgelt erzielt werden kann,

2. Fließarbeit mit vorgeschriebenem Arbeitstempo

ist verboten. Die Aufsichtsbehörde kann Ausnahmen bewilligen, wenn die Art der Arbeit und das Arbeitstempo eine Beeinträchtigung der Gesundheit von Mutter oder Kind nicht befürchten lassen. Die Aufsichtsbehörde kann die Beschäftigung für alle werdenden Mütter eines Betriebes oder einer Betriebsabteilung bewilligen, wenn die Voraussetzungen des Satzes 2 für alle im Betrieb oder in der Betriebsabteilung beschäftigten Frauen gegeben sind.

(4) Die Bundesregierung wird ermächtigt, zur Vermeidung von Gesundheitsgefährdungen der werdenden oder stillenden Mütter und ihrer Kinder durch Rechtsverordnung mit Zustimmung des Bundesrates

1. Arbeiten zu bestimmen, die unter die Beschäftigungsverbote der Absätze 1 und 2 fallen,

2. weitere Beschäftigungsverbote für werdende und stillende Mütter vor und nach der Entbindung zu erlassen.

(5) Die Aufsichtsbehörde kann in Einzelfällen bestimmen, ob eine Arbeit unter die Beschäftigungsverbote der Absätze 1 bis 3 oder einer von der Bundesregierung gemäß Absatz 4 erlassenen Verordnung fällt. Sie kann in Einzelfällen die Beschäftigung mit bestimmten anderen Arbeiten verbieten.

1 **I. Normzweck.** Die Beschäftigung werdender Mütter ist im Rahmen des **§ 4 generell verboten.** Anknüpfungspunkt für das Verbot ist dabei die beschränkte körperliche Belastbarkeit einer Schwangeren. Dabei kommt es nicht auf die individuelle Konstitution der Frau an, sondern auf die Gefährlichkeit einer bestimmten Beschäftigung. § 4 hat außerhalb der 6-Wochen-Frist des § 3 II weit reichende Auswirkungen. Bei inhaltlichen Unklarheiten im Einzelfall kann von der **Aufsichtsbehörde** mittels eines feststellenden Verwaltungsaktes Rechtssicherheit geschaffen werden, Abs. 5.

2 **II. Generalklausel (Abs. 1). 1. Verbot schwerer körperlicher Arbeiten.** Mit dem Verbot schwerer körperlicher Arbeiten sollen Überbelastungen der Schwangeren von Beginn an vermieden werden. Das Verbot tritt ein, wenn die Arbeit die Körperkraft zu stark in Anspruch nimmt bzw. anstrengende Körperhaltungen fordert oder bestimmte Organe stark belastet[1]. Maßstab ist dabei die Belastbarkeit einer schwangeren Frau mit **normalem Gesundheitszustand**, nicht die individuellen Bedingungen oder psychische Belastungen (max. 1500 kcal pro Arbeitsschicht)[2]. Abs. 2 enthält die gesetzl. Konkretisierungen, was im Einzelnen als „schwere körperliche Arbeit" anzusehen ist. Liegt eine Überschreitung einer Belastungsgrenze vor, so ist eine abweichende Interpretation nicht möglich. Abs. 1 dient stets als Auffangnorm.

3 **2. Verbot der Beschäftigung unter gesundheitsschädlichen Einwirkungen.** Eine Einwirkung ist verboten, wenn Mutter oder Kind in ihrer Gesundheit gefährdet werden. Zum Schutz hiervor besteht ein differenziertes System mit generellen Regelungen (zB ArbStättV, GefStoffV, StrahlenSchV, RöV). Werden bei der Arbeit die in den einzelnen Vorschriften angegebenen Werte nicht überschritten (zB MAK-, BAT- oder TRK-Werte in § 3 VI–VIII GefStoffV), so muss dennoch über ein Verbot nach der General-

1 *Meisel/Sowka*, § 4 MuSchG Rz. 4 f. | 2 *Buchner/Becker*, § 4 MuSchG Rz. 10.

klausel eigenständig entschieden werden[1]. Zu prüfen ist, ob die Belastung **generell geeignet** ist, auf die speziellen Risiken der Schwangerschaft schädigend Einfluss zu nehmen (zB auch beim Rauchen am Arbeitsplatz, was auf Grund der neuen Vorschriften zum Rauchverbot allerdings weitgehend hinfällig werden dürfte, vgl. etwa § 5 ArbStättV)[2].

Bzgl. der in §§ 4 und 5 sowie den Anlagen 1 und 2 der MuSchArPlV umfassend beschriebenen **gesundheitsgefährdenden Stoffe** hat Abs. 1 keine eigenständige Bedeutung mehr. Abgesehen von diesen Vorschriften ist das Arbeiten verboten, wenn am Arbeitsplatz Gase, Dämpfe oder Stäube auftreten, die gesundheitsgefährdend wirken. Auch werden lebende Organismen und biologische Substanzen erfasst, denen erbgutschädigende Wirkung beizumessen ist[3]. Die Belastung mit **Strahlen** ist in der StrahlenSchV und in § 22 RöV näher geregelt. Abs. 1 selbst greift insb. bei Bildschirmarbeitsplätzen ein. Bisher liegen jedoch für eine schädliche Einwirkung keine gesicherten Erkenntnisse vor[4]. **Hitze, Kälte, Nässe und Erschütterungen** sind auf Grund von §§ 6 und 16 ArbStättV auf ein noch betriebsverträgliches Mindestmaß einzudämmen. Bei Schwangeren sind hieran hohe Anforderungen zu stellen[5]. Die Vorschrift erfasst darüber hinaus insb. **Betriebslärm**[6]. Bei Überschreitung der Grenzwerte des § 15 ArbStättV ist ein Verbot zu vermuten. 4

III. Verbotskatalog für besondere Tätigkeiten (Abs. 2). Verboten ist regelmäßiges **Heben, Bewegen oder Befördern** von Lasten mit mehr als 5 kg sowie gelegentliches Arbeiten mit mehr als 10 kg (Nr. 1). **Arbeiten im Stehen** (Nr. 2) ist nach Ablauf des 5. Monats und bei mehr als 4 Stunden täglich untersagt (zB Wäscherei; *nicht* aber Verkäuferin, sofern sie mehrheitlich gehen muss). Eine Sitzgelegenheit gem. § 2 II hat keine Auswirkungen auf dieses Verbot. Die werdende Mutter darf auch nicht mit Arbeiten betraut werden, bei denen sie sich häufig erheblich **strecken oder beugen** bzw. bei denen sie dauernd **hocken oder sich gebückt halten** muss (Nr. 3). Dies gilt nicht bei nur gelegentlicher Tätigkeit in diesen Körperhaltungen oder bei Erleichterung durch technische Hilfsmittel (Bsp.: Spinnmaschine). Gleiches gilt bei hoher **Fußbeanspruchung** (Nr. 4). Ist der Fuß die einzige Antriebsquelle bzw. wird ein Fuß stark beansprucht, so greift das Verbot (Bsp.: Niet-, Stanz-, Heftmaschinen; *nicht* bloßes Umlegen von Schaltern). Was das **Schälen von Holz** (Nr. 5) betrifft, so sind wegen der dabei generell notwendigen Kraftanstrengung alle Tätigkeiten untersagt, die der Entfernung von Borke oder Bast dienen. Hinsichtlich der **Gefahr von Berufserkrankungen** (Nr. 6) greift die 1. Alt. ein, wenn die konkreten Tätigkeiten wegen („infolge") der Schwangerschaft eine besonders hohe Gefahr für eine Berufserkrankung (vgl. § 9 SGB VII) darstellen (nicht bei allgemeiner Gefahr der Berufsgruppe). Durch die 2. Alt. werden Betätigungen erfasst, die zu Berufskrankheiten führen können, die sich besonders nachteilig auf Mutter und Kind auswirken können (zB Arbeit mit Benzol, die zur Fehlgeburt führen kann). Ab dem 3. Monat der Schwangerschaft ist die Beschäftigung „auf" **Beförderungsmitteln** (zB Taxen, Omnibussen, Fahrrädern, Straßenbahnen oder Flugzeugen) verboten (Nr. 7), wenn hier der zeitliche Arbeitsschwerpunkt liegt (*nicht* längere Anfahrtswege zur Arbeit). Schließlich verbietet Abs. 2 Nr. 8 Tätigkeiten, bei denen die werdende Mutter einer **erhöhten Unfallgefahr** ausgesetzt ist. Verboten sind alle mit den angegebenen Tätigkeiten in ihrer erhöhten Gefährlichkeit vergleichbaren Beschäftigungen. Den Maßstab bilden die potenziellen Schäden für die Schwangere und ihr Kind. 5

IV. Verbot von Akkord- und Fließbandarbeit (Abs. 3). Ist die Entlohnung an das Arbeitstempo gekoppelt, so ist die Schwangere auf Grund der erhöhten Stresssituation schützenswert. Im Einzelfall kann die Aufsichtsbehörde unter den Voraussetzungen der S. 2 und 3 auf Antrag eine **Ausnahmebewilligung** erteilen, wenn Gesundheitsschäden von Mutter und Kind nicht zu befürchten sind. Zum Nachweis kann ein medizinisches Gutachten beigebracht werden. Die Behörde trifft die Entscheidung nach pflichtgemäßem Ermessen[7]. 6

Untersagt sind im Rahmen des Verbots der Akkordarbeit (Nr. 1) alle Entlohnungsformen, die sich nach der erbrachten Arbeitsmenge (zB Stück-, Zeit-, Gruppenakkord) richten, nicht nach der Dauer der Arbeitsleistung. Als sonstige vergleichbare Arbeiten sind Mengen- und Schnelligkeitsprämiensysteme in den Geltungsbereich miteinbezogen. ZB fallen darunter Provisionssysteme, wenn allein die Arbeitsmenge unmittelbar den Umsatz und so den Lohn bestimmt (idR nicht im Einzelhandel)[8]. Nicht erfasst werden Prämien für die Arbeitsqualität. Maßgeblich für das Verbot der **Fließbandarbeit** (Nr. 2) ist, dass die Frau keine Einflussmöglichkeit auf das Arbeitstempo hat (zB reine Transportbänder). Ist der Fortlauf des Produktionsbandes **zwangsläufig** an die Erledigung von vorgegebenen Arbeitsschritten gebunden, tritt das Verbot ein. 7

---

1 *Buchner/Becker*, § 4 MuSchG Rz. 29; ErfK/*Schlachter*, § 4 MuSchG Rz. 4. | 2 *Heilmann*, § 4 MuSchG Rz. 18 und 19. | 3 *Graue*, § 4 MuSchG Rz. 15. | 4 Str., so *Buchner/Becker*, § 4 MuSchG Rz. 31; ErfK/*Schlachter*, § 4 MuSchG Rz. 5. | 5 *Heilmann*, § 4 MuSchG Rz. 20. | 6 Str., wie hier ErfK/*Schlachter*, § 4 MuSchG Rz. 8; allein auf Betriebslärm stellen ab *Meisel/Sowka*, § 4 MuSchG Rz. 8. | 7 *Zmarzlik/Zipperer/Viethen/Vieß*, § 4 MuSchG Rz. 78 ff. | 8 *Zmarzlik/Zipperer/Viethen/Vieß*, § 4 MuSchG Rz. 56.

5 *Mitteilungspflicht, ärztliches Zeugnis*

(1) Werdende Mütter sollen dem Arbeitgeber ihre Schwangerschaft und den mutmaßlichen Tag der Entbindung mitteilen, sobald ihnen ihr Zustand bekannt ist. Auf Verlangen des Arbeitgebers sollen sie das Zeugnis eines Arztes oder einer Hebamme vorlegen. Der Arbeitgeber hat die Aufsichtsbehörde unverzüglich von der Mitteilung der werdenden Mutter zu benachrichtigen. Er darf die Mitteilung der werdenden Mutter Dritten nicht unbefugt bekannt geben.

(2) Für die Berechnung der in § 3 Abs. 2 bezeichneten Zeiträume vor der Entbindung ist das Zeugnis eines Arztes oder einer Hebamme maßgebend; das Zeugnis soll den mutmaßlichen Tag der Entbindung angeben. Irrt sich der Arzt oder die Hebamme über den Zeitpunkt der Entbindung, so verkürzt oder verlängert sich diese Frist entsprechend.

(3) Die Kosten für die Zeugnisse nach den Absätzen 1 und 2 trägt der Arbeitgeber.

1 **I. Normzweck.** Zwar bestehen die mutterschutzrechtl. Pflichten des ArbGeb unabhängig von der Mitteilung der Frau, jedoch muss der ArbGeb zur tatsächlichen Durchführung und Wahrnehmung seiner mutterschutzrechtl. Pflichten (zB Information der Aufsichtsbehörde nach Abs. 1 S. 3) Kenntnis von der Schwangerschaft haben. Das Informationsinteresse des ArbGeb steht dabei immer im Spannungsverhältnis zum Interesse der Schwangeren an der Wahrung ihres Persönlichkeitsrechts.

2 **II. Mitteilung der Schwangerschaft (Abs. 1). 1. Verpflichtung zur Mitteilung.** Nach dem Wortlaut des S. 1 handelt es sich, was die Überschrift nicht vermuten lässt, um eine **Sollvorschrift**. Mit der Mitteilung schützt die ArbNin sich und ihr Kind im bestehenden Arbeitsverhältnis. Abs. 1 S. 1 begründet jedoch **keine erzwingbare** Rechtspflicht, sondern allein die Empfehlung, im eigenen Interesse der ArbNin die Schwangerschaft anzuzeigen, so dass auch der Zeitpunkt dazu ihr überlassen bleibt. Besteht aber ein berechtigtes Interesse des ArbGeb an der **rechtzeitigen** Disposition des Arbeitsablaufs (zB Schlüsselkraft), ergibt sich ausnahmsw. die Verpflichtung zur Offenbarung aus der **Treuepflicht** des bestehenden Arbeitsverhältnisses[1]. In jedem Fall besteht eine Informationsverpflichtung beim vorzeitigen Ende der Schwangerschaft[2]. Hat der ArbGeb die Vermutung (auch Hinweise Dritter), dass eine Schwangerschaft vorliegen könnte, besteht bereits die Pflicht, sich Gewissheit darüber zu beschaffen und ggf. nach Abs. 1 S. 2 ein Zeugnis zu fordern[3]. Als **Empfänger** der Mitteilung kommen neben dem ArbGeb selbst auch die von ihm zur Entgegennahme befugten Personen in Betracht. Die Erklärung ist eine rechtsgeschäftsähnliche Handlung, die formlos erfolgen kann. Bezüglich des Zugangs findet § 130 BGB entsprechende Anwendung.

3 **2. Zeugnisvorlage.** Sobald entsprechende Anhaltspunkte für eine Schwangerschaft vorliegen, kann der ArbGeb ein **schriftl.** Zeugnis **verlangen**, das die bestehende **Schwangerschaft** und den vermutlichen **Tag der Geburt** bestimmt[4]. Das Zeugnis nach Abs. 1 S. 2 unterscheidet sich von dem nach Abs. 2 dahingehend, dass es auch die **Bestätigung** der Schwangerschaft enthalten soll. In der Praxis enthält das Zeugnis zumeist beide Angaben. Es besteht zwar keine gesetzl. Pflicht zur Vorlage eines Zeugnisses, jedoch ist zumindest, wenn es um den mutmaßlichen Termin der Entbindung geht, ein solches erforderlich[5]. Bei Nichtvorlage wird die Realisierung des Mutterschutzes gefährdet. Das Zeugnis kann sowohl von einem approbierten Arzt als auch von einer Hebamme ausgestellt werden. Es „ist" im Hinblick auf den mutmaßlichen Tag der Entbindung gem. Abs. 2 verbindlich. Wird festgestellt, dass der ursprüngliche Termin nicht mehr zutrifft, hat die ArbNin die vertragl. Nebenpflicht, dies dem ArbGeb mitzuteilen[6]. Der Termin kann durch ein neues Zeugnis korrigiert werden[7]. Ein Irrtum des Ausstellenden über den Termin ist für die Sechs-Wochen-Frist unbeachtlich, Abs. 2 S. 2 (zur Nachuntersuchung bei Zweifeln des ArbGeb vgl. § 3 Rz. 3).

4 **3. Kosten des Zeugnisses.** Grds. trägt der **ArbGeb** die Kosten des Zeugnisses gem. Abs. 3, wenn es auf sein Verlangen hin ausgestellt worden ist und der ArbNin Ausgaben entstehen. Bei gesetzl. krankenversicherten Frauen fallen keine Kosten an, weil gem. § 196 I RVO ein Anspruch auf Feststellung der Schwangerschaft zu Lasten der Krankenkasse besteht. Hat der ArbGeb das Zeugnis nicht veranlasst und beschafft sich die ArbNin eigenmächtig das Zeugnis bereits für die bloße Mitteilung nach Abs. 1 S. 1, so sind die Kosten nicht zu erstatten, da kein „Verlangen" vorliegt[8]. Sollte die mitgeteilte Schwangerschaft nicht bestehen, so hat der ArbGeb ebenfalls die Kosten zu tragen (Ausnahme: Täuschungsvorsatz der ArbNin)[9]. Der Grund hierfür liegt in dem Zweck des Zeugnisses, nicht primär die Richtigkeit der Mitteilung der Frau zu bestätigen, sondern das Bestehen der Schwangerschaft zu klären. An dieser Aufklärung hat der ArbGeb auf Grund seiner mutterschutzrechtl. Pflichten ein eigenes Interesse.

---

1 *Graue*, § 5 MuschG Rz. 2; ErfK/*Schlachter*, § 5 MuSchG Rz. 1; aA *Heilmann*, § 5 MuschG Rz. 10. | **2** BAG v. 18.1.2000 – 9 AZR 932/98, AR-Blattei ES 1220 Nr. 125 mit Anm. *C. S. Hergenröder*; *Graue*, § 5 MuschG Rz. 8. | **3** *Heilmann*, § 5 MuschG Rz. 6. | **4** *Zmarzlik/Zipperer/Viethen/Vieß*, § 5 MuSchG Rz. 15. | **5** Vgl. auch *Buchner/Becker*, § 5 MuSchG Rz. 82: vertragsrechtliche Pflicht zumindest bzgl. des Entbindungstermins. | **6** *Buchner/Becker*, § 3 MuSchG Rz. 40. | **7** BAG v. 12.12.1985 – 2 AZR 82/85, AP Nr. 15 zu § 9 MuSchG 1968. | **8** *Buchner/Becker*, § 5 MuSchG Rz. 100; aA *Heilmann*, § 5 MuSchG Rz. 56. | **9** *Zmarzlik/Zipperer/Viethen/Vieß*, § 5 MuSchG Rz. 17.

4. Fragerecht des Arbeitgebers. Die Frage nach einer Schwangerschaft durch den ArbGeb **vor** Vertragsschluss wurde ursprünglich von der Rspr. als zulässig angesehen, so dass eine wahrheitswidrige Antwort zur Anfechtbarkeit des Vertrages gem. § 123 I BGB führte[1]. Auf Grund der GleichbehandlungsRL 76/207/EWG hat der EuGH diese Ansicht jedoch verworfen. Grund hierfür ist, dass eine solche Frage die betreffende Bewerberin wegen ihres Geschlechts benachteiligt, da ihre Einstellungschancen vermindert werden. Der Irrtum über die Schwangerschaft führt auch zu keiner Anfechtbarkeit nach § 119 II BGB. Die Schwangerschaft ist nur ein vorübergehendes und gerade kein dauerhaftes Hindernis und deshalb keine verkehrswesentliche Eigenschaft der ArbNin[2]. Als Ausnahme wurde der Fall in Betracht gezogen, dass befristete Arbeitsverhältnisse auf Grund von Beschäftigungsverboten überhaupt nicht erst angetreten werden können[3]. Aus der Sicht des Gemeinschaftsrechts ist infolge der strikten Linie des EuGH selbst dann das Fragerecht zu verneinen (vgl. § 123 BGB Rz. 24)[4]. Hinzu kommt nun, dass am 14.8.2006 das AGG in Kraft getreten (BGBl. I S. 1897) ist[5] (vgl. näher § 7 AGG Rz. 3). § 5 selbst ist nur auf den Zeitraum ab Abschluss eines Arbeitsvertrags anwendbar[6]. 5

5. Unbefugte Bekanntgabe (Abs. 1 S. 4). Die Weitergabe der Mitteilung der Schwangeren im Rahmen von Abs. 1 S. 1 ist nicht gestattet. Dabei ist jedoch zu beachten, dass sich das Verbot nur gegen die **unbefugte** Bekanntgabe richtet. Neben der gesetzl. Ausnahme des S. 3 kann die ArbNin ausdrücklich oder stillschweigend in die Weitergabe einwilligen. Überdies erlauben auch berechtigte Interessen des ArbGeb die Information Dritter. So sind notwendigerweise die unmittelbaren Vorgesetzten zu unterrichten, wenn diese mit den Pflichten des MuSchG betraut wurden. Grds. ist auch der BR gem. §§ 89 II, 80 BetrVG zu unterrichten, um bei der Vermeidung von Gesundheitsgefahren mitzuwirken. Kann allerdings die Geheimhaltung nicht sichergestellt werden oder hat die Frau etwas dagegen, so hat ihr Persönlichkeitsrecht Vorrang[7]. Neben dieses Verbot tritt außerdem eine übereinstimmende Nebenpflicht aus der vertragl. **Fürsorgepflicht**, die den ArbGeb unabhängig von der Kenntniserlangung zum Schweigen verpflichtet. Handelt der ArbGeb dem zuwider, besteht die Möglichkeit der fristlosen Kündigung sowie ein Schadensersatzanspruch der ArbNin aus Vertragsverletzung und § 823 II BGB[8]. 6

6 *Beschäftigungsverbote nach der Entbindung*

(1) Mütter dürfen bis zum Ablauf von acht Wochen, bei Früh- und Mehrlingsgeburten bis zum Ablauf von zwölf Wochen nach der Entbindung nicht beschäftigt werden. Bei Frühgeburten und sonstigen vorzeitigen Entbindungen verlängern sich die Fristen nach Satz 1 zusätzlich um den Zeitraum der Schutzfrist nach § 3 Abs. 2, der nicht in Anspruch genommen werden konnte. Beim Tod ihres Kindes kann die Mutter auf ihr ausdrückliches Verlangen ausnahmsweise schon vor Ablauf dieser Fristen, aber noch nicht in den ersten zwei Wochen nach der Entbindung, wieder beschäftigt werden, wenn nach ärztlichem Zeugnis nichts dagegen spricht. Sie kann ihre Erklärung jederzeit widerrufen.

(2) Frauen, die in den ersten Monaten nach der Entbindung nach ärztlichem Zeugnis nicht voll leistungsfähig sind, dürfen nicht zu einer ihre Leistungsfähigkeit übersteigenden Arbeit herangezogen werden.

(3) Stillende Mütter dürfen mit den in § 4 Abs. 1, 2 Nr. 1, 3, 4, 5, 6 und 8 sowie Abs. 3 Satz 1 genannten Arbeiten nicht beschäftigt werden. Die Vorschriften des § 4 Abs. 3 Satz 2 und 3 sowie Abs. 5 gelten entsprechend.

I. Normzweck. Der Grund der besonderen Schutzfrist des Abs. 1 liegt in der Schonungs- und Pflegebedürftigkeit der Mutter nach der Entbindung. Außerdem soll sie sich zunächst ungehindert um das Neugeborene kümmern können, um durch den Kontakt das Mutter-Kind-Verhältnis aufzubauen. Die Verlängerung der Schutzfrist bei Frühgeburten in Abs. 1 S. 2 hat ihren Sinn darin, dass die ArbNin in dieser Situation vergleichsweise mehr Regeneration braucht als im „Normalfall". Sollte eine besondere Belastung im Einzelfall die Beschäftigung weiter verzögern, können noch Schonzeiten mittels ärztlichen Zeugnisses zugebilligt werden, Abs. 2. Leihmütter werden wie die leiblichen Mütter von dem Schutzumfang erfasst (Ausnahme beim Beginn der Schwangerschaft nach § 3 II). Ausgenommen vom Schutz sind Adoptivmütter[9]. 1

II. Generelle Beschäftigungsverbote (Abs. 1). 1. Begriff der Entbindung. Anknüpfungspunkt für die Fristen ist der **Tag der Entbindung**. Dieser Zeitpunkt liegt iSd. MuSchG vor, wenn die lebende Leibesfrucht vom Mutterleib getrennt wird. Für die Entscheidung, ob eine Lebendgeburt gegeben ist, ist die Lebensfähigkeit nicht ausschlaggebend, sondern allein, ob entweder die natürliche Lungenatmung eingesetzt hat, das Herz bei der Trennung schlägt oder die Nabelschnur pulsiert[10]. Auch bei einer Totgeburt 2

1 BAG v. 22.9.1961 – 1 AZR 241/60, AP Nr. 15 zu § 123 BGB. | 2 ZB EuGH v. 5.5.1994 – Rs. C-421/92 (*Habermann-Beltermann*), EAS RL 76/207 Art. 2 Nr. 9. | 3 BAG v. 8.9.1988 – 2 AZR 102/88, AP Nr. 1 zu § 8 MuSchG 1968. | 4 Vgl. dazu *Kamanabrou*, Anm. zu BAG v. 6.2.2003 – 2 AZR 621/01, AP Nr. 21 zu § 611a BGB. | 5 Vgl. zum Fragerecht etwa *Bauer/Göpfert/Krieger*, § 2 AGG Rz. 23. | 6 *Zmarzlik/Zipperer/Viethen/Vieß*, § 5 MuSchG Rz. 3. | 7 *Zmarzlik/Zipperer/Viethen/Vieß*, § 5 MuSchG Rz. 11, 12. | 8 *Buchner/Becker*, § 5 MuSchG Rz. 123 ff. | 9 *Zmarzlik/Zipperer/Viethen/Vieß*, § 6 MuSchG Rz. 15 f. | 10 *Graue*, § 6 MuSchG Rz. 6.

liegt eine Entbindung vor, wenn keine der vorgenannten Merkmale des Lebens gegeben sind, aber die Leibesfrucht ein Gewicht von mehr als 500 g hat (vgl. § 29 II der AusfVO zum Personenstandsgesetz, zuletzt geändert durch die Neunzehnte Verordnung zur Änderung der Verordnung zur Ausführung des Personenstandsgesetzes vom 17.7.2007, BGBl. I S. 1598). Ansonsten liegt eine Fehlgeburt vor, die wie der Schwangerschaftsabbruch **keine Entbindung** darstellt[1].

3 **2. Früh- und Mehrlingsgeburten.** Unter einer Frühgeburt versteht man die Entbindung eines Kindes mit einem Geburtsgewicht von weniger als 2500 g. Eine Frühgeburt kann demnach auch eine Totgeburt sein, so dass auch dann die verlängerte Schutzfrist von zwölf Wochen gilt. Bei Mehrlingsgeburten ist das schwerste Kind entscheidend. Eine Mehrlingsgeburt liegt vor, wenn die Mutter in einem einheitlichen Geburtsakt von mehr als einem Kind entbunden (vgl. Rz. 2) wird. Um den **Nachweis** zu führen, hat die Mutter auf Verlangen des ArbGeb auf ihre Kosten eine **Bescheinigung** des Arztes oder der Hebamme zu besorgen[2].

4 **3. Umfang des Beschäftigungsverbots.** Die Mutter darf nach Abs. 1 S. 1 bis zum Ablauf von **8 Wochen** nach der Entbindung, bei Früh- bzw. Mehrlingsgeburten bis zum Ablauf von **12 Wochen** nicht beschäftigt werden (zur Fristberechnung vgl. Vor §§ 3 bis 8 Rz. 2). Während dieser Zeit ist die Tätigkeit der Mutter bei Vorliegen der Voraussetzungen des Abs. 1 **zwingend** verboten. Ausnahmsw. kann im Fall des Todes des Kindes nach S. 3 die Schutzfrist verkürzt werden, wenn die Frau **ausdrücklich** zustimmt. So soll ihr die Verarbeitung der Ereignisse erleichtert werden. Es besteht seitens der ArbNin jedoch **kein Rechtsanspruch**[3]. Zu beachten ist ferner, dass ein Arzt die vorzeitige Wiedereinstellung bestätigen muss. Die **Kosten** hierfür trägt die ArbNin selbst[4]. Sie kann ihr Einverständnis jederzeit und formlos nach S. 4 widerrufen.

5 Die Regelung über die **Dauer** der Schutzfrist bei Frühgeburten bzw. sonstigen vorzeitigen Entbindungen in Abs. 1 S. 2 ist geprägt von Art. 8 der MutterschutzRL 92/85/EWG. Es soll sichergestellt sein, dass der Mutter mindestens **14 Wochen** „Mutterschaftsurlaub" zugute kommen, auch wenn sie bereits im Zeitraum des § 3 II ihr Kind bekommt. Die Schutzfrist nach der Entbindung verlängert sich dementsprechend.

6 **III. Individuelles Beschäftigungsverbot (Abs. 2).** Ist die Mutter nach Ablauf ihrer Schutzfrist des Abs. 1 noch nicht voll leistungsfähig, kann ein **ärztliches** Zeugnis ein Beschäftigungsverbot nach Abs. 2 auslösen. Ist sie dagegen arbeitsunfähig, kommt das EFZG zur Anwendung (vgl. § 3 Rz. 5)[5]. Das Zeugnis soll konkret die unzulässigen Tätigkeiten dokumentieren, so dass eventuell ein Wechsel zu leichteren Tätigkeiten erfolgen kann (relatives Beschäftigungsverbot). Um dem Wortlaut des Gesetzes nachzukommen („in den ersten Monaten nach der Entbindung"), ist ein enger Zusammenhang in zeitlicher Hinsicht zu wahren (bis ca. 6 Monate)[6]. Der Zeitraum ist dem Zeugnis zu entnehmen. Die Kosten für das Zeugnis hat die ArbNin zu tragen[7].

7 **IV. Beschäftigungsverbot für stillende Mütter (Abs. 3).** Die Beschäftigungsverbote des § 4 gelten mit Ausnahme von § 4 II Nr. 2 und 7 auch für stillende Mütter. Der ArbGeb hat sich in diesen Fällen vor Wiederaufnahme der Arbeit zu vergewissern, ob die Mutter noch stillt und ggf. eine Stillbescheinigung auf seine Kosten zu verlangen[8]. Die Treuepflicht gebietet es der ArbNin, das Ende der Stillzeit mitzuteilen. Die Aufsichtsbehörde kann im Einzelfall Ausnahmegenehmigungen erteilen oder Beschäftigungsverbote aussprechen, Abs. 3 S. 2.

7 *Stillzeit*

(1) Stillenden Müttern ist auf ihr Verlangen die zum Stillen erforderliche Zeit, mindestens aber zweimal täglich eine halbe Stunde oder einmal täglich eine Stunde freizugeben. Bei einer zusammenhängenden Arbeitszeit von mehr als acht Stunden soll auf Verlangen zweimal eine Stillzeit von mindestens 45 Minuten oder, wenn in der Nähe der Arbeitsstätte keine Stillgelegenheit vorhanden ist, einmal eine Stillzeit von mindestens 90 Minuten gewährt werden. Die Arbeitszeit gilt als zusammenhängend, soweit sie nicht durch eine Ruhepause von mindestens zwei Stunden unterbrochen wird.

(2) Durch die Gewährung der Stillzeit darf ein Verdienstausfall nicht eintreten. Die Stillzeit darf von stillenden Müttern nicht vor- oder nachgearbeitet und nicht auf die in dem Arbeitszeitgesetz oder in anderen Vorschriften festgesetzten Ruhepausen angerechnet werden.

(3) Die Aufsichtsbehörde kann in Einzelfällen nähere Bestimmungen über Zahl, Lage und Dauer der Stillzeiten treffen; sie kann die Einrichtung von Stillräumen vorschreiben.

(4) Der Auftraggeber oder Zwischenmeister hat den in Heimarbeit Beschäftigten und den ihnen Gleichgestellten für die Stillzeit ein Entgelt von 75 vom Hundert eines durchschnittlichen Stundenver-

---

1 So die hM, vgl. *Buchner/Becker*, § 1 MuSchG Rz. 138 ff.; vgl. a. BAG v. 15.12.2005 – 2 AZR 462/04, AP Nr. 37 zu § 9 MuSchG 1968. | 2 *Meisel/Sowka*, § 6 MuSchG Rz. 5. | 3 *Zmarzlik/Zipperer/Viethen/Vieß*, § 6 MuSchG Rz. 34. | 4 So auch ErfK/*Schlachter*, § 6 MuSchG Rz. 5; aA *Buchner/Becker*, § 6 MuSchG Rz. 18. | 5 *Meisel/Sowka*, § 6 MuSchG Rz. 16. | 6 *Zmarzlik/Zipperer/Viethen/Vieß*, § 6 MuSchG Rz. 48. | 7 *Buchner/Becker*, § 6 MuSchG Rz. 48. | 8 *Zmarzlik/Zipperer/Viethen/Vieß*, § 6 MuSchG Rz. 52.

dienstes, mindestens aber 0,38 Euro für jeden Werktag zu zahlen. Ist die Frau für mehrere Auftraggeber oder Zwischenmeister tätig, so haben diese das Entgelt für die Stillzeit zu gleichen Teilen zu gewähren. Auf das Entgelt finden die Vorschriften der §§ 23 bis 25 des Heimarbeitsgesetzes vom 14. März 1951 (BGBl. I S. 191) über den Entgeltschutz Anwendung.

I. Normzweck. § 7 berücksichtigt, dass im Interesse der Gesundheit von Mutter und Kind die regelmäßige Ernährung des Säuglings mit Muttermilch gefördert werden soll. Sollte der ArbNin die Stillzeit versagt werden, ist sie berechtigt, die Arbeitsleistung zu verweigern (vgl. Vor §§ 3 bis 8 Rz. 5)[1]. Der **BR** kann bei Streitigkeiten nach § 85 BetrVG hinzugezogen werden und die Einrichtung von Stillräumen beantragen, § 88 Nr. 2 BetrVG. Die Befugnisse der Aufsichtbehörde bestimmen sich nach Abs. 3. 1

II. Freistellung für die erforderliche Stillzeit (Abs. 1). Nachdem die Mutter die Tätigkeit nach der Entbindung bzw. dem Mutterschutz wieder aufgenommen hat, hat sie einen Anspruch auf Stillzeit. Weitere Voraussetzung ist, dass die ArbNin ihren Säugling **während** der Arbeitszeit **tatsächlich stillt**[2]. Die Stillzeit ist vom ArbGeb nur dann einzuräumen, wenn ein diesbezügliches Verlangen mündlich oder schriftl. bekundet wird. Erfasst wird nicht nur das Stillen als solches, sondern auch die Zeit, die zum Umziehen und Ausruhen benötigt wird, sowie den Weg zum Stillraum bzw. nach Hause[3]. Stillt die Frau ihr Kind nicht mehr, hat sie den ArbGeb darüber zu informieren, da der Anspruch entfällt. Der ArbGeb kann eine Stillbescheinigung eines Arztes oder einer Hebamme fordern. Die Kosten dafür hat er zu tragen[4]. 2

Erforderlich (Dauer, Häufigkeit, Lage) ist die Zeit, die objektiv und unabhängig von den subjektiven Vorstellungen des ArbGeb und der ArbNin für das Stillen notwendig ist[5]. Der ArbGeb muss demnach die Zeiten gewähren, die den gewohnten Turnus der Stilltätigkeit einhalten[6]. S. 1 und 2 bestimmen lediglich die **Mindestdauer und -häufigkeit**. Sollten die Mindeststillzeiten nicht vollumfänglich benötigt werden, so gebietet es die Treuepflicht, sich nicht auf sie zu berufen[7]. Gleichzeitig sollen die betrieblichen Belange bedacht und der Arbeitszeitverlust möglichst gering gehalten werden[8]. Wird keine Einigung erzielt, kann die **Aufsichtsbehörde** eine Entscheidung treffen, Abs. 3. Die zeitliche Höchstgrenze für Stillzeit beträgt zwölf Monate[9]. 3

III. Arbeitsentgelt (Abs. 2). Die Mutter hat einen Anspruch auf Zahlung ihres **Regelverdienstes** für die gewährten Stillzeiten, so dass ihr **kein Verdienstausfall** entsteht. Da es sich um eine Sonderregelung handelt, die mit anderen Entgeltfortzahlungsbestimmungen nicht vergleichbar ist, kann der Anspruch nicht abbedungen bzw. auf ihn nachträglich verzichtet werden[10]. Erbringt die Frau auf Grund langer Wegestrecken **gar keine** Arbeitsleistung mehr, so entfällt der Anspruch auf bezahlte Freistellung[11]. 4

IV. Heimarbeit (Abs. 4). Die Heimarbeiterin erhält speziellen Entgeltschutz über Abs. 4. Zu beachten ist dabei, dass sie ohnehin nach **eigenem Ermessen Stillpausen** einlegen kann. Während der Stillperiode erhält sie pro Werktag deshalb pauschal 75 % eines durchschnittlichen Stundenverdienstes, jedoch mindestens 0,38 Euro. Bei den in der Heimarbeit häufiger anzutreffenden Stücklohnvereinbarungen sind ebenso 75 % zu zahlen[12]. Dieser Stundenverdienst errechnet sich unter Berücksichtigung der Zeit, die für ein bestimmtes Arbeitskontingent gebraucht wird. Der Mindestbetrag ist lediglich die **unterste** Einkommenssicherung. 5

8 *Mehrarbeit, Nacht- und Sonntagsarbeit*

(1) Werdende und stillende Mütter dürfen nicht mit Mehrarbeit, nicht in der Nacht zwischen 20 und 6 Uhr und nicht an Sonn- und Feiertagen beschäftigt werden.

(2) Mehrarbeit im Sinne des Absatzes 1 ist jede Arbeit, die

1. von Frauen unter 18 Jahren über 8 Stunden täglich oder 80 Stunden in der Doppelwoche,

2. von sonstigen Frauen über 8 ½ Stunden täglich oder 90 Stunden in der Doppelwoche

hinaus geleistet wird. In die Doppelwoche werden die Sonntage eingerechnet.

(3) Abweichend vom Nachtarbeitsverbot des Absatzes 1 dürfen werdende Mütter in den ersten vier Monaten der Schwangerschaft und stillende Mütter beschäftigt werden

1. in Gast- und Schankwirtschaften und im Übrigen Beherbergungswesen bis 22 Uhr,

2. in der Landwirtschaft mit dem Melken von Vieh ab 5 Uhr,

3. als Künstlerinnen bei Musikaufführungen, Theatervorstellungen und ähnlichen Aufführungen bis 23 Uhr.

---

1 *Zmarzlik/Zipperer/Viethen/Vieß*, § 7 MuSchG Rz. 19. | 2 BAG v. 3.7.1985 – 5 AZR 79/84, AP Nr. 1 zu § 7 MuSchG 1968. | 3 *Heilmann*, § 7 MuSchG Rz. 12. | 4 *Graue*, § 7 MuSchG Rz. 5. | 5 *Graue*, § 7 MuSchG Rz. 7. | 6 *Buchner/Becker*, § 7 MuSchG Rz. 18. | 7 *Zmarzlik/Zipperer/Viethen/Vieß*, § 7 MuSchG Rz. 7. | 8 BAG v. 3.7.1985 – 5 AZR 79/84, AP Nr. 1 zu § 7 MuSchG 1968. | 9 *Zmarzlik/Zipperer/Viethen/Vieß*, § 7 MuSchG Rz. 8. | 10 Str., wie hier *Buchner/Becker*, § 7 MuSchG Rz. 44; vgl. demgegenüber *Meisel/Sowka*, § 7 MuSchG Rz. 19: Verzicht möglich. | 11 BAG v. 3.7.1985 – 5 AZR 79/84, AP Nr. 1 zu § 7 MuSchG 1968. | 12 *Zmarzlik/Zipperer/Viethen/Vieß*, § 7 MuSchG Rz. 14.

(4) Im Verkehrswesen, in Gast- und Schankwirtschaften und im Übrigen Beherbergungswesen, im Familienhaushalt, in Krankenpflege- und in Badeanstalten, bei Musikaufführungen, Theatervorstellungen, anderen Schaustellungen, Darbietungen oder Lustbarkeiten dürfen werdende oder stillende Mütter, abweichend von Absatz 1, an Sonn- und Feiertagen beschäftigt werden, wenn ihnen in jeder Woche einmal eine ununterbrochene Ruhezeit von mindestens 24 Stunden im Anschluss an eine Nachtruhe gewährt wird.

(5) An in Heimarbeit Beschäftigte und ihnen Gleichgestellte, die werdende oder stillende Mütter sind, darf Heimarbeit nur in solchem Umfang und mit solchen Fertigungsfristen ausgegeben werden, dass sie von der werdenden Mutter voraussichtlich während einer 8-stündigen Tagesarbeitszeit, von der stillenden Mutter voraussichtlich während einer 7 1/4-stündigen Tagesarbeitszeit an Werktagen ausgeführt werden kann. Die Aufsichtsbehörde kann in Einzelfällen nähere Bestimmungen über die Arbeitsmenge treffen; falls ein Heimarbeitsausschuss besteht, hat sie diesen vorher zu hören.

(6) Die Aufsichtsbehörde kann in begründeten Einzelfällen Ausnahmen von den vorstehenden Vorschriften zulassen.

1 **I. Normzweck.** § 8 schreibt allgemeine **Beschränkungen der Arbeitszeit** vor, um die werdenden und stillenden Mütter vor Überbeanspruchung zu schützen. Dadurch werden die Beschäftigungsverbote aus §§ 3, 4 und 6 ergänzt. Durch Ausnahmeregelungen in Abs. 3 und 4 wird den besonderen Bedürfnissen bestimmter Wirtschaftszweige Rechnung getragen. Abs. 5 schafft eine Sonderregelung für die **Heimarbeit**, da dort die Dauer und Lage der Arbeitszeit selbst bestimmt werden kann. Hier wird anstatt der Arbeitszeit die **Arbeitsmenge** (bzw. Fertigungsfristen) beschränkt, damit die Frau sie innerhalb der angegebenen Zeiträume bewältigen kann. Abs. 6 ermächtigt die Aufsichtsbehörde, in **berechtigten** Einzelfällen nach Anhörung der ArbNin Ausnahmegenehmigungen zu erteilen (zu den Rechtsfolgen vgl. Vor §§ 3 bis 8 Rz. 3 ff.).

2 **II. Beschäftigungsverbote. 1. Mehrarbeit, Nacht- und Sonntagsarbeit (Abs. 1 und 2).** Ausgangspunkt ist das Verbot von Mehrarbeit, Nachtarbeit und Arbeit an Sonn- und Feiertagen für werdende und stillende Mütter in Abs. 1. Feiertage sind die gesetzl. Feiertage des Bundes und der Länder[1]. Der Begriff der Mehrarbeit wird in Abs. 2 nach den speziellen Anforderungen des MuSchG näher konkretisiert. Volljährige Frauen leisten Mehrarbeit, wenn sie mehr als 8,5 Stunden täglich oder 90 Stunden in einer Doppelwoche arbeiten, Abs. 2 Nr. 2; Frauen unter 18 Jahren bei acht Stunden oder 80 Stunden, Abs. 2 Nr. 1. Für die Definition der Mehrarbeit sind anderweitige gesetzl. Regelungen (zB ArbZG) sowie individual- oder kollektivrechtl. Vereinbarungen nicht maßgebend, solange das speziellere MuSchG engere Grenzen setzt[2]. Im Verhältnis zum JArbSchG geht die jeweils strengere Bestimmung vor[3]. Bei der Bestimmung der Doppelwoche – zwei aufeinander folgende Kalenderwochen einschl. der Sonntage – ist es nicht unbedingt erforderlich, die zweiwöchigen feststehenden Zeiträume mit einem Montag beginnen zu lassen. Aus betriebl. Gründen kann demnach der erste Zeitraum vom Beginn der Schwangerschaft an frei gewählt werden[4].

3 Zur **Arbeitszeit** gehören sowohl die tatsächliche Arbeit als auch die weisungsgebundene Bereitschaft, im Betrieb oder einer anderen Arbeitsstätte zur Arbeitsleitung zur Verfügung zu stehen (vgl. § 2 ArbZG Rz. 7 f.). Im Gegensatz zu Jugendlichen gem. § 4 IV 2 JArbSchG wird bei Erwachsenen die ausgefallene Arbeitszeit eines gesetzl. Feiertages nicht als geleistete Arbeitszeit gewertet[5].

4 **2. Ausnahme vom Verbot der Nachtarbeit (Abs. 3).** Grds. ist gem. § 8 I die Arbeit zwischen 20 und 6 Uhr (Unterschied zu § 2 III ArbZG) verboten, jedoch ergeben sich unter den Voraussetzungen des Abs. 3 Ausnahmen. In den aufgezählten Bereichen dürfen schwangere Frauen in den ersten vier Monaten der Schwangerschaft sowie stillende Mütter beschäftigt werden. Dies gilt zunächst für **Gast- und Schankwirtschaften** sowie im **Beherbergungswesen** (Nr. 1). In allen gewerblichen und ungewerblichen Betrieben, die Speisen oder Getränke anbieten oder Gäste beherbergen, darf bis 22 Uhr gearbeitet werden (Bsp.: Hotels, Pensionen, Restaurants, Kantinen, Imbissstuben sowie alle Heime und Hilfsbetriebe; *nicht* Einzelhandel und Krankenhäuser)[6]. Eine weitere Ausnahme besteht für die **Landwirtschaft** (Nr. 2). Es wird damit berücksichtigt, dass aus organisatorischen Gründen mit dem Melken bereits ab 5 Uhr begonnen werden muss (zumeist auch Verbote des § 4 denkbar). Schließlich nimmt Abs. 3 Nr. 3 noch die **Künstlerinnen** aus. Künstlerinnen sind Frauen, die als künstlerisch empfundene Aktivitäten öffentl. ausführen. Nicht erfasst ist das Hilfspersonal wie Garderoben- oder Reinigungsfrauen (enger als Abs. 4).

5 **3. Ausnahme vom Verbot der Arbeit an Sonn- und Feiertagen (Abs. 4).** Abs. 4 schafft abschließend aufgezählte Ausnahmetatbestände für frauentypische Dienstleistungsbereiche. Im Rahmen des **Verkehrswesens** werden alle öffentl. und privaten Betriebe berücksichtigt, die sich mit der Beförderung von Personen und Gütern befassen. Als **Krankenpflegeanstalten** werden alle öffentl. und privaten Einrich-

1 *Buchner/Becker*, § 8 MuSchG Rz. 41. | 2 *Graue*, § 8 MuSchG Rz. 11. | 3 Vgl. eingehend *Zmarzlik/Zipperer/Viethen/Vieß*, § 8 MuSchG Rz. 20. | 4 *Zmarzlik/Zipperer/Viethen/Vieß*, § 8 MuSchG Rz. 21. | 5 *Buchner/Becker*, § 8 MuSchG Rz. 20. | 6 *Meisel/Sowka*, § 8 MuSchG Rz. 28.

tungen bezeichnet, die sich mit der Behandlung und Pflege von kranken Menschen beschäftigen (zB Krankenhäuser und Pflegeheime). Die Ausnahmeregelung gilt nicht für ArbNinnen, die von Drittunternehmen in diese Betriebe entsandt werden[1]. In einem **Familienhaushalt** ist die ArbNin beschäftigt, die im räumlichen und gegenständlichen Lebensbereich die Bedürfnisse der Mitglieder einer Familie befriedigt[2]. **Badeanstalten** sind alle öffentl. und privaten Betriebe, in denen Bäder verabreicht werden oder in denen geschwommen werden kann[3].

Dritter Abschnitt. Kündigung

9 *Kündigungsverbot*

(1) Die Kündigung gegenüber einer Frau während der Schwangerschaft und bis zum Ablauf von vier Monaten nach der Entbindung ist unzulässig, wenn dem Arbeitgeber zurzeit der Kündigung die Schwangerschaft oder Entbindung bekannt war oder innerhalb zweier Wochen nach Zugang der Kündigung mitgeteilt wird; das Überschreiten der Frist ist unschädlich, wenn es auf einem von der Frau nicht zu vertretenden Grund beruht und die Mitteilung unverzüglich nachgeholt wird. Die Vorschrift des Satzes 1 gilt für Frauen, die den in Heimarbeit Beschäftigten gleichgestellt sind, nur, wenn sich die Gleichstellung auch auf den Neunten Abschnitt – Kündigung – des Heimarbeitsgesetzes vom 14. März 1951 (BGBl. I S. 191) erstreckt.

(2) Kündigt eine schwangere Frau, gilt § 5 Abs. 1 Satz 3 entsprechend.

(3) Die für den Arbeitsschutz zuständige oberste Landesbehörde oder die von ihr bestimmte Stelle kann in besonderen Fällen, die nicht mit dem Zustand einer Frau während der Schwangerschaft oder ihrer Lage bis zum Ablauf von vier Monaten nach der Entbindung in Zusammenhang stehen, ausnahmsweise die Kündigung für zulässig erklären. Die Kündigung bedarf der schriftlichen Form und sie muss den zulässigen Kündigungsgrund angeben.

(4) In Heimarbeit Beschäftigte und ihnen Gleichgestellte dürfen während der Schwangerschaft und bis zum Ablauf von vier Monaten nach der Entbindung nicht gegen ihren Willen bei der Ausgabe von Heimarbeit ausgeschlossen werden; die Vorschriften der §§ 3, 4, 6 und 8 Abs. 5 bleiben unberührt.

I. Normzweck. Werdende Mütter haben aus Art. 6 IV GG einen grundrechtl. Anspruch auf Schutz und Fürsorge der Gemeinschaft. Damit sich die Frau **unbelastet von Existenzängsten** in die Schwangerschaft begeben kann, hat der Gesetzgeber in § 9 für den Zeitraum der Schwangerschaft und bis zum Ablauf von vier Monaten nach der Entbindung Kündigungsschutz angeordnet (vgl. auch Art. 10 MutterschutzRL 92/85/EWG). Während dieses Zeitraumes ist der **Bestand** des Arbeitsverhältnisses garantiert. Ergänzt wird der Kündigungsschutz durch § 18 BEEG. 1

II. Kündigungsverbot (Abs. 1). Das Kündigungsverbot ist mit Ausnahme des Erlaubnisvorbehalts aus Abs. 3 **absolut** und **zwingend**. Allein das tatsächliche Bestehen der Schwangerschaft löst die Rechtsfolgen des § 9 aus. Im Voraus kann die ArbNin auf den Kündigungsschutz des § 9 nicht verzichten. Bei einer bereits ausgesprochenen Kündigung kommt ein Verzicht in Betracht, er ist aber nicht durch bloßes Stillschweigen, sondern nur durch ausdrückliche Erklärung möglich[4]. Allerdings kann die ArbNin jederzeit selbst kündigen, § 10. 2

1. Voraussetzungen. a) Geltungsbereich. Das Kündigungsverbot bietet Schutz für **alle** in einem **wirksamen** Arbeits- oder Ausbildungsverhältnis stehenden oder in Heimarbeit tätigen Frauen bzw. diesen Gleichgestellte gem. Abs. 1 S. 2, sofern sich die Gleichstellung ausnahmsw. auf den Kündigungsschutz des HAG erstreckt. Ausnahmsw. kommt die Regelung auch Dritten außerhalb des Geltungsbereichs zugute, wenn ein einheitlicher Arbeitsvertrag besteht, der nur allen gemeins. gekündigt werden kann (ebenso beim Job-Sharing)[5]. **Zeitlich** entfaltet die Norm Regelungswirkung für Kündigungen, die der ArbNin vom Beginn der Schwangerschaft bis zum Ende des 4. Monats nach der Entbindung **zugehen** (zur Fristberechnung vgl. Vor §§ 3 bis 8 Rz. 2). 3

b) Schwangerschaft oder Entbindung. Voraussetzung des Verbots ist, dass im Zeitpunkt des **Zugangs der Kündigung** entweder eine Schwangerschaft besteht oder die Entbindung nicht mehr als 4 Monate zurückliegt. Ein formalisierter Nachweis ist nicht erforderlich. Im Zweifelsfall kann der ArbGeb zum Nachweis auf seine Kosten ein Schwangerschaftszeugnis fordern[6]. Legt die ArbNin ein Zeugnis nach § 5 II mit einem mutmaßlichen Entbindungstermin vor, so ist dies auch für die Berechnung des Beginns der Schwangerschaft verbindlich (vgl. Vor §§ 3 bis 8 Rz. 2). Der Irrtum des Arztes oder der Frau, sie sei schwanger, löst die Rechtswirkung des § 9 nicht aus. Fehlgeburten und Schwangerschaftsabbrüche sind keine Entbindung, so dass der Kündigungsschutz sofort endet[7]. 4

---

1 BAG v. 12.12.1990 – 5 AZR 16/90, AP Nr. 3 zu § 8 MuSchG 1968. | 2 *Buchner/Becker*, § 8 MuSchG Rz. 47. | 3 *Meisel/Sowka*, § 8 MuSchG Rz. 36. | 4 *Heilmann*, § 9 MuSchG Rz. 97. | 5 ErfK/*Schlachter*, § 9 MuSchG Rz. 4. | 6 *Heilmann*, § 9 MuSchG Rz. 24. | 7 BAG v. 16.2.1973 – 2 AZR 138/72, AP Nr. 2 zu § 9 MuSchG 1968; s. aber a. BAG v. 15.12.2005 – 2 AZR 462/04, AP Nr. 37 zu § 9 MuSchG 1968.

5 c) **Gegenstand des Verbots.** Verboten sind **alle** arbeitgeberseitigen **Kündigungen**, die das Arbeitsverhältnis in seiner bestehenden Form ändern. Das Arbeitsverhältnis kann auch nicht im Rahmen von kollektiven Maßnahmen (zB lösende Aussperrung[1] oder Kampfkündigung) aufgelöst werden. Auch Kündigungen wegen aktiver Teilnahme an einem rechtswidrigen Streik sind unzulässig (Ausnahme gem. Abs. 3)[2].

6 **Grds.** nicht erfasst werden andere Beendigungstatbestände. Ein nur **fehlerhaftes** Arbeitsverhältnis kann durch einseitige Erklärung aufgelöst werden. Die Anfechtung wegen der Schwangerschaft ist nicht möglich (vgl. § 5 Rz. 5). Ist die Kündigung des ArbGeb unwirksam, kann sie in ein Angebot zum Abschluss eines **Aufhebungsvertrages** umgedeutet werden. Dieser unterliegt nicht § 9, aber dem Formerfordernis des § 623 BGB (vgl. § 623 BGB Rz. 21). **Auflösend bedingte** und **befristete** Arbeitsverhältnisse enden mit Eintritt des vereinbarten Ereignisses. **Probearbeitsverhältnisse** sind im Zweifel auf unbestimmte Zeit eingegangen. Liegt doch eine Befristung hinsichtlich der Erprobung der ArbNin vor, so kann sich der **ArbGeb** auf den Ablauf der Probezeit berufen. Fällt die Entscheidung in diesen Fällen **wegen** des **Eintritts** der **Schwangerschaft**, liegt darin eine Diskriminierung iS von Art. 2 I, 7 der GleichbehandlungsRL 76/207/EWG, zuletzt geändert durch Art. 34 Abs. 1 ÄndRL 2006/54/EG vom 5.7.2006 (ABl. Nr. L 204 S. 23, seit 14.8.2006 umgesetzt im AGG; s. schon § 5 Rz. 5). Die diesbezügliche Rechtsausübung könnte mithin einen Verstoß gegen §§ 1, 3 I, 7 AGG darstellen (§ 1 AGG Rz. 4, § 3 AGG Rz. 2 ff., § 7 AGG Rz. 1 ff., zur Beweislast vgl. § 22 AGG). Im Hinblick auf § 242 BGB ist das Arbeitsverhältnis richtiger Ansicht nach unbefristet fortzusetzen[3].

7 d) **Kenntnis des Arbeitgebers.** Der ArbGeb muss **zurzeit der Kündigung**, gleich auf welche Weise, **positive** Kenntnis von der Schwangerschaft oder der Entbindung haben. Woher die Kenntnis stammt, ist nicht relevant, jedoch reicht die bloße Vermutung nicht aus. Sie kann aber unter bestimmten Umständen eine arbeitsvertragl. Erkundigungspflicht auslösen[4]. Die Kenntnis eines Vertreters oder personalverantwortlichen Vorgesetzten steht der des ArbGeb gleich, nicht aber das Wissen von Kollegen, des Betriebsarztes oder BR, sofern diese ihre Erkenntnis nicht an den ArbGeb weiterleiten. Beim Betriebsübergang nach § 613a BGB wird die Kenntnis des früheren ArbGeb dem neuen Betriebsinhaber zugerechnet[5]. Im Streitfall hat die ArbNin die Kenntnis zu beweisen (jedoch Beweiserleichterung, zB prima facie)[6].

8 e) **Mitteilung nach der Kündigung.** Bei Unkenntnis kann dem ArbGeb innerhalb von **zwei Wochen nach Zugang** der Kündigung die Schwangerschaft oder Entbindung mitgeteilt werden. Die Mitteilung ist keine Pflicht, sondern eine Obliegenheit der ArbNin, der so Bedenkzeit eingeräumt wird[7]. Die **Mitteilung** selbst ist eine rechtsgeschäftsähnliche Handlung, dh. sie wird gegenüber dem ArbGeb mit Zugang wirksam. Die Einhaltung der Frist bestimmt sich nach §§ 187 ff. BGB. Inhaltlich maßgebend ist, ob nach dem objektiven Erklärungswert der Mitteilung zu entnehmen ist, dass die Schwangerschaft bei Zugang der Kündigung bestand. Die Mitteilung kann durch einen Dritten erfolgen, wenn für den ArbGeb erkennbar ist, dass die Nachricht in Zusammenhang mit der Kündigung steht[8]. Eine Form ist nicht einzuhalten, jedoch kann der ArbGeb einen ärztlichen Nachweis bei gleichzeitiger Kostentragung verlangen (vgl. Rz. 4). Der Nachweis ist für die Einhaltung der Frist nicht maßgeblich, doch sollte er zeitnah erfolgen, um eine Einrede wegen unzulässiger Rechtsausübung (Verwirkung) zu vermeiden[9].

9 Eine Ausnahme von der Zwei-Wochen-Frist ist nach Abs. 1 S. 1 Hs. 2 gegeben, wenn die Frau **den Grund** für die Fristüberschreitung **nicht zu vertreten** hat und die Mitteilung **unverzüglich nachgeholt** wird. Maßstab für das Verschulden ist nicht § 276 BGB, sondern ob die Unkenntnis „auf einem gröblichen Verstoß gegen das von einem verständigen Menschen im eigenen Interesse billigerweise zu erwartende Verhalten zurückzuführen ist“[10]. Hatte die ArbNin Kenntnis von der Schwangerschaft, so schadet diese in den Fällen nicht, wo ihr auf Grund von Urlaub, Krankheit oder Fremdeinwirkung die Mitteilung nicht möglich war[11]. Lässt sie aber trotz Anhaltspunkten für eine Schwangerschaft keine Untersuchung durchführen, hat sie die Verzögerung verschuldet[12]. Ob die Mitteilung unverzüglich nachgeholt wurde (gem. § 121 BGB ohne schuldhaftes Zögern) ist anhand der Umstände des Einzelfalls zu beurteilen (idR eine Woche)[13]. Die Beweislast für die hierfür erheblichen Tatsachen trägt die ArbNin[14].

10 2. **Rechtsfolgen.** Eine verbotswidrig erklärte Kündigung ist gem. § 134 BGB unheilbar **nichtig**. Die ArbNin hat in diesem Fall einen Anspruch auf Arbeitsentgelt gem. § 615 BGB, selbst wenn sie nicht beschäftigt wird (Ausnahme während der Fristen der §§ 3 II, 6 I). Dazu muss sie den ArbGeb in Verzug setzen (vgl. § 615 BGB Rz. 37 ff.). Sind besonders schwere Pflichtverletzungen seitens der ArbNin gege-

---

1 BAG v. 22.10.1986 – 5 AZR 550/85, AP Nr. 4 zu § 14 Nr. 4 MuSchG 1968; ErfK/*Schlachter*, § 9 MuSchG Rz. 13. | **2** *Zmarzlik/Zipperer/Viethen/Vieß*, § 9 MuSchG Rz. 118. | **3** *Zmarzlik/Zipperer/Viethen/Vieß*, § 9 MuSchG Rz. 106. | **4** Wie hier ErfK/*Schlachter*, § 9 MuSchG Rz. 7; aA *Buchner/Becker*, § 9 MuSchG Rz. 99. | **5** Zutr. *Heilmann*, § 9 MuSchG Rz. 45; siehe auch *Hergenröder*, AR-Blattei SD 500.1 (2000), Rz. 702. AA *Meisel/Sowka*, § 9 MuSchG Rz. 88a. | **6** *Heilmann*, § 9 MuSchG Rz. 47. | **7** *Buchner/Becker*, § 9 MuSchG Rz. 109 f., 139 ff. | **8** *Zmarzlik/Zipperer/Viethen/Vieß*, § 9 MuSchG Rz. 22. | **9** *Buchner/Becker*, § 9 Rz. 143. | **10** BAG v. 6.10.1983 – 2 AZR 368/82, AP Nr. 12 zu § 9 MuSchG 1968. | **11** BAG v. 13.6.1996 – 2 AZR 736/95, AP Nr. 22 zu § 9 MuSchG 1968. | **12** *Zmarzlik/Zipperer/Viethen/Vieß*, § 9 MuSchG Rz. 36. | **13** BAG v. 26.9.2002 – 2 AZR 392/01, AP Nr. 31 zu § 9 MuSchG 1968. | **14** BAG v. 13.1.1982 – 7 AZR 764/79, AP Nr. 9 zu § 9 MuSchG 1968.

ben, ist die Weiterbeschäftigung selbst unter Berücksichtigung der schützenswerten Interessen nicht zumutbar. Ein den **Annahmeverzug** begründendes Leistungsangebot kann in diesem Fall nicht erbracht werden[1]. Entsteht der Frau durch die verbotswidrige Kündigung ein Schaden, so ist ein Anspruch aus **§ 823 II BGB** realisierbar und unter Umständen auch ein angemessenes Schmerzensgeld zu zahlen[2].

Die allgemeinen und besonderen Regelungen des Kündigungsschutzes stehen **selbständig** und **unabhängig** neben § 9[3]. Kommt es zu einer zeitlichen Überschneidung mit **§ 18 BEEG**, so finden beide Vorschriften auf Grund der unterschiedlichen Schutzbereiche **nebeneinander** Anwendung, dh. es müssen auch **zwei** Ausnahmegenehmigungen beantragt werden[4]. 11

III. Stellung der Aufsichtsbehörde. 1. Benachrichtigung (Abs. 2). Sollte die **schwangere** Frau selbst kündigen, gilt § 5 I 3 entsprechend, dh. der ArbGeb hat die Aufsichtsbehörde unverzüglich über die Kündigung zu informieren. Die Aufsichtsbehörde soll damit die Möglichkeit erhalten, die Mutter über ihre Rechte **nach** der Auflösung aufzuklären (zB § 10 II). Die Pflicht besteht bei jeder Kündigung durch eine Schwangere (auch beim Aufhebungsvertrag)[5]. Der ArbGeb hat keine Pflicht, die ArbNin über die Konsequenzen der Kündigung aufzuklären[6]. 12

2. Zulässigkeitserklärung (Abs. 3). Ausnahmsw. kann die Aufsichtsbehörde eine Kündigung für zulässig erklären, wenn ein **besonderer** Kündigungsgrund besteht, der seinen Ursprung nicht in der Schwangerschaft oder Mutterschaft hat. Hintergrund dieser Regelung ist, dass dem ArbGeb bei **außergewöhnlichen Umständen** wegen Art. 2 I, 12 I und 14 GG nicht jede Reaktionsmöglichkeit genommen werden kann[7]. Dabei kollidieren die in Art. 6 IV GG gewährleisteten, eigentlich vorrangigen Interessen der Schwangeren nach absolutem Kündigungsschutz mit dieser Ausnahme. Sie müssen deshalb bei der Einzelfallentscheidung besonders in Abwägung gebracht werden[8]. Denkbare Konstellationen bestehen zB bei der Stilllegung des Betriebes oder schweren Pflichtverletzungen der ArbNin[9]. Mitwirkungsrechte anderer Organe (zB des BR nach § 102 BetrVG) werden durch § 9 III nicht berührt. 13

Die Behörde wird auf an keine Frist gebundenen (Ausnahme: § 626 II BGB) formlosen Antrag des ArbGeb tätig. Nach S. 2 muss die Kündigung selbst schriftl. erfolgen, wobei sich diese Form auch auf die Kündigungsgründe erstreckt[10]. Sie ist **unverzüglich nach** der behördlichen Zustimmung auszusprechen. Nicht notwendig ist die Bestandskraft des VA im Kündigungszeitpunkt, sondern allein dessen Wirksamkeit[11]. 14

Ist die Behörde zu dem gerichtlich voll nachprüfbaren Ergebnis (unbestimmter Rechtsbegriff) gekommen, dass ein „besonderer Fall" vorliegt, hat sie bei der Entscheidung einen engen („kann ausnahmsweise") **Ermessensspielraum**[12]. Gegen die Entscheidung ist der Verwaltungsrechtsweg zu beschreiten. Widerspruch und Anfechtungsklage haben zwar aufschiebende Wirkung nach § 80 I VwGO, die Kündigung wird aber dadurch nicht unwirksam. Lediglich die Rechtswirkungen der Zulässigkeitserklärung entfallen vorläufig[13]. Eine statthafte Anfechtungsklage führt zur rückwirkenden Unwirksamkeit der Kündigung. Die Frist zur Erhebung der Klage gegen die Kündigung selbst beträgt gem. §§ 13 III, IV, VII KSchG drei Wochen, der Fristbeginn richtet sich nach § 4 S. 4 KSchG[14]. 15

IV. Heimarbeit (Abs. 4). Der dargestellte Kündigungsschutz besteht auch für Heimarbeiterinnen und gleichgestellte Frauen gem. Abs. 1 S. 2. Um der Umgehung des Kündigungsschutzes vorzubeugen, verbietet Abs. 4 Hs. 1 die Mutter von der Herausgabe von Arbeit **auszuschließen** bzw. diese zu **vermindern**. 16

10 *Erhaltung von Rechten*

(1) Eine Frau kann während der Schwangerschaft und während der Schutzfrist nach der Entbindung (§ 6 Abs. 1) das Arbeitsverhältnis ohne Einhaltung einer Frist zum Ende der Schutzfrist nach der Entbindung kündigen.

(2) Wird das Arbeitsverhältnis nach Absatz 1 aufgelöst und wird die Frau innerhalb eines Jahres nach der Entbindung in ihrem bisherigen Betrieb wieder eingestellt, so gilt, soweit Rechte aus dem Arbeitsverhältnis von der Dauer der Betriebs- oder Berufszugehörigkeit oder von der Dauer der Beschäftigungs- oder Dienstzeit abhängen, das Arbeitsverhältnis als nicht unterbrochen. Dies gilt nicht, wenn die Frau in der Zeit von der Auflösung des Arbeitsverhältnisses bis zur Wiedereinstellung bei einem anderen Arbeitgeber beschäftigt war.

---

1 *Buchner/Becker*, § 9 MuSchG Rz. 170, 171. | 2 *Zmarzlik/Zipperer/Viethen/Vieß*, § 9 MuSchG Rz. 51. | 3 *Zmarzlik/Zipperer/Viethen/Vieß*, § 9 MuSchG Rz. 133. | 4 BAG v. 31.3.1993 – 2 AZR 595/92, AP Nr. 20 zu § 9 MuSchG 1968. | 5 So *Heilmann*, § 9 MuSchG Rz. 147; aA *Meisel/Sowka*, § 9 MuSchG Rz. 69a. | 6 *Zmarzlik/Zipperer/Viethen/Vieß*, § 9 MuSchG Rz. 127. | 7 BVerwG v. 2.7.1981 – BVerwG 5 C 87.80, AP Nr. 1 zu § 9a MuSchG 1968. | 8 BVerwG v. 18.8.1977 – BVerwG V C 8.77, AP Nr. 5 zu § 9 MuSchG 1968. | 9 BVerwG v. 18.8.1977 – BVerwG V C 8.77, AP Nr. 5 zu § 9 MuSchG 1968. | 10 So KR/*Etzel*, § 9 MuSchG Rz. 4d; ErfK/*Schlachter*, § 9 MuSchG Rz. 18. AA *Zmarzlik*, DB 1994, 961 f. | 11 BAG v. 17.6.2003 – 2 AZR 245/02, AP Nr. 33 zu § 9 MuSchG 1968. | 12 *Buchner/Becker*, § 9 MuSchG Rz. 224. | 13 BAG v. 17.6.2003 – 2 AZR 404/02, AP Nr. 35 zu § 9 MuSchG 1968. | 14 Siehe dazu näher MüKo/*Hergenröder*, § 4 KSchG Rz. 59 ff.; HWK/*Pods/Quecke*, § 4 KSchG Rz. 41 ff.

1 **I. Normzweck.** Die Norm soll der Mutter den fristlosen Wechsel in die Erwerbslosigkeit ermöglichen, um sich vollständig der Pflege ihres Kindes widmen zu können. Durch den **Erhalt** von Rechten bei der Wiedereinstellung nach Abs. 2 wird ihr dabei die Entscheidung erleichtert. Mit der Einführung der Elternzeit ist die Bedeutung der Norm stark zurückgegangen.

2 **II. Sonderkündigungsrecht (Abs. 1).** Die ArbNin hat während der Schwangerschaft und der Mutterschutzfrist des § 6 I ein unverzichtbares, außerordentl. Kündigungsrecht. Es muss allein die Kündigungserklärung unter Wahrung der Schriftform nach § 623 BGB innerhalb der Schutzfrist dem ArbGeb zugehen, § 130 BGB. Nicht notwendig ist dabei die Angabe eines wichtigen Grundes, geschweige denn muss der eigentliche Grund in Bezug zur Schwangerschaft stehen[1]. Da das Gesetz gerade die kurzfristige Beendigung vorsieht, ist eine arbeitsvertragl. Rücksichtspflicht gegenüber dem ArbGeb, diesem die Entscheidung frühzeitig bekannt zu geben, nur in Ausnahmefällen anzunehmen[2]. Das Arbeitsverhältnis ist dann zum Ende der Schutzfrist beendet; ein Anspruch auf Wiedereinstellung besteht nicht.

3 **III. Erhaltung von Rechten bei Wiedereinstellung (Abs. 2).** Wird die ArbNin, die ihr Recht nach Abs. 1 wahrgenommen hat, innerhalb eines Jahres im bisherigen Betrieb wieder angestellt, so fingiert Abs. 2 S. 1 für einzelne Rechte des alten Arbeitsverhältnisses, dass dieses nicht unterbrochen wurde. Neuanstellung bedeutet den Abschluss eines **neuen** Arbeitsvertrages. Sollte keine Kündigung, sondern eine **einvernehmliche Auflösung** des Vertrages erfolgt sein, ist auch diese Beendigung nach Sinn und Zweck der Vorschrift in den Schutzumfang aufzunehmen[3]. Der Begriff des „bisherigen Betriebs" ist weiter zu fassen, als er im BetrVG verwendet wird. Erforderlich ist nur, dass sie bei irgendeinem Betrieb desselben ArbGeb wieder beschäftigt wird[4]. Durch die Vorschrift werden auch Arbeitsbeziehungen in Privathaushalten, in der öffentl. Verwaltung und im Rahmen von Betriebsübergängen nach § 613a BGB erfasst[5]. Zwischenzeitlich darf die Frau jedoch nach Abs. 2 S. 2 in **keinem anderen** Arbeitsverhältnis zu einem anderen ArbGeb beschäftigt worden sein (auch nicht geringfügige Beschäftigung)[6].

4 Liegen die Voraussetzungen vor, erhält die ArbNin ihre **bestehende Rechtsposition** zurück, die sie in Bezug auf die **Dauer** ihrer Betriebs- oder Berufszugehörigkeit oder Beschäftigungszeit im ursprünglichen Arbeitsverhältnis erlangt hatte. Diese Rechte sind zB BetrAV, Weihnachtsgratifikationen, Jahres- und Treueprämien, Wartezeit des § 1 KSchG. Die Zeit der Nichtbeschäftigung ist bei der Berechnung des jeweiligen Anspruchs nicht zu berücksichtigen[7]. Grund hierfür ist der Normzweck, nach dem lediglich bestehende Rechte erhalten, nicht jedoch solche begründet werden sollen.

Vierter Abschnitt. Leistungen

11 *Arbeitsentgelt bei Beschäftigungsverboten*

(1) Den unter den Geltungsbereich des § 1 fallenden Frauen ist, soweit sie nicht Mutterschaftsgeld nach den Vorschriften der Reichsversicherungsordnung beziehen können, vom Arbeitgeber mindestens der Durchschnittsverdienst der letzten 13 Wochen oder der letzten drei Monate vor Beginn des Monats, in dem die Schwangerschaft eingetreten ist, weiter zu gewähren, wenn sie wegen eines Beschäftigungsverbots nach § 3 Abs. 1, §§ 4, 6 Abs. 2 oder 3 oder wegen des Mehr-, Nacht- oder Sonntagsarbeitsverbots nach § 8 Abs. 1, 3 oder 5 teilweise oder völlig mit der Arbeit aussetzen. Dies gilt auch, wenn wegen dieser Verbote die Beschäftigung oder die Entlohnungsart wechselt. Wird das Arbeitsverhältnis erst nach Eintritt der Schwangerschaft begonnen, so ist der Durchschnittsverdienst aus dem Arbeitsentgelt der ersten 13 Wochen oder drei Monate der Beschäftigung zu berechnen. Hat das Arbeitsverhältnis nach Satz 1 oder 3 kürzer gedauert, so ist der kürzere Zeitraum der Berechnung zugrunde zu legen. Zeiten, in denen kein Arbeitsentgelt erzielt wurde, bleiben außer Betracht.

(2) Bei Verdiensterhöhungen nicht nur vorübergehender Natur, die während oder nach Ablauf des Berechnungszeitraums eintreten, ist von dem erhöhten Verdienst auszugehen. Verdienstkürzungen, die im Berechnungszeitraum infolge von Kurzarbeit, Arbeitsausfällen oder unverschuldeter Arbeitsversäumnis eintreten, bleiben für die Berechnung des Durchschnittsverdienstes außer Betracht. Zu berücksichtigen sind dauerhafte Verdienstkürzungen, die während oder nach Ablauf des Berechnungszeitraums eintreten und nicht auf einem mutterschutzrechtlichen Beschäftigungsverbot beruhen.

(3) Die Bundesregierung wird ermächtigt, durch Rechtsverordnung mit Zustimmung des Bundesrates Vorschriften über die Berechnung des Durchschnittsverdienstes im Sinne der Absätze 1 und 2 zu erlassen.

---

1 *Graue*, § 10 MuSchG Rz. 1. | 2 *Buchner/Becker*, § 10 MuSchG Rz. 12. | 3 *Zmarzlik/Zipperer/Viethen/Vieß*, § 10 MuSchG Rz. 11. | 4 *Graue*, § 10 MuSchG Rz. 18. | 5 *Buchner/Becker*, § 10 MuSchG Rz. 28, 30. | 6 *Heilmann*, § 10 MuSchG Rz. 29. | 7 Sehr str., wie hier *Buchner/Becker*, § 10 MuSchG Rz. 48; ErfK/*Schlachter*, § 10 MuSchG Rz. 5; *Meisel/Sowka*, § 10 MuSchG Rz. 5. AA *Heilmann*, § 10 MuSchG Rz. 36; *Zmarzlik/Zipperer/Viethen/Vieß*, § 10 MuSchG Rz. 14.

I. Normzweck. Ziel der Regelung ist es, der ArbNin über den generellen Schutz der §§ 3 II und 6 I hinaus keine wirtschaftl. Nachteile entstehen zu lassen. Durch den finanziellen Entgeltausgleich soll verhindert werden, dass die Mutter Gesundheitsgefährdungen unter Umgehung der Beschäftigungsverbote auf sich nimmt. Abs. 1 gibt einen **privatrechtl.** Individualanspruch auf Lohnersatz in Bezug auf die Verdienstminderung bzw. den Verdienstausfall. Dieser wird als **Mutterschutzlohn** bezeichnet und unterliegt der vollen LSt- bzw. SozV-Pflicht[1]. Die Zahlungspflicht des ArbGeb aus § 11 endet mit Beginn der Mutterschutzfristen, die ArbNin hat Anspruch auf **Mutterschaftsgeld** (§§ 13, 14). Für die entstehende Gesamtbelastung der ArbGeb aus § 11 und § 14 (**Zuschuss zum Mutterschaftsgeld**) sieht das seit 1.1.2006 geltende Aufwendungsausgleichsgesetz (§ 14 Rz. 1) ein umlagefinanziertes Ausgleichsverfahren („U 2“) vor. Von der **Ermächtigung nach Abs. 3** hat die Bundesregierung keinen Gebrauch gemacht. 1

II. Voraussetzungen für Mutterschutzlohn (Abs. 1). 1. Berechtigter Personenkreis bei Eingreifen eines in Abs. 1 genannten Beschäftigungsverbots. Die Berechtigung ist grds. für **alle** in den Geltungsbereich des § 1 fallenden Frauen gegeben, sofern sie von einem der genannten Beschäftigungsverbote erfasst werden und „soweit sie **nicht Mutterschaftsgeld** beziehen können“. Der Verweis beschränkt die Anwendbarkeit nicht nur auf die Fälle der direkten Anwendbarkeit der RVO gem. § 13 I, sondern erfasst auch Sachverhalte, bei denen die Frau **nicht Mitglied** einer Krankenkasse ist, aber gem. § 13 II zu Lasten des Bundes „entsprechend“ das Mutterschaftsgeld erhält. Ausschlaggebend ist die **tatsächliche Berechtigung**, nicht die Zahlung des Mutterschaftsgeldes. Erfüllt die Frau **nicht** die Voraussetzungen des Mutterschaftsgeldes während der Mutterschutzfristen, besteht aber **parallel** zu dem generellen ein individuelles Beschäftigungsverbot, so hat sie dennoch **keinen** Anspruch auf Mutterschaftslohn[2]. 2

2. Kausalität des Beschäftigungsverbots für den Entgeltausfall. Die ArbNin hat nur dann einen Anspruch aus § 11, wenn das Aussetzen mit der Arbeit (bzw. die Verdienstminderung) **ausschließlich** auf einem Beschäftigungsverbot des Abs. 1 beruht („**wegen** eines Beschäftigungsverbots“, vgl. § 3 Rz. 5). Zu prüfen ist also, ob nicht unabhängig vom Beschäftigungsverbot auch andere Umstände den **vollen** Lohnanspruch beeinträchtigt hätten[3]. Anderweitige Gründe (zB Ablehnung einer zumutbaren Ersatzarbeit, Schlechtleistung, Erholungsurlaub oder Elternzeit) schließen den Anspruch aus. Bei **Betriebsstörungen** ist die Betriebsrisikolehre (vgl. § 615 BGB Rz. 112 ff.) für die Zahlungspflicht entscheidend. Fällt bei einem Arbeitskampf das Risiko der Störung in den Bereich der ArbNin, so kann § 11 keinen Entgeltanspruch verschaffen (Arbeitskampfrisikolehre). Gleiches gilt bei Kurzarbeit, Stilllegung, Aussperrungen, sowie der aktiven Teilnahme an Streiks (Art. 9 GG Rz. 199). Liegt keine Beteiligung vor und führt der ArbGeb im bestreikten Betrieb die Arbeiten weiter, wird die ArbNin als arbeitswillig eingestuft und hat einen Anspruch aus § 11, sofern dem ArbGeb ihre Weiterbeschäftigung zumutbar ist[4]. 3

Problematisch ist das Verhältnis zur Entgeltfortzahlung im Krankheitsfall. Die Krankheit setzt einen **regelwidrigen** körperlichen oder geistigen Zustand gem. § 3 EFZG voraus, so dass die Schwangerschaft als Normalzustand und typische Begleiterscheinungen (zB Übelkeit, Rückenschmerzen) nicht erfasst werden (vgl. § 3 Rz. 5). Für den **ArbGeb** ist die Unterscheidung ausschlaggebend dafür, ob sich sein finanzielles Risiko beim Vorliegen einer Krankheit auf den beschränkten, sechswöchigen Anspruch aus § 3 EFZG begrenzt. Dagegen hat eine zur Arbeitsunfähigkeit führende Erkrankung **keine Auswirkung** auf die Berechtigung zum Bezug von **Mutterschaftsgeld** (Vorrang des Mutterschaftsgeldes)[5]. 4

III. Berechnung des Mutterschutzlohnes. Maßgeblich für die Berechnung des Mutterschutzlohnes ist der **im Berechnungszeitraum** erhaltene **Gesamtverdienst** und die zur Lohnbemessung im jeweiligen Betrieb maßgeblichen, der ArbNin tatsächlich **bezahlten Zeiteinheiten** (zB Wochen). Dividiert man diesen Verdienst durch die errechneten Zeiteinheiten, ergibt sich der **Durchschnittsverdienst**. Dieser ist als Mutterschutzlohn in dem Maße weiterzugewähren, wie die konkreten (teilweisen oder vollständigen) Beschäftigungsverbote den Verdienst der Frau mindern. 5

1. Berechnungszeitraum. Nach Abs. 1 hat der ArbGeb mindestens den Durchschnittsverdienst der letzten 13 Wochen oder der letzten 3 Monate vor Beginn des Monats, in dem die Schwangerschaft eingetreten ist, weiter zu gewähren (sog. Referenz- oder Bezugsmethode). Dabei hat er ein **Wahlrecht** zwischen beiden Zeiträumen (zur Fristberechnung vgl. Vor §§ 3 bis 8 Rz. 2). Ist das Arbeitsverhältnis beim aktuellen ArbGeb erst nach Schwangerschaftsbeginn begründet worden, sind von diesem die ersten 13 Wochen bzw. drei Monate zugrunde zu legen, S. 3. Bei einer Beschäftigung unterhalb der angegebenen Zeiträume ist der Verdienst des kürzeren Zeitraums ausschlaggebend, S. 4. Unterschiedliche Beträge der jeweiligen Zeiteinheiten werden durch die oben genannte Formel im Durchschnittsverdienst berücksichtigt. Hat die ArbNin (zB auf Grund einer Erkrankung) während der relevanten Zeiträume überhaupt nicht gearbeitet, muss auf den Zeitabschnitt vor dem Ausfall abgestellt werden[6]. Lässt sich auch so kein Durchschnittsverdienst ermitteln, ist anhand der Entlohnung anderer Beschäftigter mit gleich gelagerten Tätigkeiten zu kalkulieren (vgl. auch § 200 II 4 RVO)[7]. 6

---

1 *Buchner/Becker*, § 11 MuSchG Rz. 3 und 4. | 2 *Meisel/Sowka*, § 11 MuSchG Rz. 8, aA *Heilmann*, § 11 MuSchG Rz. 16. | 3 BAG v. 13.2.2002 – 5 AZR 588/00, AP Nr. 22 zu § 11 MuSchG 1968. | 4 *Buchner/Becker*, § 11 MuSchG Rz. 46. | 5 *Buchner/Becker*, § 11 MuSchG Rz. 156. | 6 BAG v. 15.1.1969 – 3 AZR 305/68, AP Nr. 1 zu § 11 MuSchG 1968. | 7 *Meisel/Sowka*, § 11 MuSchG Rz. 40.

7 **2. Gesamtverdienst.** Dem Gesamtverdienst als Berechnungsgrundlage des Durchschnittsverdienstes ist der **arbeitsrechtliche Verdienstbegriff** (identisch mit „Arbeitsentgelt", vgl. § 611 BGB Rz. 85 ff.) zugrunde zu legen. Gemeint ist damit **jede geldwerte** Gegenleistung (Bruttobezüge) für die Erfüllung **arbeitsvertragl.** Pflichten[1]. Ziel ist es, mit dem Mutterschutzlohn den **Lebensstandard des Berechnungszeitraumes** aufrechterhalten zu können. Neben den Lohn- und Gehaltssummen (Effektivhöhe) sind dies im Einzelnen: Bedienungsgelder, Provisionen, Erschwernis- und Leistungszulagen (zB Vergütungen für Überstunden und Mehrarbeit, Sonn-, Feiertags- oder Nachtarbeitszuschläge)[2], Sozialzulagen (Alter, Dienstzeit, Kinder-, Familienzuschläge) sowie Entgeltfortzahlungen, die auch ohne Arbeitsleistung beansprucht werden können (zB § 3 EFZG, § 37 BetrVG, Urlaubsentgelt). Sachbezüge (zB freie Wohnung) sind weiter in Natur zu leisten. Vermögenswirksame Leistungen sind zusätzlich zu § 11 zu erbringen.

8 Nicht als Verdienst einzustufen sind freiwillige Trinkgelder im Gaststättengewerbe, Aufwandsentschädigungen als Ersatz von Mehraufwendungen (zB Reisespesen), einmalige Zuwendungen für die Gesamtleistung eines ganzen Jahres, wenn diese nur zufällig im Berechnungszeitraum ausbezahlt werden (zB Weihnachtsgeld, Urlaubsgelder, 13. Monatsgehalt, wenn nicht als Vergütung für geleistete Arbeit monatlich ausgezahlt[3], Treueprämien, Erfinderbelohnungen)[4], irrtümliche Zahlungen sowie Kurzarbeiter- und Schlechtwettergeld.

9 **3. Verdiensterhöhnungen, -kürzungen (Abs. 2).** Vgl. dazu auch § 11 BUrlG mit gleichem Anliegen (§ 11 BUrlG Rz. 41 ff.). **Erhöhungen** sind tarifl., betriebl. oder einzelvertragl. Steigerungen des oben genannten „Verdienstes" mit **nicht** nur **vorübergehender** Natur, S. 1. Zu differenzieren ist danach, ob sie während oder nach Ablauf des Berechnungszeitraumes eintreten. Im ersten Fall erfolgt eine fiktive Zurückberechnung auf den ersten Tag des Berechnungszeitraumes. Erfolgt die Erhöhung nach dessen Ablauf, jedoch noch während des Bezuges von Mutterschutzlohn, so ist ab diesem Zeitpunkt der erhöhte Lohn zu zahlen. Sonstige Konstellationen wie etwa eine Erhöhung nach Ende des Beschäftigungsverbots haben keine Folgen. Das vermehrte Arbeitsentgelt ist nicht nur „vorübergehend", wenn es **wenigstens 3 Monate** hindurch gezahlt wird[5]. Dagegen wirken sich dauerhafte **Verdienstkürzungen** rückwirkend für den gesamten Zeitraum zu Lasten der ArbNin aus, selbst wenn sie nach Ablauf des Berechnungszeitraums erfolgen, S. 3[6]. Die ArbNin soll keine Besserstellung gegenüber den anderen ArbNinnen erhalten.

10 Erzielt die ArbNin in ganzen Lohnzahlungsabschnitten (zB Wochen, Arbeitstage) überhaupt **kein Entgelt**, so hat dies keine Auswirkung, da der Gesamtverdienst durch einen kleineren Divisor geteilt wird, Abs. 1 S. 5. Ergänzt wird diese Regelung durch **Abs. 2 S. 2**, weil so auch stundenweise Ausfälle berücksichtigt werden können. Dies gilt jedoch nur, wenn dies von der ArbNin nicht verschuldet wurde (nicht zB Bummeltage). Unter „Arbeitsausfälle" werden solche Sachverhalte verstanden, in denen der **ArbGeb** nicht in der Lage ist, die angebotene Arbeitsleistung anzunehmen (Betriebsrisiko).

12 (weggefallen)

13 *Mutterschaftsgeld*

(1) Frauen, die Mitglied einer gesetzlichen Krankenkasse sind, erhalten für die Zeit der Schutzfristen des § 3 Abs. 2 und des § 6 Abs. 1 sowie für den Entbindungstag Mutterschaftsgeld nach den Vorschriften der Reichsversicherungsordnung oder des Gesetzes über die Krankenversicherung der Landwirte über das Mutterschaftsgeld.

(2) Frauen, die nicht Mitglied einer gesetzlichen Krankenkasse sind, erhalten, wenn sie bei Beginn der Schutzfrist nach § 3 Abs. 2 in einem Arbeitsverhältnis stehen oder in Heimarbeit beschäftigt sind, für die Zeit der Schutzfristen des § 3 Abs. 2 und des § 6 Abs. 1 sowie für den Entbindungstag Mutterschaftsgeld zu Lasten des Bundes in entsprechender Anwendung der Vorschriften der Reichsversicherungsordnung über das Mutterschaftsgeld, höchstens jedoch insgesamt 210 Euro. Das Mutterschaftsgeld wird diesen Frauen auf Antrag vom Bundesversicherungsamt gezahlt. Die Sätze 1 und 2 gelten für Frauen entsprechend, deren Arbeitsverhältnis während ihrer Schwangerschaft oder der Schutzfrist des § 6 Abs. 1 nach Maßgabe von § 9 Abs. 3 aufgelöst worden ist.

(3) Frauen, die während der Schutzfristen des § 3 Abs. 2 oder des § 6 Abs. 1 von einem Beamten- in ein Arbeitsverhältnis wechseln, erhalten von diesem Zeitpunkt an Mutterschaftsgeld entsprechend den Absätzen 1 und 2.

1 **I. Normzweck.** Zusammen mit dem Zuschuss des ArbGeb nach § 14 sichert das Mutterschaftsgeld den Lebensunterhalt der ArbNin während der Mutterschutzfristen nach §§ 3 II, 6 I. Differenziert wird dabei

---

1 *Meisel/Sowka*, § 11 MuSchG Rz. 41. | 2 *Buchner/Becker*, § 11 MuSchG Rz. 90; aA (nur wenn regelmäßig anfallend) *Meisel/Sowka*, § 11 MuSchG Rz. 44a. | 3 BAG v. 25.11.1998 – 10 AZR 595/97, AP Nr. 17 zu § 14 MuSchG 1968. | 4 *Graue*, § 11 MuSchG Rz. 26, 27. | 5 *Buchner/Becker*, § 11 MuSchG Rz. 145. | 6 ErfK/*Schlachter*, § 11 MuSchG Rz. 13.

zwischen gesetzl. krankenversicherten Frauen, Abs. 1, und Nichtversicherten, Abs. 2. Letztere werden mit einer max. Vergütung von 210 Euro schlechter gestellt[1].

II. Mutterschaftsgeld für gesetzlich krankenversicherte Frauen (Abs. 1). Abs. 1 dient lediglich als Verweis auf die eigentlichen Anspruchsgrundlagen, nämlich § 200 RVO bzw. § 29 KVLG (inhaltlich identisch)[2]. Danach haben alle Frauen Anspruch auf Mutterschaftsgeld, die einen **Anspruch auf Krankengeld** haben oder denen **kein** Arbeitsentgelt wegen §§ 3 II bzw. 6 I gezahlt wird. Außerdem muss das Arbeitsverhältnis nach § 200 II 1, 4 RVO zu Beginn der Mutterschutzfristen bestehen oder währenddessen beginnen. Eine Auflösung nach Beginn des Zeitraumes hat keine Auswirkung auf diese Voraussetzung (zB Befristung)[3]. 2

Mit der GKV-Gesundheitsreform 2000 vom 22.12.1999 wurde der § 200 I Hs. 2 aF RVO gestrichen, der als weitere Voraussetzung für das Mutterschaftsgeld die **Mitgliedschaft** in der Krankenversicherung über die Dauer von 12 Wochen zwischen dem zehnten und dem vierten Monat vor der Entbindung bestimmte. Diese **Wartezeit** ist nun nicht mehr zu erfüllen. Grund hierfür ist die heutige Arbeitsmarktsituation, welche die Gefahr des Rechtsmissbrauchs der Bezugsberechtigung weitgehend ausschließt[4]. Ob der Bestand der Mitgliedschaft **bei Beginn** der Schutzfrist eine weitere Voraussetzung ist, ist vor diesem Hintergrund zweifelhaft. *Buchner* vertritt die Auffassung, dass der Wortlaut des § 200 I RVO diese Interpretation nicht mehr hergebe, so dass auch der spätere Erwerb der Mitgliedschaft den Anspruch auslöse[5]. Im Hinblick auf den Wortlaut des § 200 II RVO wird man jedoch weiterhin auf die Mitgliedschaft bei Fristbeginn abzustellen haben[6]. 3

Ist die Frau zu Beginn der Schutzfristen des § 3 II in einem Arbeitsverhältnis oder in Heimarbeit beschäftigt oder wird das Arbeitsverhältnis nach Maßgabe des § 9 III aufgelöst, so erhält sie das **kalendertägliche Durchschnittsentgelt** der letzten drei abgerechneten Monate vor Beginn der Schutzfrist. Da es sich insoweit um einen versicherungsrechtl. Anspruch handelt, ist im Gegensatz zu §§ 11, 14 der **sozialversicherungsrechtliche** Entgeltbegriff relevant, § 14 SGB IV (Abweichungen gering)[7]. Zur Berechnung des Mutterschaftsgeldes ist zunächst unter Berücksichtigung des § 200 II RVO der Bruttoverdienst im Berechnungszeitraum zu ermitteln, der sodann um die gesetzl. Belastungen reduziert wird. Die Zahlungspflicht der Krankenkasse ist auf maximal 13 Euro pro Kalendertag beschränkt. Mutterschaftsgeld **in Höhe des Krankengeldes** erhalten Frauen nach § 200 II 7 RVO, die zwar die Voraussetzungen des Abs. 1 erfüllen, nicht aber unter Abs. 2 S. 1 oder 5 fallen (zB freiwillig versicherte Selbständige)[8]. Im Falle der späteren Begründung des Arbeitsverhältnisses wird zunächst nach § 200 II 7 RVO Krankengeld, **ab Beginn** des Arbeitsverhältnisses Mutterschaftsgeld gezahlt, § 200 II 4 RVO[9]. Die **Berechnung** des **Bezugszeitraums** richtet sich nach dem Zeitpunkt der Beantragung. Stellt die Frau den Antrag **vor** der Geburt, ist der mutmaßliche Geburtstermin aus dem Attest (vgl. § 200 III 3 RVO) maßgebend. Danach wird der tatsächliche Geburtstermin zugrunde gelegt[10]. 4

III. Mutterschaftsgeld für Nichtversicherte (Abs. 2). Nichtversicherte Frauen (zB auf Grund von Versicherungsfreiheit, vgl. § 6 I SGB V) haben nach der Anspruchsgrundlage des Abs. 2 einen Anspruch auf Mutterschaftsgeld von max. 210 Euro gegenüber dem Bund. Voraussetzung dafür ist, dass die Frau bei Beginn der Schutzfrist nicht Mitglied der Krankenversicherung war (Rz. 2). Die Regelungen der RVO sind dann entsprechend anwendbar. 5

IV. Wechsel von Beamten- in Arbeitsverhältnis (Abs. 3). Vor Einführung des Abs. 3 hatte eine Frau **keinen** Anspruch auf Mutterschaftsgeld, wenn sie zum Beginn der Schutzfrist als Beamtin im Vorbereitungsdienst eingestellt war und danach umgehend während der Fristen in ein Arbeitsverhältnis wechselte. Mit Abs. 3 wurde diese Gesetzeslücke dahingehend geschlossen, dass ein Anspruch auf Mutterschaftsgeld ab dem Zeitpunkt des neuen Arbeitsverhältnisses besteht. 6

V. Rechtsschutz und Verhältnis zu anderen Leistungen. Um Doppelvergütungen zu vermeiden, ruht nach § 200 IV RVO das Mutterschaftsgeld, soweit beitragspflichtiges Arbeitsentgelt bezogen wird. Gem. § 7 I 1 BErzGG wird das Mutterschaftsgeld (nicht aus Abs. 2) auf das Erziehungsgeld angerechnet. Erkrankt die ArbNin während der Schutzfrist, so besteht trotzdem (Gegensatz zu § 11) ein Anspruch auf Mutterschaftsgeld (Vorrang des Mutterschaftsgeldes). Streitigkeiten mit der Krankenkasse oder dem Bundesversicherungsamt (BVA) sind vor den **Sozialgerichten** auszutragen. 7

14 *Zuschuss zum Mutterschaftsgeld*

(1) Frauen, die Anspruch auf Mutterschaftsgeld nach § 200 Abs. 1, 2 Satz 1 bis 4 und Abs. 3 der Reichsversicherungsordnung, § 29 Abs. 1, 2 und 4 des Gesetzes über die Krankenversicherung der Landwirte oder § 13 Abs. 2, 3 haben, erhalten während ihres bestehenden Arbeitsverhältnisses für die

1 Kritisch zur Verfassungsmäßigkeit der Regelung *Buchner*, NJW 1982, 800 (801). | 2 Dazu näher *Buchner/Becker*, § 13 MuSchG Rz. 46 ff. | 3 *Zmarzlik/Zipperer/Viethen/Vieß*, § 13 MuSchG Rz. 21, 24. | 4 *Buchner/Becker*, § 13 MuSchG Rz. 54. | 5 Vgl. *Buchner/Becker*, § 13 MuSchG Rz. 43 f. | 6 HM: *Zmarzlik/Zipperer/Viethen/Vieß*, § 200 RVO Rz. 8. | 7 *Meisel/Sowka*, § 200 RVO Rz. 49. | 8 *Buchner/Becker*, § 13 MuSchG Rz. 83 und 84; ErfK/*Rolfs*, § 200 RVO Rz. 15. | 9 *Buchner/Becker*, § 13 MuSchG Rz. 82. | 10 HM: *Zmarzlik/Zipperer/Viethen/Vieß*, § 200 RVO Rz. 48.

Zeit der Schutzfristen des § 3 Abs. 2 und § 6 Abs. 1 sowie für den Entbindungstag von ihrem Arbeitgeber einen Zuschuss in Höhe des Unterschiedsbetrages zwischen 13 Euro und dem um die gesetzlichen Abzüge verminderten durchschnittlichen kalendertäglichen Arbeitsentgelt. Das durchschnittliche kalendertägliche Arbeitsentgelt ist aus den letzten drei abgerechneten Kalendermonaten, bei wöchentlicher Abrechnung aus den letzten 13 abgerechneten Wochen vor Beginn der Schutzfrist nach § 3 Abs. 2 zu berechnen. Nicht nur vorübergehende Erhöhungen des Arbeitsentgeltes, die während der Schutzfristen des § 3 Abs. 2 und § 6 Abs. 1 wirksam werden, sind ab diesem Zeitpunkt in die Berechnung einzubeziehen. Einmalig gezahltes Arbeitsentgelt (§ 23a des Vierten Buches Sozialgesetzbuch) sowie Tage, an denen infolge von Kurzarbeit, Arbeitsausfällen oder unverschuldeter Arbeitsversäumnis kein oder ein vermindertes Arbeitsentgelt erzielt wurde, bleiben außer Betracht. Zu berücksichtigen sind dauerhafte Verdienstkürzungen, die während oder nach Ablauf des Berechnungszeitraums eintreten und nicht auf einem mutterschutzrechtlichen Beschäftigungsverbot beruhen. Ist danach eine Berechnung nicht möglich, so ist das durchschnittliche kalendertägliche Arbeitsentgelt einer gleichartig Beschäftigten zugrunde zu legen.

(2) Frauen, deren Arbeitsverhältnis während ihrer Schwangerschaft oder während der Schutzfrist des § 6 Abs. 1 nach Maßgabe von § 9 Abs. 3 aufgelöst worden ist, erhalten bis zum Ende dieser Schutzfrist den Zuschuss nach Absatz 1 zu Lasten des Bundes von der für die Zahlung des Mutterschaftsgeldes zuständigen Stelle.

(3) Absatz 2 gilt für den Zuschuss des Bundes entsprechend, wenn der Arbeitgeber wegen eines Insolvenzereignisses im Sinne des § 183 Abs. 1 Satz 1 des Dritten Buches Sozialgesetzbuch seinen Zuschuss nach Absatz 1 nicht zahlen kann.

(4) Der Zuschuss nach den Absätzen 1 bis 3 entfällt für die Zeit, in der Frauen die Elternzeit nach dem Bundeselterngeld- und Elternzeitgesetz in Anspruch nehmen oder in Anspruch genommen hätten, wenn deren Arbeitsverhältnis nicht während ihrer Schwangerschaft oder während der Schutzfrist des § 6 Abs. 1 vom Arbeitgeber zulässig aufgelöst worden wäre. Dies gilt nicht, soweit sie eine zulässige Teilzeitarbeit leisten.

1 **I. Systematik.** Der Zuschuss des ArbGeb ist die Differenz zwischen dem auf 13 Euro pro Tag beschränkten Mutterschaftsgeld und dem tatsächlichen Nettoeinkommen. In der ursprünglichen Konzeption waren die 13 Euro kalendertäglich als Hauptleistung gedacht. Trotz Art. 6 IV GG, der den Schutz und die Fürsorge für die Mutter **der Gemeinschaft** auferlegt, wurde dieser Sockelbetrag seit der Einführung am 1.1.1968 nicht erhöht[1]. Mit den stetig steigenden Durchschnittslöhnen (im Jahr 2000 ca. 40 Euro[2]) veränderte sich das Verhältnis zum Zuschuss der ArbGeb soweit, dass man heute von einer Disproportionalität sprechen kann[3]. Auf Grund der Entscheidung des BVerfG vom 18.11.2003[4] wurde das bislang in §§ 10 ff. LFZG nur für Kleinbetriebe vorgesehene Umlageverfahren („U 2") im zum 1.1.2006 in Kraft getretenen Aufwendungsausgleichsgesetz (AAG) auf eine neue Grundlage gestellt und auf **alle ArbGeb ausgeweitet**. § 1 II Nr. 1 AAG sieht einen Erstattungsanspruch der ArbGeb gegenüber den Krankenkassen hinsichtlich des **nach § 14 I gezahlten Zuschusses zum Mutterschaftsgeld** vor, § 1 II Nr. 2 und 3 AAG normiert dasselbe für die **Leistungen der ArbGeb nach § 11 (Mutterschutzlohn)**[5]. Rechtspolitisch ist anzumerken, dass die Neuregelung zwar nunmehr die finanzielle Last gleichmäßig auf die Schultern der Versichertengemeinschaft verteilt, der Staat aber weiterhin nur in unzureichendem Maße seinen Verpflichtungen nachkommt[6].

2 **II. Voraussetzungen der Bezugsberechtigung (Abs. 1). 1. Anspruchsberechtigte.** Ausgangspunkt ist die **Koppelung** des ArbGebZuschusses an einen bestehenden **Anspruch** aus § 200 RVO, § 29 KVLG oder aus § 13 II, III **auf Mutterschaftsgeld**. Auf die tatsächliche Zahlung kommt es nicht an. Weiterhin spielt der Versicherungsstatus keine Rolle, sondern allein das **Bestehen** eines **Arbeitsverhältnisses** zu Beginn der Fristen. Darüber hinaus muss die Frau in den letzten drei Monaten kalendertäglich durchschnittlich **mehr als 13 Euro** Nettoarbeitsentgelt erhalten haben. Arbeitet die ArbNin im Rahmen des § 3 II vollständig weiter, erhält sie nur ihr Arbeitsentgelt. §§ 13 und 14 haben lediglich **Lohnersatzfunktion**. Arbeitet sie bis zur Geburt teilweise weiter, ruht zwar das Mutterschaftsgeld nach § 200 IV RVO der Höhe nach („soweit"), der **Anspruch** darauf wird aber **nicht beseitigt**[7]. Der **ArbGeb** hat deshalb den Differenzbetrag zu zahlen. Ist die Frau während der Schutzfristen arbeitsunfähig krank, entfällt der Anspruch auf den Zuschuss nicht[8].

3 **Keinen** Anspruch haben Frauen, die Krankengeld nach § 200 II 7 RVO oder § 29 III KVLG erhalten (zB Arbl., Selbständige). Endet das Arbeitsverhältnis nach Beginn der Schutzfrist **nicht** nach Maßgabe des § 9 III (vgl. § 14 II), sondern in sonstiger Weise, erlischt grds. der bis dahin gegebene Anspruch auf Zuschuss. Ebenso entfällt gem. Abs. 4 der Zuschuss, wenn Frauen während der Mutterschutzfristen Elternzeit nehmen (Bsp.: Frau wird während der laufenden Elternzeit erneut schwanger oder nimmt

---

1 *Buchner*, NZA 2004, 1121. | 2 BVerfG v. 18.11.2003 – 1 BvR 302/96, AP Nr. 23 zu § 14 MuSchG 1968. | 3 *Buchner/Becker*, § 14 MuSchG Rz. 14. | 4 BVerfG v. 18.11.2003 – 1 BvR 302/96, AP Nr. 23 zu § 14 MuSchG 1968. | 5 Vgl. näher *Buchner*, NZA 2006, 121 (122 ff.). | 6 So auch *Buchner*, NZA 2004, 1121 (1128). | 7 *Heilmann*, § 14 MuSchG Rz. 11. | 8 BAG v. 12.3.1997 – 5 AZR 226/96, AP Nr. 16 zu § 14 MuSchG 1968.

Elternzeit bereits parallel zur Schutzfrist nach der Entbindung). Unabhängig vom Bestehen des Anspruchs auf Mutterschaftsgeld entfällt hier der Zuschussanspruch, da mit der Inanspruchnahme der Elternzeit das Arbeitsverhältnis bzgl. der **beiderseitigen Hauptpflichten suspendiert** ist[1]. Bei **Teilzeitarbeit** ist zwischen diskontinuierlicher und kontinuierlicher Entgeltzahlung zu unterscheiden[2]. Zum Fall von kollektiven Maßnahmen wie Streik, Aussperrung und Stilllegung vgl. § 11 Rz. 3.

2. Anspruchsverpflichtete. a) Arbeitgeber (Abs. 1). Während des Arbeitsverhältnisses richtet sich der Anspruch gegen den **ArbGeb** (bei Heimarbeitsverhältnissen gem. § 24 gegen den Auftraggeber oder Zwischenmeister). Bei einem Betriebsübergang nach § 613a BGB geht die Pflicht auf den neuen **ArbGeb** über. Liegt eine Beschäftigung bei mehreren **ArbGeb** parallel vor, ist der Gesamtverdienst zu ermitteln und davon anteilig der Zuschuss zu zahlen[3]. Bei dem Zuschussanspruch handelt es sich um einen **arbeitsrechtl.** Anspruch mit Lohnersatzcharakter, der demzufolge auch vor den **ArbG** einzuklagen ist. 4

b) Krankenkasse bzw. Bundesversicherungsamt (Abs. 2 und 3). Ist das Arbeitsverhältnis nach Maßgabe des § 9 III aufgelöst worden, so ist ab diesem Zeitpunkt bis zum Ende der Frist die zur Mutterschaftsgeldzahlung jeweils zuständige Stelle verantwortlich, Abs. 2. Zahlt die gesetzl. Krankenkasse, bekommt sie den Zuschuss vom Bund ersetzt. Anderweitige Beendigungstatbestände werden nicht erfasst[4]. Besteht aber bei Arbeitsunfähigkeit ein Anspruch auf Krankengeld, ist der Frau ab dem Wegfall des Zuschussanspruchs Mutterschaftsgeld in Höhe des Krankengelds zu zahlen (Sinn und Zweck des § 200 II 7 RVO)[5]. Ab Insolvenzeröffnung erfolgt nach Abs. 3 entsprechend Abs. 2 ein Wechsel des Anspruchsgegners. Der Anspruch aus Abs. 2 bzw. 3 ist **öffentl.-rechtl.**, so dass die SG zuständig sind. 5

III. Berechnung und Dauer des Zuschusses. Der Zuschuss ist die Differenz zwischen dem kalendertäglichen Nettodurchschnittsentgelt und 13 Euro. Er wird für die Dauer der Schutzfristen nach §§ 3 II, 6 I (einschl. Entbindungstag) gezahlt. Der Entgeltbegriff ist dabei identisch mit dem Begriff des Arbeitsentgelts in § 11 (vgl. § 11 Rz. 7 und 8). Verdiensterhöhungen sind nach Abs. 1 S. 3, -kürzungen nach S. 5 zu berücksichtigen. Das entweder über drei Kalendermonate (gem. § 191 BGB, Divisor 90) oder über 13 Wochen (Divisor 91) abgerechnete Entgelt wird um die gesetzl. Abzüge (Lohn-, Kirchensteuer, Solidaritätszuschlag, Anteil am SozV-Beitrag einschl. Pflegeversicherung; *nicht* zusätzliche Alters-, Hinterbliebenenversorgung und private Kranken-, Lebensversicherung[6]) vermindert. Das so ermittelte Nettoentgelt wird mit dem jeweiligen Divisor dividiert, um das **tägliche** Nettodurchschnittsentgelt zu ermitteln. Ein Wechsel der Steuerklasse allein zum Zweck der Verringerung der Abzüge ist rechtsmissbräuchlich[7]. 6

15 *Sonstige Leistungen bei Schwangerschaft und Mutterschaft*

Frauen, die in der gesetzlichen Krankenversicherung versichert sind, erhalten auch die folgenden Leistungen bei Schwangerschaft und Mutterschaft nach den Vorschriften der Reichsversicherungsordnung oder des Gesetzes über die Krankenversicherung der Landwirte:

1. ärztliche Betreuung und Hebammenhilfe,

2. Versorgung mit Arznei-, Verband- und Heilmitteln,

3. stationäre Entbindung,

4. häusliche Pflege,

5. Haushaltshilfe.

Die Norm selbst ist nicht Anspruchsgrundlage für die angeführten Leistungen, sondern hat allein **deklaratorische** Bedeutung. Durch sie sollen die gesetzl. versicherten Frauen auf ihre Ansprüche aus der RVO und dem KVLG hingewiesen werden. 1

16 *Freistellung für Untersuchungen*

Der Arbeitgeber hat die Frau für die Zeit freizustellen, die zur Durchführung der Untersuchungen im Rahmen der Leistungen der gesetzlichen Krankenversicherung bei Schwangerschaft und Mutterschaft erforderlich ist. Entsprechendes gilt zu Gunsten der Frau, die nicht in der gesetzlichen Krankenversicherung versichert ist. Ein Entgeltausfall darf hierdurch nicht eintreten.

I. Normzweck. § 16 soll dafür sorgen, dass durch **Freistellung von der Arbeit** die notwendigen medizinischen Untersuchungen durchgeführt werden. Die Norm konkretisiert die allgemeine Fürsorgepflicht des ArbGeb und begründet gleichzeitig eine öffentl.-rechtliche Pflicht, die gem. § 21 I Nr. 7 sanktioniert wird und behördlicher Aufsicht unterliegt. 1

II. Geschützter Personenkreis. Mit dem Gesetz zur Änderung des Mutterschutzrechts vom 20.12.1996 wurde der Kreis der Anspruchsberechtigten auch auf **nicht** der gesetzl. Krankenversicherung angehö- 2

---

1 *Buchner/Becker*, § 14 MuSchG Rz. 43. | 2 Eingehend *Mehl*, Freistellungszeiten bei flexibler Teilzeitarbeit, 2004, S. 211 f. | 3 *Zmarzlik/Zipperer/Viethen/Vieß*, § 14 MuSchG Rz. 62. | 4 *Buchner/Becker*, § 14 MuSchG Rz. 56. | 5 *Buchner/Becker*, § 14 MuSchG Rz. 77. | 6 Vgl. *Zmarzlik/Zipperer/Viethen/Vieß*, § 14 MuSchG Rz. 43. | 7 *Zmarzlik/Zipperer/Viethen/Vieß*, § 14 MuSchG Rz. 45.

rende Mütter erweitert, S. 2. Somit haben **alle** ArbNinnen einen Freistellungsanspruch. Dies entspricht der Umsetzung des Art. 9 der MutterschutzRL 92/85/EWG.

3 **III. Inhalt des Anspruchs.** Der Anspruch erstreckt sich auf Untersuchungen, die mutterschafts-, nicht krankheitsbedingt durchgeführt werden. Die erforderliche Freistellung umfasst sowohl die **Wegezeit** als auch die **Dauer des Arztbesuchs** selbst. Die Häufigkeit richtet sich nach dem Urteil des behandelnden Arztes im Einzelfall. Seine Entscheidung ist vom ArbGeb zu respektieren[1]. Die Schwangere ist nicht berechtigt, eigenmächtig von der Arbeit fern zu bleiben. Sie muss den Termin mit den betrieblichen Interessen abstimmen und ihn frühzeitig dem **ArbGeb** mitteilen. Ist die Untersuchung ohne Probleme außerhalb der Arbeitszeit durchführbar, so ist die Freistellung nicht erforderlich. Hierauf sollte die ArbNin hinarbeiten. Gewährt der **ArbGeb** nach vorhergehender Absprache keine Freistellung, kann die ArbNin die erforderlichen Untersuchungen durchführen lassen. Dazu steht ihr ein Zurückbehaltungsrecht zu[2].

4 **IV. Rechtsfolgen.** Gem. S. 3 ist der **Entgeltausfall** für die ArbNin **ausgeschlossen**. Die versäumte Arbeitszeit ist ihr nach dem Lohnausfallprinzip weiter zu zahlen. Es muss keine Vor- oder Nacharbeit geleistet werden, da die Zeit für Untersuchungen auf die Arbeitszeit angerechnet wird[3]. Entsteht der Frau ein Schaden, weil der **ArbGeb** ihre Rechte missachtet, so hat sie einen Schadensersatzanspruch aus Vertrag sowie § 823 I und II BGB.

17 *Erholungsurlaub*

Für den Anspruch auf bezahlten Erholungsurlaub und dessen Dauer gelten die Ausfallzeiten wegen mutterschutzrechtlicher Beschäftigungsverbote als Beschäftigungszeiten. Hat die Frau ihren Urlaub vor Beginn der Beschäftigungsverbote nicht oder nicht vollständig erhalten, so kann sie nach Ablauf der Fristen den Resturlaub im laufenden oder im nächsten Urlaubsjahr beanspruchen.

1 S. 1 dient lediglich der Klarstellung dessen, was bereits vor dem Zweiten Gesetz zur Änderung des Mutterschutzrechts vom 20.6.2002 (BGBl. I S. 2318) schon als Rechtsgrundsatz galt. Auf Grund der unterschiedlichen Zielsetzung sollen die Fehlzeiten der Schwangerschaft nicht den gesetzl. Anspruch auf Erholungsurlaub berühren. Dazu gelten bei der Berechnung des Erholungsurlaubs **alle durch das MuSchG verursachten Beschäftigungsverbote** als tatsächliche Beschäftigung.

2 Darüber hinaus wird gem. S. 2 die Übertragung von Resturlaubsansprüchen festgelegt. Konnte auf Grund von Beschäftigungsverboten der Erholungsurlaub nicht vollständig genommen werden, so ist der Anspruch nach dem Ende des Verbots noch im folgenden Jahr gegeben. Die vom Gesetzgeber gewählte Formulierung „nach Ablauf der Fristen" bezieht sich nicht nur auf die Mutterschutzfristen, vielmehr erfasst sie **alle mutterschutzrechtl. Beschäftigungsverbote**. Bzgl. der Ansprüche nach anschließender Elternzeit ist § 17 II BEEG entscheidend.

Fünfter Abschnitt. Durchführung des Gesetzes

18 *Auslage des Gesetzes*

(1) In Betrieben und Verwaltungen, in denen regelmäßig mehr als drei Frauen beschäftigt werden, ist ein Abdruck dieses Gesetzes an geeigneter Stelle zur Einsicht auszulegen oder auszuhängen.

(2) Wer Heimarbeit ausgibt oder abnimmt, hat in den Räumen der Ausgabe und Abnahme einen Abdruck dieses Gesetzes an geeigneter Stelle zur Einsicht auszulegen oder auszuhängen.

1 **I. Pflicht zum Aushang in Betrieben und Verwaltungen (Abs. 1).** Um dem Regelungsziel (Information der ArbNinnen) nachzukommen, muss der ArbGeb einen Aushang dieses Gesetzes in Betrieben bzw. Verwaltungen vornehmen. Der Begriff umfasst im genannten Zusammenhang neben Industrie, Handel und Handwerk auch freiberuflich Tätige, Landwirtschaft, See- und Binnenschifffahrt, öffentl. Betriebe sowie Nebenbetriebe und Betriebsteile, wenn diese so nah gelegen sind, dass die Einsicht in den Betriebspausen möglich ist[4]. Verwaltungen sind zB die einzelnen Dienststellen bei Gemeinden und Städten sowie Anstalten und Stiftungen.

2 Unabhängig von der sonstigen Geltung des MuSchG greift § 18 jedoch erst dann ein, wenn regelmäßig **mehr als drei Frauen** beschäftigt werden. Die Zahl bestimmt sich ausschließlich danach, ob die Frauen auf Grund ihrer Beschäftigung als betriebsangehörige ArbNin angesehen werden können, nicht aber nach Art, Dauer oder Umfang der Tätigkeiten[5]. Regelmäßig bedeutet, dass mehr als drei Frauen nicht nur vorübergehend (zB Weihnachtsgeschäft), sondern ständig beschäftigt sind[6].

1 *Buchner/Becker*, § 16 MuSchG Rz. 22. |2 *Heilmann*, § 16 MuSchG Rz. 11 ff. und 22. |3 *Buchner/Becker*, § 16 MuSchG Rz. 24. |4 *Meisel/Sowka*, § 18 MuSchG Rz. 2 ff. |5 *Buchner/Becker*, § 18 MuSchG Rz. 21. |6 *Graue*, § 18 MuSchG Rz. 7.

Des Weiteren muss der Aushang an **geeigneter Stelle** erfolgen. Dabei ist zu beachten, dass der vollständige Wortlaut der aktuellen Gesetzesfassung des MuSchG an einem **frei zugänglichen** Platz (zB Personalbüro, schwarzes Brett) ausgelegt bzw. aufgehängt werden muss, um allen ArbNinnen die Einsicht zu ermöglichen. Grds. ist der Aushang in deutscher Sprache ausreichend, wenn nicht in Einzelfällen die arbeitsrechtliche **Fürsorgepflicht** den **ArbGeb** dazu zwingt, über lange Zeit beschäftigte ArbNin über ihre Rechte zu informieren[1]. 3

II. Heimarbeit (Abs. 2). Da die Heimarbeiterinnen ihre Arbeit an einer selbst gewählten Arbeitsstätte leisten, welche sie sich bei dem Auftraggeber in sog. **Ausgaberäumen** abgeholt haben bzw. abgeben, muss der Aushang bzw. die Auslage auch in diesem Raum stattfinden. Auf die Anzahl der Beschäftigten kommt es hierbei nicht an. 4

III. Durchsetzung. Die Vorschrift dient nicht dem Individualschutz (Mindestbeschäftigtenzahl!), sondern ist reine **Ordnungsvorschrift**, also kein Schutzgesetz iSd. § 823 II BGB[2]. Daneben hat eine Verletzung auch keinen Einfluss auf den Beginn der Zwei-Wochen-Frist des § 9 I 1[3]. 5

19 *Auskunft*

(1) Der Arbeitgeber ist verpflichtet, der Aufsichtsbehörde auf Verlangen

1. die zur Erfüllung der Aufgaben dieser Behörde erforderlichen Angaben wahrheitsgemäß und vollständig zu machen,

2. die Unterlagen, aus denen Namen, Beschäftigungsart und -zeiten der werdenden und stillenden Mütter sowie Lohn- und Gehaltszahlungen ersichtlich sind, und alle sonstigen Unterlagen, die sich auf die zu Nummer 1 zu machenden Angaben beziehen, zur Einsicht vorzulegen oder einzusenden.

(2) Die Unterlagen sind mindestens bis zum Ablauf von zwei Jahren nach der letzten Eintragung aufzubewahren.

I. Normzweck. § 19 soll die Pflichten der Aufsichtsbehörde aus § 20 I erleichtern, indem der ArbGeb auf Verlangen **Auskünfte** erteilen und **Unterlagen** herauszugeben hat. 1

II. Voraussetzungen der Auskunfts- und Vorlagepflicht (Abs. 1). Normadressat ist allein der **ArbGeb** bzw. sein Vertreter, nicht jedoch die ArbNin selbst. Ausgangspunkt ist dafür ein schriftl. oder mündl. **Verlangen der Aufsichtsbehörde**, im Rahmen ihrer Aufgaben die Informationen zu benötigen. Der BR ist gem. § 89 I BetrVG ausdrücklich verpflichtet, die zuständigen Stellen des Arbeitsschutzes einzuschalten, dh. auch über Verstöße gegen das MuSchG zu berichten. Beschränkt wird diese Pflicht jedoch durch den Grundsatz der vertrauensvollen Zusammenarbeit, der zunächst eine innerbetriebliche Einflussnahme gebietet[4]. 2

III. Gegenstand der Auskunfts- und Vorlagepflicht. Der ArbGeb hat die im Auskunftsverlangen geforderten Angaben **wahrheitsgemäß** und **vollständig** zu machen bzw. die Unterlagen zur **Einsicht** vorzulegen. Die Beschaffung von Unterlagen ist dagegen nicht erforderlich, wenn diese nicht bereits im Besitz des ArbGeb sind. Außerdem darf die Vorlagepflicht nicht dazu führen, dass der laufende Geschäftsbetrieb durch die Vorlage wichtiger Akten beeinträchtigt wird. Die Kosten der Übersendung der Dokumente trägt der ArbGeb[5]. 3

IV. Aufbewahrungspflicht (Abs. 2). Bzgl. der Unterlagen des Abs. 1 Nr. 2 besteht eine Aufbewahrungspflicht für zwei Jahre ab der letzten Eintragung, §§ 187 I, 188 II BGB. Grund hierfür ist die Notwendigkeit, im Nachhinein noch Verstöße festzustellen und zu ahnden. 4

20 *Aufsichtsbehörden*

(1) Die Aufsicht über die Ausführung der Vorschriften dieses Gesetzes und der auf Grund dieses Gesetzes erlassenen Vorschriften obliegt den nach Landesrecht zuständigen Behörden (Aufsichtsbehörden).

(2) Die Aufsichtsbehörden haben dieselben Befugnisse und Obliegenheiten wie nach § 139b der Gewerbeordnung die dort genannten besonderen Beamten. Das Grundrecht der Unverletzlichkeit der Wohnung (Artikel 13 des Grundgesetzes) wird insoweit eingeschränkt.

I. Aufsichtsbehörden (Abs. 1). Entsprechend den Kompetenzen bei der Ausführung von Bundesgesetzen nach Art. 83 GG legt § 20 die Zuständigkeit der jeweiligen Aufsichtsbehörden in die Hände der Länder. Diese haben in den jeweiligen Ausführungsvorschriften unterschiedliche Regelungen gefunden, wobei in den meisten Bundesländern die **Gewerbeaufsichtsämter** zuständig sind[6]. Dabei bestimmt sich die örtliche Zuständigkeit des Amtes nach dem Bezirk, in dessen Amtsbereich die Beschäftigung stattfindet (regelmäßig der Betriebssitz). 1

1 *Zmarzlik/Zipperer/Viethen/Vieß*, § 18 MuSchG Rz. 7. | 2 *Meisel/Sowka*, § 18 MuSchG Rz. 13. | 3 *Zmarzlik/Zipperer/Viethen/Vieß*, § 18 MuSchG Rz. 10. | 4 *Buchner/Becker*, § 19 MuSchG Rz. 7. | 5 *Meisel/Sowka*, § 19 MuSchG Rz. 7. | 6 Zuständige Behörden aufgelistet bei *Buchner/Becker*, § 20 MuSchG Rz. 2.

2 **II. Befugnisse der Aufsichtsbehörde (Abs. 2) und Rechtsmittel gegen Verfügungen.** Aus den Vorschriften des MuSchG ergeben sich konkrete Aufgaben für die Aufsichtsbehörde (zB § 4 V). Zur Durchführung werden ihr umfangreiche Befugnisse eingeräumt. Neben den notwendigen Ortsbesichtigungen in Betrieben, Verwaltungen und Familienhaushalten bzw. Auskunftsmöglichkeiten (§ 19) wird die Handlungsgewalt der Aufsichtsbehörde durch den Verweis auf § 139b GewO derjenigen der Ortspolizeibehörden gleichgestellt. So sind unangemeldete Revisionen jederzeit durchführbar und obendrein deren Behinderung eine Ordnungswidrigkeit nach der GewO. Stellt die Behörde Unregelmäßigkeiten fest, kann sie, angefangen mit Aufklärung und Beratung bis hin zu Mitteln des Verwaltungszwangs, Maßnahmen einleiten. Sie hat dabei aber die Betriebsverhältnisse geheim zu halten (sog. Amtsverschwiegenheit).

3 Die Aufsichtsbehörde ist bei der Wahrnehmung ihrer Aufgaben hoheitlich nach den jeweiligen Landesverwaltungsverfahrensgesetzen tätig, so dass der **Verwaltungsrechtsweg** nach § 40 VwGO eröffnet ist und sich die Rechtsbehelfe nach den allgemein geltenden Vorschriften des verwaltungsgerichtlichen Verfahrens richten (Anfechtungs-, Verpflichtungsklage). Daneben sind wie bei jeder Verwaltungsmaßnahme die formlosen Rechtsbehelfe (zB die Dienstaufsichtsbeschwerde) durchführbar.

Sechster Abschnitt. Straftaten und Ordnungswidrigkeiten

21 *Straftaten und Ordnungswidrigkeiten*

(1) Ordnungswidrig handelt der Arbeitgeber, der vorsätzlich oder fahrlässig

1. den Vorschriften der §§ 3, 4 Abs. 1 bis 3 Satz 1 oder § 6 Abs. 1 bis 3 Satz 1 über die Beschäftigungsverbote vor und nach der Entbindung,

2. den Vorschriften des § 7 Abs. 1 Satz 1 oder Abs. 2 Satz 2 über die Stillzeit,

3. den Vorschriften des § 8 Abs. 1 oder 3 bis 5 Satz 1 über Mehr-, Nacht- oder Sonntagsarbeit,

4. den auf Grund des § 4 Abs. 4 erlassenen Vorschriften, soweit sie für einen bestimmten Tatbestand auf diese Bußgeldvorschrift verweisen,

5. einer vollziehbaren Verfügung der Aufsichtsbehörde nach § 2 Abs. 5, § 4 Abs. 5, § 6 Abs. 3 Satz 2, § 7 Abs. 3 oder § 8 Abs. 5 Satz 2 Halbsatz 1,

6. den Vorschriften des § 5 Abs. 1 Satz 3 über die Benachrichtigung,

7. der Vorschrift des § 16 Satz 1, auch in Verbindung mit Satz 2, über die Freistellung für Untersuchungen oder

8. den Vorschriften des § 18 über die Auslage des Gesetzes oder des § 19 über die Einsicht, Aufbewahrung und Vorlage der Unterlagen und über die Auskunft

zuwiderhandelt.

(2) Die Ordnungswidrigkeit nach Absatz 1 Nr. 1 bis 5 kann mit einer Geldbuße bis zu fünfzehntausend Euro, die Ordnungswidrigkeit nach Absatz 1 Nr. 6 bis 8 mit einer Geldbuße bis zu zweitausendfünfhundert Euro geahndet werden.

(3) Wer vorsätzlich eine der in Absatz 1 Nr. 1 bis 5 bezeichneten Handlungen begeht und dadurch die Frau in ihrer Arbeitskraft oder Gesundheit gefährdet, wird mit Freiheitsstrafe bis zu einem Jahr oder mit Geldstrafe bestraft.

(4) Wer in den Fällen des Absatzes 3 die Gefahr fahrlässig verursacht, wird mit Freiheitsstrafe bis zu sechs Monaten oder mit Geldstrafe bis zu einhundertachtzig Tagessätzen bestraft.

1 **I. Normzweck.** Die Bestimmungen des § 21 ordnen die Konsequenzen für den vorsätzlichen oder fahrlässigen **Verstoß gegen Schutzvorschriften** dieses Gesetzes sowie für pflichtwidriges Verhalten gegenüber der Aufsichtsbehörde an. Zuwiderhandlungen gegen die genannten Vorschriften in Abs. 1 Nr. 1–8 werden als **Ordnungswidrigkeiten** geahndet. Erst wenn zu diesen Tatbeständen die zusätzlichen Merkmale des Abs. 3 oder 4 hinzukommen, liegt eine **Straftat** vor. Der Verstoß gegen Leistungsverpflichtungen wird nicht geahndet.

2 **II. Ordnungswidrigkeiten (Abs. 1 und 2).** Abs. 1 Nr. 1–8 listet Gesetzesverstöße auf, die nach dem Recht der Ordnungswidrigkeiten (OWiG) verfolgt werden können. Ergänzt wird die Bestimmung durch § 6 MuSchArbPlV, welcher nach Abs. 1 Nr. 4 iVm. § 4 IV Anwendung findet. Abs. 2 legt die **maximale Geldbuße** mit 15 000 Euro bei Nr. 1–5 bzw. 2500 Euro bei Nr. 6–8 fest. Die Nichtbeachtung von Verfügungen der Aufsichtsbehörde nach Nr. 5 führt allerdings nur dann zur Verfolgung, wenn dem Vollzug keine aufschiebend wirkenden Rechtsmittel entgegenstehen[1].

1 *Heilmann*, § 21 MuSchG Rz. 8.

III. Straftaten (Abs. 3 und 4). Verstöße gegen Abs. 1 Nr. 1–5 werden bei Vorliegen einer **konkreten Gefährdung** der Arbeitskraft oder Gesundheit der Schwangeren als Vergehen iSd. § 12 StGB qualifiziert. Die **Arbeitskraft** umfasst alle vorhandenen bzw. erworbenen Fähigkeiten, die sich in berufliche Tätigkeit umsetzen lassen[1]. **Gesundheit** ist der Normalzustand der körperlichen, geistigen und seelischen Kräfte[2]. Eine konkrete Gefährdung dieser Schutzobjekte liegt dann vor, wenn im konkreten Einzelfall die **nicht fern liegende** Möglichkeit einer Schädigung gegeben ist[3]. Bereits ohne einen Schaden ist also der Tatbestand erfüllt. 3

Vorsatz und Fahrlässigkeit bestimmen sich nach den allg. Definitionen des Strafrechts. Dabei unterteilt man drei Vorsatz- (Absicht, direkter Vorsatz, Eventualvorsatz) und zwei Fahrlässigkeitsformen (bewusste und unbewusste Fahrlässigkeit). Von besonderer Relevanz ist dabei die Unterscheidung zwischen Eventualvorsatz und bewusster Fahrlässigkeit. Hat der Täter die Möglichkeit des Erfolges erkannt, wird nach der herrschenden **Billigungstheorie** Vorsatz angenommen, wenn der Täter trotzdem weiterhandelt und den Erfolg dabei billigend in Kauf nimmt. Dagegen liegt bloß fahrlässiges Handeln vor, wenn er darauf vertraut, der Erfolg werde nicht eintreten[4]. Die Rechtsfolge der vorsätzlichen Strafbarkeit ist eine **Freiheitsstrafe** bis zu einem Jahr oder **Geldstrafe**, Abs. 3. Der subjektive Vorwurf muss sich dabei auch auf die konkrete Gefährdung erstrecken. Ist die Gefährdung fahrlässig herbeigeführt worden, bestimmt Abs. 4 die Sanktion. 4

Wenn sich der Täter über den Sachverhalt irrt, so ist ein **Tatbestandsirrtum** gegeben. Dies ist bspw. der Fall, wenn der **ArbGeb** die ArbNin trotz Beschäftigungsverbots weiterarbeiten lässt und sich dessen nicht bewusst ist (dann aber möglicherweise Fahrlässigkeitsverstoß, § 16 StGB). Problematisch ist in diesem Zusammenhang, dass ein **Einverständnis** der Schwangeren in die Weiterarbeit bei einem Beschäftigungsverbot nicht zur Straflosigkeit führt. Allenfalls kann ein Verbotsirrtum des **ArbGeb** gem. § 17 StGB vorliegen, der nur unter strengen Voraussetzungen (Erkundigungspflicht) die Schuld entfallen lässt. 5

IV. Täter und Teilnehmer. Als Täter kommen allein die im MuSchG genannten natürlichen Personen infrage, deren Eigenschaft als ArbGeb bzw. Auftraggeber oder Zwischenmeister (§ 24) Voraussetzung für die Straftatbestände ist, sog. **Sonderdelikt**. Sonstige Mitwirkende können nur als Teilnehmer (Anstifter und Gehilfe) belangt werden. Die näheren Einzelheiten ergeben sich aus dem StGB. Zu beachten ist dabei insb. § 14 StGB (vgl. auch § 9 OWiG), der die Organ- und Vertreterhaftung regelt. Wird ein Dritter mit der Erfüllung der mutterschutzrechtl. Pflichten beauftragt, so ist auch dieser nach § 14 II StGB (vgl. auch § 9 OWiG) strafbar. 6

Das **Recht der Ordnungswidrigkeiten** bestimmt in § 14 OWiG, dass nach dem einheitlichen Täterbegriff, unabhängig von der Beteiligungsform, **jeder** ordnungswidrig handelt. Zu beachten ist auch § 130 OWiG, der eine Art Garantenstellung (Aufsichtspflicht) des **ArbGeb** begründet, um ihn so zu einer effektiven Organisation und Überwachung der Hilfspersonen anzuhalten. Handlungen der **Mutter** sind **nicht zu sanktionieren** (weder Täter noch Teilnehmer), da sie lediglich Schutzobjekt ist. Gleichzeitig entlastet ihre Zustimmung den Täter grds. nicht von einem Vorwurf aus § 21. 7

22, 23 (weggefallen)

Siebter Abschnitt. Schlussvorschriften

24 *In Heimarbeit Beschäftigte*

Für die in Heimarbeit Beschäftigten und die ihnen Gleichgestellten gelten

1. die §§ 3, 4 und 6 mit der Maßgabe, dass an die Stelle der Beschäftigungsverbote das Verbot der Ausgabe von Heimarbeit tritt,

2. § 2 Abs. 4, § 5 Abs. 1 und 3, § 9 Abs. 1, § 11 Abs. 1, § 13 Abs. 2, die §§ 14, 16, 19 Abs. 1 und § 21 Abs. 1 mit der Maßgabe, dass an die Stelle des Arbeitgebers der Auftraggeber oder Zwischenmeister tritt.

Alle Vorschriften des MuSchG gelten bereits über § 1 Nr. 2 auch für Heimarbeiterinnen und ihnen Gleichgestellte. § 24 passt die genannten Vorschriften an und ergänzt dabei die bereits vereinzelt im Gesetz enthaltenen Bestimmungen zur Heimarbeit. An die Stelle des ArbGeb tritt der Auftraggeber oder Zwischenmeister. 1

25 (weggefallen)

1 *Heilmann*, § 21 MuSchG Rz. 21. | 2 *Buchner/Becker*, § 21 MuSchG Rz. 18. | 3 *Meisel/Sowka*, § 21 MuSchG Rz. 18. | 4 *Buchner/Becker*, § 21 MuSchG Rz. 41 und 42.

Gesetz über den Nachweis der für ein Arbeitsverhältnis geltenden wesentlichen Bedingungen (Nachweisgesetz – NachwG)

vom 20.7.1995 (BGBl. I S. 946), zuletzt geändert durch Gesetz vom 13.7.2001 (BGBl. I S. 1542)

Vorbemerkungen

1 **I. Regelungszweck und Bedeutung.** Arbeitsvertragl. Vereinbarungen bedürfen im Grundsatz **keiner besonderen Form**. Sie können mündlich oder sogar stillschweigend getroffen werden. § 42 AGB-DDR, der den ArbGeb verpflichtete, die wesentlichen vertragl. Vereinbarungen in einen schriftl. Arbeitsvertrag aufzunehmen, ist durch den Einigungsvertrag aufgehoben worden.

2 Vor allem in kleineren Unternehmen und bei vorübergehenden oder geringfügigen Beschäftigungen existieren noch heute vielfach keine schriftl. Vertragsabreden. Selbst wenn schriftl. Arbeitsverträge existieren, sind diese häufig auf Grund zwischenzeitlich eingetretener Änderungen inhaltlich inaktuell. Der ArbN ist daher häufig nicht im Besitz eines die wichtigsten Arbeitsbedingungen enthaltenden aktuellen Schriftstückes. Vielfach wurde deshalb die rechtspolitische Forderung erhoben, die ArbGeb zu verpflichten, dem ArbN die im Einzelnen vereinbarten Arbeitsbedingungen schriftl. zu bestätigen, damit dieser nicht später in Beweisnot gerate[1].

3 Am 14.10.1991 kam der Rat der Europäischen Gemeinschaften dieser rechtspolitischen Forderung mit Erlass der RL 91/533/EWG „über die Pflicht des Arbeitgebers zur Unterrichtung des Arbeitnehmers über die für seinen Vertrag oder sein Vertragsverhältnis geltenden Bedingungen“[2] (sog. „**Nachweis-Richtlinie**“) nach. Der deutsche Gesetzgeber hat diese Richtlinie durch das am 28.7.1995 in Kraft getretene Gesetz zur Anpassung arbeitsrechtl. Bestimmungen an das EG-Recht vom 20.7.1995 als „Gesetz über den Nachweis der für ein Arbeitsverhältnis geltenden wesentlichen Bedingungen“ (Nachweisgesetz – NachwG[3]) im Wesentlichen inhaltsgleich in nationales Recht umgesetzt.

4 Zielsetzung der Nachweis-RL ist, der aus der Entwicklung neuer Arbeitsformen (zB Tele- und Abrufarbeit, job sharing und job splitting) resultierenden erhöhten Gefahr eines auf ArbN-Seite bestehenden Informationsdefizits hinsichtlich der geltenden Vertragsbedingungen entgegenzuwirken[4]. Sie beabsichtigt ferner, „die Arbeitnehmer besser vor etwaiger Unkenntnis ihrer Rechte zu schützen und den Arbeitsmarkt transparenter zu gestalten“[5]. In Übereinstimmung hiermit dient die nach dem NachwG erforderliche Niederschrift der Information der Vertragsparteien über die aus dem Arbeitsverhältnis resultierenden Rechte und Pflichten und damit zugleich der **Rechtssicherheit** und **Rechtsklarheit** im Arbeitsverhältnis[6]. Darüber hinaus soll das NachwG zur **Bekämpfung illegaler Beschäftigungsverhältnisse**

1 Vgl. etwa *Föhr/Bobke*, Arbeitsrecht für Arbeitnehmer, S. 60; § 4 des DGB-Entwurfs zum Arbeitsverhältnisrecht, RdA 1977, 166; DGB-Thesen für ein Arbeitsverhältnisgesetz, II. § 4 ArbuR 1992, 267 (268). | 2 ABl. EG Nr. L 288 v. 18.10.1991, S. 32. | 3 BGBl. I S. 946. | 4 Begr. RL-Entwurf, KOM (90) 563 endg., S. 1 f. | 5 EuGH v. 4.12.1997 – Rs. C-253/96, C-254/96, C-255/96, C-256/96, C-257/96, C-258/96 (Kampelmann), BB 1998, 272. | 6 BT-Drs. 13/668 S. 8; vgl. auch LAG Nds. v. 7.12.2000 – 10 Sa 1505/00, NZA-RR 2001, 145.

beitragen, weil eine fehlende schriftl. Fassung eines Arbeitsvertrages bzw. eines Nachweises als Indiz für eine illegale Beschäftigung gewertet werden kann[1].

Nach Inkrafttreten der **Schuldrechtsreform** am 1.1.2002 wird der Nachweis im Hinblick auf die Verweisung auf außerhalb des Arbeitsvertrages liegende Klauselwerke, insb. auf TV, BV und DV, größere Bedeutung als bisher erlangen[2]. Denn diese sind nach § 310 IV 1 BGB von der Inhaltskontrolle nach §§ 305 ff. BGB ausgenommen. Für **vorformulierte Arbeitsverträge** hingegen hat der Gesetzgeber die bisherige Bereichsausnahme des § 23 I AGBG gestrichen. Sie unterliegen nunmehr der vollen Inhaltskontrolle nach Maßgabe des **AGB-Rechts** der §§ 305 ff. BGB[3] – wenngleich nach § 310 IV 1 BGB unter „angemessener" Berücksichtigung der „im Arbeitsrecht geltenden Besonderheiten". Manch bislang benutzte Arbeitsvertragsklausel wird daher auf den rechtl. Prüfstand gestellt werden müssen. 5

Eine Besonderheit enthält § 310 IV 2 Hs. 2 BGB: Hiernach ist für Arbeitsverträge die Anwendbarkeit des § 305 II und III BGB ausgeschlossen. Dies bedeutet, dass bei Arbeitsverträgen für die wirksame Einbeziehung von vorformulierten Bedingungen keine Verpflichtung des ArbGeb zur Kenntnisverschaffung an den ArbN besteht. Der Gesetzgeber hat diese Ausnahme damit begründet, dass durch das NachwG ein ausreichender Schutz des ArbN gewährleistet sei[4]. Dies indes trifft nicht zu: Der Gesetzgeber hat hierbei übersehen, dass das NachwG den ArbGeb nur zur Unterrichtung des ArbN über die für das Arbeitsverhältnis geltenden wesentlichen Bedingungen verpflichtet, einen wirksamen Vertragsschluss mithin schon voraussetzt. Zum Zeitpunkt der Nachweiserteilung ist daher der Arbeitsvertrag meist bereits abgeschlossen. Transparenz zum Zeitpunkt des Vertragsschlusses vermag das NachwG somit gerade nicht zu schaffen[5]. 6

II. Gesetzgebungsmaterialien. Grundlage des NachwG ist die RL 91/533/EWG („**Nachweis-Richtlinie**") des Rates der Europäischen Gemeinschaften vom 14.10.1991[6]. Diese Nachweis-RL stützt sich rechtl. auf Art. 100 EGV[7] und politisch auf Nr. 9 der **Gemeinschaftscharta der sozialen Grundrechte der ArbN**[8], die auf der Tagung des europäischen Rates in Straßburg am 9.12.1989 von den Staats- und Regierungschefs von elf Mitgliedstaaten angenommen wurde. Nr. 9 dieser Gemeinschaftscharta sieht vor, dass die Arbeitsbedingungen eines jeden abhängig Beschäftigten der Europäischen Gemeinschaft entsprechend den Gegebenheiten der einzelnen Länder durch das Gesetz, durch einen TV oder in einem Beschäftigungsvertrag geregelt sein müssen. 7

Die **Nachweis-RL** verpflichtet den ArbGeb zur schriftl. Fixierung der wesentlichen Inhalte des Arbeitsverhältnisses und zur Aushändigung dieses Dokuments an den ArbN. Der ArbN hat einen Anspruch auf Informationen über die wesentlichen Arbeitsbedingungen, und zwar unabhängig davon, ob diese auf einer arbeitsvertragl. Vereinbarung oder auf der Gesetzeslage beruhen. Auch bereits Beschäftigte können jederzeit die Aushändigung eines entsprechenden schriftl. Nachweises verlangen. Gleiches gilt im Falle der nachträglichen Änderung der Arbeitsbedingungen. Das europäische Arbeitsrecht konstituiert damit erstmals einen allgemeinen, nicht nur auf bestimmte Situationen (zB Betriebsübergang) beschränkten individualrechtl. Anspruch[9]. 8

Die Frist zur **Umsetzung der Nachweis-RL** lief am 30.6.1993 ab. Der deutsche Gesetzgeber ist dieser Umsetzungsverpflichtung durch das Gesetz zur Anpassung arbeitsrechtl. Bestimmungen an das EG-Recht vom 20.7.1995[10] – wenn auch mit Verspätung – nachgekommen. Art. 1 enthält das Gesetz über den Nachweis der für ein Arbeitsverhältnis geltenden wesentlichen Bedingungen (NachwG). Die Art. 2 bis 4 enthalten die aus diesem Anlass notwendig gewordenen Änderungen des AÜG, des BBiG und des SeemG. Eine Umsetzung der Nachweis-RL durch TV, wie diese alternativ zur Umsetzung durch Gesetz in Art. 9 I der Nachweis-RL eröffnet war, kam aus strukturellen Gründen des deutschen TV-Systems nicht in Betracht[11]. Denn TV binden nach den Prinzipien des deutschen Tarifrechts grds. nur die Mitglieder der vertragsschließenden Verbände[12]. Zwar können TV unter den Voraussetzungen des § 5 TVG durch eine AVE auch Geltung für Außenseiter erlangen; jedoch könnte auch mit diesem Instrumentarium keine flächendeckende Geltung von TV erreicht werden[13]. Im Übrigen hatten die nationalen Gesetzgeber bei der Schaffung des NachwG angesichts der detaillierten Vorgaben der Nachweis-RL nur einen geringen Gestaltungsspielraum. 9

Dem NachwG ging in der 12. Legislaturperiode ein Gesetzentwurf des Bundesarbeitsministeriums voraus, der nicht zur Verabschiedung gelangte[14]. In der 13. Legislaturperiode brachte die Bundesregie- 10

1 BT-Drs. 13/668 S. 8. | 2 Ebenso ErfK/*Preis*, Einf. NachwG Rz. 3. | 3 Zu den hieraus resultierenden Streitfragen und dem Meinungsstand vgl. § 305 BGB. | 4 BT-Drs. 14/6857 zu Nr. 50, S. 54. | 5 Kritisch *Annuß* BB 2002, 458 (460); *Thüsing*, BB 2002, 2666 (2670). | 6 ABl. EG Nr. L 288 vom 18.10.1991, S. 32. | 7 ABl. EG 1991 Nr. C 240, S. 16. | 8 Abgedr. in EAS A 1500. | 9 Ausf. zur Nachweis-Richtlinie und deren Hintergründen: *Friese*, EAS B 3050. | 10 BGBl. I S. 946. | 11 Vgl. hierzu *Schaefer*, A Rz. 10 ff.; ErfK/*Preis*, § 5 NachwG Rz. 2. Zur andersartigen Situation in Frankreich, Spanien und Belgien siehe *Däubler*, NZA 1992, 577 (579). | 12 *Däubler*, NZA 1992, 577 (579); *Kliemt*, Formerfordernisse, S. 580. | 13 Vgl. BVerfG v. 10.9.1991 – 1 BvR 561/89, AP Nr. 27 zu § 5 TVG, zum Problem der durch Art. 9 III 1 GG geschützten negativen Koalitionsfreiheit. | 14 BT-Drs. 12/7630; Gegenäußerung des Bundesrates, BR-Drs. 353/94; Gegenäußerung der Bundesregierung, BT-Drs. 12/7978.

rung den Gesetzentwurf mit erheblichen Abweichungen erneut ein[1]. Dieser wurde in der Ausschussfassung am 22.6.1995 verabschiedet[2]. § 2 I Nr. 5 NachwG wurde durch Gesetz vom 29.6.1998[3] an die Rspr. des **EuGH** angepasst. Durch Gesetz vom 24.3.1999[4] weitete der deutsche Gesetzgeber den Geltungsbereich in § 1 aus und führte mit § 2 I 3 eine besondere Nachweispflicht bei geringfügigen Beschäftigungsverhältnissen ein.

11 Nach der Gesetzessystematik hätte es nahe gelegen, die Regelungen des NachwG in das BGB oder gar in ein neu zu schaffendes **einheitliches Arbeitsvertragsgesetz** zu implementieren[5] und den Vorschriften der §§ 611 ff. BGB über den Arbeitsvertrag zuzuordnen. Vergleichbar sind bspw. die Niederlande[6] und Spanien[7] verfahren.

12 **III. Kurzcharakteristik.** Wesentlicher Inhalt des NachwG ist die **zwingende** Verpflichtung des ArbGeb, dem ArbN spätestens **einen Monat nach dem vereinbarten Beginn** des Arbeitsverhältnisses eine schriftl., vom ArbGeb unterzeichnete Niederschrift über die wesentlichen Vertragsbedingungen auszuhändigen, § 2. Bei allen nachfolgenden **Änderungen** der wesentlichen Arbeitsbedingungen ist der ArbN erneut schriftl. zu unterrichten, § 3.

13 Die Niederschrift nach dem NachwG hat keine konstitutive Wirkung, sondern ausschließlich **deklaratorischen Charakter**[8]. Primär maßgeblich ist demnach der Inhalt des – ggf. mündlich oder gar konkludent – geschossenen Arbeitsvertrages. Arbeitsvertragl. Ansprüche können nach wie vor auch ohne schriftl. Fixierung zur Entstehung gelangen. Erteilung oder Nichterteilung des deklaratorischen Nachweisens haben allerdings Bedeutung für die **Beweislage** in einem etwaigen Prozess (vgl. Rz. 39 ff.).

14 Der Verstoß gegen die Nachweispflicht führt **nicht nach § 125 BGB zur Nichtigkeit des Arbeitsvertrages** oder einzelner Vertragsbedingungen[9]. Auch die Schuldrechtsreform führt zu keiner Neubewertung des NachwG und seiner Rechtsfolgen[10]. Gleiches gilt für die Einbeziehung von außerhalb des Arbeitsvertrages liegenden allgemeinen Regelungen, wie zB TV oder BV. Für deren Anwendbarkeit auf das Arbeitsverhältnis ist die Erteilung des Nachweises keine Wirksamkeitsvoraussetzung[11]. Weder das NachwG noch die Nachweis-RL stellen formale Anforderungen an den Arbeitsvertrag. Dies führte im Übrigen dazu, dass für Arbeitsverhältnisse, die auf einen Monat befristet sind, eine andere Regelung hinsichtlich der Wirksamkeit der wesentlichen Vertragsbedingungen bestünde als für alle anderen Arbeitsverhältnisse[12].

15 Trotz der fehlenden konstitutiven Wirkung der Niederschrift handelt es sich bei dem NachwG nicht um einen Papiertiger. Die Erteilung, Nicht- oder Falscherteilung des Nachweises kann erhebliche **prozessuale Konsequenzen** haben, insb. hinsichtlich der Beweislage (zu den Sanktionen vgl. noch Rz. 39 ff.). Deshalb ist auf die Erstellung entsprechender Nachweise die gleiche Sorgfalt zu verwenden wie auf die Arbeitsvertragsgestaltung selbst. Von der Verwendung von **Musterformularen** ist dringend abzuraten[13]. Der ohne ausreichenden Bezug zum konkreten Arbeitsverhältnis nicht sorgfältig abgefasste Nachweis kann **ungewollte Bindungen** (zB hinsichtlich nachvertragl. Wettbewerbsverbote, der Tarifgeltung oder der Eingruppierung), aber auch erhebliche **Beweisnachteile** hervorrufen. Das NachwG entbindet weder von der Notwendigkeit zur sorgfältigen Gestaltung der Arbeitsverträge, noch von der sorgsam abgestimmten Formulierung des Nachweises. Dies gilt verstärkt angesichts der Tatsache, dass Formularverträge neuerdings einer Inhaltskontrolle nach §§ 307 ff. BGB unterliegen.

16 **IV. Regelungen in anderen Gesetzen. 1. Arbeitnehmerüberlassungsgesetz.** § 11 AÜG nF verpflichtet den ArbGeb als Verleiher, dem ArbN als LeihArbN einen Nachweis über die wesentlichen Vertragsbedingungen des Leiharbeitsverhältnisses auszuhändigen (Näheres vgl. Komm. zu § 11 AÜG). Die frühere Regelung, wonach das AÜG als lex specialis dem NachwG vorging, ist mit dem Inkrafttreten des neuen AÜG am 1.12.2003 entfallen. Die frühere Fassung hatte in § 11 I alle erforderlichen Angaben aufgezählt.

17 Hinsichtlich des Inhalts dieses auszustellenden Nachweises und der einzuhaltenden Fristen verweist § 11 AÜG nunmehr auf die Bestimmungen des NachwG. **Zusätzlich** zu den in § 2 I NachwG genannten

---

1 BT-Drs. 13/668. |2 BT-Drs. 13/1753. |3 BGBl. I S. 1694. |4 BGBl. I S. 388, 393. |5 *Birk*, NZA 1996, 281 (283) spricht vom „Fehlen einer systematischen Heimat"; *Richardi*, NZA 2001, 57 (59). Vgl. zB Entwurf eines Arbeitsvertragsgesetzes des Landes Brandenburg. |6 Art. 1637 f. Burgerlijk Wetboek. |7 Art. 8 Estatuto de los trabajadores. |8 So ausdrücklich die Begründung der Bundesregierung in BT-Drs. 13/668 S. 10 zu § 2 Nachweispflicht. Allg. Ansicht, vgl. BAG v. 16.2.2000 – 4 AZR 62/99, BAGE 93, 340; v. 21.8.1997 – 5 AZR 713/96, NZA 1998, 37 (38) zu 11 I BBiG; LAG Schl.-Holst. v. 20.3.2001 – 1 Sa 649c/00, nv.; LAG Hamm v. 14.8.1998 – 10 Sa 777/97, NZA-RR 1999, 210 (211). |9 BR-Drs. 353/94 S. 18; bestätigt durch EuGH v. 8.2.2001 – Rs. C-350/99, BB 2001, 1255 (1256). |10 Vgl. den ausdrücklichen Hinweis des Gesetzgebers auf § 2 I 1, III NachwG in der Begründung zu § 310 IV BGB, BT-Drs. 14/6857 S. 54; *Gotthardt*, Rz. 248; *Thüsing*, BB 2002, 2666 (2670). |11 Vgl. *Gotthardt*, Rz. 248; ErfK/*Preis*, Einf. NachwG Rz. 8; *Thüsing/Lambrich*, BB 2002, 2666 (2670); aA *Zwanziger*, DB 1996, 2027; *Buschmann*, AuR 2001, 109 (110) für Überstundenvereinbarungen. |12 *Gotthardt*, Rz. 223; *Preis*, FS für Wiedemann, 2002, S. 425. |13 Ebenso ErfK/*Preis*, Einf. NachwG Rz. 9; *Schaefer*, F Rz. 110. In die falsche Richtung deutend die amtliche Begründung in BT-Drs. 13/668; S. 8, die auf die Möglichkeit von Muster- und Formulararbeitsverträgen hinweist, die schnell und ohne großen Aufwand an die Erfordernisse des Gesetzes angepasst werden könnten.

Angaben sind nach § 11 I 2 AÜG ergänzend aufzunehmen: Firma und Anschrift des Verleihers, die Erlaubnisbehörde sowie Ort und Datum der Erlaubnis nach § 1 AÜG, Art und Höhe der Leistungen für Zeiten, in denen der LeihArbN nicht verliehen wird. Darüber hinaus ist der Verleiher verpflichtet, dem LeihArbN bei Vertragsschluss ein **Merkblatt** der Erlaubnisbehörde über den wesentlichen Inhalt des AÜG auszuhändigen. Bei nichtdeutschen LeihArbN ist das Merkblatt und der Nachweis in der jeweiligen **Muttersprache** zu übergeben, § 11 II 2 AÜG. Die **Kosten** des Merkblatts trägt der Verleiher, § 11 II 3 AÜG.

Der Leiharbeitsvertrag kann – anders als der Überlassungsvertrag, vgl. § 12 I 1 AÜG – auch mündlich abgeschlossen werden. Der Verleiher hat daher die Möglichkeit, entweder einen schriftl. Leiharbeitsvertrag abzuschließen, der sämtliche nach § 2 NachwG, § 11 I Nr. 1 und 2 AÜG erforderlichen Angaben enthält; oder aber er kann einen **Arbeitsvertrag** ohne Einhaltung dieser Formalitäten schließen, muss dann aber dem ArbN spätestens innerhalb eines Monats die den Anforderungen des NachwG und des AÜG entsprechende vollständige **Niederschrift** überreichen. 18

Die durch § 11 AÜG aufgestellten Formerfordernisse sind wie beim NachwG nur **deklaratorischer Natur**. Ein Formverstoß führt nicht nach § 125 BGB zur Nichtigkeit des Leiharbeitsverhältnisses. Die Unwirksamkeit liefe dem Gedanken des ArbN-Schutzes zuwider, dem die gesetzl. normierten Pflichten des Verleihers in erster Linie dienen[1]. Im Gegensatz zum NachwG sieht das AÜG allerdings bei Verstoß gegen die Nachweispflichten eine Sanktion vor: Der Verleiher begeht eine Ordnungswidrigkeit iSd. § 16 I Nr. 8 AÜG, die mit einer Geldbuße von bis zu 500 Euro zu ahnden ist. 19

2. Berufsbildungsgesetz. § 11 BBiG (vgl. dort) enthält für Auszubildende eine dem NachwG weitgehend entsprechende Vorschrift. Sie ist **lex specialis** gegenüber dem NachwG. Die Vertragsniederschrift wirkt lediglich deklaratorisch. Der Vertrag ist auch ohne Niederschrift wirksam[2]. 20

Das BBiG setzt dem Ausbildenden enge zeitliche Grenzen: Gemäß § 11 I 1 BBiG hat er **unverzüglich** nach Abschluss des Berufsausbildungsvertrages, spätestens vor Beginn der Berufsausbildung, den wesentlichen Inhalt des Vertrages schriftl. niederzulegen. Abweichend vom NachwG ist die Niederschrift auch von dem Auszubildenden und von dessen gesetzl. Vertreter zu unterzeichnen, § 11 II BBiG. Eine Ausfertigung der unterzeichneten Niederschrift hat der Ausbildende dem Auszubildenden und dessen gesetzlichem Vertreter unverzüglich auszuhändigen, § 11 III BBiG. Bei Änderungen des Berufsausbildungsvertrages gelten die Abs. 1–3 entsprechend, § 11 IV BBiG. 21

Beachtet der Ausbildende die Formerfordernisse des § 11 BBiG nicht, kann er gem. § 102 I Nr. 1 und 2, II BBiG mit einem **Bußgeld** bis zu 1000 Euro belegt werden. Darüber hinaus haftet er dem Auszubildenden gegenüber für das Fehlen der Niederschrift, deren Fehlerhaftigkeit sowie für daraus entstehende Schäden[3]. 22

Für **Volontäre** und **Praktikanten** gelten nach § 26 BBiG die §§ 10–23 BBiG entsprechend, allerdings mit der Maßgabe, dass auf eine Vertragsniederschrift verzichtet werden kann. Auf sie finden damit nach § 10 II BBiG die für den Arbeitsvertrag geltenden Rechtsvorschriften, also auch das NachwG Anwendung. Sie können eine Niederschrift ihrer wesentlichen Vertragsbedingungen nach den Vorschriften des NachwG verlangen[4]. 23

3. Seemannsgesetz. § 24 SeemG verpflichtet den Reeder, den wesentl. Inhalt des Heuerverhältnisses in eine von ihm zu unterzeichnende Urkunde (Heuerschein) aufzunehmen und diese dem Besatzungsmitglied **unverzüglich**, spätestens einen Monat nach dem vereinbarten Beginn des Heuerverhältnisses auszuhändigen. Besatzungsmitglieder sind gem. § 3 SeemG die Schiffsoffiziere, die sonstigen Angestellten und die Schiffsleute. Für den Kapitän verweist § 78 I SeemG auf § 24 SeemG[5]. Der Anwendungsbereich des SeemG ist beschränkt. Es gilt nur für Kauffahrteischiffe, die nach dem Flaggenrechtsgesetz[6] die Bundesflagge mit formeller Berechtigung führen, § 1 SeemG. Nicht unter die Vorschriften des SeemG fallen Schiffe, die hoheitlichen Zwecken dienen, und Schiffe, die in privater Hand stehen, aber nicht zum Erwerb dienen, und Binnenschiffe. Für die ArbN auf Binnenschiffen gilt das NachwG. 24

Die Anforderungen des SeemG an den Heuerschein unterscheiden sich von denen des NachwG hauptsächlich in sprachl. Hinsicht[7]. Anders als nach § 3 II Nr. 4 fehlt es in § 24 II Nr. 4 SeemG an einem rechtl. Zwang, Angaben zu Rückkehrbedingungen auch dann zu machen, wenn darüber keine Vereinbarung zwischen den Parteien getroffen worden ist (sog. Negativbescheinigung). 25

4. Gewerbeordnung. Die mit Gesetz vom 24.8.2002 (BGBl. I S 3412) neu gefasste Gewerbeordnung enthält in § 105 S. 1 GewO einen lapidaren Hinweis auf den Grundsatz der „freien Gestaltung des 26

---

1 *Schaefer*, E Rz. 6; *Schaub*, ArbRHdb, § 120 III Rz. 43. | 2 BAG v. 21.8.1997 – 5 AZR 713/96, NJW 1998, 922 (923); v. 22.2.1972 – 2 AZR 205/71, AP Nr. 1 zu § 15 BBiG. | 3 BAG v. 17.7.1997 – 8 AZR 257/96, NZA 1997, 1224. | 4 *Schaefer*, E Rz. 14; *Schaub*, ArbRHdb, § 16 III, IV Rz. 7 ff. | 5 Vgl. hierzu BT-Drs. 13/668, S. 12; *Feldgen*, Rz. 235. | 6 V. 8.2.1951, BGBl. I S. 1979, Bekanntmachung der Neufassung v. 26.10.1994, BGBl. I S. 3140. | 7 *Schaefer*, E Rz. 21 ff.

Arbeitsvertrages". § 105 S. 2 GewO ergänzt, dass sich der Nachweis wesentlicher Vertragsbedingungen nach dem NachwG richtet. Ein eigenständiger Regelungsgehalt ist hiermit nicht verbunden. Die Norm ist inhaltslos und überflüssig.

27 **V. Rechtsfolgen. 1. Allgemeines; Fehlen besonderer Sanktionsvorschriften.** Die Verletzung der Nachweispflicht durch den ArbGeb führt zu einer erheblichen Erschwerung der Beweisführung des ArbN über den Inhalt der getroffenen Vereinbarungen und damit zu erheblichen Beweisrisiken. Zwar besteht auch bei Erfüllung der Nachweispflicht die Möglichkeit, dass der ArbGeb das Verhandlungsergebnis einseitig zu seinen Gunsten darstellt. Dies kann jedoch vielfältige Ursachen (zB fehlerhafte Erinnerung) haben. Darüber hinaus wird bei Erfüllung der Nachweispflicht dem ArbN die Möglichkeit eröffnet, bereits vor Entstehung der konkreten Streitigkeit auf die Korrektur eines aus seiner Sicht fehlerhaften Nachweises hinzuwirken.

28 Die Nichterfüllung der Nachweispflicht lässt die Rechtswirksamkeit des Arbeitsvertrags unberührt (s. Rz. 14)[1]. Dessen Abschluss ist nach wie vor **formfrei**. Allerdings kann der ArbN auf Grund des zu Stande gekommenen Arbeitsvertrages nach Maßgabe des NachwG von seinem ArbGeb die **Aushändigung** einer Vertragsniederschrift verlangen.

29 Weder die Nachweis-RL[2] noch das NachwG enthalten für den Fall der Nicht- oder Schlechterfüllung **eine besondere Sanktionsregelung**. Die im Verlauf des europäischen Rechtsetzungsverfahrens erhobene Forderung nach einer Sanktionierung des die Nachweispflicht verletzenden ArbGeb ist nicht verwirklicht worden[3]. Auch der deutsche Gesetzgeber hat – anders als nach den spezialgesetzl. Regelungen im BBiG (Rz. 20 ff.) und AÜG (Rz. 16 ff.) – keine besonderen Sanktionsvorschriften geschaffen. Bei einem Verstoß des ArbGeb gegen das NachwG greifen daher weder Straf- noch Bußgeldbestimmungen ein. Zunächst wurden daher Zweifel angemeldet, ob das NachwG den Anforderungen der Nachweis-RL, insb. dem Gebot der effektiven Richtlinienumsetzung[4], genügt[5]. Denn Art. 8 I der Nachweis-RL verlangt von den Mitgliedstaaten den Erlass solcher innerstaatlichen Vorschriften, die jeden ArbN bei Nichterfüllung der Verpflichtungen aus dem NachwG in die Lage versetzen, seine Rechte gerichtlich geltend zu machen. Dies dürfte in Deutschland – entgegen der früher vertretenen Auffassung – der Fall sein. Mittlerweile hat der EuGH entschieden, dass die allgemeinen nationalen Regelungen des Zivil- und Zivilprozessrechts Anwendung finden[6]. Das deutsche Rechtssystem hält hinreichende Instrumente zur Geltendmachung der Rechte aus dem NachwG vor[7]: Der ArbN kann bei Nicht- oder nicht ordnungsgemäßer Erteilung eines Nachweises ein **Zurückbehaltungsrecht** (vgl. Rz. 37) an seiner Arbeitsleistung geltend machen (§ 273 BGB). Daneben kann er **Klage auf Erfüllung** der Nachweispflicht (näher Rz. 30 ff.) und/oder auf **Schadensersatz wegen Nichterfüllung** (§ 280 I BGB, § 823 II BGB iVm. §§ 2, 3 NachwG, vgl. Rz. 32, 36) erheben. Dem kann nicht entgegengehalten werden, es fehle an der notwendigen Abschreckungswirkung, da es nicht realistisch sei, dass ein ArbN gegen seinen ArbGeb eine Erfüllungs- oder Schadensersatzklage wegen Verletzung der Nachweispflicht anstrenge, weil der ArbN aus Sorge um seinen Arbeitsplatz regelmäßig von einer solchen Klage absehe[8]. Denn wenn der ArbGeb die Vereinbarung bestimmter Vertragsbedingungen leugnet, muss der ArbN ohnehin auf deren Einhaltung klagen. Durch eine Klage auf Erfüllung der Nachweispflicht wird das Arbeitsverhältnis nicht weitergehend belastet. IdR hat der ArbN, wenn er Ansprüche wegen der Nichterfüllung der Nachweispflicht geltend macht, nichts mehr zu verlieren.

30 **2. Erfüllungsanspruch.** Die Nachweispflicht aus §§ 2, 3 ist eine **selbständig einklagbare Nebenpflicht** des ArbGeb[9]. Sie besteht spätestens einen Monat nach Beginn des Arbeitsverhältnisses. Es handelt sich jedoch um eine Dauerpflicht, die auch noch später eingeklagt werden kann (zu den Auswirkungen auf die Verjährung § 2 Rz. 64). Der ArbN kann vor den ArbG im Urteilsverfahren (§ 2 I Nr. 3a, e ArbGG) **Erfüllungsansprüche** aus §§ 2, 3 auf schriftl. Niederlegung, Unterzeichnung und Aushändigung der wesentlichen Vertragsbedingungen geltend machen. Auch kann er auf **Berichtigung** einer unrichtig erteilten Niederschrift klagen. Der ArbN hat – wie bei einem Zeugnis – Anspruch auf Erteilung eines wahrheitsgemäßen schriftl. Nachweises[10]. Diesen Anspruch kann er im Wege einer **allgemeinen Leistungsklage** durchsetzen[11].

---

1 Regierungsbegründung, BR-Drs. 353/94, S. 18; bestätigt durch EuGH v. 8.2.2001 – Rs. C-350/99, BB 2001, 1255 (1256). | 2 Vgl. hierzu Art. 5 RL-Entwurf, KOM (90) 563 endg., S. 10; Änderungsantrag Nr. 28 des Ausschusses für soziale Angelegenheiten, Beschäftigung und Arbeitsumwelt, Europ. Parl. – Berichte 1991, Dok. A3-141/91, S. 10. | 3 LAG Hamm v. 14.8.1998 – 10 Sa 777/97, NZA-RR 210 (211); *Birk*, NZA 1996, 280 (288). | 4 Vgl. hierzu EuGH v. 10.4.1984 – Rs. 14/83, Slg. 1984, 1891; v. 10.4.1998 – Rs. 79/83, Slg 1984, 1921; v. 8.6.1994 – Rs. C-382/92, Slg. 1994, 2461; v. 8.6.1994 – Rs. C-383/92, Slg. 1994, 2479. | 5 *Däubler*, NZA 1992, 577 (578); *Lörcher*, ArbuR 1994, 450 (455); *Richardi*, NZA 2001, 57 (60). Zu grundsätzlichen Zweifeln vgl. *Friese*, EAS B 3050 Rz. 72. | 6 EuGH v. 8.2.2001 – Rs. C-350/99, BB 2001, 1255 (1256). | 7 Vgl. hierzu *Bergwitz*, BB 2001, 2316 (2317 f.); ErfK/*Preis*, Einf. NachwG Rz. 11; *Weber*, NZA 2002, 641 (642). | 8 So aber: LAG Hamm v. 9.7.1996 – 4 Sa 668/94, NZA 1997, 30 (33); v. 9.7.1996 – 4 Sa 487/96, LAGE § 2 NachwG Nr. 2; v. 9.7.1996 – 4 Sa 2156/94, LAGE § 2 NachwG Nr. 3; *Däubler*, NZA 1992, 577 (578); *Wank*, RdA 1996, 21 (24). | 9 ErfK/*Preis*, Einf. NachwG Rz. 13; *Schaefer*, D Rz. 172 f., 181. | 10 *Höland*, ArbuR 1996, 87 (92); *Schaub*, ArbRHdb, § 146 III Rz. 1, 16, 18 ff. | 11 *Weber*, NZA 2002, 641 (642); zu den Klageanträgen vgl. im Einzelnen: *Schaefer*, F Rz. 64–70, G Rz. 1–10.

Ein titulierter Anspruch des ArbN gegen den ArbGeb kann nach § 888 ZPO als unvertretbare Handlung durch Androhung eines Zwangsgeldes bzw. Zwangshaft vollstreckt werden[1]. Weiter kann der ArbN gem. § 61 II 1 beantragen, den ArbGeb zur Zahlung einer Entschädigung zu verurteilen, wenn er die Handlung nicht binnen einer bestimmten Frist vornimmt. Die Höhe der Entschädigung setzt das ArbG nach freiem Ermessen fest. 31

3. Vertragliche Schadensersatzansprüche. Die schuldhafte Verletzung der Nachweispflicht begründet Schadensersatzansprüche des ArbN wegen Pflichtverletzung gem. § 280 I BGB[2]. Praktisch bedeutsam wird dies, wenn der ArbN infolge unterlassener Information zB Ansprüche durch Verfristung (Ausschlussfristen) verliert[3], der Verjährungseinrede ausgesetzt ist oder wenn er im Vertrauen auf die Richtigkeit des Mitgeteilten Dispositionen trifft, die sich als verfehlt herausstellen[4]. Ein Verstoß gegen die Nachweispflicht ist vom ArbGeb regelmäßig als Verschulden iSv. § 276 I BGB zu vertreten[5] (Beweislastumkehr nach § 280 I 2 BGB). Rechtsunkenntnis steht einem Verschulden regelmäßig nicht entgegen. Dies gilt selbst bei zweifelhafter Rechtslage[6]. Rechtsfolge des § 280 I BGB ist, dass der ArbN so zu stellen ist, wie er stünde, wenn er auf die betreffenden Regelungen hingewiesen worden wäre, § 249 S. 1 BGB[7]. 32

Ist der entstandene Schaden durch ein Mitverschulden des ArbN veranlasst, findet **§ 254 BGB** Anwendung[8]. Hat der ArbGeb nicht auf einen anwendbaren TV hingewiesen, der anwaltliche Vertreter des ArbN jedoch fahrlässig die Anwendbarkeit des TV übersehen und deshalb eine Ausschlussfrist nicht gewahrt, ist gleichwohl der Pflichtverstoß des ArbGeb von größerem Gewicht. Angesichts des Schutzzwecks des § 2 NachwG kann aus der Beauftragung eines Anwaltes kein überwiegendes Mitverschulden des ArbN abgeleitet werden[9]. 32a

Ein Verstoß gegen die Nachweispflicht indiziert nicht die **Kausalität** des Schadens. Der ArbN muss plausibel darlegen und ggf. beweisen, welche Maßnahme er bzw. ein ihn vertretender Bevollmächtigter im Fall ordnungsgemäßer Nachweiserteilung zur Prüfung der Rechtslage ergriffen hätte[10]. Bei der Prüfung der adäquaten Verursachung kommt dem ArbN die Vermutung eines **aufklärungsgemäßen Verhaltens** zugute[11]. Danach ist grds. davon auszugehen, dass jedermann bei ausreichender Information seine Eigeninteressen in vernünftiger Weise wahrt. So ist bei einem Verstoß gegen § 2 I Nr. 10 zu Gunsten des ArbN zu vermuten, dass dieser die tarifliche Ausschlussfrist beachtet hätte, wenn er auf die Geltung des TV hingewiesen worden wäre[12]. Diese Auslegung ist geboten, um den Zweck der Nachweis-RL, den ArbN vor Unkenntnis seiner Rechte zu schützen, wirksam zur Geltung zu bringen. Der ArbN könnte im Regelfall kaum nachweisen, dass er bei ordnungsgemäßem Verhalten des ArbGeb die Ausschlussfrist beachtet hätte[13]. Dem ArbGeb bleibt die Möglichkeit, diese tatsächliche Vermutung zu widerlegen[14]. Näher zu den Auswirkungen auf die Beweislage noch Rz. 41 ff. 33

Bei nicht rechtzeitiger Aushändigung einer ordnungsgemäßen Niederschrift kann dem ArbN ein **Anspruch auf Ersatz des Verzögerungsschadens** gem. §§ 280 II, 286 BGB zustehen[15]. Eine Mahnung zur Begründung des Verzuges ist nach § 286 II Nr. 1 BGB nicht erforderlich, da die Pflicht zur Aushändigung der Niederschrift nach § 2 I nach dem Kalender bestimmt ist[16]. 34

4. Einwand des Rechtsmissbrauchs, § 242 BGB. Allein der Verstoß des ArbGeb gegen die aus § 2 I folgende Verpflichtung zur Erteilung eines inhaltlich zutreffenden Nachweises begründet nach der jüngsten Rspr. **nicht den Einwand rechtsmissbräuchlichen Verhaltens (§ 242 BGB) des ArbGeb**[17]. Beruft der 35

1 *Höland*, ArbuR 1996, 87 (92). | 2 Ebenso: BAG v. 17.4.2002 – 5 AZR 89/01, NZA 2002, 1096; LAG Bbg. v. 10.8.2001 – 4 Sa 265/01, LAGE § 2 NachwG Nr. 11; LAG Köln v. 15.3.2001 – 5 (10) Sa 1363/00, ARST 2001, 186; *Birk*, NZA 1996, 281 (289); *Franke*, DB 2000, 274; *Höland*, ArbuR 1996, 87 (92 f.); *Preis*, NZA 1997, 10 (11); *Richardi*, NZA 2001, 57 (60); *Schaefer*, D Rz. 182; *Schwarze*, ZfA 1997, 43 (62). Abl.: *Feldgen* Rz. 66 und LAG Rh.-Pf. v. 16.7.2002 – 1 Sa 407/02, NZA-RR 2003, 30; LAG Schl.-Holst. v. 3.6.2002 – 4 Sa 438/01, LAGReport 2002, 325; BAG v. 23.1.2002 – 4 AZR 56/01, NZA 2002, 800 für den Fall der Nichtauslage eines TV (§ 8 TVG). | 3 BAG v. 17.4.2002 – 5 AZR 89/01, NZA 2002, 1096; LAG Hamm v. 18.10.2007 – 8 Sa 942/07. | 4 Vgl. die Beispiele bei *Kliemt*, Formerfordernisse, S. 544 f.; *Höland*, ArbuR 1996, 87 (92 f.); *Schaefer*, D Rz. 185. | 5 ArbG Frankfurt v. 25.8.1999 – 2 Ca 477/99, NZA-RR 1999, 648; LAG Köln v. 31.7.1998 – 11 Sa 1484/97, NZA 1999, 545; LAG Köln v. 9.1.1998 – 11 Sa 155/97, NZA-RR 1998, 513; *Schwarze*, ZfA 1997, 43 (63). | 6 ArbG Frankfurt v. 25.8.1999 – 2 Ca 477/99, NZA-RR 1999, 648; vgl. dazu BGH v. 6.7.1995 – I ZR 58/93, NJW 1995, 3177. | 7 LAG Bbg. v. 10.8.2001 – 4 Sa 265/01, LAGE § 2 NachwG Nr. 11; *Richardi*, NZA 2001, 57 (60). | 8 BAG v. 29.5.2002 – 5 AzR 105/01, BAGReport 2002, 329; LAG Hamm v. 11.3.2002 – 8 Sa 1249/01, LAGReport 2002, 306; LAG Düsseldorf v. 20.4.2005 – 12 Sa 219/05, nv.; Quotelung 7 zu 10. | 9 LAG Hamm v. 15.8.2006 – 12 Sa 450/06: Quotelung $^{2}/_{3}$ ArbGeb, $^{1}/_{3}$ ArbN. | 10 BAG v. 23.1.2002 – 4 AZR 56/01, NZA 2002, 800. | 11 BAG v. 5.11.2003 – 5 AZR 676/02, NZA 2005, 64; v. 17.4.2002 – 5 AZR 89/01, NZA 2002, 1096; LAG Bbg. v. 10.8.2001 – 4 Sa 265/01, ArbuR 2002, 196; *Bepler*, ZTR 2001, 241 (246). | 12 BAG v. 17.4.2002 – 5 AZR 89/01, NZA 2002, 1096. Zur Widerlegung der Vermutung aufklärungsgemäßen Verhaltens, wenn der ArbN seit langer Zeit (im entschiedenen Fall: 30 Jahre) Mitglied der den TV abschließenden Gewerkschaft ist, LAG Hamm v. 2.8.2007 – 15 Sa 278/07. | 13 BAG v. 17.4.2002 – 5 AZR 89/01, NZA 2002, 1096; LAG Bbg. v. 10.8.2001 – 4 Sa 265/01, ArbuR 2002, 196; *Bepler*, ZTR 2001, 241 (246). | 14 BAG v. 5.11.2003 – 5 AZR 676/02, NZA 2005, 64; LAG Bbg. v. 10.8.2001 – 4 Sa 265/01, ArbuR 2002, 196. | 15 BAG v. 5.11.2003 – 5 AZR 676/02, NZA 2005, 64; v. 29.5.2002 – 5 AzR 105/01, BAGReport 2002, 329; v. 17.4.2002 – 5 AZR 89/01, NZA 2002, 1096. | 16 BAG v. 17.4.2002 – 5 AZR 89/01, NZA 2002, 1096. | 17 EuGH v. 8.1.2001 – Rs. C-350/99, NZA 2001, 381; BAG v. 5.11.2003 – 5 AZR 676/02, NZA 2005, 64; v. 29.5.2002 – 5 AzR 105/01, BAGReport 2002, 329; v. 17.4.2002 – 5 AZR 89/01, NZA 2002, 1096; LAG Rh.-Pf. v. 16.7.2002 – 1 Sa 407/02, NZA-RR 2003, 30; LAG Schl.-Holst. v. 3.6.2002 – 4 Sa 438/01,

ArbGeb sich bspw. auf eine Ausschlussfrist, ohne den ArbN zuvor ordnungsgemäß nach § 2 I Nr. 10 auf die Geltung des die Ausschlussfrist enthaltenden TV hingewiesen zu haben, handelt er zwar rechtswidrig; allein der Verstoß gegen die aus § 2 I NachwG folgende Verpflichtung begründet jedoch nicht ohne Hinzutreten weiterer Umstände den Einwand des Rechtsmissbrauchs nach § 242 BGB[1]. Der Verstoß gegen § 2 NachwG führt nicht gem. § 242 BGB dazu, dass andere als die tatsächlich vereinbarten oder unmittelbar und zwingenden Vertragsbedingungen gelten. Vielmehr beeinflusst auch das jeweilige Verhalten des ArbN die Interessenlage wesentlich[2]. Denkbar sind aber Schadensersatzansprüche des ArbN[3].

36 **5. Deliktische Ansprüche.** Ein Schadensersatzanspruch aus § 823 I BGB scheidet bereits tatbestandlich aus[4]. Der Schutz der Rechtssicherheit zu Gunsten des ArbN stellt kein absolutes, eigentumsähnliches Recht iSd. § 823 I BGB dar. Auch die Voraussetzungen des § 826 BGB dürften nur in seltenen Fällen vorliegen. Neben dem Schadensersatzanspruch nach § 280 BGB besteht auch kein **deliktischer Schadensersatzanspruch** aus § 823 II BGB iVm. § 2 I, II, § 3. Diese Bestimmungen sind entgegen einer früher vertretenen Ansicht[5] **keine Schutzgesetze** iSv. § 823 II BGB[6]. Entscheidend für die Frage, ob ein Schutzgesetz vorliegt, ist, ob es nach dem Regelungszusammenhang, in den die Norm gestellt ist, in der Tendenz des Gesetzgebers liegen konnte, an die Verletzung des geschützten Interesses die deliktische Einstandsfrist des dagegen Verstoßenden zu knüpfen[7]. Dies ist hier nicht der Fall: Wie sich aus dem Fehlen von Sanktionen für den Fall eines Verstoßes gegen das NachwG ergibt, ist der Schutz vor Schädigungen infolge eines unterbliebenen Nachweises nicht das vom Gesetzgeber mit der Norm verfolgte Anliegen. Die Nichtbeachtung des § 2 NachwG lässt die Wirksamkeit des Arbeitsvertrags unberührt. Das NachwG enthält auch keine Regelungen über die Verteilung der Beweislast bei nicht erbrachtem Nachweis nach § 2. Schließlich ergeben sich auch aus der Nachweis-RL hierzu keine weiter gehenden Folgen[8].

37 **6. Zurückbehaltungsrecht.** Bei Nicht- oder nicht ordnungsgemäßer rechtzeitiger Erteilung eines Nachweises kann der ArbN seine Arbeitsleistung **zurückbehalten**, § 273 BGB[9]. Die Nachweispflicht ist keine geringfügige oder unbedeutende, das Zurückbehaltungsrecht nach § 242 BGB ausschließende Nebenpflicht des ArbGeb. Dies folgt zum einen aus der Existenz des NachwG, zum anderen daraus, dass der ArbGeb nicht stets auf den Klageweg verwiesen werden kann, da ihm das vom Gesetzgeber zugedachte Beweismittel – der Nachweis – gerade fehlt. Überdies ist die Ausübung des Zurückbehaltungsrechtes eine wesentliche, vom europäischen Gesetzgeber geforderte (vgl. Rz. 29) Sanktion gegenüber der Nichteinhaltung des NachwG. Allerdings kann es treuwidrig sein, wenn der ArbN sein Zurückbehaltungsrecht zur Unzeit oder ohne vorherige „Mahnung" ausübt.

38 **7. Maßregelungsverbot.** Sanktionen, die der ArbGeb gegen den ArbN wegen nachdrücklichen Verlangens der Erfüllung der Nachweisverpflichtung oder wegen der Ausübung eines Zurückbehaltungsrechts ergreift, wie etwa die Kündigung, unterfallen dem Maßregelungsverbot des § 612a BGB[10].

39 **8. Beweislast.** Das NachwG enthält keine ausdrückliche Regelung über die Verteilung der Beweislast[11]. Gleiches gilt für die die Nachweis-RL. Aus der Begründungserwägung des RL-Entwurfs, wonach „jeder Arbeitnehmer über ein Schriftstück als Nachweis für die wesentlichen Bedingungen des ... Arbeitsverhältnisses" verfügen sollte, wurden die Worte „als Nachweis" wieder gestrichen[12]. Nach Art. 6 der Nachweis-RL bleiben die einzelstaatlichen Rechtsvorschriften zu Verfahrensregeln unberührt. Nach der Rspr. des **EuGH** „haben daher die nationalen Gerichte die **nationalen Beweislastregeln** im Lichte des Zwecks der Richtlinie anzuwenden und auszulegen"[13].

LAGReport 2002, 325; LAG Hamm v. 21.1.2004 – 18 Sa 1547/03, nv.; v. 28.11.2001 – 2 Sa 749/01, nv.; LAG Bbg. v. 8.11.2001 – 8 (2) Sa 475/01, nv.; LAG Bremen v. 9.11.2000 – 4 Sa 138/00, DB 2001, 336. Anders noch: Sächs. LAG v. 22.2.2002 – 3 Sa 768/01, nv.; LAG Bbg. v. 10.8.2001 – 4 Sa 265/01, LAGE § 2 NachwG Nr. 11; LAG Düsseldorf v. 17.5.2001 – 5 (3) Sa 45/01, DB 2001, 1995; LAG Köln v. 15.3.2001 – 5 (10) Sa 1363/00, ARST 2001, 186; LAG Bremen v. 9.11.2000 – 4 Sa 138/00, LAGE § 2 NachwG Nr. 9; LAG Schl.-Holst. v. 8.2.2000 – 1 Sa 563/99, DB 2000, 724. |1 BAG v. 5.11.2003 – 5 AZR 676/02, NZA 2005, 64; LAG Hamm v. 19.1.2005 – 18 Sa 1173/04, nv.; LAG München v, 10.3.2005 – 3 Sa 727/04, FA 2005, 219. |2 BAG v. 29.5.2002 – 5 AzR 105/01, BAGReport 2002, 329; v. 17.4.2002 – 5 AZR 89/01, BB 2002, 2022. |3 Vgl. dazu BAG v. 5.11.2003 – 5 AZR 676/02, NZA 2004, 102; v. 29.5.2002 – 5 AzR 105/01, BAGReport 2002, 329; v. 17.4.2002 – 5 AZR 89/01, BB 2002, 2022; LAG Nürnberg v. 13.11.2002 – 4 Sa 615/01, nv. Anders für den Fall der Nichtauslage eines TV (§ 8 TVG): LAG Rh.-Pf. v. 16.7.2002 – 1 Sa 407/02, NZA-RR 2003, 30; LAG Schl.-Holst. v. 3.6.2002 – 4 Sa 438/01, LAGReport 2002, 325; BAG v. 23.1.2002 – 4 AZR 56/01, NZA 2002, 800. |4 *Birk*, NZA 1996, 281 (289); ErfK/*Preis*, Einf. NachwG Rz. 14; *Schaefer*, D Rz. 189. |5 Vgl. zB ArbG Frankfurt v. 25.8.1999 – 2 Ca 477/99, NZA-RR 1999, 648; *Bergwitz*, BB 2001, 2316 (2317); *Birk*, NZA 1996, 281 (289); *Franke*, DB 2000, 274; *Schaefer*, D Rz. 189. |6 BAG v. 5.11.2003 – 5 AZR 676/02, NZA 2005, 64; v. 17.4.2002 – 5 AZR 89/01, NZA 2002, 1096; *Schwarze*, ZfA 1997, 43 (55); *Müller-Glöge*, RdA 2001, Sonderbeilage Heft 5, S 46, 55; *Krause*, AR-Blattei SD 220.2.2 Rz. 261. |7 BGH v. 29.6.1982 – VI ZR 33/81, BGH Z 34, 312 (314). |8 Vgl. EuGH v. 4.12.1997 - Rs. C-253-258/96, AP Nr 3 zu EWG-Richtlinie Nr. 91/533 [Kampelmann]. |9 *Bergwitz*, BB 2001, 2316 (2317); ErfK/*Preis*, Einf. NachwG Rz. 15; *Schaefer*, D Rz. 190. AA *Feldgen* Rz. 23, 69; *Krause*, AR-Blattei SD Arbeitsvertrag 220.2.2 Rz. 217. |10 ArbG Düsseldorf v. 9.9.1992 – 6 CA 3728/92, BB 1992, 2364; *Bergwitz*, BB 2001, 2316 (2317); *Hold*, ZTR 2000, 540 (545); *Preis*, NZA 1997, 10 (12); *Schaefer*, D Rz. 190. AA *Feldgen*, Rz. 69; *Krause*, AR-Blattei SD Arbeitsvertrag 220.2.2 Rz. 217. |11 Vgl. dazu BAG v. 17.4.2002 – 5 AZR 89/01, BB 2002, 2022. |12 *Krause*, Anm. zu EzA § 2 NachwG Nr. 1 S. 28. |13 EuGH v. 8.2.2001 – Rs. C-350/99, BB 2001, 1255; v. 4.12.1997 – Rs. C-253/96, Rs. C-258/96 (Kampelmann), BB 1998, 272.

Der vom ArbGeb erstellte Nachweis ist eine **Privaturkunde iSd. § 416 ZPO**[1]. Vollen Beweis erbringt die echte Privaturkunde (§ 440 ZPO) nur in formeller Hinsicht, nicht auch hinsichtlich ihres materiellen Inhalts. Bezüglich Letzterem unterliegt sie der **freien Beweiswürdigung gem. § 286 ZPO**[2]. Das Risiko von Unklarheiten bei der Feststellung des Bedeutungsinhalts des Nachweises und Missverständnissen geht zu Lasten des ArbGeb. Dies ergibt sich nunmehr aus der **Unklarheitenregelung** des § 305 II BGB[3]. Nur der beiderseits **unterzeichnete Arbeitsvertrag** hat nach der Rspr. die **Vermutung der Vollständigkeit und Richtigkeit**[4]. Derjenige, der sich auf die Unrichtigkeit oder Unvollständigkeit des schriftl. Arbeitsvertrags beruft, muss den Gegenbeweis einer vom Vertragstext abweichenden Vereinbarung führen. 40

a) Verletzung der Nachweispflicht durch den Arbeitgeber. Kontrovers diskutiert wird die Frage, ob sich bei Nicht- oder unvollständiger Erteilung des Nachweises die Beweissituation des ArbN verbessert, der hinsichtlich einer von ihm behaupteten, jedoch nur mündlich vereinbarten Vertragsbedingung in Beweisnot zu geraten droht. Teilweise wird in der Nicht- bzw. unvollständigen Erteilung des Nachweises eine Beweisvereitelung durch den ArbGeb erblickt, die zu einer **Umkehr der Darlegungs- und Beweislast** zu Lasten des ArbGeb führe[5]. Nicht der ArbN müsse die ihm günstige Vertragsbedingung, sondern der ArbGeb deren Nichtvereinbarung beweisen. Klagen gegen den ArbGeb auf Erteilung des Nachweises seien kaum realistisch. 41

Diese Auffassung ist abzulehnen. Gegen eine Beweislastumkehr spricht die Entstehungsgeschichte des NachwG. Dem Vorschlag des Bundesrates, die Beweislast bei Verletzung der Nachweispflicht dem ArbGeb aufzuerlegen, ist der Gesetzgeber gerade nicht gefolgt. Er wurde von der Bundesregierung ausdrücklich abgelehnt[6]. Die Nachweis-RL enthält gleichfalls keine Beweisregeln, so dass auch das Gebot der richtlinienkonformen Auslegung nicht zur Annahme einer Beweislastumkehr zwingt. Das deutsche Prozessrecht stellt auch außerhalb der Beweislastumkehr mit dem Institut der Beweisvereitelung ein wirkungsvolles Sanktionsinstrumentarium zur Verfügung. 42

Auslöser des Meinungsstreits ist eine **Fehlinterpretation der Entscheidung des EuGH** vom 4.12.1997[7]. Darin heißt es, für die inhaltliche Richtigkeit des Nachweises spreche eine ebenso starke Vermutung, wie sie nach innerstaatlichem Recht einem solchen vom ArbGeb ausgestellten und dem ArbN übermittelten Dokument zukäme. Der Beweis des Gegenteils durch den ArbGeb sei jedoch zulässig, indem er nachweise, dass die in dieser Mitteilung enthaltenen Informationen als solche falsch oder dass sie durch die Tatsachen widerlegt worden seien. Dies bedeutet indes nicht, dass der ArbGeb in jedem Fall den Beweis des Gegenteils, also den Hauptbeweis, erbringen muss[8]. Vielmehr soll ihm jedenfalls der Beweis des Gegenteils möglich sein. Im Übrigen soll es bei den nationalen Beweislastregeln bleiben[9]. Die Entscheidung des EuGH vom 8.2.2001[10] bestätigt die Auffassung, dass der Beweis des Gegenteils möglich sein muss, nicht aber erforderlich ist[11]. Es reicht der Gegenbeweis. 43

Richtigerweise ist die Nichterteilung des Nachweises in entsprechender Anwendung der §§ 427, 444 ZPO prozessual als **Beweisvereitelung** durch den ArbGeb zu behandeln[12]. Diese Grundsätze finden nämlich allgemein in den Fällen Anwendung, in denen der eine Vertragspartner dem beweispflichtigen Vertragspartner die Beweisführung schuldhaft, dh. vorsätzlich oder fahrlässig, unmöglich macht, indem er zum Beispiel bereits vorhandene Beweismittel vernichtet oder vorenthält oder das Schaffen von Beweismitteln verhindert[13]. Diese Grundsätze gehen auf den in § 444 ZPO enthaltenen Rechtsgedanken zurück, wonach derjenige, der entgegen einer ihm obliegenden Rechtspflicht dem Gegner die Benutzung von zur Beweisführung benötigten Unterlagen schuldhaft unmöglich macht, im Rechtsstreit aus diesem Verhalten keine beweisrechtl. Vorteile ziehen darf[14]. Die Anwendung der Grundsätze der Beweisvereitelung führt zwar nicht zu einer Umkehr der Beweislast; die Pflichtverletzung des ArbGeb ist aber 44

---

1 BAG v. 16.2.2000 – 4 AZR 62/99, BAGE 93, 340; *Krabbenhöft*, DB 2000, 1562 (1564); ErfK/*Preis*, Einf. NachwG Rz. 17; *Schaefer*, F Rz. 76, 78. | 2 Zöller/*Geimer*, § 416 ZPO Rz. 9; BLAH/*Hartmann*, § 416 ZPO Rz. 8; *Schaefer*, F Rz. 78. | 3 LAG Frankfurt v. 29.1.2002 – 7 Sa 836/01, AiB 2002, 575. | 4 BAG v. 9.2.1995 – 2 AZR 389/94, NZA 1996, 249. | 5 LAG Hamm v. 9.7.1996 – 4 Sa 487/96, LAGE § 2 NachwG Nr. 2; LAG Berlin v. 6.12.2002 – 2 Sa 941/02, nv.; ArbG Celle v. 9.12.1999 – 1 Ca 426/99, LAGE § 2 NachwG Nr. 7 a; *Berscheid*, WPrax 1994, 6 (11); *Birk*, NZA 1996, 280 (289); *Däubler*, NZA 1992, 312 (314); *Hohmeister*, BB 1998, 587 (588); *Höland*, AuR 1996, 87 (93); *Krause*, AR-Blattei SD 220.2.2 Rz. 223; *Wank*, RdA 1996, 21 (24). | 6 Vgl. den Vorschlag des Bundesrates, BT-Drs. 13/668 S. 23 f.; BR-Drs. 353/1/94, Empfehlungen der Ausschüsse, S. 5 f. Vgl. dazu *Krabbenhöft*, DB 2000, 1562 (1564). | 7 EuGH v. 4.12.1997 – Rs. C 253/96, Rs. C 258/96 (Kampelmann), BB 1998, 272. | 8 Vgl. dazu *Franke*, DB 2000, 274 (276); *Kloppenburg*, RdA 2001, 293 (303). | 9 EuGH v. 8.2.2001 – Rs. C-350/99, BB 2001, 1255; v. 4.12.1997 – Rs. C-253/96, Rs. C-258/96 (Kampelmann), BB 1998, 272; LAG Köln v. 28.7.2000 – 11 Sa 408/00, ZTR 2001, 80; vgl. dazu *Bergwitz*, BB 2001, 2316 (2317); *Kloppenburg*, RdA 2001, 293 (303). | 10 EuGH v. 8.2.2001 – Rs. C-350/99, BB 2001, 1255. | 11 *Kloppenburg*, RdA 2001, 293 (303). | 12 So bspw. LAG Rh.-Pf. v. 10.5.2007 – 11 Sa 25/07; LAG Nds. v. 21.2.2003 – 10 Sa 1683/02, NZA-RR 2003, 520; LAG Nürnberg v. 9.4.2002 – 7 Sa 518/01, LAGE § 2 NachwG Nr. 12; LAG Frankfurt v. 29.1.2002 – 7 Sa 836/01, AiB 2002, 575; LAG Köln v. 15.3.2001 – 5 (10) Sa 1363/00, nv.; LAG Schl.-Holst. v. 11.1.2001 – 4 Sa 379/00, nv.; LAG Hamm v. 14.8.1998 – 10 Sa 777/97, NZA-RR 1999, 210; LAG Köln v. 31.7.1998 – 11 Sa 1484/97, NZA 1999, 545; v. 9.1.1998 – 11 Sa 155/97, NZA-RR 1998, 513; *Bergwitz*, BB 2001, 2316 (2318); *Feldgen*, Rz. 82–85, 96; *Franke*, DB 2000, 274 (276 f.); *Grünberger*, NJW 1995, 2809 (2810); *Hold*, ZTR 2000, 540 (544); *Preis*, NZA 1997, 10 (13); *Friese*, EAS B 3050 Rz. 67; ErfK/*Preis*, Einf. NachwG Rz. 23. | 13 BGH v. 15.11.1984 – IX ZR 157/83, NJW 1986, 59. | 14 BGH v. 27.9.2001 – IX ZR 281/00, NJW 2002, 825.

im **Rahmen der Beweiswürdigung** durch den Richter (§ 286 ZPO) zu berücksichtigen. Dies kann im Ergebnis zu einer erheblichen **Erleichterung der Beweisführungslast** zu Gunsten des ArbN führen. In Einzelfällen kann die Beweisvereitelung bis hin zu einer **Beweislastumkehr** reichen[1]. Sie tritt ein, wenn es **unzumutbar** ist, den Kläger mit der Beweisführung zu belasten. Ein solcher Fall liegt vor, wenn der Gesetzgeber dem ArbGeb die Dokumentationspflicht zwingend auferlegt hat oder der ArbN trotz mehrfachen Verlangens den geschuldeten Nachweis nicht erhält[2]. So hat bspw. das LAG Köln[3] einem ArbN wegen der durch seinen ArbGeb verschuldeten Beweisnot (ein schriftl. Arbeitsvertrag fehlte) die Darlegungs- und Beweislast zur Frage der Passivlegitimation deutlich erleichtert und die Indizwirkung einer erstellten Lohnabrechnung ausreichen lassen. Diese Erleichterungen gelten auch für andere Vertragsbedingungen, die vom ArbGeb dem NachwG zuwider nicht niedergelegt worden sind. Enthält der Nachweis eine Vergütungsregelung, fehlen jedoch Angaben über Arbeitszeit, Urlaubsdauer und Kündigungsfrist, ergibt sich daraus keine Beweislastumkehr hinsichtlich der streitigen Vereinbarung eines 13. Monatseinkommens[4]. Gelingt dem ArbN der Beweis seiner Behauptung des Abschlusses einer bestimmten Entgeltvereinbarung nicht, ist das Gericht aber auch nicht von der Unwahrheit seiner Behauptung überzeugt, geht in dieser Situation des **non-liquet** die Unmöglichkeit der Tatsachenaufklärung zu Lasten des ArbGeb, wenn dieser entgegen § 2 dem ArbN keinen Nachweis der wesentlichen Vertragsbedingungen erteilt hat[5].

45 Bei **fahrlässiger Verletzung** der Nachweispflicht ist der vom ArbN zu erbringende Beweis jedenfalls dann als geführt anzusehen, wenn er durch **weitere Indizien** die Richtigkeit seines Vortrags plausibel macht[6]. Allerdings kann eine Beweisvereitelung regelmäßig nur dann angenommen werden, wenn der ArbN die Erteilung eines Nachweises verlangt, aber nicht erhalten hat[7]. Allein die Tatsache, dass die Parteien keinen schriftl. Arbeitsvertrag abgeschlossen haben und ihrer Nachweispflicht nach § 2 nicht nachgekommen sind, kann nicht bereits dazu führen, dass dem ArbGeb eine Beweisvereitelung vorzuwerfen ist. Allein die fahrlässige Unterlassung eines Nachweises besagt nichts über die Richtigkeit der vom ArbN behaupteten Arbeitsbedingungen[8].

45a Besteht zwischen den Parteien Streit darüber, ob überhaupt ein Arbeitsverhältnis besteht, führt die Nichtaushändigung eines schriftlichen Nachweises nicht zur Beweislastumkehr bzw. zur Anwendung der Grundsätze der Beweisvereitelung[9]. Für das Bestehen eines Arbeitsverhältnisses, das Anwendungsvoraussetzung für das NachwG und damit auch für die Nachweispflicht ist, ist derjenige darlegungs- und beweisbelastet, der sich darauf beruft.

46 **b) Besonderheiten der korrigierenden Rückgruppierung.** Für die Darlegungslast des ArbGeb bei der korrigierenden Rückgruppierung im öffentl. Dienst ist vorstehender Meinungsstreit ohne Bedeutung. Aus dem NachwG und der Nachweis-RL ergeben sich in diesem Fall weder eine weiter gehende Darlegungs- oder Beweislast des ArbGeb noch weiter gehende Erleichterungen der Darlegungs- und Beweislast des Angestellten[10]. Durch die Eingruppierungsmitteilung wird gem. § 416 ZPO nur der Beweis dafür erbracht, dass der ArbGeb die Mitteilung abgegeben und – mittelbar – die entsprechende tarifliche Bewertung vorgenommen hat, nicht aber, dass die mitgeteilte Vergütungsgruppe zutreffend oder gar vertragl. vereinbart bzw. zugesichert ist. Die Eingruppierung bestimmt sich ausschließlich nach der auszuübenden Tätigkeit. Sie ist mithin der Disposition der Vertragsparteien entzogen (Grundsatz der Tarifautomatik, vgl. bislang § 22 BAT). Ein Rückschluss auf eine entsprechende Vereinbarung scheidet dementsprechend aus. Somit wird durch die Eingruppierungsmitteilung keine Beweislage geschaffen, nach der es dem ArbGeb gem. dem Urteil des **EuGH** vom 4.12.1997[11] obläge, hinsichtlich der Richtigkeit der mitgeteilten Vergütungsgruppe den Beweis des Gegenteils zu führen.

1 LAG Nürnberg v. 9.4.2002 – 7 Sa 518/01, LAGE § 2 NachwG Nr. 12; LAG Frankfurt v. 29.1.2002 – 7 Sa 836/01, AiB 2002, 575; LAG Schl.-Holst. v. 11.1.2001 – 4 Sa 379/00, nv.; LAG Hamm v. 14.8.1998 – 10 Sa 777/97, NZA-RR 1999, 210; LAG Köln v. 31.7.1998 – 11 Sa 1484/97, NZA 1999, 545; v. 9.1.1998 – 11 Sa 155/97, NZA-RR 1998, 513; *Bepler*, ZTR 2001, 241 (245); *Bergwitz*, BB 2001, 2316 (2317 f.); *Franke*, DB 2000, 274 (276); *Richardi*, NZA 2001, 57 (60); *Schaefer*, F Rz. 84, 95; *Schwarze*, ZfA 1997, 43 (63 f.); *Stückemann*, BB 1999, 2670 (2671 f.); *Weber*, NZA 2002, 641 (644); *Zwanziger*, DB 1996, 2027 (2029 f.). Kritisch zur „Beweiserleichterung bis zur Beweislastumkehr“: *Laumen*, NJW 2002, 3739 (3746). | 2 *Franke*, DB 2000, 274 (278); ErfK/*Preis*, Einf. NachwG Rz. 23. Vgl. zu Einzelheiten auch BGH v. 15.11.1984 – IX ZR 157/83, ZIP 1985, 312 (314). | 3 LAG Köln v. 9.1.1998 – 11 Sa 155/97, NZA-RR 1998, 513. | 4 LAG Berlin v. 5.11.2004 – 6 Sa 1378/04, LAGE § 611 BGB 2002 – Gratifikation Nr. 1. | 5 LAG Nds. v. 21.2.2003 – 10 Sa 1683/92, NZA-RR 2003, 520. | 6 LAG Rh.-Pf. v. 10.5.2007 – 11 Sa 25/07; LAG Nürnberg v. 9.4.2002 – 7 Sa 518/01, LAGE § 2 NachwG Nr. 12; LAG Schl.-Holst. v. 11.1.2001 – 4 Sa 379/00, nv.; LAG Köln v. 31.7.1998 – 11 Sa 1484/97, NZA 1999, 545. Vorsatz verlangen hingegen: LAG Hamm v. 14.8.1998 – 10 Sa 777/97, NZA-RR 1999, 210; *Bergwitz*, BB 2001, 2316 (2318); *Schwarze*, ZfA 1997, 43 (64 f.). | 7 LAG Hamm v. 14.8.1998 – 10 Sa 777/97, NZA-RR 1999, 210. | 8 LAG Schl.-Holst. v. 20.4.2006 – 2 Ta 78/06: ArbN trägt auch bei fehlendem Nachweis Beweislast für angebliche Nettolohnvereinbarung. | 9 LAG Schl.-Holst. v. 19.6.2006 – 1 Ta 68/08. | 10 BAG v. 16.2.2000 – 4 AZR 62/99, BAGE 93, 340; v. 26.4.2000 – 4 AZR 157/99, BB 2001, 1156; aA „Beweisführungslast ändert sich in der Weise, dass der ArbGeb seinerseits das Vorbringen des ArbN, dass dem ersten Anschein nach zutr. ist, durch Gegendarlegungen und Gegenbeweise zu entkräften hat“: LAG Hamm v. 2.7.1998 – 4 Sa 339/96, LAGE § 2 NachwG Nr. 5; LAG Hamm v. 9.7.1996 – 4 Sa 487/96; 4 Sa 2156/94, LAGE § 2 NachwG Nr. 2, 3; v. 27.7.1995 – 4 Sa 900/94, LAGE § 2 NachwG Nr. 1. | 11 EuGH v. 4.12.1997 – Rs. C-253/96, Rs. C-258/96 (Kampelmann), BB 1998, 272.

c) Rüge der inhaltlichen Unrichtigkeit. Von den Rechtsfolgen der Verletzung der Nachweispflicht zu unterscheiden sind die Beweiswirkungen des ausgestellten Nachweises, wenn eine der beiden Parteien dessen inhaltliche Richtigkeit bezweifelt. 47

aa) Arbeitnehmer beruft sich auf den Nachweis. Hat der ArbGeb den Nachweis ordnungsgemäß erteilt und macht der ArbN eine darin angegebene, vom ArbGeb bestrittene Vertragsbedingung für sich geltend, so unterliegt der Inhalt dieser privaten Urkunde nach allgemeinen Grundsätzen der **freien Beweiswürdigung** des § 286 ZPO[1]. Denn der Nachweis begründet als Privaturkunde gem. § 416 ZPO vollen Beweis nur in formeller Hinsicht, nicht jedoch bezüglich des in ihm wiedergegebenen Inhalts (vgl. bereits Rz. 40). Im Gegensatz zu dem von beiden Parteien unterzeichneten Arbeitsvertrag[2] hat der Nachweis als nur vom ArbGeb unterzeichnete Erklärung (§ 2 I 1) nicht die Vermutung der Vollständigkeit und Richtigkeit für sich[3]. Zu einer Vertragsurkunde wird der Nachweis auch nicht dadurch, dass sich der ArbGeb dessen Empfang quittieren lässt[4]. Hat der ArbGeb den Nachweis erteilt, so ist die an den Arbeitsvertrag geknüpfte Vermutung der Vollständigkeit und Richtigkeit für den ArbN im Prozess nicht erforderlich. Der ArbN kann den Beweis der von ihm behaupteten Vereinbarungen durch Vorlage des Nachweises als Urkunde (§ 420 ZPO) führen[5]. Der ArbGeb hingegen müsste nach den dargestellten Aussagen des EuGH (vgl. Rz. 43[6]) das Gegenteil (also den Abschluss von Änderungsvereinbarungen) darlegen und beweisen[7]. Dies erfordert nicht den Beweis des Gegenteils iS einer vollen Beweislastumkehr[8]. Ausreichend ist vielmehr der Gegenbeweis; denn dem Nachweis kann kein höherer Beweiswert als dem beiderseits unterzeichneten Arbeitsvertrag zukommen (vgl. Rz. 40)[9]. Auch bei diesem reicht der Gegenbeweis aus[10]. 48

Der **Gegenbeweis** ist bereits dann erfolgreich, wenn durch ihn die Überzeugung der Richter von der Wahrheit der beweisbedürftigen Tatsachen erschüttert wird (zB ein Missverständnis in der Personalverwaltung oder ein „Verschreiber“)[11]. Gelingt dem ArbGeb dies, muss der ArbN den Beweis der von ihm behaupteten Vereinbarung anders führen. Einer Beweiserleichterung für den ArbN nach den Grundsätzen des **Prima-facie-Beweises** (Anscheinsbeweises) bedarf es demzufolge nicht[12]. Die Befürworter des Prima-facie-Beweises[13] gelangen im Übrigen zum gleichen Ergebnis: Der ArbGeb, welcher den Nachweis ausstellt, hat regelmäßig keine Veranlassung, dem ArbN günstigere als die vereinbarten Vertragsbedingungen zu bestätigen. Nach dem typischen Geschehensablauf kann daher von der Nachweiserteilung darauf geschlossen werden, dass mindestens die im Nachweis niedergelegten Vertragsbedingungen tatsächlich vereinbart worden sind. Will der ArbGeb diesen Nachweis entkräften, hat er nicht (wie bei der Beweislastumkehr) den vollen Beweis des Gegenteils, sondern lediglich den Gegenbeweis zu erbringen. Dies kann erfolgen, indem er konkrete Tatsachen (zB Fehler in der Personalabteilung) behauptet und beweist, welche die ernsthafte Möglichkeit eines atypischen Geschehensablaufs begründen. 49

bb) Arbeitgeber beruft sich auf den Nachweis. Macht der ArbN günstigere als die im Nachweis dokumentierten Vertragsbedingungen geltend, während der ArbGeb am Nachweisinhalt festhalten will, ist der ArbN nach den allgemeinen Grundsätzen beweisbelastet[14]. 50

Der ArbGeb kann sich nicht zu seinen Gunsten auf den von ihm ausgestellten Nachweis berufen[15]. Insbesondere kann er sich **nicht** auf die **Grundsätze des Anscheinsbeweises** berufen. Es existiert kein Erfahrungssatz, dass der ArbGeb im Nachweis den vereinbarten Vertragsinhalt richtig und vollständig wiedergibt[16]. Der ArbGeb hätte es sonst in der Hand, durch die Erstellung (unzutreffender) Nachweise (§ 2 I 1) die Beweislage zu seinen Gunsten zu manipulieren. Das NachwG dient dem Schutz des ArbN, nicht des ArbGeb. Der ArbGeb, der sich beim Ausfüllen des Nachweises zu wenig Gedanken macht, steht demjenigen gleich, der die Nachweiserteilung gänzlich unterlässt[17]. Auch vom **Schweigen des ArbN** kann nicht auf die tatsächliche Vereinbarung dessen, was im Nachweis (fehlerhaft) dokumentiert ist, geschlossen werden; denn eine arbeitnehmerseitige Prüfungs- und Rügeobliegenheit besteht nicht[18]. Eine Ausnahme besteht dann, wenn der ArbN den Nachweisinhalt zur Kenntnis genommen und über eine gewisse Zeit hinweg widerspruchslos akzeptiert hat – was wiederum vom ArbGeb darzulegen und 51

1 *Bergwitz*, BB 2001, 2316 (2318); *Franke*, DB 2000, 274 (278); *Schaefer*, F Rz. 78. | 2 BAG v. 9.2.1995 – 2 AZR 389/94, NZA 1996, 249. | 3 *Bergwitz*, BB 2001, 2316 (2318); *Franke*, DB 2000, 274 (278); ErfK/*Preis*, Einf. NachwG Rz. 18; *Krabbenhöft*, DB 2000, 1562; *Schaefer*, F Rz. 86, 90; *Schwarze*, ZfA 1997, 43 (60); aA *Schoden*, § 2 Rz. 32. | 4 *Bergwitz*, BB 2001, 2316 (2318); *Franke*, DB 2000, 274 (278). | 5 *Franke*, DB 2000, 274 (278); *Schwarze*, ZfA 1997, 43, (65). | 6 EuGH v. 8.2.2001 – Rs. C-350/99, BB 2001, 1255; v. 4.12.1997 – Rs. C 253/96, Rs. C-258/96 (Kampelmann), BB 1998, 272. | 7 *Schaefer*, F 79, 81; *Franke*, DB 2000, 274 (278); ErfK/*Preis*, Einf. NachwG Rz. 19. | 8 So aber ErfK/*Preis*, Einf. NachwG Rz. 19. | 9 *Kloppenburg*, RdA 2001, 293 (303). | 10 *Kloppenburg*, RdA 2001, 293 (303); ErfK/*Preis*, Einf. NachwG Rz. 18. | 11 *Stein/Jonas/Leipold*, ZPO, § 284 Rz. 7; *Schwarze*, ZfA 1997, 43 (65). | 12 *Schaefer*, F Rz. 79, 81; *Franke*, DB 2000, 274 (278); ErfK/*Preis*, Einf. NachwG Rz. 19. | 13 LAG Hamm v. 27.7.1995 – 4 Sa 900/94, LAGE § 2 NachwG Nr. 1; *Bergwitz*, BB 2001, 2316 (2318 f.); *Feldgen*, Rz. 91 ff.; *Höland*, AuR 1996, 87 (93); *Schoden*, § 3 Rz. 32, § 5 Rz. 8; *Zwanziger*, DB 1996, 2027 (2029). | 14 *Bergwitz*, BB 2001, 2316 (2319); ErfK/*Preis*, Einf. NachwG Rz. 21; *Schaefer*, F Rz. 91; *Schwarze*, ZfA 1997, 43 (65). | 15 *Bergwitz*, BB 2001, 2316 (2319); *Franke*, DB 2000, 274 (278); *Hohmeister*, BB 1998, 587 (588); *Kloppenburg*, RdA 2001, 293 (304); *Schaefer*, F Rz. 80. | 16 *Bergwitz*, BB 2001, 2316 (2319); *Schaefer*, F Rz. 80; ErfK/*Preis*, Einf. NachwG Rz. 20. AA *Feldgen*, Rz. 92 ff.; *Hold*, AuA 1995, 290. | 17 *Kloppenburg*, RdA 2001, 293 (304). | 18 *Bergwitz*, BB 2001, 2316 (2319); *Schwarze*, ZfA 1997, 43 (66).

zu beweisen ist[1]. Das LAG Schleswig-Holstein hat hierfür bspw. das Verstreichen lassen von vier Monaten seit Empfang des vom ArbN geforderten Nachweises ausreichen lassen[2].

52 **cc) Beiderseitiges Praktizieren abweichender Vertragsbedingungen.** Praktizieren beide Vertragsparteien Vertragsbedingungen entgegen des Nachweisinhaltes, ändert sich an der allgemeinen Beweislage nichts. Um eine von den dokumentierten Arbeitsbedingungen abweichende Regelung annehmen zu können, müssen sich die Änderungen nachhaltig und effektiv auf das Arbeitsverhältnis ausgewirkt haben[3]. Nur in diesem Fall kann davon ausgegangen werden, dass die Parteien einen vom schriftl. Nachweis abweichenden Vertragsinhalt – ausdrücklich oder konkludent – vereinbart haben.

53 **9. Kontrollmöglichkeiten nach dem Betriebsverfassungsgesetz.** Zu der **allgemeinen Überwachungspflicht** der Betriebs- bzw. Personalräte nach § 80 I Nr. 1 BetrVG bzw. 68 Abs. 1 Nr. 2 BPersVG zählt auch die Sicherung der Einhaltung des NachwG[4]. Zur Durchführung dieser Aufgabe hat der ArbGeb den BR nach § 80 II BetrVG rechtzeitig und umfassend zu unterrichten sowie auf Verlangen benötigte Unterlagen vorzulegen. Das Einblickrecht des BR bezieht sich gem. § 80 II 2 Hs. 2 BetrVG auch auf Entgeltlisten aller Art. Diese weitgehende Regelung spricht für ein Einblickrecht des BR in die Niederschriften nach dem NachwG[5]. Ein genereller Anspruch des BR auf Herausgabe der Arbeitsverträge besteht hingegen nicht[6]. Das Einblickrecht ist von der konkreten Kontrollaufgabe abhängig. Verwendet der ArbGeb mit dem BR abgestimmte Formulararbeitsverträge (§ 94 II BetrVG), hat der BR nur dann einen Anspruch auf Vorlage der ausgefüllten Arbeitsverträge zur Überwachung der Einhaltung des NachwG, wenn er konkrete Anhaltspunkte für die Erforderlichkeit weiterer Informationen darlegt[7]. Der BR hat dagegen kein Recht, die Durchführung des NachwG aus eigenem Recht zu verlangen[8]. Dies ist Aufgabe des einzelnen ArbN.

54 Enthalten die im Betrieb allgemein verwendeten Nachweisformulare persönliche Angaben über den ArbN, die über die gesetzl. Verpflichtungen hinausgehen, besteht ein **MitbestR** des BR analog § 94 BetrVG[9]. Nimmt der ArbGeb nachträgliche Änderungen der wesentlichen Vertragsbedingungen vor (§ 3) (zB hinsichtlich des Arbeitsortes und der Tätigkeit), können MitbestR nach § 99 iVm. § 95 III BetrVG eingreifen.

55 **10. Bundesdatenschutzgesetz.** Die Regelungen des NachwG unterfallen dem **Schutzbereich des BDSG**[10]. Da in dem Nachweispapier gem. § 2 mit Name und Anschrift nicht nur persönlichen Daten des jeweiligen ArbN, sondern auch die Details der zu zahlenden Vergütung sowie Art und Umfang der zu leistenden Tätigkeit niederzulegen sind, sind die vom NachwG als wesentlich festgelegten Vertragsbedingungen als personenbezogene Daten einer bestimmbaren Person iSv. § 3 BDSG zu qualifizieren.

1 *Anwendungsbereich*

Dieses Gesetz gilt für alle Arbeitnehmer, es sei denn, dass sie nur zur vorübergehenden Aushilfe von höchstens einem Monat eingestellt werden.

1 § 1 regelt den **persönlichen Anwendungsbereich** des NachwG. Die Ausnahmen vom Anwendungsbereich sind durch Gesetz vom 24.3.1999 entfallen (vgl. Rz. 6)[11].

2 Die Nachweis-RL (Art. 1 I) knüpft an den jeweiligen **mitgliedstaatlichen ArbN-Begriff** an, nicht an den gemeinschaftsrechtl. ArbN-Begriff des Art. 39 EU-Vertrag, der auch einen Teil der Beamten umfasst[12]. Das NachwG gilt für alle ArbN, also für **Arbeiter** und **Angestellte** einschließlich der zu ihrer Berufsausbildung Beschäftigten[13]. Der deutsche ArbN-Begriff erfasst alle abhängig Beschäftigten in der Privatwirtschaft und im öffentl. Dienst[14]. Hierzu zählen auch **Teilzeitbeschäftigte** einschließlich der geringfügig Beschäftigten nach § 8 SGB IV und **leitende Angestellte** iSd. § 5 III BetrVG. Die Forderung des Bundesrates[15], die Gruppe der leitenden Angestellten aus dem Anwendungsbereich des NachwG auszunehmen, konnte sich nicht durchsetzen.

3 Der deutsche ArbN-Begriff erfasst nicht Personen, die in einem **öffentl.-rechtl. Dienstverhältnis** stehen, wie zB **Beamte, Richter, Soldaten, Zivildienstleistende** und **Strafgefangene.** Ihre Arbeitspflicht beruht nicht auf einem privat-rechtl. Vertrag.

1 *Bergwitz*, BB 2001, 2316 (2319); *Schwarze*, NZA 1996, 685 (686) lässt das Unterlassen der unverzüglichen Rüge nach Kenntnisnahme genügen. | 2 LAG Schl.-Holst. v. 23.8.1999 – 4 Sa 34/99, nv. | 3 BAG v. 1.8.2001 – 4 AZR 129/00, DB 2001, 2557; v. 20.5.1976 – 2 AZR 202/75, AP Nr. 4 zu § 305 BGB; ErfK/*Preis*, Einf. NachwG Rz. 21; *Schaefer*, F Rz. 91. | 4 BAG v. 19.10.1999 – 1 ABR 75/98, DB 2000, 1032; *Höland*, ArbuR 1996, 87 (93); ErfK/*Preis*, Einf. NachwG Rz. 24; *Schaefer*, F Rz. 19. | 5 BAG v. 19.10.1999 – 1 ABR 75/98, DB 2000, 1032; *Fels*, AiB 1997, 19 (20), *Schaefer*, F Rz. 21; *Stückemann*, BB 1995, 1846 (1849). | 6 BAG v. 19.10.1999 – 1 ABR 75/98, DB 2000, 1032. | 7 BAG v. 19.10.1999 – 1 ABR 75/98, DB 2000, 1032. | 8 ErfK/*Preis*, Einf. NachwG Rz. 24. | 9 *Feldgen*, Rz. 146, *Schaefer*, F Rz. 23. | 10 Vgl. ausf. *Schaefer*, F Rz. 37–56. | 11 BGBl. I S. 388, 393. | 12 LAG Köln v. 7.1.2000 – 11 Sa 510/99, ZTR 2000, 515; *Friese*, EAS B 3050 Rz. 11. | 13 Zum ArbN-Begriff vgl. Schwab/Weth/*Kliemt*, § 5 ArbGG Rz. 5 ff. | 14 LAG Hamm v. 27.7.1995 – 4 Sa 900/94, LAGE § 2 NachwG Nr. 1. | 15 BR-Drs. 353/94, Anlage S. 2; BT-Drs. 13/668, 22.

Ebenso wenig gilt das NachwG für **arbeitnehmerähnliche Personen.** Dem liegt eine bewusste Entscheidung des Gesetzgebers zugrunde[1]. Von der in anderen arbeitsrechtl. Schutzgesetzen vorgenommenen ausdrücklichen Erstreckung auf arbeitnehmerähnliche Personen (§ 2 S. 2 BUrlG, vgl. auch § 5 I 2 BetrVG, § 5 I 2 ArbGG) wurde im NachwG abgesehen. Für den Bereich des **Heimarbeitsrechts** gelten gem. §§ 7a, 9 HAG besondere Unterrichtungspflichten. 4

Spezialgesetzl. Regelungen gelten für **LeihArbN** nach dem AÜG, für **Seeleute** nach dem SeemG und für **Auszubildende** nach dem BBiG (vgl. Vorb. Rz. 16 ff.). Die zu ihrer Berufsbildung oder Fortbildung Beschäftigten sowie Umschüler werden ebenfalls vom BBiG erfasst[2]. 5

Vom Anwendungsbereich ausgenommen sind Personen, die nur zur **vorübergehenden Aushilfe** von **höchstens einem Monat** eingestellt werden. Die Monatsfrist entspricht der Vorgabe in Art. 1 II der Nachweis-RL[3]. Der Begriff der vorübergehenden Aushilfe (vgl. auch § 622 V 1 Nr. 1 BGB) ist gesetzl. nicht definiert. Ein Aushilfsarbeitsverhältnis ist ein Arbeitsverhältnis, das von vornherein nicht auf Dauer begründet wird, sondern nur zu dem Zweck, einen vorübergehenden Bedarf an Arbeitskräften abzudecken[4]. Da es sich um einen Ausnahmetatbestand von der grds. bestehenden Nachweispflicht handelt, ist eine enge Auslegung geboten. Die Beweislast für das Eingreifen dieses Ausnahmetatbestandes trägt auf Grund der gesetzl. Formulierung „es sei denn" der ArbGeb. Die ursprüngliche Fassung des NachwG vom 20.7.1995[5] nahm noch solche ArbN aus dem Geltungsbereich aus, die zur vorübergehenden Aushilfe oder einer anderen gelegentlichen Tätigkeit eingestellt wurden, deren Gesamtdauer 400 Stunden innerhalb eines Jahres nicht überstieg. Diese Ausnahme ist durch Gesetz vom 24.3.1999[6] auf Grund ihrer Unvereinbarkeit mit Art. 1 II der Nachweis-RL aufgehoben worden. Die in Art. 1 II der Nachweis-RL eröffneten weiteren Ausnahmemöglichkeiten (Wochenarbeitszeit bis zu acht Stunden, Gelegenheitsarbeiten) hat der deutsche Gesetzgeber nicht übernommen. Gesichtspunkte der Gleichbehandlung und der Rechtssicherheit sprachen dafür, von der durch die Nachweis-RL eröffneten Ausnahmeregelung nur zurückhaltend Gebrauch zu machen. Der Gesetzgeber befürchtete zum einen eine mittelbar diskriminierende Auswirkung einer solchen Ausnahmeregelung, soweit sie geringfügig Beschäftigte betrifft, da ganz überwiegend Frauen betroffen sind. Zum anderen ist für geringfügig Beschäftigte die Einführung einer Nachweispflicht besonders dringlich. Gerade nur vorübergehend eingestellte oder nur geringfügig beschäftigte ArbN sind in erhöhtem Maße der Gefahr ausgesetzt, über ihre arbeitsvertragl. Rechte nicht ausreichend informiert zu sein. 6

2 *Nachweispflicht*

(1) Der Arbeitgeber hat spätestens einen Monat nach dem vereinbarten Beginn des Arbeitsverhältnisses die wesentlichen Vertragsbedingungen schriftlich niederzulegen, die Niederschrift zu unterzeichnen und dem Arbeitnehmer auszuhändigen. In die Niederschrift sind mindestens aufzunehmen:

1. **der Name und die Anschrift der Vertragsparteien,**
2. **der Zeitpunkt des Beginns des Arbeitsverhältnisses,**
3. **bei befristeten Arbeitsverhältnissen: die vorhersehbare Dauer des Arbeitsverhältnisses,**
4. **der Arbeitsort oder, falls der Arbeitnehmer nicht nur an einem bestimmten Arbeitsort tätig sein soll, ein Hinweis darauf, dass der Arbeitnehmer an verschiedenen Orten beschäftigt werden kann,**
5. **eine kurze Charakterisierung oder Beschreibung der vom Arbeitnehmer zu leistenden Tätigkeit,**
6. **die Zusammensetzung und die Höhe des Arbeitsentgelts einschließlich der Zuschläge, der Zulagen, Prämien und Sonderzahlungen sowie anderer Bestandteile des Arbeitsentgelts und deren Fälligkeit,**
7. **die vereinbarte Arbeitszeit,**
8. **die Dauer des jährlichen Erholungsurlaubs,**
9. **die Fristen für die Kündigung des Arbeitsverhältnisses,**
10. **ein in allgemeiner Form gehaltener Hinweis auf die Tarifverträge, Betriebs- oder Dienstvereinbarungen, die auf das Arbeitsverhältnis anzuwenden sind.**

Der Nachweis der wesentlichen Vertragsbedingungen in elektronischer Form ist ausgeschlossen. Bei Arbeitnehmern, die eine geringfügige Beschäftigung nach § 8 Abs. 1 Nr. 1 des Vierten Buches Sozialgesetzbuch ausüben, ist außerdem der Hinweis aufzunehmen, dass der Arbeitnehmer in der gesetzlichen Rentenversicherung die Stellung eines versicherungspflichtigen Arbeitnehmers erwerben kann, wenn er nach § 5 Abs. 2 Satz 2 des Sechsten Buches Sozialgesetzbuch auf die Versicherungsfreiheit durch Erklärung gegenüber dem Arbeitgeber verzichtet.

---

1 LAG Köln v. 7.1.2000 – 11 Sa 510/99, ZTR 2000, 515 (freier Mitarbeiter); aA *Schaefer* C Rz. 19. | 2 BT-Drs. 13/668, Anlage 2 Ziff. 2. | 3 Vgl. dazu auch BR-Drs. 353/94, Anlage S. 1. | 4 LAG Köln v. 1.12.2000 – 11 Sa 1147/00, MDR 2001, 712. Ausf. hierzu *Preis/Kliemt/Ulrich*, Aushilfs- und Probearbeitsverhältnis, 2. Aufl., Rz. 366 ff. | 5 BGBl. I S. 946. | 6 BGBl. I S. 388, 393.

(2) Hat der Arbeitnehmer seine Arbeitsleistung länger als einen Monat außerhalb der Bundesrepublik Deutschland zu erbringen, so muss die Niederschrift dem Arbeitnehmer vor seiner Abreise ausgehändigt werden und folgende zusätzliche Angaben enthalten:

1. die Dauer der im Ausland auszuübenden Tätigkeit,

2. die Währung, in der das Arbeitsentgelt ausgezahlt wird,

3. ein zusätzliches mit dem Auslandsaufenthalt verbundenes Arbeitsentgelt und damit verbundene zusätzliche Sachleistungen,

4. die vereinbarten Bedingungen für die Rückkehr des Arbeitnehmers.

(3) Die Angaben nach Absatz 1 Satz 2 Nr. 6 bis 9 und Absatz 2 Nr. 2 und 3 können ersetzt werden durch einen Hinweis auf die einschlägigen Tarifverträge, Betriebs- oder Dienstvereinbarungen und ähnliche Regelungen, die für das Arbeitsverhältnis gelten. Ist in den Fällen des Absatzes 1 Satz 2 Nr. 8 und 9 die jeweilige gesetzliche Regelung maßgebend, so kann hierauf verwiesen werden.

(4) Wenn dem Arbeitnehmer ein schriftlicher Arbeitsvertrag ausgehändigt worden ist, entfällt die Verpflichtung nach den Absätzen 1 und 2, soweit der Vertrag die in den Absätzen 1 bis 3 geforderten Angaben enthält.

1 **I. Normzweck; Allgemeines.** § 2 begründet **kein konstitutives gesetzl. Schriftformerfordernis** iSv. § 125 BGB für den Arbeitsvertrag, sondern lediglich eine zwingende Pflicht zur Dokumentation der wesentlichen vertragl. Bedingungen (vgl. bereits Vorb. Rz. 13 ff.). Die dem ArbN auszuhändigende Niederschrift soll ihm sichere Auskunft über den wesentlichen Inhalt seines Arbeitsvertrages geben (vgl. Rz. 4). Dementsprechend entfällt die Nachweispflicht nach Abs. 4, wenn dem ArbN bereits ein Arbeitsvertrag ausgehändigt worden ist, der sämtliche erforderlichen Angaben enthält.

2 **II. Mindestinhalt des schriftlichen Nachweises (Abs. 1). 1. Wesentliche Vertragsbedingungen.** Nach § 2 I 1 muss der schriftl. Nachweis alle wesentlichen Vertragsbedingungen des konkreten Arbeitsverhältnisses enthalten. Gleichzeitig schreibt Abs. 1 S. 2 gewisse Mindestangaben („mindestens") vor. Der **Mindestkatalog** deckt sich weitgehend mit Art. 2 II der Nachweis-RL. Er ist nicht abschließend, sondern **beispielhaft**. Weitere wesentliche, der Nachweispflicht unterliegende Vertragsbedingungen sind denkbar[1]. Dies ergibt sich aus Sinn und Zweck der Nachweispflicht, dem Wortlaut („mindestens") und der Gesetzesbegründung[2].

3 Fraglich ist, welche Vertragsbedingungen „wesentlich" iSd. Abs. 1 S. 1 sind. Überwiegend wird für die Bestimmung der Wesentlichkeit ausschließlich auf die Interessen des ArbN abgestellt[3]. Andere legen einen objektiven Maßstab an: Wesentlich seien all jene Vertragsbedingungen, die üblicherweise in Arbeitsverträgen bestimmter ArbN vereinbart werden[4]. Eine rein subjektive Abgrenzung führt allein nicht weiter. Zwar ist von den schutzwürdigen Interessen des ArbN auszugehen, wobei die üblicherweise

1 BAG v. 23.1.2002 – 4 AZR 56/01, NZA 2002, 800; EuGH v. 8.2.2001 – Rs. C-350/99, BB 2001, 1255; LAG Hamburg v. 21.9.2001 – 6 Sa 46/01, nv.; LAG Bremen v. 9.11.2000 – 4 Sa 138/00, DB 2001, 336. AA *Birk*, NZA 1996, 281 (285); *Wank*, RdA 1996, 21 (23). | 2 Vgl. BT-Drs. 13/668, S. 10. | 3 Vgl. etwa *Schwarze*, ZfA 1997, 43 (52); *Krause*, AR-Blattei SD II B 220.2.2 Rz. 172; *Schaefer*, D Rz. 178. | 4 So etwa ErfK/*Preis*, § 2 NachwG Rz. 7 ff.; LAG Nds. v. 7.12.2000 – 10 Sa 1505/00, NZA-RR 2001, 145 (146); *Bepler*, ZTR 2001, 241 (243).

getroffenen Vereinbarungen Hinweise geben. Indes ist nicht alles, was üblich ist, zugleich wesentlich und umgekehrt. Richtigerweise hat sich die Bestimmung der Wesentlichkeit am Sinn und Zweck der Nachweispflicht und an den Besonderheiten des jeweiligen Arbeitsverhältnisses zu orientieren[1]. Je schwerer der ArbN voraussichtlich von einer dem ArbGeb günstigen Vereinbarung betroffen sein kann, desto eher kann man vom ArbGeb erwarten, dass er diese Vertragsbedingung schriftl. fixiert. **Wesentlich** iSv. Abs. 1 S. 1 sind dementsprechend alle Vertragsbedingungen, deren Kenntnis für den ArbN zur Geltendmachung seiner Rechte notwendig ist und deren Unkenntnis zu erheblichen Nachteilen führen kann. Hierzu können bspw. zählen: Vereinbarungen über die Rückzahlung von Fortbildungskosten, Mankoabreden, Haftungsregelungen, Nebentätigkeitsbeschränkungen, Verschwiegenheitspflichten sowie Nebenleistungen, wie betrAV, Versicherungen. Vertragl. **Ausschlussfristen** zählen wegen ihres rechtsbeschneidenden Inhalts gleichfalls zu den nachweispflichtigen wesentlichen Vertragsbedingungen[2]. Zur Möglichkeit der Verweisung auf einen Kollektivvertrag nach Abs. 1 Nr. 10 noch Rz. 51 ff. Auch die individualvertragl. statische oder dyn. **Verweisung auf einen TV** ist wesentlich. Zur Problematik, ob eine Verweisung auf einen eine Ausschlussfrist enthaltenden TV ausreicht, vgl. Rz. 55. Auch nachvertragl. **Wettbewerbsverbote** sind wesentlich; sie bedürfen nach § 74 HGB ohnehin einer besonderen schriftl. Vereinbarung.

Wo die Vertragsbedingungen geregelt sind (Einzelvertrag, TV oder BV) ist unerheblich. Eine entsprechende Differenzierung fehlt in Abs. 1 S. 1. Die Pflicht zur Aufnahme der wesentlichen Vertragsbedingungen hindert nicht, (freiwillig) weitere, über die wesentlichen Vertragsbedingungen hinausgehende Vertragsbedingungen in die Niederschrift aufzunehmen. 4

2. Aushändigung der unterzeichneten Niederschrift. Die Informationspflicht des ArbGeb ist erst erfüllt, wenn die von ihm unterzeichnete Niederschrift dem ArbN ausgehändigt worden ist. Die Unterzeichnung muss **eigenhändig** durch den ArbGeb nach § 126 BGB erfolgen. Ein Faksimile-Stempel genügt deshalb nicht[3]. Abs. 1 S. 3 schließt die elektronische Form iSv. § 126a BGB ausdrücklich aus[4]. Entsprechend den von der Rspr. zu § 174 BGB entwickelten Grundsätzen ist eine verbindliche Unterzeichnung durch einen **Vertreter** des ArbGeb, wie zB den Leiter der Personalabteilung, möglich[5]. Für eine Aushändigung iSv. Abs. 1 S. 1 genügt nur die Übergabe der Privaturkunde. Wesentlich für den ArbN ist der **Besitz der Niederschrift**, dh. der ArbN muss das Schriftstück körperlich in die Hand bekommen[6]. Eine Übersendung per Telefax genügt dementsprechend ebenso wenig wie eine E-Mail, eine Übermittlung mittels Internet oder die Übergabe einer Diskette. Das gilt selbst dann, wenn auf ihr ein eingescannter unterzeichneter Arbeitsvertrag abgespeichert ist. Die Erstellung der Niederschrift durch Einfügen in die Personalakten genügt gleichfalls nicht[7]. **Erfüllungsort** für die Aushändigung des Nachweises ist der Betriebssitz des ArbGeb, der regelmäßig als Leistungsort für arbeitsvertragl. Ansprüche gilt[8]. 5

Die Aushändigung der Niederschrift ist eine **rechtsgeschäftsähnliche Handlung**. Auf sie finden die allgemeinen Regelungen über Willenserklärungen entsprechende Anwendung. 6

Nichtdeutsche ArbN haben anders als LeihArbN gem. § 11 II 2 AÜG (vgl. Vorb. Rz. 17) **keinen Anspruch** auf Aushändigung der Urkunde in ihrer jeweiligen **Muttersprache**[9]. Der Europäische Rat nahm einen entsprechenden Änderungsvorschlag des Europäischen Parlaments bei Verabschiedung der Nachweis-RL nicht an[10]. 7

3. Frist zur Erfüllung der Informationspflicht. Der ArbGeb hat den Nachweis spätestens **einen Monat nach dem vereinbarten Beginn** des Arbeitsverhältnisses auszuhändigen. Für den Fristbeginn stellt das NachwG auf den vereinbarten Beginn des Arbeitsverhältnisses ab. Das ist weder der Zeitpunkt des Vertragsschlusses bzw. des Wirksamwerdens des Arbeitsvertrages[11] noch der der effektiven Arbeitsaufnahme[12]. Zwar stellt Art. 3 I der Nachweis-RL auf die (tatsächliche) Aufnahme der Arbeit ab, sieht allerdings auch eine Frist von zwei Monaten vor. Der deutsche Gesetzgeber hat die Wortwahl der Nachweis-RL genauso wenig übernommen wie die Länge der Frist. Da die deutsche Regelung für die ArbN günstiger ist, bestehen auch keine europarechtl. Bedenken. Für die hier vertretene Auffassung spricht die Rechtssicherheit, da der Beginn des Arbeitsverhältnisses zumeist von vornherein kalendermäßig bestimmt ist und die Fristberechnung daher bereits zum Zeitpunkt des Vertragsabschlusses möglich ist. Ist der ArbN beim vereinbarten Beginn des Arbeitsverhältnisses verhindert, zB durch krankheitsbedingte Arbeitsunfähigkeit, beginnt die Frist für den ArbGeb gleichwohl zu laufen und nicht erst bei tatsächlicher Arbeitsaufnahme. Gleiches gilt, wenn die Parteien einen Feiertag als Beginn des Arbeitsverhältnisses vereinbaren. 8

---

1 Ausf. *Linde/Lindemann*, NZA 2003, 649 (650 ff.). | 2 BAG v. 23.1.2002 – 4 AZR 56/01, NZA 2002, 800; ErfK/*Preis*, § 2 NachwG Rz. 8; *Linde/Lindemann*, NZA 2003, 649. AA *Feldgen*, Rz. 129. | 3 *Birk*, NZA 1996, 281 (287). | 4 Ebenso § 24 I 4 SeemG. Kritisch zum Fehlen eines Ausnahmetatbestandes in § 11 BBiG und § 11 AÜG: *Gotthardt/Beck*, NZA 2002, 876 (877). | 5 *Birk*, NZA 1996, 281 (287); *Schaefer*, B Rz. 22. | 6 *Birk*, NZA 1996, 281 (287); *Schaefer*, B Rz. 23. | 7 *Birk*, NZA 1996, 281 (287). | 8 ErfK/*Preis*, § 2 NachwG Rz. 4, *Schaefer*, B Rz. 26. Zum Zeugnis (Holschuld bzw. Schickschuld) vgl. BAG v. 8.3.1995 – 5 AZR 848/93, NZA 1995, 671. | 9 Vgl. dazu *Riesenhuber*, NZA 1999, 798 ff. | 10 ABl. EG Nr. C 240 v. 16.9.1991, S. 21. | 11 So aber *Birk*, NZA 1996, 281 (287). | 12 So aber ErfK/*Preis*, § 2 NachwG Rz. 5.

9 Die Fristberechnung richtet sich nach §§ 186 ff. BGB. Für nachträgliche Änderungen von wesentlichen Arbeitsbedingungen gilt § 3; für Altfälle findet die Übergangsvorschrift des § 4 Anwendung (vgl. dort). Strengere, für den ArbN günstigere tarifvertragl. Formvorschriften, die teilweise eine sofortige Ausfertigung eines schriftl. Arbeitsvertrages verlangen, gehen den Regelungen des NachwG vor[1].

10 Eine **Regelungslücke** besteht in den Fällen, in denen das Arbeitsverhältnis zunächst nicht dem Anwendungsbereich des NachwG unterfällt (wie zB bei einem zunächst auf bis zu einem Monat befristeten Aushilfsarbeitsverhältnis iSv. § 1 Hs. 2), die Anwendungsvoraussetzungen aber später durch eine Verlängerung der Befristung oder eine unbefristete Fortsetzung erfüllt werden. In diesen Fällen entsteht die Nachweispflicht sofort im Zeitpunkt der Erfüllung der Anwendungsvoraussetzungen, wenn das Arbeitsverhältnis mindestens einen Monat bestanden hat und es sich um ein ununterbrochenes Arbeitsverhältnis handelt[2]. Es wäre unbillig, ab dem Verlängerungszeitpunkt die Monatsfrist nochmals laufen zu lassen.

11 **4. Mindestkatalog (Abs. 1 S. 2 u. 4).** Durch den Mindestkatalog des Abs. 1 S. 2 wird Begriff der „wesentlichen Vertragsbedingungen" des Satzes 1 **konkretisiert**. Beispielhaft werden Vertragsbedingungen aufgezählt, die der Gesetzgeber in jedem Arbeitsverhältnis als wesentlich einstuft (vgl. Rz. 3 zur Wesentlichkeit). Die Pflicht zum Nachweis selbst folgt allein aus Abs. 1 S. 1[3]. Sie bestünde auch, wenn Abs. 1 S. 2 nicht existierte.

12 **a) Vertragsparteien (Nr. 1).** Anzugeben sind **Name und Anschrift** der Vertragsparteien. Dies bezweckt die eindeutige Festlegung der Identität der Vertragsparteien und beseitigt damit Unklarheiten über den richtigen Klagegegner oder den Schuldner in der Zwangsvollstreckung[4]. Insb. durch Betriebsübergänge oder Umfirmierungen ist häufig unklar, wer ArbGeb ist.

13 Der Name einer natürlichen Person besteht aus deren Familiennamen und mindestens einem Vornamen[5]. Bei Verwechselungsgefahr sind ggf. weitere Vornamen anzugeben. Akademische Grade sind nicht Teil des Familiennamens[6], wohl aber Adelsprädikate[7]. Berufs- oder Künstlername können, aber müssen nicht zusätzlich in den Nachweis aufgenommen werden. Nützlich, aber gleichfalls nicht erforderlich ist die Aufnahme von Geburtsdatum und -ort.

14 Handelt es sich bei dem ArbGeb um eine natürliche Personen, ist deren Name anzugeben, bei Handelsgesellschaften oder Kaufleuten deren Firma. Die Rechtsvorschriften über Firmenbezeichnungen gewährleisten eine hinreichende Präzisierung des ArbGeb. Bei juristischen Personen bedarf es deren näherer Bezeichnung. Die Verpflichtung zur Angabe der Rechtsform ergibt sich zT aus gesellschafts- und handelsrechtl. Vorschriften (§ 4 GmbHG, § 4 AktG, §§ 17 ff. HGB, § 3 GenG). Gleiches gilt für Personengesellschaften nach dem PartnerschaftsG, vgl. § 7 PartGG. Beim eingetragenen Verein gehört die Angabe der Rechtsform nach § 65 BGB mit zum Namen.

15 Seit Anerkennung der Rechtsfähigkeit der **GbR** durch die Rspr.[8] genügt die Angabe des Namens der Gesellschaft; es müssen nicht mehr die Namen und die Anschriften aller Gesellschafter aufgeführt werden. Nicht angegeben werden muss der gesetzl. Vertreter[9].

16 Unter **Anschrift** sind die Daten zu verstehen, die für eine Zustellung benötigt werden. Bei ArbN ist auf deren regelmäßigen Aufenthaltsort abzustellen. Der ArbGeb hat die Betriebsstätte anzugeben, in der er die Personalverwaltung vornimmt[10]. Die Angabe eines Postfaches genügt nicht. Dort könnte nicht per Boten oder durch Gerichtsvollzieher zugestellt werden.

17 **b) Zeitpunkt des Beginns des Arbeitsverhältnisses (Nr. 2).** Der ArbGeb hat den Zeitpunkt des Beginns des Arbeitsverhältnisses anzugeben. Es beginnt mit dem Tag, an dem der ArbN vertragsgemäß die Arbeit aufzunehmen hat[11]. Dies ist der Tag des von den Vertragsparteien **vereinbarten Beginns der Vertragslaufzeit**[12]. Dieser Tag muss nicht mit dem Tag der tatsächlichen Arbeitsaufnahme übereinstimmen[13], bspw. weil die Arbeitsaufnahme wegen Erkrankung des ArbN zum vereinbarten Beginn nicht möglich ist, dem ArbN zu Beginn Urlaub gewährt wird oder weil das Arbeitsverhältnis vereinbarungsgemäß am 1. eines Monats beginnen soll, dieser Tag aber ein Sonn- oder Feiertag ist. Ist der Beginn der Vertragslaufzeit zum Zeitpunkt der Erteilung des Nachweises noch ungewiss, ist der Zeitpunkt so konkret wie möglich zu umschreiben (zB „Vertragsbeginn am 1. Februar oder auf Wunsch des ArbN früher").

18 **c) Dauer der Befristung (Nr. 3).** Der ArbGeb muss klarstellen, ob ein befristetes (§ 620 BGB) oder unbefristetes Arbeitsverhältnis gegeben ist. Überdies muss er die „vorhersehbare Dauer" der Befristung

1 ErfK/*Preis*, § 2 NachwG Rz. 5. | 2 *Feldgen*, Rz. 139; ErfK/*Preis*, § 2 NachwG Rz. 6. | 3 ErfK/*Preis*, § 2 NachwG Rz. 10. | 4 LAG Köln v. 9.1.1998 – 11 Sa 155/97, NZA-RR 1998, 513. | 5 Palandt/*Heinrichs*, § 12 BGB Rz. 5. | 6 BGH v. 19.12.1962 – IV ZB 282/62, BGHZ 38, 380. | 7 Art. 109 III 2 WeimRV. | 8 BGH v. 18.2.2002 – II ZR 331/00, NJW 2002, 1207; v. 29.1.2001 – II ZR 331/00, NJW 2001, 1056; OLG Karlsruhe v. 26.2.2001 – 11 W 5/01, NJW 2001, 1072; KG Berlin v. 26.2.2001 – 8 RE-Miet 1/01, ZMR 2001, 454. Zu den Auswirkungen im Arbeitsrecht *Diller*, NZA 2003, 401. | 9 *Schaefer*, D Rz. 12. | 10 Vgl. dazu *Schaefer*, D Rz. 8. | 11 Palandt/*Weidenkaff*, Einf. v. § 611 BGB Rz. 5a. | 12 *Birk*, NZA 1996, 281 (286); *Grünberger*, NJW 1995, 2809 (2810); anschaulich *Schaefer*, D Rz. 17 ff.; ErfK/*Preis*, § 2 NachwG Rz. 12; Palandt/*Weidenkaff*, Einf. v. § 611 BGB Rz. 5a. | 13 Zust. ErfK/*Preis*, § 2 NachwG Rz. 12, anders unter Rz. 5.

angeben. Für den Regelfall der Zeitbefristung ist die Dauer nicht nur vorhersehbar, sondern zeitlich sogar exakt bestimmbar.

Seit dem 1.1.2001 ist Abs. 1 Nr. 3 bedeutungslos. Seitdem besteht für **befristete Arbeitsverhältnisse** nach § 14 IV TzBfG ohnehin ein **konstitutives Schriftformerfordernis**[1]. Dem Schriftformerfordernis unterliegt zunächst die Tatsache der Befristung. Daneben bedarf bei der **kalendermäßigen Befristung** (§ 3 I 2 TzBfG) das Enddatum oder die Dauer des befristeten Arbeitsverhältnisses nach Tagen, Wochen, Monaten oder Jahren einer schriftl. Vereinbarung. Demgegenüber ist eine schriftl. Angabe des Befristungsgrundes grds. nicht erforderlich (Ausnahmen gem. § 23 TzBfG: § 57b III HRG, Nr. 2 Abs. 1 SR 2y BAT)[2]. Der Vorschlag des Bundesrates, den ArbGeb zu verpflichten, auch den Grund für die Befristung zu nennen (BT-Drs. 13/668; BR-Drs. 353/1/94), ist vom Bundestag bei den Beratungen über das NachwG zurückgewiesen worden. 19

Neben der kalendermäßigen Befristung ist auch der Abschluss eines **zweckbefristeten** (§ 3 I 2, 15 TzBfG) oder **auflösend bedingten** (§ 21 TzBfG) Arbeitsverhältnisses möglich. Hierbei ist die Dauer bei der Erteilung der Niederschrift mitunter schwer absehbar. Abs. 1 Nr. 3 will an der Zulässigkeit der Zweckbefristung oder der auflösenden Bedingung nichts ändern. Allerdings muss die Dauer des Arbeitsverhältnisses so konkret wie möglich angegeben werden. Ein bloßer Hinweis auf die erfolgte **Zweckbefristung** reicht nicht aus; vielmehr bedarf es der konkreten Schilderung des Sachverhaltes und der exakten Angabe des Befristungszwecks. Bei der **auflösenden Bedingung** ist das Ereignis, von dessen ungewissem Eintreten das Ende des Vertrages abhängig ist, so konkret wie möglich zu bestimmen und in den Nachweis aufzunehmen[3]. 20

Ein Verstoß des ArbGeb gegen die Pflicht zum Nachweis der Befristung führt nicht zu deren Unwirksamkeit, sondern allenfalls zu Schadensersatzansprüchen[4]. 20a

d) Arbeitsort (Nr. 4). Die Niederschrift muss Angaben zum Arbeitsort enthalten. Falls der ArbN nicht nur an einem bestimmten Arbeitsort tätig sein soll, ist ein Hinweis darauf erforderlich, dass er an verschiedenen Orten beschäftigt werden kann. Mit Arbeitsort ist der sog. Leistungsort gemeint, also der geographische Ort der vom ArbN zu erbringenden Leistungshandlung, **nicht ein bestimmter Arbeitsplatz**[5]. Zur Bezeichnung des Arbeitsortes genügt die räumliche Bezeichnung des Betriebsteiles oder des Betriebs, wie zB „Werk Düsseldorf" oder die Angabe der politischen Gemeinde iSv. Art. 28 II GG. Diese Angabe ist räumlich hinreichend konkret. 21

Der Arbeitsort richtet sich in erster Linie nach dem von den Parteien mündlich oder schriftl. geschlossenen Arbeitsvertrag. Ist ein bestimmter Arbeitsort ohne Versetzungsmöglichkeit fest vereinbart, ist damit die Grenze des arbeitgeberseitigen Direktionsrechtes aber auch der sozialen Auswahl gezogen. Der Einsatz des ArbN an einem anderen Ort bedarf dann der vorherigen Änderungskündigung. Wenn keine besondere Vereinbarung vorliegt, ist Arbeitsort der Betrieb des ArbGeb (nicht der konkrete Arbeitsplatz oder Arbeitsbereich im Betrieb)[6]. Teilweise wird die Auffassung vertreten, dass bei großen Stadtgebieten (zB Berlin) ein Direktionsrecht des ArbGeb mit Blick auf § 315 BGB, §§ 2 III, 121 SGB III generell hinsichtlich solcher Ortsveränderungen anzunehmen sei, die vom Betrieb der Einstellung ausgehend mit einer Fahrtzeit (einfach) von nicht mehr als 30 Minuten verbunden seien[7]. 22

Enthält hingegen der Arbeitsvertrag eine örtliche Versetzungsklausel (zB „Einsatz bundesweit in allen Filialen"), muss ein entsprechender Hinweis auch in die Niederschrift aufgenommen werden. Ist zunächst ein bestimmter Arbeitsort vereinbart, einigen sich die Vertragsparteien dann aber auf einen anderen Arbeitsort, muss der ArbGeb diese Änderung einer wesentlichen Vertragsbedingung dem ArbN nach § 3 schriftl. mitteilen. 23

e) Tätigkeitsbeschreibung (Nr. 5). In die Niederschrift muss eine **kurze Charakterisierung oder Beschreibung der vom ArbN zu leistenden Tätigkeit** aufgenommen werden. Nach der ursprünglichen Fassung genügte eine „Bezeichnung oder allgemeine Beschreibung der vom ArbN zu leistenden Tätigkeit". Diese Regelung stellte nach Auffassung des **EuGH**[8] keine ordnungsgemäße Umsetzung des Art. 2 IIc Buchst. ii der Nachweis-Richtlinie dar. Hiernach ist entweder „die dem Arbeitnehmer bei der Einstellung zugewiesene Amtsbezeichnung, sein Dienstgrad und Art oder Kategorie seiner Stelle" (Art. 2 IIc Buchst. i Nachweis-RL) oder eine „kurze Charakterisierung oder Beschreibung der Arbeit" (Art. 2 IIc Buchst. ii Nachweis-RL) in die Niederschrift aufzunehmen. Der deutsche Gesetzgeber hat nunmehr den Wortlaut der zweiten Möglichkeit übernommen[9]. 24

---

1 Art. 1 des Gesetzes v. 21.12.2000, BGBl. I S. 1966. | 2 *Meinel/Heyn/Herms*, § 14 TzBfG Rz. 113; *Kittner/Däubler/Zwanziger*, KSchR, § 14 TzBfG Rz. 190; *Gaul*, NZA 2000, Beil. 3, S. 51 (55 f.); ErfK/*Preis*, § 2 NachwG Rz. 13. | 3 *Meinel/Heyn/Herms*, § 14 TzBfG Rz. 112; § 21 TzBfG Rz. 22; *Schaefer*, D Rz. 26. Ähnlich ErfK/*Preis*, § 2 NachwG Rz. 13, der annimmt, bei der Zweckbefristung bedürfe es stets der Angabe des Befristungsgrundes. | 4 BAG v. 27.7.2005 – 7 AZR 443/04, nv., zur vor Inkrafttreten des TzBfG vereinbarten Altersgrenze. | 5 *Schaefer*, D Rz. 36. | 6 BAG v. 3.12.1985 – 4 AZR 325/84, AP Nr. 5 zu § 1 TVG; MünchArbR/*Blomeyer*, § 48 Rz. 78–80; Palandt/*Weidenkaff*, § 611 BGB Rz. 31. | 7 *Gaul*, NZA 2000, Beil. 3, S. 51 (54). | 8 EuGH v. 4.12.1997 – Rs. C-253/96, C 258/96 (Kampelmann), BB 1998, 272; s. dazu den Vorlagebeschl. des LAG Hamm v. 9.7.1996, – 4 Sa 668/94, NZA 1997, 30. | 9 ÄndG v. 29.6.1998, BGBl. I S. 1694.

25 Der ArbGeb darf sich folglich nicht mit der bloßen Bezeichnung der Tätigkeit begnügen („Vorarbeiter" uÄ), sondern ist gezwungen, zumindest die wesentlichen Tätigkeitsmerkmale nach Art und Umfang der zu leistenden Arbeit und damit das Aufgabengebiet des ArbN und seine Funktionen zu umschreiben[1]. Es genügt die Angabe eines charakteristischen Berufsbildes, soweit sich die zu leistenden Tätigkeiten tatsächlich innerhalb des vereinbarten Berufsbildes halten. Detaillierte Ausführungen, etwa iS einer Stellenbeschreibung, werden nicht verlangt[2].

25a Bei den dem BAT bzw. nunmehr dem TVöD unterfallenden ArbN des **öffentl. Dienstes** muss der Nachweis nicht notwendig durch Angabe des Eingruppierungsmerkmals – nach Vergütungs- und Fallgruppe – erfolgen, der die Tätigkeit des ArbN entspricht[3]. Vielmehr kann der Nachweis auch mittels einer dem ArbN übergebenen **Stellenbeschreibung**, wie sie zum Zwecke der Bewertung der Tätigkeit regelmäßig angefertigt wird, oder aber durch eine die spätere übertragene Tätigkeit kurz charakterisierende oder beschreibende **Stellenausschreibung** erfolgen, auf die sich der ArbN beworben hat[4].

26 Beruft sich der ArbN auf eine ihm günstige Eingruppierung im schriftl. Arbeitsvertrag, hat der ArbGeb darzulegen und zu beweisen, dass der ArbN die tatsächliche Voraussetzungen der angegebenen Vergütungsgruppe nicht erfüllt[5]. Da das NachwG die Beweislage für ArbN verbessern will, gehen Unklarheiten hier zu Lasten des ArbGeb.

27 Nach wie vor zulässig ist die Vereinbarung eines arbeitgeberseitigen **Versetzungsrechtes** zu im Vertrag näher bezeichneten Bedingungen[6]. Dem steht der Zweck des NachwG, dem ArbN Kenntnis darüber zu verschaffen, welche Arbeiten auf ihn zukommen können, nicht entgegen. Da eine solche Versetzungsklausel gleichfalls in den Nachweis aufzunehmen ist, weiß der ArbN, dass auf ihn alle Arbeiten zukommen können, die der ArbGeb ihm im Rahmen billigen Ermessens überträgt.

28 Bei der Formulierung der auszuübenden Tätigkeiten hat der ArbGeb zu beachten, dass hiermit eine Einschränkung des arbeitgeberseitigen **Direktionsrechts** verbunden sein kann. Dies hat wiederum Konsequenzen für das Kündigungsrecht; insb. wird der Kreis der vergleichbaren ArbN für die Sozialauswahl vor allem durch den Umfang des Direktionsrechts bestimmt[7]. Je eingeschränkter das Tätigkeitsfeld des ArbN ist, desto weniger andere ArbN sind in die soziale Auswahl mit einzubeziehen.

29 **f) Arbeitsentgelt (Nr. 6).** In die Niederschrift sind Regelungen über die **Zusammensetzung und Höhe** des Arbeitsentgelts einschließlich der Zuschläge, der Zulagen, Prämien und Sonderzahlungen sowie anderer Bestandteile des Arbeitsentgelts (zB betrAV) aufzunehmen. Hierzu gehören neben Überstunden-, Sonn- und Feiertagszuschlägen, Auslösungen, Tantiemen, Provisionen, Leistungszulagen, Gratifikationen, Leistungs-, Erschwernis- und Funktionszulagen auch **geldwerte Vorteile mit Entgeltcharakter**, zB die Möglichkeit der privaten Nutzung eines Dienstfahrzeugs oder eines Dienstmobiltelefons. Dies gilt auch für andere Fälle von Naturalleistungen. Lässt sich die Vergütung nicht im Voraus durch Nennung einer geldwerten Summe bestimmen (zB bei einer Akkordlohnvereinbarung oder bei ertragsabhängiger Vergütung), ist in die Niederschrift die Art und der Berechnungsmodus der Leistungsvergütung mit aufzunehmen.

30 Ergibt sich die Entgeltregelung aus einem **TV, einer BV oder DV**, ist deren gesonderte Aufnahme in die Niederschrift entbehrlich, wenn von der Möglichkeit eines Verweises nach Abs. 3 Gebrauch gemacht wird. Die Leistungen, die in derartigen Regelungswerken nicht geregelt sind, müssen in den Nachweis mit aufgenommen werden.

31 Durch **betriebliche Übung** im Laufe des Arbeitsverhältnisses entstehende oder wegfallende Vergütungsansprüche sind gleichfalls schriftl. zu dokumentieren. Ist ausnahmsw. eine **Nettolohnabrede** getroffen, bedarf diese der Aufnahme in die Niederschrift.

32 Auch **freiwillige Leistungen** des ArbGeb sind wesentliche Vertragsbedingungen und fallen unter Abs. 1 Nr. 6[8]. Denn nach dem Gesetzeswortlaut sind Zulagen und Sonderzahlungen ohne Rücksicht auf ihre rechtl. Ausgestaltung zu dokumentieren. Wird nicht schriftl. dokumentiert, dass es sich um eine freiwillige oder widerrufliche Leistung handelt, wird es dem ArbGeb wegen der Beweiskraft des Nachweises kaum gelingen, die formlose Vereinbarung eines Freiwilligkeits- oder Widerrufsvorbehaltes nachzuweisen[9]. Gleiches gilt für die Angabe etwaiger Widerrufsgründe.

33 Neben der Höhe der Vergütung ist die **Anzahl** der Monatsgehälter, die **Zahlungsmodalitäten** (zB bargeldlos) und die **Fälligkeit** der einzelnen Vergütungsbestandteile schriftl. niederzulegen. Auch die sich

1 Vgl. dazu *Hohmeister*, BB 1998, 1790 (1793). |2 BT-Drs. 13/668, 10. |3 AA offenbar ErfK/*Preis*, § 2 NachwG Rz. 16. |4 BAG v. 8.6.2005 – 4 AZR 406/04, NZA 2006, 53. Vgl. dazu auch *Kloppenburg*, RdA 2001, 293, (295). Nach der Rspr. genügt die Angabe der Vergütungsgruppe zur Umschreibung der Arbeitsaufgaben, vgl. BAG v. 24.4.1996 – 4 AZR 976/94, ZTR 1997, 313; v. 29.10.1997 – 5 AZR 455/96, ZTR 1998, 187. |5 LAG Hamm v. 2.7.1998 – 4 Sa 339/96, AuR 1998, 331; ErfK/*Preis*, § 2 NachwG Rz. 16. AA *Schwarze*, RdA 1997, 343 (351). Vgl hierzu auch BAG v. 8.9.1999 – 4 AZR 648/98, BB 1999, 1982. |6 *Gaul*, NZA 2000, Beil. 3, S. 51 (54); *Schaefer*, D Rz. 53. AA *Zwanziger*, DB 1996, 2027 (2028). |7 BAG v. 17.9.1998 – 2 AZR 725/97, NZA 1998, 1332. |8 ErfK/*Preis*, § 2 NachwG Rz. 18; aA *Schaefer*, D Rz. 86. |9 ErfK/*Preis*, § 2 NachwG Rz. 18; *Müller-Glöge*, RdA 2001, Sonderbeil. Heft 5, S. 46 (48). Ebenso *Schaefer*, D. Rz. 87, der die Dokumentationspflicht aus § 2 I 1 herleitet.

aus § 614 S. 1 BGB ergebende gesetzl. Fälligkeitsregelung (Entrichtung der Vergütung nach Arbeitsleistung) ist in die Niederschrift aufzunehmen, da § 2 III 1 einen Hinweis auf eine gesetzl. Regelung nur für die Urlaubsdauer und die Kündigungsfristen zulässt. Gleiches gilt für die Vereinbarung einer Vorleistungspflicht. Ob die Möglichkeit eines **Bewährungsaufstiegs** besteht, muss nicht in den Nachweis aufgenommen werden[1]. Ebenso wenig besteht die Verpflichtung zur Aufnahme von Umständen, die für eine spätere dynamische Entwicklung der Vergütung von Bedeutung sind[2].

g) **Arbeitszeit (Nr. 7).** Entgegen der vor allem bei Führungskräften gebräuchlichen Handhabung muss die Niederschrift eine klare Regelung über die vereinbarte Arbeitszeit enthalten. Hierzu zählt nicht nur die **Dauer** (§ 2 I Nr. 7 NachwG[3], §§ 3, 18 ArbZG), sondern (entweder nach Abs. 1 Nr. 7 oder nach Abs. 1 S. 1) auch die **Lage** der Arbeitszeit[4]. Dabei genügt angesichts des Bedürfnisses nach einer flexiblen Handhabung der Hinweis auf die regelmäßige Arbeitszeit[5]. Unter die vom ArbGeb anzugebende „Arbeitszeit" fallen auch Zeiten minderer oder anderer Arbeitsintensität (zB Arbeits- oder Rufbereitschaft), in denen der ArbN daran gehindert ist, seine Arbeitskraft zu verwerten und damit über seine persönliche Zeitnutzung nicht frei entscheiden kann[6]. Die Verpflichtung zur Leistung von **Überstunden** und **Kurzarbeit** wird von dem Wortlaut nicht erfasst; sie ist aber nach Abs. 1 S. 1 als wesentliche Vertragsbedingung nachweispflichtig[7]. Regelungen zur Arbeitszeit können sehr komplex sein (zB Job-Sharing, Jahresarbeitszeitmodell, kapazitätsorientierte variable Arbeitszeit). Angesichts dessen empfiehlt sich, von der Möglichkeit der **Bezugnahme** auf TV, BV und DV nach Abs. 3 Gebrauch zu machen. 34

h) **Urlaubsdauer (Nr. 8).** Nr. 8 verlangt nur die Dokumentation der Dauer des jährlichen Erholungsurlaubs, nicht jedoch der Modalitäten der Erteilung[8]. Missverständlich ist insoweit Art. 2 IIf der Nachweis-RL, der bei nicht von vornherein feststehender Dauer des Urlaubs auf die Modalitäten der Gewährung und Festlegung Bezug nimmt; dies bezieht sich trotz des Wortlauts nicht darauf, wann – also zu welchem Zeitpunkt – der Urlaub zu erteilen ist. In der betrieblichen Praxis richtet sich der Umfang des Urlaubsanspruchs häufig nach tarifl. Bestimmungen. Diese sehen meist wesentlich mehr Urlaubstage vor, als das BUrlG. Gemäß Abs. 3 besteht die Möglichkeit auf die einschlägigen gesetzl. (§ 3 I BUrlG, § 19 JArbSchG, § 125 SGB IX) oder kollektivvertragl. Regelungen zu verweisen. Von dieser Möglichkeit sollte Gebrauch gemacht werden, zumal der Urlaubsanspruch Änderungen unterworfen sein kann, etwa weil er nach Alter oder Betriebszugehörigkeit gestaffelt ist. 35

Vom Erholungsurlaub sind **sonstige Beurlaubungen** zu unterscheiden. Hierzu zählen vor allem Beurlaubungen aus persönlichen Gründen („Sonderurlaub", zB bei Geburt, Heirat, Umzug etc.), zur Ausübung staatsbürgerlicher und kirchlicher Rechte und Pflichten, zur BR- und PersR-Tätigkeit usw. Diese nicht zur Erholung dienenden Dienstbefreiungen bedürfen keiner Niederlegung nach Abs. 1 Nr. 8[9]. 36

i) **Kündigungsfristen (Nr. 9).** In die Niederschrift aufzunehmen sind die Fristen für die Kündigung des Arbeitsverhältnisses. Diese Regelung ist nicht präzise, da sie das Problem der fehlenden Vorausberechenbarkeit der Kündigungsfrist offen lässt. Dies ist aber gerade der Regelfall: Mit zunehmender Dauer des Arbeitsverhältnisses steigt die Länge der Kündigungsfrist. Aus diesem Grunde sind auch die **maßgeblichen Kriterien** für die Bemessung der Länge der Kündigungsfrist in die Niederschrift mit aufzunehmen[10]. Angesichts der detaillierten Regelungen in TV, in § 622 BGB und in Spezialgesetzen (zB § 22 BBiG, § 86 SGB IX, § 29 III HAG, § 63 SeemG) sollte von der Verweisungsmöglichkeit des Abs. 3 Gebrauch gemacht werden. 37

j) **Hinweis auf Kollektivvereinbarungen (Nr. 10).** Das NachwG verlangt nach Abs. 1 Nr. 10 einen „in allgemeiner Form" gehaltenen **Hinweis auf die TV, BV oder DV**, die auf das Arbeitsverhältnis anzuwenden sind. Der ArbGeb hat den ArbN in der Niederschrift nach Abs. 1 Nr. 10 auch auf im Betrieb kraft **betrieblicher Übung** anwendbaren TV hinzuweisen[11]. 38

Die **Reichweite** dieser Regelung ist umstritten. Teilweise wird die Auffassung vertreten, nur **(individual)vertragl. vereinbarte Bedingungen** seien als Vertragsbedingungen iSd. NachwG anzusehen[12]. Hingegen wirkten **allgemeinverbindliche TV** mit Normwirkung auf das Arbeitsverhältnis ein, ohne dass dafür ein rechtsgeschäftlicher Konsens zwischen den Arbeitsvertragsparteien erforderlich wäre; insoweit handele es sich nicht um „Vertragsbedingungen" iSd. Abs. 1, sondern um gesetzl. Normen, auf die ein Hinweis nicht zu erfolgen brauche. Dem kann nicht zu gestimmt werden: „Vertragsbedingungen" iSd. NachwG sind nicht nur die vertragl. vereinbarten, sondern **auch die kraft normativer Wirkung** 39

1 BAG v. 8.6.2005 – 4 AZR 406/04, NZA 2006, 53. | 2 LAG MV v. 30.5.2006 – 5 Sa 527/05. | 3 ErfK/*Preis*, § 2 NachwG Rz. 20. | 4 *Schaefer*, D Rz. 91, 103 f.; aA *Birk*, NZA 1996, 281 (286). | 5 *Gaul*, NZA 2000, Beil. 3. S. 51 (59); *Schaefer*, D Rz. 96. AA *Richter/Mitsch*, AuA 1996, 7 (10). | 6 *Schaub*, ArbRHdb, § 45 VI Rz. 53. | 7 EuGH v. 8.2.2001 – Rs. C-350/99, BB 2001, 1255; ebenso ErfK/*Preis*, § 2 NachwG Rz. 20; *Schaefer*, E Rz. 97. | 8 *Birk*, NZA 1996, 281 (286); ErfK/*Preis*, § 2 NachwG Rz. 21. | 9 *Schaefer*, D Rz. 123. | 10 *Birk*, NZA 1996, 281 (286); KR/*Spilger*, § 622 BGB Rz. 205a; ähnlich *Krause*, AR-Blattei SD 220.2.2 Rz. 160. | 11 BAG v. 17.4.2002 – 5 AZR 89/01, NZA 2002, 1096. | 12 LAG Hamburg v. 21.9.2001 – 6 Sa 46/01, nv.; LAG Schl.-Holst. v. 31.5.2001 – 4 Sa 417/00, nv.; LAG Köln v. 6.12.2000 – 3 Sa 1089/00, NZA-RR 2001, 261; *Feldgen*, Kap. B Rz. 129; *Birk*, NZA 1996, 281 (288); *Preis*, Arbeitsvertrag II V 40 Rz. 11, der eine Pflicht zum Hinweis auf einen nur kraft vertraglicher Bindung anwendbaren TV aus § 2 I 1 NachwG ableiten will.

geltenden Konditionen, also auch **allgemeinverbindliche TV**[1]. Der Gesetzeswortlaut unterscheidet bei der Hinweispflicht nicht nach dem Grund für die Anwendbarkeit des TV. Der Nachweis ist daher unabhängig von der Rechtsgrundlage der Tarifgeltung oder TV-Anwendung zu erteilen. Zudem hätte es ansonsten § 3 S. 2 nicht bedurft, der die Änderung von für das Arbeitsverhältnis geltenden TV betrifft. Im Übrigen ermöglicht Abs. 3 eine Ersetzung bestimmter Mindestangaben durch einen Verweis auf einschlägige TV. Einschlägig sind TV auch dann, wenn sie wegen ihrer Allgemeinverbindlichkeit oder wegen der Tarifgebundenheit für diese Vertragspartner gelten.

40 Der Gesetzeswortlaut verlangt lediglich einen **in allgemeiner Form gehaltenen Hinweis**. Eine detaillierte Bezeichnung aller auf das Arbeitsverhältnis anwendbaren Kollektivvereinbarungen ist nach dem Willen des Gesetzgebers nicht erforderlich[2]. Diesem Erfordernis würde bereits die Formulierung genügen: „Im Übrigen finden auf das Arbeitsverhältnis die einschlägigen TV sowie BV Anwendung." Dies lässt sich jedoch schwerlich mit der Nachweis-RL vereinbaren. Deren Art. 2 IIj verlangt die Angabe der Kollektivverträge, in denen die Arbeitsbedingungen *„des Arbeitnehmers"* geregelt sind, also die **Angabe der konkret auf das Arbeitsverhältnis anwendbaren kollektiven Regelungen**. Jedenfalls dann, wenn mehrere in Betracht kommende Regelungswerke existieren und sich aus den Umständen nicht ohne weiteres ergibt, welches Regelungswerk gelten soll, ist das Tarifwerk konkret zu bezeichnen[3]. Dem ArbGeb ist im Zweifelsfall eine Einzelauflistung der für das jeweilige Arbeitsverhältnis geltenden Kollektivverträge anzuraten[4], jedenfalls eine hinreichend konkrete Bezeichnung („die Metall-Tarifverträge NRW"). Dies entspricht der Rechtsprechungspraxis[5]. Hierbei sollte der fachliche und räumliche Geltungsbereich der jeweiligen Kollektivverträge zweifelsfrei bezeichnet werden. Angesichts der Vielzahl von Kollektivvereinbarungen wäre es dem einzelnen ArbN ansonsten nahezu unmöglich, die auf sein Arbeitsverhältnis anwendbaren aufzuspüren.

41 Durch den allgemeinen Hinweis auf die konkret anwendbare Kollektivvereinbarung nach Abs. 1 Nr. 10 ist auch deren Inhalt ausreichend nachgewiesen. Die **einzelnen einschlägigen Kollektivbestimmungen** bedürfen nach st. Rspr. auch dann **keines besonderen Nachweises**, wenn es sich um „wesentliche Vertragsbedingungen" handelt[6]. Dies gilt auch für den besonders praxisrelevanten Fall der **Ausschlussfristen**. Dem gegenüber wird vereinzelt die Auffassung vertreten, hinsichtlich der Nachweispflicht sei streng zu trennen zwischen einerseits der nachweispflichtigen Tatsache, dass ein Kollektivvertrag auf das Arbeitsverhältnis Anwendung findet, und andererseits den in diesem Kollektivvertrag enthaltenen ebenfalls nachweispflichtigen wesentlichen Vertragsbedingungen. Abs. 1 Nr. 10 beziehe sich lediglich auf Ersteres. Der Inhalt eines Kollektivvertrages sei stets daraufhin zu untersuchen, ob er wesentliche Vertragsbedingungen enthalte. Sollte dies der Fall sein, bleibe es bei dem Grundsatz des Abs. 1 S. 1: Die im Kollektivvertrag enthaltenen wesentlichen Vertragsbedingungen seien zusätzlich zu der Verweisung stets separat in die Niederschrift aufzunehmen[7]. An diesem Meinungsstreit entfachte sich eine Diskussion darüber, ob Tarifbestimmungen, wie tarifliche **Ausschlussklauseln** und **Verfallfristen**[8], wesentliche Vertragsbedingungen darstellen.

---

1 Ebenso: BAG v. 5.11.2003 – 5 AZR 676/02, NZA 2005, 64; v. 29.5.2002 – 5 AZR 105/01, ArbRB 2002, 292 f.; v. 23.1.2002 – 4 AZR 56/01, NZA 2002, 800 (802); LAG Köln v. 3.7.2006 – 2 Sa 99/06; LAG Rh.-Pf. v. 14.7.2005 – 6 Sa 315/05, AE 2006, 100; LAG Bbg. v. 10.8.2001 – 4 Sa 265/01, LAGE § 2 NachwG Nr. 11; LAG Düsseldorf v. 17.5.2001 – 5 (3) Sa 45/01, DB 2001, 1995; LAG Bremen v. 9.11.2000 – 4 Sa 138/00, DB 2001, 336; LAG Schl.-Holst. v. 8.2.2000 – 1 Sa 563/99, DB 2000, 724. *Bepler*, ZTR 2001, 241 (243); *Müller-Glöge*, RdA 2001, Beil. 5, S. 46 (47, 54); *Schoden* § 2 Rz. 19; *Gaul*, ZfA 2003, 79. | 2 BT-Drs. 13/668, S. 10 f. Krit.: *Höland*, ArbuR 1996, 87 (91); *Wank*, RdA 1996, 23; ErfK/*Preis*, § 2 NachwG Rz. 23. | 3 LAG Bremen v. 16.6.2004 – 2 Sa 21/04, nv. zu BAT-VKA/BAT-BL. | 4 *Lörcher*, ArbuR 1994, 450 (454); *Schaefer*, D Rz. 138; aA *Wank*, RdA 1996, 21 (23). | 5 BAG v. 29.5.2002 – 5 AZR 105/01, NZA 2002, 1360 („Hinweis auf den TV als solchen"); v. 17.4.2002 – 5 AZR 89/01, BB 2002, 2022 („Hinweis auf den TV"); v. 23.1.2002 – 4 AZR 56/01, NZA 2002, 800 („Hinweis auf den einschlägigen TV"); LAG Rh.-Pf. v. 16.7.2002 – 1 Sa 407/02, NZA-RR 2003, 30 („Hinweis auf den TV"); LAG Köln v. 7.3.2002 – 10 Sa 1270/01, NZA-RR 2002, 591 („Hinweis auf die Anwendbarkeit des einschlägigen TV"); v. 7.12.2001 – 11 Sa 687/01, PersV 2002, 557 („namentlich bezeichneter TV"); LAG Hamm v. 28.11.2001 – 2 Sa 749/01, nv. („Bezugnahme auf einen genau bezeichneten TV"); vgl. auch EuGH v. 8.2.2001 – Rs. C-350/99, BB 2001, 1255 („Hinweis auf den einschlägigen TV"). AA LAG Nds. v. 7.12.2000 – 10 SA 1505/00, NZA-RR 2001, 145. | 6 BAG v. 5.11.2003 – 5 AZR 469/02, NZA 2004, 102; v. 29.5.2002 – 5 AZR 105/01, NZA 2002, 1360; v. 17.4.2002 – 5 AZR 89/01, NZA 2002, 1096; v. 23.1.2002 – 4 AZR 56/01, NZA 2002, 800. Ebenso: LAG Bw. v. 21.6.2007 – 11 Sa 126/06; LAG Hamm v. 15.8.2006 – 12 Sa 450/06; LAG Rh.-Pf. v. 16.7.2002 – 1 Sa 407/02, NZA-RR 2003, 30; LAG Schl.-Holst. v. 3.6.2002 – 4 Sa 438/01, LAGReport 2002, 325; v. 8.11.2001 – 3 Sa 388/01, nv.; v. 31.5.2001 – 4 Sa 417/00, nv.; LAG Köln v. 7.3.2001 – 10 Sa 1270/01, NZA-RR 2002, 591; LAG Hamm v. 28.11.2001 – 2 Sa 749/01, nv.; LAG Bbg. v. 8.11.2001 – 8 (2) Sa 475/01, nv.; LAG Düsseldorf v. 17.5.2001 – 5 (3) Sa 45/01, DB 2001, 1995; LAG Nds. v. 7.12.2000 – 10 Sa 1505/00, NZA-RR 2001, 145; vgl. auch EuGH v. 8.2.2001 – Rs. C-350/99, BB 2001, 1255. | 7 *Koch*, FS Schaub, 421 (437 ff.); ErfK/*Preis*, § 2 NachwG Rz. 23 ff.; *Linde/Lindemann*, NZA 2003, 849 (653 ff.); *Friese*, EAS B 3050 Rz. 23. Im Anschluss an *Preis*: Sächsisches LAG v. 22.2.2002 – 3 Sa 768/01, nv.; LAG Schl.-Holst. v. 8.2.2000 – 1 Sa 563/99, DB 2000, 724. | 8 „Keine wesentlichen Vertragsbedingungen": LAG Nds. v. 7.12.2000 – 10 Sa 1505/00, NZA-RR 2001, 145; wohl auch LAG Köln v. 6.12.2000 – 3 Sa 1089/00, NZA-RR 2001, 261. „Zweifelhaft": LAG Köln v. 7.3.2002 – 10 Sa 1270/01, NZA-RR 2002, 591; LAG Schl.-Holst. v. 6.11.2001 – 3 Sa 388/01, nv.; LAG Bbg. v. 10.8.2001 – 4 Sa 265/01, LAGE § 2 NachwG Nr. 11. AA „wesentliche Vertragsbedingung": LAG Rh.-Pf. v. 16.7.2002 – 1 Sa 407/02, NZA-RR 2003, 30; Sächsisches LAG v. 22.2.2002 – 3 Sa 768/01, nv.; BAG v. 23.1.2002 – 4 AZR 56/01, NZA 2002, 800; LAG Hamm v. 28.11.2001 – 2 Sa 749/01, nv.; LAG Schl.-Holst. v. 8.2.2000 – 1 S 563/99, DB 2000, 724.

Abs. 1 Nr. 10 benennt als Mindestinhalt der Niederschrift einen in allgemeiner Form gehaltenen Hinweis auf die auf das Arbeitsverhältnis anzuwendenden TV. Diese Hinweispflicht würde sinnentleert, wenn der ArbGeb darüber hinaus verpflichtet sein sollte, sämtliche anwendbaren TV auf wesentliche Vertragsbedingungen durchzusehen und diese nochmals gesondert im Nachweis aufzuführen. Der Zweck der Vorschrift liegt darin, iSd. Rechtsklarheit und Sicherheit auf die auf das Arbeitsverhältnis anzuwendenden Kollektivregelungen hinzuweisen. Dies gebietet es nicht, die Inhalte der tarifl. Bestimmungen – quasi „wiederholend" – nachzuweisen. Auch § 3 S. 2 zeigt, dass tariflich geregelte wesentliche Vertragsbedingungen durch einen Hinweis auf den TV ausreichend nachgewiesen sind. Würde man die ausdrückliche Aufnahme zB einer tarifvertragl. Verfallfrist in den Nachweis verlangen, käme es bei der Änderung von Tarifbestimmungen zu Wertungswidersprüchen. Änderungen von Tarifbestimmungen muss der ArbGeb nach dem eindeutigen Wortlaut von § 3 S. 2 nicht mitteilen. Das NachwG unterscheidet bei der Art und Weise der Pflicht zum Nachweis wesentlicher Vertragsbedingungen wie folgt: § 2 I 2 Nr. 1–5 zählt die zwingend in den Nachweis aufzunehmenden Bedingungen auf; hingegen ermöglicht § 2 III 1 die Ersetzung der nach § 2 I 2 Nr. 6–9 notwendigen weiteren Mindestangaben durch einen Hinweis auf einschlägige kollektivrechtl. Regelungen. **Der Gesetzgeber privilegiert diese Mindestangaben**. Sie sind durch einen Verweis ua. auf einschlägige TV hinreichend nachgewiesen; die konkrete tarifliche Bestimmung (wohl aber das Tarifwerk) ist hingegen nicht zwingend zu benennen[1]. Auf Grund der Verpflichtung des ArbGeb, ua. die für den Betrieb maßgeblichen TV an geeigneter Stelle im Betrieb auszulegen (§ 8 TVG), kann einem mündigen ArbN durchaus abverlangt werden, sich über den Inhalt und spätere Änderungen der auf sein Arbeitsverhältnis anwendbaren Kollektivverträge in zumutbarer Weise selbst zu informieren[2]. Hieran ändert auch die Tatsache nichts, dass die Verletzung der Auslegungspflicht von TV durch den ArbGeb keinen Schadensersatz auslöst, da § 8 TVG kein Schutzgesetz iSd. § 823 II BGB ist[3]. 42

Der **Umkehrschluss**, wonach nicht in Abs. 3 S. 1 aufgezählte Angaben nicht durch einen Hinweis auf TV ersetzt werden können, ist nicht möglich. Zur damit angesprochenen **analogen Anwendung des Abs. 3** noch eingehend Rz. 55. Denn die Ersetzungsmöglichkeit besteht neben der Regelung von Abs. 1 S. 2 Nr. 10 und betrifft ausschließlich die aufgezählten Bedingungen. Bezeichnet das Gesetz einzelne wesentliche Vertragsbedingungen ausdrücklich, die durch Hinweis auf die einschlägige Kollektivregelung ausreichend nachgewiesen sind, genügt ansonsten der generelle Hinweis auf den Kollektivvertrag. Im Übrigen hat der Gesetzgeber die Ersetzungsmöglichkeit nach Abs. 3 S. 1 für typischerweise in TV geregelte Bedingungen von zentraler Bedeutung vorgesehen, welche die Tragweite von Ausschlussfristen zum Teil erheblich überschreiten. Es wäre widersprüchlich, anspruchsbegründende Bestimmungen (wie zB die Regelung über die Zusammensetzung und Höhe des Arbeitsentgelts) durch den Hinweis auf Kollektivvereinbarungen als ausreichend nachgewiesen anzusehen, während dies für anspruchsbeschneidende Bestimmungen (zB Ausschlussfristen) nicht genügen soll[4]. Würde man eine Verpflichtung des ArbGeb annehmen wollen, alle im TV enthaltenen weiteren wesentlichen Vertragsbedingungen wortgetreu in den Arbeitsvertrag oder den Nachweis aufzunehmen, würde der Umfang des Nachweises unnötig aufgebläht und dessen Inhalt letztlich gegen das **Transparenzgebot** verstoßen. Im Ergebnis würde durch die Verlagerung der Tarifbestimmungen in den Arbeitsvertrag der Zweck des NachwG – Schaffung größerer Transparenz für den ArbN – konterkariert[5]. 43

Auch aus der Nachweis-RL lässt sich keine Verpflichtung des ArbGeb herleiten, einzelne „wesentliche" Tarifbestimmungen nochmals gesondert in die Niederschrift aufzunehmen. So hat bspw. der **EuGH** für den Fall einer tariflich geregelten Verpflichtung der Ableistung von Überstunden auf Anordnung des ArbGeb entschieden, dass der ArbN über diese in Art. 2 IIa–i der Nachweis-RL nicht genannte, aber als wesentlich zu qualifizierende Vertragsbedingung durch einen Hinweis auf den einschlägigen TV entsprechend der ua. für die normale Arbeitszeit geltenden Regelung von Art. 2 III der Nachweis-RL ausreichend unterrichtet ist[6]. 44

Aus Gründen äußerster Vorsorge ist der **Vertragspraxis** für nicht im Klauselkatalog des Abs. 1 S. 2 aufgeführte, jedoch in Kollektivverträge enthaltene „wesentliche Vertragsbedingungen" die Verwendung folgender Klausel anzuraten: „Wegen des Urlaubsgeldes, der Ausschlussfristen, der [...] oder der [...] wird auf den TV Y des Tarifgebietes Z in seiner jeweils gültigen Fassung verwiesen." Allerdings wäre in jedem Einzelfall zu prüfen, ob sich aus dem Arbeitsvertrag abweichende, dem ArbN günstigere Vereinbarungen ergeben. 45

k) Hinweis auf Rentenversicherungsoption bei geringfügig Beschäftigten (Abs. 1 S. 4). Mit der Neueinführung des Abs. 1 S. 4 durch Gesetz vom 24.3.1999[7] ist der ArbGeb verpflichtet, bei **Verträgen mit geringfügig Beschäftigten** (§ 8 SGB VI) einen Hinweis in die Niederschrift aufzunehmen, dass der ArbN 46

1 BT-Drs. 13/668, S. 11; BAG v. 5.11.2003 – 5 AZR 469/02, NZA 2004, 102. | 2 Gesetzesbegründung zu § 3: BT-Drs. 13/668, S. 12. BAG v. 23.1.2002 – 4 AZR 56/01, NZA 2002, 800; LAG Rh.-Pf. v. 16.7.2002 – 1 Sa 407/02, NZA-RR 2002, 30; LAG Schl.-Holst. v. 3.6.2002 – 4 Sa 438/01, LAGReport 2002, 325; LAG Hamm v. 28.11.2001 – 2 Sa 749/01, nv.; LAG Bremen v. 9.11.2000 – 4 Sa 138/00, DB 2001, 336. | 3 BAG v. 23.1.2002 – 4 AZR 56/01, NZA 2002, 800; LAG BW v. 21.6.2007 – 11 Sa 126/06. | 4 LAG Bremen v. 9.11.2000 – 4 Sa 138/00, DB 2001, 336. | 5 Zutr.: *Gaul*, ZfA 2003, 75 (80). | 6 EuGH v. 8.2.2001 – Rs. C-350/99, BB 2001, 1255. | 7 BGBl. I S. 388, 393.

trotz bestehender Versicherungsfreiheit auf diese nach § 5 II 2 SGB VI verzichten kann, um hierdurch die Stellung eines sozialversicherungspflichtigen ArbN mit entsprechenden Rentenanwartschaften zu erwerben. Damit wird auf den ArbGeb eine Verpflichtung abgewälzt, die nicht seine Aufgabe sein kann, sondern der Beratungspflicht der SozV-Träger (§§ 13–15 SGB I) obliegt[1]

47 Ein Verstoß gegen diese Nachweispflicht kann Schadensersatzansprüche des ArbN wegen Pflichtverletzung gem. § 280 I BGB auslösen (vgl. Vorb. Rz. 32), wenn er darlegen und beweisen kann, dass er wegen der fehlenden Belehrung versäumt hat, einen Antrag nach § 5 II 2 SGB VI zu stellen und dadurch einen Versicherungsschaden erlitten hat. Zur Frage der Kausalität muss der Anspruchsteller darlegen und beweisen, dass er tatsächlich auf die Versicherungsfreiheit verzichtet und somit den ArbGebBeitrag freiwillig aufgestockt hätte, wenn er nur darauf hingewiesen worden wäre[2]. Ob ein Anspruch im Ergebnis deshalb am Mitverschulden des ArbN scheitert, weil es seine Obliegenheit ist, sich um seine sozialversicherungsrechtl. Ansprüche zu kümmern[3], ist zweifelhaft.

48 **III. Umfang der Nachweispflicht bei Auslandseinsatz (Abs. 2).** Hat der ArbN seine Arbeitsleistung länger als einen Monat außerhalb der Bundesrepublik Deutschland zu erbringen, muss der ArbGeb gem. Abs. 2 **zusätzliche Mindestangaben** in die Niederschrift aufnehmen und diese dem ArbN **vor seiner Abreise aushändigen**. Die Ausweitung der Informationspflicht entspricht Art. 4 der Nachweis-Richtlinie (RL 91/533/EWG).

49 Die Niederschrift hat folgende weitere Angaben zu enthalten:

- die **Dauer** des Auslandseinsatzes (Nr. 1); erfolgt der Auslandseinsatz auf unbestimmte Zeit, ist hierauf in der Niederschrift ausdrücklich hinzuweisen. Im Falle einer Zweckbefristung ist die vom ArbN konkret zu erfüllende Aufgabe mit aufzunehmen.
- die **Währung**, in der das Arbeitsentgelt ausgezahlt wird (Nr. 2). Wird das Arbeitsentgelt teils in Inlands-, teils in Auslandswährung ausbezahlt, ist auch darauf hinzuweisen.
- ein etwaiges **zusätzliches Arbeitsentgelt** für den Auslandseinsatz und damit verbundene Sachleistungen (zB Kostenübernahme für Heimatflüge, Unterkunft etc., Nr. 3) und
- die **vereinbarten Bedingungen für die Rückkehr** des ArbN nach Beendigung des Auslandsaufenthaltes (Nr. 4).

50 Die Regelungen zu Nr. 1 und 2 sind zwingend in die Niederschrift mit aufzunehmen. Sofern über die Regelungsgegenstände der Nr. 3 und 4 keine Vereinbarungen zwischen den Arbeitsvertragsparteien getroffen werden, ist der ArbGeb zur Erteilung einer **Negativbescheinigung** verpflichtet[4]. Eine Ausnahme besteht gem. § 24 II Nr. 3 und 4 SeemG für Seeleute. Der Heuerschein muss nur dann Angaben über zusätzliche Leistungen und Rückkehrbedingungen enthalten, wenn die Parteien hierzu tatsächlich Vereinbarungen getroffen haben (vgl. den Gesetzeswortlaut: „gegebenenfalls").

51 **IV. Teilersetzungsmöglichkeit durch Verweisung (Abs. 3). 1. Ersetzung durch Hinweis auf die einschlägigen Kollektivregelungen (Abs. 3 S. 1). a) Allgemeines.** Abs. 3 S. 1 (zu S. 2 vgl. Rz. 61) eröffnet die Möglichkeit, die Angaben nach Abs. 1 Nr. 6–9 zu Zusammensetzung und Höhe des Arbeitsentgelts, der vereinbarten Arbeitszeit, der Dauer des jährlichen Erholungsurlaubs und den Kündigungsfristen **durch einen Hinweis auf die einschlägigen TV, BV und DV zu ersetzen** (zur analogen Anwendung auf andere wesentliche Vertragsbedingungen vgl. noch Rz. 55). Gleiches gilt für die Angaben bei Auslandseinsätzen nach Abs. 2 Nr. 2 und 3. Nicht ersetzt werden können die nicht in Kollektivverträgen enthaltenen Angaben, der Name und die Anschrift der Vertragsparteien, der Zeitpunkt des Beginns des Arbeitsverhältnisses, die vorhersehbare Dauer des befristeten Arbeitsverhältnisses, der Arbeitsort und die Tätigkeitsbeschreibung.

52 Die Eröffnung der Teilersetzungsmöglichkeiten durch Abs. 3 und die Entbehrlichkeit der Angabe von Änderungen gem. § 3 S. 2 verdeutlichen die Wertung des Gesetzgebers, für gesetzl. oder kollektivvertragl. geregelte, wesentliche Vertragsbedingungen eine erleichterte Nachweismöglichkeit zu schaffen. Durch diese Verweisungsmöglichkeiten wird die praktische Handhabung der Nachweispflichten für den ArbGeb wesentlich erhöht[5].

53 Der Gesetzeswortlaut des Abs. 3 S. 1 verlangt einen Hinweis auf die „**einschlägigen**" Kollektivvereinbarungen. Er geht damit über den Wortlaut des Abs. 2 Nr. 10 hinaus, der einen „in allgemeiner Form gehaltenen Hinweis" ausreichen lässt. Ein in allgemeiner Form gehaltener Hinweis auf die für das Arbeitsverhältnis geltenden Kollektivvereinbarungen ist bereits nach Abs. 1 Nr. 10 stets in eine Niederschrift aufzunehmen. Die Rspr. fordert die Angabe der konkret auf das Arbeitsverhältnis anwendbaren kollektiven Regelungen, mithin eine Einzelauflistung (vgl. bereits Rz. 40 ff.). Eine Teilersetzung der Angaben nach Abs. 3 kann daher nur eingreifen, wenn zusätzlich beim jeweiligen Sachzusammenhang – Entgelt, Arbeitszeit, Urlaub, Kündigungsfristen – eine Verweisung auf die jeweils einschlägige Kollektiv-

1 *Leuchten/Zimmer*, NZA 1999, 969 (971); ErfK/*Preis*, § 2 NachwG Rz. 30. | 2 *Leuchten/Zimmer*, NZA 1999, 969 (970 f.); *Stückemann*, FA 2000, 343. | 3 So ErfK/*Preis*, § 2 NachwG Rz. 30. | 4 *Schaefer*, D Rz. 169 f., E Rz. 22. | 5 BT-Drs. 13/668 S. 11.

regelung erfolgt[1]. Eine Nennung der konkreten kollektivrechtl. Bestimmung ist wünschenswert, jedoch nicht erforderlich[2]. Ausreichend ist demnach ein Hinweis folgenden Inhalts: „Die Höhe des Arbeitsentgeltes ergibt sich aus dem Entgelttarifvertrag XY." Der TV ist nach Branche und Tarifgebiet anzugeben, so dass der ArbN ihn identifizieren kann.

Ob darüber hinaus erforderlich ist, dass der ArbGeb dem ArbN den **TV zugänglich macht**, ist zweifelhaft[3]. Dies lässt sich jedenfalls nicht auf die Entscheidung des BAG v. 11.11.1998[4] stützen, da der TV im vom BAG entschiedenen Fall explizit regelte, dass Ansprüche dann nicht auf Grund der Ausschlussfrist erlöschen, wenn der TV „dem ArbN nicht ausgehändigt oder im Betrieb nicht ausgelegt oder ausgehängt ist". Eine solche, die Ausschlussklausel einschränkende Spezialregelung ist jedoch nur selten anzutreffen. Der ArbN ist selbst gehalten, sich rechtzeitig und umfassend über den Inhalt der auf sein Arbeitsverhältnis anzuwendenden Gesetze und Kollektivverträge zu informieren[5]. Selbst ein Verstoß des ArbGeb gegen die aus § 8 TVG resultierende Verpflichtung zur Auslage des TV löst keine Schadensersatzansprüche aus. Es handelt sich um eine reine Ordnungsvorschrift, nicht um ein Schutzgesetz iSd. § 823 II BGB[6]. 54

Zu Recht wendet das **BAG**[7] die Teilersetzungsmöglichkeit nach **Abs. 3 analog** auch auf andere, in dieser Vorschrift nicht geregelte wesentliche Vertragsbedingungen an. Der Aufstellung in Abs. 1 S. 2 Nr. 1 bis 9 sowie Abs. 1 S. 2 Nr. 10 und Abs. 3 ist eine Privilegierung kollektivrechtl. geregelter Vertragsbedingungen zu entnehmen. Wenn das Gesetz in allen Fällen des Abs. 1 S. 2, in denen eine kollektivrechtl. Regelung der Arbeitsbedingungen denkbar ist, gem. Abs. 3 einen allgemeinen Hinweis auf die Kollektivregelung zulässt, spricht dies gesetzessystematisch dafür, einen solchen **Hinweis analog Abs. 3 auch für weitere, nicht ausdrücklich in Abs. 1 S. 2 genannte wesentliche Vertragsbedingungen ausreichen zu lassen**, die in TV oder Betriebs- bzw. Dienstvereinbarungen geregelt sind (zB Ausschlussfristen, Verpflichtung zur Ableistung von Überstunden). Auch der **EuGH**[8] befürwortet für diese Fälle eine analoge Anwendung des § 2 III NachwG bzw. des Art. 2 III der Nachweis-RL. Wörtlich führt er aus, dass für den Nachweis einer wesentlichen Vertragsbestimmung die Unterrichtung „ggf. (...) entsprechend der (...-)Regelung des Art. 2 III dieser Richtlinie in Form eines Hinweises auf die einschlägigen Rechts- und Verwaltungsvorschriften bzw. Satzungs- oder Tarifvertragsbestimmungen erfolgen" könne. Dem ist beizupflichten: Die Zulassung der Verweisungsmöglichkeit auch für andere als die genannten Fälle hat den Vorteil, dass der Nachweis bei einer Änderung der kollektivvertragl. Regelungen nicht falsch wird, vgl. § 3 S. 2. Darüber hinaus erfährt der ArbN, welche der wesentlichen Vertragsbedingungen im Gesetz oder im Kollektivvertrag geregelt sind. 55

Aus dem Nachweis muss sich ergeben, ob es sich um eine **statische oder um eine dyn. Verweisung** handelt, ob also die nur gerade geltende oder die jeweils geltende Kollektivregelung einschlägig sein soll. Soll die Klausel als große dyn. Verweisungsklausel angesehen werden, muss dies aus der Klausel deutlich hervorgehen[9]. Weder bei einer dyn. noch bei einer statischen Verweisung muss der ArbGeb den ArbN über spätere Änderungen der Kollektivvereinbarung gem. § 3 S. 2 informieren. 56

b) Bezugnahmeobjekte. aa) Tarifverträge. Die größte Bedeutung in der betriebl. Praxis hat die einzelvertragl. Bezugnahme auf TV[10]. Insbesondere hinsichtlich Arbeitsentgelt und Arbeitszeit empfiehlt sich eine Verweisung auf den jeweiligen TV, weil ansonsten bei jedem Arbeitsvertrag uU umfangreiche Regelungen schriftl. dokumentiert werden müssten. Anzuraten ist eine dyn. Verweisung auf den TV in seiner jeweils gültigen Fassung, da die tarifl. Regelungen Änderungen unterworfen sind. Über spätere Änderungen der Inhalte des TV muss der ArbGeb den ArbN nicht gesondert informieren, § 3 S. 2. 57

bb) Betriebs- oder Dienstvereinbarungen. Bezug genommen werden kann auch auf BV oder DV. Derartige Regelungswerke enthalten häufig Regelungen über zusätzliche Arbeitsentgelte sowie nachzuweisende Modifikationen tarifvertragl. Regelungen zur Dauer der Arbeitszeit, seltener Bestimmungen über Erholungsurlaub oder Kündigungsfristen. Eine Bezugnahme auf BV hat trotz eines entsprechenden Hinweises nach Abs. 3 nur deklaratorischen Charakter. Die unmittelbare und zwingende Bindung eines Arbeitsverhältnisses an BV ergibt sich bereits aus § 77 IV 1 BetrVG[11]. 58

---

1 Ebenso *Richardi*, NZA 2001, 57 (59 f.); ErfK/*Preis*, § 2 NachwG Rz. 33 ff. | 2 Vgl. die Begründung des Entwurfs zu § 2 III in BT-Drs. 13/668, S. 11. Vgl. auch BAG v. 29.5.2002 – 5 AZR 105/01, NZA 2002, 1360; v. 23.1.2002 – 4 AZR 56/01, NZA 2002, 800; LAG Nds. v. 7.12.2000 – 10 Sa 1505/00, NZA-RR 2001, 145; *Schaefer*, D Rz. 143. AA LAG Schl.-Holst. v. 8.2.2000 – 1 Sa 563/99, NZA-RR 2000, 196, das eine ausdrückliche Aufnahme tarifl. Verfallfristen in den Nachweis fordert. | 3 Bejahend ErfK/*Preis*, § 2 NachwG Rz. 34–38, unter fehlgehender Berufung auf BAG v. 11.11.1998. | 4 BAG v. 11.11.1998 – 5 AZR 63/98, EzA § 4 TVG – Ausschlussfristen Nr. 128. | 5 BT-Drs. 13/668, S. 12. | 6 BAG v. 23.1.2002 – 4 AZR 56/01, NZA 2002, 800 (804); v. 6.7.1972 – 5 AZR 100/72, DB 1972, 1782; LAG Rh.-Pf. v. 16.7.2002 – 1 Sa 407/02, NZA-RR 2003, 30. AA *Löwisch/Rieble*, § 8 TVG Rz. 10. | 7 BAG v. 29.5.2002 – 5 AZR 105/01, NZA 2002, 1360; v. 17.4.2002 – 5 AZR 89/01, NZA 2002, 1096 (1098); v. 23.1.2002 – 4 AZR 56/01, NZA 2002, 800 f. Zust. ErfK/*Preis*, § 2 NachwG Rz. 33 ff.; *Schwarze*, ZfA 1997, 43 (52 f.); *Linde/Lindemann*, NZA 2003, 654 f.; *Oetker*, SAE 2002, 161 (166); *Gaul*, ZfA 2003, 75 (80). Ähnlich *Thüsing/Lambrich*, NZA 2002, 1361 (1370). | 8 EuGH v. 8.2.2001 – Rs. C-350/99, NZA 2001, 381 (Lange/Schünemann GmbH). | 9 Vgl. BAG v. 30.8.2000 – 4 AZR 581/99, BAGE 95, 296. | 10 Vgl. dazu ausf. *Gaul*, NZA 2000, Beil. 3, S. 51 (52). | 11 Vgl. dazu *Gaul*, NZA 2000, Beil. 3, S. 51.

59 **cc) Ähnliche Regelungen.** Zu den „ähnlichen Regelungen" zählen insb. die **Arbeitsvertragsrichtlinien der Kirchen** und ihrer **diakonisch-karitativen Verbände**[1]. Hiermit wollte der Gesetzgeber den kirchlichen ArbGeb sowie karitativen und erzieherischen Einrichtungen die Möglichkeit einräumen, übermäßigen bürokratischen Aufwand zu vermeiden und von sinnvollen Verweisungsmöglichkeiten Gebrauch zu machen[2]. Denn kirchenrechtl. Regelungen sind nicht in jeder Hinsicht den TV und BV oder DV gleichgestellt. Sie gelten nicht wie TV kraft Kollektivrecht für das jeweilige Arbeitsverhältnis, sondern entfalten nur dann Wirksamkeit, wenn sie ausdrücklich im Arbeitsvertrag vereinbart worden sind[3]. Beispiele für kirchliche Regelungswerke sind die Arbeitsvertragsrichtlinien, die die Evangelische Kirche für die Bediensteten des Diakonischen Werkes und die katholische Kirche für den kirchlichen Dienst und den Bereich der Caritas abgeschlossen hat. Die Ausdehnung der Verweisungsmöglichkeit durch Abs. 3 wird durch Art. 2 III Nachweis-RL gedeckt, der weiter gehend sogar Verweisungen auf Satzungs- oder Verwaltungsbestimmungen zugelassen hätte.

60 Der Begriff „ähnliche Regelungen" eröffnet **keine Verweisungsmöglichkeit auf allgemeine Arbeitsbedingungen** („AGB"). Ansonsten würde die Intention des NachwG vollständig ausgehöhlt. Denn in richtlinienkonformer Auslegung des Art. 2 III der Nachweis-RL können nur allgemeine Regelungen mit normativem Charakter – also Rechts- und Verwaltungsvorschriften bzw. Satzungs- oder Tarifbestimmungen – als Surrogat für den unmittelbaren Nachweis der wesentlichen Vertragsbedingungen dienen. Allgemeine, vom ArbGeb vorformulierte Arbeitsbedingungen können daher keine „ähnlichen Regelungen" iSv. Abs. 3 S. 1 sein[4].

61 **2. Teilersetzungsmöglichkeit durch Verweisung auf Gesetze (Abs. 3 S. 2).** Richten sich die Dauer des Erholungsurlaubs oder der Kündigungsfristen nach dem **Gesetz**, kann gem. Abs. 3 S. 2 hierauf verwiesen werden. Nach dem Wortlaut des Gesetzes muss eine dyn. Verweisung im Arbeitsvertrag vereinbart sein[5]. Sind keine weiter gehenden vertragl. Regelungen getroffen, ist ausreichend, aber auch erforderlich ein allgemeiner Hinweis auf die jeweiligen gesetzl. Bestimmungen (§ 3 BUrlG, § 622 BGB, § 19 JArbSchG, § 125 SGB IX). Eine wörtliche Wiedergabe des Inhalts ist hingegen nicht erforderlich. Ein allgemeiner Hinweis (zB „Die Kündigungsfristen richten sich nach den gesetzl. Regelungen") reicht nicht, da sich die jeweilige Regelung aus unterschiedlichen Gesetzen ergeben kann[6].

62 **V. Entfall der Verpflichtung durch Arbeitsvertrag (Abs. 4).** Die Nachweispflicht nach den Abs. 1 und 2 entfällt, wenn dem ArbN ein schriftl. Arbeitsvertrag ausgehändigt worden ist, „soweit" dieser die gesetzl. Mindestangaben nach Abs. 1 bis 3 enthält. Enthält der Arbeitsvertrag (etwa ein sog. Einstellungsschreiben) nicht alle erforderlichen Angaben, bleibt der Anspruch auf Erteilung des Nachweises im Übrigen bestehen. Allerdings ist zu berücksichtigen, dass die Erfüllung der Nachweispflicht nicht in einem einzigen Dokument erfolgen muss; der ArbGeb kann seiner gesetzl. Verpflichtung auch dadurch entsprechen, dass er dem ArbN zusätzlich zum Arbeitsvertrag weitere Dokumente, etwa Mitteilungen der Änderung der Gehaltshöhe, aushändigt. Dies ergibt sich im Übrigen auch aus § 3.

63 **VI. Erlöschen der Verpflichtung. 1. Ausschlussfristen.** Die Pflicht zur Erteilung eines schriftl. Nachweises ist keiner Ausschlussfrist unterworfen. Dies wäre mit dem Zweck des NachwG – Schaffung von mehr Rechtssicherheit und Rechtsklarheit – unvereinbar und ließe sich überdies schwerlich mit der Unabdingbarkeit nach § 5 in Einklang bringen.

64 **2. Verjährung.** Der Anspruch des ArbN auf Erteilung eines Nachweises unterliegt der regelmäßigen Verjährungsfrist von **drei Jahren**, § 195 BGB. Diese regelmäßige Verjährungsfrist beginnt nach § 199 BGB mit dem Schluss des Jahres, in dem der Anspruch entstanden ist und der Gläubiger von den den Anspruch begründenden Umständen und der Person des Schuldners Kenntnis erlangt oder ohne große Fahrlässigkeit erlangen müsste. Dennoch kann der Nachweisanspruch während des Bestandes des Arbeitsverhältnisses **faktisch nicht verjähren**. Bei der Pflicht zur Erteilung des Nachweises handelt es sich um eine sog. **Dauerpflicht**. Erteilt der ArbGeb den Nachweis nicht, begeht er nicht eine einmalige, sondern eine dauernde Pflichtverletzung. Bei einem solchen Dauerverhalten ist der Anspruch solange die Pflicht und die Pflichtverletzung besteht als nicht entstanden iSd. Verjährungsrechtes zu betrachten[7]. Erteilt also der ArbGeb des Nachweis nicht, beginnt die Verjährung solange nicht, wie die Pflichtverletzung besteht. Die Verjährung beginnt daher mit dem Schluss des Jahres, in dem das Arbeitsverhältnis endet.

65 **3. Beendigung des Arbeitsvertrages.** Hat der ArbGeb seine Pflicht zur Erteilung eines Nachweises nicht oder nicht vollständig erfüllt, entfällt diese nicht automatisch mit der Beendigung des Arbeitsverhältnisses. Die Niederschrift ist dann keineswegs eine unnötige Förmelei. Der ArbN kann durchaus noch ein Interesse daran haben, etwa um noch unerfüllte Ansprüche geltend machen zu können. Fehlt

1 BAG v. 14.1.2004 – 4 AZR 10/03, ZTR 2004, 643 zu AVR; *Richardi*, NZA 2001, 57 (59); *Schaefer*, D Rz. 144. |2 BT-Drs. 13/1753, S. 13. |3 BAG v. 24.9.1997 – 4 AZR 452/96, AP Nr. 10 zu § 12 AVR – Caritasverband; v. 28.1.1998 – 4 AZR 491/96, AP Nr. 11 zu § 12 AVR – Caritasverband; BVerfG v. 4.6.1985 – 2 BvR 1703/83, 2 BvR 1718/83, 2 BvR 856/84, BVerfGE 70, 138. |4 Ebenso *Schaefer*, D Rz. 146; ErfK/*Preis*, § 2 NachwG Rz. 41. |5 Ebenso *Schaefer*, D Rz. 147. |6 *Schaefer*, D Rz. 147, wohl auch ErfK/*Preis*, § 2 NachwG Rz. 42. |7 BGH v. 28.9.1973 – I ZR 136/71, NJW 1973, 2285; MüKo/*Grothe*, § 199 BGB Rz. 13; ErfK/*Preis*, Einf. NachwG Rz. 25.

es an offenen Ansprüchen, wird eine Klage auf Nachweiserteilung regelmäßig am fehlenden Rechtschutzinteresse scheitern, weil meist unmittelbar auf die begehrte Leistung geklagt werden könnte[1].

4. Verwirkung. Wie jeder Anspruch kann auch der Anspruch auf Nachweiserteilung verwirken[2]. Eine Verwirkung liegt vor, wenn seit der Möglichkeit der Geltendmachung des Anspruchs bereits ein längerer Zeitraum verstrichen ist und besondere Umstände hinzutreten, auf Grund derer die verspätete Geltendmachung gegen Treu und Glauben gem. § 242 BGB verstoßen würde. 66

5. Zur Abdingbarkeit vgl. § 5. 67

3 *Änderung der Angaben*

Eine Änderung der wesentlichen Vertragsbedingungen ist dem Arbeitnehmer spätestens einen Monat nach der Änderung schriftlich mitzuteilen. Satz 1 gilt nicht bei einer Änderung der gesetzlichen Vorschriften, Tarifverträge, Betriebs- oder Dienstvereinbarungen und ähnlichen Regelungen, die für das Arbeitsverhältnis gelten.

Die Nachweispflicht gilt nach S. 1 auch für **spätere Änderungen der wesentlichen Vertragsbedingungen**. Eine solche Änderung ist dem ArbN schriftl. mitzuteilen. Dabei ist nicht allein die Tatsache sondern auch der Inhalt der Änderung mitzuteilen[3]. Sinn der Niederschrift ist es, die ursprüngliche Niederschrift der Änderung anzupassen und zu aktualisieren, um jederzeit die Feststellung der wesentlichen Vertragsbedingungen zu ermöglichen. Nach Sinn und Zweck des Schriftformgebots ist wie bei § 2 I 3 die elektronische Form ausgeschlossen[4]. 1

Der ArbGeb hat seiner Informationspflicht **spätestens einen Monat nach der Änderung** nachzukommen. Aus dem Gesetzeswortlaut wird nicht deutlich, ob es dabei auf den Zeitpunkt der Vornahme der Änderung oder aber auf den Zeitpunkt des Wirksamwerdens der Änderung ankommt. Maßgeblich ist der **Zeitpunkt des Abschlusses einer neuen einzelvertragl. Vereinbarung**[5], nicht der Zeitpunkt des „Wirksamwerdens der Änderung". Ansonsten stellte sich das Problem, dass der ArbN den genauen Inhalt des Arbeitsvertrages häufig nicht darlegen und beweisen kann, weil ihm gerade die schriftl. Fixierung durch den ArbGeb fehlt. Dafür, dass unter einer Änderung der wesentlichen Vertragsbedingungen iSv. S. 1 die Rechtsänderung und nicht die faktische Änderung zu verstehen ist, spricht auch die Systematik des NachwG: Während § 3 S. 1 beim schon bestehenden Arbeitsverhältnis für den Fristbeginn auf die „Änderung" abstellt, stellt § 2 I 1 bei einer Neueinstellung für den Fristbeginn auf den „vereinbarten Beginn des Arbeitsverhältnisses" ab (vgl. § 2 Rz. 8 ff. und 17). 2

Die schriftl. Benachrichtigung über die Änderungen ist gem. S. 2 **entbehrlich**, wenn es um die Änderung **gesetzl. Vorschriften, TV, BV oder DV** und **ähnlicher Regelungen** geht, die für das Arbeitsverhältnis gelten. Ähnliche Regelungen idS sind bspw. AVR[6]. Über die jeweils gültige Fassung von Gesetzen, Kollektivverträgen etc. muss sich der ArbN selbst informieren. Dies vermeidet unnötigen bürokratischen Aufwand. Die Entbehrlichkeit besteht jedoch nur, wenn im erstellten Nachweis die Verweisungsmöglichkeit genutzt wurde. S. 2 ergänzt insoweit die weit gehende Ersetzungsbefugnis nach § 2 III[7]. Zwar erschwert dies aus Sicht des ArbN die Überschaubarkeit der tatsächlich vereinbarten Vertragsbedingungen; jedoch ist es dem ArbN zuzumuten, sich über die jeweils gültige Fassung der für sein Arbeitsverhältnis anwendbaren Gesetze, Kollektivverträge und ähnlichen Regelungen selbst zu informieren[8]. Der Gesetzgeber hat mit Neueinführung des § 310 IV 2 BGB diese Ansicht bestätigt[9]. Hiernach ist die im Allgemeinen Zivilrecht bestehende Pflicht zur Kenntnisverschaffung bei Einbeziehung und Änderung allgemeiner Geschäftsbedingungen nach § 305 II und III BGB im Arbeitsrecht ausdrücklich nicht anwendbar. 3

Wird allerdings ein **Haustarifvertrag erstmals abgeschlossen**, ist der ArbGeb nach S. 1 verpflichtet, dies dem ArbN schriftl. mitzuteilen[10]. Der Abschluss eines TV, der dazu führt, dass erstmals auf das Arbeitsverhältnis ein TV Anwendung findet, ist eine Änderung wesentlicher Vertragsbedingungen iSv. S. 1. Wie sich aus § 2 I 2 Nr. 10 ergibt, sind auf das Arbeitsverhältnis anwendbare TV wesentliche Vertragsbedingungen. Der erstmalige Abschluss eines Haustarifvertrags ist keine Änderung eines TV iSv. S. 2, da eine Änderung voraus setzt, dass bereits ein Tarifwerk vorhanden war. Die Mitteilungspflicht nach S. 1 reicht jedoch nicht weiter als die Nachweispflicht nach § 2 I (vgl. § 2 Rz. 41). Wird ein TV nicht lediglich geändert, sondern – nach Kündigung des bislang geltenden TV – ein neuer TV abgeschlossen, besteht auch bei Altverträgen, die bei Inkrafttreten des NachwG bereits existierten, eine Mitteilungspflicht nach § 3 S. 1 (vgl. auch § 4 Rz. 2)[11]. 4

1 Vgl. LAG Bremen v. 6.9.2004 – 3 Sa 242/03, 6/04, 7/04, LAGReport 2005, 256. | 2 *Schaefer*, D Rz. 159. | 3 *Birk*, NZA 1996, 281 (287); *Schaefer*, B Rz. 47. | 4 *Gotthardt/Beck*, NZA 2002, 876 (877); ErfK/*Preis*, § 3 NachwG Rz. 1. | 5 *Schaefer*, B Rz. 34, 37 ff. Vgl. auch BT-Drs. 13/668, S. 23 f. AA *Birk*, NZA 1996, 281 (287 f.). | 6 BAG v. 14.1.2004 – 4 AZR 10/03, ZTR 2004, 643. | 7 Ebenso ErfK/*Preis*, § 3 Rz. 1; *Schaefer*, B Rz. 48. | 8 Vgl. dazu auch ErfK/*Preis*, § 3 Rz. 2; *Schaefer*, B Rz. 49. | 9 ErfK/*Preis*, § 3 Rz. 2. | 10 BAG v. 5.11.2003 – 5 AZR 469/02, NZA 2004, 102. | 11 LAG Hamm v. 18.10.2007 – 8 Sa 942/07.

5 Im Falle des **Betriebsübergangs** muss auch der neue Erwerber die Verpflichtungen aus dem NachwG erfüllen[1]. Die Erstellung eines komplett neuen Nachweises ist jedoch nicht erforderlich, da kein neues Arbeitsverhältnis begründet wird, vgl. § 613a I 1 BGB. Gemäß § 613a V BGB hat der bisherige ArbGeb oder der neue Inhaber die von dem Betriebsübergang betroffenen ArbN vor dem Übergang über wesentliche Punkte des Betriebsübergangs in Textform zu unterrichten.

4 *Übergangsvorschrift*

Hat das Arbeitsverhältnis bereits bei Inkrafttreten dieses Gesetzes bestanden, so ist dem Arbeitnehmer auf sein Verlangen innerhalb von zwei Monaten eine Niederschrift im Sinne des § 2 auszuhändigen. Soweit eine früher ausgestellte Niederschrift oder ein schriftlicher Arbeitsvertrag die nach diesem Gesetz erforderlichen Angaben enthält, entfällt diese Verpflichtung.

1 § 4 beinhaltet eine **Übergangsregelung** für Arbeitsverhältnisse, die bei Inkrafttreten des NachwG, am **28.7.1995**, bereits bestanden haben. Danach hat der ArbGeb dem ArbN nur **auf Verlangen innerhalb von zwei Monaten** eine Niederschrift iSd. § 2 auszuhändigen. Als Niederschrift iSd. § 4 genügt die Kopie eines ausreichenden Nachweises[2].

2 Die Norm will für sog. **Altfälle** in Umsetzung von Art. 9 II der Nachweis-Richtlinie sicherstellen, dass jeder ArbN die vorgeschriebenen Informationen tatsächlich erhalten kann. Die Bindung der Nachweispflicht in Altfällen an einen Antrag des ArbN ist richtlinienkonform[3]. Die Zwei-Monats-Frist beginnt ab dem **Zugang des Verlangens** beim ArbGeb zu laufen[4]. Der ArbN kann dieses Verlangen jederzeit ohne Einhaltung einer bestimmten Form anbringen. Aus Beweisgründen empfiehlt sich allerdings die Schriftform. Tritt allerdings nach Inkrafttreten des NachwG eine Änderung wesentlicher Vertragsbedingungen ein, trifft den ArbGeb nach § 3 eine entsprechende Mitteilungspflicht auch ohne vorangehendes Nachweisverlangen. Dies gilt unabhängig davon, ob der zugrunde liegende Arbeitsvertrag vor Inkrafttreten des NachwG abgeschlossen worden ist[5].

2a Ist ein Arbeitsverhältnis vor dem 28.7.1995 begründet, aus saisonalen Gründen (zB in Bauindustrie) jedoch mehrfach beendet und neu begründet worden, kann es dennoch in Bezug auf die Nachweispflicht als ununterbrochenes Arbeitsverhältnis zu behandeln sein, wenn ein enger sachlicher Zusammenhang zwischen den Arbeitsverhältnissen besteht[6].

3 § 4 stellt **keine zweimonatige Übergangsfrist**, sondern eine Übergangsregelung dar, die jedem ArbN die erstmalige Erteilung eines Nachweises unabhängig vom Zeitpunkt der Begründung des Arbeitsverhältnisses sichern soll[7]. In den Altfällen musste daher der jeweilige ArbN sein Verlangen nicht innerhalb von zwei Monaten nach Inkrafttreten des NachwG geltend machen[8]. Dies ergibt sich aus dem Wortlaut der Norm und aus in deren Sinn und Zweck. Ergänzt wird die Übergangsregelung durch § 3, wonach bei Änderung wesentlicher Vertragsbedingungen ohnehin eine Änderungsmitteilung auszuhändigen ist – auch wenn das Arbeitsverhältnis bei Inkrafttreten des NachwG schon bestanden hat und der ArbN das Verlangen nach § 4 bislang nicht gestellt hat.

4 Die Verpflichtung zur Erteilung eines Nachweises auf Verlangen nach S. 1 **entfällt** nach S. 2 auch bei Altfällen, soweit bereits ein schriftl. Arbeitsvertrag oder eine frühere Niederschrift existiert. Dies gilt wie auch bei § 2 IV aber nur, „soweit" das frühere Dokument den Mindestanforderungen des § 2 I bis III entspricht. Im Übrigen, also hinsichtlich der nicht niedergelegten Vertragsbedingungen, besteht der Anspruch fort[9].

5 Da nach der Übergangsregelung in Altfällen dem ArbN nur auf sein Verlangen innerhalb der Zwei-Monats-Frist die Niederschrift nach § 2 auszuhändigen ist und nicht – wie bei Neufällen – kraft Gesetzes, entstehen negative **beweisrechtl. Konsequenzen** für den ArbGeb nur, wenn er dem Verlangen des ArbN nicht fristgerecht nachkommt[10].

---

1 LAG Hamm v. 11.3.2002 – 8 Sa 1249/01, LAGReport 2002, 306; *Schaefer*, F Rz. 118 ff., D Rz. 156. | 2 LAG Nds. v. 26.7.2001 – 7 Sa 1813/00, NZA-RR 2002, 118. | 3 LAG Thür. v. 4.9.2001 – 7 Sa 38/2001, nv.; LAG Schl.-Holst. v. 20.3.2001 – 1 Sa 649c/00, nv.; LAG Hamm v. 2.7.1998 – 4 Sa 339/96, LAGE § 2 NachwG Nr. 5; EuGH v. 4.12.1997 – Rs. C-253/96, C-254/96, C-255/96, C-256/96, C-257/96, C-258/96 (Kampelmann), BB 1998, 272. | 4 Ebenso *Schaefer*, D Rz. 152. | 5 BAG v. 3.5.2006 – 4 AZR 189/05, NZA 2006, 1420; LAG Hamm v. 18.10.2007 – 8 Sa 942/07. | 6 LAG München v. 10.3.2005 – 3 Sa 727/04, FA 2005, 219 für Unterbrechungen in der Wintersaison. | 7 ErfK/*Preis*, § 4 NachwG Rz. 1; *Schaefer*, D Rz. 152. | 8 So aber *Birk*, NZA 1996, 281 (287). Offen gelassen in LAG Thür. v. 4.9.2001 – 7 Rs 38/2001, nv. | 9 *Feldgen*, Rz. 220, ErfK/*Preis*, § 4 NachwG Rz. 2; vgl. auch LAG Nds. v. 26.7.2001 – 7 Sa 1813/00, NZA-RR 2002, 118. | 10 ErfK/*Preis*, § 4 NachwG Rz. 3; *Schaefer*, D Rz. 155.

5 *Unabdingbarkeit*

Von den Vorschriften dieses Gesetzes kann nicht zuungunsten des Arbeitnehmers abgewichen werden.

Das NachwG ist **einseitig zwingendes Recht zu Gunsten des ArbN**. § 5 setzt insoweit Art. 7 der Nachweis-RL um. Ein **Verzicht** des ArbN auf eine Niederschrift der wesentl. Arbeitsbedingungen ist daher **unwirksam**[1]. Ebenso wenig ist das NachwG tarifvertrags- oder betriebsvereinbarungsdispositiv. 1

Allerdings sind dem ArbN **günstigere Regelungen** auf einzel- oder kollektivvertragl. Ebene möglich. Dies ergibt sich auch aus Art. 7 Nachweis-RL. So können die Nachweispflichten zwar nicht eingeschränkt, wohl aber erweitert werden[2]. Günstiger für den ArbN ist bspw. eine über § 2 hinausgehende Informationspflicht, wie etwa die detaillierte Beschreibung aller Vertragsbedingungen. 2

1 *Schaefer*, D Rz. 164. | 2 ErfK/*Preis*, § 5 NachwG Rz. 2; *Schaefer*, D Rz. 164; *Richter/Mitsch*, AuA 1996, 7 (11).

Gesetz über die Beteiligung der Arbeitnehmer in einer Europäischen Gesellschaft (SE-Beteiligungsgesetz – SEBG)

vom 22.12.2004 (BGBl. I S. 3675)

1 **I. Allgemeines.** Grenzüberschreitend tätigen Unternehmen steht seit dem 29.12.2004 die Rechtsform der Europäischen Gesellschaft (*Societas Europaea* – SE) zur Verfügung. An diesem Tag trat nach jahrzehntelanger Diskussion auf europäischer Ebene[1] das Gesetz zur Einführung der Europäischen Gesellschaft (SEEG) in Kraft. Das SEEG ist ein Artikelgesetz. Art. 1 SEEG enthält das SE-Ausführungsgesetz (SEAG): Dieses ergänzt die als unmittelbar geltendes Recht anwendbare SE-VO[2] um gesellschafts- und aktienrechtliche Regelungen. Art. 2 SEEG enthält das SE-Beteiligungsgesetz (SEBG): Dieses setzt die SE-Richtlinie[3] hinsichtlich der Beteiligung der ArbN einer SE in deutsches Recht um. Obwohl die SE-VO in allen Mitgliedstaaten unmittelbar gilt, besteht **keine europaweit einheitliche Ausgestaltung der SE**. Die SE-VO regelt lediglich Grundzüge und verweist im Übrigen auf das nationale Gesellschaftsrecht desjenigen Staates, in dem die SE ihren Sitz hat. Damit gibt es in jedem EU-Mitgliedstaat[4] (und den anderen Vertragsstaaten des Abkommens über den EWR[5]) eine eigene Form der SE. Auch auf eine deutsche SE findet somit ein vielgestaltiges Regelungsgeflecht[6] Anwendung: die als unmittelbar geltendes Recht anwendbare SE-VO, die nationalen Ergänzungs- bzw. Ausführungsgesetze SEAG und SEBG, die Verweisungen auf nationales Aktien- und Arbeitsrecht, die Bestimmungen der Satzung der SE und ggf. die Beteiligungsvereinbarung gem. § 21 SEBG.

2 Ob die Rechtsform der SE **von der Praxis akzeptiert** werden würde, war anfangs überwiegend skeptisch beurteilt worden. Inzwischen existieren europaweit rund 115 SE, davon ca. 40 in Deutschland (Stand: Januar 2008)[7]. Nachdem in Deutschland namhafte Unternehmen wie Allianz, Porsche, BASF und Fresenius[8] die Umwandlung in eine SE bereits vollzogen haben oder in kürze vollziehen werden und weitere börsennotierte Gesellschaften eine SE-Umwandlung angekündigt haben, beginnt sich die neue Rechtsform zu etablieren. Bei den bisherigen SE-Gründungsvorgängen in Deutschland standen folgende **Zielsetzungen** im Vordergrund: Herstellung einer europäischen Corporate Identity, Verkleinerung des Aufsichtsrats und/oder Vertretung ausländischer Belegschaften im Aufsichtsrat der deutschen Obergesellschaft[9]. In letzter Zeit sind SE-Umwandlungen angekündigt geworden, bei denen die Vermeidung oder Einfrierung der Unternehmensmitbestimmung (s. Rz. 48) wenn nicht Zweck, so doch willkommene Nebenwirkung sein dürfte.

3 **II. Gesellschaftsrechtliche Grundlagen.** Die SE ist eine Gesellschaft, deren Kapital in Aktien zerlegt ist. Sie besitzt Rechtspersönlichkeit. Das gezeichnete Kapital beträgt mindestens 120 000 Euro. Es besteht die Wahl zwischen einem Verwaltungsorgan **(monistisches System)**, also einem einheitlichen Leitungs- und Kontrollorgan, sowie der Bildung je eines Aufsichts- und Leitungsorgans **(dualistisches System)**, also getrennter Organe für Geschäftsleitung und Aufsicht. Im monistischen System besteht die Wahl zwischen geschäftsführenden Direktoren, die dem Kreis der Verwaltungsratsmitglieder angehören, und externen, dem Verwaltungsrat nicht angehörenden geschäftsführenden Direktoren (§ 40 I SEAG)[10]. Anders als bei der deutschen AG ist bei einer monistischen deutschen SE die Einsetzung eines „starken" Verwaltungsratsvorsitzenden möglich, der dem *Chief Executive Officer and Chairman of the Board* US-amerikanischer Unternehmen ähnelt[11]. Bei der dualistischen SE besteht dagegen wie bei einer deutschen AG ein Leitungsorgan (entsprechend dem Vorstand einer AG) und ein Aufsichtsorgan (entsprechend dem Aufsichtsrat einer AG).

4 Für die **Gründung einer SE** sieht die SE-VO einen *numerus clausus* der Gründungsformen vor[12]. Eine SE kann weder von einer natürlichen Person gegründet werden, noch ist eine unmittelbare Ausgründung einer SE aus einer Gesellschaft nationalen Rechts möglich[13] (Ausnahme: Sekundärgründung).

---

1 UHH/*Henssler*, Einl. SEBG Rz. 12 ff.; *Oetker* in Lutter/Hommelhoff, Vor § 1 SEBG Rz. 1 ff. | 2 Verordnung (EG) 2157/2001 des Rates vom 8.10.2001 über das Statut der Europäischen Gesellschaft (SE), ABl. EG Nr. L 294 vom 10.11.2001, S. 1 ff. | 3 Richtlinie 2001/86/EG des Rates vom 8.10.2001 zur Ergänzung des Statuts der europäischen Gesellschaft hinsichtlich der Beteiligung der Arbeitnehmer, ABl. EG Nr. L 294 vom 10.11.2001, S. 22 ff. | 4 *Seibt/Saame*, AnwBl 2005, 225. | 5 *Spitzbart*, RNotZ 2006, 369 (373). | 6 *Oetker*, BB-Special 1/2005, 2 (3). | 7 Siehe Übersicht bei www.worker-participation.eu. | 8 Siehe Übersicht bei *Seibt* in Willemsen/Hohenstatt/Schweibert/Seibt, F 137c. | 9 *Seibt* in Willemsen/Hohenstatt/Schweibert/Seibt, F 137b. | 10 *Seibt/Saame*, AnwBl 2005, 225. | 11 *Seibt* in Lutter/Hommelhoff, Europäische Gesellschaft, S. 86 ff.; *Wollburg/Banerjea*, ZIP 2005, 277; *Eder*, NZG 2004, 544. | 12 MüKoAktG/*Oechsler*, Art. 2 SE-VO Rz. 1. | 13 *Hirte*, NZG 2002, 1 (4).

Folgende Gründungsformen sind nach der SE-VO vorgesehen: (1) Die Gründung der SE kann durch **Verschmelzung** erfolgen, vorausgesetzt, dass die Gründungsgesellschaften die Rechtsform einer AG haben, die AG jeweils nach dem Recht eines Mitgliedstaates errichtet sind, Sitz und Hauptverwaltung in der EU liegen und mindestens zwei der beteiligten AG dem Recht verschiedener Mitgliedstaaten unterliegen[1]. (2) Des weiteren kann die Gründung einer **Holding-SE** erfolgen, bei der die Gesellschafter der Gründungsgesellschaften ihre Anteile gegen Aktien der neu entstehenden Holding-SE tauschen. Voraussetzung ist, dass die Gründungsgesellschaften die Rechtsform einer AG oder GmbH haben, welche jeweils nach dem Recht eines Mitgliedstaates errichtet sind. Sitz und Hauptverwaltung müssen in der EU liegen. Mindestens zwei Gründungsgesellschaften müssen entweder selbst dem Recht verschiedener Mitgliedstaaten unterliegen oder seit mindestens zwei Jahren eine dem Recht eines anderen Mitgliedstaates unterliegende Tochtergesellschaft oder eine Zweigniederlassung in einem anderen Mitgliedstaat haben[2]. (3) Ferner kann eine **Tochter-SE** als Gemeinschaftsunternehmen von mindestens zwei dem Recht verschiedener Mitgliedstaaten unterliegender Gründungsgesellschaften errichtet werden, wobei alle Gesellschaften iSd. Art. 48 Unterabs. 2 EGV als Gründungsgesellschaft in Betracht kommen[3]. Sitz und Hauptverwaltung müssen in der EU liegen. Wie bei der Gründung einer Holding-SE müssen mindestens zwei Gründungsgesellschaften entweder selbst dem Recht verschiedener Mitgliedstaaten unterliegen oder seit mindestens zwei Jahren eine dem Recht eines anderen Mitgliedstaates unterliegende Tochtergesellschaft oder eine Zweigniederlassung in einem anderen Mitgliedstaat haben. (4) Des weiteren kommt eine formwechselnde **Umwandlung in eine SE** in Betracht[4]. Diese Möglichkeit besteht für eine AG[5], die nach dem Recht eines Mitgliedstaates gegründet ist, ihren Sitz und ihre Hauptverwaltung in der EU hat und seit mindestens zwei Jahren eine Tochtergesellschaft hat, welche dem Recht eines anderen Mitgliedstaates unterliegt. Anders als bei der Gründung einer Holding-SE oder einer Tochter-SE genügt das Bestehen einer ausländischen Zweigniederlassung nicht[6]. (5) Schließlich kann eine bereits existierende SE selbst Tochtergesellschaften in der Rechtsform der SE gründen (Art. 3 II SE-VO).

Die **Eintragung der SE** kann erst erfolgen, wenn eine Vereinbarung über die Beteiligung der ArbN abgeschlossen ist (s. Rz. 26 ff.), oder ein Beschluss über die Nichtaufnahme bzw. den Abbruch der Verhandlungen vorliegt (s. Rz. 30), oder die Verhandlungsfrist abgelaufen ist (s. Rz. 25), Art. 12 II SE-VO. Die Gründung der SE kann damit erst wirksam werden, wenn das Verfahren zur Beteiligung der ArbN abgeschlossen ist[7]. 5

III. Struktur des Gesetzes. Ziel des SEBG ist die Sicherung der erworbenen Rechte der ArbN auf Beteiligung an Unternehmensentscheidungen; maßgeblich für die Ausgestaltung der Beteiligungsrechte der ArbN in der SE sind die bestehenden Beteiligungsrechte in den Gesellschaften, welche die SE gründen (§ 1 I 2 und 3). Hierin kommt das auch in der SE-RL verankerte **Vorher-Nachher-Prinzip**[8] zum Ausdruck, wonach die Gründung der SE die Beteiligungsrechte der ArbN grds. nicht verringern soll[9]. Ähnlich wie bei der Bildung eines EBR wird die Beteiligung der ArbN in der SE vorrangig kraft Vereinbarung geregelt (§§ 4–21). Kommt eine Vereinbarung nicht zu Stande (oder wird es von den Parteien entsprechend vereinbart), gelten die Regelungen über die Beteiligung der ArbN kraft Gesetzes (§§ 22–39). In beiden Fällen gelten bestimmte Grundsätze der Zusammenarbeit und Schutzbestimmungen (§§ 40–44) sowie Straf- und Bußgeldvorschriften (§§ 45, 46). Der **Geltungsbereich** des SEBG erstreckt sich räumlich auf jede SE mit Sitz im Inland. Unabhängig vom Sitz der SE gilt es für die in Deutschland beschäftigten ArbN einer SE sowie für die beteiligten Gesellschaften, betroffenen Tochtergesellschaften und betroffenen Betriebe mit Sitz in Deutschland (§ 3). Bspw. im Hinblick auf die Wahl der Mitglieder des BVG[10] gilt es demzufolge unabhängig vom Sitz der SE für beteiligte Gesellschaften, betroffene Tochtergesellschaften und betroffene Betriebe mit Sitz im Inland. 6

IV. Definitionen der wichtigsten Begriffe. § 2 enthält zahlreiche Definitionen im SEBG verwendeter Begriffe. Das nachfolgend in Kraft getretene MgVG lehnt sich in seiner Terminologie an diejenige des SEBG an (s. § 2 MgVG), jedoch ist die Bedeutung der Begriffe in beiden Gesetzen nur teilweise identisch. **„Beteiligte Gesellschaften“** sind alle Gesellschaften, die unmittelbar an der Gründung der SE beteiligt sind (§ 2 II). Aus dem Wort „unmittelbar“ ergibt sich, dass die Verhältnisse bei der Konzernspitze maßgeblich sind, wenn ein Konzern an der Gründung einer SE beteiligt ist, es sei denn, dass das Gesetz ausdrücklich Anderes regelt[11]. Zentrale Bedeutung hat dieser Begriff etwa bei der Bestimmung des Umfangs der Mitbest. kraft Gesetzes (§ 35 II). **„Tochtergesellschaften“** sind rechtlich selbständige Unternehmen, auf die eine andere Gesellschaft einen beherrschenden Einfluss im Sinne der EBR-Richtlinie ausüben kann; § 6 II–IV EBRG sind anzuwenden (§ 2 III). **„Betroffene Tochtergesellschaften“** oder 7

---

1 *Seibt/Saame*, AnwBl 2005, 225. | 2 MüKoAktG/*Oechsler*, Art. 2 SE-VO Rz. 28 ff. | 3 *Maul* in Van Hulle/Maul/Drinhausen, Abschnitt 4 § 4 Rz. 6. | 4 *Seibt/Reinhard*, Konzern 2005, 407 ff. | 5 Ggf. muss zunächst eine „Zwischenumwandlung“ in eine AG durchgeführt werden, was mitbestimmungsrechtlich zu Nachteilen führen kann; vgl. *Rieble*, BB 2006, 2018 (2020). | 6 *Hommelhoff*, AG 2001, 279 (281). | 7 MüKoAktG/*Schäfer*, Art. 4 SE-VO Rz. 6; zur eingeschränkten Prüfungskompetenz des Registergerichts siehe *Wißmann* in FS Richardi, 841 (845). | 8 UHH/*Henssler*, Einl. SEBG Rz. 11. | 9 Faktisch geht das SEBG jedoch über das Prinzip der bloßen Mitbestimmungserhaltung hinaus; vgl. *Müller-Bonanni/de Beauregard*, GmbHR 2005, 195 (197 ff.). | 10 MüKoAktG/*Jacobs*, § 3 SEBG Rz. 2. | 11 *Grobys*, NZA 2005, 84 (85).

„betroffene Betriebe“ sind Tochtergesellschaften oder Betriebe einer beteiligten Gesellschaft, die zu Tochtergesellschaften oder Betrieben der SE werden sollen (§ 2 IV). Zentrale Bedeutung haben diese Begriffe beispielsweise bei der Ermittlung der Größe und Zusammensetzung des BVG (§ 5). **„Beteiligung der Arbeitnehmer“** ist der Oberbegriff zu allen Verfahren, einschließlich der Unterrichtung, Anhörung und Mitbest., durch die Vertreter der ArbN auf die Beschlussfassung in der Gesellschaft Einfluss nehmen können (§ 2 VIII). **„Unterrichtung“** ist dabei die Unterrichtung des SE-Betriebsrats oder anderer ArbN-Vertreter über Angelegenheiten, welche die SE selbst oder eine ihrer Tochtergesellschaften oder einen ihrer Betriebe in einem anderen Mitgliedstaat betreffen oder die über die über die Befugnisse der zuständigen Organe auf der Ebene des einzelnen Mitgliedstaats hinausgehen (§ 2 X). **„Anhörung“** bezeichnet die Einrichtung eines Dialogs und eines Meinungsaustauschs zwischen dem SE-Betriebsrat oder anderer ArbN-Vertreter und der Leitung der SE (§ 2 XI). Einer „Anhörung“ wird nicht genüge getan, wenn seitens der Leitung der SE lediglich eine Stellungnahme entgegengenommen wird[1]. Während „Unterrichtung“ und „Anhörung“ somit Elemente dessen enthalten, was im deutschen Arbeitsrecht der betrieblichen Mitbest. zugeordnet ist, wird der Begriff der **„Mitbestimmung“** im SEBG iSv. „Unternehmensmitbestimmung“ verwendet[2]: Der Begriff umfasst die Einflussnahme der ArbN auf die Angelegenheiten einer Gesellschaft durch die Wahrnehmung des Rechts, einen Teil der Mitglieder des Aufsichts- oder Verwaltungsorgans der Gesellschaft zu wählen oder zu bestellen, oder die Bestellung eines Teils oder aller Mitglieder des Aufsichts- oder Verwaltungsorgans der Gesellschaft zu empfehlen oder abzulehnen (§ 2 XII).

8 **V. Besonderes Verhandlungsgremium. 1. Grundsätzliches zum BVG.** Das besondere Verhandlungsgremium (BVG) wurde bereits in der EBR-RL als Vehikel zur Verhandlung auf ArbN-Seite zur Errichtung eines EBR bzw. eines entsprechenden Systems der Beteiligung in grenzüberschreitenden Angelegenheiten etabliert. Da auch die SE-RL Verhandlungslösungen Priorität einräumt, ist es wenig überraschend, dass das BVG auch im Zusammenhang mit der Beteiligung der ArbN in der SE eine maßgebliche Rolle iS eines „gesetzlichen Gründungsorgans“ (oben EBRG Rz. 21)[3] spielt. Aufgabe des BVG ist die Verhandlung einer Vereinbarung über die Beteiligung der ArbN in der SE (§§ 4 I 2, 21). Dementsprechend ist das BVG kein Dauerorgan. Die Amtszeit endet nach Abschluss des Verfahrens zur Beteiligung der Arbeitnehmer, dh. nach Abschluss einer Vereinbarung (§ 21) oder nach einem Beschluss, keine Verhandlungen zu führen oder diese abzubrechen (§ 16 I) oder nach Ablauf der Verhandlungsfrist (§ 20)[4].

9 **2. Zusammensetzung des BVG.** § 5 I regelt das Grundprinzip der Zusammensetzung: Jeder Mitgliedstaat, in dem sich ArbN der beteiligten Gesellschaften (s. Rz. 7), betroffenen Tochtergesellschaften (s. Rz. 7) oder betroffenen Betriebe (s. Rz. 7) befinden, muss im BVG vertreten sein (Satz 1). Für jede volle 10 % bezogen auf die Zahl aller ArbN (gerechnet nach „Köpfen“[5]; vgl. § 2 I) im betreffenden Mitgliedstaat im Verhältnis zur Gesamtzahl der in den Mitgliedstaaten beschäftigten ArbN wird ein zusätzliches Mitglied gewählt oder bestellt (Satz 2). Bei einem Anteil von 3 % (eine Bagatellgrenze ist nicht vorgesehen[6]) kann demnach 1 Mitglied, bei 30,5 % können 4 Mitglieder bestellt werden[7]. Die Mindestgröße beträgt demnach 10 Mitglieder; wenn Belegschaften in zahlreichen Mitgliedstaaten bestehen, kann das Gremium jedoch wesentlich größer ausfallen[8].

10 Wird die **SE durch Verschmelzung gegründet**, sind ggf. zu der gemäß § 5 Abs. 1 ermittelten Mitgliederzahl zusätzliche Mitglieder zu wählen oder zu bestellen um zu gewährleisten, dass jede beteiligte Gesellschaft, die als Folge der Verschmelzung erlischt, durch mindestens ein Mitglied vertreten ist (§ 5 II 1). Dies darf jedoch nicht zu einer Doppelvertretung führen (Satz 2; gemäß § 15 II 2 ist eine Doppelvertretung im Inland ohnehin ausgeschlossen). Der Gesamtanteil der zusätzlichen Mitglieder (§ 5 II) am BVG darf höchstens 20 % betragen (§ 5 III 1). Stehen danach nicht genügend Sitze für die zusätzlichen Mitglieder zur Verfügung, entscheidet die Zahl der im erlöschenden Rechtsträger beschäftigten ArbN (Satz 2), wobei ein Mitgliedstaat nicht mehr als ein zusätzliches Mitglied erhält, so lange nicht alle anderen Mitgliedstaaten, in denen Gesellschaften erlöschen, einen Sitz erhalten haben[9].

11 Ändern sich nach Konstituierung des BVG[10] während der Verhandlungen die maßgeblichen ArbN-Zahlen oder die Struktur der beteiligten Gesellschaften, betroffenen Tochtergesellschaften und Betriebe in einem Umfang, dass sich dies auf die Zusammensetzung des Gremiums auswirkt, muss die Zusam-

1 MüKoAktG/*Jacobs*, § 2 SEBG Rz. 20. | 2 *Nagel*, DB 2004, 1299 (1300). | 3 MüKoAktG/*Jacobs*, § 4 SEBG Rz. 2. | 4 MüKoAktG/*Jacobs*, § 4 SEBG Rz. 2. | 5 MüKoAktG/*Jacobs*, § 2 EBGB Rz. 4. | 6 *Krause*, BB 2005, 1221 (1224). | 7 Kritisch *Kienast* in Jannott/Frodermann, 13 Rz. 129. | 8 Vgl. auch Begr. RegE BR-Drs. 438/04 S. 115. | 9 Nicht ganz korrekt bei MüKoAktG/*Jacobs*, § 5 SEBG Rz. 3 „... wenn nicht zuvor alle Mitgliedstaaten, in denen Arbeitnehmer beschäftigt werden ...“. Satz 3 spricht hingegen nur von den Mitgliedstaaten, aus denen die gem. Abs. 2 besonders zu berücksichtigenden Gesellschaften stammen; anschauliches Beispiel für die Berechnung gem. § 5 bei *Kleinsorge* in Nagel/Freis/Kleinsorge, § 5 Rz. 6. | 10 Abs. 4 spricht von „während der Tätigkeitsdauer“; daraus wird gefolgert, dass Veränderungen vor Konstituierung des BVG allenfalls nach Treu und Glauben Berücksichtigung finden müssen; vgl. *Grobys*, NZA 2005, 84 (87); MüKoAktG/*Jacobs*, § 5 SEBG Rz. 4. Das erscheint sinnwidrig; je früher die Veränderungen eintreten, desto leichter können sie im weiteren Verlauf noch berücksichtigt werden. Ggf. ist das BVG darüber unverzüglich nach Konstituierung zu informieren.

mensetzung des Gremiums entsprechend angepasst[1] werden (§ 5 IV 1). Die Vorschrift findet keine Grundlage in der SE-RL und wird daher vereinzelt als richtlinienwidrig angesehen[2]. Die Initiativlast liegt bei den zuständigen Leitungen (§ 2 V), die darüber das BVG zu informieren haben (Satz 3). Satz 4 verweist auf § 4 II–IV (s. Rz. 13). Für den Fall, dass mehrere neue Mitglieder in einem späten Verhandlungsstadium hinzukommen, wird ein aus dem Gebot der vertrauensvollen Zusammenarbeit abgeleiteter Anspruch auf Fristverlängerung gem. § 20 II vertreten[3]. Dies ist mangels Rechtsgrundlage abzulehnen; § 20 II betont gerade, dass die Fristverlängerung nur einvernehmlich erfolgen kann.

3. Einleitung des Verfahrens zur Bildung des BVG. Die Initiative zur Bildung des BVG muss von den Leitungen (§ 2 V) ausgehen. Ein Tätigwerden der ArbN-Seite ist nicht vorgesehen (anders § 9 I EBRG). Die Leitungen werden aber stets ein Interesse an der Einleitung und ordnungsgemäßen Durchführung des Verfahrens haben, da die Eintragung der SE hiervon abhängt (Art. 12 II SE-VO)[4]. Die Leitungen sind verpflichtet, die „ArbN-Vertretungen und Sprecherausschüsse in den beteiligten Gesellschaften, betroffenen Tochtergesellschaften und betroffenen Betrieben" schriftlich[5] zur Bildung eines BVG aufzufordern (§ 4 I 1). Die Aufforderung gegenüber dem BR-Gremium auf höherer Ebene (zB KBR) ersetzt diejenige an BRe, die von diesem mit repräsentiert werden (zB (G)BR)[6]. Besteht keine ArbN-Vertretung[7], erfolgt die Aufforderung direkt gegenüber den ArbN (§ 4 II 2); ein Aushang am „Schwarzen Brett" oder eine Aufforderung per Intranet genügen. Ein Zugangsnachweis bei jedem einzelnen ArbN ist nicht erforderlich[8]. Fehlt ein SprAu, genügt die Aufforderung an den BR nicht; sie ist zusätzlich direkt an die leitenden Angestellten zu richten[9]. An wen die Aufforderung im Ausland zu richten ist, bestimmt sich nach dem jeweiligen nationalen Recht. 12

Die zuvor genannten **ArbN-Vertretungen (hilfsweise: die ArbN) sind über das Gründungsvorhaben zu informieren** (§ 4 II 1). Unklar ist, welche Leitung jeweils zu informieren hat. Dies kann eine durch die Leitungen etablierte „zentrale Leitung" sein[10]. Die Informationen sind aber stets umfassend iSv. § 4 III zu erteilen, so dass sich der Informationsanspruch der einzelnen Vertretung nicht auf die Fakten betr. die jeweils betroffene Gesellschaft beschränkt[11]. Der Inhalt der Informationen ergibt sich aus dem nicht abschließenden[12] Katalog gem. § 4 III. Für die Zahl der ArbN[13] (vgl. oben Rz. 9) in den einzelnen Gesellschaften und Betrieben kommt es auf den Zeitpunkt der Information an (§ 4 IV). Ob ggf. auch Unterlagen vorgelegt oder überlassen werden müssen, ist gesetzlich nicht geregelt; im Hinblick auf die Natur der zu erteilenden Informationen wird dies im Hinblick auf den Gesetzeszweck (Bildung des BVG) regelmäßig nicht erforderlich sein[14]. § 4 II 3 bestimmt, dass die Information unaufgefordert und unverzüglich zu erfolgen hat, letzteres bezogen auf die Offenlegung des Verschmelzungsplans (Art. 20, 21 SE-VO), Gründungsplans für eine Holdinggesellschaft (Art. 32 II u. III SE-VO) oder des Umwandlungsplans (Art. 37 IV u. V SE-VO) bzw den Abschluss der Vereinbarung eines Plans zur Gründung einer Tochtergesellschaft (Art. 36 SE-VO). In der Literatur ist anerkannt, dass damit lediglich der späteste Zeitpunkt angesprochen ist und eine frühere Unterrichtung zulässig ist und im Interesse der ArbN liegt[15]. Nähere Frist- und Formvorschriften fehlen. Zu Beweiszwecken wird die schriftliche Information zusammen mit der schriftlichen Aufforderung (§ 4 I 1) empfohlen[16]. Angesichts fehlender Formvorschriften ist bezüglich der Informationserteilung ein Einzelzuleitungsnachweis bei Fehlen einer ArbN-Vertretung nicht erforderlich[17]. 13

4. Persönliche Voraussetzungen der Mitglieder des BVG. Die einzelnen Mitgliedstaaten regeln jeweils eigenständig die persönlichen Voraussetzungen „ihrer" Mitglieder des BVG (§ 6 I). Für Deutschland regelt § 6 II, dass ArbN der Gesellschaften und Betriebe sowie Gewerkschaftsvertreter Mitglied sein 14

---

1 Das Gremium wird hierdurch nicht neu konstituiert; die Veränderung hat keine Auswirkungen auf die 6-Monatsfrist gem. § 20 I; vgl. *Oetker* in Lutter/Hommelhoff, § 5 SEBG Rz. 19; *Krause*, BB 2005, 1221 (1224); *Grobys*, NZA 2005, 84 (90). | 2 *Krause*, BB 2005, 1221 (1224). | 3 *Krause*, BB 2005, 1221 (1224); zust. MüKoAktG/*Jacobs*, § 5 SEBG Rz. 4. | 4 Aus diesem Grund stehen den ArbN-Vertretungen keine einklagbaren Ansprüche auf Information gem. § 4 II und III zu; man wird auch keine Verpflichtung der einzelnen Leitungen anerkennen können, sich etwa fehlende Informationen von anderen Leitungen zu besorgen (vgl. die insoweit abweichende Rechtslage gem. § 5 EBRG Rz. 16 ff.); zutr. MüKoAktG/*Jacobs*, § 4 SEBG Rz. 12; aA *Kleinsorge* in Nagel/Freis/Kleinsorge, § 4 Rz. 7; *Oetker*, BB-Special 1/2005, 2 (6). | 5 Schriftform iSv. § 126 BGB ist nicht notwendigerweise einzuhalten; insb. bei Fehlen einer ArbN-Vertretung wäre dies ganz und gar unpraktikabel; wenn das Verfahren zur Bildung eines BVG auf Grund mündlicher Aufforderung eingeleitet wird, führt dies nicht zu einem Verfahrensmangel; vgl. MüKoAktG/*Jacobs*, § 4 SEBG Rz. 5. | 6 Arg. § 8 II-IV; so *Krause*, BB 2005, 1221 (1223); MüKoAktG/*Jacobs*, § 4 Rz. 6; aA *Oetker*, BB-Special 1/2005, 2 (6); *Kleinsorge* in Nagel/Freis/Kleinsorge, § 4 Rz. 10. | 7 Besteht zwar in einem Betrieb bzw. einer Tochtergesellschaft kein BR, jedoch ein GBR oder KBR, sind diese zu unterrichten; *Grobys*, NZA 2005, 84 (86); *Krause* BB 2005, 1221 (1223). | 8 *Grobys*, NZA 2005, 84 (86); MüKoAktG/*Jacobs*, § 4 SEBG Rz. 13. | 9 *Kleinsorge* in Nagel/Freis/Kleinsorge, § 4 Rz. 11; *Oetker* in Lutter/Hommelhoff, § 4 SEBG Rz. 18. | 10 MüKoAktG/*Jacobs*, § 4 SEBG Rz. 11. | 11 *Oetker*, BB-Special 1/2005, 2 (6). | 12 HM; vgl. nur BR-Drs. 438/04 S. 114; *Krause*, BB 2005, 1221 (1223). | 13 Die Zahl der ArbN ist für die Zusammensetzung des BVG gem. § 5 und für die Abstimmungsmodalitäten innerhalb des Gremiums (§ 15) maßgeblich. Teilzeitbeschäftigte zählen voll. | 14 Im Grundsatz Verpflichtung zur Vorlage von Unterlagen bejahend MüKoAktG/*Jacobs*, § 4 SEBG Rz. 16. | 15 *Oetker* in Lutter/Hommelhoff, Die Europäische Gesellschaft, 2005, S. 292; *Vossius*, ZIP 2005, 741 (742, 747, Fn. 73); *Seibt/Reinhard*, Konzern 2005, 407 (417). | 16 MüKoAktG/*Jacobs*, § 4 SEBG Rz. 17. | 17 Siehe Gegenäußerung BReg in BT-Drs. 15/3656 S. 10 (zu Nr. 26); *Kienast* in Jannott/Frodermann, 13 Rz. 105 Fn. 88; MüKoAktG/*Jacobs*, § 4 SEBG Rz. 18.

können, wobei Frauen und Männer (nicht zwingend[1]) in ihrem zahlenmäßigen Verhältnis gewählt werden sollen. Für jedes inländische Mitglied ist ein Ersatzmitglied zu wählen (§ 6 II 3). Die Zulassung von Gewerkschaftsvertretern geht auf die in Art. 3 II lit. b) Abschnitt 2 SE-RL vorgesehene Option zurück, die von der deutschen Regierung durchgesetzt wurde[2]. Die Gewerkschaftspräsenz ist zwingend, wenn dem BVG mehr als zwei inländische Mitglieder angehören. Die Gewerkschaft muss in einem an der Gründung der SE beteiligten Unternehmen[3] vertreten[4] sein (§ 6 III), wobei nicht erforderlich ist, dass der Gewerkschaftsvertreter zugleich ArbN der Gesellschaft ist[5]. Die Einbeziehung der Gewerkschaft(en) in das Wahlverfahren erfolgt über § 8 I 2–4.

15 Ohne ausdrückliche Grundlage in der SE-Richtlinie ordnet § 6 IV eine **zwingende Mitgliedschaft leitender Angestellter**[6] an, wenn dem BVG mehr als sechs Mitglieder aus dem Inland angehören; in diesem Fall muss jedes siebte inländische Mitglied ein leitender Angestellter sein, und zwar unabhängig von der Zahl der leitenden Angestellten (s. auch § 8 I 5 und 6)[7].

16 **5. Verteilung der auf das Inland entfallenden Sitze im BVG.** § 7 I bestimmt, dass sich die Wahl oder Bestellung der Mitglieder des BVG nach den jeweiligen Vorschriften in den Mitgliedstaaten vollzieht. Im Übrigen regelt § 7, wie die Verteilung der auf Deutschland entfallenden Sitze erfolgt. Es sollen alle an der Gründung der SE beteiligten Gesellschaften mit Sitz im Inland durch mindestens 1 Mitglied im BVG vertreten sein (§ 7 II). Da hierfür die Zahl der Sitze aber womöglich nicht ausreicht, erfolgt die Zuordnung der Sitze zu den Inlandsgesellschaften der Größe nach (§ 7 III). Stehen hingegen mehr Sitze als inländische Gesellschaften zur Verfügung, erfolgt die Verteilung der überzähligen Sitze nach dem d'Hondt'schen Höchstzahlenverfahren (§ 7 IV). Nur wenn keine Gesellschaften mit Sitz im Inland an der Gründung beteiligt sind, gelten vorstehende Regelungen für im Inland belegene Betriebe ausländischer Gesellschaften entsprechend (§ 7 V).

17 Gesetzlich nicht präzise geregelt ist das Verhältnis zwischen § 7 II–IV und der zwingenden Berücksichtigung von Gewerkschaftsvertretern und leitenden Angestellten nach § 6 III und IV. Laut Gesetzesbegr.[8] sollen die zwingend vertretenen Gruppen keiner der Gesellschaften iSv. § 7 II–IV zuzurechnen sein. Da § 6 III u. IV als zwingende Vorschriften Vorrang einzuräumen sei, müssten die auf die Gewerkschaften und leitenden Angestellten entfallenden Sitze von den im Inland zur Verfügung stehenden Sitzen abgezogen, und müssten nur die restlichen Sitze gem. § 7 II–IV auf die Gesellschaften aufgeteilt werden[9].

18 **6. Wahl der Mitglieder des BVG durch Wahlgremium (Grundsatz); Wahlvorschläge.** Die Mitglieder des BVG werden idR nicht direkt, sondern durch ein Wahlgremium in geheimer und unmittelbarer Wahl gewählt (§ 8 I 1; vgl. auch § 11 EBRG). Im Fall von § 6 III (dem BVG gehören mehr als 2 Mitglieder im Inland an) erfolgt die Wahl jedes dritten Mitglieds des Wahlgremiums auf Vorschlag[10] einer Gewerkschaft[11]. Wird von Gewerkschaftsseite nur ein Wahlvorschlag[12] eingereicht, muss dieser doppelt so viele Bewerber enthalten wie Vertreter von Gewerkschaften zu wählen sind (§ 8 I 3). Im Fall des § 6 IV (dem BVG gehören mehr als sechs Mitglieder im Inland an), ist jedes siebte Mitglied auf Vorschlag der Sprecherausschüsse zu wählen; Satz 3 gilt hier entsprechend (doppelte Anzahl Bewerber bei nur einem Wahlvorschlag). Besteht kein SprAu, können die leitenden Angestellten Wahlvorschläge machen (Einzelheiten Satz 6). Bestehen mehrere SprAu, soll analog § 8 II–IV der jeweils auf höchster Ebene gebildete SprAu zuständig sein[13], wenngleich sich diese Lösung nicht unzweifelhaft aus dem Gesetzeswortlaut ergibt. Da die anderen Wahlvorschläge seitens der Betriebsräte und Gewerkschaften ebenfalls leitende Angestellte umfassen dürfen, kann diese Gruppe im BVG „überrepräsentiert" sein[14].

19 **7. Zusammensetzung des Wahlgremiums.** Ist an der SE-Gründung im Inland nur eine Unternehmensgruppe beteiligt, besteht das Wahlgremium aus den Mitgliedern des KBR (hilfsweise aus den Mitgliedern der GBR bzw. BR[15]), § 8 II. Betriebsratslose Einheiten werden von den genannten Gremien mit-

---

1 *Kleinsorge* in Nagel/Freis/Kleinsorge, § 6 SEBG Rz. 8; MüKoAktG/*Jacobs*, § 6 SEBG Rz. 2. | **2** Rechtspolitisch zweifelhaft; vgl. MüKoAktG/*Jacobs*, § 6 SEBG Rz. 4 ff. | **3** Da das Gesetz nicht verlangt, dass die Gewerkschaft in einer der beteiligten Gesellschaften iSv. § 2 II vertreten ist, genügt es, wenn die Gewerkschaft in einer der Tochtergesellschaften vertreten ist; vgl. MüKoAktG/*Jacobs*, § 6 SEBG Rz. 5. | **4** Die Leitungen sind nicht verpflichtet, selbst aufzuklären, welche Gewerkschaften „vertreten" sind; ggf. muss eine von den Leitungen nicht berücksichtigte Gewerkschaft selbst die Initiative ergreifen. | **5** *Kallmeyer*, ZIP 2004, 1442 (1443); *Kleinsorge* in Nagel/Freis/Kleinsorge, § 6 SEBG Rz. 7; unklar *Niklas*, NZA 2004, 1200 (1201). | **6** Im Unterschied zu § 4 EBRG bezieht das SEBG in § 2 I leitende Angestellte in den Begriff des ArbN ein; kritisch *Oetker*, BB Special 2/2005, 2 (6). | **7** Kritisch *Kienast* in Jannott/Frodermann, 13 Rz. 138. | **8** BR-Drs. 438/04 S. 117. | **9** Ebenso *Kleinsorge* in Nagel/Freis/Kleinsorge, § 7 Rz. 3; MüKoAktG/*Jacobs*, § 7 SEBG Rz. 2; *Köklü* in Van Hulle/Maul/Drinhausen, Kap. 6 Rz. 131. | **10** Ungeklärt sind die Folgen einer Nichtausübung des Vorschlagsrechts seitens der zuständigen Gewerkschaft; liegt bis zur Versammlung des Wahlgremiums kein Vorschlag vor, büßt die Gewerkschaft ihr Vorschlagsrecht ein. | **11** Diese muss in einem an der Gründung der SE beteiligten Unternehmen vertreten sein. Zweifel an der Richtlinienkonformität dieser Regelung bei *Wisskirchen/Prinz*, DB 2004, 2638 (2639); *Kallmeyer*, ZIP 2004, 1442 (1443); *Thüsing*, ZIP 2006, 1469 (1473). | **12** Zu den Formalien § 8 I 4. | **13** *Kleinsorge* in Nagel/Freis/Kleinsorge, § 7 Rz. 7; MüKoAktG/*Jacobs*, § 8 SEBG Rz. 5. | **14** MüKoAktG/*Jacobs*, § 6 SEBG Rz. 5. | **15** § 8 II 1, 2. Halbs.; der Fall des Bestehens mehrerer BR ohne GBR ist, weil regelwidrig, nicht geregelt.

vertreten (S. 2)[1]. Ist aus dem Inland nur ein Unternehmen an der SE-Gründung beteiligt, besteht das Wahlgremium aus den Mitgliedern des GBR (hilfsweise des BR), § 8 III. Ist im Inland nur ein Betrieb betroffen, besteht das Wahlgremium aus den Mitgliedern des BR, § 8 IV. Abs. 5 regelt den Fall, dass an der Gründung der SE eine oder mehrere Unternehmensgruppen oder nicht verbundene Unternehmen beteiligt sind oder dass von der Gründung unternehmensunabhängige Betriebe betroffen sind und demgemäss eine Repräsentation der im Inland betroffenen Belegschaften von vornherein nicht durch ein einziges betriebsverfassungsrechtliches Gremium erfolgen kann. In dieser Konstellation setzt sich das Wahlgremium aus den „jeweiligen ArbN-Vertretungen" zusammen, wobei die Absätze 2–4 entsprechend gelten. Fehlt es an einem zuständigen BR, ist von der zuständigen Leitung eine Versammlung der ArbN zur Wahl eines Wahlvorstandes einzuladen[2] (Satz 4). Diese Urwahl folgt den in Abs. 7 geregelten Grundsätzen, auch wenn es insofern an einer ausdrücklichen Verweisung fehlt[3].

8. Maximale Größe des Wahlgremiums. Das Wahlgremium besteht aus max. 40 Mitgliedern (§ 8 VI 1). **20**
Ggf. müssen die ArbN-Vertretungen nach dem d'Hondt'schen Höchstzahlverfahren Sitze abgeben, beginnend mit dem Gremium, das die meisten Mitglieder stellt[4]. Durch den „Wegfall" von Mitgliedern ändert sich hinsichtlich der verbleibenden Mitglieder nichts an der im Zusammenhang mit der Abstimmung (§ 10 I 1) maßgeblichen Zahl der ArbN, die sie jeweils vertreten[5].

9. Urwahl des BVG mangels ArbN-Vertretung. § 8 VII bestimmt für die in Abs. II–V geregelten Fälle, in **21**
denen keine ArbN-Vertretung besteht, dass die Mitglieder des BVG in geheimer und unmittelbarer Wahl von den ArbN gewählt werden[6].

10. Einberufung des Wahlgremiums und Wahl der Mitglieder des BVG. § 9 regelt die Zuständigkeit für **22**
die Einberufung des Wahlgremiums. Bei der Wahl der Mitglieder des BVG haben die Mitglieder des Wahlgremiums jeweils so viele Stimmen wie sie ArbN vertreten[7] (§ 10 I 2). Die Stimmen, die auf eine ArbN-Vertretung entfallen, werden gleichmäßig unter den Mitgliedern der Vertretung, die im Wahlgremium vertreten sind, aufgeteilt[8] (§ 10 III). Die ArbN-Vertretungen brauchen nicht einheitlich abzustimmen[9]. Die Wahl erfolgt mit einfacher Mehrheit der abgegebenen Stimmen (S. 3). Die im Wahlgremium vertretenen ArbN-Vertretungen und die in Urwahl gewählten Mitglieder vertreten jeweils alle ArbN der Einheit, für die sie nach § 8 II–V zuständig sind (§ 10 II 1). Unklar ist der Anwendungsbereich von § 10 II 2, wonach nicht nach S. 1 vertretene ArbN den ArbN-Vertretungen innerhalb der jeweiligen Unternehmensgruppe zu gleichen Teilen zugerechnet werden. Denn wenn es in der Unternehmensgruppe eine ArbN-Vertretung gibt, erfolgt immer eine Vertretung aller ArbN der Gruppe durch diese Vertretung, sofern in anderen Einheiten der Gruppe keine weitere Vertretung besteht (vgl. § 8 II u. III)[10].

Die Wahl oder Bestellung der Mitglieder des BVG soll innerhalb von 10 Wochen seit der in § 4 II u. III **23**
vorgeschriebenen Information erfolgen (§ 11 I 1). Wird die Frist aus Gründen, die die ArbN zu vertreten haben, überschritten, ist das Verhandlungsverfahren dennoch durchzuführen (Abs. 2 Satz 1). Die Leitungen können in diesem Fall zur konstituierenden Sitzung des BVG einladen und das Verhandlungsverfahren mit dem noch nicht kompletten BVG beginnen[11] (siehe auch § 15 I 2). Da eine **gerichtliche Bestellung des BVG nicht vorgesehen** ist, können die Leitungen zur konstituierenden Sitzung einladen (§ 12 I) und damit die Verhandlungsfrist von sechs Monaten (§ 20) auslösen[12]. Erfolgt hingegen keine Wahl oder Bestellung der Mitglieder des BVG und entzieht sich die ArbN-Seite auf diese Weise dem Verfahren, ist dies mit einem Beschluss gemäß § 16 I gleichzusetzen, so dass nunmehr unmittelbar die Eintragung der SE erfolgen kann[13].

11. Anfechtung der Wahl. Die Wahl der Mitglieder des BVG nach § 10 kann trotz fehlender gesetzlicher **24**
Regelung innerhalb eines Monats nach Konstituierung des BVG analog § 37 II 1 (diese Vorschrift betrifft die Wahl der ArbN im Aufsichts- oder Verwaltungsrat der SE) angefochten werden[14]. Bei besonders

1 Diese Regelung wird zu Recht als richtlinienwidrig angesehen, da nach Art. 3 Abs. 2 lit. b Abschn. 3 SE-RL bei Betrieben, die „unabhängig vom Willen der Arbeitnehmer" keinen Betriebsrat haben, die Mitglieder des Wahlgremiums in Urwahl zu wählen sind; vgl. MüKoAktG/*Jacobs*, § 8 SEBG Rz. 7. | 2 Die Einladung hat rechtzeitig und dergestalt zu erfolgen, dass alle ArbN davon Kenntnis nehmen können; MüKoAktG/*Jacobs*, § 8 SEBG Rz. 9. | 3 MüKoAktG/*Jacobs*, § 8 SEBG Rz. 9 | 4 Siehe ausf. *Kleinsorge* in Nagel/Freis/Kleinsorge, § 8 Rz. 35 ff. | 5 BR-Drs. 438/04 S. 119; *Kleinsorge* in Nagel/Freis/Kleinsorge, § 8 Rz. 37; MüKoAktG/*Jacobs*, § 8 SEBG Rz. 10. | 6 Vgl. ausführlich *Kleinsorge* in Nagel/Freis/Kleinsorge, § 8 Rz. 42 ff. | 7 Teilzeitbeschäftigte zählen voll; maßgeblicher Zeitpunkt für die Feststellung der ArbN-Zahl ist die Informationserteilung nach § 4 II (§ 4 IV); vgl. oben Rz. 9 sowie MüKoAktG/*Jacobs*, § 8 SEBG Rz. 2. | 8 Die Gesetzesregelung führt zu Zufallsergebnissen je nachdem, ob ein KBR besteht oder nicht. Das gemessen an der Arbeitnehmerzahl bei weitem größte Unternehmen wird bei Bestehen eines KBR im Wahlgremium nur ebenso stark repräsentiert sein wie die anderen – möglicherweise sehr viel kleineren – Konzernunternehmen. | 9 BR-Drs. 438/04 S. 120; MüKoAktG/*Jacobs*, § 10 SEBG Rz. 2. | 10 Siehe aber BR-Drs. 438/04 S. 120. | 11 *Wisskirchen/Prinz*, DB 2004, 2638 (2639); *Grobys*, NZA 2005, 84 (86); *Freis* in Nagel/Freis/Kleinsorge, § 11 Rz. 7; MüKoAktG/*Jacobs*, § 11 SEBG Rz. 4. | 12 MüKoAktG/*Jacobs*, § 11 SEBG Rz. 6. | 13 *Kienast* in Jannott/Frodermann, 13 Rz. 162; aA MüKoAktG/*Jacobs*, § 11 SEBG Rz. 6: Ingangsetzen der Sechsmonatsfrist und nach deren Ablauf Geltung der Auffanglösung. | 14 *Kienast* in Jannott/Frodermann, 13 Rz. 168; *Grobys*, NZA 2005, 84 (87); MüKoAktG/*Jacobs*, § 10 SEBG Rz. 6; aA *Wißmann*, FS Richardi, 841 (847): Danach beginnt die Monatsfrist mit der Information der Anfechtungsberechtigten über die Gewählten gemäß § 11 I SEBG.

schwerwiegenden Verstößen gegen Vorschriften des Wahlrechts ist die Wahl nichtig[1]. Nach zutreffender Auffassung ist hingegen die Bestellung/Wahl der Mitglieder des Wahlgremiums nicht gesondert anfechtbar, da es sich hierbei lediglich um einen Zwischenschritt zur Bildung des BVG handelt und hierfür kein Bedürfnis besteht[2]. Eine erfolgreiche Anfechtung wirkt ex tunc mit der Folge, dass die inländischen Mitglieder des BVG ihr Amt von vornherein nicht wirksam ausgeübt haben[3].

25 **12. Konstituierung des BVG; Dauer der Verhandlungen.** Die Einladung zur konstituierenden Sitzung des BVG erfolgt (unverzüglich) durch die Leitungen (§ 12 I 1), nicht jedoch bevor entweder die Mitglieder des BVG benannt wurden oder die Frist gem. § 11 I 1 abgelaufen ist (vgl. auch oben Rz. 23)[4]. Den Ort der Sitzung bestimmen die Leitungen[5]. Der Zugang der Einladung ist maßgeblich für die Sechs-Monats-Frist gem. § 20 I 2. Für die Sechs-Monats-Frist ist unmaßgeblich, wann die konstituierende Sitzung tatsächlich stattgefunden hat. Veränderungen in der Struktur oder im Hinblick auf die Beschäftigtenzahl sind für den Fristablauf unmaßgeblich, da § 5 IV lediglich von einer neuen Zusammensetzung des BVG spricht, nicht von einer Neubildung[6]. Gem. § 20 II können die Parteien einvernehmlich beschließen, die Sechs-Monats-Frist zu verlängern, maximal auf ein Jahr. Auf Seiten des BVG ist hierfür ein Beschluss erforderlich[7]. Kommt innerhalb der sechsmonatigen bzw. bis zu einjährigen Verhandlungsfrist keine Vereinbarung zu Stande, greift die gesetzl. Auffangregelung der §§ 22–38 SEBG (s. Rz. 40 ff.).

Die Sitzungen des BVG sind nicht öffentlich (§ 30 S. 4 BetrVG analog)[8]; die Leitungen haben keine Teilnahmeberechtigung[9]. Auch besteht **kein allgemeines Teilnahmerecht der Gewerkschaften**, abgesehen von der Möglichkeit, Gewerkschaftsvertreter als Sachverständige iSv. § 14 I hinzuzuziehen. Auch die Teilnahme sonstiger Sachverständiger kann angesichts der Komplexität des Gegenstands unverzichtbar sein. Die konstituierende Sitzung hat die Wahl des Vorsitzenden und von mindestens zwei Stellvertretern zum Gegenstand (§ 12 I 2). Das BVG kann und sollte sich eine Geschäftsordnung geben (S. 3). Das Gesetz enthält zu den Formalien der Abstimmung keine Vorgaben. Es wird schriftliche und geheime Stimmabgabe empfohlen[10] (s. allgemein zur Beschlussfassung im BVG § 15).

26 **VI. Beteiligung der Arbeitnehmer kraft Vereinbarung. 1. Grundsätze der Zusammenarbeit.** § 13 I legt fest, dass das BVG mit den Leitungen eine schriftliche Vereinbarung über die Beteiligung der ArbN in der SE abschließen soll. Zu diesem Zweck sollen sie vertrauensvoll zusammenarbeiten (s. auch § 40, der diesen Grundsatz für die Zusammenarbeit mit dem SE-Betriebsrat bzw. den ArbN-Vertretern aufstellt). Verhandlungsansprüche oder Verhandlungspflichten folgen daraus nicht[11]. § 13 II verpflichtet die Leitungen zur Auskunftserteilung[12] und dazu, die erforderlichen Unterlagen zur Verfügung zu stellen[13]; die bloße Möglichkeit zur Einsichtnahme genügt nicht[14]. Das Recht zur Hinzuziehung von Sachverständigen regelt § 14 I, wofür ein Beschluss mit der Mehrheit des § 15 II erforderlich ist[15]. Gewerkschaftsvertreter können nur Sachverständige iSv. § 14 I sein, wenn die Gewerkschaft gemeinschaftsweit tätig ist (str.; anders § 32 für die Sachverständigen des SE-BR)[16]. Die Kostentragungspflicht der beteiligten Gesellschaften im Hinblick auf die Tätigkeit von Sachverständigen ergibt sich aus § 19[17].

27 **2. Beschlussfassung im BVG.** Jedes Mitglied des BVG repräsentiert alle in seinem Mitgliedstaat beschäftigten ArbN, unabhängig davon, bei welcher Gesellschaft diese beschäftigt sind (§ 15 I 1). Beschlüsse des BVG bedürfen sowohl der Mehrheit der Mitglieder (Mehrheit der anwesenden oder abstimmenden Mitglieder reicht nicht aus[18]) als auch der durch sie vertretenen ArbN. Enthaltungen sind möglich, wirken sich aber wie Abwesenheit oder Nein-Stimmen aus[19]. Bei Stimmengleichheit ist ein Antrag abgelehnt. Die inländischen Mitglieder des BVG haben alle gleich viele Stimmen (Gesamtzahl der repräsentierten ArbN geteilt durch die Anzahl der inländischen BVG-Mitglieder); nur auf dieser Grundlage funktioniert auch die Mitgliedschaft von Gewerkschaftsmitgliedern und leitenden Angestell-

---

1 MüKoAktG/*Jacobs*, § 10 SEBG Rz. 7; *Wißmann*, FS Richardi, 841 (848); | 2 *Wißmann*, FS Richardi, 841 (846); aA MüKoAktG/*Jacobs*, § 10 SEBG Rz. 6. | 3 *Wißmann*, FS Richardi, 841 (848). | 4 MüKoAktG/*Jacobs*, § 12 SEBG Rz. 2; *Freis* in Nagel/Freis/Kleinsorge, § 12 Rz. 4 hält bei Fristablauf eine Einladung zur konstituierenden Sitzung nur für statthaft, wenn die Fristversäumnis von der Arbeitnehmerseite zu vertreten ist. | 5 *Oetker* in Lutter/Hommelhoff, § 12 SEBG Rz. 5; im Rahmen der vertrauensvollen Zusammenarbeit. Die abw. Meinung, wonach das BVG den Ort bestimmt, ist in diesem Stadium unpraktikabel; so aber MüKoAktG/*Jacobs*, § 12 SEBG Rz. 2; *Freis* in Nagel/Freis/Kleinsorge, § 12 Rz. 5 leitet aus dem Gebot der vertrauensvollen Zusammenarbeit das Erfordernis ab, den Ort mit dem BVG „abzustimmen". | 6 *Grobys*, NZA 2005, 84 (90 f.); MüKoAktG/*Jacobs*, § 20 SEBG Rz. 2. | 7 MüKoAktG/*Jacobs*, § 20 SEBG Rz. 3 unter Hinw. auf BR-Drs. 438/04 S. 128. | 8 MüKoAktG/*Jacobs*, § 12 SEBG Rz. 4. | 9 *Oetker* in Lutter/Hommelhoff, § 12 SEBG Rz. 19; *Freis* in Nagel/Freis/Kleinsorge § 12 Rz. 7; MüKoAktG/*Jacobs*, § 12 SEBG Rz. 4. | 10 MüKoAktG/*Jacobs*, § 12 SEBG Rz. 5. | 11 MüKoAktG/*Jacobs*, § 13 SEBG Rz. 3; vgl. auch *Freis* in Nagel/Freis/Kleinsorge § 13 Rz. 6. | 12 Str. ist, ob sich aus § 13 II ein durchsetzbares Rechts des BVG ergibt (so *Krause*, BB 2005, 1221 (1225 f.); *Oetker* in Lutter/Hommelhoff, § 13 SEBG Rz. 9; aA MüKoAktG/*Jacobs*, § 13 SEBG Rz. 4. | 13 Der Vorrang des Schutzes von Betriebs- und Geschäftsgeheimnissen gem. § 41 I gilt auch hier (MüKoAktG/*Jacobs*, § 13 SEBG Rz. 4). | 14 *Freis* in Nagel/Freis/Kleinsorge § 13 Rz. 9. | 15 MüKoAktG/*Jacobs*, § 14 SEBG Rz. 2. | 16 Zum Streitstand MüKoAktG/*Jacobs*, § 14 SEBG Rz. 5. | 17 Siehe hierzu *Freis* in Nagel/Freis/Kleinsorge § 19 Rz. 9. | 18 So auch bei § 13 III EBRG; vgl. *Freis* in Nagel/Freis/Kleinsorge, § 15 Rz. 5; etwas missverst. MüKoAktG/*Jacobs*, § 15 SEBG Rz. 3, der dieser Auffassung zustimmt, andererseits von „Mehrheit ‚nach Köpfen' der abstimmenden Mitglieder" spricht. | 19 MüKoAktG/*Jacobs*, § 15 SEBG Rz. 3; *Freis* in Nagel/Freis/Kleinsorge, § 15 Rz. 5.

ten (vgl. auch oben Rz. 22)[1]; diese vertreten dieselbe Zahl von ArbN wie alle anderen inländischen Mitglieder. Die anderen Mitgliedstaaten können hins. der von ihnen entsandten Mitglieder insoweit andere Regelungen erlassen. Beschlüsse sind in Sitzungen zu fassen; Abstimmungen im Umlaufverfahren oder zB auf telefonischem Wege sind nicht vorgesehen. Besondere Vorschriften zur Beschlussfähigkeit des BVG fehlen; deshalb genügt es, wenn so viele Mitglieder anwesend sind, dass das jeweils vorgesehene Quorum erreicht werden kann[2].

3. Quorum bei „Minderung der Mitbestimmungsrechte". § 15 III sieht für den Fall einer beabsichtigten Minderung der Mitbestimmungsrechte das Erfordernis einer Zweidrittelmehrheit vor, und zwar in zweifacher Hinsicht: Mitglieder und Stimmen (vgl. Rz. 27). Zusätzlich ist erforderlich, dass der Beschluss von Mitgliedern aus mindestens 2 Mitgliedstaaten getragen wird. Diese besonderen Anforderungen gelten nur, wenn die besonderen Voraussetzungen gem. S. 2 Nr. 1 oder 2 vorliegen: Bei einer SE, die durch Verschmelzung gegründet werden soll, sofern sich die Mitbest. zuvor auf mindestens 25 % der Gesamtzahl der ArbN der beteiligten Gesellschaften und der betroffenen Tochtergesellschaften erstreckt hat (Nr. 1), bei einer SE, die als Holding-Gesellschaft oder als Tochtergesellschaft gegründet werden soll, beträgt der Prozentsatz 50 % (Nr. 2). Der Grund für die Ungleichbehandlung der beiden Fälle liegt im Wesentlichen darin, dass in der Konstellation gem. Nr. 2 die Mitbest. in den Ausgangsunternehmen erhalten bleibt[3]. Im Fall der Gründung der SE durch Umwandlung kann ein Beschluss, der eine Minderung der Mitbestimmungsrechte zur Folge hätte, nicht gefasst werden (§ 15 V; vgl. auch § 21 VI). Indem § 15 III Nr. 1 und 2 auf die ArbN sowohl der beteiligten Gesellschaften als auch der Tochtergesellschaften abstellen, liegt vordergründig eine Abweichung von Art. 3 IV SE-RL vor, die jedoch wegen der Besonderheiten des deutschen Mitbestimmungsrechts (Konzernzurechnung gem. § 5 MitbestG bzw. § 2 DrittelbG) systemkonform ist[4]. 28

Von einer Minderung der Mitbestimmungsrechte ist auszugehen, wenn nach der vereinbarten Lösung der Anteil[5] der ArbN im Aufsichts- oder Verwaltungsorgan der SE geringer ist als bei der beteiligten Gesellschaft mit dem bislang höchsten Anteil (§ 15 IV Nr. 1; vgl. auch § 35 und unten Rz. 48)[6] oder wenn das Recht beseitigt oder eingeschränkt wird, Mitglieder des Aufsichts- oder Verwaltungsorgans der Gesellschaft zu wählen, zu bestellen, zu empfehlen oder abzulehnen (Nr. 2)[7]. 29

4. Nichtaufnahme oder Abbruch sowie Wiederaufnahme der Verhandlungen. Ein Beschluss des BVG dahingehend, keine Verhandlungen aufzunehmen oder dieselben abzubrechen, bedarf einer qualifizierten Zweidrittelmehrheit – die Anforderungen sind dieselben wie in § 15 III 1 (s. Rz. 28). Zur Niederschrift des Beschlusses siehe § 17 S. 1 Nr. 2. Parallel zu § 15 V kann ein Beschluss gem. § 16 I nicht bei einer Gründung der SE durch Umwandlung gefasst werden, sofern den ArbN der umzuwandelnden Gesellschaft bereits Mitbestimmungsrechte zustehen (§ 16 III). Das BVG kann den Beschluss nach § 16 I mit einer Vereinbarung zur Verkürzung der Zweijahresfrist gem. § 18 I 2 (Wiederaufnahme der Verhandlungen) verbinden. Die in § 16 I 3 geregelte Rechtsfolge eines Beschlusses gem. Satz 1 ergibt sich schon aus § 47 I Nr. 2[8]: es kommen die nationalen Regelungen zum EBRG zur Anwendung[9], soweit hierfür die Voraussetzungen vorliegen. Im Übrigen wird das Verfahren zum Abschluss einer Vereinbarung durch einen Beschluss nach Abs. 1 beendet (§ 16 II 1); die Amtszeit des BVG endet[10]. Die Auffangregelung in Gestalt des SE-Betriebsrats kraft Gesetzes und der Mitbest. kraft Gesetzes finden keine Anwendung. Die SE bleibt auf Unternehmensebene demnach mitbestimmungsfrei (das MitbestG und das DrittelbG finden auf die SE keine Anwendung, s. unten Rz. 46), was einer Eintragung im Handelsregister nicht entgegensteht[11]. 30

Die **Wiederaufnahme der Verhandlungen** kann gem. § 18 I 1 frühestens zwei Jahre nach dem Beschluss des BVG gem. § 16 I (zur Verkürzung der Frist § 18 I 2 und vorst. Rz. 30) auf schriftlichen Antrag[12] von 10 % der ArbN der SE, ihrer Tochtergesellschaften und Betriebe erfolgen, wobei in diesem Fall ein neues BVG auf der Grundlage aktueller Arbeitnehmerzahlen zu bilden ist; das ursprünglich gebildete BVG kann demnach nicht reaktiviert werden. Wird mit dem neu gebildeten BVG keine Vereinbarung erzielt, greift die Auffangregelung nicht (§ 18 II). Dies macht deutlich, dass mit einem Beschluss nach § 16 I das 31

1 *Freis* in Nagel/Freis/Kleinsorge, § 15 Rz. 7. | 2 MüKoAktG/*Jacobs*, § 15 SEBG Rz. 4. | 3 *Freis* in Nagel/Freis/Kleinsorge, § 15 Rz. 12. | 4 *Freis* in Nagel/Freis/Kleinsorge, § 15 Rz. 14; MüKoAktG/*Jacobs*, § 15 SEBG Rz. 10; aA (Richtlinienverstoß) *Grobys*, NZA 2005, 84 (89); *Hennings* in Manz/Mayer/Schröder, Art. 3 SE-RL Rz. 94; *Kallmeyer*, ZIP 2004, 1442 (1443). | 5 Geschützt ist nicht die absolute Zahl der ArbN-Vertreter im Gremium sondern ihr Anteil am Gesamtgremium; zuerst *Seibt* in Lutter/Hommelhoff, Die Europäische Gesellschaft, 2005, S. 79; ihm folgend *Müller-Bonanni/de Beauregard*, GmbHR 2005, 195 (197); MüKoAktG/*Jacobs*, § 15 SEBG Rz. 12; iE ebenso *Oetker*, BB-Special 1/2005, 2 (11). | 6 Dass sich für einen Teil der ArbN in anderen Mitgliedstaaten ein Mehr an Mitbest. ergibt, ist unerheblich, sofern nur die Voraussetzungen von Nr. 1 vorliegen; MüKoAktG/*Jacobs*, § 15 SEBG Rz. 12. Bei einem Wechsel vom Aufsichts- zum Verwaltungsorgan kommt es bei Letzterem nur auf die nicht geschäftsführenden Mitglieder an; MüKoAktG/*Jacobs*, § 15 SEBG Rz. 13. | 7 Nr. 2 soll den Fall des Wechsels vom Repräsentationsmodell zum Kooptationsmodell (Holland) erfassen; BR-Drs. 438/04 S. 125. Die Einzelheiten sind str.; zahlreiche Autoren halten die Vorschrift für richtlinienwidrig: *Grobys*, NZA 2005, 84; *Hennings* in Manz/Mayer/Schröder, Art. 3 SE-RL Rz. 92; diff. MüKoAktG/*Jacobs*, § 15 SEBG Rz. 14 ff. | 8 *Freis* in Nagel/Freis/Kleinsorge, § 16 Rz. 8. | 9 *Oetker*, BB-Special 1/2005, 2 (10). | 10 *Freis* in Nagel/Freis/Kleinsorge, § 16 Rz. 10. | 11 *Freis* in Nagel/Freis/Kleinsorge, § 16 Rz. 9. | 12 Zu den Formalien des Antrages MüKoAktG/*Jacobs*, § 18 SEBG Rz. 3.

Risiko des „dauerhaften Verlustes des mitbestimmungsrechtlichen Bestandsschutzes“ verbunden ist, weshalb es hierzu in der Praxis vermutlich kaum einmal kommen wird[1].

32 **5. Wiederaufnahme der Verhandlungen bei strukturellen Änderungen.** Das SEBG sieht in mehrfacher Hinsicht Regeln für den Fall struktureller Änderungen vor (§ 1 IV, § 5 IV, § 18 III, § 21 I Nr. 6 sowie IV, § 25). Was unter strukturellen Änderungen insb. iSv § 18 III zu verstehen ist, regelt das Gesetz nicht. Die Begr. zum Regierungsentwurf nennt als einziges Beispiel, dass eine mitbestimmungsfreie SE ein mitbestimmtes Unternehmen mit einer größeren Zahl von ArbN aufnehme[2]. Als strukturelle Änderungen sind nur korporative Akte zu qualifizieren, die so schwerwiegend sind wie der Gründungsakt selbst[3] („gründungsähnlicher Charakter“[4]), zB die Verschmelzung eines Unternehmens auf die SE. Bloße Änderungen der ArbN-Zahlen reichen nicht aus (arg. § 5 IV und § 25; s. unten Rz. 48)[5], auch nicht der Erwerb oder die Veräußerung von Betrieben (Betriebsübergang nach § 613a BGB)[6]. Hinzukommen muss, dass die Veränderung geeignet sein muss, Beteiligungsrechte (vgl. § 2 IX) der ArbN zu mindern (§ 18 III 1), was bspw. bei einem Überschreiten der Schwellenwerte gem. MitbestG oder DrittelbG nicht der Fall ist – diese Gesetze finden auf die SE keine Anwendung mehr; das Ausbleiben eines Mitbestimmungszuwachses kommt keiner Minderung der Mitbest. gleich[7]. Nicht unter § 18 III fällt auch ein Anteilserwerb an einer mitbestimmten Gesellschaft. Zum einen stellt ein solcher Anteilserwerb keine strukturelle Änderung dar. Zum anderen werden durch ihn keine Beteiligungsrechte gemindert, weil das nationale Mitbestimmungsregime in der erworbenen Gesellschaft beibehalten wird (§ 47 I)[8]; dies gilt jedenfalls dann, wenn die Gesellschaft selbst mehr als 2000 ArbN beschäftigt (§ 1 Abs. 1 MitbestG). Fällt die übernommene Gesellschaft durch Zurechnung von ArbN in Konzerngesellschaften unter das MitbestG, greift § 5 Abs. 3 MitbestG (str.)[9], so dass auch insoweit der Mitbestimmungsstatus der übernommenen Gesellschaft unverändert bleibt. Allerdings wird für den Fall, dass eine SE-Vorratsgesellschaft eine solche Beteiligung erwirbt, um hierdurch gezielt die Mitbestimmung auf der Ebene der SE zu vermeiden oder auf niedrigerem Niveau einzufrieren, eine analoge Anwendung von § 18 III bzw. des § 43 erwogen[10]; für eine analoge Anwendung von § 18 III fehlt es allerdings an einer planwidrigen Gesetzeslücke[11]. Auch eine Anwendung des Missbrauchsverbots des § 43 kommt angesichts der Sondervorschrift des § 18 III nicht in Betracht[12]. Eine Minderung der Beteiligungsrechte kann auch dann relevant sein, wenn sie ArbN betrifft, die bislang nicht zur SE oder ihren Tochterunternehmen gehörten[13]. Beispiele: Verschmelzung durch Aufnahme eines mitbestimmten Unternehmens in eine nicht mitbestimmte SE[14], oder Aufnahme eines – im Vergleich zur SE – auf höherem Niveau mitbestimmten Unternehmens[15]. Kein Fall des § 18 III ist hingegen dann gegeben, wenn eine von der SE durch Anteilsübertragung erworbene Gesellschaft aus einem Konzernverbund herausgelöst wird und hierdurch die bisherige Konzernmitbestimmung einbüßt (§ 5 I MitbestG)[16]. Siehe zur Strafandrohung im Zusammenhang mit dem missbräuchlichen Entzug von Beteiligungsrechten ohne Durchführung des Verfahrens gem. § 18 III in § 43 und unten Rz. 54[17].

33 **Sind strukturelle Änderungen geplant**, können die Leitung der SE oder des SE-Betriebsrats **Verhandlungen über die Beteiligungsrechte** der ArbN veranlassen. Eine durchsetzbare Verpflichtung trifft die genannten Leitungen jedoch nicht. Finden Verhandlungen statt und führen sie nicht zu einer Einigung, gelten die Auffangregelungen gem. §§ 22–33 (SE-Betriebsrat kraft Gesetzes) und §§ 34–38 (Mitbest. kraft Gesetzes)[18]. Das Gesetz regelt nicht, ob sich die Auffangregelungen nach der Situation vor der struk-

1 MüKoAktG/*Jacobs*, § 18 SEBG Rz. 5. | 2 BR-Drs. 438/04 S. 127. | 3 MüKoAktG/*Jacobs*, § 18 SEBG Rz. 11; *Kienast* in Jannott/Frodermann, 13 Rz. 192; *Krause*, BB 2005, 1221 (1228); *Seibt*, ZIP 2005, 2248 (2250); *Seibt*, AG 2005, 413 (427); *Rieble*, BB 2006, 2018 (2022); aA *Köklü* in Van Hulle/Maul/Drinhausen, Kap. 6 Rz. 90; *Köstler* in Theisen/Wenz, Kap. E S. 370 f. | 4 *Wollburg/Banerjea*, ZIP 2005, 277 (278); MüKoAktG/*Jacobs*, § 18 SEBG Rz. 12. | 5 *Kienast* in Jannott/Frodermann, 13 Rz. 193; MüKoAktG/*Jacobs*, § 18 SEBG Rz. 12 und 18; *Seibt*, AG 2005, 413, 427; dies bedeutet, dass das Mitbestimmungsniveau trotz Überschreitung der Schwellenwerte 500/2000 in der SE „eingefroren“ wird, allerdings nach oben und unten. | 6 *Wollburg/Banerjea*, ZIP 2005, 277 (281 f.); MüKoAktG/*Jacobs*, § 18 SEBG Rz. 17; *Rieble*, BB 2006, 2018 (2022); aA *Köklü* in Van Hulle/Maul/Drinhausen, Kap. 6 Rz. 90. | 7 *Rieble*, BB 2006, 2018 (2022); *Köklü* in Van Hulle/Maul/Drinhausen, Kap. 6 Rz. 93 ff.; aA wohl *Freis* in Nagel/Freis/Kleinsorge, § 18 Rz. 12 ff., insb. 15. | 8 *Wollburg/Banerjea*, ZIP 2005, 277 (280 f.); *Müller-Bonanni/de Beauregard*, GmbHR 2005, 195 (199 f.); aA *Oetker* in Lutter/Hommelhoff, § 18 SEBG Rz. 16. | 9 *Müller-Bonanni/de Beauregard*, GmbHR 2005, 195 (198 mwN sowie 199 f.). | 10 MüKoAktG/*Jacobs*, § 18 SEBG Rz. 17; offen gelassen („Risiko“) bei *Rieble*, BB 2006, 2018 (2022); vgl. auch (ohne inhaltliche Festlegung) *Wißmann*, FS Richardi, 841 (855 ff.). | 11 Ablehnend auch *Seibt*, ZIP 2005, 2248, 2250; *Seibt* in Willemsen/Hohenstatt/Schweibert/Seibt, Rz. F 137j.; *Köklü* in Van Hulle/Maul/Drinhausen, Kap. 6 Rz. 107; für eine Anwendung von § 18 III *Köstler* in Theisen/Wenz Kap. E S. 372 ff. | 12 So aber *Casper/Schäfer*, ZIP 2007, 653 (659). | 13 *Wollburg/Banerjea*, ZIP 2005, 277 (279); MüKoAktG/*Jacobs*, § 18 SEBG Rz. 14. | 14 Begr. RegE BR-Drs. 438/04 S. 127. | 15 *Wollburg/Banerjea*, ZIP 2005, 277 (282); *Herfs-Röttgen*, NZA 2002, 358 (365); MüKoAktG/*Jacobs*, § 18 SEBG Rz. 16; *Rieble*, BB 2006, 2018 (2022). | 16 *Rieble*, BB 2006, 2018 (2022); *Köklü* in Van Hulle/Maul/Drinhausen, Kap. 6 Rz. 90. | 17 Siehe auch *Rieble*, BB 2006, 2018 (2022). | 18 Für das Eingreifen der Auffanglösung gelten die allg. Voraussetzungen gem. § 20 (6-Monatszeitraum abgelaufen; kein Beschluss nach § 16 I), vgl. MüKoAktG/*Jacobs*, § 18 SEBG Rz. 23. Die Auffanglösung kommt auch in Betracht, wenn schon zuvor eine Verhandlungsregelung (§ 21) bestand, die jedoch keine Regularien iSv. § 21 IV enthielt. Dies würde aber bedeuten, dass es bei einem Scheitern der Verhandlungen zur Geltung der Auffangregelung käme; eine Fortgeltung der Vereinbarung gem. § 21 wäre rechtspolitisch vorzugswürdiger; vgl. MüKoAktG/*Jacobs*, § 18 SEBG Rz. 24.

turellen Änderung beziehen[1] oder ob – was vom Zweck der Regelung her sinnvoll wäre – die veränderten Rahmenbedingungen maßgeblich sind; rechtspolitisch ist die Regelung in jedem Fall verfehlt, da sie eine bereits getroffene Vereinbarung wieder zur Disposition stellt[2]. Die Verhandlungen werden zwischen der Leitung der SE (§ 18 IV) und entweder einem neu gebildeten BVG oder dem SE-Betriebsrat geführt. Letzteres wird aus praktischen Gründen häufig vorzuziehen sein. Allerdings müssen auf einvernehmlicher Basis[3] zusätzlich die ArbN, die von der strukturellen Änderung betroffen sind, jedoch nicht vom SE-Betriebsrat vertreten werden, repräsentiert sein (§ 18 III 2; Beispiel: die Vertreter der ArbN eines hereinverschmolzenen Unternehmens). Gewerkschaftsvertreter sind nicht beteiligt, soweit die Verhandlungen mit dem SE-Betriebsrat geführt werden[4]; § 6 II und III gelten nur für das BVG.

6. Inhalt der Vereinbarung. § 21 I betont zwar einerseits die „Autonomie der Parteien" im Hinblick auf den Inhalt der Vereinbarung; andererseits werden im Einzelnen die zwingenden[5] Inhalte aufgeführt: Die Vereinbarung[6] muss ihren Geltungsbereich regeln (Abs. 1 Nr. 1), wobei auch Unternehmen und Betriebe einbezogen werden können, die außerhalb der Mitgliedstaaten (§ 3 II) angesiedelt sind[7]. Nach Nr. 6 sind auch der Zeitpunkt des Inkrafttretens und die Laufzeit zu regeln, einschließlich der Festlegung derjenigen Fälle, bei deren Eintreten die Vereinbarung neu ausgehandelt werden soll und dem dabei anzuwendenden Verfahren. Gem. Abs. 4 sollen insb. die Folgen struktureller Änderungen geregelt werden (s. Rz. 32 f.). Die Parteien können getrennte Vereinbarungen zum SE-Betriebsrat einerseits und über die Mitbest. andererseits treffen; sie können auch Teile der Auffangregelungen übernehmen bzw. in der Vereinbarung auf sie verweisen[8]. Fehlen zwingende Inhalte der Vereinbarung, kann die SE dennoch eingetragen werden; Lücken sind ggf. unter Heranziehung der gesetzlichen Auffangregelung zu füllen[9]. 34

a) SE-Betriebsrat. Gem. § 21 I Nr. 2 muss die Vereinbarung die Zusammensetzung des SE-Betriebsrats[10] regeln, die Anzahl seiner Mitglieder und die Sitzverteilung, einschließlich der Auswirkungen wesentlicher Änderungen der Zahl der in der SE beschäftigten ArbN (vgl. § 18 I Nr. 6 EBRG). Ebenso sind die Befugnisse des SE-Betriebsrats[11] und das Verfahren zur Unterrichtung und Anhörung zu regeln, die Häufigkeit der Sitzungen (Nr. 4) und die finanzielle und materielle Ausstattung (Nr. 5). Es genügt (ist zum Ausschluss der Auffangregelungen jedoch auch erforderlich[12]), wenn die Vereinbarung diese Punkte regelt, auch wenn die Vereinbarung von den Rechten des SE-Betriebsrates kraft Gesetzes abweicht[13]. Gem. § 21 II können an Stelle des SE-Betriebsrates auch andere Verfahren zur Unterrichtung und Anhörung vereinbart werden; dabei kann auch auf bereits bestehende Gremien (zB EBR, KBR) zurückgegriffen werden; die Vereinbarung muss dann allerdings die „Durchführungsmodalitäten" des Unterrichtungs- und Anhörungsverfahrens regeln. Der EBR kann zwar für das vereinbarte Verfahren genutzt werden; seine Funktion als Organ gem. dem EBRG bzw. der Richtlinie über den EBR kann er jedoch angesichts der klaren Regelung in § 47 I Nr. 2 nicht fortsetzen. Ein kompletter Verzicht auf ein Verfahren zur Unterrichtung und Anhörung im Rahmen einer Vereinbarung ist nicht vorgesehen und daher unzulässig[14]; er würde zur Geltung der gesetzlichen Auffangregelung führen. 35

b) Mitbestimmung. Mit § 21 III wird den Parteien die fakultative[15] (s. aber § 21 VI) Möglichkeit eingeräumt, eine Vereinbarung über die Mitbest. zu treffen. In diesem Fall soll der „Inhalt" der Mitbest.[16] geregelt werden, insb. die Zahl der ArbN-Vertreter[17] im Aufsichts- oder Verwaltungsorgan[18] (§ 21 III Nr. 1), das Verfahren zur Wahl, Bestellung, Empfehlung oder Ablehnung dieser Vertreter (Nr. 2) und 36

---

1 So wohl („wieder") *Kienast* in Jannott/Frodermann, 13 Rz. 195. | 2 *Kienast* in Jannott/Frodermann, 13 Rz. 195. | 3 Hierfür ist eine Einigung zwischen dem SE-BR und den Repräsentanten der von diesem noch nicht vertretenen ArbN erforderlich; auch die SE-Leitung muss mit der Lösung einverstanden sein; vgl. MüKoAktG/*Jacobs*, § 18 SEBG Rz. 20; vgl. auch die Begr. des RegE BR-Drs. 438/04 S. 127. | 4 MüKoAktG/*Jacobs*, § 18 SEBG Rz. 20. | 5 BR-Drs. 438/04 S. 128. | 6 Eine Mustervereinbarung stellen *Heinze/Seifert/Teichmann*, BB 2005, 2524, vor. | 7 Problematisierend *Thüsing*, ZIP 2006, 1469 (1472 f.) | 8 MüKoAktG/*Jacobs*, § 21 SEBG Rz. 10. | 9 *Kienast* in Jannott/Frodermann, 13 Rz. 405 ff.; MüKoAktG/*Jacobs*, § 21 SEBG Rz. 15; *Nagel/Freis/Kleinsorge*, § 21 Rz. 8. | 10 Es ist nicht zulässig, den SE-BR mit externen Mitgliedern (zB Gewerkschaftsfunktionären) zu besetzen, vgl. § 23 I 2; *Kuffner*, Die Beteiligung der ArbN in der Europ. AG (2003), S. 153; MüKoAktG/*Jacobs*, § 20 SEBG Rz. 17; großzügiger *Thüsing*, ZIP 2004, 1469 (1474). | 11 Problematisch sind hingegen über das jeweilige nationale Recht hinausgehende Vereinbarungen über die Rechtstellung der Mitglieder des SE-BR; vgl. *Thüsing*, ZIP 2006, 1469 (1476). | 12 BR-Drs. 438/04 S. 128. | 13 MüKoAktG/*Jacobs*, § 21 SEBG Rz. 17; zu den Grenzen einer Erweiterung der Befugnisse des SE-BR siehe *Thüsing*, ZIP 2006, 1469 (1472). | 14 *Thüsing*, ZIP 2006, 1469 (1471); MüKoAktG/*Jacobs*, § 21 SEBG Rz. 12. | 15 Die Parteien können – außer im Fall der durch Umwandlung gegründeten SE (vgl. § 21 VI) – auf die Mitbest. im Aufsichts- oder Verwaltungsorgan verzichten; *Grobys*, NZA 2005, 84 (88); MüKoAktG/*Jacobs*, § 21 SEBG Rz. 13; *Oetker*, BB-Special 1/2005, 2 (9); *Oetker*, ZIP 2006, 1113 (1114); *Rieble*, BB 2006, 2018 (2020). | 16 Zulässig ist zB die „Verschiebung" der Mitbest. in einen Kontrollausschuss des Aufsichts- oder Verwaltungsorgans, um die Strategie und die Unternehmensplanung mitbestimmungsfrei behandeln zu können; vgl. *Seibt*, AG 2005, 413 (422); *Gruber/Weller*, NZG 2003, 297 ff.; *Seibt* in Willemsen/Hohenstatt/Schweibert/Seibt, Rz. F 137d; MüKoAktG/*Jacobs*, § 21 SEBG Rz. 19; ähnlich *Teichmann*, BB 2004, 53 (57); *Müller-Bonanni/de Beauregard*, GmbHR 2005, 195 (199). | 17 Auch Vertreter aus Nicht-Mitgliedstaaten können zugelassen werden; BR-Drs. 438/04 S. 129; ebenfalls möglich: höhere Repräsentanz leitender Angestellter und ihre Wahl durch den SprAu; *Oetker*, BB-Special 1/2005, 2 (9). | 18 Zu den Schwierigkeiten der Mitbest. im Verwaltungsorgan beim monistischen System siehe *Oetker*, BB-Special 1/2005, 2 (5) mwN.

deren Rechte[1] (Nr. 3). Bei einer Minderung von Mitbestimmungsrechten sind allerdings § 15 III und IV zu beachten (s. Rz. 28 f.) Die Größe des Mitbestimmungsorgans ist tauglicher Gegenstand der Mitbestimmungsvereinbarung[2]. Entgegenstehende Satzungsbestimmungen sind ggf. anzupassen (Art. 12 IV SE-VO)[3]. Entscheidend ist, dass in der SE die Zahl der Aufsichtsrats- bzw Verwaltungsratsmitglieder abweichend von § 7 MitbestG geregelt werden kann, und zwar sowohl bei Zustandekommen einer Vereinbarung als auch bei Geltung der gesetzlichen Auffanglösung[4].

37 **c) Mitbestimmungserhaltung bei SE-Gründung qua Umwandlung.** Gem. § 21 VI muss die Vereinbarung in der durch Umwandlung gegründeten SE die ArbN-Beteiligung in Bezug auf „alle Komponenten", also SE-Betriebsrat und Mitbest., im „gleichen Ausmaß" gewährleisten wie bei der umgewandelten Gesellschaft, wodurch eine „Flucht aus der Mitbest." verhindert werden soll[5]. Die Formulierung „gleiches Ausmaß" spricht dafür, dass im Hinblick auf die Mitbest. im Aufsichts- oder Verwaltungsorgan nur die proportionale Beteiligung der ArbN gewahrt bleiben muss[6]; im Hinblick auf die Größe des Gremiums insgesamt oder auf dessen Befugnisse besteht Vertragsfreiheit.

38 **d) Strukturelle Änderungen.** Gem. § 21 IV soll die Vereinbarung festlegen, dass vor strukturellen Änderungen Verhandlungen über die Beteiligung der ArbN in der SE aufgenommen werden sollen. Das diesbezügliche Verfahren kann geregelt werden[7]. Die Regelung ergänzt § 18 III[8]. Selbst wenn die Vereinbarung diese Inhalte enthält, sind die daraus folgenden Verpflichtungen nicht einklagbar. Falls sich eine der Parteien den Verhandlungen entzieht, gilt die Auffangregelung (s. Rz. 40 ff.).

39 **7. Formelle Anforderungen an die Vereinbarung; Rechtswirkungen.** § 21 I 1 verlangt zwingend Schriftform. Sich aufeinander beziehende einseitige Erklärungen des BVG bzw der Leitungen genügen nicht[9]. Die Unterzeichnung seitens des BVG (bzw im Fall des § 18 III 2 seitens des SE-Betriebsrats) erfolgt durch den Vorsitzenden (§ 12 I 2). Das BVG muss einen entsprechenden Beschluss fassen, der den Anforderungen von § 15 genügen muss. Der Beschluss ist in eine Niederschrift aufzunehmen; eine Abschrift ist den Leitungen zu übermitteln (§ 17 Satz 1 Nr. 1, Satz 2). Alle Leitungen müssen die Vereinbarung gesondert unterschreiben, sofern sie nicht ein einheitliches Verhandlungsorgan gebildet haben[10]. Die Vereinbarung ist weder TV noch BV[11]; ihre Regelungen wirken mangels Rechtsgrundlage nicht normativ auf die Arbeitsverhältnisse ein[12], wofür angesichts der Regelungsmaterie auch kein Bedürfnis besteht. Es handelt sich vielmehr um einen Organisationsvertrag[13], der Regelungen zu Gunsten Dritter enthält. Für die Auslegung ist § 1 III zu beachten. Regelungslücken können durch Heranziehung der gesetzlichen Auffanglösung geschlossen werden, sofern Sinn und Zweck der Vereinbarung im Übrigen nicht dagegen sprechen. Zur Bedeutung der Vereinbarung für die Eintragung der SE im Handelsregister siehe Art. 12 II–IV SE-VO[14].

40 **VII. Beteiligung der Arbeitnehmer kraft Gesetzes.** Die Regelungen über die Beteiligung der ArbN kraft Gesetzes finden gem. § 22 Anwendung, (1) wenn die Parteien die Anwendung der **gesetzlichen Auffangregelungen vereinbaren** oder (2) bis zum Ende des auf sechs Monate begrenzten Verhandlungszeitraums (der auf bis zu zwölf Monate verlängert werden kann) **keine Vereinbarung mit dem BVG** zu Stande gekommen ist[15] und das BVG keinen Beschluss über die Nichtaufnahme oder den Abbruch der Verhandlungen gefasst hat oder (3) bei der Wiederaufnahme von Verhandlungen aus Anlass struktureller Änderungen der SE keine Einigung erzielt wird (§ 18 III 3)[16]. In diesen Fällen finden die Vorschriften über den SE-Betriebsrat kraft Gesetzes (§§ 23 ff.) sowie – bei Vorliegen bestimmter weiterer Voraussetzungen – über die Mitbest. kraft Gesetzes (§§ 34 ff.) Anwendung[17].

41 **1. SE-Betriebsrat kraft Gesetzes.** Zur Sicherung des Rechts auf Unterrichtung und Anhörung ist ein SE-Betriebsrat zu errichten (§ 23 I 1). Auf die Errichtung des SE-Betriebsrats finden im Wesentlichen die Regelungen Anwendung, die auch für die Bildung des BVG gelten (s. Rz. 8 ff.), allerdings mit der Maßgabe, dass bei der Anwendung dieser Vorschriften an die Stelle der „beteiligten Gesellschaften",

---

1 Zulässig ist auch eine Verschärfung der gesetzlichen Regeln zum Geheimnisschutz; *Kienast* in Jannott/Frodermann, 13 Rz. 391. | 2 *Oetker*, ZIP 2006, 1113 (1115 f.); *Seibt* in Willemsen/Hohenstatt/Schweibert/Seibt Rz. F 137d. | 3 Insb. *Oetker*, ZIP 2006, 1113 (1115 ff.); aA iS eines „Primats der Satzung" *Seibt* in Willemsen/Hohenstatt/Schweibert/Seibt Rz. F 137d; ähnlich *Ihrig/Wagner*, BB 2004, 1749 (1755). | 4 *Seibt* in Willemsen/Hohenstatt/Schweibert/Seibt Rz. F 137e. | 5 BR-Drs. 438/04 S. 130. | 6 *Seibt* in Lutter/Hommelhoff S. 78 f.; *Grobys*, NZA 2005, 84 (88); *Ihrig/Wagner*, BB 2004, 1749 (1755); MüKoAktG/*Jacobs*, § 21 SEBG Rz. 21. | 7 Hierzu *Seibt*, AG 2005, 413 (427). | 8 Fraglich ist, ob vorgesehen werden kann, dass sich der Anteil der ArbN-Vertreter im Aufsichts- oder Verwaltungsorgan bei Unterschreiten der nach deutschem MitbestR geltenden Schwellenwerte reduziert; uE stellt dies keine Minderung der Mitbest. dar; aA *Rieble*, BB 2006, 2018 (2021). | 9 MüKoAktG/*Jacobs*, § 21 SEBG Rz. 4. | 10 MüKoAktG/*Jacobs*, § 21 SEBG Rz. 5; *Kienast* in Jannott/Frodermann, 13 Rz. 100, 337; *Oetker* in Lutter/Hommelhoff, Die Europäische Gesellschaft, 2005, S. 297 f. | 11 MüKoAktG/*Jacobs*, § 21 SEBG Rz. 6. | 12 Deshalb auch die Notwendigkeit von § 12 IV SE-VO; vgl. MüKoAktG/*Jacobs*, § 21 SEBG Rz. 7; aA *Kienast* in Jannott/Frodermann, 13 Rz. 353; zur Rechtslage bei § 17 EBRG GK-BetrVG/*Oetker*, vor § 106 Rz. 125 mwN. | 13 *Oetker* in Lutter/Hommelhoff, Die Europäische Gesellschaft, 2005, S. 299 Fn. 84; MüKoAktG/*Jacobs*, § 21 SEBG Rz. 7. | 14 Vgl. *Oetker*, BB-Special 1/2005, 2 (5). | 15 Hierzu gehört auch der Fall der Nichtigkeit der geschlossenen Vereinbarung; so ArbG Stuttgart v. 5.11.2007 – 12 BVGa 4/07. | 16 *Köklü* in Van Hulle/Maul/Drinhausen, Abschnitt 6 Rz. 163. | 17 Vgl. den Überblick bei *Seibt* in Willemsen/Hohenstatt/Schweibert/Seibt Rz. F 137.

„betroffenen Tochtergesellschaften" und „betroffenen Betriebe", die SE, ihre Tochtergesellschaften und ihre Betriebe treten (§ 23 I 3)[1]. **Der SE-Betriebsrat ist ein ständiges Organ**[2]. Die Mitgliedschaft für aus Deutschland kommende Mitglieder beträgt vier Jahre, sofern sie nicht durch Abberufung oder aus anderen Gründen vorzeitig endet (§ 23 I 6). Die Leitung der SE lädt unverzüglich nach Benennung der Mitglieder zur konstituierenden Sitzung des SE-Betriebsrats ein. Dieser wählt aus seiner Mitte einen Vorsitzenden und dessen Stellvertreter (§ 23 II). Vom Tag der konstituierenden Sitzung des SE-Betriebsrats an gerechnet ist die Leitung der SE alle zwei Jahre verpflichtet zu prüfen, ob Änderungen der SE, ihrer Tochtergesellschaften und Betriebe eingetreten sind, und zwar insb. bei den ArbN-Zahlen in den einzelnen Mitgliedstaaten. Das Ergebnis dieser Prüfung ist dem SE-Betriebsrat mitzuteilen, der ggf. veranlasst, dass Mitglieder in bestimmten Mitgliedstaaten neu gewählt oder bestellt werden (§ 25). Auf diese Weise wird sichergestellt, dass der SE-Betriebsrat als ständiges Organ gleichwohl regelmäßig etwaigen Veränderungen angepasst wird, insb. im Hinblick auf Veränderungen der relevanten ArbN-Zahlen.

Die Vorschriften über die Aufgaben und die Geschäftsführung des SE-Betriebsrats kraft Gesetzes ähneln den entsprechenden Vorschriften über den EBR kraft Gesetzes[3]. Folgerichtig ist **kein EBR neben dem SE-Betriebsrat** zu errichten und EBR, die bei den beteiligten Gesellschaften ggf. bestehen, erlöschen mit Eintragung der SE (§ 47 I Nr. 2). Hinsichtlich der **Geschäftsführung** ist vorgesehen, dass der SE-Betriebsrat sich eine schriftliche Geschäftsordnung geben soll. Die Sitzungen des SE-Betriebsrats sind nicht öffentlich (§ 24 II 3). Ein Teilnahmerecht für Gewerkschaftsvertreter an den Sitzungen des SE-Betriebsrats besteht nicht[4]. Für die Führung der laufenden Geschäfte hat der SE-Betriebsrat aus seiner Mitte einen geschäftsführenden Ausschuss zu bilden, der aus drei Mitgliedern besteht (§ 23 IV). 42

Da ein SE-Betriebsrat kraft Vereinbarung die Regel und ein SE-Betriebsrat kraft Gesetzes die Ausnahme sein soll, hat der SE-Betriebsrat kraft Gesetzes vier Jahre nach seiner Einsetzung zu beschließen, ob eine Vereinbarung über die Beteilung der ArbN (§ 21) verhandelt werden oder ob es bei dem SE-Betriebsrat kraft Gesetzes bleiben soll (§ 26). Wird ein **Beschluss zur Aufnahme von Neuverhandlungen** gefasst, so gelten die Vorschriften über das Verhandlungsverfahren, die bereits im Rahmen der Gründung der SE zur Anwendung gekommen sind, allerdings mit dem Unterschied, dass der SE-Betriebsrat kraft Gesetzes die Verhandlungen mit der Leitung der SE führt und kein BVG gebildet wird. Kommt keine Vereinbarung zu Stande, findet die bisherige Regelung weiterhin Anwendung. 43

Aufgaben und Zuständigkeiten des SE-Betriebsrats erstrecken sich auf **grenzüberschreitende Angelegenheiten** (§ 27). Hierzu sieht das Gesetz einerseits mindestens einmal pro Kalenderjahr eine Unterrichtung und Anhörung des SE-Betriebsrats durch die Leitung der SE über die im Katalog des § 28 II genannten Gegenstände vor. Andererseits hat eine rechtzeitige Unterrichtung und Anhörung über außergewöhnliche Umstände, insb. die Verlegung, Verlagerung oder Stilllegung von Unternehmen, Betrieben oder wesentlichen Betriebsteilen sowie Massenentlassungen zu erfolgen (§ 29 I). Die in § 28 II genannten Gegenstände entsprechen dem Katalog des § 32 II EBRG, also denjenigen Gegenständen, über die ein EBR einmal im Jahr durch die zentrale Leitung zu unterrichten ist (s. zu den Einzelheiten EBRG Rz. 63). § 29 ist § 33 EBRG nachgebildet (s. zu den Einzelheiten EBRG Rz. 64), geht jedoch in folgenden Punkten über die Regelung im EBRG hinaus: Anders als § 33 EBRG begründet § 29 II ein Recht des SE-Betriebsrats, zu außergewöhnlichen Umständen in gemeinsamer Sitzung mit der Leitung der SE angehört zu werden[5]. Des Weiteren gewährt § 29 IV einen Anspruch auf ein zweites Zusammentreffen, wenn die Leitung der SE beschließt, einer Stellungnahme des SE-Betriebsrats zu den geplanten außergewöhnlichen Maßnahmen nicht zu folgen. Bei dem zweiten Treffen ist ein erneuter Einigungsversuch zu unternehmen. Das zweite Treffen muss vor Beginn der Umsetzung der entsprechenden Maßnahme erfolgen, weil ein erneuter Einigungsversuch andernfalls leer liefe[6]. Ein Unterlassungsanspruch des SE-Betriebsrats wegen nicht oder nicht vollständig erfolgter Unterrichtung und Anhörung ist ebenso wenig anzuerkennen, wie ein Unterlassungsanspruch des Betriebsrats bei Betriebsänderungen nach §§ 111 ff. BetrVG (s. § 111 Rz. 80)[7]. Der SE-Betriebsrat informiert die ArbN-Vertreter der SE über Inhalt und Ergebnis des Unterrichtungs- und Anhörungsverfahrens. Sind keine ArbN-Vertreter vorhanden, sind die ArbN direkt zu informieren (§ 30). 44

Die erforderlichen **Kosten** des SE-Betriebsrats trägt die SE (§ 33). Hierzu gehören auch die Kosten für die Fortbildung vom Mitgliedern des SE-Betriebsrats (§ 31) sowie die Kosten für Sachverständige, die zur ordnungsgemäßen Erfüllung der Aufgaben des SE-Betriebsrats erforderlich sind (§ 32). 45

2. Mitbestimmung kraft Gesetzes. a) Voraussetzungen. Während die Bildung des SE-Betriebsrats kraft Gesetzes der Sicherung der (in der Terminologie des deutschen Arbeitsrechts) betrieblichen Mitbest. dient, behandelt die „Mitbest. kraft Gesetzes" gem. §§ 34 ff. die **Unternehmensmitbestimmung** (s. Rz. 7). Die SE unterliegt hinsichtlich der Unternehmensmitbestimmung allein dem Sonderregime des SEBG; 46

1 *Niklas*, NZA 2004, 1200 (1203). | 2 *Nagel/Freis/Kleinsorge*, § 23 Rz. 3. | 3 *Müller-Bonanni/de Beauregard*, GmbHR 2005, 195 (196). | 4 MüKoAktG/*Jacobs*, Vor § 23 SEBG Rz. 6. | 5 *Oetker* in Lutter/Hommelhoff, § 29 SEBG Rz. 2. | 6 *Grobys*, NZA 2005, 84 (89). | 7 AA *Köstler* in Theisen/Wenz, Die Europäische AG, 2. Aufl. 2005, S. 359.

nationales Mitbestimmungsrecht findet auf sie gem. § 47 I Nr. 1 keine Anwendung[1]. Im Unterschied zum SE-Betriebsrat kraft Gesetzes, der unter den Voraussetzungen des § 22 stets zu errichten ist, finden die Regelungen über die Mitbest. kraft Gesetzes nur bei Vorliegen weiterer Voraussetzungen Anwendung. Welche zusätzlichen Voraussetzungen vorliegen müssen, hängt davon ab, auf welche Weise die SE gegründet wird (vgl. Rz. 4). Erfolgt die Gründung durch formwechselnde **Umwandlung in eine SE**, so finden die Regelungen über die Mitbest. kraft Gesetzes Anwendung, wenn in der Gesellschaft vor der Umwandlung Bestimmungen über die Mitbest. der ArbN im Aufsichts- oder Verwaltungsorgan galten (§ 34 I Nr. 1). Bei der Gründung der SE durch **Verschmelzung** findet die Mitbest. kraft Gesetzes Anwendung, wenn vor der Eintragung der SE eine oder mehrere der beteiligten Gesellschaften mitbestimmt waren und sich die Mitbest. auf mindestens 25 Prozent der Gesamtzahl der ArbN aller beteiligten Gesellschaften und betroffenen Tochtergesellschaften erstreckte. Wird der Schwellenwert von 25 Prozent nicht erreicht, ist für die Anwendung der Mitbest. kraft Gesetzes zusätzlich ein entsprechender Beschluss des BVG erforderlich (§ 34 I Nr. 2). Wird eine **Holding-SE** oder eine **Tochter-SE** gegründet, findet die Mitbest. kraft Gesetzes Anwendung, wenn vor der Eintragung der SE eine oder mehrere der beteiligten Gesellschaften mitbestimmt waren und sich die Mitbest. auf mindestens 50 Prozent der Gesamtzahl der ArbN aller beteiligten Gesellschaften und betroffenen Tochtergesellschaften erstreckte[2]. Wird der Schwellenwert von 50 Prozent nicht erreicht, ist für die Anwendung der Mitbest. kraft Gesetzes zusätzlich ein entsprechender Beschluss des BVG erforderlich (§ 34 I Nr. 3).

47 **b) Festlegung der Form der Mitbestimmung.** Wenn bei einer Gründung durch Verschmelzung oder Errichtung einer Holding-SE oder einer Tochter-SE in den an der Gründung beteiligten Gesellschaften unterschiedliche Formen der Mitbest. Anwendung finden, stellt sich die Frage, welche Form der Mitbest. bei der SE gelten soll. Vorrangig entscheidet das BVG, welche Form der Mitbest. Anwendung finden soll (§ 34 II 1). Fasst das BVG hierüber keinen Beschluss und ist eine mitbestimmte inländische Gesellschaft an der Gründung der SE beteiligt, so findet Mitbest. in der Form des Repräsentationsmodells gem. § 2 XII Nr. 1 Anwendung, dh. die ArbN haben das Recht, einen Teil der Mitglieder des Aufsichts- oder Verwaltungsorgans der Gesellschaft zu wählen oder zu bestellen (§ 34 II 2). Ist dagegen keine mitbestimmte inländische Gesellschaft an der Gründung der SE beteiligt, so findet entweder das Repräsentationsmodell oder das Kooptationsmodell Anwendung (§ 2 XII Nr. 1 bzw. Nr. 2), je nachdem, welches Modell für die höchste Zahl der in den beteiligten Gesellschaften beschäftigten ArbN gilt (§ 34 II 3)[3].

48 **c) Umfang der Mitbestimmung.** Liegen die Voraussetzungen der Mitbest. kraft Gesetzes vor und steht fest, welche Form der Mitbest. anwendbar ist, so ist als nächstes der Umfang der Mitbest. zu klären, also die Frage, mit welchem Anteil die ArbN im Aufsichts- oder Verwaltungsorgan der SE vertreten sind. Erfolgt die Gründung der SE durch **Umwandlung**, „bleibt die Regelung zur Mitbest. erhalten" (§ 35 I). Diese missverständliche Regelung besagt lediglich, dass die proportionale Zusammensetzung des Aufsichts- oder Verwaltungsorgans unverändert bleibt[4]. Unterlag die Gesellschaft vor dem Formwechsel bspw. dem MitbestG und wird bei der SE ein Aufsichtsorgan gebildet (dualistisches System), so gehören diesem Aufsichtsorgan ein gleichgroßer *Anteil* von ArbN- und Anteilseignervertretern an[5]. Nicht erforderlich ist dagegen, dass die *absolute Zahl* der Mitglieder des Aufsichtsorgans nach der Umwandlung in eine SE unverändert bleibt: Die Zahl der Mitglieder des Aufsichtsorgans kann im Rahmen der formwechselnden Umwandlung in eine SE verringert werden[6]. War eine Gesellschaft, die in eine SE umgewandelt wird, bis zum Formwechsel mitbestimmungsfrei[7], so bleibt sie auch als SE mitbestimmungsfrei. Die Umwandlung in eine SE kann daher zur **Vermeidung der Unternehmensmitbestimmung** führen, wenn der Formwechsel erfolgt, bevor der Schwellenwert von 500 regelmäßig beschäftigten ArbN überschritten wird[8]. Bei den **übrigen Gründungsformen** bemisst sich der Anteil der ArbN-Vertreter im Aufsichts- oder Verwaltungsorgan der SE „nach dem höchsten Anteil an Arbeitnehmervertretern, der in den Organen der beteiligten Gesellschaften vor der Eintragung der SE bestanden hat" (§ 35 II 2). Dies bedeutet im Klartext, dass das höchste Mitbestimmungsniveau erhalten bleibt. § 35 II 2 wird daher regelmäßig zu einem „Import" des deutschen Mitbestimmungsniveaus in die SE führen[9]. Das Mitbestimmungsniveau wird allerdings *statisch* fortgeschrieben, so dass sich die Gründung einer SE als Gestaltungsmöglichkeit zum **Einfrieren der Unternehmensmitbestimmung** eignet[10]. Ebenso wie bei der Gründung durch Umwandlung gewährleistet auch § 35 II 2 lediglich die Beibehaltung des *Anteils* von

1 *Seibt* in Willemsen/Hohenstatt/Schweibert/Seibt, F 137f; UHH/*Ulmer/Habersack*, § 1 MitbestG Rz. 33. | 2 Kritisch zur Übertragung des Mitbestimmungsregimes auf Tochter-SE *Müller-Bonanni/de Beauregard*, GmbHR 2005, 195 (198). | 3 Siehe jedoch *Lunk/Hinrichs*, NZA 2007, 773 (779) (für die entsprechende Regelung im MgVG). | 4 *Seibt* in Lutter/Hommelhoff, Art. 37 SE-VO Rz. 51; MüKoAktG/*Jacobs*, § 35 Rz. 9. | 5 *Oetker* in Lutter/Hommelhoff, Die Europäische Gesellschaft, 2005, S. 306. | 6 *Seibt* in Lutter/Hommelhoff, Die Europäische Gesellschaft, 2005, S. 79; *Ihrig/Wagner*, BB 2004, 1749 (1755); *Müller-Bonanni/de Beauregard*, GmbHR 2005, 195 (197); *Rieble*, BB 2006, 2018 (2021). | 7 Entscheidend ist der Status quo zum Zeitpunkt der Unterrichtung gem. § 4. Dies gilt auch dann, wenn trotz Überschreitung der Schwellenwerte ein Statusverfahren gem. §§ 97 ff. AktG unterblieben ist. In diesem Fall wird nur das tatsächlich praktizierte Mitbestimmungsniveau erhalten. | 8 UHH/*Habersack*, § 34 SEBG Rz. 13. | 9 *Grobys*, NZA 2005, 84 (90). | 10 *Seibt* in Willemsen/Hohenstatt/Schweibert/Seibt, F 137f.

ArbN- und Anteilseignervertretern, nicht dagegen die Wahrung der bisherigen *absoluten Zahl* der Vertreter[1]. In der Praxis ist die Gründung einer SE bereits des öfteren zur Verringerung der Zahl der Aufsichtsratsmitglieder genutzt worden[2].

Führt § 35 zur Beibehaltung paritätischer Mitbest., wird jedoch eine **monistisch verfasste SE** gegründet, so sind ArbN-Vertreter anders als bei der an der Gründung beteiligten Gesellschaft nicht lediglich im Aufsichtsrat, sondern im Verwaltungsrat vertreten, so dass eine **paritätische Repräsentation im Leitungsorgan der SE** entsteht. Dies wird zu Recht überwiegend für **verfassungswidrig** gehalten, weil Anteilseignervertreter *im Leitungsorgan* der Gesellschaft gezwungen werden, einheitlich abzustimmen, andernfalls sie durch die ArbN-Vertreter überstimmt werden können[3].

d) Sitzverteilung. Steht der Anteil der ArbN-Vertreter im Aufsichts- oder Verwaltungsorgan der SE fest, so ist im nächsten Schritt die **Verteilung der Sitze auf die einzelnen Mitgliedstaaten** vorzunehmen. Anders als in einem nach dem MitbestG oder DrittelbG mitbestimmten Aufsichtsrat, in dem nur deutsche ArbN repräsentiert sind, sollen in der SE die ArbN aus möglichst vielen Mitgliedstaaten repräsentiert sein[4]. Die Verteilung der Sitze obliegt dem SE-Betriebsrat (§ 36 I 1), der folgende Vorgaben zu beachten hat. Die Verteilung der Sitze richtet sich nach dem jeweiligen Anteil der in den einzelnen Mitgliedstaaten beschäftigten ArbN der SE, ihrer Tochtergesellschaften und Betriebe (§ 36 I 2)[5]. Sind an der Gründung der SE Gesellschaften aus mehr Mitgliedstaaten beteiligt, als Sitze zur Verfügung stehen, bleiben die ArbN einzelner Mitgliedstaaten ohne eigenen Vertreter. Allerdings hat der SE-Betriebsrat in einem solchen Fall den letzten zu verteilenden Sitz an einen bisher unberücksichtigten Mitgliedstaat zu vergeben, und zwar selbst dann, wenn dies zu Lasten eines Mitgliedstaats mit einer großen Anzahl von ArbN geht[6] (§ 36 I 3). Soweit angemessen, soll dieser letzte Sitz dem Mitgliedstaat zugewiesen werden, in dem die SE ihren Sitz hat (§ 36 I 4). 49

Steht die Verteilung der Sitze auf die einzelnen Mitgliedstaaten fest, so ist zu bestimmen, **welche Personen** die Sitze im Aufsichts- oder Verwaltungsorgan besetzen. Für die deutschen ArbN-Vertreter im Aufsichts- oder Verwaltungsorgan gilt, dass sie von einem Wahlgremium bestimmt werden, das ebenso zusammengesetzt ist, wie das Wahlgremium bei der Bildung des BVG (§ 36 III 1). Eine Direktwahl durch die ArbN ist anders als bspw. im MitbestG oder DrittelbG nicht vorgesehen. Jedes dritte inländische Mitglied im Aufsichts- oder Verwaltungsorgan ist ein Gewerkschaftsvertreter, jedes siebte ein leitender Angestellter (§§ 36 Abs. 1 S. 2, 6 Abs. 3, 4)[7]. Für die ausländischen ArbN-Vertreter regelt das Recht des jeweiligen Mitgliedstaates, wie die Person bestimmt wird, die den Sitz im Aufsichts- oder Verwaltungsorgan einnimmt. Hat ein Mitgliedstaat keine entsprechende Regelung getroffen, wird der ArbN-Vertreter durch den SE-Betriebsrat bestimmt (§ 36 II). Mit Wahl durch das Wahlgremium bzw. anderweitigen Bestimmung ist der entsprechende ArbN allerdings noch nicht Mitglied des Aufsichts- oder Verwaltungsorgans. Es bedarf noch der Bestellung durch die Hauptversammlung; die Hauptversammlung ist jedoch an ordnungsgemäß unterbreitete Vorschläge gebunden (§ 36 IV). 50

e) Wahlanfechtung. Ist bei der Wahl eines inländischen ArbN-Vertreters im Aufsichts- oder Verwaltungsorgan gegen wesentliche Vorschriften über das Wahlrecht, die Wählbarkeit oder das Wahlverfahren verstoßen worden, kann nach Maßgabe des § 37 II unter anderem durch mindestens drei Wahlberechtigte ArbN, den SE-Betriebsrat oder die Leitung der SE eine **Wahlanfechtung** erfolgen. Die Wahlanfechtung muss innerhalb eines Monats nach dem Bestellungsbeschluss der Hauptversammlung erfolgen (§ 37 II 3). Bei besonders schwerwiegenden Verstößen gegen Wahlvorschriften ist die Wahl ex tunc nichtig[8]. Die **Nichtigkeit** kann auch außerhalb der genannten Monatsfrist geltend gemacht werden[9]. Unterlaufen während des Wahlverfahrens Fehler, die zur Anfechtbarkeit oder Nichtigkeit der Wahl führen würden, so kann das Wahlverfahren auf Antrag der Leitung der SE durch **einstweilige Verfügung** abgebrochen werden[10]. 51

f) Sonstiges. Den ArbN-Vertretern im Aufsichts- oder Verwaltungsorgan stehen die **gleichen Rechte und Pflichten** wie den Vertretern der Anteilseigner zu (§ 38 I). Ein Mitglied des Leitungsorgans oder einer der geschäftsführenden Direktoren ist für den Bereich Arbeit und Soziales zuständig (§ 38 II), anders als etwa im Rahmen des MitbestG ist die Bestellung eines Arbeitsdirektors jedoch nicht erforderlich[11]. 52

VIII. Tendenzschutz. Auf Tendenzunternehmen findet die Mitbest. kraft Gesetzes keine Anwendung. Die Unterrichtung und Anhörung des SE-Betriebsrats beschränkt sich auf die in § 28 II Nr. 5–10 und § 29 53

1 *Oetker* in Lutter/Hommelhoff, Die Europäische Gesellschaft, 2005, S. 310. | 2 *Seibt* in Willemsen/Hohenstatt/Schweibert/Seibt, F 137e und Übersicht bei F 137c. | 3 *Seibt* in Willemsen/Hohenstatt/Schweibert/Seibt, F 137e; *Kämmerer/Veil*, ZIP 2005, 369 ff.; *Henssler*, FS Ulmer, 193 (202); MüKoAktG/*Jacobs*, § 35 Rz. 16 ff. | 4 BR-Drs. 438/04, S. 138. | 5 Berechnungsbeispiel bei *Oetker* in Lutter/Hommelhoff, § 36 SEBG Rz. 6. | 6 MüKoAktG/*Jacobs*, § 36 Rz. 3. | 7 MüKoAktG/*Jacobs*, § 36 SEBG Rz. 7. | 8 Vgl. zur Differenzierung zwischen Anfechtbarkeit und Nichtigkeit einer Betriebsratswahl: *Dzida/Hohenstatt*, Special zu BB 2005, Heft 50, S. 1 ff. | 9 MüKoAktG/*Jacobs*, § 37 Rz. 12; *Oetker* in Lutter/Hommelhoff, § 37 Rz. 16. | 10 Vgl. zum Abbruch einer Betriebsratswahl durch einstweilige Verfügung: *Dzida/Hohenstatt*, Special zu BB 2005, Heft 50, S. 1 ff.; die Zulässigkeit einer einstweiligen Verfügung im Rahmen des § 37 SEBG bejahen: *Nagel/Freis/Kleinsorge*, § 37 Rz. 20. | 11 *Oetker* in Lutter/Hommelhoff, Die Europäische Gesellschaft, 2005, S. 311 f.

genannten Gegenstände und erfolgt nur im Hinblick auf den Ausgleich oder die Milderung der wirtschaftlichen Nachteile, die den ArbN infolge der Unternehmens- oder Betriebsänderung entstehen (§ 39). Wie im MitbestG und DrittelbG werden Tendenzunternehmen somit auch im Anwendungsbereich des SEBG von der Unternehmensmitbestimmung ausgenommen, und in Anlehnung an § 118 BetrVG werden Tendenzunternehmen vor einer zu weit reichenden Einschränkung ihrer Rechte durch betriebliche Mitbest. abgeschirmt (s. § 118 BetrVG Rz. 1). Da § 39 allerdings über den Wortlaut von Art. 8 III SE-RL hinaus geht und den Tendenzschutz auch auf eine konfessionell, karitativ, erzieherisch, wissenschaftlich oder künstlerisch ausgerichtete SE anwendet, und im Hinblick auf den Tendenzzweck der Berichterstattung und Meinungsäußerung keine bestimmte weltanschauliche Tendenz verlangt, wird § 39 teilweise für europarechtswidrig gehalten[1]. Nach aA ist § 39 europarechtskonform nur dann auf eine konfessionell, karitativ, erzieherisch, wissenschaftlich oder künstlerisch ausgerichtete SE anzuwenden, wenn diese im Bereich der Meinungsäußerung oder Berichterstattung tätig wird[2]. Nach zutr. Ansicht ist § 39 dagegen trotz des Wortlautunterschieds zu Art. 8 III SE-RL **richtlinienkonform**: Art. 8 III SE-RL bezweckt, Systemwidersprüche zum bestehenden Recht einzelner Mitgliedstaaten zu vermeiden[3]. Zu einem Systemwiderspruch käme es aber, wenn bspw. eine deutsche AG nach § 1 IV 1 MitbestG bzw. § 1 II 1 DrittelbG mitbestimmungsfrei, dagegen eine deutsche SE identischen Unternehmensgegenstands mitbestimmt wäre. § 39 ist daher vom Zweck des Art. 8 III SE-RL gedeckt.

54 **IX. Missbrauchsverbot.** Zu den besonders problematischen Vorschriften des SEBG gehört das Verbot, eine SE zu missbrauchen, ArbN Beteiligungsrechte zu entziehen oder vorzuenthalten. Ein Missbrauch wird dabei vermutet, wenn ohne Durchführung eines Wiederaufnahmeverfahrens nach § 18 III innerhalb eines Jahres nach Gründung der SE strukturelle Änderungen stattfinden, die bewirken, dass den ArbN Beteiligungsrechte vorenthalten oder entzogen werden (§ 43). Das Missbrauchsverbot ist gem. § 45 I Nr. 2 strafbewehrt. Weil aber allein eine Vermutung nicht zur Strafbarkeit führen darf, findet die Missbrauchs*vermutung* im Rahmen der Strafvorschrift keine Anwendung, weil andernfalls ein Verstoß gegen den im Rechtsstaatsprinzip verankerten Grundsatz *in dubio pro reo* vorläge[4]. Auch im Übrigen ist die Vorschrift problematisch. In der SE-VO, dem SEAG und dem SEBG sind so zahlreiche Missbrauchsschranken enthalten, dass ein Missbrauchsvorwurf schwer begründbar ist, wenn *gesetzesgemäß* verbleibende Gestaltungsspielräume genutzt werden, und zwar selbst dann, wenn dies zu einem Verlust von Beteiligungsrechten führt[5]. Zu Recht wird deshalb bei der Gründung einer mitbestimmungsfreien SE-Vorratsgesellschaft[6] ein Verstoß gegen das Missbrauchsverbot abgelehnt[7].

55 **X. Grundsätze der Zusammenarbeit und Schutzbestimmungen.** Abgerundet wird das Gesetz durch einige Grundsätze und Schutzbestimmungen, darunter den Grundsatz der vertrauensvollen Zusammenarbeit (§ 40) sowie Geheimhaltungs- und Vertraulichkeitspflichten (§ 41). Letztere gelten auch nach Beendigung des jeweiligen Mandats fort[8]. Mitglieder des BVG, Mitglieder des SE-Betriebsrats, ArbN-Vertreter, die in sonstiger Weise an einem Verfahren zur Unterrichtung und Anhörung mitwirken sowie die ArbN-Vertreter im Aufsichtsrat oder Verwaltungsrat der SE werden durch § 42 insb. im Hinblick auf Kündigungsschutz und Entgeltfortzahlung geschützt: Sie unterliegen den gleichen Schutzvorschriften, denen ArbN-Vertreter nach den Gesetzen des Mitgliedstaats, in dem sie beschäftigt sind, unterliegen. Dementsprechend gilt beispielsweise der Kündigungsschutz des § 15 KSchG für Mitglieder des SE-Betriebsrats, nicht aber für ArbN im SE-Aufsichts- oder Verwaltungsorgan, weil § 15 KSchG außerhalb der SE zwar auf Betriebsratsmitglieder, nicht aber auf ArbN-Vertreter im Aufsichtsrat anwendbar ist[9]. **Straf- und Bußgeldvorschriften** flankieren schließlich insb. die Geheimhaltungs- und Vertraulichkeitspflicht, das Missbrauchsverbot, das Verbot, die Bildung eines BVG oder eines SE-Betriebsrats sowie deren Tätigkeit zu stören oder zu behindern sowie die Einhaltung wesentlicher Unterrichtungs- und Informationspflichten (§§ 45, 46).

1 *Hennings* in Manz/Mayer/Schröder, Art. 9 SE-RL Rz. 20. | 2 UHH/*Henssler*, Einl. SEBG Rz. 198. | 3 MüKoAktG/*Jacobs*, § 39 Rz. 2; *Oetker* in Lutter/Hommelhoff, § 39 SEGB Rz. 7. | 4 *Calle Lambach*, RIW 2005, 161 (168); *Grobys*, NZA 2005, 84 (91). | 5 MüKoAktG/*Jacobs*, § 43 SEBG Rz. 2; UHH/*Henssler*, Einl. SEBG Rz. 215. | 6 Vgl. zur SE-Vorratsgesellschaft AG Hamburg v. 28.6.2005 – 66 AR 76/05 und LG Hamburg v. 30.9.2005 – 417 T 15/05, ZIP 2005, 2017 ff.; *Seibt*, ZIP 2005, 2248 (2250); *Müller-Bonanni/de Beauregard*, GmbHR 2005, 195 (200); *Wicke*, MittBayNot 2006, 196 (202). | 7 *Henssler*, RdA 2005, 330 (334). | 8 *Köklü* in Van Hulle/Maul/Drinhausen, Abschnitt 6 Rz. 190. | 9 MüKoAktG/*Jacobs*, § 42 SEBG Rz. 6; *Oetker* in Lutter/Hommelhoff, § 42 SEBG Rz. 14.

Sozialgesetzbuch (SGB)

Drittes Buch (III) – Arbeitsförderung –

vom 24.3.1997 (BGBl. I S. 594), zuletzt geändert durch Gesetz vom 23.12.2007 (BGBl. I S. 3254)

– Auszug –

Drittes Kapitel. Beratung und Vermittlung

Zweiter Abschnitt. Vermittlung

37b *Frühzeitige Arbeitssuche*

Personen, deren Arbeits- oder Ausbildungsverhältnis endet, sind verpflichtet, sich spätestens drei Monate vor dessen Beendigung persönlich bei der Agentur für Arbeit arbeitsuchend zu melden. Liegen zwischen der Kenntnis des Beendigungszeitpunktes und der Beendigung des Arbeits- oder Ausbildungsverhältnisses weniger als drei Monate, hat die Meldung innerhalb von drei Tagen nach Kenntnis des Beendigungszeitpunktes zu erfolgen. Zur Wahrung der Frist nach Satz 1 und 2 reicht eine fernmündliche Meldung aus, wenn die persönliche Meldung nach terminlicher Vereinbarung nachgeholt wird. Die Pflicht zur Meldung besteht unabhängig davon, ob der Fortbestand des Arbeits- oder Ausbildungsverhältnisses gerichtlich geltend gemacht oder vom Arbeitgeber in Aussicht gestellt wird. Die Pflicht zur Meldung gilt nicht bei einem betrieblichen Ausbildungsverhältnis.

Fassung: G v. 19.4.2007 (BGBl. I S. 538) mWv. 1.5.2007.

I. Inhalt und Bedeutung der Vorschrift. Nach § 122 I 2 war bereits auf Grund des bisherigen Rechts eine Arbeitslosmeldung **vor Eintritt der Arbeitslosigkeit** zulässig, wenn er innerhalb der nächsten 2 Monate zu erwarten war. Die durch das 1. Gesetz für moderne Dienstleistungen am Arbeitsmarkt eingefügte Vorschrift zur frühzeitigen Meldung als arbeitsuchend dehnt die vorzeitige Arbeitslosmeldung in zeitlicher und sachlicher Hinsicht aus: Hiernach musste sich der ArbN schon unverzüglich nach Kenntnis vom Beendigungszeitpunkt des Arbeitsverhältnisses bei der AA als Arbeitsuchender melden. Diese Bestimmung im sachlichen Zusammenhang mit den Regelungen zum Aufgabenbereich der BA im Rahmen der Vermittlung in Arbeit steht aber nicht isoliert: Nach § 140 hatte der ArbN für jeden Tag verspäteter Meldung als arbeitsuchend eine **Kürzung des Alg** hinzunehmen, und zwar bei einem (wöchentlich zugrunde gelegten) Bemessungsentgelt von bis zu 400 Euro um 7 Euro, von bis zu 700 Euro um 35 Euro und bei einem Bemessungsentgelt über 700 Euro um 50 Euro für jeden Tag der verspäteten Meldung. Maximal können 30 Tage verspäteter Meldung in Abzug gebracht werden (§ 140 S. 3). **Seit 31.12.2005** gilt eine Verpflichtung zur Arbeitsuchendmeldung spätestens drei Monate vor der Beendigung des Arbeits- oder Ausbildungsverhältnisses, es sei denn, dass die Kenntnis von der Beendigung später erfolgt. Mit der Rechtsänderung sind auch zugleich die Sanktionen einer verspäteten Meldung umgestaltet worden: Statt bisher als Kürzungstatbestand (§ 140, mWv. 31.12.2005 entfallen) ist nunmehr die Sanktion als spezieller **Sperrzeittatbestand** in § 144 I 2 Nr. 7 in Form einer einwöchigen Sperrzeit ausgestaltet (§ 144 VI). 1

Die neue Obliegenheit des ArbN mit der daran anknüpfenden Sanktion der Anspruchskürzung erscheint im Hinblick darauf problematisch, dass der Gesetzgeber als Voraussetzung für den Eintritt von Rechtsnachteilen regelmäßig eine vorherige Belehrung über die Rechtsfolgen einer Obliegenheitsverletzung vorschreibt[1]. Ob mit der Vorschrift des § 2 II 2 Nr. 3 idF des 1. Gesetzes für moderne Dienstleistungen am Arbeitsmarkt, die dem **ArbGeb eine Aufklärungspflicht gegenüber dem ArbN über die Pflicht zur frühzeitigen Meldung** auferlegt, ein ausreichendes Pendant zur Hinweispflicht der AA besteht, erscheint zweifelhaft. Noch zweifelhafter, aber bereits umstritten ist die Frage, ob der Verstoß des ArbGeb gegen seine Aufklärungspflicht einen Schadensersatzanspruch des ArbN für die Kürzung seines Alg nach sich zieht (s. Rz. 11 f.). 2

1 Vgl. iE *Voelzke* in Kasseler Handbuch des Arbeitsförderungsrechts, 2003, § 12 Rz. 487.

3 **II. Einzelheiten. 1. Persönliche Meldung bei der Agnetur für Arbeit.** Nach ausdrücklicher Anordnung des S. 4 bestand die Pflicht zur frühzeitigen Meldung zunächst nicht im Falle der Beendigung eines betriebl. Ausbildungsverhältnisses. Damit umfasst der Anwendungsbereich der Vorschrift den gesamten von den Regelungen des SGB III erfassten **Personenkreis**, der in der ArblV versicherungspflichtig ist; also gegen Arbeitsentgelt oder zur Berufsausbildung beschäftigt ist (§ 25 I).

4 Über den **Zeitpunkt der Meldung** enthält das Gesetz nunmehr eine klare Regelung: Während sie bis zum 30.12.2005 unverzüglich nach Kenntnis des ArbN vom Ende seines versicherungspflichtigen Arbeitsverhältnisses erfolgen musste, gilt nunmehr eine Frist von drei Monaten: Der ArbN muss sich spätestens drei Monate vor der Beendigung seines Arbeitsverhältnisses arbeitsuchend melden, es sei denn, er erhält erst später Kenntnis. Da es sich um eine Rückrechnung der Frist handelt, finden §§ 187, 188 II BGB entsprechend Anwendung. Beispiel: Der ArbGeb beendet das Arbeitsverhaltnis zum 31.12. Die Frist zur Arbeitssuchendmeldung endet am 30.9., wenn nicht die Kündigungserklärung später zugeht. Für befristete Arbeitsverhältnis gilt Entsprechendes. Die Zweifelsfragen daraus, dass sich der ArbN bei befristeten Arbeitsverhältnissen „frühestens" drei Monate vor deren Beendigung arbeitslos zu melden hatte, sind seit 31.12.2005 obsolet. Die entsprechende Vorschrift ist entfallen.

5 Nach nunmehriger Fassung beträgt die Frist also **drei Monate bzw. drei Tage** nach Kenntnis des Beendigungszeitpunktes, wenn bis zur Beendigung ein Zeitraum von weniger als drei Monaten liegt (S. 2). Bis zum 30.12.2005 galt für unbefristete Arbeitsverhältnisse uneingeschränkt eine Pflicht zur unverzüglichen Meldung nach Kenntniserlangung von der bevorstehenden Beendigung. Mit dem Merkmal der Unverzüglichkeit knüpfte das Gesetz an den Sprachgebrauch des BGB an (§ 121 I BGB: ohne schuldhaftes Zögern). Kein schuldhaftes Verzögern lag vor, wenn der ArbN von der Pflicht zur frühzeitigen Meldung nicht in Kenntnis gesetzt worden war – insb. weil ihn der ArbGeb nicht darüber informiert hatte[1]. Das BSG war dieser Auffassung unlängst gefolgt, indem es unter Heranziehung anderer Sanktionen im SGB III hergeleitet hat, dass eine schuldhafte Obliegenheitsverletzung mit nachteiligen Auswirkungen auf den Leistungsanspruch nur bejaht werden könne, wenn dem Leistungsberechtigten **Kenntnis der konkreten Verhaltensforderung vorgeworfen** werden kann (subjektiver Fahrlässigkeitsmaßstab)[2]. Diese Rspr. ist auf die **jetzige Fassung**, da sie nicht nur an das Merkmal der Unverzüglichkeit anknüpft, ohne Einschränkungen **übertragbar**. § 144 I 2 Nr. 7 als Sperrzeittatbestand verlangt überdies – wie jeder andere Sperrzeittatbestand als Obliegenheitsverstoß – ein insoweit schuldhaftes Verhalten[3], das zumindest Kenntnis der Meldepflicht einschließt. Insoweit hat eine verspätete Meldung auch für den ArbGeb keine Konsequenzen, da dem ArbN keine für die Kürzung seines Anspruchs vorausgesetzte Verletzung seiner Meldepflicht zur Last gelegt werden kann (s. dazu noch Rz. 11 f.). Ebenso entfällt ein Verschulden für Tage, für die der ArbN entgegen der nach § 629 BGB[4] bestehenden Freistellungsverpflichtung nicht für das Aufsuchen der AA zur Geschäftsöffnungszeit freigestellt wird. Weiter gehend will *Kruse*[5] ein unverschuldetes Handeln annehmen, wenn der ArbN nur unter Verzicht auf Bezahlung von der Arbeit zum Zwecke der Meldung bei der AA fern bleiben könnte. § 629 BGB und noch weniger § 2 II 2 Nr. 3 SGB III regeln aber keinen Anspruch auf entgeltliche Freistellung zur Stellensuche und Meldung bei der AA – insofern wird aus dem Gesetz ein solch weitgehender Entlastungstatbestand nicht zu folgern sein. Der ArbN hat sein unverschuldetes Zögern aber nicht selbst darzulegen und zu beweisen – vielmehr ist es nach der eindeutigen Gesetzesfassung Sache der BA als Träger der ArblV, ein schuldhaftes Unterlassen der persönlichen Meldung durch den ArbN nachzuweisen.

6 Die Meldung bei der AA konnte bis 30.4.2007 **nur persönlich** erfolgen, eine Vertretung durch einen nahen Angehörigen oder gar den ArbGeb schied aus. Mit Wirkung ab 1.5.2007 ist zur Fristwahrung nur noch eine fernmündliche Meldung erforderlich, wenn die persönliche Meldung auf Grund einer Terminvereinbarung anschließend nachgeholt wird. Auch ist die AA nicht berechtigt, frühere Meldungen zurückzuweisen oder unbearbeitet zu lassen[6]. Unerheblich ist ferner, wenn der ArbN die Aufnahme einer weiteren Beschäftigung und damit die Bereitschaft zur Mitwirkung an Vermittlungsversuchen der AA nur als eine von mehreren Möglichkeiten in Betracht zieht – auch dann ist er als arbeitsuchend iSv. § 15 S. 2 (Personen, die eine Beschäftigung als ArbN suchen) anzusehen. Steht fest, dass der ArbN eine selbständige Tätigkeit aufnehmen wird, entfällt die Meldepflicht, zumal dann auch keine Kürzung des Alg (mangels Anspruchs) droht.

7 Bei **Änderungskündigungen** sind verschiedene Fallgestaltungen zu unterscheiden: Nimmt der ArbN das Änderungsangebot an, ist angesichts fehlender Beendigung die Meldung hinfällig. Gleiches gilt für die Annahme unter Vorbehalt der sozialen Rechtfertigung der Änderungskündigung (§ 2 KSchG), da es

1 Ebenso Gagel/*Winkler*, § 37b SGB III Rz. 8; zweifelnd *Hanau*, ZIP 2003, 1573 (1574), der auf die Obliegenheit des ArbN zur Meldung beim Arbeitsamt gemäß § 2 V Nr. 2 verweist. | 2 BSG v. 25.5.2005 – B 11a/11 AL 81/04 R, NJW 2005, 3803; ebenso BSG 7. Senat v. 18.8.2005 – B 7a/7 AL 94/04, NZA-RR 2006, 48. | 3 Vgl. Gagel/*Winkler*, § 144 SGB III Rz. 26 ff.; *Valgolio* in Hauck/Noftz; § 144 SGB III Rz. 2 f. | 4 IVm. § 2 Abs. 2 S. 2 Nr. 3 SGB III (Pflicht zur Freistellung für die persönliche Meldung beim Arbeitsamt) – eine Erweiterung des § 629 BGB wurde entgegen dem ursprünglichen Entw. Durch das 1. Gesetz für moderne Dienstleistungen am Arbeitsmarkt nicht vorgesehen, s. dazu Erl. bei § 629 BGB. | 5 *Kruse* in LPK-SGB III, § 37b Rz. 7. | 6 S. BT-Drs. 16/109, S. 6 zu § 37b.

auch hier beim Fortbestand des Arbeitsverhältnisses, entweder zu den alten oder den geänderten Bedingungen, bleibt. S. 3, wonach die Meldepflicht ungeachtet des Ausgangs eines noch zu führenden Kündigungsschutzprozesses gilt, greift also in diesem Falle nicht. Lehnt der ArbN das Änderungsangebot ab, so tritt mit der Erklärung der Ablehnung der Zeitpunkt der Kenntniserlangung vom Beendigungstatbestand ein, da der ArbN nach S. 3 ungeachtet seines etwaigen Prozessausgangs um den Bestand des Arbeitsverhältnisses zu den alten Bedingungen zur Meldung verpflichtet ist. Je nach Zeitraum von der Ablehnung bis zum Wirksamwerden der Kündigung beträgt die Frist für die Arbeitsuchendmeldung drei Monate vor der Beendigung (s. Rz. 4) oder drei Tage nach Ablehnung des Änderungsangebots.

2. Rechtsfolgen der verspäteten Meldung/Anspruchskürzung. § 140 aF belegt für Tatbestände bis 30.12.2005 (vgl. § 434m) die verspätete Arbeitslosmeldung mit der Sanktion der Kürzung des Alg um einen **je nach Höhe gestaffelten Betrag** (s. Rz. 1) je Tag verspäteter Meldung. Maßgeblich ist die Anzahl von Tagen, die über die für den Zeitraum eines unverschuldeten Verstreichens maßgebliche Frist hinausgehen, bis zur Meldung, also idR frühestens vom 8. Tag der Kenntnis vom Beendigungszeitpunkt an. Der Minderungsbetrag wird auf das halbe Alg angerechnet, bis er verbraucht ist (§ 140 S. 4 aF). Maximal ergibt sich hieraus ein Kürzungsbetrag, der 30 Verzögerungstagen entspricht (§ 140 S. 3 aF). 8

Eine Anspruchskürzung tritt nur nach Verletzung der Meldepflicht im Hinblick auf das Alg-Stammrecht, also den durch das beendete Arbeitsverhältnis begründeten Alg-Anspruch ein. Nimmt der Arbl. nach ordnungsgemäßer Meldung und Alg-Bezug eine **Zwischenbeschäftigung** ohne erneute Begründung einer Anwartschaft auf und lebt der Zahlungsanspruch aus dem früheren Stammrecht wieder auf, darf dieser Anspruch auf Grund eines Meldeversäumnisses nach § 37b nicht gekürzt werden. Dies ergibt sich aus dem Wortlaut des § 140 aF („... so mindert sich das Arbeitslosengeld, das dem Arbeitslosen auf Grund des Anspruchs zusteht, der nach der Pflichtverletzung entstanden ist.")[1]. Der Anspruch (das Stammrecht und nicht lediglich der Anspruch auf Zahlung), ist in diesen Fällen vor der Pflichtverletzung entstanden. 9

Für Fälle, in denen sich die Pflicht zur Arbeitsuchendmeldung **nach der vom 31.12.2005[2] an geltenden Rechtslage** richtet, die also an diesem Tag erstmals meldepflichtig sind (Kündigungen oder Befristungen, die zum 31.3.2006 wirksam werden bzw. bei kürzeren Fristen Kenntniserlangung ab 28.12.2005) gilt eine neue Sperrzeitregelung (§ 144 I 2 Nr. 7) mit der Begrenzung auf eine einwöchige Sperrzeit für das Alg (§ 144 VI). Wie auch bei anderen Sperrzeittatbeständen beginnt die Sperrzeit mit Eintritt der Beschäftigungslosigkeit, die auch bereits bei Freistellung des ArbN unter Fortzahlung des Arbeitsentgelts gegeben sein kann (vgl. § 144 SGB III Rz. 30). Dies bedeutet, dass der Ruhenszeitpunkt auch mit Zeiten des laufenden (und ggf. bezahlten) Arbeitsverhältnisses zusammenfallen kann. Gleichzeitig tritt allerdings auch eine Kürzung des Gesamtanspruchs um die Tage des Ruhens wegen der Sperrzeit ein (§ 128 I Nr. 3). Bei gleichzeitiger Verwirklichung eines weiteren Sperrzeittatbestandes, zB wegen Arbeitsaufgabe (§ 144 I 2 Nr. 1) folgt die Sperrzeit wegen verspäteter Arbeitsuchendmeldung der Sperrzeit zeitlich (in der Reihenfolge der Vorschrift) nach (§ 144 II 2). 10

3. Belehrungspflicht des Arbeitgebers und Schadensersatz. Heftig umstritten ist, ob der ArbGeb, der nach § 2 II 2 Nr. 3 SGB III den ArbN über seine Pflicht zur frühzeitigen Meldung belehren soll, eine arbeitsvertragl. Hinweispflicht über die Meldepflicht und die Rechtsfolgen der verspäteten Meldung trifft. Kern des Problems ist die Frage der Qualifizierung des Rechtscharakters der im SGB III normierten Aufklärungspflicht und der sich daraus ergebenden Konsequenzen für vertragsrechtl. Ansprüche. Das **BAG** hat unlängst[3] einen zivilrechtl. Schadensersatzanspruch aus der Verletzung der Sollvorschrift zur Belehrung über die Meldepflicht des ArbN wegen des fehlenden Schutzzweckes der Norm zu Gunsten des Vermögens des ArbN **abgelehnt**. Eine Ausnahme könne allenfalls bei Abschluss von Aufhebungsverträgen auf Veranlassung des ArbGeb gelten, wenn nach allgemeinen Grundsätzen auf Grund einer vertragl. Nebenpflichtverletzung wegen mangelnder Hinweise oder Aufklärung über die Folgen für den etwaigen Alg-Anspruch Schadensersatzansprüche in Betracht kommen (Anh. § 9 KSchG Rz. 18 f.)[4]. Mit der Entscheidung des **BSG**[5] zur erforderlichen Kenntnis des ArbN von der Meldepflicht als Voraussetzung für eine Kürzung nach § 140 (s. Rz. 5) ist die Frage der Schadensersatzpflicht des ArbGeb bei unterlassener Belehrung ohnehin obsolet, weil eine für den Schaden relevante Kürzung nur dann eintreten kann, wenn der ArbN Kenntnis von der Meldepflicht hatte[6]. Gleiches gilt für die seit 31.12.2005 bestehende Meldepflicht nach Maßgabe der geänderten Fassung, die nunmehr bei Verletzung eine Sperrzeit nach sich zieht. Auch diese setzt eine schuldhafte Obliegenheitsverletzung voraus (s. Rz. 5). 11

Hatte der ArbN die erforderliche **Kenntnis von seiner Meldepflicht** aus anderen Quellen, scheitert das Schadensersatzbegehren an der **Kausalität**. Die Pflichtverletzung des ArbGeb ist nicht adäquat kausal für den Schaden des ArbN, wenn dieser trotz eigener Kenntnis seiner versicherungsrechtl. Obliegenheit 12

---

1 LSG NW v. 9.5.2005 – L 19 AL 22/05, Rev. anh. unter B 11a AL 39/05 R; LSG BW v. 15.4.2005 – L 8 AL 5414/04, Rev. anh. Unter B 11a AL 27/05 R. | 2 Vgl. Art. 6 des 5. SGB III-ÄndG (BGBl. I S. 3676), wonach der Zeitpunkt des Inkrafttretens am Tag nach der Verkündung liegt. | 3 BAG v. 29.9.2005 – 8 AZR 571/04, NZA 2005, 1406. | 4 BAG v. 29.9.2005 – 8 AZR 571/04, NZA 2005, 1406. | 5 BSG v. 25.5.2005 – B 11a/11 AL 81/04 R, NJW 2005, 3803. | 6 Ebenso bereits vorher Gagel/*Winkler*, § 37b SGB III Rz. 8; *Zieglmeier*, DB 2004, 1830 (1832 f.).

diese verletzt und damit eine Kürzung des Alg erfährt. Eine Reduzierung dieser Frage auf den Aspekt des Mitverschuldens (§ 254 BGB) erscheint angesichts des in einem solchen Fall grob pflichtwidrigen Handelns des Geschädigten (ArbN) selbst nicht vertretbar[1]. Das BAG hat allerdings entschieden, dass im Hinblick auf den Schutzzweck der arbeitgeberseitigen Belehrungspflicht des § 2 II 2 eine Schadensersatzpflicht des ArbGeb für Kürzungen des Alg ohnehin ausscheidet, da diese Vorschrift nur dem Schutz der Solidargemeinschaft vor längerer Sucharbeitslosigkeit, nicht aber dem Vermögen des ArbN diene (s. auch Rz. 11)[2].

Viertes Kapitel. Leistungen an Arbeitnehmer

Achter Abschnitt. Entgeltersatzleistungen

Zweiter Unterabschnitt. Arbeitslosengeld

Fünfter Titel. Minderung des Arbeitslosengeldes, Zusammentreffen des Anspruchs mit sonstigen Einkommen und Ruhen des Anspruchs

143 *Ruhen des Anspruchs bei Arbeitsentgelt und Urlaubsabgeltung*

(1) Der Anspruch auf Arbeitslosengeld ruht während der Zeit, für die der Arbeitslose Arbeitsentgelt erhält oder zu beanspruchen hat.

(2) Hat der Arbeitslose wegen Beendigung des Arbeitsverhältnisses eine Urlaubsabgeltung erhalten oder zu beanspruchen, so ruht der Anspruch auf Arbeitslosengeld für die Zeit des abgegoltenen Urlaubs. Der Ruhenszeitraum beginnt mit dem Ende des die Urlaubsabgeltung begründenden Arbeitsverhältnisses.

(3) Soweit der Arbeitslose die in den Absätzen 1 und 2 genannten Leistungen (Arbeitsentgelt im Sinne des § 115 des Zehnten Buches) tatsächlich nicht erhält, wird das Arbeitslosengeld auch für die Zeit geleistet, in der der Anspruch auf Arbeitslosengeld ruht. Hat der Arbeitgeber die in den Absätzen 1 und 2 genannten Leistungen trotz des Rechtsübergangs mit befreiender Wirkung an den Arbeitslosen oder an einen Dritten gezahlt, hat der Bezieher des Arbeitslosengeldes dieses insoweit zu erstatten.

Fassung: AFRG v. 24.3.1997 (BGBl. I S. 594) seit 1.1.1998.

1 **I. Inhalt und Bedeutung der Vorschrift.** Die Vorschrift **vermeidet Doppelleistungen**, wenn der ArbN für Zeiten, in denen er den Anspruch auf Alg geltend gemacht hat, noch Anspruch auf Arbeitsentgelt oder eine Urlaubsabgeltung hat. Lohnersatzleistungen des SGB III sollen nicht gewährt werden, solange trotz Arbeitslosigkeit kein Verdienstausfall eintritt[3]. Maßgeblich für das Ruhen ist, wie Abs. 3 zeigt, dass der ArbN noch Anspruch auf Arbeitsentgelt hat, ohne dass es auf die Zahlung durch den ArbGeb ankommt.

2 Solange der ArbN das von ihm zu beanspruchende Arbeitsentgelt oder die Urlaubsabgeltung **nicht erhält**, schreibt Abs. 3 vor, dass der an sich ruhende Anspruch gerade nicht ruht, sondern die BA „gleichwohl" Alg gewährt[4]. Der Anspruch auf Arbeitsentgelt sowie die Urlaubsabgeltung geht in diesen Fällen, wie auch der Klammerzusatz in Abs. 3 verdeutlicht, nach § 115 SGB X auf die BA über. Der Klammerzusatz stellt insoweit klar, dass es sich bei allen Varianten der den Anspruchsübergang auslösenden Tatbestände der Vorschrift um Arbeitsentgelt iSv. § 115 SGB X handelt[5] (vgl. auch die entspr. Fassung in § 143a für Abfindungen). Für den Fall der späteren Zahlung ordnet Abs. 3 S. 2 die Erstattung des Alg durch den ArbN an (vgl. Rz. 26).

3 Die **Bedeutung** der Ruhensvorschrift erschöpft sich nicht in der Wirkung auf den Alg-Anspruch, sondern erstreckt sich infolge des Rechtsübergangs nach § 115 SGB X, wenn der ArbN gleichwohl Alg nach Abs. 3 erhält, auf die Ansprüche gegen den ArbGeb auf Arbeitsentgelt. Erhebt der ArbN parallel zu einer Kündigungsschutzklage Klage auf Zahlung von Arbeitsentgelt und ergeht hierüber, nachdem über das Ende des Arbeitsverhältnisses entschieden ist, ein Leistungsurteil, so ist das zwischenzeitlich infolge des Alg-Bezugs übergegangene Nettoentgelt[6] vom Arbeitsentgelt in Abzug zu bringen. Mithin ist bereits im

1 Die Frage des Mitverschuldens wird soweit ersichtlich auch nur für den über die Meldepflicht uninformierten ArbN behandelt, vgl. *Hanau*, ZIP 2003, 1573 (1575 mwN); *Bauer/Krets*, NJW 2003, 537 (541); *Kreutz*, AuR 2003, 201 (203). | 2 BAG v. 29.9.2005 – 8 AZR 571/04, NZA 2005, 1401. | 3 BSG v. 12.12.1984 – 7 RAr 87/83, NZA 1985, 302. | 4 BSG v. 14.7.1994 – 7 RAr 104/93, SGb 1995, 405; v. 14.9.1990 – 7 RAr 128/89, BSGE 60, 168 (171). | 5 BSG v. 3.3.1993 – 11 RAr 49/92, BSGE 72, 111 (114). | 6 Vgl. dazu BAG v. 26.5.1992 – 9 AZR 41/91, NZA 1993, 848.

Klageantrag das für denselben Zeitraum erhaltene Alg abzusetzen („... Euro brutto abzüglich ... Euro netto gezahlten Arbeitslosengeldes“[1]). Zur Bedeutung für die Dispositionsbefugnis der Arbeitsvertragsparteien über Beginn und Ende des Arbeitsverhältnisses siehe Rz. 11 ff.

§ 143 enthält nur eine neben **anderen Regelungen des Ruhens von Alg**. Das Ruhen des Alg während des Bezugs von Sozialleistungen ist in § 142 SGB III geregelt (hier nicht kommentiert). Die Ausübung einer geringfügigen Tätigkeit während der Dauer der Arbeitslosigkeit schließt, wie sich auch aus der Definition der Beschäftigungslosigkeit in § 118 ergibt, den Anspruch auf Alg nicht aus, sondern führt allenfalls zur Anrechnung auf den Anspruch nach Maßgabe des § 141 (nicht kommentiert). Das Ruhen wegen Anspruchs auf eine Abfindung regelt § 143a, wegen Verhängung einer Sperrzeit § 144. Für Zeiten eines Arbeitskampfes darf durch die Leistung von Alg nicht in die Neutralitätspflicht der BA eingegriffen werden; deshalb ordnet § 146 hier unter den dort näher geregelten Voraussetzungen das Ruhen von Alg und Kug (über § 174) an (siehe Erl. dort). 4

II. Ruhen nach Abs. 1. 1. Anspruch auf Arbeitslosengeld. Das Ruhen des Anspruchs setzt denknotwendig einen Anspruch auf Alg für die Zeit voraus, für die der Arbl. Anspruch auf Arbeitsentgelt hat. Dies setzt aber voraus, dass der ArbN iSv. § 118 **beschäftigungslos** ist, also keine Beschäftigung im Umfang von mindestens 15 Wochenstunden ausübt und eine Beschäftigung von mindestens 15 Wochenstunden sucht. Darin liegt aber nur ein scheinbarer Widerspruch zu dem für das Ruhen nach Abs. 1 erforderlichen gleichzeitigen Anspruch auf Arbeitsentgelt, da das BSG hierfür zwischen dem beitragsrechtl. und leistungsrechtl. Beschäftigungsverhältnis unterscheidet[2]. Das leistungsrechtl. Beschäftigungsverhältnis endet (trotz fortbestehenden Arbeits- und beitragspflichtigen Beschäftigungsverhältnisses), wenn nach einer Gesamtwürdigung aller Umstände das Beschäftigungsverhältnis faktisch sein Ende gefunden hat, namentlich weil der ArbGeb seine (arbeitsrechtl.) faktische Verfügungsmöglichkeit nicht mehr wahrnimmt[3]. Hier kommt auch dem Umstand, dass der ArbN seinerseits Alg beantragt, indizielle Wirkung für die Annahme von Beschäftigungslosigkeit zu[4]. Insb. während eines Kündigungsschutzprozesses, wenn der Fortbestand des Arbeitsverhältnisses in der Schwebe ist, liegen danach die Voraussetzungen für den Anspruch auf Alg (vgl. § 117) vor, wenn der ArbN bereit ist, jederzeit die Arbeit (beim bisherigen oder einem anderen ArbGeb[5]) aufzunehmen. Der Anspruch auf Alg ruht nach dieser Vorschrift aber auch, wenn die Zeit der faktischen Beschäftigungslosigkeit am Beginn des Arbeitsverhältnisses liegt[6]. 5

2. Arbeitsentgelt. Arbeitsentgelt, das den Anspruch auf Alg zum Ruhen bringt, umfasst **alle Formen der Vergütung** von Arbeit, soweit sie zeitlich dem Zeitraum zuzuordnen sind, in dem der ArbN Alg bezieht. In aller Regel ist der Anspruch aus § 615 BGB begründet[7], da der ArbN ja Alg infolge Beschäftigungslosigkeit bezieht. Aber es können auch Sonderformen des Arbeitsentgelts, die zeitlich einer Phase ohne Anspruch auf laufendes Arbeitsentgelt – etwa infolge längerer Krankheit – zuzuordnen sind, den Anspruch auf Alg für denselben Zeitraum (teilweise) zum Ruhen bringen, etwa das Urlaubsgeld für das laufende Kalenderjahr oder eine jährliche Sondervergütung (Weihnachtsgeld), die trotz der – krankheitsbedingt – fehlenden Gegenleistung in voller Höhe zu zahlen sind. Der Umfang der Ruhenswirkung hängt in solchen Fällen von der zeitlichen Zuordnung der Jahressondervergütungen ab[8]: 6

Sind sie als **Sonderzahlungen mit hinausgeschobener Fälligkeit** (Jahresleistungen ohne Bindungswirkung[9]) den einzelnen Monaten des Kalenderjahres, für das sie versprochen sind, anteilig zuzuordnen, so gehen sie dem ArbN mit der Zahlung des Alg und dem Anspruchsübergang nach § 143 III iVm. § 115 SGB X verloren, weil das Alg, das neben einem nicht bestehenden Anspruch auf laufendes Arbeitsentgelt idR höher sein wird als die anteilige Sonderzahlung, diese aufgezehrt. Handelt es sich dagegen um eine Jahressonderzahlung mit Stichtagsregelung, deren Auszahlung vom Erreichen des Stichtags abhängt und die als Entgelt für Betriebstreue gewährt wird[10], so wird die Sonderzahlung nur durch das für den Auszahlungsmonat gezahlte Alg aufgezehrt und bleibt damit noch zu dem übersteigenden Anteil dem ArbN erhalten. Schwierigkeiten bereiten dagegen die Sonderzahlungen mit **Mischcharakter**, die wegen der anteiligen Kürzung für Zeiten nicht erbrachter Arbeitsleistung als auch der Vereinbarung einer Stichtagsregelung (an dem das Arbeitsverhältnis regelmäßig ungekündigt bestehen muss) sowohl die erwiesenen Betriebstreue als auch die Arbeitsleistung vergüten: Bei einer vorgesehenen Kürzung auch wegen unverschuldeter Fehltage wird man trotz der Stichtagsregelung zu der Auslegung gelangen, dass sie als Entgelt für die erbrachte Arbeitsleistung einzuordnen sind ungeachtet dessen, dass sie zusätzl. durch Vereinbarung einer gewissen Bindungswirkung auch die Betriebstreue abgelten sollen[11]. 7

1 MünchArbR/*Hanau*, Bd. I, § 72 Rz. 9; BAG v. 15.11.1978 – 5 AZR 199/77,BB 1979, 735. |2 Grundl. BSG v. 26.11.1985 – 12 RK 51/83, BSGE 59, 183 ; im Anschluss daran BSG v. 9.9.1993 – 7 Rar 96/92, BSGE 73, 90; v. 28.9.1993 – 11 RAr 69/92,MDR 1994, 389. |3 BSG v. 9.9.1993 – 7 RAr 96/92, BSGE 73, 90, 94 (für den Fall langandauernder Erkrankung des ArbN. |4 BSG v. 28.9.1993 – 11 RAr 69/92, MDR 1994, 389; vgl auch BSG v. 10.9.1998 – B 7 AL 96/97, (betr. Aussetzzeiten bei fortbestehenden Arbeitsverhältnis, in denen die Hauptpflichten suspendiert sind). |5 Dazu BSG v. 11.6.1987 – 7 RAr 16/86, SozR 4100 § 117 Nr. 18. |6 BSG v. 20.6.2002 – B 7 AL 108/01 R, SozR 3-4300 § 143 Nr. 4. |7 Vgl. BAG v. 9.10.1996 – 5 AZR 246/95,NZA 1997, 376. |8 BAG v. 26.5.1992 – 9 AZR 41/91, NZA 1993, 848. |9 Ausf. MünchArbR/*Hanau*, Bd. I, § 69 Rz. 2 ff.; *Peters-Lange* in Preis, Der Arbeitsvertrag, II S 40 Rz. 5 ff. |10 So in dem v. BAG v. 26.5.1992 – 9 AZR 41/91, NZA 1993, 848, entschiedenen Fall; ausf. MünchArbR/*Hanau*, Bd. I, § 69 Rz. 23 ff. |11 Vgl. zu einem solchen Fall auch die konkursrechtliche Einordnung durch BAG v. 4.9.1985 – 5 AZR 655/84, NJW 1986, 1063.

8 Der Anspruch auf Arbeitsentgelt, der zum Ruhen des Alg führt, kann auch durch **andere Weise als durch Zahlung erloschen** sein, etwa durch Aufrechnung[1], tarifl. Ausschlussfrist[2] oder Verzicht (vgl. Rz. 13). Unerheblich ist auch, ob für den Arbeitsentgeltanspruch durch eine vertragl. Vereinbarung ein **späterer Fälligkeitszeitpunkt** vereinbart wird, etwa durch eine Stundungsvereinbarung oder eine Abrede über eine zu zahlende Abfindung, in die rückständiges Arbeitsentgelt „versteckt wird"[3]. Eine Vereinbarung über das Ende des Arbeitsverhältnisses, ohne dass für den Zeitraum bis zur Beendigung Vergütung fortgezahlt wird, entfaltet nur dann Bindungswirkung, wenn das Arbeitsverhältnis auch ohne Einhaltung einer Kündigungsfrist hätte beendet werden können[4]. Handelt es sich um eine „echte" Abfindung, die keine bis zum Beendigungszeitpunkt fälligen Arbeitsentgeltansprüche abgelten soll, so richtet sich ein evt. Ruhen des Alg nach § 143a.

9 **Nicht zum Ruhen** führt der Anspruch auf Schadensersatz nach § 628 II BGB, da er für Zeiten nach Beendigung des Arbeitsverhältnisses gezahlt wird. Insoweit kommt eine Anwendung der für Abfindungen geltenden Ruhensregelungen nach § 143a in Betracht (§ 143a Rz. 19). Ebenso scheidet ein Ruhen aus, wenn mangels Annahmeverzugs des ArbGeb (zB wenn der ArbN nach Krankheit seine Arbeitsleistung nicht mehr angeboten hat[5]) ein Arbeitsentgeltanspruch für die Zeit des Alg-Bezugs ausscheidet. Das nachträglich in Erfüllung von Arbeitsentgeltansprüchen geleistete Arbeitsentgelt für Zeiträume vor dem Bezug von Alg erfüllt mangels Deckungsgleichheit von Alg und Arbeitsentgelt gleichfalls nicht den Tatbestand von Abs. 1[6].

10 Hat der ArbN **Arbeitsentgelt erhalten** und **danach** noch Alg für denselben Zeitraum bezogen, liegt kein Fall der Gleichwohlgewährung (Abs. 3) vor, sondern der unrechtmäßigen Gewährung infolge des Ruhens nach Abs. 1. Der Alg-Bescheid ist in solchen Fällen nach § 45 SGB X aufzuheben und das Alg vom ArbN zu erstatten (§ 50 SGB X). Der Anspruch auf Arbeitsentgelt bringt den Anspruch in voller Höhe zum Ruhen[7], auch wenn er hinter dem Alg zurückbleibt; übersteigt er das Alg, findet nur insoweit eine Erstattung oder Rückzahlung nach § 143 III 2 statt (dazu Rz. 24). Im Falle einer Gleichwohlgewährung findet demgegenüber eine Anrechnung des Alg auf das Arbeitsentgelt nach § 115 SGB X statt („... bis zur Höhe der erbrachten Sozialleistung über"), dh. der ArbGeb muss entweder nur das Arbeitsentgelt in Höhe des Alg oder das geringere Arbeitsentgelt auf den Anspruchsübergang zahlen.

11 **3. Dauer des Ruhens.** Das Ende des Ruhenszeitraums wird grds. durch das **Ende des Arbeitsverhältnisses** fixiert, da über diesen Zeitpunkt hinaus kein Arbeitsentgelt geschuldet wird. Die Arbeitsvertragsparteien haben es damit in der Hand, durch zeitliche Festlegung des Endes des Arbeitsverhältnisses den Anspruch auf Alg endgültig wirksam werden zu lassen, indem sie im Falle des Bezugs von Alg bei Ungewissheit über den Fortbestand des Arbeitsverhältnisses ein zeitlich frühes Ende bestimmen. Die Rspr.[8] sieht lediglich durch einen mit einer vorausgegangenen Kündigung fixierten Endzeitpunkt der Dispositionsbefugnis eine Grenze gesetzt, als die Arbeitsvertragsparteien nicht durch Rückverlegung des Beendigungstermeins der BA bereits übergegangene Ansprüche wieder entziehen können sollen. Ein in Zukunft liegender Beendigungstermin vor Ablauf der Kündigungsfrist bleibt demnach möglich. Ebenso ist es den Arbeitsvertragsparteien unbenommen, die Beendigung auf einen Zeitpunkt mit oder nach dem Ablauf der Kündigungsfrist zurückzuverlegen, da die Ansprüche auf Arbeitsentgelt ab diesem Zeitpunkt auf Grund der vorausgegangenen Kündigung, die der ArbN mit der Kündigungsschutzklage angegriffen hat, im Streit standen[9].

12 **4. Rückwirkender Wegfall des Entgeltanspruchs.** Den Arbeitsvertragsparteien steht es aber nicht frei, rückwirkend über bereits entstandene Arbeitsentgeltansprüche zu verfügen, wenn der **ArbN für denselben Zeitraum Alg bezogen hat** und damit ein Fall der Gleichwohlgewährung mit der Folge des Anspruchsübergangs (§ 143 III iVm. § 115 SGB X) vorgelegen hat[10]. Damit war der ArbN nicht mehr Inhaber des Anspruchs und konnte nicht zu Lasten der BA eine Vereinbarung – etwa im Wege des Erlasses, Ausgleichsquittung oder einer Ausgleichsklausel, wie sie häufig noch nach Beendigung des Arbeitsverhältnisses erklärt werden – treffen, selbst wenn ein verständiger Grund für den Erlass vorge-

---

1 BSG v. 18.11.1980 – 12 RK 47/79,SGb 1981, 275. |2 Diese erfasst auch den bereits übergegangenen Anspruch, vgl. BSG 10.6.1994 – 10 RAr 3/93, SozR 3-4100 § 160 Nr. 2 (mwN). |3 BAG v. 25.3.1992 – 5 AZR 254/91,NZA 1992, 1081; BSG v. 21.2.1990 – 12 RK 20/88,NZA 1990, 751. |4 BAG v. 28.4.1983 – 2 AZR 446/81, BB 1983, 1859; aA BSG v. 23.6.1981 – 7 AZR 29/80, BSGE 52, 57, wo der Berechtigung der vorausgegangenen fristlosen Kündigung für die Zuordnung als Arbeitsentgelt während der Beendigungsphase nicht nachgegangen wurde; vorsichtiger dagegen in BSG v. 14.7.1994 – 7 RAr 104/93, MDR 1994, 389, wo eine Auslegung des Vergleichs für die fragliche Zuordnung für geboten erachtet wird. |5 Angebot nach neuerer Rspr. nur noch erforderlich, wenn das Arbeitsverhältnis nicht gekündigt ist, vgl. BAG v. 26.11.1994 – 2 AZR 179/94, NZA 1995, 263; v. 29.10.1992 – 2 AZR 250/92, EzA § 615 BGB Nr. 77. |6 Niesel/*Düe*, § 143 SGB III Rz. 12; Gagel/*Winkler*, § 143 SGB III Rz. 16. |7 Gagel/*Winkler*, § 143 SGB III Rz. 9. |8 BAG v. 23.9.1981 – 5 AZR 527/79, ZIP 1981, 1364 („bis zum Ablauf der gesetzlichen Kündigungsfrist"); v. 28.4.1983 – 2 AZR 446/81, BB 1983, 1859; v. 9.11.1989 – 4 AZR 433/88, NJW 1989, 1381 1383 (in Zukunft liegender Beendigungstermin jederzeit möglich, auch wenn vor Ablauf der Kündigungsfrist). |9 Niesel/*Düe*, § 143 SGB III Rz. 17; Gagel/*Winkler*, § 143 SGB III Rz. 30 ff. |10 BAG v. 23.9.1981 – 5 AZR 527/79, ZIP 1981, 1364; v. 28.4.1983 – 2 AZR 446/81, BB 1983, 1859.

legen haben sollte[1]. Vor der Beantragung von Alg können die Parteien indes wirksam disponieren – es ist dann eine Frage des Leistungsrechts, ob der Anspruch noch für die Vergangenheit geltend gemacht werden kann.

Hat der ArbN den **Erlass wirksam für die Vergangenheit** erklärt, was arbeitsrechtl. möglicherweise wegen § 4 III TVG oder § 12 EFZG (oder anderer gesetzl. Anordnungen der Indisponibilität) problematisch ist, so sind die SozV-Träger grds. an diese zivilrechtl. Ausgangslage gebunden. Ansätze in der Rspr.[2], bei vorsätzlichem oder grob fahrlässigem Verzicht des ArbN auf einen Lohnfortzahlungsanspruch im Krankheitsfall nach Beendigung des Arbeitsverhältnisses[3] den Krankengeldanspruch nach § 44 SGB V zu versagen, weil der Ruhenstatbestand wegen Zahlung von Arbeitsentgelt (§ 48 SGB V) dann analog heranzuziehen sei, haben zwar zu entsprechenden Überlegungen im Schrifttum zum Alg-Anspruch geführt[4]. Sie lassen aber eine dogmatische Begründung fehlen, weil die maßgeblichen Normen als Ansatzpunkt für eine mögliche Unwirksamkeit der Erlassvereinbarung, § 32 oder § 46 II SGB I, nicht die privatrechtl. Vereinbarung zu Lasten von Sozialleistungsträgern (§ 23 SGB I) bzw. nur den Verzicht auf Sozialleistungen und nicht auf zivilrechtl. Ansprüche (§ 46 II SGB I) erfassen. Eine analoge Anwendung von Ruhensbestimmungen scheidet auch auf Grund der in § 2 II SGB I angeordneten Sicherstellung aus, die sozialen Rechte des Einzelnen möglichst weitgehend zu verwirklichen. Letztlich kann sich die BA auf den Ruhenstatbestand ja auch berufen, wenn rückwirkend Ansprüche im Wege des Vergleichs erst begründet werden[5]. Zweifelhaft erscheinen Fälle, in denen der ArbN nach Ausspruch einer fristlosen Kündigung durch vergleichsweise Einigung bis zum Ablauf der Kündigungsfrist freigestellt wird und eine höhere „Sozialabfindung" erhält. Hierbei handelt es sich möglicherweise um „verdecktes Arbeitsentgelt", das zum Ruhen des Alg nach Abs. 1 führt[6]. 13

III. Ruhen wegen einer Urlaubsabgeltung (Abs. 2). Eine Urlaubsabgeltung bringt den Anspruch auf Alg zum Ruhen, wenn sie entweder tatsächlich gezahlt wurde oder beansprucht werden kann. Die Rspr.[7] subsumiert mit Recht auch als Urlaubsabgeltung gewährte Zahlungen, für die kein Rechtsgrund (mehr) besteht, unter den Ruhenstatbestand nach der 1. Alt. (erhalten hat). Der Grund für das Ruhen ist auch hier die **Vermeidung von Doppelleistungen**, die den Lebensunterhalt in der betr. Zeit sicherstellen sollen, weshalb es keinen Unterschied macht, ob urlaubsrechtl. der Anspruch bestand oder nicht. Insb. wenn der ArbGeb für erloschene Urlaubsansprüche eine Abgeltung gewährt, tritt diese ebenso wie die Urlaubsabgeltung des § 7 IV BUrlG als Surrogat[8] an die Stelle des Urlaubsanspruchs und erfüllt für die Tage des abgegoltenen Urlaubs eine Unterhaltsfunktion. 14

Keine Ruhensfolge hat dagegen ein **Schadensersatzanspruch wegen eines durch schuldhaftes Verhalten des ArbGeb untergegangenen Urlaubsanspruchs**[9]. Der Schadensersatzanspruch ist ein selbständiger, neben den (tarif-)vertragl. oder gesetzl. begründeten Abgeltungsanspruch tretender Anspruch auf gesetzl. Grundlage (§§ 280 I, 281 I iVm. § 275 I BGB), der in seiner Entstehung und seinen Voraussetzungen nach anderen Bedingungen unterliegt als der Anspruch auf Urlaubsabgeltung, der als Surrogat des Erfüllungsanspruchs die Entstehungsvoraussetzungen desselben teilt (s. § 7 BUrlG Rz. 93)[10]. Für eine Berücksichtigung von Schadensersatzleistungen bei der Ruhensberechnung, die durchaus auch nach anderen Gesichtspunkten als die Abgeltung selbst bemessen sein kann, sprechen weder Regelungsziel noch Entstehungsgeschichte, die eng an den arbeitsrechtl. feststehenden Begriff der Urlaubsabgeltung angeknüpft haben[11] und gerade eine neben dem Arbeitsentgelt gezahlte Abgeltung zum Anlass für das Ruhen in des Alg genommen haben. 15

Schwieriger zu beantworten ist die Frage, ob auch solche Leistungen, die **vor der rechtl. Beendigung des Arbeitsverhältnisses während einer Freistellungsphase** als Abgeltung nicht genommener Urlaubstage gewährt werden, zum Ruhen des Anspruchs nach Abs. 2 (oder Abs. 1) führen. Der Wortlaut des Abs. 1 ließe zwar grds. eine Subsumtion unter den Ruhenstatbestand wegen erhaltenen Arbeitsentgelts zu, wirft dann aber das Problem auf, dass das Arbeitsentgelt einem bestimmten Zeitraum (für die Bestimmung des Ruhenszeitraums) zugeordnet werden muss, die sich der Vereinbarung als Urlaubsabgeltung eben nicht entnehmen lässt, weil diese Zweckbestimmung ja gerade eine bezahlte Freistellung von der Arbeitsleistung nicht mehr zulässt. Als Urlaubsabgeltung ist sie eine Entschädigungsleistung 16

---

1 Gagel/*Winkler*, § 143 SGB III Rz. 46, will den verständigen Grund vor der Entstehung des Alg-Anspruchs heranziehen; dafür besteht angesichts der in dieser Situation noch nicht eingeschränkten Verfügungsbefugnis kein Grund. | 2 BSG v. 16.12.1980 – 3 RK 40/79, BSGE 51, 82; v. 16.12.1980 – 3 RK 27/79, BKK 1981, 268 (269); v. 13.5.1992 – 1/3 RK 10/90, NZA 1993, 142; die Entscheidungen haben aber aus unterschiedlichen Gründen nicht zu endgültigen Ergebnissen zu der Frage der Leistungsversagung geführt. | 3 Hier bejahte die Rspr. des BAG regelmäßig die Verzichtsmöglichkeit, vgl. BAG v. 28.11.1979 – 5 AZR 955/77, BB 1980, 1158 v. 11.6.1976 – 5 AZR 506/75, BB 1976, 1417 | 4 Niesel/*Düe*, § 143 SGB III Rz. 16; GK-SGBX/3/*v. Maydell*, § 115 Rz. 22; Gagel/*Winkler*, § 143 SGB III Rz. 47. | 5 So bereits *Hanau*, ArbuR 1984, 335; vgl. auch BSG v. 29.7.1993 – 11 RAr 17/92, EzA § 117 AFG Nr. 9 betr. Urlaubsabgeltung. | 6 Zu einem solchen Fall Hess. LSG v. 23.7.2003 – L 10 AL 442/02, Rev. anh. unter 11a/11 AL 65/04 R; im Termin am 14.9.2005 zunächst durch Vergleichsvorschlag erledigt. | 7 BSG v. 29.7.1993 – 11 RAr 17/92, EzA § 117 AFG Nr. 9; v. 23.1.1997 – 7 RAr 72/94, NZS 1997, 530. | 8 Vgl. Erl. zu § 7 BUrlG. | 9 BSG v. 21.6.2001 – B 7 AL 62/00, NZA-RR 2002, 275. | 10 *Leinemann/Linck*, BUrlG, § 7 Rz. 177. | 11 BSG v. 21.6.2001 – B 7 AL 62/00, NZA-RR 2002, 275.

gerade für nicht realisierte Freizeitgewährung, deren zeitliche Zuordnung Abs. 2 als Ruhensregelung selbst trifft. Danach müsste sie erst im Anschluss an die rechtl. Beendigung des Arbeitsverhältnisses zum Ruhen des Alg-Anspruchs führen; während für den Zeitraum bis zur Beendigung infolge der Freistellung Alg zu zahlen wäre. Das BSG[1] ordnet sie gleichwohl dem Zeitraum der Freistellungsphase vor der rechtl. Beendigung zu und rechtfertigt dies mit der sozialrechtl. Beendigung des Beschäftigungsverhältnisses im leistungsrechtl. Sinne (s. Rz. 5). Letztendlich ließ es aber offen[2], ob der Ruhenstatbestand des Abs. 1 oder 2 als erfüllt anzusehen sei, was den genannten Bedenken gegen die Zuordnung als Arbeitsentgelt iSv. Abs. 1 begegnet. Einer Zuordnung als Urlaubsabgeltung während der Freistellungsphase aber widerspricht der Wortlaut des Abs. 2 S. 2, der eindeutig eine Zuordnung nach dem Ende des Arbeitsverhältnisses vorsieht.

17 Die **Dauer des Ruhenszeitraums nach Abs. 2** entspricht grds. der Dauer des abgegoltenen Urlaubs, wobei die Zahl der Urlaubstage auf Wochentage zu verteilen ist. Sieht der Urlaubsanspruch aus dem beendeten Arbeitsverhältnis eine Berücksichtigung von Werktagen[3] bei der Berechnung der Urlaubsdauer bzw. -abgeltung vor, finden die Samstage auch bei der Berechnung der Dauer des Ruhenszeitraums Berücksichtigung; ansonsten werden die Urlaubstage auf Arbeitstage verteilt[4]. Der Ruhenszeitraum endet dem gem. mit dem letzten Kalendertag, auf den ein abgegoltener Urlaubstag entfällt. Für den gesamten Ruhenszeitraum besteht kein Versicherungsschutz (s. auch § 144 Rz. 36).

18 Hat der Arbl. Anspruch auf **Alg wegen Erkrankung** nach § 126 bis zur Dauer von 6 Wochen in der Zeit, für die der Anspruch nach Abs. 2 ruhen würde, so führt die Urlaubsabgeltung nicht zum Ruhen des Anspruchs[5]. Die Rspr. legte den früheren § 117 Abs. I Buchst. a AFG insoweit einschränkend aus, weil der Alg-Anspruch an die Stelle des sonst zu gewährenden Krankengeldes trete, bei dem ein Ruhen wegen einer Urlaubsabgeltung nicht vorgesehen sei. An dieser Rechtslage hat sich mit § 143 und § 126 als Grundlage für den Anspruch bei Arbeitsunfähigkeit nichts geändert. Im Übrigen spricht für dieses Ergebnis, dass auch der Anspruch auf Urlaubsabgeltung an die Arbeitsfähigkeit nach der Beendigung des Arbeitsverhältnisses geknüpft ist, wenngleich mit der einschränkenden Bedingung, dass die Arbeitsfähigkeit gerade in der Fähigkeit zu der vertragl. geschuldeten Leistung bestehen muss (vgl. Erl. zu § 7 BurlG). Erhält der ArbN gleichwohl eine Abgeltung – etwa weil die Arbeitsunfähigkeit nicht voraussehbar war oder nicht feststeht, dass er trotz Leistungseinschränkungen seine konkrete Verrichtung noch hätte ausüben können[6] – kann dem ArbN sein Krankheitsrisiko, das für die Dauer von 6 Wochen die ArblV trägt, nicht durch den Verweis auf die Abgeltung selbst aufgebürdet werden[7].

19 **IV. Gleichwohlgewährung, Anspruchsübergang auf die BA und Erstattung (Abs. 3). 1. Arbeitslosengeld trotz Ruhens, Gleichwohlgewährung.** Abs. 3 verpflichtet die BA zur Zahlung des Alg, wenn der Arbl. die in Abs. 1 und 2 genannten Leistungen **tatsächlich nicht erhält**. Da der Anspruch eigentlich ruht, spricht man hier von Gleichwohlgewährung. Bei der Gleichwohlgewährung tritt die BA wirtschaftl. betrachtet in Höhe des Alg in Vorleistung für den ArbGeb[8] und nimmt folglich in Höhe der geleisteten Zahlung die Gläubigerstellung ihm gegenüber ein: Nach § 115 SGB X geht der Anspruch in Höhe der erbrachten Leistung auf die in Abs. 1 und 2 genannten Leistungen auf sie über, wobei der Klammerzusatz klarstellt, dass es sich bei diesen ArbGebLeistungen um Arbeitsentgelt iSv. § 115 SGB X handelt. § 143a IV erstreckt die Wirkungen der Gleichwohlgewährung auf den Fall des Ruhens wegen einer Abfindung (s. § 143a Rz. 42 ff.).

20 Bei der Zahlung von Alg im Wege der Gleichwohlgewährung handelt es sich um eine **echte (reguläre) Zahlung von Alg**. Dies ergibt sich schon daraus, dass die materiellen Anspruchsvoraussetzungen erfüllt sein müssen (s. Rz. 5), also insb. Beschäftigungslosigkeit und Arbeitslosmeldung. Damit wird der Anspruch auf Alg, der nur eine zeitlich begrenzte Dauer entfaltet (vgl. § 127), ebenso behandelt wie im Falle regulärer Arbeitslosigkeit; insb. zählen die Tage der Gleichwohlgewährung für die Minderung der Anspruchsdauer nach § 128 grds. mit[9]. Dem steht nicht entgegen, dass der Anspruch auf Arbeitsentgelt in Höhe des Alg auf die BA übergeht[10].

21 Die **Minderung der Anspruchsdauer entfällt** jedoch, wenn und soweit die BA für das Alg Ersatz erlangt[11]. Hierbei spielt es keine Rolle, ob der ArbGeb auf den Rechtsübergang nach § 115 SGB X an die BA das Arbeitsentgelt zahlt oder der Arbl. das im Wege der Gleichwohlgewährung erhaltene Alg erstattet, soweit er selbst durch den ArbGeb befriedigt wird (s. Rz. 27). Denkbar ist auch, dass ein Dritter die Aufwendungen der BA ersetzt, etwa weil er zum Schadensersatz verpflichtet ist oder durch Verfügungen seitens des ArbGeb zur Zahlung veranlasst wurde. Ebenso rechnet hierzu der Fall, dass die BA als

---

1 BSG v. 23.1.1997 – 7 RAr 72/94, NZS 1997, 530. | **2** BSG v. 23.1.1997 – 7 RAr 72/94, NZS 1997, 530. | **3** Wie die gesetzliche Bestimmung der Urlaubsdauer nach § 3 BUrlG. | **4** Wie hier Gagel/*Winkler*, § 143 SGB III Rz. 54; offen gelassen in BSG v. 23.1.1997 – 7 RAr 72/94, NZS 1997, 530. | **5** BSG v. 26.6.1991 – 10 RAr 9/90, SozR 4100 § 117 Nr. 4. | **6** BAG v. 14.5.1986 – 8 AZR 604/84, NZA 1986, 834; v. 20.4.1989 – 8 AZR 621/87, NZA 1989, 763. | **7** Zu weit. Fällen der Erkrankung s. *Voelzke*, SGb 07, 713 (718). | **8** BSG v. 24.7.1986 – 7 RAr 4/85, BSGE 60, 168, 171; v. 14.7.1994 – 7 RAr 104/93, SozR 3-4100 § 117 Nr. 11 (S. 11). | **9** Nach § 128 I Nr. 1 mindert sich die Dauer des Anspruchs auf Alg um die Anzahl von Tagen, für die der Anspruch auf Alg erfüllt worden ist. | **10** BSG v. 24.7.1986 – 7 RAr 4/85, BSGE 60, 168 (171); v. 11.6.1987 – RAr 16/86, SozR 4100 § 117 Nr. 18. | **11** BSG v. 24.7.1986 – 7 RAr 4/85, BSGE 60, 168 (171); v. 11.11.1993 – 7 RAr 94/92, nv.

Inhaberin des Arbeitsentgeltanspruchs wegen Zahlungsunfähigkeit des ArbGeb aus der Insolvenzausfallversicherung nach § 183 Ersatz erlangt[1]. Es reicht indes nicht aus, dass sich die BA nicht um die Durchsetzung ihrer Ansprüche bemüht hat. Die Rspr. lehnt es ab, wenn es zu keinerlei Zahlungen gekommen ist, eine Gutschrift deshalb zu veranlassen, weil die BA nicht mit der erforderlichen Sorgfalt die auf sie übergegangenen Ansprüche verfolgt[2]. Ebenso steht es, wenn der ArbN bereits Klage auf Zahlung erhoben hatte und die Klage nach dem Forderungsübergang insoweit zurückgenommen hat. Dann wahrt eine erneute Klage der BA uU nicht mehr eine tarifl. Ausschlussfrist, der auch nach der Rspr. des BAG keine fristwahrende Wirkung – im Hinblick auf die fristgerechte Klage des ArbN – mehr zukommen kann[3].

Ebenso lehnt das BSG in std. Rspr.[4] ab, den Anspruch auf Alg **hinsichtlich der Höhe und Dauer zu korrigieren**, wenn mit der Beitreibung des Arbeitsentgelts für die Zeit bis zur Beendigung des Arbeitsverhältnisses danach an sich ein neuer (höherer) Anspruch begründet würde. Der im Wege der Gleichwohlgewährung begründete Anspruch auf Alg bleibt auch für weitere Fälle der Arbeitslosigkeit maßgeblich, bis eine neue Anwartschaft erfüllt ist. Es ändern sich weder der Bemessungszeitraum noch das Bemessungsentgelt. Hinsichtlich der Dauer des Anspruchs kann dies von Nachteil sein, wenn die bis zum ersten Tag der Gleichwohlgewährung zurückgelegten Zeiten nicht ausreichen, um einen Anspruch auf Alg mit einer längeren Dauer entstehen zu lassen. Die Höhe kann nachteilig dadurch beeinflusst werden, dass bei ordnungsgemäßer Abrechnung zum Zeitpunkt der Beendigung des Arbeitsverhältnisses ein für den ArbN günstigerer Bemessungszeitraum mit höherem Bemessungsentgelt zugrunde zu legen wäre[5]. Gleichwohl hält das BSG eine Korrektur nicht für geboten, da der ArbN von der Möglichkeit Gebrauch gemacht habe, Alg schon zu einer Zeit in Anspruch zu nehmen, in der über fortbestehende Arbeitsentgeltansprüche noch gestritten wurde und damit nicht das Risiko getragen habe, für die fragliche Zeit keinerlei Leistungen zu erhalten. Daher sei er einer Vergleichsperson, die zunächst ihre Rechte aus dem Arbeitsverhältnis klären ließe, bevor sie Leistungen aus der ArblV in Anspruch nehme, nicht gleich zu stellen[6]. Schließlich könnten ja die erzielten Entgelte bei einer erneuten Erfüllung der Anwartschaftszeit Grundlage einer späteren Alg-Bewilligung sein[7]. Zum Ausgleich dieser Rspr. kommen nur **Schadensersatzansprüche gegen den ArbGeb** in Betracht, wenn die zu dem früheren Zeitpunkt ausgesprochene Kündigung ersichtlich rechtswidrig war und damit eine schuldhafte Pflichtverletzung des Arbeitsvertrages nach §§ 280 I, 241 II BGB darstellte bzw. unter dem Gesichtspunkt des Schuldnerverzuges (§§ 280, 286, 287 BGB) wegen vorenthaltener Vergütungszahlung[8]. 22

2. **Anspruchsübergang auf die BA.** Der Anspruch auf Arbeitsentgelt bzw. die Urlaubabgeltung geht **zum Zeitpunkt der Zahlung des Alg**, nicht bereits mit dessen Bewilligung, nach § 115 SGB X auf die BA über. Bei § 115 SGB X handelt es sich um einen gesetzl. Forderungsübergang zu Gunsten von Sozialleistungsträgern mit der Folge der Anwendbarkeit der §§ 412, 399–404, 406–410 BGB[9]. So kann der BA eine tarifl. Ausschlussfrist, soweit sie gerichtliche Geltendmachung erfordert, auch dann entgegengehalten werden, wenn der ArbN vor dem Anspruchsübergang fristwahrend Klage erhoben hatte und diese aber im Hinblick auf den Rechtsübergang teilweise zurückgenommen hatte und damit die Klage insoweit als nicht anhängig gilt[10]. Der Rechtsübergang **entfällt rückwirkend**, wenn die Bewilligung des Alg aufgehoben wird[11]. Der Rückfall an den ArbN erfolgt aber nicht, wenn der ArbN vom ArbGeb Arbeitsentgelt erhält und die BA daraufhin gegen den ArbN nach Abs. 3 S. 2 vorgeht und Erstattung verlangt, weil der ArbN dann die Leistung tatsächlich erhalten hat[12]. Ob die BA trotz der Zahlung an den ArbN noch gegen den ArbGeb vorgehen kann, bestimmt sich nach § 407 BGB (s. Rz. 26). 23

Der Rechtsübergang nach § 115 SGB X **beschränkt sich auf Zeiten, für die Alg gezahlt wird, und auf die Höhe des gezahlten Alg.** Der Spitzbetrag verbleibt beim ArbN. Im Falle des Abs. 2 geht der Anspruch nur für die Dauer des abgegoltenen Urlaubs über (s. Rz. 17) und beschränkt sich auf die Höhe des gezahlten Alg in diesem Zeitraum. Im Rahmen der Entgeltklage gegen den ArbGeb ist das gezahlte Alg vom Klageantrag abzusetzen (s. Rz. 3). Zahlt der ArbGeb das Arbeitsentgelt dennoch in voller Höhe an den ArbN, kommt ein Rückforderungsanspruch wegen ungerechtfertigter Bereicherung nach § 812 BGB in Betracht[13]. 24

Der **ArbGeb wird durch die Zahlung an den ArbN nur frei**, wenn er vom Rechtsübergang auf die BA nichts wusste (§ 407 BGB). Grob fahrlässige Unkenntnis steht der Kenntnis vom Forderungsübergang 25

1 BSG v. 24.7.1986 – 7 RAr 4/85, BSGE 60, 168 (171). |2 BSG v. 11.6.1987 – RAr 16/86, SozR 4100 § 117 Nr. 18; krit. Gagel/*Winkler*, § 143 SGB III Rz. 71 f. |3 BAG v. 19.2.2003 – 4 AZR 168/02, EzA § 4 TVG – Ausschlussfristen Nr. 164. |4 BSG v. 3.12.1998 – B 7 AL 34/98, SozR 3-4100 § 117 Nr. 17; vgl. bereits BSG v. 11.6.1987 – 7 RAr 40/86, SozR 4100 § 117 Nr. 19. |5 Zusammenfassend BSG v. 29.9.1987 – 7 RAr 59/86, SozR 4100 § 117 Nr. 20 (S. 108). |6 BSG v. 3.12.1998 – B 7 AL 34/98, NZS 1999, 468. |7 BSG v. 11.6.1987 – 7 RAr 40/86, BSGE 59, 183 (186 f.). |8 Vgl. BAG v. 17.7.2003 – 8 AZR 486/02, AP Nr. 27 zu § 611 BGB – Haftung des Arbeitgebers, wo ein entsprechendes Schadensersatzbegehren gegenüber dem ArbGeb an der Ausschlussfrist scheiterte. |9 *Kater* in Kasseler Kommentar, § 115 Rz. 32. |10 BAG v. 19.2.2003 – 4 AZR 168/02, EzA § 4 TVG – Ausschlussfristen Nr. 164. |11 Gagel/*Winkler*, § 143 SGB III Rz. 69. |12 AA Niesel/*Düe*, § 143 SGB III Rz. 37; wie hier Gagel/*Winkler*, § 143 SGB III Rz. 69 unter Hinweis auf BGH v. 25.6.1990 – II ZR 119/89, BB 1990, 1653. |13 BAG v. 25.3.1992 – 5 AZR 254/91, NZA 1992, 1081.

aber nicht gleich[1]. Beim gesetzl. Forderungsübergang stellt die Rspr. aber keine hohen Anforderungen an die Kenntnis, sondern lässt genügen, dass dem Schuldner die den Forderungsübergang begründenden Tatsachen bekannt sind[2]. Die Kenntnis der Arbeitslosigkeit des ArbN wird man daher ausreichen lassen müssen, wenn der Kündigungstermin abgelaufen ist, weil sich ArbN im Anschluss auch im Falle der Erhebung einer Kündigungsschutzklage regelmäßig arbeitslos melden[3]. Die BA übersendet aber auch unmittelbar im Anschluss an die Arbeitslosmeldung eine Mitteilung über den Forderungsübergang[4], wenn die Voraussetzungen für eine Alg-Zahlung vorliegen.

26 **3. Erstattung durch den Arbeitnehmer. a) Befreiende Zahlung durch den Arbeitgeber nach Anspruchsübergang.** Der ArbN hat das Alg, wenn der ArbGeb mit befreiender Wirkung (s. Rz. 25) an den ArbN gezahlt hat, nach Abs. 3 S. 2 an die BA zu erstatten. Diese Vorschrift entspricht § 816 II BGB. Den Erstattungsanspruch kann die BA mittels Verwaltungsaktes geltend machen; einer vorherigen Aufhebung des Bewilligungsbescheides bedarf es dafür nicht[5]. Insoweit erstattet der ArbN nicht eigentlich Alg, sondern zahlt das vom ArbGeb geleistete Arbeitsentgelt an die BA als wahre Berechtigte zurück[6]. Der ArbGeb kann einem etwaigen Zahlungsverlangen der BA die Leistung an den ArbN nach §§ 412, 407 BGB entgegenhalten.

27 **b) Genehmigung nicht befreiender Zahlung durch die BA (Wahlrecht).** Die BA kann aber auch die nicht befreiende Zahlung durch den ArbGeb (s. Rz. 25) genehmigen und gegen den ArbN nach Abs. 3 S. 2 vorgehen und Zahlung an sich verlangen, § 185 II iVm. § 362 II BGB[7]. Die Genehmigungsmöglichkeit setzt nicht voraus, dass die BA zunächst erfolglos gegen den ArbGeb vorgegangen ist[8]. Der ArbN, der in einem solchen Fall Doppelleistungen erhält, ist nur in Ausnahmefällen schutzwürdig, wenn die Genehmigung gegen § 242 BGB verstößt oder die Arbeitsentgeltzahlung zwischen ArbGeb und ArbN rückgängig gemacht worden ist (s. Rz. 24)[9]. Die Genehmigung erfolgt konkludent, wenn die BA gegen den ArbN vorgeht[10], im Übrigen, wenn sie gegen den ArbGeb wegen einer vereinbarten Ausschlussfrist nicht mehr vorgehen kann[11].

28 **c) Zahlung vor Anspruchsübergang.** Eine Erstattung nach Abs. 3 S. 2 kommt nicht in Betracht, wenn der ArbN **Arbeitsentgelt oder eine Urlaubsabgeltung erhalten hat, bevor das Alg** ausgezahlt erhält. Die Gleichwohlgewährung nach Abs. 3 setzt nämlich voraus, dass der das Ruhen bewirkende Anspruch auf Arbeitsentgelt oder Urlaubsabgeltung nicht erfüllt worden ist. Das BSG[12] hat dies im Zusammenhang mit einer vorher ausgezahlten Abfindung mehrfach entschieden (vgl. dazu § 143a IV, der eine gleich lautende Erstattungsregelung enthält). Die BA hat in einem solchen Fall, wenn sie von der Zahlung erfährt, den Alg-Bescheid nach vorheriger Anhörung des ArbN aufzuheben und das gezahlte Alg nach § 50 SGB X zurückzufordern. Die Rückforderung nach Abs. 3 S. 2 enthalte eine solche Aufhebung nicht. Bei der Rückforderung handelt es sich nämlich um eine gebundene Entscheidung, während die Aufhebung des Bewilligungsbescheides eine Ermessensausübung sowie Verschuldensprüfung voraussetzt (vgl. § 45 I iVm. II SGB X); eine Umdeutung scheitert deshalb an § 43 II SGB X[13].

29 **d) Folge von Teilzahlungen.** Fraglich ist, ob die BA auch dann nach Abs. 3 S. 2 **Erstattung beim ArbN vorlangen kann**, wenn der ArbN **nur Teilzahlungen bis zur Höhe der ihm verbliebenen Anteile** auf den Anspruch erhält, der Anlass für das Ruhen nach Abs. 1 oder 2 (Ansprüche auf Arbeitsentgelt oder Urlaubsabgeltung; im Falle des § 143a: Abfindungen) ist. Denn § 143 III SGB III iVm. § 115 SGB X lässt den Anspruch nur in Höhe des gezahlten Alg übergehen, so dass der Anspruch auf den Spitzbetrag beim ArbN verbleibt. Nach Auffassung des BSG[14] kann die BA jedoch auch bei Teilzahlungen die Rückforderung des gezahlten Alg bis zum Betrag der erhaltenen Teilzahlung nach Abs. 3 S. 2 gegenüber dem ArbN geltend machen (evt. nach Genehmigung einer nicht befreienden Leistung des ArbGeb, vgl. Rz. 27), jedenfalls in Höhe des auf sie entfallenden Anteils (was bei der Ruhensregelung wegen eines Abfindungsanspruchs nach § 143a I iVm. IV eine Rolle spielt). Das Gesetz sehe ein Vorrecht des ArbN an den tatsächlichen Zahlungen nicht vor. Dies führt dazu, dass der ArbN bei Teilzahlungen auf das Arbeitsentgelt, wenn er gleichzeitig Alg bezogen hat, sich eine Verrechnung auf das Alg gefallen lassen muss.

30 Diese Rspr. begegnet **Bedenken**. Der Senat stellt entscheidend auf den Umstand ab, dass der Anspruch auf Alg auch geruht hätte, wenn die Teilzahlung vorher erfolgt wäre, und dann eine Gleichwohl-

---

1 Palandt/*Heinrichs*, § 407 BGB Rz. 6. | 2 Vgl. BGH v. 20.9.1994 – VI ZR 285/93, BGHZ 127, 120 (128), betr. Forderungsübergang nach § 116 SGB X: Kenntnis der die Versicherungspflicht ausmachenden Tatsachen ausreichend. | 3 Zurückhaltender wohl die Rspr., die die Kenntnis vom Alg-Bezug ausreichen lassen will, vgl. BSG v. 29.8.1991 – 7 RAr 130/90, NZA 1992, 387; BAG v. 13.1.1982 – 5 AZR 546/79, BB 1982, 1364. | 4 *Weber/Ehrich/Hoß*, Teil 4 Rz. 71, wo aber unzutr. von einer „Überleitungsanzeige" die Rede ist; der Rechtsübergang nach § 115 SGB X setzt aber keinen Verwaltungsakt zu seiner Wirksamkeit voraus, vgl. dazu BSG v. 14.7.1994 – 7 RAr 104/93, SGb 1995, 405. | 5 BSG v. 14.9.1990 – 7 RAr 128/89, BSGE 67, 221. | 6 BSG v. 8.2.2001 – B 11 AL 59/00, NZS 2002, 230. | 7 BSG v. 14.9.1990 – 7 RAr 128/89, BSGE 67, 221; v. 16.10.1991 – 11 RAr 137/90, NZA 1992, 619. | 8 BSG v. 22.10.1998 – B 7 AL 106/96 R. | 9 BSG v. 22.10.1998 – B 7 AL 106/96 R, BSGE 82, 83. | 10 BSG v. 14.9.1990 – 7 RAr 128/89, BSGE 67, 221; v. 16.10.1991 – 11 RAr 137/90 NZA 1992, 619. | 11 BSG v. 14.9.1990 – 7 RAr 128/89, BSGE 67, 221. | 12 BSG v. 3.3.1993 – 11 RAr 49/92, BSGE 72, 111; v. 14.7.1994 – 7 RAr 104/93,SGb 1995, 405. | 13 BSG v. 3.3.1993 – 11 RAr 49/92, BSGE 72, 111 (117). | 14 BSG v. 8.2.2001 – B 11 AL 59/00 R, NZS 2002, 230; anders noch BSG v. 13.3.1990 – 11 RAr 69/89, NJW 1990, 2772.

gewährung ausgeschlossen gewesen wäre: Die Ansprüche dagegen, die der ArbGeb nicht erfülle, blieben grds. außer Betracht, insoweit wäre ein Tatbestand des § 143 III 1 (Gleichwohlgewährung) gegeben[1]. Folglich solle die BA als wirtschaftl. für den ArbGeb Vorleistende nicht gänzlich zurückstehen, wenn der ArbGeb nachträglich seine Schulden zahle. Aber damit wird nicht erklärt, dass dem ArbN kein Anspruch auf Alg im Wege der Gleichwohlgewährung zusteht, wenn er nur einen erheblich geringeren Anteil des ihm für denselben Zeitraum zustehenden Arbeitsentgelts erhält. Die Logik des § 143 I und III lässt die Gleichwohlgewährung auch dann zu, wenn der Anspruch zT gezahlt und zT nur zu beanspruchen ist; denn in beiden Fällen ruht der Anspruch nach Abs. 1 und für die teilweise Nichtzahlung dann wieder nicht (Abs. 3). Vielmehr beruht die Wendung des Abs. 3 „soweit der Arbeitslose die ... genannten Leistungen (...) tatsächlich nicht erhält, wird das Arbeitslosengeld auch für die Zeit geleistet ...“ auf dem Gedanken, dass eine teilweise Nichterfüllung vorliegen kann und insoweit Alg gleichwohl gezahlt werden kann. Erhält der ArbN nur 10 Euro für einen Monat, ist hierdurch nicht schon die Zahlung von Alg für den Monat ausgeschlossen! Der Vergleich des vorher und später begründet daher ein tatsächliches Vorrecht der BA an geleisteten Teilzahlungen nicht. Vielmehr gibt der ArbGeb zu erkennen, dass er mit Zahlung an den ArbN dessen Forderung und nicht die auf die BA übergegangene erfüllen will. Sollte er hinsichtlich des gesetzl. Forderungsübergangs gutgläubig sein, hindert dies eine entsprechende Wertung zu Gunsten seines Altgläubigers nicht.

143a *Ruhen des Anspruchs bei Entlassungsentschädigung*

(1) Hat der Arbeitslose wegen der Beendigung des Arbeitsverhältnisses eine Abfindung, Entschädigung oder ähnliche Leistung (Entlassungsentschädigung) erhalten oder zu beanspruchen und ist das Arbeitsverhältnis ohne Einhaltung einer der ordentlichen Kündigungsfrist des Arbeitgebers entsprechenden Frist beendet worden, so ruht der Anspruch auf Arbeitslosengeld von dem Ende des Arbeitsverhältnisses an bis zu dem Tage, an dem das Arbeitsverhältnis bei Einhaltung dieser Frist geendet hätte. Diese Frist beginnt mit der Kündigung, die der Beendigung des Arbeitsverhältnisses vorausgegangen ist, bei Fehlen einer solchen Kündigung mit dem Tage der Vereinbarung über die Beendigung des Arbeitsverhältnisses. Ist die ordentliche Kündigung des Arbeitsverhältnisses durch den Arbeitgeber ausgeschlossen, so gilt bei

1. zeitlich unbegrenztem Ausschluss eine Kündigungsfrist von 18 Monaten,

2. zeitlich begrenztem Ausschluss oder bei Vorliegen der Voraussetzungen für eine fristgebundene Kündigung aus wichtigem Grund die Kündigungsfrist, die ohne den Ausschluss der ordentlichen Kündigung maßgebend gewesen wäre.

Kann dem Arbeitnehmer nur bei Zahlung einer Entlassungsentschädigung ordentlich gekündigt werden, so gilt eine Kündigungsfrist von einem Jahr. Hat der Arbeitslose auch eine Urlaubsabgeltung (§ 143 Abs. 2) erhalten oder zu beanspruchen, verlängert sich der Ruhenszeitraum nach Satz 1 um die Zeit des abgegoltenen Urlaubs. Leistungen, die der Arbeitgeber für den Arbeitslosen, dessen Arbeitsverhältnis frühestens mit Vollendung des 55. Lebensjahres beendet wird, unmittelbar für dessen Rentenversicherung nach § 187a Abs. 1 des Sechsten Buches aufwendet, bleiben unberücksichtigt. Satz 6 gilt entsprechend für Beiträge des Arbeitgebers zu einer berufsständischen Versorgungseinrichtung.

(2) Der Anspruch auf Arbeitslosengeld ruht nach Absatz 1 längstens ein Jahr. Er ruht nicht über den Tag hinaus,

1. bis zu dem der Arbeitslose bei Weiterzahlung des während der letzten Beschäftigungszeit kalendertäglich verdienten Arbeitsentgelts einen Betrag in Höhe von sechzig Prozent der nach Absatz 1 zu berücksichtigenden Entlassungsentschädigung als Arbeitsentgelt verdient hätte,

2. an dem das Arbeitsverhältnis infolge einer Befristung, die unabhängig von der Vereinbarung über die Beendigung des Arbeitsverhältnisses bestanden hat, geendet hätte oder

3. an dem der Arbeitgeber das Arbeitsverhältnis aus wichtigem Grunde ohne Einhaltung einer Kündigungsfrist hätte kündigen können.

Der nach Satz 2 Nr. 1 zu berücksichtigende Anteil der Entlassungsentschädigung vermindert sich sowohl für je fünf Jahre des Arbeitsverhältnisses in demselben Betrieb oder Unternehmen als auch für je fünf Lebensjahre nach Vollendung des fünfunddreißigsten Lebensjahres um je fünf Prozent; er beträgt nicht weniger als fünfundzwanzig Prozent der nach Absatz 1 zu berücksichtigenden Entlassungsentschädigung. Letzte Beschäftigungszeit sind die am Tag des Ausscheidens aus dem Beschäftigungsverhältnis abgerechneten Entgeltabrechnungszeiträume der letzten zwölf Monate; § 130 Abs. 2 Satz 1 Nr. 3 und Abs. 3 gilt entsprechend. Arbeitsentgeltkürzungen infolge von Krankheit, Kurzarbeit, Arbeitsausfall oder Arbeitsversäumnis bleiben außer Betracht.

(3) Hat der Arbeitslose wegen Beendigung des Beschäftigungsverhältnisses unter Aufrechterhaltung des Arbeitsverhältnisses eine Entlassungsentschädigung erhalten oder zu beanspruchen, gelten die Absätze 1 und 2 entsprechend.

1 So der 7. Senat in BSG v. 28.8.1991 – 7 RAr 130/90, NZA 1992, 387.

(4) Soweit der Arbeitslose die Entlassungsentschädigung (Arbeitsentgelt im Sinne des § 115 des Zehnten Buches) tatsächlich nicht erhält, wird das Arbeitslosengeld auch für die Zeit geleistet, in der der Anspruch auf Arbeitslosengeld ruht. Hat der Verpflichtete die Entlassungsentschädigung trotz des Rechtsübergangs mit befreiender Wirkung an den Arbeitslosen oder an einen Dritten gezahlt, hat der Bezieher des Arbeitslosengeldes dieses insoweit zu erstatten.

Fassung: Drittes Gesetz für moderne Dienstleistungen am Arbeitsmarkt v. 23.12.2003 (BGBl. I S. 2848).

1 **I. Allgemeines. 1. Inhalt und Bedeutung der Vorschrift.** Die Vorschrift ordnet das Ruhen eines im Anschluss an das Arbeitsverhältnis (Ausnahme Abs. 3, dazu Rz. 40 f.) bestehenden Anspruchs auf Alg wegen Zahlung einer Abfindung an, wenn das Arbeitsverhältnis unter Nichteinhaltung der Kündigungsfrist beendet wird. Damit knüpft sie gedanklich an die voranstehende Ruhensregelung des § 143 an, der für Zeiten während des Arbeitsverhältnisses bei gleichzeitigem Anspruch auf Alg dessen Ruhen bestimmt, bzw. für Zeiten im Anschluss bei Anspruch auf eine Urlaubsabgeltung. Ebenso wie bei § 143 löst sowohl die Zahlung der ArbGebLeistung als auch das Bestehen eines Anspruchs das Ruhen aus; solange der ArbN die Leistung nicht erhält, besteht die Möglichkeit der Gleichwohlgewährung (Abs. 4). Der Anspruch geht dann in Höhe des gleichwohl gezahlten Alg auf die BA nach § 115 SGB X über.

2 Das Ruhen gilt auch, wenn erst **während eines Kündigungsschutzprozesses**, in dessen Verlauf die Arbeitsvertragsparteien sich vergleichsweise über die Beendigung des Arbeitsverhältnisses gegen Zahlung einer Abfindung einigen, der ArbN Alg bezogen hat. Die Abfindungssumme verringert sich dann rechnerisch um den zum Ruhen gelangten Teil (Einzelheiten der Berechnung s. Rz. 29 ff.). Es bedarf einer besonderen Regelung im Vergleich, dass die auf die BA übergegangenen Ansprüche zusätzlich vom ArbGeb zu tragen sind[1]. Der ArbN hat dem ArbGeb einen zu viel gezahlten Betrag nach § 812 I BGB zurückzuzahlen, es sei denn, dass der ArbGeb hinsichtlich des Ruhens gutgläubig war (§ 407 BGB) oder die BA gegen den ArbN – ggf. nach Genehmigung der Zahlung durch den ArbGeb (§§ 362 II, 185 II BGB) – nach Abs. 4 vorgeht.

3 Die Vorschrift beruht auf der unwiderlegbaren **Vermutung, dass eine Abfindung immer dann auch Arbeitsentgelt enthält**, wenn das Arbeitsverhältnis zu einem Zeitpunkt beendet wird, ohne dass die für den ArbN maßgebende Kündigungsfrist eingehalten wird[2]. Der ArbN erhält statt des Arbeitsentgelts eine Entlassungsentschädigung, deren Höhe sich idR auch an der Dauer der für den ArbN geltenden Kündigungsfrist orientiert. Sie greift folglich überhaupt nicht ein, wenn die Arbeitsvertragsparteien bei der Wahl des Beendigungszeitpunktes den Termin des Ablaufs der ordentl. Kündigung einhalten. Dazu, wie der Lauf der Kündigungsfrist im jeweiligen Fall berechnet wird, s. Rz. 20 ff. Sie greift auch nicht ein für einen Zeitraum des Alg-Bezugs, zu dem der ArbGeb zur Kündigung des Arbeitsverhältnisses aus wichtigem Grund ohne Einhaltung der Kündigungsfrist berechtigt war (Abs. 2 S. 2 Nr. 3), weil dann nicht vermutet werden kann, dass die gezahlte Entschädigung Arbeitsentgelt enthält.

4 Die Vorschrift unterscheidet nicht zwischen ArbN, deren Arbeitsverhältnis regulär, und solchen, **denen nur gegen Zahlung einer Abfindung überhaupt gekündigt** werden kann (Abs. 1 S. 4). Soll den ArbN aber mit der Zahlung der Entlassungsentschädigung der Bestandsschutz (durch TV, Arbeitsvertrag oder BV) genommen werden, kann nicht vermutet werden, dass die Abfindung in gleicher Weise wie bei ordentlich kündbaren ArbN den Verlust des Arbeitsentgelts ausgleichen soll, sondern dass sie in erster Linie den sozialen Besitzstand ausgleicht. Dem gelten aber die Freibetragsregelungen der Abs. 2 S. 2 Nr. 1 und S. 3 (s. Rz. 42 ff.). Damit ist die Vorschrift des Abs. 1 S. 4, die sogar die Berücksichtigung einer fiktiven Kündigungsfrist von einem Jahr (!) vorsieht, von der Gesetzessystematik und ihrem Grundgedanken missglückt. Außerdem kann der Fall, dass dem ArbN nur bei Zahlung einer Abfindung gekündigt werden kann, nicht mit dem Fall, dass die Kündigung erst von der Zustimmung der Tarifpartner abhängig ist oder an die Aufstellung eines Sozialplans geknüpft ist, gleichgestellt werden. Das BSG[3] hat sich entsprechenden Bedenken *Gagels*[4] jedoch nicht angeschlossen, sondern lediglich bei unkündbaren ArbN, denen nach § 626 BGB aus wichtigem Grund unter Wahrung einer Auslauffrist gekündigt werden kann[5], die fiktive Kündigungsfrist des Abs. 1 S. 4 auf die sonst geltende Auslauffrist reduziert[6]. Auch eine Wiedereröffnung der Kündbarkeit, die an das Vorliegen einer Betriebsänderung geknüpft ist, soll die fiktive Kündigungsfrist von einem Jahr auslösen (vgl. Rz. 23).

5 Das Ruhen bewirkt, dass der ArbN keine Leistungen der ArblV für den Ruhenszeitraum in Anspruch nehmen kann. Damit hat er aber auch **keinen Schutz in den übrigen Zweigen der SozV** (Renten-, Kranken- und Pflegeversicherung). Anders sieht es aus, wenn der Anspruch auf Alg zwar ruht, der ArbN aber gleichwohl Alg nach Abs. 4 bezieht (s. Rz. 42 ff.), weil der ArbGeb die Abfindung nicht ausgezahlt

1 BAG v. 25.3.1992 – 5 AZR 254/91,NZA 1992 1081; v. 9.10.1996 – 5 AZR 246/95, NZA 1997, 376. | 2 *Rockstroh/Polduwe*, DB 1999, 529 (530). | 3 BSG v. 5.2.1998 – B 11 AL 65/97 R, NZS 1998,538; v. 29.1.2001 – B 7 AL 62/99 R, NZA-RR 2002, 441. | 4 § 143a SGB III, Rz. 59 ff.; *Gagel*, NZS 2000, 327 ff.; im Anschluss auch GK-SGB III/*Masuch*, § 143 Rz. 52 ff.; *Köster*, NZS 2000, 536 (537); *Valgolio* in Hauck/Noftz, § 143a SGB III Rz. 59 ff. | 5 Dazu BAG v. 11.3.1999 – 2 AZR 427/98, AP Nr. 150 zu § 626 BGB. | 6 BSG v. 29.1.2001 – B 7 AL 62/99 R, BSSE 87, 250 (259).

hat. In diesem Fall ist der Arbl. infolge des Leistungsbezugs kranken-[1], renten- und pflegeversichert (vgl. auch 144 Rz. 33). Der Anspruch auf Erstattung im Falle nachträglicher Erfüllung durch den ArbGeb (Abs. 4 S. 2) lässt diesen Versicherungsschutz grds. auch nicht rückwirkend entfallen[2].

Die nachteiligen Folgen für den Schutz in der SozV lassen sich vermeiden, indem durch Fälligstellung geringerer Ratenzahlungen in dem für das Ruhen in Betracht kommenden Zeitraum, für den dann Alg zunächst im Wege der Gleichwohlgewährung zu einem Teil zahlen ist[3], der Versicherungsschutz mit dem Leistungsbezug begründet wird. Infolge der Kapitalisierung (s. Rz. 19) der Ratenzahlungen für die Berechnung des zum Ruhen führenden Anteils wird sich später uU ein höherer Erstattungsanspruch der BA errechnen, der aber nur das gezahlte Alg, nicht die darauf entrichteten Beiträge umfasst (anders bei Geltendmachung des nach § 143 III gezahlten Alg, bei dem den ArbGeb eine Erstattungspflicht für gezahlte Beiträge trifft, vgl. § 335 III). Eine spätere Fälligstellung nach Ablauf des Ruhenszeitraums begründet für den gesamten Zeitraum Ansprüche auf Alg im Wege der Gleichwohlgewährung und damit ebenso den Versicherungsschutz in der SozV. Auch hier müssen spätere Erstattungsansprüche der BA bzw. der Anspruchsübergang nach § 115 SGB X infolge der Gleichwohlgewährung bedacht werden (s. Rz. 43). 6

2. Gesetzeshistorischer Hintergrund. Die Regelung ist seit 1.4.1999 in Kraft und löst ihre **Vorgängerregelung** zur Anrechnung von Entlassungsentschädigungen auf das Alg **nach § 140 SGB III** ab[4]. Sie ist exakt der früheren Ruhensregel in § 117 II und III AFG nachgebildet und führte mit einer leichten Anhebung der Freibetragsregelung (des Grundbetrags von 30 auf 40% der Gesamtabfindungssumme, vgl. Rz. 29 ff.) den früheren Rechtszustand (vor 1.4.1997) wieder herbei (s. auch § 427 IV SGB III). 7

Für Abfindungen nach **§ 1a KSchG** gilt die Vorschrift nach übereinst. Auffassung nicht[5]. Sie gleicht lediglich den verlorenen Besitzstand aus, da sie an die (Vorstellung der) Einhaltung der Kündigungsfrist durch den ArbGeb anknüpft (vgl. Rz. 3). 8

Einstweilen frei. 9

Die Anrechnungsregelung nach derzeitigem Muster wird vielfach durch **Rückdatierung von Aufhebungsvereinbarungen** zu umgehen versucht, wobei bereits mehrere Gerichtsentscheidungen zur Sittenwidrigkeit der zu Lasten der BA rückdatierten Verträge vorliegen[6]. Richtigerweise wird von einem Scheingeschäft nach § 117 BGB auszugehen sein, das verdeckte Geschäft (§ 117 II BGB) ist demgegenüber nach der Regelung des § 143a zu beurteilen. Soweit § 623 BGB für Aufhebungsverträge die Schriftform vorsieht, ist die fehlende schriftl. Datumsangabe des verdeckten Aufhebungsvertrages ohne Auswirkungen auf die Einhaltung der Form. 10

3. Verfassungsfragen. Das BVerfG hat zu einer Vorläuferregelung der mit § 143a übernommenen Anrechnungsregelung in § 117 II und III AFG bereits Stellung genommen und hier insb. die Bedeutung des gestaffelten Freibetrages als Entschädigung für den sozialen Besitzstand hervorgehoben[7]. Die Ausgangsregelung in § 117 II AFG[8] war vom BVerfG[9] wegen der fehlenden Freibetragsregelung und fehlenden Differenzierung zwischen ArbN, denen ordentlich und denen außerordentl. gekündigt worden war, für verfassungswidrig erklärt worden. Spätere Änderungen des Gesetzes haben nur die Berechnungsvorschriften bei der Umrechnung der Abfindung in Arbeitsentgelt (s. Rz. 29 ff.) und die Frage des Ruhens bei Ausspruch einer außerordentl. Kündigung unter Einhaltung der sonst geltenden ordentl. Kündigung (Abs. 1 S. 3 Nr. 2) betroffen, so dass für die Frage der Verfassungsmäßigkeit auf die bisherigen Gerichtsentscheidungen zurückgegriffen werden kann. Dies gilt umso mehr, als die Freibetragsregelung durch die Neufassung in § 143a zu Gunsten der ArbN verbessert wurde (s. bereits Rz. 7). Zur Frage der Verfassungsmäßigkeit der Ruhensregelung für ordentl. unkündbare ArbN, denen nur bei Zahlung einer Abfindung gekündigt werden kann, s. Rz. 4. Die Nachfolgebestimmung des zwischenzeitlich aufgehobenen § 140 berücksichtigte die Entschädigungsfunktion für den sozialen Besitzstand nur durch einen pauschalen Anrechnungsbetrag und entbehrte darüber hinaus einer hinreichenden Differenzierung zwischen den unterschiedlichen Situationen, die zur Auflösung des Arbeitsverhältnisses führen[10]. 11

II. Ruhen des Arbeitslosengeldes wegen Zahlung einer Entlassungsentschädigung. 1. Struktur. a) Zeitliche Begrenzungen des Ruhenszeitraums. Die Anrechnungsregelungen sanktioniert gewissermaßen die **Abkürzung von Kündigungsfristen** durch Disposition der Arbeitsvertragsparteien. Dies be- 12

1 Nach § 5 I Nr. 2 SGB V. | 2 Vgl. zu Einzelheiten *Hanau/Peters-Lange*, NZA 1989, 785 (788 f.). | 3 Vgl. *Gagel*, § 143a SGB III Rz. 116b. | 4 Gesetz zur Änderung der Berücksichtigung von Entlassungsentschädigungen im Arbeitsförderungsrecht v. 24.3.1999, BGBl. I S. 396. | 5 *Gagel/Peters-Lange*, NZA 2005, 740 (742); *Voelzke*, SGb 07, 713 (716). | 6 ArbG Wetzlar v. 24.8.1993, EzA § 611 BGB – Aufhebungsvertrag Nr. 14; LAG Hamm v. 27.11.1997 – BB 1998, 541; aA LAG Bad.Württ. v. 22.5.1991 – 12 Sa 160/90, BB 1991, 2225; *Weber/Ehrich/Burmester*, Teil 1 Rz. 816; nach *Gagel*, § 143a SGB III Rz. 27 ist lediglich die Rückdatierung sittenwidrig, der Vertrag aber im Übrigen wirksam. | 7 BVerfG v. 14.12.1978 – 1 BvR 1011/81, SozR 4100 § 117 Nr. 8. | 8 IdF vor dem 4. AFG-ÄndG v. 12.12.1977, BGBl. I S. 2557. | 9 BVerfG v. 12.5.1976 – 1 BvL 31/73, BVerfGE 42, 176. | 10 Zu den verfassungsrechtlichen Bedenken vgl. *Gagel/Kreitner* in Das Arbeitsrecht der Gegenwart, 1997, (Bd. 35) S. 33 (54 ff.); *Rolfs*, NZA 1997, 793 (796).

deutet, dass wenn das Ende des Arbeitsverhältnisses vor einen durch den Ablauf der ordentl. Kündigungsfrist festgelegten Termin gelegt wird, der ArbN dies im Falle anschließender Arbeitslosigkeit mit der teilweisen Behandlung der Abfindung als eigentlichem Arbeitsentgelt „bezahlt". Eine im Hinblick auf die Abkürzung der Kündigungsfrist erhöhte Abfindung nutzt ihm also, soweit er ohnehin eine Abfindung erhalten hätte, nichts, wenn er im Anschluss arbeitslos ist, weil er dann bis zum Ablauf der Kündigungsfrist so behandelt wird, als würde ihm Arbeitsentgelt gezahlt. Nach dem Ablauf der Kündigungsfrist liegt dagegen, sofern nicht auch noch eine Sperrzeit wegen Lösung des Arbeitsverhältnisses zum Ruhen des Anspruchs geführt hat[1], deren kalendermäßiger Ablauf noch nicht beendet ist (s. dazu Erl. zu § 144), bei Erfüllung der sonstigen Voraussetzungen für den Anspruch auf Alg nach § 117 der Leistungsfall wieder vor. Die Anspruchsdauer wird durch den Ruhenstatbestand – anders als beim Lauf einer Sperrzeit (§ 128 I Nr. 4) auch nicht vermindert. Er wird also nur um die Zeit des Ruhens hinausgeschoben; im Anschluss aber in vollem Umfang wirksam. Damit treffen den Arbl. bei anschließender Langzeitarbeitslosigkeit keine gravierenden Nachteile.

13 Der Anspruch auf Alg ruht für die **Zeit zwischen der Beendigung** des Arbeitsverhältnisses auf Grund nicht fristgerechter Kündigung oder Abschluss eines Aufhebungsvertrages **und dem Zeitpunkt, zu dem das Arbeitsverhältnis geendet hätte**, wenn eine ordentl. Kündigung ausgesprochen worden wäre. Längstens darf dieser Zeitraum ein Jahr betragen (Abs. 2 S. 1). Der Ruhenszeitraum stimmt damit aber nicht notwendig mit der Kündigungsfrist für den ArbN überein: Diese beginnt nämlich grds. mit dem Ausspruch der Kündigung, die der Beendigung vorausgegangen ist; wenn eine Kündigung nicht vorausging mit dem Datum des Abschlusses des Aufhebungsvertrages (Abs. 2 S. 2). Dieser Zeitpunkt wird idR vor dem Ende des Arbeitsverhältnisses liegen, es sei denn, es liegt eine außerordentl. Kündigung seitens des ArbN[2] vor. Wenn der ArbGeb außerordentlich kündigt oder ein solches Kündigungsrecht hat, unterstellt das Gesetz der gleichwohl gezahlten Abfindung keine Ausgleichsfunktion für entgangenes Arbeitsentgelt, vgl. Abs. 2 S. 2 Nr. 3.

14 Der Ruhenszeitraum endet also grds. mit dem **Ablauf der ordentl. Kündigungsfrist**. Dies bedeutet für sog. **unkündbare ArbN** aber nicht, dass hier kein Ruhen eintritt, denn das Gesetz unterstellt für eine gleichwohl vereinbarte Beendigung, dass auch hier die gezahlte Abfindung Arbeitsentgeltanteile enthält. Deshalb fingiert das Gesetz für solche ArbN Kündigungsfristen (Abs. 1 S. 3 u. 4). Für **befristete** Arbeitsverhältnisse, gleichgültig ob kündbar oder nicht, begrenzt der Ablauf der zeitlichen Befristung den Ruhenszeitraum nach hinten.

15 **b) Quantitative Begrenzungen des Ruhenszeitraums.** Die quantitativen Grenzen des Ruhenszeitraums ergeben sich aus dem **anrechenbaren Teil der Abfindung**, der auf die Zahl der Arbeitstage umgelegt wird, an denen der ArbN einen entsprechenden Teil der Abfindung verdient hätte. Als Vergleichsmaßstab gilt das Arbeitsentgelt, dass der ArbN in der letzten Beschäftigungszeit erzielt hat. Maßgeblich sind als letzte Beschäftigungszeit die abgerechneten Entgeltabrechnungszeiträume der letzten 52 Wochen (bzw. 12 Monate) des Arbeitsverhältnisses; so dass bei Entgelterhöhungen in der letzten Zeit oder schwankenden Arbeitsentgelten ein Durchschnittswert zugrunde gelegt wird. Abs. 2 S. 4 Hs. 2 nimmt insoweit Bezug auf für die Berechnung des Alg geltende Vorschriften für eine Verlängerung des Bemessungszeitraums.

16 Der anrechenbare Teil, der für die Berechnung des Ruhens zugrunde gelegt wird, ergibt sich aus einem Grundbetrag von 60% der Abfindung, vermindert um 5% je 5 Jahre Betriebszugehörigkeit und 5% je 5 Lebensjahre nach Vollendung des 35. Lebensjahres. Der Gesetzgeber unterstellt damit richtig, dass ein höherer Anteil auf den Entschädigungsanteil der Abfindung für den Verlust des sozialen Besitzstandes entfällt, wenn das Arbeitsverhältnis im selben Unternehmen längere Zeit bestanden hat und/oder der ArbN ein höheres Lebensalter erreicht hat. Der Entschädigungsanteil für den Verlust des sozialen Besitzstandes kann sich maximal von 40 auf 75% erhöhen, denn für den anrechenbaren Teil legt das Gesetz gleichzeitig eine Mindesthöhe fest (Abs. 3 S. 3 letzter Hs.).

17 **Herauszurechnen** aus der Abfindung sind eine Urlaubsabgeltung, für die bereits nach § 143 II das Gesetz eine Ruhensbestimmung trifft – sie wird bei Ruhen des Alg wegen einer Abfindung auf den Ruhenszeitraum heraufaddiert (Abs. 1 S. 5). Ferner sind aus dem Abfindungsbetrag bestimmte Vorsorgeaufwendungen, die der ArbGeb für die Aufstockung der RV-Beiträge oder Beiträge zu einer berufsständischen Versorgungseinrichtung bei ausscheidenden ArbN ab vollendeten 55. Lebensjahr trägt, herauszurechnen. Abzuziehen ist ferner der Teil der Abfindung, der noch Arbeitsentgelt für die Zeit bis zum Ende des Arbeitsverhältnisses enthält, wenn der ArbN nicht bis zum Ende des Arbeitsverhältnisses laufendes Arbeitsentgelt erhalten hat oder dessen Höhe umstr. war und deshalb Teile des Arbeitsentgelts in die Abfindung versteckt worden sind (dieses Arbeitsentgelt ist noch der Zeit vor Beendigung des Arbeitsverhältnisses zuzuordnen)[3].

---

1 Zum Verhältnis der beiden Ruhenstatbestände des § 143a und § 144 s. Rz. 24 und § 144 Rz. 2; vgl. dazu auch BSG v. 7.8.1999 – B 7 AL 14/99, SozR 3-4100 § 119 Nr. 17. | 2 BSG v. 29.8.1991 – 7 RAr 130/90, NZA1992, 387. | 3 Ausf. dazu HzA/*Gagel* Teil 1, Teilbereich 8, Rz. 2864 ff.

2. Begriff der Entlassungsentschädigung. Das Gesetz umschreibt den Begriff der zum Ruhen führenden Leistung als „wegen der Beendigung des Arbeitsverhältnisses eine Abfindung, Entschädigung oder ähnliche Leistung (Entlassungsentschädigung)“. Mit der Aufzählung soll ersichtlich nur unterschiedlichen Bezeichnungen Rechnung getragen werden. Näheren Aufschluss über den Begriff gibt der beschriebene **Kausalzusammenhang** zwischen der Leistung und Beendigung des Arbeitsverhältnisses. Damit ist entscheidend, ob der ArbN die Zahlung auch ohne Beendigung des Arbeitsverhältnisses beanspruchen kann oder nicht[1]. Zahlungen, die nur anlässlich des Ausscheidens ausgezahlt werden, aber bereits während des Arbeitsverhältnisses erdient wurden, gehören deshalb nicht dazu, wie Jahressonderzahlungen, Urlaubsabgeltungen[2], Abfindungen von Betriebsrenten[3], Auszahlungen aus Anlagen im Rahmen der Vermögensbildung oder von Gewinnanteilen, Treueprämien für das Erreichen eines bestimmten Lebensalters oder Betriebszugehörigkeit[4]. 18

Unter den Begriff der Entlassungsentschädigung als **Synonym** für Abfindung, Entschädigung oder ähnliche Leistung wegen Beendigung des Arbeitsverhältnisses fallen demzufolge solche Leistungen, die den Verlust des Arbeitsplatzes ausgleichen und das wegfallende Arbeitsentgelt vorübergehend ersetzen sollen. Dazu gehören Überbrückungsgelder, Sozialplanleistungen[5], Schadensersatzansprüche nach § 628 II BGB[6], Raten- und Rentenzahlungen[7] und Darlehen, die ein Dritter gewährt und deren Rückführung durch den ArbGeb in Aussicht gestellt worden ist[8]. Nicht hierzu zählen Aufstockungsleistungen auf das Alg[9] (s. auch Rz. 44) und Abfindungen gem. § 1a KSchG (s. Rz. 8). Ratenzahlungen und Rentenzahlung sind für die Berechnung zu kapitalisieren, was sich uU günstig auf den Versicherungsschutz während des Ruhenszeitraums auswirken kann (s. Rz. 5 f.). 19

III. Berechnung des Ruhenszeitraums. 1. Berechnung des Ruhenszeitraums nach Abs. 1. a) Ablauf der ordentlichen Kündigungsfrist. Der Anspruch ruht längstens bis zum Ablauf der Frist, die im Falle einer ordentl. Kündigung für die Beendigung des Arbeitsverhältnisses gegolten hätte. Kündigungsfrist ist die im Einzelfall geltende gesetzl., tarifl. oder einzelvertragl. Frist für die Beendigung durch einseitige Gestaltungserklärung. Gesetzl. Kündigungsfristen ergeben sich aus § 622 BGB, § 113 InsO, § 86 SGB IX, § 29 HAG; im öffentl. Dienst regelt § 34T VöD besondere Kündigungsfristen. Maßgeblich sind nur Kündigungsfristen für eine Kündigung seitens des ArbGeb. 20

Die Frist rechnet grds. von dem Ausspruch der Kündigung an oder, wenn eine Kündigung nicht vorausgegangen ist, vom Zeitpunkt einer einverständlichen Beendigung durch Abschluss des Aufhebungsvertrages (Abs. 1 S. 2). Die Frist für das Ruhen des Anspruchs beginnt aber erst mit der Beendigung des Arbeitsverhältnisses (Abs. 1 S. 1) – das ist der Tag nach Beendigung des Arbeitsverhältnisses (§ 187 I BGB) – ungeachtet dessen, ob die Anspruchsvoraussetzungen für den Anspruch auf Alg vorliegen. Besonderheiten gelten für das Ruhen nach Abs. 3 (s. Rz. 40 f.). Der Ruhensbeginn verschiebt sich auch nicht dadurch, dass der ArbN im Anschluss an das Arbeitsverhältnis, das er gegen Zahlung einer Abfindung vorzeitig beendet hat, mit dem selben ArbGeb ein befristetes Arbeitsverhältnis abschließt, es sei denn, es tritt eine klare Absicht zur Umgehung der Ruhensfolge des § 143a zutage[10]. 21

b) Fiktive Kündigungsfristen. Für ordentlich nicht kündbare ArbN regelt das Gesetz den Fristablauf mittels fingierter Kündigungsfristen. Ist die ordentl. Kündigung auf Dauer ausgeschlossen, gilt eine Frist von 18 Monaten (Abs. 1 S. 3 Nr. 1). Diese Frist betrifft insb. die auf Grund langer Betriebszugehörigkeit und idR auch höheren Lebensalters unkündbaren ArbN. Besteht der Kündigungsausschluss nur für begrenzte Zeit, so gilt die ordentl. Kündigungsfrist, die ohne den Ausschluss der ordentl. Kündigung maßgeblich gewesen wäre; betroffen sind ua. BR-Mitglieder oder Mitglieder anderer Vertretungsorgane (§ 15 KSchG), ArbN im Mutterschutz oder Elternzeit (§§ 9 I MuSchG; 18 I BEEG), Wehrdienst- und Zivildienstleistende (§ 2 I, II ArbPlSchG iVm. § 78 I Nr. 1 ZDG) oder Abgeordnete (§ 2 III AbgeordnetenG). Die „an sich“ geltende ordentl. Kündigungsfrist ist auch anzuwenden, wenn den ArbN, deren Kündigung auf Dauer ausgeschlossen ist, wegen fehlender Weiterbeschäftigungsmöglichkeit im Betrieb oder Unternehmen aus wichtigem Grund unter Wahrung einer sozialen Auslauffrist[11] gekündigt werden konnte (Abs. 1 S. 3 Nr. 2). 22

Die problematische Gruppe innerhalb der ordentlich nicht kündbaren ArbN bildet die Gruppe des Abs. 1 S. 4, deren (ordentl.) **Kündigung von der Zahlung einer Entlassungsentschädigung abhängt.** Das Gesetz fingiert hier eine Kündigungsfrist von einem Jahr. Diese überzogene Rechtsfolge an die Kündi- 23

---

1 *Schaub*, BB 1999, 1059 (1061). | 2 Für sie begründet § 143 II eine eigenständige Ruhensanordnung. | 3 *Gagel*, § 143a SGB III Rz. 34; *Gitter*, NJW 1985, 1125 (1127). | 4 *Schaub*, BB 1999, 1059 (1061). | 5 BSG v. 29.8.1991 – 7 RAr 130/90, NZA 1992, 387; v. 29.1.2001 – B 7 AL 62/99 R, NZS 2001, 552. | 6 BSG v. 13.3.1990 – 11 RAr 69/89,NZA 1990, 829; v. 29.8.1991 – 7 RAr 130/90, NZA 1992, 387. | 7 *Gagel*, § 143a SGB III Rz. 43. | 8 BSG v. 3.3.1993 – 11 RAr 57/92, NZS 1993, 462. | 9 BSG v. 4.11.1999 – B 7 AL 72/98 R, BSGE 85, 116. | 10 BSG v. 15.2.2000 – B 11 AL 45/99 R, SozR 3-4100 § 117 Nr. 21 betr. ein im Anschluss zwecks Aufräumarbeiten abgeschlossenes Arbeitsverhältnis mit einem Konkursverwalter, der zuvor auch die Beendigung mit dem ArbN vereinbart hatte; vgl. insoweit auch § 140 III 2 aF, wonach eine Anschlussarbeitsverhältnis das Ruhen ausschloss, es sei denn es war beim selben ArbGeb geschlossen worden. | 11 BAG v. 28.3.1985 – 2 AZR 113/84, BAGE 48, 220; v. 17.9.1998 – 2 AZR 419/97, NZA 1999, 258.

gungsmöglichkeit bei Zahlung einer Entlassungsentschädigung, die im Grunde nur einem vom Gesetzgeber unterstellten erhöhten Bestandsschutz Rechnung tragen soll, aber nicht die Voraussetzungen der Kündbarkeit im Übrigen[1] im Auge hat, ist vom BSG[2] insoweit korrigiert worden, dass bei ArbN, denen gleichzeitig nur aus wichtigem Grund bei fehlender Weiterbeschäftigungsmöglichkeit gekündigt werden darf, die fiktive Kündigungsfrist des Abs. 1 S. 3 Nr. 2, also eine der sozialen Auslauffrist entsprechende Frist gilt. Die teleologische Reduktion des Abs. 1 S. 4 ist insoweit aus der Überlegung geboten, dass die Kündigungsmöglichkeit bei Zahlung einer Abfindung hier keine Kündigungserleichterung schafft. Gleiches gilt für den Fall, dass für den Fall einer Betriebsänderung iSv. § 111 BetrVG die Unkündbarkeitsbestimmung tariflich außer Kraft gesetzt ist[3]: Aber auch hier gilt, dass trotz grundsätzlicher Anwendung der Jahresfrist zu prüfen ist, ob die Kündigung nur aus wichtigem Grund mit sozialer Auslauffrist erklärt werden kann. Dann gilt wiederum Abs. 1 S. 3 und die dann geltende (ordentliche) Kündigungsfrist.

24 **c) Verlängerung um Zeit des Ruhens wegen Urlaubsabgeltung.** Abs. 1 S. 5 sieht trotz seines irreführenden Wortlauts **keine Verlängerung des Ruhenszeitraums** wegen Zahlung einer Entlassungsentschädigung, sondern nur eine Hintereinanderschaltung zweier Ruhenstatbestände (§ 143 II und § 143a) vor. Dadurch wird klargestellt, dass sich die Ruhenszeiträume, die beide an das Ende des Arbeitsverhältnisses anschließen, nicht zeitlich überschneiden, denn in beiden Fällen soll das Ruhen Doppelleistungen, die für den Lebensunterhalt bestimmt sind, vermeiden[4]. Daraus ergibt sich zugleich der wichtige gesetzl. Hinweis, dass bei anderen Ruhenstatbeständen von einem kalendermäßigen Ablauf und damit der Möglichkeit der zeitlichen Überschneidung auszugehen ist (s. § 144 Rz. 2).

25 Die Urlaubsabgeltung ist aus der Entlassungsentschädigung grds. herauszurechnen (s. Rz. 17); sie ist keine Abfindung oder ähnliche Leistung[5].

26 **d) Herausrechnen von anrechnungsfreien Vorsorgeaufwendungen (Abs. 1 S. 6 u. 7).** Nach Abs. 1 S. 6 u. 7 sind aus dem Abfindungsbetrag, bevor der zum Ruhen führende anrechnungsfähige Teil nach Abs. 2 berechnet wird, noch bestimmte Vorsorgeaufwendungen des ArbGeb für die Alterssicherung des ArbN herauszurechnen. Es handelt sich hierbei um freiwillige Beiträge zur Aufstockung der Rente nach § 187a SGB VI, wenn diese durch eine vorzeitige Inanspruchnahme[6] gemindert ist. Da der durch diese Vorschrift begünstigte Personenkreis infolge des ATZG privilegiert worden ist, indem entsprechende Beitragszahlungen des ArbGeb als förderungsfähig ausgestaltet worden sind (§ 3 I Nr. 1b ATZG)[7], wenn das Arbeitsverhältnis frühestens mit Vollendung des 55. Lebensjahres aufgelöst worden ist, knüpft die Privilegierung entsprechender Aufwendungen sachlich an die Altersgrenze des § 2 ATZG an.

27 **2. Begrenzungen des Ruhenszeitraums nach Abs. 2. a) Jahreszeitraum.** Die äußerste Grenze für den Ruhenszeitraum des Abs. 1 bildet nach Abs. 2 S. 1 der Ablauf eines Jahres, gerechnet vom Ruhensbeginn an (Rz. 19). Damit ist der äußerste Punkt des Ruhensablaufs markiert:

Kündigung oder Aufhebungsvertrag	Beendigung des Arbeitsverhältnisses	1 Jahr
×	×	×
Lauf der ordentlichen oder fingierten Kündigungsfrist	→	Längster Ruhenszeitraum

28 Nach Abs. 1 S. 1 beginnt der Ruhenszeitraum mit dem Ende des Arbeitsverhältnisses. Das Fristende errechnet sich folglich aus dem Endzeitpunkt des Arbeitsverhältnisses und liegt 1 Jahr nach diesem Tag (§§ 187 I, 188 I BGB).

29 **b) Begrenzung durch anrechnungsfähigen Anteil. aa) Freibetragsregelung.** Der **Freibetrag von 40 %** für das Ruhen des Alg ergibt sich aus dem Umkehrschluss des anrechnungsfähigen Betrages von 60 % (Abs. 2 S. 1 Nr. 1). Der Freibetrag **erhöht sich um je 5 %** für 5 Jahre der Betriebszugehörigkeit und je weitere 5 % für 5 Lebensjahre nach vollendetem 35. Lebensjahr, aber nicht auf mehr als 75 % der Abfindungssumme (Abs. 2 S. 3 e contrario). Damit gelten seit 1.4.1999 gegenüber dem alten § 117 AFG ein erhöhter Grundfreibetrag (gegenüber 30 %) und ein verringerter anrechnungsfähiger Festbetrag von mindestens restlichen 25 % gegenüber früher 30 %. Der schnellen Orientierung, welcher individuelle Abfindungsanteil zum Ruhen führt, dient folgende Tabelle:

1 Vgl. die Kritik *Gagels* in § 143a SGB III Rz. 58 ff., insb. auch zur Gruppe der nur mit Zustimmung der TV-Parteien kündbaren ArbN (s. auch Rz. 4). | 2 BSG v. 29.1.2001 – B 7 AL 62/99 R, SozR 3-4100 § 117 Nr. 22; vgl. auch BSG v. 5.2.1998 – B 11 AL 65/97, SozR 3-4100 § 117 Nr. 15, zu der durch Tarifparteien zustimmungspflichtigen Kündigung, wenn gleichzeitig eine Entlassungsentschädigung Bedingung für die Zustimmung ist. | 3 BSG v. 9.2.2006 – B 7a AL 44/05, NZS 2006, 662. | 4 Vgl. auch BSG v. 14.7.1994 – 7 RAr 104/93, MDR 1994, 389. | 5 *Gagel*, ZIP 2000, 257 (258). | 6 Vgl. dazu § 41 SGB VI iVm. Anlagen 19–22 zum SGB VI. | 7 S. Erl. zu § 3 ATZG.

Für das Ruhen berücksichtigungsfähiger Teil der Abfindung (in %): **30**

Betriebs- oder Unternehmenszugehörigkeit	Alter unter 40	ab 40	ab 45	ab 50	ab 55	ab 60
Weniger als 5 Jahre	60	55	50	45	40	35
5 und mehr Jahre	55	50	45	40	35	30
10 und mehr Jahre	50	45	40	35	30	25
15 und mehr Jahre	45	40	35	30	25	25
20 und mehr Jahre	40	35	30	25	25	25
25 und mehr Jahre	35	30	25	25	25	25
30 und mehr Jahre		25	25	25	25	25
35 und mehr Jahre			25	25	25	25

Die **Dauer der Betriebszugehörigkeit** ist wie bei der Ermittlung der Kündigungsfrist zu ermitteln; Beschäftigungszeiten eines früheren Betriebsinhabers (§ 613a BGB) sind zusammenzurechnen, ebenso die Arbeitszeit bei einem anderen Konzernunternehmen[1]. Beim **Lebensalter** zählt der Zeitpunkt der Vollendung; dies ist der Tag vor dem Geburtstag. Hat der ArbN also am Tag nach dem Ende des Arbeitsverhältnisses Geburtstag, rechnet das höhere Lebensalter. **31**

bb) Umrechnung des berücksichtigungsfähigen Betrages in Tage mit entsprechendem Arbeitsentgelt. Aber nicht stets führt der gesamte auf das Ruhen anrechnungsfähige Anteil zum Ruhen des Alg. Zur **individuellen Ermittlung des für das Ruhen zu berücksichtigenden Abfindungsanteils** müssen die Tage bis zum Ende der Ruhensfrist, die für das Ruhen nach Abs. 1 und Abs. 2 S. 1 in Betracht kommen, in Tage mit Arbeitsentgelt umgerechnet werden. Hierfür ist das kalendertägliche Arbeitsentgelt der letzten Beschäftigungszeit zugrunde zu legen: Reicht der zu berücksichtigende Anteil der Abfindung nicht zur Abdeckung der Tage bis zum zeitlichen Ende der Ruhensfrist aus, so endet er nach Abs. 2 S. 2 Nr. 1 früher, dh. an dem Tag, bis zu dem er den berücksichtigungsfähigen Anteil der Abfindung verdient hätte. **32**

Das **kalendertägliche Arbeitsentgelt** berechnet sich im Grunde wie das der Bemessung des Alg zugrunde zu legende Arbeitsentgelt (Bemessungsentgelt). Maßgeblich ist das abgerechnete Arbeitsentgelt aus den letzten 52 Wochen (bzw. 12 Monaten) des Beschäftigungsverhältnisses. Anders als beim Alg zählen nur Entgeltabrechnungszeiträume des letzten Arbeitsverhältnisses, da es um die Abfindung aus diesem konkreten Arbeitsverhältnis geht[2]. Der Verweis auf § 130 III bedeutet, dass wenn die letzten 52 Wochen (dieses Arbeitsverhältnisses) keine 150 Tage mit Anspruch auf Arbeitsentgelt enthalten, weiter davor liegende Zeiten einzubeziehen sind, bis 150 Tage mit Anspruch auf Arbeitsentgelt erreicht sind (dafür wird der Bemessungszeitraum auf Antrag auf 2 Jahre erweitert, § 130 III nF). **33**

Arbeitsentgeltkürzungen wegen Krankheit, Kurzarbeit, Arbeitsausfall und Arbeitsversäumnis **bleiben außer Betracht** (Abs. 2 S. 5); hier wird vom regulären Arbeitsentgelt ausgegangen. Ebenso werden Zeiten, in denen das Arbeitsentgelt wegen Betreuung oder Erziehung eines Kindes das Arbeitsentgelt oder die durchschnittliche Arbeitszeit gemindert war, nicht berücksichtigt (Verweis auf § 130 II 1 Nr. 3). Dies hat zur Folge, dass sich der Bemessungszeitraum für die Ermittlung des kalendertäglichen Arbeitsentgelts weiter zurückverlagert[3]. **34**

Bei der Zahlung von **Monatsgehältern** berechnet die BA das kalendertäglich erzielte Arbeitsentgelt durch Division des auf den Bemessungszeitraum entfallenden Entgelts durch die Zahl der Kalendertage dieses Zeitraums[4]. Aus Verwaltungsvereinfachungsgründen kann dem zugestimmt werden, da bei einem Zeitraum von nunmehr zwölf Monaten als Bemessungszeitraum die Abweichungen geringfügig sind. Bei wöchentlichem Arbeitsentgelt ist wegen der Gleichbehandlung mit Beziehern von Monatsentgelt auf sieben Kalendertage umzurechnen[5]. **35**

c) Begrenzung durch Ablauf einer Befristung (Abs. 3 S. 2 Nr. 2). Der Ruhenszeitraum endet unabhängig von dem nach Abs. 2 Nr. 1 zu berücksichtigenden Kalendertagen spätestens zu dem Zeitpunkt, zu dem das Arbeitsverhältnis **auch ohne die Vereinbarung über die vorzeitige Beendigung** gegen Zahlung einer Abfindung geendet hätte. Darauf, ob die Befristung zulässig vereinbart war (vgl. die Erl. zu §§ 14 ff. TzBfG), kommt es infolge der Fiktion des § 17 TzBfG nicht an[6]. Etwas anderes gilt nur, wenn die Arbeitsvertragsparteien im Streit um die Befristung einen Zeitpunkt vor oder mit Fristablauf für die Beendigung vereinbaren und der ArbN eine Abfindung erhält (vgl. auch den Wortlaut: „... die unabhängig von **36**

---

1 Niesel/*Düe*, § 143a SGB III Rz. 34. | 2 *Gagel*, § 143a SGB III Rz. 96. | 3 *Gagel*, § 143a SGB III Rz. 98. | 4 Niesel/*Düe*, § 143a SGB III Rz. 37, mwN. | 5 Niesel/*Düe*, § 143a SGB III Rz. 37. | 6 AA *Gagel*, § 143a SGB III Rz. 83 f.; BSG v. 12.12.1984 – 7 RAr 87/83, NZA 1985, 302, noch zur alten Rechtslage.

der Vereinbarung über die Beendigung des Arbeitsverhältnisses bestanden hat"). Dann ist der Berechtigung der Befristung im Rahmen der Frage, ob infolge der Aufhebung oder Kündigung gegen Abfindungszahlung eine „vorzeitige" Beendigung erfolgt ist oder das Arbeitsverhältnis ohnehin mit der vereinbarten Befristung geendet hätte (Abs. 2 S. 2 Nr. 2), nachzugehen. Im Übrigen wird ja auch für die Anwendung des § 143a die Kündigung unter Einhaltung der ordentl. Kündigungsfrist nicht auf ihre Berechtigung hin überprüft. Dass grds. die Rechtmäßigkeit der Befristung zu unterstellen ist, zeigt auch der im Vergleich zu Abs. 2 S. 2 Nr. 3 anders formulierte Wortlaut des Beendigungstatbestandes.

37 **d) Begrenzung durch außerordentliches Kündigungsrecht des Arbeitgebers (Abs. 2 S. 2 Nr. 3).** Während in Abs. 2 Nr. 2 nur auf das Bestehen der Befristungsabrede abgestellt ist, wird in Nr. 3 auf das Recht zur Kündigung des ArbGeb aus wichtigem Grund abgestellt, **ohne dass eine solche Kündigung ausgesprochen worden sein muss**. Das Gesetz unterstellt, dass niemand eine Abfindung von Arbeitsentgeltansprüchen für Zeiten zahlt, nach denen er ohnehin zur Lösung des Arbeitsverhältnisses berechtigt war. Grundgedanke der Regelung ist mithin, dass eine Abfindung, die bei Vorliegen eines wichtigen Grundes zur sofortigen Kündigung gewährt wird, allein der Entschädigung für den sozialen Besitzstandes dient[1].

38 Dies aber bedingt, dass der **wichtige Grund** zur Kündigung **vor der Kündigung oder Vertragsaufhebung dem ArbGeb bekannt** gewesen sein muss. Erfährt er erst nach der Verpflichtung zur Abfindungszahlung, dass er dem ArbN fristlos zu kündigen berechtigt war oder tritt der Kündigungsgrund erst später auf, liegt Abs. 2 Nr. 3 nach seinem Sinn und Zweck, der Abfindungszahlung von diesem Zeitpunkt an keine Entgeltfunktion mehr beizumessen, nicht vor (teleologische Restriktion)[2]. Ob der ArbN zur Rückforderung der Abfindung wegen Wegfalls der Geschäftsgrundlage berechtigt ist[3], ist eine in diesem Zusammenhang zunächst nicht interessierende Frage, sondern erst nach erfolgter Rückzahlung durch den ArbN zu prüfen. Dann ist der Ruhensbescheid uU iSv. § 44 SGB X rechtswidrig und nach dessen Abs. 1 aufzuheben. Eine rückwirkende Bewilligung von Alg erfolgt aber nur in den zeitlichen Grenzen des § 44 IV SGB X (vier Jahre vor dem Rücknahmeantrag).

39 Das Vorliegen eines wichtigen Grundes zur außerordentl. Kündigung ist **von Amts wegen** zu prüfen[4]. Hat der ArbN gegen den Ausspruch einer außerordentl. Kündigung Kündigungsschutzklage erhoben und einigen sich die Parteien im Wege des Vergleichs über einen Beendigungstermin, so müssen die AA oder SG gewissermaßen in Fortsetzung der arbeitsgerichtl. Zuständigkeit die Berechtigung der Kündigung im Hinblick auf das Vorliegen eines wichtigen Grundes prüfen. Der ArbN erfährt hier einen ungewollten Rollentausch, da das Vorliegen eines wichtigen Grundes ihm eine günstige Rechtsfolge (das Ende des Ruhenszeitraums) beschert. Allerdings droht dann, auch wenn keine Mitwirkung des ArbN an der Beendigung vorliegt, nach § 144 I Nr. 1 Alt. 2 eine Sperrzeit von 12 Wochen (s. § 144 Rz. 15 ff.).

40 **3. Ruhenszeitraum bei Beendigung der Beschäftigung (Abs. 3).** Abs. 3 sieht eine **entsprechende Anwendung der Abs. 1 und** 2 für den Fall vor, dass die Arbeitsvertragsparteien ohne Beachtung der für den ArbN geltenden Kündigungsfrist das Beschäftigungsverhältnis bei formaler Aufrechterhaltung des Arbeitsverhältnisses gegen Zahlung einer Abfindung vorzeitig beenden. Der Anspruch auf Alg ruht dann von der Beendigung des Beschäftigungsverhältnisses an – ab dem Zeitpunkt dann der ArbN idR auch arbeitslos ist (vgl. auch § 143 Rz. 5). Wird das Beschäftigungsverhältnis vorzeitig aufgehoben, soll nach der Rspr. des BSG[5] in analoger Anwendung auch der Anspruch auf eine Urlaubsabgeltung zum Ruhen des Alg nach dem Ende des Beschäftigungsverhältnisses und nicht nach Ende des Arbeitsverhältnisses führen (zweifelhaft, vgl. dazu bereits § 143 Rz. 16).

41 Das **Beschäftigungsverhältnis wird beendet**, indem der ArbGeb auf seine Verfügungsmöglichkeit über die Arbeitsleistung verzichtet und der ArbN sich nicht mehr weiter der Dispositionsbefugnis des ArbGeb unterstellt[6] (Gründe sind etwa die formale Aufrechterhaltung des Arbeitsverhältnisses wegen Ansprüchen aus der betrAV[7]). Indiz für die fehlende Dienstbereitschaft des ArbN ist letztlich auch die Arbeitslosmeldung. Formal wird man aber die Freistellung des ArbN ohne Dienstbezüge verlangen müssen, was impliziert, dass der ArbN zuvor Arbeitsentgelt bezogen hat[8]. Ansonsten kann der Abfindung für den während des Arbeitsverhältnisses gezahlten Zeitraum auch nicht unterstellt werden, sie enthalte einen Entgeltanteil[9].

42 **IV. Gleichwohlgewährung (Abs. 4).** Nach Abs. 4 wird **trotz des Ruhens Alg auch dann gewährt**, wenn der ArbN trotz des Anspruchs auf die Abfindung diese ArbGebLeistung tatsächlich nicht erhält. Maßgeblich ist, wann und für welchen Zeitraum der Arbl. Alg beantragt. Da der Ruhenszeitraum nach Abs. 1

1 BSG v. 17.2.1981 – 7 RAr 94/79, DB 1981, 1983. |2 Ebenso *Gagel*, § 143a SGB III Rz. 86 f. |3 BAG v. 29.1.1997 – 2 AZR 292/96, NZA 1997, 813. |4 BSG v. 17.3.1981 – 7 RAr 16/80, SozR 1700 § 31 Nr. 1. |5 BSG v. 23.1.1997 – 7 RAr 72/94, NZS 1997, 530. |6 Grundl. BSG v. 9.9.1993 – 7 RAr 96/92, BSGE 73, 90. |7 Vgl. die amtl. Begründung zum Gesetz v. 23.6.1993 (BGBl. I S. 944) in BT-Drs. 12/4401, S. 91 f. |8 Anders als in dem vom BSG im Urt. v. 28.9.1993 – 11 RAr 69/92, MDR 1994, 389, entschiedenen Fall, in dem der ArbN vor der Arbeitslosmeldung Krankengeld bezogen hatte. |9 *Gagel*, § 143a SGB III Rz. 115; aA für den Fall des Ruhens nach Abs. 1 und 2 BSG v. 20.1.2000 – B 7 AL 48/99 R, NZS 2000, 568.

und 3 kalendermäßig abläuft, liegt ein Fall der Gleichwohlgewährung nur vor, wenn der Arbl. für den Ruhenszeitraum Alg beansprucht. Die Vorschrift entspricht § 143 III für das Nebeneinander von Ansprüchen auf Alg und Arbeitsentgelt bzw. Urlaubsabgeltung. Wegen Einzelheiten s. § 143 Rz. 19 ff.

Die **wesentliche Rechtsfolge** der Gleichwohlgewährung liegt in der **Legalzession des § 115 SGB X**. 43
Infolge derer kann der ArbGeb nach der Gewährung von Alg nicht mehr die Abfindung hinsichtlich ihres zum Ruhen des Alg führenden Anteils (zu Teilzahlungen s. § 143 Rz. 29 f.) mit befreiender Wirkung an den ArbN zahlen, es sei denn, er ist hinsichtlich dessen Arbeitslosigkeit und Arbeitslosmeldung als für den Anspruchsübergang wesentlicher Tatsache nach § 407 BGB gutgläubig (vgl. § 143 Rz. 25). Der BA steht aber trotz nicht befreiender Leistung durch den ArbGeb die Genehmigung der Zahlung nach §§ 185 II, 362 II BGB offen. Sie kann sich dann nach Abs. 4 S. 2 an den ArbN halten und von diesem Erstattung des Alg verlangen (§ 143 Rz. 26 ff.).

Nicht vom Anspruchsübergang des § 115 SGB X erfasst werden **Aufstockungsleistungen**, die der ArbGeb gerade in Anrechnung eines sonstigen Betrages auf das Alg während des Ruhenszeitraums zahlt[1]. 44
Der 7. Senat des BSG hat die Verschonung des Aufstockungsbetrages vom Anspruchsübergang nicht davon abhängig gemacht, ob der ArbGeb auch den Sockelbetrag ausgezahlt hat oder nur aufstockende Leistungen auf das Alg – trotz Verpflichtung zu einem gesamten Abfindungsbetrag – wie im entschiedenen Fall erbracht hatte. Die den ArbN zugeflossenen „Aufstockungsbeträge", also Spitzbeträge, seien auf Grund einer Leistungsbestimmung nach § 366 I BGB nicht auf das zum Ruhen gekommene Alg anzurechnen, weil der ArbGeb gerade mit der Zahlung des Spitzbetrages zu erkennen gegeben habe, dass er nicht auf den der BA infolge des Anspruchsübergangs zustehenden Teil der Abfindungsbeträge leisten wollte[2]. Entsprechende Überlegungen hat der 11. Senat indes in einer späteren Entscheidung[3] nicht angestellt (vgl. § 143 Rz. 29 f.). Damit bleibt das Problem der Teilleistungen auf den Abfindungsanspruch des ArbN bei vorheriger Gleichwohlgewährung von der Rspr. noch ungelöst.

144 *Ruhen bei Sperrzeit*

(1) Hat der Arbeitnehmer sich versicherungswidrig verhalten, ohne dafür einen wichtigen Grund zu haben, ruht der Anspruch für die Dauer einer Sperrzeit. Versicherungswidriges Verhalten liegt vor, wenn

1. der Arbeitslose das Beschäftigungsverhältnis gelöst oder durch ein arbeitsvertragswidriges Verhalten Anlass für die Lösung des Beschäftigungsverhältnisses gegeben und dadurch vorsätzlich oder grob fahrlässig die Arbeitslosigkeit herbeigeführt hat (Sperrzeit bei Arbeitsaufgabe),

...

7. der Arbeitslose seiner Meldepflicht nach § 37b nicht nachgekommen ist (Sperrzeit bei verspäteter Arbeitsuchendmeldung).

Der Arbeitnehmer hat die für die Beurteilung eines wichtigen Grundes maßgebenden Tatsachen darzulegen und nachzuweisen, wenn diese in seiner Sphäre oder in seinem Verantwortungsbereich liegen. Beschäftigungen im Sinne des Satzes 2 Nr. 1 und 2 sind auch Arbeitsbeschaffungsmaßnahmen (§ 27 Abs. 3 Nr. 5).

(2) Die Sperrzeit beginnt mit dem Tag nach dem Ereignis, das die Sperrzeit begründet, oder, wenn dieser Tag in eine Sperrzeit fällt, mit dem Ende dieser Sperrzeit. Werden mehrere Sperrzeiten durch dasselbe Ereignis begründet, folgen sie in der Reihenfolge des Absatzes 1 Satz 2 Nr. 1 bis 7 einander nach.

(3) Die Dauer der Sperrzeit bei Arbeitsaufgabe beträgt zwölf Wochen. Sie verkürzt sich

1. auf drei Wochen, wenn das Arbeitsverhältnis innerhalb von sechs Wochen nach dem Ereignis, das die Sperrzeit begründet, ohne eine Sperrzeit geendet hätte,

2. auf sechs Wochen, wenn

a) das Arbeitsverhältnis innerhalb von zwölf Wochen nach dem Ereignis, das die Sperrzeit begründet, ohne eine Sperrzeit geendet hätte oder

b) eine Sperrzeit von zwölf Wochen für den Arbeitslosen nach den für den Eintritt der Sperrzeit maßgebenden Tatsachen eine besondere Härte bedeuten würde.

...

(6) Die Dauer einer Sperrzeit bei Meldeversäumnis oder bei verspäteter Arbeitsuchendmeldung beträgt eine Woche.

Fassung: 5. SGB III-ÄndG v. 22.12.2005 (BGBl. I S. 3676).

1 BSG v. 4.11.1999 – B 7 AL 72/98, BSGE 85, 116. | 2 BSG v. 4.11.1999 – B 7 AL 72/98, BSGE 85, 116. | 3 BSG v. 8.2.2001 – B 11 AL 59/00 R, NZA-RR 2002, 385.

1 **I. Allgemeines.** Die Vorschrift beruht auf dem Gedanken, dass dem Arbl. im Falle **selbst verursachter Arbeitslosigkeit** ein Teil der hierdurch der Versichertengemeinschaft entstehenden Kosten aufzuerlegen sind. Zugleich soll sie die Versichertengemeinschaft davor schützen, dass die Arbeitsvertragsparteien oder der ArbN durch willkürliches Verhalten das Risiko der Arbeitslosigkeit bewusst manipulieren[1]. Der vom BSG[2] der Sperrzeit beigelegte Charakter als einer Vertragsstrafe ähnlicher versicherungsrechtl. Ausgleich ist dagegen im Schrifttum auf Kritik gestoßen[3]. Der Gesetzgeber selbst hat ausdrücklich sowohl dem Strafcharakter als auch einem erzieherischen Zweck der Sperrzeit widersprochen[4], sondern den Sperrzeittatbeständen lediglich die Funktion zugedacht, die Übernahme des Risikos der Arbeitslosigkeit in diesen Fällen für einen begrenzten Zeitraum zu versagen. Seit **31.12.2005** ist mit dem 5. SGB III-ÄndG ein neuer Tatbestand in die Sperrzeitregelung aufgenommen worden (Nr. 7, vgl. dazu schon § 37b SGB III Rz. 5, 10). Diese Sperrzeitregelung, die den aufgehobenen § 140 ersetzt, ist von der Dauer auf eine Woche begrenzt, womit dem verminderten Zurechnungsanteil des Arbl. für die eingetretene Beschäftigungslosigkeit bei lediglich verspäteter Meldung als arbeitsuchend Rechnung getragen wird.

2 Die Sperrzeit läuft **kalendermäßig** ab[5], dh. ihre Wirkungen werden ausgelöst durch die gesetzl. bestimmten Ereignisse ungeachtet dessen, ob ein Anspruch auf Alg besteht, der überhaupt nach Abs. 2 ruhen kann. Es spielt auch keine Rolle, ob der Anspruch auf Alg noch aus anderen Gründen ruht, etwa wegen einer Abfindung für die vorzeitige Beendigung des Arbeitsverhältnisses nach § 143a[6]. Die Ruhensfolge ist lediglich eine an den Lauf der Sperrzeit geknüpfte Rechtsfolge, ebenso wie die Minderung der Anspruchsdauer des Alg nach § 128 I Nr. 3, 4 (s. Rz. 34). Für die gleichzeitige Verwirklichung zweier Sperrzeittatbestände als Ruhenstatbestände trifft Abs. 2 S. 2 demgegenüber eine Sonderregelung, indem sie in der Reihenfolge des Abs. 1 S. 2 Nr. 1 bis 7 einander nachfolgen. Damit wird wiederum dem Gedanken der Zurechnung der Arbeitslosigkeit beim ArbN auf Grund eigenen Verhaltens Rechnung getragen.

3 Rechtsfolge des kalendermäßigen Ablaufs ist, dass der ArbN den Eintritt der Sperrzeit nicht dadurch vermeiden kann, dass er den **Antrag erst zu einem Zeitpunkt stellt, zu dem er ohnehin arbeitslos geworden wäre**. Damit entsteht der Versichertengemeinschaft zwar im Grunde genommen kein Schaden; der Gesetzeszusammenhang mit § 128 I Nr. 4 und dessen Abs. 2 S. 2[7] lässt aber keine andere Deutung als diejenige zu, dass die Wirkungen der Sperrzeit frühestens ein Jahr nach dem sperrzeitbegründenden Ereignis erlöschen[8]. Die Frage der späteren Antragstellung ist mithin keine der gesetzl. geforderten Kausalität zwischen Arbeitsaufgabe und Arbeitslosigkeit, sondern eine solche der sozialrechtl. Dispositionsmöglichkeiten[9] im Hinblick auf eine möglichst vorteilhafte Gestaltung der sozialrechtl. Ansprüche.

4 Die **AA** hat den Arbl., der seinen Antrag erst zu einem Zeitpunkt stellt, in dem die Sperrzeit bereits zu laufen begonnen hat oder abgelaufen ist, über die weiteren Folgen der Sperrzeit (Kürzung der Anspruchsdauer nach § 128 I Nr. 4 um die Dauer der Sperrzeit, mindestens aber um ein Viertel des Gesamtanspruchs) zu **beraten**[10]. Ggf. hat sie auf eine spätere Antragstellung (nach Ablauf des Jahreszeitraums des § 128 II 2 nach dem Eintritt des die Sperrzeit begründenden Ereignisses) hinzuwirken, um auch diesen weiteren Sperrzeitfolgen zu entgehen; anderenfalls kann der Arbl. so gestellt werden, als wenn er nach erfolgter Beratung die Antragstellung verschoben hätte (sozialrechtl. Herstellungsanspruch[11]). Ferner bestehen im Hinblick auf eine erhöhte Gesamtanspruchsdauer wegen Erreichens eines höheren Lebensalters (vgl. dazu § 127, der in seiner bis 31.12.2003 geltenden günstigeren Fassung noch für bis zum 31.1.2006 entstehende Ansprüche gilt[12] – im Übrigen aber weiterhin relevant für ArbN kurz vor Vollendung des 55. Lebensjahres) günstige Gestaltungsmöglichkeiten durch eine spätere Antragstellung, auf die die AA gleichfalls hinzuweisen hat[13].

5 **II. Sperrzeit wegen Arbeitsaufgabe. 1. Lösung des Beschäftigungsverhältnisses.** Der Sperrzeittatbestand wegen Arbeitsaufgabe nach Abs. 1 besteht in den Alternativen des aktiven Lösens durch den ArbN und einer passiven Variante des „Gelöstwerdens", indem der ArbN Veranlassung für eine Kündigung seitens des ArbGeb gibt. Andere ArbGebKündigungen als die im Gesetz genannte Kündigung wegen vertragswidrigen Verhaltens kommen nicht in Betracht[14], insb. nicht Kündigung durch den Arb-

---

1 *Niesel*, § 144 SGB III Rz. 2; Gagel/*Winkler*, § 144 SGB III Rz. 26. | 2 BSG v. 12.12.1984 – 7 RAr 49/84, NZA 1986, 161. | 3 *Bieback*, NZA 1986, 121; *Estelmann*, VSSR 1997, 313 (324); Gagel/*Winkler*, § 144 SGB III Rz. 27. | 4 Amtl. Begründung zum AFG (Vorbem. zu §§ 114–120, Abs. 1), BT-Drs. V/2291, S. 83. | 5 St. Rspr. des BSG, vgl. nur BSG v. 5.8.1999 – B 7 AL 14/99 R, NZS 2000, 261. | 6 BSG v. 25.4.1991 – 11 RAr 99/90, NZA 1992, 95; v. 5.8.1999 – B 7 AL 14/99, NZA-RR 2000, 552. | 7 Danach entfällt die Wirkung der Sperrzeit, wenn das Ereignis, das die Sperrzeit begründet, bei der Erfüllung der Voraussetzungen für den Anspruch auf Alg länger als ein Jahr zurückliegt. | 8 Ausf. BSG v. 5.8.1999 – B 7 AL 14/99, NZS 2000, 261,unter Aufgabe seiner früheren Rspr. | 9 Vgl. dazu auch *Peters-Lange* in Preis, Der Arbeitsvertrag, 2. Aufl., I D Rz. 37 ff. | 10 BSG v. 5.8.1999 – B 7 AL 38/98 R, NZA-RR 2000, 325; *Gagel/Steinmeyer*, § 122 SGB III Rz. 2. | 11 BSG v. 5.8.1999 – B 7 AL 38/98 R, NZA-RR 2000, 325. | 12 Vgl. § 434l SGB III idF des Gesetzes zu Reformen am Arbeitsmarkt v. 24.12.2003, BGBl. I S. 2003. | 13 BSG v. 26.10.1994 – 11 RAr 5/94, NZS 1995, 325; bei fehlender Beratung kann sich nach den näheren Maßgaben dieses Urteils möglicherweise ein Anspruch auf entsprechende Behandlung des Antrags nach den Grundsätzen des sozialrechtlichen Herstellungsanspruchs ergeben. | 14 AA offensichtlich *Löwisch*, NZA 1998, 729 (730); ihm folgend *Heinze* SGb 2000, 241 (244).

Geb für den Fall der Ablehnung eines Änderungsangebots seitens des ArbN[1]. Umstr. ist die Bewertung der Ausübung des Widerspruchsrechts im Falle des § 613a BGB und anschließende betriebsbedingte Kündigung seitens des Veräußerers[2]. Das BAG[3] hat mit der Bindung des ArbGeb bei einer anschließenden betriebsbedingten Kündigung an sachliche Gründe für die Ausübung des Widerspruchsrechts (bei der Berücksichtigung im Rahmen der Sozialauswahl) hier eine Vorgabe auch für die Bewertung des Verhaltens des ArbN im Rahmen des § 144 gesetzt (s. Erl. zu § 613a BGB). Die aktive Variante des Lösens ist wiederum in zwei Alternativen, der Kündigung seitens des ArbN und der Mitwirkung an der einverständlichen Beendigung mittels Aufhebungsvertrages denkbar. Einer dritten Variante, wie sie die BA[4] unter den Tatbestand des Lösens subsumieren will, nämlich die Hinnahme einer offensichtlich rechtswidrigen Kündigung gegen finanzielle Vergünstigungen oder eine Wiedereinstellungszusage[5], kann ein aktives Lösungsverhalten nur entnommen werden, wenn über die Nichterhebung der Kündigungsschutzklage zuvor eine Einigung getroffen worden ist[6] (s. Rz. 10 ff.).

Die aktivste Form des Lösens besteht in der einseitigen **Kündigung des Arbeitsverhältnisses durch den ArbN**. Sie wird auch dann als wirksamer Beendigungstatbestand des Sperrzeittatbestandes wegen Arbeitsplatzaufgabe anzuwenden sein, wenn der ArbN entgegen § 623 BGB nur mündlich kündigt und sich im weiteren Verlauf an dieser mündlichen Kündigungserklärung festhalten lassen will. Entscheidend ist allein der zur Beendigung des „Beschäftigungsverhältnisses“ führende Sachverhalt, der eben auch in einem faktischen Verhalten liegen kann. 6

Die **Anfechtbarkeit der Kündigungserklärung seitens des ArbN** schließt aber möglicherweise den Sperrzeittatbestand des Abs. 1 Alt. 1 aus. Hat er sich zB durch eine widerrechtl. Drohung des ArbGeb zur Kündigung bestimmen lassen, hängt der Eintritt der Sperrzeitfolge des § 144 davon ab, ob er seine Arbeitslosigkeit hierdurch grob fahrlässig herbeigeführt hat. Dafür müsste er die Anfechtung nach Kenntnis vom Anfechtungsgrund grob fahrlässig unterlassen haben[7]. Im Übrigen wird auch eine grob fahrlässig unterbliebene Anfechtung häufig durch einen wichtigen, in dem Anfechtungsgrund liegenden Grund iSd. Abs. 1 Hs. 2 gerechtfertigt sein. 7

Keine aktive Lösung vom Arbeitsverhältnis liegt in der Antragstellung des ArbN zur **Auflösung des Arbeitsverhältnisses nach §§ 9, 10 KSchG**. Die zum Lösen führende maßgebliche Rechtsgestaltung liegt hier in der gerichtl. Entscheidung über den Antrag, der die Feststellung über die Unzumutbarkeit der Fortsetzung des Arbeitsverhältnisses für den ArbN vorauszugehen hat[8]. Selbst wenn man dem Antrag eine ausreichende Intensitätswirkung iSd. Lösungstatbestandes zumessen wollte, liegt in dem gerichtl. Ausspruch über die Auflösung zugleich die Feststellung der Unzumutbarkeit einer Vertragsfortsetzung, so dass immer auch ein wichtiger Grund iSd. Abs. 1 Hs. 2 vorliegen wird (s. Rz. 26 ff.). 8

In jüngeren Entscheidungen des BSG[9] wird ferner klar gestellt, dass die bloße **Hinnahme einer auch rechtswidrigen Kündigung** keine Form des aktiven Lösens darstellt. In seiner Entscheidung v. 18.12.2003[10] hat das BSG diese Auffassung im Hinblick auf sog. „Abwicklungsverträge“ (s. Rz. 13) nicht revidiert: Vielmehr wurde lediglich im Hinblick auf die in dem Abwicklungsvertrag liegende Vereinbarung über die Wirkungen der Kündigung entschieden, dass diese als Lösung des Beschäftigungsverhältnisses zu behandeln sein könnten, weil der ArbN eine verbindliche Vereinbarung über den Bestand der ausgesprochenen Kündigung trifft. Dies komme einer passiven Hinnahme nicht gleich[11]. Anderes muss aber für den **nach § 1a KSchG zwecks Erhalt einer Abfindung erfolgenden (nicht notwendig erklärten) Verzicht** auf die Erhebung der Kündigungsschutzklage gelten[12]. Die Eröffnung einer vorgerichtl. Streitbeilegung über die Wirksamkeit einer Kündigung kann nicht anders zu bewerten sein als die im **Gerichtsverfahren erzielte Einigung**, für die eine Sperrzeit wegen Lösens ebenfalls abgelehnt wird[13]. Darüber hinaus hat das BSG[14] nunmehr in einem obiter dictum ausgeführt, dass im Falle einer **die Höhe des § 1a KSchG nicht überschreitenden Abfindung** auch ohne Prüfung der Rechtmäßigkeit der Kündigung künftig ein wichtiger Grund für die Lösung des Bescäftigungsverhältnisses angenommen werden könne. Der Missbrauchsgefahr, dass in Wahrheit bestehende verhaltensbedingte Kündigungsgründe in eine betriebsbedingte Kündigung umdeklariert werden und dann nicht mehr auf Sperrzeitfolgen hin überprüft werden könnten[15], steht bereits entgegen, dass der ArbGeb in solchen Fällen kaum bereit sein 9

1 Die Zumutbarkeitskriterien des § 121 spielen nach der Systematik der §§ 118 ff. auch nur für die Frage der Beendigung der bereits eingetretenen Arbeitslosigkeit und damit bei der Sperrzeit wegen Arbeitsablehnung (Abs. 1 Nr. 2) eine Rolle, vgl. zur Kritik an *Löwisch* (NZA 1998, 729) auch Gagel/*Winkler*, § 144 SGB III Rz. 48. | 2 Einen Sperrzeittatbestand iSd. „Lösens“ bejahend *Pottmeyer*, NZA 1988, 512 (523 f.); *Commandeur*, NJW 1996, 2537 (2544); aA *Niesel*, § 144 SGB III Rz. 14; *Schaub*, § 23 II 12b. | 3 Vgl. BAG v. 7.4.1993, NZA 1993, 795. | 4 Durchführungsanweisungen zu § 144 (144.30 und 144.31). | 5 Dazu BSG v. 25.4.2002 – B 11 AL 89/01 R, NZA-RR 2003, 162. | 6 Vgl. dazu auch BSG v. 9.11.1995 – 11 RAr 27/95, BSGE 77, 48. | 7 Gagel/*Winkler*, § 144 SGB III Rz. 45. | 8 Ebenso HzA/*Gagel*, Gruppe 1 Teilbereich 8, Rz. 2732. | 9 Ausdrückl. BSG v. 25.4.2002 – B 11 AL 89/01, SozR 3-4100 § 119 Nr. 24; ebenso BSG v. 25.4.2002 – B 11 AL 65/01, SozR 3-4300 § 144 Nr. 8. | 10 BSG v. 18.12.2003 – B 11 AL 35/03 R, NZA 2004, 661. | 11 BSG v. 18.12.2003 – B 11 AL 35/03 R, NZA 2004, 661. | 12 Ebenso *Preis*, DB 2004, 70 (76); *Löwisch*, NZA 2003, 689 (694); so auch BT-Drs. 15/1587, S. 30. | 13 BSG v. 17.10.2007 – B 11a AL 51/06 R, PM 51/07. | 14 BSG v. 12.7.2006 – B 11 AL 47/05 R, NJW 2006, 3514 m. abl. Anm. *Rixen*; s. dazu bereits die geänderte Fassung der Dienstanweisung (DA Alg) unter Ziff. 144.103. | 15 So *Preis*, DB 2004, 70 (76).

dürfte, eine Abfindung in der gesetzl. Höhe von 1/2 Monatsgehalt je Beschäftigungsjahr zu bezahlen. Zudem setzt er sich dem Vorwurf einer bewussten Täuschung der AA und damit Mitwirkung am Betrug der AA zum Vorteil des Arbl. aus.

10 Die **einverständliche Auflösung** iSd. Alt. 1 des Sperrzeittatbestandes wegen Arbeitsaufgabe liegt idR in einem arbeitsrechtl. Aufhebungsvertrag. Nicht erforderlich ist, dass die Initiative vom ArbN ausgegangen ist[1]. Der einseitige Druck seitens des ArbGeb oder die Inaussichtstellung einer alternativen Kündigung können allerdings als wichtiger Grund iSd. Abs. 1 Hs. 2 zu bewerten sein (s. Rz. 27). War eine vorausgegangene Kündigung des ArbGeb Anlass für die Vertragsaufhebung, fehlt es uU an der Kausalität (s. Rz. 19).

11 Seit 1.5.2000 bedürfen auch Aufhebungsverträge der **Schriftform**. Der Mangel der Schriftform nach § 623 BGB kann hier aber zumindest – wie auch bei einer formnichtigen Kündigung seitens des ArbN – die Lösung des Beschäftigungsverhältnisses herbeiführen, was für den Sperrzeittatbestand ausreicht. Voraussetzung ist, dass der ArbN trotz Kenntnis von der Nichtigkeit am Vertrag festhalten will; macht er hingegen auf Grund der Nichtigkeit des Aufhebungsvertrages die Weiterbeschäftigung gegenüber dem ArbGeb geltend, fehlt es an einer für den Tatbestand des Abs. 1 Nr. 1 relevanten Beendigung der Beschäftigung, da sich der ArbN weiterhin dem Weisungsrecht des ArbGeb unterstellt[2]. Dies gilt auch dann, wenn der ArbGeb die Weiterbeschäftigung ablehnt und hierdurch in Annahmeverzug (§ 615 BGB) gerät.

12 Bei nicht der Form des § 623 BGB entsprechenden Auflösungsvereinbarungen ist zu unterscheiden zwischen denen **mit vorausgegangener ArbGebKündigung** und solchen Situationen, in denen eine Einigung über die Aufhebung dem Ausspruch der Kündigung vorausgeht. Im Falle der vorausgegangenen Kündigung seitens des ArbGeb ist fraglich, ob der Aufhebungsvertrag noch kausal für die Beendigung war, wenn er für den Zeitpunkt des Ablaufs der Kündigungsfrist geschlossen worden ist (s. Rz. 19). Stimmt der ArbN der vorzeitigen Beendigung unter Abkürzung von Kündigungsfristen zu, liegt auch dann, wenn er sich erst zum Ablauf der ordentl. Kündigung arbeitslos meldet, ein Sperrzeitsachverhalt vor (vgl. bereits Rz. 3)[3]. Keine entscheidende Bedeutung kommt dagegen dem Umstand zu, ob die Kündigung rechtswidrig oder rechtmäßig war, da der ArbN nicht zur Erhebung der Kündigungsschutzklage verpflichtet ist[4]. Mit dem Unterlassen der Erhebung der Kündigungsschutzklage kann der ArbN keinen wesentlichen Ursachenbeitrag für die anschließende Arbeitslosigkeit setzen, wenn er nicht selbst iSd. Abs. 1 Nr. 1 das Beschäftigungsverhältnis löst (s. Rz. 9)[5].

13 Schließen die Parteien nach einer vorausgegangenen Kündigung einen **Abwicklungsvertrag**[6], so ist es Sache der Vertragsauslegung, ob darin ein verdeckter Aufhebungsvertrag liegt (dazu Anh. § 9 KSchG Rz. 50), mit dem der ArbN das Beschäftigungsverhältnis löst[7]. Höchst zweifelhaft erscheint die in diesem Zusammenhang im Urteil des BSG v. 9.11.1995 (obiter dictum[8]) geäußerte Rechtsauffassung, dass der ArbN durch einen Abwicklungsvertrag über Abfindungen, Entschädigungen oder ähnliche Leistungen sich an der Beendigung seines Beschäftigungsverhältnisses beteilige, weil er sich der Möglichkeit begebe, die Rechtswidrigkeit der ausgesprochenen Kündigung geltend zu machen. Dem Verzicht auf die Geltendmachung der Rechtswidrigkeit einer Kündigung im Wege einer Kündigungsschutzklage kann auf Grund der oben Rz. 9 dargelegten Begründung nicht das entscheidende Moment für ein aktives „Lösen" entnommen werden. Das hat auch das BSG in seiner Entscheidung v. 18.3.2003 (s. Rz. 9) klargestellt. Es kann keinen Unterschied machen, ob der ArbN den Verzicht ausdrücklich oder nur stillschweigend erklärt, wenn er damit die Kündigung des ArbGeb in ihrem Bestand beeinflusst. Entscheidend ist das Gewicht der Mitwirkung, dass nicht den Äußerungen des schriftl. oder mündl. Vertrages allein entnommen werden kann. Vielmehr ist nach den tatsächlichen Umständen (betriebliche Situation, Verfahren bei anderen ArbN) zu ermitteln, ob der ArbGeb die Kündigung erst im Hinblick auf die begründete Annahme hin ausgesprochen hat, dass der ArbN mit ihm einen Abwicklungsvertrag schließen wird und er also keinen kostspieligen Kündigungsschutzprozess riskiert. Dann liegt in der Tat der Verdacht nahe, dass eine vorausgegangene Einigung stattgefunden hat, die durch den Abschluss eines „Abwicklungsvertrages" verschleiert wird[9]. Die Mitwirkung kann indes durch **eine objektive Berechtigung des ArbGeb zur Kündigung** entwertet werden, weil dann der ArbN für seine aktive Beteiligung an der Beendigung des Beschäftigungsverhältnisses einen **wichtigen Grund** (nämlich die objektiv anstehende Beendigung des Arbeitsverhältnisses) geltend machen kann (ausf. dazu Rz. 28).

14 Eine **vorausgegangene Einigung** über eine daraufhin erklärte Kündigung seitens des ArbGeb stellt ein Lösen iSd. Sperrzeittatbestandes wegen Arbeitsaufgabe dar, wenn aus ihr der beiderseitige Wille zur Beendigung des Arbeitsverhältnisses entnommen werden kann. Hinter der Vereinbarung einer Kündi-

---

1 BSG v. 29.11.1989 – 7 RAr 86/88, SozR 4100 § 119 Nr. 36. | 2 Vgl. dazu BSG v. 10.9.1998 – B 7 AL 96/96, SozR 3-4100 § 101 Nr. 9. | 3 BSG v. 5.8.1999 – B 7 AL 14/99, SozR 3-4100 § 119 Nr. 17 (S. 83 ff.) unter Aufgabe seiner früheren Rspr. | 4 Klargestellt jetzt durch BSG v. 25.4.2002 – B 11 AL 89/01, SozR 3-4100 § 119 Nr. 24. | 5 Ebenso *Niesel*, § 144 SGB III Rz. 12 f.; Gagel/*Winkler*, § 144 SGB III Rz. 51. | 6 Zurückgehend auf *Hümmerich*, NZA 1994, 200. | 7 BSG v. 9.11.1995 – 11 RAr 27/95, BSGE 77, 48 = SozR 3-4100 § 119 Nr. 9. | 8 BSG v. 9.11.1995 – 11 RAr 27/95, BSGE 77, 48. | 9 Ebenso die BA in ihrer Dienstanweisung zu § 144 unter 1.1.1.3.1 (144.23), wo auf eine entsprechende „Unternehmensphilosophie" verwiesen wird, langjährige ArbN nur freiwillig ausscheiden zu lassen.

gung durch den ArbGeb kann sich insb. eine auf Initiative des ArbN geschlossene Aufhebung des Arbeitsverhältnisses verbergen, um die Sperrzeit zu umgehen. Diese Vermutung liegt insb. nahe, wenn der ArbN von den in einer BV oder TV zugesagten Vorruhestandsleistungen Gebrauch machen will. Dann ist ohne Rücksicht auf die Rechtmäßigkeit einer ausgesprochenen ArbGebKündigung die Anwendung des § 117 BGB gerechtfertigt, da diese nur zum Schein ausgesprochen worden ist[1].

2. Arbeitsvertragswidriges Verhalten als Anlass für die Lösung. Hat der ArbN eine Kündigung seitens des ArbGeb veranlasst, ist zu prüfen, ob ein **verhaltensbedingter Kündigungsgrund iSv. § 1 II 1 KSchG** vorliegt. Sonstige Wirksamkeitsvoraussetzungen für die Kündigung wie Einhaltung der Ausschlussfrist des § 626 II BGB, Anhörung des BR nach § 102 BetrVG, Einhaltung der gesetzl. Zustimmungserfordernisse zB bei Schwerbehinderten (§ 85 SGB IX), Frauen im Mutterschutz (§ 9 III MuSchG) oder Elternzeit (§ 18 III BEEG) und auch Wahrung der Schriftform nach § 623 BGB spielen keine Rolle, sofern es zur Auflösung des Arbeitsverhältnisses kommt. Das Fehlen einer erforderlichen Abmahnung (vgl. Erl. zu § 1 KSchG) kann jedoch die grobe Fahrlässigkeit des ArbN hinsichtlich der Verursachung der Arbeitslosigkeit infrage stellen[2]. 15

Auch die **Umbenennung des Kündigungsgrundes** in einem zwischen den Arbeitsvertragsparteien geschlossenen Vergleich nützt in aller Regel nichts, weil die Arbeitsverwaltung und die SG von Amts wegen den wahren Kündigungssachverhalt als Voraussetzung der Sperrzeit nach Abs. 1 Nr. 1 Alt. 2 zu prüfen haben[3]. Etwas anderes gilt, wenn der ArbGeb zum gleichen Termin eine betriebsbedingte Kündigung hätte aussprechen könne, es sei denn das vertragswidrige Verhalten hat dazu geführt, dass ihm und nicht einem anderen ArbN aus betriebsbedingten Gründen gekündigt worden ist[4]. Letztlich sind dies aber Fragen der Kausalität (s. Rz. 19 ff.). 16

Wurde vom ArbGeb eine **außerordentl. Kündigung** ausgesprochen, rechtfertigt das Verhalten aber nur eine ordentl. Kündigung, so fängt die Sperrzeit auch erst mit Ablauf der ordentl. Kündigungsfrist an zu laufen, gleichgültig, zu welchem Datum das Arbeitsverhältnis endet[5]. Auch hierbei handelt es sich bereits um eine Frage der Kausalität. 17

Liegt das die Kündigung rechtfertigende Verhalten dagegen **im außervertragl. Bereich**, etwa durch Vorspiegelung falscher Tatsachen bei Vertragsschluss oder Verhalten im Privatleben, dass nur Anlass für eine Kündigung wegen Mängeln im persönlichen Vertrauensbereich oder personenbedingten Eignungsmängeln liefert (zB der Berufskraftfahrer verliert seine Fahrerlaubnis wegen einer privaten Trunkenheitsfahrt), liegt kein vertragswidriges Verhalten iSd. Alt. 2 des Sperrzeittatbestandes wegen Arbeitsaufgabe vor. Ebenso kann eine spätere andere Bewertung des Verhaltens, wenn sie in einer außergerichtlichen oder gerichtl. Einigung hinreichend deutlich wird (denkbar insb. bei Verfehlungen im Vertrauensbereich), den Sperrzeitanlass des vertragswidrigen Verhaltens ausschließen[6]. 18

3. Kausalität. Die **Ursächlichkeit des sperrzeitbegründenden Ereignisses** (Lösung bzw. Anlass für eine ArbGebKündigung) **für die anschließende Arbeitslosigkeit** beurteilt sich nach der Rspr.[7] allein nach dem tatsächlichen Geschehensablauf; ob der ArbN einer ohnehin bevorstehenden ArbGebKündigung zuvor gekommen ist, kann allenfalls als wichtiger Grund zur Vertragsaufhebung iSd. Hs. 2 des Abs. 1 zu bewerten sein (dazu Rz. 28). War einer gerichtlichen oder außergerichtlichen Einigung dagegen eine arbeitgeberseits erklärte Kündigung vorausgegangen, bleibt sie für die nach dem Ende des Beschäftigungsverhältnisses eingetretene Arbeitslosigkeit grds. kausal, wenn die Kündigung das Ende des Arbeitsverhältnisses zum gleichen Zeitpunkt herbeigeführt hätte[8]. Ob die Kündigung rechtswidrig oder rechtmäßig war, kann für die Beurteilung schon deshalb keine Rolle spielen, weil der ArbN im Falle der Nichterhebung der Kündigungsschutzklage wegen der Heilungswirkung des § 7 KSchG ebenfalls arbeitslos geworden wäre. Eine der ArbGebKündigung nachfolgende **Vereinbarung kann nach Ablauf der Frist für die Erhebung der Kündigungsschutzklage** keine Relevanz mehr für den Ausspruch oder den Bestand der das Ende des Arbeitsverhältnisses herbeiführenden Kündigung beigemessen werden. Entsprechendes gilt für Vereinbarungen im Rahmen eines gerichtlichen Vergleichs, wenn diese ohne vorherige Absprache getroffen werden und verfahrensbeendende Wirkung haben, weil den ArbN keine Obliegenheit zur Erhebung der Kündigungsschutzklage trifft[9]. 19

Zweifelhaft ist, ob die Beendigung eines unbefristeten Arbeitsverhältnisses und **Begründung eines befristeten Arbeitsverhältnisses** noch für die anschließende Arbeitslosigkeit nach Ablauf der Befristung 20

1 Vgl. dazu Dienstanweisung zu § 144 unter 1.1.1.3.1 (144.24); Gagel/*Winkler*, § 144 SGB III Rz. 58. |2 HzA/*Gagel*, Gruppe 1 Teilbereich 8, Rz. 2711; in BSG v. 25.4.1991 - 11 RAr 99/90, NZA 1992, 95, bereits beim verhaltensbedingten Kündigungsgrund geprüft. |3 BSG v. 25.4.1991 –NZA 1992, 95; s. auch unlängst BSG v. 3.6.2004 – B 11 AL 70/03, NZA-RR 2005, 52. |4 Gagel/*Winkler*, § 144 SGB III Rz. 83. |5 BSG v. 25.4.1990 – 7 RAr 106/89, NZA 1990, 971. |6 Vgl. auch BA in Dienstanweisung zu § 144 unter 1.1.2 (144. 32); HzA/*Gagel*, Gruppe 1 Teilbereich 8, Rz. 2706. |7 BSG v. 12.12.1984 – 7 RAr 49/83, NZA 1986, 141; v. 29.11.1989 – 7 RAr 86/88. |8 BSG v. 23.3.1995 – 11 RAr 39/94, nv.; offen gelassen in BSG v. 5.8.1999 – B 7 AL 14/99 R, NZA-RR 2000, 552; *Niesel*, § 144 SGB III Rz. 37; in dem v. BSG mit Urt. v. 8.6.1989 – 127/87, SozR 4100 § 117 Nr. 25 entschiedenen Sachverhalt war der Aufhebungsvertrag erst nach Feststellung der Rechtswidrigkeit der Kündigung durch das ArbG geschlossen worden. |9 BSG v. 18.12.2003 – B 11 RAr 35/03 R, NZA 2004, 661.

kausal ist[1]. Dem steht entgegen, dass die Sperrzeit grds. kalendermäßig zu laufen beginnt, gleichgültig, ob die Voraussetzungen für den Anspruch auf Alg erfüllt sind[2] (s. Rz. 2). Deshalb wird zumindest der Beginn der Sperrzeit auf den Tag nach dem Endes des unbefristeten Arbeitsverhältnisses zu legen sein[3]. Im Übrigen kann im Falle der Aussicht auf einen Anschlussarbeitsplatz auch das Verschulden des ArbN zu verneinen sein (s. Rz. 23). Ferner hat das BSG neuerdings einen wichtigen Grund für die Lösung und Abschluss eines befristeten Arbeitsverhältnisses gesehen, wenn mit dem Wechsel eine berufliche Umorientierung verbunden ist (s. Rz. 29).

21 Ist die Arbeitslosigkeit auch durch eine **fehlende Vermittlungstätigkeit der AA** eingetreten, entfällt die Kausalität eines sperrzeitbegründenden Ereignisses, wenn bei pflichtgemäßer Vermittlung der ArbN nicht arbeitslos geworden wäre[4]. Die Rspr. entscheidet hier nach der sozialrechtl. Kausalitätslehre der wesentlichen Bedingung und nicht nach der zivilrechtl. Lehre der Adäquanz, dass beim Zusammenwirken mehrerer Ursachen auch das pflichtwidrige Unterlassen der AA als rechtl. wesentlich für den Eintritt des Erfolges angesehen werden kann. Hinzu kam, dass der ArbN frühzeitig an die AA um Vermittlung herangetreten war und der Aufgabe seines früheren Arbeitsplatzes berechtigte Interessen zur Seite standen, die sonst erst im Rahmen des wichtigen Grundes nach Abs. 1 Hs. 2 zu prüfen waren[5].

22 **4. Verschulden.** Der ArbN muss für den Eintritt einer Sperrzeit seine Arbeitslosigkeit **vorsätzlich oder grob fahrlässig** herbeigeführt haben. Es gilt ein subjektiver Fahrlässigkeitsbegriff[6]; hiernach kommt es auf die persönliche Urteils- und Kritikfähigkeit, das Einsichtsvermögen und Verhalten des Betroffenen sowie auf die besonderen Umstände des Falles an[7]. Die grobe Fahrlässigkeit verlangt im SozV-Recht eine Sorgfaltspflichtverletzung ungewöhnlich hohen Ausmaßes, dh. eine grobe und subjektiv schlechthin unentschuldbare Pflichtverletzung, die das gewöhnliche Maß der Fahrlässigkeit erheblich übersteigt[8]. Sie muss nicht nur hinsichtlich des die Sperrzeit begründenden Verhaltens vorliegen (bei Lösung des Arbeitsverhältnisses ohnehin nur als vorsätzliches Handeln denkbar, s. aber Rz. 24), sondern auch hinsichtlich der anschließenden Arbeitslosigkeit.

23 Das Verschulden im Rahmen der Herbeiführung der Arbeitslosigkeit durch vertragswidriges Verhalten ist auf **alle Glieder der Kausalkette** zu beziehen, also auf (1) das vertragswidrige Verhalten (zumindest grob fahrlässig), (2) die Erwartung, nicht gekündigt zu werden, (3) den Verlust des Arbeitsplatzes und (4) die Erwartung, einen Anschlussarbeitsplatz zu erhalten[9]. Insb. entfällt die grobe Fahrlässigkeit, wenn der ArbN auf Grund des bisherigen Verhaltens nicht damit rechnen musste gekündigt zu werden, wenn also eine arbeitsrechtl. für die verhaltensbedingte Kündigung erforderliche Abmahnung fehlt (s. Rz. 13).

24 Bei der **Lösung des Arbeitsverhältnisses** ist der Verschuldensvorwurf idR derjenige vorsätzlichen Handelns. Denkbar erscheint aber, dass der ArbN unter Drohung oder irrtümlich gehandelt hat, insb. weil er die Folgen nicht übersehen hat. Für den Vorwurf der groben Fahrlässigkeit kommt es dann darauf an, ob der ArbN einfachste, ganz nahe liegende Überlegungen nicht angestellt hat[10]. Der Tatbestand der Anfechtbarkeit einer auf den Abschluss eines Aufhebungsvertrages gerichteten Erklärung[11], die der ArbN nicht wahrgenommen hat, begründet keinen Verschuldensvorwurf, da dem ArbN die Fortsetzung des Arbeitsverhältnisses unter Ergreifung rechtl. Schritte nicht zugemutet werden kann – zumindest begründet der Umstand einer die freie Willensentschließung beeinträchtigenden Täuschung oder Drohung des ArbGeb einen Vertrauensverlust, der als wichtiger Grund im Rahmen des 2. Hs. der Sperrzeitfolge entgegensteht[12].

25 An der schuldhaften Herbeiführung der Arbeitslosigkeit fehlt es auch, wenn der ArbN **begründete Aussicht auf einen Anschlussarbeitsplatz** hat[13]. Die Zusicherung eines konkreten Arbeitsplatzes ist zwar nicht erforderlich[14]. Es kommt aber auf die jeweiligen Vermittlungsaussichten auf dem regionalen Arbeitsmarkt an: Grobe Fahrlässigkeit liegt vor, wenn der ArbN auf Grund der allgemeinen Verhältnisse auf dem Arbeitsmarkt vernünftigerweise nicht mit einem Anschlussarbeitsplatz rechnen konnte[15]. Bei der Aussicht auf ein nur **befristetes** Arbeitsverhältnis nimmt die Rspr. dagegen einen wichtigen Grund für die Auflösung des Arbeitsverhältnisses an, wenn auf Grund der tatsächlichen Umstände eine konkrete Aussicht bestand, das zunächst befristete Beschäftigungsverhältnis werde sich in ein unbefristetes umwandeln[16].

1 Dienstanweisung zu § 144 unter 1.5. (144.42a); ebenso Gagel/*Winkler*, § 144 SGB III Rz. 83 unter Hinweis auf eine alte Entscheidung des BSG v. 21.9.1956 – 7 RAr 104/55, BSGE 3, 298, 302. | 2 Wie hier *Niesel*, § 144 SGB III Rz. 19. | 3 AA Gagel/*Winkler*, § 144 SGB III Rz. 83. | 4 BSG v. 28.6.1991 – 11 RAr 81/90, NZA 1992, 285. | 5 Vgl. insoweit auch BSG v. 29.4.1998 – B 7 AL 56/97 R, NZS 1998, 581, wo die Ablehnung von Vermittlungsbemühungen seitens des Arbeitsamtes als der Sperrzeit entgegenstehender wichtiger Grund gewertet wurde. | 6 BSG v. 15.5.1985 – 7 RAr 83/83, BSGE 58, 97; ErfK/*Rolfs*, § 144 SGB III Rz. 21; HzA/*Gagel*, Gruppe 1 Teilbereich 8 Rz. 2719; Gagel/*Winkler*, § 144 SGB III Rz. 88. | 7 BSG v. 31.8.1976 – 7 RAr 112/74, BSGE 42, 184. | 8 BSG v. 31.8.1976 – 7 RAr 112/74, BSGE 42, 184; v. 25.8.1981 – 7 RAr 44/80, BB 1982, 559. | 9 HzA/*Gagel*, Gruppe 1 Teilbereich 8, Rz. 2718. | 10 BSG v. 31.8.1976 – 7 RAr 112/74, BSGE 42, 184. | 11 Vgl. dazu BAG v. 30.1.1986 – 2 AZR 196/85, NZA 1987, 91; v. 31.1.1996 – 2 AZR 91/95, NZA 1996, 756. | 12 Gagel/*Winkler*, § 144 SGB III Rz. 92 f. | 13 BSG v. 20.4.1977, BSGE 43, 269 (270); v. 11.12.1981 – 7 RAr 21/81, BSGE 52, 276 (281); v. 13.8.1986 – 7 RAr 1/86, NZA 1987, 180. | 14 BSG v. 12.11.1981 – 7 RAr 21/81, BSGE 52, 276 (281). | 15 BSG v. 18.2.1987 – 7 RAr 72/85, SGb 1987, 574. | 16 BSG v. 26.10.2004 – B 7 AL 98/03 R, SozR 3-4300 § 144 Nr. 9.

5. Nichtvorliegen eines wichtigen Grundes. Der ArbN hat für sein Verhalten einen wichtigen Grund iSv. Abs. 1 Hs. 2, wenn ihm unter Berücksichtigung aller Umstände des Einzelfalles und unter Abwägung seiner Interessen mit denjenigen der Gesamtheit der Beitragszahler ein anderes Verhalten nicht zuzumuten ist[1]. Bezugspunkt sind sowohl dass zur Aufgabe des Arbeitsplatzes führende unmittelbare (vertragl.) Verhalten als auch persönliche Lebensumstände wie Gewissensgründe, familiäre Gründe für einen Wohnortwechsel oder Entscheidungen im beruflichen Bereich (Aufgabe eines Berufsausbildungsverhältnisses)[2]. Umständen im Rahmen des bestehenden Beschäftigungsverhältnisses muss der ArbN aber zuvor durch einen Einigungsversuch mit dem ArbGeb zu deren Abhilfe entgegengetreten sein – hiervon kann nur in Fällen offensichtlicher Erfolglosigkeit eines solchen Versuchs abgesehen werden[3]. 26

Das Vorliegen eines wichtigen Grundes ist von Amts wegen zu prüfen. Die **Nichterweislichkeit einer Tatsache**, die einen als wichtiger Grund rechtfertigenden Umstand im Rahmen der Prüfung der Sperrzeitvoraussetzungen bilden würde, ist im Rahmen der allgemeinen Regeln der objektiven Beweislast von der BA als durch die Rechtsnorm Begünstigte zu tragen. Das Nichtvorliegen eines wichtigen Grundes ist nämlich im Rahmen des Sperrzeittatbestandes eine rechtsbegründende Tatsache[4]. Es geht aber zu Lasten des Arbl., wenn er sich nachträglich auf gesundheitliche Einschränkungen beruft und die Nichtaufklärbarkeit zu verantworten hat, weil die AA mangels entsprechender zeitnaher Angaben des Arbl. keinen Anlass hatte, diese rechtzeitig aufzuklären[5]. Der Gesetzgeber hat dieser Rspr. des BSG Rechnung getragen, indem er bereits mit dem Ersten Gesetz für moderne Dienstleistungen am Arbeitsmarkt die Darlegungs- und Beweislastregel des Abs. 1 S. 2 eingefügt hat[6]. 27

Häufig ergeben sich wichtige Gründe aus dem Bereich der **Grundrechte, insb. Art. 4, 6 11, 12 GG** (Einzelheiten s. Rz. 29). Die Berufung auf den grundrechtl. geschützten Lebensbereich setzt sich aber wie allgemein bei der Geltendmachung eines wichtigen Grundes nur nach sorgfältiger Abwägung der Interessen des ArbN an der Berücksichtigung seiner grundrechtl. geschützten Rechtspositionen mit dem Interesse der Versichertengemeinschaft an der Geringhaltung der Kosten der Arbeitslosigkeit. Dies gilt insb. auch bei der Gewährleistung sog. schrankenloser Grundrechte, also solcher ohne Gesetzesvorbehalt. Denn sie stehen unter dem Vorbehalt kollidierender Grundrechte Dritter oder bzw. mit Verfassungsrang ausgestatteter Rechtswerte und Gemeinschaftsgüter. Hierzu gehört auch die Funktionsfähigkeit der ArblV[7]. In seiner jüngeren Rspr. hat das BSG[8] darüber hinaus die Notwendigkeit betont, bei der Konkretisierung des wichtigen Grundes den Zweck der Sperrzeit wegen Arbeitsaufgabe und das verfassungsrechtl. Übermaßverbot zu beachten: Daher kann im Falle einer einverständlichen Aufhebung des Arbeitsverhältnisses bei angedrohter betriebsbedingter Kündigung des Arbeitsverhältnisses einen wichtigen Grund zur Lösung anerkannt, wenn die **Kündigung objektiv sozial gerechtfertigt** gewesen wäre und dem ArbN auch im Hinblick auf sein berufliches Fortkommen das **Abwarten der Kündigung nicht zuzumuten** war[9]. In seiner letzten Entscheidung zu diesem Komplex hat der 7. Senat zugleich angedeutet, dass auch im Falle der Rechtswidrigkeit der angedrohten Kündigung auf Grund sonstiger Umstände, etwa des Verhaltens des ArbGeb, ein wichtiger Grund iSd. Rspr. gegen sein kann[10]. Diese Rspr. hat der 11. Senat fortgeführt und nunmehr bestätigt, dass auch im Hinblick auf die bereits ausgesprochene Kündigung eine Mitwirkung an der Beendigung sanktionslos bleibt, wenn der Eintritt der Beschäftigungslosigkeit ohnehin nicht zu vermeiden war und damit kein Interesse der Versichertengemeinschaft besteht, den ArbN von der Wahrnehmung berechtigter Interessen (auch zu Gunsten einer Abfindung) abzuhalten[11]. Diese „Wendung" in der Entscheidung wird von den Kritikern[12] häufig übersehen. Bei **leitenden Angestellten**, für den § 14 KSchG gilt und dessen Arbeitsverhältnis mithin auch ohne Begründung auf Antrag des ArbGeb vom ArbG aufzuheben ist, kommt es auf die **objektive Rechtmäßigkeit der drohenden Kündigung nicht** an, wenn das Arbeitsverhältnis durch Aufhebungsvertrag zum Ablauf der für den ArbN geltenden ordentl. Kündigung beendet wurde[13]. Mit der Andeutung einer Rechtsprechungsänderung hat das BSG im Urt. v. 12.7.2006 ferner ausgeführt, zukünftig auf die Prüfung der Rechtmäßigkeit der Kündigung verzichten zu wollen, wenn die im Aufhebungsvertrag vereinbarte Abfindungshöhe die in § 1a KSchG gezogenen Grenzen nicht überschreitet (s. bereits Rz. 9). 28

Für die Fälle der **offensichtlichen Rechtswidrigkeit einer bevorstehenden oder bereits ausgesprochenen Kündigung** ist damit ein Weg über die außergerichtliche Einigung versperrt. Ob der ArbN über den 28a

1 BSG v. 13.8.1986 – 7 RAr 1/86, NZA 1987, 180. | 2 BSG v. 13.3.1990 – 11 RAr 69/88, NZA 1990, 956. | 3 BSG v. 6.2.2003 – B 7 AL 72/01, SGB 2003, 477 (Verstoß gegen zwingende Vorschriften über Lenk- und Ruhezeiten bei Lkw-Fahrern). | 4 BSG v. 26.11.1992 – 7 RAr 38/92, BSGE 71, 256. | 5 BSG v. 26.11.1992 – 7 RAr 38/92, BSGE 71, 256. | 6 BSG v. 23.12.2002, BGBl. I S. 4607; vgl. dazu BT-Drs. 15/25, S. 31 zu § 144 I 2. | 7 BSG v. 18.2.1987 – 7 RAr 72/85, SGb 1987, 574 (betr. Art. 4 GG); zurückhaltender dagegen in BSG v. 20.4.1977 – 7 RAr 112/75, BSGE 43, 269 hinsichtlich Art. 6 I GG beim Zuzug zum Ehepartner. | 8 BSG v. 25.4.2002 – B 11 AL 65/01 R, NZA-RR 2003, 105. | 9 BSG v. 25.4.2002 – B 11 AL 65/01 R, NZA-RR 2003, 105; im Anschluss auch BSG v. 17.10.2002 – B 7 AL 136/01 R, SozR 3-4300 § 144 Nr. 12. | 10 BSG v. 17.10.2002 – B 7 AL 136/01 R, SozR 3-4300 § 144 Nr. 12. | 11 BSG v. 18.12.2003 – B 11 AL 35/03 R, NZA 2004, 661. | 12 *Schundt*, NZA 2005, 861; *Boecken/Hümmerich*, DB 2004, 2046; anders *Bauer/Steffen*, NZA 2004, 640 (641). | 13 BSG v. 17.11.2005 – B 11a/11 AL 69/04 R.

Weg einer Kündigungsschutzklage und darauf folgenden gerichtlichen Einigung über die Beendigung seines Arbeitsverhältnisses eine Sperrzeit vermeiden kann, erscheint zweifelhaft[1]. Zwar erscheint das Argument nahe liegend, dass der ArbN im Falle der Nichterhebung einer Kündigungsschutzklage das Ende seines Beschäftigungsverhältnisses gleichwie nicht verhindert hätte und er nicht zur Erhebung der Kündigungsschutzklage verpflichtet ist. Von jeher tut sich unser Recht aber mit der Berufung auf rechtmäßiges Alternativverhalten schwer. Klagt der ArbN aktiv auf eine Fortsetzung des Arbeitsverhältnisses und gibt er im Hinblick auf eine ausgehandelte Abfindung später die erworbene Rechtsposition auf, liegt darin ein aktives Lösen iSv. § 144 II 1 Nr. 1. Auch der ArbGeb soll nicht über den Weg des Kündigungsschutzprozesses mit allen Chancen der Einigung gewissermaßen risikolos kündigen können (vgl. bereits Rz. 13 f.). Das Sperrzeitinstrument muss auch für derartige Konstellationen seiner Disziplinierungsfunktion gerecht werden. Etwas anderes gilt, wenn dem ArbN wegen der in der Weiterführung des Prozesses liegenden Risiken und Belastungen auch im Hinblick auf das letztlich fortzuführende Arbeitsverhältnis eine Fortsetzung des Prozesses und Wiederaufnahme der Arbeit beim kündigenden ArbGeb nicht zugemutet werden kann. Dies sind Fälle, die ohnehin auf die Anwendung der §§ 9, 10 KSchG herauslaufen würden (s. Rz. 8).

29 Wichtige Gründe, die nach der **Rspr. anerkannt** sind, kommen im Rahmen der Arbeitsplatzaufgabe in folgenden **Lebenssachverhalten** in Betracht: Auflösung des Arbeitsverhältnisses aus wichtigem Grund nach § 626 BGB[2]; Gesundheitliche Gründe[3]; Heirat, auch wenn noch unmittelbar bevorstehend[4]; Mobbing, wenn dadurch unzumutbarer psychischer Druck entsteht[5]; Nichteheliche Lebensgemeinschaft bei gemeins. Erziehung eines (nicht notwendig eigenen) Kindes oder nach vorheriger intensiver Arbeitssuche am neuen Wohnort[6]; Religiöse oder Gewissensgründe[7] ; aber nicht Kirchenaustritt und darauf beruhende ArbGeb-Kündigung wegen Vertragsverletzung[8]; Personalabbau im Rahmen betrieblicher Strukturänderungen, wenn mindestens 1/4 aller Arbeitsplätze betroffen sind und der ArbN einen jüngeren (sozial schwächeren) ArbN vor der Entlassung bewahrt[9]; Pflege eines auch nicht verheirateten Partners[10]; Verweigerung von Vermittlungsbemühungen seitens der AA[11]; Zuvorkommen einer arbeitgeberseits in Aussicht gestellten Kündigung aus betrieblichen Gründen, wenn diese, etwa wegen einer Betriebsstillegung, unausweglich erscheint[12] (vgl. auch Rz. 26, 28). Die Aufgabe eines unbefristeten Arbeitsverhältnisses zu Gunsten eines (mindestens auf zwei Monate) befristeten Arbeitsverhältnisses hat die Rspr.[13] für drei Fallgruppen anerkannt: 1. wenn mit dem neuen befristeten Arbeitsplatz ein Wechsel in ein anderes Berufsfeld und damit die Erlangung zusätzlicher beruflicher Fertigkeiten verbunden ist; 2. wenn die befristete Beschäftigung einer bereits erworbenen höheren Qualifikation entspricht und 3. wenn ein um mindestens 10 % höheres Arbeitsentgelt erzielt wird.

30 **III. Rechtsfolgen der Sperrzeit.** Während des Laufs einer Sperrzeit **ruht der Anspruch auf Alg für die im Gesetz bestimmte Dauer**. Dies sind bei der Sperrzeit wegen Arbeitsplatzaufgabe seit jeher **12 Wochen**. Die Sperrzeit beginnt mit dem Tag nach dem Ereignis, das die Sperrzeit begründet (Abs. 2 S. 1) – dies ist bei der Sperrzeit wegen Arbeitsaufgabe das rechtl. Ende des Beschäftigungsverhältnisses[14]. Damit ist durch zwei jüngere Entscheidungen des 11. und des 7. Senats des BSG[15] klargestellt, auch die Freistellung des ArbN unter Fortzahlung des Arbeitsentgelts bereits Anknüpfungstatbestand für den Lauf der Sperrzeit ist – und nicht erst das rechtl. Ende des Arbeitsverhältnisses. Die Entscheidung liegt im System des Gesetzes, wonach selbst bei bestehendem Arbeitsverhältnis ein Anspruch auf Alg dem Grunde und auch in der Höhe begründet sein kann, vorausgesetzt, dass der ArbN nicht mehr dem Weisungsrecht des ArbGeb untersteht. Der Beginn einer vertragl. vereinbarten Freistellung unter Fortzahlung des Arbeitsentgelts setzt damit die Sperrzeitfrist in Gang, unabhängig davon, zu welchem Zeitpunkt der ArbN den Antrag auf Alg stellt (was er regelmäßig erst nach der Beendigung des Arbeitsverhältnisses tun wird, vgl. auch Rz. 4).

1 Offen gelassen in BSG v. 18.12.2003 – B 11 AL 35/03 R, NZA 2004, 661, 664; dagegen auch *Gagel*, NZA 2005, 1328, der nur im Falle der nicht offensichtlichen Rechtswidrigkeit auf Grund des für den ArbN im Falle der Fortführung des Prozesses bestehenden Prozessrisikos einen wichtigen Grund anerkennt. | 2 BSG v. 17.7.1964 – 7 RAr 4/64, BSGE 21, 205. | 3 BSG v. 26.11.1992 – 7 RAr 38/92, BSGE 71, 256. | 4 BSG v. 29.11.1988 – 11/7 RAr 91/87 –, NZA 1989, 616. | 5 BSG v. 25.4.1990 – 7 RAr 16/89, DBlR § 119 Nr. 3649; einschr. BSG v. 21.10.2003 – B 7 AL 92/02, NZS 2004, 382, mit der Beschränkung auf objektiv unrechtmäßiges oder nicht sozial adäquates Verhalten des Vorgesetzten (aufschlussreich!). | 6 BSG v. 25.10.1988 – 7 RAr 37/87, NJW 1989, 3036; v. 29.4.1998 – B 7 AL 56/97 R,NZS 1998, 581; einschr. BSG v. 5.11.1998 – B 11 AL 5/98, NZA-RR 1999, 267 betr. Aufgabe des Arbeitsplatzes zwecks Begründung einer nichtehelichen Lebensgemeinschaft; vor dem Hintergrund des neuen Partnerschaftsgesetzes aber zweifelhaft; s. auch neuerdings BSG v. 17.10.2002 – B 7 AL 72/00 R, SozR 3-4300 § 144 Nr. 10 (Aufgabe der bisherigen Rspr.); ebenso BSG v. 17.10.2002 – B 7 AL 96/00 R, BSGE 90, 90. | 7 BSG v. 10.12.1980 – 7 RAr 93/79; v. 26.3.1982 – 7 RAr 89/81, SozR 4100 § 119 Nr. 19; v. 18.2.1987 – 7 RAr 72/85, SozR 4100 § 119 Nr. 30; v. 28.10.1987 – 7 RAr 8/86, DBlR § 119 Nr. 3333. | 8 LSG Rh.-Pf. v. 30.3.2006 – L 1 AL 162/05, NZS 2006, 666. | 9 BSG v. 29.11.1989 – 7 RAr 86/88, NZA 1990, 628; v. 25.4.1990 – 7 RAr 84/88, SozSich 1991, 94. | 10 BSG v. 25.10.1988 – 7 RAr 37/87, NJW 1989, 3036 (3038). | 11 BSG v. 29.4.1998 – B 7 AL 56/97 R, NZS 1998, 581. | 12 Offen gelassen in BSG v. 29.11.1989 – 7 RAr 86/88, NZA 1990, 628. | 13 BSG v. 12.7.2006 – B 11a AL 55/05 R, NJW 2006, 3517 m. abl. Anm. *Rixen*; v. 12.6.2006 – B 11a AL 73/05 R. | 14 BSG v. 25.4.2002 – B 11 AL 65/01, NZA-RR 2003, 105; *Niesel*, § 144 SGB III Rz. 93; aA Gagel/*Winkler*, § 144 SGB III Rz. 8. | 15 BSG v. 25.4.2002 – B 11 AL 65/01; im Anschluss auch BSG v. 17.10.2002 – B 7 AL 136/01, SozR 3-4300 § 144 Nr. 12.

Fällt der erste Tag der Sperrzeit in eine bereits laufende Sperrzeit, so beginnt die nächste Sperrzeit erst mit dem Ende dieser Sperrzeit (Abs. 2 S. 1 letzter Hs.). 31

Die Sperrzeitdauer kann wegen einer für den Arbl. **nach den für den Eintritt der Sperrzeit maßgebenden Tatsachen besonderen Härte** gemindert werden. Die Minderung reduziert die Sperrzeit bei Vorliegen einer Härte auf 6 Wochen (seit 1.1.2003 gem. Abs. 3 S. 2 Nr. 2b[1]). Eine besondere Härte kann danach nur durch die für den Eintritt der Sperrzeit ursächlichen Umstände[2] begründet werden; Gründe außerhalb und vor allen erst nach dem Ereignis, das die Sperrzeit begründet, finden keine Berücksichtigung[3]; ebenso wenig wirtschaftl. und sonstige persönliche Umstände, wie finanzielle Situation, Behinderung oder Unterhaltspflichten[4]. Maßgeblich ist, dass nach den Umständen des Einzelfalles der Eintritt einer Sperrzeit von 12 Wochen nach den für ihren Eintritt maßgebenden Tatsachen als unverhältnismäßig anzusehen ist[5]. 32

In den Fällen des Abs. 3 S. 2 Nr. 1 unterstellt das Gesetz **unwiderleglich eine Härte wegen Unverhältnismäßigkeit**. Es sind dies Fälle, in denen das Arbeitsverhältnis innerhalb von 6 Wochen nach dem Ereignis, das die Sperrzeit begründet, ohne eine Sperrzeit geendet hätte, also Ablauf eines befristeten Arbeitsverhältnisses oder hypothetische Kündigung seitens des ArbGeb, ohne dass den ArbN hieran eine Verantwortung trifft[6]. Die Sperrzeit verkürzt sich hier auf 3 Wochen. Abs. 3 S. 2 Nr. 2 folgt dem gleichen Gedanken und setzt in seiner Fassung durch das Dritte Gesetz für moderne Dienstleistungen am Arbeitsmarkt[7] die bisherige Rspr. des BSG um. Eine darüber hinaus gehende Verkürzung der Sperrzeit auf die Dauer der durch die Lösung des Beschäftigungsverhältnisses verursachten längeren Arbeitslosigkeit kommt nach der Rspr. des BSG[8] nicht in Betracht. 33

Die Sperrzeit führt zum Ruhen und zur **Minderung des Anspruchs auf Alg** um die Tage des Ruhens, mindestens aber um ein Viertel des Gesamtanspruchs (§ 128 I Nr. 4). Im Gegensatz zu den Ruhensfolgen der §§ 143, 143a wird der Anspruch also aufgezehrt. Die Minderung der Anspruchsdauer entfällt, wenn das Ereignis, dass die Sperrzeit begründet, bei Erfüllung der Voraussetzungen für den Anspruch auf Alg länger als ein Jahr zurückliegt. Mit anderen Worten, der Arbl. kann der Kürzung seines Anspruchs dadurch entgehen, dass er den Antrag auf Alg erst ein Jahr nach dem Eintritt der Sperrzeit stellt. Hierüber hat die AA ihn grds. zu belehren[9]. Darauf hat die AA den Arbl. bei späterer Antragstellung hinzuweisen (s. Rz. 4). Besteht Anlass zu der Annahme, dass das Zuwarten bis zum Ablauf der Wartefrist für den ArbN günstiger ist, kann eine unterlassene Beratung zur Herstellung des Zustandes führen, der bei verspäteter Antragstellung eingetreten wäre (sozialrechtl. Herstellungsanspruch[10]). 34

Nach zweimaligem Eintritt einer Sperrzeit von 12 Wochen **erlischt der Anspruch auf Alg** (§ 147 I Nr. 2). Er erlischt ferner, wenn der Arbl. Anlass für den Eintritt von Sperrzeiten von insgesamt 24 Wochen gegeben hat, mithin Anlass für weitere Sperrzeittatbestände mit geringeren Ruhenszeiträumen (wegen Ablehnung bzw. Abbruchs einer beruflichen Eingliederungsmaßnahme). 35

Nach § 5 I Nr. 2 SGB V ist der Arbl. in den ersten 4 Wochen einer Sperrzeit nicht **krankenversichert**; es besteht aber idR nachgehender Krankenversicherungsschutz aus dem Arbeitsverhältnis nach § 19 II SGB V (1-monatiger Nachschutz). Danach genießt der Arbl. – anders als in den Ruhensfällen der §§ 143 I, nicht: II; 143a – nach § 5 I Nr. 2 SGB V während der Sperrzeit Krankenversicherungsschutz. Der Anspruch auf Krankengeld ruht aber für die Zeit, in der das Alg wegen einer Sperrzeit ruht[11]. Der Anspruch auf Weiterzahlung des Alg für die Dauer von 6 Wochen bei Arbeitsunfähigkeit infolge von Krankheit (§ 126) entfällt ebenso, wenn die Arbeitsunfähigkeit während einer Sperrzeit eintritt, und zwar über den Zeitraum der Sperrzeit hinaus[12]. Der Arbl. erhält nach dem Ablauf der Sperrzeit aber Krankengeld[13]. 36

146 *Ruhen bei Arbeitskämpfen*

(1) Durch die Leistung von Arbeitslosengeld darf nicht in Arbeitskämpfe eingegriffen werden. Ein Eingriff in den Arbeitskampf liegt nicht vor, wenn Arbeitslosengeld Arbeitslosen geleistet wird, die zuletzt in einem Betrieb beschäftigt waren, der nicht dem fachlichen Geltungsbereich des umkämpften Tarifvertrags zuzuordnen ist.

(2) Ist der Arbeitnehmer durch Beteiligung an einem inländischen Arbeitskampf arbeitslos geworden, so ruht der Anspruch auf Arbeitslosengeld bis zur Beendigung des Arbeitskampfes.

(3) Ist der Arbeitnehmer durch einen inländischen Arbeitskampf, an dem er nicht beteiligt ist, arbeitslos geworden, so ruht der Anspruch auf Arbeitslosengeld bis zur Beendigung des Arbeitskampfes nur, wenn der Betrieb, in dem der Arbeitslose zuletzt beschäftigt war,

1 Erstes Gesetz für moderne Dienstleistungen am Arbeitsmarkt v. 23.12.2003, BGBl. I S. 4607. | 2 BSG v. 21.7.1988 – 7 RAr 41/86, SozR 4100 § 119 Nr. 32 (S. 155). | 3 BSG v. 29.11.1988 – 11/7 Rar 91/87, BSGE 64, 202, 208; v. 15.11.1995 – 7 RAr 32/95, BSGE 67, 71. | 4 *Niesel*, § 144 SGB III Rz. 107. | 5 BSG v. 21.7.1988 – 7 RAr 41/86, SozR 4100 § 119 Nr. 32 (S. 155). | 6 Dienstanweisung zu § 144 unter 3.2 (144.87). | 7 Vom 23.12.2003, BGBl. I S. 2848. | 8 BSG v. 5.2.2004 – B 11 AL 31/03, NZS 2005, 219. | 9 BSG v. 5.8.1999 – B 7 AL 38/98 R, NZA-RR 2000, 325. | 10 BSG v. 5.8.1999 – B 7 AL 38/98 R, NZA-RR 2000, 325. | 11 § 49 I Nr. 3 SGB V. | 12 BSG v. 14.3.1985 – 7 RAr 61/84, SozR 4100 § 105b Nr. 3. | 13 § 49 I Nr. 3a SGB V e contrario.

1. dem räumlichen und fachlichen Geltungsbereich des umkämpften Tarifvertrages zuzuordnen ist oder

2. nicht dem räumlichen, aber dem fachlichen Geltungsbereich des umkämpften Tarifvertrages zuzuordnen ist und im räumlichen Geltungsbereich des Tarifvertrags, dem der Betrieb zuzuordnen ist,

a) eine Forderung erhoben worden ist, die einer Hauptforderung des Arbeitskampfes nach Art und Umfang gleich ist, ohne mit ihr übereinstimmen zu müssen, und

b) das Arbeitskampfergebnis aller Voraussicht nach in dem räumlichen Geltungsbereich des nicht umkämpften Tarifvertrages im Wesentlichen übernommen wird.

Eine Forderung ist erhoben, wenn sie von der zur Entscheidung berufenen Stelle beschlossen worden ist oder auf Grund des Verhaltens der Tarifvertragspartei im Zusammenhang mit dem angestrebten Abschluss des Tarifvertrags als beschlossen anzusehen ist. Der Anspruch auf Arbeitslosengeld ruht nach Satz 1 nur, wenn die umkämpften oder geforderten Arbeitsbedingungen nach Abschluss eines entsprechenden Tarifvertrages für den Arbeitnehmer gelten oder auf ihn angewendet würden.

(4) Ist bei einem Arbeitskampf das Ruhen des Anspruchs nach Absatz 3 für eine bestimmte Gruppe von Arbeitnehmern ausnahmsweise nicht gerechtfertigt, so kann der Verwaltungsrat bestimmen, dass ihnen Arbeitslosengeld zu leisten ist.

(5) Die Feststellung, ob die Voraussetzungen nach Absatz 3 Satz 1 Nr. 2 Buchstaben a und b erfüllt sind, trifft der Neutralitätsausschuss (§ 380). Er hat vor seiner Entscheidung den Fachspitzenverbänden der am Arbeitskampf beteiligten Tarifvertragsparteien Gelegenheit zur Stellungnahme zu geben.

(6) Die Fachspitzenverbände der am Arbeitskampf beteiligten Tarifvertragsparteien können durch Klage die Aufhebung der Entscheidung des Neutralitätsausschusses nach Absatz 5 und eine andere Feststellung begehren. Die Klage ist gegen die Bundesagentur zu richten. Ein Vorverfahren findet nicht statt. Über die Klage entscheidet das Bundessozialgericht im ersten und letzten Rechtszug. Das Verfahren ist vorrangig zu erledigen. Auf Antrag eines Fachspitzenverbandes kann das Bundessozialgericht eine einstweilige Anordnung erlassen.

Fassung: Drittes Gesetz für moderne Dienstleistungen am Arbeitsmarkt v. 23.12.2003 (BGBl. I S. 2848) seit 1.1.2004.

1 **I. Inhalt und Bedeutung der Vorschrift.** Die Vorschrift trifft eine Bestimmung über das **Leistungsverhalten der BA in Arbeitskämpfen.** Obwohl sie im Abschnitt über die Gewährung und das Ruhen von Alg angesiedelt ist, findet sie ihre zentrale Bedeutung bei der Leistung von Kug, für das sie kraft Verweisung in § 174 I entsprechend gilt. Beansprucht der ArbGeb weiterhin seine Dispositionsbefugnis über den ArbN, ist dieser nicht arbeitslos (s. auch § 143 Rz. 5), und es kommt nur Kug (und dessen evt. Ruhen) in Betracht. Der ArbN kann aber alternativ Alg beantragen, wenn der ArbGeb den Antrag auf Kug nicht stellt (s. auch § 173 Rz. 4)[1] und kein BR vorhanden ist[2] (vgl. § 323 II). Der ArbGeb hat im Streitfall darzulegen und glaubhaft zu machen, dass der Arbeitsausfall Folge eines inländischen Arbeitskampfes ist (§ 174 II). Die Vorschrift gilt auch für Alhi (über § 198 I 2 Nr. 6).

2 Mit der Fassung im SGB III wurde die Regelung der **Neutralitätspflicht der BA durch § 116 AFG unverändert** übernommen. Dessen Fassung beruhte auf dem Gesetz zur Änderung der Neutralität der BA bei Arbeitskämpfen vom 15.5.1986[3], das den verfassungsrechtl. Bedenken an der ausreichenden Ermächtigung der Neutralitäts-Anordnung[4] und deren Verfassungsmäßigkeit[5] Rechnung trug. Mithin können Rspr. und Lit. zum alten Recht auf die seit 1998 geltende Regelung übertragen werden. Die Beanspruchung von Leistungen der ArblV hat seit jeher vor allem die Arbeitsrechtswissenschaft (s. auch Art. 9 GG Rz. 333 ff., 337) aufgerufen, da mit der Gewährung oder Nichtgewährung die Kampfkraft der TV-Parteien im Arbeitskampf entscheidend beeinflusst werden kann.

3 Das **BVerfG** hat in seiner Entscheidung v. 14.7.1995[6] die Regelung über die Versagung von Alg oder Kug **gegenüber nicht unmittelbar am Arbeitskampf beteiligten ArbN** nach Abs. 3 S. 1 für (noch) verfassungsgemäß erklärt. Die auch im LS 1[7] zum Ausdruck kommende Einschränkung, dass durch die Regelung nicht ausgeschlossen würde, dass es bei entsprechender Kampftaktik zu Störungen der Kampfparität kommen könne, hat das BVerfG mit entsprechendem Vortrag der beschwerdeführenden Gewerkschaftsseite begründet, dass durch gezielte Abwehraussperrungen seitens der ArbGeb eine Kampfüberlegenheit und damit Paritätsstörung zu Gunsten der ArbGebSeite eintreten könne. Wegen der Unsicherheiten der tatsächlichen und (arbeits)rechtl. Bewertung einer entsprechenden Kampftak-

1 Nach § 323 II ist der Antrag auf Kug nur vom ArbGeb oder einer im Betrieb vorhandenen Betriebsvertretung zu stellen. | 2 So Niesel/*Düe*, § 146 SGB III Rz. 13; aA *Bieback*, SGb 1987, 177 (180), der eine Erweiterung des Antragsrechts auf Kug für nötig hält. | 3 BGBl. I S. 740. | 4 AO des Verwaltungsrates der BA bei Arbeitskämpfen v. 22.3.1973, ANBA 1973, 363. | 5 Nachweise bei *Seiter*, NJW 1987, 1 (2 Fn. 14). | 6 1 BvF 2/86 ua., 1 BvR 1421/86, BVerfGE 92, 365. | 7 „1. § 116 Abs. 3 Satz 1 AFG ist mit dem GG vereinbar. Treten in der Folge dieser Regelung strukturelle Ungleichheiten der Tarifvertragsparteien auf, die ein ausgewogenes Aushandeln der Arbeits- und Wirtschaftsbedingungen nicht mehr zulassen und durch die Rechtsprechung nicht mehr ausgeglichen werden können, muss der Gesetzgeber Maßnahmen zur Wahrung der Tarifautonomie treffen."

tik sah sich das Gericht aber nicht in der Lage, auf den Vortrag der Beschwerdeführer hin eine Paritätsstörung durch sog. „kalte“ Aussperrungen festzustellen, und überließ eine solche Feststellung der tatsächlichen Entwicklung[1]. Seit der Entscheidung des BVerfG haben sich die dort dargestellten Befürchtungen einer Störung der Kampfparität durch gezielte Abwehraussperrungen der ArbGeb noch nicht bewahrheitet[2].

II. Überblick. Die Regelung zur Neutralitätspflicht der BA in Arbeitskämpfen unterscheidet zwischen verschiedenen Fallgruppen, für die das Ruhen oder Nichtruhen von Leistungen angeordnet wird. **Keine Leistungen** erhalten hiernach ArbN, 4

- die sich an dem Arbeitskampf beteiligen (Abs. 2);
- die in einem von Fernwirkungen eines Arbeitskampfes betroffenen Betrieb beschäftigt sind, der dem räumlichen und fachlichen Geltungsbereich des umkämpften TV zuzuordnen ist (Abs. 3 S. 1 Nr. 1), und am Ergebnis persönlich partizipieren (Satz 3);
- die in einem von Fernwirkungen eines Arbeitskampfes betroffenen Betrieb beschäftigt sind, der zwar dem fachlichen, nicht aber dem räumlichen Geltungsbereich des umkämpften TV zuzuordnen ist, wenn in dem räumlichen Geltungsbereich des TV, dem der Betrieb zuzuordnen ist,
  a) eine gleichartige Forderung erhoben worden ist und
  b) das Ergebnis aller Voraussicht nach in dem räumlichen Geltungsbereich des TV, dem der Betrieb des ArbN zuzuordnen ist, übernommen wird,
- sofern der ArbN an dem Ergebnis auch persönlich partizipiert (Abs. 3 S. 1 Nr. 2, S. 3).

Alg oder Kug erhalten aber ArbN von Betrieben **außerhalb des fachlichen Geltungsbereichs** des umkämpften TV. Das Gesetz beruht durchgehend auf dem Gedanken der Partizipation und nicht mehr auf der im Arbeitsrecht herrschenden Binnendrucktheorie. Nach der Binnendrucktheorie reicht es für die Beeinflussung des Arbeitskampfes durch die Leistungen der BA aus, wenn hiernach der Druck auf die kampfführenden Verbände einseitig gemildert wird[3]. Entscheidend für die Versagung von Versicherungsleistungen dem Einzelnen gegenüber ist nach Auffassung des Gesetzgebers allein, dass der ArbN durch Partizipation an den Leistungen so gestellt wird, als sei der Arbeitskampf stellvertretend auch für ihn geführt worden und er „nach einer natürlichen Betrachtungsweise als auch im wirtschaftl. Sinne als beteiligt angesehen“ werden müsse[4]. 5

III. Neutralitätsgrundsatz (Abs. 1). 1. Passive Neutralitätspflicht. Der Grundsatz des Abs. 1 S. 1 verpflichtet die BA zur passiven Neutralität[5]. Die Neutralitätspflicht des Staates in Arbeitskämpfen ist Teil der durch Art. 9 GG garantierten Tarifautonomie und kann als paritätsgestaltende fördernde Neutralität das Recht zur Regelung von Sachverhalten umfassen, durch die die Kräfteverhältnisse der Tarifparteien ins Gleichgewicht gebracht werden (paritätsfördernde Neutralität). Die einfachgesetzl. Ausgestaltung der Neutralitätspflicht der BA beinhaltet aber lediglich die Verpflichtung, die Kräfteverhältnisse der Koalitionen zu respektieren und nicht durch Gewährung oder Nichtgewährung von Leistungen positiv zu beeinflussen[6]. Demgegenüber sind Funktionsstörungen im Arbeitskampf vorrangig auf dem Gebiet des Arbeitskampfrechts zu beheben[7]. Letztlich soll die Vorschrift Sachverhalte in sozialrechtl. Hinsicht nur abwickeln, die aus arbeitskampfrechtl. Wertentscheidungen herrühren[8]. 6

Der Neutralitätsgrundsatz ist **Auslegungsmaxime** für die Anwendung der Ruhenstatbestände der Abs. 2 und 3. Die Arbeitsverwaltung ist nicht zur selbstständigen Auslegung der vom Neutralitätsausschuss zu treffenden Feststellungen befugt, die aber nur die generellen Voraussetzungen für ein arbeitskampfbedingtes Ruhen von Leistungen umfassen (s. Rz. 31). Im Übrigen können die Tatbestände des Ruhens im Lichte der Neutralitätsverpflichtung nicht dazu benutzt werden, die Entscheidung bei der Prüfung der Ruhensvoraussetzungen daran auszurichten, ob diese geeignet ist, die Kampfparität zu fördern, sondern hat sich allein an den Vorgaben des Gesetzgebers zu orientieren[9]. 7

2. Teilkonkretisierung für nicht am Arbeitskampf beteiligte Arbeitnehmer. Abs. 1 S. 2 trifft eine Klarstellung für die Anwendung der speziellen Ruhenstatbestände des Abs. 3: **Außerhalb des fachlichen Geltungsbereichs des umkämpften TV** liegt in der Gewährung von Alg/Alhi/Kug (s. Rz. 1) kein Eingriff in den Arbeitskampf seitens der BA. Grundgedanke ist, dass wegen der Verfolgung eigener Tarifabschlüsse durch branchenfremde TV-Parteien in nicht dem Fachbereich des umkämpften Tarifgebietes unterfallenden Betrieben nicht davon ausgegangen werden kann, dass das Tarifergebnis übernommen wird (s. Rz. 5). Der Partizipationsgedanke als übergeordnete Leitidee der Neutralitätspflicht lässt hier 8

---

1 BVerfG v. 14.7.1995 – 1 BvF 2/86 ua., 1 BvR 1421/86, BVerfGE 92, 365. | 2 Wie hier *Lieb*, JZ 1995, 1174 (1178); wohl auch *Zachert*, ArbuR 2000, 53 (55), der aber die gewerkschaftliche Arbeitskampftaktik hierfür verantwortlich hält. | 3 Ausf. *Seiter*, NJW 1987, 1 (4). | 4 BR-Drs. 600/85, S. 13; vgl. auch Ausschussbericht, BT-Drs. 10/5214, S. 22. | 5 BSG v. 5.6.1991 – 7 RAr 26/89, NZA 1991, 982. | 6 BSG v. 4.10.1994 – 7 KlAr 1/93, NZA 1995, 320. | 7 *Bieback*, SGb 1987, 177; *Gagel*, Jura 1986, 281. | 8 ErfK/*Rolfs*, § 146 SGB III Rz. 2; Niesel/*Düe*, § 146 SGB III Rz. 1. | 9 BSG v. 5.6.1991 – 7 RAr 26/89, NZA 1991, 982.

ein Ruhen der Leistungen nicht zu. Anderen Ansätzen für eine umfassendere Prüfung der Beeinflussung des Arbeitskampfes, wie der im Arbeitsrecht herrschende Binnendrucktheorie[1] ist damit für den Bereich der sozialversicherungsrechtl. Leistungen der Boden entzogen[2].

9 Wer zum fachlichen Geltungsbereich des umkämpften TV gehört, beurteilt sich nach der **Branchenzugehörigkeit des Betriebes**, dem der ArbN angehört[3]. Maßgeblich ist somit der normative Geltungsbereich des TV und nicht die fachliche berufliche Tätigkeit des ArbN, der ja auch im Falle der Tarifgebundenheit bei fachfremder Tätigkeit dem TV unterfällt[4]. Abs. 1 S. 2 knüpft infolge der Partizipationsidee streng an die Zuordnung durch die Tarifpraxis an.

10 **IV. Ruhen der Leistungen bei Beteiligung am Arbeitskampf (Abs. 2).** Der Neutralitätsverpflichtung entspricht es, **grds. keine Leistungen an streikende oder (rechtmäßig) ausgesperrte[5] ArbN** zu erbringen. Ebenso wie das Lohnrisiko bei Teilnahme an Arbeitskampfmaßnahmen den ArbN zufällt (vgl. Erl. zu § 615); gleichgültig ob sie aktiv durch Streik oder durch Gegenmaßnahmen des gegnerischen Verbandes vom Arbeitskampfgeschehen unmittelbar betroffen sind, würden Zahlungen der BA ihnen die mit der Teilnahme am Arbeitskampf zufallende Last des Lohnausfalls durch die BA teilweise abnehmen, was gegen die Neutralitätspflicht verstieße.

11 Grds. erfasst die durch Abs. 2 konkretisierte Neutralitätspflicht **auch rechtswidrige Arbeitskampfmaßnahmen**, da jedwede Beteiligung an Arbeitskampfmaßnahmen nicht durch Leistungen der BA unterstützt werden soll. Dies gilt insb. für die Teilnahme an rechtswidrigen (zB nicht durch eine Gewerkschaft geführten) Streiks, die anderenfalls noch honoriert würde, ließe man eine Beschränkung auf rechtmäßige Arbeitskampfmaßnahmen zu[6]. Zweifelhaft erscheint dagegen, ob im Falle rechtswidriger Aussperrungsmaßnahmen, die gegen das vom BAG konkretisierte Verhältnismäßigkeitsgebot verstoßen[7] oder andere allgemeine Voraussetzungen rechtmäßiger Arbeitskampfmaßnahmen an Kampfziele oder Kampfbeteiligte sowie Kampfbeginn nicht erfüllen (dazu Erl. zu Art. 9 GG), vom Ausschlusstatbestand des Abs. 2 erfasst werden.

12 Die ganz hM bezieht Abs. 2 grds. auch auf **rechtswidrige ArbGebKampfmaßnahmen**, misst ihm aber wegen des dann bestehenden Lohnanspruchs nach § 615 BGB keine Bedeutung zu[8]. Ggf. müsste die BA über § 143 Alg erbringen[9]. Diese Auffassung greift aber zu kurz, da § 146 II und § 143 III gleichberechtigt nebeneinander stehen und der Ausschlusstatbestand des Abs. 2 auch einer Gleichwohlgewährung nach § 143 III entgegenstehen dürfte. Zudem stellt sich den AA auch dann die schwierig zu beurteilende Frage der Rechtswidrigkeit der Aussperrungsmaßnahme, der sie durch die Einbeziehung rechtswidriger ArbGebKampfhandlungen ja gerade enthoben werden sollte[10]. ME ist daher nur die auch von *Otto* vertretene Auffassung konsequent, dem ArbN hier seines Anspruchs nicht im Wege des Abs. 2 zu berauben, den er dann auf § 143 III gegenüber der BA zu stützen vermag. Die AA sind nach Abs. 1 S. 1 wegen ihrer grds. Neutralitätspflicht gehalten, die Rechtmäßigkeit der Aussperrung sorgfältig zu prüfen[11].

13 Der Ausschlusstatbestand des Abs. 2 geht auch der Konkretisierung der Neutralitätspflicht für **Mitglieder anderer fachlicher Tarifbereiche nach Abs. 1 S. 2** vor. Dies gilt allerdings wiederum nur für den (fachfremdem) Sympathiestreik, auf dessen fehlende Unterstützung durch die BA im Gesetzgebungsverfahren ausdrücklich hingewiesen wurde[12]. Sympathieaussperrungen in Drittbetrieben, soweit sie überhaupt zulässig sein sollten (siehe Erl. zu Art. 9 GG), können nur nach den Maßstäben des Abs. 3 beurteilt werden, dh. die betroffenen ArbN werden in aller Regel nicht am Arbeitskampfergebnis beteiligt sein. Deshalb bleibt es für diese ArbN bei der logischen Vorrangstellung des Abs. 1 S. 2 gegenüber Abs. 2, da sonst Abs. 1 S. 2, der durch Abs. 3 aufgegriffen wird, ausschließlich Deklarationscharakter hätte. Grund für die gegenüber aktiven Maßnahmen der ArbN-Seite andere Bewertung ist hier die fehlende Zurechenbarkeit des Lohnausfalls[13].

---

1 Vgl. BAG v. 12.12.1980 – 1 ABR 2/79, BAGE 34, 331. Hiernach reicht eine enge organisatorische Verbundenheit oder Identität der kampfführenden Verbände für die unmittelbar und nur mittelbar betroffenen Betriebe aus, um die Lohnzahlungspflicht in den mittelbar betroffenen Betrieben (zur Vermeidung von Paritätsstörungen) zu verneinen. | 2 Aus diesem Grund krit. *Isensee*, DB 1986, 429 (430 f.); noch deutlicher *Seiter*, NJW 1987, 1 (4); zust. aber *Otto*, RdA 1987, 1, (4 f.); *Löwisch*, NZA 1986, 345 (347). | 3 GK-SGB III/*Masuch*, § 146 Rz. 62; *Schmidt-Preuß*, DB 1986, 2488 (2493). | 4 BAG AP Nr. 7 zu § 4 TVG – Geltungsbereich. | 5 Zur zahlenmäßigen Beschränkung der Aussperrung vgl. BAG v. 10.6.1980 – 1 AZR 822/79, NJW 1980, 1642. | 6 Allg. Meinung, vgl. Niesel/*Düe*, § 146 SGB III Rz. 16; GK-SGB III/*Masuch*, § 146 Rz. 45; *Söhngen* in Eicher/Spellbrink, SGB III, § 146 Rz. 39; für eine Einbeziehung insb. rechtswidriger Streiks auch BSG v. 4.10.1994 – 7 KlAr 1/93, NZA 1995, 320. | 7 Nach *Otto* in MünchArbR III, § 292 Rz. 28 entspr.für die sog. suspendierende Betriebsstillegung, dazu *Otto*, aaO, § 286 Rz. 103 ff.; BAG v. 22.3.1994 – 1 AZR 622/93, BAGE 76, 196 (202). | 8 Niesel/*Düe*, § 146 SGB III Rz. 16, 20 aE; GK-SGB III/*Masuch*, § 146 Rz. 46; ErfK/*Rolfs*, § 146 SGB III Rz. 7; vermittelnd *Gagel*, Jura 1986, 281 für offensichtlich rechtswidrige Aussperrungsmaßnahmen. | 9 Niesel/*Düe*, § 146 SGB III Rz. 20 aE; ErfK/*Rolfs*, § 146 SGB III Rz. 7. | 10 ErfK/*Rolfs*, § 146 SGB III Rz. 6. | 11 Vgl. MünchArbR/*Otto*, Bd. 3, § 292 Rz. 28: „Allerdings muss sich die BA hüten, ihre Neutralitätspflicht zu verletzen, indem sie vorschnell die Rechtswidrigkeit einer Aussperrung oder Betriebsstillegung bejaht."; ebenso *Söhngen* in Eicher/Spellbrink, SGB III, § 146 Rz. 40. | 12 *Isensee*, DB 1986 (430 f.); *Seiter*, NJW 1987, 1 (6); GK-SGB III/*Masuch*, § 146 Rz. 46 mit Hinweis auf die Gesetzgebungsmaterialien (BT-Drs. 10/5214, S. 11). | 13 Niesel/*Düe*, § 146 SGB III Rz. 20.

Der Anspruch **ruht bis zum Ende des Arbeitskampfes** (Abs. 2 Hs. 2). Der entgegenstehenden Auffassung, wonach der Ruhenstatbestand durch Beendigung der Beteiligung am Arbeitskampf beendet werden kann[1], widerspricht der eindeutige Wortlaut der Vorschrift. Es besteht auch kein Grund, dem ArbN, der seine Rechte als ausreichend gesichert ansieht, während der Arbeitskampf durch andere fortgeführt wird, zu privilegieren, zumal er wie die Übrigen von den weiteren Ergebnissen profitiert. Sofern der Arbeitskampf noch für andere ArbN-Gruppen ohne eigene Beteiligung fortgesetzt wird, bietet Abs. 3 S. 3 ausreichende Grundlage für eine Ablehnung des Ruhens in dem Fall, dass der ArbN seine Beteiligung bereits beendet hat. 14

Etwas anderes gilt nur, wenn das Arbeitsverhältnis während des Arbeitskampfes aus anderen Gründen endet (Ablauf der Kündigungsfrist einer vorher ausgesprochenen Kündigung, Befristung). Dann ist der ursächliche Zusammenhang zwischen der Beteiligung am Arbeitskampf und Arbeitslosigkeit bzw. Arbeitsausfall (im Falle des § 174) nicht mehr gegeben[2]. 15

V. Ruhen der Leistungen für nicht am Arbeitskampf unmittelbar beteiligte Arbeitnehmer (Abs. 3). 16
1. Allgemeines. Abs. 3 der Ruhensvorschrift infolge der Neutralitätspflicht der BA im Arbeitskampf behandelt die **Ansprüche der mittelbar betroffenen ArbN**, die also selbst am Arbeitskampf nicht beteiligt sind. Nach der Rspr. des BAG zum Arbeitskampfrisiko ruht der Anspruch auf Arbeitsentgelt in mittelbar vom Arbeitskampf betroffenen Betrieben wegen der zu erwartenden Störungen der Kampfparität, wenn sonst infolge der Belastung mit Lohnfortzahlungskosten einseitiger Druck auf ArbGeb-Seite entstünde (sog. Binnendrucktheorie)[3]. Dies wird dann angenommen, wenn die kampfführenden und die für den mittelbar betroffenen Betrieb zuständigen Verbände identisch oder organisatorisch eng verbunden sind – nach aA soll auch bei Fernwirkungen in Außenseiterunternehmen oder branchenfremden Betrieben, ohne dass eine Partizipation am Arbeitskampfergebnis erwartet werden kann[4], der Lohnanspruch entfallen und hier nach den Partizipationskriterien des § 146 II und III zu klären sein, ob der nunmehr auf der ArbN-Seite ausgeübte Druck durch Leistungen der ArblV evt. gemildert werden kann. Die Voraussetzungen der Arbeitskampfrisikolehre sind noch nicht abschließend geklärt, müssen aber für die Anwendung des Ruhenstatbestandes des Abs. 3 im Auge behalten werden, weil bei Bestehen eines Lohnanspruchs nach § 615 BGB der Anspruch bereits nach § 143 I ruht und nur eine Gleichwohlgewährung nach dessen Abs. 3 (bzw. § 174 III, siehe Erl. dort) infrage kommt.

2. Partizipation an den Ergebnissen des Arbeitskampfes. a) Räumlicher und fachlicher Geltungsbereich des umkämpften Tarifvertrages. Das Ruhen nach Abs. 3 S. 1 Nr. 1 richtet sich nach den tarifvertragl. Abgrenzungen zum Geltungsbereich der jeweils umkämpften TV. Unerheblich ist dagegen die Zuständigkeit der TV-Parteien. Auch wenn zB die IG Metall sowohl für den Abschluss im Metall- als auch im Stahlbereich zuständig ist, liegt noch kein einheitlicher fachlicher Geltungsbereich vor. Vgl. im Übrigen zum fachlichen Geltungsbereich Rz. 9. 17

Zum **räumlichen Geltungsbereich** gehören nur diejenigen Betriebe, auf die bei Abschluss des Vertrages der TV Anwendung findet. Deshalb fallen nicht unter den räumlichen Geltungsbereich Betriebe, für die ein FirmenTV abgeschlossen ist. Denkbar ist insoweit nur die Anwendung des Abs. 3 S. 1 Nr. 1 auf nicht am Arbeitskampf beteiligte ArbN in teilbestreikten Betrieben, für die um einen FirmenTV gekämpft wird, wenn es hierdurch zu Arbeitsausfällen für nicht streikende ArbN kommt (gleicher räumlicher und fachlicher Geltungsbereich des FirmenTV)[5]. Nicht unter den räumlichen Geltungsbereich fallen grds. auch Außenseiterunternehmen, wenn nicht der umkämpfte TV in der jeweiligen Region für allgemeinverbindlich erklärt wird (vgl. auch Abs. 3 S. 3). 18

b) Fachlicher, aber nicht räumlicher Geltungsbereich des umkämpften Tarifvertrages (Abs. 3 S. 1 Nr. 2). Kernstück und neuralgischer Punkt[6] der Regelung zur Neutralitätspflicht bildet die Regelung für ArbN, deren Arbeitsausfall/-losigkeit Folge eines außerhalb des räumlichen, aber im selben fachlichen Geltungsbereich geführten Arbeitskampfes ist, die aber **wegen der Pilotwirkung möglicherweise am Ergebnis des Arbeitskampfes partizipieren.** Das Gesetz misst die mögliche Partizipation anhand zweier Kriterien, der Erhebung gleicher oder nach Art und Umfang annähernd gleicher Hauptforderungen in den verschiedenen räumlichen Tarifgebieten (Buchst. a) und der voraussichtlichen Übernahme des Arbeitskampfergebnisses im Geltungsbereich des nicht umkämpften TV (Buchst. b). Wegen der auf Grund der historischen Entwicklung zu beobachtenden Tendenz, Arbeitskämpfe in einem Tarifbezirk stellvertretend auch für die übrigen Tarifbezirke zu führen[7], sah auch das BVerfG im Partizipationsgedanken einen ausreichenden Differenzierungsgrund für die Gewährung/Nichtgewährung von Leistungen der ArblV an ArbN, die von Fernwirkungen eines Arbeitskampfes betroffen sind[8]. 19

1 Niesel/*Düe*, § 146 SGB III Rz. 19; GK-SGB III/*Masuch*, § 146 Rz. 49; wie hier ErfK/*Rolfs*, § 146 SGB III Rz. 8. | 2 GK-SGB III/*Masuch*, § 146 Rz. 48. | 3 BAG v. 12.12.1980 – 1 ABR 2/79, BAGE 34, 331 (345 ff.). | 4 Vgl. MünchArbR/*Otto*, Bd. 3, § 290 Rz. 15, 35 f. (Kausalprinzip). | 5 GK-SGB III/*Masuch*, § 146 Rz. 63 (mwN). | 6 *Löwisch*, NZA 1986, 345 (347). | 7 BSG v. 5.6.1991 – 7 RAr 26/89, NZA 1991, 982(„Modellarbeitskampf“); *Isensee*, DB 1986, 429 (430); *Otto*, RdA 1987, 1 (3); *Schmidt-Preuß*, DB 1986, 2488; krit. dazu *Bieback*, SGb 1987, 177 ff. | 8 BVerfG v. 14.7.1995 – 1 BvF 2/86 ua., 1 BvR 1421/86, BVerfGE 92, 365.

20 **aa) Gleichartigkeit der erhobenen Forderungen (Buchst. a).** Zentrales Anliegen der gesetzl. Neufassung in § 116 III 1 Nr. 2a AFG[1] war zu verhindern, dass **durch geringfügige Variierung der Forderungen** in den einzelnen Tarifbezirken die Anwendung der Ruhensregelung ausgeschaltet würde. Mithin sollte es fortan nicht möglich sein, durch unterschiedliche Nebenforderungen – etwa in Bezug auf Mehrarbeitszuschläge[2] – der Ruhensanordnung zu entgehen, wenn eine nach Art und Umfang identische Hauptforderung erhoben wird. Außerdem wurde die Identitätsklausel durch den Zusatz „ohne mit ihr übereinstimmen zu müssen" weiter abgeschwächt. Darüber hinaus wurde einer zeitlichen Taktik der Gewerkschaften bei der Erhebung ihrer Forderungen zur Ausschaltung der Ruhensfolge mit dem Zusatz in Abs. 3 S. 2 zur faktischen Forderungserhebung entgegengewirkt.

21 Als **Hauptforderung** eines Arbeitskampfes wird vom Gesetzgeber diejenige bezeichnet, mit der die Gewerkschaft ihre Mitglieder für den Arbeitskampf mobilisiert, so zB die Forderung nach Einführung der 35-Stunden-Woche[3]. Anhaltspunkte dafür, was als Hauptforderung anzusehen ist, liefert insb. die Formulierung des Gegenstandes der Urabstimmung[4]. Bei ausschließlichen Lohnrunden kann auch die Forderung nach einer linearen Lohnerhöhung Hauptforderung iSd. gesetzl. Ruhensregel sein[5]. Beim Arbeitskampf in der Metall- und Elektroindustrie 1993 in Mecklenburg-Vorpommern bildete die Durchsetzung einer Stufenregelung zur Angleichung der Löhne an das Westniveau die Hauptforderung des dort geführten und auf Betriebe Sachsens übergreifenden Streiks[6].

22 Die Forderungen in den verschiedenen Tarifgebieten sind **nach Art und Umfang gleich**, wenn sie sowohl bezogen auf den Gegenstand als auch hinsichtlich der Höhe der Forderung im Wesentlichen übereinstimmen. Die Forderung nach einer wöchentlichen Arbeitszeitverkürzung (ohne Lohnausgleich) bildet danach den Gegenstand, die geforderte Verringerung der Arbeitszeit (bspw. von 40 stufenweise auf 35 Stunden) die Höhe. Bei Lohnerhöhungen ist grds. auf die prozentualen Steigerungswerte und nur ausnahmsw. auf die absoluten Ecklohnwerte abzustellen, wenn nicht ausnahmsw. von gleichen Ausgangsbeträgen ausgegangen werden kann[7].

23 Beim **materiellen Forderungsvergleich** ist auf den wirtschaftl. Kern und ihren Grad der Übereinstimmung abzustellen, wobei die zunächst gewählte Formulierung „annähernd gleich" durch die nunmehrige Fassung *gleich, ohne mit ihr übereinstimmen zu müssen*, im Gesetzgebungsverfahren[8] ersetzt wurde. Damit wurde klargestellt, dass eine Identität keinesfalls vorliegen müsse. Der Gesetzgeber hielt insoweit ein Auseinanderfallen um materiell 20 % der im Ergebnis angestrebten Lohnerhöhung – bei Auseinanderfallen der Hauptforderung nach Wochenarbeitszeitverkürzung von 40 auf 36 statt auf 35 Stunden, also um 1 von max. 5 geforderten Stunden – noch als im Rechtssinne gleich an[9]. Daran wird man sich bei Forderungen nach linearen Lohnerhöhungen orientieren können. Daneben sollen qualitative Gesichtspunkte wie das unterschiedliche Lebenshaltungskosten, Produktivitätszuwächse, Ungleichheiten in Lohnniveau insgesamt[10] gewichtet werden, wobei zur Konkretisierung die Ermittlung des nach etwaigen unterschiedlichen Tarifstrukturen und Ausgangslagen gewichteten Durchschnittsbetrages pro Beschäftigten („konkreter Partizipationseffekt") vorgeschlagen worden ist[11].

24 Eine Forderung gilt als erhoben, wenn sie entweder förmlich beschlossen oder auf Grund des Verhaltens der TV-Partei als im Zusammenhang mit dem angestrebten Abschluss des TV als beschlossen anzusehen ist, mithin **konkludent beschlossen** worden ist (Abs. 3 S. 2). Damit soll missbräuchlichem Vorenthalten von Forderungen in Tarifbezirken, in denen die Friedenspflicht gleichfalls abgelaufen ist, entgegengewirkt werden. Das BVerfG[12] fordert allerdings den Abschluss der satzungsmäßigen Willensbildung durch die zuständigen Organe, da anderenfalls das durch die Satzung bestimmte Verfahren, das die Beteiligung der Mitglieder an wesentlichen Entscheidungen gewährleisten und die Verantwortlichkeit der Organe festlegen solle, nicht mehr durch die TV-Partei beherrscht würde. Entscheidungen, die der abschließenden Willensbildung vorgelagert seien, dürften nicht mit der Verantwortlichkeit belastet werden, als Grundlage einer gesetzl. Forderungsfiktion genommen zu werden. Einer weiter gehenden Auslegung, wie sie im Schrifttum propagiert worden war (ausreichend seien bereits entsprechende Äußerungen von Gewerkschaftsmitgliedern[13]; enger *Schmidt-Preuß*[14]: Von Mitgliedern des Hauptvorstandes oder der Tarifkommission), erteilte das BVerfG damit auf Grund von Art. 9 III GG eine Absage.

25 Als **Missbrauchsfälle**, die eine **Anwendung des Abs. 3 S. 2** nach der engen Interpretation des BVerfG zulassen, kommen demnach nur Sachverhalte in Betracht, in denen die verbandsinterne Willensbildung nach dem satzungsmäßigen Verfahren abgeschlossen und nur die förmliche Beschlussfassung über die Forderungserhebung zurückgehalten worden ist oder es an den öffentl. Verlautbarungen hierüber fehlt.

---

1 Vgl. die amtl. Begründung in BT-Drs. 10/4989, S. 7. | 2 Vgl. dazu BSG v. 5.6.1991 – 7 RAr 29/89, NZA 1991, 982. | 3 BT-Drs. 10/4989, S. 7; BSG v. 4.10.1994 – 7 KlAr 1/93, SozR 3-4100 § 116 Nr. 2 (S. 70: „die als zentrale Forderung den Arbeitskampf geprägt hat"). | 4 *Seiter*, NJW 1987, 1 (5). | 5 *Löwisch*, NZA 1986, 345 (348). | 6 BSG v. 4.10.1994 – 7 KlAr 1/93,NZA 1995, 320. | 7 Niesel/*Düe*, § 146 SGB III Rz. 44. | 8 Beschlussempfehlung des Ausschusses für Arbeit und Sozialordnung, BT-Drs. 10/5214, S. 19. | 9 BT-Drs. 10/4989, S. 8. | 10 Niesel/*Düe*, § 146 SGB III Rz. 43; *Löwisch*, NZA 1986, 345 (348); GK-SGB III/*Masuch*, § 146 Rz. 71. | 11 *Schmidt-Preuß*, DB 1986, 2488 (2492). | 12 BVerfG v. 14.7.1995 – 1 BvF 2/86 ua., 1 BvR 1421/86, BVerfGE 92, 365. | 13 *Löwisch*, NZA 1986, 345 (348). | 14 DB 1986, 2488 (2490).

Die Beweismittel des Arbeitskampfgegners über eine abgeschlossene Willensbildung sind freilich, da es entscheidend auf Äußerungen durch die Gegenseite ankommt, recht dürftig.

bb) Übernahmeprognose (Buchst. b). Die Beurteilung, ob das Arbeitskampfergebnis iSd. Buchst. b **aller Voraussicht nach im Wesentlichen übernommen wird**, erfordert eine echte Prognose über das zu erwartende Arbeitskampfergebnis im Geltungsbereich des nicht umkämpften TV. Allein die Gleichartigkeit der Forderungen iSv. Buchst. a rechtfertigt diesen Schluss noch nicht[1], da dem sowohl die Wortfassung als auch die Gesetzgebungsgeschichte entgegensteht[2]. Daher sind für die Prognose alle zum Zeitpunkt des Arbeitsausfalls bekannte Tatsachen, Verhaltensweisen und Verlautbarungen in der laufenden Auseinandersetzung heranzuziehen. Die spätere Entwicklung hat hier ggf. die Wirkung eines Indizes für die Aussagekraft der zum Zeitpunkt der Tarifauseinandersetzung bekannten Anzeichen für die Übernahme[3]. 26

Zweifelhaft erscheint, inwieweit das **frühere Verhalten in vorausgegangenen Tarifrunden** als Grundlage für die Übernahmeprognose herangezogen werden kann. Der Gesetzgeber führt es als eine von mehreren Faktoren (neben den Erklärungen und allen übrigen Umständen der laufenden Tarifrunde) für das Wahrscheinlichkeitsurteil an[4]. Von Gewerkschaftsseite wird die Tauglichkeit auch im Hinblick darauf in Zweifel gezogen, dass vor allem die ArbGebSeite ein zunehmendes Interesse an Differenzierung wesentlicher Tarifinhalte verfolge[5]. Andererseits kann das Interesse an einheitlichen Arbeits- und Entgeltbedingungen auf Gewerkschaftsseite durchaus auch mit einem entsprechenden Interesse an einheitlichen Wettbewerbsbedingungen durch einheitliche Lohnkosten auf ArbGebSeite einhergehen, mit denen aber strukturelle regionale Besonderheiten abzuwägen sind[6]. Insgesamt kann damit der Verlauf der bisherigen Tarifpraxis nur als ein unter anderen Indizien für die Übernahmewahrscheinlichkeit gewertet werden[7]. 27

c) Persönliche Partizipation (Abs. 3 S. 3). Beide Ruhenstatbestände, sowohl das Ruhen nach Abs. 3 S. 1 Nr. 1 für ArbN in Betrieben, die dem räumlichen und fachlichen Geltungsbereich zuzuordnen sind, als auch nach Abs. 3 S. 1 Nr. 2 für ArbN in Betrieben, die außerhalb des räumlichen, aber im fachlichen Geltungsbereich des umkämpften TV liegen, hängt das Ruhen zusätzlich davon ab, dass die Arbeitsbedingungen nach Abschluss eines entsprechenden TV für den ArbN gelten oder angewendet würden (Prinzip der persönlichen Partizipation). „Gelten" meint hierbei alle Fälle der normativen Wirkung des TV und „angewendet würden" Fälle, in denen der TV kraft einzelvertragl. Bezugnahme oder betrieblicher Übung Inhalt des Arbeitsvertrages wird (s. Erl. zu § 4 TVG). Hierfür ist eine rechtl. Verpflichtung des ArbGeb zur Anwendung der tarifvertragl. Normen und nicht lediglich die Erwartung der Übernahme und Anwendung des Arbeitskampfergebnisses auf die Arbeitsverhältnisses der nicht dem TV unterfallenden ArbN erforderlich[8]. 28

Gilt der umkämpfte TV in der betroffenen Branche kraft **Allgemeinverbindlichkeitserklärung** und ist eine solche in der Vergangenheit auf Antrag nach § 5 TVG bereits mehrfach ergangen, so kann Abs. 3 S. 3 auch auf nicht tarifgebundene ArbN oder bei Außenseiterunternehmen beschäftigten ArbN angewendet werden, ohne dass es der zusätzlichen Feststellung der späteren Anwendung des TV bedarf. Der Tarifabschluss gilt dann für die Arbeitsverhältnisse der unter seinen persönlichen Geltungsbereich fallenden ArbN iSv. Satz 3, solange es keinen Anhalt dafür gibt, dass eine AVE nach dem neuen Abschluss unterbleibt. 29

VI. Härteregelung zu Abs. 3 (Abs. 4). Abs. 4 lässt die Feststellung von Ausnahmen der Ruhensfolge des Abs. 3 in mittelbar betroffenen Betrieben für **bestimmte ArbN-Gruppen** zu. Das BSG hält vor dem Hintergrund der umfassenden Regelung zur Neutralitätspflicht der BA durch Abs. 1–3 die Befugnis des ermächtigten Verwaltungsrates zur Anwendung der Härteregelung nur in engen Grenzen für gerechtfertigt: Es müsse sich um eine zahlenmäßig zur Gesamtzahl der Betroffenen bestimmte Gruppe von untergeordneter Bedeutung handeln und ihre Begünstigung müsse durch eine besonders schwierige wirtschaftl. Situation oder durch besondere Bedürfnisse der betroffenen Personen sachlich gerechtfertigt sein[9]. Beispielhaft werden in der Lit. genannt: Erkrankte, schwerbehinderte oder ältere ArbN; ausländische ArbN, die durch den Bezug von Sozialhilfe von Ausweisung bedroht würden; ArbN eines 30

1 So aber *Löwisch*, NZA 1986, 345 (348). | 2 Buchst. b wurde erst auf Empfehlung des Ausschusses für Arbeit und Sozialordnung in das Gesetz aufgenommen, vgl. BT-Drs. 10/5214, S. 16: „... soll klarstellen, dass die Gleichheit der Forderungen allein für das Ruhen von Arbeitslosengeld nicht ausreicht. Hinzu kommen muss, dass insoweit das Arbeitskampfergebnis aller Voraussicht nach auch in dem räumlichen Geltungsbereich des nicht umkämpften Tarifgebietes übernommen wird. Nur dann ist die Annahme gerechtfertigt, dass der Arbeitskampf stellvertretend auch für die Arbeitsbedingungen des außerhalb des Kampfgebietes betroffenen Arbeitnehmers geführt wird." | 3 Niesel/*Düe*, § 146 SGB III Rz. 46; BSG v. 4.10.1994 – 7 KlAr 1/93, SozR 3-4100 § 116 Nr. 2 (S. 83 f.). | 4 BT-Drs. 10/5214, S. 12. | 5 *Bieback/Mayer/Mückenberger/Zachert/Seegert*, BB 1987, 676 (677) (mwN). | 6 *Schmidt-Preuß*, DB 1986, 2488 (2493). | 7 Zu weitgehend BSG v. 4.10.1994 – 7 KlAr 1/93, NZA 1995, 320, wo die Übernahmeprognose allein auf die bisherige Tarifentwicklung gestützt wird. | 8 Ebenso wohl Niesel/*Düe*, § 146 SGB III Rz. 50 f.; GK-SGB III/*Masuch*, § 146 Rz. 82; abschwächend *Löwisch*, NZA 1986, 345 (349), der eine tatsächliche Erwartung für ausreichend hält. | 9 BSG v. 9.9.1975 – 7 RAr 5/73, BSGE 40, 190 (207).

insolvenzgefährdeten Betriebes, die bereits erhebliche finanzielle Opfer erbracht hätten; Berufsgruppen mit besonders geringem Lohnniveau oder ArbN, die schon längere Zeit von Kurzarbeit betroffen sind[1]. Vor diesem Hintergrund einer gebotenen engen Auslegung und zurückhaltenden Anwendung der Härteregelung erscheint die Anwendung auf nur durch mittelbar betroffene Betriebe vom Arbeitsausfall erfasste Betriebe (sog. „mittelbare Betroffenheit 2. oder entfernteren Grades"[2]) rechtswidrig[3]. Der Beschluss des Verwaltungsrates der BA bzw. (bis zum 31.12.2003[4]) der Verwaltungsausschüsse der jeweiligen Landesarbeitsämter ist ein Verwaltungsakt gegenüber den TV-Parteien, und für diese daher mittels einer Anfechtungsklage gerichtlich überprüfbar[5].

31 **VII. Entscheidung des Neutralitätsausschusses (Abs. 5).** Über die Ruhensvoraussetzungen des Abs. 3 S. 1 Nr. 2 (Ruhen außerhalb des räumlichen Geltungsbereichs des umkämpften TV) trifft der Neutralitätsausschuss eine **bindende Teilentscheidung**, welche die generellen Voraussetzungen des Ruhens eines individuellen Leistungsanspruchs betrifft[6]. Es sind dies folgende allg. Ruhensvoraussetzungen:

- Vorliegen eines inländischen Arbeitskampfes,
- räumlicher und fachlicher Geltungsbereich des TV, um dessen Abschluss der Arbeitskampf geführt wird,
- Dauer des Arbeitskampfes,
- Hauptforderung des Arbeitskampfes,
- Außerhalb des räumlichen, aber innerhalb des fachlichen Geltungsbereichs des umkämpften TV erhobene tarifvertragl. Forderung,
- Gleichheit dieser Forderung nach Art und Umfang mit einer Hauptforderung des Arbeitskampfes, ohne mit ihr übereinstimmen zu müssen, und
- Voraussichtliche Übernahme des erzielten Arbeitskampfergebnisses im Wesentlichen in anderen Tarifgebieten[7].

32 Beim **Neutralitätsausschuss** handelt es sich um ein eigenes Organ der BA (vgl. § 393 SGB III). Er besteht aus den Vertretern der ArbN und der ArbGeb im Vorstand der BA sowie dem Präsidenten der BA als Vorsitzenden. Dieser vertritt den Neutralitätsausschuss auch vor dem BSG (§ 393 I 4 SGB III).

33 Für das **Verfahren der Beschlussfassung** des Neutralitätsausschusses und deren **Form** gelten die allgemeinen Vorschriften des SGB X[8]. Bei Verfahrens- und Formmängeln gilt § 42 SGB X, dh. sie führen – falls keine Nichtigkeit nach § 40 SGB X vorliegt – dann nicht zur Rechtswidrigkeit des Beschlusses, wenn offensichtlich ist, dass die Verletzung die Entscheidung in der Sache nicht beeinflusst hat. Dies gilt allerdings nicht für Anhörungsmängel (§ 42 S. 2 SGB X). Hierzu trifft Abs. 5 S. 2 eine Sonderregelung, wonach vor der Entscheidung den Fachspitzenverbänden der am Arbeitskampf beteiligten TV-Parteien Gelegenheit zur Stellungnahme zu geben ist.

34 **VIII. Rechtsschutz gegen die Entscheidung des Neutralitätsausschusses. 1. Klageverfahren.** Für die Überprüfung der Feststellungen des Neutralitätsausschusses über die generellen Voraussetzungen des Abs. 3 S. 1 Nr. 2a und b (s. Rz. 31), sieht Abs. 6 ein **eigenes Klageverfahren** vor, das **vor dem BSG** als im ersten und abschließenden Rechtszug anhängig zu machen ist. Klagebefugt sind nur die Fachspitzenverbände der jeweils beteiligten TV-Parteien (auch Dachverbände)[9]. Ein Vorverfahren findet nicht statt (Abs. 6 S. 2). Damit ist zum Zwecke der raschen und endgültigen Klärung der Ruhensvoraussetzungen ein erheblich eingeschränkter Rechtsschutz geschaffen worden, der das BSG zur ersten und letzten Tatsacheninstanz – auch im vorläufigen Rechtsschutz (s. Rz. 37) werden lässt.

35 Der eingeschränkte Rechtsschutz erstreckt sich nach Auffassung des BSG[10] auch auf die übrigen Beteiligten, insb. die vom Ruhen ihrer Ansprüche betroffenen ArbN. Danach soll der Entscheidung des Neutralitätsausschusses eine **Drittbindungswirkung** für die Behörden der BA und die Gerichte der Sozialgerichtsbarkeit hinsichtlich der in Rz. 31 genannten Voraussetzungen des Ruhens zukommen. Unter ausführlicher Auseinandersetzung mit den Vertretern der Gegenmeinung[11] gewinnt es aus der systematischen Stellung der Vorschriften zum Neutralitätsausschuss die Überzeugung, dass das gesondert ausgestaltete Verfahren zur Überprüfung der Entscheidung des Neutralitätsausschusses nur unter

1 GK-SGB III/*Masuch*, § 146 Rz. 90. | 2 Vgl. dazu RdErl. des Präs. der BA v. 28.6.1984 – IIIa 4/IIIa 5 – 7116/7070, ZIP 1984, 895. | 3 In BSG v. 9.9.1975 – 7 RAr 5/73, BSGE 40, 190 (206), wurde die pauschale Anwendung auf alle mittelbar betroffenen ArbN für rechtswidrig erklärt. | 4 Vor der Neuorganisation der Selbstverwaltung durch das Dritte Gesetz für moderne Dienstleistungen am Arbeitsmarkt v. 23.12.2003 (BGBl. I S. 2848) entschied in Fällen, in denen sich die Auswirkungen des Arbeitskampfes auf den Bezirk eines Landesarbeitsamtes beschränkten, die Verwaltungsausschüsse der Landesarbeitsämter über die Leistung von Alg. | 5 BSG v. 9.9.1975 – 7 RAr 5/73, BSGE 40, 190 (193). | 6 BSG v. 24.7.1996 – 7 KlAr 1/95, NZA 1997, 285. | 7 BSG v. 24.7.1996 – 7 KlAr 1/95, NZA 1997, 285; ebenso bereits BSG v. 4.10.1994 – 7 KlAr 1/93, BSGE 75, 97 (123). | 8 BSG v. 4.10.1994 – 7 KlAr 1/93, NZA 1995, 320. | 9 BVerfG v. 14.7.1995 – 1 BvF 2/86 ua., 1 BvR 1421/86, BVerfGE 92, 365. | 10 BSG v. 4.10.1994 – 7 KlAr 1/93, NZA 1995, 320. | 11 BSG v. 4.10.1994 – 7 KlAr 1/93, NZA 1995, 320.

Verdrängung des üblichen Rechtsschutzes Bestand haben könne. Demgegenüber hat das BVerfG eine solche Bindungswirkung allein der Überprüfung durch das BSG nach Abs. 6 zugemessen, Dritten aber die gesetzl. eröffneten Klagemöglichkeiten auch hinsichtlich der Entscheidung des Neutralitätsausschusses (inzidenter) eröffnet[1].

Eine **Fortsetzungsfeststellungsklage** nach Erledigung des Beschlusses des Neutralitätsausschusses durch Beendigung des Arbeitskampfes hat das BSG für unzulässig angesehen, wenn es nicht zu mittelbaren Fernwirkungen des Arbeitskampfes gekommen ist[2]. Angesichts zu erwartender unterschiedlicher Tarifforderungen und Streiktaktiken sei eine Wiederholungsgefahr nicht gegeben und auch ein Schadens- oder Rehabilitationsinteresse wegen fehlender Grundrechtsbeeinträchtigung nicht erkennbar. Da Gegenstand des Beschlusses nur die Regelung einzelner Elemente individueller Leistungsansprüche vorsorglich für den Fall sei, dass es zur Geltendmachung von Leistungsansprüchen komme, entfalte er keine rechtl. Wirkungen, wenn es nicht zu mittelbaren Auswirkungen des Arbeitskampfes gekommen sei. 36

2. Vorläufiger Rechtsschutz. Auch wenn das Verfahren vor dem BSG nach Abs. 6 S. 2 vorrangig zu erledigen ist, kommt wegen der besonderen Eilbedürftigkeit eine einstw. Anordnung in entsprechender Anwendung von § 123 VwGO in Betracht, wenn der antragstellenden Partei sonst **unzumutbare und nicht anders abwendbare Nachteile** entstünden. Abs. 6 S. 3 stellt dies für das Verfahren um die Rechtmäßigkeit des Beschlusses des Neutralitätsausschusses ausdrücklich klar. Dabei ist regelmäßig nicht zu vermeiden, dass durch die Entscheidung im einstw. Anordnungsverfahren die Hauptsache vorgenommen wird[3], was aber wegen der überragenden Bedeutung der Entscheidung des Neutralitätsausschusses für den weiteren Verlauf des Arbeitskampfes hingenommen werden muss[4]. 37

Fünfter Unterabschnitt. Kurzarbeitergeld

Erster Titel. Regelvoraussetzungen

169 *Anspruch*

Arbeitnehmer haben Anspruch auf Kurzarbeitergeld, wenn

1. ein erheblicher Arbeitsausfall mit Entgeltausfall vorliegt,

2. die betrieblichen Voraussetzungen erfüllt sind,

3. die persönlichen Voraussetzungen erfüllt sind und

4. der Arbeitsausfall der Agentur für Arbeit angezeigt worden ist.

Arbeitnehmer in Betrieben nach § 175 Abs. 1 Nr. 1 haben in der Schlechtwetterzeit Anspruch auf Kurzarbeitergeld in Form des Saison-Kurzarbeitergeldes.

Fassung: Gesetz zur Förderung ganzjähriger Beschäftigung v. 24.4.2006 (BGBl. I S. 926).

Die Zahlung von Kug durch die AA dient seit jeher dem Zweck[5], **Arbeitsplätze trotz wirtschaftl. bedingten Arbeitsausfalls in den Betrieben zu erhalten**. Obwohl in den durch das SGB III neu gefassten Vorschriften zum Kug[6] das Ziel des Arbeitsplatzerhalts gegenüber dem früheren § 63 AFG weniger deutlich zum Ausdruck kommt (nach § 170 muss es sich um einen „vorübergehenden" Arbeitsausfall handeln, dazu § 170 Rz. 2), scheidet die Gewährung von Kug an gekündigte ArbN grds. aus (§ 172 I Nr. 1 und 2). Als Sonderregelung sah § 175 die Zahlung sog. Struktur-Kug **auch an bereits gekündigte oder durch Aufhebungsvertrag ausscheidende ArbN** vor, wenn sie in einer betriebsorganisatorisch eigenständigen Einheit möglichst zum Zwecke der Verbesserung ihrer Vermittlungsaussichten (§ 175 I 3) zusammengefasst sind. Sie diente der notwendigen Durchführung von Strukturanpassungsmaßnahmen und soll zur Vermeidung von Massenentlassungen übergangsweise die Beschäftigung sichern. Mit dem Dritten Gesetz für moderne Dienstleistungen am Arbeitsmarkt wurde es als eine der flankierenden Transferleistungen für betriebliche Umstrukturierungsprozesse in § 216b durch das Transfer-Kug neben den Transfermaßnahmen in § 216a (ehemals Zuschüsse zu Sozialplänen) ersetzt. Erl. s. dort. 1

Die Zahlung des Kug setzt eine **wirksame Anordnung von Kurzarbeit** (= vorübergehende Verkürzung der Arbeitszeit mit entsprechendem Entgeltausfall) voraus, die nicht dem Direktionsrecht des ArbGeb unterliegt. Bei unwirksamer Anordnung besteht der Lohnanspruch nach § 615 BGB fort und es entsteht 2

---

1 BVerfG v. 14.7.1995 – 1 BvF 2/86 ua., 1 BvR 1421/86, BVerfGE 92, 365 = SozR 4100 § 116 Nr. 3 (S. 127 f.). | 2 BSG v. 24.7.1996 – 7 KlAr 1/95, NZA 1997, 285. | 3 Wie hier GK-SGB III/*Masuch*, § 146 Rz. 116; einschr. aus diesem Grunde aber Niesel/*Düe*, § 146 SGB III Rz. 72. | 4 Nur vor diesem Hintergrund der besonderen Eilbedürftigkeit hat das BVerfG einer Beschränkung des Rechtsschutzes durch die alleinige Zuständigkeit des BSG keine unzulässige Verkürzung der Rechtsweggarantie beigemessen, vgl. BVerfG v. 14.7.1995 – 1 BvF 2/86 ua., 1 BvR 1421/86, BVerfGE 92, 365. | 5 Ausf. zu Funktion und Wirkung von Kurzarbeit Gagel/*Bieback*, Vor § 169 SGB III Rz. 4 ff. | 6 Zu den Neuerungen *Hammer/Weiland*, BB 1997, 2582; *Nimscholz*, AuA 1998, 10.

kein Lohnausfall und damit kein Bedürfnis für eine versicherungsmäßige Absicherung. Damit setzt das Kug eine arbeitsrechtl. Regelung der Verteilung des Betriebs- und Wirtschaftsrisikos voraus und knüpft an diese an; ersetzt sie aber nicht[1]. Arbeitsvertragl. Grundlagen für die Anordnung/Einführung von Kurzarbeit können der Arbeitsvertrag, eine Zustimmung des ArbN, aber auch kollektivrechtl. Regelungen wie TV[2] oder BV[3] sein.

3 Die Einführung der Kurzarbeit unterliegt in mitbestimmten Betrieben der zwingenden **Mitbest. des BR** nach § 87 I Nr. 3 BetrVG (s. im Einzelnen die Erl. dort). Nicht zuletzt der Absicherung seiner Beteiligungsrechte dient die Beifügung einer Stellungnahme des BR bei Erstattung der Anzeige des Arbeitsausfalls durch den ArbGeb. Missachtet der ArbGeb das MitbestR des BR, besteht trotz individualrechtl. oder kollektivrechtl. Ermächtigung zur Einführung von Kurzarbeit ein Lohnanspruch nach § 615 BGB[4] (mit der Folge, dass der für das Kug vorausgesetzte Entgeltausfall – § 170 I Nr. 4 – nicht entsteht).

4 Bei wirksamer Anordnung von Kurzarbeit hat der ArbN nur Anspruch auf ein **seiner Arbeitsleistung entsprechendes Arbeitsentgelt**. Entsprechend verringert sich der Anspruch auf das fortzuzahlende Arbeitsentgelt im Krankheitsfall (§ 4 III EFZG). Für den Anspruch auf Kug enthält § 172 Ia insoweit eine Klarstellung, dass Kug weiter zu gewähren ist. Ansprüche auf Urlaubsentgelt (§ 11 I 3 BUrlG) und Feiertagsvergütung (§ 2 II EFZG) bleiben unberührt, die Feiertagsvergütung während einer Kurzarbeitsperiode soll aber nach Auffassung des BAG auf die Höhe des in dieser Zeit bezogenen Kug begrenzt sein[5] (vgl. im Übrigen § 179 II und Erl. dort unter Rz. 2). Die rechtl. Grundlagen für eine Gratifikationszahlung können die Kürzung für Zeiten des Arbeitsausfalls wegen Kurzarbeit vorsehen; dies kann auch die Auslegung der jeweiligen Klausel ergeben[6].

5 Da das Kug der Höhe nach nur dem Alg entspricht (§ 178), sehen zahlreiche TV und auch BV **Zuschüsse zum Kug** vor. Solche Zuschüsse sind zwar grds. als Bestand des Arbeitsentgelts steuer- und sozialversicherungspflichtig, nach § 2 II Nr. 4 Arbeitsentgelt-VO[7] aber beitragsfrei, soweit sie zusammen mit dem Kug 80 % des Lohnverlusts (= Unterschiedsbetrag zwischen Sollentgelt und Istentgelt nach § 179) nicht übersteigen. Die TV sehen aber in aller Regel eine Nettogarantie vor, so dass die LSt und SozV-Beiträge zusätzlich zu entrichten sind[8].

6 **Übersicht:** § 170 regelt die Anforderungen an den Arbeitsausfall iSd. Nr. 1, § 171 die betrieblichen und § 172 die persönlichen Anspruchsvoraussetzungen, § 173 die Anzeige des Arbeitsausfalls als vierte Anspruchsvoraussetzung. § 174 enthält den Hinweis auf die Neutralitätspflicht der BA bei der Gewährung von Kug in Arbeitskämpfen (Verweis auf § 146). In § 175 wurden bis 31.12.2003 die besonderen Voraussetzungen für das strukturelle Kug geregelt – seit 1.1.2004 ersetzt durch § 216b (s. Rz. 1); in § 176 finden sich die Voraussetzungen (hier nicht kommentiert) für Kug an Heimarbeiter. §§ 177–179 schließlich regeln den Leistungsumfang (Dauer und Höhe).

170 *Erheblicher Arbeitsausfall*

(1) Ein Arbeitsausfall ist erheblich, wenn

1. er auf wirtschaftlichen Gründen oder einem unabwendbaren Ereignis beruht,

2. er vorübergehend ist,

3. er nicht vermeidbar ist und

4. im jeweiligen Kalendermonat (Anspruchszeitraum) mindestens ein Drittel der in dem Betrieb beschäftigten Arbeitnehmer von einem Entgeltausfall von jeweils mehr als zehn Prozent ihres monatlichen Bruttoentgelts betroffen ist; dabei sind Auszubildende nicht mitzuzählen.

(2) Ein Arbeitsausfall beruht auch auf wirtschaftlichen Gründen, wenn er durch eine Veränderung der betrieblichen Strukturen verursacht wird, die durch die allgemeine wirtschaftliche Entwicklung bedingt ist.

(3) Ein unabwendbares Ereignis liegt insbesondere vor, wenn ein Arbeitsausfall auf ungewöhnlichen, dem üblichen Witterungsverlauf nicht entsprechenden Witterungsgründen beruht. Ein unabwendbares Ereignis liegt auch vor, wenn ein Arbeitsausfall durch behördliche oder behördlich anerkannte Maßnahmen verursacht ist, die vom Arbeitgeber nicht zu vertreten sind.

---

1 So aber *Eichenhofer*, RdA 1981, 208 ff.; *Ehmann*, NJW 1987, 401 (404); aA *Richardi*, NJW 1987, 1231 (1232 f.); auf dieser Grundlage auch *Boecken*, RdA 2000, 7 (13) in seiner Auseinandersetzung mit *Heinze* (RdA 1998, 14). | 2 Auch mit Wirkung gegenüber nicht tarifgebunden ArbN, vgl *Wiedemann*, TVG, 6. Aufl., § 1 Rz. 581 mwN. | 3 Str., wie hier BAG v. 14.2.1991 – 2 AZR 415/90,NZA 1991, 607; *Bieback*, § 169 Rz. 152; *Blomeyer* in MünchHB ArbR I § 46 Rz. 137; ErfK/*Hanau*/*Kania*, § 87 BetrVG Rz. 35; aA *Boecken*, RdA 2000, 7 (11); *Waltermann*, NZA 1993, 679 (681). | 4 BAG v. 10.7.1969 – 5 AZR 323/68,NJW 1969, 1734; v. 11.7.1990 – 5 AZR 557/89, NZA 1991, 67. | 5 BAG 5.7.1997 – 3 AZR 173/78, AP Nr. 33 zu § 1 FeiertagslohnzahlungsG. | 6 Vgl. dazu *Peters-Lange* in Preis, Der Arbeitsvertrag, II S 40 Rz. 49 ff. (54 mwN). | 7 IdF der Bekanntmachung v. 18.12.1984 (BGBl. I S. 1642, 1644); zuletzt geändert durch G v. 13.8.2001 (BGBl. I S. 2165). | 8 Vgl. die Beispiele abgedr. bei Gagel/*Bieback*, § 169 SGB III Rz. 148 ff.

(4) Ein Arbeitsausfall ist nicht vermeidbar, wenn in einem Betrieb alle zumutbaren Vorkehrungen getroffen wurden, um den Eintritt des Arbeitsausfalls zu verhindern. Als vermeidbar gilt insbesondere ein Arbeitsausfall, der

1. überwiegend branchenüblich, betriebsüblich oder saisonbedingt ist oder ausschließlich auf betriebsorganisatorischen Gründen beruht,

2. bei Gewährung von bezahltem Erholungsurlaub ganz oder teilweise verhindert werden kann, soweit vorrangige Urlaubswünsche der Arbeitnehmer der Urlaubsgewährung nicht entgegenstehen, oder

3. bei der Nutzung von im Betrieb zulässigen Arbeitszeitschwankungen ganz oder teilweise vermieden werden kann.

Die Auflösung eines Arbeitszeitguthabens kann vom Arbeitnehmer nicht verlangt werden, soweit es

1. vertraglich ausschließlich zur Überbrückung von Arbeitszeiten außerhalb der Schlechtwetterszeit (§ 175 Abs. 1) bestimmt ist und 50 Stunden nicht übersteigt,

2. ausschließlich für eine vorzeitige Freistellung eines Arbeitnehmers vor einer altersbedingten Beendigung des Arbeitsverhältnisses oder, bei Regelung in einem Tarifvertrag oder auf Grund eines Tarifvertrages in einer Betriebsvereinbarung, zum Zwecke der Qualifizierung bestimmt ist,

3. zur Vermeidung der Inanspruchnahme von Saison-Kurzarbeitergeld angespart worden ist und den Umfang von 150 Stunden nicht übersteigt

4. den Umfang von zehn Prozent der ohne Mehrarbeit geschuldeten Jahresarbeitszeit eines Arbeitnehmers übersteigt oder

5. länger als ein Jahr unverändert bestanden hat.

In einem Betrieb, in dem eine Vereinbarung über Arbeitszeitschwankungen gilt, nach der mindestens zehn Prozent der ohne Mehrarbeit geschuldeten Jahresarbeitszeit für einen unterschiedlichen Arbeitsanfall eingesetzt werden, gilt ein Arbeitsausfall, der im Rahmen dieser Arbeitszeitschwankungen nicht mehr ausgeglichen werden kann, als nicht vermeidbar.

Fassung: Gesetz zur Förderung ganzjähriger Beschäftigung v. 24.4.2006 (BGBl. I S. 926).

Abs. 1 zählt die besonderen Anforderungen an Ursachen und Mindestumfang des Arbeitsausfalls auf. 1
Anschließend werden einzelne Begriffe noch in Abs. 2–4 näher erläutert. Insb. werden in Abs. 4 Vorkehrungen und Pflichten zur Vermeidung eines Arbeitsausfalls angeordnet. Nr. 1 nennt die Ursachen des Arbeitsausfalls (wirtschaftl. Gründe oder unabwendbares Ereignis), die in Abs. 2 und 3 näher erläutert werden.

Abs. 1 Nr. 2 nennt den nicht näher erläuterten Begriff des vorübergehenden Arbeitsausfalls. **Vorübergehend** meint, dass mit gewisser Wahrscheinlichkeit binnen absehbarer Zeit zur Vollarbeit zurückgekehrt werden kann. Hierfür hat sich in der Rspr. als Faustformel herausgebildet, dass der Arbeitsausfall die Bezugszeit des § 177 „nicht deutlich überschreiten darf“[1]. Hierbei orientiert man sich auch an den durch RVO verlängerten Bezugsfristen (s. § 177 Rz. 2) jedenfalls bei außergewöhnlichen Umständen[2]. Rückkehr zur Vollarbeit bedeutet nicht, dass alle bei Beginn der Kurzarbeit im Betrieb tätigen ArbN wieder arbeiten werden, sondern eine erhebliche, arbeitsmarktpolitisch vertretbare Anzahl erhalten bleibt[3]. Wird dagegen voraussichtlich der gesamte Betrieb geschlossen, kommt nur Struktur-Kug – seit 1.1.2004 als Transfer-Kug in § 216b geregelt – vormals gem. § 175 in Betracht. Maßgebender Zeitpunkt für die Beurteilung, ob ein nur vorübergehender Arbeitsausfall vorliegt, ist der Zeitpunkt der Entscheidung über die Gewährung per Anerkennungsbescheid[4]. 2

Wann ein Arbeitsausfall unvermeidbar iSd. Nr. 3 ist, regelt Abs. 3 und 4 (Rz. 5 ff.). **Abs. 1 Nr. 4** 3
schreibt einen **gewissen Mindestumfang** der betroffenen ArbN (ein Drittel ohne Auszubildende) und des Entgeltausfalls (mehr als 10 % des monatl. Bruttogehalts je betroffener ArbN) innerhalb eines Kalendermonats (= Anspruchszeitraum) vor. Ist der Schwellenwert bei einem Drittel der ArbN erreicht, kann der Entgeltausfall auch bei dem Rest der kurzarbeitenden ArbN ausgeglichen werden[5]. Die Ausfallquote muss entweder voll in einem Betrieb oder in einer Betriebsabteilung erfüllt werden (vgl. § 170 S. 2).

Wirtschaftliche Ursachen iSd. **Abs. 1 Nr. 1, Abs. 2** sind in erster Linie Konjunkturschwankungen, aber 4
auch betriebliche Strukturveränderungen (= Änderungen der arbeitstechnischen Organisation), die auf der allgemeinen wirtschaftl. Entwicklung beruhen[6]. Ausgeschlossen sind aber Ursachen iSd. Abs. 4 (insb. ausschließlich auf betriebsorganisatorischen Gründe beruhende oder saisonale Gründe). Wirtschaftl. Ursachen können auch arbeitskampfbedingt sein. Eine strukturelle wirtschaftl. Änderung (wirt-

---

1 BSG v. 17.5.1983 – 7 RAr 13/82, SozR 4100 § 63 Nr. 2 (S. 13). | 2 HM, so *Hammer/Weiland*, BB 1997, 2582 (2584); ausf. Gagel/*Bieback*, § 169 SGB III Rz. 75; Niesel/*Roeder*, § 169 SGB III Rz. 4: Überschreitung von 1–2 Monaten unschädlich. | 3 BSG v. 9.9.1986 – 7 RAr 39/85, NZA 1987, 36. | 4 Niesel/*Roeder*, § 170 SGB III Rz. 9. | 5 BA in Kug-RdErl. § 170 unter 2.10.1. | 6 BSG v. 29.4.1998 – B 7 AL 102/97, NZS 1999, 94.

schaftl. Strukturwandel) ist zwar Anspruchsvoraussetzung für das Struktur-Kug (§ 175 I Nr. 1), kommt aber als Ursache für das Regel- oder konjunkturelle Kug ebenso in Betracht[1].

5 Als Beispiele für ein **unabwendbares Ereignis** nennt **Abs. 3** ungewöhnliche, nicht dem üblichen Witterungsverlauf entsprechende Witterungsverhältnisse (aber nicht hierdurch bedingte Verkehrsstörungen beim Weg zur Arbeit[2]) und auf behördlichen (behördlich anerkannten) Maßnahmen beruhende Arbeitsausfälle (Straßensperren, Fahrverbote und Produktionssperren, zB bei Smog-Alarm). Allgemein erfasst der Begriff des unabwendbaren Ereignisses ein objektiv feststellbares Ereignis, das durch die äußerste, nach den Umständen des Einzelfalles gebotene Sorgfalt für den vom Arbeitsausfall betroffenen Betrieb nicht abzuwenden war, bspw. auch der Verkehrsunfall eines Betriebsleiters[3]. Fehlverhalten der für die Sicherheit des Betriebes zuständigen ArbN wird dem ArbGeb zugerechnet[4].

6 Nicht zu den unabwendbaren Ereignissen oder wirtschaftl. Ursachen des Arbeitsausfalls zählen nach Abs. 4 S. 2 Nr. 1 überwiegend branchenübliche, betriebsübliche oder saisonale Ursachen oder ausschließlich betriebsorganisatorische Gründe für den Arbeitsausfall (sie gelten als vermeidbar[5] im Rechtssinne). Sie gehören zur betrieblichen Risikosphäre und rechtfertigen deshalb nicht die Absicherung durch Kug[6]. Zur betrieblichen Risikosphäre gehören danach die auf der Eigenheit des Betriebes beruhenden – betriebsüblichen – Ursachen wie Störanfälligkeit bestimmter Produktionsweisen, aber auch Inventur, Betriebsverlegung oder Produktionsumstellungen aus rein betriebsorganisatorischen Gründen. Treffen die nicht abgesicherten Ursachen mit den allgemeinen wirtschaftl. Gründen oder versicherten Ereignissen iSd. Abs. 1 Nr. 1 und 2 zusammen, ist Kug nicht ausgeschlossen, da bei den betriebsorganisatorischen Gründen nur ausschließlich wirkende Ursachen und bei den übrigen betriebsnahen Ursachen nur überwiegend wirkende Gründe als vermeidbar im Rechtssinne gelten.

7 Weiterhin wird verlangt, dass im Betrieb alle **zumutbaren Maßnahmen** getroffen werden, um den Arbeitsausfall zu verhindern (**Abs. 4 S. 1**). Hierzu werden genannt[7]: Arbeit auf Lager, Vorratshaltung; Umstellung auf andere Zulieferer, Roh- und Betriebsstoffe, Transportwege; Erledigung und Vorziehen notwendiger Aufräum- und Instandsetzungsarbeiten; Verbesserung der Arbeitsorganisation und des Materialflusses. Zur Ausnutzung von Arbeitszeitschwankungen sogleich. Das einschränkende Kriterium der Zumutbarkeit trägt vor allem der Frage Rechnung, ob derartige Maßnahmen wirtschaftl. vertretbar sind.

8 **Abs. 4 S. 2 Nr. 2** nennt die Pflicht, zur Vermeidung von Kurzarbeit Ansprüche auf **Erholungsurlaub** – freilich nur nach den Möglichkeiten des BUrlG – zu gewähren. Ausdrücklich bezieht das Gesetz vorrangige Urlaubswünsche (nach den Maßgaben des § 7 BUrlG, siehe Erl. dort) bei der Frage der Vermeidbarkeit ein. Insb. ist zu beachten, dass eine kurzfristige Urlaubsgewährung vielfach den Erholungszweck des Urlaubs nicht erfüllen kann.

9 **Abs. 4 S. 2 Nr. 3 und S. 3 und 4** enthalten eine detaillierte Regelung zum **Einsatz von Arbeitszeitguthaben**. Diese erst im SGB III getroffene Bestimmung des vorrangigen Einsatzes von Arbeitszeitguthaben vor der Inanspruchnahme von Kug der AA tragen der zunehmenden Arbeitszeitflexibilisierung Rechnung. Hierbei dürfen indes nur Arbeitszeitkonten für die Vermeidung von Arbeitsausfällen herangezogen werden, wenn diese auch für betriebliche Zwecke, also Flexibilisierung der betrieblichen Arbeitszeit, rechtl. zur Verfügung stehen. Denn bei der Nutzung von Zeit- oder Wertguthaben bestehen arbeitsrechtl. Bindungen. Sind die Zeitkonten nur oder überwiegend für die individuelle Arbeitszeitgestaltung durch den ArbN bestimmt (wie zB in Gleitzeitmodellen), entfällt die Möglichkeit der Verweisung auf ihre vorrangige Nutzung[8]. Gleiches gilt, wenn eine tarifvertragl. Möglichkeit der Flexibilisierung der betrieblichen Arbeitszeit nicht umgesetzt worden ist[9]

10 Die **Aufzählung von Schonguthaben** in **Abs. 4 S. 3** verdeutlicht damit nur das allgemeine Prinzip, dass Arbeitszeitguthaben nur im Rahmen ihrer allgemeinen arbeitsrechtl. Bindung herangezogen werden können[10]. Die Verschonung von Arbeitszeitguthaben oberhalb einer Schwelle von 10 % der geschuldeten Jahresarbeitsleistung (jetzt Abs. 4 S. 3 Nr. 4) und von länger als ein Jahr bestehenden Guthaben (jetzt Nr. 5) ist wiederum Ausdruck der Zumutbarkeit bei der Frage der Vermeidbarkeit (s. Rz. 7). Auch vor Inkrafttreten des SGB III (zum 1.1.1998) angesammelte Guthaben sind aus Gründen des Vertrauensschutzes von der vorrangigen Inanspruchnahme ausgenommen[11]. Seit 1.1.2004 sind als Schonguthaben

---

1 Gagel/*Bieback*, § 170 SGB III Rz. 34; Niesel/*Roeder*, § 170 SGB III Rz. 17; BSG v. 29.4.1998 – B 7 AL 102/97, NZS 1999, 94 (Übergang von der Plan- zur Marktwirtschaft). | **2** Niesel/*Roeder*, § 170 SGB III Rz. 22. | **3** BSG v. 21.2.1991 – 7 RAr 20/90, DBlR Nr. 3827 zu § 64 AFG; v. 29.10.1997 – 7 RAr 48/96, NZS 1998, 390: Schiffshavarie. | **4** BSG v. 29.10.1997 – 7 RAr 48/96, NZS 1998, 390. | **5** Nach den Gesetzesmaterialien wurden sie im Interesse der besseren Übersichtlichkeit unter der Anspruchsvoraussetzung der Nichtvermeidbarkeit zusammengefasst, vgl. BT-Drs. 4941, S. 184 zu Abs. 4. | **6** Ausf. BSG v. 29.4.1998 – B 7 AL 102/97, NZS 1999, 94. | **7** Gagel/*Bieback*, § 170 SGB III Rz. 116 f. (mwN). | **8** So zutr. Gagel/*Bieback*, § 170 SGB III Rz. 160 ff. auch unter Hinweis auf entsprechende Einschränkungen bei der vorrangigen Inanspruchnahme von Erholungsurlaub; die BA beschränkt dies auf Gleitzeitmodelle, vgl. Kug-RdErl. § 170 unter 2.8.3. | **9** BT-Drs. 13/4941, S. 184 zu Abs. 4. | **10** Gagel/*Bieback*, § 170 SGB III Rz. 160 ff.; aA (abschließende Regelung von Schonguthaben): Niesel/*Roeder*, § 170 SGB III Rz. 31; *Hammer*/*Weiland*, BB 1997, 2582 (2584). | **11** So *Däubler*, SozSich 1996, 411, 420; Gagel/*Bieback*, § 170 SGB III Rz. 165; Niesel/*Roeder*, § 170 SGB III Rz. 30.

auch solche Arbeitszeitguthaben geschützt, die mit einer kollektivrechtl. Zweckbestimmung zu Gunsten inner- und außerbetrieblicher Qualifizierungsmaßnahmen gebildet worden sind (Abs. 4 S. 3 Nr. 1 (jetzt Nr. 2) idF durch das Dritte Gesetz für moderne Dienstleistungen am Arbeitsmarkt[1]). Ferner sind die zur „Vorfinanzierung" einer vorzeitigen Freistellung des ArbN im Rahmen der ATZ gebildeten Arbeitszeitguthaben vor der Auflösung geschützt (Abs. 2 Nr. 3 1. Alt.). Die durch das Gesetz zur Förderung ganzjähriger Beschäftigung v. 24.4.2006) aufgenommenen Bestimmungen zu Schonguthaben gemäß Abs. 4 S. 3 Nr. 1 und Nr. 3 sind Folgeänderungen zur Einführung des Saison-Kug und privilegieren Guthaben, die für den Erhalt ergänzender Leistungen nach § 175a verwendet werden sollen, ferner auch solche im Umfang bis zu 50 Stunden, die allgemein zur Überbrückung von Arbeitsausfällen außerhalb der Schlechtwetterzeit dienen (weil ein sog. verstetigter Monatslohn erzielt werden soll oder aber auch in anderen Branchen für kurze Arbeitsausfälle herangezogen werden (etwa zur Vorarbeit der „Brückentage")[2].

Abs. 4 S. 4 enthält eine etwas schwer verständliche Fiktion der Unvermeidbarkeit des Arbeitsausfalls bei **ausgeschöpften Flexibilisierungsreserven**. Ein Arbeitsausfall in Betrieben, die in einer Vereinbarung mindestens 10 % der Jahresarbeitszeit (ohne Mehrarbeit) für einen unterschiedlichen Arbeitsausfall eingesetzt haben, gilt, wenn er hierdurch nicht mehr ausgeglichen werden kann, als unvermeidbar. Begünstigt werden also Betriebe, in denen Vorkehrungen gegen Arbeitsausfall in einem gewissen Mindestumfang getroffen worden sind. Ein bestehender TV ohne betriebliche Umsetzung der Möglichkeit, Arbeitsausfälle in gewissem Mindestumfang auszugleichen, genügt nicht[3]. 11

171 *Betriebliche Voraussetzungen*

Die betrieblichen Voraussetzungen sind erfüllt, wenn in dem Betrieb mindestens ein Arbeitnehmer beschäftigt ist. Betrieb im Sinne der Vorschriften über das Kurzarbeitergeld ist auch eine Betriebsabteilung.

Fassung: Gesetz zur Förderung ganzjähriger Beschäftigung v. 24.4.2006 (BGBl. I S. 926).

Die betrieblichen Voraussetzungen für die Gewährung von Kug sind weit gefasst; insbesondere sind ausgeschlossen die früher in § 172 III Nr. 3 genannten **Branchen (Schaustellergewerbe und künstlerische Darbietungen)** nicht mehr ausgeschlossen (§ 172 Rz. 9). Mit der Streichung des früheren Erfordernisses einer „regelmäßigen" Beschäftigung durch das Gesetz zur Förderung der ganzjährigen Beschäftigung sollen künftig auch erst über einen kurzen Zeitraum bestehende Arbeitsplätze bei Arbeitsausfall gefördert werden, sofern der Arbeitsausfall nur vorübergehend ist und mit einer Rückkehr zum bisherigen Beschätigungsumfang in absehbarer Zeit gerechnet werden kann[4]. 1

Es gilt der **arbeitsrechtl. Betriebsbegriff**[5] (s. Erl. zu § 4 BetrVG). Maßgeblich ist die Verfolgung eines arbeitstechnischen Zwecks unter einer einheitlichen personalpolitischen Organisation und Leitung, weil damit sichergestellt ist, dass die das durch Kug abgesicherte Risiko betreffenden Entscheidungen einheitlich getroffen werden. Bei mehreren Produktionsstätten, Niederlassungen oder Verwaltungseinheiten entscheidet die personalpolitische Verbundenheit; diese kann sich insb. durch einen Austausch von Personal äußern[6]. Eine räumliche Schranke setzt die BA bei 50 km[7]. 2

Auch **öffentl.-rechtl.** Betriebe unterfallen den Vorschriften zur Gewährung von Kug. Eine Beschränkung auf bestimmte Betriebszwecke ist dem Gesetz fremd[8]. Eine wirtschaftl. Zwecksetzung lässt sich insb. aus den in § 170 beschriebenen Ursachen des Arbeitsausfalls nicht begründen. 3

Ausreichend ist die **Beschäftigung mindestens eines ArbN**. Anders als in § 170 I Nr. 4 zählt hier auch ein Auszubildender, der sozialversicherungspflichtig beschäftigt wird. Für Heimarbeiter gilt eine Sonderregelung (§ 176 – hier nicht kommentiert). 4

Satz 2 setzt die **Betriebsabteilung** einem Betrieb gleich. Damit wird dem Gedanken Rechnung getragen, dass wegen der Eigenheiten einer einzelnen Abteilung ein personeller Austausch und damit Ausgleich des Arbeitsausfalls häufig nicht in Betracht kommt. Der Mindestarbeitsausfall (§ 170 I Nr. 4) wird in solchen Fällen nicht für den Betrieb, sondern für die kleinere Einheit der Betriebsabteilung berechnet. Denkbar ist auch die Gewährung von Kug für mehrere Betriebsabteilungen, die jede für sich die Voraussetzungen für die Gewährung erfüllen[9]. Erforderlich ist eine gewisse organisatorische, insb. personalpolitische Selbständigkeit, die aber nicht die einheitliche Leitungsmacht des Betriebes ersetzen darf. Auch 5

---

1 BGBl. I S. 2848, dazu BT-Drs. 15/1515, S. 88 zu Nr. 90: Voraussetzung ist, dass der ArbN durch die entsprechenden Qualifikationsmaßnahmen Kenntnisse und Fähigkeiten erwirbt, die nicht ausschließlich im gegenwärtigen Betrieb oder am gegenwärtigen Arbeitsplatz verwertbar sind. | 2 Zum Ganzen *Bieback*, SGb 2007, 197 (201). | 3 BT-Drs. 13/4941, S. 184 zu Abs. 4. | 4 Vgl. BT-Drs. 16/429, S. 41. | 5 BSG v. 30.5.1978 – 7/12 RAr 100/76, SozR 4100 § 63 Nr. 1 (S. 2 mwN); Niesel/*Roeder*, § 171 SGB III Rz. 3. | 6 BSG v. 6.11.1985 – 8 RK 20/84, SozR 2200 § 245 Nr. 4; vgl. auch BAG v. 11.11.1997 – 1 ABR 6/97, NZA 1998, 723. | 7 Kug-RdErl. § 170 unter 3.2.4; zust. Gagel/*Bieback*, § 171 SGB III Rz. 15. | 8 BSG v. 30.5.1978 – 7/12 RAr 100/76, BSGE 46, 218. | 9 Niesel/*Roeder*, § 171 SGB III Rz. 7.

ein zuweilen erfolgender personeller Austausch schadet nicht, wenn der Personalbestand als solcher relativ dauerhaft abgegrenzt bleibt[1]. In verschiedenen Abteilungen desselben Betriebes muss auch nicht notwendig ein eigener Betriebszweck verfolgt werden, in Fällen gleicher Zwecksetzung ist aber wohl eine räumliche Trennung erforderlich[2] (Filialen). Klassischer Fall ist die betriebseigene Werkstätte; aber auch Fertigung in verschiedenen Werkstätten oder verschiedenen Fertigungssträngen im Rahmen der Fließbandproduktion. Verwaltungen bilden wegen ihrer abgrenzbaren Aufgaben- und Beschäftigtenstruktur häufig eigene Betriebsabteilungen[3].

172 *Persönliche Voraussetzungen*

(1) Die persönlichen Voraussetzungen sind erfüllt, wenn

1. der Arbeitnehmer nach Beginn des Arbeitsausfalls eine versicherungspflichtige Beschäftigung

a) fortsetzt,

b) aus zwingenden Gründen aufnimmt oder

c) im Anschluss an die Beendigung eines Berufsausbildungsverhältnisses aufnimmt,

2. das Arbeitsverhältnis nicht gekündigt oder durch Aufhebungsvertrag aufgelöst ist und

3. der Arbeitnehmer nicht vom Kurzarbeitergeldbezug ausgeschlossen ist.

(1a) Die persönlichen Voraussetzungen sind auch erfüllt, wenn der Arbeitnehmer während des Bezuges von Kurzarbeitergeld arbeitsunfähig wird, solange Anspruch auf Fortzahlung des Arbeitsentgelts im Krankheitsfalle besteht oder ohne den Arbeitsausfall bestehen würde.

(2) Ausgeschlossen sind Arbeitnehmer während der Teilnahme an einer beruflichen Weiterbildungsmaßnahme mit Bezug von Arbeitslosengeld bei beruflicher Weiterbildung oder Übergangsgeld, wenn diese Leistung nicht für eine neben der Beschäftigung durchgeführte Teilzeitmaßnahme gezahlt wird, sowie während des Bezuges von Krankengeld.

(3) Ausgeschlossen sind Arbeitnehmer, wenn und solange sie bei einer Vermittlung nicht in der von der Agentur für Arbeit verlangten und gebotenen Weise mitwirken. Arbeitnehmer, die von einem erheblichen Arbeitsausfall mit Entgeltausfall betroffen sind, sind in die Vermittlungsbemühungen der Agentur für Arbeit einzubeziehen. Hat der Arbeitnehmer trotz Belehrung über die Rechtsfolgen eine von der Agentur für Arbeit unter Benennung des Arbeitgebers und der Art der Tätigkeit angebotene zumutbare Beschäftigung nicht angenommen oder nicht angetreten, ohne für sein Verhalten einen wichtigen Grund zu haben, sind die Vorschriften über die Sperrzeit beim Arbeitslosengeld entsprechend anzuwenden.

Fassung: Gesetz zur Förderung ganzjähriger Beschäftigung v. 24.4.2006 (BGBl. I S. 926).

1 Die Vorschrift regelt die **materielle Anspruchsberechtigung** für das Kug in der Person der ArbN, die nicht selbst am Verfahren beteiligt sind (s. § 173 Rz. 4). Grundvoraussetzung ist die Ausübung einer versicherungspflichtigen Beschäftigung bei Beginn des Arbeitsausfalls, da Kug eine Versicherungsleistung mit Lohnersatzfunktion darstellt. Entsprechend schließt Abs. 2 für bestimmte ArbN beim Bezug anderer Lohnersatzleistungen nach dem SGB III oder Krankengeld den Anspruch aus. Zusätzlich verlangt Abs. 3 wie beim Bezug von Alg die Bereitschaft für eine Vermittlung in ein anderes Beschäftigungsverhältnis und beschreibt damit eine typische versicherungsrechtl. Obliegenheit.

2 Eine **versicherungspflichtige Beschäftigung** nach § 25 übt aus, wer gegen Arbeitsentgelt beschäftigt ist. Zum Beschäftigtenbegriff des SozV-Rechts siehe Erl. zu § 7 SGB IV. Zeiten der Beschäftigung ohne Arbeitsentgelt begründen keine Versicherungspflicht, es sei denn es liegt eine Vereinbarung über flexible Arbeitszeiten iSd. § 7 Ia SGB IV vor (s. Erl. zu § 7 SGB IV). Nicht versicherungspflichtig in der ArblV ist eine nach § 8 SGB IV geringfügige Beschäftigung (s. Erl. dort); die ehemalige Kurzzeitigkeitsgrenze der ArblV von 18 Wochenstunden ist seit 1.4.1997 einer Beschäftigung ab 15 Wochenstunden als versicherungspflichtig gewichen. Werkstudenten, die ihrem Erscheinungsbild nach nicht Beschäftigte[4], sondern entweder Schüler an einer allgemein bildenden Schule oder Studierende an einer Hochschule oder der fachlichen Ausbildung dienenden Schule (§ 27 IV) sind, sind versicherungsfrei; ebenso ArbN nach Vollendung des 65. Lebensjahres und Bezieher einer Rente wegen voller Erwerbsminderung (§ 28).

3 **Auszubildende** werden nur bei der Berechnung der Ausfallquote nicht berücksichtigt (s. § 170 Rz. 3), sind aber versicherungspflichtig beschäftigt (§ 25) und damit grds. anspruchsberechtigt. Wegen des

---

1 BA RdErl. 307/76, 4 Rz. 2.1. | 2 Ebenso *Henkes/Baur/Kopp/Polduwe*, Handbuch der Arbeitsförderung, 1999, „Betriebsabteilung" (S. 262). | 3 BAG v. 23.9.1982 – 6 ABR 42/81, BAGE 40, 163 f.; offen gelassen in BSG v. 21.1.1987 – 7 RAr 76/85, NZA 1987, 396. | 4 Nach der Rspr. wird das Erscheinungsbild durch den Schulbesuch oder das Studium geprägt, wenn die wöchentliche Arbeitszeit 20 Stunden nicht überschreitet bzw. eine höhere Arbeitszeit ausschließlich in der vorlesungsfreien Zeit geleistet wird, vgl. BSG v. 26.6.1975 – 3/12 RK 14/73, BSGE 40, 93 (94); v. 11.12.1993 – 7 RAr 52/92, SozR 3-4100 § 169b Nr. 1; zu Ausnahmen aber BSG v. 10.12.1998 – B 12 22/97 R, MDR 1999, 619; v. 21.5.1996 – 12 RK 77/94, BSGE 78, 229.

Anspruchs auf Vergütungsfortzahlung nach § 19 I Nr. 2a BBiG für die Dauer von sechs Wochen besteht idR erst ab der 7. Woche Anspruch auf Kug[1].

Nach **Abs. 1 Nr. 1a** soll Kug grds. nur bei **Fortsetzung einer versicherungspflichtigen Beschäftigung** nach dem Arbeitsausfall gezahlt werden; das Arbeitsverhältnis muss also bereits vorher bestanden haben. Dies liegt vor, wenn der ArbN aus einem Elternurlaub oder dem Wehrdienst zurückkehrt; zumindest liegt eine Wiederaufnahme iSd. Ziff. 1b vor. Die Beendigung eines befristeten Arbeitsverhältnisses zu einem späteren Zeitpunkt während des Arbeitsausfalls schadet nicht. Anders als bei gekündigten Arbeitsverhältnissen liegt die Entscheidung zur Beendigung längere Zeit zurück und eine Fortsetzung über das Fristende hinaus erscheint immerhin noch möglich[2]. 4

Abs. 1 Nr. 1b verlangt für eine **Einstellung von ArbN** während der Kurzarbeitsperiode, dass diese **aus zwingenden Gründen** erfolgt: Hierzu werden sowohl rechtl. Bindungen (Rückkehr aus einem unbezahlten Urlaub oder Freistellung, s. auch Rz. 4) als auch besondere betriebliche Interessen (Einstellung einer lang gesuchten Fachkraft) und arbeitsmarktpolitisch sinnvolle Gesichtspunkte gezählt wie die Beschäftigung eines schwer vermittelbaren ArbN und die Unzumutbarkeit der Auflösung eines Arbeitsverhältnisses mit einem ArbN, mit dem vor Beginn des Arbeitsausfalls ein Arbeitsverhältnis geschlossen worden ist[3]. Grds. aber haben ArbN, die erst nach Beginn der Kurzarbeitsperiode eine beitragspflichtige Beschäftigung in dem Betrieb aufnehmen, keinen Anspruch auf Kug[4]. Etwas anderes gilt nach Abs. 1 Nr. 1c im Anschluss an die Beendigung eines Berufsausbildungsverhältnisses. 5

Nach **Abs. 1 Nr. 2** liegt in der Person des ArbN ein Ausschlussgrund vor, wenn ihr **Arbeitsverhältnis gekündigt oder aufgehoben** worden ist. Bei ihnen kann das Ziel, den Arbeitsplatz mit der Zahlung von Kug zu erhalten (s. Rz. 1), nicht mehr erreicht werden. Zudem hielt der Gesetzgeber es für gerechtfertigt an, diese ArbN auf ihr Kündigungsrecht infolge der Lohnkürzung und die anschließende Möglichkeit des Bezugs von Alg zu verweisen (vgl. aber zur Möglichkeit der Zahlung sog. strukturellen Kug § 216b). ArbN, die Kündigungsschutzklage erhoben haben, wird wegen der Möglichkeit der Fortsetzung des Arbeitsverhältnisses und den Weiterbeschäftigungsansprüchen für die Dauer des Kündigungsschutzprozesses (s. Erl. zu § 102 BetrVG) Kug gezahlt[5]. Der Ausschlussgrund des Abs. 1 Nr. 2 greift demgegenüber auch ein, wenn der ArbN das Arbeitsverhältnis gekündigt hat[6]. Zum Auslaufen befristeter Arbeitsverhältnisse s. Rz. 4. 6

Bezieher von Unterhaltsgeld oder Übergangsgeld infolge Teilnahme an einer beruflichen Weiterbildungsmaßnahme sind nach **Abs. 1 Nr. 3 iVm. Abs. 2** gleichfalls vom Bezug von Kug ausgeschlossen, da ein Doppelbezug von Leistungen verhindert werden soll. Sind die betroffenen ArbN allerdings nur in einer Teilzeitmaßnahme iSd. § 154 oder § 160 II 2 gefördert, kommt Kug für eine daneben ausgeübte Teilzeitbeschäftigung in Betracht. 7

Bezieht der ArbN **Krankengeld**, ist diese Leistung vorrangig (**Abs. 2 Alt. 2**). Sie ist aber der Höhe nach nicht auf das sonst zu zahlende Kug beschränkt, sondern berechnet sich nach dem erzielten Entgelt vor der Kurzarbeitsperiode (47b Abs. 3 SGB V). Für ArbN, die **innerhalb der Kurzarbeitsperiode erkranken**, stellt **Abs. 1a** nunmehr[7] ausdrücklich klar, dass Kug für den Zeitraum zu zahlen ist, für den sonst Anspruch auf Entgeltfortzahlung im Krankheitsfall (§ 3 I EFZG) besteht. Sinn dieser gesetzl. Regelungen ist es, den ständigen Wechsel in der Leistungszuständigkeit zwischen Krankenkasse und BA nach Möglichkeit zu vermeiden[8]. Ist der ArbN **vor** Beginn der Kurzarbeitsperiode erkrankt, verdrängt wiederum das Krankengeld den Kug-Anspruch, indem ein Teil-Krankengeld in Höhe der Differenz zwischen Entgeltfortzahlungsanspruch und sonst zu zahlenden Kug gezahlt (§ 47 IV SGB V). Dies ist vom ArbGeb kostenlos zu errechnen und auszuzahlen (§ 47 IV 2 SGB V). 8

Die nach der früheren Fassung in **Abs. 2 Nr. 3** vom Bezug ausgeschlossenen ArbN in Betrieben des Schaustellergewerbes oder Beschäftigte in Theater-, Lichtspiel- oder Konzertunternehmen sind seit dem Gesetz zur Förderung ganzjähriger Beschäftigung in den Schutz durch Kug einbezogen. Ihr früherer Ausschluss beruhte auf dem Gedanken, dass in diesen Betriebender Arbeitsanfall ohnehin ungleichmäßig ist und die Betriebe den schwankenden Arbeitsanfall als zu den Produktionskosten zählend selbst tragen sollten[9]. Nunmehr geht der Gesetzgeber davon aus, dass sich die Arbeitsverhältnisse in diesen Branchen stabilisiert hätten und nicht mehr von anderen Arbeitsverhältnissen unterscheiden[10]. 9

Schließlich setzt der Bezug von Kug nach **Abs. 3** die **Mitwirkung des ArbN an Vermittlungsbemühungen seitens der AA** voraus. Die Mitwirkungspflicht umfasst die Auskunftserteilung und Vorlage von Unterlagen (§ 38). Nach § 180 iVm. § 145 hat der Arbl. sich auf Aufforderung der AA persönlich zu melden und an evtl. erforderlichen Untersuchungen teilzunehmen; bei der Nichtbefolgung einer Aufforderung droht eine Säumniszeit von 2 Wochen und nach wiederholter Säumnis von 4 Wochen (oder bis zur 10

1 Gagel/*Bieback*, § 172 SGB III Rz. 24. | **2** Gagel/*Bieback*, § 172 SGB III Rz. 27; Niesel/*Roeder*, § 172 SGB III Rz. 5. | **3** Vgl. Kug-RdErl. zu § 172 unter 4.3.2. | **4** Gagel/*Bieback*, § 172 SGB III Rz. 28. | **5** Kug-RdErl. zu § 172 unter 4.2.2. | **6** BSG v. 21.11.2002 – B 11 AL 17/02 R, SozR 3-4100 § 172 Nr. 1. | **7** Klarstellung durch das Job-AQTIV-Gesetz v. 10.12.2001, BGBl. I S. 3443. | **8** Vgl. BT-Drs. 8/4022 S. 89 zu § 2. | **9** BSG v. 30.5.1978 – 7/12 RAr 100/76, BSGE 46, 218. | **10** BT-Drs. 16/429, S. 42.

persönlichen Meldung, § 145 II). Der Entzug des Kug wegen fehlender Mitwirkung setzt die vorherige Belehrung des ArbN über seine Mitwirkungspflicht voraus sowie den Hinweis, dass bei Nichterfüllung die Versagung der Leistung droht[1]. Der Entzug der Leistung ist zeitlich auf die Dauer der Weigerung zur Mitwirkung beschränkt.

11 Darüber hinaus wird der ArbN durch die Möglichkeit der Verhängung einer **Sperrzeit bei Ablehnung einer zumutbaren Beschäftigung** zur gesteigerten Mitwirkung angehalten[2]. Die Dauer der Sperrzeit beträgt 12 Wochen und kann in entsprechender Anwendung von § 144 I und III 1 bei einer besonderen Härte auf 6 Wochen reduziert werden. Ein Erlöschen des Anspruchs bei wiederholter Sperrzeit kommt nicht infrage[3]. Der Tatbestand eines Anspruchsübergangs wäre durch die recht unklare Verweisung, „sind die Vorschriften über die Sperrzeit beim Alg entsprechend anzuwenden" (nicht: Sperrzeiten) nur unzureichend benannt; ferner ist im Hinblick auf die Regelbezugsdauer von 6 Monaten beim Kug eine erneute Sperrzeit schon technisch schwer unterzubringen. Es kann deshalb nicht davon ausgegangen werden, dass der Gesetzgeber eine solch weit reichende Rechtsfolge auch für ArbN in noch bestehenden Arbeitsverhältnissen anordnen wollte.

12 Bei der Frage, welche Beschäftigungsangebote dem ArbN **zumutbar** sind, kann nicht auf die Anforderungen des § 121 SGB III (in erster Linie abgestellt auf die hinnehmbare Entgeltminderung) zurückgegriffen werden. Dies ergibt sich schon daraus, dass der ArbN beim Bezug von Kug nicht „arbeitslos" ist. Vielmehr sind die Zumutbarkeitsanforderungen an denen einer Erwerbsobliegenheit während eines bestehenden Arbeitsverhältnisses zu messen, so dass sich anbietet, auf die zu § 615 S. 2 BGB entwickelten Kriterien des „böswilligen" Unterlassens anderweitiger Verwendung seiner Dienste zurückzugreifen (s. auch Erl. Zu § 615 BGB)[4]. Ferner ist an die Regelung des § 112 V Nr. 2 zur Berücksichtigung von Weiterbeschäftigungsmöglichkeiten bei Abschluss eines Sozialplans zu denken, die jedoch bereits die Gefahr des Arbeitsplatzverlusts in die vorzunehmende Interessenabwägung einbezieht (s. Erl. zu § 112 BetrVG). Die Vermittlung eines dauerhaften (unbefristeten) neuen Arbeitsplatzes kommt überhaupt nur in Betracht, wenn der ArbGeb zustimmt oder beim Bezug des Transfer-Kug nach § 216b durch bereits gekündigte oder durch Aufhebungsvertrag ausscheidende ArbN[5]. Erst bei länger dauernder Kurzarbeit sinkt dagegen das Interesse des ArbGeb an dem Erhalt seiner Belegschaft und des ArbN an der Beibehaltung des früheren Arbeitsplatzes. Im Hinblick darauf, dass er seinen alten Arbeitsplatz aber noch inne hat, sind ihm Einkommensverluste oder Abstriche bei der beruflichen Qualifikation aber auch dann nicht zumutbar[6].

173 *Anzeige*

(1) Der Arbeitsausfall ist bei der Agentur für Arbeit, in deren Bezirk der Betrieb liegt, schriftlich anzuzeigen. Die Anzeige kann nur vom Arbeitgeber oder der Betriebsvertretung erstattet werden. Der Anzeige des Arbeitgebers ist eine Stellungnahme der Betriebsvertretung beizufügen. Mit der Anzeige sind das Vorliegen eines erheblichen Arbeitsausfalls und die betrieblichen Voraussetzungen für das Kurzarbeitergeld glaubhaft zu machen.

(2) Kurzarbeitergeld wird frühestens von dem Kalendermonat an geleistet, in dem die Anzeige über den Arbeitsausfall bei der Agentur für Arbeit eingegangen ist. Beruht der Arbeitsausfall auf einem unabwendbaren Ereignis, gilt die Anzeige für den entsprechenden Kalendermonat als erstattet, wenn sie unverzüglich erstattet worden ist.

(3) Die Agentur für Arbeit hat dem Anzeigenden unverzüglich einen schriftlichen Bescheid darüber zu erteilen, ob auf Grund der vorgetragenen und glaubhaft gemachten Tatsachen ein erheblicher Arbeitsausfall vorliegt und die betrieblichen Voraussetzungen erfüllt sind.

Fassung: AFRG v. 24.2.1997 (BGBl. I S. 594) seit 1.1.1998, redaktionell angepasst durch das Dritte Gesetz für moderne Dienstleistungen am Arbeitsmarkt v. 23.12.2003 (BGBl. I S. 2848).

1 Die Vorschrift regelt das Verfahren der Anzeige, Beantragung und Gewährung von Kug. Es handelt sich um ein **zweistufiges Verfahren**: Zunächst erfolgt eine Anzeige des Arbeitsausfalls, auf die hin ein Bescheid über das Vorliegen oder Nichtvorliegen der allgemeinen (§ 170) und betrieblichen Voraussetzungen (§ 171) dem Grunde nach ergeht (Anerkennungsbescheid). Auf zweiter Stufe ist ein Antrag für die einzelnen ArbN zu stellen (§§ 323 II, 325 III), über den durch weiteren Bescheid eine konkrete Entscheidung über die persönlichen Voraussetzungen und die einzelnen Ansprüche erfolgt.

2 Die **Anzeige** ist schriftl. vom ArbGeb oder BR bei der nach Abs. 1 S. 1 zuständigen AA zu stellen. Für den Nachweis der Anspruchsvoraussetzungen genügt die Glaubhaftmachung, also die Beweisführung

1 AllgM, vgl. Gagel/*Bieback*, § 172 SGB III Rz. 45; Niesel/*Roeder*, § 172 SGB III Rz. 15; Kug-RdErl. zu § 172 unter 4.8. | 2 Zu den Verschärfungen gegenüber dem Rechtszustand nach dem AFG vgl. Gagel/*Bieback*, § 172 SGB III Rz. 48. | 3 So mit Recht Gagel/*Bieback*, § 172 SGB III Rz. 54; aA Niesel/*Roeder*, § 172 SGB III Rz. 16. | 4 Dazu *Peters-Lange*, Zumutbarkeit von Arbeit, 1992, S. 54 f. | 5 Gagel/*Bieback*, § 172 SGB III Rz. 50 f.; Niesel/*Roeder*, § 172 SGB III Rz. 17. | 6 Gagel/*Bieback*, § 172 SGB III Rz. 50; Niesel/*Roeder*, § 172 SGB III Rz. 19.

mit allen zur Verfügung stehenden Beweismitteln (mit Ausnahme der Versicherung an Eides statt, § 23 I SGB X); wobei eine mindere Gewissheit iSd. überwiegenden Wahrscheinlichkeit der zu beweisenden Tatsachen erreicht werden muss – § 23 I 2 SGB X. Als Beweismittel können ua. dienen: die BV über Kurzarbeit, Lohnabrechnungslisten, Angaben über die Lagerhaltung, Auftragslage, Möglichkeiten der Urlaubsgewährung oder des Einsatzes von Arbeitszeitguthaben[1]. Die Pflicht zur Glaubhaftmachung entbindet die BA nicht von der Amtsermittlungspflicht.

Mit dem Eingang der Anzeige des Arbeitsausfalls bei der AA wird der **Leistungsbeginn** festgelegt (Abs. 2), eine verspätete Anzeige (nicht: verspätete Beifügung der Stellungnahme des BR[2]) legt auch einen späteren Leistungszeitraum fest. Die Anzeige als materiell-rechtl. Anspruchsvoraussetzung (§ 169 Nr. 4) stellt zugleich eine materielle Ausschlussfrist für frühere Anspruchszeiträume dar[3]. Deshalb kommt weder eine Wiedereinsetzung in den vorigen Stand noch die Berufung auf den sozialrechtl. Herstellungsanspruch zur Herbeiführung der Folgen einer unterstellt rechtzeitigen Anzeige in Betracht[4]. Die Rspr. billigt den betroffenen ArbN zum Ausgleich Schadensersatzansprüche gegen den ArbGeb wegen einer verspäteten Anzeige des Arbeitsausfalls zu[5]. 3

Im weiteren Verfahren treten ArbGeb bzw. BR als **Verfahrens- und Prozessstandschafter**[6] der ArbN auf, die selbst weder anzeige- noch antragsberechtigt sind. Dies hat das BSG[7] unlängst bestätigt und ist auch verfassungsrechtl. Bedenken nicht beigetreten. Alle verfahrensrechtl. und insb. Gerichtl. Rechtsschutzmöglichkeiten gegen den Anerkennungs- und den nachfolgenden Leistungsbescheid obliegen ihm (bzw. dem BR, wenn er Anzeige und Antrag gestellt hat). Als nicht antragstellende Partei sind sie als notwendig Beteiligte iSv. § 12 SGB X bzw. als notwendig Beizuladende iSv. § 75 II SGG am Verwaltungs- und Gerichtsverfahren beteiligt. 4

Der **Antrag auf Gewährung von Kug** ist innerhalb einer Ausschlussfrist von drei Monaten für den jeweiligen Anspruchszeitraum zu beantragen (§ 325 III), wobei die Frist mit dem Ablauf des Anspruchszeitraums beginnt. Anspruchszeitraum ist die Bezugsfrist iSv. § 177 (längstens sechs Monate), für die der Arbeitsausfall besteht. Auf die Antragsfrist ist der ArbGeb von der AA auch bei ablehnender Entscheidung über die Anzeige durch einen negativen Anerkennungsbescheid hinzuweisen, da die Antragsfrist im Widerspruchsverfahren über den Anerkennungsbescheid ablaufen kann[8]. Anzeige und Antrag können auch gleichzeitig gestellt werden[9]. Lehnt die BA den Erlass eines Anerkennungsbescheids ab, ist im anschließenden Widerspruch der Antrag jedoch gewissermaßen mitenthalten[10]; so dass im anschließenden Klageverfahren unmittelbar auf Gewährung von Kug im Wege der sog. kombinierten Anfechtungs- und Leistungsklage nach § 54 I und IV SGG geklagt werden kann[11]. 5

174 *Kurzarbeitergeld bei Arbeitskämpfen*

(1) Die Vorschriften über das Ruhen des Anspruchs auf Arbeitslosengeld bei Arbeitskämpfen gelten entsprechend für den Anspruch auf Kurzarbeitergeld bei einem Arbeitnehmer, dessen Arbeitsausfall Folge eines inländischen Arbeitskampfes ist, an dem er nicht beteiligt ist.

(2) Macht der Arbeitgeber geltend, der Arbeitsausfall sei die Folge eines Arbeitskampfes, so hat er dies darzulegen und glaubhaft zu machen. Der Erklärung ist eine Stellungnahme der Betriebsvertretung beizufügen. Der Arbeitgeber hat der Betriebsvertretung die für die Stellungnahme erforderlichen Angaben zu machen. Bei der Feststellung des Sachverhalts kann die Agentur für Arbeit insbesondere auch Feststellungen im Betrieb treffen.

(3) Stellt die Agentur für Arbeit fest, dass ein Arbeitsausfall entgegen der Erklärung des Arbeitgebers nicht Folge eines Arbeitskampfes ist, und liegen die Anspruchsvoraussetzungen für das Kurzarbeitergeld allein deshalb nicht vor, weil der Arbeitsausfall nicht unvermeidbar ist, wird das Kurzarbeitergeld auch insoweit geleistet, als der Arbeitnehmer Arbeitsentgelt (Arbeitsentgelt im Sinne des § 115 des Zehnten Buches) tatsächlich nicht erhält. Bei der Feststellung nach Satz 1 hat die Agentur für Arbeit auch die wirtschaftliche Vertretbarkeit einer Fortführung der Arbeit zu berücksichtigen. Hat der Arbeitgeber das Arbeitsentgelt trotz des Rechtsübergangs mit befreiender Wirkung an den Arbeitnehmer oder an einen Dritten gezahlt, hat der Empfänger des Kurzarbeitergelds dieses insoweit zu erstatten.

Fassung: AFRG v. 24.3.1997 (BGBl. I S. 594) seit 1.1.1998, redaktionell angepasst durch das Dritte Gesetz für moderne Dienstleistungen am Arbeitsmarkt v. 23.12.2003 (BGBl. I S. 2848).

Abs. 1 verweist auf die Vorschriften über das Ruhen von Alg für nicht am Arbeitskampf unmittelbar beteiligte ArbN (§ 146 III, s. Erl. dort). Sind die ArbN unmittelbar Beteiligte an einem Arbeitskampf, 1

1 Vgl. Gagel/*Bieback*, § 173 SGB III Rz. 50. | 2 BSG v. 30.5.1978 – 7/12 RAr 100/76, BSGE 46, 218. | 3 BSG v. 14.2.1989 – 7 RAr 18/87, SozR 4100 § 66 Nr. 2; aA Gagel/*Bieback*, § 173 SGB III Rz. 26. | 4 BSG v. 14.2.1989 – 7 RAr 18/87, SozR 4100 § 66 Nr. 2. | 5 BSG v. 17.7.1979 – 12 RAr 4/79, DB 1979, 2332. | 6 St. Rspr., vgl. nur BSG v. 25.6.1998 – B 7 AL 126/95 R, NZS 1999, 43; v. 19.2.1986 – 7 RAr 9/84, NZA 1986, 725. | 7 BSG v. 25.5.2005 – B 11a/11 AL 15/04 R, NZS 2006, 378. | 8 Niesel/*Roeder*, § 173 SGB III Rz. 1. | 9 BSG v. 30.5.1978 – 7/12 RAr 100/76, BSGE 46, 218. | 10 BSG v. 18.5.1995 – 7 RAr 28/94, NZA 1996, 1118. | 11 Bestätigt durch BSG v. 29.10.1997 – 7 RAr 48/96, NZS 1998, 390.

kommt ohnehin kein Kug in Betracht, weil der Arbeitsausfall dann nicht auf wirtschaftl. Gründen oder einem unabwendbaren Ereignis beruht (§ 170)[1]. § 174 sichert wie § 146 die Neutralität der BA bei Arbeitskämpfen.

2 Nach **Abs.** 2 obliegt dem ArbGeb die **Darlegung und Glaubhaftmachung** dafür, dass der Arbeitsausfall auf einem Arbeitskampf beruht. Hiermit will der Gesetzgeber verhindern, dass ArbGeb, die nicht am Arbeitskampf beteiligt sind, diesen zum Anlass nehmen, einen Arbeitskampf lediglich zu behaupten, um sich auf diese Weise mittelbar am Arbeitskampf zu beteiligen[2]. Hierzu wiederholt der Gesetzgeber die auch in Fällen des Nachweises des Arbeitsausfalls bestehenden Pflichten zur Beifügung einer Stellungnahme des BR (§ 173 I 3) und zur Glaubhaftmachung (§ 173 I 4, vgl. § 173 Rz. 2). Letztlich trägt der ArbGeb die (objektive) Beweislast für das Vorliegen eines Ursachenzusammenhangs zwischen Arbeitskampf und Arbeitsausfall[3]. Beruht der **Arbeitsausfall von Leih-ArbN** im Betrieb des Entleihunternehmens auf einem Streik, so sieht das LSG NW[4] einen arbeitskampfbedingten Arbeitsausfall nicht für gegeben, weil das Risiko der Nichtunterbringung der Leih-ArbN wegen Arbeitskampfes zum **wirtschaftlichen Risiko des Verleihers** zähle und damit der Leih-ArbN nicht von Arbeitsausfall mit Entgeltausfall betroffen sei. Das Recht der AA zur Ermittlung unmittelbar im Betrieb (Abs. 2 S. 4) entspricht den ihr im Rahmen der Amtsermittlungspflicht allgemein zur Verfügung stehenden Beweismitteln (§ 20 I Nr. 4) und wird wegen der Verpflichtung des ArbGeb zur Glaubhaftmachung an dieser Stelle ausdrücklich wiederholt.

3 Nach Abs. 3 kommt eine **Gleichwohlgewährung** von Kug in Betracht, wenn der Arbeitsausfall nach den Feststellungen der BA vermeidbar ist. Hierfür müssen aber die übrigen Anspruchsvoraussetzungen vorliegen. Gleichwohl der Anspruch auf Kug an sich nach § 146 SGB III ruhen könnte, springt die BA mit Kug-Zahlungen ein, da der Anspruch auf Arbeitsentgelt nach § 615 BGB bei einem **vermeidbaren Arbeitsausfall** nicht ausgeschlossen ist[5]. Der Sache nach handelt es sich um eine Art (teilweiser) Vorfinanzierung des Arbeitsentgelts[6]. Rechtstechnisch entspricht sie der Gleichwohlgewährung beim Ruhen des Anspruchs auf Alg neben einem Anspruch auf Arbeitsentgelt (vgl. § 143 Rz. 19 ff.). Die Vermeidbarkeit des Arbeitsausfalls muss tatsächlich feststehen[7].

4 Das Gesetz erwähnt bei der Frage der Vermeidbarkeit des Arbeitsausfalls ausdrücklich die **wirtschaftl. Vertretbarkeit**. Neben der technischen Fortführungsmöglichkeit muss also auch die Fortführung des Betriebes wirtschaftl. zumutbar sein. Die BA legt hierzu in ihrer Dienstanweisung[8] zum Kug fest, dass die obere Grenze der zumutbaren Mehrkosten die Kostenbelastung ist, die der ArbGeb im Falle der Kurzarbeit ohnehin hat. Der ArbGeb soll also im Rahmen von Arbeitskampfmaßnahmen nicht höher belastet werden, als bei regulärer Kurzarbeit (Mehrkosten der Arbeitsfortführung gegenüber Fixkosten bei stillliegender Produktion[9]).

Zweiter Titel. Sonderformen des Kurzarbeitergeldes

175–176 (nicht kommentiert)

Dritter Titel. Leistungsumfang

177 *Dauer*

(1) Kurzarbeitergeld wird für den Arbeitsausfall während der Bezugsfrist geleistet. Die Bezugsfrist gilt einheitlich für alle in einem Betrieb beschäftigten Arbeitnehmer. Sie beginnt mit dem ersten Kalendermonat, für den in einem Betrieb Kurzarbeitergeld gezahlt wird, und beträgt längstens sechs Monate.

(2) Wird innerhalb der Bezugsfrist für einen zusammenhängenden Zeitraum von mindestens einem Monat Kurzarbeitergeld nicht geleistet, verlängert sich die Bezugsfrist um diesen Zeitraum.

(3) Sind seit dem letzten Kalendermonat, für den Kurzarbeitergeld geleistet worden ist, drei Monate vergangen und liegen die Anspruchsvoraussetzungen erneut vor, beginnt eine neue Bezugsfrist.

---

1 BSG v. 5.6.1991 – 7 RAr 26/89, NZA 1991, 982. |2 BT-Drs. 10/5214, S. 14. |3 Gagel/*Bieback*, § 174 SGB III Rz. 21. |4 LSG NW v. 30.8.2006 – L 12 AL 168/05, NZA 2007, 84. |5 *Otto*, MünchHB ArbR III, § 292 Rz. 81. |6 *Otto*, MünchHB ArbR III, § 292 Rz. 81. |7 *Otto*, RdA 1987, 1 (3); *Löwisch*, NZA 1986, 345 (351); aA Gagel/*Bieback*, § 174 SGB II Rz. 40. |8 Kug-RdErl. zu § 173 unter 6.3.8; zust. *Otto* in MünchArbR I, § 292 Rz. 86. |9 Niesel/*Roeder*, § 174 SGB III Rz. 4.

(4) Saison-Kurzarbeitergeld wird abweichend von den Absätzen 1 bis 3 für die Dauer des Arbeitsausfalls während der Schlechtwetterzeit geleistet. Zeiten des Bezuges von Saison-Kurzarbeitergeld werden nicht auf die Bezugsfrist für das Kurzarbeitergeld angerechnet. Sie gelten nicht als Zeiten der Unterbrechung im Sinne des Absatzes 3.

Fassung: Gesetz zur Förderung ganzjähriger Beschäftigung v. 24.4.2006 (BGBl. I S. 926).

Die **Regelbezugsfrist** beträgt sechs Monate, für ArbN, die nach § 216b in einer betriebsorganisatorisch eigenständigen Einheit (beE) zusammengefasst sind, zwölf Monate. Anders als die Bezugsfrist für Kug wird die Bezugsfrist für Transfer-Kug nicht mehr verlängert (§ 216b VIII). Der Grundsatz der einheitlichen Gewährung an alle ArbN kann bei unterschiedlichen Arbeitsausfällen in verschiedenen Betriebsabteilungen durchbrochen sein[1]. 1

Die Regelbezugsfrist kann **durch Rechtsverordnung des Bundesministeriums Arbeit und Soziales verlängert** werden, § 182 Nr. 3. Hiervon ist seit 1975 fast ununterbrochen Gebrauch gemacht worden, zuletzt durch VO v. 19.12.2006[2]. Hierdurch wurde die Bezugsfrist von 6 auf 15 Monate mWv. 1.1.2007 bis 30.6.2007 und auf 12 Monate für den Zeitraum vom 1.7.2007 bis zum 31.12.2008 verlängert. 2

Die Bezugsfristen beginnen nach **Unterbrechung** von mindestens 3 Kalendermonaten neu zu laufen (Abs. 3). Unterbrechungen von mindestens einem Kalendermonat rechnen nicht in die Bezugsfrist ein (Abs. 2). Die Regelungen zur Höchstbezugsdauer in Abs. 4 sind mWv. 1.1.2004 entfallen. 3

178 *Höhe*

Das Kurzarbeitergeld beträgt

1. für Arbeitnehmer, die beim Arbeitslosengeld die Voraussetzungen für den erhöhten Leistungssatz erfüllen würden, 67 Prozent,

2. für die übrigen Arbeitnehmer 60 Prozent

der Nettoentgeltdifferenz im Anspruchszeitraum.

Fassung: AFRG v. 24.3.1997 (BGBl. I S. 594) seit 1.1.1998.

179 *Nettoentgeltdifferenz*

(1) Die Nettoentgeltdifferenz entspricht dem Unterschiedsbetrag zwischen

1. dem pauschalierten Nettoentgelt aus dem Sollentgelt und

2. dem pauschalierten Nettoentgelt aus dem Istentgelt.

Sollentgelt ist das Bruttoarbeitsentgelt, das der Arbeitnehmer ohne den Arbeitsausfall und vermindert um Entgelt für Mehrarbeit in dem Anspruchszeitraum erzielt hätte. Istentgelt ist das in dem Anspruchszeitraum tatsächlich erzielte Bruttoarbeitsentgelt des Arbeitnehmers zuzüglich aller ihm zustehenden Entgeltanteile. Bei der Ermittlung von Sollentgelt und Istentgelt bleibt Arbeitsentgelt, das einmalig gezahlt wird, außer Betracht. Sollentgelt und Istentgelt sind auf den nächsten durch 20 teilbaren Euro-Betrag zu runden. Die Vorschriften beim Arbeitslosengeld über die Berechnung des Leistungsentgelts gelten mit Ausnahme der Regelungen über den Zeitpunkt der Zuordnung der Lohnsteuerklassen und den Steuerklassenwechsel für die Berechnung der pauschalierten Nettoarbeitsentgelte beim Kurzarbeitergeld entsprechend.

(2) Erzielt der Arbeitnehmer aus anderen als wirtschaftlichen Gründen kein Arbeitsentgelt, ist das Istentgelt um den Betrag zu erhöhen, um den das Arbeitsentgelt aus diesen Gründen gemindert ist. Arbeitsentgelt, das unter Anrechnung des Kurzarbeitergeldes gezahlt wird, bleibt bei der Berechnung des Istentgelts außer Betracht.

(3) Erzielt der Arbeitnehmer für Zeiten des Arbeitsausfalls ein Entgelt aus einer anderen während des Bezuges von Kurzarbeitergeld aufgenommenen Beschäftigung, selbstständigen Tätigkeit oder Tätigkeit als mithelfender Familienangehöriger, ist das Istentgelt um dieses Entgelt zu erhöhen.

(4) Lässt sich das Sollentgelt eines Arbeitnehmers in dem Anspruchszeitraum nicht hinreichend bestimmt feststellen, ist als Sollentgelt das Arbeitsentgelt maßgebend, das der Arbeitnehmer in den letzten drei abgerechneten Kalendermonaten vor Beginn des Arbeitsausfalls, vermindert um Entgelt für Mehrarbeit, in dem Betrieb durchschnittlich erzielt hat. Ist eine Berechnung nach Satz 1 nicht möglich, ist das durchschnittliche Sollentgelt eines vergleichbaren Arbeitnehmers zugrunde zu legen.

1 Niesel/*Roeder*, § 175 SGB III Rz. 3. | 2 BGBl. I S. 3267.

Änderungen der Grundlage für die Berechnung des Arbeitsentgelts sind zu berücksichtigen, wenn und solange sie auch während des Arbeitsausfalls wirksam sind.

(5) Die Absätze 1 bis 4 gelten für Heimarbeiter mit der Maßgabe, dass als Sollentgelt das durchschnittliche Bruttoarbeitsentgelt der letzten sechs abgerechneten Kalendermonate vor Beginn des Entgeltausfalls zugrunde zu legen ist. War der Heimarbeiter noch nicht sechs Kalendermonate für den Auftraggeber tätig, so ist das in der kürzeren Zeit erzielte Arbeitsentgelt maßgebend.

Fassung: 4. Euro-EinführungsG v. 21.12.2000 (BGBl. I S. 1983) seit 1.1.2002; geändert durch das Dritte Gesetz für moderne Dienstleistungen am Arbeitsmarkt v. 23.12.2003 (BGBl. I S. 2848) zum 1.1.2005.

1 Die Vorschriften zur Höhe des Kug sind durch das SGB III **wesentlich umgestaltet und vereinfacht** worden, indem nicht mehr auf der Basis des Arbeitsentgelts je Ausfallstunde, sondern der Nettoentgeltdifferenz im jeweiligen Anspruchszeitraum (Kalendermonat, § 170 I Nr. 4) der maßgebliche Prozentwert erhoben wird. Dieser beträgt für ArbN, die oder deren Ehegatte oder Lebenspartner mindestens ein Kind iSd. § 32 I, III–V EStG haben, **67 %**[1]; für alle übrigen ArbN **60 %**.

2 Der **Berechnungsweg** für die zugrunde zu legende Entgeltdifferenz ergibt sich wie folgt: Zunächst ist das Bruttoentgelt, das der ArbN ohne den Arbeitsausfall erzielt hätte (= Sollentgelt) nach den Einzelheiten in Abs. 1 S. 2 zu ermitteln. Maßgeblich ist nur Arbeitsentgelt, von dem Beiträge entrichtet werden (Verweis auf § 134 I). Einmalig gezahltes Arbeitsentgelt wie Jahressonderzahlungen, Prämien, Tantiemen oder Jubiläumszuwendungen bleiben ebenso außer Ansatz wie Arbeitsentgelt für Mehrarbeit. Ist das Sollentgelt (als fiktives Arbeitsentgelt) nicht zu ermitteln, wird nach Abs. 4 das Durchschnittsentgelt der letzten drei Monate vor dem Arbeitsausfall (ohne Mehrarbeit) oder hilfsweise das Sollentgelt eines vergleichbaren ArbN zugrunde gelegt. Dem Sollentgelt ist das tatsächlich erzielte Bruttoarbeitsentgelt (= Istentgelt) gegenüberzustellen. Dies ist wiederum zu erhöhen um Arbeitsentgelt, das der ArbN aus anderen als wirtschaftl. Gründen[2] oder wegen eines Feiertags nicht erzielt hat (vgl. § 2 II EFZG), sowie um an Stelle des Arbeitsausfalls in einem anderen Betrieb oder aus selbständiger Tätigkeit erzielten Entgelts (Abs. 3). Arbeitsentgelt, das unter Anrechnung des Kug gezahlt wird (= Aufstockungsbeträge des ArbGeb, vgl dazu § 169 Rz. 5), fließt nicht in die Berechnung ein. Der maßgebliche Betrag ist nicht die Bruttoentgeltdifferenz (vgl. dazu die Rundungsvorschrift in Abs. 1 S. 5), sondern die aus den pauschalierten Nettoentgelten des Soll- und Istentgelts (auf der Grundlage der für die Zahlung von Kug und Winterausfallgeld gebildeten Leistungstabellen, § 182 Nr. 1)[3].

3 Neben der Zahlung von Kug als Nettoleistung fallen für den **ArbGeb** die **Beiträge zur SozV** (Gesamtsozialversicherungsbeitrag) sowie die Beitragszuschüsse für freiwillig Versicherte oder privat versicherte ArbN an. Diese zählen zu den Lohnnebenkosten und sollen bei auf wirtschaftl. Gründen beruhenden Arbeitsausfällen nicht von der Allgemeinheit zu tragen sein. Die Rechtsgrundlagen für die Beiträge zur Kranken-, Renten-, Unfall- und Pflegeversicherung finden sich in §§ 249 II Nr. 3, 257 SGB V; 168 I Nr. 1a SGB VI; 58 I, 61 SGB XI; lediglich die Beiträge zur ArblV entfallen.

Zehnter Abschnitt. Transferleistungen

216a *Förderung der Teilnahme an Transfermaßnahmen*

(1) Die Teilnahme von Arbeitnehmern, die auf Grund von Betriebsänderungen oder im Anschluss an die Beendigung eines Berufsausbildungsverhältnisses von Arbeitslosigkeit bedroht sind, an Transfermaßnahmen wird gefördert, wenn

1. die Maßnahme von einem Dritten durchgeführt wird,

2. die vorgesehene Maßnahme der Eingliederung der Arbeitnehmer in den Arbeitsmarkt dienen soll,

3. die Durchführung der Maßnahme gesichert ist und

4. ein System zur Sicherung der Qualität angewendet wird.

Transfermaßnahmen sind alle Maßnahmen zur Eingliederung von Arbeitnehmern in den Arbeitsmarkt, an deren Finanzierung sich Arbeitgeber angemessen beteiligen. Als Betriebsänderungen im Sinne des Satzes 1 gelten Betriebsänderungen im Sinne des § 111 des Betriebsverfassungsgesetzes unabhängig von der Unternehmensgröße und der Anwendbarkeit des Betriebsverfassungsgesetzes im jeweiligen Betrieb.

(2) Die Förderung wird als Zuschuss gewährt. Der Zuschuss beträgt 50 Prozent der aufzuwendenden Maßnahmekosten, jedoch höchstens 2500 Euro je gefördertem Arbeitnehmer.

1 Verweis auf § 129 I in § 178 Nr. 1. | 2 ZB Arbeitsverhinderung aus persönlichen Gründen, für die kein Fortzahlungsanspruch nach § 616 BGB besteht, oder wegen der Wahrnehmung staatsbürgerlicher Pflichten, vgl. Gagel/*Bieback*, § 169 SGB III Rz. 199, 200; Niesel/*Roeder*, § 179 SGB III Rz. 12. | 3 Anlage 2 der jeweiligen VO über die pauschalierten Nettoentgelte (für 2007, vgl. VO v. 29.12.2006, BGBl. I S. 3268).

(3) Eine Förderung ist ausgeschlossen, wenn die Maßnahme dazu dient, den Arbeitnehmer auf eine Anschlussbeschäftigung im gleichen Betrieb oder in einem anderen Betrieb des gleichen Unternehmens oder, falls das Unternehmen einem Konzern angehört, in einem Betrieb eines anderen Konzernunternehmens des Konzerns vorzubereiten. Durch die Förderung darf der Arbeitgeber nicht von bestehenden Verpflichtungen entlastet werden. Von der Förderung ausgeschlossen sind Arbeitnehmer des öffentlichen Dienstes mit Ausnahme der Beschäftigten von Unternehmen, die in selbständiger Rechtsform erwerbswirtschaftlich betrieben werden.

(4) Die Agenturen für Arbeit beraten die Betriebsparteien über die Fördermöglichkeiten nach Absatz 1 auf Verlangen im Vorfeld der Entscheidung über die Einführung von Transfermaßnahmen, insbesondere auch im Rahmen von Sozialplanverhandlungen nach § 112 des Betriebsverfassungsgesetzes.

(5) Während der Teilnahme an Transfermaßnahmen sind andere Leistungen der aktiven Arbeitsförderung mit gleichartiger Zielsetzung ausgeschlossen.

216b *Transferkurzarbeitergeld*

(1) Zur Vermeidung von Entlassungen und zur Verbesserung ihrer Vermittlungsaussichten haben Arbeitnehmer Anspruch auf Kurzarbeitergeld zur Förderung der Eingliederung bei betrieblichen Restrukturierungen (Transferkurzarbeitergeld), wenn

1. und solange sie von einem dauerhaften unvermeidbaren Arbeitsausfall mit Entgeltausfall betroffen sind,

2. die betrieblichen Voraussetzungen erfüllt sind,

3. die persönlichen Voraussetzungen erfüllt sind und

4. der dauerhafte Arbeitsausfall der Agentur für Arbeit angezeigt worden ist.

(2) Ein dauerhafter Arbeitsausfall liegt vor, wenn infolge einer Betriebsänderung im Sinne des § 216a Abs. 1 Satz 3 die Beschäftigungsmöglichkeiten für die Arbeitnehmer nicht nur vorübergehend entfallen.

(3) Die betrieblichen Voraussetzungen für die Gewährung von Transferkurzarbeitergeld sind erfüllt, wenn

1. in einem Betrieb Personalanpassungsmaßnahmen auf Grund einer Betriebsänderung durchgeführt und

2. die von Arbeitsausfall betroffenen Arbeitnehmer zur Vermeidung von Entlassungen und zur Verbesserung ihrer Eingliederungschancen in einer betriebsorganisatorisch eigenständigen Einheit zusammengefasst werden.

(4) Die persönlichen Voraussetzungen sind erfüllt, wenn der Arbeitnehmer

1. von Arbeitslosigkeit bedroht ist,

2. nach Beginn des Arbeitsausfalls eine versicherungspflichtige Beschäftigung

a) fortsetzt oder

b) im Anschluss an die Beendigung eines Berufsausbildungsverhältnisses aufnimmt,

3. nicht vom Kurzarbeitergeldbezug ausgeschlossen ist und

4. vor der Überleitung in die betriebsorganisatorisch eigenständige Einheit aus Anlass der Betriebsänderung an einer arbeitsmarktlich zweckmäßigen Maßnahme zur Feststellung der Eingliederungsaussichten teilgenommen hat; können in berechtigten Ausnahmefällen trotz Mithilfe der Agentur für Arbeit die notwendigen Feststellungsmaßnahmen nicht rechtzeitig durchgeführt werden, sind diese im unmittelbaren Anschluss an die Überleitung innerhalb eines Monats nachzuholen.

§ 172 Abs. 1a bis 3 gilt entsprechend.

(5) Für die Anzeige des Arbeitsausfalls gilt § 173 Abs. 1, 2 Satz 1 und Abs. 3 entsprechend. Die Anzeige über den Arbeitsausfall hat bei der Agentur für Arbeit zu erfolgen, in deren Bezirk der personalabgebende Betrieb seinen Sitz hat. § 216a Abs. 4 gilt entsprechend.

(6) Während des Bezugs von Transferkurzarbeitergeld hat der Arbeitgeber den geförderten Arbeitnehmern Vermittlungsvorschläge zu unterbreiten. Hat die Maßnahme zur Feststellung der Eingliederungsaussichten ergeben, dass Arbeitnehmer Qualifizierungsdefizite aufweisen, soll der Arbeitgeber geeignete Maßnahmen zur Verbesserung der Eingliederungsaussichten anbieten. Als geeignete Maßnahme gilt auch eine zeitlich begrenzte, längstens sechs Monate dauernde Beschäftigung zum Zwecke der Qualifizierung bei einem anderen Arbeitgeber. Nimmt der Arbeitnehmer während seiner Beschäftigung in einer betriebsorganisatorisch eigenständigen Einheit an einer Qualifizierungsmaßnahme teil, die das Ziel der anschließenden Beschäftigung bei einem anderen Arbeitgeber hat, steht bei Nichterreichung dieses Zieles die Rückkehr des Arbeitnehmers in den bisherigen Betrieb seinem Anspruch auf Transferkurzarbeitergeld nicht entgegen.

(7) Der Anspruch ist ausgeschlossen, wenn die Arbeitnehmer nur vorübergehend in der betriebsorganisatorisch eigenständigen Einheit zusammengefasst werden, um anschließend einen anderen Arbeitsplatz in dem gleichen oder einem anderen Betrieb des Unternehmens oder, falls das Unternehmen einem Konzern angehört, in einem Betrieb eines anderen Konzernunternehmens des Konzerns zu besetzen. § 216a Abs. 3 Satz 3 gilt entsprechend.

(8) Die Bezugsfrist für das Transferkurzarbeitergeld beträgt längstens zwölf Monate.

(9) Der Arbeitgeber hat der Agentur für Arbeit jeweils zum Stichtag 30. Juni und 31. Dezember eines Jahres unverzüglich Daten über die Struktur der betriebsorganisatorisch eigenständigen Einheit, die Zahl der darin zusammengefassten Arbeitnehmer sowie Angaben über die Altersstruktur und die Integrationsquote der Bezieher von Transferkurzarbeitergeld zuzuleiten.

(10) Soweit nichts Abweichendes geregelt ist, finden die für das Kurzarbeitergeld geltenden Vorschriften mit Ausnahme der ersten beiden Titel und des § 182 Nr. 3 Anwendung.

1 **I. Ziele.** Durch das Dritte Gesetz für moderne Dienstleistungen am Arbeitsmarkt (BGBl I S. 2848) wurden die bisherigen Instrumente Struktur-Kug (§ 175) und Zuschüsse zu Sozialplanmaßnahmen (§§ 254–259) ersetzt und fortentwickelt. Die neuen Instrumente Transfermaßnahmen (§ 216a) und Transfer-Kug (§ 216b) werden gesetzessystematisch als „Transferleistungen" zusammengefasst. Der Gesetzgeber will durch die Fortentwicklung eine bessere Abstimmung und verstärkte Vermittlungsorientierung beider Instrumente erreichen, so dass zukünftig noch häufiger als bei den bisherigen Instrumenten bei betrieblichen Restrukturierungsprozessen, Arbeitslosigkeit durch Vermittlung aus Arbeit in Arbeit vermieden wird. Dabei wird an dem Ziel festgehalten, durch ein Anreizsystem die bei Betriebsänderungen verantwortlich Handelnden dazu zu bewegen, den von Arbeitslosigkeit bedrohten ArbN beschäftigungswirksame Maßnahmen an Stelle von Abfindungen zu gewähren[1]. Weiterhin soll durch die Betonung des Transfercharakters und die Verkürzung der Bezugsdauer beim Transfer-Kug die Nutzung des Transfer-Kug als Instrument zur Heranführung an eine Frühverrentung – anders als beim Struktur-Kug bisher häufig praktiziert – erschwert werden[2].

2 Das Gesetz enthält zu beiden Instrumenten eine Verpflichtung der BA, schon im Vorfeld von Betriebsänderungen ArbGeb und ArbN-Vertretungen **zu informieren und zu beraten** (§ 216a IV und § 216b V). Diese korrespondiert mit den im BetrVG enthaltenen Beratungsverpflichtungen der BA (vgl. §§ 80, 92a, 111 S. 2, 112 V 2 Nr. 2a BetrVG).

3 **II. Gemeinsame Voraussetzungen. 1. Betriebsänderung.** Die neuen Instrumente greifen dann, wenn eine Betriebsänderung iSd. § 111 BetrVG vorliegt. Da Anknüpfungspunkt für die neuen Transferleistungen eine Betriebsänderung iSd. BetrVG ist, haben Anspruch auf Transferleistungen zunächst ArbGeb oder ArbN, deren Betriebe – unabhängig von der Betriebsgröße – in den **Geltungsbereich des BetrVG** fallen. Von der Regelung erfasst werden auch ArbN in Betrieben oder Verwaltungen der öffentl. Hand, die in privater Rechtsform erwerbswirtschaftl. geführt werden (§ 216a III 3 SGB III). Auch ArbN kirchlicher oder kirchennaher Einrichtungen, bei denen nach § 118 II BetrVG das BetrVG keine Anwendung findet, können gefördert werden[3].

Bei einem bloßen **Personalabbau** bei unveränderter Beibehaltung der sächlichen Betriebsmittel kommt eine Förderung mit Transferleistungen aber nur dann Betracht, wenn eine größere Zahl von ArbN (Ausnahme Kleinbetriebe, die nicht vom BetrVG erfasst werden) von der Betriebsänderung betroffen ist. Eine Betriebsänderung liegt bei bloßem Personalabbau schon dann vor, wenn die in § 17 KSchG genannten Größen erreicht werden[4].

ArbN von **Kleinunternehmen** (nicht mehr als 20 Beschäftigte) haben dann einen Anspruch auf Transferleistungen, wenn in diesen Betrieben eine einer Betriebsänderung vergleichbare Maßnahme durchgeführt wird (§ 216a I 3). Dabei müssen 30 % der im Kleinunternehmen Beschäftigten von der Personalabbaumaßnahme betroffen sein[5].

4 **2. Bedrohung von Arbeitslosigkeit.** Gefördert werden nur ArbN, die von Arbeitslosigkeit bedroht sind. Nach Eintritt der Arbeitslosigkeit scheidet eine Förderung aus. Von Arbeitslosigkeit bedroht sind gem. § 17 Nr. 1 ArbN, die zwar noch versicherungspflichtig beschäftigt sind, aber alsbald mit der Beendigung der Beschäftigung rechnen müssen, weil die Beendigung des Arbeitsverhältnisses bereits eingeleitet wurde (Kündigung bereits ausgesprochen, Aufnahme in eine Namensliste iSd. § 1 V KSchG, Aufhebungsvertrag abgeschlossen, Ende des befristeten Beschäftigungsverhältnisses), und die voraussichtlich nach Beendigung des Beschäftigungsverhältnisses arbeitslos werden. Zeiträume von bis zu 24 Monaten sind als „alsbald" anzusehen[6]. Nach der Weisungslage der BA scheidet für ArbN, die auf Grund eines Tarif- oder Einzelvertrages oder auf Grund einer BV nicht oder zeitweise **nicht kündbar** sind, eine Förderung aus, weil sie nicht von Arbeitslosigkeit bedroht sind. Der Förderausschluss gilt selbst dann, wenn diese ArbN einen Aufhebungsvertrag abschließen und somit ihre Arbeitslosigkeit nach Beendi-

1 BT-Drs. 15/1515, S. 74. | 2 BT-Drs. 15/1515, S. 92. | 3 BT-Drs 15/3674, S. 9. | 4 *Fitting*, § 111 BetrVG Rz. 73 u. 74. | 5 Interpretationshilfen zur Rechtsanwendung der BA, S. 9. | 6 Interpretationshilfen zur Rechtsanwendung der BA, S. 9.

gung des Arbeitsverhältnisses selbst herbeiführen. Diese Weisungslage wird nach der Entscheidung des BSG[1] nicht aufrecht zu halten sein, da die Vorschrift des § 216a, ebenso wie die Vorschrift des § 175 aF, die Gewährung des Transfer-Kug an die Situation des jeweiligen Betriebe und nicht an das Schicksal des einzelnen ArbN knüpft. Auch ArbN, die nach Beendigung des Beschäftigungsverhältnisses in eine Maßnahme nach § 216b einmünden sollen, sind von Arbeitslosigkeit bedroht[2]. Eine **Förderung** ist **nur so lange** möglich, wie die Bedrohung von Arbeitslosigkeit besteht. Wird etwa während der Teilnahme an der Transfermaßnahme ein neuer Arbeitsvertrag abgeschlossen, erfolgt die Förderung anteilig bis zum Zeitpunkt des Aufnahme des neuen Beschäftigungsverhältnisses. Wird das neue Beschäftigungsverhältnis erst nach Abschluss der Maßnahme aufgenommen, erfolgt die Förderung durchgehend[3].

III. Transfermaßnahmen (§ 216a). 1. Anspruchsberechtigte. Anspruchsberechtigt ist der einzelne durch eine Betriebsänderung von Arbeitslosigkeit bedrohte ArbN. Durch das Gesetz über den Arbeitsmarktzugang im Rahmen der EU-Erweiterung[4] wurde der Kreis der Anspruchsberechtigten auf Personen, die im Anschluss an die **Beendigung eines Berufsausbildungsverhältnisses** von Arbeitslosigkeit bedroht sind, erweitert. Mit dieser Erweiterung soll zum einen der Einstieg von Ausgebildeten in Beschäftigung erleichtert werden und zum anderen soll von Umstrukturierung betroffenen Unternehmen ermöglicht werden, die vorhandenen Ausbildungskapazitäten, trotz fehlender Übernahmemöglichkeiten, zu erhalten[5]. Aus Gründen der Praktikabilität und Verfahrensvereinfachung ist der Anspruch – ähnlich der Regelungen zum Kug – durch den ArbGeb geltend zu machen (§ 323 II 1). Die Förderleistung der Transfermaßnahmen ist eine Pflichtleistung[6]. 5

2. Förderfähige Maßnahmen. Förderfähig sind alle Maßnahmen, die einer Verbesserung der Eingliederungsaussichten (Job to Job) der von Arbeitslosigkeit bedrohten ArbN dienen (§ 216a I 2). Bei den in Betracht kommenden Maßnahmen soll die für den einzelnen betroffenen ArbN sinnvollste ausgewählt werden. Da die geförderten Maßnahmen noch **während des Beschäftigungsverhältnisses** zu einer Eingliederung in den ersten Arbeitsmarkt führen sollen, können Maßnahmen, die über das Ende des Beschäftigungsverhältnisses hinausgehen, nicht gefördert werden. Auch eine teilweise Förderung bis zum Ende des Beschäftigungsverhältnisses ist in diesen Fällen nicht möglich. 6

Werden **Profilingmaßnahmen** gefördert, die im Vorfeld des Bezuges von Transfer-Kug durchgeführt werden (§ 216b IV), müssen sie einem von der BA vorgegebenen Mindeststandard entsprechen. Nach den Vorgaben der BA soll es Ziel der maximal zweitägigen Profilingmaßnahmen sein, die vorhandenen Kenntnisse und Fähigkeiten des ArbN und seine Eignung für berufliche Tätigkeiten in anderen Berufszweigen festzustellen. Dazu ist es erforderlich – unter Berücksichtigung der aktuellen Situation auf dem Arbeitsmarkt – die persönlichen und berufsrelevanten Daten zu erheben und eine Eignungsabklärung durch Gegenüberstellung des erarbeiteten Bewerberprofils mit dem aktuellen Anforderungsprofil des jeweiligen Berufsbildes abzugleichen. 7

3. Förderungsausschluss. Eine Förderung ist ausgeschlossen, wenn der ArbGeb die Maßnahme für eine Fortbildung auf eine Anschlussbeschäftigung im eigenen Unternehmen oder im Konzern nutzt (§ 216a III), um so eine Verlagerung der Fortbildungskosten auf die Beitragszahler zu verhindern[7]. 8

Auch ist die gleichzeitige Gewährung sonstiger Leistungen der aktiven Arbeitsförderung zur beruflichen Wiedereingliederung ausgeschlossen, da dies zu einer Doppelförderung führen würde (§ 216a V). Eine Förderung ist dann nicht möglich, wenn die Durchführung der Transfermaßnahme bis zum geplanten Ende finanziell nicht gesichert ist (§ 216a I Nr. 3).

4. Förderumfang. Gefördert werden ausschließlich die tatsächlich anfallenden Maßnahmekosten. Die Mitfinanzierung von Lebenshaltungskosten ist ausgeschlossen. Die BA übernimmt 50 % der anfallenden Maßnahmekosten bis zu einem Höchstbetrag von 2 500 Euro pro Förderfall (§ 216a II). Der **ArbGeb muss sich** maßgeblich an den Kosten der vorgesehenen Eingliederungsmaßnahmen **beteiligen**[8]. Eine Förderung ist daher dann ausgeschlossen, wenn die Maßnahmekosten voll durch eine finanzielle Beteiligung Dritter und die Zuschussgewährung abgedeckt würden. Eine angemessene Eigenbeteiligung liegt vor, wenn der ArbGeb die ihm tatsächlich entstehenden Maßnahmekosten (Maßnahmekosten abzüglich evtl. Leistungen Dritter) zu mindestens 50 % trägt. 9

5. Durchführung durch einen Dritten. Eingliederungsmaßnahmen können nur dann gefördert werden, wenn sie von einem Dritten, also einem vom ArbGeb verschiedenen Rechtsträger, durchgeführt werden (§ 216a I Nr. 1). Die Auswahl des Dritten obliegt dabei den betrieblichen Akteuren (ArbGeb und BR). 10

6. Qualitätssicherung. Voraussetzung für die Förderung ist, dass der Dritte ein internes Qualitätssicherungssystem anwendet (§ 216a I Nr. 4). Kriterien für die Qualität der Maßnahmen sind dabei die Zufriedenheit der Teilnehmer und des Auftraggebers und vor allem die Vermittlungserfolge und die Verbleibsquote sechs Monate nach Abschluss der Transfermaßnahmen. Die Ergebnisse der Transfermaßnahmen 11

1 BSG v. 29.1.2008 – B 7/7a AL 20/06 R. | 2 Interpretationshilfen zur Rechtsanwendung der BA, S. 10. | 3 Interpretationshilfen zur Rechtsanwendung der BA, S. 10. | 4 BGBl. I S. 602. | 5 BT-Drs. 15/2672, S. 10. | 6 BT-Drs. 15/1515, S. 91. | 7 BT-Drs. 15/1515, S. 91. | 8 BT-Drs. 15/1515, S. 74, 91.

müssen dokumentiert werden. Die Daten zum Maßnahmeerfolg sollen sowohl dem Auftraggeber als auch der BA zur Verfügung gestellt werden (§ 320 IVa 2).

12 **7. Verfahren.** Für Leistungen zur Förderung der Teilnahme an Transfermaßnahmen ist die AA **zuständig**, in deren Bezirk der Betrieb des ArbGeb liegt (§ 327 III 3). Leistungen sind gem. § 323 II 1 **schriftlich** unter Beifügung einer Stellungnahme der Betriebsvertretung vom ArbGeb zu beantragen. Der Antrag kann auch von der **Betriebsvertretung** gestellt werden (§ 323 II 2). Für die Durchführung der Maßnahmen ist eine vertragl. Regelung zwischen dem ArbGeb und dem mit der Maßnahmedurchführung beauftragten Dritten erforderlich. Die Ansprüche der ArbN gegenüber dem ArbGeb müssen sich aus einem **Sozialplan** oder einer sozialplanähnlichen Vereinbarung ergeben. Die Leistungen sind vor Beginn der Maßnahmen zu beantragen (§ 324 I). Durch § 324 II wird für die Förderung von Transfermaßnahmen jedoch die Möglichkeit einer nachträglichen Beantragung eröffnet. Die Leistungen zur Förderung der Teilnahme an Transfermaßnahmen sind innerhalb einer **Ausschlussfrist** von drei Monaten nach Ende der Maßnahme zu beantragen (§ 325 V). Der ArbGeb hat die Voraussetzung für die Erbringung von Leistungen zur Förderung der Teilnahme an Transfermaßnahmen nachzuweisen (§ 320 IVa).

13 **IV. Transferkurzarbeitergeld. 1. Voraussetzungen. a) Dauerhafter unvermeidbarer Arbeitsausfall mit Entgeltausfall.** Vorraussetzung ist allein das Vorliegen einer Betriebsänderung iSd. § 111 BetrVG verbunden mit einem dauerhaften unvermeidbaren Arbeitsausfall und einem Entgeltausfall für die betroffenen ArbN (§ 216b I Nr. 1 iVm. § 216b II). Auch ArbN von **Kleinbetrieben** unterhalb der Größenordnung des BetrVG haben – ebenso wie bei dem Instrument Transfermaßnahmen gem. § 216a – einen Anspruch auf Transfer-Kug, wenn 30 % der im Kleinbetrieb Beschäftigten betroffen sind. Der Arbeitsausfall ist dann **unvermeidbar**, wenn für den einzelnen von der Transferkurzarbeit betroffenen ArbN infolge der Betriebsänderung der Arbeitsplatz nicht nur vorübergehend weggefallen ist, und im Betrieb keine Beschäftigungsmöglichkeiten für den ArbN mehr bestehen (§ 261b II). Ein **Entgeltausfall** für den ArbN ist dann gegeben, wenn mit der arbeitsrechtl. Vereinbarung über den Bezug von Transfer-Kug, mit der die Arbeitszeit idR auf null reduziert wird, auch der Entgeltanspruch abbedungen wird. Zuschusszahlung zum Transfer-Kug sind zulässig. Es darf sich bei den Zuschusszahlungen aber nicht um Arbeitsentgelt handeln.

14 **b) Betriebliche Voraussetzungen.** Bei der Frage, ob die betrieblichen Voraussetzungen für den Bezug von Transfer-Kug erfüllt sind, wird nach der gesetzl. Bestimmung des § 216b III Nr. 1 auf den Betrieb und nicht das Unternehmen abgestellt. Maßgeblich ist der arbeitsrechtl. Betriebsbegriff. Die von der Betriebsänderung betroffenen ArbN müssen zur Vermeidung von Entlassungen und zur Verbesserung ihrer Eingliederungschancen endgültig aus dem Betrieb ausgegliedert und in einer **betriebsorganisatorisch eigenständigen Einheit (BeE)** zusammengefasst werden (§ 216b III Nr. 2). Es besteht die Möglichkeit, Transferkurzarbeit intern oder mit einem externen Dritten (Transfergesellschaft) durchzuführen. Werden die von der Betriebsänderung betroffenen ArbN in eine interne BeE überstellt, ist eine eindeutige Trennung zwischen den ArbN der BeE und der im Betriebe verbleibenden ArbN zwingend erforderlich. Bei Überstellung in eine **Beschäftigungs- und Qualifizierungsgesellschaften (Transfergesellschaften)** mit eigener Rechtspersönlichkeit scheiden die ArbN aus dem bisherigen Betrieb idR durch einen dreiseitigen Vertrag aus dem abgebenden Unternehmen aus und begründen gleichzeitig ein befristetes Arbeitsverhältnis mit der Transfergesellschaft. Diese Verfahrensweise stellt nur dann eine Umgehung des § 613a BGB dar, wenn zugleich ein neues Arbeitsverhältnis zu einem Betriebsübernehmer vereinbart oder zumindest verbindlich in Aussicht gestellt wird[1], oder wenn die Beschäftigungsgesellschaft zum Schein vorgeschoben oder offensichtlich bezweckt wird, die Sozialauswahl zu umgehen[2]. Dabei begründet der Abschluss eines Aufhebungsvertrages mit dem Insolvenzverwalter keine Schadensersatzansprüche gem § 113 S. 3 InsO[3]. Tritt nach Ende der Beschäftigungs-Qualifizierungsgesellschaft (BQG) Arbeitslosigkeit ein, tritt dann keine Sperrzeit iSd. § 144 I 1 SGB III wegen des Abschlusses eines Aufhebungsvertrages zum abgebenden Unternehmen ein, wenn die Verweildauer in der BQG über die Kündigungsfrist der ansonsten an Stelle des Aufhebungsvertrages ausgesprochenen Kündigung hinausgeht (wichtiger Grund)[4]. Die **Höhe des Anspruches auf Arbeitslosengeld** bestimmt sich gem. §§ 129, 130 aus dem im letzten Jahr vor Eintritt der Arbeitslosigkeit erzieltem Bruttoentgelt. Bei Übergang in eine externe BeE ist eine Anzeige nach § 17 KSchG erforderlich. Diese muss auch im Insolvenzfall nach Abschluss des innerbetrieblichen Konsultationsverfahrens und vor dem Ausspruch der Kündigung erfolgen[5]. Die Voraussetzungen für den Bezug von Transfer-Kug müssen beim abgebenden ArbGeb vorliegen. Die Verweildauer der einzelnen ArbN in der BeE/Transfergesellschaft muss den Zeitraum der Kündigungsfrist übersteigen, da ansonsten das Ziel des Transfer-Kug-Bezuges – Vermeidung von Entlassungen – nicht erreicht wird. Werden im Rahmen von Personalanpassungskonzepten auf Grund einer Betriebsänderung ArbN **zu einem späteren Zeitpunkt** aus dem produktiven Bereich des Betriebes zur Aufstockung in die BeE **überstellt**, kann Transfer-Kug auch für diese ArbN gewährt werden. Die Dauer der Bezugsfrist bestimmt sich in diesen Fällen nach der restli-

1 BAG v. 18.8.2005 – 8 AZR 523/04, NZA 2006, 145. | 2 BAG v. 23.11.2006 – 8 AZR 349/06, NZA 2007, 866. | 3 BAG v. 25.4.2007 – 6 AZR 622/06, ZIP 2007, 1875. | 4 Interpretationshilfen zur Rechtsanwendung der BA, S. 20. | 5 EuGH v. 27.1.2005 – Rs. C-188/03, NZA 2005, 213.

chen Bezugsfrist der BeE. Es besteht allerdings auch die Möglichkeit, **mehrere BeE** bei einem ArbGeb bzw. unter dem Dach einer Transfergesellschaft für einen personalabgebenden Betrieb zu bilden, wenn zeitlich versetzt ArbN aus dem produktiven Betrieb ausscheiden. ArbN können jedoch nicht von einer BeE in eine andere versetzt werden.

Durch den Eintritt in eine interne oder externe BeE müssen Entlassungen vermieden und die Eingliederungschancen der betroffenen ArbN verbessert werden (§ 216b III Nr. 2). **Entlassungen** werden immer dann **vermieden**, wenn bei den gekündigten ArbN Arbeitslosigkeit durch den nahtlosen Übergang in die BQG nicht eintritt. Im Insolvenzverfahren werden die nicht mehr benötigten ArbN in aller Regel gekündigt und freigestellt. Obwohl die freigestellten ArbN Alg gem. § 143 III beziehen können, besteht das versicherungspflichtige Beschäftigungsverhältnis bis zum Ablauf der Kündigungsfrist weiter[1]. 15

Ein Übergang in eine BQG nach erfolgter Kündigung ist nach der rechtl. wohl kaum haltbaren Weisungslage der BA nur dann möglich, wenn sich Insolvenzverwalter und ArbN über die ungekündigte Fortsetzung des Arbeitsverhältnisses einig sind und das Beschäftigungsverhältnis „wiederaufgelebt" ist. Auch eine einvernehmliche unwiderrufliche Freistellung, ohne Kündigung stellt nach der Weisungslage der BA eine die Förderung ausschließende Entlassung dar[2]. Von einer **Verbesserung der Eingliederungschancen** der in die BeE einmündenden ArbN ist immer dann auszugehen, wenn auf Grund des vorgeschalteten Profilings Vermittlungshemmnisse bestehen, die während des Bezuges von Transfer-Kug durch entsprechende Qualifizierung behoben werden, oder wenn eine sofortige Vermittlung in Arbeit nicht möglich ist.

c) **Persönliche Voraussetzungen.** Neben den betrieblichen Voraussetzungen müssen auch die persönlichen Voraussetzungen für den Bezug von Transfer-Kug gem § 216b I Nr. 3 iVm. Abs. 4 erfüllt sein. ArbN, die in den Transfer-Kug-Bezug wechseln sollen, müssen konkret von Arbeitslosigkeit bedroht sein (§ 216b IV Nr. 1) (zum Begriff der Bedrohung durch Arbeitslosigkeit vgl. Rz. 4). Trotz der Überstellung in eine BeE muss der ArbN weiter **versicherungspflichtig beschäftigt** sein (§ 216b IV Nr. 2a) oder nach Abschluss der Ausbildung nahtlos eine versicherungspflichtige Beschäftigung aufnehmen (§ 216b IV Nr. 2b). Diese Voraussetzungen sind immer dann erfüllt, wenn vor dem Übergang in die BeE keine Arbeitslosigkeit eintritt. Auch dürfen die ArbN in der BeE nicht **vom Kug-Bezug ausgeschlossen** sein (§ 216b IV Nr. 3). Nach § 172 II Nr. 1 sind ArbN vom Kug-Bezug ausgeschlossen, wenn sie wegen der Teilnahme an einer beruflichen Bildungsmaßnahme Unterhaltsgeld oder Übergangsgeld beziehen, Krankengeld beziehen (§ 172 II Nr. 2) oder in einem vom Kug-Bezug ausgeschlossenen Betrieb beschäftigt sind (§ 172 II Nr. 3). 16

Weitere verpflichtende Voraussetzung über die bisherigen Voraussetzungen beim Struktur-Kug hinaus ist, dass bereits vor Überleitung der ArbN in eine betriebsorganisatorisch eigenständige Einheit oder eine Transfergesellschaft durch ein **Profiling** überprüft werden muss, ob ein Wechsel aus der bisherigen Beschäftigung in eine neue Beschäftigung ohne den Umweg über der Bezug von Transfer-Kug möglich ist (§ 216b IV Nr. 4). Mit dem Profiling soll eine Feststellung der beruflichen Kenntnisse und Eingliederungschancen erfolgen. ArbN, die keine Vermittlungsdefizite aufweisen, können sich auf dieser Erkenntnisbasis gegen den Eintritt in eine BeE aussprechen und für die bevorstehenden Bewerbungsverfahren erforderliche Kenntnisse durch eine Teilnahme an einer geförderten Transfermaßnahme erwerben oder sich um eine sofortige Vermittlung bemühen[3]. Der Eintritt in eine BeE ist im Einzelfall gleichwohl dann sinnvoll, wenn der ArbN auf Grund einer ungünstigen Arbeitsmarktlage zurzeit nicht vermittelbar ist. Ausnahmsw. wird in den Fällen, in denen die Entscheidung der Betriebsparteien zur Einrichtung einer (idR externen) BeE unverschuldet so kurzfristig erfolgt, dass trotz Einschaltung der AA eine qualitative Maßnahme der Eignungsfeststellung im Vorfeld nicht mehr durchführbar ist, das Nachholen der Feststellungsmaßnahmen nach Überleitung in die BeE zugelassen (§ 216b IV Nr. 4 Hs. 2). Ein durch die AA (zB im Rahmen einer Arbeitsuchendmeldung des ArbN) durchgeführtes Profiling reicht grds. nicht aus, um einen Anspruch auf Transfer-Kug zu begründen. Eine Ausnahme gilt nur im Rahmen eines Insolvenzverfahrens. Die Profilingmaßnahme kann auch mit dem Zuschuss nach § 216a an den ArbN gefördert werden, wenn die vorgeschaltete Profilingmaßnahme von einem Dritten durchgeführt wird. 17

2. **Vermittlung von Transferkurzarbeitergeld-Beziehern.** Eine Vermittlung in Arbeit hat Vorrang gegenüber dem Bezug von Transfer-Kug (§ 4 II). Zwar ist bei einem nahtlosen Übergang in die BeE eine Meldung nach § 37b SGB III nicht erforderlich, die BA empfiehlt sie dennoch, um frühzeitig Vermittlungsbemühungen ergreifen zu können[4]. Spätestens 3 Monate vor Auslauf der BeE besteht jedoch die Meldepflicht (§ 37b S. 2 SGB III). Ein **Einverständnis des ArbGeb** und des jeweiligen Kurzarbeiters für eine Vermittlung in ein Dauerarbeitsverhältnis oder befristetes Zweitarbeitsverhältnis ist **nicht erforderlich.** ArbN haben keinen Anspruch auf Transfer-Kug, wenn und solange sie bei einer Vermittlung nicht in 18

1 Besprechungsergebnis der Spitzenverbände der Krankenkassen, des VDR und der BA am 5./6.7.2005 Punkt 4. | 2 Interpretationshilfen zur Rechtsanwendung der BA, S. 22. | 3 BT-Drs. 15/1515, S. 92. | 4 Interpretationshilfen zur Rechtsanwendung der BA, S. 27.

der von der AA verlangten und gebotenen Weise **mitwirken** (§ 172 III 1). Weigert sich der Transfer-Kug-Bezieher im Rahmen einer beratenden und vermittlerischen Tätigkeit angemessen mitzuwirken, wird er für die Dauer der Weigerung vom Anspruch auf Transfer-Kug ausgeschlossen. Lehnt der ArbN eine ihm von der AA angebotene Stelle ab, tritt eine **Sperrzeit** ein (§ 172 III 3 iVm. § 144). Das gilt für eine Vermittlung in ein Dauerarbeitsverhältnis aber gleichermaßen auch für eine Vermittlung in ein Zweitarbeitsverhältnis. Im Falle der Sperrzeit ruht der Anspruch auf Transfer-Kug für die in § 144 genannte Dauer (12/6 Wochen bzw. 3 Wochen).

19 **3. Vermittlungsvorschläge durch den Arbeitgeber.** Während des Bezuges von Transfer-Kug ist sowohl der ArbGeb als auch die von ihm eingeschaltete Transfergesellschaft verpflichtet, durch Unterbreitung geeigneter Vermittlungsvorschläge die übergeleiteten ArbN zu aktivieren (§ 216b III Nr. 2). Der ArbGeb kann für die Erbringung der Vermittlungsleistungen auch einen Dritten beauftragen. Da die Vorschrift Bestandteil der betrieblichen Voraussetzungen ist, können leistungsrechtl. Konsequenzen zu einer Aufhebung der Entscheidung dem Grunde nach führen, wenn der ArbGeb entgegen seiner Verpflichtung keine Vermittlungsvorschläge unterbreitet.

20 **4. Qualifizierung.** ArbN mit Qualifizierungsdefiziten müssen während des Bezugs von Transfer-Kug auf den konkreten betroffenen Mitarbeiter ausgerichtete geeignete Maßnahmen zur Verbesserung ihrer Eingliederungschancen möglichst frühzeitig angeboten werden (§ 216b VI 2). Vom Grundsatz her hat der ArbGeb die **Qualifizierungskosten** zu tragen. Eine **Zusatzfinanzierung** der Qualifizierungsmaßnahmen (notwendige Lehrgangskosten) kann in entsprechender Anwendung des § 80 nach § 5 der ESF-Richtlinien (Europäischer Sozialfond) erfolgen, wenn die Qualifizierungsmaßnahmen zur Bewältigung eines Strukturwandels durchgeführt werden. Werden die Lehrgangskosten nach den ESF-Richtlinen gefördert, besteht darüber hinaus die Möglichkeit, je Teilnehmer eine Fahrkostenpauschale von 3 Euro je Unterrichtstag zu zahlen, wenn Fahrkosten in mindestens dieser Höhe tatsächlich anfallen, und der ArbGeb die Berechnung und Auszahlung übernimmt. Wenn der ArbGeb keine geeigneten Maßnahmen zur Verbesserung der Eingliederungsaussichten anbietet, kann die Bewilligung des Transfer-Kug aufgehoben werden.

21 **5. Zeitlich begrenzte Beschäftigung bei einem anderen Arbeitgeber.** Als Sonderform eines betriebsnahen Weiterbildungs- und Qualifizierungsangebotes kommt auch eine sog. Schnupperbeschäftigungen bis zu sechs Monaten bei anderen ArbGeb in Betracht (§ 216b VI 3). Ziel einer solchen Schnupperbeschäftigung ist nicht nur die betriebsnahe Qualifizierung bei einem anderen ArbGeb, sondern die Aussicht, bei dem anderen ArbGeb ein neues Beschäftigungsverhältnis aufzunehmen (§ 216b VI 4). Die Weiterzahlung von Transfer-Kug ist jedoch nur dann möglich, wenn der ArbN während der Schnupperphase kein Arbeitsentgelt bezieht. Die Regelung des § 216b VI 4 stellt insoweit eine Ausnahmeregelung zu § 216b VII dar, weil sie eine ansonsten nicht zulässige vorübergehende Verweildauer in einer BeE ermöglicht und den Zugang zu Transfer-Kug auch für ArbN eröffnet, bei denen zunächst noch nicht feststeht, dass sie von Arbeitslosigkeit konkret bedroht sind. Kommt die anschließende Übernahme einer Beschäftigung im anderen Betrieb nicht zu Stande, steht einer Rückkehr des betreffenden ArbN in den bisherigen Betrieb nichts entgegen.

22 **6. Anspruchsausschluss bei einer gezielten Qualifizierung für einen Arbeitsplatz im Unternehmen.** Allerdings sind – ebenso wie bei dem Instrument Transfermaßnahmen – die Teilnahme an Qualifizierungs- und Weiterbildungsmaßnahmen, die im Eigeninteresse des Unternehmens oder eines Konzernunternehmens liegen, ausgeschlossen, da das Instrument des Transfer-Kug nicht dazu dient, Qualifizierungskosten auf die Beitragszahler abzuwälzen (§ 216b VII). Wenn sich aber im Laufe der Umstrukturierungsphase ein gesicherter Arbeitskräftebedarf im abgebenden Betrieb oder Unternehmen auf Dauer ergibt, können einzelne im Rahmen des betrieblichen Anpassungskonzeptes in die BeE versetzte ArbN wieder in den Betrieb oder das Unternehmen einmünden.

23 **7. Bezugsfrist.** Die Höchstbezugsdauer für das neue Instrument Transfer-Kug wird gegenüber der bisherigen Regelung verkürzt und beträgt nunmehr maximal 12 Monate ohne Verlängerungsmöglichkeit auf Basis einer RechtsVO (§ 216b VIII). Damit will der Gesetzgeber der Nutzung des Transfer-Kug als Instrument zur Heranführung an eine Frühverrentung entgegenwirken[1].

24 **8. Anwendung der Kurzarbeitergeld-Vorschriften.** Da das Transfer-Kug als Sonderform des konjunkturellen Kug konzipiert ist – es unterscheidet sich vom konjunkturellen Kug hauptsächlich dadurch, dass nicht ein vorübergehender, sondern ein dauerhafter Arbeitsausfall vorliegt – sind die sonstigen gesetzl. Vorschriften zum (konjunkturellen) Kug mit Ausnahme der §§ 169 bis 172 I, § 173 II 2, §§ 174 bis 176 und des § 182 Nr. 3 auf das Transfer-Kug anzuwenden (§ 216b X). Dies gilt nicht nur im Bereich des SGB III, sondern auch für Regelungen anderer Gesetze, etwa § 3 Nr. 2 EStG.

25 **9. Verfahren. a) Anzeige und Antrag auf Leistungen.** Die Anzeige ist bei der für den Sitz des personalabgebenden Betriebes zuständigen AA zu erstatten und nicht im Zuständigkeitsbereich einer der die ArbGebFunktion wahrnehmenden externen Transfergesellschaft (§ 173 I, II 1 und III iVm. § 216b V 2).

1 BT-Drs. 15/1515, S. 74.

Mit der Anzeige sind die Voraussetzungen für den Bezug von Transfer-Kug vom ArbGeb nachzuweisen. Der Antrag auf Transfer-Kug ist für den jeweiligen Kalendermonat innerhalb einer Ausschlussfrist von drei Kalendermonaten zu stellen (§ 325 III).

b) Strukturdaten. Sowohl der ArbGeb als auch die von ihm eingeschaltete Transfergesellschaft sind verpflichtet, jeweils zum Stichtag 30.6. und 31.12. Informationen zur Struktur der in der BeE zusammengefassten ArbN sowie der Integrationsquote der zuständigen AA zuzuleiten (§ 216b IX). Diese Angaben sollen der Markttransparenz und damit mittelbar der Qualitätskontrolle dienen[1]. 26

1 BT-Drs. 15/1515, S. 93.

Sozialgesetzbuch (SGB)

Viertes Buch (IV)
– Gemeinsame Vorschriften für die Sozialversicherung –

vom 23.12.1976 (BGBl. I S. 3845), in der Fassung der Neubekanntmachung vom 23.1.2006 (BGBl. I S. 86) (466); zuletzt geändert durch Art. 1 G v. 19.12.2007 (BGBl. I S. 3024)

– Auszug –

Erster Abschnitt. Grundsätze und Begriffsbestimmungen

Zweiter Titel. Beschäftigung und selbständige Tätigkeit

7 *Beschäftigung*

(1) Beschäftigung ist die nichtselbständige Arbeit, insbesondere in einem Arbeitsverhältnis. Anhaltspunkte für eine Beschäftigung sind eine Tätigkeit nach Weisungen und eine Eingliederung in die Arbeitsorganisation des Weisungsgebers.

(1a) Ist für Zeiten einer Freistellung von der Arbeitsleistung Arbeitsentgelt fällig, das mit einer vor oder nach diesen Zeiten erbrachten Arbeitsleistung erzielt wird (Wertguthaben), besteht während der Freistellung eine Beschäftigung gegen Arbeitsentgelt, wenn

1. die Freistellung auf Grund einer schriftlichen Vereinbarung erfolgt und

2. die Höhe des für die Zeit der Freistellung und des für die vorausgegangenen zwölf Kalendermonate monatlich fälligen Arbeitsentgelts nicht unangemessen voneinander abweichen und diese Arbeitsentgelte 400 Euro übersteigen.

Beginnt ein Beschäftigungsverhältnis mit einer Zeit der Freistellung, gilt Satz 1 Nr. 2 mit der Maßgabe, dass die Höhe des für die Zeit der Freistellung und des für die Zeit der Arbeitsleistung, mit der das Arbeitsentgelt später erzielt werden soll, monatlich fälligen Arbeitsentgelts nicht unangemessen voneinander abweichen darf und diese Arbeitsentgelte 400 Euro übersteigen müssen. Eine Beschäftigung gegen Arbeitsentgelt besteht während der Zeit der Freistellung auch, wenn die Arbeitsleistung, mit der das Arbeitsentgelt später erzielt werden soll, wegen einer im Zeitpunkt der Vereinbarung nicht vorhersehbaren vorzeitigen Beendigung des Beschäftigungsverhältnisses nicht mehr erbracht werden kann. Die Vertragsparteien können beim Abschluss der Vereinbarung nur für den Fall, dass Wertguthaben wegen der Beendigung der Beschäftigung auf Grund verminderter Erwerbsfähigkeit, des Erreichens einer Altersgrenze, zu der eine Rente wegen Alters beansprucht werden kann, oder des Todes des Beschäftigten nicht mehr für Zeiten einer Freistellung von der Arbeitsleistung verwendet werden können, einen anderen Verwendungszweck vereinbaren. Die Sätze 1 bis 4 gelten nicht für Beschäftigte, auf die Wertguthaben übertragen werden. Bis zur Herstellung einheitlicher Einkommensverhältnisse im Inland werden Wertguthaben, die durch Arbeitsleistung im Beitrittsgebiet erzielt werden, getrennt erfasst; sind für die Beitrags- oder Leistungsberechnung im Beitrittsgebiet und im Übrigen Bundesgebiet unterschiedliche Werte vorgeschrieben, sind die Werte maßgebend, die für den Teil des Inlandes gelten, in dem das Wertguthaben erzielt worden ist.

(1b) Die Möglichkeit eines Arbeitnehmers zur Vereinbarung flexibler Arbeitszeiten gilt nicht als eine die Kündigung des Arbeitsverhältnisses durch den Arbeitgeber begründende Tatsache im Sinne des § 1 Abs. 2 Satz 1 des Kündigungsschutzgesetzes.

(2) Als Beschäftigung gilt auch der Erwerb beruflicher Kenntnisse, Fertigkeiten oder Erfahrungen im Rahmen betrieblicher Berufsbildung.

(3) Eine Beschäftigung gegen Arbeitsentgelt gilt als fortbestehend, solange das Beschäftigungsverhältnis ohne Anspruch auf Arbeitsentgelt fortdauert, jedoch nicht länger als einen Monat. Satz 1 gilt nicht, wenn Krankengeld, Krankentagegeld, Verletztengeld, Versorgungskrankengeld, Übergangsgeld oder Mutterschaftsgeld oder nach gesetzlichen Vorschriften Erziehungsgeld oder Elterngeld bezogen oder Elternzeit in Anspruch genommen oder Wehrdienst oder Zivildienst geleistet wird.

(4) Für Personen, die für eine selbständige Tätigkeit einen Zuschuss nach § 421l des Dritten Buches beantragen, wird widerlegbar vermutet, dass sie in dieser Tätigkeit als Selbständige tätig sind. Für die Dauer des Bezugs dieses Zuschusses gelten diese Personen als selbständig Tätige.

7a *Anfrageverfahren*

(1) Die Beteiligten können schriftlich eine Entscheidung beantragen, ob eine Beschäftigung vorliegt, es sei denn, die Einzugsstelle oder ein anderer Versicherungsträger hatte im Zeitpunkt der Antragstellung bereits ein Verfahren zur Feststellung einer Beschäftigung eingeleitet. Die Einzugsstelle hat einen Antrag nach Satz 1 zu stellen, wenn sich aus der Meldung des Arbeitgebers (§ 28a) ergibt, dass der Beschäftigte Angehöriger des Arbeitgebers oder geschäftsführender Gesellschafter einer Gesellschaft mit beschränkter Haftung ist. Über den Antrag entscheidet abweichend von § 28h Abs. 2 die Deutsche Rentenversicherung Bund.

(2) Die Deutsche Rentenversicherung Bund entscheidet auf Grund einer Gesamtwürdigung aller Umstände des Einzelfalles, ob eine Beschäftigung vorliegt.

(3) Die Deutsche Rentenversicherung Bund teilt den Beteiligten schriftlich mit, welche Angaben und Unterlagen sie für ihre Entscheidung benötigt. Sie setzt den Beteiligten eine angemessene Frist, innerhalb der diese die Angaben zu machen und die Unterlagen vorzulegen haben.

(4) Die Deutsche Rentenversicherung Bund teilt den Beteiligten mit, welche Entscheidung sie zu treffen beabsichtigt, bezeichnet die Tatsachen, auf die sie ihre Entscheidung stützen will, und gibt den Beteiligten Gelegenheit, sich zu der beabsichtigten Entscheidung zu äußern.

(5) Die Deutsche Rentenversicherung Bund fordert die Beteiligten auf, innerhalb einer angemessenen Frist die Tatsachen anzugeben, die eine Widerlegung begründen, wenn diese die Vermutung widerlegen wollen.

(6) Wird der Antrag nach Absatz 1 innerhalb eines Monats nach Aufnahme der Tätigkeit gestellt und stellt die Deutsche Rentenversicherung Bund ein versicherungspflichtiges Beschäftigungsverhältnis fest, tritt die Versicherungspflicht mit der Bekanntgabe der Entscheidung ein, wenn der Beschäftigte

1. zustimmt und

2. er für den Zeitraum zwischen Aufnahme der Beschäftigung und der Entscheidung eine Absicherung gegen das finanzielle Risiko von Krankheit und zur Altersvorsorge vorgenommen hat, die der Art nach den Leistungen der gesetzlichen Krankenversicherung und der gesetzlichen Rentenversicherung entspricht.

Der Gesamtsozialversicherungsbeitrag wird erst zu dem Zeitpunkt fällig, zu dem die Entscheidung, dass eine Beschäftigung vorliegt, unanfechtbar geworden ist.

(7) Widerspruch und Klage gegen Entscheidungen, dass eine Beschäftigung vorliegt, haben aufschiebende Wirkung. Eine Klage auf Erlass der Entscheidung ist abweichend von § 88 Abs. 1 des Sozialgerichtsgesetzes nach Ablauf von drei Monaten zulässig.

I. Vorbemerkungen. In allen Zweigen der SozV wird zur Begründung eines Versicherungsverhältnisses ua. an den Beschäftigungsbegriff angeknüpft (vgl. zB § 5 I Nr. 1 SGB V, § 1 S. 1 Nr. 1 SGB VI, § 2 I Nr. 1 SGB VII). Dies unterstreicht die traditionelle Zielsetzung der SozV, die im Wesentlichen darin bestand, die abhängig arbeitende Bevölkerung im Wege des Versicherungszwanges für die Risiken Krankheit, Arbeitsunfall, Alter etc. abzusichern. Ob und unter welchen weiteren Voraussetzungen das Beschäftigungsverhältnis zu einer SozV-Pflicht führt, ist in den speziellen Vorschriften für die einzel- 1 nen SozV-Zweige geregelt. Die Regelung des § 7 enthält insoweit die früher im Gesetz fehlende Definition für den Begriff Beschäftigung, ohne aber damit zugleich die Frage regeln zu wollen, ob auf Grund dieser Definition die Versicherungspflicht in dem jeweiligen Versicherungszweig eintritt. Teilweise wird in den einzelnen Rechtsbereichen zusätzlich noch zwischen dem Beschäftigungsverhältnis im leistungsrechtl. und im beitragsrechtl. Sinne unterschieden[1]. Mit der Vorschrift des § 7 I soll klargestellt werden, dass eine Beschäftigung im Falle der unselbständigen, vom Weisungsrecht eines ArbGeb abhängigen Arbeit vorliegt. Des Weiteren soll eine Beschäftigung stets angenommen werden, wenn nach **arbeitsrechtl. Grundsätzen** ein rechtl. wirksames oder sog. **faktisches Arbeitsverhältnis** besteht. Auch bei einer **arbeitnehmerähnlichen Tätigkeit** soll eine Beschäftigung vorliegen[2]. Ergänzend bestimmt § 7 II, dass im SozV-Recht als Beschäftigung auch die Teilnahme an der **betrieblichen Berufsbildung** gilt. Demgegenüber fingieren die nachträglich eingefügten Abs. 1a, 2a und 3 eine Beschäftigung für Zeiten, in denen die Erwerbstätigkeit nicht ausgeübt, aus sozialen Gründen aber eine Beschäftigung gegen Entgelt unterstellt wird, um auf diese Weise die versicherungsrechtl. Konsequenzen einer abhängigen Beschäftigung auch für diese Zeiten zu sichern. Eine Regelung zur Bekämpfung der sog. **„Scheinselbständigkeit“**, die früher in § 7 IV geregelt war, hat der Gesetzgeber zwischenzeitlich wieder gestrichen.

2 **II. Beschäftigung.** Zentralbegriff der Regelungen des § 7 I ist der der „Beschäftigung“. Der Beschäftigungsbegriff knüpft dabei an den wirtschaftl. und gesellschaftl. Unterschied zwischen dem selbständigen Unternehmer und dem unselbständig tätigen ArbN an[3]. Der Regelung liegt die gesetzgeberische Vorstellung zugrunde, dass der Beschäftigte gegenüber dem selbständig Tätigen sozial schutzbedürftiger sei, da regelmäßig der Beschäftigte gegenüber dem selbständig Tätigen weniger wohlhabend wäre, so dass hier eine Absicherung bestimmter allgemeiner Risiken besonders erforderlich sei. Es dürfte mittlerweile fraglich sein, ob diese Unterscheidung zwischen Beschäftigten und selbständig Tätigen im Hinblick auf ihre soziale Schutzbedürftigkeit angesichts der heutigen vielfältigen Formen des Erwerbslebens noch sachgerecht ist. Mangels anderer greifbarer, insb. sachgerechter Unterscheidungskriterien, wird man jedoch den gewachsenen Begriff der Beschäftigung als Unterscheidungskriterium für die soziale Schutzbedürftigkeit von Menschen noch immer als sachgerecht ansehen müssen.

3 **1. Typusbegriff.** § 7 I definiert die **Beschäftigung** als nichtselbständige Arbeit, insb. in einem Arbeitsverhältnis. Dieser Definition fehlt jede scharfe Konturierung. Das Gesetz bedient sich gerade nicht eines tatbestandlich scharf abgegrenzten Begriffs, der auf eine einfache Subsumtion hoffen ließe, sondern der Rechtsfigur des Typus. Die versicherten Personen werden nicht im Detail definiert, sondern ausgehend vom Normalfall in der Form eines **Typus** beschrieben[4]. Damit übernimmt das Gesetz den jeweiligen Typus, so wie ihn der Gesetzgeber in der sozialen Wirklichkeit idealtypisch, dh. in einem Normalfall vorgefunden hat und setzt dessen Kenntnis stillschweigend voraus[5]. Insofern bedarf der Begriff der Beschäftigung der Konkretisierung durch die Rspr. und die sozialrechtl. Lit.

4 Hieran ändern auch die vom Gesetzgeber in § 7 I 2 benannten **Anhaltspunkte** für eine Beschäftigung nichts. Danach sind eine Tätigkeit nach Weisungen und eine Eingliederung in die Arbeitsorganisation des Weisungsgebers als Anhaltspunkte für eine Beschäftigung zu werten. Auch diese Anhaltspunkte definieren nicht etwa den Typus der nichtselbständigen Arbeit in einem Arbeitsverhältnis, sondern greifen lediglich zwei Zentralkriterien für diesen Typus heraus. Insofern wird zu Recht in der rechtswissenschaftlichen Lit. kritisiert, dass diese Regelung in § 7 I 2 letztlich überflüssig ist[6].

5 **2. Arbeitsrecht und Steuerrecht.** § 7 I 1 nennt beispielhaft das Arbeitsverhältnis als Regelfall abhängiger Beschäftigung. Hierbei ist das Arbeitsverhältnis nicht etwa kraft gesetzl. Fiktion, sondern wegen seiner faktischen Verhältnisse Beschäftigungsverhältnis iSd. SozV. Insofern liegt hier eine **Verknüpfung zum Arbeitsrecht** vor. Allgemein lässt sich das Arbeitsverhältnis als ein Rechtsverhältnis zwischen ArbGeb und ArbN beschreiben, das durch Arbeitsvertrag begründet wird. Der Tatbestand der abhängigen Beschäftigung iSd. SozV-Rechts stimmt zwar mit dem Tatbestand der ArbN-Eigenschaft und mit dem **steuerrechtl. Tatbestand** der Einkünfte aus nichtselbständiger Arbeit im Grundtatbestand weitgehend überein, so dass der sozialversicherungsrechtl. Beurteilung eines bestimmten Sachverhalts für dessen arbeitsrechtl. und steuerrechtl. Beurteilung eine gewisse **Indizwirkung** zugute kommt. Die genannten Rechtsinstitute des SozV-Rechts, des Arbeitsrechts und des Steuerrechts sind indes nicht vollständig deckungsgleich[7]. So setzt ein sozialversicherungsrechtl. Beschäftigungsverhältnis kein Arbeitsverhältnis voraus. Vielmehr können auch öffentl.-rechtl. ausgestaltete Dienstverhältnisse Beschäftigungsverhältnisse iSd. § 7 sein[8]. Nach st. Rspr. des BSG können auch **Ehrenbeamte** in einem Beschäftigungsverhältnis stehen, wenn sie über Repräsentationsfunktionen hinaus dem allgemeinen Erwerbsleben zugängliche Verwaltungsaufgaben wahrnehmen und etwa hierfür eine den tatsächlichen Aufwand über-

---

1 Vgl. *Voelzke* in Personalrecht im Wandel 2006, 345 ff.; *Rittweger* in Schwerpunktkommentar Sozialrecht, § 7 SGB IV Rz. 7 mwN. | 2 Vgl. BR-Drs. 300/75, S. 31. | 3 Kasseler Kommentar/*Seewald*, § 7 SGB IV Rz. 6. | 4 *Neumann*, NZS 2001, 14 (16). | 5 BVerfG v. 20.5.1996 – 1 BvR 21/96, AP Nr. 82 zu § 611 BGB – Abhängigkeit. | 6 Vgl. ErfK/*Rolfs*, § 7 SGB IV Rz. 5. | 7 BSG v. 17.10.1990 – 11 BAr 39/90, Die Beiträge 1991, 115. | 8 BSG v. 11.10.2001 – B 12 KR 7/01 R.

steigende pauschale Aufwandsentschädigung erhalten[1]. Auch **arbeitnehmerähnliche Tätigkeiten** können Beschäftigungsverhältnisse im sozialversicherungsrechtl. Sinne darstellen[2].

Das sozialversicherungsrechtl. Beschäftigungsverhältnis setzt keinen zwischen ArbGeb und ArbN bestehenden **wirksamen Arbeitsvertrag** voraus. Vielmehr genügt auch das Vorliegen eines faktischen Arbeitsverhältnisses zur Annahme einer Beschäftigung iSd. § 7[3], jedenfalls dann, wenn bei Nichtigkeit des Arbeitsvertrages tatsächlich ein faktisches Arbeitsverhältnis besteht[4]. Insofern kommt es auf die tatsächlichen Verhältnisse an. Die Grundsätze des faktischen Arbeitsverhältnisses finden allerdings keine Anwendung, wenn dem Vertrag so schwere Rechtsmängel anhaften, dass die Anerkennung quasi vertragl. Ansprüche den grundlegenden Wertungen der geltenden Rechtsordnung widersprechen würde[5]. Nach Auffassung der Rspr. steht der Annahme eines Beschäftigungsverhältnisses zwar grds. eine etwaige Sittenwidrigkeit der Rechtsbeziehung nicht entgegen[6]. Maßgeblich ist aber immer die Rechtsbeziehung so wie sie praktiziert wird und die praktizierte Beziehung so wie sie rechtlich zulässig ist[7]. 6

3. Der missglückte Arbeitsversuch. Für den **Bereich der gesetzlichen Krankenversicherung** gab es im Hinblick auf die Bejahung eines Beschäftigungsverhältnisses insoweit eine Besonderheit, als nach ständiger sozialgerichtl. Rspr. trotz Bestehen eines wirksamen Arbeitsverhältnisses die Voraussetzungen für ein versicherungspflichtiges Beschäftigungsverhältnis bei Vorliegen eines sog. missglückten Arbeitsversuches verneint wurden[8]. In der Zwischenzeit ist diese Rspr. sowohl vom 12. Senat des BSG als auch vom 1. Senat aufgegeben worden[9]. 7

4. Weisungsgebundenheit. Ein Beschäftigungsverhältnis iSv. § 7 I liegt insb. dann vor, wenn der Arbeitende Weisungen eines anderen unterliegt und in dessen Arbeitsorganisation eingegliedert ist. Diese beiden Merkmale bezeichnet § 7 I 2 als typische Merkmale einer Beschäftigung. Hierbei ist jedoch darauf hinzuweisen, dass diese Merkmale nicht zwingend kumulativ für das Bestehen eines Beschäftigungsverhältnisses erforderlich sind. So kann das Weisungsrecht – vornehmlich bei Diensten höherer Art – eingeschränkt und zur „**funktionsgerecht dienenden Teilhabe am Arbeitsprozess**" verfeinert sein[10]. Demgegenüber ist eine selbständige Tätigkeit in erster Linie durch das eigene **Unternehmerrisiko**[11], das Vorhandensein einer **eigenen Betriebsstätte**, die **Verfügungsmöglichkeit über die eigene Arbeitskraft** und die im **Wesentlichen frei gestaltete Tätigkeit und Arbeitszeit** gekennzeichnet. Entscheidend für die Frage, ob ein Beschäftigungsverhältnis besteht, ist aber letzten Endes das **Gesamtbild der Tätigkeit** und der berufl. Stellung[12]. Das bedeutet, dass es für die Bejahung eines Beschäftigungsverhältnisses gem. § 7 I jeweils auf die gesamten Umstände des Einzelfalles ankommt. Der Gesetzgeber hat deshalb konsequent davon abgesehen, den Begriff der Beschäftigung in § 7 I durch bestimmte Tatbestandsmerkmale definitiv abzugrenzen, da ansonsten die Gefahr bestanden hätte, sozialpolitisch sinnvolle Lösungen der Praxis und Rspr. bei der Beurteilung der Versicherungspflicht zu verhindern, was angesichts der sich wandelnden Arbeitsformen und der neuen technischen Entwicklungen der Arbeitswelt problematisch geworden wäre[13]. 8

Ein entscheidendes Kriterium für die Annahme einer abhängigen Beschäftigung ist die **Tätigkeit nach Weisungen**[14]. Das Weisungsrecht des ArbGeb korrespondiert dabei mit der Arbeitspflicht des ArbN. Es umfasst ein rechtsgestaltendes, auf dem Arbeitsvertrag beruhendes Recht des ArbGeb, die jeweilige Arbeitsverpflichtung des ArbGeb zu bestimmen und zu konkretisieren[15]. Das **Direktionsrecht des ArbGeb** bezieht sich dabei vor allem auf **Art, Ort und Zeit der Tätigkeit, aber auch auf arbeitsbegleitende Verhaltensregeln**[16]. Grundlage der Beurteilung sind hierfür die tatsächlichen Verhältnisse. Die in einer vertragl. Vereinbarung gewählte Bezeichnung oder rechtl. Einordnung einer Tätigkeit sind lediglich Indizien und nicht maßgebend, wenn sie von den tatsächlichen Gegebenheiten abweichen[17]. Welchen Umfang die Weisungsabhängigkeit haben muss, um von einer abhängigen Beschäftigung zu sprechen, hängt von der Eigenart der jeweiligen Tätigkeit ab. Manche Tätigkeiten können sowohl im Rahmen eines Arbeitsverhältnisses und damit weisungsgebunden aber auch im Rahmen eines freien Dienstver- 9

---

1 BSG v. 30.11.1978 – 12 RK 33/76, SozR 2200, § 165 Nr. 32; v. 22.2.1996 – 12 RK 6/95, SozR 3-2940, § 2 Nr. 5; v. 23.7.1998 – B 11 AL 3/98 R, SozR 3-4100, § 138 Nr. 11; v. 25.1.2006 – B 12 KR 12/05 R, SozR 4-2400 § 7 Nr. 6; v. 4.4.2006 – B 12 KR 76/05 B, nv.; vgl. dazu *Seewald*, SGb 2001, 286 (287); SGb 2006, 538 ff.; *Kasper*, NWVBl 2007, 219 ff. | 2 Vgl. BSG v. 27.6.2000 – B 2 U 21/99 R, SozR 3-2200, § 548 Nr. 37; v. 5.7.1994 – 2 RU 24/93, SozR 3-2200, § 548 Nr. 20. | 3 Kasseler Kommentar/*Seewald*, § 7 SGB IV Rz. 15. | 4 BSG v. 10.8.2000 – B 12 KR 21/98 R, SozR 3-2400, § 7 Nr. 15. | 5 BAG v. 1.4.1976 – 4 AZR 96/75, AP Nr. 34 zu § 138 BGB; v. 10.8.2000 – B 12 KR 21/98 R, SozR 3-2400, § 7 Nr. 15. | 6 BSG v. 10.8.2000 – B 12 KR 21/98 R, SozR 3-2400, § 7 Nr. 15; SG Hamburg v. 6.4.1992 – 21 KR 77/82, Die Beiträge 1983, 118; *Felix*, NZS 2002, 225, (229). | 7 BSG v. 24.1.2007 – B 12 KR 31/06 R. | 8 Vgl. BSG v. 11.5.1993 – 12 RK 36/91, SozR 3-2200, § 165 Nr. 10. | 9 BSG v. 4.12.1997 – 12 RK 3/97, SozR 3-2500, § 5 Nr. 37; v. 29.9.1998 – B 1 KR 10/96 R, SozR 3-2500, § 5 Nr. 40; vgl. auch BSG v. 8.2.2000 – B 1 KR 13/99 R, nv.; vgl. zur Kritik auch *Preis*, NZA 2000, 914 (915). | 10 Vgl. BSG v. 23.9.1982 – 10 RAr 10/81, SozR 2100, § 7 Nr. 7. | 11 Hierzu: Bay. LSG v. 24.1.2006 – L 5 KR 185/04, nv. | 12 Vgl. BSG v. 31.10.1972 – 2 RU 186/69, SozR 34 zu § 539 RVO; v. 22.6.2005 – B 12 KR 28/03 R, SozR 4-2400, § 7 Nr. 5. | 13 Vgl. Hauck/Noftz/*Knospe*, § 7 SGB IV Rz. 3. | 14 Vgl. *Hanau/Strick*, DB 1998, Beil. 14, 1, 6 ff. | 15 *Lieb*, Arbeitsrecht, Rz. 69 ff. | 16 BSG v. 29.1.1981 – 12 RK 63/79, SozR 2400, § 2 Nr. 16; v. 28.1.1999 – B 3 KR 2/98 R, SozR 3-5425, § 1 Nr. 5. | 17 BSG v. 28.10.1960 – 3 RK 13/56, SozR Nr. 20 zu § 165 RVO; v. 28.1.1999 – B 3 KR 2/98 R, SozR 3-5425, § 1 Nr. 5; v. 12.2.2004 – B 12 KR 26/02 R, USK 2004-25.

hältnisses erbracht werden. Grds. wird man dabei von einem freien Dienstverhältnis auszugehen haben, wenn zwar die Ziele der jeweiligen Tätigkeit durch Regeln und Normen vorgegeben werden, aber die Art und Weise, wie diese Ziele erreicht werden, der Entscheidung des Arbeitenden überlassen bleibt[1]. Für das Direktionsrecht kommt es nicht darauf an, in welchem Umfang es ausgeübt wird; vielmehr reicht es aus, dass dem ArbGeb auf Grund der vertragl. Vereinbarungen das Recht zusteht und er nach den tatsächlichen Gegebenheiten die Möglichkeit hat, die Durchführung der Beschäftigung entscheidend zu bestimmen. Bei **Diensten höherer Art** ist die Eigenverantwortlichkeit des Dienstleistenden allerdings für sich allein noch kein Beweis für die persönliche Unabhängigkeit. Das BSG hat hierzu ausgeführt, dass die Weisungsgebundenheit auch dort noch vorhanden ist, wo sie sich bei hoch qualifizierten Mitarbeitern zu einer funktionsgerecht dienenden Teilhabe am Arbeitsprozess verfeinert[2]. Allerdings darf das Weisungsrecht nicht vollständig entfallen[3].

10 **5. Eingliederung in den Betrieb.** Die Fremdbestimmtheit der Arbeit zeigt sich auch durch die Eingliederung in den Betrieb. Hierbei ist unter Betrieb jede, nicht nur eine gewerbl. Arbeitsorganisation zu verstehen[4]. Die Eingliederung in den Betrieb stellt dabei nicht die Einordnung in eine betriebl. Organisationseinheit, eine Betriebsstätte, eine Verwaltung oder einen Haushalt dar, sondern nur die Ausübung einer dem Betriebszweck dienenden und ihm untergeordneten Tätigkeit[5], unabhängig davon, an welchem Ort die jeweilige Tätigkeit erbracht wird. Soweit es sich aber um **Heimarbeit** handelt, ist § 12 II zu beachten. Danach gelten Heimarbeiter und sonstige Personen, die in eigener Arbeitsstätte im Auftrag und für Rechnung von Gewerbetreibenden, gemeinnützigen Unternehmen oder öffentl.-rechtl. Körperschaften erwerbsmäßig arbeiten, als Beschäftigte, auch wenn sie Roh- oder Hilfsstoffe selbst beschaffen.

11 **6. Sonstige Kriterien.** Da es für die Annahme eines Beschäftigungsverhältnisses entscheidend auf das Gesamtbild der Tätigkeit und der berufl. Stellung ankommt, hat die Rspr. für die Prüfung dieser Frage Rückgriff auf eine Vielzahl von Kriterien genommen. So spricht etwa das **Fehlen eines Unternehmerrisikos** eher für die Annahme eines Beschäftigungsverhältnisses als für eine selbständige Tätigkeit[6]. Dabei ist das Unternehmerrisiko zum einen durch den Einsatz finanzieller Mittel geprägt, um einen zum Zeitpunkt des Einsatzes dieser Mittel ungewissen Gewinn zu erzielen, zum anderen auch durch das Risiko des Einsatzes der eigenen Arbeitskraft, wenn offen bleibt, ob der Arbeitende für seine Tätigkeit überhaupt ein Entgelt erhält[7]. Allerdings zeichnet sich das Unternehmerrisiko dadurch aus, dass sowohl **Risiken** übernommen werden müssen, als auch gleichzeitig **Chancen** eröffnet werden. Von der Überbürdung eines derartigen Risikos kann deshalb nur dann gesprochen werden, wenn dem eine größere Freiheit bei Gestaltung und Bestimmung des Einsatzes der eigenen Arbeitskraft gegenübersteht[8]. Demgemäß kann aus der Risikozuweisung, bei krankheits- oder urlaubsbedingten Ausfällen kein Honorar zu erhalten, nur dann auf die Annahme einer selbständigen Tätigkeit geschlossen werden, wenn einer solchen Vereinbarung auch eine größere Unabhängigkeit oder höhere Verdienstchance gegenübersteht. Allein die Belastung eines Erwerbstätigen mit zusätzlichen Risiken spricht nicht für eine selbständige Tätigkeit[9]. Auch der **Einsatz eigenen Kapitals** gilt als typisch für eine selbständige Tätigkeit[10], ebenso wie die **eigene Beschaffung von Arbeitsmaterialien und Arbeitsgeräten**, die **Tragung der geschäftlichen Unkosten** oder das Bestehen einer Delegationsbefugnis[11]. Ein gewichtiges Indiz stellt darüber hinaus die **steuerrechtl. Behandlung** der erzielten Einkünfte dar, der zwar im Hinblick auf die sozialversicherungsrechtl. Einordnung der Tätigkeit keine Bindungswirkung zukommt. Dennoch bietet sie einen wichtigen Anhaltspunkt für die versicherungsrechtl. Beurteilung in der Weise, dass eine LStPflicht für das Vorliegen eines Beschäftigungsverhältnisses spricht, während eine Veranlagung zur Gewerbesteuer auf eine selbständige Tätigkeit weist[12].

12 Ebenso kann die **Art und Weise der Entlohnung** zu Rückschlüssen führen, ob es sich um eine selbständige oder eine unselbständige Tätigkeit handelt. Zwar gehört die Entgeltlichkeit der Tätigkeit nicht zum Begriff des Beschäftigungsverhältnisses iSd. § 7 I[13]. Jedoch spricht eine feste Entlohnung eher für ein Arbeitsverhältnis als für ein freies Dienstverhältnis[14]. Umgekehrt jedoch bildet eine erfolgsabhängige Vergütung kein zwingendes Indiz für ein selbständiges Beschäftigungsverhältnis[15].

13 Lässt sich weder anhand der tatsächlichen Ausgestaltung einer Berufstätigkeit noch unter Berücksichtigung des im Vertrag zum Ausdruck gekommenen Willens der Vertragspartner feststellen, ob es sich um eine abhängige Beschäftigung oder um eine selbständige Tätigkeit handelt, greift das BSG auf

1 BSG v. 27.3.1980 – 12 RK 26/79, SozR 2200, § 165 Nr. 45. | 2 BSG v. 14.12.1999 – B 2 U 48/98 R, EzA § 7 SGB IV Nr. 1; v. 23.9.1982 – 10 RAr 10/81, SozR 2100, § 7 Nr. 7 mwN. | 3 BSG v. 14.12.1999 – B 2 U 48/98 R, EzA § 7 SGB IV Nr. 1. | 4 Vgl. BSG v. 18.11.1980 – 12 RK 76/79, SozR 2200, § 165 Nr. 51. | 5 Krauskopf/*Baier*, § 7 SGB IV Rz. 9. | 6 BSG v. 30.4.1981 – 8/8a RU 12/80, SozR 2200, § 539 RVO Nr. 80; v. 19.8.2003 – B 2 U 38/02 R, SozR 4-2700 § 2 Nr. 1. | 7 LSG Hamburg v. 26.2.1997 – III OBF 56/95, nv. | 8 Vgl. etwa BSG v. 4.6.1998 – B 12 KR 5/97 R, SozR 3-2400, § 7 Nr. 13 mwN. | 9 BSG v. 25.1.2001 – B 12 KR 17/00 R, Die Sozialversicherung 2001, 329. | 10 BSG v. 1.12.1977 – 12/3/12 RK 39/74, SozR 2200, § 1227 Nr. 8. | 11 LSG NW v. 8.8.2007 – L 11 (8) R 196/05. | 12 Vgl. BSG v. 27.3.1980 – 12 RK 26/79, SozR 2200, § 165 Nr. 45. | 13 Vgl. Kasseler Kommentar/*Seewald*, § 7 SGB IV Rz. 119b; aA LSG Bln.-Bbg. v. 11.5.2007 – L 1 KR 260/05. | 14 Kasseler Kommentar/*Seewald*, § 7 SGB IV Rz. 67. | 15 BSG v. 4.6.1998 – B 12 KR 5/97 R, SozR 3-2400, § 7 SGB IV Nr. 13; v. 10.8.2000 – B 12 KR 21/98 R, SozR 3-2400, § 7 SGB IV Nr. 15; v. 19.8.2003 – 2 U 38/02 R, SozR 4-2400, § 7 SGB IV Nr. 1.

das **bisherige Berufsleben** als Indiz dafür zurück, was nach dem Willen der Vertragspartner gewollt war[1]. Nur insoweit kann es daher relevant werden, ob der Betreffende sein bisheriges Berufsleben als Beschäftigung oder als selbständige Tätigkeit gestaltet hat. Dabei hat aber das Alter des Betreffenden unberücksichtigt zu bleiben. Bei der Prüfung eines Beschäftigungsverhältnisses kommt es nämlich weder auf das Motiv der Arbeitsaufnahme noch darauf an, ob zum ersten Mal im hohen Lebensalter eine versicherungspflichtige Beschäftigung ausgeübt wird[2]. Demgegenüber haben Kriterien wie „**wirtschaftliche Abhängigkeit**" oder „**soziale Schutzbedürftigkeit**" entgegen der früheren Rspr. keine Relevanz mehr für die Prüfung eines Beschäftigungsverhältnisses. Die Annahme einer Beschäftigung hängt gerade nicht von der individuellen Schutzbedürftigkeit der betreffenden Person ab[3]. Der Schutzzweck der SozV und ihre „Natur" als eine Einrichtung des öffentl. Rechts haben für die Beschäftigung insofern Bedeutung, als sie es ausschließen, über die rechtl. Einordnung allein nach dem **Willen der Vertragsparteien** und ihren Vereinbarungen zu entscheiden. Als Merkmal der Beschäftigung ist aber das Ziel der SozV, die sozial Schwächeren vor den Wechselfällen des Lebens zu schützen, nicht geeignet. Dies gilt auch für das Kriterium der wirtschaftl. Abhängigkeit, die als maßgeblich für eine soziale Schutzbedürftigkeit angesehen wird[4].

Die Annahme eines Beschäftigungsverhältnisses iSd. § 7 setzt jedoch zwingend den **freien Austausch** 14
von Arbeitskraft und Entgelt voraus. Das BSG hat wiederholt entschieden, dass unter Zwang zu Stande gekommene und verrichtete Arbeit nicht als (versicherungspflichtige) Beschäftigung einzustufen sei[5]. Anders als bei **Strafgefangenen** ist jedoch die Tätigkeit eines **Freigängers** außerhalb der Anstalt bei einem privaten Unternehmer als ein im Grundsatz versicherungspflichtiges Beschäftigungsverhältnis anzusehen, selbst wenn der Arbeitsvertrag des Freigängers der Zustimmung des Direktors der Strafvollzugsanstalt bedarf und der Strafvollzugsbehörde ein Recht zur sofortigen Beendigung des Arbeitsverhältnisses vorbehalten ist[6]. Bei **Alg II-Beziehern**, die etwa einem sog. Ein-Euro-Job nachgehen, wird – auch wenn § 16 III 2 SGB II ausdrücklich anordnet, dass es sich hierbei nicht um ein „Arbeitsverhältnis" handelt – wie bisher zu differenzieren sein. Allein die Ableistung im öffentl. Interesse liegender zusätzlicher Arbeit führt nicht zu einem Beschäftigungsverhältnis, sondern begründet ein öffentl.-rechtl. Beschäftigungsverhältnis eigener Art[7]. Dagegen schließt auch eine gemeinnützige zusätzliche Arbeit ein Beschäftigungsverhältnis nicht aus, sofern der Hilfeempfänger für seine Arbeit eine besondere Gegenleistung in Gestalt von Arbeitsentgelt erhalten hat, ihm also nicht lediglich Alg II zuzüglich einer angemessenen Aufwendungsentschädigung gewährt worden ist[8]. Ähnliches gilt für Behinderte, die in einer **Werkstatt für behinderte Menschen** tätig sind (vgl. § 138 SGB IX). Erfolgt diese Tätigkeit auf Grund eines Arbeitsvertrages gegen leistungsgerechte Entlohnung, liegt regelmäßig ein Beschäftigungsverhältnis vor[9]. Dagegen ist der Teilnehmer an einer Trainingsmaßnahme, die er im Arbeitstrainingsbereich einer Werkstatt für Behinderte absolviert, nicht Beschäftigter iSd. § 7[10].

7. Besondere Fallgestaltungen. Im Hinblick auf die Annahme eines Beschäftigungsverhältnisses, 15
musste sich die sozialgerichtl. Rspr. in der Vergangenheit immer wieder mit bestimmten Fallgestaltungen auseinander setzen:

a) Beschäftigung unter Familienangehörigen. Dies betrifft zum einen die Beschäftigung unter Fami- 16
lienangehörigen. Im Recht der gesetzl. SozV gibt es keine Vorschrift, die die Annahme eines versicherungspflichtigen Beschäftigungsverhältnisses unter Familienangehörigen von vornherein ausschließt. Von daher ist die Frage, ob ein Beschäftigungsverhältnis vorliegt, nach den auch sonst bei der Beurteilung dieser Rechtsfrage anzuwendenden Maßstäben zu prüfen. Ergibt diese Prüfung, dass kein Beschäftigungsverhältnis besteht, sondern lediglich eine **familienhafte Mithilfe** anzunehmen ist, schließt dies auch die Versicherungspflicht aus. Die entsprechende Prüfung bereitet aber häufig Schwierigkeiten, weil der Arbeitseinsatz von mitarbeitenden Angehörigen sich oftmals unter anderen Bedingungen oder Umständen vollzieht, als dies unter Fremden üblich ist. Zwar dürfen für den Nachweis eines versicherungspflichtigen Beschäftigungsverhältnisses keine zu großen Hürden aufgebaut werden. Allerdings muss ein von den Angehörigen **ernsthaft gewolltes und vereinbarungsgemäß durchgeführtes Beschäftigungsverhältnis** sich überhaupt nachweisen lassen. Insb. muss ausgeschlossen werden, dass der Arbeitsvertrag nur zum Schein geschlossen wurde, der Angehörige Mitunternehmer ist oder seine Tätigkeit lediglich

---

1 BSG v. 24.10.1978 – 12 RK 58/76, SozR 2200, § 1227 Nr. 19; LSG NW v. 16.1.2007 – L 11 (16) KR 16/04. | 2 Bay. LSG v. 24.6.1996 – L 4 KR 24/94, EzS 130/376. | 3 BSG v. 10.9.1975 – 3/12 RK 6/74, SozR 2200, § 169 Nr. 1. | 4 BSG v. 22.11.1973 – 12 RK 17/72, SozR Nr. 8 zu § 441 RVO; v. 25.1.2001 – B 12 KR 17/00 R, Die Sozialversicherung 2001, 329. | 5 BSG v. 31.10.1967 – 3 RK 84/65, SozR Nr. 54 zu § 165 RVO; v. 10.12.1974 – 4 RJ 379/73, SozR 5070, § 14 Nr. 2; v. 18.6.1997 – 5 RJ 66/95, SozR 3-2200, § 1248 Nr. 15; v. 14.7.1999 – B 13 RJ 75/98 R, SGb 1999, 557; diese Rspr. wird insb. im Hinblick auf die Menschen verachtende, dirigistische staatlich gelenkte Arbeitseinsatzverwaltung des NS-Regimes kritisch bewertet: SG Düsseldorf v. 8.10.1998 – S 15 RJ 142/98, ZfS 1999, 205; *Pawlita*, ZfS 1999, 71 ff.; vgl auch BSG v. 14.12.2006 – B 4 R 29/06 R, nv. | 6 BSG v. 16.10.1990 – 11 RAr 3/90, SozR 3-4100, § 103 Nr. 2. | 7 BAG v. 17.1.2007 – 5 AZB 43/06, NJW 2007, 3303, (3304); Hauck/Noftz/*Voelzke*, § 16 SGB II Rz. 400; *Rixen/Pananis*; NJW 2005, 2177 (2180); aA wohl Kasseler Kommentar/*Seewald*, § 7 SGB IV Rz. 123; teilweise wird von einem privatrechtl. Beschäftigungsverhältnis eigener Art gesprochen: *Eicher* in Eicher/Spellbrink, SGB II, 2005, § 16 Rz. 239. | 8 BSG v. 16.4.1985 – 12 RK 53/83, SozR 2200, § 165 Nr. 79. | 9 BSG v. 1.6.1978 – 12 RK 23/77, SozR 4100, § 168 Nr. 7. | 10 BSG v. 14.2.2001 – B 1 KR 1/00 R, SGb 2001, 303.

eine familienhafte Mitarbeit darstellt. Hierbei gilt es zu betonen, dass die Frage, ob zwischen Angehörigen eine Beschäftigung gegen Arbeitsentgelt vorliegt, sich nach den gleichen Grundsätzen beurteilt, wie sie allgemein für die Beurteilung der Versicherungspflicht maßgebend sind[1]. Insofern kann nach Auffassung der SozV-Träger ein entgeltliches Beschäftigungsverhältnis zwischen Angehörigen insb. dann angenommen werden, wenn der **Angehörige** in den Betrieb des ArbGeb **wie eine fremde Arbeitskraft eingegliedert ist** und die **Beschäftigung tatsächlich ausübt**, der Angehörige dem **Weisungsrecht** des ArbGeb – wenn auch in abgeschwächter Form – unterliegt, der Angehörige **an Stelle einer fremden Arbeitskraft beschäftigt wird**, ein der Arbeitsleistung angemessenes, dh. grds. tarifl. oder ortsübliches **Arbeitsentgelt** vereinbart ist und auch regelmäßig gezahlt wird, von dem Arbeitsentgelt regelmäßig **LSt** entrichtet wird und das Arbeitsentgelt als Betriebsausgabe gebucht wird[2]. Bei der Prüfung dieser Frage kann es auch angezeigt sein, auf die Rspr. des BFH zum Ehegattenarbeitsverhältnis zurückzugreifen[3]. Deshalb sind Vertragsgestaltung und Vertragsdurchführung beim Tätigwerden von Familienangehörigen daraufhin zu überprüfen, ob die Bedingungen grds. auch unter fremden Personen üblich wären[4]. Jedoch ist zu berücksichtigen, dass etwa das Weisungsrecht des Betriebsinhabers auch nur in abgeschwächter Form bestehen kann, ohne dass ein Beschäftigungsverhältnis zu verneinen wäre. Daher stehen nach Auffassung des BSG im Allgemeinen bei Familienangehörigen, insb. Ehegatten, die weniger stark ausgeprägte Abhängigkeit und daraus resultierende Einschränkungen des Weisungsrechts der Annahme eines abhängigen Beschäftigungsverhältnisses grds. nicht entgegen[5].

17 Gerade im Hinblick auf die **Entgeltzahlung** ist jedoch die Grenze zwischen einem abhängigen Beschäftigungsverhältnis mit Entgeltzahlung und einer nichtversicherungspflichtigen Beschäftigung auf Grund eines Gesellschaftsverhältnisses oder der familienhaften Zugehörigkeit nicht immer leicht zu ziehen. So kommt es nicht nur auf die Vereinbarung eines Beschäftigungsverhältnisses gegen Entgelt an, sondern grds. auch auf die tatsächliche Auszahlung eines angemessenen Arbeitsentgelts[6]. Werden dagegen dem in der Familiengemeinschaft lebenden Angehörigen im Rahmen seines freien Unterhaltes neben Kost, Wohnung und Kleidung nur ein geringfügiges Taschengeld gewährt, so wird im Allgemeinen kein entgeltliches Beschäftigungsverhältnis vorliegen[7]. Das BSG sieht auch in der Nichtauszahlung des vereinbarten Arbeitsentgelts bzw. dessen nicht nachvollziehbare Verrechnung mit Gegenansprüchen des anderen Partners im Hinblick auf den in partnerschaftlichen Beziehungen typischerweise vorhandenen Gleichklang der Interessen ein gewichtiges Indiz dafür, dass entgegen etwaiger vertragl. Abmachungen über das zu zahlende Arbeitsentgelt ein abhängiges Beschäftigungsverhältnis tatsächlich nicht vorliegt. Jedoch kommt der Höhe des Entgelts lediglich Indizwirkung zu, ohne dass aber allein eine erheblich untertarifl. Bezahlung des Ehegatten schon die Annahme eines Beschäftigungsverhältnisses ausschließt[8]. Insofern vermag das Merkmal der Entgeltzahlung nicht die **Gesamtwürdigung** aller Umstände des Einzelfalles zu ersetzen[9]. Hier folgt das BSG der finanzgerichtl. Rspr. nur mit Einschränkungen. Nach der st. Rspr. des BFH sind Verträge zwischen Ehegatten und nahen Angehörigen steuerrechtl. nur dann zu berücksichtigen, wenn sie nach Inhalt und tatsächlicher Durchführung dem zwischen Fremden Üblichen entsprechen und insb., sofern sie einem Fremdvergleich standhalten, auch diesem Vertragsinhalt gem. vollzogen werden. Deshalb verlangt der BFH, dass dem ArbN-Ehegatten das vereinbarte Gehalt auch tatsächlich zeitgerecht ausgezahlt wird und in seinen alleinigen Einkommens- und Vermögensbereich übergeht[10]. Das BSG will aber entgegen der Rspr. des BFH nicht darauf verzichten, zur Feststellung des Beschäftigungsverhältnisses sämtliche Umstände heranzuziehen, auch wenn das Gehalt an den Angehörigen nicht ausgezahlt wird[11]. Im Übrigen ist auf die Entscheidung des BVerfG zu verweisen, wonach einem Arbeitsverhältnis zwischen Ehegatten die (steuerrechtl.) Anerkennung nicht allein deshalb versagt werden darf, weil das Arbeitsentgelt auf ein Konto überwiesen wird, über das jeder der beiden Ehegatten allein verfügungsberechtigt ist[12]. Die Rspr. des BSG erkennt aber Konstruktionen, bei denen die Arbeitsentgeltzahlung an einen Familienangehörigen von der Anerkennung der Entgeltzahlung als Betriebsausgaben abhängig gemacht wird, ausdrücklich nicht an[13]. Die Praxis behilft sich mit der **Faustformel**, dass wenn das gezahlte Arbeitsentgelt steuerrechtl. nicht als Arbeitslohn behandelt und nicht als Betriebsausgabe gebucht wird, dieses wegen der dadurch entgangenen steuerrechtl. Vorteile gegen ein abhängiges Beschäftigungsverhältnis spräche, wohingegen die regelmäßige Zahlung von LSt und die Buchung der Einkünfte als Betriebsausgabe ein Indiz für ein abhängiges Beschäfti-

---

1 BSG v. 5.4.1956 – 3 RK 65/55, SozR § 164 SGG Nr. 18. | 2 Vgl. hierzu ausf.: Gemeinsames Rundschreiben der Spitzenverbände der Krankenkassen, des VDR und der BfA vom 11.11.2004 zur versicherungsrechtlichen Beurteilung der Beschäftigung von Angehörigen; LSG NW v. 11.4.2007 – L 11 KR 33/06, nv. | 3 Wannagat/*Brandenburg/Woltjen*, § 7 SGB IV Rz. 34. | 4 BFH v. 17.7.1984 – VIII R 69/84, NJW 1985, 1486. | 5 BSG v. 21.4.1993 – 11 RAr 67/92, AP Nr. 67 zu § 611 – Abhängigkeit. | 6 LSG v. 8.2.2006 – L 12 AL 118/05, nv.; Bedenken gegen eine Zahlung jeweils zum Jahresende: *Matern*, DAngVers 2005, 1 (18). | 7 Vgl. bereits BSG v. 29.3.1962 – 3 RK 83/59, SozR Nr. 31 zu § 165 RVO; v. 19.2.1987 – 12 RK 45/85, SozR 2200, § 165 Nr. 90. | 8 BSG v. 17.12.2002 – B 7 AL 34/02 R, USK 2002-42; Thür. LSG v. 13.10.2005 – L 6 KR 522/05 ER. | 9 BSG v. 21.4.1993 – 11 RAr 67/92, SozR 3-4100 § 168 Nr. 11. | 10 Vgl. BFH v. 15.1.1980 – VIII R 154/78, BFHE 130, 149. | 11 BSG v. 21.4.1993 – 11 RAr 67/92, SozR 3-4100, § 168 Nr. 11; vgl. auch Wannagat/*Brandenburg/Woltjen*, § 7 SGB IV Rz. 36. | 12 BVerfG v. 7.11.1995 – 2 BvR 802/90, NZA 1996, 470; v. 19.12.1995 – 2 BvR 1791/92, NJW 1996, 834; aA für die versicherungsrechtliche Einordnung: LSG Hess. v. 27.4.2004 – L 1 KR 1114/00, nv. | 13 BSG v. 7.2.2002 – B 12 KR 13/01, NJW 2002, 1972.

gungsverhältnis darstelle[1]. Die gleichen Grundsätze gelten auch, wenn zwischen **nichtehelichen Lebenspartnern** ein sozialversicherungspflichtiges Beschäftigungsverhältnis begründet werden soll[2].

Besondere Probleme bereitet immer wieder die Einordnung von **Pflegeleistungen unter Angehörigen**. 18
Auch diese Frage beurteilt die sozialgerichtl. Rspr. unter Berücksichtigung des Gesamtgepräges der Tätigkeit, wobei insb. die Art, Umfang und Zeitdauer der verrichteten Tätigkeit sowie die Stärke der tatsächlichen verwandtschaftlichen Beziehung zu berücksichtigen sind[3]. Unentgeltliche allgemeine Pflegeleistungen für einen erkrankten Elternteil außerhalb der beruflichen Tätigkeit des Betreffenden sind jedoch selbst bei einem erheblichen Umfang in der Regel von den engen verwandtschaftlichen Eltern-Kind-Beziehungen geprägt und deshalb dem **privaten familiären Lebensbereich** zuzuordnen[4]. Ein entgeltliches Beschäftigungsverhältnis ist ebenfalls zu verneinen, wenn der im Haushalt lebende und tätige Verwandte nur freien Unterhalt einschließlich eines geringfügigen Taschengeldes erhält und diese Bezüge keinen Gegenwert für die Pflegetätigkeit darstellen[5].

b) Mitarbeitende Gesellschafter, Geschäftsführer etc. Immer wieder umstritten ist des Weiteren, ob 19
die in einer Gesellschaft mitarbeitenden Gesellschafter, Kommanditisten und Mitunternehmer sowie die **Vorstandsmitglieder** und Geschäftsführer versicherungspflichtig sind. Hier ergeben sich in der Praxis häufig Abgrenzungsschwierigkeiten.

Bei einer **Gesellschaft bürgerlichen Rechts** kann der Gesellschafter grds. niemals zu der Gesellschaft in 20
einem versicherungspflichtigen Beschäftigungsverhältnis stehen[6]. Allenfalls unter der Voraussetzung, dass der mitarbeitende Gesellschafter nicht vom Unternehmerrisiko betroffen wird, keinen Einfluss auf die Führung des Betriebes hat, den Weisungen der Gesellschaft unterliegt, und in Abhängigkeit von der Gesellschaft Arbeit leistet und als echter ArbN anzusehen ist, kann ausnahmsw. auch einmal der mitarbeitende Gesellschafter einer GbR in einem abhängigen Beschäftigungsverhältnis zur Gesellschaft stehen[7].

Bei einer **offenen Handelsgesellschaft** sind die Gesellschafter auch dann nicht ArbN, wenn sie durch 21
Gesellschafterbeschluss von der Geschäftsführung und Vertretung der Gesellschaft ausgeschlossen sind. Nur in eng begrenzten Ausnahmefällen kann der OHG-Gesellschafter zu einer Gesellschaft in einem Verhältnis persönlicher Abhängigkeit stehen, wenn er sich außerhalb seiner gesellschaftsrechtl. Verpflichtung Weisungen der Gesamthand unterwirft und insb. arbeitnehmertypische Tätigkeiten verrichtet, die jenseits der Geschäftsführung liegen[8].

Gleiches wie für den OHG-Gesellschafter gilt auch für den **Komplementär einer Kommanditgesellschaft**. Dagegen kann der **Kommanditist** einer Kommanditgesellschaft grds. in einem abhängigen Beschäftigungsverhältnis zur KG stehen. Eine für ein Beschäftigungsverhältnis charakteristische persönliche Abhängigkeit eines Kommanditisten liegt allerdings dann nicht vor, wenn dieser durch seine eigene Entscheidung sein Beschäftigungsverhältnis bei der KG entscheidend beeinflussen kann. Dies wäre der Fall, wenn er durch seine Kommanditeinlage oder durch die sonstige Gestaltung des Gesellschaftsvertrages maßgeblich die Geschicke der Gesellschaft bestimmen und sein eigenes Beschäftigungsverhältnis jederzeit durch seine Entschließungen beeinflussen kann. Ein Kommanditist dagegen, der unmittelbar und ausschließlich auf Grund des Gesellschaftsvertrages zur Mitarbeit in der KG verpflichtet ist und keinen dem Umfang seiner Dienstleistung entsprechendes Arbeitsentgelt erhält, sondern dessen Vergütung sich als vorweggenommene Gewinnbeteiligung darstellt, steht nicht in einem versicherungspflichtigen Beschäftigungsverhältnis[9]. 22

Dagegen fehlen bei einem **stillen Gesellschafter** die typischen Merkmale einer echten Mitunternehmerschaft. Der bei seiner Gesellschaft tätige stille Gesellschafter steht daher regelmäßig in einem Verhältnis persönlicher und wirtschaftl. Abhängigkeit und unterliegt somit den allgemeinen Bestimmungen der SozV[10]. Ausnahmsw. hat das BSG jedoch in dem Fall ein Beschäftigungsverhältnis verneint, wenn die am Unternehmen ihres Ehemanns als stille Gesellschafterin beteiligte Ehefrau, die nach dem Gesellschaftsvertrag zur Hälfte sowohl am Gewinn als auch am Verlust des Unternehmens teilnimmt, und die als mit ihrem Ehemann gleichberechtigte Geschäftsführerin in dem Unternehmen tätig ist und damit einen maßgeblichen Einfluss auf die Betriebsführung und die kaufmännische Leitung des Betriebes hat[11]. 23

Immer wieder zu Streitigkeiten führt die Frage der versicherungsrechtl. Beurteilung von **Gesellschafter-Geschäftsführern** einer **GmbH** und **mitarbeitenden Gesellschaftern** einer GmbH[12]. Mitarbeitende Gesellschafter einer GmbH können durchaus in einem abhängigen Beschäftigungsverhältnis zur GmbH 24

---

1 Gemeinsames Rundschreiben der Spitzenverbände der Krankenkassen, des VDR und der BfA vom 11.11.2004 zur versicherungsrechtlichen Beurteilung der Beschäftigung von Angehörigen; Ziff. 1.2. | 2 LSG Nds. v. 21.9.1994 – L 4 KR 16/94, nv.; vgl. auch LSG Saarbrücken v. 22.5.2001 – L 6 AL 64/99, nv. | 3 BSG v. 20.4.1993 – 2 RU 38/92, NJW 1994, 676. | 4 BSG v. 25.10.1989 – 2 RU 4/89, SozR 2200, § 539 Nr. 134. | 5 BSG v. 19.2.1987 – 12 RK 45/85, SozR 2200, § 165 Nr. 90. | 6 LSG Hess. v. 1.2.1956 – K VI 59/55, Breithaupt 1956, 783. | 7 BSG v. 26.5.1966 – 2 RU 178/64, BSGE 25, 51 ff. | 8 BSG v. 26.5.1966 – 2 RU 178/64, BSGE 25, 51 ff. | 9 BSG v. 27.7.1972 – 2 RU 122/70, USK 72116. | 10 BSG v. 24.1.2007 – B 12 KR 31/06 R, SozR 4-2400 § 7 Nr. 7. | 11 BSG v. 2.5.1979 – 2 RU 93/78, USK 79135. | 12 Ausführlich: *Freckmann*, BB 2006, 2077 ff.

stehen. Dies gilt auch für mitarbeitende Gesellschafter einer **englischen Limited**, die sozialversicherungsrechtlich grds. analog zu den Gesellschaftern/Geschäftsführern, mitarbeitenden Gesellschaftern und Fremdgeschäftsführern einer GmbH zu behandeln sind[1]. Nach der Rspr. des BSG liegt bei mitarbeitenden Gesellschaftern, wie auch bei Gesellschafter-Geschäftsführern, ein abhängiges Beschäftigungsverhältnis zur GmbH dann vor, wenn der Gesellschafter funktionsgerecht dienend am Arbeitsprozess der GmbH teilnimmt, für seine Beschäftigung ein entsprechendes Arbeitsentgelt erhält und keinen maßgeblichen Einfluss auf die Geschicke der Gesellschaft kraft seines Anteils am Stammkapital geltend machen kann[2]. Aber auch bei der Beurteilung von Gesellschafter-Geschäftsführern bzw. mitarbeitenden Gesellschaftern kommt es nach Auffassung des BSG maßgeblich auf das **Gesamtbild** der Arbeitsleistung an. Weichen die Vereinbarungen, die mit dem Gesellschafter-Geschäftsführer bzw. dem mitarbeitenden Gesellschafter getroffen wurden von den tatsächlichen Verhältnissen ab, so muss auf die tatsächlichen Verhältnisse für die Beurteilung über das Vorliegen eines abhängigen Beschäftigungsverhältnisses abgestellt werden[3]. Bei einem **Geschäftsführer einer GmbH** kommt es auf die Umstände des Einzelfalles an, ob er als abhängiger Beschäftigter oder Selbständiger anzusehen ist. Unterliegt er etwa keinem eine persönliche Abhängigkeit begründenden Weisungsrecht der Gesellschafter oder ggf. des Aufsichtsrates, so ist sein Rechtsverhältnis nicht als abhängiges Beschäftigungsverhältnis zu charakterisieren, selbst wenn der Geschäftsführer am Stammkapital der GmbH nur einen geringfügigen Anteil hält[4].

25 Hat aber ein mitarbeitender Gesellschafter bzw. ein Gesellschafter-Geschäftsführer auf Grund seiner Gesellschafterstellung einen maßgeblichen rechtl. oder auch nur tatsächl. Einfluss auf die Willensbildung der Gesellschaft dahin gehend, dass er **Einzelanweisungen** an sich im Bedarfsfall jederzeit **verhindern könnte**, so ist regelmäßig ein Beschäftigungsverhältnis mit dem Gesellschafter-Geschäftsführer bzw. mitarbeitenden Gesellschafter ausgeschlossen[5]. Eine derartige Rechtsmacht besitzt ein Gesellschafter-Geschäftsführer bzw. ein mitarbeitender Gesellschafter regelmäßig dann, wenn er über mindestens 50 % des Stammkapitals verfügt[6]. So steht etwa ein Alleingesellschafter einer GmbH grds. nicht in einem Beschäftigungsverhältnis zu der Gesellschaft. Dies gilt auch im Falle eines umfassenden Stimmbindungsvertrages, mit dem sich der Gesellschafter seine Bestimmungsrechte auf einen Dritten überträgt, da die Rspr. derartiges für rechtswidrig erachtet[7]. Aber auch dort, wo die Kapitalbeteiligung des Gesellschafter-Geschäftsführers an der GmbH unter 50 % der Kapitalanteile liegt, kann sich aus den Bestimmungen des Gesellschaftsvertrages ergeben, dass der Gesellschafter-Geschäftsführer mit seinem Anteil alle ihm nicht genehmen Entscheidungen verhindern kann, etwa, wenn sein Anteil mehr als 1/3 beträgt und für die Entscheidungen der Gesellschafterversammlung eine 2/3-Mehrheit vorgeschrieben ist[8]. Nach der Rspr. des BSG schließt die gesellschaftsrechtl. Möglichkeit, Entscheidungen der Gesellschaft zu bestimmen oder zu verhindern, selbst dann die Annahme einer abhängigen Beschäftigung aus, wenn der Gesellschafter tatsächlich die Entscheidungen weitgehend anderen überlässt, weil ihm zB die notwendige Sachkunde fehlt[9]. Aber auch, wenn die Beteiligung des Gesellschafters unter 50 % liegt, die einfache Mehrheit der Stimmen zur Beschlussfassung der Gesellschaft genügt und dem Gesellschafter-Geschäftsführer auch sonst keine rechtl. Möglichkeiten zur Verfügung stehen, Weisungen zu verhindern, ist eine versicherungspflichtige Beschäftigung des Gesellschafter-Geschäftsführers zu verneinen, wenn er nach der Gestaltung seiner vertragl. Beziehungen zur GmbH und der tatsächlichen Durchführung des Vertrages hinsichtlich Zeit, Dauer, Umfang und Ort der Tätigkeit im Wesentlichen weisungsfrei ist. Insofern wird die gesellschaftsrechtl. Abhängigkeit durch den tatsächlich eingeräumten Einfluss aufgehoben[10]. Hier kann auch eine Befreiung vom **Selbstkontrahierungsverbot** des § 181 BGB Bedeutung erlangen. Darin ist ein deutliches Indiz gegen ein abhängiges Beschäftigungsverhältnis zu sehen[11]. Dies gilt insb. dann, wenn der Geschäftsführer einer GmbH, selbst wenn keine Kapitalbeteiligung seinerseits vorliegt, alleinvertretungsberechtigt von den Beschränkungen des § 181 BGB befreit ist und nach der besonderen Gestaltung keinen Beschränkungen durch die fachfremden Gesellschafter unterliegt[12]. Ebenfalls ein Indiz gegen die Annahme eines Beschäftigungsverhältnisses ist darin zu sehen, dass der Geschäftsführer ausstehenden Lohn weder geltend macht, noch irgendeine konkrete Absprache darüber trifft, wann der rückständige Lohn gezahlt werden soll[13]. Auf der anderen Seite ist der Geschäftsführer einer GmbH, der weder über die Mehrheit der Gesellschaftsanteile noch über eine Sperrminorität

---

1 Besprechung der Spitzenverbände der Krankenkassen, des VDR, der Bundesversicherungsanstalt für Angestellte, der Bundesagentur für Arbeit und der Spitzenverbände der Unfallversicherungsträger vom 17./18.3.2005, wiedergegeben bei: *Giesen/Ricken*, NZA 2005, 806. | 2 Vgl. hierzu BSG v. 17.5.2001 – B 12 KR 34/00 R, SozR 3-2400, § 7 SGB IV Nr. 17; v. 30.6.1999 – B 2 U 35/98 R, SozR 3-2200, § 723 Nr. 4; BFH v. 2.12.2005 – VI R 16/03, nv. | 3 BSG v. 4.6.1998 – B 12 KR 5/97 R, SozR 3-2400, § 7 SGB IV Nr. 13; v. 17.5.2001 – B 12 KR 34/00 R, SozR 3-2400, § 7 SGB IV Nr. 17. | 4 BSG v. 13.12.1960 – 3 RK 2/56, BSGE 13, 196. | 5 BSG v. 8.8.1990 – 11 RAr 77/89, SozR 3-2400, § 7 SGB IV Nr. 4; LSG NW v. 3.5.2007 – L 16 (14) R 159/06, Breithaupt 2007, 633. | 6 BSG v. 14.12.1999 – B 2 U 48/98 R, EzA § 7 SGB IV Nr. 1; v. 17.5.2001 – B 12 KR 34/00 R, SozR 3-2400, § 7 SGB IV Nr. 17; v. 25.1.2006 – B 12 KR 30/04 R, SGb 2006, 219 f. | 7 BSG v. 25.1.2006 – B 12 KR 30/04 R, SGb 2006, 219; LSG Hess. v. 28.10.2004 – L 14 KR 186/01, nv. | 8 So ausdrücklich BSG v. 8.8.1990 – 11 RAr 77/89, SozR 3-2400, § 7 SGB IV Nr. 4. | 9 BSG v. 9.11.1989 – 11 RAr 39/89, SozR 4100, § 104 Nr. 19. | 10 BSG v. 27.7.1989 – 11/7 RAr 71/87, USK 8951; v. 8.8.1990 – 11 RAr 77/89, SozR 3-2400, § 7 SGB IV Nr. 4. | 11 *Menthe*, DAngVers 2005, 125 (129). | 12 LSG Schl.-Holst v. 18.8.1992 – L 1 KR 85/91, nv. | 13 LSG NW v. 4.3.2004 – L 9 AL 150/02, NotBZ 2005, 231.

verfügt, idR abhängig Beschäftigter der GmbH, wenn er bei seiner Tätigkeit der Kontrolle durch die Gesellschafter unterliegt und diese ihre Gesellschafterrechte tatsächlich ausüben[1].

Bei sog. **Fremdgeschäftsführern**, die also nicht am Stammkapital der GmbH beteiligt sind, liegt nach der Rspr. des BSG **grds.** ein **abhängiges Beschäftigungsverhältnis** vor[2]. Nach Auffassung des BSG dürfe allein aus der weisungsfreien Ausführung einer fremdbestimmten Tätigkeit nicht auf eine selbständige Tätigkeit geschlossen werden. Schließlich sei der Fremdgeschäftsführer in einer nicht von ihm selbst gegebenen Ordnung des Betriebes eingegliedert und auch nur im Rahmen des Gesellschaftsvertrages und der Gesellschafterbeschlüsse handlungsfähig, so dass er selbst bei Belassung großer Freiheiten der Überwachung durch die Gesellschafter unterliege. Dies gelte auch dann, wenn die Gesellschafter von ihrer Überwachungsbefugnis regelmäßig keinen Gebrauch machten[3]. Wie bei Diensten höherer Art üblich, „verfeinert" sich die Weisungsgebundenheit des Fremdgeschäftsführers zur funktionsgerecht dienenden Teilhabe am Arbeitsprozess[4]. 26

c) Mitarbeit in einer Familien-GmbH. Besonderheiten können sich bei der Mitarbeit in einer Familien-GmbH ergeben. Hier können bei Geschäftsführern, die am Stammkapital der GmbH nicht beteiligt sind, die Verhältnisse so liegen, dass ein abhängiges Beschäftigungsverhältnis zu verneinen ist. Das ist dann der Fall, wenn die Mitarbeit in einer Familien-GmbH mehr durch familienhafte Rücksichtnahmen und ein gleichberechtigtes Nebeneinander als durch einen für ein ArbN-ArbGeb-Verhältnis typischen Interessengegensatz gekennzeichnet ist[5]. Insoweit kann die familiäre Verbundenheit ein Gefühl erhöhter Verantwortung füreinander schaffen und einen Einklang der Interessen bewirken, so dass der Geschäftsführer nicht für ein fremdes, sondern im „eigenen" Unternehmen weisungsfrei und somit selbständig tätig wird[6]. Ebenfalls spricht für eine selbständige Tätigkeit des Gesellschafter-Geschäftsführers, wenn er „Kopf und Seele" der Gesellschaft ist, was man namentlich bei Familiengesellschaften häufig antrifft[7]. 27

d) Vorstandsmitglieder. Dagegen sind Vorstandsmitglieder **von Aktiengesellschaften** generell keine Beschäftigten. Soweit die Handlungsmöglichkeiten des Vorstandes begrenzt sind, beruht dies nicht auf Einzelanordnungen, sondern auf generell-abstrakten Leitlinien (Gesetz, Satzung, Beschlüsse der Hauptversammlung), deren Beachtung zur Erreichung des mit der Tätigkeit verbundenen Ziels notwendig ist[8]. Indes gelten diese Grundsätze nur für solche Tätigkeiten, die die Betreffenden in ihrer Eigenschaft als Vorstandsmitglieder ausüben, nicht aber für außerhalb der AG ausgeübte Beschäftigungen (vgl. für die RV § 1 S. 4 SGB VI). Es kommt also auf die Beurteilung des jeweiligen rechtl. Verhältnisses an und nicht auf den Status des betreffenden Vorstandsmitglieds[9]. 28

Indessen können die Überlegungen zur Versicherungsfreiheit von Vorständen einer Aktiengesellschaft nicht auf **Vorstände eingetragener Vereine** entsprechend angewandt werden[10]. Erweist sich nämlich die Arbeitsleistung eines Vereinsmitglieds als ein unmittelbarer Ausfluss der Vereinsmitgliedschaft, was zB auch eine Tätigkeit als Vereinsvorstand sein kann, so handelt es sich hierbei nicht um ein Beschäftigungsverhältnis[11]. Dies stellt sich allerdings anders dar, wenn Vorstandsmitglieder von Vereinen für den Verein gegen Arbeitsentgelt tätig sind[12]. Hier kann das Gesamtbild der Tätigkeit ergeben, dass das Vorstandsmitglied einem umfassenden Weisungsrecht des Vereins, welches etwa durch einen Verwaltungsausschuss ausgeübt wird, unterliegt. Dabei kann dieses Weisungsrecht, wie bei allen Diensten höherer Art auch eingeschränkt und zur funktionsgerecht dienenden Teilhabe am Arbeitsprozess verfeinert werden. Unter dieser Voraussetzung sind dann auch Mitglieder von Vorständen eines Vereins, aber auch einer **eingetragenen Genossenschaft**, als abhängige Beschäftigte zu qualifizieren[13]. 29

8. Beginn und Ende des Beschäftigungsverhältnisses. Regelmäßig **beginnt** das versicherungspflichtige **Beschäftigungsverhältnis** mit der Arbeitsaufnahme. Es reicht allerdings auch aus, dass der Beschäftigungsbeginn zu einem Zeitpunkt vereinbart wurde, der ArbN seine Arbeitskraft zur Verfügung stellt und der ArbGeb zur Annahme grds. bereit ist, selbst wenn die Beschäftigung noch nicht zu dem betreffenden Zeitpunkt stattfindet. So kann ein Beschäftigungsverhältnis auch mit einem unbezahlten Urlaub eines ArbN beginnen[14]. Ein Beschäftigungsverhältnis beginnt allerdings dann nicht, wenn der Eintritt in die Beschäftigung wegen bestehender **Arbeitsunfähigkeit** des Beschäftigten scheitert[15]. Dagegen liegt ein Beschäftigungsverhältnis vor, wenn die Beschäftigung wegen einer Erkrankung des ArbN nicht zu 30

---

1 BSG v. 6.3.2003 – B 11 AL 25/02 R, SozR 4-2400 § 7 Nr. 1. | 2 BSG v. 22.8.1973 – 12 RK 24/72, USK 73122; v. 24.6.1982 – 12 RK 45/80, USK 82160; v. 18.12.2001 – B 12 KR 10/01 R, SGb 2002, 207; v. 4.7.2007 – B 11a AL 5/06 R, nv. | 3 BSG v. 22.8.1973 – 12 RK 24/72, USK 73122. | 4 BSG v. 14.12.1999 – B 2 U 48/98 R, EZA § 7 SGB IV Nr. 1. | 5 BSG v. 10.5.2007 – B 7a AL 8/06 R, ArbuR 2007, 227; LSG BW v. 17.4.2007 – L 11 KR 2644/05, nv. | 6 BSG v. 8.12.1987 – 7 RAr 25/86, USK 87170; v. 11.2.1993 – 7 RAr 48/92, USK 9347; v. 14.12.1999 – B 2 U 48/98 R, EZA § 7 SGB IV Nr. 1. | 7 BSG v. 23.9.1982 – 10 RAr 10/81, SozR 2100, § 7 Nr. 7; LSG Stuttgart v. 20.11.2000 – L 4 KR 3842/98, EzS 130/516; LSG NW v. 19.5.2004 – L 12 AL 102/03, nv. | 8 BSG v. 14.12.1999 – B 2 U 38/98 R, SozR 3-2200, § 539 Nr. 48 mwN; v. 19.6.2001 – B 12 KR 44/00 R, SozR 3-2400, § 7 SGB IV Nr. 18. | 9 Thür. LSG v. 30.8.2005 – L 6 KR 718/03, nv. | 10 BSG v. 19.6.2001 – B 12 KR 44/00 R, SozR 3-2400, § 7 SGB IV Nr. 18. | 11 Vgl. hierzu BSG v. 26.6.1980 – 8a RU 48/79, SozR 2200, § 539 Nr. 68; LSG Schl.-Holst. v. 11.1.2006 – L 5 KR 18/05, NZS 2006, 320 f. | 12 Vgl. BSG v. 19.6.2001 – B 12 KR 44/00 R, SozR 3-2400, § 7 SGB IV Nr. 18. | 13 BSG v. 21.2.1990 – 12 RK 47/87, SozR 3-2940, § 3 Nr. 1; LSG BW v. 11.10.2006 – L 5 KR 5117/04, nv. | 14 BSG v. 22.11.1968 – 3 RK 9/67, BSGE 29, 30. | 15 BSG v. 15.12.1994 – 12 RK 47/93, USK 9483.

dem im Arbeitsvertrag vorgesehenen Zeitpunkt aufgenommen werden kann, der ArbN aber gleichwohl, etwa auf Grund seines Arbeitsvertrages oder auf Grund einer tarifvertragl. Bestimmung oder sonstigen Rechtsgrundlage **Anspruch auf Fortzahlung** des Arbeitsentgelts hat. Wird aber der ArbN erst auf dem Weg zur Arbeitsaufnahme arbeitsunfähig, hat die Rspr. die Begründung eines Beschäftigungsverhältnisses bereits an diesem Tage bejaht[1]. Anders ist die Rechtslage nur in dem Fall, wenn eine der Vertragsparteien erkennbar das Beschäftigungsverhältnis nicht vollziehen will[2] oder ein Scheingeschäft vorliegt, um Leistungen der KV zu erlangen[3].

31 Mit dem Wegfall der Arbeitsbereitschaft des ArbN und dem Erlöschen des Weisungsrechts des ArbGeb **endet** das **Beschäftigungsverhältnis**[4]. Hat der ArbGeb das Arbeitsverhältnis gekündigt und bietet der ArbN über den Ablauf der Kündigungsfrist hinaus seine Arbeitskraft an, bleibt das Arbeitsverhältnis auch für die Dauer des **Annahmeverzuges** des ArbGeb bestehen, wenn in einem **Kündigungsschutzprozess** später festgestellt wird, dass die Kündigung das Arbeitsverhältnis nicht beendet hat[5]. Allerdings knüpft die Annahme eines Beschäftigungsverhältnisses an arbeitsrechtl. wirksam zu Stande gekommene Vereinbarungen und Regelungen an, soweit nicht eine diesen Vereinbarungen entgegenstehende tatsächliche Handhabung vorliegt. Deshalb kommt es im Falle eines **Abfindungsvergleiches** im Kündigungsschutzprozess für die versicherungsrechtl. Beurteilung nicht darauf an, wie der Arbeitsrechtsstreit ohne Vergleich zu entscheiden gewesen wäre, sondern entscheidend ist die im Wege des Vergleichs vereinbarte wirksame Beendigung des Arbeitsverhältnisses[6]. Konsequenterweise geht die Rspr. deshalb davon aus, dass **Beitragsansprüche**, wenn über das Bestehen eines Arbeitsverhältnisses ein arbeitsgerichtl. Verfahren schwebt, grds. erst mit dessen rechtskräftiger Beendigung fällig werden, da erst dann die für die versicherungsrechtl. Beurteilung erforderlichen Tatsachen feststehen[7].

31a Die Annahme eines Beschäftigungsverhältnisses kann aber dann problematisch werden, wenn der ArbN vor der Freistellungsphase, mit deren Ablauf das Arbeitsverhältnis enden soll, **unwiderruflich freigestellt** wird[8]. Wenn im gegenseitigen Einvernehmen ArbN und ArbGeb unwiderruflich auf die vertraglich geschuldete Arbeitsleistung des ArbN verzichten (zB durch einen Aufhebungs- bzw. Abwicklungsvertrag), so soll es nach Auffassung der SozV-Träger an einer das Beschäftigungsverhältnis iSd. § 7 SGB IV kennzeichnenden zweiseitigen Beziehungen von ArbN und ArbGeb fehlen. Folge hiervon wäre, dass das versicherungspflichtige Beschäftigungsverhältnis bei einer unwiderruflichen Freistellung von der Arbeitsleistung mit dem letzten Arbeitstag endet, denn in diesen Fällen ende auf Seiten des ArbN die Weisungsgebundenheit und auf Seiten des ArbGeb das Weisungsrecht. Dem stehe nicht entgegen, dass dem ArbN in diesen Fällen gleichwohl bis zum rechtlichen Ende des Arbeitsverhältnisses das geschuldete Arbeitsentgelt fortgezahlt wird[9]. Diese Auffassung wird allerdings von der instanzgerichtlichen Rspr. zu Recht nicht geteilt[10]. Schließlich ist auch der freigestellte ArbN ua. auf Grund fortbestehender Nebenpflichten nicht wie ein Selbständiger in der Lage, seine Arbeitskraft frei zu verwerten.

32 **III. Betriebliche Berufsbildung.** In Ergänzung zu § 7 I sieht § 7 II vor, dass als Beschäftigung auch der Erwerb berufl. Kenntnisse, Fertigkeiten oder Erfahrungen im Rahmen betriebl. Berufsbildung gilt. Diese Regelung ist als ergänzende Vorschrift zu verstehen. Selbst wenn bei der Berufsausbildung weniger die Erbringung produktiver Arbeit als vielmehr die Vermittlung berufl. Kenntnisse, Fertigkeiten und Erfahrungen sowie Erziehung und Bildung im Vordergrund steht, müssen im Rahmen einer Berufsausbildung die allgemeinen Voraussetzungen eines Beschäftigungsverhältnisses vorliegen[11]. Insofern kann auf die obigen Ausführungen verwiesen werden. Grds. sind daher nur diejenigen Auszubildenden iSd. § 7 Beschäftigte, die in einer Betriebstätigkeit ausgebildet und in den Produktions- oder Dienstleistungsprozess zum Erwerb praktischer Kenntnisse und Fertigkeiten eingegliedert sind. Dies gilt im Grundsatz auch für betriebl. Praktika[12]. Ein Beschäftigungsverhältnis nach § 7 II ist mangels betriebl. Berufsbildung dann zu verneinen, wenn die praktische Ausbildung im Wesentlichen außerbetrieblich, also zB durch die Hochschule geregelt und gelenkt wird[13].

33 **IV. Beschäftigungsverhältnis bei flexibler Arbeitszeitregelung.** Die Regelungen des § 7 Ia trifft eine allgemeine sozialversicherungsrechtl. Regelung für Modelle der Flexibilisierung der Arbeitszeit, bei denen der ArbN zeitweise von der Arbeitsleistung freigestellt ist. Mit dem Gesetz zur sozialrechtl. **Absicherung flexibler Arbeitszeitregelungen** vom 6.4.1998[14] wurde hierdurch erstmalig eine gesetzl. Regelung für

1 BSG v. 28.2.1967 – 3 RK 17/65, BSGE 26, 124. | 2 BSG v. 28.2.1967 – 3 RK 17/65, BSGE 26, 124. | 3 LSG BW v. 31.10.2007 – L 5 KR 2154/06. | 4 Krauskopf/*Baier*, § 7 SGB IV Rz. 44. | 5 BSG v. 25.9.1981 – 12 RK 58/80, SozR 2100, § 25 Nr. 3. | 6 BSG v. 30.6.1993 – 12 BK 75/92, nv. | 7 BSG v. 13.8.1996 – 12 RK 76/94, SozR 3-2400, § 25 Nr. 6. | 8 *Oberthür*, NZA 2005, 377, (379); vgl. BAG v. 10.2.2004 – 9 AZR 401/02, NZA 2004, 606. | 9 Besprechung der Spitzenverbände der Krankenkassen, der See-Krankenkasse, der Bundesknappschaft, des Verbandes Deutscher Rentenversicherungsträger, der Bundesversicherungsanstalt für Angestellte, der Bundesagentur für Arbeit und der Spitzenverbände der Unfallversicherungsträger über Fragen des gemeinsamen Beitragseinzugs zur Kranken-, Pflege-, Renten- und Arbeitslosenversicherung vom 5./6.7.2005; hierzu, *Rittweger* in Schwerpunktkommentar Sozialrecht, § 7 SGB IV Rz. 15.1 f.; kritisch *Schlegel*, NZA 2005, 972 ff. | 10 LSG Rh.-Pf. v. 21.6.2007 – L 5 KR 231/06, *Breith* 2008, 61; ähnlich: Bay. LSG v. 12.4.2007 – L 4 KR 37/04. | 11 BSG v. 12.10.2000 – B 12 KR 7/00 R, SozR 3-2600, § 1 Nr. 7. | 12 BSG v. 3.2.1994 – 12 RK 78/92, SozR 3-2500, § 5 Nr. 15. | 13 Vgl. BSG v. 6.10.1988 – 1 RA 53/87, SozR 2200, § 1232 Nr. 26; Wannagat/*Brandenburg*/*Woltjen*, § 7 SGB IV Rz. 98. | 14 BGBl. I S. 688 ff.

den Versicherungsschutz flexibler Arbeitszeiten in der SozV geschaffen. Mit dem Gesetz zur Einführung des Euro im Sozial- und Arbeitsrecht sowie zur Änderung anderer Vorschriften (4. Euro-Einführungsgesetz) vom 21.12.2000[1], dessen die flexiblen Arbeitszeiten betreffenden Regelungen überwiegend am 1.1.2001 in Kraft traten, wurde darüber hinaus das Ziel verfolgt, insb. das bisherige Verfahren zur Berechnung der Beiträge in den Fällen, in denen der ArbN die geleistete Vorarbeit (**Wertguthaben**) nicht für Zeiten der Freistellung von der Arbeit verwendet (**Störfall**), für alle Beteiligten einfacher zu gestalten.

1. Allgemeines. Durch diese Regelung unterstützt der Gesetzgeber eine Tendenz in der Praxis, die auf eine verstärkte Abkehr vom Prinzip der starren Arbeitszeit gerichtet ist. Stichworte, die diese Tendenz umschreiben, sind der Jahresarbeitszeitvertrag, das **Sabbatical**, **Job-Sharing-Modelle**, KAPOVAZ sowie Bedarfsarbeitsverträge. Hinsichtlich dieser Erscheinungsformen war der sozialversicherungsrechtl. Status der ArbN in der jeweiligen Freistellungsphase zumindest in der Vergangenheit unklar, da grds. die Versicherungs- und Beitragspflicht davon abhing, dass eine tatsächliche Arbeitsleistung gegen Entgelt erbracht wurde. Hier sollte durch die Neuregelung, insb. in § 7 Ia eine Klarstellung erfolgen. Diverse Arbeitszeitmodelle sehen vor, dass ArbN in einem bestimmten Zeitraum keine Arbeitsleistungen zu erbringen haben, jedoch ein Arbeitsentgelt erhalten, das durch tatsächliche Arbeitsleistung vor oder nach der Freistellungsphase erzielt wird (Wertguthaben). § 7 Ia regelt nunmehr, dass eine Beschäftigung gegen Arbeitsentgelt unter bestimmten Voraussetzungen auch während dieser Freistellungsphasen besteht. Damit werden nicht nur Unterbrechungen des Arbeitslebens, wie etwa ein Sabbatical, sondern auch Freistellungsphasen zum Ende des Arbeitslebens (wie zB **ATZ-Arbeit in Blockbildung**) sozialversicherungsrechtl. abgesichert[2]. 34

Gem. § 7 Ia 1 besteht eine Beschäftigung gegen Arbeitsentgelt in Zeiten der Freistellung von der Arbeitsleistung nur, wenn die Freistellung auf Grund einer schriftl. Vereinbarung erfolgt, in der Freistellungsphase Arbeitsentgelt fällig ist, dieses Arbeitsentgelt mit einer vor oder nach der Freistellungsphase erbrachten Arbeitsleistung erzielt wird (Wertguthaben), die Höhe des für die Freistellungsphase bezahlten Arbeitsentgelts nicht unangemessen von dem monatlich fälligen Arbeitsentgelt der der Freistellungsphase unmittelbar vorausgegangenen 12 Kalendermonate abweicht und die Arbeitsentgelte während der Arbeitsphase und während der Freistellung 400 Euro im Monat übersteigen. Dabei spielt es keine Rolle, ob das Beschäftigungsverhältnis nach Ablauf der Freistellungsphase anschließend fortgesetzt wird. Unter den Voraussetzungen der Regelungen des § 7 Ia 2 kann ein Beschäftigungsverhältnis sogar mit einer Freistellungsphase beginnen. In diesem Fall darf die Höhe des für die Freistellungsphase gezahlten Arbeitsentgelts nicht unangemessen von der Höhe des Arbeitsentgelts in der späteren Arbeitsphase abweichen. Der Annahme eines Beschäftigungsverhältnisses steht es desgleichen nicht entgegen, dass die Arbeitsleistung, mit der das Arbeitsentgelt später erzielt werden soll, wegen einer im Zeitpunkt der Vereinbarung nicht vorhersehbaren vorzeitigen Beendigung des Arbeitsverhältnisses gem. § 7 Ia 3 nicht mehr erbracht werden kann. Die Vorschriften des § 7 Ia 1–4 gelten allerdings nicht für Personen, auf die die Wertguthaben lediglich übertragen werden. Damit soll ausgeschlossen werden, dass Dritte durch Erwerb von Wertguthaben, die in anderer Beschäftigter durch Arbeitsleistung angesammelt hat, einen sozialversicherungsrechtl. Schutz ohne Arbeitsleistung begründen können. 35

2. Freistellung. Soweit die gesetzl. Regelung von Freistellung spricht, ist damit der Begriff der Freistellung im **sozialversicherungsrechtl. Sinne** zu verstehen[3]. Bereits nach bisheriger Rspr. wurde das sozialversicherungsrechtl. Beschäftigungsverhältnis nicht unterbrochen, wenn während der Freistellung das Arbeitsverhältnis fortbestand, die Arbeitsvergütung weitergezahlt wurde und damit der Wille der Vertragspartner zur Fortsetzung der Beschäftigung nach der Freistellung dokumentiert wurde[4]. Freistellung setzt begrifflich voraus, dass der ArbN zur Arbeitsleistung in der Lage wäre. Dies hat zur Konsequenz, dass wenn der ArbN auf Grund von **Erwerbsunfähigkeit** nicht mehr in der Lage ist, die Arbeitsleistung zu erbringen, von einer Freistellung nicht mehr ausgegangen werden kann[5]. 36

Unter **flexibler Arbeitszeitregelungen** iSd. § 7 Ia fallen alle Regelungen, die es gestatten, geleistete Arbeitszeiten oder erzielte Arbeitsentgelte in späteren Abrechnungszeiträumen für Freistellungen von der Arbeit zu verwenden. Insofern stellt auch die sog. **gleitende Arbeitszeit** eine flexible Arbeitszeitregelung dar. Keine flexible Arbeitszeit iSd. SozV ist jedoch die sog. **Vertrauensarbeitszeit**, in der keine Aufzeichnungen über Arbeitszeiten geführt werden. Vielmehr besteht während der gesamten Dauer des Vertrauensarbeitszeitmodells eine Beschäftigung gegen Arbeitsentgelt nach § 7 I. 37

3. Freistellungsvereinbarung. Flexible Arbeitszeitregelungen müssen **schriftl.** vereinbart und damit nachweisbar sein. Solche schriftl. Vereinbarungen können in **tarifvertragl. Regelungen**, **BV** sowie **einzelvertragl. Vereinbarungen** zu sehen sein[6]. Inhaltlich müssen diese Vereinbarungen insb. Regelungen über die **Freistellungsphase** und die **Höhe des während der Freistellung fälligen Arbeitsentgelts** enthalten. Nach § 7 Ia 4 kann die Freistellungsvereinbarung auch von vornherein vorsehen, dass das angesammelte Wertguthaben, welches nicht mehr für Zeiten der Freistellung von der Arbeitsleistung verwendet wer- 38

---

1 BGBl. I S. 1983 ff. | 2 BSG v. 17.4.2007 – B 5 R 16/06 R, nv. | 3 Krauskopf/*Baier*, § 7 SGB IV Rz. 29. | 4 Vgl. BSG v. 18.4.1991 – 7 RAr 106/90, SozR 3-4100, § 104 Nr. 6. | 5 Krauskopf/*Baier*, § 7 SGB IV Rz. 29. | 6 *Skorczyk*/*Klups*/*Jacobsen*, ZTR 2007, 234 (236).

den kann, anderweitig verwandt wird. Dies ist zulässig bei Beendigung der Beschäftigung wegen Eintritts einer verminderten Erwerbsfähigkeit, des Erreichens einer Altersgrenze, zu der eine Rente wegen Alters beansprucht werden kann oder des Todes des Beschäftigten. Für derartige Fälle kann geregelt werden, dass das jeweilige Wertguthaben zB für die **betrAV** verwendet oder an den Beschäftigten bzw. an dessen Hinterbliebenen ausgezahlt wird. Hierbei ist die Regelung zur Beitragspflicht von Einnahmen bei flexiblen Arbeitszeitregelungen in **§ 23b IIIa** zu beachten. Wird allerdings das Wertguthaben nicht für eine laufende Freistellung von der Arbeit und auch nicht auf Grund einer entsprechenden Vereinbarung für die betrAV verwendet, tritt ein sog. **Störfall** ein, der eine besondere Beitrittsberechnung erfordert. Inhaltlich müssen aber alle Vereinbarungen über flexible Arbeitszeitregelungen darauf gerichtet sein, dass es Zweck der Vereinbarung ist, die Freistellung zu erreichen.

39 **4. Wertguthaben.** § 7 Ia 1 enthält eine **Legaldefinition** des Begriffs Wertguthaben. Unter diesem Begriff sind alle im Rahmen der vertragl. vereinbarten flexiblen Arbeitszeitregelungen erzielten Guthaben zu verstehen. Dies gilt unabhängig davon, ob die Guthaben als **Geldguthaben** oder **Zeitguthaben** geführt werden. Insofern gelten als Wertguthaben im sozialversicherungsrechtl. Sinne alle angesparten Arbeitsentgelte sowie alle Arbeitszeiten, denen Arbeitsentgelt zugrunde liegen, soweit diese aus einer versicherungspflichtigen Beschäftigung stammen (zB Teile des laufenden Arbeitsentgelts, Mehrarbeitsvergütungen, Einmalzahlungen, freiwillige Leistungen des ArbGeb, Überstunden, nicht in Anspruch genommene Urlaubstage). Hierbei werden auch Arbeitsentgelte oberhalb der BBG berücksichtigt. Bei **ATZ im Blockmodell** ist das Wertguthaben die Differenz zwischen dem bisherigen Arbeitsentgelt und dem Arbeitsentgelt für die ATZ-Arbeit bzw. die Differenz zwischen der bisherigen Arbeitszeit und der dem Arbeitsentgelt für die ATZ zugrunde liegenden Arbeitszeit. Verzichtet der ArbGeb aus betriebsbedingten Gründen während einer im Rahmen der ATZ-Arbeit vertragl. vorgesehenen Arbeitsphase nicht nur vorübergehend auf die tatsächliche Arbeitsleistung des ArbN, ohne dass vereinbart ist, dass ein bereits angesammeltes Wertguthaben in dieser Freistellungsphase abgebaut wird, und besteht keine Vereinbarung, dass diese Freistellung noch nachgearbeitet und damit negatives Wertguthaben ausgeglichen wird, sind die Voraussetzungen des § 7 Ia für das Vorliegen eines Beschäftigungsverhältnisses gegen Arbeitsentgelt in Zeiten einer Freistellung von der Arbeitsleistung nicht erfüllt. Deshalb liegen auch die Voraussetzungen des ATZG während der Freistellung in der Arbeitsphase dann nicht vor. Sofern der ArbGeb jedoch lediglich **vorübergehend** den ArbN von der Arbeitsleistung **freistellt**, besteht das Beschäftigungsverhältnis nach der allgemeinen Vorschrift des § 7 I fort, wenn der ArbN weiterhin dienstbereit bleibt und der Verfügungsmacht des ArbGeb untersteht. Auf Grund der Vergütung, die für die Zeit der vorübergehenden Freistellung in der Arbeitsphase zu leisten ist, kann auch ein Beschäftigungsverhältnis iSd. § 7 Ia für die spätere Freistellungsphase begründet werden[1].

40 § 7 Ia 6 sieht aus Gründen des Leistungsrechts der gesetzl. RV vor, dass Wertguthaben, die zum Teil aus Arbeitsleistungen im **Rechtskreis West** als auch im **Rechtskreis Ost** erzielt wurden, getrennt darzustellen sind. Von einer Arbeitsleistung im Beitrittsgebiet, also im Rechtskreis Ost, ist dann auszugehen, wenn der Beschäftigungs- bzw. Tätigkeitsort im Beitrittsgebiet liegt und daher die für die Beitrags- und Leistungsberechnung im Beitragsgebiet maßgebenden Werte auf das Beschäftigungsverhältnis und Versicherungsverhältnis anzuwenden sind.

41 Arbeitsentgelt für die Zeit der Arbeitsleistung und der Freistellung dürfen nicht **unangemessen voneinander abweichen**. Damit soll erreicht werden, dass einerseits dem Beschäftigten für die Zeit der Freistellung gelingt, seinen bisherigen Lebensstandard zu wahren, dass andererseits aber auch verhindert wird, dass ein **Versicherungsschutz zu Minibeträgen** begründet werden kann. Für die Verhältnisbildung ist grds. das Arbeitsentgelt iSd. § 14 maßgebend. Das Entgelt muss mindestens die Entgeltgrenze für geringfügige Beschäftigungen übersteigen. Der Gesetzgeber hat jedoch darauf verzichtet, das angemessene Verhältnis der jeweiligen Arbeitsentgelte exakt festzulegen. Insofern ist eine individuelle Beurteilung im Einzelfall erforderlich[2].

42 Die Verwaltung der Wertguthaben verlangt vom ArbGeb nicht unerhebliche Anstrengungen. Es gelten hier besondere beitrags- und melderechtl. Arbeitgeberpflichten (§ 23b). Im Übrigen sind Wertguthaben, die zum Teil aus Arbeitsleistungen im Rechtskreis West als auch im Rechtskreis Ost erzielt wurden, auf Grund der Vorschrift des § 7 Ia 6 getrennt darzustellen.

43 Auch eine **Übertragung** von Wertguthaben **auf einen Dritten**, ist in den Lohnunterlagen des Dritten als solches kenntlich zu machen (§ 8 Beitragsverfahrensverordnung). Derartige übertragene Wertguthaben werden beim Dritten nicht für die Beitragserhebung herangezogen und können nicht für eine Freistellungsphase nach § 7 Ia verwendet werden.

44 **5. Störfall.** Für den Fall, dass das Wertguthaben nicht wie vereinbart für eine laufende Freistellung von der Arbeit verwendet wird (Störfall) sieht § 23b II u. IIa ein **besonderes Beitragsberechnungsverfahren** vor. Danach gilt in einem Störfall als beitragspflichtiges Arbeitsentgelt das Wertguthaben, höchstens die

1 Rundschreiben der Spitzenverbände der Sozialversicherungsträger und der BA vom 9.3.2004 zum Altersteilzeitgesetz Ziff. 2.1.7.5. | 2 Vgl. Krauskopf/*Baier*, § 7 SGB IV Rz. 36.

Differenz zwischen der für die Dauer der Arbeitsphase seit der ersten Bildung des Wertguthabens maßgebenden BBG für den jeweiligen Versicherungszweig und dem in dieser Zeit beitragspflichtigen Arbeitsentgelt (sog. **Summenfelder-Modell**). Die sich aus dem Summenfelder-Modell ergebenden Beitragsbemessungsgrundlagen sind in der Entgeltabrechnung mindestens kalenderjährlich darzustellen. Dies sind die (Gesamt-)Differenzen zwischen dem beitragspflichtigen Arbeitsentgelt und der BBG des jeweiligen Versicherungszweiges (sog. **SV-Luft**) für die Dauer der Arbeitsphase seit der erstmaligen Bildung des Wertguthabens. Wurden Wertguthaben zum Teil aus Arbeitsleistungen im Rechtskreis West als auch im Rechtskreis Ost erzielt, ist die sich in den beiden Rechtskreisen ergebende SV-Luft in der Entgeltabrechnung getrennt darzustellen[1]. Bereits hieran wird deutlich, dass die Verwaltung von Wertguthaben und die Bewältigung von **Störfällen** vom ArbGeb einen erheblichen Aufwand erfordern. Störfälle treten grds. dann ein, wenn das Arbeitsentgelt aus dem Wertguthaben nicht vereinbarungsgemäß verwendet wird. Dies kann etwa die Beendigung des Beschäftigungsverhältnisses durch Kündigung, die Beendigung des Beschäftigungsverhältnisses ohne Wiedereinstellungsgarantie wegen Eintritts der Erwerbsminderung oder zB bei vollständiger oder teilweiser Auszahlung des Wertguthabens nicht für Zeiten einer Freistellung sein. Insgesamt erweist sich deshalb eine Vereinbarung über flexible Arbeitszeiten sozialversicherungsrechtl. als enorme Herausforderung an den ArbGeb.

6. Kündigungsschutz. § 7 Ib enthält eine **arbeitsrechtl. Regelung**. Danach kann die Möglichkeit eines ArbN zur Vereinbarung flexibler Arbeitszeiten im Kündigungsschutz nicht zu seinem Nachteil geltend gemacht und berücksichtigt werden. Insb. ist die Möglichkeit zur Vereinbarung flexibler Arbeitszeiten keine die Kündigung des Arbeitsverhältnisses durch den ArbGeb begründenden Tatsache iSd. § 1 II 1 KSchG. Die Vorschrift wirft für die Praxis viele Zweifelsfragen auf. 45

Nach dem Wortlaut der Regelungen sind nicht nur **Beendigungskündigungen**, sondern auch **Änderungskündigungen**, die auf die Einführung von flexiblen Arbeitszeitmodellen gerichtet sind, sozial ungerechtfertigt[2]. Der Gesetzgeber des Gesetzes zur Absicherung flexibler Arbeitszeitregelungen wollte jedoch gerade den Trend zu flexiblen Arbeitszeitmodellen unterstützen. Wollte man deshalb auch Änderungskündigungen zur Einführung flexibler Arbeitszeitmodelle unter die Regelung des § 7 Ib fassen, würde das geradezu im Gegensatz zur gesetzgeberischen Intention stehen[3]. Deshalb ist die Regelung des § 7 Ib insofern teleologisch zu reduzieren, als dass **Änderungskündigungen zur Einführung flexibler Arbeitszeitregelungen** nicht unter dessen Schutzbereich fallen[4]. 46

Der Verweis auf § 1 II 1 KSchG zeigt, dass sowohl die Wartezeit erfüllt als auch die **Anwendungsvoraussetzungen des § 23 KSchG** vorliegen müssen. Wenn ein ArbN geltend machen will, dass eine Kündigung wegen Verstoßes gegen § 7 Ib sozial ungerechtfertigt ist, so muss er gem. § 4 KSchG **innerhalb von drei Wochen** nach Zugang der Kündigung **Klage beim ArbG** auf Feststellung erheben, dass das Arbeitsverhältnis durch die Kündigung nicht aufgelöst ist. 47

V. Unterbrechung des Beschäftigungsverhältnisses. Nach der sozialversicherungsrechtl. Vorschrift des **§ 7 III 1** gilt eine Beschäftigung gegen Arbeitsentgelt als fortbestehend, solange das Beschäftigungsverhältnis ohne Anspruch auf Arbeitsentgelt fortdauert, jedoch nicht länger als einen Monat. Diese Vorschrift enthält eine einheitliche Regelung für die KV, PflV, RV und ArblV. Rechtssystematisch handelt es sich hierbei um eine **gesetzl. Fiktion des Fortbestehens einer Beschäftigung** unter den dort genannten Voraussetzungen, die nicht widerlegbar ist[5]. Fälle die insb. unter den Anwendungsbereich dieser Regelung fallen, sind zB **Streik, Aussperrung sowie unbezahlter Urlaub**. Sofern mehrere Unterbrechungstatbestände unterschiedlicher Art aufeinander treffen (zB unbezahlter Urlaub im Anschluss an den Bezug von Krankengeld, Mutterschaftsgeld oder Elternzeit), sind nach neuerer Rspr. die Zeiten der einzelnen Arbeitsunterbrechungen nicht zusammenzurechnen[6]. Etwas anderes gilt nur dann, wenn Unterbrechungstatbestände iSv. § 7 III 1 aufeinander treffen (zB unbezahlter Urlaub oder Streik, ggf. im Anschluss an eine Arbeitsunfähigkeit nach Ablauf der Entgeltfortzahlung bei einem privat krankenversicherten ArbeitN)[7]. 48

1. Voraussetzungen. Die Fiktion eines Fortbestehens einer Beschäftigung gegen Arbeitsentgelt setzt bereits begrifflich voraus, dass zunächst eine Beschäftigung gegen Arbeitsentgelt tatsächlich vorgelegen haben muss[8]. Darüber hinaus setzt § 7 III voraus, dass das **Beschäftigungsverhältnis** fortdauert. Es muss sich also um eine **Unterbrechung** und nicht etwa um eine **Beendigung des Beschäftigungsverhältnisses** handeln. Ob die Unterbrechung einvernehmlich oder einseitig durch unentschuldigtes Fernbleiben von der Arbeit erfolgt, spielt hierbei keine Rolle[9]. Weiter verlangt § 7 III, dass der **Anspruch auf Arbeitsent-** 49

---

1 Vgl. hierzu ausf. das Rundschreiben der Spitzenverbände der Sozialversicherungsträger und der BA vom 9.3.2003 zum Altersteilzeitgesetz, Ziff. 3.9. | 2 Kasseler Kommentar/*Seewald*, § 7 SGB IV Rz. 145o. | 3 Vgl. hierzu *Diller*, NZA 1998, 792 (795); *Marschner*, AR-Blattei SD, Arbeitszeit I/I Flexibilisierung, Rz. 37; *Diller*, BB 1998, 844 f. | 4 Vgl. *Diller*, NZA 1998, 792 (795); MünchArbR/*Schüren*, § 165 Rz. 89; aA *Necati*, Arbeitzeitkonten bei flexibler Arbeitszeit, 2005, S. 185 ff. | 5 Kasseler Kommentar/*Seewald*, § 7 SGB IV Rz. 180. | 6 BSG v. 17.2.2004 – B 1 KR 7/02 R, NZS 2005, 147 (151). | 7 Gemeinsame Verlautbarung der Spitzenverbände der Sozialversicherungsträger vom 28.10.2004 zum Fortbestand des Versicherungsverhältnisses bei Arbeitsunterbrechung (§ 7 III SGB IV), Ziff. 2.6. | 8 Kasseler Kommentar/*Seewald*, § 7 SGB IV Rz. 181. | 9 Krauskopf/*Baier*, § 7 SGB IV Rz. 52.

gelt entfallen sein muss. Gerät der ArbGeb lediglich in Annahmeverzug sind die Voraussetzungen des § 7 III nicht erfüllt.

50 **2. Dauer der Unterbrechung.** Liegen die Voraussetzungen des § 7 III 1 vor, so wird eine Beschäftigung gegen Arbeitsentgelt **längstens für die Dauer eines Monates fingiert**. Eine **Sonderregelung** hierzu besteht im Recht der **gesetzl. Krankenversicherung**. Gem. § 192 I Nr. 1 SGB V bleibt ua. die Mitgliedschaft in der gesetzl. KV als Versicherungspflichtiger erhalten, solange sich die Versicherungspflichtigen in einem rechtmäßigen Arbeitskampf befinden. Fehlt jedoch eine derartige Sonderregelung, so gilt die Monatsfrist des § 7 III.

51 Für die Fristberechnung gelten die Vorschriften des BGB (§§ 187 ff. BGB). Insofern beginnt die Monatsfrist mit dem ersten Tag der Arbeitsunterbrechung. Sie endet mit dem Ablauf desjenigen Tages des nächsten Monats, welcher dem Tag vorhergeht, der durch seine Zahl dem Anfangstag der Frist entspricht. Fehlt dem nächsten Monat der für den Ablauf der Frist maßgebenden Tag, dann endet die Frist mit Ablauf des letzten Tages dieses Monates. Nicht vorausgesetzt wird allerdings, dass die Dauer von vornherein auf diesen Zeitraum befristet war. Hatten die Beteiligten bereits im Vorhinein absehen können, dass die Unterbrechung den Zeitraum von mehr als einem Monat überschreiten wird, so hindert dies nicht den Eintritt der Fiktion für den ersten Monat.

52 **3. Anspruch auf Entgeltersatzleistungen.** Nach § 7 III 2 gilt die Beschäftigung gegen Arbeitsentgelt nicht als fortbestehend, wenn **Krankengeld, Krankentagegeld, Verletztengeld, Versorgungskrankengeld, Übergangsgeld, Mutterschaftsgeld** oder nach gesetzl. Vorschriften **Erziehungsgeld** oder **Elterngeld** bezogen oder **Elternzeit** in Anspruch genommen oder **Wehrdienst oder Zivildienst** geleistet wird. Liegen derartige Umstände vor, ergibt sich die Versicherungspflicht oder die soziale Absicherung aus speziellen Regelungen in den SV-Zweigen. Erhält etwa der Betreffende eine Sozialleistung, die dazu führt, dass § 7 III 1 nicht gilt, so kommt es allein auf den **Bezug**, nicht aber auf die **Rechtmäßigkeit der empfangenen Leistung** an[1]. Zahlt der ArbGeb für die Dauer der Unterbrechung das Arbeitsentgelt fort, so ist dies kein Fall von § 7 III. In diesem Fall wird das Beschäftigungsverhältnis nicht unterbrochen.

53 **4. Auswirkungen der Unterbrechung.** Die Vorschrift des § 7 III hat darüber hinaus Auswirkungen auf die **Beitragsberechnung** und ggf. auf die Höhe der zu zahlenden Beiträge, da die Zeiten der Arbeitsunterbrechung ohne Anspruch auf Arbeitsentgelt keine beitragsfreien, sondern dem Grunde nach beitragspflichtige Zeiten sind. Für den Bereich der KV und PflV sind darüber hinaus im Falle eines rechtmäßigen Arbeitskampfes auch die über einen Monat hinausgehenden Tage als SozV-Tage anzusehen, was im Interesse einer einheitlichen Berechnung der Beiträge aus Arbeitsentgelt für alle vier Versicherungszweige in der Praxis zu erheblichen Problemen führt. Diese Problematik beruht letztlich darauf, dass der Gesetzgeber in § 192 I Nr. 1 SGB V eine Sonderregelung für den Fall des rechtmäßigen Arbeitskampfes getroffen hat.

54 **VI. Scheinselbständigkeit/Existenzgründer.** Dem Missbrauch der SozV-Systeme hatte der Gesetzgeber bei Schaffung des Gesetzes zu Korrekturen in der SozV und zur Sicherung der Arbeitnehmerrechte vom 19.12.1998[2] im Blick, als er in § 7 IV eine Regelung schaffte, die den SozV-Trägern die Bekämpfung der **Scheinselbständigkeit** erleichtern sollte. Diese mehrfach geänderte Vermutungsregelung, die sich als wenig praxistauglich erwies, ist mittlerweile durch das Zweite Gesetz für moderne Dienstleistungen am Arbeitsmarkt vom 23.12.2002[3] mit Wirkung ab 1.1.2003 weggefallen. Für die Abgrenzung einer Beschäftigung von einer selbständigen Tätigkeit gilt nunmehr wieder allein der Beschäftigungsbegriff des § 7 I. Bei der im Rahmen dieser Vorschrift vorzunehmenden Gesamtschau der tatsächlichen Umstände wird man aber auch die Vermutungskriterien der alten Regelung des § 7 IV berücksichtigen können[4].

55 Eine Sonderregelung findet sich allerdings für **Existenzgründer**. Gem. § 421 I SGB III haben ArbN, die durch Aufnahme einer selbständigen Tätigkeit die Arbeitslosigkeit beenden, Anspruch auf einen monatlichen Existenzgründungszuschuss. Mit dem Antrag auf Gewährung dieses Zuschusses wird auf Grund § 7 IV 1 widerlegbar vermutet, dass der Existenzgründer, der bereits seine existenzgründende Tätigkeit aufgenommen hat, selbständig tätig ist. Die widerlegbare Vermutung gilt bis zum Eintritt der Bestandskraft einer ablehnenden Entscheidung der AA[5]. Trifft die AA eine positive Entscheidung, so wandelt sich gem. § 7 IV 2 die widerlegbare Vermutung für die Dauer des Bezugs des Zuschusses in eine unwiderlegbare Vermutung einer selbständigen Tätigkeit. Die Vermutungswirkung endet dann mit Ablauf des Bezuges. Vom 1.7.2006 an finden die Regelungen des § 421 I SGB III aber nur noch Anwendung, wenn der Anspruch auf Förderung vor diesem Tag bestanden hat (§ 421 I, V SGB III). Damit handelt es sich bei § 7 IV nur noch um Übergangsrecht[6] und wird zum 1.7.2009 aufgehoben[7].

56 **VII. Anfrageverfahren.** Der Gesetzgeber hat durch das Gesetz zur Förderung der Selbständigkeit in § 7a SGB IV ein Anfrageverfahren geschaffen, damit es den Beteiligten ermöglicht wird, schnellstmög-

1 Wannagat/*Brandenburg*/*Woltjen*, § 7 SGB IV Rz. 87a. | 2 BGBl. I S. 3843. | 3 BGBl. I S. 4621. | 4 *Sommer*, NZS 2003, 169 (171 f.). | 5 Krauskopf/*Baier*, § 7 SGB IV Rz. 60. | 6 *Rittweger* in Schwerpunktkommentar Sozialrecht, § 7 SGB IV Rz. 26 f. | 7 Art. 1 Nr. 7b des Gesetzes zur Änderung des Vierten Buches Sozialgesetzbuch und anderer Gesetze v. 19.12.2007 (BGBl. I S. 3024).

lich Klarheit über den versicherungsrechtl. Status einer erwerbsmäßig tätigen Person zu erlangen[1]. Danach können die Beteiligten schriftl. eine Entscheidung durch die Deutsche Rentenversicherung Bund beantragen, ob eine Beschäftigung vorliegt, sofern nicht die Einzugstelle oder ein anderer Versicherungsträger im Zeitpunkt der Antragstellung bereits ein Verfahren zur Feststellung einer Beschäftigung eingeleitet hat[2]. **Antragsberechtigt ist jeder Beteiligte.** Es ist nicht etwa erforderlich, dass sich die Beteiligten für ein Antragsverfahren einig sind. Allerdings soll nach der Rspr. das Anfrageverfahren nur zur Beginn einer Beschäftigung eröffnet sein, da sich dies aus dem vorausschauenden Charakter des Statusfeststellungsverfahrens ergebe[3]. Die Angaben und Unterlagen, die die Deutsche Rentenversicherung Bund für ihre Entscheidung benötigt, kann sie nach § 7a III schriftl. bei den Beteiligten unter Fristsetzung anfordern. Nach Abschluss der Ermittlungen hat die Deutsche Rentenversicherung Bund vor Erlass ihrer Entscheidung den Beteiligten Gelegenheit zu geben, sich zu der beabsichtigten Entscheidung zu äußern. Damit ist den Beteiligten ermöglicht, vor Erlass eines Statusbescheides weitere Tatsachen und ergänzende rechtl. Gesichtspunkte vorzubringen. In den besonders problematischen Fällen der **Beschäftigung von Angehörigen** und der **versicherungsrechtl. Beurteilung von Gesellschafter-Geschäftsführern** ist seit dem 1.1.2005 die Einzugsstelle gem. § 7a I 2 verpflichtet, einen Antrag nach § 7a I 1 zu stellen, wenn sich aus der Meldung des ArbGeb ergibt, dass der Beschäftigte **Angehöriger des ArbGeb** oder **geschäftsführender Gesellschafter einer GmbH** ist. Damit soll verhindert werden, dass, wenn für diesen Personenkreis SozV-Beiträge vereinnahmt werden, sich im Leistungsfall ein SozV-Träger darauf beruft, dass die betreffende Person nicht in einem Beschäftigungsverhältnis gestanden habe und deshalb keinen Anspruch auf Versicherungsleistungen besitze.

Wenn ein Anfrageverfahren innerhalb eines Monats nach Aufnahme der Tätigkeit beantragt wird, sieht 57
das Gesetz in § 7a VI insofern eine **Begünstigung** für die Beteiligten vor, dass bei Feststellung eines versicherungspflichtigen Beschäftigungsverhältnisses die **Versicherungspflicht** erst **mit der Bekanntgabe der Entscheidung** eintritt, wenn der Beschäftigte zustimmt und er für den Zeitraum zwischen Aufnahme der Beschäftigung und Entscheidung eine Absicherung gegen das finanzielle Risiko von Krankheit und zur Altersvorsorge vorgenommen hat, die der Art nach den Leistungen der gesetzl. KV und der gesetzl. RV entspricht. Diese anderweitige Absicherung, die bereits im Zeitpunkt des Beginns des Anfrageverfahrens vorhanden sein muss, hat sich sowohl auf das Risiko von Krankheit als auch auf die Altersvorsorge zu erstrecken. Die Absicherung im Hinblick auf das Krankheitsrisiko kann dabei durch eine freiwillige Versicherung in der gesetzl. KV oder eine private KV erfolgen, wobei letztere Leistungen vorsehen muss, die der Art nach den Leistungen der gesetzl. KV entsprechen (Gewährung von ärztliche Behandlung, zahnärztliche Behandlung einschließlich Versorgung mit Zahnersatz, Versorgung mit Arznei- und Heilmitteln, Krankenhausbehandlung sowie ein Anspruch auf Krankengeld bzw. eine andere, dem Ersatz von Arbeitsentgelt dienende Leistung). Darüber hinaus muss sich die private Absicherung auf Angehörige erstrecken, die gem. § 10 SGB V familienversichert wären. Eine Absicherung gegen das finanzielle Risiko von Krankheit ist dagegen nicht erforderlich, wenn das Arbeitsentgelt des Versicherten die Jahresarbeitsentgeltgrenze überschreitet und deshalb keine gesetzl. Krankenversicherungspflicht eintritt. Die Absicherung zur Altersvorsorge kann ebenfalls durch eine freiwillige Versicherung in der gesetzl. RV oder durch eine private Lebens-/RV für den Fall des Erlebens des 60. oder eines höheren Lebensjahres erfolgen. Von einem ausreichenden sozialen Schutz geht nach derzeitigem Stand die Praxis dann aus, wenn für die private Versicherung Prämien aufgewendet werden, die der Höhe des jeweiligen freiwilligen Mindestbeitrags zur gesetzl. RV entsprechen[4].

Gem. § 7a VI 2 wird die **Fälligkeit des Gesamtsozialversicherungsbeitrags** in Fällen eines Anfrageverfahrens auf den Zeitpunkt hinausgeschoben, zu dem die Entscheidung, dass ein Beschäftigung vorliegt, unanfechtbar wird. Da dann für die zurückliegende Zeit ein Lohnabzug nach § 28g nicht vorgenommen werden konnte und damit nicht „unterblieben ist", ist der Abzug des ArbN-Beitragsanteils nicht auf die letzten drei Monate begrenzt.

Nach § 336 SGB III ist die BA an Statusentscheidungen der Deutschen Rentenversicherung Bund leistungsrechtl. gebunden. Dies gilt für alle Entscheidungen im Rahmen des Anfrageverfahrens nach § 7a I 1 und 2 nach dem 31.12.2004.

VIII. Versicherungspflicht und selbständige Tätigkeit. Für selbständig Tätige ist ua. **§ 2 S. 1 Nr. 9 SGB** 58
VI zu beachten[5]. Danach sind in der gesetzl. RV versicherungspflichtig selbständig tätige Personen, die im Zusammenhang mit ihrer selbständigen Tätigkeit regelmäßig keinen versicherungspflichtigen ArbN beschäftigen und auf Dauer und im Wesentlichen nur für einen Auftraggeber tätig sind. Diese Versicherungspflicht entfiel nach bisher zutreffender Ansicht auch, wenn der Betroffene mehrere ArbN gering-

---

1 Zum Anfrageverfahren ausf. *Reiserer/Freckmann*, NJW 2003, 180 (182 ff.). |2 Zur Frage der Zulässigkeit, wenn eine bestandkräftige Entscheidung der Einzugstelle vorliegt: Sächs. LSG v. 14.8.2006 – L 1 B 205/05 KR-PKH, nv. |3 Bay. LSG v. 7.12.2004 – L 5 KR 163/03, nv. |4 Rundschreiben der Spitzenorganisatoren der Sozialversicherung vom 5.7.2005 zum Gesetz zur Förderung der Selbständigkeit (Versicherungs-, Beitrags- und Melderecht unter Berücksichtigung der Änderungen auf Grund des Vierten Gesetzes für moderne Dienstleistungen am Arbeitsmarkt), Ziff. 4.3. |5 Vgl. *Preis/Temming*, SGb 2006, 385 ff.

fügig beschäftigt, sofern die Summe der Entgelte über der 400-Euro-Grenze liegt[1]. Dies ist trotz gegenteiliger Gesetzesbegründung durch die im RV-Anpassungsgesetz enthaltenen Änderungen des § 2 SGB VI fragwürdig geworden[2].

8 *Geringfügige Beschäftigung und geringfügige selbständige Tätigkeit*

(1) Eine geringfügige Beschäftigung liegt vor, wenn

1. das Arbeitsentgelt aus dieser Beschäftigung regelmäßig im Monat 400 Euro nicht übersteigt,

2. die Beschäftigung innerhalb eines Kalenderjahres auf längstens zwei Monate oder 50 Arbeitstage nach ihrer Eigenart begrenzt zu sein pflegt oder im Voraus vertraglich begrenzt ist, es sei denn, dass die Beschäftigung berufsmäßig ausgeübt wird und ihr Entgelt 400 Euro im Monat übersteigt.

(2) Bei der Anwendung des Absatzes 1 sind mehrere geringfügige Beschäftigungen nach Nummer 1 oder Nummer 2 sowie geringfügige Beschäftigungen nach Nummer 1 mit Ausnahme einer geringfügigen Beschäftigung nach Nummer 1 und nicht geringfügige Beschäftigungen zusammenzurechnen. Eine geringfügige Beschäftigung liegt nicht mehr vor, sobald die Voraussetzungen des Absatzes 1 entfallen. Wird bei der Zusammenrechnung nach Satz 1 festgestellt, dass die Voraussetzungen einer geringfügigen Beschäftigung nicht mehr vorliegen, tritt die Versicherungspflicht erst mit dem Tage der Bekanntgabe der Feststellung durch die Einzugsstelle oder einen Träger der Rentenversicherung ein.

(3) Die Absätze 1 und 2 gelten entsprechend, soweit an Stelle einer Beschäftigung eine selbständige Tätigkeit ausgeübt wird. Dies gilt nicht für das Recht der Arbeitsförderung.

1 **I. Vorbemerkung.** Mit § 8 I wollte der Gesetzgeber die früher sowohl im KV- als auch im RV-Recht geregelten Begriffbestimmungen der **Nebenbeschäftigung** und **Nebentätigkeit** in überarbeiteter und vereinfachter Form zusammenfassen und neu umschreiben. Ergänzend hierzu soll in Abs. 2 die Frage geklärt werden, wie in Fällen mehrerer geringfügiger Beschäftigungen oder im Falle des nachträglichen Wegfalls der Voraussetzung des § 8 I zu verfahren ist. Die Regelungen des § 8 III soll die Anwendung des Abs. 1 und 2 auf die Fälle erstrecken, in denen statt oder neben einer Beschäftigung eine selbständige Tätigkeit ausgeübt wird[3]. Dabei beschränkt sich § 8 auf eine Begriffsdefinition. Die Konsequenzen, die sich aus dieser Definition ergeben, insb. die Frage, ob bestimmte Beschäftigungsverhältnisse oder Tätigkeiten versicherungsfrei sind, finden sich bei den Vorschriften der einzelnen Versicherungszweige[4].

2 Sozialpolitisch ist die Versicherungsfreiheit geringfügiger Beschäftigungen seit Jahren Gegenstand der Diskussion. Streitig ist insb., ob angesichts steigender Sozialabgaben, die Ausweitung oder die Abschaffung geringfügiger Beschäftigung der richtige Weg ist, um den Erhalt von Arbeitsplätzen zu sichern und neue Arbeitsplätze zu schaffen. Gerade im Niedriglohnbereich, für den geringfügige Beschäftigungsverhältnisse große Relevanz haben, wird teilweise ein erhebliches Beschäftigungspotenzial gesehen. Jedoch ist nicht zu verkennen, dass die Förderung geringfügiger Beschäftigungen stets mit der Einsparung von Sozialabgaben verbunden ist[5]. So war das **Gesetz zur Neuregelung der geringfügigen Beschäftigungsverhältnisse** vom 24.3.1999[6] noch von der Vorstellung getragen, dass geringfügig Beschäftigte weitgehend in den SozV-Schutz einbezogen werden müssten, um ua. der Erosion der Finanzgrundlagen der beitragsfinanzierten SozV entgegenzuwirken und Frauen, die vor allem in den geringfügigen Beschäftigungsverhältnissen arbeiten, eine Option auf eine verbesserte Alterssicherung zu geben[7]. Kernpunkt dieser Neuregelung war die Festschreibung der Entgeltgrenze des § 8 I Nr. 1 sowie die Einführung der Zusammenrechnung geringfügiger und nicht geringfügiger Beschäftigungen. Die letzte tief greifende Änderung des § 8 vollzog der Gesetzgeber durch das Zweite Gesetz für moderne Dienstleistungen am Arbeitsmarkt vom 23.12.2002[8]. Erklärtes Ziel war dabei, ArbGeb und Beschäftigte zu motivieren, bisher illegale Beschäftigungsverhältnisse der SozV zu melden und diese aus der Illegalität herauszuführen und in abgesicherte Rechtsverhältnisse zu überführen[9]. Damit verbunden war eine Ausweitung der geringfügigen Beschäftigungsverhältnisse, indem die Zeitgrenze von 15 Wochenstunden gestrichen und die Entgeltgrenze auf 400 Euro angehoben wurde. Darüber hinaus privilegierte man haushaltsnahe Dienstleistungen (§ 8a) in besonderem Maße.

3 Inzwischen sind auch **europarechtl. Vorbehalte** gegen die Versicherungsfreiheit von geringfügigen Beschäftigungsverhältnissen[10] durch die Rspr. des EuGH widerlegt[11]. Danach steht den an § 8 anknüpfenden Regelungen über die Versicherungsfreiheit geringfügiger Beschäftigungen nicht Art. 4 Abs. 1 RL 79/7/EWG vom 19.12.1978 zur schrittweisen Verwirklichung des Grundsatzes der **Gleichbehandlung von Männern und Frauen im Bereich der sozialen Sicherheit** entgegen. Dies gilt selbst dann, wenn die

---

1 So für den vergleichbaren Fall des § 2 S. 1 Nr. 1 SGB VI: LSG NW v. 26.11.2003 – L 8 RA 54/03, nv.; BSG v. 23.11.2005 – B 12 RA 5/04, R, SozR 4-2600 § 231 Nr. 1; aA LSG NW v. 29.10.2004 – L 4 RA 63/03, NZS 2005, 373. | 2 BT-Drs. 16/3794, S. 32. | 3 BR-Drs. 300/75, 31. | 4 Vgl. etwa § 27 II SGB III; § 7 SGB V; § 5 II SGB VI. | 5 Vgl. BT-Drs. 14/8366; BT-Prot. 14/234, S. 23306 ff. | 6 BGBl. I S. 388. | 7 BT-Drs. 14/280. | 8 BGBl. I S. 4621. | 9 BT-Drs. 15/26, 24. | 10 Vgl. etwa SG Speyer v. 26.10.1993 – S 3 K 136/92, NZS 1994, 80 ff.; SG Hannover v. 25.5.1993 – S 7 J 629/89, NZS 1993, 367 ff. | 11 Vgl. EuGH v. 14.12.1995 – C-317/93, SozR 3-6083, Art. 4 Nr. 11; v. 14.12.1995 – C-444/93, SozR 3-6083, Art. 4 Nr. 12.

Versicherungsfreiheit geringfügiger Beschäftigungsverhältnisse erheblich mehr Frauen als Männer betrifft. Nach Auffassung des EuGH durfte der deutsche Gesetzgeber davon ausgehen, dass die entsprechenden Regelungen erforderlich waren, um ein sozialpolitisches Ziel zu erreichen, das mit einer Diskriminierung auf Grund des Geschlechtes nichts zu tun hat (Befriedigung einer sozialen Nachfrage nach geringfügigen Beschäftigungen)[1].

Teilweise werden die Regelungen zur geringfügigen Beschäftigung als unvereinbar mit dem **allgemeinen Gleichheitsgrundsatz** des Art. 3 I GG angesehen[2]. Hintergrund dieser Auffassung ist, dass der ArbGeb eines geringfügig Beschäftigten relativ stärker zu SozV-Beiträgen herangezogen wird, als der ArbGeb eines gewöhnlichen Vollzeitbeschäftigten, für den er „lediglich" einen ArbGeb-Anteil zu entrichten hat, der im Regelfall prozentual geringer ist, als die Pauschalbeiträge zur gesetzl. KV und RV für den geringfügig Beschäftigten[3]. Allerdings hat das BVerfG bisher die entsprechenden Regelungen nicht beanstandet[4]. 4

II. Geringfügige Beschäftigung. § 8 I enthält die Begriffsbestimmung für geringfügige Beschäftigungen. Hier sieht das Gesetz **zwei Varianten** vor. Geringfügig ist einmal eine Beschäftigung wegen der geringen Höhe des Arbeitsentgelts (**geringfügig entlohnte Beschäftigung**). Zum anderen liegt aber eine geringfügige Beschäftigung iSd. § 8 I Nr. 2 auch wegen ihrer kurzen Dauer vor (**kurzfristige Beschäftigung**). Zwischen beiden Varianten ist zu unterscheiden. Übt aber ein ArbN bei demselben ArbGeb gleichzeitig mehrere Beschäftigungen aus, so ist ohne Rücksicht auf die arbeitsvertragl. Gestaltung sozialversicherungsrechtl. von einem **einheitlichen Beschäftigungsverhältnis** auszugehen, welches anhand von § 8 zu überprüfen ist[5]. Dieses gilt auch für Beschäftigungen, die während einer Freistellungsphase im Rahmen flexibler Arbeitszeitregelungen bei demselben ArbGeb ausgeübt werden[6]. 5

1. Geringfügige Beschäftigung gemäß Abs. 1 Nr. 1. a) Dauerbeschäftigung. Eine geringfügig entlohnte Beschäftigung liegt vor, wenn das Arbeitsentgelt aus der Beschäftigung regelmäßig im Monat 400 Euro nicht überschreitet. Hierbei unterstellt die Regelung des § 8 I Nr. 1, dass es sich um eine **Dauerbeschäftigung mit gewisser Regelmäßigkeit** handelt. Insofern unterscheidet sich die geringfügig entlohnte Beschäftigung von der kurzfristigen Beschäftigung[7]. Daher ist in Bezug auf die Regelmäßigkeit der Beschäftigung strikt zwischen der Vorschrift des § 8 I Nr. 1 und der Vorschrift des § 8 I Nr. 2 zu unterscheiden. Regelmäßig ist eine Beschäftigung, die von vornherein auf ständige Wiederholung gerichtet ist und über einen längeren Zeitraum ausgeübt werden soll, was insb. bei einer auf Dauer angelegten Rechtsbeziehung anzunehmen ist[8]. Jedoch ist eine auf Dauer angelegte Rechtsbeziehung nicht notwendige Voraussetzung, um von einer Regelmäßigkeit der Beschäftigung sprechen zu können. So kommt es nicht darauf an, ob Arbeitseinsätze im Rahmen eines Dauerarbeitsverhältnisses von vornherein feststanden oder von Mal zu Mal vereinbart wurden[9]. Demzufolge sieht die Rspr. des BSG das Merkmal der Regelmäßigkeit auch dann als erfüllt, wenn der Beschäftigte zu den sich wiederholenden Arbeitseinsätzen auf Abruf bereitsteht, ohne verpflichtet zu sein, jeder Aufforderung zur Arbeitsleistung Folge zu leisten[10]. Darum sind regelmäßig ausgeübte Beschäftigungen nicht am Beschäftigungsumfang einer bestimmten Anzahl von Arbeitstagen pro Jahr, sondern ausschließlich am erzielten Entgelt zu messen. 6

b) Entgeltgrenze. Bei der Prüfung der Frage, ob das **regelmäßige Arbeitsentgelt** 400 Euro übersteigt, ist vom regelmäßigen Arbeitsentgelt auszugehen. Gem. § 14 I 1 sind Arbeitsentgelt alle laufenden oder einmaligen Einnahmen aus einer Beschäftigung, gleichgültig ob ein Rechtsanspruch auf die Einnahmen besteht, unter welcher Bezeichnung oder in welcher Form sie geleistet werden und ob sie unmittelbar aus der Beschäftigung oder im Zusammenhang mit ihr erzielt werden. Dementsprechend ist mindestens auf das Arbeitsentgelt abzustellen, worauf ein **Rechtsanspruch** besteht[11]. Nur soweit das **tatsächlich gezahlte Arbeitsentgelt** dieses überschreitet, ist Letzteres maßgeblich[12]. Auf welcher Rechtsgrundlage ein Arbeitsentgeltanspruch beruht, zB **TV, BV, Arbeitsvertrag**, ist unerheblich. Da aber mindestens auf das Arbeitsentgelt abzustellen ist, auf welches der ArbN einen Rechtsanspruch hat, ist, wenn das Beschäftigungsverhältnis in den Anwendungsbereich eines allgemeinverbindlichen GehaltsTV fällt, der Arbeitsentgeltanspruch mindestens in Höhe des tarifl. Gehalts maßgeblich, selbst wenn die Parteien arbeitsvertragl. ein geringeres Arbeitsentgelt vereinbart haben[13]. Insofern weicht das SozV-Recht mit 7

1 Vgl. hierzu Wannagat/*Brandenburg/Woltjen*, § 8 SGB IV Rz. 10 mit umfangr. weiteren Nachw. | 2 *Rolfs*, SGb 1999, 611 (613 ff.). | 3 Vgl. ErfK/*Rolfs*, § 8 SGB IV Rz. 7; *Boecken*, NZA 1999, 393 (399); aA Hauck/Noftz/*Knospe*, § 8 SGB IV Rz. 13. | 4 Vgl. BVerfG v. 28.7.1999 – 1 BvQ 5/99, NJW 1999, 3036; v. 20.4.1999 – 1 BvQ 2/99, NZA 1999, 583. | 5 BSG v. 16.2.1983 – 12 RK 26/81, SozR 2200 § 168 Nr. 7; LSG Saarbrücken v. 8.4.2000 – L 6 AL 36/99, EzS 130/488. | 6 Richtlinien der Spitzenverbände der Krankenkassen, der Deutschen Rentenversicherung Bund und der Bundesagentur für Arbeit für die versicherungsrechtliche Beurteilung von geringfügigen Beschäftigten (Geringfügigkeits-Richtlinien) vom 24.8.2006, B.2. | 7 BSG v. 11.5.1993 – 12 RK 23/91, SozR 3-2400, § 8 Nr. 3; BSG v. 23.5.1995 – 12 RK 60/93, SozR 3-2400, § 8 Nr. 4. | 8 BSG v. 11.5.1993 – 12 RK 23/91, SozR 3-2400, § 8 Nr. 3. | 9 BSG v. 23.5.1995 – 12 RK 60/93, SozR 3-2400, § 8 Nr. 4. | 10 BSG v. 23.5.1995 – 12 RK 60/93, SozR 3-2400, § 8 Nr. 4; v. 1.2.1979 – 12 RK 7/77, SozR 2200, § 165 Nr. 36; LSG NW v. 8.11.2001 – L 5 KR 225/00, nv. | 11 BSG v. 14.7.2004 – B 12 KR 1/04 R, SozR 4-2400 § 22 SGB IV Nr. 2; LSG NW v. 28.6.2007 – L 16 R 2/07. | 12 BSG v. 14.7.2004 – B 12 KR 1/04 R, SozR 4-2400 § 7 SGB IV Nr 3. | 13 LSG NW v. 30.10.2003 – L 16 KR 169/02, nv.; *Rittweger* in Schwerpunktkommentar Sozialrecht, § 8 SGB IV Rz. 10; *Giesen/Ricken*, NZA 2004, 1378.

dem dort geltenden **Entstehungsprinzip** grds. von dem für das Steuerrecht geltende sog. **Zuflussprinzip** ab[1]. Von besonderer Problematik sind die Fälle, bei denen eine tarifvertragl. Regelung besteht, wonach geringfügig Beschäftigte, im Gegensatz zu versicherungspflichtig Beschäftigten, keinen Anspruch auf bestimmte regelmäßige Leistungen haben. Darin hat der EuGH[2] eine mittelbare Diskriminierung auf Grund des Geschlechts gesehen. Selbst wenn sich aber eine tarifl. Regelung als mittelbar diskriminierend herausstellt, meint die Praxis der SozV-Träger hieraus keine sozialversicherungsrechtl., insb. beitragsrechtl. Konsequenzen ziehen zu brauchen, da allein eine abstrakte Feststellung eines Verstoßes gegen das Diskriminierungsverbot keinen Arbeitsentgeltanspruch in sozialversicherungsrechtl. Hinsicht begründen könne[3].

8 Bei der Ermittlung des regelmäßigen Arbeitsentgelts können ferner **einmalige Einnahmen** Berücksichtigung finden, sofern deren Gewährung mit hinreichender Sicherheit mindestens einmal jährlich zu erwarten ist, so dass der Empfänger sie als Teil seines Einkommens einplanen kann. Dies ist unter Umständen auch dann der Fall, wenn auf die Sonderzahlung kein fester Rechtsanspruch besteht, sondern über ihre Gewährung vielmehr in jedem Jahr neu vom ArbGeb entschieden wird[4]. Mit dem Zweiten Gesetzes für moderne Dienstleistungen am Arbeitsmarkt wurde § 22 I dahin gehend geändert, dass Beitragsansprüche der SozV-Träger bei einmalig gezahltem Arbeitsentgelt erst dann entstehen, sobald dieses ausgezahlt ist. Damit wird für einmalig gezahltes Arbeitsentgelt das **Zuflussprinzip** festgeschrieben. Maßgebend für die Beitragspflicht bei einmalig gezahltem Arbeitsentgelt ist somit die Frage, ob und wann die Einmalzahlung zugeflossen ist, so dass Beiträge nicht mehr geltend gemacht werden können, wenn das einmalig gezahlte Arbeitsentgelt tatsächlich nicht gezahlt worden ist. Dies gilt entsprechend bei der Prüfung, ob das regelmäßige Arbeitsentgelt die Geringfügigkeitsgrenze von 400 Euro des § 8 I 1 überschreitet[5]. Dagegen beeinflussen unvorhersehbare und nicht einplanbare Sonderzahlungen die Geringfügigkeit der Beschäftigung nicht. Bei **schwankendem Arbeitsentgelt** oder in den Fällen, in denen im Rahmen eines Dauerarbeitsverhältnisses saisonbedingt unterschiedliche Arbeitsentgelte erzielt werden, ist nach allgemeiner Meinung für ein Jahr im Voraus der Durchschnitt zu schätzen[6].

9 Haben die Parteien ein **Nettoarbeitsentgelt** vereinbart, gelten gem. **§ 14 II** als Arbeitsentgelt die Einnahmen des Beschäftigten einschließlich der darauf entfallenden Steuern und der seinem gesetzl. Anteil entsprechenden Beträge zur SozV und zur Arbeitsförderung[7]. Wird bei Pauschalversteuerung die pauschale Lohn- und Kirchensteuer vom ArbGeb übernommen, liegt darin keine Nettolohnvereinbarung iSd. § 14 II. Die vom ArbGeb getragene pauschale Lohn- und Kirchensteuer ist **kein Entgelt** iSd. SozV und bleibt bei der Ermittlung des Bruttoentgelts unberücksichtigt. Entsprechendes gilt für die Pauschalversteuerung gem. § 40a EStG[8]. Gem. § 14 I 3 gelten **steuerfreie Aufwandsentschädigungen** und die in § 3 Nr. 26 u. Nr. 26a des EStG genannten steuerfreien Einnahmen nicht als Arbeitsentgelt. Hierunter fallen zB die Einnahmen aus einer nebenberufl. Tätigkeit als Übungsleiter, Ausbilder, Erzieher, Betreuer oder vergleichbaren nebenberufl. Tätigkeiten, aus nebenberufl. künstlerischen Tätigkeiten oder für die Pflege alter, kranker oder behinderter Menschen bis zur Höhe von insgesamt 2100 Euro im Kalenderjahr. Dieser steuerliche Freibetrag für die Ermittlung des Arbeitsentgelts kann in der SozV entweder pro rata, dh. monatlich mit 175 Euro, angesetzt werden oder aber auch en bloc, etwa zu Beginn der Beschäftigung, ausgeschöpft werden[9].

10 **2. Geringfügige Beschäftigung gemäß Abs. 1 Nr. 2. a) Allgemeines.** Im Gegensatz zu Regelungen in § 8 I Nr. 1 **definiert § 8 I Nr. 2** geringfügige Beschäftigung ohne Rücksicht auf die Höhe des dabei erzielten Arbeitsentgelts. Voraussetzung ist jedoch, dass es sich hierbei um eine Beschäftigung mit zeitlich begrenztem Umfang handelt. Trotz eines begrenzten Umfanges liegt eine kurzfristige Beschäftigung aber dann nicht vor, wenn die Zeitdauer von zwei Monaten oder 50 Arbeitstagen im Kalenderjahr **innerhalb eines Dauerarbeitsverhältnisses oder eines über ein Jahr hinausgehenden Rahmenarbeitsvertrages** oder eines wiederkehrenden Arbeitsverhältnisses nicht überschritten wird. Hier kann allenfalls eine geringfügig entlohnte Beschäftigung vorliegen[10].

---

1 Vgl. § 22 SGB IV. Dies kann etwa zu Problemen führen, wenn Beschäftigte unter der Geringfügigkeitsgrenze bleiben wollen und deshalb auf den Tariflohn „verzichten" (vgl. *Schumacher-Mohr*, ZTR 2003, 120). | 2 EuGH v. 9.9.1999 – C-281/97, NZA 2000, 405; vgl. auch: EuGH v. 18.7.2007 – C-213/05, NZA 2007, 887. | 3 Besprechung der Spitzenverbände der Krankenkassen, des Verbandes Deutscher Rentenversicherungsträger und der Bundesanstalt für Arbeit über Fragen des gemeinsamen Beitragseinzugs am 21./22.11.2001 zu der beitragsrechtlichen Behandlung von nicht gezahlten Arbeitsentgelten; hier: Auswirkung des Urteils des Europäischen Gerichtshofs vom 9.9.1999 sowie des Gesetzes über Teilzeitarbeit und befristete Arbeitsverträge. | 4 BSG v. 28.2.1984 – 12 RK 21/83, SozR 2100, § 8 Nr. 4. | 5 Richtlinien der Spitzenverbände der Krankenkassen, der Deutschen Rentenversicherung Bund und der Bundesagentur für Arbeit für die versicherungsrechtliche Beurteilung von geringfügigen Beschäftigten (Geringfügigkeits-Richtlinien) vom 24.8.2006, B.2.1.1. | 6 Kasseler Kommentar/*Seewald*, § 8 SGB IV Rz. 12. | 7 Hinsichtlich der Einzelheiten vgl. Wannagat/*Brandenburg*/*Woltjen*, § 8 SGB IV Rz. 19. | 8 BSG v. 13.10.1993 – 2 RU 41/92, BB 1994, 943. | 9 Richtlinien der Spitzenverbände der Krankenkassen, der Deutschen Rentenversicherung Bund und der Bundesagentur für Arbeit für die versicherungsrechtliche Beurteilung von geringfügigen Beschäftigten (Geringfügigkeits-Richtlinien) vom 24.8.2006, B.2.1.1. für § 3 Nr. 26 EStG aF. | 10 BSG v. 11.5.1993 – 12 RK 23/91, SozR 3-2400, § 8 Nr. 3; v. 23.5.1995 – 12 RK 60/93, SozR 3-2400, § 8 Nr. 4; AA Krauskopf/*Baier*, § 8 SGB IV Rz. 11.

b) Zeitliche Beschränkung. Die Regelung in § 8 I Nr. 2 enthält im Hinblick auf die Beschäftigungshöchstgrenzen zwei Alternativen (2 Monate oder 50 Arbeitstage). Nach dem Wortlaut der Vorschrift können beide Alternativen unabhängig voneinander auf jedes Beschäftigungsverhältnis angewendet werden. Das BSG will indes von dem Zwei-Monats-Zeitraum nur dann ausgehen, wenn die Beschäftigung mindestens an fünf Tagen in der Woche ausgeübt wird[1]. Dies bedeutet aber gleichzeitig, dass bei Beschäftigungen von regelmäßig weniger als fünf Tagen in der Woche bei der Beurteilung auf den Zeitraum von 50 Arbeitstagen abgestellt werden muss. Dies heißt aber nicht, dass stets von einem zusammenhängenden Zwei-Monats-Zeitraum im Rahmen von § 8 I Nr. 2 auszugehen ist. Vielmehr sind auch Unterbrechungen der Zwei-Monats-Frist denkbar, ohne dass dann die 50-Tage-Frist gilt[2]. Während also die Zahl der Arbeitstage im Zwei-Monats-Zeitraum unerheblich ist, kommt es bei der 50-Tage-Frist auf jeden Arbeitstag an. Als ein **„Arbeitstag"** kann auch eine sich auf zwei Kalendertage erstreckende **Nachtschicht** sein[3]. Bei mehreren kurzfristigen Beschäftigungen an einem Kalendertag, gilt dieser Kalendertag als Arbeitstag[4]. 11

Beide **Zeitgeringfügigkeitsgrenzen** des § 8 I Nr. 2 beziehen sich auf das **Kalenderjahr**[5]. Beschäftigungen, die die Zeitgeringfügigkeitsgrenze erfüllen, sind nur dann als geringfügige Beschäftigungen anzusehen, wenn sie nach ihrer **Eigenart begrenzt zu sein pflegen** oder im **Voraus vertragl. begrenzt** sind. Eine Beschäftigung, die in ihrer Eigenart von vornherein zeitlich beschränkt ist, setzt voraus, dass sie nach Art und Weise oder Umfang der zu verrichtenden Arbeit auf einen bestimmten Zeitraum begrenzt ist (zB Urlaubsvertretung, Inventurarbeiten usw.[6]). Es muss sich also um Beschäftigungsverhältnisse handeln, deren Begrenztheit sich aus objektiven und nicht vom Willen der Vertragsparteien abhängigen Gründen ergibt. 12

Der Gesetzgeber hat Beschäftigungsverhältnisse, die nach ihrer Eigenart auf die Zeitgeringfügigkeitsgrenze begrenzt zu sein pflegen, solchen Beschäftigungsverhältnissen gleichgestellt, die im Voraus **vertragl. begrenzt** sind. Bei derartig befristeten Beschäftigungsverhältnissen müssen aber die **arbeitsrechtl. Voraussetzungen für den Abschluss befristeter Arbeitsverhältnisse** eingehalten werden. Dies gilt insb. für die Einhaltung der Schriftform gem. § 14 IV TzBfG. Ist eine Befristung unwirksam, so liegt gerade kein Beschäftigungsverhältnis vor, welches im Voraus vertragl. begrenzt ist[7]. § 8 I Nr. 2 verlangt ausdrücklich, dass die vertragl. Begrenzung des Beschäftigungsverhältnisses im Voraus zu erfolgen hat. Liegt eine unwirksame Befristung einmal vor, so steht damit fest, dass ein im Voraus vertragl. begrenztes Beschäftigungsverhältnis nicht gegeben ist, auch wenn der ArbN es unterlässt, gem. § 17 TzBfG rechtzeitig Klage beim ArbG auf Feststellung zu erheben, dass das Arbeitsverhältnis auf Grund der Befristung nicht beendet ist. Schließlich tritt die Fiktionswirkung des § 17 S. 2 TzBfG iVm. § 7 KSchG erst im Nachhinein ein, so dass von einer vertragl. Begrenztheit des Beschäftigungsverhältnisses im Voraus gerade nicht gesprochen werden kann[8]. 13

c) Keine berufsmäßige Ausübung. Gem. § 8 I Nr. 2 gelten kurzfristige Beschäftigungen idS nur dann nicht als geringfügig, wenn die Beschäftigung **berufsmäßig** ausgeübt wird und ihr Entgelt 400 Euro im Monat übersteigt. Diese negative Voraussetzung bezieht sich aber nur auf ein geringfügiges Beschäftigungsverhältnis auf Grund Zeitgeringfügigkeit nicht aber auf geringfügige Beschäftigungsverhältnisse auf Grund Entgeltgeringfügigkeit. Nach der Rspr. des BSG übt jemand eine Beschäftigung oder Tätigkeit berufsmäßig aus, wenn er hierdurch seinen Lebensunterhalt überwiegend oder doch in solchem Umfang bestreitet, dass seine wirtschaftl. Stellung zu einem erheblichen Teil auf dieser Beschäftigung oder Tätigkeit beruht[9]. IdS ist eine Beschäftigung für die jeweilige Person nicht nur von untergeordneter wirtschaftl. Bedeutung, wenn sie nicht nur gelegentlich, sondern mit einer gewissen Regelmäßigkeit ausgeübt wird. Beschäftigungen etwa, die nur gelegentlich, zB zwischen Schulabschluss und beabsichtigtem Studium, ausgeübt werden, sind grds. von untergeordneter wirtschaftl. Bedeutung und daher nicht als berufsmäßig anzusehen[10]. Hiervon sind solche Fälle zu unterscheiden, bei denen ein ArbN von seinem ArbGeb für ein Studium Sonderurlaub erhalten hat und von ihm eine Studienförderung bezieht und in den Semesterferien bei seinem ArbGeb die frühere Beschäftigung vorübergehend wieder ausübt. Hierbei handelt es sich dann um eine berufsmäßige Beschäftigung[11]. Eine Berufsmäßigkeit der Tätigkeit kann etwa auch bei einem kurzzeitigen Einsatz ausländischer Erntehelfern zu bejahen sein, wobei es nicht darauf ankommt, ob diese Tätigkeiten während eines bezahlten oder unbezahlten Erholungs- 14

---

1 BSG v. 27.1.1971 – 12 RJ 118/70, SozR Nr. 58 zu § 1248 RVO = BSGE 32, 182 (184); vgl. hierzu auch: *Rittweger* in Schwerpunktkommentar Sozialrecht, § 8 SGB IV Rz. 35 ff. | **2** Krauskopf/*Baier*, § 8 SGB IV Rz. 13. | **3** Vgl. etwa Steuerrecht: BFH v. 28.1.1994 – VI R 51/93, DB 1994, 963. | **4** Richtlinien der Spitzenverbände der Krankenkassen, der Deutschen Rentenversicherung Bund und der Bundesagentur für Arbeit für die versicherungsrechtliche Beurteilung von geringfügigen Beschäftigten (Geringfügigkeits-Richtlinien) vom 24.8.2006, B.2.2.1. | **5** *Niermann/Plenker*, DB 2003, 304 (305). | **6** Küttner/*Schlegel*, Personalbuch 2007, Geringfügige Beschäftigung, Rz. 76. ff. | **7** Vgl. hierzu LSG Bremen v. 14.2.1975 – L 1 KR 4/74, Breithaupt, 1975, 817 ff. | **8** Vgl. zum Erfordernis der Schriftform im Rahmen von § 8 I Nr. 2 SGB IV: ErfK/*Rolfs*, § 8 SGB IV Rz. 15; Wannagat/*Brandenburg/Woltjen*, § 8 SGB IV Rz. 25. | **9** BSG v. 30.11.1978 – 12 RK 32/77, SozR 2200, § 168 Nr. 3; v. 25.4.1991 – 12 RK 14/89, SozR 3-2400, § 8 Nr. 1; v. 21.1.1997 – 12 BK 33/96, SdL 1999, 285 ff. | **10** Vgl. BSG v. 11.6.1980 – 12 RK 30/79, SozR 2200, § 168 Nr. 5. | **11** BSG v. 21.5.1996 – 12 RK 77/94, SozR 2-2400, § 8 SGB IV Nr. 7.

urlaubs erbracht werden[1]. Auf der anderen Seite braucht aber selbst bei wiederholten Beschäftigungen keine Berufsmäßigkeit vorzuliegen, wenn sie in größeren Abständen aufgenommen werden oder wenn die betreffende Aushilfskraft hauptsächlich, etwa durch einen Hauptberuf, durch eine Ausbildung oder durch Haushaltstätigkeit, anderweitig in Anspruch genommen ist[2]. Arbeitslos gemeldete ArbN sollen dagegen grds. zum Kreis der berufsmäßigen ArbN zählen[3] Im Übrigen stellt die Rspr. darauf ab, ob bei einem unregelmäßigen Arbeitseinsatz dieser nach dem allgemeinen Berufsbild ausgeübten Tätigkeit als typisch anzusehen ist[4]. Sollte anhand dieser Kriterien keine abschließende Klärung der Frage der Berufsmäßigkeit herbeigeführt werden können, muss nach der Rspr. des BSG auch das vorherige und spätere Erwerbsverhalten des jeweiligen Beschäftigten in die Betrachtung einbezogen werden und im Rahmen einer Gesamtabwägung gewürdigt werden[5].

15 Auf die Prüfung der Berufsmäßigkeit kommt es allerdings nicht mehr an, wenn das auf Grund der Beschäftigung erzielte Entgelt 400 Euro nicht überschreitet. In diesem Fall wäre also selbst eine berufsmäßig ausgeübte Beschäftigung als geringfügige Beschäftigung einzuordnen. Die SozV-Träger wollen im Übrigen auch bei der Prüfung der Berufsmäßigkeit die Regelung des § 8 II 3 anwenden, wenn die Versicherungspflicht durch die Zusammenrechnung von Beschäftigungszeiten ausgelöst wurde[6].

16 **3. Geringfügige Beschäftigung in Privathaushalten (§ 8a).** Gem. § 8a S. 1 gelten für geringfügige Beschäftigungen, die ausschließlich in Privathaushalten ausgeübt werden, die Regelungen des § 8. Insofern handelt es sich bei § 8a S. 1 um eine lediglich deklaratorische Vorschrift. Eine geringfügige Beschäftigung in Privathaushalten liegt gem. § 8a S. 2 dann vor, wenn diese durch einen privaten Haushalt begründet ist und die Tätigkeit sonst gewöhnlich durch Mitglieder des privaten Haushalts erledigt wird. Dies umfasst etwa die Betreuung von Kindern, älteren oder pflegebedürftigen Menschen, Reinigungsarbeiten im Haushalt, Gartenarbeiten, einfache Reparatur- und Wartungsarbeiten an Haus, Wohnung oder Einrichtungsgegenständen[7]. Dabei kommt es nicht darauf an, ob im konkreten Fall die Arbeiten tatsächlich auch von Haushaltsangehörigen erbracht werden können[8]. Vielmehr ist dieses typisierend zu beurteilen. Nicht mehr um Haushaltstätigkeiten iSd. § 8a soll es sich aber dann handeln, wenn Hausverwaltungen oder Wohnungseigentümergemeinschaften ArbN mit Reinigungsarbeiten betrauen[9]. Vielmehr muss die Beschäftigung gerade im Privathaushalt liegen. Rechtsfolgen ergeben sich durch die Einordnung eines Beschäftigungsverhältnisse als geringfügige Beschäftigung in Privathaushalten im Hinblick auf die **Höhe des ArbGeb-Beitrags** (§ 249b S. 2 SGB V, §§ 168 I Nr. 1c, 172 IIIa SGB VI) insofern, als die geringfügige Beschäftigung in Privathaushalten gegenüber einer geringfügigen Beschäftigung im gewerbl. Bereich beitragsrechtl. besonders begünstigt wird.

17 **III. Zusammenrechnung. 1. Anwendungsbereich Abs. 2.** Die Regelung in § 8 II bestimmt, dass **mehrere geringfügige Beschäftigungen zusammenzurechnen** sind, außerdem werden geringfügige Beschäftigungen iSd. § 8 I Nr. 1 und nicht geringfügige Beschäftigungen nur unter bestimmten Voraussetzungen zusammengerechnet. Im Hinblick auf die Zusammenrechnung geringfügiger Beschäftigungen hat das BVerfG auf der Grundlage der damaligen Fassung des § 8 II keine verfassungsrechtl. Bedenken gesehen[10]. Die jetzige Fassung des § 8 II enthält drei Fallgruppen, bei denen es zu einer Zusammenrechnung der Beschäftigungsverhältnisse kommt.

18 Der Beschäftigte übt **mehrere geringfügig entlohnte Beschäftigungen** aus. In diesem Fall sind die erzielten Arbeitsentgelte zusammenzurechnen. Wird eine zweite Beschäftigung erst später aufgenommen, sind die Verhältnisse ab dem Zeitpunkt dieser Beschäftigung maßgebend[11].

19 Ebenfalls zusammenzurechnen sind **mehrere kurzfristige Beschäftigungen** iSv. § 8 I Nr. 2. Damit ist bei Aufnahme einer zeitlich begrenzten Beschäftigung zu prüfen, ob mit vorausgegangenen geringfügigen Beschäftigungen iSd. § 8 I Nr. 2 die Zeitgeringfügigkeitsgrenze überschritten wird. Dies gilt unabhängig davon, ob die jeweiligen Beschäftigungen geringfügig entlohnt oder mehr als geringfügig entlohnt worden sind[12]. Es ist also jeweils bei Beginn einer neuen Beschäftigung zu prüfen, ob diese zusammen mit den schon im Kalenderjahr ausgeübten Beschäftigungen die maßgebende Zeitgrenze überschreitet. Steht bereits bei Aufnahme der ersten kurzfristigen Beschäftigung fest, dass diese zusammen mit weiteren kurzfristigen Beschäftigungen innerhalb des Jahreszeitraums die Zeitgeringfügigkeitsgrenze überschreiten wird, handelt es sich vom Beginn der ersten Beschäftigung an nicht mehr um eine

1 LSG Rh.-Pf. v. 26.4.2007 – L 1 KR 36/05, Breithaupt 2007, 650; v. 25.6.2007 – L 2 RI 340/04, nv.; *Figge*, rv 2006, 104. | 2 BSG v. 11.5.1993 – 12 RK 23/91, SozR 3-2400, § 8 Nr. 3. | 3 LSG BW v. 5.4.2005 – L 11 KR 2533/04, nv. | 4 Vgl. bereits BSG v. 13.2.1962 – 3 RK 2/58, BSGE 16, 158 (164). | 5 BSG v. 11.5.1983 – 12 RK 23/91, SozR 3-2400, § 8 Nr. 3. | 6 Richtlinien der Spitzenverbände der Krankenkassen, der Deutschen Rentenversicherung Bund und der Bundesagentur für Arbeit für die versicherungsrechtliche Beurteilung von geringfügigen Beschäftigten (Geringfügigkeits-Richtlinien) vom 24.8.2006, B.5.3. | 7 Kritisch zu Reparaturtätigkeiten: ErfK/*Rolfs*, § 8 SGB IV Rz. 20. | 8 Krauskopf/*Baier*, § 8a SGB IV Rz. 4. | 9 Gemeinsame Verlautbarung der Spitzenorganisationen der Sozialversicherungsträger zum Haushaltscheckverfahren vom 23.4.2007, Ziff. 2.1. | 10 BVerfG v. 21.4.1989 – 1 BvR 1591/87, SGB 1989, 386 f. | 11 Krauskopf/*Baier*, § 8 SGB IV Rz. 20. | 12 Richtlinien der Spitzenverbände der Krankenkassen, der Deutschen Rentenversicherung Bund und der Bundesagentur für Arbeit für die versicherungsrechtliche Beurteilung von geringfügigen Beschäftigten (Geringfügigkeits-Richtlinien) vom 24.8.2006, B.2.2.2.

geringfügige Beschäftigung[1]. Falls aber bei Aufnahme der ersten kurzfristigen Beschäftigung noch nicht feststeht, dass sie zusammen mit weiteren kurzfristigen Beschäftigungen die Zeitgeringfügigkeitsgrenze überschreiten wird, entfällt die Kurzfristigkeit der Beschäftigung für die Zukunft erst dann, wenn feststeht, dass die Zeiträume überschritten werden, spätestens aber gem. § 8 II 2, mit dem tatsächlichen Überschreiten der Zeitgeringfügigkeitsgrenze.

Eine **Zusammenrechnung von geringfügigen Beschäftigungen nach § 8 Abs. 1 Nr. 1 mit nicht geringfügigen Beschäftigungen** erfolgt nur unter besonderen Voraussetzungen. Übt ein in einem anderen Beschäftigungsverhältnis sozialversicherungspflichtiger ArbN nur eine weitere Beschäftigung aus, die unter Betrachtung des § 8 I Nr. 1 als geringfügig zu qualifizieren wäre, erfolgt keine Zusammenrechnung mit der nicht geringfügigen Beschäftigung. Wird aber mehr als eine geringfügige Nebenbeschäftigung nach § 8 I Nr. 1 ausgeübt, so erfolgt eine Zusammenrechnung dieser Nebenbeschäftigungen mit der Hauptbeschäftigung. Nach überwiegender Auffassung bleibt jedoch bei dieser Zusammenrechnung die (von allen ausgeübten Nebenbeschäftigungen des Beschäftigten nach § 8 I Nr. 1) zeitlich zuerst aufgenommene Nebenbeschäftigung unberücksichtigt. Diese Nebenbeschäftigung ist also weiterhin als geringfügig iSd. § 8 I Nr. 1 einzuordnen[2]. Dagegen findet eine Zusammenrechnung einer sozialversicherungspflichtigen Beschäftigung mit einer Beschäftigung iSv. § 8 I Nr. 2 nicht statt, sofern es sich um Beschäftigungsverhältnisse bei unterschiedlichen ArbGeb handelt. Andernfalls handelt es sich nach Auffassung der Rspr. um ein einheitliches Beschäftigungsverhältnis[3]. 20

Bei der Anwendung der Regelung in § 8 II ist zu beachten, dass die besonderen Teile des SGB **Ausnahmevorschriften** zu dieser Zusammenrechnungsregel enthalten. In der **ArblV** werden nach § 27 II 1 SGB III nicht geringfügige Beschäftigungen und geringfügige Beschäftigungen nicht zusammengerechnet, mit der Folge, dass geringfügige Beschäftigungen gem. § 8 I Nr. 1 versicherungsfrei bleiben, sofern die Arbeitsentgelte aus mehreren nebeneinander ausgeübten geringfügig entlohnten Beschäftigungen die Grenzen des § 8 I Nr. 1 nicht erreichen[4]. Sonderregelungen enthalten für den Bereich der **KV und RV** die §§ 7 I 2 SGB V bzw. 5 II 1 SGB VI. Nach diesen beiden Vorschriften kommt eine Zusammenrechnung nur in Betracht, wenn die nicht geringfügige Beschäftigung Versicherungspflicht in dem jeweiligen Versicherungszweig begründet. Ist dies gegeben, besteht auch in einer geringfügig entlohnten Beschäftigung – sofern es sich hierbei nicht um die zeitlich zuerst aufgenommene geringfügig entlohnte Beschäftigung handelt – Versicherungspflicht[5]. 21

Nicht zusammenzurechnen sind jedoch **ungleichartige geringfügige Beschäftigungen**. Dh. eine geringfügige Beschäftigung nach § 8 I Nr. 1 kann nicht mit einer geringfügigen Beschäftigung nach § 8 I Nr. 2 zusammengerechnet werden. Dies folgt bereits aus dem Wort „oder" in § 8 II 1. Außerdem weist die Regelung in § 8 II, nämlich die Zusammenrechnung von geringfügiger Beschäftigung nach § 8 I Nr. 1 mit einer nicht geringfügigen Beschäftigung darauf hin, dass eine Zusammenrechnung von Beschäftigungen nach § 8 I Nr. 1 und solchen nach § 8 I Nr. 2 nicht erfolgt[6]. Ebenso wenig ist zusammenzurechnen eine **kurzfristige Beschäftigung** nach § 8 I Nr. 2 mit einer **versicherungspflichtigen Beschäftigung**. Dies folgt bereits aus dem Umkehrschluss zu § 8 II 1 Hs. 2. 22

2. Feststellungslast. Für den Fall, dass sich trotz Ausschöpfung aller Ermittlungsmöglichkeiten nicht mit der erforderlichen Gewissheit feststellen lässt, ob eine geringfügige Tätigkeit vorliegt, trifft im Verfahren des Beitragseinzugs regelmäßig den ArbGeb die **Feststellungslast** hinsichtlich des Grundtatbestandes des § 8 I. Nur bezüglich der Frage, ob die Tätigkeit iSd. § 8 I Nr. 2 berufsmäßig ausgeübt wird, trifft den Versicherungsträger die Feststellungslast[7]. Diese Grundsätze gelten allerdings ausschließlich im Hinblick auf das Verfahren des Beitragseinzuges. Will ein Beschäftigter mit der Behauptung, er sei versicherungspflichtig beschäftigt, Leistungen aus dem Versicherungsverhältnis geltend machen, so trifft den SozV-Träger die Feststellungslast dafür, dass es sich bei der Tätigkeit um eine geringfügige Beschäftigung handelt, die zu einem Leistungsausschluss führt[8]. 23

3. Rechtsfolgen für Arbeitgeber. Die Vorschriften über die Zusammenrechnung von Beschäftigungsverhältnissen (§ 8 II) bergen für ArbGeb erhebliche wirtschaftl. Risiken. Führt die Zusammenrechnung dazu, dass ein angeblich geringfügig Beschäftigter tatsächlich als versicherungspflichtig einzustufen ist, so ist allein der ArbGeb der Schuldner nachzuentrichtender SozV-Beiträge. Im Fall der Nachentrichtung von SozV-Beiträgen wird der ArbGeb auf Grund von § 28g kaum in der Lage sein, den vom Be- 24

---

1 Kasseler Kommentar/*Seewald*, § 8 SGB IV Rz. 24; vgl. auch BSG v. 29.4.1971 – 3 RK 84/70, BSGE 32, 268. | 2 Richtlinien der Spitzenverbände der Krankenkassen, der Deutschen Rentenversicherung Bund und der Bundesagentur für Arbeit für die versicherungsrechtliche Beurteilung von geringfügigen Beschäftigten (Geringfügigkeits-Richtlinien) vom 24.8.2006, B. 2.1.2.2; *Kazmierczak*, NZS 2003, 186 (188); *Rombach*, SGb 2003, 196 (198); *Wiegelmann*, Sozialversicherung 2003, 85; aA Krauskopf/*Baier*, § 8 SGB IV Rz. 25 f. | 3 BSG v. 16.2.1983 – 12 RK 26/81, SozR 2200, § 168 Nr. 7; LSG Schl-Holst. v. 19.10.2005 – L 5 KR 101/04. | 4 Vgl. hierzu *Boecken*, NZA 1999, 393 (400). | 5 Richtlinien der Spitzenverbände der Krankenkassen, der Deutschen Rentenversicherung Bund und der Bundesagentur für Arbeit für die versicherungsrechtliche Beurteilung von geringfügigen Beschäftigten (Geringfügigkeits-Richtlinien) vom 24.8.2006, B.2.1.2.2. | 6 Wannagat/*Brandenburg*/*Woltjen*, § 8 SGB IV Rz. 32; Krauskopf/*Baier*, § 8 SGB IV Rz. 19; aA *Neumann-Duesberg*, WzS 1977, 65 (70). | 7 BSG v. 11.5.1993 – 12 RK 23/91, SozR 3-2400, § 8 Nr. 3. | 8 Hierauf weist zutr. ErfK/*Rolfs*, § 8 SGB IV Rz. 27 hin.

schäftigten zu tragenden Teil des GesamtSozV-Beitrages an den nachzuentrichtenden SozV-Beiträgen ersetzt zu bekommen, da ein unterbliebener Beitragsabzug nur bei den drei nächsten Lohn- oder Gehaltszahlungen nachgeholt werden darf, es sei denn, wenn der Abzug ohne Verschulden des ArbGeb unterblieben ist[1]. Um den ArbGeb vor möglicherweise erheblichen Beitragsnachforderungen zu schützen, sieht nunmehr § 8 II 3 mit Wirkung vom 1.4.2003 vor, dass die Versicherungspflicht eines Beschäftigten erst mit dem Tage der Bekanntgabe der Feststellung durch die Einzugsstelle oder einen Träger der RV eintritt, wenn bei der Zusammenrechnung nach § 8 II 1 festgestellt wird, dass die Voraussetzungen einer geringfügigen Beschäftigung nicht mehr vorliegen[2]. Dh., in Abweichung von sonst in der SozV geltenden Grundsätzen, wonach sich die Versicherungspflicht unmittelbar aus dem Gesetz ergibt, wird bei der Zusammenrechnung der Eintritt der Versicherungspflicht von einer Verwaltungsentscheidung abhängig gemacht, was dazu führen kann, dass der Versicherungsschutz des Beschäftigten mit einer kaum zu kalkulierenden zeitlichen Verzögerung eintritt. Die Regelung des § 8 II 3 gilt dabei unabhängig davon, ob die Einzugstelle einen Sachverhalt iSd. § 8 II 1 ermittelt oder der ArbGeb selbst einen solchen Sachverhalt mitgeteilt hat[3]. Allerdings soll § 8 II 3 nach Auffassung der SozV-Träger dann nicht gelten, wenn der ArbGeb vorsätzlich oder grob fahrlässig versäumt hat, den Sachverhalt einer Zusammenrechnung in Bezug auf die versicherungsrechtl. Einordnung eines geringfügigen Beschäftigungsverhältnisses aufzuklären. Hat ein ArbGeb also einfachste, jedem einleuchtende Überlegungen in Bezug auf eine Zusammenrechnung bei geringfügigen Beschäftigungsverhältnissen nicht angestellt oder ist er Hinweisen auf weitere Beschäftigungsverhältnisse seines geringfügig tätigen Beschäftigten nicht nachgegangen, wollen die SozV-Träger die Regelung des § 8 II 3 nicht anwenden, so dass in diesen Fällen die Versicherungspflicht nicht erst bei Bekanntgabe eines entsprechenden Bescheides gegenüber dem ArbGeb eintritt, sondern bereits wie bisher mit Eintritt der durch die Zusammenrechnung mehrerer Beschäftigungsverhältnisse begründeten Versicherungspflicht[4].

25 Angesichts dieser Verwaltungspraxis ist daher einem ArbGeb weiterhin anzuraten, bereits vor Abschluss des Arbeitsvertrages den Beschäftigten nach entsprechenden anderweitigen Tätigkeiten zu fragen und sich ggf. **schriftl. versichern zu lassen**, dass eine anderweitige Tätigkeit vom Beschäftigten nicht ausgeübt wird[5]. Ein solches **Fragerecht** hat das BSG ausdrücklich für zulässig erachtet. Danach ist der ArbGeb geringfügig beschäftigter ArbN berechtigt, seine ArbN unter Darlegung der Voraussetzungen für das Entstehen der Versicherungs- und Beitragspflicht zu fragen, ob sie bei einem anderen ArbGeb in einem Umfang beschäftigt seien, der zusammen mit der bei ihm ausgeübten Beschäftigung Versicherungspflicht und Beitragspflicht begründet[6]. Beim geringsten **Zweifel** ist dem ArbGeb anzuraten, eine **Entscheidung der Einzugsstelle** zu beantragen, um dem Vorwurf zu entgehen, er habe grob fahrlässig versäumt, den Sachverhalt aufzuklären. Gibt der ArbN auf eine klare und zulässig gestellte Frage nach einer von ihm ausgeübten Nebenbeschäftigung oder Nebentätigkeit bewusst eine unzutreffende Antwort oder verschweigt er eine solche Nebentätigkeit, kann dies unter Umständen auch zu Schadensersatzansprüchen des ArbGeb gegen den ArbN führen[7]. Selbst wenn eine gesonderte arbeitsvertragl. Vereinbarung nicht existiert, ist ein ArbN, der geringfügig beschäftigt ist und eine weitere geringfügige Beschäftigung aufnimmt, verpflichtet, dies seinem ArbGeb mitzuteilen[8].

26 **IV. Geringfügige selbständige Tätigkeit.** Gem. § 8 III gelten die Regelungen des § 8 I und II entsprechend, soweit an Stelle einer Beschäftigung eine selbständige Tätigkeit ausgeübt wird. Darüber hinaus wird mit § 8 III 2 klargestellt, dass selbständige Tätigkeiten im Recht der Arbeitsförderung grds. außer Betracht bleiben. Die praktische Bedeutung dieser Vorschrift ist gering[9]. Ihre Hauptbedeutung erlangt die Vorschrift, soweit die besonderen Teile des Sozialgesetzbuches auch selbständig Tätige in die SozV miteinbeziehen (vgl. insb. für die rentenversicherungspflichtigen selbständig Tätigen § 2 SGB VI[10]). Die Regelungen des § 8 III bedeutet, dass an die Stelle des Arbeitsentgelts (§ 14) das Arbeitseinkommen (§ 15) tritt. Insofern kommt es auf den nach den allgemeinen Gewinnermittlungsvorschriften des EStRechts ermittelten Gewinn aus der selbständigen Tätigkeit an, also den Jahresverdienst an, wenn es darum geht, die entsprechenden Voraussetzungen für eine geringfügige selbständige Tätigkeit gem. § 8 I zu überprüfen[11]. Ebenso erfolgt unter entsprechender Anwendung des § 8 II eine Zusammenrechnung bei mehreren selbständigen Tätigkeiten unter den dort genannten Voraussetzungen. Dagegen findet **keine Zusammenrechnung von Beschäftigungen und selbständigen Tätigkeiten** statt[12].

27 **V. Rechtsfolgen der Geringfügigkeit.** Die Regelung in § 8 definiert lediglich, unter welchen Voraussetzungen eine geringfügige Beschäftigung anzunehmen ist. Welche Rechtsfolgen sich ergeben, falls ein

---

1 LSG Saarl. v. 19.1.2005 – L 2 KR 14/01, nv. | 2 *Rolfs*, NZA 2003, 65, (68). | 3 Krauskopf/*Baier*, § 8 SGB IV Rz. 30. | 4 Richtlinien der Spitzenverbände der Krankenkassen, der Deutschen Rentenversicherung Bund und der Bundesagentur für Arbeit für die versicherungsrechtliche Beurteilung von geringfügigen Beschäftigten (Geringfügigkeits-Richtlinien) vom 24.8.2006, B.5.3; aA SG Freiburg – S 2 KN-R 6092/06. | 5 *Rittweger* in Schwerpunktkommentar Sozialrecht, § 8 SGB IV Rz. 22. | 6 BSG v. 23.2.1988 – 12 RK 43/87, SozR 2100, § 8 Nr. 5; LSG Schl.-Holst. v. 10.6.2003 – L 1 KR 83/02, NZS 2004, 432 ff. | 7 Vgl. BSG v. 23.2.1988 – 12 RK 43/87, SozR 2100, § 8 Nr. 5. | 8 BAG v. 18.11.1988 – 8 AZR 12/86, AP Nr. 3 zu § 611 BGB – Doppelarbeitsverhältnis. | 9 Kasseler Kommentar/*Seewald*, § 8 SGB IV Rz. 32. | 10 Vgl. hierzu aus der Rspr.: LSG Nds. v. 17.3.1989 – L 1 AN 171/88; Breithaupt 1990, 402 ff. | 11 LSG Nds. v. 21.2.2007 – L 2 R 195/06, nv. | 12 ErfK/*Rolfs*, § 8 SGB IV Rz. 23; aA *Löwisch*, BB 1999, 739 (740).

Beschäftigter nur geringfügig versichert ist, ist in den **besonderen Vorschriften des Sozialgesetzbuches** geregelt (vgl. für die gesetzl. **KV** etwa: § 7 SGB V; für die gesetzl. **PflV**: § 20 I SGB XI iVm. § 7 SGB V; für die gesetzl. **RV**: § 5 II SGB VI; für die **ArblV**: § 27 II SGB III)[1]. Bei der gesetzl. RV ist zudem zu beachten, dass in den Fällen, in denen sich die Geringfügigkeit der Beschäftigung nach § 8 I Nr. 1 oder § 8a richtet, der Beschäftigte die Möglichkeit hat, gem. § 5 II 2 SGB VI durch schriftl. Erklärung gegenüber dem ArbGeb auf die Versicherungsfreiheit zu verzichten[2]. Demgegenüber spielt die geringfügige Beschäftigung im Bereich der **gesetzl. Unfallversicherung** keine Rolle, da die Versicherungspflicht hier regelmäßig an das Bestehen eines Beschäftigungsverhältnisses anknüpft.

Liegen die Voraussetzungen für ein geringfügiges Beschäftigungsverhältnis nicht vor, so ist die sog. **Gleitzone** zu beachten. Diese gilt bei monatlichen Arbeitsentgelten oberhalb von 400 Euro bis zur Grenze von 800 Euro (§ 20 II). Liegt ein Beschäftigungsverhältnis innerhalb dieser Gleitzone, so besteht grds. Versicherungspflicht in allen Zweigen der SozV. Allerdings hat der ArbN nur einen verminderten ArbN-Anteil zur SozV zu leisten, wobei dieser Anteil innerhalb der Gleitzone bis zum vollen ArbN-Anteil ansteigt, während demgegenüber der ArbGeb schon ab einem Betrag von mehr als 400 Euro den vollen ArbGeb-Anteil aufzubringen hat[3]. 28

1 *Thüsing*, ZTR 2005, 118 (125 ff.). | 2 *Marschner*, DB 2004, 1206 (1207). | 3 Gemeinsames Rundschreiben der Spitzenverbände der Krankenkassen, der Deutschen Rentenversicherung Bund und der Bundesagentur für Arbeit vom 2.11.2006 zum Zweiten Gesetz für moderne Dienstleistungen am Arbeitsmarkt (hier: versicherungs-, beitrags- und melderechtliche Auswirkungen auf Beschäftigungsverhältnisse in der Gleitzone), Ziff. 4.3.1, 4.3.3.1; ErfK/*Rolfs*, § 20 SGB IV Rz. 3 ff.

Sozialgesetzbuch (SGB)

Sechstes Buch (VI)
– Gesetzliche Rentenversicherung –

in der Fassung der Bekanntmachung vom 19.2.2002 (BGBl. I S. 754, ber. 1404, 3384)
zuletzt geändert durch Gesetz vom 22.12.2007 (BGBl. I S. 3245)

– Auszug –

41 *Altersrente und Kündigungsschutz*

Der Anspruch des Versicherten auf eine Rente wegen Alters ist nicht als ein Grund anzusehen, der die Kündigung eines Arbeitsverhältnisses durch den Arbeitgeber nach dem Kündigungsschutzgesetz bedingen kann. Eine Vereinbarung, die die Beendigung des Arbeitsverhältnisses eines Arbeitnehmers ohne Kündigung zu einem Zeitpunkt vorsieht, zu dem der Arbeitnehmer vor Erreichen der Regelaltersgrenze eine Rente wegen Alters beantragen kann, gilt dem Arbeitnehmer gegenüber als auf das Erreichen der Regelaltersgrenze abgeschlossen, es sei denn, dass die Vereinbarung innerhalb der letzten drei Jahre vor diesem Zeitpunkt abgeschlossen oder von dem Arbeitnehmer innerhalb der letzten drei Jahre vor diesem Zeitpunkt bestätigt worden ist.

1 **I. Zweck und Entwicklungsgeschichte.** § 41 enthält keine versicherungsrechtl., sondern eine **arbeitsrechtl. Regelung**. Ihr Zweck besteht darin, die Flexibilisierung der Altersgrenzen zu fördern und die Weiterarbeit über die gesetzl. Regelaltersgrenze hinaus zu ermöglichen[1]. Aufbauend auf dem RRG 1992 beinhaltete § 41 zunächst neben der noch verbliebenen arbeitsrechtl. Schutzbestimmung mehrfach novellierte Regelungen über die schrittweise Erhöhung der Altersgrenzen für die Altersrente wegen Arbeitslosigkeit oder nach ATZ-Arbeit, für Frauen sowie für langjährig Versicherte vom 60. bzw. 63. LJ auf die Regelaltersgrenze von 65 Jahren. Die ursprünglich in Abs. 4 zusammengefassten arbeitsrechtl. Schutzvorschriften, die am 1.1.1992 in Kraft traten, knüpften ua. an Art. 6 § 5 RRG vom 6.10.1972 an[2]. Mit dem RRG 1992 vom 18.12.1989 erhielt die Regelung dann als § 41 IV 3 SGB VI folgende Fassung: „*Eine Vereinbarung, wonach ein Arbeitsverhältnis zu einem Zeitpunkt enden soll, in dem der Arbeitnehmer Anspruch auf eine Rente wegen Alters hat, ist nur wirksam, wenn die Vereinbarung innerhalb der letzten drei Jahre vor diesem Zeitpunkt geschlossen oder von dem Arbeitnehmer bestätigt worden ist.*" Hierdurch erhielten die ArbN die Möglichkeit, selbst darüber zu entscheiden, wann sie das Altersruhegeld in Anspruch nehmen und wann sie aus dem Arbeitsleben ausscheiden wollten[3]. Diese Regelung führte aber zu einer unerwünschten Kumulation von Arbeitsentgelt und Regelaltersrente[4]. Darüber hinaus trug die Vorschrift zu einer Kommerzialisierung des Ausscheidens in den Ruhestand bei[5]. Auf der Grundlage der Regelungen des damaligen § 41 IV 3 forderten viele ArbN für ein freiwilliges Ausscheiden hohe Abfindungen vom ArbGeb, die auch von den Unternehmen bezahlt wurden, um, da betriebsbedingte Kündigungen regelmäßig rechtl. nicht durchsetzbar waren, auf dem Vereinbarungswege zu einer altersgerechten Belegschaftsstruktur zu kommen. Diese Rechtslage änderte der Gesetzgeber durch das Gesetz zur Änderung des 6. Buches Sozialgesetzbuch vom 26.7.1994 mit Wirkung vom 1.8.1994[6]. Der Inhalt der Neuregelung bestand darin, dass für eine Übergangszeit § 41 IV 3 aufgehoben wurde. Bis zum 1.1.1998 sollte die bis zum 1.1.1992 geltende Regelung des Art. 5 Abs. 2 RRG 1972 inhaltlich wieder in Kraft gesetzt werden. Danach galt eine Vereinbarung, die die Beendigung des Arbeitsverhältnisses zu einem Zeitpunkt vorsah, in dem der ArbN vor Vollendung des 65. LJ das gesetzl. Altersruhegeld beantragen kann, dem ArbN gegenüber als auf die Vollendung des 65. LJ abgeschlossen, es sei denn, dass dieser die Vereinbarung erst innerhalb der letzten drei Jahre abgeschlossen und bestätigt hat. Durch Artikel 4 des Gesetzes zur sozialrechtl. Absicherung flexibler Arbeitszeitregelung vom 6.4.1998[7] ist der damalige § 41 IV 2 mWv. 1.1.1998 aufgehoben worden. Diese Regelung bestimmte, dass bei einer Kündigung aus dringenden betriebl. Erfordernissen bei der sozialen Auswahl der Anspruch des ArbN auf eine Rente wegen Alters vor Vollendung des 65. LJ nicht berücksichtigt werden durfte. Dies wurde vom Gesetzgeber für entbehrlich erachtet, weil in der damaligen Fassung des KSchG schon einmal vorgesehen war, welche sozialen Gesichtspunkte im Falle einer betriebsbedingten Kündigung bei der Auswahl des ArbN berücksichtigt werden konnten, und der Anspruch des ArbN auf eine Altersrente oder die Möglichkeit des ArbN zur Inanspruchnahme von ATZ gerade nicht zu den berücksichtigungsfähigen sozialen Gesichts-

---

1 BT-Drs. 11/4124, 163. |2 BGBl. I S. 1965. |3 BAG v. 20.10.1993 – 7 AZR 135/93, AP Nr. 3 zu § 41 SGB VI. |4 Hauck/Noftz/*Fichte*, § 41 SGB VI Rz. 5. |5 ErfK/*Rolfs*, § 41 SGB VI Rz. 4. |6 BGBl. I S. 1797. |7 BGBl. I S. 688.

punkten zählten. Mit dem Gesetz zur Reform der gesetzl. RV (RRG 1999) vom 16.12.1997[1] sind mWv. 1.1.2000 die Überschrift des § 41 geändert und die damaligen Abs. 1–3 aufgehoben worden. Dies war eine Folge der Neuregelung der Altersrenten durch das RRG 1999. Diese, am 1.1.2000 in Kraft getretene Fassung der Vorschrift beinhaltete in ihrem S. 1 eine Kündigungsschutzvorschrift und in ihrem S. 2 eine Regelung zur Vereinbarung von Altersgrenzen. An dieser grundsätzlichen Regelungskonzeption hat auch der Gesetzgeber des RV-Anpassungsgesetzes vom 20.4.2007[2] nichts geändert. Angesichts der mit diesem Gesetz erfolgten stufenweisen Anhebung der Regelaltersgrenze auf 67 Jahre, musste der Gesetzgeber allerdings die Regelung in § 41 S. 2 mWz. 1.1.2008 anpassen.

II. Kündigungsschutz. 1. Geschützter Personenkreis. Der Kündigungsschutz nach § 41 S. 1 steht nur 2
Versicherten in der gesetzl. RV zu. Hierbei verlangt die Rspr., dass gerade das Arbeitsverhältnis den Versicherungsschutz in der gesetzl. RV vermitteln soll. Schließlich soll die Vorschrift keine Beendigungstatbestände erfassen, die nichts mit dem Anspruch auf Rente wegen Alters aus der gesetzl. RV zu tun haben[3]. Sind also ArbN in ihrem Arbeitsverhältnis versicherungsfrei oder von der Versicherungspflicht befreit, besteht kein Kündigungsschutz gem. § 41 S. 1 SGB VI[4]. Auch findet die Kündigungsschutzvorschrift des § 41 S. 1 SGB VI nur Anwendung auf solche Arbeitsverhältnisse, die dem KSchG unterliegen. Dies bedeutet, dass der betreffende ArbN sowohl die **Wartezeit** des § 1 I KSchG erfüllt haben muss, als auch, dass die **notwendige Beschäftigtenzahl** gem. § 23 KSchG gegeben ist[5].

Aus dem Verweis auf das KSchG folgt weiter, dass für die Anwendung des § 41 S. 1 ein Arbeitsverhält- 3
nis im arbeitsrechtl. Sinne Voraussetzung ist. Auf den sozialversicherungsrechtl. Begriff des Beschäftigungsverhältnisses (§ 7 SGB IV) kommt es hier nicht an[6]. Soweit die Vorschrift von einem Anspruch des Versicherten auf eine Rente wegen Alters spricht, liegt diese Voraussetzung vor, wenn nach den sozialrechtl. Bestimmungen alle Voraussetzungen der Rentenzahlung mit Ausnahme des Rentenantrags des ArbN erfüllt sind. Hierbei spielt das Alter des ArbN keine Rolle. Die Regelung verweist vielmehr auf die Rentenansprüche gem. § 33 II SGB VI. Insofern wird der ArbN auch davor geschützt, durch eine arbeitgeberseitige Kündigung zum Bezug von vorzeitiger Altersrente gezwungen zu sein. Aus dem Gesetzeswortlaut geht allerdings nicht ganz klar hervor, ob zudem derjenige, der bereits einen **Rentenanspruch** realisiert hat und Altersrente tatsächlich bezieht, unter den Schutz des § 41 S. 1 fällt. Sicher nicht geschützt im Hinblick auf diesen Schutzzweck ist allerdings die Wahl des ArbN, künftig ein doppeltes Einkommen (Rente und Arbeitseinkommen) erzielen zu wollen. Ausgehend vom Zweck der Norm gebietet § 41 S. 1 dem ArbGeb nur, den versicherten ArbN nicht aus dem Erwerbsleben in die Altersrente abzudrängen, nicht aber, ihm die **Kumulation von Erwerbseinkommen und Rente** zu ermöglichen. Der Bezug solcher Doppelbezüge wird derzeit allgemein als sozial schädlich erachtet[7]. Für eine Kündigung eines solchen rentenbeziehenden ArbN gelten dann, unter den dortigen Voraussetzungen, die Kündigungseinschränkungen des KSchG.

2. Umfang des Kündigungsschutzes. Der Grundsatz des § 41 S. 1 steht aber einer Kündigung aus 4
verhaltensbedingten, personenbedingten oder betriebsbedingten Gründen nicht entgegen, auch wenn die Kündigung mit dem Zeitpunkt des Erwerbs eines Anspruchs des Versicherten auf eine Rente wegen Alters zusammenfällt[8]. Auch das BVerfG hat deutlich gemacht, dass eine Weiterbeschäftigung von ArbN, die neben ihrer Vergütung die volle Altersrente erhalten, denjenigen schwer zu vermitteln sei, die keine Beschäftigung finden[9]. Darüber hinaus ist zu berücksichtigen, dass es geradezu widersprüchlich wäre, wenn auf der einen Seite § 41 die Kündigung von ArbN, die einen Anspruch auf Altersrente bereits erworben haben, generell verbieten würde, während § 1 III 2 KSchG die Berücksichtigung einer ausgewogenen **Personal- und Leistungsstruktur** in den Betrieben zu einer Einschränkung der Sozialauswahl bei betriebsbedingten Kündigungen führen kann[10]. Damit steht aber auch fest, dass der Anspruch eines ArbN auf eine Rente wegen Alters aus der gesetzl. RV nicht zu einem generellen Kündigungsschutz wird, sondern § 41 S. 1 lediglich dazu führt, dass der Anspruch eines Arbeitnehmers auf eine Rente wegen Alters aus der gesetzl. RV sich nicht zu Lasten des ArbN bei der Prüfung der Kündigungsgründe entwickelt. Das bedeutet ferner, dass bei der Gewichtung des Lebensalters im Rahmen der Sozialauswahl § 41 nicht bewusst missachtet werden darf[11]. Insofern gewährleistet § 41 S. 1 zum einen die verfassungsrechtl. verbürgte **Berufsfreiheit auch älterer ArbN** und ihr Recht, den gewählten Arbeitsplatz beizubehalten oder aufzugeben[12], zum anderen aber schließt die Vorschrift nicht aus, dass auch ältere ArbN unter Berücksichtigung der gesetzl. Vorgaben des Kündigungsschutzes gekündigt werden können. Ob darüber hinaus ältere ArbN sich auch auf das Verbot der Altersdiskriminierung nach dem AGG berufen können, wenn ihr Arbeitsverhältnis gekündigt wird, ist angesichts der Vorschrift des § 2 IV AGG allerdings höchst fraglich (§ 2 AGG Rz. 12 ff.)[13].

---

1 BGBl. I S. 2998. | 2 BGBl. I S. 554. | 3 Vgl. BAG v. 14.10.1997 – 7 AZR 660/96, AP Nr. 10 zu § 41 SGB VI. | 4 Kasseler Kommentar/*Gürtner*, § 41 SGB VI Rz. 6. | 5 ErfK/*Rolfs*, § 41 SGB VI Rz. 5. | 6 Kasseler Kommentar/*Gürtner*, § 41 SGB VI Rz. 5. | 7 ErfK/*Rolfs*, § 41 SGB VI Rz. 7; Kasseler Kommentar/*Gürtner*, § 41 SGB VI Rz. 6. | 8 Vgl. *Waltermann*, RdA 1993, 209, 213. | 9 BVerfG v. 8.11.1994 – 1 BvR 1814/94, AP Nr. 5 zu § 41 SGB VI. | 10 Vgl. zur Neufassung des § 1 III 2 KSchG: *Löwisch*, BB 2004, 154 (155). | 11 LAG Frankfurt v. 24.6.1999 – 3 Sa 1278/98, NZA-RR 2000, 74. | 12 Vgl. hierzu *Waltermann*, NZA 1994, 822 (824 f.). | 13 *Bauer/Krieger*, NZA 2007, 674; aber: ArbG Osnabrück v. 5.2.2007 – 3 Ca 724/06, NZA 2007, 626.

5 **3. Rechtsfolgen.** Für die Geltendmachung des Kündigungsschutzes gem. § 41 S. 1 gilt § 4 KSchG. Wird also ein Arbeitsverhältnis eines ArbN gekündigt, weil dieser Anspruch auf eine Rente wegen Alters hat, gilt diese Kündigung als sozial gerechtfertigt und aus sonstigen Gründen rechtswirksam, wenn der ArbN die **Drei-Wochen-Frist des § 4 KSchG** verstreichen lässt[1].

6 **III. Vereinbarungen über Altersgrenzen.** In der Vergangenheit heftig diskutiert wurde die gesetzl. Einschränkung von Vereinbarungen über Altersgrenzen[2]. Eine Regelung findet sich hierzu in § 41 S. 2. Diese Regelung soll wie § 41 S. 1 die Flexibilisierung der Altersgrenzen in der RV arbeitsrechtl. so absichern, dass dem einzelnen ArbN die verfassungsrechtl. gebotene Freiheit der Entscheidung für eine Fortsetzung der Erwerbstätigkeit nach Erreichen einer gesetzl. Altersgrenze für den Anspruch auf eine Rente bis zum Erreichen der Regelaltersgrenze verbleibt[3]. Angesichts dieses Regelungszwecks unterfällt eine Vereinbarung, die lediglich eine Option auf vorzeitige Beendigung des Arbeitsverhältnis einräumt, nicht dem Anwendungsbereich des § 41 S. 2[4].

7 **1. Persönlicher Anwendungsbereich.** Da in § 41 S. 2 ein Verweis auf das KSchG fehlt, wird teilweise vertreten, dass die Vorschrift **unabhängig vom Anwendungsbereich des KSchG** auf alle Arbeitsverhältnisse Anwendung findet[5]. Allerdings würde ein derart weiter Anwendungsbereich der Vorschrift für die Praxis nur wenig Sinn machen. Unterliegt das konkrete Arbeitsverhältnis nicht dem KSchG, könnte der ArbGeb dies grds. einseitig im Wege der Kündigung beenden. Ein Abschluss einer Vereinbarung, wonach das Arbeitsverhältnis beendet wird, wenn der ArbN vor Erreichen der Regelaltersgrenze eine Rente wegen Alters beantragen kann, wäre letztlich überflüssig. Insofern ist die Vorschrift des S. 2 systematisch der des Satzes 1 zuzuordnen, mit der Folge, dass auch § 41 S. 2 für das entsprechende Arbeitsverhältnis die Anwendbarkeit des KSchG voraussetzt.

8 **2. Sonderregelungen.** Eine Sonderregelung zu § 41 S. 2 stellt **§ 8 III ATZG** dar[6]. Danach ist eine Vereinbarung zwischen ArbN und ArbGeb über die ATZ-Arbeit, die die Beendigung des Arbeitsverhältnisses ohne Kündigung zu einem Zeitpunkt vorsieht, in dem der ArbN Anspruch auf eine Rente wegen Alters hat, zulässig[7]. Keine Spezialregelung stellt demgegenüber **§ 14 III TzBfG** dar. Aber auch in diesem Zusammenhang gilt es zu betonen, dass zumindest bei einer einzelvertragl. vereinbarten Altersgrenze es sich um eine kalendermäßige Befristung des Arbeitsverhältnisses handelt, auf die die Anforderungen des TzBfG Anwendung findet. Während durch § 41 die Entscheidungsfreiheit des ArbN geschützt wird, gilt für die Befristungskontrolle der Altersgrenzenvereinbarung grds. das TzBfG[8]. Dass unter dem Blickwinkel des § 41 eine auf das Erreichen der Regelaltersgrenze abstellende Beendigung des ArbVerh. regelmäßig sachlich gerechtfertigt sein kann, mag nachvollziehbar sein. Auch das BAG geht davon aus, dass eine Altersgrenze, die eine Beendigung des Arbeitsverhältnisses für den Zeitpunkt des Erreichens der sozialversicherungsrechtl. Regelaltersgrenze vorsieht, durch einen sachlichen Grund im iSv. § 14 I TzBfG gerechtfertigt ist[9]. Allerdings soll dies nach Auffassung des BAG unter einer bedenklichen Abwägung der ArbN- und ArbGeb-Interessen selbst für eine auf das 63. LJ abstellende Altersgrenze gelten, sofern der ArbN zu diesem Zeitpunkt durch den Bezug einer gesetzl. Altersgrenze abgesichert ist[10].

9 **3. Regelungsgegenstand. a) Inhalt von Altersgrenzenvereinbarungen.** Gegenstand der Regelung des § 41 S. 2 sind Vereinbarungen, die die Beendigung eines Arbeitsverhältnisses zu einem Zeitpunkt vorsehen, in dem der ArbN vor Erreichen der gesetzlichen Regelaltergrenze eine Rente wegen Alters beantragen kann. Derartige Vereinbarungen setzen mithin voraus, dass für den ArbN ein Anspruch auf Rente wegen Alters vor Vollendung der Regelaltersgrenze besteht[11]. Dh. im Umkehrschluss, dass eine Vereinbarung über die Beendigung eines Arbeitsverhältnisses nicht an § 41 S. 2 zu messen ist, wenn der Betroffene überhaupt keinen Anspruch auf eine vorgezogene Altersrente erwerben kann[12]. Gleichzeitig bedeutet die Regelung aber auch, dass die Auflösung eines Arbeitsverhältnisses ohne Kündigung zum Zeitpunkt des Erreichens der gesetzl. Regelaltersgrenze vom Gesetz für zulässig erachtet wird. Durch das RV-Anpassungsgesetz wird beginnend 2012 mit dem Jahrgang 1947 die Regelaltersgrenze bis 2019 in Stufen von 65 bis auf 67 Jahre angehoben (§§ 35 S. 2, 235 II)[13]. Insofern kann für diese Übergangszeit nicht von einer einheitlichen Regelaltersgrenze ausgegangen werden, sondern diese ist vielmehr individuell für den einzelnen ArbN zu ermitteln. Damit werden aber auch nunmehr Vereinbarungen erfasst, die die Beendigung des Arbeitsverhältnisses zur Vollendung des 65. LJ vorsehen[14]. Allerdings wird man zunächst die auf das 65. LJ bezogenen Altersgrenzenvereinbarungen, die bereits bei Veröffentlichung des RV-Anpassungsgesetzs im BGBl. vereinbart waren, dahingehend auszulegen haben, ob es sich jeweils um eine deklaratorisch auf die gesetzl. Regelaltersgrenze bezogene Altersgrenzenvereinbarung

1 ErfK/*Rolfs*, § 41 SGB VI Rz. 9; aA Hauck/Noftz/*Fichte*, § 41 SGB VI Rz. 9. | 2 Vgl. etwa *Waltermann*, NZA 1994, 822 ff.; *Börner*, ZfA 1995, 537 ff.; *Ehrich*, BB 1994, 1633 ff. | 3 Kasseler Kommentar/*Gürtner*, § 41 SGB VI Rz. 13. | 4 LAG Köln v. 31.1.2002 – 6 Sa 899/01, AiB 2002, 262. | 5 ErfK/*Rolfs*, § 41 SGB VI Rz. 10. | 6 Hierzu BAG v. 16.11.2005 – 7 AZR 86/05, AP Nr 2 zu § 8 ATG. | 7 Vgl. *Schreiner*, NZA 2007, 846 f.; *Hanau*, NZA 2007, 848. | 8 *Waltermann*, GS Blomeyer, S. 495 (501 ff.); *Gitter*, AP Nr. 3 zu § 17 TzBfG. | 9 BAG v. 27.7.2005 – 7 AZR 443/04, NZA 2006, 37 (39); LAG Nds. v. 20.6.2007 – 15 Sa 1257/06. | 10 BAG v. 19.11.2003 – 7 AZR 296/03, AP Nr. 3 zu § 17 TzBfG. | 11 *Schreiner*, NZA 2007, 846 (847); *Birk*, NZA 2007, 244 (247). | 12 *Zöllner*, GS Blomeyer, S. 417 (524). | 13 *Berger-Delhey*, ZTR 2007, S. 429. | 14 BR-Drs. 2/07, S. 86 f.

oder um eine auf das 65. LJ bezogene konstitutive Beendigungsvereinbarung handelt[1]. Alleine aber aus der Bezugnahme auf die bisherige Regelaltersgrenze von 65 LJ wird man indes nicht den Schluss ziehen können, dass die Parteien unabhängig von der jeweiligen rentenversicherungsrechtl. geltenden Regelaltersgrenze das ArbVerh. stets mit Vollendung des 65. LJ beenden wollten[2]. Hier bedarf es dann also schon nicht des Rückgriffs auf die Fiktion des § 41 S. 2 (vgl. Rz. 17).

In der jetzigen Fassung der Regelung ist es nicht mehr erforderlich, dass eine ausdrückliche Verknüpfung der Beendigung des Arbeitsverhältnisses und des Anspruches auf eine Altersrente besteht[3]. Es spielt daher keine Rolle, ob die Parteien gerade im Hinblick auf einen Anspruch des ArbN auf eine Altersrente die Beendigung des Arbeitsverhältnisses vereinbart haben oder nicht. Vielmehr ist eine objektive Sichtweise im Gesetz vorgegeben. Es kommt nur darauf an, dass die Parteien einen Beendigungszeitpunkt gewählt haben, bei dem der Anspruch auf eine Altersrente gegeben war. Insofern dürfte die Rspr. zur damaligen Rechtslage als überholt anzusehen sein, nach der bei einer Vereinbarung zur Beendigung eines Arbeitsverhältnisses, in der nicht ausdrücklich auf die Möglichkeit des Anspruches auf eine Rente wegen Alters Bezug genommen wird, sondern lediglich eine Altersgrenze zwischen der Vollendung des 60. und des 65. LJ als Beendigungszeitpunkt genannt wird, idR davon auszugehen sei, dass der in § 41 S. 2 vorausgesetzte Zusammenhang zwischen Altersgrenze und SozV-Rente bestehe[4]. Auf Grund der objektiven Betrachtungsweise, die der Vorschrift des § 41 S. 2 nunmehr immanent ist, bedarf es einer derartigen Vermutungsregelung nicht mehr[5]. 10

b) Vereinbarungstypen. aa) Einzelvertragliche Vereinbarungen. Unstreitig unterfallen einzelvertragl. Vereinbarungen, die allerdings zu ihrer Wirksamkeit gem. § 14 IV TzBfG der Schriftform bedürfen[6], dem Anwendungsbereich des § 41 S. 2. Um eine einzelvertragl. Altersgrenzenvereinbarung handelt es sich auch dann, wenn die beiderseits tarifungebundenen Arbeitsvertragsparteien durch Bezugnahme auf einen TV, speziell durch Bezugnahme auf eine Altersgrenze in einem TV, eine entsprechende Regelung treffen. Hier liegt dann keine tarifl., sondern eine individualarbeitsrechtl. Vereinbarung vor[7]. Für die Praxis gilt jedoch zu beachten, dass auf Grund der objektiven Fassung des § 41 S. 2 und dem fehlenden Verknüpfungserfordernis zwischen Beendigung des Arbeitsverhältnisses und Anspruch auf eine Altersrente, einzelvertragl. Altersgrenzenregelungen, die auf besondere Anforderungen der beruflichen Tätigkeit oder andere Umstände abstellen, an § 41 S. 2 zu messen sind[8]. 11

bb) Kollektivarbeitsrechtliche Vereinbarungen. Seit jeher umstritten ist die Frage, inwieweit auch kollektivarbeitsrechtl. Vereinbarungen unter den Regelungsbereich des jetzigen § 41 S. 2 fallen. Der Gesetzeswortlaut spricht insofern nur von „Vereinbarung". Als kollektivarbeitsrechtl. Vereinbarungen über Altersgrenzen kommen in der Praxis sowohl **TV** als auch **BV** in Betracht. Hierbei wird man grds. zwei Fragen zu unterscheiden haben: Auf einer ersten Ebene wird zu prüfen sein, ob die rechtl. Vorgaben für die beiden Regelungsinstrumente überhaupt den jeweiligen Parteien einen Freiraum geben, um Regelungen über die Beendigung des Arbeitsverhältnisses aus Anlass des Erreichens einer gewissen Altersgrenze zu treffen. Auf einer zweiten Stufe muss dann geprüft werden, wenn man den Regelungsspielraum der jeweiligen Parteien der Kollektivverträge bejaht, ob die Altersgrenzenregelung der Vorschrift des § 41 S. 2 unterfällt und ggf. deren Voraussetzungen für die einzelne kollektivarbeitsrechtl. Altersgrenzenregelung vorliegen. 12

(1) Altersgrenzen in Tarifverträgen. Das BAG geht grds. davon aus, dass die TV-Partner **Altersgrenzen zum Bestandteil der Tarifwerke** machen können. Jedoch sind derartige tarifvertragl. Altersgrenzen an Art. 12 GG zu messen, wobei auf dem Prüfungsmaßstab die Grundsätze der arbeitsgerichtl. Befristungskontrolle entsprechende Anwendung finden sollen[9]. Zwar ist im Schrifttum vielfach darauf hingewiesen worden, dass mit der dauerhaften Fortsetzung des Arbeitsverhältnisses über die gesetzl. Regelaltersgrenze der gesetzl. RV hinaus der ArbN ein legitimes wirtschaftl. und ideelles Anliegen verfolgt. Ein 13

1 AA wohl *Grimm/Brock*, ArbRB 2007, 211. | 2 *Berger-Delhey*, ZTR 2007, S. 429. | 3 Kritisch hierzu *Zöllner*, GS Blomeyer, S. 417 (525), der dem Gesetzgeber die Aufhebung der Regelung empfiehlt. | 4 BAG v. 20.10.1993 – 7 AZR 135/93, AP Nr. 3 zu § 41 SGB VI. | 5 AA offenbar: Kasseler Kommentar/*Gürtner*, § 41 SGB VI Rz. 13. | 6 Vgl. *Kleinebrink*, ArbRB 2003, 154 mit entsprechenden Formulierungsbeispielen. | 7 So zu Recht *Preis*, FS Stahlhacke, S. 417, 420 f.; Kasseler Kommentar/*Gürtner*, § 41 SGB VI Rz. 16. | 8 Vgl. die Fallgestaltung bei BAG v. 11.3.1998 – 7 AZR 700/96, NZA 1998, 716 ff. (dort nimmt die Rspr. Bezug auf § 41 IV 3 idF v. 18.12.1989, ohne zu berücksichtigen, dass bereits vom Wortlaut diese Vorschrift von der jetzigen Fassung des § 41 S. 2 deutlich abweicht. Angesichts des jetzigen eindeutigen Wortlauts des § 41 S. 2, ist es verfehlt, auf die Motive für eine Altersgrenzenvereinbarung abzustellen.); dieser Rspr. hat sich teilweise auch die Lit. angeschlossen: *Boecken*, ArztR 2000, 60 (63), *Boecken*, ArztR 2005, 60 (61, 63 ff.), der allerdings Altersgrenzen, die pauschal auf altersbedingt nachlassende Leistungsfähigkeit abstellen (etwa bei leitenden Krankenhausärzten), für unwirksam erachtet und etwa berufsspezifisch begründete Altersgrenzen für leitende Krankenhausärzte mit dem Verbot der Altersdiskriminierung nach der RL 2000/78/EG vom 27.11.2000 für unvereinbar hält; *Waltermann*, GS Blomeyer, S. 495 (498), zum Verbot der Altersdiskriminierung *Waltermann*, NZA 2005, 1265 (1270); *Kamanabrou*, NZA 2006, Beilage 3, 139 ff.; *Grimm/Brock*, ArbRB 2007, 211 (212 f.), speziell zur europarechtl. Vereinbarkeit von tarifl. Altersgrenzen: EuGH v. 16.10.2007 – C-411/05 (Palacios de la Villa). | 9 BAG v. 11.6.1997 – 7 AZR 186/96, AP Nr. 7 zu § 41 SGB VI; v. 14.10.1997 – 7 AZR 660/96, AP Nr. 10 zu § 41 SGB VI; *Löwisch*, ZTR 2000, 531 (532).

solches Arbeitsverhältnis sichere nicht nur seine wirtschaftl. Existenzgrundlage, sondern biete ihm auch die Möglichkeit beruflicher Selbstverwirklichung[1]. Das BAG hat demgegenüber dem Interesse des ArbGeb an einer kalkulierbaren Personalplanung den Vorrang vor dem Bestandsschutzinteresse des ArbN jedenfalls dann eingeräumt, wenn der ArbN durch den Bezug einer gesetzl. Altersrente bei Erreichen der gesetzl. Regelaltersgrenze. abgesichert sei[2]. Regeln aber tarifvertragl. Vereinbarungen, dass der ArbN zu einem früheren Zeitpunkt als dem, zu dem er Altersrente beantragen kann, aus dem Arbeitsverhältnis ausscheiden muss, so bedarf dieses einer eigenständigen Rechtfertigung. So hat auch hier das BAG etwa in den Fällen einer Altersgrenzenregelung für Flugzeugführer auf den Grundsatz zurückgegriffen, dass tarifl. Altersgrenzen, die den Anforderungen der arbeitsgerichtl. Befristungskontrolle genügen, mit Art. 12 Abs. 1 GG vereinbar seien. Da eine vorzeitige Altersgrenze auf Grund einer typisierenden Betrachtungsweise, wonach erfahrungsgemäß bei fortgeschrittenem Alter das berufliche Leistungsvermögen des Einzelnen regelmäßig nachlässt, was angesichts des besonderen Arbeitsplatzes im Cockpit eines Verkehrsflugzeuges zu besonderen Problemen führen würde, sachlich gerechtfertigt ist, liegt auf Grund der Rspr. des BAG kein Verstoß gegen Art. 12 GG vor[3]. Insoweit wird man auf der Grundlage der Rspr. des BAG tarifl. Altersgrenzen grds. für zulässig erachten müssen. Die Rspr. wendet zT unzutreffenderweise diese Grundsätze auch bei einzelvertragl. Bezugnahme auf eine tarifl. Altersgrenzenvereinbarung an[4].

14 **(2) Altergrenzen in Betriebsvereinbarungen.** Weit größeren Bedenken unterliegen dagegen die Altersgrenzen in BV. Das BAG hat in der Vergangenheit die Zulässigkeit derartiger betriebsverfassungsrechtl. Altersgrenzen gebilligt. Insb. hat es die Wirksamkeit einer Altersgrenze nicht davon abhängig machen wollen, ob zusätzlich eine auf die Altersgrenze abgestellte betriebl. Altersvorsorge besteht[5]. Auf ihre inhaltliche Rechtmäßigkeit überprüft das BAG die in BV festgesetzten Altersgrenzen dabei im Wesentlichen nach denselben Kriterien, wie es sie bei tarifvertragl. Altersgrenzenregelungen anlegt, wobei anders als beim TV die BV einer gerichtl. Billigkeitskontrolle unterliegen[6]. Das rechtswissenschaftl. Schrifttum spricht jedoch vielfach den Betriebspartnern die Befugnis zur Festsetzung von Altersgrenzen durch BV ab[7]. Hier ist in der Vergangenheit bereits mehrfach darauf hingewiesen worden, dass Altersgrenzen durch BV die entsprechende gesetzl. Grundlage fehle. Das BetrVG weist an keiner Stelle eine für einen derartig schwerwiegenden Eingriff erforderliche parlamentsgesetzliche Rechtsgrundlage auf, die es rechtfertigen könnte, durch normativ wirkende kollektivvertragl. Altersgrenzenregelungen in die durch Art. 12 Abs. 1 GG geschützte **Berufsfreiheit** des einzelnen ArbN eingreifen zu dürfen[8].

15 **(3) Anwendung des § 41 auf kollektivarbeitsrechtliche Regelungen.** Von der Frage der Zulässigkeit von Altersgrenzenregelungen in Kollektivverträgen ist die Frage zu unterscheiden, ob derartige kollektivarbeitsrechtl. Regelungen dem Anwendungsbereich des § 41 unterfallen. § 41 S. 2 erfasst von seinem Wortlaut her alle Vereinbarungen, worunter auch kollektivarbeitsrechtl. Vereinbarungen fallen würden[9]. Auch das BAG hatte im Hinblick auf die Vorläufervorschrift des jetzigen § 41 S. 2 Kollektivverträge dem Anwendungsbereich des § 41 S. 2 zugeordnet[10]. Diese Sichtweise wird jedoch der jetzigen Fassung des § 41 S. 2 nicht gerecht. Der Gesetzgeber wollte mit der Neufassung des § 41 durch das Änderungsgesetz von 1994 kollektivvertragl. Altersgrenzen aus dem Anwendungsbereich des § 41 herausnehmen, um auf diese Weise die Rspr. des BAG zu korrigieren[11]. Darüber hinaus sprechen rechtssystematische Überlegungen zwingend gegen eine Anwendbarkeit des § 41 S. 2 auf kollektivarbeitsrechtl. Vereinbarungen. Nach dem Wortlaut der Regelung sind Vereinbarungen, die die Beendigung des Arbeitsverhältnisses eines ArbN ohne Kündigung zu einem Zeitpunkt vorsehen, in dem der ArbN vor Erreichen der Regelaltersgrenze eine Rente wegen Alters beantragen kann ohne weiteres zulässig, wenn die Vereinbarung innerhalb der letzten drei Jahre vor diesem Zeitpunkt abgeschlossen oder von dem ArbN bestätigt worden ist. Angesichts dieser Regelung im letzten Hs. des § 41 S. 2 muss davon ausgegangen werden, dass „Vereinbarung" nur die **Individualvereinbarung** meint. Wenn das Gesetz etwa auf den Zeitpunkt der Vereinbarung abstellen will, so macht dies für TV keinen Sinn. TV erheben den Anspruch, Geltung für eine Vielzahl von Arbeitsverhältnissen zu erlangen. Es würde zu höchst willkürlichen Ergebnissen füh-

---

1 Vgl. hierzu *Gitter/Börner*, RdA 1990, 129 (132); *Henssler*, DB 1993, 1669 (1673); *Steinmeyer*, RdA 1992, 6 (11); *Schlüter/Belling*, NZA 1988, 297 f.; *Waltermann*, NZA 1994, 822 f. | 2 BAG v. 20.11.1987 – 2 AZR 284/86, AP Nr. 2 zu § 620 BGB – Altersgrenze; v. 11.6.1997 – 7 AZR 186/96, AP Nr. 7 zu § 41 SGB VI. | 3 Vgl. BAG v. 25.2.1998 – 7 AZR 641/96, AP Nr. 11 zu § 1 TVG – Tarifverträge: Luftfahrt; LAG Düsseldorf v. 31.1.2001 – 12 Sa 1501/00, LAGE § 620 BGB – Altersgrenze Nr. 3; vgl. hierzu *Linsenmaier*, RdA 2003, Sonderbeilage Heft 5, 22 (31 mwN). | 4 LAG Hess. v. 25.2.2003 – 13 Sa 1063/02, NZA-RR 2003, 648. | 5 BAG v. 20.11.1987 – 2 AZR 284/86, AP Nr. 2 zu § 620 BGB – Altersgrenze. | 6 Vgl. Kasseler Kommentar/*Gürtner*, § 41 SGB VI Rz. 18. | 7 Vgl. *Börner*, Altersgrenzen für die Beendigung von Arbeitsverhältnissen in Tarifverträgen und Betriebsvereinbarungen, 1992, 180 ff.; *Pfeiffer*, ZIP 1994, 264 (272); *Waltermann*, RdA 1993, 209 (216); *Waltermann*, NJW 1998, 2488 (2491); *Schmidt*, FS Dieterich, S. 585 (590); *Boecken*, Wie sollte der Übergang vom Erwerbsleben in den Ruhestand rechtlich gestaltet werden?, Gutachten B für den 62. Deutschen Juristentag, DJT I, B 42 ff. mit umfangreichen wN. | 8 Vgl. hierzu *Waltermann*, Rechtssetzung durch Betriebsvereinbarung zwischen Privatautonomie und Tarifautonomie 1996, 157 ff. | 9 Vgl. Hauck/Noftz/*Fichte*, § 41 SGB VI Rz. 20; Kasseler Kommentar/*Gürtner*, § 41 SGB VI Rz. 15 ff. | 10 BAG v. 11.6.1997 – 7 AZR 186/96, AP Nr. 7 zu § 41 SGB VI. | 11 Vgl. Beschlussempfehlung und Bericht des Ausschusses für Arbeit und Sozialordnung, BT-Drs. 12/8145.

ren, wenn man die Wirksamkeit einer tarifl. Altersgrenzenregelung bezogen auf einen ArbN vom Zeitpunkt des Abschlusses des TV abhängig machen wollte. Schließlich ist es nicht einzusehen, wieso eine tarifvertragl. Altersgrenzenregelung nur deshalb keine Geltung beanspruchen soll, weil der TV bereits länger als drei Jahre in Geltung ist. Wollte man darüber hinaus § 41 S. 2 auf tarifvertragl. Altersgrenzenregelungen anwenden, so würde dies letztlich auch bedeuten, dass damit bezogen auf die Altersgrenzenregelung das Grundprinzip der unmittelbaren und zwingenden Wirkung von TV bei beiderseits Tarifgebundenen aufgegebenen wird. Unterstellt, § 41 S. 2 sei auf TV anwendbar, hätte es schließlich der ArbN in der Hand, durch eine „Bestätigung“ der Vereinbarung die tarifvertragl. Altersgrenzenregelung in Geltung zu belassen, bzw. durch die Nichtbestätigung der tarifvertragl. Vereinbarung die tarifvertragl. Altersgrenze außer Kraft zu setzen. Hierin wäre ein erheblicher Systembruch zu sehen, der mangels Anhaltspunkte in den Gesetzesmaterialien vom Gesetzgeber so nicht beabsichtigt war. Insofern sprechen erhebliche rechtssystematische Überlegungen gegen die Einbeziehung von Kollektivverträgen in den Anwendungsbereich des § 41[1]. Das BAG versucht diesen auch von ihm erkannten Systembruch dadurch zu rechtfertigen, dass es § 41 S. 2 letzter Hs. ausschließlich auf die Wirksamkeit einzelvertragl. Vereinbarungen anwenden will[2]. Indes bedeute dies nicht, dass kollektivrechtl. Altersgrenzen ohne weiteres zulässig seien. Vielmehr entnahm das BAG aus dem Zweck der gesetzl. Regelung, dass kollektivrechtl. Altersgrenzen, die zu einer automatischen Beendigung des Arbeitsverhältnisses führen und auf den Zeitpunkt des Entstehens sozialversicherungsrechtl. Ansprüche der ArbN abstellen, zu ihrer Wirksamkeit einer individualrechtl. Vereinbarung zwischen ArbN und ArbGeb bedurften[3]. Diese Rspr. hatte somit zur Konsequenz, dass, sofern tarifl. Altersgrenzen gegen den damaligen § 41 IV 3 verstießen, diese gem. § 134 BGB nichtig waren. In Reaktion auf diese Rspr. hat der Gesetzgeber mit Gesetz vom 26.7.1994 dieses Auslegungsergebnis des BAG korrigiert. Nach der jetzigen Fassung des Gesetzestextes, die auch nicht durch das RV-Anpassungsgesetz substantiell geändert wurde, gibt es keine gesetzl. Anordnung der Unwirksamkeit für eine kollektive Altersgrenzenvereinbarung mehr. Insofern verbietet sich die Anwendung des § 41 auf **Kollektivvereinbarungen**. Die Fiktion eines bestimmten Vertragsinhaltes zu Gunsten des ArbN, ebenso wie die allein auf einzelvertragl. Vereinbarungen passenden Regelungen des letzten Hs. von § 41 S. 2 verdeutlichen, dass § 41 S. 2 in der ab dem 1.8.1994 geltenden Fassung ausschließlich auf einzelvertragl. Vereinbarungen und nicht auf TV oder BV anwendbar ist[4].

4. Drei-Jahres-Frist. Aber auch eine einzelvertragl. Vereinbarung über Altersgrenzen unterliegt nicht 16
der Rechtsfolge des § 41 S. 2, wenn die Vereinbarung **innerhalb der letzten drei Jahre** vor der vereinbarten Beendigung des Arbeitsverhältnisses **abgeschlossen** oder von dem ArbN innerhalb dieser Frist **bestätigt** worden ist. Die Berechnung dieser Frist folgt aus den §§ 187 ff. BGB. Maßgeblich für die Berechnung der Drei-Jahres-Frist des § 41 S. 2 letzter Hs. ist nicht das Erreichen der gesetzl. Regelaltersgrenze, sondern der vereinbarte Zeitpunkt des Ausscheidens[5]. Rechtl. ist die **Bestätigung** eine einseitige Willenserklärung des ArbN. Insoweit finden auf sie die allgemeinen Vorschriften über Willenserklärungen Anwendung. Einer bestimmten Form bedarf die Erklärung nicht. Die Bestätigung kann auch konkludent erfolgen. Insb. ist die Bestätigung gerade keine Befristung eines Arbeitsvertrages gem. § 14 IV TzBfG, da sie schließlich die Vereinbarung einer Altersgrenze voraussetzt. Ebenso wenig ist sie als einseitige Willenserklärung, die eine vertragl. Vereinbarung erst wirksam werden lässt, mit einer Kündigung vergleichbar, die gem. § 623 BGB der Schriftform bedürfte. Jedoch ist aus Beweisgründen ArbGeb dringend anzuraten, eine schriftl. Bestätigung vom ArbN einzuholen. Teilweise wird vertreten, dass diese Bestätigung nur wirksam sei, wenn sie so rechtzeitig erfolgt, dass – fiktiv – die von ArbN einzuhaltenden Kündigungsfristen gewahrt seien[6]. Eine solche Beschränkung ist jedoch dem Gesetzestext nicht zu entnehmen.

5. Rechtsfolgen. Liegt eine Vereinbarung vor, die die Beendigung des Arbeitsverhältnisses eines ArbN 17
ohne Kündigung zu einem Zeitpunkt vorsieht, in dem der ArbN vor Erreichen der Regelaltersgrenze eine Rente wegen Alters beantragen kann, und ist die Vereinbarung nicht innerhalb der letzten drei Jahre vor diesem Zeitpunkt abgeschlossen oder von dem ArbN bestätigt worden, so gilt sie dem ArbN gegenüber als auf das Erreichen der gesetzl. Regelaltersgrenze abgeschlossen. Hierdurch erhält der ArbN die Wahlfreiheit, ob er zu dem vereinbarten Termin ausscheiden oder aber das Arbeitsverhältnis entsprechend der Fiktion bis zum Erreichen der gesetzl. Regelaltersgrenze fortsetzen will[7]. Beabsichtigt der ArbN entgegen der getroffenen Vereinbarung sein Arbeitsverhältnis fortsetzen, so ist § 17 TzBfG zu beachten. Will also der ArbN geltend machen, dass die Befristung seines Arbeitsvertrages auf Grund der Altersgrenze rechtsunwirksam ist, so muss er innerhalb von **drei Wochen** nach dem vereinbarten Ende Klage

1 Vgl. hierzu *Henssler*, DB 1993, 1669 (1671); ErfK/*Rolfs*, § 41 SGB VI Rz. 14; vgl. hierzu auch BAG v. 20.10.1993 – 7 AZR 135/93, AP Nr. 3 zu § 41 SGB VI. | 2 BAG v. 20.10.1993 – 7 AZR 135/93, AP Nr. 3 zu § 41 SGB VI. | 3 BAG v. 20.10.1993 – 7 AZR 135/93, AP Nr. 3 zu § 41 SGB VI. | 4 Überzeugend *Löwisch*, ZTR 2000, 531 (532); *Hunold*, AR-Blattei, 45, Rz. 86; auch ArbG Frankfurt/M v. 25.11.2003 – 4 Ca 1555/03, nv.; aA Kasseler Kommentar/*Gürtner*, § 41 SGB VI Rz. 17; Hauck/Noftz/*Fichte*, § 41 SGB VI Rz. 21. | 5 BAG v. 17.4.2002 – 7 AZR 40/01, AP Nr. 14 zu § 41 SGB VI; LAG Bbg. v. 21.11.2000 – 1 Sa 445/00, DB 2001, 1039. | 6 Vgl. *Henssler*, DB 1993, 1669 (1675). | 7 Der ArbGeb kann sich dagegen nicht auf § 41 S. 2 SGB VI berufen (BAG v. 17.4.2002 – 7 AZR 40/01, AP Nr. 14 zu § 41 SGB VI).

beim ArbG auf Feststellung erheben, dass das Arbeitsverhältnis auf Grund dieser Altersgrenze nicht beendet ist. Hier gelten die §§ 5–7 KSchG gem. § 17 S. 2 TzBfG entsprechend. Wird die **Klagefrist** versäumt, so wird eine wirksame Altersgrenze fingiert. Das Anstellungsverhältnis endet dann zu dem in der Altersgrenzenregelung vorgesehenen Termin[1].

18 **IV. Übergangsvorschriften.** Für Alt-Fälle ist § 300 I zu beachten. Danach gilt § 41 ebenso für ältere Altersgrenzenvereinbarungen[2].

---

1 ErfK/*Rolfs*, § 41 SGB VI Rz. 19.

2 Vgl. BAG v. 11.6.1997 – 7 AZR 186/96, AP Nr. 7 zu § 41 SGB VI.

Sozialgesetzbuch (SGB)

Siebtes Buch (VII) – Gesetzliche Unfallversicherung –

vom 7.8.1996 (BGBl. I S. 1254), zuletzt geändert durch Gesetz vom 19.12.2007 (BGBl. I S. 3024)

– Auszug –

Vorbemerkungen

Die gesetzl. Unfallversicherung bietet den Beschäftigten sowie den weiteren in §§ 2 ff. genannten Personen Versicherungsschutz bei Arbeitsunfällen und Berufskrankheiten (§§ 7 ff.). Damit gehört sie neben der gesetzl. RV, der gesetzl. KV, der gesetzl. PV sowie der ArblV zu den **fünf Zweigen der SozV**. Neben der sozialen Vorsorge für ArbN und bestimmte Gruppen von Selbständigen ist im SGB VII zusätzlich noch ein System der sozialrechtl. Entschädigung enthalten, die sog. „unechte" Unfallversicherung. Diese wird nicht aus Beiträgen, sondern aus Steuern finanziert. Versichert in der „unechten" Unfallversicherung sind Personen, denen man aus Gründen des öffentl. Interesses besonderen Schutz gewähren möchte, zB Helfern bei Unglücksfällen, Blutspendern, Kindern beim Besuch von Kindergärten und Schulen etc., s. im Einzelnen § 2 I Nr. 8–17, Abs. 3 Nr. 2, § 125 I Nr. 2, 4–6, § 128 I Nr. 2–7, 9, § 129 I Nr. 2, 3, 5, 6. Die übrigen in § 2 genannten Personen sind der „echten" Unfallversicherung zuzuordnen, die im Wesentlichen (s. Rz. 4) durch ArbGebBeiträge finanziert und von den Berufsgenossenschaften als Versicherungsträgern durchgeführt wird. Hierbei bestehen insb. für Unternehmer Möglichkeiten der Versicherung kraft Satzung bzw. der freiwilligen Versicherung gem. §§ 3–6. 1

Die Leistungen der gesetzl. Unfallversicherungen liegen in der Prävention (Verhütung von Unfällen und Berufskrankheiten), der Behandlung sowie der Entschädigung der Versicherten und ihrer Angehörigen. Versicherungsschutz besteht unabhängig davon, ob der ArbGeb Beiträge gezahlt hat. Bei Schwarzarbeit kann der SozV-Träger aber Regress nehmen (§ 110 Ia). **Versicherungsfälle** sind nach § 7 I Arbeitsunfälle und Berufskrankheiten. „Unfälle sind zeitlich begrenzte, von außen auf den Körper einwirkende Ereignisse, die zu einem Gesundheitsschaden oder zum Tod führen" (§ 8 I 2). Sie müssen „in Folge einer den Versicherungsschutz nach den §§ 2, 3 oder 6 begründenden Tätigkeit (versicherte Tätigkeit)" erlitten worden sein, § 8 I 1. Ob das Verhalten, welches zum Unfall führt, der versicherten Tätigkeit zuzurechnen ist, richtet sich nach dem „rechtlich wesentlichen inneren Zusammenhang" mit der Betriebstätigkeit. Für dessen Feststellung hat sich eine bis in die Einzelheiten gehende Rspr. entwickelt, deren Anliegen darin liegt, auf Grund einer wertenden Betrachtung zwischen dem privaten Bereich (zB Essen, Freizeit etc.) und dem beruflichen Bereich zu unterscheiden[1]. Unfälle des **„täglichen Lebens"**, wie zB Stolpern über eine Türschwelle, Ausrutschen auf einem Fußboden oder ein Insektenstich stellen dann Arbeitsunfälle dar, wenn die versicherte Tätigkeit eine besondere Gefahr im Vergleich zur eigenwirtschaftl. Tätigkeit darstellt[2]. Besondere Gefahr heißt dabei nicht, dass die versicherte Tätigkeit die Unfallgefahr erhöhen, sondern dass sie dem Unfall besonders nahe stehen muss[3]. 2

Ein **BR-Mitglied**, ein **Vertreter der Einigungsstelle** sowie der **JAV** nach BetrVG sowie ein **Personalratsmitglied** sind bei der Wahrnehmung ihrer Tätigkeit versichert[4]. Die Teilnahme an einer **Bildungsmaßnahme** ist versichert, wenn der Beschäftigte einen dementsprechenden Auftrag erhält oder davon ausgehen kann, dass ein wesentliches Interesse des Unternehmers besteht[5]. **Gemeinschaftsveranstaltungen** wie **Betriebsausflüge, Weihnachtsfeiern oder Jubiläumsfeiern** werden der versicherten Tätigkeit gleichgesetzt, soweit sie der Verbundenheit zwischen Unternehmensleitung und Belegschaft dienen, von der Unternehmensleitung selbst veranstaltet oder zumindest gebilligt werden und von der Autorität des Unternehmers getragen sind[6]. **Das Essen und Trinken** zählt grds. zum unversicherten privaten Be-

---

1 *Hauck/Keller*, § 8 SGB VII Rz. 2; ErfK/*Rolfs*, § 104 SGB VII Rz. 8 ff.; *Waltermann*, Sozialrecht, Rz. 272 ff. | 2 BSG v. 15.2.2005 – B 2 U 1/04 R, nv.; ausf. bei *Lauterbach/Schwerdtfeger*, § 8 SGB VII Rz. 87 ff.; *Brackmann/Krasney*, § 8 SGB VII Rz. 58 ff. | 3 BSG v. 22.8.1990 – 8 RKn 5/90, SozR 3 – 2200, Nr. 4 zu § 548 RVO. | 4 BSG v. 20.5.1976 – 8 RU 76/75, SGb 1977, 63. | 5 BSG v. 31.5.1988 – 2/9b RU 16/87, SozR – 2200, Nr. 90 zu § 548 RVO; *Hauck/Kelle*, § 8 SGB VII Rz. 76 f. | 6 BSG v. 27.2.1985 – 2 RU 42/84, SozR – 2200, Nr. 69 zu § 548 RVO; OLG Hamm 30.9.1998 – 32 U 6/98, VersR 2000, 600 mwN; OLG Frankfurt v. 12.3.2003 – 23 U 133/02, NJW RR 2003, 1025; *Krasney*, NZS 2006, 57 ff.

reich[1]. Ausnahmsw. ist die Nahrungsaufnahme aber dann versichert, wenn betriebliche Umstände sie erfordern, was bejaht wird, wenn das Essen oder Trinken der Wiedererlangung oder Erhaltung der Arbeitsfähigkeit dient[2]. Auch die außerhalb des Arbeitsplatzes vorgenommene **Körperreinigung** nach schmutziger Arbeit ist nicht versichert[3]. Bei **Trunkenheit** ist zwischen Volltrunkenheit und sonstiger Trunkenheit zu differenzieren. Im Zustand der **Volltrunkenheit** ist der Betroffene nicht mehr zu einer zweckgerichteten Tätigkeit imstande, so dass es an dem inneren Zusammenhang mit der Betriebstätigkeit fehlt[4]. Bei **sonstiger Trunkenheit** ist entscheidend, ob die Trunkenheit die rechtl. allein bedeutsame Ursache ist[5]. Ein **Gaststättenbesuch** unterfällt dem Versicherungsschutz, wenn der Zweck des Besuches wesentlich der versicherten Tätigkeit dient, wie zB bei einem Geschäftsessen[6]. Das **Schlafen** stellt grds. eine unversicherte private Tätigkeit dar, es sei denn, es ist wesentlich auf betriebliche Gründe wie zB große Anstrengungen bei der vorangegangenen Tätigkeit zurückzuführen und dass die unmittelbare Wiederaufnahme der versicherten Tätigkeit sogleich nach Beendigung des Schlafes beabsichtigt ist[7].

Neben dem rechtl. wesentlichen inneren Zusammenhang des Verhaltens mit der Betriebstätigkeit bedarf es weiter zwischen dem versicherten Verhalten und dem Unfallereignis eines Kausalzusammenhangs, der **haftungsbegründenden Kausalität**. Für diese gilt zunächst die Äquivalenztheorie, nach welcher nur dasjenige ursächlich ist, was nicht hinweg gedacht werden kann, ohne dass der Erfolg entfiele. Zusätzlich legt die Rspr. für das Unfallversicherungsrecht eigene wertende Zurechnungskriterien zugrunde. Nach der **„Theorie der rechtlich wesentlichen Ursache“** muss die versicherte Tätigkeit zumindest in gleicher Weise zum Unfallereignis geführt haben wie andere, außerhalb des versicherten Bereichs liegende Ursachen[8]. Daneben muss die **haftungsausfüllende Kausalität** gegeben sein; das Unfallereignis muss also auch Ursache für die Schadensentstehung sein. Hier wird die **„Theorie der rechtlich wesentlichen Ursache“** ebenfalls angewandt[9].

Des Weiteren sind gem. § 8 II Nr. 1–4 auch **Wegeunfälle** versichert. Soweit sich der Versicherte noch bzw. schon im häuslichen Bereich befindet oder sich gerade erst auf den Weg gemacht hat, stellen sich auch hier wieder Abgrenzungsprobleme bei der Frage, wann der Weg begonnen hat und wann er aufhört. Voraussetzung für das Vorliegen eines „Weges“ ist nach der Rspr. regelmäßig, dass der Versicherte die Außentür des Wohngebäudes durchschritten hat[10]. Wege zur Nahrungsaufnahme während der Arbeitszeit stehen ebenfalls unter Versicherungsschutz, weil sie notwendig sind, die Arbeitskraft aufrechtzuerhalten (nicht dagegen die Nahrungsaufnahme selbst, s. oben)[11]. Dienstreisen sind versichert einschließlich reisebedingter privater Verrichtungen[12]. Vgl. wegen der diversen Möglichkeiten des – versicherten – **Abweichens vom Arbeitsweg** im Einzelnen § 8 II Nr. 2, 3[13]. Gesondert geregelt ist der **„Arbeitsgeräteunfall“** als Arbeitsunfall nach § 8 II Nr. 5. Der Schutz bei **Berufskrankheiten** richtet sich nach § 9 sowie der BerufskrankheitenVO (BKV vom 31.10.1997, BGBl. I S. 2623).

3 Die Leistungsverpflichtungen der gesetzl. Unfallversicherung bestehen grds. **unabhängig vom Eigen- oder Mitverschulden des Versicherten**, sog. „Alles-oder-Nichts-Prinzip“. Allerdings besteht kein Anspruch auf Leistungen bei vorsätzlicher Herbeiführung des Versicherungsfalls; außerdem können Leistungen versagt oder entzogen werden, wenn der Versicherungsfall bei einer Straftat eingetreten ist, § 101 (vgl. auch § 7 II). Soweit mit dem Vorliegen eines Versicherungsfalls die Leistungsverpflichtung der gesetzl. Unfallversicherung ausgelöst ist, erbringt diese **Sach- und Geldleistungen**. Die Sachleistungen liegen in der Heilbehandlung, der Rehabilitation und der Pflege, §§ 26 ff. Während der Heilbehandlung und der beruflichen Rehabilitation wird nach §§ 45 ff. Verletztengeld gezahlt. Bei Minderung der Erwerbsfähigkeit wird eine dem Grad der Minderung entsprechende Rente gezahlt, §§ 56 ff. Leistungen an Hinterbliebene (Sterbegeld, Erstattung von Überführungskosten, Hinterbliebenenrenten, Beihilfen) richten sich nach §§ 63 ff. Die Leistungen können ggf. abgefunden werden, §§ 75 ff.[14]

4 Zuständige **Unfallversicherungsträger** sind im Bereich der „echten“ Unfallversicherung die Berufsgenossenschaften (gewerbliche Berufsgenossenschaften und landwirtschaftl. Berufsgenossenschaften,

---

1 BSG v. 12.6.1989 – 2 RU 5/89, SozR – 2200, Nr. 97 zu § 548 mwN. | **2** BSG v. 14.5.1985 – 5a RKnU 3/84, SozR – 2200, Nr. 73 zu § 548; v. 10.10.2002 – B 2 U 6/02 R, HVBG-Info 2002, 3523 = NZA 2003, 426. | **3** BSG v. 4.6.2002 – B 2 U 21/01 R, HVBG-Info 2002, 1891 = AuA 2002, 325. | **4** *Hauck/Keller*, § 8 SGB VII Rz. 275. | **5** *Lauterbach/Schwerdtfeger*, § 8 SGB VII Rz. 310. | **6** *Hauck/Keller*, § 8 SGB VII Rz. 98; vgl. zur nicht versicherten Vorführung von Freizeitmöglichkeiten durch einen Hotelier BSG v. 4.6.2002 – B 2 U 24/01 R, HVBG-Info 2002, 1886 = SGb 2002, 495. | **7** *Brackmann/Krasney*, § 8 SGB VII Rz. 81; *Hauck/Keller*, § 8 SGB VII Rz. 81. | **8** BSG v. 28.6.1988 – 2/9 b RU 28/87, BSGE 63, 277, 280; v. 20.1.1987 – 2 RU 27/86, BSGE 61, 127, 128; *Schmitt*, § 8 SGB VII Rz. 85 ff.; *Waltermann*, Sozialrecht, Rz. 282 ff. | **9** BSG v. 11.11.1959 – 11/9 RV 290/57, BSGE 11, 50, 52; BSG v. 26.5.1966 – 2 RU 61/64, BSGE 25, 49, 50; *Schmitt*, § 8 SGB VII Rz. 117; *Waltermann*, Sozialrecht, Rz. 285. | **10** *Krasney*, ZTR 2003, 12; *Ricke*, VersR 2003, 540; BSG v. 23.2.1966 – 2 RU 45/65, BSGE 24, 243, 244; v. 31.5.1988 – 2/9b RU 6/87, BSGE 63, 212, 213; *Kater/Leube*, § 8 SGB VII Rz. 163 *Waltermann*, Sozialrecht, Rz. 288 ff.; s. zu den auf dem Betriebsgelände zurückgelegten Wegen BGH v. 25.10.2005 – VI ZR 334/04, VersR 2006, 221; *Diederichsen*, VersR 2006, 293 (295 f.). | **11** BSG v. 24.6.2003 – B 2 U 24/02 R, SGB 2003, 628 = HVBG-Info 2003, 2451. | **12** BSG v. 19.8.2003 – B 2 U 43/02 R, HVBG-Info 2003, 2817. | **13** Vgl. BSG v. 24.6.2003 – B 2 U 40/02 R, NZA 2003, 1018 = DAR 2003, 483; KassKomm/*Ricke*, § 8 SGB VII Rz. 222 ff.; *Schmitt*, § 8 SGB VII Rz. 187 ff., 201 ff., 214 ff.; *Waltermann*, Sozialrecht, Rz. 291. | **14** S. *Waltermann*, Sozialrecht, Rz. 295 ff.

vgl. Anlagen 1, 2 zu § 114) sowie für die „unechte Unfallversicherung" die in § 114 I Nr. 3–9, §§ 115 ff. SGB VII genannten öffentl. Körperschaften. Die „unechte Unfallversicherung" ist steuerfinanziert. Die „echte" Unfallversicherung ist beitragsfinanziert, wobei – anders als in den übrigen SozV-Zweigen – beitragsbeitragspflichtigpflichtig ausschließlich die Unternehmer sind, §§ 150 f. Staatliche Zuschüsse werden lediglich in der landwirtschaftl. Unfallversicherung und in der See-Unfallversicherung gezahlt. Die Finanzierung der Unfallversicherung erfolgt im Umlageverfahren. Der Bedarf der Berufsgenossenschaften wird nach Ablauf eines Wirtschaftsjahres eingezogen, wobei als Verteilungsschlüssel die Entgelte der Versicherten und der Grad der Unfallgefahr in den Unternehmen dienen, s. im Einzelnen §§ 152 ff. Von den Beiträgen wird neben den Leistungen der Unfallversicherungsträger auch das gem. §§ 183 ff. SGB III zu leistende Insolvenzgeld finanziert, §§ 358–362 SGB III.

Im **zivilen Haftungsrecht**, insb. im Haftungsrecht des Arbeitsverhältnisses, spielt die Unfallversiche- 5
rung eine herausragende Rolle, weil mit den §§ 104 ff. ein eigenes Haftungsregime statuiert wird, in welchem ArbN, ArbGeb und auch weitere, ua. der „unechten" Unfallversicherung unterliegende Personen, teilweise von der zivilrechtl. Haftung freigestellt werden (s. hierzu näher vor §§ 104–113). Anders als die anderen SozV-Zweige ist die gesetzl. Unfallversicherung in den letzten Jahrzehnten weitgehend außerhalb der **sozialpolitischen Diskussion** geblieben. Das liegt nicht nur an den relativ niedrigen Beiträgen, sondern auch daran, dass die Zahl der Arbeitsunfälle und Berufskrankheiten konstant rückläufig ist[1]. Teilweise ist die Ansicht vertreten worden, die monopolartigen Ausschließlichkeitsrechte der Unfallversicherungsträger würden gegen EU-Kartellrecht (Art. 81, 82, 86 EGV) sowie gegen den Grundsatz der freien Dienstleistungsfreiheit (Art. 49 EGV) verstoßen[2]. Hiergegen haben sich jedoch das BSG und die herrschende Meinung gewandt, welche von der Zulässigkeit des Monopols ausgehen[3]. Der EuGH hat das – dem deutschen Recht allerdings nicht ganz vergleichbare – Monopolsystem der gesetzl. Unfallversicherung in Italien für zulässig erklärt[4]. Mittlerweile vertritt das LSG Sachsen die Meinung, das Monopol verletze den EG-Vertrag, und hat einen entsprechenden Vorlagebeschluss an den EuGH gerichtet[5].

Erstes Kapitel. Aufgaben, versicherter Personenkreis, Versicherungsfall

Erster Abschnitt. Aufgaben der Unfallversicherung

1 *Prävention, Rehabilitation, Entschädigung*

Aufgabe der Unfallversicherung ist es, nach Maßgabe der Vorschriften dieses Buches

1. mit allen geeigneten Mitteln Arbeitsunfälle und Berufskrankheiten sowie arbeitsbedingte Gesundheitsgefahren zu verhüten,

2. nach Eintritt von Arbeitsunfällen oder Berufskrankheiten die Gesundheit und die Leistungsfähigkeit der Versicherten mit allen geeigneten Mitteln wieder herzustellen und sie oder ihre Hinterbliebenen durch Geldleistungen zu entschädigen.

Zweiter Abschnitt. Versicherter Personenkreis

2 *Versicherung kraft Gesetzes*

(1) Kraft Gesetzes sind versichert

1. Beschäftigte,

2. Lernende während der beruflichen Aus- und Fortbildung in Betriebsstätten, Lehrwerkstätten, Schulungskursen und ähnlichen Einrichtungen,

3. Personen, die sich Untersuchungen, Prüfungen oder ähnlichen Maßnahmen unterziehen, die auf Grund von Rechtsvorschriften zur Aufnahme einer versicherten Tätigkeit oder infolge einer abgeschlossenen versicherten Tätigkeit erforderlich sind, soweit diese Maßnahmen vom Unternehmen oder einer Behörde veranlasst worden sind,

---

1 *Krasney*, SGb 1995, 374. | 2 *Giesen*, Sozialversicherungsmonopol und EG-Vertrag, S. 125; *Giesen*, ZESAR 2004, 151 mwN. | 3 BSG v. 11.11.2003 – B 2 U 16/03 R, NZS 2004, 490; *Hauck/Keller* E 010, S. 7; *Heinze*, FS Gitter, S. 355; *Penner* NZS 2003, 234; *Rolfs*, SGb 1998, 202 (207). | 4 EuGH v. 22.1.2002 – Rs. C-218/00, Cisal di Babattistello, in Slg. 2002, I-691 ff. | 5 LSG Sachsen v. 24.7.2007 – L 6 U 2/06, Az. beim EuGH: C-350/07, NZA 2008, 98 m. Anm. *Penner*, NZS 2007, 521, *Fuchs*, ZESAR 2007, 439.

4. behinderte Menschen, die in anerkannten Werkstätten für behinderte Menschen oder in nach dem Blindenwarenvertriebsgesetz anerkannten Blindenwerkstätten oder für diese Einrichtungen in Heimarbeit tätig sind,

5. Personen, die

a) Unternehmer eines landwirtschaftlichen Unternehmens sind und ihre im Unternehmen mitarbeitenden Ehegatten oder Lebenspartner,

b) im landwirtschaftlichen Unternehmen nicht nur vorübergehend mitarbeitende Familienangehörige sind,

c) in landwirtschaftlichen Unternehmen in der Rechtsform von Kapital- oder Personenhandelsgesellschaften regelmäßig wie Unternehmer selbständig tätig sind,

d) ehrenamtlich in Unternehmen tätig sind, die unmittelbar der Sicherung, Überwachung oder Förderung der Landwirtschaft überwiegend dienen,

e) ehrenamtlich in den Berufsverbänden der Landwirtschaft tätig sind,

wenn für das Unternehmen eine landwirtschaftliche Berufsgenossenschaft zuständig ist.

6. Hausgewerbetreibende und Zwischenmeister sowie ihre mitarbeitenden Ehegatten oder Lebenspartner,

7. selbständig tätige Küstenschiffer und Küstenfischer, die zur Besatzung ihres Fahrzeugs gehören oder als Küstenfischer ohne Fahrzeug fischen und regelmäßig nicht mehr als vier Arbeitnehmer beschäftigen, sowie ihre mitarbeitenden Ehegatten oder Lebenspartner,

8. a) Kinder während des Besuchs von Tageseinrichtungen, deren Träger für den Betrieb der Einrichtungen der Erlaubnis nach § 45 des Achten Buches oder einer Erlaubnis auf Grund einer entsprechenden landesrechtlichen Regelung bedürfen, sowie während der Betreuung durch geeignete Tagespflegepersonen im Sinne von § 23 des Achten Buches,

b) Schüler während des Besuchs von allgemein- oder berufsbildenden Schulen und während der Teilnahme an unmittelbar vor oder nach dem Unterricht von der Schule oder im Zusammenwirken mit ihr durchgeführten Betreuungsmaßnahmen,

c) Studierende während der Aus- und Fortbildung an Hochschulen,

9. Personen, die selbständig oder unentgeltlich, insbesondere ehrenamtlich im Gesundheitswesen oder in der Wohlfahrtspflege tätig sind,

10. Personen, die

a) für Körperschaften, Anstalten oder Stiftungen des öffentlichen Rechts oder deren Verbände oder Arbeitsgemeinschaften, für die in den Nummern 2 und 8 genannten Einrichtungen oder für privatrechtliche Organisationen im Auftrag oder mit ausdrücklicher Einwilligung, in besonderen Fällen mit schriftlicher Genehmigung von Gebietskörperschaften ehrenamtlich tätig sind oder an Ausbildungsveranstaltungen für diese Tätigkeit teilnehmen,

b) für öffentlich-rechtliche Religionsgemeinschaften und deren Einrichtungen oder für privatrechtliche Organisationen im Auftrag oder mit ausdrücklicher Einwilligung, in besonderen Fällen mit schriftlicher Genehmigung von öffentlich-rechtlichen Religionsgemeinschaften ehrenamtlich tätig sind oder an Ausbildungsveranstaltungen für diese Tätigkeit teilnehmen,

11. Personen, die

a) von einer Körperschaft, Anstalt oder Stiftung des öffentlichen Rechts zur Unterstützung einer Diensthandlung herangezogen werden,

b) von einer dazu berechtigten öffentlichen Stelle als Zeugen zur Beweiserhebung herangezogen werden,

12. Personen, die in Unternehmen zur Hilfe bei Unglücksfällen oder im Zivilschutz unentgeltlich, insbesondere ehrenamtlich tätig sind oder an Ausbildungsveranstaltungen dieser Unternehmen teilnehmen,

13. Personen, die

a) bei Unglücksfällen oder gemeiner Gefahr oder Not Hilfe leisten oder einen anderen aus erheblicher gegenwärtiger Gefahr für seine Gesundheit retten,

b) Blut oder körpereigene Organe, Organteile oder Gewebe spenden,

c) sich bei der Verfolgung oder Festnahme einer Person, die einer Straftat verdächtig ist, oder zum Schutz eines widerrechtlich Angegriffenen persönlich einsetzen,

14. Personen, die nach den Vorschriften des Zweiten oder des Dritten Buches der Meldepflicht unterliegen, wenn sie einer besonderen, an sie im Einzelfall gerichteten Aufforderung einer Dienststelle

der Bundesagentur für Arbeit, eines nach § 6a des Zweiten Buches zugelassenen kommunalen Trägers oder des nach § 6 Abs. 1 Satz 1 Nr. 2 des Zweiten Buches zuständigen Trägers nachkommen, diese oder eine andere Stelle aufzusuchen,

15. Personen, die
    a) auf Kosten einer Krankenkasse oder eines Trägers der gesetzlichen Rentenversicherung oder einer landwirtschaftlichen Alterskasse stationäre oder teilstationäre Behandlung oder stationäre, teilstationäre oder ambulante Leistungen zur medizinischen Rehabilitation erhalten,
    b) zur Vorbereitung von Leistungen zur Teilhabe am Arbeitsleben auf Aufforderung eines Trägers der gesetzlichen Rentenversicherung oder der Bundesagentur für Arbeit einen dieser Träger oder eine andere Stelle aufsuchen,
    c) auf Kosten eines Unfallversicherungsträgers an vorbeugenden Maßnahmen nach § 3 der Berufskrankheiten-Verordnung teilnehmen,
16. Personen, die bei der Schaffung öffentlich geförderten Wohnraums im Sinne des Zweiten Wohnungsbaugesetzes oder im Rahmen der sozialen Wohnraumförderung bei der Schaffung von Wohnraum im Sinne des § 16 Abs. 1 Nr. 1 bis 3 des Wohnraumförderungsgesetzes im Rahmen der Selbsthilfe tätig sind,
17. Pflegepersonen im Sinne des § 19 des Elften Buches bei der Pflege eines Pflegebedürftigen im Sinne des § 14 des Elften Buches; die versicherte Tätigkeit umfasst Pflegetätigkeiten im Bereich der Körperpflege und – soweit diese Tätigkeiten überwiegend Pflegebedürftigen zugute kommen – Pflegetätigkeiten in den Bereichen der Ernährung, der Mobilität sowie der hauswirtschaftlichen Versorgung (§ 14 Abs. 4 des Elften Buches).

(2) Ferner sind Personen versichert, die wie nach Absatz 1 Nr. 1 Versicherte tätig werden. Satz 1 gilt auch für Personen, die während einer auf Grund eines Gesetzes angeordneten Freiheitsentziehung oder auf Grund einer strafrichterlichen, staatsanwaltlichen oder jugendbehördlichen Anordnung wie Beschäftigte tätig werden.

(3) Absatz 1 Nr. 1 gilt auch für

1. Deutsche, die im Ausland bei einer amtlichen Vertretung des Bundes oder der Länder oder bei deren Leitern, deutschen Mitgliedern oder Bediensteten beschäftigt sind,
2. Entwicklungshelfer im Sinne des Entwicklungshelfer-Gesetzes, die Entwicklungsdienst oder Vorbereitungsdienst leisten,
3. Personen, die
    a) eine Tätigkeit bei einer zwischenstaatlichen oder überstaatlichen Organisation ausüben und deren Beschäftigungsverhältnis im öffentlichen Dienst während dieser Zeit ruht. Der Versicherungsschutz erstreckt sich auch auf Unfälle oder Krankheiten, die infolge einer Verschleppung oder einer Gefangenschaft eintreten oder darauf beruhen, dass der Versicherte aus sonstigen mit seiner Tätigkeit zusammenhängenden Gründen, die er nicht zu vertreten hat, dem Einflussbereich seines Arbeitgebers entzogen ist,
    b) als Lehrkräfte vom Auswärtigen Amt durch das Bundesverwaltungsamt an Schulen im Ausland vermittelt worden sind.

Soweit die Absätze 1 und 2 weder eine Beschäftigung noch eine selbständige Tätigkeit voraussetzen, gelten sie abweichend von § 3 Nr. 2 des Vierten Buches für alle Personen, die die in diesen Absätzen genannten Tätigkeiten im Inland ausüben; § 4 des Vierten Buches gilt entsprechend. Absatz 1 Nr. 13 gilt auch für Personen, die im Ausland tätig werden, wenn sie im Inland ihren Wohnsitz oder gewöhnlichen Aufenthalt haben.

(4) Familienangehörige im Sinne des Absatzes 1 Nr. 5 Buchstabe b sind

1. Verwandte bis zum dritten Grade,
2. Verschwägerte bis zum zweiten Grade,
3. Pflegekinder (§ 56 Abs. 2 Nr. 2 des Ersten Buches)

der Unternehmer, ihrer Ehegatten oder ihrer Lebenspartner.

3 *Versicherung kraft Satzung*

(1) Die Satzung kann bestimmen, dass und unter welchen Voraussetzungen sich die Versicherung erstreckt auf

1. Unternehmer und ihre im Unternehmen mitarbeitenden Ehegatten oder Lebenspartner,
2. Personen, die sich auf der Unternehmensstätte aufhalten; § 2 Abs. 3 Satz 2 erster Halbsatz gilt entsprechend,

3. Personen, die
   a) im Ausland bei einer staatlichen deutschen Einrichtung beschäftigt werden,
   b) im Ausland von einer staatlichen deutschen Einrichtung anderen Staaten zur Arbeitsleistung zur Verfügung gestellt werden;

   Versicherungsschutz besteht nur, soweit die Personen nach dem Recht des Beschäftigungsstaates nicht unfallversichert sind,
4. ehrenamtlich Tätige und bürgerschaftlich Engagierte.

(2) Absatz 1 gilt nicht für

1. Haushaltsführende,
2. Unternehmer von nicht gewerbsmäßig betriebenen Binnenfischereien oder Imkereien und ihre im Unternehmen mitarbeitenden Ehegatten oder Lebenspartner,
3. Personen, die auf Grund einer vom Fischerei- oder Jagdausübungsberechtigten erteilten Erlaubnis als Fischerei- oder Jagdgast fischen oder jagen,
4. Reeder, die nicht zur Besatzung des Fahrzeugs gehören, und ihre im Unternehmen mitarbeitenden Ehegatten oder Lebenspartner.

4 *Versicherungsfreiheit*

(1) Versicherungsfrei sind

1. Personen, soweit für sie beamtenrechtliche Unfallfürsorgevorschriften oder entsprechende Grundsätze gelten; ausgenommen sind Ehrenbeamte und ehrenamtliche Richter,
2. Personen, soweit für sie das Bundesversorgungsgesetz oder Gesetze, die eine entsprechende Anwendung des Bundesversorgungsgesetzes vorsehen, gelten, es sei denn, dass
   a) der Versicherungsfall zugleich die Folge einer Schädigung im Sinne dieser Gesetze ist oder
   b) es sich um eine Schädigung im Sinne des § 5 Abs. 1 Buchstabe e des Bundesversorgungsgesetzes handelt,
3. satzungsmäßige Mitglieder geistlicher Genossenschaften, Diakonissen und Angehörige ähnlicher Gemeinschaften, wenn ihnen nach den Regeln der Gemeinschaft Anwartschaft auf die in der Gemeinschaft übliche Versorgung gewährleistet und die Erfüllung der Gewährleistung gesichert ist.

(2) Von der Versicherung nach § 2 Abs. 1 Nr. 5 sind frei

1. Personen, die auf Grund einer vom Fischerei- oder Jagdausübungsberechtigten erteilten Erlaubnis als Fischerei- oder Jagdgast fischen oder jagen,
2. Unternehmer von Binnenfischereien, Imkereien und Unternehmen nach § 123 Abs. 1 Nr. 2, wenn diese Unternehmen nicht gewerbsmäßig betrieben werden und nicht Neben- oder Hilfsunternehmen eines anderen landwirtschaftlichen Unternehmens sind, sowie ihre im Unternehmen mitarbeitenden Ehegatten oder Lebenspartner; das Gleiche gilt für Personen, die in diesen Unternehmen als Verwandte oder Verschwägerte bis zum zweiten Grad oder als Pflegekind der Unternehmer, ihrer Ehegatten oder Lebenspartner unentgeltlich tätig sind.

(3) Von der Versicherung nach § 2 Abs. 1 Nr. 9 sind frei selbständig tätige Ärzte, Zahnärzte, Tierärzte, Psychologische Psychotherapeuten, Kinder- und Jugendlichenpsychotherapeuten, Heilpraktiker und Apotheker.

(4) Von der Versicherung nach § 2 Abs. 2 ist frei, wer in einem Haushalt als Verwandter oder Verschwägerter bis zum zweiten Grad oder als Pflegekind der Haushaltsführenden, der Ehegatten oder der Lebenspartner unentgeltlich tätig ist, es sei denn, er ist in einem in § 124 Nr. 1 genannten Haushalt tätig.

5 *Versicherungsbefreiung*

Von der Versicherung nach § 2 Abs. 1 Nr. 5 werden auf Antrag Unternehmer landwirtschaftlicher Unternehmen im Sinne des § 123 Abs. 1 Nr. 1 bis zu einer Größe von 0,25 Hektar und ihre Ehegatten unwiderruflich befreit; dies gilt nicht für Spezialkulturen. Das Nähere bestimmt die Satzung.

6 *Freiwillige Versicherung*

(1) Auf schriftlichen Antrag können sich versichern

1. Unternehmer und ihre im Unternehmen mitarbeitenden Ehegatten; ausgenommen sind Haushaltsführende, Unternehmer von nicht gewerbsmäßig betriebenen Binnenfischereien oder Imkereien, von nicht gewerbsmäßig betriebenen Unternehmen nach § 123 Abs. 1 Nr. 2 und ihre Ehegatten sowie Fischerei- und Jagdgäste,

2. Personen, die in Kapital- oder Personenhandelsgesellschaften regelmäßig wie Unternehmer selbständig tätig sind,

3. gewählte Ehrenamtsträger in gemeinnützigen Organisationen,

4. Personen, die in Verbandsgremien und Kommissionen für Arbeitgeberorganisationen und Gewerkschaften sowie anderen selbständigen Arbeitnehmervereinigungen mit sozial- oder berufspolitischer Zielsetzung (sonstige Arbeitnehmervereinigungen) ehrenamtlich tätig sind oder an Ausbildungsveranstaltungen für diese Tätigkeit teilnehmen.

(2) Die Versicherung beginnt mit dem Tag, der dem Eingang des Antrags folgt. Die Versicherung erlischt, wenn der Beitrag oder Beitragsvorschuss binnen zwei Monaten nach Fälligkeit nicht gezahlt worden ist. Eine Neuanmeldung bleibt so lange unwirksam, bis der rückständige Beitrag oder Beitragsvorschuss entrichtet worden ist.

Vor §§ 104–113

Das Recht der gesetzl. Unfallversicherung nimmt in den §§ 104–113 erheblichen Einfluss auf das allgemeine zivilrechtl. Haftungssystem. In Abweichung vom allgemeinen vertragsrechtl. und deliktsrechtl. Grundsatz, nach dem schuldhafte Vertrags- oder Rechtsgutsverletzungen zum Schadensersatz verpflichten (vgl. § 280 I, §§ 823 ff. BGB), wird eine Vielzahl von Schädigern in den §§ 104–109 **von einer Haftung befreit**. Die Regelungen setzen voraus, dass ein Versicherungsfall iSd. Unfallversicherungsrechts vorliegt, sie greifen also nur bei Körperschäden und bei Schäden an Hilfsmitteln (zB Brillen, Prothesen), welche bei Arbeitsunfällen und Berufskrankheiten eingetreten sind. Für andere Ansprüche bleibt es beim allgemeinen Haftungsrecht. Die Freistellung der in §§ 104–107 genannten ArbGeb, ArbN sowie weiterer privilegierter Personen geht so weit, dass die Einstandspflicht gegenüber dem Geschädigten nur bei Vorsatz und bei Wegeunfällen iSd. § 8 II Nr. 1–4 greift. An die Stelle des solchermaßen weitgehend freigestellten Schädigers tritt die Haftung des Unfallversicherungsträgers, sog. **Haftungsersetzungsprinzip**. Der Unfallversicherungsträger seinerseits kann – mangels entsprechender Haftung des Schädigers – nicht aus übergegangenem Recht des Geschädigten beim Schädiger Regress nehmen. Ein Rückgriff aus abgeleitetem Recht nach § 116 SGB X ist ausgeschlossen, § 104 I 2, § 105 I 3, §§ 106 f. Dem Unfallversicherungsträger stehen vielmehr nach §§ 110, 111 **eigene Haftungsansprüche gegen den Schädiger** zu, allerdings nur bei Vorsatz, grober Fahrlässigkeit und bei Schwarzarbeit. 1

Das gesetzl. System der §§ 104 ff. SGB VII richtet sich für die Regelung der Haftungsbeschränkungen primär nach den unterschiedlichen **privilegierten Personen**. Zunächst regelt § 104 die Haftungsbeschränkung zu Gunsten der Unternehmer, dann folgt in § 105 diejenige der im Betrieb Tätigen, also der „Arbeitskollegen" des Geschädigten. Zuletzt erfassen §§ 106 und 107 Sonderfälle, wobei insb. das Privileg der auf der gemeins. Betriebsstätte Tätigen zu nennen ist (§ 106 III). Soweit jeweils der in der Haftung Privilegierte feststeht, unterscheiden die betreffenden Regelungen dann sekundär nach den durch die Haftungsbeschränkung **belasteten Personen**. Dies sind gem. § 104 I der Versicherte und die aus seiner Versicherung Ansprüche herleitenden Angehörigen und Hinterbliebenen sowie nach § 104 II die Leibesfrucht. Gem. § 105 I sind es wiederum der Versicherte, seine Angehörigen und Hinterbliebenen sowie die Leibesfrucht; nach § 105 II ist es der „nicht versicherte" Unternehmer. In § 106 wird zuletzt in den unterschiedlichen Fallvarianten der einzelnen Absätze jeweils genau zwischen dem von der Haftungsbeschränkung erfassten Schädiger und dem jeweils betroffenen Geschädigten unterschieden. Auf Grund dessen wird in § 104 II, §§ 105–107 jeweils auf die materielle Ausformung der Haftungsbeschränkung in § 104 I verwiesen. 2

Das System der Haftungsprivilegierung bewirkt, dass die gesetzl. Unfallversicherung wirtschaftl. nicht nur den Körper- und Vermögensschaden des Geschädigten sowie seiner Angehörigen absichert; sie ist auch eine Art „Haftpflichtversicherung" des Schädigers. Die sozialpolitische Begründung für die Abweichung vom allgemeinen deliktischen und vertragsrechtl. Haftungsprinzip wird in folgenden „Argumenten" gesehen. Das „**Finanzierungsargument**" geht davon aus, dass regelmäßiger Schuldner bei Arbeitsunfällen und Berufskrankheiten der ArbGeb ist. Dieser schädigt den Versicherten entweder unmittelbar oder er ist mittelbar für seine Organe (vgl. § 31 BGB), seine Erfüllungsgehilfen (§ 278 BGB) und seine Verrichtungsgehilfen (§ 831 BGB) verantwortlich. Da die gesetzl. Unfallversicherung ausschließlich aus ArbGebBeiträgen finanziert wird, sieht man in der Haftungsbeschränkung des ArbGeb bzw. der weite- 3 ren in §§ 105 ff. genannten Personen eine Gegenleistung für diese Beiträge[1]. S. bereits die Begründung zu §§ 92–95 UVG, RT-Drs. 1884, Nr. 4, S. 82, wonach sich die Freistellung „rechtfertigt ... mit Rücksicht auf die durchgreifende, auf Kosten der Unternehmer erfolgende Versicherung der Arbeiter". Ein weiteres, mindestens ebenso wichtiges Motiv ist das sog. „**Friedensargument**". Dieses begründet die Übernahme der Haftungsrisiken aus Arbeitsunfällen und Berufskrankheiten damit, dass dadurch die Arbeitsbeziehungen zwischen ArbGeb und ArbN sowie innerhalb der Gruppe der ArbN entlastet werden. Insb. werden die Beziehungen nicht durch uU langwierige Haftungsprozesse erschwert. So beklagte bereits die Gesetzesbegründung zum UVG von 1884, dass durch solche prozessuale Auseinandersetzungen „Erbitterung zwischen ArbGeb und Arbeitern hervorgerufen wird und mit jedem neuen Falle der Boden für eine gütliche Verständigung in künftigen Streitfällen dieser und anderer Art immer mehr untergraben wird"[2].

4 Probleme ergeben sich bei alledem aber daraus, dass zwischen den allgemeinen zivilrechtl. Haftungsansprüchen und den an ihre Stelle tretenden Leistungsansprüchen gegen den Unfallversicherungsträger große Unterschiede bestehen können. **Vorteile** des Unfallversicherungsrechts gegenüber dem allgemeinen Haftungsrecht liegen für den Geschädigten darin, dass sein eventuelles Mitverschulden meist unberücksichtigt bleibt (vgl. § 101 SGB VII), dass bei Vorliegen des Arbeitsunfalls ein eventuelles Verschulden des Haftenden nicht nachgewiesen werden muss[3] und dass mit den Unfallversicherungsträgern auch stets liquide Schuldner zur Verfügung stehen. Andererseits können sich **Nachteile** daraus ergeben, dass die Leistungen der Unfallversicherungsträger teilweise weniger umfassend sind als diejenigen, die der Geschädigte nach allgemeinem Haftungsrecht zu beanspruchen hätte. Das beruht insb. auf dem Prinzip des abstrakten Schadensausgleichs[4]. Rentenleistungen an Geschädigte richten sich nach dem „Jahresarbeitsverdienst" (§§ 81 ff.), das bis zur Höhe von 2/3 ersetzt werden kann (§§ 56 ff.); dies ist meist weniger als das nach §§ 249 ff., 823 ff. BGB und insb. nach §§ 842 ff. BGB Geschuldete. Immaterielle Schäden werden von der gesetzl. Unfallversicherung nicht ersetzt, da eine dem § 253 II BGB vergleichbare Regelung über das Schmerzensgeld fehlt. Dennoch unterliegen auch sie dem Haftungsersetzungsprinzip, sodass bei Eingreifen der §§ 104 ff. SGB VII kein Schmerzensgeld geschuldet wird. Trotz diesbezüglicher Kritik hat das BVerfG das Haftungsersetzungsprinzip mehrfach für verfassungsmäßig erklärt[5]. Hauptargument sind die insgesamt überwiegenden Vorteile, die der Geschädigte aus der Zurverfügungstellung des Haftungssystems nach dem SGB VII (bzw. früher der RVO) zieht. Die Kritik am Gesetz ist in letzter Zeit noch einmal lauter geworden, nachdem in § 105 II SGB VII zu Gunsten einer erweiterten Haftungsersetzung auch die in §§ 2 ff. nicht erfassten Unternehmer versichert werden. Für diese Geschädigten wird nach § 105 II S. 3 der Mindestjahresarbeitsverdienst als Jahresarbeitsverdienst fingiert; dies führt nach §§ 14 f. SGB IV, §§ 82, 85 SGB VII zu äußert niedrigen Leistungen. Die Vorschrift des § 105 Abs. 2 S. 3 wird daher von vielen zu Recht für verfassungswidrig gehalten[6]. Auch die neue Ausweitung des Haftungsersetzungsprinzips in § 106 (vgl. insb. die diffuse Privilegierung der Tätigkeit „auf einer gemeinsamen Betriebsstätte", § 106 III) hat in letzter Zeit zu einer vermehrten Diskussion der Rechtfertigung des Haftungsersetzungsprinzips sowie des „Finanzierungsarguments" und des „Friedensarguments" geführt (s. unten, § 106 Rz. 8 ff., 14). Ein unausgesprochenes Motiv für die Kritik am Bestand und an der Ausweitung der Haftungsprivilegien nach §§ 104–109 liegt bei alledem wohl auch darin, dass die schädigenden ArbGeb bzw. ArbN heute häufig haftpflichtversichert sind. Soweit in Gestalt der Privatversicherung ein unbeteiligter Dritter eintreten kann und das anspruchsmindernde Mitverschulden (§ 254 BGB) nicht allzu hoch ist, ist die Versuchung groß, zu Gunsten der Haftung etwa nach §§ 843 f. BGB und zur Ermöglichung von Schmerzengeldleistungen nach § 253 II BGB die Freistellung gem. §§ 104 ff. nicht greifen zu lassen[7].

---

1 Vgl. zu dem „Finanzierungsargument" *Hauck/Nehls*, § 104 SGB VII Rz. 3; *Lauterbach/Dahm*, § 104 SGB VII Rz. 6; *Rolfs*, AR-Blattei SD 860.2 Rz. 6; ErfK/*Rolfs*, § 104 SGB VII Rz. 1 f.; *Waltermann*, NJW 2002, 1225 (1226); *Waltermann*, Sozialrecht, Rz. 305; *Tischendorf*, VersR 2002, 1188 f. | **2** 1. Entwurf für ein Gesetz betreffend die Unfallversicherung der Arbeiter, RT-Drs. 1881, Nr. 41, S. 21. Vgl. zum „Friedensargument" *Brackmann/Krasney*, § 104 SGB VII Rz. 3; *Hauck/Nehls*, § 104 SGB VII Rz. 3; KassKomm/*Ricke*, § 104 SGB VII Rz. 2; *Krasney*, AuR 2001, 423; *Lauterbach/Dahm*, § 104 SGB VII Rz. 6; *Maschmann*, SGb 1998, 54 f.; *Rolfs*, AR-Blattei SD 860.2 Rz. 21; ErfK/*Rolfs*, § 104 SGB VII Rz. 1; *Waltermann*, NJW 2002, 1225 (1226); *Waltermann*, Sozialrecht, Rz. 305. | **3** Vgl. die Gesetzesbegründung, RT-Drs. 1881, Nr. 41, S. 24 f. | **4** *Rolfs*, AR-Blattei SD 860.2 Rz. 9; KassKomm/*Ricke*, § 56 SGB VII Rz. 2. | **5** BVerfG v. 22.6.1971 – 2 BvL 10/69, BVerfGE 31, 212 (218 ff.); v. 7.11.1972 – 1 BvL 4, 17/71 und 10/72, BVerfGE, 34, 118, 128 ff.; v. 8.1.1992 – 2 BvL 9/88, BVerfGE 85, 176, 184 ff.; s. näher *Fuhlrott*, NZS 2007, 237. | **6** ErfK/*Rolfs* § 105 SGB VII Rz. 7; *Plagemann*, NZV 2001, 233 (237); *Stern-Krieger/Arnau*, VersR 1997, 408 (411). | **7** OLG Zweibrücken v. 6.5.1997 – 6 U 1/97, NJW 1998, 995 (996); *Schloën*, BG 1987, 150.

Viertes Kapitel. Haftung von Unternehmern, Unternehmensangehörigen und anderen Personen

Erster Abschnitt. Beschränkung der Haftung gegenüber Versicherten, ihren Angehörigen und Hinterbliebenen

104 *Beschränkung der Haftung der Unternehmer*

(1) Unternehmer sind den Versicherten, die für ihre Unternehmen tätig sind oder zu ihren Unternehmen in einer sonstigen die Versicherung begründenden Beziehung stehen, sowie deren Angehörigen und Hinterbliebenen nach anderen gesetzlichen Vorschriften zum Ersatz des Personenschadens, den ein Versicherungsfall verursacht hat, nur verpflichtet, wenn sie den Versicherungsfall vorsätzlich oder auf einem nach § 8 Abs. 2 Nr. 1 bis 4 versicherten Weg herbeigeführt haben. Ein Forderungsübergang nach § 116 des Zehnten Buches findet nicht statt.

(2) Absatz 1 gilt entsprechend für Personen, die als Leibesfrucht durch einen Versicherungsfall im Sinne des § 12 geschädigt worden sind.

(3) Die nach Absatz 1 oder 2 verbleibenden Ersatzansprüche vermindern sich um die Leistungen, die Berechtigte nach Gesetz oder Satzung infolge des Versicherungsfalls erhalten.

I. Beschränkte Haftung des Unternehmers. 1. Von der Haftungsbeschränkung begünstigte Personen. 1
Der „**Unternehmer**" iSd. SGB VII ist zwar meistens, aber nicht immer gleichzusetzen mit dem ArbGeb des Versicherten. Unternehmer ist nach der Legaldefinition des § 136 III Nr. 1 „derjenige, dem das Ergebnis des Unternehmens unmittelbar zum Vor- oder Nachteil reicht". In § 136 III Nr. 2–4 existieren zusätzlich gesonderte Regelungen über die Unternehmereigenschaft von Rehabilitationsträgern, von Sachkostenträgern sowie von Reedern. Der Betrieb eines Unternehmens ist eine planmäßige, auf Dauer angelegte Vielzahl von Tätigkeiten, die regelmäßig ausgeübt wird und auf ein einheitliches Ziel ausgerichtet ist[1]. Die in § 136 III Nr. 1 verwendete Formulierung „zum Vor- oder Nachteil" besagt, dass Unternehmer derjenige ist, der das Geschäftswagnis, also das Unternehmerrisiko trägt[2]. Eine darüber hinausgehende Begünstigung von konzernrechtl. mit diesem Unternehmen verbundenen weiteren Unternehmen besteht nicht[3]. Bei juristischen Personen sind die Organmitglieder nicht erfasst, sondern fallen ggf. unter § 105. Im Fall von Personengesellschaften sind wegen des Grundsatzes der Selbstorganschaft die Gesellschafter selbst Unternehmer (der Regress des Unfallversicherungsträgers richtet sich bei ihnen nach § 111)[4]. Unerheblich für die Haftungsbeschränkung ist, ob der Unternehmer Mitglied der Unfallversicherung ist, ob er Beiträge geleistet hat und wo der Versicherungsfall eingetreten ist. Mehrere Personen, die die Voraussetzungen der Unternehmereigenschaft nach § 136 erfüllen, sind Mitunternehmer und können dementsprechend auch bei einem einzigen Versicherungsfall zu mehreren haftungsprivilegiert sein[5]. Nach Meinung der Rspr. greift das Haftungsprivileg nicht mehr, wenn der Unternehmer eine Unfallursache setzt, die erst nach Übernahme des Betriebs durch einen Dritten zu einem Schadensereignis führt[6]. Soweit ein **Haftpflichtversicherer** gem. § 115 I Nr. 1 VVG (ehemals § 3 Nr. 1 PflVG) selbst unmittelbar haftet, greift das Haftungsprivileg der §§ 104 ff. wegen der Akzessorietät des Direktanspruchs gegen den Haftpflichtversicherer ebenfalls[7].

2. Von der Haftungsbeschränkung belastete Personen. Von der Haftungsbeschränkung belastete Personen sind die geschädigten Versicherten sowie ihre Angehörigen und Hinterbliebenen. Die Haftungsbeschränkung des § 104 SGB VII greift zu Lasten von Versicherten, die für ihre Unternehmen tätig sind oder zu ihrem Unternehmen in einer sonstigen die Versicherung begründenden Beziehung stehen. Damit knüpft das Gesetz an den Versichertenbegriff nach §§ 2, 3, 6 an, wobei aber zusätzlich zur Versicherteneigenschaft noch die Tätigkeit für das jeweilige Unternehmen bzw. die sonstige eine Versicherung begründende Beziehung erforderlich ist (zu Letzterem unten Rz. 4). 2

a) Hinsichtlich der **Versicherteneigenschaft** s. §§ 2 ff. Von besonderer Bedeutung im Haftungsrecht ist insb. der Versicherungsschutz nach § 2 II 1 für Personen, die „wie" nach § 2 I Nr. 1 Versicherte tätig werden. Diese **„Wie"-Beschäftigten** sind Personen, die auf Grund fremdnützigen Verhaltens, welches einer Beschäftigung gleich steht, tätig werden. Es muss sich um eine ernstliche, dem fremden Unternehmen dienende Tätigkeit handeln, die dem wirklichen oder mutmaßlichen Willen des Unternehmers entspricht und ihrer Art nach von ArbN verrichtet wird. Das bedeutet, dass auch derjenige, der im 3

---

1 *Kater/Leube*, § 104 SGB VII Rz. 4; *Schmitt*, § 136 SGB VII Rz. 17; s. zu öffentlich-rechtlichen Körperschaften BGH v. 26.11.2002 – VI ZR 449/01, NJW 2003, 1121 (betr. Schulen). | 2 BGH v. 5.7.1977 – VI ZR 134/76, LM RVO § 636 Nr. 12; v. 4.10.1988 – VI ZR 7/88, LM RVO § 636 Nr. 38; ErfK/*Rolfs*, § 104 SGB VII Rz. 19. | 3 BGH v. 11.11.2003 – VI ZR 13/03, noch uv. | 4 OLG Köln v. 23.10.1998 – 19 U 47/98, VersR 1999, 777; ErfK/*Rolfs*, § 104 SGB VII Rz. 19. | 5 *Kater/Leube* § 104 SGB VII Rz. 4. | 6 BGH v. 11.1.1966 – VI ZR 185/64, NJW 1966, 653 f.; *Kater/Leube* § 104 SGB VII Rz. 13 (zweifelhaft). | 7 BAG v. 14.12.2000 – 8 AZR 92/00, VersR 2002, 720 m. Anm. *Drong-Wilmers*; v. 24.6.2004 – 8 AZR 292/03, AP Nr. 3 zu § 104 SGB VII; *Ricke*, VersR 2002, 413.

fremden Unternehmen bei Handreichungen mit hilft, nach § 2 II 1 versichert ist und demgemäß auch der Haftungsbeschränkung nach §§ 104 ff. unterliegt[1]. Dient ein- und dieselbe Tätigkeit allerdings sowohl einem Fremd- als auch dem Stammunternehmen, kommt eine Zuordnung als „Wie"-Beschäftigter des Fremdunternehmens so lange nicht in Betracht, wie sich die Tätigkeit als Wahrnehmung einer Aufgabe des Stammunternehmens darstellt[2]. Der Versicherungsschutz wird in diesen Fällen in dem Unfallbetrieb trotz einer Förderung der Fremdunternehmerinteressen nicht ausgelöst.

Die Versicherteneigenschaft als „Wie"-Beschäftigter ist vor allem zu bejahen bei der Tätigkeit für Arbeitsgemeinschaften mehrerer Unternehmen (Arge), in Leiharbeitsverhältnissen oder bei kurzfristiger sonstiger Tätigkeit für Dritte (s. Rz. 7 ff.)[3]. Nicht ausreichend für die Tätigkeit „wie" ein ArbN ist es bspw., wenn ein Werkstattkunde sein Kfz auf eine Hebebühne fährt und sich dabei verletzt. Zwar können auch Tätigkeiten vom Versicherungsschutz umfasst sein, die der Verletzte nur spontan und punktuell für den Unfallbetrieb erbracht hat. Auch braucht kein Arbeitsverhältnis vorzuliegen. Jedoch muss der Geschädigte eine dem Aufgabenbereich des Unfallbetriebs zuzuordnende Tätigkeit wie ein Beschäftigter ausgeübt haben. Soweit bei ihm ein „eigenwirtschaftliches" Interesse bei der Tätigkeit im Vordergrund stand, kann § 2 II 1 nicht greifen[4]. Dasselbe gilt bei reinen Gefälligkeiten[5]. Laut Rspr. ist auch ein Pannenhelfer, der einen Privatwagen aus dem Graben zieht, als „Wie-Beschäftigter" von der Haftungsbeschränkung belastet[6].

4 **b) Sonstige die Versicherung begründende Beziehung.** Eine die Versicherung begründende Beziehung zu einem Unternehmen kommt nach §§ 2, 3, 6 immer dann in Betracht, wenn der Versicherte auf Grund der dort genannten – die Versicherungspflicht begründenden – Tatbestände für ein Unternehmen tätig wird. Das kann bspw. das Lernen während der Ausbildung sein (§ 2 I Nr. 2), die Tätigkeit von Behinderten in Werkstätten (§ 2 I Nr. 4) oder etwa auch die Mitarbeit von Angehörigen (§ 2 I Nr. 5–7). Neben den genannten Tatbeständen kommen praktisch alle in §§ 2, 3, 6 genannten Fälle in Betracht, solange die Geschädigten tatsächlich für ein Unternehmen tätig werden. Nicht erfasst sind deshalb aber bspw. gerettete Personen iSd. § 2 Nr. 13a[7]. **Angehörige und Hinterbliebene** sind all diejenigen Personen, die als Verwandte Anspruch auf Leistungen nach dem SGB VII wegen des Eintritts des Versicherungsfalls haben[8]. Die Versicherten-, Angehörigen- und Hinterbliebeneneigenschaft kann als Teil der Entscheidung über die Frage des „Versicherungsfalls" durch rechtskräftigen Bescheid bzw. rechtskräftige Gerichtsentscheidung nach § 108 bindend festgestellt sein. Vgl. für **Beamte** und **Soldaten** § 46 II BeamtVG, § 91a SVG[9].

5 **II. Versicherungsfall.** Für den Versicherten muss das schädigende Ereignis ein Versicherungsfall gewesen sein, also ein Arbeitsunfall oder eine Berufskrankheit. S. zum Begriff des Arbeitsunfalls und der Berufskrankheit oben vor § 1 Rz. 2. Nicht erforderlich ist, dass für den schädigenden Unternehmer eine unternehmerische Tätigkeit vorlag. **Beispiel**: Der Unternehmer führt private Tätigkeiten aus, bei welchen er den im Betrieb tätigen Beschäftigten verletzt, für den die Verletzung ein Arbeitsunfall ist (s. auch unten Rz. 11); anders bei der Haftungsfreistellung nach § 105, bei der seitens des schädigenden Kollegen eine „betriebliche Tätigkeit" vorliegen muss, s. unten § 105 Rz. 4[10]. Der Versicherungsfall muss nicht notwendig die Verpflichtung des gesetzl. Unfallversicherungsträgers zur Leistung nach sich ziehen. Wo also der Tatbestand des Arbeitsunfalls bzw. der Berufskrankheit vorliegt, die Schädigungen aber bspw. nicht die Minderung der Erwerbsfähigkeit von 20 % erreichen (Leistungsvoraussetzung nach § 56 I 1), greift dennoch die Haftungsbeschränkung nach § 104[11]. Eine Ausnahme hiervon macht das OLG Zweibrücken für den Schmerzensgeldanspruch aus Anlass einer Persönlichkeitsrechtsverletzung (psychische Schädigung eines Schülers durch den Lehrer). Diese Ausnahme beruht wohl darauf, dass das OLG unbillige Ergebnisse wegen der Erfassung von § 253 II BGB (früher § 847 BGB) durch § 104

---

1 BSG v. 12.4.2005 – B 2 U 5/04 R, NZS 2006, 100; BSG v. 17.3.1982 – 2 RU 6/91, SozR 3-2200 § 539 RVO Nr. 15; v. 29.9.1992 – 2 RU 44/91, SozR 3-2200, § 539 RVO Nr. 19; *Diederichsen*, VersR 2006, 293 f.; *Rolfs*, DB 2001, 2294; *Rolfs*, AR-Blattei SD 860.2 Rz. 107; *Krasney*, NZS 1999, 577 ff.; *Waltermann*, Sozialrecht, Rz. 307, 311. |2 BGH v. 23.3.2004 – VI ZR 160/03, VersR 2004, 1045; v. 28.10.1986 – VI ZR 181/85, NJW 1987, 1022 f.; *Maschmann* SGb 1998, 54 (58); *Rolfs*, DB 2001, 2294 (2295); *Diederichsen*, VersR 2006, 293 (294). |3 Vgl. hierzu *Rolfs*, AR-Blattei SD 860.2 Rz. 84 ff.; zusätzlich kann hier die Haftungsprivilegierung auf der „gemeinsamen Betriebsstätte" in Betracht kommen, § 106 III. |4 OLG Hamm v. 26.9.2002 – 6 U 14/02, NJW-RR 2003, 239; *Krasney*, NZS 2004, 7 (9). S. noch zu § 539 Abs. 2 RVO BGH v. 8.3.1994 – VI ZR 141/93, NJW 1994, 1480 f.; v. 5.7.1983 – VI ZR 273/81, NJW 1983, 2882; v. 28.10.1986 – VI ZR 181/85, NJW 1987, 1022 f.; v. 17.4.1990 – VI ZR 244/89, VersR 1990, 994 f.; *Rolfs*, DB 2001, 2294; *Kater/Leube*, § 104 SGB VII Rz. 24 ff. |5 OLG Stuttgart v. 27.3.2002 – 2 U 213/01, HVBG-Info 2002, 3343 = ZfS 2002, 384; OLG Hamm v. 20.3.2002 – 13 U 229/01, VersR 2003, 192; OLG Dresden v. 8.9.1999 – 8 U 2048/99, VersR 2001, 1035 (1037 f. mwN); bei gleichzeitiger Gefälligkeit und betrieblicher Tätigkeit greift die Haftungsbeschränkung, s. OLG Köln 31.1.2002 – 12 U 145/01, VersR 2002, 1109. |6 Thür. OLG v. 29.6.2004 – 8 U 1153/03, NZV 2004, 466; *Plagemann*, ZfS 2004, 201 (202 f.). |7 BGH v. 24.1.2006 – VI ZR 290/04, NJW 2006, 1592; v. 20.3.1979 – VI ZR 14/78, VersR 1979, 668; v. 2.12.80 – VI ZR 265/78, VersR 1981, 260; *Lepa*, Haftungsbeschränkungen bei Personenschäden nach dem Unfallversicherungsrecht (2004), S. 74 ff.; *Kater/Leube*, § 104 SGB VII Rz. 28; *Michael*, NZV 2007, 57; KassKomm/*Ricke*, § 104 SGB VII Rz. 11 f.; aA LG Stuttgart v. 1.9.2004 – 13 S 152/04, nv. |8 *Kater/Leube*, § 104 SGB VII Rz. 29. |9 S. dazu (obiter) BGH v. 27.6.2002 – III ZR 234/01, NJW 2002, 3096 = r + s 2002, 374. |10 *Kater/Leube*, § 104 SGB VII Rz. 31. |11 BGH v. 12.11.1992 – III ZR 19/92, BGHZ 120, 176,183; ErfK/*Rolfs*, § 104 SGB VII Rz. 7; *Kater/Leube*, § 104 SGB VII Rz. 32.

vermeiden möchte (s. dazu vor § 104 Rz. 4 und unten Rz. 6)[1]. Das Vorliegen des Versicherungsfalls kann nach § 108 auf Grund rechtskräftiger Behörden- bzw. Gerichtsentscheidung bindend feststehen.

III. Von der Haftungsbeschränkung betroffene Ansprüche. Erfasst sind sämtliche gegen den Unternehmer gerichteten Ansprüche auf „Ersatz des Personenschadens", wobei Sachschäden iSd. § 8 III wegen der Beschädigung zB von Brillen, Körperersatzstücken oder orthopädischen Hilfsmitteln ebenfalls in Betracht kommen[2]. Sachschäden iSd. § 13 dürften nicht erfasst sein, was sich nicht zuletzt aus § 13 S. 2 ergibt[3]. Ansprüche aus Personenschäden, die durch § 104 erfasst sind, sind ua. solche aus §§ 280 I, 823, 825, 826, 829–834, 836–839a BGB, § 117 BBergG, § 30 LuftverkehrsG, § 3 BinnenschifffahrtsG, § 1 ProdHaftG, §§ 2 f. HPflG, § 1 UmweltHG, §§ 7, 18 StVG, § 84 ArzneimittelG oder aus dem Warschauer Abkommen[4]. Dasselbe gilt für Ansprüche von Angehörigen, etwa aus §§ 844 f. BGB[5]. Mit erfasst ist auch die Haftung aus Amtspflichtverletzung nach Art. 34 GG iVm. § 839 BGB, wenn bspw. ein beamteter Lehrer, ein Soldat oder öffentl. Bediensteter bei der Wahrnehmung hoheitlicher Aufgaben Verletzungshandlungen begeht, vgl. § 105 I 2[6]. Gegenstand der ausgeschlossenen Ansprüche sind alle Personenschäden sowie sämtliche hiermit verbundenen weiteren Kosten und Aufwendungen, also zB Heilungskosten, Erwerbsausfall, entgangener Gewinn, Beerdigungskosten, entgangener Unterhalt, entgangene Dienste usw[7]. Zum Personenschaden zählt auch der **Schmerzensgeldanspruch**[8], obwohl das SGB VII immaterielle Schäden nicht ersetzt. Das führt zu erheblichen Nachteilen, insb. bei der Verursachung psychischer Schäden oder etwa bei ästhetisch entstellenden Verletzungen. Trotzdem hat das BVerfG das als verfassungsgemäß eingestuft[9]. Teilweise wird versucht, auf diesen Mangel durch Beschränkung des Anwendungsbereichs von § 104 zu reagieren, zB durch Nichtanwendung auf Persönlichkeitsrechtsverletzungen[10]. Schockschäden, welche Dritte auf Grund der Verletzung des Versicherten erleiden, sind nicht von § 104 erfasst, da es sich um originäre Ansprüche der Geschädigten handelt[11]. 6

IV. Nicht erfasste weitere Schädiger (gestörter Gesamtschuldnerausgleich). Soweit bei der Entstehung des Personenschadens neben den in §§ 104 ff. erfassten privilegierten Schädigern noch weitere Schädiger[12] mitgewirkt haben, stellt sich die Frage, wie sich die Privilegierung auf sie auswirkt. Dabei ist von folgender Konstellation auszugehen: Der von §§ 104 ff. erfasste privilegierte **Schädiger S** verletzt einen von der Haftungsbeschränkung belastete Person, den **Geschädigten G**. An der Verletzungshandlung beteiligt (oder sonst mithaftend) ist der von den §§ 104 ff. nicht erfasste **Dritte D als weiterer Schädiger**. Ohne die §§ 104 ff. würden S und D als Gesamtschuldner nach § 426 BGB (oder etwa nach § 17 StVG) haften mit der Folge, dass sie nach ihren Haftungsbeiträgen einander zur Haftungsfreistellung und zum Ausgleich verpflichtet wären[13]. Damit stellt sich die Frage, wie sich die nach §§ 104 ff. erfolgende Haftungsbeschränkung auswirkt. 7

Nach der Rspr. wird der **Anspruch des G gegen den D entsprechend dem Haftungsbeitrag des S gekürzt**[14]. Vertragl. Vereinbarungen zwischen dem nach §§ 104 ff. privilegierten Schädiger (S) und dem weiteren Schädiger (D) über eine abweichende Schadensverantwortung sind hierbei unbeachtlich[15]. Das gilt auch dann, wenn **zwischen dem privilegierten Schädiger S und dem weiteren Schädiger D ein** 8

---

1 OLG Zweibrücken v. 6.5.1997 – 6 U 1/97, NJW 1998, 995 ff. | **2** Vgl. BSG v. 11.9.2001 – B 2 U 38/00 R, ZfS 2002, 51. | **3** Bei Ersatzleistungen für Sachschäden nach dem SGB VII ordnet § 13 S. 2 den Anspruchsübergang nach § 116 SGB X an, vgl. KassKomm/*Kater*, § 116 SGB X Rz. 39. | **4** S. zu letzterem *Steinfeltz*, BG 2002, 470. | **5** *Kater/Leube*, § 104 SGB VII Rz. 35; KassKomm/*Ricke*, § 104 SGB VII Rz. 5; s. auch die eingehende Aufzählung von Haftungstatbeständen bei KassKomm/*Kater* § 116 SGB X Rz. 47 ff. | **6** BGH v. 27.6.2002 – III ZR 234/01, NJW 2002, 3096 = r + s 2002, 374; *Kater/Leube*, § 105 SGB VII Rz. 10; vgl. auch *Leube*, ZTR 1999, 302 ff. | **7** ErfK/*Rolfs*, § 104 SGB VII Rz. 25; vgl. zu Beerdigungskosten BAG v. 24.5.1989 – 8 AZR 240/87, AP Nr. 16 zu § 636 RVO. | **8** Das Recht des Schmerzensgeldes ist mit Wirkung ab dem 1.8.2002 geändert worden, BGBl. I, S. 2674. Dabei sind neben § 253 II BGB (der an die Stelle des alten § 847 BGB tritt und nunmehr auch für vertragliche Ansprüche Schmerzensgeld verschafft) zahlreiche weitere Verpflichtungstatbestände für Schmerzensgeld geschaffen worden, s. § 11 StVG, § 6 HaftpflichtG, § 36 LuftverkehrsG, § 13 UmwelthaftungsG, § 32 V GentechnikG, § 8 ProduktHG, § 52 II BundesgrenzschutzG, § 20 Gesetz über die Abgeltung von Besatzungsschäden, § 29 II AtomG, s. *G. Wagner*, Das neue Schadensersatzrecht, 2002. | **9** BVerfG v. 7.11.1972 – 1 BvL 4/71 ua., BVerfGE 34, 118; v. 8.2.1995 – 1 BvR 753/94, NJW 1995, 1607; vgl. *Denck*, Der Schutz des Arbeitnehmers vor der Außenhaftung, S. 95 ff.; *Fuhlrott*, NZS 2007, 237; *Rolfs*, Das Versicherungsprinzip im Sozialversicherungsrecht, S. 466 ff.; *Schloën*, BG 1987, 150 ff.; *Kater/Leube*, § 104 SGB VII Rz. 36. | **10** OLG Zweibrücken v. 6.5.1997 – 6 U 1/97, NJW 1998, 995 ff. | **11** BGH v. 6.2.2007 – VI ZR 55/06, VersR 2007, 803 mwN; ErfK/*Rolfs*, § 104 SGB VII Rz. 25; *Rolfs*, AR-Blattei SD 860.2 Rz. 172 ff. mwN; aA OLG Celle v. 25.8.1986 – 5 W 28/86, VersR 1988, 67 f. | **12** Neben weiteren Schädigern kommt auch die Haftung von Personen in Betracht, die für den Schädiger einzutreten haben wie zB KfZ-Haftpflichtversicherer oder als Halter haftende Dritte. Diesen kommt die Freistellung des Schädigers zugute, OLG Stuttgart v. 8.10.2003 – 9 U 67/03, VersR 2004, 68. Ob bei Freistellung des GbR-Gesellschafters auch die GbR freigestellt ist (mE ja), hat der BGH offen gelassen, BGH v. 24.6.2003 – VI ZR 434/01, BGHZ 155, 205. | **13** Vgl. im Einzelnen Palandt/*Heinrichs*, § 426 BGB Rz. 3 ff. | **14** BGH v. 24.6.2003 – VI ZR 434/01, BGHZ 155, 205; v. 14.6.1996 – VI ZR 79/95, NJW 1996, 2023; v. 2.12.1980 – VI ZR 265/78, NJW 1981, 760; *Kater/Leube*, § 104 SGB VII Rz. 34; Palandt/*Heinrichs*, § 426 BGB Rz. 20 ff. | **15** BGH v. 11.11.2003 – VI ZR 13/03, VersR 2004, 202; v. 10.5.2005 – VI ZR 366/06, VersR 2005, 1087; BGH v. 13.3.2007 – VI ZR 178/05, VersR 2007, 948. Etwas anderes gilt für Vereinbarungen, durch welche die Rolle der Beteiligten in Bezug auf die Schadensverhütung und damit die Gewichte ihres Beitrags an der Schadensentstehung verteilt werden, BGH v. 23.1.1990 – VI ZR 209/89, BGHZ 110, 114 = NJW 1990, 1361; *Kater/Leube*, § 104 SGB VII Rz. 34.

Arbeitsverhältnis besteht, kraft dessen die besonderen arbeitsrechtl. Haftungsregeln zur Anwendung kommen (dazu § 106 Rz. 10 ff.). Alternativ wäre denkbar gewesen, dass G einen vollen Anspruch gegen den D hat, wobei dieser dann uU beim privilegierten Schädiger (S) nach § 426 II BGB Regress nehmen könnte. Eventuell wäre dann wiederum daran zu denken, dass S bei G weiteren Rückgriff nähme („Haftungskreisel"). Die hM hat diese Haftungs- und Rückgriffsvarianten im Anschluss an die Rspr. zu Recht verworfen, da sie dem Sinn und Zweck der Haftungsbeschränkung nach §§ 104 ff. und des Haftungsersetzungsprinzips zuwiderlaufen.

9 Die **Ersatzansprüche des G gegen den D gehen nach** Maßgabe und im Rahmen des **§ 116 SGB X** auf den Träger der gesetzl. Unfallversicherung **über** (§ 104 I 2 gilt mangels Haftungsbeschränkung des D nicht)[1]. Hierbei ist darauf zu achten, dass sich der Anspruchsübergang auf den Unfallversicherungsträger nach § 116 I 1 SGB X nur insofern vollzieht, als dessen Leistungspflichten „der Behebung eines Schadens der gleichen Art dienen und sich auf denselben Zeitraum (beziehen) wie der vom Schädiger zu leistende Schadenersatz". Deshalb kann mangels Schmerzensgeldleistung des Unfallversicherungsträgers auch kein Schmerzensgeldanspruch auf ihn übergehen[2]. **Beispiel:** D und S schädigen den G, wobei sie zu gleichen Teilen verantwortlich sind. Es entstehen Behandlungskosten von 10 000 Euro; G erleidet Schmerzen, die nach § 253 II BGB (früher § 847 BGB) mit 3000 Euro zu entschädigen wären. S ist nach §§ 104 ff. von der Haftung freigestellt. D haftet gekürzt auf 5000 Euro Behandlungskosten und 1500 Euro Schmerzensgeld. Der Anspruch des G gegen D auf Zahlung von 5000 Euro geht gem. § 116 I 1 SGB X auf den Unfallversicherungsträger über. Der Anspruch auf Schmerzensgeld verbleibt dem G, da es sich nicht um einen Schaden „der gleichen Art" (§ 116 I 1 SGB X) handelt wie der körperliche Schaden, welcher nach §§ 27 ff. Behandlungsleistungen nach sich zieht. Ein eventuelles Mitverschulden des Geschädigten nach § 254 BGB reduziert sämtliche Ansprüche in Höhe der Mitverschuldensquote; vgl. § 116 III SGB X. Soweit der Unfallversicherungsträger zusätzlich nach § 110 auch gegen den in §§ 104 ff. privilegierten Schädiger einen Regressanspruch hat (bei grober Fahrlässigkeit, Vorsatz oder Schwarzarbeit), kann er zwischen dessen (voller) Inanspruchnahme gem. § 110 und der Inanspruchnahme des weiteren Schädigers gem. § 116 SGB X wählen[3]. S. zu alledem die Kommentierung zu § 116 SGB X.

10 **V. Ausnahmen: Vorsatz; Wegeunfall. 1. Vorsatz.** Die Haftungsbeschränkung greift nicht bei Vorsatz des Schädigenden (vgl. zur Regressmöglichkeit des Unfallversicherungsträgers bei Vorsatz, grober Fahrlässigkeit des Schädigenden oder bei Schwarzarbeit § 110). Der Vorsatzbegriff wird definiert wie auch sonst im Schuldrecht als Wissen und Wollen des rechtswidrigen Erfolges. Dieser muss vom Handelnden bzw. Unterlassenden vorausgesehen und in seinen Willen aufgenommen worden sein, wobei nicht erforderlich ist, dass der Erfolg tatsächlich gewünscht war. Neben dem unbedingten ist auch der bedingte Vorsatz möglich, der dann greift, wenn der als möglich erkannte rechtswidrige Erfolg billigend in Kauf genommen worden ist. Bewusste Fahrlässigkeit, bei welcher der Haftende darauf vertraut hat, der Schaden werde nicht eintreten, begründet keinen Vorsatz[4]. Der vorsätzl. Verstoß gegen gesetzl. oder satzungsrechtl. Arbeitssicherheitsvorschriften rechtfertigt ebenfalls nicht die Annahme, dass auch die hierauf beruhende Schädigung von Personen vorsätzlich ist[5]. Nach der Rspr. zum alten Unfallversicherungsrecht (§ 636 RVO) musste der **Vorsatz** nicht nur die Rechtsgutsverletzung, sondern auch den **Eintritt des konkreten Schadensumfangs** erfassen[6]. Die Rspr. geht davon aus, dass dies auch unter Geltung von § 104 der Fall ist[7]. Die (rechtspolitisch vorzugswürdige) Gegenansicht beruft sich auf den neu gefassten § 104, der vom „Versicherungsfall" und nicht vom „Arbeitsunfall" spricht sowie auf den Bedarf einer Harmonisierung mit dem Regressrecht, in dem nach § 110 I 3 ausdrücklich Vorsatz oder grobe Fahrlässigkeit in Bezug auf das den Versicherungsfall verursachende Handeln oder Unterlassen ausreichend ist[8].

---

1 BGH v. 29.10.1968 – VI ZR 137/67, BGHZ 51, 37; v. 9.6.1970 – VI ZR 311/67, BGHZ 54, 177; v. 12.6.1973 – VI ZR 163/71, BGHZ 61, 51; v. 23.4.1985 – VI ZR 91/83, BGHZ 94, 173; v. 23.1.1990 – VI ZR 209/89, BGHZ 110, 114 = NJW 1990, 1361; v. 7.4.1981 – VI ZR 251/78, VersR 1981, 649; OLG Jena v. 5.8.1997 – 3 U 1489/96, VersR 1989, 1990; *Kater/Leube*, § 104 SGB VII Rz. 33 f.; ErfK/*Rolfs*, § 104 SGB VII Rz. 30; vgl. generell zum „gestörten Gesamtschuldverhältnis" *Medicus*, Bürgerliches Recht, Rz. 928 ff.; Palandt/*Heinrichs*, § 426 BGB Rz. 15 ff. S. zur abweichenden Vorgehensweise der Rspr. im Fall des Haftungsprivilegs nach § 1664 I BGB (D haftet voll) BGH v. 1.3.1988 – VI ZR 190/87, BGHZ 103, 338 = NJW 1988, 2667; v. 16.1.1990 – VI ZR 170/89, NJW 1990, 1360. | 2 S. dazu KassKomm/*Kater*, § 116 SGB X Rz. 62 ff., 80, 134. | 3 BGH v. 19.10.1971 – VI ZR 91/70, VersR 1972, 171; OLG Rostock v. 27.3.2003 – 1 U 118/01, NJ 2003, 657 = OLGReport Rostock 2003, 372; *Kater/Leube*, § 104 SGB VII Rz. 34. | 4 Palandt/*Heinrichs*, § 276 BGB Rz. 10 f. | 5 LAG Köln v. 30.1.2003 – 5 Sa 966/02, HVBG-Info 2003, 1381; *Kater/Leube*, § 104 SGB VII Rz. 37; MünchArbR/*Blomeyer*, § 61 Rz. 28. | 6 BGH v. 20.11.1979 – VI ZR 238/78, BGHZ 75, 328. | 7 BGH v. 11.2.2003 – VI ZR 34/02, BGHZ 154, 11 = NJW 2003, 1605; v. 30.3.2004 – VI ZR 163/03, VersR 2004, 789; BAG v. 19.8.2004 – 8 AZR 349/03, AP Nr. 4 zu § 104 SGB VII; v. 10.10.2002 – 8 AZR 103/02, NJW 2003, 1890 = NZA 2003, 436; v. 22.4.2004 – 8 AZR 159/03, VersR 2005, 366 (368 f.); *Kock*, NZS 2005, 18; MünchArbR/*Blomeyer*, § 61 Rz. 28; *Diederichsen*, VersR 2006, 221 (294 f.); *Kater/Leube*, § 104 SGB VII Rz. 37; KassKomm/*Ricke*, § 104 SGB VII Rz. 12; *Dahm*, SozVers 2003, 149; *Falkenkötter*, NZS 1999, 379 (380); *Maschmann* SGb 1998, 54 (56); *Waltermann* NJW 2002, 1225 (1226). | 8 LG Stendal v. 23.11.2000 – 22 S 67/00, VersR 2001, 1294 (1295 ff.); *Rolfs*, NJW 1996, 3177 (3178); ErfK/*Rolfs*, § 104 SGB VII Rz. 20; *Otto*, FS 50 Jahre BAG, S. 97 (101); *Hauck/Nehls*, § 104 SGB VII Rz. 28.

2. Wegeunfall. Die Haftungsbeschränkung greift auch dann nicht, wenn der Versicherungsfall auf einem nach § 8 II Nr. 1–4 versicherten Weg des Geschädigten[1] herbeigeführt wurde. Damit ist die frühere Ausnahmeregelung in § 636 RVO über die „Teilnahme am allgemeinen Verkehr" obsolet. § 8 II Nr. 1–4 umfassen alle unmittelbaren Wege nach und vom Ort der Tätigkeit, eventuelle Umwege beim Fortbringen bzw. Abholen von Kindern und Umwege wegen der Teilnahme an Fahrgemeinschaften sowie Familienheimfahrten. Der versicherte Weg beginnt in der Regel mit dem Durchschreiten der heimischen Außentür und endet mit dem Erreichen des Betriebsgeländes. Nach § 8 II Nr. 5 versicherte Tätigkeit, die sich auf Arbeitsgerät oder Schutzausrüstung bezieht, unterliegt auch dann nicht der Ausnahmeregelung des § 104 I 1, wenn hierbei Wege zurückgelegt werden[2]. Soweit der Versicherte im Rahmen seines Beschäftigungsverhältnisses zB beim Transport von Arbeitsgerät oder als Kraftfahrer einen Arbeitsunfall erlitten hat, ist dieser als Betriebswegeunfall nach § 8 I und nicht § 8 II Nr. 1–4 versichert; hier gilt die Ausnahmeregelung des § 104 I 1 nicht. Dienst- oder Geschäftsreisen sind demnach gem. § 8 I versichert. Soweit Fahrten sowohl aus betrieblichen als auch aus persönlichen Gründen durchgeführt wurden, ist zu prüfen, welche Gründe überwiegen[3]. 11

Die Ausnahme von der Haftungsbeschränkung gilt nur dann, wenn es sich **für den Geschädigten** um einen nach § 8 II Nr. 1–4 **versicherten Weg** handelte. Auf die Frage, ob seitens des Schädigers ein Wegeunfall vorlag, kommt es nicht an. Allerdings wird dann, wenn ein Kollege nach § 105 als Schädiger die Handlung bspw. auf seinem Heimweg begangen hat, regelmäßig keine „betriebliche Tätigkeit" iSd. § 105 I vorliegen (s. § 105 Rz. 4); anders bei der Haftungsprivilegierung des Unternehmers nach § 104 (s. Rz. 1). Wenn also der schädigende Unternehmer auf seinem Weg iSd. § 8 II Nr. 1–4 den auf einem Betriebsweg befindlichen ArbN verletzt, **greift** die Haftungsbeschränkung des § 104 I 1; die Ausnahmeregelung des § 104 I 1 aE kommt nicht zur Anwendung. Wenn dagegen der schädigende Unternehmer (wie auch immer) den auf einem Weg iSd. § 8 II Nr. 1–4 befindlichen ArbN verletzt, **greift** die Haftungsbeschränkung wegen der Ausnahmeregelung des § 104 I 1 aE **nicht** ein. Wenn der schädigende Kollege auf seinem Weg iSd. § 8 II Nr. 1–4 einen auf einem Betriebsweg befindlichen ArbN oder Unternehmer verletzt, **greift** die Haftungsbeschränkung des § 105 I oder II ebenfalls **nicht** ein, weil seitens des Schädigers keine „betriebliche Tätigkeit" vorlag[4].

VI. Kein Forderungsübergang nach § 116 SGB X (Abs. 1 S. 2). § 104 I 2 stellt klar, dass, soweit der Haftungsausschluss nach § 104 I 1 greift, ein Forderungsübergang nach § 116 SGB X nicht stattfindet. Stattdessen gelten §§ 110 f., wonach der Unfallversicherungsträger eigene Ansprüche gegen den Schädiger und gegen die von ihm vertretenen Personen haben kann. Dementsprechend kann der Unfallversicherungsträger aber auch gegen den Schädiger Ansprüche nach § 116 SGB X geltend machen, soweit § 104 I 1 nicht anzuwenden ist, also bei Vorsatz oder bei Versicherungsfällen auf nach § 8 II Nr. 1–4 versicherten Wegen. Im Übrigen greift § 116 SGB X beim Regress gegen von § 104 nicht erfasste weitere Schädiger (s. Rz. 9)[5]. 12

VII. Schädigung der Leibesfrucht (Abs. 2). Nach § 12 ist Versicherungsfall iSd. SGB VII auch der Gesundheitsschaden einer Leibesfrucht in Folge des Versicherungsfalls der Mutter während der Schwangerschaft. Dementsprechend erstreckt § 104 II das Haftungsprivileg des Unternehmers auch auf das noch nicht geborene Kind. Auf Grund der Akzessorietät der Versicherung (vgl. § 12 S. 1 Hs. 2) wird man für die Anwendung von § 104 II fordern müssen, dass die Mutter von § 104 I 1 erfasst wird, also eine Versicherte ist, die für den schädigenden Unternehmer tätig ist oder zu dessen Unternehmen in einer sonstigen die Versicherung begründenden Beziehung steht (s. Rz. 2–4)[6]. 13

VIII. Anrechnung bei Vorsatz und Wegeunfall (Abs. 3). § 104 III kommt zur Anwendung, wenn ein Versicherungsfall durch den **vorsätzlich** handelnden Unternehmer oder von diesem **auf einem nach § 8 II Nr. 1–4 versicherten Weg** herbeigeführt wurde. Dann hat der Versicherte Ersatzansprüche gegen den Unternehmer **und** gleichzeitig Leistungsansprüche in Folge des Versicherungsfalls. Beide Anspruchspositionen müssen aufeinander abgestimmt werden, um Doppelleistungen zu verhindern. Dies geschieht in der Weise, dass die Ansprüche des Geschädigten gegen den Unfallversicherungsträger voll erhalten bleiben, während die Ersatzansprüche gegen den Schädiger um die Höhe der Leistungsansprüche vermindert werden. Hierbei ergeben sich regelmäßig Differenzen zwischen dem allgemeinen zivilrechtl. Schadensersatzanspruch und dem jeweiligen Ersatzanspruch nach dem SGB VII, da Ersterer idR nach 14

1 Entscheidend ist, dass der Geschädigte sich auf dem versicherten Weg befand; auf den Schädiger kommt es nicht an, BAG v. 30.10.2003 – 8 AZR 548/02, DB 2004, 656; BGH v. 25.10.2005 – VI ZR 334/04, VersR 2006, 221. | 2 S. zu alledem *Kater/Leube*, § 104 SGB VII Rz. 39 f.; KassKomm/*Ricke*, § 104 SGB VII Rz. 13. | 3 BGH v. 12.10.2000 – III ZR 39/00, VersR 2001, 335 f. = HVBG-Info 2000, 2371; v. 2.12.2003 – VI ZR 349/02, VersR 2004, 379; v. 9.3.2004 – VI ZR 439/02, VersR 2004, 788; *Stöhr*, VersR 2004, 809 (816); BAG v. 19.8.2004 – 8 AZR 349/03, AP Nr. 4 zu § 104 SGB VII; v. 30.10.2003 – 8 AZR 548/02, VersR 2004, 1047; v. 24.6.2004 – 8 AZR 292/03, AP Nr. 3 zu § 104 SGB VII; KassKomm/*Ricke*, § 104 SGB VII Rz. 13; BSG v. 7.11.2000 – B 2 U 39/99 R, NZA 2001, 436; *Krasney* NZS 2004, 7 (10 ff.); ErfK/*Rolfs*, § 104 SGB VII Rz. 23; *Kock*, NZS 2005, 18. | 4 BAG v. 14.12.2000 – 8 AZR 92/00, NJW 2001, 2039 f. = VersR 2001, 720 m. Anm. *Drong-Wilmers*; *Ricke*, VersR 2002, 413. | 5 *Kater/Leube*, § 104 SGB VII Rz. 41 – 43; KassKomm/*Ricke*, § 104 SGB VII Rz. 14; BGH v. 29.10.1968 – VI ZR 137/67, NJW 1969, 236 f. (zur beschränkten Regressmöglichkeit nach § 116). | 6 IdS auch ErfK/*Rolfs*, § 104 SGB VII Rz. 27; KassKomm/*Ricke*, § 104 SGB VII Rz. 15.

dem Prinzip des konkreten Schadensersatzes ausgestaltet ist, während Letzterer nur den sog. abstrakten Schaden ausgleicht. Überschießende Ansprüche aus allgemeinem Zivilrecht können sich insb. ergeben beim Ausgleich des Erwerbsschadens des Geschädigten oder seiner Hinterbliebenen, bei den Kosten privatärztlicher Behandlung, bei den Kosten des Krankenbesuchs durch Angehörige, beim Ausfall im Haushalt mitarbeitender Angehöriger sowie beim Schmerzensgeld (s. Rz. 4)[1]. Die Anrechnung von Leistungsansprüchen gegen den Unfallversicherungsträger auf Schadensersatzansprüche gegen den Schädiger ist nur insoweit zulässig, als beide Ansprüche kongruent sind, also auf „Behebung eines Schadens der gleichen Art" nach § 116 I 1 SGB X gerichtet sind (s. dazu im Einzelnen § 116 SGB X Rz. 13 ff.). Deswegen können Behandlungsansprüche nicht auf Erwerbsschadensersatz angerechnet werden. Schmerzensgeldansprüche nach § 253 II BGB (früher § 847 BGB) können nie nach § 104 III reduziert werden, weil in der SozV keine dem Schmerzensgeld entsprechende Leistungen erbracht werden[2]. **Beispiel**: Der Unternehmer schädigt den versicherten ArbN vorsätzlich, wobei die Voraussetzungen für einen Arbeitsunfall erfüllt werden. Hat nun der ArbN gegen den Unfallversicherungsträger einen Rentenanspruch aus §§ 56 ff. von 1500 Euro monatlich und betrüge der Schadensersatzanspruch gegen den Unternehmer nach §§ 823 I, 843 Abs. 1 BGB monatlich 2000 Euro, reduziert sich der letztere Anspruch auf 500 Euro im Monat. Der ArbN kann vom Unternehmer also 500 Euro monatlich verlangen. Wegen der weiteren 1500 Euro, die er monatlich vom Unfallversicherungsträger erhält, nimmt dieser beim Unternehmer gem. § 110 I 1 Regress. Soweit der Schadensersatzanspruch des geschädigte ArbN gegen den Unternehmer aus § 823 I BGB sowie aus §§ 280 I, 241 II BGB auch gem. § 253 II BGB Schmerzensgeld umfasst (vgl. früher § 847 BGB), bleibt er ihm gem. § 116 I 1 SGB X voll erhalten.

15 **IX. Internationales.** Bei grenzüberschreitenden Sachverhalten kann sich für das Haftungsrecht, für das Sozialrecht, für eine Haftungsbeschränkung und für den Regress des Unfallversicherungsträgers die Geltung unterschiedlicher Rechtsordnungen ergeben. Die Feststellung der nationalen Rechtsordnung, welche für den **Schadensersatzanspruch** gilt (Haftungsstatut), richtet sich, wenn der Anspruch aus einem vertragl. Schuldverhältnis resultiert, nach den dafür gültigen Regeln. Wenn also zwischen Schädiger und Geschädigtem ein Arbeitsverhältnis besteht, richtet sich auch die Haftung aus dem Arbeitsverhältnis nach Art. 27 ff., insb. Art. 30 EGBGB. Wenn kein vertragl. Schuldverhältnis zwischen Schädiger und Geschädigtem besteht (zB zwischen Arbeitskollegen), gelten Art. 40 ff. EGBGB, welche grds. vom Tatortprinzip ausgehen. Dagegen richtet sich die Geltung des jeweiligen nationalen **Sozialrechts** (Sozialrechtsstatut) nach §§ 3 ff. SGB IV; ggf. gilt internationales Recht vorrangig, bei EU- und EWR-Staaten Art. 13 ff. VO (EWG) Nr. 1408/71. Wenn sowohl das Haftungsrecht als auch das Sozialrecht demselben nationalen Recht zuzuordnen sind, richtet sich hiernach eine eventuelle Haftungsbeschränkung und auch der Regress des Unfallversicherungsträgers, so dass bei Einschlägigkeit deutschen Rechts §§ 104 ff. und §§ 110 ff. anzuwenden sind. Wenn zivilrechtl. Haftung und sozialrechtl. Leistungspflicht unterschiedlichen Rechtsordnungen unterliegen, richtet sich die Zuordnung für die Beziehung zwischen EU- und EWR-Staaten nach Art. 93 VO 1408/71. Außerhalb dessen sind die Art. 33 ff. EGBGB anzuwenden, soweit kein spezielleres Abkommen greift. All diese Regelungen verweisen in der Regel auf das Sozialrechtsstatut; s. im Einzelnen die Kommentierung zu § 116 SGB X Rz. 91 ff.

16 **X. Beweisfragen.** Es gilt der allgemeine Grundsatz, dass derjenige beweisbelastet ist, der sich auf die Anwendbarkeit einer Norm beruft. Demnach hat der Schädiger zu beweisen, dass er zu dem von der Haftungsbeschränkung begünstigten Personenkreis gehört, dass der Geschädigte zu dem von der Haftungsbeschränkung belasteten Personen gehört, dass ein Versicherungsfall vorliegt und dass der vom Geschädigten geltend gemachte Schadensersatzanspruch von der Haftungsbeschränkung erfasst ist[3]. In all diesen Fällen kann die Bindungswirkung der behördlichen oder gerichtlichen Entscheidung nach § 108 eingreifen. Dasselbe wie für den Schädiger gilt für den nicht von der Haftungsbeschränkung erfassten weiteren Schädiger, wenn dieser sich auf die Reduzierung seiner Haftungsverpflichtung beruft. Die Einschlägigkeit der Ausnahmen (Vorsatz; Wegeunfall nach § 8 II Nr. 1–4) hat der Geschädigte zu beweisen. Soweit der SozV-Träger das Vorliegen eines versicherten Wegeunfalles nach § 8 II Nr. 1–4 verbindlich festgestellt hat, gilt auch hierfür die Bindungswirkung nach § 108[4] (s. § 108 Rz. 7).

105 *Beschränkung der Haftung anderer im Betrieb tätiger Personen*

(1) Personen, die durch eine betriebliche Tätigkeit einen Versicherungsfall von Versicherten desselben Betriebs verursachen, sind diesen sowie deren Angehörigen und Hinterbliebenen nach anderen gesetzlichen Vorschriften zum Ersatz des Personenschadens nur verpflichtet, wenn sie den Versicherungsfall vorsätzlich oder auf einem nach § 8 Abs. 2 Nr. 1 bis 4 versicherten Weg herbeigeführt haben. Satz 1 gilt entsprechend bei der Schädigung von Personen, die für denselben Betrieb tätig und nach § 4 Abs. 1 Nr. 1 versicherungsfrei sind. § 104 Abs. 1 Satz 2, Abs. 2 und 3 gilt entsprechend.

---

1 ErfK/*Rolfs*, § 104 SGB VII Rz. 29. | 2 *Kater/Leube*, § 104 SGB VII Rz. 45; KassKomm/*Ricke*, § 104 SGB VII Rz. 16; ErfK/*Rolfs*, § 104 SGB VII Rz. 29; BGH v. 22.9.1970 – VI ZR 270/69, VersR 1970, 1053 f. | 3 Vgl. zB BGH v. 27.6.2002 – III ZR 234/01, NJW 2002, 3096 = r + s 2002, 374. | 4 BAG v. 19.8.2004 – 8 AZR 349/03, AP Nr. 4 zu § 104 SGB VII; KassKomm/*Ricke*, § 108 SGB VII Rz. 7.

(2) Absatz 1 gilt entsprechend, wenn nicht versicherte Unternehmer geschädigt worden sind. Soweit nach Satz 1 eine Haftung ausgeschlossen ist, werden die Unternehmer wie Versicherte, die einen Versicherungsfall erlitten haben, behandelt, es sei denn, eine Ersatzpflicht des Schädigers gegenüber dem Unternehmer ist zivilrechtlich ausgeschlossen. Für die Berechnung von Geldleistungen gilt der Mindestjahresarbeitsverdienst als Jahresarbeitsverdienst. Geldleistungen werden jedoch nur bis zur Höhe eines zivilrechtlichen Schadenersatzanspruchs erbracht.

I. Allgemeines. Über den Rahmen des § 104 hinaus weitet § 105 den Kreis der von der Haftungsbe- 1
schränkung begünstigten Personen sowie den Kreis der von der Haftungsbeschränkung belasteten Personen weiter aus. Dabei geht es in § 105 I 1 – umgangssprachlich gesprochen – um die Haftungsprivilegierung von „Arbeitskollegen" als Schädigern. Der Sinn der Vorschrift liegt darin, im Interesse des Betriebsfriedens und gem. dem „Finanzierungsargument" (s. vor §§ 104 ff. Rz. 3) nicht nur den Unternehmer von der Haftungsbeschränkung profitieren zu lassen, sondern auch die Kollegen des Geschädigten. Der wichtigste Grund für die Regelung liegt darin, dass ohne diese Haftungsprivilegierung der Unternehmer neben den schädigenden Arbeitskollegen für deren schädigendes Verhalten nach § 831 BGB sowie nach §§ 280 I, 241 II, 278 BGB (ggf. iVm. 618 BGB) einstehen müsste. Des Weiteren bestünde auf Grund des arbeitsrechtl. Haftungsrechts ein Freistellungsanspruch der schädigenden ArbN gegen den ArbGeb (§§ 426 I, 670 BGB)[1]. Zudem ist dem Betriebsfrieden nicht nur durch die mittelbare Verschonung des ArbGeb von Haftungspflichten gedient, sondern auch durch die Vermeidung der Inanspruchnahme der schädigenden Arbeitskollegen.

§ 105 I 1 privilegiert den schädigenden „betrieblich Tätigen"; dieser Begriff ist nicht zwingend mit dem 2
umgangssprachlichen Begriff des „Arbeitskollegen" identisch, s. Rz. 3 f. Das geschieht in derselben Weise, wie dies § 104 I 1 zu Gunsten des Unternehmers tut. Der Kreis der von der Haftungsbeschränkung belasteten Personen umfasst zunächst die Versicherten desselben Betriebs und deren Angehörige. Weiter werden nach § 105 I 2 iVm. § 4 I Nr. 1 auch Beamte sowie nach § 105 II auch die *nicht versicherten* UnterUnternehmernehmer mit einbezogen. Auf Grund einer Unachtsamkeit des Gesetzgebers ist nicht ganz klar, ob auch *versicherte* Unternehmer zu den von der Haftungsbeschränkung belasteten Personen gehören (s. dazu Rz. 9). In Entsprechung des „Haftungsersetzungsprinzips" (s. vor § 104 Rz. 1) begründet § 105 II 2 eine eigene, atypische Versicherung „nicht versicherter" Unternehmer. Eine besondere Belastung bei dieser atypischen Versicherung „nicht versicherter" Unternehmer ergibt sich daraus, dass die Rentenleistungen für diesen Personenkreis gem. § 105 II 3 sehr niedrig angesetzt werden (s. im Einzelnen Rz. 10 f.). Unabhängig davon ergeben sich erhebliche Begründungsprobleme für die Ausweitung des Kreises der von der Haftungsbeschränkung belasteten Personen auf die (nicht versicherten) Unternehmer. Deren Benachteiligung lässt sich kaum mit dem Finanzierungsargument und dem Argument des Betriebsfriedens (s. vor § 104 Rz. 4) rechtfertigen[2].

**II. Beschränkte Haftung von im Betrieb Tätigen (Abs. 1). 1. Von der Haftungsbeschränkung begüns- 3
tigte Personen. a) Unfallverursacher** iSd. § 105 I 1 sind alle Beschäftigten, die in den Unfallbetrieb eingegliedert, also dem arbeitgeberseitigen Direktionsrecht im Unfallbetrieb unterworfen sind. Dies ist unabhängig davon, ob sie im Unfallbetrieb beschäftigt oder – bspw. als LeihArbN – einem anderen Betrieb zuzuordnen sind[3]. Des Weiteren sind auch solche Personen erfasst, die als „Wie-Beschäftigte" nach § 2 II 1 vorübergehend und damit ohne Eingliederung im Unfallbetrieb tätig werden (zum Begriff s. § 104 Rz. 3)[4]. Als „betrieblich Tätige" kommen weiter in Betracht bspw. Beamte, mithelfende Angehörige, ehrenamtlich im Betrieb Tätige, mitarbeitende Strafgefangene sowie die in § 111 genannten Personen (Organmitglieder, Abwickler, Liquidatoren usw.)[5]. Der Schädiger muss nicht nach §§ 2 ff. unfallversichert sein[6].

b) Betriebliche Tätigkeit. Die Haftungsbeschränkung greift nur bei betrieblicher Tätigkeit. Der Grund 4
dafür ist, dass der Unternehmer, welcher im Ergebnis von der Beschränkung profitieren soll, nur bei betrieblich veranlassten Tätigkeiten haftet. Der Schädiger muss den Arbeitsunfall durch eine Tätigkeit verursacht haben, „die ihm von dem Betrieb oder für den Betrieb übertragen war oder die von ihm im Betriebsinteresse ausgeführt wurde"[7]. Die Arbeiten müssen also im nahen Zusammenhang mit dem Betrieb und seinem Wirkungskreis stehen. Das kann auch dann der Fall sein, wenn die betreffende

---

1 Palandt/*Putzo*, § 611 BGB Rz. 159; ErfK/*Rolfs* § 105 SGB VII Rz. 1; Erman/*Ehmann*, § 670 BGB Rz. 27. | 2 S. im Einzelnen *Rolfs*, Das Versicherungsprinzip im Sozialversicherungsrecht, S. 468 ff.; *Gamillscheg/Hanau*, Die Haftung des Arbeitnehmers, S. 165; *Maschmann*, SGb 1998, 54 (60); *Stern-Krieger/Arnau*, VersR 1997, 408 (411); *Waltermann*, NJW 1997, 3401 (3403). | 3 BGH v. 23.3.2004 – VI ZR 160/03, VersR 2004, 1045; *Lepa*, Haftungsbeschränkungen bei Personenschäden nach dem Unfallversicherungsrecht (2004), S. 43 ff.; *Rolfs*, NJW 1996, 3177 f.; *Kater/Leube*, § 105 SGB VII Rz. 8. | 4 BGH v. 23.3.2004 – VI ZR 160/03, VersR 2004, 1045; BSG v. 24.6.2003 – B 2 U 39/02 R, NZA 2003, 1136 = HVBG-Info 2003, 2496; OLG Hamm v. 15.6.1998 – 6 U 34/98, VersR 1999, 597; BT-Drs. 13/2204, S. 100; *Rolfs*, NJW 1996, 3177 (3180); *Kater/Leube*, § 105, SGB VII Rz. 12; *Waltermann*, NJW 2004, 901 (903 f.). | 5 *Kater/Leube*, § 105 SGB VII Rz. 9 ff.; *Krasney*, NZS 2004, 7 (12 f.). | 6 OLG München v. 8.1.2004 – 1 U 3924/03, OLGR München 2004, 266; *Kater/Leube*, § 105 SGB VII Rz. 13. | 7 BAG v. 9.8.1966 – 1 AZR 426/65, BAGE 19, 41; v. 14.3.1974 – 2 AZR 155/73, AP Nr. 8 zu § 637 RVO, IIa; BGH v. 2.3.1971 – VI ZR 146/69, AP Nr. 6 zu § 637 RVO; ErfK/*Rolfs*, § 105 SGB VII Rz. 3; *Kater/Leube*, § 105 SGB VII Rz. 5 ff.

Tätigkeit nicht zum eigentlichen Aufgabenbereich des Schädigers gehört, wenn dieser hierbei gegen Arbeitssicherheitsvorschriften verstößt oder Anweisungen außer Acht lässt[1]. Zwar zählt das BAG auch den Rempler gegen einen zu spät am Arbeitsplatz erschienenen Kollegen zur betrieblichen Tätigkeit[2]. Jedoch haben Spielereien, Neckereien und Raufereien am Arbeitsplatz keinen Bezug mehr zur betrieblichen Tätigkeit und können daher auch nicht dem Haftungsausschluss nach § 105 unterliegen[3]. Betriebliche Tätigkeit ist auch das Verlassen des Arbeitsplatzes einschließlich des Weges auf dem Werksgelände zum Werkstor; die Ausnahmeregelung des § 105 I 1, § 8 II Nr. 1–4 greift erst mit dem Durchschreiten oder Durchfahren des Werkstors (s. auch die Beispiele oben § 104 Rz. 11)[4].

5 **2. Von der Haftungsbeschränkung belastete Personen.** Von der Haftungsbeschränkung als Geschädigte betroffen sind nach § 105 I 1 dieselben Personen wie diejenigen nach § 104 I 1. Dementsprechend gelten die dazu gemachten Ausführungen, Rz. 2–4. Erweitert wird der Kreis der belasteten Personen durch § 105 I 2, der Personen iSd. § 4 I Nr. 1 erfasst, also solche, die beamtenrechtl. Unfallfürsorgevorschriften oder entsprechenden Grundsätzen unterliegen; ausgenommen sind Ehrenbeamte und ehrenamtliche Richter[5]. Weiter greift gem. § 105 II die Haftungsbeschränkung auch bei der Verletzung nichtversicherter Unternehmer (s. Rz. 8); nach der wohl hM sind mit § 105 I 1 auch verletzte versicherte Unternehmer belastet (s. Rz. 9).

6 **a) Derselbe Betrieb.** Die von der Haftungsbeschränkung belastete Person muss ferner demselben Betrieb angehören wie der Schädiger. Der Betrieb wird generell definiert als „organisatorische Einheit, innerhalb deren ein ArbGeb allein oder mit seinen ArbN mithilfe von technischen und immateriellen Mitteln bestimmte arbeitstechnische Zwecke fortgesetzt verfolgt, die sich nicht in der Befriedigung von Eigenbedarf erschöpfen"[6]. Unter Geltung des alten § 637 RVO hatte das BAG zuletzt angenommen, unfallversicherungsrechtl. müsse ein eigener Betriebsbegriff definiert werden[7]. Die wohl hM geht heute zutreffend davon aus, dass man sich beim Erlass des SGB VII entschlossen hat, zum allgemeinen arbeitsrechtl. Betriebsbegriff zurückzukehren. Dafür spricht, dass der Gesetzgeber vom ursprünglichen Vorhaben, den Betriebsbegriff im SGB VII aufzugeben, abgerückt ist[8]. Hinzu kommt auch, dass mit dem Versicherungsschutz auf der „gemeinsamen Betriebsstätte" nach § 106 III eine Weiterung vorgenommen wurde[9].

7 **b) Anwendung von § 104.** Für das Vorliegen eines Versicherungsfalls, für den Umfang der von der Beschränkung betroffenen Ansprüche sowie zur Position der nicht erfassten, weiteren Schädiger gelten die zu § 104 gemachten Ausführungen (s. § 104 Rz. 5 ff.). Dasselbe gilt für die Ausnahmen von der Haftungsbeschränkung wegen Vorsatzes oder bei Vorliegen eines Wegeunfalls nach § 8 II Nr. 1–4 (s. § 104 Rz. 10 f.). Auch für die in § 105 I 3 vorgenommenen Verweise auf § 104 I 2, II u. III gelten die entsprechenden Bemerkungen (s. § 104 Rz. 12 ff.).

8 **III. Beschränkte Haftung gegenüber „nicht versicherten" Unternehmern (Abs. 2 S. 1). 1. Nicht versicherte Unternehmer als von der Haftungsbeschränkung belastete Personen.** Der Kreis der von der Haftungsbeschränkung belasteten Personen wird nach Abs. 2 S. 1 auf „nicht versicherte Unternehmer" ausgeweitet (s. zum Begriff des Unternehmers § 104 Rz. 1). Der Unternehmer muss ebenso wie der schädigende Arbeitskollege Betriebsangehöriger sein. Weiter darf er „nicht versichert" sein, also nicht die Tatbestände der Unternehmerversicherung nach § 2 I Nr. 5–7, 9 sowie gem. Satzung nach § 3 I erfüllen; es darf auch kein freiwillig versicherter Unternehmer nach § 6 sein (s. zu den versicherten Unternehmern sogleich unter Rz. 9)[10]. Die Versicherung für „nicht versicherte" Unternehmer nach § 105 II 2 zählt naturgemäß nicht dazu, da sonst die Regelung leer laufen würde (s. zu § 105 II 2 unten Rz. 10).

---

1 BGH v. 19.12.1967 – VI Zr 6/66, AP Nr. 2 zu § 637 RVO; BAG v. 9.8.1966 – 1 AZR 426/65, BAGE 19, 41; ErfK/*Rolfs*, § 105 SGB VII Rz. 3; *Kater/Leube*, § 105 SGB VII Rz. 6; *Schmitt*, § 2 SGB VII Rz. 5. | 2 BAG v. 22.4.2004 – 8 AZR 159/03, VersR 2004, 366. | 3 BAG v. 9.8.1966 – 1 AZR 462/65, BAGE 19, 41; *Kater/Leube*, § 105 SGB VII Rz. 7; KassKomm/*Ricke*, § 105 SGB VII Rz. 6; BGH v. 30.6.1998 – VI ZR 286/97, HVBG-Info 1998, 2594. | 4 BGH v. 25.10.2005 – VI ZR 334/04, VersR 2006, 221; BAG v. 14.12.2000 – 8 AZR 92/00, NJW 2001, 2039 f. = VersR 2001, 720 m. Anm. *Drong-Wilmers*; *Ricke*, VersR 2002, 413 (*Ricke* aaO weist zu Recht auf eine Ungenauigkeit des BAG hin); KassKomm/*Ricke*, § 105 SGB VII Rz. 6; *Diederichsen*, VersR 2006, 293 (295 f.); vgl. auch OLG Köln 31.1.2002 – 12 U 145/01, VersR 2002, 1109. | 5 S. im Einzelnen *Lepa*, Haftungsbeschränkungen bei Personenschäden nach dem Unfallversicherungsrecht (2004), S. 83 ff.; *Rolfs*, NJW 1996, 3177 (3180). Die Vorschrift kommt nicht zur Anwendung bei der Schädigung von Beamten auf der gemeinsamen Betriebsstätte nach § 106 III, OLG Hamm 7.2.2001 – 13 U 154/00, VersR 2002, 1108. Vgl. auch BGH v. 27.6.2002 – III ZR 234/01, NJW 2002, 3096. | 6 S. etwa BAG v. 11.11.1997 – 1 ABR 6/97, AP Nr. 11 zu § 1 BetrVG 1972 gemeinsamer Betrieb, II 1 a; *Fitting*, § 1 BetrVG Rz. 55; *Preis*, RdA 2000, 257 ff. | 7 BAG v. 24.9.1992 – 8 AZR 572/91, AP Nr. 22 zu § 637 RVO; *Saum*, SGb 1994, 172; kritisch hierzu *Hanau*, FS Steffen, S. 177 (186 ff.). | 8 *Kater/Leube*, § 105 SGB VII Rz. 4; *Denck*, Der Schutz des Arbeitnehmers vor der Außenhaftung, S. 97. | 9 *Rolfs*, NJW 1996, 3177 (3180); *Kater/Leube*, § 105 SGB VII Rz. 3 f.; *Maschmann* SGb 1998, 54 (59) mwN; aA, nämlich für die Zugrundelegung des Unternehmensbegriffs, *Lepa*, Haftungsbeschränkungen bei Personenschäden nach dem Unfallversicherungsrecht (2004), S. 78 ff.; *Hauck/Nehls*, § 105 SGB VII Rz. 12; KassKomm/*Ricke*, § 105 Rz. 5; *Otto/Schwarze*, Die Haftung des Arbeitnehmers, Rz. 572 ff.; einer vermittelnden Auffassung folgen *Brackmannn/Krasney*, § 105 SGB VII Rz. 11; *Lauterbach/Dahm*, § 105 SGB VII Rz. 12. | 10 *Rolfs*, Das Versicherungsprinzip im Sozialversicherungsrecht, S. 464 f.

2. Haftungsbeschränkung zu Lasten versicherter Unternehmer. § 105 II 1 erfasst seinem Wortlaut nach ausschließlich „nicht versicherte“ Unternehmer. Da Unternehmer nach § 2 I Nr. 5–7, 9, § 3, § 6 versichert sein können, stellt sich die Frage, ob diese „versicherten“ Unternehmer ebenfalls mit der Haftungsbeschränkung nach § 105 belastet sind. Nach der Rspr. zum früheren § 637 RVO waren Unternehmer niemals „in demselben Betrieb tätige Betriebsangehörige“ und konnten daher auch nicht mit der diesbezüglichen Haftungsbeschränkung belastet werden[1]. Nachdem das neue Recht nicht mehr von „Betriebsangehörigen“, sondern von „Personen“ bei „betrieblicher Tätigkeit“ spricht, zieht das Textargument jedoch nicht mehr in derselben Weise wie vorher. Auch der Sinn und Zweck des § 105 II spricht für die **Erfassung auch der versicherten Unternehmer**. Zwar wird der versicherte Unternehmer bei einer ihn belastenden Haftungsbeschränkung dafür bestraft, dass er selbst für sich Versicherungsbeiträge einzahlt, was dem Finanzierungsargument widerspricht[2]. Andererseits gebietet das Friedensargument, den Unternehmer umfassend in den Anwendungsbereich der §§ 104 ff. einzubeziehen, denn es macht für die Störung des Betriebsfriedens keinen Unterschied, ob der ArbGeb im Prozess beklagter Schädiger oder klagender Geschädigter ist. Nach der Intention des Gesetzgebers soll Ersteres durch § 104 und Letzteres durch § 105 verhindert werden. Bei einer Differenzierung zwischen versichertem und nicht-versichertem Unternehmer würde die Haftungsbefreiung des schädigenden ArbN von dem für ihn zufälligen Umstand abhängen, ob der Unternehmer versichert ist oder nicht. Zuletzt spricht auch der Wortlaut des § 105 I von „Versicherten desselben Betriebes“, ohne den Unternehmer hiervon auszunehmen. Dementsprechend trifft gem. der hM auch den versicherten Unternehmer die Haftungsbeschränkung des § 105 I 1[3]. 9

IV. Besonderer Versicherungsschutz für geschädigte nicht versicherte Unternehmer (Abs. 2 S. 2–4). 10
Entsprechend dem Haftungsersetzungsprinzip (s. Vor §§ 104–113 Rz. 1) muss demjenigen Unternehmer, der mit der Haftungsbeschränkung nach § 105 II 1 belastet wird, zum Ausgleich ein entsprechender Versicherungsschutz gewährt werden. Normalerweise hätte dies dadurch geschehen müssen, dass er dem Kreis der Versicherungspflichtigen nach §§ 2 ff. zugewiesen wird. Da der besondere Versicherungsschutz aber nur insoweit greifen soll, als der Schädiger von der Haftung freigestellt wird, begründet § 105 II 2 einen **atypischen Versicherungsschutz**, wie er früher in der RVO nicht bekannt war. Voraussetzung ist aber (anders als in den übrigen Fällen der Haftungsfreistellung bzw. der Versicherung), dass tatsächlich ohne Haftungsbeschränkung nach § 105 II 1 eine **Ersatzpflicht des Schädigers bestanden hätte**. Soweit diese Ersatzpflicht zivilrechtl. ausgeschlossen ist, greift der Versicherungsschutz nicht. **Beispiel:** Der ArbN schädigt den Unternehmer bei betrieblich veranlasster Tätigkeit auf Grund leichtester Fahrlässigkeit. Da in diesem Fall nach den Grundsätzen über die ArbN-Haftung der ArbN dem ArbGeb nicht zum Schadensersatz verpflichtet ist, ist hier die Ersatzpflicht des Schädigers gegenüber dem Unternehmer nach § 105 II 2 „zivilrechtlich ausgeschlossen“[4]. Es besteht dementsprechend kein Versicherungsschutz nach § 105 II 2, obwohl – wenn der Unternehmer in den Katalog der nach §§ 2 ff. genannten Versicherten aufgenommen worden wäre – ein „Versicherungsfall“ iSd. §§ 7 ff. vorgelegen hätte.

Die an den gem. § 105 II 2 atypisch versicherten Unternehmer zu erbringenden Leistungen richten sich grds. nach den allgemeinen Regeln über die Leistungspflicht der gesetzl. Unfallversicherung, §§ 26 ff. Eine wichtige Ausnahme macht aber § 105 II 3. Danach ist für die Berechnung von Geldleistungen der **Mindestjahresarbeitsverdienst als Jahresarbeitsverdienst** zugrunde zu legen. Das bedeutet, dass Verletztengeld und insb. Renten unter Umständen in sehr viel niedrigerem Maß geleistet werden, als sie dem geschädigten Unternehmer bzw. seinen Hinterbliebenen nach zivilrechtl. Grundsätzen (etwa nach §§ 823, 842 ff. BGB) zustünden. 11

Beispiel: Ein Unternehmer mit einem monatlichen Einkommen von 4000 Euro wird im Jahr 2008 vom ArbN geschädigt und verliert dadurch die Erwerbsfähigkeit. Es steht ihm nach § 56 III, § 82, § 85 I Nr. 2 SGB VII, § 18 SGB IV eine Rente zu, die (bei Zugrundelegung der West-Sätze) auf der Grundlage von 60 % der Jahres-Bezugsgröße von 29 820 Euro, also 17 892 Euro, berechnet wird. Hiervon erhält er gem. § 56 III zwei Drittel, also 11 928 Euro im Jahr = 994 Euro monatlich (bei Zugrundelegung der Ost-Sätze 840 Euro monatlich). Nach §§ 823, 843 BGB wären ihm dagegen die vollen 4000 Euro monatlich zu ersetzen gewesen. Hinzu kommt ggf. der Verlust eines Schmerzengelds, das er nach § 253 II BGB (vgl. früher § 847 BGB) beanspruchen könnte[5].

V. Verfassungswidrigkeit von § 105 Abs. 2. Angesichts der dargestellten völlig unangemessenen Ergebnisse liegt es auf der Hand, dass die Regelung des § 105 II mehrheitlich auf verfassungsrechtl. Bedenken 12

1 BGH v. 6.5.1980 – VI ZR 58/79, NJW 1981, 53 (54); v. 26.6.1990 – VI ZR 233/89, NJW 1991, 174 (175 f.); vgl. *Rolfs*, Das Versicherungsprinzip im Sozialversicherungsrecht, S. 465. | 2 *Rolfs*, Das Versicherungsprinzip im Sozialversicherungsrecht, S. 465. | 3 *Hauck/Nehls*, § 105 SGB VII Rz. 16; KassKomm/*Ricke*, § 105 SGB VII Rz. 4; *Kater/Leube*, § 105 SGB VII Rz. 24; *Waltermann*, NJW 2002, 1225 (1227). | 4 S. im Einzelnen BSG v. 24.6.2003 – B 2 U 39/02 R, HVBG-Info 2003, 2496 = NZA 2003, 1136; *Krause*, NZA 2003, 577 (582); MünchArbR/*Blomeyer*, § 59 Rz. 45; *Maschmann*, SGb 1998, 54 (59 f.). | 5 S. die entsprechende Berechnung bei *Rolfs*, Das Versicherungsprinzip im Sozialversicherungsrecht, S. 467.

stößt[1]. Dabei ist zu berücksichtigen, dass nicht nur – wie eben ausgeführt – die Geldleistungen nach § 105 II 2 und der nicht zu ersetzende Schaden in einem unangemessenen Verhältnis zueinander stehen. Auch der Geltungsgrund für das Haftungsersetzungsprinzip kann im Fall des § 105 II nicht herangezogen werden. Sowohl das „Finanzierungsargument" als auch das „Friedensargument" (s. vor § 104 Rz. 3) greifen im Fall des § 105 II nicht durch. Der schädigende ArbN finanziert die Unfallversicherung nicht, und auch die Entlastung des hinter dem schädigenden ArbN haftenden Unternehmers kommt bei der Schädigung des Unternehmers regelmäßig nicht zum Tragen (s. Rz. 1). Jedenfalls unter Geltung der unzureichenden Ersatzregelung des § 105 II 3 wird deshalb auch von einem Schutz des Betriebsfriedens keine Rede sein können[2]. Zudem werden durch § 105 II 2 und 3 gerade diejenigen Unternehmer schlechter gestellt, die sich durch Mitarbeit im Betrieb selbst körperlich einem Verletzungsrisiko aussetzen, also vor allem Inhaber kleinerer Betreibe wie zB Handwerker. Es ist deshalb von einer ungerechtfertigten Ungleichbehandlung der betroffenen Geschädigten mit anderen auszugehen (Verletzung von Art. 3 Abs. 1 GG) sowie von einer ungerechtfertigten Beeinträchtigung der Ausübung von Vertragsfreiheit und Berufsfreiheit der Betroffenen (Verletzung von Art. 2 Abs. 1, Art. 12 Abs. 1 GG), weil sie während der Ausübung dieser Grundrechte staatlicherseits zivilrechtl. weitgehend schutzlos gestellt werden.

13 **VI. Internationales; Beweisfragen.** Für die Fragen der Anwendung internationalen Rechts und der Verteilung der Beweislasten gelten die Ausführungen zu § 104 Rz. 15, 16 entsprechend. Insb. muss auch im Fall des § 105 der Schädiger beweisen, dass er selbst zum Kreis der von der Haftungsbeschränkung begünstigten Personen und dass der Geschädigte zum Kreis der von der Haftungsbeschränkung belasteten Personen zählt.

106 *Beschränkung der Haftung anderer Personen*

(1) In den in § 2 Abs. 1 Nr. 2, 3 und 8 genannten Unternehmen gelten die §§ 104 und 105 entsprechend für die Ersatzpflicht

1. der in § 2 Abs. 1 Nr. 2, 3 und 8 genannten Versicherten untereinander,

2. der in § 2 Abs. 1 Nr. 2, 3 und 8 genannten Versicherten gegenüber den Betriebsangehörigen desselben Unternehmens,

3. der Betriebsangehörigen desselben Unternehmens gegenüber den in § 2 Abs. 1 Nr. 2, 3 und 8 genannten Versicherten.

(2) Im Fall des § 2 Abs. 1 Nr. 17 gelten die §§ 104 und 105 entsprechend für die Ersatzpflicht

1. der Pflegebedürftigen gegenüber den Pflegepersonen,

2. der Pflegepersonen gegenüber den Pflegebedürftigen,

3. der Pflegepersonen desselben Pflegebedürftigen untereinander.

(3) Wirken Unternehmen zur Hilfe bei Unglücksfällen oder Unternehmen des Zivilschutzes zusammen oder verrichten Versicherte mehrerer Unternehmen vorübergehend betriebliche Tätigkeiten auf einer gemeinsamen Betriebsstätte, gelten die §§ 104 und 105 für die Ersatzpflicht der für die beteiligten Unternehmen Tätigen untereinander.

(4) Die §§ 104 und 105 gelten ferner für die Ersatzpflicht von Betriebsangehörigen gegenüber den nach § 3 Abs. 1 Nr. 2 Versicherten.

1 **I. Allgemeines.** § 106 weitet ebenso wie § 105 den Kreis der von der Haftungsbeschränkung begünstigten Personen sowie den Kreis der von der Haftungsbeschränkung belasteten Personen aus. Im Wesentlichen geht es dabei um Lernende während der beruflichen Aus- und Fortbildung, Kinder in Tageseinrichtungen und Schulen sowie Studierende in Hochschulen sowie um Personen, die sich Untersuchungen und Prüfungen unterziehen (Abs. 1). Weiter sind erfasst Pflegebedürftige und Pflegepersonen (Abs. 2), Schädigungen beim Zusammenwirken von Unternehmen in Unglücksfällen und beim Zivilschutz sowie insb. bei der Tätigkeit auf einer gemeins. Betriebsstätte (Abs. 3); zuletzt geht es um die Haftung gegenüber Personen, die sich auf der Unternehmensstätte aufhalten und nach Satzungsrecht versichert sind (Abs. 4). Gegenüber den Vorgängerregelungen der RVO ist die Zahl der Haftungsprivilegierten sowie der durch die Haftungsprivilegierung belasteten Personen vergrößert worden; daraus haben sich einige Anwendungsprobleme insb. im Bereich der „gemeins. Betriebsstätte" (Abs. 3) ergeben.

2 **II. Versicherte nach § 2 Abs. 1 Nr. 2, 3 und 8 (Abs. 1).** Die in § 106 I Nr. 1–3 geregelten Fälle betreffen sämtlich die Einrichtungen nach § 2 I Nr. 2, 3 und 8. Erfasst werden zum einen die Versicherten bei der

1 *Plagemann*, NZV 2001, 233 (237); *Rolfs*, Das Versicherungsprinzip im Sozialversicherungsrecht, S. 466 ff.; *Lepa*, Haftungsbeschränkungen bei Personenschäden nach dem Unfallversicherungsrecht (2004), S. 103 ff.; *Stern-Krieger/Arnau*, VersR 1997, 408 (411); *Waltermann*, BG 1997, 310 (317 f.); ErfK/*Rolfs*, § 105 SGB VII Rz. 7. Neutral, aber ohne nähere Befassung mit dem Problem, KassKomm/*Ricke*, § 105 SGB VII Rz. 10 ff.; *Kater/Leube*, § 105 SGB VII Rz. 23 ff. | 2 S. im Einzelnen *Rolfs*, Das Versicherungsprinzip im Sozialversicherungsrecht, S. 466 f.

Schädigung untereinander (Nr. 1), zum anderen die Schädigung Betriebsangehöriger durch Versicherte (Nr. 2) sowie die Schädigung Versicherter durch Betriebsangehörige (Nr. 3). Die Schädigung von Betriebsangehörigen durch andere Betriebsangehörige wird durch § 105 I erfasst (wenn bspw. ein angestellter Lehrer einen beamteten Lehrer schädigt, greift § 105 I 2).

Die in § 106 I Nr. 1–3 geregelten Fälle knüpfen an § 2 I Nr. 2, 3 und 8 an. § 2 I Nr. 2 nennt insb. Kinder in Tageseinrichtungen, Schüler, Studierende, Prüflinge und Lernende während der beruflichen oder nichtberuflichen Aus- und Fortbildung sowie Personen, die sich auf behördliche Veranlassung hin Untersuchungen, Prüfungen oder ähnlichen Maßnahmen unterziehen[1]. Bei der Anwendung der Haftungsbeschränkungen nach §§ 104 f. ist darauf zu achten, dass die dortigen Tatbestandsmerkmale *entsprechend* angewendet werden. Die entsprechende Anwendung von § 104 (soweit nicht § 105 auf ihn verweist) ist praktisch ausgeschlossen, denn die Einzeltatbestände des § 106 I Nr. 1–3 nennen jeweils „Versicherte" sowie „Betriebsangehörige", so dass Unternehmer kaum betroffen sein können. Des Weiteren müssen die Tatbestände der „betrieblichen Tätigkeit" sowie „desselben Betriebs" erfüllt sein. Das bedeutet bspw. für Tageseinrichtungen und Schulen, dass Schädiger und Geschädigter Angehörige derselben Tageseinrichtung bzw. derselben Schule sein müssen. Deshalb kommt die Regelung nicht zur Anwendung bei gemeins. Sportfesten unterschiedlicher Schulen oder bei der Begegnung von Klassen verschiedener Schulen an einem dritten Ort[2]. Hinsichtlich der „betrieblichen Tätigkeit" gelten zunächst die Grundsätze zu § 105 (s. § 105 Rz. 4). Obwohl § 106 keine Regelung für kurzfristig tätige „Wie-Beschäftigte" nach § 2 II 1 enthält, ist ein entsprechender Versicherungsschutz nach der Rspr. gegeben. Der beim Schulfest mithelfende Lehrerinnen-Gatte wird durch § 106 I also privilegiert[3], ebenso die Mitarbeiter einer schulisch genutzten Sportstätte[4]. 3

Allerdings sind gerade **für Kinder und Jugendliche großzügigere Maßstäbe** bei der Beurteilung anzulegen, ob eine Tätigkeit dem jeweiligen **Betriebszweck** dient. Die schulische Zielsetzung liegt darin, das gesamte soziale Zusammenleben zu fördern. Aus diesem Grunde erkennt die Rspr. anders als bei §§ 104 f. auch Neckereien, Rangeleien und Gewalttätigkeiten uU als versicherte Tätigkeit nach § 106 I an. Beispiele sind Raufereien, Werfen von Papierkugeln, Haare ziehen mit schweren Kopfhautverletzungen, Kniestoß in den Unterleib und sogar der Stich mit dem Taschenmesser durch einen Schüler, der vorher „bespritzt und bespuckt worden war"[5]. Diese **Rspr. geht zu weit**, denn es ist kaum zu verstehen, wenn selbst Gewaltexzesse noch in einen Zusammenhang mit der Schulausbildung gebracht werden und damit Zugang zu Haftungsfreistellungen finden können. Hinzu kommt, dass nach st. Rspr. die Ausnahmeregelung für Vorsatz nur greift, wenn sich der Vorsatz auch auf den konkreten Schaden bezieht (s. § 104 Rz. 10). Die fast universelle Annahme „betrieblicher Tätigkeit" bei Schülern in und an der Schule bei gleichzeitiger Verneinung des erfolgsbezogenen Vorsatzes zieht im Ergebnis geradezu bizarre Haftungsfreistellungen auch bei üblen vorsätzlichen Verletzungshandlungen nach sich[6]. 4

III. Pflegebedürftige und Pflegepersonen (Abs. 2). § 106 II unterwirft die in § 2 I Nr. 17 erfassten Pflegebedürftigen und Pflegepersonen einer Haftungsbeschränkung. Einzige in der Regelung nicht erfasste Haftungskonstellation ist die Schädigung von Pflegebedürftigen durch andere Pflegebedürftige. Von der Haftungsbeschränkung privilegierte und belastete „Pflegebedürftige" sind die in § 14 SGB XI genannten Personen. „Pflegepersonen" sind nur solche nach § 19 SGB XI; das sind Menschen, die nicht erwerbsmäßig einen Pflegebedürftigen iSd. § 14 SGB XI in seiner häuslichen Umgebung pflegen, also bspw. Familienangehörige, Nachbarn, Freunde usw. Soweit der Pflegebedürftige den professionell Pflegenden eingestellt hat, greifen §§ 104 f. Für (nicht-ehrenamtliche) Pflegeunternehmer und ihr Personal gelten ebenfalls §§ 104 f.[7]. Gegen den kompensationslosen Entwurf von Ansprüchen nach § 106 II Nr. 2 bestehen verfassungsrechtl. Zweifel[8]. 5

IV. Zusammenwirken bei Unglücksfällen, im Zivilschutz und auf „gemeinsamen Betriebsstätten" (Abs. 3). 1. **Das Zusammenwirken von Unternehmen zur Hilfe bei Unglücksfällen** knüpft an die Begriffs- 6

---

1 S. im Einzelnen *Kater/Leube*, § 2 SGB VII Rz. 110, 121, 174 ff., § 106 SGB VII Rz. 3. | 2 *Kater/Leube*, § 106 SGB VII Rz. 12; *Krasney*, NZS 2004, 68 f. | 3 BGH v. 25.9.1979 – VI ZR 184/78, VersR 1980, 43. | 4 BGH v. 26.11.2002 – VI ZR 449/01, NJW 2003, 1121, vgl. auch BGH v. 3.4.1984 – VI ZR 288/82, VersR 1984, 652. | 5 BGH v. 12.10.1976 – VI ZR 271/75, BGHZ 67, 279 ff.; v. 11.2.2003 – VI ZR 34/02, BGHZ 154, 11 = NJW 2003, 1605; v. 30.3.2004 – VI ZR 163/03, VersR 2004, 789 (Werfen mit Feuerwerkskörper); OLG Hamburg v. 15.3.2002 – 14 U 183/01, HVBG-Info 2003, 1555; OLG Köln v. 26.7.1976 – 12 U 17/76, VersR 1977, 451; BGH v. 20.11.1979 – VI ZR 238/78, VersR 1980, 164; OLG Bremen v. 29.7.1980 – 1 U 32/80, VersR 1981, 929; OLG Karlsruhe v. 29.6.1989 – 14 U 40/87, VersR 1990, 405; OLG Hamm v. 30.4.1990 – 13 U 278/88, VersR 1991, 900 f.; v. 28.1.2002 – 6 U 63/01, r + s 2002, 287; OLG Schleswig v. 16.3.2000 – 7 U 118/98, VersR 2002, 238; OLG Celle v. 24.9.2003 – 9 11 114/03, NZS 2004, 216; *Kater/Leube*, § 106 SGB VII Rz. 6; KassKomm/*Ricke*, § 106 SGB VII Rz. 4; *Rolfs*, VersR 1996 1194. | 6 Vgl. beispielsweise die Fallkonstellationen bei BGH v. 12.10.1976 – VI ZR 271/75, BGHZ 67, 279 ff.; v. 20.11.1979 – VI ZR 238/78, VersR 1980, 164; OLG Bremen v. 29.7.1980 – 1 U 32/80, VersR 1981, 929; OLG Karlsruhe v. 29.6.1989 – 14 U 40/87, VersR 1990, 405; zu Recht kritisch *Ebers*, NJW 2003, 2655; *Graßl*, BG 1987, 156. | 7 *Ricke*, SozVers 2001, 174 ff.; *Kater/Leube*, § 106 SGB VII Rz. 13. | 8 *Lepa*, Haftungsbeschränkungen bei Personenschäden nach dem Unfallversicherungsrecht (2004), S. 109 ff.

wahl in § 2 I Nr. 12 an. „Zusammenwirken" bedeutet, dass im selben Unglücks- oder Katastrophenfall Rettungsaktivitäten verbunden werden[1].

7 2. Für das **Zusammenwirken von Unternehmen des Zivilschutzes** gilt dasselbe wie für dasjenige von Unternehmen bei Unglücksfällen. Unternehmen des Zivilschutzes sind Feuerwehr, Rotes Kreuz, Bergwachten, Lebensrettungsgesellschaften ua.[2].

8 **3. Die „vorübergehende betriebliche Tätigkeit auf einer gemeinsamen Betriebsstätte"** ist der häufigste und problematischste Fall des § 106. **a) Von der Haftungsbeschränkung erfasste Personen** sind aufseiten der Geschädigten alle unfallversicherten Personen und aufseiten der Schädiger alle für die beteiligten Unternehmen Tätigen. **Als belastete Geschädigte** kommen nach dem Gesetzeswortlaut zunächst nur **„Versicherte"** in Betracht, was sich nicht zuletzt aus dem Haftungsersetzungsprinzip ergibt. Das können auch versicherte Unternehmer sein[3]. Aus der Verweisung des § 106 III auf §§ 104 und 105 folgt allerdings nicht die zusätzliche Einbeziehung **nicht versicherter Unternehmer nach § 105 II** (s. § 105 Rz. 8, 10 ff.)[4]. Ihre Einbeziehung würde bedeuten, dass ein nicht versicherter Unternehmer, der bspw. von einem fremden ArbN auf der gemeins. Betriebsstätte verletzt wird, hierdurch „automatisch" Versicherungsschutz erhält und zusätzlich aber auch der Haftungsbeschränkung nach § 106 III unterworfen wird. Diese Schlussfolgerung ist unrichtig, da § 106 III mit dem Wortlaut „... für die Ersatzpflicht ..." eine deutliche Rechtsfolgenverweisung enthält, die keine weitere Ausdehnung des Versicherungsschutzes und der damit verbundenen Haftungsbeschränkungen zulässt[5].

9 **Als privilegierte Schädiger** kommen nach wohl allgemeiner Annahme nur die für ein beteiligtes Unternehmen **betrieblich Tätigen** in Betracht (s. § 105 Rz. 4). Allerdings existiert eine Entscheidung des BGH, nach der nur **„Versicherte"** haftungsprivilegierte Schädiger sein können. Deshalb, so das Gericht, seien insb. (versorgungsberechtigte) Soldaten und Beamte nicht erfasst[6]. Das dürfte kaum mit Sinn und Zweck der Regelung übereinstimmen, insb. nicht mit dem „Finanzierungsargument" und dem „Friedensargument" (s. Vor §§ 104–113 Rz. 3). Es widerspricht auch völlig dem Begriff der betrieblich Tätigen iSd. § 105 (dazu § 105 Rz. 4), an den § 106 III ganz offensichtlich anknüpft. Soweit ersichtlich, hat die Rspr. die *Versicherteneigenschaft* des nach § 106 III „betrieblich Tätigen" bis dahin nie problematisiert. Insb. in den Entscheidungen, welche die Frage nach der Haftungsprivilegierung „tätiger" Unternehmer betreffen (dazu Rz. 10), wurde nie auch nur die Frage gestellt, ob der Schädiger versichert gewesen sei.

10 **b) Unternehmerhaftung und gestörter Gesamtschuldnerausgleich**. Damit stellt sich die Frage, ob auch **Unternehmer** (dazu § 104 Rz. 1) als haftungsprivilegierte „betrieblich Tätige" (dazu § 105 Rz. 4) von § 106 III erfasst sein können. Der BGH hat sich gegen die bis dahin wohl hM dafür entschieden, Unternehmer **grds. nicht** als **privilegierte Personen** in den Geltungsbereich des § 106 III aufzunehmen. Zur Begründung beruft er sich auf den Begriff der „betrieblich Tätigen". Er lässt Unternehmer **ausnahmsweise** und nur dann unter die Norm fallen, **wenn** diese körperlich **„selbst auf der gemeinsamen Betriebsstätte tätig"** waren und hieraus den Versicherten anderer Unternehmen Schädigungen erwachsen sind. Das führt dazu, dass nach der Rspr. zwar ein handelnder Beschäftigter, aber nicht der hinter ihm stehende und damit für ihn (zB nach §§ 278, 280 oder 831 BGB) haftende ArbGeb freigestellt wird[7]. Bei **Amtshaftungsansprüchen** (insb. nach Art. 34 GG, § 839 BGB) nimmt die Rspr. an, dass der haftende Staat nicht als „Unternehmer" anzusehen ist, sondern dass jeweils für den die Haftung auslösenden Amtsträger zu prüfen ist, ob er sich mit dem Geschädigten auf einer gemeins. Betriebsstätte befand[8].

11 **Dennoch haftet der Unternehmer** nach der Rspr. **in der Regel nicht** (Ausnahmen sogleich unter Rz. 12), weil zu seinen Gunsten die Grundsätze über die **Haftung bei gestörter Gesamtschuld** greifen (§ 104 Rz. 7, 8). Weil danach der Unternehmer gegenüber dem geschädigten Dritten nur in dem Maß haftet, in welchem er im „Innenverhältnis" zum haftungsprivilegierten Schädiger haften müsste, schließt der BGH die Haftung des Unternehmers grds. aus. Denn für die Beurteilung dieses „Innenverhältnisses"

---

1 Vgl. BGH v. 18.12.2007 – VI ZR 235/06, VersR 2008, 410; BGH v. 14.7.1987 – III ZR 183/86, VersR 1987, 1135; v. 21.3.1991 – III ZR 77/90, VersR 1991, 1053; *Kater/Leube*, § 106 SGB VII Rz. 15; s. auch *Ricke*, SGb 2003, 566. | 2 BGH v. 18.12.2007 – VI ZR 235/06, VersR 2008, 410; *Kater/Leube*, § 106 SGB VII Rz. 15, § 2 SGB VII Rz. 282 ff. | 3 OLG Koblenz v. 19.4.2004 – 12 U 544/03, r + s 2004, 345. | 4 BSG v. 26.6.2007 – B 2 U 17/06 R, nv.; aA LSG BW v. 3.8.2001 – L 1 U 5070/00, NJW 2002, 1290. | 5 So zu Recht *Waltermann*, NJW 2002, 1225 (1230); *B. Schmidt*, BB 2002, 1859 (1861 f.). | 6 BGH v. 27.6.2002 – III ZR 234/01, NJW 2002, 3096 = r + s 2002, 374; best. in BGHZ v. 24.6.2003 – VI ZR 434/01, BGHZ 155, 205; die Beweislast dafür, dass ein Versicherter der Schädiger war, trägt danach derjenige, der sich auf die Haftungsfreistellung beruft. | 7 BGH v. 13.3.2007 – VI ZR 178/05, VersR 2007, 948; v. 29.10.2002 – VI ZR 283/01, NJW-RR 2003, 239 = VersR 2003, 70; v. 3.7.2001 – VI ZR 284/00, NZA 2001, 1143 mwN = VersR 2001, 1028; v. 3.7.2001 – VI ZR 198/00, VersR 2001, 1156 = r + s 2001, 369 (370); v. 25.6.2002 – VI ZR 279/01, VersR 2002, 1107 = r + s 2002, 374. Ein Beispielsfall, in dem sowohl Schädiger als auch Geschädigter selbst betrieblich tätig waren, ist OLG Hamm v. 6.5.2002 – 13 U 224/01, r + s 2002, 331. Zust. zum BGH *Waltermann*, NJW 2004, 901 (903); *Otto*, NZV 2002, 10 (14); *B. Schmidt*, BB 2002, 1859 (1861); *Lemcke*, r + s 2001, 371; *Dahm*, r + s 2001, 397; *Stöhr*, VersR 2004, 809 (813); zu Recht kritisch hierzu *Klumpp*, EWiR 2002, 123 f.; *Imbusch*, VersR 2001, 1485 (1486 f.); *Rolfs*, DB 2001, 2294 (2297); *Tischendorf*, VersR 2002, 1188; zur vorangegangenen Diskussion s. dort und bei BGH v. 3.7.2001 – VI ZR 284/00, NZA 2001, 1143; vgl. auch *Rolfs*, AR-Blattei 860.2, Rz. 133 ff.; *Lemcke*, r + s 2000, 221 ff.; *Risthaus*, VersR 2000, 1203 ff. | 8 BGH v. 27.6.2002 – III ZR 234/01, NJW 2002, 3096 = r + s 2002, 374.

zieht er ausschließlich § 840 II BGB heran, wonach in der Beziehung zwischen Schädiger und dem für ihn haftenden Geschäftsherrn nur der Erstere allein verpflichtet ist. Dass zwischen dem Schädiger und dem Unternehmer uU ein Arbeitsverhältnis besteht, welches die Haftungsanteile zwischen beiden abweichend von § 840 II BGB aufteilt[1], hat nach Meinung des BGH für die Beurteilung im Außenverhältnis keine Bedeutung, da auch schon nach herkömmlicher Rspr. Vereinbarungen zwischen dem haftungsprivilegierten Schädiger und einem weiteren Haftenden über eine abweichende Schadensverantwortung bei der Beurteilung des Außenverhältnisses zum Geschädigten unbeachtlich sind (s. oben § 104 Rz. 8). Das bedeutet im Ergebnis, dass trotz fehlender Erfassung des Unternehmers in § 106 III dieser dem Geschädigten gegenüber nicht haftet[2].

Beispiel: Auf der gemeins. Betriebsstätte schädigt der beim Unternehmen A Beschäftigte X den beim Unternehmen B Beschäftigten Y. X haftet dem Y nicht, § 106 III iVm. § 105 I 1. Die Voraussetzungen für eine Haftung des (nicht nach § 106 III privilegierten) A gegenüber dem Y sind zunächst erfüllt, und zwar nach § 831 BGB sowie uU aus dem Gesichtspunkt des Vertrags mit Schutzwirkung zu Gunsten Dritter (abhängig vom jeweils zugrunde liegenden Schuldverhältnis) entsprechend § 328 iVm. §§ 278, 280 BGB. Dennoch ist die Haftung des A gegenüber dem Y nach den Regeln über den gestörten Gesamtschuldnerausgleich ausgeschlossen, weil A im Innenverhältnis zu X gem. § 840 II BGB nicht haftet (dass zwischen A und X ein Arbeitsverhältnis besteht, ist hierbei unbeachtlich). Y hat also letztendlich weder gegen A noch gegen X einen Schadensersatzanspruch.

Eine **Ausnahme von dieser Haftungsfreistellung des Unternehmers** ist laut BGH gegeben, wenn er aus eigener (also nicht nach § 278 oder § 831 BGB zugerechneter) Verantwortlichkeit zur Schadensverhütung, etwa wegen Verletzung von Verkehrssicherungspflichten oder wegen eines Organisationsverschuldens, haftet[3]. Das setzt allerdings weiter auch voraus, dass der Unternehmer bei diesem haftungsauslösenden Verhalten nicht selbst körperlich auf der gemeins. Betriebsstätte tätig war und hierdurch den Schaden angerichtet hat (s. Rz. 10). Eine weitere „Ausnahme" ist dann gegeben, wenn den privilegierten Schädiger kein Verschulden trifft und er bereits aus diesem Grund nicht haftet, der Unternehmer aber dagegen – zB aus Gefährdungshaftung – für den Schaden einstehen muss. Dann liegt weder Gesamtschuld noch gestörte Gesamtschuld vor, und der Unternehmer haftet voll[4]. 12

Mit der in Rz. 11, 12 referierten Rspr. bringt der BGH eine umfassende **Diskussion um die Haftung des Unternehmers nach § 106 III** nach den Regeln über den gestörten Gesamtschuldnerausgleich zum Abschluss. Davor war meist die Ansicht vertreten worden, dass (abweichend von § 840 II BGB) bei der Anwendung der Regeln über den gestörten Gesamtschuldnerausgleich die Sonderregeln des arbeitsrechtl. Haftungsrechts anzuwenden seien[5]. Daneben war erwogen worden, die arbeitsrechtl. Haftungsquoten ins Außenverhältnis zum Geschädigten zu tragen und ihm nur dasjenige zuzubilligen, was der Schädiger im Innenverhältnis zum Unternehmer tragen muss[6]. Insgesamt ließen sich alle dargestellten Lösungen mit Blick auf die Wertungen des Gesetzes und die Probleme der praktischen Handhabung angreifen. Mit der Lösung der Rspr. hat diese letztendlich ihre – verfehlte – Ansicht im Ergebnis korrigiert, nach welcher der Unternehmer grds. nicht als privilegierte Person in den Geltungsbereich des § 106 III fällt (Rz. 10). Zur Vermeidung von Rechtsunsicherheit und wenig sinnvoller Ausnahmen (Rz. 12) wäre es klüger gewesen, von vornherein den Unternehmer dem Kreis der Haftungsprivilegierten zuzurechnen. Die Rspr. zur zwischen ArbN und ArbeitGeb „gespaltenen" Haftungsbeschränkung (oben Rz. 10) ist verfehlt und sollte korrigiert werden. 13

Soweit zwischen dem freigestellten Schädiger und dem haftenden Unternehmer **kein Arbeitsverhältnis** besteht, bleibt der gesamte referierte Streit um dessen Berücksichtigung bei der Haftung von Schädiger und Unternehmer irrelevant. Dann kommen die allgemeinen Regeln zum gestörten Gesamtschuldnerausgleich zur Anwendung[7] (oben § 104 Rz. 8).

Beispiel: Auf der gemeins. Betriebsstätte schädigt der für das Unternehmen A tätige Subunternehmer X den beim Unternehmen B Beschäftigten Y. X haftet als selbst auf der Betriebsstätte „Tätiger" dem Y gegenüber nicht, § 106 III iVm. § 105 I 1 (Rz. 10). Dagegen haftet A dem Y uU aus dem Gesichtspunkt der Verletzung des Vertrags mit Schutzwirkung zu Gunsten Dritter entsprechend § 328 iVm. §§ 280, 278, 241 Abs. 2 BGB. Hier wird nach den allgemeinen Regeln der Anspruch des Y gegen den X entsprechend dem Haftungsbeitrag des A gekürzt. Dabei wird man idR davon ausgehen können, dass X als unmittelbar Handelnder (abweichend von §§ 426 I 1 BGB und entspr. § 840 II BGB) im Verhältnis zu A die volle Haftung zu übernehmen hat; soweit das der Fall ist, haftet auch A nicht gegenüber dem Y.

---

1 Palandt/*Putzo*, § 840 BGB Rz. 11. | 2 BGH v. 11.11.2003 – VI ZR 13/03, VersR 2004, 202; v. 14.6.2005 – VI ZR 25/04, NJW 2005, 3144; OLG Jena v. 19.10.2004 – 8 U 259/04, MDR 2005, 448; OLG München v. 20.3.2002 – 27 U 276/01, NZV 2003, 472; *Diederichsen*, VersR 2006, 291 (297); *Tischendorf*, VersR 2002, 1188 (1191 f.); *Waltermann*, NJW 2004, 901 (905 f.); *Stöhr*, VersR 2004, 809 (814 f.). | 3 BGH v. 14.6.2005 – VI ZR 25/04, NJW 2005, 3144; v. 11.11.2003 – VI ZR 13/03, VersR 2004, 202; *Stöhr*, VersR 2004, 809 (814 f.). | 4 BGH v. 10.5.2005 – VI ZR 366/03, VersR 2005, 1087. | 5 OLG Hamm 11.12.2000 – 6 W 41/00, r + s 2001, 150; OLG Oldenburg v. 23.5.2001 – 2 U 74/01, r + s 2002, 66; *Imbusch*, VersR 2001, 1485 (1486 f.); *Lemcke*, r + s 2001, 371; *Otto*, NZV 2002, 10 (14 ff.). | 6 So *Lemcke*, r + s 2000, 221 (224), der seinen Standpunkt aber später aufgegeben hat, *Lemcke*, r + s 2001, 371; s. die entsprechenden Erwägungen bei *Tischendorf*, VersR 2002, 1188 (1190 ff.). | 7 BGH v. 24.6.2003 – VI ZR 434/01, BGHZ 155, 205; *Finn*, JA 2004, 6; *Waltermann*, LBK 2004, 43; *Otto*, NZV 2002, 10 (16); *Lemcke*, r + s 2001, 371.

14 **c) Vorübergehende Tätigkeit**. Gegenstand der Haftungsbeschränkung auf der gemeins. Betriebsstätte ist die vorübergehende betriebliche Tätigkeit. Das Tatbestandsmerkmal „vorübergehend" hat die Funktion, klarzustellen, dass bei längerer Dauer der gemeins. Tätigkeit ohnehin eine betriebliche Tätigkeit besteht, die der Haftungsbeschränkung nach §§ 104 f. unterliegt[1].

15 **d) Gemeinsame Betriebsstätte**. Ebenso wie über die Frage der Unternehmerhaftung (s. oben Rz. 10 ff.) hat sich der Gesetzgeber offenbar wenig Gedanken darüber gemacht, wie der Begriff „gemeinsamen Betriebsstätte" zu definieren sei. Die Gesetzesbegründung gibt keinerlei Hinweise[2]; der Begriff der „gemeinsamen Betriebsstätte" hat kein brauchbares gesetzl. Vorbild[3]. Es ist davon auszugehen, dass der Begriff der „Stätte" keine örtliche Begrenzung impliziert, sondern jeden Standort erfasst, an dem betriebsbezogene Verrichtungen stattfinden[4]. Auf Grund der unklaren Gesetzesfassung lässt sich ein breites Spektrum von Ansichten zur Begriffsbestimmung vertreten. Zum einen ist es möglich, nur solche Formen der Zusammenarbeit als „gemeinsame Betriebsstätte" zu umschreiben, die schon vor Erlass des SGB VII als „Betrieb" die Zusammenfassung der ArbN unterschiedlicher Unternehmen zu einer haftungsprivilegierten Gemeinschaft bewirkt hätten (§ 637 RVO aF). Anderseits ist es denkbar, sämtlichen Kontakt von zeitlich neben- oder nacheinander stattfindenden Verrichtungen als Handeln auf einer „gemeinsame Betriebsstätte" zu definieren und damit praktisch alle Formen des arbeitstechnischen Zusammentreffens unter diesen Begriff zu fassen. Der BGH hat beide Auslegungsextreme verworfen und sich für einen Mittelweg entschieden. Danach ist erforderlich „ein **bewusstes Miteinander im Arbeitsablauf** ..., das zwar nicht nach einer rechtl. Verfestigung oder auch nur ausdrücklichen Vereinbarung verlangt, sich aber zumindest tatsächlich als ein aufeinander bezogenes betriebliches Zusammenwirken mehrerer Unternehmen darstellt. Die Haftungsfreistellung ... erfasst damit über die Fälle der Arbeitsgemeinschaft hinaus **betriebliche Aktivitäten** von Versicherten mehrerer Unternehmen, die **bewusst und gewollt bei einzelnen Maßnahmen ineinander greifen**, miteinander verknüpft sind, sich ergänzen oder unterstützen, wobei es ausreicht, dass die gegenseitige Verständigung stillschweigend durch bloßes Tun erfolgt[5]." Deshalb befinden sich bspw. der MitarMitarbeiterbeiter eines Reinigungsunternehmens, der auf dem Bahnhofsgelände Müll transportiert und der DB-Lokführer, der mit einer Rangierabteilung unterwegs ist, nicht auf einer „gemeinsamen Betriebsstätte"[6], ebenso wenig ein Gerüstbauer und ein Dachdecker, der wegen des schlechten Gerüsts zu Fall kommt[7]. Eine Begegnung auf gemeins. Betriebsstätte liegt dagegen vor beim Zusammentreffen des Kranführers eines Bauunternehmens und eines Zimmerers auf der Baustelle, wenn Letzter dem Ersteren – ohne nähere Absprache – beim Transport von Schalungselementen zur Hand geht[8]. Die „Kompromisslösung" des BGH hat zwar zunächst weitere Rechtsklarheit gebracht, wird aber sicherlich zu einer großen Zahl von Abgrenzungsproblemen führen. Eine gesetzgeberische Klärung wäre hilfreich; man sollte dabei auch die Streichung der Haftungsprivilegien auf der gemeins. Betriebsstätte in Betracht ziehen.

16 **V. Nach § 3 Abs. 1 Nr. 2 Versicherte als von der Haftungsbeschränkung belastete Personen (Abs. 4).** Gem. § 106 IV werden nach § 3 I Nr. 2 satzungsrechtl. versicherte „Personen, die sich auf der Unternehmensstätte aufhalten" (Unternehmensbesucher), mit der Haftungsbeschränkung nach §§ 104 f. SGB VII belastet. Es muss also eine entsprechende Satzungsbestimmung des Unfallversicherungsträgers vorliegen. Der Unternehmensbesucher ist selbst nicht als Schädiger in der Haftung beschränkt; hier käme lediglich eine Haftungsbeschränkung als „Wie-Beschäftigter" nach § 2 II 1, § 105 I 1 in Betracht (s. § 105 Rz. 3)[9]. Außerdem sind haftungsprivilegiert nur „Betriebsangehörige", so dass Unternehmer als privilegierte Schädiger ebenfalls nicht erfasst sind[10].

---

1 KassKomm/*Ricke*, § 106 SGB VII Rz. 10; aA *Kater/Leube*, § 106 SGB VII Rz. 18, der zu Unrecht die Ansicht vertritt, im Fall dauernder Zusammenarbeit verschiedener Unternehmen bleibe es bei dem Grundsatz, dass die Verletzung eines betriebsfremden Beschäftigten keine Haftungsbeschränkung nach sich ziehe. | 2 BT-Drs. 13/2204, S. 100. | 3 Vgl. den Gebrauch des Begriffs „Betriebsstätte" in §§ 2, 9, 28 ff. GewStG; §§ 5–7, GewStDV; § 12 KStG; §§ 2, 4 FördG. | 4 *Leube*, VersR 2005, 622, in diesem Sinne auch LG Bochum v. 31.8.2004 – 2 O 222/04, NZV 2005, 104. | 5 BGH v. 17.10.2000 – VI ZR 67/00, BGHZ 145, 331 = NJW 2001, 443 (444) = VersR 2001, 336 (337) mwN zum bisherigen Meinungsspektrum (Hervorhebungen hier durch den Verf.); v. 23.1.2001 – VI ZR 70/00, VersR 2001, 372 (373); v. 3.7.2001 – VI ZR 284/00, NZA 2001, 1143 (1144); v. 8.4.2003 – VI ZR 251/02, NJW-RR 2003, 1104 = VersR 2003, 904; v. 24.6.2003 – VI ZR 434/01, BGHZ 155, 205; v. 16.12.2003 – VI ZR 103/03, VersR 2004, 381; v. 14.9.2004 – VI ZR 32/04, VersR 2004, 1604; BAG v. 28.10.2004 – 8 AZR 443/03, r + s 2005, 304; v. 13.3.2007 – VI ZR 178/05, VersR 2007, 948; OLG Hamm v. 6.5.2004 – 6 U 179/01, r + s 2004, 347; OLG Stuttgart v. 14.10.2004 – 7 U 96/04, NJW-RR 2005, 151; Bay. LSG v. 30.10.2002 – L 2 U 500/00, HVBG-Info 2003, 848; *Rolfs*, DB 2001, 2294 (2296 f.); *Rolfs*, AR-Blattei 860.2 Rz. 125 ff.; *B. Schmidt*, BB 2002, 1859 (1860 f.); *Lepa*, Haftungsbeschränkungen bei Personenschäden nach dem Unfallversicherungsrecht (2004), S. 129 ff.; *Stöhr*, VersR 2004, 809; *Krasney*, NZS 2004, 68 (70 f.); *Waltermann*, NJW 2002, 1225 (1228 ff.); *Waltermann*, Sozialrecht, Rz. 315; *Otto*, NZV 2002, 10 ff.; *Gamperl*, NZV 2001, 401 (403); *Dahm*, SozVers 2001, 208 ff.; *Dahm*, r + s 2001, 397; *Imbusch*, VersR 2001, 547 ff.; krit. *Tischendorf*, VersR 2003, 1361. | 6 BGH v. 17.10.2000 – VI ZR 67/00, BGHZ 145, 331 = NJW 2001, 443 (444). | 7 BGH v. 16.12.2003 – VI ZR 103/03, VersR 2004, 381; OLG Frankfurt v. 9.11.2005 – 1 U 119/05, nv. | 8 BGH v. 3.7.2001 – VI ZR 284/00, NZA 2001, 1143 (1144). | 9 KassKomm/*Ricke*, § 106 SGB VII Rz. 15; *Leube*, BG 2001, 139 (142). | 10 *Kater/Leube*, § 107 SGB VII Rz. 21; s. aber OLG Hamm 4.2.2002 – 6 U 130/01, NJW-RR 2002, 1389 = NZV 2003, 32.

107 *Besonderheiten in der Seefahrt*

(1) Bei Unternehmen der Seefahrt gilt § 104 auch für die Ersatzpflicht anderer das Arbeitsentgelt schuldender Personen entsprechend. § 105 gilt für den Lotsen entsprechend.

(2) Beim Zusammenstoß mehrerer Seeschiffe von Unternehmen, für die die See-Berufsgenossenschaft zuständig ist, gelten die §§ 104 und 105 entsprechend für die Ersatzpflicht, auch untereinander, der Reeder der dabei beteiligten Fahrzeuge, sonstiger das Arbeitsentgelt schuldender Personen, der Lotsen und der auf den beteiligten Fahrzeugen tätigen Versicherten.

§ 107 erweitert den Kreis der von der Haftungsbeschränkung begünstigten und der von der Haftungsbeschränkung belasteten Personen, wobei die Besonderheiten der Seefahrt Berücksichtigung finden sollen. Dementsprechend gelten die Privilegien der schädigenden Unternehmer auch für andere das Arbeitsentgelt schuldende Personen, zB Charterer. § 107 I 2 trägt der Tatsache Rechnung, dass der Lotse trotz seiner Eigenschaft als selbständig Tätiger als Hilfspersonal des Unternehmers einem Betriebsangehörigen vergleichbar ist. Die Vorschrift ordnet daher eine Haftungsbeschränkung in entsprechender Anwendung des § 105 an. § 107 II regelt den besonderen Fall des Zusammenstoßes mehrerer Seeschiffe von Unternehmen, für welche die See-Berufsgenossenschaft zuständig ist. „Zusammenstoß" bedeutet, dass die Schiffe tatsächlich kollidieren müssen; die Verunfallung etwa beim gemeins. Liegen im Hafen (zB von einem auf das andere Schiff übergreifendes Feuer) reicht nicht aus. Die Zuständigkeit der See-Berufsgenossenschaft richtet sich nach §§ 121 f. Sämtliche der in § 107 II genannten Personen sind sowohl als Schädiger als auch als Geschädigte von der Haftungsbeschränkung erfasst[1]. 1

108 *Bindung der Gerichte*

(1) Hat ein Gericht über Ersatzansprüche der in den §§ 104 bis 107 genannten Art zu entscheiden, ist es an eine unanfechtbare Entscheidung nach diesem Buch oder nach dem Sozialgerichtsgesetz in der jeweils geltenden Fassung gebunden, ob ein Versicherungsfall vorliegt, in welchem Umfang Leistungen zu erbringen sind und ob der Unfallversicherungsträger zuständig ist.

(2) Das Gericht hat sein Verfahren auszusetzen, bis eine Entscheidung nach Absatz 1 ergangen ist. Falls ein solches Verfahren noch nicht eingeleitet ist, bestimmt das Gericht dafür eine Frist, nach deren Ablauf die Aufnahme des ausgesetzten Verfahrens zulässig ist.

I. Allgemeines. Für die Feststellung von Versicherungsfällen nach §§ 7 ff. und für die Feststellung der zivilrechtl. Haftung oder Nicht-Haftung nach §§ 104 ff. bestehen unterschiedliche Zuständigkeiten. Ersteres geschieht meist im Verwaltungsverfahren und im SG-Verfahren, Letzteres geschieht im Zivilverfahren vor den ordentl. Gerichten oder den ArbG. § 108 hat die Funktion, trotz dieser Zuständigkeitsspaltung zu einheitlichen Ergebnissen zu kommen. Das geschieht in der Weise, dass zwar für die Frage der zivilrechtl. Haftung die Zivilgerichte bzw. ArbG zuständig bleiben. Jedoch sollen die hierfür (mit-) entscheidenden Fragen sozialrechtl. Art im Verwaltungsverfahren bzw. im SG-Verfahren vorgreiflich geklärt werden können. Den Umfang der vorgreiflichen Klärung regelt § 108 I, wobei die jeweiligen mit Bindungswirkung ausgestatteten Entscheidungsinhalte im Einzelnen genannt werden. Nach § 108 II hat das über die Haftungsansprüche entscheidende Gericht sein Verfahren auszusetzen, um eine vorgreifliche Entscheidung des SozV-Trägers bzw. des SG abzuwarten. Dementsprechend ermöglicht es § 109 dem Schädiger, die entsprechenden sozialrechtl. Feststellungen zu beantragen sowie das diesbezügliche Verfahren beim SG zu betreiben. 1

II. Voraussetzungen der Bindungswirkung nach Abs. 1. 1. Prozessuale Voraussetzungen. Zur Auslösung der Bindungswirkung muss eine „unanfechtbare Entscheidung" des Unfallversicherungsträgers vorliegen. Das ist regelmäßig ein Verwaltungsakt nach §§ 31 ff. SGB X, ggf. aber auch ein öffentl.-rechtl. Vertrag gem. §§ 53 ff. SGB X, zB als Vergleichsvertrag nach § 54 SGB X. Die Feststellungen nach § 108 werden im sozialgerichtl. Prozess entweder gem. § 54 I, 4 SGG bei Gelegenheit der Entscheidung über die Leistungsklage oder nach § 55 I Nr. 3 SGG durch Feststellungsentscheidung getroffen, insb. bei Feststellungsbegehren des Schädigers nach § 109[2]. Unanfechtbar bedeutet, dass die jeweiligen Entscheidungen nicht durch ordentl. Rechtsbehelf angefochten werden können. Die Unanfechtbarkeit richtet sich nach § 77 SGG. Sie ergibt sich für rechtskräftige Gerichtsbescheide oder Urteile der SG aus §§ 105, 125 SGG sowie für Anerkenntnisse oder Vergleiche im sozialgerichtl. Verfahren aus § 101 SGG[3]. Die Fehlerhaftigkeit der Entscheidung, zB die Zugrundelegung unvollständiger Tatsachen, ist mit Blick auf das Ziel der Erlangung von Rechtssicherheit unschädlich[4]. 2

2. Personelle Voraussetzungen. Die Bindungswirkung nach § 108 I kann nur eintreten, wenn die jeweils von einer Entscheidung betroffenen Personen am sozialverwaltungsrechtl. bzw. sozialgerichtl. Verfah- 3

---

1 S. zu alledem *Kater/Leube*, § 107 SGB VII Rz. 1 ff., § 121 Rz. 5 ff.; *Otto/Schwarze*, Die Haftung des Arbeitnehmers, Rz. 593. | 2 BSG v. 16.5.1984 – 9b RU 68/82, BSGE 56, 279 ff.; *Kater/Leube*, § 108 SGB VII Rz. 5. | 3 *Kater/Leube*, § 108 SGB VII Rz. 2; KassKomm/*Ricke*, § 108 SGB VII Rz. 2; *Brackmann/Krasney*, § 108 SGB VII Rz. 7; *Dahm*, SozVers 1996, 39 (40). | 4 BAG v. 14.12.2006 – 8 AZR 628/05, NZA 2007, 262.

ren beteiligt wurden[1]. Diese Verfahrensbeteiligung ist beim Geschädigten regelmäßig gegeben, wenn er beim Unfallversicherungsträger den Antrag auf Entschädigungsleistungen gestellt hat. Im Fall dieser Antragstellung durch den Geschädigten muss der Schädiger zwar nicht zwingend am Verfahren beteiligt werden; jedoch greifen dann auch nicht die Rechtsfolgen des § 108. Die Behörde kann den Schädiger von Amts wegen oder auf seinen Antrag hin nach § 12 II SGB X als Beteiligten hinzuziehen, so dass dann auch die Voraussetzungen des § 108 erfüllt sind. Auf seinen Antrag hin ist der Schädiger zwingend hinzuzuziehen, da die Entscheidung auf Grund der §§ 104 ff. rechtsgestaltende Wirkung iSd. § 12 II 2 SGB X für ihn hat. Sobald der Schädiger sich auf die Benachrichtigung der Behörde nicht erklärt hat, tritt die Bindungswirkung nach § 108 nicht schon dann ein, wenn er einen längeren Zeitraum ohne Reaktion hat verstreichen lassen. Es müssen vielmehr weitere Umstände dafür sprechen, dass er sein Beteiligungsrecht nicht mehr ausüben wird[2]. Mit Blick auf die Schwierigkeiten bei der Beurteilung des einschlägigen Zeitraums ist es erforderlich, dass der Schädiger Kenntnis vom Verfahren hatte und dessen Auswirkungen auf seine Position kannte. Dies ist dadurch sicherzustellen, dass die Behörde ihn gemäß § 12 II 2 SGB X benachrichtigt und ihn auf sein Recht auf Beteiligung hinweist[3]. Daher wird empfohlen, den Schädiger nach § 12 II SGB X unter Fristsetzung anzuhören[4]. Soweit der Geschädigte keinen Antrag stellt, besteht die Möglichkeit des Feststellungsantrags durch den Schädiger nach § 109. Im Übrigen können sich sämtliche Dritte, zu deren Gunsten sich die Haftungsbeschränkung nach §§ 104 ff. auswirken kann, gem. § 109 sowie nach § 12 SGB X am Verfahren beteiligen und so die hieraus folgenden Bindungswirkungen auslösen. Das gilt insb. für die privaten Haftpflichtversicherungsunternehmen der beteiligten Schädiger[5]. Umgekehrt kommt auch die Bindung Dritter auf Geschädigtenseite in Betracht. Hat zB der ArbGeb des Geschädigten Entgeltfortzahlung geleistet und nimmt er dann gegen den Schädiger Regress (§ 6 EFZG), so kann die Haftungsfreistellung des Schädigers nach §§ 104 ff. auch dem ArbGeb entgegengehalten werden. Voraussetzung ist, dass er am Verfahren beteiligt war[6].

4 **III. Gegenstand der Bindungswirkung nach Abs. 1. 1. Versicherungsfall.** Sowohl die positive wie auch die negative Feststellung des SozV-Trägers bzw. des SG ist bindend für die Frage, ob ein Versicherungsfall nach §§ 104 ff. vorgelegen hat. Deshalb ist hiermit auch die vorgreifliche Frage entschieden, ob der Geschädigte „Versicherter" war oder nicht[7].

5 **2. Leistungsumfang.** Die Feststellung des Leistungsumfangs (Art, Höhe, Dauer) ist für die Haftungsbeschränkung nach §§ 104 ff. und für den Rückgriff nach §§ 110 f. vorgreiflich. Insb. ergibt sich hieraus bindend die Höhe der Summe, welche sich der Geschädigte bei Vorsatztaten oder bei Wegeunfällen nach § 8 II Nr. 1–4 gem. § 104 III anrechnen lassen muss (s. § 104 Rz. 14). Für den Umfang der Schädigung und damit für die Schadensersatzfolgen wie bspw. die Höhe der Erwerbsminderung oÄ ist die Entscheidung nicht bindend[8].

6 **3. Zuständigkeit des Versicherungsträgers.** Die (meist nicht ausdrückliche, sondern nur inzident erfolgende) Feststellung der Zuständigkeit eines Unfallversicherungsträgers in einer Verwaltungs- oder Gerichtsentscheidung hat insofern Bindungswirkung für zivilrechtl. Haftungsansprüche, als sich aus ihr ergibt, welchem Unternehmen (§ 104) und welchem Unternehmensmitarbeiter (§§ 105 f.) sich eine schädigende Handlung zurechnen lässt. Aus diesem Grunde sind die Unfallversicherungsträger dem Schädiger gegenüber verpflichtet, festzustellen, welchem Unternehmen die unfallbringende Tätigkeit gedient hat[9]. Allerdings kann die Bindungswirkung hinsichtlich der Unternehmenszuordnung nur insoweit greifen, als durch die betreffende ausdrückliche Feststellung (bei Feststellungsentscheidungen) oder schlüssige Feststellung (bei Leistungsbescheiden oder Leistungsurteilen durch konkludente Annahme der Zuständigkeit eines Unfallversicherungsträgers) sich tatsächlich eine eindeutige Aussage über die Zuordnung für ein bestimmtes Unternehmen treffen lässt. So sind bspw. bei Beschäftigungen für mehrere Unternehmen überlappende Versicherungsverhältnisse in verschiedenen Betrieben nach § 2 I Nr. 1 möglich. Dasselbe gilt für die „Wie-Beschäftigung" einer Person (§ 2 II 1), die gleichzeitig in einem anderen Betrieb versicherungspflichtig beschäftigt ist (§ 2 I Nr. 1)[10]. Eindeutige Aussagen lassen sich aber dort treffen, wo ein Versicherungstatbestand gegenüber einem anderen subsidiär ist. So ist der Versicherungsschutz nach § 2 I Nr. 13a (Hilfe bei Unglücksfällen) subsidiär gegenüber der Versicherung als Beschäftigter (§ 2 I Nr. 1) oder als „Wie-Beschäftigter" (§ 2 II 1). Geht also der Unfallversicherungsträger im

---

1 BGH v. 12.6.2007 – VI ZR 70/06, VersR 2007, 1131; BGH v. 20.4.2004 – VI ZR 189/03, VersR 2004, 931; *Stöhr*, VersR 2004, 809 (816 f.). | **2** S. im Einzelnen BGH v. 20.11.2007 – VI ZR 244/06, VersR 2008, 255 = MDR 2008, 263; v. 4.4.1995 – VI ZR 327/93, NJW 1995, 2038 f. mwN; *Brackmann/Krasney*, § 108 SGB VII Rz. 9. | **3** BGH v. 20.11.2007 – VI ZR 244/06, VersR 2008, 255 = MDR 2008, 263. | **4** KassKomm/*Ricke*, § 108 SGB VII Rz. 6. | **5** BSG v. 1.7.1997 – 2 RU 26/96, SozR 3 – 2200 § 639 Nr. 1; *Rolfs*, DB 2001, 2294 (2299). | **6** BGH v. 12.6.2007 – VI ZR 70/06, VersR 2007, 1131. | **7** RG v. 7.2.1918 – VI 356/17, RGZ 92, 296 (297 f.); BAG v. 6.11.1974 – 5 AZR 22/74, AP Nr. 8 zu § 636 RVO; BAG v. 14.12.2006 – 8 AZR 628/05, NZA 2007, 262; ErfK/*Rolfs*, § 108 SGB VII Rz. 2; BGH v. 19.10.1993 – VI ZR 158/93, VersR 1993, 1540; KassKomm/*Ricke*, § 108 SGB VII Rz. 3. | **8** BGH v. 25.4.2006 – VI ZR 109/05, NZS 2006, 600; v. 25.3.1958 – VI ZR 13/57, VersR 1958, 377; KassKomm/ *Ricke*, § 108 SGB VII Rz. 4; *Krasney*, NZS 2004, 68 (72); *Rolfs*, Die Haftung unter Arbeitskollegen und verwandte Tatbestände, S. 222. | **9** BSG v. 29.6.1962 – 2 RU 82/60, NJW 1962, 1983 f. | **10** BGH v. 4.4.1995 – VI ZR 327/93, NJW 1995, 2038 mwN; KassKomm/*Ricke*, § 108 SGB VII Rz. 5; *Kater/Leube*, § 108 SGB VII Rz. 3.

Leistungsbescheid davon aus, dass der Geschädigte gem. § 2 I Nr. 13a versichert war, enthält dies die rechtsverbindliche Feststellung, dass keine Tätigkeit für ein Unternehmen iSd. § 104 I 1 vorlag, so dass auch der dort geregelte Haftungsausschluss nicht zur Anwendung kommt[1]. Auf Grund dieser Rspr. wird teilweise gefordert, generell die Bindungswirkung von Bescheiden der Unfallversicherungsträger auf die Frage zu erstrecken, in welchem Betrieb sich der Unfall ereignet habe[2]. Dem kann aber nicht gefolgt werden, weil und soweit die Zuordnung von Versicherungsfällen zu Unfallversicherungsträgern auf nicht-gesetzl. Teilungsabkommen beruht[3]. Hinzu kommt, dass die Bindungswirkung bspw. bei Schädigungen durch betriebsfremde Personen zumindest die Anwendung von § 106 III („gemeinsame Betriebsstätte") nicht ausschließen kann.

4. Weitere Haftungsvoraussetzungen. Bindungswirkung wird auch der Entscheidung darüber zugerechnet, ob ein **Wegeunfall nach § 8 II Nr. 1–4** vorliegt, soweit dies aus der Begründung der Entscheidung folgt (s. § 104 Rz. 16)[4]. Zwar ergibt sich eine solche Bindungswirkung nicht direkt aus § 108 I, wegen der häufigen Ausführungen der Unfallversicherungsträger und der Gerichte zum Tatbestand des Wegeunfalls im Rahmen der Entscheidung über das Vorliegen eines Versicherungsfalles ist eine entsprechende Anwendung aber gerechtfertigt. **Nicht erfasst** von der Bindungswirkung sind bspw. Tatbestände wie die „Angehörigen und Hinterbliebenen" (§ 104 I 1), der Vorsatz (§ 104 I 1), die „betriebliche Tätigkeit" (§ 105 I 1), die „vorübergehende betriebliche Tätigkeit auf einer gemeinsamen Betriebsstätte" (§ 106 III), die Höhe des entstandenen Schadens sowie die Frage der Kausalität der Verursachung[5]. Auch bei vertragl. Regelungen, welche auf die Einschlägigkeit oder Nicht-Einschlägigkeit der §§ 104 ff. SGB VII oder einige ihrer Tatbestände abstellen, greift § 108 nicht ein[6]. 7

IV. Verfahrensaussetzung nach Abs. 2. § 108 II setzt die Bindungswirkung nach Abs. 1 prozessual durch, indem er das über den Ersatzanspruch befindende Gericht (Zivil- oder ArbG) verpflichtet, das Verfahren bis zur Entscheidung nach Abs. 1 auszusetzen. Die Verfahrensaussetzung ist zwingend, steht also – anders als bei § 148 ZPO – nicht im Ermessen des Gerichts[7]. Die Entscheidung ist nach Abs. 1 erst „ergangen", wenn sie unanfechtbar ist. Die Verpflichtung zur Verfahrensaussetzung besteht auch dann, wenn ein Antrag des Geschädigten auf Ersatzleistung bzw. ein Feststellungsantrag des Schädigers nach § 109 noch nicht gestellt ist, vgl. § 108 II 2[8]. Wenn es absehbar nicht zum Abschluss eines eingeleiteten Verwaltungsverfahrens kommt, ist der Haftungsprozess fortzusetzen[9]. Soweit keiner der Beteiligten einen Antrag gestellt hat, hat das über den Haftungsanspruch entscheidende Gericht eine entsprechende Frist zu setzen, § 108 II 2. Nach deren Ablauf können die Parteien das Verfahren wieder aufnehmen. Eine ausdrückliche Aufhebung der Aussetzung nach § 150 ZPO ist nicht erforderlich. Die Aussetzungspflicht greift auch dann, wenn der Schädiger als Verfahrensbeteiligter nach § 12 II SGB X bzw. nach § 75 SGG gehört werden muss (s. § 109 Rz. 1)[10]. 8

109 *Feststellungsberechtigung von in der Haftung beschränkten Personen*

Personen, deren Haftung nach den §§ 104 bis 107 beschränkt ist und gegen die Versicherte, ihre Angehörigen und Hinterbliebene Schadenersatzforderungen erheben, können statt der Berechtigten die Feststellungen nach § 108 beantragen oder das entsprechende Verfahren nach dem Sozialgerichtsgesetz betreiben. Der Ablauf von Fristen, die ohne ihr Verschulden verstrichen sind, wirkt nicht gegen sie; dies gilt nicht, soweit diese Personen das Verfahren selbst betreiben.

Die Vorschrift stellt eine verfahrensrechtl. Ergänzung zu § 108 dar (s. § 108 Rz. 1). Durch sie wird es dem (vermeintlichen) Schädiger ermöglicht, mittels eines eigenen Antrags die Feststellungen nach § 108 zu veranlassen und so die Bindungswirkungen des § 108 auszulösen. Das Antragsrecht hat jede Person, welche die tatbestandlichen Voraussetzungen der §§ 104–107 erfüllt. Der Haftende muss tattatsächlichsächlich auf Schadensersatz in Anspruch genommen werden; die Möglichkeit der Erhebung von Forderungen gegen ihn allein reicht nicht aus[11]. Zulässig ist auch die Antragstellung durch den wegen Vorsatz oder auf Grund einer Verletzung auf dem Weg nach § 8 II Nr. 1–4 Haftenden, da hier die Minderung der Ersatzpflicht nach § 104 III in Betracht kommt[12]. Antragsberechtigt sind ebenfalls in Anspruch genommene Haftpflichtversicherungsträger der Haftenden[13]. Die Antragstellung nach § 109 ist subsidiär, da der Antrag nur „statt der Berechtigten" gestellt werden kann. Soweit also der Geschädigte Leistungen 1

1 BGH v. 24.1.2006 – VI ZR 290/04, NJW 2006, 1592. | 2 *Rolfs*, NJW 1996, 3177 (3182); *Hanau*, FS Steffen, S. 177 (189). | 3 Vgl. *Rolfs*, NJW 1996, 3177 (3182); *Hanau*, FS Steffen, S. 177 (189). | 4 KassKomm/*Ricke*, § 108 SGB VII Rz. 7; *Brackmann/Krasney*, § 108 Rz. 10. | 5 KassKomm/*Ricke*, § 108 SGB VII Rz. 7; RG v. 22.10.1943 – V 42/43, RGZ 172, 101 (103); BGH v. 25.3.1985 – VI ZR 13/57, VersR 1958, 377 ff. | 6 BGH v. 20.9.2005 – VI ZB 78/04, VersR 2005, 1751. | 7 BGH v. 20.4.2004 – VI ZR 189/03, VersR 2004, 931; *Stöhr*, VersR 2004, 809 (816 f.). | 8 OLG Hamm v. 28.2.2000 – 6 W 1/00, HVBG-Info 2000, 1880 f.; KassKomm/*Ricke*, § 108 SGB VII Rz. 8. | 9 KassKomm/*Ricke*, § 108 SGB VII Rz. 8. | 10 BGH v. 4.4.1995 – VI ZR 327/93, NJW 1995, 2038 (2039); *Dahm*, SozVers 1997, 61 (62). | 11 KassKomm/*Ricke*, § 109 SGB VII Rz. 3; ErfK/*Rolfs*, § 109 Rz. 2; vgl. BSG v. 28.10.1960 – 2 RU 272/57, BSGE 13, 122. | 12 *Kater/Leuber*, § 109 SGB VII Rz. 2. | 13 BSG v. 1.7.1997 – 2 RU 26/96, BSGE 80, 279 = SGb 1998, 280 m. Anm. *Seewald*; *Krasney*, NZS 2004, 68 (73); KassKomm/*Ricke*, § 109 SGB VII Rz. 3.

beantragt hat, ist der Antrag nach § 109 unzulässig. In diesem Fall erfolgt die Beteiligung des Schädigers nach § 12 II SGB X, § 75 SGG (s. § 108 Rz. 3). Der Antrag ist ein reiner Feststellungsantrag, der ausschließlich auf die Tatbestände des § 108 SGB VII ausgerichtet ist, also auf die Frage, ob ein Versicherungsfall vorliegt, in welchen Umfang Leistungen zu erbringen sind und ob der Unfallversicherungsträger zuständig ist (s. § 108 Rz. 4 ff.). Die Rspr. stellt keine hohen formalen Anforderungen an die Antragstellung; es genügt die einfache Erklärung, der Unfallversicherungsträger möge Feststellungen über die in § 108 genannten Tatsachen treffen[1]. Der Antragsteller verfolgt mit dem Feststellungsbegehren eigene Interessen, so dass er im Verfahren nicht zu Gunsten des Berechtigten tätig werden muss[2]. Mit der Antragstellung im Prozess wird der Ersatzpflichtige zum Prozessstandschafter[3].

2 Satz 2 regelt den Fall, dass der Verletzte und nicht die in der Haftung beschränkte Person das Verfahren betreibt. In dieser Situation sollen Fristen, die ohne das Verschulden des gem. §§ 104–107 in der Haftung Privilegierten verstrichen sind, nicht gegen ihn wirken. Soweit also der Geschädigte ohne verfahrensrechtl. Beteiligung des Schädigers einen Leistungsantrag gestellt hat, dieser abgelehnt wurde und die diesbezüglichen Rechtsbehelfsfristen abgelaufen sind (§§ 84, 87, 151 ff. SGG), wirkt dieser Fristablauf nicht gegen den privilegierten Schädiger. Dieser kann also zum Zweck der Feststellung nach § 109 iVm. § 108 seinerseits fristgerecht entsprechende Rechtsbehelfe einlegen. Zu beachten ist hierbei, dass diese sich aber ausschließlich und nur auf das Feststellungsbegehren hinsichtlich der Tatsache nach § 108 I richten können[4]. Verschulden liegt insb. vor, wenn der Schädiger den Fristablauf kannte oder kennen musste und den Rechtsbehelf nicht rechtzeitig eingelegt hat[5]. Bei Kenntniserlangung im Lauf der Rechtsbehelfsfrist muss der Antragsberechtigte unverzüglich handeln[6].

Zweiter Abschnitt. Haftung gegenüber den Sozialversicherungsträgern

110 *Haftung gegenüber den Sozialversicherungsträgern*

(1) Haben Personen, deren Haftung nach den §§ 104 bis 107 beschränkt ist, den Versicherungsfall vorsätzlich oder grob fahrlässig herbeigeführt, haften sie den Sozialversicherungsträgern für die infolge des Versicherungsfalls entstandenen Aufwendungen, jedoch nur bis zur Höhe des zivilrechtlichen Schadenersatzanspruchs. Statt der Rente kann der Kapitalwert gefordert werden. Das Verschulden braucht sich nur auf das den Versicherungsfall verursachende Handeln oder Unterlassen zu beziehen.

(1a) Unternehmer, die Schwarzarbeit nach § 1 des Schwarzarbeitsbekämpfungsgesetzes erbringen und dadurch bewirken, dass Beiträge nach dem Sechsten Kapitel nicht, nicht in der richtigen Höhe oder nicht rechtzeitig entrichtet werden, erstatten den Unfallversicherungsträgern die Aufwendungen, die diesen infolge von Versicherungsfällen bei Ausführung der Schwarzarbeit entstanden sind. Eine nicht ordnungsgemäße Beitragsentrichtung wird vermutet, wenn die Unternehmer die Personen, bei denen die Versicherungsfälle eingetreten sind, nicht nach § 28a des Vierten Buches bei der Einzugsstelle angemeldet hatten.

(2) Die Sozialversicherungsträger können nach billigem Ermessen, insbesondere unter Berücksichtigung der wirtschaftlichen Verhältnisse des Schuldners, auf den Ersatzanspruch ganz oder teilweise verzichten.

1 **I. Allgemeines.** § 110 gewährt dem infolge des Versicherungsfalls leistenden SozV-Träger gegenüber den Schädigern, deren Haftung nach §§ 104–107 beschränkt ist, einen eigenen, originären Regressanspruch. Die Notwendigkeit der Begründung eines eigenen Anspruchs beruht darauf, dass nach § 104 I 2 der Forderungsübergang nach § 116 SGB X ausgeschlossen ist (s. Vor §§ 104–113 Rz. 1, § 104 Rz. 12). Die Regressmöglichkeiten sind anders definiert als die Haftung des Schädigers. Während der Schädiger nach §§ 104–107 nur dann haftet, wenn er vorsätzlich gehandelt hat oder wenn ein Wegeunfall nach § 8 II Nr. 1–4 vorlag, greift der Regress gem. § 110 bei **Vorsatz, Schwarzarbeit** und **grober Fahrlässigkeit**. Eine Sonderregelung für **Wegeunfälle** existiert nicht. Hier bleibt es deshalb bei der Haftung des Schädigers, so dass auch der Ausschluss des Forderungsübergangs nach § 104 I 2 nicht zum Tragen kommt. Bei Wegeunfällen kann der SozV-Träger daher nach § 116 SGB X aus übergegangenem Recht beim Schädiger Regress nehmen. Bei alledem wird der Umfang des Regresses mehrfach begrenzt. Es können nur die entstandenen Aufwendungen und auch diese lediglich bis zur Höhe des zivilrechtl. Schadensersatzanspruchs geltend gemacht werden. Zudem ist es dem SozV-Träger möglich, nach billigem Ermessen auf den Ersatzanspruch ganz oder teilweise zu verzichten, § 110 II. Da der SozV-Träger bei der Geltendma-

1 BSG v. 28.10.1960 – 2 RU 272/57, BSGE 13, 122 (125). | 2 BSG v. 16.5.1984 – 9b RU 68/82, BSGE 56, 279 (280 f.) = SozR 2 Nr. 2 zu § 636; v. 18.12.1969 – 2 RU 238/66, SozR 1 Nr. 1 zu § 639 RVO. | 3 BSG v. 28.10.1960 – 2 RU 272/57, BSGE 13, 122 (123); v. 16.5.1984 – 9b RU 68/82, BSGE 56, 279 (280); v. 26.4.1990 – 2 RU 47/89, BB 1990, 1703; *Kater/Leube*, § 109 SGB VII Rz. 6; *Boudon*, BB 1993, 2446 (2448); *Dahm*, BG 1995, 262; *Dahm*, SozVers 1996, 39 f.; ErfK/*Rolfs*, § 109 SGB VII Rz. 2. | 4 S. *Kater/Leube*, § 109 SGB VII Rz. 7. | 5 Vgl. BSG v. 16.5.1984 – 9b RU 68/82, BSGE 56, 279 (280) = SozR 2200 § 636 Nr. 2. | 6 *Kater/Leube*, § 109 SGB VII Rz. 7.

chung des Regressanspruchs nicht in seiner Eigenschaft als Träger öffentl. Gewalt handelt, begründen §§ 110 f. eine privatrechtl. Forderung[1]. Zuständig für die Durchsetzung des Regressanspruchs sind ausschließlich die **ordentl. Gerichte** und nicht die ArbG, denn die §§ 110 f. begründen keine Forderungen „aus dem Arbeitsverhältnis" nach § 2 I Nr. 3a, d, Nr. 9 oder Nr. 10 ArbGG. Die betreffenden Vorschriften können lediglich dann die Zuständigkeit der ArbG begründen, wenn § 104 I 2 nicht zur Anwendung kommt und der Überleitungstatbestand des § 116 SGB X greift (s. § 104 Rz. 12)[2].

II. Regressvoraussetzungen. 1. Haftende Personen. Erfasst sind sämtliche Personen, die nach §§ 104–107 haftungsprivilegiert sind (s. § 104 Rz. 1, § 105 Rz. 3 f., § 106 Rz. 2 ff., § 107 Rz. 1). Deshalb kann bspw. auch ein nach § 4 I Nr. 1 versicherungsfreier Beamter passivlegitimiert sein, weil er gem. § 105 I 2 in seiner Haftung beschränkt wird[3]. Der Kreis der haftenden Personen wird gem. § 111 auch auf Personengesellschaften und juristische Personen ausgedehnt, wenn der Schädiger als Organ oder gesetzl. Vertreter in Ausführung der ihm zustehenden Verrichtungen den Versicherungsfall vorsätzlich oder grob fahrlässig verursacht hat (s. § 111 Rz. 1). Soweit ein (weiterer) Schädiger, der nicht gem. §§ 104–107 in der Haftung beschränkt ist, in Regress genommen wird, greift nicht § 110, sondern § 116 SGB X (s. § 104 Rz. 9). 2

2. Berechtigter Sozialversicherungsträger. Aktivlegitimiert ist der SozV-Träger, der in Folge des Versicherungsfalls Aufwendungen getätigt hat. Das muss nicht zwingend ein Unfallversicherungsträger sein (§§ 114 ff.). In Betracht kommt auch ein sonstiger SozV-Träger, der auf Grund vorläufiger oder irrtümlich angenommener Zuständigkeit zB Krankenbehandlung oder Renten geleistet hat[4]. Soweit hier der zuständige Unfallversicherungsträger nach §§ 103 ff. SGB X erstattungspflichtig ist und seine Erstattungspflicht erfüllt hat, geht die Aktivlegitimation auf ihn über[5]. 3

3. Verschulden. Der Regress nach § 110 ist nur zulässig, wenn der Haftende den Versicherungsfall vorsätzlich oder grob fahrlässig herbeigeführt hat (s. zum Sonderfall der Schwarzarbeit Rz. 8 ff.). Grobe Fahrlässigkeit oder Vorsatz brauchen sich nur auf das den Versicherungsfall verursachende Handeln oder Unterlassen zu beziehen, § 110 I 3 (die Erfassung des konkreten Schadensumfangs ist anders als nach § 104 I 1 also nicht gegeben, vgl. § 104 Rz. 10). Sowohl für die Bestimmung des Vorsatzes als auch für die Bestimmung der groben Fahrlässigkeit wird auf die allgemeinen zivilrechtl. Definitionen zurückgegriffen. **Vorsatz** ist das Wissen und Wollen des rechtswidrigen Erfolges. Dieser muss vom Handelnden bzw. Unterlassenden vorausgesehen und in seinen Willen aufgenommen worden sein. Es ist nicht erforderlich, dass der Erfolg tatsächlich gewünscht war; neben dem unbedingten ist auch der bedingte Vorsatz möglich, der dann greift, wenn der als möglich erkannte rechtswidrige Erfolg billigend in Kauf genommen worden ist[6]. **Grobe Fahrlässigkeit** hat zur Voraussetzung, dass die im Verkehr erforderliche Sorgfalt in besonders schweren Maße verletzt wurde, und dasjenige unbeachtet geblieben ist, das im gegebenen Fall jedem hätte einleuchten müssen[7]. Für die Annahme der groben Fahrlässigkeit gilt kein objektiver Maßstab; es sind vielmehr die in der Individualität des Handelnden begründeten Umstände zu berücksichtigen[8]. Gem. § 110 I 3 muss sich das Verschulden **nur auf das den Versicherungsfall verursachende Handeln oder Unterlassen** beziehen, womit die Schadensfolgen ausgeschlossen sind. Es genügt also für die Annahme von Vorsatz und grober Fahrlässigkeit, dass der Arbeitsunfall nach § 8 bzw. die Berufskrankheit nach § 9 vorsätzlich oder grob fahrlässig herbeigeführt worden sind[9]. Dabei kann es einen Hinweis auf grobe Fahrlässigkeit bedeuten, wenn die entsprechende Pflichtwidrigkeit bereits mehrfach vom Unfallversicherungsträger gerügt worden ist[10]. Andererseits kann für die Annahme grober Fahrlässigkeit nicht zwingend auf die **Verletzung von Unfallverhütungsvorschriften** abgestellt werden. Nach der Rspr. des BGH kommt es bei der Verletzung von Unfallverhütungsvorschriften darauf an, ob die VorVorschriftenschriften vor tödlichen Gefahren schützen sollen und sie „elementare" Sicherungspflichten zum Inhalt haben. Wenn der Schädiger zusätzlich nicht nur unzureichende Sicherungsvorkehrungen vorgenommen hat, sondern „von Sicherungsvorkehrungen völlig abgesehen hat, obwohl die Sicherungsanweisungen eindeutig waren", kann der Verstoß ein so großes Gewicht haben, „dass der Schluss auf ein auch subjektiv gesteigertes Verschulden gerechtfertigt ist"[11]. Allerdings kann man fra- 4

1 BGH v. 29.1.1963 – VI ZR 67/62, VersR 1963, 243 ff.; v. 28.9.1971 – VI ZR 216/69, BGHZ 57, 96 (100 f.); v. 30.4.1968 – VI ZR 32/67, NJW 1968, 1429; v. 7.11.1967 – VI ZR 79/66, NJW 1968, 251; v. 30.1.1968 – VI ZR 132/66; BAG v. 19.12.1967 – 1 AZR 185/67, NJW 1968, 908 f.; *Brackmann/Krasney*, § 110 SGB VII Rz. 3; KassKomm/*Ricke*, § 110 SGB VII Rz. 2; *Rolfs*, AR-Blattei SD 860.2 Rz. 216. | 2 BGH v. 30.4.1968 – VI ZR 32/67, NJW 1968, 1429 f.; *Kater/Leube*, § 110 SGB VII Rz. 3. | 3 BGH v. 27.11.1984 – VI ZR 296/81, VersR 1985, 237; *Kater/Leube*, § 110 SGB VII Rz. 7. | 4 Vgl. zur Anwendung von § 110 bei Rechtsnachfolge von Berufsgenossenschaften nach DDR-Sozialversicherungsträgern BGH 30.5.2000 – VI ZB 34/99, VersR 2000, 1390. | 5 S. im Einzelnen *Kater/Leube* § 110 SGB VII Rz. 4. | 6 Palandt/*Heinrichs*, § 276 BGB Rz. 10 f. | 7 S. allgemein BGH v. 30.11.1971 – VI ZR 53/70, VersR 1972, 251 (252); v. 29.9.1992 – XI ZR 265/91, NJW 1992, 3235 (3236); BAG v. 23.1.1997 – 8 AZR 893/95, NZA 1998, 140 f.; Palandt/*Heinrichs*, § 277 BGB Rz. 2 f.; *Kater/Leube*, § 110 SGB VII Rz. 9 ff.; *Schmitt*, § 110 SGB VII Rz. 7 ff. | 8 Palandt/*Heinrichs*, § 277 BGB Rz. 2; *Kater/Leube*, § 110 SGB VII Rz. 13; BGH v. 12.1.1988 – VI ZR 158/87, NJW 1988, 1265 (1266). | 9 BGH v. 11.2.2003 – VI ZR 34/02, VersR 2003, 595 m. zust. Anm. *Deutsch*; zum früheren Recht abweichend BGH v. 20.11.1979 – VI ZR 238/78, BGHZ 75, 328 (330) = NJW 1980, 996 f. | 10 BGH v. 18.10.1988 – VI ZR 15/88, NJW-RR 1989, 339 f.; ErfK/*Rolfs*, § 110 SGB VII Rz. 4; *Kater/Leube*, § 110 SGB VII Rz. 12. | 11 BGH v. 30.1.2001 – VI ZR 49/00, VersR 2001, 985; ähnlich bereits BGH v. 18.10.1988 – VI ZR 15/88, VersR 1989, 109; OLG Düsseldorf v. 24.9.2003 – I-15 U 188/02, VersR 2004, 65.

gen, ob diese Formel überhaupt praktikabel ist, zumal Sicherheitsvorschriften den Beteiligten in der Praxis meist gar nicht bekannt sind – übrigens auch denjenigen nicht, die sich an sie halten. Deshalb verdienen solche Entscheidungen den Vorzug, in denen die Rspr. bei der Feststellung der groben Fahrlässigkeit auch beim Verstoß gegen Unfallverhütungsregeln die Prüfung aller für eine gesteigerte Schuld des Haftenden sprechenden Umstände fordert[1].

5 **III. Regressumfang. 1. Aufwendungen der Sozialversicherungsträger.** Der Regressanspruch des § 110 umfasst alle Aufwendungen der SozV-Träger, die infolge des Versicherungsfalls entstanden sind. Das betrifft den Wert sämtlicher Behandlungs- sowie Geldleistungen etc.; des Weiteren sind auch Kosten ärztlicher Begutachtung und die Kosten der Rechtsverfolgung zu ersetzen. Ein Anspruch auf Ersatz der von den SozV-Trägern getragenen Verwaltungskosten für die Bearbeitung von Versicherungsfällen besteht nicht[2]. Da die Aufwendungen tatsächlich durch den Versicherungsfall entstanden sein müssen, kann der Schädiger dem Versicherungsträger entgegenhalten, dass dieser von einem bestimmten Zeitpunkt an auch ohne den Versicherungsfall dem Verunglückten oder dessen Hinterbliebenen hätte Rente zahlen müssen[3]. Trifft den SozV-Träger eine Leistungspflicht, weil der Geschädigte wegen einer späteren, zusätzlichen Schädigung die Mindestanforderungen für einen Rentenanspruch erfüllt, so haftet der Erstschädiger anteilig nach § 110[4]. Leistungen, die der SozV-Träger erbracht hat, ohne hierzu verpflichtet zu sein bzw. die er unter Verletzung des hierfür uU eingeräumten Ermessensspielraums erbracht hat, sind nicht zu ersetzen. Soweit für den Schädiger eine private Haftpflichtversicherung eintritt, kommt die Erweiterung bzw. Beschränkung des Regressanspruchs aus § 110 auf Grund von Teilungsabkommen in Betracht, die zwischen den SozV-Trägern und Unternehmen der Privatversicherungswirtschaft abgeschlossen werden[5].

6 **2. Zivilrechtlicher Schadensersatzanspruch als Kappungsgrenze.** Der Regressanspruch kann nach Abs. 1 S. 1 aE nicht höher sein als der zivilrechtl. Schadensersatzanspruch, der ohne die eventuelle Haftungsbeschränkung nach §§ 104–107 SGB VII bestünde. Insb. ist zu berücksichtigen, dass der Anspruch gem. § 254 BGB wegen eines Mitverschuldens des Geschädigten gemindert sein kann[6]. Nach Auffassung des BGH ist der zivilrechtl. Schadensersatz nicht nur insoweit zu berücksichtigen, wie er den Aufwendungen der SozV-Träger kongruent ist. Anders als nach § 116 SGB X (s. § 116 SGB X Rz. 11 ff.) verneint der Gerichtshof bei § 110 das Erfordernis der Kongruenz, so dass der SozV-Träger beispielsweise auch in Höhe eines (ggf. fiktiven) Schmerzensgeldanspruchs Regress nehmen kann, obwohl er selbst keine Leistungen erbracht hat, die den immateriellen Schaden ersetzen sollen[7].

7 **3. Kapitalwert statt Rente (Abs. 1 S. 2).** Der SozV-Träger ist berechtigt, statt des Ersatzes laufender Rentenleistungen deren Kapitalwert zu fordern. Dies gilt unabhängig davon, ob er selbst die Rente abfindet. Für die Berechnung des Wertes der Abfindung wird vorgeschlagen, auf die AbfindungsVO abzustellen[8]. Andere Berechnungsweisen dürften aber ebenfalls zulässig sein.

8 **IV. Regress bei Schwarzarbeit (Abs. 1a). 1. Allgemeines.** Mit Wirkung vom 1.8.2004 ist § 110 um den Abs. 1a ergänzt worden. Diese Regelung gewährt dem Unfallversicherungsträger im Fall von Versicherungsfällen, die bei Schwarzarbeit nach § 1 Schwarzarbeitsbekämpfungsgesetz (SchwarzArbG) eintreten, einen eigenen Ersatzanspruch gegen den Unternehmer. Hintergrund ist, dass §§ 2 ff. Versicherungsschutz unabhängig davon gewähren, ob für die Versicherten Beiträge gezahlt werden oder nicht. Daran und an der entsprechenden Haftungsfreistellung der Schädiger gegenüber den Versicherten nach §§ 104–107 ändert sich durch die Neuregelung nichts. Jedoch soll derjenige Unternehmer, der bei Schwarzarbeit ohne entsprechende Beitragszahlung in den Genuss dieser Vorteile kommt, die Beitragszahler und die Versichertengemeinschaft nicht belasten, sondern dem Unfallversicherungsträger haften[9].

9 **2. Verfassungskonforme Auslegung: Erfordernis der zivilrechtlichen Haftung des Unternehmers; zivilrechtlicher Schadensersatzanspruch als Kappungsgrenze.** Anders als Abs. 1 setzt Abs. 1a nach seinem Wortlaut nicht voraus, dass der Unternehmer nach §§ 104–107 haftungsprivilegiert ist (vgl. Rz. 2), so dass es nach dem Gesetzestext auch nicht darauf ankommt, ob er ohne Haftungsfreistellung zivilrechtl. haften müsste (vgl. § 104 Rz. 6). Zusätzlich kommt es nach § 110 Ia 1 nicht auf Verschulden oder sonsti-

---

1 BGH v. 12.1.1988 – VI ZR 158/87, NJW 1988, 1265 f. |2 *Kater/Leube*, § 110 SGB VII Rz. 14; *Schmitt*, § 111 SGB VII Rz. 12; s. zu den Kosten der Rechtsverfolgung als Teil des Schadensersatzanspruchs Palandt/*Heinrichs*, § 249 BGB Rz. 20 ff. |3 BGH v. 30.11.1971 – VI ZR 53/70, BGHZ 57, 314 = NJW 1972, 442 ff. = VersR 1972, 251 ff. |4 LG Köln v. 9.2.2005 – 25 O 649/03, VersR 2005, 710. |5 Vgl. BGH v. 7.4.1981 – VI ZR 251/78, VersR 1981, 649; v. 8.2.1983 – VI ZR 48/81, VersR 1983, 534; OLG Düsseldorf v. 27.8.2002 – 4 U 232/01, OLGReport Düsseldorf 2003, 138; OLG Celle v. 29.12.2000 – 9 U 169/00, VersR 2002, 114; *Kater/Leube* § 110 SGB VII Rz. 16; KassKomm/*Kater*, § 116 SGB X Rz. 269 ff.; *Wussow*, Teilungsabkommen, S. 76 ff.; *Denck*, NJW 1982, 2048 ff. |6 OLG Rostock v. 27.3.2003 – 1 U 118/01, NJ 2003, 657 = OLGReport Rostock 2003, 372; *Waltermann*, NJW 1997, 3401 (3404); *Rolfs*, NJW 1996, 3177 (3181); *Schmitt*, § 111 SGB VI Rz. 13; *Brackmann/Krasney*, § 110 SGB VII Rz. 16. |7 BGH v. 27.6.2006 – VI ZR 143/05, NJW 2006, 3563 mwN; *Krasney*, NZS 2004, 68 (75); *Lehmacher*, NZV 2006, 63; aA *Stern-Krieger/Arnau*, VersR 1997, 408 (412); anders noch 2. Aufl. |8 Abfindungs-VO v. 17.8.1965, abgedr. bei *Schmitt*, § 76 SGB VII Rz. 11; so der Vorschlag bei *Nehls*, BG 1975, 234 ff.; *Kater/Leube*, § 110 SGB VII Rz. 17. |9 BT-Drs. 15/2573, S. 31 f.; KassKomm/*Ricke*, § 110 SGB VII Rz. 10; *Dahm*, r+s 2004. 403.

13 **e) Vermutung nicht ordnungsgemäßer Beitragsentrichtung** (Abs. 1a S. 2). Nach § 110 Ia 2 greift die Vermutung nicht ordnungsgemäßer Beitragsentrichtung, wenn der Unternehmer den Versicherten nicht nach § 28a SGB IV bei der Einzugsstelle angemeldet hat. Hinsichtlich dieser Vermutung gilt dasselbe wie für die fehlerhafte Beitragsentrichtung: Weil der Unternehmer nach § 165 die versicherten Beschäftigten erst nach Ablauf des Kalenderjahres der Versicherung melden muss, kann er dies in der Regel auch nach Eintritt des Versicherungsfalls zwecks Vermeidung der Schadensersatzforderung tun (s. soeben Rz. 12)[1].

14 **V. Regressverzicht** (Abs. 2). Trotz vorsätzlicher oder grob fahrlässiger Herbeiführung des Versicherungsfalles ist es den SozV-Trägern möglich, wegen der besonderen **Härten, welche die Ersatzpflicht für den Schädiger nach sich ziehen kann**, auf ihre Ansprüche ganz oder teilweise zu verzichten. Dabei sind die wirtschaftl. Verhältnisse des – möglicherweise in seiner Existenz bedrohten – Schädigers zu berücksichtigen, ebenso der Grad des Verschuldens sowie das Mitverschulden des Geschädigten oder des SozV-Trägers. Der SozV-Träger hat bei der Entschließung über den Verzicht, insb. wenn es um den Rückgriff gegen einen ArbN geht, auch den Erziehungs- und Strafcharakter des Rückgriffs sowie fürsorgliche Gesichtspunkte zu beachten[2]. Nach Ansicht des BGH besteht bei Einstehen eines Haftpflichtversicherers für den Schädiger kein Anlass zum Verzicht[3]. Teilweise wird dies auch angenommen, wenn – ausnahmsweise[4] – trotz grober Fahrlässigkeit ein Freistellungsanspruch gegen den ArbGeb besteht[5]. Bei Vorsatz dürfte der Regressverzicht regelmäßig ausgeschlossen sein; andererseits sind die jeweiligen persönlichen Besonderheiten bei Kindern, Jugendlichen sowie bei sonstigen Personen mit beschränkter Einsichtsfähigkeit zu berücksichtigen[6]. Die **Ausübung „billigen Ermessens"** steht nicht im Belieben des SozV-Trägers. Es ist ihm bei seiner Entschließung zwar ein gewisser Beurteilungsspielraum zuzubilligen; jedoch ist dessen Nutzung daraufhin zu überprüfen, ob sie sich im Rahmen des rechtl. Gebots der Billigkeit hält. Aus diesem Grunde kann der SozV-Träger im Extremfall auch **verpflichtet** sein, sein billiges Ermessen auszuüben und auf die Durchsetzung des Regressanspruchs zu verzichten[7]. Da es sich bei dem Anspruch aus § 110 um eine privatrechtl. Forderung handelt (s. Rz. 1), ist das diesbezüglich ausgeübte Ermessen des SozV-Trägers privatrechtl. Natur. Deshalb liegt auch die Überprüfung der Entschließung über Verzicht oder Nicht-Verzicht nach § 110 II in der Zuständigkeit der ordentl. Gerichte und nicht der SG[8]. Der Verzicht bindet nur den ihn aussprechenden SozV-Träger[9]. Die zusätzliche Anwendung des Familienprivilegs nach § 116 VI SGB X kommt nicht in Betracht, da insoweit § 110 II eine abschließende Regelung enthält, welche bei der Beteiligung von Familienangehörigen den Ausschluss des Rückgriffs ermöglicht[10]. Im Fall von § 110 Ia will die Gesetzesbegründung § 110 II zu Gunsten von Privathaushalten verstärkt anwenden, während nach der hier vertretenen Meinung keine Haftung greift (s. im Einzelnen Rz. 11).

111 *Haftung des Unternehmens*

Haben ein Mitglied eines vertretungsberechtigten Organs, Abwickler oder Liquidatoren juristischer Personen, vertretungsberechtigte Gesellschafter oder Liquidatoren einer Personengesellschaft des Handelsrechts oder gesetzliche Vertreter der Unternehmer in Ausführung ihnen zustehender Verrichtungen den Versicherungsfall vorsätzlich oder grob fahrlässig verursacht, haften nach Maßgabe des § 110 auch die Vertretenen. Eine nach § 110 bestehende Haftung derjenigen, die den Versicherungsfall verursacht haben, bleibt unberührt. Das Gleiche gilt für Mitglieder des Vorstandes eines nicht rechtsfähigen Vereins oder für vertretungsberechtigte Gesellschafter einer Personengesellschaft des bürgerlichen Rechts mit der Maßgabe, dass sich die Haftung auf das Vereins- oder das Gesellschaftsvermögen beschränkt.

1 Da § 110 lediglich die persönliche Haftung handelnder Schädiger erfasst, bedurfte es mit § 111 einer zusätzlichen Regelung für den Fall, dass die Schädiger als Organe oder gesetzl. Vertreter für Dritte – natürliche oder juristische Personen – gehandelt haben. Die Regelung entspricht in ihrem Rechtsgedanken den §§ 31, 89 und § 278 I 1 Alt. 1 BGB, Art. 34 GG iVm. § 839 BGB. Erfasst werden sämtliche Konstellationen, in welchen der Schädiger als Organ, gesetzl. Vertreter oder Partei kraft Amtes gehandelt hat, und zwar unabhängig davon, ob ein privatrechtl. oder öffentl.-rechtl. Rechtsverhältnis zugrunde lag.

1 KassKomm/*Ricke*, § 110 SGB VII Rz. 13 f. | 2 *Kater/Leube*, § 110 SGB VII Rz. 20; BGH v. 28.9.1971 – VI ZR 216/69 NJW 1972, 107 (108 f.); BT-Drs. IV/938, Begründung zu § 639. | 3 BGH v. 28.9.1971 – VI ZR 216/69, NJW 1972, 107 (109 f.); ErfK/*Rolfs*, § 110 SGB VII Rz. 7, s. dort auch im Einzelnen zum Haftungsumfang nach den Bedingungen der privaten Versicherungswirtschaft. | 4 Vgl. BAG v. 18.4.2002 – 8 AZR 348/01, NZA 2003, 37; v. 23.1.1997 – 8 AZR 893/95, NZA 1998, 140 f.; ErfK/*Preis*, § 619a BGB Rz. 18; *Walker*, JuS 2002, 736; MünchArbR/*Blomeyer*, § 59 Rz. 42; s. zur Erfassung arbeitnehmerähnlicher Personen BSG v. 24.6.2003 – B 2 U 39/02 R, NZA 2003, 1136 = HVBG-Info 2003, 2496. | 5 *Kater/Leube*, § 110 SGB VII Rz. 20, zweifelhaft. | 6 *Kater/Leube*, § 110 SGB VII Rz. 20; *Baltzer*, SGb 1987, 529 (574). | 7 BGH v. 28.9.1971 – VI ZR 216/69, NJW 1972, 107 (108); KassKomm/*Ricke* § 110 SGB VII Rz. 15. | 8 BGH v. 28.9.1971 – VI ZR 216/69, NJW 1972, 107 (108 f.); BSG v. 11.12.1973 – 2 RU 30/71, BSGE 37, 20 (25 f.) = SozR Nr. 65 zu § 51 SGG, KassKomm/*Ricke* § 110 SGB VII Rz. 10. | 9 *Kater/Leube*, § 110 SGB VII Rz. 21. | 10 *Kater/Leube*, § 110 SGB VII Rz. 6; BGH v. 18.10.1977 – VI ZR 62/76, VersR 1978, 35 f.; *von Koppenfels-Spies*, ZfS 2004, 97 (100 f.).

ges Vertretenmüssen des Unternehmers bei der Schädigung, bei der Schwarzarbeit oder bei der nicht ordnungsgemäßen Beitragsentrichtung an[1]. Auch der Vermutungstatbestand des § 110 Ia 2 ist **verschuldensunabhängig**. § 110 Ia stellt damit einen Tatbestand der Gefährdungshaftung dar, allerdings mit der Besonderheit, dass er nicht an die besondere Gefährlichkeit des Tuns anknüpft, sondern an die Schwarzarbeit, welche mit der Schädigung des Versicherten gar nicht in Zusammenhang steht. Damit enthält die Regelung einen echten **Sanktions- oder Strafcharakter**. Um eine verfassungsrechtl. unzulässige Norm über Strafschadensersatz[2] zu vermeiden, ist daher eine **verfassungskonforme Auslegung** geboten. Diese lässt sich am ehesten gewährleisten, wenn man bei der Auslegung von Abs. 1a systematisch auf Abs. 1 zurückgreift und dessen Erfordernis übernimmt, nach welchem der Unternehmer nur in Regress genommen werden kann, wenn er tatsächlich ohne §§ 104–107 zivilrechtl. haften würde (oben Rz. 2) und wenn dieser zivilrechtl. Schadensersatzanspruch Kappungsgrenze für den Regress ist (oben Rz. 6). Diese Auslegung bewirkt, dass § 110 Ia den Unternehmer im Schadensfall nicht zusätzlich zum allgemeinen Haftungsrecht belastet, sondern ihm lediglich den Schutz der „Haftpflichtversicherung" des SGB VII entzieht (vgl. Vor §§ 104–113 Rz. 3). Ein solcher Entzug des Haftungsschutzes auf Grund mangelnder Beitragsleistung hat keinen Strafcharakter und ist daher mE zulässig[3].

3. Weitere Haftungsvoraussetzungen. a) Unternehmer. S. zum Begriff des Unternehmers § 104 Rz. 1. 10
b) Schwarzarbeit nach § 1 SchwarzArbG. Der Begriff der Schwarzarbeit ist in § 1 II, III SchwarzArbG definiert. Dort sind ausführlich Einzeltatbestände umschrieben, nach denen Schwarzarbeit leistet, wer Dienst- oder Werkleistungen erbringt oder ausführen lässt, ohne dabei sozial- oder steuerrechtl. Mitteilungs-, Melde-, Aufzeichnungs-, Beitrags- oder sonstige Leistungspflichten zu beachten; außerdem sind Verletzungen der GewO und der HwO erfasst[4]. Die Erfüllung des Tatbestandes von § 1 SchwarzArbG ist verschuldensunabhängig[5].

c) Unternehmer, die Schwarzarbeit erbringen. § 110 Ia 1 erfasst nur das „Erbringen" von Schwarz- 11
arbeit, womit nach dem Wortlaut von § 1 II SchwarzArbG („Schwarzarbeit leistet, wer Dienst- oder Werkleistungen erbringt oder ausführen lässt ...") lediglich eine von zwei Varianten der Schwarzarbeit genannt ist. Da das SchwarzArbG grds. sowohl den die Schwarzarbeit Leistenden als auch seinen Auftraggeber erfassen soll, liegt hiermit der Schluss nahe, dass mit dem „erbringt" der erstere und mit dem „ausführen lässt" der letztere gemeint ist. Wenn man nun berücksichtigt, dass § 110 Ia einerseits nur das „Erbringen" und andererseits lediglich den „Unternehmer" betrifft (jemanden, der „ausführen lässt"), müsste diese Vorschrift deshalb eigentlich leer laufen. Das ist aber ganz offensichtlich nicht Sinn der Regelung[6]. Deshalb dürfte § 110 Ia so auszulegen sein, dass solche Unternehmer erfasst sind, die Schwarzarbeiter beschäftigen **und gleichzeitig** für andere Personen **Dienst- oder Werkleistungen erbringen**, also zB Reinigungs- oder Bauunternehmen. Diejenigen Unternehmer, die Schwarzarbeit ausschließlich für den eigenen Bedarf ausführen lassen, zB als Hilfe im Haushalt oder bei der Kinderbetreuung, kann man dagegen nicht als Personen bezeichnen, die Dienst- oder Werkleistungen „erbringen". Diese Auslegung entspricht allerdings nur teilweise der Entwurfsbegründung zu § 110 Ia. Danach unterliegen nämlich auch Privathaushalte als „Unternehmen" der Regressregelung, jedoch will die Begründung hier zu deren Gunsten verstärkt von der Verzichtsmöglichkeit des § 110 II Gebrauch machen[7].

d) Bewirken der fehlerhaften Beitragsentrichtung. § 110 Ia 1 fordert eine fehlerhafte Beitragsentrich- 12
tung nach § 1 SchwarzArbG durch Nichtleistung, unrichtige Beitragshöhe (gemeint ist die zu niedrige und nicht die zu hohe Beitragszahlung) sowie die nicht rechtzeitige Beitragsleistung. Die fehlerhafte Beitragsentrichtung muss durch die Schwarzarbeit „bewirkt" sein, also kausal auf ihr beruhen. Verschulden ist nicht erforderlich[8]. **Zu einer fehlerhaften Beitragsentrichtung wird es in der Praxis aber häufig nicht kommen**, da im Unfallversicherungsrecht die Beiträge in der Regel erst nach Ablauf desjenigen Kalenderjahres, für welches sie anfallen, gezahlt werden müssen (§ 152 I). Deshalb kann der Unternehmer selbst dann, wenn er zunächst Schwarzarbeit ausführen lassen wollte, nach Eintritt des Versicherungsfalls zwecks Vermeidung der Forderung aus § 110 Ia den Schwarzarbeitnehmer dem Unfallversicherungsträger melden und Beiträge zur Unfallversicherung zahlen. Das gilt nur dann nicht, wenn der zuständige Unfallversicherungsträger ausnahmsw. Beitragsvorschüsse verlangt (§ 164)[9]. Dies alles führt dazu, dass faktisch vor allem diejenigen Unternehmer nach § 110 Ia haften, die auf Grund schlechter Beratung oder verspäteter Entdeckung des Versicherungsfalls durch den Unfallversicherungsträger nicht mehr dazu kommen, ihre verunfallten Schwarzarbeiter zu melden und für sie Beiträge zu zahlen. Hinzu kommen diejenigen Unternehmer, die einer beitragsrechtl. Vorschusspflicht unterliegen. Deshalb hat *Ricke* zu Recht bemerkt, dass hier die Präventionsfunktion von § 110 Ia vermindert wird[10].

---

1 BT-Drs. 15/2573, S. 32; KassKomm/*Ricke*, § 110 SGB VII Rz. 13. | 2 Dem Grundsatz, dass jede strafähnliche Sanktion Schuld voraussetzt, kommt auch im Zivilrecht verfassungsrechtlicher Rang zu, BVerfG v. 25.10.1966 – 2 BvR 506/63, E 20, 323 (331); MüKo/*Grundmann*, § 276 BGB Rz. 49. | 3 S. im Einzelnen *Giesen*, Festschrift Leinemann, 2006, S. 831; aA *Leube*, SGb 2006, 404; KassKomm/*Ricke*, § 110 SGB VII Rz. 13 f. | 4 S. im Einzelnen zu § 1 SchwarzArbG BT-Drs. 15/2573, S. 18 ff. | 5 BT-Drs. 15/2573, S. 32. | 6 Vgl. BT-Drs. 15/2573, S. 32. | 7 S. im Einzelnen *Giesen*, Festschrift Leinemann (2006), S. 831; anders aber *Leube*, SGb 2006, 404; vgl. zu § 1 SchwarzArbG BT-Drs. 15/2573, S. 18 ff. | 8 Vgl. BT-Drs. 15/2573, S. 32. | 9 KassKomm/*Ricke*, § 110 SGB VII Rz. 14; *Giesen*, Festschrift Leinemann (2006), S. 831. | 10 KassKomm/*Ricke*, § 110 SGB VII Rz. 14.

wurde § 113 mit Gesetz vom 21.6.2002 rückwirkend zum 1.1.2002 geändert, so dass die Vorschrift nun auf das reformierte BGB verweist[1].

2 **II. Verjährung des Regressanspruchs (S. 1).** Die Regelung hat die Funktion, die originären Regressansprüche aus §§ 110 f. mit dem deliktsrechtl. Verjährungsrecht zu synchronisieren. Deswegen verweist sie – allerdings nur teilweise – auf das für deliktsrechtl. Ansprüche gültige Verjährungsrecht der §§ 194 ff. BGB. Soweit es sich beim Versicherungsfall um eine Verletzung des Lebens, des Körpers, der Gesundheit oder der Freiheit handelt (was bei §§ 110 f. regelmäßig der Fall ist), greift die **dreißigjährige Verjährungsfrist** nach § 199 II BGB iVm. § 113 SGB VII. Wenn ausnahmsw. Hilfsmittel beschädigt sind (§ 8 III, s. § 104 Rz. 6) und deshalb § 199 II BGB nicht anzuwenden ist, greift für die Ansprüche aus §§ 110, 111 die **dreijährige Verjährung** nach § 195 BGB (die für die Sachbeschädigung greifende Verjährungsregel des § 199 III BGB kommt mangels Verweises in § 113 nicht zur Anwendung).

3 **Verjährungsbeginn** ist – abweichend von § 199 I BGB – die **bindende bzw. rechtskräftige Feststellung der Leistungspflicht.** Eine bindende Feststellung der Leistungspflicht ist bereits dann gegeben, wenn ein vorläufiger diesbezüglicher Bescheid vorliegt[2]. Die Anknüpfung an die Feststellung der Leistungspflicht des *Unfall*versicherungsträgers greift auch dann, wenn ein anderer SozV-Träger Ansprüche aus §§ 110 f. geltend macht (vgl. § 110 Rz. 3). Angesichts der heute regelmäßig dreißigjährigen Verjährungsfrist kann nicht (mehr) angenommen werden, dass ausnahmsw. an andere Ereignisse anzuknüpfen ist wie etwa den Beginn der Leistungspflicht eines RV-Trägers[3].

4 Für den Fall **schwebender Verhandlungen** greift die Hemmung der Verjährung gem. § 203 BGB, so dass sich währenddessen die Verjährung nach Maßgabe von § 209 BGB hinauszögern kann[4]. Zwar verweist § 113 S. 1 nicht insgesamt auf die Titel 2 und 3 des Verjährungsabschnitts im BGB (§§ 203–218 BGB), sondern nur auf § 203 BGB. Da es sich bei §§ 110 f. aber um privatrechtl. Ansprüche handelt (§ 110 Rz. 1), sind für die weitere Beurteilung insb. der Hemmung, der Ablaufhemmung und des Neubeginns der Verjährung die **§§ 204–218 BGB entsprechend** anzuwenden[5].

5 **III. Übergangsrecht (S. 2).** § 113 nF gilt rückwirkend seit dem 1.1.2002[6]. Für die Regelung des Übergangsrechts verweist § 113 S. 2 nur auf Art. 229 § 6 I EGBGB, so dass die übrigen, teilweise komplexen Übergangsregelungen nach Art. 229 § 6 II–VI nicht greifen. Für die am 1.1.2002 nach altem Recht *bereits verjährten* Ansprüche bleibt es demnach bei der Verjährung. Für alle seit dem 1.1.2002 *entstandenen* Ansprüche gilt § 113 nF. Des Weiteren gilt er gem. Art. 29 § 6 I 1 EGBGB auch für alle nach altem Recht am 1.2.2002 bereits *entstandenen, aber noch nicht verjährten* Ansprüche. Die Hemmung, die Ablaufhemmung, der Neubeginn sowie die Unterbrechung der Verjährung von Ansprüchen, die am 1.2.2002 bereits entstanden, aber noch nicht verjährt waren, richtet sich nach dem gem. Art. 229 § 6 I S. 2, 3 EGBGB anzuwendenden Recht[7].

1 Art. 9 Hüttenknappschaftliches Zusatzversicherungs-Neuregelungs-Gesetz – HZvNG vom 21.6.2002, BGBl. I Satz 2167 vom 28.6.2002, s. die knappe Gesetzesbegr. BT-Drs. 14/9007, S. 38. |2 BGH v. 18.5.1955 – VI ZR 74/54, BGHZ 17, 297 = NJW 1955, 1398; Wannagat/*Waltermann* § 113 SGB VII Rz. 1. |3 So zum bisherigen Recht Wannagat/*Waltermann*, § 113 SGB VII Rz. 3; offen dazu unter Geltung der RVO BGH v. 21.9.1971 – VI ZR 206/70, NJW 1972, 110. |4 S. dazu Palandt/*Heinrichs*, § 203 BGB Rz. 2 ff. |5 Ebenso zum bisherigen Recht *Kater/Leube*, § 113 SGB VII Rz. 3; *Schmitt* § 113 SGB VII Rz. 5; Wannagat/*Waltermann*, § 113 SGB VII Rz. 4. |6 Art. 25 Abs. 5 HZvNG, BGBl. I S. 2167 v. 28.6.2002. |7 S. dazu Palandt/*Heinrichs*, Art. 229 § 6 EGBGB Rz. 3, 4, 7; *Mansel* in Dauner-Lieb/Heidel/Lepa/Ring, § 14 Rz. 14 ff.

Damit sind neben den im Gesetz genannten Abwicklern, Liquidatoren etc. auch weitere Personen erfasst, die diese Voraussetzungen erfüllen, also bspw. Testamentsvollstrecker, Nachlassverwalter, Insolvenzverwalter, Vormünder, Betreuer und Pfleger. Bei vorläufiger Insolvenzverwaltung kommt § 111 nur zur Anwendung, wenn der vorläufige Insolvenzverwalter als „starker" Verwalter eingesetzt ist, also verwaltungs- und verfügungsbefugt ist nach § 21 II Nr. 2, § 22 InsO. Die Haftung greift nur insofern, als die Schädigenden „in Ausführung ihnen zustehender Verrichtungen" den Versicherungsfall verursacht haben. Hier wird angeknüpft an die Haftungszurechnung im Gesellschaftsrecht, wie sie in § 31 BGB („... in Ausführung der ihm zustehenden Verrichtungen ...") geregelt ist. Das bedeutet, dass der Schädigende im Rahmen des ihm zustehenden Aufgabenkreises gehandelt haben muss. Die Handlung muss nicht durch die Vertretungsmacht erfasst gewesen sein, sondern erstreckt sich auch und gerade auf solche Fälle, in denen das Organ oder der Vertreter ihre Vertretungsmacht überschritten haben[1].

§ 111 S. 2 stellt klar, dass neben der vertretenen Person auch weiterhin der vertretende Schädiger voll persönlich haften kann. Beide sind dem SozV-Träger gegenüber als Gesamtschuldner verpflichtet[2]. 2

§ 111 S. 3 stellt eine Privilegierung derjenigen Personen dar, die für die Verbindlichkeiten von Gesellschaften bürgerlichen Rechts oder von nicht rechtsfähigen Vereinen einstehen müssen. Das geschieht in der Weise, dass deren Haftung auf das Vereins- oder Gesellschaftsvermögen beschränkt wird. Dies sind bei der GbR die Gesellschafter[3]. Beim nicht rechtsfähigen Idealverein wird dagegen regelmäßig ohnehin angenommen, dass entsprechend § 31 BGB und entgegen § 54 S. 2 BGB eine persönliche unbeschränkte Haftung der Mitglieder des Vereinsvorstandes ausgeschlossen sei. Allerdings greift die unbeschränkte Haftung beim nicht eingetragenen wirtschaftl. Verein iSd. § 22 BGB, so dass hier § 111 S. 3 zur Anwendung kommt[4]. Mit der Privilegierung der Vorstandsmitglieder nicht rechtsfähiger Vereine und vertretungsberechtigter GbR-Gesellschafter ist umgekehrt klargestellt, dass außerhalb des Anwendungsbereichs von § 111 S. 3 Dritte für die gem. § 111 S. 1 begründeten Verbindlichkeiten nach den allgemeinen Vorschriften haften. Soweit also zB eine OHG nach § 111 in Regress genommen wird, haften ihre Gesellschafter hierfür unbeschränkt nach § 128 HGB, ohne dass irgendwelche Besonderheiten gelten. 3

112 *Bindung der Gerichte*

§ 108 über die Bindung der Gerichte gilt auch für die Ansprüche nach den §§ 110 und 111.

§ 112 bewirkt, dass die über Schadensersatzverpflichtungen entscheidenden Zivilgerichte an Feststellungen gebunden sind, welche die SozV-Träger oder SG über das Vorliegen von Versicherungsfällen, den Leistungsumfang und die Zuständigkeit von Unfallversicherungsträgern treffen. Ebenso wie bei der Frage der zivilrechtl. Haftung gem. §§ 104–107 greift demnach auch bei der Geltendmachung des zivilrechtl. Regressanspruchs nach §§ 110 f. die Bindungswirkung verwaltungs- oder sozialgerichtl. Entscheidungen. Auch hier geht es nur um Versicherungsfälle, Leistungsumfang und Zuständigkeit, so dass zB eine Entscheidung über die Frage, ob Schwarzarbeit vorlag (§ 110 Ia), nicht vorgreiflich ist. Es gelten die zu § 108 gemachten Bemerkungen; insb. ist darauf zu achten, dass die Bindungswirkung auch gegenüber den nach §§ 110 f. Haftenden nur insofern greift, als sie am Verfahren beteiligt waren (s. § 108 Rz. 3)[5]. 1

113 *Verjährung*

Für die Verjährung der Ansprüche nach den §§ 110 und 111 gelten die §§ 195, 199 Abs. 1 und 2 und § 203 des Bürgerlichen Gesetzbuchs entsprechend mit der Maßgabe, dass die Frist von dem Tag an gerechnet wird, an dem die Leistungspflicht für den Unfallversicherungsträger bindend festgestellt oder ein entsprechendes Urteil rechtskräftig geworden ist. Artikel 229 § 6 Abs. 1 des Einführungsgesetzes zum Bürgerlichen Gesetzbuche gilt entsprechend.

I. Allgemeines. § 113 regelt die Verjährung der durch §§ 110 f. begründeten Ansprüche. Zu diesem Zweck wird auf deliktsrechtl. Verjährungsrecht des BGB verwiesen, wobei sich der Beginn des Fristablaufs nach der bindenden bzw. rechtskräftigen Feststellung der Leistungspflicht des Unfallversicherungsträgers richtet. **Bis zum 31.12.2001** war dabei gem. § 113 SGB VII aF § 852 BGB in der bis dahin gültigen Fassung anzuwenden. Demnach verjährten Delikte in drei Jahren von dem Zeitpunkt an, in welchem der Verletzte von dem Schaden und der Person des Ersatzpflichtigen Kenntnis erlangte, ohne Rücksicht auf diese Kenntnis in 30 Jahren von Begehung der Handlung an. Für den Zeitpunkt des Beginns der Verjährungsfrist war – wie auch heute – statt der Kenntniserlangung die bindende bzw. rechtskräftige Feststellung der Leistungspflicht entscheidend. **Seit dem 1.1.2002** ist die deliktsrechtl. Verjährung in das allgemeine Verjährungsrecht insb. der §§ 195, 199 BGB eingegliedert worden[6]. Nachdem der Gesetzgeber der Schuldrechtsreform den Änderungsbedarf für § 113 zunächst übersehen hatte, 1

1 S. im Einzelnen Palandt/*Heinrichs*, § 31 BGB Rz. 10 f. | 2 KassKomm/*Ricke*, § 111 SGB VII Rz. 2. | 3 Palandt/*Sprau*, § 714 BGB Rz. 11 ff. | 4 S. im Einzelnen Palandt/*Heinrichs*, § 54 BGB Rz. 12 f. | 5 *Kater*/*Leube*, § 112 SGB VII Rz. 1. | 6 Gesetz zur Modernisierung des Schuldrechts vom 26.11.2001, BGBl. I S. 3138 ff.; in Kraft getreten zum 1.1.2002.

Sozialgesetzbuch (SGB)

Neuntes Buch (IX)
– Rehabilitation und Teilhabe behinderter Menschen –

vom 19.6.2001 (BGBl. I S. 1046), zuletzt geändert durch Gesetz vom 18.12.2007 (BGBl. I S. 2984)

– Auszug –

Teil 2. Besondere Regelungen zur Teilhabe schwerbehinderter Menschen (Schwerbehindertenrecht)

Kapitel 4. Kündigungsschutz

85 *Erfordernis der Zustimmung*
Die Kündigung des Arbeitsverhältnisses eines schwerbehinderten Menschen durch den Arbeitgeber bedarf der vorherigen Zustimmung des Integrationsamtes.

I. Entstehung und Entwicklung. Das SGB IX dient der Rehabilitation und Teilhabe behinderter Menschen. Teil 1 enthält allgemeine Regelungen für behinderte und von Behinderung bedrohte Menschen. Teil 2 ist der Teilhabe schwerbehinderter Menschen und diesen gleichgestellter behinderter Menschen (§ 68 I) am Leben in der Gesellschaft gewidmet. Das seit 1.7.2001 geltende SGB IX hat das Schwerbehindertengesetz von 1974 in der Fassung vom 26.8.1986 (SchwbG) mit den durch das Gesetz zur Bekämpfung der Arbeitslosigkeit Schwerbehinderter vom 29.9.2000 (SchwbBAG) vorgeschriebenen Änderungen abgelöst. § 1 enthält den gesetzl. Auftrag, die Selbstbestimmung und gleichberechtigte Teilhabe am Leben in der Gesellschaft von Behinderten oder von Behinderung bedrohter Menschen zu fördern. Ihre Teilhabe am Arbeitsleben ist möglichst auf Dauer zu sichern (§ 33), ggf. auch durch präventive Maßnahmen (§ 84). 1

II. Inhalt und Zweck. Die Bestimmung enthält eine sog. **Verbotsnorm mit Erlaubnisvorbehalt.** Sie verbietet die Kündigung des Arbeitsverhältnisses eines schwerbehinderten Menschen, wenn der ArbGeb nicht zuvor die Zustimmung des Integrationsamts einholt. Der Verstoß gegen § 85 führt zur **Nichtigkeit** der Kündigung **nach § 134 BGB** ungeachtet der Kenntnis des kündigenden ArbGeb vom Status des ArbN[1]. Der Sonderkündigungsschutz ist **unabdingbar**. Der schwerbehinderte Mensch kann auf den besonderen Kündigungsschutz weder durch Vereinbarung mit dem ArbGeb im Voraus verzichten, noch kann der Schutz durch tarifvertragl. Regelungen eingeschränkt werden. Nach Zugang der Kündigung kann der ArbN jedoch frei entscheiden, ob er den Schutz des Gesetzes in Anspruch nehmen will[2]. 2

III. Anwendungsbereich. Die Regelung betrifft mit den Ausnahmen des § 90 **jede Art von Kündigung** des Arbeitsverhältnisses eines schwerbehinderten Menschen durch den ArbGeb. Sie umfasst damit ordentl. und außerordentl. Kündigungen sowie Änderungskündigungen. Nicht anwendbar ist die Vorschrift auf Aufhebungsverträge, auf Beendigungen des Arbeitsverhältnisses infolge einer Befristung, einer auflösenden Bedingung oder einer Anfechtung des Arbeitsvertrages. Zum **erweiterten Beendigungsschutz** bei Eintritt einer teilweisen Erwerbsminderung etc. s. § 92. 3

Für die Geltung des besonderen Kündigungsschutzes schwerbehinderter Menschen kommt es nicht darauf an, ob den ArbGeb überhaupt eine **Beschäftigungspflicht** nach § 71 trifft oder er diese (über)erfüllt. Die Größe des Betriebes ist unmaßgeblich, jedoch gilt der Sonderkündigungsschutz auch in **Kleinbetrieben**[3] iSv. § 23 I KSchG. 4

1. Geschützter Personenkreis. Die Bestimmungen des Teils 2 des SGB IX gelten nach § 68 I nur für **schwerbehinderte Menschen** und diesen **gleichgestellte Menschen**. Die **Definition** dieser Begriffe **enthält** § 2. Nach § 2 I sind Menschen **behindert**, wenn ihre körperliche Funktion, geistige Fähigkeit oder seelische Gesundheit mit hoher Wahrscheinlichkeit länger als sechs Monate von dem für das Lebensalter 5

1 BAG v. 23.2.1978 – 2 AZR 472/76, AP Nr. 3 zu § 12 SchwbG; v. 14.5.1982 – 7 AZR 1221/79, AP Nr. 4 zu § 18 SchwbG. | 2 BAG v. 11.3.1999 – 2 AZR 461/98, NZA 1999, 761. | 3 VGH Mannheim v. 4.3.2002 – 7 S 1651/01, NZA-RR 2002, 417.

typischen Zustand abweicht und daher ihre Teilhabe am Leben in der Gesellschaft beeinträchtigt ist. Körperliche Funktionen können bei Störungen jedes Körperorgans einschließlich der Sinnesorgane beeinträchtigt sein. Geistige Fähigkeiten sind betroffen, wenn Denk-, Wahrnehmungs- oder Steuerungsfunktionen gestört sind. Die seelische Gesundheit umfasst jede Art psychischer Erkrankungen. Die Abweichung von dem für das Lebensalter typischen Zustand kann auch in dem Zusammenwirken mehrerer Einzelstörungen begründet sein.

6 Nach **§ 2 II** sind Menschen iSd. Teils 2 **schwerbehindert**, wenn bei ihnen ein Grad der Behinderung von **wenigstens 50** vorliegt und sie ihren Wohnsitz, ihren gewöhnlichen Aufenthalt oder ihre Beschäftigung auf einem Arbeitsplatz iSd. § 73 rechtmäßig im Geltungsbereich des SGB IX haben (s. Rz. 9 f.).

7 **§ 2 III** definiert den Begriff des **gleichgestellten** behinderten Menschen. Dies sind Menschen mit einem Grad der Behinderung von weniger als 50, aber **wenigstens 30**, bei denen die übrigen Voraussetzungen des Abs. 2 vorliegen. Sie sollen schwerbehinderten Menschen gleichgestellt werden, wenn sie infolge ihrer Behinderung ohne die Gleichstellung einen geeigneten Arbeitsplatz iSd. § 73 nicht erlangen oder nicht behalten können. Die Gleichstellungsentscheidung trifft die BA, die anhand der konkreten Umstände des Einzelfalls zu prüfen hat, ob die Schwierigkeiten bei der Beschaffung oder Sicherung eines Arbeitsplatzes behinderungsbedingt sind.

8 **2. Sachliche und räumliche Voraussetzungen. a) Bestehen eines Arbeitsverhältnisses.** Nur ArbN genießen den besonderen Kündigungsschutz des § 85. Zum arbeitsrechtl. **ArbN-Begriff** s. Vor § 611 BGB Rz. 19 ff. Nach der Rspr. des BAG ist ArbN, wer seine Dienste für einen anderen in persönlicher Abhängigkeit und im Rahmen einer von Dritten bestimmten Arbeitsorganisation erbringt[1]. Zu dem geschützten Personenkreis gehören Teilzeitbeschäftigte, geringfügig sowie in ATZ Beschäftigte in der Freistellungsphase ebenso wie Auszubildende[2], LeihArbN, leitende Angestellte und über § 127 II 2 auch Heimarbeiter. Bei sog. Gruppenarbeitsverhältnissen (s. Vor § 611 BGB Rz. 121 ff.) steht allen Mitgliedern einer Eigengruppe, die sich gemeins. zur Arbeitsleistung für einen gemeins. Zweck verpflichtet haben, der Sonderkündigungsschutz zu, da ihnen nur gemeins. gekündigt werden kann (zB Heimleiterehepaar[3]). Keinen Sonderkündigungsschutz haben: freie und selbständige Dienstleistende sowie **Organvertreter**, die kraft Gesetzes, Satzung oder Gesellschaftsvertrags zur Vertretung einer juristischen Person oder einer Personengesamtheit berufen sind (s. § 5 ArbGG Rz. 14 ff.), es sei denn, zwischen dem Organvertreter und der juristischen Person besteht wegen starker Weisungsabhängigkeit ein Arbeitsverhältnis[4]. Für Richter, Beamte und Soldaten gilt § 128.

9 **b) Territorialitätsprinzip. § 2 II** verlangt ferner, dass die schwerbehinderten oder gleichgestellten Menschen ihren **Wohnsitz**, ihren **gewöhnlichen Aufenthalt oder** ihre Beschäftigung auf einem **Arbeitsplatz iSd. § 73** rechtmäßig im Geltungsbereich des Gesetzes haben. Unabhängig davon, ob die Arbeitsvertragsparteien die Anwendbarkeit des deutschen Arbeitsrechts vereinbart haben, ist die Geltung des Sonderkündigungsschutzes auf Arbeitsverhältnisse in der Bundesrepublik Deutschland beschränkt[5]. Befindet sich ein schwerbehinderter Mensch in einem reinen **Auslandsarbeitsverhältnis**, das nach Vertrag und Abwicklung auf den Einsatz des ArbN bei ausländischen Baustellen beschränkt ist und keinerlei **Ausstrahlung** auf den inländischen Betrieb des ArbGeb hat, besteht der Sonderkündigungsschutz nicht. Anders verhält es sich, wenn der Einsatz im Ausland nur vorübergehend oder im Voraus befristet ist (§ 4 SGB IV)[6].

10 **c) Arbeitsplatz iSd. § 73.** Der Begriff des Arbeitsplatzes wird in § 73 I definiert, der für alle Bestimmungen des 2. Teils des SGB IX, insb. auch für die Erfüllung der Pflichtquote nach § 71 maßgeblich ist. Im Rahmen des Sonderkündigungsschutzes kommt der Bestimmung nur Bedeutung zu, wenn der ArbN weder seinen Wohnsitz noch seinen gewöhnlichen Aufenthalt im Geltungsbereich des Gesetzes hat, § 2 II. Danach sind Arbeitsplätze alle Stellen, auf denen ArbN, Beamte, Richter und Auszubildende und andere zu ihrer beruflichen Bildung Eingestellte beschäftigt werden. Nicht zu den Arbeitsplätzen zählen die in § 73 II und III genannten Stellen. Das sind nach Abs. 2 Arbeitsplätze, auf denen Rehabilitanten (Nr. 1), karikativ oder religiös (Nr. 2), zu ihrer Heilung, Wiedereingliederung oder Erziehung (Nr. 3), in Arbeitsbeschaffungsmaßnahmen (Nr. 4) tätige oder gewählte (Nr. 5) Personen beschäftigt werden sowie Arbeitsplätze von Personen, deren Arbeitsverhältnis ruht, solange für sie eine Vertretung eingestellt ist (Nr. 7). Abs. 3 nimmt ferner die Stellen aus, die nach der Natur der Arbeit oder nach Vereinbarung der Parteien nur höchstens acht Wochen besetzt sind, sowie Stellen, auf denen Beschäftigte weniger als 18 Stunden wöchentlich beschäftigt werden.

11 **d) Ausnahmen. § 90** regelt die Fälle, in denen der Sonderkündigungsschutz nicht gilt (s. dort). Nach § 90 I Nr. 1 sind insb. schwerbehinderte Menschen nicht geschützt, deren Arbeitsverhältnis zum Zeitpunkt der Kündigung ohne Unterbrechung noch nicht **länger als sechs Monate** besteht.

1 BAG v. 12.9.1996 – 5 AZR 1066/94, NZA 1997, 194; v. 26.5.1999 – 5 AZR 469/98, NZA 1999, 983. | 2 BAG v. 10.12.1987 – 2 AZR 385/87, AP Nr. 11 zu § 18 SchwbG. | 3 BAG v. 21.10.1971 – 2 AZR 17/71, AP Nr. 1 zu § 611 BGB – Gruppenarbeitsverhältnis. | 4 BAG v. 8.6.2000 – 2 AZR 207/99, NZA 2000, 1013. | 5 BAG v. 30.4.1987 – 2 AZR 192/86, NZA 1988, 135. | 6 BAG v. 30.4.1987 – 2 AZR 192/86, NZA 1988, 135; v. 21.10.1980 – 6 AZR 640/79, DB 1981, 696.

IV. Beginn und Ende des Sonderkündigungsschutzes. 1. Nachweis gem. § 90 IIa. Die Vorschriften über den Sonderkündigungsschutz finden gem. **§ 90 IIa** keine Anwendung, wenn zum Zeitpunkt der Kündigung die Eigenschaft als schwerbehinderter Mensch nicht nachgewiesen ist oder das Versorgungsamt nach Ablauf der Frist des § 69 I 2 seine Feststellung wegen fehlender Mitwirkung des Antragstellers nicht treffen konnte. Zu dieser inhaltlich umstrittenen Regelung liegt inzwischen eine Entscheidung des BAG vor. Danach genießen schwerbehinderte Menschen und Gleichgestellte Sonderkündigungsschutz nur dann, wenn sie entweder bei Zugang der Kündigung bereits als Schwerbehinderte anerkannt oder ihnen gleichgestellt sind oder den Antrag auf Anerkennung der Schwerbehinderung bzw. den Gleichstellungsantrag mindestens **drei Wochen** vor Zugang der Kündigung gestellt haben[1]. Abs. 2a Alt. 2 erweise sich als Bestimmung einer Vorfrist. Denn nur wenn der Antrag durch den ArbN spätestens drei Wochen vor Zugang der Kündigung gestellt werde, sei eine Entscheidung binnen der Frist des § 69 I 2 vor Ausspruch der Kündigung überhaupt möglich. 12

2. Schwerbehinderteneigenschaft. Die Feststellung der Schwerbehinderteneigenschaft durch das Versorgungsamt hat an sich nur **deklaratorische Bedeutung**. Dies folgt aus der Formulierung des § 69 I 1, wonach das Versorgungsamt die Behinderung und den Grad der Behinderung im **Anerkennungsverfahren** auf Antrag des behinderten Menschen lediglich feststellt. Der ArbGeb kann die Anerkennungsentscheidung des Versorgungsamts nicht anfechten[2]. Die Behörden stellen über die Eigenschaft als schwerbehinderter Mensch, den Grad der Behinderung sowie über weitere gesundheitliche Merkmale einen **Ausweis** aus (§ 69 V). 13

Die Kündigung des ArbGeb bedarf jedoch nur dann der vorherigen Zustimmung des Integrationsamts, wenn zum Zeitpunkt des Zugangs der Kündigung die Schwerbehinderteneigenschaft bereits anerkannt ist oder der ArbN den Antrag auf Anerkennung der Schwerbehinderung mindestens drei Wochen vor Zugang der Kündigung gestellt hat[3]. Spricht das Versorgungsamt den Schwerbehindertenstatus dann ohne Verschulden des ArbN erst später, aber rückwirkend für einen Zeitpunkt vor Kündigungszugang zu, ist das unerheblich[4]. Ob dies auch nach der neuen Gesetzeslage noch gilt, wenn die rückwirkende Anerkennung erst im Widerspruchsverfahren erfolgt[5], ist zweifelhaft. Gegen eine solche Interpretation spricht neben dem Wortlaut der Bestimmung auch das Ziel des Gesetzgebers, Rechtssicherheit zu schaffen. Der Sonderkündigungsschutz besteht ferner, wenn die Schwerbehinderung **offenkundig** ist, und zwar einschließlich eines Grades der Behinderung von mindestens 50[6]. Der ArbGeb muss sich dann entsprechend dem Rechtsgedanken des § 162 BGB so behandeln lassen, als habe der Schwerbehinderte den Antrag rechtzeitig vor Zugang der Kündigung gestellt. 14

3. Gleichstellung. Im Unterschied zur Feststellung der Schwerbehinderteneigenschaft ist die Feststellung der Gleichstellung durch die BA gem. § 68 II für die Inanspruchnahme der Schutzrechte **konstitutiv.** § 90 IIa gilt auch hier für die Entstehung der Kündigungssperre des § 85. Gem. § 68 II 2 wird die Gleichstellung mit dem Tag des Eingangs des Antrags wirksam. Sie kann befristet werden (§ 69 II 3). Der Sonderkündigungsschutz entsteht für den behinderten gleichgestellten Menschen damit frühestens mit dem **Tag des Eingangs seines Antrags** auf Gleichstellung bei der BA. Die Voraussetzungen einer Gleichstellung nach §§ 2 III, 68 können für den ArbGeb nicht offenkundig sein[7]. 15

4. Ende des Sonderkündigungsschutzes. Dieser endet für einen schwerbehinderten Menschen mit dem Wegfall der Voraussetzungen des § 2 II. Wird dies durch behördlichen Bescheid festgestellt, erlischt der Schutz erst am Ende des dritten Kalendermonats nach Eintritt der Unanfechtbarkeit des Bescheides (§ 116 I). Ein Ausweis nach § 69 V wird eingezogen, sobald der gesetzl. Schutz erloschen ist (§ 69 V 4). Ab Bestandskraft einer Neufestsetzung wird der Ausweis ggf. berichtigt (§ 69 V 5). Das Ende des Schutzes für den gleichgestellten Menschen tritt nach § 116 II 1 mit dem Widerruf oder der Rücknahme der Gleichstellung ein. Der Widerruf ist zulässig, wenn die Voraussetzungen nach § 2 III iVm § 68 II weggefallen sind (vgl. Rz. 7). Er wird erst am Ende des dritten Kalendermonats nach Eintritt seiner Unanfechtbarkeit wirksam (§ 116 II 3). 16

5. Kenntnis des Arbeitgebers. Auf die Kenntnis des kündigenden ArbGeb von der Schwerbehinderteneigenschaft, von der Gleichstellung oder von der auf die Anerkennung bzw. Feststellung gerichteten Antragstellung des ArbN kommt es nicht an[8]. Der ArbGeb wird bereits durch die Einl. des Feststellungsverfahrens objektiv in die Lage versetzt, die Zustimmung zur Kündigung zu beantragen. Verzögerungen im Zustimmungsverfahren sind dem ArbGeb zumutbar[9]. Das Integrationsamt kann eine vorsorgliche Entscheidung treffen[10]. 17

---

1 BAG v. 29.11.2007 – 2 AZR 613/06; v. 1.3.2007 – 2 AZR 217/06, DB 2007, 1702. | 2 BSG v. 22.10.1986 – 9aRVs 3/84, AP Nr. 1 zu § 3 SchwbG; v. 19.12.2001 – B 11 AL 57/01 R, NZA 2002, 664. | 3 BAG v. 1.3.2007 – 2 AZR 217/06, DB 2007, 1702. | 4 BAG v. 11.5.2000 – 2 AZR 276/99, NZA 2000, 1106. | 5 BAG v. 30.6.1983 – 2 AZR 10/82, AP Nr. 11 zu § 12 SchwbG. | 6 BAG v. 7.3.2002 – 2 AZR 612/00, NZA 2002, 1145; s. Ausschussbegründung, BT-Drs. 15/2357 S. 24. | 7 BAG v. 24.11.2005 – 2 AZR 514/04, NZA 2006, 665. | 8 BAG v. 12.1.2006 – 2 AZR 539/05, NZA 2006, 1035. | 9 BAG v. 23.2.1978 – 2 AZR 462/76, AP Nr. 3 zu § 12 SchwbG; v. 7.3.2002 – 2 AZR 612/00, FA 2002, 154. | 10 BAG v. 30.6.1983 – 2 AZR 10/82, AP Nr. 11 zu § 12 SchwbG; BVerwG v. 15.12.1988 – 5 C 67/85, NZA 1989, 554.

18 **V. Kündigung des Arbeitgebers. 1. Nach Zustimmung.** Eine **ordentliche Kündigung** ist nur wirksam, wenn dem ArbGeb zum Zeitpunkt des Zugangs der Kündigung beim ArbN die Zustimmungsentscheidung des Integrationsamts zugestellt ist. Die Zustimmungsentscheidung muss dem ArbGeb also nicht bereits zum Zeitpunkt der Absendung der Kündigung, wohl aber vor Zugang der ordentl. Kündigung beim ArbN **zugestellt** sein[1]. Eine außerordentl. Kündigung kann demgegenüber wegen des Beschleunigungsgrundsatzes gem. § 91 bereits ausgesprochen werden, wenn das Integrationsamt die Zustimmungsentscheidung getroffen hat und dies dem ArbGeb mündlich, auch telefonisch mitgeteilt hat[2] (s. § 91 Rz. 5).

19 **2. Nach Negativ-Attest.** Kommt das Integrationsamt zu dem Ergebnis, dass ein Zustimmungserfordernis nicht vorliegt, erteilt es dem ArbGeb von sich aus ein Negativ-Attest. Dieses ersetzt bei Erteilung (Zugang beim ArbGeb) das Zustimmungserfordernis und beseitigt die Kündigungssperre[3]. Diesen Weg kann der ArbGeb auch wählen, wenn er über das Zustimmungserfordernis unsicher ist.

20 **3. Kündigung ohne Zustimmung.** Ein Nachholen der Zustimmungsentscheidung des Integrationsamts für eine einmal ausgesprochene Kündigung ist nicht möglich, die Kündigung ist gem. § 134 BGB nichtig. Der ArbGeb muss eine neue Kündigung aussprechen, nachdem er die Zustimmung des Integrationsamts eingeholt hat. Dies gilt auch, wenn dem ArbGeb erst nach Ausspruch der Kündigung das Zustimmungserfordernis bekannt wird.

21 **4. Vorgehen gegen die Entscheidung des Integrationsamts.** Der ArbN kann sowohl die Zustimmungsentscheidung als auch ein Negativ-Attest des Integrationsamts mit Widerspruch und verwaltungsgerichtlicher Klage anfechten.

22 **5. Kündigungsschutzklage des Arbeitnehmers.** Dem ArbN steht es frei, sich im Rahmen des Kündigungsschutzprozesses auf die Unwirksamkeit der Kündigung wegen Verletzung des § 85 zu berufen. Gem. § 4 I 1 KSchG kann der ArbN diesen Unwirksamkeitsgrund nur geltend machen, wenn er innerhalb der Dreiwochenfrist vor dem ArbG Kündigungsschutzklage erhoben hat (s. näher § 4 KSchG Rz. 1 f.). Die Dreiwochenfrist beginnt gem. § 4 S. 4 KSchG erst mit Bekanntgabe der Entscheidung des Integrationsamts an den ArbN. Dies gilt jedenfalls, wenn der ArbGeb die Schwerbehinderteneigenschaft des ArbN kennt, so dass die Frist nicht zu laufen beginnt, wenn der ArbGeb die Zustimmung nicht beantragt hat[4].

23 **6. Berufung des Arbeitnehmers auf den besonderen Kündigungsschutz.** Ist dem ArbGeb die Schwerbehinderung unbekannt und hat er deshalb die vorherige Zustimmung des Integrationsamts nicht beantragt, blieb dies nach bisheriger Rspr. des BAG unerheblich, wenn der ArbN den ArbGeb nicht **binnen eines Monats** nach Zugang der Kündigung über die Anerkennung seiner Schwerbehinderteneigenschaft, die Gleichstellungsentscheidung oder die entsprechende Antragstellung unterrichtete[5]. Allerdings erwägt das BAG[6], diese Rspr. zu ändern und die Mitteilungsfrist auf **drei Wochen** zu verkürzen. Für die Praxis bedeutet diese Ankündigung, dass sich ein ArbN künftig innerhalb von drei Wochen auf seine Schwerbehinderung oder Gleichstellung berufen sollte, um sich den Sonderkündigungsschutz zu erhalten. Die Mitteilung an den ArbGeb oder einen rechtsgeschäftlichen Vertreter des ArbGeb kann **formlos** geschehen. Der ArbN muss die rechtzeitige Kenntniserlangung des ArbGeb ggf. beweisen[7]. Einer gesonderten Information des ArbGeb durch den ArbN bedarf es nicht, wenn der BR in seiner Anhörung auf eine etwaige Schwerbehinderung und die Antragstellung des ArbN hingewiesen hat[8].

86 *Kündigungsfrist*

Die Kündigungsfrist beträgt mindestens vier Wochen.

1 Die Bestimmung enthält eine **Mindestkündigungsfrist** für ordentl. **ArbGeb-Kündigungen**. Sie greift nur ein, wenn auf Grund gesetzl., tarifvertragl. oder einzelvertragl. Regelungen nicht ohnehin eine längere Kündigungsfrist als vier Wochen gilt. Für das Arbeitsverhältnis etwa geltende längere Kündigungsfristen oder auch bestimmte Kündigungstermine (zB Monats- oder Quartalsende) bleiben unberührt. Die Bedeutung dieser Vorschrift ist für Arbeitsverhältnisse mit **gesetzl. Kündigungsfrist** wegen der Wartefrist des § 90 I Nr. 1 sehr gering. Bei Geltung **tarifl. Kündigungsfristen**, die häufig auch nach längerer Dauer des Arbeitsverhältnisses kürzer als vier Wochen sind, führt die Bestimmung dazu, dass das Arbeitsverhältnis durch den ArbGeb nicht mit der kürzeren tarifvertragl. Kündigungsfrist, sondern nur mit der Mindestkündigungsfrist von vier Wochen gekündigt werden kann.

2 Für die **Fristberechnung** gilt § 187 I BGB, so dass der Tag des Zugangs der Kündigung nicht mitgerechnet wird und die Frist gem. § 188 II BGB mit Ablauf desjenigen Tages der letzten Woche endet,

1 BAG v. 15.5.1997 – 2 AZR 43/96, NZA 1998, 33; LAG BW v. 22.9.2006 – 18 Sa 28/06, DÖD 2007, 96. | 2 BAG v. 12.5.2005 – 2 AZR 159/04. | 3 BAG v. 27.5.1983 – 7 AZR 482/81, AP Nr. 12 zu § 12 SchwbG. | 4 BAG v. 13.2.2008 – 2 AZR 864/06; v. 3.7.2003 – 2 AZR 487/02, NZA 2003, 1335. | 5 BAG v. 23.2.1978 – 2 AZR 462/76, AP Nr. 3 zu § 12 SchwbG. | 6 BAG v. 12.1.2006 – 2 AZR 539/05, NZA 2006, 1035; abl. LAG Hamm v. 10.5.2007 – 8 Sa 263/07. | 7 BAG v. 5.7.1990 – 2 AZR 8/90, NZA 1991, 667. | 8 BAG v. 20.1.2005 – 2 AZR 675/03, AuA 2005, 498.

welcher durch seine Benennung dem Tage entspricht, in den das Ereignis (Zugang der Kündigung) fällt. Wird die vierwöchige Mindestkündigungsfrist durch den ArbGeb nicht eingehalten, ist die Kündigung idR in eine Kündigung zum nächsten zulässigen Termin umzudeuten (s. § 622 BGB Rz. 130).

87 *Antragsverfahren*

(1) Die Zustimmung zur Kündigung beantragt der Arbeitgeber bei dem für den Sitz des Betriebes oder der Dienststelle zuständigen Integrationsamt schriftlich. Der Begriff des Betriebes und der Begriff der Dienststelle im Sinne des Teils 2 bestimmen sich nach dem Betriebsverfassungsgesetz und dem Personalvertretungsrecht.

(2) Das Integrationsamt holt eine Stellungnahme des Betriebsrates oder Personalrates und der Schwerbehindertenvertretung ein und hört den schwerbehinderten Menschen an.

(3) Das Integrationsamt wirkt in jeder Lage des Verfahrens auf eine gütliche Einigung hin.

1 **I. Inhalt.** Die Bestimmung ergänzt wie auch § 88 die für das Zustimmungsverfahren vor dem Integrationsamt geltenden Verwaltungsverfahrensvorschriften des SGB X. Es herrscht das **Amtsermittlungsprinzip** nach § 20 SGB X. Die Vorschrift gilt für das Zustimmungsverfahren vor Ausspruch einer ordentl. und einer außerordentl. Kündigung, sofern § 91 keine Sonderregelungen für die außerordentl. Kündigung vorsieht.

2 **Zuständig** zur Entgegennahme des Antrags des ArbGeb ist das für den Betriebssitz (die Dienststelle) örtlich zuständige Integrationsamt. Der **Betriebsbegriff** (s.a. § 1 BetrVG Rz. 6 ff.) ist nach dem BetrVG (bzw. PersVG) zu definieren. Danach gilt als Betrieb die organisatorische Einheit von Arbeitsmitteln, mit deren Hilfe jemand in Gemeinschaft mit seinen Mitarbeitern einen oder mehrere technische Arbeitszwecke fortgesetzt verfolgt[1]. Die Definition einer Dienststelle richtet sich nach § 6 BPersVG bzw. den LänderPersVG.

3 **II. Antrag des Arbeitgebers. 1. Form.** Der ArbGeb hat die Zustimmung beim Integrationsamt schriftl. zu beantragen. Dies bedeutet **Schriftform nach § 126 BGB**, also eigenhändige Unterschrift des ArbGeb. Bedient sich der ArbGeb eines Bevollmächtigten, muss er eine Vollmacht beifügen. Solange die Schriftform nicht nachgeholt oder die Bevollmächtigung nicht nachgewiesen wird, darf das Integrationsamt nicht tätig werden. Die Einreichung des Antrags durch **Fax** oder **Telegramm** (E-Mail) ist zulässig, ebenso die Stellung des Antrags **zu Protokoll** der Behörde. Erteilt das Integrationsamt trotz **Verletzung** der Schriftform die Zustimmung, ist diese Entscheidung anfechtbar. Der Formmangel kann nicht geheilt werden[2]. Bis zur Aufhebung der Zustimmung ist sie jedoch für das ArbG bindend.

4 **2. Inhalt.** Die Integrationsämter halten für die Antragstellung Formulare bereit. Unerlässlich sind die genaue Bezeichnung der **Person des ArbN** mit Namen und Anschrift sowie des ArbGeb einschließlich des Sitzes der Beschäftigungsstelle. Ferner bedarf es der eindeutigen Erklärung darüber, für welche **Art der Kündigung** die Zustimmung beantragt wird. Will der ArbGeb an sich außerordentlich (§ 91) und nur hilfsweise ordentlich kündigen, muss er auch zu der ordentl. Kündigung die Zustimmung des Integrationsamts einholen. Sonst ist eine Umdeutung der außerordentl. Kündigung in eine ordentl. Kündigung gem. § 140 BGB nicht möglich[3].

5 Sodann sind die **Kündigungsgründe** darzulegen, und zwar so umfassend wie möglich. Dazu gehören auch Angaben zur persönlichen Situation des ArbN, wie Alter, Unterhaltspflichten und **sonstige Besonderheiten**, des ArbN oder des ArbGeb, die bei der Interessenabwägung eine Rolle spielen können. Das Integrationsamt darf keine Amtsermittlung betreiben, wenn eine Antragsbegründung fehlt, kann aber dazu auffordern, eine etwa fehlende oder ergänzungsbedürftige Begründung vorzulegen (§ 20 SBG X).

Ferner sollte sich der ArbGeb darüber erklären, welches betriebsinterne oder -externe Gremium zu der beabsichtigten Kündigung bereits beteiligt worden ist. Vorliegende **Stellungnahmen** der Schwerbehindertenvertretung (§ 95 II) oder des BR (§ 102 BetrVG)/PersR sind dem Antrag beizufügen.

6 **3. Fristen.** Für den Antrag des ArbGeb auf Zustimmung zu einer ordentl. Kündigung gelten keine besonderen Fristen; bei einer beabsichtigten außerordentl. Kündigung gilt gem. § 91 II 1 die Zweiwochenfrist. Das Integrationsamt soll gem. § 88 I bei ordentl. Kündigungen binnen Monatsfrist entscheiden, für außerordentl. Kündigungen gilt § 91 III.

7 **III. Verfahren. 1. Verfahrensbeteiligte.** Beteiligt sind als Antragsteller der ArbGeb und als Antragsgegner der betroffene ArbN. Eine Vertretung durch Bevollmächtigte ist zulässig, § 13 SGB X.

8 **2. Amtsermittlung.** Das Integrationsamt hat den Sachverhalt auf der Grundlage des Antragsinhalts zu ermitteln und aufzuklären. Es kann Auskünfte einholen, Unterlagen beiziehen, Zeugen oder Sachverst. hören und gem. § 80 VII auch den Arbeitsplatz des ArbN besichtigen. Das Integrationsamt hat die Verfahrensbeteiligten über die Ergebnisse seiner Ermittlungen zu unterrichten und Gelegenheit zur

1 BAG v. 10.11.2004 – 7 ABR 17/04, NZA 2005, 895. | 2 BVerwG v. 17.3.1988 – 5 B 60/87, nv. | 3 LAG Berlin v. 9.7.1984 – 12 Sa 18/84, NZA 1985, 95; LAG Köln v. 13.2.1991 – 7 Sa 48/90.

Anhörung zu geben, § 24 I SGB X. **Fehler im Anhörungsverfahren** führen zur Anfechtbarkeit der Entscheidung des Integrationsamts (§ 42 SGB X). Die **Nachholung** der Versäumnisse **im Widerspruchsverfahren** ist zulässig[1].

9 **3. Anhörung des schwerbehinderten Menschen.** Nach Abs. 2 Hs. 2 muss das Integrationsamt den schwerbehinderten Menschen anhören. In welcher Form rechtliches Gehör gewährt wird, steht im Ermessen des Integrationsamts, es kann den ArbN persönlich hören oder eine schriftl. Stellungnahme einholen[2].

10 **4. Einholung von Stellungnahmen.** Abs. 2 schreibt dem Integrationsamt vor, Stellungnahmen des BR/PersR sowie der Schwerbehindertenvertretung einzuholen. Unterlässt das Integrationsamt die Beteiligung, ist die Entscheidung fehlerhaft und anfechtbar. Wenn der ArbGeb die im Betrieb vorhandenen Gremien bereits angehört hat und ihm vorliegende Stellungnahmen mit seinem Antrag einreicht, kann das Integrationsamt unter Umständen von einer eigenen erneuten Anfrage absehen[3].

11 **a) Betriebsrat/Personalrat.** Ob eine erneute BR/PersR-Beteiligung durch das Integrationsamt erforderlich ist, hängt zB davon ab, ob die Beteiligung durch den ArbGeb umfassend war oder eine andere Einlassung im Verfahren zu erwarten ist. Insb. bei außerordentl. Kündigungen sollte Formalismus vermieden werden.

12 **b) Schwerbehindertenvertretung.** Zu den **Aufgaben** der Schwerbehindertenvertretung gehört nach § 95 II die Mitwirkung am Kündigungsverfahren schwerbehinderter ArbN. Sie ist vom ArbGeb unverzüglich und umfassend vor einer Maßnahme zu **unterrichten, ferner** steht ihr im Vorfeld ein Überwachungsrecht für Präventionsmaßnahmen nach § 84 zu. Die unterbliebene Beteiligung der Schwerbehindertenvertretung durch den ArbGeb führt zwar nicht zur Unwirksamkeit der Kündigung. Das Integrationsamt hat aber die Beteiligung zu prüfen und ggf. den ArbGeb aufzufordern, diese binnen 7 Tagen nachzuholen, § 95 II 2.

13 **5. Gütliche Einigung.** Nach Abs. 3 hat das Integrationsamt in jeder Lage des Verfahrens auf eine gütliche Einigung der Beteiligten hinzuwirken. Nach dem Schutzzweck des Gesetzes soll diese Pflicht in erster Linie dem Erhalt des Arbeitsplatzes, ggf. durch Veränderung der Arbeitsbedingungen, dienen. Es ist aber auch der Abschluss eines Aufhebungsvertrages möglich; hierbei sollte die AA einbezogen werden, um eine Sperrfrist zu vermeiden.

88 *Entscheidung des Integrationsamtes*

(1) Das Integrationsamt soll die Entscheidung, falls erforderlich auf Grund mündlicher Verhandlung, innerhalb eines Monats vom Tage des Eingangs des Antrages an treffen.

(2) Die Entscheidung wird dem Arbeitgeber und dem schwerbehinderten Menschen zugestellt. Der Bundesagentur für Arbeit wird eine Abschrift der Entscheidung übersandt.

(3) Erteilt das Integrationsamt die Zustimmung zur Kündigung, kann der Arbeitgeber die Kündigung nur innerhalb eines Monats nach Zustellung erklären.

(4) Widerspruch und Anfechtungsklage gegen die Zustimmung des Integrationsamtes zur Kündigung haben keine aufschiebende Wirkung.

(5) In den Fällen des § 89 Abs. 1 Satz 1 und Abs. 3 gilt Absatz 1 mit der Maßgabe, dass die Entscheidung innerhalb eines Monats vom Tage des Eingangs des Antrages an zu treffen ist. Wird innerhalb dieser Frist eine Entscheidung nicht getroffen, gilt die Zustimmung als erteilt. Die Absätze 3 und 4 gelten entsprechend.

1 **I. Mündliche Verhandlung.** Abs. 1 S. 1 sieht eine mündliche Verhandlung als Grundlage für die Entscheidung des Integrationsamts vor. Sie dient der umfassenden Sachaufklärung und hat stattzufinden, wenn das Integrationsamt sie nach pflichtgemäßem Ermessen für erforderlich hält. Ordnet es eine mündliche Verhandlung an, hat es den ArbGeb und den ArbN zu laden, die sich durch Bevollmächtigte vertreten lassen können. Es steht dem Integrationsamt frei, die nach § 87 II einzuholenden Stellungnahmen im Rahmen der mündlichen Verhandlung entgegenzunehmen oder den BR/PersR und die Schwerbehindertenvertretung zu laden. In der Praxis erweist sich die mündliche Verhandlung nicht nur als Zeit sparend, sie ist auch besonders geeignet, um auf eine gütliche Einigung hinzuwirken und den gesetzl. Auftrag aus § 87 III zu erfüllen. Über die Verhandlung muss weder ein Protokoll geführt werden[4], noch sind bestimmte Formalien einzuhalten.

2 **II. Entscheidung. 1. Entscheidungsgrundlage.** Das Integrationsamt entscheidet nach **pflichtgemäßem Ermessen**. Hierbei sind die Interessen der Beteiligten auf der Grundlage des im Verfahren ermittelten Sachverhalts gegeneinander abzuwägen. Die Zielrichtung des Gesetzes, den Schutz schwerbehinderter

1 BVerwG v. 11.11.1999 – 5 C 23.99, EzA § 17 SchwbG 1986 Nr. 1. | 2 VG Ansbach v. 12.7.2007 – AN 14 K 07.00121. | 3 BayVGH v. 12.7.2006 – 9 ZB 05.2539. | 4 BVerwG v. 1.7.1993 – 5 B 73.93, Buchholz 436.61 § 17 SchwbG 1986 Nr. 3.

Menschen zu gewährleisten und ihre Nachteile auf dem Arbeitsmarkt zu verringern, ist bei dieser Abwägung bezogen auf die individuelle Situation des ArbN besonders zu berücksichtigen[1]. Demgegenüber steht das Interesse des ArbGeb, sein Unternehmen in Betriebsablauf und Organisation frei gestalten zu dürfen[2]. Dabei hat das Integrationsamt die arbeitsrechtliche Wirksamkeit der beabsichtigten Kündigung, insb. ihre soziale Rechtfertigung nach dem KSchG grds. nicht zu prüfen[3]. Umstände, die den schwerbehinderten Menschen nicht als Schwerbehinderten, sondern wie jeden anderen ArbN treffen, wie etwa das Erfordernis einer Abmahnung oder eine zutreffende Sozialauswahl, sind dem Prüfungsumfang des Integrationsamts entzogen. Nur ausnahmsw. kann das Integrationsamt die Zustimmung ablehnen, wenn die Kündigung offensichtlich aus arbeitsrechtl. Gründen unwirksam ist[4]. Unterlässt das Integrationsamt die Prüfung oder ermittelt es sich aufdrängende Umstände des Einzelfalls nicht, ist seine Entscheidung ermessensfehlerhaft und demzufolge angreifbar. Besondere Beachtung ist einer durch die Schwerbehinderung bedingten **Leistungsminderung** zu widmen. Ist sie Ursache des Kündigungsgrundes, sind gesteigerte Anforderungen an die Kündigungsbegründung, insb. an die Darlegung einer fehlenden Umsetzungsmöglichkeit im Betrieb bzw. Schaffung eines leidensgerechten Arbeitsplatzes zu stellen[5], dies gilt insb. wegen der Präventionsverfahren des § 84 I und II (**betriebliches Eingliederungsmanagement**). Ist eine **Änderungskündigung** beabsichtigt, hat das Integrationsamt neben dem Kündigungsgrund auch die Zumutbarkeit des alternativ angebotenen Arbeitsplatzes zu prüfen (§ 89 II). In bestimmten Fällen ist das **Ermessen** des Integrationsamts bei seiner Entscheidungsfindung **eingeschränkt**, s. § 89 und § 91 IV.

2. Form und Inhalt. Die Entscheidung des Integrationsamts ist ein **Verwaltungsakt mit Drittwirkung** und unterliegt dem Begründungszwang nach § 35 SGB X, sie ist schriftl. abzufassen und mit einer Rechtsbehelfsbelehrung zu versehen (§ 36 SGB X). Die Entscheidung kann die Zustimmung oder die Ablehnung des Antrags oder ein Negativ-Attest enthalten. Der Begründung muss zu entnehmen sein, über welchen konkreten Sachverhalt entschieden wurde. 3

3. Frist. Soll-Vorschrift. Die in Abs. 1 vorgesehene **Frist von einem Monat** ab Antragseingang gilt nur für ordentl. Kündigungen und hier auch nur, soweit nicht die Sonderregelung des Abs. 5 eingreift. Für außerordentl. Kündigungen gilt § 91 III. Die Nichteinhaltung der Frist führt nicht zur Fehlerhaftigkeit der Entscheidung. 4

4. Zustellung. Abs. 2 schreibt die Zustellung der Entscheidung des Integrationsamts an den ArbGeb und den ArbN vor. Die förmliche Zustellung der Entscheidung an den ArbGeb vor Zugang der Kündigung beim ArbN ist Wirksamkeitsvoraussetzung für die ordentl. Kündigung[6]. Die Bekanntgabe (Zustellung) an den betroffenen ArbN ist nach § 87 I SGB X zwar Wirksamkeitsvoraussetzung für den Verwaltungsakt des Integrationsamts. Sie hat aber keine Auswirkungen auf die Wirksamkeit der Kündigung des ArbGeb[7]. Der BA ist nach Abs. 2 S. 2 eine Abschrift der Entscheidung zu übersenden. 5

5. Aussetzung des Verwaltungsverfahrens. Das Integrationsamt kann das Zustimmungsverfahren aussetzen, wenn über einen Antrag auf Anerkennung der Schwerbehinderteneigenschaft oder auf Feststellung der Gleichstellung noch nicht entschieden ist. Es kann aber auch eine **vorsorgliche Entscheidung** treffen. Die Aussetzung durch das Integrationsamt für die Dauer eines oft langwierigen Feststellungsverfahrens belastet den ArbGeb, ohne einen größeren Schutz des ArbN zu erreichen. Wenn das Integrationsamt in dieser Situation über den Antrag des ArbGeb (vorsorglich) entscheidet, behandelt es den ArbN so, als stünden ihm alle Schutzrechte des Gesetzes zu. 6

6. Sonderregelung des Abs. 5. In den Fällen des § 89 I 1 und III gilt eine zwingende Entscheidungsfrist von einem Monat, beginnend mit dem Tag des Eingangs des Antrags. Eine entsprechende Regelung findet sich in § 91 III für die außerordentl. Kündigung. Das **Treffen einer Entscheidung** bedeutet den Abschluss des (internen) Entscheidungsvorgangs des Integrationsamts[8]. Es genügt, wenn das Integrationsamt seine Entscheidung innerhalb der Frist des Abs. 5 ausgefertigt zur Post oder mündlich (auch fernmündlich) bekannt gibt. Einer Zustellung der Entscheidung vor Zugang der Kündigung bedarf es in diesem Fall nicht[9]. 7

7. Zustimmungsfiktion. Trifft das Integrationsamt in den Fällen des Abs. 5 innerhalb der Monatsfrist keine Entscheidung, so gilt die Zustimmung als erteilt. Dies gilt nicht, wenn innerhalb der Frist eine ablehnende Entscheidung getroffen wurde und den Machtbereich der Behörde verlassen hat[10]. **Konsequenz** für die Praxis: am Tag nach Fristablauf ist abzufragen, ob eine Entscheidung getroffen worden ist. 8

---

1 VGH Kassel v. 17.11.1992 – 9 UE 1765/89, NZA 1993, 946 (LS); BVerwG v. 2.7.1992 – 5 C 31/91, BVerwGE 90.287 = AP Nr. 1 zu § 21 SchwbG 1986. |2 BVerwG v. 19.10.1995 – 5 C 24/93, NZA-RR 1996, 288. |3 BVerwG v. 19.10.1995 – 5 C 24/93, NZA-RR 1996, 288. |4 Bay. VGH v. 9.3.1995 – 12 B 93.3543, Br 1995, 199. |5 BVerwG v. 18.9.1989 – 5 B 100/89; Buchholz 436,61 § 15 SchwbG Nr. 2. |6 BAG v. 16.10.1991 – 2 AZR 332/91, AP Nr. 1 zu § 18 SchwbG 1986; LAG BW v. 22.9.2007 – 18 Sa 28/06, DÖD 2007, 96. |7 BAG v. 17.2.1982 – 7 AZR 846/79, AP Nr. 1 zu § 15 SchwbG; LAG Nürnberg v. 29.8.1995 – 2 Sa 203/95, AP Nr. 6 zu § 15 SchwbG 1986. |8 BAG v. 9.2.1994 – 2 AZR 720/93, AP Nr. 3 zu § 21 SchwbG 1986. |9 BAG v. 12.8.1999 – 2 AZR 748/91, AP Nr. 7 zu § 21 SchwbG 1986. |10 BAG v. 15.11.1990 – 2 AZR 255/90, AP Nr. 6 zu § 18 SchwbG; v. 9.2.1994 – 2 AZR 720/93, AP Nr. 3 zu § 21 SchwbG 1986; v. 15.11.1990 – 2 AZR 255/90, AP Nr. 6 zu § 21 SchwbG 1986.

9 **III. Verwertung der Entscheidung. 1. Vollziehungsfrist. Abs.** 3 bestimmt eine Vollziehungsfrist von einem Monat nach Zustellung der Zustimmungsentscheidung, innerhalb derer der ArbGeb die Kündigung gegenüber dem betroffenen ArbN erklären muss. In diesem Zeitraum kann der ArbGeb bei gleichbleibendem Kündigungssachverhalt auch mehrfach kündigen[1]. Es handelt sich um **eine materiellrechtliche Ausschlussfrist**, so dass der Zugang der Kündigung beim ArbN nach Fristablauf zur Unwirksamkeit der Kündigung führt[2]. Die **Berechnung** der Frist richtet sich nach §§ 187 I, 188 II BGB. Sie beginnt mit Zustellung des Bescheids beim ArbGeb und endet mit Ablauf des Tages des nächsten Monats, der in seiner Zahl dem Tage entspricht, an dem der Bescheid zugestellt wurde. Die Frist beginnt auch dann mit Zustellung der Zustimmungsentscheidung beim ArbGeb[3], wenn erst Widerspruch oder Klage zur Zustimmung führen.

10 **2. Negativ-Attest.** Erlässt das Integrationsamt ein Negativ-Attest, bringt es damit zum Ausdruck, dass die Kündigung nicht der Zustimmung nach § 85 bedarf. In diesem Fall gilt die Frist des Abs. 3 für den Ausspruch der Kündigung nicht.

11 **3. Beteiligung von Betriebsrat/Personalrat.** Grundsätzlich ist bei dem Verfahren auf Zustimmung zur ordentl. Kündigung die Beteiligung des BR/PersR vor, während oder nach dem Integrationsverfahren zulässig[4]. Die MitbestR des BR/PersR und sonstige **Beteilungsrechte**, die vor Ausspruch der Kündigung durch den ArbGeb zu wahren sind, sind – sofern sie nicht bereits ausreichend erfüllt wurden – innerhalb der Monatsfrist des Abs. 3 einzuhalten. Hat die Anhörung nach § 102 I BetrVG vor Antragstellung bereits stattgefunden, ist eine erneute Beteiligung **nach** erfolgter Zustimmung des Integrationsamts nicht erforderlich, sofern im Zustimmungsverfahren keine neuen Umstände auftreten oder Argumente eingeführt werden, die dem BR/PersR nicht bekannt sind. Dies gilt selbst dann, wenn zwischen der Beteiligung des BR/PersR und der Zustimmung ein jahrelanges verwaltungsgerichtl. Verfahren liegt[5].

12 **IV. Widerspruch und verwaltungsgerichtliche Klage. 1. Allgemeines zum Verfahren.** Das Widerspruchsverfahren ist in den §§ 118 ff. SGB IX geregelt. Widerspruch und Anfechtungsklage gegen die Zustimmungsentscheidung haben **keine aufschiebende Wirkung**, Abs. 4. Der ArbGeb muss also trotz Widerspruchs des ArbN gegen die Zustimmungsentscheidung des Integrationsamts die ordentl. Kündigung innerhalb der Monatsfrist des Abs. 3 und die außerordentl. Kündigung unverzüglich iSd. § 91 II erklären.

13 **2. Rechtsbehelfe des Arbeitnehmers und des Arbeitgebers.** Der schwerbehinderte **ArbN** kann gegen die Zustimmungsentscheidung sowie gegen ein Negativ-Attest des Integrationsamts innerhalb eines Monats nach Zustellung des Bescheids Widerspruch einlegen. Wird die Zustimmung gem. § 88 V 2 oder § 91 III 2 fingiert, beginnt die Frist mit Zustellung der die Fiktion bestätigenden Entscheidung. Bleibt der Widerspruch erfolglos, kann der ArbN beim Verwaltungsgericht **Anfechtungsklage** erheben. Wird die ursprüngliche Zustimmung des Integrationsamts im Widerspruchsbescheid aufgehoben, steht dem ArbGeb die Anfechtungsklage offen. Der **ArbGeb** kann gegen die Ablehnung der Zustimmung Widerspruch einlegen. Bleibt sein Widerspruch erfolglos, muss er beim Verwaltungsgericht **Verpflichtungsklage** erheben. Gem. § 113 V VwGO erlässt das Verwaltungsgericht die Zustimmungsentscheidung nicht selbst, so dass die Kündigungssperre des § 85 erst mit Zustellung der Entscheidung des Integrationsamts aufgehoben wird.

14 **3. Aussetzung des Kündigungsschutzverfahrens vor dem Arbeitsgericht.** Da die zustimmende Entscheidung des Integrationsamts sofort vollziehbar und für das ArbG bindend ist (§ 88 IV), kann der ArbN im Verwaltungsverfahren gegen die Zustimmung und im arbeitsgerichtl. Verfahren gegen die Kündigung vorgehen. Entweder setzt das ArbG in diesem Fall das Kündigungsschutzverfahren gem. § 148 ZPO bis zum rechtskräftigen Abschluss des Verwaltungsverfahrens aus oder es entscheidet den Kündigungsschutzprozess und verweist den ArbN auf eine etwaige Restitutionsklage nach § 580 Nr. 6 ZPO.

89 *Einschränkungen der Ermessensentscheidung*

(1) Das Integrationsamt erteilt die Zustimmung bei Kündigungen in Betrieben und Dienststellen, die nicht nur vorübergehend eingestellt oder aufgelöst werden, wenn zwischen dem Tage der Kündigung und dem Tage, bis zu dem Gehalt oder Lohn gezahlt wird, mindestens drei Monate liegen. Unter der gleichen Voraussetzung soll es die Zustimmung auch bei Kündigungen in Betrieben und Dienststellen erteilen, die nicht nur vorübergehend wesentlich eingeschränkt werden, wenn die Gesamtzahl der weiterhin beschäftigten schwerbehinderten Menschen zur Erfüllung der Beschäftigungspflicht nach § 71 ausreicht. Die Sätze 1 und 2 gelten nicht, wenn eine Weiterbeschäftigung auf einem anderen Arbeitsplatz desselben Betriebes oder derselben Dienststelle oder auf einem freien Arbeits-

1 BAG v. 8.11.2007 – 2 AZR 425/06. | 2 LAG Köln v. 27.2.1997 – 5 Sa 1377/76, NZA-RR 1997, 337. | 3 BAG v. 16.10.1991 – 2 AZR 332/91, NZA 1992, 503. | 4 BAG v. 11.5.2000 – 2 AZR 276/99, AP Nr. 10 zu § 21 SchwbG 1986. | 5 BAG v. 18.5.1994 – 2 AZR 626/93, AP Nr. 3 zu § 108 BPersVG.

platz in einem anderen Betrieb oder einer anderen Dienststelle desselben Arbeitgebers mit Einverständnis des schwerbehinderten Menschen möglich und für den Arbeitgeber zumutbar ist.

(2) Das Integrationsamt soll die Zustimmung erteilen, wenn dem schwerbehinderten Menschen ein anderer angemessener und zumutbarer Arbeitsplatz gesichert ist.

(3) Ist das Insolvenzverfahren über das Vermögen des Arbeitgebers eröffnet, soll das Integrationsamt die Zustimmung erteilen, wenn

1. der schwerbehinderte Mensch in einem Interessenausgleich namentlich als einer der zu entlassenden Arbeitnehmer bezeichnet ist (§ 125 der Insolvenzordnung),

2. die Schwerbehindertenvertretung beim Zustandekommen des Interessenausgleichs gemäß § 95 Abs. 2 beteiligt worden ist,

3. der Anteil der nach dem Interessenausgleich zu entlassenden schwerbehinderten Menschen an der Zahl der beschäftigten schwerbehinderten Menschen nicht größer ist als der Anteil der zu entlassenden übrigen Arbeitnehmer an der Zahl der beschäftigten übrigen Arbeitnehmer und

4. die Gesamtzahl der schwerbehinderten Menschen, die nach dem Interessenausgleich bei dem Arbeitgeber verbleiben sollen, zur Erfüllung der Beschäftigungspflicht nach § 71 ausreicht.

I. Inhalt. Die Bestimmung des § 89 enthält Einschränkungen des Ermessens des Integrationsamts zu Gunsten des ArbGeb. Je weniger die besondere Situation des schwerbehinderten Menschen für die Kündigung ursächlich ist, desto geringere Bedeutung kann das Integrationsamt in seiner Ermessensentscheidung der sonst im Vordergrund stehenden Stellung des schwerbehinderten Menschen zumessen. Es bleibt dann nur die besondere Situation des schwerbehinderten Menschen auf dem Arbeitsmarkt als Abwägungskriterium. Die Bestimmungen des § 89 setzen diesen Gedanken fort. Bei den hier behandelten Sachverhalten ist der Schwerbehinderte wie alle anderen ArbN des ArbGeb auch betroffen. 1

II. Ermessensentscheidung des Integrationsamts. Maßgeblicher Zeitpunkt für die Zustimmungsentscheidung ist der Zeitpunkt der Kündigungserklärung, und zwar auch bei Durchführung eines Widerspruchsverfahrens[1]. Versagt das Integrationsamt die Zustimmung, sind die Erkenntnisse maßgeblich, die zum Zeitpunkt der Entscheidung der Widerspruchsbehörde vorliegen[2]. 2

III. Ermessensreduzierung nach Abs. 1. Zu den **drei Fällen** im Einzelnen: **1. Voraussetzungen des Abs. 1 S. 1. a) Nicht nur vorübergehende Einstellung oder Auflösung**. Liegen die Voraussetzungen des Abs. 1 S. 1 vor, **muss** das Integrationsamt die Zustimmung zur Kündigung erteilen. Die **Einstellung** des Betriebes bedeutet die Auflösung der Arbeits- und Produktionsgemeinschaft zwischen Unternehmer und Belegschaft auf Grund eines ernsthaften Willensentschlusses des ArbGeb[3]. Die **Auflösung** einer Dienststelle liegt vor, wenn in der öffentl. Verwaltung eine selbständige Verwaltungseinheit oder ein öffentl. Betrieb eingestellt wird. Es gelten die zum Begriff der Betriebsstilllegung gem. § 15 IV KSchG entwickelten Grundsätze (s. § 15 KSchG Rz. 55 ff.). Das Integrationsamt hat zu prüfen, ob die ernsthafte und endgültige Absicht des Unternehmers, den bisherigen Betriebszweck nicht mehr weiter zu verfolgen, zum Zeitpunkt der Kündigung bereits **greifbare Formen** angenommen hat. 3

b) Drei Monate Gehalts- oder Lohnfortzahlung. Die Ermessensreduzierung bei einer nicht nur vorübergehenden Einstellung des Betriebes oder Auflösung der Dienststelle tritt nur ein, wenn zwischen dem Tag des Zugangs der Kündigung und dem Tag, bis zu dem Gehalt oder Lohn gezahlt wird, mindestens drei Monate liegen. Diese Regelung verlängert nicht die Mindestkündigungsfrist des § 86, sondern verpflichtet nur zur Zahlung, ggf. auch über den Ablauf der Kündigungsfrist hinaus. Zur Absicherung der Zahlung verbindet das Integrationsamt in diesen Fällen seine Zustimmung idR mit einer **Auflage** oder stellt die Zustimmung unter eine aufschiebende oder auflösende Bedingung[4]. Erfüllt der ArbGeb eine Auflage nach Ausspruch der Kündigung nicht, kann die Zustimmungsentscheidung gem. § 47 I Nr. 2, § 32 II Nr. 4 SGB X widerrufen werden. 4

2. Voraussetzungen des Abs. 1 S. 2. a) Nicht nur vorübergehende wesentliche Einschränkung. Im Fall des Abs. 1 S. 2 **soll** das Integrationsamt die Zustimmung erteilen. Notwendig ist eine auf unüberschaubare Dauer gerichtete Entscheidung des ArbGeb oder für eine im Vorhinein bestimmte längere Dauer von einer wirtschaftl. nicht unerheblichen Zeitspanne[5]. Was **„wesentliche Einschränkung"** iSv. § 89 I 2 bedeutet, kann unter Anwendung von § 111 S. 2 BetrVG oder im Falle lediglich beabsichtigter Personalreduzierung nach dem Zahlenverhältnis des § 17 I KSchG beurteilt werden[6] (s. § 111 BetrVG Rz. 22 ff. und § 17 KSchG Rz. 8 ff.). 5

b) Drei Monate Gehalts- oder Lohnfortzahlung. Wie bei Abs. 1 S. 1 ist auch bei Abs. 1 S. 2 weitere Voraussetzung für die Ermessensreduzierung des Integrationsamts, dass der ArbGeb zwischen Zugang der Kündigung und mindestens weiteren drei Monaten Lohn oder Gehalt zahlt. 6

1 BVerwG v. 7.3.1991 – 5 B 114/89, NZA 1991, 511. | 2 BVerwG v. 22.1.1993 – 5 B 80/92, DVBl. 1993, 803. | 3 BAG v. 18.1.2001 – 2 AZR 514/99, NZA 2001, 719. | 4 BAG v. 12.7.1990 – 2 AZR 35/90, NZA 1991, 348. | 5 BAG v. 18.1.2001 – 2 AZR 514/99, NZA 2001, 719. | 6 BAG v. 2.8.1983 – 1 AZR 516/81, AP Nr. 12 zu § 111 BetrVG 72; v. 22.5.1979 – 1 AZR 46/76, DB 1979, 1751.

7 **c) Erfüllung der Beschäftigungspflicht nach § 71.** Das Ermessen des Integrationsamts ist im Falle des Abs. 1 S. 2 jedoch nur dann eingeschränkt, wenn durch die Gesamtzahl der weiterhin beschäftigten schwerbehinderten Menschen die Beschäftigungspflicht nach § 71 erfüllt wird. § 71 schreibt vor, dass private und öffentl. ArbGeb mit jahresdurchschnittlich monatlich mindestens 20 Arbeitsplätzen iSd. § 73 auf wenigstens 5% der Arbeitsplätze schwerbehinderte Menschen beschäftigen müssen. Bis 59 Arbeitsplätze findet keine Aufrundung von Bruchteilen ab 0,5 statt, § 71 I 3. Die Pflichtquote wird unternehmensbezogen ermittelt. Zur Absicherung der Pflicht kann das Integrationsamt die Zustimmungsentscheidung mit einer Auflage oder einer Bedingung versehen, § 32 SGB X.

8 **3. Ausnahmen. a) Weiterbeschäftigungsmöglichkeit.** Abs. 1 S. 3 sieht vor, dass die Ermesseneinschränkungen des Abs. 1 S. 1 oder S. 2 nicht eintreten, wenn eine **Weiterbeschäftigung auf einem anderen Arbeitsplatz desselben Betriebes** oder derselben Dienststelle oder auf einem freien Arbeitsplatz mit Einverständnis des schwerbehinderten Menschen möglich und für den ArbGeb zumutbar ist. Überwiegend wird angenommen, dass die Weiterbeschäftigung auf einem anderen geeigneten Arbeitsplatz desselben Betriebes unabhängig davon zumutbar ist, ob der andere Arbeitsplatz frei ist. Das BAG hält allerdings einen Anspruch auf Freikündigung eines anderen Arbeitsplatzes „allenfalls dann für möglich, wenn der andere ArbN nicht behindert ist und die Kündigung für ihn keine soziale Härte darstellt"[1]. Einen **neuen Arbeitsplatz** für den schwerbehinderten Menschen braucht der ArbGeb nicht einzurichten[2]. Ob die Weiterbeschäftigung des schwerbehinderten ArbN auf einem **freien Arbeitsplatz** eines anderen Betriebes oder einer anderen Dienststelle desselben ArbGeb möglich ist, hängt davon ab, ob der andere Arbeitsplatz zum Zeitpunkt der Kündigung bereits frei ist oder mit seinem Freiwerden in absehbarer Zeit zu rechnen ist. Die **Zumutbarkeit für den ArbGeb** erhält durch die in § 81 IV festgeschriebene Verpflichtung zur behinderten gerechten Gestaltung des Arbeitsplatzes sowie durch die Präventionsmaßnahmen nach § 84 eine besondere Ausprägung.

9 **b) Einverständnis des Arbeitnehmers.** Da auch eine Weiterbeschäftigung auf einem geringerwertigen Arbeitsplatz in Betracht kommt, ist Voraussetzung für die Ausnahmeregelung des Abs. 1 S. 3, dass der ArbN mit der möglichen Weiterbeschäftigung einverstanden ist. Ob dies der Fall ist, hat das Integrationsamt durch Anhörung des ArbN zu ermitteln.

10 **IV. Ermessensreduzierung nach Abs. 2. Sicherung eines anderen angemessenen und zumutbaren Arbeitsplatzes.** Das Integrationsamt soll gem. Abs. 2 die Zustimmung auch dann erteilen, wenn dem schwerbehinderten ArbN ein anderer angemessener **und** zumutbarer Arbeitsplatz gesichert ist. **Angemessen** kann auch ein Arbeitsplatz sein, der mit einer Herabgruppierung einhergeht oder allgemein geringwertiger ist. Der neue Arbeitsplatz muss den Fähigkeiten und Kenntnissen des schwerbehinderten ArbN gerecht werden und für den ArbN geeignet sein. Die **Zumutbarkeit** für den ArbN richtet sich etwa danach, ob der neue Arbeitsplatz für ihn erreichbar ist, er die ggf. geänderten Arbeitszeiten mit seiner familiären und gesundheitlichen Situation in Einklang bringen kann etc. **Gesichert** ist der Arbeitsplatz nur, wenn dem ArbN in dem neuen Arbeitsverhältnis der besondere Kündigungsschutz des Schwerbehinderten erhalten bleibt. Ein etwaiger anderer ArbGeb muss sich zum Abschluss eines Arbeitsvertrages verbindlich verpflichtet haben.

11 **V. Ermessensreduzierung in der Insolvenz nach Abs. 3.** Die Bestimmung greift nur ein, wenn das Insolvenzverfahren über das Vermögen des ArbGeb bereits **eröffnet** ist. Auch hier soll die Zustimmung erteilt werden, dh. das Integrationsamt darf den Antrag nur bei einem atypischen Sachverhalt ablehnen[3]. Alle in Abs. 3 genannten Voraussetzungen müssen **kumulativ** vorliegen:

12 a) **Abs. 3 Nr. 1:** Der zu entlassende schwerbehinderte Mensch muss im Interessenausgleich nach § 125 InsO namentlich als einer der zu entlassenden ArbN genannt sein.

b) **Abs. 3 Nr. 2:** Sofern eine Schwerbehindertenvertretung existiert, muss sie beim Zustandekommen des Interessenausgleichs ordnungsgemäß gem. § 95 II beteiligt worden sein.

c) **Abs. 3 Nr. 3:** Mit dieser Regelung soll sichergestellt werden, dass die Quote beschäftigter schwerbehinderter ArbN nach Durchführung der Entlassungen nach dem Interessenausgleich nicht zuungunsten der schwerbehinderten Menschen im Betrieb oder Unternehmen verschlechtert wird.

d) **Abs. 3 Nr. 4:** Mit der nach dem Interessenausgleich verbleibenden Zahl schwerbehinderter ArbN muss der ArbGeb darüber hinaus die Beschäftigungspflicht nach § 71 erfüllen, s. Rz. 7.

---

1 AA BVerwG v. 11.9.1990 – 5 B 63.90, Buchholz 436.61 § 15 SchwbG 1986 Nr. 4; BAG v. 10.7.1991 – 5 AZR 383/90, AP Nr. 1 zu § 14 SchwbG 1986. | 2 BAG v. 28.4.1998 – 9 AZR 348/97, AP Nr. 2 zu § 14 SchwbG 1986. | 3 Zur Behandlung der Soll-Vorschriften BVerwG v. 2.7.1992 – 5 C 31/91, AP Nr. 1 zu § 21 SchwbG 1986.

90 *Ausnahmen*

(1) Die Vorschriften dieses Kapitels gelten nicht für schwerbehinderte Menschen,

1. **deren Arbeitsverhältnis zum Zeitpunkt des Zugangs der Kündigungserklärung ohne Unterbrechung noch nicht länger als sechs Monate besteht oder**
2. **die auf Stellen im Sinne des § 73 Abs. 2 Nr. 2 bis 5 beschäftigt werden oder**
3. **deren Arbeitsverhältnis durch Kündigung beendet wird, sofern sie**
   a) **das 58. Lebensjahr vollendet haben und Anspruch auf eine Abfindung, Entschädigung oder ähnliche Leistung auf Grund eines Sozialplanes haben oder**
   b) **Anspruch auf Knappschaftsausgleichsleistung nach dem Sechsten Buch oder auf Anpassungsgeld für entlassene Arbeitnehmer des Bergbaus haben,**

   wenn der Arbeitgeber ihnen die Kündigungsabsicht rechtzeitig mitgeteilt hat und sie der beabsichtigten Kündigung bis zu deren Ausspruch nicht widersprechen.

(2) Die Vorschriften dieses Kapitels finden ferner bei Entlassungen, die aus Witterungsgründen vorgenommen werden, keine Anwendung, sofern die Wiedereinstellung der schwerbehinderten Menschen bei Wiederaufnahme der Arbeit gewährleistet ist.

(2a) Die Vorschriften dieses Kapitels finden ferner keine Anwendung, wenn zum Zeitpunkt der Kündigung die Eigenschaft als schwerbehinderter Mensch nicht nachgewiesen ist oder das Versorgungsamt nach Ablauf der Frist des § 69 Abs. 1 Satz 2 eine Feststellung wegen fehlender Mitwirkung nicht treffen konnte.

(3) Der Arbeitgeber zeigt Einstellungen auf Probe und die Beendigung von Arbeitsverhältnissen schwerbehinderter Menschen in den Fällen des Absatzes 1 Nr. 1 unabhängig von der Anzeigepflicht nach anderen Gesetzen dem Integrationsamt innerhalb von vier Tagen an.

I. Inhalt. Die Bestimmung nimmt bestimmte Personen oder Personengruppen sowie Kündigungen aus witterungsbedingten Gründen von dem besonderen Kündigungsschutz des Schwerbehindertenrechts aus. Die **Aufzählung** ist **enumerativ**. 1

II. Die Ausnahmen im Einzelnen: 1. Bestand des Arbeitsverhältnisses länger als sechs Monate (Abs. 1 Nr. 1). Die Bestimmung entspricht § 1 I 1 KSchG, so dass auf die dortige Kommentierung zur **Wartezeit** verwiesen werden kann (s. § 1 KSchG Rz. 7 ff.). **Ohne Unterbrechung** besteht ein Arbeitsverhältnis auch, wenn mehrere Arbeitsverhältnisse aneinander gereiht werden, die in einem **engen sachlichen Zusammenhang** stehen. Ob ein enger sachlicher Zusammenhang besteht, hängt von der Dauer und der Umstände der Unterbrechung(en) ab[1]. Wird der Eintritt des Kündigungsschutzes oder der Zugang der Kündigung[2] vereitelt, ist § 162 BGB zu Lasten des ArbGeb bzw. des ArbN zu prüfen (s. § 1 KSchG Rz. 20). 2

2. Beschäftigung des Arbeitnehmers auf Stellen iSd. § 73 II Nr. 2–5 (Abs. 1 Nr. 2). Hierbei handelt es sich um Stellen, die nach § 73 nicht als Arbeitsplatz zählen. Betroffen sind Personen, die nicht in erster Linie zu ihrem Erwerb, sondern vorwiegend aus karikativen oder religiösen Beweggründen tätig sind (Nr. 2) oder vorwiegend zu ihrer eigenen Heilung, Wiedereingliederung oder Erziehung beschäftigt werden (Nr. 3), die an Arbeitsbeschaffungsmaßnahmen gem. SGB III teilnehmen (Nr. 4) oder die üblicherweise in ihre Stellung gewählt werden (Nr. 5). 3

3. Arbeitnehmer nach Vollendung des 58. Lebensjahrs (Abs. 1 Nr. 3). Soll das Arbeitsverhältnis eines schwerbehinderten, zum Zeitpunkt des Zugangs der Kündigung über 58-jährigen Menschen beendet werden **und** hat dieser **Anspruch auf eine Abfindung**, Entschädigung oder ähnliche Leistung auf Grund eines Sozialplans, unterliegt die Kündigung nicht der Kündigungssperre des § 85, sofern zwischen ArbGeb und ArbN Einverständnis über das Ausscheiden besteht. Gleiches gilt nach Abs. 3b für schwerbehinderte ArbN, die Anspruch auf **Knappschaftsausgleichsleistung** nach dem SGB VI oder auf Anpassungsgeld für entlassene ArbN des **Bergbaus** haben. Die Bestimmung betrifft sozial abgesichert ArbN, die zudem der Beendigung des Arbeitsverhältnisses nicht widersprechen. In beiden Alternativen reicht der Anspruch des ArbN aus, dessen Höhe weder feststehen muss, noch muss er bereits erfüllt sein. Ein gewisser Schutz des ArbN resultiert daraus, dass für Nr. 3a nur Ansprüche auf Grund **kollektivrechtl.** Grundlage und nach Nr. 3b sogar nur **öffentl.-rechtl.** Ansprüche zur Erleichterung des Ausscheidens älterer ArbN die Kündigungssperre aufheben. 4

Rechtzeitige Mitteilung der Kündigungsabsicht. Die Kündigungssperre des § 85 entfällt in den Fällen des Abs. 1 Nr. 3a und b nur, wenn der ArbGeb die Absicht der Kündigung rechtzeitig mitteilt **und** der ArbN der Kündigung bis zu deren Ausspruch nicht widerspricht. **Rechtzeitig** ist die Mitteilung nur, wenn sich der ArbN vor Ausspruch (Zugang) der Kündigung noch über die für ihn aus der Beendigung des Arbeitsverhältnisses resultierenden Folgen umfassend informieren kann. In Anlehnung an die Frist 5

1 BAG v. 19.6.2007 – 2 AZR 94/06. | 2 BAG v. 22.9.2005 – 2 AZR 366/05.

des § 4 KSchG wird dem ArbN eine **dreiwöchige Überlegungsfrist** einzuräumen sein. Die Rechtzeitigkeit hängt jedoch von den Umständen des Einzelfalls ab. Der ArbGeb muss in seiner Unterrichtung die Art der Kündigung, den Kündigungstermin sowie die Kündigungsfrist benennen. Über die Widerspruchsmöglichkeit nach Nr. 3 muss er nicht informieren. Die Mitteilung der Kündigungsabsicht ist **formlos** gültig; zum Nachweis empfiehlt sich die schriftl. Erklärung.

6 **Fehlender Widerspruch des ArbN.** Die Kündigung des schwerbehinderten ArbN bedarf nur dann nicht der Zustimmung des Integrationsamts nach § 85, wenn der ArbN der ihm rechtzeitig angekündigten Kündigung nicht widerspricht. Der formlos gültige Widerspruch des ArbN ist gegenüber dem ArbGeb vor Zugang der Kündigung zu erklären. Auch hier empfiehlt sich aus Beweisgründen die Schriftform. Der ArbN kann seinen Widerspruch jederzeit zurücknehmen, wodurch die Kündigungssperre des § 85 nachträglich entfällt.

7 **4. Witterungsbedingte Entlassung (Abs. 2).** Sofern die Wiedereinstellung des ArbN bei Wiederaufnahme der Arbeit gewährleistet ist, unterliegt die Entlassung bei witterungsbedingter Entlassung nicht den Schutzbestimmungen des Kapitels 4. Witterungsbedingte Gründe liegen vor, wenn an sich mögliche Außenarbeiten wegen Regen, Schnee, zu niedriger oder zu hoher Temperaturen etc. nicht ausgeführt werden können. Die Vorschrift befreit nur von Sonderbestimmungen des Schwerbehindertenrechts, etwa bestehende tarifvertragl. Verbote bleiben unberührt. Die **Wiedereinstellung ist nur gewährleistet,** wenn der ArbGeb dem ArbN mit dem Zugang der Kündigung die Weiterbeschäftigung mit Wiederaufnahme der Arbeit zusagt. Hält der ArbGeb die Zusage später nicht ein, muss der ArbN auf Wiedereinstellung klagen. Die ursprüngliche Wirksamkeit der Kündigung ohne Zustimmung des Integrationsamts wird davon nicht berührt[1].

8 **5. Nachweis der Schwerbehinderteneigenschaft (Abs. 2a).** Die seit 1.5.2004 geltende Bestimmung stellt klar, dass der besondere Kündigungsschutz nur besteht, wenn zum Zeitpunkt der Kündigung die Eigenschaft als schwerbehinderter (oder gleichgestellter) Mensch offenkundig oder nachgewiesen ist und das Versorgungsamt (oder die BA) nach Ablauf der Frist des § 69 I 2 eine Feststellung nicht wegen fehlender Mitwirkung des ArbN nicht treffen konnte. **Offenkundig** muss nicht nur die Behinderung, sondern auch der Grad der Behinderung von mindestens 50 sein[2]. Die Gleichstellung kann nicht offenkundig sein[3]. Nachgewiesen ist die Eigenschaft als schwerbehinderter oder gleichgestellter Mensch nur, wenn der ArbN bei Zugang der Kündigung bereits als Schwerbehinderter anerkannt oder gleichgestellt ist[4]. Gem. Alt. 2 finden die Vorschriften über den Sonderkündigungsschutz keine Anwendung, wenn zum Zeitpunkt der Kündigung das Versorgungsamt nach Ablauf der Frist des § 69 I 2 seine Feststellung wegen fehlender Mitwirkung des Antragstellers nicht treffen konnte. Um dies zu verhindern, muss der Antrag auf Anerkennung der Schwerbehinderung bzw. der Gleichstellungsantrag mindestens **drei Wochen** vor Zugang der Kündigung gestellt werden[5]. Abs. 2a Alt. 2 erweist sich insoweit als Bestimmung einer Vorfrist. Denn nur wenn der vollständige Antrag des ArbN spätestens drei Wochen vor Zugang der Kündigung gestellt wird, ist eine Entscheidung binnen der Frist des § 69 I 2 vor Ausspruch der Kündigung überhaupt möglich. In diesem Fall lässt eine spätere Entscheidung zu Gunsten des ArbN den Schwerbehindertenschutz noch nachträglich entstehen.

9 **III. Anzeigepflicht des Arbeitgebers (Abs. 3).** Dem Schutzzweck des Schwerbehindertenrechts entsprechend, muss der ArbGeb **Einstellungen** schwerbehinderter Menschen **auf Probe** und **Entlassungen** von schwerbehinderten ArbN, die zum Zeitpunkt der Kündigung die **Wartefrist des Abs. 1 Nr. 1 noch nicht erfüllt** haben, beim Integrationsamt anzeigen. Dem Integrationsamt wird durch die Anzeige ermöglicht, seine Aufgaben nach § 102 zu erfüllen und dem Verlust des Arbeitsplatzes entgegen zu wirken. Die **Anzeigefrist** beträgt **vier Tage**, sie beginnt bei Probearbeitsverhältnissen mit dem Tag der vereinbarten Arbeitsaufnahme und bei Entlassungen mit dem Tag des Zugangs der Kündigung beim ArbN[6].

91 *Außerordentliche Kündigung*

(1) Die Vorschriften dieses Kapitels gelten mit Ausnahme von § 86 auch bei außerordentlicher Kündigung, soweit sich aus den folgenden Bestimmungen nichts Abweichendes ergibt.

(2) Die Zustimmung zur Kündigung kann nur innerhalb von zwei Wochen beantragt werden; maßgebend ist der Eingang des Antrages bei dem Integrationsamt. Die Frist beginnt mit dem Zeitpunkt, in dem der Arbeitgeber von den für die Kündigung maßgebenden Tatsachen Kenntnis erlangt.

(3) Das Integrationsamt trifft die Entscheidung innerhalb von zwei Wochen vom Tage des Eingangs des Antrages an. Wird innerhalb dieser Frist eine Entscheidung nicht getroffen, gilt die Zustimmung als erteilt.

1 BAG v. 7.3.1996 – 2 AZR 180/95, NZA 1996, 931. | 2 BAG v. 16.1.1985 – 7 AZR 373/83, NZA 1986, 31. | 3 BAG v. 24.11.2005 – 2 AZR 514/04, NZA 2006, 665. | 4 BAG v. 29.11.2007 – 2 AZR 613/06; v. 1.3.2007 – 2 AZR 217/06, DB 2007, 1702; OVG Koblenz v. 7.3.2006 – 7 A 11 298/05, NZA 2006, 1109. | 5 BAG v. 1.3.2007 – 2 AZR 217/06, DB 2007, 1702. | 6 BAG v. 21.3.1980 – 7 AZR 314/78, AP Nr. 1 zu § 17 SchwbG.

(4) Das Integrationsamt soll die Zustimmung erteilen, wenn die Kündigung aus einem Grunde erfolgt, der nicht im Zusammenhang mit der Behinderung steht.

(5) Die Kündigung kann auch nach Ablauf der Frist des § 626 Abs. 2 Satz 1 des Bürgerlichen Gesetzbuchs erfolgen, wenn sie unverzüglich nach Erteilung der Zustimmung erklärt wird.

(6) Schwerbehinderte Menschen, denen lediglich aus Anlass eines Streiks oder einer Aussperrung fristlos gekündigt worden ist, werden nach Beendigung des Streiks oder der Aussperrung wieder eingestellt.

I. Inhalt und Geltungsbereich. Die Bestimmung enthält Sonderregelungen für das Verfahren bei außerordentl. Kündigungen einschließlich einer in Abs. 4 geregelten Einschränkung des Ermessens des Integrationsamts. Mit Ausnahme der Mindestkündigungsfrist des § 86 gelten alle Vorschriften des Kapitels 4 auch für außerordentl. Kündigungen. Der **Anwendungsbereich** erstreckt sich auf alle Arten von außerordentl. Kündigungen schwerbehinderter Menschen (vgl. § 85 Rz. 5 ff.), auch auf solche gegenüber ArbN, die ordentlich unkündbar sind und auf Kündigungen mit Auslauffrist[1]. 1

II. Antrag des Arbeitgebers. 1. Antragsfrist nach Abs. 2. Der ArbGeb kann die Zustimmung für eine außerordentl. Kündigung nur innerhalb von **zwei Wochen** beim Intergrationsamt eingehend beantragen. Der **Fristbeginn** ist wie in § 626 II 2 BGB geregelt, s. § 626 BGB Rz. 382 ff. Das Integrationsamt muss die Fristeinhaltung prüfen[2]. Eine Fristverlängerung oder Wiedereinsetzung kommt nicht in Betracht[3]. Eine fehlerhafte Entscheidung ist anfechtbar, sie bleibt bis zu ihrer Aufhebung für das ArbG bindend[4]. Unabhängig davon stehen aber die Fristen des Abs. 2 S. 1 und des § 626 II BGB selbständig nebeneinander, so dass das ArbG im Kündigungsschutzprozess die Einhaltung der Frist des § 626 II BGB eigenständig prüfen muss[5]. Hat der ArbGeb keine Kenntnis von dem Schwerbehindertenschutz des ArbN, beginnt für den ArbGeb eine neue Zwei-Wochen-Frist nach § 91 II mit Kenntniserlangung[6]. 2

2. Antragsform und Antragsinhalt. Der Antrag unterscheidet sich nicht von dem bei ordentl. Kündigungen (s. § 87 Rz. 2 f.), nur ist der Fristbeginn zusätzlich mitzuteilen. Die **Art der beabsichtigten Kündigung** als außerordentl. ggf. mit Auslauffrist und, wenn beabsichtigt, hilfsweise als ordentl. Kündigung ist deutlich zu erklären, damit das Integrationsamt die unterschiedlichen Entscheidungswege und Bearbeitungsfristen beachten kann. 3

III. Entscheidung des Integrationsamts. 1. Entscheidungsgrundlage. Wie auch bei der ordentl. Kündigung hat das Integrationsamt den die Kündigung begründenden Sachverhalt von Amts wegen auf der Grundlage des Antragsinhalts, der Anhörung des ArbN sowie der Stellungnahmen der betrieblichen Interessenvertretungen zu ermitteln (s. § 87 Rz. 10 ff.). **2. Ermessensspielraum.** Das Integrationsamt hat seine Entscheidung auch bei der außerordentl. Kündigung nach freiem pflichtgemäßen Ermessen zu treffen. **Abs. 4** regelt allerdings eine **Ermessensreduzierung** für den Fall, dass der Grund für die Kündigung nicht mit der Schwerbehinderung im Zusammenhang steht[7]. Bejaht das Integrationsamt den auch nur mittelbaren Zusammenhang zwischen Kündigungsgrund und Schwerbehinderung, so kann es nach freiem pflichtgemäßem Ermessen entscheiden. 4

3. Entscheidungsfrist. § 91 III bestimmt, dass die Entscheidung des Integrationsamtes binnen **zwei Wochen**, vom Tag des Eingangs an gerechnet, zu treffen ist. Im Falle der Nicht-Entscheidung innerhalb dieser Frist gilt die Zustimmung als erteilt. Für die Fristberechnung gelten die §§ 187 I, 188 II, 193 BGB, der ArbGeb muss den Fristbeginn ggf. durch Rückfrage ermitteln. Das **Treffen einer Entscheidung** knüpft an den Abschluss des Entscheidungsvorgangs des Integrationsamtes an[8]. Es genügt, wenn das Amt die Zustimmungsentscheidung innerhalb der Frist des § 91 III zur Post gibt, einer Zustellung der Entscheidung innerhalb der zwei Wochen bedarf es nicht. Dementsprechend löst bereits die mündliche oder fernmündliche Bekanntgabe der getroffenen Entscheidung innerhalb der Zwei-Wochen-Frist die Pflicht des ArbGeb aus, unverzüglich die Kündigung auszusprechen[9]. Dies gilt auch bei einer außerordentl. Kündigung mit Auslauffrist[10]. 5

4. Zustimmungsfiktion. Trifft das Integrationsamt innerhalb der Zwei-Wochen-Frist keine Entscheidung, so gilt die Zustimmung gem. **Abs. 3 S. 2** als erteilt, allerdings erst nach Fristablauf[11]. Die Fiktionswirkung tritt nicht ein, wenn eine getroffene Entscheidung innerhalb der Frist den Machtbereich des Integrationsamts verlassen hat. Die Zustimmungsfiktion ist ein Verwaltungsakt und dementsprechend den Beteiligten schriftl. bekannt zu geben. Sie ist mit Widerspruch und Anfechtungsklage anfechtbar. 6

1 BAG v. 12.8.1999 – 2 AZR 748/98, AP Nr. 7 zu § 21 SchwbG 1986. |2 BAG v. 17.2.1977, AP Nr. 1 zu § 12 SchwbG; BVerwG v. 2.5.1996, Buchholz 436.61 Nr. 7 zu § 21 SchwbG. |3 BAG v. 12.8.1999 – 2 AZR 748/98, AP Nr. 7 zu § 21 SchwbG 1986. |4 BAG v. 11.5.2000 – 2 AZR 276/99, NZA 2000, 1106. |5 BAG v. 1.2.2007 – 2 AZR 333/06, NZA 2007, 744; v. 2.3.2006 – 2 AZR 46/05, NZA 2006, 1211. |6 BVerwG v. 5.10.1995 – 5 B 73.94, Buchholz 436.61 § 21 SchwbG Nr. 6. |7 BVerwG v. 2.7.1992 – 5 C 31/91, AP Nr. 1 zu § 21 SchwbG 1986. |8 BAG v. 9.2.1994 – 2 AZR 720/93, NZA 1994, 1030. |9 BAG v. 15.11.1990 – 2 AZR 255/90, NZA 1991, 553; v. 12.8.1999 – 2 AZR 748/91, AP Nr. 7 zu § 21 SchwbG 1986. |10 BAG v. 12.8.1999 – 2 AZR 748/91, NZA 1999, 1267, 1269; v. 15.5.1997 – 2 AZR 43/96, AP Nr. 45 zu § 123 BGB. |11 BAG v. 19.6.2007 – 2 AZR 226/06, DB 2007, 2268.

7 **5. Negativ-Attest.** Gelangt das Integrationsamt zu der Auffassung, dass die Kündigung seiner Zustimmung nicht bedarf, so erteilt es ein Negativ-Attest. Dieses beseitigt die Kündigungssperre[1], was bei einer außerordentl. Kündigung die Folge des § 91 V auslöst.

8 **6. Präklusion.** Ist die Zustimmung des Integrationsamts auf Grund eines bestimmten Sachverhaltes erklärt, so ist das Nachschieben anderer Gründe unzulässig, jedenfalls dann, wenn nicht ausgeschlossen werden kann, dass die nachgeschobenen Gründe im Zusammenhang mit der Behinderung stehen. Nur solche Gründe, die auch der präventiven Kontrolle des Integrationsamts unterlegen haben, sind für eine spätere Rechtfertigung der Kündigung verwendbar[2].

9 **IV. Verwertung des Verfahrensergebnisses durch den Arbeitgeber.** Gem. **Abs.** 5 kann nach Ablauf der Frist des § 626 II BGB die Kündigung nur dann noch ausgesprochen werden, wenn sie **unverzüglich, dh. ohne schuldhaftes Zögern** nach erteilter Zustimmung erklärt wird. Umgekehrt gilt: Ist die Frist des § 626 II BGB nach Entscheidung des Integrationsamts noch nicht abgelaufen, muss die Kündigung innerhalb der Frist des § 626 II dem ArbN zugehen[3]. Bei einem Dauerkündigungsgrund, der sich fortlaufend neu verwirklicht, ist die Frist des § 626 II BGB idR noch nicht abgelaufen[4]. Der ArbN, der in Kenntnis des Zustimmungsverfahrens und seines Ausgangs das die Kündigung enthaltende Einschreiben nicht abholt, kann sich nicht auf den verspäteten Kündigungszugang berufen (§ 242 BGB)[5]. **Fristbeginn:** Die Frist beginnt mit der Bekanntgabe der Entscheidung, aber spätestens mit dem 15. Tag, der auf den Eingang des Antrags beim Integrationsamt folgt. Trifft erst der Widerspruchsausschuss die Zustimmungsentscheidung, beginnt die Frist mit deren mündlicher Bekanntgabe[6]. Der ArbGeb muss sich über die Daten erkundigen.

10 **Beteiligung von BR/PersR.** Wie bei der ordentl. Kündigung ist die Beteiligung des BR/PersR vor, während oder nach dem Zustimmungsverfahren zulässig[7]. Wegen der Notwendigkeit, unverzüglich nach getroffener Entscheidung zu kündigen (§ 91 V), muss der ArbGeb jedoch das Anhörungsverfahren in der kürzestmöglichen Zeit einleiten und anschließend die Kündigung in kürzestmöglicher Zeit erklären. Das bedeutet, sofern kein Dauerkündigungsgrund vorliegt, die Beteiligung am **ersten Arbeitstag** nach Ablauf der Frist des § 91 III und die Zustellung der Kündigung am ersten Arbeitstag nach Ablauf der Frist des § 102 II 3 BetrVG (bzw. § 79 III 3 BPersVG)[8].

11 **V. Streik oder Aussperrung.** Abs. 6 regelt die Fälle der außerordentl. Kündigung aus Anlass eines Streiks oder einer Aussperrung. Sind schwerbehinderte Menschen von einer solchen Maßnahme betroffen, so sind sie nach Beendigung des Streiks oder der Aussperrung wieder einzustellen. Da außerordentl. Kündigungen aus diesen Gründen nach der Rspr. unzulässig sind, kommt der Vorschrift nur geringe Bedeutung zu, und zwar bei rechtswidrigen Streiks[9].

92 *Erweiterter Beendigungsschutz*

Die Beendigung des Arbeitsverhältnisses eines schwerbehinderten Menschen bedarf auch dann der vorherigen Zustimmung des Integrationsamtes, wenn sie im Falle des Eintritts einer teilweisen Erwerbsminderung, der Erwerbsminderung auf Zeit, der Berufsunfähigkeit oder der Erwerbsunfähigkeit auf Zeit ohne Kündigung erfolgt. Die Vorschriften dieses Kapitels über die Zustimmung zur ordentlichen Kündigung gelten entsprechend.

1 In den in § 92 aufgezählten Fällen gelten die Bestimmungen des Sonderkündigungsschutzes schwerbehinderter Menschen entsprechend. Da die Beendigung des Arbeitsverhältnisses allerdings nicht im Wege der Kündigung eintritt, sind die §§ 86 und 91 nicht anwendbar.

2 Wenn die Beendigung wegen Eintritts einer teilweisen Erwerbsminderung (§ 43 I SBG VI), der Erwerbsminderung auf Zeit (§ 43 II 1 SBG VI), der Berufsunfähigkeit oder der Erwerbsunfähigkeit auf Zeit ohne Kündigung erfolgen soll, ist die Zustimmung des Integrationsamts einzuholen, sofern nicht ein Ausnahmetatbestand des § 90 vorliegt. Die Zustimmung muss vor dem Beendigungszeitpunkt beantragt werden. Das Integrationsamt soll binnen eines Monats entscheiden, § 88 I. Es hat die Umstände des Einzelfalls, insb. die Interessen des ArbN und des ArbGeb in seiner Ermessensentscheidung abzuwägen. Kennt der ArbGeb den Schwerbehindertenschutz des ArbN nicht, muss sich der ArbN fristgerecht (s. § 85 Rz. 22) nach Zugang des Rentenbescheids auf den Schutz des § 92 berufen, um ihn nicht zu verlieren.

3 **Nicht anwendbar** ist die Bestimmung auf Fälle, in denen das Arbeitsverhältnis nur ruhen soll. Ebenso wenig werden Aufhebungsverträge erfasst, weil der ArbN auf den Sonderkündigungsschutz verzichten kann.

---

1 BAG v. 27.5.1983 – 7 AZR 482/81, AP Nr. 12 zu § 12 SchwbG. | 2 BVerwG v. 2.7.1992 – 5 C 31.91, AP Nr. 1 zu § 21 SchwbG 1986; aA LAG Sa.-Anh. v. 24.11.1999 – 3 Sa 164/99, BB 2000, 2051 (nur LS). | 3 BAG v. 15.11.2001 – 2 AZR 380/00, NZA 2002, 970. | 4 BAG v. 13.5.2004 – 2 AZR 36/04, NZA 2004, 1271; v. 7.11.2002 – 2 AZR 475/01, AP Nr. 19 zu § 620 BGB – Kündigungserklärung. | 5 BAG v. 7.11.2002 – 2 AZR 475/01, NZA 2003, 719. | 6 BAG v. 21.4.2005 – 2 AZR 255/04, NZA 2005, 991. | 7 BAG v. 11.5.2000 – 2 AZR 276/99, AP Nr. 10 zu § 21 SchwbG 1986. | 8 BAG v. 13.5.2004 – 2 AZR 36/04, NZA 2004, 1271. | 9 BAG v. 14.2.1978 – 1 AZR 103/76, AP Nr. 59 zu Art. 9 GG (Streik); v. 21.4.1971 – GS 1/68, AP Nr. 43 zu Art. 9 GG – Arbeitskampf.

Sozialgesetzbuch (SGB)

Zehntes Buch (X)
– Sozialverwaltungsverfahren und Sozialdatenschutz –

in der Fassung der Bekanntmachung vom 18.1.2001 (BGBl. I S. 130), zuletzt geändert durch Gesetz vom 20.12.2007 (BGBl. I S. 3150)

– Auszug –

Dritter Abschnitt. Erstattungs- und Ersatzansprüche der Leistungsträger gegen Dritte

116 *Ansprüche gegen Schadenersatzpflichtige*

(1) Ein auf anderen gesetzlichen Vorschriften beruhender Anspruch auf Ersatz eines Schadens geht auf den Versicherungsträger oder Träger der Sozialhilfe über, soweit dieser auf Grund des Schadensereignisses Sozialleistungen zu erbringen hat, die der Behebung eines Schadens der gleichen Art dienen und sich auf denselben Zeitraum wie der vom Schädiger zu leistende Schadenersatz beziehen. Dazu gehören auch

1. die Beiträge, die von Sozialleistungen zu zahlen sind, und

2. die Beiträge zur Krankenversicherung, die für die Dauer des Anspruchs auf Krankengeld unbeschadet des § 224 Abs. 1 des Fünften Buches zu zahlen wären.

(2) Ist der Anspruch auf Ersatz eines Schadens durch Gesetz der Höhe nach begrenzt, geht er auf den Versicherungsträger oder Träger der Sozialhilfe über, soweit er nicht zum Ausgleich des Schadens des Geschädigten oder seiner Hinterbliebenen erforderlich ist.

(3) Ist der Anspruch auf Ersatz eines Schadens durch ein mitwirkendes Verschulden oder eine mitwirkende Verantwortlichkeit des Geschädigten begrenzt, geht auf den Versicherungsträger oder Träger der Sozialhilfe von dem nach Absatz 1 bei unbegrenzter Haftung übergehenden Ersatzanspruch der Anteil über, welcher dem Vomhundertsatz entspricht, für den der Schädiger ersatzpflichtig ist. Dies gilt auch, wenn der Ersatzanspruch durch Gesetz der Höhe nach begrenzt ist. Der Anspruchsübergang ist ausgeschlossen, soweit der Geschädigte oder seine Hinterbliebenen dadurch hilfebedürftig im Sinne der Vorschriften des Zwölften Buches werden.

(4) Stehen der Durchsetzung der Ansprüche auf Ersatz eines Schadens tatsächliche Hindernisse entgegen, hat die Durchsetzung der Ansprüche des Geschädigten und seiner Hinterbliebenen Vorrang vor den übergegangenen Ansprüchen nach Absatz 1.

(5) Hat ein Versicherungsträger oder Träger der Sozialhilfe auf Grund des Schadensereignisses dem Geschädigten oder seinen Hinterbliebenen keine höheren Sozialleistungen zu erbringen als vor diesem Ereignis, geht in den Fällen des Absatzes 3 Satz 1 und 2 der Schadenersatzanspruch nur insoweit über, als der geschuldete Schadenersatz nicht zur vollen Deckung des eigenen Schadens des Geschädigten oder seiner Hinterbliebenen erforderlich ist.

(6) Ein Übergang nach Absatz 1 ist bei nicht vorsätzlichen Schädigungen durch Familienangehörige, die im Zeitpunkt des Schadensereignisses mit dem Geschädigten oder seinen Hinterbliebenen in häuslicher Gemeinschaft leben, ausgeschlossen. Ein Ersatzanspruch nach Absatz 1 kann dann nicht geltend gemacht werden, wenn der Schädiger mit dem Geschädigten oder einem Hinterbliebenen nach Eintritt des Schadenereignisses die Ehe geschlossen hat und in häuslicher Gemeinschaft lebt.

(7) Haben der Geschädigte oder seine Hinterbliebenen von dem zum Schadenersatz Verpflichteten auf einen übergegangenen Anspruch mit befreiender Wirkung gegenüber dem Versicherungsträger oder Träger der Sozialhilfe Leistungen erhalten, haben sie insoweit dem Versicherungsträger oder Träger der Sozialhilfe die erbrachten Leistungen zu erstatten. Haben die Leistungen gegenüber dem Versicherungsträger oder Träger der Sozialhilfe keine befreiende Wirkung, haften der zum Schadenersatz Verpflichtete und der Geschädigte oder dessen Hinterbliebene dem Versicherungsträger oder Träger der Sozialhilfe als Gesamtschuldner.

(8) Weist der Versicherungsträger oder Träger der Sozialhilfe nicht höhere Leistungen nach, sind vorbehaltlich der Absätze 2 und 3 je Schadensfall für nicht stationäre ärztliche Behandlung und Versor-

gung mit Arznei- und Verbandmitteln 5 vom Hundert der monatlichen Bezugsgröße nach § 18 des Vierten Buches zu ersetzen.

(9) Die Vereinbarung einer Pauschalierung der Ersatzansprüche ist zulässig.

(10) Die Bundesagentur für Arbeit gilt als Versicherungsträger im Sinne dieser Vorschrift.

1 **I. Allgemeines.** Sozialrechtl. Ansprüche beruhen oft darauf, dass ein Versicherter oder sonst Leistungsberechtigter Schädigungen erlitten hat. Gleichzeitig bestehen wegen dieser Schädigungen häufig auch Schadensersatzansprüche gegen einen Schädiger, so dass es zu teilweisen oder vollständigen Überschneidungen der sozialrechtl. und der schadensrechtl. Ansprüche kommt. Es ist klar, dass der Geschädigte nicht zur Empfangnahme von Doppelleistungen berechtigt sein sollte, so dass sich die Notwendigkeit der Abstimmung von Sozialrecht und Schadensrecht ergibt. Einerseits kann es nicht Aufgabe der leistungsverpflichteten Träger sein, an Stelle der Schädiger zu haften und diese damit zu entlasten. Andererseits darf die Tatsache allein, dass mit dem Schädiger ein weiterer Schuldner für eine Ersatzleistung zur Verfügung steht, jedenfalls nicht zu einer Entlastung des Trägers führen, die den Geschädigten schlechter stellt. Wäre bspw. der Geschädigte gezwungen, trotz Anspruchs auf Sozialleistungen zunächst den Schädiger in Anspruch zu nehmen, würde ihm aus dem (zusätzlichen) Schadensersatzanspruch ein sozialrechtl. Nachteil erwachsen. § 116 I 1 löst dieses Problem in der Weise, dass die Leistungspflicht des Versicherungsträgers oder des Sozialhilfeträgers vom Bestehen eines Schadensersatzanspruchs grds. unberührt bleibt. Jedoch geht der Schadensersatzanspruch des Geschädigten auf den Träger über. Der Geschädigte kann also, soweit er entsprechende Sozialleistungsansprüche hat, die Schadensersatzansprüche gegen den Schädiger nicht mehr geltend machen; dies ist nur dem Träger als nunmehrigem Gläubiger möglich (anders etwa das System der §§ 104–107, §§ 110 f. SGB VII, die dem Geschädigten den Anspruch entziehen und dem Träger einen neuen Anspruch gewähren). Voraussetzung ist die Gleichartigkeit (Kongruenz) der betreffenden Ansprüche in sachlicher und zeitlicher Hinsicht.

Der Forderungsübergang erfolgt bei **Bestehen einer Leistungsverpflichtung des Trägers**; es kommt also nicht wie bei § 426 II 1 BGB auf die Befriedigung des Gläubigers an und auch nicht wie bei § 93 SGB XII auf eine besondere Überleitungsanzeige. Das hat erhebliche Vorteile für den Träger, da die Geltendmachung des Anspruchs verfahrensrechtl. nicht verzögert wird und andere Personen – insb. der Geschädigte oder seine Gläubiger – nicht mehr über die Ansprüche verfügen oder vollstreckungsrechtl. auf sie Zugriff nehmen können. Soweit der Schädiger (irrtümlich) an den Geschädigten statt an den Träger leistet, bleibt ihm nur der Schutz nach §§ 412, 407 ff. BGB mit den Konsequenzen des § 116 VII. 2

§ 116 I 1 ist keine Anspruchsgrundlage, sondern regelt nur den Übergang der jeweiligen Schadensersatzforderung. Deren Rechtsnatur bleibt deshalb trotz Übergangs unverändert. Sie kann nicht durch Leistungsbescheid geltend gemacht werden, sondern ist bei den für den Schadensersatzanspruch zuständigen Gerichten einzuklagen; allerdings kommt ggf. eine Bindung der entsprechend befassten Gerichte an unanfechtbare Entscheidungen (VAe, Gerichtsentscheidungen) nach § 118 in Betracht[1]. Während § 116 I 1 das Grundprinzip des gesetzl. Forderungsübergangs, also der cessio legis, normiert, betreffen die übrigen Vorschriften des § 116 einzelne Modalitäten des Forderungsübergangs. § 116 I 2 regelt die Einbeziehung von Beiträgen in den Ersatzanspruch (s. dazu auch § 119), § 116 II, IV, V gewähren dem Geschädigten Vorteile bei der gesetzl. Begrenzung der Anspruchshöhe, bei Beschränkungen der tatsächlichen Durchsetzbarkeit des Anspruchs sowie im besonderen Fall der fehlenden Mehrbelastung des Trägers trotz Bestehens eines Schadensersatzanspruchs. § 116 III regelt das Mitverschulden bzw. die Mitverantwortung des Geschädigten am Schaden. § 116 VI gewährt Vorteile bei der Schädigung durch Angehörige („Familienprivileg") und § 116 VII regelt den Fall der Leistung an den Geschädigten nach Anspruchsübergang. § 116 VIII–X enthalten Pauschalierungen bei niedrigen Ersatzansprüchen, in Teilungsabkommen und die Einbeziehung der BA in die Vorschrift.

II. Geltungsbereich und Verhältnis zu anderen Regressvorschriften. § 116 erfasst im alten Bundesgebiet alle ab dem 1.7.1983 eingetretenen Schadensfälle; für die Zeit davor gilt § 1542 RVO. Im neuen Bundesgebiet gilt § 116 laut Einigungsvertrag grds. ab dem 3.10.1990, jedoch in der gesetzl. Kranken-, Renten- und Unfallversicherung erst ab dem 1.1.1991[2]. Vgl. zum internationalen Anwendungsbereich Rz. 91 ff. 3

In sachlicher Hinsicht gilt § 116 gem. der allgemeinen Vorschrift des § 37 SGB I **für alle Sozialleistungsbereiche des SGB** (alle Bücher), so dass grds. die fünf Zweige der SozV erfasst sind, also gesetzl. RV, gesetzl. KV, gesetzl. PV, ArblV und gesetzl. Unfallversicherung (Ausnahmen unten Rz. 4), und zwar unabhängig davon, ob der Geschädigte pflichtversichert ist oder freiwillig versichert[3]. Weiter greift die Vorschrift auch für die Leistungen nach dem SGB II (Grundsicherung für Arbeit Suchende), dem SGB VIII (Kinder- und Jugendhilfe) und nach dem SGB IX (Rehabilitation und Teilhabe behinderter Menschen). Durch die Nennung des Trägers der Sozialhilfe in § 116 I 1 wird auch der Leistungsbereich des SGB XII mit einbezogen. Im Übrigen kann § 116 mit anderen Regelungen konkurrieren.

Soweit die **unfallversicherungsrechtl. Haftungsbeschränkungen** nach §§ 104–107 SGB VII gelten, kann ein Schadensersatzanspruch gegen den Schädiger nicht entstehen und dementsprechend auch nicht auf den Träger übergehen, § 104 I 2 SGB VII. Der Träger kann dann nur nach §§ 110 f. SGB VII aus eigenem Recht beim Schädiger Regress nehmen. Wo wegen der Ausnahmen für Wegeunfälle und Vorsatz die Haftungsbeschränkung nach §§ 104–107 SGB VII nicht greift, kommt der Anspruchsübergang auf den Träger gem. § 116 in Betracht. Wenn in einer solchen Situation zusätzlich wegen eines vorsätzlich oder grob fahrlässig herbeigeführten Versicherungsfalls der SozV-Träger nach §§ 110 f. SGB VII einen Regressanspruch hat, kann er zwischen der Geltendmachung der §§ 110 f. SGB VII und des gem. § 116 übergegangenen Anspruch wählen[4]. Nach § 13 S. 2 SGB VII gilt § 116 auch bei gem. § 2 I Nr. 11 lit. a und Nr. 13 lit. a, c SGB VII versicherten Sachbeschädigungen (s. zu alledem auch die Kommentierung zu §§ 104 ff., 110 f. SGB VII). § 116 hat **Vorrang vor** dem nach § 33 SGB II und § 93 SGB XII erfolgenden Anspruchsübergang auf Grund Überleitungsanzeige, § 33 IV SGB II, § 93 IV SGB XII. Im Fall von Beitragserstattungen zur RV für behinderte Menschen gilt § 179 Ia SGB VI (s. Rz. 50). Der Anspruchsübergang auf den ArbGeb nach **Entgeltfortzahlung** gem. § 6 EFZG und der **Anspruchsübergang auf den Privatversicherer** gem. § 86 I VVG (ehemals § 67 VVG) erfolgen erst, *nachdem* der ArbGeb bzw. der Versicherer geleistet haben; weil der Übergang nach § 116 *sofort* mit Anspruchsentstehung greift, geht deshalb § 116 dem § 6 EFZG und dem § 86 I VVG regelmäßig vor[5]. Deshalb kommt auch eine Abtretung an die Krankenkasse infolge des Umlageverfahrens des AAG gemäß § 5 AAG nur insoweit in Betracht, wie der ArbGeb gem. § 6 EFZG Forderungsinhaber geworden ist. 4

1 S. dazu OLG Sachsen-Anhalt v. 25.8.2006 – 10 U 30/06, OLGR Naumburg 2007, 415 (betr. ebenfalls von § 118 erfasste Vergleiche). | 2 Art. 8, Anlage I, Kapitel VIII D III Nr. 2, s. im Einzelnen KassKomm/*Kater*, § 116 SGB X Rz. 2, 16 ff. | 3 OLG Hamm v. 28.1.2002 – 6 U 124/01, RuS 2002, 505. | 4 *Kater/Leube*, § 104 SGB VII Rz. 41–43; KassKomm/*Ricke*, § 104 SGB VII Rz. 14; BGH v. 29.10.1968 – VI ZR 137/67, NJW 1969, 236 f. (zur beschränkten Regressmöglichkeit nach § 116). | 5 BGH v. 3.4.1984 – VI ZR 253/82, NJW 1984, 2628 (zur Entgeltfortzahlung); v. 13.10.1970 – VI ZR 31/69, NJW 1971, 240 (zum versicherungsrechtlichen Anspruchsübergang) *Epping*, Die Leistungen 2003, 193, 257, 321.

5 Weil und soweit Leistungsfälle nach **§ 52 BRRG, § 87a BBG, § 30 III SoldatenG und dem Beamtenversorgungsrecht der Länder** sowie die durch § 116 erfassten Leistungsfälle gleichzeitig eintreten können, ist auch die gleichzeitige Anwendung der Vorschriften über den Anspruchsübergang denkbar. Es kann dann zur Gesamtgläubigerschaft der jeweils erfassten Leistungsträger entsprechend § 117[1] kommen[2].

6 **III. Versicherungsträger oder Träger der Sozialhilfe als neuer Gläubiger.** Nach dem Anspruchsübergang tritt der gem. den jeweilig einschlägigen Sozialgesetzen (oben Rz. 3) leistungsverpflichtete Versicherungsträger oder Träger der Sozialhilfe in die Gläubigerposition des nach Schadensersatzrecht berechtigten Anspruchsinhabers ein. Als neue Gläubiger kommen daher insb. in Betracht die Kranken-, Renten- und Unfallversicherungsträger, die Pflegekassen, die BA (§ 116 X) sowie die Sozialhilfeträger (§§ 3, 97 ff. SGB XII; AsylbLG)[3]. Keine SozV-Träger iSd. § 116 I sind die Träger der Kriegsopferversorgung (§ 81a BVG) oder der Opferentschädigung (§ 50 OEG[4]) sowie bspw. die Versorgungsanstalt der Deutschen Bundespost[5]. Wenn auf Grund eines Schadensereignisses **mehrere Träger unterschiedliche Leistungen** schulden, geht der Schadensersatzanspruch in Teilen auf den jeweils zuständigen Träger über, je nachdem, welcher Leistungsanspruch mit dem jeweilig zu ersetzenden Schaden personell, sachlich und zeitlich kongruent ist (dazu unten Rz. 11 ff.). Beim **Wechsel von einem Versicherungsträger zum anderen** wechselt die Gläubigereigenschaft nach § 116 mit, wobei der spätere Träger in die Rechtsposition des „Vorgängers" eintritt. Mehrere Träger, die kongruente, also **identische Leistungsverpflichtungen** für ein und denselben Zeitraum innehaben, werden nach Maßgabe des § 117 **Gesamtgläubiger**, wobei sich die Ausgleichspflichten unter ihnen nach § 117 S. 2–4 richten[6].

7 **IV. Übergang des Schadensersatzanspruchs auf den leistungspflichtigen Träger nach Abs. 1 S. 1. 1. Erfasste Schadensersatzansprüche. a) Gesetzliche Ansprüche.** Die nach § 116 übergehenden Ansprüche müssen auf „gesetzl. Vorschriften beruhen" und auf Schadensersatz gerichtet sein. Die Regelung spricht von „anderen" gesetzl. Vorschriften, um den Übergang von Sozialleistungsansprüchen (s. dazu Rz. 10 ff.) auszuschließen. Als übergangsfähige Schadensersatzansprüche kommen in Betracht ua. Ansprüche aus §§ 823, 825, 826, 829–834, 836–839, 844 f. BGB, Art. 34 GG iVm. § 839a BGB, § 30 LuftverkehrsG, § 3 BinnenschifffahrtsG, § 1 ProdHaftG, §§ 2 f. HPflG, § 1 UmweltHG, §§ 7, 18 StVG, § 84 ArzneimittelG[7]. Einbezogen ist auch der Schadensersatzanspruch gegen den Entschädigungsfonds iSd. § 12 I PflVG[8] oder aus dem Warschauer Abkommen[9].

8 Da es sich um gesetzl. Ansprüche handeln muss, kommen **Erfüllungsansprüche** etwa aus Versicherungsverträgen (zB nach §§ 1, 192 I VVG) **nicht** in Betracht. Andererseits werden Ansprüche aus Schlechtleistung, Schutz- und Nebenpflichtverletzung (§§ 280 I, 241 II BGB), etwa bei pflegedienstlichen oder ärztlichen Behandlungsfehlern[10], Schutzpflichtverletzung bei **Vertragsverhandlungen, Vertragsanbahnungen oder ähnlichen geschäftlichen Kontakten** nach §§ 280, 311a II, 241 II BGB[11] sowie nach § 651 f. BGB[12] nach dem Sinn und Zweck des § 116 ebenfalls dem Übergangstatbestand unterworfen, obwohl es sich um vertragsähnliche Haftungstatbestände handelt[13]. Dasselbe muss für den Anspruch auf Ersatz tätigkeitsspezifischer Personenschäden nach § 670 BGB gelten[14]. Ansprüche aus **GoA**, §§ 683, 670 BGB, sind grds. nicht auf den Ersatz eines Schadens gerichtet. Die Rspr. schließt sie heute jedenfalls insoweit aus, als es um die Eintrittspflicht der gesetzl. Unfallversicherung nach § 2 I Nr. 13 lit. a

---

1 BGH v. 14.2.1989 – VI ZR 244/88, BGHZ 106, 381 = VersR 1989, 648. | 2 Zum Verhältnis des § 116 zu anderen Regressregelungen *G. Schneider* in: Wussow, Unfallhaftpflichtrecht, Kapitel 73 Rz. 70 ff.; KassKomm/*Kater*, § 116 SGB X Rz. 9 ff. | 3 S. zur Einbeziehung von Trägern nach dem AsylbLG LG Frankfurt/M. 29.9.1999 – 2/4 O 132/99, VersR 2000, 340. | 4 *Dahm*, Die Sozialversicherung 2002, 119 ff., s. dort zu den für diese Träger geltenden spezialrechtlichen Übergangstatbeständen; *Wannagat/Eichenhofer*, § 116 SGB X/3 Rz. 20, mit dem Hinweis, dass allerdings eine Gesamtgläubigerschaft zwischen Trägern iSd. § 116 I und Trägern sozialer Entschädigungen im Hinblick auf übergangene Ersatzansprüche entstehen kann; BGH v. 28.3.1995 – VI ZR 244/94, VersR 1995, 600 (601, 602). | 5 OLG Frankfurt/M. 21.12.1999 – 14 U 60/94, VersR 2000, 1523. | 6 S. im Einzelnen KassKomm/*Kater*, § 116 SGB X Rz. 153 ff.; BGH v. 17.4.1958 – II ZR 198/56, BGHZ 27, 107 = NJW 1958, 947; v. 28.3.1995 – VI ZR 244/94, NJW 1995, 2413; v. 9.7.1985 – VI ZR 219/83, VersR 1985, 1083; v. 13.3.2001 – VI ZR 290/00, VersR 2001, 1005; v. 3.12.2002 – VI ZR 304/01, BGHZ 153, 113 = NJW 2003, 1871; v. 12.4.2005 – VI ZR 50/04, VersR 2005, 1004; *Dahm*, SozVers 2003, 205. | 7 S. näher KassKomm/*Kater*, § 116 SGB X Rz. 47 ff.; *Wannagat/Eichenhofer*, § 116 SGB X/3 Rz. 15. | 8 BGH 25.1.2000 – VI ZR 64/99, VersR 2000, 471. | 9 S. zu Letzterem *Steinfeltz*, Der Terroranschlag vom 11.9.2001 in New York und Schadensersatzansprüche der Berufsgenossenschaften, BG 2002, 470. | 10 OLG Düsseldorf v. 16.6.2004 – 15 U 160/03, PflR 2005, 62; KG v. 25.5.2004 – 14 U 37/03, PflR 2005, 45; *Marburger*, Schadensersatzansprüche der Sozialleistungsträger nach § 116 SGB X in Zusammenhang mit Unfällen in Alten- und Pflegeheimen, ZfS 2002, 161 ff.; *G. Schneider* in: Wussow, Unfallhaftpflichtrecht, Kapitel 74 Rz. 1; KassKomm/*Kater*, § 116 SGB X Rz. 61; *Jung*, Zivilrechtliche Arzthaftpflicht und gesetzliche Unfallversicherung, BG 2002, 416 ff.; s. zur Nebenpflichtverletzung nach §§ 241 II, 280 BGB Palandt/*Heinrichs*, § 280 BGB Rz. 24 ff. | 11 Dazu im Einzelnen Palandt/*Heinrichs*, § 311 BGB Rz. 3 ff.; *Lieb* in: Dauner-Lieb/Heidel/Lepa/Ring, § 3 Rz. 35 ff. | 12 BGH v. 22.6.2004 – X ZR 171/03, VersR 2004, 1187; OLG Celle v. 27.7.2006 – 11 U 263/05, OLGR Celle 2007, 3; s. beide Entscheidungen auch zur Fristwahrung durch den SozV-Träger bei der Geltendmachung der Ansprüche nach § 651g BGB. | 13 St. Rspr. seit BGH v. 20.2.1958 – VII ZR 76/57, BGHZ 26, 365 = NJW 1958, 710; näher *G. Schneider* in: Wussow, Unfallhaftpflichtrecht, Kap. 74 Rz. 1; *Hauck/Nehls*, § 116 SGB X Rz. 7; einschr. *Wannagat/Eichenhofer*, § 116 SGB X/3 Rz. 15. | 14 Vgl. Bamberger/Roth/*Czub*, § 670 BGB, Rz. 13 f.

SGB VII geht und sich das Unfallopfer nicht schuldhaft in die Notlage gebracht hat[1]. Denkbar wäre aber bspw. bei der Verletzung eines Kindes der Übergang des Erstattungsanspruchs der Angehörigen wegen eines auf Grund der Kindesbetreuung erlittenen Entgeltausfalls aus §§ 683, 670 BGB an den Krankenversicherungsträger der Eltern, der nach § 45 SGB V Krankengeld bei der Erkrankung eines Kindes gezahlt hat[2]. Soweit Tätigkeitsspezifische Personenschäden nach §§ 683, 670 BGB zu ersetzen sind[3], müssen sie ebenfalls von § 116 erfasst sein. Ein AnspruchsüberAnspruchsüberganggang ist auch ausgeschlossen, wenn auf Grund der Schädigung gar **keine Verpflichtung zur Schadensersatzleistung** bestand, etwa bei Zahlungen oder Anerkenntnissen von (vermeintlichen) Schädigern oder Versicherern aus Angst vor strafrechtl. Verfolgung, Kulanz oder Gefälligkeit.

b) Sozialrechtliche Sonderregeln zum Umfang des Schadensersatzanspruchs. Teilweise wird der Umfang des übergehenden Schadensersatzanspruchs sozialrechtl. gesondert geregelt, insb. um den Schädiger nicht in den Genuss der Vorteilsanrechnung zu bringen[4]. Nach § 224 II SGB V kommt dem Schädiger die Beitragsfreiheit des Geschädigten beim Bezug von Kranken-, Mutterschafts- oder Erziehungsgeld nicht zugute[5]. Gem. § 62 SGB VI wird der Schadensersatzanspruch durch die Berücksichtigung rentenrechtl. Zeiten nicht ausgeschlossen oder gemindert. Wenn also bspw. einem auf Grund der Schädigung krankheitsbedingt Arbeitsunfähigen nach § 58 I 1 Nr. 1 SGB VI Anrechnungszeiten gutgeschrieben werden, wird der hieraus resultierende Vorteil bei der Schadensberechnung ignoriert. Nach § 116 I 2 werden Beiträge, zu deren Leistung der Geschädigte nicht verpflichtet ist und die deshalb nicht zwingend zu seinem Schaden gehören, ebenfalls mit in die Regressverpflichtung aufgenommen (s. dazu Rz. 47). Eine Weiterung ergibt sich auch aus der Geltendmachung des Schadens von Angehörigen bei der Sozialhilfe nach § 114 SGB XII[6]. 9

2. Erfasste Sozialleistungsansprüche. Weitere Voraussetzung für den Übergang ist naturgemäß das Bestehen eines Anspruchs des Geschädigten (genauer: derjenigen Person, die ohne Anspruchsübergang Gläubiger des Schadensersatzanspruchs wäre) gegen einen der von § 116 erfassten Träger aus den oben Rz. 3 f. genannten Gesetzen (s. zu den Modalitäten des Anspruchsübergangs Rz. 28 ff.). 10

3. Kongruenz von Schadensersatz- und Leistungsgegenstand. Schadensersatz- und Leistungsanspruch müssen auf demselben Schadensereignis beruhen. Außerdem müssen sie in sachlicher und zeitlicher Hinsicht kongruent sein, also dieselbe Ausprägung des Schadens betreffen. Sie müssen nach § 116 I 1 „der Behebung eines Schadens der gleichen Art dienen und sich auf denselben Zeitraum ... beziehen". Hierdurch soll eine Doppelleistung an den Geschädigten vermieden und gleichzeitig nur wegen solcher Schädigungen Zugriff auf die Ersatzansprüche des Geschädigten genommen werden, die denselben Gegenstand haben wie der soziale Leistungsanspruch. 11

a) Personelle Kongruenz. Diese Überschneidung bzw. Kongruenz der sozialrechtl. und der schadensrechtl. Ansprüche bewirkt zunächst, dass der Gläubiger des Schadensersatzanspruchs und derjenige des Leistungsanspruchs identisch sein müssen. Hierbei ist zu beachten, dass nicht nur der in seinem Rechtsgut Verletzte in Betracht kommt, sondern auch seine Angehörigen, etwa als Hinterbliebene oder als Dienstberechtigte nach §§ 844 f. BGB; dasselbe gilt in den Fällen der Drittschadensliquidation[7]. Zudem kann nach Maßgabe des § 114 SGB XII bei der Sozialhilfe auch der von Angehörigen erlittene Schaden geltend gemacht werden. Die Beziehungen mehrerer beteiligter Leistungsträger richten sich nach §§ 102 ff. (vgl. die einzelnen Konstellationen der Einbeziehung mehrerer Personen unten Rz. 14, 16, 18, 23, 24). 12

b) Sachliche Kongruenz. Ein Schaden „der gleichen Art" liegt immer dort vor, wo ein Ersatzanspruch und ein Leistungsanspruch auf der Schädigung desselben Gegenstandes beruhen (deshalb ist hier zT auch von „gegenständlicher Kongruenz" die Rede). Der sozialrechtl. Leistungsanspruch muss in einem „inneren Zusammenhang" mit demjenigen Schaden stehen, auf dessen Ersatz der Schadensersatzanspruch gerichtet ist; beide Ansprüche müssen dieselbe Zweckbestimmung haben. Jedoch müssen die Ansprüche nicht gleichartig sein[8]. Es ist daher unerheblich, wenn der Sozialleistungsanspruch nach 13

---

1 BGH v. 10.10.1984 – IVa ZR 167/82, NJW 1985, 492 (noch zu § 539 I Nr. 9 lit. a RVO); KassKomm/*Kater*, § 116 SGB X Rz. 39; s. im Einzelnen *Waltermann*, NJW 1996, 1644 (1648). | 2 Vgl. zum Anspruch der Angehörigen (aus §§ 683, 670 BGB) oder der Verletzten (aus § 823 BGB) wegen Betreuungsaufwandes bzw. Fahrtkosten zum Verletzten BGH v. 19.2.1991 – VI ZR 171/90, NJW 1991, 2340; v. 21.12.1978 – VII ZR 91/77, NJW 1979, 598; Palandt/*Thomas*, § 823 BGB Rz. 159; Palandt/*Heinrichs*, § 249 BGB Rz. 11. | 3 Vgl. Bamberger/Roth/*Gerlein*, § 683 BGB, Rz. 4. | 4 Vgl. zur Vorteilsanrechnung im Schadensersatzrecht Palandt/*Heinrichs*, Vorb. v. § 249 BGB Rz. 119 ff., § 249 BGB Rz. 10 ff.; KassKomm/*Kater*, § 116 SGB X Rz. 86. | 5 *G. Schneider* in Wussow, Unfallhaftpflichtrecht, Kap. 74 Rz. 34; *Wannagat/Eichenhofer*, § 116 SGB X/3 Rz. 25. | 6 Vgl. BGH v. 13.7.2004 – VI ZR 273/03, r + s 2005, 128. | 7 Vgl. zur personellen Zuordnung von Schadensereignissen Palandt/*Heinrichs*, Vorb. v. § 249 BGB Rz. 108 ff., § 249 BGB Rz. 11; Palandt/*Thomas*, § 823 Rz. 157 sowie die Kommentierung zu §§ 844 f. BGB; KassKomm/*Kater*, § 116 SGB X Rz. 98. | 8 Vgl. BGH v. 20.3.1984 – VI ZR 14/82, NJW 1984, 1811; v. 3.4.1984 – VI ZR 253/82, NJW 1984, 2628; v. 15.4.1986 – VI ZR 146/85, BGHZ 97, 330; v. 5.12.1989 – VI ZR 73/89, BGHZ 109, 291 = NJW 1990, 1045; v. 3.12.2002 – VI ZR 304/01, BGHZ 153, 113 = NJW 2003, 1871; *Dahm*, SozVers 2003, 205; näher *G. Schneider* in: Wussow, Unfallhaftpflichtrecht, Kap. 74 Rz. 28; *Wannagat/Eichenhofer*, § 116 SGB X/3 Rz. 23.

abstrakten (oder sonstigen, von §§ 249 ff. BGB abweichenden) Kriterien berechnet wird oder wenn kein Schadensersatz- oder Entschädigungsanspruch besteht, sondern lediglich bestimmte schadensbedingte Mehraufwendungen des Geschädigten erfasst werden. Hierbei kann der Sozialleistungsanspruch auch von weiteren Erfordernissen abhängen, bspw. von der Bedürftigkeit des Geschädigten. Vor diesem Hintergrund sind in der Rspr. und der Lit. unterschiedliche „Schadensgruppen" gebildet worden, bei deren Einschlägigkeit die sachliche Identität von Leistungs- und Schadensersatzanspruch gegeben ist[1].

14 **c) Sachliche Kongruenz alphabetisch**

● **Beiträge** sowie Beitragslasten, die ein Sozialleistungsträger für den Geschädigten übernimmt, sind Teil von dessen Erwerbsschaden und damit kongruent mit allen auf Ersatz – beitragspflichtiger – Einnahmen gerichteten Schadensersatzansprüchen[2]; ihr Übergang ist in § 116 I 2, § 119 gesondert geregelt, s. näher Rz. 44 ff.

15 ● **Bestattungskosten** einschließlich Überführungskosten, die auf Grund Schadensersatzrecht geschuldet werden, sind kongruent mit hierauf bezogenen Sozialleistungsansprüchen, insb. Sterbegeld (§§ 63 f. SGB VII sowie bis zum 31.12.2003 §§ 58 f. SGB V). Die Rspr. erlaubt den Regress wegen Bestattungskosten auch, wenn derjenige, der die Bestattungskosten getragen hat (zB der Haftpflichtversicherer des Schädigers), ein anderer ist als der Gläubiger des diesbezüglichen Schadensersatzanspruchs (zB Hinterbliebene des Geschädigten)[3].

16 ● **Entgangene Dienste** sind insb. nach § 845 BGB durch Geldrente oder Abfindung zu ersetzen, wenn sie einem dienstberechtigten Angehörigen des Geschädigten zustanden. Dieser Anspruch ist nicht kongruent mit der Hinterbliebenenversorgung, welche der Fallgruppe des Unterhaltsschadens zuzuordnen ist (s. Rz. 23). Soweit der Geschädigte aber als Pflegeperson iSd. § 19 SGB XI die Pflege als Dienst im Hauswesen nach § 845 BGB geleistet hat und der dienstberechtigte Angehörige auf Grund der Schädigung erhöhte Pflegeansprüche gegen die Pflegekasse hat, muss Kongruenz zwischen diesen Pflegeansprüchen und dem Anspruch aus § 845 BGB bestehen[4].

17 ● **Erwerbsschäden** sind zu ersetzen gem. § 252, § 843 I 1 Alt. 1 BGB sowie den entsprechenden deliktsrechtl. Regelungen zB in § 10 I 1 Alt. 1 StVG, § 7 I 1 Alt. 1, § 8 Alt. 1 ProdHG, § 12 I 1 Alt. 1, § 13 Alt. 1 UmweltHG. Nach diesen Vorschriften hat der Geschädigte Anspruch auf Schadensersatz wegen seiner durch die Schädigung aufgehobene oder geminderte Erwerbsfähigkeit. Das umfasst auch den Verlust, der daraus resultiert, dass der Geschädigte daran gehindert ist, Beiträge zur RV oder für ein System der betrAV zu leisten (s. Rz. 44 ff.)[5]. Kongruenz besteht zwischen allen Ansprüchen auf Ersatz von Entgeltausfällen und Sozialleistungsansprüchen, die auf Entgeltersatz oder auf die Herstellung des Zustandes gerichtet sind, der auf Grund des Entgelterhalts herrschen würde. Das gilt auch im Fall der Kapitalabfindung von Sozialleistungen. Sozialrechtl. Entgeltersatzleistungen sind ua. Verletztenrente, Rente wegen verminderter Erwerbsfähigkeit, Krankengeld und Verletztengeld[6], Betriebshilfe, Übergangsgeld, Überbrückungsgeld, Versorgungskrankengeld, Ausbildungsgeld, Unterhaltsbeihilfe sowie Sozialhilfe nach dem SGB XII oder Grundsicherung nach dem SGB II (die letzteren beiden, wenn die Schädigung zur Bedürftigkeit geführt hat). Bei Unfallrenten reicht der zu ersetzende Schaden regelmäßig nur bis zum Erreichen des Rentenalters für die Regelaltersrente (65 Jahre, § 35 SGB VI).

18 Die Regelaltersrente selbst ist nicht kongruent mit Ersatzansprüchen, aber – bei schädigungsbedingter Behinderung – die vorgezogene Altersrente für schwerbehinderte Menschen (§ 37 SGB VI). Kongruent mit dem Erwerbsschaden sind auch Kosten der Aus- und Fortbildung sowie Entgeltersatzleistungen von Rehabilitationsträgern (§ 9 SGB IX) oder auch zB der Arbeitsverwaltung (einschließlich der schädigungsbedingten Zahlung von Kug), wenn sie auf schädigungsbedingter Arbeitslosigkeit oder auf einer schädigungsbedingt notwendigen Umschulung, Aus- oder Weiterbildung beruhen. Kosten für Schulungsmaßnahmen sind insoweit kongruent, als sie zur Erreichung eines Berufs dienen, der dem vor der Schädigung bestehenden Beruf gleichwertig ist[7]. War der Geschädigte bereits arbeitslos, besteht Kongruenz bei schädigungsbedingtem Verlust der Chancen auf einen neuen Arbeitsplatz[8]. Zu den dem Erwerbsschaden kongruenten Sozialleistungen zählt auch die Leistungsfortzahlung an arbeitsunfähige Arbl. nach § 126 SGB III[9] sowie nach § 25 SGB II.

Mangels personeller Kongruenz dürften **Entgeltzuschüsse an ArbGeb** (zB nach §§ 217, 225, 235 SGB III) nicht regressfähig sein. Dasselbe gilt etwa für Leistungen an ArbGeb nach § 34 SGB IX. Soweit der Geschädigte vom ArbGeb **Entgeltfortzahlung** nach dem EFZG erhält, geht der hierin enthaltene Ersatz von Verpflegungskosten bei stationärer Behandlung wegen des Vorrangs des § 116 SGB X vor § 6 EFZG

---

1 S. zu den Schadensgruppen im Einzelnen G. *Schneider* in Wussow, Unfallhaftpflichtrecht, Kap. 74 Rz. 31 ff.; KassKomm/*Kater*, § 116 SGB X Rz. 108 ff. | 2 BGH v. 5.12.1989 – VI ZR 73/89, BGHZ 109, 291 = NJW 1990, 1045. | 3 BGH v. 20.2.1958 – VII ZR 76/57, BGHZ 26, 365 (insoweit nicht in NJW 1958, 710); v. 18.1.1977 – VI ZR 250/74, VersR 1977, 427. | 4 Unklar KassKomm/*Kater*, § 116 SGB X Rz. 79, 139. | 5 S. zur Berechnung des Schadens im Einzelnen Palandt/*Heinrichs*, § 252 BGB Rz. 8 ff. | 6 OLG Nürnberg v. 7.6.2002 – 6 U 3849/01, VersR 2004, 1290. | 7 BGH v. 26.2.1991 – VI ZR 149/90, VersR 1991, 596; v. 24.9.1985 – VI ZR 101/84, VersR 1986, 163. | 8 G. *Schneider* in: Wussow, Unfallhaftpflichtrecht, Kap. 74 Rz. 41. | 9 Str., wie hier KassKomm/*Kater*, § 116 SGB X Rz. 128 mwN.

(s. Rz. 4) auf den Träger über. Der Regressanspruch des ArbGeb nach § 6 EFZG ist also entsprechend zu mindern[1]. Bei Beeinträchtigung oder Ausfall der **Haushaltstätigkeit** eines Geschädigten ist nach der Rspr. zu unterscheiden. Soweit der Geschädigte seine Arbeitsleistung zum Familienunterhalt einsetzte, ist der Schaden dem Erwerbsschaden zuzurechnen; soweit er seinen eigenen Bedürfnissen diente, gehört der Schaden zur Gruppe der vermehrten Bedürfnisse (s. Rz. 24)[2]. Weil also auch Ersatz für Haushaltstätigkeit in den Erwerbsschaden fallen kann, zählt hierzu auch die Leistung von Haushaltshilfe durch den Träger (s. zB § 38 SGB V).

• **Heilungs- und Pflegekosten** sind kongruent mit sämtlichen sozialrechtl. Ansprüchen auf Behandlung 19
und Ersatz von Behandlungskosten sowie mit Ansprüchen auf Heil- und Hilfsmittel, Rehabilitationsmaßnahmen, Transport- und Fahrkosten etc. Zu beachten ist hierbei das allgemeine Schadensersatzrecht, nach dem zB ersparte Fahrtkosten und Aufwendungen für die häusliche Verpflegung schadensmindernd anzusetzen sind[3]. Sozialrechtl. Beschränkungen der Leistungen (bspw. die begrenzte Kostenübernahme oder Zuzahlungen des Versicherten) bewirken eine Reduzierung der Leistungspflicht des Trägers. Soweit deshalb der Träger den Schaden nicht zu ersetzen hat, geht auch der Schadensersatzanspruch nicht auf ihn über, sondern steht weiterhin dem Geschädigten zu. Dasselbe gilt für nicht vom Sozialleistungs-, aber vom Schadensersatzanspruch gedeckte Fahrtkosten oder Zusatzkosten zB für Einzelzimmer und Privatbehandlung[4]. Der Investitionszuschlag für die Krankenhausbehandlung nach § 14 VIII 1 BPflV, Art. 14 Abs. 1 S. 1 GSG ist laut OLG Jena nicht kongruent mit der Schadensersatzpflicht wegen Körper- oder Gesundheitsverletzung[5].

• **Kosten der Rechtsverfolgung** bei der Durchsetzung eines Schadensersatzanspruchs können als Scha- 20
densfolge nach § 249 BGB mit ersatzpflichtig sein[6]. Sie sind allerdings nicht kongruent mit Sozialleistungen, so dass ein Anspruchsübergang ausscheidet. Das lässt den eigenen Anspruch des Trägers aus §§ 91 ff. ZPO unberührt, wenn dieser den übergegangenen Anspruch bei den Zivilgerichten einklagt.

• **Sachschäden** sind nur selten Gegenstand von Ansprüchen auf Sozialleistungen. Soweit entsprechen- 21
de Tatbestände einschlägig sind, kommt Kongruenz mit Schadensersatzansprüchen in Betracht, insb. bei Ersatzleistungen für Hilfsmittel (Brillen, Prothesen etc.). Eine weitere Möglichkeit ist der Sachschadensersatz im Fall der Unterstützung von Diensthandlungen, der Heranziehung als Zeuge, der Hilfe bei Unglücksfällen sowie bei der Verfolgung von Verdächtigen und des Schutzes von Angegriffenen gem. § 2 I Nr. 11 lit. a, Nr. 13 lit. a, c, § 13 SGB VII. Kongruenz greift ebenfalls im Sozialhilferecht bei Bedürftigkeit, die auf einer Sachbeschädigung beruht[7].

• **Schmerzensgeld.** Kongruenz zwischen Sozialleistungen und Schmerzensgeld nach § 253 II BGB be- 22
steht nicht, weil es keine auf die Erfassung des Schmerzes gerichteten Sozialleistungen gibt[8].

• **Unterhaltsschäden.** Gem. § 844 II BGB sowie den entsprechenden deliktsrechtl. Regelungen zB in § 10 23
II StVG, § 7 II ProdHG, § 12 II UmweltHG haben unterhaltsberechtigte Angehörige des Geschädigten Anspruch auf Geldrente bzw. Abfindung. Hierzu kongruent sind die entsprechenden Sozialleistungsansprüche auf Witwen-, Witwer- und Waisenrente sowie auf Elternrente einschließlich eventueller Abfindungsansprüche[9].

• **Vermehrte Bedürfnisse.** Nach § 843 I 1 Alt. 2 BGB sowie den entsprechenden Regelungen zB in § 10 I 1 24
Alt. 2 StVG, § 7 I 1 Alt. 2, § 8 Alt. 2 ProdHG, § 12 I 1 Alt. 2, § 13 Alt. 2 UmweltHG hat der Geschädigte Anspruch auf Ersatz der ihm durch die Schädigung entstehenden vermehrten Bedürfnisse, dh. alle wiederkehrenden Aufwendungen, welche diejenigen Nachteile auszugleichen haben, die auf Grund der dauerhaften Störung seines körperlichen Wohlbefindens entstehen. Beispiele sind Pflegepersonal, höhere Miete oder Baukosten für eine behindertengerechte Ausstattung, entsprechende Kuren oder Verpflegung. Ebenfalls dazu gehören RV-Beiträge für Behinderte oder Besuchskosten für ein dauerhaft behindertes Kind[10]. Sachliche Kongruenz besteht hier nicht mit den sozialrechtl. Behandlungs- und sonstigen Heilungsansprüchen (s. Rz. 19), sondern mit den sozialrechtl. Ansprüchen auf (ambulante oder statio-

1 BGH v. 3.4.1984 – VI ZR 253/82, VersR 1984, 583 (584); vgl. auch BAG v. 5.11.2003 – 5 AZR 676/02, noch uv. | 2 BGH v. 25.9.1973 – VI ZR 49/72, NJW 1974, 41; *G. Schneider* in: Wussow, Unfallhaftpflichtrecht, Kap. 74 Rz. 33; s. zum Schadensersatz bei Beeinträchtigung der Möglichkeit zur Erbringung von Eigenleistungen BGH v. 6.6.1989 – VI ZR 66/88, NJW 1989, 2539; v. 24.10.1989 – VI ZR 263/88, NJW 1990, 1037 (s. dort auch zur Erstattungsfähigkeit von Babysitterkosten für den Verletzten während des Besuchs seines Ehepartners im Krankenhaus). | 3 Vgl. Palandt/*Heinrichs*, § 249 BGB Rz. 10 ff. | 4 Zur Frage, wann diese zu ersetzen sind, BGH v. 6.7.2004 – VI ZR 266/03, VersR 2004, 1180; v. 29.6.2004 – VI ZR 211/03, VersR 2004, 1189; OLG München v. 29.7.2004 – 24 U 827/03, DAR 2004, 651; *Diederichsen*, VersR 2006, 293 (299 f.); Palandt/*Heinrichs*, § 249 BGB Rz. 10; KassKomm/*Kater*, § 116 SGB X Rz. 113. | 5 OLG Jena v. 19.8.2003 – 8 U 263/03, OLGReport Jena 2003, 487. | 6 Palandt/*Heinrichs*, § 249 BGB Rz. 20 ff. | 7 *Wannagat/Eichenhofer*, § 116 SGB X/3 Rz. 24; weniger generell als hier, aber für den Anspruchsübergang bei Übernahme von Reparaturkosten durch einen Sozialhilfeträger sprechen sich aus *Geigel/Plagemann*, Kap. 30 Rz. 23; KassKomm/*Kater*, § 116 SGB X Rz. 133. | 8 *Wannagat/Eichenhofer*, § 116 SGB X/3 Rz. 24. | 9 S. zur (Nicht-)Anrechnung, wenn bei einem Sterbefall ein bereits bestehender Rentenanspruch durch einen neuen, zusätzlichen Rentenanspruch beeinflusst wird BGH v. 27.10.1970 – VI ZR 47/69, BGHZ 54, 377 = NJW 1971, 286; v. 7.5.1974 – VI ZR 223/72, NJW 1974, 1237. | 10 S. im Einzelnen mwN Palandt/*Thomas*, § 843 BGB Rz. 3.

näre) Pflege, Pflegegeld, Haushaltshilfe, Kraftfahrzeug- und Wohnungshilfe sowie sämtliche sonstigen Leistungen zu Gunsten von behinderten Menschen, also Hilfen für Blinde, Gehbehinderte etc. Das ist unabhängig davon, ob die Pflegeleistungen nach dem SGB V, dem SGB VII, dem SGB IX, dem SGB XI, dem SGB XII oder anderen Gesetzen geleistet werden. Hierzu gehören auch die Beiträge der Pflegekasse zur RV oder auch Mehrbedarfszuschläge der Grundsicherung für Arbeit Suchende und der Sozialhilfe, die wegen einer verletzungsbedingten Behinderung geleistet werden[1]. Bei Beeinträchtigung oder Ausfall der Haushaltstätigkeit einer geschädigten Person besteht Kongruenz zu den vermehrten Bedürfnissen nur, wenn die Tätigkeit den eigenen Bedürfnissen des Geschädigten diente (sonst Einordnung beim Erwerbsschaden oder bei den entgangenen Diensten, s. Rz. 16, 17).

25 **d) Zeitliche Kongruenz.** Der Träger kann keinen Rückgriff wegen Ansprüchen nehmen, die sich auf Zeiträume beziehen, für welche er keine Leistungen erbringt. Auch wegen der Höhe der Leistungen ist jeweils auf die zugrunde liegenden Zeiträume abzustellen, so dass ein „Verschieben" unterschiedlicher Einnahmephasen nicht zulässig ist. Schuldet der Schädiger Schadensersatz für Januar bis Mai iHv. 1000 Euro monatlich und ist der Träger von April bis Dezember zur monatlichen Leistung von je 400 Euro verpflichtet, geht der Schadensersatzanspruch nur iHv. je 400 Euro für April und Mai über, insgesamt also 800 Euro. Der Rest steht weiter dem Geschädigten zu. Unterschiedliche Berechnungszeiten sind im Bruchteil umzurechnen. Deshalb wird bei Unfallrenten zeitliche Kongruenz nur bis zu demjenigen Zeitpunkt angenommen, in dem der Geschädigte einen Anspruch auf Altersrente gehabt hätte[2].

26 **e) Umfang des Übergangs.** Grds. ergibt sich aus dem Gesetzeswortlaut („*soweit* dieser ... Sozialleistungen zu erbringen hat"), dass der Schadensersatzanspruch – entsprechend und im Rahmen der Kongruenz – in demjenigen Umfang auf den Träger übergeht, in dem dieser leistungspflichtig ist. Wenn also der Träger auf Grund eines Umstandes zur Leistung verpflichtet ist, der nichts mit dem schädigenden Ereignis zu tun hat, greift auch kein Anspruchsübergang. Soweit die durch die Schädigung bedingte Leistung durch eine andere, nicht auf der Schädigung beruhende Leistung ganz oder teilweise zum Ruhen gebracht wird, greift der Übergang nur in dem Maß, in dem die Erstere die Letztere übersteigt[3].

27 **f) Sonderregeln zum Umfang des Übergangs.** Teilweise wird die Grundregel, nach welcher der Anspruch auf den Träger nur im Umfang seiner (Mehr-)Leistungspflicht übergeht, durch Sondervorschriften verdrängt, s. Rz. 9.

28 **4. Anspruchsübergang. a) Gesetzlicher Anspruchsübergang (cessio legis).** Der Anspruchsübergang erfolgt durch Gesetz, und zwar bereits im Zeitpunkt, in dem der Schadensersatzanspruch entsteht und die Leistungsverpflichtung des Trägers begründet ist. Das geschieht ohne Rücksicht auf die Fälligkeit der betreffenden Schadensersatz- und Leistungsansprüche, auf die Erfüllung der Leistungspflicht oder etwa auf sonstige Handlungen des Trägers. Insb. eine Überleitungsanzeige wie bei § 33 I SGB II, § 93 SGB XII oder eine sonstige Information des Schädigers oder des Geschädigten ist nicht erforderlich. Da es sich um einen gesetzl. Forderungsübergang handelt, sind nach § 412 BGB die §§ 399–404, 406–410 BGB anzuwenden, wobei im Einzelnen aber die in § 116 geregelten Modifikationen zu beachten sind.

29 **b) Zeitpunkt des Übergangs; Änderungen nach Anspruchsübergang.** Der Gesetzgeber hat den Zeitpunkt des Anspruchsübergangs möglichst früh angesetzt, um eine reibungslose Geltendmachung durch den zuständigen[4] Träger sicherzustellen, die nicht durch eventuelle Verfügungen des Geschädigten über den Schadensersatzanspruch beeinträchtigt wird. Dieses Anliegen prägt die Auslegung von § 116 I 1, und zwar sowohl für das Bestehen des Schadensersatzanspruchs als auch für das Bestehen des Sozialleistungsanspruchs.

30 **aa) Bestehen eines Schadensersatzanspruchs dem Grunde nach.** Zunächst muss der Schadensersatzanspruch nur dem Grunde nach gegeben sein. Das bedeutet, dass er bereits mit der Schädigung übergeht, selbst wenn der eingetretene Schaden sich noch erweitern sollte, also bspw. eine Verletzung später auf weitere Rechtsgüter übergreift oder noch zu weiteren behandlungsbedingten Schäden führen sollte, wenn etwa der Geschädigte auf Grund der Verletzung später seine Erwerbsfähigkeit einbüßt. Allerdings setzt die Entstehung des Anspruchs „dem Grunde nach" voraus, dass zumindest irgendein Schaden eingetreten ist; die Vollendung der Schädigungshandlung vor Eintritt des Erfolgs allein reicht nicht aus[5]. Die Entstehung des Anspruchs „dem Grunde nach" hat nach Ansicht der Rspr. zB bei Verletzungen mit späterer Todesfolge zur Konsequenz, dass nicht erst mit dem Tod des Geschädigten Ansprüche der

1 S. die Aufzählung von Haftungsnormen über vermehrte Bedürfnisse mit einer Aufschlüsselung der Kongruenzen nach sozialrechtlichen Leistungspflichten im Einzelnen bei *G. Schneider* in Wussow, Unfallhaftpflichtrecht, Kap. 74 Rz. 35 f.; KassKomm/*Kater*, § 116 SGB X Rz. 64, 115 ff.; vgl. aus der Rspr. zB BGH v. 27.6.2006 – VI ZR 337/04, NJW 2006, 3565; v. 28.11.2000 – VI ZR 352/99, VersR 2001, 215. | 2 *Hauck/Haines*, § 116 SGB X/3 Rz. 20 f.; vgl. BGH v. 30.11.1971 – VI ZR 53/70, BGHZ 57, 314 = NJW 1972, 442 ff. = VersR 1972, 251 ff. | 3 BGH v. 27.10.1970 – VI ZR 47/69, BGHZ 54, 377; v. 7.5.1974 – VI ZR 223/72, VersR 1974, 966 (967). | 4 Die irrtümliche Leistung durch den unzuständigen Träger lässt den Anspruch nicht auf diesen übergehen; hier gelten §§ 102 ff. SGB X, s. den Beispielfall OLG Rostock v. 18.6.2004 – 8 U 93/03, r + s 2004, 481 (zu § 11 VI SGB V). | 5 RG v. 12.11.1917 – 2 Rep. IV 347/17, RGZ 91, 142 (146); BGH v. 10.7.1967 – III ZR 78/66, BGHZ 48, 181 = NJW 1967, 2199; *von Wulffen*, § 116 SGB X Rz. 2; *Dahm*, Die Sozialversicherung 2002, 119 (120).

Hinterbliebenen nach §§ 844 f. BGB entstehen und übergehen können; vielmehr greifen die Ansprüche und damit auch der Anspruchsübergang bereits mit der Verletzung des später Verstorbenen[1].

bb) Möglichkeit des Bestehens eines (künftigen) Sozialleistungsanspruchs; Übergang unter auflösender Bedingung. Noch weiter geht die Rspr. bei der Prüfung des Sozialleistungsanspruchs, der Voraussetzung für den Anspruchsübergang ist. Hier genügt es für den Anspruchsübergang, dass der Leistungsanspruch „im Rahmen eines SozV-Verhältnisses als Grundlage für den Forderungsübergang geeignete Leistungspflicht des Trägers ... überhaupt **in Betracht** kommen kann ... Soweit dabei die tatsächlichen Umstände (Art der Verletzung; Zukunftsfolgen der Verletzung) von Bedeutung sind, muss es im Interesse eines möglichst weit gehenden Schutzes der Versicherungsträger genügen, dass selbst eine *weit entfernte Möglichkeit* des Eintritts solcher Tatsachen gegeben ist, auf Grund derer Versicherungsleistungen zu erbringen sein werden ...“[2]. 31

Beispiel: Der Geschädigte wird am Bein verletzt, wobei man zunächst von der Wiederherstellung seiner Erwerbsfähigkeit ausgeht. Erst später entwickelt sich die Verletzung so, dass die Erwerbsfähigkeit vermindert wird und ein entsprechender Rentenanspruch entsteht. Der BGH nimmt einen Anspruchsübergang wegen eventueller künftiger Rentenleistungspflichten des RV-Trägers schon im Zeitpunkt der anfänglichen Beinverletzung an, weil der Träger auf Grund und im Rahmen des SozV-Verhältnisses bereits vor Eintritt der Minderung der Erwerbsfähigkeit zu deren Verhinderung verpflichtet ist. Wenn die Erwerbsunfähigkeit zumindest entfernt in Betracht kommt, greift bereits wegen dieser Möglichkeit des Bestehens eines (künftigen) Sozialleistungsanspruchs der Anspruchsübergang[3]. Auch im Fall von Ansprüchen auf Grundsicherung für Arbeit Suchende und auf **Sozialhilfe** kommt es bereits dann zum Anspruchsübergang, wenn mit der schädigungsbedingten Bedürftigkeit des Geschädigten (insb. wegen infolge der Schädigung drohender Arbeitslosigkeit) ernsthaft zu rechnen ist[4].

Auf Grund des weit vorausgreifenden Anwendungsbereichs von § 116 ist von einem Anspruchsübergang auszugehen, der in seinem Bestand und seinem Umfang von der künftigen Entwicklung abhängig ist, also gem. § 158 II BGB **unter der auflösenden Bedingung** übergeht, dass die in Betracht kommenden **Sozialleistungen** auch tatsächlich **zu erbringen** sein werden[5]. Wenn daher später die – auch entfernte – Möglichkeit der Leistungspflicht des Trägers nicht mehr in Betracht kommt, fällt der zunächst übergegangene Anspruch auf den Geschädigten zurück. Soweit die Leistungspflicht zu Unrecht angenommen wurde und die Leistungspflicht des Trägers in einer Verwaltungsentscheidung (also insb. durch einen Leistungsbescheid) oder einer Gerichtsentscheidung rechtskräftig festgestellt worden ist, ist ein diesbezüglicher späterer Wegfall der Leistungspflicht und der hierauf beruhende Anspruchsübergang nicht mehr möglich. Wenn lediglich eine bestandskräftige, aber noch nicht unanfechtbare bzw. noch nicht rechtskräftige Entscheidung vorliegt, muss der Bescheid bzw. die Entscheidung zuerst aufgehoben werden[6]. Auch in diesen Fällen fällt der zuvor übergegangene Anspruch nach der Rspr. wegen Eintritts der auflösenden Bedingung nach § 158 II BGB auf den Geschädigten „automatisch“ zurück[7]. Jedoch fordert der BGH zum Teil auch eine Rückabtretung, wenn Forderungen auf die BA übergegangen und nicht wieder auf den Versicherten „automatisch“ zurückgefallen sind[8]. Evtl. auf Grund des Anspruchsübergangs durch den Träger eingezogene Schadensersatzleistungen sind an den Geschädigten nach § 159 BGB auszuzahlen[9]. 32

Soweit der Träger in einem **Abfindungsvergleich** auf den zurückgefallenen Anspruch (teilweise) verzichtet und damit die Rechte des Geschädigten beeinträchtigt hat, ist das diesem gegenüber unwirksam[10]. Denkbar ist auch, dass der Sozialleistungsanspruch **zunächst nicht** – auch nicht entfernt – **in Betracht** kommt (vgl. Rz. 31); sobald dann aber zB wegen einer Komplikation bei der Heilbehandlung die Sozialleistung (zB Rente) in Betracht kommt, geht der Anspruch **mit dem Eintreten dieses „In-Betracht-Kommens“** auf den Sozialleistungsträger über, also uU lange nach der Schädigungshandlung. Weil und solange hier die Forderung vor dem Übergang dem Geschädigten zustand, sind dessen zu dieser Zeit über die Forderung vorgenommenen Verfügungen (insb. Vergleiche und Erlasse) wirksam. 33

c) Fehlender Antrag und Verzicht auf Sozialleistungen. Da Sozialleistungen regelmäßig von einer Antragstellung abhängen, stellt sich die Frage nach den Auswirkungen dieses Erfordernisses auf den 34

1 BGH v. 13.2.1996 – VI ZR 318/94, VersR 1996, 649 (650). | 2 BGH v. 10.7.1967 – III ZR 78/66, BGHZ 48, 181 = NJW 1967, 2199 (Hervorhebung im Original); bestätigt zB in BGH v. 8.12.1998 – VI ZR 318/97, NJW 1999, 1782; v. 8.7.2003 – VI ZR 274/02, NJW 2003, 3193; v. 2.12.2003 – VI ZR 243/02, VersR 2004, 492 f. (s. dort auch zur fehlenden Möglichkeit der Prozessstandschaft); vgl. *Wannagat/Eichenhofer*, § 116 SGB X/3 Rz. 21. | 3 BGH v. 10.7.1967 – III ZR 78/66, BGHZ 48, 181 = NJW 1967, 2199. | 4 BGH v. 12.12.1995 – VI ZR 271/94, BGHZ 131, 274 (279); v. 25.6.1996 – VI ZR 117/95, BGHZ 133, 129 (134, 135); OLG Celle v. 7.2.2002 – 14 U 126/01, HVBG – Info 2002, 3172. | 5 BGH v. 10.7.1967 – III ZR 78/66, BGHZ 48, 181 = NJW 1967, 2199; v. 8.12.1998 – VI ZR 318/97, NJW 1999, 1782; *G. Schneider* in Wussow, Unfallhaftpflichtrecht, Kap. 73 Rz. 13 ff.; KassKomm/*Kater*, § 116 SGB X Rz. 143 ff. | 6 BSG v. 17.7.1979 – 12 Rar 15/78, SozR 4100, Nr. 11 zu § 141 b; KassKomm/*Kater*, § 116 SGB X Rz. 144, § 115 SGB X Rz. 36. | 7 BGH v. 8.12.1998 – VI ZR 318/97, NJW 1999, 1782; der Fall betraf den Austritt des Geschädigten aus der gesetzlichen KV nach der Schädigung und während der Behandlung. | 8 BGH v. 25.6.1990 – II ZR 119/89, BB 1990, 1653. | 9 KassKomm/*Kater*, § 116 SGB X Rz. 144. | 10 BGH v. 8.12.1998 – VI ZR 318/97, NJW 1999, 1782.

Anspruchsübergang. Grds. gilt, dass der Anspruchsübergang bereits erfolgt, wenn ein Anspruch auf Sozialleistungen in Betracht kommt (s. Rz. 31). In diesem Fall kann auch ein noch nicht erfülltes Antragserfordernis nichts am sofortigen Anspruchsübergang ändern. Sobald endgültig feststeht, dass ein Antrag nicht mehr gestellt werden wird, fällt der Schadensersatzanspruch wegen Wegfalls der Bedingung auf den Geschädigten zurück. Soweit ein Verzicht auf Sozialleistungen vorliegt, ist seine eventuelle Unwirksamkeit wegen Belastung Dritter sowie von Leistungsträgern oder Umgehung nach § 46 II SGB I zu prüfen. Weiter kommt hinsichtl. des Schadensersatzanspruchs eine Minderung nach § 254 II BGB in Betracht[1].

35 **d) Gesetzliche Änderungen des Sozialleistungsanspruchs** können dessen Beschränkung, Erweiterung oder inhaltliche Änderung bewirken, so dass sich damit auch der (mögliche) Umfang des nach § 116 angeordneten Anspruchsübergangs ändern kann[2].

36 **5. Verfügungen über den Schadensersatzanspruch und Ausgleichspflicht nach Leistung an den falschen Gläubiger des Schadensersatzanspruchs.** Verfügungen über den Schadensersatzanspruch kann grds. nur der Gläubiger vornehmen, also nach Anspruchsübergang der Sozialleistungsträger und im Übrigen der Geschädigte[3]. Dasselbe gilt für die Einziehungsbefugnis, die ebenfalls prinzipiell nur dem Gläubiger zusteht. Jedoch können Leistungen an den bisherigen Gläubiger und mit ihm geschlossene Vereinbarungen über die Forderung (Erlasse, Vergleiche etc.[4]) nach §§ 412, 407 BGB wirksam sein.

37 Voraussetzung ist, dass der Schuldner **keine Kenntnis hat vom Anspruchsübergang**. Der neue Gläubiger muss beweisen, dass diese Kenntnis bestand. Jedoch werden generell im Fall des gesetzl. Forderungsübergangs keine zu hohen Anforderungen an diese Kenntnis gestellt, um den Sinn und Zweck der gesetzl. Regelung nicht zu konterkarieren[5]. Deshalb hält man die Kenntnis der Bedingungen, die zum gesetzl. Forderungsübergang führen, für genügend[6]. Dementsprechend geht die Rspr. im Fall möglicher Leistungspflichten von Sozialleistungsträgern iSd. § 116 davon aus, dass der Schädiger die tatsächlichen Umstände gekannt haben muss, die bekanntermaßen ein SozV-Verhältnis auslösen oder die sonstige, eine Sozialleistungspflicht auslösende Position des Geschädigten begründen[7]. Wer also einen Beschäftigten schädigt, von dem man allgemein annehmen kann, dass er sozialversichert ist, der „kennt" nach §§ 412, 407 BGB die Tatsachen, welche den Forderungsübergang begründen[8]. Deswegen wird er keine gegenüber dem Träger wirksame Leistung an den Geschädigten erbringen oder eine vergleichsweise Regelung über die Forderung mit diesem treffen können. Noch weiter geht die Rspr. bei der Behandlung von Schadensfällen durch **Versicherungsunternehmen** bzw. deren Schadensbearbeiter. Diesen wird sogar dann noch „Kenntnis" unterstellt, wenn nach der Schädigung neu eingeführte spezielle Gesetzesregelungen zur Leistungspflicht führen[9]. Beim Anspruchsübergang auf Grund von Leistungen zur Grundsicherung Arbeit Suchender oder **Sozialhilfe** ist eine Kenntnis des Schädigers nur anzunehmen, wenn ihm die Bedürftigkeit begründende Vermögensverhältnisse des Geschädigten bekannt sind[10].

Soweit der Schädiger nach §§ 412, 407 BGB wegen „Unkenntnis" vom Anspruchsübergang **mit befreiender Wirkung** an den Geschädigten oder seine Hinterbliebenen statt an den Träger als wahren Gläubiger leistet, hat der Träger **gegen den Zahlungsempfänger** den **Erstattungsanspruch des § 116 VII 1**. Wenn **keine befreiende Wirkung** eintritt, haften Zahlungsempfänger und Schädiger dem Träger gem. **§ 116 VII 2 als Gesamtschuldner** (s. Rz. 79).

38 Sobald der Träger nach § 116 I 1 unter der **auflösenden Bedingung seiner eigenen künftigen Leistungspflicht** Gläubiger einer Schadensersatzforderung wird und diese Bedingung später wegfällt, fällt auch die Forderung auf den Geschädigten bzw. seinen Rechtsnachfolger zurück (s. Rz. 32). Wenn daher der Träger zwischenzeitlich über die Forderung verfügt (zB durch Abschluss eines Abfindungsvergleichs mit dem Schädiger), tut er dies zwar als Berechtigter. Jedoch wird die Verfügung laut BGH gegenüber

1 BGH v. 17.11.1964 – VI ZR 171/63, VersR 1965, 161 (163); OLG Hamm v. 17.5.1983 – 9 U 28/82, VersR 1984, 1049 (1050); KassKomm/*Kater*, § 116 SGB X Rz. 162 ff.; s. auch Palandt/*Heinrichs*, § 254 BGB Rz. 7 zur möglichen Anwendung von § 254 BGB im öffentlichen Recht. | 2 BGH v. 27.6.2006 – VI ZR 337/04, NJW 2006, 3565; v. 3.12.2002 – VI ZR 142/02, NJW 2003, 1455 (Ablösung von §§ 53 ff. SGB V aF durch §§ 36 ff. SGB XI); *Dahm*, SozVers 2003, 205. | 3 *Wannagat/Eichenhofer*, § 116 SGB X/3 Rz. 18. Abweichendes gilt nach § 115 SGB X bei Arbeitslosenleistungen, LAG Rh.-Pf. v. 17.1.2002 – 4 Sa 1110/01, DB 2002, 1113 n.rkr. | 4 Vgl. zur Anwendbarkeit der Erlassvorschrift des § 76 II Nr. 3 S. 1 SGB IV durch den Träger im Fall des Anspruchsübergangs KassKomm/*Kater*, § 116 SGB X Rz. 180 ff. Die Vorschrift kann insb. bei unversicherten unbeschränkt haftenden Schädigern angewandt werden; s. zu Abfindungsvergleichen *Lang*, VersR 2005, 894. | 5 KassKomm/*Kater*, § 116 SGB X Rz. 258; *Wannagat/Eichenhofer*, § 116 SGB X/3 Rz. 67. | 6 Palandt/*Heinrichs*, § 407 BGB Rz. 8. | 7 OLG Nürnberg v. 17.12.1975 – 4 U 93/75, VersR 1977, 613 (614); BGH v. 4.10.1983 – VI ZR 44/82, SGB 1984, 170; v. 4.10.1985 – VI ZR 44/82, VersR 1984, 35 (36); v. 17.4.1990 – VI ZR 276/89, VersR 1990, 1028 (1030). | 8 BGH v. 30.11.1955 – VI ZR 211/54, BGHZ 19, 177 (181); v. 7.5.1968 – VI ZR 179/66, VersR 1968, 771 (772); v. 13.2.1975 – VI ZR 209/73, VersR 1975, 446 (447); Palandt/*Heinrichs*, § 407 BGB Rz. 8; *von Wulffen*, § 116 SGB X Rz. 40. | 9 BGH v. 7.5.1968 – VI ZR 179/66, VersR 1968, 771 (772); OLG Nürnberg v. 17.12.1975 – 4 U 93/75, VersR 1977, 613 (614); BGH v. 4.10.1983 – VI ZR 44/82, NJW 1984, 607 = VersR 1984, 35 (36). | 10 KassKomm/*Kater*, § 116 SGB X Rz. 258; *Hauck/Haines*, § 116 SGB X/3 Rz. 51; *von Wulffen*, § 116 SGB X Rz. 40.

dem nachmaligen Gläubiger (dem Geschädigten oder seinem Rechtsnachfolger) gem. § 161 II BGB unwirksam und steht dann auch einem Rückfall auf den Geschädigten nicht entgegen[1].

6. Einziehungsermächtigung bei Anspruch auf Sozialhilfe. Soweit der Schadensersatzanspruch auf Grund eines Sozialhilfeanspruchs übergeht, nimmt die Rspr. eine Ermächtigung des Geschädigten und Bedürftigen an, den Ersatzanspruch im eigenen Namen einzuziehen, um die Bedürftigkeit zu vermeiden. Zu weiter gehenden Verfügungen (insb. Erlassvergleichen, Aufrechnungen etc.) ist der Bedürftige nicht berechtigt (s. auch Rz. 42)[2]. Das dürfte entsprechend bei der Grundsicherung für Arbeit Suchende gelten. 39

7. Auskunftsanspruch. Aus § 60 SGB I, §§ 412, 402 BGB folgt ein Auskunftsanspruch des Trägers gegen den Geschädigten. Nach Ansicht des BSG handelt es sich um einen sozialrechtl. Anspruch, so dass für seine Geltendmachung die SG zuständig sind[3]. Gleiches dürfte für den eigenen Auskunftsanspruch aus § 294a SGB V gelten[4]. 40

8. Verjährung. Da § 116 ausschließlich den Anspruchsübergang anordnet und keinen neuen Anspruch begründet, richtet sich auch die Verjährung nach dem für den jeweiligen Schadensersatzanspruch geltenden Recht. Damit wird es meist auf die Verjährung deliktsrechtl. Ansprüche ankommen (s. zu den von § 116 erfassten Ansprüchen oben Rz. 7 f.). 41

Weil und soweit es sich bei den in § 116 erfassten gesetzl. Schadensersatzansprüchen regelmäßig um solche wegen **Verletzung des Lebens, des Körpers oder der Gesundheit** handelt, greift damit meist die 30-jährige Verjährungsfrist nach § 199 II BGB. Soweit Sachschäden ersetzt werden (s. Rz. 21), greift § 199 III BGB. Das neue Verjährungsrecht gilt gem. Art. 229 § 5 EGBGB ohne Einschränkungen für alle seit dem 1.1.2002 entstandenen Ansprüche. Für die am 1.1.2002 bereits verjährten Ansprüche bleibt es bei der Verjährung gem. altem Recht, also insb. nach § 852 BGB aF. Für alle bis zum 1.2.2002 entstandenen, aber noch nicht verjährten Ansprüche gilt die Übergangsvorschrift des Art. 229 § 6 EGBGB[5].

Die Verjährung des auf den Träger übergegangenen Schadensersatzanspruchs wird nicht dadurch beeinflusst, dass der Geschädigte eigene, nicht übergegangene Ansprüche aus dem Schadensereignis geltend macht. Jedoch ist zu beachten, dass **im Sozialhilferecht** und bei der Grundsicherung für Arbeit Suchende eine Einziehungsermächtigung des Geschädigten zu Gunsten des Trägers anzunehmen ist (s. näher Rz. 39). Auf Grund dessen führt hier die **Klageerhebung durch den Geschädigten** dazu, dass die Verjährungshemmung nach § 204 I BGB **auch zu Gunsten des Trägers** greift. Ebenso führt die Verurteilung des Schädigers auf die Klage des Geschädigten oder ein titelersetzendes Anerkenntnis dazu, dass die Forderung des Trägers der dreißigjährigen Verjährung nach § 197 I Nr. 3–5 BGB unterliegt[6]. Ggf. kommt auch die Rechtskrafterstreckung nach § 325 ZPO in Betracht[7]. 42

9. Zuständigkeit. Da nach § 116 I 1 nur ein Anspruchsübergang erfolgt, bleibt die Rechtsnatur des übergegangenen Schadensersatzanspruchs unverändert. Er kann also nicht etwa durch den Träger im Wege des Leistungsbescheids, sondern muss auf dem Rechtsweg bei den für den Schadensersatzanspruch zuständigen Zivilgerichten geltend gemacht werden. 43

V. Erfassung von Beiträgen (Abs. 1 S. 2). 1. Anwendungsbereich. Soweit der Geschädigte einen Erwerbsschaden erleidet (s. Rz. 17), kommt es regelmäßig zu der Situation, dass er deshalb auch nicht mehr entsprechende SozV-Beiträge zahlen kann. Solche Beiträge hätten ihm bspw. im Alter eine (höhere) Rentenanwartschaft eingebracht oder wären als KV-Beiträge eingesetzt worden. Die für den Geschädigten einschlägigen Sozialleistungsregelungen sehen häufig vor, dass bei der Schädigung nicht nur Heilbehandlung oder Renten (zB wegen verminderter Erwerbsfähigkeit) gezahlt werden, sondern dass zusätzlich Mittel zur Verfügung stehen, von denen der Geschädigte SozV-Beiträge zahlen kann. Grds. muss der Schädiger alle SozV-Beiträge des Geschädigten für die Dauer der Arbeitsunfähigkeit ersetzen, unabhängig davon, ob ein Fall der Entgeltfortzahlung durch den ArbGeb vorliegt oder ob in einem Fall von schädigungsbedingter Sozialleistungsentrichtung SozV-Beiträge zu zahlen sind[8]. 44

---

1 BGH v. 8.12.1998 – VI ZR 318/97, NJW 1999, 1782; s. bereits BGH v. 29.2.1956 – IV ZR 202/55, BGHZ 20, 127 = NJW 1956, 790. Der BGH befasst sich nicht mit der Frage, ob wegen des Forderungsrückfalls nach § 161 II BGB die befreiende Wirkung von Verfügungen des kenntnislosen Schuldners nach § 407 BGB besteht (Palandt/*Heinrichs*, § 161 BGB Rz. 1). Bejahendenfalls müsste der Schädiger bei Vorliegen der Voraussetzungen des § 407 BGB seine Leistungen wahlweise vom Träger kondizieren und nochmals an den Geschädigten leisten, oder er belässt es bei seiner Befreiung mit der Konsequenz, dass der Träger das Vereinnahmte gemäß § 816 II BGB an den Geschädigten auskehren muss und im Übrigen uU aus Amtspflichtverletzung haftet, vgl. Palandt/*Heinrichs*, § 407 BGB Rz. 5. | 2 BGH v. 12.12.1995 – VI ZR 271/94, BGHZ 131, 274 (284, 285); v. 25.6.1996 – VI ZR 117/95, BGHZ 133, 129 = VersR 1996, 1258; v. 23.6.1998 – VI ZR 317/97, VersR 1998, 1387; v. 5.3.2002 – VI ZR 442/00, VersR 2002, 869 = r + s 2002, 241; v. 10.10.2002 – III ZR 205/01, NJW 2002, 3769. | 3 BSG v. 10.11.1977 – 3 RK 44/75, BSGE 45, 119 (120). | 4 S. dazu näher *Schultze-Zeu/Riehn*, VersR 2007, 467. | 5 S. im Einzelnen Palandt/*Heinrichs*, Art. 229 § 5 EGBGB; *Mansel* in Dauner-Lieb/Heidel/Lepa/Ring, Das Neue Schuldrecht, § 14 Rz. 14 ff. | 6 BGH v. 5.3.2002 – VI ZR 442/00, VersR 2002, 869; v. 23.6.1998 – VI ZR 317/97, VersR 1998, 1387; OLG Köln v. 8.5.1998 – 19 U 210/97, VersR 1998, 1307; beide Entscheidungen sind zum alten BGB ergangen. | 7 *Hofmann*, VersR 2003, 288. | 8 BGH v. 8.11.1983 – VI ZR 134/82, USK 83 220; KassKomm/*Kater*, § 116 SGB X Rz. 196.

45 Die von den Sozialleistungsträgern übernommenen **SozV-Beiträge** (oder zusätzlich gewährten Leistungen) dienen dazu, den Schaden des geschädigten Versicherten auszugleichen, der dadurch entsteht, dass dieser auf Grund der Verletzung nicht mehr in der Lage ist, seine Beiträge zu zahlen. Die fehlende Zahlung der SozV-Beiträge und die daraus resultierenden Folgen sind somit ein Schaden des Geschädigten. Mithin besteht auch eine sachliche Kongruenz zwischen den von den Sozialleistungsträgern übernommenen Beiträgen (oder zusätzlichen Leistungen) und dem Ersatzanspruch des Geschädigten gegen den Schädiger. Keine Kongruenz besteht hinsichtlich solcher Beiträge, die keine versicherungsrechtl. Besserstellung des Geschädigten herstellen[1].

46 **2. Voraussetzungen des Beitragsregresses.** § 116 I 2 dient lediglich der Klarstellung der Gesetzeslage, da Ersatzansprüche wegen fehlender Beitragszahlung bereits nach § 116 I 1 auf den Sozialleistungsträger übergegangen wären[2]. Abs. 1 S. 2 Nr. 1 nennt nochmals die Beiträge, die von Sozialleistungen zu zahlen sind und in Abs. 1 S. 2 Nr. 2 die KV-Beiträge, die für die Dauer des Anspruchs auf Krankengeld unbeschadet des § 224 I SGB V zu zahlen wären. Sozialleistung iSd. Abs. 1 S. 2 Nr. 1 ist auch die Beitragsleistung eines Sozialleistungsträgers aus seinen Eigenmitteln zu Gunsten des Versicherten an einen anderen Träger[3], nicht aber die ihm auf Grund schädigungsbedingt geringerer Beitragspflicht des Geschädigten entgangenen KV-Beiträge[4]. Aus dem Klarstellungscharakter der Vorschrift des Abs. 1 S. 2 geht auch hervor, dass sich der Übergang des Beitragsersatzanspruchs nach denselben Regeln beurteilt wie bei anderen Sozialleistungen, die nach Abs. 1 S. 1 übergehen. Danach ergeben sich keine Besonderheiten für den Beitragsregress bezüglich einer möglichen Pauschalierung der Ansprüche nach Abs. 9 (s. Rz. 85 ff.), wegen der Verjährung der übergegangenen Beitragsersatzansprüche oder hinsichtlich des Zeitpunkts des Anspruchsübergangs[5].

47 § 116 I 2 dient letztlich demselben **Normzweck** wie Abs. 1 S. 1, nur dass der Beitragsregress speziell geregelt ist[6]. Bei bestimmten Entgeltersatzleistungen hat der Geschädigte Beitragsbelastungen selbst zu tragen, die ihm von der Entgeltersatzleistung abgezogen werden. Dieser sog. Versichertenanteil geht dann aber nicht nach § 116 oder § 119 auf den SozV-Träger über, sondern verbleibt bei dem Geschädigten, der ihn selbst gegen den Schädiger geltend machen muss[7]. Anders hat allerdings die BGH-Rspr. zu der bis zum 31.12.1991 geltenden Vorschrift des § 1385b I RVO entschieden, indem sie einen Anspruchsübergang des Versichertenanteils nach § 116 I angenommen hat, während der entsprechende Trägeranteil nicht übergehen sollte[8]. Das wurde jedoch insoweit infrage gestellt, als der Versichertenanteil an der Beitragszahlung bereits begrifflich keine Sozialleistung iSd. § 116 I darstellt[9]. Ebenso kann es aber auch dazu kommen, dass der Geschädigte durch die Entrichtung der SozV-Beiträge von der Sozialleistung höhere Beiträge gutgeschrieben bekommt, als ihm auf Grund des Schadensersatzanspruches eigentlich zustehen würde, so zum Beispiel bei einer niedrigen Haftungsquote[10]. Dieser sozialversicherungsrechtl. Vorteil kommt dem Geschädigten in Höhe des den Schadensersatzanspruch übersteigenden Anteils zu[11].

48 Der vom Schädiger zu ersetzende Schaden erfasst sowohl die **nicht** nach § 116 I 2 oder § 119 **übergehenden** als auch die **übergehenden Schadensersatzansprüche**, wobei unerheblich ist, ob die Beiträge oder Beitragsanteile vom Versicherten oder vom Träger der Entgeltersatzleistung zu tragen gewesen wären[12]. Mithin sind die Beitragsbelastungen des Sozialleistungsträgers kein Drittschaden im eigentlichen Sinn, sondern ein „Reflexschaden", der mit der Leistung an den Versicherten durch den Sozialleistungsträger entstanden ist[13].

49 **3. Verhältnis Abs. 1 S. 2 zu § 119.** Der Beitragsregress ist in zwei Teile, § 116 I 2 und § 119 (s. Rz. 50), aufgespalten. Das Verhältnis beider Vorschriften zueinander regelt § 119 I 2 Nr. 2, wonach § 116 I 2 zur Rückerstattung der Beitragszahlungen an den Sozialleistungsträger dem Beitragsregress nach § 119 vorgeht[14]. Soweit die von der Sozialleistung zu zahlenden Beiträge nicht ausreichen, um den Beitragsschaden des Geschädigten anzugleichen, erfolgt der Rückgriff des Trägers hinsichtlich der nicht ausgeglichenen Schadensteile gem. § 119[15].

---

1 BGH v. 18.2.1986 – VI ZR 55/85, VersR 1986, 485 (487); v. 15.4.1986 – VI ZR 146/85, BGHZ 97, 330 = VersR 1986, 592 (593); v. 17.3.1987 – VI ZR 297/85, BGHZ 109, 291 = VersR 1987, 598 (599). | 2 KassKomm/*Kater*, § 116 SGB X Rz. 192. | 3 KassKomm/*Kater*, § 116 SGB X Rz. 198, mit dem Hinweis, dass im Fall der schädigungsbedingten Sozialleistung, die Beitragsleistung auch der Behebung des entstandenen Schadens dient. | 4 OLG Karlsruhe v. 16.11.2000 – 19 U 195/99, VersR 2001, 612. | 5 KassKomm/*Kater*, § 116 SGB X Rz. 211. | 6 KassKomm/*Kater*, § 116 SGB X Rz. 192. | 7 *Küppersbusch*, NZV 1992, 58 (60); *Meyer*, DOK 1991, 768 (769); *Stelzer*, VersR 1994, 518 (519); KassKomm/*Kater*, § 116 SGB X Rz. 195 und Rz. 202 ff. mwN. | 8 BGH v. 5.12.1989 – VI ZR 73/89, BGHZ 109, 261 = VersR 1990, 220 (221); KassKomm/*Kater*, § 116 SGB X Rz. 205. | 9 KassKomm/*Kater*, § 116 SGB X Rz. 205; *von Einem*, SGB 1990, 568 (569). | 10 KassKomm/*Kater*, § 116 SGB X Rz. 195. | 11 KassKomm/*Kater*, § 116 SGB X Rz. 195. | 12 BGH v. 18.2.1986 – VI ZR 55/85, VersR 1986, 485 (486); v. 5.12.1989 – VI ZR 73/89, BGHZ 109, 291; KassKomm/*Kater*, § 116 SGB X Rz. 197. | 13 *Einem*, SGb 1988, 276 (277); KassKomm/*Kater*, § 116 SGB X Rz. 197; während der spiegelbildliche Schaden des Versicherten demgegenüber als „zusätzlicher Folgeschaden" bezeichnet wird, so BGH v. 5.12.1989 – VI ZR 73/89, BGHZ 109, 291 (296). Eine Übersicht über die von Abs. 1 S. 2 Nr. 1 erfassten Ansprüche findet sich bei KassKomm/*Kater*, § 116 SGB X Rz. 206–209; wegen der Einzelheiten im Hinblick auf die von Abs. 1 S. 2 Nr. 2 erfassten fiktiven Beiträge bei Krankengeldbezug siehe KassKomm/*Kater*, § 116 SGB X Rz. 210–210c. | 14 KassKomm/*Kater*, § 116 SGB X Rz. 194. | 15 KassKomm/*Kater*, § 116 SGB X Rz. 194.

4. Exkurs: Übergang von Beitragsansprüchen nach § 119. Der Schadensersatzanspruch umfasst häufig auch den Ersatz von Beiträgen zur RV, vor allem dann, wenn unfallbedingt durch den Versicherten keine Beiträge zur RV geleistet werden[1]. Hier greift § 119, der den entsprechenden Schadensersatzanspruch subsidiär zu § 116 (§ 119 I 1 Nr. 2) übergehen lässt. Die entsprechenden beitragsersetzenden Leistungen gelten dann gem. § 119 III 1 als Pflichtbeiträge; zudem stellt § 119 III 2 sicher, dass der Geschädigte durch die Ersatzleistung nicht schlechter gestellt wird als ohne den Schadensersatzanspruch; vgl. zum Vergleichsschluss über Beitragsersatz § 119 IV. Zudem kommt bei Beitragserstattungen an RV-Träger ein Anspruchsübergang nach § 179 Ia SGB VI in Betracht[2]. 50

VI. Vorrang des Geschädigten bei gesetzlicher Anspruchsbegrenzung (Abs. 2). In den Fällen einer vollen Haftung des Schädigers bei gleichzeitiger gesetzl. Begrenzung des Ersatzanspruchs wird dem Geschädigten durch § 116 II ein Quotenvorrecht eingeräumt. Gesetzl. Anspruchsbegrenzungen iSd. § 116 II ergeben sich bspw. aus §§ 12, 12a StVG, § 10 ProdHaftG, § 9 HPflG, §§ 37, 46 LuftVG, § 15 UmweltHaftG, § 117 I BBergG[3]. Sinn des § 116 II ist es, die Folgen einer möglichen Unterdeckung des Schadens auf Grund der gesetzl. Summenbegrenzung nicht dem Geschädigten, sondern dem Versicherungsträger oder Träger der Sozialhilfe anzulasten[4]. Allerdings hat die Vorschrift inzwischen erheblich an Bedeutung verloren, da die frühere Haftungshöchstgrenze für den Straßenverkehr durch die Neufassung von §§ 12, 12a StVG zum 18.12.2007 stark erhöht worden ist. Nunmehr gilt hier ein Höchstsatz von 5 Mio. Euro, der bei Rentenzahlungen zu kapitalisieren ist; für gefährliche Güter und gewerbliche Personenbeförderung liegt der Wert uU höher[5]. 51

Gem. § 116 II behält der Geschädigte den Schadensersatzanspruch bis zur Höhe seines Differenzschadens (Differenz zwischen Gesamtschaden und erhaltener Leistung), während der Übergang des Anspruchs auf den Träger nur in Höhe des restlichen Teils des Ersatzanspruches stattfindet[6].

Beispiel: Schädiger S haftet dem sozialversicherten G aus einem Verkehrsunfall aus der Zeit vor dem 18.12.2007 (s. oben) auf Zahlung von 48 000 Euro jährlich. Die jährlichen Sozialleistungen betragen 32 000 Euro; die gesetzl. Haftungshöchstgrenze beträgt 36 000 Euro (§ 12 I Nr. 1 StVG in der bis zum 17.12.2007 gültigen Fassung). Der Differenzschaden iSd. § 116 II beträgt 16 000 Euro (Differenz zwischen Gesamtschaden von 48 000 Euro und Sozialleistung von 32 000 Euro), und diese 16 000 Euro stehen dem G gegen den S zu. Auf den SozV-Träger geht nach § 116 II nur der Anspruch auf die verbleibenden 20 000 Euro über[7].

Nach der Rspr. ist das Quotenvorrecht des Geschädigten gem. § 116 II **nicht auf kongruente Ansprüche beschränkt**, sondern dehnt sich auf alle Ansprüche des Verletzten aus dem Schadensfall aus[8]. Soweit also im eben genannten Beispiel der SozV-Träger nur Behandlungs- und Rentenleistungen erbringt, steht dem Geschädigten dennoch auch zB wegen eines (hierzu nicht kongruenten) Schmerzensgeldanspruchs gem. § 7, § 11 S. 2 StVG der Vorrang vor dem SozV-Träger zu.

Keine Anwendung findet § 116 II, wenn der Schädiger gleichzeitig aus anderen Rechtsgrundlagen haftet, die keine Begrenzung des Schadensersatzanspruchs vorsehen (zB § 823 BGB)[9]. Auch im Fall der unbegrenzten Haftung eines Schädigers, für den ein Haftpflichtversicherer ausschließlich mit einer Mindestsumme einstehen muss, wird der Übergang des Ersatzanspruches nicht durch § 116 II tangiert[10]. Ebenso ist § 116 II nicht in den Fällen einer Begrenzung des Ersatzanspruches wegen Mitverschuldens oder der Mitverursachung des Geschädigten anzuwenden; insofern gilt § 116 III (sogleich unter Rz. 53 ff.)[11]. Außerdem findet Abs. 2 keine Anwendung für vertragl. Haftungsbegrenzungen, die stattdessen nach den Regeln des Haftungsverzichts zu behandeln sind[12]. 52

VII. Mitverschulden oder Mitverantwortung des Geschädigten (Abs. 3). In § 116 III sind die Fälle eines Anspruchsübergangs geregelt, in denen der Schadensersatzanspruch durch ein Mitverschulden oder eine Mitverursachung des Geschädigten seiner Höhe nach begrenzt ist. Dabei ist ein Mitverschulden bzw. eine Mitverantwortung des Geschädigten sowohl bei der Entstehung des Schadens (§ 254 I BGB), als auch im Hinblick auf die Schadensminderungspflicht (§ 254 II BGB) anzurechnen[13]. 53

---

1 *von Wulffen*, § 119 SGB X Rz. 7; Palandt/*Heinrichs*, Vorb v. § 249 BGB Rz. 154; vgl. BGH v. 2.12.2003 – VI ZR 243/02, VersR 2004, 492; *Diederichsen* VersR 2006, 291 (301). | 2 S. dazu OLG München v. 4.5.2006 – 24 U 681/05, r + s 2006, 348; *Langenick*, NZV 2007, 105. | 3 Soweit mehrere Leistungsträger so viel gezahlt haben, dass durch ihre Leistungen die gesetzliche Haftungsgrenze überschritten ist, haben sie den Haftungsbetrag nach ihren Beiträgen prozentual untereinander aufzuteilen, BGH v. 3.3.1969 – III ZR 97/68, VersR 1969, 569 f.; v. 21.11.2000 – VI ZR 120/99, VersR 2001, 387 = r + s 2001, 151. | 4 KassKomm/*Kater*, § 116 SGB X Rz. 213. | 5 S. zu §§ 12, 12a StVG BGBl. I 2007, 2833; BT-Drs. 16/5551, S. 18 f. | 6 S. zur Differenztheorie KassKomm/*Kater*, § 116 SGB X Rz. 213. | 7 S. auch das Berechnungsbeispiel bei KassKomm/*Kater*, § 116 SGB X Rz. 216. | 8 BGH v. 8.4.1997 – VI ZR 112/96, NJW 1997, 1785; *Wannagat/Eichenhofer*, § 116 SGB X/3 Rz. 38; aA insoweit *von Wulffen*, § 116 SGB X Rz. 21, wonach nur der sachlich und zeitlich kongruente Schaden iSd. § 116 II zu verstehen ist. | 9 KassKomm/*Kater*, § 116 SGB X Rz. 215; *von Wulffen*, § 116 SGB X Rz. 23; *Wannagat/Eichenhofer*, § 116 SGB X/3 Rz. 40. | 10 KassKomm/*Kater*, § 116 SGB X Rz. 215. | 11 KassKomm/*Kater*, § 116 SGB X Rz. 215, mit dem Hinweis, dass dies auch in den Fällen gilt, in denen sowohl die Voraussetzungen des Abs. 2 als auch des Abs. 3 S. 1 vorliegen (vgl. Abs. 3 S. 2.). | 12 *Wannagat/Eichenhofer*, § 116 SGB X/3 Rz. 39. | 13 KassKomm/*Kater*, § 116 SGB X Rz. 220.

54 **1. Abs. 3 S. 1.** Ziel des § 116 III 1 ist es, für den Schadensersatzanspruch eine gleichmäßige Verteilung der Unterdeckung zu schaffen[1]. Gem. § 116 III 1 wird der Grad des Mitverschuldens bzw. der Mitverursachung des Geschädigten am Schaden beim Anspruchsübergang insofern berücksichtigt, als nur der Teil des Schadensersatzanspruches auf den Versicherungsträger oder den Träger der Sozialhilfe übergeht, welcher der Haftungsquote des Schädigers entspricht (sog. relative Theorie)[2]. Damit beschränkt sich der Rückgriffsanspruch des Versicherungsträgers gegen den Schädiger auf den Vomhundersatz der von ihm erbrachten Sozialleistung, welcher der Haftungsquote des Schädigers entspricht[3]. § 116 III 1 setzt voraus, dass die vom Versicherungsträger zu erbringenden Leistungen beim Geschädigten nicht zu einem vollen Ausgleich des Schadens führen[4].

55 Der auf den Versicherungsträger übergehende Ersatzanspruch wird in der Weise **berechnet**, dass der bei unbeschränkter Haftung nach Abs. 1 übergehende Anspruch entsprechend der Haftungsquote gemindert wird. Dem Geschädigten verbleibt dann der ebenfalls entsprechend der Haftungsquote geminderte Restanspruch[5].

Beispiel: Schädiger S verletzt den sozialversicherten G; den G trifft ein Mitverschulden von einem Viertel. Der Schaden beträgt 5000 Euro, die Sozialleistungen betragen 3000 Euro. Hier ergibt sich folgende Berechnung: Der Restschaden des G beträgt nach Abzug der Sozialleistungen noch 2000 Euro. Der Sozialleistungsträger erhält von S $^3/_4$ von 3000 Euro, also 2250 Euro. G erhält von S $^3/_4$ von 2000 Euro, also 1500 Euro. Zusätzlich steht dem G gegen den Träger die unbeschränkte Sozialleistung von 3000 Euro zu[6].

56 Das Quotenrecht nach § 116 III 1 ist, im Gegensatz zum Quotenvorrecht nach Abs. 2 (dazu Rz. 51), **auf kongruente Sozialleistungs- und Schadensersatzansprüche beschränkt**, so dass etwa ein Schmerzensgeldanspruch als nicht kongruenter Anspruch (s. Rz. 22) nicht in die Berechnung mit einzubeziehen ist. Wenn also im soeben genannten Beispiel von den 5000 Euro eine Summe von 2400 Euro auf Schmerzen entfällt, erhält der Sozialleistungsträger von S $^3/_4$ von 2600 Euro, also 1950 Euro, und G erhält von S $^3/_4$ von 2400 Euro, also 1800 Euro Schmerzensgeld. Unverändert steht dem G gegen den Träger die Sozialleistung von 3000 Euro zu[7].

57 **2. Abs. 3 S. 2.** § 116 III 2 regelt das Verhältnis zwischen Abs. 2 und Abs. 3 S. 1 für den Fall, dass der Schadensersatzanspruch der Höhe nach gesetzl. begrenzt ist und zusätzlich ein Mitverschulden oder Mitverursachen des Schadens durch den Geschädigten die Höhe des Ersatzanspruches mindert.

58 Für den Fall dieser „doppelten Haftungsbeschränkung" (gesetzl. Höchsthaftungssumme plus Mitverschuldensquote) existieren mehrere Berechnungsmethoden. Die – inzwischen auch von der Rspr. vertretene – vorherrschende Ansicht geht in der Weise vor, dass zunächst die Haftungsaufteilung nach der „relativen Theorie" gem. § 116 I 1 ohne Berücksichtigung der Haftungshöchstgrenzen ermittelt wird; danach wird die so ermittelte Regressaufteilung an die gesetzl. Anspruchshöchstgrenzen angepasst (ohne Anwendung eines Quotenvorrechts nach § 116 II)[8].

59 **Beispiel:** Schädiger S verletzt den sozialversicherten G bei einem Verkehrsunfall in der Zeit vor dem 18.12.2007 (s. oben Rz. 51) schwer. S haftet aus § 7 StVG; den G trifft ein Mitverschulden von einem Zehntel. Auf Grund fehlender Arbeitsfähigkeit des G entsteht ein Schaden von jährlich 50 000 Euro. Die jährlichen Sozialleistungen betragen 30 000 Euro; die gesetzl. Haftungshöchstgrenze beträgt 36 000 Euro (§ 12 I Nr. 1 StVG in der bis zum 17.12.2007 gültigen Fassung). Hier ergibt die Anwendung von § 116 III das Folgende: Im ersten Schritt wird die Haftungsquote gem. § 116 III 1 berücksichtigt, indem die Quote von 10 % auf 30 000 Euro (Sozialleistung) angerechnet wird = 27 000 Euro; beim G verbleibt der um 27 000 Euro verminderte Restanspruch (ungekürzter Ersatzanspruch = 45 000 Euro) in Höhe von 18 000 Euro. Im zweiten Schritt wird eine Anpassung dieser Ansprüche an die Haftungshöchstgrenzen iSd. § 116 II vorgenommen (Verhältnis von Haftungshöchstgrenze 36 000 Euro zu ungekürztem Ersatzanspruch 45 000 Euro = $^4/_5$). Damit ergibt sich eine Anpassung des übergehenden Anspruchs ($^4/_5$ von 27 000) auf 21 600 Euro; ebenso wird der beim Geschädigten verbleibende Restanspruch von 18 000 Euro auf $^4/_5$ = 14 400 Euro vermindert. Der S zahlt also an den G 14 400 Euro und an den Sozialleistungsträger 21 600 Euro; beide Beträge addiert ergeben die gesetzl. Höchstgrenze von

1 *Wannagat/Eichenhofer*, § 116 SGB X/3 Rz. 45. | 2 KassKomm/*Kater*, § 116 SGB X Rz. 218; zur sog. Modifizierten Theorie (Quotenvorrecht des Geschädigten abhängig von der Höhe des Mitverschuldens) siehe *von Wulffen*, § 116 SGB X Rz. 24; *Wannagat/Eichenhofer*, § 116 SGB X/3 Rz. 43. | 3 BGH v. 14.2.1989 – VI ZR 244/88, BGHZ 106, 381 (385) = VersR 1989, 648; KassKomm/*Kater* § 116 SGB X Rz. 222. | 4 KassKomm/*Kater*, § 116 SGB X Rz. 220; *von Wulffen*, § 116 SGB X Rz. 25; vgl. zu der Frage ob § 116 III 1 das Mitverschulden zusätzlich zur Bestimmung der Höhe des Ersatzanspruches, also „doppelt" in Ansatz bringt *Wannagat/Eichenhofer*, § 116 SGB X/3 Rz. 9 und Rz. 46. | 5 KassKomm/*Kater*, § 116 SGB X Rz. 221. | 6 S. auch die Berechnungsbeispiele bei KassKomm/*Kater*, § 116 SGB X Rz. 221. | 7 KassKomm/*Kater*, § 116 SGB X Rz. 223. | 8 BGH v. 21.11.2000 – VI ZR 120/99, VersR 2001, 387 = r + s 2001, 151; KassKomm/*Kater*, § 116 SGB X Rz. 225; *André*, BG 1983, 716 (717, 718); *Plumeyer*, BG 1985, 206 (208, 209); aA *Behrends*, DOK 1983, 409 (413); *Küppersbusch*, VersR 1983, 193 (203); kritisch auch OLG Hamm v. 16.10.2003 – 6 U 16/03, VersR 2004, 1425 m. Anm. *Kerpen*.

36 000 Euro. Der G erhält zusätzlich zu den 14 400 Euro des S unverändert die 30 000 Euro Sozialleistungen[1].

3. Abs. 3 S. 3. § 116 III 3 schließt einen Anspruchsübergang nach Abs. 3 S. 1 aus, wenn der Geschädigte oder seine Hinterbliebenen im Fall des Anspruchsübergangs hilfebedürftig iSd. SGB XII werden würden[2]. Dadurch werden der Geschädigte und seine Hinterbliebenen im Fall einer Mitverantwortlichkeit bzw. Mitschuld des Geschädigten am Schaden gem. § 116 III 1 vor einer Sozialhilfebedürftigkeit iSd. SGB XII bewahrt[3]. Abs. 3 S. 3 stellt insofern ein weiteres Quotenvorrecht des Geschädigten für den Fall des Eintritts einer Sozialhilfebedürftigkeit durch das Schadensereignis dar[4]. Der Geschädigte kann mithin zur Vermeidung des Eintritts seiner Sozialhilfebedürftigkeit auch nach Übergang des Anspruchs auf den SozV-Träger den Schadensersatzanspruch im eigenen Namen gegen den Schädiger geltend machen[5]. Nachdem Leistungen an Bedürftige wesentlich als **Grundsicherung für Arbeit Suchende** nach dem SGB II erbracht werden, sollte § 116 III 3 hier entsprechend angewandt werden. 60

Anwendungsvoraussetzung des § 116 III 3 ist, dass die fiktive **Hilfebedürftigkeit durch den Anspruchsübergang** nach Abs. 3 S. 1 hervorgerufen werden würde[6]. Die erforderliche Kausalität ist zu verneinen, wenn sie schon vor Eintritt des Schadensereignisses bestanden hat oder nach dem Schadensereignis aus anderen Gründen eintritt, die damit in keinem Zusammenhang stehen[7]. Ebenso nicht „durch den Anspruchsübergang" ausgelöst ist der Eintritt der Hilfebedürftigkeit auf Grund des Schadensereignisses oder ihre Verstärkung durch das Schadensereignis[8]. 61

Der Forderungsübergang wird gem. § 116 III 3 nicht im Ganzen ausgeschlossen, sondern nur „soweit" durch den Anspruchsübergang Hilfebedürftigkeit entstehen würde[9]. 62

VIII. Vorrang des Geschädigten in der Vollstreckung (Abs. 4). Gem. § 116 IV steht dem Geschädigten und seinen Hinterbliebenen im Fall des Bestehens von tatsächlichen Hindernissen in der Durchsetzung des Ersatzanspruches ein Befriedigungsvorrecht zu. Die Vorschrift betrifft den Fall, in dem das Vermö-Vermögengen des Schädigers nicht dazu ausreicht, sowohl die auf den SozV-Träger übergegangenen Schadensersatzansprüche als auch die Restansprüche des Geschädigten zu erfüllen. Im Gegensatz zu § 116 II, III 1 und 3 und V regelt § 116 IV nicht, welcher Teil des Schadensersatzanspruches dem Geschädigten materiell-rechtl. zusteht, sondern räumt diesem ein Vollstreckungsvorrecht ein[10]. Dieses Vorrecht beruht auf dem Grundsatz, dass kein Gläubiger eine Forderung zu seinem Nachteil abtritt oder abtreten muss[11]. Vom Vorrecht des § 116 IV werden alle kongruenten und alle nicht kongruenten Ersatzansprüche des Geschädigten gleichermaßen erfasst (vgl. auch Rz. 51, 56)[12]. 63

Das Befriedigungsvorrecht des § 116 IV ist **nicht dadurch ausgeschlossen**, dass die Schadensersatzansprüche des Geschädigten **nach § 116 II oder III 1 beschränkt** sind[13]. Allerdings greift das Befriedigungsrecht nur insoweit, als die Ersatzansprüche nach dem Quotenrecht auf den Träger übergegangen sind[14]. Der Vorrang nach § 116 IV gilt nur für die Durchsetzung der Schadensersatzansprüche, nicht aber für bereits vom Träger durchgesetzte Ansprüche[15]. Der Träger braucht mithin das aus der Durchsetzung bereits Erlangte nicht an den Geschädigten herauszugeben[16]. § 116 IV gibt **dem Schädiger kein Leistungsverweigerungsrecht**, so dass der Sozialleistungsträger nicht gehindert ist, den übergegangenen Ersatzanspruch geltend zu machen und durchzusetzen[17]. 64

IX. Vorrang des Geschädigten bei fehlender Mehrbelastung des Trägers (Abs. 5). § 116 V ist eine Ausnahme zu § 116 III 1 und 2. Dem Geschädigten (oder seinen Hinterbliebenen) wird ein Quotenvorrecht eingeräumt, sobald er das Schadensereignis mitverschuldet oder mitzuverantworten hat, die Anwendung des Abs. 3 S. 1 und S. 2 nicht zur vollen Deckung des Schadens des Geschädigten führt und der Sozialleistungsträger durch Eintritt des Schadens aber keine höheren Sozialleistungen erbringen muss als vor dem Schadenseintritt. Der Ersatzanspruch soll nach dem Sinn und Zweck des § 116 V dem 65

---

1 Die Vorgehensweise folgt dem Berechnungsbeispiel bei KassKomm/*Kater*, § 116 SGB X Rz. 225; s. auch Palandt/*Heinrichs*, Vorb. § 249 BGB Rz. 157 (die dortige Kritik „völlig misslungen" beruht darauf, dass § 116 II iVm. III 2 dem Geschädigten unabhängig vom Mitverschulden immer den bis an die gesetzliche Begrenzung der Haftungshöhe reichenden Betrag zubilligt). | 2 Zur Beweislast hinsichtlich des Vorliegens der Voraussetzungen des § 116 III 3 (Sozialhilfebedürftigkeit, Kausalität) siehe *von Wulffen*, § 116 SGB X Rz. 31; zum Rückgriff wegen Beitragsleistung siehe KassKomm/*Kater*, § 116 SGB X Rz. 230. | 3 *von Wulffen*, § 116 SGB X Rz. 29, der als Grund für den Wegfall eines Anspruchsübergangs das fehlende Quotenvorrecht im Fall der Mithaftung anführt. | 4 *von Wulffen*, § 116 SGB X Rz. 31. | 5 BGH v. 12.12.1995 – VI ZR 271/94, BGHZ 131, 274. | 6 KassKomm/*Kater*, § 116 SGB X Rz. 227; *von Wulffen*, § 116 SGB X Rz. 29; *Wannagat/Eichenhofer*, § 116 SGB X/3 Rz. 50. | 7 *von Wulffen*, § 116 SGB X Rz. 29. | 8 BGH v. 12.12.1995 – VI ZR 271/94, BGHZ 131, 274 (282); v. 8.6.1996 – VI ZR 117/95, BGHZ 133, 129 (136). | 9 Str., siehe *Wannagat/Eichenhofer*, § 116 SGB X/3 Rz. 52; KassKomm/*Kater*, § 116 SGB X Rz. 228, mit Berechnungsbeispiel; *von Wulffen*, § 116 SGB X Rz. 30; vgl. auch *Deinhardt*, VersR 1984, 697 (701); aA *Küppersbusch*, VersR 1983, 193 (204 f.). | 10 KassKomm/*Kater*, § 116 SGB X Rz. 231; *Wannagat/Eichenhofer*, § 116 SGB X/3 Rz. 34. | 11 *von Wulffen*, § 116 SGB X Rz. 32. | 12 KassKomm/*Kater*, SGB X § 116 Rz. 232 mwN und einer Begründung, warum sowohl kongruente als auch nicht kongruente Ansprüche von § 116 IV erfasst werden; *von Wulffen*, § 116 SGB X Rz. 32. | 13 *von Wulffen*, § 116 SGB X Rz. 32. | 14 *Wannagat/Eichenhofer*, § 116 SGB X/3 Rz. 37 mwN. | 15 KassKomm/*Kater*, § 116 SGB X Rz. 235. | 16 *Ritze*, DRV 1983, 598. | 17 KassKomm/*Kater*, § 116 SGB X Rz. 235.

Geschädigten oder seinen Hinterbliebenen zustehen, solange durch das Schadensereignis keine Mehrbelastung des Sozialleistungsträgers eintritt[1].

66 Nach § 116 V muss es sich bei dem leistungsgewährenden SozV-Träger um **ein und denselben Versicherungsträger** handeln. Ein Quotenvorrecht wird nur in Fällen gewährt, in denen der vorher leistende Sozialleistungsträger nach dem Schadensereignis keine Mehrbelastung zu tragen hat. Wird dagegen ein anderer SozV-Träger belastet, der an Stelle des ursprünglichen Versicherungsträgers Leistungen gewährt, liegt kein Fall des § 116 V vor. **Relevante Fallgruppen** des § 116 V sind vor allem Unfälle von Beziehern von Unterhaltsgeld, Alg, Alg II, Kug, der Unfalltod eines Rentners (§§ 33 ff. SGB VI, infolge dessen niedrigere Renten an die Hinterbliebenen zu zahlen sind und der Träger somit entlastet wird[2]) oder Arbeitsunfälle von unfallversicherten Unternehmern ohne zusätzliche Ansprüche gegen die RV[3].

67 **X. „Familienprivileg" (Abs. 6). 1. Allgemeines.** Nach § 116 VI 1 ist der Übergang des Schadensersatzanspruchs gem. § 116 I 1 ausgeschlossen, wenn die Schädigung durch einen Familienangehörigen des Geschädigten erfolgte und dieser zurzeit des Schadensereignisses mit dem Geschädigten oder seinen Hinterbliebenen in häuslicher Gemeinschaft lebte. § 116 VI 2 schließt die Geltendmachung des nach § 116 I 1 übergegangenen Ersatzanspruches aus, wenn nach Eintritt des Schadensereignisses der Schädiger mit dem Geschädigten die Ehe schließt und in häuslicher Gemeinschaft lebt. Sinn und Zweck des Abs. 6 ist die **Erhaltung des Familienfriedens** der in häuslicher Gemeinschaft lebenden Familie des Geschädigten sowie der wirtschaftl. Schutz der Familie des Geschädigten[4]. § 116 soll nicht dazu führen, dass der Sozialleistungsträger dem Geschädigten die erbrachte Sozialleistung mittelbar wieder entzieht, indem er bei einem Familienmitglied des Geschädigten Rückgriff nimmt, mit dem dieser wirtschaftl. verbunden ist[5].

68 Dass der Schädiger **haftpflichtversichert** ist, schließt die Anwendung des § 116 VI nicht aus[6]. Soweit ein **Haftpflichtversicherungsträger gem. § 115 I Nr. 1 VVG (ehemals § 3 Nr. 1 PflVG) selbst unmittelbar haftet**, wendet die Rspr. das Haftungsprivileg des § 116 VI wegen der Akzessorietät des Direktanspruchs gegen den Haftpflichtversicherer ebenfalls – entsprechend – an.

Beispiel: Die Mutter schädigt ihr mitfahrendes Kind bei einem Autounfall. Der Haftpflichtversicherer der Mutter haftet dem Kind auf Schadenersatz aus § 115 I Nr. 1 VVG. Soweit ein Träger Behandlungs- oder Pflegeleistungen an das Kind zu erbringen hat, geht der Anspruch des Kindes gegen den HaftpflichtverHaftpflichtversicherersicherer gem. § 116 VI *nicht* auf den Träger über. Daher haftet der Haftpflichtversicherer dem Kind weiterhin in vollem Umfang[7]. Etwas anderes gilt auf Grund der Nachrangigkeit der Sozialhilfe (§ 2 SGB XII), wenn es sich bei dem Leistungsträger um einen **Träger der Sozialhilfe** handelt[8]. Dasselbe wird man auch für die Leistungen der Grundsicherung für Arbeit Suchende annehmen müssen (siehe § 1 I 2, § 1 II Nr. 2, § 3 III SGB II).

69 **2. Abs. 6 S. 1.** Der Übergangsausschluss nach Abs. 6 S. 1 setzt voraus, dass der Schädiger ein Familienangehöriger des Geschädigten ist, dieser mit dem Schädiger zum Zeitpunkt des Schadensereignisses in häuslicher Gemeinschaft lebte und die Schädigung unvorsätzlich erfolgte. **a)** Zunächst muss der Schädiger ein **Familienangehöriger** des Geschädigten sein. Bei der Beantwortung der Frage, wer Familienangehöriger ist, ist außer auf den Normzweck des Abs. 6 auch auf § 86 III VVG (ehemals § 67 II VVG) abzustellen[9]. Familienangehörige iSd. Abs. 6 S. 1 sind bspw. Eheleute sowie Verwandte und Verschwägerte gem. §§ 1589, 1590 BGB[10]. Auch **Lebenspartner** nach dem LPartG dürften Familienangehörige iSd. § 116 VI 1 sein[11]. Keine Familienangehörigen iSd. Abs. 6 S. 1 sind hingegen: Verlobte[12], Partner in eheähnlicher Lebensgemeinschaft[13] und geschiedene Ehegatten[14]. Bei einer späteren (nach Schadenseintritt) erfolgten Auflösung der Ehe bleibt Abs. 6 S. 1 anwendbar[15].

---

1 KassKomm/*Kater*, § 116 SGB X Rz. 236; *Wannagat/Eichenhofer*, § 116 SGB X/3 Rz. 54 und Rz. 55. | **2** KassKomm/*Kater*, § 116 SGB X Rz. 236. | **3** Zur Ausnahme der Anwendung des § 116 V bei unfallbedingter Tötung eines Versicherten (Rentners) und Bezug von Hinterbliebenenrente einer Witwe, die nach dem Schadensereignis wieder erwerbstätig wird oder eine eigene Rente erhält, siehe KassKomm/*Kater*, § 116 SGB X Rz. 240. | **4** BGH v. 24.1.1989 – VI ZR 130/88, BGHZ 106, 284 (288); OLG Köln v. 17.10.1990 – 24 U 43/90, MDR 1991, 255; *Wannagat/Eichenhofer*, § 116 SGB X/3 Rz. 56. | **5** LG Hannover v. 9.10.1985 – 6 O 271/85, VersR 1986, 333 (334); BGH v. 1.12.1987 – VI ZR 50/87, BGHZ 102, 257 (259); KassKomm/*Kater*, § 116 SGB X Rz. 241 und Rz. 242 mwN zur rechtlichen Grundlage des § 116. | **6** Siehe dazu KassKomm/*Kater*, § 116 SGB X Rz. 244, m. weit. (auch kritischen) Nachw. | **7** BGH v. 28.11.2000 – VI ZR 352/99, VersR 2001, 215 f.; OLG Koblenz v. 21.6.1999 – 12 U 679/98, VersR 2000, 1436. Krit. hierzu *von Koppenfels-Spies*, ZfS 2004, 97 (100); *Halfmeier/Schnitzler*, VersR 2002, 11. | **8** BGH v. 9.7.1996 – VI ZR 5/95, BGHZ 133, 192 (195 f.) = VersR 1996, 1258 f. | **9** BGH v. 1.12.1987 – VI ZR 50/87, BGHZ 102, 257 (259). | **10** KassKomm/*Kater*, § 116 SGB X Rz. 245, mit vielen weiteren Beispielen; *von Wulffen*, § 116 SGB X Rz. 35; *Wannagat/Eichenhofer*, § 116 SGB X/3 Rz. 57 mwN. | **11** *von Koppenfels-Spies*, ZfS 2004, 97 f.; *Dahm*, BG 2003, 114. | **12** BGH v. 21.9.1976 – VI ZR 210/75, VersR 1977, 149 = NJW 1977, 108. | **13** BGH v. 21.9.1976 – VI ZR 210/75, BGHZ 102, 257 (260), BKK 1988, 329 = NJW 1988, 1091; KassKomm/*Kater*, § 116 SGB X Rz. 246; dazu ausf. *Wannagat/Eichenhofer*, § 116 SGB X/3 Rz. 58 und Rz. 59; aA insoweit *von Wulffen*, § 116 SGB X Rz. 35; *von Koppenfels-Spies*, ZfS 2004, 97 f. mwN. | **14** KassKomm/*Kater*, § 116 SGB X Rz. 246. | **15** BGH v. 30.6.1971 – VI ZR 189/69, VersR 1971, 901 (902); str. siehe *Wannagat/Eichenhofer*, § 116 SGB X/3 Rz. 62; *von Wulffen*, § 116 SGB X Rz. 34.

b) Schädiger und Geschädigter müssen im Zeitpunkt des Schadensereignisses in **häuslicher Gemeinschaft** leben. Häusliche Gemeinschaft iSd. § 116 VI 1 liegt vor, wenn die Lebens- und Wirtschaftsführung von Schädiger und Geschädigtem auf Dauer in einem gemeins. Haushalt praktiziert wird[1]. Dabei hebt eine nur zeitweilige räumliche Trennung die häusliche Gemeinschaft nicht auf[2]. Andererseits kann ein lediglich gemeins. Wohnen die „häusliche Gemeinschaft" noch nicht begründen[3]. Je ferner der Verwandtschaftsgrad ist, umso genauer zu prüfen, ob durch die Beteiligten tatsächlich eine gemeinschaftliche Lebens- und Wirtschaftsführung gewollt und vollzogen wird[4]. Der Forderungsübergang bleibt auch dann ausgeschlossen, wenn die häusliche Gemeinschaft nach Schadenseintritt aufgelöst wird[5]. 70

c) Die Schädigung darf **nicht vorsätzlich** herbeigeführt worden sein. Der **Vorsatz** iSd. Abs. 6 muss sowohl den **Schaden** selbst als auch alle konkreten **Schadensfolgen** erfassen[6] (Letzteres ist mE falsch, vgl. zur parallelen Fragestellung in der gesetzl. Unfallversicherung § 104 SGB VII Rz. 10, § 110 SGB VII Rz. 4). 71

d) Wenn ein **Zweitschädiger** neben dem familienangehörigen Schädiger auf Grund desselben Schadensereignisses haftet, besteht ein Anspruch auf Rückgriff des Sozialleistungsträgers gegen diesen Schädiger nur insoweit, als dieser im Innenverhältnis zum familienangehörigen Schädiger (Erstschädiger) für den eingetretenen Schaden haftet[7]. Durch diese Begrenzung soll verhindert werden, dass durch einen eventuellen Regress des Zweitschädigers gem. § 426 BGB gegen den Erstschädiger (Familienangehöriger) die Schutzvorschrift des § 116 VI umgangen wird[8]. Vgl. zu Ansprüchen gegen für Angehörige eintretende **Haftpflichtversicherungsträger** oben Rz. 68. 72

3. Abs. 6 S. 2. Voraussetzung des Ausschlusses der Geltendmachung des übergegangen Ersatzanspruches gem. Abs. 6 S. 2 ist die **Ehe** zwischen dem Schädiger und dem Geschädigten oder einem Hinterbliebenen nach Eintritt des Schadensereignisses bei gleichzeitigem **Zusammenleben in häuslicher Gemeinschaft**. Abs. 6 S. 2 bezweckt, den **Schutz des Abs. 6 S. 1 auch auf Verlobte** auszuweiten, die erst nach dem Schadensereignis die Ehe schließen[9]. Jedoch ist der Schutzzweck sogar darüber hinaus noch auszuweiten, da laut Wortlaut des Abs. 6 S. 2 nicht erforderlich ist, dass die Verlobung zum Zeitpunkt des schädigenden Ereignisses bereits bestand[10]. Der Eheschließung iSd. § 116 VI 2 wird auch die eingetragene **Lebenspartnerschaft** gem. §§ 1 ff. LPartG gleichzustellen sein[11]. Zusätzlich wird, ebenso wie in Abs. 6 S. 1 (s. Rz. 71), vorausgesetzt, dass die Schädigung durch den Schädiger **nicht vorsätzlich** herbeigeführt worden sein darf[12]. 73

Abs. 6 S. 2 findet nur Anwendung, wenn spätestens in der **letzten mündlichen Verhandlung vor dem Tatsachengericht** im Regressverfahren sowohl die Ehe als auch die häusliche Lebensgemeinschaft vorliegen[13]. Die **Geltendmachung der übergegangenen Schadensersatzansprüche** ist gem. Abs. 6 S. 2 nur **solange gehindert**, wie die Ehe und die häusliche Gemeinschaft **tatsächlich Bestand haben**. Im Fall einer Auflösung von Ehe oder häuslicher Gemeinschaft ist der SozV-Träger wieder ermächtigt, die Ansprüche gegen den Schädiger geltend zu machen[14]. 74

Der Geschädigte hat **keinen Anspruch auf Rückerstattung** der Leistung, wenn der übergangene Anspruch bereits vom Schädiger erfüllt wurde, bevor die Voraussetzungen des § 116 VI 2 erfüllt waren[15]. 75

XI. Regress bei Ersatzleistung an den Geschädigten statt an den Träger (Abs. 7). Soweit der Schädiger (irrtümlich) an den Geschädigten statt an den Träger leistet, bleibt ihm nur der Schutz nach §§ 412, 407 ff. BGB mit den Konsequenzen des § 116 VII. Das können bspw. Fälle sein, in denen der Schädiger (häufig auch der Haftpflichtversicherer) und der Geschädigte einen Abfindungsvergleich schließen, aus dem der Geschädigte Leistungen erhält, ohne dass der Schädiger Kenntnis von der Legalzession hat, s. im Einzelnen Rz. 36 f.[16]. 76

---

1 OLG Frankfurt v. 30.9.1982 – 1 U 179/81, VersR 1984, 254 (255); KassKomm/*Kater*, § 116 SGB X Rz. 247; *von Wulffen*, § 116 SGB X Rz. 36. |2 BSG v. 16.8.1973 – 3 RK 63/71, BSGE 36, 117 (119) = BKK 1973, 301; *von Wulffen*, § 116 SGB X Rz. 36; *Wannagat/Eichenhofer*, § 116 SGB X/3 Rz. 61. |3 *von Wulffen*, § 116 SGB X Rz. 36; KassKomm/*Kater*, § 116 SGB X Rz. 247 f. |4 BGH v. 15.1.1980 – VI ZR 270/78, MDR 1980, 481; v. 12.7.1979 – 4 StR 204/79, BGHSt 29, 54 (56). |5 BGH v. 14.7.1970 – VI ZR 179/68, NJW 1970, 1844; v. 30.6.1971 – IV ZR 189/69, VersR 1971, 901 = NJW 1971, 1938; str. siehe *Wannagat/Eichenhofer*, § 116 SGB X/3 Rz. 62; *von Wulffen*, § 116 SGB X Rz. 34. |6 KassKomm/*Kater*, § 116 SGB X Rz. 249. |7 BGH v. 14.7.1970 – VI ZR 179/68, BGHZ 54, 257 (258) = VersR 1970, 950 (951); OLG Karlsruhe v. 3.6.1981 – 13 U 150/80, VersR 1982, 450 (451, 452); *Jahnke*, NZV 1995, 377 (381); KassKomm/*Kater*, § 116 SGB X Rz. 250; *von Wulffen*, § 116 SGB X Rz. 37. |8 *von Wulffen*, § 116 SGB X Rz. 37. |9 *von Wulffen*, § 116 SGB X Rz. 38. |10 BGH v. 21.9.1976 – VI ZR 210/75, NJW 1977, 108. |11 Die Vergleichbarkeit der Interessenlagen in beiden Fällen wird durch § 11 Abs. 1 LPartG vorausgesetzt. Zur ausnahmsweise möglichen Anwendung des § 116 VI 2 in anderen Fällen einer späteren Begründung einer Familienangehörigkeit, insb. bei Adoption oder einem auf Dauer angelegten Pflegekinderverhältnisses, siehe KassKomm/*Kater*, § 116 SGB X Rz. 253. |12 *von Wulffen*, § 116 SGB X Rz. 38, mit dem Hinweis, dass ebenso wie bei Abs. 6 S. 1 ansonsten die Gefahr einer Kollusion zwischen Schädiger und Geschädigten bestünde, die damit umgangen werden soll. |13 KassKomm/*Kater*, § 116 SGB X Rz. 252. |14 KassKomm/*Kater*, § 116 SGB X Rz. 254 mwN; *von Wulffen*, § 116 SGB X Rz. 38; *Plumeyer*, BG 1985, 206 (209); *Fenn*, ZfS 1983, 107 (113); aA *Hauck/Haines/Bürsch*, § 116 SGB X/3 Rz. 49; *Breuer*, NJW 1984, 276 (277). |15 KassKomm/*Kater*, § 116 SGB X Rz. 252; aA OLG Frankfurt v. 11.1.1984 – 25 U 21/83, VersR 1985, 936. |16 *von Wulffen*, § 116 SGB X Rz. 39.

77 **1. Leistung mit befreiender Wirkung (Abs. 7 S. 1).** § 116 VII 1 regelt den Fall, dass der Geschädigte oder seine Hinterbliebenen vom Schädiger Ersatz für die Schädigung trotz des erfolgten Anspruchsübergangs erhalten haben und der Schädiger insoweit von seiner Leistungspflicht frei wurde, s. im Einzelnen oben Rz. 36 f.[1]. Der aus Abs. 7 S. 1 folgende Anspruch auf Erstattung der empfangenen Schadensersatzleistungen ist ein **öffentl.-rechtl. Anspruch gem. § 50 SGB X**, den der SozV-Träger oder Träger der Sozialhilfe **durch Bescheid geltend machen** muss[2]. Insofern stellt dieser öffentl.-rechtl. Erstattungsanspruch eine spezialgesetzliche Regelung gegenüber § 816 II BGB dar[3], so dass die Vorschriften des Bereicherungsrechts des BGB (insb. § 818 III BGB) nicht auf den Anspruch nach Abs. 7 S. 1 anzuwenden sind[4]. Wegen der öffentl.-rechtl. Natur des Erstattungsanspruchs ist für Rechtsstreite über sein Bestehen, insb. für die Anfechtung eines auf seiner Grundlage ergangenen Leistungsbescheids, der Rechtsweg zu den **SG** eröffnet[5].

78 Abs. 7 S. 1 fordert zunächst den **Übergang des Schadensersatzanspruches auf den Träger** nach § 116. Soweit die Schadensersatzleistung vor Anspruchsübergang erfolgte, ist Abs. 7 S. 1 nicht anzuwenden[6]. Weiter muss die **Leistung** an den Geschädigten oder seinen Hinterbliebenen trotz deren fehlender Gläubigerschaft **mit befreiender Wirkung** erfolgt sein, und zwar gem. §§ 412, 407 BGB. Danach muss der Neugläubiger (Sozialleistungsträger oder Träger der Sozialhilfe) die Leistung an den Altgläubiger (Geschädigter oder Hinterbliebener) gegen sich gelten lassen, wenn der Schuldner (Schädiger) keine Kenntnis vom Anspruchsübergang hat. An diese Kenntnis sind im Fall eines gesetzl. Forderungsübergangs, also auch bei Anspruchsübergängen gem. § 116 I 1, II, III 1 und 2, V, keine hohen Anforderungen zu stellen. Sie ist bereits dann anzunehmen, wenn der Schädiger die Tatsachen kennt, die eine Versicherungspflicht des Geschädigten begründen. Beim Anspruchsübergang auf einen Träger der Sozialhilfe ist Kenntnis anzunehmen, wenn dem Schädiger die zur Bedürftigkeit führenden Vermögensverhältnisse des Geschädigten bekannt sind, s. im Einzelnen Rz. 36 f. Der Sozialleistungsträger kann mit dem Erstattungsanspruch gegen Sozialleistungsansprüche nach § 51 SGB I **aufrechnen**[7].

79 **2. Leistung ohne befreiende Wirkung (Abs. 7 S. 2).** Soweit die Leistung des Schädigers an den Geschädigten oder seinen Hinterbliebenen als Altgläubiger **keine** befreiende Wirkung hat (dazu Rz. 36 f.), bleibt der Schädiger dem Sozialleistungsträger als Neugläubiger naturgemäß weiter zur Leistung verpflichtet[8]. Neben den übergegangenen Anspruch gegen den Schädiger tritt dann gem. Abs. 7 S. 2 noch ein **Anspruch des Trägers gegen den Geschädigten oder seinen Hinterbliebenen** auf Herausgabe der empfangenen Schadensersatzleistungen. Schädiger und Geschädigter bzw. seine Hinterbliebenen sind insoweit **Gesamtschuldner** gem. § 421 BGB[9]. Allerdings ist der Innenausgleich zwischen Schädiger und Geschädigtem (bzw. seinen Hinterbliebenen) **abweichend von § 426 I 1 BGB** vorzunehmen[10]; der Schädiger kann vom Geschädigten die bereits erbrachte Schadensersatzleistung nur gem. § 812 BGB zurückfordern, wenn er vom Sozialeistungsträger in Anspruch genommen wurde[11].

80 Der aus Abs. 7 S. 2 folgende Anspruch auf Erstattung der empfangenen Schadensersatzleistungen ist wie derjenige aus Abs. 7 S. 1 ein **öffentl.-rechtl. Anspruch**; es gelten die diesbezüglichen Ausführungen oben Rz. 77[12].

81 **XII. Gesetzliche Pauschalierung kleinerer Regressansprüche (Abs. 8).** Zum Zweck der Verminderung des Verwaltungsaufwands in Bagatellfällen sieht § 116 VIII für bestimmte Leistungen einen pauschalierten Mindestersatz vor, den der Träger auf Grund von übergegangenen Ansprüchen nach § 116 geltend machen kann. Erreicht wird eine Reduzierung des Aufwands in der Massenverwaltung dadurch, dass Abs. 8 pro Schadensfall einen einheitlichen und einmaligen Betrag vorsieht[13]. Bei Anspruchsübergängen auf die Träger gem. Abs. 2 oder Abs. 3 S. 1 und S. 2 wird der nach Abs. 8 pauschalierte Mindestersatz nochmals gekürzt[14].

82 Voraussetzung des Abs. 8 ist, dass es sich bei den zu erbringenden Leistungen um schadensbedingte **ambulante ärztliche oder zahnärztliche Behandlungen** gem. §§ 28 SGB V, 28 SGB VII (auch ambulante

---

1 KassKomm/*Kater*, § 116 SGB X Rz. 255. | 2 Str., KassKomm/*Kater*, § 116 SGB X Rz. 255; *Wannagat/Eichenhofer*, § 116 SGB X/3 Rz. 65 mwN; *von Wulffen*, § 116 SGB X Rz. 41; aA *Bley*, DOK 1981, 143 (154); *Ebel*, VersR 1985, 897 (898), wonach für Ansprüche aus § 116 VII immer der Zivilrechtsweg gegeben ist. | 3 *Hauck/Haines*, § 116 SGB X/3 Rz. 52. | 4 *von Wulffen*, § 116 SGB X Rz. 41; KassKomm/*Kater*, § 116 SGB X Rz. 256, der die Ansicht vertritt, dass der Erstattungsanspruch aus § 116 VII 1 in derselben Weise verjährt wie der übergegangene Ersatzanspruch. | 5 *von Wulffen*, § 116 SGB X Rz. 41; aA *Bley*, DOK 1981, 143 (154); *Ebel*, VersR 1985, 897 (989). | 6 KassKomm/*Kater*, § 116 SGB X Rz. 257. | 7 KassKomm/*Kater*, § 116 SGB X Rz. 259, mit dem Hinweis, dass auf Grund des Erstattungsanspruches ebenso eine Ermächtigung gemäß § 52 SGB I eines anderen verpflichteten Sozialleistungsträgers zur Verrechnung mit Sozialleistungsansprüchen möglich ist. | 8 Zu den Möglichkeiten des Schädigers, sich gegen einen Rückgriff des Sozialversicherungsträgers zu verteidigen, siehe *Wannagat/Eichenhofer*, § 116 SGB X/3 Rz. 67. | 9 Zu den Auswirkungen der Gesamtschuld zwischen Schädiger und Geschädigtem (bzw. den Hinterbliebenen) siehe Palandt/*Heinrichs*, § 421 BGB Rz. 1 ff. | 10 KassKomm/*Kater*, § 116 SGB X Rz. 262. | 11 KassKomm/*Kater*, § 116 SGB X Rz. 262; *Geigel/Plagemann*, Kap. 30 Rz. 88. | 12 Vgl. KassKomm/*Kater*, § 116 SGB X Rz. 261. | 13 Im selben Schadensfall können einzelne Leistungen konkret und andere Leistungen pauschaliert abzurechnen sein, s. KassKomm/*Kater*, § 116 SGB X Rz. 264 f. | 14 KassKomm/*Kater*, § 116 SGB X Rz. 263.

Behandlung im Krankenhaus[1] und ambulante Notfallbehandlung[2]) oder um eine **Versorgung mit Arznei- und Verbandsmitteln** nach § 31 SGB V, § 29 SGB VII handelt. Nicht von Abs. 8 umfasst sind dagegen Transportkosten nach § 60 SGB V. In der Praxis werden vor allem Ansprüche der KV-Träger von Abs. 8 erfasst[3]. Außerdem muss es sich um **Leistungen aus einem einzigen Schadensereignis** im schadensersatzrechtl. Sinn handeln und nicht aus einem Versicherungsfall im sozialversicherungsrechtl. Sinn[4].

Die Möglichkeit eines Nachweises höherer Leistungen besteht für den Sozialleistungsträger bis zur Entrichtung der geforderten Pauschale durch den Verpflichteten[5]. Ihm bleibt es ebenfalls offen, bei einer Verschlechterung der Gesundheit des Geschädigten in Folge des Schadensereignisses, die nicht vorhersehbar war, auch noch **nach der Entrichtung der Pauschale** auf eine konkrete Leistungsberechnung umzuschwenken[6]. 83

Die **Höhe des** in Abs. 8 geregelten **Pauschalbetrags** ist nicht statisch, sondern passt sich durch die Bezugnahme auf **§ 18 SGB IV**[7] (Bezugsgröße) immer neu an[8] (Bezugsgröße für 2008 gem. § 18 SGB IV = 29 820 Euro, 5 % ergibt einen Pauschalbetrag gem. § 116 VIII von 1491 Euro)[9]. 84

XIII. Pauschalierungsvereinbarungen (Teilungsabkommen) (Abs. 9). Neben der in Abs. 8 gesetzl. vorgesehenen Pauschalierung von Ersatzleistungen für ambulante ärztliche Behandlung und für die Versorgung mit Arznei- und Verbandmitteln (s. Rz. 81 ff.) sieht Abs. 9 die Möglichkeit einer Pauschalierung von Ersatzleistungen durch einmalige Abfindungsvergleiche (nach dem Schadenseintritt) oder durch den Abschluss eines Teilungsabkommens (bereits vor einem möglichen Schadenseintritt) vor[10]. 85

1. Abfindungsvergleich. Auf Grund des gesetzl. Forderungsübergangs nach § 116 I, II, III 1 und 2, V (s. Rz. 1 ff., 51 ff., 53 ff. und 65 f.) kann der Geschädigte keine wirksamen Verfügungen über die Schadensersatzansprüche treffen, so dass nur dem SozV-Träger die Möglichkeit bleibt, mit dem Schädiger einen Vergleich nach Abs. 9 zu schließen, auf Grund dessen die Zahlung einer pauschalierten Summe als Kapitalabfindung festgelegt wird. Dabei findet Abs. 9 neben Abs. 8 Anwendung, so dass gleichzeitig auch die Pauschalierung der Kosten für die ambulante ärztliche Behandlung und die Versorgung mit Arznei- und Verbandmitteln genutzt werden kann (s. Rz. 81 ff.). Im Gegensatz zum Teilungsabkommen (s. Rz. 87) ist ein Abfindungsvergleich, der etwa zwischen Krankenkasse und Schädiger geschlossen wurde, bindend auch für den Versorgungsträger[11]. Ein irrtümlich mit einem unzuständigen Träger geschlossener Vergleich ist dagegen unwirksam und verpflichtet den Unzuständigen zur Rückzahlung nach § 812 I BGB[12]. Soweit ein KV-Träger mit dem Schädiger bzw. dessen Haftpflichtversicherer einen Abfindungsvergleich für künftige Schäden vereinbart, trifft den Krankenversicherungsträger bei einem späteren Kassenwechsel des Geschädigten keine Verpflichtung, die neue Krankenkasse an der Abfindung zu beteiligen[13]. 86

2. Teilungsabkommen. In der Praxis erfolgen Pauschalierungen von Ersatzleistungen zumeist in Teilungsabkommen zwischen privaten Haftpflichtversicherern und SozV-Trägern[14]. Dabei stellt das Teilungsabkommen einen privatrechtl. Rahmenvertrag dar[15]. Inhalt ist die Regelung zukünftiger Schadenfälle dadurch, dass sich der Haftpflichtversicherer verpflichtet, unabhängig vom Bestehen oder dem Grad der Haftung seines Versicherungsnehmers in Höhe einer vereinbarten Quote einzutreten[16]. Im Gegenzug verpflichtet sich der Sozialleistungsträger, keine weiteren Erstattungsansprüche wegen erbrachter Sozialleistungen gegen den Versicherer oder den Schädiger geltend zu machen. Ein Teilungsabkommen ermöglicht eine Vereinfachung des Regressverfahrens, indem die Zahlung einer Quote ohne Überprüfung der Sach- und Rechtslage im Einzelfall vorgenommen werden kann[17]. Es werden ausschließlich pauschalierte Erstattungsansprüche in Quotenhöhe pro Schadensfall gezahlt, so dass die Schadensregulierung mithin auch ohne Anhörung oder sonstige Beteiligung des Versicherungsnehmers 87

1 Siehe Gesetzesbegr. BT-Drs. 9/1753 zu § 122 S. 44 (45). | **2** *Chavet*, KrV 1983, 177 (181). | **3** *von Wulffen*, § 116 SGB X Rz. 42. | **4** Vgl. Gesetzesbegr. BT-Drs. 9/1753 zu § 112 S. 18; KassKomm/*Kater*, § 116 SGB X Rz. 265; *von Wulffen*, § 116 SGB X Rz. 43; *Behrends*, DOK 1983, 409 (416); *Küppersbusch*, VersR 1983, 193 (204). | **5** LG München v. 8.6.1989 – 19 S 5117/89, ZfSch 1990, 45 (46); KassKomm/*Kater*, § 116 SGB X Rz. 267; *Hauck/Haines*, § 116 SGB X/3 K Rz. 55. | **6** KassKomm/*Kater*, § 116 SGB X Rz. 267; *André*, BG 1983, 716 (719); zum Vorbehalt einer späteren Neuberechnung siehe OLG München v. 2.4.1987 – 1 U 4525/86, RuS 1987, 345. | **7** Siehe *Hauck/Haines/Udsching*, § 18 SGB IV K Rz. 1 ff. | **8** KassKomm/*Kater*, § 116 SGB X Rz. 266; *Wannagat/Eichenhofer*, § 116 SGB X/3 Rz. 68. | **9** Vgl. zum Einwand unzulässiger Rechtsausübung bei einem Missverhältnis zwischen Pauschalbetrag und tatsächlichen Behandlungskosten siehe *von Wulffen*, § 116 SGB X Rz. 44. | **10** *Hauck/Haines*, § 116 SGB X/3 Rz. 57. | **11** *Hauck/Haines*, § 116 SGB X/3 Rz. 57; s. generell zu Abfindungsvergleichen *Lang*, VersR 2005, 894. | **12** BGH v. 8.7.2003 – VI ZR 274/02, NJW 2003, 3193. | **13** BGH v. 9.7.1985 – VI ZR 219/83, USK 8585; *von Wulffen*, § 116 SGB X Rz. 46. | **14** KassKomm/*Kater*, § 116 SGB X Rz. 270 mwN. | **15** BGH v. 2.11.1961 – II ZR 126/59, VersR 1962, 19 (20); v. 14.7.1976 – IV ZR 239/74, VersR 1976, 923 (924); OLG Celle v. 29.12.2000 – 9 U 169/00, VersR 2002, 114; aA KassKomm/*Kater*, § 116 SGB X Rz. 273, der in einem Teilungsabkommen einen definitiven Vertrag sieht, da ansonsten in jedem Schadensfall zusätzlich ein Einzelvertrag über die Regulierung abgeschlossen werden müsste. | **16** *Wannagat/Eichenhofer*, § 116 SGB X/3 Rz. 69; OLG Hamm v. 12.4.2002 – 29 U 73/01, VersR 2003, 333. Teilweise ist zumindest eine objektive Pflichtverletzung Anwendungsvoraussetzung für das Teilungsabkommen, s. OLG Köln v. 18.6.2002 – 9 U 181/01, VersR 2003, 97; vgl. auch BGH v. 8.7.2003 – VI ZR 274/02, NJW 2003, 3193. | **17** BGH v. 6.7.1977 – IV ZR 147/46, VersR 1977, 854; KassKomm/*Kater*, § 116 SGB X Rz. 271.

bzw. Schädigers erfolgen kann[1]. Die Vereinbarung einer Haftungsquote im Teilungsabkommen soll sicherstellen, dass bei einer großen Anzahl von pauschal abgerechneten Fällen beide Versicherungsträger (mehr oder weniger) so stehen, als ob sie in jedem Einzelfall eine konkrete Einzelabrechnung erbracht hätten und dass bei alledem geringerer Abwicklungsauswand anfällt[2].

88 Teilungsabkommen iSd. Abs. 9 haben **keinen Einfluss auf den gesetzl. Forderungsübergang** nach § 116 I, II, III 1 und 2, V. Sie begründen **neue Ansprüche des SozV-Trägers gegen den Versicherer**[3]. Die Zahlung des Haftpflichtversicherers wirkt als Leistung durch Dritte gem. § 267 BGB, die der SozV-Träger gem. § 364 BGB an Erfüllungs statt annimmt[4]. Regelmäßig wird im Teilungsabkommen auch ein **Stillhalteabkommen** zwischen Haftpflichtversicherer und Sozialleistungsträger liegen, **auf das sich der Schädiger** gem. § 328 II BGB **berufen kann**, wenn der Sozialleistungsträger versucht, ihn in Anspruch zu nehmen[5]. Solange der Haftpflichtversicherer auf Grund des Teilungsabkommens an den Sozialleistungsträger die vereinbarten Pauschalbeträge erbringt, ist die Verjährung des Anspruch des Trägers gegen den Schädiger gem. § 205 BGB gehemmt[6].

89 Ob ein **Teilungsabkommen im Einzelfall Anwendung findet**, ist jeweils konkret zu prüfen[7]. Grds. ist in jedem einzelnen Fall festzustellen, ob ein Versicherungsverhältnis zwischen Schädiger und Haftpflichtversicherer vorliegt, ein Kausalverhältnis zwischen versichertem Risiko (für das ein Teilungsabkommen besteht) und dem Schadensfall existiert und ob auf den Sozialleistungsträger gem. § 116 der entsprechende Schadensersatzanspruch übergegangen ist[8]. Zumeist wird in den Teilungsabkommen eine Pauschalierungshöchstgrenze festgelegt, bis zu der eine Regulierung nach dem Abkommen vorgenommen wird. Überschreitet der Schaden diese Höchstgrenze, sind die über die Grenze hinausgehenden Beträge nach der Sach- und Rechtslage konkret abzurechnen[9].

90 **XIV. Einbeziehung der Bundesagentur für Arbeit (Abs. 10).** Auf Grund der Unterscheidung des Gesetzgebers zwischen SozV und Arbeitsförderung zählt der Arbeitsförderungsträger nicht zu den Versicherungsträgern nach § 116 I 1[10]. Um sicherzustellen, dass § 116 dennoch gilt, wurde Abs. 10 hinzugefügt[11].

91 **XV. Internationales.** Bei grenzüberschreitenden Sachverhalten ist zu berücksichtigen, dass die Anwendbarkeit der konkurrierenden nationalen Rechtsordnungen für das Haftungsrecht, das Sozialrecht und den Anspruchsübergang unterschiedlich geregelt ist. Um festzustellen, nach welchem Recht sich ein eventueller Anspruchsübergang richtet, ist zunächst zu prüfen, welcher nationalen Rechtsordnung der Schadensersatzanspruch und welcher nationalen Rechtsordnung der Sozialleistungsanspruch unterliegt.

92 Die Feststellung der nationalen Rechtsordnung, welche für den **Schadensersatzanspruch** gilt (sog. **Haftungsstatut** oder – genereller – Forderungsstatut), richtet sich, wenn der Anspruch aus einem vertragl. Schuldverhältnis resultiert, nach den hierfür gültigen Regeln. Wenn also zwischen Schädiger und Geschädigtem ein Arbeitsverhältnis besteht, richtet sich auch die Haftung aus dem Arbeitsverhältnis nach Art. 27 ff., insb. Art. 30 EGBGB. Andernfalls gelten Art. 40 ff. EGBGB, welche grds. vom Tatortprinzip ausgehen[12].

93 Die Feststellung der nationalen Rechtsordnung, welche für den **Sozialleistungsanspruch** gilt (**Sozialrechtsstatut**), ist in unterschiedlichen Vorschriften geregelt. Im Bereich des SozV-Rechts (s. § 1 SGB IV) gelten grds. die §§ 4 f. SGB IV[13]; ggf. gilt internationales Recht vorrangig[14], bei EU- und EWR-Staaten Art. 13 ff. VO (EWG) Nr. 1408/71 (demnächst Art. 11 ff. VO 883/2004/EG, deren Inkrafttreten nach Art. 91

1 KassKomm/*Kater*, § 116 SGB X Rz. 271. | 2 *Hauck/Haines*, § 116 SGB X/3 Rz. 59. | 3 *Hauck/Haines*, § 116 SGB X/3 Rz. 58. | 4 BGH v. 13.12.1977 – VI ZR 14/76, VersR 1978, 278; v. 7.2.1984 – VI ZR 90/82, NJW 1984, 1819 (1820); aA *Bischoff*, VersR 1974, 217 (221); KassKomm/*Kater*, § 116 SGB X Rz. 280. | 5 BGH v. 10.4.1973 – VI ZR 48/72, VersR 1973, 759 (760); *Hauck/Haines*, § 116 SGB X/3 Rz. 58. | 6 BGH v. 22.2.1972 – IV ZR 109/72, VersR 1974, 546 (547); früher Hemmung gem. § 202 BGB aF, vgl. Palandt/*Heinrichs*, 61. Aufl., Erg.-Bd., § 205 Rz. 1 ff. | 7 *Hauck/Haines*, § 116 SGB X/3 Rz. 60. | 8 S. zum Begriff des Schadenfalles BGH v. 12.6.2007 – VI ZR 110/06, VersR 2007, 1247; *Lang/Stahl*, NZV 2006, 628; s. im Übrigen *G. Schneider* in Wussow, Unfallhaftpflichtrecht, Kap. 76 Rz. 10; *Hauck/Haines*, § 116 SGB X/3 Rz. 60. | 9 *Hauck/Haines*, § 116 SGB X/3 Rz. 61. Siehe des Weiteren zum Anwendungsbereich von Teilungsabkommen, zu den Grenzen einer zulässigen Pauschalierung und zur Haftung von mehreren Beteiligten (Schädiger/Haftpflichtversicherer oder Sozialversicherungsträger) untereinander bei Bestehen von Teilungsabkommen KassKomm/*Kater*, § 116 SGB X Rz. 283 ff. und Rz. 309 ff. | 10 Die Vorschrift des Abs. 10 entspricht § 1 I 2 u. 3 SGB IV, welche die – nur teilweise – Einbeziehung der Arbeitsförderung in das Recht der Sozialversicherung regeln, vgl. *Wannagat/Eichenhofer*, § 116 SGB X/3 Rz. 6, 12; KassKomm/*Kater*, § 116 SGB X Rz. 21; *Hauck/Haines*, § 116 SGB X/3 Rz. 61a. | 11 Hinzugefügt durch Art. 9 des Gesetzes zur Reform der Arbeitsförderung v. 24.3.1997, BGBl. I S. 594. | 12 S. OLG Koblenz v. 29.8.2002 – 5 U 1459/01, RIW 2002, 880 = IPRax 2003, 536 (irrtümliche Anwendung von §§ 4 f. SGB IV statt VO 1408/71, vgl. *Eichenhofer*, Prax 2003, 525); Palandt/*Heldrich*, Komm. zu Art. 40 EGBGB; *Wannagat/Eichenhofer*, § 116 SGB X/3 Rz. 72. | 13 S. *Eichenhofer*, Internationales Sozialrecht, Rz. 145 ff.; *Giesen*, Die Vorgaben des EG-Vertrages für das Internationale Sozialrecht, S. 5 ff. | 14 S. insbesondere zum deutsch-schweizerischen Sozialversicherungsabkommen *Eichenhofer*, Internationales Sozialrecht, Rz. 202 ff.; *Wannagat/Eichenhofer*, § 116 SGB X/3 Rz. 73.

zeitlich noch nicht feststeht). All diese Normen gehen – bei vielfachen Modifikationen und einigen Ausnahmen – von der Grundregel aus, dass das Sozialrechtsstatut an den Ort der Beschäftigung anknüpft (Prinzip des Beschäftigungsorts)[1]. Im Bereich der Grundsicherung für Arbeit Suchende und im Sozialhilferecht gelten gem. §§ 7 I 1 Nr. 4, 8 II SGB II, §§ 23 f. SGB XII das Prinzip des gewöhnlichen Aufenthalts sowie teilweise das Staatsangehörigkeitsprinzip.

Wenn sowohl das Haftungsrecht als auch das Sozialrecht **demselben** nationalen Recht zuzuordnen sind, ist auf den möglichen **Anspruchsübergang** ebenfalls dieses nationale Recht anzuwenden (**Zessionsstatut**)[2]. Das bedeutet, dass bei Einschlägigkeit deutschen Rechts § 116 SGB X anzuwenden ist. Dasselbe gilt auch für die Anwendung eines **sozialrechtl. Haftungsprivilegs** (insb. nach §§ 104 ff. SGB VII) und für **originäre Regressansprüche**, also solche, die nicht auf übergegangenem Recht beruhen (insb. nach §§ 110 ff. SGB VII)[3]. Zuordnungsprobleme ergeben sich aber dann, wenn zivilrechtl. Haftung und sozialrechtl. Leistungspflicht verschiedenen Rechtsordnungen unterliegen, wenn also Haftungsstatut und Sozialrechtsstatut unterschiedlich sind. Im Zweifel ist hier für die Beurteilung des Anspruchsübergangs, für sozialrechtl. Haftungsprivilegien und für originäre Regressansprüche das Sozialrechtsstatut einschlägig, wobei im Einzelnen das Folgende gilt: 94

Die eingehendste (Art. 33 ff. EGBGB vorgehende) Regelung dieser Frage enthält für die EU- und EWR-Staaten Art. 93 VO 1408/71 bzw. Art. 85 VO 883/2004/EG. Der Anspruchsübergang (§ 116 SGB X), also das Zessionsstatut, richtet sich nach dem Sozialrechtsstatut. Soweit statt eines Anspruchsübergangs ein originärer Erstattungsanspruch des Trägers vorgesehen ist (§ 110 SGB VII), richtet sich dieser ebenfalls nach dem Sozialrechtsstatut[4]. Auch der Haftungsausschluss (§§ 104 ff. SGB VII) richtet sich nach dem Sozialrechtsstatut. Dies schließt auch die Beschränkungen des Anspruchsüberganges ein, wie sie bspw. in den sog. „Quotenvorrechten" in § 116 II–V geregelt sind[5]. Eine Ausnahme hiervon enthält Art. 93 Abs. 3 VO 1408/71 bzw. Art. 85 Abs. 3 VO 883/2004/EG für den Fall zwischenstaatlicher Erstattungsverzichte bei Kranken- und Unfallversicherungsleistungen. 95

Soweit nicht die VO 1408/71, die VO 883/2004/EG oder sonstiges internationales Recht greift, gelten folgende Grundsätze: Das Zessionsstatut, also der Anspruchsübergang (§ 116 SGB X), richtet sich nach dem Sozialrechtsstatut, Art. 33 Abs. 3 EGBGB[6]. Für den originären Erstattungsanspruch (§ 110 SGB VII) ergibt sich aus dem Gesetz nicht klar, ob hier das Haftungsstatut oder das Sozialrechtsstatut (§§ 4 f. SGB IV) greift. Richtigerweise dürfte das Sozialrechtsstatut zur Anwendung kommen; dasselbe gilt für die sozialrechtl. Haftungsbeschränkung nach §§ 104 ff. SGB VII[7]. 96

---

1 S. dazu *Steinmeyer* in M. Fuchs (Hrsg.), Europäisches Sozialrecht, Kommentierung zu Art. 13 ff. VO 1408/71. | 2 *Wannagat/Eichenhofer*, § 116 SGB X/3 Rz. 71. | 3 Vgl. OLG Koblenz v. 29.8.2002 – 5 U 1459/01 RIW 2002, 880 = JPRax 2003, 536: Wird ein ausländischer ArbN von seinem dortigen ArbGeb vorübergehend nach Deutschland entsandt, ist das deutsche Sozialrecht nicht anzuwenden. Eine Haftungsbeschränkung (nach deutschem Recht) scheidet aus, auch wenn nach dem Recht des Herkunftsstaates kein Versicherungsschutz besteht. Umgekehrt ergibt sich die Anwendung deutschen Sozialrechts einschließlich der Regresstatbestände bei Entsendungen deutscher Versicherter ins Ausland, s. dazu *Steinfeltz*, Der Terroranschlag vom 11.9.2001 in New York und Schadensersatzansprüche der Berufsgenossenschaften, BG 2002, 470. | 4 EuGH v. 2.6.1994 – Rs. C-428/92 (DAK), Slg. 1994, I – 2259 (2278); LSG NW v. 9.5.2003 – L 13 RJ 85/99, HVBG – Info 2003, 2570; *Eichenhofer* in M. Fuchs (Hrsg.), Europäisches Sozialrecht, 93 VO 1408/71, Rz. 1, 5 ff.; *Wannagat/Eichenhofer*, § 116 SGB X/3 Rz. 72; *Dahm*, VersR 2004, 1242 f. | 5 BGH v. 7.11.2006 – VI ZR 211/05, VersR 2007, 64; *Eichenhofer* in M. Fuchs (Hrsg.), Europäisches Sozialrecht, 93 VO 1408/71, Rz. 5 ff.; KassKomm/*Kater*, § 116 SGB X Rz. 15; s. dort Rz. 16 ff. zum Anspruchsübergang bei Schädigungen in der früheren DDR. | 6 Das gilt nach hM auch dann, wenn das Haftungsstatut den Forderungsübergang ausschließt, *Beitzke*, Iprax 1989, 250 ff.; *Eichenhofer* in M. Fuchs (Hrsg.), Europäisches Sozialrecht, 93 VO 1408/71, Rz. 5; *Schuler*, Das Internationale Sozialrecht der Bundesrepublik Deutschland, S. 470 ff., 649 ff.; einschr. aber *Eichenhofer*, Internationales Sozialrecht, Rz. 636. | 7 *Eichenhofer*, Internationales Sozialrecht, Rz. 633 ff.; *Eichenhofer* in M. Fuchs (Hrsg.), Europäisches Sozialrecht, 93 VO 1408/71, Rz. 1, 4.

Gesetz über Sprecherausschüsse der leitenden Angestellten (Sprecherausschussgesetz – SprAuG)

vom 20.12.1988 (BGBl. I S. 2312),
zuletzt geändert durch Verordnung vom 31.10.2006 (BGBl. I S. 2407)

– Auszug –

Erster Teil. Allgemeine Vorschriften

1 *Errichtung von Sprecherausschüssen*

(1) In Betrieben mit in der Regel mindestens zehn leitenden Angestellten (§ 5 Abs. 3 des Betriebsverfassungsgesetzes) werden Sprecherausschüsse der leitenden Angestellten gewählt.

(2) Leitende Angestellte eines Betriebs mit in der Regel weniger als zehn leitenden Angestellten gelten für die Anwendung dieses Gesetzes als leitende Angestellte des räumlich nächstgelegenen Betriebs desselben Unternehmens, der die Voraussetzungen des Absatzes 1 erfüllt.

(3) Dieses Gesetz findet keine Anwendung auf

1. Verwaltungen und Betriebe des Bundes, der Länder, der Gemeinden und sonstiger Körperschaften, Anstalten und Stiftungen des öffentlichen Rechts sowie

2. Religionsgemeinschaften und ihre karitativen und erzieherischen Einrichtungen unbeschadet deren Rechtsform.

1 **I. Vorbemerkung.** Für leitende Angestellte war weder im **BetrVG 1952 noch im BetrVG 1972** eine spezielle gesetzl. Interessenvertretung vorgesehen. Da leitende Angestellte auch nicht durch den BR repräsentiert werden, konnte ein innerbetriebl. Beteiligungsverfahren nur auf der Grundlage einer **freiwilligen schuldrechtl. Abrede** installiert werden. Nicht nur in der begrenzten Legitimation dieses Vertretungsorgans[1], sondern auch in dessen Abhängigkeit von der Unternehmensleitung lagen Umstände, die ein Tätigwerden des Gesetzgebers notwendig machten, wollte man eine gleichheitswidrige Benachteiligung der leitenden Angestellten vermeiden[2]. Diese Defizite wurden mit Erlass des SprAuG, das in den alten Bundesländern am 1.1.1989 in Kraft getreten ist, behoben. In den neuen Bundesländern ist das SprAuG am 3.10.1990 in Kraft getreten[3].

2 Erklärtes **Ziel** des Gesetzgebers ist nicht nur, eine ausreichende Information der leitenden Angestellten „auch über ihren eigenen Tätigkeitsbereich hinaus" sicherzustellen, sondern ferner im Bereich gemeins. Interessen die Schaffung von „angemessenen Arbeitsbedingungen" für diese ArbN mit Führungsfunktionen zu ermöglichen; schließlich sollen über die Beteiligungsrechte des SprAu „die besonderen Kenntnisse und Einsichten der leitenden Angestellten in die organisatorischen und wirtschaftlichen Zusammenhänge des Unternehmens in Entscheidungsprozesse" eingebracht werden[4].

3 Der für die besondere Gruppe der leitenden Angestellten gewählte SprAu stellt **kein „Konkurrenzorgan"** zu dem daneben bestehenden BR dar, vielmehr dienen beide Organe der Betriebsverfassung innerhalb desselben Repräsentationsbereichs (s. Rz. 7) der Interessenwahrnehmung eines jeweils unterschiedlichen Beschäftigtenkreises[5].

4 Nach der Konzeption des Gesetzes soll der grds. auf betriebl. Ebene angesiedelte SprAu eine interessennahe Vertretung der leitenden Angestellten gewährleisten. Es besteht **kein gesetzl. Errichtungszwang**[6].

5 Sind in einem Unternehmen mehrere SprAu vorhanden, **ist** gem. § 16 I ein **GesamtSprAu** zu errichten (s. §§ 16–19 Rz. 1). **Fakultativ** ist gem. § 21 I 1 die Bildung eines KonzernSprAu innerhalb eines Unterordnungskonzerns iSd. § 18 I AktG. Vorbehaltlich § 20 I stellt das SprAuG damit für die Bildung der SprAu ein **dreistufiges Ordnungsmodell** zur Verfügung.

---

1 BAG v. 19.2.1975 – 1 ABR 94/73, AP Nr. 10 zu § 5 BetrVG 1972 mit gem. Anm. zu BAG AP Nr. 9 und 10 zu § 5 BetrVG 1972 *Richardi*; *Richardi*, Kollektivgewalt und Individualwille bei der Gestaltung des Arbeitsverhältnisses, S. 164 f. |2 BT-Drs. 11/2503, S. 26. |3 EV Art. 8 Anl. I Kap. VIII Sachgebiet A Abschn. III Nr. 13. |4 BT-Drs. 11/2503, S. 26. |5 Richardi/*Richardi*, § 5 BetrVG Rz. 293. |6 *Löwisch*, § 1 SprAuG Rz. 50; *Goldschmidt*, FA 2003, 6.

die ev. und kath. Kirche jedenfalls Einrichtungen der Diakonie und Caritas, kirchliche Krankenhäuser und Pflegeeinrichtungen, sowie Einrichtungen, die sich der Betreuung und Erziehung von Jugendlichen widmen. Die Beteiligungsrechte dieser kirchlichen Dienstnehmer werden durch kircheneigenes Gesetz geregelt[1].

12 Da der SprAu keine echten MitbestR hat (s. Vorb. z. 3. Teil), ist nur ein beschränkter **Tendenzschutz** erforderlich (§ 32 I 2)[2].

13 **IV. Räumlicher Geltungsbereich.** Der räumliche Geltungsbereich des SprAuG wird durch das **Territorialitätsprinzip** bestimmt[3]. Entscheidend ist die Lage der organisatorischen Einheit innerhalb der Grenzen der BRD; es kommt weder auf die Staatsangehörigkeit des ArbGeb sowie der ArbN noch auf die Quelle des für die Arbeitsverhältnisse maßgeblichen Rechts an[4]. Damit findet das SprAuG Anwendung auf inländische Betriebe ausländischer Unternehmen, nicht aber auf ausländische Betriebe inländischer Unternehmen[5]. Die Bildung eines **Gesamt-** oder **UnternehmensSprAu** im Ausland scheidet damit aus; für inländische Unternehmensbereiche gebildete SprAu können einen GesamtSprAu errichten[6]. Eine abweichende Regelung ist nicht zulässig.

14 Ob einzelne im Ausland tätige leitende Angestellte der im Inland gelegenen Einheit zuzurechnen sind, richtet sich nach den Grundsätzen der **Betriebsausstrahlung** (s. § 5 BetrVG Rz. 14)[7].

2 *Zusammenarbeit*

(1) Der Sprecherausschuss arbeitet mit dem Arbeitgeber vertrauensvoll unter Beachtung der geltenden Tarifverträge zum Wohl der leitenden Angestellten und des Betriebs zusammen. Der Arbeitgeber hat vor Abschluss einer Betriebsvereinbarung oder sonstigen Vereinbarung mit dem Betriebsrat, die rechtliche Interessen der leitenden Angestellten berührt, den Sprecherausschuss rechtzeitig anzuhören.

(2) Der Sprecherausschuss kann dem Betriebsrat oder Mitgliedern des Betriebsrats das Recht einräumen, an Sitzungen des Sprecherausschusses teilzunehmen. Der Betriebsrat kann dem Sprecherausschuss oder Mitgliedern des Sprecherausschusses das Recht einräumen, an Sitzungen des Betriebsrats teilzunehmen. Einmal im Kalenderjahr soll eine gemeinsame Sitzung des Sprecherausschusses und des Betriebsrats stattfinden.

(3) Die Mitglieder des Sprecherausschusses dürfen in der Ausübung ihrer Tätigkeit nicht gestört oder behindert werden. Sie dürfen wegen ihrer Tätigkeit nicht benachteiligt oder begünstigt werden; dies gilt auch für ihre berufliche Entwicklung.

(4) Arbeitgeber und Sprecherausschuss haben Betätigungen zu unterlassen, durch die der Arbeitsablauf oder der Frieden des Betriebs beeinträchtigt werden. Sie haben jede parteipolitische Betätigung im Betrieb zu unterlassen; die Behandlung von Angelegenheiten tarifpolitischer, sozialpolitischer und wirtschaftlicher Art, die den Betrieb oder die leitenden Angestellten unmittelbar betreffen, wird hierdurch nicht berührt.

1 **I. Vorbemerkung.** In § 2 I 1 wird deutlich, dass auch das SprAuG auf dem **Kooperationsmodell** beruht. § 2 I 1 enthält ein **rechtsschutzfähiges Gebot zur beiderseitigen Kooperation**[8]. Auch der Charakter als institutionalisierte Interessenvertretung (§ 25 I 1) der leitenden Angestellten begründet somit keine reine Frontstellung gegenüber dem ArbGeb. Zu beachten ist stets der besondere Status der leitenden Angestellten, der ihre Ausklammerung aus dem vom BR repräsentierten Personenkreis rechtfertigt: Leitende Angestellte sind nicht im gleichen Sinne wie die anderen ArbN soziale Gegenspieler des ArbGeb (s. auch § 1 Rz. 2)[9].

2 **II. Zusammenarbeit mit dem Arbeitgeber.** Trotz des Wortlauts des § 2 I 1 zählt **auch der ArbGeb** zum **Adressatenkreis** dieser Norm[10]. Der ArbGeb hat den im Rahmen seiner Beteiligungsrechte tätig werdenden SprAu ernst zu nehmen und sich mit dessen Vorbringen zu befassen[11]. Auch wenn ihm das **Letztentscheidungsrecht** zusteht, hat der ArbGeb den SprAu über Angelegenheiten, die den von ihm repräsentierten Personenkreis betreffen, zu **informieren** und unter der **Zielvorgabe**, eine **einvernehmliche Lösung** zu erreichen, Verhandlungen mit dem SprAu aufzunehmen. Eine **Pflicht zum Kompromiss** besteht für den ArbGeb allerdings **nicht**.

3 **III. Zusammenarbeit mit dem Betriebsrat.** Auch wenn das SprAuG **kein ausdrückliches Gebot** zur vertrauensvollen Zusammenarbeit im Verhältnis SprAu – BR statuiert, hat die gem. § 2 I BetrVG und § 2

1 Dazu *Richardi*, Arbeitsrecht in der Kirche, §§ 14 ff. | 2 *Hanau*, RdA 1985, 291 (292). | 3 MünchArbR/*Joost*, § 322 Rz. 23; ErfK/*Oetker*, § 1 SprAuG Rz. 7. | 4 *Hromadka*, Vorb. zu § 1 SprAuG Rz. 38 mwN. | 5 Eine Ausnahme kommt für im Ausland gelegene Betriebsteile ohne „feste und dauerhafte betriebliche Organisation" in Betracht, BAG v. 25.4.1978 – 6 ABR 2/77, DB 1978, 1840 (1840). | 6 MünchArbR/*Joost*, § 322 Rz. 23. | 7 ErfK/*Oetker*, § 1 SprAuG Rz. 8; MünchArbR/*v. Hoyningen-Huene*, § 298 Rz. 35 ff. | 8 BAG v. 21.4.1983 – 6 ABR 70/82, BAGE 42, 259 (269). | 9 Borgwardt/Fischer/Janert/*Borgwardt*, § 2 SprAuG Rz. 1; *Kaiser*, Rz. 184. | 10 MünchArbR/*Joost*, § 322 Rz. 25; *Kaiser*, Rz. 182; Schaub/*Koch*, § 245 Rz. 5. | 11 Für Verhandlungspflicht, s. *Kaiser*, Rz. 186.

6 **II. Persönlicher Geltungsbereich. § 5 III 2 BetrVG** enthält die **Legaldefinition**[1] des Begriffs des leitenden Angestellten, die auch im SprAuG verbindlich ist, § 1 I (s. § 5 BetrVG Rz. 43 ff.). Die nicht leitenden außertarifl. Angestellten werden vom BR vertreten[2]. Um Abgrenzungsschwierigkeiten zu vermeiden, ordnen § 5 I 2 sowie § 13 I 2 BetrVG die **gleichzeitige Einleitung** der BR- und SprAu-**Wahlen** an. Ergänzt werden diese Bestimmungen durch das in § 18a BetrVG vorgesehene **besondere Zuordnungsverfahren**.

7 **III. Sachlicher Geltungsbereich.** In **Betrieben** mit idR mindestens 10 leitenden Angestellten werden SprAu gewählt. Eine Legaldefinition des Betriebsbegriffs findet sich im SprAuG ebenso wenig wie im BetrVG. Durch §§ 5 I, 37 I SprAuG und §§ 13 I, 18a BetrVG werden beide Gesetze miteinander verzahnt und bilden **gemeinsam die materielle Grundlage der Betriebsverfassung**[3]. Anknüpfungspunkt für die Bildung der ArbN-Vertretung ist damit ein grds. **einheitlicher Begriff des Betriebs** (s. § 1 BetrVG Rz. 8 ff.)[4]. Soweit das SprAuG Vorschriften bezüglich **Errichtung und Organisation von SprAu** enthält, handelt es sich um **zwingendes Recht**; eine mit § 3 BetrVG vergleichbare Norm, die den TV-Parteien einen weit gehenden Gestaltungsraum bezüglich der Repräsentationsstruktur einräumt, findet sich im SprAuG nicht[5].

Unterschiedlich wird beurteilt, ob mit Inkrafttreten des SprAuG (s. § 37) die Möglichkeit zur Bildung „freiwilliger SprAu" generell aufgehoben wurde. Jedenfalls ausgeschlossen ist die Errichtung **„freiwilliger SprAu"**, soweit bereits SprAu iS des SprAuG errichtet sind.

8 Besteht ein einheitl. Leitungsapparat für eine arbeitstechnische Organisationseinheit, innerhalb deren der Schwellenwert des § 1 I nicht erreicht wird, werden dessen leitende Angestellte gem. § 1 II dem räumlich nächstgelegenen Betrieb – das muss jedoch nicht der örtlich nächst gelegene sein, da es auf die schnellste Erreichbarkeit mit öffentl. Verkehrsmitteln ankommt[6] – zugerechnet; andernfalls (im sog. Nebenbetrieb) können sie gem. § 1 I einen eigenständigen SprAu wählen[7]. **Betriebsteile** sind selbst **nicht sprecherausschussfähig**; die dort eingesetzten leitenden Angestellten werden durch einen etwa im Betrieb gebildeten SprAu vertreten. § 4 I BetrVG findet keine entsprechende Anwendung[8]. Im **gemeins. Betrieb** iSd. § 1 I 2 BetrVG – die gesetzl. Vermutung des § 1 II BetrVG findet im SprAuG entsprechende Anwendung[9] – wird unter den Voraussetzungen des § 1 I ein SprAu errichtet.

9 Es müssen mindestens zehn leitende Angestellte regelmäßig beschäftigt werden, damit eine **sprecherausschussfähige Einheit** vorliegt. Die Wählbarkeit iSd. § 3 II spielt hier – anders als bei § 1 I 1 BetrVG keine Rolle. Entscheidend ist nicht die zZ des Wahltermins aktuelle Zahl der leitenden Angestellten, sondern der „**Normalfall**"[10], also der die Beschäftigungslage im überwiegenden Zeitraum prägende Stamm der leitenden Angestellten; damit nicht identisch ist die auf ein Kalenderjahr berechnete durchschnittliche Zahl der leitenden Angestellten[11].

10 Im Bereich des **öffentl. Dienstes** findet das SprAuG **keine Anwendung**. § 1 III Nr. 1 entspricht § 130 BetrVG, so dass es **ausschließlich auf die Rechtsform** des Unternehmens ankommt[12]. Ohne Bedeutung für die Geltung des SprAuG ist damit die Rechtsform des (auch alleinigen) Inhabers der Geschäftsanteile; SprAu können nur in Unternehmen und Betrieben gebildet werden, die nach den Gestaltungsformen des privaten Rechts errichtet sind[13]. Auch der Bereich der **verfassten Kirche** fällt von vornherein nicht in den Anwendungsbereich des SprAuG; die Behörden und Dienststellen der Kirchenorganisation besitzen gem. Art. 140 GG iVm. Art. 137 V WRV den Status einer Körperschaft des öffentl. Rechts.

11 Ebenfalls **keine Anwendung** findet das SprAuG gem. § 1 III Nr. 2 auf **Religionsgemeinschaften** und ihre **karitativen und erzieherischen Einrichtungen**, unabhängig von deren Rechtsform[14]. Insoweit besteht eine verfassungsrechtl. in Art. 140 GG iVm. Art. 137 III 1 WRV garantierte **arbeitsrechtl. Regelungsautonomie** für alle Einrichtungen, die sich nach dem Selbstverständnis der Religionsgemeinschaft als deren **Wesens- und Lebensäußerung** darstellen[15]. Entscheidend ist, ob diese Einrichtungen „nach kirchlichem Selbstverständnis ihrem Zweck oder ihrer Aufgabe entsprechend berufen sind, ein Stück Auftrag der Kirche in dieser Welt wahrzunehmen und zu erfüllen"[16]. Eine solche Grundfunktion erfüllen mit Blick auf

---

1 Richardi/*Richardi*, § 5 BetrVG Rz. 194; diese Definition gilt im BetrVG, im SprAuG und im MitbestG, BAG v. 29.1.1980 – 1 ABR 45/79, AP Nr. 22 zu § 5 BetrVG 1972 mit gem. Anm. zu BAG AP Nr. 22–24 zu § 5 BetrVG 1972 *Martens*. | **2** *Hromadka*, § 30 SprAuG Rz. 4. | **3** Borgwardt/Fischer/Janert/*Borgwardt*, Teil 2 SprAuG Rz. 40; MünchArbR/*Joost*, § 322 Rz. 4. | **4** *Kaiser*, Rz. 6; MünchArbR/*Joost*, § 322 Rz. 15. | **5** ErfK/*Oetker*, Einl. SprAuG Rz. 3; *Goldschmidt*, FA 2003, 6 (7); MünchArbR/*Joost*, § 322 Rz. 44 f.; Schaub/*Koch*, § 246 Rz. 1. Vgl. zur Behandlung eines in Verkennung des Betriebsbegriffs errichteten SprAu *Goldschmidt*, FA 2003, 6 (7); s. auch *Däubler*, FS Wißmann, 275 (283 f. mwN), u.a. zur Problematik der Wirksamkeit der Maßnahmen rechtswidrig errichteter Repräsentationsorgane. | **6** ErfK/*Oetker*, § 1 SprAuG Rz. 5; *Goldschmidt*, FA 2003, 6 (7). | **7** ErfK/*Oetker*, § 1 SprAuG Rz. 3 mwN; *Goldschmidt*, FA 2003, 6 (7); aA wohl Borgwardt/Fischer/Janert/*Fischer*, § 1 SprAuG Rz. 2, der davon ausgeht, „dass der Betriebsbegriff des § 1 Abs. 1 auch räumlich getrennte ... Nebenbetriebe umfasst". | **8** *Hromadka*, § 1 SprAuG Rz. 19; *Kramer*, S. 48; Richardi/*Richardi*, § 5 BetrVG Rz. 275; aA *Oetker*, ZfA 1990, 43 (47 f.); Schaub/*Koch*, § 246 Rz. 2. | **9** *Goldschmidt*, FA 2003, 6 (7); ErfK/*Oetker*, § 1 SprAuG Rz. 2. | **10** *Hromadka*, § 1 SprAuG Rz. 36. | **11** Richardi/*Richardi*, § 1 BetrVG Rz. 116. | **12** MünchArbR/*v. Hoyningen-Huene*, § 298 Rz. 5. | **13** MünchArbR/*Joost*, § 322 Rz. 20. | **14** Diese Regelung entspricht § 118 II BetrVG. | **15** *Richardi*, Arbeitsrecht in der Kirche, § 3 Rz. 8 ff.; MünchArbR/*Richardi*, § 192 Rz. 34 ff., 42 ff. | **16** BVerfG v. 11.10.1977 – 2 BvR 209/76, BVerfGE 46, 73 (85).

I 1 für beide Interessenvertretungen gleichermaßen geltende Verpflichtung auf die Wahrung der betriebl. Belange zumindest zur Folge, dass bei übergreifenden Themenkomplexen eine **wechselseitige Information und Abstimmung** zu erfolgen hat[1]. Allerdings gilt es die im Wesen des SprAu als durch Wahl legitimierter Repräsentant einer tatsächlichen Gemeinschaft liegenden Grenzen zu beachten[2]. Auf Interessen der durch den BR repräsentierten ArbN muss der SprAu daher weder „unmittelbar noch gar vorrangig" Rücksicht nehmen[3].

Durch Beschlussfassung kann der SprAu gem. § 2 II 1 dem BR oder Mitgliedern des BR ein **Teilnahmerecht** an einzelnen Sitzungen einräumen. Ob davon Gebrauch gemacht wird, steht **im Ermessen** des SprAu; der BR erhält insoweit keine durchsetzungsfähige Rechtsposition[4]. Eine **Pflicht zur Teilnahme** an der Sitzung des SprAu wird dadurch **nicht** begründet[5]. **Stimmberechtigt** in der Sitzung sind ausschließlich die Mitglieder des SprAu[6]. 4

Darüber hinaus **soll** gem. § 2 II 3 einmal jährlich eine **gemeinsame Sitzung** von SprAu und BR stattfinden. Auch wenn das SprAuG damit keine eindeutige Rechtspflicht begründet und diese Norm auch nicht sanktionsbewehrt ist, steht die Einberufung dieser Sitzung **nicht im Belieben** der Interessenvertretungen. Mit der Wortwahl ist vielmehr zum Ausdruck gebracht, dass eine gemeins. Sitzung stattzufinden **hat**, sofern nicht sachliche Gründe im Einzelfall eine Ausnahme rechtfertigen[7]. **Geladen** werden die Mitglieder von SprAu und BR jeweils von ihren Vorsitzenden, falls man sich nicht auf ein abweichendes Verfahren geeinigt hat[8]. 5

IV. Zusammenarbeit zwischen Sprecherausschuss, Betriebsrat und Arbeitgeber. Für das Zusammenwirken von SprAu, BR und ArbGeb ist **kein selbständiges Organ** vorgesehen. Der ArbGeb wird zwar unter den Voraussetzungen des § 2 I 2 verpflichtet, den SprAu rechtzeitig anzuhören, eine besondere institutionelle Absicherung ist damit aber nicht verbunden. Den genannten Organen ist es jedoch nicht verwehrt, sich unter Wahrung des zwingenden Organisationsrechts darüber hinaus **im wechselseitigen Einvernehmen** auf die Errichtung einer „Informationsplattform", zB turnusmäßige gemeins. Besprechungen, zu verständigen[9]. 6

Im Rahmen solcher gemeins. Besprechungen können auch **Kollektivvereinbarungen** abgeschlossen werden. Dabei gilt es allerdings zum einen die für die unterschiedlichen Repräsentationsbereiche zur Verfügung stehenden Rechtsinstitute und deren Voraussetzungen und zum anderen deren Rechtswirkungen zu beachten. Vereinbarungen über die Zusammenarbeit von BR, ArbGeb und SprAu dürfen keine Einschränkungen der gesetzl. verliehenen Beteiligungsrechte oder abschließender organisations- und verfahrensrechtl. Normen enthalten[10]. Solche **„Gesamtvereinbarungen"** können mit dem BR im Wege einer BV iSd. § 77 IV BetrVG und mit dem SprAu als Richtlinie iSd. § 28 geschlossen werden[11]. 7

V. Stellung der Koalitionen. Besondere **Beteiligungsrechte** sind den Verbänden im SprAuG nicht eingeräumt (s. auch §§ 3–8 Rz. 2)[12]. Jedoch ist ihre Einbeziehung auf **freiwilliger Grundlage möglich**[13]. Abgesehen davon können die Koalitionen nicht daran gehindert werden, ihre **unmittelbar** in Art. 9 III GG wurzelnden Rechte geltend zu machen[14]. 8

VI. Behinderungsverbot. Das Störungs- und Behinderungsverbot der Tätigkeit der Mitglieder des SprAu gilt gem. §§ 18 III, 20 IV, 24 I in gleicher Weise für die Tätigkeit im **Gesamt-, Unternehmens- und KonzernSprAu**[15]. S. auch §§ 11–14 Rz. 1. 9

Das strafbewehrte (§ 34 I Nr. 2) Verbot, den SprAu bei seiner Tätigkeit zu behindern, ist nicht auf den ArbGeb beschränkt, sondern richtet sich an **jeden Dritten** innerhalb und außerhalb der organisatorischen Einheit[16]. Über den Schutz der einzelnen Mitglieder wird auch der SprAu als Repräsentant der leitenden Angestellten in seiner Funktionsfähigkeit geschützt[17]. 10

Darüber hinaus ist eine Maßnahme, die gegen das Behinderungsverbot verstößt, gem. **§ 134 BGB** nichtig[18]. Handelt es sich bei der Maßnahme um eine arbeitgeberseitige Kündigung, muss der betroffene ArbN die Verletzung des § 2 III 1 **innerhalb der Frist des § 4 S. 1 KSchG** vor den ArbG geltend machen[19]. 11

---

1 Borgwardt/Fischer/Janert/*Fischer*, § 2 SprAuG Rz. 12. | 2 Richardi/*Richardi*, Einl. BetrVG Rz. 95 f., 99. | 3 Belange dieses Personenkreises können aber als „betriebliche Interessen des ArbGeb" von Bedeutung sein; MünchArbR/*Joost*, § 322 Rz. 27; aA *Hromadka*, § 2 SprAuG Rz. 4. | 4 *Hromadka*, § 2 SprAuG Rz. 16. | 5 *Kaiser*, Rz. 351. | 6 MünchArbR/*Joost*, § 322 Rz. 30. | 7 *Hromadka*, § 2 SprAuG Rz. 17; *Löwisch*, § 2 SprAuG Rz. 12, versteht § 2 II 3 lediglich als Appell zur Zusammenarbeit. | 8 *Fitting*, § 29 BetrVG Rz. 42; Richardi/*Thüsing*, § 29 BetrVG Rz. 31. | 9 MünchArbR/*Joost*, § 322 Rz. 32 u. § 323 Rz. 71. | 10 *Kaiser*, Rz. 355. | 11 ErfK/*Oetker*, § 2 SprAuG Rz. 14; Schaub/*Koch*, § 245 Rz. 12. | 12 Eine analoge Anwendung der einschlägigen Normen des BetrVG kommt nicht in Betracht, *Romer*, S. 69 ff. | 13 *Hromadka*, § 2 SprAuG Rz. 59. | 14 MünchArbR/*Joost*, § 322 Rz. 39; Schaub/*Koch*, § 245 Rz. 5; s. auch Richardi/*Richardi*, § 2 BetrVG Rz. 79. | 15 In den Schutz der Vorschrift sind auch amtierende Ersatzmitglieder aufgenommen, *Fitting*, § 78 BetrVG Rz. 2 mwN. | 16 ErfK/*Oetker*, § 2 Rz. 15; Borgwardt/Fischer/Janert/*Borgwardt*, § 2 SprAuG Rz. 10. | 17 Richardi/*Thüsing*, § 78 BetrVG Rz. 8. | 18 *Hromadka*, § 2 SprAuG Rz. 21. | 19 KR/*Rost*, § 14 KSchG Rz. 50; Schaub/*Koch*, § 245 Rz. 14.

Ein **besonderer Kündigungsschutz** der Mitglieder des SprAu kann aus dem Behinderungsverbot nicht abgeleitet werden[1]. **§ 15 KSchG** findet weder unmittelbar noch analog Anwendung auf leitende Angestellte[2].

12 Dem ArbGeb steht es grds. frei, ein Mitglied des SprAu mit dem allgemeinen Verhandlungsauftrag iSd. **§ 3 II 3 Nr. 1** zu betrauen, was dessen Ausscheiden aus dem SprAu gem. § 9 II Nr. 4 zur Folge hat. Sofern keine besonderen Umstände vorliegen, wird dieses Verhalten nicht als unzulässige Behinderung iSd. § 2 III 1 gewertet werden können[3].

13 Die Regelung des § 2 III 1 entspricht der des **§ 78 S. 1 BetrVG**; die zu dieser Norm entwickelten Grundsätze finden auch hier Anwendung.

14 **VII. Benachteiligungs- und Begünstigungsverbot.** Die Mitglieder des SprAu dürfen **wegen ihrer Tätigkeit als Mitglieder des SprAu** weder benachteiligt noch begünstigt werden, § 2 III 2 Hs. 1. In den Schutzbereich der Norm fallen auch **Ersatzmitglieder** vor ihrem Eintritt in den SprAu, wenn ein Zusammenhang zwischen der Maßnahme und ihrem absehbaren Einrücken besteht[4]. Für die Abgrenzung der **Vergleichsgruppe** ist **grundsätzlich** auf die im **Betrieb** beschäftigten leitenden Angestellten abzustellen (s. auch § 1 Rz. 7 f.). Weicht der Repräsentationsbereich des SprAu vom gesetzl. vorgesehenen „Normalfall" ab (s. § 20), so soll diese organisatorische Einheit für die Bildung der Vergleichsgruppe maßgebend sein[5]. Unzulässig ist **jede objektive Besser- oder Schlechterstellung** eines Mitglieds des SprAu, die ihren Grund gerade in der Wahrnehmung des Amtes findet; eine entsprechende **Absicht** ist nicht erforderlich[6]. Die Darlegungs- und Beweislast für den Kausalzusammenhang zwischen Amtsausübung und Benachteiligung oder Besserstellung liegt bei demjenigen, der sich darauf beruft. Vorsätzliches Handeln steht unter der Strafandrohung des § 34 I Nr. 3.

15 § 2 III 2 ist ein **Schutzgesetz iSd. § 823 II BGB**[7]. Nach § 249 S. 1 BGB kann der ArbGeb verpflichtet sein, den übergangenen leitenden Angestellten auf eine freie oder demnächst frei werdende Stelle zu befördern und ihm bis dahin bereits das entsprechende Gehalt zu zahlen[8]. Ein Beförderungsanspruch kann sich nach Ansicht des BAG auch **direkt** aus § 2 III 2 ergeben, da über das Benachteiligungsverbot hinaus auch eine **positive Pflicht des ArbGeb** begründet werde[9].

16 **VIII. Friedenspflicht.** Wie **§ 74 II 2 BetrVG** – auf dessen Konkretisierung durch Rspr. und Lit. hier zurückgegriffen werden kann – verpflichtet § 2 IV 1 ArbGeb und SprAu, Betätigungen zu unterlassen, durch die der Arbeitsablauf oder der Frieden des Betriebs beeinträchtigt werden. Unter **Arbeitsablauf** ist die tatsächliche Durchführung der im Betrieb anfallenden Arbeit zu verstehen[10]. Die Wahrung des **Betriebsfriedens** verpflichtet zum einen zum Einsatz der vorgesehenen Konfliktlösungsinstrumente (formelle Seite), zum anderen dazu, nur innerhalb des gesetzl. vorgesehenen Zuständigkeitsbereichs tätig zu werden (materielle Seite)[11].

17 **Adressaten** der Friedenspflicht sind neben ArbGeb und SprAu auch die einzelnen Mitglieder des SprAu. Für die übrigen leitenden Angestellten ergibt sich eine vergleichbare Pflicht aus dem Arbeitsverhältnis[12]. Leitende Angestellte besitzen idR Vorgesetztenstellung und haben ihr Verhalten auch unter dem Aspekt der Vorbildfunktion und der Einflussnahmemöglichkeiten ihrer Position zu steuern. Ihr Recht zur freien Meinungsäußerung wird dadurch nicht ausgeschlossen, dessen Betätigung hat sich aber an der besonderen Stellung der leitenden Angestellten auszurichten und den genannten Belangen Rechnung zu tragen (s. Rz. 19).

18 § 2 IV 1 begründet eine Unterlassungspflicht, der ein vor dem ArbG gem. § 2a I Nr. 2, Abs. 2 iVm. §§ 80 ff. ArbGG durchzusetzender **Unterlassungsanspruch** entspricht. Da der Zweck der Norm gerade in der Vermeidung einer Störung liegt, setzt dieser Anspruch nicht eine bereits eingetretene Beeinträchtigung voraus. Es genügt vielmehr eine **aus konkreten Umständen** ableitbare Gefahr, deren Verwirklichung mit hoher Wahrscheinlichkeit droht[13]. Eine lediglich **abstrakte Gefährdung** reicht aber nicht aus.

19 Hingegen genügt beim strikten **Verbot zur parteipolitischen Betätigung** gem. § 2 IV 2 bereits eine abstrakte Gefahr, um einen **Unterlassungsanspruch** zu begründen[14]. Es handelt sich um ein **absolutes Verbot**, das die Entstehung einer Gefahrenlage nicht erfordert[15]. Wegen der engen Bindung an den gesetzl. übertragenen Aufgabenkreis fallen Äußerungen **allgemeinpolitischer Natur**, ohne unmittelbaren

---

1 *Kaiser*, Rz. 96. | **2** *Hromadka*, § 2 SprAuG Rz. 29; *Diringer*, AuA 2004, 19 (23). | **3** *Hromadka*, § 3 SprAuG Rz. 22. | **4** Borgwardt/Fischer/Janert/*Borgwardt*, § 2 SprAuG Rz. 10. | **5** *Kramer*, DB 1993, 1138 (1138); MünchArbR/*Joost*, § 323 Rz. 93; aA *Kaiser*, Rz. 86; *Hromadka*, § 2 SprAuG Rz. 25; auf den Betrieb stellt Borgwardt/Fischer/Janert/*Borgwardt*, § 2 SprAuG Rz. 8, ab. | **6** Borgwardt/Fischer/Janert/*Borgwardt*, § 2 SprAuG Rz. 8; s. näher Richardi/*Annuß*, § 119 BetrVG Rz. 26; MünchArbR/*Joost*, § 308 Rz. 155. | **7** Schaub/*Koch*, § 245 Rz. 13 u. § 230 Rz. 22; ErfK/*Oetker*, § 2 SprAuG Rz. 18. | **8** *Hromadka*, § 2 SprAuG Rz. 34. | **9** BAG v. 29.9.1999 – 7 AZR 378/98, nv.; v. 15.1.1992 – 7 AZR 194/91, DB 1993, 1379 (1380), beide zu § 78 S. 2 BetrVG; v. 26.9.1990 – 7 AZR 208/89, NZA 1991, 694 (695) zu §§ 8, 46 III 6 BPersVG. | **10** Schaub/*Koch*, § 245 Rz. 15. | **11** Richardi/*Richardi*, § 74 BetrVG Rz. 48. | **12** Richardi/*Richardi*, § 74 BetrVG Rz. 51. | **13** *Fitting*, § 74 BetrVG Rz. 26. | **14** Richardi/*Richardi*, § 74 BetrVG Rz. 46; ErfK/*Oetker*, § 2 SprAuG Rz. 23. | **15** Schaub/*Koch*, § 245 Rz. 15 u. § 230 Rz. 16; MünchArbR/*v. Hoyningen-Huene*, § 301 Rz. 53.

Bezug zum Betrieb, ebenso unter dieses Verbot wie Werbemaßnahmen für eine bestimmte Partei[1]. Ein **Arbeitskampfverbot** ist im SprAuG zwar nicht ausdrücklich normiert, ergibt sich aber aus der allgemeinen Friedenspflicht[2].

Zweiter Teil. Sprecherausschuss, Versammlung der leitenden Angestellten, Gesamt-, Unternehmens- und Konzernsprecherausschuss

Erster Abschnitt. Wahl, Zusammensetzung und Amtszeit des Sprecherausschusses

3 *Wahlberechtigung und Wählbarkeit*

(1) Wahlberechtigt sind alle leitenden Angestellten des Betriebs.

(2) Wählbar sind alle leitenden Angestellten, die sechs Monate dem Betrieb angehören. Auf die sechsmonatige Betriebszugehörigkeit werden Zeiten angerechnet, in denen der leitende Angestellte unmittelbar vorher einem anderen Betrieb desselben Unternehmens oder Konzerns (§ 18 Abs. 1 des Aktiengesetzes) als Beschäftigter angehört hat. Nicht wählbar ist, wer

1. auf Grund allgemeinen Auftrags des Arbeitgebers Verhandlungspartner des Sprecherausschusses ist,

2. nicht Aufsichtsratsmitglied der Arbeitnehmer nach § 6 Abs. 2 Satz 1 des Mitbestimmungsgesetzes in Verbindung mit § 105 Abs. 1 des Aktiengesetzes sein kann oder

3. infolge strafgerichtlicher Verurteilung die Fähigkeit, Rechte aus öffentlichen Wahlen zu erlangen, nicht besitzt.

4 *Zahl der Sprecherausschussmitglieder*

(1) Der Sprecherausschuss besteht in Betrieben mit in der Regel

– 10 bis 20 leitenden Angestellten aus einer Person,

– 21 bis 100 leitenden Angestellten aus drei Mitgliedern,

– 101 bis 300 leitenden Angestellten aus fünf Mitgliedern,

– über 300 leitenden Angestellten aus sieben Mitgliedern.

(2) Männer und Frauen sollen entsprechend ihrem zahlenmäßigen Verhältnis im Sprecherausschuss vertreten sein.

5 *Zeitpunkt der Wahlen und Amtszeit*

(1) Die regelmäßigen Wahlen des Sprecherausschusses finden alle vier Jahre in der Zeit vom 1. März bis 31. Mai statt. Sie sind zeitgleich mit den regelmäßigen Betriebsratswahlen nach § 13 Abs. 1 des Betriebsverfassungsgesetzes einzuleiten.

(2) Außerhalb dieses Zeitraums ist der Sprecherausschuss zu wählen, wenn

1. im Betrieb ein Sprecherausschuss nicht besteht,

2. der Sprecherausschuss durch eine gerichtliche Entscheidung aufgelöst ist,

3. die Wahl des Sprecherausschusses mit Erfolg angefochten worden ist oder

4. der Sprecherausschuss mit der Mehrheit seiner Mitglieder seinen Rücktritt beschlossen hat.

(3) Hat außerhalb des in Absatz 1 festgelegten Zeitraums eine Wahl des Sprecherausschusses stattgefunden, ist der Sprecherausschuss in dem auf die Wahl folgenden nächsten Zeitraum der regelmäßigen Wahlen des Sprecherausschusses neu zu wählen. Hat die Amtszeit des Sprecherausschusses zu Beginn des in Absatz 1 festgelegten Zeitraums noch nicht ein Jahr betragen, ist der Sprecherausschuss in dem übernächsten Zeitraum der regelmäßigen Wahlen des Sprecherausschusses neu zu wählen.

(4) Die regelmäßige Amtszeit des Sprecherausschusses beträgt vier Jahre. Die Amtszeit beginnt mit der Bekanntgabe des Wahlergebnisses oder, wenn zu diesem Zeitpunkt noch ein Sprecherausschuss besteht, mit Ablauf von dessen Amtszeit. Die Amtszeit endet spätestens am 31. Mai des Jahres, in dem nach Absatz 1 die regelmäßigen Wahlen des Sprecherausschusses stattfinden. In dem Fall des Absat-

1 MünchArbR/*v. Hoyningen-Huene*, § 301 Rz. 54. | 2 *Hromadka*, § 2 SprAuG Rz. 38; MünchArbR/*Joost*, § 322 Rz. 35.

zes 3 Satz 2 endet die Amtszeit spätestens am 31. Mai des Jahres, in dem der Sprecherausschuss neu zu wählen ist.

(5) In dem Fall des Absatzes 2 Nr. 4 führt der Sprecherausschuss die Geschäfte weiter, bis der neue Sprecherausschuss gewählt und das Wahlergebnis bekannt gegeben ist.

6 *Wahlvorschriften*

(1) Der Sprecherausschuss wird in geheimer und unmittelbarer Wahl gewählt.

(2) Die Wahl erfolgt nach den Grundsätzen der Verhältniswahl; wird nur ein Wahlvorschlag eingereicht, erfolgt die Wahl nach den Grundsätzen der Mehrheitswahl.

(3) In Betrieben, deren Sprecherausschuss aus einer Person besteht, wird dieser mit einfacher Stimmenmehrheit gewählt. In einem getrennten Wahlgang ist ein Ersatzmitglied zu wählen.

(4) Zur Wahl des Sprecherausschusses können die leitenden Angestellten Wahlvorschläge machen. Jeder Wahlvorschlag muss von mindestens einem Zwanzigstel der leitenden Angestellten, jedoch von mindestens drei leitenden Angestellten unterzeichnet sein; in Betrieben mit in der Regel bis zu zwanzig leitenden Angestellten genügt die Unterzeichnung durch zwei leitende Angestellte. In jedem Fall genügt die Unterzeichnung durch fünfzig leitende Angestellte.

7 *Bestellung, Wahl und Aufgaben des Wahlvorstands*

(1) Spätestens zehn Wochen vor Ablauf seiner Amtszeit bestellt der Sprecherausschuss einen aus drei oder einer höheren ungeraden Zahl von leitenden Angestellten bestehenden Wahlvorstand und einen von ihnen als Vorsitzenden.

(2) Besteht in einem Betrieb, der die Voraussetzungen des § 1 Abs. 1 erfüllt, kein Sprecherausschuss, wird in einer Versammlung von der Mehrheit der anwesenden leitenden Angestellten des Betriebs ein Wahlvorstand gewählt. Zu dieser Versammlung können drei leitende Angestellte des Betriebs einladen und Vorschläge für die Zusammensetzung des Wahlvorstands machen. Der Wahlvorstand hat unverzüglich eine Abstimmung darüber herbeizuführen, ob ein Sprecherausschuss gewählt werden soll. Ein Sprecherausschuss wird gewählt, wenn dies die Mehrheit der leitenden Angestellten des Betriebs in einer Versammlung oder durch schriftliche Stimmabgabe verlangt.

(3) Zur Teilnahme an der Versammlung und der Abstimmung nach Absatz 2 sind die Angestellten berechtigt, die vom Wahlvorstand aus Anlass der letzten Betriebsratswahl oder der letzten Wahl von Aufsichtsratsmitgliedern der Arbeitnehmer, falls diese Wahl später als die Betriebsratswahl stattgefunden hat, oder durch gerichtliche Entscheidung den leitenden Angestellten zugeordnet worden sind. Hat zuletzt oder im gleichen Zeitraum wie die nach Satz 1 maßgebende Wahl eine Wahl nach diesem Gesetz stattgefunden, ist die für diese Wahl erfolgte Zuordnung entscheidend.

(4) Der Wahlvorstand hat die Wahl unverzüglich einzuleiten, sie durchzuführen und nach Abschluss der Wahl öffentlich die Auszählung der Stimmen vorzunehmen, deren Ergebnis in einer Niederschrift festzustellen und es im Betrieb bekannt zu geben. Dem Arbeitgeber ist eine Abschrift der Wahlniederschrift zu übersenden.

8 *Wahlanfechtung, Wahlschutz und Wahlkosten*

(1) Die Wahl kann beim Arbeitsgericht angefochten werden, wenn gegen wesentliche Vorschriften über das Wahlrecht, die Wählbarkeit oder das Wahlverfahren verstoßen worden ist und eine Berichtigung nicht erfolgt ist, es sei denn, dass durch den Verstoß das Wahlergebnis nicht geändert oder beeinflusst werden konnte. Zur Anfechtung berechtigt sind mindestens drei leitende Angestellte oder der Arbeitgeber. Die Wahlanfechtung ist nur innerhalb einer Frist von zwei Wochen, vom Tage der Bekanntgabe des Wahlergebnisses an gerechnet, zulässig.

(2) Niemand darf die Wahl des Sprecherausschusses behindern. Insbesondere darf kein leitender Angestellter in der Ausübung des aktiven und passiven Wahlrechts beschränkt werden. Niemand darf die Wahl des Sprecherausschusses durch Zufügung oder Androhung von Nachteilen oder durch Gewährung oder Versprechen von Vorteilen beeinflussen.

(3) Die Kosten der Wahl trägt der Arbeitgeber. Versäumnis von Arbeitszeit, die zur Ausübung des Wahlrechts, zur Betätigung im Wahlvorstand oder zur Tätigkeit als Vermittler (§ 18a des Betriebsverfassungsgesetzes) erforderlich ist, berechtigt den Arbeitgeber nicht zur Minderung des Arbeitsentgelts.

1 **I. Vorbemerkung.** Zwischen den das Wahlverfahren des **BR** und des SprAu regelnden Normen besteht in wesentlichen Punkten Übereinstimmung, so dass hier in erster Linie auf die Besonderheiten bei der Wahl des SprAu eingegangen wird.

Unmittelbare **Wahlen** werden **nur** zum Betriebs- und UnternehmensSprAu durchgeführt. Die **Gewerkschaften** haben – anders als nach dem BetrVG (§§ 14 III u. V, 16 I S. 6 u. Abs. 2, 17 III u. IV S. 1, 18 I 2 BetrVG) – keine Möglichkeit zur unmittelbaren Einwirkung auf die Wahl eines SprAu (s. auch § 2 Rz. 8). Ob in einer sprecherausschussfähigen Einheit iSd. § 1 I ein SprAu gewählt wird, liegt daher allein in der Hand der dieser Einheit zuzuordnenden leitenden Angestellten (s. Rz. 10, § 1 Rz. 7 f.). Das SprAuG sieht keine Möglichkeit zur **Ersatzbestellung** des Wahlvorstands (vgl. §§ 16 II u. III, 17 I u. IV BetrVG) vor. Auch das Wahlverfahren ist so ausgestaltet, dass ein SprAu nur errichtet werden kann, wenn sich die Mehrheit der leitenden Angestellten dafür ausspricht; der Gesetzgeber wollte damit der besonderen Stellung der leitenden Angestellten Rechnung tragen, „indem er ihnen ein Wahlrecht zwischen der ausschließlich individuellen Interessenwahrnehmung und der gesetzlichen durch den SprAu einräumt[1].“ 2

II. Behinderungs- und Beeinflussungsverbot. § 8 II entspricht inhaltlich § 20 I u. 2 BetrVG. Das Verbot wirkt gegenüber jedermann, entsprechende Rechtsgeschäfte sind gem. § 134 BGB nichtig. § 8 II ist Schutzgesetz iSd. § 823 BGB. 3

III. Wahlberechtigung. Wahlberechtigt sind gem. § 3 I alle leitenden Angestellten (s. § 1 Rz. 6) des Betriebs. Das Bestehen einer arbeitsvertragl. Beziehung zum Betriebsinhaber ist nicht unbedingt erforderlich. Im Rahmen der ATZ-Modelle verfügen ArbN im „klassischen Altersteilzeitmodell“ und während der Arbeitsphase des Blockmodells über das aktive Wahlrecht[2]. Zudem ist gem. § 2 III WOSprAuG die Eintragung in die Wählerliste erforderlich, um das aktive Wahlrecht wahrzunehmen. Die **Dauer** der Betriebszugehörigkeit spielt hier keine Rolle. Ist ein leitender Angestellter **nicht ausschließlich einem bestimmten Betrieb** zuzuordnen, kann er in jeder betreffenden Einheit von seiner Wahlberechtigung Gebrauch machen[3]. 4

Als gesetzl. Normalfall sehen § 5 I u. § 13 I BetrVG die gleichzeitige Einleitung der Wahlen des SprAu und des BR vor; die Wahlvorstände haben sich unter Anwendung des besonderen Zuordnungsverfahrens des **§ 18a BetrVG** bei Erstellung der jeweiligen Wählerlisten abzustimmen und so eine eindeutige Abgrenzung sicherzustellen. 5

IV. Wählbarkeit. Neben der Betriebszugehörigkeit (§ 1 Rz. 7 f.), der Aufnahme in die Wählerliste (s. Rz. 12) und in eine Vorschlagsliste (§§ 2 I 1 u. III, 3 II Nr. 7, 5, 10 WOSprAuG) ist gem. § 3 II 1 eine **sechsmonatige Beschäftigung** im Betrieb erforderlich, um passiv wahlberechtigt zu sein. Abzustellen ist auf den Zeitpunkt des letzten Tages der Stimmabgabe[4]. Neben anrechenbaren Zeiten der Vorbeschäftigung iSd. § 3 II 2 werden diese Voraussetzungen weiter dadurch relativiert, dass es genügt, wenn der betreffende ArbN **bei der Wahl** die Voraussetzungen des § 5 III BetrVG erfüllt[5]. Ist die maßgebliche sprecherausschussfähige Organisationseinheit erst **neu gegründet** worden, kann auch vor Ablauf der Frist iSd. § 3 II 1 ein SprAu gewählt werden, da das SprAuG insoweit eine Regelungslücke enthält, die nach einer **analogen** Anwendung des § 8 II BetrVG verlangt[6]. Soweit ein leitender Angestellter **verschiedenen Betrieben** zuzuordnen ist und ein mehrfaches aktives Wahlrecht besitzt (s. Rz. 4), kann er dort auch jeweils in den SprAu gewählt werden[7]. 6

Ausgeschlossen sind die in § 3 II 3 Nr. 1–3 genannten Personen, bei denen ein Interessenkonflikt auf Grund „ihrer unmittelbaren Nähe zur Unternehmensleitung“ zu befürchten ist[8]: Die Voraussetzungen der **Nr. 1** erfüllt, wer in einem gewissen allgemeinen Rahmen die Kompetenz zu selbständigen Verhandlungen mit dem SprAu besitzt und nicht nur anlässlich einer konkreten Maßnahme einen allgemeinen Verhandlungsauftrag zumindest für bestimmte Sachbereiche innehat. Zwar muss ein vorbehaltenes Letztentscheidungsrecht des ArbGeb nicht unbedingt schädlich sein, die Funktion eines bloßen Informationsüberbringers muss aber deutlich überschritten werden[9]. Nach **Nr. 2** sind Prokuristen, die dem gesetzl. Vertretungsorgan des Unternehmens (Vorstand der AG, Geschäftsführung der GmbH) unmittelbar unterstellt und zur Ausübung der Prokura für den gesamten Geschäftsbereich des Organs ermächtigt sind, vom passiven Wahlrecht ausgeschlossen. 7

V. Zusammensetzung des Sprecherausschusses. Die Zahl der Mitglieder des SprAu legt § 4 I **zwingend** fest. Entscheidend ist die Beschäftigtenzahl **bei Einleitung der Wahl**. Ein nachträgliches, auch **dauerhaftes Absinken der Zahl** der leitenden Angestellten hat keinen Einfluss auf den Bestand des gewählten SprAu. Gleiches gilt für ein Unterschreiten der Gesamtzahl der Mitglieder des SprAu, soweit die Organisationseinheit nur überhaupt noch die Voraussetzung des § 1 I erfüllt[10]. Insoweit weist das SprAuG keine Regelungslücke auf, die eine analoge Anwendung des § 13 II Nr. 1 oder 2 BetrVG rechtfertigen könnte[11]. 8

---

1 BT-Drs. 11/2503, S. 38. | 2 *Sieg/Maschmann*, FS Blomeyer, S. 397 (417 ff.), die tatsächliche Eingliederung in den Arbeitsprozess und damit die Erbringung weisungsgebundener Tätigkeit ist maßgebender Anknüpfungspunkt für die Aufgabenerfüllung des Repräsentationsorgans. | 3 *Hromadka*, § 3 SprAuG Rz. 4; MünchArbR/*Joost*, § 323 Rz. 14. | 4 Borgwardt/Fischer/Janert/*Fischer*, § 3 SprAuG Rz. 2. | 5 MünchArbR/*Joost*, § 323 Rz. 15. | 6 ErfK/*Oetker*, §§ 3–8 SprAuG Rz. 6; *Hromadka*, § 3 SprAuG Rz. 14. | 7 Richardi/*Thüsing*, § 8 BetrVG Rz. 11; *Hromadka*, § 3 SprAuG Rz. 16. | 8 BT-Drs. 11/2503, S. 37. | 9 Borgwardt/Fischer/Janert/*Fischer*, § 3 SprAuG Rz. 3; *Hromadka*, § 3 SprAuG Rz. 20 ff. | 10 *Kramer*, S. 53. | 11 *Romer*, S. 74 f.; MünchArbR/*Joost*, § 323 Rz. 22.

9 **Männer und Frauen** sollen nach § 4 II entsprechend ihrem zahlenmäßigen Verhältnis innerhalb der Repräsentationseinheit im SprAu vertreten sein. Diese Norm entspricht § 15 II aF BetrVG; sie hat weder zwingenden Charakter – ein Verstoß berechtigt also nicht zur Anfechtung der Wahl gem. § 8 – noch führt sie zu einer Trennung des Wahlverfahrens nach Geschlechtern[1].

10 **VI. Ablauf des Wahlverfahrens.** Die Wahl des SprAu wird durch den Wahlvorstand iSd. § 7 **eingeleitet und durchgeführt. Besteht bereits ein SprAu, bestellt** dieser gem. § 7 I zehn Wochen vor Ablauf seiner Amtszeit den aus drei oder einer höheren ungeraden Zahl von leitenden Angestellten bestehenden Wahlvorstand[2]; **andernfalls** können drei leitende Angestellte – ohne an eine bestimmte Form oder Frist[3] gebunden zu sein – zu einer **Versammlung der leitenden Angestellten** laden, in der dann die Mitglieder des Wahlvorstands mit der **Mehrheit der Stimmen** der Teilnehmer – die Mehrheit der abgegebenen Stimmen genügt also nicht – gewählt werden, § 7 II 1. Wer **zur Teilnahme** an dieser Versammlung **berechtigt** ist, ergibt sich aus § 7 III. Eine **Mindestzahl** von Teilnehmern schreibt das Gesetz nicht vor. Der Wahlvorstand hat die Grundabstimmung über die Frage, ob ein SprAu gewählt werden soll, vorzubereiten. Die Bildung des Wahlvorstands kann – ebenso wie die Abstimmung über die Errichtung eines SprAu – **jederzeit** erfolgen[4]. Im Übrigen besitzen weder die Gewerkschaften noch der **Gesamt- bzw. KonzernSprAu** oder das ArbG die Kompetenz zur Bestellung eines Wahlvorstands (s. auch Rz. 2).

11 Der **Vorsitzende** des Wahlvorstands wird, abhängig von der Verfahrensart, entweder vom SprAu bestellt oder von der Versammlung der leitenden Angestellten mit absoluter Stimmenmehrheit gewählt. Bei der Besetzung des Wahlvorstands bleiben **geschlechtsspezifische Gesichtspunkte** außer Betracht. Die Wahl von **Ersatzmitgliedern** ist – ohne dass dies im Gesetz ausdrücklich geregelt wird – zulässig[5]. Für die Mitglieder des Wahlvorstands sieht das SprAuG – im Gegensatz zu §§ 103 BetrVG, 15 III KSchG – keinen besonderen **Kündigungsschutz** vor. Allerdings kann sich aus § 8 II 1 im Einzelfall die Unwirksamkeit der Kündigung ergeben, sollte mit ihr die Wahl des SprAu behindert werden.

12 Zur Vorbereitung der Grundabstimmung (s. auch § 20 Rz. 2) hat der Wahlvorstand eine **Abstimmungsliste** aufzustellen (§ 26 II 1 WOSprAuG), in die die Wahlberechtigten iSd. § 7 III aufzunehmen sind. Entscheidet sich die **absolute Mehrheit** der abstimmungsberechtigten leitenden Angestellten für die Wahl eines SprAu, wird die nächste Stufe des Wahlverfahrens eingeleitet; andernfalls endet das Amt des Wahlvorstands. In der nächsten Phase hat der Wahlvorstand die **Wählerliste** gem. § 2 WOSprAuG aufzustellen und ggf. das **Zuordnungsverfahren** nach § 18a BetrVG durchzuführen. Die Wahl des SprAu ist mit dem Erlass des **Wahlausschreibens** eingeleitet, § 3 I 2 WOSprAuG. Die Wahlberechtigung ergibt sich wieder aus § 7 III. Nach Abschluss der Wahl hat der Wahlausschuss die Stimmenauszählung öffentl. vorzunehmen, deren Ergebnis in einer Niederschrift festzustellen und im Betrieb bekannt zu machen (§ 7 IV 1). Eine Abschrift der Niederschrift ist dem ArbGeb zuzuleiten (§ 7 IV 1). Die Gewählten werden unverzüglich schriftl. benachrichtigt, §§ 15 I 1, 21, 22 IV 3 WOSprAuG.

13 Zur Wahl des **UnternehmensSprAu** und einem Wechsel in der Organisationsform s. §§ 16–19 Rz. 1.

14 **VII. Amtszeit.** Die **regelmäßige** Amtszeit beträgt gem. § 5 IV 1 vier Jahre. Die regelmäßigen Wahlen finden in der Zeit vom 1. März bis 31. Mai statt und sind zugleich mit den BR-Wahlen abzuhalten, § 5 I. Eine **Verkürzung der Amtsperiode** ergibt sich, falls Wahlen außerhalb dieses Zeitraums stattgefunden haben und der SprAu zum Zeitpunkt der nächsten regelmäßigen Wahl bereits ein Jahr im Amt ist, § 5 III. Andernfalls **verlängert** sich die Amtszeit des SprAu, da Neuwahlen erst im übernächsten Zeitraum der regelmäßigen Wahlen des SprAu stattfinden, § 5 III 2.

15 Weitere **Beendigungsgründe** liegen in den in § 5 II Nr. 2–4 genannten Sachverhalten. Diese Aufzählung ist aber nicht abschließend; allgemein führt das dauerhafte Absinken der Zahl der leitenden Angestellten unter die in § 1 I genannte Grenze zum Verlust der SprAuFähigkeit und damit zur Auflösung des SprAu[6]; zu einer Beendigung des SprAu-Amtes kommt es auch bei einer Stilllegung des Betriebs (s. § 32 Rz. 6) oder dem Zusammenschluss von Betrieben unter Verlust der Betriebsidentität. Ein **Übergangsmandat** (vgl. § 21a BetrVG) des SprAu kommt nicht in Betracht, wohl aber ein **Restmandat** (vgl. § 21b BetrVG).

16 Ohne Einfluss auf das Amt des SprAu bleibt grds. eine **Veräußerung des Betriebs** oder eines Betriebsteils im Wege der Einzelrechtsnachfolge als solche. Eine Ausnahme gilt aber, wenn im aufnehmenden Unternehmen ein UnternehmensSprAu gewählt ist, neben dem ein – für den veräußerten Betrieb gebildeter – BetriebsSprAu nicht bestehen kann[7]. Die leitenden Angestellten des veräußerten Betriebs werden im Unternehmen des Erwerbers durch den dort bestehenden UnternehmensSprAu bis zum Ablauf von dessen Amtszeit mit vertreten und somit nicht vertretungslos gestellt[8]. Auch wenn dadurch die Gesamtzahl der vertretenen leitenden Angestellten erheblich verändert werden sollte, führt das nicht

---

1 *Richardi*, BetrVG, 7. Auflage, § 15 Rz. 7 f. | 2 Die Mitgliedschaft im amtierenden SprAu schließt die Möglichkeit, eine Funktion als Wahlvorstand wahrzunehmen, nicht aus, MünchArbR/*Joost*, § 323 Rz. 30. | 3 Allerdings muss diese Ladung so rechtzeitig erfolgen, dass der Zeitrahmen des § 5 I eingehalten werden kann. | 4 ErfK/*Oetker*, § 37 SprAuG Rz. 1. | 5 *Romer*, S. 76 f.; s. auch MünchArbR/*Joost*, § 323 Rz. 29; Borgwardt/Fischer/Janert/*Fischer*, § 7 SprAuG Rz. 3. | 6 *Kramer*, S. 53; MünchArbR/*Joost*, § 323 Rz. 56. | 7 ErfK/*Oetker*, §§ 3–8 SprAuG Rz. 14; *Löwisch*, BB 1990, 1698 (1698). | 8 *Löwisch*, BB 1990, 1698 (1698).

zu einer Beendigung der Amtszeit des UnternehmensSprAu. Besteht dagegen im Unternehmen des Veräußerers ein UnternehmensSprAu und sind auf Erwerberseite SprAu auf betriebl. Ebene eingerichtet, kann für den veräußerten Betrieb jederzeit ein BetriebsSprAu gewählt werden – soweit dort die Voraussetzungen des § 1 I erfüllt sind[1].

9 *Ausschluss von Mitgliedern, Auflösung des Sprecherausschusses und Erlöschen der Mitgliedschaft*

(1) Mindestens ein Viertel der leitenden Angestellten oder der Arbeitgeber können beim Arbeitsgericht den Ausschluss eines Mitglieds aus dem Sprecherausschuss oder die Auflösung des Sprecherausschusses wegen grober Verletzung seiner gesetzlichen Pflichten beantragen. Der Ausschluss eines Mitglieds kann auch vom Sprecherausschuss beantragt werden.

(2) Die Mitgliedschaft im Sprecherausschuss erlischt durch

1. Ablauf der Amtszeit,

2. Niederlegung des Sprecherausschussamtes,

3. Beendigung des Arbeitsverhältnisses,

4. Verlust der Wählbarkeit,

5. Ausschluss aus dem Sprecherausschuss oder Auflösung des Sprecherausschusses auf Grund einer gerichtlichen Entscheidung oder

6. gerichtliche Entscheidung über die Feststellung der Nichtwählbarkeit nach Ablauf der in § 8 Abs. 1 Satz 3 bezeichneten Frist, es sei denn, der Mangel liegt nicht mehr vor.

§ 9 I entspricht § 23 I BetrVG, dessen Grundsätze hier Anwendung finden. Entsprechend dieser Norm kann auch hier eine grobe, also **objektiv erhebliche und schuldhafte**[2] Pflichtverletzung iSd. Abs. 1 zu den **völlig verschiedenen Rechtsfolgen** der Amtsenthebung eines SprAu-Mitglieds oder zur Auflösung des gesamten SprAu führen. Erforderlich ist dafür stets eine Entscheidung des ArbG, womit deutlich wird, dass der SprAu **kein imperatives Mandat** ausübt[3]. Zur Stellung der **Koalitionen** s. § 2 Rz. 8. Ihres Amtes enthoben werden können auch **Ersatzmitglieder**, soweit sie im Rahmen ihrer Amtsausübung eine grobe Pflichtverletzung begehen[4]. Im Falle des Abs. 1 S. 2 ist das betroffene SprAu-Mitglied von Beratung und Abstimmung **ausgeschlossen**[5]. Mangels echter MitbestR (s. Vorb. z. 3. Teil) des SprAu **fehlt ein besonderes Zwangsverfahren** bei Verstößen des ArbGeb iSd. § 23 III BetrVG. Der SprAu kann aber ein **Beschlussverfahren** iSd. § 2a I Nr. 2 ArbGG gegen den ArbGeb einleiten[6]. Das **automatische Erlöschen** der Mitgliedschaft im SprAu regelt § 9 II, der § 24 BetrVG entspricht. Dessen Grundsätze finden auch hier Anwendung. 1

10 *Ersatzmitglieder*

(1) Scheidet ein Mitglied des Sprecherausschusses aus, rückt ein Ersatzmitglied nach. Dies gilt entsprechend für die Stellvertretung eines zeitweilig verhinderten Mitglieds des Sprecherausschusses.

(2) Die Ersatzmitglieder werden der Reihe nach aus den nicht gewählten leitenden Angestellten derjenigen Vorschlagslisten entnommen, denen die zu ersetzenden Mitglieder angehören. Ist eine Vorschlagsliste erschöpft, ist das Ersatzmitglied derjenigen Vorschlagsliste zu entnehmen, auf die nach den Grundsätzen der Verhältniswahl der nächste Sitz entfallen würde. Ist das ausgeschiedene oder verhinderte Mitglied nach den Grundsätzen der Mehrheitswahl gewählt, bestimmt sich die Reihenfolge der Ersatzmitglieder nach der Höhe der erreichten Stimmenzahl.

(3) In dem Fall des § 6 Abs. 3 gilt Absatz 1 mit der Maßgabe, dass das gewählte Ersatzmitglied nachrückt oder die Stellvertretung übernimmt.

Zweiter Abschnitt. Geschäftsführung des Sprecherausschusses

11 *Vorsitzender*

(1) Der Sprecherausschuss wählt aus seiner Mitte den Vorsitzenden und dessen Stellvertreter.

(2) Der Vorsitzende vertritt den Sprecherausschuss im Rahmen der von diesem gefassten Beschlüsse. Zur Entgegennahme von Erklärungen, die dem Sprecherausschuss gegenüber abzugeben sind, ist der Vorsitzende berechtigt. Im Falle der Verhinderung des Vorsitzenden nimmt sein Stellvertreter diese Aufgaben wahr.

---

1 *Kramer*, S. 61. | 2 Richardi/*Thüsing*, § 23 BetrVG Rz. 28 f. | 3 BT-Drs. 11/2503, S. 39; s. auch Richardi/*Thüsing*, § 23 BetrVG Rz. 5. | 4 MünchArbR/*Joost*, § 323 Rz. 104. | 5 *Oetker*, ZfA 1990, 43 (52 f.). | 6 ErfK/*Oetker*, § 9 Rz. 2.

(3) Der Sprecherausschuss kann die laufenden Geschäfte auf den Vorsitzenden oder andere Mitglieder des Sprecherausschusses übertragen.

12 *Sitzungen des Sprecherausschusses*

(1) Vor Ablauf einer Woche nach dem Wahltag hat der Wahlvorstand die Mitglieder des Sprecherausschusses zu der nach § 11 Abs. 1 vorgeschriebenen Wahl einzuberufen. Der Vorsitzende des Wahlvorstands leitet die Sitzung, bis der Sprecherausschuss aus seiner Mitte einen Wahlleiter zur Wahl des Vorsitzenden und seines Stellvertreters bestellt hat.

(2) Die weiteren Sitzungen beruft der Vorsitzende des Sprecherausschusses ein. Er setzt die Tagesordnung fest und leitet die Verhandlung. Der Vorsitzende hat die Mitglieder des Sprecherausschusses zu den Sitzungen rechtzeitig unter Mitteilung der Tagesordnung zu laden.

(3) Der Vorsitzende hat eine Sitzung einzuberufen und den Gegenstand, dessen Beratung beantragt ist, auf die Tagesordnung zu setzen, wenn dies ein Drittel der Mitglieder des Sprecherausschusses oder der Arbeitgeber beantragen.

(4) Der Arbeitgeber nimmt an den Sitzungen, die auf sein Verlangen anberaumt sind, und an den Sitzungen, zu denen er ausdrücklich eingeladen ist, teil.

(5) Die Sitzungen des Sprecherausschusses finden in der Regel während der Arbeitszeit statt. Der Sprecherausschuss hat bei der Anberaumung von Sitzungen auf die betrieblichen Notwendigkeiten Rücksicht zu nehmen. Der Arbeitgeber ist über den Zeitpunkt der Sitzung vorher zu verständigen. Die Sitzungen des Sprecherausschusses sind nicht öffentlich; § 2 Abs. 2 bleibt unberührt.

13 *Beschlüsse und Geschäftsordnung des Sprecherausschusses*

(1) Die Beschlüsse des Sprecherausschusses werden, soweit in diesem Gesetz nichts anderes bestimmt ist, mit der Mehrheit der Stimmen der anwesenden Mitglieder gefasst. Bei Stimmengleichheit ist ein Antrag abgelehnt.

(2) Der Sprecherausschuss ist nur beschlussfähig, wenn mindestens die Hälfte seiner Mitglieder an der Beschlussfassung teilnimmt. Stellvertretung durch Ersatzmitglieder ist zulässig.

(3) Über jede Verhandlung des Sprecherausschusses ist eine Niederschrift anzufertigen, die mindestens den Wortlaut der Beschlüsse und die Stimmenmehrheit, mit der sie gefasst sind, enthält. Die Niederschrift ist von dem Vorsitzenden und einem weiteren Mitglied zu unterzeichnen. Der Niederschrift ist eine Anwesenheitsliste beizufügen, in die sich jeder Teilnehmer eigenhändig einzutragen hat.

(4) Die Mitglieder des Sprecherausschusses haben das Recht, die Unterlagen des Sprecherausschusses jederzeit einzusehen.

(5) Sonstige Bestimmungen über die Geschäftsführung können in einer schriftlichen Geschäftsordnung getroffen werden, die der Sprecherausschuss mit der Mehrheit der Stimmen seiner Mitglieder beschließt.

14 *Arbeitsversäumnis und Kosten*

(1) Mitglieder des Sprecherausschusses sind von ihrer beruflichen Tätigkeit ohne Minderung des Arbeitsentgelts zu befreien, wenn und soweit es nach Umfang und Art des Betriebs zur ordnungsgemäßen Durchführung ihrer Aufgaben erforderlich ist.

(2) Die durch die Tätigkeit des Sprecherausschusses entstehenden Kosten trägt der Arbeitgeber. Für die Sitzungen und die laufende Geschäftsführung hat der Arbeitgeber in erforderlichem Umfang Räume, sachliche Mittel und Büropersonal zur Verfügung zu stellen.

1 **I. Vorbemerkung.** Die rechtl. Stellung der SprAu-Mitglieder unterscheidet sich deutlich von derjenigen der BR-Mitglieder. Die §§ 37 III–VII, 38, 39, 41 BetrVG sowie die Regelungen des besonderen Kündigungs- und Versetzungsschutzes, §§ 103 BetrVG, 15 KSchG, finden im SprAuG keine Entsprechung. § 14 liegt die Annahme des Gesetzgebers zugrunde, dass die Mitglieder des SprAu ihr Amt **unentgeltlich** ausüben und sie wegen ihres Amtes **weder begünstigt noch benachteiligt** werden dürfen (vgl. § 37 IV u. V BetrVG)[1], s. auch § 2 III 2.

2 **II. Arbeitsbefreiung ohne Entgeltminderung.** Soweit die ordnungsgemäße Wahrnehmung ihrer **Amtsobliegenheiten** es erfordert, sind Mitglieder des SprAu von ihrer berufl. Tätigkeit freizustellen. § 14 I entspricht § 37 II BetrVG, auf dessen Grundsätze hier verwiesen werden kann [2]. Das SprAuG sieht im Gegensatz zu § 37 III BetrVG **keinen** Anspruch auf **Freizeitausgleich** vor. Ob § 37 III BetrVG Ausdruck eines **allgemeinen Rechtsgedankens** ist, so dass auch ohne ausdrückliche Normierung ein entsprechen-

1 BT-Drs. 11/2503, S. 39. | 2 Zum Begriff der Erforderlichkeit s. auch Richardi/*Thüsing*, § 37 BetrVG Rz. 21 ff.

der Anspruch der SprAu-Mitglieder anzuerkennen ist, ist umstritten[1]. Einigkeit besteht aber darin, dass in besonderen Situationen die Erbringung der Arbeitsleistung für das SprAu-Mitglied **unzumutbar** sein kann, so dass jedenfalls ein Leistungsverweigerungsrecht besteht[2]. Es bedarf **keiner Zustimmung** des ArbGeb zur Arbeitsbefreiung. Das SprAu-Mitglied hat sich aber **ordnungsgemäß abzumelden**[3]. Ob sich im Rahmen der Erforderlichkeit auch eine **vollständige Freistellung** einzelner Mitglieder rechtfertigen lässt, ist umstritten[4].

III. Kostentragung. § 14 II begründet **unabdingbar**[5] die Pflicht des ArbGeb, die durch die Tätigkeit des SprAu entstehenden Kosten zu tragen; im Wesentlichen entspricht die Regelung § 40 BetrVG, dessen Grundsätze hier entsprechend angewendet werden können. Die Kostentragungspflicht steht unter dem **Vorbehalt der Verhältnismäßigkeit**[6]. Damit tragen die SprAu-Mitglieder das Risiko der Eigenhaftung bei Überschreitung dieses Rahmens[7]. Neben dem Sachaufwand des SprAu sind auch persönliche Kosten einzelner SprAu-Mitglieder ersatzfähig (s. auch Rz. 4)[8]. 3

IV. Schulungs- und Bildungsveranstaltungen. Das SprAuG gewährt den SprAu-Mitgliedern für deren Teilnahme an Schulungs- und Bildungsveranstaltungen iSd. § 37 VI u. VII BetrVG **keinen Anspruch** auf Befreiung von der Arbeitspflicht. Zur Möglichkeit einer einvernehmlichen Einigung zwischen ArbGeb und SprAu s. § 28 Rz. 14. **Im Einzelfall** kann sich aber im Rahmen der ordnungsgemäßen Aufgabenerfüllung iSd. § 14 I ein entsprechender Anspruch ergeben[9] – wenn dies unumgänglich für die Tätigkeit im SprAu ist. Nimmt das SprAu-Mitglied an Schulungen teil, kann **Kostenersatz** vom ArbGeb verlangt werden, wenn dieser Aufwand erforderlich und verhältnismäßig ist und er auch im Hinblick auf Größe und Leistungsfähigkeit des Betriebs angemessen ist[10]. Ist eine Organisation der leitenden Angestellten Träger einer Schulungseinrichtung, ergibt sich für die Kostentragungspflicht eine **immanente Schranke** aus den Grundsätzen des Koalitionsrechts[11]. 4

V. Entgelt- und Tätigkeitsschutz. Zwar findet sich im SprAuG keine mit § 37 IV u. V BetrVG vergleichbare Regelung, allerdings werden (auch die ehemaligen) SprAu-Mitglieder insoweit durch das Benachteiligungsverbot iSd. § 2 III 2 geschützt. 5

Dritter Abschnitt. Versammlung der leitenden Angestellten

15 *Zeitpunkt, Einberufung und Themen der Versammlung*

(1) Der Sprecherausschuss soll einmal im Kalenderjahr eine Versammlung der leitenden Angestellten einberufen und in ihr einen Tätigkeitsbericht erstatten. Auf Antrag des Arbeitgebers oder eines Viertels der leitenden Angestellten hat der Sprecherausschuss eine Versammlung der leitenden Angestellten einzuberufen und den beantragten Beratungsgegenstand auf die Tagesordnung zu setzen.

(2) Die Versammlung der leitenden Angestellten soll während der Arbeitszeit stattfinden. Sie wird vom Vorsitzenden des Sprecherausschusses geleitet. Sie ist nicht öffentlich.

(3) Der Arbeitgeber ist zu der Versammlung der leitenden Angestellten unter Mitteilung der Tagesordnung einzuladen. Er ist berechtigt, in der Versammlung zu sprechen. Er hat über Angelegenheiten der leitenden Angestellten und die wirtschaftliche Lage und Entwicklung des Betriebs zu berichten, soweit dadurch nicht Betriebs- oder Geschäftsgeheimnisse gefährdet werden.

(4) Die Versammlung der leitenden Angestellten kann dem Sprecherausschuss Anträge unterbreiten und zu seinen Beschlüssen Stellung nehmen. § 2 Abs. 4 gilt entsprechend.

I. Einberufung der Versammlung. Zuständig zur Einberufung einer Versammlung der leitenden Angestellten ist der SprAu oder der UnternehmensSprAu (§§ 15 I 1, 20 I 2). Vorauszugehen hat eine entsprechende Beschlussfassung, die auch die Tagesordnung, den Zeitpunkt und ggf. den Ort der Versammlung zum Gegenstand hat. Es ist zwischen einer **ordentl.** (§ 15 I 1) und einer **außerordentl.** (§ 15 I 2) Versammlung zu unterscheiden. Bei der Erstgenannten wird durch die Sollvorschrift eine **flexible** Verfah- 1

1 Bejahend: MünchArbR/*Joost*, § 323 Rz. 86; abl.: ErfK/*Oetker*, §§ 11–14 SprAuG Rz. 2; *Löwisch*, § 14 SprAuG Rz. 1. | 2 *Hromadka*, § 14 SprAuG Rz. 9; *Löwisch*, § 14 SprAuG Rz. 1; MünchArbR/*Joost*, § 323 Rz. 87; s. auch § 275 III BGB und AnwK-BGB/*Dauner-Lieb*, § 275 Rz. 19 f. | 3 Angaben über Ort und voraussichtliche Dauer der SprAu-Tätigkeit; eine persönliche Abmeldung beim ArbGeb kann nicht verlangt werden, s. Richardi/*Thüsing*, § 37 BetrVG Rz. 27. | 4 ErfK/*Oetker*, §§ 11–14 SprAuG Rz. 3, zumindest für vorübergehende vollständige Freistellung; MünchArbR/*Joost*, § 323 Rz. 88, unter Hinweis auf die zu § 37 II BetrVG entwickelten Grundsätze, s. auch § 37 BetrVG Rz. 6 ff.; aA *Hromadka*, § 14 SprAuG Rz. 2; *Löwisch*, § 14 SprAuG Rz. 1. | 5 MünchArbR/*Joost*, § 323 Rz. 101. | 6 ErfK/*Oetker*, §§ 11–14 SprAuG Rz. 4 mwN. | 7 *Hromadka*, § 14 SprAuG Rz. 14; evtl. als Gesamtschuldner iSd. § 427 BGB, *Löwisch*, § 14 SprAuG Rz. 8. | 8 Beispiele s. *Kaiser*, Rz. 60 ff.; *Hromadka*, § 14 SprAuG Rz. 15 ff. | 9 MünchArbR/*Joost*, § 323 Rz. 89; ErfK/*Oetker*, §§ 11–14 SprAuG Rz. 6; Schaub/*Koch*, § 246 Rz. 19; aA *Romer*, S. 91 f.; *Kramer*, DB 1993, 1138 (1140 mwN). | 10 *Hromadka*, § 14 SprAuG Rz. 22. | 11 Diese Organisationen dürfen insoweit keinen finanziellen Gewinn erwirtschaften, s. Richardi/*Thüsing*, § 40 BetrVG Rz. 36; ErfK/*Oetker*, §§ 11–14 SprAuG Rz. 7 mwN.

renspraxis ermöglicht[1]. Ob damit die Durchführung der Versammlung in das **freie Ermessen** des SprAu gestellt wird, ist umstritten[2]. Der **ArbGeb** ist bei **jeder** Versammlung teilnahmeberechtigt (§ 15 III 1).

2 **Neben** der ordentl. **kann** der SprAu bei Vorliegen entsprechender Gründe[3] auch weitere Versammlungen einberufen. Mit Blick auf die entstehenden Kosten (s. Rz. 6) ist unter dem Gesichtspunkt der **Verhältnismäßigkeit** zu verlangen, dass die zu erörternden Angelegenheiten für die leitenden Angestellten oder den Betrieb von so wesentlicher Bedeutung sind, dass ein Abwarten bis zur nächsten regelmäßigen Versammlung mit dem Zweck der Norm nicht zu vereinbaren ist[4]. Liegen die Voraussetzungen des § 15 I 2 vor und sind auch die weiteren Zulässigkeitsvoraussetzungen gegeben[5], **muss** eine außerordentl. Versammlung einberufen werden.

3 **II. Durchführung der Versammlung.** Die Versammlung wird vom Vorsitzenden des SprAu **geleitet** (§ 15 II 2) der auch das **Hausrecht** ausübt und die Ordnung zu wahren hat[6]. Auch hier besteht die **Pflicht zur Wahrung des innerbetrieblichen Friedens** (§ 15 IV 2, s. auch § 2 Rz. 16). Ob die Möglichkeit zur Abhaltung von **Teilversammlungen** besteht, ist umstritten[7]; eine mit § 42 I 3 BetrVG vergleichbare Regelung fehlt im SprAuG.

4 Die Versammlungen sollen **während der betrieblichen Arbeitszeit** stattfinden (§ 15 II 1). Eine Abweichung hiervon ist nur bei Vorliegen besonderer Gründe möglich. Ob dies auch für außerordentl. Versammlungen gilt oder ob § 44 I 1 und II 1 BetrVG einen allgemeinen Rechtsgedanken enthalten, den es auch hier zu beachten gilt, ist umstritten[8]. **Zeit** und **Ort** der Versammlung legt zwar der SprAu fest, doch verpflichtet ihn der Grundsatz der vertrauensvollen Zusammenarbeit iSd. § 2 I, dabei auch **Rücksicht auf die betrieblichen Belange** zu nehmen.

5 Die Versammlung ist grds. im Betrieb abzuhalten. **Teilnahmeberechtigt** sind die leitenden Angestellten der durch den SprAu repräsentierten Organisationseinheit, der SprAu und der ArbGeb (s. Rz. 1) bzw. sein Vertreter[9] (§ 15 II 3). Die **Hinzuziehung weiterer Personen** wird durch den Grundsatz der Nichtöffentlichkeit nicht völlig ausgeschlossen und kann auch auf einzelne Tagesordnungspunkte beschränkt werden[10]. Mit dem **Tätigkeitsbericht** muss der **SprAu** ein umfassendes Bild seiner Arbeit im Berichtszeitraum geben[11]. Den **ArbGeb** trifft nur auf den ordentl. Versammlungen eine **Berichtspflicht** iSd. § 15 III 3[12]. Die **Funktion** der Versammlung legt § 15 IV fest. **Entscheidungs- oder Kontrollbefugnisse** stehen der Versammlung **nicht** zu[13].

6 **III. Entgeltfortzahlung und Kosten.** Auch ohne ausdrückliche gesetzl. Regelung ergibt sich aus § 15 II 1 die Pflicht des ArbGeb, leitenden Angestellten das Arbeitsentgelt für **innerhalb der persönlichen Arbeitszeit** liegende Versammlungen **ohne Minderung weiter zu zahlen**[14]. Den für die Versammlung erforderlichen **Personal- und Sachaufwand** hat der ArbGeb in den Grenzen des § 14 II zu tragen (s. dort Rz. 3). Der ArbGeb hat auch erforderliche **Fahrtkosten** zu erstatten[15].

---

1 BT-Drs. 11/2503, S. 39. | 2 Nach ErfK/*Oetker*, § 15 Rz. 3 mwN, kann auf die Versammlung verzichtet werden, wenn dies dem Willen der leitenden Angestellten entspricht; aA MünchArbR/*Joost*, § 323 Rz. 109, der für einen Verzicht das Vorliegen besonderer objektiver Gründe verlangt. | 3 Welche Anforderungen insoweit gelten, wird ebenfalls nicht einheitlich beurteilt: MünchArbR/*Joost*, § 323 Rz. 110, verlangt besondere Gründe iSd. § 43 I 4 BetrVG, der hier entsprechend anzuwenden sei; *Hromadka*, § 15 SprAuG Rz. 7, lässt dagegen genügen, dass dem SprAu eine zusätzliche Versammlung nach pflichtgemäßer Prüfung notwendig erscheint. | 4 Richardi/*Annuß*, § 43 BetrVG Rz. 26. | 5 V.a. das Vorliegen eines Beratungsgegenstandes, der in die Zuständigkeit der Versammlung der leitenden Angestellten fällt, Richardi/*Annuß*, § 43 BetrVG Rz. 29. | 6 Richardi/*Annuß*, § 42 BetrVG Rz. 22 ff. | 7 Abl.: MünchArbR/*Joost*, § 323 Rz. 108; zwischen ordentlicher und außerordentlicher Versammlung diff. ErfK/*Oetker*, § 15 SprAuG Rz. 4: Letztere soll der SprAu als Teil- bzw. Abteilungsversammlung durchführen können, wenn dies sachlich gerechtfertigt ist. *Hromadka*, § 15 SprAuG Rz. 4, nimmt eine Regelungslücke an, so dass jedenfalls bei Einvernehmen zwischen ArbGeb und SprAu Teilversammlungen zulässig sein sollen. | 8 Für die analoge Anwendung des § 44 BetrVG ErfK/*Oetker*, § 15 SprAuG Rz. 5; *Oetker*, ZfA 1990, 43 (58); aA MünchArbR/*Joost*, § 323 Rz. 114; *Löwisch*, § 15 SprAuG Rz. 4; *Hromadka*, § 15 SprAuG Rz. 9. | 9 ErfK/*Oetker*, § 15 SprAuG Rz. 8 mwN; *Löwisch*, § 15 SprAuG Rz. 9, schränkt die Vertretungsmöglichkeit des ArbGeb auf solche Personen ein, die auf Grund ihres allgemeinen Auftrags Verhandlungspartner des SprAu sind. | 10 Ist die Teilnahme dieser Person zur zweckdienlichen Beratung erforderlich, kann der SprAu auch ohne Zustimmung des ArbGeb eine entsprechende Einladung aussprechen, MünchArbR/*Joost*, § 323 Rz. 119, § 312 Rz. 40; ErfK/*Oetker*, § 15 SprAuG Rz. 9. In Frage kommen zB Mitglieder des BR, anderer SprAu, des GesamtSprAu, des KonzernSprAu, Verbandsvertreter oder Sachverständige, *Hromadka*, § 15 SprAuG Rz. 13. | 11 Richardi/*Annuß*, § 43 BetrVG Rz. 9. | 12 MünchArbR/*Joost*, § 323 Rz. 122. | 13 MünchArbR/*Joost*, § 323 Rz. 106. | 14 ErfK/*Oetker*, § 15 SprAuG Rz. 10 mwN. | 15 ErfK/*Oetker*, § 15 SprAuG Rz. 11; MünchArbR/*Joost*, § 323 Rz. 128; *Löwisch*, § 15 SprAuG Rz. 15; Schaub/*Koch*, § 247 Rz. 4; aA *Hromadka*, § 15 SprAuG Rz. 36, der aber für den Fall, dass der Versammlungsort nicht im eigenen Betrieb liegt, eine Erstattungspflicht für möglich hält.

Vierter Abschnitt. Gesamtsprecherausschuss

16 *Errichtung, Mitgliederzahl und Stimmengewicht*

(1) Bestehen in einem Unternehmen mehrere Sprecherausschüsse, ist ein Gesamtsprecherausschuss zu errichten.

(2) In den Gesamtsprecherausschuss entsendet jeder Sprecherausschuss eines seiner Mitglieder. Satz 1 gilt entsprechend für die Abberufung. Durch Vereinbarung zwischen Gesamtsprecherausschuss und Arbeitgeber kann die Mitgliederzahl des Gesamtsprecherausschusses abweichend von Satz 1 geregelt werden.

(3) Der Sprecherausschuss hat für jedes Mitglied des Gesamtsprecherausschusses mindestens ein Ersatzmitglied zu bestellen und die Reihenfolge des Nachrückens festzulegen; § 10 Abs. 3 gilt entsprechend.

(4) Jedes Mitglied des Gesamtsprecherausschusses hat so viele Stimmen, wie in dem Betrieb, in dem es gewählt wurde, leitende Angestellte in der Wählerliste der leitenden Angestellten eingetragen sind. Ist ein Mitglied des Gesamtsprecherausschusses für mehrere Betriebe entsandt worden, hat es so viele Stimmen, wie in den Betrieben, für die es entsandt ist, leitende Angestellte in den Wählerlisten eingetragen sind. Sind für einen Betrieb mehrere Mitglieder des Sprecherausschusses entsandt worden, stehen diesen die Stimmen nach Satz 1 anteilig zu.

17 *Ausschluss von Mitgliedern und Erlöschen der Mitgliedschaft*

(1) Mindestens ein Viertel der leitenden Angestellten des Unternehmens, der Gesamtsprecherausschuss oder der Arbeitgeber können beim Arbeitsgericht den Ausschluss eines Mitglieds aus dem Gesamtsprecherausschuss wegen grober Verletzung seiner gesetzlichen Pflichten beantragen.

(2) Die Mitgliedschaft im Gesamtsprecherausschuss endet mit Erlöschen der Mitgliedschaft im Sprecherausschuss, durch Amtsniederlegung, durch Ausschluss aus dem Gesamtsprecherausschuss auf Grund einer gerichtlichen Entscheidung oder Abberufung durch den Sprecherausschuss.

18 *Zuständigkeit*

(1) Der Gesamtsprecherausschuss ist zuständig für die Behandlung von Angelegenheiten, die das Unternehmen oder mehrere Betriebe des Unternehmens betreffen und nicht durch die einzelnen Sprecherausschüsse innerhalb ihrer Betriebe behandelt werden können. Er ist den Sprecherausschüssen nicht übergeordnet.

(2) Der Sprecherausschuss kann mit der Mehrheit der Stimmen seiner Mitglieder den Gesamtsprecherausschuss schriftlich beauftragen, eine Angelegenheit für ihn zu behandeln. Der Sprecherausschuss kann sich dabei die Entscheidungsbefugnis vorbehalten. Für den Widerruf der Beauftragung gilt Satz 1 entsprechend.

(3) Die Vorschriften über die Rechte und Pflichten des Sprecherausschusses und die Rechtsstellung seiner Mitglieder gelten entsprechend für den Gesamtsprecherausschuss.

19 *Geschäftsführung*

(1) Für den Gesamtsprecherausschuss gelten § 10 Abs. 1, die §§ 11, 13 Abs. 1, 3 bis 5 und § 14 entsprechend.

(2) Ist ein Gesamtsprecherausschuss zu errichten, hat der Sprecherausschuss der Hauptverwaltung des Unternehmens oder, sofern ein solcher nicht besteht, der Sprecherausschuss des nach der Zahl der leitenden Angestellten größten Betriebs zu der Wahl des Vorsitzenden und des stellvertretenden Vorsitzenden des Gesamtsprecherausschusses einzuladen. Der Vorsitzende des einladenden Sprecherausschusses hat die Sitzung zu leiten, bis der Gesamtsprecherausschuss aus seiner Mitte einen Wahlleiter zur Wahl des Vorsitzenden und seines Stellvertreters bestellt hat. § 12 Abs. 2 bis 5 gilt entsprechend.

(3) Der Gesamtsprecherausschuss ist nur beschlussfähig, wenn mindestens die Hälfte seiner Mitglieder an der Beschlussfassung teilnimmt und die Teilnehmenden mindestens die Hälfte aller Stimmen vertreten. Stellvertretung durch Ersatzmitglieder ist zulässig.

I. Vorbemerkung. Der GesamtSprAu soll die Belange der leitenden Angestellten **betriebsübergreifend** vertreten. Seine Errichtung steht – soweit mehrere SprAu im Unternehmen gebildet sind – nicht im Belieben der SprAu, § 16 I. Der GesamtSprAu ist ein **selbständiges Organ** mit **eigenem Zuständigkeitsbereich** (s. Rz. 3) und wie der GesamtBR als **Dauereinrichtung** konzipiert[1]. Den einzelnen SprAu ist er **nicht übergeordnet** (§ 18 I 2). Sowohl der GesamtSprAu als auch seine Mitglieder haben dieselben 1

1 BT-Drs. 11/2503, S. 40.

Rechte und Pflichten wie der SprAu und dessen Mitglieder[1]. Zur Möglichkeit, durch die Wahl eines UnternehmensSprAu ein **zweistufiges Ordnungsmodell** der Interessenvertretung zu etablieren s. § 20 Rz. 1 ff. Eine **Versammlung** des GesamtSprAu mit den Vorsitzenden der SprAu, vergleichbar der Betriebsräteversammlung iSd. § 53 BetrVG, ist im SprAuG nicht vorgesehen. **Errichtet** wird der GesamtSprAu durch die Entsendung von Mitgliedern der einzelnen SprAu. Kommen diese ihrer Pflicht (s. § 1 Rz. 5) nicht nach, kann darin eine grobe Verfehlung iSd. § 9 liegen[2].

2 **II. Zusammensetzung und Größe.** Grundsätzlich entsendet **jeder SprAu** durch Mehrheitsbeschluss iSd. § 13[3] **je einen Vertreter**[4] in den GesamtSprAu (§ 16 II 1). Wird ein Betrieb von zwei Unternehmen **gemeinsam geführt**, ist angesichts des Fehlens einer dem § 47 IX BetrVG vergleichbaren Regel zweifelhaft, ob und wie der SprAu in den GesamtSprAu entsendet[5]. Es liegt im Ermessen von GesamtSprAu und ArbGeb, sich gem. § 16 II 3 auf eine abweichende Regelung zu einigen, dh. den GesamtSprAu zu **verkleinern oder** zu **vergrößern**. Um das Beteiligungsrecht der SprAu nicht auszuhebeln, muss ein Verfahren vorgesehen werden, das deren gleichberechtigten Einfluss auf die Person des gemeins. Vertreters sicherstellt[6]. Für jedes entsandte Mitglied hat der SprAu mindestens ein **Ersatzmitglied** zu bestellen und die Reihenfolge des Nachrückens festzulegen (§ 16 III Hs. 1).

3 **III. Zuständigkeit. Originäre** Zuständigkeit besitzt der GesamtSprAu gem. § 18 I für **überbetriebliche** Angelegenheiten, die nicht durch die einzelnen SprAu innerhalb ihrer Betriebe geregelt werden können. Es muss ein **zwingendes Bedürfnis** an einer unternehmenseinheitlichen bzw. betriebsübergreifenden Regelung bestehen, wobei auf die Verhältnisse des konkreten Unternehmens abzustellen ist[7]; reine Zweckmäßigkeitsüberlegungen genügen hier nicht (s. auch § 50 BetrVG Rz. 4). Unabhängig von einer konkreten Aufgabenwahrnehmung können die **einzelnen SprAu** innerhalb des eigenen Zuständigkeitsbereichs des GesamtSprAu **keine Befugnisse** geltend machen[8]. Die Zuständigkeit des GesamtSprAu **erstreckt sich auch auf Betriebe ohne SprAu**[9].

4 Darüber hinaus kann der GesamtSprAu **in bestimmten Angelegenheiten** außerhalb seines originären Zuständigkeitsbereichs **kraft Auftrags** eines SprAu tätig werden (§ 18 II 1). Zwar existiert insoweit keine inhaltliche bzw. gegenständliche Begrenzung. Eine **vollständige Verlagerung** der Aufgaben auf den GesamtSprAu oder die Zuweisung einzelner Sachkomplexe zur selbständigen Erledigung widerspricht aber dem zwingenden gesetzl. Organisations- und Zuständigkeitssystem und kommt daher nicht infrage[10].

5 Der **schriftlichen**[11] **Übertragung** hat eine entsprechende Beschlussfassung **durch die Mehrheit aller Mitglieder** des SprAu voranzugehen (§ 18 II 1)[12]. Die Angelegenheit ist **exakt** zu bezeichnen[13]. Ob der GesamtSprAu **verpflichtet** ist, die Beauftragung anzunehmen und tätig zu werden, ist umstritten[14]. Die Beteiligungsrechte nimmt der GesamtSprAu jedenfalls in **eigener Verantwortung** mit Wirkung für den auftraggebenden SprAu wahr. Allerdings kann der Auftrag – solange er noch nicht erledigt wurde[15] – durch den übertragenden SprAu jederzeit und ohne Angabe von Gründen **widerrufen** werden (§ 18 II 3). Für den Widerruf gelten die **selben formalen Anforderungen** wie für die Übertragung.

6 **IV. Stimmengewichtung.** Jedes Mitglied hat so viele Stimmen, wie in der repräsentierten Organisationseinheit leitende Angestellte in der entsprechenden Wählerliste eingetragen sind (§ 16 IV 1). Ist ein Mitglied **für mehrere Einheiten** gemeins. entsandt, addieren sich die Stimmen (§ 16 IV 2). Sind für eine Einheit **mehrere Vertreter** entsandt, stehen ihnen die Stimmen anteilig zu (§ 16 IV 3). Die Stimmabgabe kann je Mitglied **nur einheitlich** erfolgen.

7 **V. Amtszeit.** Als Dauereinrichtung ist der GesamtSprAu **unabhängig vom Wechsel seiner Mitglieder** (s. Rz. 1). Sein **Amt wird nur beendet**, wenn die Errichtungsvoraussetzungen iSd. § 16 I nicht mehr gegeben sind[16]. Auch durch gerichtliche Entscheidung kann er nicht aufgelöst werden. Die **Mitgliedschaft des entsandten Vertreters** eines SprAu endet dagegen durch Abberufung, Erlöschen der Mitgliedschaft im SprAu und in den weiteren in § 17 I u. II genannten Fällen.

---

1 *Hromadka*, § 18 SprAuG Rz. 22. | 2 S. auch Richardi/*Annuß*, § 47 BetrVG Rz. 40. | 3 *Löwisch*, § 16 SprAuG Rz. 7. | 4 Besteht der SprAu nur aus einer Person, wird diese ohne weiteres Mitglied im GesamtSprAu, *Löwisch*, § 16 SprAuG Rz. 7; s. auch Richardi/*Annuß*, § 47 BetrVG Rz. 30. Die Beachtung eines Geschlechterproporzes ist bei der Entsendung nicht vorgeschrieben. | 5 Bejahend *Kaiser*, Rz. 15; zum Streitstand s. Richardi/*Annuß*, § 47 BetrVG Rz. 76 ff. | 6 MünchArbR/*Joost*, § 323 Rz. 135 mwN. | 7 BAG v. 28.4.1992 – 1 ABR 68/91, DB 1992, 2641 (2642); ErfK/*Oetker*, §§ 16–19 SprAuG Rz. 10 mwN; *Kaiser*, Rz. 21 f. | 8 LAG Düsseldorf v. 4.3.1992 – 5 TaBV 116/91, NZA 1992, 613 (613 ff.); aA LAG Nürnberg v. 21.9.1992 – 7 TaBV 29/92, NZA 1993, 281 (281 f.). | 9 AA *Löwisch*, § 18 SprAuG Rz. 2; *Hromadka*, § 18 SprAuG Rz. 13; *Kaiser*, Rz. 19 mwN; s. auch Richardi/*Annuß*, § 50 BetrVG Rz. 49 f. | 10 *Hromadka*, § 18 SprAuG Rz. 21; *Bauer*, § 18 Anm. IV; MünchArbR/*Joost*, § 323 Rz. 139; aA *Kaiser*, Rz. 24; missverständlich insoweit *Löwisch*, § 18 SprAuG Rz. 10; s. auch Richardi/*Annuß*, § 50 BetrVG Rz. 54. | 11 Die Niederschrift im Sitzungsprotokoll gem. § 13 III reicht nicht aus; vgl. auch Richardi/*Annuß*, § 50 BetrVG Rz. 60. | 12 Für die Möglichkeit, die schriftliche durch die elektronische Form zu ersetzen, Richardi/*Annuß*, § 50 BetrVG Rz. 60. | 13 *Löwisch*, § 18 SprAuG Rz. 10. | 14 Für ein Recht zur Ablehnung: *Kaiser*, Rz. 25; für ein Ablehnungsrecht bei Vorliegen eines sachlichen Grundes: ErfK/*Oetker*, §§ 16–19 SprAuG Rz. 11 mwN; Richardi/*Annuß*, § 50 BetrVG Rz. 63; gegen ein Ablehnungsrecht: MünchArbR/*Joost*, § 323 Rz. 140. | 15 *Hromadka*, § 18 SprAuG Rz. 20. | 16 Richardi/*Annuß*, § 47 BetrVG Rz. 27.

Fünfter Abschnitt. Unternehmenssprecherausschuss

20 *Errichtung*

(1) Sind in einem Unternehmen mit mehreren Betrieben in der Regel insgesamt mindestens zehn leitende Angestellte beschäftigt, kann abweichend von § 1 Abs. 1 und 2 ein Unternehmenssprecherausschuss der leitenden Angestellten gewählt werden, wenn dies die Mehrheit der leitenden Angestellten des Unternehmens verlangt. Die §§ 2 bis 15 gelten entsprechend.

(2) Bestehen in dem Unternehmen Sprecherausschüsse, hat auf Antrag der Mehrheit der leitenden Angestellten des Unternehmens der Sprecherausschuss der Hauptverwaltung oder, sofern ein solcher nicht besteht, der Sprecherausschuss des nach der Zahl der leitenden Angestellten größten Betriebs einen Unternehmenswahlvorstand für die Wahl eines Unternehmenssprecherausschusses zu bestellen. Die Wahl des Unternehmenssprecherausschusses findet im nächsten Zeitraum der regelmäßigen Wahlen im Sinne des § 5 Abs. 1 Satz 1 statt. Die Amtszeit der Sprecherausschüsse endet mit der Bekanntgabe des Wahlergebnisses.

(3) Besteht ein Unternehmenssprecherausschuss, können auf Antrag der Mehrheit der leitenden Angestellten des Unternehmens Sprecherausschüsse gewählt werden. Der Unternehmenssprecherausschuss hat für jeden Betrieb, der die Voraussetzungen des § 1 Abs. 1 erfüllt, einen Wahlvorstand nach § 7 Abs. 1 zu bestellen. Die Wahl von Sprecherausschüssen findet im nächsten Zeitraum der regelmäßigen Wahlen im Sinne des § 5 Abs. 1 Satz 1 statt. Die Amtszeit des Unternehmenssprecherausschusses endet mit der Bekanntgabe des Wahlergebnisses eines Sprecherausschusses.

(4) Die Vorschriften über die Rechte und Pflichten des Sprecherausschusses und die Rechtsstellung seiner Mitglieder gelten entsprechend für den Unternehmenssprecherausschuss.

Die leitenden Angestellten haben mit der Wahl eines UnternehmensSprAu die Möglichkeit, ein **zweistufiges Ordnungsmodell** ihrer Interessenvertretung zu verwirklichen. Zwischen drei- und zweistufigem System besteht **echte Wahlfreiheit**. Bei jeder regelmäßigen SprAuWahl (§ 5 I) können sich die leitenden Angestellten **neu für eines** der Modelle **entscheiden. Nebeneinander** können SprAu und UnternehmensSprAu aber **nicht** gebildet werden. Entgegen § 1 I genügt es, wenn in einem **Unternehmen** mit **mehreren selbständigen** (s. § 1 Rz. 7 f.) **Betrieben** mindestens 10 leitende Angestellte beschäftigt sind[1]. 1

Der **erstmaligen Errichtung** eines UnternehmensSprAu in einem Unternehmen **ohne SprAu** hat **eine Entscheidung** der leitenden Angestellten (**Grundabstimmung**) **über diese Form** der Interessenvertretung voranzugehen[2]. Gem. §§ 20 I 2, 7 II 2 können drei leitende Angestellte des Unternehmens zu einer **Versammlung** zur Wahl eines Unternehmenswahlvorstandes einladen (s. auch §§ 3–8 Rz. 10). Zur Vermeidung einer parallelen Wahl von SprAu s. § 35 WOSprAuG[3]. Im Falle der Wahl hat der Unternehmenswahlvorstand unverzüglich die geheime Grundabstimmung durchzuführen (§§ 20 I 2, 7 II 3 SprAuG, § 36 S. 1 WOSprAuG). Erforderlich ist ein Votum mit der **Mehrheit der Stimmen aller** leitenden Angestellten[4]. 2

Bestehen im Unternehmen **bereits SprAu**, kann ein Wechsel zur Bildung eines UnternehmensSprAu gem. § 20 II iVm. § 37 WOSprAuG erfolgen; die Wahl des UnternehmensSprAu findet gem. § 20 II 2 erst im Zeitraum der nächsten regelmäßigen Wahlen iSd. § 5 I statt. **Besteht** bereits **ein UnternehmensSprAu**, bedarf es im Falle einer Neuwahl keiner erneuten Grundabstimmung (s. Rz. 2). Gem. § 20 I 2 gelten die §§ 5 ff. Ein Wechsel zum SprAu ist gem. § 20 III möglich. 3

Die **Zahl der Mitglieder** des UnternehmensSprAu richtet sich grds. nach § 4 I. Da diese Norm aber auf die Organisationseinheit Betrieb zugeschnitten ist, wird teilweise – durch Vereinbarung mit dem ArbGeb – eine Vergrößerung in Analogie zu § 16 II 2, 21 II 3 für zulässig erachtet[5]. Gem. § 20 IV, I 2 sind hinsichtlich der **Rechte und Pflichten** des UnternehmensSprAu und der Rechtsstellung seiner Mitglieder die für den SprAu geltenden Vorschriften entsprechend anzuwenden. 4

Der UnternehmensSprAu ersetzt die SprAu und nimmt zugleich die Aufgaben des GesamtSprAu wahr[6]. Die **Amtszeit** beträgt in der Regel 4 Jahre (§§ 20 I 2, 5 I). Beschließen die leitenden Angestellten den Wechsel zum dreistufigen Ordnungsmodell (Rz. 1), endet die Amtszeit des UnternehmensSprAu mit der Bekanntgabe des Wahlergebnisses eines SprAu (§ 20 III 4). 5

1 Auf die Verteilung der leitenden Angestellten auf die Betriebe kommt es nicht an, es genügt, wenn zumindest zwei Betriebe leitende Angestellte haben, MünchArbR/*Joost*, § 323 Rz. 168. | 2 BT-Drs. 11/2503, S. 41. | 3 Genauer bei ErfK/*Oetker*, § 20 SprAuG Rz. 3, der im Wege einer teleologischen Auslegung des § 35 II WOSprAuG verlangt, dass sich absolut die Mehrheit der leitenden Angestellten für die Wahl von SprAu ausgesprochen haben muss, um die Möglichkeit der Wahl eines Unternehmenswahlvorstands zu verhindern; so auch MünchArbR/*Joost*, § 323 Rz. 171; aA *Löwisch*, § 20 SprAuG Rz. 6; Borgwardt/Fischer/Janert/*Janert*, § 35 WOSprAuG Rz. 10. | 4 §§ 20 I 2, 7 II 3 iVm. § 36 WOSprAuG. | 5 *Hromadka*, § 20 SprAuG Rz. 6; MünchArbR/*Joost*, § 323 Rz. 179; aA *Kaiser*, Rz. 42, die auf die Möglichkeit zur Bildung von SprAu und GesamtSprAu verweist. | 6 *Hromadka*, § 20 SprAuG Rz. 6; *Kaiser*, Rz. 43; MünchArbR/*Joost*, § 323 Rz. 178.

Sechster Abschnitt. Konzernsprecherausschuss

21 *Errichtung, Mitgliederzahl und Stimmengewicht*

(1) Für einen Konzern (§ 18 Abs. 1 des Aktiengesetzes) kann durch Beschlüsse der einzelnen Gesamtsprecherausschüsse ein Konzernsprecherausschuss errichtet werden. Die Errichtung erfordert die Zustimmung der Gesamtsprecherausschüsse der Konzernunternehmen, in denen insgesamt mindestens 75 vom Hundert der leitenden Angestellten der Konzernunternehmen beschäftigt sind. Besteht in einem Konzernunternehmen nur ein Sprecherausschuss oder ein Unternehmenssprecherausschuss, tritt er an die Stelle des Gesamtsprecherausschusses und nimmt dessen Aufgaben nach den Vorschriften dieses Abschnitts wahr.

(2) In den Konzernsprecherausschuss entsendet jeder Gesamtsprecherausschuss eines seiner Mitglieder. Satz 1 gilt entsprechend für die Abberufung. Durch Vereinbarung zwischen Konzernsprecherausschuss und Arbeitgeber kann die Mitgliederzahl des Konzernsprecherausschusses abweichend von Satz 1 geregelt werden.

(3) Der Gesamtsprecherausschuss hat für jedes Mitglied des Konzernsprecherausschusses mindestens ein Ersatzmitglied zu bestellen und die Reihenfolge des Nachrückens festzulegen; nimmt der Sprecherausschuss oder der Unternehmenssprecherausschuss eines Konzernunternehmens die Aufgaben des Gesamtsprecherausschusses nach Absatz 1 Satz 3 wahr, gilt § 10 Abs. 3 entsprechend.

(4) Jedes Mitglied des Konzernsprecherausschusses hat so viele Stimmen, wie die Mitglieder des Gesamtsprecherausschusses, von dem es entsandt wurde, im Gesamtsprecherausschuss Stimmen haben. Ist ein Mitglied des Konzernsprecherausschusses von einem Sprecherausschuss oder Unternehmenssprecherausschuss entsandt worden, hat es so viele Stimmen, wie in dem Betrieb oder Konzernunternehmen, in dem es gewählt wurde, leitende Angestellte in der Wählerliste der leitenden Angestellten eingetragen sind. § 16 Abs. 4 Satz 2 und 3 gilt entsprechend.

22 *Ausschluss von Mitgliedern und Erlöschen der Mitgliedschaft*

(1) Mindestens ein Viertel der leitenden Angestellten der Konzernunternehmen, der Konzernsprecherausschuss oder der Arbeitgeber können beim Arbeitsgericht den Ausschluss eines Mitglieds aus dem Konzernsprecherausschuss wegen grober Verletzung seiner gesetzlichen Pflichten beantragen.

(2) Die Mitgliedschaft im Konzernsprecherausschuss endet mit dem Erlöschen der Mitgliedschaft im Gesamtsprecherausschuss, durch Amtsniederlegung, durch Ausschluss aus dem Konzernsprecherausschuss auf Grund einer gerichtlichen Entscheidung oder Abberufung durch den Gesamtsprecherausschuss.

23 *Zuständigkeit*

(1) Der Konzernsprecherausschuss ist zuständig für die Behandlung von Angelegenheiten, die den Konzern oder mehrere Konzernunternehmen betreffen und nicht durch die einzelnen Gesamtsprecherausschüsse innerhalb ihrer Unternehmen geregelt werden können. Er ist den Gesamtsprecherausschüssen nicht übergeordnet.

(2) Der Gesamtsprecherausschuss kann mit der Mehrheit der Stimmen seiner Mitglieder den Konzernsprecherausschuss schriftlich beauftragen, eine Angelegenheit für ihn zu behandeln. Der Gesamtsprecherausschuss kann sich dabei die Entscheidungsbefugnis vorbehalten. Für den Widerruf der Beauftragung gilt Satz 1 entsprechend.

24 *Geschäftsführung*

(1) Für den Konzernsprecherausschuss gelten § 10 Abs. 1, die §§ 11, 13 Abs. 1, 3 bis 5, die §§ 14, 18 Abs. 3 und § 19 Abs. 3 entsprechend.

(2) Ist ein Konzernsprecherausschuss zu errichten, hat der Gesamtsprecherausschuss des herrschenden Unternehmens oder, sofern ein solcher nicht besteht, der Gesamtsprecherausschuss des nach der Zahl der leitenden Angestellten größten Konzernunternehmens zu der Wahl des Vorsitzenden und des stellvertretenden Vorsitzenden des Konzernsprecherausschusses einzuladen. Der Vorsitzende des einladenden Gesamtsprecherausschusses hat die Sitzung zu leiten, bis der Konzernsprecherausschuss aus seiner Mitte einen Wahlleiter zur Wahl des Vorsitzenden und seines Stellvertreters bestellt hat. § 12 Abs. 2 bis 5 gilt entsprechend.

1 **I. Vorbemerkung.** Der KonzernSprAu soll den leitenden Angestellten ermöglichen, auf der Ebene der Konzernleitung eine institutionalisierte Interessenvertretung einzurichten, um damit eine effektive Interessenwahrnehmung bei konzernweiten oder unternehmensübergreifenden Entscheidungen der Kon-

zernspitze zu gewährleisten[1]. Die Regelung für das entsprechende Organ im BetrVG findet sich dort in § 54, auf dessen Grundsätze hier zurückgegriffen werden kann. Wie der GesamtSprAu ist der KonzernSprAu ein **selbständiges Organ** mit **eigenem Zuständigkeitsbereich** (§ 23). Er ist dem GesamtSprAu **weder über-**[2] **noch untergeordnet**. Die Bildung eines KonzernSprAu ist der **freien Entscheidung** der Repräsentanten der leitenden Angestellten überlassen (s. § 1 Rz. 5).

II. Errichtung. Ein KonzernSprAu kann in einem **Unterordnungskonzern** iSd. § 18 I AktG (zum Begriff s. § 54 BetrVG Rz. 3) gebildet werden, falls zumindest 2 GesamtSprAu existieren (§ 21 I 1). Unter den Voraussetzungen des § 21 I 3 kann auch ein SprAu oder ein UnternehmensSprAu an die Stelle des GesamtSprAu treten. Das gilt **nicht für den Fall**, dass die SprAu eines Konzernunternehmens ihrer Pflicht zur Bildung eines GesamtSprAu gem. § 16 I nicht nachgekommen sind[3]. Für die Sonderfälle **„Konzern im Konzern"**, **„Mehrmütterherrschaft"** und **„Konzerne mit Auslandsberührung"** s. § 54 BetrVG Rz. 6 ff.[4]. 2

Die Errichtung des KonzernSprAu erfolgt durch selbständige Beschlussfassung der GesamtSprAu (SprAu oder UnternehmensSprAu, s. Rz. 2; § 21 I 1). **Jede** zuständige Interessenvertretung kann **jederzeit** die **Initiative** ergreifen. Gem. §§ 19 I bzw. 20 I 2 genügt einfache Stimmenmehrheit. Die Errichtung des KonzernSprAu hängt nicht davon ab, dass die Mehrheit der GesamtSprAu der Konzernunternehmen dafür votiert. Erforderlich ist vielmehr, dass die zustimmenden GesamtSprAu (s. Rz. 2) im Zeitpunkt der Beschlussfassung mindestens **75 %** der leitenden Angestellten der Konzernunternehmen[5] repräsentieren (§ 21 I 2). Ob auch die leitenden Angestellten **sprecherausschussloser Betriebe** mitzuzählen sind, ist umstritten (s. §§ 16–19 Rz. 3)[6]. Wird das erforderliche Quorum erreicht, ist der KonzernSprAu **kraft Gesetzes** errichtet[7]. Zur Einberufung der **konstituierenden** Sitzung s. § 24 II. 3

III. Zusammensetzung, Größe und Stimmgewichtung. Jeder GesamtSprAu **hat** eines seiner Mitglieder in den KonzernSprAu zu entsenden (§ 21 II 1). Der KonzernSprAu kann wie der GesamtSprAu (s. §§ 16–19 Rz. 2) durch Vereinbarung mit dem ArbGeb **vergrößert oder verkleinert** werden (§ 21 II 3 u. IV 3 iVm. § 16 IV 2 u. 3). Die Regelungen der Abs. 2–4 hinsichtlich der Bestellung von Ersatzmitgliedern (Abs. 3) und Stimmengewichtung[8] (Abs. 4) entsprechen im Wesentlichen § 16 II–IV, auf die hier verwiesen wird (s. §§ 16–19 Rz. 2, 6). 4

IV. Zuständigkeit. Die Regelung des § 23 ist der des § 18 für GesamtSprAu nachgebildet[9]. Wie dort kann zwischen **originären** (§ 23 I) und **übertragenen** (§ 23 II) Aufgaben unterschieden werden. Das durch wertende Beurteilung zu ermittelnde **zwingende Bedürfnis** (s. § 58 BetrVG Rz. 4) nach einer konzerneinheitlichen Regelung iSd. § 23 I kommt in personellen Angelegenheiten etwa bei Maßnahmen der Personalplanung der Konzernspitze in Betracht[10]. Denkbar ist es vor allem bei freiwilligen ArbGebLeistungen, bei konzerneinheitlicher Regelung allgemeiner Arbeitsbedingungen, konzerneinheitlicher Gehaltsgestaltung und unternehmensübergreifenden Sozialeinrichtungen[11]. 5

Der KonzernSprAu und seine Mitglieder haben in ihrem Zuständigkeitsbereich **dieselben Rechte und Pflichten** wie ein SprAu, §§ 24 I, 18 III, verfügen also auch über dieselben Beteiligungsrechte. Verhandlungspartner des KonzernSprAu ist im originären Zuständigkeitsbereich die Leitung des herrschenden Unternehmens. Umstritten ist, ob der KonzernSprAu (Konzern)**Sprechervereinbarungen** iSd. § 28 II 1 (s. dort Rz. 10 f.) mit unmittelbarer Wirkung auch zu Lasten der abhängigen Unternehmen eigenständig treffen kann oder dafür der Bevollmächtigung durch die GesamtSprAu bedarf bzw. diese selbst an der Einigung zu beteiligen sind[12]. 6

V. Amtszeit. Der KonzernSprAu ist – wie der GesamtSprAu – eine **Dauereinrichtung** ohne bestimmte Amtszeit. Er **besteht**, solange die Errichtungsvoraussetzungen gegeben sind, und endet **kraft Gesetzes**[13] (s. auch §§ 16–19 Rz. 7). Wie bei der Errichtung der KonzernSprAu haben es die GesamtSprAu in der Hand, den KonzernSprAu als fakultative Interessenvertretung jederzeit durch selbständige Beschlussfassung wieder **aufzulösen**[14]. Insoweit fehlt zwar eine gesetzl. Regelung, allerdings kann aus dem Erfordernis einer qualifizierten Mehrheit für seine Errichtung nicht auf einen besonderen Bestandsschutz geschlossen werden[15]. Ausreichend ist, wenn die GesamtSprAu, die **mehr als die Hälfte** der leitenden Angestellten repräsentieren, für die Auflösung stimmen[16]. Die **Beendigung der Mitgliedschaft** im Kon- 7

---

1 BT-Drs. 11/2503, S. 41. | 2 § 23 I 2. | 3 *Hromadka*, § 21 SprAuG Rz. 22; *Goldschmidt*, FA 2003, 6 (8 f.). | 4 Richardi/*Annuß*, § 54 BetrVG Rz. 10 ff., 18 ff., 34 f. | 5 ErfK/*Oetker*, §§ 21–24 SprAuG Rz. 6 mwN. | 6 Abl.: *Löwisch*, § 21 SprAuG Rz. 9; *Hromadka*, § 21 SprAuG Rz. 26; *Kaiser*, Rz. 34; bejahend: BAG v. 11.8.1993 – 7 ABR 34/92, BAGE 74, 68 (70 ff.); Richardi/*Annuß*, § 54 BetrVG Rz. 40 mwN. | 7 Richardi/*Annuß*, § 54 BetrVG Rz. 43. | 8 S. MünchArbR/*Joost*, § 323 Rz. 197, für den Fall, dass in einem Unternehmen mit mehreren sprecherausschussfähigen Betrieben nur ein SprAu gebildet ist: Dann hat das entsandte Mitglied nur so viele Stimmen, wie in seinem Betrieb leitende Angestellte in die Wählerliste eingetragen sind. | 9 BT-Drs. 11/2503, S. 41. | 10 S. Richardi/*Annuß*, § 58 BetrVG Rz. 11. | 11 *Hromadka*, § 23 SprAuG Rz. 4; kritisch für den Bereich der Sozialeinrichtungen, Richardi/*Annuß*, § 58 BetrVG Rz. 9. | 12 Zweifelnd MünchArbR/*Joost*, § 323 Rz. 202; andererseits *Hromadka*, § 23 SprAuG Rz. 2; s. auch Richardi/*Annuß*, § 58 BetrVG Rz. 7 und 44 ff. | 13 MünchArbR/*Joost*, § 323 Rz. 206. | 14 *Bauer*, § 21 Anm. IV. | 15 *Richardi*, 7. Aufl., § 54 BetrVG Rz. 46 mwN. | 16 ErfK/*Oetker*, §§ 21–24 SprAuG Rz. 10; MünchArbR/*Joost*, § 323 Rz. 207.

zernSprAu regelt § 22, der § 17 entspricht. Mit dem Erlöschen der Mitgliedschaft im SprAu endet auch die Mitgliedschaft in GesamtSprAu und KonzernSprAu.

Dritter Teil. Mitwirkung der leitenden Angestellten

Vorbemerkung

1 **Echte MitbestR**, die dem SprAu ein paritätisches Mitgestaltungs- bzw. Mitbeurteilungsrecht[1] gewähren, sind im SprAuG nicht vorgesehen. Die §§ 30–32 räumen dem SprAu in sozialen, personellen und wirtschaftl. Angelegenheiten **bloße Mitwirkungsrechte** in Form von Unterrichtungs-, Anhörungs- und Beratungsrechten ein; das Letztentscheidungsrecht bleibt aber immer dem ArbGeb vorbehalten (s. § 2 Rz. 2). Im Gegensatz zum BetrVG folgen die in diesem Teil aufgeführten Beteiligungsrechte **keinem einheitlichen Gliederungsprinzip**[2]. Einzelne Tatbestände sind also nicht (nur) einem bestimmten Sachbereich zugeordnet. Der SprAu ist weder Teil der Personalverwaltung noch der Unternehmensleitung. An **Weisungen** ist der SprAu nicht gebunden (s. § 9)[3]. Bei Ausübung der Beteiligungsrechte sind die aus dem Kollegialgedanken (s. § 2 Rz. 1) abzuleitenden Grundsätze zu beachten.

Erster Abschnitt. Allgemeine Vorschriften

25 *Aufgaben des Sprecherausschusses*

(1) Der Sprecherausschuss vertritt die Belange der leitenden Angestellten des Betriebs (§ 1 Abs. 1 und 2). Die Wahrnehmung eigener Belange durch den einzelnen leitenden Angestellten bleibt unberührt.

(2) Der Sprecherausschuss ist zur Durchführung seiner Aufgaben nach diesem Gesetz rechtzeitig und umfassend vom Arbeitgeber zu unterrichten. Auf Verlangen sind ihm die erforderlichen Unterlagen jederzeit zur Verfügung zu stellen.

1 **I. Allgemeiner Aufgabenbereich.** Über den Bedeutungsgehalt des § 25 I 1 besteht in der einschlägigen Lit. kein Einvernehmen. Einerseits wird diese Norm für eine **umfassende funktionelle Zuständigkeit** des SprAu für die **kollektiven Belange**[4] der leitenden Angestellten vereinnahmt[5]. Neben dem Fehlen einer ausdrücklichen Zuständigkeitsbegrenzung könnte der in § 25 II 1 formulierte allgemeine Informationsanspruch des SprAu für diese Interpretation sprechen[6]. Dagegen wird geltend gemacht, § 25 I 1 diene lediglich der Klarstellung, dass individuelle Legitimationsakte für den nach Erlass des SprAuG gewählten SprAu keine Bedeutung mehr haben (s. § 1 Rz. 2)[7], zumal es auch an einer mit § 88 BetrVG vergleichbaren Norm fehle[8]. Dieses Ergebnis entspreche auch dem Willen des Gesetzgebers[9]. Ohne auf die Reichweite des dem SprAu zugewiesenen Aufgabenbereichs einzugehen, werde nur dessen **allgemeine Funktion als gesetzl. institutionalisierte Interessenvertretung** bestätigt[10]. Einigkeit besteht jedoch darin, dass **aus § 25 I 1 keine Mitwirkungsrechte** abgeleitet werden können[11]; diese sind ausschließlich in den §§ 30–32 enthalten. Die Wahrnehmung **individueller Interessen** bleibt den einzelnen leitenden Angestellten vorbehalten, die insoweit ein Mitglied des SprAu gem. § 26 hinzuziehen können.

2 **II. Unterrichtungspflicht.** Die Generalklausel des § 25 II gibt dem SprAu – unter **Vorbehalt des Aufgabenbezugs** – ein allgemeines und umfassendes Unterrichtungsrecht, das gerade **bei der Wahrneh-**

1 Richardi/*Richardi*, Vorb. z. 4. Teil BetrVG Rz. 21. | 2 *Hromadka/Maschmann*, Arbeitsrecht, Band 2, § 16 Rz. 706. | 3 BT-Drs. 11/2503, S. 39. | 4 Also in Angelegenheiten, deren Bedeutung sich nicht in der konkreten Beziehung ArbGeb – Einzelner leitender Angestellter erschöpft, sondern darüber hinaus zumindest für einen Teil der leitenden Angestellten relevant ist, ErfK/*Oetker*, § 25 SprAuG Rz. 3. Für Beispiele und Einzelheiten s. *Hromadka*, § 25 SprAuG Rz. 15 ff.; zu nennen sind jedenfalls Personalplanung, betriebliche Sozialleistungen, Arbeitsplatzausstattung und Überwachung der Einhaltung arbeitsrechtlicher Vorschriften, zu denen auch Vereinbarungen iSd. § 28 zählen. | 5 Wegen des schlichten Rechts auf Information wird auch das zwingende System der Beteiligungsrechte nicht verletzt, s. Richardi/*Richardi*, Vorb. z. 4. Teil BetrVG Rz. 25; *Hromadka*, § 25 SprAuG Rz. 14. | 6 *Kaiser*, Rz. 190; *Hromadka*, § 25 SprAuG Rz. 9 f.; ErfK/*Oetker*, § 25 SprAuG Rz. 2; *Hromadka/Maschmann*, Arbeitsrecht Band 2, § 16 Rz. 703. | 7 *Bauer*, SprAuG, § 25 Anm. II; s. auch die Nachw. bei *Kramer*, S. 106 Fn. 6. | 8 *Wlotzke*, DB 1989, 173 (177). | 9 In der Begründung des Gesetzesentwurfs heißt es: „Die sachliche Reichweite seiner Mitwirkung im Einzelnen ergibt sich aus dem zweiten Abschnitt.“, BT-Drs. 11/2503, S. 42. Allerdings sollte gerade der allgemeine Aufgabenbereich umschrieben werden, so dass auch für das gegenteilige Ergebnis der Wille des Gesetzgebers angeführt werden kann. | 10 Eingehend *Kramer*, Rechtsfragen des Sprecherausschussgesetzes (Diss.), S. 106 f. | 11 Der SprAu kann nach Ansicht der Vertreter einer umfassenden Aufgabenzuweisung initiativ tätig werden, Borgwardt/Fischer/Janert/*Fischer*, § 25 SprAuG Rz. 2; s. auch *Goldschmidt*, FA 2003, 98; allerdings bleiben seine Möglichkeiten – neben dem allgemeinen Informationsanspruch gem. § 25 II – auf Anregungen beschränkt; s auch ErfK/*Oetker*, § 25 SprAuG Rz. 4; MünchArbR/*Joost*, § 342 Rz. 50. *Hromadka*, § 25 SprAuG Rz. 10, spricht von einer Befassungskompetenz.

mung seiner allgemeinen Aufgaben iSd. § 25 I von Bedeutung ist. Die für § 80 II BetrVG maßgeblichen Grundsätze sind hier entsprechend anzuwenden. Der ArbGeb muss dem SprAu „in allen Angelegenheiten, die in dessen Zuständigkeit fallen"[1] Gelegenheit geben, Bedenken bzw. Anregungen zu äußern[2]. Eine Anfrage des SprAu hat der ArbGeb **unverzüglich** zu bearbeiten. Auch wenn es den leitenden Angestellten auf Grund ihrer Position möglich sein sollte, ist es ihnen **nicht** gestattet, sich die fraglichen Informationen **selbständig** zu beschaffen[3].

Da eine ausdrückl. Regelung wie in § 80 II 2 Hs. 2 BetrVG fehlt, ist umstritten, ob dem SprAu im Rahmen seiner Aufgaben Zugang zu den **Gehaltslisten** zu gewähren ist[4] (s. auch § 30 Rz. 2). Dafür spricht nicht nur, dass dem SprAu sonst in einem wichtigen Bereich die Wahrnehmung seiner Aufgaben nach § 27 I (s. § 27 Rz. 1) nicht möglich wäre, sondern v.a., dass dieses Einsichtsrecht des BR durch die genannte Regelung nicht erst begründet wird, sondern nur eine Ergänzung des allgemeinen Informationsrechts darstellt[5]. Wahrnehmen können dieses Recht der Vorsitzende oder ein damit dauerhaft[6] beauftragtes Mitglied des SprAu[7]. 3

26 *Unterstützung Einzelner leitender Angestellter*

(1) Der leitende Angestellte kann bei der Wahrnehmung seiner Belange gegenüber dem Arbeitgeber ein Mitglied des Sprecherausschusses zur Unterstützung und Vermittlung hinzuziehen.

(2) Der leitende Angestellte hat das Recht, in die über ihn geführten Personalakten Einsicht zu nehmen. Er kann hierzu ein Mitglied des Sprecherausschusses hinzuziehen. Das Mitglied des Sprecherausschusses hat über den Inhalt der Personalakten Stillschweigen zu bewahren, soweit es von dem leitenden Angestellten im Einzelfall nicht von dieser Verpflichtung entbunden wird. Erklärungen des leitenden Angestellten zum Inhalt der Personalakten sind diesen auf sein Verlangen beizufügen.

Die Geltendmachung individueller Belange liegt in der Eigenverantwortung der einzelnen leitenden Angestellten (s. § 25 Rz. 1; § 27 Rz. 1). Dabei sind sie aber nicht auf sich allein gestellt, sondern können sich der Hilfe des SprAu bedienen. Das Gesetz sieht keine Eingrenzung auf bestimmte Sachbereiche oder Rechtsfragen vor; soweit die Belange **Bezug zur ArbN-Eigenschaft** aufweisen, kann der SprAu hinzugezogen werden. **Welches Mitglied** des SprAu dem leitenden Angestellten zur Seite steht, bestimmt nicht einseitig der SprAu, sondern richtet sich nach dem Vertrauen des Hilfesuchenden[8]. Auch ohne ausdrückliche Normierung ist das tätig gewordene Mitglied des SprAu verpflichtet, **Stillschweigen** über Tatsachen zu wahren, von denen es anlässlich dieser Tätigkeit Kenntnis erlangt hat[9]. Das Einsichtsrecht hat **individualrechtl. Charakter** und kann unabhängig davon geltend gemacht werden, ob eine sprecherausschussfähige Einheit iSd. § 1 I besteht[10]. Die Regelung entspricht § 83 II u. I BetrVG, dessen Grundsätze auch hier Anwendung finden[11]. Ein Verstoß gegen die Verschwiegenheitspflicht nach § 26 II 3 ist gem. § 35 II **strafbewehrt**. 1

27 *Grundsätze für die Behandlung der leitenden Angestellten*

(1) Arbeitgeber und Sprecherausschuss haben darüber zu wachen, dass alle leitenden Angestellten des Betriebs nach den Grundsätzen von Recht und Billigkeit behandelt werden, insbesondere, dass jede Benachteiligung von Personen aus Gründen ihrer Rasse oder wegen ihrer ethnischen Herkunft, ihrer Abstammung oder sonstigen Herkunft, ihrer Nationalität, ihrer Religion oder Weltanschauung, ihrer Behinderung, ihres Alters, ihrer politischen oder gewerkschaftlichen Betätigung oder Einstellung oder wegen ihres Geschlechts oder ihrer sexuellen Identität unterbleibt.

(2) Arbeitgeber und Sprecherausschuss haben die freie Entfaltung der Persönlichkeit der leitenden Angestellten des Betriebs zu schützen und zu fördern.

§ 27 verpflichtet ArbGeb und SprAu gleichermaßen zur Wahrung der personenbezogenen Fundamentalrechte, insb. des **Gleichbehandlungsgrundsatzes** und der Förderung der freien Entfaltung der Persönlichkeit, hinsichtlich der im Betrieb tätigen leitenden Angestellten[12]. Beide müssen **zusammenwirken**, 1

---

1 BT-Drs. 11/2503, S. 42. | 2 Borgwardt/Fischer/Janert/*Fischer*, § 25 SprAuG Rz. 3. | 3 Schaub/*Koch*, § 249 Rz. 4; *Hromadka*, § 25 SprAuG Rz. 22; nicht unter dieses Verbot fallen ein schlichter Informationsaustausch mit anderen leitenden Angestellten oder die Durchführung von Fragebogenaktionen. | 4 Dafür: *Löwisch*, § 25 SprAuG Rz. 20; *Hromadka*, § 25 SprAuG Rz. 31 ff.; *Hromadka/Maschmann*, Arbeitsrecht Band 2, § 16 Rz. 703; *Kaiser*, Rz. 248; abl. Küttner/*Schlegel*, Personalbuch 2001, Lohnlisten Rz. 17; *Wlotzke*, DB 1989, 173 (177); einschr. Borgwardt/Fischer/Janert/*Fischer*, § 25 SprAuG Rz. 5. | 5 Richardi/*Thüsing*, § 80 BetrVG Rz. 69 ff. | 6 Ein Wechsel von Fall zu Fall ist nicht zulässig, s. Richardi/*Thüsing*, § 80 BetrVG Rz. 74. | 7 ErfK/*Oetker*, § 25 SprAuG Rz. 7; MünchArbR/*Joost*, § 324 Rz. 53. | 8 MünchArbR/*Joost*, § 324 Rz. 62; dessen Bitte ist auch nachzukommen, da die Unterstützungstätigkeit in den gesetzlichen Aufgabenkreis des SprAu fällt, *Löwisch*, § 26 SprAuG Rz. 3. | 9 Mit unterschiedlicher Begründung aber im Ergebnis übereinstimmend: ErfK/*Oetker*, § 26 Rz. 2 mwN; MünchArbR/*Joost*, § 324 Rz. 64. | 10 Richardi/*Thüsing*, § 83 BetrVG Rz. 2. | 11 Zum Begriff der Personalakte s. Richardi/*Thüsing*, § 83 BetrVG Rz. 4 ff. | 12 *Löwisch*, § 27 SprAuG Rz. 1.

um Verstöße zu verhindern, und sich im Verletzungsfall um **Abhilfe** bemühen[1]. Untersagt ist eine willkürliche, also nicht an sachlichen Kriterien orientierte Behandlung der leitenden Angestellten. Über die Anpassung des Wortlauts an die Vorgaben des AGG hinaus wurde in Abs. 1 im Vergleich zur ursprünglichen Fassung S. 2 gestrichen, der ein Benachteiligungsverbot „wegen Überschreitung bestimmter Altersstufen" vorsah. In der jetzigen Fassung wird umfassend jede Benachteiligung wegen des Lebensalters erfasst. Zum AGG im Einzelnen s. die Kommentierung dort. ArbGeb und SprAu haben den leitbildartigen Pflichtenkatalog mit seinen **absoluten Differenzierungsverboten** nicht nur ihrem Handeln zugrunde zu legen, sondern auch darüber zu wachen, dass kein anderer dagegen verstößt[2]. Auch ein Tätigwerden auf Grund der Überwachungspflicht berechtigt den SprAu **nicht**, sich ungebeten in **individualrechtl. Belange** leitender Angestellter einzumischen (s. § 26)[3]. Die **einzelnen** leitenden Angestellten können **unmittelbar** aus § 27 **keine** Rechte ableiten. Vgl. ergänzend § 75 BetrVG Rz. 5.

2 Verstößt der ArbGeb gegen § 27, kann der SprAu **Unterlassung** verlangen[4]. Unter Verstoß gegen § 27 abgeschlossene Vereinbarungen iSd. § 28 sind nichtig[5]. Verstöße des SprAu gegen § 27 können **grobe Verletzungen** der gesetzl. Pflichten des SprAu darstellen und gem. §§ 9 I, 17 I, 20 IV, 22 I zu dessen Auflösung bzw. zum Ausschluss einzelner Mitglieder berechtigen. § 27 ist kein Schutzgesetz iSd. § 823 II BGB[6].

28 *Richtlinien und Vereinbarungen*

(1) Arbeitgeber und Sprecherausschuss können Richtlinien über den Inhalt, den Abschluss oder die Beendigung von Arbeitsverhältnissen der leitenden Angestellten schriftlich vereinbaren.

(2) Der Inhalt der Richtlinien gilt für die Arbeitsverhältnisse unmittelbar und zwingend, soweit dies zwischen Arbeitgeber und Sprecherausschuss vereinbart ist. Abweichende Regelungen zu Gunsten leitender Angestellter sind zulässig. Werden leitenden Angestellten Rechte nach Satz 1 eingeräumt, so ist ein Verzicht auf sie nur mit Zustimmung des Sprecherausschusses zulässig. Vereinbarungen nach Satz 1 können, soweit nichts anderes vereinbart ist, mit einer Frist von drei Monaten gekündigt werden.

1 **I. Allgemeines.** Der **ArbGeb** kann **nicht gezwungen werden**, Vereinbarungen mit dem SprAu abzuschließen. Ein **Tarifvorbehalt** wird im SprAuG nicht ausdrücklich angeordnet; inwieweit ein solcher unmittelbar aus der verfassungsrechtl. gewährleisteten Tarifautonomie resultiert, ist umstritten[7]. Im Rahmen seines umfassenden Vertretungsmandats in kollektiven Angelegenheiten kann der SprAu von sich aus mit Vorschlägen zu Inhalt und Abschluss von Vereinbarungen an den ArbGeb herantreten. Auch wenn den ArbGeb **weder eine Kontrahierungs- noch eine Kompromisspflicht** trifft (s. § 2 Rz. 2), hat er gem. **§ 2 I 1** diese Anregungen nicht nur zur Kenntnis zu nehmen, sondern sich ernsthaft mit ihnen auseinander zu setzen (s. § 2 Rz. 2)[8].

2 **II. Regelungsgegenstand. Nicht** im Wege der Vereinbarung regelbar sind Abweichungen von den gesetzl. Bestimmungen, soweit es um organisations- oder beteiligungsrechtl. Angelegenheiten geht. Der SprAu muss innerhalb seines gesetzl. zugewiesenen Aufgabenkreises und der übertragenen Kompetenzen tätig werden; auch eine Erweiterung seiner Beteiligungsrechte, zB auf echte MitbestR, ist nicht zulässig[9]. Vereinbarungen treffen generelle Regelungen, sind aber nicht auf bloße Rahmenregelungen limitiert, sondern können eine **ins Einzelne** gehende Gestaltung der nachfolgend genannten Bereiche enthalten[10].

3 Einer einvernehmlichen Regelung **zugänglich** ist gem. § 28 I neben Abschluss und Beendigung der gesamte denkbare Inhalt eines Arbeitsverhältnisses[11]. Als **Inhaltsregelung** kommen in Betracht: der Bereich der Gehaltsgestaltung (Regelungen über die Höhe des Gehalts, sowie Sondervergütungen – zB 13. Monatsgehalt, Tantiemen, Gratifikationen) und Sachleistungen, ebenso die betrAV oder Regelungen über den Ausgleich von wirtschaftl. Nachteilen bei Betriebsänderungen (§ 32 II 2; s. § 32 Rz. 6). Ebenso fallen Vereinbarungen über Angelegenheiten der betriebl. Ordnung, Reisekosten- und Spesenregelungen, die Gewährung von Umzugsbeihilfen oder einer Parkmöglichkeit auf dem Betriebsgelände darunter. Gleiches gilt für Regelungen über den Urlaub und das Urlaubsgeld. Auf der Pflichtenseite der leitenden Angestellten sind Vereinbarungen über Dauer und Lage der Arbeitszeit, Verschwiegenheitspflichten, Wettbewerbsverbote und sonstige Loyalitätspflichten sowie über Haftungsfragen denkbar[12]. Schließlich auch Regelungen über allg. Arbeitsbedingungen, die die leitenden Angestellten als besondere Gruppe betreffen, etwa Regelungen über Fortbildungsmaßnahmen, Werkswohnungen, Kantinen

---

1 Richardi/*Richardi*, § 75 BetrVG Rz. 5. | 2 *Hromadka*, § 24 SprAuG Rz. 5. | 3 MünchArbR/*Joost*, § 324 Rz. 61. | 4 S. *Goldschmidt*, FA 2003, 98 f. | 5 ErfK/*Oetker*, § 27 Rz. 3; *Hromadka*, § 27 SprAuG Rz. 44. | 6 Sonst würden über den Umweg des Deliktsrechts subjektive Rechte geschaffen, die § 27 gerade nicht vorsieht, ErfK/*Oetker*, § 27 SprAuG Rz. 5 mwN; diese können sich aber aus vertraglichen Nebenpflichten ergeben, Schaub/*Koch*, § 252 Rz. 6. | 7 Abl.: *Kaiser*, Rz. 215; bejahend: MünchArbR/*Joost*, § 324 Rz. 10, allerdings mit dem Hinweis „auf die praktische Bedeutungslosigkeit der Tarifautonomie für leitende Angestellte". | 8 MünchArbR/*Joost*, § 324 Rz. 12. | 9 *Mitzlaff*, S. 124 ff. | 10 *Mitzlaff*, S. 135; MünchArbR/*Joost*, § 324 Rz. 24. | 11 *Löwisch*, § 28 SprAuG Rz. 6; *Hromadka*, § 28 SprAuG Rz. 7. | 12 *Löwisch*, § 28 SprAuG Rz. 6.

oder spezielle Versorgungseinrichtungen und deren Dotierung[1]. Zum **Abschluss** von Arbeitsverhältnissen können ArbGeb und SprAu Vereinbarungen treffen über: die Vorgehensweise bei Einstellungen, also Stellenausschreibung, Verwendung und Inhalt von Fragebögen, Umfang der Bewerbungsunterlagen, die Durchführung von Eignungstests, die Eignungskriterien, die Formbedürftigkeit des Arbeitsvertrags. Hinsichtl. der **Beendigung** von Arbeitsverhältnissen kommen etwa Regelungen über einzuhaltende Fristen bzw. Auswahlkriterien oder über Abfindungen in Betracht (zum Sozialplan s. § 32 Rz. 8)[2].

III. Abschluss von Vereinbarungen. Parteien der Vereinbarung sind ArbGeb und SprAu. Für den SprAu handelt gem. § 11 II 1 der Vorsitzende, dessen Handeln insoweit durch einen zuvor gefassten Beschluss des SprAu legitimiert wird. Der **GesamtSprAu** kann innerhalb seiner originären Zuständigkeit iSd. § 18 I oder auf Grund Übertragung iSd. § 18 II Vereinbarungen mit dem ArbGeb abschließen. Im ersten Fall wirken diese **Gesamtvereinbarungen** im Bereich der gesamten repräsentierten Organisationseinheit; darin bestehende SprAu können weder Inhalt noch Bestand dieser Vereinbarungen beeinflussen. Soweit der GesamtSprAu dagegen im Auftrag von SprAu Vereinbarungen abgeschlossen hat, hängt die Reichweite ihrer Geltung vom Inhalt des Übertragungsbeschlusses ab[3]. Für den **Konzern-SprAu** gilt Entsprechendes. Zur Zusammenarbeit von ArbGeb, SprAu und BR s. § 2 Rz. 6 ff. Da es sich bei den Vereinbarungen um rechtsgeschäftliche Einigungen handelt, können die konstituierenden Willenserklärungen auch angefochten werden, §§ 119 ff. BGB[4]. 4

Die Vereinbarung hat die **Schriftform** iSd. § 126 BGB zu wahren. Erforderlich ist also die handschriftl. Unterschrift der Parteien bzw. ihrer Vertreter unter einer als einheitlich zu beurteilenden Urkunde. Eine Ersetzung der schriftl. Form durch die **elektronische Form** iSd. § 126a BGB kommt hier ebenso wenig in Betracht wie bei einer BV iSd. § 77 II BetrVG[5]. 5

IV. Schranken. Höherrangige Rechtsquellen sind zu beachten und führen bei Verstoß zur Unwirksamkeit der abweichenden Vereinbarungen[6]. Die Grundsätze zur Behandlung der leitenden Angestellten iSd. § 27 sind ebenfalls vorrangig und zu beachten[7]. Eingriffe in Individualrechte der leitenden Angestellten sind grds. nicht zulässig (s. § 27 Rz. 1)[8]. Vereinbarungen unterliegen einer **am Maßstab des § 27 I 1** orientierten **Rechtskontrolle**[9]. Sie erfolgt auf Antrag des ArbGeb oder des SprAu im Beschlussverfahren vor dem ArbG oder inzident in einem Urteilsverfahren im Rahmen eines Streits zwischen leitenden Angestellten und ArbGeb über einen entsprechenden Anspruch. 6

V. Verbindliche Richtlinie iSd. Abs. 1 (Richtlinie). Aus der Richtlinie selbst kann der einzelne leitende Angestellte grds. keine Individualansprüche ableiten. Im Rahmen der Zuständigkeit des SprAu kommt allerdings der Abschluss eines Vertrags zu Gunsten der leitenden Angestellten in Betracht[10]. Im Fall einer bereits umgesetzten Richtlinie kann sich allerdings ein Teilhaberecht über den Gleichbehandlungsgrundsatz ergeben. 7

Wohl überwiegend wird dem ArbGeb ein gewisser **Spielraum** bei der Umsetzung von Richtlinien **zugestanden**[11]. Danach haben ArbGeb und SprAu bei Vereinbarung einer Richtlinie die Regelung des „Normalfalls" vor Augen, so dass bei Vorliegen besonderer Gründe keine Umsetzungspflicht für den ArbGeb besteht[12]. Dies soll nach teilw. vertretener Ansicht auch dann gelten, wenn sich der ArbGeb gegenüber dem SprAu zur Umsetzung verpflichtet hat[13]. Der Verstoß gegen eine Richtlinie iSd. § 28 I führt nicht zur Unwirksamkeit der individualrechtl. Maßnahme. Der SprAu kann aber im arbeitsgerichtl. Beschlussverfahren iSd. §§ 2a I Nr. 2, 80 ff. ArbGG gegen den ArbGeb vorgehen. 8

Die auf unbestimmte Zeit abgeschlossene Richtlinie kann – soweit keine anderweitige Vereinbarung getroffen wurde – **jederzeit mit sofortiger Wirkung** gekündigt werden. Die Kündigung unterliegt **keinem Formzwang**[14]. Die Entscheidung über die Kündigung ist **keine laufende Angelegenheit** iSd. § 11 III; will der SprAu kündigen, bedarf es eines entsprechenden Beschlusses[15]. Beendigende Wirkung hat neben einem vorab aufgenommenen **Befristungstermin** auch ein jederzeit möglicher **Aufhebungsvertrag**. Ob dieser – als actus contrarius – dem Schriftformerfordernis unterliegt, wird nicht einheitlich beurteilt[16]. 9

---

1 *Kaiser*, Rz. 218. | 2 Ist zur Beendigung des Arbeitsverhältnisses das Erreichen einer bestimmten Altersgrenze vertraglich festgelegt, kann diese Altersgrenze nicht nachträglich durch eine Vereinbarung iSd. § 28 gesenkt werden, BAG (GS) v. 7.11.1989 – GS 3/85, BAGE 63, 211 (221). | 3 *Kaiser*, Rz. 230. | 4 *Löwisch*, § 28 SprAuG Rz. 22. | 5 Richardi/*Richardi*, § 77 BetrVG Rz. 33. | 6 Sind einzelne Regelungen nichtig, führt das nur dann zur Unwirksamkeit der gesamten Vereinbarung, wenn der wirksame Teil seine ordnende Funktion nicht mehr erfüllen kann, *Kaiser*, Rz. 233. | 7 MünchArbR/*Joost*, § 324 Rz. 25; *Mitzlaff*, S. 136. | 8 *Mitzlaff*, S. 132 f. | 9 S. zur vergleichbaren Frage bei § 75 BetrVG Richardi/*Richardi*, § 77 BetrVG Rz. 117 ff. | 10 AA *Mitzlaff*, S. 90 f. | 11 ErfK/*Oetker*, § 28 SprAuG Rz. 15 f.; MünchArbR/*Joost*, § 324 Rz. 28 ff.; *Mitzlaff*, S. 77 ff.; aA *Löwisch*, § 28 SprAuG Rz. 12. | 12 MünchArbR/*Joost*, § 324 Rz. 29; *Mitzlaff*, S. 77, sieht in diesem Normalfallvorbehalt ein ungeschriebenes Tatbestandsmerkmal jeder Richtlinie; ErfK/*Oetker*, § 28 SprAuG Rz. 15 gewinnt dieses Ergebnis aus dem Begriff der „Richtlinie", der sich mit dem Ausschluss eines Entscheidungsspielraumes nicht vertrage. Zu der Konkretisierung dieses Beurteilungs- bzw. Ermessensspielraums und dessen Justiziabilität, s. *Mitzlaff*, S. 78 ff. | 13 ErfK/*Oetker*, § 28 SprAuG Rz. 16; aA MünchArbR/*Joost*, § 324 Rz. 30; *Löwisch*, § 28 SprAuG Rz. 12. | 14 *Löwisch*, § 28 SprAuG Rz. 29. | 15 ErfK/*Oetker*, § 28 SprAuG Rz. 29. | 16 Bejahend: *Kaiser*, Rz. 238; *Löwisch*, § 28 SprAuG Rz. 30; ohne Erwähnung bei: ErfK/*Oetker*, § 28 SprAuG Rz. 33; MünchArbR/*Joost*, § 324 Rz. 43; *Hromadka*, § 28 SprAuG Rz. 37.

10 **VI. Sprechervereinbarung iSd. Abs. 2.** SprAu (s. Rz. 4) und ArbGeb können einer Vereinbarung **einvernehmlich** unmittelbare und zwingende Wirkung beilegen (Abs. 2 S. 1). Diese Wirkung kann auf **bestimmte Teile** der Vereinbarung begrenzt werden, so dass eine Mischung aus schriftl. Regelungsabrede iSd. § 28 I und Sprechervereinbarung iSd. § 28 II vorliegt[1]; darüber hinaus steht es in der **Dispositionsbefugnis** von SprAu und ArbGeb zu entscheiden, ob Regelungen einer Sprechervereinbarung unmittelbar und zwingend oder **lediglich unmittelbar** gelten[2]. Die Sprechervereinbarung kann demnach **Öffnungsklauseln** für abweichende Individualvereinbarungen vorsehen und deren Zulässigkeit an bestimmte Voraussetzungen knüpfen[3].

11 **Unmittelbare** Wirkung bedeutet, dass die entsprechende Regelung von außen auf das Arbeitsverhältnis einwirkt, ohne dass es auf den Willen oder die Kenntnis der Arbeitsvertragsparteien ankommt[4]. Keiner normativen Regelung zugänglich seien nach vertreiteter, allerdings wohl zu undifferenzierter Ansicht grds. die Ansprüche von Ruheständlern, da deren jeweiliges Arbeitsverhältnis bereits beendet sei[5]. Soweit Sprechervereinbarungen den leitenden Angestellten Rechte gewähren, haben die Begünstigten einen einklagbaren Erfüllungsanspruch gegenüber dem ArbGeb. **Zwingende** Regelungen schließen eine abweichende Vereinbarung über denselben Regelungsgegenstand aus. § 28 II 2 lässt Abweichungen zu Gunsten leitender Angestellter aber ausdrücklich zu, so dass von einer „halbzwingenden" Wirkung gesprochen werden kann. Bereits bestehende ungünstige individualvertragl. Regelungen werden nicht etwa nichtig, sondern für die Dauer der normativen Wirkung nur verdrängt[6]. Die Vereinbarung der normativen Wirkung muss selbst dem Formzwang des § 28 I entsprechen und damit **schriftl.** erfolgen (s. Rz. 5)[7]. Insoweit empfiehlt sich eine eindeutige Formulierung.

12 **VII. Günstigkeitsprinzip.** Maßgeblich ist, wie ein verständiger leitender Angestellter den Vergleich zwischen der Vertrags- und der Sprechervereinbarungsregelung unter Zugrundelegung eines objektiven Beurteilungsmaßstabs und unter Berücksichtigung der Umstände des Einzelfalls bewerten würde. Enthält die Sprechervereinbarung sowohl günstigere als auch nicht günstigere Regelungen, ist nach hM ein **Sachgruppenvergleich** durchzuführen, dh. es sind alle Bestimmungen zu vergleichen, die in einem engen sachl. Zusammenhang stehen[8]. Die Anwendung des vom BAG entwickelten sog. „kollektiven Günstigkeitsvergleichs"[9] bei der Umstrukturierung von Sozialleistungen, die auf allgemeinen Arbeitsbedingungen beruhen, ist für das SprAuG umstritten[10]. Die Ablösung einer Richtlinie iSd. § 28 I durch eine ungünstigere Sprechervereinbarung ist nach hM allerdings prinzipiell möglich[11]. Unwirksam sind gem. § 28 II 3 iVm. § 134 BGB ein Erlassvertrag, ein negatives Schuldanerkenntnis iSd. § 397 BGB und die sog. **Ausgleichsquittung** ohne Zustimmung des SprAu; erfasst werden aber auch das Anerkenntnis oder der Verzicht im Prozess (§§ 306 f. ZPO) und der (Prozess-) Vergleich (§§ 779 BGB, 794 I Nr. 1 ZPO).

13 **VIII. Beendigung.** Sprechervereinbarungen sind gem. § 28 II 4 mit einer Frist von drei Monaten kündbar. Die **Kündigungsfrist** steht zur **Disposition** der Vertragsparteien, sie können sowohl nach oben wie nach unten von der gesetzl. abweichen[12]. Eine Kündigung **aus wichtigem Grund** entsprechend § 626 BGB ist aber jederzeit möglich und kann auch nicht ausgeschlossen werden. Die **Kündigungserklärung** selbst ist auch hier formfrei möglich (s. Rz. 9). Mit der **Beendigung** der Vereinbarung tritt – ungeachtet einer ev. zwischenzeitlichen Besserstellung – wieder der vor ihrem Abschluss bestehende Rechtszustand ein. Allerdings können ArbGeb und SprAu die **Nachwirkung vereinbaren**[13]. Eine Nachwirkung kraft Gesetzes kommt nicht in Betracht. Wird über den gleichen Regelungsgegenstand erneut eine Vereinbarung abgeschlossen, tritt damit die **zeitlich vorangehende** außer Kraft; das Günstigkeitsprinzip findet insoweit keine Anwendung, allerdings ist nach hM der Grundsatz des Vertrauensschutzes zu beachten[14]. Jedenfalls für Vereinbarungen iSd. § 28 II findet **§ 613a I 2 bis 4 BGB** – soweit dessen weitere Voraussetzungen erfüllt sind – entsprechende Anwendung[15]. Soweit Vereinbarungen nicht gerade für diesen Fall abgeschlossen wurden, enden sie automatisch mit der **Stilllegung** des Betriebs[16].

14 **IX. Sonstige Regelungsabreden.** Auch ohne ausdrückliche Normierung besitzt der SprAu im Rahmen seiner Zuständigkeit die Möglichkeit, außerhalb des § 28 bestimmte Angelegenheiten im Einvernehmen mit dem ArbGeb zu regeln[17]. Infrage kommen nicht nur Angelegenheiten iSd. § 28 ohne kollektiven

---

1 In BT-Drs. 11/2503, S. 42, heißt es, „die unmittelbare und zwingende Wirkung reicht so weit, wie dies in der Vereinbarung niedergelegt ist". | 2 Richardi/*Richardi*, § 77 BetrVG Rz. 139; *Mitzlaff*, S. 101 mwN. | 3 Richardi/*Richardi*, § 77 BetrVG Rz. 140. | 4 MünchArbR/*Matthes*, § 328 Rz. 25; ein weiterer Umsetzungsakt wie für § 28 I entfällt somit. | 5 *Hromadka*, § 28 SprAuG Rz. 20; Richardi/*Richardi*, § 77 BetrVG Rz. 76 mwN. | 6 ErfK/*Oetker*, § 28 SprAuG Rz. 18; MünchArbR/*Matthes*, § 328 Rz. 28. | 7 MünchArbR/*Joost*, § 324 Rz. 32. | 8 ErfK/*Oetker*, § 28 SprAuG Rz. 21; MünchArbR/*Joost*, § 324 Rz. 37; *Mitzlaff*, S. 105. | 9 S. dazu ausf. *Annuß*, NZA 2001, 756 ff.; vgl. auch § 77 BetrVG Rz. 63. | 10 Abl.: *Löwisch*, § 28 SprAuG Rz. 18; *Kaiser*, Rz. 227; bejahend: MünchArbR/*Joost*, § 324 Rz. 38; ErfK/*Oetker*, § 28 SprAuG Rz. 22; *Mitzlaff*, S. 106 f.; offen gelassen bei Schaub/*Koch*, § 250 Rz. 12. | 11 *Mitzlaff*, S. 107. | 12 *Hromadka*, § 28 SprAuG Rz. 37; MünchArbR/*Joost*, § 324 Rz. 40. | 13 *Hromadka*, § 28 SprAuG Rz. 37; ErfK/*Oetker*, § 28 SprAuG Rz. 31 mwN. | 14 Bereits entstandene Ansprüche oder erdiente Anwartschaften leitender Angestellter bleiben unberührt, *Löwisch*, § 28 SprAuG Rz. 31. | 15 ErfK/*Oetker*, § 28 SprAuG Rz. 34; MünchArbR/*Joost*, § 324 Rz. 44, der allerdings auch Richtlinien einbezieht. | 16 *Löwisch*, § 28 SprAuG Rz. 34. | 17 MünchArbR/*Joost*, § 324 Rz. 8; *Hromadka*, § 28 SprAuG Rz. 26 ff.; aA *Löwisch*, § 28 SprAuG Rz. 1; *Oetker*, ZfA 1990, 43 (83); offen gelassen von ErfK/*Oetker*, § 28 SprAuG Rz. 2.

Bezug, sondern auch Regelungen in Bereichen mit Bezug zum allgemeinen Aufgabenkreis des SprAu, die aber nicht von § 28 erfasst werden, zB Vereinbarungen über die Ausstattung des SprAu, den Besuch von Schulungsveranstaltungen oder Freistellungen. Der Gegenstand der Regelung muss aber das Verhältnis ArbGeb – SprAu betreffen. Für das Zustandekommen dieser Regelungsabreden gelten obige Ausführungen (s. Rz. 4 ff.), allerdings besteht kein Formzwang. Welchen Grad an Verbindlichkeit diese Regelungsabreden haben, richtet sich nach dem Parteiwillen.

29 *Geheimhaltungspflicht*

(1) Die Mitglieder und Ersatzmitglieder des Sprecherausschusses sind verpflichtet, Betriebs- oder Geschäftsgeheimnisse, die ihnen wegen ihrer Zugehörigkeit zum Sprecherausschuss bekannt geworden und vom Arbeitgeber ausdrücklich als geheimhaltungsbedürftig bezeichnet worden sind, nicht zu offenbaren und nicht zu verwerten. Dies gilt auch nach dem Ausscheiden aus dem Sprecherausschuss. Die Verpflichtung gilt nicht gegenüber Mitgliedern des Sprecherausschusses, des Gesamtsprecherausschusses, des Unternehmenssprecherausschusses, des Konzernsprecherausschusses und den Arbeitnehmervertretern im Aufsichtsrat.

(2) Absatz 1 gilt entsprechend für die Mitglieder und Ersatzmitglieder des Gesamtsprecherausschusses, des Unternehmenssprecherausschusses und des Konzernsprecherausschusses.

1 Die Pflicht zur Geheimhaltung gem. § 29 I 1 u. 2 entspricht § 79 I 1 u. 2 BetrVG, auf deren Grundsätze hier verwiesen wird, s. § 79 BetrVG Rz. 2 ff. Um eine effektive Zusammenarbeit zu ermöglichen, wird das **Innenverhältnis** der verschiedenen ArbN-Vertreter iSd. § 29 I 3 **nicht** erfasst. Gegenüber dem **BR** besteht hingegen keine Ausnahme von der Verschwiegenheitspflicht[1]. Die Verletzung der Verschwiegenheitspflicht ist strafbar gem. § 35. Es handelt sich um ein Antragsdelikt, § 35 V 1. **Zusätzlich** wird eine besondere Pflicht der SprAu-Mitglieder, Stillschweigen zu bewahren, durch §§ 26 II 3 u. 31 III 1 begründet, s. dort.

Zweiter Abschnitt. Mitwirkungsrechte

30 *Arbeitsbedingungen und Beurteilungsgrundsätze*

Der Arbeitgeber hat den Sprecherausschuss rechtzeitig in folgenden Angelegenheiten der leitenden Angestellten zu unterrichten:

1. Änderungen der Gehaltsgestaltung und sonstiger allgemeiner Arbeitsbedingungen;

2. Einführung oder Änderung allgemeiner Beurteilungsgrundsätze.

Er hat die vorgesehenen Maßnahmen mit dem Sprecherausschuss zu beraten.

1 **I. Vorbemerkung.** § 30 S. 1 Nr. 1 regelt die Beteiligung des SprAu **in sozialen Angelegenheiten**. Anders als § 87 BetrVG enthält er aber keine abschließende Aufzählung der Beteiligungstatbestände, sondern ist in gewisser Hinsicht als **Generalklausel** gestaltet[2]. Er räumt dem SprAu kein paritätisches MitbestR iSd. positiven Konsensprinzips ein[3], sondern nur ein Mitwirkungsrecht in Form **eines Unterrichtungs- und Beratungsrechts.** § 30 S. 1 Nr. 2 betrifft einen Teilbereich der **allgemeinen personellen Angelegenheiten** (s. auch Vorb. z. 3. Teil). Als Gegenstand der Beteiligung kommen nur **Maßnahmen mit Kollektivbezug** in Betracht (s. § 25 Rz. 1; § 28 Rz. 3; s. aber § 31 Rz. 1).

2 **II. Änderungen der Gehaltsgestaltung.** Der Begriff der Gehaltsgestaltung entspricht dem der Lohngestaltung iSd. § 87 I Nr. 10 BetrVG[4] (s. dort Rz. 174 ff.). Beteiligungspflichtig ist die **Einführung**[5] **und Änderung** des kollektiven **Systems** der Gehaltsfindung, **nicht** die Regelung der Gehaltshöhe (str.)[6]. Der **Dotierungsrahmen** fällt nicht unter das Beteiligungsrecht[7]. Der SprAu kann in diesem Zusammenhang auch Einblick in die Gehaltslisten verlangen (s. § 25 Rz. 3). Entscheidungen, die die **individuelle Gehaltshöhe** betreffen, lösen nach keiner Ansicht das Mitwirkungsrecht des SprAu aus (s. Rz. 1).

1 ErfK/*Oetker*, § 29 SprAuG Rz. 5; MünchArbR/*Joost*, § 323 Rz. 98 mwN. | 2 Richardi/*Richardi*, § 5 BetrVG Rz. 280. | 3 Richardi/*Richardi*, § 87 BetrVG Rz. 6. | 4 Strittig; bejahend: Richardi/*Richardi*, § 5 BetrVG Rz. 281; ErfK/*Oetker*, § 30 SprAuG Rz. 4; *Hromadka*, § 30 SprAuG Rz. 10; abw. *Löwisch*, § 30 SprAuG Rz. 3. | 5 Ein Gegenschluss zur Regelung in § 30 S. 1 Nr. 2 ist hier nicht zulässig, da der Gesetzgeber bei Erlass des Gesetzes davon ausging, entsprechende Regelungen bestünden idR, MünchArbR/*Joost*, § 324 Rz. 71; *Goldschmidt*, FA 2003, 98 (100); *Löwisch*, § 30 SprAuG Rz. 7. | 6 ErfK/*Oetker* § 30 SprAuG Rz. 5; Richardi/*Richardi*, § 5 BetrVG Rz. 281; § 87 Rz. 813; aA *Löwisch*, § 30 SprAuG Rz. 3, der aus dem schwächeren Beteiligungsrecht des SprAu auf die Beteiligung bei „Gehaltserhöhungen und Gehaltskürzungen" schließt; ebenso nehmen Borgwardt/Fischer/Janert/*Fischer*, § 30 SprAuG Rz. 4, ein Beteiligungsrecht für die Frage der „Dotierung einzelner Gehaltsgruppen oder -bänder wie auch gruppenbezogene Grundsätze der Gehaltsregulierung" an. | 7 *Hromadka*, § 30 SprAuG Rz. 14.

3 **III. Sonstige allgemeine Arbeitsbedingungen.** Das Mitwirkungsrecht des SprAu erfasst sowohl **formelle wie auch materielle Arbeitsbedingungen**, also den gesamten Inhalt des Arbeitsverhältnisses, soweit er **vertragseinheitlich** geregelt ist[1]. Darunter fallen auch Dauer und Lage der Arbeitszeit, allg. Urlaubsregelungen, Vorschriften der betriebl. Ordnung, Reisekosten- und Spesenregelungen usw. (s. auch § 28 Rz. 3)[2].

4 **IV. Einführung oder Änderung allgemeiner Beurteilungsgrundsätze.** Dieser Mitwirkungstatbestand dient dem Ziel, das Verfahren bei Personalentscheidungen zu **versachlichen**[3] und entspricht der Regelung in § 94 II BetrVG, auf dessen Grundsätze hier verwiesen werden kann (s. Rz. 8). Erfasst werden sowohl die **formellen** (zB Gestaltung von Mitarbeitergesprächen) wie die **materiellen** Beurteilungskriterien, die der Erfassung und Bewertung des Verhaltens und der Arbeitsleistung der leitenden Angestellten im weitesten Sinne dienen, zB Führungsverhalten, Überzeugungsfähigkeit, Arbeitseinsatz und -ergebnis, Zusammenarbeit mit anderen[4]. Unter den Beteiligungstatbestand fallen **weder** Anforderungs- oder Führungsrichtlinien noch die Anwendung der Beurteilungsgrundsätze auf den einzelnen leitenden Angestellten[5].

5 **V. Unterrichtung und Beratung.** Der Verstoß gegen die Pflicht, den SprAu rechtzeitig zu unterrichten und die geplanten Maßnahmen mit ihm zu beraten, kann gem. § 36 I eine **Ordnungswidrigkeit** darstellen. Hinzuweisen ist auf die zu § 25 gemachten Ausführungen (s. dort Rz. 2) und § 2 II (s. § 2 Rz. 3 ff.). **Zeitlich** hat die Unterrichtung – gemessen an Bedeutung und Umfang des Gegenstandes – in einem **Stadium** zu erfolgen, in dem die Phase bloßer Vorüberlegungen verlassen ist und konkrete Maßnahmen ins Auge gefasst sind. Dem SprAu müssen eine Auseinandersetzung in der Sache und das Vorbringen von Bedenken oder Anregungen möglich sein, ohne dass bereits Fakten geschaffen sind. Der SprAu kann zwar auch eine **nachträgliche Durchführung** des Mitwirkungsverfahrens verlangen[6], allerdings bleibt davon die **Wirksamkeit** einer unter Verletzung des Beteiligungsrechts ergangenen Maßnahme unberührt[7]. Ob dem SprAu ein im Wege des einstw. Rechtsschutzes durchzusetzender **Unterlassungsanspruch** zusteht, ist umstritten[8]. Die **Beratungspflicht** des ArbGeb, also eine inhaltliche Auseinandersetzung mit der Position des SprAu, ändert nichts am **Letztentscheidungsrecht** des ArbGeb – es besteht keine Pflicht zum Kompromiss (s. § 2 Rz. 2).

31 *Personelle Maßnahmen*

(1) Eine beabsichtigte Einstellung oder personelle Veränderung eines leitenden Angestellten ist dem Sprecherausschuss rechtzeitig mitzuteilen.

(2) Der Sprecherausschuss ist vor jeder Kündigung eines leitenden Angestellten zu hören. Der Arbeitgeber hat ihm die Gründe für die Kündigung mitzuteilen. Eine ohne Anhörung des Sprecherausschusses ausgesprochene Kündigung ist unwirksam. Bedenken gegen eine ordentliche Kündigung hat der Sprecherausschuss dem Arbeitgeber spätestens innerhalb einer Woche, Bedenken gegen eine außerordentliche Kündigung unverzüglich, spätestens jedoch innerhalb von drei Tagen, unter Angabe der Gründe schriftlich mitzuteilen. Äußert er sich innerhalb der nach Satz 4 maßgebenden Frist nicht, so gilt dies als Einverständnis des Sprecherausschusses mit der Kündigung.

(3) Die Mitglieder des Sprecherausschusses sind verpflichtet, über die ihnen im Rahmen personeller Maßnahmen nach den Absätzen 1 und 2 bekannt gewordenen persönlichen Verhältnisse und Angelegenheiten der leitenden Angestellten, die ihrer Bedeutung oder ihrem Inhalt nach einer vertraulichen Behandlung bedürfen, Stillschweigen zu bewahren; § 29 Abs. 1 Satz 2 und 3 gilt entsprechend.

1 **I. Vorbemerkung.** § 31 weicht vom Grundsatz der Beschränkung auf eine rein kollektiv-rechtl. Interessenwahrung (s. § 25 Rz. 1, § 30 Rz. 1) insoweit ab, als er die Zuständigkeit des SprAu auf Einstellungen, personelle Veränderung und Kündigung eines leitenden Angestellten – also auf individualrechtl. Angelegenheiten – erweitert.

2 **II. Einstellung und personelle Veränderung eines leitenden Angestellten.** Das Mitwirkungsrecht des SprAu ist unabhängig von Wirksamkeit oder Bestand der rechtsgeschäftlichen Einigung von ArbGeb und einzelnem leitenden Angestellten und knüpft allein an die Tatsache der personellen Veränderung auf vorhandenen oder neu geschaffenen Arbeitsplätzen an[9]. Erfasst wird auch die **Beförderung** eines

1 Richardi/*Richardi*, § 5 BetrVG Rz. 281; ErfK/*Oetker*, § 30 SprAuG Rz. 7 mwN; MünchArbR/*Joost*, § 324 Rz. 70. |2 *Löwisch*, § 30 SprAuG Rz. 6. |3 BT-Drs. 11/2503, S. 43. |4 *Kaiser*, Rz. 254; dazu zählen auch formalisierte Zielsetzungsgespräche, falls sie der Bewertung der Leistung anhand bestimmter Kriterien in einem bestimmten Zeitraum dienen, *Hromadka/Maschmann*, Arbeitsrecht, Band 2, § 16 Rz. 713. |5 *Bauer*, § 30 Anm. III; ErfK/*Oetker*, § 30 SprAuG Rz. 10 f. mwN. |6 *Löwisch*, § 30 SprAuG Rz. 12; ErfK/*Oetker*, § 30 SprAuG Rz. 13. |7 *Oetker*, BB 1990, 2181 (2186), im Gegenschluss zu § 31 II 3. |8 Bejahend: *Löwisch*, § 30 SprAuG Rz. 16, wegen des Fehlens einer § 23 III BetrVG entsprechenden Regelung im SprAu; abl.: ErfK/*Oetker*, § 30 SprAuG Rz. 13 ohne Begründung mwN; *Hromadka*, § 30 SprAuG Rz. 31, mit dem Argument, der SprAu dürfe nicht in die Unternehmensführung eingreifen und der SprAu habe keine über die Möglichkeiten des Betriebsrats hinausgehenden Befugnisse; *Bauer*, § 30 SprAuG Anm. VI. |9 Richardi/*Thüsing*, § 99 BetrVG Rz. 29 f.

bereits im Betrieb beschäftigten ArbN zum leitenden Angestellten[1]. Es genügt auch eine **vorübergehende** Übertragung einer entsprechenden Position[2].

Der SprAu soll über die **Besetzung der Leitungspositionen** ständig unterrichtet sein und ist über Versetzungen (s. § 99 BetrVG Rz. 36), Umgruppierungen (s. § 99 BetrVG Rz. 32), Erteilung oder Widerruf von handelsrechtl. Vollmachten (Prokura, Handlungsvollmacht, Generalvollmacht) sowie **sonstige Veränderungen der Aufgabe oder der Position** von leitenden Angestellten rechtzeitig zu informieren[3]. Der Mitteilungspflicht sollen auch **Veränderungen im Bestand der Arbeitsverträge** unterliegen[4]. Die Informationspflicht erstreckt sich auf die im Einzelfall jeweils entscheidungsrelevanten Angaben. Neben der Person des Einzustellenden bzw. des von der Maßnahme Betroffenen ist dem SprAu Mitteilung über die Art und Wirkung der Maßnahme – bezogen auf den Aufgabenkreis des SprAu – zu machen. Der ArbGeb unterliegt keiner ausdrücklichen Pflicht zur **Beratung** der Maßnahme mit dem SprAu[5]. Eine **Verletzung** kann als Ordnungswidrigkeit iSd. § 36 geahndet werden, lässt aber die Wirksamkeit der Maßnahme auf Individualebene unberührt (Ausnahme § 31 II 3 für den Fall der Kündigung, s. Rz. 4). 3

III. Kündigung. Vor **jeder** Kündigung eines leitenden Angestellten ist der SprAu anzuhören, § 31 II 1[6]. Die Pflicht zur Anhörung besteht auch in Eilfällen und ist nicht dispositiv. Ohne ordnungsgemäße Beteiligung des SprAu ist die Kündigung **unwirksam**, § 31 II 3[7]. Insoweit macht es keinen Unterschied, ob der SprAu überhaupt nicht beteiligt wurde oder ob der ArbGeb seiner Unterrichtungspflicht „nicht richtig, insb. nicht ausführlich genug, oder bewusst irreführend nachgekommen ist“[8]. Ob und wie der SprAu zu der mangelhaften Anhörung Stellung genommen hat, ist dabei unerheblich[9]. Der SprAu muss vollständig über die konkreten maßgeblichen Kündigungsgründe informiert werden; insb. darf der ArbGeb keine ihm bekannten und – bereits aus seiner Sicht – für die Stellungnahme des SprAu möglicherweise relevanten Tatsachen verschweigen[10]. Bezüglich Gegenstand, Zeitpunkt, Inhalt, Form des Anhörungsverfahrens s. § 102 BetrVG Rz. 18 ff. 4

Im Gegensatz zum BR hat der SprAu keine Möglichkeit, Widerspruch gegen die Kündigung zu erheben; das SprAuG sieht dementsprechend auch **keinen besonderen Weiterbeschäftigungsanspruch** des gekündigten leitenden Angestellten vor. Wegen der besonderen Stellung der leitenden Angestellten und dem schützenswerten Interesse des ArbGeb, Leitungspositionen mit Personen seines Vertrauens zu besetzen, wird idR auch kein **allgemeiner Weiterbeschäftigungsanspruch** in Betracht kommen[11]. Ein leitender Angestellter iSd. BetrVG, der nicht als solcher iSd. § 14 KSchG zu qualifizieren ist, hat keine Möglichkeit, in entspr. Anwendung des § 3 KSchG **Kündigungseinspruch** beim SprAu einzulegen[12]. 5

IV. Pflicht zur Verschwiegenheit. Nach § 31 III trifft die Mitglieder des SprAu eine besondere Pflicht zur Verschwiegenheit[13]. Diese Pflicht gilt **nicht gegenüber** den in § 29 I 3 genannten Organen bzw. deren Mitgliedern, die ebenfalls Stillschweigen zu wahren haben[14]. Die **Verletzung** dieser Verschwiegenheitspflicht wird gem. § 35 II als **Straftat** sanktioniert; § 31 III ist ein **Schutzgesetz iSd. § 823 II BGB**. 6

32 *Wirtschaftliche Angelegenheiten*

(1) Der Unternehmer hat den Sprecherausschuss mindestens einmal im Kalenderhalbjahr über die wirtschaftlichen Angelegenheiten des Betriebs und des Unternehmens im Sinne des § 106 Abs. 3 des Betriebsverfassungsgesetzes zu unterrichten, soweit dadurch nicht die Betriebs- oder Geschäftsgeheimnisse des Unternehmens gefährdet werden. Satz 1 gilt nicht für Unternehmen und Betriebe im Sinne des § 118 Abs. 1 des Betriebsverfassungsgesetzes.

(2) Der Unternehmer hat den Sprecherausschuss über geplante Betriebsänderungen im Sinne des § 111 des Betriebsverfassungsgesetzes, die auch wesentliche Nachteile für leitende Angestellte zur Fol-

---

1 *Löwisch*, § 31 SprAuG Rz. 3, da die Interessen der übrigen leitenden Angestellten berührt werden. | 2 BAG v. 9.3.1976 – 1 ABR 53/74, AuR 1976, 152 (152); vgl. näher § 99 Rz. 44 ff. | 3 ErfK/*Oetker*, § 31 SprAuG Rz. 4 mwN; MünchArbR/*Joost*, § 324 Rz. 77 mwN. | 4 *Hromadka/Maschmann*, Arbeitsrecht, Band 2, § 16 Rz. 717; *Goldschmidt*, FA 2003, 98 (100); Schaub/*Koch*, § 253 Rz. 4; aA *Hromadka*, § 31 SprAuG Rz. 9, der bei Auflösung des Arbeitsverhältnisses durch Auflösungsvertrag keine Informationspflicht des ArbGeb annimmt, es sei denn der ArbN behält sich eine Bedenkfrist zur Annahme des Angebots zum Abschluss eines Aufhebungsvertrags vor; dann sei der SprAu unverzüglich zu informieren; für eine nachträgliche Information des SprAu auch Schaub/*Koch*, § 253 Rz. 5. | 5 MünchArbR/*Joost*, § 324 Rz. 79, leitet aber aus dem Grundsatz zur vertrauensvollen Zusammenarbeit iSd. § 2 I 1 ab, der ArbGeb könne sich dem Wunsch nach einer Erörterung nicht entziehen, soweit der SprAu im Rahmen des § 25 I tätig wird; nach Schaub/*Koch*, § 253 Rz. 10, ergibt sich aus diesem Gebot, dass der SprAu „wenigstens Bedenken vortragen können muss“. | 6 BAG v. 27.9.2001 – 2 AZR 176/00, AP Nr. 6 zu § 14 KSchG. | 7 Der ArbGeb trägt die Darlegungs- und Beweislast für die ordnungsgemäße Durchführung des Anhörungsverfahrens. | 8 BAG v. 27.9.2001 – 2 AZR 176/00, AP Nr. 6 zu § 14 KSchG. | 9 BAG v. 29.3.1990 – 2 AZR 420/89, AP Nr. 56 zu § 102 BetrVG 1972. | 10 BAG v. 27.9.2001 – 2 AZR 176/00, AP Nr. 6 zu § 14 KSchG. | 11 MünchArbR/*Joost*, § 324 Rz. 83; offen bei ErfK/*Oetker*, § 31 SprAuG Rz. 10. | 12 ErfK/*Oetker*, § 31 SprAuG Rz. 12; MünchArbR/*Joost*, § 324 Rz. 84 f.; für eine analoge Anwendung des § 3 KSchG *Hromadka*, § 30 SprAuG Rz. 20. | 13 MünchArbR/*Joost*, § 324 Rz. 86; *Hromadka*, § 31 SprAuG Rz. 39. | 14 ErfK/*Oetker*, § 31 SprAuG Rz. 13, der diese Pflicht aus § 35 II ableitet.

ge haben können, rechtzeitig und umfassend zu unterrichten. Entstehen leitenden Angestellten infolge der geplanten Betriebsänderung wirtschaftliche Nachteile, hat der Unternehmer mit dem Sprecherausschuss über Maßnahmen zum Ausgleich oder zur Milderung dieser Nachteile zu beraten.

1 **I. Vorbemerkung.** Wie der BR soll der SprAu einen laufenden Einblick in die wirtschaftl. Situation des Unternehmens erhalten und drohende wirtschaftl. Nachteile für die leitenden Angestellten in Folge geplanter Betriebsänderungen abwenden. Im Gegensatz zum BetrVG kann der SprAu aber **weder einen Interessenausgleich** iSd. § 111 BetrVG vereinbaren **noch einen Sozialplan erzwingen. Ausgenommen** von der Unterrichtungspflicht sind Tendenzunternehmen und -betriebe, § 32 I 2.

2 **II. Unterrichtung über wirtschaftliche Angelegenheiten.** Die Unterrichtung über die wirtschaftl. Angelegenheiten des Unternehmens erfolgt gegenüber dem **SprAu als Organ** und ist unabhängig vom Kenntnisstand einzelner Mitglieder. Diese Informationspflicht trifft den **ArbGeb**[1], sobald in einem Betrieb ein **SprAu gebildet** ist; auf dessen Beschäftigtenzahl kommt es nicht an. Eine **Ausnahme** gilt gem. § 32 I 2 für Tendenzunternehmen bzw. -betriebe iSd. § 118 I BetrVG (s. dort Rz. 2 ff.). Ausgenommen von der Unterrichtungspflicht sind auch Informationen, die eine Gefährdung von Betriebs- oder Geschäftsgeheimnissen bedeuten (zu den Begriffen s. § 106 BetrVG Rz. 48 ff.).

3 Was **Gegenstand der Unterrichtung** ist, richtet sich gem. § 32 I 1 nach § 106 III BetrVG (s. § 106 BetrVG Rz. 55 ff.). Zwar verweist § 32 I nicht auf § 108 V BetrVG, doch fällt die Vorstellung und Erläuterung des **Jahresabschlusses** in die allgemeine Pflicht des ArbGeb zur Unterrichtung über die wirtschaftl. Angelegenheiten[2]. Eine mit § 106 II BetrVG vergleichbare Pflicht des ArbGeb, dem SprAu erforderliche **Unterlagen vorzulegen**, ist nicht ausdrücklich vorgesehen. Dennoch besteht im Ergebnis Einigkeit darüber, dass dem SprAu die jeweils maßgeblichen Unterlagen **zur Einsichtnahme vorzulegen** sind und die Unterrichtung unter Bezugnahme auf sie erfolgt[3]. Wegen der Vertraulichkeit des Materials dürfen eigenmächtig **keine** Abschriften oder Ablichtungen erstellt werden[4].

4 Das **Mitwirkungsrecht** des SprAu beschränkt § 32 I auf die **bloße Unterrichtung** über die wirtschaftl. Angelegenheiten. Der SprAu kann also keine Beratung mit dem ArbGeb verlangen; allerdings kann er die erlangten Informationen verwenden, um im Rahmen der **§§ 25 I 1, 28** initiativ zu werden und die dort eingeräumten Beteiligungsrechte wahrzunehmen. Darüber hinaus wird dem SprAu teilweise das Recht zugestanden, eine **Stellungnahme** zu der Unterrichtung bzw. der wirtschaftl. Situation abzugeben, die der ArbGeb entgegennehmen müsse[5].

5 Die Unterrichtung hat **einmal (kalender)halbjährlich** zu erfolgen. Ein **bestimmter Termin** ist **nicht** vorgesehen, so dass der ArbGeb insoweit nach seinem Ermessen verfahren kann; dabei ist aber nicht nur das Gebot der vertrauensvollen Zusammenarbeit (§ 2 I), sondern auch § 25 II 1 zu beachten, wonach der SprAu zur Wahrnehmung seiner Aufgaben rechtzeitig zu unterrichten ist[6]. Unter diesem Gesichtspunkt wird eine Unterrichtungspflicht **auch außerhalb des gesetzl. Turnus** anerkannt[7]. **Zuständig** ist regelmäßig der SprAu bzw. der alternativ gebildete UnternehmensSprAu, allerdings kann der GesamtSprAu gem. § 18 II von einzelnen SprAu **beauftragt** werden, das Unterrichtungsrecht wahrzunehmen.

6 **III. Betriebsänderungen.** Zum **Begriff** der Betriebsänderung s. § 111 BetrVG Rz. 19 ff. Änderungen, die **allein die Ebene des Rechtsträgers** betreffen und keine Auswirkungen auf die betriebliche Organisationsebene haben, bleiben **unberücksichtigt**; sie fallen aber unter Abs. 1. Der Verweis auf § 111 BetrVG dient **lediglich der Klarstellung**, „dass der dort umschriebene Begriff der Betriebsänderung auch im Rahmen dieser Vorschrift gilt"[8]. Nach zutreffender Ansicht wird mit der Verweisung das Beteiligungsrecht des SprAu **weder an die Existenz eines BR**[9] **noch an den Schwellenwert des § 106 I BetrVG gekoppelt**[10]. Es handelt sich um selbständige Organe, die einen unterschiedlichen Personenkreis repräsentieren. Zum **Begriff** der **wesentlichen Nachteile** s. § 111 BetrVG Rz. 21. § 32 II 1 verlangt ausdrücklich, dass bei Betriebsänderungen Nachteile im oben genannten Sinn „auch" für leitende Angestellte eintreten

---

1 MünchArbR/*Joost*, § 319 Rz. 3 und § 324 Rz. 97; wie § 106 II BetrVG bezieht sich auch § 32 I 1 auf den Rechtsträger des Unternehmens, der in diesem Zusammenhang identisch mit dem ArbGeb ist. | 2 Schaub/*Koch*, § 254 Rz. 3, zählt dies allgemein zur Unterrichtungspflicht iSd. § 32 I; MünchArbR/*Joost*, § 324 Rz. 95 mwN. | 3 Für die Anwendung des § 25 II 2: *Löwisch*, § 32 SprAuG Rz. 21, der eine Pflicht zur *Vorlage* von Unterlagen annimmt, wenn andernfalls keine ordnungsgemäße Unterrichtung des SprAu zu erreichen ist; vgl. auch *Hromadka*, § 32 SprAuG Rz. 47, für Fälle komplizierter technischer und wirtschaftlicher Vorgänge; eine Pflicht zur Überlassung der Unterlagen wird aber nicht angenommen. Für analoge Anwendung des § 106 II BetrVG: MünchArbR/*Joost*, § 324 Rz. 99, wegen der in § 25 II 2 gegenüber § 106 II BetrVG weiter gehenden Pflicht zur zur Verfügung Stellung der Unterlagen, so dass dem SprAu weiter reichende Befugnisse eingeräumt wären als dem Wirtschaftsausschuss; jetzt auch Schaub/*Koch*, § 254 Rz. 5. | 4 *Fitting*, § 106 BetrVG Rz. 24 mwN. | 5 Schaub/*Koch*, § 254 Rz. 4, zieht dafür den Grundsatz der vertrauensvollen Zusammenarbeit, § 2 I, heran; *Löwisch*, § 32 SprAuG Rz. 20 greift auf die allgemeine Aufgabe der Interessenwahrung der leitenden Angestellten gem. § 25 I 1 zurück. | 6 MünchArbR/*Joost*, § 324 Rz. 98. | 7 ErfK/*Oetker*, § 32 SprAuG Rz. 8; *Hromadka*, § 32 SprAuG Rz. 46. | 8 BT-Drs. 11/2503, S. 43; s. auch ErfK/*Oetker*, § 32 SprAuG Rz. 16 mwN. | 9 *Kaiser*, Rz. 333; MünchArbR/*Joost*, § 324 Rz. 105; Schaub/*Koch*, § 254 Rz. 7. | 10 S. ErfK/*Oetker*, § 32 SprAuG Rz. 16 mwN; aA *Löwisch*, § 32 SprAuG Rz. 54.

können; ob insoweit eine **konkrete Gefahr** besteht, bedarf einer **Prüfung der Umstände des Einzelfalls**[1]. Ausreichend ist bereits die Betroffenheit **eines** leitenden Angestellten.

Die **Unterrichtung** des SprAu hat **rechtzeitig und umfassend** zu erfolgen (s. § 111 BetrVG Rz. 59 ff.), § 32 II 1, also vor allem Umfang und Auswirkungen der Betriebsänderung zu einem Zeitpunkt darzustellen, in dem die Planung noch keine endgültige Gestalt angenommen hat und auch Verhandlungen iSd. § 32 II 2 noch ohne zeitlichen Druck erfolgen können. Die Pflicht des ArbGeb, dem SprAu **Unterlagen vorzulegen**, wird nicht ausdrücklich festgelegt, ist im Ergebnis aber anerkannt[2]. Zur Offenlegung von Betriebs- oder Geschäftsgeheimnissen ist der ArbGeb auch hier nicht verpflichtet[3]. Hinsichtlich des „Ob", „Wann" oder „Wie" der geplanten Betriebsänderung hat der SprAu keine durchsetzungsfähigen (Mit-)Gestaltungsrechte, er kann im Gegensatz zum BR vom ArbGeb keine Verhandlung über einen **Interessenausgleich** verlangen. 7

Eine **Beratungspflicht** trifft den ArbGeb nur hinsichtlich der wirtschaftl. Nachteile, die leitenden Angestellten in Folge der Betriebsänderung entstehen (§ 32 II 2)[4]. § 32 II 2 verlangt **nicht** den Eintritt **wesentlicher** Nachteile. Ob ein wirtschaftl. Nachteil vorliegt, **bemisst** sich nach der Rechtsstellung, die der leitende Angestellte auf Grund seines Arbeitsverhältnisses hat[5]. Es genügt, wenn ein leitender Angestellter betroffen ist[6]. Nachdem auch hier die Beratungspflicht in das **Planungsstadium** fällt, muss der Eintritt der Nachteile **als Folge** der Betriebsänderung **absehbar** sein. Die Aufstellung eines **Sozialplans** iSd. § 112 I 2 BetrVG kann **nicht erzwungen** werden. Ist der ArbGeb aber zu Leistungen bereit, kann eine **Vereinbarung iSd. § 28** abgeschlossen werden, die – in der Form einer Sprechervereinbarung (s. § 28 Rz. 10 f.) – dieselbe Wirkung hat wie ein Sozialplan iSd. § 112 I 2 BetrVG. **Gegenstand** dieser Vereinbarung kann alles sein, was zulässigerweise in einem Sozialplan geregelt werden kann. Schließt der ArbGeb mit dem BR einen Sozialplan ab, will aber den leitenden Angestellten keinen Ausgleich ihrer wirtschaftl. Nachteile gewähren, können diese auch unter dem Gesichtspunkt der **Gleichbehandlung** keine Rechte geltend machen. 8

Zuständig für die Wahrnehmung dieses Beteiligungsrechts ist grds. der SprAu oder der UnternehmensSprAu. Soweit die Betriebsänderungen aber betriebsübergreifende Folgen haben, kann auch ein Fall der originären Zuständigkeit des GesamtSprAu bzw. des KonzernSprAu gegeben sein (§§ 18 und 23). Um insoweit Unklarheiten zu vermeiden, können die SprAu einen **Verhandlungsauftrag** iSd. § 18 II an den GesamtSprAu erteilen. Die **Verletzung** der Beteiligungsrechte stellt eine Ordnungswidrigkeit iSd. § 36 dar. Ein Anspruch des SprAu gegenüber dem ArbGeb **auf Unterlassung** der Betriebsänderung besteht allerdings **nicht**[7]. 9

Vierter Teil. Besondere Vorschriften

33 *Seeschifffahrt*

(1) Auf Seeschifffahrtsunternehmen (§ 114 Abs. 2 des Betriebsverfassungsgesetzes) und ihre Betriebe ist dieses Gesetz anzuwenden, soweit sich aus den Absätzen 2 bis 4 nichts anderes ergibt.

(2) Sprecherausschüsse werden nur in den Landbetrieben von Seeschifffahrtsunternehmen gewählt.

(3) Leitende Angestellte im Sinne des § 1 Abs. 1 dieses Gesetzes sind in einem Seebetrieb (§ 114 Abs. 3 und 4 des Betriebsverfassungsgesetzes) nur die Kapitäne. Sie gelten für die Anwendung dieses Gesetzes als leitende Angestellte des Landbetriebs. Bestehen mehrere Landbetriebe, so gelten sie als leitende Angestellte des nach der Zahl der leitenden Angestellten größten Landbetriebs.

(4) Die Vorschriften über die Wahl des Sprecherausschusses finden auf Sprecherausschüsse in den Landbetrieben von Seeschifffahrtsunternehmen mit folgender Maßgabe Anwendung:

1. Die in § 7 Abs. 1 genannte Frist wird auf sechzehn Wochen verlängert.

2. Die Frist für die Wahlanfechtung nach § 8 Abs. 1 Satz 3 beginnt für die leitenden Angestellten an Bord, wenn das Schiff nach Bekanntgabe des Wahlergebnisses erstmalig einen Hafen im Geltungsbereich dieses Gesetzes oder einen Hafen, in dem ein Seemannsamt seinen Sitz hat, anläuft. Nach Ablauf von drei Monaten seit Bekanntgabe des Wahlergebnisses ist eine Wahlanfechtung unzulässig. Die Wahlanfechtung kann auch zu Protokoll des Seemannsamtes erklärt werden. Die Anfechtungserklärung ist vom Seemannsamt unverzüglich an das für die Anfechtung zuständige Arbeitsgericht weiterzuleiten.

---

1 Dagegen besteht für die Beteiligung des BR eine entsprechende Vermutung, s. *Fitting*, § 111 BetrVG Rz. 40 f. | 2 Auf § 25 II 2 stellt MünchArbR/*Joost*, § 324 Rz. 109, ab, der damit auch einen Anspruch des SprAu anerkennt; allgemein auf § 25 bezieht sich Schaub/*Koch*, § 254 Rz. 10, soweit dies „zum Verständnis notwendig" sei. | 3 *Löwisch*, § 32 SprAuG Rz. 59, plädiert für eine analoge Anwendung des § 106 II BetrVG; *Kaiser*, Rz. 337, will § 32 I 1 Hs. 2 entsprechend heranziehen. | 4 Der SprAu kann aber auch selbst die Initiative ergreifen, indem er im Rahmen des § 25 I tätig wird. | 5 Richardi/*Annuß*, § 112 BetrVG Rz. 86. | 6 *Hromadka*, § 32 SprAuG Rz. 51. | 7 ErfK/*Oetker*, § 32 SprAuG Rz. 22.

Fünfter Teil. Straf- und Bußgeldvorschriften

34 *Straftaten gegen Vertretungsorgane der leitenden Angestellten und ihre Mitglieder*

(1) Mit Freiheitsstrafe bis zu einem Jahr oder mit Geldstrafe wird bestraft, wer

1. eine Wahl des Sprecherausschusses oder des Unternehmenssprecherausschusses behindert oder durch Zufügung oder Androhung von Nachteilen oder durch Gewährung oder Versprechen von Vorteilen beeinflusst,

2. die Tätigkeit des Sprecherausschusses, des Gesamtsprecherausschusses, des Unternehmenssprecherausschusses oder des Konzernsprecherausschusses behindert oder stört oder

3. ein Mitglied oder ein Ersatzmitglied des Sprecherausschusses, des Gesamtsprecherausschusses, des Unternehmenssprecherausschusses oder des Konzernsprecherausschusses um seiner Tätigkeit willen benachteiligt oder begünstigt.

(2) Die Tat wird nur auf Antrag des Sprecherausschusses, des Gesamtsprecherausschusses, des Unternehmenssprecherausschusses, des Konzernsprecherausschusses, des Wahlvorstands oder des Unternehmers verfolgt.

35 *Verletzung von Geheimnissen*

(1) Wer unbefugt ein fremdes Betriebs- oder Geschäftsgeheimnis offenbart, das ihm in seiner Eigenschaft als Mitglied oder Ersatzmitglied des Sprecherausschusses, des Gesamtsprecherausschusses, des Unternehmenssprecherausschusses oder des Konzernsprecherausschusses bekannt geworden und das vom Arbeitgeber ausdrücklich als geheimhaltungsbedürftig bezeichnet worden ist, wird mit Freiheitsstrafe bis zu einem Jahr oder mit Geldstrafe bestraft.

(2) Ebenso wird bestraft, wer unbefugt ein fremdes Geheimnis eines leitenden Angestellten oder eines anderen Arbeitnehmers, namentlich ein zu dessen persönlichen Lebensbereich gehörendes Geheimnis, offenbart, das ihm in seiner Eigenschaft als Mitglied oder Ersatzmitglied des Sprecherausschusses oder einer der in Absatz 1 genannten Vertretungen bekannt geworden ist und über das nach den Vorschriften dieses Gesetzes Stillschweigen zu bewahren ist.

(3) Handelt der Täter gegen Entgelt oder in der Absicht, sich oder einen anderen zu bereichern oder einen anderen zu schädigen, so ist die Strafe Freiheitsstrafe bis zu zwei Jahren oder Geldstrafe. Ebenso wird bestraft, wer unbefugt ein fremdes Geheimnis, namentlich ein Betriebs- oder Geschäftsgeheimnis, zu dessen Geheimhaltung er nach den Absätzen 1 oder 2 verpflichtet ist, verwertet.

(4) Die Absätze 1 bis 3 sind auch anzuwenden, wenn der Täter das fremde Geheimnis nach dem Tode des Betroffenen unbefugt offenbart oder verwertet.

(5) Die Tat wird nur auf Antrag des Verletzten verfolgt. Stirbt der Verletzte, so geht das Antragsrecht nach § 77 Abs. 2 des Strafgesetzbuches auf die Angehörigen über, wenn das Geheimnis zum persönlichen Lebensbereich des Verletzten gehört; in anderen Fällen geht es auf die Erben über. Offenbart der Täter das Geheimnis nach dem Tode des Betroffenen, so gilt Satz 2 entsprechend.

36 *Bußgeldvorschriften*

(1) Ordnungswidrig handelt, wer eine der in § 30 Satz 1, § 31 Abs. 1 oder § 32 Abs. 1 Satz 1 oder Abs. 2 Satz 1 genannten Unterrichtungs- oder Mitteilungspflichten nicht, wahrheitswidrig, unvollständig oder verspätet erfüllt.

(2) Die Ordnungswidrigkeit kann mit einer Geldbuße bis zu zehntausend Euro geahndet werden.

Sechster Teil. Übergangs- und Schlussvorschriften

37 *Erstmalige Wahlen nach diesem Gesetz*

(1) Die erstmaligen Wahlen des Sprecherausschusses oder des Unternehmenssprecherausschusses finden im Zeitraum der regelmäßigen Wahlen nach § 5 Abs. 1 im Jahre 1990 statt. § 7 Abs. 2 und 3 findet Anwendung.

(2) Auf Sprecherausschüsse, die auf Grund von Vereinbarungen gebildet worden sind und bei Inkrafttreten dieses Gesetzes bestehen, findet dieses Gesetz keine Anwendung. Sie bleiben bis zur Wahl nach Absatz 1, spätestens bis zum 31. Mai 1990, im Amt.

38 *Ermächtigung zum Erlass von Wahlordnungen*
Das Bundesministerium für Arbeit und Soziales kann durch Rechtsverordnung zur Regelung des Wahlverfahrens Vorschriften über die in den §§ 3 bis 8, 20 und 33 bezeichneten Wahlen erlassen, insbesondere über

1. **die Vorbereitung der Wahl, insbesondere die Aufstellung der Wählerlisten;**
2. **die Frist für die Einsichtnahme in die Wählerlisten und die Erhebung von Einsprüchen gegen sie;**
3. **die Vorschlagslisten und die Frist für ihre Einreichung;**
4. **das Wahlausschreiben und die Fristen für seine Bekanntmachung;**
5. **die Stimmabgabe;**
6. **die Feststellung des Wahlergebnisses und die Fristen für seine Bekanntmachung;**
7. **die Aufbewahrung der Wahlakten.**

39 *Berlin-Klausel*
(gegenstandslos)

Tarifvertragsgesetz (TVG)

in der Fassung vom 25.8.1969 (BGBl. I S. 1323), geändert durch Heimarbeitsänderungsgesetz vom 29.10.1974 (BGBl. I S. 2879) und Art. 175 Achte Zuständigkeitsanpassungsverordnung vom 25.11.2003 (BGBl. I S. 2304) mit Maßgaben für das Gebiet der ehemaligen DDR durch Anlage I Kapitel VIII Sachgebiet A Abschnitt III Nr. 14 des Einigungsvertrags vom 31.8.1990 (BGBl. II S. 889/1023), zuletzt geändert durch Art. 223 Neunte Zuständigkeitsanpassungsverordnung vom 31.10.2006 (BGBl. I S. 2407)

Einleitung

1 **I. Grundlagen. 1. Historische Entwicklung des Tarifvertragsrechts in Deutschland.** In Reaktion auf die seit der Mitte des 19. Jahrhunderts[1] gestiegene faktische Verbreitung von TV wurde das bis dato geltende **Koalitionsverbot** durch §§ 152, 153 der Gewerbeordnung vom 21.6.1869 für den Norddeutschen Bund[2] aufgehoben. Damit war der Weg geebnet für große FlächenTV wie den Buchdruckertarif des Jahres 1873, der als erster TV reichseinheitl. galt. Eine erste umfassende Regelung des Tarifrechts erfolgte durch die **TV-Verordnung** vom 23.12.1918[3]. Ergänzt wurde sie im Jahre 1923 durch eine Ordnung des Schlichtungswesens[4]. Während der Zeit des Dritten Reiches war das freiheitl. Tarifsystem faktisch beseitigt.

2 Nach 1945 kam es auf Initiative der Besatzungsmächte nach Diskussion verschiedener Entwürfe[5] zur Verabschiedung des **TVG** vom 9.4.1949[6] für das Vereinigte Wirtschaftsgebiet (amerikanische und britische Besatzungszone). Im Gebiet der französischen Zone, im Saarland und in Westberlin entstanden zeitgleich Regelungen des Tarifrechts, in der sowjetischen Besatzungszone wurden TV nur in Form staatl. kontrollierter und beeinflusster Kollektivverträge zugelassen. Sukzessiv wurde in der Folgezeit das im Vereinigten Wirtschaftsgebiet geltende TVG auf die verbleibenden westlichen Länder einschließlich Westberlin erstreckt: 1953 wurden die französische Zone einbezogen[7], 1959 das Saarland[8] und 1975 Westberlin[9]. Seit dem 3.10.1990 gilt es auch im Beitrittsgebiet[10]. Gegenüber der ursprüngl. Fassung von 1949 erfuhr das TVG bis heute eher marginale Änderungen, die im Wesentlichen die Voraussetzungen der AVE, die Spitzenorganisationen und die Erstreckung des Anwendungsbereichs durch den mit Wirkung zum 1.11.1974 eingefügten § 12a betreffen[11]. Die heutige Fassung beruht auf einer Neubekanntmachung vom 25.8.1969[12].

1 Vgl. zu den gesellschaftlichen Rahmenbedingungen und der geschichtlichen Entwicklung Kempen/Zachert/*Zachert*, TVG, Grundlagen Rz. 1 ff.; *Däubler*, Einl. TVG Rz. 2 ff.; ausf. Darstellung der historischen Entwicklung des TV bei Wiedemann/*Oetker*, TVG, Geschichte Rz. 1 ff.; siehe auch *Kempen*, NZA 2000, Sonderbeilage zu NZA Heft 3/2000, 7. | 2 BGBl. S. 245. | 3 RGBl. 1918, S. 1456, abgedr. bei Wiedemann/*Oetker*, TVG, Geschichte Rz. 8. | 4 Verordnung über das Schlichtungswesen v. 30.10.1923, RGBl. I S. 1043 f. und Verordnung v. 29.12.1923, RGBl. 1924 I S. 9. | 5 Eingehend zur Entstehung des TVG *Herschel*, ZfA 1973, 183 ff. | 6 Verkündet am 22.4.1949, WiGBl., S. 55. | 7 Gesetz über die Erstreckung des Tarifvertragsgesetzes v. 23.4.1953, BGBl. I S. 165. | 8 Gesetz v. 30.6.1959, BGBl. I S. 361. | 9 Übernahmegesetz v. 16.1.1975, GVBl. S. 194. | 10 Art. 8 EVertr. mit der Maßgabe nach Anl. I Kap. VIII Sachgeb. A Abschnitt III Nr. 14 EVertr. | 11 Änderungsgesetz vom 11.1.1952, BGBl. I S. 19; Erstes Arbeitsrechtsbereinigungsgesetz vom 14.8.1969, BGBl. I S. 1106; Heimarbeitsänderungsgesetz v. 29.10.1974, BGBl. I S. 2879. | 12 BGBl. I S. 1323.

2. Rechtstatsächliche Bedeutung des Tarifvertrags. Die Gesamtzahl der am Jahresende 2007 gültigen 3
TV belief sich auf ca. 67 000. Sie setzen sich aus rund 36 000 **Verbandstarifverträgen** und rund 31 000 **Firmentarifverträgen** zusammen. FirmenTV und firmenbezogene VerbandsTV gewinnen damit zunehmend an Bedeutung. Ende 2006 gab es bereits 9429 Unternehmen mit FirmenTV; dies bedeutet einen Anstieg von fast 400 % gegenüber 1990[1].

Allgemeinverbindlich gem. § 5 waren am 1.10.2007 448, also rund 0,7 % der TV (vgl. § 5 Rz. 4). 62,1 % der 4
ArbN in Westdeutschland arbeiteten 2004 in Betrieben mit Bindung an einen VerbandsTV, 7,6 % in Betrieben mit FirmenTV. Für Ostdeutschland betragen die Zahlen 42,6 % bzw. 11,4 %. Derzeit sind in Westdeutschland 69,7 % und in Ostdeutschland 55,0 % aller ArbN bei tarifgebundenen ArbGeb beschäftigt, deutschlandweit insgesamt rund 67,6 %. Darüber hinaus orientieren sich nicht tarifgebundene Unternehmen in Westdeutschland mit etwa 16 % und in Ostdeutschland mit etwa 24 % der ArbN am jeweils einschlägigen TV, so dass TV für die Arbeitverhältnisse von rund 84 % aller ArbN in Deutschland maßgebend sind[2]. Damit kommt dem TV nach wie vor eine zentrale Bedeutung für die Gestaltung der Arbeitsbeziehungen zu. Erkennbar sind Ansätze einer – überfälligen, aber noch vorsichtigen – Flexibilisierung der Arbeitsbedingungen durch Öffnungsklauseln, die Arbeitsbedingungen sind daher nicht derart einheitl., wie sich dies angesichts der genannten Zahlen annehmen ließe.

II. Tarifautonomie. 1. Begriff. Grundlage des Tarifwesens ist die in Art. 9 III GG verfassungsrechtl. 5
verankerte Tarifautonomie iSd. Befugnis der ArbGeb (Verbände) und Gewerkschaften, die Arbeits- und Wirtschaftsbedingungen ihrer Mitglieder in kollektiven Verträgen mit zwingender Wirkung selbständig und selbstverantwortl. zu regeln (s. auch Art. 9 GG Rz. 107 ff.)[3]. Die TV-Parteien können kraft ihrer Regelungszuständigkeit Abschluss, Inhalt und Beendigung von Arbeitsverhältnissen gestalten. Bei ihnen liegt die Entscheidung, ob und für welche Wirtschaftszweige und räuml. Bereiche, für welche Berufsgruppen und Tätigkeiten Regelungen getroffen werden. In der Wahl der Geltungsbereiche ihrer TV sind sie im Rahmen ihrer Tarifzuständigkeit frei[4]. Die TV-Parteien tragen die Verantwortung für die kollektive Regelung der Arbeitsbedingungen. Aus dem Grundsatz der Vertragsfreiheit folgt jedoch, dass bestimmte inhaltl. Regelungen nicht verlangt werden können[5].

2. Unverzichtbare Grundbedingungen der Tarifautonomie. Verwirklichen lässt sich die Tarifautono- 6
mie nur, sofern bestimmte Grundbedingungen erfüllt sind. Namentl. die durch Art. 9 III GG garantierte Koalitionsfreiheit und die Konfliktlösung durch Arbeitskämpfe zählen zu den essentiellen Bedingungen realer Tarifautonomie. Anders als im Bereich der Privatautonomie, in dem ein Interessent bei unwilligen potenziellen Vertragspartnern auf deren Konkurrenten oder sonstige Dritte ausweichen kann, bietet sich den Tarifpartnern regelmäßig nur ein einziger Gegenspieler, der mit seiner Weigerung die tarifvertragl. Lösung blockieren könnte. Erst die Zulassung des Arbeitskampfes gleicht diesen strukturellen Nachteil aus und fördert die Konsensbereitschaft (vgl. näher Art. 9 GG Rz. 107 ff.).

Verfassungsrechtl. abgesichert iS einer dritten Grundvoraussetzung der Tarifautonomie ist nach über- 7
wiegender Lehre die zwingende Natur der TV-Normen[6]. Nach § 4 schaffen TV zwingende Mindestbedingungen, von denen zu Ungunsten der ArbN nur abgewichen werden kann, wenn dies der TV ausdrücklich vorsieht (§ 4 I, III). Die zwingende Wirkung der Tarifnormen setzt den freien Wettbewerb außer Kraft, schafft somit auf ArbN-Seite ein Tarifkartell. Handelt es sich um einen VerbandsTV ergeben sich auch auf ArbGebSeite Kartellwirkungen. Sowohl für ArbN als auch für ArbGeb bewirkt die Kartellbildung neben positiven Effekten auch unbestreitbare Nachteile: ArbN sind zwar geschützt vor einer Gefährdung ihres Arbeitsplatzes durch andere ArbN, die bereit sind, die gleiche Arbeit zu geringerem Lohn zu verrichten. Auf der anderen Seite wird den Arbeitsuchenden aber eben diese marktkonforme Möglichkeit genommen, durch ein preiswertes Angebot ihrer Arbeitskraft einen Arbeitsplatz zu erhalten, und auch den Beschäftigten bleibt die Chance verwehrt, in Krisensituationen den Arbeitsplatz durch partiellen Lohnverzicht zu bewahren. Besonders deutlich wird dies in der aktuell geführten Debatte über Mindestlöhne, die branchenspezifisch durch für allgemeinverbindl. erklärte TV und über das AEntG gewährleistet werden sollen. ArbGeb haben auf Grund des Tarifkartells branchenweit ähnliche Lohnkosten, was sich je nach Blickwinkel als Vor- oder Nachteil darstellen kann. Trotz Kritik bleibt die Tarifkartellbildung vom Geltungsbereich des § 1 GWB[7] sowie der Art. 81, 82 EGV[8] ausgenommen[9]. Ob die zwingende Wirkung des TV wirklich eine unverzichtbare Vorbedingung der Tarifautonomie ist, muss schon deshalb bezweifelt werden, weil andere Arbeitsrechtsordnungen, etwa die englische, auf sie ver-

---

1 Vgl. zu den statistischen Angaben: *Bundesministerium für Arbeit und Soziales* (www.bmas.bund.de). | 2 *Bundesministerium für Wirtschaft und Arbeit*, Tarifvertragliche Arbeitsbedingungen im Jahr 2004, S. 11. | 3 *Wiedemann*, TVG, Einl. Rz. 1; s.a. *Henssler*, ZfA 1998, 1. | 4 So insb. zur Beschränkung des TV auf bestimmte Personengruppen: BAG v. 24.4.1985 – 4 AZR 457/83, AP Nr. 4 zu § 3 BAT; v. 18.9.1985 – 4 AZR 75/84, AP Nr. 20 zu § 23a BAT. *Löwisch/Rieble*, § 4 TVG Rz. 61. | 5 AA *Löwisch/Rieble*, § 1 TVG Rz. 170. | 6 *Wiedemann*, TVG, Einl. Rz. 33 ff.; *Däubler*, Einl. TVG Rz. 98 ff.; aA *Sachs/Höfling*, Art. 9 GG Rz. 93a; *Höfling/Burkiczak* NJW 2005, 469 (nur die normative, nicht aber die zwingende Wirkung ist geschützt). | 7 BAG v. 27.6.1989 – 1 AZR 404/88, AP Nr. 113 zu Art. 9 GG – Arbeitskampf; KG v. 21.2.1990 – Kart U 4357/89, AP Nr. 60 zu Art. 9 GG. | 8 Schriftliche Anfrage Nr. 777/89, ABl. EG 1990 Nr. C 328/3. | 9 Vgl. *Wiedemann*, TVG, Einl. Rz. 38.

zichten, ohne dass deshalb das Tarifsystem gefährdet wäre[1]. Art. 11 EMRK gewährt zwar sowohl die Koalitionsfreiheit als auch das Arbeitskampfrecht, schützt aber nicht die nach deutschem Verständnis elementare Befugnis, die Arbeitsbedingungen mit normativer Wirkung zu gestalten[2].

8 **3. Aufgaben und Funktionen.** TV erfüllen als zentrale Bestandteile einer freiheitl. Arbeitsrechtsordnung vielfältige Aufgaben und Funktionen. Während der Schutz der ArbN und die Befriedung sozialer Konflikte als Aufgaben der Tarifautonomie anerkannt sind, ist für die Ordnungsfunktion umstritten, ob sie lediglich eine faktische Auswirkung der Tarifautonomie[3] oder aber eine den Sozialpartnern übertragene Aufgabe darstellt[4].

9 **a) Schutzfunktion.** Als Ausfluss des Schutzbedürfnisses des einzelnen ArbN ist die Tarifautonomie darauf angelegt, die strukturelle Unterlegenheit der einzelnen ArbN beim Abschluss von Arbeitsverträgen durch kollektives Handeln auszugleichen und so ein gleichgewichtiges Aushandeln der Arbeitsbedingungen zu ermöglichen[5]. Obwohl ein Mindestschutz weitgehend durch den Gesetzgeber verwirklicht wird, haben TV weiterhin die Aufgabe, die ArbN vor unangemessenen Arbeitsbedingungen zu schützen. Die zum 1.1.2002 erfolgte Erstreckung des AGB-Rechtes auf das Individualarbeitsrecht (§ 310 IV BGB) lässt den Schutz durch TV ebenfalls nicht obsolet werden, auch wenn nunmehr ein weiteres Schutzsystem im Arbeitsrecht greift. Denn der AGB-Inhaltskontrolle bleiben nach § 307 III BGB Preisabreden, also die zentralen Vereinbarungen über das Verhältnis der zum Austausch gebrachten Leistungen, entzogen[6]. Weiterhin gilt, dass TV keine Anhaltspunkte für die Angemessenheit einer einzelnen individualvertragl. Klausel liefern[7]. Ihr Geltungsbereich bleibt auf die unmittelbar Normunterworfenen beschränkt.

10 **b) Friedensfunktion.** Die Tarifautonomie verfolgt den Zweck, sozialen Frieden zu schaffen. Sie zielt nicht nur auf einen temporären Waffenstillstand zwischen den Kontrahenten, sondern auf eine wahrhaftige Befriedung des Arbeitslebens[8]. Die TV-Parteien verpflichten sich, für die Laufzeit des Vertrags und im Umfang seiner Regelung sämtliche Kampfmaßnahmen zu unterlassen und im Rahmen ihrer Einwirkungspflichten ihre Mitglieder von Kampfaktionen abzuhalten[9]. Zu einer gesellschaftl. Befriedung trägt bei, dass Arbeitskonflikte institutionalisiert und damit entschärft werden, insb. aber wirkt die mittelbare Einbeziehung der ArbN in die Gestaltung ihrer Arbeitsbedingungen konfliktvermeidend.

11 **c) Ordnungsfunktion.** TV ordnen das Arbeitsleben[10]. Sie rationalisieren den Aufwand der individuellen Vertragsgestaltung, für die bei Tarifbindung nur wenige grundlegende oder aber außer- und übertarifl. Bedingungen übrig bleiben. Auch jenseits der Tarifbindung bieten sie ein verlässliches Regelwerk, das in Bezug genommen oder als Orientierung dienen kann. Im Rang unterhalb der gesetzl. Regelung schaffen TV vielfach eine Kodifikation der Arbeitsbedingungen (zB TVöD) und können auch Belange der gesamten Belegschaft organisieren und regeln. Gesamtgesellschaftl. betrachtet verwirklicht die Tarifautonomie eine Ordnung des Gemeinwesens. Die Unternehmer haben mit dem TV eine verlässliche Kalkulationsgrundlage hinsichtlich der Arbeitskosten. Dies stabilisiert die Konjunktur. FlächenTV stärken die Rolle der Gewerkschaften, die als Vertreter der gesamten Arbeitnehmerschaft auftreten und Lohnkonkurrenz unter ArbN durch einheitl. Arbeitsbedingungen verhindern können. Die ArbN schließlich haben eine reale und vertrauensbegründende Aussicht auf eine kontinuierliche Fortentwicklung ihres Arbeitsentgelts sowie der sonstigen Arbeitsbedingungen. Der Gesetzgeber erkennt die Ordnungsfunktion der Tarifautonomie an, indem er den Tarifparteien gestattet, überbetriebl. und betriebsverfassungsrechtl. Fragen für nicht organisierte ArbN (§ 3 II) sowie gemeins. Einrichtungen (§ 4 II) zu regeln. Bestätigt wird die Ordnungsfunktion durch die gesetzl. angeordnete Nachwirkung (§ 4 V).

12 **d) Verteilungsfunktion.** Unbestritten haben TV die Funktion, Lohngerechtigkeit innerhalb ihres jeweiligen Geltungsbereiches zu erzielen. Sie bestimmen nicht nur die Lohnhöhe, sondern auch das Verhältnis der Löhne untereinander. In tarifvertragl. Lohn- und Gehaltsgruppen wird zunächst die Wertigkeit einer bestimmten Tätigkeit im Vergleich zu einer anderen festgelegt. Die Wertigkeit der Gruppen wird in den Lohn- und GehaltsTV sodann in Geldwert umgesetzt. Schließlich sorgen branchenbezogene und regionale Untergliederungen für eine Entgeltstruktur der Volkswirtschaft. Inwiefern die TV-Parteien zu einer gerechten Verteilung verpflichtet sind, bleibt fraglich. Jedenfalls müssen sie die Gleich-

1 *Henssler*, ZfA 1998, 1 (31 f.); *Suckow*, Gewerkschaftliche Mächtigkeit als Determinante korporatistischer Tarifsysteme, S. 179 ff. | 2 Vgl. dazu EGMR v. 6.2.1976, EuGRZ 1976, 62 (64); EGMR v. 2.7.2002, ÖJZ 2003, 729 mit Anm. *Zachert*, AuR 2003, 370; *Grillberger*, ZAS Bd.19 (1984), S. 92 (98). | 3 Kempen/Zachert/*Kempen*, TVG, Grundlagen Rz. 99 ff. | 4 *Wiedemann*, TVG, Einl. Rz. 13 ff. | 5 BVerfG v. 26.6.1991 – 1 BvR 779/85, BVerfGE 84, 212 (229). | 6 BAG v. 27.11.2003 – 2 AZR 135/03, NZA 2004, 597; ErfK/*Preis*, §§ 305–310 BGB Rz. 39. AA AR-Blattei/*Lakies*, SD AGB-Kontrolle im Arbeitsrecht, Rz. 143 ff., 155. | 7 *Henssler*, RdA 2002, 129; anders *Reinecke*, DB 2002, 583. | 8 Vgl. BVerfG v. 1.3.1979 – 1 BvR 532, 533/77, 419/78 und 1 BvL 21/78, BVerfGE 50, 290 (371). | 9 BAG v. 8.2.1957 – 1 AZR 169/55, AP Nr. 1 zu § 1 TVG – Friedenspflicht; v. 21.12.1982 – 1 AZR 411/80, AP Nr. 76 zu Art. 9 GG – Arbeitskampf (absolute und relative Friedenspflicht); v. 27.6.1989 – 1 AZR 404/88, AP Nr. 113 zu Art. 9 GG – Arbeitskampf (Friedenspflicht bei Mehrheit von Tarifverträgen). | 10 BVerfG v. 1.3.1979 – 1 BvR 532, 533/77, 419/78 und 1 BvL 21/78, BVerfGE 50, 290 (371); BAG v. 9.6.1982 – 4 AZR 274/81, AP Nr. 1 zu § 1 TVG – Durchführungspflicht; *Wiedemann*, TVG, Einl. Rz. 13.

behandlungsgrundsätze nach Art. 3 GG und Art. 141 EGV beachten. Umstritten ist, ob die Tarifpartner die funktionale Verteilung des Sozialprodukts zu Gunsten der ArbN nachhaltig verändern dürfen[1].

e) **Gesamtgesellschaftliche Aufgaben.** Obwohl die Tarifpartner in erster Linie die Interessen ihrer jeweiligen Mitglieder wahrnehmen und durchzusetzen suchen, lassen sich gesamtgesellschaftl. Auswirkungen ihrer Entscheidungen nicht ernsthaft bezweifeln. Umstritten ist jedoch, inwiefern die TV-Parteien bei Verhandlungen und Abschlüssen von TV auch verpflichtet sind, diese gesamtgesellschaftl. Interessen, insb. stabilitäts- und beschäftigungspolitische Ziele, zu berücksichtigen. Eine solche in konkrete Rücksichtnahmepflichten mündende Verantwortung der Tarifpartner wird weitgehend abgelehnt[2]. Mit Blick auf den Verfassungsauftrag der Wahrung und Förderung der Arbeits- und Wirtschaftsbedingungen (Art. 9 III GG) und angesichts der Diskrepanz zwischen Einfluss und Verantwortung der Tarifpartner erscheint diese Auffassung kaum haltbar[3]. 13

III. Verhältnis zu anderen Rechtsquellen. 1. Europäisches und internationales Recht. TV, die gegen europäisches Recht, etwa gegen Art. 141 EGV, verstoßen, sind nichtig. Regelmäßig beschränkt sich die Nichtigkeit auf die gleichheitswidrige Norm. Mitunter kommt auch eine Anpassung in Betracht[4]. Internationale Abkommen können als Auslegungsrichtlinie für TV dienen. Zu Einzelheiten s. EGBGB Rz. 45 ff. und Vorb. EGV Rz. 27; Art. 39 Rz. 20, 39, 47; Art. 141 Rz. 3. 14

2. Bindung an Verfassungsrecht. a) Grundrechtsbindung. Obwohl im Detail umstritten, besteht in Rspr. und Lit. im Ergebnis weitgehend Einigkeit darüber, dass die TV-Parteien im Rahmen ihrer Normsetzung die Grundrechte zu beachten haben. Nachdem die hM lange Zeit die Tarifpartner sogar unmittelbar an die Grundrechte binden wollte, wird heute überwiegend nur eine mittelbare Grundrechtsbindung bejaht[5]. Die unmittelbare Geltung der Grundrechte hatte das BAG früher mit dem Charakter von Tarifnormen als materielle Gesetzgebung und mit dem Delegationsgedanken begründet, wonach die Rechtsetzungsbefugnis der TV-Parteien nicht weiter als diejenige des Gesetzgebers gehen könne, da dieser sie ihnen erst übertragen habe[6]. Dagegen ist einzuwenden, dass die TV-Parteien als Vereinigungen des privaten Rechts keine staatl. Gesetzgebung iSv. Art. 1 III GG vollziehen und ihre Normsetzungsbefugnis unmittelbar aus der Tarifautonomie folgt[7]. Verschiedene Senate des BAG befürworten aus diesem Grund heute nur eine mittelbare Grundrechtsbindung[8]. Eine rechtsklärende Entscheidung des GS des BAG steht noch aus. 15

Überzeugend ist es, mit dem BVerfG[9] auf den Schutzauftrag der Grundrechte als Grundlage der Grundrechtsbindung abzustellen. Grundrechte richten sich an die staatl. Gewalt, bilden allerdings nicht nur Abwehrrechte der Bürger, sondern begründen darüber hinaus Schutzpflichten der staatl. Gewalt zur Durchsetzung der Grundrechte auch in Privatrechtsverhältnissen. Diese Schutzpflicht trifft alle staatl. Grundrechtsadressaten, somit auch die Gerichte, und zwar auch bei der Auslegung und Anwendung von TV als den Ergebnissen kollektiv ausgeübter Privatautonomie[10]. Die Gerichte haben auf Grund dieser Freiheits- wie Gleichheitsrechte gleichermaßen betreffenden Schutzfunktion den einzelnen Grundrechtsträger vor einer unverhältnismäßigen Beschränkung seiner Freiheitsrechte und vor einer gleichheitswidrigen Regelbildung durch die TV-Parteien zu bewahren. Nicht abschließend geklärt ist der genaue Maßstab der Grundrechtskontrolle von Tarifnormen[11]. Die Prüfung einer gleichheitswidrigen Benachteiligung ist allerdings in jedem Falle identisch mit derjenigen bei staatl. Eingriffen[12]. 16

Einstweilen frei. 17

Beispiele aus der Rspr. Der Umfang der Schutzpflicht ist je nach Grundrecht unterschiedlich. **Art. 1 GG Menschenwürde**: Eine Tarifnorm, die Bereitschaftsdienst im Anschluss an einen Tagesdienst anordnet, an den sich erneut ein Tagesdienst anschließt, ohne dass mindestens sechs Stunden Ruhezeit zur Verfügung stehen, überschreitet die menschl. Leistungsfähigkeit und ist wegen Verstoßes gegen die Menschenwürde unwirksam[13]. **Art. 2 GG Allgemeine Handlungsfreiheit**: Keine Pflicht einer TV-Partei, 18

1 Vgl. *Wiedemann*, TVG, Einl. Rz. 9 ff. | 2 BAG v. 14.12.1982 – 3 AZR 251/80, AP Nr. 1 zu § 1 BetrAVG – Besitzstand; v. 6.2.1985 – 4 AZR 275/83, AP Nr. 1 zu § 1 TVG – Tarifverträge Süßwarenindustrie; Nachw. zum Schrifttum bei *Wiedemann*, TVG, Einl. Rz. 24 ff., 342 ff.; *Thüsing*, FS 50 Jahre BAG, S. 889 ff.; keine Tarifmacht besteht für den Umweltschutz, *Rieble*, ZTR 2000, 1. | 3 *Wiedemann*, TVG, Einl. Rz. 27, 342 ff.; *Hanau/Thüsing*, ZTR 2001, 1. | 4 EuGH v. 8.4.1976 – 43/75, Slg. 1976, 455 (473); BAG v. 28.7.1992 – 3 AZR 173/92, AP Nr. 18 zu § 1 BetrAVG – Gleichbehandlung. | 5 *Wiedemann*, TVG, Einl. Rz. 183 ff.; *Löwisch/Rieble*, § 1 TVG Rz. 219; *Dieterich*, Anm. zu BAG RdA 2001, 110; *Schliemann*, ZTR 2000, 198 (202); aA noch *Löwisch*, Anm. zu BAG RdA 2000, 310. | 6 BAG v. 15.1.1955 – 1 AZR 305/54, AP Nr. 4 zu Art. 3 GG (*Beitzke*). | 7 Vgl. die Nachw. bei *Dieterich*, RdA 2005, 177 (178). | 8 BAG v. 25.2.1998 – 7 AZR 641/96, NZA 1998, 715; v. 30.8.2000 – 4 AZR 563/99, NZA 2001, 613; v. 24.4.2001 – 3 AZR 329/00, NZA 2002, 912; v. 27.5.2004 – 6 AZR 129/03, NZA 2004, 1399 mit zust. Anm. *Henssler*, BAGReport 2005, 57. | 9 BVerfG v. 23.4.1986 – 2 BvR 487/80, BVerfGE 73, 261; allgemein zu den Schutzpflichten: BVerfG v. 28.5.1993 – 2 BvF 2/90, BVerfGE 88, 203 (254); vgl. auch BAG v. 28.3.1996 – 6 AZR 501/95, BAGE 82, 344. | 10 BAG v. 25.2.1998 – 7 AZR 641/96, NZA 1998, 715; v. 27.5.2004 – 6 AZR 129/03, NZA 2004, 1399; v. 7.6.2006 – 4 AZR 316/05, NZA 2007, 343 (345). | 11 Vgl. dazu: BAG v. 27.5.2004 – 6 AZR 129/03, NZA 2004, 1399; *Wiedemann*, TVG, Einl. Rz. 197 ff.; Däubler/*Schiek*, Einl. TVG Rz. 232 ff.; *Dieterich*, FS Schaub, S. 117 (120 ff.); *Schliemann*, ZTR 2000, 198 (202 f.). | 12 BAG v. 27.5.2004 – 6 AZR 129/03, NZA 2004, 1399 mit zust. Anm. *Henssler*, BAGReport 2005, 57. | 13 BAG v. 24.2.1982 – 4 AZR 233/80, AP Nr. 7 zu § 17 BAT.

mit der Gegenseite zu verhandeln[1]; Unwirksamkeit eines Bevollmächtigungsverbotes für den Abschluss des Arbeitsvertrages[2]. **Art. 3 GG Gleichheitsgebote**: S. dazu Art. 3 GG Rz. 35 ff. **Art. 4 GG Glaubens- und Gewissensfreiheit**: Ein TV darf die Glaubens- und Gewissensfreiheit und die Freiheit des religiösen und weltanschaul. Bekenntnisses nicht verletzen. Art. 140 GG und Art. 137 II und III WRV müssen beachtet werden. **Art. 5 GG Meinungsfreiheit**: Ein TV darf nicht gezielt die Meinungsäußerung unterbinden. **Art. 6 GG Ehe und Familie**: Ein TV darf Ehegatten nicht schlechter stellen als ledige ArbN. Gewährt ein TV verwitweten, geschiedenen oder ledigen weiblichen ArbN Rechtsansprüche auf Zulagen, so ist ein TV, der verheiratete weibliche ArbN von dem Bezug solcher Zulagen trotz Vorliegens gleicher Voraussetzungen ausschließt, mit Art. 6 GG unvereinbar[3], ebenso eine Bestimmung, die das Arbeitsverhältnis im Falle der Eheschließung der ArbNin auflöst[4]. Gleiches gilt für die Beendigung aus Anlass der Schwangerschaft[5]. Ein TV, der Vergütungsfortzahlung auf den Fall der Niederkunft der ehelichen Lebenspartnerin beschränkt, verstößt nicht gegen Art. 6 GG[6]. **Art. 9 III GG Koalitionsfreiheit**: dazu Art. 9 GG Rz. 10 ff. **Art. 12 GG Berufsfreiheit**: dazu Art. 12 GG Rz. 54 ff. **Art. 14 GG Eigentumsgarantie**: dazu Art. 14 GG Rz. 57 f.

19 **b) Bindung an verfassungsrechtliche Grundsätze.** Aus dem **Rechtsstaatsprinzip** folgt, dass tarifl. Regelungen hinreichend bestimmt sein müssen. Betroffen sind tarifl. Bestimmungsklauseln, die zu einseitigen Regelungen – regelmäßig durch den ArbGeb – ermächtigen. Sie müssen nach Adressat und Umfang hinreichend präzise sein[7]. Relevant wird der Bestimmtheitsgrundsatz ferner bei Blankettverweisungen auf andere Normen, die nur bei einem engen Sachzusammenhang der beiden Tarifbereiche zulässig sind[8]. Auch für die Rückwirkung von TV spielt das Rechtsstaatsprinzip eine Rolle. Die Befugnis zur rückwirkenden Änderung tarifvertragl. Regelungen ist durch den Vertrauensschutz der Normunterworfenen begrenzt; es gelten die gleichen Regeln wie bei der Rückwirkung von Gesetzen[9]. Tarifvertragl. Regelungen tragen auch während der Laufzeit des TV den immanenten Vorbehalt ihrer rückwirkenden Abänderbarkeit in sich. Im Falle der Bekanntgabe einer entsprechenden Änderungsabsicht gilt dies sogar für bereits entstandene und fällig gewordene, noch nicht abgewickelte Ansprüche (sog „wohlerworbene Rechte“)[10].

20 Das **Sozialstaatsprinzip** verpflichtet primär den Staat, für eine gerechte Sozialordnung zu sorgen[11]. Die Sozialpartner dürfen die darauf abzielenden staatl. Maßnahmen nicht unterlaufen. Überträgt der Staat die Umsetzung den TV-Parteien, wie bei § 1 IV KSchG, so haben diese die Vorgaben des Verfassungsprinzips zu berücksichtigen. Zwar rechtfertigt auch die Bindung an das Sozialstaatsprinzip keine Tarifzensur[12]. Tarifl. „Hungerlöhne“ verletzen aber die maßgebl. elementaren Gerechtigkeitsvorstellungen und überschreiten daher die Grenzen zulässiger Lohngestaltung[13].

21 Das **Demokratieprinzip** verlangt von den TV-Parteien eine demokratische Organisationsstruktur. Entscheidungen müssen zumindest mittelbar demokratisch, dh. durch die Mitglieder legitimiert sein.

22 Auch wenn die dogmatische Begründung unsicher ist[14], muss eine **Gemeinwohlbindung** der TV-Parteien bejaht werden[15]. Im Rahmen des Verhältnismäßigkeitsgrundsatzes sind auch Belange des Gemeinwohles zu beachten[16]. Gemeinwohlwidrige TV sind dennoch grds. nicht unwirksam. Sie behalten ihre Wirksamkeit selbst bei negativen Auswirkungen auf die gesamtwirtschaftl. Lage[17].

23 **c) Gerichtliche Kontrolle der Verfassungsmäßigkeit.** Während eine gerichtl. Inhaltskontrolle von TV gleich bedeutend mit einer den Autonomiegedanken verletzenden Tarifzensur wäre[18], ist eine Rechtskontrolle von TV unverzichtbar. Sie stellt die Vereinbarkeit von TV mit höherrangigem Recht sicher[19]. Im Rahmen der Kontrolle der Verfassungsmäßigkeit der Tarifnormen[20] ist auch zu überprüfen, ob die Tarifpartner die der Tarifautonomie durch Art. 9 III GG gezogenen Grenzen eingehalten haben[21]. Ver-

1 BAG v. 2.8.1963 – 1 AZR 9/63, AP Nr. 5 zu Art. 9 GG. | 2 BAG v. 7.11.1958 – 1 AZR 249/58, AP Nr. 1 zu § 611 BGB – Film. | 3 BAG v. 2.6.1961 – 1 AZR 573/59, AP Nr. 68 zu Art. 3 GG. | 4 Vgl. BAG v. 10.5.1957 – 1 AZR 249/56, AP Nr. 1 zu Art. 6 GG – Ehe und Familie. | 5 Vgl. BAG v. 28.11.1958 – 1 AZR 199/58, AP Nr. 3 zu Art. 6 GG – Ehe und Familie. | 6 BAG v. 18.1.2001 – 6 AZR 492/99, DB 2001, 1672 noch gegen Art. 3 GG. | 7 BAG v. 18.10.1994 – 1 AZR 503/93, AP Nr. 11 zu § 615 BGB – Kurzarbeit; v. 28.11.1984 – 5 AZR 123/83, AP Nr. 1 zu § 4 TVG – Bestimmungsrecht. | 8 BAG v. 9.7.1980 – 4 AZR 564/78, AP Nr. 7 zu § 1 TVG – Form (Verweis von TV Goethe-Institut auf TV Ang. Ausland); v. 10.11.1982 – 4 AZR 1203/79, AP Nr. 8 zu § 1 TVG – Form. | 9 BAG v. 21.8.2007 – 3 AZR 102/06, AP Nr. 69 zu § 1 BetrAVG – Zusatzversorgungskassen. | 10 BAG v. 23.11.1994 – 4 AZR 879/93, AP Nr. 12 zu § 1 TVG – Rückwirkung (Rückwirkende Tariflohnsenkung). | 11 BVerfG v. 13.1.1982 – 1 BvR 848/77, BVerfGE 59, 231 (263). | 12 *Löwisch/Rieble*, § 1 TVG Rz. 303. | 13 BAG v. 24.3.2004 – 5 AZR 303/03, AP Nr. 59 zu § 138 BGB. | 14 Vgl. *Wiedemann*, TVG, Einl. Rz. 336 ff. | 15 BVerfG v. 18.12.1974 – 1 BvR 430/65 und 259/66, BVerfGE 38, 281 (307). | 16 BAG v. 21.4.1971 – GS 1/68, AP Nr. 43 zu Art. 9 GG – Arbeitskampf; v. 29.11.1967 – GS 1/67, AP Nr. 13 zu Art. 9 GG. | 17 BGH v. 14.3.1978 – VI ZR 68/76, NJW 1978, 2031; BAG v. 20.8.1986 – 4 AZR 272/85, AP Nr. 6 zu § 1 TVG – Tarifverträge: Seniorität. | 18 BAG v. 5.12.1990 – 4 AZR 285/90, AP Nr. 153 zu §§ 22, 23 BAT 1975 (weit gehende Gestaltungsfreiheit der Tarifvertragsparteien); v. 23.10.1996 – 4 AZR 245/95, AP Nr. 38 zu § 23a BAT (keine Überprüfung, ob die gerechteste und zweckmäßigste Lösung gefunden wurde); v. 12.12.2006 – 1 AZR 96/06, NZA 2007, 453 (456) (keine Überprüfung anhand des Grundsatzes der Verhältnismäßigkeit); *Schliemann*, ZTR 2000, 198. | 19 BAG v. 14.12.1982 – 3 AZR 251/80, AP Nr. 1 zu § 1 BetrAVG – Besitzstand. | 20 BAG v. 16.11.1982 – 3 AZR 220/81, AP Nr. 4 zu § 62 BAT. | 21 BAG v. 5.12.1990 – 4 AZR 285/90, AP Nr. 153 zu §§ 22, 23 BAT 1975; v. 23.10.1996 – 4 AZR 245/95, AP Nr. 38 zu § 23a BAT.

fassungswidrige Tarifnormen werden für nichtig erklärt. Die Unwirksamkeit einer TV-Klausel zieht im Zweifel nicht die Unwirksamkeit der übrigen Bestimmungen des TV nach sich[1]. Die Kontrolle der Verfassungsmäßigkeit erfolgt durch die ArbG anhand einer inzidenten Prüfung. Eine Vorlage von TV an das BVerfG gem. Art. 100 I GG wäre unzulässig, da TV keine Gesetze im formellen Sinn darstellen. Ob eine Verfassungsbeschwerde nach § 90 BVerfGG zulässig ist, ist umstritten[2].

3. Gesetzesrecht. Eine Bindung der TV-Parteien ergibt sich auch aus einfachgesetzl. Regelungen. Zwar enthält die Gewährleistung der Tarifautonomie in Art. 9 III GG keinen Gesetzesvorbehalt. Das bedeutet allerdings nicht, dass damit jedes staatl. Handeln im Schutzbereich dieses Grundrechts unzulässig wäre. Art. 9 III GG gewährt den TV-Parteien zwar ein Normsetzungsrecht, aber kein Normsetzungsmonopol. Der Gesetzgeber bleibt befugt, zum Schutze der Grundrechte Dritter oder anderer mit Verfassungsrang ausgestatteter Belange das Arbeitsrecht zu regeln. Damit verbundene Beeinträchtigungen der Tarifautonomie sind hinzunehmen[3]. 24

a) Zwingendes und dispositives Recht. Nicht alle gesetzl. Regelungen binden die TV-Parteien gleichermaßen. Ebenso wie den Arbeitsvertragsparteien bleibt ihnen eine für die ArbN günstige Abweichung bei nur einseitig zwingendem Gesetzesrecht erlaubt. Lediglich zweiseitig zwingende Gesetze verbieten jede Abweichung. Ob einseitig oder – als seltene Ausnahme – zweiseitig zwingendes Recht vorliegt, ist mangels ausdrückl. Hinweise des Gesetzgebers im Einzelfall durch Auslegung des Gesetzestextes zu ermitteln. Als Faustformel lässt sich festhalten, dass arbeitsrechtl. Schutzgesetze im Zweifel einseitig zwingende Normen, arbeitsrechtl. Organisationsgesetze dagegen zweiseitig zwingend sind. 25

Beispiele für zweiseitig zwingende Normen: § 1 WissZeitVG[4]; § 3 I BUrlG; § 107 II GewO[5]. Im Übrigen zählen hierzu auch die tragenden Grundsätze des Arbeitsrechts[6], der Grundsatz von Treu und Glauben, das Sittengebot[7], die Kooperationspflicht im Arbeitsrecht[8] sowie Bestimmungen zur Unternehmens- und Wirtschaftsordnung im Gesellschafts- und Kapitalmarktrecht[9]. Einseitig zwingend sind zB: § 14 TzBfG[10]; das EFZG mit Ausnahme von § 4 IV, vgl. § 12 EFZG, das AGG, § 1 KSchG[11], § 125 SGB IX[12].

Dispositives Recht dient den TV-Parteien ebenso wie den Parteien des Einzelarbeitsvertrags als bloße Leitlinie. Beispiele bieten das BUrlG (vgl. § 13 I 1)[13], §§ 74 ff. HGB und § 17 BetrAVG. Trotz der Abdingbarkeit dürfen die TV-Parteien die gesetzl. Grundvorstellungen nicht willkürlich (ohne sachl. Grund) abbedingen, besonders dann nicht, wenn damit die Interessen einer Partei oder einer bestimmten Gruppe ungebührlich vernachlässigt würden[14]. Eine Zweckmäßigkeits- oder Billigkeitskontrolle der Tarifregelungen durch die Gerichte bleibt jedoch unzulässig[15]. 26

b) Tarifdispositives Recht. Neben den im Privatrecht allgemein bekannten Formen des zwingenden und des dispositiven Rechts kennt das Arbeitsrecht das tarifdispositive Recht. Es handelt sich um Gesetzesnormen, die nur die TV-Parteien abbedingen können, nicht jedoch die Parteien des Arbeitsvertrages oder die Betriebspartner. Da eine die ArbN begünstigende Regelung bei gesetzl. ArbN-Schutzvorschriften ohnehin stets möglich ist, geht es in den relevanten Fällen um eine Verschlechterung der Arbeitsbedingungen. Teilweise knüpft das Gesetz die Ausübung des tarifl. Gestaltungsrechts an Voraussetzungen (zB § 7 ArbZG). Praktisch bedeutsam ist, inwiefern auch die nicht organisierten ArbN den organisierten im Hinblick auf die (im Vergleich zur gesetzl. Regelung ungünstigeren) Tarifnormen gleichgestellt werden können. Da den TV die Richtigkeitsgewähr zukommt, ist die Möglichkeit der Erstreckung auf Außenseiter grds. systemkonform. 27

Soweit es sich um betriebl. oder betriebsverfassungsrechtl. Tarifregelungen handelt, ergeben sich bei einer Tarifbindung des ArbGeb keine Probleme, da die Normen dann ohnehin gem. § 3 II auf alle Beschäftigten anzuwenden sind. Andere Regelungen können über eine AVE zur Anwendung kommen. Im Übrigen kommt eine Bezugnahme im Einzelarbeitsvertrag in Betracht. Führt sie für den Außenseiter zu ungünstigeren Arbeitsbedingungen, ist sie nur in den gesetzl. vorgesehenen Fällen zulässig[16] und zwar 28

---

1 Nach BAG v. 18.8.1971 – 4 AZR 342/70, AP Nr. 8 zu § 4 TVG – Effektivklausel – sind TV insofern wie Gesetze zu behandeln. |2 Vgl. Kempen/Zachert/*Kempen*, TVG, Grundlagen Rz. 266. |3 BVerfG v. 3.4.2001 – 1 BvL 32/97, AP Nr. 2 zu § 10 BUrlG – Kur; BAG v. 21.7.2004 – 7 AZR 589/03, ZTR 2005, 255. |4 Zu § 57a HRG (aF): BAG v. 25.9.1987 – 7 AZR 315/86, AP Nr. 1 zu § 1 BeschFG 1985; BVerfG v. 24.4.1996 – 1 BvR 712/86, BVerfGE 94, 268 (293). |5 BAG v. 20.3.1974 – 5 AZR 351/73, AP Nr. 1 zu § 115 GewO (zu § 115 II GewO aF). |6 BAG v. 30.1.1970 – 3 AZR 44/68, AP Nr. 142 zu § 242 BGB – Ruhegehalt (Ablösbarkeit einer betriebl. Ruhegeldordnung durch eine Betriebsvereinbarung); v. 14.12.1982 – 3 AZR 251/80, AP Nr. 1 zu § 1 BetrAVG – Besitzstand (Gleichheitssatz); v. 10.10.1989 – 3 AZR 200/88, AP Nr. 3 zu § 1 TVG – Vorruhestand (Vertrauensgrundsatz und Verhältnismäßigkeit). |7 BAG v. 30.1.1970 – 3 AZR 44/68, AP Nr. 142 zu § 242 BGB – Ruhegehalt; v. 14.12.1982 – 3 AZR 251/80, AP Nr. 1 zu § 1 BetrAVG – Besitzstand; v. 10.10.1989 – 3 AZR 200/88, AP Nr. 3 zu § 1 TVG – Vorruhestand. |8 *Wiedemann*, TVG, Einl. Rz. 355. |9 *Wiedemann*, TVG, Einl. Rz. 355. |10 Noch zu § 1 BeschFG: BAG v. 25.9.1987 – 7 AZR 315/86, AP Nr. 1 zu § 1 BeschFG 1985. |11 BAG v. 14.5.1987 – 2 AZR 380/86, AP Nr. 5 zu § 1 KSchG 1969 – Wartezeit. |12 Vgl. zu § 47 SchwbG: BAG v. 8.3.1994 – 9 AZR 49/93, AP Nr. 5 zu § 47 SchwbG 1986. |13 *Gamillscheg*, Kollektives Arbeitsrecht I, S. 701. |14 BAG v. 2.11.1955 – 1 ABR 6/55, AP Nr. 1 zu § 27 BetrVG 1952; v. 7.11.1958 – 1 AZR 249/58, AP Nr. 1 zu § 611 BGB – Film. |15 BAG v. 19.12.1958 – 1 AZR 109/58, AP Nr. 3 zu § 2 TVG; v. 21.12.1970 – 3 AZR 510/69, AP Nr. 1 zu § 305 BGB – Billigkeitskontrolle. |16 BAG v. 29.6.2000 – 6 AZR 50/99, NZA 2001, 670 (zu § 616 II BGB aF).

unter folgenden Voraussetzungen: (1) Es darf nur auf den im Unternehmen geltenden TV Bezug genommen werden (vgl. § 48 II ArbGG, § 622 IV BGB, § 13 I BUrlG, § 17 III BetrAVG, §§ 12 III, 13 IV, 14 II 4 TzBfG, § 4 IV EFZG). (2) Ferner muss der einschlägige TV insgesamt (§ 48 II 2 ArbGG) einbezogen werden, zumindest aber alle mit der Verschlechterung in Sachzusammenhang stehenden Regeln (vgl. § 4 IV 2 EFZG), selbst wenn sich dies nicht ausdrückl. aus dem Gesetz ergibt[1]. Damit soll eine bloße Bezugnahme auf dem ArbN ungünstige Tarifregelungen („Rosinentheorie") verhindert werden. Soweit das Gesetz die Möglichkeit einer Bezugnahme sogar für „nicht tarifgebundene ArbGeb und ArbN" vorsieht (vgl. etwa §§ 3 I Nr. 3, 9 Nr. 2 AÜG, s. auch § 3 AÜG Rz. 37 ff.)[2], gilt dies auch für eine Bezugnahme zwischen tarifgebundenen ArbGeb und nicht oder anders organisierten ArbN sowie für eine solche zwischen kongruent tarifgebundenen ArbGeb und ArbN[3].

28a **c) Bindung an das AGG.** Die TV-Parteien sind an die Diskriminierungsverbote des AGG gebunden[4]. Einschränkungen lassen sich weder über die Tarifautonomie noch über die Richtigkeitsgewähr von TV rechtfertigen. Dies zeigt schon § 15 III AGG, der auch bei einer Benachteiligung durch kollektivrechtl. Vereinbarungen einen Entschädigungsanspruch zulässt. Gegen das Benachteiligungsverbot des § 7 I AGG verstoßende Klauseln sind gem. § 7 II AGG in Individual- und Kollektivverträgen nichtig. Problematisch sind vor diesem Hintergrund tarifl. Regelungen, die eine altersbezogene Entgeltstaffelung vorsehen. Sie führen zu einer unmittelbaren Benachteiligung nach §§ 3 I, 7 I AGG. Die Zulässigkeit einer altersabhängigen Behandlung kann sich aus § 10 S. 3 Nr. 1 AGG ergeben[5]. Weniger problematisch sind Klauseln, die an die Betriebszugehörigkeit anknüpfen. Sie sind zulässig, soweit sie tatsächlich die Berufserfahrung honorieren[6].

29 **d) Tarifvertragliche Bezugnahme.** Auslegungsfragen ergeben sich, wenn ein TV dispositives Gesetzesrecht durch Bezugnahme oder durch wörtl. bzw sachl. Übernahme in seinen Inhalt integriert. Dies kann bloß deklaratorisch gemeint sein, sofern die TV-Parteien keinen eigenen Normsetzungswillen haben. Es kann ihnen aber auch um die konstitutive Einbindung des Gesetzesinhalts in den TV gehen. Bedeutung hat dies im Fall von Gesetzesänderungen, zB bei der Neufassung des § 4 I EFZG im Jahre 1996. Kommt der Bezugnahme nur deklaratorische Bedeutung zu (dyn. Verweisung), ändert sich der Inhalt des TV mit der Neufassung des Gesetzes. Bei einer konstitutiven Bezugnahme (statische Verweisung) bleibt es beim bisherigen Inhalt des TV, soweit die neue gesetzl. Regelung keine zwingende Wirkung hat und sofern der TV nicht aus anderen Gründen undurchführbar geworden ist.

30 Die Bedeutung der Bezugnahme ist durch Auslegung zu ermitteln. Erfolgt die Übernahme des Gesetzes unter inhaltl. Modifikation oder Ergänzung, liegt in jedem Fall eine konstitutive Bezugnahme vor[7]. Im Übrigen nimmt die Rspr. im Zweifel eine deklaratorische Verweisung an[8]. Hierfür spreche, dass der TV den Tarifunterworfenen eine vollständige und umfassende Darstellung ihrer Arbeitsbedingungen bieten wolle. Ein eigenständiger Regelungswille müsse durch die TV-Parteien ausdrückl. gekennzeichnet werden[9].

31 Entgegen dieser Rspr. ist auch bei wörtl. Übernahme der gesetzl. Bestimmungen im Einzelfall zu überprüfen, ob die TV-Parteien nicht bewusst den nur dispositiven gesetzl. Regelungen über den TV einseitig zwingenden Charakter beimessen wollten[10]. Im Schrifttum wird unter Hinweis auf das verfassungsrechtl. Gebot der Normenklarheit im Zweifel sogar eine konstitutive Regelung bejaht[11]. Der Bürger müsse Regelungen ohne Zuhilfenahme spezieller Kenntnisse erkennen können. Soweit den TV-Parteien der Regelungswille abgesprochen werde, verletze dies die durch Art. 9 III GG gewährleistete Tarifautonomie[12].

32 **4. Tarifdispositives Richterrecht.** Tarifdispositives Richterrecht umfasst richterrechtl. Regeln, die nur für die Einzelarbeitsvertragsparteien und die Betriebspartner, nicht aber für die TV-Parteien zwingende Wirkung entfalten[13]. Den Umfang legt die Rspr. fest, jedoch bildet tarifoffenes Richterrecht den Regelfall. Ihm liegt die Annahme zugrunde, dass die von den TV-Parteien ausgehandelten Regelungen dem Richterrecht vergleichbar angemessen sind[14]. Beispiele bieten die Rspr. zur Rückerstattung von Gratifikatio-

---

1 *Wiedemann*, TVG, Einl. Rz. 395. | 2 Zu den aktuellen Problemen im Bereich der Leiharbeit vgl. *Böhm*, DB 2005, 2023. | 3 BAG v. 4.9.1996 – 4 AZR 135/95, AP Nr. 5 zu § 1 TVG – Bezugnahme auf Tarifvertrag. | 4 *Schleusener/ Suckow/Voigt*, § 7 AGG Rz. 37; MüKo/*Thüsing*, § 15 AGG Rz. 34. | 5 Kritisch Däubler/Bertzbach/*Brors*, § 10 AGG Rz. 57; *Rieble/Zedler*, ZfA 2006, 273 (294 f.). | 6 EuGH v. 3.10.2006 – C-17/05, NZA 2006, 1205; dazu MüKo/*Thüsing*, § 10 AGG Rz. 52. | 7 BAG v. 30.8.2000 – 5 AZR 510/99, AP Nr. 48 zu § 4 EntgeltFG. | 8 BAG v. 28.1.1988 – 2 AZR 296/87, AP Nr. 24 zu § 622 BGB; v. 14.2.1996 – 2 AZR 166/95, NZA 1997, 97. | 9 BAG v. 5.10.1995 – 2 AZR 1028/94, AP Nr. 48 zu § 622 BGB; v. 16.9.1993 – 2 AZR 697/92, AP Nr. 42 zu § 622 BGB; vgl. auch v. 16.6.1998 – 5 AZR 638/97, NZA 1998, 1062; anders *Wiedemann*, TVG, Einl. Rz. 377; Kempen/Zachert/*Kempen*, TVG, Grundlagen Rz. 286. | 10 Vgl. auch *Rieble*, RdA 1997, 134; *Sandmann*, RdA 2002, 73. | 11 *Wiedemann*, Anm. zu AP Nr. 133 zu § 1 TVG – Auslegung; *Rieble*, RdA 1997, 134 (140); *Buchner*, NZA 1996, 1177 (1182); *Däubler*, Einl. TVG Rz. 534; zuletzt insb. aus verfassungsrechtl. Gründen *Sandmann*, RdA 2002, 73 (75 ff.). | 12 So die Begründung bei *Sandmann*, RdA 2002, 73 (75 ff.). | 13 *Gamillscheg*, Kollektives Arbeitsrecht I, S. 706; *Jacklofsky*, NZA 2001, 644; vgl. BAG v. 31.3.1966 – 5 AZR 516/65, AP Nr. 54 zu § 611 BGB – Gratifikation. | 14 Vgl. *Wiedemann*, TVG, Einl. Rz. 400.

nen[1] sowie zu befristeten Arbeitsverträgen[2], Wettbewerbsverboten[3] und Arbeitskampfregeln[4]. Tarifoffen sind auch die Grundsätze über das Betriebsrisiko[5]. Im Bereich des tarifdispositiven Richterrechts ist eine einzelvertragl. Bezugnahme unter Umständen zulässig[6].

5. Sonstige staatliche Rechtsnormen. Der TV ist an staatl. VO des Bundes und der Länder gebunden. Autonomes Recht der Gemeinden, Landkreise oder anderer öffentl.-rechtl. Körperschaften, etwa der Berufskammern, ist grds. gleichrangig, sofern nicht der staatl. Gesetzgeber etwas anderes angeordnet hat. Die Unfallverhütungsvorschriften, Berufsausbildungsanordnungen, Dienstordnungen gehen den TV danach vor[7]. 33

6. Verhältnis zur Betriebsvereinbarung. Zum Verhältnis von TV und BV s. § 77 BetrVG Rz. 48 ff., § 87 BetrVG Rz. 9 ff. und § 112 BetrVG Rz. 80. 34

IV. Innenschranken der Tarifautonomie. Über die durch Verfassung und Gesetzesrecht gezogenen Grenzen hinaus sind der Tarifautonomie Binnenschranken gesetzt. Sie dienen dem Schutz der normunterworfenen ArbGeb und ArbN und verwirklichen deren **Individual- und Minderheitenrechte**[8]. Geschützt werden sowohl die Vertragsgegenseite als auch die individuell Normunterworfenen. **Schutz der kollektiven Vertragsgegenseite: Differenzierungs- und Tarifausschlussklauseln** sind nach bisheriger Rspr. unzulässig[9] (s. § 1 Rz. 107). In einer jüngeren Entscheidung hat das BAG aber bewusst offen gelassen, ob an dieser Rspr. fest zu halten ist[10]. Die Unterstützung gewerkschaftl. Vertrauensleute durch TV in Form von **Freistellungsabreden** mit Entgeltfortzahlung wird zumeist für zulässig erachtet[11]. Zur Zulässigkeit zusätzl. oder alternativer betriebsverfassungsrechtl. Organe s. § 3 BetrVG Rz. 4 ff. Für gewerkschaftl. Vertrauensleute oder Mandatsträger kann ein **Sonderkündigungsschutz** in Form vorheriger Anhörung oder Information der zuständigen Gewerkschaft vereinbart werden. Die **Einziehung der Gewerkschaftsbeiträge** durch den ArbGeb über die Einbehaltung von Lohnbestandteilen ist nur mit Zustimmung des ArbN wirksam. Eine dahin gehende Tarifvereinbarung ist nur mit einem entsprechenden Vorbehalt zulässig. Ein TV kann die **Unternehmens- und Gesellschaftsverfassung** nicht abändern[12]. Originärer Zuständigkeitsbereich der Unternehmensleitung und damit von der tarifvertragl. Regelungskompetenz ausgeschlossen sind Produktion, Vertrieb, Finanzierung, Investition und internes Rechnungswesen. Kein zulässiger Verhandlungsgegenstand der TV-Parteien sind auch die gesellschaftsrechtl. Beschlüsse zur Liquidation, Umwandlung oder Konzernierung einer Handelsgesellschaft. 35

Zum originären Zuständigkeitsbereich der Tarifautonomie gehört dagegen das Personalwesen. Der **Rationalisierungsschutz** wird von der Tarifmacht erfasst, soweit die personellen und sozialen Folgen von Rationalisierungsmaßnamen für die beschäftigten ArbN geregelt werden[13]. Bei Änderung der Betriebsorganisation können die sozialen Folgen geregelt werden. Grds. zulässig sind auch sog. **Tarifsozialpläne**, dh. TV, die einem Nachteilsausgleich bei (Teil-)Betriebsschließungen bezwecken (zur Erstreikbarkeit vgl. Art. 9 GG Rz. 267)[14]. Sowohl Abfindungszahlungen als auch verlängerte Kündigungsfristen und arbeitgeberfinanzierte Qualifizierungsmaßnahmen sind tarifl. regelbar[15]. Den §§ 111 ff. BetrVG lässt sich insoweit keine Regelungssperre entnehmen[16]. Allerdings muss der unantastbare Kernbereich der unternehmerischen Entscheidungsfreiheit des ArbGeb unberührt bleiben[17]. Die Tarifforderungen der Gewerkschaft dürfen daher weder direkt noch indirekt die unternehmerische Entscheidung als solche in Frage stellen[18]. Zulässig ist eine Tarifklausel, welche die **Schließung der Geschäftsstellen** an Silvester vorsieht[19].

Schutz der individuell Normunterworfenen: TV haben die **Privatsphäre** von ArbN und ArbGeb zu respektieren und dürfen nicht über die arbeitsfreie Zeit des ArbN bestimmen. Dementsprechend kann ein TV dem ArbN nicht jegliche **Nebentätigkeit** verbieten. Die Ausübung subjektiver Rechte, insb. der **Gestaltungs- und Klagerechte** aus dem Arbeitsverhältnis liegt außerhalb des Regelungsbereichs der 36

---

1 Vgl. AP Nr. 54 ff. zu § 611 BGB – Gratifikation. | 2 BAG v. 4.12.1969 – 5 AZR 84/69, AP Nr. 32 zu § 620 BGB – Befristeter Arbeitsvertrag; v. 25.11.1973 – 2 AZR 158/72, AP Nr. 37 zu § 620 BGB – Befristeter Arbeitsvertrag. | 3 *Wiedemann*, TVG, Einl. Rz. 413. | 4 BAG v. 21.4.1971 – GS 1/68, AP Nr. 43 zu Art. 9 GG – Arbeitskampf. | 5 BAG v. 30.1.1991 – 4 AZR 338/90, AP Nr. 33 zu § 615 BGB – Betriebsrisiko. | 6 BAG v. 23.2.1967 – 5 AZR 234/66, AP Nr. 57 zu § 611 – Gratifikation. | 7 *Wiedemann*, TVG, Einl. Rz. 414 ff.; Däubler/*Schiek*, Einl. TVG Rz. 338 ff. | 8 Zur rechtsdogmatischen Begründung: *Wiedemann*, TVG, Einl. Rz. 420 f. | 9 BAG v. 29.11.1967 – GS 1/67, AP Nr. 13 zu Art. 9 GG; dazu auch *Franzen*, RdA 2006, 1. | 10 BAG v. 9.5.2007 – 4 AZR 275/06, NZA 2007, 1439. | 11 BAG v. 11.9.1985 – 4 AZR 147/85, AP Nr. 67 zu § 616 BGB; v. 21.2.2001 – 4 AZR 23/00, BB 2001, 1640; vgl. auch v. 20.4.1999 – 3 AZR 352/97, AP Nr. 28 zu § 1 TVG – Tarifverträge: Rundfunk; v. 5.4.1978 – 4 AZR 640/76, AP Nr. 2 zu § 1 TVG – Tarifverträge: Banken; v. 19.7.1983 – 1 AZR 307/81, AP Nr. 5 zu § 87 BetrVG – Betriebsbuße. | 12 Vgl. *Wiedemann*, TVG, Einl. Rz. 440. | 13 Vgl. BAG v. 15.12.1998 – 3 AZR 374/97, nv.; vgl. *Wiesner*, ZTR 2001, 304. | 14 BAG v. 24.4.2007 – 1 AZR 252/06, NZA 2007, 987 – zugleich zur Frage der Erstreikbarkeit. S. auch LAG Nds. v. 2.6.2004 – 7 Sa 819/04, NZA-RR 2005, 200; LAG Schl.-Holst. v. 27.3.2003 – 5 Sa 137/03, NZA-RR 2003, 592; LAG Hamm v. 31.5.2000 – 18a Sa 858/00, NZA-RR 2000, 535; LAG Hess. v. 2.2.2006 – 9 Sa 915/05, LAGE Nr. 75 zu Art. 9 GG Arbeitskampf; *Henssler*, FS Richardi (2007), 553; *Willemsen/Stamer*, NZA 2007, 413; *Schneider/Sittard*, ZTR 2007, 590; *Nicolai*, RdA 2006, 33; *Kühling/Bertelsmann*, NZA 2005, 1017; *Schiefer/Worzalla*, DB 2006, 46; *Bauer/Krieger*, NZA 2004, 1021; *Reichold*, BB 2004, 2814. | 15 BAG v. 24.4.2007 – 1 AZR 252/06, NZA 2007, 987. | 16 BAG v. 24.4.2007 – 1 AZR 252/06, NZA 2007, 987. | 17 BVerfG v. 14.10.1970 – 1 BvR 306/68, NJW 1971, 368. | 18 Vgl. LAG Schl.-Holst. v. 27.3.2003 – 5 Sa 137/03, NZA-RR 2003, 592. | 19 BAG v. 7.11.1995 – 3 AZR 676/94, AP Nr. 1 zu § 3 TVG – Betriebsnormen.

Tarifpartner. **Ausschlussklauseln** sind jedoch zulässig[1]. TV dürfen den ArbN nicht vorschreiben, wie sie ihren Lohn zu verwenden haben. **Entgeltabtretungsverbote** sind aber nicht zu beanstanden[2]. Ein nachträgl. Verzicht durch TV auf vom ArbGeb bereits erfüllte Lohnansprüche ist wohl unzulässig[3]. Eine Innenschranke stellt auch das **Günstigkeitsprinzips** dar, da es günstigere Individualvereinbarungen der Veränderung durch den TV entzieht (vgl. § 4 Rz. 29 ff.).

37 **V. Reformvorschläge/Aktuelle Entwicklungen.** Das geltende TV-Recht wird zunehmend als reformbedürftig angesehen[4]. Vorgeschlagen wird eine Verkürzung der zeitl. Tarifbindung, um es den Unternehmen zu ermöglichen, in Krisensituationen der strengen Tarifbindung nicht länger als unbedingt nötig unterworfen zu sein[5]. Anknüpfungspunkte für entsprechende Änderungen bieten die Regelungen über die Fortwirkung (§ 3 III) bzw. die Nachwirkung (§ 4 V)[6]. Auch ein Recht zur außerordentl. Kündigung von TV für Unternehmen in existenziellen Notlagen ist im Gespräch[7]. Vielfach wird gefordert, eine stärkere Flexibilisierung der Arbeitsbedingungen durch eine Neuinterpretation des Günstigkeitsprinzips zu ermöglichen[8]; zum Teil wird sogar eine gesetzl. Konkretisierung dieses Prinzips gefordert[9]. So soll die Beschäftigungslage, insb. die Sicherheit des Arbeitsplatzes, in den Günstigkeitsvergleich einfließen[10]. Auf dem Prüfstand steht ferner § 77 III BetrVG[11]. Durch gesetzl. Öffnungsklauseln sollen im Interesse betriebsnaher Regelungen die Gestaltung der Arbeitsbedingungen teilweise auf die Betriebspartner übertragen[12] und „Bündnisse für Arbeit" ermöglicht werden[13]. Die Aktivitäten des Gesetzgebers aus Anlass der aktuellen Mindestlohndebatte führten dagegen eher zu einer Entflexibilisierung des Tarifrechts[14]. Durch die Erstreckung von TV über § 5 TVG oder das AEntG wird die Kartellwirkung der TV gesteigert. Zudem ist nach der Rspr. des BAG im Anwendungsbereich des AEntG eine Flexibilisierung der Arbeitsbedingungen durch Firmen-TV ausgeschlossen, da das BAG den erstreckten TV aus europarechtl. Gründen den Vorrang einräumt[15].

38 **VI. Internationales.** Der von deutschen TV-Parteien geschlossene TV entfaltet seine Wirkung auch bei dem deutschen Recht unterliegenden Arbeitsverhältnissen mit Auslandsberührung, etwa bei der Entsendung ins Ausland[16]. Der deutsche TV kann Arbeitsverhältnisse unter ausländischem Arbeitsstatut erfassen, allerdings mangels normativer Wirkung[17] nur, wenn die Tarifnormen in den Arbeitsvertrag überführt wurden. Über Art. 30 EGBGB kann der deutsche TV bei Tätigkeit ausländischer ArbN im Inland greifen, selbst wenn an sich ausländisches Arbeitsstatut gilt[18]. Für den Baubereich, das Gebäudereinigerhandwerk und Briefdienstleistungen ordnet § 1 AEntG die Geltung der erfassten TV über die Mindestarbeitsbedingungen auch für ausländischem Vertragsstatut unterliegende Arbeitsverhältnisse an (vgl. § 5 Rz. 39)[19]. Die Tarifnormen werden zu zwingenden Vorschriften iSv. Art. 34 EGBGB. Dies gilt indes nur hinsichtl. der in § 1 I 1 Nr. 1, 2 und § 7 II iVm. I AEntG ausdrücklich genannten Arbeitsbedingungen.

1 *Inhalt und Form des Tarifvertrages*

(1) Der Tarifvertrag regelt die Rechte und Pflichten der Tarifvertragsparteien und enthält Rechtsnormen, die den Inhalt, den Abschluss und die Beendigung von Arbeitsverhältnissen sowie betriebliche und betriebsverfassungsrechtliche Fragen ordnen können.

(2) Tarifverträge bedürfen der Schriftform.

1 BAG v. 13.12.2000 – 10 AZR 168/00, NZA 2001, 723. |2 BAG v. 2.6.1966 – 2 AZR 322/65, AP Nr. 8 zu § 399 BGB. |3 Vgl. *Wiedemann*, TVG, Einl. Rz. 459. |4 Vgl. *Winkler*, NZA 2000, Sonderbeilage zu Heft 3/2000, 11; *Zachert*, NZA 2000, Sonderbeilage zu Heft 3/2000, 17; *Lesch*, DB 2000, 322; *Schleusener*, NJ 1998, 561; *Büdenbender*, NZA 2000, 509; *Dieterich*, RdA 2002, 1; für mehr Wettbewerb unter den Gewerkschaften als Reformansatz plädiert *Franzen*, RdA 2001, 1. |5 Vgl. *Dieterich/Hanau/Henssler uam.*, RdA 2004, 65 (75 f.); *Wiedemann*, TVG, Einl. Rz. 62. |6 Vgl. *Adomeit*, Regelung von Arbeitsbedingungen und ökonomische Notwendigkeiten, S. 55 (70); *Wiedemann*, TVG, Einl. Rz. 62; *Löwisch/Rieble*, § 3 TVG Rz. 93 ff. mwN; *Beuthien/Meik*, DB 1993, 15 (19); krit.: *Henssler*, ZfA 1994, 487 (514). |7 Vgl. *Belling*, NZA 1996, 906; *Löwisch*, NJW 1997, 905; *Oetker*, RdA 1995, 94; *Rieble*, RdA 1996, 151. |8 Vgl. *Buchner*, DB 1990, 1720; *Adomeit*, Regelung von Arbeitsbedingungen und ökonomische Notwendigkeiten, S. 38 ff.; *Eekhoff*, Beschäftigung und soziale Sicherung, S. 63 f.; *Hundt*, Arbeitgeber 1998, S. 49 f.; *Schliemann*, NZA 2003, 122; *Robert*, NZA 2004, 633; krit. *Dieterich/Hanau/Henssler uam.*, RdA 2004, 65 (69 f.); zur Verfassungsmäßigkeit: *Höfling/Burkiczak*, NJW 2005, 469 (471 ff.). |9 Vgl. den Gesetzesvorschlag des Bundeslandes Bayern (BR-Drs. 863/02) v. 22.11.2002. |10 Vgl. auch den Antrag der FDP-Fraktion v. 28.1.2000, BT-Drs. 14/2612. Hierzu: *Dieterich*, RdA 2002, 1. |11 Vgl. *Wiedemann*, TVG, Einl. Rz. 58; *Dieterich*, RdA 2002, 1 (15 ff.). |12 Kempen/Zachert/*Kempen/Wendeling-Schröder*, TVG, Grundlagen Rz. 101 ff., § 2 TVG Rz. 129, § 4 TVG Rz. 394 ff.; *Henssler*, ZfA 1998, 517 (520); *Wendeling-Schröder*, NZA 1998, 624 (626); *Hromadka*, NJW 2003, 1273; krit. *Wolter*, NZA 2003, 1317; *Dieterich/Hanau/Henssler uam.*, RdA 2004, 65 (70); *Natzel*, NZA 2005, 903. |13 Vgl. den Gesetzesvorschlag des Bundeslandes Bayern (BR-Drs. 863/02) v. 22.11.2002. |14 Vgl. dazu *Henssler/Sittard*, RdA 2007, 159, 163. |15 BAG v. 25.1.2005 – 9 AZR 405/00, NZA 2006, 171; v. 13.5.2004 – 10 AS 6/04; krit. *Thüsing*, NZA 2005, 1280 (1285). |16 *Gamillscheg*, Kollektives Arbeitsrecht I, S. 488; *Däubler*, Einl. Rz. 626 ff. |17 Str., vgl. zur uneinheitlichen Rspr. BAG v. 6.11.2002 – 5 AZR 617/01 (A), NZA 2003, 490 und v. 9.7.2003 – 10 AZR 593/02, NJOZ 2003, 3477. |18 *Däubler*, Tarifvertragsrecht, Nr. 1662 ff. |19 Zur Vereinbarkeit mit dem Europarecht EuGH v. 24.1.2002 – C-164/99, BB 2002, 624; EWiR Art. 49 EG, 1/02, 245 (*Henssler/Müller*).

I. Begriff des Tarifvertrages. Der TV ist eine formbedürftige, **privatrechtl. Vereinbarung** zwischen einzelnen ArbGeb oder deren Vereinigungen auf der einen und tariffähigen Gewerkschaften auf der anderen Seite, die Rechte und Pflichten der TV-Parteien regelt und Arbeits- und Wirtschaftsbedingungen festsetzt. Anders als typische private Verträge begründet er nicht nur Rechte und Pflichten der Vertragsparteien selbst (schuldrechtl. Teil), sondern stellt darüber hinaus Regeln auf, deren Adressat Dritte sind, die nicht am Vertragsschluss mitgewirkt haben (normativer Teil). In dieser Doppelnatur liegt das Spezifikum des TV. 1

Sein Zustandekommen erfordert einen **Vertrag** iS einer Willenseinigung mindestens zweier tariffähiger Parteien. Einseitige Richtlinien und Anstellungsbedingungen des ArbGeb erfüllen diese Voraussetzung nicht, auch wenn sie der ArbGeb als „Haustarif" bezeichnet[1]. Ein Vorvertrag ist zulässig[2]; ob er schon als TV zu qualifizieren ist und damit der Schriftform gem. § 1 II bedarf, ist umstritten[3]. Aus der Zulässigkeit des Vorvertrages folgt, dass sich Tarifpartner verpflichten können, einen noch nicht geschlossenen VerbandsTV in einem AnschlussTV zu übernehmen[4]. 2

II. Rechtsnatur. Der **schuldrechtl. Teil** des TV, in dem die Rechte und Pflichten der TV-Parteien festgeschrieben sind, wird einhellig als privatrechtl. Vertrag eingestuft. Zur Rechtsnatur des normativen Teils gehen die Meinungen dagegen bis heute auseinander[5]. Überholt ist der Versuch, die Befugnis der TV-Parteien zur Normsetzung ausschließlich als rechtsgeschäftl. Handeln zu deuten[6]. Der mandatarischen Theorie zufolge wird den TV-Normen zwar Rechtssatzcharakter beigemessen, die Befugnis zur 3

1 BAG v. 25.6.1964 – 5 AZR 440/63, AP Nr. 1 zu § 611 – Gewerkschaftsangestellte. | 2 BAG v. 5.7.2006 – 4 AZR 381/05, AP Nr. 38 zu § 1 TVG; v. 26.1.1983 – 4 AZR 224/80, AP Nr. 20 zu § 1 TVG; v. 19.10.1976 – 1 AZR 611/75, AP Nr. 6 zu § 1 TVG – Form. | 3 Bejahend: *Löwisch/Rieble*, § 1 TVG Rz. 375; abl.: BAG v. 26.1.1983 – 4 AZR 224/80, AP Nr. 20 zu § 1 TVG; v. 25.8.1982 – 4 AZN 305/82, AP Nr. 23 zu § 72a ArbGG 1979 – Grundsatz: Der Vorvertrag dient nicht oder noch nicht unmittelbar der Normsetzung; offen lassend BAG v. 5.7.2006 – 4 AZR 381/05, AP Nr. 38 zu § 1 TVG. | 4 BAG v. 19.10.1976 – 1 AZR 611/75, AP Nr. 6 zu § 1 TVG – Form, zu einer solchen Verpflichtungserklärung in Form eines Fernschreibens. | 5 Vgl. Wiedemann/*Thüsing*, § 1 TVG Rz. 42 ff.; Däubler/*Reim*, § 1 TVG Rz. 31 ff. | 6 *Jacobi*, Grundlehren des Arbeitsrechts, 1927, S. 246 ff., 272 ff.

tarifl. Gestaltung des Arbeitsverhältnisses soll aber auf privater Rechtsetzungsbefugnis beruhen[1]. Verschiedene Besonderheiten des Tarifrechts, etwa die Erstreckung von betriebs- und betriebsverfassungsrechtl. Normen auf Außenseiter (§ 3 II), die Möglichkeit, bei tarifdispositiven Normen von an sich zwingendem Gesetzesrecht abzuweichen sowie die Anknüpfung der AVE (§ 5) an tarifvertragl. Regelungen, lassen sich über dieses gedankl. Modell nicht zufriedenstellend erklären. Herrschend ist die Rechtfertigung der Tarifautonomie über das Modell staatl. Delegation[2]. Unbefriedigend bleibt auch nach diesem Ansatz, dass das TVG den Voraussetzungen des Art. 80 GG nicht genügt und die tarifvertragl. Vereinbarungen nicht der Staatsaufsicht unterliegen.

4 Mit der überwiegenden Ansicht sind die TV-Normen trotz der Nähe der Normsetzung zum öffentl. Recht als **Teil des Privatrechts** zu qualifizieren[3]. Für diese Einordnung spricht der Verzicht auf eine Staatsaufsicht und die Qualität der TV-Parteien als Subjekte des Privatrechts.

5 **III. Arten und Parteien des Tarifvertrages.** Das TVG erlaubt TV in verschiedenen Gestaltungsformen. Prägend sind die Parteien eines TV. Partei eines TV kann sein, wer **tariffähig** ist (s. § 2 Rz. 1 ff.). Gem. der Aufzählung in § 2 sind dies grds. Gewerkschaften, ArbGebVerbände, die Spitzenorganisationen der Verbände und einzelne ArbGeb (zu den weiteren Voraussetzungen der Tariffähigkeit s. § 2 Rz. 4 ff.). Dementsprechend wird zwischen **VerbandsTV** (auch FlächenTV), bei dem auf ArbGebSeite ein Verband auftritt und den mit einzelnen ArbGeb geschlossenen **FirmenTV** (auch Werks-, Haus- oder UnternehmensTV[4]) unterschieden. Der Geltungsbereich eines VerbandsTV bezieht sich typischerweise auf eine bestimmte Branche in einer Region und umfasst alle Mitglieder der tarifvertragsschließenden Koalitionen. Zulässig ist aber auch der sog. firmenbezogene VerbandsTV[5]. Dabei schließt ein ArbGebVerband einen TV ab, dessen Geltungsbereich auf ein Mitgliedsunternehmen beschränkt ist. FirmenTV bieten an einen VerbandsTV gebundenen Unternehmen insb. bei wirtschaftl. Schwierigkeiten die Möglichkeit, die Arbeitsbedingungen zu Lasten der ArbN zu verschlechtern und den ökonomischen Gegebenheiten anzupassen (sog. **SanierungsTV**). Als Vertragspartner kommt nur jene Gewerkschaft in Betracht, die den VerbandsTV abgeschlossen hat, da nur ihr TV Wirkungen gegenüber ihren Mitgliedern entfaltet. Als speziellere Regelung geht der FirmenTV dann vor (s. § 4 Rz. 40 ff.). Für nicht verbandsangehörige Unternehmen und solche mit bloßer OT-Mitgliedschaft ist der FirmenTV die einzige Möglichkeit, eine normative Tarifbindung herzustellen. Anerkennungs- oder VerweisungsTV (Rz. 106a) können hier den Aufwand des einzelnen ArbGeb begrenzen, indem Regelungen aus einem VerbandsTV übernommen werden[6]. Solche Verweisungen auf andere TV sind allerdings mit Gefahren auf Grund der Tarifdynamik verbunden (ausf. zu FirmenTV § 2 Rz. 24 ff.).

6 Vertragspartei des VerbandsTV ist immer der Berufsverband, nicht das einzelne Mitglied. Rechte und Pflichten aus dem TV treffen, soweit dieser keine normative Wirkung entfaltet, zunächst nur die Vertragsparteien selbst. Jede Vertragspartei übernimmt allerdings die Pflicht, im Rahmen der satzungsmäßigen Möglichkeiten die Mitglieder zur Beachtung des TV anzuhalten (s. Rz. 69 ff.)[7]. Die TV-Parteien können sich auch schuldrechtl. zu Gunsten Dritter, dh. zu Gunsten der Verbandsmitglieder oder außenstehender Personen, binden[8].

Die Willenserklärungen müssen beim **VerbandsTV** durch das allgemein zur Vertretung **befugte Organ**, dh. den Vorstand (§ 26 BGB) oder durch in der Satzung bestimmte Vertreter (§ 30 BGB) bzw. durch wirksam bestellte Bevollmächtigte (§ 164 BGB) abgegeben werden. Bei mehrgliedrigen TV (s. Rz. 9) kann ein Verband andere Tarifparteien nach den Regeln der Stellvertretung (§§ 164 ff. BGB) vertreten[9]. Eine **Beschränkung der Vertretungsmacht** ist möglich[10]. Soll die Beschränkung Dritten entgegengehalten werden, muss sie aus der Satzung hervorgehen. Dort muss abschließend der Umfang der Vertretungsmacht angegeben sein[11]. Die Beschränkung darf allerdings die grds. unbeschränkte Tariffähigkeit (§ 2) nicht konterkarieren. So wäre eine satzungsmäßige Beschränkung der Vollmacht eines ArbGebVerbandes auf Lohnerhöhungen von maximal 5 % unzulässig[12]. Gem. § 167 II BGB bedarf die Vollmachtserteilung nicht der Schriftform des § 1.

7 Schließt ein ArbGeb eine Vereinbarung mit einer Gewerkschaft, handelt es sich auch dann um einen **FirmenTV** und nicht um eine BV, wenn die Vereinbarung als „Interessenausgleich" oder „Sozialplan"

---

1 *Rehbinder*, JR 1968, 167 ff.; *Richardi*, Kollektivgewalt, S. 127 ff.; *Rieble*, Arbeitsmarkt und Wettbewerb, Rz. 1194 ff. (1530); vgl. auch Wiedemann/*Thüsing*, § 1 TVG Rz. 48. | 2 BVerfG v. 18.11.1954 – 1 BvR 629/52, BVerfGE 4, 96 (108); v. 27.2.1973 – 2 BvL 27/69, BVerfGE 34, 307 (316 f.); BAG v. 23.3.1957 – 1 AZR 64/56, AP Nr. 18 zu Art. 3 GG; vgl. bei Wiedemann/*Thüsing*, § 1 TVG Rz. 45 ff. | 3 BVerfG v. 27.2.1973 – 2 BvL 27/69, BVerfGE 34, 307 (317); BAG v. 29.4.1992 – 4 AZR 432/91, AP Nr. 3 zu § 1 TVG – Durchführungspflicht; Däubler/*Reim*, § 1 TVG Rz. 33; *Gamillscheg*, Kollektives Arbeitsrecht I, S. 487; Wiedemann/*Thüsing*, § 1 TVG Rz. 13. | 4 Dazu *Henssler*, ZfA 1998, 517 ff. | 5 BAG v. 24.4.2007 – 1 AZR 252/06, AP Nr. 2 zu § 1 TVG Sozialplan; krit. zur Erstreikbarkeit *Schneider/Sittard*, ZTR 2007, 590 (592). | 6 *Kleinebrink*, DB 2007, 518. | 7 Wiedemann/*Thüsing*, § 1 TVG Rz. 179. | 8 BAG v. 29.11.1967 – GS 1/67, AP Nr. 13 zu Art. 9 GG bezüglich der Zahlung eines Urlaubsgeldes an alle ArbN unabhängig von ihrer Gewerkschaftszugehörigkeit. | 9 So zur Vertretung eines Unternehmens durch ein anderes: BAG v. 10.11.1993 – 4 AZR 184/93, AP Nr. 43 zu § 1 TVG – Tarifverträge: Einzelhandel. | 10 Wiedemann/*Thüsing*, § 1 TVG Rz. 184; vgl. aber BAG v. 11.6.1975 – 4 AZR 395/74, AP Nr. 29 zu § 2 TVG. | 11 Wiedemann/*Thüsing*, § 1 TVG Rz. 185. | 12 *Löwisch/Rieble*, § 1 TVG Rz. 485.

bezeichnet wird[1]. Auch ein verbandsangehöriger ArbGeb kann auf Grund des eindeutigen Wortlauts des § 2 I einen FirmenTV abschließen (vgl. § 2 Rz. 21)[2]. Ob er zum Abschluss durch Streik gezwungen werden kann, ist umstritten (vgl. § 2 Rz. 21; Art. 9 III GG Rz. 189). Eine **Konzernobergesellschaft** ist nur dann und insoweit tariffähig, als sie ArbGeb ist. Ein von ihr im eigenen Namen abgeschlossener TV bindet nur sie, wirkt demzufolge nur für die bei ihr beschäftigten ArbN[3]. Denkbar ist aber ein konzerneinheitl. geltender TV oder ein sog. **mehrgliedriger TV**, bei dem auf ArbGebSeite mehrere Konzernunternehmen entweder selbst handeln oder durch die Konzernmutter vertreten werden. Schließlich können sich Konzerntöchter auch über einen **AnerkennungsTV** dem TV der Muttergesellschaft anschließen.

Die **Spitzenorganisationen** von Gewerkschaften und ArbGebVerbänden können TV im eigenen Namen oder in dem der ihnen angeschlossenen Verbände abschließen (s. § 2 Rz. 25 ff.). Wird die Willenserklärung im Namen und in Vertretung eines angeschlossenen Verbandes abgegeben, so ist dieser und nicht die Spitzenorganisation Vertragspartei[4]. 8

Auf einer oder auf beiden Seiten können mehrere Tarifparteien auftreten (**mehrgliedriger TV**; Beispiel: TVöD). Durch Auslegung ist dann zu ermitteln, ob ein einheitl. Tarifwerk oder mehrere selbständige TV vorliegen[5]. Regelmäßig werden **mehrere selbständige TV** gewollt sein, selbst wenn sie in einer Urkunde abgefasst sind[6]. In diesem Fall bleiben die Vertragsparteien in der Lage, unabhängig voneinander den TV zu ändern und zu kündigen. Weitere Folgen sind: keine Erfüllungspflichten für andere Parteien der gleichen Seite, keine Gesamtschuld, keine Haftung für andere Beteiligte, einfache Streitgenossenschaft. 9

Bei einem Willen zu einem **einheitl. Tarifwerk** werden die Parteien gemeins. berechtigt und verpflichtet. Sie können ihre Rechte gegenüber der Gegenpartei nur gemeins. ausüben (Änderung des TV, Kündigung). Verfahren müssen als notwendige Streitgenossenschaft geführt werden[7]. Die AVE kann nur gemeins. beantragt werden. 10

Beim Auftreten sog. **Tarifgemeinschaften** muss durch Auslegung ermittelt werden, welche rechtl. Konstruktion gewollt ist. Denkbar ist der Abschluss eines einheitl. Tarifwerks[8]. Die Tarifgemeinschaft ist dann als Außen-GbR einzuordnen[9]. Ob die Tarifgemeinschaft selbst Vertragspartner werden kann[10] oder ob allein auf die Mitglieder abgestellt werden muss[11], ist nicht abschließend geklärt. In der Praxis wird der Begriff der Tarifgemeinschaft auch für Zusammenschlüsse verwandt, bei denen es sich nach dem in der Satzung verankerten Selbstverständnis um Spitzenorganisationen iSv. § 2 II, III handelt[12]. Bei einer Tarifgemeinschaft im untechnischen Sinne können auch selbständige EinzelTV gewollt sein[13]. Zu den Voraussetzungen an die Mitglieder einer Tarifgemeinschaft vgl. § 2 Rz. 26a. 10a

IV. Abschluss und Beendigung des Tarifvertrages. 1. Abschluss. a) Verhandlungsanspruch. Ein Tarifpartner hat nach der Rspr. grds. **keinen Anspruch** gegen den tarifl. Gegenspieler auf Aufnahme und Führung von TV-Verhandlungen[14]. Das BAG sieht es allerdings als Aufgabe der Arbeitskampfparteien an, sich um eine Regelung des Notdienstes zu bemühen. Außerdem sind Vereinbarungen über die Errichtung und den Umfang von Notdienstarbeiten vorrangig anzustreben[15]. Daraus kann eine partielle Verhandlungspflicht abgeleitet werden. Aus dem Ultima-ratio-Grundsatz folgt zunächst eine Verhandlungspflicht vor Ausspruch der außerordentl. Kündigung eines FirmenTV[16] und darüber hinaus im Vorfeld von Arbeitskampfmaßnahmen generell neben der Verhandlungspflicht der kampfwilligen Partei[17] sogar eine Pflicht zur Durchführung eines Schlichtungsverfahrens[18]. Vereinbarungen über einen Verhandlungsanspruch der TV-Partner sind unbestritten zulässig[19]. Sie können Gegenstand eines Vorvertrages sein (vgl. auch Rz. 61). 11

---

1 BAG v. 16.5.1995 – 3 AZR 535/94, AP Nr. 15 zu § 4 TVG – Ordnungsprinzip; vgl. auch v. 7.11.2000 – 1 AZR 175/00, AP Nr. 14 zu § 77 BetrVG 1972 – Tarifvorbehalt zu einer Vereinbarung, die von Betriebsrat, ArbGeb und zuständiger Gewerkschaft gemeinsam geschlossen wurde. | 2 BAG v. 20.12.2002 – 1 AZR 96/02, BB 2003, 1116; v. 4.4.2001 – 4 AZR 237/00, AP Nr. 26 zu § 4 TVG Tarifkonkurrenz; Wiedemann/*Thüsing*, § 1 TVG Rz. 199; *Lobinger*, RdA 2006, 12 (13). | 3 Vgl. aber § 14 I BAPostG für die Nachfolgeunternehmen der Deutschen Bundespost. | 4 Kempen/Zachert/*Kempen*, § 2 TVG Rz. 79. | 5 Vgl. BAG v. 28.9.1977 – 4 AZR 446/76, AP Nr. 1 zu § 9 TVG 1969 in dem besonderen Fall, dass eine TV-Partei nur mittels eines AnschlussTV gebunden war; *Ricken*, Autonomie und tarifliche Rechtsetzung, 2006, S. 285 f. | 6 BAG v. 8.9.1976 – 4 AZR 359/75, AP Nr. 5 zu § 1 TVG – Form; v. 28.9.1977 – 4 AZR 446/76, AP Nr. 1 zu § 9 TVG 1969. | 7 *Löwisch/Rieble*, § 1 TVG Rz. 475 f. | 8 Dafür *Löwisch/Rieble*, § 1 TVG Rz. 475, § 2 TVG Rz. 166. | 9 *Löwisch/Rieble*, § 2 TVG Rz. 165 f.; die Tariffähigkeit ist jedoch vom Personenrecht des BGB unabhängig, vgl. *Henssler*, FS 25 Jahre ARGE Arbeitsrecht, S. 37 (38). | 10 *Henssler*, FS 25 Jahre ARGE Arbeitsrecht, S. 37 (38). | 11 *Löwisch/Rieble*, § 2 TVG Rz. 165. | 12 So versteht sich die Tarifgemeinschaft Christlicher Gewerkschaften für Zeitarbeit und Personalserviceagenturen (CGZP) nach § 1 ihrer Satzung als Spitzenorganisation iSv. § 2 III. | 13 *Löwisch/Rieble*, § 2 TVG Rz. 167. | 14 BAG v. 14.7.1981 – 1 AZR 159/78, AP Nr. 1 zu § 1 TVG – Verhandlungspflicht; v. 14.2.1989 – 1 AZR 142/88, AP Nr. 52 zu Art. 9 GG; Kempen/Zachert/*Kempen*, § 2 TVG Rz. 32; aA Wiedemann/*Thüsing*, § 1 TVG Rz. 217 ff. | 15 BAG v. 31.1.1995 – 1 AZR 142/94, AP Nr. 135 zu Art. 9 GG – Arbeitskampf. | 16 BAG v. 18.12.1996 – 4 AZR 129/96, AP Nr. 1 zu § 1 TVG – Kündigung, zu einem Fall, in dem noch nicht einmal der Versuch einer Nachverhandlung unternommen wurde; ebenso v. 18.6.1997 – 4 AZR 710/95, AP Nr. 2 zu § 1 TVG – Kündigung. | 17 Vgl. auch Wiedemann/*Thüsing*, § 1 TVG Rz. 218 ff. | 18 Vgl. BAG v. 21.4.1971 – GS 1/68, AP Nr. 43 zu Art. 9 GG – Arbeitskampf. | 19 Däubler/*Reim*, § 1 TVG Rz. 1106.

12 **b) Anwendung des Vertragsrechts.** Ein TV ist ein **Vertrag iSd. BGB**, für den Vertragsschluss gelten also grds. die §§ 145 ff. BGB. An die Stelle der Rechtsfähigkeit tritt die Tariffähigkeit nach § 2. Auf Grund der normativen Wirkung des TV lassen sich die Vorschriften des Allgemeinen Teils des BGB sowie des Allgemeinen Teils des Schuldrechts allerdings nicht unbesehen übernehmen. So verbietet der Schutz des Vertrauens der Verbandsmitglieder auf die Wirksamkeit der Tarifnormen einen Rückgriff auf die Dissensregeln der §§ 154, 155 BGB[1]; Gleiches gilt für § 139 BGB[2] und die Leistungsstörungen nach den §§ 275 ff. BGB. Die Auslegung nur des schuldrechtl. Teils des TV richtet sich nach §§ 133, 157 BGB; im Bereich der Tarifnormen gelten die Grundsätze der Gesetzesauslegung (s. Rz. 75 ff.). Zur Anwendbarkeit der §§ 116, 119, 123 BGB vgl. Rz. 20)[3].

13 **c) Vertragsschluss, Form und Bekanntgabe des Tarifvertrages.** Ein TV kommt – meist über Willenserklärungen unter Anwesenden – durch **Angebot und Annahme** gem. §§ 145 ff. BGB zu Stande. Häufig wird der vorgesehene Tarifinhalt von den TV-Parteien nur niedergelegt und einer oder beiden Seiten eine Erklärungsfrist eingeräumt. Besondere von der Satzung der Tarifpartner vorgesehene Organe (zB Tarifkommissionen) erhalten so die Möglichkeit, ihr Letztentscheidungsrecht auszuüben. Die Wirksamkeit hängt dann von einer aufschiebenden (oder auch auflösenden) Bedingung ab. Das Verhandlungsergebnis kann auch nur vorläufig niedergelegt werden mit der Folge, dass der Vertrag erst nach der endgültigen Zustimmungserklärung der Vertragspartner zu Stande kommt.

14 Wird der TV von einem Verband geschlossen, so handeln für ihn seine **Organmitglieder** bzw. **sonstige satzungsgemäße Vertreter** (s. Rz. 6). Die Satzung kann die tarifl. relevanten Willenserklärungen an die Zustimmung eines besonderen Organs, etwa einer Tarifkommission, binden. Für den Abschluss von TV durch öffentl.-rechtl. Körperschaften sind § 40 BHO, § 24 HaushaltsgrundsätzeG (Zustimmung des Finanzministeriums) und ähnliche Vorschriften in den Landeshaushaltsordnungen zu beachten. Stellvertretung gem. §§ 164 ff. BGB ist zulässig[4]. Aus der Urkunde muss sich das Handeln in fremdem Namen eindeutig ergeben[5]. Schließt ein Organ oder ein Stellvertreter einen TV ohne entsprechende Vollmacht, so hängt die Wirksamkeit des TV von der Genehmigung der TV-Partei gem. § 177 I BGB ab.

15 Nach § 1 II bedürfen TV der **Schriftform**. Das Formerfordernis dient hauptsächl. der Klarstellung des Vertragsinhalts und rechtfertigt den Verzicht auf einen Verkündungszwang bzw. auf die Wirksamkeitsvoraussetzung einer **Bekanntgabe** des TV durch förml. Veröffentlichung (s. aber § 8 Rz. 1 ff.). Die Parteien des Einzelarbeitsvertrages sollen sich über den Tarifinhalt jederzeit verlässl. unterrichten können[6].

16 Für die Schriftform gilt § 126 BGB. Die Urkunde muss daher von den TV-Parteien oder ihren Vertretern **eigenhändig unterzeichnet** werden. Die Unterschrift muss auf derselben Urkunde erfolgen. Werden über den TV mehrere gleich lautende Urkunden aufgenommen, so reicht es aus, wenn jede Partei die für die andere Partei bestimmte Urkunde unterzeichnet. Die elektronische Form (vgl. § 126a BGB) genügt nach dem klaren Wortlaut von § 126 III BGB und § 1 II[7], nicht jedoch ein Brief- bzw. Telegrammwechsel oder ein Telefax[8]. Einer körperl. Verbindung der einzelnen Blätter einer Urkunde bedarf es nicht, solange sich deren Einheit zB aus fortlaufender Paginierung, einheitl. grafischer Gestaltung, etc. zweifelsfrei ergibt[9]. Eine Änderung oder Ergänzung des über den Unterschriften stehenden Textes ist durch die Unterschriften gedeckt, sofern die Änderung oder Ergänzung dem übereinstimmenden Willen der Vertragschließenden entspricht[10]. Der TV muss nicht notwendigerweise in deutscher Sprache abgefasst sein.

17 Der Abschluss eines **Anschlusstarifvertrages** bedarf ebenfalls der Schriftform. Im Falle des **Beitritts** zu einem bestehenden TV muss der Vertrag mit beiden, zumindest aber mit der auf der Gegenseite stehenden Partei geschlossen werden. Eine einseitige Beitrittserklärung reicht nicht aus. Die **Bezugnahme** auf bloß benannte, aber nicht angefügte Tarifwerke, Gesetze, Rechtsverordnungen, Verwaltungsvorschriften[11] oder andere Regelungswerke ist sowohl bei statischen als auch bei dyn. Verweisungen zulässig. Die Regelwerke müssen aber so genau bezeichnet sein, dass Irrtümer über Art und Ausmaß der in Bezug genommenen Regelung ausgeschlossen sind[12]. Verweist ein FirmenTV auf die Bestimmungen des (ehe-

---

1 BAG v. 9.3.1983 – 4 AZR 61/80, AP Nr. 128 zu § 1 TVG – Auslegung; v. 20.2.2001 – 3 AZR 252/00, EzA § 1 BetrAVG Ablösung Nr. 24. |**2** BAG v. 26.6.1985 – 7 AZR 125/83, AP Nr. 1 zu § 1 TVG – Teilnichtigkeit; v. 15.12.1998 – 3 AZR 239/98, AP Nr. 71 zu § 2 BeschFG 1985; v. 9.5.2007 – 4 AZR 275/06, NZA 2007, 1139, 1141 f. |**3** Keine Anwendung: *Gamillscheg*, Kollektives Arbeitsrecht I, § 13 I 1 b, S. 512; Kempen/Zachert/*Stein*, § 4 TVG Rz. 147; Wiedemann/*Thüsing*, § 1 TVG Rz. 327; Anwendung: *Löwisch/Rieble*, § 1 TVG Rz. 494; offen gelassen bei BAG v. 19.10.1976 – 1 AZR 611/75, AP Nr. 6 zu § 1 TVG – Form. |**4** BAG v. 24.11.1993 – 4 AZR 407/92, AP Nr. 39 zu § 1 TVG – Tarifverträge: Einzelhandel und v. 10.11.1993 – 4 AZR 184/93, AP Nr. 43 zu § 1 TVG – Tarifverträge: Einzelhandel, zur Vertretung durch einen ArbGeb-Zusammenschluss, der keine Vereinigung von ArbGeb iSd. § 2 I ist. |**5** BAG v. 12.2.1997 – 4 AZR 419/95, AP Nr. 46 zu § 2 TVG zur Vertretung durch einen Spitzenverband; vgl. dazu auch unter § 2 Rz. 27. |**6** BAG v. 19.10.1976 – 1 AZR 611/75, AP Nr. 6 zu § 1 TVG – Form; v. 10.11.1982 – 4 AZR 1203/79, AP Nr. 8 zu § 1 TVG – Form. |**7** So auch ErfK/*Franzen*, § 1 TVG Rz. 29; aA *Jacobs/Krause/Oetker*, § 3 Rz. 55. |**8** Vgl. Wiedemann/*Thüsing*, § 1 TVG Rz. 312. |**9** BAG v. 24.1.2001 – 4 ABR 4/00, AP Nr. 28 zu § 3 TVG: v. 3.5.2006 – 1 ABR 2/05, AP Nr. 31 zu § 99 BetrVG 1972 – Eingruppierung (Bezugnahme auf Anlage). |**10** BAG v. 24.1.2001 – 4 ABR 4/00, AP Nr. 28 zu § 3 TVG. |**11** BAG v. 24.9.1986 – 4 AZR 543/85, AP Nr. 50 zu § 1 Feiertagslohnzahlungsgesetz. |**12** BAG v. 30.5.1958 – 1 AZR 198/57, AP Nr. 8 zu § 9 TVG; v. 10.11.1982 – 4 AZR 1203/79, AP Nr. 8 zu § 1 TVG – Form Wiedemann/*Thüsing*, § 1 TVG Rz. 320.

maligen) BAT in seiner jeweils geltenden Fassung, so sind auch die Sonderregelungen nach § 2 BAT in den Tarif einbezogen, es sei denn, deren Ausschluss wäre im VerweisungsTV klar erkennbar normiert[1].

Das Schriftformerfordernis gilt für alle tarifvertragl. Vereinbarungen, nicht etwa nur für den normativen Teil. **Schuldrechtl. Abreden** sind nur ausgeklammert, wenn sie nach dem erkennbaren Willen der Tarifpartner kein Bestandteil des TV werden sollen[2]. Ebenfalls formbedürftig sind Protokollnotizen[3], Änderungen des TV[4] sowie Neuabschlüsse nach Kündigung[5]. Keiner Schriftform bedürfen Aufhebungsverträge (Grund: Regelungsziel der Normenklarheit ist nicht betroffen)[6], Anfechtungen, Kündigungen[7] und Vorverträge[8]. **18**

Die Nichteinhaltung der Schriftform führt zur **Nichtigkeit des TV** (§ 125 S.1 BGB)[9]. Ist nur ein Teil des TV von der Nichtigkeit betroffen, so bleibt der TV im Übrigen wirksam, solange er eine in sich durchführbare Regelung enthält. Wegen der ratio des Schriftformerfordernisses (Rz. 15) kann die Nichtigkeitsfolge nicht mit dem Einwand der Arglist oder der Verletzung von Treu und Glauben überspielt werden[10]. **19**

d) Mängel beim Abschluss des Tarifvertrages. Ob eine Partei einen TV wegen **Irrtums, Täuschung oder Drohung** gem. §§ 119, 123, 142 BGB anfechten kann, ist umstritten[11]. Richtig ist, und insoweit besteht auch weit gehende Übereinstimmung, dass es zu keiner rückwirkenden Nichtigkeit kommen darf. Dagegen steht einer Anfechtung mit Wirkung für die Zukunft[12] ebenso wie einer außerordentl. Kündigung[13] nichts entgegen[14], so dass die Anfechtungsregeln insoweit anwendbar bleiben. Im Falle der Anfechtung kommt eine Bestätigung des Rechtsgeschäfts (§ 141 I BGB) durch die anfechtungsberechtigte Partei in Betracht[15]. **20**

2. Beendigung. a) Beendigungsgründe. aa) Befristung und Bedingung. Ein TV kann für eine **bestimmte Zeit** geschlossen werden. Ein sachl. Grund für die Befristung ist nicht erforderlich[16]. Verlängerungsklauseln sind mögl. Trotz Befristung können ordentl. Kündigungsrechte vorgesehen werden, sonst bleibt nur die außerordentl. Kündigung (vgl. § 314 BGB) . Zulässig ist auch der Abschluss unter einer auflösenden Bedingung. Der Bedingungseintritt muss von den Normunterworfenen aber ohne weiteres festgestellt werden können. **21**

bb) Aufhebungsvertrag. Ein TV kann durch einen Aufhebungsvertrag als actus contrarius beendet werden (zur Schriftform s. Rz. 18)[17]. Beim mehrgliedrigen TV ist zu unterscheiden, ob ein einheitl. Tarifwerk oder aber mehrere selbständige TV gewollt waren (s. Rz. 9 ff.). Ein einheitl. Tarifwerk kann nur unter Mitwirkung aller am Vertragsschluss Beteiligten aufgehoben werden. Mehrere zwar verbundene, aber rechtl. selbständige TV können dagegen auch einzeln durch die verbundenen Parteien aufgehoben werden. **22**

Durch **Schlichterspruch** kann ein TV nicht gegen den Willen einer Partei aufgehoben werden[18]. Ebenso wenig wird ein TV dadurch beendet, dass er seinem Inhalt nach gegenstandslos wird. **23**

cc) Ordentliche Kündigung. Typischer Regelungsbestandteil von (unbefristeten) TV sind Bestimmungen über **Frist und Zeitpunkt** ordentl. Kündigungen. Fehlt eine solche Vereinbarung, so ist nach nahezu einhelliger Auffassung eine ordentl. Kündigung unbefristeter TV dennoch möglich, wie sich mittelbar aus § 314 I BGB ergibt. Analog der für BV geltenden Regel des § 77 V BetrVG soll eine Kündigungsfrist von 3 Monaten gelten[19]. Einer Begründung bedarf die ordentl. Kündigung nicht. Zur Form s. Rz. 18. Teilkündigungen sind nur möglich, wenn die TV-Parteien dies ausdrückl. (unter Bezeichnung der entsprechenden Teile) festgelegt haben. Ansonsten würde die Ausgewogenheit des TV gefährdet[20]. **24**

---

1 BAG v. 8.3.1995 – 10 AZR 27/95, AP Nr. 5 zu § 1 TVG – Verweisungstarifvertrag. |2 Vgl. Wiedemann/*Thüsing*, § 1 TVG Rz. 316. |3 BAG v. 16.9.1987 – 4 AZR 265/87, AP Nr. 15 zu § 4 TVG – Effektivklausel. |4 BAG v. 21.3.1973 – 4 AZR 225/72, AP Nr. 12 zu § 4 TVG – Geltungsbereich (zu mündl. Erklärungen über die Beschränkung des Geltungsbereichs eines TV). |5 LAG Köln v. 2.8.1999 – 3 Sa 404/99, NZA-RR 2000, 147. |6 BAG v. 8.9.1976 – 4 AZR 359/75, AP Nr. 5 zu § 1 TVG – Form; aA Kempen/Zachert/*Stein*, § 4 TVG Rz. 144; *Löwisch/Rieble*, § 1 TVG Rz. 544. |7 Vgl. BAG v. 26.9.1984 – 4 AZR 343/83, AP Nr. 21 zu § 1 TVG; aA *Löwisch/Rieble*, § 1 TVG, Rz. 545. |8 BAG v. 19.10.1976 – 1 AZR 611/75, AP Nr. 6 zu § 1 TVG. |9 BAG v. 13.6.1958 – 1 AZR 591/57, AP Nr. 2 zu § 4 TVG – Effektivklausel; v. 14.2.1957 – 2 AZR 344/54, AP Nr. 1 zu § 32 AOG – Weitergeltung von Tarifverträgen als Tarifordnung. |10 BAG v. 21.3.1973 – 4 AZR 225/72, AP Nr. 12 zu § 4 TVG – Geltungsbereich; vgl. aber v. 6.9.1972 – 4 AZR 422/71, AP Nr. 2 zu § 4 BAT. |11 Dafür *Löwisch/Rieble*, § 1 TVG Rz. 494; ErfK/*Franzen*, § 1 TVG Rz. 26; dagegen *Gamillscheg*, Kollektives Arbeitsrecht I, § 13 I 1 b, S. 512; Kempen/Zachert/*Stein*, § 4 TVG Rz. 147; Wiedemann/*Thüsing*, § 1 TVG Rz. 327; offen gelassen bei BAG v. 19.10.1976 – 1 AZR 611/75, AP Nr. 6 zu § 1 TVG – Form. |12 *Löwisch/Rieble*, § 1 TVG Rz. 494. |13 Kempen/Zachert/*Stein*, § 4 TVG Rz. 147; *Henssler*, ZfA 1994, 487 (490). |14 Anders: Wiedemann/*Thüsing*, § 1 TVG Rz. 327. |15 *Löwisch/Rieble*, § 1 TVG Rz. 494; vgl. auch BAG v. 20.4.1999 – 4 AZR 354/93, AP Nr. 9 zu § 1 TVG – Tarifverträge DDR (Bestätigung eines bisher unwirksamen TV). |16 ErfK/*Franzen*, § 1 TVG Rz. 30. |17 BAG v. 8.9.1976 – 4 AZR 359/75, AP Nr. 5 zu § 1 TVG – Form. |18 Vgl. Wiedemann/*Wank*, § 4 TVG Rz. 17. |19 Dahin gehend tendieren BAG v. 10.11.1982 – 4 AZR 1203/79, AP Nr. 8 zu § 1 TVG – Form und v. 18.6.1997 – 4 AZR 710/95, AP Nr. 2 zu § 1 TVG – Kündigung, ohne sich jedoch festzulegen; *Gamillscheg*, Kollektives Arbeitsrecht I, S. 771; Kempen/Zachert/*Stein*, § 4 TVG Rz. 132; Wiedemann/*Wank*, § 4 TVG Rz. 24. |20 BAG v. 3.12.1985 – 4 ABR 7/85 und 4 ABR 60/85, AP Nr. 1 und 2 zu § 74 BAT; v. 16.8.1990 – 8 AZR 439/89, AP Nr. 19 zu § 4 TVG – Nachwirkung; *Gamillscheg*, Kollektives Arbeitsrecht I, S. 771; *Löwisch/Rieble*, § 1 TVG Rz. 509, 525.

25 **dd) Außerordentliche Kündigung.** Jeder TV, auch ein befristeter, ist außerordentl. kündbar[1]. In Betracht kommen sowohl **Beendigungs-** als auch **Änderungskündigungen**. Ist das Recht zur außerordentl. Kündigung nicht vertragl. vereinbart worden, so folgt es aus § 314 I BGB. Der dort geforderte **wichtige Grund** ist zu bejahen, wenn dem Kündigenden unter Berücksichtigung aller Umstände des Einzelfalles und unter Abwägung der Interessen beider Vertragsteile sowie mit Rücksicht auf die Interessen der vom TV unmittelbar oder mittelbar betroffenen Personen die Fortsetzung bis zur vereinbarten Beendigung oder bis zum Ablauf einer Kündigungsfrist nicht zugemutet werden kann[2]. Stets ist darauf zu achten, dass die Unzumutbarkeitsprüfung nicht zu einer mittelbaren Tarifzensur führt[3]. Eine unwirksame außerordentl. Kündigung kann gem. § 140 BGB in eine ordentl. umgedeutet werden[4].

26 Die Rspr. behandelt das Kündigungsrecht ausgesprochen restriktiv. **Unzumutbarkeit** des weiteren Festhaltens am Vertrag soll nur in seltenen, krassen Ausnahmefällen in Betracht kommen, etwa bei einer schuldhaften Verschleppung der Verhandlungen[5], einer groben Verletzung der Friedens- und Durchführungspflicht[6], dem Wegfall eines Gesetzes, das für den TV die Ausgangslage gebildet hatte[7] oder dem Verlust der Tariffähigkeit (vgl. § 2 Rz. 3)[8]. Allein die Eröffnung des Insolvenzverfahrens genügt dagegen nicht[9]. Jene Literaturstimmen, die sich gegen die Anwendbarkeit der §§ 116, 119, 123 BGB auf TV aussprechen (dazu Rz. 20), erwägen teilweise als Ersatz eine außerordentl. Kündigung[10].

27 Die Unzumutbarkeit der Bindung an den TV kann nicht nur für eine Tarifpartei, sondern auch für deren Mitglieder bestehen. Praxisrelevant ist der Fall der nach Abschluss eingetretenen **wirtschaftl. untragbaren Belastung** durch den TV. Einzelheiten sind insoweit noch ungeklärt[11]. Unstreitig dürfte sein, dass die wirtschaftl. Situation vereinzelter Verbandsmitglieder **keine generelle** Durchbrechung der Tarifbindung rechtfertigt. Hier könnte allein eine vertragl. oder gesetzl. Öffnungsklausel für Härtefälle helfen. Teilweise wird bei VerbandsTV auf die wirtschaftl. Unzumutbarkeit für das **Durchschnittsunternehmen** bzw. für die Mehrzahl der Unternehmen abgestellt, wobei die Grenze der Tragbarkeit erreicht sein soll, wenn die Erfüllung der tarifvertragl. Verpflichtungen zwingend eine akute Gefahr für die Arbeitsplätze nach sich zieht[12]. Andere lehnen es generell ab, die Unzumutbarkeit nach den ökonomischen Schwierigkeiten der Verbandsmitglieder zu bewerten, obwohl diese Probleme zwangsläufig auf deren Verbände durchschlagen. Maßgebend sei die Unzumutbarkeit der Fortführung des TV für die TV-Partei selbst, die dann in Frage stehe, wenn deren Fortbestand (zB durch zahlreiche Verbandsaustritte) gefährdet werde[13]. Wieder andere billigen dem einzelnen Unternehmen bei Unzumutbarkeit ein individuelles Kündigungsrecht zu[14].

28 Da beim VerbandsTV nur die Verbände Parteien des Vertrages sind, kommt dem einzelnen Unternehmen kein Kündigungsrecht zu[15]. Das Verbandsmitglied hat aber bei **existentieller Notlage** einen vereinsrechtl. **Anspruch gegen seinen ArbGebVerband**, dass dieser mit der Gewerkschaft über nachträgl. Öffnungsklauseln verhandelt[16]. Erwogen wird auch, der TV-Partei das Recht zu einer personellen Teilkündigung zu geben iSd. Befugnis, die Geltung des TV durch Kündigung für bestimmte Mitgliedsunternehmen zu beenden[17].

29 Im Rahmen der Unzumutbarkeitsprüfung ist zu berücksichtigen, wann die **Laufzeit des TV** endet bzw. welche Frist für eine ordentl. Kündigung gilt. Je kürzer die Zeitspanne bis zum Ablauf des TV ist, desto höher sind die Hürden für die Unzumutbarkeit. Von Bedeutung ist ferner, ob die Entwicklung **vorher-**

1 Allg. Ansicht, BAG v. 14.11.1958 – 1 AZR 247/57, AP Nr. 4 zu § 1 TVG – Friedenspflicht; vgl. aus jüngerer Zeit BAG v. 18.2.1998 – 4 AZR 363/96, AP Nr. 3 zu § 1 TVG – Kündigung; v. 18.6.1997 – 4 AZR 710/95, AP Nr. 2 zu § 1 TVG – Kündigung; *Henssler*, ZfA 1994, 487 (490); Däubler/*Deinert*, § 4 TVG Rz. 118 ff.; Wiedemann/*Wank*, § 4 TVG Rz. 28 ff. | 2 BAG v. 18.2.1998 – 4 AZR 363/96, AP Nr. 3 zu § 1 TVG – Kündigung; Wiedemann/*Wank*, § 4 TVG Rz. 29. | 3 *Henssler*, ZfA 1994, 487 (491). | 4 Vgl. BAG v. 18.6.1997, AP Nr. 2 zu § 1 TVG – Kündigung; offen lassend für eine Kündigung mit notwendiger Auslauffrist BAG v. 25.4.2007 – 6 AZR 746/06, NZA 2007, 881 (884). | 5 BAG v. 14.11.1958 – 1 AZR 247/57, AP Nr. 4 zu § 1 TVG – Friedenspflicht. | 6 BAG v. 14.11.1958 – 1 AZR 247/57, AP Nr. 4 zu § 1 TVG – Friedenspflicht; *Däubler*, Tarifvertragsrecht, Rz. 1445; *Gamillscheg*, Kollektives Arbeitsrecht I, 772; *Otto*, FS Kissel, S. 787 (789). | 7 BAG v. 23.4.1957 – 1 AZR 477/56, AP Nr. 1 zu § 1 TVG; v. 5.3.1957 – 1 AZR 420/56, AP Nr. 1 zu § 1 TVG – Rückwirkung; *Gamillscheg*, Kollektives Arbeitsrecht I, 772; aA BAG v. 17.12.1959 – GS 2/59, AP Nr. 21 zu § 616 BGB. | 8 Wiedemann/*Wank*, § 4 TVG Rz. 54, 78; aA Kempen/Zachert/*Stein*, § 4 TVG Rz. 141; offen gelassen von BAG v. 15.10.1986 – 4 AZR 289/85, AP Nr. 4 zu § 3 TVG. Nach hier vertretener Ansicht verliert der TV in diesem Fall ohnehin seine Wirkung, da die Tariffähigkeit eine Wirksamkeitsvoraussetzung ist. | 9 Offen gelassen von BAG v. 27.6.2000 – 1 ABR 31/99, AP Nr. 56 zu § 2 TVG. | 10 *Reichel/Koberski/Ansey*, § 1 TVG Rz. 31; aA Wiedemann/*Wank*, § 4 TVG Rz. 53. | 11 Offen gelassen von BAG v. 18.2.1998 – 4 AZR 363/96, AP Nr. 3 zu § 1 TVG – Kündigung. | 12 *Buchner*, NZA 1993, 289 (298); *Henssler*, ZfA 1994, 487 (492); *Löwisch/Rieble*, § 1 TVG Rz. 528; siehe auch *Otto*, FS Kissel, S. 787 (805). | 13 Kempen/Zachert/*Stein*, § 4 TVG Rz. 136; Däubler/*Deinert*, § 4 TVG Rz. 136 f. | 14 *Löwisch*, NJW 1997, 905. | 15 Vgl. BAG v. 26.4.2000 – 4 AZR 170/99, AP Nr. 4 zu § 1 TVG – Kündigung (zur Kündigung eines TV durch einen Fachverband, dessen Spitzenverband den TV ohne Vertretungsangabe geschlossen hatte); *Löwisch/Rieble*, § 1 TVG Rz. 533. | 16 *Däubler*, ZTR 1996, 241 (244); *Wank*, FS Schaub, S. 761 (773). | 17 Wiedemann/*Wank*, § 4 TVG Rz. 34. AA *Löwisch/Rieble*, § 1 TVG Rz. 533.

sehbar war. Vorhersehbare Fehlentwicklungen müssen grds. schon in der vertragl. Absprache berücksichtigt werden[1].

Die **Änderungskündigung** eines TV ist nur zu erwägen, wenn zunächst die Auslegung des Vertrages ergibt, dass der zu ändernde Teil überhaupt isolierbar ist[2]. Häufig werden die einzelnen Teile des TV das Ergebnis eines Kompromisses sein, der durch die Änderungskündigung nicht aus dem Gleichgewicht gebracht werden darf. 30

Eine außerordentl. Kündigung kommt nach allgemeiner Auffassung nur als **Ultima Ratio** in Betracht[3]. Die Partei, die kündigen will, muss zuvor mildere, gleich geeignete Mittel ausschöpfen. Ein im Verhältnis zur außerordentl. Kündigung des TV milderes Mittel ist insb. die TV-Anpassung. Die durch den TV unzumutbar belastete Partei muss daher zunächst die Möglichkeiten der tarifautonomen Anpassung ausschöpfen. Sie hat, auch ohne eine im TV ausdrückl. geregelte Nachverhandlungsklausel die Obliegenheit, mit der anderen Seite Verhandlungen zur Angleichung des TV aufzunehmen[4]. Das gilt auch für eine Gewerkschaft, die sich von einem – für die ArbN ungünstigen – FirmenTV mit einem verbandsgebundenen ArbGeb lösen möchte[5]. Ein milderes Mittel kann auch eine **Teilkündigung** sein, wenn diese im Vertrag vorgesehen ist[6]. Vor einer Kündigung durch die ArbGebSeite müssen über- und außertarifl. Löhne gekürzt werden[7]. 31

Einer **Kündigung wegen Pflichtverletzung** muss regelmäßig eine Abmahnung oder eine Fristsetzung vorhergehen (vgl. § 314 II BGB)[8]. Der Kündigende ist für die Voraussetzungen der Kündigung darlegungs- und beweispflichtig. Wird als Kündigungsgrund geltend gemacht, eine **künftige wirtschaftl. Belastung** bedinge die fristlose Kündigung des TV, so muss auf Grund greifbarer Tatsachen anzunehmen sein, dass die Unzumutbarkeit in dem Zeitpunkt vorliegt, in welchem die Belastung eintreten wird; dies ist vom Kündigenden vorzutragen[9]. 32

Gem. § 314 III BGB ist die Kündigung innerhalb einer angemessenen Frist zu erklären, nachdem der Berechtigte vom Kündigungsgrund Kenntnis erlangt hat[10]. Die Angemessenheit hängt von den Umständen des Einzelfalles ab. Falls eine gründl. Prüfung, zB der wirtschaftl. Lage der Unternehmen, erforderlich ist, kann die Frist über die zwei Wochen des § 626 II BGB deutlich hinausgehen. Die Frist beginnt erst, wenn die Nachverhandlungen gescheitert sind. Zur **Nachwirkung** nach einer außerordentl. Kündigung s. § 4 Rz. 6. 33

ee) Störung der Geschäftsgrundlage. Ob neben oder statt einer außerordentl. Kündigung auf das in § 313 BGB geregelte Institut der Störung der Geschäftsgrundlage rekurriert werden kann, ist in der Rechtslehre umstritten[11]. Das BAG hat die Frage offen gelassen[12]. Aus § 313 III 2 BGB ergibt sich, dass bei Dauerschuldverhältnissen nicht per se die außerordentl. Kündigung nach § 314 BGB vorgeht. Vielmehr ist bei Störungen der Geschäftsgrundlage grds. § 313 BGB vorrangig anwendbar[13]. Das Recht zur außerordentl. Kündigung soll nur bei Unmöglichkeit oder Unzumutbarkeit der Vertragsanpassung bestehen[14]. Inwieweit die Tatbestandsvoraussetzungen einer Geschäftsgrundlagenstörung hinter einem wichtigen Grund iSd. § 314 BGB zur Kündigung eines TV zurückbleiben, ist ebenso unklar wie die Frage, ob es sich bei § 313 III 2 BGB um eine Rechtsgrund- oder eine Rechtsfolgenverweisung handelt[15]. Auf der Rechtsfolgenseite kann es jedenfalls nicht zu einer richterl. Vertragsanpassung kommen. Die Vorschrift garantiert zwar im Bereich der Privatautonomie richterl. Vertragshilfe. Ein Eingriff in die durch Art. 9 III GG geschützte und über die Arbeitskampfmöglichkeit abgesicherte Tarifautonomie lässt sich damit jedoch nicht rechtfertigen. Die grds. vorrangige Vertragsanpassung bekräftigt die für die kündigende Partei bestehende Obliegenheit zu Nachverhandlungen[16]. 34

Einstweilen frei. 35

ff) Ablösung. Ein **neuer TV** zwischen den TV-Parteien ersetzt grds. einen entsprechenden alten TV in vollem Umfang[17]. Jede Durchbrechung dieses Ablösungsprinzips (lex posterior) müsste im neuen TV 36

---

1 ArbG Wiesbaden v. 5.2.1997 – 3 Ca 4347/96, AuR 1997, 121; Kempen/Zachert/*Stein*, § 4 TVG Rz. 135. Zur parallel gelagerten Bedeutung dieses Kriteriums für das Institut der Geschäftsgrundlage *Henssler*, Risiko als Vertragsgegenstand, S. 49 ff. | 2 *Löwisch/Rieble*, § 1 TVG Rz. 509; aA Wiedemann/*Wank*, § 1 TVG Rz. 26, 40, 74. | 3 BAG v. 18.6.1997 – 4 AZR 710/95, AP Nr. 2 zu § 1 TVG – Kündigung; v. 18.12.1996 – 4 AZR 129/96, AP Nr. 1 zu § 1 TVG; *Oetker*, RdA 1995, 82 (95 f.); Kempen/Zachert/*Stein*, § 4 TVG Rz. 137; Däubler/*Deinert*, § 4 TVG Rz. 144; *Zachert*, RdA 1996, 149. | 4 BAG v. 18.12.1996 – 4 AZR 129/96, AP Nr. 1 zu § 1 TVG; *Löwisch/Rieble*, § 1 TVG Rz. 524. | 5 BAG v. 24.1.2001 – 4 AZR 655/99, AP Nr. 173 zu § 1 TVG – Tarifverträge: Metallindustrie. | 6 *Jacobs/Krause/Oetker*, § 8 Rz. 17. | 7 *Däubler*, ZTR 1996, 241. | 8 Däubler/*Deinert*, § 4 TVG Rz. 144; Wiedemann/*Wank*, § 4 TVG Rz. 40, 43. | 9 Vgl. BAG v. 18.2.1998 – 4 AZR 363/96, AP Nr. 3 zu § 1 TVG – Kündigung (zu einer künftigen wirtschaftlichen Belastung). | 10 Däubler/*Deinert*, § 4 Rz. 123. | 11 Dafür: *Otto*, FS Kissel, S. 787 (788 ff.); *Löwisch/Rieble*, § 1 TVG Rz. 522 ff.; dagegen: Kempen/Zachert/*Stein*, § 4 TVG Rz. 148; Däubler/*Deinert*, § 4 TVG Rz. 161 ff.; Wiedemann/*Wank*, § 4 TVG Rz. 65 ff. | 12 BAG v. 18.12.1996 – 4 AZR 129/96, AP Nr. 1 zu § 1 TVG – Kündigung; v. 18.6.1997 – 4 AZR 710/95, AP Nr. 2 zu § 1 TVG – Kündigung; v. 9.12.1999 – 6 AZR 299/98, AP Nr. 14 zu § 1 BAT-O. | 13 BT-Drs. 14/6040, S. 177; MüKo/*Roth*, § 313 BGB Rz. 141. | 14 Vgl. BT-Drs. 14/6040, S. 176. | 15 Vgl. *Henssler*, ZfA 1994, 487 (494); MüKo/*Roth*, § 313 BGB Rz. 13 und 142 ff. | 16 *Löwisch/Rieble*, § 1 TVG Rz. 523 f. | 17 BAG v. 6.6.2007 – 4 AZR 534/06, nv.; v. 24.10.2007 – 10 AZR 878/06, DB 2008, 247 (248).

hinreichend deutlich zum Ausdruck gebracht werden[1]. Die Regelungen des neuen TV können für die ArbN ungünstiger sein[2]. Zur rückwirkenden Ablösung s. Rz. 127 ff.

37 **gg) Auflösung einer Tarifvertragspartei.** Mit der Auflösung einer TV-Partei wird auch der TV beendet[3]. Normative Wirkungen sind ab diesem Zeitpunkt nicht mehr denkbar (s. § 4 Rz. 5 ff.).

38 **hh) Insolvenzverfahren.** Nicht zur Beendigung des TV soll die Eröffnung eines Insolvenzverfahrens über den ArbGebVerband führen[4].

39 **b) Wirkung der Beendigung.** Mit der Beendigung des TV enden die **schuldrechtl. Pflichten** der TV-Parteien, namentl. die Friedens- und Durchführungspflicht (dazu Rz. 63 ff.). Im TV können aber nachvertragl. Pflichten (Verhandlungspflicht, Schlichtungsabsprachen) vereinbart werden. Aus § 242 BGB können sich wie bei jedem Schuldverhältnis nachvertragl. Schutz- und Rücksichtnahmepflichten ergeben (culpa post contractum finitum). Der normative Teil verliert mit der Beendigung des TV seine unmittelbare und zwingende Wirkung für die beiderseits Tarifgebundenen. Es bleibt die Nachwirkung der Tarifnormen gem. § 4 V (§ 4 Rz. 5 ff.).

40 **V. Normativ wirkender Inhalt des Tarifvertrages. 1. Allgemeines.** TV können gem. § 1 I sowohl die Rechte und Pflichten der TV-Parteien regeln (**schuldrechtl. Teil**) als auch Inhalts-, Abschluss- und Beendigungsnormen vorsehen sowie betriebl. und betriebsverfassungsrechtl. Fragen ordnen (**normativer Teil**). Schuldrechtl. Vereinbarungen wirken lediglich zwischen den TV-Parteien. Die Tarifnormen gelten dagegen unmittelbar und zwingend für die ArbN und Unternehmen, die Mitglieder der tarifschließenden Gewerkschaft bzw. des entsprechenden ArbGebVerbandes sind (kongruente Tarifbindung) und unter den Geltungsbereich des TV fallen (§ 4 Rz. 13 ff.).

41 **2. Regelungsgegenstand des normativen Teils.** Im normativen Teil eines TV können Regelungen zu **Inhalt**, **Abschluss** und **Beendigung** von Arbeitsverhältnissen getroffen sowie **betriebl. und betriebsverfassungsrechtl. Fragen** geordnet werden. Aus § 4 II folgt, dass auch Vorschriften zu gemeins. Einrichtungen zulässig sind.

42 Geregelt werden nur **Arbeitsverhältnisse iSd. schuldrechtl. Beziehungen** zwischen ArbN und ArbGeb. Es gelten die allgemeinen Begriffe (zur Definition s. Vorb. § 611 BGB Rz. 19 ff.). Ausgeklammert bleiben demnach die Verträge mit mitarbeitenden Unternehmern[5] und die Anstellungsverträge der Organmitglieder juristischer Personen, sofern sie nicht ausnahmsw. als ArbN zu qualifizieren sind (zum ArbN-Status von Organmitgliedern s. vor § 611 BGB Rz. 36 f.)[6]. Auch die Rechtsverhältnisse der Beamten stehen außerhalb des Tarifrechts. Zu den regelungsfähigen Schuldverhältnissen gehören Teilzeit-[7] und befristete[8] Arbeitsverhältnisse sowie die Zeitarbeitsverträge zwischen ArbN und Verleiher; ebenso die staatl. geförderten Arbeitsverhältnisse gem. §§ 217 ff., 260 ff. SGB III[9]. Auch Berufsausbildungsverhältnisse sowie Verträge mit Praktikanten und Volontären unterliegen der tarifl. Regelungsbefugnis. Ausgenommen sind solche Praktika, die als integrierter Bestandteil eines Studiums absolviert werden oder bei denen die Ausbildung auf öffentl.-rechtl. Grundlage durchgeführt wird (Schüler, Studenten, Referendare)[10]. Der TV soll auch nachvertragl. Rechtsverhältnisse (Abwicklungsstadium, Ruhestandsverhältnis) regeln können (zu sog. Tarifsozialplänen – vgl. Einl. Rz. 35)[11]. Gleiches gilt auch für vorvertragl. Regelungen[12]. Vertragsverhältnisse mit arbeitnehmerähnl. Personen werden über § 12a erfasst (s. dort Rz. 5 ff.).

43 Seit der Anerkennung der Rechts- und Parteifähigkeit der **GbR**[13] ist es folgerichtig, solchen Gesellschaften den Status als **ArbGeb** zuzuerkennen (s. auch § 2 Rz. 22). Die ältere Rspr. des BAG[14], der zufolge nur die Gesellschafter als ArbGeb anzusehen waren, ist überholt[15]. Regelmäßig ist die Gesellschaft damit nur dann tarifgebunden, wenn sie selbst dem Verband angehört. Bei der parallel gelagerten Frage, ob für die Tarifbindung einer KG die Verbandsmitgliedschaft des Komplementärs ausreicht, stellt das BAG auf die Umstände des Einzelfalls ab[16].

---

1 BAG v. 30.1.1985 – 4 AZR 117/83, AP Nr. 9 zu § 1 TVG – Tarifverträge: Einzelhandel. | **2** BAG v. 14.10.2003 – 9 AZR 678/02, AP Nr. 31 zu § 1 TVG – Tarifverträge: Lufthansa; Wiedemann/*Wank*, § 4 TVG Rz. 77. | **3** BAG v. 28.5.1997 – 4 AZR 546/95, AP Nr. 26 zu § 4 TVG – Nachwirkung; Wiedemann/*Oetker*, § 2 TVG Rz. 36 ff. (str.); *Henssler*, FS 25 Jahre ARGE Arbeitsrecht, S. 37 (39 ff.). | **4** BAG v. 27.6.2000 – 1 ABR 31/99, AP Nr. 56 zu § 2 TVG. | **5** BAG v. 28.11.1990 – 4 AZR 198/90, AP Nr. 137 zu § 1 TVG – Tarifverträge: Bau. | **6** *Henssler*, RdA 1992, 289. | **7** BAG v. 18.12.1963 – 4 AZR 89/63, AP Nr. 1 zu § 1 TVG – Tarifverträge: Lederindustrie; v. 12.11.1969 – 4 AZR 523/68, AP Nr. 1 zu § 1 TVG – Teilzeitbeschäftigung. | **8** Wiedemann/*Thüsing*, § 1 TVG Rz. 390. | **9** Vgl. BAG v. 26.4.1995 – 7 AZR 936/94, AP Nr. 4 zu § 91 AFG. | **10** BAG v. 19.6.1974 – 4 AZR 436/73, AP Nr. 3 zu § 3 BAT; vgl. auch BAG v. 3.9.1998 – 8 AZR 14/97, nv. | **11** *Biedenkopf*, Tarifautonomie, S. 234; *Löwisch/Rieble*, § 1 TVG Rz. 71; *Reichel/Koberski/Ansey*, § 1 TVG Rz. 333; Wiedemann/*Thüsing*, § 1 TVG Rz. 399 f.; offen gelassen von BAG v. 10.10.1989 – 3 AZR 200/88, AP Nr. 3 zu § 1 TVG – Vorruhestand; bejaht wird dies von der Rspr. aber für den Vorruhestand: BAG v. 10.10.1989 – 3 AZR 200/88, AP Nr. 3 zu § 1 TVG – Vorruhestand; v. 25.10.1994 – 9 AZR 66/91, AP Nr. 22 zu § 1 TVG – Vorruhestand. | **12** *Löwisch/Rieble*, § 1 TVG Rz. 71. | **13** BGH v. 29.1.2001 – II ZR 331/00, NJW 2001, 1056. | **14** Vgl. nur BAG v. 6.7.1989 – 6 AZR 771/87, AP Nr. 4 zu § 705 BGB. | **15** Ebenso ErfK/*Franzen*, § 2 TVG Rz. 23. | **16** So BAG v. 4.5.1994 – 4 AZR 418/93, AP Nr. 1 zu § 1 TVG – Tarifverträge: Elektrohandwerk – für den Fall, dass die Mitgliedschaft allein im Interesse und mit Billigung der KG erworben wurde.

Tarifl. geregelt werden können ausnahmsw. auch **außerhalb des Arbeitsrechts stehende Rechtsbeziehungen** zwischen ArbGeb und ArbN, wenn sie ihre Grundlage im Arbeitsverhältnis haben. Voraussetzung ist, dass das Rechtsverhältnis ohne das Arbeitsverhältnis überhaupt nicht oder nicht zu den vereinbarten Konditionen zu Stande gekommen wäre, so zB bei Werksmietwohnungen[1], Mitarbeiterdarlehen[2] und Jahreswagen[3], uU auch bei gesellschaftsrechtl. Beteiligungen[4]. 44

3. Inhaltsnormen. Inhaltsnormen sind alle Bestimmungen, die nach dem Willen der TV-Parteien den **Inhalt von Arbeitsverhältnissen** iSd. Arbeitsrechts regeln. Regelungsgegenstand ist das gesamte aus Haupt-, Nebenleistungs- und Schutzpflichten bestehende arbeitsvertragl. Synallagma. Dazu gehören Vereinbarungen zur Art der Arbeit, zur Arbeitszeit (Dauer, Lage, Mehr- und Kurzarbeit, Mindestarbeitszeit bei Teilzeitbeschäftigten), zum Entgelt (Höhe, Eingruppierung in das Entgeltsystem, Zuschläge für Nacht-, Sonn- und Feiertagsarbeit, Sonderzahlungen wie zB Urlaubsgeld und Sonderzuwendungen wie Gratifikationen) sowie zum Urlaub. Häufig sind auch Vorschriften über Aufwendungsersatz, Auslösungen und Fahrtkosten. Regelungen der Leistungsstörungen auf ArbN- und ArbGebSeite (Unmöglichkeit, Verzug, Schlechtleistung), Modifikationen des § 615 BGB (Betriebsrisiko) und Wettbewerbsverbote können ebenfalls Gegenstand von Inhaltsnormen sein. Gesetzl. Schuldverhältnisse können geregelt werden, soweit sie in engem Zusammenhang mit dem Arbeitsverhältnis stehen[5]. 45

Unzulässig wären Vorschriften zur Regelung der dingl. Rechtslage oder zu sachenrechtl. Ansprüchen[6] sowie Vorgaben zur Unternehmenspolitik. TV dürfen den Unternehmen nicht vorschreiben, bestimmte Aufträge zu übernehmen oder abzulehnen. Bereits entstandene Ansprüche fallen dem BAG zufolge ebenfalls nicht in die Zuständigkeit der TV-Parteien, da sie sich bereits von dem Arbeitsverhältnis gelöst haben[7]. Zu einzelnen üblichen Inhaltsnormen s. Rz. 91 ff. 46

4. Abschlussnormen. Abschlussnormen sind Vorschriften, die das Zustandekommen neuer, die Wiederaufnahme alter oder die Fortsetzung unterbrochener Arbeitsverhältnisse regeln[8]. Hierzu zählen **Abschlussgebote**, dh. die tarifvertragl. Pflicht des ArbGeb, unter bestimmten Bedingungen einen Arbeitsvertrag fortzusetzen, ihn wiederaufleben zu lassen oder neu zu begründen. Sie sind als Übernahme- oder Wiedereinstellungsklauseln üblich und zulässig[9]. Dagegen wäre ein allgemeiner Kontrahierungszwang des ArbGeb iS einer Verpflichtung, eine bestimmte Anzahl von ArbN einzustellen bzw. eine bestimmte Personalstärke zu unterhalten, in VerbandsTV ein verfassungswidriger Eingriff[10] in die unternehmerische Entscheidungsfreiheit. 47

Abschlussverbote verbieten den Abschluss eines Arbeitsvertrages schlechthin, nicht nur die Beschäftigung mit bestimmten Tätigkeiten oder unter bestimmten Arbeitsbedingungen. Sie können die Einstellung oder Versetzung als solche untersagen oder sich darauf beschränken, eine Wiederbeschäftigung nach Zeitablauf zu verhindern. Die Rspr. ordnet auch **Befristungsregeln** den Abschlussnormen zu[11]. 48

Zu den Abschlussnormen zählen auch Bestimmungen über die **Form** und sonstige **Modalitäten** des Vertragsschlusses. 49

5. Beendigungsnormen. Beendigungsnormen regeln das Recht von ArbGeb und ArbN zur Beendigung des Arbeitsverhältnisses und die Modalitäten der Beendigung (Vorschriften zu Form, Kündigungsfristen, Aufhebungsverträgen, Stellvertretung, etc.) (**„Ob" und „Wie"**). Praktisch bedeutsam sind **Kündigungsverbote** für langjährige ArbN oder bestimmte Beschäftigte. In FirmenTV kann sich der ArbGeb in Form eines tarifl. „Bündnisses für Arbeit" wirksam verpflichten, für einen bestimmten Zeitraum überhaupt keine betriebsbedingten Kündigungen auszusprechen[12]. Nicht erfasst ist von solchen Kündigungsverboten das auch tarifl. nicht ausschließbare Recht zur außerordentl. Kündigung[13]. Für **Beendigungsgebote** besteht in der Praxis kein Bedarf. Als geeigneter haben sich Beendigungstatbestände in Form von Befristungen oder auflösenden Bedingungen erwiesen, welche zB die Beendigung des Arbeitsverhältnisses bei Erreichen einer bestimmten Altersgrenze oder Eintritt der Erwerbsunfähigkeit vorsehen. Zu üblichen Beendigungsnormen s. Rz. 91 ff. 50

6. Betriebsnormen. Betriebsnormen regeln über das einzelne Arbeitsverhältnis hinausgehend das **„betriebliche Rechtsverhältnis"** zwischen ArbGeb und Belegschaft. ArbGeb in diesem Sinn können auch 51

---

1 ErfK/*Franzen*, § 1 TVG Rz. 40. | 2 BAG v. 18.6.1980 – 4 AZR 463/78, AP Nr. 8 zu § 4 TVG – Ausschlussfristen. | 3 Vgl. BAG v. 20.1.1982 – 5 AZR 755/79, AP Nr. 72 zu § 4 TVG – Ausschlussfristen. | 4 *Löwisch/Rieble*, § 1 TVG Rz. 37. | 5 BAG v. 26.4.1978 – 5 AZR 62/77, AP Nr. 64 zu § 4 TVG – Ausschlussfristen (ungerechtfertigte Bereicherung); v. 10.1.1974 – 5 AZR 573/72, AP Nr. 54 zu § 4 TVG – Ausschlussfristen (unerlaubte Handlung); v. 14.9.1994 – 5 AZR 407/93, AP Nr. 127 zu § 4 TVG – Ausschlussfristen; *Löwisch/Rieble*, § 1 TVG Rz. 40. | 6 *Löwisch/Rieble*, § 1 TVG Rz. 62. | 7 BAG v. 28.9.1983 – 4 AZR 313/82, AP Nr. 9 zu § 1 TVG – Rückwirkung (zum bereits entstandenen Anspruch eines Copiloten auf Beförderung zum Flugkapitän); aA BAG v. 14.6.1962 – 2 AZR 267/60, AP Nr. 4 zu § 1 TVG – Rückwirkung. | 8 Wiedemann/*Thüsing*, § 1 TVG Rz. 601. | 9 Für die Zulässigkeit von Einstellungsgeboten Kempen/Zachert/*Zachert*, § 1 TVG Rz. 65 ff.; *Löwisch/Rieble*, § 1 TVG Rz. 87 ff. | 10 Das BVerfG (BVerfG v. 27.1.1998 – 1 BvL 15/87, NZA 1998, 470: Kleinbetriebsklausel) und das BAG (BAG v. 24.4.1997 – 2 AZR 352/96, EzA § 2 KSchG Nr. 26) leiten aus Art. 12 GG das Recht des ArbGeb her, frei darüber zu entscheiden, mit welcher Arbeitnehmerzahl er seinen Betrieb führen will. | 11 BAG v. 14.2.1990 – 7 AZR 68/89, AP Nr. 12 zu § 1 BeschFG 1985; aA *Löwisch/Rieble*, § 1 TVG Rz. 83 (Beendigungsnorm). | 12 BAG v. 27.9.2001 – 6 AZR 404/00, EzA § 1 TVG Nr. 44. | 13 MüKo/*Henssler*, § 626 BGB Rz. 48, 53 mwN.

mehrere Unternehmen sein, die sich zur Führung eines gemeins. Betriebes zusammengeschlossen haben. Belegschaft ist die Gesamtheit aller betriebszugehörigen ArbN. Nicht dazu gehören Ruheständler, ArbN, die ihre Arbeit noch nicht angetreten haben, und entliehene ArbN. Ruht das Arbeitsverhältnis, besteht die Betriebszugehörigkeit grds. fort[1]. Voraussetzung für die Einordnung einer Tarifnorm als Betriebsnorm ist stets, dass die Vorschrift nicht nur schuldrechtl. Pflichten der Arbeitsvertragsparteien regelt[2].

52 Betriebsnormen gelten gem. § 3 II für die gesamte Belegschaft eines tarifgebundenen ArbGeb, erfassen also auch **Außenseiter**[3]. Auf Grund dieser gesetzl. angeordneten Wirkung stehen Betriebsnormen in einem vorgegebenen Spannungsverhältnis zur negativen Koalitionsfreiheit. In verfassungskonformer Auslegung der §§ 1, 3 II **beschränkt** die Rspr. daher mit Recht den **sachlich-gegenständlichen Anwendungsbereich** der Betriebsnormen. Allein dann, wenn die entsprechenden Bestimmungen in der sozialen Wirklichkeit aus tatsächl. oder rechtl. Gründen nur einheitl. gelten können[4], darf auf Betriebsnormen zurückgegriffen werden. Demnach ist zunächst zu überprüfen, ob die TV-Parteien eine Betriebsnorm und nicht ledigl. eine Individualnorm schaffen wollten. In einem zweiten Schritt ist zu klären, ob die Norm notwendigerweise nur einheitl. im Betrieb gelten kann. Als **tatsächliche Gründe** für eine betriebseinheitl. Regelung sind aus dem technisch-organisatorischen Bereich zu nennen[5]: Lehrlingsskalen, qualitative Besetzungsregelungen[6], Geschäftsstellenschließungen, technische Überwachungseinrichtungen und sonstige Maßnahmen zur Ordnung des Betriebes, Torkontrollen, Rauchverbote, Kleiderordnungen, etc. Auch Kurzarbeitsklauseln sind hier zu verorten (str.; dazu Rz. 124)[7]. Bei Sozialeinrichtungen wird schon die **wirtschaftliche** Vernunft für eine einheitl. Regelung sprechen, zudem wären getrennte Einrichtungen für Gewerkschaftsmitglieder und Außenseiter dem Diskriminierungsverdacht ausgesetzt. Folgt bereits aus **rechtl. Gründen** die Notwendigkeit einer betriebseinheitl. Regelung (zB bei Auswahlrichtlinien für die soziale Auswahl oder für Ansprüche aus einem Sozialplan gem. § 112 BetrVG), so kommt es auf den Willen der Tarifpartner, die Regelung als Inhalts- oder Betriebsnorm zu verabschieden, nicht mehr an. S. ferner § 3 Rz. 36.

53 **7. Betriebsverfassungsrechtliche Normen.** Regelungsgegenstand der betriebsverfassungsrechtl. Normen sind **Einrichtung und Organisation der Betriebsvertretung** sowie deren Befugnisse und Rechte[8]. Da das BetrVG einen fein austarierten gesetzl. Kompromiss zwischen ArbN- und ArbGebBelangen vorsieht, sind tarifl. Eingriffe in dieses Gesamtkonzept nicht unbedenklich. Nur betriebsspezifische Besonderheiten werden eine Abweichung von dem gesetzl. Regelungskonzept rechtfertigen, so dass in erster Linie FirmenTV in Betracht kommen. Sofern das BetrVG keine Änderungsmöglichkeiten durch TV vorsieht (§§ 3, 38, 47, 55, 72, 117 BetrVG), ist eine Umgestaltung der gesetzl. festgelegten **Organisation der Betriebsverfassung** und der für sie geltenden demokratischen Regeln unzulässig[9]. Mit der Neufassung des § 3 BetrVG sind die Möglichkeiten, zusätzl. ArbN-Vertretungen oder spezifische Betriebseinheiten zu schaffen, deutlich erweitert worden[10]. Zudem ist eine staatl. Zustimmung nicht mehr erforderlich. Ein legitimer Bedarf für tarifl. Regelungen kann sich außerdem bei betriebsverfassungsgleichen Einrichtungen in Betrieben mit deutschen ArbN im Ausland ergeben.

54 In **materieller Hinsicht** kommt ledigl. eine **Erweiterung und Verstärkung** der Beteiligung des BR in sozialen, personellen und wirtschaftl. Angelegenheiten in Betracht. Dazu können Beteiligungsrechte zu MitbestR aufgewertet sowie zusätzl. Tatbestände in die §§ 9 II, 87 I, 106 III, 111 S. 2 BetrVG aufgenommen werden. Eine Einschränkung der MitbestR des BR ist unzulässig[11]. Eine Normsetzungsbefugnis besteht nur für die Betriebs-, nicht dagegen für die Unternehmensverfassung[12]. Ebenso wie Betriebsnormen können auch betriebsverfassungsrechtl. Normen nur betriebseinheitl. ergehen. § 3 II ordnet daher bei tarifgebundenen ArbGeb eine Erstreckung der normativen Wirkung auf die Außenseiter an. Im Einzelnen § 3 Rz. 34 ff.

55 **8. Normen für gemeinsame Einrichtungen.** In TV können auch Normen für gemeins. Einrichtungen aufgenommen werden, dh. **Regeln über die Errichtung, Erhaltung und Benutzung** solcher Einrichtungen sowie der Rechte und Pflichten der ArbGeb und der ArbN gegenüber der Einrichtung. Gem. § 4 II gelten solche Normen nicht nur für die nach § 3 I beiderseitig Tarifgebundenen, sondern auch im Verhältnis zwischen gemeins. Einrichtung und ArbGeb bzw. ArbN. Einseitige Tarifbindung genügt – nach allerdings bestrittener Auffassung – nicht (dazu § 4 Rz. 22)[13]. Das Problem stellt sich in der Praxis kaum,

---

1 BAG v. 29.3.1974 – 1 ABR 27/73, AP Nr. 2 zu § 19 BetrVG 1972. | 2 BAG v. 1.8.2001 – 4 AZR 388/99, Nr. 5 zu § 3 TVG – Betriebsnormen. | 3 Dazu *Wiedemann*, RdA 2007, 65 (67 f.). | 4 BAG v. 26.4.1990 – 1 ABR 84/87, AP Nr. 57 zu Art. 9 GG zu qualitativen Besetzungsregeln; v. 27.4.1988 – 7 AZR 593/87, AP Nr. 4 zu § 1 BeschFG 1985; LAG BW v. 27.4.1999 – 10 Sa 82/98, nv. zur Verkürzung der regelmäßigen Wochenarbeitszeit. | 5 S. auch die Übersicht bei *Jacobs/Krause/Oetker*, § 4 Rz. 60 f. | 6 BAG v. 26.4.1990 – 1 ABR 84/87, AP Nr. 57 zu Art. 9 GG. | 7 AA ErfK/*Franzen*, § 1 TVG Rz. 47. | 8 ErfK/*Franzen*, § 1 TVG Rz. 48. | 9 Wiedemann/*Thüsing*, § 1 TVG Rz. 763. | 10 Zu Einzelheiten *Giesen*, BB 2002, 1480; *Hanau*, NJW 2001, 2513; *Schaub*, ZTR 2001, 437; *Leßmann/Liersch*, DStR 2001, 1302; *Löwisch*, BB 2001, 1734. | 11 BAG v. 10.2.1988 – 1 ABR 70/86, AP Nr. 53 zu § 99 BetrVG 1972; v. 18.8.1987 – 1 ABR 30/86, AP Nr. 23 zu § 77 BetrVG 1972. | 12 Wiedemann/*Thüsing*, § 1 TVG Rz. 760. | 13 *Bötticher*, Die gemeinsamen Einrichtungen der Tarifvertragsparteien, S. 79; *Löwisch/Rieble*, § 3 TVG Rz. 68 für Inhaltsnormen; aA Kempen/Zachert/*Kempen*, § 4 TVG Rz. 244; Däubler/*Hensche*, § 1 TVG Rz. 946; Wiedemann/*Oetker*, § 1 TVG Rz. 844.

da die meisten TV über gemeins. Einrichtungen für allgemeinverbindl. erklärt wurden und daher alle ArbGeb und ArbN im Geltungsbereich des TV erfassen. Zu Einzelheiten § 4 Rz. 21 ff.

9. Tarifnormen zu Gunsten Dritter. Tarifnormen können Rechte zu Gunsten Dritter schaffen. Praxisrelevant ist der Bereich der Alters- und Hinterbliebenenversorgung[1]. Tarifnormen zu Lasten Dritter, dh. tarifungebundener Personen, sind unzulässig. 56

10. Prozessuale Normen. Prozessuale Normen können die Tarifpartner grds. **nicht treffen**, da diese in § 1 nicht erwähnt werden[2]. Nach § 48 II ArbGG können die TV-Parteien jedoch in bestimmten Fällen die Zuständigkeit eines an sich örtl. nicht zuständigen Gerichts festlegen. § 101 ArbGG gestattet den TV-Parteien, in bestimmten Fällen die Arbeitsgerichtsbarkeit zu Gunsten eines Schiedsgerichts auszuschließen (zu den Problemen bei der AVE solcher Normen vgl. § 5 Rz. 10). 57

11. Rechtsfolgen unzulässiger Regelungen. Widersprechen TV-Normen zwingendem höherrangigem Recht, so sind sie **nichtig**[3]. Entgegen der Zweifelsregel des § 139 BGB führt dies allerdings im Normalfall nicht zur Gesamtnichtigkeit des TV. Welchen Umfang die Nichtigkeit hat, hängt vielmehr davon ab, ob der TV ohne die unwirksamen Bestimmungen noch eine sinnvolle und in sich geschlossene Regelung enthält[4]. Die Unanwendbarkeit einer TV-Norm auf einen Teil des von ihr erfassten Personenkreises beeinträchtigt ihre Geltung für den Rest der tarifgebundenen Personen nicht, sofern anzunehmen ist, dass die TV-Parteien die Regelung auch allein für diesen restl. Personenkreis gewollt hätten[5]. Eine regional begrenzte Nichtigkeit ist ebenfalls denkbar. Die TV-Parteien können eine Teilnichtigkeit verhindern, indem sie im TV die Unteilbarkeit bestimmter Regelungskomplexe festlegen[6]. Entsteht durch die Nichtigkeit einer Tarifnorm eine Regelungslücke, so kann der TV unter Umständen fortgebildet werden (s. Rz. 83 ff.). Verstößt eine Tarifnorm gegen ein gemeinschaftsrechtl. Diskriminierungsverbot (zB Art. 141 EGV; s. auch Einl. Rz. 14), so gilt für die Angehörigen der benachteiligten Gruppe ebenfalls die günstigere Regelung hinsichtl. der übrigen ArbN („Anpassung nach oben")[7]. § 7 II AGG enthält eine ausdrückliche Regelung für Verstöße gegen das **Benachteiligungsverbot** des § 7 I AGG in Kollektivvereinbarungen, wonach solche Vereinbarungen unwirksam sind. Trotz der unklaren Formulierung kommt es auch bei dem Verstoß gegen das AGG nur zur Teilnichtigkeit der Regelung, soweit sie rechtswidrig ist[8]. In Anlehnung an die Rspr. des EuGH zu gemeinschaftrechtl. Diskriminierungsverboten[9] wird die durch die Teilnichtigkeit entstehende Lücke durch die Rspr. voraussichtlich im Wege einer Gleichstellung mit den nicht diskriminierten ArbN geschlossen werden[10] mit der Folge einer „Anpassung nach oben"[11]. Eine Differenzierung dahingehend, dass es zu einer solchen Anpassung nach oben nur bei einer unzulässigen Benachteiligung kommt, bei einer unzulässigen Begünstigung dagegen zu einer „Anpassung nach unten"[12], ist nicht durchführbar. Jede Differenzierung ist immer zugleich Benachteiligung und Begünstigung. Eine ergänzende Vertragsauslegung zur Lückenfüllung[13] sieht sich europarechtl. Bedenken ausgesetzt, da sie auf eine geltungserhaltende Reduktion hinausläuft, die keine abschreckende Sanktion iSv. Erwägungsgrund 35 der RL 2000/78/EG darstellt. 58

Das höherrangige Recht kann bei Abschluss des TV bereits gelten oder erst später entstehen. In letzterem Fall wird den TV-Parteien im Allgemeinen eine **Übergangszeit** zustehen, binnen deren sie den TV anpassen können[14]. Haben die Tarifpartner ihre Regelungsbefugnis überschritten, so sind die Tarifnormen unwirksam. Sie können aber uU als schuldrechtl. Vertrag aufrechterhalten werden[15]. 59

VI. Der Tarifvertrag als Schuldverhältnis. 1. Die allgemeinen Rechte und Pflichten der Tarifvertragsparteien. a) Grundlagen. Gem. § 1 I können im TV wie in jedem vertragl. Schuldverhältnis die Rechte und Pflichten der TV-Parteien geregelt werden. **Auch ohne ausdrückl. Vereinbarungen** entstehen mit Vertragsschluss Rechte und Pflichten der Vertragsparteien, die dem TV auf Grund seiner Zweckbestimmung wesensimmanent sind. Zu ihnen zählen in erster Linie die Friedenspflicht und die Durchführungspflicht (Rz. 63 ff.). Darüber hinaus können vielfältige weitere Pflichten explizit vereinbart werden (Rz. 72 ff.). 60

Schon im **Anbahnungsstadium** eines TV ergeben sich nach allgemeinen Grundsätzen (vgl. §§ 311 II, 241 II BGB) Auskunfts- und Mitteilungspflichten sowie Schutz- und Rücksichtnahmepflichten, so zB wenn 61

1 ErfK/*Franzen*, § 1 TVG Rz. 51. | 2 Vgl. BAG v. 18.5.1983 – 4 AZR 456/80, AP Nr. 51 zu § 1 TVG – Tarifverträge: Bau. | 3 Vgl. aber EuGH v. 7.2.1991 – C-184/89, AP Nr. 25 zu § 23a BAT bei Verstoß gegen Gemeinschaftsrecht. | 4 BAG v. 18.8.1971 – 4 AZR 342/70, AP Nr. 8 zu § 4 TVG – Effektivklausel; v. 26.2.1986 – 4 AZR 535/84, AP Nr. 12 zu § 4 TVG – Ordnungsprinzip. | 5 BAG v. 26.6.1985 – 7 AZR 125/83, AP Nr. 1 zu § 1 TVG – Teilnichtigkeit. | 6 *Löwisch/Rieble*, § 1 TVG Rz. 348. | 7 EuGH v. 27.6.1990 – C-33/89, AP Nr. 21 zu Art. 119 EWG-Vertrag. | 8 BT-Drs. 16/1780, S. 34; *Wiedemann*, NZA 2007, 950; aA *Schleusener/ Suckow/Voigt*, § 7 AGG Rz. 45 (Gesamtnichtigkeit bei altersdiskriminierender Entgeltstaffelung). | 9 Vgl. nur EuGH v. 7.2.1991 – C 184/89, AP Nr. 25 zu § 23a BAT; ebenso BAG v. 24.9.2003 – 10 AZR 675/02, AP Nr. 4 zu § 4 TzBfG; zum Diskriminierungsverbot im TzBfG ausf. *Thüsing*, Arbeitsrechtlicher Diskriminierungsschutz, Rz. 495. | 10 *Wiedemann*, NZA 2007, 950 (951); *Henssler/Tillmanns*, FS Birk (demnächst). | 11 Zu den Problemen bei Entgeltstaffelung nach dem Alter (dazu Rz. 91b) *Henssler/Tillmanns*, FS Birk (demnächst). | 12 So aber *Bauer/Göpfert/Krieger*, § 7 AGG Rz. 29. | 13 *Hanau*, ZIP 2006, 2189 (2200); ähnlich Däubler/Bertzbach/*Brors*, § 10 AGG Rz. 62. | 14 *Löwisch/Rieble*, § 1 TVG Rz. 354 f. | 15 *Löwisch/Rieble*, § 1 TVG Rz. 346.

die Delegierten der einen Seite bei der anderen zu Gast sind. In der nachvertragl. Phase nach Beendigung der Laufzeit eines TV können ähnl. Pflichten (culpa post contractum finitum) bestehen. Außerhalb konkreter TV kann die zwischen langjährigen TV-Parteien entstehende Dauerrechtsbeziehung für gegenseitige Rechte und Pflichten sorgen[1]. Sie kann sogar Grundlage eines Verhandlungsanspruchs sein (Rz. 11).

62 Auf Grund der Außenwirkungen ist für das tarifvertragl. Pflichtenprogramm zwischen Erfüllungs-, Einwirkungs- und Garantiepflichten zu unterscheiden. **Erfüllungspflichten** ergeben sich für die beteiligten Verbände, soweit sie selbst der Gegenseite ein bestimmtes Verhalten – etwa das Unterlassen friedensstörender Maßnahmen – schulden. **Einwirkungspflichten** verpflichten einen Verband, auf seine Mitglieder dahin gehend einzuwirken, ein bestimmtes Ziel zu erreichen. Dies gilt insb. für die Friedens- und die Durchführungspflicht. Der Verband verpflichtet sich, alle ihm zur Verfügung stehenden Mittel anzuwenden, um die Mitglieder dazu zu bringen, die Friedenspflicht zu wahren bzw. den TV anzuwenden (Einl. Rz. 10). Eine Garantie für den Erfolg übernehmen die TV-Parteien aber nur, wenn sie sich dazu im TV verpflichtet haben. Ob eine solche **Garantiepflicht** vereinbart wurde, ist durch Auslegung zu ermitteln, im Zweifel aber zu verneinen.

63 **b) Friedenspflicht. aa) Relative Friedenspflicht.** Unter Friedenspflicht ist das an die Tarifparteien gerichtete Verbot zu verstehen, während der Laufzeit des TV eine Änderung der tarifl. geregelten Arbeitsbedingungen mit den **Mitteln des Arbeitskampfes** (Streik, Aussperrung, Boykott) anzudrohen oder durchzusetzen[2]. Die Friedenspflicht ist unabdingbar[3]. Bloße Verhandlungen zwischen den TV-Parteien begründen keine auf ihren Gegenstand bezogene Friedenspflicht[4]. Der Inhalt der Friedenspflicht besteht hauptsächl. in einer Pflicht der Tarifparteien zu einem Unterlassen; ihnen ist es verboten, einen Arbeitskampf anzudrohen oder zu veranstalten, die Mitglieder dazu anzuhalten oder dabei zu unterstützen. Zugleich begründet die Friedenspflicht aktive Verhaltenspflichten der TV-Parteien: Sie haben auf ihre Mitglieder einzuwirken, keine die Friedenspflicht verletzenden Arbeitskampfmaßnahmen zu ergreifen und bereits begonnene rechtswidrige Arbeitskämpfe zu beenden[5]. Die Verbände übernehmen aber grds. keine entsprechende Garantiehaftung[6].

64 Ein Verstoß gegen die Friedenspflicht sind nach der Rspr. des BAG auch **bloße Vorbereitungshandlungen** wie der Beschluss oder die Durchführung einer Urabstimmung[7]. Warnstreiks sind erst nach Ablauf der Friedenspflicht zulässig[8]. Bei einem Unterstützungs- bzw. Sympathiestreik verletzt nach zweifelhafter Auffassung des BAG die streikende Gewerkschaft nicht die Friedenspflicht gegenüber dem mit dem Unterstützungsstreik überzogenen ArbGeb; wohl aber erfasse die Rechtswidrigkeit eines gegen die Friedenspflicht verstoßenden Hauptarbeitskampfs auch den Unterstützungsstreik[9]. Während des Nachwirkungszeitraums nach § 4 V besteht – trotz evtl. fortwirkender Dauerrechtsbeziehung zwischen den Tarifpartnern – keine Friedenspflicht mehr[10].

65 Von der Friedenspflicht unberührt bleibt das Recht, den TV unter Einhaltung der entsprechenden Voraussetzungen zu **kündigen oder einvernehmlich aufzuheben**. Die Friedenspflicht trifft jede Tarifpartei nicht nur gegenüber dem Vertragspartner, sondern auch gegenüber dessen Mitgliedern, so dass der TV diesbezügl. als Vertrag mit Schutzwirkung zu Gunsten Dritter angesehen werden kann[11]. Eine andere am Vertragsschluss nicht beteiligte und deshalb nicht gebundene Gewerkschaft kann vom ArbGebVerband oder von einem einzelnen ArbGeb den Abschluss eines TV verlangen. Ein mit diesem Ziel geführter Arbeitskampf ist rechtmäßig[12]. Nach einer Mindermeinung soll dies nur gelten, wenn der angestrebte TV nicht nach dem Grundsatz der Tarifeinheit hinter den bestehenden zurücktreten müsse[13]. Der Geltungsanspruch des Grundsatzes der Tarifeinheit ist indes zweifelhaft (s. § 4 Rz. 46 ff.).

66 Ohne besondere Vereinbarung besteht lediglich eine **relative Friedenspflicht**. Sie beschränkt sich auf die im TV normierten Regelungsgegenstände, hindert die Tarifparteien aber nicht, in bislang nicht geregelten Bereichen der Arbeitsbedingungen Forderungen an die Gegenseite zu stellen und diesen mit den Mitteln des Arbeitskampfes Nachdruck zu verleihen[14]. Welche Arbeitsbedingungen in dem TV bereits geregelt sind, ist nicht nach rein formalistischen Kriterien zu beurteilen. Vielmehr kommt es darauf

---

1 *Löwisch/Rieble*, § 1 TVG Rz. 372. | 2 BAG v. 8.2.1957 – 1 AZR 169/55, AP Nr. 1 zu § 1 TVG – Friedenspflicht; v. 21.12.1982 – 1 AZR 411/80, AP Nr. 76 zu Art. 9 GG – Arbeitskampf; s. auch die Übersicht bei *Melot de Beauregard*, NZA-RR 2007, 393 (394 f.). | 3 ErfK/*Franzen*, § 1 TVG Rz. 84; aA Däubler/*Reim*, § 1 TVG Rz. 1048 mwN. | 4 BAG v. 24.4.2007 – 1 AZR 252/06, AP Nr. 2 zu § 1 TVG – Sozialplan; *Schneider/Sittard*, ZTR 2007, 590 (592). | 5 *Brox/Rüthers/Henssler*, Arbeitsrecht, Rz. 731. | 6 Wiedemann/*Thüsing*, § 1 TVG Rz. 871. | 7 BAG v. 31.10.1958 – 1 AZR 632/57, AP Nr. 2 zu § 1 TVG – Friedenspflicht; gegen eine Verallgemeinerung der Entscheidung mit bedenkenswerter Begründung Wiedemann/*Thüsing*, § 1 TVG Rz. 878. | 8 Vgl. BAG v. 21.6.1988 – 1 AZR 651/86, AP Nr. 108 zu Art. 9 GG – Arbeitskampf. | 9 BAG v. 19.6.2007 – 1 AZR 396/06, AP Nr. 173 zu Art. 9 GG – Arbeitskampf. | 10 BAG v. 29.1.1985 – 1 AZR 179/84, AP Nr. 83 zu Art. 9 GG – Arbeitskampf; v. 24.4.2007 – 1 AZR 252/06, AP Nr. 2 zu § 1 TVG – Sozialplan. | 11 BAG v. 31.10.1958 – 1 AZR 632/57, AP Nr. 2 zu § 1 TVG – Friedenspflicht. | 12 BAG v. 4.5.1955 – 1 AZR 493/54, AP Nr. 2 zu Art. 9 GG – Arbeitskampf. | 13 LAG Rh.-Pf. v. 22.6.2004 – 11 Sa 2096/03, AP Nr. 169 zu Art. 9 GG – Arbeitskampf; ArbG Düsseldorf v. 1.8.2007 – 11 Ga 74/07, BeckRS 2007, 46356. | 14 BAG v. 21.12.1982 – 1 AZR 411/80, AP Nr. 76 zu Art. 9 GG – Arbeitskampf; v. 24.4.2007 – 1 AZR 252/06, AP Nr. 2 zu § 1 TVG – Sozialplan.

an, über welche Regelungsgegenstände schon Vereinbarungen getroffen wurden. Dies ist durch Auslegung zu ermitteln[1].

67 **bb) Absolute Friedenspflicht.** Die TV-Parteien haben auf Grund der Vertragsfreiheit die Möglichkeit, eine absolute Friedenspflicht zu vereinbaren, die jegliche arbeitskampfbegleitete Forderung – also auch solche über bislang nicht geregelte Arbeitsbedingungen – während der Laufzeit des TV verbietet. Die absolute Friedenspflicht bedarf einer ausdrücklichen Vereinbarung[2]. Sie kann – etwa durch Schlichtungsabkommen – über die Laufzeit des TV hinaus verlängert werden. Denkbar ist auch eine allgemein gehaltene Vereinbarung, nach der Arbeitskampfmaßnahmen etwa erst vier Wochen nach Ablauf des TV durchgeführt werden dürfen.

68 Wird die Friedenspflicht nicht erfüllt, kann sowohl positiv auf Handlung als auch negativ auf eine Unterlassung der Arbeitskampfmaßnahme **geklagt** werden[3]. Werden Dritte durch die Friedenspflicht berechtigt, können auch diese klagen[4]. Die Vollstreckung erfolgt nach §§ 888, 890 ZPO. Im Falle einer schuldhaften Verletzung entstehen **Schadensersatzansprüche** (§§ 280, 823 BGB).

69 **c) Durchführungspflicht.** Die TV-Parteien sind zur Durchführung des TV verpflichtet. Zunächst trifft sie die Pflicht, den TV selbst zu erfüllen (**Tariferfüllungspflicht**). Außerdem haben sie dafür Sorge zu tragen, dass sich ihre Verbandsmitglieder an die ihnen auferlegten tarifvertragl. Pflichten halten (**Einwirkungspflicht**)[5]. Die Einwirkung auf ihre Mitglieder ist einer TV-Partei nur zumutbar, wenn feststeht, ob das Verhalten dem TV entspricht oder nicht, die Rechtslage mithin eindeutig ist. Bei strittiger und rechtl. ungeklärter Tarifauslegung wäre es eine Überforderung einer Vertragspartei, wenn sie verpflichtet wäre, eine bestimmte, von ihr nicht akzeptierte Auslegung gegenüber ihren Verbandsmitgliedern zu vertreten und sie gegen ihre Überzeugung durchzusetzen[6]. Als Mittel der Einwirkung kommen Mahnungen, die Androhung und Festsetzung von Strafen und bei ganz schwerwiegenden Verstößen auch ein Verbandsausschluss in Betracht. Maßgebl. ist auf Grund der Verbandssouveränität in erster Linie die Satzung oder sonstige Ordnung des Verbandes, wobei der Verband im konkreten Fall selbst über die zu ergreifenden Sanktionen zu befinden hat[7]. Der Verband kann sich seiner Vertragspflichten allerdings nicht durch mündl. Ermahnungen oder symbolische Handlungen entledigen[8].

70 Da die Tarifpartei, die vor Gericht gegen ihren Vertragspartner auf Durchführung klagt, meist keine bestimmte verbandsrechtl. Maßnahme verlangen kann, hat die Rspr. zunächst nur eine **Feststellungsklage** für zulässig erachtet[9]. Mittlerweile hält sie eine Klage auf Einwirkung zur Durchführung des TV auch in der Form einer **Leistungsklage** für zulässig. Das gilt selbst dann, wenn kein bestimmtes Einwirkungsmittel benannt wird[10]. Für die Bestimmtheit des Klageantrags genügt die Bezeichnung des durch die Einwirkung zu erreichenden Ergebnisses. Der Anspruch kann im einstw. Verfügungsverfahren geltend gemacht werden (§ 935 ZPO), seine Zwangsvollstreckung erfolgt nach §§ 888, 890 ZPO. Wird die Einwirkung schuldhaft verzögert oder unmöglich, so haftet der Verband auf Schadensersatz wegen Nichterfüllung[11].

71 Sofern der TV keine gegenteilige Vereinbarung enthält, ist ein **herrschendes Unternehmen** nicht verpflichtet, die Umsetzung eines kraft Mitgliedschaft verbindl. VerbandsTV bei den abhängigen Konzernunternehmen durchzusetzen[12]. Nach Abschluss eines FirmenTV darf ein Unternehmen dagegen die Konsequenzen seiner tarifl. Bindung nicht – durch Ausgründung von Unternehmensteilen in ein Tochterunternehmen – unterlaufen. Es muss vielmehr durch Einwirkung auf die erst nach Tarifabschluss ausgegliederten Tochterunternehmen dafür Sorge tragen, dass die firmentarifl. Arbeitsbedingungen auch dort gewährt werden[13].

72 **2. Vereinbarte Pflichten im tarifvertraglichen Schuldverhältnis. a) Rechts- und Pflichtenstellung der Parteien.** Über die dem TV wesensimmanenten gegenseitigen Pflichten wie der Friedens- und der Durchführungspflicht (dazu Rz. 63 ff.) hinaus können die Parteien weitere schuldrechtl. Regelungen treffen. In Betracht kommen neben der Vereinbarung einer absoluten Friedenspflicht Absprachen zu Schieds- oder Schlichtungsverfahren[14], Arbeitskampfregeln oder Absprachen über das Betreiben bzw.

---

1 BAG v. 27.6.1989 – 1 AZR 404/88, AP Nr. 113 zu Art. 9 GG – Arbeitskampf; v. 10.12.2002 – 1 AZR 96/02, AP Nr. 162 zu Art. 9 GG – Arbeitskampf. |2 BAG v. 21.12.1982 – 1 AZR 411/80, AP Nr. 76 zu Art. 9 GG – Arbeitskampf. |3 ErfK/*Franzen*, § 1 TVG Rz. 85. |4 LAG Hess. v. 23.4.1985 – 5 SaGA 507/85, LAGE § 1 TVG – Friedenspflicht Nr. 1. |5 BAG v. 9.6.1982 – 4 AZR 274/81, AP Nr. 1 zu § 1 TVG – Durchführungspflicht; v. 25.1.2006 – 4 AZR 552/04, AP Nr. 6 zu § 1 TVG – Durchführungspflicht. |6 BAG v. 29.4.1992 – 4 AZR 432/91, AP Nr. 3 zu § 1 TVG – Durchführungspflicht; vgl. auch v. 18.2.1998 – 4 AZR 363/96, AP Nr. 3 zu § 1 TVG – Kündigung. |7 BAG v. 9.6.1982 – 4 AZR 274/81, AP Nr. 1 zu § 1 TVG – Durchführungspflicht. |8 Wiedemann/*Thüsing*, § 1 TVG Rz. 924. |9 BAG v. 9.6.1982 – 4 AZR 274/81, AP Nr. 1 zu § 1 TVG – Durchführungspflicht. |10 BAG v. 29.4.1992 – 4 AZR 432/91, AP Nr. 3 zu § 1 TVG – Durchführungspflicht (unter ausdrücklicher Aufgabe seiner früheren Rspr. v. 3.2.1988 – 4 AZR 513/87, AP Nr. 20 zu § 1 TVG – Tarifverträge: Druckindustrie). Ferner BAG v. 18.2.1998 – 4 AZR 363/96, AP Nr. 3 zu § 1 TVG – Kündigung; Kempen/Zachert/*Stein*, § 1 TVG Rz. 219. |11 Wiedemann/*Thüsing*, § 1 TVG Rz. 924. |12 *Henssler*, FS Schaub, S. 311 (328); Wiedemann/*Thüsing*, § 1 TVG Rz. 927. |13 BAG v. 11.9.1991 – 4 AZR 71/91, AP Nr. 28 zu Internationales Privatrecht – Arbeitsrecht. („Goethe-Institut"); *Henssler* ZfA 1998, 540; aA *Heinze*, DB 1997, 2122 (2155). |14 Vgl. BAG v. 31.10.1958 – 6 AZR 632/57, AP Nr. 2 zu § 1 TVG – Friedenspflicht.

Nichtbetreiben der AVE des TV (dazu § 5 Rz. 17). Manche dieser schuldrechtl. Regelungen, zB Bestimmungen über das Inkrafttreten, eine feste Laufzeit oder die Kündigung des TV, wirken auf den normativen Teil ein. Umstritten sind sog. **Meistbegünstigungsklauseln**, die einer TV-Partei die Übernahme von (günstigeren) Tarifbedingungen ermöglichen, welche die andere in der Folge des Tarifabschlusses mit einem dritten Tarifpartner vereinbart[1]. Die Gewerkschaft soll davon abgehalten werden, mit anderen Verbänden oder einzelnen ArbGeb abweichende TV zu schließen. Die hieraus resultierende faktische Bindung der Gewerkschaft an die durch die Meistbegünstigungsklausel gesicherten Tarifbedingungen beeinträchtigt in unzulässiger Weise ihre Tarifautonomie wie auch die des nachfolgend kontrahierenden Verbandes und nimmt dem zwischen ihnen geschlossenen TV die materielle Richtigkeitsgewähr[2].

73 Die TV-Parteien können im Rahmen der durch höherrangiges Recht gesetzten Grenzen **alles in ihrem Belieben** Stehende vereinbaren. Dabei müssen sie nicht notwendigerweise rechtl. durchsetzbare Verpflichtungen schaffen. Sie können sich auch darauf beschränken, Empfehlungen an die jeweiligen Mitglieder auszusprechen.

74 **b) Schuldrechtliche Regelungen der Arbeitsbedingungen der Verbandsmitglieder.** Wollen die Tarifpartner die **Arbeitsbedingungen** regeln, so steht ihnen neben der normativen Rechtssetzung die Möglichkeit offen, entsprechende schuldrechtl. Vereinbarungen zu treffen. Derartige Verträge werden als „Koalitionsverträge", „sonstige Kollektivverträge", „Sozialpartner-Vereinbarungen", „Außertarifl. Sozialpartner-Vereinbarungen" oder „soft agreements" bezeichnet[3]. Es handelt sich um Verträge zu Gunsten Dritter (§ 328 BGB). Zu ihrer Auslegung s. Rz. 75. Mitglieder der Tarifpartner können auf diese Weise ebenso wie Dritte Rechte erhalten, Pflichten zu Lasten Dritter können dagegen nach allgemeinen zivilrechtl. Grundsätzen nicht vereinbart werden. Schuldrechtl. Regelungen der Arbeitsbedingungen liegen in erster Linie in FirmenTV nahe. In den seltenen Fällen einer Regelung per VerbandsTV haben die TV-Parteien die Pflicht, ihre Mitglieder zur Einhaltung der Verpflichtungen anzuhalten.

75 **VII. Auslegung von Tarifverträgen. 1. Allgemeine Auslegungsgrundsätze. a) Schuldrechtlicher Teil.** Hinsichtl. des schuldrechtl. Teils gelten nach hM die Grundsätze für die Vertragsauslegung[4]. Dasselbe gilt für die vorgelagerte Frage, ob es sich bei einer Vereinbarung der TV-Parteien um einen TV oder eine rein schuldrechtl. wirkende Regelung handelt[5]. Gem. §§ 133, 157 BGB ist der wirkliche Wille der TV-Parteien zu erforschen. Die Falsa-demonstratio-Regel ist anzuwenden[6]. Handelt es sich dagegen um einen nicht tarifl. Koalitionsvertrag, der schuldrechtl. Regelungen über Arbeitsbedingungen zu Gunsten Dritter trifft, so ist er nach den Interpretationsregeln für den normativen Teil, mithin wie ein Gesetz, auszulegen. Grund hierfür ist das schutzwürdige Vertrauen der betroffenen Dritten[7].

76 **b) Normativer Teil.** Über die methodologischen Grundsätze, die zur Auslegung des normativen Teils heranzuziehen sind, herrscht bis heute Streit. Die Meinungsvielfalt folgt aus der Doppelnatur des TV. Er entsteht wie ein Vertrag, wirkt aber wie ein Gesetz. Wegen seiner Begründung durch Willenserklärungen wird im Schrifttum teilweise auch für die Tarifnormen eine Auslegung nach vertragsrechtl. Grundsätzen vertreten[8]. Die Rspr.[9] und ältere Literaturstimmen[10] legen Tarifnormen dagegen objektiv, also wie Gesetze, aus. Im Vordringen befindet sich ein dritter Ansatz, der eine Kombination verschiedener Auslegungsmethoden befürwortet[11].

77 Im Kern dreht sich der Meinungsstreit um die Frage, inwieweit der **wahre Wille** der Tarifpartner bei Auslegung eines (mitunter schon älteren) TV beachtet werden darf. Die Antwort muss mit Blick auf die Interessen der Regelungsadressaten gefunden werden. Sind nur die Vertragsschließenden betroffen, kann auf deren Willen unbeschränkt zurückgegriffen werden. Sind dagegen Dritte Adressaten der Regelung, können deren Interessen einen Rückgriff auf den Willen der Texturheber verbieten[12]. Da den tarifgebundenen Personen der subjektive Wille der Vertragsschließenden unbekannt ist, sie sich vielmehr nur auf den fixierten Vertragstext einstellen können, darf im Interesse der Rechtssicherheit der wahre Wille der TV-Parteien nur berücksichtigt werden, soweit er seinen Niederschlag im Text oder in der Systematik des TV gefunden hat (Andeutungstheorie)[13]. Ist der Wille der Tarifpartner sogar eindeutig erkennbar, ist er für die Auslegung verbindl. Eine Auslegungsregel, die im Zweifelsfall die der ArbN-Seite günstigere Auslegung vorschreibt, lässt sich dogmatisch – etwa aus § 305c II BGB – nicht

1 Vgl. etwa die zwischen dem Bund/Vereinigung der kommunalen Arbeitgeberverbände (VKA) und ver.di/dbb tarifunion im Tarifvertrag-Meistbegünstigung v. 9.2.2005 getroffenen Vereinbarungen. | 2 Vgl. *Rieble/Klebeck*, RdA 2006, 65. | 3 BAG v. 5.11.1997 – 4 AZR 872/95, AP Nr. 29 zu § 1 TVG. | 4 Wiedemann/*Wank*, § 1 TVG Rz. 984 ff. mwN. | 5 BAG v. 14.4.2004 – 4 AZR 232/03, AP Nr. 188 zu § 1 TVG – Auslegung. | 6 ErfK/*Franzen*, § 1 TVG Rz. 95. | 7 BAG v. 5.11.1997 – 4 AZR 872/95, AP Nr. 29 zu § 1 TVG; *Däubler*, Einl. TVG Rz. 536. | 8 *Däubler*, Einl. TVG Rz. 499 ff.; *Däubler*, Tarifvertragsrecht, Rz. 134 ff.; Kempen/Zachert/*Zachert*, TVG, Grundlagen Rz. 374; *Zöllner*, RdA 1964, 443. | 9 BAG v. 2.6.1961 – 1 AZR 573/59, AP Nr. 68 zu Art. 3 GG; v. 30.1.2002 – 10 AZR 441/01, ZTR 2002, 389; v. 29.8.2007 – 4 AZR 555/06, nv. | 10 *Herschel*, FS Molitor, S. 161 (180); *Hueck/Nipperdey*, Arbeitsrecht II 1, § 18 V 3, S. 356; *Nikisch*, Arbeitsrecht II, § 69 III 1, S. 219. | 11 *Löwisch/Rieble*, § 1 TVG Rz. 547 ff.; *Stein*, Tarifvertragsrecht, Rz. 84 ff.; Wiedemann/*Wank*, § 1 TVG Rz. 991 ff. | 12 Wiedemann/*Wank*, § 1 TVG Rz. 991. | 13 BAG v. 30.1.2002 – 10 AZR 441/01, ZTR 2002, 389.

begründen, vernachlässigt vielmehr, dass auch beim TV die Interessen paritätischer Vertragspartner zu einem Ausgleich gebracht worden sind[1].

Seine **Auslegungsgrundsätze** hat das BAG wie folgt zusammengefasst: „Bei der Tarifauslegung ist über den reinen Tarifwortlaut hinaus der wirkliche Wille der TV-Parteien zu berücksichtigen, wie er in den tarifl. Normen seinen Niederschlag gefunden hat. Hierzu ist auch auf den tarifl. Gesamtzusammenhang abzustellen. Für die bei Zweifeln darüber hinaus mögliche Heranziehung weiterer Auslegungskriterien (Tarifgeschichte, praktische Tarifübung und Entstehungsgeschichte des TV) gibt es keinen Zwang zu einer bestimmten Reihenfolge. Die ‚Auffassung der beteiligten Berufskreise' ist kein selbständiges Auslegungskriterium"[2]. 78

Als Auslegungsmittel stehen die seit *Savigny* anerkannten vier Kriterien Wortlaut, Systematik, Genese sowie Sinn und Zweck zur Verfügung. Ausgangspunkt ist der **Wortlaut**. Treffen die TV-Parteien eine Legaldefinition, so ist diese vorrangig zu beachten[3]. Bei einem Klammerzusatz kann es sich um einen bloßen Hinweis auf die Gesetzeslage handeln[4]. Gemeins. Protokollnotizen bei Abschluss des TV können Inhalt des TV sein und abschließende Festsetzungen treffen. Denkbar ist auch eine Funktion als bloße Auslegungshilfe[5]. Ergibt sich aus TV und Protokollnotizen kein Anhaltspunkt, ist auf die Fachsprache zurückzugreifen. Hinweise bieten vergleichbare TV und Gesetze[6] sowie die allgemeine fachsprachl. juristische Bedeutung. Bleibt die Auslegung weiter unklar, ist auf die umgangssprachl. Verwendung unter Zuhilfenahme von Grammatiken, Lexika und Wörterbüchern zurückzugreifen[7]. Ein Rückgriff auf den allgemeinen Sprachgebrauch ist zulässig[8]. Falsa demonstratio ist unschädlich, sofern sich der übereinstimmende Wille der TV-Partner irgendwo in TV oder Protokollnotizen niederschlägt. Bei Redaktionsversehen ist auf das wirklich Gewollte abzustellen[9]. Ausnahmebestimmungen, zB Ausschlussklauseln[10], sind eng auszulegen[11]. Zur Auslegung einer Klausel als konstitutive oder nur deklaratorische Tarifbestimmung s. Einl. Rz. 29 ff. 79

Unverzichtbar ist ein Blick auf den **systematischen Zusammenhang**, in den die auszulegende Tarifnorm innerhalb des vertragl. Gesamtgefüges gestellt ist[12]. Die Einordnung unter eine Überschrift[13], die örtl. Nähe zu anderen Bestimmungen, die innere Zergliederung der Norm in Absätze und Sätze sind auszuwerten. Ergänzend können Vergleiche zur Verwendung identischer oder ähnl. Begriffe und Regelungen in anderen TV zwischen denselben Tarifpartnern gezogen werden[14]; gelegentl. hilft der Vergleich mit Protokollnotizen[15]. Begriffe werden üblicherweise zwischen identischen Vertragsparteien mit derselben Bedeutung verwendet[16]. Das Ergebnis der systematischen Auslegung kann einen scheinbar eindeutigen Wortlaut korrigieren[17]. Um Verstöße gegen höherrangiges Recht zu vermeiden, sind TV wie alle Rechtsnormen gemeinschaftsrechtskonform[18], verfassungskonform[19] und gesetzeskonform[20] auszulegen. Bieten sich mehrere Auslegungsmöglichkeiten an, so ist die mit dem höherrangigen Recht im Einklang stehende Auslegung zu wählen. 80

Der Rückgriff auf die **Entstehungsgeschichte** des TV ist zulässig, wenngleich meist wenig ergiebig. Materialien stehen nur selten zur Verfügung. Auskünfte der Parteien sind üblicherweise widersprüchlich[21]. Selbst wenn sich im Einzelfall der wahre Wille der TV-Parteien ermitteln lässt, wird er nur insoweit berücksichtigt, als er im TV seinen Niederschlag gefunden hat. Weiterführende Erkenntnisse verspricht 81

---

1 LAG Hamm v. 26.6.1991 – 2 Sa 277/91, LAGE § 1 TVG – Auslegung Nr. 5; Wiedemann/*Wank*, § 1 TVG Rz. 998; *Löwisch/Rieble*, § 1 TVG Rz. 569; aA *Däubler*, Tarifvertragsrecht, Rz. 151; Kempen/Zachert/*Zachert*, TVG, Grundlagen Rz. 397. | 2 BAG v. 12.9.1984 – 4 AZR 336/82, AP Nr. 135 zu § 1 TVG – Auslegung; siehe aber Kempen/Zachert/*Zachert*, § 1 TVG Rz. 393. | 3 BAG v. 28.4.1982 – 4 AZR 642/79, AP Nr. 39 zu § 1 TVG – Tarifverträge: Bau; v. 19.8.1987 – 4 AZR 128/87, AP Nr. 3 zu § 1 TVG – Tarifverträge: Fernverkehr. | 4 BAG v. 10.5.1994 – 3 AZR 721/93, AP Nr. 3 zu § 1 TVG – Tarifverträge: Verkehrsgewerbe; v. 19.11.1996 – 3 AZR 494/95, AP Nr. 147 zu § 1 TVG – Metallindustrie. | 5 *Däubler*, Tarifvertragsrecht, Rz. 113; *Herschel*, FS Molitor, S. 161 (186). | 6 BAG v. 25.4.1979 – 4 AZR 791/77, AP Nr. 49 zu § 611 BGB – Dienstordnungs-Angestellte; v. 28.1.1977 – 5 AZR 145/76, AP Nr. 1 zu § 1 TVG – Tarifverträge: Ziegelindustrie; v. 5.2.1971 – 4 AZR 66/70, AP Nr. 120 zu § 1 TVG – Auslegung. | 7 BAG v. 5.3.1974 – 1 ABR 19/73, AP Nr. 1 zu § 5 BetrVG 1972; v. 20.4.1994 – 4 AZR 354/93, AP Nr. 9 zu § 1 TVG – Tarifverträge: DDR. | 8 BAG v. 19.9.2007 – 4 AZR 617/06, nv. | 9 BAG v. 31.10.1990 – 4 AZR 114/90, AP Nr. 11 zu § 1 TVG – Tarifverträge: Presse; v. 18.5.1994 – 4 AZR 412/93, AP Nr. 175 zu §§ 22, 23 BAT 1975. | 10 BAG v. 19.11.1968 – 1 AZR 195/68, AP Nr. 39 zu § 4 TVG – Ausschlussfristen; v. 4.9.1991 – 5 AZR 647/90, AP Nr. 113 zu § 4 TVG – Ausschlussfristen; v. 7.2.1995 – 3 AZR 483/94, AP Nr. 54 zu § 1 TVG – Tarifverträge: Einzelhandel. | 11 BAG v. 13.1.1981 – 6 AZR 678/78, AP Nr. 2 zu § 46 BPersVG; v. 24.11.1988 – 6 AZR 243/87, AP Nr. 127 zu § 611 BGB – Gratifikation; v. 25.10.1995 – 4 AZR 478/94, AP Nr. 57 zu § 1 TVG – Tarifverträge: Einzelhandel. | 12 BAG v. 28.2.1990 – 2 AZR 425/89, AP Nr. 8 zu § 1 KSchG 1969 – Wartezeit; v. 17.4.1996 – 10 AZR 617/95, AP Nr. 18 zu §§ 22, 23 BAT – Zulagen. | 13 BAG v. 16.5.1995 – 3 AZR 627/94, AP Nr. 8 zu § 4 TVG – Verdienstsicherung; v. 16.4.1997 – 3 AZR 28/96, AP Nr. 16 zu § 1 BetrAVG – Hinterbliebenenversorgung. | 14 BAG v. 21.11.1991 – 6 AZR 551/89, AP Nr. 2 zu § 34 BAT; v. 23.2.1995 – 6 AZR 586/94, AP Nr. 38 zu § 15 BAT. | 15 BAG v. 5.9.1995 – 3 AZR 216/95, AP Nr. 11 zu § 1 TVG – Tarifverträge: Papierindustrie. | 16 BAG v. 12.10.2004 – 3 AZR 444/03, NZA 2005, 595. | 17 BAG v. 31.10.1990 – 4 AZR 114/90, AP Nr. 11 zu § 1 TVG – Tarifverträge: Presse; v. 16.1.1991 – 4 AZR 341/90, AP Nr. 95 zu § 1 TVG – Tarifverträge: Metallindustrie. | 18 *Löwisch/Rieble*, § 1 TVG Rz. 579. | 19 BAG v. 21.1.1987 – 4 AZR 486/86, AP Nr. 46 zu Art. 9 GG; v. 21.1.1987 – 4 AZR 547/86, AP Nr. 47 zu Art. 9 GG. | 20 *Däubler*, Tarifvertragsrecht, Rz. 150; *Löwisch/Rieble*, § 1 TVG Rz. 581 ff. | 21 Wiedemann/*Wank*, § 1 TVG Rz. 1027.

der Vergleich mit früheren TV, in denen ähnl. Begriffe und Regelungen verwendet wurden[1]. Die Bedeutung ändert sich im Regelfall nicht. Liegt gar Rspr. zu bereits verwandten Klauseln vor, werden die TV-Parteien im Zweifel keine davon abweichende Regelung treffen wollen[2]. Eine bestimmte Tarifpraxis nach Abschluss des Vertrages hat dagegen allenfalls Indizfunktion für die Auslegung[3], lässt sie doch keinen zwingenden Schluss auf die Rechtslage zu.

82 Wichtigstes Auslegungskriterium sind – wie bei allen Rechtsnormen – **Sinn und Zweck** der tarifl. Vorschrift. Bei mehrdeutigem oder unverständlichem Tarifwortlaut ist davon auszugehen, dass die TV-Parteien eine vernünftige, gerechte, zweckorientierte und praktisch brauchbare Regelung treffen wollten. Im Zweifel ist damit derjenigen Auslegung der Vorzug zu geben, die diesen Anforderungen des Rechts- und Arbeitslebens am ehesten entspricht[4].

83 **2. Fortbildung von Tarifverträgen.** Weist der TV **Lücken** auf, steht der Interpret vor der sowohl aus der Vertrags- als auch der Gesetzesauslegung bekannten Aufgabe der Lückenfüllung. Der Idealfall ist die Lückenfüllung durch die TV-Parteien, die durch einen ÄnderungsTV oder im Rahmen eines Schlichtungsverfahrens erfolgen kann. Für den schuldrechtl. Teil gelten unbestritten die Regeln der ergänzenden Vertragsauslegung. Auch für den normativen Teil überzeugt nur eine Fortbildung des TV, die sich an Vertragsgrundsätzen orientiert[5]. Die für die Gesetzesauslegung entwickelten Konzepte, die auf Wertungen des gleichen Gesetzgebers in anderen Rechtsnormen zurückgreifen (Analogie, Umkehrschluss, Erst-Recht-Schluss), sind bei TV regelmäßig ungeeignet[6].

84 War den TV-Parteien bei Abschluss des TV die Lückenhaftigkeit ihrer Regelung **bewusst**, kommt eine richterl. Fortbildung nicht in Betracht[7]. Unbewusste Regelungslücken, insb. solche, die durch die Unwirksamkeit von Klauseln entstehen, sind dagegen unter Berücksichtigung von Treu und Glauben zu schließen. Es ist darauf abzustellen, wie die TV-Parteien die betreffende Frage bei objektiver Betrachtung der wirtschaftl. und sozialen Zusammenhänge im Zeitpunkt des TV-Abschlusses voraussichtlich geregelt hätten, falls sie den nicht geregelten Fall bedacht hätten. Das setzt voraus, dass hinreichende und vor allem auch sichere Anhaltspunkte für eine solche vermutete Leistungsbestimmung durch die TV-Parteien gegeben sind oder dass nur eine ganz bestimmte Regelung billigem Ermessen entspricht[8].

85 Kommen mehrere Möglichkeiten zur Lückenschließung in Betracht, so bleibt diese dem Gericht wegen der verfassungsrechtl. Garantie der Tarifautonomie verwehrt. Es muss dann den TV-Parteien überlassen bleiben, für welche der Lösungsmöglichkeiten sie sich entscheiden wollen[9]. Ohnehin ist es den Parteien unbenommen, eine von ihnen missbilligte richterl. Tariffortbildung durch einen ÄnderungsTV zu ersetzen. Weist der TV gravierende Wirksamkeitsmängel auf, wäre eine Fortbildung durch die Rspr. ebenfalls ein Verstoß gegen die Tarifautonomie. Einer Fortbildung abgeneigt ist das BAG mittlerweile generell bei Regelungen über Sonderzuwendungen[10].

86 **3. Prozessrechtliche Fragen.** Ergibt sich aus dem Parteivortrag, dass tarifl. Normen für die Entscheidung erheblich sein könnten, so haben die Gerichte für Arbeitssachen den Inhalt dieser Rechtsnormen nach den Grundsätzen des § 293 ZPO zu **ermitteln**[11]. In der Revisionsinstanz kann das Gericht die Auslegung der TV-Bestimmungen voll überprüfen[12]. Bei Streitigkeiten über die Auslegung eines TV ist die Feststellungsklage zulässig.

87 **VIII. Kontrolle von Tarifverträgen.** Ob TV gegen **höherrangiges Recht** verstoßen, wird von den ArbG von Amts wegen überprüft. Eine an Zweckmäßigkeits- oder Billigkeitserwägungen ausgerichtete Kontrolle der TV ist den Gerichten verwehrt. Sie käme einer Art. 9 III GG verletzenden Tarifzensur gleich[13].

88 TV sind grds. auch keiner **AGB-Kontrolle** unterworfen. § 310 IV BGB nimmt TV von der Inhaltskontrolle der §§ 307 ff. BGB ausdrückl. aus, schreibt damit für das kollektive Arbeitsrecht die Bereichsausnahme vom AGB-Recht fort[14]. Gem. § 310 IV 3 BGB stehen TV außerdem Rechtsvorschriften iSv. § 307

1 Vgl. BAG v. 4.4.2001 – 4 AZR 180/00, AP Nr. 172 zu § 1 TVG – Auslegung. |**2** BAG v. 18.9.2001 – 9 AZR 397/00, AP Nr. 3 zu § 3 ATG. |**3** BAG v. 31.1.1969 – 3 AZR 439/68, AP Nr. 26 zu § 1 Feiertagslohnzahlungsgesetz; v. 24.2.1988 – 4 AZR 640/87, AP Nr. 2 zu § 1 TVG – Tarifverträge: Dachdecker. |**4** BAG v. 9.3.1983 – 4 AZR 61/80, AP Nr. 128 zu § 1 TVG – Auslegung; v. 25.8.1982 – 4 AZR 1072/79, AP Nr. 9 zu § 1 TVG – Auslösung. |**5** BAG v. 3.11.1998 – 3 AZR 432/97, AP Nr. 41 zu § 1 BetrAVG – Gleichbehandlung; v. 29.4.2004 – 6 AZR 101/03, NZA 2005, 57; Wiedemann/*Wank*, § 1 TVG Rz. 1034 ff.; aA *Schlachter*, FS Schaub, S. 651 (659); *Löwisch/Rieble*, § 1 TVG Rz. 592 ff. |**6** AA Wiedemann/*Wank*, § 1 TVG Rz. 1040. |**7** BAG v. 10.11.1982 4 AZR 109/80, AP Nr. 69 zu §§ 22, 23 BAT 1975; v. 23.9.1981 – 4 AZR 569/79, AP Nr. 19 zu § 611 BGB – Lehrer, Dozenten. |**8** BAG v. 23.9.1981 – 4 AZR 569/79, AP Nr. 19 zu § 611 BGB – Lehrer, Dozenten. |**9** BAG v. 10.12.1986 – 5 AZR 517/86, AP Nr. 1 zu § 42 MTB II; LAG Thür. v. 24.10.1994 – 8 Sa 242/94, BB 1995, 1085; BAG v. 20.7.2000 – 6 AZR 64/99, ZTR 2001, 182; vgl. auch BAG v. 9.12.1999 – 6 AZR 299/98, AP Nr. 14 zu § 1 BAT-O. |**10** BAG v. 16.3.1994 – 10 AZR 669/92, AP Nr. 162 zu § 611 BGB – Gratifikationen; v. 19.4.1995 – 10 AZR 49/94, AP Nr. 173 zu § 611 BGB – Gratifikationen; vgl. auch Wiedemann/*Wank*, § 1 TVG Rz. 1046. |**11** BAG v. 29.3.1957 – 1 AZR 208/55, AP Nr. 4 zu § 4 TVG – Tarifkonkurrenz; v. 9.8.1995 – 6 AZR 1047/94, AP Nr. 8 zu § 293 ZPO. |**12** BAG v. 10.10.1957 – 2 AZR 48/55, AP Nr. 12 zu § 1 TVG – Auslegung; v. 13.6.1996 – 2 AZR 547/95, AP Nr. 21 zu § 1 TVG – Tarifverträge: Lufthansa. |**13** Vgl. BAG v. 19.12.1958 – 1 AZR 109/58, AP Nr. 3 zu § 2 TVG; v. 5.12.1990 – 4 AZR 285/90, AP Nr. 153 zu §§ 22, 23 BAT 1975; v. 23.10.1996 – 4 AZR 245/95, AP Nr. 38 zu § 23a BAT; *Schliemann*, ZTR 2000, 198. |**14** Wiedemann/*Wank*, § 1 TVG Rz. 1033.

III BGB gleich, mit der Folge, dass bei arbeitsvertragl. Klauseln, die – sei es durch Bezugnahme, sei es durch unmittelbare Übernahme – fachl. einschlägige Tarifnormen zum Inhalt des Arbeitsvertrages erheben, keine Inhaltskontrolle stattfindet. Das gilt jedenfalls dann, wenn durch eine Klausel ein gesamtes Tarifwerk, das bei bestehender Tarifbindung auch anwendbar wäre, in Bezug genommen wird (vgl. § 3 Rz. 18).

Ob eine Inhaltskontrolle auch dann ausgeschlossen ist, wenn der Arbeitsvertrag nur auf einzelne Teile eines Tarifwerkes verweist, ist ungeklärt, muss aber grds. verneint werden[1]. Die Ausklammerung der Tarifinhalte von der AGB-Kontrolle findet ihre Rechtfertigung in der erhöhten Richtigkeitsgewähr, die von TV ausgeht. Diese Richtigkeitsgewähr entfällt, wenn nur einzelne tarifvertragl. Klauseln in Bezug genommen werden („Rosinentheorie"). Wurde ein in sich abgeschlossener tarifl. Regelungskomplex in Bezug genommen, so wird man allerdings § 310 IV 2 BGB ebenfalls heranziehen können. 89

Zu den Grenzen der tarifl. Gestaltungsmacht s. Einl. Rz. 14 ff. 90

IX. Einzelne Tarifnormen. 1. Altersgrenzen. Häufiger Bestandteil von RahmenTV sind Regelungen, welche die **automatische Beendigung** des Arbeitsverhältnisses mit dem Erreichen einer bestimmten Altersgrenze – zumeist mit dem Ablauf des Monats, in dem der ArbN das 65. Lebensjahr vollendet – vorsehen. Die Rspr. hat flexible[2], aber auch allgemeine[3] tarifl. Altersgrenzen von 65 Jahren grds. für zulässig erachtet. Die Änderung der Regelaltersgrenze auf 67 Jahre wird hier zu einer Anpassung führen[4]. Die Rspr. qualifiziert tarifl. Altersgrenzenregelungen als Beendigungsnormen iSv. **auflösenden Bedingungen.** Zu ihrer Rechtfertigung verlangt sie ebenso wie bei Befristungen einen sachl. Grund[5], wie nun auch gesetzl. durch §§ 21, 14 I TzBfG bestätigt wird. Ein sachl. Grund kann im Schutz der ArbN selbst vor Überforderung liegen, ferner im Schutz der Öffentlichkeit vor Gefahren (Beispiel: Flugpersonal[6]) oder aber in der Sicherstellung eines ausgewogenen Altersaufbaus im Unternehmen. Die arbeitsgerichtl. Rspr. verneint einen Verstoß gegen die Berufsfreiheit der ArbN. Der Verhältnismäßigkeitsgrundsatz sei gewahrt, wenn der ArbN bei Ausscheiden ein gesetzl. Altersruhegeld beantragen könne[7]. Bei der Festsetzung einer Altersgrenze, die vor Vollendung des 65. Lebensjahres liegt, ist § 41 SGB VI zu beachten[8]. Die Norm steht einer Altersgrenzenvereinbarung nicht grds. entgegen. Frühere Altersgrenzen sind zulässig, wenn sie zum Schutz wichtiger Rechtsgüter erforderl. sind (Bsp.: physische und psychische Leistungsfähigkeit des Cockpitpersonals)[9]. Individualvertragl. Vereinbarungen, die dem ArbN die Möglichkeit einer längeren Lebensarbeitszeit einräumen, sind gem. § 4 III (Günstigkeitsprinzip) zulässig[10]. 91

Auch unter der Geltung des AGG bleibt Raum für tarifl. Altersgrenzen. Gem. § 10 S. 3 Nr. 5 AGG sind sie weiterhin zulässig, wenn der ArbN zum Beendigungszeitpunkt Rente wegen Alters beantragen kann. Umstr. ist, ob eine allgemeine Altersgrenze (zB bei Vollendung des 65. Lebensjahres) als Konkretisierung der Ausnahmeregelung des Art. RL 2000/78/EG **europarechtlich zulässig** ist[11]. Dafür spricht jedenfalls Erwägungsgrund 14 der RL 2000/78/EG, wonach einzelstaatl. Bestimmungen über die Festsetzung von Altersgrenzen für den Eintritt in den Ruhestand nicht berührt werden. Niedrigere Altersgrenzen (zB für Cockpitpersonal) können über §§ 8 I, 10 AGG gerechtfertigt werden[12]. Zum Schutz der Allgemeinheit vor altersbedingten Gefahren sind sie auch nach dem AGG zulässig (vgl. Rz. 91). 91a

2. Anknüpfungen an das Alter. TV enthalten häufig Regelungen, zB bei der **Entgeltstaffelung**, die unmittelbar oder mittelbar an das Alter des ArbN anknüpfen. Dies ist vor dem Hintergrund des AGG nicht unproblematisch. Zu einer mittelbaren Diskriminierung iSd. § 3 II AGG kommt es schon, wenn die tarifl. Regelung an die Betriebszugehörigkeit anknüpft. Solche Regelungen sind nach der EuGH-Rspr. grds. zulässig, soweit über das Kriterium der Betriebszugehörigkeit tatsächl. die Berufserfahrung honoriert wird, die den ArbN befähigt, seine Arbeit besser zu verrichten[13]. Es ist jedoch, insb. bei den unteren Gehaltsgruppen, zu berücksichtigen, dass der EuGH ein Abstellen auf dieses Kriterium wohl dann missbilligen würde, wenn ernstliche Zweifel bestehen, ob die Betriebszugehörigkeit tatsächl. mit einer zusätzlichen Berufserfahrung einhergeht, die den ArbN für seine Tätigkeit qualifiziert. TV-Normen, die die 91b

---

1 Vgl. *Hümmerich/Holthausen*, NZA 2002, 173 (179); *Henssler*, RdA 2002, 129 (135 ff.). | **2** BAG v. 20.12.1984 – 2 AZR 3/84, AP Nr. 9 zu § 620 BGB – Bedingung; v. 6.3.1986 – 2 AZR 262/85, AP Nr. 1 zu § 620 BGB – Altersgrenze. | **3** BAG v. 12.2.1992 – 7 AZR 100/91, AP Nr. 5 zu § 620 BGB – Altersgrenze; vgl. auch BAG v. 20.11.1987 – 2 AZR 284/86, AP Nr. 2 zu § 620 BGB – Altersgrenze. | **4** *Jacobs/Krause/Oetker*, § 1 Rz. 46. | **5** BAG v. 20.12.1984 – 2 AZR 3/84, AP Nr. 9 zu § 620 BGB – Bedingung; v. 23.2.2000 – 7 AZR 891/98, AP Nr. 1 zu § 62 MTL II. | **6** BAG v. 20.12.1984 – 2 AZR 3/84, AP Nr. 9 zu § 620 BGB – Bedingung; v. 21.7.2004 – 7 AZR 589/03, ZTR 2005, 255. | **7** BAG v. 6.3.1986 – 2 AZR 262/85, AP Nr. 1 zu § 620 BGB – Altersgrenze; v. 20.11.1987 – 2 AZR 284/86, AP Nr. 2 zu § 620 BGB – Altersgrenze. | **8** Die Anwendbarkeit von § 41 SGB VI auf TV wird vom BAG bejaht (v. 11.6.1997 – 7 AZR 186/96, AP Nr. 7 zu § 41 SGB VI); aA Wiedemann/*Thüsing*, § 1 TVG Rz. 653. | **9** BAG v. 21.7.2004 – 7 AZR 589/03, NZA 2004, 1352; anders aber für das Kabinenpersonal, vgl. BAG v. 31.7.2002 – 7 AZR 140/01, AP Nr. 14 zu § 1 TVG – Tarifverträge: Luftfahrt. | **10** BAG GS v. 7.11.1989 – GS 3/85, AP Nr. 46 zu § 77 BetrVG 1972; Wiedemann/*Thüsing*, § 1 TVG Rz. 672. | **11** Dafür *Linsenmaier*, RdA 2003, Sonderbeil. Heft 5, 22 (31); *Lingemann/Gotham*, NZA 2007, 663 (666); dagegen *Schmidt/Senne*, RdA 2002, 80 (87); *Waltermann*, NZA 2005, 1265 (1270); *Waltermann*, ZfA 2006, 305 (324). | **12** Wiedemann/*Thüsing*, § 1 TVG Rz. 668; *Lingemann/Gotham*, NZA 2007, 663 (666); *Waltermann*, ZfA 2006, 305 (313 f., 323). | **13** EuGH v. 3.10.2006 – C-17/05, NJW 2007, 47 ff. – Cadman.

Entgelthöhe direkt an das Lebensalter knüpfen, sind unmittelbare Benachteiligungen iSd. §§ 7 I, 3 I AGG. Entsprechende altersabhängige Entlohnssysteme werden von Teilen des Schrifttums generell als unzulässig eingestuft[1]. Diese Betrachtung erscheint zu streng. Zwar finden Altersstufen keine pauschale Rechtfertigung in § 10 S. 3 Nr. 2 AGG, da auch dieser Rechtfertigungsgrund eine Verhältnismäßigkeitsprüfung voraussetzt[2]. Sie können aber im Einzelfall zur Eingliederung Jugendlicher und zum Schutz von Personen mit Fürsorgepflichten (§ 10 S. 3 Nr. 1 AGG) zulässig sein[3]. Zudem ist an positive Maßnahmen gem. § 5 AGG zu denken[4]. Ähnl. Probleme entstehen bei **Kündigungsverboten für ältere ArbN**[5]. Zwar steht § 2 IV AGG der Anwendbarkeit des AGG bzw. der RL 2000/78/EG auf tarifl. Kündigungsverbote nicht entgegen. Die Angemessenheit von Kündigungsverboten wegen Alters ist aber zweifelhaft[6], weil sie bei der Auswahl der zu Kündigenden zu Lasten der jüngeren ArbN gehen. Als rechtfertigendes Ziel kommt nur der Schutz älterer Beschäftigter vor Arbeitsplatzverlust in Betracht.

92 3. **Annahmeverzug.** § 615 BGB ist **dispositives Recht**, kann daher durch TV abbedungen oder modifiziert werden[7]. Die Verteilung des Betriebsrisikos unterliegt auch nach der Einfügung des § 615 S. 3 BGB im Rahmen der Schuldrechtsreform[8] weiterhin der freien Vereinbarung der TV-Parteien[9]. Gleiches gilt für das Arbeitskampfrisiko[10].

93 4. **Arbeitsentgelt.** Tarifvertragl. **Abtretungsverbote** sind wirksam[11]. Die Fälligkeit des Entgelts[12] ist ebenso zulässiger Regelungsgegenstand wie Details der bargeldlosen Entgeltzahlung, etwa der Termin, an dem das Arbeitsentgelt auf das Konto des ArbN zu überweisen ist[13]. Nettolohnvereinbarungen sind unbedenklich[14]. Ein TV kann eine eigenständige Pflicht zur Rückerstattung von Überzahlungen begründen[15]. Bereicherungsrechtl. Ansprüche mit arbeitsvertragl. Bezug können durch TV verdrängt werden (vgl. auch Rz. 45)[16]. Zur Eingruppierung s. Rz. 113 ff.

94 5. **Arbeitsverhinderung.** TV können den Entgeltfortzahlungsanspruch gem. § 616 BGB aufheben, beschränken, erweitern oder sonst strukturell verändern[17]. So kann ein TV vorsehen, dass ein ArbN bei schwerer Erkrankung eines Kindes unter bestimmten Voraussetzungen bis zu vier Tage unter Lohnfortzahlung von der Arbeit freizustellen ist[18]. Ob der TV den Zahlungsanspruch abschließend regeln will[19], ist durch Auslegung zu ermitteln. Enthält er nur eine Aufzählung von Fällen der Entgeltfortzahlung, wird eine abschließende Regel im Zweifel zu verneinen sein[20].

95 6. **Ausschlussfristen/Verfallklauseln.** Tarifl. Ausschlussfristen bzw. Verfallklauseln schließen Rechte aus, wenn diese nicht binnen **bestimmter Fristen** geltend gemacht werden. Trotz ihrer ArbN-Rechte beschränkenden Funktion haben sie im Arbeitsrecht lange Tradition. Unterschieden wird zwischen ein- und zweistufigen Ausschlussfristen (zu Einzelheiten s. § 4 Rz. 58 ff.).

96 Üblicherweise beschränkt sich eine Ausschlussklausel nicht auf tarifl. Rechte[21], sondern umfasst **alle beiderseitigen Ansprüche** aus dem Arbeitsverhältnis. Einbezogen werden sowohl einzelvertragl. als auch normativ verankerte Rechte (vgl. § 4 Rz. 61 f.)[22], dh. konkret Erfüllungsansprüche (Lohn- oder Gehaltsansprüche, Abgeltung von Überstunden, Zahlung von Zuschlägen, Entgeltfortzahlung usw.), tarifl. Ansprüche einschließl. der Rechte aus BV, Ansprüche aus Vertragsverletzungen (Schadensersatzansprüche, Regressansprüche usw.), Bereicherungsansprüche (Rückzahlung von Vorschüssen, Darlehen usw.), Ansprüche aus unerlaubten Handlungen, soweit sie in engem Zusammenhang mit der Erbringung der Arbeitsleistung stehen. Ausschlussklauseln sind eng **auszulegen.**

97 Keine Anwendung finden Verfallklauseln auf **Stammrechte** (Anspruch auf eine Betriebsrente, richtige Eingruppierung)[23]. Die Rentenzahlung selbst oder die Gehaltsnachzahlung wegen einer fehlerhaften

1 *Lingemann/Gotham*, NZA 2007, 663 (666); *Rieble/Zedler*, ZfA 2006, 273 (294 f.); *Löwisch*, DB 2006, 1729 (1730 f.); Däubler/Bertzbach/*Brors*, § 10 AGG Rz. 56. | 2 MüKo/*Thüsing*, § 10 AGG Rz. 34; *Henssler/Tillmanns*, FS Birk (demnächst). | 3 Näher dazu *Henssler/Tillmanns*, FS Birk (demnächst); ähnlich in Bezug auf „Bedarf aus dem sozialen Umfeld" *Wiedemann/Thüsing*, NZA 2002, 1234 (1241). | 4 MüKo/*Thüsing*, § 8 AGG Rz. 65; *Henssler/Tillmanns*, FS Birk (demnächst). | 5 *Löwisch*, DB 2006, 1729 (1730); *Lingemann/Gotham*, NZA 2007, 663 (665). | 6 Weiterführend MüKo/*Thüsing*, § 10 AGG Rz. 41 ff. | 7 BAG v. 8.12.1982 – 4 AZR 134/80, AP Nr. 58 zu § 616 BGB. | 8 Dazu MüKo/*Henssler*, § 615 BGB Rz. 89. | 9 BAG v. 4.7.1958 – 1 AZR 559/57, AP Nr. 5 zu § 615 BGB – Betriebsrisiko; v. 23.6.1994 – 6 AZR 853/93, AP Nr. 56 zu § 615 BGB. | 10 Vgl. BAG v. 22.12.1980 – 1 ABR 2/79, AP Nr. 70 zu Art. 9 GG – Arbeitskampf. | 11 Vgl. BAG v. 20.12.1957 – 1 AZR 237/56, AP Nr. 1 zu § 399 BGB. | 12 BAG v. 7.11.1968 – 5 AZR 80/68, AP Nr. 38 zu § 4 TVG – Ausschlussfristen; v. 16.5.1984 – 7 AZR 143/81, AP Nr. 85 zu § 4 TVG – Ausschlussfristen. | 13 BAG v. 15.12.1976 – 4 AZR 531/75, Nr. 1 zu § 1 TVG – Arbeitsentgelt; v. 5.3.1991 – 1 ABR 41/90, AP Nr. 11 zu § 87 BetrVG 1972 – Auszahlung. | 14 BAG v. 3.4.1974 – 4 AZR 273/73, AP Nr. 2 zu § 1 TVG – Tarifverträge: Metallindustrie. | 15 LAG Hess. v. 29.3.1956 – IV/V LA 548/55, AP Nr. 1 zu § 611 BGB – Lohnrückzahlung. | 16 BAG v. 25.2.1993 – 6 AZR 334/91, AP Nr. 10 zu § 37 BAT. | 17 BAG v. 25.4.1960 – 1 AZR 16/58, AP Nr. 23 zu § 616 BGB; v. 20.6.1979 – 5 AZR 392/78, AP Nr. 51 zu § 616 BGB; MüKo/*Henssler*, § 616 BGB Rz. 66. | 18 BAG 20.6.1979 – 5 AZR 392/78, AP Nr. 51 zu § 616 BGB. | 19 BAG v. 25.8.1982 – 4 AZR 1147/79, AP Nr. 1 zu § 26 ArbGG 1979; v. 4.9.1985 – 7 AZR 249/83, AP Nr. 1 zu § 29 BMT-G II. | 20 BAG 20.6.1979 – 5 AZR 479/77, AP Nr. 49 zu § 616 BGB. | 21 So aber bei BAG v. 15.11.2001 – 8 AZR 95/01, AP Nr. 121 zu § 611 BGB – Haftung des Arbeitnehmers. | 22 LAG Schl.-Holst. v. 23.11.1954 – 1 Sa 225/54, AP Nr. 1 zu § 4 TVG – Ausschlussfristen; BAG v. 30.10.1962 – 3 AZR 405/61, AP Nr. 1 zu § 4 TVG – Ordnungsprinzip; Wiedemann/*Wank*, § 4 TVG Rz. 739. | 23 BAG v. 14.7.1965 – 4 AZR 358/64, AP Nr. 5 zu § 1 TVG – Tarifverträge: BAVAV; v. 15.5.1975 – 3 AZR 257/74, AP Nr. 7 zu § 242 BGB – Ruhegehalt VBL.

Eingruppierung werden aber von der Klausel erfasst. Ebenfalls nicht ausgeschlossen werden Ansprüche aus dem durch §§ 129 ff. InsO begründeten Schuldverhältnis[1] und sonstige absolute Rechte (Ansprüche auf Herausgabe des Eigentums, aus Urheberrechten oder wegen Verletzung des allgemeinen Persönlichkeitsrechts[2]), sich ständig aktualisierende Rechte (Anspruch auf Entfernung einer Abmahnung aus der Personalakte, Anspruch auf Weiterbeschäftigung) und öffentl.-rechtl. Ansprüche[3]. Fehlt der arbeitsvertragl. Zusammenhang (Warenkauf[4], Wohnungsmiete[5]), ist die Ausschlussklausel nicht anwendbar.

Die Zulässigkeit tarifl. Ausschlussfristen wird in § 4 IV 3 vorausgesetzt (§ 4 Rz. 58 ff.). Wirksamkeitsgrenzen ergeben sich aus dem Gebot der Verhältnismäßigkeit und dem Verbot willkürlicher Differenzierung. Die Rspr.[6] bejaht die Wirksamkeit von Ausschlussfristen für die Lohnfortzahlung[7], den Nachteilsausgleich[8], die Urlaubsabgeltung[9], den Entgeltfortzahlungsanspruch im Krankheitsfall[10] und den Zeugnisanspruch[11]. Nicht zulässig sollen dagegen Ausschlussklauseln für den Anspruch auf Abfindung gem. §§ 9, 10 KSchG[12], Ansprüche aus einer Tätigkeit als BR-Mitglied[13] sowie Versorgungsbezüge[14] sein. Tarifl. Ausschlussfristen müssen nicht zwingend beide Arbeitsvertragsparteien erfassen. Erlaubt ist es auch, nur ArbN-Ansprüche einzubeziehen[15]. Zu allgemein gehaltene Ausschlussklauseln in TV sind nicht unwirksam, sondern auf das zulässige Maß zu reduzieren. **98**

TV enthalten vielfach gegenüber den gesetzl. Verjährungsfristen deutlich verkürzte Ausschlussfristen von wenigen Wochen bis hin zu mehreren Monaten. Einzelvertragl. Ausschlussfristen werden hinsichtl. ihrer Länge insbesondere nach der Einführung der AGB-Kontrolle einer strengeren Prüfung unterzogen[16]. Auf tarifl. Ausschlussfristen kann diese Rspr. nicht übertragen werden. Das BAG berücksichtigt in seiner Rspr. sogar die typischerweise sehr kurzen tarifl. Ausschlussfristen als arbeitsrechtl. Besonderheit. Im Schrifttum wird eine Untergrenze von einem Monat angenommen[17]. **99**

Die Ausschlussfrist wirkt auch für den **Rechtsnachfolger**, auf den der Anspruch kraft vertragl. Vereinbarung oder kraft Gesetzes übergeht[18]. Sie **beginnt** idR mit der **Fälligkeit** des Anspruchs. Die Rspr. geht allerdings davon aus, dass Fälligkeit erst anzunehmen ist, wenn der Gläubiger die tatbestandl. Voraussetzungen des Anspruchs kennt und er seine Forderung zumindest annähernd beziffern kann[19]. **100**

Versäumt eine Vertragspartei die in der Ausschlussklausel vorgesehene Frist, kann der Anspruch nicht mehr geltend gemacht oder gerichtl. durchgesetzt werden. Zu Fällen treuwidriger Berufung auf Ausschlussfristen (§ 4 Rz. 72).

Hat der ArbGeb in einer Abrechnung die Forderung des ArbN **vorbehaltlos ausgewiesen**, so muss diese Forderung nicht mehr zur Wahrung einer Ausschlussfrist geltend gemacht werden. Gleiches gilt für ein deklaratorisches Anerkenntnis, selbst wenn es später widerrufen wird[20]. Besonderheiten gelten im Kündigungsschutzprozess: Im Regelfall genügt die fristgerecht erhobene Kündigungsschutzklage für die fristgerechte Geltendmachung der Entgeltansprüche (zB aus Annahmeverzug, Entgeltfortzahlung). Allerdings muss die Klageschrift noch innerhalb der Ausschlussfrist zugestellt werden. § 167 ZPO gilt nicht[21]. Zu beachten ist zudem, dass bei einer zweistufigen Ausschlussfrist die zweite Stufe durch die Kündigungsschutzklage nicht gewahrt wird. Der Gläubiger muss daher auf der zweiten Stufe auch dann gesondert Zahlungsklage erheben, wenn er zuvor Kündigungsschutzklage erhoben hat[22]. **101**

7. Besetzungsregeln. Qualitative Besetzungsregeln verfolgen das Ziel, **bestimmte Arbeitsplätze** für ArbN mit einer speziellen Ausbildung zu erhalten, auch wenn diese Qualifikation auf Grund technologischer Veränderungen für die nunmehr „nur noch" geforderten Tätigkeiten nicht mehr erforderl. ist (Beispiel: EDV-Arbeitsplätze für gelernte Drucker). Besetzungsregeln können den von ihnen verfolgten Zweck nur erreichen, wenn sie für alle, dh. auch für die nicht organisierten ArbN eines Betriebs gelten. **102**

---

1 BAG v. 19.11.2003 – 10 AZR 110/03, ZIP 2004, 229. | **2** BAG v. 15.5.1991 – 5 AZR 271/90, AP Nr. 23 zu § 611 BGB – Beschäftigungspflicht. | **3** BSG v. 16.4.1985 – 12 RK 69/82, AP Nr. 91 zu § 4 TVG – Ausschlussfristen. | **4** BAG v. 20.1.1982 – 5 AZR 755/79, AP Nr. 72 zu § 4 TVG – Ausschlussfristen. | **5** BAG v. 20.1.1982 – 5 AZR 755/79, AP Nr. 72 zu § 4 TVG – Ausschlussfristen. | **6** Ausf. Übersicht bei Wiedemann/*Wank*, § 4 TVG Rz. 760. | **7** BAG v. 24.5.1973 – 5 AZR 21/73, AP Nr. 52 zu § 4 TVG – Ausschlussfristen; v. 7.12.1983 – 5 AZR 425/80, AP Nr. 84 zu § 4 TVG – Ausschlussfristen. | **8** BAG v. 18.12.1984 – 1 AZR 176/82, AP Nr. 11 zu § 113 BetrVG 1972. | **9** BAG v. 20.4.1989 – 8 AZR 475/87, AP Nr. 47 zu § 7 BUrlG – Abgeltung. | **10** BAG v. 16.1.2002 – 5 AZR 430/00, AP Nr. 13 zu § 3 EntgeltFG. | **11** BAG v. 23.2.1983 – 5 AZR 515/80, AP Nr. 10 zu § 70 BAT. | **12** BAG v. 13.1.1982 – 5 AZR 546/79, AP Nr. 7 zu § 9 KSchG. | **13** BAG v. 30.1.1973 – 1 ABR 1/73, AP Nr. 3 zu § 40 BetrVG 1972. | **14** BAG v. 29.3.1983 – 3 AZR 537/80, AP Nr. 11 zu § 70 BAT; weitere Nachw. bei Wiedemann/*Wank*, § 4 TVG Rz. 761. | **15** BAG v. 4.12.1997 – 2 AZR 809/96, AP Nr. 143 zu zu § 4 TVG – Ausschlussfristen. | **16** BAG v. 25.5.2005 – 5 AZR 572/04, AP Nr. 1 zu § 310 BGB; v. 28.9.2005 – 5 AZR 52/05, AP Nr. 7 zu § 307 BGB. | **17** Däubler/*Zwanziger* § 4 TVG Rz. 1090; *Jacobs/Krause/Oetker*, § 4 Rz. 24. Vgl. auch BAG v. 22.9.1999 – 10 AZR 839/98, AP Nr. 226 zu § 1 TVG – Tarifverträge Bau (Ausschlussfrist von zwei Monaten zulässig). | **18** Vgl. BAG v. 24.5.1973 – 5 AZR 21/73, AP Nr. 52 zu § 4 TVG – Ausschlussfristen; anders aber für Ansprüche der Hinterbliebenen eines ArbN auf Sterbegeld: BAG v. 4.4.2001 – 4 AZR 242/00, AP Nr. 156 zu § 4 TVG – Ausschlussfristen. | **19** BAG v. 19.2.2004 – 6 AZR 664/02, AP Nr. 3 zu § 70 Nr. 3 BAT-O. Für eine Hemmung dagegen *Krause*, RdA 2004, 106 (107 ff.). | **20** BAG v. 10.10.2002 – 8 AZR 8/02, AP Nr. 169 zu § 4 TVG – Ausschlussfristen. | **21** BAG v. 4.11.1969 – 1 AZR 141/69, AP Nr. 3 zu § 496 ZPO. | **22** BAG v. 9.8.1990 – 2 AZR 579/89, AP Nr. 46 zu § 615 BGB; v. 21.3.1991 – 2 AZR 577/90, AP Nr. 49 zu § 615 BGB; v. 8.8.2000 – 9 AZR 418/99, AP Nr. 151 zu § 4 TVG – Ausschlussfristen.

Es handelt sich daher um betriebl. Normen[1] (vgl. Rz. 51 f. und § 3 Rz. 34 ff.). Sie werden trotz des mit ihnen verbundenen Eingriffs in die unternehmerische Entscheidungsfreiheit des ArbGeb grds. für zulässig erachtet[2].

103 Durch **qualitative Besetzungsregeln** wird in umfassender Weise in die Grundrechte der betroffenen Außenseiter auf freie Wahl des Arbeitsplatzes und in die Berufsfreiheit des ArbGeb (Art. 12 I GG) eingegriffen. Ein schützenswertes Interesse für den Abschluss derartiger Regelungen ist zumindest fraglich. Meist ist weder ein über die gesetzl. Regelungen hinausgehender Schutz der ArbN vor einer physischen oder psychischen Überforderung geboten, noch muss der Bedarf der Unternehmen an einem ausreichenden Potenzial an Fachkräften über Besetzungsregeln gesichert werden. Sachgerecht wird eine Besetzungsregelung sein, die den betroffenen Fachkräften das berufl. Risiko des technologischen Fortschritts teilweise abnimmt und aus sozialen Gründen einen gewissen Ausgleich schafft[3].

104 Im Gegensatz zu qualitativen Besetzungsklauseln legen **quantitative Besetzungsregeln** fest, wie viele ArbN an einer bestimmten Maschine bzw. für eine bestimmte Tätigkeit mindestens zu beschäftigen sind. Im Zuge der einschneidenden technischen Entwicklung haben die ursprüngl. auf eine Absicherung berufsbezogener Standards ausgerichteten quantitativen Besetzungsvorschriften in jüngerer Zeit eine andere Qualität erhalten. Sie zielen nun in erster Linie auf den Schutz vor Arbeitslosigkeit bzw. psychischen und physischen Belastungen[4].

105 Auch quantitative Besetzungsklauseln sind nach hM **zulässig**[5]. Bedenklich erscheint die Festschreibung des Arbeitskräftebedarfs für einen bestimmten Produktionsvorgang oder eine bestimmte Dienstleistungstätigkeit, wenn der ArbGeb hierdurch zur Beschäftigung arbeitstechnisch nicht mehr erforderl. ArbN gezwungen wird. Der Eingriff in die Unternehmerfreiheit des ArbGeb aus Art. 12 I GG steht dann außer Verhältnis zu den Gemeinwohlinteressen, die mit solchen Klauseln verfolgt werden können. Das BAG betont mit Recht die gerichtl. nicht kontrollierbare Befugnis des ArbGeb, autonom die **Stärke der Belegschaft** festzusetzen, mit der das Betriebsziel erreicht werden soll[6]. Zur verfassungsrechtl. geschützten freien Unternehmerentscheidung gehört danach neben der Festsetzung der Belegschaftsstärke auch die Entscheidung darüber, wie die Arbeitskapazität über die Betriebszeiten bzw. Ladenöffnungszeiten verteilt werden soll, und ggf. auch die Vorgabe, künftig mit weniger Personal auszukommen[7].

106 **8. Verweisungsklauseln.** TV können auf staatl. Normen oder andere TV Bezug nehmen. Eine statische **Verweisung** auf bestimmte bereits bestehende TV bzw. Gesetze oder VO wird einhellig für zulässig erachtet[8]. Übernimmt ein TV ohne inhaltl. Änderung gesetzl. Vorschriften, die auch ohne die Übernahme für die betroffenen Arbeitsverhältnisse gelten würden, so kann die Auslegung ergeben, dass es am Rechtssetzungswillen der TV-Parteien fehlt. Die übernommenen Bestimmungen sind dann keine Tarifnormen[9]. Es kann den Tarifparteien aber gerade darum gehen, den dispositiven gesetzl. Bestimmungen den zwingenden Charakter von Tarifnormen beizumessen (dazu Einl. Rz. 29 ff.). Auch dyn. Verweisungen, dh. Bezugnahmen auf gültige Bestimmungen eines anderen TV bzw. auf staatl. Normen, sind zulässig und in FirmenTV auch gebräuchlich (dazu Rz. 5, 106a). Das Schriftformerfordernis des § 1 II steht solchen dyn. Verweisungen nicht entgegen[10]. Wird auf einen anderen TV verwiesen, muss aber ein enger Sachzusammenhang zu diesem Regelungswerk bestehen[11]. Außerdem dürfen die TV-Parteien ihre Normsetzungsbefugnis nicht so weitgehend aufgeben, dass sie die Unkündbarkeit der Verweisungsnorm vereinbaren oder durch eine besonders lange Laufzeit oder Kündigungsfrist eine zeitl. allzu lange Bindung eingehen[12]. Eine tarifl. Bezugnahme auf einen anderen TV muss zudem die Klauseln, auf die verwiesen wird, so genau bezeichnen, dass Irrtümer über Art und Ausmaß der in Bezug genommenen Regelungen ausgeschlossen sind[13].

106a In der Praxis finden sich häufig **Anerkennungs**- oder **VerweisungsTV**, durch die fremde TV-Normen inkorporiert werden. Solche TV sind zulässig, wenn sie eine dynamische Verweisung enthalten, in der auf die „jeweils gültige Fassung" des einzubeziehenden TV verwiesen wird und ein enger sachl. Zusammenhang der Geltungsbereiche der Tarifnormen besteht (vgl. § 2 Rz. 24a)[14]. Die Änderungen des in Bezug genommen TV finden dann automatischen Eingang in den AnerkennungsTV[15].

---

1 BAG v. 17.6.1999 – 2 AZR 456/98, AP Nr. 103 zu § 1 KSchG 1969 – Betriebsbedingte Kündigung (zumindest auch Betriebsnormen). |2 Vgl. BAG v. 26.4.1990 – 1 ABR 84/87, AP Nr. 57 zu Art. 9 GG; v. 22.1.1991 – 1 ABR 19/90, NZA 1991, 675; vgl. aber *Löwisch/Rieble*, § 1 TVG Rz. 806 ff. |3 BAG v. 13.9.1983 – 1 ABR 69/81, AP Nr. 1 zu § 1 TVG – Tarifverträge: Druckindustrie. |4 Kempen/Zachert/*Zachert*, § 1 TVG Rz. 477. |5 BAG v. 26.4.1990 – 1 ABR 84/87, AP Nr. 57 zu Art. 9 GG; v. 2.1.1991 – 1 ABR 19/90, AP Nr. 67 zu Art. 12 GG (Verstoß weder gegen Art. 12 I GG noch gegen Art. 3 I GG); vgl. ferner Kempen/Zachert/*Zachert*, § 1 TVG Rz. 475 ff. |6 BAG v. 24.4.1997 – 2 AZR 352/96, AP Nr. 42 zu § 2 KSchG 1969; *Hillebrecht*, ZfA 1991, 107 (110). |7 BAG v. 24.4.1997 – 2 AZR 352/96, AP Nr. 42 zu § 2 KSchG 1969. |8 BAG v. 8.10.1959 – 2 AZR 503/56, AP Nr. 14 zu § 56 BetrVG 1952; vgl. Kempen/Zachert/*Zachert*, § 1 TVG Rz. 792. |9 BAG v. 27.8.1982 – 7 AZR 190/80, AP Nr. 133 zu § 1 TVG – Auslegung. |10 BAG v. 9.7.1980 – 4 AZR 564/78, AP Nr. 7 zu § 1 TVG – Form; v. 8.3.1995 – 10 AZR 27/95, AP Nr. 5 zu § 1 TVG – Verweisungstarifvertrag. |11 BAG v. 9.7.1980 – 4 AZR 564/78, AP Nr. 7 zu § 1 TVG – Form; v. 10.11.1993 – 4 AZR 316/93, AP Nr. 169 zu § 1 TVG – Tarifverträge: Bau. |12 BAG v. 10.11.1982 – 4 AZR 1203/79, AP Nr. 8 zu § 1 TVG – Form. |13 BAG v. 7.6.2006 – 4 AZR 272/05, AP Nr. 37 zu § 1 TVG. |14 BAG v. 10.11.1982 – 4 AZR 1203/79, AP Nr. 8 zu § 1 TVG – Form; *Löwisch/Rieble*, § 1 TVG Rz. 176. |15 BAG v. 10.11.1982 – 4 AZR 1203/79, AP Nr. 8 zu § 1 TVG – Form; v. 7.6.2006 – 4 AZR 272/05, AP Nr. 37 zu § 1 TVG.

9. Differenzierungsklauseln. Über Differenzierungsklauseln sollen **gewerkschaftsangehörigen ArbN** zusätzliche tarifl. Leistungen gewährt werden, die den nicht oder anders organisierten ArbN verwehrt bleiben. In Form von Tarifausschlussklauseln sollen sie verhindern, dass die Außenseiter an tarifvertragl. Vergünstigungen partizipieren. Dem ArbGeb wird verboten, den Außenseitern tarifl. Leistungen zu gewähren. Als Spannenklauseln verpflichten sie den ArbGeb, die allgemein gewährten Leistungen (Entgelt, Urlaub) jeweils für die der vertragsschließenden Gewerkschaft angehörenden ArbN aufzustocken und ihnen dadurch einen bestimmten Vorsprung zu erhalten. Beide Varianten sind dem Großen Senat des BAG zufolge wegen des Eingriffs in die negative Koalitionsfreiheit unzulässig[1]. Gewerkschaftl. Streiks zur Durchsetzung von Differenzierungsklauseln sind rechtswidrig und verpflichten die Gewerkschaft bei schuldhaftem Verhalten zum Schadensersatz. Ob das BAG auf Dauer an dieser Rspr. festhalten wird, ist indes ungewiss[2]. Im Schrifttum werden einfache mitgliedschaftsanknüpfende Differenzierungen bis zur Höhe der Mitgliedsbeiträge für möglich gehalten[3]. Weniger problematisch und rechtl. zulässig sind tarifl. vorgesehene Zuwendungen des ArbGeb an die Gewerkschaft oder eine gewerkschaftsnahe Organisation, auch wenn sie den Mitgliedern mittelbar zugute kommen[4]. 107

10. Effektivlohnklauseln. Bei Abschluss eines neuen TV wird von Gewerkschaftsseite häufig Wert auf ein **„Durchschlagen" der Tariflohnerhöhung** auf die arbeitsvertragl. vereinbarte übertarifl. Entlohnung gelegt. Einzelvertragl. ist dem ArbGeb die Vereinbarung einer Anrechnung grds. möglich[5]. Über Effektivlohnklauseln in TV soll ein „Aufsaugen" der bisherigen übertarifl. Vergütung durch die Tariflohnerhöhung verhindert werden. Der effektiv gezahlte Lohn soll um die Differenz zwischen dem bisherigen und dem neuen Tariflohn aufgestockt werden (Effektivklausel)[6]. 108

Ist die Klausel in dem Sinne zu verstehen, dass zusätzlich zum erhöhten Tariflohn auch der bisher gezahlte übertarifl. Lohnbestandteil zum tarifl. Mindestlohn erklärt wird (Effektivlohn = Tariflohn), spricht man von einer sog. **Effektivlohngarantieklausel** oder **allgemeinen Effektivklausel**. Eine solche Gestaltung ist nach st. Rspr. des BAG[7] unzulässig, da es nicht in der Macht der TV-Parteien liegt, die verschieden hohen, in den Arbeitsverträgen individuell, dh. leistungsbezogen vereinbarten Löhne als tarifl. Mindestlöhne festzusetzen. Zum Zweiten verstößt eine entsprechende Regelung gegen den Gleichheitssatz des Art. 3 GG. Durch einen TV dürfen für die gleiche Arbeitstätigkeit nicht unterschiedliche Tariflöhne zwingend vorgeschrieben werden[8]. 109

Erschöpft sich die unmittelbare und zwingende Wirkung der Tarifklausel in der einmaligen Erhöhung des Tariflohnes, soll also der neben dem neuen Tariflohn zu zahlende Lohnbestandteil seinen Rechtsgrund allein in der arbeitsvertragl. Lohnabrede haben und unterliegt er demgemäß wieder der freien Parteidisposition (**begrenzte Effektivklausel**)[9], greifen die vorgenannten Erwägungen ebenfalls, so dass entsprechende Gestaltungen unzulässig sind[10]. Unzulässig sind ferner negative Effektivklauseln oder Anrechnungsklauseln, die vorsehen, dass übertarifl. Entgelte von der Lohnerhöhung aufgezehrt werden müssen[11]. 110

Als zulässig angesehen werden dagegen **Besitzstandsklauseln**, die dem ArbGeb die Ausübung eines individualvertragl. vereinbarten Widerrufsrechts hinsichtl. einer übertarifl. Leistung aus Anlass der Tariflohnerhöhung untersagen[12]; ebenso Verdienstsicherungsklauseln, die bezwecken, dem auf einen geringer bezahlten Arbeitsplatz umgesetzten leistungsgeminderten ArbN das bisherige Einkommen zu sichern[13]. Die Rspr. begegnet Bedenken, da Klauseln, die es den Parteien des Einzelarbeitsvertrages untersagen, freiwillige, übertarifl. Vertragsbedingungen durch Wahrnehmung des Widerrufsrechtes wie- 111

---

1 BAG v. 29.11.1967 – GS 1/67, AP Nr. 13 zu Art. 9 GG; dem GS folgend BAG v. 21.3.1978 – 1 AZR 11/76, AP Nr. 62 zu Art. 9 GG – Arbeitskampf (Unzulässigkeit der Differenzierung eines tariflichen Urlaubsgeldes nach der Gewerkschaftszugehörigkeit und Absicherung der Differenzierung durch eine Spannenklausel). In der Lit. wird dagegen überwiegend die Zulässigkeit von Differenzierungsklauseln nicht grds. verneint (s. nur *Däubler*, BB 2002, 1643; *Gamillscheg*, NZA 2005, 146). | 2 Das BAG hat die Frage der generellen Unzulässigkeit jüngst ausdrücklich offen gelassen (BAG v. 9.5.2007 – 4 AZR 275/06, NZA 2007, 1439). | 3 ErfK/*Franzen*, § 1 TVG Rz. 62. Zu denkbaren Gestaltungsmöglichkeiten s. *Gamillscheg*, NZA 2005, 146 (150); *Franzen*, RdA 2006, 1; *Däubler*, BB 2002, 1643. Vgl. auch *Bauer/Arnold*, NZA 2005, 1209; *Giesen*, NZA 2004, 1317. | 4 Vgl. *Franzen*, RdA 2006, 1; *Gamillscheg*, NZA 2005, 146 (150). | 5 ErfK/*Franzen*, § 1 TVG Rz. 63; zur Inhaltskontrolle BAG v. 1.3.2006 – 5 AZR 363/05, AP Nr. 3 zu § 308 BGB. | 6 Überblick bei BAG v. 16.9.1987 – 4 AZR 265/87, AP Nr. 15 zu § 4 TVG – Effektivklausel. | 7 Zuletzt BAG v. 15.10.1997 – 3 AZR 443/96, AP Nr. 10 zu § 4 TVG – Verdienstsicherung mwN zur älteren Rspr. | 8 BAG v. 13.6.1958 – 1 AZR 591/57, AP Nr. 2 zu § 4 TVG – Effektivklausel. | 9 Beispiel: Erhöhung des tariflichen Stundenlohns je ArbN und Stunde, die voll wirksam werden muss (BAG v. 14.2.1968 – 4 AZR 275/67, BAGE 20, 308 = AP Nr. 7 zu § 4 TVG – Effektivklausel). | 10 BAG v. 14.2.1968 – 4 AZR 275/67, AP Nr. 7 zu § 4 TVG – Effektivklausel; v. 18.8.1971 – 4 AZR 342/70, AP Nr. 8 zu § 4 TVG – Effektivklausel; v. 16.9.1987 – 4 AZR 265/87, AP Nr. 15 zu § 4 TVG – Effektivklausel; v. 21.7.1993, AP Nr. 144 zu § 1 TVG – Auslegung; aA LAG Hamburg v. 12.7.1990 – 7 Sa 27/90, LAGE § 4 TVG – Effektivklausel Nr. 2; *Däubler*, Tarifvertragsrecht, Rz. 592 ff.; Kempen/Zachert/*Stein*, § 4 TVG Rz. 385 f.; offen gelassen von BAG v. 18.2.1998 – 4 AZR 546/96, AP Nr. 31 zu § 4 TVG – Übertarifliche Lohn- u. Tariflohnerhöhung. | 11 BAG v. 18.8.1971 – 4 AZR 342/70, AP Nr. 8 zu § 4 TVG – Effektivklausel; v. 16.9.1987 – 4 AZR 265/87, AP Nr. 15 zu § 4 TVG – Effektivklausel. | 12 BAG v. 5.9.1985 – 6 AZR 216/81, AP Nr. 1 zu § 4 TVG – Besitzstand; v. 16.6.2004 – 4 AZR 408/03, AP Nr. 24 zu § 4 TVG – Effektivklausel. | 13 BAG v. 16.4.1980 – 4 AZR 261/78, AP Nr. 9 zu § 4 TVG – Effektivklausel; v. 28.5.1980 – 4 AZR 351/78, AP Nr. 8 zu § 1 TVG – Tarifverträge: Metallindustrie.

der an die übliche Vergütung anzupassen, in ihrer Zielsetzung mit begrenzten Effektivklauseln sachl. vergleichbar sind und daher auch gleich bewertet werden sollten[1].

112 Im Zweifel ist bei der **Auslegung** von einschlägigen Klauseln davon auszugehen, dass die Tarifparteien durch die Tarifnorm nicht die Rspr. zur Überprüfung ihres Standpunktes veranlassen, sondern eine nach der Rspr. zulässige Klausel vereinbaren wollten[2].

113 **11. Eingruppierung.** Häufig werden in TV **Vergütungsgruppen** festgesetzt, die bestimmte Anforderungen an die Person und die auszuübende Tätigkeit stellen. Die Tätigkeit wird zunächst allgemein beschrieben, gefolgt von einer Liste von Tätigkeitsbeispielen. Bei der Anwendung solcher Regeln ist zunächst zu prüfen, ob die Tätigkeit des ArbN einer der beispielhaft aufgezählten entspricht. Ggf. kann es dahinstehen, ob die allgemeinen Voraussetzungen erfüllt sind[3]. Sind die Beispiele nicht einschlägig, erfolgt eine Subsumtion unter die allgemeinen Voraussetzungen[4]. Enthält ein Tätigkeitsbeispiel unbestimmte Rechtsbegriffe, die nicht aus sich heraus ausgelegt werden können, ist auf die abstrakten Tätigkeitsmerkmale zurückzugreifen; dasselbe gilt, wenn eine Tätigkeit von den Richtbeispielen nicht erfasst wird[5]. Bei Mischtätigkeiten ist von der überwiegenden Beschäftigung des ArbN auszugehen. Maßgebl. ist die Tätigkeit, die mehr als die Hälfte der Gesamtarbeitszeit in Anspruch nimmt[6].

114 Die Eingruppierungsentscheidung des ArbGeb ist nicht verbindlich. Maßgebl. sind wegen der unmittelbaren und zwingenden Wirkung der Tarifnormen allein die übertragenen und tatsächl. ausgeführten Arbeiten **(Tarifautomatik)**[7]. Ändert sich die Tätigkeit des ArbN oder die Vergütungsgruppe, so erfolgt automatisch die Umgruppierung. Wird der ArbN im Arbeitsvertrag einer bestimmten Vergütungsgruppe zugewiesen, hindert dies eine spätere Umgruppierung grds. nicht. Die vertragl. Abrede besagt lediglich, dass die Vertragsparteien diese Vergütungsgruppe einmal für zutreffend befunden haben[8].

115 Wurde der ArbN **zu niedrig eingruppiert**, ist ihm wegen des Tarifautomatismus die Vergütung der hypothetisch korrekten Eingruppierung zu gewähren[9]. Wurde der ArbN **zu hoch** eingruppiert, so ist der ArbGeb an diese Eingruppierung gebunden und auf eine ggf. mögliche Änderungskündigung angewiesen[10]; anders eventuell im öffentl. Dienst[11]. Hier kann es – auch gegen den Willen des Personalrates – zu einer **korrigierenden Rückgruppierung** ohne Änderungskündigung kommen[12].Dieser Weg ist nur dann verschlossen, wenn der ArbGeb ein besonderes Vertrauen in die Richtigkeit der Eingruppierung geschaffen hat (zB durch eine schon vorgenommene korrigierende Rückgruppierung)[13]. Die Gegenansicht unterscheidet zwischen einer korrigierbaren unbewusst falschen Eingruppierung und der wissentl. Zubilligung einer tarifvertragl. nicht geschuldeten Vergütung nach einer höheren Vergütungsgruppe, bei der eine korrigierende Rückgruppierung nicht in Betracht kommt[14]. Die Darlegungs- und Beweislast dafür, dass eine übertarifl. Vergütung vereinbart worden ist, liegt bei demjenigen, der daraus für sich Rechte herleitet. Liegt keine bewusste Zubilligung einer übertarifl. Vergütung vor, so hat der ArbGeb zur Begründung der korrigierenden Rückgruppierung die fehlerhafte Bewertung der Tätigkeit im tarifvertragl. Vergütungsgefüge und die dieser korrigierten Bewertung zugrunde liegenden Tatsachen darzulegen und zu beweisen[15]. Der ArbN kann seine richtige Eingruppierung auch im Wege der Feststellungsklage durchsetzen[16].

116 Der **BR/PersR** ist an der Eingruppierungsentscheidung gem. §§ 99 BetrVG/75 BPersVG zu beteiligen. Das Mitwirkungsrecht ist ein bloßes Mitbeurteilungsrecht, für die Eingruppierung also nicht konstitu-

---

1 *Hansen*, Betriebsvereinbarungsbezogene Besitzstands- und Effektivklauseln, S. 56 ff.; *Wiedemann*, Anm. zu BAG AP Nr. 1 zu § 4 TVG – Besitzstand; für die Zulässigkeit dagegen *Mayer-Maly*, SAE 1981, 148; *Kempen*, AuR 1982, 50; *Löwisch/Rieble*, § 1 TVG Rz. 830 f. |2 BAG v. 21.7.1993 – 4 AZR 468/92, AP Nr. 144 zu § 1 TVG – Auslegung. |3 BAG v. 18.1.1984 – 4 AZR 41/83, AP Nr. 60 zu § 1 TVG – Tarifverträge: Bau; v. 25.9.1991 – 4 AZR 87/91, AP Nr. 7 zu § 1 TVG – Tarifverträge: Großhandel; v. 17.3.2005 – 8 ABR 8/04, AP Nr. 90 zu § 1 TVG – Tarifverträge: Einzelhandel. |4 BAG v. 8.2.1984 – 4 AZR 369/83, AP Nr. 3 zu § 1 TVG – Tarifverträge: Einzelhandel; v. 21.7.1993 – 4 AZR 486/92, AP Nr. 10 zu § 1 TVG – Tarifverträge: Luftfahrt. |5 BAG v. 21.10.1987 – 4 AZR 49/87, AP Nr. 19 zu § 1 TVG – Tarifverträge: Druckindustrie; v. 20.9.1995 – 4 AZR 450/94, AP Nr. 32 zu § 1 TVG – Tarifverträge: Druckindustrie; v. 17.3.2005 – 8 ABR 8/04, AP Nr. 90 zu § 1 TVG – Tarifverträge: Einzelhandel. |6 BAG v. 25.9.1991 – 4 AZR 87/91, AP Nr. 7 zu § 1 TVG – Tarifverträge: Großhandel; v. 22.3.1995 – 4 AZR 71/94, AP Nr. 194 zu §§ 22, 23 BAT 1975. |7 BAG v. 23.4.1980 – 4 AZR 378/78, AP Nr. 2 zu § 1 TVG – Tarifverträge: Brauereien; v. 1.3.1995 – 4 AZR 970/93, AP Nr. 191 zu §§ 22, 23 BAT 1975. |8 BAG v. 12.12.1990 – 4 AZR 306/90, AP Nr. 1 zu § 12 AVR – Diakonisches Werk; v. 25.10.1995 – 4 AZR 495/94, AP Nr. 21 zu §§ 22, 23 BAT – Sozialarbeiter. |9 BAG v. 23.4.1980 – 4 AZR 378/78, AP Nr. 2 zu § 1 TVG – Tarifverträge: Brauereien. |10 BAG v. 19.10.1961 – 2 AZR 457/60, AP Nr. 13 zu § 1 KSchG – Betriebsbedingte Kündigung; v. 15.3.1991 – 2 AZR 582/90, AP Nr. 28 zu § 2 KSchG 1969; Däubler/*Deinert*, § 4 TVG Rz. 379. Zum Prüfungsmaßstab bei der Änderungskündigung BAG v. 19.10.1961 – 2 AZR 457/60, AP Nr. 13 zu § 1 KSchG – Betriebsbedingte Kündigung. |11 Vgl. *Bergwitz*, ZTR 2001, 539; für eine korrigierende Rückgruppierung: BAG v. 16.2.2000 – 4 AZR 62/99, AP Nr. 3 zu § 2 NachwG; aA LAG Köln v. 29.11.2001 – 5 Sa 414/01, ZTR 2002, 125; ausf. dazu Däubler/*Deinert*, § 4 TVG Rz. 385 ff.; *Friedrich/Kloppenburg*, RdA 2001, 293. |12 Vgl. nur aus neuerer Zeit BAG v. 6.9.2001 – 8 AZR 26/01, AP Nr. 92 zu §§ 22, 23 BAT – Lehrer; v. 17.5.2000 – 4 AZR 232/99, AP Nr. 18 zu §§ 22, 23 BAT-O. |13 BAG v. 23.8.2006 – 4 AZR 417/05, NZA 2007, 516. |14 Wiedemann/*Wank*, § 4 TVG Rz. 207 ff. |15 Zum Ganzen BAG v. 16.2.2000 – 4 AZR 62/99, AP Nr. 3 zu § 2 NachwG; v. 8.10.1997 – 4 AZR 167/96, AP Nr. 2 zu § 23b BAT; v. 18.2.1998 – 4 AZR 581/96, AP Nr. 239 zu §§ 22, 23 BAT 1975 = BAGE 88, 69; v. 6.9.2001 – 8 AZR 26/01, AP Nr. 92 zu §§ 22, 23 BAT – Lehrer. |16 BAG v. 20.9.1995 – 4 AZR 450/94, AP Nr. 32 zu § 1 TVG – Tarifverträge: Druckindustrie.

tiv; näher § 99 BetrVG Rz. 29. Die Eingruppierung in die richtige Vergütungsgruppe erfolgt in jedem Fall automatisch (Rz. 114).

12. Entgeltfortzahlungsklauseln. Zu den Entgeltfortzahlungsklauseln im Zusammenhang mit den Änderungen des EFZG s. bereits Einl. Rz. 29 ff. 117

13. Formvorschriften. Die TV-Parteien können für Abschluss, Änderung oder Beendigung von Arbeitsverträgen oder für einzelne, besonders wichtige oder besonders gefährliche Bedingungen oder Gestaltungserklärungen Formvorschriften vorsehen. Es handelt sich dann um gesetzl. Formvorschriften iSv. § 126 BGB[1] (s. § 4 Rz. 4); der Einwand des Rechtsmissbrauchs greift nur in Ausnahmefällen. Ob sie konstitutiv oder lediglich deklaratorisch gemeint sind, ist durch Auslegung zu ermitteln. Eine globale, sich auf den ganzen Vertrag erstreckende Formvorschrift dient der Beweissicherung, wirkt also nur deklaratorisch[2]. Die anderenfalls bei einem Verstoß eintretende Unwirksamkeitsfolge gem. § 125 BGB[3] wäre wenig interessengerecht[4]. Wird die Schriftform für Nebenabreden vereinbart, so ist damit regelmäßig eine konstitutive Wirkung beabsichtigt[5]. § 623 BGB ist zwingendes Recht und kann von den TV-Parteien nicht abbedungen werden[6]. Auch von der Pflicht des § 2 NachwG, demzufolge die wesentl. Vertragsbedingungen schriftl. niederzulegen sind, kann nicht zuungunsten des ArbN abgewichen werden (§ 5 NachwG). 118

14. Betriebsverfassungsrechtliche Fragen. Die Tarifpraxis kennt Regelungen, die **gewerkschaftlichen Vertrauensleuten** und **betrieblichen Mandatsträgern** besondere **Unterstützung und Vergünstigungen** gewähren. Einzelheiten der Zulässigkeit solcher Vereinbarungen sind umstritten[7]. Ein TV über gewerkschaftl. Vertrauensleute entfaltet grds. Nachwirkung, die jedoch konkludent (vgl. § 4 Rz. 5) ausgeschlossen ist, wenn die Tarifpartner für die Dauer einer längeren Kündigungsfrist eine Pflicht zu Verhandlungen über einen neuen TV vereinbart haben[8]. Freistellungsabreden unter Entgeltfortzahlung werden für zulässig gehalten[9]. TV über die Organisation der Betriebsverfassung sind innerhalb der Grenzen von § 3 BetrVG bzw. § 3 BPersVG zulässig. Darüber hinausgehende organisatorische Änderungen sind wegen der grds. zwingenden Natur der Organisationsvorschriften unzulässig. TV-Normen, die über § 3 BetrVG/ § 3 BPersVG hinausgehende zusätzliche oder alternative betriebsverfassungs- oder personalvertretungsrechtl. Organe schaffen, sind daher unwirksam[10]. Das Gleiche gilt für Tarifnormen, die während der Arbeitszeit Wahl-, Informations- und Werbeveranstaltungen der gewerkschaftl. Vertrauensleute vorsehen[11]. 119

Sonderkündigungsschutzvorschriften sind insoweit zulässig, als sie nicht zu Lasten der anderen – insb. nicht organisierten – ArbN in die Sozialauswahl eingreifen. Außerdem dürfen sie nicht entsprechend § 103 BetrVG an die Zustimmung der Gewerkschaft anknüpfen und damit die betriebsverfassungsrechtl. gesicherte Sonderstellung des BR unterlaufen[12]. Die vorherige Mitteilung oder Anhörung der zuständigen Gewerkschaft bei Versetzung oder Kündigung darf dagegen tarifl. vorgeschrieben werden[13].

15. Unternehmenspolitische Fragen. Äußerst umstr. ist die Zulässigkeit von TV über unternehmenspolitische Fragen[14]. Es gilt zwischen der durch Art. 12 GG geschützten Unternehmensautonomie und der Kompetenz der TV-Parteien zur Regelung der Arbeits- und Wirtschaftsbedingungen iSd. Art. 9 III GG praktische Konkordanz herzustellen. Ein Kernbereich der Unternehmensautonomie muss aber immer unantastbar bleiben, so dass ökonomisch erforderliche Anpassungen möglich bleiben[15]. Deswegen sind TV-Normen, die zu einer früheren Schließung von Betriebsstätten führen, unzulässig[16] (s. bereits Einl. Rz. 35). TV zur **Beschäftigungs- und Standortsicherung** sind dagegen zulässig[17]. Derartige TV enthalten häufig Arbeitszeitreduzierungen und Entgeltkürzungen einerseits und einen Verzicht auf betriebsbed. Kündigungen andererseits. Die außerordentl. Kündigung von ArbN können auch diese TV aber nicht wirksam ausschließen (vgl. Rz. 120). TV-Normen zur Beschäftigungssicherung sind richtigerweise als Betriebsnormen (§ 3 II) einzuordnen[18]. In jüngster Zeit sind insb. **Tarifsozialpläne** relevant 119a

1 BAG v. 6.9.1972 – 4 AZR 422/71, AP Nr. 2 zu § 4 BAT. | 2 BAG v. 24.6.1981 – 7 AZR 198/79, AP Nr. 1 zu § 4 TVG – Formvorschriften; *Wiedemann*, § 1 TVG Rz. 459. | 3 Vgl. LAG Berlin v. 17.4.1978 – 9 Sa 130/77, AP Nr. 1 zu § 4 TVG – Formvorschriften. | 4 BAG v. 24.6.1981 – 7 AZR 198/79, AP Nr. 1 zu § 4 TVG – Formvorschriften. | 5 BAG v. 9.12.1981 – 4 AZR 312/79, AP Nr. 8 zu § 4 BAT. | 6 Vgl. Palandt/*Weidenkaff*, § 623 BGB Rz. 3. | 7 Dazu *Löwisch/Rieble*, § 1 TVG Rz. 849 ff.; *Gamillscheg*, Kollektives Arbeitsrecht, I, S. 163 ff.; MünchArbR/ *v. Hoyningen-Huene*, § 294 Rz. 29–32, S. 844; offen gelassen von BAG v. 8.10.1997 – 4 AZR 87/96, AP Nr. 29 zu § 4 TVG – Nachwirkung. | 8 BAG v. 8.10.1997 – 4 AZR 87/96, AP Nr. 29 zu § 4 TVG – Nachwirkung. | 9 BAG v. 5.4.1978 – 4 AZR 640/76, AP Nr. 2 zu § 1 TVG – Tarifverträge: Banken; v. 11.9.1985 – 4 AZR 147/85, AP Nr. 67 zu § 616 BGB; noch weiter: v. 20.4.1999 – 3 AZR 352/97, AP Nr. 28 zu § 1 TVG – Tarifverträge: Rundfunk; offen gelassen von v. 8.10.1997 – 4 AZR 87/96, AP Nr. 29 zu § 4 TVG – Nachwirkung; aA *Blomeyer*, DB 1977, 101; *Rieble*, RdA 1993, 140. | 10 Ausführl. Däubler/*Hensche*, § 1 TVG Rz. 793 ff. | 11 *Wiedemann*, TVG, Einl. Rz. 435. | 12 Vgl. *Löwisch/Rieble*, § 1 TVG Rz. 874 ff.; *Wiedemann*, TVG, Einl. Rz. 436; aA ArbG Kassel v. 5.8.1976 – 1 Ca 217/76, DB 1976, 1675. | 13 *Wiedemann*, TVG, Einl. Rz. 436. | 14 Ausführl. Däubler/*Hensche*, § 1 TVG Rz. 827 ff.; *Wiedemann*, TVG, Einl. Rz. 442 ff. | 15 *Löwisch/Rieble*, § 1 TVG Rz. 276. | 16 AA BAG v. 31.8.1982 – 1 ABR 27/80, AP Nr. 8 zu §87 BetrVG 1972 – Arbeitszeit (für das BetrVG); *Wiedemann*, TVG, Einl. Rz. 447. | 17 BAG v. 25.10.2000 – 4 AZR 438/99, AP Nr. 1 zu § 1 TVG – Tarifverträge: Internationaler Bund; ErfK/*Franzen*, § 1 TVG Rz. 74; *Wiedemann*, TVG, Einl. Rz. 448 ff. | 18 Wohl ebenso BAG v. 1.8.2001 – 4 AZR 388/99, AP Nr. 5 zu § 3 TVG – Betriebsnormen.

geworden, die zumeist als FirmenTV oder firmenbezogene VerbandsTV abgeschlossen werden. Auch diese hat das BAG gebilligt[1] (s. Einl. Rz. 35). Die §§ 111 ff. BetrVG begründen keine Regelungssperre für die TV-Parteien. Allerdings darf die Tarifforderung nicht das Ziel verfolgen, die unternehmerische Entscheidung – zB die Standortverlagerung – als solche zu verhindern[2]. Der EuGH hat vergleichbare Grundsätze auch aus der europarechtl. geschützten Niederlassungsfreiheit hergeleitet[3].

120 **16. Kündigungsschutzbestimmungen.** TV schaffen häufig zusätzl. Kündigungsschutz durch den **Ausschluss der ordentl. Kündigung** von älteren bzw. dem Betrieb langjährig zugehörigen ArbN (vgl. ua. § 34 II TVöD; zur Vereinbarkeit mit dem AGG vgl. Rz. 91b). Zudem können die TV-Parteien Kündigungsfristen abkürzen oder verlängern (§ 622 IV BGB). Unterschiedl. Fristen für Arbeiter und Angestellte sind nur zulässig, wenn für diese Differenzierung im Einzelfall ein sachl. Grund vorliegt[4]. Die außerordentl. Kündigung kann tarifl. nicht ausgeschlossen werden[5].

121 Da ein ArbGeb auch durch einen TV nicht gezwungen werden kann, das Arbeitsverhältnis mit einem ArbN fortzusetzen, obwohl eine Beschäftigungsmöglichkeit nicht mehr besteht, ist in diesen Fällen die **außerordentl. Kündigung** anstatt der ordentl. zulässig. Die Weiterbeschäftigung nach Ablauf der hypothetischen ordentl. Kündigungsfrist ist dann regelmäßig unzumutbar[6] (sog. „Orlando-Kündigung“[7]). Hinsichtl. der Sozialauswahl und der BR- bzw. PersR-Beteiligung steht diese außerordentl. Kündigung einer ordentl. Kündigung gleich. § 102 III–V BetrVG und § 79 I, II BPersVG sind entsprechend anwendbar[8]. Vgl. auch § 626 BGB Rz. 110 ff.

122 Nach wohl hM sind tarifl. unkündbare ArbN nicht in die **soziale Auswahl** des § 1 III KSchG mit einzubeziehen[9]. Das BAG hat die Frage allerdings höchstrichterl. noch nicht geklärt[10].

123 TV können **Form und Verfahren** der Kündigung regeln. Gem. § 1 IV KSchG können die TV-Parteien festlegen, welche Gesichtspunkte für die soziale Auswahl bei der betriebsbedingten Kündigung zu berücksichtigen sind und wie diese Gesichtspunkte im Verhältnis zueinander zu bewerten sind (Auswahlrichtlinien). TV können auch Abfindungen für betriebsbedingt gekündigte ArbN vorsehen. Knüpft eine tarifl. Regelung einen Abfindungsanspruch an einen bestimmten Kündigungsgrund des ArbGeb, so entsteht für einen aus diesem Grund gekündigten ArbN kein Abfindungsanspruch, wenn er vor Ablauf der Kündigungsfrist stirbt[11].

123a TV enthalten teilw. **Abfindungsregelungen** für den Fall einer betriebsbedingten Kündigung. Nach der Rspr. des BAG ist der Ausschluss eines tarifl. Abfindungsanspruchs für den Fall der Erhebung einer Kündigungsschutzklage durch den gekündigten ArbN zulässig, wenn der ArbGeb vorher auf die Bedingung hingewiesen hat[12]. Die Norm verstoße weder gegen Art. 3 I GG noch gegen § 612a BGB.

124 **17. Kurzarbeitsklauseln.** Kurzarbeitsklauseln legen die näheren Voraussetzungen für die Einführung von Kurzarbeit fest, etwa zu beachtende **Ankündigungsfristen**. So kann der TV den ArbGeb und den BR ermächtigen, nach Ablauf einer Ankündigungsfrist Kurzarbeit einzuführen. Denkbar ist auch, dass der TV die Vergütungsmodalitäten der Kurzarbeit regelt oder dem ArbN einen Anspruch auf einen Zuschuss zum Kurzarbeitergeld gewährt. Vereinzelt wird die Einführung von Kurzarbeit nur nach Einschaltung (Zustimmung) der TV-Parteien ermöglicht. Die hM[13] beurteilt solche Klauseln als Betriebsnormen mit der Folge der Geltung für Außenseiter (§ 3 II). Dem ist zuzustimmen, da gerade die Verkürzung der Arbeitszeit aus wirtschaftl. Gründen nur einen Sinn ergibt, wenn keine Differenzierung zwischen organisierten und nicht organisierten ArbN erfolgen muss. Da Kurzarbeitsklauseln lediglich das Verhältnis der Arbeitsvertragsparteien zueinander normieren, schließen sie das MitbestR des BR gem. § 87 I BetrVG in aller Regel nicht aus[14].

---

1 BAG v. 24.4.2007 – 1 AZR 252/06, NZA 2007, 987. | 2 *Franzen*, ZfA 2005, 315 (329 ff.); *Nicolai*, RdA 2006, 33; *Henssler*, FS Richardi, S. 553 (558 ff.); differenzierend *Krause*, Standortsicherung und Arbeitsrecht, 2007, S. 56 f.; *Schneider/Sittard*, ZTR 2007, 590 (593). | 3 EuGH v. 11.12.2007 – C-348/05, NZA 2008, 124 – Viking; vgl. krit. dazu *Zwanziger*, DB 2008, 294 ff. | 4 BAG v. 21.3.1991 – 2 AZR 616/90, AP Nr. 31 zu § 622 BGB. | 5 BAG v. 6.11.1956 – 3 AZR 42/55, AP Nr. 14 zu § 626 BGB; v. 12.4.1978 – 4 AZR 580/76, AP Nr. 13 zu § 626 BGB – Ausschlussfrist; v. 5.2.1998 – 2 AZR 227/97, AP Nr. 143 zu § 626 BGB; näher *Hanau/Thüsing*, ZTR 2001, 49. | 6 BAG v. 5.2.1998 – 2 AZR 227/97, AP Nr. 143 zu § 626 BGB; v. 28.3.1985 – 2 AZR 113/84, AP Nr. 86 zu § 626 BGB; vgl. auch BAG v. 17.9.1998 – 2 AZR 419/97, AP Nr. 148 zu § 626 BGB. | 7 Zu Einzelheiten der außerordentl. Kündigung mit Auslauffrist *Bröhl*, FS Schaub, 1998, S. 55 ff.; MüKo/*Henssler*, § 626 BGB Rz. 111 ff. mwN. | 8 BAG v. 5.2.1998 – 2 AZR 227/97, AP Nr. 143 zu § 626 BGB. | 9 Vgl. LAG Bbg. v. 29.10.1998 – 3 Sa 229/98, NZA-RR 1999, 360; ArbG Kassel v. 5.8.1976 – 1 Ca 217/76, DB 1976, 1675; Kempen/Zachert/*Kempen*, TVG, Grundlagen Rz. 280; Däubler/*Hensche*, § 1 TVG Rz. 716 f.; aA ArbG Cottbus v. 17.5.2000 – 6 Ca 38/00, AP Nr. 48 zu § 1 KSchG 1969 – Soziale Auswahl; *Bauer*, DB 1994, 274, 277; MünchArbR/*Berkowsky*, § 135 Rz. 99; *Oetker*, FS Wiese, 1998, S. 333 (341 f.); differenzierend Wiedemann/*Thüsing*, § 1 TVG Rz. 681. | 10 Vgl. aber BAG v. 8.8.1985 – 2 AZR 464/84, AP Nr. 10 zu § 1 KSchG 1969 – Soziale Auswahl und das obiter dictum in BAG v. 17.5.1984 – 2 AZR 161/83, AP Nr. 3 zu § 55 BAT. | 11 BAG v. 22.5.1996 – 10 AZR 907/95, AP Nr. 13 zu § 4 TVG – Rationalisierungsschutz. | 12 BAG v. 6.12.2006 – 4 AZR 798/05, AP Nr. 1 zu § 1 TVG – Sozialplan. | 13 BAG v. 1.8.2001 – 4 AZR 388/99, AP Nr. 5 zu § 3 TVG – Betriebsnorm (der Senat hält die Einordnung als Betriebsnorm zumindest „für möglich“); *Gamillscheg*, Kollektives Arbeitsrecht I, S. 594; *Simitis/Weiss*, DB 1973, 1249; *Farthmann*, RdA 1974, 69; aA (Inhaltsnormen) Kempen/Zachert/*Zachert*, § 1 TVG Rz. 353; *Säcker/Oetker*, ZfA 1991, 131 (141 ff.); wohl für einen Doppelcharakter Wiedemann/*Thüsing*, § 1 TVG Rz. 369. | 14 Ausf. MünchArbR/*Matthes*, § 335 Rz. 7 f.

18. Leistungsbestimmungsrechte. Überlassen die TV-Parteien die **Konkretisierung der Arbeitsbedingungen** dem ArbGeb, dem ArbN, den Arbeitsvertragsparteien, den Betriebspartnern oder Dritten (zB paritätisch besetzte Kommissionen[1]), liegen **Bestimmungsklauseln** vor. Sie sind grds. zulässig. Aus Gründen der Rechtssicherheit und Rechtsklarheit müssen sie aber nach Adressat und Umfang hinreichend deutlich sein und zwingende MitbestR des BR/PersR beachten[2]. Ebenso dürfen die Vorschriften des KSchG (zB durch eine Ausweitung des Direktionsrechts) nicht umgangen werden[3]. So kann der ArbGeb ermächtigt werden, die Arbeitszeit einseitig zu verkürzen[4] oder festzulegen[5], die Grenzen der tarifl. Mindestvergütung der ArbN einseitig festzusetzen[6], über eine Verlegung der tarifl. Altersgrenze zu entscheiden[7] oder niedriger vergütete Tätigkeiten zuzuweisen[8]. Der BR ist hinsichtl. des Einzelarbeitsverh. nicht regelungsbefugt[9]. Gibt der TV den Rahmen der Bestimmung nicht vor, ist die Entscheidung nach billigem Ermessen (§§ 315, 317 BGB) zu treffen. Ob dies geschehen ist, unterliegt der uneingeschränkten gerichtl. Kontrolle[10]. Sieht ein TV vor, dass einem ArbN ein angemessenes Gehalt oberhalb einer bestimmten Tarifgruppe zusteht, so hat der **ArbN** des Entgelt nach billigem Ermessen zu bestimmen, wenn eine einzelvertragl. Vereinbarung nicht zu Stande gekommen ist (§ 316 BGB)[11]. 125

19. Maßregelungsverbote. Maßregelungsverbote untersagen es dem ArbGeb, einzelne ArbN wegen ihrer Beteiligung am Streik zu **kündigen** oder sie in anderer Weise zu **bestrafen**[12]. Zugleich wird eine **Benachteiligung** in der Zukunft dadurch verhindert, dass das Arbeitsverhältnis als nicht unterbrochen oder verändert gilt[13]. Tarifl. Maßregelungsverbote erweitern das gesetzl. Verbot des § 612a BGB. Keine relevante Benachteiligung liegt im Verlust des Lohnanspruchs der streikenden ArbN für die Zeit des Streiks[14]. Ein Verstoß gegen ein Maßregelungsverbot ist idR die Zahlung einer Prämie (**Streikbruchprämie**) an die ArbN, die sich nicht am Streik beteiligt haben[15]. Dem BAG zufolge ist es dem ArbGeb auch verwehrt, arbeitswilligen ArbN Sonderzahlungen schon vor oder während eines Streiks zur Beeinflussung des Streikverhaltens zu versprechen oder zu zahlen[16]. Keine unzulässige Maßregelung liegt vor, wenn ein TV die anteilige Kürzung einer Jahressonderleistung für alle Zeiten vorsieht, in denen das Arbeitsverhältnis ruht, und den Streikenden daher wegen des Ruhens ihres Arbeitsverhältnisses während eines Streiks nur eine anteilige Sonderzuwendung gezahlt wird[17]. Ferner begründen Maßregelungsverbote im Zweifel keinen Verzicht auf **Unterlassungs- oder Schadensersatzansprüche** in Folge rechtswidriger Arbeitskämpfe[18]. Eine abweichende Regelung im TV ist aber zulässig. 126

20. Rückwirkungsvereinbarungen. TV ordnen bisweilen ein **rückwirkendes Inkrafttreten** von Normen an[19]. Das gilt insb. für Lohn- und Gehaltserhöhungen. Inwieweit eine Rückwirkung gewollt ist, muss durch Auslegung ermittelt werden. 127

Die **echte Rückwirkung** knüpft veränderte Rechtsfolgen an in der Vergangenheit bereits abgeschlossene Tatbestände. Bei der **unechten Rückwirkung** wirkt eine Norm auf in der Vergangenheit begonnene, aber noch nicht beendete Vorgänge ein. Da die TV-Parteien ähnl. wie der Gesetzgeber Normen setzen, sind die für Gesetze geltenden Grenzen der Rückwirkung maßgeblich[20]. Die echte Rückwirkung ist wegen des Vertrauensschutzes der Normunterworfenen grds. unzulässig. Ausnahmen bestehen, wenn der Normunterworfene im Zeitpunkt des Inkrafttretens der Norm mit einer Regelung rechnen musste, wenn das geltende Recht unklar und verworren war, wenn der Normunterworfene sich nicht auf den durch eine ungültige Norm erzeugten Rechtsschein verlassen durfte oder wenn zwingende Gründe des Gemeinwohls, die dem Gebot der Rechtssicherheit übergeordnet sind, eine Rückwirkung rechtfertigen. Bei der Frage, ob ArbN mit der Änderung rechnen mussten, setzt der Wegfall des Vertrauensschutzes

1 BAG v. 6.2.1980 – 4 AZR 127/78, AP Nr. 1 zu § 4 TVG – Regelungsausschuss. | 2 BAG v. 3.5.1978 – 4 AZR 731/76, AP Nr. 6 zu § 1 TVG – Tarifverträge: Rundfunk; v. 18.11.1984 – 5 AZR 123/83, AP Nr. 1 zu § 4 TVG – Bestimmungsrecht; v. 18.10.1994 – 1 AZR 503/93, AP Nr. 11 zu § 615 BGB – Kurzarbeit. | 3 LAG Bbg. v. 30.6.2005 – 9 Sa 79/05, BB 2005, 2017. | 4 BAG v. 15.12.1961 – 1 AZR 310/60, AP Nr. 2 zu § 56 BetrVG – Arbeitszeit; v. 28.11.1984 – 5 AZR 123/83, AP Nr. 1 zu § 4 TVG – Bestimmungsrecht. | 5 BAG v. 16.11.2000 – 6 AZR 353/99, NZA 2002, 112. | 6 BAG v. 25.1.1978 – 4 AZR 509/76, AP Nr. 10 zu § 611 BGB – Croupier. | 7 BAG v. 20.12.1984 – 2 AZR 3/84, AP Nr. 9 zu § 620 BGB – Bedingung. | 8 BAG v. 22.5.1985 – 4 AZR 88/84, AP Nr. 6 zu § 1 TVG – Tarifverträge: Bundesbahn; aA LAG Düsseldorf v. 17.3.1995 – 17 Sa 1981/94, DB 1995, 2224. | 9 *Löwisch/Rieble*, § 4 TVG Rz. 904; ErfK/*Franzen*, § 1 TVG Rz. 71; aA Däubler/*Reim*, § 1 TVG Rz. 212. | 10 BAG v. 28.11.1984 – 5 AZR 123/83, AP Nr. 1 zu § 4 TVG – Bestimmungsrecht; Däubler/*Reim*, § 1 TVG Rz. 213. | 11 BAG v. 7.11.1990 – 4 AZR 90/90, AP Nr. 26 zu § 1 TVG Tarifverträge: Druckindustrie. | 12 Wiedemann/*Thüsing*, § 1 TVG Rz. 621. | 13 Wiedemann/*Thüsing*, § 1 TVG Rz. 620, 623. | 14 Vgl. BAG v. 17.6.1997 – 1 AZR 674/96, AP Nr. 150 zu Art. 9 GG – Arbeitskampf; für Sonderzuwendungen s. BAG v. 3.8.1999 – 1 AZR 735/98, AP Nr. 156 zu Art. 9 GG – Arbeitskampf. | 15 BAG v. 4.8.1987 – 1 AZR 486/85, AP Nr. 88 zu Art. 9 GG – Arbeitskampf; v. 28.7.1992 – 1 AZR 87/92, AP Nr. 123 zu Art. 9 GG – Arbeitskampf; v. 13.7.1993 – 1 AZR 676/92, AP Nr. 127 zu Art. 9 GG – Arbeitskampf; aA LAG Düsseldorf v. 17.12.1991 – 8 Sa 675/91, NZA 1992, 519; LAG Rh.-Pf. v. 21.10.1992 – 3 Sa 409/92, LAGE Art. 9 GG – Arbeitskampf Nr. 49; LAG Köln v. 4.10.1990 – 10 Sa 629/90, LAGE Art. 9 GG – Arbeitskampf Nr. 39. | 16 BAG v. 4.8.1987 – 1 AZR 486/85, AP Nr. 88 zu Art. 9 GG – Arbeitskampf; vgl. dazu Wiedemann/*Thüsing*, § 1 TVG Rz. 626. | 17 BAG v. 3.8.1999 – 1 AZR 735/98, AP Nr. 156 zu Art. 9 GG – Arbeitskampf. | 18 Wiedemann/*Thüsing*, § 1 TVG Rz. 624. | 19 Dazu *Beckers*, ZTR 1999, 145. | 20 BAG v. 23.11.1994 – 4 AZR 879/93, AP Nr. 12 zu § 1 TVG – Rückwirkung; v. 2.2.2006 – 2 AZR 58/05, AP Nr. 7 zu § 1 TVG – Tarifverträge: Gewerkschaften; v. 24.10.2007 – 10 AZR 878/06, NZA 2008, 131.

nicht voraus, dass jeder Adressat positive Kenntnis von den Umständen hat. Ausreichend ist die Kenntnis der betroffenen Kreise[1]. Für die unechte Rückwirkung gelten großzügigere Maßstäbe. Höherrangige Kollektivinteressen sind mit dem Vertrauen des Einzelnen auf den Fortbestand der bisherigen Rechtslage abzuwägen[2]. Zur Rückwirkung der AVE § 5 Rz. 28.

128 Tarifvertragl. Regelungen tragen während der Laufzeit des TV den **immanenten Vorbehalt ihrer rückwirkenden Abänderbarkeit** durch neue TV in sich (vgl. Einl. Rz. 19)[3]. Dies gilt auch für bereits entstandene und fällige, aber noch nicht abgewickelte Ansprüche, die aus einer Tarifnorm folgen. Sie genießen keinen Sonderschutz gegen eine rückwirkende Abänderung[4].

129 Demnach kann eine rückwirkende **Lohnherabsetzung** vereinbart werden[5]. Ebenso können die TV-Parteien Eingruppierungsmerkmale zum Nachteil von ArbN rückwirkend ändern[6]. Bei tarifvertragl. Beendigungsnormen (zB **Ausschluss der Kündigung**) können Gesichtspunkte des Vertrauensschutzes nur im Ausnahmefall gegenüber einer Neuregelung durchschlagen. Eine solche Ausnahme hat die Rspr. bei einem FlächenTV angenommen, wenn ein bereits erlangter Unkündbarkeitsstatus durch eine tarifl. Neuregelung nachträgl. entfallen soll. Sind nach dem bisherigen TV bestimmte Fallgestaltungen von dem Schutz gegen ordentl. Kündigungen ausgenommen, muss auch der ArbN, der die Voraussetzungen für den Sonderkündigungsschutz (Lebensalter, Betriebszugehörigkeit) erfüllt hat, damit rechnen, dass die TV-Parteien diese Ausnahmeregelung in ihren Einzelheiten modifizieren bzw. präzisieren, ohne die Unkündbarkeit selbst in Frage zu stellen[7].

130 Ob sich die Rückwirkung der TV-Norm auf **schon beendete Arbeitsverhältnisse** erstrecken soll, muss durch Auslegung ermittelt werden. Im Zweifel ist eine umfassende Rückwirkung anzunehmen. Für die gegenteilige Annahme bedarf es eines Anknüpfungspunkts im TV[8].

131 Tarifunterworfene müssen im Stadium der **Nachwirkung** eines TV grds. damit rechnen, dass die Nachwirkung rückwirkend beseitigt wird, indem die TV-Parteien den ablösenden TV nahtlos an den vorherigen TV anschließen lassen. Ein gegenteiliger Vertrauensschutz besteht nicht[9].

132 **21. Rückzahlungsklauseln.** Rückzahlungsklauseln verpflichten den ArbN, **Ausbildungsbeihilfen, Sonderzahlungen** oÄ zurückzuzahlen, wenn das Arbeitsverhältnis vor Ablauf bestimmter Fristen beendet wird oder sachl. Voraussetzungen entfallen. Die durch die Rspr. entwickelten Anforderungen an Rückzahlungsklauseln bei **Gratifikationen** sind grds. tarifdispositiv[10]. Als Grenze ist auch von den TV-Parteien das verfassungsrechtl. über Art. 12 GG geschützte Recht des ArbN auf freie Arbeitsplatzwahl zu beachten[11]. Eingriffe in dieses Recht sind am Verhältnismäßigkeitsgebot zu messen. Bei der Gestaltung von Rückzahlungsklauseln für Ausbildungskosten haben die TV-Parteien einen weiteren Spielraum als bei einzelvertragl. Vereinbarung[12].

133 **22. Regelungen zur Teilzeit.** In TV finden sich häufig Regelungen zur Teilzeitarbeit. Das TzBfG gewährt über § 22 Gestaltungsspielräume. Die TV-Parteien bleiben aber an das Diskriminierungsverbot des § 4 I TzBfG gebunden[13]. Vgl. § 4 TzBfG Rz. 2.

134 **23. Weiterbildung.** Von immer größerer Relevanz sind TV über die Weiterbildung der ArbN. Derartige TV verpflichten ArbGeb zur regelmäßigen Ermittlung des Qualifizierungsbedarfs und zur Vorlage von Qualifizierungsplänen[14]. IdR enthalten die TV keine Rechtsansprüche der einzelnen ArbN[15], ohne dass dies unzulässig wäre. Im Anschluss an Rationalisierungsmaßnahmen oder Standortschließungen kommt es teilweise zur Gründung von **Beschäftigungs- und Qualifizierungsgesellschaften**. Ihre Einrichtung und Finanzierung ist tarifl. regelbar (zB im sog. Tarifsozialplan, dazu Rz. 119a)[16].

135 **24. Wiedereinstellungsklauseln.** Zulässiger tarifl. Regelungsgegenstand sind Abschlussgebote in Form von Wiedereinstellungsklauseln (Beispiel: § 59 V BAT[17]). Praktisch relevant sind über den vom BAG[18]

---

1 Vgl. jüngst BAG v. 24.10.2007 – 10 AZR 878/06, NZA 2008, 131; kein Vertrauen auf die obj. Rechtslage bei Unkenntnis, dazu BAG v. 5.7.2006 – 4 AZR 381/05, AP Nr. 38 zu § 1 TVG. | 2 Wiedemann/*Wank*, § 4 TVG Rz. 244 mwN und Wiedemann/*Thüsing*, § 1 TVG Rz. 167 mwN. | 3 BAG v. 2.2.2006 – 2 AZR 58/05, AP Nr. 7 zu § 1 TVG – Tarifverträge: Gewerkschaften. | 4 BAG v. 17.5.2000 – 4 AZR 216/99, AP Nr. 19 zu § 1 TVG – Rückwirkung; v. 24.10.2007 – 10 AZR 878/06, NZA 2008, 131. | 5 BAG v. 23.11.1994 – 4 AZR 879/93, AP Nr. 12 zu § 1 TVG – Rückwirkung. | 6 BAG v. 14.6.1995 – 4 AZR 225/94, AP Nr. 13 zu § 1 TVG – Rückwirkung; v. 9.7.1997 – 4 AZR 635/95, AP Nr. 47 zu § 2 KSchG 1969. | 7 BAG v. 15.11.1995 – 5 AZR 521/95, AP Nr. 20 zu § 1 TVG – Tarifverträge: Lufthansa; v. 2.2.2006 – 2 AZR 58/05, AP Nr. 7 zu § 1 TVG – Tarifverträge: Gewerkschaften. | 8 BAG v. 6.8.2002 – 1 AZR 247/01, AP Nr. 154 zu § 112 BetrVG 1972; v. 24.10.2007 – 10 AZR 878/06, NZA 2008, 131 (133). | 9 BAG v. 8.9.1999 – 4 AZR 661/98, AP Nr. 33 zu § 4 TVG – Nachwirkung. | 10 BAG v. 23.2.1967 – 5 AZR 234/66, AP Nr. 57 zu § 611 BGB – Gratifikation; v. 31.3.1966 – 5 AZR 516/65, AP Nr. 54 zu § 611 BGB – Gratifikation. | 11 Vgl. BAG v. 27.10.1978 – 5 AZR 287/77, AP Nr. 98 zu § 611 BGB – Gratifikation; BAG v. 24.7.1991, AP Nr. 16 zu § 611 BGB – Ausbildungsbeihilfe; Wiedemann/*Thüsing*, § 1 TVG Rz. 518. | 12 BAG v. 6.9.1995 – 5 AZR 174/94, AP Nr. 22 zu § 611 BGB – Ausbildungshilfe; vgl. auch BAG v. 5.7.2000 – 5 AZR 883/98, AP Nr. 29 zu § 611 BGB – Ausbildungsbeihilfe. | 13 ErfK/*Franzen*, § 1 TVG Rz. 75. | 14 Vgl. Däubler/*Hensche*, § 1 TVG Rz. 761. | 15 Däubler/*Hensche*, § 1 TVG Rz. 761. | 16 BAG v. 24.4.2007 – 1 AZR 252/06, NZA 2007, 987. | 17 BAG v. 24.1.1996 – 7 AZR 602/95, AP Nr. 7 zu § 59 BAT (Wiedereinstellung nach wiederhergestellter Berufsfähigkeit). | 18 Vgl. nur BAG v. 28.6.2000 – 7 AZR 904/98, AP Nr. 6 zu § 1 KSchG 1969 – Wiedereinstellung.

anerkannten Wiedereinstellungsanspruch hinausgehende ArbN-Rechte bei nachträglichem Wegfall des Kündigungsgrundes[1]. Denkbar sind vergleichbare Ansprüche ferner nach Beendigung eines befristeten Arbeitsverhältnisses[2], nach Wiederherstellung der Berufsfähigkeit[3] oder nach Arbeitskämpfen, wenn diese ausnahmsw. nicht nur suspendierende[4] Wirkungen hatten.

2 *Tarifvertragsparteien*

(1) Tarifvertragsparteien sind Gewerkschaften, einzelne Arbeitgeber sowie Vereinigungen von Arbeitgebern.

(2) Zusammenschlüsse von Gewerkschaften und von Vereinigungen von Arbeitgebern (Spitzenorganisationen) können im Namen der ihnen angeschlossenen Verbände Tarifverträge abschließen, wenn sie eine entsprechende Vollmacht haben.

(3) Spitzenorganisationen können selbst Parteien eines Tarifvertrages sein, wenn der Abschluss von Tarifverträgen zu ihren satzungsgemäßen Aufgaben gehört.

(4) In den Fällen der Absätze 2 und 3 haften sowohl die Spitzenorganisationen wie die ihnen angeschlossenen Verbände für die Erfüllung der gegenseitigen Verpflichtungen der Tarifvertragsparteien.

I. Tariffähigkeit – Grundlagen. 1. Regelungsgegenstand. § 2 zählt abschließend die Personen bzw. Vereinigungen auf, die als TV-Parteien in Betracht kommen und steckt damit – ohne eine präzise Definition zu liefern – die Grenzen der **Tariffähigkeit** ab. Welchen Anforderungen die aufgeführten Verbände genügen müssen, lässt das TVG offen. Auch in anderen Gesetzen findet sich keine Legaldefinition. Der inzwischen gem. Art. 40 I des Einigungsvertrages gegenstandslos gewordene Leitsatz III.2 des **Staatsvertrages über die Wirtschafts-, Währungs- und Sozialunion** bietet nur einen unverbindl. Anhaltspunkt. In der dort verankerten, an der Rspr. des BAG orientierten Definition heißt es: „Tariffähige Gewerkschaften und Arbeitgeberverbände müssen frei gebildet, gegnerfrei, auf überbetriebl. Grundlage organisiert und unabhängig sein sowie das geltende Tarifrecht als für sich verbindlich anerkennen; ferner müssen sie in der Lage sein, durch Ausüben von Druck auf den Tarifpartner zu einem Abschluss zu kommen"[5]. Der Begriff der Tariffähigkeit ist von dem weiteren der Koalition iSv. Art. 9 III GG zu unterscheiden. Tariffähig ist eine durch Art. 9 GG geschützte Koalition nur dann, wenn sie auch dazu in der Lage ist, die Funktion, die ihr im Rahmen der Tarifautonomie zugewiesen ist, auszufüllen. 1

2. Begriff der Tariffähigkeit. Die Tariffähigkeit lässt sich verallgemeinernd formuliert als die Fähigkeit umschreiben, durch Vereinbarung mit dem sozialen Gegenspieler (unter anderem) die Arbeitsbedingungen des Einzelarbeitsvertrages mit der Wirkung zu regeln, dass diese für die tarifgebundenen Personen unmittelbar und unabdingbar wie Rechtsnormen gelten[6]. Wer tariffähig ist, kann also **Partei eines TV** sein[7]. Die Tariffähigkeit einer Vertragspartei setzt nicht – wie es zivilrechtsdogmatisch selbstverständlich wäre – die **Rechtsfähigkeit** voraus. Aus historischen Gründen wird sie auch Institutionen gewährt, die nach allgemeinem bürgerl. Recht nicht rechtsfähig sind[8], denn die Gewerkschaften waren und sind traditionell als nicht rechtsfähige Vereine organisiert. Tariffähig sind gem. § 2 I TVG Vereinigungen von ArbGeb und Gewerkschaften sowie einzelne ArbGeb und gem. § 2 III Spitzenorganisationen. Außerdem werden in Spezialgesetzen (zB § 54 III Nr. 1 HandwO) weitere Institutionen mit der Tariffähigkeit ausgestattet. 2

1 *Löwisch/Rieble*, § 1 TVG Rz. 997. | 2 Hier besteht grds. kein Wiedereinstellungsanspruch: BAG v. 20.2.2002 – 7 AZR 600/00, AP Nr. 11 zu § 1 KSchG 1969 – Wiedereinstellung. | 3 BAG v. 24.1.1996 – 7 AZR 602/95, AP Nr. 7 zu § 59 BAT. | 4 Zum bloßen Ruhen der Hauptleistungspflichten BAG v. 17.6.1997 – 1 AZR 674/96, AP Nr. 150 zu Art. 9 GG – Arbeitskampf. | 5 BGBl. 1990 II, S. 537 ff.; vgl. dazu BAG v. 6.6.2000 – 1 ABR 21/99, AP Nr. 9 zu § 97 ArbGG 1979. | 6 BVerfG v. 19.10.1966 – 1 BvL 24/65, AP Nr. 24 zu § 2 TVG; BAG v. 28.3.2006 – 1 ABR 58/04, AP Nr. 4 zu § 2 TVG – Tariffähigkeit m. Anm. *Henssler/Heiden*. | 7 BAG v. 27.11.1964 – 1 ABR 13/63, AP Nr. 1 zu § 2 TVG – Tarifzuständigkeit; Wiedemann/*Oetker*, § 2 TVG Rz. 8. | 8 *Zöllner/Loritz/Hergenröder*, Arbeitsrecht, § 35; *Jacobs/Krause/Oetker*, § 2 Rz. 5.

3 Die Tariffähigkeit ist eine **Wirksamkeitsvoraussetzung des TV. Fehlt sie** bei seinem **Abschluss**, ist der Vertrag grds. nichtig; schuldrechtl. Wirkungen können ggf. als Vertrag iSd. §§ 311, 241 BGB aufrechterhalten werden[1]. Von Anfang an nichtig sind demnach auch bereits abgeschlossene TV einer Koalition, deren fehlende Tariffähigkeit im Verfahren nach §§ 2a I Nr. 4, 97 ArbGG (vgl. Rz. 40 ff.) rechtskräftig festgestellt wurde[2]. Erlangt eine Partei erst nach Abschluss des TV Tariffähigkeit, kann eine Heilung des Vertrages nicht eintreten[3]. Entfällt die Tariffähigkeit nach Abschluss des TV, wird dieser ex nunc unwirksam, wenn nicht eine andere tariffähige Person an die Stelle der bisherigen Partei tritt[4]. Der gute Glaube an die Tariffähigkeit wird nicht geschützt[5]. Das Vertrauen der Normunterworfenen kann es jedoch rechtfertigen, die Normgeltung für die Vergangenheit unangetastet zu lassen[6].

4 **II. Tariffähigkeit von Berufsverbänden. 1. Gesetzliche Grundlagen.** Gewerkschaften und Vereinigungen von ArbGeb iSd. § 2 I TVG sind grds. nur **Koalitionen iSd. Art. 9 III GG. Nicht jede Koalition** iSv. Art. 9 III GG ist indes auch tariffähig (s. auch Art. 9 GG Rz. 48 ff.)[7]. Dem einfachen Gesetzgeber, dem die Aufgabe zukommt, die Rahmenbedingungen für ein funktionsfähiges TV-System zu schaffen, ist ein Entscheidungsfreiraum bei der Umschreibung der Tariffähigkeit zuzubilligen. Im Interesse eines funktionsfähigen Tarifsystems kann er die Tariffähigkeit an zusätzl. Voraussetzungen knüpfen, die über die Anforderungen an den Koalitionsschutz durch Art. 9 III GG hinausgehen[8]. Allerdings verbietet es das Grundrecht der Koalitionsfreiheit, die Tariffähigkeit von Umständen abhängig zu machen, die nicht von der Sache selbst, also von der im allgemeinen Interesse liegenden Aufgabe der Ordnung und Befriedung des Arbeitslebens gefordert sind[9]. Zu den Ausnahmen zählen ua. die Beamtenverbände. Sie genießen zwar den verfassungsrechtl. Schutz des Art. 9 III GG, die Tariffähigkeit wurde ihnen jedoch nicht verliehen. Umgekehrt kann der Gesetzgeber die Tariffähigkeit im Einzelfall auch solchen Personenverbänden oder Einrichtungen verleihen, die keine Koalitionen iSv. Art. 9 III GG sind (vgl. Rz. 6).

5 **2. Einzelne Voraussetzungen.** Das BAG bekennt sich – mit Billigung des BVerfG[10] – ausdrücklich zu Mindestanforderungen, die jede tariffähige Vereinigung erfüllen müsse. Teilweise differenziert das Gericht allerdings zwischen ArbN-Vereinigungen und ArbGebVerbänden[11]. Eine **ArbN-Vereinigung** müsse sich als satzungsgemäße Aufgabe die Wahrnehmung der Interessen ihrer Mitglieder in ihrer Eigenschaft als ArbN gesetzt haben und willens sein, TV abzuschließen. Sie müsse ferner frei gebildet, gegnerfrei, unabhängig und auf überbetriebl. Grundlage organisiert sein und das geltende Tarifrecht als verbindlich anerkennen[12].

6 Der Berufsverband muss als Koalition iSd. Art. 9 III GG auf einem **freiwilligen, privatrechtl. Zusammenschluss** von ArbN oder ArbGeb beruhen[13]. Auch arbeitnehmerähnl. Personen können tariffähige Berufsverbände gründen (dazu § 12a). Öffentl.-rechtl. Verbände mit Zwangsmitgliedschaft, zB Rechtsanwaltskammern und Industrie- und Handelskammern, oder sonstige öffentl.-rechtl. Körperschaften sind keine tariffähigen Verbände[14]. Handwerksinnungen wird gem. §§ 54 III Nr. 1, 82 Nr. 3, 85 II 1 HandwO[15] Tariffähigkeit verliehen[16].

7 Der Verband muss **auf Dauer angelegt** sein. Sog. ad-hoc-Koalitionen, die lediglich zu einem einmaligen Zweck gebildet werden, kommt keine Koalitionseigenschaft und damit auch keine Tariffähigkeit zu[17]. Denkbar ist, dass eine Koalition zwar ad hoc gegründet, aber auf längere Dauer angelegt ist, sog. Gründungsverbände[18].

8 Unabhängig von einer bestimmten Rechtsform muss der Berufsverband **körperschaftlich strukturiert**, dh. sein Fortbestand muss vom Wechsel seiner Mitglieder unabhängig sein. Außerdem muss – idealiter auf der Grundlage einer Satzung – die einheitliche Willensbildung (von unten nach oben) möglich und die Handlungsfähigkeit nach außen durch Organe gesichert sein[19]. Ohne eine gewisse institutionelle

---

1 BAG v. 27.11.1964 – 1 ABR 13/63, AP Nr. 1 zu § 2 TVG – Tarifzuständigkeit; v. 15. 11.2006 – 10 AZR 665/05, AP Nr. 34 zu § 4 TVG – Tarifkonkurrenz; *Gamillscheg*, Kollektives Arbeitsrecht I, § 14 I 4. | 2 BAG v. 15.11.2006 – 10 AZR 665/05, AP Nr. 34 zu § 4 TVG – Tarifkonkurrenz. | 3 *Löwisch/Rieble*, § 2 TVG Rz. 179; Wiedemann/*Oetker*, § 2 TVG Rz. 15. | 4 BAG v. 11.11.1970 – 4 AZR 522/69, AP Nr. 28 zu § 2 TVG; v. 15.10.1986 – 4 AZR 289/85, AP Nr. 4 zu § 3 TVG; *Löwisch/Rieble*, § 2 TVG Rz. 180. | 5 BAG v. 15.11.2006 – 10 AZR 665/05, AP Nr. 34 zu § 4 TVG – Tarifkonkurrenz; Wiedemann/*Oetker*, § 2 TVG Rz. 15. | 6 *Gamillscheg*, Kollektives Arbeitsrecht I, § 14 I. 4. | 7 Kempen/Zachert/*Kempen*, § 2 TVG Rz. 4; ErfK/*Franzen*, § 2 TVG Rz. 3. | 8 BVerfG v. 19.10.1966 – 1 BvL 24/65, AP Nr. 24 zu § 2 TVG; v. 20.10.1981 – 1 BvR 404/78, AP Nr. 31 zu § 2 TVG. | 9 BVerfG v. 20.10.1981 – 1 BvR 404/78, AP Nr. 31 zu § 2 TVG. | 10 BVerfG v. 20.10.1981 – 1 BvR 404/78, AP Nr. 31 zu § 2 TVG. | 11 Vgl. BAG v. 20.11.1990 – 1 ABR 62/89, AP Nr. 40 zu § 2 TVG; ein Differenzierungsbedarf ergibt sich etwa in der Frage der sozialen Mächtigkeit. | 12 BAG v. 15.11.1963 – 1 ABR 5/63, AP Nr. 14 zu § 2 TVG; v. 15.3.1977 – 1 ABR 16/75, AP Nr. 24 zu Art. 9 GG; v. 25.11.1986 – 1 ABR 22/85, AP Nr. 36 zu § 2 TVG. | 13 Wiedemann/*Oetker*, § 2 TVG Rz. 275 ff.; Kempen/Zachert/*Kempen*, § 2 TVG Rz. 33; Kempen/Zachert/*Stein*, § 2 TVG Rz. 101; Däubler/*Peter*, § 2 TVG Rz. 106. | 14 *Löwisch/Rieble*, § 2 TVG Rz. 13; Tariffähigkeit besteht dagegen für den EinzelArbGeb bei FirmenTV. | 15 Zur Vereinbarkeit mit dem GG vgl. BVerfG v. 19.10.1966 – 1 BvL 24/65, AP Nr. 24 zu § 2 TVG. | 16 Dies gilt nicht für Kreishandwerkerschaften, BAG v. 10.12.1960 – 2 AZR 490/59, AP Nr. 12 zu § 11 ArbGG; v. 27.1.1961 – 1 AZR 311/59, AP Nr. 26 zu § 11 ArbGG. | 17 BAG v. 14.2.1978 – 1 AZR 76/76, AP Nr. 58 zu Art. 9 GG; Wiedemann/*Oetker*, § 2 TVG Rz. 273. | 18 Wiedemann/*Oetker*, § 2 TVG Rz. 274, 221. | 19 Wiedemann/*Oetker*, § 2 TVG Rz. 235 f. zu losen Arbeitgebervereinigungen.

Verfestigung kann der Verband seine Aufgaben als Interessenvertreter mit Normsetzungskompetenz nicht wahrnehmen. Auch Unterverbände können tariffähig sein[1].

Die **Gegnerunabhängigkeit** der jeweiligen Koalition muss in personeller, finanzieller und organisatorischer Hinsicht gewährleistet sein, damit der Verband dem besonderen Zweck des Art. 9 III GG entsprechen kann[2]. Dabei genügt relative Gegnerunabhängigkeit im Verhältnis zum jeweiligen Gegenspieler, so dass es sogar Koalitionen gibt, die sowohl ArbN- wie ArbGebKoalitionen sind (zB Vereinigung von Hausgewerbetreibenden)[3]. Ein sog. **Harmonieverband**, in dem ArbGeb und ArbN mit den gleichen Rechten zusammengeschlossen sind, ist dagegen keine Koalition. In einem solchen Verband kann weder den Interessen der ArbN noch denen der ArbGeb hinreichend Nachdruck verliehen werden[4]. Die personellen Verflechtungen durch die Unternehmensmitbestimmung in den Aufsichtsräten und die Zusammenarbeit in gemeins. Einrichtungen der TV-Parteien stellen die Gegnerunabhängigkeit nicht in Frage[5]. Leitende Angestellte iSv. § 5 III BetrVG sind erst dann dem ArbGebLager zuzuordnen, wenn sie „Aufgaben in Unternehmer- und Arbeitgeberorganisationen wahrzunehmen haben, die auf die arbeitsrechtl. und wirtschaftl. Situation der vom Verband erfassten außertarifl. und leitenden Angestellten einwirken können"[6]. Die Vereinigung darf nicht von der Gegenseite in erheblichem Umfang finanziert werden[7]. Die Einziehung von Gewerkschaftsbeiträgen durch den ArbGeb steht der Gegnerunabhängigkeit nicht entgegen[8], ebenso nicht die Finanzierung von BR-Schulungen durch den ArbGeb[9] oder die Pflicht eines betriebsfremden Einigungsstellen-Beisitzers, das ihm vom ArbGeb für seine Tätigkeit gezahlte Honorar teilweise an die Gewerkschaft abzuführen[10]. 9

Die Gründung einer **Gewerkschaft für Gewerkschaftsbeschäftigte** hat das BAG für zulässig erachtet, jedoch auf Einschränkungen bei der Ausübung des Streikrechts im Hinblick auf besondere Loyalitätspflichten hingewiesen[11]. Das vom DGB gegenüber seinen Mitgliedern ausgesprochene Verbot, diesem Verband beizutreten, war rechtswidrig[12]. Ohne einen entsprechenden Verband wären die Mitarbeiter des DGB ohne kollektive Interessenvertretung. Allerdings beansprucht die Gewerkschaft ver.di nach dem im Anhang 1 zu ihrer Satzung geregelten Organisationsbereich – ungeachtet des Postulats der Gegnerfreiheit – auch die Zuständigkeit für „Gewerkschaftsverwaltungen und sonstige Interessenvertretungen" (Ziff. 1.1.4.6.). 10

Die **Unabhängigkeit der Koalition von Dritten** setzt voraus, dass weder der Staat noch andere gesellschaftl. Gruppen, wie politische Parteien oder Kirchen, maßgebenden Einfluss auf sie ausüben oder ihr erhebl. finanzielle Mittel zuwenden[13]. Das bedeutet nicht, dass die Koalition parteipolitisch oder religiös neutral sein muss. Es gehört zur inneren Autonomie einer Koalition, sich bestimmte gesellschaftl. Ordnungsvorstellungen zu Eigen zu machen, mögen diese auch von politischen Parteien oder Kirchen entlehnt sein[14]. 11

Eine tariffähige Gewerkschaft muss **überbetriebl. organisiert** sein. Ihr Mitgliederbestand wäre ansonsten von Einstellungen und Entlassungen durch den ArbGeb abhängig[15]. Zudem wäre die Abgrenzung von TV-System und Betriebsverfassung erschwert. 12

Die innere Ordnung des Berufsverbandes sowie seine Willensbildung müssen **demokratischen Grundsätzen** entsprechen[16]. Zu diesen Grundsätzen gehören das Mehrheitsprinzip, das Recht jedes Mitglieds auf Mitwirkung bei der Meinungs- und Willensbildung, das Recht jedes Mitglieds auf Gleichbehandlung, das Recht, aus dem Verband auszutreten, sowie gewisse interne Publizitätspflichten der Verbandsorgane[17]. Ihre Rechtfertigung findet diese Voraussetzung in der Funktion der tariffähigen Koalition als Normsetzungsinstanz, die einer besonderen Legitimation bedarf. 13

---

1 Siehe dazu ausf. Wiedemann/*Oetker*, § 2 TVG Rz. 258 ff. | 2 BVerfG v. 18.11.1954 – 1 BvR 629/2, AP Nr. 1 zu Art. 9 GG; BAG v. 17.2.1998 – 1 AZR 364/97, AP Nr. 87 zu Art. 9 GG; BAG v. 14.12.2004 – 1 ABR 51/03, AP Nr. 1 zu § 2 TVG – Tariffähigkeit; *Löwisch/Rieble*, § 2 TVG Rz. 15; Wiedemann/*Oetker*, § 2 TVG Rz. 298 ff. | 3 BAG v. 15.11.1963 – 1 ABR 5/63, AP Nr. 14 zu § 2 TVG; *Löwisch/Rieble*, § 2 TVG Rz. 23. | 4 BVerfG v. 18.11.1954 – 1 BvR 629/52, AP Nr. 1 zu Art. 9 GG. | 5 *Löwisch/Rieble*, § 2 TVG Rz. 19; zur Unternehmensmitbestimmung: BVerfG v. 1.3.1979 – 1 BvR 532/77, AP Nr. 1 zu § 1 MitbestG; zu den gemeinsamen Einrichtungen: *Bötticher*, Die gemeinsamen Einrichtungen der Tarifvertragsparteien, S. 143 ff. | 6 BAG v. 15.3.1977 – 1 ABR 16/75, AP Nr. 24 zu Art. 9 GG; *Löwisch/Rieble*, § 2 TVG Rz. 20. | 7 BAG v. 14.12.2004 – 1 ABR 51/03, AP Nr. 1 zu § 2 TVG – Tariffähigkeit. | 8 Vgl. *Gamillscheg*, Kollektives Arbeitsrecht I, § 9 III. 1. d); *Löwisch/Rieble*, § 2 TVG Rz. 19, jeweils mwN. | 9 BVerfG v. 14.2.1978 – 1 BvR 466/75, AP Nr. 13 zu § 40 BetrVG 1972. | 10 BAG v. 14.12.1988 – 7 ABR 73/87, AP Nr. 30 zu § 76 BetrVG 1972. | 11 BAG v. 17.2.1998 – 1 AZR 364/97, AP Nr. 87 zu Art. 9 GG (Gründung des Verbandes für Gewerkschaftsbeschäftigte – VGB – durch Angestellte des DGB). | 12 BAG v. 17.2.1998 – 1 AZR 364/97, AP Nr. 87 zu Art. 9 GG. | 13 BVerfG v. 1.3.1979 – 1 BvR 532/77, AP Nr. 1 zu § 1 MitbestG unter C IV 1; *Löwisch/Rieble*, § 2 TVG Rz. 24 ff. | 14 *Löwisch/Rieble*, § 2 TVG Rz. 28. | 15 St. Rspr. – vgl. BAG v. 16.1.1990 – 1 ABR 10/89, NZA 1990, 623; aA Däubler/*Peter*, § 2 TVG Rz. 51; *Löwisch/Rieble*, § 2 TVG Rz. 52; ErfK/*Franzen*, § 2 TVG Rz. 6 unter Hinweis auf den derzeit erreichten Bestandsschutz des Arbeitsverhältnisses. | 16 Vgl. BAG v. 15.11.1963 – 1 ABR 5/63, AP Nr. 14 zu § 2 TVG; v. 25.11.1986 – 1 ABR 22/85, AP Nr. 36 zu § 2 TVG; *Löwisch/Rieble*, § 2 TVG Rz. 30 ff.; Wiedemann/*Oetker*, § 2 TVG Rz. 341; einschränkend zuletzt aber BAG v. 28.3.2006 – 1 ABR 58/04, AP Nr. 4 zu § 2 TVG – Tariffähigkeit. | 17 Wiedemann/*Oetker*, § 2 TVG Rz. 342 mwN.

14 Die **Anerkennung des staatlichen Tarif-, Schlichtungs- und Arbeitskampfrechts** ist Voraussetzung der Tariffähigkeit, da sich an dem gesetzl. Normsetzungs- und Konfliktlösungssystem nur beteiligen kann, wer dessen „Spielregeln" beachtet[1].

15 Ein Berufsverband muss **tarifwillig** sein, dh. der Abschluss von TV muss zu den satzungsmäßigen Aufgaben des jeweiligen Verbands zählen[2]. Der Gegenstand der Tariffähigkeit kann in der Satzung nicht eingeschränkt werden; eine Teiltariffähigkeit ist daher ausgeschlossen[3]. Ein Verband kann folglich heikle Themen nicht dadurch von TV-Verhandlungen und Arbeitskämpfen freihalten, dass diese per Satzung von der Tarifwilligkeit ausgenommen werden. Es gilt das Prinzip „Alles oder Nichts"[4].

16 Von großer praktischer Bedeutung ist die rechtl. Beurteilung von – partiell für bestimmte Verbandsmitglieder (sog. **OT-Mitgliedschaften**) oder auch generell („Tarifgemeinschaften") – nicht tarifwilligen ArbGebVerbänden. Obwohl das BAG die Zulässigkeit der OT-Mitgliedschaft anerkannt hat[5], bleibt diese Frage im Schrifttum heftig umstritten (dazu § 3 Rz. 3 ff.[6]).

17 **Arbeitskampfbereitschaft** ist **keine notwendige Bedingung** der Tariffähigkeit. Ein Verband, dessen Satzung den Arbeitskampf als letztes Kampfmittel ausschließt, kann ebenso wie ein zum Arbeitskampf bereiter Verband in der Lage sein, der Gegenseite gleichgewichtig gegenüberzutreten und die Interessen seiner Mitglieder beim Aushandeln eines TV mit hinreichendem Druck zu vertreten[7]. Eine Bindung der Tariffähigkeit an die Kampfwilligkeit würde die von sich aus kampfunwilligen Koalitionen in der Freiheit der Wahl ihrer Mittel zur Erreichung des Koalitionszwecks einengen und ihnen Methoden aufzwingen, die sie nach ihrem Selbstverständnis nicht benötigen oder aus anderen Gründen ablehnen[8].

18 ArbN-Koalitionen müssen nach der vom BVerfG gebilligten[9] Rspr. des BAG[10] über eine gewisse **soziale Mächtigkeit** verfügen, wenn sie Tariffähigkeit beanspruchen. Soziale Mächtigkeit bedeutet nach Ansicht der Rspr. die Durchsetzungsfähigkeit gegenüber dem sozialen Gegenspieler. Die soziale Mächtigkeit sei kein Kriterium des Koalitionsschutzes, sondern nur für die Tariffähigkeit von Bedeutung. Ein angestrebter Interessenausgleich durch TV könne nur dann zu Stande kommen, wenn eine ArbN-Koalition so leistungsfähig sei, dass sich die ArbGebSeite veranlasst sehe, auf Verhandlungen über tarifl. Regelungen der Arbeitsbedingungen einzugehen und zum Abschluss eines TV zu kommen. Ohne diese Fähigkeit sei sie von dem guten Willen der ArbGebSeite und anderer ArbN-Koalitionen abhängig[11]. Das richterrechtl. für die Anerkennung der Tariffähigkeit aufgestellte Erfordernis der sozialen Mächtigkeit begegnet indes erheblichen **Bedenken mit Blick auf Art. 9 III GG**, da es die Bildung neuer und die Betätigung kleinerer Gewerkschaften und ihren Wettbewerb erheblich beeinträchtigt und die Koalitionen bei der Gestaltung der Arbeits- und Wirtschaftsbedingungen unverhältnismäßig beschränkt[12].

18a Die Überprüfung der sozialen Mächtigkeit einer Gewerkschaft bedarf einer auf das in der jeweiligen Satzung festgelegte Tätigkeitsgebiet der Koalition gerichteten Einzelfallbetrachtung[13]. Indizien für soziale Mächtigkeit sind: die Anzahl der Mitglieder und deren („Schlüssel"-)Funktion im Arbeits- und Wirtschaftsprozess[14], die Finanzkraft, die Stärke potenzieller Gegenspieler, die branchenspezifische Art und Weise der Tarifauseinandersetzung, die in der Vergangenheit bewiesene Fähigkeit zur Mobilisierung von Nicht- und Andersorganisierten für Arbeitskämpfe und schließlich ein bereits erfolgtes aktives Eingreifen in den Prozess der tarifl. Regelung – auch durch AnschlussTV, sofern es sich bei den abgeschlossenen TV nicht um Schein- oder GefälligkeitsTV oder um TV handelt, die auf einem Tarifdiktat der

---

1 BAG v. 10.9.1985 – 1 ABR 32/83, AP Nr. 34 zu § 2 TVG; v. 25.11.1986 – 1 ABR 22/85, AP Nr. 36 zu § 2 TVG; *Löwisch/Rieble*, § 2 TVG Rz. 62. Kritisch Kempen/Zachert/*Kempen*, § 2 TVG Rz. 72 ff.; Däubler/*Peter*, § 2 TVG Rz. 50. |2 BAG v. 10.9.1985 – 1 ABR 32/83, AP Nr. 34 zu § 2 TVG; v. 25.11.1986 – 1 ABR 22/85, AP Nr. 36 zu § 2 TVG; *Löwisch/Rieble*, § 2 TVG Rz. 57 ff.; *Löwisch*, ZfA 1970, 295 (304);Wiedemann/*Oetker*, § 2 TVG Rz. 366. |3 BAG v. 28.3.2006 – 1 ABR 58/04, AP Nr. 4 zu § 2 TVG – Tariffähigkeit m. Anm. *Henssler/Heiden*; *Gamillscheg*, Kollektives Arbeitsrecht I, § 14 I. 6. c); Wiedemann/*Oetker*, § 2 TVG Rz. 370; Däubler/*Peter*, § 2 TVG Rz. 10a, 48, 108 f. AA *Richardi*, Kollektivgewalt, S. 158. |4 ErfK/*Franzen*, § 2 TVG Rz. 8; Däubler/*Peter*, § 2 TVG Rz. 48. |5 Vgl. BAG v. 18.7.2006 – 1 ABR 36/05, AP Nr. 19 zu § 2 TVG – Tarifzuständigkeit; dazu *Buchner*, RdA 2006, S. 308. Vgl. zudem BAG v. 23.10.1996 – 4 AZR 409/95, AP Nr. 15 zu § 3 TVG – Verbandszugehörigkeit; v. 23.2.2005 – 4 AZR 186/04, NJOZ 2005, 4775. |6 Für die Zulässigkeit: *Buchner*, NZA 1995, 761; Wiedemann/*Oetker*, § 3 TVG Rz. 136 f.; *Otto*, NZA 1996, 624 (628); *Reuter*, RdA 1996, 201; dagegen: Däubler/*Peter*, § 2 TVG Rz. 122 ff.; Däubler/*Lorenz*, § 3 TVG Rz. 36 f.; *Däubler*, NZA 1996, 225 (230); Kempen/Zachert/*Stein*, § 2 TVG Rz. 116 ff.; *Röckl*, DB 1993, 2382. |7 BVerfG v. 6.5.1964 – 1 BvR 79/62, AP Nr. 15 zu § 2 TVG; zust. Wiedemann/*Oetker*, § 2 TVG Rz. 379. |8 Anders früher BAG v. 19.1.1962 – 1 ABR 14/60, AP Nr. 13 zu § 2 TVG. |9 BVerfG v. 20.10.1981 – 1 BvR 404/78, AP Nr. 31 zu § 2 TVG. |10 BAG v. 15.3.1977 – 1 ABR 16/75, AP Nr. 24 zu Art. 9 GG; v. 16.1.1990 – 1 ABR 10/89, AP Nr. 39 zu § 2 TVG; v. 6.6.2000 – 1 ABR 21/99, AP Nr. 9 zu § 97 ArbGG 1979; v. 28.3.2006 – 1 ABR 58/04, AP Nr. 4 zu § 2 TVG Tariffähigkeit – m. Anm. *Henssler/Heiden*; Zust. *Dörlich*, Die Tariffähigkeit der Gewerkschaft, S. 325 ff. |11 BVerfG v. 20.10.1981 – 1 BvR 404/78, AP Nr. 31 zu § 2 TVG. Vgl. *Suckow*, Gewerkschaftliche Mächtigkeit als Determinante korporatistischer Tarifsysteme. |12 Eingehend dazu *Henssler*, Soziale Mächtigkeit und organisatorische Leistungsfähigkeit als Voraussetzungen der Tariffähigkeit von Gewerkschaften, 2006. |13 BAG v. 16.1.1990 – 1 ABR 10/89, NZA 1990, 623. |14 BAG v. 9.7.1968 – 1 ABR 2/67, AP Nr. 25 zu § 2 TVG; v. 23.4.1971 – 1 ABR 26/70, AP Nr. 2 zu § 97 ArbGG 1953; v. 10.9.1985 – 1 ABR 32/83, AP Nr. 34 zu § 2 TVG; vgl. auch *Zöllner/Loritz/Hergenröder*, Arbeitsrecht, § 35 I 2 a mit Nachw. des Schrifttums.

ArbGebSeite beruhen[1]. Hat eine Koalition bereits in „nennenswertem Umfang“ TV und sonstige Koalitionsvereinbarungen abgeschlossen, ist nach dem BAG von einer ausreichenden Durchsetzungskraft auszugehen[2]. In diesem Fall greift eine Tatsachenvermutung, die zu einer Umkehr des sonst geltenden „Regel-Ausnahme-Verhältnisses“[3] führt[4]. Der gegen das Kriterium der erfolgten aktiven Teilnahme am Tarifgeschehen vorgebrachte Einwand, es führe zu einem Zirkelschluss, da die Tariffähigkeit Voraussetzung für den Abschluss eines TV und nicht dessen Folge sei[5], überzeugt nicht. Der Abschluss von TV in der Vergangenheit führt gerade nicht zum Entstehen sozialer Mächtigkeit; ihm wird lediglich Indizwirkung hinsichtl. der tatsächlichen Anerkennung der ArbN-Vereinigung durch die ArbGebSeite beigemessen[6]. Problematisch und in der Rspr. uneinheitlich beurteilt wird die soziale Mächtigkeit christl. Gewerkschaften. Verneint wurde die Tariffähigkeit für die Christliche Gewerkschaft Bergbau-Chemie-Energie[7] und die Christliche Gewerkschaft Holz und Bau Deutschlands[8]. Ein Antrag auf Feststellung der fehlenden Tariffähigkeit der Tarifgemeinschaft Christlicher Gewerkschaften für Zeitarbeit und Personalserviceagenturen (CGZP) wurde vom ArbG Berlin zwar aus formellen Gründen zurückgewiesen; das Gericht hat jedoch in seinem Beschluss Zweifel an der Tariffähigkeit der CGZP geäußert[9]. Demgegenüber hat das BAG die Tariffähigkeit der Christlichen Gewerkschaft Metall (**CGM**) anerkannt[10]. Die Entscheidung des BAG verdient im Ergebnis Zustimmung, allerdings zeigt gerade dieses Verfahren deutlich, dass die vom Senat vertretene Mächtigkeitsrechtsprechung nicht nur in verfassungsrechtl., sondern auch in praktischer Hinsicht Zweifelsfragen aufwirft. An der Tariffähigkeit der CGM konnten angesichts ihres hohen Mitgliederbestandes, ihrer zweifellos leistungsfähigen Organisationsstruktur und der Vielzahl der abgeschlossenen TV von vornherein keine ernsthaften Zweifel bestehen. Hätte das BAG ihre Tariffähigkeit abgelehnt, wäre die Entwicklung neuer Gewerkschaften faktisch ausgeschlossen worden. Zudem ist das Kriterium der sozialen Mächtigkeit einer dynamischen Entwicklung ausgesetzt, so dass eine wiederholte gerichtl. Überprüfung der Tariffähigkeit droht, die die inter omnes wirkende[11] Rechtskraft früherer gerichtl. Entscheidungen überholen würde.

Die Tariffähigkeit eines **ArbGebVerbandes** setzt nach hM keine bestimmte Durchsetzungskraft (Mächtigkeit) voraus[12].

Nicht erforderlich ist, dass alle in der Koalition zusammengeschlossenen Personen die **deutsche Staatsangehörigkeit** besitzen oder (bei juristischen Personen) ihren Sitz in Deutschland haben. Die Koalitionsfreiheit ist als Menschenrecht („Jedermann-Recht“) ausgestaltet[13]. 19

3. Beginn und Ende der Tariffähigkeit von Verbänden. Die Tariffähigkeit eines Verbandes beginnt mit Vorliegen der genannten Voraussetzungen. Fallen eine oder mehrere der Voraussetzungen weg, so endet die Tariffähigkeit. Löst sich der Verband auf, ist das Ende der Tariffähigkeit anzunehmen und zwar bereits im Liquidationsstadium[14]. Wird über das Vermögen eines ArbGebVerbandes das Insolvenzverfahren eröffnet, so endet damit nicht ohne weiteres die normative Wirkung eines von dem Verband abgeschlossenen TV. Vielmehr bedarf es einer Kündigung, die auch vom Insolvenzverwalter ausgesprochen werden kann[15]. Zur Fortgeltung oder Nachwirkung des TV bei Auflösung s. § 3 Rz. 40, 43; § 4 Rz. 6. 20

III. Tariffähigkeit des einzelnen Arbeitgebers. 1. Allgemeines. Gem. § 2 I sind auch die einzelnen ArbGeb tariffähig. Wären nur ArbGebKoalitionen tariffähig, so könnte der einzelne ArbGeb durch Unterlassen des Beitritts zu einer Koalition die Geltung von TV vereiteln[16]. Einer sozialen Mächtigkeit des ArbGeb bedarf es ebenso wenig[17] wie seiner Tarifwilligkeit[18]. Die Mitgliedschaft in einem ArbGebVer- 21

1 BAG v. 10.9.1985 – 1 ABR 32/83, AP Nr. 34 zu § 2 TVG; v. 25.11.1986 – 1 ABR 22/85, AP Nr. 36 zu § 2 TVG; v. 16.1.1990 – 1 ABR 10/89, AP Nr. 39 zu § 2 TVG; v. 28.3.2006 – 1 ABR 58/04, AP Nr. 4 zu § 2 TVG – Tariffähigkeit m. Anm. *Henssler/Heiden*. Vgl. insgesamt *Löwisch/Rieble*, § 2 TVG Rz. 35 ff. | **2** BAG v. 28.3.2006 – 1 ABR 58/04, AP Nr. 4 zu § 2 TVG – Tariffähigkeit m. Anm. *Henssler/Heiden*. | **3** BAG v. 28.3.2006 – 1 ABR 58/04, AP Nr. 4 zu § 2 TVG – Tariffähigkeit m. Anm. *Henssler/Heiden*. | **4** *Greiner*, Anm. zu EzA Nr. 28 zu § 2 TVG (S. 36) | **5** *Rieble*, FS Wiedemann 2002, S. 519 (534); *Rieble*, BB 2004, 885 (888). | **6** Vgl. *Henssler*, Soziale Mächtigkeit und organisatorische Leistungsfähigkeit als Voraussetzungen der Tariffähigkeit von Gewerkschaften, S. 42 f.; zustimmend *Greiner*, Anm. zu EzA Nr. 28 zu § 2 TVG (S. 38). | **7** BAG v. 16.1.1990 – 1 ABR 10/89, AP Nr. 39 zu § 2 TVG. | **8** BAG v. 16.1.1990 – 1 ABR 93/88, AP Nr. 38 zu § 2 TVG. | **9** ArbG Berlin v. 5.2.2008 – 54 BV 13961/06; Die Tariffähigkeit bezweifeln auch *Böhm*, NZA 2003, 828 (829); *Brors*, BB 2006, S. 101 (102 f.); *Schüren/Hamann*, AÜG, § 9 Rz. 114 ff.; *Schüren*, NZA 2007, 1213; aA *Lembke*, NZA 2007, 1333. | **10** BAG v. 28.3.2006 – 1 ABR 58/04, AP Nr. 4 zu § 2 TVG – Tariffähigkeit m. Anm. *Henssler/Heiden*; vgl. dazu auch die Besprechung von *Richardi*, RdA 2007, S. 117; s. auch *Rieble*, BB 2004, 885 und *Richardi*, NZA 2004, 1025. | **11** BAG v. 25.11.1986 – 1 ABR 22/85, AP Nr. 36 zu § 2 TVG. | **12** BAG v. 20.11.1990 – 1 ABR 62/89, AP Nr. 40 zu § 2 TVG; v. 10.12.2002 – 1 AZR 96/02, AP Nr. 162 zu Art. 9 GG – Arbeitskampf; Kempen/Zachert/*Stein*, § 2 TVG Rz. 112; Däubler/*Peter*, § 2 TVG Rz. 115 ff.; aA *Wiedemann/Oetker*, § 2 TVG Rz. 396 f.; *Löwisch/Rieble*, § 2 TVG Rz. 63 ff.; ErfK/*Franzen*, § 2 TVG Rz. 11; *Schrader*, NZA 2001, 1337 (1340). | **13** BAG v. 9.7.1968 – 1 ABR 2/67, AP Nr. 25 zu § 2 TVG. | **14** BAG v. 25.9.1990 – 3 AZR 266/89, AP Nr. 8 zu § 9 TVG; v. 28.5.1997 – 4 AZR 546/95, AP Nr. 26 zu § 4 TVG – Nachwirkung; aA Däubler/*Peter*, § 2 TVG Rz. 152. | **15** BAG v. 27.6.2000 – 1 ABR 31/99, AP Nr. 56 zu § 2 TVG; aA ErfK/*Franzen*, § 2 TVG Rz. 18. | **16** *Gamillscheg*, Kollektives Arbeitsrecht I, § 14 I. 2. b) (2). | **17** BAG v. 20.11.1990 – 1 ABR 62/89, AP Nr. 40 zu § 2 TVG; *Gamillscheg*, Kollektives Arbeitsrecht I, § 14 I. 2. b) (2); *Löwisch/Rieble*, § 2 TVG Rz. 138; *Schrader*, NZA 2001, 1337 (1341). | **18** *Gamillscheg*, Kollektives Arbeitsrecht I, § 14 I 2 b. (2); *Löwisch/Rieble*, § 2 TVG Rz. 138; *Jacobs/Krause/Oetker*, § 2 Rz. 13.

band nimmt dem ArbGeb nicht die Fähigkeit, FirmenTV abzuschließen[1]. Untersagt die Verbandssatzung den Abschluss eines FirmenTV, so bleibt die Wirksamkeit eines unter Verstoß gegen die mitgliedschaftl. Pflichten im Innenverhältnis abgeschlossenen FirmenTV davon unberührt[2]. Andererseits sind auch Streiks zur Erzwingung von FirmenTV gegen verbandsangehörige ArbGeb nicht generell ausgeschlossen (dazu Art. 9 III GG Rz. 189)[3].

22 **2. Begriff des Arbeitgebers.** ArbGeb iSv. § 2 I ist – entsprechend dem im Arbeitsrecht üblichen Begriff – **jeder, der einen anderen auf Grund eines Arbeitsverhältnisses abhängig beschäftigt**. Das kann jede natürliche oder juristische Person des privaten oder öffentl. Rechts sein. Auch die rechtsfähigen Personengesellschaften (OHG, KG, GbR, Partnerschaft, EWIV) sind als solche tariffähig (vgl. auch § 1 Rz. 43)[4]. Soweit die privatisierten Nachfolgeunternehmen von Bahn und Post nicht ohnehin gem. § 2 I tariffähig sind, gelten die §§ 4 I, 7 III 1 BENeuglG, § 23 Postpersonalrechtsgesetz. Die Tariffähigkeit der Gewerkschaft als ArbGeb ist im Hinblick auf ihre Doppelstellung als ArbGeb und ArbN-Vertreter wegen § 181 BGB umstritten[5]. Auch Kleinunternehmen sind ohne Rücksicht auf ihre Durchsetzungsfähigkeit tariffähig[6]. Der Konzern ist als Gesamtheit der unter einheitlicher Leitung zusammengefassten rechtl. selbständigen Unternehmen nicht tariffähig[7], was die Möglichkeit eines konzerneinheitlich geltenden TV (§ 55 IV BetrVG) unberührt lässt. Dagegen kann die Konzernobergesellschaft TV-Partei sein, wenn ArbN ihr arbeitsrechtl. zugeordnet sind[8]. Auch Beschäftigungsgesellschaften können ArbGeb sein[9].

23 **3. Beginn und Ende der Tariffähigkeit.** Die Tariffähigkeit des einzelnen ArbGeb beginnt nicht erst mit Abschluss des ersten Arbeitsvertrages; ausreichend ist, dass die **Beschäftigung von ArbN vorgesehen** ist[10]. Ein FirmenTV kann auch bereits für eine künftige Gesellschaft abgeschlossen werden[11]. Die Tariffähigkeit endet mit Verlust seiner ArbGebEigenschaft oder ersatzlosem Wegfall als TV-Partei[12]. Durch Eintritt des ArbGeb in einen ArbGebVerband endet dessen Tariffähigkeit als einzelner ArbGeb nicht (Rz. 21). Die Auflösung der ArbGebGesellschaft ändert an der Weitergeltung des Firmentarifs nichts; vielmehr sind die sich aus dem TV ergebenden Rechte im Rahmen der Liquidation abzuwickeln. Die Insolvenz des ArbGeb beeinträchtigt die Tariffähigkeit ebenfalls nicht. Der Insolvenzverwalter bleibt an den TV gebunden. Er kann auch einen neuen TV abschließen. Im Erbfall treten die Erben im Wege der Universalsukzession in die TV ein.

24 **4. Einzelfragen des Firmentarifvertrages.** Beim Auftreten eines ArbGeb als TV-Partei kommt es zum Abschluss eines FirmenTV (vgl. auch Rz. 35, § 1 Rz. 5, 7). Der ArbGeb wirkt hier als Normengeber, ist als Arbeitsvertragspartner zugleich aber auch Normunterworfener[13]. Als ein Gestaltungsinstrument, das unternehmensspezifische Regelungen und damit eine betriebsnahe Tarifpolitik ermöglicht, hat der FirmenTV im Zuge der Bemühungen um eine Flexibilisierung des Tarifwesens in den letzten Jahren erheblich an Bedeutung gewonnen[14]. Inhaltlich ist zwischen HausTV und Anerkennungs- bzw. VerweisungsTV (vgl. § 1 Rz. 5) zu unterscheiden. Während der HausTV spezielle, von den Regelungen des VerbandsTV abweichende Vorschriften für ein Unternehmen bzw. einen oder mehrere Betriebe eines Unternehmens enthält, nimmt der AnerkennungsTV die in einem VerbandsTV enthaltenen Regelungen (weitgehend) in Bezug[15]. HausTV werden insb. in Form von Sanierungs- (s. auch § 1 Rz. 5) und ÜberleitungsTV sowie als Firmentarifsozialpläne (vgl. Einl. Rz. 35, § 1 Rz. 119a) vereinbart.

24a Die Möglichkeit, in einem **AnerkennungsTV** auf andere Tarifwerke zu verweisen, besteht nach der Rspr. des BAG nicht uneingeschränkt. Erforderlich sei vielmehr, dass der Geltungsbereich der in Bezug genommenen Tarifnorm mit dem der verweisenden Tarifnorm in engem sachl. Zusammenhang stehe[16]. Dies sei anzunehmen, wenn auf einen VerbandsTV verwiesen werde, der für den ArbGeb bei einer Mit-

---

1 BAG v. 25.9.1996 – 1 ABR 4/96, AP Nr. 10 zu § 2 TVG – Tarifzuständigkeit; v. 4.4.2001 – 4 AZR 237/00, AP Nr. 26 zu § 4 TVG – Tarifkonkurrenz; v. 10.12.2002 – 1 AZR 96/02, AP Nr. 162 zu Art. 9 GG – Arbeitskampf; ausf. dazu und zu abweichenden Auffassungen *Fischinger*, ZTR 2006, 518. |2 BAG v. 24.1.2001 – 4 AZR 655/99, AP Nr. 173 zu § 1 TVG – Tarifverträge: Metallindustrie; v. 10.12.2002 – 1 AZR 96/02, AP Nr. 162 zu Art. 9 GG – Arbeitskampf; *Gamillscheg*, Kollektives Arbeitsrecht I, § 14 I 2 b. (3); Wiedemann/*Oetker*, § 2 TVG Rz. 151. |3 So die hM – vgl. BAG v. 10.12.2002 – 1 AZR 96/02, NZA 2003, 734; LAG Köln v. 14.6.1996 – 4 Sa 177/96, AP Nr. 149 zu Art. 9 GG – Arbeitskampf; *Henssler*, ZfA 1998, 517 (534 f.) mwN; aA LAG Schl.-Holst. v. 25.11.1999 – 4 Sa 584/99, AP Nr. 157 zu Art. 9 GG – Arbeitskampf; *Hanau/Thüsing* ZTR 2002, 506 (509); *Buchner* DB 2001, Beilage Nr. 9, S. 1; *Lieb*, DB 1999, 2058; *Reuter*, NZA 2001, 1097. |4 Wiedemann/*Oetker*, § 2 TVG Rz. 129 f.; ErfK/*Franzen*, § 2 TVG Rz. 23. |5 Abl. BAG v. 28.4.1992 – 1 ABR 68/91, AP Nr. 11 zu § 50 BetrVG 1972; differenzierend Wiedemann/*Oetker*, § 2 TVG Rz. 135 f.; anders dagegen, wenn die ArbN einer Gewerkschaft durch eine eigene Gewerkschaft vertreten werden, s. BAG v. 17.2.1998 – 1 AZR 364/97, AP Nr. 50 zu § 2 TVG; *Däubler/Peter*, § 2 TVG Rz. 89. |6 BAG v. 20.11.1990 – 1 ABR 62/89, AP Nr. 40 zu § 2 TVG zu einer Tarifgemeinschaft von wenigen Rechtsanwälten; BAG v. 10.12.2002 – 4 AZR 96/02, AP Nr. 162 zu Art. 9 GG – Arbeitskampf. |7 Kempen/Zachert/*Stein*, § 2 TVG Rz. 98; *Gamillscheg*, Kollektives Arbeitsrecht I, § 14 I 2e; *Löwisch/Rieble*, § 2 TVG Rz. 147 f. |8 Wiedemann/*Oetker*, § 2 TVG Rz. 143; Kempen/Zachert/*Stein*, § 2 TVG Rz. 98. |9 LAG Bbg. v. 24.2.1994 – 3 Sa 869/93, AP Nr. 45 zu § 2 TVG. |10 *Löwisch/Rieble*, § 2 TVG Rz. 149 f.; ErfK/*Franzen*, § 2 TVG Rz. 25. |11 BAG v. 24.1.2001 – 4 ABR 4/00, AP Nr. 1 zu § 3 BetrVG 1972. |12 *Löwisch/Rieble*, § 2 TVG Rz. 151 ff., dort auch zu den Einzelfragen. |13 ErfK/*Franzen*, § 2 TVG Rz. 21, § 3 TVG Rz. 15. |14 Am Jahresende 2006 bestanden 31.212 FirmenTV (46% der insgesamt gültigen TV), die sich auf 9.429 Unternehmen erstreckten. Vgl. auch Wiedemann/*Oetker*, § 2 TVG Rz. 164. |15 *Kleinebrink*, DB 2007, S. 518; Däubler/*Bepler*, § 1 TVG Rz. 71. |16 BAG v. 9.7.1980 – 5 AZR 564/78, AP Nr. 7 zu § 1 TVG – Form m. Anm. *Wiedemann*.

gliedschaft im ArbGebVerband unmittelbar und zwingend gelten würde[1]. Endet im Falle einer dynamischen Verweisung (vgl. § 1 Rz. 106 f.) die Friedenspflicht des BezugsTV, so entfällt diese auch im Bereich des VerweisungsTV. Solange der FirmenTV ungekündigt ist, dürfen von der Gewerkschaft indes keine Forderungen erhoben werden, die von den in der Verbandsauseinandersetzung erhobenen Forderungen abweichen[2]. Ob eine dynamische Verweisung dann ihre Grenze findet, wenn sich die in Bezug genommenen Normen „grundlegend verändern"[3], muss angesichts der aus der Unbestimmtheit dieses Kriteriums folgenden Rechtsunsicherheit bezweifelt werden.

SanierungsTV, die auch als firmenbezogene VerbandsTV (s. § 1 Rz. 5, § 4 Rz. 19) denkbar sind, werden vorrangig zur Sicherung eines Betriebsstandorts vereinbart. Dies geschieht idR durch ein Unterschreiten des Flächentarifniveaus, zB in Form einer zeitweisen Absenkung der Vergütung bzw. von Entgeltbestandteilen (Urlaubsgeld, Weihnachtsgeld), verbunden mit einer Erhöhung und/oder Flexibilisierung der Arbeitszeit. Im Gegenzug werden häufig Beschäftigungssicherungszusagen abgegeben. Das BAG geht davon aus, dass zumindest solche Bezugnahmeklauseln, die als Gleichstellungsabrede vereinbart werden, auch verschlechternde SanierungsTV in der Form von FirmenTV oder firmenbezogenen VerbandsTV erfassen, ohne dass dies einer ausdrücklichen Klarstellung bedürfte[4] (dazu § 3 Rz. 30 h). Ein SanierungsTV kann bereits entstandene tarifl. Ansprüche rückwirkend beseitigen, soweit die betroffenen ArbN nicht auf den Fortbestand dieser Ansprüche vertrauen durften. Allerdings müssen bereits im Zeitpunkt der Entstehung des Anspruchs hinreichende Anhaltspunkte dafür vorliegen, dass die TV-Parteien diesen zu Ungunsten der ArbN ändern werden. Voraussetzung ist zudem, dass sowohl zum Zeitpunkt des rückwirkenden Inkrafttretens als auch im Zeitpunkt des Abschlusses des TV beiderseitige Tarifbindung besteht[5]. 24b

ÜberleitungsTV treten in der Praxis mit unterschiedlichen Zielsetzungen auf. Häufig handelt es sich um HausTV anlässlich eines Betriebsüberganges oder einer sonstigen Umstrukturierung[6]. Regelungsgegenstand ist in den meisten Fällen eine Vereinheitlichung der Arbeitsbedingungen im Betrieb[7] sowie die Klärung offener Rechtsfragen, insb. im Zusammenhang mit kleinen dynamischen Bezugnahmeklauseln bei einem Betriebsübergang[8]. Der Vereinheitlichung der Arbeitsbedingungen wird durch Art. 3 I GG eine Grenze gezogen: Eine Besser- oder Schlechterstellung von ArbN auf Grund ihrer Tarifherkunft ist unzulässig[9]. Nach dem BAG liegt aber dann kein Verstoß gegen Art. 3 I GG vor, wenn die TV-Parteien übernommene Beschäftigte iS einer Besitzstandswahrung entsprechend ihrer bisherigen Vergütung eingruppieren und nicht der Stammbelegschaft gleichstellen[10]. 24c

Existiert neben dem FirmenTV auch ein VerbandsTV, entsteht eine Tarifkonkurrenz (s. § 4 Rz. 40 ff.), die zu Gunsten des FirmenTV aufzulösen ist[11]. Zur Erstreikbarkeit von FirmenTV s. Art. 9 GG Rz. 189. 24d

IV. Beteiligung von Spitzenorganisationen (Abs. 2–4). 1. Allgemeines. Der Begriff der Spitzenorganisation nach § 2 I ist nicht identisch mit demjenigen des § 12. Spitzenorganisationen sind nach der Legaldefinition des § 2 II **Zusammenschlüsse von Gewerkschaften und Vereinigungen von ArbGeb**. Sie können TV im Namen der ihnen angeschlossenen Verbände abschließen. Zudem verleiht § 2 III ihnen selbst die Tariffähigkeit. Eine Vereinigung kann als Mitglieder neben Vereinigungen auch Einzelmitglieder aufnehmen[12]. In diesem Fall kann sie sowohl nach § 2 I tariffähig sein als auch nach § 2 III[13]. 25

2. Abschluss von Tarifverträgen in eigenem Namen (Abs. 3). Das Recht der Spitzenorganisation zum Vertragsschluss im eigenen Namen besteht nur, sofern dies zu ihren **satzungsmäßigen Aufgaben** gehört. Für die Tariffähigkeit der Spitzenorganisation ist hingegen nicht erforderlich, dass *alle* der Organisation angeschlossenen Mitgliedsverbände selbst tariffähig sind[14]. Vielmehr reicht es aus, wenn diese Eigenschaft bei wenigstens zwei Mitgliedsverbänden vorliegt[15]. Allerdings entfalten die von der Spitzenorganisation nach § 2 III abgeschlossenen TV für die nicht tariffähigen Mitgliedsverbände und deren Mitglieder keine Rechtswirkungen[16]. Fehlt eine ausdrückliche Regelung der Tarifbefugnis in der Satzung, so reicht es aus, wenn sie sich durch Auslegung der Satzung ermitteln lässt[17]. Die Satzung einer Spitzen- 26

1 BAG v. 18.2.2003 – 1 AZR 142/02, AP Nr. 163 zu Art. 9 GG – Arbeitskampf. | 2 BAG v. 18.2.2003 – 1 AZR 142/02, AP Nr. 163 zu Art. 9 GG – Arbeitskampf. | 3 So *Jacobs/Krause/Oetker*, § 4 Rz. 5. | 4 BAG v. 14.12.2005 – 10 AZR 296/05, AP Nr. 37 zu § 1 TVG – Bezugnahme auf Tarifvertrag; BAG v. 11.10.2006 – 4 AZR 486/05, AP Nr. 24 zu § 1 TVG – Rückwirkung. | 5 BAG v. 11.10.2006 – 4 AZR 486/05, AP Nr. 24 zu § 1 TVG – Rückwirkung; BAG v. 22.10.2003 – 10 AZR 152/03, AP Nr. 21 zu § 1 TVG – Rückwirkung; vgl. auch BAG v. 14.11.2001 – 10 AZR 698/00. | 6 Dazu etwa LAG BW v. 6. 8. 2003 – 4 Sa 76/02, nv. | 7 BAG v. 30.8.2005 – 3 AZR 477/04, BeckRS 2006 40531. | 8 Vgl. *Lingemann*, FS 25 Jahre ARGE Arbeitsrecht, S. 71 (85). | 9 *Löwisch/Rieble*, § 3 TVG Rz. 221. | 10 BAG v. 29.8.2001 – 4 AZR 352/00, AP Nr. 291 zu Art. 3 GG m. krit. Anm. *Rieble*. | 11 BAG v. 10.12.2002 – 1 AZR 96/02, AP Nr. 162 zu Art. 9 GG – Arbeitskampf. | 12 BAG v. 6.5.2003 – 1 AZR 241/02, AP Nr. 21 zu § 3 TVG – Verbandszugehörigkeit. | 13 BAG v. 22.3.2000 – 4 ABR 79/98, AP Nr. 49 zu § 2 TVG. | 14 Wiedemann/*Oetker*, § 2 TVG Rz. 423 ff.; *Löwisch/Rieble*, § 2 TVG Rz. 111; ErfK/*Franzen*, § 2 TVG Rz. 29; anders BAG v. 2.11.1960 – 1 ABR 18/59, AP Nr. 1 zu § 97 ArbGG 1953; Däubler/*Peter*, § 2 TVG Rz. 56. | 15 LAG Nds. v. 25.8.1998 – 11 Sa 1455/97, LAGE § 2 TVG Nr. 5; *Wiedemann/Thüsing*, RdA 1995, S. 280 (281 f.); *Löwisch/Rieble*, § 2 TVG Rz. 111; *Lembke*, NZA 2007, S. 1333 (1335 f.). | 16 *Wiedemann/Oetker*, § 2 TVG Rz. 432. | 17 Zur Auslegung von Satzungsbestimmungen: BAG v. 11.6.1975 – 4 AZR 395/74, AP Nr. 29 zu § 2 TVG; Wiedemann/*Oetker*, § 2 TVG Rz. 434; *Zachert*, NZA 2000, 121 (123) mit ausf. Begründung.

organisation kann vorsehen, dass ihre tarifrechtl. Aufgaben durch eine in ihr gebildete Arbeitsgemeinschaft wahrgenommen werden, der nur Einzelmitglieder angehören dürfen. Dem BAG zufolge gehört der Abschluss von TV dann **nicht** zu den **satzungsgemäßen Aufgaben** der Spitzenorganisation[1]. Die einzelnen Mitglieder der ArbGebVerbände, die der Spitzenorganisation angehören, sind folglich nicht generell tarifgebunden. Einer Zustimmung der Mitgliedsverbände zum Abschluss von TV bedarf es nicht[2]. Über den TV sind die Spitzenorganisationen allein verfügungsberechtigt, dh. nur sie können ihn später kündigen, aufheben oder ändern[3]. Der Tarifabschluss durch die Spitzenorganisationen hindert die Mitgliedsverbände nicht, selbständig eigene (weitere) TV zu schließen[4]. Widersprüche zwischen den TV sind nach den Grundsätzen der Tarifkonkurrenz zu lösen (dazu § 4 Rz. 40 ff.)[5].

26a Treten beim Tarifabschluss sog. **Tarifgemeinschaften** auf (vgl. zu den in Betracht kommenden Vertragskonstellationen § 1 Rz. 10a), ist zu differenzieren. Meist handelt es sich bei den so bezeichneten Zusammenschlüssen schon nach dem in der Satzung geäußerten Selbstverständnis um Spitzenorganisationen iSv. § 2 II oder § 2 III (vgl. § 1 Rz. 10a), so dass für die Tariffähigkeit das in Rz. 26 Gesagte gilt. Daneben wird der Begriff für Zusammenschlüsse von Gewerkschaften oder ArbGebVerbänden verwendet, die das Ziel verfolgen, die Tarifmacht ihrer Mitglieder zu einer Einheit zu verbinden, die aber gleichwohl nicht unter § 2 III fallen[6]. Sie können unter der Voraussetzung, dass alle ihre Mitglieder tariffähig sind, eigene Tariffähigkeit erlangen und somit eigene TV abschließen[7].

27 **3. Vertretung der angeschlossenen Verbände (Abs. 2).** Beim Abschluss von TV kann sich jede Tarifpartei im Rahmen der allgemeinen Vorschriften **durch beliebige Personen gem. § 164 BGB rechtsgeschäftlich vertreten** lassen. § 2 II stellt klar, dass Spitzenorganisationen auch dann als Vertreter bei Tarifabschlüssen agieren können, wenn sie selbst nicht rechtsfähig sind, obwohl die Rechtsfähigkeit generell Voraussetzung für wirksames Vertreterhandeln ist[8]. Unverzichtbar ist die Erteilung entsprechender Vollmacht. Im Übrigen gelten die allgemeinen zivilrechtl. Grundsätze: Das Handeln in fremdem Namen kann auch durch die Umstände offenbar werden[9]. Wurde das Vertretungsverhältnis im TV nicht hinreichend deutlich, so ist der angeblich Vertretene nicht Partei des TV geworden und zur Kündigung des TV nicht befugt[10]. Bei fehlender Bevollmächtigung finden die Grundsätze der Anscheins- und Duldungsvollmacht Anwendung[11].

28 **4. Gesamtschuldnerische Haftung (Abs. 4).** § 2 IV sieht eine gesamtschuldnerische Haftung von Spitzenverband und ihm angeschlossenen Mitgliedsverbänden vor. Unabhängig davon, ob Spitzenverbände im eigenen Namen oder im Namen der Mitgliedsverbände einen TV abgeschlossen haben, haften sowohl sie als auch die Mitgliedsverbände für die Erfüllung der gegenseitigen schuldrechtl. Verpflichtungen. Die Haftungserweiterung betrifft je nach Abgabe der Willenserklärungen im eigenen oder fremden Namen entweder den Spitzenverband oder aber seine Mitglieder: Hat der Spitzenverband im **fremden Namen** gehandelt, so begründet Abs. 4 entgegen §§ 164, 179 BGB trotz vorliegender Vertretungsmacht eine Eigenhaftung des Vertreters. Hat der Spitzenverband im **eigenen Namen** gehandelt, so wäre nach allgemeinem Vereinsrecht/Gesellschaftsrecht an sich eine Haftung der Vereinsmitglieder zu verneinen. Abs. 4 wirkt hier als **gesetzl. normierte Durchgriffshaftung**[12]. Wurde ein TV durch einen Spitzenverband nur im Namen eines Teils der ihm angehörenden Verbände geschlossen, beschränkt sich die gesamtschuldnerische Haftung auf die vertretenen Verbände[13]. Sie umfasst die Erfüllung der gegenseitigen vertragl. Verpflichtungen, namentl. also die Durchführungs- und die Friedenspflicht und weitere explizit vereinbarte **schuldrechtl. Pflichten** (§ 1 Rz. 72 ff.), sowie die Sekundärhaftung aus einer Verletzung dieses Pflichtenprogramms. Keine unmittelbare Haftung besteht für die Einhaltung der im TV enthaltenen Rechtsnormen[14]. Die gesamtschuldnerische Haftung führt nach den allgemeinen Grundsätzen nicht zu einer notwendigen Streitgenossenschaft[15].

29 **V. Tarifzuständigkeit.** Die Tarifzuständigkeit einer tariffähigen Partei bestimmt den **Geschäftsbereich, innerhalb dessen die Partei TV abschließen kann**[16]. Die Tarifzuständigkeit entscheidet damit über den maximalen tarifl. Geltungsbereich in räuml., betriebl.-branchenbezogener, berufl.-fachl. und persönl. Hinsicht[17]. Vergleichbar mit der Tarifzuständigkeit ist die Zuständigkeit einer staatl. Behörde, die den

---

1 BAG v. 22.3.2000 – 4 ABR 79/98, AP Nr. 49 zu § 2 TVG. | 2 Wiedemann/*Oetker*, § 2 TVG Rz. 438. | 3 BAG v. 22.2.1957 – 1 AZR 426/56, AP Nr. 2 zu § 2 TVG; *Gamillscheg*, Kollektives Arbeitsrecht I, § 14 I 2 c. | 4 BAG v. 22.2.1957 – 1 AZR 426/56, AP Nr. 2 zu § 2 TVG; *Löwisch/Rieble*, § 2 TVG Rz. 114. | 5 BAG v. 22.2.1957 – 1 AZR 426/56, AP Nr. 2 zu § 2 TVG. | 6 *Löwisch/Rieble*, § 2 TVG Rz. 165 f. | 7 *Henssler*, FS 25 ARGE Arbeitsrecht, S. 37 (38); vgl. auch BAG v. 15.11.2006 – 10 AZR 665/05, AP Nr. 34 zu § 4 TVG – Tarifkonkurrenz; aA *Löwisch/Rieble*, § 2 TVG Rz. 165, 170. | 8 BAG v. 11.6.1975 – 4 AZR 395/74, AP Nr. 29 zu § 2 TVG; v. 12.2.1997 – 4 AZR 419/95, AP Nr. 46 zu § 2 TVG; Wiedemann/*Oetker*, § 2 TVG Rz. 443. | 9 BAG v. 31.10.1958 – 1 AZR 632/57, AP Nr. 2 zu § 1 TVG. | 10 BAG v. 26.4.2000 – 4 AZR 170/99, AP Nr. 4 zu § 1 TVG – Kündigung. | 11 Wiedemann/*Oetker*, § 2 TVG Rz. 446. | 12 ErfK/*Franzen* § 2 TVG Rz. 32; *Jacobs/Krause/Oetker*, § 2 Rz. 161. | 13 Wiedemann/*Oetker*, § 2 TVG Rz. 454 f. | 14 Wiedemann/*Oetker*, § 2 TVG Rz. 449; Däubler/*Peter*, § 2 TVG Rz. 62. | 15 *Löwisch/Rieble*, § 2 TVG Rz. 126; ErfK/*Franzen*, § 2 TVG Rz. 32. | 16 BAG v. 24.7.1990 – 1 ABR 46/89, AP Nr. 7 zu § 2 TVG – Tarifzuständigkeit; v. 12.11.1996 – 1 ABR 33/96, AP Nr. 11 zu § 2 TVG – Tarifzuständigkeit; grundlegend zur Tarifzuständigkeit *Ricken*, Autonomie und tarifliche Rechtsetzung, 2006, S. 6 ff. | 17 Wiedemann/*Oetker*, § 2 TVG Rz. 56.

Geltungskreis ihrer Rechtsakte festlegt[1]. Im Unterschied zur Behörde hat eine Tarifpartei aber die verfassungsrechtl. abgesicherte Befugnis, ihre Tarifzuständigkeit autonom über ihre **Satzung** festzulegen[2]. Nur für den persönl. Geltungsbereich setzt das Gesetz in § 3 I und II Grenzen. Eine ArbGeb- oder ArbN-Vereinigung kann ihre Tarifzuständigkeit nicht auf ihre jeweiligen Mitglieder beschränken und damit von deren Entscheidung über ihren Ein- oder Austritt abhängig machen. Eine solche Satzungsbestimmung ist mit den Erfordernissen eines funktionstüchtigen TV-Systems und der darauf bezogenen Ausgestaltung der Tarifautonomie durch die Vorschriften der §§ 3 III, 5 IV TVG und § 77 III 1 BetrVG nicht vereinbar[3]. Eine zulässige Begrenzung der **personellen Tarifzuständigkeit** ist die Zulassung von **OT-Mitgliedern** (dazu § 3 Rz. 3 ff.).

30 Auch wenn die Tarifzuständigkeit im TVG nicht ausdrücklich erwähnt wird, so ist sie als **Voraussetzung der Wirksamkeit** eines TV nahezu **allgemein anerkannt**[4]. Eine einfachgesetzl. Anerkennung hat sie seit 1979 durch §§ 2a I Nr. 4, 97 ArbGG erfahren. Hieraus folgt auch ihre Gleichrangigkeit im Verhältnis zur Tariffähigkeit.

31 Wirksame TV setzen voraus, dass sich die **Tarifzuständigkeiten** der Vertragspartner in Bezug auf den vertragl. Regelungsbereich **decken**[5]. Eine vollständige Kongruenz der Tarifzuständigkeiten der Vertragspartner ist dagegen nicht erforderlich; sie wird sogar nur selten vorliegen.

32 Das Erfordernis der Tarifzuständigkeit trägt dazu bei, **Abgrenzungsschwierigkeiten und Kompetenzstreitigkeiten** zwischen gleichrangigen Organisationen zu vermeiden, und führt zu sachnäheren Regelungen. Verwirklichen lassen sich diese Vorteile indes nur, wenn die Tarifzuständigkeiten der einzelnen Verbände aufeinander abgestimmt sind, wie das bei den im DGB zusammengeschlossenen Gewerkschaften der Fall ist (Grundsatz: Ein Betrieb, eine Gewerkschaft). Andernfalls entstehen Tarifkonkurrenzen (dazu § 4 Rz. 48)[6]. Die Tarifzuständigkeit begünstigt damit auch die einheitliche Geltung eines TV innerhalb eines Betriebes.

33 Die Tarifzuständigkeit wird von den Tarifparteien **selbständig in ihren Satzungen** festgelegt[7]. Für welche Branchen bzw. ArbN die Tarifparteien zuständig sind, ist durch Auslegung der Satzung zu ermitteln. Dabei ist unter Berücksichtigung von Wortlaut, Sinn und Zweck, Entstehungszeit sowie Gesamtzusammenhang auf den objektivierten Willen des Satzungsgebers abzustellen[8]. Ein schlichtes Tätigwerden außerhalb der satzungsgemäßen Aufgaben erweitert die Tarifzuständigkeit nicht[9]. Die DGB-Gewerkschaften und die Christlichen Gewerkschaften sind nach dem **Industrieverbandsprinzip** organisiert und damit regelmäßig zuständig für alle **Unternehmen** des Wirtschaftssektors einschließlich der brancheneigenen und branchenfremden Betriebsabteilungen, Betriebsstätten und Nebenbetriebe. Branchenfremde Betriebe können durch die Satzung von der Zuständigkeit ausgenommen werden. Die Tarifzuständigkeit kann auf einen Teilbereich des Wirtschaftssektors beschränkt werden oder mehrere Wirtschaftssektoren umfassen. Der Verband kann die Tarifzuständigkeit auch mit der Branchenzugehörigkeit des einzelnen **Betriebs** verknüpfen, gleich welchem Wirtschaftssektor das Unternehmen angehört[10]. Wachsende Bedeutung erlangen die iS eines **Berufsverbandsprinzips** für bestimmte Berufssparten zuständigen Gewerkschaften wie die Gewerkschaft Deutscher Lokomotivführer (GDL), der Marburger Bund (MB), die Vereinigung Cockpit (VC) oder die Unabhängige Flugbegleiter Organisation (UFO)[11]. Die von ihnen abgeschlossenen TV erfassen als SpartenTV jeweils nur einen Teil der Belegschaftsmitglieder, kollidieren daher mit dem vom BAG bejahten Prinzip der Tarifeinheit (vgl. dazu § 4 Rz. 46 ff.). Der zunehmende Einfluss der sog. „Spezialistengewerkschaften"[12] zeigt sich besonders deutlich am Beispiel des im März 2007 begonnenen Tarifstreits zwischen der GDL und der Deutschen Bahn AG, der am 3. und 10.7.2007 zu den ersten flächendecken Lokführerstreiks in der Geschichte des Unternehmens geführt hat und erst im Januar 2008 beigelegt werden konnte[13].

34 Knüpft die Satzung an der Branchenzugehörigkeit des Unternehmens an, so ist tarifzuständig derjenige Verband, dessen **satzungsgemäßer Organisationsbereich** der Tätigkeit entspricht, die dem Unternehmen das **Gepräge** gibt. Maßgebend ist der Gegenstand des Unternehmens, nicht derjenige einzelner

---

1 Wiedemann/*Oetker*, § 2 TVG Rz. 56. | 2 BAG v. 24.7.1990 – 1 ABR 46/89, AP Nr. 7 zu § 2 TVG – Tarifzuständigkeit; BAG v. 27.9.2005 – 1 ABR 41/04, AP Nr. 18 zu § 2 TVG; *Henssler*, ZfA 1998, 517 (523); *Buchner*, ZfA 1995, 95 (99). | 3 BAG v. 18.7.2006 – 1 ABR 36/05, AP Nr. 19 zu § 2 TVG – Tarifzuständigkeit. | 4 BAG v. 19.12.1958 – 1 AZR 109/58, AP Nr. 3 zu § 2 TVG; Däubler/*Peter*, § 2 TVG Rz. 164; Wiedemann/*Oetker*, § 2 TVG Rz. 52 mwN; kritisch *Gamillscheg*, Kollektives Arbeitsrecht I, S. 535. | 5 BAG v. 19.12.1958 – 1 AZR 109/58, AP Nr. 3 zu § 2 TVG. | 6 Die auf Grund der Nichtbeachtung der DGB-Satzung entstehende Doppelzuständigkeit zweier Gewerkschaften führt im Außenverhältnis nicht zur Unwirksamkeit einer Satzung, BAG v. 27.9.2005 – 1 ABR 41/04, DB 2006, 620. | 7 BAG v. 17.2.1970 – 1 ABR 15/69, AP Nr. 3 zu § 2 TVG – Tarifzuständigkeit; v. 12.11.1996 – 1 ABR 33/96, AP Nr. 11 zu § 2 TVG – Tarifzuständigkeit. | 8 BAG v. 27.11.1964 – 1 ABR 13/63, AP Nr. 1 zu § 2 TVG – Tarifzuständigkeit; v. 18.7.2006 – 1 ABR 36/05, AP Nr. 19 zu § 2 TVG – Tarifzuständigkeit. | 9 BAG v. 24.7.1990 – 1 ABR 46/89, AP Nr. 7 zu § 2 TVG – Tarifzuständigkeit. | 10 Vgl. BAG v. 25.9.1996 – 1 ABR 4/96, AP Nr. 10 zu § 2 TVG – Tarifzuständigkeit. | 11 Die Tariffähigkeit der UFO hat das BAG mit Beschluss vom 14.12.2004 – 1 ABR 51/03, AP Nr. 1 zu § 2 TVG – Tariffähigkeit, festgestellt. | 12 Vgl. *Rieble*, BB 2003, 1227. | 13 Zu den rechtlichen Fragen vgl. statt vieler *Buchner*, BB 2008, 106; *Greiner*, NZA 2007, 1023.

Betriebe, Betriebsabteilungen oder Nebenbetriebe. Indizien für die das Unternehmen prägende Branche bieten bei Mischtätigkeiten der arbeitstechnische Zweck und die Zahl der einschlägig beschäftigten Facharbeiter sowie der maßgebende Anteil am Umsatz und Gewinn[1]. Die Tarifzuständigkeit kann durch Änderung des Unternehmenszwecks oder Verlegung eines Betriebes enden[2].

35 Auch beim **FirmenTV** kommt es im Bereich des Industrieverbandsprinzips regelmäßig auf den überwiegenden Gegenstand des Unternehmens des ArbGeb an[3]. Die neuere Rspr. des BAG sieht dies allerdings anders: Der einzelne ArbGeb soll seine Tarifzuständigkeit nicht selbständig festlegen können. Er sei tarifzuständig für alle seine Betriebe[4], könne damit auch gegen seinen Willen gezwungen werden, für jeden seiner Betriebe unterschiedliche TV abzuschließen. Die Rspr. missachtet das über Art. 12 GG (unternehmerische Entscheidungsfreiheit) geschützte Recht, sein Unternehmen einer einheitl. Tarifordnung zu unterwerfen, stellt damit der verfassungsrechtl. geschützten Satzungsautonomie der Gewerkschaft keine gleichwertige Organisationsautonomie des ArbGeb gegenüber. Die Anknüpfung an den Betrieb überzeugt auch deshalb nicht, weil das BAG den Gleichbehandlungsgrundsatz nicht mehr betriebs-, sondern unternehmensbezogen bzw. arbeitgeberbezogen verstanden wissen will[5]. ArbGeb und Gewerkschaften dürfen zwar die unterschiedlichen wirtschaftl. Verhältnisse der einzelnen Betriebe als sachl. Anknüpfungspunkt für eine unterschiedliche Gestaltung der Arbeitsbedingungen wählen[6]. Liegen solche Unterschiede indes nicht vor, so greift das Gleichbehandlungsgebot. Es bedarf damit einer Gesamtbetrachtung der Unternehmenssituation, wie sie sich nur bei einer Anknüpfung der Tarifzuständigkeit an das Unternehmen verwirklichen lässt.

36 Die Begrenzungen oder Erweiterungen des Zuständigkeitsbereichs müssen in der Satzung **hinreichend deutlich bestimmt** sein[7]. Trotz Satzungsautonomie darf die Tarifzuständigkeit nicht willkürlich oder funktionswidrig festgelegt werden, da die Koalitionsfreiheit in Art. 9 III GG funktionsgebunden verliehen wird[8]. Die räuml. Begrenzung oder Erweiterung der eigenen Tarifzuständigkeit steht im Ermessen der Verbände. Einzelne Betriebe können aus sachl. Gründen ein- oder ausgeschlossen werden[9]. Die Tarifzuständigkeit kann auch auf Betriebsstätten im Ausland ausgedehnt werden[10]. Personell muss die Tarifzuständigkeit mit tatsächlich vorhandenen Mitgliedern korrespondieren. Hat der Verband kein einziges Mitglied im fraglichen Wirtschaftssektor, darf er sich keine Zuständigkeit für diesen Sektor zuschreiben[11]. Eine Begrenzung der Tarifzuständigkeit auf bestimmte Gruppen innerhalb eines Berufsverbandes ist dagegen möglich. Es entsteht dann eine Tarifgemeinschaft, eine tarifl. selbständige Unterorganisation (zur Mitgliedschaft ohne Tarifbindung s. § 3 Rz. 3 ff.). Die personelle Gestaltungsfreiheit erlaubt aber keine geschlechtsbezogene Diskriminierung[12].

37 Sachl. muss die Tarifzuständigkeit die Regelung der Arbeits- und Wirtschaftsbedingungen iSv. Art. 9 III GG beinhalten. Einzelne Bereiche, die nach allgemeiner Ansicht zum Gegenstand der Tarifautonomie gehören, dürfen nicht ausgeklammert werden[13]. Ansonsten könnten Verbände in der Folge TV-Verhandlungen und einen Arbeitskampf über bestimmte Regelungsbereiche mangels erforderl. Tarifzuständigkeit verhindern. Aus dem gleichen Grund darf die Satzung die Tarifzuständigkeit nicht auf bestimmte Gegner reduzieren oder die Verhandlung und den Vertragsabschluss mit gegnerischen Verbänden ausschließen, die ihrerseits tariffähig und tarifzuständig sind[14].

38 **Innerhalb des DGB** sind die Tarifzuständigkeiten der Mitgliedsverbände aufeinander abzustimmen, um Kompetenzkonflikte zu vermeiden[15]. Bei Streitigkeiten ist ein Schiedsverfahren durchzuführen (dazu auch § 4 Rz. 48)[16]. Der Schiedsspruch kann eine Satzung nicht iS einer echten Zuständigkeitserweiterung ergänzen oder berichtigen[17]. Er kann die Satzungen der beteiligten Mitglieder aber verbindlich, und zwar auch für Dritte, zB den Tarifgegner, auslegen[18]. Dabei ist der Schiedsstelle ein Beurteilungsspielraum zuzubilligen[19]. Solange das zur verbindlichen Klärung einer solchen Zuständigkeitsüberschnei-

1 BAG v. 22.11.1988 – 1 ABR 6/87, AP Nr. 5 zu § 2 TVG – Tarifzuständigkeit; v. 19.2.2003 – 4 AZR 118/02, AP Nr. 17 zu § 2 TVG – Tarifzuständigkeit. | 2 Vgl. BAG v. 22.11.1988 – 1 ABR 6/87, AP Nr. 5 zu § 2 TVG – Tarifzuständigkeit. | 3 So früher auch das BAG: BAG v. 22.11.1988 – 1 ABR 6/87, AP Nr. 5 zu § 2 TVG – Tarifzuständigkeit; aA Kempen/Zachert/*Stein*, § 2 TVG Rz. 92. | 4 BAG v. 25.9.1996 – 1 ABR 4/96, AP Nr. 10 zu § 2 TVG – Tarifzuständigkeit; abl. *Henssler*, ZfA 1998, 517 (523). | 5 BAG v. 17.8.1998 – 1 AZR 147/98, AP Nr. 162 zu § 242 BGB – Gleichbehandlung. | 6 BAG v. 17.8.1998 – 1 AZR 147/98, AP Nr. 162 zu § 242 BGB – Gleichbehandlung. | 7 Vgl. BAG v. 19.11.1985 – 1 ABR 37/83, AP Nr. 4 zu § 2 TVG – Tarifzuständigkeit. | 8 Wiedemann/*Oetker*, § 2 TVG Rz. 73; vgl. auch BVerfG v. 18.11.1954 – 1 BvR 629/52, AP Nr. 1 zu Art. 9 GG. | 9 BAG v. 19.11.1985 – 1 ABR 37/83, AP Nr. 4 zu § 2 TVG – Tarifzuständigkeit. | 10 Vgl. § 3 II der Satzung von ver.di. | 11 Wiedemann/*Oetker*, § 2 TVG Rz. 77; *Wiedemann*, RdA 1975, 78; aA Staudinger/*Richardi*, Vorb. zu §§ 611 ff. BGB Rz. 615. | 12 BAG v. 7.3.1995 – 3 AZR 282/94, AP Nr. 26 zu § 1 BetrAVG – Gleichbehandlung; v. 28.7.1992 – 3 AZR 173/92, AP Nr. 18 zu § 1 BetrAVG – Gleichbehandlung. | 13 Wiedemann/*Oetker*, § 2 TVG Rz. 81 | 14 Wiedemann/*Oetker*, § 2 TVG Rz. 82. | 15 § 15 Satzung des DGB. | 16 § 16 Satzung des DGB; s. dazu *Dieterich*, RdA 2003, 59; *Ricken*, Autonomie und tarifliche Rechtsetzung, 2006, S. 168 ff. | 17 BAG v. 19.11.1985 – 1 ABR 37/83, AP Nr. 4 zu § 2 TVG – Tarifzuständigkeit; v. 17.2.1970 – 1 ABR 15/69, AP Nr. 3 zu § 2 TVG – Tarifzuständigkeit. | 18 Gleiche Wirkung kommt einer Einigung der beteiligten Gewerkschaften über die Tarifzuständigkeit in einem Vermittlungsverfahren zu, BAG v. 14.12.1999 – 1 ABR 74/98, AP Nr. 14 zu § 2 TVG – Tarifzuständigkeit. | 19 BAG v. 25.9.1996 – 1 ABR 4/96, AP Nr. 10 zu § 2 TVG – Tarifzuständigkeit; v. 14.12.1999 – 1 ABR 74/98, AP Nr. 14 zu § 2 TVG – Tarifzuständigkeit; s. dazu auch *Henssler*, ZfA 1998, 517 (523).

dung vorgesehene Schiedsverfahren nach § 16 DGB-Satzung nicht durchgeführt ist, bleibt es zunächst bei der Alleinzuständigkeit derjenigen Gewerkschaft, die vor Entstehen der Konkurrenzsituation als zuständig angesehen worden war, so dass sich alle Beteiligten (Verbände, ArbGeb und ArbN) darauf einstellen konnten[1].

Fehlt die Tarifzuständigkeit bei Abschluss des TV vollständig oder teilweise, so ist der TV insoweit rechtsunwirksam. Eine Heilung kann auch nicht nachträglich durch eine Satzungsänderung erfolgen[2]. Der TV muss neu abgeschlossen werden. **Fällt** die Tarifzuständigkeit **nachträglich weg** und hat die Satzung des Verbandes keine Übergangsregelung getroffen[3], wird der TV nicht automatisch unwirksam[4]. Ansonsten könnte ein Verband die Wirksamkeit eines TV durch schlichte Satzungsänderung einseitig beenden. Der Wegfall der Tarifzuständigkeit kann aber zur ordentl. Kündigung des TV berechtigten[5]. 39

VI. Feststellung der Tariffähigkeit und Tarifzuständigkeit. Bestehen oder Nichtbestehen von Tariffähigkeit und Tarifzuständigkeit können gem. § 2a I Nr. 4, § 97 ArbGG im Wege des **Beschlussverfahrens** festgestellt werden[6]. Bestehen Zweifel an der Tariffähigkeit oder -zuständigkeit einer TV-Partei und hängt die Entscheidung eines Rechtsstreits von der Frage ab, muss das Verfahren bis zur Klärung im Beschlussverfahren gem. § 97 V ArbGG ausgesetzt werden[7]. Tariffähigkeit und -zuständigkeit können auch abstrakt festgestellt werden. So wird der Schein wirksamer TV vermieden; Arbeitskämpfe werden vom Risiko fehlender Tariffähigkeit befreit[8]. Antragsberechtigt ist jede räuml. und sachl. zuständige Vereinigung von ArbN oder von ArbGeb sowie die oberste Arbeitsbehörde des Bundes und die oberste Arbeitsbehörde eines Landes, auf dessen Gebiet sich die Tätigkeit der Vereinigung erstreckt. Dies betrifft damit neben den Arbeitsbehörden diejenige Vereinigung, deren Tariffähigkeit oder -zuständigkeit bestritten wird[9], ihren Tarifpartner, einen einzelnen ArbGeb, aber nicht, wenn er bloßer Normunterworfener ist[10], sowie konkurrierende Vereinigungen[11]. 40

Der Antragsteller muss – soweit es sich nicht um eine Arbeitsbehörde oder eine nach § 97 V 2 ArbGG antragsberechtigte Partei handelt – selbst tariffähig sein[12]. Stellt sich die Frage in einem laufenden Rechtsstreit, sind auch die jeweiligen Parteien antragsberechtigt (§ 97 V 2 ArbGG). Die Antragsbefugnis beschränkt sich in diesem Fall aber auf die Vorfrage, auf Grund derer das mit dem Ausgangsrechtsstreit befasste Gericht das Verfahren ausgesetzt hat[13]. Für eine Feststellungsklage, mit der geklärt werden soll, welcher TV auf das Arbeitsverhältnis Anwendung findet, ist das **Feststellungsinteresse** gegeben, wenn hiervon die Entscheidung über mehrere Forderungen aus dem Arbeitsverhältnis abhängt[14]. **Beteiligte** am Verfahren nach § 97 ArbGG über die Tarifzuständigkeit einer Vereinigung für einen bestimmten Betrieb sind neben einer antragstellenden Gewerkschaft alle diejenigen, deren materielle Rechtsstellung im Hinblick auf die Tarifzuständigkeit unmittelbar betroffen ist (konkurrierende Gewerkschaften, ArbGeb, ArbGebVerbände)[15]. 41

In entsprechender Anwendung des § 9 TVG **bindet die Entscheidung** alle von der Tarifnorm Betroffenen[16]. Haben sich die Verhältnisse erheblich geändert, so entfällt die Bindungswirkung[17]. 42

3 *Tarifgebundenheit*

(1) Tarifgebunden sind die Mitglieder der Tarifvertragsparteien und der Arbeitgeber, der selbst Partei des Tarifvertrages ist.

(2) Rechtsnormen des Tarifvertrages über betriebliche und betriebsverfassungsrechtliche Fragen gelten für alle Betriebe, deren Arbeitgeber tarifgebunden ist.

(3) Die Tarifgebundenheit bleibt bestehen, bis der Tarifvertrag endet.

---

1 BAG v. 12.11.1996 – 1 ABR 33/96, AP Nr. 11 zu § 2 TVG – Tarifzuständigkeit; offen gelassen in: BAG v. 27.9.2005 – 1 ABR 41/04, DB 2006, 620. | 2 Vgl. BAG v. 24.7.1990 – 1 ABR 46/89, AP Nr. 7 zu § 2 TVG – Tarifzuständigkeit. | 3 Dazu Kempen/Zachert/*Wendeling-Schröder*, § 2 TVG Rz. 173. | 4 Wiedemann/*Oetker*, § 2 TVG Rz. 55, Kempen/Zachert/*Wendeling-Schröder*, § 2 TVG Rz. 174 ff.; aA *Löwisch/Rieble*, § 2 TVG Rz. 186; ErfK/*Franzen*, § 2 TVG Rz. 38. | 5 Vgl. auch Wiedemann/*Oetker*, § 2 TVG Rz. 55. | 6 Durch die Entscheidung im Verfahren nach §§ 2a I Nr. 4, 97 ArbGG wird die Tariffähigkeit einer Vereinigung nicht begründet oder beendet, sondern ihr Bestehen oder Fehlen nur festgestellt; BAG v. 15.11.2006 – 10 AZR 665/05, AP Nr. 34 zu § 4 TVG – Tarifkonkurrenz. | 7 BAG v. 25.9.1996 – 1 ABR 4/96, AP Nr. 4 zu § 97 ArbGG. | 8 *Löwisch/Rieble*, § 2 TVG Rz. 191. | 9 BAG v. 25.11.1986 – 1 ABR 22/85, AP Nr. 36 zu § 2 TVG. | 10 BAG v. 17.2.1970 – 1 ABR 14/69, AP Nr. 2 zu § 2 TVG – Tarifzuständigkeit. | 11 BAG v. 19.1.1962 – 1 ABR 14/60, AP Nr. 13 zu § 2 TVG; v. 10.9.1985 – 1 ABR 32/83, AP Nr. 34 zu § 2 TVG. | 12 *Löwisch/Rieble*, § 2 TVG Rz. 199. | 13 BAG v. 29.6.2004 – 1 ABR 14/03, AP Nr. 10 zu § 97 ArbGG 1979; v. 18.7.2006 – 1 ABR 36/05, AP Nr. 19 zu § 2 TVG – Tarifzuständigkeit. | 14 BAG v. 28.5.1997 – 4 AZR 663/95, AP Nr. 6 zu § 1 TVG – Bezugnahme auf Tarifvertrag. | 15 BAG v. 25.9.1996 – 1 ABR 4/96, AP Nr. 10 zu § 2 TVG – Tarifzuständigkeit. | 16 BAG v. 10.5.1989 – 4 AZR 80/89, AP Nr. 6 zu § 2 TVG – Tarifzuständigkeit; *Gamillscheg*, Kollektives Arbeitsrecht I, § 14 I 7; *Löwisch/Rieble*, § 2 TVG Rz. 192 f. | 17 BAG v. 1.2.1983 – 1 ABR 33/78, AP Nr. 14 zu § 322 ZPO; v. 19.11.1985 – 1 ABR 37/83, AP Nr. 4 zu § 2 TVG – Tarifzuständigkeit (Satzungsänderung); v. 25.11.1986 – 1 ABR 22/85, AP Nr. 36 zu § 2 TVG; v. 6.6.2000 – 1 ABR 21/99, AP Nr. 9 zu § 97 ArbGG 1979.

1 **I. Begriff und Umfang der Tarifgebundenheit. 1. Überblick.** § 3 I bestimmt den Personenkreis, für den die TV-Parteien mit gesetzesgleicher Wirkung Regelungen treffen können, und vermittelt insoweit eine **staatl. Legitimation** für die Normsetzung. Grundlage der Legitimation ist die Verbandsmitgliedschaft. Tarifgebunden sind dementsprechend nur die **Mitglieder der TV-Parteien** und – beim FirmenTV – **der ArbGeb, der selbst Partei des TV ist**. Für anders oder nicht organisierte Personen gewährt Abs. 1 den TV-Parteien keine Normsetzungskompetenz. Gemeint ist in Abs. 1 die **kongruente beiderseitige Tarifbindung**, dh. die Mitgliedschaft in konkret jenen Verbänden, die den TV geschlossen haben. Andere Arbeitsvertragsparteien können grds. nur über eine AVE in den Kreis der Normadressaten einbezogen werden (s. § 5). Die Nachbindung gem. § 3 III führt iS einer weiteren Ausnahme zu einer Tarifbindung über den Zeitpunkt der Beendigung der Koalitionsmitgliedschaft hinaus. Der Grundsatz der beiderseitigen Tarifbindung wird zudem in Abs. 2 für den Geltungsbereich der betriebl. und betriebsverfassungsrechtl. Rechtsnormen durchbrochen. Hier genügt aus rein praktischen Gründen die Tarifgebundenheit des ArbGeb. Zur Tarifbindung bei Normen über gemeins. Einrichtungen der TV-Parteien vgl. § 4 Rz. 22 f. Weitere Bsp. bieten die tarifvertragl. Erstreckungstatbestände des § 1 I, IIIa AEntG sowie der §§ 3 Nr. 3, 9 Nr. 2 AÜG. Faktisch reicht die Wirkung der Tarifnormen weiter, da die Rspr. die übl. Vergütung gem. § 612 II BGB an der tarifl. Vergütung orientiert[1] und die tarifl. Vergütung auch für die Berechnung der Sittenwidrigkeitsschwelle nach § 138 BGB maßgeblich ist[2].

2 **2. Umfang.** Die TV-Parteien können den **Umfang der Tarifbindung nicht beeinflussen**. Die Reichweite der gesetzl. Legitimation steht nicht zu ihrer Disposition. Sie können aber eine Mitgliedschaft vorsehen, die zu keiner Tarifbindung führt (Rz. 3 f.). Ungeklärt ist, ob und inwieweit die nicht tarifgebundenen Mitglieder von der tarifpolitischen Willensbildung des Verbandes ausgeschlossen sein müssen[3]. Nur, wenn die Mitgliedschaft einen dem Zweck des § 3 I entsprechenden Einfluss auf die tarifpolitische Willensbildung des Verbandes vermittelt, ist die Tarifgebundenheit eine notwendige und zwingende Rechtsfolge der Mitgliedschaft in der TV-Partei. Die Bindung an die Tarifnormen kann durch die TV-Parteien weder erweitert noch eingeschränkt werden. Eine Erweiterung der Tarifbindung ist unwirksam, da den TV-Parteien im Verhältnis zu Außenseitern keine Rechtsetzungsbefugnis zusteht. Ebenfalls unzulässig wären gegenständl. Einschränkungen der Tarifbindung. Nur mittelbar lässt sich eine beschränkte Geltung des TV erreichen, indem der betriebl., fachl. oder persönl. Geltungsbereich des TV festgelegt und so bestimmte Arbeitsverhältnisse oder einzelne ArbGeb vom Geltungsbereich des TV ausgenommen werden[4]. Auf Grund ihrer Satzungsautonomie können die Tarifparteien ihre Tarifzuständigkeit selbständig bestimmen (vgl. § 2 Rz. 29)[5]. Zwingenden Charakter hat schließl. auch die gesetzl. Festschreibung von Beginn und Beendigung der Tarifbindung nach § 3 I[6].

3 **3. Die Mitgliedschaft „OT".** In der Verbandspraxis wird von Unternehmensseite ein Bedarf nach einer Mitgliedschaft geltend gemacht, die es ermöglicht, die Serviceleistungen des ArbGebVerbands und die Vorteile der Interessenvertretung in Anspruch zu nehmen, ohne von der Tarifbindung erfasst zu werden. Dieser Forderung kann über verschiedene Modelle[7], die für die Verbände zugleich den Vorteil steigender Mitgliederzahlen und damit verbundener Mehreinnahmen haben[8], Rechnung getragen werden: Nach

1 St. Rspr. für den öffentlichen Dienst, vgl. aus jüngerer Zeit BAG v. 21.1.1998 – 5 AZR 50/9, AP Nr. 55 zu § 612 BGB; v. 21.11.2001 – 5 AZR 87/00, AP Nr. 63 zu § 612 BGB; für den Bereich außerhalb des öffentlichen Dienstes v. 26.5.1993 – 4 AZR 461/92, AP Nr. 2 zu § 612 BGB – Diskriminierung. | 2 Dazu *Henssler/Sittard*, RdA 2007, 159 (160 ff.). | 3 Dazu Wiedemann/*Oetker*, § 3 TVG Rz. 137; *Thüsing/Stelljes*, ZfA 2006, 527 (552); *Wilhelm/Dannhorn*, NZA 2006, 466 (471). | 4 BAG v. 24.2.1999 – 4 AZR 62/98, AP Nr. 17 zu § 3 TVG – Verbandszugehörigkeit. | 5 BAG v. 18.7.2006 – 1 ABR 36/05, NZA 2006, 1225. | 6 BAG v. 20.12.1988 – 1 ABR 57/87, AP Nr. 9 zu § 87 BetrVG 1972 – Auszahlung. | 7 Vgl. bei *Otto*, NZA 1996, 624; *Ostrop*, Mitgliedschaft ohne Tarifbindung, 1997. | 8 *Wilhelm/Dannhorn*, NZA 2006, 466 (467).

dem **Aufteilungsmodell** werden zwei getrennte Organisationen geschaffen; eine, die sich auf Dienstleistungs- und Interessenvertretungsfunktionen gegenüber den Mitgliedern beschränkt, und eine mit tarifrechtl. Aufgaben. Dies kann in Form von rechtl. selbständigen und getrennten Verbänden erfolgen, denkbar ist auch eine Aufteilung in einen allgemeinen ArbGebVerband und eine Tarifgemeinschaft innerhalb des Verbandes. Nur der ArbGeb, der auch dem tarifpolitischen Verband beitritt bzw. Mitglied der Tarifgemeinschaft ist, wird von der Tarifbindung nach § 3 I erfasst. Voraussetzung für die Begrenzung der Tarifbindung ist die Unabhängigkeit des Tarifverbandes vom allgemeinen ArbGebVerband[1].

Nach dem **Stufenmodell** erfolgt die Differenzierung auf der Ebene der Mitgliedschaften. Neben der übl. 4
Vollmitgliedschaft besteht die Möglichkeit zu einer Mitgliedschaft ohne Tarifbindung („OT"). Es handelt sich also um verschiedenartige Mitgliedschaften in *einem* Verband. Die Mitglieder „OT" nehmen an den tarifpolitischen Aktivitäten des Verbandes nicht teil, können aber die Beratungs- und Bildungsdienste des Verbandes in Anspruch nehmen. Im Gegenzug sind diese Mitglieder nicht an die FlächenTV des Verbandes gebunden und können unternehmensspezifische FirmenTV abschließen. Der Wegfall der Tarifbindung bedingt, dass die „OT"-Mitglieder keinen Einfluss auf die tarifpolitischen Beschlüsse und Wahlen nehmen dürfen[2]. Die Bindung eines solchen „Mitglieds OT" an die von seinem Verband geschlossenen TV betrifft nicht die Frage der **Tarifzuständigkeit**[3]. Vielmehr handelt es sich um eine besondere Art der Verbandsmitgliedschaft, die nicht zu einer Tarifgebundenheit nach § 3 I führt[4]. Zu differenzieren ist zwischen der Tarifzuständigkeit, die sich allein nach der Satzung bestimmt, und der Tarifgebundenheit[5]. Weigert sich der ArbGeb unter Hinweis auf eine bloße Mitgliedschaft „OT", die Tarifentgelte zu zahlen, so ist das Verfahren von Amts wegen nach § 97 V ArbGG bis zur Erledigung des Beschlussverfahrens nach § 2a I Nr. 4 ArbGG auszusetzen[6].

Das BAG hat die **Zulässigkeit der Mitgliedschaft „OT"** auch für das Stufenmodell bestätigt[7]. OT-Mit- 5
gliedschaften sind dem Gericht zufolge Ausfluss der Satzungsautonomie und der Koalitionsfreiheit des Verbandes, ArbGeb, die die Mitgliedschaft „OT" wählen, demnach keine Mitglieder gem. § 3 I. Die Auslegung des § 3 I im Lichte der negativen Koalitionsfreiheit gebietet es, als „Mitglied" iS dieser Vorschrift nur diejenigen ArbGeb zu sehen, die sich mit dem Beitritt freiwillig der Tarifbindung unterwerfen wollen. An dieser freiwilligen Unterwerfung und damit zugleich an der Legitimationsbasis für die Tarifbindung fehlt es bei „OT"-Mitgliedern[8]. Die verfassungsrechtl. garantierte Satzungsautonomie[9] stützt dieses Ergebnis zusätzlich[10].

Nach diesen Grundsätzen muss in der Verbandssatzung hinreichend deutl. der Unterschied zwischen 5a
der „normalen" Mitgliedschaft und der OT-Mitgliedschaft zum Ausdruck kommen[11]. Unklare Formulierungen führen im Zweifel zu einer Mitgliedschaft mit Tarifbindung[12]. Unter welchen Voraussetzungen der Wechsel eines Verbandsmitglieds in die OT-Mitgliedschaft mögl. ist, ist noch nicht abschließend geklärt[13]. Die OT-Mitgliedschaft dürfte auch bei allgemeiner Beitragspflicht zulässig sein, da nur der unmittelbare Einfluss auf das Streikgeschehen zu beanstanden ist. Mitwirkungsrechte im tarifpolitischen Ausschuss dürfen demgegenüber nicht gewährt werden.

II. Tarifunterworfene Personen (Abs. 1). 1. Tarifbindung auf Grund Mitgliedschaft im Berufsverband. 6
a) Mitgliedschaft. Neben dem ArbGeb, der selbst Partei des TV ist, sind die **Mitglieder der TV-Parteien** tarifgebunden. Ob sie dem Tarifabschluss zustimmen oder widersprechen, ist auf Grund der normativen Wirkung ohne Belang. Nicht einmal der Kenntnis vom Tarifabschluss bedarf es für den Eintritt der Bindungswirkung, die Möglichkeit der Kenntnisnahme genügt[14]. Ohnehin besteht keine Verpflichtung einer Vertragspartei zur Offenlegung der Verbandsmitgliedschaft. Der gute Glaube des ArbN oder ArbGeb an die Tarifgebundenheit des Vertragspartners ist nicht geschützt[15]. Ob der bloße Rechtsschein

---

1 Im Einzelnen dazu *Otto*, NZA 1996, 624 (625). |**2** *Otto*, NZA 1996, 624 (628). |**3** So aber *Thüsing/Stelljes*, ZfA 2006, 527 (561 ff.); *Buchner*, NZA 1994, 2 (4 ff.); *Buchner*, RdA 2006, 308. |**4** BAG v. 18.7.2006 – 1 ABR 36/05, NZA 2006, 1225. Dazu *Deinert*, RdA 2007, 83. |**5** Wiedemann/*Oetker*, § 2 TVG Rz. 80; *Deinert*, AuR 2006, 217 (221). |**6** BAG v. 23.10.1996 – 4 AZR 409/95 (A), AP Nr. 15 zu § 3 TVG – Verbandszugehörigkeit. |**7** BAG v. 18.7.2006 – 1 ABR 36/05, NZA 2006, 1225. Ähnl. bereits BAG v. 23.2.2005 – 4 AZR 186/04, AP Nr. 42 zu § 4 TVG – Nachwirkung. Vgl. *Buchner*, RdA 2006, 308; *Deinert*, RdA 2007, 83; *Wilhelm/Dannhorn*, NZA 2006, 466. Im Schrifttum war die Frage äußerst umstr., vgl. für die Möglichkeit der Mitgliedschaft OT: *Buchner*, NZA 1995, 761; Wiedemann/*Oetker*, § 3 TVG Rz. 136 ff.; *Otto*, NZA 1996, 624 (628); *Reuter*, RdA 1996, 201; dagegen: Däubler/*Peter*, § 2 TVG Rz. 122 ff.; Däubler/*Lorenz*, § 3 TVG Rz. 36 f.; *Däubler*, NZA 1996, 225 (230); *Glaubitz*, NZA 2003, 140; Kempen/Zachert/*Stein*, § 2 TVG Rz. 116 ff.; *Röckl*, DB 1993, 2382; offen gelassen in BAG v. 23.10.1996 – 4 AZR 409/95, AP Nr. 15 zu § 3 TVG – Verbandszugehörigkeit; LAG Hess. v. 6.10.1997 – 16 Sa 585/97, LAGE § 97 ArbGG 1979 Nr. 1. |**8** *Buchner*, NZA 1995, 761 (764, 768); Wiedemann/*Oetker*, § 3 TVG Rz. 137; *Otto*, NZA 1996, 624 (628); nach BAG v. 23.10.1996 – 4 AZR 409/95, AP Nr. 15 zu § 3 TVG – Verbandszugehörigkeit sollte es sich um eine Frage der Tarifzuständigkeit handeln; anders BAG v. 18.7.2006 – 1 ABR 36/05, NZA 2006, 1225. |**9** BVerfG v. 4.7.1995 – 1 BvF 2/86, AP Nr. 4 zu § 116 AFG = BVerfGE 92, 365 (393 ff.); *Henssler*, ZfA 1998, 1 (15). |**10** BAG v. 18.7.2006 – 1 ABR 36/05, NZA 2006, 1225 (1230); *Otto*, NZA 1996, 624 (629). |**11** S. hierzu *Bayreuther*, BB 2007, 325 (326); *Wroblewski*, NZA 2007, 421 (424); *Wilhelm/Dannhorn*, NZA 2006, 466 (472); *Otto*, NZA 1996, 624 (628). |**12** *Bayreuther*, BB 2007, 325 (326); *Besgen*, FA 2007, 162 (163); *Buchner*, NZA 2006, 1377 (1381); *Deinert*, RdA 2007, 83 (90). |**13** LAG BW v. 19.1.2007 – 7 Sa 86/06, LAGE § 3 TVG Nr. 7, Revision anhängig 4 AZR 316/07. |**14** Wiedemann/*Oetker*, § 3 TVG Rz. 40. |**15** Vgl. *Jacobs/Krause/Oetker*, § 6 Rz. 16.

einer Mitgliedschaft die Tarifbindung begründen kann, wird in der Lit. kontrovers beurteilt[1]. Gastmitglieder, denen die mit der Mitgliedschaft verbundenen wesentl. Rechte (Stimmrecht, aktives und passives Wahlrecht) nicht zustehen, unterfallen nicht der Tarifbindung[2].

7 **b) Mitgliedschaft des Arbeitgebers.** Auf ArbGebSeite kommt es auf die **Mitgliedschaft des Unternehmens** als ArbGeb, nicht auf diejenige eines Betriebes oder des Konzerns an. Ist der ArbGeb eine juristische Person, so muss diese Mitglied im ArbGebVerband sein. Abhängige, aber rechtl. selbständige Unternehmen werden nicht dadurch tarifgebunden, dass die Muttergesellschaft Verbandsmitglied ist[3]. Vielmehr steht ihnen ebenfalls das Koalitionsgrundrecht zur Seite. Bei Personengesellschaften kommt es auf die Mitgliedschaft der Gesellschaft an (§ 1 Rz. 43)[4]. Eine ARGE des Baugewerbes kann als rechtsfähige GbR dem ArbGebVerband beitreten und dadurch tarifgebunden werden[5]. Mitunter reicht auch die Tarifbindung einzelner Gesellschafter aus. Ist bei einer KG der einzige persönl. haftende Gesellschafter Mitglied in einer tariffähigen ArbGebOrganisation, so kann die Auslegung ergeben, dass die KG selbst Mitglied der Organisation und damit tarifgebunden sein soll[6]. Das wird insb. dann gelten, wenn der Komplementär selbst keine Arbeitsverhältnisse begründet hat. Sind alle Gesellschafter einer ARGE tarifgebunden, so wird regelmäßig die Tarifgebundenheit der ARGE selbst anzunehmen sein[7]. Ausschlaggebend ist die Auslegung der Beitrittserklärung, aber auch die Rechtsmacht des(r) jeweiligen Gesellschafter(s), wirksam eine Mitgliedschaft der Gesellschaft begründen zu können.

8 **c) Eintritt in den Verband.** Einzelheiten der Mitgliedschaft bestimmen sich **nach der Verbandssatzung**[8]. Voraussetzung für den Erwerb der Mitgliedschaft ist ein Aufnahmeantrag und die Annahme durch den Verband[9]. In welcher Form beide vorzunehmen sind und welches Organ des Verbands über die Aufnahme entscheidet, regelt die Satzung. Minderjährige benötigen zum Erwerb der Mitgliedschaft die Zustimmung des gesetzl. Vertreters (§§ 107, 108 BGB). Liegt eine generelle Ermächtigung gem. § 113 BGB vor, umfasst sie im Allgemeinen den Beitritt zu einer Gewerkschaft[10]. Die Unwirksamkeit des Vertragsschlusses steht der Tarifbindung bei in Vollzug gesetzten Mitgliedschaftsverhältnissen nicht entgegen, die Nichtigkeit kann aber mit Wirkung ex nunc geltend gemacht werden, ohne dass es zu einer Fortwirkung nach § 3 III kommt[11]. Kommt es zu einer Verschmelzung zweier Gewerkschaften, erwerben ihre jeweiligen Mitglieder die Mitgliedschaft in der neu gegründeten Gewerkschaft[12].

9 **d) Aufnahmeanspruch.** Das Vereinsrecht kennt keinen Aufnahmeanspruch. Er kann sich daher auch bei den Berufsverbänden grds. nur aus der Satzung ergeben. Die DGB-Satzungen kennen einen Aufnahmeanspruch nur für den Sonderfall des Übertritts aus einer anderen DGB-Gewerkschaft wegen eines Zuständigkeitswechsels[13]. Bei Verbänden, denen wie den Koalitionen eine **überragende Machtstellung** im wirtschaftl. oder sozialen Bereich zukommt, bejaht der BGH in ständiger Rspr. einen Anspruch außerdem dann, wenn ein wesentl. Interesse am Erwerb der Mitgliedschaft besteht und die Ablehnung im Verhältnis zu bereits aufgenommenen Mitgliedern eine sachl. nicht gerechtfertigte Ungleichbehandlung und unbillige Benachteiligung des Bewerbers darstellen würde[14]. Die Rspr. gilt für Gewerkschaften und ArbGebVerbände gleichermaßen[15]. Darüber hinaus folgt aus dem **AGG ein Anspruch auf Mitgliedschaft in einer TV-Partei**, wenn die Ablehnung gegen das Benachteiligungsverbot nach den §§ 7 I iVm. 1 AGG verstoßen würde (vgl. § 18 II AGG, dazu auch dort Rz. 3). Der Benachteiligte kann also seine Mitgliedschaft erzwingen[16].

10 **e) Gesetzliche Beendigungsgründe und Austritt aus dem Verband.** Die Tarifbindung endet ua. mit der Beendigung der Mitgliedschaft. Der **Tod** des ArbN (§ 38 BGB) und die **Vollbeendigung** einer juristischen Person führen zur automatischen Beendigung der Mitgliedschaft. Der Auflösungsbeschluss allein genügt ebenso wenig wie die Eröffnung des Insolvenzverfahrens über das Vermögen des ArbGeb. Der Insolvenzverwalter kann gem. § 80 InsO die Mitgliedschaftsrechte wahrnehmen[17]. Wird der Verband im

---

1 Dafür Däubler/*Lorenz*, § 3 TVG Rz. 20 („Als-ob-Behandlung"); Wiedemann/*Oetker*, § 3 TVG Rz. 138; *Jacobs/Krause/Oetker*, § 6 Rz. 16 (Vertrauensschutz für die Vergangenheit); sowie obiter BAG v. 2.12.1992 – 4 AZR 277/92, AP Nr. 14 zu § 3 TVG; dagegen ErfK/*Franzen*, § 3 TVG Rz. 5; *Löwisch/Rieble*, § 3 TVG Rz. 24; vgl. auch LAG Hess. v. 6.10.1997 – 16 Sa 585/97, LAGE § 97 ArbGG 1979 Nr. 1. | 2 BAG v. 16.2.1962 – 1 AZR 167/61, AP Nr. 12 zu § 3 TVG – Verbandszugehörigkeit; v. 25.9.2002 – 4 AZR 294/01, AP Nr. 26 zu § 1 TVG – Bezugnahme auf Tarifvertrag; vgl. auch v. 23.2.2005 – 4 AZR 186/04, NJOZ 2005, 4775. | 3 BAG v. 11.9.1991 – 4 AZR 71/91, AP Nr. 29 – Internat Privatrecht, Arbeitsrecht. | 4 BAG v. 4.5.1994 – 4 AZR 418/93, AP Nr. 1 zu § 1 TVG – Tarifverträge Elektrohandwerk. | 5 Zum Ganzen Wiedemann/*Oetker*, § 3 TVG Rz. 124 f.; vgl. auch BAG v. 10.12.1997 – 4 AZR 247/96, AP Nr. 20 zu § 3 TVG. | 6 BAG v. 4.5.1994 – 4 AZR 418/93, AP Nr. 1 zu § 1 TVG – Tarifverträge Elektrohandwerk; v. 22.2.1957 – 1 AZR 426/56, AP Nr. 2 zu § 2 TVG; siehe aber v. 10.12.1997 – 4 AZR 247/96 und 4 AZR 193/97, AP Nr. 20, 21 zu § 3 TVG; *Jacobs/Krause/Oetker*, § 6 Rz. 19. | 7 Wiedemann/*Oetker*, § 3 TVG Rz. 124. | 8 Vgl. BAG v. 14.10.1960 – 1 AZR 233/58, AP Nr. 10 zu Art. 9 GG – Arbeitskampf; v. 16.2.1962 – 1 AZR 167/61, AP Nr. 12 zu § 3 TVG – Verbandszugehörigkeit. | 9 LAG Hamm v. 11.5.1989 – 17 Sa 1767/88, LAGE 4 TVG – Abschlussnormen Nr. 1. | 10 LG Frankenthal v. 14.3.1966 – 1 T 56/66, DB 1966, 586; LG Düsseldorf v. 10.3.1966 – 15 T 24/66, DB 1966, 587; LG Essen v. 18.3.1965 – 11 T 633/64, NJW 1965, 2382. | 11 *Löwisch/Rieble*, § 3 TVG Rz. 28 f.; Däubler/*Lorenz*, § 3 TVG Rz. 17. | 12 BAG v. 11.5.2005 – 4 AZR 315/04, NZA 2005, 1362. | 13 Vgl. zB § 7 Nr. 4 Satzung ver.di. | 14 BGH v. 10.12.1984 – II ZR 91/84, NJW 1985, 1216; v. 1.10.1984 – II ZR 292/83, NJW 1985, 1214; vgl. auch v. 15.10.1990 – II ZR 255/98, NJW 1991, 485. | 15 Wiedemann/*Oetker*, § 2 TVG Rz. 239 ff. | 16 *Schubert*, AR-Blattei SD 1550.3, Rz. 18; ErfK/*Schlachter*, § 18 AGG Rz. 2. | 17 BAG v. 28.1.1987 – 4 AZR 150/86, AP Nr. 14 zu § 4 TVG – Geltungsbereich; v. 27.6.2000 – 1 ABR 31/99, AP Nr. 56 zu § 2 TVG.

Zuge der Fusion mit einem weiteren Verband aufgelöst, so bleibt für die Verbandsmitglieder die Tarifbindung gem. § 3 III bestehen; anders bei der Auflösung ohne Fusion – dann greift § 4 V (vgl. Rz. 43, § 4 Rz. 6). Im Übrigen tritt der neu gebildete Verband nur im Fall der Gesamtrechtsnachfolge nach dem UmwG in die zuvor bestehenden TV ein. Zur Frage der Tarifbindung des Rechtsnachfolgers siehe Rz. 46 ff. Die Mitgliedschaft ist nach dem abdingbaren (§ 40 BGB) § 38 BGB weder übertragbar noch vererbbar.

Nach allgemeinem Vereinsrecht endet die Mitgliedschaft ferner durch **Austritt** bzw. Kündigung (§ 39 I 11
BGB). Maßgebl. ist auch insoweit die **Satzung des Verbandes**[1]. Während nach § 39 II BGB der Austritt in der Satzung grds. an eine Kündigungsfrist von maximal 2 Jahren geknüpft werden kann, ist diese Frist für Gewerkschaften wegen der besonderen Bedeutung der Koalitionszugehörigkeit auf eine Maximaldauer von 6 Monaten reduziert[2]. Diese zeitl. Schranke dürfte auch für ArbGeb-Verbände gelten[3]. Längere Fristen sind auf das angemessene Maß zu reduzieren. Wird die Kündigung zum „nächstmöglichen Termin" erklärt, endet die Mitgliedschaft zum nächstmögl. satzungsmäßigen Beendigungstermin[4]. Im Übrigen steht dem Mitglied das Recht zum fristlosen Austritt aus wichtigem Grund zu[5]. Als solcher Grund gilt allerdings nicht eine ordnungsgemäß beschlossene Beitragserhöhung. Erforderl. ist vielmehr, dass das Festhalten an der Tarifbindung für das Mitglied unzumutbar wäre. Mit der außerordentl. Kündigung wegen Unzumutbarkeit der Mitgliedschaft muss auch die Nachbindung gem. § 3 III entfallen, da die Wirkung der Kündigung ansonsten konterkariert wird[6] (zur Nachwirkung in diesem Fall s. § 4 Rz. 6). Alternativ zum einseitig erklärten Austritt kommt der einvernehml. Abschluss eines Aufhebungsvertrages in Betracht. Die Möglichkeit, sofort bzw. mit eintägiger Kündigungsfrist aus dem ArbGeb-Verband auszutreten, kann entweder in der Satzung vorgesehen werden oder im Einzelfall vom Verband (etwa durch Beschluss der Mitgliederversammlung) genehmigt werden (sog. „**Blitzaustritt**"). Auch wenn sie dem Ziel dient, die Bindung an einen TV, dessen Abschluss unmittelbar bevorsteht, zu vermeiden, liegt hierin kein Unterlaufen des § 3 I, sofern sie nicht ausnahmsweise die Funktionsfähigkeit der Tarifautonomie erheblich beeinträchtigt[7].

f) Ausschluss. Für den vereinsrechtl. grds. mögl. Ausschluss ist das in der Satzung vorgesehene **Aus-** 12
schlussverfahren einzuhalten[8]. Ein Verfahrensfehler kann geheilt werden. Der Ausschluss darf nicht gesetzeswidrig, grob unbillig oder willkürl. sein. Sofern der Verband einer Aufnahmepflicht unterliegt (s. Rz. 9), muss der Ausschluss zudem eine Grundlage in der Satzung besitzen und durch sachl. Gründe gerechtfertigt sein[9]. Den Verbänden wird eine gewisse Einschätzungs- und Bewertungsprärogative zugebilligt[10]. Sachl. Ausschlussgründe können in einer Betätigung als Streikbrecher liegen[11] oder in der Mitgliedschaft in einer Organisation oder Partei, deren Programmatik den Zielen des Verbandes zuwiderläuft[12]. Zu dulden ist dagegen innerverbandl. Kritik (s. auch § 2 Rz. 10 zur Gründung einer Gewerkschaft für Gewerkschaftsbeschäftigte). So darf eine Gewerkschaft ein missliebiges Mitglied nur dann ausschließen, wenn dieses von grds. Gegnerschaft getragene gewerkschaftsfeindl. Angriffe unternommen oder ein prinzipiell anders geartetes Verständnis von der Rolle der Gewerkschaften im demokratischen Staat hat[13]. Das BVerfG[14] hat die Anforderungen unter Hinweis auf das **Selbstbestimmungsrecht der Koalitionen als wesentl. Bestandteil der Koalitionsfreiheit** erleichtert[15]. Die Solidarität ihrer Mitglieder und ein **geschlossenes Auftreten nach außen** seien für Koalitionen von besonderer Bedeutung, um die Glaubwürdigkeit ihrer Wahlaussagen und das Vertrauen in ihre Durchsetzungsfähigkeit sicherzustellen. Konkurrierende Listen von Gewerkschaftsmitgliedern bei BR-Wahlen stünden dem entgegen[16]. Ein unberechtigter Ausschluss kann dennoch wirksam werden, wenn es das Mitglied versäumt, einen besonderen von der Satzung vorgesehenen Ausschuss, die Mitgliederversammlung oder ein Schiedsgericht anzurufen[17].

---

1 Vgl. *Plander*, NZA 2005, 897 ff. zur Möglichkeit einvernehmlicher Abweichung von der satzungsgemäßen Kündigungsfrist. | 2 BGH v. 22.9.1980 – II ZR 34/80, AP Nr. 33 zu Art. 9 GG; v. 4.7.1977 – II ZR 30/76, AP Nr. 25 zu Art. 9 GG. | 3 Offen gelassen von BAG v. 14.12.2004 – 4 AZR 55/04, AP Nr. 12 zu § 3 TVG – Verbandsaustritt und v. 19.9.2006 – 1 ABR 2/06, AP Nr. 22 zu § 3 TVG – Verbandszugehörigkeit. Wie hier *Löwisch/Rieble*, § 3 TVG Rz. 46; aA Däubler/*Lorenz*, § 3 TVG Rz. 47 (1 Jahr); offen gelassen von Wiedemann/*Oetker*, § 3 TVG Rz. 53. | 4 BAG v. 14.12.2004 – 4 AZR 55/04, AP Nr. 12 zu § 3 TVG – Verbandsaustritt. | 5 Soergel/*Hadding*, § 39 BGB Rz. 5. | 6 Ebenso *Löwisch/Rieble*, § 3 TVG Rz. 55; Wiedemann/*Oetker*, § 3 TVG Rz. 54; ErfK/*Franzen*, § 3 TVG Rz. 10; aA Däubler/*Lorenz*, § 3 TVG Rz. 54. | 7 BAG v. 20.2.2008 – 4 AZR 64/07 noch nv.; nach ArbG Berlin v. 8.5.2003 – 96 Ca 5296/03, DB 2003, 1518 (krit. Anm. *Bauer/Rolf*) kann der Vorstand der ArbGebVereinigung auf die Einhaltung der Frist nur bei Vorliegen eines wichtigen Grundes verzichten. | 8 BGH v. 27.9.1993 – II ZR 25/93, AP Nr. 70 zu Art. 9 GG. | 9 BGH v. 19.10.1987 – II ZR 43/87, BGHZ 102, 265 (277); v. 15.10.1990 – II ZR 255/89, NJW 1991, 485; v. 27.9.1993 – II ZR 25/93, AP Nr. 70 zu Art. 9 GG; Wiedemann/*Oetker*, § 2 TVG Rz. 245. | 10 Wiedemann/*Oetker*, § 2 TVG Rz. 248. | 11 BGH v. 19.1.1978 – II ZR 192/76; AP Nr. 56 zu Art. 9 GG – Arbeitskampf. | 12 BGH v. 15.10.1990 – II ZR 255/98, NJW 1991, 485; v. 27.9.1993 – II ZR 25/93, AP Nr. 70 zu Art. 9 GG; BGH v. 4.3.1991 – II ZR 90/90, EzA Art. 9 GG Nr. 51. | 13 BGH v. 19.10.1987 – II ZR 43/87, BGHZ 102, 265. | 14 BVerfG v. 24.2.1999 – 1 BvR 123/93, AP Nr. 18 zu § 20 BetrVG 1972 = RdA 2000, 99 mit krit. Anm. *Reuter*. | 15 Zurückhaltender die ältere Rspr. des BGH: BGH v. 19.10.1987 – II ZR 43/87, BGHZ 102, 265; v. 30.5.1983 – II ZR 138/82, AP Nr. 9 zu § 20 BetrVG 1972; v. 25.3.1991 – II ZR 170/90, AP Nr. 3 zu § 25 BGB. | 16 BGH v. 19.1.1981 – II ZR 20/80, AP Nr. 7 zu § 20 BetrVG 1972; BVerfG v. 24.2.1999 – 1 BvR 123/93, AP Nr. 18 zu § 20 BetrVG 1972. | 17 BGH v. 6.3.1967 – II ZR 231/64, BGHZ 47, 172.

13 g) **Bedingung und Befristung.** Ist die Mitgliedschaft auflösend bedingt oder befristet, so **endet sie mit Eintritt der Bedingung bzw. Ablauf der Befristung**. Die Bedingung kann so ausgestaltet werden, dass die Mitgliedschaft bei höheren Beitragsrückständen bzw. Nichtzahlung von Beiträgen trotz Mahnungen endet[1]. In ArbGebVerbänden kann – abweichend vom Regelfall (dazu Rz. 12) – die Eröffnung des Insolvenzverfahrens über das Vermögen des ArbGeb oder auch der Beschluss über die Auflösung der juristischen Person zur Bedingung für die Beendigung der Mitgliedschaft erhoben werden.

14 **2. Der Arbeitgeber als Partei des Tarifvertrages.** Beim FirmenTV wird der ArbGeb gleichzeitig Partei des TV und Partei der Arbeitsverträge (Abs. 1). Er ist damit Normgeber und Normunterworfener. Einer speziellen Legitimation für die Normunterwerfung bedarf es nicht. Von Bedeutung ist die Unterscheidung zwischen TV-Partei und Arbeitsvertragspartei für die Fortgeltung von FirmenTV nach einem Betriebsübergang. § 613a I BGB vermittelt dem Erwerber nur den Eintritt in die Rechtsstellung als Arbeitsvertragspartei, nicht in diejenige als TV-Partei (Rz. 47). Denkbar ist auch der Abschluss eines mehrgliedrigen FirmenTV, bei dem mehrere ArbGeb für ihre Betriebe mit einer Gewerkschaft einen TV abschließen[2]. Im Falle eines firmenbezogenen VerbandsTV ist der ArbGeb hingegen nicht Partei des TV (vgl. § 1 Rz. 5, § 4 Rz. 19).

15 **3. Bezugnahmeklauseln.** Der weit überwiegende Teil aller Arbeitsverträge, insb. solcher im Bereich des öffentl. Dienstes, enthält **Verweisungen auf TV**. Näher definierte tarifl. Regelungen sollen danach ganz oder teilweise für das Arbeitsverhältnis gelten.

16 **a) Überblick.** Durch Bezugnahmeklauseln werden TV-Normen auf individualarbeitsvertragl. Ebene zum Bestandteil des Arbeitsverhältnisses gemacht. Da der ArbGeb kein Recht hat, die ArbN bei der Einstellung nach ihrer Gewerkschaftszugehörigkeit zu befragen[3], finden sich die Verweisungen regelmäßig nicht nur in den Arbeitsverträgen der Außenseiter, sondern auch in denen der Gewerkschaftsmitglieder. Neben der Vereinfachung und Standardisierung der Vertragsgestaltung[4] **bezweckt** die Bezugnahme auf TV regelmäßig die Gleichstellung der Außenseiter mit den Gewerkschaftsmitgliedern und damit die **Gleichbehandlung aller Belegschaftsmitglieder** durch den – tarifgebundenen – ArbGeb. Ihre Folge sind einheitl. Arbeitsbedingungen im Betrieb unabhängig von der Tarifgebundenheit der ArbN[5]. Zugleich erübrigt sich für den ArbGeb die Frage nach der Gewerkschaftszugehörigkeit. Nur ausnahmsw. will der ArbGeb dagegen durch die Bezugnahme die Anwendung bestimmter Tarifbestimmungen unabhängig von seinen tarifrechtl. Bindungen zusichern.

17 Zu unterscheiden ist zwischen **statischen und dyn. Verweisungen**. Bei der statischen Verweisung nehmen die Arbeitsvertragsparteien einen bestimmten TV in seiner zum Zeitpunkt des Arbeitsvertragsschlusses bestehenden Fassung in Bezug. Es gelten dann die Bestimmungen des TV für das Arbeitsverhältnis, und zwar unabhängig von einer späteren Änderung des TV oder von einem Verbandswechsel bzw. -austritt einer der Parteien. Diese Form der Verweisung ist eher selten. Die dyn. Klauseln lassen sich weiter in kleine und große Verweisungen unterteilen. Eine **kleine dyn. Verweisung** liegt vor, wenn die Normen eines bestimmten TV „in seiner jew. gültigen Fassung" zum Inhalt des Arbeitsvertrages gemacht werden. Ändert sich der TV, gelten die geänderten Bedingungen unmittelbar für das betreffende Arbeitsverhältnis. Inhaltl. am weitesten reicht die **große dyn. Verweisung**, nach der die jew. sachl. einschlägigen Tarifbestimmungen in ihrer jew. gültigen Fassung für das Arbeitsverhältnis maßgebl. sein sollen (sog. Tarifwechselklausel). Hier kann es – etwa nach einer Umstrukturierung oder einer unternehmerischen Neuausrichtung des Betriebes – zur Anwendung des für eine andere, nämlich die nunmehr einschlägige Branche maßgebl. TV kommen. Welche Verweisung vorliegt, ist durch Auslegung zu ermitteln, ggf. unter Rückgriff auf die Grundsätze der ergänzenden Vertragsauslegung (s. Rz. 23)[6].

18 **b) Wirksamkeit der Bezugnahmeklausel.** Die Verweisung auf TV ist **allgemein zulässig**. TV genießen nach § 5 UrhG keinen Urheberrechtsschutz[7]. Zur Bezugnahme auf Grund gesetzl. oder richterrechtl. Zulassung s. Einl. Rz. 27, 32. Auch die arbeitsvertragl. in Bezug genommenen TV unterliegen wegen § 310 IV 1 BGB nicht der Inhaltskontrolle; selbst eine Transparenzkontrolle der Tarifbestimmungen scheidet aus, sofern der ArbGeb tarifgebunden ist und im Arbeitsvertrag global auf den normativ geltenden TV verwiesen wird[8]. Die Bezugnahmeklauseln selbst unterliegen dagegen, sofern sie AGB iSv.

---

1 *Löwisch/Rieble*, § 3 TVG Rz. 68 f. | 2 Vgl. BAG v. 24.11.1993 – 4 AZR 407/92, AP Nr. 39 zu § 1 TVG – Tarifverträge: Einzelhandel; v. 10.11.1993 – 4 AZR 184/93, AP Nr. 43 zu § 1 TVG – Tarifverträge: Einzelhandel. | 3 BAG v. 26.9.2001 – 4 AZR 544/00, NZA 2002, 634 (635); v. 28.3.2000 – 1 ABR 16/99, AP Nr. 27 zu § 99 BetrVG 1972 – Einstellung; ErfK/*Franzen*, § 3 TVG Rz. 29; *Hromadka/Maschmann/Wallner*, Tarifwechsel, Rz. 72. | 4 Vgl. zu den neben die Gleichstellung tretenden Zweckrichtungen *Bayreuther*, DB 2002, 1008; *Thüsing/Lambrich*, RdA 2002, 193 (200); *Stein*, AuR 2003, 361; ErfK/*Franzen*, § 3 TVG Rz. 29. | 5 BAG v. 4.9.1996 – 4 AZR 135/95, AP Nr. 5 zu § 1 TVG – Bezugnahme auf Tarifvertrag; Wiedemann/*Oetker*, § 3 TVG Rz. 265; *Gaul*, ZfA 2003, 75 (76 f.). | 6 BAG v. 4.9.1996 – 4 AZR 135/95, AP Nr. 5 zu § 1 TVG – Bezugnahme auf Tarifvertrag; *Säcker/Oetker*, ZfA 1993, 1 (14 f.); Wiedemann/*Oetker*, § 3 TVG Rz. 262. | 7 BAG v. 11.11.1968 – 1 AZR 16/68, AP Nr. 14 zu Art. 9 GG; Wiedemann/*Oetker*, § 3 TVG Rz. 288. AA *Leydecker*, GRUR 2008, 1030. | 8 BAG v. 28.6.2007 – 6 AZR 750/06, NZA 2007, 1049. AA *Lakies*, AGB im ArbR, Rz. 165 ff.; ErfK/*Preis*, §§ 305–310 BGB Rz. 18; Ulmer/Brandner/Hensen/*Ulmer*, AGB-Recht, § 310 Rz. 150.

§ 305 I BGB darstellen, grds. der AGB-Kontrolle[1]. Sie sind insb. an § 305c I BGB (Schutz vor überraschenden Verweisungen, etwa bei Dynamik und fremden TV) und § 305c II BGB (Unklarheitenregel) zu messen (zur AGB-Kontrolle von Bezugnahmeklauseln s. § 305 BGB Rz. 11, § 305c BGB Rz. 5, § 307 BGB Rz. 13 f., § 310 BGB Rz. 23. Die in der Unzulässigkeit einer mittelbaren Tarifzensur begründete Privilegierung von Bezugnahmeklauseln greift nur, wenn auf den fachl. einschlägigen TV verwiesen wurde (dazu § 1 Rz. 88 f.[2]) und die Verweisung nicht nur Einzelregelungen des TV, sondern zumindest zusammenhängende Regelungsbereiche erfasst[3]. Bezugnahmen in Arbeitsverträgen von bereits tarifgebundenen ArbN sind unbedenkl. und zwar unabhängig davon, ob auf einen fremden oder einen von der eigenen Gewerkschaft abgeschlossenen TV verwiesen wird[4].

Die – auch konkludent mögl.[5] – Bezugnahme durch den Arbeitsvertrag ist **formlos wirksam**[6]. Der in Bezug genommene TV muss aber eindeutig bestimmbar sein[7]. Auch auf Grund einer betriebl. Übung kann sich die Inbezugnahme eines TV ergeben[8]. Eine solche Tarifbindung kraft betriebl. Übung scheidet jedoch aus, wenn der ArbGeb nur eine vermeintl. bestehende rechtl. Verpflichtung erfüllen will[9]. Die für den ArbN ungünstigen Tarifnormen, etwa Ausschlussklauseln, werden von der schuldrechtl. Bindung ebenfalls erfasst[10]. Da dies für die ArbN überraschend sein kann, ist es wichtig, dass der ArbGeb seiner Pflicht aus § 2 I 2 Nr. 10 NachwG nachkommt. 19

Ist der ausdrückl. in Bezug genommene TV mangels Tariffähigkeit einer Vertragspartei unwirksam, so berührt dies die Wirkungen der Verweisung nicht[11]. Folgt die **Unwirksamkeit des TV** dagegen aus einem Verstoß gegen höherrangiges Recht oder allgemeine Rechtsprinzipien, läuft auch die Bezugnahme ins Leere[12]. Die Verweisung auf einen nicht mehr wirksamen TV ist ebenfalls unbedenkl., solange sich sein Inhalt weiterhin im Rahmen der Rechtsordnung hält[13]. Ist der TV nicht ohnehin auf Grund beidseitiger Tarifgebundenheit anwendbar, gehen abweichende Bestimmungen des Arbeitsvertrages dem in Bezug genommenen TV vor[14]. Im Falle beidseitiger Tarifbindung sind die Grenzen von § 4 I und III zu beachten (s. § 4 Rz. 3 ff., 29 ff.). 20

Über Bezugnahmeklauseln kann je nach Umfang der gesetzl. Öffnung regelmäßig auch von nur tarifdispositivem Gesetzesrecht (etwa § 622 IV BGB; § 13 I 2 BUrlG) abgewichen werden (s. Einl. Rz. 27 f.). Dies soll Wettbewerbsnachteile der nicht tarifgebundenen ArbGeb verhindern, die mangels Tarifbindung nicht zu Lasten der ArbN vom zwingenden Gesetzesrecht abweichen können[15]. Die Teilhabe an der Richtigkeitsgewähr des TV wird den Arbeitsvertragspartnern allerdings meist (vgl. etwa § 622 IV 2 BGB) nur dann zugestanden, wenn der Arbeitsvertrag den fachl. und betriebl. einschlägigen TV in Bezug nimmt[16]. 21

c) Umfang. Die Festlegung des Umfangs der Bezugnahme ist den Arbeitsvertragsparteien überlassen. Sie können auf den räuml., betriebl. und fachl. einschlägigen oder auf einen (partiell) fremden TV verweisen[17]. Die Verweisung kann sich auf den gesamten TV oder nur auf einzelne Regelungen beziehen[18]. Fehlen entgegenstehende Abreden, so greift der TV mit seinem gesamten Inhalt, einschließl. der belastenden Normen[19]. Verweist der Arbeitsvertrag etwa für den Jahresurlaub auf die „einschlägigen tarifl. Bestimmungen", so findet der gesamte tarifvertragl. Regelungskomplex „Urlaub" einschl. des erhöhten Urlaubsgeldes Anwendung, ohne dass auf die Unklarheitenregel des § 305c II BGB zurückgegriffen werden müsste[20]. 22

d) Auslegung der Bezugnahmeklausel. Gegenstand und Reichweite der Bezugnahme sind durch Auslegung der Verweisungsklausel unter Berücksichtigung ihres Zwecks zu bestimmen. Die Auslegung von Bezugnahmeklauseln zählt zu den für die Praxis aktuell wichtigsten Fragen des Tarifrechts und hat das 23

---

1 BAG v. 9.11.2005 – 5 AZR 128/05, NZA 2006, 202; vgl. ferner BT-Drs. 14/6857, S. 54; Däubler/*Lorenz*, § 3 TVG Rz. 219 f.; *Reichel*, AuR 2003, 366 (367); *Gaul*, ZfA 2003, 75 (86). | 2 *Henssler* in Henssler/v. Westphalen, Praxis der Schuldrechtsreform, § 310 BGB Rz. 33; *Löwisch/Rieble*, § 3 TVG Rz. 264. | 3 Vgl. *Henssler* in Dauner-Lieb/Konzen/Schmidt, Das neue Schuldrecht in der Praxis, S. 615 (639); Däubler/*Lorenz*, § 3 TVG Rz. 236 f.; *Gaul*, ZfA 2003, 75 (88 f.); *Lindemann*, Flexible Gestaltung von Arbeitsbedingungen, S. 137 ff. | 4 BAG v. 22.3.1994 – 1 ABR 47/93, EzA Nr. 10 zu § 4 TVG – Geltungsbereich. | 5 *Gaul*, ZfA 2003, 75 (77); Wiedemann/*Oetker*, § 3 TVG Rz. 295. | 6 BAG v. 19.1.1999 – 1 AZR 606/98, AP Nr. 9 zu § 1 TVG – Bezugnahme auf Tarifvertrag. | 7 BAG v. 8.3.1995 – 10 AZR 27/95, AP Nr. 5 zu § 1 TVG – Verweisungstarifvertrag. | 8 BAG v. 19.1.1999 – 1 AZR 606/98, AP Nr. 9 zu § 1 TVG – Bezugnahme auf Tarifvertrag. | 9 BAG v. 16.10.2002 – 4 AZR 467/01, NZA 2003, 390; v. 18.4.2007 – 4 AZR 751/06. AA Däubler/*Lorenz*, § 3 TVG Rz. 272. | 10 BAG v. 19.1.1999 – 1 AZR 606/98, AP Nr. 9 zu § 1 TVG – Bezugnahme auf Tarifvertrag mit zust. Anm. *Oetker;* MünchArbR/*Richardi*, § 13 Rz. 3. | 11 BAG v. 7.12.1977 – 4 AZR 474/76, AP Nr. 9 zu § 4 TVG – Nachwirkung. | 12 Wiedemann/*Oetker*, § 3 TVG Rz. 320. | 13 Dazu BAG v. 1.6.1995 – 6 AZR 922/94, AP Nr. 5 zu § 1 BAT-O; v. 20.9.2006 – 10 AZR 33/06, NZA 2007, 164; Wiedemann/*Oetker*, § 3 TVG Rz. 324. | 14 LAG Hamm v. 17.10.1955 – 2 Sa 233/55, AP Nr. 2 zu § 21 HandwO. | 15 Wiedemann/*Oetker*, § 3 TVG Rz. 377. | 16 Zu d. Einzelheiten *Löwisch/Rieble*, § 3 TVG Rz. 258; Wiedemann/*Oetker*, § 3 TVG Rz. 387 ff. | 17 BAG v. 25.10.2000 – 4 AZR 506/99, AP Nr. 13 zu § 1 TVG – Bezugnahme auf Tarifvertrag. | 18 BAG v. 29.7.1986 – 3 AZR 71/85, AP Nr. 16 zu § 1 BetrAVG – Zusatzversorgungskassen; v. 19.1.1999 – 1 AZR 606/98, AP Nr. 9 zu § 1 TVG – Bezugnahme auf Tarifvertrag. Kritisch zur Einzelverweisung jedoch Kempen/Zachert/*Stein*, § 3 TVG Rz. 173 ff.; Däubler/*Lorenz*, § 3 TVG Rz. 236. | 19 Vgl. BAG v. 4.4.2001 – 4 AZR 194/00, AP Nr. 45 zu § 23a BAT. | 20 BAG v. 17.11.1998 – 9 AZR 584/97, AP Nr. 10 zu § 1 TVG – Bezugnahme auf Tarifvertrag; v. 17.1.2006 – 9 AZR 41/05, NZA 2006, 923.

BAG in den letzten Jahren fortlaufend beschäftigt. Grund hierfür sind die wachsenden Bestrebungen der Unternehmen, tarifl. Bindungen abzustreifen oder in andere, günstigere Tarifbereiche zu wechseln[1]. Bei diesen Bemühungen kommt den einzelvertragl. Bezugnahmeklauseln oft entscheidende Bedeutung zu. Ihre Auslegung hat nach §§ 133, 157 BGB den wirkl. Willen der Parteien allerdings unter Berücksichtigung der typischen Interessenlage zu erforschen. Der Parteiwille geht regelmäßig dahin, die nach Branche und fachl. Geltungsbereich einschlägigen TV in Bezug zu nehmen[2].

24 Das BAG geht bei der Auslegung arbeitsvertragl. Bezugnahmeklauseln seit jeher davon aus, dass im Zweifel auch bei Fehlen einer **„Jeweiligkeitsklausel"** eine (kleine) dyn. Verweisung gewollt ist[3]. Zugleich sollte bislang in Hinblick auf die „besonderen arbeitsrechtl. vorstrukturierten Bedingungen bei Vertragsschluss"[4] typischer Zweck einer dyn. Bezugnahmeklausel – wenn und soweit der ArbGeb selbst tarifgebunden ist[5] – die **Gleichstellung** der nicht-organisierten mit den gewerkschaftsangehörigen ArbN des Betriebes sein[6]. Die arbeitsvertragl. Verweisung sollte danach ledigl. widerspiegeln, was tarifrechtl. galt. Sie ersetzte die fehlende Mitgliedschaft des ArbN in der tarifschließenden Gewerkschaft und stellte ihn so, als wäre er tarifgebunden[7]. Fehlte es an einer Tarifbindung des ArbGeb oder nahm der Arbeitsvertrag von vornherein Bezug auf ein für den ArbGeb nicht normativ geltendes Tarifwerk, so konnte eine entsprechende Gleichstellungsabrede nicht vorliegen[8]. Unter Berufung auf den Gleichstellungsgedanken hatte der 4. Senat des BAG zunächst sogar eine Bezugnahmeklausel, die einen konkret benannten TV in der jew. geltenden Fassung in Bezug nahm (kleine dyn. Bezugnahme), anlässl. eines Verbandswechsels des ArbGeb dahin **korrigierend ausgelegt**, dass eine Verweisung auf den jew. für den Betrieb geltenden TV erfolgte (große dyn. Bezugnahme)[9]. Aktuell kommt eine solche Korrektur mit Recht nur dann noch in Betracht, wenn (1.) überhaupt eine Gleichstellungsabrede gewollt ist und (2.) außerdem **besondere Umstände** den Schluss zulassen, dass die Parteien den Arbeitsvertrag für den Fall einer Neuorientierung des ArbGeb anderen – in der Bezugnahmeklausel nicht benannten – TV unterstellen wollten[10]. Kürzl. hat das BAG für den Fall eines Betriebsübergangs auf einen Erwerber, der an einen allgemeinverbindl. TV gebunden war, eine „korrigierende" Auslegung der kleinen dyn. Klausel als Tarifwechselklausel ausdrückl. abgelehnt[11].

24a Die Auslegung von Bezugnahmeklauseln als Gleichstellungsabrede ist im Schrifttum auf **Kritik** gestoßen[12]. Der Rspr. wurde entgegengehalten, sie verstoße gegen den Wortlaut der Klausel und die Grundsätze der Vertragsauslegung gem. §§ 133, 157 sowie 305c II, 307 I 2 BGB[13]. Vom **objektiven Empfängerhorizont** aus, dh. aus Sicht des ArbN, sei die Tarifbindung des ArbGeb nicht erkennbar und könne daher nicht zum Kriterium für die Auslegung der Klausel gemacht werden[14].

25 Nachdem das BAG in seinem Urteil vom 14.12.2005[15] die im Schrifttum schon erwartete[16] **Rspr.-Änderung** angekündigt hatte, werden nunmehr sog. Neuklauseln, dh. nach dem 31.12.2001 abgeschlossene Klauseln, nach anderen Maßstäben beurteilt[17]. Für bis zum 31.12.2001 geschlossene Verträge hält der

1 *Thüsing/Lambrich*, RdA 2002, 193. |2 Vgl. BAG v. 23.3.2005 – 4 AZR 203/04, NZA 2005, 1003 (Bezugnahme auf einen VerbandsTV als Verweis auf einen FirmenTV). |3 BAG v. 26.9.2001 – 4 AZR 544/00, NZA 2002, 634; v. 28.5.1997 – 4 AZR 663/95, AP Nr. 6 zu § 1 TVG – Bezugnahme auf Tarifvertrag; v. 9.11.2005 – 5 AZR 128/05, NZA 2006, 202. |4 BAG v. 26.9.2001 – 4 AZR 544/00, BB 2002, 1264 (1265) (*Lambrich*) = AP Nr. 21 zu § 1 TVG – Bezugnahme auf Tarifvertrag (*Thüsing*); v. 27.11.2002 – 4 AZR 661/01, AP Nr. 28 zu § 1 TVG – Bezugnahme auf Tarifvertrag („soziotypische Ausgangslage"). |5 BAG v. 5.12.2001 – 10 AZR 197/01, NZA 2002, 640; v. 20.2.2002 – 4 AZR 524/00, nv.; v. 25.9.2002 – 4 AZR 294/01, AP Nr. 26 zu TVG § 1 – Bezugnahme auf Tarifvertrag. Unabhängig von der Tarifgebundenheit des ArbGeb den Gleichstellungszweck bejahend: LAG Hamm v. 5.6.1998 – 10 Sa 1564/97, AP Nr. 11 zu § 1 TVG – Bezugnahme auf Tarifvertrag. |6 BAG v. 4.9.1996 – 4 AZR 135/95, AP Nr. 5 zu § 1 TVG – Bezugnahme auf Tarifvertrag; v. 30.8.2000 – 4 AZR 581/99, AP Nr. 12 zu § 1 TVG – Bezugnahme auf Tarifvertrag; der Senat kam sogar dann zur Auslegung als Gleichstellungsklausel, wenn der in Bezug genommene TV selbst bei beiderseitiger Tarifgebundenheit keine Anwendung finden würde, weil der ArbN außerhalb dessen räuml. Anwendungsbereichs beschäftigt ist, BAG v. 21.8.2002 – 4 AZR 263/01, AP Nr. 21 zu § 157 BGB. |7 Krit. *Thüsing/Lambrich*, RdA 2002, 193 (195 ff.). |8 BAG v. 1.12.2004 – 4 AZR 50/04, NZA 2005, 478; v. 25.9.2002 – 4 AZR 294/01, AP Nr. 26 zu § 1 TVG – Bezugnahme auf Tarifvertrag; v. 25.10.2000 – 4 AZR 506/99, AP Nr. 13 zu § 1 TVG – Bezugnahme auf Tarifvertrag. Zu weiteren Umständen, die gegen die Auslegung als Gleichstellungsabrede sprechen, vgl. BAG v. 13.9.2006 – 4 AZR 803/05, ZTR 2007, 151. |9 BAG v. 4.9.1996 – 4 AZR 135/95, AP Nr. 5 zu § 1 TVG – Bezugnahme auf Tarifvertrag; die TV waren hier allerdings mit der gleichen Gewerkschaft abgeschlossen worden. |10 BAG v. 30.8.2000 – 4 AZR 581/99, AP Nr. 12 zu § 1 TVG – Bezugnahme auf Tarifvertrag; v. 16.10.2002 – 4 AZR 467/01, AP Nr. 22 zu § 1 TVG – Bezugnahme auf Tarifvertrag; angesichts des offensichtl. Zwecks der Besitzstandswahrung die Auslegung als große dyn. Bezugnahme verneinend: BAG v. 28.5.1997 – 4 AZR 663/95, AP Nr. 6 zu § 1 TVG – Bezugnahme auf Tarifvertrag; auch die Anwendung der Grundsätze über den Wegfall der Geschäftsgrundlage verneinend: BAG v. 25.9.2002 – 4 AZR 294/01, AP Nr. 26 zu § 1 TVG – Bezugnahme auf Tarifvertrag. Vgl. auch *Henssler*, FS Wißmann, S. 133 (141 ff.). |11 BAG v. 29.8.2007 – 4 AZR 765/06. Anders bei einer sehr offen formulierten Klausel BAG v. 4.7.2007 – 4 AZR 439/06, noch nv. |12 Vgl. zB *Hanau/Kania*, FS Schaub, 1998, S. 239 (261); *Annuß*, ZfA 2005, 405 (421 ff.); *Thüsing/Lambrich*, RdA 2002, 193 (198 ff.). |13 *Thüsing/Lambrich*, RdA 2002, 193 (198); *Annuß*, AuR 2002, 361 (362 f.). |14 *Lambrich*, FS Ehmann, S. 169 (227); *Annuß*, RdA 2000, 179 (180); *Wiedemann*, RdA 2007, 65 (66). |15 BAG v. 14.12.2005 – 4 AZR 536/04, NJW 2006, 2571 ff. |16 Vgl. *Hanau/Kania*, FS Schaub, S. 239 (261); *Gaul*, BB 2000, 1086 (1088); *Reichel*, Die arbeitsvertragliche Bezugnahme auf den Tarifvertrag, S. 252; *Lambrich*, BB 2002, 1267; *Henssler/Heiden*, RdA 2004, 241 (246). |17 BAG v. 18.4.2007 – 4 AZR 652/05, NZA 2007, 965.

4. Senat an der Auslegung als Gleichstellungsabrede fest[1]. Das Gericht begründet den Rspr.-Wechsel damit, dass die für die Rechtfertigung der Auslegungsregel angenommenen Rahmenbedingungen mittlerweile weitgehend weggefallen seien; ohne konkrete Anhaltspunkte könne nicht mehr typischerweise davon ausgegangen werden, dass dyn. Verweisungen nur die Gleichstellung der ArbN bezweckten[2]. Die Vereinbarung einer Gleichstellungsabrede bleibt zwar mögl., der Gleichstellungszweck muss der Bezugnahmeabrede in Zukunft aber zweifelsfrei zu entnehmen sein. Der Bedeutungsinhalt von Bezugnahmeklauseln ist nunmehr in erster Linie anhand des Wortlauts zu ermitteln. Gem. der Unklarheitenregel des § 305c II BGB gehen Unklarheiten zu Lasten des Verwenders, d.h. des ArbGeb.

Dem EuGH-Urteil in der Rechtssache **Werhof**[3] lassen sich entgegen einer im Schrifttum vertretenen Auffassung[4] keine europarechtl. Bedenken gegen den Rspr.-Wechsel entnehmen. Der EuGH hat die Rspr. zur Gleichstellungsabrede für europarechtkonform erachtet und zugleich einen Verstoß gegen das europäische Grundrecht der negativen Koalitionsfreiheit für mögl. gehalten, wenn der Erwerber nach einem Betriebsübergang TV anwenden müsse, deren Geltung nicht durch seine eigene Tarifbindung oder privatautonome Entscheidung legitimiert sei. Die Pflicht zur Anwendung der TV folgt jedoch aus der privatautonomen Entscheidung des Erwerbers, den Betrieb zu übernehmen. Eine europarechtskonforme Auslegung privater Willensentscheidung scheidet aus[5]. Die Unzulässigkeit einer dyn. Tarifbindung kann dem Urteil daher nicht entnommen werden[6]. **26**

e) Wirkung der Bezugnahme. Der **4. Senat des BAG** schien zunächst davon auszugehen, dass die arbeitsvertragl. Verweisung ebenso wie die Geltung von TV kraft beiderseitiger Verbandszugehörigkeit oder AVE die unmittelbare **normative Geltung** der in Bezug genommenen Tarifbestimmungen zur Folge hat[7]. Diese Auffassung vernachlässigt allerdings die rein schuldrechtl. Rechtsnatur der Bezugnahme. Die Tarifnormen werden auf Grund der Bezugnahme Inhalt des Arbeitsvertrages und **wirken damit rein individualrechtl.**, nicht anders, als wenn die Parteien die Regelungen als Vertragsklauseln direkt in den Arbeitsvertrag aufgenommen hätten **(hM)**[8]. **27**

Hinsichtl. der Rechtsfolgen ist zu differenzieren: Im Falle **beidseitiger Tarifbindung** wird teilweise vertreten, dass der arbeitsvertragl. Bezugnahme nur deklaratorische Bedeutung zukomme[9]. Richtigerweise ist auf die Parteivorstellungen bei Vertragsschluss abzustellen: Da der ArbN nicht wissen muss bzw. kann, wie es um die aktuelle und zukünftige Tarifbindung des ArbGeb bestellt ist, muss er die Verweisung als konstitutive Gestaltung des Arbeitsverhältnisses ansehen, da ansonsten bei fehlender oder wegfallender Tarifbindung des ArbGeb keine (ggf. eine Nachwirkung beendende) vertragl. Gestaltung der durch die Verweisung geregelten Arbeitsbedingungen bestehen würde. Aber auch aus Sicht des ArbGeb erscheint dieses Ergebnis richtig. Da er bei Vertragsschluss regelmäßig nicht über die Gewerkschaftszugehörigkeit des ArbN Bescheid wissen wird (und diese auch nicht erfragen darf, s. Rz. 16), wäre es gekünstelt, ihm einen unterschiedl. Regelungswillen abhängig von der bestehenden oder fehlenden Tarifgebundenheit des ArbN zu unterstellen. Der Verweisung kommt daher auch bei beiderseitiger Tarifgebundenheit **konstitutive Wirkung** zu[10]. **28**

Wird im Arbeitsvertrag von kongruent tarifgebundenen Vertragspartnern auf einen fremden TV verwiesen, sind dessen Regelungen nur insoweit anzuwenden, als sie günstiger iSv. § 4 III sind[11]. Eine Tarifkonkurrenz entsteht nicht[12]. Ist der ArbGeb nicht tarifgebunden, findet der in Bezug genommene TV – gleich, ob für den ArbN fremd oder eigen – Anwendung. **29**

Bei **Wegfall der zwingenden normativen Wirkung des in Bezug genommenen TV** bei kraft Verbandszugehörigkeit tarifgebundenen ArbGeb (sei es wegen Zeitablaufs, Verbandsaustritts des ArbGeb oder Verbandsauflösung, Herauswachsens aus dem Geltungsbereich oder weil im Falle eines Betriebsübergangs der Erwerber nicht tarifgebunden ist) folgerte das BAG **bislang** aus dem Gleichstellungszweck **dynamischer Bezugnahmeklauseln**, die auf einen bestimmten TV verweisen (kleine dynam. Bezugnahme), dass die arbeitsvertragl. Verweisung von da an nur noch statisch auf die im Zeitpunkt des Wegfalls geltenden TV Bezug nahm. Auf Grund der Gleichstellungsklausel sollte der nicht-tarifgebundene ArbN **30**

---

1 Kritisch bzgl. der Wahl des Stichtages *Hanau*, RdA 2007, 180 (182); *Clemenz*, NZA 2007, 769 (783); *Zerres*, NJW 2006, 3533 (3535); *Höpfner*, NZA 2008, 91 (92 ff.). Zustimmend hingegen Däubler/*Lorenz*, § 3 TVG Rz. 233; *Annuß*, ZfA 2005, 405 (429). | 2 BAG v. 14.12.2005 – 4 AZR 536/04, NJW 2006, 2571 (2573). | 3 EuGH v. 9.3.2006 – Rs. C-499/04, NZA 2006, 376. | 4 *Nicolai*, DB 2006, 670 (671 f.); *Simon/Kock/Halbsguth*, ZIP 2006, 723. | 5 *Thüsing*, NZA 2006, 473. | 6 ErfK/*Preis*, § 611 BGB Rz. 271; *Reinecke*, BB 2006, 2637 (2641); *Sittard/Ulbrich*, ZTR 2006, 458 (461); aA *Nicolai*, DB 2006, 670 (671 f.); *Meinel/Herms*, DB 2006, 1429 (1430). | 7 BAG v. 20.3.1991 – 4 AZR 455/90, NZA 1991, 736; wohl auch v. 28.5.1997 – 4 AZR 663/95, NZA 1997, 1066. Ähnlich *v. Hoyningen-Huene*, RdA 1978, 138 ff. | 8 Vgl. nunmehr BAG v. 23.3.2005 – 4 AZR 203/04, NZA 2005, 1003; v. 25.10.2000 – 4 AZR 507/99, nv.; und schon der 10. Senat in der Entscheidung v. 22.9.1993 – 10 AZR 207/92, AP Nr. 21 zu § 4 TVG – Tarifkonkurrenz; *Löwisch/Rieble*, § 3 TVG Rz. 241; *Kania*, DB 1995, 625 (628); Wiedemann/*Oetker*, § 3 TVG Rz. 285 mwN und Rz. 277 ff. zu den anderen Ansätzen. | 9 *Schwab*, BB 1994, 781 (783); *Hanau*, NZA 2005, 489 (490 f.); Nachw. bei *Thüsing/Lambrich*, RdA 2002, 193 (201, Fn. 94). | 10 BAG v. 19.3.2003 – 4 AZR 331/02, NZA 2003, 1207; v. 26.9.2001 – 4 AZR 544/00, AP Nr. 21 zu § 1 TVG – Bezugnahme auf Tarifvertrag; Däubler/*Lorenz*, § 3 TVG Rz. 225 ff. mwN. | 11 BAG v. 22.3.1994 – 1 ABR 47/93, EzA Nr. 10 zu § 4 TVG – Geltungsbereich. | 12 So nun auch BAG v. 29.8.2007 – 4 AZR 765/06 u. 767/06, noch nv. Anders v. 23.3.2005 – 4 AZR 203/04, NJW 2005, 1003.

nur so lange an der Tarifentwicklung teilnehmen, wie es für einen tarifgebundenen Mitarbeiter auf Grund der normativen Wirkung des TV der Fall wäre (vgl. § 4 Rz. 5 ff.). Dadurch sollten die nicht tarifgebundenen ArbN ledigl. so gestellt werden, wie wenn sie tarifgebunden wären[1].

30a Die **Rspr.-Änderung** des BAG bedeutet für Neuklauseln, dass immer dann, wenn es an einer klar und eindeutig vereinbarten Gleichstellungsabrede fehlt, die dyn. Bezugnahme fortgilt, auch wenn die Tarifgebundenheit des ArbGeb endet. Unter Umständen kann sich eine – vom ArbGeb meist unerwünschte – „ewige" dyn. Bindung an den in Bezug genommenen TV ergeben[2], obwohl auf normativer Ebene längst keine Tarifbindung iSv. §§ 3 I, 4 I mehr besteht („konstitutive Ewigkeitsbindung")[3].

30b Für den Fall des **Verbandsaustritts** hat das BAG seine angekündigte Rspr.-Änderung mit seiner Entscheidung vom 18.4.2007 erstmals umgesetzt[4]. Die Auslegung als Gleichstellungsabrede ergab bisher eine nur noch statische Inbezugnahme des TV, der tarifl. nach seinem Ablauf (§ 3 III) nur noch nachwirkt (§ 4 V)[5]. Gewerkschaftsmitglieder und Außenseiter nahmen nach dem Verbandsaustritt nicht mehr an Tariflohnerhöhungen teil. Nach der geänderten Rspr. bleibt es trotz Verbandsaustritts des ArbGeb bei kleinen dyn. Neuklauseln bei der dyn. Bindung an die bislang geltenden TV. Dies gilt auch für die Gewerkschaftsmitglieder, die bisher kongruent tarifgebunden waren.

30c Nach einem **Betriebsübergang** kommt es auf Grund der rein individualrechtl. Natur der Bezugnahmeklausel zu ihrer unveränderten einzelvertragl. Weitergeltung nach § 613a I 1 BGB[6]. Ist der Erwerber nicht kongruent tarifgebunden, wird der TV gem. § 613a I 2 BGB in das Arbeitsverhältnis transformiert. Der von der älteren Rspr. postulierte Gleichstellungszweck bewirkte in diesem Fall eine nur noch statische Auslegung der (dyn.) Bezugnahmeklausel[7]. Nach der geänderten Rspr. hat ein Betriebsübergang keine Auswirkungen auf die Dynamik der Klausel; eine Tarifwechselklausel muss ausdrückl. vereinbart worden sein. Der Klausel kommt auf Grund des Günstigkeitsprinzips sogar der Vorrang vor dem für Gewerkschaftsmitglieder normativ geltenden TV zu; entspr. gilt für alle ArbN bei einem kraft AVE verbindlichen TV[8]. Eine große dyn. Klausel kann dagegen für Außenseiter zum Wechsel des Bezugnahmeobjekts führen[9], wenn beim Erwerber ein anderer TV gilt. Für Gewerkschaftsmitglieder ist eine solche Klausel als „Vereinbarung" iSd. § 613a I 4 BGB anzusehen, die die Weitergeltung des VeräußererTV gem. § 613a I 2 BGB beseitigen kann[10].

30d Kommt es zu einem **Verbandswechsel** des ArbGeb (idR nach einem **Herauswachsen** aus dem branchenmäßigen Geltungsbereich), wirkt der bisherige TV mangels fachl. Anwendbarkeit nur gem. § 4 V nach. Je nachdem, ob dieselbe oder eine andere Gewerkschaft den neuen TV geschlossen hat, wird dieser durch den neuen TV abgelöst oder kommt es zu einem Nebeneinander von altem und neuem TV[11]. Eine als Gleichstellungsabrede ausgelegte Bezugnahmeklausel verwies bisher grds. statisch auf den nachwirkenden (§ 4 V) alten TV (s. Rz. 24)[12]. Nach neuer Rspr. ändert sich mit dem Verbandswechsel die Auslegung der individualvertragl. Bezugnahmeklausel nicht. Trotz des Verbandswechsels gilt daher der bisherige TV dyn. weiter, anders nur bei Vorliegen einer Tarifwechselklausel. Eine Neuklausel kann als „andere Abmachung" (§ 4 V) bei den Gewerkschaftsmitgliedern die auf tarifvertragl. Ebene vorliegende Nachwirkung des bisherigen TV beenden[13].

31 Sind arbeitsvertragl. die bei dem ArbGeb für eine Gruppe von ArbN jew. gültigen TV in Bezug genommen, so gelten für die Zeit einer von einer **konzernbezogenen Versetzungsklausel** gedeckten Abstellung zu einer anderen Konzerngesellschaft auch die (schlechteren) Bedingungen eines von dem ArbGeb und der Konzerngesellschaft mit einer Gewerkschaft über den Einsatz von Angehörigen dieser ArbN-Gruppe bei der Konzerngesellschaft abgeschlossenen TV[14].

32 Für die **Auslegung der in Bezug genommenen TV-Normen** gelten die gleichen Grundsätze, die auch bei normativer Geltung heranzuziehen sind (dazu § 1 Rz. 76 ff.)[15]. Anderenfalls ließe sich die bezweckte einheitl. Anwendung der Normen auf Gewerkschaftsmitglieder und Außenseiter nicht verwirklichen. Zu

---

1 BAG v. 26.9.2001 – 4 AZR 544/00, AP Nr. 21 zu § 1 TVG – Bezugnahme auf Tarifvertrag; v. 16.10.2002 – 4 AZR 467/01, AP Nr. 22 zu § 1 TVG – Bezugnahme auf Tarifvertrag; v. 27.11.2002 – 4 AZR 661/01, AP Nr. 28 zu § 1 TVG – Bezugnahme auf Tarifvertrag. | 2 Zu den verfassungsrechtl. Bedenken *Möller*, NZA 2006, 579 (583); *Bayreuther*, DB 2007, 166 (167); *Meinel/Herms*, DB 2006, 1429 (1431). | 3 *Henssler*, FS Wißmann, S. 133 (139 f.) | 4 BAG v. 18.4.2007 – 4 AZR 652/05, NZA 2007, 965 ff. | 5 BAG v. 26.9.2001 – 4 AZR 544/00, AP Nr. 21 zu § 1 TVG – Bezugnahme auf Tarifvertrag; v. 19.3.2003 – 4 AZR 331/02, AP Nr. 33 zu § 1 TVG – Bezugnahme auf Tarifvertrag; v. 1.12.2004 – 4 AZR 50/04, NZA 2005, 478. | 6 BAG v. 28.5.1997 – 4 AZR 663/95, NZA 1997, 1066; Däubler/*Lorenz*, § 3 TVG Rz. 252; *Jacobs/Krause/Oetker*, § 6 Rz. 212. | 7 BAG v. 29.8.2001 – 4 AZR 332/00, NZA 2002, 513; v. 14.12.2005 – 4 AZR 536/04, NJW 2006, 2571. | 8 BAG v. 29.8.2007 – 4 AZR 765/06 und 4 AZR 767/06, noch nv. | 9 BAG v. 16.10.2002 – 4 AZR 467/01, AP Nr. 22 zu § 1 TVG – Bezugnahme auf Tarifvertrag. | 10 Ebenso § 613a BGB Rz. 283; *Annuß*, ZfA 2005, 405 (455). | 11 Vgl. *Henssler*, FS Wißmann, S. 133 (139 f.); *Bauer/Günther*, NZA 2008, 6 (8). Eine Tarifpluralität wird hierdurch nicht begründet, vgl. BAG v. 28.5.1997 – 4 AZR 546/95, NZA 1998, 40; v. 21.2.2001 – 4 AZR 18/00, AP Nr. 20 zu § 4 TVG. | 12 BAG v. 30.8.2000 – 4 AZR 581/99, AP Nr. 12 zu § 1 TVG – Bezugnahme auf Tarifvertrag. | 13 Zu der Frage, ob eine „andere Abmachung" auch bereits vor Ablauf des Tarifvertrages vereinbart werden kann, vgl. BAG v. 23.2.2005 – 4 AZR 186/04, AP Nr. 42 zu § 4 TVG – Nachwirkung; v. 17.1.2006 – 9 AZR 41/05, NZA 2006, 923. | 14 BAG v. 18.6.1997 – 4 AZR 699/95, Nr. 24 zu § 1 TVG – Tarifverträge: Lufthansa. | 15 BAG v. 12.8.1959 – 2 AZR 75/59, AP Nr. 1 zu § 305 BGB.

den Wirkungen einer Bezugnahmeklausel nach einem Betriebsübergang gem. § 613a BGB s. auch § 613a BGB Rz. 275 ff.

32a f) **Bezugnahme und Sanierungstarifvertrag.** Das BAG ging bisher davon aus, dass eine kleine dyn. Bezugnahmeklausel, die sich auf einen VerbandsTV bezieht, auch **SanierungsTV** in der Form von FirmenTV oder firmenbezogenen VerbandsTV erfasst[1]. Nach der Rspr.-Änderung ist jedoch unklar, ob solche Klauseln bei wortlautgetreuer Auslegung den Vorrang des FirmenTV aushebeln können. Das BAG hat seine noch auf die Gleichstellungsfunktion abstellende Rspr. aktuell ausdrückl. bestätigt[2]. Zumindest dann, wenn der FirmenTV mit derselben Gewerkschaft geschlossen wurde, sollte auch bei Neuklauseln der Vorrang des FirmenTV gelten. Das gilt erst recht für firmenbezogene VerbandsTV[3].

32b g) **Klauselvorschläge.** Von entscheidender Bedeutung ist nunmehr die präzise **Formulierung**[4] der Klausel, soll eine Ewigkeitsbindung verhindert werden. Bei einem **tarifgebundenen** ArbGeb kommt folgende Formulierung einer Gleichstellungsabrede in Betracht:

Auf das Arbeitsverhältnis sind die jeweils für den Betrieb normativ geltenden Tarifverträge in ihrer jeweils gültigen Fassung anzuwenden. Dies sind zurzeit (Zeitpunkt des Vertragsschlusses) die von der X-Gewerkschaft mit dem Y-Arbeitgeberverband für das Tarifgebiet Z abgeschlossenen Tarifverträge für die A-Branche. Die anzuwendenden Tarifverträge können im Personalbüro eingesehen werden.

Alternativ können die verschiedenen Fallgestaltungen, die zu einer Änderung in der Tarifbindung führen können, jew. explizit geregelt werden. Eine Beschränkung der Klauselwirkung auf Außenseiter mit dem Ziel, bei den Gewerkschaftsmitgliedern eine Anwendung des Günstigkeitsprinzips zu vermeiden[5], ist bei einer korrekten Formulierung der Klausel nicht notwendig und zudem verfassungsrechtl. fragwürdig. Vorsorge sollte zudem gegen eine mögl. Rspr.-Änderung zum Grundsatz der Tarifeinheit getroffen werden (hierzu § 4 Rz. 36). Sonst kann es zu Unklarheiten darüber kommen, welcher TV in Bezug genommen ist. Mögliche Formulierung:

Kommen nach dieser Regelung unterschiedliche Tarifverträge in Betracht, so ist die Auswahl des anzuwendenden Tarifvertrags nach den Regeln zur Tarifkonkurrenz zu bestimmen.

Der in Bezug genommene TV wird dann grds. mittels des Spezialitätsprinzips bestimmt.

32c Bei **nicht tarifgebundenen** ArbGeb kommt eine Gleichstellungsabrede nicht in Betracht. Bei ihnen kann sich folgende Gestaltung anbieten:

Es gilt der X-Tarifvertrag in seiner Fassung vom ... Änderungen dieses Tarifvertrages gelten dann für das Arbeitsverhältnis, wenn der Arbeitgeber ihrer Geltung nicht innerhalb einer Frist von 4 Wochen nach ihrem Inkrafttreten widerspricht. Die Geltung des Tarifvertrages endet mit dem Beitritt des Arbeitgebers zu einem Arbeitgeberverband. In diesem Fall ist der nunmehr kraft Tarifbindung geltende Tarifvertrag anzuwenden.

33 **4. Außenseiterklauseln.** Ausnahmsw. kann auch ein **nicht organisierter ArbN** Ansprüche gegen den tarifgebundenen ArbGeb auf tarifl. Leistungen auf Grund einer sog. Außenseiterklausel im TV erwerben. Sie verpflichtet den ArbGeb, die nicht organisierten ArbN wie die tarifgebundenen zu behandeln. Eine entsprechende Vereinbarung ist ein zulässiger Vertrag zu Gunsten Dritter und verstößt nicht gegen die negative Koalitionsfreiheit[6]. Da Außenseiterklauseln regelmäßig den Interessen der Gewerkschaften nach Mitgliederwerbung zuwiderlaufen, ist ihre praktische Bedeutung gering.

34 **III. Rechtsnormen über betriebliche und betriebsverfassungsrechtliche Fragen (Abs. 2).** Rechtsnormen über betriebl. und betriebsverfassungsrechtl. Fragen gelten auch für nicht oder anders organisierte ArbN in Betrieben, in denen **nur der ArbGeb tarifgebunden** ist. Betroffen sind Regelungsbereiche, die aus Gründen der innerbetriebl. Gerechtigkeit und Gleichbehandlung notwendigerweise die gesamte Belegschaft eines Betriebes in gleicher Weise angehen oder aber in der sozialen Wirklichkeit aus tatsächl. oder rechtl. Gründen nur einheitl. gelten können[7].

35 Nach hM ist **nicht erforderl., dass überhaupt ein ArbN des Betriebs Gewerkschaftsmitglied ist**[8]. Besteht ein gemeins. Betrieb, müssen alle ArbGeb tarifgebunden sein[9]. § 3 II ist als restriktiv zu handhabende Ausnahmevorschrift einzustufen. Er begegnet im Hinblick auf die negative Koalitionsfreiheit

---

1 BAG v. 14.12.2006 – 4 AZR 296/05, NZA 2006, 744. | 2 BAG v. 1.10.2006 – 4 AZR 486/05, NZA 2007, 634. | 3 Vgl. BAG v. 11.10.2006 – 4 AZR 486/05, NZA 2007, 634; *Simon/Kock/Halbsguth*, EWS 2006, 400 (401). | 4 Formulierungsbeispiele s. *Henssler*, FS Wißmann, S. 133 (155 f.); *Reichel*, Die arbeitsvertragliche Bezugnahme auf den Tarifvertrag, S. 251 f.; *Klebeck*, NZA 2006, 15 (20); *Giesen*, NZA 2006, 625 (630); *Hanau/Kania*, FS Schaub, 1998, S. 239 (261 f). | 5 So *Preis/Greiner*, NZA 2007, 1073 (1078). | 6 Vgl. BAG v. 29.11.1967 – GS 1/67, AP Nr. 13 zu Art. 9 GG. | 7 BAG v. 17.6.1997 – 1 ABR 3/97, AP Nr. 2 zu § 3 TVG – Betriebsnormen; v. 21.1.1987 – 4 AZR 486/86, AP Nr. 46 zu Art. 9 GG; v. 21.1.1987 – 4 AZR 547/86, AP Nr. 47 zu Art. 9 GG; Kempen/Zachert/*Kempen*, § 3 TVG Rz. 22. | 8 Wiedemann/*Oetker*, § 3 TVG Rz. 167 f.; Däubler/*Hensche*, § 1 TVG Rz. 946; Kempen/Zachert/*Kempen*, § 3 TVG Rz. 24; aA ErfK/*Franzen*, § 3 TVG Rz. 17; *Löwisch/Rieble*, § 3 TVG Rz. 103 ff.; nicht eindeutig BAG v. 20.3.1991 – 4 AZR 455/90, AP Nr. 20 zu § 4 TVG – Tarifkonkurrenz; v. 5.9.1990 – 4 AZR 59/90, AP Nr. 19 zu § 4 TVG – Tarifkonkurrenz. | 9 Wiedemann/*Oetker*, § 3 TVG Rz. 169. AA Däubler/*Lorenz*, § 3 TVG Rz. 68.

verfassungsrechtl. Bedenken[1]. Das BAG hat die Vereinbarkeit von Betriebsnormen mit Art. 9 III GG und mit dem Demokratie- und Rechtsstaatsprinzip (Art. 20 GG) gleichwohl ausdrückl. bejaht[2]. Zur Begründung wird darauf verwiesen, § 3 II enthalte eine vom Gesetzgeber geschaffene, ausreichend eingeschränkte Ermächtigung zur Normsetzung gegenüber nicht organisierten ArbN. Im Übrigen sei die in § 3 II angeordnete Ausdehnung des TV-Systems auf nicht organisierte ArbN wegen der Notwendigkeit betriebseinheitl. Geltung der erfassten Normen verfassungsgemäß.

36 Betriebsnormen (vgl. § 1 Rz. 51 f.) müssen normative und nicht nur schuldrechtl. Regelungen für alle oder bestimmte Arbeitsverhältnisse enthalten. Klauseln in FirmenTV zur Beschäftigungssicherung, die nur den Charakter einer schuldrechtl. Verhaltens- und Verhandlungsklausel bzw. denjenigen einer Öffnungsklausel mit Zustimmungsvorbehalt iSd. § 77 III BetrVG haben, sind damit keine Betriebsnormen[3]. Betriebsnormen betreffen ua. die Betriebsmittel (Schutz- und Sicherheitsvorkehrungen, Wohlfahrtseinrichtungen), die betriebl. Ordnung (Rauchverbot, Kontrollmaßnahmen), die Zusammensetzung des Mitarbeiterkreises, die Einführung oder das Verbot der gleitenden Arbeitszeit, die Einführung von Schichtarbeit oder die Voraussetzungen, die der Inhaber eines bestimmten Arbeitsplatzes erfüllen muss. Zu betriebsverfassungsrechtl. Normen vgl. § 1 Rz. 53 f.

37 **IV. Beginn und Ende der Tarifbindung. 1. Beginn.** Sind ArbGeb und ArbN bereits Mitglieder der tarifschließenden Verbände, beginnt die Tarifgebundenheit außerhalb der Sonderfälle gem. Abs. 2 **mit dem Abschluss des TV** bzw. mit dessen Inkrafttreten. Fehlt die Mitgliedschaft auf einer Seite, beginnt die Bindung an einen bestehenden TV in dem Zeitpunkt, zu dem beide Vertragsparteien Mitglieder der entsprechenden Verbände geworden sind. Im Rahmen des § 3 II genügt die Mitgliedschaft des ArbGeb (s. Rz. 35). Bei Fortwirkung des TV nach Abs. 3 tritt die Tarifbindung mit dem Eintritt des ArbN in die Gewerkschaft ein[4]. Im Nachwirkungszeitraum des § 4 V führt der Beitritt zu den Verbänden hingegen nicht mehr zur Tarifbindung (vgl. auch § 4 Rz. 7 f.)[5].

38 Wann die Mitgliedschaft in einem Verband beginnt, bestimmt grds. dessen Binnenrecht (etwa: Annahme des Aufnahmeantrags)[6]. Allerdings können die Verbände durch eine **satzungsrechtl. Vorverlagerung** des Beginns der Mitgliedschaft (etwa auf den Zeitpunkt der Abgabe der Beitrittserklärung) keinen rückwirkenden Beginn der Tarifgebundenheit erreichen[7]. Die Rückdatierung wirkt hier nur innerverbandl. Für die Tarifbindung ist der „tatsächliche Beitritt" maßgebl.[8].

39 TV können unter gewissen Voraussetzungen eine **Rückwirkung** der Tarifnormen anordnen (§ 1 Rz. 127 ff.). Der TV kann allerdings stets nur bis zu dem Zeitpunkt zurückwirken, zu dem das Mitglied dem Verband „tatsächlich" beigetreten ist[9]. Tritt umgekehrt ein Mitglied aus einer TV-Partei aus, bevor ein neuer TV geschlossen wird, fehlt es an der Regelungsmacht der Tarifpartner[10]. Auch über eine Rückwirkung kann das ausgeschiedene Mitglied nicht mehr erfasst werden. Die Legitimation zur Normsetzung muss im Zeitpunkt des Abschlusses des TV noch vorhanden sein. Nur dann ist der Verband berechtigt, auch noch für einen früheren Zeitraum Normen zu setzen[11]. Dem ehemaligen Mitglied können allenfalls über die Konstruktion eines Vertrages zu Gunsten Dritter Ansprüche gewährt werden[12]. Bei rückwirkenden Lohn- und Gehaltserhöhungen entspricht dies regelmäßig dem Willen der TV-Parteien[13].

40 **2. Ende der Tarifbindung. a) Beendigungstatbestände.** Die Tarifgebundenheit endet im Grundsatz mit dem **Ablauf des TV** auf Grund Kündigung, Befristung oder Eintritt eines Unwirksamkeitsgrundes sowie mit dem **Ende der Mitgliedschaft** im TVschließenden Verband. Wann die Mitgliedschaft beendet ist, beurteilt sich nach der Satzung des jeweiligen Verbandes (vgl. bereits Rz. 11, 38). Ebenso endet die Tarifbindung, wenn der ArbGeb auf Grund einer unternehmerischen Neuausrichtung aus dem Geltungsbereich des TV herauswächst[14] oder wenn durch einen Betriebsübergang der tarifl. Geltungsbe-

---

1 Kempen/Zachert/*Kempen*, § 3 TVG Rz. 3 und 22; ausf. *Schleusener*, ZTR 1998, 100 ff.; *Loritz*, FS Zöllner, Bd. II, S. 865 ff.; *Schubert*, RdA 2001, 199. | 2 Vgl. BAG v. 7.11.1995 – 3 AZR 676/94, AP Nr. 1 zu § 3 TVG – Betriebsnormen; v. 26.4.1990 – 1 ABR 84/87, AP Nr. 57 zu Art. 9 GG. | 3 BAG v. 1.8.2001 – 4 AZR 388/99, AP Nr. 5 zu § 3 TVG – Betriebsnormen. | 4 BAG v. 4.8.1993 – 4 AZR 499/92, AP Nr. 15 zu § 3 TVG. | 5 BAG v. 6.6.1958 – 1 AZR 515/57, AP Nr. 1 zu § 4 TVG – Nachwirkung; v. 10.12.1997 – 4 AZR 247/96, AP Nr. 20 zu § 3 TVG; ErfK/*Franzen*, § 4 TVG Rz. 53. AA *Gamillscheg*, Kollektives Arbeitsrecht I, § 17 I 4 a; Wiedemann/*Oetker*, § 3 TVG Rz. 34. | 6 BAG v. 22.11.2000 – 4 AZR 688/99, AP Nr. 20 zu § 3 TVG – Verbandszugehörigkeit. | 7 BAG v. 27.4.1988 – 7 AZR 593/87, AP Nr. 4 zu § 1 BeschFG 1985; v. 22.11.2000 – 4 AZR 688/99, AP Nr. 20 zu § 3 TVG – Verbandszugehörigkeit. | 8 BAG v. 20.12.1988 – 1 ABR 57/87, AP Nr. 9 zu § 87 BetrVG 1972 – Auszahlung; v. 22.11.2000 – 4 AZR 688/99 AP Nr. 20 zu § 3 TVG – Verbandszugehörigkeit; Wiedemann/*Oetker*, § 3 TVG Rz. 32; *Löwisch/Rieble*, § 3 TVG Rz. 27, 30 f. | 9 BAG v. 30.4.1969 – 4 AZR 335/68, AP Nr. 6 zu § 1 TVG – Rückwirkung; v. 6.8.2002 – 1 AZR 247/01, AP Nr. 154 zu § 112 BetrVG 1972; Wiedemann/*Oetker*, § 3 TVG Rz. 37; aA ErfK/*Franzen*, § 3 TVG Rz. 20. | 10 BAG v. 6.8.2002 – 1 AZR 247/01, AP Nr. 154 zu § 112 BetrVG 1972; v. 13.12.1995 – 4 AZR 603/94, AP Nr. 15 zu § 1 TVG – Rückwirkung. | 11 BAG v. 13.12.1995 – 4 AZR 603/94, AP Nr. 15 zu § 1 TVG – Rückwirkung; v. 13.9.1994 – 3 AZR 148/94, AP Nr. 11 zu § 1 TVG – Rückwirkung. | 12 Vgl. Kempen/Zachert/*Kempen*, § 3 TVG Rz. 14; wie hier *Jacobs/Krause/Oetker*, § 6 Rz. 34. | 13 BAG v. 6.8.2002 – 1 AZR 247/01, AP Nr. 154 zu § 112 BetrVG 1972; *Jacobs/Krause/Oetker*, § 6 Rz. 34. | 14 BAG v. 10.12.1997 – 4 AZR 247/96, AP Nr. 20 zu § 3 TVG.

reich wechselt[1]. Löst sich ein TVschließender Verband auf, finden der von ihm abgeschlossene TV und damit die Tarifgebundenheit gleichfalls ihr Ende[2]. Wird über das Vermögen eines ArbGebVerbandes das Insolvenzverfahren eröffnet, so endet damit nicht ohne weiteres die normative Wirkung eines von dem Verband abgeschlossenen TV. Hierzu bedarf es – mangels sonstiger Beendigungstatbestände – vielmehr einer Kündigung, die vom Insolvenzverwalter ausgesprochen werden kann[3]. Der Insolvenzverwalter ist aber selbst nicht tarifgebunden[4].

41 **b) Fortwirkung bei Verbandsaustritt.** Gem. Abs. 3 verlängert sich die Tarifgebundenheit im Falle des Verbandsaustritts bis zur Beendigung des TV. Sinn und Zweck der Anordnung ist es, die **„Tarifflucht“ eines Tarifgebundenen zu verhindern**[5]. Ohne die Fortwirkung des Abs. 3 stünde die Tarifbindung und damit auch die zwingende Wirkung der Tarifnormen quasi zur Disposition der Partner des Arbeitsvertrages. An der Verfassungsmäßigkeit der Norm bestehen heute keine Zweifel mehr[6]. Die verlängerte Tarifgebundenheit gilt gleichermaßen für den normativen wie für den schuldrechtl. Teil des TV – und damit auch für die Friedenspflicht. Die Tarifnormen wirken weiterhin unmittelbar und zwingend gem. § 4 I. Bei StufenTV ist zu unterscheiden: Liegt bereits eine abschließende Regelung sämtl. Stufen vor, gilt der TV bis zum vereinbarten Ende zwingend fort. Müssen für die Ausführung noch weitere TV geschlossen werden, endet die Fortwirkung zu dem Zeitpunkt, in dem ein AusführungsTV eingreifen soll. Werden die einzelnen Stufen in Abhängigkeit von einem anderen TV bestimmt, auf den Bezug genommen wird, und ändert sich dieser TV, so endet mit der Änderung auch die Fortwirkung gem. § 3 III[7].

42 Voraussetzung für die Fortwirkung ist, dass die vormals nach § 3 I bestehende Tarifgebundenheit endet, da eine oder beide Arbeitsvertragsparteien **den Berufsverband durch Austritt verlassen haben**. Die Norm gilt damit gleichermaßen für ArbGeb und ArbN[8]. Entscheidend ist, dass die Person, deren Tarifgebundenheit fingiert werden soll, zuvor Mitglied im entsprechenden Verband war. Dem Austritt gleichzustellen ist der (provozierte) Ausschluss aus dem Verband[9], nicht dagegen der Tod des Verbandsmitglieds. Vielmehr können die Erben (insb. des ArbGeb) frei entscheiden, ob sie eine Verbandsmitgliedschaft und damit die Tarifbindung eingehen wollen (zu Betriebsübergang und Umwandlung s. Rz. 45 ff.). Ob der Wechsel des ArbGeb in die **OT**-Mitgliedschaft zur Fortwirkung führt, ist umstr.[10] Für eine Fortwirkung spricht, dass der Wechsel in die OT-Mitgliedschaft einem Verbandsaustritt ähnl. ist; es besteht auch hier das Bedürfnis, eine „Tarifflucht“ des ArbGeb zu verhindern[11]. Die fingierte Tarifgebundenheit gilt auch für solche Arbeitsverhältnisse, die erst im Fortwirkungszeitraum begründet werden, sofern die andere Arbeitsvertragspartei Mitglied des entsprechenden Berufsverbandes ist. Wird ein gewerkschaftsangehöriger ArbN nach Austritt des ArbGeb aus dem zuständigen ArbGebVerband und vor Ablauf des geltenden TV eingestellt, so findet daher der TV auf das Arbeitsverhältnis noch Anwendung[12]. Das Gleiche gilt, wenn ein im Arbeitsverhältnis stehender ArbN im Nachbindungszeitraum in die Gewerkschaft eintritt[13].

43 § 3 III fingiert nur die fehlende Mitgliedschaft. Er ist **nicht anwendbar, wenn der ArbGeb den Geltungsbereich verlässt**[14] oder der tarifl. Geltungsbereich infolge eines Betriebsübergangs wechselt[15]. Gleiches gilt für den Fall, dass der TV beendet oder unwirksam wird. Auch bei Auflösung einer TV-Partei (ohne gleichzeitige Fusion, vgl. Rz. 10) kann § 3 III zur Fortgeltung des TV nicht herangezogen werden[16].

44 Die Fortwirkung des § 3 III erstreckt sich **bis zum Ende des TV**. Neue TV gelten damit für das ausgeschiedene Mitglied nicht mehr[17]. Wird ein befristeter TV verlängert, ist das vor der Verlängerung ausgeschiedene Mitglied an den VerlängerungsTV nicht gebunden. Dies soll allerdings nicht gelten, wenn die Verlängerung vereinbarungsgemäß automatisch mangels rechtzeitiger Kündigung erfolgt[18]. Unbe-

---

1 BAG v. 26.9.1979 – 4 AZR 819/77, AP Nr. 17 zu § 613a BGB; v. 14.6.1994 – 9 AZR 89/93, AP Nr. 2 zu § 3 TVG – Verbandsaustritt; v. 9.11.1999 – 3 AZR 690/98, AP Nr. 5 zu § 3 TVG – Verbandaustritt; *Henssler*, NZA 1994, 294 (300); *Gamillscheg*, Kollektives Arbeitsrecht I, § 17 I 4b. | **2** BAG v. 15.10.1986 – 4 AZR 289/85, AP Nr. 4 zu § 3 TVG; aA *Buchner*, RdA 1997, 259; *Däubler*, Tarifvertragsrecht, Rz. 1521; Kempen/Zachert/*Kempen*, § 3 TVG Rz. 71 ff.; Wiedemann/*Oetker*, § 2 TVG Rz. 38 ff. | **3** BAG v. 27.6.2000 – 1 ABR 31/99, AP Nr. 56 zu § 2 TVG; v. 28.1.1987 – 4 AZR 150/86, AP Nr. 14 zu § 4 TVG – Geltungsbereich. | **4** BAG v. 28.1.1987 – 4 AZR 150/86, AP Nr. 14 zu § 4 TVG – Geltungsbereich. | **5** BAG v. 4.8.1993 – 4 AZR 499/92, AP Nr. 15 zu § 3 TVG; *Büdenbender*, NZA 2000, 509. | **6** BAG v. 4.8.1993 – 4 AZR 499/92, AP Nr. 15 zu § 3 TVG; *Henssler*, ZfA 1994, 487 (508); *Junker*, ZfA 1996, 383 (400); *Walker*, ZfA 1996, 353 (379); vgl. aber *Reuter*, RdA 1996, 208. | **7** BAG v. 17.5.2000 – 4 AZR 363/99, AP Nr. 8 zu § 3 TVG – Verbandsaustritt; v. 4.4.2001 – 4 AZR 215/00, AP Nr. 9 zu § 3 TVG – Verbandsaustritt. | **8** BAG v. 4.4.2001 – 4 AZR 237/00, AP Nr. 26 zu § 4 TVG – Tarifkonkurrenz; Wiedemann/*Oetker*, § 3 TVG Rz. 60, 76. | **9** ErfK/*Franzen*, § 3 TVG Rz. 23; Däubler/*Lorenz*, § 3 TVG Rz. 81; *Jacobs/Krause/Oetker*, § 6 Rz. 40. | **10** Dafür Däubler/*Lorenz*, § 3 TVG Rz. 81; *Bayreuther*, BB 2007, 325 (327); *Wroblewski*, NZA 2008, 421 (425); *Wilhelm/Dannhorn*, NZA 2006, 466 (472); *Otto*, NZA 1996, 624 (630 f.). | **11** So auch das BAG v. 18.7.2006 – 1 ABR 36/05, NZA 2006, 1225; *Otto*, NZA 1996, 624 (631). | **12** BAG v. 7.11.2001 – 4 AZR 703/00, AP Nr. 11 zu § 3 TVG – Verbandsaustritt. | **13** BAG v. 4.8.1993 – 4 AZR 499/92, AP Nr. 15 zu § 3 TVG. | **14** BAG v. 10.12.1997 – 4 AZR 247/96, AP Nr. 20 zu § 3 TVG; v. 2.12.1992 – 4 AZR 277/92, AP Nr. 14 zu § 1 TVG. AA Däubler/*Lorenz*, § 3 TVG Rz. 88. | **15** BAG v. 26.9.1979 – 4 AZR 819/77, AP Nr. 17 zu § 613a BGB. | **16** BAG v. 15.10.1986 – 4 AZR 289/85, AP Nr. 4 zu § 3 TVG; v. 27.6.2000 – 1 ABR 31/99, AP Nr. 56 zu § 2 TVG; Wiedemann/*Oetker*, § 2 TVG Rz. 40, § 3 TVG Rz. 72 ff.; aA *Buchner*, RdA 1997, 259; *Däubler*, Tarifvertragsrecht, Rz. 1521; Kempen/Zachert/*Kempen*, § 3 TVG Rz. 71 ff. | **17** BAG v. 13.12.1995 – 4 AZR 603/94, AP Nr. 15 zu § 1 TVG – Rückwirkung. | **18** Wiedemann/*Oetker*, § 3 TVG Rz. 87; Däubler/*Lorenz*, § 3 TVG Rz. 116; aA *Löwisch/Rieble*, § 3 TVG Rz. 91.

fristete TV wirken bis zu ihrer Beendigung durch Kündigung oder Aufhebung fort, und zwar unabhängig von mögl. früheren Kündigungsterminen[1]. Die Tarifgebundenheit endet also nicht schon mit der auf den Austritt folgenden nächsten Kündigungsmöglichkeit. Auch wenn der Wortlaut des § 3 III nur vom Ende des TV ausgeht, führt nach zutreffender Auffassung des BAG[2] **jede inhaltl. Änderung** des TV während seiner Laufzeit ebenfalls zur Beendigung der verlängerten Tarifgebundenheit[3]. Dies soll auch für jene Tarifbestimmungen gelten, die von der Änderung nicht berührt wurden. Nach einer im Schrifttum vertretenen Gegenauffassung soll es darauf ankommen, ob der nicht geänderte Teil für sich genommen eine sinnvolle und abgeschlossene Regelung darstellt[4]. An die Fortwirkung gem. § 3 III kann sich die Nachwirkung gem. § 4 V anschließen[5].

45 c) **Betriebsübergang.** Geht ein Betrieb oder Betriebsteil auf einen anderen Inhaber über, so ist dieser nur dann kraft kollektivrechtl. Wirkung an den bisher gültigen TV gebunden, wenn auch bei ihm die Voraussetzungen der Tarifbindung gem. § 3 I oder § 5 erfüllt sind[6]. Anderenfalls greift die gegenüber § 3 III speziellere Vorschrift des § 613a I 2 BGB, die grds. zu einer Transformation der Tarifnormen in einzelarbeitsvertragl. Regelungen führt (dazu § 613a BGB Rz. 249 ff. sowie im Folgenden in Rz. 46 ff.).

46 d) **Fortwirkung von Firmen- und Verbandstarifen in Umwandlungsfällen.** In den Fällen der Umwandlung eines Unternehmens (vgl. § 1 UmwG) ist zwischen verschiedenen Fallgestaltungen zu unterscheiden[7]. Keine Probleme bereitet die **formwechselnde Umwandlung**. Da der Rechtsträger derselbe bleibt, ändert sich die Tarifbindung weder beim Firmen- noch beim VerbandsTV.

47 Besteht ein **FirmenTV**, geht dieser bei einer Verschmelzung wegen der vom Gesetz angeordneten **Gesamtrechtsnachfolge** (§ 20 I Nr. 1 UmwG) uneingeschränkt auf den neu gegründeten Rechtsträger über, da auch die Pflichten aus dem FirmenTV zu den Verbindlichkeiten des übertragenden Rechtsträgers zählen[8]. Bei der Aufspaltung erlischt der bisherige Rechtsträger und mit ihm seine Tarifgebundenheit. Bei Abspaltung und Ausgliederung bleiben demgegenüber der bisherige Rechtsträger und damit auch seine Tarifgebundenheit bestehen. Nur bei Vereinbarung im Übernahmevertrag kann angenommen werden, dass der übernehmende Rechtsträger auch Partei des FirmenTV werden soll. Für eine analoge Anwendung des § 3 III ist kein Raum. Bei einer **Einzelrechtsnachfolge** im Rahmen eines Betriebsübergangs geht der FirmenTV dem BAG[9] und der hM im Schrifttum[10] zufolge nicht auf den Übernehmenden über, und zwar auch dann nicht, wenn der Vertrag nur für den übertragenen Betrieb geschlossen wurde und dieser unverändert erhalten bleibt. Denn die Bindung des ArbGeb (§ 3 I) an den FirmenTV basiert auf seiner Stellung als TV-Partei, nicht aber auf der als Partei des Arbeitsvertrages. Bei der Einzelrechtsnachfolge greift als speziellere Norm § 613a I BGB.

48 Beim **VerbandsTV** führt die Verschmelzung dagegen nicht zu einer kollektivrechtl. Fortwirkung. Da die Verbandsmitgliedschaft gem. § 38 S. 1 BGB regelmäßig nicht übertragen werden kann, ist auch der automatische Übergang der an die Mitgliedschaft geknüpften Tarifbindung ausgeschlossen[11]. Ist indes der neue Rechtsträger ebenfalls Mitglied des gleichen Verbandes, so ändert sich an der Tarifbindung oder dem Geltungsbereich des TV nichts. Gehört der neue Rechtsträger keinem anderen Verband an, so kann es zu einer weiteren Anwendung des TV nur über §§ 324 UmwG, 613a I BGB kommen. Die Fortgeltung ist dann allerdings nicht normativ (zur Transformation des TV in das Arbeitsverhältnis s. § 613a Rz. 249 ff.). Unter Umständen kann die Auslegung der Verbandssatzung ergeben, dass der gem. § 40 BGB dispositive § 38 BGB abbedungen wurde und die Mitgliedschaft übertragen werden kann. Liegen auch die Voraussetzungen bzgl. des fachl. Geltungsbereichs sowie der Tarifzuständigkeit vor, kann ein Übergang der Tarifbindung auf den Übernehmenden anzunehmen sein[12].

49 Bei der **Aufspaltung** erlischt der übertragende Rechtsträger und mit ihm die Mitgliedschaft im Verband sowie die Tarifgebundenheit. Bei **Abspaltung und Ausgliederung** bleibt der Rechtsträger bestehen

---

1 Wiedemann/*Oetker*, § 3 TVG Rz. 88 f.; Kempen/Zachert/*Kempen*, § 3 TVG Rz. 59; *Däubler*, ZTR 1994, 448 (449); aA *Löwisch/Rieble*, § 3 TVG Rz. 91; ErfK/*Franzen*, § 3 TVG Rz. 27; *Hanau*, RdA 1998, 65 (68). | 2 BAG v. 18.3.1992 – 4 AZR 339/91, AP Nr. 13 zu § 3 TVG; v. 17.5.2000 – 4 AZR 363/99, AP Nr. 8 zu § 3 TVG – Verbandsaustritt; v. 7.11.2001 – 4 AZR 703/00, AP Nr. 11 zu § 3 TVG – Verbandsaustritt. | 3 Ebenso Wiedemann/*Oetker*, § 3 TVG Rz. 95 ff.; *Löwisch/Rieble*, § 3 TVG Rz. 94; *Hanau/Kania*, DB 1995, 1229 (1232); *Stein*, Tarifvertragsrecht, Rz. 174; *Stein*, AuR 2000, 149. | 4 Kempen/Zachert/*Kempen*, § 3 TVG Rz. 60; *Däubler*, Tarifvertragsrecht, Rz. 300, 1513; *Gamillscheg*, Kollektives Arbeitsrecht I, S. 728. | 5 St. Rspr. BAG v. 14.2.1991 – 8 AZR 166/90, AP Nr. 10 zu § 3 TVG; v. 15.10.2003 – 4 AZR 573/02, AP Nr. 41 zu § 4 TVG – Nachwirkung; ErfK/*Franzen*, § 3 TVG Rz. 28; Wiedemann/*Oetker*, § 3 TVG Rz. 106; *Henssler*, ZfA 1994, 487 (507). | 6 BAG v. 2.12.1992 – 4 AZR 277/92, AP Nr. 14 zu § 3 TVG; v. 10.11.1993 – 4 AZR 375/92, AP Nr. 13 zu § 3 TVG – Verbandszugehörigkeit. | 7 Vertiefend *Henssler*, FS Schaub, S. 311. | 8 BAG v. 24.6.1998 – 4 AZR 208/97, AP Nr. 1 zu § 20 UmwG; *Henssler*, FS Schaub, S. 311 (326); Kempen/Zachert/*Kempen*, § 3 TVG Rz. 140 mwN. | 9 BAG v. 20.6.2001 – 4 AZR 295/00, AP Nr. 18 zu § 1 TVG – Bezugnahme auf Tarifvertrag. | 10 MünchArbR/*Wank*, § 124 Rz. 182; AR-Blattei/*Hergenröder*, SD 500.1, Rz. 551; Wiedemann/*Oetker*, § 3 TVG Rz. 199 ff.; *Löwisch/Rieble*, § 2 TVG Rz. 174; aA Däubler/*Lorenz*, § 3 TVG Rz. 176; Kempen/Zachert/*Kempen*, § 3 TVG Rz. 107; *Moll*, RdA 1996, 275. | 11 BAG v. 4.12.1974 – 5 AZR 75/74, AP Nr. 2 zu § 3 TVG; v. 13.7.1994 – 4 AZR 555/93, AP Nr. 14 zu § 3 TVG – Verbandszugehörigkeit; LAG BW v. 24.10.2000 – 10 TaBV 2/99, AP Nr. 18 zu § 3 TVG – Verbandszugehörigkeit. | 12 Wiedemann/*Oetker*, § 3 TVG Rz. 208.

und im Regelfall damit auch seine Tarifgebundenheit unberührt[1]. Auf Grund der grds. Unübertragbarkeit des Mitgliedschaftsrechtes geht die Tarifbindung nicht auf den übernehmenden Rechtsträger über. Ausnahmen greifen bei abweichender Satzungsgestaltung[2]. Bei einer Einzelrechtsnachfolge bleibt die Tarifbindung des Veräußerers bestehen. Im Rahmen des § 613a I BGB findet der TV unter Umständen weitere (individualvertragl.) Anwendung.

V. Prozessuales. Wer einen Anspruch auf eine infolge beidseitiger Tarifgebundenheit zwingend anzuwendende Inhaltsnorm eines TV stützt, muss **darlegen und ggf. beweisen**, dass im Anspruchszeitraum Tarifgebundenheit (§ 3 I) bestand. Die bloße Erklärung, einer TV-Partei (Gewerkschaft oder ArbGeb-Verband) anzugehören, besagt für sich allein nicht, seit wann Tarifgebundenheit vorliegen soll[3]. Behauptet eine Partei die Mitgliedschaft der anderen Partei in einem TVschließenden Verband, so muss der Gegner dies substantiiert bestreiten[4]. Die Gerichte haben den Inhalt von entscheidungserhebl. Tarifnormen nach den Grundsätzen des § 293 ZPO zu ermitteln[5], sobald der Parteivortrag entsprechende Anhaltspunkte gibt. 50

4 *Wirkung der Rechtsnormen*

(1) Die Rechtsnormen des Tarifvertrages, die den Inhalt, den Abschluss oder die Beendigung von Arbeitsverhältnissen ordnen, gelten unmittelbar und zwingend zwischen den beiderseits Tarifgebundenen, die unter den Geltungsbereich des Tarifvertrages fallen. Diese Vorschrift gilt entsprechend für Rechtsnormen des Tarifvertrages über betriebliche und betriebsverfassungsrechtliche Fragen.

(2) Sind im Tarifvertrag gemeinsame Einrichtungen der Tarifvertragsparteien vorgesehen und geregelt (Lohnausgleichskassen, Urlaubskassen usw.), so gelten diese Regelungen auch unmittelbar und zwingend für die Satzung dieser Einrichtung und das Verhältnis der Einrichtung zu den tarifgebundenen Arbeitgebern und Arbeitnehmern.

(3) Abweichende Abmachungen sind nur zulässig, soweit sie durch den Tarifvertrag gestattet sind oder eine Änderung der Regelungen zu Gunsten des Arbeitnehmers enthalten.

(4) Ein Verzicht auf entstandene tarifliche Rechte ist nur in einem von den Tarifvertragsparteien gebilligten Vergleich zulässig. Die Verwirkung von tariflichen Rechten ist ausgeschlossen. Ausschlussfristen für die Geltendmachung tariflicher Rechte können nur im Tarifvertrag vereinbart werden.

(5) Nach Ablauf des Tarifvertrages gelten seine Rechtsnormen weiter, bis sie durch eine andere Abmachung ersetzt werden.

1 Näher Wiedemann/*Oetker*, § 3 TVG Rz. 219 f. | 2 LAG BW v. 24.10.2000 – 10 TaBV 2/99, AP Nr. 18 zu § 3 TVG – Verbandszugehörigkeit; im Einzelnen Wiedemann/*Oetker*, § 3 TVG Rz. 221. | 3 BAG v. 18.8.1999 – 4 AZR 247/98, AP Nr. 22 zu § 3 TVG. | 4 ErfK/*Franzen*, § 3 TVG Rz. 45. | 5 BAG v. 9.8.1995 – 6 AZR 1047/94, AP Nr. 8 zu § 293 ZPO.

1 **I. Normwirkung des Tarifvertrags (Abs. 1, 5).** Das TVG erkennt den Bestimmungen eines TV, soweit sie den Inhalt, den Abschluss oder die Beendigung von Arbeitsverhältnissen ordnen, normative Wirkung zu (s. zur Rechtsnatur des TV und den daraus für die Rechtsnormen des TV zu ziehenden Folgerungen § 1 Rz. 3 f.). Die unmittelbare und zwingende Wirkung des TV ist verfassungsrechtl. durch Art. 9 III GG nicht geboten; vielmehr zeigen ausländische Rechtsordnungen wie die britische, dass die Tarifautonomie funktionsfähig sein kann, wenn die Einhaltung der tarifl. Arbeitsbedingungen allein von der faktischen Machtposition der Gewerkschaften abhängt[1].

2 **1. Geltung für Rechtsnormen.** Die Regelung des § 4 gilt nur für die in einem TV enthaltenen Rechtsnormen. Für die schuldrechtl. Inhalte (zur Unterscheidung § 1 Rz. 40 ff., 60 ff.) eines TV bleibt es bei dem allgemeinen Grundsatz der Relativität der Schuldverhältnisse. Nur die TV-Parteien werden aus ihnen unmittelbar verpflichtet, nur sie können unmittelbar Rechte herleiten[2]. Umgekehrt sind grds. die TV-Parteien nicht Normadressaten der tarifvertragl. Rechtsnormen. Eine Ausnahme gilt für FirmenTV (zum Begriff § 1 Rz. 5), bei denen der ArbGeb sowohl TV-Partei als auch tarifgebunden ist[3].

3 **2. Wirkungsweise.** Die Rechtsnormen des TV gelten nach § 4 I **unmittelbar und zwingend.** Die Regelungswirkung entspricht damit derjenigen anderer Rechtsnormen. Die Normen werden nicht Bestandteil des Arbeitsvertrages[4], sondern wirken von Außen auf das Arbeitsverhältnis ein[5]. Der TV bedarf, sofern die TV-Parteien dies nicht vorsehen, keines zusätzlichen Umsetzungsaktes, um Wirkung für und gegen die Tarifgebundenen zu entfalten. Auf den Willen der Tarifgebundenen kommt es für die Geltung der sie betreffenden Tarifnormen nicht an[6], nicht einmal ihre Kenntnis ist erforderlich[7] (s. auch § 8 Rz. 8 ff.).

4 Als Rechtsnormen sind die Bestimmungen des TV **Gesetz im materiellen Sinne**[8]. Art. 2 EGBGB[9], § 12 EGZPO, § 7 EGStPO stellen klar, dass Bezugnahmen auf „Gesetze" jeweils alle Rechtsnormen und damit auch tarifvertragl. Vorschriften erfassen. So können tarifvertragl. Normen Schutzgesetze iSd. § 823 II BGB[10] oder gesetzl. Verbote iSv. § 134 BGB (str.[11]) sein. Im letztgenannten Fall ist jeweils im Einzelfall zu überprüfen, ob die Verbotsnorm die Nichtigkeit nach § 134 BGB nach sich ziehen soll[12]. Bei Disponibilität des Verbots ist § 134 BGB wegen des Günstigkeitsprinzips grds. nicht anwendbar[13]. Relevanz hat die Qualifikation als Gesetz für die Schriftform gem. § 126 BGB. Bei tarifvertragl. festgelegter Schriftform handelt es sich um eine gesetzl. iSv. § 126 I BGB[14] und nicht um eine durch Rechtsgeschäft bestimmte iSd. § 127 I BGB. Die Schriftformerleichterungen des § 127 II BGB greifen daher nicht. Auch zur Einhaltung der gesetzl. elektronischen Form nach § 126a BGB (dazu § 1 Rz. 16) darf nicht auf die Erleichterung des § 127 III 1 BGB zurückgegriffen werden. In § 36 I SGB III umfasst der Begriff des „Gesetzes" ebenfalls tarifvertragl. Rechtsnormen[15]. Gleich gelagert ist schließl. der Fall, dass gesetzl. Vorschriften unmittelbar Bezugnahmen auf den Begriff „Rechtsnormen" enthalten (zB §§ 73 I, 110 I Nr. 2 ArbGG).

5 **3. Nachwirkung von Tarifnormen (Abs. 5). a) Regelungsanliegen.** Auf Grund der unmittelbaren Wirkung seiner Normen wird der TV nicht Bestandteil des zwischen den Tarifgebundenen geschlossenen Arbeitsvertrages (Rz. 3). Als Rechtsnormen müssten die Tarifbestimmungen daher an sich mit Beendigung der Geltung des TV (§ 1 Rz. 21 ff.) ihre Wirkung für die dem TV bislang unterworfenen Arbeitsverhältnisse verlieren[16]. Dieses unerwünschte Ergebnis verhindert Abs. 5: Auf Grund der gesetzl. Regelung kommt es zu einer Erweiterung der Tarifgeltung, und zwar unabhängig davon, ob die beiderseitige Verbandsmitgliedschaft im Nachwirkungszeitraum fortbesteht[17]. Die Rechtsnormen des TV **gelten wei-**

---

1 Dazu *Henssler*, ZfA 1998, 1 (31); *Suckow*, Gewerkschaftliche Mächtigkeit als Determinante korporatistischer Tarifsysteme, S. 179 ff. | **2** Kempen/Zachert/*Stein*, § 4 TVG Rz. 11. | **3** MünchArbR/*Löwisch*/*Rieble*, § 270 Rz. 18. | **4** BAG v. 29.1.1975 – 4 AZR 218/74, AP Nr. 8 zu § 4 TVG – Nachwirkung; Wiedemann/*Wank*, § 4 TVG Rz. 320; *Gamillscheg*, Kollektives Arbeitsrecht I, S. 791. | **5** Wiedemann/*Wank*, § 4 TVG Rz. 320; aA *Löwisch*/*Rieble*, § 4 TVG Rz. 22. | **6** Zum potentiell heteronomen Charakter von TV *Kirchhof*, Private Rechtsetzung, S. 184 f.; *Neuner*, ZfA 1998, 83 (87); *Rieble*, ZfA 2000, 5 (9). | **7** *Gamillscheg*, Kollektives Arbeitsrecht I, S. 792. | **8** BVerfG v. 24.5.1977 – 2 BvL 11/74, BVerfGE 44, 322 (341, 346); v. 15.7.1980 – 1 BvR 24/74 und 439/79, BVerfGE 55, 7 (21); BAG v. 28.10.1987 – 5 AZR 518/85, AP Nr. 1 zu § 7 AVR – Caritasverband; v. 14.6.1994 – 9 AZR 284/93, AP Nr. 21 zu § 7 BUrlG – Übertragung; v. 9.3.1995 – 2 AZR 484/94, AP Nr. 1 zu § 9 GesO; *Gamillscheg*, Kollektives Arbeitsrecht I, S. 541 mwN. | **9** Dazu Staudinger/*Merten*, Art. 2 EGBGB Rz. 80. | **10** Staudinger/*Hager*, § 823 BGB Rz. G 13 mwN. | **11** BAG v. 10.2.1999 – 2 AZR 422/98, AP Nr. 5 zu § 2 KSchG 1969 (Unwirksamkeit einer Änderungskündigung zum Abbau tariflicher Rechte); MünchArbR/*Löwisch*/*Rieble*, § 270 Rz. 19; offen gelassen von BGH v. 14.12.1999 – X ZR 34/98, BGHZ 143, 283 (289 f.); aA MüKo/*Armbrüster*, § 134 BGB Rz. 31 und MünchArbR/*Richardi*, § 46 Rz. 5. | **12** BGH v. 14.12.1999 – X ZR 34/98, BGHZ 143, 283 (286 ff.): Annahme von Geschenken entgegen § 10 I BAT. | **13** *Beckmann*, JZ 2001, 150 (151). | **14** BAG v. 9.2.1972 – 4 AZR 149/71, AP Nr. 1 zu § 4 BAT; v. 14.6.1994 – 9 AZR 284/93, AP Nr. 21 zu § 7 BUrlG – Übertragung; MüKo/*Einsele*, § 126 BGB Rz. 3; zur unzulässigen Berufung auf die Schriftform BAG v. 16.5.1972 – 5 AZR 459/71, AP Nr. 11 zu § 4 TVG; zur Wahrung der Schriftform durch Erhebung der Kündigungsschutzklage v. 7.11.1991 – 2 AZR 34/91, AP Nr. 114 zu § 4 TVG – Ausschlussfristen; vgl. auch BAG v. 11.6.2002 – 1 ABR 43/01, AP Nr. 118 zu § 99 BetrVG 1972 (zu § 99 III BetrVG). Zu tarifvertragl. Formvorschriften *Kliemt*, Formerfordernisse im Arbeitsrecht, S. 251 ff.; s. auch *Wiedemann*, § 1 TVG Rz. 459. | **15** Gagel/*Kruse*, § 36 SGB III Rz. 3. | **16** Zu den Folgen einer Anwendung der Regeln des intertemporalen Rechts s. *Rotter*, Nachwirkung der Normen eines Tarifvertrags, S. 15 f., 22, 26 f. | **17** BAG v. 15.10.2003 – 4 AZR 573/02, NZA 2004, 387.

ter, bis sie durch eine **andere Abmachung** ersetzt werden[1]. Die TV-Normen behalten folglich ihre unmittelbare, verlieren aber ihre zwingende Wirkung. Die Nachwirkung verfolgt den Zweck, die Zeitspanne vom Ablauf eines TV bis zum Abschluss eines neuen TV (oder einer „anderen Abmachung") zu überbrücken (**Überbrückungsfunktion**). Zudem sollen die Inhalte des bisherigen TV zumindest dispositiv erhalten bleiben um einen regelungslosen Zustand zu verhindern (**Inhaltsschutz**). Die Nachwirkung greift auch bei der Tarifbindung kraft AVE[2] und zwar nach hM selbst bei der Aufhebung gem. § 5 V 1[3]. Es steht den TV-Parteien allerdings frei, die Nachwirkung (auch konkludent[4]) zu befristen, zu beschränken oder gänzlich **auszuschließen**[5].

Beendigungsgründe, die zur Anwendung des Abs. 5 führen, sind nicht nur das Außerkrafttreten des TV[6] (dazu § 3 Rz. 40), sondern auch jeder andere Grund, der die Geltung des zunächst einschlägigen TV für das Arbeitsverhältnis beseitigt[7] mit Ausnahme der spezieller geregelten Fälle des Betriebsübergangs gem. § 613a BGB und des Eintritts der Nachbindung gem. § 3 III bei Verbandsaustritt, an die sich nach BAG-Rspr. aber die Nachwirkung anschließen kann[8]. Die Nachwirkung entsteht damit auch im Falle des Herauswachsens eines ArbGeb aus dem TV durch Änderung des unternehmerischen Schwerpunktes[9] und nach Auflösung einer TV-Partei[10]. Bei einer außerordentl. Kündigung des TV ist die Nachwirkung zweifelhaft. Ist das Festhalten am TV für eine Partei unzumutbar, lässt sich auch die Nachwirkung nur schwer begründen[11]. Die hL will Abs. 5 dennoch anwenden[12]. 6

b) Weitergeltung als Rechtsnorm. Die Rechtsnormen gelten als Normen weiter, werden also anders als in § 613a I 2 BGB nicht in individualvertragl. Abmachungen transformiert. Folge des unter Rz. 5 geschilderten Regelungsanliegens des Abs. 5 ist, dass sich die Nachwirkung des TV auf den normativen Inhalt beschränkt, den schuldrechtl. Teil also nicht erfasst[13]. St. Rspr. des BAG zufolge beruht die **Nachwirkung** nicht (mehr) auf Tarifrecht, sondern auf der **gesetzl. Anordnung** in Abs. 5 und damit auf staatlichem Recht[14]. Demgegenüber soll nach ganz hL der TV die Grundlage für die normative Wirkung im Nachwirkungszeitraum bilden[15]. 7

Praktische Relevanz entfaltet dieser dogmatische Streit für die Möglichkeiten, den außer Kraft getretenen **TV mit Wirkung für die Nachwirkungszeit** zu ändern oder neu zu erlassen. Für das BAG ergibt sich aus der gesetzl. Anordnung der Nachwirkung tarifl. Rechtsnormen, dass die TV-Parteien – mangels gesetzl. Grundlage – nicht mehr die Macht haben, einen entsprechenden TV mit normativer Wirkung zu schließen[16]. Das Gericht folgert aus der gesetzl. Anordnung der Fortgeltung und der hinter Abs. 5 stehenden ratio (Überbrückung tarifloser Zeiten), dass der nachwirkende TV bei während des Nachwirkungszeitraums **neu begründeten Arbeitsverhältnissen keine Anwendung** finde (zur Geltung eines TV bei Abschluss eines Arbeitsvertrages während des Fortwirkungszeitraumes gem. § 3 III s. § 3 Rz. 42)[17]. Ausnahmen sollen für Arbeitsverhältnisse gelten, die aus der Umwandlung eines Ausbildungsverhältnisses während des Nachwirkungszeitraums entstehen[18]. Die Begründung des Arbeitsverhältnisses im Nachwirkungszeitraum schließt es aber nicht aus, dass die Vertragsparteien den abgelaufenen TV ein- 8

1 Vgl. BAG v. 15.10.2003 – 4 AZR 573/02, NZA 2004, 387 (zeitl. unbegrenzte Nachwirkung). Zur rückwirkenden Inkraftsetzung eines TV BAG v. 8.9.1999 – 4 AZR 661/98, AP Nr. 33 zu § 4 TVG – Nachwirkung. | 2 St. Rspr. und hL, s. zuletzt BAG v. 15.10.2003 – 4 AZR 573/02, NZA 2004, 387 und v. 25.10.2000 – 4 AZR 212/00, AP Nr. 38 zu § 4 TVG – Nachwirkung mwN. | 3 *Jacobs/Krause/Oetker*, § 8 Rz. 31. | 4 BAG v. 3.9.1986 – 5 AZR 319/85, AP Nr. 12 zu § 4 TVG – Nachwirkung: Eine gemeinsame Einrichtung der TV-Parteien wird nicht mehr unterhalten; v. 8.10.1997 – 4 AZR 87/96, AP Nr. 29 zu § 4 TVG – Nachwirkung: Verpflichtung, während einer Kündigungsfrist Verhandlungen über den Neuabschluss zu führen; Wiedemann/*Wank*, § 4 TVG Rz. 363 mN auch zur Gegenmeinung. | 5 BAG v. 3.9.1986 – 5 AZR 319/85, AP Nr. 12 zu § 4 TVG – Nachwirkung; v. 8.10.1997 – 4 AZR 87/96, AP Nr. 29 zu § 4 TVG – Nachwirkung; Wiedemann/*Wank*, § 4 TVG Rz. 362 f. mwN. | 6 Beispiel: Auflösung einer TV-Partei, BAG v. 28.5.1997 – 4 AZR 545/95, AP Nr. 27 zu § 4 TVG – Nachwirkung; v. 27.6.2000 – 1 ABR 31/99, AP Nr. 56 zu § 2 TVG m Anm. *Buchner*. | 7 BAG v. 18.3.1992 – 4 AZR 339/91, AP Nr. 13 zu § 3 TVG mit abl. Anm. *Löwisch/Rieble*; v. 10.12.1997 – 4 AZR 247/96, AP Nr. 20 zu § 3 TVG; s. aber auch v. 9.11.1999 – 3 AZR 690/98, AP Nr. 5 zu § 3 TVG – Verbandsaustritt mit Anm. *Waas* (keine Nachwirkung bei Ausscheiden aus betrieblichem Geltungsbereich); aA MünchArbR/*Löwisch/Rieble* § 264 Rz. 28; *Frölich*, NZA 1992, 1105 ff.; *Löwisch/Rieble*, § 4 TVG Rz. 409. | 8 BAG v. 14.2.1991 – 8 AZR 166/90, AP Nr. 10 zu § 3 TVG; v. 15.10.2003 – 4 AZR 573/02, AP Nr. 41 zu § 4 TVG – Nachwirkung; ErfK/*Franzen*, § 3 TVG Rz. 28; Wiedemann/*Oetker*, § 3 TVG Rz. 106; *Henssler*, ZfA 1994, 487 (507). | 9 BAG v. 10.12.1997 – 4 AZR 247/96, AP Nr. 20 zu § 3 TVG; *Jacobs/Krause/Oetker*, § 8 Rz. 33. | 10 Zur Auflösung einer Tarifgemeinschaft vgl. *Henssler*, FS 25 Jahre ARGE Arbeitsrecht, S. 37 ff. | 11 Zweifel auch bei Däubler/*Bepler*, § 4 TVG Rz. 854. | 12 Däubler/*Bepler*, § 4 TVG Rz. 855 ff.; ErfK/*Franzen*, § 4 TVG Rz. 56; *Jacobs/Krause/Oetker*, § 8 Rz. 29. | 13 Wiedemann/*Wank*, § 4 TVG Rz. 324. | 14 BAG v. 29.1.1975 – 4 AZR 218/74, AP Nr. 8 zu § 4 TVG – Nachwirkung; v. 7.12.1977 – 4 AZR 474/76, AP Nr. 9 zu § 4 TVG – Nachwirkung; v. 16.8.1990 – 8 AZR 439/89, AP Nr. 19 zu § 4 TVG – Nachwirkung; zum Verhältnis zwischen privatautonomer und durch Gesetz angeordneter Normgeltung *Neuner*, ZfA 1998, 83 (88). | 15 Däubler/*Bepler*, § 4 TVG Rz. 819; Wiedemann/*Wank*, § 4 TVG Rz. 325 m. umfangr. Nachw.; ausf. *Rotter*, Nachwirkung der Normen eines Tarifvertrags, S. 34 ff., 46 ff. | 16 BAG v. 14.2.1973 – 4 AZR 176/72, AP Nr. 6 zu § 4 TVG – Nachwirkung; v. 29.1.1975 – 4 AZR 218/74, AP Nr. 8 zu § 4 TVG – Nachwirkung; ebenso ua. *Frölich*, NZA 1992, 1105 (1109). | 17 S. zuletzt BAG v. 2.3.2004 – 1 AZR 271/03, AP Nr. 31 zu § 3 TVG; v. 11.6.2002 – 1 AZR 390/01, NZA 2003, 570; v. 7.11.2001 – 4 AZR 703/00, NZA 2002, 748; v. 22.7.1998 – 4 AZR 403/97, AP Nr. 32 zu § 4 TVG – Nachwirkung mwN; v. 7.11.2001 – 4 AZR 703/00, AP Nr. 11 zu § 3 TVG – Verbandsaustritt. | 18 BAG v. 19.1.1962 – 1 AZR 147/61, AP Nr. 11 zu § 5 TVG; v. 28.1.1987 – 5 AZR 323/86, AP Nr. 16 zu § 4 TVG – Nachwirkung.

zelvertragl. in Bezug nehmen[1]. Die Folgen der unterschiedl. Auffassungen werden zusätzlich dadurch abgeschwächt, dass nach der Rspr. eine arbeitsvertragl. pauschale Verweisung auf die geltenden TV so auszulegen ist, dass sie auch nachwirkende TV erfasst[2]. Auf Grundlage der Verweisungsklauseln (dazu § 3 Rz. 15 ff.) erhalten dann auch ArbN, die erst nach Ablauf des TV eingestellt worden, die tarifl. Arbeitsbedingungen.

9 Ob **tarifdispositives Gesetzesrecht** (s. Einl. Rz. 27 f.) auch von lediglich nachwirkenden tarifvertragl. Normen verdrängt wird, ist strittig. Das BAG bejaht dies[3], sofern das Gesetz generell Abweichungen auch bei bloßer individualvertragl. Bezugnahme auf einen gültigen TV erlaubt, ein Ergebnis, das schon aus der Auslegung der einzelnen gesetzl. Normen folgt. Besondere praktische Bedeutung hat dies im Arbeitszeitrecht (§§ 7, 12 ArbZG). Einen allgemeinen Grundsatz der Nachwirkung von Tarifnormen wird man hierin nicht sehen können[4].

10 **c) Weitergeltende Normen.** Die Nachwirkung umfasst nach der Rspr. des BAG grds. **alle tarifl. Normen** iSd. § 1 I[5]; praxisrelevant ist sie jedoch vor allem für die Inhaltsnormen[6]. Auch betriebl. und betriebsverfassungsrechtl.[7] Normen entfalten Nachwirkung[8] (s. im Übrigen § 87 BetrVG Rz. 11). Für negative Inhaltsnormen und Abschlussnormen ist die Bedeutung der Nachwirkung gering, da ein Arbeitsvertrag, der den tarifl. Bestimmungen widerspricht, als andere Abmachung iSd. Abs. 5 aufzufassen ist[9]. Bedeutsam ist die Nachwirkung ferner für die den bereits Beschäftigten in Abschluss- und Beendigungsnormen gewährten Ansprüche. Auch bei gemeins. Einrichtungen gem. Abs. 2 ist eine Nachwirkung möglich[10] (zum konkludenten Ausschluss s. Rz. 5).

11 **d) Ablösung durch andere Abmachung.** Die Nachwirkung soll Regelungslücken verhindern. Sie endet daher mit ihrer Ersetzung durch eine andere Abmachung. In Betracht kommen sowohl **kollektive Regelungen** (TV, BV in den Grenzen der §§ 77, 87 BetrVG[11]; nicht aber eine Regelungsabrede[12]) als auch **arbeitsvertragl. Vereinbarungen**[13]. Diese können schon vor Beginn der Nachwirkung geschlossen werden[14], da der Zeitpunkt der anderen Abmachung aus Perspektive des Normzwecks (vgl. Rz. 5) keine Rolle spielt. Arbeitsvertragl. Regelungen, die vor der unmittelbaren und zwingenden Wirkung des TV vereinbart wurden und durch den TV verdrängt waren, können daher mit Ablauf des TV wieder aufleben[15]. Durch Auslegung muss ermittelt werden, ob der individualvertragl. Regelung diese Wirkung zukommen soll. Eine ablösende Vereinbarung kann auch in einer **arbeitsvertragl. Bezugnahmeklausel** bestehen[16]. Obwohl dies der Wortlaut nicht klar erkennen lässt („Abmachung"), kann die ersetzende Regelung auch auf einer **Änderungskündigung** beruhen[17]. Regelt ein TV einen bestimmten Komplex von Arbeitsbedingungen insgesamt neu, ersetzt er den vorangehenden TV grds. ganz (Ablösungsprinzip)[18]. Dadurch entstehende Regelungslücken sind hinzunehmen[19].

12 Die Nachwirkung gem. § 4 V kann nur durch eine **Abmachung** beendet werden, die auf das jeweilige Arbeitsverhältnis **Anwendung findet**[20]. Bei einer Ablösung durch einen neuen TV bedarf es grds. einer kongruenten Tarifbindung. Fehlt diese bei einzelnen ArbN, kommt es zu einer – vom BAG auch nach der aktuellen Rspr. tolerierten – Tarifpluralität im Betrieb[21]. Für die Außenseiter greift die Beendigung der Nachwirkung durch einen neuen TV nach der Rspr. nur, wenn der TV für allgemeinverbindl. erklärt wurde[22]. Teile des Schrifttums vertreten unter Hinweis auf die fehlende Legitimation der Fortgeltung

1 BAG v. 20.9.2006 – 10 AZR 33/06, NZA 2007, 164. | 2 BAG v. 29.1.1975 – 4 AZR 218/74, AP Nr. 8 zu § 4 TVG – Nachwirkung; v. 20.9.2006 – 10 AZR 33/06, NZA 2007, 164; Wiedemann/*Wank*, § 4 TVG Rz. 333. | 3 BAG v. 27.6.1978 – 6 AZR 59/77, AP Nr. 12 zu § 13 BUrlG m. Anm. *Wiedemann*; Wiedemann/*Wank*, § 4 TVG Rz. 334 mwN zu abw. Auffassungen. | 4 Vgl. *Gamillscheg*, Kollektives Arbeitsrecht I, S. 876. | 5 BAG v. 18.5.1977 – 4 AZR 47/76, AP Nr. 4 zu § 4 BAT; ausf. *Oetker*, FS Schaub, S. 535 (537 ff.). | 6 Wiedemann/*Wank*, § 4 TVG Rz. 343. | 7 *Oetker*, FS Schaub, S. 535 ff. | 8 BAG v. 26.4.1990 – 1 ABR 84/87, AP Nr. 57 zu Art. 9 GG (zu betrieblichen Normen); Nachw. auch zu abw. Stimmen bei *Oetker*, FS Schaub, S. 535 (537). | 9 Wiedemann/*Wank*, § 4 TVG Rz. 345. | 10 Wiedemann/*Wank*, § 4 TVG Rz. 348 ff. mwN; anders aber nach BAG v. 14.6.1994 – 9 AZR 89/93, AP Nr. 17 zu § 613a BGB, im Fall des Herauswachsens aus dem Geltungsbereich bei gemeins. Einrichtungen. | 11 Vgl. BAG v. 2.3.2004 – 1 AZR 271/03, AP Nr. 31 zu § 3 TVG. | 12 LAG Schl.-Holst. v. 12.5.2005 – 3 Sa 105/05, NZA-RR 2005, 426 ff.; LAG Nürnberg v. 6.11.2001 – 6 Sa 592/00, ZTR 2002, 227. | 13 BAG v. 18.3.1992 – 4 AZR 339/91, AP Nr. 13 zu § 3 TVG. BAG v. 23.2.2005 – 4 AZR 186/04, NJOZ 2005, 4775. | 14 BAG v. 23.2.2005 – 4 AZR 186/04, NJOZ 2005, 4775; Wiedemann/*Wank*, § 4 TVG Rz. 359; aA ErfK/*Franzen*, § 4 TVG Rz. 63 (nur während des Nachwirkungszeitraums). | 15 AA ErfK/*Franzen*, § 4 TVG Rz. 64. | 16 BAG v. 17.1.2006 – 9 AZR 41/05, AP Nr. 40 zu § 1 TVG – Bezugnahme auf Tarifvertrag; ErfK/*Franzen*, § 4 TVG Rz. 63. | 17 BAG v. 25.10.2000 – 4 AZR 212/00, AP Nr. 38 zu § 4 TVG – Nachwirkung m. Anm. *Hohenstatt*; BAG v. 27.9.2001 – 2 AZR 236/00, AP Nr. 40 zu § 4 TVG – Nachwirkung (Maßstäbe für Änderungskündigungen); Wiedemann/*Wank*, § 4 TVG Rz. 356; einschränkend: Kempen/Zachert/*Kempen*, § 4 TVG Rz. 570. | 18 BAG v. 20.3.2002 – 10 AZR 501/01, AP Nr. 12 zu § 1 TVG – Tarifverträge: Gebäudereinigung. | 19 Däubler/*Bepler*, § 4 TVG Rz. 900; *Jacobs/Krause/Oetker*, § 8 Rz. 42. | 20 BAG v. 27.11.1991 – 4 AZR 211/91, AP Nr. 22 zu § 4 TVG – Nachwirkung; v. 14.2.1991 – 8 AZR 166/90, AP Nr. 10 zu § 3 TVG; v. 28.5.1997 – 4 AZR 545/95, AP Nr. 27 zu § 4 TVG – Nachwirkung. | 21 BAG v. 28.5.1997 – 4 AZR 546/95, AP Nr. 26 zu § 4 TVG – Nachwirkung. | 22 BAG v. 27.11.1991 – 4 AZR 211/91, AP Nr. 22 zu § 4 TVG – Nachwirkung; v. 25.10.2000 – 4 AZR 212/00, AP Nr. 38 zu § 4 TVG – Nachwirkung; *Däubler*, Tarifvertragsrecht, Rz. 1456; *Frölich*, NZA 1992, 1105 (1110); Wiedemann/*Wank*, § 5 TVG Rz. 126 und § 4 TVG Rz. 354; zur Beendigung der Fortwirkung durch Beendigung der unveränderten Geltung eines TV nach § 3 III BAG v. 7.11.2001 – 4 AZR 703/00, DB 2002, 642 (643).

eines TV, für den die Allgemeinverbindlichkeit entfallen ist, abweichende Auffassungen[1]. Zu einer mittelbaren Beendigung der Nachwirkung gegenüber Außenseitern kommt es bei dyn. Bezugnahmeklauseln, die auch den neuen TV erfassen. Für ArbN, die von einem Betriebsübergang betroffen sind, richtet sich die Ersetzung tarifl. Normen nach den Spezialvorschriften des § 613a I S. 2–4 BGB (dazu § 613a BGB Rz. 249 ff.).

Insbes. bei firmentarifl. Regelungen kann sich ebenso wie bei einer BV die Frage stellen, ob bei häufigen individualvertragl. Abweichungen vom nachwirkenden Tarif – etwa Ausnahmen von arbeitszeitl. Regelungen – die Nachwirkung vollständig beendet wird, weil die tarifl. Regelung insgesamt ihre Funktion verliert. Indes endet auch bei massenhaften individualvertragl. Abweichungen in einem Betrieb die Nachwirkung im Übrigen nicht, da bei den nicht betroffenen Arbeitsverhältnissen der Schutzzweck des § 4 V weiterhin greift. Ansonsten läge ein unzulässiger Vertrag zu Lasten Dritter vor. Eine andere Abmachung muss eine rechtl. relevante und auf das konkrete Arbeitsverhältnis anwendbare Vereinbarung darstellen[2]. Die Beendigung der Nachwirkung durch den Arbeitsvertrag wirkt nur im einzelnen Arbeitsverhältnis[3]. Etwas anderes gilt nur bei einer betriebl. Einheitsregelung[4]. Anders als der BR bei einer BV über mitbestimmungspflichtige Themen wird die Gewerkschaft an der individualvertragl. Abweichung nicht beteiligt sein, so dass es an der für eine einvernehml. Aufhebung der Nachwirkung notwendige Mitwirkung dieser TV-Partei fehlt. **12a**

II. Geltungsbereich des Tarifvertrages. Der Geltungsbereich des TV legt fest, auf welche konkreten Arbeitsverhältnisse ein TV Anwendung findet. Im Laufe der Zeit haben sich Differenzierungen nach verschiedenen Aspekten herausgebildet[5], die aber rein terminologischer Natur sind. Eine äußere **Grenze** für den Geltungsbereich des TV wird durch die **Tarifzuständigkeit** der TV-Parteien gesetzt (§ 2 Rz. 29 ff.). Innerhalb dieses Rahmens wird der Geltungsbereich durch den TV selbst bestimmt. Bei seiner Festlegung sind die TV-Parteien autonom[6], soweit die ArbN nicht willkürlich ungleich behandelt werden[7]. Beziehen Tarifparteien eine bestimmte ArbN-Gruppe nicht in den Geltungsbereich eines TV ein, verzichten sie nur auf eine ihnen mögliche Normsetzung. Dieser Regelungsverzicht verstößt nach der BAG-Rspr. nicht gegen Art. 3 I GG, wenn bei typisierender Betrachtung der jeweiligen Gruppen sachbezogene Unterschiede erkennbar sind, die eine Ausklammerung der betreffenden ArbN-Gruppe aus dem persönl. Geltungsbereich rechtfertigen (zur Grundrechtsbindungdung der TV-Parteien vgl. Einl. Rz. 15 f.)[8]. Der TV enthält im Allgemeinen detaillierte Regelungen über seinen Geltungsbereich. Fehlen diese, kann ggf. auf den Geltungsbereich eines MantelTV, der ausgefüllt werden soll, zurückgegriffen werden[9]. **13**

1. Räumlicher Geltungsbereich. Der räuml. Geltungsbereich eines TV ist im Allgemeinen unproblematisch festzustellen. Die TV-Parteien können unterschiedl. Anknüpfungspunkte wählen, zB die Lage des Betriebes oder den gewöhnlichen Verrichtungsort für die Tätigkeit des ArbN. Im Zweifelsfall richtet sich die Tarifgeltung nach dem Schwerpunkt des Arbeitsverhältnisses, bei ständiger Tätigkeit an einem Ort ist der dort geltende TV anzuwenden[10]. Bei vorübergehender Entsendung verbleibt der Schwerpunkt am Ort des Betriebssitzes, bei ständiger Entsendung wechselt der anwendbare TV[11]. Bei betriebl. und betriebsverfassungsrechtl. Normen wird wegen deren betriebseinheitl. Geltung (§ 3 II) regelmäßig an die Lage des Betriebes anzuknüpfen sein[12]. Im Anwendungsbereich des AEntG sind die TV-Parteien durch § 1 I AEntG gezwungen, das sog. Arbeitsortprinzip einzuhalten, wenn der TV über § 1 I oder § 1 IIIa AEntG erstreckt werden soll. Danach müssen alle ArbGeb, die Leistungen im räuml. Geltungsbereich erbringen, – unabhängig vom Betriebssitz – zur Gewährung der tarifl. Arbeitsbedingungen verpflichtet werden (vgl. § 1 AEntG Rz. 8). **14**

2. Branche[13]. Auch wenn in jüngster Zeit gegenläufige Tendenzen beobachtet werden können, sind die deutschen Gewerkschaften weiterhin überwiegend nach dem Industrieverbandsprinzip (s. § 2 Rz. 33) organisiert. TV werden deshalb im Allgemeinen für **Betriebe** mit einer bestimmten Branchenzugehörigkeit abgeschlossen. Weiter gehend besteht – bei entsprechender Tarifzuständigkeit der Gewerkschaft[14] – auch die Möglichkeit, TV für alle Betriebe eines **Unternehmens** abzuschließen, das schwerpunktmäßig **15**

---

1 *Oetker*, gemeins. Anm. zu BAG EzA § 4 TVG – Nachwirkung Nr. 14 und 15; *Krebs*, gemeins. Anm. zu den BAG-Urteilen v. 27.11.1991 – 4 AZR 211/91 – und v. 18.3.1992 – 4 AZR 339/91, SAE 1993, 133 ff.; *Hohenstatt*, Anm. zu BAG AP Nr. 38 zu § 4 TVG – Nachwirkung. | **2** BAG v. 14.2.1991 – 8 AZR 166/90, AP Nr. 10 zu § 3 TVG; v. 27.11.1991 – 4 AZR 211/91, AP Nr. 22 zu § 4 TVG – Nachwirkung; v. 18.3.1992 – 4 AZR 339/91, NZA 1992, 700; v. 25.10.2000 – 4 AZR 212/00, AP Nr. 38 zu § 4 TVG – Nachwirkung. | **3** Kempen/Zachert/*Zachert*, § 4 TVG Rz. 569; Däubler/*Bepler*, § 4 TVG Rz. 907. | **4** Vgl. *Gamillscheg*, Kollektives Arbeitsrecht I, S. 878 mwN. | **5** S. zu den unterschiedlichen Differenzierungen Wiedemann/*Wank*, § 4 TVG Rz. 96 ff. u. 135. | **6** BAG v. 24.4.1985 – 4 AZR 457/83, AP Nr. 4 zu § 3 BAT. | **7** BAG v. 7.3.1995 – 3 AZR 282/94, AP Nr. 26 zu § 1 BetrAVG – Gleichbehandlung zur unzulässigen Ungleichbehandlung von Teilzeitbeschäftigten in der betr. AV. | **8** BAG v. 27.5.2004 – 6 AZR 129/03, AP Nr. 5 zu § 1 TVG- Gleichbehandlung mit Anm. *Dieterich*, RdA 2005, 177 ff. | **9** BAG v. 13.6.1957 – 2 AZR 402/54, AP Nr. 6 zu § 4 TVG – Geltungsbereich; v. 27.5.2004 – 6 AZR 129/03, AP Nr. 5 zu § 1 TVG- Gleichbehandlung mit Anm. *Dieterich*, RdA 2005, 177 ff. | **10** BAG v. 3.12.1985 – 4 AZR 325/84, AP Nr. 5 zu § 1 TVG – Tarifverträge: Großhandel. | **11** Wiedemann/*Wank*, § 4 TVG Rz. 126, 129 mwN. | **12** Wiedemann/*Wank*, § 4 TVG Rz. 134. | **13** Häufig wird der nach der Branche zu beurteilende Geltungsbereich auch als fachlicher Geltungsbereich bezeichnet, vgl. BAG v. 26.8.1998 – 4 AZR 471/97, AP Nr. 66 zu § 1 TVG – Tarifverträge: Einzelhandel. | **14** Dazu BAG v. 25.9.1996 – 1 ABR 4/96, AP Nr. 10 zu § 2 TVG – Tarifzuständigkeit.

einer bestimmten Branche zugehört[1]. Der zu erfassende Wirtschaftszweig wird im Allgemeinen im TV genau umschrieben[2]. Ob das einzelne Arbeitsverhältnis dem typischen Berufsbild der Angehörigen dieser Branche entspricht, ist, soweit nicht tarifl. Regelungen entgegenstehen (s. Rz. 18 zum fachlichen Geltungsbereich), ohne Belang[3]. Ob **Hilfs- und Nebenbetriebe** erfasst sind, ergibt sich regelmäßig aus einer Auslegung des jeweiligen TV, wobei insoweit auch die in der Satzung der TV-Parteien niedergelegte Tarifzuständigkeit zu berücksichtigen ist.

16 Bei gemischtwirtschaftl. Betrieben (**Mischbetrieben**) soll es auf den Hauptzweck des Betriebes ankommen[4]. Die Rspr. stellt entscheidend darauf ab, mit welchen Tätigkeiten die ArbN des betreffenden Betriebes überwiegend beschäftigt werden, während wirtschaftl. Gesichtspunkte wie Umsatz und Verdienst, aber auch handels- und gewerberechtl. Kriterien wie Handelsregistereintragung, Firmierung, Gewerbeanmeldung und Registrierung bei der IHK oder Handwerkskammer grds. unmaßgeblich sind[5].

17 **Endet die Tarifbindung** nach Umstellung der ausgeübten Tätigkeit wegen Herauswachsens des Betriebes oder der sonstigen tarifl. Organisationseinheit aus dem Geltungsbereich eines TV, tritt nach Abs. 5 **Nachwirkung** des TV ein (s. Rz. 6)[6].

18 **3. Fachlicher Geltungsbereich.** Der fachl. Geltungsbereich kann gemeins. mit dem persönl. Geltungsbereich ieS (Rz. 19) als Teil des **persönl. Geltungsbereichs iwS** aufgefasst werden. Er ergänzt den nach der **Branche** bestimmten Geltungsbereich um die ArbN-Gruppen, für die der TV im Betrieb gelten soll[7]. Die Bestimmung eines fachl. Geltungsbereiches kann entfallen; dann gilt der TV für alle ArbN, die in den der einschlägigen Branche unterfallenden Betrieben beschäftigt sind. Von Bedeutung ist der fachl. Geltungsbereich bei als Fachverband organisierten Gewerkschaften (s. § 2 Rz. 33), weil bei den von ihnen abgeschlossenen TV fachl. regelmäßig nur die von ihnen vertretenen ArbN-Gruppen erfasst werden (zB Lokomotivführer, Piloten, Ärzte). Die Folge eines solches Tarifabschlusses ist idR eine Tarifpluralität, da in einem Betrieb dann mehrere TV Anwendung finden. Nach vorzugswürdiger Ansicht ist diese – entgegen der bisherigen BAG-Rspr. – hinzunehmen (vgl. Rz. 46 ff.). Der fachl. Geltungsbereich kann sich auch nur auf einzelne **Betriebsabteilungen** beziehen[8]. So knüpfen insb. die TV im Baugewerbe an den Begriff der selbständigen Betriebsabteilung iSv. § 175 II SGB III an. Es reicht dann aus, wenn in der Betriebsabteilung überwiegend die vom TV erfassten Tätigkeiten ausgeübt werden.

19 **4. Persönlicher Geltungsbereich im engeren Sinn.** Der persönl. Geltungsbereich ieS stellt im Gegensatz zum fachl. Geltungsbereich auf ArbN-Seite nicht auf die Tätigkeit des einzelnen ArbN ab, sondern betrifft persönl. Eigenschaften wie sein Lebensalter oder die Dauer der Betriebsangehörigkeit. Eigenständige Tarifwerke für derart definierte ArbN-Gruppen sind zwar selten[9], häufig werden jedoch innerhalb eines Tarifwerks nach entsprechenden Kriterien differenzierte Regelungen getroffen. Grenzen der Differenzierung ergeben sich aus dem allgemeinen Gleichheitssatz. Verzichten die TV-Parteien auf eine Regelung der Arbeitsbedingungen einer bestimmten Personengruppe durch Herausnahme aus dem persönl. Geltungsbereich eines TV, so muss dies durch sachbezogene Unterschiede gerechtfertigt sein[10]. Auf ArbGebSeite besteht einerseits die Möglichkeit, einzelne ArbGeb – etwa um einer besonderen wirtschaftl. Notlage Rechnung zu tragen – von der Geltung eines auf sie an sich anwendbaren TV auszunehmen. Andererseits kann der persönl. Geltungsbereich eines TV von vornherein auf einzelne Unternehmen beschränkt werden[11]. Dies ist beim FirmenTV notwendige Folge der nur unternehmensbezogenen Tarifzuständigkeit des einzelnen ArbGeb. Zulässig sind aber auch **firmenbezogene VerbandsTV**, bei denen der persönl. Geltungsbereich eines VerbandsTV auf ein Unternehmen beschränkt ist. Str. ist, ob sich die Beschränkung des Geltungsbereichs – zusätzlich zur Bindung an den allg. Gleichheitssatz – am vereinsrechtl. Gleichbehandlungsgrundsatz messen lassen muss[12]. Das BAG verneint einen Verstoß gegen den vereinsrechtl. Gleichbehandlungsgrundsatz. Andernfalls würden Binnenschranken der Koalitionsbetätigung eines Verbands unzulässigerweise in das Außenverhältnis zum Tarifpartner übertragen. Weder die Tariffähigkeit noch die Tarifzuständigkeit des ArbGeb-Verbands würden durch eine vereinsinterne Ungleichbehandlung beeinträchtigt[13]. Offen bleibt danach, ob ein firmenbezogener VerbandsTV

---

1 AR-Blattei/*Buchner*, SD 1550.4 Rz. 97 ff. Im Folgenden wird vom Regelfall des betrieblichen Geltungsbereiches ausgegangen. Entsprechendes gilt für einen TV mit unternehmensbezogenem Anwendungsbereich. | **2** S. AR-Blattei/*Buchner*, SD 1550.4 Rz. 83 ff. | **3** AR-Blattei/*Buchner*, SD 1550.4 Rz. 92. | **4** BAG v. 13.6.1957 – 2 AZR 402/54, AP Nr. 6 zu § 4 TVG – Geltungsbereich. | **5** BAG v. 25.11.1987 – 4 AZR 361/87, AP Nr. 18 zu § 1 TVG – Tarifverträge: Einzelhandel; v. 24.8.1994 – 10 AZR 67/94, AP Nr. 182 zu § 1 TVG – Tarifverträge: Bau. | **6** BAG v. 10.12.1997 – 4 AZR 247/96, AP Nr. 20 zu § 3 TVG; anders für gemeins. Einrichtungen BAG v. 14.6.1994 – 9 AZR 89/93, AP Nr. 17 zu § 613a BGB. | **7** Zu den in der Praxis auftretenden Fallgestaltungen AR-Blattei/*Buchner*, SD 1550.4 Rz. 119 ff. | **8** ErfK/*Franzen*, § 4 TVG Rz. 12. | **9** Beispiele: TV über Altersteilzeitmodelle oder Vorruhestandsregelungen für ArbN ab einem bestimmten Alter. | **10** BAG v. 27.5.2004 – 6 AZR 129/03, AP Nr. 5 zu § 1 TVG – Gleichbehandlung mit zust. Anm. *Henssler*, BAGReport 2005, 57; v. 12.10.2004 – 3 AZR 571/03, NZA 2005, 1127; *Löwisch/Rieble*, § 1 TVG Rz. 271 ff. | **11** Zur Zulässigkeit firmenbezogener VerbandsTV: Wiedemann/*Thüsing* und Wiedemann/*Oetker*, § 1 TVG Rz. 63 f. und § 2 TVG Rz. 186. | **12** Dafür Staudinger/*Richardi*, BGB, Vorbem. zu §§ 611 ff. Rz. 621. Vgl. auch *Henssler*, ZfA 1998, 517 (537). | **13** BAG v. 24.4.2007 – 1 AZR 252/06, AP Nr. 2 zu § 1 TVG – Sozialplan; ebenso Wiedemann/*Oetker*, § 2 TVG Rz. 191 ff. Vgl. auch LAG Schl.-Holst. v. 27.3.2003 – 5 Sa 137/03, NZA-RR 2003, 592; *Rolfs/Clemens*, DB 2003, 1678 f.; *Meyer*, NZA 2004, 366 (367 ff.).

gegen den ausdrückl. Willen des Verbandsmitglieds abgeschlossen werden darf[1] und ob ein entsprechender Streik zulässig ist[2].

19a Der persönl. Geltungsbereich darf nicht mit der Tarifgebundenheit verwechselt werden. Letztere wird durch § 3 I, II TVG bzw. durch § 5 IV TVG und § 1 AEntG geregelt. Nur der Geltungsbereich kann autonom festgelegt werden. Entscheidend ist dies für die AVE und § 1 AEntG, die nur die Voraussetzung der Tarifgebundenheit betreffen[3]. Zu einer Vermischung kommt es, wenn ein sog. **organisatorischer Geltungsbereich** vereinbart wird. Hier wird die Mitgliedschaft des ArbN in der Gewerkschaft als Element des Geltungsbereichs ausgestaltet[4]. Allerdings ist zu prüfen, ob derartige Regelungen nicht nur deklaratorische Bedeutung haben und die Vorgaben des TVG widerspiegeln sollen. Sollte dies ausnahmsweise anders sein, ist mit dem BAG die Befugnis der TV-Parteien zu verneinen, auf diesem Weg die Erstreckung über eine AVE oder das AEntG zu verhindern[5].

19b Nach der umstr. Rspr. des BAG haben die TV-Parteien Tarifmacht nur für solche Arbeitsverhältnisse, die **deutschem Recht** unterfallen[6]. Daraus resultiert eine weitere Grenze der Vereinbarungsautonomie der Tarifparteien.

20 **5. Zeitlicher Geltungsbereich.** Im Regelfall wird im TV der Zeitpunkt seines Inkraft- und Außerkrafttretens bzw. seiner Kündbarkeit festgelegt (§ 1 Rz. 24 ff.). Fehlt ausnahmsw. eine entsprechende Festlegung, tritt der TV sofort mit Abschluss in Kraft[7]. Eine der Rückwirkung von Gesetzen vergleichbare Problematik stellt sich, wenn der TV vom Zeitpunkt des Abschlusses aus gesehen **rückwirkend** in Kraft treten soll (s. § 1 Rz. 127 ff.) bzw. wenn die Allgemeinverbindlichkeit rückwirkend erklärt wird (s. § 5 Rz. 28). Mit dem Auslaufen der zeitl. Geltung des TV enden nicht zwangsläufig auch seine Wirkungen. Im Allgemeinen schließt sich die Nachwirkung nach Abs. 5 an (s. Rz. 5 ff.).

21 **6. Sonderregelung für gemeinsame Einrichtungen (Abs. 2).** Gemeins. Einrichtungen sind von den TV-Parteien geschaffene Organisationen, deren Zweck und Struktur durch TV festgelegt wird[8]. Ihre tarifrechtl. Besonderheit liegt in den unmittelbaren Rechtsbeziehungen, die zwischen der Einrichtung und den Arbeitsvertragsparteien entstehen. Gemeins. Einrichtungen sollen idR ArbN Ansprüche verschaffen, die sie aus organisatorischen, psychologischen oder finanziellen Gründen nicht unmittelbar vom ArbGeb erhalten können[9]. Beispiele für gemeins. Einrichtungen sind die Urlaubs-, die Lohnausgleichs- und die Zusatzversorgungskasse im Baugewerbe[10]. Unterschieden wird zwischen der Beitragsbeziehung (zwischen den zur Leistung verpflichteten ArbGeb und der gemeins. Einrichtung) und der Leistungsbeziehung (zwischen der gemeins. Einrichtung und den ArbN, die anspruchsberechtigt sind)[11]. Beide Rechtsverhältnisse werden durch den TV normativ ausgestaltet[12].

21a Abs. 2 enthält mit der Anordnung des zwingenden Charakters von Normen über gemeins. Einrichtungen lediglich eine Teilregelung dieser Einrichtungen. Sie werden im TVG im Übrigen nicht erwähnt. Es ist aber unstr., dass diese Normen neben den in § 1 I genannten Tarifinhalten eine besondere Kategorie darstellen (s. § 1 Rz. 55 ff.). Abs. 2 ergänzt Abs. 1 insoweit, als neben die (gegenseitige) Bindung der Verbandsmitglieder durch den TV eine wechselseitige Bindung der Verbandsmitglieder an die gemeins. Einrichtung der TV-Parteien tritt[13].

22 Nicht endgültig geklärt ist, ob Abs. 2 eine eigenständige Regelung enthält oder lediglich eine zusätzliche Rechtsfolge gegenüber Abs. 1 anordnet. Relevanz besitzt diese Frage für die Voraussetzungen des Eintritts der Rechtsfolgen des Abs. 2. So ist strittig, ob aus dem Wortlaut des Abs. 2e contrario („Verhältnis zu den tarifgebundenen ArbGeb und ArbN" statt „zwischen den beiderseits Tarifgebundenen") herausgelesen werden kann, dass die zwingende Wirkung des TV zwischen ArbN und gemeins. Einrichtung bzw. ArbGeb und gemeins. Einrichtung auch dann eintritt, wenn nur eine dieser Parteien an den TV gebunden ist[14]. Dass diese Frage von der Rspr. bislang nicht geklärt ist[15], dürfte daran liegen, dass TV über gemeins. Einrichtungen größtenteils für allgemeinverbindl. erklärt werden. Systematisch überzeugender ist es, in Abs. 2 ledigl. eine **Ergänzung des Abs. 1** zu sehen und eine **zweiseitige Tarifbindung** zu fordern. Der Aussagegehalt des Abs. 2 beschränkt sich somit auf die Erweiterung der Wirkung im Ver-

1 Krit. dazu *Lobinger*, RdA 2006, 12 (20 f.); dafür Wiedemann/*Oetker*, § 2 TVG Rz. 191 ff. | 2 *Schneider/Sittard*, ZTR 2007, 590 (593). | 3 Vgl. *Zöllner/Loritz/Hergenröder*, S. 389. | 4 *Löwisch/Rieble*, § 4 TVG Rz. 99 ff. | 5 BAG v. 23.3.2005 – 4 AZR 203/04, AP Nr. 29 zu § 4 TVG – Tarifkonkurrenz; aA *Löwisch/Rieble*, § 4 TVG Rz. 103. | 6 BAG v. 25.6.2002 – 9 AZR 405/00, AP Nr. 12 zu § 1 AEntG; v. 9.7.2003 – 10 AZR 593/02, AP Nr. 261 zu § 1 TVG – Tarifverträge: Bau; aA *Däubler*, TVG, Einl. Rz. 617 ff.; AR-Blattei SD/*Hergenröder*, 1550.15 Rz. 86; *Birk*, FS Beitzke, S. 831 (860 f.); *Hauschka/Henssler*, NZA 1988, 597 (599 f.). | 7 AR-Blattei/*Buchner*, SD 1550.4 Rz. 151. | 8 Wiedemann/*Thüsing*, § 1 TVG Rz. 784. | 9 *Bötticher*, Die gemeinsamen Einrichtungen der Tarifvertragsparteien, S. 10 ff.; Wiedemann/*Thüsing*, § 1 TVG Rz. 804. | 10 Vgl. *Koch*, Die Zusatzversorgungskasse im Baugewerbe; *Preis/Temming*, Die Urlaubs- und Lohnausgleichskasse im Kontext des Gemeinschaftsrechts; *Hauck*, FS Schaub, S. 263; *Kissel*, ZfA 1985, 39. | 11 ErfK/*Franzen*, § 4 TVG Rz. 25. | 12 ErfK/*Franzen*, § 4 TVG Rz. 25. | 13 S. *Zöllner*, Gutachten 48. DJT, S. G 64. | 14 So *Däubler*, Tarifvertragsrecht, Rz. 1153; Däubler/*Hensche*, § 1 TVG Rz. 946; Kempen/Zachert/*Kempen*, § 4 TVG Rz. 244. | 15 S. aber BAG v. 5.12.1958 – 1 AZR 89/57, AP Nr. 1 zu § 4 TVG – Ausgleichskasse, wo das Erfordernis der zweiseitigen Tarifbindung bejaht wird. Hierzu *Bötticher*, Die gemeinsamen Einrichtungen der Tarifvertragsparteien, S. 61 ff.

hältnis zu den gemeins. Einrichtungen[1]. Anderenfalls hätte es nahe gelegen, eine § 3 II entspr. Regelung in das Gesetz aufzunehmen.

23 Eine Auslegung des TV wird häufig ergeben, dass der ArbGeb berechtigt sein soll, durch eine vertragl. Inbezugnahme Ansprüche der nicht organisierten ArbN gegen die gemeins. Einrichtung zu begründen, um seine ArbN gleich zu behandeln[2]. Entsprechend kann der TV vorsehen, dass der ArbGeb Beiträge auch für nicht organisierte ArbN leisten muss[3]. Demgegenüber reicht die einseitige Bindung nur des ArbN nicht aus, um Ansprüche gegen die (von anderen ArbGeb finanzierte) gemeins. Einrichtung zu begründen[4].

24 Der Begriff der gemeins. Einrichtung setzt eine paritätische Vertretung der TV-Parteien voraus, wobei neutrale Dritte in Aufsichtsorgane einbezogen werden können[5]. Die in Abs. 2 normierte unmittelbare und zwingende Geltung des TV für die Satzung der gemeins. Einrichtung befreit die TV-Parteien nicht von sonstigen für die Gründung zu befolgenden Vorschriften. So muss eine von der Rechtsordnung zur Verfügung gestellte Rechtsform gewählt werden[6]. Eine Gründung als juristische Person ist allerdings nicht zwingend.

25 **III. Verhältnis zu anderen Regelungen (Abs. 3).** Treffen die Regelungen eines TV – wie häufig – auf abweichende Bestimmungen in anderen Rechtsquellen, stellt sich die Frage nach dem Regelungsvorrang. Abs. 3 enthält lediglich eine Teilregelung dieses Problems für das Verhältnis eines TV zu abweichenden Abmachungen, die für nachwirkende TV in Abs. 5 weiter modifiziert wird (dazu Rz. 11 f.). Zur Lösung der sonstigen Fälle einer Normenkonkurrenz ist auf allgemeine Grundsätze zurückzugreifen.

26 **1. Grundprinzipien – Normenhierarchie.** Die allgemeinen Grundsätze sind nicht spezifisch tarifrechtl. Herkunft. Grds. gelten die Regeln der Normenhierarchie, dh. Normen höherrangigen Rechts verdrängen Normen niedrigeren Ranges, soweit die höherrangigen Regelungen nicht (einseitig) (tarif-)dispositiv ausgestaltet sind. Der TV steht insoweit zwischen staatl. gesetzten Normen[7] und individuell getroffenen Regelungen (vgl. Einl. Rz. 14 ff.). Die Normenhierarchie hilft bei Konkurrenz verschiedener TV nicht weiter. Da zudem eine gesetzl. Regelung fehlt, gehört diese Fragestellung zu den am heftigsten umstrittenen des gesamten Tarifrechts.

27 **2. Durchbrechung der Bindungswirkung (Abs. 3).** Das Konzept der Normenhierarchie und zugleich der Grundsatz der Tarifbindung kennen zwei bedeutende Einschränkungen, die in Abs. 3 zusammengefasst sind. Zum einen kann der TV eine dispositive Regelung treffen, so dass die Parteien eines Arbeitsvertrages Abweichendes vereinbaren können. Zum anderen greift die Schutzfunktion des TV nicht, wenn die abweichende Regelung für den ArbN günstiger ist.

28 **a) Öffnungsklauseln.** Öffnungsklauseln in TV für „abweichende Abmachungen" betreffen dem Wortlaut des Abs. 3 zufolge sowohl BV als auch Einzelverträge. Eine Öffnungsklausel gegenüber einer BV würde die Sperrwirkung gem. §§ 77 III 1 und 87 BetrVG aufheben. Wegen der spezielleren Regelungen in §§ 77 III 2[8] und 87 BetrVG gilt Abs. 3 Alt. 1 heute nur noch für abweichende Individualvereinbarungen[9]. Entsprechende tarifvertragl. Öffnungsklauseln waren lange Zeit selten. Angesichts der Kritik an den starren FlächenTV werden sie zunehmend insb. für wirtschaftl. Härtefälle und zur Beschäftigungssicherung eingeführt[10]. Von einer konkludenten Ermächtigung der Betriebspartner oder gar der Arbeitsvertragsparteien zur Abweichung wird man nur in Ausnahmefällen ausgehen dürfen[11]. Dispositive Tarifnormen gleichen im Übrigen dispositiven Gesetzesbestimmungen. Sie gelten unmittelbar, soweit keine anderweitige Vereinbarung getroffen wird.

29 **b) Günstigkeitsprinzip. aa) Grundsatz und Bedeutung.** Das Günstigkeitsprinzip findet seine Stütze im Gedanken der Privatautonomie[12]. TV sollen nur **Mindestarbeitsbedingungen** regeln und lassen deshalb für die ArbN günstigere Absprachen zu. Der mit dem zwingenden Charakter der Tarifnormen verbundene Eingriff in die Privatautonomie verliert dort seine Rechtfertigung, wo das Schutzbedürfnis des ArbN endet, und erst recht dort, wo der den ArbN bevormundende TV diesen zugleich benachteiligt. Der ArbN hat mit seinem Gewerkschaftsbeitritt auf seine Individualrechte aus Art. 2 I, 12 I GG nicht vollständig verzichtet, sondern nur, soweit dies für eine effektive Koalitionsbetätigung erforderlich ist, die ihrerseits über Art. 9 III GG verfassungsrechtl. Schutz genießt. TV, die günstigere Arbeitsbedingun-

---

1 MünchArbR/*Löwisch/Rieble* § 267 Rz. 42 ff.; Nachw. bei Wiedemann/*Oetker*, § 1 TVG Rz. 643 ff. und § 3 TVG Rz. 122 ff. | 2 Ob er hierzu verpflichtet ist, ist umstritten, vgl. Wiedemann/*Oetker*, § 1 TVG Rz. 844; LAG Hamm v. 11.1.1994 – 11 Sa 979/93, LAGE § 4 TVG Nr. 4. | 3 S. zu den Problemen auf der Beitragsseite *Lieb*, Verh. 48. DJT, S. Q 42. | 4 Vgl. Wiedemann/*Oetker*, § 3 TVG Rz. 157 ff. zu den verschiedenen Auffassungen. | 5 BAG v. 25.1.1989 – 5 AZR 43/88, AP Nr. 5 zu § 1 GesamthafenbetriebsG. | 6 Zu Organisationsfragen der gemeinsamen Einrichtungen Wiedemann/*Oetker*, § 1 TVG Rz. 818 ff. | 7 Zum Vorrang von Verwaltungsakten *Löwisch/Rieble*, § 1 TVG Rz. 201; *Gamillscheg*, Kollektives Arbeitsrecht I, S. 695. | 8 Vgl. dazu BAG v. 29.10.2002 – 1 AZR 573/01, AP Nr. 18 zu § 77 BetrVG 1972. | 9 S. aber BAG v. 11.7.1995 – 3 AZR 8/95, AP Nr. 10 zu § 1 TVG – Tarifverträge: Versicherungsgewerbe, wo eine tarifvertragl. Öffnungsklausel zu Gunsten von BV an § 4 III gemessen wird. | 10 Beispiele bei *Kittner*, FS Schaub, S. 389 (394 ff.); *Kohaut/Schnabel*, Sozialer Fortschritt 2007, 33. | 11 Wiedemann/*Wank*, § 4 TVG Rz. 379. | 12 Der Große Senat des BAG (BAG v. 16.9.1986 – GS 1/82, AP Nr. 17 zu § 77 BetrVG 1972) sieht in § 4 III den Ausdruck eines allgemeinen Prinzips.

gen expizit verhindern wollen, sind nicht mehr von Art. 9 III GG gedeckt und wegen Verstoßes gegen § 4 III unwirksam[1].

Der offen gestaltete Wortlaut des Abs. 3 lässt einen erheblichen Interpretationsspielraum, da er jeder für den ArbN günstigeren abweichenden Regelung den Vorrang einräumt. Je nach Verständnis lässt sich dieses Prinzip für eine weit reichende Flexibilisierung der TV nutzbar machen. Angesichts dieser fundamentalen Bedeutung für das Tarifrecht kann es nicht überraschen, dass nicht nur das Verständnis der Norm de lege lata heftig umstritten ist (vgl. Einl. Rz. 37)[2], sondern dass immer wieder der Ruf nach einer Konkretisierung des Günstigkeitsprinzips de lege ferenda laut wird[3]. Im Gesetz zu Reformen am Arbeitsmarkt[4] wurde eine entsprechende Änderung – trotz der Vorschläge der Opposition[5] – nicht verwirklicht.

bb) Vergleichsgegenstand. Nach der Rspr. ist bei der Beurteilung der Günstigkeit auf die tarifl. Norm, nicht auf die Lebensumstände, wie sie ohne die Abmachung bestünden, als Vergleichsmaßstab abzustellen[6]. Eine untertarifl. Beschäftigung sei im Vergleich mit einer Nichtbeschäftigung insoweit nicht günstiger – eine Problematik die bei **„Bündnissen für Arbeit“** relevant wird[7]. Akzeptiert man diese Prämisse, so stellt sich die Anschlussfrage, ob ein Vergleich immer nur zwischen einzelnen Regelungen (höheres Entgelt, längerer Urlaub) erfolgen kann[8], ob zumindest ein Sachgruppenvergleich[9] mögl. sein soll oder ob der Günstigkeitsvergleich generell für die im Gegenseitigkeitsverhältnis stehenden Leistungen (Vergleich der Synallagmata[10]) zu öffnen ist. Nach der vom BAG präferierten Mittellösung des **Sachgruppenvergleichs** sind die sachl. einander entsprechenden Regelungen miteinander zu vergleichen. Ein solcher sachl. Zusammenhang[11] lässt sich etwa für die Regelung von Kündigungsfrist und Kündigungstermin[12] bejahen, für diejenige von Urlaubstagen und Urlaubsgeld und von Grundvergütung und Leistungszulage gegenüber einer Gesamtvergütung[13]. Maßgebl. für die Abgrenzung der Sachgruppe ist der Rspr. zufolge der TV[14]. Den TV-Parteien steht es daher frei, das gesamte arbeitsvertragl. Synallagma oder zumindest die Hauptleistungspflichten als relevante Sachgruppe einzustufen. Es ist den TV-Parteien auch möglich, einen Zusammenhang zwischen ungleichartigen Arbeitsbedingungen herzustellen[15]. 30

Praktische Bedeutung erlangt der Günstigkeitsvergleich beim Vergleich tarifvertragl. Arbeitszeitbeschränkungen mit der individualvertragl. Vereinbarung längerer Arbeitszeiten bei entsprechend höherem Entgelt[16]. Die Frage ist höchstrichterl. nicht entschieden[17]. Der praktischen Konkordanz zwischen den Individualgrundrechten der ArbN aus Art. 2 I, 12 I GG und der durch Art. 9 III GG geschützten Tarifautonomie entspricht es, der freiwilligen ArbN-Entscheidung den Vorrang einzuräumen und die Vereinbarung angemessen[18] vergüteter Mehrarbeit als günstiger einzustufen. Für den Fall der Entgeltumwandlung enthält § 17 V BetrAVG eine Sonderregelung für das Verhältnis von Entgeltumwandlung zur Auszahlung als Entgelt[19]. 31

cc) Vergleichsmethode. Das Kernproblem der Vergleichsmethode (objektiver oder subjektiver Maßstab) liegt in der Feststellung, ob die Entscheidung des ArbN für eine Abweichung von der tarifl. Regelung freiwillig getroffen oder ob sie ihm vom ArbGeb – sei es auch nur mittelbar – aufgezwungen wurde. Grds. kann die Freiwilligkeit einer ArbN-Entscheidung nur dann verlässl. vermutet werden, wenn der einzelne ArbN **objektive und messbare Vorteile** aus der vom TV abweichenden Gestaltung erlangt. Rspr. und hM im Schrifttum[20] befürworten einen **objektiv-individuellen Lösungsansatz**. Eine streng subjektive Vergleichsmethode steht schon deshalb nicht mit Abs. 3 im Einklang, weil dann jede – freiwillige – individualvertragl. Vereinbarung zur Durchbrechung der Tarifbindung führen müsste[21]. Dem individuellen Maßstab entspricht es, dass stets der einzelne ArbN einen Vorteil erlangen muss, nicht nur die Belegschaft in ihrer Gesamtheit. 32

Denkbar ist es, die Entscheidung des ArbN bei nur subjektiven Vorteilen zu respektieren, wenn sonstige Umstände eine autonome Willensbildung des ArbN im wohlverstandenen Eigeninteresse nahe 33

---

1 BAG v. 26.2.1986 – 4 AZR 535/84, AP Nr. 12 zu § 4 TVG – Ordnungsprinzip. | **2** Ausf. Darstellung bei Wiedemann/*Wank*, § 4 TVG Rz. 433 ff. | **3** Vgl. den Initiativantrag der FDP-Landtagsfraktion BW LT-Drs. 11/3019 und den Gesetzentwurf des Bundesrates BT-Drs. 15/406. | **4** BGBl. 2003 I S. 3002. | **5** Vgl. die Stellungnahme des Bundesrates BR-Drs. 421/03 (Beschluss) S. 2. | **6** Vgl. BAG v. 18.12.1997 – 2 AZR 709/96, AP Nr. 46 zu § 2 KSchG 1969. | **7** BAG v. 7.11.2002 – 2 AZR 742/00, AP Nr. 100 zu § 615 BGB: Arbeitsentgelt und Arbeitsplatzgarantie. | **8** In dieser Richtung *Däubler*, Tarifvertragsrecht, Rz. 206. | **9** BAG v. 20.4.1999 – 1 ABR 72/98, AP Nr. 89 zu Art. 9 GG mwN. | **10** *Schliemann*, NZA 2003, 122 (124). | **11** Vgl. ausf. Wiedemann/*Wank*, § 4 TVG Rz. 471 ff. | **12** Für den Vergleich mit der gesetzl. Regelung BAG v. 4.7.2001 – 2 AZR 469/00, AP Nr. 59 zu § 622 BGB. | **13** BAG v. 10.12.1965 – 4 AZR 411/64, AP Nr. 1 zu § 4 TVG – Tariflohn u. Leistungsprämien. | **14** BAG v. 23.5.1984 – 4 AZR 129/82, AP Nr. 9 zu § 339 BGB; vgl. auch v. 20.4.1999 – 1 ABR 72/98, AP Nr. 89 zu Art. 9 GG. | **15** Wiedemann/*Wank*, § 4 TVG Rz. 472. | **16** Eingehend Wiedemann/*Wank*, § 4 TVG Rz. 479 ff.; zuletzt *Auktor*, DB 2002, 1714 (1715 f.) mwN. | **17** Abl. LAG BW v. 14.6.1989 – 9 Sa 145/88, DB 1989, 2028 m. Anm. *Buchner*; s. aber auch *Bengelsdorf*, ZfA 1990, 563 (581). Offen BAG v. 17.4.2002 – 5 AZR 644/00, AP Nr. 40 zu § 611 BGB – Mehrarbeitsvergütung. | **18** Vgl. BAG v. 17.4.2002 – 5 AZR 644/00, AP Nr. 40 zu § 611 BGB – Mehrarbeitsvergütung für einen Fall fehlender Angemessenheit; s. auch LAG Köln v. 26.4.2007 – 6 Sa 208/07. | **19** BT-Drs. 14/5150, S. 43; der Tarifvorbehalt gilt nicht für Beiträge des ArbN nach § 1 II Nr. 4 BetrAVG, s. BT-Drs. 14/9442, S. 47. | **20** Däubler/*Deinert*, § 4 TVG Rz. 689 ff.; *Schliemann*, NZA 2003, 122, (126); für eine subjektive Methode *Adomeit*, NJW 1984, 26; *Zöllner*, DB 1989, 2121 (2125); *Gitter*, FS Wlotzke, S. 297 (301). | **21** So aber *Heinze*, NZA 1991, 329 (332).

legen. Beispielhaft genannt sei der subjektive Wunsch des ArbN nach atypischen – dh. betriebsunüblichen – Arbeitsbedingungen, deren Gewährung zusätzl. Kosten für den ArbGeb nach sich zieht. Geht der ArbGeb auf den Wunsch des ArbN ein, so rechtfertigt dieser zusätzl. Kostenaufwand eine Unterschreitung des Tarifniveaus und somit einen teilweisen Verzicht des ArbN auf tarifl. Ansprüche. Respekt vor der subjektiven Entscheidung des ArbN ist ferner bei einer **freien Wahlmöglichkeit** des ArbN geboten, wie der Große Senat des BAG[1] für die Alternative „Arbeit oder Ruhestand" betont hat. Diese Erwägungen gelten in gleicher Weise für das Wahlrecht zwischen tarifl. Arbeitszeit und vergüteter Mehrarbeit (Rz. 31)[2].

33a Bei sog. **neutralen Regelungen**, die weder vor- noch nachteilhaft sind, bleibt es nach der BAG-Rspr. bei der tarifl. Regelung[3]. Es müsse eindeutig festgestellt werden, dass die abweichende Regelung günstiger sei. Im Schrifttum wird hingegen teilweise der Vorrang der abweichender Regelung, also idR des Arbeitsvertrages, vertreten[4]. Ein echtes Wahlrecht (Rz. 33) zwischen verschiedenen Regelungen ist aber in jedem Fall selbst bei Günstigkeitsneutralität der Alternative als solcher günstiger[5].

34 Maßgeblicher **Zeitpunkt** für den Günstigkeitsvergleich ist das erstmalige Aufeinandertreffen der verschiedenen Regelungen[6]. Unerheblich ist, ob die einzelvertragl. Regelung vor oder nach Inkrafttreten des für den ArbN ungünstigeren TV vereinbart wurde[7]. Dem Vorrang der Vereinbarung steht das „**Ordnungsprinzip**" nicht mehr entgegen[8]. Dieses von der Rspr. aufgegebene[9] Prinzip wurde früher zur Legitimierung der Zulässigkeit von verschlechternden tarifvertragl. Regelungen gegenüber günstigeren Einheitsregelungen und Gesamtzusagen herangezogen[10]. Auch in diesen Fällen dürfte die Rspr. jetzt Abs. 3 anwenden[11]. Soweit der Tarifvorrang des § 77 III 1 BetrVG nicht greift, gehen dem TV auch günstigere **BV vor**[12].

35 Umstritten ist neben der Anwendung des Günstigkeitsprinzips auf **gemeins. Einrichtungen**[13] auch seine Geltung für **Betriebsnormen**. Vieles spricht für seine Anwendbarkeit, wenn eine Abweichung zu Gunsten des einzelnen ArbN möglich ist[14], der Kollektivschutz der Belegschaft also nicht gefährdet wird[15]. Bei gemeins. Einrichtungen kann jedoch eine günstigere Abmachung nicht dazu führen, dass der ArbGeb von seiner Leistungspflicht gegenüber der Einrichtung frei wird[16]. Das Günstigkeitsprinzip gilt auch für **negative Inhaltsnormen**[17]. In einer älteren Entscheidung hat das BAG das Prinzip allerdings auf Individualnormen, die ein Ge- oder Verbot enthalten, nicht angewendet[18]. **Abschlussnormen**, also zB ein Abschlussverbot, das die Einstellung eines ArbN hindert, betreffen hingegen idR nicht das Günstigkeitsprinzip. Eine das Abschlussverbot verletzende Einstellung kann hierüber nicht gerechtfertigt werden[19].

35a Das Günstigkeitsprinzip gilt auch, wenn eine **einzelvertragl. Bezugnahme** auf einen TV (vgl. § 3 Rz. 15 ff.) und ein anderer normativ geltender TV zu vergleichen sind. Zwar kommt es zu einer „Konkurrenz" zweier tarifvertragl. Regelungen; da die Bezugnahme aber nur schuldrechtl. Wirkung entfaltet, handelt es sich nicht um einen Fall der Tarifkonkurrenz[20]. Im Schrifttum wird darauf hingewiesen, dass ein Sachgruppenvergleich in dieser Situation häufig ausgeschlossen sein wird, weil sich aus der Bezugnahmeklausel ergebe, dass der in Bezug genommene TV vollständig anzuwenden sei[21]. Das BAG will den Maßstab des Sachgruppenvergleichs gleichwohl anwenden[22].

36 **3. Verhältnis zu einzelnen Regelungen. a) Ranghöhere Regelungen** (zur Frage der Bindung der TV-Parteien an die Grundrechte s. TVG Einl. Rz. 15 ff.). Ranghöhere Regelungen sind grds. sämtl. staatl. Regelungen[23]. Sie gehen bei zwingender Ausgestaltung tarifl. Regelungen vor (Rz. 26). Die gesetzl. Re-

1 BAG GS v. 7.11.1989 – GS 3/85, BAGE 63, 211; zur Günstigkeit eines Wahlrechtes auch *Löwisch*, DB 1989, 1185 (1187); *Hromadka*, DB 1992, 1042 (1043). | 2 *Buchner*, DB 1996, Beil. Nr. 12, 1 (10); s. auch BAG v. 17.4.2002 – 5 AZR 644/00, AP Nr. 40 zu § 611 BGB – Mehrarbeitsvergütung die Günstigkeit abl. bei der pauschalen Abgeltung von Überstunden. | 3 BAG v. 12.4.1972 – 4 AZR 211/71, AP Nr. 13 zu 4 TVG – Günstigkeitsprinzip. | 4 *Buchner*, NZA 1999, 897 (901); *Heinze*, NZA 1991, 329; *Adomeit*, NJW 1984, 26. | 5 ErfK/*Franzen*, § 4 TVG Rz. 41; *Buchner*, ZfA 2004, 229 (241); aA Däubler/*Deinert*, § 4 TVG Rz. 691. | 6 Wiedemann/*Wank*, § 4 TVG Rz. 475; *Löwisch/Rieble*, § 4 TVG Rz. 314. | 7 Zuletzt BAG v. 25.7.2001 – 10 AZR 390/00, EzA § 4 TVG – Günstigkeitsprinzip Nr. 10. | 8 BAG v. 25.7.2001 – 10 AZR 390/00, EzA § 4 TVG – Günstigkeitsprinzip Nr. 10. | 9 BAG GS v. 16.9.1986 – GS 1/82, AP Nr. 17 zu § 77 BetrVG 1972. | 10 BAG v. 28.2.1956 – 3 AZR 90/54, AP Nr. 1 zu § 242 BGB – Betriebliche Übung; v. 20.12.1957 – 1 AZR 87/57, AP Nr. 11 zu Art. 44 – Truppenvertrag; v. 4.2.1960 – 5 AZR 72/58, AP Nr. 7 zu § 4 TVG – Günstigkeitsprinzip. | 11 S. dazu Wiedemann/*Wank*, § 4 TVG Rz. 628. | 12 Wiedemann/*Wank*, § 4 TVG Rz. 621. | 13 Dagegen BAG v. 5.12.1958 – 1 AZR 89/57, AP Nr. 1 zu § 4 TVG – Ausgleichskasse; dafür MünchArbR/*Löwisch/Rieble*, § 272 Rz. 27 ff. mwN. | 14 *Gamillscheg*, Kollektives Arbeitsrecht I, S. 851, MünchArbR/*Löwisch/Rieble*, § 272 Rz. 20 ff.; aA Kempen/Zachert/*Zachert*, § 4 TVG Rz. 271. | 15 Däubler/*Deinert*, § 4 TVG Rz. 604; Wiedemann/*Wank*, § 4 TVG Rz. 415. | 16 Kempen/Zachert/*Zachert*, § 4 TVG Rz. 272; aA *Löwisch/Rieble*, § 4 TVG Rz. 283 ff. | 17 Däubler/*Deinert*, § 4 TVG Rz. 600; *Löwisch/Rieble*, § 4 TVG Rz. 272; ErfK/*Franzen*, § 4 TVG Rz. 33. | 18 BAG v. 7.12.1956 – 1 AZR 480/55, AP Nr. 1 zu § 817 BGB. | 19 Wiedemann/*Wank*, § 4 TVG Rz. 414. | 20 *Löwisch/Rieble*, § 4 TVG Rz. 264; ErfK/*Franzen*, § 4 TVG Rz. 37; aA BAG v. 23.3.2005 – 4 AZR 203/04, AP Nr. 29 zu § 4 TVG – Tarifkonkurrenz. | 21 ErfK/*Franzen*, § 4 TVG Rz. 37; *Löwisch/Rieble*, § 4 TVG Rz. 265. | 22 BAG v. 17.4.2002 – 5 AZR 644/00, AP Nr. 40 zu § 611 BGB – Mehrarbeitsvergütung. | 23 Zu Dienstordnungen s. BAG v. 26.9.1984 – 4 AZR 608/83, AP Nr. 59 zu § 611 BGB – Dienstordnungs-Angestellte; *Wiedemann*, Einl. TVG Rz. 350 ff.; *Däubler*, Tarifvertragsrecht, Rz. 396.

gelung kann allerdings in unterschiedl. Maße dispositiv gestaltet sein (zum Verhältnis von TV und staatl. Recht Einl. Rz. 14 ff.).

b) Verhältnis zu anderen Tarifverträgen. Das Verhältnis verschiedener TV zueinander ist gesetzl. nicht geregelt. Für die Lösung der offenen Streitfragen ist nach der Art des Konkurrenzverhältnisses zu unterscheiden. 37

aa) Zeitlich nachfolgende Verträge bei identischen Vertragspartnern. Anerkanntermaßen verdrängt – soweit nicht ohnehin eine ausdrückl. Aufhebung des vorangehenden TV erfolgt – nach dem Lex-posterior-Grundsatz ein zwischen den gleichen TV-Parteien geschlossener TV einen vorangehenden TV mit dem gleichen Anwendungsbereich (Ablösungsprinzip)[1]. Eine dem neuen TV zuerkannte Rückwirkung kann Beschränkungen unterliegen (s. dazu § 1 Rz. 127). Den TV-Parteien steht es frei, bestimmte Regelungen weitergelten zu lassen, etwa um bisherige Vergünstigungen zu erhalten (Besitzstandsklauseln)[2]. Für umfassend gestaltete Regelwerke wie MantelTV sind im Zweifel auch solche Tarifbestimmungen als aufgehoben anzusehen, zu deren Regelungsbereich der neue TV keine Aussage trifft. Die Parteien werden durch den neuen MantelTV die Arbeitsbedingungen regelmäßig umfassend neu gestalten wollen[3]. 38

bb) Potentiell gleichzeitig anwendbare Tarifverträge – Überblick. Soweit verschiedene TV (potentiell) gleichzeitig anwendbar sind, wird eine terminologische Differenzierung vorgenommen[4]. (Echte) **Tarifkonkurrenz** (ieS) liegt nur dann vor, wenn identische Regelungsbereiche[5] in mehr als einem anwendbaren TV angesprochen werden und diese TV *dasselbe Arbeitsverhältnis* erfassen[6]. Typische Umstände, die zu Tarifkonkurrenzen führen, sind die parallele Geltung eines mitgliedschaftl. legitimierten TV und eines allgemeinverbindl. TV, von Verbands- und FirmenTV mit derselben Gewerkschaft oder die Doppelmitgliedschaft von ArbGeb und ArbN in den jeweiligen Verbänden[7]. Zu keiner Tarifkonkurrenz kommt es, wenn sich die TV ergänzen, was zB im Verhältnis von MantelTV und EntgeltTV der Fall ist. **Tarifpluralität** liegt demgegenüber vor, wenn innerhalb *eines Betriebes* mehrere TV nebeneinander gelten, ohne dass sie auf einzelne Arbeitsverhältnisse gleichzeitig anwendbar sind[8]. Das BAG löst in seiner bisherigen Rspr. – unter heftiger Kritik des Schrifttums (Rz. 47) – beide Fallkonstellationen über den Grundsatz der Tarifeinheit (Rz. 42, 46). Aus eher pragmatischen Gründen soll in einem Betrieb prinzipiell lediglich ein einziger TV gelten. 39

cc) Tarifkonkurrenz. Eine echte Tarifkonkurrenz muss zwingend aufgelöst werden, da ansonsten unklar ist, welche Regelung für das Arbeitsverhältnis maßgebend ist. Es muss verhindert werden, dass mehrere sich widersprechende Regelungen gleichzeitig Anwendung finden. Für die (echte) Tarifkonkurrenz wird ganz überwiegend der **Spezialitätsgrundsatz** als Auflösungsmechanismus vertreten[9], mit der Folge, dass der speziellere TV den generellen verdrängt, soweit es sich um die gleichen Regelungsbereiche handelt. Nach dem Spezialitätsgrundsatz ist der TV anzuwenden, der dem Betrieb räuml., betriebl., fachl. und persönl. am nächsten steht und deshalb den Erfordernissen und Eigenarten des Betriebes am ehesten gerecht wird[10]. So geht ein mit der gleichen Gewerkschaft geschlossener FirmenTV einem VerbandsTV stets vor, auch wenn er für den ArbN ungünstigere Regelungen enthält[11]. Voraussetzung ist, dass er eine eigene inhaltl. Regelung und nicht lediglich eine Öffnung für abweichende Regelungen nach § 77 III 2 BetrVG enthält[12]. Eine Tarifkonkurrenz, die nach dem Spezialitätsprinzip auszulösen ist, besteht auch im Verhältnis zu nach **§ 3 III fortgeltenden TV**[13]. Zur Tarifkonkurrenz mit Nachwirkungszeitraum gem. § 4 V vgl. Rz. 41a. 40

Vielfach fällt die Beurteilung schwer, welcher TV der speziellere ist. Im Schrifttum wird dann auf die Anzahl der durch den TV erfassten Arbeitsverhältnisse, den Organisationsgrad, die zeitliche Abfolge[14] oder die mitgliedschaftl. Legitimation gegenüber der AVE abgestellt[15]. 40a

1 Wiedemann/*Wank*, § 4 TVG Rz. 261. | 2 Wiedemann/*Wank*, § 4 TVG Rz. 262. | 3 BAG v. 23.10.2001 – 3 AZR 74/01, AP Nr. 33 zu § 1 BetrAVG – Ablösung. | 4 Ausf. *Jacobs*, Tarifeinheit und Tarifkonkurrenz, S. 95 ff. | 5 Die TV müssen allerdings nicht insgesamt völlig deckungsgleich sein, *Jacobs*, Tarifeinheit und Tarifkonkurrenz, S. 98. | 6 S. zuletzt BAG v. 16.5.2001 – 10 AZR 357/00, EzA Nr. 23 zu § 3 TVG. | 7 Weitere Beispiele bei Däubler/*Zwanziger*, § 4 TVG Rz. 924. | 8 Wiedemann/*Wank*, § 4 TVG Rz. 280; s. BAG v. 28.5.1997 – 4 AZR 546/95, AP Nr. 26 zu § 4 TVG – Nachwirkung. | 9 St. Rspr., BAG v. 4.4.2001 – 4 AZR 237/00, AP Nr. 26 zu § 4 TVG – Tarifkonkurrenz; Wiedemann/*Wank*, § 4 TVG Rz. 289; zur Kritik s. *Jacobs*, Anm. zu BAG v. 4.4.2001 – 4 AZR 237/00, AP Nr. 26 zu § 4 TVG – Tarifkonkurrenz mwN; *Jacobs*, Tarifeinheit und Tarifkonkurrenz, S. 260 ff.; *Waas*, Tarifkonkurrenz und Tarifpluralität, S. 42 ff. mwN; zu Lösungsmöglichkeiten *Wiedemann/Arnold*, ZTR 1994, 399 (406 ff.). | 10 BAG v. 14.6.1989 – 4 AZR 200/89; v. 20.3.1991 – 4 AZR 455/90; v. 26.1.1994 – 10 AZR 611/92, AP Nr. 16, 20, 22 zu § 4 TVG – Tarifkonkurrenz | 11 BAG v. 24.1.2001 – 4 AZR 655/99, AP Nr. 173 zu § 1 TVG – Tarifverträge: Metallindustrie; v. 4.4.2001 – 4 AZR 237/00, AP Nr. 26 zu § 4 TVG – Tarifkonkurrenz mwN; dieses Ergebnis wird im Allgemeinen auch von denjenigen geteilt, die den Spezialitätsgrundsatz ablehnen, s. *Jacobs*, Anm. zu BAG v. 4.4.2001 – 4 AZR 237/00, AP Nr. 26 zu § 4 TVG – Tarifkonkurrenz. | 12 BAG v. 20.4.1999 – 1 AZR 631/98, AP Nr. 12 zu § 77 BetrVG 1972 – Tarifvorbehalt. | 13 BAG v. 26.10.1983 – 4 AZR 219/81, AP Nr. 3 zu § 3 TVG; Däubler/*Zwanziger*, § 4 TVG Rz. 924. | 14 Däubler/*Zwanziger*, § 4 TVG Rz. 934. | 15 Übersicht bei *Wiedemann/Arnold*, ZTR 1994, 399 (408 f.); zu verschiedenen BranchenTV BAG v. 22.2.1957 – 1 AZR 536/55, AP Nr. 2 zu § 4 TVG – Tarifkonkurrenz (Anwendung des TV, der mit der mehrheitlich durchgeführten Arbeit korrespondiert); s. auch BAG v. 14.6.1989 – 4 AZR 200/89, AP Nr. 16 zu § 4 TVG – Tarifkonkurrenz und v. 20.3.1991 – 4 AZR 455/90, AP Nr. 20 zu § 4 TVG – Tarifkonkurrenz.

41 Umstritten ist die Behandlung der Konkurrenz, die durch die **gleichzeitige Mitgliedschaft eines ArbN in mehreren Gewerkschaften** entsteht, mit denen der ArbGeb (bzw. sein Verband) unterschiedliche TV geschlossen hat[1]. Von einem spezielleren TV kann hier ledigl. dann gesprochen werden, wenn die TV auf ArbGebSeite auf verschiedenen Ebenen abgeschlossen werden. Schwierigkeiten ergeben sich auch bei dem Nebeneinander eines für allgemeinverbindl. erklärten TV und eines weiteren TV[2], weil häufig die miteinander in Konkurrenz stehenden TV unter einzelnen Gesichtspunkten spezieller und unter anderen genereller sind[3].

41a Eine Tarifkonkurrenz kann auch bei der Kollision eines vollwirksamen mit einem nachwirkenden TV bestehen[4], wenn ersterer keine andere Abmachung iSd. Abs. 3 darstellt. Ersteres ist der Fall, wenn der vollwirksame TV bereits vor Beginn der Nachwirkung galt, bisher aber verdrängt wurde.

Diese Problematik wird relevant, wenn ein VerbandsTV, der während seiner Laufzeit hinter einem FirmenTV zurücktrat, nach Beendigung des FirmenTV weiter gilt. Für den Fall des Ausschlusses der Nachwirkung im Firmentarif lässt das LAG Nürnberg den (günstigeren, die 35-Stunden-Woche vorsehenden) VerbandsTV gelten, und zwar selbst dann, wenn dieser nur nachwirke[5]. Zum gleichen Ergebnis kommt das LAG Schleswig-Holstein für den Fall der Anordnung der Nachwirkung im FirmenTV, weil der Vorrang des FirmenTV gegenüber dem voll wirksamen VerbandsTV auf die Laufzeit des ersteren begrenzt sei[6]. Es drohe keine Regelungslücke, die eine Nachwirkung erfordere. Überzeugender erscheint bei einem nur nachwirkendem FirmenTV die Annahme einer Tarifkonkurrenz, die auch im Nachwirkungszeitraum zu Gunsten des FirmenTV als der sachnäheren Gestaltung aufzulösen ist[7]. Das BAG hat diese Frage jüngst grds. offen gelassen. Wenn allerdings eine Nachfolgeregelung für den speziellen FirmenTV nicht in Betracht komme, setze sich ab dem Eintritt der Nachwirkung des FirmenTV der vollwirksame VerbandsTV durch[8].

42 Nach dem von der Rspr. des BAG befürworteten Modell der **Tarifeinheit** wird die Konkurrenzsituation nicht erst auf der Ebene des einzelnen Arbeitsverhältnisses ausgeräumt. Die Prämisse der Tarifeinheit führt vielmehr dazu, dass innerhalb des Betriebes stets nur ein TV gilt[9]. Das BAG prüft – wie auch bei der Tarifpluralität (Rz. 46) – im Bereich der Tarifkonkurrenz, welcher TV *für den Betrieb* spezieller ist[10]. Dies würde bei TV von Berufsgewerkschaften dazu führen, dass diese sich idR nicht durchsetzen könnten, da ihr Geltungsbereich nicht den ganzen Betrieb erfasst[11]. Allerdings werden in der Praxis speziellere TV von Berufsgewerkschaften schon seit langem neben anderen TV angewandt (zB TV der Gewerkschaft Cockpit oder des Marburger Bundes).

43 Für **allgemeinverbindl. TV** kann aus dem staatl. Anwendungsbefehl kein genereller Vorrang hergeleitet werden. Dem steht § 5 IV, der auf die bislang nicht tarifgebundenen ArbN abstellt, entgegen (s. § 5 Rz. 31). Ein FirmenTV kann damit einen für allgemeinverbindl. erklärten TV verdrängen. Bei der – wegen der möglichen Einschränkung der AVE (vgl. § 5 Rz. 9) seltenen – Konkurrenz allgemeinverbindl. TV ist das Quantitätsprinzip anzuwenden. Danach setzt sich der TV mit der stärkeren mitgliedschaftl. Legitimation durch[12].

44 Im **Anwendungsbereich des AEntG** wendet das BAG das Spezialitätsprinzip nicht an. Vielmehr sollen die vom AEntG erstreckten TV vorrangig gelten, soweit der konkurrierende TV für die ArbN ungünstigere Regelungen enthält[13]. Begründet wird dies mit dem Wortlaut von § 1 I 3 AEntG, vor allem aber mit europarechtl. Erwägungen, die auf die EuGH-Entscheidung in der Rechtssache Portugaia Construções[14] zurückgehen. Da ArbGeb mit Sitz im Ausland keine spezielleren TV nach dem TVG abschließen könnten, sei der Vorrang speziellerer TV eine Diskriminierung ausländischer ArbGeb iSv. Art. 49 EG. Für ArbGeb, die von nach § 1 I oder IIIa AEntG erstreckten TV erfasst werden, ist der Abschluss von FirmenTV damit sinnlos. Selbst SanierungsTV können sich nicht gegen den Vorrang des AEntG durchsetzen. Im Schrifttum wird mit beachtlichen Argumenten schon die Prämisse der Diskriminierungsthese angegriffen; ausländischen ArbGeb sei der Abschlusss speziellerer TV durchaus möglich[15]. Im

1 Nachweise bei *Jacobs*, Tarifeinheit und Tarifkonkurrenz, S. 273 ff. | 2 Zum Vorrang der Mindestbedingungen in einem nach dem AEntG für allgemeinverbindl. erklärten TV EuGH 24.1.2002 – C-164/99, BB 2002, 624 (Diskriminierung ausländischer ArbGeb). Die für ausländische ArbGeb geltenden Mindestbedingungen binden deutsche ArbGeb auch bei Geltung eines spezielleren TV, vgl. *Bayreuther*, BB 2002, 627 f.; *Henssler/Müller*, EWiR 2002, 245 (246). | 3 S. zB BAG v. 25.7.2001 – 10 AZR 599/00, AP Nr. 242 zu § 1 TVG – Tarifverträge: Bau. | 4 Däubler/*Bepler*, § 4 TVG Rz. 861; *Jacobs*, Tarifeinheit und Tarifkonkurrenz, S. 301 f.; aA BAG v. 4.12.1974 – 5 AZR 75/74, AP Nr. 2 zu § 3 TVG; Däubler/*Zwanziger*, § 4 TVG Rz. 938. | 5 LAG Nürnberg v. 21.11.2006 – 6 Sa 470/06, NZA-RR 2007, 421. | 6 AG Schl.-Holst. v. 6.2.2007 – 5 Sa 328/06, NZA-RR 2007, 482. | 7 Däubler/*Bepler*, § 4 TVG Rz. 861. | 8 BAG v. 4.7.2007 – 4 AZR 491/06, EzA-SD 2008, Nr. 3, 15 (LS). | 9 S. dazu *Wiedemann/Arnold*, ZTR 1994, 399 (401 ff.). | 10 BAG v. 14.6.1989 – 4 AZR 200/89, AP Nr. 16 zu § 4 TVG – Tarifkonkurrenz mwN. | 11 So wohl BAG v. 5.9.1990 – 4 AZR 59/90, AP Nr. 19 zu § 4 TVG – Tarifkonkurrenz; ausdrückl. LAG Rh.-Pf. v. 22.6.2004 – 11 Sa 2096/03, AP Nr. 169 zu Art. 9 GG – Arbeitskampf. Dazu *Greiner*, NZA 2007, 1023 (1025). | 12 *Jacobs*, Tarifeinheit und Tarifkonkurrenz, S. 287 f. | 13 BAG v. 25.6.2002 – 9 AZR 405/00, AP Nr. 15 zu § 1 AEntG; v. 20.7.2004 – 9 AZR 343/03, AP Nr. 18 zu § 1 AEntG; v. 9.9.2003 – 9 AZR 478/02 (A) nv; v. 13.5.2004 – 10 AS 6/04 nv. | 14 EuGH v. 24.1.2002 – C-164/99, AP Nr. 4 zu Art. 49 EG. | 15 Däubler/*Lakies*, § 1 AEntG Rz. 108; *Jacobs/Krause/Oetker*, S. 474.

Entwurf eines neuen AEntG wird der Vorrang der vom AEntG erfassten TV ausdrückl. normiert (§ 7 II AEntG-Ref.-E).

Unklar ist die Position des BAG zur Konkurrenz zwischen einem normativ geltenden und einem **arbeitsvertragl. in Bezug genommenen TV**. Während der 4. Senat grds. davon ausgeht, dass auch hier ein nach dem Grundsatz der Tarifeinheit aufzulösender Fall der Tarifkonkurrenz vorliege[1], lehnt der 10. Senat eine Tarifkonkurrenz zumindest für den Fall ab, dass der ArbGeb normativ nicht an den in Bezug genommenen TV gebunden ist[2]. Dahinter steht die Überlegung, dass eine aufzulösende Tarifkonkurrenz nur dann angenommen werden kann, wenn die Vertragsparteien mit der Verweisung die tarifl. im Betrieb geltenden Arbeitsbedingungen widerspiegeln (Gleichstellungsabrede – vgl. § 3 Rz. 23 ff.). Durch eine solche Bezugnahmeklausel kann bei richtiger Vertragsgestaltung (dazu § 3 Rz. 30a ff.) die Gleichstellung aller ArbN unabhängig von ihrer Verbandszugehörigkeit und damit eine einheitl. Tarifgeltung im Betrieb erreicht werden. In diesem Fall ist es möglich, allein auf den nach dem Spezialitätsgrundsatz zu ermittelnde TV Bezug zu nehmen. Ist dagegen keine Gleichstellung beabsichtigt, geht es also um die verbindl. Zusicherung der arbeitsvertragl. vereinbarten TV-Bestimmungen, so kommt eine Verdrängung dieser Arbeitsbedingungen nicht in Betracht. Das Verhältnis von normativ geltendem TV und in Bezug genommenem TV ist dann nach § 4 I und III, regelmäßig also über das Günstigkeitsprinzip, zu lösen. Dies gilt auch, wenn ein Wille der Arbeitvertragsparteien erkennbar ist, im Betrieb nebeneinander zwei TV zur Anwendung zu bringen[3]. 45

dd) Tarifpluralität. Für die Tarifpluralität soll nach der bisherigen **Rspr. des BAG** ebenfalls der Grundsatz der betriebl. **Tarifeinheit** gelten[4]. Um die Anwendbarkeit mehrerer TV innerhalb eines Betriebes zu verhindern, sollen die übrigen TV vollständig zurücktreten. Sie werden also auch hinsichtl. ihrer Inhaltsnormen durch den geltenden TV verdrängt und verlieren ihre Wirkung. Dies führt in dem häufigsten Fall der Tarifpluralität, dem Abschluss unterschiedlicher TV durch verschiedene Gewerkschaften, dazu, dass die ArbN, für die wegen ihrer Mitgliedschaft in einer tarifschließenden Gewerkschaft an sich ein – nunmehr zurücktretender – TV gilt, ihren tarifvertragl. Schutz verlieren. Mangels mitgliedschaftl. Bindung ist ja auch der verdrängende TV auf sie nicht anwendbar. Zu erwarten ist, dass das BAG den Grundsatz der Tarifeinheit für Fälle der Tarifpluralität aufgibt. Mit einer entspr. Entscheidung war bereits 2007 gerechnet worden. Allerdings hat sich der Rechtsstreit vor einer Entscheidung des BAG erledigt[5]. Die Rspr. der Instanzgerichte hat auf die erwartete Änderung teilweise bereits reagiert und den Grundsatz der Tarifeinheit bei Tarifpluralitäten nicht mehr angewandt[6]. Aktuelle praktische Relevanz erhält die Frage bei den TV, die von Sparten- und Berufsgewerkschaften wie der Pilotenvereinigung Cockpit, dem Marburger Bund und der GDL (Gewerkschaft der Lokomotivführer) abgeschlossen werden[7]. Nach bisheriger Rspr. konnte Spartengewerkschaften schon der Arbeitskampf untersagt werden, weil ein Streik um einen TV, der später verdrängt wird, nicht verhältnismäßig sein kann[8]. 46

Auch die bisherige BAG-Rspr. schränkt das Prinzip der Tarifeinheit in doppelter Hinsicht ein: Zum einen soll der Grundsatz bei gewillkürten Tarifpluralitäten nicht gelten[9]. Gemeint sind Fälle, in denen der ArbGeb bewusst eine Tarifpluralität herbeiführt. Zum anderen soll ein mit einer anderen Gewerkschaft geschlossener und nur den ArbGeb nach § 3 I bindender TV einen nach Abs. 5 nachwirkenden TV nicht verdrängen. Ein Fall der Tarifpluralität liege hier gar nicht vor[10]. Dies führt indes zu dem schwer verständlichen Ergebnis, dass der ArbN, dessen Arbeitsverhältnis einem nur nachwirkenden TV unterliegt, den tarifl. Schutz behalten, ihn dagegen bei einem in Geltung befindl. TV verlieren soll[11]. 46a

In Teilen der instanzgerichtl. Rspr.[12] sowie in der Lit.[13] stößt die Rspr. des BAG auf deutliche Ablehnung. Kritisiert wird, die Koalitionsfreiheit der ArbN gem. Art. 9 III GG werde durch die Verdrängung 47

1 BAG v. 23.3.2005 – 4 AZR 203/04, NZA 2005, 1003; v. 20.3.1991 – 4 AZR 455/90, AP Nr. 20 zu § 4 TVG – Tarifkonkurrenz. Offen gelassen in BAG v. 28.5.1997 – 4 AZR 546/95, AP Nr. 26 zu § 4 TVG – Nachwirkung. | 2 BAG v. 22.9.1993 – 10 AZR 207/92, AP Nr. 21 zu § 4 TVG – Tarifkonkurrenz. | 3 So schon BAG v. 20.3.1991 – 4 AZR 455/90, AP Nr. 20 zu § 4 TVG – Tarifkonkurrenz, für den Fall, dass die Inbezugnahme erst nach und trotz Inkrafttreten des spezielleren TV erfolgt. | 4 BAG v. 4.12.2002 – 10 AZR 113/02, AP Nr. 28 zu § 4 TVG – Tarifkonkurrenz. | 5 Vgl. Rs. 4 ABR 19/04 ua., PM des BAG 22/07. | 6 Vgl. nur LAG Sachs. v. 2.11.2007 – 7 SaGa 19/07, NZA 2008, 59. | 7 Vgl. dazu LAG Sachs. v. 2.11.2007 – 7 SaGa 19/07, NZA 2008, 59; ArbG Düsseldorf v. 1.8.2007 – 11 Ga 74/07; ArbG Frankfurt/M v. 25.4.2003 – 7 Ga 107/03, 110/03, 111/03, nv. und LAG Hess. v. 2.5.2003 – 9 Sa Ga 636/03, 637/03, 638/03, BB 2003, 1229 mit Anm. *Rieble*, BB 2003, 1227 sowie *Buchner*, BB 2003, 2121 – auch zur Rechtmäßigkeit eines Streiks zur Erzwingung eines nachrangigen TV. | 8 LAG Rh.-Pf. v. 22.6.2004 – 11 Sa 2096/03, AP Nr. 169 zu Art. 9 GG Arbeitskampf; *Otto*, Arbeitskampf- und Schlichtungsrecht, § 5 Rz. 12. | 9 BAG v. 20.2.2002 – 4 AZR 22/01 nv; vgl. *Schliemann*, NZA 2000, Sonderbeil. zu Heft 24, S. 24. | 10 BAG v. 28.5.1997 – 4 AZR 546/95, AP Nr. 26 zu § 4 TVG – Nachwirkung. Die Begründung für diese Differenzierung ist zu Recht auf Widerspruch gestoßen, vgl. *Dauner-Lieb*, SAE 1999, 47 (49 f.); *Kania*, Anm. AP Nr. 26 zu § 4 TVG – Nachwirkung. S. auch BAG v. 20.3.1991 – 4 AZR 455/90, AP Nr. 20 zu § 4 TVG. | 11 *Dauner-Lieb*, SAE 1999, 47 (49 f.); *Kania*, Anm. AP Nr. 26 zu § 4 TVG – Nachwirkung; MünchArbR/*Löwisch*/*Rieble*, § 276 Rz. 17. | 12 Aus neuerer Zeit LAG Sachs. v. 2.11.2007 – 7 SaGa 19/07, NZA 2008, 59; LAG Nds. v. 12.11.1999 – 3 Sa 780/99, ZTR 2000, 172; weitere LAG-Entscheidungen bei *Jacobs*, Tarifeinheit und Tarifkonkurrenz, S. 80 ff. | 13 Nachw. bei Wiedemann/*Wank*, § 4 TVG Rz. 287 und *Jacobs*, Tarifeinheit und Tarifkonkurrenz, S. 91 f.; dem BAG folgend etwa *Säcker*/*Oetker*, ZfA 1993, 1 (9 ff.).

des von ihrer Gewerkschaft geschlossenen TV unzulässig beeinträchtigt[1]. Eine Kompensation für diese Beeinträchtigung erfolge nicht, vielmehr müssten sich die ArbN trotz eines an sich gültigen TV wie nicht tarifvertragl. gebundene ArbN behandeln lassen[2]. Besonders deutl. werde der Eingriff in tarifl. Rechte bei der Verdrängung eines für allgemeinverbindl. erklärten TV, die den durch § 5 IV gewährten Mindestschutz unterlaufe[3]. Auf Ablehnung stößt auch die Begründung des BAG für die Notwendigkeit der Geltung eines einzigen TV. Zwar könne es im Bereich betriebl. Normen entsprechend § 3 II erforderl. sein, die Normen eines TV einheitl. für den ganzen Betrieb anzuwenden[4]. Bei Inhaltsnormen sei es dem ArbGeb dagegen zumutbar, die einzelnen ArbN je nach (ihm bekannter[5]) Gewerkschaftszugehörigkeit unterschiedlich zu behandeln[6]. Die Ungleichbehandlung je nach Gewerkschaftszugehörigkeit sei sachlich gerechtfertigt und entspreche der möglichen Differenzierung zwischen tarifvertragl. gebundenen und nicht tarifgebundenen ArbN[7].

48 Überzeugend ist ein **differenzierender Lösungsansatz**: Grds. sind Tarifpluralitäten im Betrieb entgegen der bisherigen BAG-Rspr. hinzunehmen. Zu einer Kollision von TV, die von unterschiedl. DGB-Gewerkschaften abgeschlossen wurden, darf es schon nach der DGB-Satzung nicht kommen. Die im DGB zusammengeschlossenen Einzelgewerkschaften haben sich satzungsmäßig auf den Grundsatz festgelegt: „Ein Betrieb, eine Gewerkschaft". Für den Fall, dass Zuständigkeitsstreitigkeiten intern nicht geschlichtet werden können, sieht § 16 DGB-Satzung ein Schiedsgerichtsverfahren vor (vgl. auch § 2 Rz. 38). Nach einem vorgeschalteten Vermittlungsverfahren wird der Streit vor einem Vereinsgericht, dem „Schiedsgericht des DGB", verhandelt und entschieden. Die Ergebnisse des Schiedsverfahrens, also sowohl eine Einigung als auch ein Spruch des Schiedsgerichts, haben Bindungswirkung nicht nur für die beteiligten Gewerkschaften, sondern auch für Dritte, insb. die ArbGeb[8]. In der Praxis kommt es kaum zu streitigen Entscheidungen[9]. Verfahren werden häufig über eine Einigung beigelegt. Im Konflikt um die Organisationszuständigkeit bei mehreren Betrieben verschiedener IBM-Gesellschaften verständigten sich die IG-Metall und ver.di auf eine gemeins. Tarifzuständigkeit[10]. Bei einer Tarifpluralität zwischen TV von Gewerkschaften, die nicht sämtlich unter dem Dach des DGB vereint sind, wird entgegen dem BAG[11] der mit der anderen Gewerkschaft geschlossene Tarif nicht verdrängt[12], Beispiel: Tarifpluralität zwischen TV einer im DGB und einer im CGB organisierten Vereinigung[13] (zur Tariffähigkeit § 2 Rz. 1 ff.). Der Zwang zur Tarifeinheit ist schon einfach-rechtl. nicht haltbar, da die ersatzlose Verdrängung von TV, für die eine kongruente Tarifbindung besteht, den §§ 3, I, II, 4 I TVG widerspricht. Hinzu treten verfassungsrechtl. Einwände: Die Tarifeinheit verletzt die durch Art. 9 III GG geschützten Garantien der Tarifautonomie und der positiven Koalitionsfreiheit. Ihre praktischen Vorteile können diesen Grundrechtseingriff nicht rechtfertigen[14]. Die rechtspolitische Forderung nach einer Kodifizierung der Tarifeinheit scheitert an den geschilderten verfassungsrechtl. Erwägungen.

48a Uneingeschränkt gelten diese Grundsätze nur für **Individualnormen**. Bei diesen, nur auf das Arbeitsverhältnis bezogenen Normen, ist die Anwendung verschiedener TV im Betrieb mögl. und dem ArbGeb zumutbar. Ihm steht – nach erfolgter Einstellung – ein Fragerecht bzgl. der Gewerkschaftszugehörigkeit zu. Etwas anderes gilt für Normen über **betriebl.** und **betriebsverfassungsrechtl. Fragen** (§ 3 II) sowie für **TV über gemeins. Einrichtungen** gem. § 4 II. Bei betriebl. und betriebsverfassungsrechtl. Normen ist eine betriebseinheitl. Geltung erforderlich[15]. Anzuwenden ist der TV, der die meisten ArbN im Betrieb repräsentiert und damit die breiteste Legitimationsbasis hat (Quantitätsprinzip)[16]. Im Grunde handelt es sich bei diesen Konstellationen um eine (betriebsweite) Tarifkonkurrenz, da wegen § 3 II immer auch das Arbeitsverhältnis selbst betroffen ist[17]. Bei gemeins. Einrichtungen kann der Normzweck des § 4 II meist nur bei einer betriebsweiten Geltung verwirklicht werden, entspr. TV müssen sich daher durchsetzen[18]. Verfassungsrechtl. lässt sich dies durch den nur auf diesem Weg erreichbaren ArbN-Schutz rechtfertigen.

48b Im Schrifttum wird eine Differenzierung zwischen vom ArbGeb **freiwillig veranlassten** (zB durch Verbandswechsel, Mitgliedschaft in zwei ArbGeb-Verbänden, Parallelität von FirmenTV und VerbandsTV

1 Däubler/*Zwanziger*, § 4 TVG Rz. 947; MünchArbR/*Löwisch*/*Rieble*, § 276 Rz. 17 mwN; *Jacobs*, Tarifeinheit und Tarifkonkurrenz, S. 411 ff.; aA *Buchner*, BB 2003, 2121 (2126 ff.). | 2 Vgl. *Däubler*, Tarifvertragsrecht, Rz. 1505; nach BAG v. 20.3.1991 – 4 AZR 455/90, AP Nr. 20 zu § 4 TVG – Tarifkonkurrenz sei dies hinzunehmen. | 3 MünchArbR/*Löwisch*/*Rieble*, § 276 Rz. 18; Wiedemann/*Wank*, § 4 TVG Rz. 287 mwN. | 4 *Küttner*/*Griese*, Personalbuch 2003, Tarifbindung, Rz. 23. | 5 *Reuter*, JuS 1992, 105 (107). | 6 MünchArbR/*Löwisch*/*Rieble*, § 276 Rz. 19 f.; Wiedemann/*Wank*, § 4 TVG Rz. 287; Däubler/*Zwanziger*, § 4 TVG Rz. 944. | 7 Vgl. MünchArbR/*Löwisch*/*Rieble*, § 276 Rz. 19. | 8 BAG v. 25.9.1996 – 1 ABR 4/96, AP Nr. 10 zu § 2 TVG – Tarifzuständigkeit; 14.12. 99 – 1 ABR 74/98, AP Nr. 14 zu § 2 TVG – Tarifzuständigkeit. | 9 Fall STN Atlas; das Schiedsurteil v. 4.4.2002 ist abgedr. in RdA 2003, 56. | 10 Dazu *Dieterich*, RdA 2003, 59. | 11 BAG v. 20.3.1991 – 4 AZR 455/90, AP Nr. 20 zu § 4 TVG – Tarifkonkurrenz. | 12 So auch statt vieler ErfK/*Franzen*, § 4 TVG Rz. 71; *Bayreuther*, NZA 2007, 187 (188 f); *Reichold*, RdA 2007, 321 (326 f.). | 13 Voraussetzung ist die Tariffähigkeit der Gewerkschaft, BAG v. 14.12.2004 – 1 ABR 51/03, AP Nr. 1 zu § 2 TVG Tariffähigkeit (UFO); BAG v. 28.3.2006 – 1 ABR 58/04, AP Nr. 4 zu § 2 TVG – Tariffähigkeit (CGM). | 14 *Reichold*, RdA 2007, 321 (324 f.); aA *Meyer*, NZA 2006, 1387; *Hunold*, NZA 2007, 1037. | 15 Däubler/*Zwanziger*, § 4 TVG Rz. 935. | 16 *Jacobs*, Tarifeinheit und Tarifkonkurrenz, S. 309 mwN; *Reichold*, RdA 2007, 321 (327). | 17 *Jacobs*, Tarifeinheit und Tarifkonkurrenz, S. 248, 307. | 18 *Jacobs*, Tarifeinheit und Tarifkonkurrenz, S. 294.

mit verschiedenen Gewerkschaften) und **unfreiwillig** (zB durch AVE[1]) begründeten **Tarifpluralitäten** erwogen[2]. Nur freiwillige Tarifpluralitäten seien nicht aufzulösen. Bei unfreiwilligen Tarifpluralitäten müsse der ArbGeb dagegen zur Vereinheitlichung der Arbeitsbedingungen berechtigt sein[3]. Im Gegenzug müsse er den ArbN, denen „ihr" TV genommen werde, per schuldrechtl. Bezugnahme die im Betrieb geltenden Arbeitsbedingungen gewähren. Der Ansatz kann die aufgezeigten einfach-gesetzl. und verfassungsrechtl. Einwände gegen die Auflösung von Tarifpluralitäten indes nicht entkräften. Aus verfassungsrechtl. Sicht ist allein die Verdrängung allgemeinverbindl. TV unproblematisch, da sie im Verhältnis zu den gem. § 5 IV Tarifgebundenen nicht mitgliedschaftl. legitimiert sind.

Die Aufgabe der Tarifeinheit bei Tarifpluralität öffnet Raum für TV von Spartengewerkschaften, die zugleich erstreikbar sind. Allerdings muss das **Arbeitskampfrecht** den Besonderheiten, die durch die Aufgabe des Grundsatzes der Tarifeinheit entstehen, Rechnung tragen. ArbGeb müssen davor geschützt werden, kontinuierlich mit neuen Tarifforderungen konfrontiert zu werden[4]. Aus dem Verhältnismäßigkeitsprinzip können sich daher im Einzelfall Einschränkungen des Streikrechts ergeben[5]. **48c**

c) Verhältnis zu sonstigen kollektiven Regelungen. Im Vordergrund der Diskussion um das Verhältnis des TV zu sonstigen kollektiven Regelungen stehen BV[6]. Aktuelle Bedeutung haben der Beschäftigungssicherung dienende BV, die eine Verschlechterung der Arbeitsbedingungen im Vergleich zum TV vorsehen. Die Frage der rechtl. Zulässigkeit nach geltendem Recht tritt freilich häufig hinter die aus wirtschaftl. Gründen eingetretene faktische Undurchsetzbarkeit tarifvertragl. vereinbarter Regelungen zurück. Die Entwicklung gibt Anlass, das Verhältnis zwischen BV und TV gesetzl. neu zu bestimmen[7]. **49**

Nach geltendem Recht kommt dem TV ein eindeutiger Vorrang vor der BV zu. Die allgemeine Regelung des § 4 III wird in ihrem Anwendungsbereich von den §§ 77 III und 87 I BetrVG als leges speciales verdrängt. Sie begrenzen bereits die Möglichkeit, überhaupt Arbeitsbedingungen durch BV zu normieren, sofern diese Bedingungen üblicherweise Gegenstand von TV sind (s. die Komm. der §§ 77 und 87 BetrVG). Lediglich außerhalb ihres Anwendungsgebietes kann auf § 4 III zurückgegriffen werden[8]. Zulässig bleiben – nicht normativ wirkende – Regelungsabreden zwischen BR und ArbGeb[9]. Auch sie können allerdings keine Regelungen zum Nachteil tarifgebundener ArbN vorsehen. **50**

d) Verhältnis zu Individualvereinbarungen. Das Verhältnis zu individuellen Vereinbarungen ist in den Abs. 1 und 3 geregelt. Nach dem in Abs. 1 verankerten Grundsatz gelten die Normen eines TV unmittelbar und zwingend, dh. sie gehen abweichenden individuellen Vereinbarungen vor[10]. Die kollidierende Individualvereinbarung ist nach zutreffender Ansicht nicht generell unwirksam, sondern wird verdrängt[11]. Etwas anderes gilt nur, wenn die Tarifnorm gesetzl. Verbot iSv. § 134 BGB ist[12], was durch Auslegung zu ermitteln ist. Je elementarer der Schutzzweck der Tarifnorm ist, desto mehr spricht für die Unwirksamkeit der einzelvertragl. Regelung. Abweichungen von der zwingenden Wirkung tarifl. Normen lässt das Gesetz nur zu für den Fall einer entspr. tarifvertragl. Öffnungsklausel, für den ArbN begünstigende Regelungen (Abs. 3; Rz. 29) und für den Zeitraum bloßer Nachwirkung gem. Abs. 5 (s. Rz. 5). **51**

IV. Verlust tariflicher Rechte (Abs. 4). 1. Regelungszweck. Abs. 4 enthält eine Teilregelung des Verlusts tarifl. Rechte für die Konstellationen des Verzichts, der Verwirkung und der Vereinbarung von Ausschlussfristen. Der ArbN soll davor geschützt werden, die durch den TV zwingend gewährten Rechte nach ihrem Entstehen zu verlieren. In diesem Stadium hilft dem ArbN der Schutz durch die unmittelbare und zwingende Wirkung nach Abs. 1 nicht mehr, da die nachträgl. Aufrechterhaltung tarifl. Rechte nicht geschützt wird. Im Vordergrund stehen Ansprüche des ArbN, etwa Entgelt- und Abfindungsforderungen, Urlaubs- und Wiedereinstellungsansprüche sowie Ansprüche auf vermögenswirksame Leistungen und gegen gemeins. Einrichtungen (Abs. 2). Rechte iSd. Abs. 4 sind aber auch Gestaltungs- und Zurückbehaltungsrechte. Der Schutz des Abs. 4 reicht so weit, wie die tarifl. Rechte **zwingend** entstanden sind. Während der Nachwirkung entstandene Rechte sind daher genauso wenig geschützt wie ArbGebRechte, die durch das Günstigkeitsprinzip begrenzt werden. Bei Öffnungsklauseln in TV muss durch Auslegung ermittelt werden, ob sie nur die vorherige Vereinbarung einer abweichenden Regelung ermöglichen sollen oder auch den nachträgl. Rechtsverlust[13]. Ob der Schutz des Abs. 4 auch bei bloßer vertragl. Vereinbarung der Geltung des TV über eine Bezugnahmeklausel gilt, ist **52**

---

1 Nach *Bayreuther*, NZA 2007, 187 (189) sollen auch Tarifpluralitäten durch Branchenwechsel oder Verschmelzung unfreiwillig sein. Dies ist schon begriffl. zweifelhaft (krit. auch *Reichold*, RdA 2007, 321 (325). | 2 *Bayreuther*, NZA 2007, 187 (188 ff.); ähnl. schon *Schliemann*, NZA 2000, Sonderbeil. zu Heft 24, S. 24 (25 ff.); aA *Reichold*, RdA 2007, 321 (325 f.). | 3 *Bayreuther*, NZA 2007, 187 (189). | 4 ErfK/*Franzen*, § 4 TVG Rz. 72. | 5 AA *Greiner*, NZA 2007, 1023 (1026 ff.), wonach die lösende Aussperrung die gestörte Parität herstellen soll; dagegen *Buchner*, NZA 2007, 1411 (1412). | 6 Zum Verhältnis des TV zu Dienstvereinbarungen s. Wiedemann/*Wank*, § 4 TVG Rz. 622 ff. | 7 Vgl. nur *Möschel*, BB 2002, 1314 (1316 ff.) mwN. | 8 Wiedemann/*Wank*, § 4 TVG Rz. 621. | 9 Kempen/Zachert/*Wendeling-Schröder*, TVG, Grundlagen Rz. 341 mwN auch zur Gegenansicht. | 10 S. auch § 105 S. 1 GewO idF des Gesetzes v. 24.8.2002 (BGBl. I S. 3412). | 11 Däubler/*Deinert*, § 4 TVG Rz. 484; ErfK/*Franzen*, § 4 TVG Rz. 3; Kempen/Zachert/*Stein*, § 4 TVG Rz. 15; aA *Löwisch/Rieble*, § 4 TVG Rz. 22. | 12 ErfK/*Franzen*, § 4 TVG Rz. 3; Wiedemann/*Wank*, § 4 TVG Rz. 371. | 13 *Löwisch/Rieble*, § 4 TVG Rz. 338.

umstritten[1], nach richtiger Ansicht aber zu verneinen. Unberührt bleiben durch Abs. 4 andere Verlustgründe in einem weiten (untechnischen) Sinn wie die Erfüllung, die Verjährung[2] oder auch die (faktische) Nichtausübung tarifl. Rechte[3].

53 **2. Verzicht (Abs. 4 S. 1). a) Unwirksamkeit des Verzichts.** Der Verzicht auf entstandene[4] tarifl. Rechte ist nach Abs. 4 S. 1 unwirksam; dies gilt unabhängig von seinem Zeitpunkt, insb. also auch für einen erst nach Beendigung des Arbeitsverhältnisses erklärten Verzicht. Der Begriff des Verzichts umfasst jede Verfügung des ArbN, die zu einem Verlust der Rechte oder – diesem gleichstehend – zu dem Verlust der Durchsetzbarkeit führt, also etwa auch einen Erlassvertrag oder ein negatives Schuldanerkenntnis. Wegen der im Ergebnis gleichen Wirkung fallen die nachträgl. Vereinbarung der fehlenden Klagbarkeit und die Stundung ebenfalls unter Abs. 4 S. 1[5]. Da der Zeitpunkt des Verzichts unerheblich ist, gilt dies – unabhängig von der dogmatischen Einordnung – auch für die Ausgleichsquittung (dazu § 611 BGB Rz. 420)[6]. Unwirksam ist zudem eine Vereinbarung, der zufolge ein ArbN seine Klage auf tarifvertragl. Leistungen zurücknehmen muss und keine neue Klage erheben darf[7]. Der ArbN kann folgl. auch nach erhobener Klage nicht gem. § 306 ZPO auf seinen Anspruch verzichten oder bei einer negativen Feststellungsklage des ArbGeb ein Anerkenntnis (§ 307 ZPO) abgeben[8]. Das Gericht ist zu einem solchen Urteil nicht berechtigt. Ergeht es dennoch, kann es mit Rechtsmitteln angegriffen werden[9].

54 Die bloße Rücknahme der Klage berührt dagegen den Anspruch nicht. In der Lit. umstritten und von der Rspr. bislang nicht entschieden ist, ob Verträge, durch welche die Forderung des ArbN entwertet werden könnte (zB privative Schuldübernahme, Leistung an Erfüllungs statt, darlehensweise Überlassung der Forderung an den ArbGeb), von dem Verbot erfasst sind[10].

55 **b) Ausnahme bei von den Tarifvertragsparteien gebilligtem Vergleich.** Eine Ausnahme von der Unwirksamkeit eines Verzichts enthält § 4 IV 1 für den Fall eines Vergleichs mit Billigung der TV-Parteien. Der Begriff des Vergleichs ist iSd. § 779 BGB auszulegen. Er erfasst auch den Prozessvergleich[11]. Im Wege der teleologischen Reduktion ist allerdings der Vergleich über die tatsächl. Grundlagen von der Ausnahmevorschrift auszuklammern, so dass lediglich der Rechtsvergleich privilegiert bleibt[12]. Der Vergleich muss durch beide TV-Parteien gebilligt werden. Die Billigung entspricht der Zustimmung zu einem Rechtsgeschäft iSd. § 182 BGB[13], kann also als vor Abschluss der Vergleichs (Einwilligung) oder nachträgl. (Genehmigung) erteilt werden. Insb. bei Vertretung der Parteien in einem arbeitsgerichtl. Verfahren ist zu überprüfen, ob die den TV-Parteien angehörenden Prozessbevollmächtigten zur Billigung eines Vergleichs durch die TV-Parteien ermächtigt sind[14]. Eine allgemeine Vollmacht zur Vergleichsbilligung ist zulässig[15]. Mit dem Regelungsanliegen dürfte es aber nicht zu vereinbaren sein, wenn die TV-Parteien die vergleichsweise Regelung tarifl. Ansprüche generell zulassen, ohne dass die Billigung für jeden Einzelfall erklärt werden müsste[16].

56 **3. Verwirkung (Abs. 4 S. 2).** Abs. 4 S. 2 schließt die Verwirkung tarifl. Rechte aus. Die Verwirkung eines Rechts träte sonst als Unterfall der unzulässigen Rechtsausübung wegen widersprüchl. Verhaltens ein, wenn der Berechtigte das Recht längere Zeit nicht geltend gemacht hat (Zeitmoment) und der Verpflichtete sich nach dem gesamten Verhalten des Berechtigten darauf einrichten durfte und auch eingerichtet hat (Umstandsmoment), dass dieser das Recht in Zukunft nicht ausübt[17]. Nach hM soll der Ausschluss der Verwirkung auch bei einem lediglich gem. Abs. 5 nachwirkenden TV gelten[18]. Dies überzeugt kaum. Wie beim Verzicht (Rz. 52) sollte die Vorschrift nicht auf Ansprüche aus nur nachwirkenden TV angewandt werden[19]. Abs. 4 S. 2 gilt ferner nicht, wenn sich der Anspruch lediglich aus einer einzel-

1 Für die Möglichkeit des Verzichts in diesem Fall LAG Schl.-Holst. v. 26.2.1981 – 3 Sa 438/80, DB 1981, 900; Däubler/*Zwanziger*, § 4 TVG Rz. 1061; Wiedemann/*Wank*, § 4 TVG Rz. 671 mwN. | 2 Eine Verkürzung der Verjährung durch Individualvereinbarung wird von der hM abgelehnt, s. Wiedemann/*Wank*, § 4 TVG Rz. 688 mwN. | 3 Diese Rechte können grds. auch nicht durch Dritte für den ArbN geltend gemacht werden, Wiedemann/*Wank*, § 4 TVG Rz. 656; MünchArbR/*Löwisch*/*Rieble*, § 275 Rz. 8, s. dort auch Rz. 13 zum Unterlassungsanspruch der TV-Parteien gegenüber tarifwidrigem Verhalten der anderen TV-Partei; s. auch BAG v. 5.11.1997 – 4 AZR 682/95, AP Nr. 17 zu § 4 TVG zur Freiheit des ArbN, seine Rechte nicht auszuüben. | 4 Für künftige Rechte ergibt sich Gleiches aus der zwingenden Wirkung gem. § 4 I. | 5 Wiedemann/*Wank*, § 4 TVG Rz. 655. | 6 ErfK/*Franzen*, § 4 TVG Rz. 44. | 7 BAG v. 19.11.1996 – 3 AZR 461/95, AP Nr. 9 zu § 4 TVG – Verdienstsicherung. | 8 Wiedemann/*Wank*, § 4 TVG Rz. 658 mwN; aA MünchArbR/*Löwisch*/*Rieble*, § 274 Rz. 14. | 9 ErfK/*Franzen*, § 4 TVG Rz. 45. | 10 Dafür *Löwisch*/*Rieble*, § 4 TVG Rz. 348; dagegen Wiedemann/*Wank*, § 4 TVG Rz. 655 mwN. | 11 Wiedemann/*Wank*, § 4 TVG Rz. 676; MünchArbR/*Löwisch*/*Rieble*, § 274 Rz. 15. | 12 BAG v. 5.11.1997 – 4 AZR 682/95, AP Nr. 17 zu § 4 TVG mit abl. Anm. *Zachert*. | 13 BAG v. 25.7.1962 – 4 AZR 535/61, AP Nr. 114 zu § 1 TVG – Auslegung; Däubler/*Zwanziger*, § 4 TVG Rz. 1069. | 14 Vgl. BAG v. 25.7.1962 – 4 AZR 535/61, AP Nr. 114 zu § 1 TVG – Auslegung; Wiedemann/*Wank*, § 4 TVG Rz. 685; Däubler/*Zwanziger*, § 4 TVG Rz. 1069. | 15 Wiedemann/*Wank*, § 4 TVG Rz. 685. | 16 So Däubler/*Zwanziger*, § 4 TVG Rz. 1069; Wiedemann/*Wank*, § 4 TVG Rz. 685; aA MünchArbR/*Löwisch*/*Rieble*, § 274 Rz. 17. | 17 Palandt/*Heinrichs*, § 242 BGB Rz. 87 mwN; Däubler/*Zwanziger*, § 4 TVG Rz. 1073; zur Definition BAG v. 25.4.2001 – 5 AZR 497/99, AP Nr. 46 zu § 242 BGB – Verwirkung und v. 28.5.2002 – 9 AZR 145/01, NZA 2002, 1176; enger Wiedemann/*Wank*, § 4 TVG Rz. 695 f.; s. auch *Däubler*, Tarifvertragsrecht, Rz. 1318. | 18 Wiedemann/*Wank*, § 4 TVG Rz. 700; Kempen/Zachert/*Stein*, TVG Rz. 451. | 19 *Däubler*, Tarifvertragsrecht, Rz. 1321; Däubler/*Zwanziger*, § 4 TVG Rz. 1073, 1061.

sondern dessen Geltendmachung und zeitl. Begrenzung. Diese Argumentation steht tarifl. Ausschlussfristen für zwingende gesetzl. Ansprüche nur dann entgegen, wenn das Gesetz selbst die Art und den Zeitraum der Geltendmachung zwingend festlegt.

62 Der Entgeltfortzahlungsanspruch lässt sich allerdings als Fortsetzung des wegen der Arbeitsunfähigkeit entfallenden tarifl. Entgeltanspruchs begreifen, so dass es ohnehin angemessen erscheint, beide Ansprüche gleich zu behandeln. Das EFZG (vgl. § 4 I EFZG) gewährt dem ArbN zwar die ihm ohne Arbeitsunterbrechung zustehenden Ansprüche weiter, diese sind aber bereits mit der Ausschlussfrist belastet, so dass eine inhaltl. Modifikation des gesetzl. Anspruchs gar nicht vorliegt[1]. Die künftige Entscheidungspraxis des BAG dürfte daher offen sein. Vieles spricht dafür, auf eine Auslegung der einzelnen gesetzl. Vorschriften mit ihren unterschiedl. Regelungszielen abzustellen (s. zu einzelnen Regelungsbereichen § 1 Rz. 95 ff.).

63 Eine tarifl. Ausschlussfrist setzt sich gegenüber BV (§ 77 IV 4 BetrVG) und sonstigen kollektiven Tatbeständen durch[2]. Dies gilt selbst für tarifl. Ausschlussfristen, die ledigl. kraft Bezugnahme gelten, jedenfalls wenn der gesamte TV in Bezug genommen ist[3].

64 **c) Auslegung von Ausschlussfristen.** Im Wege der Auslegung ist insb. bei individualvertragl. festgelegten Ansprüchen zu ermitteln, ob sie – unter Beachtung des Günstigkeitsprinzips[4] – von der Ausschlussfrist erfasst werden sollen. Bei Regelungen der Grundlagen des Arbeitsverhältnisses wird dies grds. nicht der Fall sein[5] (s. § 1 Rz. 95 ff.). Die Auslegung ist aber häufig unsicher, die Rspr. nicht immer konsequent. Auch der Grundsatz der engen Auslegung von Ausschlussfristen[6] hilft nicht immer weiter. Das BAG will ohnehin tarifl. Ausschlussfristen vorbehaltlich einer abweichenden Regelung im TV auf alle mit oder nach Inkrafttreten des TV fällig werdenden Ansprüche erstrecken[7]. Ausschlaggebend ist die Auslegung der einzelnen tarifl. Regelungen. Sie wird im Allgemeinen ergeben, dass bei unverschuldetem Fristversäumnis die Geltendmachung unverzüglich nachgeholt werden kann[8].

65 **d) Inhaltskontrolle.** Das BAG unterwirft tarifl. Ausschlussfristen – wie andere tarifl. Normen auch – nur einer eingeschränkten Inhaltskontrolle (zur AGB-Kontrolle von TV vgl. § 1 Rz. 88 f.). Ein TV unterliege keiner gerichtl. Kontrolle im Hinblick auf die Gerechtigkeit und Zweckmäßigkeit seiner Regelung, sondern sei lediglich auf seine Vereinbarkeit mit höherrangigem Recht (ua. §§ 138, 242 BGB) zu überprüfen[9]. Dies lässt den TV-Partnern einen weiten Spielraum (vgl. § 1 Rz. 95 ff.). Insb. soll es zulässig sein, dass die Ausschlussfristen für die Rechte der ArbN – selbst wenn alle Forderungen aus dem Arbeitsverhältnis erfasst sind – kürzer sind als diejenigen für die Rechte der ArbGeb; auch eine Differenzierung zwischen Angestellten und Arbeitern wird bei der Fristgestaltung nicht generell beanstandet[10]. Grenzen ergeben sich aus den Grundrechten der ArbN und ArbGeb. So sollen Ansprüche aus dem allg. Persönlichkeitsrecht nicht erfasst werden[11]. Gleiches gilt für Stammrechte, wie zB das Recht auf richtige Eingruppierung[12]. Zudem darf die Ausschlussfrist nicht so kurz bemessen sein, dass die betroffene Rechtsposition faktisch leer läuft[13]. Im Schrifttum wird eine **Untergrenze von einem Monat** vorgeschlagen[14]. Die Rspr. zur Inhaltskontrolle formularvertragl. Ausschlussfristen setzt demgegenüber deutlich strengere Maßstäbe[15]. Bei der formularvertragl. Inbezugnahme greift gem § 310 IV 3 BGB eine Privilegierung, wenn der gesamte, auch die Ausschlussfrist umfassende und zudem einschlägige TV in Bezug genommen wird[16].

66 **e) Geltendmachung des Anspruchs.** Regelmäßig sehen die tarifvertragl. Ausschlussfristen vor, dass die Rechte verfallen, soweit sie nicht in einer bestimmten Form geltend gemacht werden. Die Tarifpraxis zeichnet sich insoweit durch einen außerordentl. Gestaltungsreichtum aus. Ansprüche der ArbN müssen häufig zunächst innerhalb einer bestimmten Frist (schriftlich) beim ArbGeb geltend gemacht und sodann bei (ausdrücklicher) Ablehnung durch den ArbGeb innerhalb einer weiteren Frist gerichtl. eingeklagt werden. Str. ist, ob der BR bei rechtsgeschäftl. Bevollmächtigung die Ansprüche des ArbN geltend machen kann[17].

---

1 Vgl. auch *Gamillscheg*, Kollektives Arbeitsrecht I, S. 820 zu der ähnlichen Frage bei § 11 MuSchG. | 2 Wiedemann/*Wank*, § 4 TVG Rz. 749 f. mwN. | 3 BAG v. 27.1.2004 – 1 AZR 148/03, NZA 2004, 667. | 4 Die Problematik stellt sich bei einheitl. Fristverlängerung, weil dann auch zu Gunsten des ArbGeb vom TV abgewichen wird; LAG Hess. v. 11.10.1979 – 11 Sa 253/79, AP Nr. 70 zu § 4 TVG – Ausschlussfristen. | 5 Vgl. Wiedemann/*Wank*, § 4 TVG Rz. 743 ff. | 6 BAG v. 4.9.1991 – 5 AZR 647/90, AP Nr. 113 zu § 4 TVG – Ausschlussfristen mwN (st. Rspr.); Ausnahmen von Ausschlussfristen sind demgegenüber weit auszulegen, v. 19.11.1968 – 1 AZR 195/68, AP Nr. 39 zu § 4 TVG – Ausschlussfristen; *Gamillscheg*, Kollektives Arbeitsrecht I, S. 822; aA ErfK/*Franzen*, § 4 TVG Rz. 49. | 7 BAG v. 26.9.2007 – 5 AZR 881/06, AP Nr. 8 zu § 1 TVG – Tarifverträge: Betonsteingewerbe. | 8 Wiedemann/*Wank*, § 4 TVG Rz. 779. | 9 St. Rspr.; zB BAG v. 22.9.1999 – 10 AZR 839/98, AP Nr. 226 zu § 1 TVG – Tarifverträge: Bau. | 10 Jeweils BAG v. 4.12.1997 – 2 AZR 809/96, NZA 1998, 431. | 11 BAG v. 15.5.1991 – 5 AZR 271/90, AP Nr. 23 zu § 611 BGB – Beschäftigungspflicht. | 12 BAG v. 14.7.1965 – 4 AZR 358/65, AP Nr. 5 zu § 1 TVG – Tarifverträge: BAVAV. | 13 *Jacobs/Krause/Oetker*, § 4 Rz. 24. | 14 Däubler/*Zwanziger*, § 4 TVG Rz. 1090; *Jacobs/Krause/Oetker*, § 4 Rz. 24 | 15 Bei formularvertragl. Klauseln verlangt das BAG eine Mindestfrist von drei Monaten; BAG v. 28.9.2005 – 5 AZR 52/05, NZA 2006, 149; v. 25. 5. 2005 – 5 AZR 572/04, AP Nr. 1 zu § 310 BGB; vgl. dazu auch *Preis/Roloff*, RdA 2005, 144; *Gotthardt*, ZIP 2002, 277 (286 f.); *Henssler*, RdA 2002, 129. | 16 Däubler/*Zwanziger*, § 4 TVG Rz. 1197; *Preis/Roloff*, RdA 2005, 144 (150). | 17 Dafür *Krause*, RdA 2004, 106 (113); dagegen *Löwisch/Rieble*, § 1 TVG Rz. 749.

vertragl. Bezugnahme auf den TV ergibt[1]. Über- und außertarifl. Ansprüche sind ebenfalls nicht erfasst[2]. Ansprüche des ArbGeb können entgegen dem Wortlaut verwirkt werden[3].

Andere Fälle treuwidriger Rechtsausübung bzw. des Rechtsmissbrauchs können nach zutreffender hM[4] der Geltendmachung eines Rechts entgegengehalten werden (zB Verjährung)[5]. 57

4. Vereinbarung von Ausschlussfristen. Nach Abs. 4 S. 3 können nur die TV-Parteien Ausschlussfristen für die Geltendmachung tarifl. Rechte vereinbaren. Eine individualvertragl. oder in einer BV getroffene Vereinbarung einer Ausschlussfrist ist daher unwirksam, soweit sie sich auf tarifl. Ansprüche erstreckt. Dies entspricht der Unwirksamkeit individuell vereinbarter Verkürzungen der Verjährungsfristen (dazu Rz. 52 aE). In der Praxis haben Ausschlussfristen eine große Bedeutung, die sich in einer umfangreichen Judikatur widerspiegelt[6]. Ausschlussfristen sollen **kurzfristig Rechtsklarheit** schaffen[7]. Im öffentl. Dienst bezwecken sie zudem, die Veranschlagung von Nachzahlungen für den Haushaltsgeber gering zu halten[8]. 58

a) Begriff der Ausschlussfrist. Der Begriff der Ausschlussfristen umfasst Regelungen, nach denen die Geltendmachung tarifl. Rechte an die Einhaltung (regelmäßig recht kurzer) Fristen gebunden ist (vgl. § 1 Rz. 95 ff.). Häufig wird ein zweistufiges, zunächst außergerichtl. und sodann gerichtl. Verfahren vereinbart. Abweichend von der Verjährung führen Ausschlussfristen dazu, dass das Recht selbst erlischt und ihm nicht ledigl. eine Einrede entgegensteht[9]. Umstr. ist allerdings, ob die Vereinbarung einer Ausschlussfrist nur die **Möglichkeit der Rechtsausübung** betrifft oder das betroffene Recht selbst modifiziert[10]. Das BAG vertritt aktuell[11] in Fortsetzung einer zwischenzeitl. unterbrochenen[12] Entscheidungspraxis[13] die erstgenannte Ansicht. Für eine Modifikation des Rechts spricht sich demgegenüber die ganz hL aus[14]. Davon unabhängig sind Ausschlussfristen anerkanntermaßen **von Amts wegen zu berücksichtigen**[15], ohne dass das Gericht verpflichtet wäre, von sich aus zu überprüfen, ob im Einzelfall eine tarifvertragl. Ausschlussfrist einschlägig ist[16]. 59

b) Ausschlussfristen für nicht tarifvertraglich gewährte Rechte. Praxisrelevanz entfaltet der Streit bei der Bewertung von tarifl. Ausschlussfristen für nicht tarifl. Ansprüche. Während schon aus der Tarifautonomie folgt, dass die Tarifpartner bei tarifvertragl. Ansprüchen den Zeitraum für ihre Geltendmachung festlegen können, lässt sich die Erfassung anderer Ansprüche mit der Ordnungsfunktion begründen, selbst wenn den Ausschlussfristen ein Einfluss auf den Inhalt der Ansprüche zuerkannt wird[17]. Die Rspr. lässt die Erstreckung tarifl. Ausschlussfristen auf nicht tarifl. begründete Rechte weitgehend zu, während die Lit. zurückhaltender agiert. 60

Kontrovers diskutiert wird, ob die Tarifpartner auch **nicht abdingbare gesetzl. Ansprüchen** tarifl. Ausschlussfristen unterwerfen können. In der Lit. wird eine derartige Erstreckung tarifl. Ausschlussfristen überwiegend abgelehnt[18]. Das BAG begründete seine Gegenansicht zunächst mit der fehlenden Einwirkung auf das Recht selbst. Ob nach der zwischenzeitl. Neuorientierung der Rspr. hieran fest zu halten ist, lässt sich nicht eindeutig beantworten. Für das Urlaubsrecht wurde die Frage ausdrücklich offen gelassen[19]. In einer neueren Entscheidung[20] hat das BAG Fristen für die Geltendmachung von **Entgeltfortzahlungsansprüchen** nicht als Abweichung vom EFZG gewertet. Die Ansprüche seien gesetzl. weder befristet noch ausdrücklich unbefristet. Die Ausschlussfrist betreffe nicht den Inhalt des Anspruchs, 61

---

1 LAG Bremen v. 12.7.1950 – Sa 32/50, SAE 1951, 70 (73); LAG Hess. v. 15.5.1951 – IV LA 15/51, SAE 1951, 118 (119); Wiedemann/*Wank*, § 4 TVG Rz. 699; s. aber auch Kempen/Zachert/*Stein*, § 4 TVG Rz. 451 und *Däubler*, Tarifvertragsrecht, Rz. 1321 iVm. 1315 zur Frage, ob durch die Bezugnahme eine vollständige Gleichstellung erreicht werden soll; für eine solche *Gamillscheg*, Kollektives Arbeitsrecht I, S. 809. | 2 Gegen die Erfassung die hM; Wiedemann/*Wank*, § 4 TVG Rz. 698 mwN; aA *Gamillscheg*, Kollektives Arbeitsrecht I, S. 809. Die Rspr. hat die Frage bislang nicht geklärt, vgl. dazu aber BAG v. 21.12.1970 – 3 AZR 510/69, AP Nr. 1 zu § 305 BGB – Billigkeitskontrolle. | 3 Däubler/*Zwanziger*, § 4 TVG Rz. 1073, 1061; Wiedemann/*Wank*, § 4 TVG Rz. 701 mwN. | 4 Wiedemann/*Wank*, § 4 TVG Rz. 703; *Löwisch*/*Rieble*, § 4 TVG Rz. 361; aA *Däubler*, Tarifvertragsrecht, Rz. 1319 f.; Kempen/Zachert/*Stein*, § 4 TVG Rz. 450. | 5 Zu Einzelfällen s. Wiedemann/*Wank*, § 4 TVG Rz. 704 ff. mwN. | 6 Vgl. nur BAG v. 30.3.1962 – 2 AZR 101/61; v. 8.6.1983 – 5 AZR 632/80; v. 26.9.1990 – 5 AZR 218/90, AP Nr. 28, 78, 109 zu § 4 TVG – Ausschlussfristen. | 7 BAG v. 18.9.2005 – 5 AZR 52/05, AP Nr. 7 zu § 307 BGB; Däubler/*Zwanziger*, § 4 TVG Rz. 1078. | 8 BAG v. 18.11.2004 – 6 AZR 512/03, nv.; Däubler/*Zwanziger*, § 4 TVG Rz. 1078. | 9 Es steht den TV-Parteien aber frei, Klauseln die Wirkung einer Verjährung beizulegen; s. zB BAG v. 23.6.1961 – 1 AZR 239/59, AP Nr. 27 zu § 4 TVG – Ausschlussfristen; Kempen/Zachert/*Stein*, § 4 TVG Rz. 459; Däubler/*Zwanziger*, § 4 TVG Rz. 1095. | 10 Wiedemann/*Wank*, § 4 TVG Rz. 714 ff.; Däubler/*Zwanziger*, § 4 TVG Rz. 1081 ff. | 11 BAG v. 16.1.2002 – 5 AZR 430/00, AP Nr. 13 zu § 3 EntgeltFG; v. 26.9.2007 – 5 AZR 881/06, AP Nr. 8 zu § 1 TVG – Tarifverträge: Betonsteingewerbe. | 12 BAG v. 5.4.1984 – 6 AZR 443/81, AP Nr. 16 zu § 13 BUrlG m. Anm. *Weber* (zu einer individualvertragl. vereinbarten Ausschlussfrist); v. 26.9.1990 – 5 AZR 218/90, AP Nr. 109 zu § 4 TVG – Ausschlussfristen (Rückwirkung einer Ausschlussklausel). | 13 S. zB BAG v. 23.6.1961 – 1 AZR 239/59, AP Nr. 27 zu § 4 TVG – Ausschlussfristen. | 14 Wiedemann/*Wank*, § 4 TVG Rz. 718 f. mwN; s. auch *Gamillscheg*, Kollektives Arbeitsrecht I, S. 820. | 15 Zur gerichtl. Hinweispflicht BAG v. 12.7.1972 – 1 AZR 445/71, AP Nr. 51 zu § 4 TVG – Ausschlussfristen. | 16 BAG v. 12.7.1972 – 1 AZR 445/71, AP Nr. 51 zu § 4 TVG – Ausschlussfristen. | 17 Wiedemann/*Wank*, § 4 TVG Rz. 719. | 18 S. Wiedemann/*Wank*, § 4 TVG Rz. 752 ff. mwN; diff. Däubler/*Zwanziger*, § 4 TVG Rz. 1082 ff. | 19 BAG v. 25.8.1992 – 9 AZR 329/91, AP Nr. 60 zu § 7 BUrlG – Abgeltung. | 20 BAG v. 16.1.2002 – 5 AZR 430/00, AP Nr. 13 zu § 3 EntgeltFG.

Die erste Frist beginnt regelmäßig – auch ohne ausdrückliche Festlegung – mit der **Fälligkeit** des Anspruchs[1]. Dabei wird in der Rspr. teilweise[2] ein von § 271 BGB abweichender subjektiv geprägter Fälligkeitsbegriff verwendet. Die Fälligkeit iS tarifl. Ausschlussfristen trete nicht ohne weiteres schon mit der Entstehung des Anspruchs ein. Vielmehr müsse es dem Gläubiger praktisch möglich sein, seinen Anspruch geltend zu machen. Zahlungsansprüche müsse der Gläubiger wenigstens annähernd beziffern können. Andererseits muss der Gläubiger ohne schuldhaftes Zögern die Voraussetzungen für eine solche Bezifferung schaffen[3]. Die Anforderungen richten sich nach den Umständen des Einzelfalles[4]. Für bestimmte Anspruchsarten hat sich eine eigene Rspr. entwickelt[5], so zu Schadensersatzansprüchen des ArbGeb wegen eigener Schäden[6], zu Regressansprüchen des ArbGeb[7], zu Freistellungsansprüchen des ArbN gegenüber dem ArbGeb[8], zur Erstattung vom ArbGeb für den ArbN abgeführter LSt[9], zu einer Vertragsstrafe[10] und zu Entgeltforderungen aus einem gem. § 10 I AÜG fingierten Arbeitsvertrag[11]. In der Literatur wird alternativ auf eine Hemmung des Fristlaufs verwiesen, solange der Gläubiger von der Existenz des Anspruchs keine Kenntnis hat[12]. 67

Soweit eine Ausschlussfrist auf die **Beendigung** des Arbeitsverhältnisses abstellt, ist damit regelmäßig die rechtl. und nicht die tatsächl. Beendigung des Arbeitsverhältnisses gemeint[13]. Der Lauf der Ausschlussfrist beginnt im Zweifel frühestens mit Fälligkeit des Anspruchs[14]. Eine vorzeitige Geltendmachung ist dadurch nicht ausgeschlossen, allerdings beginnt dann eine tarifvertragl. vorgesehene Bedenkzeit des ArbGeb nicht mit der Geltendmachung, sondern erst mit dem für den Fristlauf vorgesehenen Ereignis[15]. 68

Tarifl. Ausschlussfristen verlangen häufig die **schriftl. Form** für die Geltendmachung des Rechts. Nach der Rspr. des BAG ist diese gewahrt, wenn der Anspruch per Telefax geltend gemacht wird[16] (vgl. Rz. 4 zur Frage der tarifvertragl. Schriftform als gesetzl. Schriftform), da es sich nicht um eine Willenserklärung handele. St. Rspr. des BAG zufolge ist jedenfalls für den Bereich der privaten Wirtschaft die Erhebung der **Kündigungsschutzklage** je nach Lage des Falles ein ausreichendes Mittel, um die Ansprüche, die während des Kündigungsstreits fällig werden und von dessen Ausgang abhängen, geltend zu machen (Annahmeverzugslohn, Entgeltfortzahlungsansprüche), sofern die einschlägige Verfallklausel nur eine formlose oder schriftl. Geltendmachung verlangt[17]. In derartigen Fällen sei über den Inhalt des Kündigungsschutzbegehrens hinaus das Gesamtziel der Klage zu beachten. Da der ArbN erkennbar die durch die Kündigung bedrohten Einzelansprüche aus dem Arbeitsverhältnis aufrecht erhalten wolle[18], sei der ArbGeb bei Ausschlussklauseln, die keine bestimmten prozessualen Maßnahmen verlangen, gehörig von dem entsprechenden Willen des ArbN unterrichtet. Bei **zweistufige Ausschlussklauseln** beginnt die Frist der zweiten Stufe, wenn der Schuldner den Anspruch ablehnt oder sich innerhalb einer Frist nicht äußert. Eine Ablehnung iSd. zweiten Stufe stellt auch der Antrag des ArbGeb auf Abweisung der Kündigungsschutzklage dar[19]. An das Geltendmachen von Zahlungsansprüchen sind bei zweistufigen Ausschlussfristen höhere Anforderungen zu stellen. Die Kündigungsschutzklage ersetze hier nicht die gerichtl. Geltendmachung der Zahlungsansprüche, wie sie für die zweite Stufe verlangt wird[20]. Obsiegt der ArbN im Kündigungsschutzprozess, steht somit nicht fest, ob und in welcher Höhe er Vergütungsansprüche hat. Auch ein auf Weiterbeschäftigung gerichteter Klageantrag enthält keine gerichtl. Geltendmachung von Zahlungsansprüchen. 69

Die Fristen für die **gerichtl**. Geltendmachung sind gem. **§ 167 ZPO** gewahrt, wenn die Zustellung demnächst erfolgt[21]. Sind Fristen für die schriftl. oder mündl. Geltendmachung **gegenüber dem ArbGeb** vorgesehen, so ist – wie auch sonst für die Fristwahrung bei privaten Willenserklärungen[22] – § 167 ZPO nicht anzuwenden[23], selbst wenn der ArbN sofort zur Klageerhebung greift. **§ 390 S. 2 BGB** ist auf Aus- 70

---

1 BAG v. 18.3.2003 – 9 AZR 44/02, AP Nr. 28 zu § 157 BGB. | 2 BAG v. 16.11.1965 – 1 AZR 160/65; v. 19.3.1986 – 5 AZR 86/85, AP Nr. 30, 95 zu § 4 TVG – Ausschlussfristen. Ausf. Wiedemann/*Wank*, § 4 TVG Rz. 811 ff. | 3 Vgl. jüngst BAG v. 19.2.2004 – 6 AZR 664/02, AP Nr. 3 zu § 70 BAT-O. | 4 BAG v. 19.3.1986 – 5 AZR 86/85, AP Nr. 67 zu § 1 LohnFG mwN. | 5 Wiedemann/*Wank*, § 4 TVG Rz. 814 ff. | 6 Dazu BAG v. 16.12.1971 – 1 AZR 335/71, BAG AP Nr. 48 zu § 4 TVG – Ausschlussfristen. | 7 Dazu BAG v. 17.10.1974 – 3 AZR 4/74; v. 26.5.1981 – 3 AZR 269/78; v. 16.5.1984 – 7 AZR 143/81, AP Nr. 55, 71, 85 zu § 4 TVG – Ausschlussfristen. | 8 Dazu BAG v. 16.3.1995 – 8 AZR 58/92, AP Nr. 129 zu § 4 TVG – Ausschlussfristen mwN. | 9 Dazu BAG v. 20.3.1984 – 3 AZR 124/82, AP Nr. 22 zu § 670 BGB mwN. | 10 BAG v. 7.11.1969 – 3 AZR 303/69, AP Nr. 1 zu § 340 BGB; s. dazu Wiedemann/*Wank*, § 4 TVG Rz. 821 ff. | 11 Dazu BAG v. 27.7.1983 – 5 AZR 194/81, AP Nr. 6 zu § 10 AÜG. | 12 *Krause*, RdA 2004, 106 (107 ff.); *Jacobs/Krause/Oetker*, § 4 Rz. 28. | 13 BAG v. 30.3.1989 – 6 AZR 769/85, EzA § 4 TVG – Ausschlussfristen Nr. 79. | 14 BAG v. 17.10.1974 – 3 AZR 4/74, AP Nr. 55 zu § 4 TVG – Ausschlussfristen. | 15 BAG v. 27.3.1996 – 10 AZR 668/95, AP Nr. 134 zu § 4 TVG – Ausschlussfristen. | 16 BAG v. 11.10.2000 – 5 AZR 313/99, AP Nr. 153 zu § 4 TVG – Ausschlussfristen. | 17 BAG v. 26.4.2006 – 5 AZR 403/05, AP Nr. 188 zu § 4 TVG – Ausschlussfristen; v. 9.8.1990 – 2 AZR 579/89, AP Nr. 4 zu § 615 BGB mwN; *Jacobs/Krause/Oetker*, § 4 Rz. 31. | 18 BAG v. 9.8.1990 – 2 AZR 579/89, AP Nr. 4 zu § 615 BGB mwN. | 19 BAG v. 26.4.2006 – 5 AZR 403/05, AP Nr. 188 zu § 4 TVG – Ausschlussfristen; aA noch BAG v. 11.12.2001 – 9 AZR 510/00, NZA 2002, 816. | 20 BAG v. 8.8.2000 – 9 AZR 418/99, AP Nr. 151 zu § 4 TVG – Ausschlussfristen; v. 9.8.1990 – 2 AZR 579/89, AP Nr. 4 zu § 615 BGB mwN. | 21 BAG v. 16.1.2002 – 5 AZR 430/00, AP Nr. 13 zu § 3 EntgeltFG; *Däubler*, Tarifvertragsrecht, Rz. 1360; *Jacobs/Krause/Oetker*, § 4 Rz. 31. | 22 MüKo/*Lüke*, § 270 ZPO, Rz. 26. | 23 BAG v. 8.3.1976 – 5 AZR 361/75, AP Nr. 4 zu § 496 ZPO; Wiedemann/*Wank*, § 4 TVG Rz. 851 mwN; aA *G. Hueck*, Anm. AP Nr. 3 zu § 496 ZPO; *Grunsky*, Anm. AP Nr. 4 zu § 345 ZPO.

schlussfristen nicht analog anzuwenden[1], Gleiches gilt für **§ 174 BGB**, wie das BAG zutreffend geklärt hat[2].

71 **Rückwirkungsprobleme** ergeben sich, wenn eine tarifl. Regelung nach Entstehen eines Anspruchs erstmals in Kraft tritt oder eine bestehende Regelung ersetzt, sowie dann, wenn auf ein konkretes Arbeitsverhältnis ein TV auf Grund Koalitionsbeitritts oder einer AVE neu Anwendung findet. Zu unterscheiden ist dabei zwischen dem rückwirkenden Inkrafttreten/der rückwirkenden AVE (zu den insoweit bestehenden Grenzen § 5 Rz. 28) eines TV und dem Einfluss eines nicht selbst rückwirkenden TV auf bereits entstandene Ansprüche. Tritt die Tarifbindung der Parteien eines Arbeitsverhältnisses erst nach Vertragsschluss ein oder erfasst ein TV ein Arbeitsverhältnis erst nach Vertragsschluss, so werden die bis zum Beginn der Tarifgeltung entstandenen Ansprüche von einer tarifl. Ausschlussklausel jedenfalls dann nicht erfasst, wenn sich die Klausel keine ausdrückliche Rückwirkung beimisst[3]. Soweit eine Rückwirkung angeordnet wird, sind die vom BVerfG entwickelten Grundsätze der Rückwirkung von Rechtsnormen heranzuziehen. Schließt sich die AVE eines TV mit einer Ausschlussfrist an einen zuvor geltenden allgemeinverbindl. TV mit einer identischen Ausschlussfrist nahtlos an, kann der Lauf der Ausschlussfrist auch vor Veröffentlichung der AVE beginnen. Der ArbN muss dann nämlich damit rechnen, dass im Anschluss an den auslaufenden TV ein neuer mit einer identischen Regelung wieder für allgemeinverbindl. erklärt wird[4].

72 **f) Unzulässige Berufung auf Ausschlussfristen.** In Ausnahmefällen kann die Berufung auf Ausschlussfristen gegen Treu und Glauben verstoßen[5]. Gewisse Härten, die für ArbN mit Ausschlussfristen verbunden sind, lassen sich auf diesem Wege vermeiden. Von § 242 BGB erfasst ist insb. das **dolose Verhalten** einer Seite, das die andere Seite davon abhält, ihren Anspruch rechtzeitig geltend zu machen[6]. Auch soweit eine Vertragspartei es pflichtwidrig unterlässt, die andere Partei über ihr zustehende Ansprüche aufzuklären, bleibt ihr die Berufung auf den Ablauf der Frist versagt[7]. Diese Fallgestaltung ist in Bezug zu setzen zum unverschuldeten Fristversäumnis einer Partei (s. dazu Rz. 64). Eine falsche Auskunft über das Bestehen eines Anspruchs soll aber die Berufung auf eine Ausschlussfrist nicht ausschließen[8]. Der Verstoß gegen Treu und Glauben steht einer solchen Berufung nur so lange entgegen, wie der Gläubiger von der Wahrung der Ausschlussfrist abgehalten wird. Nach Wegfall der den Arglisteinwand begründenden Umstände müssen innerhalb einer kurzen, nach den Umständen des Falles sowie Treu und Glauben zu bestimmenden Frist die Ansprüche in der nach dem TV gebotenen Form geltend gemacht werden. Eine neue Ausschlussfrist läuft insoweit nicht; der Anspruch muss binnen kurzer Zeit geltend gemacht werden[9].

73 Die Beurteilung weiterer Fälle, in denen eine Berufung auf eine Ausschlussfrist zweifelhaft ist, ist unsicher. Die Ausschlussfrist soll regelmäßig auch dann gelten, wenn die Verpflichtung zur Bekanntgabe des TV gem. **§ 8** verletzt wird (vgl. auch Rz. 3)[10]. Dem ArbN steht in solchen Fällen auch kein Schadensersatzanspruch zu (s. § 8 Rz. 9)[11]. Ein vergleichbares Problem stellt sich bei einem Verstoß des ArbGeb gegen **§ 2 I NachwG**. Ausschlussfristen sind wesentl. Vertragsbedingungen iSv. § 2 I 1 NachwG[12]. Allerdings reicht bei tarifvertragl. Fristen der allgemeine Hinweis gem. § 2 I 2 Nr. 10 NachwG aus. Das LAG Schleswig-Holstein geht davon aus, dass der ArbGeb sich bei einem Verstoß gegen die Nachweispflicht nicht mehr auf die Ausschlussfrist berufen kann (§ 242 BGB)[13]. Überzeugender erscheint es, dem ArbN im Einzelfall einen Schadenersatzanspruch gem. § 280 I BGB zu gewähren[14]. Unberührt von § 8 TVG und § 2 NachwG bleiben tarifl. Regelungen, welche die Wirksamkeit von Ausschlussfristen an die Bekanntgabe des TV knüpfen[15].

74 Sagt der ArbGeb zu, sich im Hinblick auf einen **Musterprozess** auch in den übrigen Fällen an die dort ergehende Entscheidung zu halten[16], wird man differenzieren müssen: Den Parteien steht es im Rahmen

---

1 BAG v. 30.3.1973 – 4 AZR 259/72, AP Nr. 4 zu § 390 BGB (s. dazu GmSOGB v. 12.10.1973 – GmS – OGB 1/73, AP Nr. 5 zu § 390 BGB); Wiedemann/*Wank*, § 4 TVG Rz. 797 f. | 2 BAG v. 14.8.2002 – 5 AZR 341/01, AP Nr. 16 zu § 174 BGB. | 3 BAG v. 26.9.1990 – 5 AZR 218/90, AP Nr. 109 zu § 4 TVG – Ausschlussfristen. | 4 BAG v. 25.9.1996 – 4 AZR 209/95, AP Nr. 30 zu § 5 TVG. | 5 Auflistung der Einzelfälle bei Kempen/Zachert/*Stein*, § 4 TVG Rz. 521 ff. | 6 BAG v. 5.6.2003 – 6 AZR 249/02, ZTR 2003, 626; v. 10.10.2002 – 8 AZR 8/02, AP Nr. 169 zu § 4 TVG – Ausschlussfristen (deklaratorisches Schuldanerkenntnis); v. 20.2.2001 – 9 AZR 46/00, AP Nr. 11 zu § 1 TVG – Tarifverträge: Gaststätten; Nachw. bei *Kempen/Zachert*, § 4 TVG Rz. 521 ff. zu den einzelnen Fallgestaltungen. | 7 Bedeutsam ist dies für überzahltes Arbeitsentgelt, *Reinecke*, FS Schaub, S. 593; s. seitdem BAG v. 23.5.2001 – 5 AZR 374/99, AP Nr. 25 zu § 812 BGB (Beweislast für Kenntnis der Rechtsgrundlosigkeit der Überzahlung). | 8 BAG v. 22.1.1997 – 10 AZR 459/96, AP Nr. 27 zu § 70 BAT. | 9 BAG v. 13.2.2003 – 8 AZR 236/02, AP Nr. 244 zu § 613a BGB. | 10 BAG v. 23.1.2002 – 4 AZR 56/01, AP Nr. 5 zu § 2 NachwG; v. 6.7.1972 – 5 AZR 100/72, AP Nr. 1 zu § 8 TVG 1969; weitere Nachw. bei Wiedemann/*Wank*, § 4 TVG Rz. 792. Aktuell zweifelt der 4. Senat des BAG am Charakter von § 8 TVG als reiner Ordnungsvorschrift (vgl. BAG v. 21.2.2007 – 4 AZR 258/06, AP Nr. 8 zu § 1 TVG – Tarifverträge: Dachdecker). | 11 BAG v. 23.1.2002 – 4 AZR 56/01, AP Nr. 5 zu § 2 NachwG. | 12 BAG v. 23.1.2002 – 4 AZR 56/01, AP Nr. 5 zu § 2 NachwG; Däubler/*Zwanziger*, § 4 TVG Rz. 1113. | 13 LAG Schl.-Holst. v. 8.2.2000 – 1 Sa 563/99, NZA-RR 2000, 196. | 14 Däubler/*Zwanziger*, § 4 TVG Rz. 1114; zum Schadenersatz als Rechtsfolge eines Nachweisverstoßes vgl. BAG v. 17.4.2002 – 5 AZR 89/01, AP Nr. 6 zu § 2 NachwG; v. 5.11.2003 – 5 AZR 676/02, AP Nr. 7 zu § 2 NachwG. | 15 S. zB BAG v. 11.11.1998 – 5 AZR 63/98, AP Nr. 8 zu § 1 TVG – Bezugnahme auf Tarifvertrag. | 16 Wiedemann/*Wank*, § 4 TVG Rz. 793 mwN. S. auch bei veränderten Umständen BAG v. 18.2.1992 – 9 AZR 611/90, AP Nr. 115 zu § 4 TVG – Ausschlussfristen.

des Günstigkeitsprinzips frei, die Geltung einer tarifl. Ausschlussfrist abzubedingen, soweit sie für Ansprüche der ArbN gilt. Daher muss es auch zulässig sein, den Ablauf der Ausschlussfrist bis zu einer Entscheidung des Musterverfahrens hinauszuschieben. Beruft sich der ArbGeb nachträgl. auf die Ausschlussfrist, so bedarf es keines Rückgriffs auf § 242 BGB, da die Frist ohnehin noch nicht verstrichen ist. Hat der ArbGeb dagegen nur einseitig ein bestimmtes Verhalten angekündigt, lassen sich sachgerechte Ergebnisse über das Institut des Rechtsmissbrauchs erzielen.

Eine persönliche **Ausnahmesituation des ArbN** (Überforderung) führt dagegen für sich genommen nicht dazu, dass dem ArbGeb die Berufung auf eine Ausschlussfrist verwehrt wäre. Die ältere Rspr. sah hier Einschränkungen vor, wenn die wirtschaftl. Existenz des ArbN gefährdet und der Anspruch selbst unbestritten war[1]. Nicht entschieden ist, ob ein während der Frist bestehender Kündigungsdruck, der den ArbN von der Geltendmachung seiner Ansprüche abhält, dem Anspruchsausschluss entgegenstehen kann[2]. Soweit **Urlaub, dessen Inanspruchnahme bislang unmöglich war**, nach Ablauf einer Ausschlussfrist geltend gemacht wird[3], dürfte dies nicht aus § 242 BGB herzuleiten sein[4], sondern bereits aus einer Auslegung der tarifl. Bestimmung. Das gilt aber nicht für Ansprüche auf Urlaubsgeld[5]. 75

5 *Allgemeinverbindlichkeit*

(1) Das Bundesministerium für Arbeit und Soziales kann einen Tarifvertrag im Einvernehmen mit einem aus je drei Vertretern der Spitzenorganisationen der Arbeitgeber und der Arbeitnehmer bestehenden Ausschuss auf Antrag einer Tarifvertragspartei für allgemeinverbindlich erklären, wenn

1. die tarifgebundenen Arbeitgeber nicht weniger als 50 vom Hundert der unter den Geltungsbereich des Tarifvertrages fallenden Arbeitnehmer beschäftigen und

2. die Allgemeinverbindlicherklärung im öffentlichen Interesse geboten erscheint.

Von den Voraussetzungen der Nummern 1 und 2 kann abgesehen werden, wenn die Allgemeinverbindlicherklärung zur Behebung eines sozialen Notstandes erforderlich erscheint.

(2) Vor der Entscheidung über den Antrag ist Arbeitgebern und Arbeitnehmern, die von der Allgemeinverbindlicherklärung betroffen werden würden, den am Ausgang des Verfahrens interessierten Gewerkschaften und Vereinigungen der Arbeitgeber sowie den obersten Arbeitsbehörden der Länder, auf deren Bereich sich der Tarifvertrag erstreckt, Gelegenheit zur schriftlichen Stellungnahme sowie zur Äußerung in einer mündlichen und öffentlichen Verhandlung zu geben.

(3) Erhebt die oberste Arbeitsbehörde eines beteiligten Landes Einspruch gegen die beantragte Allgemeinverbindlicherklärung, so kann das Bundesministerium für Arbeit und Soziales dem Antrag nur mit Zustimmung der Bundesregierung stattgeben.

(4) Mit der Allgemeinverbindlicherklärung erfassen die Rechtsnormen des Tarifvertrages in seinem Geltungsbereich auch die bisher nicht tarifgebundenen Arbeitgeber und Arbeitnehmer.

(5) Das Bundesministerium für Arbeit und Soziales kann die Allgemeinverbindlicherklärung eines Tarifvertrages im Einvernehmen mit dem in Absatz 1 genannten Ausschuss aufheben, wenn die Aufhebung im öffentlichen Interesse geboten erscheint. Die Absätze 2 und 3 gelten entsprechend. Im Übrigen endet die Allgemeinverbindlichkeit eines Tarifvertrages mit dessen Ablauf.

(6) Das Bundesministerium für Arbeit und Soziales kann der obersten Arbeitsbehörde eines Landes für einzelne Fälle das Recht zur Allgemeinverbindlicherklärung sowie zur Aufhebung der Allgemeinverbindlichkeit übertragen.

(7) Die Allgemeinverbindlicherklärung und die Aufhebung der Allgemeinverbindlichkeit bedürfen der öffentlichen Bekanntmachung.

I. Allgemeines. 1. Sinn und Zweck der Allgemeinverbindlicherklärung. Die AVE erstreckt die Rechtsnormen eines TV auf die nicht iSv. § 3 kongruent tarifgebundenen ArbGeb und ArbN, die seinem Geltungsbereich unterliegen. Die AVE ist auch die Grundlage für die Erstreckung von Tarifnormen nach § 1 I-III AEntG. Nur § 1 IIIa AEntG kommt ohne AVE aus. Sie dient in erster Linie dem **sozialen Schutz jener ArbN**[6], die bei **nicht tarifgebundenen ArbGeb beschäftigt** sind und die deshalb trotz ihrer Gewerkschaftszugehörigkeit nicht in den Genuss der zwingenden und unmittelbaren Wirkung der Tarifnormen kommen. Außerdem soll der insb. in Krisenzeiten realen Gefahr entgegengewirkt werden, dass Arbeits- 1

---

1 RAG v. 27.2.1940 – RAG. 162/39, ARS 38, 355 (362); offen gelassen LAG Berlin v. 30.1.1978 – 9 Sa 95/77, DB 1979, 120. Kritisch *Weyand*, Die tariflichen Ausschlussfristen in Arbeitsrechtsstreitigkeiten, Rz. 312. | 2 S. dazu Wiedemann/*Wank*, § 4 TVG Rz. 795 mwN. | 3 BAG v. 6.6.1968 – 5 AZR 410/67, AP Nr. 5 zu § 3 BUrlG – Rechtsmissbrauch. | 4 So bei Wiedemann/*Wank*, § 4 TVG Rz. 796, Rz. 779. | 5 Wiedemann/*Wank*, § 4 TVG Rz. 796. | 6 Im Schrifttum (etwa ErfK/*Franzen*, § 5 TVG Rz. 2) werden bis zu vier Schutzzwecke genannt: Soziale Schutzfunktion, Ordnungsfunktion, Kartellfunktion und Sicherung der gemeinsamen Einrichtungen; vgl. ferner Wiedemann/*Wank*, § 5 TVG Rz. 2 ff.

plätze auf Kosten der Organisierten zu untertarifl. Bedingungen mit Außenseitern besetzt werden (Verhinderung sog. „Schmutzkonkurrenz")[1].

2 Bedeutung erlangt die AVE namentl. für **gemeins. Einrichtungen** gem. § 4 II wie zB Urlaubs-, Lohnausgleichs- und Zusatzversorgungskassen. Der AVE kommt hier eine wichtige Finanzierungsfunktion zu. Sie wird mit dem Ziel beantragt, die Leistungsfähigkeit der gemeins. Einrichtung durch Einbeziehung aller ArbGeb ohne Rücksicht auf ihre Verbandszugehörigkeit zu stärken[2].

3 Die AVE dient schließlich der Vervollständigung der **Kartellwirkung des TV**. Durch einheitl. Arbeitsbedingungen werden die tarifgebundenen ArbGeb nach wohl hM vor einem Verdrängungswettbewerb durch Konkurrenten geschützt, welche die tarifl. Leistungen nicht erbringen und daher ihre Leistungen bzw. Produkte kostengünstiger anbieten können[3]. Im Interesse der Verbände werden damit zugleich Anreize für einen Austritt der ArbGeb reduziert[4]. Ob § 5 dem Schutz der am TV beteiligten Koalitionen dient, ist umstritten[5].

4 **2. Rechtstatsächliche Bedeutung.** Die Zahl der für allgemeinverbindl. erklärten TV sinkt beständig und hatte 2005 einen Tiefststand seit 1976 erreicht. Von den rund 67 300 als gültig in das Tarifregister eingetragenen TV waren am 1.10.2007 448, (also 0,67 %) allgemeinverbindl.[6]. Die Höhe der Arbeitsentgelte bzw. Ausbildungsvergütungen betreffen derzeit ca. 40 für allgemeinverbindl. erklärte TV. Von ihnen werden rund 500 000 ArbN erfasst. Für 170 000 dieser ArbN, das sind 0,6 % aller sozialversicherungspflichtig Beschäftigten, bewirkt die AVE eine originäre Tarifbindung[7]. Zu erwarten ist, dass die aktuelle Mindestlohndebatte zu einer Aufwertung der AVE bzw. der Tarifnormerstreckung nach dem AEntG führen wird, da immer neue Branchen in das AEntG aufgenommen werden. ArbGeb und ArbN, für die ein TV auf Grund einer AVE verbindlich ist, sowie deren mandatierte Rechtsanwälte können nach § 9 der VO zur Durchführung des TVG (Rz. 6) von einer der TV-Parteien eine Abschrift des TV gegen Erstattung der Selbstkosten (Papier- und Vervielfältigungs- oder Druckkosten sowie das Übersendungsporto) verlangen.

5 **3. Rechtsnatur und Verfassungsmäßigkeit.** Die AVE von TV ist im Verhältnis zu den ohne sie nicht tarifgebundenen ArbGeb und ArbN ein **Rechtssetzungsakt eigener Art**[8]. Die früher überwiegend vertretene Einordnung als Verwaltungsakt[9] oder die Annahme einer rechtl. Doppelnatur[10] ist heute überholt. Dem BVerfG zufolge liegt die AVE jedenfalls im Verhältnis zu den nicht tarifgebundenen ArbN[11] ihrer Natur nach zwischen autonomer Regelung und staatlicher Rechtssetzung und findet ihre eigenständige Grundlage in Art. 9 III GG. Die AVE kann daher nicht an Art. 80 GG gemessen werden[12]. Dass ArbGeb und ArbN-Außenseiter auf Grund der AVE der Wirkung von Normen unterworfen werden, an deren Entstehung sie nicht einmal mittelbar Anteil haben, wird immer wieder kritisiert[13], liegt aber in der Natur dieses Rechtsinstituts. Das BVerfG hat die Erstreckung der normativen Wirkung durch § 5 IV für verfassungskonform erklärt[14].

6 **4. Ergänzende Regelungen durch die DVO TVG.** Viele Einzelheiten des Verfahrens, der Erklärung und Beendigung der Allgemeinverbindlichkeit sowie über die Zusammensetzung des Tarifausschusses ergeben sich aus der Verordnung zur Durchführung des Tarifvertragsgesetzes in der Fassung der Bekanntmachung vom 16.1.1989 (BGBl. I S. 76, s. Anh. zum TVG). Der das zuständige Bundesministerium, derzeit also das Bundesministerium für Arbeit und Soziales, hierzu ermächtigende § 11 sieht in der Konkretisierung des § 5 einen inhaltlichen Schwerpunkt der DVO.

7 **II. Voraussetzungen der Allgemeinverbindlicherklärung. 1. Wirksamer Tarifvertrag.** Es muss ein wirksamer TV nach dem TVG vorliegen, dh. sämtliche **formellen und materiellen Voraussetzungen** eines TV

---

1 *Gamillscheg*, Kollektives Arbeitsrecht I, S. 884; *Schaub*, Arbeitsrechts-Handbuch, § 207 I Rz. 1. |2 Vgl. *Gamillscheg*, Kollektives Arbeitsrecht I, S. 885. |3 BAG v. 9.7.2003 – 10 AZR 593/02, AP Nr. 261 zu § 1 TVG – Tarifverträge: Bau; *Gamillscheg*, Kollektives Arbeitsrecht I, S. 885; aA BAG v. 24.1.1979 – 4 AZR 377/77, AP Nr. 16 zu § 5 TVG; MünchArbR/*Löwisch*/*Rieble*, § 268 Rz. 4. |4 Vgl. auch BVerwG v. 3.11.1988 – 7 C 115/86, AP Nr. 23 zu § 5 TVG. |5 Vgl. *Löwisch*/*Rieble*, § 5 TVG Rz. 8. |6 *Bundesministerium für Arbeit und Soziales*, Verzeichnis der für allgemeinverbindlich erklärten Tarifverträge, Stand: 1.10.2007, zu finden im Internet unter http://www.bmas.bund.de. |7 Vgl. *Bundesministerium für Wirtschaft und Arbeit*, Tarifvertragliche Arbeitsbedingungen im Jahr 2004, S. 15. Im Internet zu finden unter http://www.bmas.bund.de. |8 BVerfG v. 24.5.1977 – 2 BvL 11/74, AP Nr. 15 zu § 5 TVG; vgl. auch BVerwG v. 3.11.1988 – 7 C 115/86, AP Nr. 23 zu § 5 TVG; für den Charakter als Rechtsnorm auch BAG v. 3.2.1965 – 4 AZR 385/63, AP Nr. 12 zu § 5 TVG; zur Rechtsnatur ausf. Wiedemann/*Wank*, § 5 TVG Rz. 30 ff. |9 Vgl. nur *Nikisch*, Arbeitsrecht II, § 87 II 2, 3, S. 492 ff. |10 Verwaltungsakt im Verhältnis zu den TV-Parteien und Rechtsnorm im Verhältnis zu den Außenseitern: So etwa *Hueck*/*Nipperdey*, Arbeitsrecht II 1, S. 660. |11 Zur Aussage des BVerfG zur Rechtsnatur im Verhältnis zu den TV-Parteien vgl. einerseits *Schaub*, Arbeitsrechts-Handbuch, § 207 Rz. 19 und andererseits Wiedemann/*Wank*, § 5 TVG Rz. 42. |12 BVerfG v. 24.5.1977 – 2 BvL 11/74, AP Nr. 15 zu § 5 TVG; BAG v. 10.10.1973 – 4 AZR 68/73, AP Nr. 13 zu § 5 TVG; v. 19.3.1975 – 4 AZR 270/74, AP Nr. 14 zu § 5 TVG. |13 Vgl. dazu bei *Ansey*/*Koberski*, AuR 1987, 230 sowie bei *Zachert*, NZA 2003, 132; vor einer weiter gehenden Absenkung der Voraussetzungen von § 5 TVG warnend 10. Hauptgutachten der Monopolkommission 1992/1993, BT-Drs. 12/8323 v. 22.7.1994, S. 380. |14 BVerfG v. 24.5.1977 – 2 BvL 11/74, AP Nr. 15 zu § 5 TVG; v. 15.7.1980 – 1 BvR 24/74, AP Nr. 17 zu § 5 TVG.

müssen erfüllt sein (s. § 1 Rz. 5 ff.). Die AVE kann unwirksame Bestimmungen eines TV nicht heilen[1]. Auch ein nur gem. § 4 V nachwirkender TV kann noch für allgemeinverbindl. erklärt werden[2]. Allerdings haben dann auch die allgemeinverbindl. Tarifnormen nur dispositive Wirkung.

Grundlage der AVE ist der TV, wie er von den TV-Parteien abgeschlossen wurde. Eine **Abänderung des Inhalts** steht der anordnenden Behörde nicht zu. Ob nur einzelne Teile eines TV für allgemeinverbindl. erklärt werden können, ist bislang nicht abschließend geklärt[3]. Da es hierfür keine gesetzl. Grundlage gibt und das von den Tarifpartnern geschaffene einheitl. und ausgewogene Gefüge auf diese Weise zerstört würde, ist eine nur partielle AVE abzulehnen. Sie kommt nur in Betracht, wenn die Tarifpartner selbst zuvor einvernehmlich den TV aufteilen[4]. Auch eine **Erweiterung** des Geltungsbereiches des TV kann über eine AVE nicht erfolgen. So kann eine AVE die Normenwirkung eines TV weder **zeitlich** vorverlagern noch die zwingende Wirkung über das Ende des TV hinaus verlängern (zur Nachwirkung s. Rz. 33). 8

Klauseln, die im Rahmen der AVE den für allgemeinverbindl. erklärten **Geltungsbereich** eines TV – sei es räuml., fachl., betriebl. oder persönl. – **einschränken**, sind dagegen grds. möglich. Sie verändern nicht den TV, sondern beschränken nur den Anwendungsbereich der allgemeinverbindlichen Wirkung. Nach allgemeinen Grundsätzen muss jedoch ein sachlicher Grund vorliegen, ferner muss das Bestimmtheitsgebot beachtet werden und die Entscheidung der zuständigen Ministerialbehörde muss sich im Bereich pflichtgemäßen Ermessens halten. Eine Einschränkung des Geltungsbereichs kann zB legitimerweise zur Vermeidung einer Tarifkonkurrenz angeordnet werden[5]. 9

Grds. kann jeder wirksame TV für allgemeinverbindl. erklärt werden. Grenzen bestehen bei TV, die **dynamische Verweisungen** auf andere TV enthalten. Generell werden nachträgliche Veränderungen des TV – und damit auch solche des dyn. in Bezug genommenen – von der AVE nicht erfasst (Rz. 34). TV über prozessuale Schiedsgerichte können nicht für allgemeinverbindl. erklärt werden, da anderenfalls das Recht auf den gesetzl. Richter verletzt sein könnte[6]. Offen gelassen hat das BAG, ob „Verbandsklauseln" für allgemeinverbindl. erklärt werden können[7]. Verbandsklauseln sind tarifvertragl. Abreden, die Vergünstigungen (zB Freistellungen mit Entgeltfortzahlung) für bestimmte Verbandsangehörige vorsehen (s. § 1 Rz. 119). 10

2. 50 v.H.-Klausel. Die tarifgebundenen ArbGeb müssen **mindestens 50 %** der unter den Geltungsbereich des TV fallenden ArbN beschäftigen[8]. Ob die ArbN tarifgebunden sind, ist dabei unerheblich. Verhindert werden soll eine Majorisierung der nicht tarifgebundenen ArbGeb. Zugleich ist das erfüllte Quorum ein Indiz für die „Richtigkeit" des TV. Bei einem **FirmenTV** ist die Voraussetzung folglich in jedem Fall erfüllt, da nur ein Unternehmen in Frage steht und dieses tarifgebunden ist. Allerdings ist eine AVE hier – mangels öffentlichen Interesses – nur selten denkbar (Rz. 13). Sind auf ArbGebSeite mehrere Verbände beteiligt, sind die ArbN aller Mitgliedsunternehmen zu addieren. Der zuständigen Behörde obliegt von Amts wegen die Prüfung, ob diese rechtstatsächl. Voraussetzung erfüllt ist. Sie hat dabei sowohl auf die Angaben der beteiligten Verbände über die Zahl ihrer Mitglieder und der im Geltungsbereich des TV beschäftigten ArbN als auch auf statistisches Zahlenmaterial von Ämtern, Industrie- und Handelskammern, Handwerkskammern oder der BA zurückzugreifen. Führt dies zu keinen sicheren Ergebnissen, kommt eine sorgfältige Schätzung in Betracht[9]. In jüngster Zeit ist str. geworden, ob auch ArbN mitzuzählen sind, die bei ArbGeb beschäftigt sind, für die speziellere TV gelten[10]. 11

Handelt es sich um einen **mehrgliedrigen TV** (§ 1 Rz. 9), so ist zu differenzieren: Ist ein einheitl. TV gewollt, kommt es auf die Gesamtzahl der bei allen Organisierten beschäftigten ArbN an[11]. Sollten mehrere selbständige TV geschlossen werden, ist die Zahl der Beschäftigten im Geltungsbereich des jeweils betroffenen TV ausschlaggebend. 12

3. Öffentliches Interesse. Die AVE muss **im öffentl. Interesse geboten** erscheinen. Der Begriff des „öffentlichen Interesses" erschließt sich erst, wenn die Funktion der Tarifautonomie und der Zweck der 13

---

1 Wiedemann/*Wank*, § 5 TVG Rz. 53. | 2 Kempen/Zachert/*Kempen*, § 5 TVG Rz. 18, 23; Däubler/*Lakies*, § 5 TVG Rz. 58; aA *Löwisch/Rieble*, § 5 TVG Rz. 23. | 3 Dafür: Kempen/Zachert/*Kempen*, § 5 TVG Rz. 24; *Löwisch/Rieble*, § 5 TVG Rz. 25; diff. Däubler/*Lakies*, § 5 TVG Rz. 170 ff.; dagegen: OVG Münster v. 23.9.1983 – 20 A 842/81, BB 1984, 723 zur Ausklammerung einer nicht offensichtlich rechtswidrigen Klausel; Wiedemann/*Wank*, § 5 TVG Rz. 59; *Däubler*, Tarifvertragsrecht, Rz. 1271. | 4 Ohne ein entsprechendes Einvernehmen greift das von ErfK/*Franzen* (§ 5 TVG Rz. 8) für die Gegenansicht angeführte Argument nicht. Vielmehr verdeutlicht gerade die Gefahr, dass die Aufteilung durch den zuständigen Minister dem Willen einer Tarifpartei zuwiderlaufen könnte, den Eingriff in die Tarifautonomie, der der Gegenansicht anzulasten ist. | 5 BAG v. 26.10.1983 – 4 AZR 219/81, AP Nr. 3 zu § 3 TVG; v. 20.3.1991 – 4 AZR 455/90, AP Nr. 20 zu § 4 TVG – Tarifkonkurrenz; v. 23.2.2005 – 10 AZR 582/03, AP Nr. 270 zu § 1 TVG – Tarifverträge: Bau. | 6 Str.; wie hier *Löwisch/Rieble*, § 5 TVG Rz. 59; für die unbeschränkte Zulässigkeit dagegen GMPM, § 101 ArbGG Rz. 22 f.; *Grunsky*, § 101 ArbGG Rz. 5. | 7 BAG v. 21.2.2001 – 4 AZR 23/00, AP Nr. 76 zu § 1 TVG – Tarifverträge: Einzelhandel. | 8 Zum Zweck der 50%-Klausel sowie zu Reformvorschlägen *Zachert*, NZA 2003, 132. | 9 BAG v. 11.6.1975 – 4 AZR 395/74, AP Nr. 29 zu § 2 TVG. | 10 Vgl. *Sittard*, NZA 2007, 1090. | 11 BAG v. 14.6.1967 – 4 AZR 282/66, AP Nr. 13 zu § 91a ZPO.

AVE in die Betrachtung einbezogen werden[1]. Die erforderl. Abwägung muss zu dem Ergebnis führen, dass die von den Schutzzwecken gedeckten Vorteile der AVE ihre Nachteile überwiegen[2]. Dabei sind insb. die kollidierenden Interessen der Außenseiter-ArbGeb zu beachten. Unverhältnismäßige Belastungen – etwa durch Beiträge zu gemeins. Einrichtungen – dürfen den ArbGeb nicht aufgebürdet werden[3]. Gesamtwirtschaftl. Daten sowie die gesamten wirtschaftl. und sozialen Verhältnisse und Eigenarten des betreffenden Wirtschaftszweiges fließen in die Abwägung ein[4]. Im Umkehrschluss folgt aus § 5 I 2, dass die das öffentl. Interesse rechtfertigenden Umstände nicht das Gewicht eines sozialen Notstandes erreichen müssen. Bei einem FirmenTV wird ein öffentl. Interesse an der AVE nur selten vorliegen.

14 Dem BMAS steht bei seiner Entscheidung zunächst auf der Tatbestandsseite (Vorliegen eines „öffentlichen Interesses") ein gerichtl. nur **eingeschränkt überprüfbarer Beurteilungsspielraum** zu[5]. Auf der Rechtsfolgenseite gewährt § 5 eine Entscheidungsprärogative in Form eines **Verwaltungsermessens** („kann" und „geboten erscheint"). Es hat bei der nach pflichtgemäßem Ermessen zu erfolgenden Ausfüllung seines Entscheidungsspielraums auch die Interessen der (Langzeit-)Arbeitslosen zu berücksichtigen, da deren Chancen, einen Arbeitsplatz zu finden, jedenfalls dann verringert werden, wenn der TV keine Öffnungsklausel (dazu § 4 Rz. 28) vorsieht.

15 **4. Sozialer Notstand. Ausnahmsweise** kann ein TV für allgemeinverbindl. erklärt werden, obwohl die Voraussetzungen des § 5 I 1 Ziff. 1 und 2 nicht vorliegen[6]. Die AVE muss dann der Behebung eines sozialen Notstandes dienen (§ 5 I 2). Ein solcher Notstand kann sich aus rein materiellen Gründen ergeben, wenn die Entgelte so niedrig liegen, dass die ArbN nicht in der Lage sind, ihre notwendigen sozialen und wirtschaftl. Bedürfnisse zu befriedigen[7]. Denkbar dürfte dies nur bei Löhnen sein, die unter dem Sozialhilfesatz bzw. der Regelleistung des ALG II (§§ 19 ff. SGB II) liegen. Aber auch gesundheits- oder den Arbeitsfrieden gefährdende Arbeitsbedingungen können einen sozialen Notstand begründen[8]. Die Leistungsfähigkeit der ArbGeb muss auch bei dieser Tatbestandsalternative berücksichtigt werden.

16 **III. Verfahren. 1. Antrag.** Das Verfahren ist in § 5 II nur rudimentär geregelt. Einzelheiten ergeben sich aus der Verordnung zur Durchführung des Tarifvertragsgesetzes idF vom 16.1.1989 (Rz. 6, vgl. Anhang). Die AVE muss gem. Abs. 1 von einer TV-Partei **beantragt** werden. Eine Frist hierfür ist nicht vorgesehen. Der Antrag kann auch erst im Nachwirkungszeitraum des TV gestellt werden[9]. Eine Begründungspflicht besteht nicht, jedoch dürfte sich eine Erläuterung dringend empfehlen. Bei mehrgliedrigen TV, die als Einheit gewollt sind, muss der Antrag von allen Parteien einer Seite gestellt werden. Andernfalls genügt der Antrag durch einen der beteiligten Verbände. Antragsberechtigt sind nur diejenigen Verbände oder ArbGeb, die den TV unterzeichnet haben. Ein Spitzenverband kann den Antrag somit nur stellen, wenn er selbst den TV in eigenem Namen abgeschlossen hat. Bei einem Handeln in Vertretung für Mitgliedsverbände sind diese antragsbefugt.

17 Häufig treffen die TV-Parteien **schuldrechtl. Vereinbarungen** über den Antrag auf AVE. Geht die Abrede von einer gemeins. Antragstellung aus, kann dies unter Umständen so auszulegen sein, dass zwischen den Tarifpartnern zunächst noch eine Einigung über die Antragstellung erzielt werden muss. Da das Gesetz das Antragsrecht aber jeder TV-Partei gewährt, ist ein entgegen der schuldrechtl. Vereinbarung gestellter Antrag gleichwohl wirksam[10]. Der Antrag kann jederzeit wieder zurückgenommen werden.

18 **Adressat** ist das BMAS. Gem. Abs. 6 kann es das Recht zur AVE und zu ihrer Aufhebung für einzelne Fälle an die oberste Arbeitsbehörde eines Landes delegieren. Dies kann nahe liegen, wenn der Geltungsbereich des TV regional begrenzt ist und allenfalls unwesentlich über ein Bundesland hinausgeht (vgl. § 13 DVO). Nach der Übertragung steht dem Bundesministerium kein Weisungsrecht zu. Auch im Falle der Delegation ist der Antrag weiterhin an das Bundesministerium zu richten.

19 **2. Vorprüfung.** Liegen die Voraussetzungen für die AVE **offensichtlich** nicht vor, kann das BMAS den Antrag sofort abweisen (§ 4 II DVO). Denkbar ist dies, wenn ersichtlich die 50%-Grenze nicht erreicht wird[11].

20 **3. Bekanntmachung (§ 4 Abs. 1 DVO).** Das BMAS macht den Antrag im **Bundesanzeiger** bekannt und weist zugleich zur Einschränkung des Vertrauensschutzes darauf hin, dass die AVE mit Rückwirkung ergehen kann. Es bestimmt dabei eine Frist zur schriftl. Stellungnahme. Die Frist soll mindestens drei Wochen gerechnet vom Tage der Bekanntmachung betragen. Der Wortlaut der Bekanntmachung wird den TV-Parteien und den obersten Arbeitsbehörden der Länder, auf deren Bereich sich der TV erstreckt, mitgeteilt (§ 4 I DVO). ArbGeb und ArbN, die von der AVE im Falle ihres Inkrafttretens betroffen wären, können bereits nach Bekanntmachung des Antrags von einer der TV-Parteien eine Abschrift des TV

---

1 Im Einzelnen dazu *Zachert*, NZA 2003, 132. | 2 MünchArbR/*Löwisch/Rieble*, § 268 Rz. 35. | 3 ErfK/*Franzen*, § 5 TVG Rz. 17. | 4 Wiedemann/*Wank*, § 5 TVG Rz. 68. | 5 Vgl. BVerwG v. 3.11.1988 – 7 C 115/86, AP Nr. 23 zu § 5 TVG; BAG v. 28.3.1990 – 4 AZR 536/89, AP Nr. 25 zu § 5 TVG. | 6 Eine AVE wurde allerdings noch nie auf das Vorliegen eines „sozialen Notstandes" gestützt, *Zachert*, NZA 2003, 132. | 7 Wiedemann/*Wank*, § 5 TVG Rz. 77. | 8 Dazu *Straeter*, Die Allgemeinverbindlicherklärung von Tarifverträgen, S. 55. | 9 Wiedemann/*Wank*, § 5 TVG Rz. 79. | 10 ErfK/*Franzen*, § 5 TVG Rz. 20. | 11 MünchArbR/*Löwisch*, § 261 Rz. 71 f.

gegen Erstattung der Selbstkosten verlangen (§ 5 S. 1 DVO; zum Anspruch auf eine Abschrift des bereits für allgemeinverbindl. erklärten TV s. Rz. 4).

4. Einvernehmen des Tarifausschusses. Als zusätzliche Hürde verlangt Abs. 1, dass die AVE im Einvernehmen mit dem Tarifausschuss zu erklären ist. Der Tarifausschuss wird vom BMAS errichtet. Er besteht aus je drei Vertretern der Spitzenorganisationen der ArbGeb und der ArbN (§ 1 DVO) und wird von einem Beauftragten des Bundesministeriums geleitet. Seine Mitwirkung stellt sicher, dass die AVE von einem breiten Konsens auf ArbN- und ArbGebSeite getragen wird. Im Anwendungsbereich des AEntG wird durch § 1 IIIa auf diese zusätzliche Absicherung verzichtet (dazu § 1 AEntG Rz. 14). 21

Vor der Entscheidung über den Antrag ist ArbGeb und ArbN, die von der AVE betroffen werden, den am Ausgang des Verfahrens interessierten Gewerkschaften und Vereinigungen der ArbGeb sowie den obersten Arbeitsbehörden der Länder, auf deren Bereich sich der TV erstreckt, **Gelegenheit zur schriftl. Stellungnahme** zu geben. Die genannten Beteiligten können an der mündl. und öffentl. Verhandlung des Tarifausschusses teilnehmen und sich mündl. äußern (§ 5 II TVG, § 6 DVO). 22

Im Gegensatz zu den Verhandlungen und Anhörungen sind die Beratungen des Tarifausschusses **nicht öffentlich** (§ 2 I DVO). Das Einvernehmen ist erst hergestellt, wenn die AVE mit absoluter Stimmenmehrheit, dh. mit mindestens 4 Stimmen, bejaht wird. Der Beauftragte des Ministeriums hat kein Stimmrecht (§ 3 DVO). Die Mitglieder der ArbGebSeite (BDA) können daher bei einer geschlossenen Abstimmung jede AVE – auch gegen den Willen ihres Mitgliedsverbandes – verhindern. Die Beschlüsse des Ausschusses sind schriftl. niederzulegen und von allen mitwirkenden Tarifausschussmitgliedern zu unterschreiben (§ 3 II DVO). Eine Begründung ist nicht erforderlich. 23

5. Entscheidung des Bundesministeriums. Ohne **Zustimmung des Tarifausschusses** ist die AVE nicht möglich; das BMAS muss den Antrag ablehnen (§ 5 I TVG, § 7 I DVO). Stimmt der Ausschuss zu, so liegt die endgültige Entscheidung beim BMAS. Es nimmt eine selbständige pflichtgemäße Prüfung des Antrags vor. Selbst wenn es die Voraussetzungen als erfüllt ansieht, kann es sich nach Ausübung pflichtgemäßen Ermessens gegen die AVE entscheiden, wenn es sie nicht für zweckdienlich hält[1]. Bei der Ausfüllung der unbestimmten Rechtsbegriffe „öffentliches Interesse" und „sozialer Notstand" hat es einen weiten Beurteilungsspielraum[2]. Eine gerichtl. Beanstandung der Behördenentscheidung kommt nur bei wesentlichen Fehlern in Betracht. Das ist der Fall, wenn die Entscheidung in Anbetracht des Zwecks der Ermächtigung in § 5 und der hiernach zu berücksichtigenden öffentl. und privaten Interessen – einschließlich der Interessen der TV-Parteien – schlechterdings unvertretbar und unverhältnismäßig ist[3]. Die Ablehnung ist allen TV-Parteien und den Mitgliedern des Tarifausschusses unter Angabe von Gründen mitzuteilen. 24

Legt die oberste Arbeitsbehörde eines beteiligten Landes nach der positiven Stellungnahme des Tarifausschusses **Einspruch** gegen die AVE ein, so kann diese nur mit Zustimmung der Bundesregierung ergehen **(§ 5 III TVG)**. 25

6. Bekanntmachung. Die AVE ist ebenso wie die Ablehnung des Antrags im **Bundesanzeiger** bekannt zu machen (§ 11 DVO). Außerdem wird sie in das Tarifregister (§ 6) eingetragen. Erst mit der konstitutiven Bekanntmachung wird die AVE wirksam. Der für allgemeinverbindl. erklärte TV selbst ist dagegen nicht bekannt zu machen[4]. § 8 TVG und § 9 DVO geben den betroffenen ArbGeb und ArbN zwar die Möglichkeit, von seinem Inhalt Kenntnis zu nehmen. Gleichwohl weist die Transparenz von der Praxis mit Recht beklagte Defizite auf, die de lege ferenda durch eine Veröffentlichung aller für allgemeinverbindl. erklärten TV im Internet behoben werden sollten[5]. 26

IV. Beginn und Ende der Allgemeinverbindlicherklärung. Mit der Erklärung bestimmt das BMAS im Benehmen mit dem Tarifausschuss den **Zeitpunkt des Beginns** der Allgemeinverbindlichkeit. Dieser liegt, sofern es sich nicht um die Erneuerung oder Änderung eines bereits für allgemeinverbindl. erklärten TV handelt, in aller Regel nicht vor dem Tage der Bekanntmachung des Antrages (§ 7 III DVO). Der Beginn kann in keinem Fall vor Eintritt der Wirksamkeit des TV liegen, da es insofern an einem TV als Anknüpfungspunkt für die AVE fehlt (Rz. 8). 27

Bei der Anordnung eines rückwirkenden Beginns der Allgemeinverbindlichkeit sind die allgemeinen rechtsstaatl. Grundsätze zur **Rückwirkung** von Normen zu beachten[6]. Entscheidend ist danach, ob der Außenseiter mit der Rückwirkung rechnen musste (Vertrauensschutz). Das ist regelmäßig ab Bekanntmachung des Antrags der Fall[7]. Die AVE kann auch dann mit Rückwirkung ergehen, wenn der nunmehr 28

---

1 BVerfG v. 24.5.1977 – 2 BvL 11/74, AP Nr. 15 zu § 5 TVG. | 2 BVerwG v. 3.11.1988 – 7 C 115/86, AP Nr. 23 zu § 5 TVG zur Entscheidung des Ministers, nicht alle der gemeinsam beantragten TV für allgemeinverbindlich zu erklären; BAG v. 28.3.1990 – 4 AZR 536/89, AP Nr. 25 zu § 5 TVG zur AVE des TV über die Altersversorgung für Redakteure an Zeitschriften; LAG Berlin v. 15.9.1997 – 17 Sa 95/96, NZA-RR 1998, 309. | 3 BAG v. 28.3.1990 – 4 AZR 536/89, AP Nr. 25 zu § 5 TVG; LAG BW v. 11.7.1989 – 8 Sa 140/88, AfP 1989, 777. | 4 BAG v. 3.2.1965 – 4 AZR 385/63, AP Nr. 12 zu § 5 TVG. | 5 Vgl. Kempen/Zachert/*Kempen*, § 5 TVG Rz. 39. | 6 BAG v. 21.8.2007 – 3 AZR 102/06, DB 2007, 2850; v. 3.11.1982 – 4 AZR 1255/79, AP Nr. 18 zu § 5 TVG; v. 25.9.1996 – 4 AZR 209/95, AP Nr. 30 zu § 5 TVG. | 7 BAG v. 3.11.1982 – 4 AZR 1255/79, AP Nr. 18 zu § 5 TVG.

erneuerte oder geänderte TV bereits für allgemeinverbindl. erklärt war (vgl. § 7 III DVO). In diesem Fall bleiben die Grundsätze der Rechtssicherheit und des Vertrauensschutzes gewahrt[1].

29 Die AVE **endet automatisch mit Ablauf** des TV (Abs. 5 S. 3), dh. mit dessen vorgesehenem Zeitablauf, einvernehml. Aufhebung, ordentl. oder außerordentl. Kündigung bzw. Eintritt einer auflösenden Bedingung oder dem Abschluss eines NachfolgeTV[2]. Die Aufhebung der AVE steht damit zur Disposition der TV-Parteien. Bei mehrgliedrigen TV endet sie erst, wenn der TV zwischen allen Beteiligten beendet ist[3]. Wird der Ablauf des TV von den TV-Parteien – gem. ihrer Verpflichtung aus § 7 DVO – angezeigt, so ist das Ende der Allgemeinverbindlichkeit bekannt zu machen (§ 11 DVO). Zur Nachwirkung Rz. 33.

30 Gem. Abs. 5 S. 1 kann auch das BMAS die AVE eines TV im Einvernehmen mit dem Tarifausschuss **aufheben**, wenn dies im öffentl. Interesse geboten erscheint. Eines Antrages bedarf es hierzu nicht. Entsprechend der Rechtslage bei Erklärung der Allgemeinverbindlichkeit (Rz. 14) hat das Bundesministerium auch für die Aufhebung einen Beurteilungsspielraum auf der Tatbestandsseite („öffentlichen Interesse") und einen pflichtgemäß auszufüllenden Ermessensspielraum auf der Rechtsfolgenseite („kann"). Für das Verfahren und das Einvernehmen des Tarifausschusses gelten die gleichen Grundsätze wie für die AVE (§ 10 DVO). Das Einvernehmenserfordernis erscheint allerdings hier mit Blick auf die Letztverantwortung des BMAS fragwürdig[4].

31 **V. Wirkungen der Allgemeinverbindlicherklärung.** Auf Grund der AVE **erfassen** gem. § 5 IV die Rechtsnormen des TV in seinem Geltungsbereich (§ 4 Rz. 13 ff.) auch die bisher nicht tarifgebundenen ArbGeb und ArbN. Darin erschöpft sich die Wirkung; der Anwendungsbereich wird – anders als zB nach dem AEntG – nicht erweitert. Die Wirkung tritt unabhängig von der Kenntnis der Vertragsparteien von der AVE ein[5]. Findet der TV auf Grund der AVE auf Vertragspartner Anwendung, die bereits kraft beiderseitiger Tarifbindung einem anderen TV unterstehen, liegt ein Fall von **Tarifkonkurrenz** vor (§ 4 Rz. 40 ff., 43). Einen allgemeinen Vor- oder Nachrang des für allgemeinverbindl. erklärten TV gibt es nach hM nicht. Vielmehr gilt das **Spezialitätsprinzip**[6], das freilich nicht immer zu eindeutigen Ergebnissen führt, da die Normen des für allgemeinverbindl. erklärten TV im Verhältnis zum konkurrierenden TV teils spezieller, teils allgemeiner sein können (§ 4 Rz. 41). Ein FirmenTV wird dagegen stets als spezieller anzusehen sein.

32 Die AVE erfasst **alle Rechtsnormen** des TV, dh. Inhalts-, Abschluss- und Beendigungsnormen, Normen über gemeins. Einrichtungen, betriebl. und betriebsverfassungsrechtl. sowie prozessuale Normen[7]. Nicht betroffen von der AVE ist der schuldrechtl. Teil des TV. Abs. 4 erwähnt ausdrücklich nur die Rechtsnormen.

33 Nach Beendigung der Allgemeinverbindlichkeit wirken die Tarifnormen auch für die Außenseiter gem. § 4 V nach[8]. Die **Nachwirkung** endet durch eine andere Abmachung. Für Außenseiter wird die Nachwirkung allerdings nicht durch das Inkrafttreten eines neuen TV beendet, sondern erst durch die AVE dieses TV[9]. Das BMAS hat aber die Möglichkeit, die Nachwirkung des TV in der AVE auszuschließen; anderenfalls könnte es zu einer „Endlosbindung" der Außenseiter an den nachwirkenden TV kommen[10].

34 Werden die tarifvertragl. Bestimmungen **geändert**, so sind die neuen Bestimmungen nicht allgemeinverbindl. Es ist eine erneute AVE erforderlich. Bis zu dieser gelten die ursprüngl. Bestimmungen kraft Nachwirkung weiter[11].

35 **VI. Rechtsmängel und Rechtsschutz.** Nicht geklärt ist, ob **Rechtsmängel** einer AVE lediglich deren Anfechtbarkeit oder deren Nichtigkeit nach sich ziehen. Insoweit wirkt der Meinungsstreit über die Rechtsnatur der AVE fort. Sieht man in ihr einen gegenüber allen Betroffenen einheitl. zu beurteilenden Akt der Rechtsetzung (Rz. 5)[12], so müssen alle formellen und materiellen Mängel zur Nichtigkeit führen[13]. Betroffen sind Mängel wie fehlender Antrag, fehlendes Einvernehmen des Tarifausschusses, unterbliebene Zustimmung der Bundesregierung in den Fällen des Abs. 3 oder Ermessensfehler. Auch das Fehlen eines wirksamen TV führt insoweit zur Nichtigkeit. Die AVE geht bzgl. der unwirksamen Normen ins Leere.

---

1 BAG v. 21.8.2007 – 3 AZR 102/06, DB 2007, 2850; v. 25.9.1996 – 4 AZR 209/95, AP Nr. 30 zu § 5 TVG, wonach kein Vertrauensschutz besteht, wenn bereits der erneuerte TV die Beantragung der AVE vorsah. | 2 BAG v. 17.1.2006 – 9 AZR 41/05, AP Nr. 40 zu § 1 TVG – Bezugnahme auf Tarifvertrag. | 3 *Däubler*, Tarifvertragsrecht, Rz. 1277. | 4 *Löwisch/Rieble*, § 5 TVG Rz. 115. | 5 BAG v. 16.9.1983 – 3 AZR 206/82, AP Nr. 131 zu § 1 TVG – Auslegung zur Kenntnis einer Verfallklausel. | 6 BAG v. 26.1.1994 – 10 AZR 611/92, AP Nr. 22 zu § 4 TVG – Tarifkonkurrenz; v. 25.7.2001 – 10 AZR 599/00, EzA § 4 TVG – Tarifkonkurrenz Nr. 15; aA *Löwisch/Rieble*, § 5 TVG Rz. 144 (für einen Vorrang des mitgliedschaftlich legitimierten TV); *Müller*, DB 1989, 1970 (für einen Vorrang der AVE). | 7 BAG v. 19.3.1975 – 4 AZR 270/74, AP Nr. 14 zu § 5 TVG zu Zuständigkeitsvereinbarungen. | 8 BAG v. 19.1.1962 – 1 AZR 147/61, AP Nr. 11 zu § 5 TVG; v. 27.11.1991 – 4 AZR 211/91, AP Nr. 22 zu § 4 TVG – Nachwirkung. | 9 BAG v. 27.11.1991 – 4 AZR 211/91, AP Nr. 22 zu § 4 TVG – Nachwirkung; v. 25.10.2000 – 4 AZR 212/00, AP Nr. 38 zu § 4 TVG – Nachwirkung. | 10 *Löwisch/Rieble*, § 5 TVG Rz. 34; ErfK/*Franzen*, § 5 TVG Rz. 10. | 11 Vgl. Wiedemann/*Wank*, § 5 TVG Rz. 118 ff. | 12 Etwa BVerfG v. 24.5.1977 – 2 BvL 11/74, AP Nr. 15 zu § 5 TVG; BVerwG 3.11.1988 – 7 C 115/86, AP Nr. 23 zu § 5 TVG; Wiedemann/*Wank*, § 5 TVG Rz. 49 f. | 13 *Löwisch/Rieble*, § 5 TVG Rz. 123 ff.; Däubler/*Lakies*, § 5 TVG Rz. 157 ff.

Auch in der Frage, welcher **Rechtsschutz** zur Verfügung zu stellen ist, gehen die Meinungen auseinander. Will sich eine TV-Partei gegen die Ablehnung des Antrags auf AVE wehren, steht ihr der **Verwaltungsrechtsweg** offen[1]. Gegen die teilweise befürwortete Möglichkeit einer Anfechtungsklage gem. § 42 I VwGO[2] spricht, dass Klageziel die Vornahme der AVE ist. Da es sich bei der AVE nicht um einen Verwaltungsakt iSv. § 35 VwVfG handelt, überzeugt auch die Verpflichtungsklage nicht. Richtige Klageart ist vielmehr die allgemeine Leistungsklage auf Normerlass (str.)[3], nach Erledigung die Feststellungsklage gem. § 43 VwGO[4]. Wird eine bereits erfolgte AVE von einer TV-Partei beanstandet, so ist die allgemeine Feststellungsklage ebenfalls die richtige Klageart[5]. 36

Koalitionen, die **nicht** am Verfahren **beteiligt** waren, steht ebenfalls die allgemeine Feststellungsklage gegen eine ergangene AVE zu, wenn sie durch sie – etwa wegen einer entstehenden Tarifkonkurrenz (vgl. Rz. 31) – in ihren Rechten verletzt sein könnten[6]. Sie können aber die AVE eines TV, an dem sie nicht beteiligt waren, nicht erzwingen und haben auch kein entsprechendes Klagerecht[7]. 37

Die Wirksamkeit der AVE kann außerdem bei Rechtsstreitigkeiten zwischen Normunterworfenen inzident durch die ArbG überprüft werden[8]. Das Gericht hat zwar grds. von Amts wegen zu prüfen, ob die AVE als Rechtsnorm wirksam zu Stande gekommen ist. In eine Detailprüfung der Voraussetzungen muss es aber nur eintreten, wenn der Parteivortrag oder andere augenfällige Umstände hierzu Veranlassung geben[9]. Wurde ein TV für allgemeinverbindl. erklärt, so spricht der erste Anschein für die Rechtmäßigkeit der AVE[10]. Wegen der Inzidentprüfung fehlt es an einem Feststellungsinteresse für eine Klage auf Feststellung der Unwirksamkeit vor den VerwG[11]. 38

VII. Arbeitnehmer-Entsendegesetz (AEntG). Besonderheiten gelten seit Inkrafttreten des AEntG v. 26.2.1996 (BGBl. I S. 227) für das Bauhaupt- und Baunebengewerbe[12]. Mit Gesetz v. 25.4.2007 bzw. 21.12.2007 wurde das AEntG auf das Gebäudereinigerhandwerk und Briefdienstleistungen ausgedehnt[13]. Die Grundvariante der Tarifnormerstreckung findet sich in § 1 I AEntG bzw. in § 1 III AEntG für TV über Urlaubskassen nach § 4 II TVG. Voraussetzung ist für beide Erstreckungsmöglichkeiten die AVE des jeweiligen TV. Parallel dazu ermächtigt § 1 IIIa AEntG in verfassungsrechtl. bedenklicher Weise[14] das BMAS, durch **Rechtsverordnung** ohne Zustimmung des Bundesrates zu bestimmen, dass die Rechtsnormen des entsprechenden TV auf alle unter den Geltungsbereich dieses TV fallenden und nicht tarifgebundenen ArbGeb und ArbN Anwendung finden[15]. Voraussetzung ist ein Antrag auf Erlass einer AVE; dagegen müssen die sonstigen Kriterien des § 5 nicht beachtet werden[16]. Unstr. verzichtet das AEntG auf das Einvernehmen des Tarifausschusses. Zu Einzelheiten s. die Komm. zum AEntG. 39

VIII. Tariftreueerklärungen. In mehreren Bundesländern, nicht dagegen auf der Bundesebene, existieren sog. Tariftreue- oder Vergabegesetze. Diese Gesetze konkretisieren die Vorgaben an öffentl. Auftraggeber gem. § 97 IV, V GWB. Die Tariftreuegesetze der Länder enthalten im Detail abweichende Regelungen zur Tariftreuepflicht. Der Kern der Regelungen besteht in einer Bindung der öffentl. Auftraggeber. Sie dürfen öffentl. Aufträge (vor allem Bauleistungen) nur an Unternehmen vergeben, die sich (schriftl.) verpflichten, ihren ArbN bei der Ausführung der Leistung zumindest die am Ort der Leistungsausführung einschlägigen tarifl. Bedingungen zu gewähren, dh. insb. den Tariflohn zu zahlen[17]. Bei Verstößen drohen Vertragsstrafen und ein Ausschluss von weiteren öffentl. Aufträgen. Durch die Tariftreueregelungen entsteht keine normative Bindung der Unternehmen an TV. Praktisch werden aber ähnliche Wirkungen erzielt. Gerade in der Baubranche, die stark von Aufträgen der öffentl. Hand abhängig ist, kommt es zu einem faktischen Zwang zur Anwendung der Tarifnormen[18]. Im Gegensatz zur AVE und zum Verfahren beim AEntG hat der Staat die „Erstreckung" der TV-Normen nicht selbst in der Hand, sondern verweist quasi dynamisch auf einschlägige TV[19]. Das BVerfG hat in einer eher spärlich begrün- 40

---

1 BVerwG v. 3.11.1988 – 7 C 115/86, AP Nr. 23 zu § 5 TVG. | 2 Kempen/Zachert/*Kempen*, § 5 TVG Rz. 56. | 3 Teilweise wird auch die Feststellungsklage bevorzugt, vgl. *Mäßen/Mauer*, NZA 1996, 121 (122); *Duken*, NVwZ 1993, 546 (547 f.). | 4 BVerwG v. 3.11.1988 – 7 C 115/86, AP Nr. 23 zu § 5 TVG; vgl. Däubler/*Lakies*, § 5 TVG Rz. 229; aA *Löwisch/Rieble*, § 1 TVG Rz. 132 ff. | 5 Str.; wie hier OVG Münster v. 23.9.1983 – 20 A 842/81, AfP 1984, 176; Wiedemann/*Wank*, § 5 TVG Rz. 171; aA *Löwisch/Rieble*, § 5 TVG Rz. 138 (Feststellungsklage sui generis). | 6 ErfK/*Franzen*, § 5 TVG Rz. 27. | 7 ErfK/*Franzen*, § 5 TVG Rz. 28. | 8 BAG v. 22.9.1993 – 10 AZR 371/92, AP Nr. 2 zu § 1 TVG – Tarifverträge: Gerüstbau; v. 21.3.1973 – 4 AZR 225/72, AP Nr. 12 zu § 4 TVG – Geltungsbereich. | 9 BAG v. 19.3.1975 – 4 AZR 270/74, AP Nr. 14 zu § 5 TVG zum bloß pauschalen Bestreiten der 50%-Hürde sowie des Vorliegens eines öffentlichen Interesses; v. 24.1.1979 – 4 AZR 377/77, AP Nr. 16 zu § 5 TVG. | 10 LAG Hamm v. 20.12.1991 – 18 Sa 247/91, LAGE § 5 TVG Nr. 2. | 11 Däubler/*Lakies*, § 5 TVG Rz. 222. | 12 Die Pläne der rot-grünen Bundesregierung in der 15. Wahlperiode, den Anwendungsbereich des AEntG durch Aufhebung der Baubereichsbeschränkung auf alle Branchen auszuweiten – vgl. BT-Drs. 362/05 – sind dem Grundsatz der Diskontinuität zum Opfer gefallen. In der 16. Wahlperiode ist mit einer weiteren Ausdehnung des AEntG auf mehrere Branchen zu rechnen (vgl. *Sittard*, ZIP 2007, 1444). | 13 BGBl. 2007 I, S. 576 f. und BGBl. 2007 I, S. 3140. | 14 Vgl. nur *Badura*, FS Söllner, S. 111 (118); *v. Danwitz*, RdA 1999, 322. Das BVerfG hat die Bedenken nicht geteilt: BVerfG 18.7.2000 – 1 BvR 948/00, AP Nr. 4 zu § 1 AEntG. | 15 *Büdenbender*, RdA 2000, 191 ff. | 16 *Bieback*, RdA 2000, 207 (211); ErfK/*Schlachter*, § 1 AEntG Rz. 13; aA *Blanke*, AuR 1999, 417 (426); *Büdenbender*, RdA 2000, 193 (197); *Sittard*, NZA 2007, 1090 (1091). | 17 Ausf. Wiedemann/*Thüsing*, Anh. 2 zu § 5 TVG. | 18 ErfK/*Franzen*, § 5 TVG Rz. 30; Wiedemann/*Thüsing*, Anh. 2 zu § 5 TVG Rz. 6. | 19 Zu den verschiedenen Gestaltungen bei der Auswahl des maßgebl. TV in den Länderregelungen vgl. Wiedemann/*Thüsing*, Anh. 2 zu § 5 TVG Rz. 21 ff.

deten Entscheidung das Berliner Vergabegesetz dennoch für verfassungskonform gehalten[1]. Die Tariftreueregelung berühre weder die Koalitions- noch die Berufsfreiheit. Es hat sich damit nicht der Auffassung des BGH angeschlossen, der die Berliner Regelung für nicht vereinbar mit Art. 74 I Nr. 12, 31 und Art. 9 III GG hielt und dem BVerfG die einschlägige Norm gem. Art. 100 I GG vorgelegt hatte[2]. Der EuGH hat die niedersächsische Tariftreueregelung jüngst als Verstoß gegen die EntsendeRL 96/71/EG und gegen die Dienstleistungsfreiheit eingestuft. Da auch ArbGeb mit Sitz in anderen EG-Staaten bei der Entsendung von ArbN von der Tariftreuepflicht betroffen sind, sei die RL als Maßstab heranzuziehen. Die Tariftreueregelung erfülle jedoch nicht die Voraussetzungen, die die RL an Mindestarbeitsbedingungen stelle[3].

41 Tariftreuegesetze existieren in Bayern[4], Berlin[5], Bremen[6], Hamburg[7], Niedersachsen[8], Schleswig-Holstein[9] und dem Saarland[10]. Die Tariftreuegesetze in Sachsen, Sachsen-Anhalt und Nordrhein-Westfalen wurden inzwischen wieder aufgehoben. Ein entsprechendes Bundesgesetz ist im Jahr 2002 am Widerstand des Bundesrats gescheitert[11].

6 *Tarifregister*

Bei dem Bundesministerium für Arbeit und Soziales wird ein Tarifregister geführt, in das der Abschluss, die Änderung und die Aufhebung der Tarifverträge sowie der Beginn und die Beendigung der Allgemeinverbindlichkeit eingetragen werden.

1 **I. Normzweck.** Das Tarifregister soll die Informationsinteressen des für Arbeit zuständigen Bundesministeriums über den Entwicklungsstand der tarifl. Arbeitsbedingungen und das rechtsstaatl. gebotene Publizitätsinteresse befriedigen[12]. Ein entsprechender Bedarf besteht, weil das TVG keine öffentl. Bekanntmachung von TV-Normen gebietet. Die begrenzte Publizität der TV-Normen, die zusätzlich durch § 8 TVG (Pflicht der ArbGeb zur Auslegung einschlägiger TV im Betrieb) sowie § 2 I Nr. 10 NachwG abgesichert ist, genügt nach der Rspr. des BVerfG den verfassungsrechtl. Anforderungen des Rechtsstaatsprinzips[13]. Allerdings stellt sich in Zeiten des Internets die Frage, ob nicht eine Veröffentlichung zumindest der allgemeinverbindl. TV verfassungsrechtl. geboten ist.

2 **II. Zuständigkeit.** Das Tarifregister wird nach dem Wortlaut des § 6 bei dem **Bundesministerium für Arbeit und Soziales (BMAS)**[14] geführt. Daneben können auch die obersten Arbeitsbehörden der Länder Tarifregister aufbauen[15] – dies ist durchweg geschehen[16]. Eintragungen in ein **Landestarifregister** ersetzen aber die nach § 6 vorgeschriebene Eintragung in das Register beim BMAS nicht. Auch die **Spitzenorganisationen der Sozialpartner** (BDA[17] und DGB[18]) unterhalten eigene Tarifregister, um ihre Mitglieder jederzeit über den Wortlaut von TV informieren zu können. Zumeist legen zudem die **ArbG** TV-Sammlungen an. Häufig besteht die Möglichkeit zur Einsichtnahme.

3 **III. Grundlage und Ablehnung der Eintragung, Prüfungsrecht und Rechtsschutz. Grundlage für die Eintragungen in das Tarifregister** sind ausschließlich die durch § 7 des Gesetzes geforderten Mitteilungen der TV-Parteien. Das BMAS ist grds. verpflichtet, die ihm bekannt gewordenen eintragungsfähigen Angaben in das Tarifregister aufzunehmen (**Eintragungspflicht**). Die Amtspflicht des BMAS, das Tarifregister richtig zu führen, ist nicht drittgerichtet, so dass ein **Amtshaftungsanspruch** nach Art. 34 GG, § 839 BGB **ausscheidet**[19].

4 Ein inhaltl. **Prüfungsrecht** iS einer allgemeinen Rechtmäßigkeitskontrolle steht dem BMAS nicht zu[20]. Da das BMAS aber lediglich verpflichtet ist, rechtl. existente TV im Tarifregister zu vermerken, kann es die Eintragung verweigern, sofern die angemeldete Vereinbarung nicht die Voraussetzungen für einen TV im Rechtssinne erfüllt (Beispiel: fehlende Tariffähigkeit oder Tarifzuständigkeit einer Partei)[21].

5 Weigert sich das BMAS, einen mitgeteilten TV einzutragen, steht den TV-Parteien grds. der **Rechtsweg** zu den **VerwG** offen (allgemeine Leistungsklage)[22]. Sofern die Eintragung aus tarifrechtl. Gründen (feh-

---

1 BVerfG v. 11.7.2006 – 1 BvL 4/00, AP Nr. 129 zu Art. 9 GG; vgl. dazu *Rieble*, NZA 2007, 1; *Preis/Ulber*, NJW 2007, 465. | 2 BGH v. 18.1.2000 – KVR 23/98, AP Nr. 1 zu § 20 GWB. | 3 EuGH v. 3.4.2008 – C-346/06 noch nv. | 4 G v. 28.6.2000, GVBl. S. 364. | 5 G v. 9.7.1999, GVBl. S. 369. | 6 G v. 17.12.2002, GVBl. S. 594. | 7 G v. 13.12.2006, GVBl. S. 57. | 8 G v. 2.9.2002, GVBl. S. 370. | 9 G v. 7.3.2003, GVBl. S. 136. | 10 G v. 23.8.2000, ABl. S. 1846. | 11 Vgl. zum Entwurf BT-Drs. 14/7796. | 12 Vgl. *Lindena*, DB 1988, 1114 (1115). | 13 BVerfG v. 24.5.1977 – 2 BvL 11/74, AP Nr. 15 zu § 5 TVG; v. 10.9.1991 – 1 BvR 561/89, AP Nr. 27 zu § 5 TVG; BAG v. 28.3.1990 – 4 AZR 536/89, AP Nr. 25 zu § 5 TVG. Kritisch *Gröbing*, AuR 1982, 116 (118). | 14 Kontakt: Bundesministerium für Arbeit und Soziales, Mohrenstr. 62, 11017 Berlin, E-Mail: info@bmas.bund.de. | 15 Vgl. die Wertung des § 7 I 2; ErfK/*Franzen*, § 6 TVG Rz. 4. | 16 Vgl. auch zu den Kontaktadressen Kempen/Zachert/*Zachert*, § 6 TVG Rz. 6. | 17 Dazu *Lindena*, CR 1989, 951 ff. | 18 In den WSI-Mitteilungen wird jährlich das beim Wirtschafts- und Sozialwissenschaftlichen Institut des DGB geführte Tarifarchiv ausgewertet. | 19 *Löwisch/Rieble*, § 6 TVG Rz. 7. | 20 Vgl. dazu *Löwisch/Rieble*, § 6 TVG Rz. 8; Wiedemann/*Oetker*, § 6 TVG Rz. 12. AA *Nikisch*, Arbeitsrecht II, § 77 II 3, S. 360. | 21 *Löwisch/Rieble*, § 6 TVG Rz. 8; Wiedemann/*Oetker*, § 6 TVG Rz. 13. | 22 Däubler/*Reinecke*, § 6 TVG Rz. 22; *Däubler*, Tarifvertragsrecht, Rz. 1293; *Löwisch/Rieble*, § 6 TVG Rz. 9; Wiedemann/*Oetker*, § 6 TVG Rz. 10.

lende Tariffähigkeit oder Tarifzuständigkeit) unterbleibt, ist das arbeitsgerichtl. Beschlussverfahren nach § 9 TVG iVm. § 2a I Nr. 4 ArbGG – ggf. unter Aussetzung nach § 97 V ArbGG – durchzuführen[1].

IV. Inhalt. In das Tarifregister einzutragen sind der Abschluss, die Änderung und die Aufhebung der TV sowie der Beginn und die Beendigung der Allgemeinverbindlichkeit (§ 6). Einzelheiten der Eintragung regeln die §§ 14–16 der VO zur Durchführung des TVG (DVO TVG)[2]. Nach § 14 DVO TVG werden die TV bei der Eintragung in das Tarifregister durch die Angabe der TV-Parteien, des Geltungsbereichs sowie des Zeitpunktes ihres Abschlusses und ihres Inkrafttretens bezeichnet. Der Wortlaut des TV ist dagegen nicht Gegenstand der Eintragung (argumentum e contrario). Die Ur- oder Abschriften der dem BMAS nach § 7 I 1 übersandten TV sind aber als Anlage zum Tarifregister aufzubewahren. Nur auf diese Weise kann die jederzeitige Einsichtnahme in die registrierten TV (§ 16 S. 1 DVO TVG) ermöglicht werden[3]. 6

V. Wirkung der Eintragung. Die Eintragung im Tarifregister entfaltet **keine materiellen tarifrechtl. Wirkungen**. Sie begründet oder beeinträchtigt die Rechtswirksamkeit von TV, ihren Änderungen oder Aufhebungen nicht[4]. Dem Tarifregister kommt anders als etwa dem Handelsregister **keine** positive oder negative **Publizitätswirkung** zu. Unrichtige Eintragungen bleiben ohne rechtl. Wirkungen[5]. Dementsprechend sagt die Eintragung oder Nichteintragung im Tarifregister nichts darüber aus, ob ein „Tarifvertrag" von tariffähigen Partnern abgeschlossen wurde[6]. Verträge von als nicht tariffähig erkannten Parteien sind aber zu löschen. 7

Auch die **Rechtswirkungen einer AVE** bleiben von der Eintragung oder Nichteintragung im Tarifregister unberührt[7]. Die von § 5 VII des Gesetzes geforderte öffentl. Bekanntmachung meint diejenige im Bundesanzeiger, nicht diejenige im Tarifregister. Nach § 15 II DVO TVG „sollen" die in den §§ 4 I, 11 DVO TVG genannten Bekanntmachungen lediglich in das Tarifregister eingetragen werden[8]. Aus rechtsstaatl. Sicht ist die Publizität der AVE allerdings unbefriedigend. 8

VI. Einsichts- und Auskunftsansprüche. Nach § 16 S. 1 DVO TVG ist die **Einsicht des Tarifregisters** sowie **der registrierten TV** jedem gestattet. Das Einsichtsrecht erstreckt sich sowohl auf die Eintragung im Tarifregister als auch auf die im Tarifarchiv verwahrten TV. Der Einsichtnehmende darf auf eigene Kosten Notizen und Kopien anfertigen[9]. 9

Das BMAS erteilt auf Anfrage **Auskunft über die Eintragungen** (§ 16 S. 2 DVO TVG). Dem Bürger steht gegen das BMAS ein Auskunftsanspruch zu, der sich allerdings nur auf die Eintragung im Tarifregister, nicht aber auf den Inhalt des registrierten TV erstreckt. Die Auskunft kann schriftl. oder mündl. erteilt werden. Einen Anspruch auf Erteilung einer kostenlosen Abschrift sieht die VO nicht mehr vor[10]. Einsichts- und Auskunftsansprüche gegen das BMAS können im Wege der **allgemeinen Leistungsklage** vor den VerwG geltend gemacht werden[11]. 10

Mitglieder einer ArbN- oder ArbGebKoalition können den Wortlaut des TV von ihren Verbänden anfordern (**Auskunftsanspruch auf Grund Mitgliedschaft**)[12]. ArbGeb und ArbN, für die der TV infolge einer **AVE** maßgeblich ist, können von einer der TV-Parteien eine Abschrift des TV gegen Erstattung der Selbstkosten verlangen (§ 9 I 1 DVO TVG). Gleiches gilt für ÄnderungsTV (§§ 9 I 2, V 2 DVO TVG). Selbstkosten sind die Papier- und Vervielfältigungs- oder Druckkosten sowie das Übersendungsporto (§§ 9 I 2, V 3 TVG). Ansprüche gegen die TV-Parteien bestehen nicht, sofern die TV nur kraft arbeitsvertragl. Verweisung gelten[13]. § 15 I DVO TVG erlegt dem BMAS ergänzend die Pflicht auf, die TV-Parteien von der Eintragung der AVE, der Aufhebung der Allgemeinverbindlichkeit sowie von der Eintragung ihrer Mitteilungen über das Außerkrafttreten und über die Änderung allgemeinverbindl. TV zu benachrichtigen. 11

---

1 Däubler/*Reinecke*, § 6 TVG Rz. 23; Kempen/Zachert/*Zachert*, § 6 TVG Rz. 17; *Löwisch/Rieble*, § 6 TVG Rz. 10; Wiedemann/*Oetker*, § 6 TVG Rz. 14. | 2 Verordnung zur Durchführung des TVG in der Fassung der Bekanntmachung v. 16.1.1989, BGBl. I 1989 I S. 76; s. Anhang nach § 13. Vgl. zur Technik der Registrierung *Boedler/Keiser*, BArbBl. 1979, 9/22 ff.; *Schelp*, BArbBl. 1964, 212 (215 ff.). | 3 *Lindena*, DB 1988, 1114 (1115); Kempen/Zachert/*Zachert*, § 6 TVG Rz. 10; Wiedemann/*Oetker*, § 6 TVG Rz. 16. | 4 Allg. Ansicht; vgl. nur BAG v. 16.5.1995 – 3 AZR 535/94, AP Nr. 15 zu § 4 TVG – Ordnungsprinzip; v. 14.11.2001 – 10 AZR 698/00, EzA § 4 TVG – Tarifkonkurrenz Nr. 16; Kempen/Zachert/*Zachert*, § 6 TVG Rz. 15; *Lindena*, DB 1988, 1114 (1115); Wiedemann/*Oetker*, § 6 TVG Rz. 25. | 5 BAG v. 5.11.1997 – 4 AZR 872/95, AP Nr. 29 zu § 1 TVG; v. 6.6.2000 – 1 ABR 10/99, AP Nr. 55 zu § 2 TVG. | 6 BAG v. 6.6.2000 – 1 ABR 10/99, AP Nr. 55 zu § 2 TVG. | 7 So schon *Hueck/Nipperdey*, Arbeitsrecht II/1, S. 500; Däubler/*Reinecke*, § 6 TVG Rz. 19; Wiedemann/*Oetker*, § 6 TVG Rz. 26; Kempen/Zachert/*Zachert*, § 6 TVG Rz. 15. | 8 Wiedemann/*Oetker*, § 6 TVG Rz. 26. | 9 *Löwisch/Rieble*, § 6 TVG Rz. 6; Wiedemann/*Oetker*, § 6 TVG Rz. 30. | 10 Wiedemann/*Oetker*, § 6 TVG Rz. 33; unklar Kempen/Zachert/*Zachert*, § 6 TVG Rz. 19. Zur Änderung der DVO TVG vgl. *Lund*, DB 1989, 626 (628); *Stahlhacke*, NZA 1989, 334 (336). | 11 Wiedemann/*Oetker*, § 6 TVG Rz. 36; Däubler/*Reinecke*, § 6 TVG Rz. 32; Kempen/Zachert/*Zachert*, § 6 TVG Rz. 19. | 12 *Löwisch/Rieble*, § 6 TVG Rz. 1. | 13 *Löwisch/Rieble*, § 6 TVG Rz. 13.

7 *Übersendungs- und Mitteilungspflicht*

(1) Die Tarifvertragsparteien sind verpflichtet, dem Bundesministerium für Arbeit und Soziales innerhalb eines Monats nach Abschluss kostenfrei die Urschrift oder eine beglaubigte Abschrift sowie zwei weitere Abschriften eines jeden Tarifvertrages und seiner Änderungen zu übersenden; sie haben ihm das Außerkrafttreten eines jeden Tarifvertrages innerhalb eines Monats mitzuteilen. Sie sind ferner verpflichtet, den obersten Arbeitsbehörden der Länder, auf deren Bereich sich der Tarifvertrag erstreckt, innerhalb eines Monats nach Abschluss kostenfrei je drei Abschriften des Tarifvertrages und seiner Änderungen zu übersenden und auch das Außerkrafttreten des Tarifvertrages innerhalb eines Monats mitzuteilen. Erfüllt eine Tarifvertragspartei die Verpflichtungen, so werden die übrigen Tarifvertragsparteien davon befreit.

(2) Ordnungswidrig handelt, wer vorsätzlich oder fahrlässig entgegen Absatz 1 einer Übersendungs- oder Mitteilungspflicht nicht, unrichtig, nicht vollständig oder nicht rechtzeitig genügt. Die Ordnungswidrigkeit kann mit einer Geldbuße geahndet werden.

(3) Verwaltungsbehörde im Sinne des § 36 Abs. 1 Nr. 1 des Gesetzes über Ordnungswidrigkeiten ist die Behörde, der gegenüber die Pflicht nach Absatz 1 zu erfüllen ist.

1 **I. Normzweck.** Die den TV-Parteien auferlegte Übersendungs- und Mitteilungspflicht verfolgt einen dreifachen Zweck: Zunächst soll das zuständige Bundesministerium (BMAS) in die Lage versetzt werden, das in § 6 normierte Tarifregister zu führen (zum Normzweck des § 6 dort Rz. 1)[1]. Gleiches gilt für die obersten Arbeitsbehörden der Länder, die ebenfalls Tarifregister führen dürfen (dazu § 6 Rz. 2). Außerdem sollen die Arbeitsbehörden auf Grund der Kenntnis der TV die arbeitsmarktpolitischen Auswirkungen der Tarifabschlüsse abschätzen und ihre Sozialpolitik darauf abstimmen können[2]. Schließlich soll über die Arbeitsbehörden des Bundes und der Länder auch den Gerichten und Behörden der Zugriff auf die von ihnen zu beachtenden tarifvertragl. Rechtsnormen erleichtert und gesichert werden[3]. Ergänzt wird die Vorschrift durch § 63 ArbGG (Übersendung von Urteilen in TV-Sachen).

2 **II. Übersendungs- und Mitteilungspflicht.** Die in § 7 I normierten Pflichten sind **öffentl.-rechtl. Natur**[4]. Die TV-Parteien sind verpflichtet, dem BMAS innerhalb eines Monats nach Abschluss kostenfrei die Urschrift oder eine beglaubigte Abschrift sowie zwei weitere Abschriften eines jeden TV und seiner Änderungen zu übersenden (§ 7 I 1 Hs. 1). Das Außerkrafttreten eines TV haben sie innerhalb eines Monats mitzuteilen (§ 7 I 1 Hs. 2). Eine vergleichbare Mitteilungspflicht obliegt den TV-Parteien nach § 7 I 2 gegenüber den obersten Arbeitsbehörden jener Länder, deren Gebiet der räuml. Geltungsbereich des TV betrifft.

3 **Gegenstand der Übersendungspflicht** sind die TV selbst, die in Bezug genommenen TV und inhaltl. Änderungen, nicht hingegen Vorverträge oder sonstige kollektivvertragl. Abreden[5]. Die schriftl. oder mündl.[6] zu erfüllende **Mitteilungspflicht** erstreckt sich auf den Umstand und den Zeitpunkt des Außerkrafttretens eines TV[7], sowie auf den Wechsel einer TV-Partei[8]. Ein abgeschlossener Aufhebungsvertrag ist demgegenüber nicht mitzuteilen, sondern – als actus contrarius iS eines neuen TV – zu übersenden[9].

4 Sofern die Übersendung einer **beglaubigten Abschrift** gefordert ist, bedarf es nicht der Form des § 42 BeurkG; es genügt, dass die TV-Parteien die Übereinstimmung der Abschrift mit der Urschrift bestätigen[10]. Die Berechnung der jeweils vorgesehenen **Monatsfrist** richtet sich gem. § 31 VwVfG nach den §§ 187, 188 und 193 BGB.

5 **III. Verpflichtete.** Die Übersendungs- oder Mitteilungspflicht trifft die **TV-Parteien** (vgl. § 1 Rz. 5), die den betroffenen TV geschlossen haben. Das sind die beteiligten Gewerkschaften und die Vereinigungen der ArbGeb. Bei FirmenTV tritt an die Stelle des ArbGebVerbandes der ArbGeb (vgl. § 2 I). Schließt eine Spitzenorganisation einen TV im eigenen Namen (vgl. § 2 III), ist sie als TV-Partei Adressat der Pflichten; wird sie im fremden Namen tätig (vgl. § 2 II), verbleibt die Pflicht beim vertretenen Verband[11].

6 Ist die TV-Partei eine **natürliche** (ArbGeb) oder **juristische Person** bzw. eine **rechtsfähige Personenvereinigung (GbR; n.eV)**, so obliegen ihr selbst die genannten Pflichten. Für den praktisch nicht mehr relevanten Fall einer nicht rechtsfähige **Personenvereinigung** sind die nach Satzung oder Gesellschaftsvertrag zur Vertretung berufenen Personen verpflichtet[12].

---

1 Vgl. *Löwisch/Rieble*, § 7 TVG Rz. 1. | 2 ErfK/*Franzen*, § 7 TVG Rz. 1. | 3 *Löwisch/Rieble*, § 7 TVG Rz. 1. | 4 Vgl. BAG v. 16.5.1995 – 3 AZR 535/94, AP Nr. 15 zu § 4 TVG – Ordnungsprinzip; *Hueck/Nipperdey*, Arbeitsrecht II/1, S. 501; *Schelp*, BArbBl. 1964, 212 (213). | 5 Wiedemann/*Oetker*, § 7 TVG Rz. 6 f.; Däubler/*Reinecke*, § 7 TVG Rz. 3. | 6 Vgl. Wiedemann/*Oetker*, § 7 TVG Rz. 10; Däubler/*Reinecke*, § 7 TVG Rz. 5. | 7 Wiedemann/*Oetker*, § 7 TVG Rz. 8. Streitig ist, ob auch der Zeitablauf befristeter Verträge mitzuteilen ist, dafür Wiedemann/*Oetker*, § 7 TVG Rz. 8; dagegen *Löwisch/Rieble*, § 7 TVG Rz. 6. | 8 So Wiedemann/*Oetker*, § 7 TVG Rz. 7. | 9 Wiedemann/*Oetker*, § 7 TVG Rz. 8. | 10 *Löwisch/Rieble*, § 7 TVG Rz. 2; Wiedemann/*Oetker*, § 7 TVG Rz. 9. | 11 Vgl. ausf. Wiedemann/*Oetker*, § 7 TVG Rz. 15 ff.; Däubler/*Reinecke*, § 7 TVG Rz. 2. | 12 *Löwisch/Rieble*, § 7 TVG Rz. 9; Wiedemann/*Oetker*, § 7 TVG Rz. 15 f.

7 **IV. Erfüllung der Pflicht durch eine Tarifvertragspartei.** Die Übersendungs- und Mitteilungspflicht trifft grds. jede beteiligte TV-Partei. Erfüllt aber eine TV-Partei die Verpflichtung, werden die übrigen Vertragspartner befreit (§ 7 I 3), weil der Zweck der Norm bereits erreicht ist[1]. Die Befreiungswirkung tritt indes für eine TV-Partei nicht schon dann ein, wenn die Parteien vereinbart haben, dass der andere Vertragspartner der Übersendungs- und Mitteilungspflicht nachkommen soll[2].

8 **V. Durchsetzung. 1. Verwaltungsvollstreckung.** Kommen die TV-Parteien den ihnen obliegenden Pflichten nicht nach, können die Arbeitsbehörden die Mitteilungspflicht nach den VwVG des Bundes oder der Länder durchsetzen[3].

9 **2. Ordnungswidrigkeit.** Eine Ordnungswidrigkeit begeht, wer der ihm obliegenden Übersendungs- oder Mitteilungspflicht nach Abs. 1 vorsätzl. oder fahrlässig nicht, unrichtig, nicht vollständig oder nicht rechtzeitig genügt (§ 7 II 1). Voraussetzung ist eine **schuldhafte Pflichtverletzung**, die dann ausscheiden kann, wenn nach einer zwischen den TV-Parteien geschlossenen Vereinbarung die andere Partei für die Übersendung oder Mitteilung verantwortl. sein sollte[4].

10 Ist die TV-Partei eine **juristische Person**, sind deren Organe für die begangene Ordnungswidrigkeit verantwortl. (§ 9 I Nr. 1 OWiG); entsprechendes gilt für die vertretungsberechtigten Gesellschafter einer **Personenhandelsgesellschaft** oder von **BGB-Gesellschaften** (§ 9 I Nr. 2 OWiG) bzw. die nach Satzung oder Gesellschaftsvertrag zuständigen Personen **nichtrechtsfähiger Vereine**[5]. Nach § 30 OWiG kann die Buße aber auch gegen die juristische Person oder die Personengesellschaft oder den nichtrechtsfähigen Verein festgesetzt werden.

11 Die **Höhe der Geldbuße** liegt gem. § 17 OWiG bei vorsätzlichem Verstoß zwischen 5 und 1000 Euro, bei fahrlässigem Verstoß zwischen 5 und 500 Euro. Für die **Verfolgung der Ordnungswidrigkeit** zuständig (vgl. § 36 I Nr. 1 OWiG) ist nach § 7 III das BMAS, sofern die verletzte Pflicht nach Abs. 1 ihm gegenüber zu erfüllen war, ansonsten die obersten Arbeitsbehörden der Länder.

12 **VI. Schadensersatzanspruch.** Ein Schadensersatzanspruch **der Tarifunterworfenen** lässt sich aus einer Verletzung der Übersendungs- und Mitteilungspflicht nicht herleiten, weil § 7 lediglich eine Ordnungsvorschrift ist[6]. Die Wirksamkeit des TV wird durch die Verletzung der Pflichten aus § 7 ebenfalls nicht berührt[7].

8 *Bekanntgabe des Tarifvertrages*

Die Arbeitgeber sind verpflichtet, die für ihren Betrieb maßgebenden Tarifverträge an geeigneter Stelle im Betrieb auszulegen.

1 **I. Normzweck.** Die Pflicht zur Auslegung von TV im Betrieb dient zunächst dazu, den nicht öffentl. bekannt gemachten TV-Normen die rechtsstaatl. gebotene Publizität zu verschaffen[8]. Insofern ergänzt die Vorschrift die Bestimmungen des § 6 (Tarifregister; zum Normzweck des § 6 dort Rz. 1) und des § 2 I Nr. 10 NachwG, der auf der EG-Nachweisrichtlinie[9] beruht. Teilweise wird auch ein Individualschutz der ArbN anerkannt, die durch die Auslegung der geltenden TV eine zusätzliche und erleichterte Möglichkeit erhalten, von ihren tarifvertragl. festgeschriebenen Rechten Kenntnis zu nehmen (zu weiteren Auskunftsmöglichkeiten § 6 Rz. 9 ff.)[10].

2 **II. Gegenstand der Auslegung.** Die Auslegungspflicht betrifft die für den Betrieb maßgebenden TV. **Für den Betrieb maßgebend** sind nur solche TV, an die der ArbGeb und zumindest ein ArbN nach § 3 I gebunden sind[11], sowie die für allgemeinverbindl. erklärten TV (vgl. § 9 II DVO TVG).

3 Auszulegen ist der **gesamte TV**, dh. sowohl der schuldrechtl. als auch der normative Teil, nicht hingegen Vereinbarungen der TV-Parteien ohne TV-Charakter iSd. § 1 I[12]. Die Auslegungspflicht gilt auch für

---

1 Däubler/*Reinecke*, § 7 TVG Rz. 2. | 2 *Löwisch/Rieble*, § 7 TVG Rz. 8; Wiedemann/*Oetker*, § 7 TVG Rz. 20. | 3 Vgl. *Löwisch/Rieble*, § 7 TVG Rz. 10; Wiedemann/*Oetker*, § 7 TVG Rz. 21 f. | 4 *Löwisch/Rieble*, § 7 TVG Rz. 11; Wiedemann/*Oetker*, § 7 TVG Rz. 23 f. | 5 Vgl. näher Wiedemann/*Oetker*, § 7 TVG Rz. 26 ff. | 6 ErfK/*Franzen*, § 7 TVG Rz. 4. | 7 BAG v. 16.5.1995 – 3 AZR 535/94, AP Nr. 15 zu § 4 TVG – Ordnungsprinzip; ErfK/*Franzen*, § 7 TVG Rz. 4. | 8 Allg. M., vgl. nur BAG v. 10.11.1982 – 4 AZR 1203/79, AP Nr. 8 zu § 1 TVG – Form (*Mangen*); v. 23.1.2002 – 4 AZR 56/01, AP Nr. 5 zu § 2 NachwG; *Hueck/Nipperdey*, Arbeitsrecht II/1, S. 502; Wiedemann/*Oetker*, § 8 TVG Rz. 3; aA Däubler/*Reinecke*, § 8 TVG Rz. 4. | 9 Richtlinie 91/533/EWG über die Pflicht des ArbGeb zur Unterrichtung des ArbN über die für seinen Arbeitsvertrag oder sein Arbeitsverhältnis geltenden Bedingungen, ABl. EG Nr. L 288, v. 18.10.1991, 32. Dazu *Lörcher*, AuR 1994, 450 (454). | 10 LAG Nds. v. 9.6.1952 – Sa 251/52, RdA 1953, 237; *Däubler*, Tarifvertragsrecht, Rz. 1294; *Fenski*, BB 1987, 2293 (2296); *Koch*, FS Schaub, S. 421 (428 f.); Wiedemann/*Oetker*, § 8 TVG Rz. 4. AA BAG v. 23.1.2002 – 4 AZR 56/01, AP Nr. 5 zu § 2 NachwG. | 11 *Däubler*, Tarifvertragsrecht, Rz. 1295; *Löwisch/Rieble*, § 8 TVG Rz. 2; *Lindena*, DB 1988, 1114 (1115); aA Däubler/*Reinecke*, § 8 TVG Rz. 8; Wiedemann/*Oetker*, § 8 TVG Rz. 14. Kempen/Zachert/*Zachert*, § 8 TVG Rz. 3; *Jacobs/Krause/Oetker*, § 3 Rz. 72. | 12 Ebenso *Löwisch/Rieble*, § 8 TVG Rz. 5; Wiedemann/*Oetker*, § 8 TVG Rz. 9; Däubler/*Reinecke*, § 8 TVG Rz. 6.

solche TV-Normen, auf die ein TV Bezug nimmt[1]. Andernfalls wird der Zweck des § 8, die ArbN über ihre tarifl. Arbeitsbedingungen zu informieren, nicht vollständig erreicht[2].

4 Enthält eine arbeitsvertragl. Klausel eine Bezugnahme auf tarifvertragl. Normen, ist § 8 nicht anwendbar; der ArbGeb ist bei dieser schuldrechtl. Tarifbindung aber auf Grund seiner Fürsorgepflicht zur Bekanntgabe auf Nachfrage verpflichtet[3]: Für Bezugnahmen in BV gilt § 77 II 3 BetrVG. § 2 I 2 Nr. 10 NachwG verpflichtet den ArbGeb nur zu einem schriftl. Hinweis auf den TV, nicht dagegen zur Bekanntgabe des Inhaltes des TV (etwa einer Ausschlussfrist) und auch nicht zur Auslegung im Betrieb (vgl. § 2 NachwG Rz. 41)[4].

5 **III. Anforderungen an die Auslegung.** § 8 betrifft nicht die allgemeine Pflicht des ArbGeb, die TV bekannt zu machen, sondern die konkrete Verpflichtung, diese im Betrieb auszulegen[5]. Die Verpflichtung kann durch ein „Auslegen", durch „Aushängen", zB am für allgemeine Mitteilungen vorgesehenen schwarzen Brett, aber auch etwa durch Bekanntgabe im hauseigenen EDV-Netz, zu dem alle ArbN Zugang haben[6], erfüllt werden. Der ArbGeb bestimmt nach pflichtgemäßem Ermessen den Ort der Auslegung („geeignete Stelle im Betrieb"), an dem allerdings für sämtl. ArbN eine Kenntnisnahme mühelos möglich sein muss[7]. Diese Voraussetzungen sind – praktischen Bedürfnissen Rechnung tragend – auch bei einer Auslegung in der Personalverwaltung oder beim BR gegeben, sofern hierauf in geeigneter Weise (zB im Arbeitsvertrag oder durch Aushang) hingewiesen wird[8]. Das im Schrifttum[9] vereinzelt geforderte Recht auf eine unbefangene Kenntnisnahmemöglichkeit besteht demgegenüber nicht. Die Auslegung in **deutscher Sprache** genügt auch dann, wenn ausländische ArbN beschäftigt werden[10]. Tarifvertragl. Regelungen können über die Anforderungen des § 8 hinausgehen[11].

6 **IV. Dauer der Auslegung.** Die Auslegungspflicht beginnt mit dem Inkrafttreten des TV und endet erst mit dem Ablauf des Nachwirkungszeitraums iSd. § 4 V, nicht schon mit seinem Außerkrafttreten[12]. Denn auch während des Nachwirkungszeitraums ist der TV „für den Betrieb maßgebend".

7 **V. Adressat der Auslegungspflicht.** Adressat der Auslegungspflicht ist der ArbGeb, dh. die mit den im Betrieb beschäftigten ArbN arbeitsvertragl. verbundene Person[13].

8 **VI. Verletzung der Auslegungspflicht.** Die Rechtswirksamkeit der für den Betrieb maßgebenden TV ist nicht an ihre Auslegung gebunden[14]. Gleichwohl ist die Auslegung Teil der tarifvertragl. Durchführungspflicht (vgl. § 1 Rz. 69 ff.) und als solche einklagbar[15].

9 Ob die Verletzung der Auslegungspflicht **Schadensersatzansprüche** nach sich zieht, ob sie dem ArbGeb iS einer Obliegenheit nur die Möglichkeit versperrt, sich auf eine TV-Norm zu berufen, oder ob ein Verstoß völlig sanktionslos bleibt, ist in der Rechtslehre umstritten. Nach zutreffender, auch von der Rspr. bisher[16] geteilter Auffassung ist § 8 kein Schutzgesetz iSd. § 823 II BGB[17]. § 8 hat bloßen Ordnungs-

1 Wie hier *Löwisch/Rieble*, § 8 TVG Rz. 5; ErfK/*Franzen*, § 8 TVG Rz. 1; Däubler/*Reinecke*, § 8 TVG Rz. 7. Offen gelassen von BAG v. 5.11.1963 – 5 AZR 136/63, AP Nr. 1 zu § 1 TVG – Bezugnahme auf Tarifvertrag (*Herschel*). Diff. BAG v. 10.11.1982 – 4 AZR 1203/79, AP Nr. 8 zu § 1 TVG – Form: Auszulegen seien nur TV, auf die in vollem Umfang verwiesen werde. | 2 Wiedemann/*Oetker*, § 8 TVG Rz. 10; Däubler/*Reinecke*, § 8 TVG Rz. 7. | 3 Vgl. Kempen/Zachert/*Zachert*, § 8 TVG Rz. 4; Wiedemann/*Oetker*, § 8 TVG Rz. 16; *Jacobs/Krause/Oetker*, § 3 Rz. 72; *Hohenhaus*, NZA 2001, 1107 (1109). Offen gelassen von BAG v. 5.11.1963 – 5 AZR 136/63, AP Nr. 1 zu § 1 TVG – Bezugnahme auf Tarifvertrag (*Herschel*); v. 23.1.2002 – 4 AZR 56/01, AP Nr. 5 zu § 2 NachwG. | 4 BAG v. 23.1.2002 – 4 AZR 56/01, NZA 2002, 800; v. 17.4.2002 – 5 AZR 89/01, AP Nr. 6 zu § 2 NachwG. Diff. *Linde/Lindemann*, NZA 2003, 649 (652 ff.). | 5 BAG v. 21.2.2007 – 4 AZR 258/06, AP Nr. 8 zu § 1 TVG – Tarifverträge: Dachdecker. | 6 Däubler/*Reinecke*, § 8 TVG Rz. 12; *Jacobs/Krause/Oetker*, § 3 Rz. 70. | 7 Wiedemann/*Oetker*, § 8 TVG Rz. 6. | 8 BAG v. 5.11.1963 – 5 AZR 136/63, AP Nr. 1 zu § 1 TVG – Bezugnahme auf Tarifvertrag (*Herschel*); v. 11.11.1998 – 5 AZR 63/98, AP Nr. 1 zu § 1 TVG – Bezugnahme auf Tarifvertrag; *Jacobs/Krause/Oetker*, § 3 Rz. 70; *Hohenhaus*, NZA 2001, 1107 (1109 f.); ErfK/*Franzen*, § 8 TVG Rz. 3. AA Kempen/Zachert/*Zachert*, § 8 TVG Rz. 2; *Löwisch/Rieble*, § 8 TVG Rz. 6. | 9 *Löwisch/Rieble*, § 8 TVG Rz. 6. | 10 ErfK/*Franzen*, § 8 TVG Rz. 3; *Jacobs/Krause/Oetker*, § 3 Rz. 70. Däubler/*Reinecke*, § 8 TVG Rz. 14, geht bei Nachfrage von einer Hilfestellungspflicht des ArbGeb aus. | 11 Vgl. BAG v. 11.11.1998 – 5 AZR 63/98, AP Nr. 8 zu § 1 TVG – Bezugnahme auf Tarifvertrag; Wiedemann/*Oetker*, § 8 TVG Rz. 8. | 12 Wiedemann/*Oetker*, § 8 TVG Rz. 18; Däubler/*Reinecke*, § 8 TVG Rz. 11. | 13 Wiedemann/*Oetker*, § 8 TVG Rz. 12; Däubler/*Reinecke*, § 8 TVG Rz. 5. | 14 Allg. Ansicht: BAG v. 25.5.2004 – 3 AZR 123/03, AP Nr. 11 zu § 1 BetrAVG – Überversorgung; v. 20.8.2002 – 3 AZR 14/01, AP Nr. 9 zu § 1 BetrAVG – Überversorgung; LAG Düsseldorf v. 18.3.1955 – 4 Sa 162/54, DB 1955, 511; v. 18.6.1962 – 6 Sa 147/62, DB 1962, 1146 (1147); *Hueck/Nipperdey*, Arbeitsrecht II/1, S. 503; Kempen/Zachert/*Zachert*, § 8 TVG Rz. 7; Däubler/*Reinecke*, § 8 TVG Rz. 15; *Koch*, FS Schaub, S. 321 (434); *Konzen*, SAE 1970, 276 (277); *Löwisch/Rieble*, § 8 TVG Rz. 13. | 15 Kempen/Zachert/*Zachert*, § 8 TVG Rz. 12; Wiedemann/*Oetker*, § 8 TVG Rz. 19; *Jacobs/Krause/Oetker*, § 3 Rz. 73. | 16 In seinem Urteil v. 21.2.2007 (4 AZR 258/06, AP Nr. 8 zu § 1 TVG – Tarifverträge: Dachdecker) hat das BAG dies explizit offen gelassen, da die Voraussetzungen eines Verstoßes gegen § 8 vom Kläger nicht schlüssig dargelegt worden waren. | 17 BAG v. 23.1.2002 – 4 AZR 56/01, AP Nr. 5 zu § 2 NachwG; LAG BW v. 21.6.2007 – 11 Sa 126/06, nv.; *Löwisch/Rieble*, § 8 TVG Rz. 14; Wiedemann/*Oetker*, § 8 TVG Rz. 22 f. mwN; aA ua. LAG Nds. v. 9.6.1952 – Sa 251/52, RdA 1953, 237; *Däubler*, Tarifvertragsrecht, Rz. 1300 f.; Kempen/Zachert/*Zachert*, § 8 TVG Rz. 8 ff.; *Jacobs/Krause/Oetker*, § 3 Rz. 73.

charakter[1], ein Individualschutz entspricht nicht dem Normzweck[2]; jedenfalls will die Norm einen Individualschutz nicht durch die Begründung eines Schadensersatzanspruches verwirklichen[3]. Aus den gleichen Gründen konkretisiert § 8 keine allgemeine arbeitsvertragl. Nebenpflicht (Fürsorgepflicht)[4], deren Verletzung vertragl. Schadensersatzansprüche (§ 280 BGB) nach sich ziehen könnte[5]. Die Auslegungsverpflichtung ist auch keine Obliegenheit, da eine solche nur bei im eigenen Interesse liegenden Verhaltensanforderungen bejaht werden kann[6]. Dem ArbGeb ist es trotz Verstoßes gegen die Bekanntmachungspflicht daher nicht verwehrt, sich auf eine ihm günstige Tarifnorm zu berufen (Beispiel: Versäumnis einer tarifl. Ausschlussfrist durch den ArbN)[7].

Eine **Schadensersatzpflicht** des ArbGeb aus § 280 BGB wegen Verletzung arbeitsvertragl. Nebenpflichten ist aber dann zu bejahen, wenn der ArbGeb auf Nachfrage des ArbN die Geltung von TV-Normen verheimlicht[8]. In einem solchen Fall kann die Berufung des ArbGeb auf eine ihm günstige Tarifnorm rechtsmissbräuchl. sein (§ 242 BGB)[9]. 10

Die Unsicherheiten über die Rechtsfolgen eines Verstoßes gegen die Auslegungsfrist lassen sich vermeiden, wenn im TV die Folgen einer Pflichtverletzung ausdrücklich geregelt werden[10]. 11

9 *Feststellung der Rechtswirksamkeit*

Rechtskräftige Entscheidungen der Gerichte für Arbeitssachen, die in Rechtsstreitigkeiten zwischen Tarifvertragsparteien aus dem Tarifvertrag oder über das Bestehen oder Nichtbestehen des Tarifvertrages ergangen sind, sind in Rechtsstreitigkeiten zwischen tarifgebundenen Parteien sowie zwischen diesen und Dritten für die Gerichte und Schiedsgerichte bindend.

I. Regelungsgegenstand und Normzweck. § 9 erstreckt die Bindungswirkung rkr. ArbG-Entscheidungen über den Inhalt und die Gültigkeit von TV in Rechtsstreitigkeiten zwischen den TV-Parteien auf die jeweils tarifgebundenen Personen und – unter bestimmten Voraussetzungen – auch auf Dritte. Seine Zielsetzung ist mehrgleisig: 1

1. Einheitliche Rechtsanwendung. Zunächst soll im Interesse weitreichender **Rechtssicherheit** und **Rechtsklarheit** eine **einheitliche Auslegung** und **Anwendung** von TV sichergestellt werden[11]. Ohne die ausdrückl. Bindungsanordnung in § 9 könnten ArbG-Entscheidungen – entsprechend den allgemeinen Rechtsgrundsätzen – lediglich die am jeweiligen Rechtsstreit beteiligten Personen binden (Inter-partes-Wirkung). Entscheidungen über Streitigkeiten zwischen den TV-Parteien selbst hätten keine Auswirkungen auf mögliche andere Rechtsstreitigkeiten zwischen den Tarifunterworfenen bzw. zwischen ihnen und Dritten. Unterschiedl. und widersprüchl. Entscheidungen über ein- und dieselbe Rechtsfrage wären zu befürchten. Rechtseinheit wäre dann allenfalls durch die Anlehnung der jeweiligen Einzelgerichte an die höchstrichterl. Rspr. oder über den Instanzenweg zu erzielen[12]. 2

---

1 BAG v. 8.1.1970 – 5 AZR 124/69, AP Nr. 43 zu § 4 TVG – Ausschlussfristen (*Lieb*); v. 6.7.1972 – 5 AZR 100/72, AP Nr. 1 zu § 8 TVG 1969 (*Herschel*); kritisch zur Begründung *Däubler*, Tarifvertragsrecht, Rz. 1300; BAG v. 23.1.2002 – 4 AZR 56/01, AP Nr. 5 zu § 2 NachwG; Kempen/Zachert/*Zachert*, § 8 TVG Rz. 9; *Koch*, FS Schaub, S. 421 (428 ff.); *Lindena*, DB 1988, 1114 (1115); Wiedemann/*Oetker*, § 8 TVG Rz. 23. | 2 BAG v. 23.1.2002 – 4 AZR 56/01, AP Nr. 5 zu § 2 NachwG; LAG BW v. 21.6.2007 – 11 Sa 126/06, nv.; *Görner*, RdA 1954, 380 f.; *Hueck/Nipperdey*, Arbeitsrecht II/1, S. 503 f.; kritisch zur Begründung Wiedemann/*Oetker*, § 8 TVG Rz. 23. | 3 *Löwisch/Rieble*, § 8 TVG Rz. 14; *Lindena*, DB 1988, 1114 (1115 f.); Wiedemann/*Oetker*, § 8 TVG Rz. 23; aA Däubler/*Reinecke*, § 8 TVG Rz. 18 ff. | 4 Eine arbeitsvertragliche Fürsorgepflicht nehmen an *Dockhorn*, AuR 1953, 150 (151); Däubler/*Reinecke*, § 8 TVG Rz. 18 ff.; wohl auch Wiedemann/*Oetker*, § 8 TVG Rz. 24 f.; abl.: LAG Düsseldorf v. 18.3.1955 – 4 Sa 162/54, DB 1955, 511; v. 18.6.1962 – 6 Sa 147/62, DB 1962, 1146 (1147); *Hueck/Nipperdey*, Arbeitsrecht II/1, S. 504; *Nikisch*, Arbeitsrecht II, S. 358 f. | 5 BAG v. 23.1.2002 – 4 AZR 56/01, AP Nr. 5 zu § 2 NachwG; eine Schadensersatzpflicht lehnen zT unabhängig von der Annahme einer arbeitsvertraglichen Nebenpflicht ab BAG v. 5.11.1963 – 5 AZR 136/63, AP Nr. 1 zu § 1 TVG – Bezugnahme auf Tarifvertrag (*Herschel*); Kempen/Zachert/*Zachert*, § 8 TVG Rz. 6; *Lindena*, DB 1988, 1114 (1115); Wiedemann/*Oetker*, § 8 TVG Rz. 26. Befürwortend: ArbG Wilhelmshaven v. 12.6.1953 – 1 Ca 34/53, BB 1953, 831; *Däubler*, Tarifvertragsrecht, Rz. 1301. | 6 BAG v. 23.1.2002 – 4 AZR 56/01, NZA 2002, 800. | 7 BAG v. 6.7.1972 – 5 AZR 100/72, AP Nr. 1 zu § 8 TVG 1969 (*Herschel*); v. 27.1.2004 – 1 AZR 148/03, NZA 2004, 667; *Däubler*, Tarifvertragsrecht, Rz. 1302; Wiedemann/*Oetker*, § 8 TVG Rz. 27. AA *Fenski*, BB 1987, 2293 ff.; *Koch*, FS Schaub, S. 421 (435 f.). Diff.: *Hueck/Nipperdey*, Arbeitsrecht II/1, S. 504. | 8 BAG v. 5.11.1963 – 5 AZR 136/63, AP Nr. 1 zu § 1 TVG – Bezugnahme auf Tarifvertrag (*Herschel*); v. 22.11.1963 – 1 AZR 17/63, AP Nr. 6 zu § 611 BGB – Öffentlicher Dienst; s. auch v. 17.4.2002 – 5 AZR 89/01, AP Nr. 6 zu § 2 NachwG zu einem Schadensersatz bei Verletzung der Pflichten nach dem NachwG; *Lindena*, DB 1988, 1114 (1116); Wiedemann/*Oetker*, § 8 TVG Rz. 18. | 9 BAG v. 5.11.1963 – 5 AZR 136/63, AP Nr. 1 zu § 1 TVG – Bezugnahme auf Tarifvertrag (*Herschel*); v. 30.3.1962 – 2 AZR 101/61, AP Nr. 28 zu § 4 TVG – Ausschlussfristen (*Schelp*); v. 6.7.1972 – 5 AZR 100/72, AP Nr. 1 zu § 8 TVG 1969 (*Herschel*); Wiedemann/*Oetker*, § 8 TVG Rz. 28; Däubler/*Reinecke*, § 8 TVG Rz. 23. | 10 Vgl. auch Däubler/*Reinecke*, § 8 TVG Rz. 24. | 11 BAG v. 28.9.1987 – 4 AZR 446/76, AP Nr. 1 zu § 9 TVG 1969 (*Wiedemann/Moll*); *Dütz*, ArbRGeg. Band 20, Dok. 1982 (1983), S. 33 (37); *Löwisch/Rieble*, § 9 TVG Rz. 3; Wiedemann/*Oetker*, § 9 TVG Rz. 6; Däubler/*Reinecke*, § 9 TVG Rz. 8. | 12 *Löwisch/Rieble*, § 9 TVG Rz. 3.

3 **2. Prozessökonomie.** Da sich Auslegungsprobleme und Zweifel an der Gültigkeit tarifvertragl. Vorschriften regelmäßig auf die Rechtsverhältnisse sämtlicher an den TV gebundener Parteien auswirken, droht bei Unklarheiten eine Lawine von Einzelprozessen. Die in § 9 normierte Bindungswirkung vermeidet eine Vielzahl von Einzelstreitigkeiten und fördert so die Prozessökonomie[1].

4 **II. Prozessuale Bedeutung.** Die prozessuale Bedeutung des § 9 ist begrenzt. Die Vorschrift regelt lediglich die Rechtswirkungen bestimmter ArbG-Entscheidungen; sie erklärt keine eigene Klageart für statthaft, knüpft vielmehr an die allgemeinen arbeits- und zivilprozessualen Vorschriften an[2].

5 **1. Zuständigkeit der Arbeitsgerichte.** Für bürgerl. Rechtsstreitigkeiten zwischen TV-Parteien oder zwischen diesen und Dritten aus TV oder über das Bestehen oder Nichtbestehen eines TV ist gem. § 2 I Nr. 1 ArbGG der Rechtsweg zu den ArbG eröffnet[3].

6 **2. Statthafte Klageart.** Statthafte Klageart bei Streitigkeiten um die Auslegung bzw. Rechtswirksamkeit einer TV-Norm ist die Feststellungsklage iSd. § 256 ZPO[4]. Ohne die Regelung in § 9 wäre die Zulässigkeit der Feststellungsklage unter verschiedenen Gesichtspunkten problematisch[5].

7 **a) Feststellung eines abstrakten Rechtsverhältnisses.** § 256 ZPO lässt grds. nur Klagen zur Feststellung **konkreter** Rechtsverhältnisse zu. Klagen der TV-Parteien zur Feststellung des Inhalts einzelner TV-Bestimmungen oder deren Wirksamkeit betreffen abstrakte Rechtsfragen und zwar insb. deshalb, weil die TV-Parteien lediglich aus dem schuldrechtl. Teil des TV Rechte und Pflichten ableiten können. Sie sind nicht Adressaten der den Gegenstand des Gerichtsverfahrens bildenden normativen TV-Vorschriften[6]. So konnte das RAG nur über einen Kunstgriff zur Zulässigkeit entsprechender Feststellungsklagen gelangen: Die TV-Parteien sollten im Rahmen konkreter Rechtsstreitigkeiten über ihre schuldrechtl. Friedens- und Durchführungspflicht inzident den Inhalt und die Wirksamkeit der TV-Normen feststellen lassen[7]. Heute stellt § 9 klar, dass abstrakte Feststellungsklagen der TV-Parteien über die Auslegung und Gültigkeit von TV-Normen zulässig sind.

8 **b) Feststellungsinteresse.** Darüber hinaus kann § 9 bei der Prüfung des erforderlichen Feststellungsinteresses Bedeutung erlangen. Zwar ersetzt ein Verweis auf diese Vorschrift nicht die Prüfung des Feststellungsinteresses. Die Voraussetzungen des § 256 I ZPO sind auch in Rechtsstreitigkeiten zwischen TV-Parteien über das Bestehen oder Nichtbestehen von TV zu prüfen[8]. Das erforderliche Interesse an der begehrten Feststellung folgt aber regelmäßig aus § 9 und der dort vorgesehenen Bindungswirkung[9]. Allerdings muss über das Bestehen oder Nichtbestehen des Rechtsverhältnisses tatsächl. ein konkreter Streit bestehen und zwar gerade zwischen den Prozessparteien[10]. Zu weit geht es, wenn im Schrifttum zum Teil ein Feststellungsinteresse bereits dann angenommen wird, wenn von Behörden, nichtstaatl. Stellen oder von gewichtigen Stimmen in der Lit. Zweifel an der Gültigkeit einer Tarifnorm erhoben werden[11]. Der insoweit eindeutige Wortlaut der §§ 2 I Nr. 1 ArbGG und 9 TVG setzt „Rechtsstreitigkeiten" zwischen TV-Parteien voraus. Zudem ist der Zivilprozess seiner Natur nach auf ein kontradiktorisches Verfahren ausgerichtet[12].

9 Anhängige Individualprozesse, bereits existierende höchstrichterl. Entscheidungen[13] oder die Möglichkeit, Musterprozesse zu führen, stellen das Feststellungsinteresse – wegen der weiter gehenden Bindungswirkung der Verbandsklage nach § 9 – regelmäßig nicht in Frage[14]. Ein Feststellungsinteresse kann

---

1 BAG v. 8.11.1957 – 1 AZR 274/56, AP Nr. 7 zu § 256 ZPO (*Tophoven*); v. 19.2.1965 – 1 AZR 237/64, AP Nr. 4 zu § 8 TVG (*Schnorr v. Carolsfeld*); Wiedemann/*Oetker*, § 9 TVG Rz. 6; Däubler/*Reinecke*, § 9 TVG Rz. 9. | 2 Vgl. auch Wiedemann/*Oetker*, § 9 TVG Rz. 5, 7. | 3 § 2 I Nr. 1 ArbGG regelt lediglich die sachliche Zuständigkeit der ArbG, nicht hingegen die statthafte Klageart, vgl. BAG v. 8.2.1963 – 1 AZR 511/61, AP Nr. 42 zu § 256 ZPO. | 4 In diese Richtung BAG v. 12.4.2000 – 5 AZR 372/98, AP Nr. 20 zu § 1 TVG – Tarifverträge: Holz; v. 12.4.2000 – 5 AZR 228/98, AP Nr. 6 zu § 1 TVG – Tarifverträge: Brauereien; Kempen/Zachert/*Zachert*, § 9 TVG Rz. 2. Wiedemann/*Oetker*, § 9 TVG Rz. 29, verweist darauf, dass Rechtsstreitigkeiten „aus einem Tarifvertrag" im Wege der Leistungsklage verfolgt werden können; da sich die Bindungswirkung des § 9 aber nur auf den Urteilstenor erstrecke, könnten Leistungsurteile zwischen den TV-Parteien für Dritte keine Bedeutung entfalten; ebenso Däubler/*Reinecke*, § 9 TVG Rz. 2, 6. | 5 So nun auch LAG Sachs. v. 16.3.2006 – 8 Sa 923/04, nv. | 6 Zur Unterscheidung zwischen schuldrechtlichem und normativem Tarifvertragsteil vgl. oben § 1 Rz. 40 ff., 60 ff. | 7 RAG v. 11.1.1928 – 60/27, RAGE 1, 132; v. 22.2.1928 – 74/27, RAGE 1, 207; BAG v. 7.11.1995 – 3 AZR 676/94, AP Nr. 1 zu § 3 TVG – Betriebsnormen. | 8 Vgl. BAG v. 30.5.2001 – 4 AZR 387/00, AP Nr. 64 zu § 256 ZPO 1977. | 9 Vgl. BAG v. 12.4.2000 – 5 AZR 372/98, AP Nr. 20 zu § 1 TVG – Tarifverträge: Holz; v. 12.4.2000 – 5 AZR 228/98, AP Nr. 6 zu § 1 TVG – Tarifverträge: Brauereien; Kempen/Zachert/*Zachert*, § 9 TVG Rz. 9; zurückhaltend Wiedemann/*Oetker*, § 9 TVG Rz. 26 (mwN), der das Feststellungsinteresse aus der Stellung der TV-Parteien im Rahmen der tariflichen Ordnung und der tariflichen Regelung ableiten will. | 10 BAG v. 30.5.2001 – 4 AZR 387/00, AP Nr. 64 zu § 256 ZPO 1977; *Löwisch/Rieble*, § 9 TVG Rz. 32 ff. | 11 So noch *Löwisch/Rieble*, (1992), § 9 TVG Rz. 32. Abl. BAG v. 30.5.2001 – 4 AZR 387/00, AP Nr. 64 zu § 256 ZPO 1977. | 12 BAG v. 30.5.2001 – 4 AZR 387/00, AP Nr. 64 zu § 256 ZPO 1977. | 13 AA LAG Düsseldorf v. 7.12.1973 – EzA Nr. 1 zu § 9 TVG. | 14 BAG v. 30.5.1984 – 4 AZR 512/81, AP Nr. 3 zu § 9 TVG 1969 (*Wiedemann*); v. 25.9.1987 – 7 AZR 315/86, AP Nr. 1 zu § 1 BeschFG 1985. Zu Musterprozessvereinbarungen vgl. Däubler/*Reinecke*, § 9 TVG Rz. 52 ff.

auch zur Überprüfung gekündigter oder nachwirkender TV bestehen[1], nicht hingegen für Streitigkeiten über die Notwendigkeit eines TV[2].

10 **III. Voraussetzungen der Bindungswirkung.** Die Bindungswirkung des § 9 tritt unter drei Voraussetzungen ein. Es bedarf (1.) einer Rechtsstreitigkeit zwischen TV-Parteien, (2.) einer tarifvertragl. Rechtsstreitigkeit und (3.) einer rkr. ArbG-Entscheidung.

11 **1. Rechtsstreitigkeiten zwischen Tarifvertragsparteien.** § 9 setzt eine Rechtsstreitigkeit zwischen TV-Parteien voraus, dh. zwischen den Parteien, die sich beim Abschluss des TV als Verhandlungspartner gegenüberstanden[3]. Rechtsstreitigkeiten zwischen den auf derselben Seite am Tarifabschluss Beteiligten genügen diesem Erfordernis nicht[4]. Kläger und Beklagte müssen jeweils selbst als TV-Partei den streitigen TV abgeschlossen haben. Beim **FirmenTV** sind dies die Gewerkschaft auf der einen Seite und der einzelne ArbGeb auf der anderen Seite; beim **VerbandsTV** zählen dazu ausschließlich die tarifvertragsschließenden ArbGeb- und ArbN-Verbände, nicht hingegen ihre Unterverbände oder gar einzelne ArbN oder ArbGeb[5]. **Spitzenverbände** sind lediglich dann TV-Partei, wenn sie den streitigen TV im eigenen Namen geschlossen (§ 2 III), nicht aber wenn sie als Stellvertreter gehandelt haben (§ 2 II)[6]. Anderen als den TV-Parteien fehlt die Parteifähigkeit, so dass die Klage unzulässig ist[7]. Es genügt jedoch die Behauptung der klagenden Partei, sie sei TV-Partei[8]. Erweist sich die Behauptung als unrichtig, ist die Klage als unbegründet abzuweisen[9].

12 Bei der Überprüfung **selbständiger mehrgliedriger TV** (zum Begriff vgl. § 1 Rz. 9) findet § 9 auch dann Anwendung, wenn lediglich ein Verband der mehrere Beteiligte umfassenden Seite als Partei des Feststellungsprozesses auftritt; in diesem Fall trifft die Bindungswirkung aber nur die am Verfahren beteiligte TV-Partei und ihre Mitglieder, nicht hingegen die unbeteiligten Verbände samt Mitglieder[10]. Zwischen mehreren auf einer Seite beteiligten Verbänden besteht regelmäßig keine notwendige Streitgenossenschaft iSd. § 62 ZPO[11], weil sie unabhängig voneinander berechtigt und verpflichtet werden und dadurch ihre autonome Stellung wahren[12]. Abweichendes gilt beim **EinheitsTV** (dazu § 1 Rz. 9 f.)[13].

13 **2. Tarifvertragliche Rechtsstreitigkeit.** § 9 setzt Rechtsstreitigkeiten **aus einem TV** oder über das **Bestehen oder Nichtbestehen des TV** voraus. Erstere stellen die Frage nach der Auslegung von TV, Letztere diejenige nach ihrer Wirksamkeit[14]. Streitgegenstand können auch **einzelne TV-Normen** sein[15]. Da die Vorschrift keine diesbzgl. Einschränkung vorsieht, kann sowohl der **normative** als auch der **schuldrechtl.** Teil des TV den Prüfungsgegenstand bilden (str.)[16]. Die Bindung an die Auslegung einer schuldrechtl. Bestimmung kann für Dritte relevant werden, wenn die Vorschrift schuldrechtl. Ansprüche zu Gunsten Dritter (§ 328 BGB) begründet[17]. § 9 ist analog auf die im Beschlussverfahren nach **§ 2a I Nr. 4 iVm. § 97 ArbGG** ergehenden Entscheidungen über Tariffähigkeit und Tarifzuständigkeit einer Vereinigung anzuwenden[18], da in diesem Verfahren – unabhängig vom Antragsteller – die betroffenen TV-Parteien jeweils zu beteiligen sind[19]. Die Rspr. erstreckt den Prüfungsgegenstand der Verbandsklage gem. § 9 auf TV, die auf verbindl. **Schlichtungssprüchen** beruhen[20]. Die Allgemeinverbindlichkeit nach § 5 ist kein geeigneter Streitgegenstand der Verbandsklage[21].

---

1 BAG v. 23.3.1957 – 1 AZR 64/56, AP Nr. 18 zu Art. 3 GG; v. 28.9.1977 – 4 AZR 446/76, AP Nr. 1 zu § 9 TVG 1969 (*Wiedemann/Moll*); LAG BW v. 15.2.2005 – 2 Sa 10/05, nv.; *Herschel*, AuR 1977, 137 (138 f.); Kempen/Zachert/*Zachert*, § 9 TVG Rz. 9, 11; *Krause*, Rechtskrafterstreckung im kollektiven Arbeitsrecht, S. 285 ff.; Wiedemann/*Oetker*, § 9 TVG Rz. 27; Däubler/*Reinecke*, § 9 TVG Rz. 22. Anders das LAG Sachs. v. 16.3.2006 – 8 Sa 923/04, nv., wenn der TV endgültig außer Kraft getreten ist.
2 Wiedemann/*Oetker*, § 9 TVG Rz. 26.
3 *Dütz*, ArbRGeg. Band 20, Dok. 1982 (1983), 33 (38); Wiedemann/*Oetker*, § 9 TVG Rz. 15.
4 Wiedemann/*Oetker*, § 9 TVG Rz. 15; Däubler/*Reinecke*, § 9 TVG Rz. 10.
5 Kempen/Zachert/*Zachert*, § 9 TVG Rz. 6; Wiedemann/*Oetker*, § 9 TVG Rz. 17 mwN. Zur Möglichkeit einer analogen Anwendung vgl. aber BAG v. 14.10.1960 – 1 AZR 233/58, AP Nr. 10 zu Art. 9 GG – Arbeitskampf; *Brox*, JuS 1961, 252 (254 ff.).
6 Wiedemann/*Oetker*, § 9 TVG Rz. 16.
7 BAG v. 10.5.1989 – 4 AZR 80/89, AP Nr. 6 zu § 2 TVG – Tarifzuständigkeit.
8 Vgl. BAG v. 26.4.2000 – 4 AZR 170/99, AP Nr. 4 zu § 1 TVG – Kündigung.
9 Däubler/*Reinecke*, § 9 TVG Rz. 10.
10 BAG v. 28.9.1977 – 4 AZR 446/76, AP Nr. 1 zu § 9 TVG 1969 (*Wiedemann/Moll*); *Däubler*, Tarifvertragsrecht, Rz. 166; *Dütz*, ArbRGeg. Band 20, Dok. 1982 (1983), 33 (39 f.); Kempen/Zachert/*Zachert*, § 9 TVG Rz. 7; Wiedemann/*Oetker*, § 9 TVG Rz. 18.
11 BAG v. 28.9.1977 – 4 AZR 446/76, AP Nr. 1 zu § 9 TVG 1969 (*Wiedemann/Moll*); Kempen/Zachert/*Zachert*, § 9 TVG Rz. 7; Wiedemann/*Oetker*, § 9 TVG Rz. 19.
12 Vgl. Wiedemann/*Thüsing*, § 1 TVG Rz. 211.
13 BAG v. 15.7.1986 – 1 AZR 654/84, AP Nr. 1 zu Art. 3 LPVG Bayern; v. 29.6.2004 – 1 AZR 143/03, AP Nr. 36 zu § 1 TVG; Wiedemann/*Oetker*, § 9 TVG Rz. 19; *Jacobs/Krause/Oetker*, § 4 Rz. 205.
14 *Löwisch/Rieble*, § 9 TVG Rz. 5; Däubler/*Reinecke*, § 9 TVG Rz. 19 ff.
15 BAG v. 28.9.1977 – 4 AZR 446/76, AP Nr. 1 zu § 9 TVG 1969 (*Wiedemann/Moll*); v. 12.4.2000 – 5 AZR 228/98, AP Nr. 6 zu § 1 TVG – Tarifverträge: Brauereien; *Dütz*, ArbRGeg, Band 20, Dok. 1982 (1983), 33 (38); *Löwisch/Rieble*, § 9 TVG Rz. 21; Wiedemann/*Oetker*, § 9 TVG Rz. 22.
16 Wie hier: *Dütz*, ArbRGeg, Band 20, Dok. 1982 (1983), 33 (38); Wiedemann/*Oetker*, § 9 TVG Rz. 23; *Jacobs/Krause/Oetker*, § 4 Rz. 208. Eine Begrenzung auf den normativen Teil legen zugrunde: BAG v. 8.2.1963 – 1 AZR 511/61, AP Nr. 42 zu § 256 ZPO; v. 9.6.1982 – 4 AZR 274/81, AP Nr. 1 zu § 1 TVG – Durchführungspflicht; Kempen/Zachert/*Zachert*, § 9 TVG Rz. 11; *Löwisch/Rieble*, § 9 TVG Rz. 17; ErfK/*Franzen*, § 9 TVG Rz. 6.
17 Vgl. Wiedemann/*Oetker*, § 9 TVG Rz. 23; Däubler/*Reinecke*, § 9 TVG Rz. 23.
18 BAG v. 10.5.1989 – 4 AZR 80/89, AP Nr. 6 zu § 2 TVG – Tarifzuständigkeit; Kempen/Zachert/*Zachert*, § 9 TVG Rz. 21; Wiedemann/*Oetker*, § 9 TVG Rz. 30 mwN.
19 Zur Beteiligung GMPM, § 97 ArbGG Rz. 21 ff.
20 BAG v. 24.2.1988 – 4 AZR 614/87, AP Nr. 2 zu § 1 TVG – Tarifverträge: Schuhindustrie; ausf. *Löwisch/Rieble*, § 9 TVG Rz. 18 ff.
21 ErfK/*Franzen*, § 9 TVG Rz. 7; *Jacobs/Krause/Oetker*, § 4 Rz. 208; aA wohl GMPM, § 2 ArbGG Rz. 18; *Grunsky* § 2 ArbGG Rz. 54.

14 **3. Rechtskräftige Arbeitsgerichtsentscheidung.** Bindungswirkung iSd. § 9 erzeugen allein rkr. Entscheidungen der Gerichte für Arbeitssachen.

15 **a) Rechtskräftige Entscheidung.** Hierzu zählen zunächst **Urteile**. Entscheidend ist die Rechtskraft des Urteils, nicht hingegen, in welcher Instanz es ergangen ist[1]. Daher kann das BAG ggf. an eine Entscheidung des ArbG gebunden sein. Bindungswirkung entfalten lediglich solche Urteile, die inhaltl. zu dem tarifvertragl. Rechtsproblem Stellung nehmen, nicht dagegen Prozessurteile sowie Anerkenntnis-, Verzichts- und klageabweisende Versäumnisurteile[2], wobei die drei Letztgenannten im Verfahren nach § 9 nicht ergehen können[3]. Anderenfalls bestünde die Gefahr, dass einer unwirksamen Tarifnorm mit Hilfe der staatl. Gerichte Geltung verschafft würde – ein nach tarifrechtl. Grundprinzipien nicht tragbarer Zustand. Zusprechende Versäumnisurteile können, da sie auf einer Schlüssigkeitsprüfung beruhen, ergehen und Bindungswirkung entfalten[4]. **Beschlüsse** nach §§ 2a I Nr. 4, 97 ArbGG entfalten ebenfalls Bindungswirkung[5]. Da **Prozessvergleiche** nicht in Rechtskraft erwachsen, fallen sie nicht unter § 9[6]. Allerdings können Vergleiche als authentische Interpretation durch die TV-Parteien bzw. als neue (Änderungs-)TV zu werten sein, die als solche die tarifunterworfenen Parteien (vgl. § 4 I) – allerdings entgegen § 9 nicht Dritte – binden[7].

16 **b) Entscheidung eines Gerichts für Arbeitssachen.** Da für die unter § 9 fallenden Streitigkeiten über § 2 I 1 ArbGG der Rechtsweg zu den ArbG eröffnet ist (dazu Rz. 5), werden die relevanten Rechtsstreitigkeiten – wie von § 9 vorgesehen – regelmäßig durch ArbG entschieden. Einer direkten Anwendbarkeit auf Schiedssprüche, denen über § 108 IV ArbGG die Wirkung eines rkr. Urteils beigelegt wird, steht der eindeutige Wortlaut des § 9 entgegen: Schiedsgerichte sind keine „Gerichte für Arbeitssachen" iSd. § 1 ArbGG, zu denen allein staatl. Gerichte zählen[8]. Für eine analoge Anwendung des § 9[9] fehlt es an einer planwidrigen Regelungslücke, denn der Gesetzgeber hat die Schiedsgerichtsbarkeit beim Erlass des § 9 nicht übersehen, wie ihre Erwähnung innerhalb der Vorschrift zeigt[10].

17 **IV. Bindungswirkung.** Als Rechtsfolge ordnet § 9 über die Rechtskraft inter partes hinausgehend die Bindungswirkung für „Rechtsstreitigkeiten zwischen tarifgebundenen Parteien sowie zwischen diesen und Dritten" an.

18 **1. Rechtsnatur der Bindungswirkung.** Die rechtsdogmatische Einordnung der normierten Bindung ist umstritten[11]. Derzeit werden im Wesentlichen drei Erklärungsansätze vertreten: (a) Die wohl überwiegende Auffassung in Schrifttum[12] und Judikatur[13] versteht die in § 9 angeordnete Bindungswirkung mit Recht als **Erweiterung der subjektiven Rechtskraft** über die §§ 325 ff. ZPO hinaus. Über § 9 werden nicht nur die TV-Parteien als Prozessbeteiligte an das Urteil gebunden, sondern auch nicht am Rechtsstreit beteiligte Dritte, so dass die Rechtskraft des Urteils in subjektiver Hinsicht erweitert wird. (b) In einem Urteil aus dem Jahre 1977[14] suchte das BAG die Bindungswirkung des § 9 in Anlehnung an die Vorschrift des **§ 318 ZPO** zu erklären. § 318 ZPO sieht indes lediglich eine Bindung des Gerichts an die im Verfahren selbst gefällten Entscheidungen vor, nicht hingegen – wie § 9 dies festschreibt – eine Bindung anderer Gerichte in anderen Verfahren zwischen anderen Parteien[15]. (c) Ein älterer Ansatz stützt die Bindungswirkung auf die **normative Wirkung des TV** und nimmt eine Reflexwirkung des Urteils an. Die verbindl. Interpretation gebe den Tarifnormen einen bestimmten Inhalt. Die Feststellung der Gültigkeit oder Ungültigkeit von Tarifnormen habe selbst die normative Kraft, die der beurteilten Norm eigen sei[16]. Dieser Gedanke vermag indes die in § 9 vorgesehene Bindungswirkung im Rechtsstreit mit *Dritten* nicht zu erklären[17].

19 **2. Umfang der Bindungswirkung. a) Sachliche Reichweite.** In sachl. Hinsicht erzeugt § 9 – entsprechend den allgemeinen zivilprozessualen Grundsätzen – lediglich eine **Bindung an den Urteilstenor**,

1 Däubler/*Reinecke*, § 9 TVG Rz. 30; Wiedemann/*Oetker*, § 9 TVG Rz. 32 mwN. | 2 Däubler/*Reinecke*, § 9 TVG Rz. 30; Wiedemann/*Oetker*, § 9 TVG Rz. 33 mwN. Ausf. *Löwisch/Rieble*, § 9 TVG Rz. 47 ff. | 3 ErfK/*Franzen*, § 9 TVG Rz. 11. | 4 ErfK/*Franzen*, § 9 TVG Rz. 11. | 5 *Löwisch/Rieble*, § 9 TVG Rz. 10; Wiedemann/*Oetker*, § 9 TVG Rz. 31. | 6 Vgl. auch Kempen/Zachert/*Zachert*, § 9 TVG Rz. 12; Däubler/*Reinecke*, § 9 TVG Rz. 32; Wiedemann/*Oetker*, § 9 TVG Rz. 37. | 7 *Löwisch/Rieble*, § 9 TVG Rz. 51; *Nikisch*, Arbeitsrecht II, S. 227; *Jacobs/Krause/Oetker*, § 4 Rz. 212. | 8 Gegen eine direkte Anwendbarkeit des § 9 auf Schiedssprüche: Kempen/Zachert/*Zachert*, § 9 TVG Rz. 13; Däubler/*Reinecke*, § 9 TVG Rz. 31; *Rieble*, NZA 1992, 250 (253); Wiedemann/*Oetker*, § 9 TVG Rz. 35. Dafür: BAG v. 20.5.1960 – 1 AZR 268/57, AP Nr. 8 zu § 101 ArbGG 1953; v. 9.9.1981 – 4 AZR 48/79, AP Nr. 34 zu § 1 – Tarifverträge: Bau; v. 24.2.1988 – 4 AZR 614/87, AP Nr. 2 zu § 1 TVG – Tarifverträge: Schuhindustrie; *Däubler*, Tarifvertragsrecht, Rz. 1408; *Schreiber*, ZfA 1983, 31 (44). | 9 So Kempen/Zachert/*Zachert*, § 9 TVG Rz. 13. | 10 Däubler/*Reinecke*, § 9 TVG Rz. 31 mwN; zu weiteren Argumenten vgl. Wiedemann/*Oetker*, § 9 TVG Rz. 36. | 11 Vgl. dazu ausf. *Löwisch/Rieble*, § 9 TVG Rz. 58 ff.; Wiedemann/*Oetker*, § 9 TVG Rz. 8 ff. | 12 So *Brox*, JuS 1961, 252 (253); *Dütz*, ArbRGeg. Band 20, Dok. 1982 (1983), 33 (37 f.); Däubler/*Reinecke*, § 9 TVG Rz. 8; *Jacobs/Krause/Oetker*, § 4 Rz. 213; *Konzen*, FS Zeuner, S. 401 (425); Wiedemann/*Oetker*, § 9 TVG Rz. 10, 14. Kritisch dagegen *Löwisch/Rieble*, § 9 TVG Rz. 60 ff.; *Schreiber*, ZfA 1983, 31 (46). | 13 BAG v. 15.11.1957 – 1 AZR 610/56, AP Nr. 1 zu § 8 TVG (*Tophoven*); v. 19.2.1965 – 1 AZR 237/64, AP Nr. 4 zu § 8 TVG (*Schnorr v. Carolsfeld*). Aus neuerer Zeit BAG v. 30.5.1984 – 4 AZR 512/81, AP Nr. 3 zu § 9 TVG (*Wiedemann*); v. 25.9.1990 – 3 AZR 266/89, AP Nr. 8 zu § 9 TVG 1969. | 14 Vgl. BAG v. 28.9.1977 – 4 AZR 446/76, AP Nr. 1 zu § 9 TVG 1969 (*Wiedemann/Moll*). | 15 Richtig *Löwisch/Rieble*, § 9 TVG Rz. 61; Wiedemann/*Oetker*, § 9 TVG Rz. 11 mwN. | 16 So *Löwisch/Rieble*, § 9 TVG Rz. 58 f.; *Nikisch*, Arbeitsrecht II, S. 226 f. | 17 Ebenso Wiedemann/*Oetker*, § 9 TVG Rz. 12 f. mit weit. Argumenten und Nachw.

nicht hingegen an die Urteilsgründe[1]. Die Gründe können aber zur Auslegung des Tenors herangezogen werden[2]. Eine Bindungswirkung entsteht lediglich in solchen Rechtsstreitigkeiten, die **denselben TV** betreffen, nicht hingegen in Bezug auf identische Formulierungen in anderen TV[3]. Auch ÄnderungsTV oder wortidentische NachfolgeTV werden nicht von der Bindungswirkung erfasst[4].

b) Persönliche Reichweite. Die Bindungswirkung besteht zunächst in **Rechtsstreitigkeiten zwischen tarifgebundenen Parteien**. Die Tarifgebundenheit einer Partei bestimmt sich nach den allgemeinen Vorschriften des TVG[5], also nach den §§ 3 (Mitglieder der TV-Parteien, ArbGeb), 4 Abs. 2 (Gemeins. Einrichtungen) und 5 Abs. 4 (Außenseiter bei Allgemeinverbindlichkeit). Darüber hinaus erstreckt sich die Bindungswirkung auf **Rechtsstreitigkeiten zwischen tarifgebundenen Parteien und Dritten**. Dritte sind die Rechtsnachfolger von tarifgebundenen Personen und die nach § 328 BGB Begünstigten[6]. Erwogen wird ferner eine Bindungswirkung für Personen, die in keiner vertragl. Beziehung zu einer tarifgebundenen Partei stehen, so für den BR und für die Einigungsstelle[7]. **Streitigkeiten zwischen nicht organisierten Parteien** fallen demgegenüber nach dem ausdrücklichen Wortlaut des § 9 nicht unter die Bindungswirkung[8]. Nimmt ein einzelner Arbeitsvertrag auf den fragl. TV Bezug (**arbeitsvertragl. Bezugnahme**), so ist zu differenzieren: Eine Bindungswirkung tritt nach überwiegender Ansicht ein, wenn eine Arbeitsvertragspartei tarifgebunden ist (Rechtsstreitigkeit zwischen einer tarifgebundenen Partei und einem Dritten)[9]. Ist dagegen kein Vertragspartner an den geprüften TV gebunden (Streitigkeit zwischen nicht organisierten Parteien), so kommt es über § 9 zu keiner Bindungswirkung[10]. Allerdings kann über die Auslegung der Bezugnahmeklausel eine faktische Bindung an die ArbG-Entscheidung anzunehmen sein[11]. 20

3. Adressaten der Bindung. Die rkr. ArbGeb-Entscheidung ist lediglich **für Gerichte und Schiedsgerichte** (vgl. § 101 ArbGG) bindend, nicht für jedermann[12]. Zu den Gerichten iSd. § 9 sind nicht nur die ArbG, sondern auch die ordentl. Gerichte, die Verwaltungs-, Finanz- und Sozialgerichte zu zählen[13]. Eine unmittelbare rechtl. Bindung der **Verwaltung** besteht dagegen nicht[14]. 21

4. Ende der Bindung. Die Bindungswirkung endet, wenn der TV bzw. die überprüfte und ausgelegte TV-Norm keine Rechtswirkungen mehr entfaltet, dh. ggf. erst mit dem Ende des Nachwirkungszeitraums (vgl. § 4 V)[15]. Bezieht sich die Bindungswirkung auf die Tariffähigkeit eines Verbandes, so kann eine wesentl. Änderung der Rechtslage zur Beendigung der Rechtskraft führen[16]. Ein Beispiel bietet die Ratifizierung des Staatsvertrages mit der DDR über die Währungs-, Wirtschafts- und Sozialunion[17]. 22

5. Durchsetzung der Bindung. Die Bindungswirkung ist sowohl im Rahmen von Individualstreitigkeiten als auch bei einer Durchführungsklage der TV-Parteien zu beachten[18]. Bereits rkr. Entscheidungen, die sich auf eine später mit Bindungswirkung für ungültig erklärte Norm stützen, dürfen in entsprechender Anwendung von § 79 II 2 und 3 BVerfGG und § 183 S. 2 und 3 VwGO nicht vollstreckt werden[19]. Analog § 767 ZPO ist die Vollstreckungsgegenklage statthaft. Präventiven Rechtsschutz über eine einstw. Verfügung gewährt das geltende Recht nicht. 23

V. Pflicht zur Übersendung rechtskräftiger Urteile. Für Entscheidungen, die nach § 9 Bindungswirkung entfalten, gilt die in § 63 ArbGG normierte Übersendungspflicht rkr. Urteile. Danach sind rkr. Urteile, die in bürgerl. Rechtsstreitigkeiten zwischen TV-Parteien aus dem TV oder über das Bestehen oder Nichtbestehen des TV ergangen sind, alsbald der zuständigen obersten Landesbehörde und dem 24

---

1 Vgl. Kempen/Zachert/*Zachert*, § 9 TVG Rz. 14; *Löwisch/Rieble*, § 9 TVG Rz. 71; Wiedemann/*Oetker*, § 9 TVG Rz. 38. | 2 Däubler/*Reinecke*, § 9 TVG Rz. 33. | 3 *Löwisch/Rieble*, § 9 TVG Rz. 70; Wiedemann/*Oetker*, § 9 TVG Rz. 40. | 4 ErfK/*Franzen*, § 9 TVG Rz. 17. | 5 Vgl. Kempen/Zachert/*Zachert*, § 9 TVG Rz. 15; Wiedemann/*Oetker*, § 9 TVG Rz. 43. | 6 Däubler/*Reinecke*, § 9 TVG Rz. 37; *Jacobs/Krause/Oetker*, § 4 Rz. 215. | 7 Vgl. näher mwN Wiedemann/*Oetker*, § 9 TVG Rz. 49. | 8 BAG v. 28.9.1977 – 4 AZR 446/76, AP Nr. 1 zu § 9 TVG 1969 (*Wiedemann/Moll*); *Däubler*, Tarifvertragsrecht, Rz. 166; *Dütz*, ArbRGeg. Band 20, Dok. 1982 (1983), 33 (39); *Löwisch/Rieble*, § 9 TVG Rz. 64 ff.; Wiedemann/*Oetker*, § 9 TVG Rz. 50; *Schreiber*, ZfA 1983, 31 (47). AA *Krause*, Rechtskrafterstreckung im kollektiven Arbeitsrecht, S. 315 f. | 9 So Däubler/*Reinecke*, § 9 TVG Rz. 38 f., allerdings nur bei fachlich einschlägigem und insgesamt in Bezug genommenem TV. Dies gilt auf Grund des Gesetzeszwecks des § 9, obwohl streng genommen keine Streitigkeit „aus einem Tarifvertrag", sondern eine solche „aus dem Arbeitsvertrag" vorliegt. AA ErfK/*Franzen*, § 9 TVG Rz. 15; *Löwisch/Rieble*, § 9 TVG Rz. 67, die allerdings eine mittelbare Bindung über die Auslegung der Bezugnahmeklausel auch insoweit annehmen. | 10 Däubler/*Reinecke*, § 9 TVG Rz. 40 f.; aA GMPM, § 2 ArbGG Rz. 22; *Jacobs/Krause/Oetker*, § 4 Rz. 215. | 11 So *Däubler*, Tarifvertragsrecht, Rz. 166; *Dütz*, ArbRGeg. Band 20, Dok. 1982 (1983), 33 (39); *Löwisch/Rieble*, § 9 TVG Rz. 67 f.; Wiedemann/*Oetker*, § 9 TVG Rz. 47. | 12 Keine erga omnes – Wirkung wie etwa im Bereich des § 47 V S. 2 Hs. 2 VwGO; vgl. *Dütz*, ArbRGeg. Band 20, Dok. 1982 (1983), 33 (41); *Prütting*, RdA 1991, 257 (261 Fn. 44); Wiedemann/*Oetker*, § 9 TVG Rz. 52. *Löwisch/Rieble*, § 9 TVG Rz. 76, nimmt darüber hinaus eine Bindung aller Normunterworfenen an. | 13 *Löwisch/Rieble*, § 9 TVG Rz. 74; Wiedemann/*Oetker*, § 9 TVG Rz. 53. | 14 Wiedemann/*Oetker*, § 9 TVG Rz. 54; aA *Jacobs/Krause/Oetker*, § 4 Rz. 216; *Löwisch/Rieble*, § 9 TVG Rz. 75; Däubler/*Reinecke*, § 9 TVG Rz. 44. | 15 Vgl. BAG v. 23.3.1957 – 1 AZR 64/56, AP Nr. 18 zu Art. 3 GG; dagegen Wiedemann/*Oetker*, § 9 TVG Rz. 56. | 16 Wiedemann/*Oetker*, § 9 TVG Rz. 57. | 17 BAG v. 6.6.2000 – 1 ABR 21/99, AP Nr. 9 zu § 37 ArbGG 1979 (Fall CGM). | 18 *Löwisch/Rieble*, § 9 TVG Rz. 77. | 19 *Löwisch/Rieble*, § 9 TVG Rz. 78.

BMAS in vollständiger Form abschriftl. zu übersenden. Ist die zuständige oberste Landesbehörde die Landesjustizverwaltung, so sind die Urteilsabschriften auch der obersten Arbeitsbehörde des Landes zu übersenden.

10 *Tarifvertrag und Tarifordnungen*

(1) Mit dem Inkrafttreten eines Tarifvertrages treten Tarifordnungen und Anordnungen auf Grund der Verordnung über die Lohngestaltung vom 25. Juni 1938 (Reichsgesetzbl. I S. 691) und ihrer Durchführungsverordnung vom 23. April 1941 (Reichsgesetzbl. I S. 222), die für den Geltungsbereich des Tarifvertrages oder Teile desselben erlassen worden sind, außer Kraft, mit Ausnahme solcher Bestimmungen, die durch den Tarifvertrag nicht geregelt worden sind.

(2) Das Bundesministerium für Arbeit und Soziales kann Tarifordnungen und die in Absatz 1 bezeichneten Anordnungen aufheben; die Aufhebung bedarf der öffentlichen Bekanntmachung.

1 **I. Tarifordnungen und Lohngestaltungsanordnungen.** § 10 ist heute nur noch von geringer Bedeutung. Er regelt das Verhältnis der vor dem Inkrafttreten des TVG geltenden Tarifordnungen und Lohngestaltungsanordnungen zu den auf der Grundlage des TVG abgeschlossenen neuen TV. Im Dritten Reich lösten, gestützt auf die VO über die Lohngestaltung vom 25.6.1938 (RGBl. I S. 691) und ihre DVO vom 23.4.1941 (RGBl. I S. 222), Tarifordnungen und Lohngestaltungsanordnungen die zu diesem Zeitpunkt geltenden TV ab. Das Kontrollratsgesetz Nr. 40, welches das Gesetz zur Ordnung der nationalen Arbeit (AOG[1]) mWv. 1.1.1947 aufhob und damit der auf § 32 II AOG beruhenden VO über die Lohngestaltung samt DVO die Grundlage entzog, ließ die noch geltenden Tarifordnungen unberührt.

2 **§ 10 I** räumt den **neuen TV gegenüber den alten Tarifordnungen den Vorrang** ein: Danach treten mit dem Inkrafttreten eines TV die Tarifordnungen und Lohngestaltungsanordnungen außer Kraft, soweit sie für den Geltungsbereich des TV erlassen werden; das gilt nicht für solche Bestimmungen, die durch den TV nicht geregelt worden sind[2].

3 Nach **§ 10 II Hs. 1** des Gesetzes kann das **BMAS Tarifordnungen und Lohngestaltungsanordnungen aufheben**. Die Regelung erwies sich für Fälle als erforderlich, in denen die Tarifordnung nicht auf Grund eines neuen TV nach § 10 I außer Kraft tritt[3]. § 13 S. 1 der Verordnung zur Durchführung des TVG (DVO TVG[4]) bestimmt, dass das BMAS vor der Aufhebung die obersten Arbeitsbehörden der Länder, auf deren Bereich sich die Tarifordnung oder Anordnung erstreckt, sowie den Tarifausschuss hören soll. Die Anhörungsobliegenheit ist keine Wirksamkeitsvoraussetzung der Aufhebung („soll")[5]. Die Aufhebung bedarf der öffentl. Bekanntmachung (§ 10 II Hs. 2), die im Bundesanzeiger erfolgt (§ 13 S. 2 DVO TVG). Unter Rückgriff auf die Aufhebungsmöglichkeit wurden durch die VO über die Aufhebung von Tarifordnungen und Lohngestaltungsanordnungen vom 17.4.1968[6] fast alle Tarifordnungen und Lohngestaltungsanordnungen außer Kraft gesetzt. Ausgenommen blieben die Tarifordnung für die deutschen Theater vom 27.10.1937, die Tarifordnung für die deutschen Kulturorchester vom 30.3.1938 sowie die Tarifordnung für die Mitglieder von Kurkapellen vom 1.8.1939[7].

4 **II. Rechtslage im Beitrittsgebiet. 1. Geltung der Tarifordnungen.** § 10 des Gesetzes trat nach Art. 8 des Einigungsvertrages[8] im Beitrittsgebiet in Kraft[9], wodurch der Geltungsbereich der noch in Geltung stehenden Tarifordnungen auf das Gebiet der neuen Bundesländer erstreckt wurde[10], Anlage I Kapitel VIII Sachgebiet H Abschnitt III Nr. 2 und 3 zum Einigungsvertrag enthält Maßgaben für die Tarifordnungen für die deutschen Theater und für die deutschen Kulturorchester.

5 **2. Weitergeltung von DDR-Recht.** Die Weitergeltung von nach DDR-Recht abgeschlossenen Rahmenkollektivverträgen und TV bestimmt sich nach Anlage I Kapitel VIII Sachgebiet A Abschnitt III Nr. 14 zum Einigungsvertrag, der eine § 10 I vergleichbare Regelung trifft: Die Vorschriften gelten fort, bis sie durch nach dem TVG abgeschlossene TV ersetzt werden. Eine § 10 II entsprechende Regelung fehlt[11].

---

1 Gesetz zur Ordnung der nationalen Arbeit (AOG) v. 20.1.1934, RGBl. I S. 45. |2 Vgl. zu den Auslegungsproblemen in den Anfangsjahren der Geltung des TVG *Hueck/Nipperdey*, Arbeitsrecht II/1, S. 410 ff. |3 Wiedemann/*Oetker*, § 10 TVG Rz. 5. |4 Verordnung zur Durchführung des Tarifvertragsgesetzes in der Fassung der Bekanntmachung v. 16.1.1989, BGBl. 1989 I, S. 76. |5 Vgl. Wiedemann/*Oetker*, § 10 TVG Rz. 13 mwN. |6 BAnz. Nr. 78 v. 24.4.1968, S. 1; geändert durch die Verordnung v. 10.12.1970, BAnz. Nr. 234 v. 16.12.1970, S. 1. Zu den vorangegangenen Aufhebungsanordnungen vgl. Wiedemann/*Stumpf*, 5. Aufl. 1977, § 10 TVG Rz. 3. |7 Vgl. den Abdruck dieser Tarifordnungen bei Wiedemann/*Oetker*, § 10 TVG Rz. 15 ff. |8 Vertrag zwischen der Bundesrepublik Deutschland und der Deutschen Demokratischen Republik über die Herstellung der Einheit Deutschlands – Einigungsvertrag – vom 31.8.1990 (BGBl. 1990 II S. 885). |9 § 31 Nr. 2 des Gesetzes über die Inkraftsetzung von Rechtsvorschriften der Bundesrepublik Deutschland in der Deutschen Demokratischen Republik v. 21.6.1990 (InkrG) (GBl. 1990 I S. 357) hatte dagegen § 10 TVG von der Inkraftsetzung der Tarifvertragsgesetzvorschriften im Beitrittsgebiet ausgenommen. |10 *Löwisch/Rieble*, § 10 TVG Rz. 3; Wiedemann/*Oetker*, § 10 TVG Rz. 14. |11 Vgl. ausf. *Hanau/Preis*, in Hanau/Langanke/Preis/Widlak (Hrsg.), Das Arbeitsrecht der neuen Bundesländer, I. 2 S. 1, 16 f.

11 *Durchführungsbestimmungen*

Das Bundesministerium für Arbeit und Soziales kann unter Mitwirkung der Spitzenorganisationen der Arbeitgeber und der Arbeitnehmer die zur Durchführung des Gesetzes erforderlichen Verordnungen erlassen, insbesondere über

1. die Errichtung und die Führung des Tarifregisters und des Tarifarchivs;

2. das Verfahren bei der Allgemeinverbindlicherklärung von Tarifverträgen und der Aufhebung von Tarifordnungen und Anordnungen, die öffentlichen Bekanntmachungen bei der Antragstellung, der Erklärung und Beendigung der Allgemeinverbindlichkeit und der Aufhebung von Tarifordnungen und Anordnungen sowie die hierdurch entstehenden Kosten;

3. den in § 5 genannten Ausschuss.

§ 11 ermächtigt zum Erlass von VO zur Durchführung des TVG. Auf der Grundlage dieser Bestimmung wurde die derzeit geltende **Verordnung zur Durchführung des Tarifvertragsgesetzes** idF der Bekanntmachung v. 16.1.1989 (DVO TVG), zuletzt geändert durch VO v. 31.10.2006[1], erlassen (vgl. die Komm. zu den §§ 5 und 6)[2], die sich auf die Regelung der in den Nr. 1–3 ausdrücklich erwähnten Materien beschränkt. Die in den **Nr. 1–3** genannten Regelungsbereiche haben nur **beispielhaften Charakter** („insbesondere"). **Begrenzt** wird der Gegenstand zulässiger Durchführungsbestimmungen jedoch durch den in **Art. 80 I GG** festgeschriebenen Bestimmtheitsgrundsatz. Zulässig sind daher lediglich solche Verordnungsvorschriften, welche die Normen des TVG konkretisieren, nicht hingegen materielle Ergänzungen[3]. 1

Zuständig zum Erlass der Durchführungsbestimmungen ist das BMAS unter **Mitwirkung der Spitzenorganisationen der ArbGeb und der ArbN** (zum Begriff der Spitzenorganisation vgl. § 12). Das Mitwirkungsrecht trägt der Bedeutung der Koalitionen für die Gestaltung der Arbeits- und Wirtschaftsbedingungen gem. Art. 9 III GG Rechnung[4]. Der Begriff der „Mitwirkung" ist nicht näher bestimmt; zu fordern ist eine Form der Beteiligung, die unterhalb der Schwelle des „Einvernehmens" bzw. der „Zustimmung" liegt[5], aber oberhalb einer bloßen „Anhörung"[6]. Gerecht werden dürfte dem gesetzl. Anliegen eine „Beratung" oder „Erörterung"[7]. Die „ordnungsgemäße" Beteiligung der Spitzenorganisationen ist keine Voraussetzung für die Wirksamkeit der DVO[8]. 2

12 *Spitzenorganisationen*

Spitzenorganisationen im Sinne dieses Gesetzes sind – unbeschadet der Regelung in § 2 – diejenigen Zusammenschlüsse von Gewerkschaften oder von Arbeitgebervereinigungen, die für die Vertretung der Arbeitnehmer- oder der Arbeitgeberinteressen im Arbeitsleben des Bundesgebietes wesentliche Bedeutung haben. Ihnen stehen gleich Gewerkschaften und Arbeitgebervereinigungen, die keinem solchen Zusammenschluss angehören, wenn sie die Voraussetzungen des letzten Halbsatzes in Satz 1 erfüllen.

I. Normbedeutung. § 12 definiert den Begriff der Spitzenorganisation. Die Legaldefinition gilt lediglich für die Bestimmungen des TVG, das in den § 5 (iVm. § 1 DVO TVG[9]) und § 11 eine Mitwirkung von Spitzenorganisationen bei der AVE von TV bzw. beim Erlass von Durchführungsbestimmungen zum TVG vorsieht. Nicht umfasst von der Definition ist die Spitzenorganisation iSd. § 2, die damit von derjenigen gem. § 12 zu unterscheiden ist. Der Begriff des § 12 ist kraft ausdrückl. Verweisung auch § 11 ArbnErfG zugrunde zu legen. Knüpfen arbeitsrechtl. Gesetze außerhalb des TVG ohne ausdrückl. Bezugnahme Beteiligungsrechte an den Status als „Spitzenorganisation" (vgl. § 98 II AktG; §§ 5 I, 33 I HAG; § 58 BRRG; § 94 BBG, §§ 4a II lit. a, 6 I–III Montan-MitbestG), so ist durch eine an Sinn und Zweck der jeweiligen Vorschrift orientierte Auslegung zu ermitteln, ob und inwieweit das Begriffsverständnis des § 12 zugrunde zu legen ist[10]. Für § 37 VII BetrVG 1972 hat das BAG einen Rückgriff auf § 12 befürwortet[11]. 1

II. Zusammenschlüsse von Gewerkschaften oder Arbeitgebervereinigungen. Den Status einer Spitzenorganisation iSd. § 12 können – vorbehaltl. des S. 2 – nur Zusammenschlüsse von Gewerkschaften oder von ArbGebVereinigungen erlangen. Die Legaldefinition des § 12 korrespondiert insoweit mit derjenigen des § 2 II[12]. Daraus folgert die ganz hM im Schrifttum, dass entweder der Zusammenschluss selbst oder aber seine Mitgliederverbände tariffähig sein müssen[13]. Spitzenorganisationen sind mithin der 2

1 BGBl. 2006 I S. 2407. | 2 BGBl. 1989 I S. 76. | 3 *Löwisch/Rieble*, § 11 TVG Rz. 2; Wiedemann/*Oetker*, § 11 TVG Rz. 5. | 4 Däubler/*Reinecke*, § 11 TVG Rz. 3. | 5 Kempen/Zachert/*Zachert*, § 11 TVG Rz. 1; Wiedemann/*Oetker*, § 11 TVG Rz. 4; Däubler/*Reinecke*, § 11 TVG Rz. 5. | 6 *Herschel*, ZfA 1973, 183 (199). Eine Anhörung lassen genügen: *Löwisch/Rieble*, § 11 TVG Rz. 3. | 7 Wiedemann/*Oetker*, § 11 TVG Rz. 4. | 8 Wiedemann/*Oetker*, § 11 TVG Rz. 4; aA Däubler/*Reinecke*, § 11 TVG Rz. 6. | 9 Verordnung zur Durchführung des Tarifvertragsgesetzes idF der Bekanntmachung v. 16.1.1989 (BGBl. 1989 I S. 76). | 10 *Löwisch/Rieble*, § 12 TVG Rz. 8 (Sachzusammenhang maßgebend); Wiedemann/*Oetker*, § 12 TVG Rz. 4. | 11 Vgl. BAG v. 18.12.1973 – 1 ABR 35/73, AP Nr. 7 zu § 37 BetrVG (*Richardi*); dazu Wiedemann/*Oetker*, § 12 TVG Rz. 4; vgl. auch *Löwisch/Rieble*, § 12 TVG Rz. 8. | 12 Darauf weist Wiedemann/*Oetker*, § 12 TVG Rz. 5, ausdrücklich hin. | 13 ErfK/*Franzen*, § 12 TVG Rz. 2; *Löwisch/Rieble*, § 12 TVG Rz. 3; Wiedemann/*Oetker*, § 12 TVG Rz. 5.

DGB und die BDA[1]. Von Seiten des DGB wird in Zweifel gezogen, ob der Christliche Gewerkschaftsbund Deutschlands (CGB) als Spitzenorganisation iSd. § 12 angesehen werden kann. Das BAG hat christl. Gewerkschaften zwar teilweise – etwa der Christlichen Gewerkschaft Bergbau-Chemie-Energie (CGBCE[2]), der Christlichen Gewerkschaft Holz und Bau Deutschlands (CGHB[3]) und der Christlichen Gewerkschaft Deutschlands (CGD)[4] – die Tariffähigkeit abgesprochen, sie dagegen für die Christliche Gewerkschaft Metall (CGM) und den Deutschen Handels- und Industrieangestellten-Verband (DHV)[5] bejaht (vgl. § 2 Rz. 18a), so dass folgerichtig auch der Status des CGB als Spitzenorganisation anzunehmen ist[6].

3 **III. Wesentliche Bedeutung für die Vertretung der Arbeitnehmer- oder Arbeitgeberinteressen im Arbeitsleben des Bundesgebiets.** Die Eigenschaft als Spitzenorganisation wird – iS einer weiteren Voraussetzung – nur solchen Zusammenschlüssen zuerkannt, denen für die Vertretung der ArbN- oder ArbGeb-Interessen im Arbeitsleben des Bundesgebiets eine wesentl. Bedeutung zukommt. Dieser starken Beschränkung der zur Mitwirkung berufenen Zusammenschlüsse bedarf es, um eine zügige Durchführung der Verfahren zur AVE iSd. § 5[7] und zum Erlass von Durchführungsbestimmungen nach § 11 zu gewährleisten. Sie verstößt nicht gegen **höherrangiges Recht**. Art. 9 III GG räumt den Koalitionen keinen originären Anspruch auf Mitwirkung an der ihre Rechte betreffenden staatl. Gesetzgebung ein[8]. Die Auswahl der zur Mitwirkung berufenen Zusammenschlüsse ist verfassungsrechtl. nicht zu beanstanden, weil sie sich an sachl. Kriterien – Effizienz der Normgebung, überregionale Bedeutung – orientiert[9]. Art. 11 GG (Versammlungs- und Vereinigungsfreiheit) iVm. Art. 14 EMRK (Verbot der Benachteiligung) verbrieft ebenso wenig eine weiter gehende Rechtsposition[10] wie die unverbindl. IAO-Empfehlung Nr. 113[11], die eine Beratung mit den Koalitionen vorsieht[12]. Die in dem von Deutschland nicht ratifizierten IAO-Übereinkommen Nr. 150[13] normierte Konsultationspflicht betrifft allein die Arbeitsverwaltung[14].

4 Ob ein Zusammenschluss **wesentl. Bedeutung** hat, ist anhand einer Gesamtschau folgender Kriterien zu ermitteln: Mitgliederzahl, wirtschaftl. Bedeutung, Anzahl und Bedeutung der Tarifabschlüsse[15]. Dabei sind Sinn und Zweck des § 12 zu beachten. ArbN-Vereinigungen, die nur bestimmte Berufsgruppen vertreten (zB Cockpit, GDL) und damit nur Partikularinteressen verfolgen, genügen diesen Anforderungen nicht[16]. Die Tariffähigkeit einer Spitzenorganisation iSd. § 2 II ist weder notwendige noch hinreichende Voraussetzung für ihre wesentl. Bedeutung[17].

5 Wesentl. Bedeutung muss der Zusammenschluss für das Arbeitsleben **im gesamten Bundesgebiet** entfalten; Zusammenschlüssen mit regional begrenzter Bedeutung (zB Teile des Bundesgebiets, einzelne Bundesländer) wird somit der Status als Spitzenorganisation verwehrt[18].

6 **IV. Gewerkschaften oder Arbeitgebervereinigungen, die keinem solchen Zusammenschluss angehören (Satz 2).** Satz 2 stellt den Zusammenschlüssen von Gewerkschaften und ArbGebVereinigungen einzelne Gewerkschaften und ArbGebVereinigungen gleich, sofern sie ebenfalls eine wesentl. Bedeutung im Arbeitsleben des Bundesgebietes einnehmen. Er trägt dem Umstand Rechnung, dass – geschützt durch die negative Koalitionsfreiheit (Art. 9 III GG) – nicht jede Gewerkschaft oder ArbGebVereinigung zwingend einer übergeordneten Organisation angehört, ihre Beteiligung an Maßnahmen gem. §§ 5 und 11 auf Grund ihrer wesentl. Bedeutung im Arbeitsleben aber gleichwohl geboten sein kann. Anlass für die Regelung gab der Aufbau der ehem. Deutschen Angestellten-Gewerkschaft (DAG) als Einheitsorganisation ohne Dachverband[19]. Die DAG ist im Juli 2001 allerdings in ver.di aufgegangen, die Mitglied des DGB als Spitzenorganisation ist.

7 **V. Entscheidung über die Qualifikation als Spitzenorganisation; Rechtsschutz; Beteiligtenfähigkeit.** Über den Status als Spitzenorganisation entscheidet das BMAS bzw. unter den Voraussetzungen des

---

1 ErfK/*Franzen*, § 12 TVG Rz. 2; Däubler/*Reinecke*, § 12 TVG Rz. 2. | 2 BAG v. 16.1.1990 – 1 ABR 93/88, AP Nr. 38 zu § 2 TVG. | 3 BAG v. 16.1.1990 – 1 ABR 10/89, AP Nr. 39 zu § 2 TVG. | 4 BAG v. 15.11.2006 – 10 AZR 665/05, NZA 2007, 448 im Anschluss an ArbG Gera v. 17.10.2002 – 2 BV 3/00, ArbuR 2004, 149. | 5 BAG v. 15.11.2006 – 10 AZR 665/05, NZA 2007, 448 (Tariffähigkeit wurde hier jedenfalls unterstellt). | 6 BAG v. 28.3.2006 – 1 ABR 58/04, AP Nr. 4 zu § 2 TVG Tariffähigkeit. | 7 Der beim Erlass von AVE zu beteiligende Tarifausschuss ist lediglich mit jeweils drei ArbGeb- und ArbN-Vertretern zu besetzen (vgl. § 5 TVG, § 1 DVO TVG), so dass allein die auf Bundesebene besonders bedeutsamen Organisationen beteiligt werden können; dazu Wiedemann/*Oetker*, § 12 TVG Rz. 6. | 8 *Löwisch/Rieble*, § 12 TVG Rz. 2; ErfK/*Franzen*, § 12 TVG Rz. 3. | 9 Wiedemann/*Oetker*, § 12 TVG Rz. 7. | 10 Vgl. EGMR EuGRZ 1975, 562 ff. – Nationale Belgische Polizeigewerkschaft; dazu Wiedemann/*Oetker*, § 12 TVG Rz. 7. | 11 Empfehlung betreffend die Beratung und Zusammenarbeit zwischen den Staatsorganen und den Arbeitgeber- und Arbeitnehmerverbänden in einzelnen Wirtschaftszweigen und im gesamtstaatlichen Rahmen. | 12 Vgl. *Löwisch/Rieble*, § 12 TVG Rz. 2. | 13 Übereinkommen über die Arbeitsverwaltung: Rolle, Aufgaben, Aufbau, 1978. | 14 *Löwisch/Rieble*, § 12 TVG Rz. 2. | 15 Vgl. *Löwisch/Rieble*, § 12 TVG Rz. 5; Wiedemann/*Oetker*, § 12 TVG Rz. 8. | 16 Däubler/*Reinecke*, § 12 TVG Rz. 4. | 17 Vgl. Wiedemann/*Oetker*, § 12 TVG Rz. 6; aA Kempen/Zachert/*Stein*, § 12 TVG Rz. 4. | 18 Vgl. Kempen/Zachert/*Stein*, § 12 TVG Rz. 4; Däubler/*Reinecke*, § 12 TVG Rz. 4 ff.; *Löwisch/Rieble*, § 12 TVG Rz. 6, erachten die Einschränkung für fragwürdig, sofern die AVE regionaler TV auf die oberste Behörde eines Bundeslandes übertragen wird, die dann im Einvernehmen mit dem Landestarifausschuss entscheidet; dagegen Wiedemann/*Oetker*, § 12 TVG Rz. 9 mwN. | 19 Dazu Kempen/Zachert/*Stein*, § 12 TVG Rz. 2; Däubler/*Reinecke*, § 12 TVG Rz. 1.

§ 5 VI die oberste Arbeitsbehörde des jeweiligen Landes. Die Entscheidung ist nach pflichtgemäßem Ermessen zu treffen[1], wobei ein erhebl. Bewertungsspielraum anzuerkennen ist[2]. Für Streitigkeiten über die Eigenschaft als Spitzenorganisation gewähren TVG und ArbGG keinen Rechtsschutz[3]. Es besteht aber über Art. 19 IV GG die Möglichkeit, sachl. nicht gerechtfertigte Diskriminierungen (Art. 3 I GG) einzelner Koalitionen von den VerwG durch eine Feststellungsklage überprüfen zu lassen[4]. Spitzenorganisationen sind in Rechtsstreitigkeit über die Tarifzuständigkeit von Mitgliedsverbänden nicht gem. §§ 97 I, 2a I Nr. 4 ArbGG zu beteiligen[5], wohl aber in Streitigkeiten über die Tariffähigkeit eines solchen Verbandes[6].

12a *Arbeitnehmerähnliche Personen*

(1) Die Vorschriften dieses Gesetzes gelten entsprechend

1. für Personen, die wirtschaftlich abhängig und vergleichbar einem Arbeitnehmer sozial schutzbedürftig sind (arbeitnehmerähnliche Personen), wenn sie auf Grund von Dienst- oder Werkverträgen für andere Personen tätig sind, die geschuldeten Leistungen persönlich und im Wesentlichen ohne Mitarbeit von Arbeitnehmern erbringen und

a) überwiegend für eine Person tätig sind oder

b) ihnen von einer Person im Durchschnitt mehr als die Hälfte des Entgelts zusteht, das ihnen für ihre Erwerbstätigkeit insgesamt zusteht; ist dies nicht voraussehbar, so sind für die Berechnung, soweit im Tarifvertrag nichts anderes vereinbart ist, jeweils die letzten sechs Monate, bei kürzerer Dauer der Tätigkeit dieser Zeitraum maßgebend,

2. für die in Nummer 1 genannten Personen, für die die arbeitnehmerähnlichen Personen tätig sind, sowie für die zwischen ihnen und den arbeitnehmerähnlichen Personen durch Dienst- oder Werkverträge begründeten Rechtsverhältnisse.

(2) Mehrere Personen, für die arbeitnehmerähnliche Personen tätig sind, gelten als eine Person, wenn diese mehreren Personen nach der Art eines Konzerns (§ 18 des Aktiengesetzes) zusammengefasst sind oder zu einer zwischen ihnen bestehenden Organisationsgemeinschaft oder nicht nur vorübergehenden Arbeitsgemeinschaft gehören.

(3) Die Absätze 1 und 2 finden auf Personen, die künstlerische, schriftstellerische oder journalistische Leistungen erbringen, sowie auf Personen, die an der Erbringung, insbesondere der technischen Gestaltung solcher Leistungen unmittelbar mitwirken, auch dann Anwendung, wenn ihnen abweichend von Absatz 1 Nr. 1 Buchstabe b erster Halbsatz von einer Person im Durchschnitt mindestens ein Drittel des Entgelts zusteht, das ihnen für ihre Erwerbstätigkeit insgesamt zusteht.

(4) Die Vorschrift findet keine Anwendung auf Handelsvertreter im Sinne des § 84 des Handelsgesetzbuchs.

I. Einleitung/Allgemeines. 1. Entstehungsgeschichte, Normzweck, Bedeutung. § 12a erstreckt den Anwendungsbereich der Vorschriften des TVG, die nach § 1 grds. nur für „Arbeitsverhältnisse" gelten, auf die Rechtsverhältnisse zwischen arbeitnehmerähnl. Personen und ihren „Auftraggebern". Die Übernahme der allgemeinen Differenzierung zwischen ArbN und freien Dienstleistern und die Begrenzung des weit reichenden sozialen Schutzes des Tarifwesens auf Arbeitsverhältnisse erwies sich frühzeitig als zu eng[7]. Der Gesetzgeber erkannte schon bald Personen als arbeitsrechtl. schutzwürdig an, die weder unter den Begriff des ArbN zu subsumieren waren, noch die Unabhängigkeit eines typischen Selbständigen genossen (vgl. § 136 der GewO des Norddeutschen Bundes sowie das Heimarbeitsgesetz 1911[8]). Das arbeitsrechtl. Schutzbedürfnis weiterer Berufsgruppen (zB Handels- und Versicherungsvertreter, Journalisten, Schriftsteller, Künstler, Übersetzer, Dolmetscher sowie neuerdings von Rechtsanwälten und Architekten[9]) wurde fortan zunehmend anerkannt. Nach und nach wurden sie als arbeitnehmerähnl. Personen unter den Schutz des Arbeitsrechts gestellt, vgl. nur §§ 5 I 2 ArbGG, 2 S. 2 BUrlG, 17 I 2 BetrAVG, 6 I 1 Nr. 3 AGG. Die Kündigungsfristen des § 622 BGB für ArbN und des § 29 III und IV HAG für die in Heimarbeit Beschäftigten sollen auf arbeitnehmerähnl. Personen hingegen nicht anwendbar sein[10]. 1

1 Vgl. *Hueck/Nipperdey*, Arbeitsrecht II/1, S. 438 Fn. 64; Wiedemann/*Oetker*, § 12 TVG Rz. 11. | 2 *Löwisch/Rieble*, § 12 TVG Rz. 7; Wiedemann/*Oetker*, § 12 TVG Rz. 11. | 3 Überlegungen, anlässl. der Einführung des ArbGG 1953 die Feststellung der Eigenschaft als Spitzenorganisation im Beschlussverfahren zu ermöglichen, wurden nicht weiterverfolgt, Wiedemann/*Oetker*, § 12 TVG Rz. 11. | 4 So *Hueck/Nipperdey*, Arbeitsrecht II/1, S. 438 Fn. 64; *Löwisch/Rieble*, § 12 TVG Rz. 7; Wiedemann/*Oetker*, § 12 TVG Rz. 12; Kempen/Zachert/*Stein*, § 12 TVG Rz. 4; diff. Däubler/*Reinecke*, § 12 TVG Rz. 9. | 5 BAG v. 13.3.2007 – 1 ABR 24/06 AP Nr. 21 zu § 2 TVG – Tarifzuständigkeit. | 6 BAG v. 14.12.2005 – 1 ABR 41/03, NZA 2005, 697. | 7 Zur historischen Entwicklung Kempen/Zachert/*Stein*, § 12a TVG Rz. 1 ff.; Wiedemann/*Wank*, § 12a TVG Rz. 17 ff. | 8 Zur Verfassungsmäßigkeit des § 19 HAG BVerfG v. 27.2.1973 – 2 BvL 27/69, BVerfGE 34, 307 (317). | 9 Zur Frage, ob auch Freiberufler wie Rechtsanwälte und Architekten unter den Schutzzweck des § 12a fallen, Wiedemann/*Wank*, § 12a TVG Rz. 58 (befürwortend). | 10 BAG v. 8.5.2007 – 9 AZR 777/06, BB 2007, 2298 (2299 f.).

Nachdem zuvor § 17 HAG für den Bereich der Heimarbeit die Möglichkeit zum Abschluss von TV anerkannt hatte, eröffnet § 12a[1] diese Option seit 1.11.1974 auch den meisten anderen arbeitnehmerähnl. Personen (Ausnahme: § 12a IV)[2]. Dadurch soll zugleich der gewerkschaftl. Organisation dieser Personen Vorschub geleistet werden[3]. Zielgruppe des § 12a sind insb. die freien Mitarbeiter aus dem Bereich der Medien sowie von Kunst, Wissenschaft und Forschung[4]. In der Praxis stößt die Vorschrift auf Akzeptanz: Insb. im Bereich der Medien wurden gestützt auf § 12a zahlreiche TV abgeschlossen[5], u.a. etwa für alle zur ARD gehörende Rundfunkanstalten.

2 **2. Verfassungsrechtl. Grundlage.** Nach ganz hL fallen arbeitnehmerähnl. Personen in den Schutzbereich des Art. 9 III GG[6]. Ihnen steht nicht nur das Recht zu, sich zur Wahrung und Förderung ihrer Arbeits- und Wirtschaftsbedingungen zu Berufsverbänden zusammenzuschließen; sie dürfen auch auf den TV als Mittel zur Durchsetzung ihrer Interessen zurückgreifen. Das wurde zwar in Anbetracht der historischen Entwicklung des TV-Rechts als ArbN-Recht in Zweifel gezogen[7]. Art. 9 III GG ist aber – ausweislich seines Wortlauts – nicht auf den Bereich der abhängigen Arbeit iSd. klassischen Arbeitsrechts beschränkt, sondern offen für eine Auslegung, die sich an neuere Entwicklungen anpasst. Zudem ist die Interessenlage arbeitnehmerähnl. Personen, die zwar nicht in einem persönl., wohl aber in einem wirtschaftl. Abhängigkeitsverhältnis zu ihrem „Auftraggeber" stehen, mit derjenigen der ArbN partiell vergleichbar[8].

3 Das BVerfG hat für Heimarbeiter die Geltung des Art. 9 III GG anerkannt[9]. Auch das von Deutschland ratifizierte IAO-Übereinkommen Nr. 141 über die Verbände ländl. Arbeitskräfte vom 23.6.1975[10] legt in Art. 3 eine Vereinigungsfreiheit für ländl. Arbeitskräfte unabhängig davon fest, ob sie ArbN oder selbständige Erwerbstätige sind[11]. Aus dem verfassungsrechtl. Schutz der Tarifautonomie in Bezug auf arbeitnehmerähnl. Personen folgt, dass auch für sozial schutzbedürftige[12] Handelsvertreter – trotz der Ausnahmevorschrift des § 12a IV – tarifvertragl. Regelungen getroffen werden können[13].

4 **3. Verhältnis zu anderen Gesetzesvorschriften.** Da der Begriff der arbeitnehmerähnl. Person nicht nur in § 12a, sondern auch in anderen arbeitsrechtl. Schutzvorschriften erwähnt wird, stellt sich die Frage nach dem Verhältnis dieser Vorschriften zueinander: Für **Heimarbeiter** gilt § 12a nicht; die Vorschriften des HAG sind insoweit leges speciales (vgl. insb. § 17 HAG)[14]. Arbeitnehmerähnl. Personen iSd. § 12a sind auch solche iSd. § 5 I 2 ArbGG, § 2 S. 2 BUrlG und § 6 I 1 Nr. 3 AGG[15], auch wenn die Formulierungen nicht identisch sind[16]. § 2 Nr. 9 SGB VI kennt einen eigenständigen Begriff des arbeitnehmerähnl. Selbständigen[17].

5 **II. Voraussetzungen.** Die in § 12a festgelegten Tatbestandsmerkmale sind **zwingend** und auch durch TV-Parteien nicht abdingbar[18]. Nach neuerer Rspr. des BAG sind die TV-Parteien aber frei, den unbestimmten Rechtsbegriff der arbeitnehmerähnl. Person iSd. § 12a auszufüllen, wenn sie den Geltungsbereich von TV für diesen Personenkreis festlegen wollen[19]. Sie müssen sich hierbei ledigl. am Leitbild des § 12a orientieren. Das TVG darf nur auf die in § 12a I näher definierten Personen entsprechend angewendet werden. Das sind einerseits die in Abs. 1 Nr. 1 näher umschriebenen arbeitnehmerähnl. Personen und andererseits ihre in Abs. 1 Nr. 2 genannten Auftraggeber.

6 **1. Begriff (Abs. 1 Nr. 1).** § 12a I Nr. 1 knüpft den Status als arbeitnehmerähnl. Person[20] an folgende Voraussetzungen: Die Person muss

---

1 Vgl. Art. II § 1 des Heimarbeitsänderungsgesetzes vom 20.10.1974 (BGBl. I, S. 2879). | **2** Dazu *Wlotzke*, DB 1974, 2252 (2256). Zur Entstehungsgeschichte *Lund*, BArbBl. 1974, 682 ff.; Wiedemann/*Wank*, § 12a TVG Rz. 19. | **3** Kempen/Zachert/*Stein*, § 12a TVG Rz. 2. | **4** Kempen/Zachert/*Stein*, § 12a TVG Rz. 2; Wiedemann/*Wank*, § 12a TVG Rz. 23 mwN. Vgl. Stellungnahme des Ausschusses für Arbeit und Sozialordnung, BT-Drs. 7/2050, S. 6. | **5** Vgl. dazu Wiedemann/*Wank*, § 12a TVG Rz. 20 mwN. | **6** Vgl. BAG v. 23.9.1992 – 4 AZR 566/91, AP Nr. 21 zu § 1 TVG – Tarifverträge: Rundfunk; v. 15.2.2005 – 9 AZR 51/04, AP Nr. 6 zu § 12a TVG; *Däubler*, Tarifvertragsrecht, Rz. 311; Kempen/Zachert/*Stein*, § 12a TVG Rz. 7; *Löwisch/Rieble*, § 12a TVG Rz. 2; *Pfarr*, FS Kehrmann, S. 75 (85); Wiedemann/*Wank*, § 12a TVG Rz. 24; *Gamillscheg*, Kollektives Arbeitsrecht I, S. 178; aA *Lieb*, RdA 1974, 257 (267); *Stolterfoht*, DB 1973, 1068 (1972). | **7** Vgl. dazu *Lieb*, RdA 1974, 257 (267). | **8** Ähnlich *Löwisch/Rieble*, § 12a TVG Rz. 2; Däubler/*Reinecke*, § 12a TVG Rz. 1; Wiedemann/*Wank*, § 12a TVG Rz. 24 mit weiteren Argumenten. | **9** BVerfG v. 27.2.1973 – 2 BvL 27/69, AP Nr. 7 zu § 19 HAG. | **10** BGBl. 1977 II, 482. | **11** Wiedemann/*Wank*, § 12a TVG Rz. 25. | **12** Vgl. dazu BVerfG v. 7.2.1990 – 1 BvR 26/84, AP Nr. 65 zu Art. 12 GG. | **13** *Däubler*, Tarifvertragsrecht, Rz. 311. AA ErfK/*Franzen*, § 12a TVG Rz. 2; *Löwisch/Rieble*, § 12a TVG Rz. 3. Für die Verfassungswidrigkeit des § 12a IV Wiedemann/*Wank*, § 12a TVG Rz. 53 ff. | **14** Wiedemann/*Wank*, § 12a TVG Rz. 29; Däubler/*Reinecke*, § 12a TVG Rz. 14. | **15** Vgl. im Einzelnen Wiedemann/*Wank*, § 12a TVG Rz. 31. | **16** §§ 5 I 2 ArbGG, 2 S. 2 BUrlG und 6 I 1 Nr. 3 AGG knüpfen nur an die wirtschaftl. Unselbständigkeit an. | **17** Dazu *Voelzke* in Henssler/Olbing/Reinecke/Voelzke, Das arbeits- und sozialrechtliche Korrekturgesetz und die Scheinselbständigkeit, S. 16 f. | **18** So bisher BAG v. 2.10.1990 – 4 AZR 106/90, AP Nr. 1 zu § 12a TVG (*Otto*), vgl. LS 2; LAG München v. 19.7.2007 – 3 Sa 34/07, nv.; *Löwisch/Rieble*, § 12a TVG Rz. 15; Wiedemann/*Wank*, § 12a TVG Rz. 59. | **19** BAG v. 14.12.2004 – 9 AZR 673/03, AP Nr. 43 zu § 1 TVG – Tarifverträge: Rundfunk; v. 15.2.2005 – 9 AZR 51/04, AP Nr. 6 zu § 12a TVG. | **20** Ob es dagegen einen allgemeinen dogmatisch fundierten Begriff der arbeitnehmerähnlichen Person gibt, der für das gesamte (Arbeits-)Recht Gültigkeit besitzt, ist zweifelhaft, vgl. dazu Wiedemann/*Wank*, § 12a TVG Rz. 13 ff., 32 ff. S. auch § 3 des von *Henssler/Preis* vorgelegten Entwurfs eines Arbeitsvertragsgesetzes, abgedr. in NZA 2007, Beil. zu Heft 21 sowie die Begriffsbestimmung bei *Willemsen/Müntefering*, NZA 2008, 193 ff.

a) wirtschaftl. abhängig und

b) vergleichbar einem ArbN sozial schutzbedürftig sein.

Diese beiden Voraussetzungen werden sodann durch weitere Tatbestandsmerkmale näher konkretisiert[1]:

c) Tätigkeit für andere Personen auf Grund von Dienst- oder Werkverträgen,

d) persönl. Leistungserbringung, im Wesentl. ohne Mitarbeit von ArbN,

e) überwiegende Tätigkeit für eine Person *oder* Erwerb der Hälfte des Entgelts von einer Person.

a) Wirtschaftliche Abhängigkeit. Sie liegt vor, wenn die Vertragsumstände eine bestimmte Tätigkeit erfordern und dem Tätigen die Möglichkeit der Eigenvorsorge nehmen. Das Kriterium der wirtschaftl. Abhängigkeit **unterscheidet** arbeitnehmerähnl. Personen[2] von der Gruppe der (sonstigen[3]) **Selbständigen**. Zwar bestimmen arbeitnehmerähnl. Personen als Selbständige Art und Umfang ihrer Tätigkeit selbst; sie sind **im Gegensatz zu ArbN** daher persönl. unabhängig[4]. Gleichzeitig unterliegen sie aber – im Gegensatz zu den sonstigen Selbständigen – weit reichenden wirtschaftl. Abhängigkeiten, die ihren Handlungsspielraum einengen[5]. Die **Höhe des Verdienstes** einer Person ist für ihre wirtschaftl. Abhängigkeit regelmäßig unbeachtl., so dass auch gut verdienende Beschäftigte unter den Begriff der arbeitnehmerähnl. Person fallen können[6]. Ledigl. dann, wenn die zu beurteilende Person erhebl. sonstige Einkünfte, bspw. aus Kapitalvermögen, hat, die sie völlig ungebunden machen, kann eine wirtschaftl. Abhängigkeit unter Umständen zu verneinen sein[7]. Für den Fall der **Franchisenehmer** hat die Rspr. die wirtschaftl. Abhängigkeit allein aus dem Umstand hergeleitet, dass diese exklusiv an das Warensortiment des Franchisegebers gebunden waren und neben ihrer Tätigkeit für diesen keine weiteren nennenswerten Tätigkeiten ausüben konnten[8]. Nicht erforderl. ist, dass der Arbeitnehmerähnliche für Rechnung eines Dritten tätig ist, der das Unternehmerrisiko trägt[9]. 7

b) Soziale Schutzbedürftigkeit. Durch ihre wirtschaftl. Abhängigkeit müssen arbeitnehmerähnl. Personen „vergleichbar einem Arbeitnehmer sozial schutzbedürftig" sein. Soziale Schutzbedürftigkeit besteht, wenn das Maß der Abhängigkeit nach der Verkehrsanschauung einen solchen Grad erreicht, wie er regelmäßig nur in einem Arbeitsverhältnis vorkommt, und die geleisteten Dienste nach ihrem sozialen Gepräge mit denen eines ArbN vergleichbar sind. Maßgebend sind die Umstände des Einzelfalls[10]. Von der Rspr. herangezogene Kriterien sind das Fehlen einer eigenen Unternehmensorganisation und die einem ArbN vergleichbare Einbindung in die Unternehmensorganisation des Auftraggebers[11]. Auch ein im unteren Bereich liegendes Einkommen wurde als Indiz für die soziale Schutzbedürftigkeit gewertet[12]. Außerdem wird man auf die unternehmerischen Chancen des Beschäftigten abstellen müssen[13]. Außer Betracht bleiben müssen grds. die persönl. Verhältnisse des einzelnen Betroffenen. Entscheidend ist, ob mit den Umständen der Tätigkeit typischerweise eine soziale Abhängigkeit des Beschäftigten einhergeht[14]. Wie auch bei der Beurteilung der wirtschaftl. Abhängigkeit (dazu Rz. 7) sind die Vermögensverhältnisse des Einzelnen außer Acht zu lassen. Der Begriff der sozialen Schutzbedürftigkeit kann durch die TV-Parteien nicht über die gesetzl. Begriffsbestimmung hinaus erweitert werden[15]. Eine Konkretisierung des Begriffes und die Regelung von Entgeltgrenzen, oberhalb deren die soziale Schutzbedürftigkeit fehlt, ist möglich[16]. Die Herausnahme von Studenten aus einem TV für arbeitnehmerähnl. Personen in vergleichbarer sozialer Lage verstößt dem BAG zufolge jedoch gegen Art. 3 I GG[17]. 8

c) Tätigkeit für andere Personen auf Grund von Dienst- oder Werkverträgen. Das Rechtsverhältnis zwischen der arbeitnehmerähnl. Person und ihrem Auftraggeber beschreibt § 12a als Dienst- oder Werk- 9

---

1 Zu dieser dogmatischen Einordnung Kempen/Zachert/*Stein*, § 12a TVG Rz. 21 ff.; *Lund*, BArbBl. 1974, 682 (683); *Wlotzke*, DB 1974, 2252 (2257). Demgegenüber hält Wiedemann/*Wank*, § 12a TVG Rz. 60, die Prüfung der Voraussetzungen a) und b) für überflüssig. | 2 Zur Abgrenzung arbeitnehmerähnl. Personen von sonstigen Selbständigen und ArbN: Kempen/Zachert/*Stein*, § 12a TVG Rz. 12 ff.; *Löwisch*/*Rieble*, § 12a TVG Rz. 12 ff.; Wiedemann/*Wank*, § 12a TVG Rz. 32, 43 ff. | 3 Arbeitnehmerähnl. Personen sind nach ganz hM Selbständige, die eines besonderen Schutzes bedürfen, vgl. Kempen/Zachert/*Stein*, § 12a TVG Rz. 13. Zur dogmatischen Einordnung Wiedemann/*Wank*, § 12a TVG Rz. 2. | 4 Zu diesem Abgrenzungsmerkmal *Löwisch*/*Rieble*, § 12a TVG Rz. 13. | 5 Vgl. Kempen/Zachert/*Stein*, § 12a TVG Rz. 13. | 6 BAG v. 17.12.1968 – 5 AZR 86/68, AP Nr. 17 zu § 5 ArbGG 1953 (*Hueck*) – Theaterintendant; Kempen/Zachert/*Stein*, § 12a TVG Rz. 25; *Löwisch*/*Rieble*, § 12a TVG Rz. 10; Wiedemann/*Wank*, § 12a TVG Rz. 76. | 7 Vgl. BAG v. 2.10.1990 – 4 AZR 106/90, AP Nr. 1 zu § 12a TVG. AA Däubler/*Reinecke*, § 12a TVG Rz. 53. | 8 Vgl. BGH v. 4.11.1998 – VIII ZB 12/98, NZA 1999, 53; v. 14.1.1997 – 5 AZB 22/96, AP Nr. 41 zu § 2 ArbGG 1979 („Eismann"). | 9 So zum Teil aber das Schrifttum, vgl. *Martinek*, Franchising, 1987, S. 289. | 10 BAG v. 15.3.1978 – 5 AZR 819/76, AP Nr. 26 zu § 611 BGB – Abhängigkeit; v. 2.10.1990 – 4 AZR 106/90, AP Nr. 1 zu § 12a TVG; v. 17.1.2006 – 9 AZR 61/05, EzA Nr. 6 zu § 2 BUrlG; *Löwisch*/*Rieble*, § 12a TVG Rz. 5. | 11 BGH v. 4.11.1998 – VIII ZB 12/98, NZA 1999, 53 (56); v. 14.1.1997 – 5 AZB 22/96, AP Nr. 41 zu § 2 ArbGG 1979. | 12 BGH v. 4.11.1998 – VIII ZB 12/98, NZA 1999, 53 (56). | 13 *Henssler* in Henssler/Olbing/Reinecke/Voelzke, Das arbeits- und sozialrechtliche Korrekturgesetz und die Scheinselbständigkeit, S. 62 f. | 14 Vgl. Kempen/Zachert/*Stein*, § 12a TVG Rz. 25. | 15 BAG v. 2.10.1990 – 4 AZR 106/90, AP Nr. 1 zu § 12a TVG; ErfK/*Franzen*, § 12a TVG Rz. 5; aA Däubler/*Reinecke*, § 12a TVG Rz. 53 ff. | 16 BAG v. 14.12.2004 – 9 AZR 673/03, AP Nr. 43 zu § 1 TVG – Tarifverträge: Rundfunk; Däubler/*Reinecke*, § 12a TVG Rz. 29. | 17 BAG v. 20.1.2004 – 9 AZR 291/02, AP Nr. 1 zu § 112 LPVG RP.

vertrag. Der Verweis auf die §§ 611 ff., 631 ff. BGB kann indes nicht als abschließend gelten, weil ansonsten der Schutzzweck des § 12a durch kautelarjuristische Maßnahmen leicht unterlaufen werden könnte[1]. § 12a erfasst vielmehr alle Vertragsverhältnisse, die auf den Grundtypus des Dienst- oder Werkvertrags rückführbar sind[2]. Dazu zählen insb. (unechte) Werklieferungsverträge[3], Geschäftsbesorgungsverträge[4] und gemischte Verträge wie etwa Verlagsverträge mit Buchautoren[5] oder Verträge, wonach die Arbeitsleistung an gepachteten oder gemieteten Gegenständen für den Verpächter, Vermieter oder Lizenzgeber erfolgt[6]. **Aktuelle Beispiele** für die rechtl. Konstruktion arbeitnehmerähnl. Beschäftigungsverhältnisse bieten[7] die im Zuge sog. Ausgründungen („**outsourcing**") entstehenden **Darlehens-, Subunternehmer-**[8] **und Franchiseverträge**[9], durch die zumeist ehemals eigene ArbN langfristig und ausschließlich an ein Unternehmen gebunden werden; ferner – allerdings abhängig von der jeweiligen Konstruktion – die **Telearbeit**[10]. Die Bereichsausnahme des § 12a IV für Handelsvertreter ist jeweils zu beachten[11].

10 **d) Persönliche Erbringung der geschuldeten Leistung, im Wesentlichen ohne Mitarbeit von Arbeitnehmern.** Vergleichbar den ArbN (vgl. § 613 BGB) setzt die ArbN-Ähnlichkeit iSd. TVG eine im Wesentl. persönl. Erbringung der Leistung voraus. § 12a sichert dadurch nicht nur die Gegnerfreiheit der Verbände arbeitnehmerähnl. Personen[12], sondern trägt ebenso dem Umstand Rechnung, dass sich die soziale Schutzwürdigkeit typischerweise in dem persönl. Arbeitseinsatz einer Person gründet[13]. Eine persönl. Leistungserbringung liegt vor, wenn der Verpflichtete die geschuldete Leistung selbst erbringt. Im Vergleich zu § 613 BGB sind die Anforderungen des § 12a an die persönl. Leistungserbringung allerdings weniger streng; es genügt, wenn die Leistung „im Wesentlichen ohne Mitarbeit von Arbeitnehmern" erbracht wird. Unschädlich ist daher – e contrario – eine Unterstützung durch Aushilfskräfte oder Familienangehörige, sofern sie ledigl. Hilfstätigkeiten verrichten. Die wirtschaftl. entscheidende „Kern-Arbeitsleistung"[14] ist aber persönl. zu erbringen[15].

11 **e) Überwiegende Tätigkeit für eine Person oder mehr als die Hälfte des Entgelts von einer Person.** Das Tatbestandsmerkmal der überwiegenden Tätigkeit für eine Person, das alternativ durch den Bezug von mehr als der Hälfte des Entgelts von einer Person ersetzt werden kann, konkretisiert die geforderte wirtschaftl. Abhängigkeit (dazu Rz. 7). Vorausgesetzt wird eine gewisse „Dauerbeziehung"[16]: Eine arbeitnehmerähnl. Person ist überwiegend für eine Person tätig, wenn sie mehr als die Hälfte ihrer persönl. Arbeitszeit auf die Verrichtung von Arbeiten für diese eine Person verwendet[17]. Ist dies nicht der Fall, so kann sich die wirtschaftl. Abhängigkeit nach § 12a I Nr. 1 b) daraus ergeben, dass der Dienstpflichtige mehr als die Hälfte des Entgelts, das er durch seine Erwerbstätigkeit erarbeitet, von einer Person beanspruchen kann; für Personen, die künstlerische, schriftstellerische oder journalistische Leistungen erbringen, gilt Entsprechendes bereits dann, wenn ihnen von einer Person im Durchschnitt mindestens ein Drittel des Gesamteinkommens zusteht (vgl. Abs. 3, dazu Rz. 14). Zum **Gesamteinkommen** gehören Entgelte aus aktiver Tätigkeit, nicht dagegen Einkommen aus Urheberrechten, Versorgungsleistungen, Versicherungen oder Vermögen[18].

12 **2. Auftraggeber der arbeitnehmerähnlichen Personen (Abs. 1 Nr. 2).** Durch § 12a I werden nicht nur die arbeitnehmerähnl. Personen, sondern über Nr. 2 auch ihre Auftraggeber dem Gesetz unterworfen. Dies betrifft Unternehmer, Dienstberechtigte und sonstige Auftraggeber je nach Gestaltung des Vertragsverhältnisses[19]. Gleichfalls anwendbar ist das TVG auf die zwischen diesen Personen bestehenden Rechtsverhältnisse. Dieses Verständnis des Abs. 1 Nr. 2 gebieten entgegen einer im Schrifttum vertretenen Ansicht[20] sowohl die grammatikalische, die teleologische als auch die historische[21] Auslegung. Für

---

1 Kempen/Zachert/*Stein*, § 12a TVG Rz. 26; *Löwisch/Rieble*, § 12a TVG Rz. 6. |2 *Däubler*, Tarifvertragsrecht, Rz. 314; *Löwisch/Rieble*, § 12a TVG Rz. 6; aA *Wlotzke*, DB 1974, 2258. |3 Wohl allg. Ansicht; str. dagegen für echte Werklieferungsverträge (gegen eine Einbeziehung Wiedemann/*Wank*, § 12a TVG Rz. 63; *Stolterfoht*, DB 1973, 1068 (1071); dafür Däubler/*Reinecke*, § 12a TVG Rz. 35; AR-Blattei/*Tiefenbacher*, SD Nr. 120 Rz. 16. |4 Kempen/Zachert/*Stein*, § 12a TVG Rz. 26; Wiedemann/*Wank*, § 12a TVG Rz. 64; Däubler/*Reinecke*, § 12a TVG Rz. 36. |5 Vgl. Kempen/Zachert/*Stein*, § 12a TVG Rz. 26; Däubler/*Reinecke*, § 12a TVG Rz. 33. |6 Vgl. Kempen/Zachert/*Stein*, § 12a TVG Rz. 26. Beispiel: Toilettenpächter, vgl. LAG Düsseldorf v. 21.3.1957 – 2 Sa 22/57, AP Nr. 6 zu § 5 ArbGG 1953 (*Dersch*); BAG v. 13.9.1956 – 2 AZR 605/54, AP Nr. 2 zu § 5 ArbGG 1953 (Lizenzverhältnis). Zurückhaltender Wiedemann/*Wank*, § 12a TVG Rz. 62; aA *Wlotzke*, DB 1974, 2252 (2258). |7 Dazu Kempen/Zachert/*Stein*, § 12a TVG Rz. 15 ff.; Däubler/*Reinecke*, § 12a TVG Rz. 32 ff. |8 Insb. Verhältnisse mit unechten Subunternehmern, die (nahezu) ausschließl. Aufträge des Hauptunternehmers ausführen, dazu Kempen/Zachert/*Stein*, § 12a TVG Rz. 23. |9 Dazu *Henssler*, in Henssler/Olbing/Reinecke/Voelzke, Das arbeits- und sozialrechtliche Korrekturgesetz und die Scheinselbständigkeit, S. 59 ff.; Däubler/*Reinecke*, § 12a TVG Rz. 37. |10 Vgl. Däubler/*Reinecke*, § 12a TVG Rz. 40 ff.; Kempen/Zachert/*Stein*, § 12a TVG Rz. 18 mwN. |11 ErfK/*Franzen*, § 12a TVG Rz. 6. |12 So *Löwisch/Rieble*, § 12a TVG Rz. 7. |13 Wiedemann/*Wank*, § 12a TVG Rz. 71. |14 Kempen/Zachert/*Stein*, § 12a TVG Rz. 20. |15 Wiedemann/*Wank*, § 12a TVG Rz. 71. |16 BAG v. 6.12.1974 – 5 AZR 418/74, AP Nr. 14 zu § 611 BGB – Abhängigkeit; v. 14.12.2004 – 9 AZR 673/03, AP Nr. 43 zu § 1 TVG – Tarifverträge: Rundfunk; v. 15.11.2005 – 9 AZR 626/04, AP Nr. 12 zu § 611 BGB – Arbeitnehmerähnlichkeit; v. 17.1.2006 – 9 AZR 61/05, EzA Nr. 6 zu § 2 BUrlG. |17 Kempen/Zachert/*Stein*, § 12a TVG Rz. 22. |18 Kempen/Zachert/*Stein*, § 12a TVG Rz. 22; Wiedemann/*Wank*, § 12a TVG Rz. 75; aA *Kunze*, UFITA 74 (1975), 19 (33). |19 Ebenso: *Reichel/Koberski/Ansey*, § 12a TVG Rz. 42 f. |20 Wiedemann/*Wank*, § 12a TVG Rz. 69. |21 Vgl. BT-Drs. 7/975, S. 21.

die Ausdehnung des Abs. 1 Nr. 2 auf arbeitnehmerähnl. Personen, die ihrerseits arbeitnehmerähnl. Personen beschäftigen[1], besteht kein Bedürfnis. Diese Personen werden bereits von Abs. 1 Nr. 1 erfasst.

3. Mehrere Personen als „Auftraggeber" (Abs. 2). § 12a II soll eine Umgehung des Schutzzwecks der Vorschrift durch die Organisationsform des „Auftraggebers" verhindern[2]. Denn das maßgebende Kriterium für die Begründung der wirtschaftl. Abhängigkeit arbeitnehmerähnl. Personen ist gerade der Grad ihrer wirtschaftl. Tätigkeit für oder ihre Entlohnung durch „eine" Person. § 12a II versteht den Begriff „**eine Person**" daher weit und zählt dazu auch mehrere Personen, wenn sie nach der Art eines Konzerns zusammengefasst sind oder zu einer zwischen ihnen bestehenden Organisationsgemeinschaft oder nicht nur vorübergehenden Arbeitsgemeinschaft gehören. Der Begriff des **Konzerns** wird in § 18 AktG, auf den die Vorschrift ausdrückl. verweist, näher definiert. Auf Grund der Formulierung „nach Art eines Konzerns" werden auch Unternehmensverbindungen, bei denen das herrschende Unternehmen keine AG ist, erfasst. Ausschlaggebend ist das Kriterium der „einheitlichen Leitung", das man nach dem Regelungszweck des § 12a freilich auch durch das „Control-Konzept" des § 290 II HGB[3] wird ersetzen können. Der Begriff der **Organisationsgemeinschaft** wurde in Anlehnung an die Formulierung in § 92a II 1 HGB gewählt, so dass die zu dieser Vorschrift entwickelten Rechtsgrundsätze entsprechend gelten[4]. Maßgebend ist, dass die verschiedenen Personen ihren Geschäftsbetrieb zumindest teilweise in gemeins. Organisation führen[5]. Der Begriff **Arbeitsgemeinschaft** soll insb. Rundfunk- und Fernsehanstalten – wie die ARD – erfassen, um die Anwendbarkeit des TVG auch für Mitarbeiter, die häufig für mehrere Rundfunk- und Fernsehanstalten gleichzeitig tätig sind, zu gewährleisten[6]. Unter den Begriff fallen aber auch ARGE des Baugewerbes[7]. 13

4. Personen, die künstlerische, schriftstellerische oder journalistische Leistungen erbringen (Abs. 3). § 12a III privilegiert Personen, die künstlerische, schriftstellerische oder journalistische Leistungen erbringen, sowie das entsprechende „technische" Personal gegenüber anderen arbeitnehmerähnl. Personen. Die jeweiligen Gruppenangehörigen unterliegen bereits dann dem Schutz des TVG, wenn sie von einer Person mindestens ein Drittel – statt der Hälfte bei anderen arbeitnehmerähnl. Personen – ihres Gesamteinkommens beanspruchen können (dazu Rz. 11)[8]. 14

5. Handelsvertreter iSd. § 84 HGB (Abs. 4). Ausgeklammert werden von der Erweiterung des § 12a die Handelsvertreter iSd. § 84 HGB, obwohl sie sogar idealtypische arbeitnehmerähnl. Selbständige sein können. Handelsvertreter ist, wer als selbständiger Gewerbetreibender ständig damit betraut ist, für einen anderen Unternehmer Geschäfte zu vermitteln oder in dessen Namen abzuschließen (§ 84 I 1 HGB). Selbständig ist dabei, wer im Wesentl. frei seine Tätigkeit gestalten und seine Arbeitszeit bestimmen kann (§ 84 I 2 HGB). Die Ausnahmeregelung, die auf Drängen der Handelsvertreter-Verbände – entgegen dem ursprüngl. Gesetzesentwurf – in § 12a aufgenommen wurde[9], ist nicht nur aus rechtspolitischer[10], sondern auch aus verfassungsrechtl.[11] Sicht kritisch zu bewerten. Die Tarifautonomie arbeitnehmerähnl. Personen genießt nach Art. 9 III GG verfassungsrechtl. Schutz. Art. 3 I GG gebietet eine Gleichstellung arbeitnehmerähnl. Handelsvertreter mit anderen arbeitnehmerähnl. Selbständigen[12]. Daher dürfen auch die Verbände der Handelsvertreter TV abschließen, sofern sie als arbeitnehmerähnl. Person anzusehen und nicht bereits Angestellte iSd. § 84 II HGB sind, für die das TVG ohnehin gilt[13]. Wichtig ist dies für die Einfirmenvertreter des § 92a HGB. 15

III. Rechtsfolgen. Als Rechtsfolge sieht § 12a I die entsprechende Geltung der Vorschriften des TVG vor. 16

1. Tarifvertragsparteien. Das bedeutet zunächst, dass die Rechtsbeziehungen zwischen den arbeitnehmerähnl. Personen iSd. § 12a und ihren „Auftraggebern" tarifvertragl. ausgestaltet werden können. Abzuschließen sind entsprechende TV zwischen den Verbänden der arbeitnehmerähnl. Personen auf der einen Seite und ihren „Auftraggebern" bzw. deren Verbänden auf der anderen Seite (vgl. § 2 I, dazu § 1 Rz. 5 ff.)[14]. Arbeitnehmerähnl. Personen können auch Gewerkschaften angehören, in denen sich (primär) ArbN zusammengeschlossen haben. Dementsprechend dürfen in einen TV sowohl Normen über die Rechtsverhältnisse der ArbN als auch solche über diejenigen der arbeitnehmerähnl. Personen aufgenommen werden[15]. 17

---

1 So Wiedemann/*Wank*, § 12a TVG Rz. 70. | 2 Vgl. ebenso Kempen/Zachert/*Stein*, § 12a TVG Rz. 30; Wiedemann/*Wank*, § 12a TVG Rz. 66. | 3 Dazu Heymann/*Henssler*, § 290 HGB Rz. 25 ff. | 4 Kempen/Zachert/*Stein*, § 12a TVG Rz. 30; Wiedemann/*Wank*, § 12a TVG Rz. 67. | 5 Kempen/Zachert/*Stein*, § 12a TVG Rz. 30; Wiedemann/*Wank*, § 12a TVG Rz. 67. | 6 BAG v. 19.10.2004 – 9 AZR 411/03, AP Nr. 42 zu § 1 TVG – Tarifverträge: Rundfunk; v. 14.12.2004 – 9 AZR 673/03, AP Nr. 43 zu § 1 TVG – Tarifverträge: Rundfunk; Kempen/Zachert/*Stein*, § 12a TVG Rz. 30; *Löwisch/Rieble*, § 12a TVG Rz. 11. | 7 *Löwisch/Rieble*, § 12a TVG Rz. 11; *Kempen/Zachert*, § 12a TVG Rz. 30. | 8 Krit. Wiedemann/*Wank*, § 12a TVG Rz. 74. Zur Vereinbarkeit der Vorschrift mit Art. 5 GG vgl. *Löwisch/Rieble*, § 12a TVG Rz. 9. | 9 Vgl. *Hölscher*, Sten. Berichte 7/721,1; *Schmidt*, Sten. Berichte 7/2867. | 10 Vgl. zB Wiedemann/*Wank*, § 12a TVG Rz. 52 mwN. | 11 MünchArbR/*Löwisch*, § 239 Rz. 83. | 12 Wiedemann/*Wank*, § 12a TVG Rz. 53. | 13 Ausf. Wiedemann/*Wank*, § 12a TVG Rz. 30, 51 ff. | 14 *Lund*, BArbBl. 1974, 682 (684); Wiedemann/*Wank*, § 12a TVG Rz. 79. | 15 Dafür die hM: *Däubler*, Tarifvertragsrecht, Rz. 319; Kempen/Zachert/*Stein*, § 12a TVG Rz. 32; Wiedemann/*Wank*, § 12a TVG Rz. 90; dagegen *Lieb*, RdA 1974, 257 (267).

18 **2. Zulässiger Inhalt der Tarifverträge.** Umstritten ist, welche Inhalte die abgeschlossenen TV regeln dürfen. Inhalts- (dazu § 1 Rz. 45 f.), Abschluss-[1] (dazu § 1 Rz. 47 ff.) und Beendigungsnormen (dazu § 1 Rz. 50) sowie solche über gemeins. Einrichtungen (§ 1 Rz. 55, § 4 Rz. 21 ff.) werden auch bei TV mit Arbeitnehmerähnlichen nahezu einhellig als zulässige Vertragsgegenstände anerkannt[2]. Bei der Vereinbarung von Abschluss- und Beendigungsnormen ist allerdings die durch Art. 5 I GG verfassungsrechtl. geschützte Medienfreiheit zu beachten, sofern entsprechende Unternehmen von den Normen betroffen werden[3]. Generell in Zweifel gezogen wird die Zulässigkeit betriebl. (dazu § 1 Rz. 51 f.) und betriebsverfassungsrechtl. (dazu § 1 Rz. 53 f.) Normen[4]. § 12a des Gesetzes sei dem § 17 HAG nachempfunden, der für arbeitnehmerähnl. Heimarbeiter lediglich tarifvertragl. Vereinbarungen über Inhalt, Abschluss oder Beendigung von Vertragsverhältnissen vorsehe[5]. Eine solche pauschale Einengung der Tarifmacht ist dem § 12a, der die entsprechende Anwendung des gesamten TVG anordnet, indes fremd. Richtig ist, dass die Vereinbarung betriebsverfassungsrechtl. Normen im engen Sinne ausscheiden muss, weil das BetrVG arbeitnehmerähnl. Personen – mit Ausnahme der Heimarbeiter – nicht in seinen Geltungsbereich einbezieht (vgl. §§ 5, 6 BetrVG)[6]. Zulässig wäre indes die Einführung einer eigenständigen betriebl. Vertretung für arbeitnehmerähnl. Personen, die allerdings nicht mit Normsetzungsbefugnissen iSd. BetrVG ausgestattet werden könnte[7]. Bei betriebl. Normen ist darauf abzustellen, ob ihre Vereinbarung im Verhältnis zwischen arbeitnehmerähnl. Personen und deren „Auftraggebern" sachgerecht ist[8]. Bei der notwendigen starken Eingliederung eines größeren Personenkreises in die Arbeitsorganisation des Auftraggebers, bei der an betriebl. Normen zu denken ist, wird meist der ArbN-Status der Beschäftigten zu bejahen sein. Zwingende Gründe, die gegen betriebl. Normen sprechen, sind indes nicht ersichtlich. Diese können daher für in die betriebl. Ordnung eingegliederte arbeitnehmerähnl. Personen vereinbart werden[9].

19 **3. Schranken der Tarifmacht.** Die Tarifmacht der Sozialpartner unterliegt in Bezug auf Rechtsverhältnisse arbeitnehmerähnl. Personen grds. denselben Regelungsschranken wie in Bezug auf Arbeitsverhältnisse (dazu Einl. Rz. 14 ff.)[10].

20 **4. Arbeitskampf.** Nicht nur das TVG selbst, sondern auch die zu seiner Durchsetzung entwickelten Grundsätze über den Arbeitskampf gelten für die Rechtsverhältnisse arbeitnehmerähnl. Personen entsprechend: Arbeitnehmerähnl. Personen haben ein **Streikrecht**, ihre „Auftraggeber" dürfen **aussperren**[11]. Sympathiestreiks von ArbN für arbeitnehmerähnl. Personen oder umgekehrt hat das BAG – zumindest in Ausnahmesituationen – für zulässig erklärt[12].

21 **IV. Prozessuales.** Streitigkeiten über den Status arbeitnehmerähnl. Personen können über eine **Feststellungsklage** (§ 256 ZPO) einer gerichtl. Entscheidung zugeführt werden[13]. Ein Feststellungsinteresse liegt vor, wenn „durch die Bereinigung des Streits konkrete Folgen für das Arbeitsverhältnis geklärt werden und die Feststellungsklage prozesswirtschaftl. sinnvoll ist"[14]. Die §§ 2 I Nr. 3, 5 I 1 ArbGG eröffnen den Rechtsweg zu den ArbG[15], für Handelsvertreter ist § 5 III ArbGG zu beachten[16].

12b *Berlin-Klausel* (gegenstandslos)

1 Krit. allerdings ua. *Lieb*, RdA 1974, 257 (266 f.). | 2 ErfK/*Franzen*, § 12a TVG Rz. 11; Kempen/Zachert/*Stein*, § 12a TVG Rz. 31, 33; *Löwisch/Rieble*, § 12a TVG Rz. 18 f.; Wiedemann/*Wank*, § 12a TVG Rz. 81 ff. | 3 Wiedemann/*Wank*, § 12a TVG Rz. 84, 86. Vgl. BVerfG v. 13.1.1982 – 1 BvR 848/77, BVerfGE 59, 231 (268). Vgl. zu dieser Verfassungsgerichtsentscheidung ausf. Kempen/Zachert/*Stein*, § 12a TVG Rz. 8 ff. | 4 ErfK/*Franzen*, § 12a TVG Rz. 11 (bzgl. betrieblicher Normen); *Löwisch/Rieble*, § 12a TVG Rz. 18. | 5 *Löwisch/Rieble*, § 12a TVG Rz. 18. | 6 Wiedemann/*Wank*, § 12a TVG Rz. 88; Däubler/*Reinecke*, § 12a TVG Rz. 74. | 7 Vgl. Kempen/Zachert/*Stein*, § 12a TVG Rz. 33; Wiedemann/*Wank*, § 12a TVG Rz. 88; Däubler/*Reinecke*, § 12a TVG Rz. 75 f. | 8 In diese Richtung Wiedemann/*Wank*, § 12a TVG Rz. 80; auf das Kriterium der Eingliederung der arbeitnehmerähnlichen Personen in den Betrieb abstellend ErfK/*Franzen*, § 12a TVG Rz. 11. | 9 Wiedemann/*Wank*, § 12a TVG Rz. 87; Däubler/*Reinecke*, § 12a TVG Rz. 7 69 ff. | 10 Vgl. ErfK/*Franzen*, § 12a TVG Rz. 10; *Löwisch/Rieble*, § 12a TVG Rz. 24. | 11 *Däubler*, Tarifvertragsrecht, Rz. 320; Kempen/Zachert/*Stein*, § 12a TVG Rz. 34; Wiedemann/*Wank*, § 12a TVG Rz. 91 f.; aA *Eich*, DB 1973, 1699 (1703). | 12 BAG v. 5.3.1985 – 1 AZR 468/83, AP Nr. 85 zu Art. 9 GG – Arbeitskampf. Für eine allgemeine Zulässigkeit: *Däubler*, Tarifvertragsrecht, Rz. 320; Kempen/Zachert/*Stein*, § 12a TVG Rz. 34; aA *Girth*, Film und Recht 1974, 510 (512); *Lieb*, RdA 1974, 257 (267). | 13 Vgl. BAG v. 22.6.1977 – 5 AZR 753/75, AP Nr. 22 zu § 611 BGB – Abhängigkeit; *Löwisch/Rieble*, § 12a TVG Rz. 16. | 14 BAG v. 12.10.1978 – 7 AZR 960/77, AP Nr. 48 zu § 620 BGB – Befristeter Arbeitsvertrag. | 15 *Löwisch/Rieble*, § 12a TVG Rz. 16. | 16 BAG v. 17.10.1990 – 5 AZR 639/89, AP Nr. 9 zu § 5 ArbGG 1979.

13 *Inkrafttreten*

(1) Dieses Gesetz tritt mit seiner Verkündung in Kraft[1].

(2) Tarifverträge, die vor dem Inkrafttreten dieses Gesetzes abgeschlossen sind, unterliegen diesem Gesetz.

Die aktuelle praktische Bedeutung der Vorschrift ist gering. Der Einigungsvertrag (Anl. I Kap. VIII Sachgeb. A Abschnitt III Nr. 14 EVertr.) sieht eine zeitl. unbegrenzte Fortgeltung der nach dem alten Recht abgeschlossenen Rahmenkollektivverträge und TV vor[2]. 1

Verordnung zur Durchführung des Tarifvertragsgesetzes

vom 20.2.1970 (BGBl. I 1970 S. 193), in der Fassung der Bekanntmachung vom 16.1.1989 (BGBl. I 1989 S. 76), zuletzt geändert durch VO v. 31.10.2006 (BGBl. I S. 2407)

– Auszug –

Zweiter Abschnitt. Allgemeinverbindlicherklärung und Aufhebung der Allgemeinverbindlichkeit

9 **(1) Arbeitgeber und Arbeitnehmer, für die der Tarifvertrag infolge der Allgemeinverbindlicherklärung verbindlich ist, können von einer der Tarifvertragsparteien eine Abschrift des Tarifvertrages gegen Erstattung der Selbstkosten verlangen. § 5 Satz 2 und 3 gilt entsprechend.**

(2) Die in Absatz 1 genannten Arbeitgeber haben die für allgemeinverbindlich erklärten Tarifverträge an geeigneter Stelle im Betrieb auszulegen.

Vierter Abschnitt. Tarifregister

14 **Bei der Eintragung des Abschlusses von Tarifverträgen in das Tarifregister werden die Tarifverträge durch die Angabe der Tarifvertragsparteien, des Geltungsbereiches sowie des Zeitpunktes ihres Abschlusses und ihres Inkrafttretens bezeichnet.**

15 **(1) Das Bundesministerium für Arbeit und Soziales benachrichtigt die Tarifvertragsparteien von der Eintragung der Allgemeinverbindlicherklärung, der Aufhebung der Allgemeinverbindlicherklärung sowie von der Eintragung ihrer Mitteilungen über das Außerkrafttreten und über die Änderung allgemeinverbindlicher Tarifverträge.**

(2) Die Bekanntmachungen nach § 4 und § 11 sollen im Tarifregister vermerkt werden.

16 **Die Einsicht des Tarifregisters sowie der registrierten Tarifverträge ist jedem gestattet. Das Bundesministerium für Arbeit und Soziales erteilt auf Anfrage Auskunft über die Eintragungen.**

---

1 Amtliche Anmerkung: Die Vorschrift betrifft das Inkrafttreten des Gesetzes in der Fassung vom 9. April 1949 (Gesetzblatt der Verwaltung des Vereinigten Wirtschaftsgebietes S. 55). Der Zeitpunkt des Inkrafttretens der späteren Änderungen und Ergänzungen ergibt sich aus den in der vorangestellten Bekanntmachung bezeichneten Vorschriften. | 2 Eingehend Wiedemann/*Oetker*, § 13 TVG Rz. 28 ff.

Gesetz über Teilzeitarbeit und befristete Arbeitsverträge (Teilzeit- und Befristungsgesetz – TzBfG)

vom 21.12.2000 (BGBl. I S. 1966), zuletzt geändert durch Art. 1 G zur Verbesserung der Beschäftigungschancen älterer Menschen v.19.4.2007 (BGBl. I S. 538)

Vorbemerkung

1 Auf Grund Art. 1 des „Gesetzes über Teilzeitarbeit und befristete Arbeitsverträge und zur Änderung und Aufhebung arbeitsrechtlichen Bestimmungen" vom 21.12.2000 (BGBl. I S. 1966) sind mit dem Gesetz über Teilzeitarbeit und befristete Arbeitsverträge (TzBfG) die Teilzeitarbeit und die Befristung von Arbeitsverhältnissen auf eine umfassende gesetzl. Grundlage gestellt worden. Mit dem am 1.1.2001 in Kraft getretenen Gesetz sind die Regelungen der Europäischen RL 97/81/EG (ABl. EG 1998 Nr. L 14 S. 9) und 1999/70/EG (ABl. EG 1999 Nr. L 175 S. 43) in nationales Recht umgesetzt und das Beschäftigungsförderungsgesetz vom 26.4.1985 abgelöst worden.

Erster Abschnitt. Allgemeine Vorschriften

1 *Zielsetzung*

Ziel des Gesetzes ist, Teilzeitarbeit zu fördern, die Voraussetzungen für die Zulässigkeit befristeter Arbeitsverträge festzulegen und die Diskriminierung von teilzeitbeschäftigten und befristet beschäftigten Arbeitnehmern zu verhindern.

1 **I. Zweck und Inhalt.** Die in der Vorschrift formulierte **Zielsetzung** entspricht den Vorgaben, wie sie sich aus § 1 der in der RL 97/81/EG übernommenen Rahmenvereinbarung über Teilzeitarbeit und § 1 der in der RL 1999/70/EG übernommenen Rahmenvereinbarung über befristete Arbeitsverträge ergeben. In der Sache werden folgende Ziele verfolgt:

2 Im Hinblick auf **Teilzeitarbeit**

- Schutz Teilzeitbeschäftigter vor Diskriminierung gegenüber Vollzeitbeschäftigten
- Förderung der Teilzeitarbeit auch im Interesse der Vollbeschäftigung
- Schaffung von Transparenz durch umfassende Information der ArbN und ArbN-Vertretungen über die Möglichkeiten einer Teilzeitbeschäftigung

und im Bereich der **befristeten Arbeitsverträge**

- Schutz befristet beschäftigter ArbN vor Diskriminierung
- die Festlegung der Zulässigkeitsvoraussetzungen befristeter Arbeitsverträge
- die Verbesserung der Chancen befristet Beschäftigter auf eine Dauerbeschäftigung[1].

Für **Teilzeitarbeit** sind maßgeblich die Begriffsbestimmungen in § 2, das Diskriminierungsverbot in § 4 I sowie die Förderung der Teilzeitarbeit regelnden Bestimmungen im zweiten Abschnitt (§§ 6–13).

3 Die **Befristung** wird in § 3 begrifflich festgelegt. Für sie gilt das Diskriminierungsverbot des § 4 II. Die Voraussetzungen der Zulässigkeit befristeter Arbeitsverträge sind im dritten Abschnitt (§§ 14–21) aufgeführt. Sowohl für die Teilzeitarbeit wie auch für Befristungen gelten die **gemeinsamen Vorschriften** des Benachteiligungsverbotes in § 5, die Möglichkeit der Abdingbarkeit in § 22 und der Hinweis auf besondere gesetzl. Regelungen in § 23.

4 Ein **eigener Regelungsinhalt** ist § 1 nicht zu entnehmen. Der genannten Zielsetzung kann aber in der Auslegung Bedeutung zukommen. Während für befristete Arbeitsverhältnisse nur die Festlegung der dafür erforderlichen Voraussetzungen angeführt wird, ist es hinsichtlich der Teilzeitarbeit Ziel des Gesetzes, diese zu fördern. Unmittelbare Rechtsansprüche lassen sich aber aus der Zielsetzung nicht ableiten[2].

5 **II. Geltungsbereich.** Mit Ausnahme von § 8 VII enthält das Gesetz keine Einschränkung seines Geltungsbereichs. Es gilt für alle privaten und öffentl. Arbeitsverhältnisse, auch für solche des öffentl. Dienstes, nicht jedoch für Beamte.

1 Begründung des Gesetzesentwurfs, BT-Drs. 14/4374, S. 11 ff. | 2 *Preis/Gotthardt*, DB 2000, 2065.

Dies betrifft auch den **persönlichen Geltungsbereich**. Das TzBfG gilt daher für alle ArbN. Entgegen der bis zum 31.12.2000 bestehenden rechtl. Situation besteht auch im Befristungsbereich keine Ausnahme für **leitende Angestellte** gem. § 14 II KSchG, die die Befugnis haben, ArbN einzustellen oder zu entlassen, auch wenn mit ihnen im Anstellungsvertrag von vornherein eine finanzielle Entschädigung für die Beendigung des Arbeitsverhältnisses vereinbart wird. Eine abweichende Befristungsregelung für ArbN ab Vollendung des 52. LJ sieht § 14 III vor. 6

Der **betriebliche** Geltungsbereich erstreckt sich auf alle Betriebe privater und öffentl. ArbGeb. Das Gesetz findet daher auch auf sog. **Kleinbetriebe** gem. § 23 I 2 und 3 KSchG Anwendung. Die entgegenstehende Auffassung des Gesetzgebers, dass in Kleinbetrieben weiterhin erleichterte Befristungen deshalb vereinbart werden können, weil eine Umgehung des KSchG nicht möglich sei[1], findet weder im TzBfG noch in der diesem Gesetz zugrunde liegenden RL 1999/70/EG eine Bestätigung[2]. Im Gegensatz zur Teilzeitarbeit (s. § 8 VII) enthält der die befristeten Arbeitsverträge regelnde dritte Abschnitt des TzBfG keine an eine bestimmte Anzahl von beschäftigten ArbN geknüpfte Ausnahme. 7

Hinweis: Die Ausdehnung der gesetzl. Befristungsregelungen auf Kleinbetriebe gem. § 23 I 2 und 3 KSchG ist dann ohne Relevanz, wenn von der gem. § 15 III gesetzl. vorgesehenen Möglichkeit Gebrauch gemacht wird, auch während der Befristung kündigen zu können. Die auf der Grundlage einer solchen vereinbarten Kündigungsmöglichkeit ausgesprochene Kündigung unterliegt gem. § 23 I 2 und 3 KSchG nicht den Vorschriften des ersten und zweiten Abschnitts des KSchG. Wegen der Regelung des § 23 I 2 und 3 KSchG ist es aber ohnehin unzweckmäßig, in Kleinbetrieben befristete Arbeitsverhältnisse abzuschließen. 8

Zeitlich gilt das TzBfG vom ersten Tag des Arbeitsverhältnisses an. Entgegen der früheren rechtl. Situation setzt die Befristungskontrolle nicht den Ablauf der Wartezeit des § 1 I KSchG voraus. Demzufolge bedarf auch die Vereinbarung eines bis zu sechs Monaten befristeten Arbeitsverhältnisses grds. eines Sachgrundes, sofern nicht von der Möglichkeit der sachgrundlosen Befristung des § 14 II und IIa Gebrauch gemacht wird. Dies entspricht der Vorgabe durch die RL 1999/70/EG und findet seine Bestätigung in der ausdrücklich in § 14 I Nr. 5 genannten Erprobung. 9

2 *Begriff des teilzeitbeschäftigten Arbeitnehmers*

(1) Teilzeitbeschäftigt ist ein Arbeitnehmer, dessen regelmäßige Wochenarbeitszeit kürzer ist als die eines vergleichbaren vollzeitbeschäftigten Arbeitnehmers. Ist eine regelmäßige Wochenarbeitszeit nicht vereinbart, so ist ein Arbeitnehmer teilzeitbeschäftigt, wenn seine regelmäßige Arbeitszeit im Durchschnitt eines bis zu einem Jahr reichenden Beschäftigungszeitraums unter der eines vergleichbaren vollzeitbeschäftigten Arbeitnehmers liegt. Vergleichbar ist ein vollzeitbeschäftigter Arbeitnehmer des Betriebes mit derselben Art des Arbeitsverhältnisses und der gleichen oder einer ähnlichen Tätigkeit. Gibt es im Betrieb keinen vergleichbaren vollzeitbeschäftigten Arbeitnehmer, so ist der vergleichbare vollzeitbeschäftigte Arbeitnehmer auf Grund des anwendbaren Tarifvertrages zu bestimmen; in allen anderen Fällen ist darauf abzustellen, wer im jeweiligen Wirtschaftszweig üblicherweise als vergleichbarer vollzeitbeschäftigter Arbeitnehmer anzusehen ist.

(2) Teilzeitbeschäftigt ist auch ein Arbeitnehmer, der eine geringfügige Beschäftigung nach § 8 Abs. 1 Nr. 1 des Vierten Buches Sozialgesetzbuch ausübt.

I. Inhalt und Zweck. Abs. 1 enthält eine **Legaldefinition** des Begriffs des teilzeitbeschäftigten ArbN. Teilzeitbeschäftigte iSd. TzBfG sind unter ausdrücklicher Einbeziehung der geringfügig Beschäftigten nach § 8 I SGB IV alle ArbN, deren regelmäßige Wochenarbeitszeit kürzer ist als die eines vergleichbaren vollzeitbeschäftigten ArbN. Mit § 2 wird § 3 der Rahmenvereinbarung über Teilzeitarbeit (RL 97/81/EG) umgesetzt. Die Sätze 1 und 2 entsprechen § 3 I und die Sätze 3 und 4 § 3 II der Rahmenvereinbarung über Teilzeitarbeit 1

II. Begriff des Teilzeitbeschäftigten (Abs. 1). 1. Grundsatz (S. 1). Begrifflich setzt Teilzeitbeschäftigung voraus, dass die Wochenarbeitszeit eines in Teilzeit arbeitenden ArbN **kürzer** ist als die regelmäßige Wochenarbeitszeit eines vergleichbaren vollzeitbeschäftigten ArbN. Aus dem Gesetz ergibt sich nicht, um welche Zeit die Arbeitszeit unter der regelmäßigen Wochenarbeitszeit liegen muss, um als Teilzeitarbeit zu gelten. Deshalb erfüllt jede nicht nur vorübergehende Arbeitszeitverkürzung den Begriff der Teilzeit iSd. Gesetzes. Ob sich die Arbeitszeit nach Tagen, Wochen oder längeren Zeiträumen richtet, oder ob sie dem Arbeitsanfall angepasst ist, sich aus einer Arbeitsplatzteilung oder Turnusarbeit ergibt, ist unerheblich. Kurzarbeit oder vorübergehende Arbeitsbefreiung gelten nicht als Teilzeitbeschäftigung iSd. Bestimmung, da sie nicht auf Dauer angelegt sind. Zu den teilzeitbeschäftigten ArbN zählen auch befristet beschäftigte ArbN, nebenberuflich Beschäftigte und leitende Angestellte. 2

---

1 BT-Drs. 14/4374, S. 18 zu § 14 Abs. 1. | 2 *Däubler*, ZIP 2001, 217 (222); *Preis/Gotthardt*, DB 2000, 2065 (2066); *Richardi/Annuß*, BB 2000, 2201 (2204).

3 **2. Arbeitszeitrelation (S. 2).** Maßgeblich ist die **individuelle Arbeitszeit** des betroffenen ArbN. Die verschiedenen Arten von Teilzeitarbeit unterscheiden sich dadurch, dass die Arbeitszeit gleichmäßig oder ungleichmäßig, regelmäßig oder unregelmäßig verkürzt ist. Neben den herkömmlichen starren Formen der Teilzeitarbeit mit festgelegter Dauer und Lage der Arbeitszeit bestehen hinsichtlich der Dauer und Lage der Arbeitszeit flexible Arbeitsgestaltungen. Ist der ArbN in einem flexiblen Arbeitszeitsystem eingesetzt (Monatsarbeitszeit, Jahresarbeitszeit, „Zeitsouveränität" und Abrufarbeit gem. § 12 I), so ist er teilzeitbeschäftigt, wenn seine regelmäßige Arbeitszeit im Durchschnitt eines bis zu einem Jahr reichenden Beschäftigungszeitraumes unter der eines vergleichbaren vollzeitbeschäftigten ArbN liegt. Insoweit kommt es auf die vertragl. Vereinbarungen an, so dass ein in der Vergangenheit liegender Bezugszeitraum von einem Jahr nur zur hilfsweisen Feststellung der durchschnittlichen Arbeitszeit herangezogen werden kann[1]. Die Vollzeitbeschäftigung richtet sich nicht nach der zulässigen Höchstarbeitszeit gem. § 3 ArbZG, sondern ist der tatsächlich geschuldeten Arbeitszeit im Betrieb, des TV oder dem Wirtschaftszweig zu entnehmen.

4 **3. Arbeitnehmervergleich. a) Betrieblicher Vergleich (S. 3).** Die Teilzeittätigkeit setzt weiterhin voraus, dass die individuelle Arbeitszeit des betroffenen ArbN kürzer ist als die eines **vergleichbaren vollzeitbeschäftigten ArbN**. Für die Vergleichbarkeit ist nach Satz 3 auf die Art des Arbeitsverhältnisses (zB befristetes oder unbefristetes Arbeitsverhältnis) und die Gleichartigkeit oder zumindest Ähnlichkeit der ausgeübten Tätigkeit abzustellen. Vergleichbar sind also nicht nur gänzlich identische Beschäftigungen, sondern auch funktional austauschbare mit gleichem Anforderungsprofil und Belastung. Ist dieser vergleichbare ArbN im selben Betrieb nach der betriebsüblichen Arbeitszeit vollzeitbeschäftigt, so ist seine Arbeitszeit für den Vergleich maßgeblich.

5 **b) Anwendbarer Tarifvertrag (S. 4 Hs. 1).** Ist in dem Beschäftigungsbetrieb kein vergleichbarer ArbN vollzeitbeschäftigt, so beurteilt sich die Vergleichbarkeit nach dem anwendbaren TV und der dort geregelten „**Normalarbeitszeit**" für vergleichbare ArbN. – Sofern der teilzeitbeschäftigte ArbN diesem anwendbaren TV ohnehin mit seinem Beschäftigungsverhältnis unterliegt, erübrigt sich der nach dem Gesetz zunächst vorzunehmende betriebliche Vergleich.

6 **c) Maßgeblicher Wirtschaftszweig (S. 4 Hs. 2).** Scheitert ein innerbetrieblicher Vergleich und gibt es keinen auf den Betrieb anwendbaren TV, so kommt es auf eine **branchenbezogene Betrachtung** an. Vergleichbar ist dann, wer im jeweiligen Wirtschaftszweig üblicherweise als vergleichbarer vollzeitbeschäftigter ArbN angesehen wird. Grundlage für den Vergleich kann in diesem Fall regelmäßig der in dem Betrieb hypothetisch anwendbare TV sein[2]. Ansonsten bleibt nur die Möglichkeit der tatsächlichen Feststellung der allgemein üblichen Arbeitszeit innerhalb der Branche.

7 **III. Geringfügig Beschäftigte (Abs. 2).** Abs. 2 stellt ergänzend fest, dass auch geringfügig Beschäftigte nach § 8 I Nr. 1 SGB IV Teilzeitbeschäftigte sind. Nach der Gesetzesbegründung soll damit klargestellt werden, dass auch geringfügig Beschäftigte teilzeitbeschäftigte ArbN iSd. TzBfG sind[3]. Dies gilt aber nur für die in § 8 I Nr. 1 SGB IV genannten geringfügig Beschäftigten. Dagegen sind VollzeitArbN nach § 8 I Nr. 2 SGB IV geringfügig Beschäftigte, wenn sie nur im Rahmen eines gem. § 8 I Nr. 2 SGB IV befristeten Arbeitsverhältnisses mit der vollen betriebsüblichen wöchentlichen Stundenzahl tätig sind. Aus der gesetzl. Bestimmung folgt, dass geringfügig Beschäftigte mit den Vollzeitbeschäftigten gleich zu behandeln sind. Dies gilt auch für tarifvertragl. Regelungen, soweit dort nur die unterschiedliche Dauer der Arbeitszeit Unterscheidungsmerkmal ist.

3 *Begriff des befristet beschäftigten Arbeitnehmers*

(1) Befristet beschäftigt ist ein Arbeitnehmer mit einem auf bestimmte Zeit geschlossenen Arbeitsvertrag. Ein auf bestimmte Zeit geschlossener Arbeitsvertrag (befristeter Arbeitsvertrag) liegt vor, wenn seine Dauer kalendermäßig bestimmt ist (kalendermäßig befristeter Arbeitsvertrag) oder sich aus Art, Zweck oder Beschaffenheit der Arbeitsleistung ergibt (zweckbefristeter Arbeitsvertrag).

(2) Vergleichbar ist ein unbefristet beschäftigter Arbeitnehmer des Betriebes mit der gleichen oder einer ähnlichen Tätigkeit. Gibt es im Betrieb keinen vergleichbaren unbefristet beschäftigten Arbeitnehmer, so ist der vergleichbare unbefristet beschäftigte Arbeitnehmer auf Grund des anwendbaren Tarifvertrages zu bestimmen; in allen anderen Fällen ist darauf abzustellen, wer im jeweiligen Wirtschaftszweig üblicherweise als vergleichbarer unbefristet beschäftigter Arbeitnehmer anzusehen ist.

1 **I. Inhalt und Zweck.** Abs. 1 erläutert den befristeten Arbeitsvertrag als einen auf eine **bestimmte Zeit** geschlossenen Arbeitsvertrag. In Übereinstimmung mit § 620 I und Abs. 2 BGB wird zwischen Zeit- und Zweckbefristung unterschieden. Zulässig ist auch die Beendigung eines Arbeitsverhältnisses durch Eintritt einer auflösenden Bedingung. Der auflösend bedingte Arbeitsvertrag ist nicht definiert. Über die Verweisung des § 21 ist er weitgehend den gleichen Rechtsregeln unterworfen (zur auflösenden Bedin-

1 So aber KDZ/*Zwanziger*, § 2 TzBfG Rz. 5. | 2 Begr. zum Gesetzentwurf, BT-Drs. 14/4374, S. 15. | 3 BT-Drs. 14/4374, S. 15.

gung s. § 158 II BGB). Der Begriff des vergleichbaren unbefristet beschäftigten ArbN ist in Abs. 2 definiert. Er ist bedeutsam für das Diskriminierungsverbot in § 4 II. Mit der Begriffsbestimmung in Abs. 1 wird die Definition in § 3 Nr. 1 der Rahmenvereinbarung über befristete Arbeitsverträge (RL 1999/70/EG[1]) übernommen, nicht jedoch der dort ebenfalls erfasste auflösend bedingte Arbeitsvertrag. Abs. 2 liegt § 3 Nr. 2 der Rahmenvereinbarung über befristete Arbeitsverträge zugrunde.

2 Die in diesem Gesetz normierten Voraussetzungen für eine wirksame Vertragsbefristung gelten nur für **Arbeitsverhältnisse**, also nicht für Verträge mit Geschäftsführern und über eine freie Mitarbeit. Sie sind auch nicht auf arbeitnehmerähnliche Personen (§ 12a I Nr. 1 TVG) anwendbar. Für Berufsausbildungsverhältnisse gilt die besondere Regelung des § 21 BBiG.

Eine Befristung kann auch im **Nachhinein vereinbart** werden, so dass ein unbefristetes in ein befristetes Arbeitsverhältnis umgewandelt werden kann (s. § 14 Rz. 86). Wegen des Erfordernisses der Neueinstellung gem. § 14 II 2 und des Fehlens eines engen sachlichen Zusammenhangs (§ 14 III) ist dies aber nur bei Vorliegen eines Sachgrundes möglich.

2a **II. Begriff des befristet beschäftigten Arbeitnehmers (Abs. 1). 1. Grundsatz (S. 1).** Die als S. 1 vorangestellte Definition der befristeten Beschäftigung ist im Vergleich zu § 3 Nr. 1 der Rahmenvereinbarung (RL 1999/70/EG) sprachlich missglückt. Der auf bestimmte Zeit abgeschlossene Arbeitsvertrag erfasst entgegen der auch in S. 2 gewählten Formulierung nicht den zweckbefristeten Arbeitsvertrag, sondern nur die Zeitbefristung. Auch wenn die Definition des auflösend bedingten Arbeitsvertrages fehlt, so ergibt sich die eigentliche Begriffsbestimmung des befristeten Arbeitsvertrages aus S. 2. Danach liegt ein auf bestimmte Zeit abgeschlossener Arbeitsvertrag (befristeter Arbeitsvertrag) vor, wenn seine Dauer kalendermäßig bestimmt ist (kalendermäßig befristeter Arbeitsvertrag) oder sich aus Art, Zweck oder Beschaffenheit der Arbeitsleistung ergibt (zweckbefristeter Arbeitsvertrag).

3 **2. Begriff des auf bestimmte Zeit geschlossenen Arbeitsvertrages (S. 2). a) Kalendermäßig befristeter Arbeitsvertrag.** Ein kalendermäßig befristeter Arbeitsvertrag liegt vor, wenn die zeitliche Dauer ab einem bestimmten zeitlichen Beginn bestimmbar ist oder aber der Endzeitpunkt des Arbeitsverhältnisses nach dem Kalender feststeht. Bei einer für eine Dauer erfolgenden Befristung muss eine exakte Bestimmung möglich sein (wie zB „wird vom 1.10.2004 für die Dauer von sechs Monaten eingestellt"). Unpräzise Formulierungen, die das genaue Ende der Befristung nicht erkennen lassen, sind unzureichend. Fehlt eine eindeutige Befristungsvereinbarung, besteht ein unbefristetes Arbeitsverhältnis. Sofern sich nicht der vertragl. Grundlage eine Zweckbefristung entnehmen lässt, ist eine derartig unpräzise formulierte Befristung unwirksam[2].

4 **b) Zweckbefristung.** Ein zweckbefristeter Arbeitsvertrag liegt vor, wenn sich die Dauer des befristeten Arbeitsverhältnisses aus Art, Zweck oder Beschaffenheit der Arbeitsleistung ergibt. Die Vertragsschließenden müssen sich darüber einig sein, dass das Arbeitsverhältnis mit dem **Eintritt eines bestimmten Ereignisses** ohne weiteres enden soll. Die Zweckerreichung wird von den Vertragsparteien als gewiss, aber zeitlich noch unbestimmbar angesehen (zB Einstellung für eine Saison- oder Krankheitsvertretung). Die Beschaffenheit der zu leistenden Arbeit oder deren Zweck müssen nach dem Willen der Vertragsparteien die Dauer bestimmen. Sie müssen eindeutig und unmissverständlich vereinbart sein. Es darf sich dabei nicht nur um das Motiv für den Vertragsabschluss handeln. Der Einsatz in einem begrenzten Aufgabenbereich reicht idR nicht aus, um von dem konkludenten Abschluss eines zweckbefristeten Arbeitsvertrages ausgehen zu können. Der Hauptleistungspflicht des ArbN, nämlich der Erbringung einer den arbeitsvertragl. vorausgesetzten Arbeitsanforderungen genügende Arbeitsleistung, muss durch die Zweckerreichung objektiv insgesamt die Grundlage entzogen sein. Die Erreichung Einzelner arbeitsvertragl. Ziele kann daher idR keine Zweckbefristung des Arbeitsvertrages rechtfertigen. Da die Zweckerreichung den Beendigungstatbestand umschreibt, muss der Zweck oder das zur Beendigung führende Ereignis gem. § 14 IV zum Gegenstand des Vertrages gemacht werden (wodurch zugleich die nach § 2 I Nr. 3 NachwG bestehende Mitteilungspflicht erfüllt wird)[3]. Zweckbefristungen können daher nur auf Verträgen mit Sachgrund beruhen.

5 Die Zweckbefristung ist nur zulässig, wenn der Zeitpunkt der Zweckerfüllung für den ArbN **voraussehbar** ist und grds. in **überschaubarer Zeit** liegt. Zwar kommt es nicht darauf an, wann die Zweckerfüllung tatsächlich eintritt. Das Wesen der Befristung liegt aber in der erkennbaren Endlichkeit, so dass eine fehlende Überschaubarkeit des Vertragszeitraums nur ein unbefristetes Arbeitsverhältnis rechtfertigt. Die Zweckerreichung muss daher auch **objektiv bestimmbar** sein[4]. Anhand objektiver Maßstäbe muss festgestellt werden können, ob für den befristet eingestellten ArbN noch Arbeit vorhanden ist. Für den zweckbefristeten Arbeitsvertrag gilt im Übrigen § 15 II.

6 **c) Auflösende Bedingung (§ 21 TzBfG).** Eine Definition des **auflösend bedingten Arbeitsvertrages** enthält das Gesetz nicht (zur auflösenden Bedingung s. § 158 II BGB). Der auflösend bedingte Arbeits-

---

1 ABl. v. 10.7.1999, L 175/43. |2 KR/*Bader*, § 3 TzBfG Rz. 18. |3 LAG Rh.-Pf. v. 19.5.2004 – 9 Sa 2026/03, LAGReport 2004, 323. |4 BAG v. 26.3.1986 – 7 AZR 599/84, AP Nr. 103 zu § 620 BGB – Befristeter Arbeitsvertrag.

vertrag unterscheidet sich von dem zeit- und zweckbefristeten Vertrag dadurch, dass sein Ende von dem ungewissen Eintritt eines zukünftigen Ereignis abhängt. Der Zeitpunkt des Eintritts des zukünftigen Ereignisses steht fest, ungewiss ist aber, ob dieses Ereignis eintritt. Dagegen liegt eine Befristung vor, wenn der Eintritt des zukünftigen Ereignisses feststeht, auch wenn der Zeitpunkt seines Eintritts ungewiss ist. Maßgeblich dafür, ob der Eintritt eines Ereignisses als gewiss oder als ungewiss angesehen wird, sind die subjektiven Vorstellungen der Vertragsparteien bei Vertragsabschluss. Auf Grund der Verweisung des § 21 sind auf den auflösend bedingten Arbeitsvertrag weitgehend die gleichen Rechtsregeln anwendbar wie für den zeit- und zweckbefristeten Arbeitsvertrag.

7 Die gewählte Bedingung muss so umschrieben sein, dass der **Eintritt des Ereignisses**, an das die Beendigung des Arbeitsverhältnisses geknüpft wird, **objektiv erkennbar** ist[1]. Dies ergibt sich schon aus § 14 IV sowie § 2 I 2 Nr. 3 NachwG. Für die Beendigung des auflösend bedingten Arbeitsvertrages gilt ebenfalls § 15 II. Nicht anwendbar ist § 14 II, da mit einer auflösenden Bedingung der Beendigungstatbestand gekennzeichnet werden muss. – Siehe im Übrigen die Komm. zu § 21.

8 **d) Sonderformen.** Das **Probearbeitsverhältnis** wird regelmäßig kalendermäßig bestimmt. Die Eignung für eine bestimmte vertragl. übernommene Aufgabe ist zu unbestimmt, um sie als auflösende Bedingung vereinbaren zu können.

9 **Mindestbefristung/-dauer** bedeutet nur die Möglichkeit des Ausschlusses einer ordentl. Kündigung bis zu einem bestimmten Termin. Danach besteht ein unbefristetes, jederzeit ordentl. kündbares Arbeitsverhältnis. Wird vertragl. vereinbart, dass sich der Vertrag jeweils um einen bestimmten Zeitraum verlängert, wenn er nicht vorher gekündigt wird, so ist eine Kündigung nur zum Ablauf des vereinbarten (Verlängerungs-)Zeitraums zulässig. Ergibt sich jedoch aus dem Arbeitsvertrag, dass das Arbeitsverhältnis vorbehaltlich einer Verlängerung zu einem festen Zeitpunkt enden soll, so handelt es sich um eine Befristung.

Die Vereinbarung einer **Höchstdauer** des Arbeitsverhältnisses stellt eine Befristung dar. Auch ohne die ausdrückliche Vereinbarung eines Kündigungsrechts gem. § 15 III wird man einer solchen Regelung den Willen der Vertragsschließenden entnehmen können, dass zuvor eine ordentl. Kündigung möglich ist.

10 Die **Beendigungs-** bzw. **Nichtverlängerungsmitteilung** stellt abgesehen vom Bühnenbereich idR eine nur zu einem bestimmten Zeitpunkt vorgesehene Kündigung dar.

11 Eine **Doppelbefristung** liegt vor, wenn eine Zweckbefristung mit einer zeitlichen (Höchst-)Befristung **kombiniert** wird (zB „als Krankheitsvertretung für den ArbN ..., längstens jedoch bis zum ..."). Ob eine derartige Kombination vorliegt, ist im Wege der Auslegung des Vertrages nach §§ 133, 157 BGB zu ermitteln. Die Wirksamkeit der Zeitbefristung (Höchstbefristung) und der Zweckbefristung sind rechtl. getrennt zu beurteilen[2]. Wegen der gem. § 22 I nicht abdingbaren Folge des § 15 V der Begründung eines unbefristeten Arbeitsverhältnisses nach Fortsetzung der Arbeitsleistung trotz Zweckerreichung ist die Möglichkeit einer rechtswirksamen Doppelbefristung im vorgenannten Sinne fraglich[3].

12 **Kettenbefristungen** oder **Kettenarbeitsverhältnisse** liegen bei mehreren aufeinander folgenden befristeten Arbeitsverhältnissen vor. Bedeutsam ist insoweit der Beginn der Klagefrist des § 17.

13 Die Befristung **einzelner Vertragsbedingungen** ist ebenfalls möglich. Das Schriftformerfordernis des § 14 IV gilt hierfür nicht. Zur Wirksamkeit der Befristung einzelner Arbeitsbedingungen s. § 14 Rz. 94 ff.

14 Bei vereinbarten **Altersgrenzen** ist umstritten, welchen rechtl. Charakter ein an ein bestimmtes Alter geknüpfter Beendigungstermin hat. Der für das Befristungsrecht zuständige Siebte Senat des BAG geht von einer Befristung und nicht von einer auflösenden Bedingung aus[4].

15 **III. Vergleichbarkeit zu unbefristet beschäftigten Arbeitnehmern (Abs. 2). 1. Betrieblicher Vergleich.** Die Vergleichbarkeit eines befristet beschäftigten ArbN mit einem unbefristet beschäftigten ArbN ist im Hinblick auf eine etwaige **Diskriminierung** (§ 4 II) von Bedeutung. Maßstab ist vorrangig der im selben Betrieb unbefristet beschäftigte ArbN. Diese auf den Betrieb bezogene Vergleichbarkeit ist demgegenüber von der jüngeren Rspr. des BAG aufgegeben worden[5]. Der Befristung selbst ist keine betriebsspezifische Besonderheit zu entnehmen. Allerdings entspricht die in der ersten Stufe vorzunehmende Überprüfung der betrieblichen Situation § 3 Nr. 2 der Rahmenvereinbarung der RL 1999/70/EG.

16 In den Vergleich einzubeziehen sind unbefristet beschäftigte ArbN mit der **gleichen oder einer ähnlichen Tätigkeit**. Gleich sind die Tätigkeiten, wenn die Arbeitsanforderungen weitgehend übereinstimmen, also die Arbeiten unter Berücksichtigung der Qualifikation, der Verantwortung sowie der Arbeitsbedingungen und Belastungen so gleichartig sind, dass die ArbN ohne weiteres austauschbar sind. Ähnliche Tätigkeiten sind anzunehmen, wenn sie in derselben Gruppe eines Vergütungssystems erfasst

1 Dass die angeführte Bedingung sodann einseitig herbeigeführt wird, steht dem nicht entgegen, wenn dies sachlich geboten erscheint; s. dazu BAG v. 2.7.2003 – 7 AZR 612/02, NZA 2004, 311. | 2 BAG v. 15.8.2001 – 7 AZR 263/00, NZA 2002, 85. | 3 AA KR/*Bader*, § 3 TzBfG Rz. 48. | 4 BAG v. 14.8.2002 – 7 AZR 469/01, DB 2003, 394. | 5 BAG v. 17.11.1998 – 1 AZR 147/98, BB 1999, 692.

werden, sofern diese an die Tätigkeit anknüpft[1]. Eine bloße Gleichwertigkeit der Tätigkeiten genügt nicht.

2. Anwendbarer Tarifvertrag. Gibt es in dem Beschäftigungsbetrieb keinen vergleichbaren unbefristet beschäftigten ArbN, so ist der vergleichbare unbefristet beschäftigte ArbN auf Grund des anwendbaren TV zu bestimmen. Maßgeblich ist insoweit ein kraft Verbandszugehörigkeit oder Tarifbindung anzuwendender TV. Ausreichend kann aber auch ein auf Grund gleich lautender vertragl. Bezugnahme oder betrieblicher Übung einheitlich im Betrieb angewandter TV sein[2]. 17

3. Wirtschaftszweig. Ist weder im Betrieb noch auf Grund eines TV ein vergleichbarer unbefristet beschäftigter ArbN festzustellen, so erstreckt sich die Prüfung darauf, wer im jeweiligen Wirtschaftszweig üblicherweise als vergleichbarer unbefristet beschäftigter ArbN anzusehen ist. Vorrangig wird man dabei auf in der Branche geltende TV abstellen müssen, die jedoch im konkreten Einzelfall wegen fehlender Tarifbindung nicht direkt anwendbar sind. Fehlt es auch an derartigen Regelungen, so sind die tatsächlichen Beschäftigungsbedingungen bei anderen ArbGeb innerhalb derselben Branche in geeigneter Weise zu vergleichen. Das bedeutet nicht, dass sich der ArbGeb an den Arbeitsbedingungen der Konkurrenz orientieren muss, sondern unter Berücksichtigung der in seinem Betrieb geltenden Regelungen an insoweit hypothetischen Arbeitsbedingungen. 18

4 *Verbot der Diskriminierung*

(1) Ein teilzeitbeschäftigter Arbeitnehmer darf wegen der Teilzeitarbeit nicht schlechter behandelt werden als ein vergleichbarer vollzeitbeschäftigter Arbeitnehmer, es sei denn, dass sachliche Gründe eine unterschiedliche Behandlung rechtfertigen. Einem teilzeitbeschäftigten Arbeitnehmer ist Arbeitsentgelt oder eine andere teilbare geldwerte Leistung mindestens in dem Umfang zu gewähren, der dem Anteil seiner Arbeitszeit an der Arbeitszeit eines vergleichbaren vollzeitbeschäftigten Arbeitnehmers entspricht.

(2) Ein befristet beschäftigter Arbeitnehmer darf wegen der Befristung des Arbeitsvertrages nicht schlechter behandelt werden als ein vergleichbarer unbefristet beschäftigter Arbeitnehmer, es sei denn, dass sachliche Gründe eine unterschiedliche Behandlung rechtfertigen. Einem befristet beschäftigten Arbeitnehmer ist Arbeitsentgelt oder eine andere teilbare geldwerte Leistung, die für einen bestimmten Bemessungszeitraum gewährt wird, mindestens in dem Umfang zu gewähren, der dem Anteil seiner Beschäftigungsdauer am Bemessungszeitraum entspricht. Sind bestimmte Beschäftigungsbedingungen von der Dauer des Bestehens des Arbeitsverhältnisses in demselben Betrieb oder Unternehmen abhängig, so sind für befristet beschäftigte Arbeitnehmer dieselben Zeiten zu berücksichtigen wie für unbefristet beschäftigte Arbeitnehmer, es sei denn, dass eine unterschiedliche Berücksichtigung aus sachlichen Gründen gerechtfertigt ist.

I. Inhalt und Geltungsbereich des Diskriminierungsverbots. 1. Inhalt. Die Bestimmung enthält ein **Diskriminierungsverbot** sowohl zu Gunsten teilzeitbeschäftigter ArbN wie auch zu Gunsten befristet beschäftigter ArbN. Demgemäß darf ein teilzeitbeschäftigter ArbN **wegen** der Teilzeitarbeit nicht schlechter behandelt werden als ein vergleichbarer vollzeitbeschäftigter ArbN, ein befristet beschäftigter ArbN **wegen** der Befristung des Arbeitsvertrages – und auch nur während der Befristung[3] – nicht schlechter als ein vergleichbarer unbefristet beschäftigter ArbN, es sei denn, dass sachliche Gründe eine unterschiedliche Behandlung rechtfertigen. Mit Abs. 1 S. 1 wird § 4 I der Rahmenvereinbarung über Teilzeitarbeit (RL 97/81/EG) umgesetzt. Satz 2 übernimmt den in § 4 II der Rahmenvereinbarung über Teilzeitarbeit geregelten Pro-rata-temporis-Grundsatz für die Fälle, in denen dies „angemessen" ist. Aus sachlichen Gründen kann daher auch eine nur zeitanteilige Gewährung der Leistung unterbleiben. Mit Abs. 2 wird § 4 der Rahmenvereinbarung über befristete Arbeitsverträge (RL 1999/70/EG) umgesetzt. § 4 ist im Ergebnis eine Konkretisierung des auch in Art. 3 I GG enthaltenen Gleichbehandlungsgrundsatzes[4]. Die Bestimmungen des am 1.1.2001 in Kraft getretenen TzBfG können auf zurückliegende Sachverhalte nicht angewendet werden[5]. 1

§ 4 enthält typisierte Beispiele sachwidriger Gruppenbildung. Es ist danach ein spezifischer Gruppenvergleich zwischen Voll- und TeilzeitArbN (Abs. 1) oder unbefristet und befristet beschäftigten ArbN (Abs. 2) vorzunehmen. § 4 I entspricht inhaltlich im Wesentlichen § 2 I 1 BeschFG. Nach der Gesetzesbegründung ist aber bewusst nicht das generelle Verbot einer unterschiedlichen Behandlung übernommen worden, so dass eine Besserstellung der Teilzeitbeschäftigten (zB aus arbeitsmarktpolitischen Gründen) nicht ausgeschlossen ist[6]. Damit ist jedoch keine generelle Besserstellung iS einer positiven Diskriminierung gemeint. – Zu positiven Maßnahmen zur Verhinderung oder zum Ausgleich bestehender Nachteile ua. wegen des Geschlechts, des Alters oder einer Behinderung siehe §§ 5, 8 und 9 AGG und zu Präventionsmaßnahmen durch den ArbGeb § 12 AGG. – Wegen des Gleichbehandlungsgrundsatzes

1 KDZ/*Däubler*, § 3 TzBfG Rz. 19. | 2 KR/*Bader*, § 3 TzBfG Rz. 54. | 3 BAG v. 2.3.2004 – 1 AZR 271/03, NZA 2004, 852. | 4 BAG v. 25.10.1994 – 3 AZR 149/94, NZA 1995, 730. | 5 BAG v. 19.4.2005 – 3 AZR 128/04, DB 2005, 1636. | 6 BT-Drs. 14/4374, S. 15.

kann jedoch eine Besserstellung teilzeitbeschäftigter oder befristet beschäftigter ArbN ohne Vorliegen sachlich anerkennenswerter Gründe nicht ohne weiteres in Betracht kommen.

2 **2. Geltungsbereich.** Die Diskriminierungsverbote der Abs. 1 und 2 gelten **für alle arbeitsrechtl. Regeln**, also auch für TV und kirchliche Arbeitsbedingungen[1]. Die Bestimmung erstreckt sich auf einseitige Maßnahmen des ArbGeb und auf vertragl. Regelungen. Auch die Ausübung des arbeitgeberseitigen Weisungsrechts unterliegt dem Diskriminierungsverbot. Weder die abweichende Arbeitszeit noch eine Befristung des Arbeitsverhältnisses dürfen ursächlicher Grund für eine unterschiedliche Regelung sein, es sei denn, sachliche Gründe rechtfertigen die unterschiedliche Behandlung. Auf Grund der Regelung in § 3 I Nr. 3 AÜG sind grds. auch LeihArbN nicht ausgenommen.

Die Vergleichsgruppe gegenüber den Teilzeitbeschäftigen bilden die vergleichbaren Vollzeitbeschäftigten, gegenüber den befristet Beschäftigten die unbefristet beschäftigten ArbN. § 4 bezieht sich nach seinem Wortlaut nur auf die Gruppenbildung Teilzeit zur Vollzeit bzw. befristet Beschäftigte zu unbefristet beschäftigten ArbN. Der Bestimmung kann daher nicht entnommen werden, dass sie auch die Ungleichbehandlung von Teilzeitbeschäftigten mit unterschiedlicher Arbeitszeit oder -dauer untereinander verbietet[2]. Bei unterschiedlicher Gruppenbildung innerhalb der Teilzeitbeschäftigten oder befristet Beschäftigten gilt der allgemeine arbeitsrechtl. Gleichbehandlungsgrundsatz. Sofern keine diesbezüglichen generalisierenden betrieblichen Regeln gelten, wird der Grundsatz der Vertragsfreiheit aber durch den Gleichbehandlungsgrundsatz nicht eingeschränkt. Zur Vergleichbarkeit siehe auch §§ 2 und 3.

3 **II. Teilzeitarbeit (Abs. 1). 1. Benachteiligung. a) Entgelt und andere Arbeitsbedingungen (S. 1 und 2).** Wegen der Teilzeit darf es zu keiner unterschiedlichen Behandlung von Teilzeitbeschäftigten gegenüber vollzeitbeschäftigten ArbN kommen, es sei denn, dass dies durch sachliche Gründe gerechtfertigt ist. Dies gilt grds. auch für geringfügig Beschäftigte iSv. § 8 I Nr. 1 SGB IV. Eine Ungleichbehandlung wegen der Teilzeit liegt vor, wenn die Dauer der Arbeitszeit das Kriterium ist, an das die Differenzierung hinsichtlich der unterschiedlichen Arbeitsbedingungen anknüpft. Ist die Ungleichbehandlung nicht mit der Dauer der Arbeitszeit zu begründen, so liegt keine Ungleichbehandlung wegen der Teilzeitarbeit vor. Es besteht daher nur ein relatives Differenzierungsverbot.

4 Das Diskriminierungsverbot erstreckt sich sowohl auf **einseitige Maßnahmen** wie auf **vertragl. Vereinbarungen**[3]. Das Verbot der unterschiedlichen Behandlung erfasst alle Arbeitsbedingungen. Es kommt allein auf das Vorliegen einer objektiven Ungleichbehandlung wegen der Teilzeitarbeit an. Ein Verschulden oder gar eine Diskriminierungsabsicht müssen aufseiten des ArbGeb nicht vorliegen.

5 Im Wesentlichen **vergleichbare Tatbestände** dürfen nicht ungleich behandelt werden. Dies setzt aber keine Identität der gesamten Arbeitsbedingungen voraus. § 2 I 3 lässt eine ähnliche Arbeit ausreichen. Funktional austauschbare Tätigkeiten sind daher in den Vergleich mit einbezogen. Gelten für vergleichbare vollzeitbeschäftigte ArbN unterschiedliche Arbeitsbedingungen, so ist ein Vergleich zu der Gruppe zu ziehen, die über die ungünstigsten Arbeitsbedingungen verfügt. Die Abweichung kann dann nicht ihren Grund in der Teilzeittätigkeit haben, sondern ist mit dem Grundsatz der Vertragsfreiheit zu erklären. Verboten ist ohnehin nur die Ungleichbehandlung wegen der Teilzeitbeschäftigung, nicht aus anderen sachlichen Gründen. Hierzu können auch die geringere Beitrags- und Steuerbelastung zählen[4]. Da die **geringfügig Beschäftigten** selbst und nicht die ArbGeb von SozV-Beiträgen und Steuern entlastet sind, ist das Arbeitsentgelt geringfügig Beschäftigter iSv. § 8 SGB IV am Bruttoentgelt vergleichbarer VollzeitArbN abzüglich der überdurchschnittlichen Beitragsbelastung des ArbGeb zu orientieren, soweit kein anderer Grund für eine Ungleichbehandlung besteht[5]. Die dadurch erfolgende Bevorzugung geringfügig Beschäftigter beim Nettoentgelt folgt daraus, dass hier die ArbN und nicht die ArbGeb von SozV-Beiträgen befreit sein sollen. Da auch ein geringfügig Beschäftigter die Möglichkeit hat, die Einzelbesteuerung zu verlangen, kann aus der Schlechterstellung beim Netto-Zufluss infolge der sich aus der Bruttolohnvereinbarung ergebenden Belastung mit der Pauschalsteuer keine Benachteiligung gegenüber einem vollzeitbeschäftigten ArbN gefolgert werden (§ 40 III 3 EStG lässt die Abwälzung der pauschalen Lohnsteuer im Arbeitsverhältnis auf den ArbN zu)[6]. Vgl. auch §§ 19/38 EStG Rz. 26 ff.

6 In Satz 2 wird das Gleichbehandlungsgebot bezüglich des **Entgelts** konkretisiert. Danach ist einem teilzeitbeschäftigten ArbN Arbeitsentgelt oder eine andere teilbare geldwerte Leistung mindestens in dem Umfang zu gewähren, der dem Anteil seiner Arbeitszeit an der Arbeitszeit eines vergleichbaren vollzeitbeschäftigten ArbN entspricht[7]. Für das Arbeitsentgelt und andere teilbare geldwerte Leistungen gilt das **Pro-rata-temporis-Prinzip**. Eine zulässige Kürzung einer Leistung setzt voraus, dass der

1 BAG v. 15.10.2003 – 4 AZR 606/02, DB 2004, 1155; einschr. dazu *Müller-Volbehr*, NZA 2002, 301. | 2 So aber zu § 2 I BeschFG BAG v. 29.8.1989 – 3 AZR 370/88, NZA 1990, 37. | 3 BAG v. 16.1.2003 – 6 AZR 222/01, NZA 2003, 971; bzgl. der unzulässigen Einschränkung des Anspruchs auf Arbeitszeitverringerung durch § 15b BAT s. BAG v. 18.3.2003 – 9 AZR 126/02, DB 2004, 319. | 4 *Hanau*, DB 2005, 946. | 5 *Hanau*, NZA 2006, 809. | 6 BAG v. 1.2.2006 – 5 AZR 628/04, DB 2006, 1059. | 7 BAG v. 25.4.2001 – AZR 368/99, DB 2001, 2150; so auch die Gesetzesbegründung, BT-Drs. 14/4374, S. 15.

Entgeltcharakter der Leistung im Vordergrund steht oder ein anderer an die Dauer der Arbeitszeit anknüpfender, mit der Leistung verbundener Zweck[1]. Sieht also die Arbeitsleistung in Abhängigkeit zu der Arbeitszeit wie beim Arbeitsentgelt eine **Funktionszulage**[2] oder eine **Pflegezulage**[3] vor, darf das unterschiedliche Arbeitspensum zu einer entsprechenden anteiligen Reduzierung bzw. Anpassung dieser Vergütungsbestandteile führen. Dies gilt auch für **Beihilfen**, sofern die tarifl. Regelung nicht der Deckung des vollen Bedarfs des Anspruchsberechtigten dient, sondern die Leistung über einen anlassbezogenen Zuschuss zur laufenden Vergütung darstellt[4]. Da der Zweck eines tarifl. **Übergangsgeldes** (s. §§ 62–64 BAT; nach dem TVöD-AT besteht darauf jedoch kein Anspruch mehr) darin besteht, dem ausgeschiedenen ArbN eine finanzielle Unterstützung zu verschaffen und in Abhängigkeit zur zuvor erbrachten Arbeitsleistung steht, hat ein Teilzeitbeschäftigte darauf ebenfalls einen Anspruch. Dagegen kann die **Anhebung der Pflichtstundenzahl** für Vollzeitkräfte zu einer entsprechenden Minderung des Gehaltsanspruchs des Teilzeitbeschäftigten führen[5]. Bei der Gewährung von langfristigen **Baudarlehen** dürfen Teilzeitbeschäftigte nicht ausgeschlossen werden[6]. Jedoch ist es zulässig, das Darlehen der Höhe nach anteilig im Verhältnis der wöchentlichen Arbeitszeit zu der wöchentlichen Arbeitszeit einer Vollzeitarbeitskraft zu begrenzen. **Sonderzuwendungen/jährliche Einmalzahlungen** (13. Gehalt, Gratifikation, Weihnachts- und Urlaubsgeld) sind grds. Teilzeitbeschäftigten anteilig zu gewähren[7]. Wie sich aus der besonderen Einbeziehung der geringfügig Beschäftigten iSd. § 8 I Nr. 1 SGB IV in § 2 II ergibt, dürfen geringfügig Beschäftigte ebenfalls nicht von den **Jahressonderzuwendungen** ausgenommen werden. Dies gilt auch für Regelungen in BV[8] und in TV[9].

Wird ein ArbN wegen seiner Teilzeitbeschäftigung niedriger vergütet als ein Vollzeitbeschäftigter, ist die Vergütungsabrede gem. § 134 BGB nichtig[10]. Der ArbN hat nach § 612 II BGB Anspruch auf Zahlung der üblichen Vergütung.

Nur eine durch die Teilzeitarbeit kausal verursachte Ungleichbehandlung wird von dem Diskriminierungsverbot des § 4 I erfasst. Eine Ungleichbehandlung ist dann auf die Teilzeit zurückzuführen, wenn die Dauer der Arbeitszeit Anknüpfungspunkt für die Ungleichbehandlung ist. Steht die Gegenleistung **nicht in Abhängigkeit zu der Arbeitszeit**, so kann die Ungleichbehandlung nicht an § 4 I gemessen werden. Ist also nicht die Arbeitszeit maßgebliches Kriterium für die Differenzierung oder für die Leistung selbst, sondern soll damit zB die ungünstige Lage der Arbeitszeit ausgeglichen oder eine lange Betriebstreue belohnt werden, so ist keine anteilige Kürzung vorzunehmen. Vielmehr steht dem teilzeitbeschäftigten ArbN in derartigen Fällen die Leistung in voller Höhe zu. Teilzeitbeschäftigte haben daher grds. Anspruch auf gleich hohe **Spätarbeits- und Nachtarbeitszuschläge**[11], **Urlaubsgeld**[12] und **Essensgeldzuschuss**, wenn zu erwarten ist, dass Teilzeitbeschäftigte auch ein Mittagessen während ihrer Arbeitszeit einnehmen[13]. Die Dauer des **Erholungsurlaubs** eines Teilzeitbeschäftigten richtet sich auch nicht nach dem Verhältnis der Teilzeitarbeit zur Vollzeitarbeit. Maßgeblich ist dafür, an wie vielen Arbeitstagen pro Woche der Teilzeitbeschäftigte im Vergleich zum Vollzeitbeschäftigten regelmäßig arbeitet. 7

Die **Beschäftigungsdauer** ist grds. auch für dauernd in Teilzeit beschäftige ArbN kein Unterscheidungsmerkmal. Dies gilt für die Erlangung eines besonderen tarifl. Kündigungsschutzes und für tarifl. Jubiläumszuwendungen, da Voraussetzung für ihre Gewährung allein das Zurücklegen einer bestimmten Dienstzeit ist und nicht der Umfang der erbrachten Arbeitsleistung[14]. Anders kann es sich verhalten, wenn aus der Beschäftigungsdauer ein bestimmtes **Erfahrungswissen** geschlossen werden kann[15]. Bei einem monatlichen Zuschlag zur Anerkennung der Unternehmenszugehörigkeit, der sich als Vergütungsbestandteil darstellt, kann aber eine zeitanteilige Kürzung erfolgen[16].

Ist die Bezahlung einer **Wechselschichtzulage** nach einer tarifl. Regelung allein davon abhängig, dass der ArbN in Wechselschicht arbeitet und innerhalb eines bestimmten Zeitraumes eine bestimmte Mindestzeit von Nachtdienststunden leistet, so steht die Wechselschichtzulage auch den teilzeitbeschäftigten ArbN in voller Höhe zu, wenn sie die tarifl. Anspruchsvoraussetzungen erfüllen[17].

Ändert sich der Leistungszweck bzw. die Art der Leistung, wenn sie auch Teilzeitbeschäftigten gewährt würde, so rechtfertigt dies eine Ungleichbehandlung. Erhalten VollzeitArbN an bestimmten Tagen, wie Heiligabend oder Silvester bereits um 12:00 Uhr Dienstbefreiung, so können daher Teilzeitbe- 8

---

1 ErfK/*Preis*, § 4 TzBfG Rz. 45. | **2** BAG v. 17.4.1996 – 10 AZR 617/95, NZA 1997, 324. | **3** BAG v. 10.2.1999 – 10 AZR 711/97, NZA 1999, 1001. | **4** BAG v. 19.12.1998 – 6 AZR 460/96, NZA 1998, 887; v. 19.2.1998 – 6 AZR 477/96, NZA 1998, 1131. | **5** BAG v. 17.5.2000 – 5 AZR 783/98, NZA 2001, 799. | **6** BAG v. 27.7.1994 – 10 AZR 538/93, DB 1994, 2348. | **7** BAG v. 24.5.2000 – 10 AZR 629/99, NZA 2001, 216; v. 15.4.2003 – 9 AZR 548/01, NZA 2004, 494. | **8** LAG Hess. v. 14.3.1995 – 7 Sa 883/94, NZA 1995, 1162. | **9** EuGH v. 9.9.1999 – C-281/97, BB 1999, 2085 – Andrea Krüger; im Ergebnis wird aber von einer mittelbaren Diskriminierung ausgegangen. | **10** BAG v. 17.4.2002 – 5 AZR 413/00, NZA 2002, 1334. | **11** BAG v. 24.9.2003 – 10 AZR 675/02, BAGReport 2004, 38. | **12** BAG v. 23.4.1996 – 9 AZR 696/94, DB 1996, 2290. | **13** BAG v. 26.9.2001 – 10 AZR 714/00, DB 2002, 47. | **14** BAG v. 22.5.1996 – 10 AZR 618/95, DB 1996, 1783. | **15** ErfK/*Preis*, § 4 TzBfG Rz. 54. | **16** BAG v. 16.4.2003 – 4 AZR 156/02, DB 2003, 1849. | **17** BAG v. 23.6.1993 – 10 AZR 127/92, NZA 1994, 41; zum Schichtlohnzuschlag siehe aber BAG v. 11.6.1997 – 10 AZR 784/96, NZA 1998, 667; LAG Bremen v. 17.7.2007 – 1 Sa 49/7, ZTR 2007, 614; aA LAG Bln.-Bbg. v. 22.6.2007 – 8 Sa 788/07, ZTR 2007, 615.

schäftigte, deren Arbeitszeit ohnehin um diese Zeit endet, nicht proportional anteilig **zusätzliche Freizeit** verlangen[1]. Auch wird eine hälftig teilzeitbeschäftigte Pflegekraft nicht wegen der Teilzeit ungleich behandelt, wenn sie zur gleichen Anzahl von **Wochenenddiensten** herangezogen wird wie eine vollzeitbeschäftigte Pflegekraft[2].

9 **Überstunden-/Mehrarbeitszuschläge** kann ein teilzeitbeschäftigter ArbN erst dann beanspruchen, wenn dafür auch vollzeitbeschäftigte ArbN Mehrarbeitszuschläge erhalten würden. Dem steht zwar entgegen, dass es bezogen auf die konkret vereinbarte Arbeitszeit zu einer Überschreitung der vertragl. vom ArbN vorausgesetzten und grds. gewollten Regelarbeitszeit kommt. Umgekehrt würde der Vollzeitbeschäftigte ungleich behandelt, dem bei der gleichen Anzahl vertragl. geleisteter Arbeitsstunden ein Zuschlag versagt bleibt. Begründet man den Zuschlag nicht mit der bloßen Abweichung vom vertragl. Geschuldeten, sondern mit der steigenden Belastung infolge der Mehrarbeit, so gibt die bloße Überschreitung der individuellen Arbeitszeit keinen Anspruch auf einen Überstundenzuschlag[3]. Ein dahingehender tarifl. Ausschluss ist daher wirksam[4]. Jedoch steht dem Teilzeitbeschäftigten **eine anteilige Vergütung** bis hin zur vollen Vergütung oder entsprechende Arbeitsbefreiung unter Fortzahlung der Vergütung zu, wenn er vereinbarungsgemäß zeitweise über seine Teilzeitquote hinaus bis hin zur regelmäßigen Arbeitszeit eines vergleichbaren vollzeitbeschäftigten ArbN (§ 2 I) arbeitet[5]. Die Vergütung der Mehrarbeit muss der für reguläre Arbeitsstunden entsprechen[6].

10 Für **teilzeitbeschäftigte BR-Mitglieder** besteht entgegen der bisherigen Rspr.[7] ein Anspruch auf Arbeitsbefreiung unter Fortzahlung der Vergütung, wenn die BR-Tätigkeit nicht innerhalb der persönlichen Arbeitszeit erfolgen kann (§ 37 III 1 BetrVG). Dasselbe gilt bei Teilnahme an einer für die BR-Arbeit erforderlichen Schulung außerhalb ihrer Arbeitszeit[8] und die damit im Zusammenhang stehende Reisezeiten, es sei denn die Reise wurde auch außerhalb der betriebsüblichen Arbeitszeit eines vollzeitbeschäftigten ArbN durchgeführt[9].

11 Das Gleichbehandlungsgebot gilt zudem für die **betrAV**, auch dann, wenn ein weiteres Arbeitsverhältnis besteht[10]. Eine unterschiedliche Ausgestaltung der Leistungen durch die betrAV ist nicht gerechtfertigt. Jedoch können Teilzeitkräfte keine gleich hohe betrAV fordern wie Vollzeitkräfte. Gleichwohl müssen sie sich auf die betriebliche Gesamtversorgung auch die auf einer früheren Vollzeitbeschäftigung beruhende SozV-Rente anrechnen lassen[11]. Dagegen konnten bis zum 31.3.1999 geringfügig Beschäftigte, die nicht der gesetzl. RV-Pflicht unterliegen, von der Zusatzversorgung ausgenommen werden[12]. Diese Differenzierung wird wohl nicht beibehalten werden können, da geringfügig Beschäftigte gem. § 5 II 2 SGB VI auf die Versicherungsfreiheit verzichten können[13] und § 2 II sie ausdrücklich Teilzeitbeschäftigten gleichstellt.

12 **b) Kündigung und soziale Auswahl.** Tarifliche **Unkündbarkeitsregelungen** gelten auch für Teilzeitbeschäftigte, ohne dass eine längere Dienstzeit zurückgelegt werden muss. Das unterschiedliche Arbeitspensum der Teilzeitbeschäftigten und der Vollzeitkräfte rechtfertigt keine unterschiedliche Behandlung[14]. Die tarifl. Unkündbarkeit kann auch nicht davon abhängig gemacht werden, dass die Arbeitszeit des Teilzeitbeschäftigten mindestens die Hälfte der regelmäßigen Arbeitszeit eines Vollzeitbeschäftigten beträgt[15]. Auch Zeiten geringfügiger Beschäftigung sind anzurechnen[16].

13 Im Rahmen der gem. § 1 III KSchG zu treffenden **sozialen Auswahl** sind Vollzeit- mit TeilzeitArbN zu vergleichen, wenn nur insgesamt eine kürzere Arbeitszeit im Betrieb durchgesetzt werden soll. Ein **Interessenausgleich**, der ohne sachliche Rechtfertigung die Entfernung von Teilzeitbeschäftigten aus dem Unternehmen zum Gegenstand hat, ist daher nichtig. Eine verbundene Namensliste entfaltet keine Vermutungswirkung iSd. § 1V KSchG[17]. Wenn hingegen ein nachvollziehbares unternehmerisches Konzept zur Arbeitszeitgestaltung vorliegt, demzufolge bestimmten Tätigkeiten bestimmte Arbeitszeiten zugeordnet sind, so ist die dem zugrunde liegende unternehmerische Entscheidung im Rahmen eines

---

1 BAG v. 26.5.1993 – 5 AZR 184/92, AP Nr. 42 zu Art. 119 EWG-Vertrag; LAG Köln v. 10.3.1992 – 1 Sa 937/91, DB 1992, 1528. | 2 BAG v. 1.12.1994 – 6 AZR 501/94, NZA 1995, 590. | 3 BAG v. 5.11.2003 – 5 AZR 8/03, AP Nr. 6 zu § 4 TzBfG; bezüglich des öffentlichen Dienstes: BAG v. 25.7.1996 – 6 AZR 138/94, NZA 1997, 774; die vorübergehende Verlängerung der Arbeitszeit von Teilzeitbeschäftigten ist gem. § 87 I Nr. 3 BetrVG mitbestimmungspflichtig, auch wenn sie nicht über die regelmäßige Arbeitszeit vergleichbarer Vollzeitbeschäftigter hinausgeht, BAG v. 24.4.2007 – 1 ABR 47/06, NZA 2007, 818. | 4 BAG v. 16.6.2004 – 5 AZR 448/03, AP Nr. 20 zu § 1 TVG – Tarifverträge: Großhandel. | 5 BAG v. 25.5.2005 – 5 AZR 566/04, NZA 2005, 981. | 6 Ansonsten ggf. auch Diskriminierung auf Grund des Geschlechts, EuGH v. 6.12.2007 – Rs. C-300/06 – Ursula Voß ./. Land Berlin, NZA 2008, 31. | 7 BAG v. 5.3.1997 – 7 AZR 581/92, BB 1997, 2218. | 8 BAG v. 16.2.2005 – 7 AZR 330/04, ArbRB 2005, 65. | 9 BAG v. 10.11.2004 – 7 AZR 131/04, NZA 2005, 704. | 10 BVerfG v. 27.11.1997 – 1 BvL 12/91, NZA 1998, 297; EuGH v. 10.2.2000 – Rs. C-50/96, NZA 2000, 313 – Lilli Schröder; BAG v. 7.3.1995 – 3 AZR 282/94, BB 1995, 2217; v. 16.1.1996 – 3 AZR 767/94, DB 1996, 939; v. 27.2.1996 – 3 AZR 886/94, BB 1996, 1561; v. 12.3.1996 – 3 AZR 993/94, NZA 1996, 939; v. 9.10.1996 – 5 AZR 338/95, BB 1997, 1157. | 11 BAG v. 14.10.1998 – 3 AZR 385/97, NZA 1999, 874. | 12 BAG v. 27.2.1996 – 3 AZR 886/94, BB 1996, 1561; v. 12.3.1996 – 3 AZR 993/94, NZA 1996, 939. | 13 Offen gelassen: BAG v. 22.2.2000 – 3 AZR 845/98, DB 2000, 1083. | 14 BAG v. 13.3.1997 – 2 AZR 175/96, BB 1997, 1638. | 15 BAG v. 18.9.1997 – 2 AZR 592/96, DB 1998, 317. | 16 BAG v. 25.4.2007 – 6 AZR 746/06, NZA 2007, 881. | 17 LAG Köln v. 31.3.2006 – 11 Sa 1637/05, nv.

Kündigungsschutzverfahrens hinzunehmen, wenn sie nicht offenkundig unsachlich, dh. missbräuchlich ist. ArbN, die auf Grund solcher Organisationsentscheidungen unterschiedliche Arbeitszeiten aufweisen, die nur durch Änderungskündigungen angepasst werden könnten, sind sie nicht miteinander vergleichbar[1]. Allerdings hat der EuGH in der Entscheidung vom 26.9.2000[2] festgestellt, dass kein Verstoß gegen Art. 2 I und Art. 5 I RL 76/207/EWG vorliegt, wenn § 1 III 1 KSchG so ausgelegt wird, dass teilzeit- und vollzeitbeschäftigte ArbN bei der sozialen Auswahl im Rahmen einer betriebsbedingten Kündigung generell nicht vergleichbar sind. Zwar gibt auch das Gesetz über Teilzeitarbeit und befristete Arbeitsverhältnisse keinen voraussetzungslosen Anspruch auf Erhöhung der Arbeitszeit oder auf einen Vollzeitarbeitsplatz. Wenn es aber um die Vergleichbarkeit von teilzeit- und vollzeitbeschäftigten ArbN im Rahmen der sozialen Auswahl geht, und der teilzeitbeschäftigte ArbN sozial schutzwürdiger ist, gibt § 9 einen Anspruch auf bevorzugte Berechtigung, solange der ArbGeb keine entgegenstehende aufgabenbezogene Organisationsentscheidung getroffen hat[3].

2. Sachliche Gründe. Eine **Benachteiligung** von teilzeitbeschäftigten ArbN ist nur zulässig, soweit dafür ein sachlicher Grund besteht. Dies gilt auch für das in Satz 2 angeführte Arbeitsentgelt und andere teilbare geldwerte Leistungen. Zwar ist nach dem Wortlaut des Satz 2 eine Abweichung von dem Grundsatz der Gleichbehandlung auch bei Vorliegen sachlicher Differenzierungsgründe nicht zulässig. Dies entspricht aber weder der bloßen Konkretisierungsfunktion des Satzes 2 noch der Gesetzesbegründung. Der für Arbeitsentgelt oder andere teilbare geldwerte Leistungen geltende Pro-rata-temporis-Grundsatz soll danach nicht ausnahmslos gelten, sondern nur dann, wenn dies „angemessen" ist[4]. Bei Vorliegen eines sachlichen Grundes kann daher auch im Entgeltbereich differenziert werden. Die sachliche Rechtfertigung ist aber von der Frage zu trennen, ob überhaupt eine Ungleichbehandlung vorliegt (s. Rz. 5 f.). 14

Dem Gesetz ist nicht zu entnehmen, welche **sachlichen Gründe** eine unterschiedliche Behandlung rechtfertigen. Das unterschiedliche Arbeitspensum der Teil- und Vollzeitbeschäftigten allein rechtfertigt keine unterschiedliche Behandlung[5]. Die Unterscheidung muss sich daher aus dem Verhältnis von Leistungszweck und Umfang der Teilzeitarbeit herleiten lassen. Zu den sachlichen Gründen, die eine Ungleichbehandlung rechtfertigen können, zählen die Arbeitsleistung, Qualifikation, Berufserfahrung oder unterschiedliche Arbeitsanforderungen. Der sachliche Grund muss objektiv vorliegen. Eine etwaige geringere Arbeitsmotivation oder Eingliederungsbereitschaft Teilzeitbeschäftigter ist deshalb kein sachlicher Unterscheidungsgrund. Ein sachlich rechtfertigender Grund besteht, wenn die Unterscheidung einem legitimen Ziel dient, sie hierfür erforderlich und angemessen ist. Dabei muss es sich um das mildeste Mittel zur Zielerreichung handeln. Es darf also kein anderes, gleich wirksames Mittel zur Verfügung stehen, das gar nicht oder weniger nachteilig für die betroffene ArbN-Gruppe wäre. 15

Die getroffene Unterscheidung muss vom **Zweck der jeweiligen Leistung** getragen werden. Die Ungleichbehandlung kann daher auch wegen des mit der jeweiligen Leistung verfolgten Zwecks gerechtfertigt sein. In Ausnahmefällen kann dieser den völligen Wegfall der Leistung rechtfertigen. Bei tarifl. Leistungen ist auf die Zwecke abzustellen, die die TV-Parteien nach ihrem im TV zum Ausdruck kommenden Willen verfolgen. Dagegen sind individualvertragl. Regelungen stets an ihrer objektiven Zweckbestimmung zu überprüfen. 16

Der sachliche Grund darf allein aus dem **Bereich der Arbeitsleistung** und der sie bestimmenden Voraussetzungen herrühren, da das Kriterium der **sozialen Lage** des ArbN für Teilzeit- und Vollzeitbeschäftigte grds. gleichermaßen gilt[6]. Die Steuerfreiheit oder die Befreiung von der SozV rechtfertigen keine Benachteiligung[7]. Keinen sachlichen Grund stellt eine hauptberufliche Existenzsicherung dar, also der Umstand, dass für die Teilzeitkraft die Teilzeitarbeit nur eine Nebentätigkeit ist. Dies gilt jedenfalls dann, wenn die Vergütung nicht auf einer individuellen Vereinbarung beruht, sondern hierfür innerbetriebliche Regeln gelten. Bezüglich der Höhe der **Sozialplanabfindung** kann aber die Dauer der Teilzeitbeschäftigung gegenüber der Vollzeitbeschäftigung nur anteilig berücksichtigt werden. Dies wird nicht nur mit dem weiten Ermessensspielraum der Betriebspartner bei der Aufstellung von Sozialplänen begründet, sondern auch damit, dass eine Teilzeitbeschäftigung wegen der Möglichkeit einer anderweitigen Beschäftigung oder Ausbildung zu einer weniger starken Bindung des ArbN an den Betrieb führen kann als eine Vollzeitbeschäftigung, so dass deshalb auch die Chancen auf dem Arbeitsmarkt weniger eingeengt sind[8]. Auch wenn keine betriebsverfassungsrechtl. Pflichten nach §§ 111 ff. BetrVG bestehen, kann der ArbGeb den Zweck vergleichbarer Leistungen selbst bestimmen. In einer freiwilligen einzelvertragl. Abfindungszusage können daher teilzeitbeschäftigte ArbN entsprechend ihrer Teilzeitquote ge- 17

---

1 BAG v. 3.12.1998 – 2 AZR 341/93, NZA 1999, 431; v. 15.7.2004 – 2 AZR 376/03, BAGReport 2004, 367. | 2 Rs. C-322/98, NZA 2000, 1155 – Bärbel Kachelmann. | 3 BAG v. 15.8.2006 – 9 AZR 8/2006, AP Nr. 1 zu § 9 TzBfG. | 4 BT-Drs. 14/4374, S. 15; *Richardi/Annuß*, BB 2000, 2201; *Kliemt*, NZA 2001, 63; *Müller*, ArbRB 2001, 87; *Hanau*, NZA 2001, 1168; aA *Däubler*, ZIP 2001, 217. | 5 BAG v. 16.1.2003 – 6 AZR 222/01, NZA 2003, 971. | 6 Die Gesetzesbegründung zu § 2 BeschFG 1985 hat allerdings die soziale Lage als einen möglichen Grund zur Ungleichbehandlung angeführt. | 7 Siehe dazu aber *Hanau*, DB 2005, 946, wonach das Arbeitsentgelt geringfügig Beschäftigter am Bruttoentgelt vergleichbarer Vollzeitbeschäftigter zu orientieren ist, soweit kein anderer Grund für eine Ungleichbehandlung besteht. | 8 BAG v. 14.8.2001 – 1 AZR 760/00, DB 2002, 153.

genüber vollzeitbeschäftigten ArbN entsprechend ihrer Vollzeitbeschäftigung unterschiedlich behandelt werden[1]. Der **Bezug von Altersruhegeld** begründet keine schlechtere Bezahlung[2]. Auch rechtfertigt der unterschiedliche Arbeitsumfang keinen vollständigen Ausschluss des Teilzeitbeschäftigten von Leistungen der **betrAV**, auch nicht, wenn ein weiteres Arbeitsverhältnis besteht[3].

18 **3. Rechtsfolgen.** Wird gegen das Diskriminierungsverbot verstoßen, so ist die entsprechende diskriminierende Vereinbarung oder Maßnahme **unwirksam**. Ein Arbeits- oder TV ist hinsichtlich der benachteiligenden Regelung unwirksam, also teilnichtig. Statt der unwirksamen Regelung ist dem teilzeitbeschäftigten ArbN das zu gewähren, was nicht benachteiligte Vollzeitbeschäftigte erhalten (bei zeitabhängigen Leistungen die anteilige Leistung)[4]. Die vorenthaltene Leistung ist nachzugewähren. Maßstab dafür ist in erster Linie die Leistung, die konkret vergleichbare Vollzeitbeschäftigte erhalten. Dabei ist eine wertende Betrachtung anzustellen, um den Vergleichslohn einer Vollzeitkraft – vorrangig innerhalb desselben Betriebes – zu ermitteln. Demgemäß kann auch ein Anspruch auf eine von der tarifl. Regelung abweichende übertarifl. Vergütung bestehen, wenn in demselben Betrieb Vollzeitkräfte oder unbefristet beschäftigte ArbN übertarifl. vergütet werden, ohne dass hierfür ein sachlich rechtfertigender Grund vorliegt[5]. Es ist also nicht die übliche Vergütung gem. § 612 II BGB zu gewähren, wenn diese schlechter oder besser ist als die Vergütung der betrieblich vergleichbaren Vollzeitbeschäftigten oder unbefristet Beschäftigten.

19 Grds. ist auch die vorenthaltene Leistung nachzugewähren, wenn ein teilzeitbeschäftigter ArbN zu Unrecht von der **betrAV** ausgeschlossen wurde[6]. Dem ArbGeb bleibt überlassen, auf welchem Durchführungsweg er den Anspruch verwirklicht. Vornehmlich ist dem ArbN eine gleichwertige Versorgung zu verschaffen[7]. Den Ausgleich steuerlicher Nachteile umfasst der Verschaffungsanspruch aber nicht[8].

20 Selbst wenn der Verstoß gegen den Gleichheitssatz erst **nachträglich erkannt** wird, führt dies nicht zum Wegfall oder zur Einschränkung einer rückwirkenden Erfüllung. Der Gleichheitssatz gehört zu den Grundbestandteilen der verfassungsmäßigen Ordnung, so dass ihm nicht der auf dem Rechtsstaatsprinzip beruhende Vertrauensschutz entgegengesetzt werden kann[9]. Grundsätzlich ist auch ein Verzugsschaden zu ersetzen[10].

Darüber hinaus besteht ein **Schadensersatzanspruch** des ohne sachlich rechtfertigenden Grund benachteiligten Teilzeit- oder befristet Beschäftigten. Gegen einen **deliktischen** Anspruch wird eingewandt, Teilzeit- und befristet Beschäftigten werde lediglich ein arbeitsrechtl., vertragl. Individualschutz gewährt. Als Schutzgesetze iSv. § 823 II BGB seien nur solche Normen anzusehen, die Verhaltenspflichten für denjenigen Schädiger aufstellen, mit der Geschädigte in keiner vertragl. Beziehung steht. Daher könne die Verletzung des § 4 I als konkretisierte vertragl. Nebenpflicht allenfalls vertragl., nicht aber deliktische Ansprüche auslösen[11]. Wegen der in § 1 normierten allgemeinen Zielsetzung sind § 4 I und II jedoch jeweils als ein Schutzgesetz iSv. § 823 II BGB anzusehen. Daher kann der Anspruch auf ein Entgelt, das dem Verhältnis der Teilzeit-Arbeitsleistung zu derjenigen eines vergleichbaren vollzeitbeschäftigten ArbN entspricht, als deliktischer Anspruch geltend gemacht werden[12]. Eine nur vertragl. Ansprüche erfassende **Ausschlussfrist** ist demzufolge irrelevant. – Zum Anspruch auf Schadensersatz und Entschädigung eines Nichtvermögensschadens im Falle eine Verletzung des Benachteiligungsverbots siehe das zu erwartende Antidiskriminierungsgesetz. –

21 **4. Darlegungs- und Beweislast.** Es gelten die **allgemeinen Beweislastregeln**. Der teilzeitbeschäftigte ArbN kann sich nicht auf die Beweiserleichterung des § 611a I 3 BGB berufen. Die Darlegungs- und Beweislast für das Vorliegen einer Benachteiligung wegen der Teilzeittätigkeit obliegt dem ArbN. Nach den Grundsätzen der abgestuften Darlegungs- und Beweislast ist zu verfahren, wenn der ArbN seiner Beweispflicht nicht nachkommen kann, weil er ihm nicht zugängliche Tatsachen aus der Sphäre des ArbGeb darlegen muss[13].

Der ArbGeb hat dagegen darzulegen und zu beweisen, dass ein eine Differenzierung rechtfertigender sachlicher Grund vorliegt. Dieser kann sich nur daraus ergeben, dass das Verhältnis von Leistungszweck zu dem Umfang der Teilzeitarbeit gerechtfertigt ist. Wenn der ArbGeb ArbN mit ähnlicher Tätigkeit nach unterschiedlichen Vergütungssystemen vergütet, hat der ArbGeb darzulegen, wie groß die begünstigte ArbN-Gruppe ist, wie sie sich zusammensetzt, wie sie abgegrenzt ist und warum der klagende ArbN nicht dazugehört.

---

1 BAG v. 13.2.2007 – 9 AZR 729/05, NZA 2007, 860. |2 BAG v. 9.10.1996 – 5 AZR 338/95, BB 1997, 1150. |3 BVerfG v. 27.11.1997 – 1 BvL 12/91, NZA 1998, 297; EuGH v. 10.2.2000 – Rs. C-50/96, NZA 2000, 313 – Lilli Schröder; BAG v. 9.10.1996 – 5 AZR 398/95, BB 1997, 1157. |4 BAG v. 24.9.2003 – 10 AZR 675/02, BAGReport 2004, 38. |5 ErfK/*Preis*, § 4 TzBfG Rz. 72. |6 Beschäftigungszeiten für einen Anschluss an ein Betriebsrentensystem sind grundsätzlich erst ab dem 8.4.1976 – Urt. Defrenne II – zu berücksichtigen: EuGH v. 10.2.2000 – Rs. C-50/96, NZA 2000, 313 – Lilli Schröder. |7 LAG Hamm v. 13.7.1999 – 6 Sa 248/98, NZA-RR 1999, 541; s. auch BAG v. 18.9.2001 – 3 AZR 689/00, NZA 2002, 1391. |8 BAG v. 14.12.1999 – 3 AZR 713/98, NZA 2000, 1348. |9 BVerfG v. 19.5.1999 – 1 BvR 263/98, DB 1999, 1611. |10 ErfK/*Preis*, § 4 TzBfG Rz. 77. |11 ErfK/*Preis*, § 4 TzBfG Rz. 6. |12 BAG v. 25.4.2001 – 5 AZR 368/99, DB 2001, 2115; s.a. BAG v. 24.10.2001 – 5 AZR 32/00, ArbRB 2002, 33; aA ErfK/*Preis*, § 4 TzBfG Rz. 6. |13 ErfK/*Preis*, § 4 TzBfG Rz. 70.

III. Befristet Beschäftigte (Abs. 2). 1. Benachteiligung. a) Entgelt und andere teilbare geldwerte Leistungen (S. 2). Satz 1 **verbietet**, befristet beschäftigte ArbN schlechter als vergleichbare unbefristet beschäftigte ArbN zu behandeln, es sei denn, sachliche Gründe rechtfertigen eine unterschiedliche Behandlung. Danach müssen ungleiche Beschäftigungsbedingungen befristet beschäftigter ArbN gegenüber denen vergleichbarer Dauerbeschäftigter aus sachlichen Gründen gerechtfertigt sein. Dieses spezielle Verbot der schlechteren Behandlung befristet Beschäftigter gegenüber unbefristet beschäftigten ArbN ist zugleich ein gesetzl. geregelter Sonderfall des allgemeinen Gleichheitssatzes des Art. 3 I GG. Die sachlichen Gründe für eine Ungleichbehandlung gegenüber unbefristet beschäftigten ArbN dürfen nicht unmittelbar durch den Umstand der Befristung selbst verursacht werden. Für das Arbeitsentgelt und andere teilbare geldwerte Leistungen wird das Gleichbehandlungsgebot in Satz 2 konkretisiert. Demgemäß ist einem befristet beschäftigten ArbN das Arbeitsentgelt oder eine andere teilbare geldwerte Leistung, die für einen bestimmten Bemessungszeitraum gewährt wird, mindestens in dem Umfang zu gewähren, der dem Anteil seiner Beschäftigungsdauer am Bemessungszeitraum entspricht (Pro-rata-temporis-Grundsatz). Das zu Gunsten befristet beschäftigter ArbN bestehende Diskriminierungsverbot ist aber im Rahmen aller Arbeitsbedingungen zu beachten. Auch die Gewährung anderer Leistungen unterfallen daher dem Gleichbehandlungsgebot. Erfasst werden hierdurch nicht nur die nach § 14 I–III befristeten Arbeitsverhältnisse, sondern auch auf Grund anderer Bestimmungen befristete Arbeitsverträge. 22

Ein **Besserstellung** von befristet Beschäftigten ist nicht ausgeschlossen. Sofern es um das Diskriminierungsverbot des Abs. 2 S. 1 geht, ist ein sachlicher Grund für die Besserstellung nicht erforderlich. Wegen des gegenüber unbefristet beschäftigten ArbN zu beachtenden allgemeinen Gleichbehandlungsgrundsatzes kann jedoch eine Besserstellung befristet beschäftigter ArbN ohne Vorliegen sachlich anerkennenswerter Gründe nicht ohne weiteres in Betracht kommen.

Grundsätzlich ist die Frage der Benachteiligung gem. § 3 II 1 **betriebsbezogen** zu beantworten. Gegenüber einem vergleichbaren unbefristet beschäftigten ArbN desselben Betriebes darf ein befristet beschäftigter ArbN allein wegen der Befristung des Arbeitsvertrages nicht schlechter behandelt werden. Vergleichbar ist ein ArbN mit der gleichen oder einer ähnlichen Tätigkeit im Betrieb (§ 3 II). Demgemäß hat ein befristet Beschäftigter Anspruch auf dieselbe Vergütung, wie ein vergleichbarer unbefristet Beschäftigter desselben Betriebes. Hieraus ergibt sich aber kein absolutes Benachteiligungsverbot beim Entgelt[1]. Bei der Vereinbarung des **Arbeitsentgelts** ist der Grundsatz der Vertragsfreiheit zu berücksichtigen, so dass die Vereinbarung unterschiedlicher Arbeitsentgelte auch bei gleicher Arbeit nicht ohne weiteres gegen den Gleichheitsgrundsatz verstößt. Verfügen vergleichbare unbefristet beschäftigte ArbN über unterschiedliche Arbeitsentgelte, so stellt es deshalb keine Diskriminierung dar, wenn die niedrigste Vergütung als Maßstab für das Arbeitsentgelt des befristet beschäftigten ArbN dient[2]. Ein Verstoß gegen den Gleichbehandlungsgrundsatz liegt aber dann vor, wenn auch der individuellen Entgeltvereinbarung ein allgemein geübter Maßstab (zB gruppenspezifische Merkmale) zugrunde liegt[3]. 23

Entsprechend dem Anteil seiner Beschäftigungsdauer am Bemessungszeitraum stehen dem befristet Beschäftigten ebenso **andere teilbare geldwerte Leistungen** zu, die für einen bestimmten Bemessungszeitraum gewährt werden (zB Deputate, Personalrabatte). Dasselbe gilt für **Jahressonderzuwendungen/freiwillige Leistungen**, wenn befristet Beschäftigte zumindest zeitanteilig die dafür erforderlichen Voraussetzungen erfüllen können, wie dies bei der Gewährung eines 13. Monatsgehalts grds. der Fall ist. In diesem Fall hat der befristet Beschäftigte einen der Dauer seines Arbeitsverhältnisses entsprechenden zeitanteiligen Zahlungsanspruch. Hinsichtlich etwaiger für die Jahressonderzahlung geltender Rückzahlungsklauseln ist zu entscheiden, ob der Grund der Befristung auf einem Wunsch des ArbN beruht. In diesem Fall ist eine Rückzahlungsverpflichtung gegeben wie bei der sog. Eigenkündigung innerhalb der Bindungsfrist. 24

b) Von der Dauer des Bestehens des Arbeitsverhältnisses abhängige Beschäftigungsbedingungen (S. 3). Soweit bestimmte Beschäftigungsbedingungen von der Dauer des Bestehens des Arbeitsverhältnisses in demselben Betrieb oder Unternehmen abhängig sind, so sind für befristet Beschäftigte **dieselben Zeiten** wie für unbefristet beschäftigte ArbN zu berücksichtigen[4], es sei denn, dass eine unterschiedliche Berücksichtigung aus sachlichen Gründen gerechtfertigt ist. Demgemäß kann für den Anspruch auf den vollen Jahresurlaub für befristet Beschäftigte ArbN keine längere Wartefrist gelten als für unbefristet Beschäftigte. Dagegen kann ein befristet beschäftigter Lehrer, dessen Arbeitsverhältnis vor den Schulsommerferien endet, keine Vergütung für diese unterrichtsfreie Zeit beanspruchen[5]. Das Diskriminierungsverbot des Abs. 2 schützt nur befristet Beschäftigte. Werden bei der Feststellung der Dauer des Arbeitsverhältnisses **Vorbeschäftigungszeiten** wegen einer Befristung vertragl./tarifvertragl. nicht berücksichtigt, hat der inzwischen unbefristet beschäftigte ArbN keinen Anspruch nach Abs. 2. 25

1 BAG v. 11.12.2003 – 6 AZR 64/03, BAGReport 2005, 58. | 2 *Bauer*, BB 2001, 2473. | 3 BAG v. 29.9.2004 – 5 AZR 43/04, AP Nr. 192 zu § 242 BGB – Gleichbehandlung. | 4 EuGH v. 13.9.2007 – G 307/05 – Yolanda Del Cerro Alonso, NZA 2007, 1223. | 5 BAG v. 19.12.2007 – 5 AZR 260/07, Nr. 97/07.

26 Befristet beschäftigte ArbN können **nicht** von betrieblichen Leistungen **ausgenommen** werden, die **keinen Zusammenhang** zur Dauer der Beschäftigung oder zu der Tatsache haben, dass jemand unbefristet tätig ist (zB Teilnahme am verbilligten Kantinenessen oder Benutzung werkseigener Busse). In analoger Anwendung des § 629 BGB ist bei einer Auflösung des Arbeitsverhältnisses wegen Befristung oder auflösender Bedingung dem ArbN zum Zwecke der **Stellensuche bezahlte Freistellung** von der Beschäftigung zu gewähren. Diese Freistellung kann aber frühestens ab dem Zeitpunkt des Laufs der fiktiven Kündigungsfrist beansprucht werden.

27 **2. Sachliche Gründe.** Obwohl der Wortlaut des Abs. 2 S. 2 keine Differenzierungsmöglichkeit aus sachlichem Grund vorsieht, ist auch bei der Gewährung des Arbeitsentgelts oder anderer teilbarer geldwerter Leistungen eine Ungleichbehandlung gegenüber vergleichbaren Dauerbeschäftigten zulässig, wenn dies aus sachlichen Gründen gerechtfertigt ist. Wie vorstehend (Rz. 14) ausgeführt wird, handelt es sich bei S. 2 nur um eine Konkretisierung von S. 1[1]. Keine sachlichen Gründe sind solche, die typischerweise im befristeten Arbeitsverhältnis gegeben sind[2]. Es können daher nur solche Gründe eine Schlechterstellung rechtfertigen, die weder unmittelbar noch mittelbar durch den Umstand der Befristung selbst verursacht werden.

Nach der Gesetzesbegründung soll es aber zulässig sein, wenn bei nur **kurzzeitigen Arbeitsverhältnissen** die anteilige Gewährung von bestimmten **Zusatzleistungen** unterbleibt, weil dies nur zur sehr geringfügigen Beträgen führt, die in keinem angemessenem Verhältnis zum Zweck der Leistungen stehen. Dies gilt insb. für Ansprüche aus der **betrAV**[3]. Auch bedarf es einer Differenzierung nach richtigen Vergleichsgruppen. Eine Unterscheidung zwischen zuvor unbefristet und befristet Beschäftigten hinsichtlich der zu berücksichtigenden **Vorbeschäftigungszeiten** auf Grund der verschieden stark ausgeprägten Besitzstände ist daher sachlich gerechtfertigt[4].

28 Der sachliche Grund für eine Ungleichbehandlung kann sich auch aus dem **Leistungszweck** ergeben. Er ist der von den Vertragsparteien vorgenommenen ausdrücklichen Zweckbestimmung der Leistung zu entnehmen oder im Wege der Auslegung der Vertragsregelung (zB Tarifnorm) zu ermitteln. Auf den Leistungszweck kann aus den jeweiligen Anspruchsvoraussetzungen oder den Ausschluss- oder Kürzungstatbeständen geschlossen werden[5].

Danach ist es aus sachlichen Gründen gerechtfertigt, wenn **Sonderzuwendungen/freiwillige Leistungen** von einer bestimmten Betriebszugehörigkeit abhängig gemacht werden oder von dem Bestehen eines ungekündigten Arbeitsverhältnisses zu einem bestimmten Stichtag, also dem unbefristeten Fortbestehen[6]. Einem befristet beschäftigten ArbN, der diese Voraussetzungen nicht erfüllt, steht keine Sonderzuwendung zu – auch nicht zeitanteilig. Ein unbefristet eingestellter ArbN, der die gleichen Voraussetzungen erfüllt und daher ebenfalls keinen Anspruch auf die Sonderzuwendung hat, würde ansonsten ungleich behandelt. Anders verhält es sich jedoch, wenn die Sonderzuwendung nur Entgeltcharakter hat, also keine bestimmte Mindestbetriebszugehörigkeit voraussetzt und der Stichtag lediglich Fälligkeitszeitpunkt ist. In diesem Fall ist die Sonderzuwendung auch befristet beschäftigten ArbN – ggf. zeitanteilig – zu gewähren. Entscheidend für die Vergleichbarkeit ist, ob ein unbefristet beschäftigter ArbN trotz Nichterfüllen der an die Zahlung der Sonderzuwendung gestellten Voraussetzung einen Anspruch auf zumindest zeitanteilige Gewährung der Leistung hätte. Wird für den Fall einer freiwilligen Sonderzahlung des ArbGeb vereinbart, dass der ArbN keinen Anspruch auf die Sonderzahlung hat, wenn er selbst gekündigt hat oder eine Kündigung des ArbGeb veranlasst hat und deshalb vor Ablauf der Bindungsfrist ausscheidet, steht der Ablauf eines befristeten Arbeitsvertrags ebenso wie eine betriebsbedingte Kündigung des ArbGeb dem Anspruch auf die Sonderzahlung nicht entgegen[7].

29 **3. Rechtsfolgen.** Die diskriminierende und nicht durch sachliche Gründe gerechtfertigte Regelung ist **nichtig**. Der benachteiligt befristet Beschäftigte hat daher Anspruch auf Gewährung der Leistungen, die der konkret vergleichbare unbefristete ArbN im Betrieb beanspruchen kann. Es wird im Übrigen auf die vorstehenden Ausführungen (Rz. 18 ff.) verwiesen.

30 **4. Darlegungs- und Beweislast.** Es gelten die **allgemeinen Beweislastregeln**. Grundsätzlich obliegt es daher dem **ArbN**, darzulegen und erforderlichenfalls nachzuweisen, dass er gegenüber vergleichbaren unbefristet Beschäftigten wegen der Befristung schlechter behandelt wird. Demgegenüber ist es Sache des **ArbGeb**, die sachlichen Gründe zur Rechtfertigung der Ungleichbehandlung vorzutragen und diese ggf. zu beweisen (s. auch Rz. 21).

31 **IV. Abweichende Vereinbarungen.** Die Vorschrift ist unabdingbar und ist ein Verbotsgesetz iSd. § 134 BGB. Dem Diskriminierungsverbot des § 4 unterliegen gem. § 22 I sowohl individuelle **Vereinbarungen** zwischen den Arbeitsvertragsparteien wie auch BV. Auch in TV dürfen keine Regelungen zum Nachteil

---

1 BAG v. 11.12.2003 – 6 AZR 64/03, BAGReport 2005, 58. | 2 LAG Bremen v. 5.11.2002 – 1 Sa 98/02, nv. | 3 Zur früheren Rechtslage: BAG v. 20.8.2002 – 3 AZR 14/01, AP Nr. 9 zu § 1 BetrAVG – Überversorgung. | 4 LAG Hamm v. 19.8.2002 – 19 Sa 835/01, NZA-RR 2003, 525. | 5 BAG v. 11.12.2003 – 6 AZR 64/03, BAGReport 2005, 58. | 6 LAG Hessen v. 29.4.2004 – 9 Sa 1386/03, NZA-RR 2005, 183. | 7 BAG v. 28.3.2007 – 10 AZR 261/06, NZA 2007, 687.

der Teilzeit- und befristet Beschäftigten vereinbart werden, sofern nicht sachliche Gründe eine unterschiedliche Behandlung rechtfertigen[1]. Dabei ist es unerheblich, ob die Ungleichbehandlung durch Einschränkung des persönlichen Geltungsbereichs eines TV oder durch eine ausdrückliche Ausnahmeregelung erreicht wird. Eine Abweichung darf daher nur zu Gunsten der ArbN erfolgen.

Anders als § 6 III BeschFG weist das TzBfG keine **„Kirchenklausel"** auf, so dass kirchlichen ArbGeb über den sog. Dritten Weg keine abweichende Regelung möglich ist[2]. 32

5 *Benachteiligungsverbot*
Der Arbeitgeber darf einen Arbeitnehmer nicht wegen der Inanspruchnahme von Rechten nach diesem Gesetz benachteiligen.

Speziell bezogen auf das TzBfG enthält die Vorschrift das **Verbot**, ArbN, die ihre Rechte nach diesem Gesetz in Anspruch nehmen, zu benachteiligen. Wie die Gesetzesbegründung herausstellt, ist damit jede schlechtere Behandlung bei Vereinbarungen oder Maßnahmen, zB bei einem beruflichen Aufstieg, verboten[3]. Die gesetzl. Regelung entspricht somit dem allgemeinen Maßregelungsverbot des § 612a BGB. 1

Geschützt werden durch das Benachteiligungsverbot insb. die Wahrnehmung der Ansprüche auf Gleichbehandlung nach § 4, Arbeitszeitverkürzung/-verlängerung nach §§ 8, 9 und auf Aus- und Weiterbildung nach § 10. Nachteilig darf sich für den ArbN auch nicht auswirken, wenn er sich weigert, Abrufarbeiten nach § 12 zu leisten oder bei Arbeitsplatzteilung nach § 13 sich weigert, einen ausgefallenen Kollegen zu vertreten, sofern die dort jeweils genannten Voraussetzungen nicht vorliegen bzw. nicht eingehalten werden. 2

Entsprechend der Regelung des § 612a BGB besteht das Benachteiligungsverbot nur, wenn das ausgeübte Recht tatsächlich besteht und durch den ArbN „in zulässiger Weise" geltend gemacht wird. Aber auch eine irrtümliche Geltendmachung von Rechten und Ansprüchen nach dem TzBfG darf zu keiner Benachteiligung führen. 3

Untersagt sind dem ArbGeb **Reaktionen** durch einseitige Maßnahmen. Dazu gehören entsprechend der gesetzl. Begründung Benachteiligungen beim beruflichen Aufstieg. Ebenso müssen andere willkürliche Reaktionen, wie zB Versetzungen, oder weiter gehende Maßnahmen unterbleiben. Auch wenn **Vereinbarungen** des ArbGeb mit dem ArbN grds. von dem Einverständnis des ArbN getragen werden, können diese dem Benachteiligungsverbot unterliegen, wenn sich aus der Vereinbarung ergibt, dass unter Ausnutzung der schwächeren Position des ArbN auf die Geltendmachung von Rechten nach dem Teilzeit- und Befristungsgesetz reagiert wird. 4

Bei der Bestimmung des § 5 handelt es sich um ein **gesetzl. Verbot** iSd. § 134 BGB, so dass Maßnahmen oder Vereinbarungen, die dagegen verstoßen, nichtig sind. Auch besteht ein Schadensersatzanspruch nach § 823 II BGB iVm. § 5. 5

Zusätzlich enthält § 11 ein besonderes, eigenständiges **Kündigungsverbot**, wenn sich der ArbN weigert, von einem Vollzeit- in ein Teilzeitarbeitsverhältnis oder umgekehrt zu wechseln. 6

Die Darlegungs- und Beweislast für die Tatbestandsvoraussetzungen eines Verstoßes gegen das Benachteiligungsverbot trägt der ArbN. Der ArbGeb muss dagegen die Gründe vortragen, die eine Maßregelungsabsicht ausschließen. 7

Zweiter Abschnitt. Teilzeitarbeit

6 *Förderung von Teilzeitarbeit*
Der Arbeitgeber hat den Arbeitnehmern, auch in leitenden Positionen, Teilzeitarbeit nach Maßgabe dieses Gesetzes zu ermöglichen.

Mit dieser Vorschrift wird § 5 III Buchst. d Alt. 1 der Rahmenvereinbarung über Teilzeitarbeit (RL 97/81/EG) umgesetzt. Sie verfügt über keinen eigenen Regelungsgehalt. Ansprüche lassen sich aus dieser Bestimmung nicht herleiten. Sie stellt nur einen **Appell** an die ArbGeb dar, Teilzeitarbeit zu ermöglichen. Diese Verpflichtung erstreckt sich auf alle ArbN, auch auf bereits teilzeitbeschäftigte ArbN. Besonders hervorgehoben werden ArbN in leitenden Positionen. Nach der Gesetzesbegründung will man damit dem Umstand Rechnung tragen, dass „vielfach noch Vorbehalte gegen Teilzeitarbeit von Män- 1

---

1 BAG v. 5.11.2003 – 5 AZR 8/03, AP Nr. 6 zu § 4 TzBfG; v. 11.12.2003 – 6 AZR 64/03, BAGReport 2005, 58; v. 19.1.2005 – 6 AZR 80/03, ArbRB 2005, 132. | 2 S. dazu *Müller-Volbehr*, NZA 2002, 301. | 3 BT-Drs. 14/4374, S. 16.

nern und in höher qualifizierten Tätigkeiten bestehen". Die ArbGeb sollen daher dafür sorgen, dass Teilzeitarbeit als Arbeitsform insb. im Bereich qualifizierter Tätigkeiten attraktiver wird[1]. Dem gesetzgeberischen Appell kann somit entnommen werden, dass eine leitende Position und eine qualifiziertere Tätigkeit für sich genommen kein betrieblicher Grund iSd. § 8 IV sind, um Teilzeitarbeit abzulehnen. Auch kann die gem. § 7 I vorausgesetzte Eignung eines Arbeitsplatzes für eine Teilzeittätigkeit nicht mit dem Hinweis auf eine zu besetzende Führungsposition widerlegt werden.

2 Gem. § 92a I BetrVG kann der **BR** Vorschläge ua. zur Förderung von Teilzeitarbeit unterbreiten. Der ArbGeb hat einen dahingehenden Vorschlag des BR zu beraten. Eine Ablehnung hat er zu begründen. In diesem Zusammenhang kann der Förderungspflicht des § 6 wiederum Bedeutung zukommen.

7 *Ausschreibung; Information über freie Arbeitsplätze*

(1) Der Arbeitgeber hat einen Arbeitsplatz, den er öffentlich oder innerhalb des Betriebes ausschreibt, auch als Teilzeitarbeitsplatz auszuschreiben, wenn sich der Arbeitsplatz hierfür eignet.

(2) Der Arbeitgeber hat einen Arbeitnehmer, der ihm den Wunsch nach einer Veränderung von Dauer und Lage seiner vertraglich vereinbarten Arbeitszeit angezeigt hat, über entsprechende Arbeitsplätze zu informieren, die im Betrieb oder Unternehmen besetzt werden sollen.

(3) Der Arbeitgeber hat die Arbeitnehmervertretung über Teilzeitarbeit im Betrieb und Unternehmen zu informieren, insbesondere über vorhandene oder geplante Teilzeitarbeitsplätze und über die Umwandlung von Teilzeitarbeitsplätzen in Vollzeitarbeitsplätze oder umgekehrt. Der Arbeitnehmervertretung sind auf Verlangen die erforderlichen Unterlagen zur Verfügung zu stellen; § 92 des Betriebsverfassungsgesetzes bleibt unberührt.

1 **I. Inhalt und Zweck.** § 7 verpflichtet den ArbGeb, geeignete Arbeitsplätze als Teilzeitarbeitsplätze auszuschreiben, die **ArbN** zu informieren, die einen Wunsch zur Änderung ihrer Arbeitszeit angezeigt haben, und die **ArbN-Vertretung** über Teilzeitarbeit im Betrieb und Unternehmen zu **informieren**. Mit den Abs. 2 und 3 der Vorschrift werden § 5 III, Buchst. c und e der Rahmenvereinbarung über Teilzeitarbeit (RL 97/81/EG) umgesetzt. Die Bestimmung dient dazu, Transparenz über bestehende Beschäftigungsmöglichkeiten in Teilzeit und Vollzeit zu schaffen. Diese Informationen ermöglichen die Geltendmachung der Ansprüche auf Arbeitszeitveränderung gem. §§ 8 und 9.

2 Diese Vorschrift gilt für **alle Unternehmen**, also unabhängig von der Unternehmensgröße und der Einschränkung des § 8 VII.

3 **II. Ausschreibung des Teilzeitarbeitsplatzes (Abs. 1). 1. Ausschreibung.** Wird ein Arbeitsplatz ausgeschrieben, so hat der ArbGeb ihn auch **als Teilzeitarbeitsplatz** auszuschreiben, es sei denn, der Arbeitsplatz eignet sich hierfür nicht. Eine Ausschreibungspflicht folgt hieraus nicht. – Gem. § 93 BetrVG kann der BR lediglich eine innerbetriebliche Ausschreibung verlangen. – Kommt es zu einer Ausschreibung, so kann diese entweder öffentl. (zB durch eine Stellenanzeige oder im Internet) oder innerhalb des Betriebes (zB am schwarzen Brett, durch einen Umlauf oder Intranet) erfolgen.

4 **2. Gegenstand der Ausschreibung.** Die Pflicht, in einer Ausschreibung einen Arbeitsplatz auch als Teilzeitarbeitsplatz auszuschreiben, entsteht nur, wenn „sich der Arbeitsplatz hierfür **eignet**". Geeignet ist der Arbeitsplatz nicht, wenn die am zu besetzenden Arbeitsplatz zu erfüllenden Anforderungen sowie die Tätigkeiten und Aufgaben allein durch eine Vollzeitbeschäftigung erfüllt und nicht auf mehrere Personen aufgeteilt werden können. Einer Eignung als Teilzeitarbeitsplatz können auch Gründe der Organisation, des Arbeitsablaufes oder der Sicherheit im Betrieb entgegenstehen. Die Beurteilung der Eignung obliegt dem ArbGeb[2]. Im Rahmen der unternehmerischen Organisationsfreiheit kann er frei entscheiden, ob er Vollzeit- oder Teilzeitarbeit anbietet[3]. Bei der Eignungsbeurteilung durch den ArbGeb handelt es sich daher um eine unternehmerische Entscheidung. Sie kann deshalb nicht auf ihre sachliche Rechtfertigung oder ihre Zweckmäßigkeit hin überprüft werden, sondern nur darauf, ob sie offenbar unsachlich, unvernünftig oder willkürlich ist[4].

Von einer fehlenden Eignung als Teilzeitarbeitsplatz kann nicht ausgegangen werden, weil aus der eigenen Belegschaft **keine Teilzeitwünsche** vorliegen oder **kein entsprechendes Personalkonzept** besteht. Eine entgegenstehende unternehmerische Entscheidung ist für eine Arbeitszeitverringerung in einem bestehenden Arbeitsverhältnis nach der gesetzl. Regelung ohne Bedeutung. Dies folgt aus der Möglichkeit der Durchsetzung eines Teilzeitwunsches gem. § 8 IV auch gegen eine unternehmerische Entscheidung, dass alle oder einzelne Arbeitsplätze nur in Vollzeit besetzt werden sollen.

5 Das **Auswahlermessen** des ArbGeb wird durch die Vorschrift nicht angetastet. Dem ArbGeb steht es frei, den Arbeitsplatz nach gesetzeskonformer vorheriger Ausschreibung, für die sich Teilzeitbewerber gefunden haben, anschließend mit einer Vollzeitarbeitskraft zu besetzen[5].

---

1 BT-Drs. 14/4374, S. 16. | 2 ErfK/*Preis*, § 7 TzBfG Rz. 4. | 3 ArbG Hannover v. 13.1.2005 – 10 BV 7/04, DB 2005, 896. | 4 ErfK/*Preis*, § 7 TzBfG Rz. 4. | 5 *Preis/Gotthardt*, DB 2000, 2065; *Schiefer*, DB 2000, 2118; KDZ/*Zwanziger*, § 7 TzBfG Rz. 6.

3. Folgen einer unzureichenden Ausschreibung. Die Bestimmung sieht **keine Sanktion** für den Fall vor, dass der Arbeitsplatz nur als Vollzeitarbeitsplatz ausgeschrieben wird, obwohl er auch als Teilzeitarbeitsplatz geeignet wäre. Sofern nicht in der Besetzung als Vollzeitarbeitsplatz eine Diskriminierung nach § 611a BGB liegt, besteht also für an einem Teilzeitarbeitsplatz Interessierten keinerlei Anspruch. 6

Kommt es überhaupt nicht zur Ausschreibung als Teilzeitarbeitsplatz, so kann der **BR** der Einstellung eines für eine Vollzeittätigkeit vorgesehenen ArbN nicht ohne weiteres gem. § 99 II Nr. 1 BetrVG widersprechen[1]. Nach § 99 II Nr. 5 BetrVG kann er seine Zustimmung zu einer Einstellung wegen fehlender Ausschreibung grds. nur verweigern, wenn er die Ausschreibung vor dem Zustimmungsersuchen des ArbGeb verlangt oder mit diesem eine Vereinbarung über die Ausschreibung zu besetzender Arbeitsplätze getroffen hat[2]. Erfolgt innerhalb des Betriebes eine Ausschreibung gem. § 93 BetrVG, wird jedoch auf die Möglichkeit einer Teilzeittätigkeit nicht hingewiesen, obwohl der Arbeitsplatz dafür geeignet ist, so kann der BR nach § 99 II Nr. 5 BetrVG seine Zustimmung zur Einstellung verweigern[3]. § 7 I statuiert zwar keine allgemeine Ausschreibungspflicht, wird aber bedeutsam, wenn eine Ausschreibung tatsächlich vorgenommen wird. 7

III. Informationspflicht gegenüber Arbeitnehmern (Abs. 2). 1. Voraussetzungen. Während die Vorschrift des § 3 S. 1 BeschFG den bloßen Wunsch nach Veränderung der **Dauer** *oder* **Lage** der Arbeitszeit ausreichen ließ, stellt § 7 II auf den Wunsch nach einer Veränderung von Dauer *und* Lage der Arbeitszeit ab. Mit den zu erteilenden Informationen soll der Wechsel von einem Vollzeit- in ein Teilzeitarbeitsverhältnis und umgekehrt erleichtert werden. Es geht vornehmlich um die Veränderung der Dauer der Arbeitszeit, nicht um die bloße Verteilung der Arbeitszeit. Eine Informationspflicht des ArbGeb besteht daher nicht gegenüber dem – teilzeitbeschäftigten – ArbN, der lediglich eine Veränderung der Lage seiner individuellen Arbeitszeit anstrebt[4]. 8

Die Informationspflicht setzt nicht voraus, dass bereits Teilzeitarbeitsplätze vorhanden sind. Sie erfasst **frei werdende** sowie **neugestaltete** oder **umgestaltete Arbeitsplätze**. Wenn auch vorrangig durch die gesetzl. vorgesehenen Informationen der Wechsel von Vollzeit- in Teilzeitarbeit gefördert werden soll, so ist doch über **jede Verkürzung** oder **Verlängerung** der Arbeitszeit zu informieren, wenn ein dahingehender Veränderungswunsch vorliegt.

Bereits nach § 3 S. 1 BeschFG war der ArbGeb verpflichtet, ArbN, die ihre Arbeitszeit verändern wollten, über die im Betrieb zu besetzenden Arbeitsplätze zu unterrichten. Daran knüpft Abs. 1 im Wesentlichen an. Voraussetzung für die Informationspflicht des ArbGeb ist, dass der ArbN seinen **Veränderungswunsch** dem ArbGeb **mitteilt**. Dies kann jederzeit und formlos geschehen. Der Wunsch ist an die Stelle zu richten, die für die Regelung der vertragl. Angelegenheiten des ArbN und deshalb auch für die Entscheidung einer Veränderung der Arbeitszeit zuständig ist. Sobald kein Interesse mehr an einer Veränderung von Dauer und Lage der Arbeitszeit besteht, ist der ArbN verpflichtet, den ArbGeb darauf hinzuweisen. 9

Ohne einen individuellen Wunsch nach einer Arbeitszeitveränderung besteht keine Verpflichtung des ArbGeb, allgemein über freie Teilzeit- oder Vollzeitarbeitszeitplätze zu informieren. Eine derartige, nicht nur innerbetriebliche, sondern unternehmensweite Ausschreibung über zu besetzende Teilzeit- und Vollzeitarbeitsplätze ist § 5 III Buchst. c der Rahmenvereinbarung über Teilzeit nicht zu entnehmen[5].

2. Inhalt der Information. Die Informationspflicht des ArbGeb beschränkt sich nicht nur auf den Beschäftigungsbetrieb, sondern auch auf „entsprechende Arbeitsplätze" anderer Betriebe des **Unternehmens**, die besetzt werden sollen. Durch das Wort „entsprechende" wird klargestellt, dass die Informationspflicht nur für solche Arbeitsplätze besteht, die für den ArbN auf Grund seiner Eignung und seiner Arbeitszeitwünsche in Betracht kommen. Es muss sich nicht um eine gleichartige Tätigkeit handeln[6]. Diese Information muss einen Überblick über das aktuelle Angebot derartiger Arbeitsplätze geben, die zu besetzen sind oder demnächst frei werden. Die Informationsverpflichtung hinsichtlich eines konkreten entsprechenden Arbeitsplatzes endet erst dann, wenn dieser Arbeitsplatz besetzt ist. 10

Der ArbGeb kann dem ArbN die erforderlichen Informationen **formlos** zukommen lassen. Sie müssen aber **unverzüglich** erfolgen. Da mit der Information nach dem Gesetzeswortlaut auf einen individuellen Veränderungswunsch reagiert wird, reicht entgegen der früheren Regelung in § 3 S. 2 BeschFG die Unterrichtung durch Aushang nicht aus[7]. Die Unterrichtung hat daher in geeigneter Weise individuell zu erfolgen, was auch durch E-Mail oder Intranet geschehen kann. Die Informationspflicht des ArbGeb besteht solange, bis der geäußerte Arbeitszeitwunsch erfüllt ist. Eine „Speicherung des Wunschs" und eine laufende Information ist daher bis dahin unumgänglich[8]. 11

3. Folgen einer Verletzung der Informationspflicht. Die Erfüllung der Informationspflicht durch den ArbGeb dient dazu, dass der ArbN seinen Anspruch auf Arbeitszeitverkürzung (§ 8) oder auf Arbeits- 12

1 ArbG Hannover v. 13.1.2005 – 10 BV 7/04, DB 2005, 896. | 2 BAG v. 14.12.2004 – 1 ABR 54/03, BAGReport 2005, 154. | 3 *Däubler*, ZIP 2001, 217; *Herbert/Hix*, DB 2002, 2377; dahin tendierend auch *Hanau*, NZA 2001, 1168. | 4 ErfK/*Preis*, § 7 TzBfG Rz. 7. | 5 AA KDZ/*Zwanziger*, § 7 TzBfG Rz. 9. | 6 ErfK/*Preis*, § 7 TzBfG Rz. 8. | 7 ErfK/*Preis*, § 7 TzBfG Rz. 8. | 8 *Hanau*, NZA 2001, 1168; aA *Hromadka*, NJW 2001, 400.

zeitverlängerung (§ 9) rechtzeitig geltend machen kann. Der Anspruch hierauf richtet sich sodann nach § 8 bzw. § 9. Weist der ArbN nach, dass er sich bei rechtzeitiger Unterrichtung auf die Stelle mit längerer Arbeitszeit und deshalb höherem Entgelt beworben und sie tatsächlich auch bekommen hätte, können **Schadensersatzansprüche** nach § 280 I iVm. §§ 251 I,252 BGB wegen des entgangenen erhöhten Einkommens bestehen. Dagegen kann der Anspruch auf Verkürzung der Arbeitszeit in Ermangelung eines ersparten Einkommensnachteils idR nicht zu einer Schadensersatzpflicht führen[1]. Ansprüche auf Schadensersatz aus Delikt bestehen nicht. § 7 II ist kein Schutzgesetz iS von § 823 II BGB.

13 Der **BR** kann die Zustimmung zur beabsichtigten Einstellung **verweigern**, wenn der ArbGeb seiner Informationspflicht nicht nachgekommen ist und dadurch die gem. Abs. 2 geäußerte Arbeitszeitoption eines im Betrieb beschäftigten ArbN vereitelt. Hierdurch droht ein „sonstiger Nachteil" iSd. § 99 II Nr. 3 BetrVG[2].

14 **4. Offenbarungspflicht des Arbeitnehmers?** Für den ArbGeb, der eine **Neueinstellung** auf einem Vollzeitarbeitsplatz vornimmt, bleibt das Risiko, dass der ArbN unter den Voraussetzungen des § 8 nach 6 Monaten eine Herabsetzung der Arbeitszeit verlangt. Diesem Risiko kann der ArbGeb nicht entgehen. Seitens des ArbN besteht insoweit keine rechtzeitige Offenbarungspflicht, da es dem Sinn und Zweck des TzBfG zuwiderlaufen würde, wenn diese Möglichkeit die Einstellung verhindern könnte[3].

15 **IV. Informationspflicht gegenüber Arbeitnehmervertretungen (Abs. 3). 1. Informationen.** Auf der **kollektivrechtl. Ebene** ergänzt Abs. 3 die Informationsverpflichtungen des ArbGeb. Danach ist der ArbGeb verpflichtet, über vorhandene oder geplante Teilzeitarbeitsplätze, insb. über die Umwandlung von Teilzeitarbeitsplätzen in Vollzeitarbeitsplätze oder umgekehrt zu informieren. Diese Informationsverpflichtung betrifft nicht nur die Teilzeitarbeitsplätze in dem Betrieb, für welchen die ArbN-Vertretung zuständig ist, sondern das gesamte Unternehmen. Diese Informationsverpflichtung ist unaufgefordert zu erfüllen. Auf Verlangen sind der ArbN-Vertretung die erforderlichen Unterlagen zur Verfügung zu stellen.

16 **ArbN-Vertretung** iS dieser Vorschrift sind neben dem BR (auf Grund des mit der Informationsverpflichtung verfolgten Zwecks grds. nicht auch der GBR) auch der Personalrat und die Mitarbeitervertretung im kirchlichen Bereich[4].

17 Ausdrücklich hebt Abs. 3 S. 2 Hs. 2 hervor, dass daneben die Verpflichtung des ArbGeb bestehen bleibt, den BR nach § 92 **BetrVG** über die Personalplanung rechtzeitig und umfassend zu unterrichten. Daneben bleiben die weiteren Beteiligungsrechte der ArbN-Vertretungen zu berücksichtigen. Dazu gehört das Verlangen des BR nach einer innerbetriebl. Ausschreibung gem. § 93 BetrVG. Diesem ist nachzukommen, unabhängig davon, ob sich die ausgeschriebene Stelle als Teilzeitarbeitsplatz eignet[5]. S. auch Rz. 7.

18 **2. Folgen einer Verletzung der Informationspflicht.** Die ArbN-Vertretung kann die Verletzung der Informationspflicht im Beschlussverfahren vor dem Arbeits- oder VerwG bzw. auf dem innerkirchlichen Rechtsweg **geltend** machen. Für den BR ergibt sich diese Möglichkeit daraus, dass eine Verletzung der Informationspflicht gem. Abs. 3 idR zugleich auch Rechte aus § 92 BetrVG berührt. Bei groben Verstößen gegen die hier normierte Informationspflicht kann der BR auch nach § 23 III BetrVG vorgehen.

8 *Verringerung der Arbeitszeit*

(1) Ein Arbeitnehmer, dessen Arbeitsverhältnis länger als sechs Monate bestanden hat, kann verlangen, dass seine vertraglich vereinbarte Arbeitszeit verringert wird.

(2) Der Arbeitnehmer muss die Verringerung seiner Arbeitszeit und den Umfang der Verringerung spätestens drei Monate vor deren Beginn geltend machen. Er soll dabei die gewünschte Verteilung der Arbeitszeit angeben.

(3) Der Arbeitgeber hat mit dem Arbeitnehmer die gewünschte Verringerung der Arbeitszeit mit dem Ziel zu erörtern, zu einer Vereinbarung zu gelangen. Er hat mit dem Arbeitnehmer Einvernehmen über die von ihm festzulegende Verteilung der Arbeitszeit zu erzielen.

(4) Der Arbeitgeber hat der Verringerung der Arbeitszeit zuzustimmen und ihre Verteilung entsprechend den Wünschen des Arbeitnehmers festzulegen, soweit betriebliche Gründe nicht entgegenstehen. Ein betrieblicher Grund liegt insbesondere vor, wenn die Verringerung der Arbeitszeit die Organisation, den Arbeitsablauf oder die Sicherheit im Betrieb wesentlich beeinträchtigt oder unverhältnismäßige Kosten verursacht. Die Ablehnungsgründe können durch Tarifvertrag festgelegt werden. Im Geltungsbereich eines solchen Tarifvertrages können nicht tarifgebundene Arbeitgeber und Arbeitnehmer die Anwendung der tariflichen Regelungen über die Ablehnungsgründe vereinbaren.

(5) Die Entscheidung über die Verringerung der Arbeitszeit und ihre Verteilung hat der Arbeitgeber dem Arbeitnehmer spätestens einen Monat vor dem gewünschten Beginn der Verringerung schriftlich

---

1 *Hanau*, NZA 2001, 1168. |2 MünchArbR/*Schüren*, Erg.-Bd. § 162 Rz. 45. |3 *Hanau*, NZA 2001, 1168. |4 *Däubler*, ZIP 2000, 1961. |5 ErfK/*Preis*, § 7 TzBfG Rz. 13.

nicht, wenn der ArbGeb die Verkürzung unberechtigt abgelehnt hat und die Zustimmung sodann rechtskräftig durch das ArbG bestätigt wurde. Nach dem Gesetzeswortlaut gilt sie dann auch nicht ab rechtskräftiger Entscheidung. Wenn der ArbN den Antrag vor einer Entscheidung des ArbGeb zurückgezogen hat, besteht keine Sperre. Da das Gesetz von einem zur Disposition des ArbN gestellten Verringerungsanspruch ausgeht, ist der ArbN daran nur gem. § 146 BGB gebunden, also nicht bis zum Ablauf der dem ArbGeb nach Abs. 5 S. 1 eingeräumten Annahmefrist.

6 **2. Betriebliche Voraussetzungen (Abs. 7).** Abs. 7 setzt voraus, dass der ArbGeb idR **mehr als 15 ArbN** beschäftigt[1]. Ausgenommen sind die zu ihrer Berufsbildung beschäftigten Personen, dh. Auszubildende (§ 10 BBiG) und Anlernlinge, Volontäre, Praktikanten sowie die zur Fortbildung, Weiterbildung und Umschulung Beschäftigten. Entgegen § 23 KSchG stellt das Gesetz nicht auf die Anzahl der ArbN im Einzelnen Betrieb ab, sondern auf die Anzahl der vom ArbGeb insgesamt beschäftigten ArbN. Bei der Berechnung werden alle ArbN unabhängig vom Umfang ihrer Arbeitszeit gezählt, so dass anders als bei § 23 I 4 KSchG auch teilzeitbeschäftigte ArbN voll und nicht nur anteilig in die Berechnung einbezogen werden. Mitzuzählen sind gem. § 21 VII BEEG auch in Elternzeit befindliche ArbN, sofern für sie kein Vertreter eingestellt ist.

7 Für diesen Schwellenwert nach Abs. 7 ist die Anzahl der beschäftigten ArbN im **Zeitpunkt des Anspruchszugangs** maßgeblich, nicht der der beantragten Arbeitszeitreduzierung[2]. Eine Unterschreitung bleibt aber ohnehin unbeachtlich, wenn der Schwellenwert ansonsten mit der „in der Regel" beschäftigten Anzahl der ArbN überschritten wird. Maßgebend ist die Zahl der regelmäßig mit ArbN besetzten Positionen[3].

8 **III. Zeitpunkt der Geltendmachung und Inhalt des Anspruchs (Abs. 2). 1. Zeitpunkt der Geltendmachung.** Der ArbN muss den Wunsch nach Arbeitszeitverringerung und deren Umfang spätestens **drei Monate** vor dem gewünschten Beginn geltend machen. Auf Grund der gesetzl. Regelung ist die Angabe des Datums nicht erforderlich[4]. Für die Fristberechnung ist der Zugang des Antrages maßgeblich. § 193 BGB ist nicht anzuwenden[5]. Der Tag der Geltendmachung ist bei der hier vorzunehmenden Rückwärtsberechnung der Frist nicht einzubeziehen. Ist der vorgegebene Beginn der neuen Arbeitszeit der 1.12.2006, wäre gem. § 187 I, § 188 II Hs. 2 BGB der Antrag spätestens am 31.8.2006[6] beim ArbGeb zu stellen. – Sollte das Arbeitsverhältnis erst mit dem 1.3.2006 begonnen haben, so wäre der Antrag jedoch verfrüht, da in diesem Fall noch nicht die gem. Abs. 1 vorausgesetzte Dauer des Arbeitsverhältnisses von mehr als sechs Monaten gegeben ist. Unter Berücksichtigung der Wartezeit von sechs Monaten kann also die verringerte Arbeitszeit erst neun Monate nach Beginn des Arbeitsverhältnisses eintreten.

Der ArbN muss seinen **Antrag auf Verteilung** der reduzierten Arbeitszeit nicht zugleich mit dem Verringerungsantrag geltend machen. Sollte der ArbN seinen Verringerungsantrag nicht mit den Wünschen auf Verteilung der Arbeitszeit zugleich geäußert haben, so kann er seinen Antrag auf Verteilung der verbleibenden Arbeitszeit gem. Abs. 2 S. 2 bis spätestens in dem **Erörterungsgespräch** mit dem ArbGeb nach Abs. 3 vorbringen[7]. Das bedeutet, dass der ArbN seinen Verteilungswunsch nach Abs. 2 S. 2 danach nicht unbegrenzt in ein laufendes Teilzeitverfahren einbringen, also „nachschieben" kann.

9 Hat der ArbN diese 3-Monats-Frist für die Geltendmachung der Arbeitszeitverringerung **nicht eingehalten**, so wird die Inanspruchnahme der Teilzeit nicht ausgeschlossen. Da regelmäßig davon auszugehen ist, dass es dem ArbN vor allem um das Ob der Verringerung und erst in zweiter Linie um den Zeitpunkt der Verringerung geht, wird ein Verringerungsverlangen jedenfalls hilfsweise auf einen Zeitpunkt gerichtet sein, zu dem der ArbN den Beginn der Verringerung nach den gesetzl. Regeln frühestmöglich verlangen kann[8]. Soweit der ArbN für den Beginn der Änderung einen festen Termin wünscht, ist das bei der Auslegung zu berücksichtigen. IdR **verschiebt** sich daher der verlangte Beginn der Verkürzung entsprechend nach hinten[9] (dagegen ist die Fristwahrung nach § 15 VII 1 Nr. 5 BEEG Anspruchsvoraussetzung). – Ein zu kurzfristig gestelltes Änderungsverlangen kann nach Auffassung des BAG nicht die in Abs. 5 S. 2 und 3 geregelten Zustimmungsfiktionen auslösen[10]. Die nach Abs. 5 S. 2 und 3 zu Lasten des ArbGeb geltenden Fristen hängen davon ab, von welchem Zeitpunkt an der ArbN eine Änderung seiner Arbeitszeit verlangt. Auch wenn sich auf Grund einer Auslegung der vom ArbN unzutreffend angegebene Zeitpunkt der Arbeitszeitverringerung nach hinten verschiebe, so schließe doch zur Vermeidung eines Auslegungsrisikos die Angabe des zu frühen Beginns die Zustimmungsfiktionen aus. Demgemäß sollen sich die für die Fiktionswirkung wesentlichen Fristen des Abs. 5 S. 1 und S. 2 auch nicht nach hinten verschieben. Da sich ein ArbGeb aber durchaus darauf einstellen kann, dass das

1 LAG Köln v. 18.1.2002 – 4 Sa 1066/01, NZA-RR 2002, 511: Die Kleinbetriebsklausel des Abs. 7 ist nicht verfassungswidrig. | 2 AA ErfK/*Preis*, § 8 TzBfG Rz. 10. | 3 *Schell*, S. 46. | 4 BAG v. 23.11.2004 – 9 AZR 644/03, NZA 2005, 769. | 5 ErfK/*Preis*, § 8 TzBfG Rz. 13. | 6 BAG v. 18.2.2003 – 9 AZR 356/02, DB 2003, 1682; aA Annuß/Thüsing/*Mengel*, § 8 TzBfG Rz. 39: Ein Tag später. | 7 BAG v. 23.11.2004 – 9 AZR 644/03, NZA 2005, 769. | 8 BAG v. 20.7.2004 – 9 AZR 626/03, NZA 2004, 1091. | 9 *Beckschulze*, DB 2000, 2598 (2603); *Richardi/Annuß*, BB 2000, 2201 (2202); KDZ/*Zwanziger*, § 8 TzBfG Rz. 35; aA ErfK/*Preis*, § 8 TzBfG Rz. 13; MünchArbR/*Schüren*, Erg.-Bd., § 162 Rz. 59, 60, der jedoch die Sperrwirkung nach Abs. 6 nicht eintreten lässt, wenn der ArbGeb den Antrag ablehnt. | 10 BAG v. 20.7.2004 – 9 AZR 626/03, NZA 2004, 1091.

mitzuteilen. Haben sich Arbeitgeber und Arbeitnehmer nicht nach Absatz 3 Satz 1 über die Verringerung der Arbeitszeit geeinigt und hat der Arbeitgeber die Arbeitszeitverringerung nicht spätestens einen Monat vor deren gewünschtem Beginn schriftlich abgelehnt, verringert sich die Arbeitszeit in dem vom Arbeitnehmer gewünschten Umfang. Haben Arbeitgeber und Arbeitnehmer über die Verteilung der Arbeitszeit kein Einvernehmen nach Absatz 3 Satz 2 erzielt und hat der Arbeitgeber nicht spätestens einen Monat vor dem gewünschten Beginn der Arbeitszeitverringerung die gewünschte Verteilung der Arbeitszeit schriftlich abgelehnt, gilt die Verteilung der Arbeitszeit entsprechend den Wünschen des Arbeitnehmers als festgelegt. Der Arbeitgeber kann die nach Satz 3 oder Absatz 3 Satz 2 festgelegte Verteilung der Arbeitszeit wieder ändern, wenn das betriebliche Interesse daran das Interesse des Arbeitnehmers an der Beibehaltung erheblich überwiegt und der Arbeitgeber die Änderung spätestens einen Monat vorher angekündigt hat.

(6) Der Arbeitnehmer kann eine erneute Verringerung der Arbeitszeit frühestens nach Ablauf von zwei Jahren verlangen, nachdem der Arbeitgeber einer Verringerung zugestimmt oder sie berechtigt abgelehnt hat.

(7) Für den Anspruch auf Verringerung der Arbeitszeit gilt die Voraussetzung, dass der Arbeitgeber, unabhängig von der Anzahl der Personen in Berufsbildung, in der Regel mehr als 15 Arbeitnehmer beschäftigt.

I. Inhalt und Zweck. Mit dieser Vorschrift wird allgemein das **Recht auf Teilzeitarbeit** eingeräumt. 1
Jeder ArbN kann eine Verringerung seiner vertragl. vereinbarten Wochenarbeitszeit verlangen. Dies gilt nicht nur für den Fall, dass ein Vollzeitbeschäftigter in Teilzeit überwechseln möchte; auch Teilzeitkräfte, die eine weitere Arbeitszeitreduzierung anstreben, werden von der Vorschrift erfasst. Insoweit geht der Gesetzgeber über die Anforderung von § 5 III Buchst. a der Rahmenvereinbarung über Teilzeitarbeit (RL 97/81/EG) hinaus und macht von der Regelung des § 6 I der Rahmenvereinbarung über Teilzeitarbeit Gebrauch. Mit dem Rechtsanspruch auf Teilzeitarbeit sollen beschäftigungspolitische Effekte erzielt werden. Der gesetzl. Anspruch bezieht sich auf eine Veränderung der Dauer und Verteilung der Arbeitszeit, lässt im Übrigen aber die Arbeitsbedingungen unverändert. Auch bei einer nach dieser Bestimmung reduzierten vertragl. Arbeitszeit ist Mehrarbeit bzw. sind Überstunden möglich. Es gelten hierfür die allgemeinen Regeln (zum Anspruch auf Mehrarbeits-/Überstundenzuschlägen siehe § 4 Rz. 9). Selbst bei beiderseitiger Tarifbindung erfasst der Arbeitszeitverringerungsanspruch auch die tarifl. Arbeitszeit. Abgesehen von der in § 22 II geregelten Ausnahme kann der Anspruch auf Teilzeitarbeit nicht zuungunsten des ArbN abbedungen oder eingeschränkt werden.

Der Teilzeitanspruch nach dieser Bestimmung **konkurriert** mit dem Anspruch auf Verringerung der 2
Arbeitszeit während der Elternzeit nach § 15 BEEG. Wird der Elternzeitanspruch nicht geltend gemacht, kann der Teilzeitanspruch auf § 8 gestützt werden, auch wenn die Voraussetzungen des § 15 BEEG vorliegen[1]. S. im Übrigen § 23 Rz. 4 ff.

II. Anspruchsvoraussetzungen. 1. Persönliche Voraussetzungen (Abs. 1 u. 6). Anspruchsberechtigt 3
sind alle ArbN, also auch leitende Angestellte. Der Anspruch auf Arbeitszeitverringerung gilt auch für bereits Teilzeitbeschäftigte[2], geringfügig Beschäftigte und für befristet beschäftigte ArbN. Keinen Anspruch auf Arbeitszeitreduzierung haben Auszubildende. Wie sich aus den besonderen Vorschriften über die Dauer der Ausbildungszeit (§§ 21 III, 45 BBiG) ergibt, soll die Ausbildung grds. im Rahmen der vorgesehenen Ausbildungszeit abgeschlossen werden. Dem steht eine Verringerung der Arbeitszeit mit der Konsequenz einer entsprechenden Verlängerung der Ausbildungsdauer entgegen.

Das Arbeitsverhältnis muss **länger als sechs Monate** bestanden haben. Dabei kommt es nicht auf die 4
Betriebszugehörigkeit, sondern auf das Bestehen eines Arbeitsverhältnisses mit demselben ArbGeb an[3]. Unerheblich ist, ob tatsächlich gearbeitet wurde. Entscheidend ist der rechtl. Bestand des Arbeitsverhältnisses. Auf diese Wartefrist ist die Zeit eines vorangegangenen Arbeitsverhältnisses anzurechnen, wenn die Unterbrechung zwischen den Arbeitsverhältnissen verhältnismäßig kurz war und zwischen beiden Arbeitsverhältnissen ein enger sachlicher Zusammenhang besteht[4]. Für die Einhaltung der Wartezeit von sechs Monaten ist entscheidend der Zugang des Reduzierungsverlangens, nicht der Beginn der Arbeitszeitveränderung. Eine Geltendmachung vor Ablauf der Wartefrist führt nicht zu einer Verkürzung der Arbeitszeit[5].

Voraussetzung für die Geltendmachung der Arbeitszeitverkürzung ist nach Abs. 6 weiterhin, dass 5
innerhalb der **letzten zwei Jahre** der ArbGeb nicht einer Verringerung der Arbeitszeit zugestimmt oder sie berechtigt abgelehnt hat. Diese Anspruchssperre gilt auch, wenn die Entscheidung über die Arbeitsverringerung durch die Fiktion des Abs. 5 S. 3 zu Stande gekommen ist[6]. Dagegen besteht die Sperre

1 S. iE – auch zu den unterschiedlichen Voraussetzungen – *Rudolf/Rudolf*, NZA 2002, 602. | 2 So aber unzulässigerweise einschr. § 15b BAT; ArbG Bonn v. 18.4.2001 – 5 Ca 561/01, nv. | 3 *Lindemann/Simon*, BB 2001, 146; *Däubler*, ZIP 2001, 217; *Viethen*, NZA 2001, Beilage zu Heft 24, 3. | 4 *Viethen*, NZA 2001, Beilage zu Heft 24, 3. | 5 *Hartwig*, FA 2001, 34; KDZ/*Zwanziger*, § 8 TzBfG Rz. 5. | 6 *Viethen*, NZA 2001, Beil. zu Heft 24, 3; aA KDZ/*Zwanziger*, § 8 TzBfG Rz. 49.

zeitwünsche mehrerer ArbN konkurrieren. Allerdings ergibt sich aus der Verpflichtung des ArbGeb gem. § 7, dass bei der Berücksichtigung der betrieblichen Gegengründe nach Abs. 4 freie Teilzeitarbeitsplätze berücksichtigt werden müssen.

Bei dem Antrag auf Arbeitszeitverkürzung handelt es sich um **Angebote** an den ArbGeb, die geschlossene Vereinbarung für die Zukunft zu ändern[1]. Es handelt sich um eine empfangsbedürftige Willenserklärung des ArbN, die auf die Änderung des Arbeitsvertrages gerichtet ist. Nach ihrem Zugang ist der ArbN hieran gem. § 145 BGB bis zur Entscheidung des ArbGeb gebunden[2]. Auch bleibt der ArbN an den geäußerten Verteilungsantrag gebunden. Ein anderer Verteilungswunsch kann nur im Rahmen eines neuen separaten Antragsverfahrens vorgebracht werden. Um eine Änderung ggf. auch nur im Hinblick auf die Arbeitszeitverteilung zu erreichen, verbleibt daher dem ArbN nur die Möglichkeit, erneut die Verringerung der Arbeitszeit zu beantragen und dabei die Festlegung der gewünschten Verteilung zu verlangen. War sein Antrag zu Recht aus betrieblichen Gründen abgelehnt worden, so gilt hierfür jedoch die zweijährige Sperrfrist des Abs. 6. Die Bindungswirkung endet mit der Ablehnung oder bei einer mit Änderungen versehenen Annahme durch den ArbGeb (§ 150 II BGB). Erfolgt die Ablehnung entgegen § 8 V 1 nicht schriftl., bleibt der Antrag rechtl. existent, so dass auf seiner Grundlage die Fiktion nach § 8 V 2 eintreten kann. 21

IV. Ablehnungsgründe (Abs. 4). 1. Gründe gegen eine Arbeitszeitverringerung. Der ArbGeb kann die beabsichtigte Verringerung der Arbeitszeit und ihre Verteilung ablehnen, wenn **betriebliche Gründe** entgegenstehen. Der Begriff der betrieblichen Gründe ist ein unbestimmter Rechtsbegriff, der den Tatsachengerichten einen Beurteilungsspielraum einräumt[3]. Als Beispiele für betriebliche Gründe nennt das Gesetz die wesentliche Beeinträchtigung von Organisation, Arbeitsablauf und Sicherheit im Betrieb sowie die unverhältnismäßige Kostenbelastung. Die Ablehnungsmöglichkeit bezieht sich sowohl auf die eigentliche Verringerung der Arbeitszeit als auch auf die vom ArbN gewünschte Verteilung. Es ist daher möglich, dass der ArbGeb der Verringerung der Arbeitszeit an sich zustimmt, die vom ArbN gewünschte Verteilung jedoch aus betrieblichen Gründen ablehnt. Hat der ArbN **nicht zugleich eine bestimmte Verteilung** der reduzierten Arbeitszeit beantragt, muss der ArbGeb darlegen, dass seine der Verringerung der Arbeitszeit entgegenstehenden betriebl. Gründe nicht durch Ausübung seines Weisungsrechts bei der Verteilung der Arbeitszeit nach § 106 GewO beseitigt werden können[4]. Anders als bei der nach § 8 IV 4 vorgesehenen Neuverteilung der Arbeitszeit durch den ArbGeb sind die **Interessen des ArbN** an der Arbeitszeitverringerung unbeachtlich. Sie sind daher nicht gegenüber den betrieblichen Gründen abzuwägen. Die ArbN-Interessen sind aber zur Erlangung eines einstw. Rechtschutzes in Bezug auf den Verfügungsgrund bedeutsam (s. Rz. 60). 22

Während der Referentenentwurf nur „dringende betriebliche Gründe“ als betrieblichen Gegengrund gelten lassen wollte, sind nach Abs. 4 S. 1 **betriebliche Gründe** ausreichend, um die Verringerung der Arbeitszeit ablehnen zu können. Nach der Gesetzesbegründung sollen damit unzumutbare Anforderungen an die Ablehnung durch den ArbGeb ausgeschlossen werden; rationale, nachvollziehbare Gründe sollen genügen[5]. Dem Gesetzgeber ging es bei der Herabsenkung der Anforderungen an die betrieblichen Gründe um die verstärkte Berücksichtigung der Interessen der ArbGeb[6]. Das Gesetz nennt als betriebliche Ablehnungsgründe eine wesentliche Beeinträchtigung der Organisation, des Arbeitsablaufs oder der Sicherheit im Betrieb oder das Entstehen unverhältnismäßig hoher Kosten für den ArbGeb. Obwohl es sich dabei nur um eine Präzisierung der im Referentenentwurf angeführten dringenden betrieblichen Erfordernisse handelt, wird von der Rspr. des 9. Senat des BAG aus diesen Beispielen gefolgert, dass zwar grds. „rationale nachvollziehbare Gründe“ ausreichend sind, sich jedoch zusätzlich daraus Auswirkungen ergeben müssen, die zu einer **wesentlichen Beeinträchtigung** oder zu **unverhältnismäßig hohen Kosten** führen. Diese Auffassung steht einer historischen Auslegung entgegen, die auf Grund des offenen Gesetzeswortlauts bedeutsam ist. Die in § 8 IV 2 genannten Beispiele können daher entgegen dem gesetzl. Wortlaut keinen Einfluss auf die Auslegung der betrieblichen Gründe haben, sie können in ihrer Intensität nicht die Anforderungen an die betrieblichen Gründe insgesamt bestimmen[7]. Es sind daher geringere Anforderungen zu stellen, als in den Fällen, in denen das Gesetz dringende betriebliche Gründe fordert[8]. Nicht ausreichend sind zwar Einschränkungen und Nachteile, die sich aus der Umsetzung des Teilzeitanspruchs selbst ergeben, wie zB die Notwendigkeit der Einstellung eines zusätzlichen ArbN zur Erledigung des durch die verringerte Arbeitszeit verbleibenden Arbeitsvolumens. Dem ArbGeb wird vielmehr auferlegt, zumutbare organisatorische Veränderungen vorzunehmen, um den Teilzeitanspruch des ArbN zu erfüllen. Deshalb reicht auch die zusätzliche Beanspruchung der Mitarbeiter in der Personalabteilung auf Grund der Abwicklung zusätzlicher Teilzeitansprüche als Grund nicht aus. Dasselbe gilt hinsichtlich der zusätzlichen Kosten infolge der Beschäftigung von zwei oder mehr Teilzeitkräften. Insoweit gilt das Gesetzesbeispiel, wonach es sich um eine unverhältnismäßige Kostenbelastung handeln muss. Dies ist zB dann der Fall, wenn die infolge der Teilzeitarbeit 23

1 BAG v. 18.2.2003 – 9 AZR 164/02, NZA 2003, 1392. |2 BAG v. 23.11.2004 – 9 AZR 644/03, NZA 2005, 769. |3 BAG v. 9.12.2003 – 9 AZR 16/03, NZA 2004, 921. |4 BAG v. 8.5.2007 – 9 AZR 1112/06, DB 2007, 2323. |5 BT-Drs. 14/4374, S. 17. |6 *Schell*, S. 110. |7 *Schell*, S. 110; ErfK/*Preis*, § 8 TzBfG Rz. 24. |8 *Schell*, S. 117; ErfK/*Preis*, § 8 TzBfG Rz. 23.

entstehenden Personalkosten in einer unzumutbaren Relation zu der durch den teilzeitbeschäftigten ArbN erzielten Wertschöpfung stehen[1]. Kein Ablehnungsgrund ist auch die Überschreitung von sog. Schwellenwerten nach dem BetrVG. Es sei denn, dass dies entweder gezielt angestrebt wird oder aber zu unverhältnismäßigen Kosten führt[2]. Gegenüber dieser Auslegung des § 8 geäußerten **verfassungsrechtl. Bedenken**[3] ist das BAG mit der Ansicht begegnet, der Eingriff in die Berufsausübungsfreiheit sei durch hinreichende Gründe des Gemeinwohls gerechtfertigt[4]. Der Gesetzgeber wolle mit der Regelung Teilzeitarbeit fördern und dadurch Entlastungseffekte auf dem Arbeitsmarkt erreichen. Demgegenüber belaste § 8 die ArbGeb-Seite nicht unverhältnismäßig.

24 Nach der vom BAG entwickelten dreistufigen Prüfungsreihenfolge (s. Rz. 27) ist zunächst das vom ArbGeb aufgestellte und durchgeführte Organisationskonzept festzustellen, das der vom ArbGeb als betrieblich erforderlich angesehenen Arbeitszeitdauer und Arbeitszeitregelung zugrunde liegt und sie bedingt[5]. Nicht zu überprüfen sind die dem Organisationskonzept zugrunde liegende unternehmerische Aufgabenstellung und die daraus abgeleiteten organisatorischen Entscheidungen, sofern sie nicht willkürlich sind. Auch wenn das Organisationskonzept von plausiblen wirtschaftl. oder unternehmenspolitischen Gründen getragen wird, rechtfertigt es allein aber nach der Rspr. keinen entgegenstehenden betrieblichen Grund[6]. Demzufolge ist das Argument, ein **Organisationskonzept** sehe ausschließlich die Beschäftigung von Vollzeitarbeitskräften vor, nicht ausreichend. Das Konzept der **„Unteilbarkeit“** des konkreten Arbeitsplatzes reicht für sich nicht aus. Die entgegenzusetzenden betrieblichen Gründe erfordern vielmehr, dass das Teilzeitverlangen nicht in Übereinstimmung mit Organisationsentscheidungen des ArbGeb gebracht werden kann und das betriebliche Organisationskonzept sowie die zugrunde liegende unternehmerische Aufgabenstellung **wesentlich beeinträchtigt**[7]. Die Rspr. des 9. Senats hat dazu geführt, dass im Gegensatz zum Kündigungsschutzrecht die grundlegende Organisationsentscheidung des ArbGeb für ein bestimmtes Arbeitszeitmodell in seinem Betreib nicht verbindlich ist. Der 9. Senat räumt in seiner Entscheidung vom 18.2.2003[8] den Widerspruch zur kündigungsschutzrechtl. Auffassung des 2. Senats ein und veranlasst ihn zu dem Hinweis, die mit § 8 IV 1 erfolgte gesetzl. Regelung müsse nun auch bei der Auslegung des Kündigungsschutzrechts beachtet werden[9]. Dabei verkennt der 9. Senat die unterschiedliche Interessenlage. Ein dem organisatorischen Grundkonzept zuwiderlaufender Teilzeitanspruch berührt nur das „Wie“ der Unternehmensgestaltung, nicht aber das „Ob“ der den Kündigungsentschluss tragenden Unternehmerentscheidung.

25 Nach der Rspr. des BAG ist somit nicht nur das unternehmerische Organisationskonzept substanziiert darzulegen, sondern auch eine Abs. 4 S. 2 entsprechende wesentliche Beeinträchtigung der Betriebsorganisation, des Arbeitsablaufs oder der Sicherheit im Betrieb. Diese und sonstige, daneben gem. § 8 IV 1 beachtliche betriebliche Gründe können **beispielsweise** darauf beruhen:

- Besondere **persönliche Kontakte** eines ArbN erfordern eine kontinuierliche Anwesenheit (sog. Schnittstellenproblematik). So kann ein pädagogisches Konzept einer umfassenden, kontinuierlichen Kinderbetreuung ein dem Verringerungsverlangen entgegenstehendes **Organisationskonzept** begründen[10]. Auch können erhebliche **Zeitverluste** infolge notwendiger Informationen bei der Übergabe und das erhöhte Risiko von **Informationsverlusten bzw. Fehlinformationen** die Arbeitszeitverringerung unzumutbar machen[11]. Die bloße zusätzliche Arbeitsübergabe stellt daher keine besondere Belastung dar[12]. Schnittstellen entstehen auch bei jedem regulären Schichtwechsel. Nicht ausreichend ist auch das Bestreben nach mehr **Kundennähe**, wenn diese unabhängig von der Aufgabenstellung und der konkreten Tätigkeit des betroffenen ArbN erreicht werden soll[13].
- Unverhältnismäßige **Kosten** durch lange Einarbeitungszeiten (Schulung) einer Ersatzkraft[14]. Bei dem Begriff „unverhältnismäßige Kosten“ handelt es sich um einen unbestimmten Rechtsbegriff, der dem Beurteilungsspielraum des Tatsachengerichts unterliegt. Bei seiner Anwendung sind die Kosten, die üblicherweise mit dem eingerichteten Arbeitsplatz verbunden sind, ins Verhältnis zu setzen mit denjenigen, die bei einer Arbeitsplatzteilung anfallen. Die mit einer Einarbeitungszeit verbundenen Kosten sind nur dann iSv. Abs. 4 S. 2 unverhältnismäßig, wenn die Einarbeitungszeit unverhältnismäßig lang ist. Dies kann nicht ohne weiteres aus einer Einarbeitungszeit von mehr als drei Monaten entnommen werden[15]. Ein Rückgriff auf die Rspr. des BAG bzgl. einer im Rahmen der sozialen Auswahl (§ 1 III KSchG) zu berücksichtigenden zumutbaren Einarbeitungszeit von drei Monaten zur Herstel-

1 LAG Düsseldorf v. 19.4.2002 – 9 (12) Sa 11/02, nv. | 2 *Hanau*, NZA 2001, 1168. | 3 *Kliemt*, NZA 2001, 63; *Lindemann/Simon*, BB 2001, 146; *Hromadka*, NJW 2001, 400; *Schiefer*, DB 2000, 2118; *Bayreuther*, DB 2004, 1726. | 4 BAG v. 18.2.2003 – 9 AZR 164/02, NZA 2003, 1392. | 5 BAG v. 9.12.2003 – 9 AZR 16/03, NZA 2004, 921. | 6 BAG v. 18.2.2003 – 9 AZR 164/02, NZA 2003, 1392. | 7 BAG v. 19.8.2003 – 9 AZR 542/02, ArbRB 2004, 99; v. 30.9.2003 – 9 AZR 665/02, DB 2004, 709; v. 14.10.2003 – 9 AZR 636/02, DB 2003, 986; LAG Hamm v. 6.5.2002 – 8 Sa 641/02, NZA-RR 2003, 178, einen Montagearbeiter betreffend. | 8 BAG v. 18.2.2003 – 9 AZR 164/02, NZA 2003, 1392. | 9 BAG v. 18.2.2003 – 9 AZR 164/02, NZA 2003, 1392. | 10 BAG v. 18.3.2003 – 9 AZR 126/02, DB 2004, 319; v. 19.8.2003 – 9 AZR 542/02, ArbRB 2004, 99; v. 16.10.2007 – 9 AZR 321/06, DB 2007, 2846. | 11 ArbG Darmstadt v. 12.10.2004 – 4 Ca 253/04, AE 02/05, 99. | 12 LAG Köln v. 15.3.2006 – 3 Sa 1593/05, NZA-RR 2006, 515. | 13 LAG Köln v. 3.2.2006 – 11 (13) Sa 1246/05, NZA-RR 2006, 343. | 14 BAG v. 14.10.2003 – 9 AZR 636/02, DB 2004, 986; v. 21.6.2005 – 9 AZR 409/04, ArbRB 2005, 194. | 15 BAG v. 23.11.2004 – 9 AZR 644/03, NZA 2005, 769.

lung der sozialen Vergleichbarkeit scheidet aus. Eine solche Festlegung widerspräche der Zielsetzung des Gesetzes, das allen ArbN eine Verringerung der Arbeitszeit ermöglichen soll[1]. Die sich bei einer Teilzeitkraft über einen längeren Zeitraum erstreckende Einarbeitung wird regelmäßig dadurch ausgeglichen, dass die Teilzeitkraft auf denselben Zeitraum bezogen einen geringeren Verdienst erzielt als die Vollzeitkraft.

- Eine den fachlichen Anforderungen vergleichbare **Ersatzkraft** – Teilzeitkraft – ist auf dem Arbeitsmarkt nicht vorhanden[2]. Geeignet ist eine Ersatzkraft, die in der Lage ist, die anfallenden Arbeitsaufgaben nach der Einweisung in den Arbeitsplatz (Unterrichtung iSv. § 81 BetrVG) zu erledigen. IdR ist eine Ersatzkraft geeignet, die dem Anforderungsprofil entspricht, das der ArbGeb üblicherweise bei der Nachbesetzung von Stellen aufstellt[3]. Der ArbGeb muss durch Anfrage bei der AA und durch inner- und/oder außerbetrieblicher Stellenausschreibung seinen Versuch nachweisen, eine Ersatzkraft zu finden[4]. Bei einer Ausschreibung im Hinblick auf den zusätzlich benötigten Teilzeitmitarbeiter dürfen keine höheren Anforderungen gestellt werden, als im Hinblick auf den Arbeitsplatz des Antragstellers notwendig ist. Jedoch muss die Ausschreibung nicht mit derjenigen identisch sein, die bei der Einstellung des ArbN erfolgte, der den Antrag auf Reduzierung der Arbeitszeit stellt. Der ArbGeb muss sich nur auf zumutbare Maßnahmen verweisen lassen, um den Teilzeitwunsch des ArbN zu ermöglichen. Der ArbGeb hat nur Maßnahmen zu ergreifen, die den Arbeitszeitausfall selbst ausgleichen oder die durch die Arbeitszeitreduzierung geschaffene Situation regeln. Deshalb muss keine Vollzeitkraft eingestellt werden, auch wenn diese zugleich Überstunden abbauen kann. Auch scheiden dauernde Überstunden anderer ArbN oder der Einsatz von LeihArbN aus, wenn der ArbGeb nicht ohnehin hierauf als übliche Maßnahme zurückgreift.
- Berufsspezifische Anforderungen machen eine dauernde **Präsenz** einer Vollzeitkraft erforderlich, so dass der Arbeitsablauf den Einsatz von Teilzeitkräften ausschließt. Dies können auch nachvollziehbare künstlerische Belange (Art. 5 III 1 GG) sein, die durch subjektive Gesichtspunkte geprägt werden[5].
- Es stehen keine **Arbeitsplätze** oder **Räume** zur Verfügung, um dem Teilzeitanspruch gerecht werden zu können.
- Unverhältnismäßig hohe **Kosten für den Arbeitsplatz** der Ersatzkraft[6]; es muss kostenaufwändig ein weiterer Arbeitsplatz eingerichtet werden, obwohl er wegen der Teilzeit zeitweise unbesetzt bleibt, oder es muss ein zusätzliches Fahrzeug zur Wahrnehmung der dienstlichen Aufgaben angeschafft werden (Außendienst).
- **Mangelnde Einsetzbarkeit/Einplanbarkeit**; sie liegt zB vor, wenn ArbN auf Grund der gewünschten Verringerung der Arbeitszeit nicht in vollem Umfang tarif- und vertragsgerecht eingesetzt werden können[7], wie zB, wenn Teilzeitkräfte mit dem beanspruchten Arbeitszeitmodell von vornherein nicht in die durch Flugpläne vorgegebene Aneinanderreihung mehrerer Flüge zu Flugketten einplanbar sind[8].
- Die Verringerung der Arbeitszeit führt zu einer Änderung der **Arbeitsinhalte** mit der Folge, dass die bisherigen Merkmale der tarifl. Vergütungsgruppe nicht mehr erfüllt werden.

2. Gründe gegen die Verteilung der Arbeitszeit. Die gewünschte Verteilung der Arbeitszeit kann ebenfalls nur abgelehnt werden, wenn **betriebliche Gründe** entgegenstehen. Dies können andere Gründe sein als diejenigen, die der Verringerung der Arbeitszeit entgegenstehen. Die vom ArbN gewünschte Lage der Arbeitszeit muss sich in das vom ArbGeb vorgegebene Organisationskonzept einfügen. Nur innerhalb der arbeitgeberseitigen bzw. betrieblichen Vorgaben ist dem Verteilungswunsch zu entsprechen. Die Regelbeispiele in Abs. 4 beziehen sich auf die Arbeitszeitreduzierung, nicht auf die Arbeitszeitverteilung. Gleichwohl gelten die Anforderungen, die an das Gewicht eines entgegenstehenden betrieblichen Grundes nach § 8 IV 2 zu stellen sind, nach Auffassung des BAG auch für die Verweigerung der Zustimmung zu der vom ArbN gewünschten Festlegung der verringerten Arbeitszeit, da die in § 8 IV 2 abgeführten Beispiele der Erläuterung des betrieblichen Grundes dienen[9]. Bei der von dem ArbN zu treffenden Wahl über die Verteilung seiner verringerten Arbeitszeit sind die von den **Betriebsparteien gemachten Vorgaben** hinsichtlich der Lage der Arbeitszeit (s.a. § 77 I BetrVG) zu beachten. Eine Betriebs- oder Dienstvereinbarung über die Arbeitszeitlage kann einen betrieblichen Grund darstellen, hinter dem die Arbeitszeitwünsche der ArbN zurückstehen müssen. Für den ArbGeb ist daher die Einhaltung dieser Regelungen ein betrieblicher Grund zur Ablehnung des Arbeitszeitverteilungswunsches[10], es sei denn, dass dieser keinen kollektiven Bezug hat[11]. Dieser kollektive Bezug fehlt, wenn sich die vom ArbN gewünschte Arbeitszeitlage nicht auf die Arbeitszeiten oder -bedingungen der anderen im Betrieb be- 26

1 BAG v. 23.11.2004 – 9 AZR 644/03, NZA 2005, 769. | 2 BAG v. 9.12.2003 – 9 AZR 16/03, NZA 2004, 921. | 3 BAG v. 23.11.2004 – 9 AZR 644/03, NZA 2005, 769. | 4 BAG v. 27.4.2004 – 9 AZR 522/03, NZA 2004, 1225. | 5 BAG v. 27.4.2004 – 9 AZR 522/03, NZA 2004, 1225. | 6 LAG Nds. v. 18.11.2002 – 17 Sa 487/02, DB 2003, 1064 rkr. (Anschaffung eines weiteren Dienstwagens). | 7 BAG v. 13.11.2007 – 9 AZR 36/07, NZA 2008, 314. | 8 BAG v. 15.8.2006 – 9 AZR 30/06, NZA 2007, 259. | 9 BAG v. 18.2.2003 – 9 AZR 164/02, NZA 2003, 1392. | 10 BAG v. 18.2.2003 – 9 AZR 164/02, NZA 2003, 1392; LAG BW v. 4.11.2002 – 15 Sa 53/02, ArbRB 2003, 265; *Straub*, NZA 2001, 919. | 11 BAG v. 16.3.2004 – 9 AZR 323/03, NZA 2004, 1047.

schäftigten ArbN auswirkt. Sofern die Arbeitszeitregelungen gem. § 87 I Nr. 2 BetrVG der Mitbest. des BR unterliegen, ist dieses vorrangig, auch wenn die Änderung der Arbeitszeitlage durch die gesetzl. Fiktion des § 8 V 3 eintritt[1].

27 **3. Prüfungsvorgang.** Ob hinreichend gewichtige betriebliche Gründe dem Teilzeitverlangen und der gewünschten Verteilung der Arbeitszeit entgegenstehen, ist in folgenden drei Stufen zu prüfen:

- Zunächst ist das vom ArbGeb aufgestellte und durchgeführte **Organisationskonzept** festzustellen, das der vom ArbGeb als betrieblich erforderlich angesehenen Arbeitszeitdauer und Arbeitszeitregelung zugrunde liegt. Organisationskonzept ist das Konzept, mit dem die unternehmerische Aufgabenstellung im Betrieb verwirklicht werden soll. Die Darlegungslast dafür, dass das Organisationskonzept die Arbeitszeitregelung bedingt, liegt beim ArbGeb. Die dem Organisationskonzept zugrunde liegende unternehmerische Aufgabenstellung und die daraus abgeleiteten organisatorischen Entscheidungen sind hinzunehmen, soweit sie nicht willkürlich sind[2]. Das vorgetragene Organisationskonzept muss auch tatsächlich im Betrieb durchgeführt werden.
- Dann ist zu überprüfen, ob die vom Organisationskonzept bedingte Dauer der Arbeitszeit und Arbeitszeitregelung tatsächlich der gewünschten Änderung der Arbeitszeit **entgegenstehen**. In diesem Zusammenhang ist bedeutsam, ob durch eine Änderung von betrieblichen Abläufen oder des Personaleinsatzes die betrieblich erforderliche Arbeitszeitregelung unter Wahrung des Organisationskonzeptes mit dem individuellen Arbeitszeitwunsch des ArbN in Einklang gebracht werden kann[3].
- Ergibt sich, dass das Arbeitszeitverlangen des ArbN nicht mit dem organisatorischen Konzept und der daraus folgenden Atbeitszeitregelung in Übereinstimmung gebracht werden kann, ist abschließend zu prüfen, ob das Gewicht der entgegenstehenden betrieblichen Gründe so **erheblich** ist, dass die Erfüllung des Teilzeitverlangens und des Arbeitszeitwunsches des ArbN zu einer wesentlichen Beeinträchtigung der Arbeitsorganisation, des Arbeitsablaufs, der Sicherung des Betriebs oder zu einer unverhältnismäßigen wirtschaftl. Belastung des Betriebs führen würde[4]. Mit diesem Erfordernis übernimmt der 9. Senat die zu den in § 8 IV 2 aufgeführten Beispielen genannten Voraussetzungen auch für andere dem Teilzeitverlangen entgegengesetzten betrieblicen Gründe.

Für die Beurteilung des Verringerungsanspruchs kommt es in einer gerichtlichen Auseinandersetzung auf den Zeitpunkt der Ablehnung an (s. Rz. 56).

28 **V. Ablehnungsgründe im Tarifvertrag (Abs. 4 S. 3 u. 4).** Die **TV-Parteien** haben die Möglichkeit, Gründe für die Ablehnung der Verringerung der Arbeitszeit zu konkretisieren und dabei den spezifischen Erfordernissen des jeweiligen Wirtschaftszweiges Rechnung zu tragen[5]. Auch die tarifvertraglich bestimmte Quote von Teilzeitarbeitsplätzen im Verhältnis zu Vollzeitarbeitsverhältnissen kann die Konkretisierung eines entgegenstehenden betriebl. Grundes nach Abs. 4 S. 3 darstellen. Eine erhebliche Störung kann auch darin liegen, dass der ArbGeb unter Beachtung des tariflichen Arbeitszeitmodells einer Beschäftigungspflicht nicht in vollem Umfang nachkommen kann[6]. Die ausdrückliche Festlegung der TV-Parteien, dass das im TV geregelte Teilzeitmodell die betriebl. Möglichkeiten hinsichtlich Organisation, Arbeitsablauf und Sicherheit im Betrieb ausschöpfe, ist von den Arbeitsgerichten zu respektieren[7]. Im Falle fehlender Tarifbindung ist eine Inbezugnahme derartiger tarifl. geregelter Ablehnungsgründe möglich[8]. Gem. § 22 I können im TV jedoch keine Abweichungen zuungunsten der ArbN getroffen werden. Eine Beschränkung des Teilzeitanspruchs auf bislang Vollzeitbeschäftigte gem. § 15b BAT ist unwirksam[9] (§ 11 TVöD-AT enthält daher diese Einschränkung nicht mehr), ebenso die Einschränkung auf Gründe für das Teilzeitverlangen.

29 Anders als § 6 III BeschFG gestattet die gesetzl. Regelung den **Kirchen** keine abweichende Regelung[10].

30 **VI. Verfahren und Fristen. 1. Verlangen (Abs. 2).** Wie oben (Rz. 8 ff.) ausgeführt, hat der ArbN gem. Abs. 2 die Verringerung der Wochenarbeitszeit **spätestens drei Monate** vor deren Beginn **geltend zu machen**. Zugleich soll der ArbN mitteilen, wie die verringerte Arbeitszeit verteilt werden soll. Hierfür ist eine Form nicht vorgesehen. Die Geltendmachung hat spätestens drei Monate zuvor an dem Tag zu erfolgen, der dem Tag vor dem verlangten Beginn der Arbeitszeitverkürzung entspricht (§§ 187, 188 BGB). S. auch Rz. 8.

31 **2. Verhandlung (Abs. 3).** Der ArbGeb und der ArbN haben sich um eine **einverständliche Regelung** zu bemühen. Beide Arbeitsvertragsparteien sind aufgefordert, sowohl hinsichtlich der Verringerung der Arbeitszeit wie auch hinsichtlich der Verteilung der Arbeitszeit eine Vereinbarung zu treffen[11]. Der Gesetzesformulierung ist keine selbständige Verhandlungspflicht zu entnehmen. Für den ArbGeb besteht nur eine Verhandlungsobliegenheit. Er muss dabei seine ablehnende Meinung gegenüber dem ArbN

1 ErfK/*Preis*, § 8 TzBfG Rz. 41. | 2 BAG v. 27.4.2004 – 9 AZR 522/03, NZA 2004, 1225. | 3 BAG v. 27.4.2004 – 9 AZR 522/03, NZA 2004, 1225. | 4 BAG v. 9.12.2003 – 9 AZR 16/03, NZA 2004, 921. | 5 BAG v. 21.11.2006 – 9 AZR 138/06, ZTR 2007 371. | 6 BAG v. 13.11.2007 – 9 AZR 36/07, NZA 2008, 314. | 7 BAG v. 21.11.2006 – 9 AZR 138/06, ZTR 2007 371. | 8 BAG v. 21.11.2006 – 9 AZR 138/06, ZTR 2007 371. | 9 BAG v. 18.3.2003 – 9 AZR 126/02, DB 2004, 1568. | 10 Siehe hierzu *Möller-Volbehr*, NZA 2002, 301. | 11 BAG v. 18.2.2003 – 9 AZR 356/02, DB 2003, 1682.

begründen. Nach § 8 III besteht die Verhandlungsobliegenheit nur hinsichtlich der Arbeitszeitreduzierung. Bezüglich der Verteilung der Arbeitszeit wird in § 8 III 2 nur der Vorrang der einvernehmlichen Lösung herausgestellt. Das Direktionsrecht des ArbGeb wird dadurch aber nicht zu Gunsten einer mit dem ArbN zu treffenden Vereinbarung aufgehoben. Wie sich aus § 8 IV 1 ergibt, ist es nur dahingehend eingeschränkt, dass es unter Berücksichtigung der betrieblichen Belange die Vorstellungen des ArbN vorrangig zu berücksichtigen hat.

Das Gesetz sieht keine Folgen für den Fall vor, dass einer der beiden Arbeitsvertragsparteien der **Verhandlungsaufforderung nicht nachkommt**. Die ohne Erörterung des Teilzeitwunsches und/oder des Verteilungswunsches erfolgte arbeitgeberseitige Ablehnung ist nicht unwirksam[1], so dass die Zustimmung des ArbGeb nicht deshalb als erteilt gilt. Dennoch kann sich nach Auffassung des BAG ein Verstoß gegen die Verhandlungsobliegenheit für den ArbGeb nachteilig auswirken. Es werden die Einwendungen des ArbGeb ausgeschlossen, die im Rahmen einer Verhandlung hätten ausgeräumt werden können[2]. Darlegungs- und ggf. beweispflichtig hierfür ist der ArbN. 32

Das Gesetz geht davon aus, dass der Antrag des ArbN einem Angebot auf eine Vertragsänderung entspricht. Demgemäß wird die gefundene Regelung Vertragsinhalt, wenn sich beide Seiten auf die neue Arbeitszeit und deren Verteilung einigen. Ist der ArbGeb mit der Verkürzung der Arbeitszeit einverstanden, jedoch nicht mit der in Abhängigkeit zum Verringerungsverlangen gewünschten Verteilung der Arbeitszeit, so kommt keine Einigung zu Stande (§ 150 II BGB).

3. Entscheidung (Abs. 5 S. 1–3). a) Mitteilung. Kommt es zu keiner Vereinbarung zwischen dem ArbGeb und dem ArbN über die gewünschte Arbeitszeitverringerung und die Verteilung der Arbeitszeit, so hat der ArbGeb dem ArbN **spätestens einen Monat** vor dem gewünschten Beginn der Arbeitszeitverringerung die **Entscheidung schriftlich** mitzuteilen. Es gilt die Schriftform der §§ 125 ff. BGB. Wegen des Fehlens einer abweichenden Regelung reicht gem. § 126 III BGB die elektronische Form des § 126a BGB. Die bloße Textform des § 126b BGB ist nach dem Gesetzeswortlaut unzureichend[3]. Die Entscheidung muss dem ArbN rechtzeitig vor Ablauf der Frist zugehen. Für den Fristablauf ist der Beginn der Arbeitszeitverringerung entscheidend, wie er vom ArbN angegeben wurde, es sei denn die Drei-Monats-Frist ist wegen ihrer Nichteinhaltung nach hinten verschoben (s. Rz. 9). Für die Fristberechnung gelten die §§ 187 I, 188 II BGB, nicht aber § 193 BGB. 33

b) Fiktion der Annahme. Haben sich der ArbGeb und der ArbN nicht geeinigt und teilt der ArbGeb eine ablehnende Entscheidung dem ArbN **nicht spätestens einen Monat** vor dem gewünschten Beginn der **Arbeitszeitverringerung** schriftl. mit, so tritt die gewünschte Verringerung der Arbeitszeit in Kraft (anders dagegen § 15 VII 5 BEEG). Es kommt nach § 8 V 2 zu einer gesetzl. Fiktion der Zustimmung durch den ArbGeb und damit einer Vertragsänderung. Dies gilt aber nur, wenn die gesetzl. Voraussetzungen für ein wirksames Teilzeitverlangen vorliegen, also auch der Anspruch inhaltlich eindeutig konkretisiert ist. Die dadurch herbeigeführte Vertragsänderung kann nur einverständlich oder durch Änderungskündigung abgeändert werden. 34

Ebenso gilt der **Verteilungswunsch** des ArbN infolge einer gesetzl. Fiktion nach § 8 V 3 als festgelegt, wenn sich der ArbGeb und der ArbN über die Verteilung der Arbeitszeit nicht einigen und der ArbGeb die gewünschte Verteilung der Arbeitszeit nicht fristgerecht schriftl. ablehnt. Es wird insoweit ebenfalls eine Zustimmung des ArbGeb zu der gewünschten Verteilung der Arbeitszeit fingiert. Diese gesetzl. Fiktion gilt aber nur, wenn zugleich die Arbeitszeit verringert wird[4]. Dies folgt aus der Abhängigkeit der Verteilung der Arbeitszeit von einem Verringerungsverlangen (Rz. 19). Demzufolge tritt die Fiktion bezüglich der Verteilung der Arbeitszeit nicht ein, wenn der ArbGeb das Verringerungsverlangen, nicht jedoch die gewünschte Verteilung der Arbeitszeit ablehnt.

Ein zu kurzfristig gestelltes Änderungsverlangen löst nicht die in Abs. 5 S. 2 und 3 geregelten Zustimmungsfiktionen aus[5]. Die Angabe des zu frühen Beginns schließt die Zustimmungsfiktionen aus. Demgemäß verschieben sich die für die Fiktionswirkung wesentlichen Fristen des Abs. 5 S. 1 und S. 2 auch nicht nach hinten.

c) Ablehnung durch den Arbeitgeber. Eine Ablehnung muss der ArbGeb dem ArbN spätestens einen Monat vor dem gewünschten Beginn der Arbeitszeitverringerung **schriftlich** mitteilen. Sie muss durch den ArbGeb oder einen in Personalangelegenheiten also auch zu Kündigungen Bevollmächtigten erklärt werden. Diese Voraussetzungen für eine Ablehnung gelten sowohl hinsichtlich der Verringerung der Arbeitszeit wie auch für die Verteilung der Arbeitszeit. Die Ablehnung braucht **nicht begründet** zu werden. Begründet der ArbGeb seine Entscheidung dennoch, so kann er in einem nachfolgenden Prozess zusätzliche und auch andere Gründe für seine Ablehnung des Teilzeitverlangens angeben. Wegen der nach § 8 III bestehenden Verhandlungsobliegenheit können jedoch Gründe ausgeschlossen sein, die 35

---

1 BAG v. 18.2.2003 – 9 AZR 356/02, DB 2003, 1682; aA LAG Düsseldorf v. 1.3.2002 – 18 (4) Sa 1269/01, DB 2002, 1222, rkr. | 2 BAG v. 18.2.2003 – 9 AZR 356/02, DB 2003, 1682; KDZ/*Zwanziger*, § 8 TzBfG Rz. 39. | 3 AA ErfK/*Preis*, § 8 TzBfG Rz. 17. | 4 ArbG Mönchengladbach v. 30.5.2001 – 5 Ca 1157/01, NZA 2001, 970. | 5 BAG v. 20.7.2004 – 9 AZR 626/03, NZA 2004, 1091.

der ArbN in einer vorangehenden Verhandlung hätte ausräumen können. Sofern der ArbGeb mit der Verringerung der Arbeitszeit einverstanden ist, kann er auch nur die vom ArbN gewünschte Verteilung ablehnen.

Verschiebt sich der verlangte Beginn der Reduzierung wegen Nichteinhaltung der vom ArbN einzuhaltenden Antragsfrist (s. Rz. 9), so **verschiebt** sich auch das Ende der Äußerungsfrist für den ArbGeb entsprechend.

36 **Versäumt** der ArbGeb, spätestens einen Monat vor dem gewünschten Beginn der Arbeitszeitverringerung die vom ArbN gewünschte Teilzeitarbeit schriftl. abzulehnen, so gilt auch die Verteilung entsprechend den Wünschen des ArbN als festgelegt. Diese Fiktion bezüglich der Verteilung der Arbeitszeit tritt sowohl in dem Fall ein, in dem der ArbGeb versäumt, fristgerecht schriftl. der Arbeitszeitverringerung als solcher zu widersprechen, als auch in dem Fall, in dem zwar Einvernehmen über die Verringerung als solcher, nicht aber über die Verteilung der Arbeitszeit, besteht, und der ArbGeb versäumt, die vom ArbN gewünschte Verteilung rechtzeitig schriftl. abzulehnen[1]. Hat aber der ArbGeb rechtzeitig die gewünschte Arbeitszeitverringerung schriftl. abgelehnt, so gilt dies auch als Ablehnung des Verteilungswunsches.

37 Eine **Ablehnung, ohne** dass die **Erörterungen** des Teilzeitverlangens des ArbN abgeschlossen sind, ist nicht unwirksam[2]. Es verstößt jedoch gegen den Grundsatz von Treu und Glauben, wenn das Teilzeitbegehren abgelehnt wird, obwohl Erörterungen stattfinden und diese nicht abgeschlossen sind, es sei denn eine Einigung kann nicht vor Ablauf der Monatsfrist erreicht werden.

38 **VII. Abänderung der Arbeitszeitlage durch den Arbeitgeber (Abs. 5 S. 4).** Hinsichtlich der Verteilung der Arbeitszeit (Arbeitszeitlage) räumt das Gesetz dem ArbGeb (allerdings unter Berücksichtigung des § 87 I Nr. 2 BetrVG) eine **Änderungsbefugnis** ein. Dies gilt nicht nur für die Fälle, dass die Zustimmung des ArbGeb zu der von dem ArbN gewünschten Lage der Arbeitszeit gem. Abs. 5 S. 3 fingiert wird oder der ArbGeb mit dem ArbN gem. Abs. 3 S. 2 Einvernehmen über die Festlegung der Arbeitszeitverteilung erzielt hat, sondern auf Grund des insoweit nicht eingeschränkten Direktionsrechts auch dann, wenn der ArbGeb die Verteilung der Arbeitszeit einseitig festgelegt hat oder die geänderte Arbeitszeitfestlegung gerichtlich durchgesetzt wurde. Das Änderungsrecht des ArbGeb gilt nur in den Fällen, in denen eine Änderung der Arbeitszeitverteilung nach § 8 III, 2 oder V 3 vorausgegangen ist[3]. Dabei handelt es sich um ein einseitiges vertragl. Gestaltungsrecht und nicht um eine Teilkündigung[4]. Sofern kollektive betriebliche Interessen von der Veränderung der Arbeitszeitlage berührt sind, ist § 87 I Nr. 2 BetrVG zu beachten.

39 Voraussetzung für die einseitige Veränderung der Verteilung der Arbeitszeit ist, dass das **betriebliche Interesse** das des ArbN an der Beibehaltung erheblich überwiegt. Es gelten insoweit die gem. Abs. 4 für die Ablehnung des ArbGeb maßgeblichen betriebl. Gründe. Sie sind aber anders als bei der Ablehnung nach Abs. 4 gegenüber dem Interesse des ArbN an der Beibehaltung der Arbeitszeitlage abzuwägen. Eine Änderung der rechtskräftig festgestellten Verteilung der Arbeitszeit gem. Abs. 5 S. 4 kann auch nur auf Tatsachen gestützt werden, welche zeitlich nach der Ablehnung des früheren Verteilungswunsches entstanden sind[5].

40 Das Änderungsverlangen des ArbGeb **setzt voraus**, dass er die Änderung dem ArbN spätestens einen Monat vor der Abänderung ankündigt. Es gilt insoweit kein Schriftformerfordernis.

41 **VIII. Erneutes Verringerungsverlangen des Arbeitnehmers (Abs. 6).** Der ArbN kann eine erneute Verringerung der Arbeitszeit frühestens nach Ablauf von **zwei Jahren** verlangen, nachdem der ArbGeb über die Arbeitszeitverringerung entschieden hat. Gemeint ist eine erneute **Geltendmachung** eines Teilzeitanspruchs. Die zweijährige Sperrfrist wird gem. § 187 I,§ 188 II BGB ermittelt. Das erneute Verringerungsverlangen kommt in Betracht, wenn der ArbN eine weitere Arbeitszeitverkürzung verlangt, nachdem der ArbGeb bereits einmal der Arbeitszeitverkürzung zugestimmt hat. Unerheblich ist, ob der ArbGeb unverändert dem Teilzeitverlangen entsprochen hat, oder zwischen ihm und dem ArbN eine davon abweichende Regelung vereinbart wurde. Die zweijährige Anspruchssperre gilt auch, wenn die zustimmende Entscheidung für die Arbeitszeitverringerung durch die Fiktion des Abs. 5 S. 2 zu Stande gekommen ist[6]. Weiterhin gilt die Sperrfrist von zwei Jahren dann, wenn der ArbGeb berechtigt das Verlangen auf Arbeitszeitverkürzung abgelehnt hat[7]. Sie ist aber unbeachtlich, wenn der ArbGeb den Verringerungsantrag aus formellen Gründen ohne inhaltliche Prüfung und Erörterung mit dem ArbN abgelehnt hat, also wegen Nichteinhaltung der sechsmonatigen Wartezeit, Nichterreichen der erforderlichen Beschäftigtenzahl, Nichtbeachtung der dreimonatigen Ankündigungsfrist und der Nichtbeachtung der zweijährigen Sperrfrist[8]. In diesem Fall bedarf der ArbGeb nicht des mit der Sperrfrist bezweck-

---

1 *Viethen*, NZA 2001, Beilage zu Heft 24, 3. | 2 BAG v. 18.2.2003 – 9 AZR 356/02, DB 2003, 1682. | 3 BAG v. 17.7.2007 – 9 AZR 819/06, NZA 2008, 118. | 4 *Richardi/Annuß*, BB 2000, 2201; aA *Preis/Gotthardt*, DB 2001, 145. | 5 LAG Hamm v. 16.12.2004 – 8 Sa 1520/04, NZA-RR 2005, 405. | 6 *Viethen*, NZA 2001, Beilage zu Heft 24, 3; aA KDZ/*Zwanziger*, § 8 TzBfG Rz. 49. | 7 LAG München v. 1.12.2005 – 2 Sa 759/05, ArbRB 2006, 164. | 8 *Hamann*, BB-Special 6/2005, 2.

ten Schutzes vor in kurzen Abständen wiederholten Anträgen. Die Sperrfrist des Abs. 6 tritt aber dann nicht ein, wenn der ArbGeb den Antrag des ArbN auf Verringerung der Arbeitszeit wegen der Erfüllung einer tariflich festgelegten Quote durch befristete Teilzeitarbeitsverträge abgelehnt hat, da die Kombination von Befristung und Kontingentierung faktisch zu einer Beeinträchtigung des Anspruchs aus § 8 führt[1].

Eine **unberechtigte Ablehnung** setzt die Frist von zwei Jahren nicht in Gang. Im Rahmen eines neuen – vorzeitigen – Antrages wird sich der ArbN aber nur dann auf die unberechtigte Ablehnung berufen können, wenn sein Recht auf gerichtliche Prüfung der ablehnenden Entscheidung nicht verwirkt ist[2]. Ist die Ablehnung unberechtigt und hat der ArbN die Arbeitszeitverkürzung rechtskräftig durchgesetzt, gilt nach dem Gesetzeswortlaut die Anspruchssperre von zwei Jahren allerdings ebenfalls nicht; auch nicht ab rechtskräftiger Entscheidung. Es erscheint fraglich, eine das Teilzeitverlangen ersetzende gerichtliche Entscheidung der in Abs. 6 genannten Zustimmung gleichzusetzen. Im Hinblick auf die durch die Sperrfrist bezweckte Herstellung des Rechtsfriedens und zu Gunsten einer dem ArbGeb einzuräumenden Planungssicherheit, kann es aber im Einzelfall dem Gebot von Treu und Glauben (§ 242 BGB) widersprechen, wenn bereits vor Ablauf von zwei Jahren nach dem für das vorangegangene Teilzeitverlangen geltenden Entscheidungszeitpunkt gem. Abs. 5 S. 1 erneut ein Verringerungsanspruch geltend gemacht wird. 42

Da die **Arbeitszeitverteilung** im unmittelbaren Zusammenhang zur Arbeitszeitverringerung steht, gilt auch für die Geltendmachung des Anspruchs auf Veränderung der Lage der Arbeitszeit die Sperrfrist von zwei Jahren. 43

IX. Mitbestimmung. Das MitbestR der ArbN-Vertretung besteht regelmäßig, insb. nach dem BetrVG, nur bei kollektiven Tatbeständen, nicht bei der Regelung von Einzelfällen. Hinsichtlich der Verkürzung der Arbeitszeit und der Neuverteilung der Arbeitszeit besteht deshalb kein MitbestR des BR nach § 87 I Nr. 2 BetrVG[3]. Allenfalls bei der Aufstockung der Arbeitszeit kann ein MitbestR gem. § 99 BetrVG in Betracht kommen, jedoch nur für den Fall, dass es sich sowohl nach der Dauer als auch nach dem Umfang der beabsichtigten Arbeitszeiterhöhung um eine mehr als unerhebliche Veränderung gegenüber der bisherigen Arbeitszeit handelt[4]. Dies ist anzunehmen, wenn der ArbGeb wegen des zusätzlich benötigten Arbeitszeitvolumens einen Arbeitsplatz ausgeschrieben hat oder ihn wegen eines berechtigten Antrags des BR nach § 93 BetrVG hätte ausschreiben müssen. Damit kommt zum Ausdruck, dass das im Betrieb benötigte zusätzliche Arbeitszeitvolumen den zeitlichen Anforderungen an einen „Arbeitsplatz" genügt[5]. Auch kann ein MitbestR nach § 99 BetrVG bestehen, wenn mit der Arbeitszeitverringerung eine Versetzung verbunden ist. 44

Anders verhält es sich, wenn die von dem ArbN gewünschte Verteilung der Arbeitszeit nicht innerhalb der betriebsüblichen Lage oder der durch eine BV vereinbarten Lage der Arbeitszeit bleibt[6].

Eine **BV** zur Lage der Arbeitszeit gem. § 87 I Nr. 2 BetrVG kann einen betrieblichen Grund für die Ablehnung des seitens des ArbN geäußerten Wunsches nach Verteilung der Arbeitszeit darstellen.

X. Auswirkungen auf die Gegenleistungen. Wie sich die Gegenleistung bemisst, wenn sich die Arbeitszeit verändert, ist der gesetzl. Bestimmung nicht zu entnehmen (s. jedoch § 4 I 2). Besteht keine spezielle vertragl. oder tarifvertragl. Regelung für Teilzeitarbeit, reduziert sich die **Gegenleistung** bei einer Verringerung der Arbeitszeit grds. entsprechend im Verhältnis zur bisherigen Arbeitszeit. Dies folgt aus dem dem ursprünglichen Vertrag zugrunde liegendem synallagmatischem Verhältnis. Dies gilt auch für an der Vergütungshöhe orientierten Sonderzuwendungen. Etwas anderes gilt für Leistungen, die nicht in Abhängigkeit zu der Arbeitszeit stehen. 45

Bei **Sachleistungen** ist eine entsprechende Verringerung vorzunehmen, soweit es sich um teilbare Leistungen handelt. Bei der Überlassung von **Dienstwagen** (oder Dienstwohnungen) ist eine Anpassung der Dienstwagenregelung vorzunehmen. Wenn kein Widerrufsvorbehalt vereinbart ist, kann die Anpassung auf § 313 BGB (Veränderung der Geschäftsgrundlage) gestützt werden. Sofern der Dienstwagen auch für Privatfahrten zur Verfügung gestellt wird, kann die Anpassung darin bestehen, dass der ArbN einen Teil der Kosten für die zusätzliche private Nutzungsmöglichkeit übernimmt[7]. 46

XI. Durchsetzung. 1. Außergerichtliche Vorgehensweise. Hat der ArbGeb dem ArbN die Ablehnung des Teilzeitverlangens rechtzeitig und formgültig mitgeteilt, so bleibt es bei der bislang geltenden Arbeitszeitregelung. Bei einer **eigenmächtigen Verringerung** der Arbeitszeit droht dem ArbN eine verhaltensbedingte außerordentl. oder zumindest ordentl. Kündigung. 47

2. Gerichtliche Durchsetzung. a) Klage. Hat der ArbGeb den Teilzeitwunsch des ArbN rechtzeitig und formwirksam abgelehnt, muss der ArbN seine Ansprüche im Wege der allgemeinen **Leistungsklage** 48

---

1 BAG v. 21.11.2006 – 9 AZR 138/06, ZTR 2007, 371. | 2 Annuß/Thüsing/*Mengel*, § 8 TzBfG Rz. 77. | 3 BAG v. 25.1.2005 – 1 ABR 59/03, DB 2005, 1630. | 4 BAG v. 25.1.2005 – 1 ABR 59/03, DB 2005, 1630; aA *Rieble/Gutzeit*, NZA 2002, 7. | 5 BAG v. 25.1.2005 – 1 ABR 59/03, DB 2005, 1630. | 6 LAG Schl.-Holst. v. 4.10.2007 – 4 Sa 242/07, ArbRB 2008, 1. | 7 S. dazu *Kelber/Zeißig*, NZA 2001, 577.

gerichtlich durchsetzen. Da Gegenstand der Arbeitszeitverringerung nur ein Anspruch des ArbN darauf ist, dass der ArbGeb unter bestimmten Voraussetzungen der Verringerung der Arbeitszeit und damit einer Vertragsänderung zustimmt, muss sich die Klage **auf Abgabe einer Willenserklärung** richten[1].

49 Bspw. kann der **Klageantrag** wie folgt lauten:

... die Beklagte (ArbGeb) zu verurteilen, das Angebot auf Verringerung der vertraglichen Arbeitszeit auf 20 Wochenstunden anzunehmen.

Oder auch:

... die Beklagte (ArbGeb) zu verurteilen, dem Antrag der Klägerin zur Verringerung ihrer vertraglichen Arbeitszeit auf 20 Wochenstunden zuzustimmen.

50 Die Willenserklärung gilt **erst mit Rechtskraft des Urteils** als abgegeben (§ 894 ZPO). Bis dahin bleibt daher der Arbeitsvertrag mit seiner bisherigen Arbeitszeit unverändert bestehen. Aus diesem Grund ist der Zeitpunkt, zu dem die Vertragsänderung eintreten soll, nicht anzugeben. Auf Grund des § 311a I BGB ist aber der rückwirkende Abschluss eines Vertrages nicht mehr nichtig. Demgemäß kann auch eine **rückwirkende Vertragsänderung** begehrt werden[2]. In diesem Fall ist der Zeitpunkt der beanspruchten Vertragsänderung im Klagantrag anzuführen. Zur Möglichkeit eines einstw. Rechtsschutzes s. Rz. 59 ff.

51 Die Klage auf Umsetzung der verlangten **Arbeitszeitreduzierung** kann mit der Klage auf die geforderte **Neuverteilung** der Arbeitszeit **verbunden** werden. Genau genommen kann dies nur im Wege einer Stufenklage erfolgen. Da die Verteilung der Arbeitszeit im Direktionsrecht des ArbGeb liegt, kann der ArbN insoweit unmittelbar auf Leistung klagen[3], es sei denn, dass der Verringerungswunsch und die Verteilungsvorstellung voneinander abhängen. Dann ist ein einheitlicher Antrag auf Zustimmung zur Änderung des Arbeitsvertrages zu stellen[4].

52 Der **Klageantrag** kann wie folgt lauten:

Weiterhin wird beantragt, die Beklagte zu verurteilen, die Verteilung der Arbeitszeit einschließlich Pausen auf Dienstag, Mittwoch und Donnerstag, jeweils von 9:00 Uhr bis 17:00 Uhr, festzulegen.

Das ArbG muss über den Antrag als Ganzes entscheiden und darf ihn nicht in zwei prozessuale Ansprüche nach § 308 ZPO aufteilen, wenn der Kläger nach dem Wortlaut und nach dem Ziel des Antrags beides verbinden will[5].

53 Soweit es um die **Zustimmungsfiktion** zu der veränderten Arbeitszeit und Arbeitsverteilung geht, können etwaige Differenzen über diese Wirkung im Wege der Feststellungsklage geklärt werden[6].

54 Kommt es zu einer **Neuverteilung der Arbeitszeit** gem. § 8 V 4, kann der betroffene ArbN auf Beschäftigung zu den bisherigen Arbeitsbedingungen bzw. auf Feststellung der Unwirksamkeit der Neuverteilung klagen. Zweckmäßigerweise wird er in diesem Falle die Arbeit unter Vorbehalt zu den geänderten Arbeitsbedingungen aufnehmen, um keine Kündigung zu riskieren.

55 Eine **Klagefrist** ist nicht zu beachten. Verwirkung tritt jedoch ein, wenn der ArbN mit der bisherigen Arbeitszeit und/oder Arbeitszeitverteilung über den geforderten Beginn der Arbeitszeitverringerung bzw. Arbeitszeitverteilung weiter arbeitet, ohne zuvor seinen Anspruch auf Arbeitszeitverkürzung gerichtlich geltend gemacht zu haben.

Wird mit demselben ArbGeb ein **neuer Arbeitsvertrag** abgeschlossen, wird eine Klage auf Zustimmung zur Reduzierung der Arbeitszeit und Neuverteilung auf bestimmte Wochentage gegenstandslos[7]. Der Anspruch auf Reduzierung und Neuverteilung der Arbeitszeit bezieht sich nach Abs. 1 nicht nur auf die vertragl. vereinbarte Arbeitszeit, sondern korrespondiert auch mit den betrieblichen Gründen, die der ArbGeb dem Anspruch des ArbN als Einwendung entgegenhalten kann. Wird der Arbeitsvertrag geändert, ändert sich der zu beurteilende Gegenstand für die Einlassungen des ArbGeb.

56 **b) Maßgeblicher Beurteilungszeitpunkt.** Es ist auf den Zeitpunkt der **Ablehnungsentscheidung** des ArbGeb abzustellen[8]. Die für die Ablehnung des ArbGeb maßgeblichen „betrieblichen Gründe" können sich während eines Gerichtsverfahrens ändern. Gleichwohl ist für den **Beurteilungszeitpunkt** einer prozessualen Geltendmachung des Verringerungsanspruchs nicht der Zeitpunkt der letzten mündlichen Verhandlung maßgeblich, sondern das Datum, zu dem das arbeitgeberseitige Ablehnungsschreiben dem ArbN zugegangen ist[9]. Auch wenn eine Parallele zum Kündigungsschutzverfahren deshalb ausgeschlossen ist, weil es dort um die Überprüfung eines bereits abschließend erfolgten Gestaltungsrechts geht, so ist auch bei der Klage auf Abgabe einer Willenserklärung die Rechtfertigung der Ablehnung im

1 LAG Nds. v. 2.8.2002 – 16 Sa 166/02, NZA-RR 2003, 6, bestätigt durch BAG v. 19.8.2003 – 9 AZR 542/02, ArbRB 2004, 99; *Diller*, NZA 2001, 589; *Ziemann*, ArbRB 2002, 30. | 2 BAG v. 9.11.2006 – 2 AZR 509/05, DB 2007, 861. | 3 AA ErfK/*Preis*, § 8 TzBfG Rz. 53: Auch insoweit Klage auf Abgabe einer Willenserklärung. | 4 BAG v. 18.2.2003 – 9 AZR 164/02, NZA 2003, 1392. | 5 BAG v. 18.2.2003 – 9 AZR 164/02, NZA 2003, 1392. | 6 *Ziemann*, ArbRB 2002, 30. | 7 LAG Berlin v. 12.12.2003 – 13 Sa 2144/03, NZA-RR 2004, 522. | 8 BAG v. 23.11.2004 – 9 AZR 644/03, NZA 2005, 769. | 9 BAG v. 23.11.2004 – 9 AZR 644/03, NZA 2005, 769.

Zeitpunkt der Abgabe der Ablehnungserklärung zu überprüfen. Im Streit steht die Berechtigung der Ablehnung des Arbeitszeitwunsches[1]. Die Auffassung des BAG kann sich auf den Wortlaut des § 8 VI stützen.

Dieser für die Beurteilung der Ablehnung maßgebliche Zeitpunkt bedeutet für den ArbGeb, dass er bis zu seiner Ablehnungsentscheidung sämtliche Anstrengungen abgeschlossen haben muss, die zur **Begründung seiner Ablehnung** nachgewiesen werden müssen. Dies gilt zB für die Suche nach einer geeigneten Teilzeit-Ersatzkraft und die dafür erforderliche Ausschreibung. Bei der Suche nach einer Ersatzkraft ist aber nicht nur wichtig zu wissen, welche Arbeitszeitdifferenz auszugleichen ist, sondern auch, welche Lage die Arbeitszeit in Zukunft haben wird. Sollte der ArbN seinen Antrag bezüglich der Verteilung der Arbeitszeit nicht zugleich mit dem Verringerungsantrag geäußert haben, empfiehlt es sich für den ArbGeb, alsbald nach Vorlage des Verringerungsantrages das nach Abs. 3 vorgesehene Erörterungsgespräch mit dem ArbN zu führen. Spätestens in diesem Termin muss sich der ArbN hinsichtlich der Lage der Arbeitszeit festlegen[2].

Soweit es um die Verteilung der Arbeitszeit geht, ist das **Korrekturrecht** nach Abs. 5 S. 4 zu berücksichtigen. Danach ist das Nachschieben nur solcher Umstände zuzulassen, die der ArbGeb auch bei unterstellter Zustimmung zum Verlangen des ArbN noch nachträglich vorbringen könnte[3].

c) **Darlegungs- und Beweislast.** Hinsichtlich der anspruchsbegründenden Tatsachen (Dauer des Arbeitsverhältnisses, Beschäftigtenanzahl, Geltendmachung des Anspruchs) trägt der ArbN die Darlegungs- und Beweislast. Die dem Teilzeitanspruch **entgegenstehenden „betriebliche Gründe"** stellen gegenüber dem im Grundsatz bestehenden Anspruch des ArbN auf Gewährung von Teilzeit vom ArbGeb geltend zu machende Einwendungen dar. Dem ArbGeb obliegt daher die Darlegungs- und Beweislast für das Vorliegen betrieblicher Gründe, die seine Ablehnung rechtfertigen[4]. Es handelt sich insoweit nicht um eine negative Anspruchsvoraussetzung[5]. Soweit der ArbGeb auf ein unternehmerisches Konzept verweist, ist zwar die Unternehmerentscheidung nur auf Missbrauch und Willkür hin zu überprüfen. Der ArbGeb hat aber substanziiert darzulegen, dass die Arbeitszeitverringerung und Neuverteilung der Arbeitszeit auf Grund der vorgegebenen unternehmerischen Konzeption zu einer wesentlichen Beeinträchtigung führen, die durch anderweitige verhältnismäßige und zumutbare organisatorische Maßnahmen nicht vermeidbar sind. 57

Andererseits trägt der ArbN die Darlegungs- und Beweislast, wenn er auf Feststellung einer vereinbarten Arbeitszeitreduzierung und/oder -verteilung klagt. In diesem Falle hat er entweder die Vereinbarung oder aber die für die Zustimmungsfiktion maßgeblichen Tatsachen darzulegen und ggf. zu beweisen.

Nach einer gem. Abs. 5 S. 4 durch den ArbGeb vorgenommenen **Änderung der neuverteilten Arbeitszeit** muss der ArbGeb die Einhaltung der einmonatigen Ankündigungsfrist und seine Interessen an der Änderung darlegen und beweisen. Auf den Vortrag des ArbGeb, dass keine überwiegenden Interessen des ArbN entgegenstehen, muss der ArbN im Wege einer abgestuften Darlegungs- und Beweislast substanziiert erwidern. 58

3. Einstweilige Verfügung. Da die Arbeitszeitverkürzung prozessual nur durch Klage auf Abgabe einer Willenserklärung durchgesetzt werden kann, kommt es **erst mit Rechtskraft des Urteils** zu einer endgültigen Verringerung der Arbeitszeit (§ 894 ZPO). Es stellt sich daher als widersprüchlich dar, wenn durch eine einstw. Verfügung im Ergebnis eine Vorwegnahme der Hauptsacheentscheidung erfolgen kann. Dennoch ist es auf Grund des Verfassungsgebotes eines effektiven Rechtsschutzes geboten, in Ausnahmefällen eine einstw. Verfügung auch dann zuzulassen, wenn die Willenserklärung nicht aus sich heraus vorläufig ist. Da auch im Urlaubsrecht aus Gründen der Effektivität des Rechtsschutzes eine einstw. Verfügung für zulässig gehalten wird, wird deshalb eine auf vorläufige Befriedigung gerichtete Verfügung des Teilzeitanspruchs aus § 8 für grds. zulässig erachtet. An die Darlegung und Glaubhaftmachung von Verfügungsanspruch und Verfügungsgrund sind aber wegen der teilweisen oder völligen Befriedigung infolge der einstweiligen Verfügung strenge Anforderungen zu stellen[6]. 59

Dem **Verfügungsgrund** sind mit Rücksicht auf die gebotene Planungssicherheit für die betriebliche Disposition und die von der Arbeitszeitreduzierung betroffenen ArbN **enge Grenzen** gesetzt[7]. Erforderlich ist, dass der ArbN darlegt und glaubhaft macht, dass er auf sofortige Erfüllung dringend angewiesen und die geschuldete Handlung so kurzfristig zu erbringen ist, dass die Erwirkung eines Titels im ordentl. Verfahren nicht möglich ist, eine Zurückweisung eines Antrags also einer Rechtsverweigerung gleichkäme[8]. Diese kann auch darin bestehen, dass bei Unterbleiben einer Entscheidung unumkehrbare Nach- 60

---

1 *Schell*, S. 218; aA *Diller*, NZA 2001, 589. | 2 BAG v. 23.11.2004 – 9 AZR 644/03, NZA 2005, 769. | 3 BAG v. 18.2.2003 – 9 AZR 356/02, DB 2003, 1682; LAG Hamm v. 16.12.2004 – 8 Sa 1520/04, NZA-RR 2005, 405. | 4 LAG Köln v. 9.4.2003 – 3 Sa 975/02, LAGReport 2003, 293. | 5 ErfK/*Preis*, § 8 TzBfG Rz. 55. | 6 LAG Hamburg v. 4.9.2006 – 4 Sa 41/06, NZA-RR 2007, 122. | 7 LAG Köln v. 5.3.2002 – 10 Ta 50/02, NZA-RR 2002, 635; aA *Dütz*, AuR 2003, 161. | 8 LAG Rh.-Pf. v. 12.4.2002 – 3 Sa 161/02, NZA 2002, 856; LAG Berlin v. 20.2.2002 – 4 Sa 2243/91, NZA 2002, 858: nicht auf Notfälle beschränkt; *Gotthardt*, NZA 2001, 1183.

teile entstehen, die sich auch bei einem Obsiegen in der Hauptsache nicht mehr kompensieren lassen[1]. Außerdem muss ein **Verfügungsanspruch** vorliegen. Dazu ist Voraussetzung, dass betriebliche Ablehnungsgründe iSd. Abs. 4 S. 2 nicht ersichtlich oder mit hoher Wahrscheinlichkeit auszuschließen sind[2]. Inhaltlich ist jedoch die einstw. Verfügung auf vorläufigen Rechtsschutz beschränkt, also darauf, dass die Änderung der Arbeitszeit vorläufig bis zur Entscheidung in der Hauptsache erfolgt[3].

61 Auch der Anspruch auf **Festlegung der Arbeitszeit** kann erforderlichenfalls, nämlich bei Vorliegen dringender Gründe im Wege einer einstw. Verfügung durchgesetzt werden[4].

62 Der **Antrag** ist als Beschäftigungsantrag zu formulieren, wonach der ArbGeb verurteilt wird, bis zu einer Entscheidung in der Hauptsache den ArbN mit einer bestimmten Zahl von Wochenstunden an bestimmten Tagen zu bestimmten Zeiten zu beschäftigen. Dieser Antrag auf tatsächliche Beschäftigung entspricht zwar nicht dem Klageantrag, wie er im Hauptsacheverfahren gestellt werden muss. Letzterer stellt sich aber wegen des Eintritts der Fiktionswirkung des § 894 I 1 ZPO auch bei einer Beschränkung der Regelung bis zur Entscheidung in der Hauptsache im einstweiligen Verfügungsverfahren als widersprüchlich dar. Wenn dem Charakter des einstweiligen Rechtschutzverfahrens Rechnung getragen wird, und die Regelung bis zur rechtskräftigen Entscheidung in der Hauptsache begrenzt wird, so ist wegen der Notwendigkeit einer alsbaldigen Vollstreckungsmöglichkeit der Antrag auf tatsächliche Beschäftigung geradezu geboten. Bei einer Vollstreckung nach § 888 ZPO ist im Unterschied zu einer Vollstreckung gemäß § 890 ZPO eine vorherige Androhung des Zwangsmittels nicht notwendig (§ 888 II ZPO)[5].

63 Nach einer gem. Abs. 5 S. 4 durch den ArbGeb vorgenommenen **Änderung der neuverteilten Arbeitszeit** kommt ebenfalls eine einstw. Verfügung in Betracht[6]. Inhaltlich ist sie auf die vorläufige Weiterbeschäftigung zur bisherigen Arbeitszeitverteilung bzw. -lage gerichtet. Der Verfügungsgrund kann zB darin liegen, dass infolge der Änderung der Arbeitszeitlage das Kind des ArbN nicht mehr im Kindergarten betreut werden kann.

64 Umstritten ist, ob der ArbGeb zum **Schadensersatz** verpflichtet ist, wenn er einen Verringerungswunsch des ArbN schuldhaft rechtswidrig ablehnt. Als Anspruchsgrundlage kommt § 8 in Betracht in Verbindung mit Haftung wegen positiver Forderungsverletzung (§ 280 BGB) oder Verletzung eines Schutzgesetzes iSv. § 823 II BGB. Geht man von der amtlichen Begründung[7] aus, so ist Ziel des Gesetzes, einen effektiven Beitrag zur Beschäftigungssicherung und zum Beschäftigungsaufbau zu leisten, die Beschäftigung von Frauen zu fördern, die Erleichterung ehrenamtlicher Aufgaben und anderer außerberuflicher Interessen sowie die Förderung von Aus- und Weiterbildung. Materielle Interessen werden danach nicht berücksichtigt[8]. Diese Ansicht übersieht jedoch, dass das Gesetz dem ArbN, der aus familiären und persönlichen Gründen die Vollzeittätigkeit aufgeben muss, die weitere Arbeitstätigkeit in Form der Teilzeittätigkeit ermöglichen will und damit seinem materiellen Interesse dient, das Arbeitsverhältnis als Erwerbsgrundlage zu erhalten[9]. IdR wird die grundlos rechtswidrige Ablehnung jedoch keinen Schaden verursachen, weil der ArbN (zunächst) mit der höheren Arbeitszeit weiterarbeiten wird und deshalb keine Einkommenseinbuße erleidet. Der ArbN wird nur dann einen Schaden erleiden, wenn er entweder selbst vertragsbrüchig wird und eigenmächtig der Arbeit fernbleibt oder, was die Kausalität der grundlosen Ablehnung berührt, sich mit dem ArbGeb auf eine unbezahlte Freistellung von der Arbeit verständigt.

65 **4. Streitwert.** Unter Hinweis darauf, dass es bei der Arbeitszeitverringerung darum geht, in welchem Umfang wiederkehrende Leistungen – nämlich Arbeit – zu erbringen sind, wird teilweise der Streitwert nach § 42 III 1 GKG (früher § 12 VII 2 ArbGG) bemessen[10]. Tatsächlich herrscht jedoch bei der Frage der Arbeitszeitreduzierung kein Streit über wiederkehrende Leistungen. Vielmehr geht es um die Frage, ob das Arbeitsverhältnis in dem bisherigen vertragl. Umfang weiter besteht. Demzufolge ist § 42 III 1 GKG nicht einschlägig. Um eine nicht vermögensrechtl. Streitigkeit handelt es sich aber auch nicht[11]. Gem. § 3 ZPO ist daher der Streitwert unter Berücksichtigung der Streitwertgrenze des § 42 IV 1 GKG mit maximal **drei Bruttomonatsverdiensten** festzusetzen[12].

1 LAG Hamm v. 6.5.2002 – 8 Sa 641/02, NZA-RR 2003, 178: Interesse an einer eigenen Betreuung eines dreijährigen Kindes; LAG Hamburg v. 4.9.2006 – 4 Sa 41/06, NZA-RR 2007, 122: Vermeidung einer ganzheitlichen Fremdbetreuung der Kinder. | **2** LAG Berlin v. 20.2.2002 – 4 Sa 2243/91, NZA 2002, 858; LAG Köln v. 5.3.2002 – 10 Ta 50/02, DB 2002, 1280. | **3** LAG Hamburg v. 4.9.2006 – 4 Sa 41/06, NZA-RR 2007, 122. | **4** *Gotthardt*, NZA 2001, 1183; anders ArbG Nürnberg v. 28.11.2003 – 14 Ga 114/03, BB 2004, 560: Antrag ist als Beschäftigungsverfügung zu formulieren. | **5** S. dazu *Tiedemann*, ArbRB 2006, 284. | **6** *Gotthardt*, NZA 2001, 1183. | **7** BT-Drs. 14/4374, Allg. Teil der Begr. | **8** *Hanau*, NZA 2005, 1168. | **9** LAG Düsseldorf v. 2.7.2003 – 12 Sa 407/03, NZA-RR 2004, 234. | **10** LAG Köln v. 5.4.2005 – 3 Ta 61/05, NZA 2005, 1135; *Kliemt*, NZA 2001, 63 (68); *Straub*, NZA 2001, 919 (925). | **11** AA LAG München v. 21.2.2003 – 8 Ta 61/02, NZA-RR 2003, 382. | **12** LAG Berlin v. 4.9.2001 – 17 Ta 6121/01, NZA-RR 2002, 104; LAG Düsseldorf v. 12.11.2001 – 7 Ta 375/01, NZA-RR 2002, 103; aA aber im Ergebnis ebenso: LAG Hamburg v. 8.11.2001 – 6 Ta 24/01, NZA-RR 2002, 551; LAG Hess. v. 28.11.2001 – 15 Ta 361/01, NZA 2002, 404; LAG Nds. v. 14.12.2001 – 17 Ta 396/01, NZA-RR 2002, 550; LAG BW v. 15.2.2002 – 3 Ta 5/02, NZA-RR 2002, 325: Allein nach Maßgabe einer Bewertung gem. § 3 ZPO.

9 *Verlängerung der Arbeitszeit*

Der Arbeitgeber hat einen teilzeitbeschäftigten Arbeitnehmer, der ihm den Wunsch nach einer Verlängerung seiner vertraglich vereinbarten Arbeitszeit angezeigt hat, bei der Besetzung eines entsprechenden freien Arbeitsplatzes bei gleicher Eignung bevorzugt zu berücksichtigen, es sei denn, dass dringende betriebliche Gründe oder Arbeitszeitwünsche anderer teilzeitbeschäftigter Arbeitnehmer entgegenstehen.

I. Inhalt und Zweck. Nach dieser Vorschrift wird jedem teilzeitbeschäftigten ArbN der **Anspruch** eingeräumt, unter bestimmten Voraussetzungen seine Arbeitszeit zu erhöhen[1]. Beansprucht werden kann nur eine Verlängerung der Arbeitszeit, nicht aber eine Veränderung der Arbeitszeitlage, obwohl sich die nach § 7 II vom ArbGeb zu erteilende Informationen auch darauf erstrecken müssen. Die Bestimmung des § 9 begünstigt nicht nur ArbN, die ihre Arbeitszeit nach § 8 verringert haben und nun zur früheren Arbeitszeit zurückkehren wollen, sondern jeden teilzeitbeschäftigten Mitarbeiter, auch geringfügig Beschäftigte (§ 2 II). Höchstgrenze für das Verlangen nach Erhöhung der Arbeitszeit ist die Arbeitszeit eines vergleichbaren Vollzeitbeschäftigten (§ 2). Es wird hiermit § 5 III Buchst. b und c der Rahmenvereinbarung über Teilzeitarbeit (RL 97/81/EG) umgesetzt, wobei die Rechte der Teilzeitbeschäftigten bei der Umsetzung in das deutsche Recht eine Bestärkung erfahren haben. Im Wesentlichen werden die in § 5 BeschFG getroffenen Regelungen übernommen. 1

II. Begünstigte Arbeitnehmer. Durch diese Vorschrift werden alle ArbN begünstigt, die **nicht Vollzeitbeschäftigte** iSd. gem. § 2 I TzBfG vorzunehmenden Abgrenzung sind. Es besteht also nicht lediglich ein Rückkehrrecht für ArbN, die einmal von Vollzeit in Teilzeit gewechselt sind. Vielmehr können auch ArbN, die als Teilzeitbeschäftigte neu eingestellt worden sind, eine Arbeitszeitverlängerung nach dieser Vorschrift einfordern. Eine § 8 I entsprechende Wartefrist oder eine dem § 8 VI entsprechende Sperrfrist sind nicht einzuhalten. Die Vorschrift gilt auch für befristet beschäftigte ArbN. Anders als für die in § 8 VII und § 15 VII Nr. 1 BEEG geregelten Arbeitszeitverringerung gibt es keine Ausnahme für Kleinunternehmen. 2

III. Voraussetzungen. 1. Wunsch nach Arbeitszeitverlängerung. Es muss ein **konkreter Wunsch** nach Arbeitszeitverlängerung mitgeteilt worden sein. Insoweit ist diese Vorschrift eine Ergänzung und zugleich auch Folge der Informationspflicht nach § 7 II. Es ist keine der Regelung des § 8 II 1 entsprechende Frist und kein Formerfordernis einzuhalten. Der Umfang der gewünschten Verlängerung muss nicht konkretisiert sein. Um beurteilen zu können, ob dringende betriebl. Gründe dem Verlängerungswunsch entgegenstehen, kann es jedoch notwendig sein, dem ArbGeb genaue Angaben zu machen und sich festzulegen. Die Verlängerung kann nur auf die vertragl. vereinbarte Arbeitszeit bezogen sein. Ein anderes Arbeitszeitmodell, das regelmäßig auch mit einer nicht zu beanspruchenden Veränderung der Arbeitszeitlage verbunden wäre, kann also mit dem Verlängerungswunsch nicht geltend gemacht werden. 3

2. Entsprechender freier Arbeitsplatz. Es muss ein Arbeitsplatz **verfügbar** sein, der der arbeitsvertragl. gestellten Arbeitsaufgabe und den Vorstellungen hinsichtlich der Arbeitszeitverlängerung des betroffenen ArbN entspricht[2]. Der Arbeitsplatz muss der Wertigkeit des derzeitigen Arbeitsplatzes entsprechen. Ein wegen der Arbeitsanforderungen und -inhalte sowie vorausgesetzten Fähigkeiten tarifl. höher bewerteter Arbeitsplatz ist nicht vergleichbar. Eine bloße Abweichung in der Vergütung hat keinen Einfluss auf die Vergleichbarkeit[3]. Es ist kein freier Arbeitsplatz einzurichten. Dies bleibt der unternehmerischen Organisationsentscheidung vorbehalten. Da zu Gunsten von **befristet Beschäftigten** eine der Vorschrift des § 9 entsprechende Regelung fehlt, muss deren Interesse an Übernahme in ein unbefristetes Arbeitsverhältnis hinter dem des Teilzeitbeschäftigten zurücktreten, sofern nicht dringende betriebl. Gründe dagegen sprechen. Soweit **kein neuer Arbeitsplatz** eingerichtet wird, ist der ArbGeb in der Auswahl frei, welchen Teilzeitbeschäftigten er eine Verlängerung der Arbeitszeit anbietet[4]. § 9 verpflichtet ihn auch nicht, das gestiegene Arbeitszeitvolumen auf alle interessierten Teilzeitbeschäftigten gleichmäßig zu verteilen[5]. 4

Der an einer Verlängerung der Arbeitszeit interessierte ArbN hat keinen Anspruch darauf, dass ein **frei werdender Teilzeitarbeitsplatz oder neu zu besetzender freier Arbeitsplatz** in der Weise mit seinem Arbeitsplatz verbunden wird, dass seine Arbeitszeit um die frei gewordene Arbeitszeit **aufgestockt** wird, wenn dem die betrieblich vorgegebene Situation entgegensteht. Die Bestimmung, inwieweit ein bestimmter Dienstleistungsbedarf mit Vollzeit- und inwieweit er mit Teilzeitkräften abgedeckt wird, gehört zum Bereich der „Unternehmenspolitik", obliegt also der unternehmerischen Entscheidung. Das zugrunde gelegte Arbeitzeitmodell muss aber durch eine aufgabenbezogene unternehmerische Entscheidung, einer personellen Konzeption bedingt sein[6]. Es müssen arbeitsplatzbezogene Sachgründe bestehen. Eine derartige aufgabenbezogene unternehmerische Entscheidung ist nur dann unbeachtlich, wenn sie offenbar unvernünftig oder willkürlich ist. Es obliegt dem ArbGeb darzulegen, welche arbeits- 5

1 BAG v. 15.8.2006 – 9 AZR 8/2006, NZA 2007, 255; v. 8.5.2007 – 9 AZR 874/06, NZA 2007, 1349. | 2 BAG v. 8.5.2007 – 9 AZR 874/06, NZA 2007, 1349. | 3 BAG v. 8.5.2007 – 9 AZR 874/06, NZA 2007, 1349. | 4 BAG v. 13.2.2007 – 9 AZR 575/05, NZA 2007, 807. | 5 BAG v. 13.2.2007 – 9 AZR 575/05, NZA 2007, 807. | 6 BAG v. 15.8.2006 – 9 AZR 8/2006, NZA 2007, 255.

platzbezogenen Gründe für die ausschließliche Einrichtung und den Beibehalt von Teilzeitstellen maßgeblich sind[1].

6 Es sind nicht nur freie Arbeitsplätze im Beschäftigungsbetrieb zu berücksichtigen, sondern in Ergänzung der Regelung des § 7 II **im gesamten Unternehmen.**

7 **3. Eignung.** Der teilzeitbeschäftigte ArbN muss für den freien Arbeitsplatz **fachlich und persönlich** geeignet sein. Dies ist der Fall, wenn der teilzeitbeschäftigte ArbN bisher schon die gleichen Arbeitsanforderungen erfüllen musste, die sich an dem freien Arbeitsplatz stellen. Das Anforderungsprofil hierfür kann der ArbGeb vorgeben. Die erforderliche Eignung setzt voraus, dass der ArbN ohne zusätzliche Ausbildung die Arbeit aufnehmen kann. Jedoch steht der Eignung nicht entgegen, dass der teilzeitbeschäftigte ArbN wie ein externer Bewerber eine Einarbeitungszeit benötigt[2]. Dem ArbGeb steht für die Feststellung der Eignung auch im Hinblick eines zur Auswahl stehenden externen Bewerbers ein Beurteilungsspielraum zu.

8 **IV. Umsetzung des Verlängerungswunsches. 1. Bevorzugung.** Sofern für den freien Arbeitsplatz externe Bewerber vorhanden sind, ist der Teilzeitbeschäftigte bevorzugt zu berücksichtigen, sofern er gleich oder besser geeignet ist. Dasselbe gilt, wenn ein interner Bewerber vorhanden ist, der bereits mit der Arbeitszeit arbeitet, die der freie Arbeitsplatz aufweist. Einem ArbN, dessen Arbeitszeit in der Vergangenheit verringert worden ist, schuldet der ArbGeb nicht schon deshalb die Zustimmung zur Aufstockung der Arbeitszeit, weil er vor der Verringerung der Arbeitszeit nicht auf die Möglichkeit hingewiesen hat, die Herabsetzung der Wochenarbeitszeit zeitlich zu befristen[3].

9 **2. Dringende betriebliche Gründe.** Der Anspruch auf Berücksichtigung des Arbeitszeitverlängerungswunsches entfällt nur bei entgegenstehenden „dringenden betrieblichen Gründen". Insoweit sind die Anforderungen schon vom Wortlaut her höher als nach § 8 IV. Im Regelfall ist daher unter den genannten Voraussetzungen den Interessen des ArbN zu entsprechen, der die Arbeitszeit verlängern will. Nur besonders gewichtige Gründe rechtfertigen eine Ablehnung[4]. Die in § 9 angeführten betriebl. Gründe betreffen die personelle Auswahl[5]. Sofern der „entsprechende" Arbeitsplatz vorhanden ist und der ArbN auch „gleich geeignet" ist, können Ablehnungsgründe nur auf Umstände gestützt werden, die mit dem zeitlichen Zuschnitt des Arbeitsplatzes nichts zu tun haben. Das Erfordernis der arbeitsplatzbezogenen Gründe für das dem Erhöhungsverlangen entsprechende Arbeitsplatzangebot kann somit nicht als dringender betriebl. Grund dem Erhöhungsverlangen des teilzeitbeschäftigten ArbN entgegengesetzt werden. Die Gründe können auf der mangelnden Qualifikation des ArbN beruhen. Sie können sich aber auch aus der Organisation, den Arbeitsabläufen oder der Sicherheit des Betriebes ergeben[6]. Auch vorrangig zu berücksichtigende Ansprüche Dritter können als dringende betriebliche Gründe dem Verlängerungswunsch entgegenstehen. Dies können besondere Einstellungsansprüche auf Grund Gesetzes (§ 78a II BetrVG) oder tarif- oder einzelvertragl. Übernahmeverpflichtungen, Teilzeitwünsche anderer ArbN sowie die Notwendigkeit der Versetzung zur Vermeidung einer betriebsbedingten Kündigung sein. Im Unterschied zu dieser Bestimmung kann nach § 15 V 5 BEEG ein ArbN nach der Elternzeit ohne diese Einschränkung der dringenden betrieblichen Gründe eine Rückkehr zur Vollzeittätigkeit verlangen, wenn er vor der Elternzeit in Vollzeit tätig war.

10 **3. Berücksichtigung anderer teilzeitbeschäftigter Arbeitnehmer.** Eine **Bevorzugung** scheidet aus, wenn auch andere Teilzeitbeschäftigte eine Erhöhung der Arbeitszeit, wie sie der freie Arbeitsplatz bietet, wünschen. Sind diese internen Bewerber gleich geeignet, so ist unter ihnen zwar keine Sozialauswahl iSd. § 1 III KSchG zu treffen, wie dies der ursprüngliche Gesetzentwurf vorsah. Im Hinblick auf die gesetzl. vorgesehene Berücksichtigung der Arbeitszeitwünsche anderer teilzeitbeschäftigter ArbN hat der ArbGeb bei gleich geeigneten internen Bewerbern die volle Auswahlfreiheit. Der ArbGeb ist bei seiner Auswahlentscheidung nicht an die **Grundsätze billigen Ermessens** gebunden[7], da es um die Änderung eines bestehenden Arbeitsvertrages geht, nicht um die bloße Ausübung des Weisungsrechts. Er ist auch nicht verpflichtet, ein gestiegenes Arbeitszeitvolumen auf alle interessierten Teilzeitbeschäftigten gleichmäßig zu verteilen[8].

11 **V. Durchsetzung. 1. Klage.** Da man von einem **individuellen Rechtsanspruch** des Teilzeitbeschäftigten auf bevorzugte Berücksichtigung bei der Besetzung eines freien Arbeitsplatzes auszugehen hat, der die gewünschte Arbeitszeit aufweist, kann der betroffene ArbN eine Vertragsänderung mit der Klage durchsetzen[9].

12 Der **Klageantrag** kann wie folgt lauten:

... die Beklagte zu verurteilen, das Angebot des Klägers auf Verlängerung der vertraglichen Arbeitszeit um ... auf ... Wochenstunden anzunehmen.

---

1 BAG v. 15.8.2006 – 9 AZR 8/2006, NZA 2007, 255. | 2 ErfK/*Preis*, § 9 TzBfG Rz. 7. | 3 BAG v. 13.11.2001 – 9 AZR 442/00, FA 2002, 240. | 4 *Lindemann/Simon*, BB 2001, 146. | 5 BAG v. 15.8.2006 – 9 AZR 8/2006, NZA 2007, 255; aA KDZ/*Zwanziger*, § 9 TzBfG Rz. 10. | 6 *Schell*, S. 176. | 7 BAG v. 13.2.2007 – 9 AZR 575/05, NZA 2007, 807; aA *Lindemann/Simon*, BB 2001, 146. | 8 BAG v. 13.2.2007 – 9 AZR 575/05, NZA 2007, 807. | 9 BAG v. 8.5.2007 – 9 AZR 874/06, NZA 2007, 1349.

Da es auch hier um die Abgabe einer Willenserklärung geht[1], wird die geltend gemachte Verlängerung der Arbeitszeit erst mit der Rechtskraft des Urteils wirksam (§ 894 ZPO).

Der **Streitwert** richtet sich wie bei einem Verringerungsverlangen nicht nach § 42 III 1 GKG (s. § 8 Rz. 65). Er ist nach den Grundsätzen zu bewerten, die für die Streitwertfestsetzung in Änderungsschutzverfahren gelten. Er wird jedoch der Höhe nach begrenzt durch den Wert nach § 42 IV 1 GKG[2]. 13

2. Einstweilige Verfügung. Um zu vermeiden, dass die frei gewordene Stelle durch einen anderen Bewerber sogleich wieder besetzt wird, kann ein erhebliches Rechtsschutzinteresse daran bestehen, die endgültige Besetzung der Stelle mit einem konkurrierenden Mitbewerber im Wege der einstw. Verfügung zu verhindern. Mit der Besetzung durch einen Dritten erlischt der Anspruch auf Berücksichtigung des Verlängerungswunsches. Es kann daher im Wege der einstw. Verfügung der Anspruch auf Unterlassung der Besetzung des freien Arbeitsplatzes geltend gemacht werden. Diese Sicherung wird man als ausreichend betrachten können, so dass eine vorläufige Übertragung des Arbeitsplatzes mit der längeren Arbeitszeit nicht in Betracht kommt[3]. 14

3. Darlegungs- und Beweislast. Für das ausgesprochene konkrete Verlangen nach einer Arbeitszeiterhöhung sowie das Vorhandensein eines freien geeigneten Arbeitsplatzes zurzeit der letzten mündlichen Verhandlung trägt der ArbN die Darlegungs- und Beweislast. Zu der Eignung obliegt dem ArbN eine abgestufte Darlegungs- und Beweislast. Behauptet der ArbN, er sei für die Tätigkeit geeignet, so hat der ArbGeb ungeachtet seines gegebenen Beurteilungsspielraums nachvollziehbar darzulegen, weshalb der TeilzeitArbN im Vergleich zum Konkurrenten nicht über die gleiche Eignung verfügt. Hinsichtlich der entgegenstehenden dringenden betrieblichen Gründe und der zu Gunsten interner Bewerber getroffenen Ermessensentscheidung trägt der ArbGeb die Darlegungs- und Beweislast. 15

4. Schadensersatzansprüche. Hat der ArbGeb den freien Arbeitsplatz einem anderen Bewerber überlassen, so kann ein Anspruch auf Schadensersatz gem. § 280 I,III, § 283 BGB in Betracht kommen, wenn der Anspruch aus § 9 vor der Besetzung der freien Stelle bestand[4]. Dieser Anspruch ist auf die Differenz zwischen der bisherigen Vergütung und derjenigen Vergütung gerichtet, die der TeilzeitArbN auf der Vollzeitstelle erhalten hätte. Voraussetzung ist, dass es sich um eine freie Stelle handelt, die der TeilzeitArbN – bis auf die Änderung der regelmäßigen Arbeitszeit – ohne jede Vertragsänderung hätte übernehmen können, und er gegenüber dem Konkurrenten gleich geeignet anzusehen ist. 16

VI. Mitbestimmung. Soll ein **anderer Bewerber** unter Übergehung des Veränderungsanspruchs nach § 9 eingestellt werden, so hat der BR ein Widerspruchsrecht nach § 99 II Nr. 1 BetrVG. 17

Für ein MitbestR hinsichtlich der **Veränderung der Arbeitszeit** ist entscheidend, ob die Veränderung einer Neueinstellung iSd. § 99 I BetrVG entspricht. Bei der Aufstockung der Arbeitszeit kann daher ein MitbestR gem. § 99 BetrVG in Betracht kommen, wenn sie nach Umfang und Zeitdauer als nicht unerheblich angesehen werden muss[5]. Maßgeblich ist insoweit nicht eine betriebsbezogene Betrachtungsweise, sondern die Arbeitszeiterhöhung für den einzelnen ArbN[6]. Mitbestimmungspflichtig ist die Erhöhung zumindest dann, wenn der ArbGeb auf diese Weise einen Arbeitsplatz besetzen will, den er zuvor ausgeschrieben hat oder sich aus anderen Gründen ergibt, dass das zusätzliche Arbeitszeitvolumen nach seiner Bewertung den zeitlichen Anforderungen an einen „Arbeitsplatz" genügt. Dies kann auch aus der Addition der gleichzeitigen Erhöhung der Arbeitszeit mehrerer ArbN mit gleichen Arbeitsanforderungen folgen[7]. Außerdem muss die Erhöhung für die Dauer von mehr als einem Monat vereinbart sein. Die „Einstellung" iS einer Eingliederung in den Betrieb wird vom zeitlichen Ausmaß der Eingliederung bestimmt, so dass die Erhöhung des bisherigen Arbeitszeitvolumens von der Zustimmung des BR zur erstmaligen Einstellung des ArbN nicht gedeckt ist[8]. Auch kann ein MitbestR nach § 99 BetrVG bestehen, wenn mit der Arbeitszeiterhöhung eine Versetzung verbunden ist. Es wird insoweit auf die Kommentierung zu § 99 BetrVG verwiesen. – Die **vorübergehende Verlängerung** der betriebsüblichen Arbeitszeit unterliegt der Mitbestimmung nach § 87 I Nr. 3 BetrVG[9]. – 18

§ 9 ist gem. § 22 zwingend. Auch ein TV kann keine ungünstigere Regelung bestimmen. 19

10 *Aus- und Weiterbildung*

Der Arbeitgeber hat Sorge zu tragen, dass auch teilzeitbeschäftigte Arbeitnehmer an Aus- und Weiterbildungsmaßnahmen zur Förderung der beruflichen Entwicklung und Mobilität teilnehmen können, es sei denn, dass dringende betriebliche Gründe oder Aus- und Weiterbildungswünsche anderer teilzeit- oder vollzeitbeschäftigter Arbeitnehmer entgegenstehen.

---

1 BAG v. 13.2.2007 – 9 AZR 575/05, NZA 2007, 807. | 2 LAG Berlin v. 9.3.2004 – 17 Ta (Kost) 6006/04, DB 2004, 940. | 3 *Gotthardt*, NZA 2001, 1183; aA KDZ/*Zwanziger*, § 9 TzBfG Rz. 15. | 4 Zur Anspruchsgrundlage siehe iE Annuß/Thüsing/*Jacobs*, § 9 TzBfG Rz. 45. | 5 BAG v. 25.1.2005 – 1 ABR 59/03, DB 2005, 1630; aA *Rieble/Gutzeit*, NZA 2002, 7. | 6 BAG v. 15.5.2007 – 1 ABR 32/06, NJW Spezial 2007, 482. | 7 LAG München v. 11.4.2007 – 9 TaBV 127/06, nv. | 8 BAG v. 25.1.2005 – 1 ABR 59/03, DB 2005, 1630. | 9 BAG v. 24.4.2007 – 1 ABR 47/06, NZA 2007, 818.

1 **I. Inhalt und Zweck.** Die Bedeutung der Vorschrift erschöpft sich in der Betonung des auch im Aus- und Weiterbildungsbereich zur **Förderung der beruflichen Entwicklung und Mobilität** bestehenden Diskriminierungsverbots. Teilzeitbeschäftigte ArbN sollen die gleichen Chancen zum beruflichen Aufstieg eingeräumt werden wie Vollzeitbeschäftigten. Die Bestimmung setzt § 5 III Buchst. d Alt. 2 der Rahmenvereinbarung über Teilzeitarbeit (RL 97/81/EG) um.

2 **II. Voraussetzungen und Maßnahmen.** Der Begriff der **Aus- und Weiterbildungsmaßnahmen** zur Förderung der beruflichen Entwicklung und Mobilität erfasst alle Maßnahmen der Berufsbildung iSd. § 1 I BBiG, also Berufsausbildung, berufliche Fortbildung und berufliche Umschulung. Die Vorschrift betrifft jedoch nicht Aus- und Weiterbildungsmaßnahmen jeglicher Art, sondern nur solche, die die berufliche Entwicklung und Mobilität fördern können. Dazu gehören aber nicht nur Maßnahmen, die die aktuelle Tätigkeit des Teilzeitbeschäftigten betreffen, sondern auch Bildungsmaßnahmen zur Verbesserung der beruflichen Qualifikation, die die berufliche Mobilität fördern. Bildungsmaßnahmen, die für das berufliche Fortkommen des Teilzeitbeschäftigten von Bedeutung sind, zählen deshalb ebenfalls dazu. Zu den durch die Vorschrift erfassten Bildungsmaßnahmen gehören auch solche, die außerhalb der Arbeitszeit und außerhalb des Betriebes stattfinden.

3 Allerdings bleiben die von der Rspr. aufgestellten Möglichkeiten und Regeln über die **Rückzahlung von Ausbildungskosten** unberührt[1]. Daneben bestehen die Weiterbildungsansprüche nach den Bildungsurlaubsgesetzen der Bundesländer.

4 Aus der gesetzl. Regelung ergibt sich für den Teilzeitbeschäftigten **kein konkreter Anspruch** auf eine Aus- und Weiterbildung. Ein solcher Anspruch kann sich allenfalls aus einem Verstoß gegen den **Gleichbehandlungsgrundsatz** ergeben. Der ArbGeb wird nur aufgefordert, Teilzeitbeschäftigte gleichberechtigt an den Aus- und Weiterbildungsmaßnahmen teilhaben zu lassen, die den VollzeitArbN angeboten werden. Bedeutsam werden kann die vorherige Versagung der Teilnahme an einer Aus- und Weiterbildungsmaßnahme, wenn in einer **sozialen Auswahl** anlässlich einer betriebsbedingten Kündigung wegen der geringeren Qualifikation unterschieden wird. Dies kann im Einzelfall unzulässig sein[2].

5 **III. Entgegenstehende Gründe.** Ausgenommen werden können Teilzeitbeschäftigte von Aus- und Weiterbildungsmaßnahmen, wenn dies aus **dringenden betrieblichen Gründen** erforderlich ist. Diese können zB darin bestehen, dass durch die Teilnahme an der Bildungsmaßnahme mehr als wesentliche Störungen der Organisation bzw. erhebliche betriebliche Einschränkungen drohen oder die Kosten unverhältnismäßig hoch sind. Ein dringender betrieblicher Grund kann auch darin liegen, dass die Arbeitskraft des teilzeitbeschäftigten ArbN unabdingbar ist und eine entsprechende Ersatzkraft im vorgesehenen Zeitraum der Aus- oder Weiterbildungsmaßnahme nicht zur Verfügung steht. Darüber hinaus ist der Aus- und Weiterbildungswunsch eingeschränkt durch die **Weiterbildungswünsche anderer teilzeit- oder vollzeitbeschäftigter ArbN**. Insoweit kann der ArbGeb die Auswahl nach billigem Ermessen treffen (§ 315 I BGB). Sie darf aber nicht dem Diskriminierungsverbot widersprechen. Auch sind berufliche und soziale Gründe zu beachten, wie die in der Gesetzesbegründung genannten Aus- und Weiterbildungswünsche vollzeitbeschäftigter älterer ArbN oder teilzeitbeschäftigter ArbN mit Unterhaltsverpflichtungen.

6 Dieser Vorschrift entspricht die an die Betriebsparteien gerichtete Verpflichtung in **§ 96 II 2 BetrVG**.

11 *Kündigungsverbot*

Die Kündigung eines Arbeitsverhältnisses wegen der Weigerung eines Arbeitnehmers, von einem Vollzeit- in ein Teilzeitarbeitsverhältnis oder umgekehrt zu wechseln, ist unwirksam. Das Recht zur Kündigung des Arbeitsverhältnisses aus anderen Gründen bleibt unberührt.

1 **I. Inhalt.** Da der ArbGeb dem ArbN einen Wechsel von Vollzeit- zu Teilzeitarbeit oder umgekehrt nicht ohne Vorliegen entsprechender betrieblicher Erfordernisse aufzwingen kann, bestimmt diese Vorschrift, dass ein ArbGeb einen ArbN **nicht kündigen darf**, weil dieser sich weigert, von einem Vollzeit- in ein Teilzeitarbeitsverhältnis oder umgekehrt zu wechseln. Mit dieser Bestimmung wird § 5 II der Rahmenvereinbarung über Teilzeitarbeit (RL 97/81/EG) umgesetzt.

2 **II. Bedeutung.** Die Kündigung eines Arbeitsverhältnisses wegen der Weigerung, von einem Vollzeitarbeitsverhältnis in ein Teilzeitarbeitsverhältnis oder umgekehrt zu wechseln, ist **unwirksam**. Entsprechendes ergibt sich bereits aus dem Maßregelungsverbot des § 612a BGB. Deshalb darf diese Weigerung auch nicht entscheidender Anlass für eine Aufhebungsvereinbarung sein. Ansonsten wäre die Wirksamkeit der Aufhebungsvereinbarung infrage gestellt.

3 Es handelt sich um ein **besonderes Kündigungsverbot** iSv. § 13 III KSchG. Für die Geltendmachung der Unwirksamkeit einer derartigen Kündigung bedarf es auf Grund des Gesetzes zu Reformen am Arbeitsmarkt seit dem 1.1.2004 der Einhaltung der dreiwöchigen Klagefrist nach § 4 KSchG. Es gelten aber nicht die Wartezeit des § 1 I KSchG sowie die Kleinbetriebsklausel nach § 23 I KSchG.

---

1 KDZ/*Zwanziger*, § 10 TzBfG Rz. 2. | 2 ErfK/*Preis*, § 10 TzBfG Rz. 6.

Voraussetzung ist aber, dass tragender Grund für die Kündigung die Weigerung des ArbN ist, sein Arbeitszeitvolumen zu ändern[1]. Dies **darzulegen** und zu **beweisen** obliegt dem sich hierauf berufenden ArbN. 4

Kündigungen **aus anderen Gründen**, die zur Änderung oder Beendigung des Arbeitsverhältnisses führen, bleiben möglich. Insbesondere sind daher aus wirtschaftl., technischen oder organisatorischen Gründen ausgesprochene betriebsbedingte Änderungs- oder Beendigungskündigungen zulässig. So kann einem Vollzeitbeschäftigten eine Änderungskündigung auf Verringerung der Arbeitszeit ausgesprochen werden, wenn dies durch einen geringeren Arbeitsanfall bedingt ist. Auch kann eine unternehmerische Organisationsentscheidung, künftig keine Teilzeitkräfte mehr, sondern nur noch Vollzeitkräfte beschäftigen zu wollen, eine Kündigung rechtfertigen, sofern das Organisationskonzept von plausiblen wirtschaftl. oder unternehmenspolitischen Gründen getragen wird[2]. 5

12 *Arbeit auf Abruf*

(1) Arbeitgeber und Arbeitnehmer können vereinbaren, dass der Arbeitnehmer seine Arbeitsleistung entsprechend dem Arbeitsanfall zu erbringen hat (Arbeit auf Abruf). Die Vereinbarung muss eine bestimmte Dauer der wöchentlichen und täglichen Arbeitszeit festlegen. Wenn die Dauer der wöchentlichen Arbeitszeit nicht festgelegt ist, gilt eine Arbeitszeit von zehn Stunden als vereinbart. Wenn die Dauer der täglichen Arbeitszeit nicht festgelegt ist, hat der Arbeitgeber die Arbeitsleistung des Arbeitnehmers jeweils für mindestens drei aufeinander folgende Stunden in Anspruch zu nehmen.

(2) Der Arbeitnehmer ist nur zur Arbeitsleistung verpflichtet, wenn der Arbeitgeber ihm die Lage seiner Arbeitszeit jeweils mindestens vier Tage im Voraus mitteilt.

(3) Durch Tarifvertrag kann von den Absätzen 1 und 2 auch zuungunsten des Arbeitnehmers abgewichen werden, wenn der Tarifvertrag Regelungen über die tägliche und wöchentliche Arbeitszeit und die Vorankündigungsfrist vorsieht. Im Geltungsbereich eines solchen Tarifvertrages können nicht tarifgebundene Arbeitgeber und Arbeitnehmer die Anwendung der tariflichen Regelungen über die Arbeit auf Abruf vereinbaren.

I. Inhalt und Zweck. Die Vorschrift regelt Bedingungen für Vereinbarungen über **Arbeit auf Abruf**. Sie fordert die Festlegung einer wöchentlichen und täglichen Arbeitszeitdauer, für die Arbeitszeitdauer die Vereinbarung einer Mindestdauer und legt eine Mindestankündigungsfrist fest. Die in dieser Bestimmung geregelte Arbeit auf Abruf ist eine typische, wenn auch nicht die einzige Gestaltungsform flexibler Arbeitszeitregelung. Mit der Abrufarbeit wird dem Interesse an einer bedarfsorientierten Anpassung der Arbeitszeit entsprochen. Vielfach werden auch die Ausdrücke KAPOVAZ-Verträge (kapazitätsorientierte variable Arbeitszeit) oder BAVAZ-Verträge (bedarfsabhängige variable Arbeitszeit) verwandt. Zur Abrufarbeit zählen auch Mischformen, bei denen ein Teil der Arbeitszeit nach Lage und Dauer fest bestimmt ist, während ein weiterer Teil variabel bleibt. So können eine **Mindestarbeitszeit** und ein von der tatsächlich geleisteten Arbeit abhängiges Entgelt vereinbart werden[3]. **Nicht** unter den Begriff der Abrufarbeit fällt **Gleitzeit**, da hier Arbeitsbeginn und Arbeitsende von dem ArbN selbst bestimmt werden, wobei häufig eine Kernzeit einzuhalten ist. Ebenfalls wird die **Vertrauensarbeitszeit/Zeitsouveränität** von dieser Bestimmung nicht erfasst. Hierbei erfüllt der ArbN das vertragl. vereinbarte Arbeitszeitkontingent selbständig und eigenverantwortlich. Auch **Überstundenkontenregelungen** stellen keine Abrufarbeit dar, da lediglich Überstunden auf einem Arbeitszeitkonto gutgeschrieben werden, die später als arbeitsfreie Zeit in Anspruch genommen werden kann. Zu den Arbeitszeitmodellen und ihren Begriffen s. § 2 ArbZG Rz. 15. 1

Nach der Gesetzesbegründung wird bewusst im Wesentlichen die in § 4 BeschFG enthaltene Regelung über Arbeit auf Abruf übernommen. Deutlicher als bisher ist geregelt, dass die TV-Parteien auch zuungunsten der ArbN von den Vorschriften über die Anpassung der Arbeitszeit an den Arbeitsanfall abweichen können, wenn sie Vorschriften über die tägliche und wöchentliche Arbeitszeit und die Vorankündigungsfrist treffen[4].

II. Begriff und Umsetzungsmöglichkeiten. 1. Dauerbeschäftigungsverhältnis. Mit der in dieser Vorschrift geregelten Abrufarbeit wird dem ArbGeb die Möglichkeit gegeben, auch im Rahmen eines Dauerbeschäftigungsverhältnisses einem **diskontinuierlich auftretenden Arbeitsbedarf** zu entsprechen und demgemäß die Arbeitszeit dem Arbeitsanfall anzupassen. Der ArbGeb kann die Arbeitsleistung für eine bestimmte Dauer und zu einem bestimmten Zeitpunkt abrufen. Dies geschieht regelmäßig im Rahmen eines arbeitsvertragl. festgelegten Arbeitszeitdeputats bzw. Arbeitszeitbudgets. 2

Aus dem Dauerbeschäftigungsverhältnis folgt umgekehrt eine Verpflichtung zur Zahlung eines **regelmäßigen Arbeitsentgelts**. Es richtet sich nach dem auf den Vergütungszeitraum (zB 1 Monat) anteilig entfallenden Arbeitszeitdeputat, so dass zB bei Jahresarbeitszeitregelungen eine monatliche Vergütung 3

1 *Preis/Gotthardt*, DB 2000, 2065; *Lindemann/Simon*, BB 2001, 146. |2 *Preis/Gotthardt*, DB 2000, 2065. |3 BAG v. 7.12.2005 – 5 AZR 535/04, BB 2006, 829. |4 BT-Drs. 14/4374, S. 18.

in Höhe von 1/12 entsprechend dem vereinbarten Arbeitszeitdeputat bzw. Arbeitszeitbudget zu gewähren ist. Trotz diskontinuierlichem Arbeitsanfall besteht in diesem Fall somit Anspruch auf ein kontinuierliches Arbeitsentgelt. Ein **unregelmäßiges Arbeitsentgelt** kann vereinbart werden, wenn nur eine Mindestarbeitszeit vereinbart wird und die Vergütung arbeitszeitabhängig ist[1]. Da nicht mehr die regelmäßige wöchentliche Höchstarbeitszeit von 15 Stunden einzuhalten ist, kann ein Abrufarbeitsverhältnis auch mit geringfügig Beschäftigten (§ 8 SGB IV) vorteilhaft sein.

4 Statt dieses sozial geschützten Dauerrechtsverhältnisses der Abrufarbeit kann dem unterschiedlichen Arbeitsanfall durch **jeweilige befristete Arbeitsverhältnisse** begegnet werden. Die Arbeitsvertragsparteien sind grds. nicht gezwungen, statt der Kombination von **Rahmenvereinbarung und Einzelarbeitsverträgen** ein Abrufarbeitsverhältnis zu begründen[2]. Die Rahmenvereinbarung, welche nur die Bedingungen der erst noch abzuschließenden, auf den jeweiligen Einsatz befristeten Arbeitsverträge wiedergibt, selbst aber noch keine Verpflichtung zur Arbeitsleistung begründet, ist aber kein Arbeitsvertrag. Dies ist der jeweilige kurzeitig befristete Vertrag. Er ist aber nur auf der Grundlage der in § 14 genannten Voraussetzungen wirksam.

5 Wie sich aus der vertragl. nicht abänderbaren Mindestankündigungsfrist von 4 Tagen (Abs. 2) ergibt, ist Abrufarbeit **nicht geeignet, eine schnelle Verfügbarkeit** der Arbeitsleistung zu erreichen. Diesem Zweck kann nur durch die Vereinbarung von Rufbereitschaft oder Bereitschaftsdienst entsprochen werden. Im Gegensatz zur Rufbereitschaft oder Bereitschaftsdienst ist daher bei der Abrufarbeit nur die geschuldete bzw. erbrachte Arbeitsleistung selbst Vergütungsgrundlage.

6 **2. Abrufarbeit in Vollzeit/Teilzeit.** Bei der Abrufarbeit gem. dieser Vorschrift handelt es sich typischerweise um **Teilzeittätigkeit** iSd. § 2. Umstritten ist, ob diese Bestimmung auch für Vollzeitarbeitsverhältnisse gilt. Gegen eine Anwendung auf Vollzeitarbeit spricht die systematische Stellung des § 12 in dem mit dem Begriff „Teilzeitarbeit" überschriebenen zweiten Abschnitt des TzBfG[3]. Diese Vorschrift stelle lediglich einen für den Bereich der Teilzeitarbeit spezialgesetzl. geregelten Anwendungsbereich der Angemessenheitskontrolle einseitiger Leistungsbestimmungsrechte dar. Grundlage für die Kontrolle einseitiger Leistungsbestimmungsrechte seien ansonsten die in den §§ 307 ff. BGB getroffenen Regelungen. Dies gelte auch für die Vereinbarung von Abrufarbeit in einer Vollzeittätigkeit[4]. Für eine Ausdehnung des § 12 auf Vollzeitarbeit spricht aber der Zweck der Bestimmung, bei der Abrufarbeit Mindeststandards zum Schutz der ArbN zu schaffen. Er steht auch begrifflich in dieser Bestimmung im Vordergrund. Der Gesetzeswortlaut selbst beschränkt die Anwendbarkeit zudem nicht auf Teilzeitarbeit. Sofern keine tarifvertragl. Arbeitszeitregelungen entgegenstehen, kann im Rahmen der durch das ArbZG gesteckten Grenzen vielmehr auch **Vollzeitarbeit** als Abrufarbeit praktiziert werden, wenn ansonsten die betriebsübliche Arbeitszeit zB 35 Stunden beträgt. Für Vollzeitkräfte, deren Arbeitsleistung im Rahmen eines Arbeitszeitdeputats bzw. Arbeitszeitbudgets abgerufen wird, gilt dann zumindest Abs. 2.

7 **3. Mehrarbeit/Überstunden.** Abgesehen von tarifl. Regelungen sind sog. **Bandbreitenregelungen** mit einer **Mindest- und Höchstarbeitszeit** nicht zulässig (s.a. Rz. 14). Sie umgehen zwingende Kündigungsschutzregelungen. Flexibilität besteht nur für die Verteilung, nicht aber den **Umfang der Arbeitszeit**. Von Bandbreitenregelungen zu unterscheiden ist die **Vereinbarung einer Mindestarbeitszeit**, wenn die Tätigkeit arbeitszeitabhängig vergütet wird. Die Angemessenheitskontrolle (Inhaltskontrolle nach § 307 I u. II BGB) schließt in diesem Fall aber eine über 25 % der vereinbarten wöchentlichen Mindestarbeitszeit hinausgehende abrufbare Arbeitsleistung aus. Bei einer Vereinbarung über die Verringerung der vereinbarten Arbeitszeit beträgt das Volumen 20 % der Arbeitszeit[5]. Ist eine wöchentliche Mindestarbeitszeit von 30 Stunden mit einer arbeitszeitabhängigen Vergütung vereinbart, so kann daher die Arbeitszeit auf Abruf nur bis zu 37,5 Stunden heraufgesetzt werden. **Mehrarbeit** ist möglich, wenn das Arbeitszeitdeputat im Abrechnungszeitraum bereits überschritten ist. Andererseits können Überstunden bzw. Mehrarbeit anfallen, wenn der ArbGeb entweder auf Grund vertragl. Regelung oder nach Maßgabe des § 14 I ArbZG über die durch ordnungsgemäßen Abruf konkretisierte Arbeitspflicht hinaus kurzfristig und vorübergehend weitere Arbeitsstunden anordnet. Sofern nicht eine bestimmte Höchstarbeitszeit pro Tag oder pro Woche oder bei Jahresarbeitszeitregelungen pro Monat vereinbart ist bzw. bei bloßer Vereinbarung einer wöchentlichen Mindestarbeitszeit der Angemesseneheit entspricht (25 %), wird es sich jedoch begrifflich nicht um Mehrarbeit oder Überstunden handeln. Bedeutsam ist aber auch insoweit die Ankündigungsfrist des Abs. 2.

8 **III. Inhalt und Gestaltung des Vertrages (Abs. 1). 1. Vertragliche Grundlage (Abs. 1 S. 1).** Die Abrufarbeit muss ausdrücklich im Arbeitsvertrag **vereinbart** werden. Dies folgt daraus, dass die konkrete Arbeitszeitlage im Vertrag offen bleibt. Sie wird unter Berücksichtigung der Ankündigungsfrist des Abs. 2 dem Leistungsbestimmungsrecht des ArbGeb überantwortet.

9 Arbeitsvertragl. festzulegen ist weiterhin ein **fester Umfang des Arbeitszeitdeputats**, also die gesamte abrufbare Arbeitszeit oder die – wöchentliche – Mindestarbeitszeit. Von dieser konkreten Festlegung

1 BAG v. 7.12.2005 – 5 AZR 535/04, BB 2006, 829. | 2 BAG v. 31.7.2002 – 7 AZR 181/01, AP Nr. 1 zu § 12 TzBfG; v. 16.4.2003 – 7 AZR 187/02, BB 2004, 1004. | 3 ErfK/*Preis*, § 12 TzBfG Rz. 6. | 4 ErfK/*Preis*, § 12 TzBfG Rz. 7. | 5 BAG v. 7.12.2005 – 5 AZR 535/04, BB 2006, 829.

kann nur durch einen TV abgewichen werden. Der zeitliche Rahmen, innerhalb welchem diese gesamte fest vereinbarte Arbeitszeit zu leisten ist bzw. abgerufen werden kann, ist ebenfalls vertragl. zu regeln.

2. Arbeitszeitrahmen bzw. Bezugszeitraum (Abs. 1 S. 2, 3 u. 4). S. 2 bestimmt, dass der Arbeitsvertrag 10
eine **bestimmte Dauer** der **wöchentlichen** und **täglichen** Arbeitszeit festlegen muss. Dies braucht aber bei einer arbeitszeitabhängigen Vergütung nur eine Mindestarbeitszeit zu sein[1]. Gemäß § 2 I 2 Nr. 7 NachwG muss der ArbGeb spätestens einen Monat nach dem vereinbarten Beginn des Arbeitsverhältnisses die Dauer der Arbeitszeit schriftl. niederlegen und diese Niederschrift dem ArbN übergeben. Kommt es zu keiner vertragl. Festlegung gilt eine wöchentliche Arbeitszeit von 10 Stunden bzw. eine tägliche Arbeitszeit von mindestens drei aufeinander folgenden Stunden. Da nach der früheren gesetzl. Regelung (§ 4 BeschFG) weder die wöchentliche noch die tägliche Arbeitszeit einer vertragl. Fixierung bedurften, spricht der Wortlaut gegen die Möglichkeit einer Abrufarbeit, die nicht nur einen Arbeitszeitrahmen bzw. Bezugszeitraum von einer Woche zulässt, sondern auch einen Arbeitszeitrahmen bzw. Bezugszeitraum von einem Monat oder einem Jahr[2]. Dies entspricht aber nicht dem gesetzgeberischen Willen. Die Gesetzesbegründung verweist vielmehr darauf, dass die Vorschrift im Wesentlichen die in § 4 BeschFG getroffenen Regelungen übernimmt[3]. Überdies geht § 2 I 2 ebenfalls davon aus, dass weiterhin die Möglichkeit besteht, einen Arbeitszeitrahmen bis zu einem Jahr zu vereinbaren[4]. Es sind danach weiterhin **monatliche** oder **jährliche Arbeitszeitrahmen** bzw. feste **Monats- oder Jahresarbeitszeitkonten** zulässig.

S. 3 ist mithin nur die sich aus der monatlichen oder jährlichen Arbeitszeitrahmen ergebende wöchent- 11
liche Durchschnittsarbeitszeit zu entnehmen, **wenn nichts anderes vereinbart** ist. Demzufolge kann auch nach der jetzigen Vorschrift eine Monats- oder Jahresarbeitszeit vereinbart werden, ohne dass zugleich eine bestimmte Wochenarbeitszeit geregelt sein muss. Vielmehr kann nicht nur eine Mindesttagesarbeitszeit, sondern auch eine Mindestwochenarbeitszeit bzw. die Notwendigkeit des Abrufs derartiger verbindlicher Arbeitszeiten pro Woche oder pro Tag ausgeschlossen werden. Die Regelungen in S. 3 und 4 sind **keine** vertragl. Vereinbarungen **einschränkende Mindestarbeitszeiten**. Einzelvertragl. kann also eine **zehn Stunden unterschreitende** Wochenarbeitszeit und die tägliche Arbeitszeit mit **weniger als drei Stunden** vereinbart werden. Es bedarf aber einer konkreten Festlegung der Arbeitszeitdauer. Diese kann auch als Mindestarbeitszeit vereinbart sein. Der ArbGeb kann sich wirksam vorbehalten, den ArbN auch zu kürzeren Arbeitseinheiten als drei Stunden abzurufen, wenn sie nicht das Volumen von 20 % der Arbeitszeit unterschreitet[5]. Die tägliche Arbeitsleistung muss nicht am Stück erbracht werden. Es kann auch eine Stückelung in kürzere als dreistündige Arbeitsperioden vereinbart werden. Ist eine tägliche Arbeitszeit vereinbart, ohne dass festgelegt ist, ob diese Arbeitszeit zusammenhängend zu erbringen ist, ist im Zweifel davon auszugehen, dass eine zusammenhängende Arbeitszeit gewollt ist.

Besteht keine konkrete Vereinbarung, so gelten die **gesetzl. Auffangregelungen** in S. 3 und 4. Es wird 12
dann die Vereinbarung einer **wöchentlichen** Arbeitszeit von 10 Stunden fingiert. Bei Abruf der Arbeitsleistung beträgt die **tägliche** Mindestarbeitszeit bei Fehlen einer entgegenstehenden Regelung nach S. 4 mindestens drei aufeinander folgende Stunden (fingierte tägliche Mindesteinsatzdauer). Dies gilt auch bei der Vereinbarung einer täglichen **Höchstdauer**. Da sie dem ArbGeb vorbehält, auch eine geringere Arbeitszeit in Anspruch zu nehmen, gilt die Mindestdauer nach Abs. 1 S. 4.

3. Vertragliche Abweichungen. Der vertragl. Dispositionsregelung unterliegt nur die Verteilung der 13
Arbeitszeit, **nicht aber der Umfang der Arbeitszeit**[6]. Dies gilt auch für den Fall der Vereinbarung einer bloßen Mindestarbeitszeit (s. Rz. 7). Ein Arbeitsvertrag, der keinen bestimmten Arbeitsumfang enthält, ist nicht unwirksam. § 12 I ist kein gesetzl. Verbot iSd. § 134 BGB. Wenn keine feste Arbeitszeit vereinbart wird (Arbeitszeitdeputat/Arbeitszeitbudget), so kann sich der Umfang der vereinbarten Arbeitszeit aus schlüssigem Verhalten ergeben (es ist insoweit allerdings die Bedeutung des § 2 I 2 Nr. 7 NachwG zu beachten)[7]. Ansonsten gelten die gesetzl. Auffangregelungen der S. 3 und 4, also eine Wochenarbeitszeit von 10 Stunden und eine tägliche Arbeitszeit von drei aufeinander folgender Stunden.

Eine sog. **Bandbreitenregelung**, also die Vereinbarung von einer **Mindest- und einer Höchstarbeitszeit**, 14
ist nur in TV zulässig. Einer einzelvertragl. und daher unwirksamen Bandbreitenregelung kann nicht ohne weiteres die Mindestarbeitszeit des Abs. 1 S. 3 zugrunde gelegt werden. Dies ließe den Willen der Vertragsparteien völlig unberücksichtigt. Aus einer bereits praktizierten Bandbreitenregelung kann sich vielmehr aus der bisher geübten Praxis eine verbindliche Arbeitszeit und Arbeitszeitverteilung entnehmen lassen. Diese ist als vertragl. gewollt verbindlich zugrunde zu legen. Die **Vereinbarung einer Mindestarbeitszeit** räumt nur hinsichtlich der Arbeitszeitdauer mehr Flexibilität ein. Auch wenn eine arbeitszeitabhängige Vergütung vereinbart ist, lässt sich auf Grund der Angemessenheitskontrolle (§ 307 I u. II BGB) nur 25 % der vereinbarten Arbeitszeit zusätzlich abrufen[8].

---

1 BAG v. 7.12.2005 – 5 AZR 535/04, BB 2006, 829. | 2 So *Däubler*, ZIP 2001, 217; KDZ/*Zwanziger*, § 12 TzBfG Rz. 13. | 3 BT-Drs. 14/4374, S. 18. | 4 *Busch*, NZA 2001, 593; MünchArbR/*Schüren*, Erg.-Bd. § 166 Rz. 20–22. | 5 BAG v. 7.12.2005 – 5 AZR 535/04, BB 2006, 829. | 6 LAG Düsseldorf v. 30.8.2002 – 9 Sa 709/02, NZA-RR 2003, 407. | 7 LAG Köln v. 7.12.2001 – 11 (6) Sa 827/01, NZA-RR 2002, 415. | 8 BAG v. 7.12.2005 – 5 AZR 535/04, BB 2006, 829; bestätigt durch das BVerfG v. 23.11.2006 – 1 BvR 1909/06, NZA 2007, 85.

15 **IV. Abruf zur Arbeitsleistung (Abs. 2). 1. Gesetzliche Voraussetzung (Mindestankündigungsfrist).** Der ArbGeb ist verpflichtet, den Arbeitseinsatz mindestens vier Tage im Voraus **anzukündigen**. Geschieht dies nicht, so ist der ArbN nicht zur Arbeitsleistung verpflichtet. Eine zu kurze Ankündigungsfrist ist nicht in eine zulässige Frist umzudeuten, gilt also nicht mit der gesetzl. vorgesehenen Frist. Die gesetzl. Abruffrist von vier Tagen kann einzelvertragl. oder durch BV nicht verkürzt werden. Mit der Frist von vier Tagen sind Kalendertage gemeint.

16 Für die Mitteilung ist der **Zugang maßgeblich**. Nicht die Abgabe der Mitteilung oder die Kenntnisnahme sind entscheidend, sondern der Zugang der Mitteilung[1]. Für die **Berechnung der Abruffrist** gelten die Bestimmungen der §§ 186 ff. und 193 BGB. Demgemäß sind der Tag der Ankündigung und der Tag der Arbeitsleistung nicht mitzurechnen. Der Ankündigungstag ist durch Rückrechnung vom vorgesehenen Einsatztag her zu ermitteln. Ist der letzte Tag vor der Abruffrist ein Samstag, Sonntag oder Feiertag, so muss die Mitteilung am nächsten vorhergehenden Werktag zugehen. Soll der Arbeitseinsatz am Montag erfolgen, so muss der Abruf spätestens am Mittwoch der Vorwoche zugehen, für den Arbeitseinsatz am Dienstag am Donnerstag der Vorwoche, für den Arbeitseinsatz am Mittwoch, Donnerstag und Freitag jeweils am Freitag der Vorwoche und für den Arbeitseinsatz am Sonnabend der Montag derselben Woche, sofern die Mitteilung nicht wegen eines Feiertages vorverlegt werden muss.

17 **Inhaltlich** ist die Mitteilung von der vertragl. Vereinbarung abhängig, muss also an diese in der konkret mitgeteilten Regelung anknüpfen. Neben dem Zeitpunkt des Arbeitsbeginns ist also insb. die tägliche Dauer des vorgesehenen Arbeitseinsatzes mitzuteilen. Die Mitteilung muss nicht unmittelbar gegenüber dem ArbN erfolgen. Wenn dies der üblichen Information über die Arbeitseinsätze entspricht und dem ArbN auf Grund seiner Anwesenheit eine Kenntnisnahme möglich ist, reicht ein Aushang an geeigneter Stelle im Betrieb aus.

18 Der Abruf ist eine dem Direktionsrecht (§ 106 GewO) zuzuordnende Anweisung zur Arbeitsaufnahme und keine auf eine Rechtsfolge gerichtete Willenserklärung. Der Arbeitsabruf kann daher auch nach seinem Zugang einseitig **geändert oder widerrufen** werden[2]. Eine einvernehmliche Änderung oder Anfechtung sind dazu nicht erforderlich. Es bleibt jedoch auch in einem solchen Fall die Abruffrist zu beachten.

19 Der arbeitgeberseitige Abruf ist nicht von einem tatsächlich bestehenden Arbeitsbedarf, einem **Arbeitsanfall** iSd. Abs. 1 S. 1 abhängig. Im Rahmen der vertragl. und insb. der gesetzl. Regelungen in Abs. 1 u. Abs. 2 unterliegt es der unternehmerischen Entscheidung, ob und wann die Arbeitsleistung abgerufen wird. Umgekehrt bleibt es auch der unternehmerischen Entscheidung überlassen, von einem Abruf abzusehen, obgleich ein zum Einsatz des ArbN ausreichendes Arbeitsvolumen vorhanden ist.

20 Bei der Ausübung des Leistungsabrufs hat der ArbGeb **billiges Ermessen** nach § 315 BGB zu beachten. Es sind die beiderseitigen Interessen angemessen zu berücksichtigen. Zugunsten des ArbN sind daher auch familiäre oder in einem weiteren Teilzeitarbeitsverhältnis bestehende Verpflichtungen zu beachten. Eingeschränkt wird das Recht auf Arbeitsabruf durch die allgemeinen gesetzl. und tarifvertragl. Bestimmungen, wie arbeitszeitliche Regelungen und Beschäftigungsverbote.

21 **2. Abweichende vertragliche Regelungen.** Die gesetzl. Abruffrist von vier Tagen kann einzelvertragl. oder durch BV **nicht wirksam verkürzt** werden. Eine Vereinbarung, die eine kürzere Ankündigungsfrist beinhaltet oder nach welcher der ArbN auf die Einhaltung der gesetzl. Ankündigungsfrist verzichtet, ist gem. § 12 II iVm. § 134 BGB unwirksam. Jedoch ist eine tarifvertragl. Kürzung zulässig. Sofern eine kürzere Arbeitsbereitschaft des ArbN erforderlich ist, kann dies somit nicht durch einen Abrufarbeitsvertrag vereinbart werden, sondern nur durch entsprechend vergüteten Bereitschaftsdienst oder Rufbereitschaft.

22 **3. Nichteinhaltung der Abruffrist und -dauer.** Wenn der Arbeitseinsatz ohne Einhaltung der Frist abgerufen wird, so ist der Abruf unwirksam. Der ArbN ist nicht zur Arbeitsleistung verpflichtet. Sofern er nicht in der Vergangenheit gleichwohl die Arbeitsleistung erbracht hat und dadurch ein Vertrauen auf der ArbGebSeite erzeugt hat, ist der ArbN **nicht verpflichtet**, die nicht fristgerechte Mitteilung zurückzuweisen und den ArbGeb zu informieren, dass er dem unwirksamen Arbeitsabruf nicht nachkommen will. Wenn der ArbN erkennt, dass der ArbGeb die Fristversäumnis **nicht bemerkt** hat (zB wegen zu langer Postlaufzeit), ist er aber nach § 242 BGB verpflichtet, ausdrücklich den Abruf zurückzuweisen, es sei denn die Arbeitsaufnahme ist zur Vermeidung erheblicher Nachteile notwendig.

Dem ArbN bleibt es unbenommen, **trotz Nichteinhaltung** der Abruffrist seine Arbeit zu dem im Abruf genannten Zeitpunkt aufzunehmen, also auf die Einhaltung der gesetzl. Abruffrist zu verzichten. Dies bindet ihn nicht für die Zukunft, auf einen verspäteten Abruf ausdrücklich reagieren zu müssen, es sei denn er hat aufseiten des ArbGeb den Eindruck erweckt, auf Dauer auf die Einhaltung der Abruffrist zu verzichten. Dann bedarf es seinerseits einer ausdrücklichen Richtigstellung, wenn er auf Einhaltung der gesetzl. Frist besteht.

---

1 ErfK/*Preis*, § 12 TzBfG Rz. 32. | 2 ErfK/*Preis*, § 12 TzBfG Rz. 34.

Ein unwirksamer und deshalb vom ArbN nicht beachteter Abruf lässt das noch verbleibende **Arbeitszeitdeputat** unberührt. Es besteht auch **kein Vergütungsanspruch**. Kann das verbleibende Arbeitszeitdeputat jedoch wegen Beendigung des Bezugszeitraumes nicht mehr abgerufen werden, so ist die nicht rechtzeitig abgerufene Arbeitszeit als Annahmeverzug zu vergüten, sofern keine Übertragungsvereinbarung getroffen worden ist. Nimmt der ArbN aber trotz Nichteinhaltung der Ankündigungsfrist seine Arbeit auf, ist die geleistete Arbeit vertragsgemäß zu vergüten und auf das Arbeitszeitdeputat anzurechnen. 23

Wenn keine andere tägliche Mindesteinsatzdauer vereinbart ist, ist der ArbGeb gem. Abs. 1 S. 4 verpflichtet, Arbeitseinsätze von **mindestens drei Stunden** abzurufen und anzuordnen. Wird dies nicht beachtet, so hat der ArbN die Wahl, ob er die Arbeitsleistung für die angeforderte Dauer erbringen will oder ablehnt. Dem ArbN steht ein Leistungsverweigerungsrecht zu. Erbringt der ArbN die Arbeitsleistung, so hat er trotz kürzerer Arbeitszeit Anspruch auf die Vergütung für drei Arbeitsstunden auch ohne den ausdrücklichen Hinweis darauf, dass dies nur unter Bezahlung und Anrechnung von drei Stunden geschieht[1]. Dies hat daher ebenso zur Folge, dass sich das Arbeitszeitdeputat auch bei einem kürzeren Arbeitseinsatz um drei Stunden reduziert. 24

Kommt es überhaupt **nicht zum Abruf** der Arbeitszeit innerhalb des Bezugszeitraumes oder wird nicht das gesamte Arbeitszeitdeputat/Arbeitszeitbudget abgerufen, so kommt der ArbGeb in Annahmeverzug (§ 615 BGB). 25

V. Tarifliche Regelungen (Abs. 3). Abrufarbeit kann durch **TV** eingeführt werden. Durch tarifl. Regelungen kann von den Bestimmungen in den Abs. 1 und 2 auch zuungunsten der ArbN abgewichen werden. Es braucht also keine feste Arbeitszeit vereinbart zu werden. **Bandbreiten** („es gilt eine Mindestarbeitszeit von ... Stunden, jedoch eine Höchstarbeitszeit von ... Stunden pro Monat") sowie eine Verkürzung der in Abs. 2 geregelten Ankündigungsfrist sind möglich. Eine Regelung der Vorankündigungsfrist **muss** aber im TV vorhanden sein. Außerdem muss der TV auch Bestimmungen hinsichtlich der täglichen und wöchentlichen Arbeitszeit enthalten. Es muss sich jedoch um keine konkrete Festlegung handeln[2]. 26

Im Geltungsbereich eines solchen TV können **nicht tarifgebundene** ArbGeb und ArbN durch Inbezugnahme diese tarifl. Regelungen über Abrufarbeit vereinbaren. 27

VI. Betriebsvereinbarungen. Abrufarbeit muss ausdrücklich im Arbeitsvertrag vereinbart werden, so dass Abrufarbeit nicht allein durch eine **BV** eingeführt werden kann. Das MitbestR des BR bezieht sich aber sowohl auf die grundsätzliche Einführung bzw. Abschaffung von Abrufarbeit als auch auf ihre Ausgestaltung im Einzelnen, jedoch nicht auf den einzelnen Abruf. Durch eine BV kann gem. § 87 I Nr. 2 BetrVG ein Rahmen entsprechend den Regelungen des § 87 I Nr. 2 BetrVG vorgegeben werden. Nicht geregelt werden können in einer BV die Dauer der von einem in einem Abrufarbeitsverhältnis beschäftigten ArbN zu leistenden Arbeitszeiten (§ 77 III BetrVG). 28

VII. Vergütung und Urlaub. Bezogen auf eine durchschnittliche Arbeitszeit für den jeweiligen Abrechnungszeitraum (idR einen Monat) ist trotz unterschiedlichem Arbeitseinsatz **kontinuierlich die Vergütung** zu gewähren. Eine abweichende Vereinbarung ist dann möglich, wenn von vornherein zwischen den einzelnen Abrufzeiträumen längere Freizeitintervalle liegen, was bei einem Jahresarbeitszeitkonto der Fall sein kann, wenn von vornherein feststeht, dass nur im Frühjahr und im Herbst die Arbeit abgerufen wird. 29

Für die **Feiertagsbezahlung** und die **Entgeltfortzahlung im Krankheitsfall** gilt grds. das Lohnausfallprinzip (§ 2 I und § 3 I EFZG). Feiertagsvergütung kann aber nur beansprucht werden, wenn der Feiertag die alleinige Ursache für den Arbeitsausfall ist[3]. Während der ArbN die tatsächlichen Umstände vorzutragen hat, aus denen sich eine hohe Wahrscheinlichkeit dafür ergibt, dass die Arbeit allein wegen des Feiertages ausgefallen ist, hat der ArbGeb die tatsächlichen Umstände dafür darzulegen, dass der Feiertag für den Arbeitsausfall nicht ursächlich war. Um bei kalendarisch festliegenden Feiertagen eine Umgehung der Feiertagsvergütung durch Nichteinteilung zur Arbeit zu vermeiden, gibt es die Möglichkeit, von einem Vergütungsanspruch auszugehen, wenn ein ansonsten bestehender Rhythmus der Arbeitseinteilung durchbrochen wird[4]. Die andere Möglichkeit besteht darin, dem am Feiertag nicht eingeteilten ArbN ein Feiertagsgeld in entsprechender Anwendung nach der für in Heimarbeit Beschäftigten geltenden Durchschnittsberechnung des § 11 II EFZG zuzubilligen. Entsprechendes gilt für den Entgeltfortzahlungsanspruch im Krankheitsfall. Da der ArbN verpflichtet ist, seine Arbeitsverhinderung schon unmittelbar nach der Erkrankung und nicht erst bei Arbeitsabruf mitzuteilen, können die beiden vorgenannten Möglichkeiten auch einer Umgehung der im Krankheitsfall bestehenden Entgeltfortzahlungspflicht entgegengesetzt werden. Erstreckt sich aber die Krankheit über den gesamten Arbeitszeitrahmen, erfasst sie also das gesamte Arbeitszeitdeputat bzw. Arbeitszeitbudget, so ist die Vergütung nach 30

1 AA ErfK/*Preis*, § 12 TzBfG Rz. 29: Dies gelte nur, wenn der ArbN die Beachtung der Drei-Stunden-Frist gefordert habe. | 2 ErfK/*Preis*, § 12 TzBfG Rz. 44. | 3 BAG v. 24.10.2001 – 5 AZR 245/00, ArbRB 2002, 158; v. 14.8.2002 – 5 AZR 417/01, DB 2003, 155. | 4 ErfK/*Preis*, § 12 TzBfG Rz. 46.

dem EFZG zu gewähren. Zu Grunde zu legen ist daher dann die vereinbarte durchschnittliche Wochenarbeitszeit, wenn der Arbeitseinsatz für den Zeitraum der Arbeitsunfähigkeit nicht zuvor festgelegt war. Eine BV, die die durch Arbeitsunfähigkeit ausgefallene Arbeitszeit für die Berechnung der Höhe der Entgeltfortzahlung kürzt, verstößt gegen § 4 I EFZG[1]. Eine Abweichung ist nur auf Grund TV möglich.

31 Auch Abrufkräfte haben Anspruch auf einen zusammenhängenden **Urlaub**. Er ist wie bei Teilzeitarbeitskräften, die nicht jeden Arbeitstag arbeiten, zu ermitteln.

32 **VIII. Darlegung- und Beweislast.** Dafür, dass ein Abrufarbeitsverhältnis vorliegt und deshalb im Einzelfall die Voraussetzungen der Vergütung von Arbeitsleistung vorliegen, ist der ArbN darlegungs- und beweispflichtig. Dasselbe gilt hinsichtlich der Entgeltfortzahlung an Feiertagen sowie im Krankheitsfall. Der ArbGeb ist dagegen darlegungs- und beweispflichtig dafür, welche konkreten Vereinbarungen über die Heranziehung im Einzelnen bestehen. Für die Einhaltung der Ankündigungsfrist des Abs. 2 ist ebenfalls der ArbGeb darlegungs- und beweispflichtig.

13 *Arbeitsplatzteilung*

(1) Arbeitgeber und Arbeitnehmer können vereinbaren, dass mehrere Arbeitnehmer sich die Arbeitszeit an einem Arbeitsplatz teilen (Arbeitsplatzteilung). Ist einer dieser Arbeitnehmer an der Arbeitsleistung verhindert, sind die anderen Arbeitnehmer zur Vertretung verpflichtet, wenn sie der Vertretung im Einzelfall zugestimmt haben. Eine Pflicht zur Vertretung besteht auch, wenn der Arbeitsvertrag bei Vorliegen dringender betrieblicher Gründe eine Vertretung vorsieht und diese im Einzelfall zumutbar ist.

(2) Scheidet ein Arbeitnehmer aus der Arbeitsplatzteilung aus, so ist die darauf gestützte Kündigung des Arbeitsverhältnisses eines anderen in die Arbeitsplatzteilung einbezogenen Arbeitnehmers durch den Arbeitgeber unwirksam. Das Recht zur Änderungskündigung aus diesem Anlass und zur Kündigung des Arbeitsverhältnisses aus anderen Gründen bleibt unberührt.

(3) Die Absätze 1 und 2 sind entsprechend anzuwenden, wenn sich Gruppen von Arbeitnehmern auf bestimmten Arbeitsplätzen in festgelegten Zeitabschnitten abwechseln, ohne dass eine Arbeitsplatzteilung im Sinne des Absatzes 1 vorliegt.

(4) Durch Tarifvertrag kann von den Absätzen 1 und 3 auch zuungunsten des Arbeitnehmers abgewichen werden, wenn der Tarifvertrag Regelungen über die Vertretung der Arbeitnehmer enthält. Im Geltungsbereich eines solchen Tarifvertrages können nicht tarifgebundene Arbeitgeber und Arbeitnehmer die Anwendung der tariflichen Regelungen über die Arbeitsplatzteilung vereinbaren.

1 **I. Inhalt und Zweck.** Die Vorschrift regelt die Möglichkeit der **Arbeitsplatzteilung** (sog. Job-Sharing) sowie der sog. **Turnusarbeit** und die Rechtsfolgen im Hinblick auf die Vertretungspflicht und den Kündigungsschutz bei Ausscheiden eines ArbN aus der Arbeitsplatzteilung[2]. Nicht dem ArbGeb, sondern den ArbN, die sich einen Arbeitsplatz teilen, obliegt eigenverantwortlich die Arbeitszeitverteilung. Auf Grund der Zeitsouveränität bestimmen sie einen wesentlichen Aspekt ihrer Arbeitsorganisation selbst. Durch Verknüpfung ihrer Arbeitszeit erbringen sie damit die Leistung, die ansonsten von einem Vollzeit-ArbN (es kann aber auch ein Teilzeitarbeitsplatz aufgeteilt werden) erbracht wird. Es handelt sich demgemäß immer um TeilzeitArbN. Zur Vermeidung einer erheblichen Belastung der sich idR einen Vollzeitarbeitsplatz teilenden Teilzeitkräfte ist eine Vertretungsverpflichtung von besonderen Voraussetzungen abhängig.

2 **II. Vertragliche Regelungen (Abs. 1 S. 1). Job-Sharing** liegt vor, wenn zwei oder mehr ArbN auf Grund ihrer Arbeitsverträge den ihnen gemeins. zugewiesenen Arbeitsplatz in Abstimmung mit dem/den anderen am gleichen Arbeitsplatz Beschäftigten im Rahmen eines selbst aufgestellten Arbeitszeitplans während der betriebsüblichen Arbeitszeit alternierend besetzen. Die Zusammensetzung der Job-Sharing-Partner bestimmt der ArbGeb. Die Arbeitsplatzteilung (Job-Sharing) setzt eine **besondere arbeitsvertragl. Vereinbarung** mit dem ArbGeb voraus. Arbeitsplatzteilung iS des Abs. 1 kann nicht durch das Direktionsrecht geschaffen werden. Jeder an der Arbeitsplatzteilung beteiligte ArbN schließt einen eigenen Arbeitsvertrag mit dem ArbGeb. Dieser beinhaltet die Verpflichtung, in Abstimmung mit dem/den anderen ArbN den ihm zugewiesenen Arbeitsplatz nach einer eigenen Arbeitszeitverteilung bzw. -planung alternierend zu besetzen. Gegenstand des Arbeitsvertrages ist nicht die alternierende Besetzung eines Arbeitsplatzes durch zwei Teilzeitkräfte, sondern die Übertragung eines Arbeitsplatzes an zwei oder mehr ArbN unter wesentlicher Übertragung eines Teils der dafür erforderlichen Arbeitsorganisation, insb. der Arbeitszeiteinteilung. Es ist Aufgabe der beteiligten ArbN, ihre Tätigkeit so zu koordinieren, dass sie aus ihren individuellen Beiträgen eine den Arbeitsanforderungen des Arbeitsplatzes gerechtwerdende Gesamtleistung erbringen, die der einer Vollzeitkraft entspricht. Im Unterschied zur Eigengruppe (**Job-Pairing**) bestehen aber beim Job-Sharing zwischen den einzelnen ArbN

1 BAG v. 13.2.2002 – 5 AZR 470/00, NZA 2002, 683. | 2 Zu den hierzu abzugrenzenden Begriffen „job-splitting", „job-pairing" und „split-level-sharing" siehe Annuß/Thüsing/*Maschmann*, § 13 TzBfG Rz. 4.

keine vertragl. Beziehungen. Die Vereinbarung von Job-Sharing begründet kein Gesamtschuldverhältnis nach § 421 BGB. Jeder beteiligte ArbN schuldet nur die von ihm arbeitsvertragl. zu erbringende Leistung und die Besetzung des Arbeitsplatzes während der von ihm einzuhaltenden Arbeitszeit. Der einzelne Job-Sharing-Vertrag ist in seinem Bestand von den Verträgen der anderen an der Arbeitsplatzteilung beteiligten ArbN unabhängig (s.a. Abs. 2 S. 2).

Grds. wird Arbeitsplatzteilung **einzelvertragl.** vereinbart. Um die nötige Koordination und die genügende „Abdeckung" eines Vollzeitarbeitsplatzes zu erreichen, müssen die einzelnen Arbeitsverträge bzw. das Arbeitszeitdeputat der beteiligten ArbN individuell festgelegt werden. Unzureichend ist eine Job-Sharing-Vereinbarung, in der das individuelle Arbeitszeitdeputat der einzelnen beteiligten ArbN überhaupt nicht oder nur die Gesamtleistung aller beteiligter ArbN bestimmt ist. Außerdem sind ggf. die Arbeitsaufgaben und weitere Einzelheiten zur notwendigen Koordination vertragl. zu regeln. 3

Die **Arbeitszeitverteilung bzw. -planung** obliegt nicht dem ArbGeb, sondern den beteiligten ArbN. Ihnen kommt insoweit eine das Direktionsrecht des ArbGeb einschränkende Zeitsouveränität zu. So können sie die Arbeitszeit so aufteilen, dass sie nacheinander während einer Schicht am selben Arbeitsplatz arbeiten, oder täglich, wöchentlich oder monatlich wechseln. Als Gruppe erbringen sie gegenüber dem ArbGeb die Arbeitsleistung, die von Seiten eines VollzeitArbN geschuldet wird. Die beteiligten ArbN sind jedoch hinsichtlich der Arbeitspflicht keine Gesamtschuldner, sondern nur verpflichtet, ihr persönliches Arbeitsdeputat zu leisten. Der an der Arbeitsplatzteilung beteiligte ArbN schuldet somit nur seine auf Grund der vereinbarten Arbeitszeitdauer zu erbringende Arbeitsleistung innerhalb der intern verteilten Arbeitszeit. Es besteht auch kein Ausgleichsanspruch nach § 426 BGB gegen den anderen beteiligten ArbN, wenn es zu einer nicht abgesprochenen Vertretung kommt. 4

Gegenüber dem ArbGeb besteht die Pflicht, die Arbeitszeitverteilung im Rahmen eines sog. **Arbeitszeitplanes** festzulegen. Der Arbeitszeitplan ist dem ArbGeb rechtzeitig bekannt zu geben. Sofern den betroffenen ArbN insoweit die Möglichkeit von Änderungen vertragl. eingeräumt wird, ist es zweckmäßig, dass arbeitsvertragl. dem ArbGeb ein Veto-Recht, ggf. auch ein Leistungsbestimmungsrecht vorbehalten bleibt. Können sich die beteiligten ArbN nicht auf einen Arbeitszeitplan einigen, und enthalten die Verträge für diesen Fall keine Regelung, so kann der ArbGeb gem. § 106 S. 1 GewO kraft seines Direktionsrecht entscheiden[1]. 5

Hinsichtlich des **Arbeitsentgelts**, der **Entgeltfortzahlung bei Krankheit** und im **Urlaub** gelten die allgemeinen Regelungen, wie sie auch bei Teilzeitbeschäftigten zur Anwendung gelangen. 6

III. Vertretungsregelungen (§ 1 S. 2 u. 3). Arbeitszeitteilung bedingt **keine automatische Vertretungspflicht** hinsichtlich des verhinderten anderen ArbN. Die Vertretung des ausgefallenen anderen ArbN bedingt Mehrarbeit. Sie als gewissermaßen automatische Verpflichtung zu unterstellen, widerspricht dem nach § 12 I bestehenden Verbot der individuellen Vereinbarung eines variablen Arbeitszeitdeputats. Auch zur Urlaubsvertretung ist der andere ArbN nur auf Grund einer entsprechenden Vereinbarung verpflichtet. Demgemäß besteht nur eine Vertretungspflicht, wenn entweder die in S. 2 oder die in S. 3 genannten Voraussetzungen vorliegen: 7

Satz 2 verpflichtet den an einem Arbeitsplatz beteiligten anderen ArbN zur Vertretung eines verhinderten ArbN, wenn er der Vertretung **im Einzelfall zugestimmt** hat. Vorausgesetzt wird eine konkrete individuelle Zustimmung des vertretenden ArbN. Diese Entscheidung kann nicht vorab vertragl. geregelt werden. Eine generelle Vorabvereinbarung ist nach § 134 BGB nichtig. Das Risiko einer – anerkannten – Arbeitsverhinderung verbleibt bei dem ArbGeb. Es kann durch eine vorab getroffene Vereinbarung nicht auf den ArbN übergeleitet werden. Die konkrete Zustimmung kann aber konkludent erklärt werden, zB durch Arbeitsaufnahme. Dagegen steht es den beteiligten ArbN frei, für den einzelnen Vertretungsfall untereinander eine wechselseitige Vertretungsvereinbarung zu schließen. 8

Zum anderen kann eine Pflicht zur Vertretung nach Satz 3 bestehen, wenn dies **arbeitsvertraglich** für den Fall des Vorliegens dringender betrieblicher Gründe **festgelegt** ist. Die Vereinbarung ist als Arbeitszeitregelung in den schriftl. Nachweis gem. § 2 I 2 Nr. 7 NachwG aufzunehmen. 9

Das **dringende betriebliche Erfordernis** zur Vertretungsarbeit muss sodann im Einzelfall vorliegen. Dieses ergibt sich nicht bereits aus dem bloßen Ausfall des anderen ArbN. Die Arbeitsverhinderung muss zu zusätzlichen Auswirkungen (erhebliche Störung der Betriebsabläufe) führen. Außerdem ist der ArbN auch bei einer vertragl. vorgesehenen Pflicht zur Vertretung nur zu der zusätzlichen Arbeitsleistung verpflichtet, wenn ihm dies im Einzelfall zumutbar ist. Für teilzeitbeschäftigte ArbN, die sich mit anderen ArbN einen Arbeitsplatz teilen, hängt die Zumutbarkeit im Wesentlichen von der Planungsmöglichkeit bzw. dem zeitlichen Vorlauf, der Lage und der Dauer der Vertretungsarbeit ab (hinsichtlich der Zumutbarkeit wird auch auf die Regelung des § 275 III BGB verwiesen). 10

IV. Bestandsschutz (Abs. 2). Da es sich grds. um rechtl. **unabhängige Arbeitsverhältnisse** der an einem Arbeitsplatz beteiligten ArbN handelt, gelten für die gleichen ArbN grds. ohne Einschränkung für sich 11

1 ErfK/*Preis*, § 13 TzBfG Rz. 3.

genommen die arbeitsrechtl. Bestandsschutzbestimmungen. Gleichwohl bestimmt Abs. 2 S. 1 ausdrücklich, dass eine Kündigung nicht darauf gestützt werden darf, dass einer der anderen ArbN aus der Arbeitsplatzteilung ausscheidet. Der Grund seines Ausscheidens ist dabei unerheblich. Dieses Kündigungsverbot gilt auch in Kleinbetrieben (§ 23 KSchG) und auch bereits in den ersten sechs Monaten eines Arbeitsverhältnisses. Eine gleichwohl ausgesprochene Kündigung ist nach § 134 BGB nichtig. Demgemäß ist auch eine an den Bestand des Arbeitsverhältnisses mit dem anderen beteiligten ArbN geknüpfte auflösende Bedingung unzulässig.

12 Satz 2 lässt ausdrücklich die Möglichkeit einer **Änderungskündigung** wegen des Ausscheidens eines anderen ArbN aus der Arbeitsplatzteilung und die Möglichkeit der Beendigungskündigung aus anderen Gründen zu. Die Änderungskündigung kann aus dringenden betriebl. Gründen gerechtfertigt sein, wenn sich nach Ausscheiden des anderen an der Arbeitsplatzteilung beteiligten ArbN kein Ersatz findet und deshalb der verbliebene ArbN entweder nur an einem anderen Arbeitsplatz oder unter Übernahme der bisher von dem anderen ArbN erbrachten Tätigkeiten in Vollzeit weiterbeschäftigt werden kann.

13 **V. Turnusarbeit (Abs. 3).** Der Arbeitsplatzteilung dieser Bestimmung wird auch die im zeitlich festgelegten Wechsel erfolgende Besetzung mehrerer Arbeitsplätze durch **ArbN-Gruppen** zugeordnet. Für das Vorliegen eines Turnusarbeitsverhältnisses ist der Wechsel zu festgelegten Zeitabschnitten entscheidend. Es ist nicht erforderlich, dass jeweils zwei oder mehr ArbN gleichzeitig arbeiten[1]. Auch in dem Fall, dass mehrere ArbN als Gruppe nicht nur an einem, sondern an bestimmten mehreren Arbeitsplätzen ihre Arbeitsleistung erbringen, kann dieser Gruppe die Arbeitszeit, dh. die Festlegung der Arbeitszeitlage, in eigener Verantwortung überlassen werden. Hierauf sind die Vertretungs- und Bestandsschutzregelungen der Arbeitsplatzteilung entsprechend anwendbar.

Derartige sich einen Arbeitsplatz teilende oder sich am Arbeitsplatz abwechselnden ArbN-Gruppen sind zu unterscheiden von den **Betriebsgruppen** iSd. § 75 II 2 BetrVG und des § 87 I Nr. 13 BetrVG[2].

14 **VI. Tarifvertragliche Regelungen (Abs. 4).** Durch TV kann von den Regelungen der Arbeitsplatzteilung (Abs. 1) und der Turnusarbeit (Abs. 3) auch **zuungunsten der ArbN** abgewichen werden. Bedeutsam ist dies in erster Linie wegen der Möglichkeit, durch TV von der individualrechtl. Notwendigkeit der Vereinbarung fester Arbeitszeiten abweichen zu können. Der TV muss aber auch Regelungen über die Vertretung der ArbN enthalten. Durch TV kann nicht von dem Kündigungsverbot des Abs. 2 S. 1 abgewichen werden. Satz 2 gibt die Möglichkeit, dass auch nicht tarifgebundene ArbGeb und ArbN, soweit sie dem Geltungsbereich dieses TV zuzuordnen sind, diese tarifl. Regelungen durch Inbezugnahme vereinbaren.

15 **VII. Mitbestimmung.** Die **Einführung von Arbeitsplatzteilung** bzw. Job-Sharing ist mitbestimmungsfrei. Die betriebl. Arbeitszeit wird dadurch nicht verändert. Auch die Arbeitszeitverteilung bzw. -planung durch die beteiligten ArbN unterliegt grds. nicht dem MitbestR des BR. Ein MitbestR nach § 87 I Nr 2 BetrVG besteht jedoch dann, wenn der ArbGeb über die Verteilung der Arbeitszeit und deren Lage entscheidet, weil sich die betroffenen ArbN nicht auf einen Arbeitszeitplan einigen. In diesem Fall handelt es sich um einen Reglungstatbestand mit kollektivem Bezug. Da es sich bei Job-Sharing um keine Gruppenarbeit iSv. § 87 I Nr. 13 BetrVG handelt, ist diese Bestimmung auf Job-Sharing nicht anwendbar.

Dritter Abschnitt. Befristete Arbeitsverträge

14 *Zulässigkeit der Befristung*

(1) Die Befristung eines Arbeitsvertrages ist zulässig, wenn sie durch einen sachlichen Grund gerechtfertigt ist. Ein sachlicher Grund liegt insbesondere vor, wenn

1. der betriebliche Bedarf an der Arbeitsleistung nur vorübergehend besteht,

2. die Befristung im Anschluss an eine Ausbildung oder ein Studium erfolgt, um den Übergang des Arbeitnehmers in eine Anschlussbeschäftigung zu erleichtern,

3. der Arbeitnehmer zur Vertretung eines anderen Arbeitnehmers beschäftigt wird,

4. die Eigenart der Arbeitsleistung die Befristung rechtfertigt,

5. die Befristung zur Erprobung erfolgt,

6. in der Person des Arbeitnehmers liegende Gründe die Befristung rechtfertigen,

7. der Arbeitnehmer aus Haushaltsmitteln vergütet wird, die haushaltsrechtlich für eine befristete Beschäftigung bestimmt sind, und er entsprechend beschäftigt wird oder

8. die Befristung auf einem gerichtlichen Vergleich beruht.

---

1 ErfK/*Preis*, § 13 TzBfG Rz. 13. | 2 Zum Entgeltausfallprinzip beim Gruppenakkord s. BAG v. 26.2.2003 – 5 AZR 162/02, DB 2003, 1121.

(2) Die kalendermäßige Befristung eines Arbeitsvertrages ohne Vorliegen eines sachlichen Grundes ist bis zur Dauer von zwei Jahren zulässig; bis zu dieser Gesamtdauer von zwei Jahren ist auch die höchstens dreimalige Verlängerung eines kalendermäßig befristeten Arbeitsvertrages zulässig. Eine Befristung nach Satz 1 ist nicht zulässig, wenn mit demselben Arbeitgeber bereits zuvor ein befristetes oder unbefristetes Arbeitsverhältnis bestanden hat. Durch Tarifvertrag kann die Anzahl der Verlängerungen oder die Höchstdauer der Befristung abweichend von Satz 1 festgelegt werden. Im Geltungsbereich eines solchen Tarifvertrages können nicht tarifgebundene Arbeitgeber und Arbeitnehmer die Anwendung der tariflichen Regelungen vereinbaren.

(2a) In den ersten vier Jahren nach der Gründung eines Unternehmens ist die kalendermäßige Befristung eines Arbeitsvertrages ohne Vorliegen eines sachlichen Grundes bis zur Dauer von vier Jahren zulässig; bis zu dieser Gesamtdauer von vier Jahren ist auch die mehrfache Verlängerung eines kalendermäßig befristeten Arbeitsvertrages zulässig. Dies gilt nicht für Neugründungen im Zusammenhang mit der rechtlichen Umstrukturierung von Unternehmen und Konzernen. Maßgebend für den Zeitpunkt der Gründung des Unternehmens ist die Aufnahme einer Erwerbstätigkeit, die nach § 138 der Abgabenordnung der Gemeinde oder dem Finanzamt mitzuteilen ist. Auf die Befristung eines Arbeitsvertrages nach Satz 1 findet Absatz 2 Satz 2 bis 4 entsprechende Anwendung.

(3) Die kalendermäßige Befristung eines Arbeitsvertrages ohne Vorliegeneines sachlichen Grundes ist bis zu einer Dauer von fünf Jahren zulässig, wenn der Arbeitnehmer bei Beginn des befristeten Arbeitsverhältnisses das 52. Lebensjahr vollendet hat und unmittelbar vor Beginn des befristeten Arbeitsverhältnisses mindestens vier Monate beschäftigungslos im Sinne des § 119 Abs. 1 Nr. 1 des Dritten Buches Sozialgesetzbuch gewesen ist, Transferkurzarbeitergeld bezogen oder an einer öffentlich geförderten Beschäftigungsmaßnahme nach dem Zweiten oder Dritten Buch Sozialgesetzbuch teilgenommen hat. Bis zu der Gesamtdauer von fünf Jahren ist auch die mehrfache Verlängerung des Arbeitsvertrages zulässig.

(4) Die Befristung eines Arbeitsvertrages bedarf zu ihrer Wirksamkeit der Schriftform.

I. Inhalt und Zweck. In Abgrenzung zu sonstigen Dienstverträgen bestimmt § 620 III BGB, dass für **Arbeitsverträge, die auf bestimmte Zeit abgeschlossen werden**, das TzBfG gilt. Mit § 14 sind allgemein die gesetzl. Voraussetzungen für befristete (kalendermäßig befristete und zweckbefristete) sowie auflösend bedingte Arbeitsverträge normiert worden. Die Vorschrift dient damit der Umsetzung des § 5 der Rahmenvereinbarung über befristete Arbeitsverträge (RL 1999/70/EG[1]), wonach die Mitgliedstaaten Maßnahmen zur Verhinderung des Missbrauchs aufeinander folgender befristeter Arbeitsverträge zu ergreifen haben. Dies soll dadurch vermieden werden, dass entweder sachliche Gründe für die Verlänge- 1

1 ABl. v. 10.7.1999, L 175/43.

rung von Arbeitsverträgen oder eine zulässige Maximaldauer oder eine Höchstzahl von Verlängerungen vorgeschrieben werden.

2 **II. Allgemeines – Geltungsbereich und Beurteilungszeitpunkt. 1. Betroffene Arbeitnehmer.** Die Bestimmung gilt für **alle ArbN**, auch für ArbN mit besonderem Kündigungsschutz, so dass für diese keine erhöhten Anforderungen an den Sachgrund der Befristung gestellt werden können. Bei schwerbehinderten Menschen ist aber der erweiterte Beendigungsschutz nach § 92 SGB IX zu berücksichtigen. Entgegen der bis zum 31.12.2000 bestehenden rechtl. Situation gilt keine Ausnahme für **leitende Angestellte** gem. § 14 II KSchG, die die Befugnis haben, ArbN einzustellen oder zu entlassen, auch wenn mit ihnen im Anstellungsvertrag von vornherein eine finanzielle Entschädigung für die Beendigung des Arbeitsverhältnisses vereinbart wird (zB ein Übergangsgeld oder eine bei Ablauf der Befristung fällig werdende Abfindung). Dies folgt daraus, dass sich das Sachgrunderfordernis nicht mehr aus der Umgehung des KSchG, sondern aus der vorliegenden Bestimmung ergibt[1]. Verträge mit Organen und gesetzl. Vertretern juristischer Personen unterliegen keiner Befristungskontrolle, da diese keine ArbN sind (vgl. § 5 BetrVG und § 5 ArbGG).

3 **2. Zeitlicher Geltungsbereich.** Die Vorschrift gilt vom **ersten Tag des Arbeitsverhältnisses** an. Die Befristungskontrolle unterliegt deshalb **keiner** dem § 1 I KSchG entsprechenden **Wartezeit**[2]. Also bedürfen auch die Vereinbarung von Ein-Tages-Arbeitsverträgen (auch auf der Grundlage einer Rahmenvereinbarung) und die Befristung eines Arbeitsverhältnisses für die Dauer von sechs Monaten grds. eines Sachgrundes[3], es sei denn, man macht von der Möglichkeit der sachgrundlosen Befristung der Abs. 2–3 Gebrauch. Dies gilt auch für den Fall, dass die Wartezeit des § 1 I KSchG durch den Gesetzgeber auf 24 Monate erhöht wird. Dieses Erfordernis entspricht der Vorgabe durch die Richtlinie 1999/70/EG und findet seine Bestätigung in der ausdrücklich in Abs. 1 Nr. 5 als Sachgrund genannten Erprobung.

4 **Hinweis:** Wird gem. § 15 III eine Kündigungsmöglichkeit auch während der Befristung vereinbart, so gilt aber für eine in den ersten sechs Monaten des befristeten Arbeitsverhältnisses ausgesprochene Kündigung die Wartefrist des § 1 I KSchG.

5 **3. Betrieblicher Geltungsbereich.** Entgegen der bis zum 31.12.2000 bestehenden rechtl. Situation gelten die Befristungsregelungen auch für sog. **Kleinbetriebe** gem. § 23 I 2 und 3 KSchG[4]. Die entgegenstehende Gesetzesbegründung[5], findet weder in dem Gesetz noch in der zugrunde liegenden RL 1999/70/EG eine Bestätigung[6]. Anders als die die Teilzeitarbeit regelnden Bestimmungen (s. § 8 VII) enthält der die befristeten Arbeitsverträge regelnden dritte Abschnitt dieses Gesetzes keine von einer bestimmten Anzahl von ArbN abhängige Ausnahme.

6 **Hinweis:** Auch hier gilt allerdings die Kleinbetriebsregelung dann, wenn gem. § 15 III von der Vereinbarung einer Kündigungsmöglichkeit Gebrauch gemacht wird.

7 **4. Beurteilungszeitpunkt.** Die Rechtswirksamkeit einer Befristung richtet sich nach den **bei Vertragsabschluss** vorliegenden Umständen. Der dem Vertrag zugrunde gelegte Sachgrund muss zu diesem Zeitpunkt vorliegen und für die Dauer der Befristung als fortbestehend angenommen worden sein. Der ArbGeb muss auf Grund greifbarer Tatsachen mit einiger Sicherheit annehmen können, dass der in der Zukunft liegende Tatbestand eintreten wird. Mit hinreichender Wahrscheinlichkeit muss im Zeitpunkt des Ablaufs der Befristung kein Bedarf mehr an der Weiterbeschäftigung des ArbN mehr bestehen. Allein die bloße Unsicherheit über die weitere Entwicklung rechtfertigt keine Befristung. Später eintretende Ereignisse sind ohne Einfluss auf die Wirksamkeit der Befristung[7]. Fällt nach Vertragsabschluss der Befristungsgrund weg, liegt deshalb kein unbefristetes Arbeitsverhältnis vor. Auch wandelt sich das befristete Arbeitsverhältnis nicht in ein unbefristetes Arbeitsverhältnis um, wenn während der Laufzeit des befristeten Vertrages der bei Vertragsschluss gegebene Sachgrund entfällt. Hierdurch ergibt sich auch kein Anspruch auf unbefristete Weiterbeschäftigung über das Befristungsende hinaus. Anders kann es sich verhalten, wenn bestimmte Umstände, von denen die Übernahme in ein unbefristetes Arbeitsverhältnis abhängig gemacht wurde, inzwischen eingetreten sind, der ArbGeb sich aber dennoch auf die Befristungsabrede beruft, obwohl der oder die ArbN/in inzwischen (zB infolge Schwangerschaft) einen erhöhten Kündigungsschutz genießt. Hat man zuvor schon einen Dauerarbeitsplatz in Aussicht gestellt, so kann es sich deshalb als rechtsmissbräuchlich darstellen, wenn ersichtlich nur ein neu hinzugetretener Umstand (zB Schwangerschaft) für das Beibehalten der ursprünglich vereinbarten Befristung maßgeblich ist[8]. Werden während der Dauer eines befristeten Arbeitsverhältnisses die geschuldete Tätigkeit und die Vergütung vertraglich geändert, unterliegt der Vertrag mit diesem Inhalt der Befris-

1 BAG v. 6.11.2003 – 2 AZR 21/03, AP Nr. 9 zu § 14 TzBfG. | 2 BAG v. 6.11.2003 – 2 AZR 690/02, ZIP 2004, 1428; *Däubler*, ZIP 2001, 217 (222); *Hromadka*, BB 2001, 621. | 3 BAG v. 6.11.2003 – 2 AZR 690/02, ZIP 2004, 1428. | 4 BAG v. 6.11.2003 – 2 AZR 21/03, AP Nr. 9 zu § 14 TzBfG; zur Anwendbarkeit der BefristungsRL auf mit der öffentlichen Verwaltung geschlossene Arbeitsverträge s. EuGH v. 7.9.2006 – C-53/04, NZA 2006, 1255. | 5 BT-Drs. 14/4374, S. 18, zu § 14 I. | 6 *Däubler*, ZIP 2001, 217 (222), *Preis/Gotthardt*, DB 2000, 2065 (2066); *Richardi/Annuß*, BB 2000, 2201 (2204). | 7 BAG v. 17.2.1983 – 2 AZR 481/81, AP Nr. 14 zu § 15 KSchG 1969. | 8 BAG v. 26.4.1995 – 7 AZR 936/94, NZA 1996, 87.

tungskontrolle, auch wenn die Vertragslaufzeit unverändert bleibt. Mit der vertraglichen Vereinbarung anderer Hauptpflichten bringen die Vertragsparteien zum Ausdruck, dass diese **neue Vereinbarung** für ihr Arbeitsverhältnis künftig allein bestimmend sein soll und nicht mehr der hiervon abweichende Inhalt des vorhergehenden Arbeitsverhältnisses[1]. Das gilt naturgemäß nicht für die sachgrundlose Befristung.

Bei mehreren aufeinander folgenden befristeten Arbeitsverhältnissen (sog. **Kettenbefristungen**) ist grds. nur die Befristung des letzten Arbeitsvertrages auf die sachliche Rechtfertigung zu überprüfen[2]. In dem Abschluss eines befristeten Arbeitsvertrages liegt zugleich konkludent die vertragl. Aufhebung eines – etwaigen – unbefristeten früheren Arbeitsvertrages. Jedoch wird durch den vorbehaltlos geschlossenen Folgevertrag nicht darauf verzichtet, die Unwirksamkeit der Befristung des vorangegangenen Vertrages innerhalb der Frist des § 17 geltend zu machen. Soll gleichwohl bereits vor Ablauf der Klagefrist des § 17 vertragl. auf die Geltendmachung der Unwirksamkeit der Befristung verzichtet werden, so muss dies in der vertragl. Vereinbarung unmissverständlich zum Ausdruck kommen[3]. Etwas anderes gilt dann, wenn einverständlich der letzte Arbeitsvertrag unter dem Vorbehalt abgeschlossen wurde, dass nicht schon ein unbefristetes Arbeitsverhältnis besteht[4]. Wegen der Klagefrist des § 17 ist aber auch die rechtzeitige Klagerhebung erforderlich. Schließlich kann es auf die sachliche Rechtfertigung des vorangegangenen Vertrages ankommen, wenn es sich bei dem letzten Vertrag nur um einen **unselbständigen Annex** zum vorhergehenden Vertrag handelt. Dies ist der Fall, wenn nur die Laufzeit des alten Vertrages verhältnismäßig geringfügig korrigiert mit dem Sachgrund der Befristung in Einklang gebracht wird, dieser aber ansonsten derselbe bleibt[5] oder sich aus den ausdrücklichen oder konkludenten Vereinbarungen ergibt, dass das Arbeitsverhältnis auf keine neue Grundlage gestellt werden sollte[6]. – Zur **Darlegungs- und Beweislast** s. § 17 Rz. 18 ff. 8

III. Befristung aus sachlichem Grund (Abs. 1). 1. Grundsatz. Nach § 620 I BGB endet ein Dienstverhältnis **mit Ablauf der Zeit**, für die es eingegangen ist. Bis zum 31.12.2000 war § 620 I BGB die Grundnorm für befristete Arbeitsverhältnisse. Infolge der Begründung eines Kündigungsschutzes mit dem KSchG aus dem Jahre 1951 und der Ausbildung des Bestandsschutzes von Arbeitsverhältnissen ergab sich ein Widerspruch zu der auf dem Prinzip der Vertragsfreiheit beruhenden generellen Zulässigkeit befristeter Arbeitsverträge. Das KSchG und die besonderen Kündigungsschutz vermittelnden Regelungen, wie zB das MuSchG und das SchwbG, bildeten nach der Rspr. eine institutionelle Schranke für den Abschluss befristeter Arbeitsverträge. Seit dem grundlegenden Beschluss des Großen Senats des BAG v. 12.10.1960[7] hält deshalb das BAG befristete Arbeitsverträge für unzulässig, wenn objektiv eine **Umgehung zwingender Bestimmungen des Kündigungsrechts** vorliegt. Das ist dann anzunehmen, wenn dem ArbN der durch die Kündigungsschutzbestimmungen gewährleistete Bestandsschutz ohne sachlichen Grund entzogen wird. Befristete Arbeitsverträge durften daher nur dann abgeschlossen werden, wenn bei Vertragsschluss sachliche Gründe für die Befristung vorliegen. Die sachlich gerechtfertigten Gründe für die Befristung mussten nach dieser Rspr. derart sein, dass die Grundprinzipien des Kündigungsschutzes nicht beeinträchtigt werden. Die wirksame Befristung war somit bislang davon abhängig, ob durch das befristete Arbeitsverhältnis der gesetzl. Kündigungsschutz überhaupt umgangen wurde, und für den Fall, dass ein Kündigungsschutz bestand, ob die Befristung sachlich begründet ist. Durch das am 1.1.2001 in Kraft getretene **TzBfG** sind erstmals neben der Einführung eines Anspruchs auf Teilzeitarbeit allgemein die gesetzl. Voraussetzungen für befristete und auflösend bedingte Arbeitsverträge normiert worden. 9

Ein befristetes Arbeitsverhältnis ist danach grds. nur dann wirksam befristet, wenn für die Befristung ein **sachlicher Grund** vorliegt. Ausnahmen gelten gem. Abs. 2, Abs. 2a und Abs. 3 sowie nach den durch § 23 erfassten gesetzl. Sonderregelungen. Aus dem Gesetz ergibt sich nicht, worin ein eine Befristung rechtfertigender rechtl. Grund iSd. Bestimmung zu sehen ist. Das Gesetz konkretisiert diesen unbestimmten Rechtsbegriff vielmehr durch acht Beispielsfälle, in denen immer ein sachl. Grund vorliegt. 10

2. Sachgründe (Abs. 1 S. 2). Vor Inkrafttreten des TzBfG hatte die Rspr. verschiedene Typen anerkannter Sachgründe entwickelt. Diese **typischen Gründe**, die nach der Rspr. des BAG die Befristung eines Arbeitsvertrages rechtfertigen können, werden in Abs. 1 S. 2 in den Nr. 1–8 genannt. Wie sich aus der Formulierung ergibt, handelt es sich aber nur um eine beispielhafte Aufzählung. Es werden weder andere von der Rspr. bisher akzeptierte noch weitere Gründe ausgeschlossen (s. Rz. 61 ff.). Liegt jedoch einer der in den Nr. 1–8 angeführten Gründe vor, so bedarf es keiner Prüfung anhand der von der Rspr. entwickelten allgemeiner Merkmale mehr. Es handelt sich nicht nur um Regelbeispiele, die widerlegt werden können[8]. Die acht genannten Sachgründe schließen einander nicht aus. Sie können auch nebeneinander bestehen. Da der Befristungsgrund nicht schriftl. vereinbart und auch nicht mitgeteilt werden muss (s. Rz. 139 f.), kann einer der Gründe im Falle einer späteren gerichtlichen Auseinandersetzung über die Wirksamkeit der Befristung nachgeschoben werden. 11

---

1 BAG v. 19.10.2005 – 7 AZR 31/05, NZA 2006, 154. |2 BAG v. 8.5.1985 – 7 AZR 191/84, AP Nr. 97 zu § 620 BGB – Befristeter Arbeitsvertrag; v. 13.10.2004 – 7 AZR 654/03, NZA 2005, 469. |3 BAG v. 26.7.2000 – 7 AZR 43/99, NZA 2001, 264. |4 BAG v. 4.6.2003 – 7 AZR 523/02, NZA-RR 2003, 621. |5 BAG v. 1.12.1999 – 7 AZR 236/98, DB 2000, 675. |6 BAG v. 15.8.2001 – 7 AZR 144/00, NZA 2002, 696 (OS). |7 BAG v. 12.10.1960 – 3 AZR 65/59, AP Nr. 16 zu § 620 BGB – Befristeter Arbeitsvertrag. |8 ErfK/*Müller-Glöge*, § 14 TzBfG Rz. 4.

12 Die ausdrücklich normierten Regelbeispiele können aber eine **Rückwirkung** auf die bisherige Rspr. des BAG haben, weil in ihnen eine normative Bewertung des jeweiligen Befristungsgrundes liegt[1].

13 **a) Vorübergehender Bedarf (Nr. 1).** Dieser Sachgrund liegt vor, wenn der betriebl. Bedarf an der Arbeitsleistung nur vorübergehend besteht („**Aushilfsarbeitsverhältnis**“). In Abgrenzung zu der in Nr. 3 angeführten Vertretung setzt der Sachgrund des vorübergehenden betrieblichen Bedarfs einen Zusatzbedarf voraus. Die Wirksamkeit der Befristung ist von dem prognostizierten vorübergehenden erhöhten Arbeitsanfall abhängig. Die Beurteilung dieser künftigen Entwicklung obliegt dem ArbGeb. Der befristeten Einstellung muss aber eine tatsächlich fundierte Prognose zugrunde liegen[2]. Es kann sich um einen vorübergehend erhöhten Arbeitskräftebedarf zur Bewältigung zusätzlicher Arbeitsaufgaben oder eines periodisch wiederkehrenden Arbeitsanfalls handeln[3]. In **Saisonbetrieben** ergibt sich der Befristungsgrund aus saisonal zusätzlich anfallenden Arbeiten oder aus dem verstärkten Arbeitsanfall während der Saison. In **Kampagnebetrieben** wird im Jahr nicht länger als drei Monate gearbeitet, so dass sich schon aus der Eigenart des Betriebes die sachliche Rechtfertigung für die Befristung ergibt. Der wirksamen Befristung steht es nicht entgegen, wenn regelmäßig ein erneuter Arbeitskräftebedarf besteht. Der Sachgrund „vorübergehender Bedarf“ setzt jedoch für erneute befristete Einstellungen voraus, dass wesentliche zeitliche Zwischenräume auftreten. Für die insoweit maßgebliche Dauer können die einschlägigen Kündigungsfristen einen Anhalt bieten[4] (zu mehrfachen Befristungen s. Rz. 89). Vorübergehend kann der Bedarf aber auch deshalb sein, weil im Zeitpunk des Vertragsschlusses mit hinreichender Sicherheit zu erwarten ist, dass für die Beschäftigung des befristet eingestellten ArbN über das vorgesehene Vertragsende hinaus kein Bedarf besteht[5]. Dies kann darauf beruhen, dass in Fällen von Rationalisierungsmaßnahmen ArbN nur noch für eine Übergangszeit bis zur vollständigen Verwirklichung des Vorhabens benötigt werden, oder wenn sich der ArbGeb bereits bei Vertragsabschluss zur Schließung des Betriebes bzw. der Dienststelle entschlossen hat und davon ausgehen muss, dass eine Weiterbeschäftigung des ArbN in einem anderen Betrieb bzw. in einer anderen Dienststelle nicht möglich sein wird (**Abwicklungsarbeiten**)[6]. Voraussetzung ist aber, dass der ArbN von vornherein zu dem Zweck eingestellt ist, einen vorübergehenden Bedarf an Arbeitskräften abzudecken, der nicht durch den normalen Betriebsablauf, sondern einen zeitlich begrenzten zusätzlichen Arbeitsanfall oder später wegfallenden Arbeitskräftebedarf begründet wird. Es muss daher im Zeitpunkt des Vertragsabschlusses auf Grund greifbarer Tatsachen zu erwarten sein, dass die Arbeit demnächst wieder mit der normalen Belegschaftsstärke bewältigt werden kann bzw. der befristet eingestellte ArbN in absehbarer Zeit nicht mehr benötigt wird[7]. Der betriebl. Bedarf an der – zusätzlichen – Arbeitsleistung darf nach dem vorgesehenen Befristungsende nicht mehr bestehen[8]. Dies ist dann nicht der Fall, wenn der ArbGeb die Arbeiten sodann durch Leih-ArbN verrichten lässt[9]. Obwohl es aus betriebswirtschaftl. Gründen notwendig sein kann, sich zur Fremdvergabe der Arbeitsleistungen zu entscheiden, ggf. auch im Rahmen einer Arbeitnehmerüberlassung durch einen Verleiher, stellt daher die Überbrückung eines bis dahin noch mit eigenen ArbN zu deckenden Arbeitskräftebedarfs keinen nach Nr. 1 gerechtfertigten Sachgrund dar. Eine derartige Überbrückung des Arbeitskräftebedarfs kann somit entgegen der zu beachtenden unternehmerischen Freiheit nicht umgesetzt werden. Eine Ausnahme lässt die Rspr. nur zu, wenn der ArbGeb bei Vertragsschluss mit dem befristet eingestellten ArbN bereits mit dem anderen, als Dauerbesetzung vorgesehenen ArbN vertraglich gebunden ist[10] (s. Rz. 83).

14 Dem Sachgrund der Nr. 1 ist auch die befristete Einstellung im Rahmen eines zeitlich begrenzten **Projektes** zuzuordnen[11]. Die projektbezogene Befristung setzt voraus, dass die Aufgabe tatsächlich nur von begrenzter Dauer ist. Im Zeitpunkt des Abschlusses des befristeten Arbeitsvertrages müssen konkrete Anhaltspunkte dafür bestehen, dass nach dem Ende der Vertragslaufzeit keine weiteren Projekte mehr durchzuführen sind, bei denen der ArbN eingesetzt werden könnte[12]. Die Prognose des ArbGeb muss sich nur auf das konkrete Projekt beziehen[13]. Die **Finanzierung eines Projektes** mit Drittmitteln rechtfertigt die Befristung des Arbeitsvertrags eines projektbezogen beschäftigten ArbN nur, wenn die drittmittelfinanzierte Arbeitsstelle nur für eine bestimmte Zeitdauer bewilligt ist und sie anschließend wegfallen soll. Ein sachlicher Grund liegt deshalb nicht vor, wenn Lehrer für bestimmte Volkshochschulkurse eingestellt werden, deren Fortführung möglich ist, wenn eine entsprechende Nachfrage besteht und die erforderlichen Haushaltsmittel bewilligt werden[14]. Dies gilt auch bei sog. Drittmittelfinanzierungen im Hochschulbereich. Die allgemeine Unsicherheit über das Weiterlaufen von Drittmitteln reicht als Befristungsgrund nicht aus[15].

---

1 *Preis/Gotthardt*, DB 2000, 2065. | 2 LAG Schl.-Holst. v. 23.3.2005 – 4 Sa 561/04, NZA-RR 2005, 628. | 3 BAG v. 8.5.1985 – 7 AZR 191/84, AP Nr. 97 zu § 620 BGB – Befristeter Arbeitsvertrag; s. auch BAG v. 11.2.2004 – 7 AZR 362/03, NZA 2004, 978. | 4 ErfK/*Müller-Glöge*, § 14 TzBfG Rz. 37. | 5 BAG v. 11.2.2004 – 7 AZR 362/03, NZA 2004, 978. | 6 BAG v. 3.12.1997 – 7 AZR 651/96, NZA 1998, 1000. | 7 BAG v. 10.6.1992 – 7 AZR 346/91, EzA, § 620 BGB Nr. 116; v. 15.8.2001 – 7 AZR 274/00, NZA 2002, 464 (OS). | 8 BAG v. 17.1.2007 – 7 AZR 20/06, NZA 2007, 566. | 9 BAG v. 17.1.2007 – 7 AZR 20/06, NZA 2007, 566. | 10 BAG v. 17.1.2007 – 7 AZR 20/06, NZA 2007, 566. | 11 BAG v. 25.8.2004 – 7 AZR 7/04, NZA 2005, 357. | 12 BAG v. 7.4.2004 – 7 AZR 441/03, NZA 2004, 944. | 13 BAG v. 25.8.2004 – 7 AZR 7/04, NZA 2005, 357. | 14 BAG v. 8.4.1992 – 7 AZR 135/91, AP Nr. 146 zu § 620 BGB – Befristeter Arbeitsvertrag. | 15 BAG v. 25.1.1980 – 7 AZR 69/78, AP Nr. 52 zu § 620 BGB – Befristeter Arbeitsvertrag; v. 21.1.1987 – 7 AZR 265/85, AP Nr. 4 zu § 620 BGB – Hochschule; v. 28.2.1992 – 7 AZR 464/91, nv.

Der Sachgrund der Nr. 1 setzt **nicht** voraus, dass der befristet eingestellte ArbN **mit den Aufgaben** betraut wird, die den vorübergehenden Arbeitskräftebedarf begründen. Diese können neu verteilt und auf andere ArbN übertragen werden. Entscheidend ist, dass nicht mehr ArbN eingestellt und beschäftigt werden als insgesamt zur Deckung des Mehrbedarfs erforderlich sind. **15**

Eine Befristung des Arbeitsvertrages „auf Vorrat", um sich künftige Umsetzungsmöglichkeiten offen zu halten, ist sachlich nicht gerechtfertigt[1]. Die Sorge um die konjunkturelle und wirtschaftl. Entwicklung und die daraus resultierende **Unsicherheit in der Einschätzung** des zukünftigen Arbeitskräftebedarfs rechtfertigen keine Befristung[2]. Diese jeder unternehmerischen Tätigkeit inne wohnende Unsicherheit über die künftige Entwicklung und der dadurch hervorgerufene wechselnde Bedarf an Arbeitskräften gehen nicht zu Lasten des ArbN. **16**

Allein eine geplante **Betriebsveräußerung** rechtfertigt keine Befristung des Arbeitsvertrages wegen eines für den bisherigen ArbGeb bestehenden vorübergehenden Bedarfs, da damit der Kündigungsschutz nach § 613a IV 1 BGB umgangen wird[3]. **17**

Der vorübergehende Bedarf kann entweder **kalendermäßig** bestimmt sein oder aber sich aus dem **Zweck** ergeben (zB Weihnachtsgeschäft). Die Wirksamkeit der Befristung wegen eines vorübergehenden Bedarfs setzt nicht voraus, dass der ArbN für die gesamte Dauer dieses erhöhten Bedarfs eingestellt wird[4]. **18**

b) Tätigkeit im Anschluss an eine Ausbildung oder an ein Studium (Nr. 2). Ohne dass ein in der Person des ArbN liegender Grund iSd. Nr. 6 vorliegen muss, soll der hier angeführte sachliche Grund den **Berufsstart erleichtern.** Ein die Befristung rechtfertigender Grund besteht daher bereits dann, wenn ein ArbN im Anschluss an eine Ausbildung oder ein Studium befristet beschäftigt wird, um ihm den Übergang in eine Anschlussbeschäftigung zu erleichtern. Die Gesetzesbegründung verweist auf entsprechende tarifl. Regelungen in vielen Wirtschaftsbereichen[5]. Zur **Ausbildung** zählen die Berufsausbildungsverhältnisse nach § 10 BBiG, die Ausbildungsverhältnisse iSv. § 26 BBiG und öffentl.-rechtl. ausgestaltete Ausbildungsverhältnisse. Das befristete Arbeitsverhältnis eines zuvor als Auszubildender eingestellten ArbN muss spätestens am Tage nach Beendigung des Ausbildungsverhältnisses begründet werden. Ansonsten greift die Fiktion des § 15 V ein. Es gilt dann ein Arbeitsverhältnis als auf unbestimmte Zeit begründet. Als **Studium** ist eine Ausbildung an einer Hochschule oder einer Fachhochschule, aber auch an anderen staatlich anerkannten Ausbildungsstätten zu verstehen. Ein erfolgreicher, förmlicher Abschluss des Studiums ist nicht erforderlich[6]. Soweit der gesetzl. genannte Sachgrund die Anschlussbeschäftigung im Anschluss an ein Studium nennt, so wird in der Gesetzesbegründung als Beispiel der Werksstudent angeführt, dem nach dem Studium bei seinem bisherigen ArbGeb eine befristete Beschäftigung angeboten werden kann[7]. **19**

Sieht man einmal davon ab, dass mit diesem Befristungsgrund tarifl. Übernahmeregelungen im Anschluss an die Ausbildung eine gesetzl. Rechtfertigung erfahren, besteht allenfalls **bei Werksstudenten** wegen des in Abs. 2 S. 2 genannten Erfordernisses der erstmaligen Beschäftigung ein praktisches Bedürfnis, von dem hier genannten Befristungsgrund Gebrauch zu machen (ein Berufsausbildungsverhältnis ist dagegen kein Arbeitsverhältnis iSv. Abs. 2 S. 2[8]). **20**

Im Gegensatz zu Abs. 2 S. 1 und Abs. 2a S. 1 ist bei Zugrundelegung dieses Befristungsgrundes **keine zeitliche Höchstgrenze** zu beachten. Berücksichtigt man den gesetzl. formulierten Befristungszweck der Erleichterung des Übergangs in eine Anschlussbeschäftigung, so kann jedoch die Zulässigkeit längerer Befristungen zweifelhaft sein. Der ArbN hat keine zusätzliche berufliche, praxisbezogene Ausbildung zu absolvieren, sondern es kann nach diesem Sachgrund nur um die Vermittlung erster praktischer Erfahrungen in dem erlernten Beruf gehen. Maßstab für die Dauer der Befristungen des auf diesen sachlichen Grund gestützten Arbeitsverhältnisses werden die in Übernahmeklauseln von TV genannten Zeiträume von einem halben Jahr bis zu zwei Jahren sein[9]. Allerdings kommt auch der Situation auf dem Arbeitsmarkt für ArbN mit der Qualifikation des befristet eingestellten ArbN Bedeutung zu. Eine **wiederholte Befristung** kann **nicht** auf den Sachgrund der Nr. 2 gestützt werden, da hier eine Erstanstellung im Anschluss an die Ausbildung vorausgesetzt wird[10]. Eine befristete Fortsetzung des nach Nr. 2 befristeten Arbeitsverhältnisses ist daher nur zulässig, wenn sie danach auf einen anderen Sachgrund gestützt werden kann. **21**

Nicht gesetzl. geregelt ist, ob der Umstand, dass die Befristung „im Anschluss" an eine Ausbildung oder ein Studium erfolgen muss, **eine Unterbrechung** zwischen der Ausbildung oder dem Studium zulässt, und mit welcher Dauer. Hier, wie auch hinsichtlich des Befristungsgrundes selbst, muss ein **22**

---

1 LAG Köln v. 14.1.1999 – 6 Sa 1165/98, LAGE § 21 BErzGG Nr. 3. | 2 BAG v. 22.3.2000 – 7 AZR 758/98, NZA 2000, 881. | 3 BAG v. 2.12.1998 – 7 AZR 579/97, BB 1999, 1555. | 4 *Hromadka*, BB 2001, 621. | 5 BT-Drs. 14/4374, S. 19; s.a. BAG v. 14.10.1997 – 7 AZR 811/96, DB 1998, 14. | 6 ErfK/*Müller-Glöge*, § 14 TzBfG Rz. 48. | 7 BT-Drs. 14/4374, S. 19. | 8 Begr. RegE, BT-Drs. 14/4374, S. 20; aA *Däubler*, ZIP 2001, 217 (223); *Schlachter*, NZA 2003, 1180. | 9 AA ErfK/*Müller-Glöge*, § 14 TzBfG Rz. 50: in Abhängigkeit von den Vorkenntnissen des ArbN und der Arbeitsmarktsituation. | 10 BAG v. 10.10.2007 – 7 AZR 795/06, BB 2007, 2814.

Kausalzusammenhang zu dem verfolgten Zweck der Befristung bestehen. Eine nahtlose Verlängerung der Ausbildung durch ein befristetes Arbeitsverhältnis ist deshalb nicht erforderlich[1]. Eine längere Unterbrechung stellt aber den verfolgten Zweck der Befristung infrage, erst recht eine zwischenzeitliche Beschäftigung bei einem anderen ArbGeb.

23 Der als Sachgrund genannte Zweck der Erleichterung des Übergangs in eine Anschlussbeschäftigung liegt nicht nur dann vor, wenn es um eine Überbrückung im Hinblick auf einen konkret zugedachten festen unbefristeten Arbeitsplatz geht, sondern auch schon dann, wenn der ArbN durch seine berufliche Tätigkeit **berufliche Erfahrungen** erwirbt[2]. Die Aussicht auf eine Anschlussbeschäftigung muss noch nicht konkret bestehen[3]. Da nur eine Erleichterung des Übergangs in eine Anschlussbeschäftigung bezweckt ist, reicht die Chance auf eine Übernahme.

24 Der in der Gesetzesbegründung angeführte Beispielsfall des Werksstudenten lässt den Schluss zu, dass eine Anschlussbeschäftigung iSd. in Nr. 2 angeführten Grundes nur **bei demselben ArbGeb** in Betracht kommen kann. Hierfür spricht, dass eine Befristung zu dem Zweck, die Zeit bis zum Beginn einer bereits feststehenden anderen Beschäftigung zu überbrücken, durch den in Nr. 6 genannten Sachgrund erfasst wird[4]. Andererseits setzt der hier genannte Sachgrund nicht ausdrücklich voraus, dass die Anschlussbeschäftigung bei demselben ArbGeb bezweckt ist. Diesem wäre schließlich auch schon durch eine Probezeitbefristung gem. Nr. 5 oder, wie bereits vorstehend herausgestellt wurde, durch eine sachgrundlose Befristung nach Abs. 2 S. 1 geholfen[5]. Da der in Nr. 2 angeführte Sachgrund nicht ohne weiteres eine verbindliche Konkretisierung zulässt[6], sollte, sofern nicht eine Festlegung des Sachgrundes von vornherein notwendig ist, von der Möglichkeit der sachgrundlosen Befristung des Abs. 2 S. 1 Gebrauch gemacht werden, wenn nicht eine Vorbeschäftigung iSv. Abs. 2 S. 2 vorliegt.

25 **c) Vertretung (Nr. 3).** Entsprechend der bisherigen Rspr. wird in Nr. 3 als Sachgrund die Befristung eines ArbN zur **Vertretung** eines anderen ArbN angeführt. Anders als in dem in Nr. 1 genannten Sachgrund geht es hier nicht um die Bewältigung eines vorübergehenden höheren Arbeitsanfalls. Der sachliche Rechtfertigungsgrund für diese Befristung liegt darin, dass der ArbGeb bereits zu einem vorübergehend ausfallenden ArbN in einem Rechtsverhältnis steht und mit der Rückkehr dieses ArbN rechnet, so dass von vornherein nur ein vorübergehender, zeitlich durch die Rückkehr des Vertretenen begrenzter Bedarf besteht[7]. Sofern dies notwendig ist, trägt dieser Befristungsgrund aber auch die Zeit der Einarbeitung des Vertreters. Nicht gerechtfertigt ist eine „**Dauervertretung**". Für die Abgrenzung zwischen einer zulässigen Befristung zur Abdeckung eines vorübergehenden Vertretungsbedarfs von einer unzulässigen Dauervertretung ist darauf abzustellen, ob ein zeitlich begrenzter Beschäftigungsbedarf besteht oder ob ein mit vorhandenen Dauerarbeitskräften nicht abzutragender zusätzlicher Arbeitsanfall von ungewisser Dauer zu bewältigen ist.

26 Bereits vor Inkrafttreten des TzBfG war der Sachgrund der vorübergehenden Vertretung in **§ 21 BerzGG** (jetzt § 21 BEEG) geregelt. Diese Vertretungsregelung für den Fall eines Beschäftigungsverbotes nach dem MuSchG, für die Elternzeit oder einer Arbeitsfreistellung zur Betreuung eines Kindes gilt mit seiner speziellen Regelung weiter (s. Rz. 15 ff. zu § 23).

27 Auch im Falle der Vertretung eines ArbN muss im **Zeitpunkt des Vertragsabschlusses** entweder zeitlich bestimmbar oder zumindest absehbar sein, dass der Vertretungsbedarf durch die zu erwartende Rückkehr des zu vertretenen ArbN wegfällt[8]. Der genaue Zeitpunkt der Rückkehr des zu vertretenen ArbN und damit die Dauer des Vertretungsbedarfs brauchen nicht festzustehen, auch nicht, ob der zu Vertretene die Arbeit wieder in vollem Umfang aufnehmen wird[9]. Der ArbGeb muss daher vor Abschluss des befristeten Arbeitsvertrags nicht von sich aus Erkundigungen über die gesundheitliche Entwicklung des erkrankten oder über die Planung des beurlaubten ArbN einholen[10]. Muss der ArbGeb auf Grund der ihm vorliegenden Informationen aber erhebliche Zweifel daran haben, ob die zu vertretene Stammkraft überhaupt wieder zurückkehren wird, kann dies dafür sprechen, dass der Sachgrund der Vertretung nur vorgeschoben ist[11]. Dann kann die Befristung unwirksam sein. Dies setzt voraus, dass der zu vertretende ArbN dem ArbGeb bereits vor dem Abschluss des befristeten Arbeitsvertrages mit der Vertretungskraft verbindlich erklärt hat, dass er die Arbeit nicht wieder aufnehmen werde[12]. Teil des Sachgrundes der Vertretung ist die Prognose über den voraussichtlichen Wegfall des Vertretungsbedarfs durch die Rückkehr des Vertretenen[13]. Die bloße Unsicherheit der künftigen Entwicklung des Arbeitskräftebedarfs rechtfertigt nicht die Befristung[14]. Mit zunehmender Dauer der Beschäftigung sind an die Prognose des Vertretungsbedarfs höhere Anforderungen zu stellen; eine Befristung aus Vertretungsgründen kann daher nur sachlich gerechtfertigt sein, wenn bei Abschluss des befristeten Vertrages hinreichend sichere

1 *Däubler*, ZIP 2001, 217. | 2 *Hromadka*, DB 2001, 621. | 3 ErfK/*Müller-Glöge*, § 14 TzBfG Rz. 50. | 4 *Kliemt*, NZA 2001, 296. | 5 Die Möglichkeit, die Anschlussbeschäftigung auch bei einem anderen ArbGeb anzutreten, bejaht *Hromadka*, BB 2001, 621. | 6 *Däubler*, ZIP 2001, 217. | 7 BAG v. 4.6.2003 – 7 AZR 406/02, BB 2003, 1683. | 8 BAG v. 23.1.2002 – 7 AZR 440/00, NZA 2002, 665; v. 2.7.2003 – 7 AZR 529/02, NZA 2004, 1055. | 9 BAG v. 6.12.2000 – 7 AZR 262/99, BB 2001, 833. | 10 BAG v. 4.6.2003 – 7 AZR 523/02, NZA-RR 2003, 621. | 11 BAG v. 21.2.2001 – 7 AZR 200/00, BB 2001, 1479. | 12 BAG v. 2.7.2003 – 7 AZR 529/02, NZA 2004, 1055. | 13 BAG v. 13.10.2004 – 7 AZR 654/03, NZA 2005, 469. | 14 BAG v. 22.3.2000 – 7 AZR 758/98, NZA 2000, 881.

konkrete Anhaltspunkte für den endgültigen Wegfall des Vertretungsbedarfs vorliegen[1]. – Zur Wirksamkeit einer befristeten, übergangsweisen Beschäftigung, die sich nicht als konkrete Vertretung darstellt, s. Rz. 82.

Scheidet der zu vertretende ArbN vor Wiederaufnahme seiner Tätigkeit aus dem Arbeitsverhältnis **aus**, kann auch im Wege einer ergänzenden Vertragsauslegung der Befristungsregelung nicht entnommen werden, dass das Vertretungsarbeitsverhältnis dann endet[2]. Durch das endgültige Ausscheiden des zu vertretenden Mitarbeiters aus dem Arbeitsverhältnis entfällt schließlich nicht der Bedarf an der Arbeitsleistung der Ersatzkraft. Deshalb rechtfertigt der Sachgrund der Vertretung für sich allein nicht die Befristung des Arbeitsvertrages mit dem Vertreter bis zum Ausscheiden des zu Vertretenden aus seinem Beschäftigungsverhältnis[3]. Dieser Vertretungsbedarf setzt voraus, dass der ArbGeb mit der Rückkehr des zu vertretenen ArbN rechnet. 28

Um sich vor einem solchen Ergebnis des gewissermaßen durch Zweckverfehlung entstehenden unbefristeten Arbeitsverhältnisses zu schützen, ist entweder nur eine Befristung **für die Dauer des Vertretungsbedarfs** selbst zu vereinbaren, so dass gem. § 15 I das Arbeitsverhältnis mit Ablauf der vereinbarten Zeit endet. Ist die Dauer des Vertretungsbedarfs, wie zB in Krankheitsfällen, nicht ohne weiteres bei Vertragsabschluss exakt bestimmbar, so sollte man sich wegen der genannten Risiken nicht auf die Benennung einer auflösenden Bedingung (§ 21) oder einer Zweckbefristung iSd. § 15 II beschränken. Vielmehr ist eine – eindeutige und transparente[4] – **Kombination von Zeit- und Zweckbefristung** bzw. auflösender Bedingung („**Doppelbefristung**“) angeraten[5], etwa wie folgt: 29

Vertragsbeispiel: 30

Der ArbN wird wegen Vertretung des erkrankten ArbN ... befristet eingestellt. Das Arbeitsverhältnis endet mit Ablauf des ... (Datum), bei früherer Wiederaufnahme der Tätigkeit durch den ArbN ... an diesem Tag.

Hinweis: Eine Höchstdauer zu vereinbaren, um damit dem Nichteintritt der auflösenden Bedingung bzw. dem fehlgeschlagenen Zweck zu begegnen (... längstens jedoch bis zum ...) ist wegen der in § 22 I normierten Unabdingbarkeit des § 15 V problematisch[6]. 31

Es sind drei Formen der Vertretung iSv. Nr. 3 zu unterscheiden, nämlich 32

- der Vertreter übernimmt die Aufgaben des Vertretenen (**unmittelbare Vertretung**),
- die Aufgaben des vorübergehend abwesenden ArbN werden ganz oder teilweise anderen ArbN übertragen, deren Aufgaben vom Vertreter erledigt werden (**mittelbare Vertretung**),
- der Vertreter nimmt Aufgaben wahr, die der ArbGeb einem vorübergehend abwesenden ArbN bei dessen unveränderter Weiterarbeit oder nach seiner Rückkehr tatsächlich und rechtlich **übertragen könnte**[7].

Bei der **unmittelbaren Vertretung** hat der ArbGeb darzulegen, dass der Vertreter nach dem Arbeitsvertrag mit Aufgaben betraut wird, die zuvor dem vorübergehend abwesenden ArbN übertragen waren. Im Falle der **mittelbaren Vertretung** wird die Tätigkeit des zeitweise ausfallenden ArbN nicht von dem Vertreter, sondern von einem anderen ArbN oder mehreren anderen ArbN ausgeübt. In diesem Fall hat der ArbGeb zum Nachweis des Kausalzusammenhangs grds. eine Vertretungskette zwischen dem Vertretenen und dem Vertreter darzulegen. Voraussetzung dafür ist, dass Umsetzungs- oder Versetzungsbefugnisse eine Einzelvertretung des ausgefallenen ArbN ermöglichen würden. Die vom BAG als **dritte Möglichkeit** angeführte Vertretung setzt voraus, dass der ArbGeb zunächst die bisher dem vertretenen ArbN übertragenen Aufgaben darstellt. Anschließend ist die Neuverteilung dieser Aufgaben auf einen oder mehrere andere ArbN zu schildern. Schließlich ist darzulegen, dass sich die dem Vertreter zugewiesenen Tätigkeiten aus der geänderten Aufgabenzuweisung ergeben. Diese Vertretungsmöglichkeit setzt aber auch voraus, dass der vertretene ArbN und der Vertreter von den Fähigkeiten und den vertraglichen Voraussetzungen sowie den arbeitsplatzbezogenen Anforderungen her gewissermaßen austauschbar sind.

Es braucht also keine direkte **Beziehung** zu den zuvor vom Vertretenen wahrgenommenen Aufgaben zu bestehen. Es reicht zur wirksamen Befristung aus, dass durch den zeitlichen Ausfall eines ArbN ein als vorübergehend anzusehender Bedarf an der zusätzlichen Beschäftigung des ArbN entsteht („**Gesamtvertretungsbedarf**“), und dieser ArbN gerade wegen dieses Bedarfs eingestellt wird. Ein konkreter sachlicher Zusammenhang zwischen den Arbeitsaufgaben des Vertretenen und des Vertreters ist danach nicht nötig[8]. Der Vertreter muss nicht auf dem Arbeitsplatz des Vertretenen eingesetzt werden,

---

1 BAG v. 12.9.1996 – 7 AZR 790/95, NZA 1997, 313. | 2 BAG v. 26.6.1996 – 7 AZR 674/95, DB 1996, 2289; LAG Schl.-Holst. v. 12.9.2007 – 6 Sa 113/07, NZA-RR 2008, 137. | 3 BAG v. 8.7.1998 – 7 AZR 382/97, NZA 1998, 1279; v. 5.6.2002 – 7 AZR 201/01, ZIP 2002, 1738. | 4 BAG v. 8.8.2007 – 7 AZR 605/06, DB 2008, 133. | 5 BAG v. 15.8.2001 – 7 AZR 263/00, nv.: Eine etwaige Unwirksamkeit der Zweckbefristung hat keine Auswirkungen auf die zugleich vereinbarte Zeitbefristung; auch für diese Befristung muss dann aber ein sachlicher Grund gegeben sein. S. auch BAG v. 4.12.2002 – 7 AZR 492/01, NZA 2003, 611. | 6 *Hromadka*, BB 2001, 621. | 7 BAG v. 15.2.2006 – 7 AZR 232/05, NZA 2006, 781. | 8 BAG v. 3.12.1986 – 7 AZR 354/85, AP Nr. 110 zu § 620 BGB – Befristeter Arbeitsvertrag; v. 20.1.1999 – 7 AZR 640/97, NZA 1999, 928; KR/*Lipke*, § 14 TzBfG Rz. 111 ff.

also nicht dessen Aufgaben übernehmen. Für die Wirksamkeit der Befristung ist es unerheblich, ob und wie der ArbGeb mit der befristeten Einstellung eines Vertreters die Arbeitsaufgaben umverteilt.

Der Wortlaut der Nr. 3, wonach der ArbN zur Vertretung „eines anderen ArbN" beschäftigt werden muss, steht einer mittelbaren Vertretung nicht entgegen[1]. Notwendig ist nur, dass zwischen dem zeitweiligen Ausfall eines ArbN und der befristeten Beschäftigung einer Vertretungskraft ein **ursächlicher Zusammenhang** besteht[2]. Voraussetzung ist, dass Umsetzungs- oder Versetzungsbefugnisse eine Einzelvertretung des ausgefallenen Mitarbeiters ermöglichen würden[3]. Der ArbGeb muss rechtlich und tatsächlich die Möglichkeit haben, den vertretenen ArbN im Wege des Direktionsrechts in den Arbeitsbereich des Vertreters umzusetzen[4]. Die Vertretungskraft darf also keine Tätigkeiten verrichten, die der ausgefallene ArbN wegen der abweichenden Arbeitsanforderungen nicht ausführen kann. Die befristete Aufstockung eines Teilzeit- auf ein Vollzeitarbeitsverhältnis ist daher auch nicht durch den Sachgrund der Vertretung gerechtfertigt, wenn der vertretene ArbN höher eingruppiert ist als die Vertretungskraft[5].

Ist die befristete Einstellung eines ArbN nur möglich, weil die für den Stelleninhaber vorgesehenen Haushaltsmittel durch dessen zeitweise Beurlaubung oder Teilzeitbeschäftigung vorübergehend frei werden, so kann der Sachgrund der zeitlich begrenzten Verfügbarkeit der Haushaltsmittel im Vordergrund stehen und die Befristung rechtfertigen[6].

33 Auch setzt der Befristungsgrund des Vertretungsbedarfs **keine zeitliche Kongruenz** der Befristung und des tatsächlich bestehenden Vertretungsbedarfs voraus. Für die Vertretung während der Elternzeit ergibt sich dies aus § 21 I BEEG. Danach kann die Befristung auch „für Teile" der Vertretungszeit erfolgen. Die vertragl. vereinbarte Befristungsdauer bedarf keiner eigenen sachlichen Rechtfertigung. Ein Zurückbleiben der Befristungsdauer hinter dem voraussichtlichen Bestand des Befristungsgrundes stellt daher auch den Befristungsgrund der Vertretung nach Nr. 3 selbst nicht infrage[7]. Da es dem ArbGeb frei steht, den Arbeitsausfall überhaupt durch eine Vertretungskraft zu überbrücken, verbleibt ihm auch die Entscheidung, die Vertretung nur für eine kürzere Zeit zu regeln. Dass stets ein bestimmter, messbarer Vertretungsbedarf zB im gesamten Schuldienst eines Landes besteht, der nicht oder nicht vollständig durch eine Personalreserve abgedeckt wird, steht einer wirksamen Befristung einer zur Vertretung einer bestimmten Kollegin eingestellten Lehrerin deshalb nicht entgegen[8]. Die Vorhersehbarkeit weiteren Vertretungsbedarfs schließt eine wirksame Befristung nicht aus[9]. Nach Nr. 3 befristete Arbeitsverträge sind deshalb auch zulässig, wenn keine Personalreserve unterhalten wird. Der Vertretungsbedarf muss aber auf einer zeitlich entsprechenden Abwesenheit planmäßig eingesetzter ArbN beruhen[10]. Ist bereits bei Vertragsabschluss absehbar, dass der Vertreter an einem anderen Arbeitsplatz derselben oder an einer anderen Dienststelle desselben Verwaltungszweiges am selben Dienstort weiterbeschäftigt werden könnte, und war die Einstellung eines Vertreters insoweit auch bereits geplant, liegt kein sachlicher Grund für die befristete Einstellung zur Vertretung vor. Der Sachgrund der Vertretung berechtigt nicht zur Einstellung einer sog. Daueraushilfe/Dauervertretung.

34 Ist der vertretene ArbN **teilzeitbeschäftigt**, rechtfertigt der Sachgrund der Vertretung nicht die Befristung des Arbeitsvertrages einer vollzeitbeschäftigten Vertretungskraft[11].

35 Nach dem Willen des Gesetzgebers liegt ein Vertretungsfall iSd. Nr. 3 auch vor, wenn ein ArbN einen Beamten zu vertreten hat[12], obwohl dem Gesetzeswortlaut nur die Vertretung eines ArbN zu entnehmen ist.

36 **d) Eigenart der Arbeitsleistung (Nr. 4).** Der Befristungsgrund „Eigenart der Arbeitsleistung" bezieht sich insb. auf das von der Rspr. aus der Rundfunkfreiheit (Art. 5 I GG) abgeleitete Recht der Rundfunkanstalten, programmgestaltende Mitarbeiter aus Gründen der Programmplanung lediglich für eine bestimmte Zeit zu beschäftigen[13]. Entscheidend für diesen Befristungsgrund ist die zur Erfüllung des Programmauftrages notwendige **Freiheit sowie Flexibilität und Innovationsbedürfnis der Rundfunkanstalten**[14]. Diese Gesichtspunkte sind gegenüber dem Bestandsschutzinteresse des ArbN abzuwägen[15]. Der sachliche Grund liegt bei programmgestaltender Tätigkeit in der Rundfunkfreiheit und dem Innovationsinteresse selbst. Demzufolge können Rundfunk- und Fernsehanstalten ArbN, die an Hörfunk- und Fernsehsendungen inhaltlich gestaltend mitwirken, befristet einstellen. Dieser Befristungsgrund

---

1 *Hromadka*, BB 2001, 621; aA *Lakies* in Handbuch des Bund-Verlages, § 133 Rz. 133. | 2 BAG v. 10.3.2004 – 7 AZR 397/03, ArbRB 2004, 207; v. 25.8.2004 – 7 AZR 32/04, NZA 2005, 472. | 3 BAG v. 20.1.1999 – 7 AZR 640/97, NZA 1999, 928; v. 10.3.2004 – 7 AZR 402/03, NZA 2004, 925. | 4 LAG Köln v. 7.5.2007 – 14 Sa 1379/06, NZA-RR 2007, 517. | 5 LAG Hamm v. 20.3.2003 – 11 (5) Sa 1265/01, nv., n.rkr., AZ beim BAG: 7 AZR 390/03. | 6 BAG v. 15.8.2001 – 7 AZR 263/00, DB 2002, 52. | 7 BAG v. 13.10.2004 – 7 AZR 654/03, NZA 2005, 469. | 8 BAG v. 3.12.1986 – 7 AZR 354/85, AP Nr. 110 zu § 620 BGB – Befristeter Arbeitsvertrag; nicht übertragbar auf die Befristungspraxis in der Finanzverwaltung: LAG Hess. v. 16.9.1999 – 12 Sa 2034/98, NZA-RR 2000, 293. | 9 BAG v. 3.10.1984 – 7 AZR 192/83, AP Nr. 87 zu § 620 BGB – Befristeter Arbeitsvertrag. | 10 BAG v. 20.1.1999 – 7 AZR 640/97, NZA 1999, 928. | 11 BAG v. 4.6.2003 – 7 AZR 532/02, DB 2003, 2340. | 12 BT-Drs. 14/4374, S. 19. | 13 BT-Drs. 14/4374, S. 19; die zugrunde liegende Rspr.: BAG v. 11.12.1991 – 7 AZR 128/91, AP Nr. 144 zu § 620 BGB – Befristeter Arbeitsvertrag; v. 24.4.1996 – 7 AZR 719/95, NZA 1997, 196; v. 22.4.1998 – 5 AZR 342/97, NZA 1998, 1336. | 14 BAG v. 26.7.2006 – 7 AZR 495/05, NZA 2007, 147. | 15 BAG v. 26.7.2006 – 7 AZR 495/05, NZA 2007, 147.

kommt daher vornehmlich bei den Beschäftigungsverhältnissen mit Redakteuren zum Tragen, so zB wegen eines aktuellen Bezugs des Redakteurs zu den Verhältnissen im Auslands-Zielgebiet[1]. Wenn aber die Redakteure im Regelfall unbefristet beschäftigt werden, so kann der Sachgrund der Rundfunkfreiheit nicht eine Befristung des Arbeitsvertrages eines Redakteurs derselben Rundfunkanstalt stützen[2]. Der Gesichtspunkt der **journalistischen Freiheit** gilt auch für **andere Medien**. Ein eine wirksame Befristung rechtfertigender Sachgrund besteht dort auch nur, wenn der befristet eingestellte ArbN unmittelbar auf die inhaltlichen Aussagen, den „Tendenzzweck" Einfluss nehmen kann.

Zur „Eigenart der Arbeitsleistung" iSd. Nr. 4 gehört auch die Wahrung der **freien Entfaltung der Kunst** (Art. 5 III GG). Sie begründet das Recht der Bühnen, entsprechend dem vom Intendanten verfolgten künstlerischen Konzept, Arbeitsverträge mit Solisten (Schauspieler, Solosänger, Tänzer, Kapellmeister ua.) jeweils befristet abzuschließen[3]. Die Notwendigkeit, die Programmgestaltung verändern zu können, erfordert personelle Flexibilität. Auch wenn wegen des normativen Vorrangs des unbefristeten Arbeitsverhältnisses der Befristungsgrund der „Eigenart der Arbeitsleistung" restriktiv ausgelegt werden muss, so sind die in Art. 5 GG geschützten Rechte insgesamt geeignet, eine Befristung zu rechtfertigen. Demgemäß sind in den TV „Normalvertrag Bühne" und „Normalvertrag Chor/Tanz" entsprechend einem langen Bühnengebrauch befristete Arbeitsverträge vorgesehen. Für den Bereich der Wissenschaft und Lehre wird dem Gesichtspunkt der **Wissenschaftsfreiheit** im Wissenschaftszeitvertragsgesetz Rechnung getragen (s. § 23 Rz. 23 ff.). **37**

Zur Sicherung der verfassungsrechtl. geschützten Unabhängigkeit der freien Mandatsausübung sind auch die Befristungen der Arbeitsverhältnisse von **wissenschaftlichen Mitarbeitern einer Parlamentsfraktion** sachlich gerechtfertigt. Eine Befristung des Arbeitsvertrages nur für die Dauer einer Legislaturperiode ist aber nur bei den Mitarbeitern sachlich begründet, deren Aufgabe darin besteht, die Fraktion durch sachliche Beratung und politische Bewertung zu unterstützen[4]. **38**

Der Befristungsgrund der „Eigenart der Arbeitsleistung" wird darüber hinaus auch für **Berufssportler**, wie zB Profifußballer, gelten müssen. Die besondere Erfolgsorientierung und Branchenüblichkeit begründen hier den Sachgrund der „Eigenart der Arbeitsleistung"[5]. Obwohl weniger von der Tätigkeit selbst geprägt, wird deshalb auch der Befristungsgrund des **„Verschleißes"**, der geminderten Leistungsfähigkeit oder der fehlenden Motivationskraft, dem Grund der „Eigenart der Arbeitsleistung" zuzuordnen sein (s. auch Rz. 85). **39**

Die „Eigenart der Beschäftigung" und die zeitliche Begrenzung der Entsendung eines ArbN sind nach § 4 I SGB IV für die inländische **Sozialversicherungsberechtigung** bedeutsam. Die inländische Sozialversicherungsberechtigung berechtigt daher eine Befristungsvereinbarung[6].

e) Erprobung (Nr. 5). Um vor einer längeren arbeitsvertragl. Bindung die fachliche und persönliche **Eignung für die vorgesehene Tätigkeit** festzustellen, ist in st. Rspr. des BAG die Beschäftigung des ArbN zur Probe als sachlicher Befristungsgrund anerkannt[7]. Dies gilt nicht, wenn dem ArbGeb die Eignung des auf Dauer einzustellenden ArbN bereits aus einer vorhergehenden Beschäftigung bekannt ist. Die Erprobung rechtfertigt die Befristung, wenn eine Leitungsaufgabe oder andere höherwertige Tätigkeit übertragen wird[8] (so in § 31 TVöD-AT). Auch aus der Sicht des ArbN kann eine Erprobung eine Befristung rechtfertigen. **40**

Der Befristungsgrund der Erprobung kann auch vorliegen, wenn nach einer abgeschlossenen Entziehungskur die Rückfallgefahr erprobt werden soll[9].

Die **zulässige Dauer** ist nicht beschränkt, orientiert sich aber idR an der Wartezeit des § 1 I 1 KSchG, wird also grds. die Dauer von 6 Monaten nicht überschreiten können[10]. Nur bei Vorliegen besonderer, eine längere Erprobungsdauer rechtfertigender Umstände, wie zB spezielle Anforderungen an die spätere Tätigkeit, kann eine die Dauer von 6 Monaten überschreitende Befristungsdauer für die Erprobung gerechtfertigt sein. Für Führungspositionen kann eine längere Erprobungszeit in Betracht kommen. So sieht § 31 TVöD-AT hierfür Befristungen bis zu zwei Jahren vor. **41**

Der Sachgrund der Erprobung kann auch **eine nochmalige Befristung** rechtfertigen. Dies wird dann der Fall sein, wenn das erste zur Erprobung befristet abgeschlossene Arbeitsverhältnis nicht ausreichte, um sich von der Eignung des ArbN für die spätere Tätigkeit überzeugen zu können. Dies kann auf den besonderen Anforderungen an die spätere Tätigkeit oder auf einer längeren Krankheit des ArbN während des zunächst vereinbarten Probearbeitsverhältnisses beruhen. Daher schließt ein vorangegange- **42**

---

1 LAG Köln v. 4.11.2004 – 5 Sa 962/04, NZA-RR 2005, 411. |2 LAG Köln v. 1.9.2000 – 4 Sa 401/00, NZA-RR 2001, 234. |3 BT-Drs. 14/4374, S. 19; BAG v. 2.7.2003 – 7 AZR 612/02, NZA 2004, 311. |4 BAG v. 26.8.1998 – 7 AZR 450/97, NZA 1999, 149; dies folgt bereits aus dem in diesem Bereich geltenden Grundsatz der Diskontinuität. |5 OLG Hamm v. 29.5.2000 – 12 W 11/00, NZA-RR 2000, 461. |6 BAG v. 14.7.2005 – 8 AZR 392/02, NZA 2005, 1411. |7 BAG v. 30.9.1981 – 7 AZR 789/78, AP Nr. 61, zu § 620 BGB – Befristeter Arbeitsvertrag. |8 BAG v. 23.6.2004 – 7 AZR 636/03, BAGReport 2005, 3. |9 LAG Köln v. 5.3.1998 – 10 Sa 1229/97, NZA 1999, 321 (LS). |10 Unabhängig vom Datum des Vertragsabschlusses ist der erste Arbeitstag in die Zeitberechnung einzubeziehen: BAG v. 27.6.2002 – 2 AZR 382/01, BB 2003, 312.

nes Ausbildungsverhältnis in demselben Unternehmen nicht von vornherein den Sachgrund der Erprobung aus.

43 Der in Nr. 5 genannte Erprobungszweck stellt auch einen sachlichen Grund für eine **auflösende Bedingung** dar (§ 21). Bei einer Einstellung zur Probe kann eine auflösende Bedingung bspw. in der Nichtvorlage eines Gesundheitsattestes[1] oder in der fehlenden Eignung für den Schuldienst[2] liegen. Wenn die Bedingung von einer Prüfungsleistung abhängig gemacht wird, so muss diese objektivierbar sein oder die Prüfung muss von einer neutralen Stelle abgenommen werden. Die Bedingung darf nicht willkürlich von der subjektiven Beurteilung des ArbGeb abhängig sein[3].

44 **Vertragsbeispiel**: Probezeit auf der Grundlage eines befristeten Arbeitsverhältnisses

Der Vertrag wird für die Dauer von 6 Monaten zur Probe abgeschlossen. Er endet mit Ablauf dieser Probezeit, sofern er nicht zuvor durch schriftliche Vereinbarung verlängert wird. Sofern das Arbeitsverhältnis über das Ende der Probezeit hinaus fortgesetzt wird, gilt der Inhalt dieses Vertrages, wenn nichts Abweichendes vereinbart wird. Während der vereinbarten Probezeit kann das Arbeitsverhältnis mit einer Frist von zwei Wochen gekündigt werden.

Vertragsbeispiel: Auflösende Bedingung

Der Vertrag wird vorbehaltlich der noch festzustellenden gesundheitlichen Eignung des ArbN abgeschlossen. Er endet daher, ohne dass es einer Kündigung bedarf, wenn auf Grund der gesundheitlichen Begutachtung feststeht, dass der ArbN für die vertraglich vorgesehene Tätigkeit nicht geeignet ist, spätestens jedoch zwei Wochen nach Zugang der schriftlichen Mitteilung des ArbGeb über die Feststellung der fehlenden gesundheitlichen Eignung. Während der hier vereinbarten Vertragslaufzeit kann das Arbeitsverhältnis mit den gesetzlichen Kündigungsfristen gekündigt werden.

45 Auch wenn sich der ArbN während des befristeten Probearbeitsverhältnisses als für die spätere Tätigkeit geeignet erweist, hat der ArbN **keinen Anspruch auf Übernahme** in ein unbefristetes Arbeitsverhältnis nach Beendigung des auf den Sachgrund der Erprobung gestützten Arbeitsverhältnisses[4]. Es kann sich aber als **rechtsmissbräuchlich** darstellen, wenn sich der ArbGeb auf die Befristung beruft, nachdem ihm zB die Schwangerschaft der befristet eingestellten ArbNin bekannt geworden ist, sofern er während des bisherigen befristeten Arbeitsverhältnisses den Eindruck erweckt hat, einer Fortsetzung des Arbeitsverhältnisses über den zunächst vorgesehenen Beendigungstermin stehe nichts mehr entgegen[5]. Dahingehend wird man auch den EuGH verstehen müssen, wenn er nur „unter bestimmten Umständen" in der Nichterneuerung eines befristeten Vertrages eine sich als unmittelbare Diskriminierung darstellende Einstellungsverweigerung sieht[6].

46 Wegen des nach Abs. 2 S. 2 bestehenden sog. Vorbeschäftigungsverbotes kann an das zur Erprobung befristete Arbeitsverhältnis **kein Arbeitsverhältnis ohne Sachgrund** gem. Abs. 2 und 2a angeschlossen werden. Ggf. ist von vornherein ein Arbeitsverhältnis ohne Sachgrund nach Abs. 2 oder ggf. nach Abs. 2a in Erwägung zu ziehen.

47 Von dem gem. Nr. 5 befristeten Probearbeitsverhältnis ist die Vereinbarung einer lediglich **„vorgeschalteten" Probezeit** zu unterscheiden. Allein die Vereinbarung einer „Probezeit" im Arbeitsvertrag beinhaltet keine Befristung. Sie ist lediglich wegen der Kündigungsfrist nach § 622 III BGB bedeutsam. Nur dann, wenn eindeutig das Probearbeitsverhältnis mit Ablauf einer bestimmten Dauer oder zu einem bestimmten Zeitpunkt bzw. mit Eintritt einer auflösenden Bedingung enden soll, besteht ein befristetes Probearbeitsverhältnis.

Ist die einem unbefristeten Arbeitsverhältnis vorgeschaltete Probezeit innerhalb der vorgesehenen Dauer „nicht bestanden", so kann dem ArbN eine zusätzliche Bewährungschance eingeräumt werden, indem das Arbeitsverhältnis innerhalb der Probezeit mit einer überschaubaren, längeren Kündigungsfrist gekündigt und dem ArbN für den Fall seiner Bewährung die Wiedereinstellung zugesagt wird. Diese Grundsätze gelten auch für einen entsprechenden Aufhebungsvertrag[7] für die Dauer, die einer der verlängerten tarifl. oder vertragl. Kündigungsfrist entspricht (im vom BAG entschiedenen Fall wurde dadurch eine Verlängerung um vier Monate erreicht).

48 Aber auch bei einem aus **anderem Sachgrund** befristetem Arbeitsverhältnis kann eine Probezeit wegen der kurzen Kündigungsfrist des § 622 III BGB „vorgeschaltet" werden. Die Vereinbarung einer Probezeit ist gem. § 622 III BGB aber auch iSd. § 15 III als ausreichend anzusehen, um während dieser mit der in § 622 III BGB genannten Frist kündigen zu können[8]. Der Ausschluss der Möglichkeit zur ordentl. Kündigung nach Ablauf der Probezeit ändert daran nichts[9].

49 **f) Gründe in der Person des Arbeitnehmers (Nr. 6).** Ein in der Person des ArbN liegender sachlicher Befristungsgrund iSd. Nr. 6 liegt nach der Gesetzesbegründung unter Bezugnahme auf die Rspr. dann vor, wenn ein ArbN aus sozialen Gründen vorübergehend beschäftigt wird, um zB die Zeit bis zum

1 LAG Hess. v. 8.12.1994 – 12 Sa 1103/94, LAGE, § 620 BGB – Bedingung. | 2 BAG v. 31.8.1994 – 7 AZR 983/93, NZA 1995, 1212. | 3 *Hromadka*, BB 2001, 621. | 4 BAG v. 24.4.1996 – 7 AZR 719/95, NZA 1997, 196. | 5 BAG v. 16.3.1989 – 2 AZR 325/88, AP Nr. 8 zu § 1 BeschFG. | 6 EuGH v. 4.10.2001 – Rs. C-438/99 – Maria Louisa Jiménez Melgar, NZA 2001, 1243. | 7 BAG v. 7.3.2002 – 2 AZR 93/01, DB 2002, 1997. | 8 ErfK/*Müller-Glöge*, § 14 TzBfG Rz. 108. | 9 LAG Köln v. 21.7.2004 – 3 Sa 411/04, LAGReport 2005, 63.

Beginn einer bereits feststehenden anderen Beschäftigung, des Wehrdienstes oder eine Studiums **überbrücken** zu können. Darüber hinaus kann die Befristung eines Arbeitsvertrages personenbedingt gerechtfertigt sein, wenn der Arbeitsvertrag für die Dauer einer befristeten **Aufenthaltserlaubnis** des ArbN geschlossen wird und zum Zeitpunkt des Vertragsschlusses hinreichend gewiss ist, dass die Aufenthaltserlaubnis nicht verlängert wird[1]. Die **Beurlaubung** als Beamter ist ein sachlicher Befristungsgrund für die befristete Beschäftigung eines Beamten als Angestellter in einer höherwertigen und besser vergüteten Tätigkeit[2]. Auch kann die **Aus-, Fort- oder Weiterbildung** ein in der Person des ArbN liegender Sachgrund sein. Voraussetzung ist, dass diesem ArbN keine Daueraufgaben übertragen werden[3].

Wird jedoch ein Arbeitsverhältnis befristet, um dem ArbN **aus sozialen Gründen** eine Übergangsregelung zur Suche eines anderen Arbeitsplatzes oder zur Überwindung von **Übergangsschwierigkeiten** nach Abschluss der Ausbildung zu schaffen, so handelt es sich eher um den in Nr. 2 angeführten Befristungsgrund. Der Gesetzesbegründung ist zu entnehmen, dass der Befristungsgrund der Nr. 6 eine befristete Übergangsregelung nur zulässt, wenn bereits feststeht, dass der ArbN über eine andere Beschäftigung verfügt oder aus anderen Gründen gehindert ist, ein unbefristetes Arbeitsverhältnis zu übernehmen. Der sozialen Überbrückung iS dieses Sachgrundes dient auch die Übernahme durch eine Beschäftigungs- und Qualifizierungsgesellschaft. 50

Zu den personenbedingten Gründen iSd. Nr. 6 ist auch die in § 8 III ATZG zugelassene Befristung des Arbeitsverhältnisses **bis zum Bezug einer Rente nach ATZ-Arbeit** gem. § 38 VI zu zählen. Danach können ArbN und ArbGeb in der Vereinbarung über die ATZ-Arbeit die Beendigung des Arbeitsverhältnisses ohne Kündigung zu einem Zeitpunkt vorsehen, in dem der ArbN Anspruch auf eine Rente nach ATZ-Arbeit hat. – Ob nach dem Gesetzeswortlaut auch die Altersgrenze zu dem in Nr. 6 genannten Befristungsgrund zu zählen ist, ist aber zweifelhaft und könnte auch gegen das Diskriminierungsverbot der RL 2000/78/EG sprechen (s. zur **Altersgrenze** Rz. 62 ff.). 51

Dagegen bringt der Gesichtspunkt einer bloßen **Nebenbeschäftigung** keine in der Person des ArbN liegende geringere Schutzbedürftigkeit mit sich. Auch liegt bei der Befristung von Arbeitsverträgen mit **Studenten** der sachliche Grund nicht schon darin, dass diese neben ihrer Tätigkeit einem Studium nachgehen und mit der Nebentätigkeit nicht ihren vollen Lebensunterhalt verdienen[4]. Die Befristung kann auch nicht auf den Gesichtspunkt der Anpassung der Erwerbstätigkeit an die Erfordernisse des Studiums gestützt werden[5]. Dazu bieten eine flexible Ausgestaltung des Arbeitsverhältnisses und § 12 geeignete Möglichkeiten. 52

Nach § 7 AGG ist das **Geschlecht** kein in der Person des ArbN liegender Grund für die Befristung eines Arbeitsvertrages[6]. 53

Der **Wunsch des ArbN**, einen befristeten Arbeitsvertrag abzuschließen, kann ein in der Person des ArbN liegender Grund sein und deshalb die Befristung sachlich rechtfertigen. Dabei ist zwischen dem Interesse des ArbN an einer Beschäftigung und dem Interesse des ArbN an der Befristung zu trennen. Da im Zeitpunkt des Vertragsabschlusses Einigkeit über die Befristung unterstellt werden kann, reicht aber auch das bloße Einverständnis des ArbN zu einer Befristung nicht aus, um von einem die sachliche Befristung tatsächlich rechtfertigenden Wunsch sprechen zu können. Auch die ausdrückliche Fixierung im Arbeitsvertrag, dass die Befristung auf Wunsch des ArbN erfolgt, genügt für sich genommen nicht. Es müssen vielmehr objektive Anhaltspunkte dafür vorliegen, dass der ArbN gerade an einer befristeten Beschäftigung Interesse hat[7] und deshalb auch bei einem Angebot einer unbefristeten Einstellung nur einen befristeten Vertrag vereinbart hätte[8]. Das Interesse an der Befristung darf also nicht mit dem Interesse an der Beschäftigung als solcher verwechselt werden. Sofern auch eine unbefristete Einstellung möglich ist, sollte daher dem ArbN diese Möglichkeit zuvor aufgezeigt und dieses Angebot dokumentiert werden. 54

Hinweis: Sofern die Befristung allein auf den von dem ArbN geäußerten Wunsch gestützt werden soll, empfiehlt es sich in den Vertrag ausdrücklich aufzunehmen, dass der ArbN die Wahlmöglichkeit zwischen einem unbefristeten und einem befristeten Arbeitsvertrag hatte und sich für Letzteren entschieden hat. Diese Wahlmöglichkeit braucht jedoch dann nicht aufgezeigt zu werden, wenn vom ArbN ein von ihm genannter, ggf. auch nachweisbarer Befristungsgrund angegeben werden kann (zB ein beabsichtigter längerer Auslandsaufenthalt). 55

g) Vergütung aus Haushaltsmitteln (Nr. 7). Nach Nr. 7 ist die Befristung eines Arbeitsvertrages zulässig, wenn der ArbN aus Mitteln vergütet wird, die **haushaltsrechtl. für eine befristete Beschäftigung** bestimmt sind, und er **entsprechend beschäftigt** wird. Diese Regelung stellt einen Sonderbefristungstatbestand für den **öffentl. Dienst** dar. Dem Wortlaut nach entspricht Nr. 7 der früheren Regelung des 56

---

1 BAG v. 12.1.2000 – 7 AZR 863/98, BB 2000, 933; BT-Drs. 14/4374, S. 19. | 2 BAG v. 25.5.2005 – 7 AZR 402/04, NZA 2005, Heft 11, VII. | 3 ErfK/*Müller-Glöge*, § 14 TzBfG Rz. 74. | 4 BAG v. 10.8.1994 – 7 AZR 695/93, NZA 1995, 30. | 5 BAG v. 29.10.1998 – 7 AZR 561/97, BB 1999, 962. | 6 BT-Drs. 14/4374, S. 19. | 7 BAG v. 26.4.1985 – 7 AZR 316/84, AP Nr. 91 zu § 620 BGB – Befristeter Arbeitsvertrag; v. 19.1.2005 – 7 AZR 115/04, BAGReport 2005, 195. | 8 BAG v. 4.12.2002 – 7 AZR 492/01, DB 2003, 2016; v. 4.6.2003 – 7 AZR 406/02, BB 2003, 1683.

§ 57b II Nr. 2 HRG. Danach waren Haushaltsmittel für eine befristete Beschäftigung bestimmt, wenn der Haushaltsgesetzgeber eine Mittelverwendung für befristete Arbeitsverhältnisse anordnet und mit einer konkreten Sachregelung verbindet[1]. Unerheblich war dabei, ob die Mittel dafür summenmäßig oder in Form befristeter Planstellen ausgewiesen werden. Dementsprechend lässt der Befristungstatbestand der Nr. 7 es zu, dass pauschal bestimmte Haushaltsmittel ohne zeitliche Begrenzung für bestimmte Arten von Tätigkeiten nur zur befristeten Beschäftigung vorgesehen werden[2]. Der in der Gesetzesbegründung erfolgte Hinweis, dass gem. dieser gesetzl. Regelung die Befristung eines Arbeitsvertrages auf Grund zeitlich begrenzter Haushaltsmittel, zB für bestimmte Forschungsprojekte, sachlich gerechtfertigt sein soll[3], kommt dagegen im Gesetzeswortlaut nicht zum Ausdruck.

57 Nach der Rspr. setzt die Vorschrift eine **zweckgebundene Zuweisung** der Haushaltsmittel für die Erledigung von zeitlich begrenzten Tätigkeiten sowie die Beschäftigung des ArbN zu Lasten und entsprechend der Mittelzuweisung voraus[4]. Der Sachgrund erfordert daher die Vergütung des befristet beschäftigten ArbN aus Haushaltsmitteln, die mit einer konkreten Sachregelung auf der Grundlage einer nachvollziehbaren Zwecksetzung für eine nur vorübergehende Beschäftigung vorgesehen sind[5]. Die Ausweisung von Haushaltsmitteln für die befristete Beschäftigung von ArbN ohne eine besondere Zweckbestimmung erfüllt nicht die Voraussetzungen der Nr. 7 und stellt keinen sachlichen Grund für den Abschluss eines befristeten Arbeitsvertrages dar. Eine „finanzielle Kongruenz" zwischen dem Zeitraum der vorübergehend frei gewordenen Mittel und der Befristungsdauer ist zur sachlichen Rechtfertigung der Befristung grds. nicht erforderlich[6].

58 Der Befristungstatbestand der Nr. 7 findet keine Anwendung auf **privatrechtl. organisierte ArbGeb**. Eine bloße Mittelzuweisung/Drittmittelbewilligung aus Haushaltsmitteln an private ArbGeb ist keine haushaltsrechtl. Bestimmung iSd. Nr. 7. Da nur auf eine Vergütung aus „Haushaltsmitteln", die „haushaltsrechtlich" für eine befristete Beschäftigung „bestimmt" sind, abgestellt wird, sind nicht nur der Bundeshaushalt und die Haushalte der Länder, sondern alle nach dem öffentl. Haushaltsrecht aufgestellten Haushaltspläne von Geltungsbereich umfasst. Hierzu gehören auch die Haushalte der Gebietskörperschaften und anderer juristischer Personen des öffentl. Rechts[7], nicht aber der Kirchen[8] (zur Befristung bei Arbeitsbeschaffungsmaßnahmen und Drittmittelbewilligung s. Rz. 74 und 81).

59 **h) Gerichtlicher Vergleich (Nr. 8).** Die Vereinbarung der Befristung eines Arbeitsvertrages im Rahmen eines gerichtl. Vergleichs ist gem. Nr. 8 ein sachlich rechtfertigender Befristungsgrund. Damit wird nur zum Teil die bisherige Rspr. bestätigt. Bislang war man überwiegend der Auffassung, dass eine Befristungsvereinbarung sowohl in einem gerichtl. als auch in einem außergerichtl. Vergleich wirksam getroffen werden kann. Allerdings war dies bereits durch die Rspr. eingeschränkt auf eigentlich als Aufhebungsvereinbarungen zu kennzeichnende Vergleichsregelungen, mit denen die gegensätzlichen Rechtsstandpunkte über das Fortbestehen eines Arbeitsverhältnisses einer Einigung zugeführt wurden. Ein eine Befristung rechtfertigender Vergleich ist aber nicht nur dem formalen Erfordernis des gerichtl. Vergleichs unterworfen, sondern auch einem qualitativen. Ein gerichtl. Vergleich iS der Vorschrift ist daher nur der unter über die Protokollierungsfunktion hinausgehender Beteiligung des Gerichts zu Stande gekommener Vergleich[9]. Er setzt das Bestehen eines offenen Streits der Parteien über die Rechtslage hinsichtlich des zwischen ihnen bestehenden Rechtsverhältnisses zum Zeitpunkt des Vergleichsabschlusses voraus. Der gerichtl. Vergleich muss zur Beendigung eines Kündigungsschutzverfahrens oder eines sonstigen Feststellungsstreits über den Fortbestand des Arbeitsverhältnisses führen[10].

Mit dem gerichtl. Vergleich iS dieser Vorschrift ist der **Prozessvergleich** nach § 794 I Nr. 1 ZPO gemeint, der zwischen den Parteien eines Rechtsstreits zur Beilegung des Verfahrens vor einem deutschen Gericht abgeschlossen wird. Ihm gleichgestellt ist gem. § 278 VI 1 Alt. 2 ZPO ein **Beschluss** des Gerichts, mit welchem das Zustandekommen eines Vergleichs festgestellt wird, dem ein von den Parteien durch Schriftsatz gegenüber dem Gericht akzeptierter schriftl. Vergleichsvorschlag des Gerichts zugrunde liegt[11]. Dem **Schriftformerfordernis** des Abs. 4 wird durch analoge Anwendung des § 127a BGB entsprochen. Dies setzt aber die Mitwirkung des Gerichts voraus, um dem gesetzgeberischen Zweck der Formvorschrift, nämlich vor Übereilung zu schützen und den Vertragsinhalt urkundlich sicherzustellen, zu entsprechen. Infolgedessen ist ein auf dem schriftl. Vergleichsvorschlag der Parteien beruhender Vergleich (§ 278 VI 1 Alt. 1 ZPO) unzureichend. Es muss ein schriftl. **Vergleichsvorschlag des Gerichts** vorangehen[12].

60 Mit der gesetzl. Regelung in Nr. 8 ist klargestellt, dass nur der gerichtl. Vergleich einen eigenständigen Sachgrund darstellt. Dies wird damit begründet, dass die Mitwirkung des Gerichts an dem Vergleich

1 BAG v. 24.1.1996 – 7b AZR 342/95, NZA 1996, 1036. | 2 *Preis/Gotthardt*, DB 2000, 2065 (2071). | 3 BT-Drs. 14/4374, S. 19. | 4 BAG v. 18.10.2006 – 7 AZR 419/05, NZA 2007, 332; s. dazu auch *Laber*, ArbRB 2007, 77. | 5 BAG v. 14.2.2007 – 7 AZR 193/06, NZA 2007, 871. | 6 LAG Düsseldorf v. 20.2.2007 – 3 Sa 1180/06, NZA-RR 2008, 96. | 7 AA LAG Bln.-Bbg. v. 16.3.2007 – 6 Sa 2102/06, ZTR 2007, 462, Revision zugel. | 8 ErfK/*Müller-Glöge*, § 14 TzBfG Rz. 96. | 9 BAG v. 26.4.2006 – 7 AZR 366/05, AP Nr. 1 § 14 TzBfG – Vergleich. | 10 BAG v. 23.11.2006 – 6 AZR 394/06, NZA 2007, 466. | 11 BAG v. 23.11.2006 – 6 AZR 394/06, NZA 2007, 466. | 12 BAG v. 23.11.2006 – 6 AZR 394/06, NZA 2007, 466.

eine hinreichende Gewähr für die Wahrung der Schutzinteressen des ArbN bietet[1]. Der **außergerichtliche Vergleich** kommt somit als selbständiger Befristungsgrund nicht mehr in Betracht[2]. In dem Vergleichsabschluss liegt aber nicht zugleich der Verzicht des ArbN, die Unwirksamkeit dieser vereinbarten Befristung gerichtlich geltend zu machen[3]. Setzt die wirksame Befristung die Zustimmung des Personalrats voraus (so nach § 72 I Nr. 1, § 66 I LPVG NW), gilt dieses Erfordernis auch für den gerichtl. Vergleich[4].

3. Weitere Sachgründe. Die Gesetzesbegründung und ihr folgend auch der Gesetzeswortlaut machen deutlich, dass die Aufzählung in Abs. 1 S. 2 nur beispielhaft ist und weder andere von der Rspr. bisher akzeptierte noch weitere Gründe ausschließen soll[5]. Die Begründung selbst nennt als weitere Beispiele Arbeitsbeschaffungs- und Strukturanpassungsmaßnahmen nach SGB III sowie die übergangsweise Beschäftigung eines ArbN auf einem Arbeitsplatz, dessen endgültige Besetzung durch einen Mitarbeiter – zB nach abgeschlossener Ausbildung – vorgesehen ist[6]. 61

Dass das Gesetz und die hier zugrunde liegende Begründung nicht von einer abschließenden Aufzählung der Sachgründe ausgehen, widerspricht der **europarechtl. Vorgabe** in § 5 Ia der RL 1999/70/EG[7]. Es ist jedoch von keinem Umsetzungsdefizit auszugehen[8]. Die Richtlinie schließt die Anerkennung weiterer, in Abs. 1 nicht erwähnter Sachgründe nicht entgegen[9]. In Einzelfällen bleibt ohnehin die Möglichkeit, mit den üblichen Auslegungsinstrumentarien Befristungssachverhalte den gesetzl. genannten Sachgründen zuzuordnen. Daher ist die Wirksamkeit der Befristung unter Berücksichtigung aller von den Parteien vorgetragenen tatsächlichen Umstände zu prüfen[10].

Außerdem bleiben gem. § 23 Befristungen von Arbeitsverträgen nach anderen gesetzl. Vorschriften möglich (s. die Komm. zu § 23). Auch das BAG hatte bereits eine „Typologie sachlicher Gründe" entwickelt, ohne weitere Rechtfertigungsgründe damit auszuschließen[11]. Die ausdrücklich in § 14 I 2 normierten Regelbeispiele können aber eine Rückwirkung auf die bisherige ArbG-Rspr. haben, weil in ihnen eine normative **Bewertung** des jeweiligen Befristungsgrundes liegt[12]. Sonstige, in Abs. 1 S. 2 Nrn. 1–8 nicht genannte Sachgründe können die Befristung eines Arbeitsvertrags daher nur rechtfertigen, wenn sie den Wertungsmaßstäben des Abs. 1 entsprechen und den in Abs. 1 S. 2 Nrn. 1–8 genannten Sachgründen von ihrem Gewicht her gleichwertig sind[13]. Der Rspr. sind im Wesentlichen folgende, diesen Wertungsmaßstäben entsprechende Sachgründe zu entnehmen:

a) Altersgrenzen. Sie können auch dem in Nr. 4 genannten Sachgrund der Eigenart der Arbeitsleistung zugeordnet werden, wenn sie nicht an das Erreichen des Rentenalters anknüpfen[14]. Eine Beendigung des Arbeitsverhältnisses mit oder nach Vollendung des 65. LJ (bzw. 67. LJ, § 35 SGB VI)[15], also mit Erreichen der **Regelaltersgrenze** in der gesetzl. RV (§ 35 SGB VI) sehen die meisten Einzelverträge, BV[16] und TV vor. Derartige vereinbarte Altergrenzen sind zulässig, wenn sie nicht allein an das Alter anknüpfen. In verschiedenen Berufsgruppen sehen TV auch eine frühere Beendigung vor (so zB für Piloten mit Vollendung des 60. LJ, MTV Nr. 4 Bordpersonal Aero-Lloyd § 20 I). Dies wird mit der anerkannten Lebenserfahrung begründet, dass die Gefahr einer Beeinträchtigung der Leistungsfähigkeit mit zunehmenden Alter größer wird[17]. Die Festsetzung einer Altersgrenze bei 60 Jahren für Piloten verstößt daher nicht gegen das Diskriminierungsverbot der §§ 1, 7 AGG[18]. Der Schutz vor Gefährdungen erlaubt nach § 10 AGG die generalisierende und typisierende Festlegung einer Altersgrenze[19]. Überdies sind Altersgrenzen geeignet, eine verlässliche Personalplanung und die Nachwuchsförderung zu ermöglichen. 62

Während das BAG in einer derartigen Abrede früher die Vereinbarung einer **auflösenden Bedingung** gesehen hat[20], geht der für das Befristungsrecht zuständige Siebte Senat des BAG von einer **Befristung** aus[21]. Ein bestimmter Zeitpunkt sieht die Beendigung des Arbeitsverhältnisses vor und nicht ein unsicheres Ereignis iS einer auflösenden Bedingung. Das Erreichen einer Altersgrenze wird als gewiss angesehen. Da nach § 21 eine auflösende Bedingung auch nur wirksam in einem Arbeitsvertrag vereinbart werden kann, wenn ein Sachgrund nach § 14 I vorliegt, kommt aber der Unterscheidung keine besondere Bedeutung mehr zu. 63

---

1 BT-Drs. 14/4374, S. 19. | 2 *Däubler*, ZIP 2001, 217; *Hromadka*, BB 2001, 621; aA *Bauer*, BB 2001, 2526. | 3 BAG v. 13.6.2007 – 7 AZR 287/06, ZTR 2007, 694. | 4 BAG v. 13.6.2007 – 7 AZR 287/06, ZTR 2007, 694. | 5 BAG v. 13.10.2004 – 7 AZR 218/04, NZA 2005, 401; v. 16.3.2005 – 7 AZR 289/04, BB 2005, 1856. | 6 BT-Drs. 14/4374, S. 18. | 7 KR/*Lipke*, § 14 TzBfG Rz. 28. | 8 Siehe dazu *Thüsing/Lambrich*, BB 2002, 829. | 9 BAG v. 13.10.2004 – 7 AZR 218/04, NZA 2005, 401; v. 16.3.2005 – 7 AZR 289/04, BB 2005, 1856. | 10 BAG v. 16.3.2005 – 7 AZR 289/04, BB 2005, 1856. | 11 BAG v. 13.4.1983 – 7 AZR 51/81, AP Nr. 76 zu § 620 BGB – Befristeter Arbeitsvertrag; einschr.: BAG v. 15.3.1995 – 7 AZR 659/93, NZA 1995, 1038 (1039). | 12 BAG v. 16.3.2005 – 7 AZR 289/04, BB 2005, 1856; *Preis/Gotthardt*, DB 2000, 2065. | 13 BAG v. 17.1.2007 – 7 AZR 20/06, NZA 2007, 566. | 14 ArbG Frankfurt v. 14.3.2007 – 6 Ca 7405/06, BB 2007, 1736; bestätigt durch das Hess. LAG v. 15.10.2007 – 17 Sa 809/07 nv. | 15 Zum maßgebenden Geburtsdatum siehe BAG v. 14.8.2002 – 7 AZR 469/01, DB 2003, 394. | 16 Da es fraglich ist, ob unter einer Altersgrenzenregelung eine soziale Angelegenheit zu verstehen ist, erscheint jedoch zweifelhaft, ob § 88 BetrVG dafür eine ausreichende gesetzliche Grundlage bietet. | 17 BVerfG v. 25.11.2004 – 1 BvR 2459/04, BB 2005, 1231. | 18 ArbG Frankfurt v. 14.3.2007 – 6 Ca 7405/06, BB 2007, 1736; bestätigt durch das Hess. LAG v. 15.10.2007 – 17 Sa 809/07 nv. | 19 OVG Lüneburg v. 13.9.2006 – 12 ME 275/06, ArbRB 2007, 69; einschränkend *Annuß/Rupp*, § 10 AGG Rz. 3. | 20 BAG v. 20.12.1984 – 2 AZR 3/84, AP Nr. 9 zu § 620 BGB – Bedingung; s.a. für den Fall der Fluguntauglichkeit: BAG v. 11.10.1995 – 7 AZR 119/95, DB 1996, 891. | 21 BAG v. 14.8.2002 – 7 AZR 469/01, DB 2003, 394.

64 Als Sachgrund für die Beendigung des Arbeitsverhältnisses mit Erreichen einer Altersgrenze, die mit dem Bezug einer Altersrente korrespondiert, sieht die Rspr. einerseits eine **ausgewogene Altersstruktur**[1] und das Bedürfnis des ArbGeb nach einer **sachgerechten und berechenbaren Personal- und Nachwuchsplanung** sowie andererseits die **finanzielle Absicherung** des ArbN durch den Bezug der gesetzl. Altersrente nach Vollendung des 65., ggf. 63. LJ (bzw. 67. LJ, § 35 SGB VI)[2] an. Hat bei Vertragsschluss die Möglichkeit zum Aufbau eine Altersrente bestanden, ist die Befristung auch wirksam, wenn der ArbN eine andere Versorgungsform wählt und wirtschaftl. abgesichert ist (so im Falle der Befreiung von der Versicherungspflicht, wenn Beiträge in ein berufsständisches Versorgungswerk geleistet werden, die denen für die gesetzl. RV entsprechen)[3]. – Unter dieser Voraussetzung eines Altersrentenanspruchs lässt auch § 10 S. 3 Nr. 5 AGG eine unterschiedliche Behandlung wegen des Alters zu. – Wegen der finanziellen Absicherung kann daher auch in **Vereinbarungen über ATZ-Arbeit** nach § 8 III ATZG die Beendigung des Arbeitsverhältnisses ohne Kündigung zu einem Zeitpunkt vorgesehen werden, in dem der ArbN Anspruch auf eine Rente nach ATZ-Arbeit gem. § 237 SGB VI hat (dem Wesen nach aber eine Zweckbefristung)[4]. Fraglich erscheint, ob allein das Argument der finanziellen Absicherung nicht europarechtswidrig ist und auch bei sinkendem Rentenniveau gelten kann (s. Rz. 72).

65 Zumindest mittelbar ist § 41 S. 2 SGB VI zu entnehmen, dass Vereinbarungen von Altersgrenzen in **TV**, **BV** und **Einzelarbeitsverträgen** zulässig sind, soweit sie auf das Erreichen der Regelaltersgrenze (67. LJ, § 35 SGB VI) abstellen. Diese gesetzl. Regelung ist aber nicht selbst der Rechtsgrund für eine Befristung, sondern die an dieses Alter regelmäßig anknüpfende Altersrente[5]. Eine vertragl. vorgesehene frühere Beendigung wegen Altersrentenbezuges gilt nur, wenn die abweichende Regelung innerhalb der letzten 3 Jahre vor dem Zeitpunkt abgeschlossen oder bestätigt wurde, in dem der ArbN vor Vollendung der Regelaltersgrenze (65. LJ bzw. für nach dem 31.12.1947 Geborene das in § 41 II SGB XII angeführte Lebensalter) eine Rente wegen Alters beantragen kann (s. §§ 36, 37, 40 SGB VI). Maßgeblich für die Berechnung dieser Dreijahresfrist ist nicht die Vollendung der Regelaltersgrenze, sondern der mit dem ArbN vereinbarte Zeitpunkt des Ausscheidens[6]. Derartige, drei Jahre vor dem möglichen Altersrentenbezugszeitpunkt und Beendigungszeitpunkt abgeschlossene Befristungsvereinbarungen bedürfen keines (zusätzlichen) sachlichen Grundes. Die Regelung des § 41 S. 2 SGB VI erfasst aber nicht die Vereinbarungen, in denen der für die Beendigung des Arbeitsverhältnisses vorgesehene Zeitpunkt nichts mit dem Entstehen eines Anspruchs auf eine SozV-Rente zu tun hat. Für befristete Arbeitsverhältnisse, die mit einem neu eingestellten ArbN abgeschlossen werden, der das **52. Lebensjahr** vollendet hat, ist diese frühere Beendigungsmöglichkeit wegen der Regelung in Abs. 3 irrelevant (s. Rz. 124 ff.). Da durch das RV-Altersgrenzenanpassungsgesetz vom 20.4.2007[7] das gesetzl. Renteneintrittsalter ab 2012 zwölf Jahre lang jährlich um einen Monat, ab 2024 bis einschließlich 2029 um zwei Monate pro Jahr von heute 65 auf dann **67 erhöht** wird, kann die Wirksamkeit von auf das 65. LJ bezogenen Altersbefristungen fraglich sein. Ähnlich wie nach der ab 15.10.1993 erfolgten Änderung des § 622 BGB ist der Begriff derAltersgrenze dahingehend auszulegen, dass das jeweilige gesetzl. vorgesehene Renteneintrittsalter bzw. der Zeitpunkt des Anspruchs auf die gesetzl. Altersrente (wirtschaftl. Absicherung) als gewollter Beendigungszeitpunkt gilt. Die Verweisung ist somit nur deklaratorisch, wenn die vereinbarte Regelung lediglich die geltende Rechtslage wiedergeben soll.

66 Da sowohl eine Befristung (§ 14 IV) als auch eine auflösende Bedingung (§ 21 iVm. § 14 IV) im Arbeitsvertrag schriftl. vereinbart werden müssen, bedarf auch die Altersbegrenzung der **schriftl. Fixierung**. Wegen der mit dem Schriftformerfordernis verfolgten Warnfunktion und § 307 I 2 BGB ist es angebracht, sich hinsichtlich dieser Regelung nicht mit einer bloßen Verweisung auf einen einschlägigen TV zu begnügen, sofern dieser nicht allgemeinverbindlich ist oder beide Vertragspartner tarifgebunden sind. Empfehlenswert ist es deshalb, ausdrücklich den Text der tarifl. Altersgrenze[8] oder zumindest eine knappe Altersbegrenzung wie folgt in den schriftl. Einzelarbeitsvertrag aufzunehmen:

67 **Vertragsbeispiel**:

Das Arbeitsverhältnis endet mit Ablauf des Monats, in welchem der ArbN das Lebensjahr vollendet, in dem er die für ihn maßgebliche Altersgrenze erreicht, ab der er eine Rente wegen Alters beziehen kann (Regelaltersgrenze), es sei denn, der ArbN kann schon vor Vollendung der Regelaltersgrenze eine Altersrente beantragen, und die Beendigung des Arbeitsverhältnisses mit Bezug der vorzeitigen Altersrente wird innerhalb der letzten drei Jahre vor diesem Bezugszeitpunkt von dem ArbN bestätigt.

68 Bei Berufsgruppen, bei denen die Tätigkeit nicht nur eine unverminderte körperliche und geistige **Leistungsfähigkeit** erfordert, sondern darüber hinaus mit besonderer Schwierigkeit und Verantwortung verbunden ist, sind Höchstaltersgrenzen anerkannt, die bereits vor Vollendung des 65. LJ liegen. Da das besondere Interesse an der Gewährleistung der Sicherheit des Flugverkehrs ein sachlicher Grund ist, ist

---

1 BVerfG v. 30.3.1999 – 1 BvR 1814/94, NZA 1999, 816. | 2 BAG v. 14.8.2002 – 7 AZR 469/01, DB 2003, 394; v. 6.8.2003 – 7 AZR 9/03, NZA 2004, 96; v. 19.11.2003 – 7 AZR 296/03, BB 2004, 892; v. 27.5.2005 – 7 AZR 443/04, NZA 2006, 37. | 3 BAG v. 27.7.2005 – 7 AZR 443/04, NZA 2006, 37. | 4 BAG v. 27.4.2004 – 9 AZR 18/03, NZA 2005, 821. | 5 BAG v. 19.11.2003 – 7 AZR 296/03, BB 2004, 892. | 6 BAG v. 17.4.2002 – 7 AZR 40/01, BB 2002, 1865. | 7 BGBl. I 2007 S. 554. | 8 *Preis/Gotthardt*, NZA 2000, 348.

die einzelvertragl.[1] und tarifvertragl.[2] vorgesehene Höchstbegrenzung des Arbeitsverhältnisses von Cockpit-Personal auf 60 Jahre rechtswirksam[3]. – Der Verlust der Verkehrspilotenlizenz tritt nach § 20 LuftVZO iV mit JAR-FCL (Joint Aviation Requirements – Flight Crew Licensing) 1.060(B)JAR-FCL 3.060(b) JAA allerdings erst mit dem 65. LJ ein[4]. – Aus gleichen oÄ sachlichen Erwägungen heraus sind deshalb auch für andere Berufsgruppen vertragl. Vereinbarungen von Altersgrenzen möglich, die eine Beendigung des Arbeitsverhältnisses bereits vor Vollendung des 65. LJ vorsehen. Sofern besondere Interessen an einer früheren Beendigung des Arbeitsverhältnisses bestehen, verletzen dahingehende Vereinbarungen weder das Grundrecht auf Berufsfreiheit (Art. 12 I GG[5]) noch den Gleichheitssatz (Art. 3 I GG). Auch steht solchen Vereinbarungen nicht die Empfehlung des Rates der Europäischen Gemeinschaft 82/857/EWG entgegen[6]. Weil ein an Art. 12 I GG und seiner gesetzl. Konkretisierungen (§ 41 SGB VI, § 1 KSchG) orientierter Sachgrund fehlt, ist eine tarifl. Altersgrenze von 55 Jahren für das Kabinenpersonal nicht zu rechtfertigen[7], jedoch die Grenze von 60 Jahren[8]. Ob derartige, nicht auch eine ausreichende finanzielle Absicherung voraussetzende Altersgrenzen wirksam sind, erscheint auf Grund der Entscheidung des EuGH v. 16.10.2007 (Palacios)[9] fraglich.

Zur wirksamen Festlegung einer Altersgrenze in **BV und TV** reicht es aus, wenn sie vom Bezug der sozialversicherungsrechtl. Altersrente abhängig gemacht wird, sofern diese eine ausreichende Altersversorgung gewährleistet[10]. Die Wirksamkeit wird mit der Kompensation des Arbeitsplatzverlustes durch Altersversorgung gerechtfertigt[11]. Ansonsten kann ein TV gem. § 22 I nicht zuungunsten der ArbN von § 14 I abweichen. **69**

Wenn BV oder TV **unterschiedliche Altersgrenzen** vorsehen, gilt das Günstigkeitsprinzip. Als günstig wird bei der Vereinbarung von Altersgrenzen die Regelung angesehen, die dem ArbN das Wahlrecht einräumt, ob er arbeiten oder Altersrente beziehen will. Daher ist eine nachfolgende BV ungünstiger, wenn sie ein derartiges Wahlrecht beseitigt und eine feste, frühere Altersgrenze vorsieht[12]. Dies gilt auch gegenüber Einzelverträgen. Enthalten diese keine Altersgrenze, so kommt auch kein Vergleich zu Stande, vielmehr gilt dann die Altersgrenze gem. der BV oder dem TV. **70**

TV oder BV, die **für Männer und Frauen** unterschiedliche Altersgrenzen vorsehen (zB für Männer das 65. LJ und für Frauen das 60. LJ), verstoßen mit diesen Regelungen wegen ihres Diskriminierungscharakters gegen Art. 141 EG (früher Art. 119 EG) und Art. 3 II GG[13]. **71**

Das **Allgemeine Gleichbehandlungsgesetz (AGG)** steht grds. Altersgrenzen nicht entgegen (vgl. § 2 AGG Rz. 11 u. § 10 AGG Rz. 3 u. 10). Zwar stellen Altersgrenzen eine unmittelbare Ungleichbehandlung wegen des Alters dar (Art. 2 IIa RL 2000/78/EG, § 3 I 1 AGG)[14]. Aus dem § 10 S. 1 AGG zu Grunde liegenden Art. 6 I Unterabs. 1 RL 2000/78/EG ergibt sich jedoch, dass eine Ungleichbehandlungen wegen des Alters keine nach Art. 2 I RL 2000/78/EG bzw. §§ 1, 7 AGG verbotene Diskriminierung darstellt, sofern sie objektiv und angemessen ist und im Rahmen des nationalen Rechts durch ein legitimes Ziel, worunter insbesondere rechtmäßige Ziele aus den Bereichen Beschäftigungspolitik, Arbeitsmarkt und berufliche Bildung zu verstehen sind, gerechtfertigt ist. Die Mittel zur Erreichung dieses Ziel müssen zudem angemessen und erforderlich sein. Das Ziel muss sich aber nicht aus der Regelung selbst ergeben, sofern es aus dem Zusammenhang konkret festzustellen ist[15]. Ein **rechtfertigendes Ziel** ist die Eindämmung der Arbeitslosigkeit, indem Altersgrenzen jüngeren Personen, die eine Beschäftigung suchen, neue Beschäftigungsmöglichkeiten eröffnen. Fraglich bleibt insb. für einzelvertragliche Altersgrenzen, ob dieser Zweck konkret begründet sein muss, oder ob aus diesem Grund auch pauschal Altersgrenzen zugelassen sind[16]. Bei der Festlegung der Maßnahmen zur Erreichung des Ziels der Förderung von Vollbeschäftigung kommt den Mitgliedstaaten und ggf. Sozialpartnern auf nationaler Ebene ein weiter Ermessensspielraum zu. Die **finanzielle Absicherung** durch eine angemessen hohe Altersrente steht überdies einer übermäßigen Beeinträchtigung der betroffenen ArbN entgegen. **Ob allein der Anspruch auf eine Altersrente** eine Altersgrenze europarechtlich rechtfertigt (so § 10 S. 3 Nr. 5 AGG) erscheint unter diesen Umständen fraglich, insb. dann, wenn dadurch der ArbN nicht wirtschaftlich abgesichert ist[17]. **72**

---

1 BAG v. 20.2.2002 – 7 AZR 748/00, NZA 2002, 789. | **2** BAG v. 12.2.1992 – 7 AZR 100/91, AP Nr. 5 zu § 620 BGB – Altersgrenze; v. 25.2.1998 – 7 AZR 641/96, DB 1998, 1420; v. 11.3.1998 – 7 AZR 700/96, DB 1998, 1422; v. 27.11.2002 – 7 AZR 655/01, AP Nr. 22 zu § 620 BGB – Altersgrenze; ArbG Frankfurt v. 31.10.2001 – 9 Ca 1344/01, NZA-RR 2002, 313. | **3** ArbG Frankfurt v. 14.3.2007 – 6 Ca 7405/06, BB 2007, 1736; bestätigt durch das Hess. LAG v. 15.10.2007 – 17 Sa 809/07 nv. | **4** BVerfG v. 26.1.2007 – 2 BvR 2408/06, PM Nr. 12/2007. | **5** BVerfG v. 25.11.2004 – 1 BvR 2459/04, BB 2005, 1231. | **6** BAG v. 12.2.1992 – 7 AZR 100/91, AP Nr. 5 zu § 620 BGB – Altersgrenze; v. 25.2.1998 – 7 AZR 641/96, BB 1998, 2165. | **7** BAG v. 31.7.2002 – 7 AZR 140/01, NZA 2002, 1155. | **8** BAG v. 27.11.2002 – 7 AZR 414/01, DB 2003, 1000; v. 27.11.2002 – 7 AZR 655/01, AP Nr. 20 zu § 620 BGB – Altersgrenze. | **9** EuGH v. 16.10.2007 – Rs. C-411/05 – Palacios de la Villa, NZA 2007, 1219. | **10** BAG v. 20.11.1987 – 2 AZR 284/86, AP Nr. 2 zu § 620 BGB – Altersgrenze; v. 10.3.1992 – 1 ABR 67/91, AP Nr. 96 zu § 99 BetrVG; v. 12.2.1992 – 7 AZR 100/91, AP Nr. 5 zu § 620 BGB – Altersgrenzen; v. 14.8.2002 – 7 AZR 469/01, DB 2003, 394. | **11** BAG v. 1.12.1993 – 7 AZR 428/93, AP Nr. 4 zu § 41 SGB VI. | **12** BAG v. 7.11.1989 – GS 3/85, AP Nr. 46 zu § 77 BetrVG. | **13** EuGH v. 17.5.1990 – Rs. C-262/88, NZA 1990, 775 – Barber; v. 14.12.1993 – Rs. C-110/91, NZA 1994, 165 – Moroni. | **14** EuGH v. 16.10.2007 – Rs. C-411/05 – Palacios de la Villa, NZA 2007, 1219. | **15** Betreffend einen TV: EuGH v. 16.10.2007 – Rs. C-411/05 – Palacios de la Villa, NZA 2007, 1219. | **16** *Bayreuther*, DB 2007, 2425. | **17** *Bayreuther*, DB 2007, 2425.

73 **b) Altersteilzeit.** Eine Befristung des Arbeitsverhältnisses bis zum Bezug einer **Rente nach ATZ-Arbeit** gem. § 237 SGB VI lässt § 8 III ATZG zu. § 8 III ATZG stellt einen gesetzl. Befristungsgrund dar. Danach können ArbN und ArbGeb in der Vereinbarung über die ATZ-Arbeit die Beendigung des Arbeitsverhältnisses ohne Kündigung zu einem Zeitpunkt vorsehen, in dem der ArbN Anspruch auf eine Rente nach ATZ-Arbeit hat. Dabei handelt es sich um eine Zweckbefristung iSv. § 21, § 15 II, da die Bewilligung einer Altersrente ein künftiges gewisses Ereignis ist, bei dem nur der Zeitpunkt nicht feststeht[1]. Die Voraussetzungen zum Bezug einer Altersrente nach ATZ werden aber nur erfüllt, wenn die Arbeitszeit auf die Hälfte der bisherigen wöchentlichen Arbeitszeit vermindert wird (§ 237 SGB VI iVm. § 2 I Nr. 2 ATZG). Eine völlige Freistellung von der Arbeitsleistung erfüllt diese Voraussetzungen nicht[2]. Das in TV zur Regelung von ATZ-Arbeit vorgesehene Ausscheiden vor Vollendung des 65. LJ bei Altersrente wegen Schwerbehinderung ist zulässig. Es handelt sich dabei um keine unzulässige Benachteiligung gem. § 8 I AGG, sondern die Befristung ist durch ein rechtmäßiges Ziel sachlich gerechtfertigt[3].

Der Befristungsgrund des § 8 III ATZG gilt nach seinem Wortlaut nur für Versicherte der Jahrgänge bis Ende 1951 (§ 237 I 1 Nr. 1 SGB VI). Durch das **RV-Altersgrenzenanpassungsgesetz** vom 20.4.2007[4], wird die **Regelaltersgrenze** für Personen ab dem Geburtsjahrgang 1947 bis zum Geburtsjahrgang 1964 schrittweise auf die Vollendung des 67. LJ angehoben. Auch wenn das ATZG nach der augenblicklichen gesetzl. Situation gem. § 16 ATZG eine Förderungsfähigkeit nur noch vorsieht, wenn die Voraussetzungen des § 2 ATZG vor dem 1.1.2010 vorgelegen haben, stellt sich für die Jahrgänge ab 1952 wie auch für ArbN, die aus anderen Gründen eine vorgezogene Rente beziehen wollen oder von der gesetzl. RV befreit sind, die Frage der Zulässigkeit einer Befristung auf den vorgezogenen Renteneintritt. Da die Befristung mit einer sog. Altersgrenze nur für den Fall sachlich gerechtfertigt ist, wenn die Versorgung des ArbN sichergestellt ist, kann eine Befristung bis zu dem vorgezogenen Renteneintritt nur mit dem ausdrücklich in dem Vertrag herauszustellenden Wunsch der Befristung auf den vorgezogenen Renteneintritt wirksam begründet werden[5]. Dies ist aber nur innerhalb des Drei-Jahres-Zeitraums des § 41 S. 2 SGB VI (also drei Jahre vor Erreichen der Regelaltersgrenze - 67. LJ –) möglich. Eine analoge Anwendung des § 8 III ATZG bezogen auf den vorgezogenen Renteneintritt lässt die sachliche Rechtfertigung der Befristung zweifelhaft erscheinen, wenn der ArbN bei Bezug der vorgezogenen Rente wirtschaftlich schlechter gestellt ist als bei Bezug der Rente mit Erreichen der Regelaltersgrenze[6].

Wenn in dem bis zum 1.1.2010 noch geförderten ATZ-Vertrag die Anhebung der Altersgrenze ab 2012 gem. dem RV-Altersgrenzenanpassungsgesetz nicht Rechnung getragen wird und wegen Beginn der Freistellungsphase eine Angleichung an die geänderte Regelaltersgrenze nicht möglich ist, kann ein vertragl. Ausgleich über das Rechtsinstitut der Störung der Geschäftsgrundlage in Betracht kommen[7].

74 **c) Arbeitsbeschaffungsmaßnahmen.** Die Befristung eines **ABM-Vertrages** ist sachlich begründet, wenn der ArbGeb im Vertrauen auf eine zeitlich begrenzte Förderungszusage und Zuweisung im Rahmen einer Arbeitsbeschaffungsmaßnahme nach §§ 260 ff. SGB III den ArbN einstellt und er ohne diese Zusage einen leistungsfähigeren oder keinen ArbN eingestellt hätte[8]. Die Dauer der Befristung muss aber mit der Dauer der Zuweisung übereinstimmen. Dies kann mit einer kalendermäßigen Befristung oder mit einer Zweckbefristung geschehen. So kann die Zuweisung eines ArbN im Rahmen einer von der BA geförderten Arbeitsbeschaffungsmaßnahme eine kalendermäßige Befristung für die im Zeitpunkt des Vertragsschlusses bewilligte Förderungsdauer rechtfertigen, die nach § 267 I SGB III idR zwölf Monate beträgt. Es kann aber auch eine Zweckbefristung für die Gesamtdauer der Förderung einschließlich etwaiger Verlängerungen gem. § 267 II und III SGB III vereinbart werden[9]. Der Umstand, dass im Zuweisungsbescheid die Förderung im Rahmen einer Arbeitsbeschaffungsmaßnahme von einer späteren Übernahme des zugewiesenen ArbN in ein unbefristetes Arbeitsverhältnis abhängig gemacht wird, begründet für den betroffenen ArbN keine Rechte. Die gegenüber der Arbeitsverwaltung nach § 267 III SGB III bestehende Verpflichtung des ArbGeb, den ArbN nach dem Ende der Förderung in ein Dauerarbeitsverhältnis zu übernehmen, führt nicht zur Unwirksamkeit der mit dem ArbN vereinbarten Befristung. Diese Verpflichtung besteht nur gegenüber der BA. Der ArbN kann daraus auch keinen Anspruch auf Abschluss eines unbefristeten Arbeitsvertrages herleiten[10].

75 **Vertragsbeispiel:**

Der ArbN wird für die Zeit vom ... bis ... als ... im Rahmen einer Arbeitsbeschaffungsmaßnahme nach den §§ 260 ff. SGB III in der jeweils geltenden Fassung/für die Dauer der Zuweisung des ArbN im Rahmen der seitens der BA geförderten Arbeitsbeschaffungsmaßnahme eingestellt.

Die ersten ... Monate der Laufzeit dieses Vertrages gelten als Probezeit.

---

1 BAG v. 27.4.2004 – 9 AZR 18/03, NZA 2005, 821; eine auflösende Bedingung dann, wenn Beendigung von Erfüllung der Voraussetzungen für die Inanspruchnahme einer vorzeitigen Altersrente abhängig, BAG v. 8.8.2007 – 7 AZR 605/06, DB 2008, 133. |2 BAG v. 10.2.2004 – 9 AZR 401/02, NZA 2004, 606. |3 BAG v. 27.4.2004 – 9 AZR 18/03, NZA 2005, 821. |4 BGBl. I S. 554. |5 AA *Hanau*, NZA 2007, 848. |6 Siehe iE *Birk*, NZA 2007, 244. |7 *Melms/Schwarz*, DB 2006, 2010. |8 BAG v. 15.2.1995 – 7 AZR 680/94, DB 1995, 1916; v. 26.4.1995 – 7 AZR 936/94, DB 1995, 2374; v. 2.12.1998 – 7 AZR 508/97, DB 1999, 694. |9 BAG v. 19.1.2005 – 7 AZR 250/04, NZA 2005, 873. |10 BAG v. 26.4.1995 – 7 AZR 936/94, DB 1995, 2384; v. 19.1.2005 – 7 AZR 250/04, NZA 2005, 873.

Das Arbeitsverhältnis endet mit Ablauf der Frist, für die es eingegangen worden ist, ohne dass es einer vorherigen Kündigung bedarf. Unabhängig von der Befristung kann das Arbeitsverhältnis beiderseits mit den gesetzlichen Kündigungsfristen gekündigt werden.

Die außerordentliche Kündigung aus wichtigem Grund bleibt unberührt.

d) Erwerbsminderung. Verschiedene TV und Arbeitsverträge sehen eine Beendigung des Arbeitsverhältnisses auch schon mit der Erwerbsminderung[1] vor, dh. also mit Eintritt einer auflösenden Bedingung (§ 21). Derartige in TV (so in § 59 I BAT/§ 33 II TVöD-AT bei voller Erwerbsminderung) getroffene Regelungen über die Beendigung des Arbeitsverhältnisses beruhen auf der Annahme der TV-Parteien, der ArbN werde im Falle der Erwerbsminderung künftig die arbeitsvertragl. geschuldeten Leistungen nicht mehr erbringen können. Diese Regelungen dienen deshalb dem Schutz des ArbN, der aus gesundheitlichen Gründen nicht mehr in der Lage ist, seine bisherige Tätigkeit zu verrichten, und bei dem bei einer Fortsetzung der Tätigkeit die Gefahr einer weiteren Verschlimmerung seines Gesundheitszustandes besteht. Andererseits wird mit derartigen tarifl. Bestimmungen dem berechtigten Interesse des ArbGeb Rechnung getragen, sich von einem ArbN zu trennen, der gesundheitsbedingt nicht mehr in der Lage ist, seine nach dem Arbeitsvertrag geschuldete Leistung zu erbringen. Diese berechtigten Interessen beider Arbeitsvertragsparteien sind grds. geeignet, einen sachlichen Grund für die Beendigung des Arbeitsverhältnisses ohne Kündigung abzugeben[2]. Die verminderte Erwerbsunfähigkeit stellt allein allerdings keinen ausreichenden Sachgrund für die auflösende Bedingung dar. Erst die Einbindung der Interessen des ArbN durch die Anbindung an die rentenrechtl. Versorgung rechtfertigt die Beendigung des Arbeitsverhältnisses ohne Kündigung[3]. So setzt § 59 BAT/§ 33 II TVöD-AT deshalb voraus, dass das Arbeitsverhältnis nur bei einem voraussichtlich dauerhaften Rentenbezug ab dem Rentenbeginn enden soll. Nach § 59 I 1 BAT, nicht jedoch nach § 33 II TVöD-AT, muss der ArbN eine außerhalb der gesetzl. RV bestehende Versorgung erhalten, zu der der ArbGeb Mittel beigesteuert hat. 76

Die Beendigung des Arbeitsverhältnisses tritt auch dann ein, wenn der **Anspruch** auf unbefristete Rente wegen Erwerbsminderung nach Eintritt der formellen Bestandskraft des Rentenbescheides **entfällt**, weil der RV-Träger dem Antrag des ArbN auf Abänderung des Bescheides entsprochen hat und dem ArbN nunmehr nur eine befristete Rente gewährt wird. Die rückwirkende Aufhebung der unbefristeten Rente wegen verminderter Erwerbsfähigkeit führt nicht dazu, dass die auflösende Bedingung nicht mehr fortwirkt[4]. Allerdings wird das Arbeitsverhältnis trotz Zustellung des Rentenbescheids dann **nicht beendet**, wenn der ArbN von seiner sozialrechtl. Dispositionsbefugnis Gebrauch macht und seinen Rentenantrag vor Ablauf der Widerspruchsfrist des § 84 I SGG zurücknimmt oder einschränkt und der ArbGeb davon alsbald unterrichtet wird. Nach Ablauf der Widerspruchsfrist und ggf. einer zusätzlichen Frist von wenigen Tagen für die Übermittlung der arbeitnehmerseitigen Mitteilung über die Änderung des Rentenantrags darf der ArbGeb auf die Bestandskraft des Bescheides vertrauen[5]. 77

Ist der ArbN **teilweise erwerbsgemindert**, so tritt die Beendigung gem. § 59 III BAT/§ 33 III TVöD-AT nur ein, wenn der ArbN weder auf seinem noch auf einem anderen ihm nach seinem Leistungsvermögen zumutbaren freien Arbeitsplatz weiterbeschäftigt werden könnte. Dies setzt aber in den Fällen, in denen der ArbN durch seinen Rentenantrag eine Voraussetzung für den Eintritt der auflösenden Bedingung selbst geschaffen hat, voraus, dass er innerhalb von zwei Wochen nach Zugang des Rentenbescheides gegenüber dem ArbGeb seine **Weiterbeschäftigung** schriftl. beantragt[6]. Der ArbGeb ist nicht verpflichtet, den ArbN von sich aus auf die in einer tarifl. Regelung vorgeschriebene Form und Frist für den Weiterbschäftigungsantrag hinzuweisen[7]. Der ArbGeb muss nicht von sich aus prüfen, ob und welche Weiterbeschäftigungsmöglichkeiten bestehen[8]. Grundsätzlich ist erst die mit dem Bezug dauerhafter Rentenleistungen verbundene wirtschaftl. Absicherung des ArbN geeignet, die Beendigung des Arbeitsverhältnisses auf Grund auflösender Bedingung zu rechtfertigen[9]. Auch hier gilt das Diskriminierungsverbot der RL 2000/78/EG. 78

Darüber hinaus ergibt sich eine weitere Einschränkung aus **§ 81 V 3 SGB IX**. Danach haben schwerbehinderte Menschen einen Anspruch auf Teilzeitbeschäftigung, wenn die kürzere Arbeitszeit wegen Art und Schwere der Behinderung notwendig ist. Der Anspruch kann von dem schwerbehinderten ArbN jederzeit, auch wiederholt, geltend gemacht werden. Ein Anspruch besteht nach § 81 V 3 iVm. IV 3 nicht, soweit die Erfüllung des Teilzeitwunsches für den ArbGeb nicht zumutbar oder mit unverhältnismäßigen Aufwendungen verbunden wäre oder soweit staatliche oder berufsgenossenschaftliche Arbeitsschutzvorschriften entgegenstehen (s. auch § 23 Rz. 11). 79

Gemäß **§ 92 SGB IX** bedarf die Beendigung des Arbeitsverhältnisses eines schwerbehinderten Menschen der **vorherigen Zustimmung des Integrationsamtes**, wenn sie im Falle des Eintritts einer teil- 80

1 Mit dem Rentenreformgesetz 1999 entfiel die bisherige Rente wegen Berufsunfähigkeit. |2 BAG v. 6.12.2000 – 7 AZR 302/99, NZA 2001, 792. |3 BAG v. 1.12.2004 – 7 AZR 135/04, BAGReport 2005, 201. |4 BAG v. 23.6.2004 – 7 AZR 440/03, BAGReport 2004, 398. |5 BAG v. 23.6.2004 – 7 AZR 440/03, BAGReport 2004, 398. |6 BAG v. 1.12.2004 – 7 AZR 135/04, BAGReport 2005, 201; v. 15.3.2006 – 7 AZR 332/05, ZTR 2006, 548. |7 BAG v. 15.3.2006 – 7 AZR 332/05, ZTR 2006, 548. |8 BAG v. 6.12.2000 – 7 AZR 302/99, NZA 2001, 792. |9 BAG v. 6.12.2000 – 7 AZR 302/99, NZA 2001, 792; s. aber BAG v. 3.9.2003 – 7 AZR 661/02, NZA 2004, 328.

weisen Erwerbsminderung, der Erwerbsminderung auf Zeit, der Berufsunfähigkeit oder der Erwerbsunfähigkeit auf Zeit ohne Kündigung, also auf Grund einer Befristung erfolgt. Es gelten dann die den Kündigungsschutz schwerbehinderter Menschen betreffenden §§ 85 ff. SGB IX entsprechend. Diesem Erfordernis trägt § 59 IV BAT/§ 33 II 4 TVöD-AT Rechnung. **Kein Zustimmungserfordernis** besteht bei einer im Arbeitsvertrag/TV vorgesehenen Beendigung wegen dauernder voller Erwerbsminderung bzw. wegen dauernder Erwerbsunfähigkeit.

81 e) **Drittmittelbewilligung.** Während Abs. 1 S. 2 Nr. 7 die Befristung wegen der Vergütung aus Haushaltsmitteln rechtfertigt, ist aber auch die Finanzierung von Maßnahmen, Forschungsaufgaben und Stellen aus anderen **Mitteln Dritter** ein zulässiger Befristungsgrund, wenn ein Bezug zur Besetzung der Stelle entsteht. Es müssen jedoch konkrete Anhaltspunkte dafür vorhanden sein, dass der zur Verfügung gestellte Arbeitsplatz zum vorgesehenen Zeitpunkt tatsächlich wegfallen wird[1]. Stellt der Drittmittelgeber seine bisherige Bezuschussung der Personalkosten vorzeitig endgültig ein, so wird ein wegen der Bezuschussung befristet abgeschlossenes Arbeitsverhältnis nicht vorzeitig nach § 313 BGB (Wegfall der Geschäftsgrundlage) beendet. Es kann vor Ablauf der vertragl. vorgesehenen Beendigung grds. nur durch eine Kündigung aus dringenden Gründen beendet werden[2], es sei denn, dass nach § 15 III die Möglichkeit einer ordentl. Kündigung vereinbart ist.

82 **f) Übergangsweise Beschäftigung.** Ein sachlicher Grund für die Befristung eines Arbeitsvertrages liegt vor, wenn ein ArbN übergangsweise auf einem Arbeitsplatz beschäftigt werden soll, dessen **endgültige Besetzung durch einen anderen Mitarbeiter** vorgesehen ist[3]. Deshalb kann die Befristung gerechtfertigt sein, wenn sich der ArbGeb bereits im Zeitpunkt des Abschlusses des befristeten Arbeitsvertrages gegenüber einem auf unbestimmte Zeit einzustellenden ArbN vertragl. gebunden hat[4]. Insbesondere ist der Sachgrund für die Befristung eines Arbeitsvertrages anerkannt, wenn ein ArbN vorübergehend bis zum dem Zeitpunkt beschäftigt werden soll, in dem ein Auszubildender des ArbGeb seine **Berufsausbildung beendet** und der ArbGeb dessen Übernahme in ein Arbeitsverhältnis konkret beabsichtigt[5]. Dieser Befristungsgrund setzt nicht voraus, dass der ArbGeb dem Auszubildenden die Übernahme in ein Arbeitsverhältnis bereits zugesagt hat. Es genügt vielmehr, dass der ArbGeb im Zeitpunkt des Vertragsabschlusses mit dem befristet eingestellten ArbN nach seiner Personalplanung die Übernahme des Auszubildenden für den Fall eines normalen Geschehensablaufs beabsichtigt, und dass keine greifbaren Umstände entgegenstehen, die gegen die Übernahme des Auszubildenden sprechen[6]. Auch die Anhängigkeit einer **Konkurrentenklage** um eine dauerhaft zu besetzende Stelle ist geeignet, die Befristung des Arbeitsvertrags mit einem vorübergehend auf dieser Stelle eingesetzten ArbN bis zur Entscheidung über die Konkurrentenklage zu rechtfertigen[7]. Von dem Befristungsgrund des vorübergehenden Bedarfs (Abs. 1 S. 2 Nr. 1) unterschiedet sich dieser Grund dadurch, dass der Arbeitsplatz nicht wegfallen soll. Auch geht es im eigentlichen Sinne nicht um eine Vertretung gem. Abs. 1 S. 2 Nr. 3. Dem Befristungsgrund der „übergangsweisen Beschäftigung" und den in Abs. 1 S. 2 Nr. 1 und Nr. 3 genannten Sachgründen ist aber gemeinsam, dass der ArbGeb ein berechtigtes Interesse an einer nur zeitlich begrenzten Beschäftigung hat, weil er im Zeitpunkt des Vertragsschlusses mit dem befristet eingestellten ArbN auf Grund konkreter Tatsachen damit rechnen muss, dass er diesen nur für eine vorübergehende Zeit beschäftigen kann[8].

83 **g) Weiterbeschäftigung nach einer Kündigung**. Um das Risiko des Verzugslohns (§ 615 BGB) zu reduzieren, bietet es sich an, dem gekündigten ArbN für die Dauer des laufenden Kündigungsrechtsstreits eine **vorläufige** Weiterbeschäftigung anzubieten. Eine dahingehende vertragl. Vereinbarung zwischen dem ArbGeb und dem ArbN stellt eine Befristung dar. Sieht die Vereinbarung vor, dass die Weiterbeschäftigung bis zur rechtskräftigen Abweisung der Kündigungsschutzklage befristet ist, so handelt es sich um eine auflösende Bedingung iSd. § 21. Hat die Vereinbarung dagegen die Beschäftigung des ArbN bis zum erstinstanzlichen oder rechtskräftigen Abschluss des Kündigungsschutzprozesses zum Gegenstand, handelt es sich um eine Zweckbefristung[9]. In diesem Fall ist bei Abschluss der Weiterbeschäftigungsvereinbarung ist aus Sicht der Parteien die rechtskräftige Entscheidung über die Kündigungsschutzklage ein zukünftiges Ereignis, dessen Eintritt feststeht, lediglich der Zeitpunkt des Eintritts ist ungewiss.

Der Sachgrund einer derartigen Vereinbarung über eine vorläufige Weiterbeschäftigung ist nicht die vom ArbGeb bezweckte Minimierung seines Verzugslohnrisikos[10], sondern die Beseitigung der Ungewissheit, ob in dieser Zeit bis zur rechtskräftigen Entscheidung über die Kündigungsschutzklage noch ein Arbeitsverhältnis mit daraus resultierenden Arbeits- und Beschäftigungspflichten besteht[11]. Zur

---

1 BAG v. 16.1.1987 – 7 AZR 487/85, AP Nr. 111 zu § 620 BGB – Befristeter Arbeitsvertrag. | 2 LAG Hamm v. 5.2.1998 – 17 Sa 913/97, NZA-RR 1999, 18 (LS). | 3 BAG v. 13.10.2004 – 7 AZR 218/04, NZA 2005, 401. | 4 BAG v. 6.11.1996 – 7 AZR 909/95, DB 1997, 1927. | 5 BAG v. 21.4.1993 – 7 AZR 388/92, AP Nr. 148 zu § 620 BGB – Befristeter Arbeitsvertrag; LAG Hamm v. 26.1.1996 – 11 (13) Sa 1103/95, BB 1996, 1618. | 6 BAG v. 1.12.1999 – 7 AZR 449/98, BB 2000, 1525; v. 19.9.2001 – 7 AZR 333/00, NZA 2002, 696 (OS). | 7 BAG v. 16.3.2005 – 7 AZR 289/04, BB 2005, 1856. | 8 BAG v. 16.3.2005 – 7 AZR 289/04, BB 2005, 1856. | 9 BAG v. 19.1.2005 – 7 AZR 113/04, BAGReport 2005, 253. | 10 So ErfK/*Müller-Glöge*, § 14 TzBfG Rz. 99. | 11 BAG v. 22.10.2003 – 7 AZR 113/03, NZA 2004, 1275.

Beseitigung dieser Ungewissheit schaffen die Arbeitsvertragsparteien durch die Weiterbeschäftigungsvereinbarung für die Beschäftigung des ArbN nach Ablauf der Kündigungsfrist bis zur Entscheidung über die Kündigungsschutzklage eine arbeitsvertragl. Grundlage.

Die Vereinbarung über eine befristete Weiterbeschäftigung während des Kündigungsschutzprozesses bedarf nach Abs. 5 der **Schriftform**[1]. Auch hier gilt es, durch die schriftl. Vereinbarung der Befristung Streitigkeiten der Parteien über die Dauer des Arbeitsverhältnisses und den Zeitpunkt seiner Beendigung zu vermeiden. Anders verhält es sich bei einer Beschäftigung bis zum rechtskräftigen Abschluss des Bestandsschutzverfahrens, wenn dies allein zur Abwendung der Zwangsvollstreckung dient[2].

h) Sicherung der personellen Kontinuität der Betriebsratsarbeit. Das Interesse des ArbGeb an der personellen Kontinuität des BR kann grds. ein Sachgrund für die Befristung des Arbeitsverhältnisses sein[3]. Maßgeblich sind dabei der Erhalt der Funktionsfähigkeit des im Betrieb gebildeten BR sowie das Interesse, dass nicht durch ein vermeidbares Ausscheiden der BR-Mitglieder aus dem Betrieb und dem BR während dessen Amtszeit kostspielige Neuwahlen erforderlich werden. Die Befristung des Arbeitsverhältnisses des BR-Mitglieds muss aber geeignet und erforderlich sein, um die personelle Kontinuität des BR zu wahren. Erforderlich ist sie nur, wenn ohne den Abschluss des befristeten Arbeitsvertrages das Arbeitsverhältnis mit dem BR-Mitglied enden würde, und der ArbGeb nicht ohne Beeinträchtigung seiner betrieblichen Interessen die personelle Kontinuität der BR-Arbeit durch einen unbefristeten Arbeitsvertrag sichern könnte. 84

i) Verschleiß. Auch das Vorliegen eines Verschleißtatbestandes, die **Gefahr eine Verschleißes** kann ein sachlicher Befristungsgrund sein. Die insb. altersbedingten Verschleißerscheinungen in einer längeren beruflichen Tätigkeit mit üblichen Anforderungen stellen keinen Grund für eine wirksame Befristung dar. Es muss sich um einen vertragstypischen, das übliche Maß deutlich übersteigenden Verschleiß bzw. wesentliche Minderung der in der Tätigkeit unbedingt vorausgesetzten Leistungsfähigkeit handeln, wie dies bei Sportlern der Fall sein kann. Auch kann die vereinbarte Befristung geeignet sein, der Gefahr nachlassender Motivationskraft in der Beziehung zwischen dem Trainer und den zu betreuenden Sportlern wirksam vorzubeugen[4]. Für sich genommen ist aber der Leistungserfolg zu unpräzise und daher als Befristungsgrund ungeeignet[5]. Eine rechtswirksame Befristung muss sich an der konkreten Notwendigkeit eines Trainerwechsel und der hierfür maßgeblichen Dauer orientieren. 85

4. Nachträgliche Befristung, Aufhebungsvertrag. Zur wirksamen nachträglichen Befristung eines unbefristeten und unter Kündigungsschutz stehenden Arbeitsverhältnisses ist ebenfalls gem. Abs. 1 ein **sachlicher Grund** nötig[6]. Dies gilt auch, wenn im Zeitpunkt der Befristungsvereinbarung noch kein Bestandsschutz nach dem KSchG besteht. Die freie Wahlmöglichkeit des ArbN, ein für ihn günstiges Vertragsänderungsangebot anzunehmen oder abzulehnen, ist für sich gesehen kein Sachgrund dafür, das geänderte Arbeitsverhältnis auch zu befristen[7]. Die nachträgliche Befristung eines zunächst auf unbestimmte Zeit eingegangenen Arbeitsverhältnisses kann auch im Wege der **Änderungskündigung** erfolgen. Die Änderung der Arbeitsbedingungen ist aber ua. dann unwirksam, wenn die Befristung nicht aus sachlichem Grund gerechtfertigt ist[8]. Wegen der Notwendigkeit des Vorliegens eines sachlichen Grundes für die Befristung können mit den geringeren Anforderungen an eine Änderungskündigung (§ 2 KSchG) nicht die Voraussetzungen einer wirksamen Beendigungskündigung (§ 1 KSchG) umgangen werden[9]. Der sachliche Grund der Befristung wird als Vorfrage in der sozialen Rechtfertigung der Änderungskündigung mit beurteilt. – Ebenso wie für den Aufhebungsvertrag kann für die vertragl. vereinbarte nachträgliche Befristung ein Widerrufsrecht des ArbN nach § 312 BGB in Betracht kommen. Es ist deshalb angeraten, die Vereinbarung einer nachträglichen Befristung mit einer **Widerrufsbelehrung** gem. § 355 II BGB zu versehen oder ggf. nachweisbar jede **„Überrumpelung" zu vermeiden**[10]. Bei einem Wechsel aus einem unbefristetem in ein befristetes Arbeitsverhältnis kann bei späterer Arbeitslosigkeit eine **Sperrfrist** nach § 144 I SGB III drohen, wenn für den ArbN kein wichtiger Grund für diesen Wechsel besteht, insb. er keine konkrete Aussicht auf eine unbefristete Tätigkeit hat[11]. 86

Wenn mit einem **Aufhebungsvertrag/Auflösungsvertrag** das Arbeitsverhältnis zu einem späteren Zeitpunkt beendet werden soll, so ist dies keine nachträgliche Befristung, wenn die ansonsten geltende Kündigungsfrist eingehalten wird, jedenfalls die Auslauffrist nicht um ein Vielfaches länger ist als die jewilige Kündigungsfrist. Der Aufhebungsvertrag bezweckt eine Beendigung des Arbeitsverhältnisses und keine Fortsetzung. Er ist seinem Regelungsgehalt nach auf eine alsbaldige Beendigung der arbeitsvertragl. Beziehungen gerichtet. Dies kommt durch die Vereinbarung einer zeitnahen Beendigung, die sich idR an der jeweiligen Kündigungsfrist orientiert, und Regelungen zum Ausdruck, die mit der Ab- 87

---

1 BAG v. 22.10.2003 – 7 AZR 113/03, NZA 2004, 1275. | 2 LAG Hamm v. 31.10.2003 – 5 Sa 1396/03, nv. | 3 BAG v. 23.1.2002 – 7 AZR 611/00, BB 2002, 1097. | 4 BAG v. 29.10.1998 – 7 AZR 436/97, DB 1999, 853. | 5 *Dieterich*, NZA 2000, 857. | 6 BAG v. 8.7.1998 – 7 AZR 245/97, NZA 1999, 81; v. 26.8.1998 – 7 AZR 349/97, BB 1999, 424; *Dörner*, Rz. 155. | 7 BAG v. 26.8.1998 – 7 AZR 349/97, BB 1999, 424. | 8 BAG v. 25.4.1996 – 2 AZR 609/95, DB 1996, 1780; v. 8.7.1998 – 7 AZR 245/97, NZA 1999, 81; aA *Löwisch*, BB 2005, 1625: Es kann auch eine sachgrundlose Befristung gemäß Abs. 2 und 2a angeboten werden. | 9 AA *Hromadka*, BB 2001, 674. | 10 S. auch BAG v. 27.11.2003 – 2 AZR 177/03, BB 2004, 1858. | 11 BSG v. 26.10.2004 – B 7 AL 98/03 R, NJW 6/2005, 381.

wicklung eines beendeten Arbeitsverhältnisses im Zusammenhang stehen, wie zB eine Abfindung, die Erteilung eines Zeugnisses, eine Freistellung und die Gewährung von Resturlaub[1]. Ein derartiger Aufhebungsvertrag bedarf **keines Sachgrundes.** Es ist aber die Schriftform des § 623 BGB einzuhalten. Ein Aufhebungsvertrag, dessen Regelungsgehalt aber nicht auf die Beendigung, sondern auf eine **befristete Fortsetzung** eines Dauerarbeitsverhältnisses gerichtet ist, was sich insb. aus einem die jeweilige Kündigungsfrist um ein Vielfaches überschreitenden Beendigungszeitpunkt ergibt, bedarf zu seiner Wirksamkeit eines **sachlichen Grundes.** Er unterliegt wie die nachträgliche Befristung eines unbefristeten Arbeitsvertrags der arbeitsgerichtl. Befristungskontrolle, um eine funktionswidrige Verwendung des Rechtsinstituts des befristeten Arbeitsvertrags in der Form eines Aufhebungsvertrags auszuschließen[2]. Die von den Parteien gewählte Vertragsbezeichnung ist nicht entscheidend, sondern der Regelungsgehalt der getroffenen Vereinbarung. Auch in diesem Fall gilt das Schriftformerfordernis des § 623 BGB. Im Gegensatz zur Befristung genügt nicht die elektronische Form (§ 14 IV iVm. § 126a BGB; s. Rz. 130).

88 **5. Dauer der Befristung und ihr sachlicher Grund.** Bei der **Zeitbefristung** gem. § 15 I bedarf die **Dauer** keiner eigenständigen sachlichen Rechtfertigung[3]. Die gewählte Vertragsdauer muss nicht stets mit der Dauer des Sachgrundes für die Befristung voll übereinstimmen[4]. Eine Kongruenz von Vertragsdauer und Befristungsgrund ist nicht erforderlich[5]. Die Befristungsdauer muss sich jedoch am Befristungsgrund orientieren und mit ihm derart in Einklang stehen, dass sie nicht gegen das Vorliegen eines sachlichen Grundes spricht[6]. Mit der vereinbarten Vertragsdauer muss der mit dem Sachgrund verfolgte Vertragszweck erreicht werden. Soll das befristete Arbeitsverhältnis deutlich länger als der Sachgrund währen, stellt dies den Sachgrund infrage. Bei mehrfacher Befristung steigen mit zunehmender Dauer der Beschäftigung bei demselben ArbGeb die Anforderungen an den Sachgrund der Befristung[7]. Die Dauer des befristeten Arbeitsvertrages wird bei der Zweckbefristung und der Vereinbarung einer auflösenden Bedingung durch die **Zweckerreichung** bzw. den **Eintritt der Bedingung** selbst bestimmt, so dass der Zweck bzw. die auflösenden Bedingung zugleich auch die Dauer rechtfertigen müssen.

89 **6. Mehrfache Befristung.** Auf einen Sachgrund gestützte befristete Arbeitsverträge können ohne gesetzl. Einschränkung wiederholt abgeschlossen werden. Dabei kann ein unterschiedlicher Sachgrund zugrunde gelegt werden. Dies gilt auch für Ein-Tages-Arbeitsverträge. Auch kann im Anschluss an ein ohne Sachgrund befristetes Arbeitsverhältnis ohne jede Einschränkung ein mit Sachgrund befristetes Arbeitsverhältnis angeschlossen werden (s. zur sachgrundlosen Befristung Rz. 102 ff.). Bei mehreren aufeinander folgenden befristeten Arbeitsverhältnissen (sog. **Kettenbefristungen**) ist im Rahmen der arbeitsgerichtl. Befristungskontrolle grds. nur die **Befristung des letzten Arbeitsvertrages** auf ihre sachliche Rechtfertigung zu prüfen[8]. Der Befristungskontrolle unterliegen die einzelnen Arbeitsverträge, so dass jeweils nach deren Ende die Drei-Wochen-Frist des § 17 zu laufen beginnt. In dem **Abschluss eines neuen befristeten Arbeitsvertrages** liegt zugleich konkludent die vertragl. Aufhebung eines – etwaigen – unbefristeten früheren Arbeitsvertrages. Zugleich wird damit idR zum Ausdruck gebracht, dass nur noch der neue Vertrag maßgeblich sein soll. Es kommt daher nicht darauf an, ob die Befristung des vorangegangenen Arbeitsverhältnisses mangels eines die Befristung sachlich rechtfertigenden Grundes unwirksam war. Unbeachtlich ist, ob die Vertragsparteien irrtümlich davon ausgingen, der vorangegangene befristete Arbeitsvertrag sei wirksam gewesen.

90 Etwas anderes gilt dann, wenn die Vertragsparteien den Folgevertrag unter dem **Vorbehalt** abgeschlossen haben, dass der neue befristete Arbeitsvertrag nur gelten soll, wenn die Parteien nicht schon auf Grund des vorangegangenen Vertrages in einem unbefristeten Arbeitsverhältnis stehen[9]. Ein einseitiger vom ArbN erklärter Vorbehalt reicht nicht aus[10]. Die Befristungskontrolle des vorangegangenen Arbeitsverhältnisses setzt eine entsprechende vertragl. Vorbehaltsvereinbarung in dem nachfolgenden befristeten Arbeitsvertrag voraus[11]. Es muss dem ArbN ausdrücklich oder konkludent das Recht vorbehalten sein, die Wirksamkeit der vorangegangenen Befristung prüfen zu lassen[12]. Die gegenüber dem ArbN erklärte Ablehnung, einen derartigen Vorbehalt vertraglich zu vereinbaren, ist **keine Maßregelung** iSd § 612 a BGB. Sofern der ArbGeb dem ArbN von vornherein ausschließlich den vorbehaltlosen Abschluss eines weiteren befristeten Arbeitsvertrags angeboten hatte, liegt in dem Aufrechterhalten dieses Angebots keine Sanktionierung der Rechtsausübung des ArbN[13]. Wegen der nach § 17 zu beachtenden Klagefrist ist neben dem Vorbehalt auch die rechtzeitige **Klagerhebung erforderlich.** Schließt der ArbN einen neuen befristeten Arbeitsvertrag, **obwohl er eine Klage** nach § 17 erhoben hat, so wirkt der anhän-

---

1 BAG v. 15.2.2007 – 6 AZR 286/06, NZA 2007, 614; *Dörner*, Rz. 155. |**2** BAG v. 12.1.2000 – 7 AZR 48/99, NZA 2000, 718. |**3** BAG v. 13.10.2004 – 7 AZR 654/03, NZA 2005, 469. |**4** BAG v. 11.11.1998 – 7 AZR 328/97, BB 1999, 423. |**5** ErfK/*Müller-Glöge*, § 14 TzBfG Rz. 25. |**6** BAG v. 15.3.1989 – 7 AZR 264/88, AP Nr. 126 zu § 620 BGB – Befristeter Arbeitsvertrag; v. 31.8.1994 – 7 AZR 983/93, AP Nr. 163 zu § 620 BGB – Befristeter Arbeitsvertrag. |**7** BAG v. 11.12.1991 – 7 AZR 431/90, NZA 1992, 883 (886); v. 11.11.1998 – 7 AZR 328/97, BB 1999, 423. |**8** BAG v. 8.5.1985 – 7 AZR 191/84, AP Nr. 97 zu § 620 BGB – Befristeter Arbeitsvertrag; v. 21.1.1987 – 7 AZR 265/85, AP Nr. 4 zu § 620 BGB – Hochschule; v. 11.12.1991 – 7 AZR 431/90, NZA 1992, 883 (885); v. 10.8.1994 – 7 AZR 695/93, NZA 1995, 30; v. 1.12.1999 – 7 AZR 236/98, DB 2000, 675. |**9** BAG v. 4.6.2003 – 7 AZR 352/02, DB 2003, 2340; v. 4.6.2003 – 7 AZR 523/02, NZA-RR 2003, 621. |**10** BAG v. 14.2.2007 – 7 AZR 95/06, NZA 2007, 803. |**11** BAG v. 14.2.2007 – 7 AZR 95/06, NZA 2007, 803. |**12** BAG v. 13.10.2004 – 7 AZR 218/04, NZA 2005, 401. |**13** BAG v. 14.2.2007 – 7 AZR 95/06, NZA 2007, 803.

gige Rechtstreit über die Wirksamkeit der vorangegangenen Befristung **wie ein vereinbarter Vorbehalt**[1]. Da der ArbGeb auf Grund der ihm durch Zustellung zur Kenntnis gelangten Befristungskontrollklage damit rechnen muss, dass er mit dem ArbN möglicherweise bereits in einem unbefristeten Arbeitsverhältnis steht, darf der ArbN als Empfänger des Angebots des ArbGeb, einen weiteren befristeten Arbeitsvertrag abzuschließen, der ausdrücklichen Erklärung den zusätzlichen Inhalt entnehmen, dieser Vertrag solle nur dann das Arbeitsverhältnis der Parteien regeln, wenn nicht bereits der der gerichtlichen Kontrolle übergebene Arbeitsvertrag für das Arbeitsverhältnis maßgeblich ist[2]. Dies muss auch gelten, wenn der ArbN einen Folgevertrag ohne ausdrücklichen Vorbehalt während eines noch anhängigen Rechtsstreits abschließt, nachdem er erstinstanzlich mit der Befristungskontrollklage obsiegt hat[3]. Anders verhält es sich, wenn der ArbGeb in dem Angebot auf Abschluss des neuen befristeten Arbeitsvertrages darauf hinweist, dass mit dem Abschluss des neuen Vertrages der vorangegangene Vertrag aufgehoben ist.

Auf die sachliche Rechtfertigung des vorangegangenen Vertrages kann es ankommen, wenn es sich bei 91
dem letzten Vertrag nur um einen **unselbständigen Annex** zum vorhergehenden Vertrag handelt. Dies ist der Fall, wenn nur die Laufzeit des alten Vertrages verhältnismäßig geringfügig korrigiert mit dem Sachgrund der Befristung in Einklang gebracht wird, dieser aber ansonsten derselbe bleibt[4]. Wird das Fristende eines vierjährigen Arbeitsvertrags um zehn Monate geändert, so ist dies aber keine geringfügige Korrektur mehr. Den Arbeitsvertragsparteien darf es nur darum gehen, die Laufzeit des alten Vertrags mit dem Sachgrund der Befristung in Einklang zu bringen[5]. Auch kann der vorletzte Vertrag maßgeblich sein, wenn sich aus ausdrücklichen oder konkludenten Vereinbarungen ergibt, dass die Vertragsschließenden ihr Arbeitsverhältnis nicht auf eine neue Grundlage stellen wollten[6].

Mit zunehmender Dauer der Beschäftigung bei demselben ArbGeb steigen die **Anforderungen an den** 92
Sachgrund der Befristung[7]. Ist aus Vertretungsgründen bereits mehrfach das Arbeitsverhältnis befristet abgeschlossen worden, kann auf Grund der langjährigen Beschäftigung der Abschluss eines weiteren befristeten Arbeitsvertrages nur noch gerechtfertigt sein, wenn hinreichend sichere Anhaltspunkte für den endgültigen Wegfall des Vertretungsbedarfs vorliegen[8].

Mehrfache Befristungen von Zeitarbeitsverträgen, sofern der einzelne nicht die Dauer von 5 Jahren 93
überschreitet, sind auch im **öffentl. Dienst** nach den Sonderregelungen 2y BAT/§ 30 TVöD-AT zulässig.

7. Befristung einzelner Arbeitsvertragsbedingungen. Auf sie sind die Vorschriften des TzBfG nicht 94
anwendbar[9]. Soweit die Befristung einzelner Arbeitsvertragsbedingungen **vor Inkrafttreten des Schuldrechtsmodernisierungsgesetzes** am 1.1.2002 vereinbart worden war, wurde die Auffassung vertreten, dass das KSchG nicht nur einen Bestands- sondern auch einen Inhaltsschutz gewähre. Demzufolge bedürfe die Befristung einzelner Arbeitsvertragsbedingungen eines rechtfertigenden Sachgrunds, wenn dem ArbN durch die Befristung der gesetzl. **Änderungskündigungsschutz** entzogen werde. Dies sei bei Vertragsbedingungen der Fall, die bei unbefristeter Vereinbarung dem Änderungskündigungsschutz nach § 2 KSchG unterliegen, weil sie die Arbeitspflichten nach Inhalt und Umfang in einer Weise ändern, die sich unmittelbar auf die Vergütung auswirkt und damit das Verhältnis von Leistung und Gegenleistung maßgeblich beeinflusst[10].

Mit dem **Inkrafttreten des Schuldrechtsmodernisierungsgesetzes** am 1.1.2002 änderte sich die dogma- 95
tische Grundlage der Kontrolle der Befristung von Arbeitsvertragsbedingungen[11]. Die Befristung von Arbeitsvertragsbedingungen wird nun der **Inhaltskontrolle nach §§ 307 ff. BGB** unterworfen, soweit es sich um vorformulierte Arbeitsvertragsbedingungen iSd. § 305 BGB handelt[12] oder der Arbeitsvertrag als ein **Verbrauchervertrag** iSv. § 310 III BGB zu qualifizieren und der ArbN als Verbraucher iSd. § 13 BGB zu definieren ist[13]. Mit der Anwendung der §§ 307 ff. BGB auf die Vereinbarung befristeter Arbeitsvertragsbedingungen kommt es daher zu keiner eigentlichen Sachgrundprüfung mehr, wie dies bei befristeten Arbeitsverträgen gem. Abs. 1 vorgesehen ist. Grundlage für die Prüfung der Wirksamkeit der befristeten Arbeitsbedingungen ist eine Inhaltskontrolle nach § 307 BGB[14]. Mithin ist eine vorformulierte Befristung der Arbeitsbedingungen unwirksam, wenn sie den ArbN iSv. § 307 I 1 BGB unangemessen benachteiligt.

Eine **unangemessene Benachteiligung** liegt im Zweifel vor, wenn die Bestimmung im Formulararbeits- 96
vertrag mit wesentlichen Grundgedanken der gesetzl. Regelung, von der abgewichen wird, nicht zu

1 BAG v. 13.10.2004 – 7 AZR 654/03, NZA 2005, 469. | **2** BAG v. 13.10.2004 – 7 AZR 218/04, NZA 2005, 401. | **3** AA LAG Nds. v. 12.1.2004 – 5 Sa 1130/03 E, NZA-RR 2004, 555. | **4** BAG v. 1.12.1999 – 7 AZR 236/98, DB 2000, 675. | **5** BAG v. 1.12.1999 – 7 AZR 236/98, DB 2000, 675. | **6** BAG v. 15.8.2001 – 7 AZR 144/00, NZA 2002, 696 (OS). | **7** BAG v. 11.12.1991 – 7 AZR 431/90, NZA 1992, 883 (886); v. 11.11.1998 – 7 AZR 328/97, BB 1999, 423. | **8** BAG v. 11.12.1991 – 7 AZR 431/90, NZA 1992, 883 (886); v. 11.11.1998 – 7 AZR 328/97, BB 1999, 423. | **9** BAG v. 27.7.2005 – 7 AZR 486/04, NZA 2006, 40. | **10** BAG v. 15.1.2004 – 7 AZR 213/03, NZA 2003, 104. | **11** Die befristete Erhöhung der Arbeitszeit unterliegt aber der Mitbestimmung des BR oder eines PersR, BAG v. 24.4.2007 – 1 ABR 47/06, NZA 2007, 818. | **12** BAG v. 27.7.2005 – 7 AZR 486/04, NZA 2006, 40; v.18.1.2006 – 7 AZR 191/05, NZA 2007 351. | **13** BAG v. 25.5.2005 – 5 AZR 572/04, NZA 2005, 1111; aA *Tschöpe/Pirscher*, RdA 2004, 385. | **14** BAG v. 27.7.2005 – 7 AZR 486/04, NZA 2006, 40.

vereinbaren ist. Auch wenn die Inhaltskontrolle des § 307 I BGB begrifflich die der BAG-Rspr. zugrundeliegende Frage der Umgehung des gesetzl. Änderungskündigungsschutzes ausschließt, so legt doch das unbestimmte Rechtsbegriffspaar der unangemessenen Benachteiligung nahe, diese unter Berücksichtigung des arbeitsrechtl. Richterrechts im Hinblick auf § 310 IV 2 BGB auf der Grundlage der von der bisherigen Rspr. des BAG vorgenommenen Bewertung zu messen. Die Inhaltskontrolle korrespondiert damit im Ergebnis mit dem materiellen Änderungsschutz des § 2 KSchG. Die Übernahme des bisherigen Prüfungssystems und -maßstabs schließt eine Benachteiligung iSv. § 307 I BGB aus, wenn ein sachlicher Grund für die Befristung vorliegt. Die Befristung des gesamten Arbeitsvertrages kann nicht unter leichteren Voraussetzungen möglich sein als diejenige einzelner Teile. Im Ergebnis kann der Inhaltsschutz des § 307 BGB nicht über denjenigen des Kündigungsschutzes hinausgehen[1]. Auch wenn es nur um die Befristung einzelner Vertragsbedingungen geht, sind somit nur die Sachgründe zur wirksamen Befristung geeignet, die ein Arbeitsverhältnis insgesamt wirksam befristen können, also insb. die in Abs. 1 genannten Gründe[2].

97 Das **Transparenzgebot** des § 307 I 2 BGB erfordert, dass die Befristung der Arbeitsbedingungen in der vertragl. Regelung hinreichend deutlich ist. Dazu bedarf es der Bestimmung der Leistung, die der Befristung unterliegt sowie der Angabe des Beendigungszeitpunktes bzw. der Dauer oder des Zweckes der Befristung oder der auflösenden Bedingung, die zur Beendigung des Vertrags führt. Ebenso wenig wie bei der Befristung eines Vertrages insgesamt muss der Befristungs- bzw. Änderungsgrund angegeben werden. Anders verhält es sich bei der Zweckbefristung und auflösenden Bedingung, da die vorgesehene Beendigung aus dem Sachgrund selbst folgt, also durch den Zweck oder die auflösende Bedingung der Beendigungstatbestand erst gekennzeichnet wird.

98 Handelt es sich bei der nachträglichen Befristung von einzelnen Arbeitsbedingungen um eine **Individualvereinbarung**, so unterliegt sie nach § 305 III BGB keiner Inhaltskontrolle. Im Hinblick auf die bisherige Rspr. des BAG erscheint es fraglich, ob sich die Rspr. bei individuell ausgehandelten befristeten Einzelarbeitsbedingungen jeglicher Kontrolle enthalten wird. Der durch die änderungsschutzrechtl. Bestimmung des § 2 KSchG bestehende Inhaltsschutz gilt für jedes Arbeitsverhältnis. Es ist zu erwarten, dass die Rspr. den in § 2 KSchG entnommene Inhaltsschutz mit der bisherigen Begründung auf individuell ausgehandelte befristete Arbeitsbedingungen anwenden, in Einzelfällen möglicherweise auf der Grundlage der §§ 138, 134 BGB zu einer Unwirksamkeit gelangen wird, wenn die Befristung von Teilen des Arbeitsvertrages zu einer unangemessenen Benachteiligung des ArbN führt.

99 Da ansonsten ein Wertungswiderspruch besteht, wenn die Befristung einzelner Arbeitsbedingungen einer Bewertung nach §§ 307 ff. BGB unterzogen wird, obwohl noch **nicht der materielle Änderungsschutz** nach § 2 KSchG besteht, wird das Sachgrunderfordernis für die Befristung von Teilen eines Arbeitsvertrages nicht gelten, wenn auch ein unbefristetes Arbeitsverhältnis noch nicht dem Änderungskündigungsschutz des § 2 KSchG unterliegt oder es sich um einen **Kleinbetrieb** iSd. § 23 KSchG handelt.

100 Die Befristung einzelner Vertragsbedingungen bedarf zu ihrer Wirksamkeit **nicht der Schriftform** gem. Abs. 4. Auf die Kontrolle der Befristung einzelner Vertragsbedingungen ist **§ 17 nicht anwendbar**. Beide Bestimmungen betreffen nur die Befristung eines Arbeitsvertrages insgesamt und gelten daher nicht für die Befristung von Teilen eines Arbeitsvertrages. Das Klagebegehren ist demgemäß als allgemeine Feststellungsklage gem. § 256 I ZPO geltend zu machen.

101 Die Befristung einzelner Vertragsbedingungen kann **nicht** auf Abs. 2 oder Abs. 2a gestützt werden[3]. Da Abs. 2 S. 2 und Abs. 2a für eine wirksame sachgrundlose Befristung eine Neueinstellung voraussetzen, können bei einem bereits bestehenden Arbeitsverhältnis im Nachhinein nicht einzelne Arbeitsbedingungen ohne Vorliegen eines Sachgrundes wirksam befristet werden. Wird ein ArbN iSd. Abs. 2 S. 2 oder Abs. 2a **neu eingestellt**, so wird man aber, statt das gesamte Arbeitsverhältnis sachgrundlos zu befristen, in den Grenzen des Abs. 2 S. 1 bzw. Abs. 2a einzelne Arbeitsbedingungen ohne Sachgrund befristen können. Ansonsten sind befristete Vertragsänderungen vor Ablauf der Wartezeit des § 1 KSchG und in Kleinbetrieben von keinem Sachgrund abhängig.

102 **IV. Befristung ohne das Erfordernis eines sachlichen Grundes (Abs. 2, Abs. 2a u. Abs. 3). 1. Zeitlich begrenzte Befristung ohne Sachgrund (Abs. 2). a) Dauer und Anzahl der Befristungen (S. 1).** Nach der Koalitionsvereinbarung vom 11.11.2005 (2.7.1, S. 30) ist beabsichtigt, die Möglichkeit zu streichen, Arbeitsverträge in den ersten 24 Monaten sachgrundlos zu befristen. Gleichwohl wird nachstehend die bislang noch **geltende gesetzl. Regelung** dargestellt. Bei den in den Abs. 2, Abs. 2a und Abs. 3 geregelten sachgrundlosen Befristungen handelt sich um Ausnahmetatbestände gegenüber dem sich aus Abs. 1 ergebenden Grundsatz, dass die Befristung eines Arbeitsvertrages eines sachlichen Grundes bedarf. Nach Abs. 2 ist die kalendermäßige Befristung eines Arbeitsvertrages ohne sachlichen Grund bis zur Dauer von **zwei Jahren** zulässig. Kalendermäßig ist eine Befristung, wenn sie kalendermäßig (vom

---

1 *Preis/Bender*, NZA-RR 2005, 337. | 2 BAG v. 8.8.2007 – 7 AZR 855/06, NZA 2008, 229. | 3 BAG v. 23.1.2002 – 7 AZR 563/00, ZIP 2002, 1417.

1.4.2008 bis 31.3.2009) bzw. durch Angabe eines Beendigungstermins bestimmt oder bestimmbar (ab 1.4.2008 für ein Jahr) ist. Zweckbefristungen oder Arbeitsverträge mit auflösender Bedingung iSd. § 21 können nicht nach dieser Bestimmung abgeschlossen werden, da in diesen Fällen durch den Zweck oder die auflösende Bedingung der Beendigungstatbestand gekennzeichnet wird. Bis zur Gesamtdauer von zwei Jahren ist eine dreimalige Verlängerung (s. Rz. 105) des kalendermäßig befristeten Arbeitsvertrages zulässig. Ohne dass ein die Befristung rechtfertigender Grund vorzuliegen braucht, kann also zB viermal ein Arbeitsvertrag mit jeweils einer Dauer von 6 Monaten abgeschlossen werden. Die Dauer bestimmt sich nach dem vertraglich vorgesehenen Beginn und Ende des Arbeitsverhältnisses. Da § 14 vom ersten Tag des Arbeitsverhältnisses gilt, also jede Befristung grds. nach Abs. 1 einer sachlichen Rechtfertigung bedarf (s. Rz. 3 und 4), ist die Möglichkeit der sachgrundlosen Befristung auch bei einer **Verlängerung der Wartezeit** des § 1 I KSchG durch den Gesetzgeber auf 24 Monate bedeutsam und wegen eines möglicherweise sonst zu beachtenden Sonderkündigungsschutzes und bestehender MitbestR des BR, des Personalrats oder der Mitarbeitervertretung zweckmäßig.

b) Ohne Sachgrund. Eine wirksame Befristung ohne Sachgrund setzt nicht voraus, dass hierauf entsprechend **hingewiesen oder** die Anwendung dieser Bestimmung **vereinbart** wird. Es besteht kein dahingehendes gesetzl. Zitiergebot. – Im Anwendungsbereich des BAT ist jedoch die Protokollnotiz Nr. 6a zu Nr. 1 SR 2y BAT zu beachten, aber nicht im Anwendungsbereich des TVöD, § 30 TVöD-AT. Danach ist bei sachgrundlosen Befristungen ausdrücklich anzugeben, dass es sich um ein Arbeitsverhältnis nach § 14 II bzw. IIa oder III handelt[1]. – Wenn ein befristetes Arbeitsverhältnis ohne Festlegung auf einen bestimmten Sachgrund vereinbart wurde, kann daher der ArbGeb zur Rechtfertigung der Befristung einen Sachgrund anführen, wenn die Voraussetzungen für eine wirksame sachgrundlose Befristung nicht vorliegen. Das Vorliegen eines Sachgrundes ist keine formale, sondern eine objektive Wirksamkeitsvoraussetzung. Umgekehrt kann deshalb bei Vorliegen der in Abs. 2 genannten Voraussetzungen die Befristung auf eine sachgrundlose Befristung nach Abs. 2 gestützt werden, wenn im Arbeitsvertrag ein objektiv unzutreffender Sachgrund angeführt wird. Anders verhält es sich, wenn nicht nur ein einfacher Hinweis auf den Sachgrund erfolgt, sondern im Arbeitsvertrag eine sachliche Begründung für die Befristung enthalten ist, die eine sachgrundlose Befristung als ausgeschlossen gelten lässt. In diesem Fall gilt eine sachgrundlose Befristung als abbedungen[2]. 103

Für die wirksame **Verlängerung** nach Abs. 2 S. 1 ist es demzufolge grds. unerheblich, ob für den ersten Vertrag ein Sachgrund bestand oder nicht und ob bzw. welche Angaben hierzu im Arbeitsvertrag angegeben sind. Aber auch wenn der erste Vertrag eine sachliche Begründung enthält, die eine sachgrundlose Befristung ausschließt, ist eine Verlängerung möglich, ohne dass im Zeitpunkt des Verlängerungsvertrags noch ein Sachgrund besteht[3]. Abs. 2 S. 2 schließt vom Wortlaut her eine bloße Verlängerung nicht aus. 104

c) Verlängerung. Eine Verlängerung iSd. Satzes 1 setzt eine **nahtlose Weiterbeschäftigung** voraus. Das bisherige befristete Arbeitsverhältnis wird über den zunächst vereinbarten Endtermin bis zu dem neu vereinbarten Endtermin fortgesetzt. Es darf zu keiner – auch zu keiner nur kurzfristigen – Unterbrechung kommen, auch nicht auf Grund eines Wochenendes oder eines Feiertages. Ansonsten ist die Verlängerung mit der Folge unwirksam, dass wegen der – gewollten – Fortsetzung über das zuvor vereinbarte Befristungsende hinaus nach § 15 V ein unbefristetes Arbeitsverhältnis besteht. Dieses Ergebnis kann durch eine rückwirkende Verlängerungsvereinbarung nicht vermieden werden, auch wenn sie einen Anschluss an den Ablauf des zu verlängernden Vertrags vorsieht. 105

Die Verlängerung muss **vor dem Ablauf** des zu verlängernden Vertrages schriftl. vereinbart werden[4], also bis 24:00 Uhr des letzten Tages, bis zu dem der zu verlängende Vertrag gilt. Es dürfen dabei nur die Vertragslaufzeit, nicht aber die übrigen Arbeitsbedingungen geändert werden. Der im Zeitpunkt des Abschlusses der Verlängerungsvereinbarung bestehende **Vertragsinhalt muss unverändert** bleiben[5]. Dies gilt auch, wenn die geänderten Arbeitsbedingungen für den ArbN günstiger sind, wie zB die unterlassene Vereinbarung einer Kündigungsmöglichkeit[6]. Dies folgt aus dem Begriff der Verlängerung und dem Umstand, dass das Gesetz eine Verlängerung des Arbeitsvertrages und nicht lediglich des Arbeitsverhältnisses voraussetzt. Diese Einschränkung kann nicht dadurch umgangen werden, dass unmittelbar vor Ablauf der Befristung einvernehmlich der Vertragsinhalt geändert und sodann das zuvor geänderte befristete Arbeitsverhältnis verlängert wird, es sei denn, die Änderung steht mit der Verlängerungsvereinbarung **in keinem Zusammenhang**[7]. Zulässig ist aber im Zusammenhang mit der Vertragsverlängerung eine bloße arbeitsvertragl. **Umsetzung von Ansprüchen**, auf die ein vertragl. oder gesetzl. Anspruch besteht (so zB auf eine von der Dauer der Beschäftigungszeit abhängige Gehaltserhöhung oder auf Verringerung der Arbeitszeit)[8]. Werden diese Voraussetzungen nicht beachtet, handelt es sich 106

---

1 BAG v. 28.3.2007 – 7 AZR 318/06, NZA 2007, 937. | 2 BAG v. 5.6.2002 – 7 AZR 241/01, AP Nr. 13 zu § 1 BeschFG 1996. | 3 ErfK/*Müller-Glöge*, § 14 TzBfG Rz. 124. | 4 BAG v. 26.7.2000 – 7 AZR 51/99, BB 2000, 2576; v. 26.7.2006 – 7 AZR 514/05, NZA 2006, 1402. | 5 BAG v. 18.1.2006 – 7 AZR 178/05, NZA 2006, 605. | 6 BAG v. 20.2.2008 – 7 AZR 786/06, PM Nr. 16/08. | 7 BAG v. 26.7.2006 – 7 AZR 514/05, NZA 2006, 1402. | 8 BAG v. 23.8.2006 – 7 AZR 12/06, NZA 2007, 204; v. 16.1.2008 – 7 AZR 603/06, PM Nr. 2/08.

um den Neuabschluss eines befristeten Arbeitsvertrages, dessen Befristung wegen des bereits bestehenden Arbeitsverhältnisses nach § 14 II 2 TzBfG ohne Sachgrund nicht zulässig ist[1]. Unschädlich ist aber eine Vereinbarung der Parteien über die Änderung der Arbeitsbedingungen während der Laufzeit des Vertrages[2]. Dadurch werden die Vertragsbedingungen nur für die restliche Laufzeit des Vertrags und nicht in Verbindung mit einem weiteren befristeten Anschlussvertrag geändert. Allein die möglicherweise bei dem ArbN bestehende Erwartung, dass das Arbeitsverhältnis eventuell später verlängert werden könnte, wenn er sich mit der vom ArbGeb erstrebten Änderung der Arbeitsbedingungen einverstanden erklärt, wird durch die Befristungskontrolle nicht geschützt[3]. Eine derartige Vereinbarung unterliegt auch nicht als solche der Befristungskontrolle[4].

107 **Verlängerungsklausel:**

Das mit dem ArbN seit dem ... gem. § 14 Abs. 2 TzBfG bestehende befristete Arbeitsverhältnis wird unter Beibehaltung der übrigen Vertragsvereinbarungen nach § 14 Abs. 2 Satz 1 TzBfG über das zunächst vorgesehene Vertragsende am ... hinaus bis ... verlängert.

108 **Hinweis:** Ohne Kündigungsvorbehalt (s. § 15 Abs. 3) kann während der Befristung nicht gekündigt werden. Ist die Kündigung vorbehalten worden, so gelten für eine Kündigung während der Befristungsdauer die allgemeinen kündigungsrechtl. Regelungen. Die Vereinbarung einer Probezeit ist gemäß § 622 Abs. 3 BGB als ausreichend anzusehen, um während dieser mit der in § 622 Abs. 3 BGB genannten Frist kündigen zu können[5].

109 **d) Neueinstellung (S. 2).** Im Gegensatz zu dem bis zum 31.12.2000 geltenden Beschäftigungsförderungsgesetz kann eine Befristung ohne Sachgrund gem. dieser Bestimmung nur bei Neueinstellungen vereinbart werden[6]. Dies gilt auch dann, wenn das neue Arbeitsverhältnis nur für die Dauer von maximal sechs Monaten (bzw. für die Dauer der nach einer Änderung des § 1 I KSchG geltenden Wartezeit) befristet werden soll[7]. **Ausgeschlossen** sind somit alle ArbN, die irgendwann einmal zu demselben ArbGeb in einem Arbeitsverhältnis standen. Unerheblich ist somit, ob der ArbN bereits in demselben Betrieb gearbeitet hat[8]. Vorausgehen dürfen nur Ausbildungsverhältnisse[9] einschließlich berufsbezogener Praktika[10], wenn eine etwaige Vergütung in keinem Verhältnis zur Arbeitsleistung steht[11], wirksame Leiharbeitsverhältnisse, eine Beschäftigung im Rahmen eines freiwilligen sozialen Jahres und wegen Fehlens eines Arbeitsverhältnisses der Einsatz als Zivildienstleistender (s. § 15a ZDG). Eine sachgrundlose Befristung an eine Befristung mit sachlichem Grund bei demselben ArbGeb ist somit auch ausgeschlossen. Ebenso ist eine erneute sachgrundlose Befristung auch ohne engen sachlichem Zusammenhang unzulässig, wenn mit demselben ArbGeb zuvor ein unbefristetes Arbeitsverhältnis oder eine nach § 14 II 1 bzw. IIa erleichterte Befristung bestand. Das Anschlussverbot gilt auch für Befristungen bis zu sechs Monaten[12] (bzw. für die Dauer der nach einer Änderung des § 1 I KSchG geltenden Wartezeit).

110 Bei der Beurteilung, ob es sich um einen Arbeitsvertrag mit demselben ArbGeb handelt, kommt es auf den **ArbGeb im arbeitsvertragl. Sinne** an[13]. Maßgeblich ist also nicht die tatsächliche Eingliederung in einen Betrieb, sondern die individualrechtl. Bindung. Die vorangegangene Tätigkeit in einem gemeins. Betrieb (§ 1 II BetrVG) schließt die Vereinbarung einer sachgrundlosen Befristung mit dem anderen, an dem gemeins. Betrieb beteiligten Unternehmen nicht aus. Auch ist die sachgrundlose Befristung eines Arbeitsvertrages mit einem Verleiher zulässig, wenn der ArbN an seinen vormaligen VertragsArbGeb überlassen wird[14]. Es liegt jedoch ein rechtsmissbräuchlicher Umgehungstatbestand vor, wenn mehrere rechtl. und tatsächlich verbundene VertragsArbGeb, die in bewusstem und gewollten Zusammenhang wirken, abwechselnd mit einem ArbN befristete Arbeitsverträge schließen, und der Wechsel ausschließlich deshalb erfolgt, um auf diese Weise über die zulässigen Befristungsmöglichkeiten hinaus sachgrundlose Befristungen aneinander reihen zu können, sich also an der konkreten Beschäftigung nichts ändert[15]. Geht ein Arbeitsverhältnis gem. § 613a BGB auf einen **neuen Betriebsinhaber** über und soll es nach seiner Beendigung durch den neuen ArbGeb nach Abs. 2 befristet fortgesetzt werden, so liegt kein ArbGebWechsel iS dieser Vorschrift vor, da durch den Betriebsinhaberwechsel das Arbeitsverhältnis gem. § 613a BGB bereits auf den neuen ArbGeb übergegangen war. Ein bei dem Betriebsveräußerer bereits beendetes Arbeitsverhältnis darf aber vorausgehen, da nur ein vorangegangenes Arbeitsverhältnis mit demselben ArbGeb eine Befristung nach Abs. 2 S. 1 bzw. Abs. 2a ausschließt. § 613a BGB regelt

---

1 BAG v. 23.8.2006 – 7 AZR 12/06, NZA 2007, 204. | 2 BAG v. 19.10.2005 – 7 AZR 31/05, NZA 2006, 154. | 3 BAG v. 18.1.2006 – 7 AZR 178/05, NZA 2006, 605. | 4 BAG v. 19.10.2005 – 7 AZR 31/05, NZA 2006, 154; v. 18.1.2006 – 7 AZR 178/05, NZA 2006, 605. | 5 ErfK/*Müller-Glöge*, § 14 TzBfG Rz. 108. | 6 BAG v. 6.11.2003 – 2 AZR 690/02, ZIP 2004, 1428. | 7 BAG v. 6.11.2003 – 2 AZR 690/02, ZIP 2004, 1428. | 8 BAG v. 18.10.2006 – 7 AZR 145/06, NZA 2007, 443. | 9 Begr. RegE, BT-Drs. 14/4374, S. 20; LAG Nds. v. 4.7.2003 – 16 Sa 103/03, LAGReport 2003, 292; aA *Däubler*, ZIP 2001, 217, 223; *Schlachter*, NZA 2003, 1180. | 10 Hess. LAG v. 12.9.2005 – 10 Sa 1843/04, AE 2006, Nr. 171. | 11 BAG v. 19.10.2005 – 7 AZR 31/05, NZA 2006, 154; ArbG Marburg v. 27.8.2004 – 2 Ca 572/03, DB 2004, 2375: auch wenn es sich um ein für die Ausbildung gesetzlich vorgesehenes berufsvorbereitendes Praktikum handelt. | 12 BAG v. 6.11.2003 – 2 AZR 690/02, ZIP 2004, 1428. | 13 BAG v. 25.4.2001 – 7 AZR 376/00, ZIP 2001, 1511; v. 18.10.2006 – 7 AZR 145/06, NZA 2007, 443. | 14 BAG v. 18.10.2006 – 7 AZR 145/06, NZA 2007, 443 | 15 LAG Nds. v. 29.1.2003 – 10 SHa 18/02, NZA-RR 2003, 624.

die Folgen eines ArbGebWechsels bei einem noch bestehenden Arbeitsverhältnis. Ist der ArbN früher bei einem durch Verschmelzung von Rechtsträgern unter Auflösung ohne Abwicklung im Wege der Aufnahme (§ 2 Nr. 1 UmwG) gem. § 20 I Nr. 2 S. 1 UmwG erloschenen Unternehmen beschäftigt gewesen, so steht Abs. 2 oder 2a einer Einstellung durch einen übernehmenden oder neu gebildeten Rechtsträger nicht entgegen[1]. Bei einem Wechsel von einem Konzernunternehmen zu einem anderen liegt ebenfalls keine Identität des ArbGeb vor. Auch ist von keiner Identität auszugehen, wenn der ArbN von einer GbR eingestellt wird, nachdem bereits ein Arbeitsverhältnis zu einem Gesellschafter dieser GbR bestand[2].

Ist die Befristung nach dieser Bestimmung **unzulässig**, gilt der Arbeitsvertrag gem. § 16 als auf unbestimmte Zeit geschlossen. Kettenbefristungen (auch: „Befristungsketten"), insb. der Wechsel zwischen Befristungen ohne und mit sachlichem Grund, sollen dadurch erheblich erschwert werden. Zulässig bleiben aber Befristungen aus sachlichem Grund nach Abs. 1 oder spezialgesetzl. Regelungen – zB §§ 2 ff. WissZeitVG – im Anschluss an eine sachgrundlose Befristung. Allerdings gilt das Arbeitsverhältnis trotz der in § 16 S. 1 normierten Rechtsfolge als durch wirksame Befristung zu dem vertragl. vorgesehenen Zeitpunkt beendet, wenn der ArbN die Klagefrist des § 17 S. 1 KSchG verstreichen lässt (§ 17 S. 2 iVm. § 7 KSchG; s. auch die Kommentierung zu § 17 KSchG). 111

Mit einer **teleologischen Reduktion** meint *Löwisch*[3] nicht jedes Vorarbeitsverhältnis ausschließen zu müssen. Unter Hinweis auf die Verjährungsregelungen des BGB sei dann von keinem vorangehendem Arbeitsverhältnis iSd. § 14 II TzBfG auszugehen, wenn das frühere Arbeitsverhältnis länger als zwei Jahre zurückliegt. Die von *Löwisch* aufgezeigte Lösung ist jedoch für den insb. als anwaltlichen Berater tätigen Rechtsanwender wegen des Risikos des stattdessen unbefristet bestehenden Arbeitsverhältnisses wenig hilfreich. Sie widerspricht zudem dem Gesetzeswortlaut und der ausdrücklichen Gesetzesbegründung[4]. 112

Hinweis und Vertragsklausel: Es empfiehlt sich, dieses Risiko dadurch zu vermeiden, dass im Personalfragebogen ausdrücklich nach einer Vorbeschäftigung in dem Unternehmen oder einem Betrieb des Unternehmens gefragt wird. 113

In den Arbeitsvertrag kann die Bestätigung aufgenommen werden:

Der ArbN erklärt ausdrücklich, noch nie in einem Betrieb dieses Unternehmens oder einer Rechtsvorgängerin gearbeitet zu haben. Ist diese Erklärung falsch, so endet das Arbeitsverhältnis spätestens zwei Wochen nach Zugang der schriftlichen Feststellung der Unrichtigkeit dieser Erklärung.

Ist die Erklärung des ArbN falsch, so kann der Arbeitsvertrag wegen arglistiger Täuschung gem. § 123 BGB angefochten werden. Fehlt es an der hierfür erforderlichen „Arglist", so stellt sich die Frage, ob auch der Gesichtspunkt des Wegfalls der Geschäftsgrundlage (§ 313 II BGB) zu einer sofortigen Beendigung des Arbeitsverhältnisses führt[5]. – Das vorstehende Beispiel enthält eine auflösende Bedingung, die als Rechtsbedingung nicht dem § 21 unterfällt.

Der Arbeitsplatz muss **nicht mit einem Arbeitslosen** besetzt werden. Auch muss für die Befristung ohne sachlichen Grund **kein neuer Arbeitsplatz** hierfür geschaffen werden. 114

e) Tarifvertragliche Abweichungen (S. 3 u. S. 4). Gemäß Abs. 2 S. 3 kann durch TV die **Anzahl der Verlängerungen** oder die **Höchstdauer der Befristung** ohne Sachgrund abweichend festgelegt werden. Dies kann nach § 22 I auch zuungunsten der ArbN geschehen. Entgegen dem Gesetzeswortlaut („oder") sind die TV in Abs. 2 S. 3 eingeräumten Abweichungen nicht nur alternativ möglich. Die Gesetzesbegründung lässt vielmehr eine andere Anzahl von Verlängerungen **„sowie"** eine andere Höchstbefristungsdauer zu[6]. In TV sind danach beide Veränderungen zusammen oder nur eine von beiden möglich. Soweit Abs. 2 S. 3 tarifl. Regelungen zulässt, ist auch eine Reduzierung auf null möglich, so dass eine Befristung ohne Sachgrund tarifvertragl. ausgeschlossen werden kann[7]. 115

Auch auf der Grundlage bzw. im Geltungsbereich des **BAT/TVöD** können befristete Arbeitsverhältnisse ohne Sachgrund gem. § 14 II und III vereinbart werden (s. Protokollnotiz Nr. 6 zu Nr. 1 **SR 2y, § 30 I TVöD-AT**). Im Anwendungsbereich des BAT, nicht jedoch gem. TVöD, ist im Arbeitsvertrag **ausdrücklich anzugeben**, dass es sich um ein Arbeitsverhältnis nach § 14 II oder III TzBfG handelt. Diese Angabe hat konstitutive Bedeutung[8]. Die Dauer des Arbeitsverhältnisses soll idR zwölf Monate nicht unterschreiten, muss aber mindestens sechs Monate betragen. Nach § 30 III TVöD-AT gilt dies nur für sachgrundlose Befristungen. Sowohl der BAT als auch der TVöD räumen die Möglichkeit einer Kündigung während der Befristung ein. Die Kündigungsmöglichkeit unterliegt aber Einschränkungen und besonderen Fristen. 116

1 BAG v. 10.11.2004 – 7 AZR 101/04, NZA 2005, 514. | 2 ErfK/*Müller-Glöge*, § 14 TzBfG Rz. 120. | 3 *Löwisch*, BB 2001, 254. | 4 BT-Drs. 14/4374, S. 19/20; bestätigt durch BAG v. 6.11.2003 – 2 AZR 21/03, AP Nr. 9 zu § 14 TzBfG. | 5 So *Straub*, NZA 2001, 919. | 6 BT-Drs. 14/4374, S. 20. | 7 *Däubler*, ZIP 2001, 217 (225); *Backhaus*, Sonderbeilage zu NZA Heft 24/2001, 8; aA *Pöltl*, NZA 2001, 582. | 8 BAG v. 28.3.2007 – 7 AZR 318/06, NZA 2007, 937.

Als sachgrundlose Befristung stellt sich die in **§ 32 TVöD-AT** eingeräumte Möglichkeit der Befristung eines Arbeitsverhältnisses in einer **Führungsposition** dar. Führungspositionen können danach als befristete Arbeitsverhältnisse bis zur Dauer von vier Jahre vereinbart werden. Sie können in den Entgeltgruppen 10 bis 12 zweimal bis zu einer Gesamtdauer von acht Jahre, in der Entgeltgruppe 13 dreimal bis zu einer Gesamtdauer von zwölf Jahren verlängert werden.

117 Der tarifl. Regelung können sich nach Satz 4 im Geltungsbereich eines solchen TV nicht tarifgebundene ArbGeb und ArbN durch eine Vereinbarung anschließen. Mit dieser **Tariföffnungsklausel** sollen branchenspezifische Lösungen erleichtert werden. Die Anwendung der tarifl. Regelung kann ohne Inbezugnahme des gesamten TV vereinbart werden.

118 **2. Zeitlich begrenzte Befristung ohne Sachgrund bei Neugründungen (Abs. 2a).** Auf Grund des Gesetzes zu Reformen am Arbeitsmarkt wird durch die Neueinfügung eines Abs. 2a für neugegründete Unternehmen ab 1.1.2004 die Möglichkeit der sachgrundlosen Befristung gem. Abs. 2 auf die Gesamtdauer von vier Jahren erstreckt. Ziel ist es nach der Entwurfsbegründung, Unternehmen in der schwierigen Aufbauphase den Abschluss befristeter Arbeitsverträge besonders zu erleichtern.

Hinsichtlich des Begriffs des **neugegründeten Unternehmens** knüpft die Bestimmung an die Regelung in § 112a II BetrVG an. Als Zeitpunkt der Gründung gilt die Aufnahme einer nach § 138 AO mitteilungspflichtigen Erwerbstätigkeit. Maßgeblich ist die Aufnahme der Erwerbstätigkeit, nicht der Zeitpunkt der Mitteilung an das FA. Erfasst werden auch Neugründungen vor dem Inkrafttreten des Gesetzes. Ausgenommen von der Neugründung iS dieser Vorschrift sind Neugründungen im Zusammenhang mit Umstrukturierungen von Unternehmen. Um einer Missbrauchsmöglichkeit entgegenzuwirken, wird also eine maßgebliche gesellschaftsrechtl. Beteiligung an dem neuen Unternehmen den Begriff einer Neugründung infrage stellen. Dies betrifft in erster Linie die Gesamtrechtsnachfolge nach dem UmwG. Dagegen wird eine Neugründung infolge eines sog. Management-buy-out als Existenzgründung gelten. Ein unternehmerischer Neuanfang iSd. Vorschrift kann auch in der Übernahme eines Betriebes gem. § 613a BGB liegen[1], sofern es sich nicht um eine bloße Umgehungsmaßnahme handelt. Die Befristungsmöglichkeit des Abs. 2a besteht daher für ein neu gegründetes Unternehmen, das den Betrieb oder Betriebsteil eines anderen, länger als vier Jahre bestehenden Unternehmens übernimmt. Auf die Rechtsform des neu gegründeten Unternehmens kommt es nicht an.

119 Die sachgrundlose Befristung für die Dauer von insgesamt vier Jahren besteht **innerhalb der ersten vier Jahre** nach Aufnahme der Erwerbstätigkeit. Demgemäß ist die sachgrundlose und mehrfache Befristung bis zur Dauer von insgesamt vier Jahren nicht nur im Zeitpunkt der Existenzgründung oder unmittelbar danach möglich, sondern bis zu dem Zeitpunkt, in welchem das Unternehmen vier Jahre alt wird, so dass sie bis in das achte Jahr des Unternehmensbestands hineinreichen kann.

Nach der Gesetzesbegründung kommt es für den **Beginn des Vier-Jahres-Befristungszeitraumes** nicht auf den Abschluss des Arbeitsvertrages, sondern auf den Zeitpunkt der vereinbarten Arbeitsaufnahme an. Dem steht allerdings der Wortlaut der Vorschrift entgegen, indem dort von der Befristung des Arbeitsvertrages selbst gesprochen wird.

120 Wie nach Abs. 2 können Zweckbefristungen oder Arbeitsverträge mit auflösender Bedingung iSd. § 21 nicht nach Abs. 2a abgeschlossen werden. Es werden durch Abs. 2a **nur kalendermäßig befristete** Arbeitsverträge erfasst.

121 Nicht die Gesamtbefristungsdauer von vier Jahren ausschöpfende befristete Arbeitsverträge können bis zur Gesamtdauer von vier Jahren **verlängert** werden. Die Anzahl der Verlängerungsmöglichkeiten ist anders als in Abs. 2 nicht begrenzt. Zur Verlängerung und den dabei zu beachtenden Voraussetzungen siehe Rz. 105.

122 Im Übrigen finden nach diesem neu eingefügten Abs. 2a die S. 2 bis 4 des Abs. 2 entsprechende Anwendung. Bei einem neu gegründeten Unternehmen kann einer Neueinstellung entgegenstehen, dass ein ArbN innerhalb der ersten vier Jahre nach Aufnahme der Erwerbstätigkeit sachgrundlos befristet eingestellt werden soll, der unmittelbar nach Aufnahme der Erwerbstätigkeit schon einmal in dem Unternehmen tätig war. Wegen des Problems der Neueinstellung s. im Übrigen Rz. 109 ff.

Entsprechend Abs. 2 S. 3 kann durch TV die **Anzahl der Verlängerungen** oder die **Höchstdauer der Befristung** anders festgelegt werden. Durch TV können daher entgegen der gesetzl. Regelung die Anzahl der möglichen Verlängerungen begrenzt werden. Auch kann von der vierjährigen Höchstbefristungsdauer abgewichen werden. Siehe im Übrigen hierzu wie zur Anwendung der tarifl. Regelung durch nicht tarifgebundene ArbGeb und ArbN Rz. 115 ff.

123 **Hinweis:** Will man nicht von der Möglichkeit Gebrauch machen, durch „Minibefristungen" und die uneingeschränkten Verlängerungsmöglichkeiten den Zeitrahmen von vier Jahren auszuschöpfen, sondern von vornherein eine längere Befristung vereinbaren, so ist eine **Kündigungsmöglichkeit** nach § 15 III zu bedenken. Ist die Kündigung vorbehalten worden, so gelten für eine Kündigung während der

1 *Thüsing/Stelljes*, BB 2003, 1673; aA KDZ/*Däubler*, § 14 TzBfG Rz. 174e.

Befristungsdauer die allgemeinen kündigungsrechtl. Regelungen, also auch der Beginn des Kündigungsschutzes nach der Wartefrist von sechs Monaten gem. § 1 KSchG.

124 **3. Altersbefristung (Abs. 3).** Mit Urt. v. 22.11.2005 hat der EuGH[1] die schon allgemein in der Literatur geäußerte Kritik bestätigt und festgestellt, dass die bisherige „Altersbefristung" in Abs. 3 mit der RL 1999/70/EG nicht vereinbar ist. Diesen Unanwendbarkeitsausspruch des EuGH bezüglich einer altersdiskriminierenden Befristung für die nationalen Gerichte hat das BAG bestätigt[2]. Ergänzend wird in derselben Entscheidung herausgestellt, dass die im bisherigen Abs. 3 eingeräumte Altersbefristung keinen Vertrauensschutz genießt, also auch nicht auf eine vor dem 22.11.2005 (Entscheidung des EuGH) getroffene Befristungsabrede anzuwenden ist.

Mit dem Gesetz zur Verbesserung der Beschäftigungschancen älterer Menschen vom 19.4.2007[3] ist der Abs. 3 mir Wirkung ab 1.5.2007 geändert worden.

125 Die geänderte Regelung des Abs. 3 lässt eine **sachgrundlose Befristung** für die Dauer von **maximal fünf Jahren** zu. Während dieser Dauer und unter Berücksichtigung dieser Maximaldauer kann der Vertrag **beliebig häufig verlängert** werden. Für die Verlängerungen gelten dieselben Voraussetzungen wie für die Verlängerung einer sachgrundlosen Befristung gem. Abs. 2. Sie müssen schriftlich erfolgen und vor Ablauf der vorangegangenen Befristung. Im Zusammenhang mit der Verlängerung können die Arbeitsbedingungen nicht verändert werden, auch nicht zu Gunsten des ArbN.

Die wirksame Altersbefristung nach Abs. 3 setzt voraus, dass der ArbN bei Beginn der befristeten Beschäftigung das **52. Lebensjahr** vollendet hat. Diese Altersvoraussetzung muss nicht bei Vertragsabschluss, sondern erst bei Beginn des Arbeitsverhältnisses vorliegen.

Abs. 3 verbietet im Gegensatz zu Abs. 2 keine Vorbeschäftigung mit demselben ArbN. Der ArbN muss aber vor Beginn des befristeten Arbeitsverhältnisses **mindestens vier Monate beschäftigungslos** gewesen sein, Transfer-Kug bezogen oder an einer öffentlich geförderten Beschäftigungsmaßnahme nach dem SGB II bzw. SGB III teilgenommen haben. Das befristete Arbeitsverhältnis muss sich **unmittelbar** an diese viermonatige Beschäftigungslosigkeit anschließen. Dies muss keine Arbeitslosigkeit sein.

Beschäftigungslos ist ein ArbN, der gem. § 119 I Nr. 1 SGB III nicht in einem Beschäftigungsverhältnis steht. Hierdurch soll einem größeren Personenkreis arbeitsuchender Menschen eine Chance auf eine befristete Beschäftigung gegeben werden[4]. Dies gilt also auch für ArbN, die sich zuvor nicht arbeitslos gemeldet haben. Da auch die unwiderrufliche Freistellung in einem Arbeitsverhältnis eine Beschäftigungslosigkeit iSd. § 119 I Nr. 1 SGB III ist, kann die viermonatige Beschäftigungslosigkeit auch dann vorliegen, wenn das Arbeitsverhältnis rechtlich-formal sogar bis zum Beginn des Arbeitsverhältnisses fortbestanden hat[5]. Der Beschäftigungslosigkeit stehen Zeiten des Transfer-Kug (§ 216b SGB III) gleich. Entfallen ist hier die Beschäftigungsmöglichkeit infolge einer Betriebsänderung iSd. § 216a I 3 SGB III (§ 216b II SGB III). Zeiten der Teilnahme an einer öffentlich geförderten Beschäftigungsmaßnahme nach dem SGB II oder SGB III (Arbeitsbeschaffungsmaßnahme oder Arbeitsgelegenheiten) gelten ebenfalls als Beschäftigungslosigkeit. Die Teilnahme an der Maßnahme muss ebenfalls in einem Zeitraum von vier Monaten unmittelbar vor dem Beschäftigungsbeginn liegen. Zu diesen Maßnahmen der aktiven Arbeitsförderung gehören Fördermaßnahmen zur Eignungsfeststellung der ArbN oder Trainingsmaßnahmen zur Verbesserung der Eingliederungsaussichten nach § 48 SGB III, Maßnahmen der berufl. Weiterbildung nach § 77 SGB III sowie arbeitsförderungsrechtl. Einzelmaßnahmen, wie Eingliederungsleistungen für Arbeitssuchende (§ 37 SGB III), Arbeitsbeschaffungsmaßnahmen und Eingliederungsmaßnahmen nach § 421i SGB III.

Da der ArbGeb zum Nachweis der Wirksamkeit der Befristung darlegungs- und beweispflichtig ist, hat er das Vorliegen der vorangegangenen Beschäftigungslosigkeit zu überprüfen. In der Gesetzesbegründung ist ihm ausdrücklich ein **Fragerecht** zugestanden worden[6].

126 Wie bei der sachgrundlosen Befristung nach Abs. 2 und Abs. 2a hängt die Wirksamkeit der Befristung nicht davon ab, dass die Anwendung dieser Bestimmung vertragl. **vereinbart** ist oder darauf hingewiesen wurde. Da bei einer Zweckbefristung und einer auflösenden Bedingung der Beendigungstatbestand durch den Zweck oder die auflösende Bedingung selbst gekennzeichnet wird, scheidet schon begrifflich für derartige Arbeitsverhältnisse eine sachgrundlose Vereinbarung aus[7]. In § 21 (auflösend bedingter Arbeitsvertrag) wird auch die sog. Altersbefristung gem. § 14 III nicht zitiert.

127 Da Abs. 3 nicht voraussetzt, dass kein enger sachlicher Zusammenhang zu einem vorhergehenden unbefristeten Arbeitsvertrag mit demselben ArbGeb besteht, die Beschäftigungslosigkeit vielmehr schon durch eine – zwar nur einvernehmliche – Freistellung für die Dauer von mindestens vier Monaten erreicht werden kann, erscheint fraglich, ob mit dieser neugeregelten „Altersbefristung" dem Ziel der dauerhaften beruflichen Wiedereingliederung und damit dem **Diskriminierungsverbot** wegen des Alters

1 EuGH v. 22.11.2005 – Rs. C-144/04 – Mangold/Helm, NZA 2005, 1345. | 2 BAG v. 26.4.2006 – 7 AZR 500/04, NZA 2006, 1162. | 3 BGBl. I S. 538. | 4 Gesetzentwurf BT-Drs. 16/3793 S. 7. | 5 *Schiefer/Köster/Korte*, DB 2007, 1081; aA *Grimm/Brock*, ArbRB 2007, 154. | 6 *Schiefer/Köster/Korte*, DB 2007, 1081. | 7 Zur Zweckbefristung aA ErfK/*Müller-Glöge*, § 14 TzBfG Rz. 138.

entsprochen wird[1]. Eine derartig kurze Beschäftigungslosigkeit weisen eher ArbN auf, die jünger als 52 LJ sind. Ein legitimes Ziel für die Ungleichbehandlung fehlt aber.

128 **Hinweis:** Sofern eine solche „Altersbefristung" als Beendigungsdatum nicht die Regelaltersgrenze (67. LJ), sondern den Bezug der Altersrente anführt, ist die Bestimmung des § 41 S. 2 SGB VI zu beachten, wonach eine auf den Bezug der Altersrente bezogene Beendigungsklausel nur wirksam ist, wenn sie in den letzten drei Jahren vor diesem Zeitpunkt abgeschlossen oder von dem ArbN bestätigt worden ist.

129 **V. Schriftform und Grund der Befristung (Abs. 4). 1. Schriftform (Abs. 4).** Wegen des nach dieser Vorschrift bestehenden Schriftformerfordernisses ist eine eindeutige **schriftl. Regelung der Befristung vor dem Vertragsbeginn** notwendig (s. Rz. 137 und zur nachträglichen Befristung Rz. 86 und 138). Die Einhaltung der Schriftform ist eine konstitutive Wirksamkeitsvoraussetzung für die Befristung. Ihre Verletzung führt nach § 16 zu einem unbefristeten Arbeitsverhältnis (s. Rz. 144 f.)[2]. Aus der schriftl. Regelung muss hervorgehen,

- dass es sich um einen befristeten Arbeitsvertrag handelt,
- wann der Arbeitsvertrag endet – Dauer oder Zeitpunkt – (Zeitbefristung),
- bzw. für welchen Zweck die Befristung erfolgt (Zweckbefristung)[3],
- bzw. durch welches zukünftiges Ereignis der Vertrag beendet wird (auflösende Bedingung).

130 Die Schriftform gem. § 126 I und II BGB kann nach § 126 III BGB durch die **elektronische Form** gem. § 126a BGB ersetzt werden[4], da Abs. 4 anders als § 623 BGB, der früher hierfür galt, die elektronische Form nicht ausschließt. Allerdings spricht hiergegen das nach § 2 I 2 Ziff. 3 NachwG für die Angabe der vorhersehbaren Dauer des Arbeitsverhältnisses einzuhaltende **Schriftformerfordernis** des § 126 BGB, so dass in der Praxis zur Vermeidung eines Risikos die Einhaltung der Form des § 126 BGB empfehlenswert ist. Gemäß § 126 II BGB muss die Unterzeichnung der Vertragsparteien auf **derselben Urkunde** erfolgen. Das gesetzl. Schriftformerfordernis gilt **nur für vertragliche** Befristungsvereinbarungen. Zur Wahrung der nach Abs. 4 erforderlichen Schriftform genügt es, wenn die eine Vertragspartei in einem von ihr unterzeichneten, an die andere Vertragspartei gerichteten Schreiben den Abschluss eines befristeten Arbeitsvertrages anbietet und die andere Partei dieses Angebot annimmt, indem sie das Schriftstück ebenfalls unterzeichnet[5]. Die Annahmeerklärung der anderen Vertragspartei muss aber dem Vertragspartner vor der Arbeitsaufnahme zugehen[6]. Für den gerichtlich **protokollierten Vergleich** folgt die Einhaltung der Schriftform aus § 127a iVm. § 126 IV BGB. Es ist **nicht anwendbar** auf Rechtsverhältnisse, die wie Berufsausbildungsverhältnisse kraft Gesetzes bedingt oder befristet sind. Dem Schriftformerfordernis unterliegen weiterhin nicht die Weiterbeschäftigung auf Grund von Vollstreckungsmaßnahmen bzw. auf Grund eines vollstreckbaren Urteils festgestellten Weiterbeschäftigungsanspruchs sowie die Weiterbeschäftigung nach § 102 V BetrVG[7].

131 Die Befristungsabrede selbst bedarf gem. Abs. 4 zu ihrer **Wirksamkeit** der Schriftform. Dieses Formerfordernis gilt deshalb für die kalendermäßig bestimmte Befristung und die Zweckbefristung sowie für atypische befristete Verträge, wie solche mit Höchstdauer und gleichzeitigem Recht zur ordentl. Kündigung oder Zweckbefristungen verbunden mit einer Höchstdauer. Für auflösend bedingte Arbeitsverhältnisse gilt das Schriftformerfordernis ebenfalls (§ 21 iVm. § 14 IV). Schriftlich abgeschlossen werden müssen auch Vereinbarungen über die befristete **Weiterbeschäftigung während des Kündigungsschutzprozesses** unter der auflösenden Bedingung des Obsiegens des ArbGeb[8] (Hat die Vereinbarung dagegen die Beschäftigung des ArbN bis zum erstinstanzlichen oder rechtskräftigen Abschluss des Kündigungsschutzprozesses zum Gegenstand, handelt es sich um eine Zweckbefristung[9]). In Ermangelung einer Absprache gilt das Schriftformerfordernis nicht bei der Beschäftigung bis zum rechtskräftigen Abschluss des Bestandschutzverfahrens, wenn dies allein zur Abwendung der Zwangsvollstreckung dient[10]. Die Dauer der Befristung ist unerheblich, so dass auch Ein-Tages-Arbeitsverhältnisse zur wirksamen Befristung der Schriftform bedürfen. Auch die einzelvertragl. Vereinbarung einer Altersgrenze bedarf der Schriftform.

132 Die Schriftform ist auch für befristete Arbeitsverhältnisse einzuhalten, die auf **gesetzl. Sonderregelungen** beruhen (§ 21 BEEG, WissZeitVG, ÄArbVtrG). Etwas anderes gilt jedoch für Berufsausbildungsverhältnisse sowie für Volontäre und Praktikanten iSv. § 26 BBiG, da diese Verträge gem. § 21 BBiG bereits kraft Gesetzes bedingt und befristet sind.

133 Auch jede befristete **Verlängerung** eines befristeten Arbeitsvertrags und anschließende befristete Arbeitsverträge bedürfen der Schriftform. Dies gilt auch dann, wenn nur der Endtermin abgeändert wird

1 *Bayreuther*, BB 2007, 1113; *Grimm/Brock*, ArbRB 2007, 154. | 2 BAG v. 1.12.2004 – 7 AZR 198/04, DB 2005, 1172. | 3 LAG Rh.-Pf. v. 19.5.2004 – 9 Sa 2026/03, LAGReport 2004, 323. | 4 *Dörner*, Rz. 80. | 5 BAG v. 26.7.2006 – 7 AZR 514/05, NZA 2006, 1402. | 6 LAG Bln.-Bbg. v. 28.3.2007 – 15 Sa 128/07, ZTR 2007, 462. | 7 *Bengelsdorf*, NZA 2005, 277. | 8 BAG v. 22.10.2003 – 7 AZR 113/03, NZA 2004, 1275; LAG Hamm v. 16.1.2003 – 16 Sa 1126/02, DB 2003, 1739 rkr.; zu den Folgen der Unterschriftsverweigerung durch den ArbN bzgl. § 615 BGB s. LAG Nds. v. 30.9.2003 – 13 Sa 570/30, NZA-RR 2004, 194. | 9 BAG v. 19.1.2005 – 7 AZR 113/04, BAG-Report 2005, 253. | 10 LAG Hamm v. 31.10.2003 – 5 Sa 1396/03, nv.; *Bengelsdorf*, NZA 2005, 277.

und für eine Verlängerungsabrede, die ohne eine **Nichtverlängerungsmitteilung** (im Bühnenbereich) eine befristete Fortsetzung beinhaltet.

Das Schriftformerfordernis des Abs. 4 gilt nicht für die Befristung einzelner **Arbeitsbedingungen**[1]. 134

Eine Befristung in einem **TV** (zB eine Altersgrenze) ist ohne einzelvertragl. Schriftform wirksam, 135
wenn beide Vertragspartner tarifgebunden sind. Fraglich ist, ob eine bloße schriftl. **Bezugnahme** auf einen eine Befristung enthaltenden TV ausreicht, wenn nicht beide Vertragspartner tarifgebunden sind[2]. Um der Warnfunktion des § 14 IV gerecht zu werden, empfiehlt es sich, die tarifl. Befristungsregel als Textpassage in den schriftl. Arbeitsvertrag aufzunehmen[3]. Die Bezugnahme muss ohnehin schriftl. erfolgen.

Das Schriftformerfordernis gilt nur für die Befristungsabrede selbst, unabhängig davon, aus welcher 136
gesetzl. Bestimmung die Zulässigkeit der Befristung folgt. Es gilt **nicht für den befristeten Arbeitsvertrag generell**. – Es bleibt aber die Nachweispflicht gem. **§ 2 NachwG** zu beachten.

Die **schriftliche** Fixierung muss **vor dem Vertragsbeginn**, also spätestens vor der Arbeitsaufnahme[4] 137
erfolgen. Die **Verlängerung** muss jedoch **vor Ablauf** des zu verlängernden Zeitvertrags (also bis 24:00 Uhr des letzten Tages) schriftl. vereinbart sein. Ebenso verhält es sich bei der Vereinbarung eines sog. unselbständigen Annex-Vertrags (s. Rz. 91), da mit diesem ungeachtet der sich auf den verlängerten Vertrag beziehenden Befristungskontrolle ein neuer Beendigungstermin vereinbart wird[5].

Eine erst **nach mündlicher Vereinbarung** eines befristeten Arbeitsvertrages **und nach Arbeitsaufnahme** 138
von beiden Vertragsparteien unterzeichnete Befristungsabrede führt nicht rückwirkend zu einer wirksamen Befristung, auch wenn eine rückwirkende Geltung vereinbart ist. Es liegt dann ein unbefristetes Arbeitsverhältnis vor[6]. Die Möglichkeit der Befristung ohne Sachgrund ist damit gem. Abs. 2 S. 2 bzw. Abs. 2a erschöpft[7]. Die Bestätigung eines nichtigen Vertrages ist nach § 141 I BGB als erneute Vornahme zu beurteilen. Die Bestätigung hat keine rückwirkende Kraft. Das Rechtsgeschäft gilt erst vom Zeitpunkt der Bestätigung an[8]. § 141 II BGB ist nicht auf die nach Vertragsbeginn erfolgte schriftl. Niederlegung einer mündlich und damit formnichtig getroffenen Befristungsabrede anwendbar. § 141 II BGB hat nur die Leistungsverpflichtung zur Folge. Aus der Befristung als solcher ergeben sich aber keine Ansprüche, die schon für die Zeit vor der schriftl. Bestätigung erfüllt werden könnten[9]. § 141 II BGB kann auf die nachgeholte Befristungsabrede wegen der mit dem Schriftformerfordernis bezweckten Rechtssicherheit auch **nicht analog** angewandt werden[10]. Die nachträgliche schriftl. Befristungsvereinbarung/Bestätigung kann nur für die Zukunft Wirkung entfalten, nämlich als **nachträgliche Befristung**. Voraussetzung dafür ist, dass die Vertragsschließenden auf die Herbeiführung dieser Rechtsfolge gerichtete Willenserklärungen abgegeben und nicht nur die zuvor mündlich vereinbarte Befristung schriftl. festgehalten haben. Die Wiedergabe des bereits mündlich Vereinbarten ist befristungsrechtlich bedeutungslos[11]. Haben die Vertragsparteien jedoch vor der Unterzeichnung des schriftlichen Arbeitsvertrages mündlich keine Befristung vereinbart oder eine Befristungsabrede getroffen, die inhaltlich mit der in dem schriftlichen Vertrag enthaltenen Befristung nicht übereinstimmt, enthält der schriftliche Arbeitsvertrag eine eigenständige, dem Schriftformgebot genügende Befristung[12]. Diese bedarf aber eines Sachgrundes (zur nachträglichen Befristung s. Rz. 86).

2. Angabe des Grundes. Sofern nicht eine sachgrundlose Befristung gem. Abs. 2 oder 2a vereinbart 139
wird, ist es für eine wirksame Befristung des Arbeitsverhältnisses erforderlich, dass der **Befristungsgrund** materieller Inhalt der Vereinbarung ist. Er ist objektive Wirksamkeitsvoraussetzung für die Befristung. Eine rechtswirksame Zeitbefristung setzt aber nicht voraus, dass die Vertragsparteien den Befristungsgrund benennen und vereinbaren[13]. Der Befristungsgrund muss in den Vertragsverhandlungen auch nicht erörtert oder dem ArbN bei Vertragsabschluss mitgeteilt werden. Das **Schriftformerfordernis gilt** somit **nicht** für den der Befristung zugrunde liegenden sachlichen Grund[14]. Es besteht kein gesetzl. Zitiergebot. Das Vorliegen eines Sachgrundes ist **keine formale, sondern eine materielle** Wirksamkeitsvoraussetzung. In Einzelfällen bleibt somit die Möglichkeit, mit den üblichen Auslegungsinstrumentarien Befristungssachverhalte den gesetzl. genannten Sachgründen zuzuordnen. Daher ist die Wirksamkeit der Befristung unter Berücksichtigung aller von den Parteien vorgetragenen tatsächlichen Umstände zu prüfen[15]. Im Arbeitsvertrag ist auch nicht anzugeben, dass die Befristung ohne Sachgrund nach Abs. 2 erfolgt.

---

1 BAG v. 3.9.2003 – 7 AZR 106/03, DB 2004, 490; *Preis/Gotthardt*, DB 2001, 145 (150); *Däubler*, ZIP 2001, 217 (224). | 2 So ErfK/*Müller-Glöge*, § 14 TzBfG Rz. 144; aA *Preis/Gotthardt*, NZA 2000, 348 (358). | 3 *Preis/Gotthardt*, NZA 2000, 348 (358). | 4 LAG Schl.-Holst. v. 25.7.2006 – 5 Sa 98/06, ZTR 2007, 156: vor der Arbeitsaufnahme auch rückwirkend möglich. | 5 BAG v. 16.3.2005 – 7 AZR 289/04, BB 2005, 1856. | 6 BAG v. 1.12.2004 – 7 AZR 198/04, DB 2005, 1172. | 7 AA *Nadler/von Medem*, NZA 2005, 1214: auf Grund einer teleologischen Reduktion des § 14 II 2. | 8 BAG v. 16.3.2005 – 7 AZR 289/04, BB 2005, 1856. | 9 BAG v. 16.3.2005 – 7 AZR 289/04, BB 2005, 1856. | 10 BAG v. 16.3.2005 – 7 AZR 289/04, BB 2005, 1856; *Dörner*, Rz. 71. | 11 BAG v. 13.6.2007 – 7 AZR 700/06, NZA 2008, 108. | 12 BAG v. 13.6.2007 – 7 AZR 700/06, NZA 2008, 108. | 13 BAG v. 13.10.2004 – 7 AZR 218/04, NZA 2005, 401; v. 26.7.2006 – 7 AZR 515/05, NZA 2007, 34. | 14 BAG v. 15.8.2001 – 7 AZR 263/00, DB 2002, 52; v. 23.6.2004 – 7 AZR 636/03, BAGReport 2005, 3. | 15 BAG v. 16.3.2005 – 7 AZR 289/04, BB 2005, 1856.

140 Allerdings ist bei **Zweckbefristungen** und **auflösenden Bedingungen** der Sachgrund schriftl. anzugeben, da die vorgesehene Beendigung aus dem Sachgrund folgt, also durch den Zweck oder die auflösende Bedingung der Beendigungstatbestand erst gekennzeichnet wird (dies ergibt sich auch aus § 2 Nr. 3 NachwG)[1]. Dem ArbN muss der Zeitpunkt der Zweckerfüllung und damit das Ende des Arbeitsverhältnisses auch zweifelsfrei feststellbar sein[2]. Hier ist daher das vertragsbeendende Ereignis schriftl. zu vereinbaren[3]. – Zur zusätzlichen Mitteilungspflicht, um ein zweckbefristetes oder auflösend bedingtes Arbeitsverhältnis wirksam zu beenden, siehe § 15 II und die dortige Kommentierung.

Ein etwaiger **Erprobungszweck** ist anzuführen, wenn die verkürzte Kündigungsfrist gem. § 622 III BGB gelten soll. Nach neuerer Rspr. muss der Erprobungszweck des befristeten Arbeitsverhältnisses nach Nr. 5 nicht Vertragsinhalt sein. Es bedarf also keiner Einigung der Vertragsparteien darüber, dass der Erprobungszweck maßgeblich sein soll[4].

141 Es kann im Interesse der **Beweissicherung** liegen, den Befristungsgrund schriftl. anzuführen. Dies ist insb. dann zweckmäßig, wenn die Befristung aus in der Person des ArbN liegenden Gründen, etwa auf Wunsch des ArbN (§ 14 I Nr. 6 TzBfG), erfolgt.

142 Wenn der im Vertrag angegebene Sachgrund die Befristung nicht rechtfertigt, kann idR **ein anderer Grund** „nachgeschoben" werden, sofern der Sachgrund nicht vertraglich aufzunehmen ist (s. Rz. 143). Es ist vom Einzelfall abhängig, ob man sich **auf eine sachgrundlose Befristung gem. Abs. 2 oder 2a berufen** kann, wenn entgegen dem gesetzl. oder tarifl. Erfordernis ein Befristungsgrund im Arbeitsvertrag angegeben ist. Grundsätzlich steht es den Vertragsparteien frei, sich bei einer kalendermäßigen Befristung auf die Rechtsgrundlage zu stützen, die die Befristung rechtfertigt[5]. Wird der Befristungsgrund in der Vereinbarung genannt, so ist daher zu prüfen, ob die Angaben nur iS einer Tätigkeitsbeschreibung gemeint ist, oder ob andere Rechtsgrundlagen ausgeschlossen werden sollen. Da dazu im Allgemeinen kein Anlass besteht, ist im Zweifel das Erste anzunehmen[6]. Auch wenn im Arbeitsvertrag ein Sachgrund genannt ist, kann die Befristung daher als sachgrundlose Befristung gerechtfertigt sein, wenn die gesetzl. Voraussetzungen für eine sachgrundlose Befristung bei Vertragsschluss vorlagen[7]. Anders verhält es sich, wenn nicht nur ein einfacher Hinweis auf den Sachgrund erfolgt, sondern im Arbeitsvertrag eine sachliche Begründung für die Befristung enthalten ist, die eine sachgrundlose Befristung als ausgeschlossen gelten lässt. In diesem Fall gilt eine sachgrundlose Befristung als abbedungen[8].

143 Teilweise sehen **TV** eine ausdrückliche schriftl. Angabe des Grundes vor. Auch nach den Arbeitsvertragsrichtlinien (**AVR**) für Einrichtungen, die dem Diakonischen Werk der Evangelischen Kirche in Deutschland angeschlossen sind, ist der Grund der Befristung im Arbeitsvertrag anzugeben (§ 5 V 2 AVR), nicht aber nach den AVR Caritasverband. Nach den Sonderregelungen für Zeitangestellte, Angestellte für Aufgaben von begrenzter Dauer und für Aushilfsangestellte zum BAT (**SR 2y BAT** – s. auch § 22 Rz. 8 ff.) ist zwar nicht der konkrete sachliche Befristungsgrund im Arbeitsvertrag anzugeben, aber die Vereinbarung der einschlägigen tarifl. Befristungsform, also die Vereinbarung, ob der Angestellte als Zeitangestellter, als Angestellter für Aufgaben von begrenzter Dauer oder als Aushilfsangestellter eingestellt worden ist[9]. Liegen mehrere sachliche Gründe vor, so müssen alle benannt sein, wenn sie bei der gerichtlichen Befristungskontrolle Berücksichtigung finden sollen[10]. Missverständliche oder nach dem tarifl. Sprachgebrauch unzutreffende Bezeichnungen des Befristungsgrundes nach Nr. 2 Abs. 1 SR 2y BAT sind unschädlich, wenn sich ein übereinstimmender Wille der Vertragsparteien über den tatsächlichen Befristungsgrund feststellen lässt[11]. Stimmt jedoch der tatsächliche Sachgrund der Befristung nicht mit der vereinbarten Befristungsgrundform iSd. SR 2y BAT überein, ist die Befristung unwirksam[12]. Bei sachgrundlosen Befristungen ist ausdrücklich anzugeben, dass es sich um ein Arbeitsverhältnis nach § 14 II bzw. IIa oder III handelt (Protokollnotiz Nr. 6a zu Nr. 1 SR 2y BAT)[13]. Diese vorbeschriebenen Erfordernisse sieht der **TVöD** nicht vor (§ 30 TVöD-AT).

144 **3. Fehlende Schriftform.** Eine mündlich vereinbarte Befristung ist nach Abs. 4, § 125 S. 1 BGB **nichtig**. Die Nichteinhaltung der Schriftform hat die **Unwirksamkeit der Befristung**, nicht aber gem. §§ 125, 139 BGB des Arbeitsverhältnisses insgesamt zur Folge. Der Abschluss eines Arbeitsvertrages ist auch unter Berücksichtigung von § 2 NachwG formfrei möglich. Die sich aus der fehlenden Schriftform ergebende Unwirksamkeit der Befristungsabrede hat gem. § 16 zur Folge, dass zwischen den Arbeitsvertragsparteien ein unbefristetes Arbeitsverhältnis besteht. Auch ohne entsprechende Vereinbarung nach § 15 III kann dieses unbefristete Arbeitsverhältnis von den Vertragsparteien vor der vereinbarten Laufzeit ordentl. gekündigt werden (§ 16 S. 2). Anders als im Falle der nur mündlich erklärten Kündigung (§ 4 S. 1

---

1 BAG v. 21.12.2005 – 7 AZR 541/04, DB 2006, 564. | 2 BAG v. 21.12.2005 – 7 AZR 541/04, DB 2006, 564. | 3 *Preis/Gotthardt*, NZA 2000, 348 (359). | 4 BAG v. 23.6.2004 – 7 AZR 636/03, BAGReport 2005, 3. | 5 BAG v. 24.4.1996 – 7 AZR 719/95, NZA 1997, 196. | 6 BAG v. 26.6.2002 – 7 AZR 92/01, ArbRB 2002, 359; v. 4.12.2002 – 7 AZR 545/01, NZA 2003, 916; *Hromadka*, BB 2001, 674. | 7 BAG v. 4.12.2002 – 7 AZR 545/01, NZA 2003, 916. | 8 BAG v. 5.6.2002 – 7 AZR 241/01, AP Nr. 13 zu § 1 BeschFG 1996. | 9 BAG v. 28.3.2007 – 7 AZR 318/06, NZA 2007, 937. | 10 BAG v. 28.3.2007 – 7 AZR 318/06, NZA 2007, 937. | 11 BAG v. 28.3.2007 – 7 AZR 318/06, NZA 2007, 937. | 12 BAG v. 28.3.2007 – 7 AZR 318/06, NZA 2007, 937. | 13 BAG v. 28.3.2007 – 7 AZR 318/06, NZA 2007, 937.

KSchG) kann bei der formunwirksamen Befristung deren Unwirksamkeit gem. § 17 S. 1 nur innerhalb von drei Wochen mit einer Klage geltend gemacht werden. Zu den Rechtsfolgen wird im Übrigen auf § 16 und die dortige Kommentierung verwiesen.

145 Es widerspricht auch nicht **Treu und Glauben** (§ 242 BGB), sich auf die Unwirksamkeit der Befristung zu berufen[1]. Ebenso wenig wie es treuwidrig ist, vertragl. Befristungsabreden auf ihre Zulässigkeit bzw. Wirksamkeit überprüfen zu lassen, ist es dem ArbN versagt, sich auf den Mangel der Schriftform zu berufen[2]. Ist die Klagefrist des § 17 noch nicht abgelaufen, kann der ArbGeb nicht darauf vertrauen, der ArbN werde die Unwirksamkeit der Befristung nicht mehr geltend machen, so dass bis dahin auch keine Verwirkung eintreten kann. Es kann allenfalls treuwidrig sein, sich im Falle einer erst nachträglich erfolgten Unterzeichnung einer Befristungsabrede auf die vorangegangene Beschäftigung zu berufen. Nach der schriftl. Fixierung der Befristung scheidet die erleichterte Kündigungsmöglichkeit des § 16 S. 2 aus.

146 Wird dagegen eine **formwirksam** vereinbarte Befristung nachträglich ohne Einhaltung der Form geändert (zB indem die Laufzeit verkürzt wird), so bleibt die ursprüngliche Vereinbarung in Kraft.

147 **VI. Mitbestimmung.** In Unternehmen mit idR mehr als 20 wahlberechtigten ArbN besteht auch vor der befristeten Einstellung eines ArbN das MitbestR des BR nach § 99 I BetrVG. Der BR hat erneut ein MitbestR, wenn das befristete Arbeitsverhältnisse über das ursprüngliche Befristungsende hinaus verlängert wird. Dies gilt auch, wenn ein nach § 14 I 2 Nr. 5 vereinbartes befristetes Probearbeitsverhältnis fortgesetzt wird, es sei denn, dem BR ist vor der Einstellung mitgeteilt worden, der ArbN solle bei Bewährung auf unbestimmte Zeit weiter beschäftigt werden[3].

Im Rahmen der gem. § 99 I BetrVG erforderlichen Unterrichtung ist dem BR im Falle einer beabsichtigten Befristung mitzuteilen, dass die beabsichtigte Einstellung befristet erfolgen soll. Um sodann zum Schutz eines befristet Beschäftigten die Rechte nach § 99 II Nr. 3 BetrVG geltend machen zu können, ist bei der Einstellung eines befristet beschäftigten ArbN auch die Dauer der Befristung anzugeben.

Der BR kann seine Zustimmung bei Vorliegen eines der in § 99 II BetrVG genannten Gründe verweigern. Dabei kann er sich nur darauf stützen, dass die geplante Einstellung ganz unterbleiben muss[4]. Der BR kann seine Ablehnung also nicht damit begründen, dass die **Befristung unwirksam** sei[5], zB wegen Fehlen eines sachlichen Grundes. Das MitbestR gem. § 99 BetrVG gibt dem BR bei Einstellungen kein Instrument einer umfassenden Vertragsinhaltskontrolle[6]. Nichts anderes gilt selbst dann, wenn die tarifl. Regelung befristete Arbeitsverträge nur bei Vorliegen eines sachlichen oder in der Person des ArbN liegenden Grundes zulässt. IdR handelt es sich dabei nicht um eine Norm, deren Verletzung ein Zustimmungsverweigerungsrecht nach § 99 II Nr. 1 BetrVG begründen kann[7]. Ein Zustimmungsverweigerungsrecht besteht aber dann, wenn die Einstellung von befristet beschäftigten ArbN verbindlich ausgeschlossen ist.

Eine gleichwohl gem. § 99 III BetrVG erfolgte Ablehnung des BR kann jedoch nicht ohne weiteres als unbeachtlich übergangen werden. Sofern die Verweigerung der Zustimmung sich nicht von vornherein als offensichtlich unsinnig und daher als rechtsmissbräuchlich darstellt, kann der ArbGeb also auch dann zur Einleitung des Zustimmungsersetzungsverfahrens nach § 99 IV BetrVG gezwungen sein, wenn der BR seine Zustimmungsverweigerung meint, auf das Fehlen eines sachlichen Grundes oder die Nichtzulässigkeit einer Befristung gem. § 14 II oder IIa stützen zu können.

148 Ein **besonderes MitbestR** sehen verschiedene Landesgesetze zum Personalvertretungsrecht hinsichtlich der „Befristung von Arbeitsverhältnissen" vor (so zB § 72 I Nr. 1 NWPersVG und § 63 I Nr. 4 LPVG Bbg.). Das MitbestR erstreckt sich in diesen Fällen auf die inhaltliche Ausgestaltung der Arbeitsverhältnisse. Dem PersR sind deshalb vor dem Abschluss der Befristungsvereinbarung auch der jeweilige Befristungsgrund[8] und die beabsichtigte Befristungsdauer mitzuteilen. Der ArbGeb ist jedoch nicht verpflichtet, dem PersR unaufgefordert von sich aus die näheren Umstände, die die Befristung im Einzelnen rechtfertigen sollen, darzulegen[9]. Dazu bedarf es einer Aufforderung durch den PersR. Seine Zustimmung muss vor Abschluss der Befristungsvereinbarung vorliegen[10]. Eine Verletzung dieses MitbestR führt zur Unwirksamkeit der Befristungsabrede, ohne dass das Vertragsverhältnis im Übrigen berührt wird[11]. Es besteht daher als unbefristetes Arbeitsverhältnis fort[12]. Die Befristung des Arbeitsverhältnisses ist wegen Verletzung des MitbestR auch unwirksam, wenn der PersR seine Zustimmung (hier nach § 72 I 1 Nr. 1 LPVG NW) zu einer längeren Vertragsdauer erteilt hat, jedoch danach die Vertragsparteien einen Zeitvertrag von kürzerer Vertragsdauer schließen[13]. Es besteht dann ein Arbeitsverhältnis auf

---

1 BAG v. 1.12.2004 – 7 AZR 198/04, DB 2005, 1172. |2 BAG v. 16.3.2005 – 7 AZR 289/04, BB 2005, 1856. |3 BAG v. 7.8.1990 – 1 ABR 68/69, NZA 1991, 150. |4 BAG v. 28.6.1994 – 1 ABR 59/93, NZA 1995, 387. |5 BAG v. 16.7.1985 – 1 ABR 35/83, NZA 1986, 163. |6 BAG v. 28.6.1994 – 1 ABR 59/93, NZA 1995, 387. |7 BAG v. 28.6.1994 – 1 ABR 59/93, NZA 1995, 387. |8 S. hierzu BAG v. 27.9.2000 – 7 AZR 412/99, BB 2001, 412. |9 BAG v. 10.3.2004 – 7 AZR 397/03, ArbRB 2004, 207. |10 LAG Köln v. 1.8.2000 – 13 (10) Sa 637/00, FA 2001, 217. |11 BAG v. 20.2.2002 – 7 AZR 707/00, NZA 2002, 811. |12 Das gilt auch bei einer Verlängerung eines befristeten Arbeitsverhältnisses ohne Zustimmung des Personalrats: LAG Rh.-Pf. v. 28.2.2001 – 9 Sa 1451/00, NZA-RR 2002, 166. |13 BAG v. 8.7.1998 – 7 AZR 308/97, DB 1998, 2121.

Dauer und nicht nur für den zunächst geplanten Zeitraum. Unerheblich ist dagegen, wenn ein falsches Eintrittsdatum genannt wurde[1]. Diese Grundsätze sind aber auf die betriebsverfassungsrechtl. Regelung nicht übertragbar, da sich die Mitbest. nach § 99 I BetrVG nur auf die Einstellung selbst erstreckt.

15 *Ende des befristeten Arbeitsvertrages*

(1) Ein kalendermäßig befristeter Arbeitsvertrag endet mit Ablauf der vereinbarten Zeit.

(2) Ein zweckbefristeter Arbeitsvertrag endet mit Erreichen des Zwecks, frühestens jedoch zwei Wochen nach Zugang der schriftlichen Unterrichtung des Arbeitnehmers durch den Arbeitgeber über den Zeitpunkt der Zweckerreichung.

(3) Ein befristetes Arbeitsverhältnis unterliegt nur dann der ordentlichen Kündigung, wenn dies einzelvertraglich oder im anwendbaren Tarifvertrag vereinbart ist.

(4) Ist das Arbeitsverhältnis für die Lebenszeit einer Person oder für längere Zeit als fünf Jahre eingegangen, so kann es von dem Arbeitnehmer nach Ablauf von fünf Jahren gekündigt werden. Die Kündigungsfrist beträgt sechs Monate.

(5) Wird das Arbeitsverhältnis nach Ablauf der Zeit, für die es eingegangen ist, oder nach Zweckerreichung mit Wissen des Arbeitgebers fortgesetzt, so gilt es als auf unbestimmte Zeit verlängert, wenn der Arbeitgeber nicht unverzüglich widerspricht oder dem Arbeitnehmer die Zweckerreichung nicht unverzüglich mitteilt.

1 **I. Inhalt und Zweck.** Die Vorschrift regelt die **Beendigung** von wirksam befristeten Verträgen. Bei kalendermäßig befristeten Arbeitsverträgen ist dies der Ablauf der vereinbarten Zeit, bei Zweckbefristungen und auflösend bedingten Verträgen die Zweckerreichung bzw. der Eintritt der Bedingung. Jedoch erfolgt die Beendigung erst nach Zugang einer schriftl. Unterrichtung über den Zeitpunkt der Zweckerreichung bzw. des Eintritts der Bedingung. Mit den in den Abs. 1–3 geregelten Beendigungstatbeständen eines wirksam befristeten Arbeitsverhältnisses werden die allgemein anerkannten Regeln über die Beendigung befristeter Arbeitsverträge gesetzl. normiert. Entsprechend der bisherigen gesetzl. Regelung wird vorausgesetzt, dass befristete Arbeitsverhältnisse nicht ordentl. kündbar sind, so dass Abs. 3 der Bestimmung festlegt, unter welchen Voraussetzungen das befristete Arbeitsverhältnis ordentl. gekündigt werden kann. Die Abs. 4 und 5 treten für Arbeitsverhältnisse an die Stelle der allgemeinen Regeln der §§ 624 und 625 BGB.

2 Gem. **§ 37b SGB III** sind Personen, deren Arbeits- oder Ausbildungsverhältnis endet, **verpflichtet**, sich spätestens drei Monate vor dessen Beendigung persönlich bei der AA **arbeitsuchend zu melden**. Beträgt die Befristungsdauer oder die Kündigungsfrist weniger als drei Monate, muss die Meldung innerhalb von drei Tagen nach Kenntnis des Beendigungszeitpunktes erfolgen. Diese Pflicht zur Meldung besteht also auch bei einem auf weniger als drei Monate befristeten Arbeitsvertrag. In diesem Fall muss sich der ArbN bereits innerhalb von drei Tagen nach Abschluss eines solchen befristeten Arbeitsvertrages arbeitsuchend melden. Diese Meldepflicht besteht unabhängig davon, ob eine Fortsetzung des Arbeitsverhältnisses über den vertragl. vereinbarten Beendigungszeitpunkt schon in Aussicht gestellt wurde oder der Fortbestand des Vertragsverhältnisses gerichtlich geltend gemacht wird. Bei Nichtbeachtung dieser Pflicht drohen hinsichtl. des Alg eine Sperrzeit von einer Woche (§ 144 VI SGB III) sowie eine dem entsprechende Minderung der Anspruchsdauer (§ 128 I Nr. 3 SGB III). Der ArbGeb wird durch § 2 II 2 Nr. 3 SGB III verpflichtet, frühzeitig vor Beendigung des Arbeitsverhältnisses den ArbN über die Pflicht zu Eigenbemühungen für einen neuen Arbeitsplatz sowie zur unverzüglichen Meldung bei der AA **zu informieren**. Eine Verletzung der Informationspflicht führt aber zu keiner Schadensersatzpflicht des ArbGeb. Die Informationspflicht des ArbGeb bezweckt die Verbesserung des Zusammenwirkens von ArbGeb, ArbN und der AA. Sie dient nicht dem Schutz des Vermögens des ArbN. Der ArbGeb wird zur Mitwirkung veranlasst, um den Eintritt der Arbeitslosigkeit iSd. Solidargemeinschaft möglichst zu vermeiden bzw. die Dauer eingetretener Arbeitslosigkeit einzugrenzen[2]. Zur Information des ArbN sind folgende Formulierungen geeignet:

Hinweis im Vertrag bei zeitlich befristetem Arbeitsverhältnis:

Zur Aufrechterhaltung ungekürzter Ansprüche auf Alg ist der ArbN verpflichtet, sich 3 Monate vor Ablauf des Vertragsverhältnisses persönlich bei der Agentur für Arbeit arbeitsuchend zu melden. Sofern dieses Arbeitsverhältnis für eine kürzere Dauer als 3 Monate befristet ist, besteht diese Verpflichtung innerhalb von drei Tagen ab Abschluss dieses Vertrages. Weiterhin wird auf die Pflicht zur eigenen aktiven Beschäftigungssuche hingewiesen.

Hinweis in schriftl. Mitteilung über die Zweckerreichung bzw. den Eintritt der auflösenden Bedingung:

Zur Aufrechterhaltung ungekürzter Ansprüche auf Alg sind Sie verpflichtet, sich innerhalb von drei Tagen nach Kenntnis dieses Schreibens persönlich bei der Agentur für Arbeit arbeitsuchend zu melden. Weiterhin wird auf die Pflicht zur eigenen aktiven Beschäftigungssuche hingewiesen. S. im Übrigen auch die Komm. zu § 37b SGB III.

---

1 LAG Düsseldorf v. 1.2.2002 – 10 Sa 1628/01, NZA-RR 2003, 111. | 2 BAG v. 29.9.2005 – 8 AZR 571/04, NZA 2005, 1406.

Wird ein befristetes Arbeitsverhältnis **vor Ablauf** der Befristung einvernehmlich **beendet**, so muss der ArbN gem. § 144 I u. III SGB III mit einer Sperrzeit rechnen[1]. 3

II. Ende bei kalendermäßiger Befristung (Abs. 1). Nach dieser Vorschrift endet ein wirksam kalendermäßig befristeter Arbeitsvertrag mit **Ablauf der vereinbarten Zeit**, ohne dass es einer Kündigung bedarf. Die Befristungsabrede kann als Beendigungszeitpunkt das Ende eines Kalendertages, einer Woche eines Monats oder eines anderen Zeitraumes vorsehen. Im Falle der kalendermäßigen Befristung muss der ArbGeb den ArbN nicht über den Ablauf der Vertragsdauer schriftl. unterrichten. 4

Dies gilt auch für ArbN, die einem **besonderen Kündigungsschutz** unterliegen (zB dem MuSchG oder der Regelung des § 85 SGB IX). Das Beendigungsdatum kann sich entweder aus dem vereinbarten Enddatum ergeben oder aus der im Vertrag vereinbarten Dauer. Der Sonderkündigungsschutz kommt nicht zum Tragen. Dies gilt auch bei Zweckbefristungen. Bei schwerbehinderten Menschen ist aber der erweiterte Beendigungsschutz nach § 92 SGB IX zu berücksichtigen. 5

III. Ende bei Zweckbefristung (Abs. 2). 1. Zweckerreichung bzw. Eintritt der Bedingung. Ein wirksam zweckbefristeter Arbeitsvertrag (§ 3 I 2) endet mit dem **Erreichen des vereinbarten Zwecks**. Ist eine auflösende Bedingung vereinbart worden, so endet das befristete Arbeitsverhältnis dementsprechend mit **Eintritt der Bedingung** (§ 21 iVm. § 15 II). **Frühestens** enden jedoch sowohl der zweckbefristete wie auch der bedingte Arbeitsvertrag zwei Wochen nach Zugang der schriftl. Unterrichtung über den Zeitpunkt der Zweckerreichung bzw. des Bedingungseintritts. Wird der vereinbarte Zweck nicht erreicht oder fällt er fort oder tritt die Bedingung nicht ein, so ist durch Auslegung der Zweck- bzw. Bedingungsabrede festzustellen, ob das Arbeitsverhältnis gleichwohl beendet wird. 6

2. Ankündigung und Auslauffrist. Da der ArbN den genauen Zeitpunkt der Zweckerreichung und damit das Ende des befristeten Arbeitsverhältnisses im Allgemeinen nicht kennt, ist der ArbGeb verpflichtet, dem ArbN den Zeitpunkt der Zweckerreichung mindestens **zwei Wochen vorher schriftl. mitzuteilen**. Dasselbe gilt hinsichtlich des Zeitpunktes des Bedingungseintritts. Die Unterrichtung ist keine Willens-, sondern eine Wissenserklärung. Gleichwohl muss sie durch den ArbGeb erfolgen. Eine Mitteilung durch einen nicht bevollmächtigten Dritten reicht nicht. Die zweiwöchige Mindestankündigungsfrist soll dem ArbN Zeit geben, sich auf das bevorstehende Ende des Arbeitsverhältnisses einzustellen. In den Fällen, in denen die Zweckbefristung oder die auflösende Bedingung aber auf Gründen in der Person des ArbN beruht, fehlt dem ArbGeb naturgemäß die erforderliche Information, um einer Ankündigung entsprechen zu können. In derartigen Fällen ist eine zusätzliche Information durch den ArbGeb überflüssig, so dass man auf Grund teleologischer Reduktion in diesen Fällen von einer Beendigung des Arbeitsvertrages mit der Zweckerreichung bzw. mit Eintritt der auflösenden Bedingung selbst auszugehen hat[2]. 7

Wegen der rechtl. Auswirkungen der Mitteilung des ArbGeb an den ArbN ist die **gesetzl. Schriftform** des § 623 BGB iVm. § 126 BGB einzuhalten, so dass die elektronische Form nicht ausreicht[3], obwohl die Bestimmung keine anders lautende Regelung iSv. § 126 III BGB enthält. In der Unterrichtung ist der **Zeitpunkt** der Zweckerreichung bzw. des Bedingungseintritts genau mitzuteilen. Diese Angabe muss richtig sein. Erfolgt **keine Unterrichtung**, wird die **Form nicht eingehalten** oder ist die Mitteilung hinsichtlich des Zeitpunktes der Zweckerreichung bzw. des Bedingungseintritts **unzutreffend**, so wird die Zwei-Wochen-Frist nicht in Lauf gesetzt, auch wenn der Zweck objektiv erreicht oder die Bedingung eingetreten ist[4] (zu den Folgen bei tatsächlicher Fortsetzung des Arbeitsverhältnisse siehe Abs. 5). Bei mangelhafter oder fehlender Unterrichtung kann sich aber der ArbN auf das objektive Erreichen des Befristungszwecks berufen und mit diesem Zeitpunkt seine Arbeit einstellen[5]. 8

Das Arbeitsverhältnis endet frühestens **zwei Wochen nach Zugang** der schriftl. Unterrichtung. Die Dauer der Auslauffrist entspricht der gesetzl. Kündigungsfrist nach § 622 III BGB. Die Zwei-Wochen-Frist muss vollständig gewahrt werden. Für die Berechnung dieser Frist gelten die §§ 187, 188 II BGB. § 193 BGB findet keine Anwendung. Der Tag, an welchem dem ArbN die Unterrichtung zugeht, zählt daher nicht mit, und der 14. Tag endet um 24 Uhr. 9

Das Arbeitsverhältnis kann nicht vor dem objektiven Erreichen des Vertragszwecks bzw. vor dem Eintritt der auflösenden Bedingung enden. Erfolgt die Unterrichtung **nicht rechtzeitig**, also zwei Wochen vor der Zweckerreichung oder Eintritt der Bedingung, so endet das Arbeitsverhältnis nicht vor Ablauf der zweiwöchigen Auslauffrist. Zwischen dem Zeitpunkt der Zweckerreichung bzw. des Bedingungseintritts besteht das Arbeitsverhältnis mit allen Rechten und Pflichten fort. Nimmt der ArbGeb die Arbeitsleistung nicht an, kommt er in Annahmeverzug. Diese Rechtsfolge tritt auch ein, wenn wegen der Zweckerreichung oder des Bedingungseintritts die geschuldete Arbeitsleistung nicht mehr erbracht 10

1 BSG v. 5.2.2004 – B 11 AL 31/03 R, NZA 2004, 1144. |2 *Hromadka*, BB 2001, 674 (676); aA ArbG Berlin v. 23.2.2006 – 2 Ca 23.480/05, AE 2007, Nr. 10. |3 AA ErfK/*Müller-Glöge*, § 15 TzBfG Rz. 2. |4 KR/*Lipke*/*Bader*, § 15 TzBfG Rz. 13; Annuß/Thüsing/*Maschmann*, § 15 TzBfG Rz. 6; aA ErfK/*Müller-Glöge* § 15 TzBfG Rz. 3: Liegt der richtige Zeitpunkt vor dem angegebenen Datum, gilt das mitgeteilte Datum, im umgekehrten Fall der Zeitpunkt der Zweckerreichung. |5 AA ErfK/*Müller-Glöge*, § 15 TzBfG Rz. 7: Der ArbN kann nur außerordentlich kündigen, wenn er nicht mehr vertragsgerecht beschäftigt werden kann und wird.

werden kann. Dies gilt jedoch nicht, wenn die Zweckbefristung oder die auflösende Bedingung auf Gründen in der Person des ArbN beruht, und dem ArbGeb im Gegensatz zu dem ArbN die Zweckerreichung oder der Bedingungseintritt nicht bekannt ist (s. vorstehend Rz. 7 aE; zum Beginn der Klagefrist s. § 17 S. 3 und dort Rz. 14).

11 Die Auslauffrist kann durch TV oder einzelvertragl. **verlängert**, jedoch **nicht verkürzt** werden (§ 22 I).

12 **3. Verhältnis zwischen Abs. 2 u. Abs. 5.** Sofern das Arbeitsverhältnis mit Wissen des ArbGeb tatsächlich fortgesetzt wird, **verlängert** es sich im direkten Anschluss an die Zweckerreichung bzw. den Bedingungseintritt nach Abs. 5 **auf unbestimmte Zeit**, wenn es nicht zu der erforderlichen – in diesem Fall aber auch unverzüglichen – schriftl. Unterrichtung kommt, oder der ArbGeb nicht unverzüglich der Fortsetzung des Arbeitsverhältnisses widerspricht. Mit dieser gesetzl. vorgesehenen „stillschweigenden" Verlängerung wird sichergestellt, dass der ArbGeb trotz objektiver Zweckerreichung bzw. Bedingungseintritt das Ende des befristeten Arbeitsverhältnisses nicht beliebig hinausschieben kann[1].

13 **4. Darlegungs- und Beweislast.** Bei der Zweckerreichung bzw. dem Bedingungseintritt handelt es sich um eine **rechtsvernichtende Einwendung**, so dass dem ArbGeb insoweit die Darlegungs- und Beweislast obliegt. Die Darlegungs- und Beweislast erstreckt sich nicht nur auf die fiktive Zweckerreichung bzw. den Bedingungseintritt, sondern betrifft auch die wirksame schriftl. Unterrichtung über die Zweckerreichung bzw. den Bedingungseintritt und den Zeitpunkt des Zugangs dieser Information beim ArbN[2].

14 **IV. Kündigungsmöglichkeit (Abs. 3).** Grundsätzlich endet ein befristeter oder auflösend bedingter Arbeitsvertrag erst mit dem Ende der Befristungsdauer, dem vereinbarten Zeitpunkt, der Zweckerreichung oder des Eintritts der Bedingung. Eine **ordentl. Kündigung** während des Laufes der Befristung ist daher nach dieser Vorschrift nur möglich, wenn dies einzelvertragl. oder durch TV ausdrücklich vereinbart ist. Eine dahingehende Regelung in einer BV ist unzureichend. Die einzelvertragl. Inbezugnahme auf einen TV, der eine derartige Kündigungsmöglichkeit einräumt, reicht aus. Die in der Rspr. anerkannte Möglichkeit einer außerordentl. Kündigung bei tarifl. Ausschluss der ordentl. Kündigung ist grds. nicht auf eine für einen überschaubaren Zeitraum (zB ein Jahr) erfolgte Befristung übertragbar[3]. Es ist deshalb besonders zu vereinbaren, dass das Arbeitsverhältnis nur bis zu einem bestimmten Zeitpunkt andauern soll, dass aber eine vorzeitige ordentl. Kündigung möglich ist (sog. Höchstbefristung). Die Vereinbarung der ordentl. Kündbarkeit bedarf **keiner Schriftform**. Sie kann durch Auslegung ermittelt werden. Die Kündigungsmöglichkeit während der Befristung kann auch auf einer formlosen, auch konkludenten Vereinbarung beruhen[4]. Die Vereinbarung einer **Probezeit** ist gem. § 622 III BGB auch iSd. § 15 III als ausreichend anzusehen, um während dieser mit der in § 622 III BGB genannten Frist kündigen zu können[5]. Auch bei **Altersgrenzen** setzt die Kündigungsmöglichkeit von Verträgen mit derartigen Altersbegrenzungen die Vereinbarung einer Kündbarkeit voraus, da es sich um Befristungen handelt (s. § 14 Rz. 62 ff.). Kündigt der ArbGeb während der Laufzeit des befristeten Arbeitsverhältnisses ordentlich, ohne dass eine Kündbarkeit vereinbart ist, so gilt für den ArbN die **Klagefrist** des § 4 KSchG.

15 Die **Darlegungs- und Beweislast** dafür, dass die Voraussetzungen für eine ordentl. Kündbarkeit des befristeten Arbeitsverhältnisses vorliegen, trägt die Vertragspartei, die sich auf die Kündigungsmöglichkeit beruft.

16 **Vertragsbeispiel:**

Das Arbeitsverhältnis wird befristet bis zum ..., weil ...

Das Arbeitsverhältnis endet am ..., ohne dass es einer Kündigung bedarf.

Die ersten drei Monate gelten als Probezeit. Während der Dauer des Arbeitsverhältnisses kann beiderseits mit einer Frist von .../nach Maßgabe der gesetzlichen Kündigungsfristen gekündigt werden.

17 Für eine Kündigung auf Grund einer derartig vereinbarten Kündigungsmöglichkeit sind **sämtliche für Kündigungen geltenden Bestimmungen** zu beachten, also insb. §§ 622, 623 BGB und das KSchG. Die gesetzl. **Kündigungsfristen** des § 622 BGB richten sich nach der Dauer der Beschäftigung. Dabei kommt es auf die Dauer des rechtl. Bestandes des gekündigten Arbeitsverhältnisses an. Folgen mehrere befristete Arbeitsverhältnisse mit demselben ArbGeb aufeinander, so kommt es nicht nur auf die Dauer des letzten, gekündigten befristeten Arbeitsverhältnisses an, wenn zu den vorangegangenen befristeten Arbeitsverhältnissen ein enger zeitlicher und sachlicher Zusammenhang besteht. Für die Kündigungsfrist ist dann die Dauer der vorangegangenen Arbeitsverhältnisse ebenfalls maßgeblich. Zur Frage, wann ein enger zeitlicher und sachlicher Zusammenhang besteht, wird auf die Komm. zu § 1 KSchG Rz. 14 ff. und § 622 BGB Rz. 34 verwiesen.

18 Auch ohne Kündigungsvorbehalt bleiben das Recht zur **außerordentl. Kündigung** gem. § 626 BGB und das Kündigungsrecht des **Insolvenzverwalters** nach § 113 InsO unberührt.

---

1 BT-Drs. 14/4374, S. 21. |2 MünchArbR/*Wank*, Erg.-Bd. § 116 Rz. 263. |3 BAG v. 7.3.2002 – 2 AZR 173/01, NZA 2002, 963. |4 *Hromadka*, BB 2001, 674 (676). |5 ErfK/*Müller-Glöge*, § 15 TzBfG Rz. 15; ist die vereinbarte Probezeit länger als die vorgesehene Vertragsdauer, so gilt die Probezeitvereinbarung auch im Verlängerungszeitraum nach § 14 II 1, LAG Hamm v. 31.10.2006 – 19 Sa 1119/06, NZA-RR 2007 243.

V. Kündigungsmöglichkeit bei Verträgen über mehr als fünf Jahre (Abs. 4). Speziell für befristete Arbeitsverhältnisse übernimmt diese Vorschrift inhaltlich unverändert die Regelung des § 624 BGB. Danach besteht für den **ArbN** die Möglichkeit, einen Arbeitsvertrag, der für die **Lebenszeit** des ArbGeb, des ArbN oder einer dritten Person oder für **längere Zeit als fünf Jahre** eingegangen wurde, nach dem Ablauf von fünf Jahren mit einer Frist von sechs Monaten (zu jedem Termin) zu kündigen. Die zweite Alternative gilt für zweckbefristete oder auflösend bedingte Arbeitsverträge, wenn die Zweckerreichung oder die Bedingung erst nach mehr als fünf Jahren eintritt. Die Fünf-Jahres-Frist beginnt mit dem **tatsächlichen Vollzug** des Arbeitsvertrages, also nicht mit dem Vertragsabschluss. Voraussetzung ist, dass das Vertragsverhältnis von vornherein auf mehr als fünf Jahre vereinbart wird. Die Bestimmung gilt nicht für Arbeitsverträge, die für fünf Jahre abgeschlossen werden; auch dann nicht, wenn vereinbart ist, dass sich das Arbeitsverhältnis um weitere fünf Jahre **verlängert**, wenn es nicht zuvor rechtzeitig gekündigt wird. Auch eine bloße Verlängerung eines auf fünf Jahre befristeten Arbeitsverhältnisses begründet kein Kündigungsrecht nach dieser Vorschrift. Es kann sich aber als Umgehung dieser Bestimmung darstellen, wenn die Verlängerung nicht unmittelbar vor Ablauf der Vertragslaufzeit vereinbart wird. Ein Arbeitsverhältnis ist auf **Lebenszeit** eingegangen, wenn nicht nur auf die Lebensdauer des ArbN oder des ArbGeb abgestellt wird, sondern auch auf die eines Dritten (zB eines pflegebedürftigen Verwandten). Die besondere Kündigungsfrist dieser Bestimmung verdrängt die Frist nach § 622 BGB[1]. Sie kann gem. § 22 nicht zuungunsten des ArbN abbedungen werden. Die Ausübung des Kündigungsrechts ist an keine Ausschlussfrist gebunden. Das Kündigungsrecht unterliegt auch nicht der Verwirkung, da dies dem mit dieser Bestimmung verfolgten Zweck zuwiderlaufen würde. Die Vorschrift gilt für alle Arbeitsverhältnisse, nimmt also nicht bestimmte Arten von Beschäftigungen aus. 19

Der **ArbGeb** hat keine Kündigungsbefugnis. Die Tatsache eines einseitigen Kündigungsrechts zu Gunsten des ArbN führt nicht zur Sittenwidrigkeit eines auf die Lebenszeit abgeschlossenen Vertrags[2]. Der ArbGeb kann nur bei Vorliegen eines wichtigen Grundes iSv. § 626 BGB außerordentl., ggf. unter Gewährung einer notwendigen – sozialen – Auslauffrist kündigen. Eine außerordentl. Kündigung kann dann berechtigt sein, wenn Umstände eintreten, die das vom ArbGeb einzelvertragl. übernommene Risiko nicht mehr decken und die zur Störung der Geschäftsgrundlage führen. Die Grenze der Zumutbarkeit für den ArbGeb kann dabei nur im Einzelfall unter Berücksichtigung von Sinn und Zweck des Kündigungsausschlusses bestimmt werden[3]. Die Rechtsprechungsgrundsätze zum tarifl. Ausschluss der ordentl. Kündigung sind nicht ohne Weiteres auf einen vertragl. Kündigungsausschluss für einen längeren Zeitraum bzw. auf eine entsprechende Befristung zu übertragen. An einer solchen individualvertragl. Vereinbarung muss sich der ArbGeb eher festhalten lassen als an einer pauschalen, für alle Arbeitsverhältnisse einer Branche geltenden Tarifregelung, die dem Altersschutz dient und im extremen Ausnahmefall im Einzelnen Arbeitsverhältnis zu einem unzumutbaren Ergebnis führen kann (s. ergänzend die Komm. zu **§ 624 BGB**). 20

VI. Stillschweigende Verlängerung (Abs. 5). Diese Vorschrift stellt eine **Spezialregelung** für befristete und gem. § 21 auflösend bedingte Arbeitsverträge gegenüber der allgemeinen Regelung des § 625 BGB dar. Die Bestimmung betrifft Zeitbefristungen, Zweckbefristungen sowie auflösend bedingte Arbeitsverträge, jedoch nicht die Fortgeltung befristeter einzelner Vertragsbedingungen[4]. Wird das Arbeitsverhältnis nach einer Kündigung, Anfechtung oder Aufhebungsvertrag über den Endzeitpunkt hinaus fortgesetzt, gilt diese Bestimmung nicht, sondern weiterhin § 625 BGB[5]. Für Berufsausbildungsverhältnisse gilt nach § 24 BBiG ein Arbeitsverhältnis auf unbestimmte Zeit begründet, wenn der Auszubildende im Anschluss an das beendete Berufsausbildungsverhältnis beschäftigt wird[6]. Die Fiktion der Begründung eines unbefristeten Arbeitsverhältnisses nach Abs. 5 ist nach § 22 I **nicht abdingbar**[7]. 21

Die Rechtsfolge des auf unbestimmte Zeit verlängerten Arbeitsverhältnisses knüpft an die willentliche **Weiterarbeit** unmittelbar nach Auslaufen eines kalendermäßig befristeten Arbeitsvertrages, Zweckerreichung oder Eintritt der auflösenden Bedingung an. Der ArbN muss die vertragl. Arbeitsleistung nach dem Ablauf der Vertragszeit tatsächlich erbringen. Ein nach Ablauf der Befristung genommener Urlaub, Freizeitausgleich für geleistete Überstunden oder die Entgeltfortzahlung an einen arbeitsunfähigen ArbN über das Vertragsende hinaus führen nicht zur Verlängerung[8]. Der ArbN muss von dem Ablauf der Vertragszeit Kenntnis haben, wenn er seine Arbeitsleistung über das Vertragsende hinaus fortsetzt. Es handelt sich um keine Willenserklärung, sondern um einen tatsächlichen Vorgang. Ein Anfechtung ist daher nicht möglich. 22

Wird das Arbeitsverhältnis nach dem Befristungsende bzw. der Zweckerreichung (oder nach Eintritt der auflösenden Bedingung, § 21) mit Wissen des ArbGeb fortgesetzt, so gilt es dann als auf unbestimmte Zeit verlängert, wenn der ArbGeb nicht unverzüglich **widerspricht** oder dem ArbN die Zweckerreichung bzw. den Eintritt der auflösenden Bedingung nicht unverzüglich **mitteilt** und damit die Zwei- 23

1 BT-Drs. 14/4374, S. 20. | 2 BAG v. 25.3.2004 – 2 AZR 153/03, BAGReport 2004, 322. | 3 BAG v. 25.3.2004 – 2 AZR 153/03, BAGReport 2004, 322. | 4 BAG v. 3.9.2003 – 7 AZR 106/03, DB 2004, 490. | 5 MünchArbR/*Wank*, Erg.-Bd., § 116 Rz. 269. | 6 Zum Ende des Berufsausbildungsverhältnisses BAG v. 16.6.2005 – 6 AZR 411/04, DB 2005, 2585. | 7 BAG v. 11.7.2007 – 7 AZR 501/06, DB 2007, 2777. | 8 BAG v. 24.10.2001 – 7 AZR 620/00, NZA 2003, 153.

Wochen-Frist des Abs. 2 in Gang setzt. Der Widerspruch kann **konkludent** erklärt werden, zB durch Aushändigung der Arbeitspapiere. Der unbefristeten Fortsetzung des Arbeitsverhältnisses kann auch dadurch widersprochen werden, dass der ArbGeb dem ArbN **vor dem Ende** der Vertragslaufzeit den Abschluss eines weiteren befristeten Arbeitsverhältnisses anbietet, indem er den Entwurf eines sich anschließenden befristeten Arbeitsvertrags übergibt[1] oder den Wunsch des ArbN auf Fortsetzung des Arbeitsverhältnisses ablehnt[2]. Die Mitteilung über den Zeitpunkt der Zweckerreichung (Abs. 2) kann ggf. dahin ausgelegt werden, dass zugleich einer etwaigen Weiterarbeit über den Endtermin des Arbeitsverhältnisses hinaus widersprochen wird. Unter Fortsetzung des Arbeitsverhältnisses iSv. Abs. 5 ist die tatsächliche Erbringung der vertragl. geschuldeten Arbeitsleistung nach Ablauf der vereinbarten Frist, der Zweckerreichung oder dem Bedingungseintritt zu verstehen, nicht das Fortbestehen des Arbeitsverhältnisses infolge fehlender oder mangelhafter Unterrichtung gem. Abs. 2. Die Bestimmung setzt ein **Wissen** des ArbGeb hinsichtlich der Fortsetzung der Tätigkeit voraus, nicht aber hinsichtlich der Vertragsbeendigung infolge Zeitablauf, der Zweckerreichung oder des Eintritts der auflösenden Bedingung[3].

24 Mit dieser Regelung für den Fall der Zweckerreichung oder des Eintritts der auflösenden Bedingung zusätzlich zu der in Abs. 2 aufgestellten Notwendigkeit der **unverzügl. Unterrichtung** des ArbN soll sichergestellt werden, dass der ArbGeb trotz objektiver Zweckerreichung oder Eintritts der auflösenden Bedingung das Ende des befristeten Arbeitsverhältnisses nicht beliebig hinausschieben kann. Da Abs. 5 im Gegensatz zu Abs. 2 keine schriftl. Unterrichtung, sondern nur eine Mitteilung erfordert, reicht ein bloßer mündl. Hinweis des ArbGeb aus[4]. Aus Beweisgründen und zur Ermittlung des Ablaufs der Zwei-Wochen-Frist des Abs. 2 sowie wegen der Feststellung des Beginns der Klagefrist gem. § 17 S. 3 **empfiehlt** es sich für die Praxis, auch die Mitteilung gem. Abs. 5 dem ArbN **schriftl.** zukommen zu lassen.

25 Das Arbeitsverhältnis muss mit Wissen des ArbGeb fortgesetzt werden. Eine unbefristete Verlängerung des Arbeitsverhältnisse tritt also gem. Abs. 5 nur dann ein, wenn der **ArbGeb** selbst oder ein zur Einstellung[5] oder Entlassung **befugter Mitarbeiter** des ArbGeb von der Beendigung des Arbeitsverhältnisses durch Ablauf der Vertragszeit[6] und der Weiterarbeit des ArbN **Kenntnis** hat. Ein Einverständnis des ArbGeb zur weiteren Arbeitsleistung durch den ArbN muss nicht vorliegen. Irrt sich der ArbGeb über die Beendigung des Arbeitsverhältnisses, so schließt dies seine Kenntnis aus[7]. In diesem Fall treten die Rechtsfolgen des Abs. 5 nicht ein.

26 Die Mitteilung der Zweckerreichung und der Widerspruch müssen **unverzüglich**, also ohne schuldhaftes Zögern (§ 121 BGB) nach Kenntnisnahme der Zweckerreichung bzw. der Fortsetzung des Arbeitsverhältnisses erfolgen. Maßgeblich ist die Kenntnis des ArbGeb von den für die Entscheidung über das Fortbestehen des Arbeitsverhältnisses maßgebenden Umständen. Der Widerspruch gegen die Fortsetzung des Arbeitsverhältnisses kann bereits kurz **vor dem Ablauf** des befristeten Vertrages erklärt werden (s.a. Rz. 23). Die Mitteilung und der Widerspruch sind einseitige empfangsbedürftige Willenserklärungen, für die die allgemeinen Vorschriften über Abgabe, Zugang, Vertretung usw. gelten. Die Mitteilung der **Zweckerreichung** nach Abs. 2 muss **schriftlich**, der **Widerspruch** kann **formlos** erfolgen. Der Widerspruch bedarf keiner Begründung.

27 Wird bereits während des Laufes des Arbeitsverhältnisses ein Prozess über die angeblich rechtswidrige Befristung geführt und das Arbeitsverhältnis über das Fristende bzw. die Zweckerreichung oder Eintritt der auflösenden Bedingung hinaus fortgesetzt, so ist in dem vom ArbGeb im Entfristungsprozess gestellten **Klageabweisungsantrag** der Widerspruch gegen die Fortsetzung eines Arbeitsverhältnisses iSd. Abs. 5 zu sehen[8].

28 Sind die Voraussetzungen des Abs. 5 erfüllt, wird das Arbeitsverhältnis kraft Gesetzes auf unbestimmte Zeit verlängert. Sein Inhalt bestimmt sich nach den bisherigen Bedingungen, so dass **alle bisherigen Rechte und Pflichten** fortgelten. Ausgenommen sind Regelungen, die dem Charakter des nunmehr unbefristeten Arbeitsverhältnisses entgegenstehen. Gemäß § 22 I kann die sich aus Abs. 5 ergebende **Rechtsfolge** eines Arbeitsverhältnisses von unbestimmter Dauer bei befristeten Arbeitsverträgen **nicht wirksam vertragl. ausgeschlossen** werden[9]. Die wirksame Vereinbarung einer aus einer Kombination einer Zweck- mit einer Zeitbefristung bestehenden „**Doppelbefristung**" ist daher fraglich[10]. Schließt man die Möglichkeit einer wirksamen „Doppelbefristung" aus, so bleibt das Arbeitsverhältnis nicht als zeitbefristetes Arbeitsverhältnis bestehen, wenn es nach Zweckerreichung und entsprechender Unterrichtung fortgesetzt wird.

29 Das Recht, sich auf die Begründung eines unbefristeten Arbeitsvertrages zu berufen, kann **verwirkt** werden, wenn die hierfür geltenden Voraussetzungen vorliegen. Dies kann in Betracht kommen, wenn

---

1 BAG v. 5.5.2004 – 7 AZR 629/03, NZA 2004, 1346. |2 BAG v. 11.7.2007 – 7 AZR 501/06, DB 2007, 2777. |3 LAG Düsseldorf v. 26.9.2002 – 5 Sa 748/02, DB 2003, 668. |4 *Hromadka*, BB 2001, 621 (624); MünchArbR/*Wank*, Erg.-Bd., § 116 Rz. 272; aA Annuß/Thüsing/*Maschmann*, § 15 TzBfG Rz. 22. |5 BAG v. 20.2.2002 – 7 AZR 662/00, NZA 2002, 1000 (LS). |6 ErfK/*Müller-Glöge*, § 15 TzBfG Rz. 36;. |7 ErfK/*Müller-Glöge*, § 15 TzBfG Rz. 38. |8 LAG Köln v. 10.3.1995 – 13 Sa 842/94, nv. (zu § 625 BGB). |9 *Nehls*, DB 2001, 2718. |10 *Hromadka*, BB 2001, 621 Fn. 32; aA KR/*Bader*, § 3 TzBfG Rz. 48; *Sowka*, DB 2002, 1158.

der ArbN zunächst über das Befristungsende hinaus arbeitet, jedoch dann seine Arbeit einstellt, und daher auch die Mitteilung bzw. der Widerspruch seitens des ArbGeb nach Abs. 5 unterbleibt.

Für **die Zeit zwischen** dem Befristungsende bzw. der Zweckerreichung und dem Zugang des Widerspruchs bzw. der Mitteilung nach Abs. 5 besteht ein Arbeitsverhältnis[1]. Dies folgt aus der für Zweckbefristungen ausdrücklich in Abs. 2 getroffenen Regelung. Es wird durch die einseitige Erklärung nach Abs. 5 aufgelöst. **30**

Der ArbN muss **darlegen und beweisen**, dass das Arbeitsverhältnis mit Wissen des ArbGeb fortgesetzt worden ist, wenn er sich auf die Rechtsfolgen beruft. Für einen unverzüglichen Widerspruch bzw. Mitteilung gem. Abs. 5 ist der ArbGeb darlegungs- und beweispflichtig. Im Übrigen wird ergänzend Bezug genommen auf die Kommentierung zu § 625 BGB. **31**

VII. Nichtverlängerungs-/Beendigungsmitteilung. Von den Mitteilungen der Absätze 2 und 5 zu unterscheiden sind Nichtverlängerungsmitteilungen im **Bühnenbereich**. Auf Grund einer tarifl. Regelung tritt dort eine automatische Verlängerung des Arbeitsverhältnisses um eine Spielzeit ein, wenn nicht bis zu einem bestimmten Zeitpunkt eine Nichtverlängerungsmitteilung erfolgt. Dabei sind bestimmte Fristen einzuhalten. Außerdem hängt die Wirksamkeit der Nichtverlängerungsmitteilung von der Anhörung des betroffenen Schauspielers ab. Wegen der Einzelheiten wird auf die tarifl. Besonderheiten verwiesen. **32**

VIII. Weiterbeschäftigungsanspruch/Wiedereinstellungspflicht. Ein Anspruch des ArbN auf Wiedereinstellung bzw. Fortbeschäftigung besteht nach Ablauf eines wirksam befristeten Arbeitsverhältnisses grds. auch dann nicht, wenn sich entgegen der ursprünglichen Prognose auf Grund neuer Umstände eine Möglichkeit zur Weiterbeschäftigung ergibt[2]. Die Rspr. zum Wiedereinstellungsanspruch nach betriebsbedingter Kündigung ist auf befristete Arbeitsverträge nicht übertragbar[3]. Ein Weiterbeschäftigungsanspruch besteht nur in Ausnahmefällen. Der ArbGeb muss bei Vertragsabschluss oder während der Dauer des Arbeitsverhältnisses objektiv einen Vertrauenstatbestand geschaffen haben[4]. Dies kann zB dann der Fall sein, wenn dem betroffenen ArbN, insb. im Falle der Befristung wegen der Erprobung schon Zusagen hinsichtlich einer Übernahme in ein unbefristetes Arbeitsverhältnis gemacht worden sind. Eine mittelbare Sanktion besteht jedoch insofern, als der BR gem. § 99 II Nr. 3 BetrVG einen Grund zur Zustimmungsverweigerung geltend machen kann, weil bei Nichtbeachtung der Informationspflicht davon ausgegangen werden kann, dass von vornherein ein gleich geeigneter befristet beschäftigter ArbN nicht berücksichtigt wurde. Verschiedene TV verpflichten den ArbGeb, Zeitangestellte bei der Besetzung von Dauerarbeitsplätzen bevorzugt zu berücksichtigen (so die Protokollnotiz Nr. 4 zu Nr. 1 SR 2y BAT und § 30 II 2 TVöD-AT). Es ergibt sich daraus aber keine Verpflichtung, einen unbefristeten Arbeitsvertrag abzuschließen[5]. **33**

Ein Weiterbeschäftigungsanspruch bzw. Anspruch auf Abschluss eines weiteren befristeten Arbeitsvertrags kann aber bestehen, wenn die „Nichterneuerung" eines befristeten Arbeitsverhältnisses ihren Grund in der Schwangerschaft der ArbNin hat. Die Verweigerung auf Abschluss eines weiteren befristeten Arbeitsvertrages stellt sich in diesem Fall als eine unmittelbare **Diskriminierung** auf Grund des Geschlechts dar (Art. 2 I und Art. 3 I RL 76/207/EWG)[6]. Dasselbe muss gelten, wenn sich diese Entscheidung aus anderen Gründen als diskriminierend darstellt (s. RL 2000/43/EG und 2000/78/EG – zB weil eine Schwerbehinderung festgestellt wurde). Die Rechtsfolgen ergeben sich aus § 15 I u. II 2 AGG. **34**

IX. Mitbestimmung. Die **Beendigung des Arbeitsvertrages** auf Grund der vereinbarten Befristung, Zweckerreichung oder Eintritts der auflösenden Bedingung gibt keinen Anlass zur vorherigen Anhörung des BR gem. § 102 BetrVG, da das Vertragsverhältnis nicht auf Grund einer Kündigung beendet wird. Dies gilt auch dann, wenn der ArbN gem. § 15 II bzw. § 21 iVm. § 15 II durch den ArbGeb über den Zeitpunkt der Zweckerreichung oder des Bedingungseintritts schriftl. unterrichtet wird oder eine allgemeine Beendigungsmitteilung erhält. Weder die Information gem. § 15 II noch die Beendigungsmitteilung stellen eine Kündigung iSd. § 102 BetrVG dar. **35**

Wird jedoch das befristete Arbeitsverhältnis **vorzeitig gekündigt** (zB fristlos oder auf Grund einer Kündigungsvereinbarung gem. § 15 III), so ist der BR nach § 102 BetrVG zur beabsichtigten Kündigung vorher anzuhören. **36**

Wenn der ArbGeb der Fortsetzung des Arbeitsverhältnisses **nicht widerspricht**, besteht im Falle des § 15 V ein MitbestR des BR gem. § 99 I BetrVG. **37**

---

1 AA ErfK/*Müller-Glöge*, § 15 TzBfG Rz. 49. | 2 BAG v. 20.2.2002 – 7 AZR 600/00, ZIP 2002, 1162. | 3 ErfK/*Müller-Glöge* § 15 TzBfG Rz. 10. | 4 BAG v. 19.1.2005 – 7 AZR 250/04, NZA 2005, 873. | 5 BAG v. 2.7.2003 – 7 AZR 529/02, NZA 2004, 1055. | 6 EuGH v. 4.10.2001 – Rs. C-438/99, Maria Luisa Jiménez Melgar, NZA 2001, 1243.

16 *Folgen unwirksamer Befristung*

Ist die Befristung rechtsunwirksam, so gilt der befristete Arbeitsvertrag als auf unbestimmte Zeit geschlossen; er kann vom Arbeitgeber frühestens zum vereinbarten Ende ordentlich gekündigt werden, sofern nicht nach § 15 Abs. 3 die ordentliche Kündigung zu einem früheren Zeitpunkt möglich ist. Ist die Befristung nur wegen des Mangels der Schriftform unwirksam, kann der Arbeitsvertrag auch vor dem vereinbarten Ende ordentlich gekündigt werden.

1 **I. Grundsatz (S. 1 Hs. 1).** Nach dieser Vorschrift ist Rechtsfolge einer unwirksamen Befristung oder auflösenden Bedingung, dass das Arbeitsverhältnis als unbefristetes gilt. Unwirksam ist nur die Befristungsabrede. Der Arbeitsvertrag gilt also mit seinem übrigen Inhalt auf unbestimmte Zeit fort. Von dieser Bestimmung wird nicht nur die Unwirksamkeit aus einem der in § 14 geregelten Gründe erfasst. Sie kann sich auch aus einem Verstoß gegen MitbestR ergeben, wie es im Personalvertretungsrecht einiger Bundesländer im Hinblick auf die Befristung selbst vorgesehen ist. Voraussetzung ist aber, dass die Unwirksamkeit nicht nachträglich durch Verstreichenlassen der Klagefrist des § 17 geheilt worden ist (§ 7 KSchG). Das zunächst nach dieser Bestimmung begründete unbefristete Arbeitsverhältnis ist daher auflösend bedingt durch die Versäumung der Klagefrist des § 17. Macht der ArbN die Unwirksamkeit der Befristung geltend, so kommt der ArbGeb nach § 296 BGB in Annahmeverzug.

2 **II. Kündigungsmöglichkeiten. 1. Materielle Unwirksamkeit (S. 1 Hs. 2).** Die Bestimmung folgt der Auffassung, dass durch die Entfristung nur der ArbN-Schutz verwirklicht werden soll. Auch ohne die Vereinbarung einer Kündigungsmöglichkeit nach § 15 III kann der **ArbN** im Falle einer unwirksamen Befristung von Anfang an das Arbeitsverhältnis **ordentl. kündigen.** Ist dem ArbN die Unwirksamkeit der Befristung bekannt, kann er aber auch die an sich unwirksame Vereinbarung gegen sich gelten lassen und sich unter Hinweis auf die Befristungsabrede mit dem vereinbarten Ende ohne Kündigung einseitig aus dem Arbeitsverhältnis lösen[1].

Sofern der ArbN nicht kündigt und nicht gem. **§ 17** die Unwirksamkeit der Befristung mit einer Klage angreift, bleibt es aber bei der Rechtswirksamkeit und der sodann geltenden Folge aus § 15 I (entsprechend § 7 KSchG).

3 Dagegen kann der **ArbGeb** im Falle einer unwirksamen Befristung den Arbeitsvertrag frühestens zum vereinbarten Ende ordentl. kündigen, es sei denn, dass einzelvertragl. oder tarifvertragl. eine ordentl. Kündigung während der Befristung vereinbart worden ist. Von dieser Möglichkeit kann Gebrauch gemacht werden, wenn sich herausstellt, dass die Befristung unwirksam ist. Dies widerspricht weder § 242 BGB noch dem Maßregelungsverbot des § 612a BGB[2]. Sofern für den ArbGeb nur die Kündigungsmöglichkeit nach dieser Vorschrift besteht, kann die Kündigung zwar schon vor dem vereinbarten Ende ausgesprochen werden, sie darf jedoch frühestens zum vereinbarten Ende wirken. Ggf. ist der Zeitpunkt des vereinbarten Endes durch Auslegung zu ermitteln. Dabei sind die vertragl. oder gesetzl. Kündigungsfristen zu beachten. Bei Anwendbarkeit des Kündigungsschutzgesetzes (also u.a. nach Ablauf der Wartezeit des § 1 I KSchG[3]) muss die Kündigung zudem nach § 1 KSchG sozial gerechtfertigt sein. Die dem ArbGeb eingeräumte Kündigungsmöglichkeit lässt nur die Kündigung zu einem bestimmten Zeitpunkt zu, begründet aber kein besonderes Kündigungsrecht[4].

4 **2. Formelle Unwirksamkeit.** Beruht die Unwirksamkeit der Befristung nur auf dem **Mangel der Schriftform** des § 14 IV kann der Arbeitsvertrag sowohl von dem ArbN wie auch von dem ArbGeb vor dem vereinbarten Ende ordentl. gekündigt werden. Dies gilt also auch ohne die Vereinbarung der Kündigungsmöglichkeit während der Befristung (§ 15 III). Auch für die den Arbeitsvertragsparteien eingeräumte Möglichkeit der ordentl. Kündigung wegen des Verstoßes gegen die Schriftform sind die Kündigungsfristen zu beachten, für den ArbGeb zudem die übrigen Kündigungsschutzvorschriften bzw. -einschränkungen. Leidet die Befristung (auch) an anderen Unwirksamkeitsgründen, so kann der ArbGeb erst zum vereinbarten Ende kündigen, sofern nicht die Kündigungsmöglichkeit nach § 15 III vereinbart ist[5].

5 Unberührt von der Frage der Wirksamkeit der Befristung und der daraus sich nach dieser Vorschrift ergebenden Kündigungsmöglichkeiten bleibt für beide Seiten das Recht zur **außerordentl. Kündigung.**

6 Die Vorschrift gilt nur für die Befristung des gesamten Vertrages, nicht für die **Befristung einzelner Vertragsbedingungen.**

17 *Anrufung des Arbeitsgerichts*

Will der Arbeitnehmer geltend machen, dass die Befristung eines Arbeitsvertrages rechtsunwirksam ist, so muss er innerhalb von drei Wochen nach dem vereinbarten Ende des befristeten Arbeitsvertrages Klage beim Arbeitsgericht auf Feststellung erheben, dass das Arbeitsverhältnis auf Grund der Befristung nicht beendet ist. Die §§ 5 bis 7 des Kündigungsschutzgesetzes gelten entspre-

---

1 KDZ/*Däubler*, § 16 TzBfG Rz. 7; Annuß/Thüsing/*Maschmann*, § 16 TzBfG Rz. 1; aA KR/*Lipke*, § 16 TzBfG Rz. 5. | 2 BAG v. 6.11.2003 – 2 AZR 21/03, AP Nr. 9 zu § 14 TzBfG. | 3 BAG v. 6.11.2003 – 2 AZR 690/02, ZIP 2004, 1428. | 4 *Preis/Gotthardt*, DB 2001, 145. | 5 *Riesenhuber*, NJW 2005, 2268.

chend. Wird das Arbeitsverhältnis nach dem vereinbarten Ende fortgesetzt, so beginnt die Frist nach Satz 1 mit dem Zugang der schriftlichen Erklärung des Arbeitgebers, dass das Arbeitsverhältnis auf Grund der Befristung beendet sei.

I. Inhalt und Geltungsbereich. Die Unwirksamkeit einer Befristungsabrede muss nach dieser Vorschrift innerhalb von drei Wochen nach dem vereinbarten Ende des befristeten Arbeitsvertrages durch **Klage** bei dem ArbG geltend gemacht werden. Die Klagefrist von drei Wochen gilt nicht nur für die Fälle der kalendermäßigen Befristung, sondern auch für zweckbefristete und – entgegen der früheren Rspr. – auflösendbedingte Arbeitsverträge (§ 21 iVm. § 17). Von der dreiwöchigen Klagefrist dieser Bestimmung werden zudem Befristungsabreden auf Grund anderer Bestimmungen erfasst (zB BEEG, WissZeitVG). Nicht anwendbar ist die dreiwöchige Klagefrist auf die Befristung einzelner Arbeits- bzw. Vertragsbedingungen (zB von halber auf volle Wochenarbeitszeit)[1]. Die §§ 1, 23 KSchG sind nicht entsprechend anwendbar. Die individuelle Beschäftigungsdauer und die Betriebsgröße sind daher unerheblich. Wegen der Ergänzungsfunktion zu § 4 KSchG ist auch **§ 17 zwingend**, so dass weder zu Gunsten noch zuungunsten des ArbN davon abgewichen werden kann (s.a. § 22 Rz. 2)[2]. 1

Alle Arten von Unwirksamkeitsgründen werden von der Klagefrist erfasst[3]. Dies gilt nicht nur für das Fehlen eines erforderlichen Sachgrundes, das Fehlen der Voraussetzungen nach § 14 II oder III, sondern auch für die Unwirksamkeit auf Grund fehlender Schriftform[4] oder die ggf. (nach einigen Landesgesetzen) erforderliche Zustimmung des Personalrats. Entsprechend der seit dem 1.1.2004 geltenden Regelung in § 4 S. 1 KSchG, müssen im Falle einer Befristung oder auflösenden Bedingung innerhalb der Klagefrist sämtliche Unwirksamkeitsgründe (zB auch fehlende landesrechtl. gebotene Zustimmung des Personalrats zur Befristung oder die Nichterfüllung von § 41 S. 2 SGB VI) geltend gemacht werden. 2

Die Klagefrist dieser Bestimmung findet jedoch **keine Anwendung**, wenn die Parteien nicht über die Wirksamkeit einer Norm oder die Wirksamkeit einer Vereinbarung über die Befristung oder einer auflösenden Bedingung streiten, sondern ausschließlich darüber, ob ein Befristungsgrund, also insb. der Zweck oder die auflösende Bedingung für die Beendigung des Arbeitsverhältnisses tatsächlich eingetreten ist. Nach dem Wortlaut von Satz 1 muss lediglich die Rechtsunwirksamkeit der Befristung mit einer fristgerechten Klage geltend gemacht werden. Streiten die Parteien dagegen darüber, ob eine vertragl. vereinbarte **Voraussetzung für die Beendigung** des Arbeitsverhältnisses vorliegt, findet die hier normierte Klagefrist keine Anwendung[5]. Dies gilt dann, wenn der ArbN geltend macht, der Zweck sei nicht erfüllt oder die auflösende Bedingung sei tatsächlich nicht eingetreten. 3

Nach der Rspr. ist die dreiwöchige Klagefrist auch **nicht zu beachten**, wenn offen ist, **ob überhaupt eine Befristung** (zB wegen angeblicher Fälschung der Unterschrift) vereinbart worden ist[6]. Auch wenn diese Bestimmung nach ihrem Wortlaut nur die Unwirksamkeit der Befristung betrifft, empfiehlt es sich, in derartigen Zweifelsfällen die **Klagefrist zu beachten**.

II. Klagefrist und Antrag. 1. Ausschlussfrist (S. 1). Die **Klagefrist** beträgt drei Wochen. Sie beginnt mit dem vereinbarten Ende des befristeten Arbeitsvertrages. Fristbeginn und -ablauf berechnen sich nach § 222 ZPO, §§ 187, 188 II BGB. Liegt das Ende der Befristung wie üblich am Ende eines Kalendertages, beginnt die Frist am darauf folgenden Tag, die Frist endet drei Wochen später mit Ablauf des Wochentages, der in seiner Benennung dem Tag entspricht, an dem das vereinbarte Ende des befristeten Arbeitsvertrags lag. Handelt es sich um einen Samstag, Sonntag oder gesetzl. Feiertag, so endet die Frist erst mit Ablauf des nächsten folgenden Werktags. Die Klagefrist ist mit der Klagerhebung gewahrt, was der Fall ist, wenn die Klage am letzten Tag der Frist beim ArbG eingeht. Sie ist eine vom Gericht zu beachtende Ausschlussfrist. 4

Der **zweckbefristete** Arbeitsvertrag endet an sich mit dem Zeitpunkt der Zweckerreichung, der **auflösend bedingte** mit dem Zeitpunkt des Bedingungseintritts. Das vereinbarte Vertragsende wird aber durch die Regelung des § 15 II modifiziert. Nur dann, wenn dem ArbN mindestens zwei Wochen zuvor eine entsprechende schriftl. Unterrichtung über den Zeitpunkt der Zweckerreichung zugegangen ist, endet es mit dem Eintritt der Bedingung bzw. mit der Zweckerreichung. Beginn für die Klagefrist ist dann der auf den Tag des Bedingungseintritts oder der Zweckerreichung folgende Tag. Geht die schriftl. Unterrichtung nach § 15 II dem ArbN erst so spät zu, dass die dort genannte Zwei-Wochen-Frist erst nach der Zweckerreichung bzw. dem Bedingungseintritt endet, so beginnt die Klagefrist erst **am Tag nach dem Zugang der schriftl. Unterrichtung**[7]. Da sich aber die Unterrichtung durch den ArbGeb als überflüssig darstellen kann, weil die Zweckbefristung oder die auflösende Bedingung auf Gründen in der Person des ArbN beruht, oder aber der ArbGeb für den ArbN ersichtlich von keiner Unterrichtungspflicht ausgeht (evtl. auch nur aus Unkenntnis dieser Pflicht), **empfiehlt** es sich, unabhängig vom Zu- 5

1 BAG v. 4.6.2003 – 7 AZR 406/02, BB 2003, 1683; *Kliemt*, NZA 2001, 296. | 2 BAG v. 19.1.2005 – 7 AZR 115/04, BAGReport 2005, 195. | 3 *Hromadka*, BB 2001, 674. | 4 LAG Düsseldorf v. 26.9.2002 – 5 Sa 748/02, LAGReport 2003, 33. | 5 BAG v. 23.6.2004, 7 AZR 440/03, BAGReport 2004, 398. | 6 Nicht zu beachten: BAG v. 20.2.2002 – 7 AZR 622/00, NZA 2002, 1304; v. 23.6.2004 – 7 AZR 440/03, BAGReport 2004, 398; KR/*Bader*, § 17 TzBfG Rz. 5; ErfK/*Müller-Glöge*, § 17 TzBfG Rz. 6; zu beachten: LAG Hess. v. 18.1.2000 – 9 Sa 964/99, NZA 2000, 1071; Annuß/Thüsing/*Maschmann*, § 17 TzBfG Rz. 3. | 7 ErfK/*Müller-Glöge*, § 17 TzBfG Rz. 9.

gang der Unterrichtung durch den ArbGeb den Zeitpunkt der Zweckerreichung bzw. des Bedingungseintritts als Beginn der Klagefrist zugrunde zu legen. Zum Fristbeginn bei Fortsetzung des Arbeitsverhältnisses nach dem vereinbarten Ende s. Rz. 14.

6 Bei **mehreren aufeinander folgenden** Befristungsabreden wird die Klagefrist für jede Befristungsvereinbarung mit dem Ablauf der darin vereinbarten Befristung und nicht erst mit dem Ablauf der letzten Befristung in Lauf gesetzt[1]. Wird nur die Befristung des letzten Vertrages mit einer Klage angegriffen, so kommt es auf die Unwirksamkeit vorangegangener Befristungsabreden nicht mehr an (s. zu mehrfachen Befristungen § 14 Rz. 89 ff.). Dies gilt auch bei **Kettenbefristungen** bzw. Kettenarbeitsverhältnissen, nicht jedoch, wenn es sich bei dem letzten Vertrag nur um einen **unselbständigen Annex** zum vorhergehenden Vertrag handelt. Dies ist der Fall, wenn nur die Laufzeit des alten Vertrages verhältnismäßig geringfügig korrigiert mit dem Sachgrund der Befristung in Einklang gebracht wird, dieser aber ansonsten derselbe bleibt. Hier beginnt die Klagefrist mit dem im Annex vereinbarten Ende.

7 Die sog. Entfristungsklage kann aber auch schon **nach Abschluss des Arbeitsvertrages** erhoben werden und nicht erst nach der vertragl. vorgesehenen Beendigung. In diesem Falle muss der ArbN jedoch die Umstände darlegen, aus denen sich ein alsbaldiges Feststellungsinteresse ergibt[2].

8 Die Übergabe einer sog. **Nichtverlängerungsanzeige/Beendigungsmitteilung**[3] löst nicht die Klagefrist aus. Die Mitteilung, dass das Arbeitsverhältnis nicht verlängert wird bzw. es bei der vereinbarten Beendigung bleibt, stellt aus Sicht des ArbGeb keine Kündigung dar, sondern hat nur klarstellende Bedeutung[4].

9 **2. Antrag (S. 1).** Nach dem ausdrücklichen Wortlaut der Bestimmung ist die **Klage auf die Feststellung** zu richten, dass das Arbeitsverhältnis auf Grund der Befristung bzw. auflösenden Bedingung nicht beendet ist. Bei einer Klage nach dieser Bestimmung besteht der Gegenstand des Streits darin, ob das Arbeitsverhältnis durch die zu einem bestimmten Zeitpunkt vereinbarte Befristung zu dem in dieser Vereinbarung vorgesehenen Termin geendet hat. Da es um einen **punktuellen Streitgegenstand** geht, ist ein allgemeiner Feststellungsantrag regelmäßig unzulässig[5]. Eine allgemeine Feststellungsklage wahrt daher nicht die Klagefrist. Die Erhebung einer Klage ist als Prozesshandlung aber ebenso auslegungsfähig wie eine private Willenserklärung. Gegenüber dem Wortlaut des Klageantrags ist daher der geäußerte Parteiwille maßgeblich, wie er aus dem Antrag, der Begründung und sonstigen Umständen bei Erhebung der Klage erkennbar wird. Es muss sich also zumindest aus der Begründung der Feststellungsklage oder sonstigen Umständen bei Klageerhebung ergeben, dass der Kläger mit seinem Feststellungsantrag die Wirksamkeit der in dem Arbeitsvertrag vereinbarten Befristung in Abrede stellen will[6].

Die allgemeine Feststellungsklage ist aber die richtige Klageart, wenn der ArbN davon ausgeht, die Befristung sei zwar wirksam gewesen, es sei jedoch nach § 15 V ein unbefristetes Arbeitsverhältnis begründet worden[7].

10 **Formulierungsbeispiel für den sich gegen die Befristung bzw. auflösende Bedingung gerichteten Klagantrag:**

Festzustellen, dass das zwischen den Parteien bestehende Arbeitsverhältnis nicht auf Grund der Befristung im Vertrag vom ... am ... beendet worden ist und zu unveränderten Bedingungen unbefristet fortbesteht.

Aus der Klage muss sich eindeutig ergeben, gegen welche konkrete Befristungsvereinbarung sich die Klage richtet, jede einzelne Befristung ist gesondert anzugreifen. Mit dem stattgebenden Urteil wird zugleich entschieden, dass jedenfalls zum streitigen Beendigungszeitpunkt ein Arbeitsverhältnis der Parteien bestanden hat.

11 **3. Versäumung der Frist (S. 2).** Nach dieser Bestimmung gelten die **§§ 5–7 KSchG entsprechend**. Auch bei Klagen gegen Befristungen oder auflösende Bedingungen kann nach § 5 KSchG ein Antrag auf nachträgliche Zulassung gestellt werden. S. im Einzelnen die Komm. zu § 5 KSchG.

12 Mit einer isoliert erhobenen **Leistungsklage** wird die Klagefrist nicht gewahrt, auch wenn sie auf die Unwirksamkeit der Befristung gestützt wird (zB Klage auf Zahlung der Vergütung über das Befristungsende hinaus)[8]. Nach dem Wortlaut der Neufassung des § 6 KSchG muss es sich bei der fristgerecht erhobenen Klage um eine Feststellungsklage nach § 17 handeln.

13 Wird die Rechtsunwirksamkeit einer Befristung oder einer auflösenden Bedingung **nicht rechtzeitig** innerhalb der dreiwöchigen Klagefrist geltend gemacht, so gilt gem. § 7 KSchG die Befristung als von

1 BAG v. 24.10.2001 – 7 AZR 686/00, DB 2002, 536. | 2 BAG v. 12.10.1979 – 7 AZR 960/77, AP Nr. 48 zu § 620 BGB – Befristeter Arbeitsvertrag; LAG Düsseldorf v. 18.11.1999 – 11 Sa 1039/99, NZA-RR 2000, 291. | 3 Zur Nichtverlängerungsmitteilung bei befristeten Bühnenarbeitsverhältnissen siehe *Opolony*, NZA 2001, 1351. | 4 BAG v. 26.4.1979 – 2 AZR 431/77 u. v. 7.3.1980 – 7 AZR 177/78m, AP Nr. 47, 54 zu § 620 BGB – Befristeter Arbeitsvertrag. | 5 BAG v. 16.4.2003 – 7 AZR 119/02, BAGReport 2003, 357. | 6 BAG v. 16.4.2003 – 7 AZR 119/02, NZA 2004, 283. | 7 BAG v. 23.6.2004 – 7 AZR 440/03, BAGReport 2004, 398. | 8 BAG v. 25.3.1976 – 2 AZR 127/75, AP Nr. 10 zu § 626 BGB – Ausschlussfrist; s. auch die Komm. zu § 6 KSchG.

Anfang an rechtswirksam. Der Klagefrist kommt somit eine materiellrechtl. Wirkung zu. Bei einer **Klagerücknahme** tritt diese Rechtsfolge rückwirkend ein, wenn die Drei-Wochen-Frist bereits abgelaufen ist[1]. Ist die Befristung oder auflösende Bedingung nicht hinreichend bestimmt, so hat die Klagefrist keine Bedeutung. Mit der Fiktion der Wirksamkeit der Befristung kann für diesen Fall keine Beendigung des Arbeitsverhältnisses zu einem bestimmten Termin herbeigeführt werden.

4. Fristbeginn bei Fortsetzung über den Beendigungstermin hinaus (S. 3). Mit der Regelung in S. 3 wird für die sog. Entfristungsklage der Beginn der Klagefrist **gehemmt** bis zum Zugang der schriftl. Erklärung des ArbGeb, das Arbeitsverhältnis sei auf Grund der Befristung beendet[2]. Dies gilt nicht nur für zweckbefristete und auflösend bedingte Arbeitsverträge, sondern auch für kalendermäßig befristete Arbeitsverträge, auch wenn nach § 15 V bereits ein unbefristetes Arbeitsverhältnis vorliegt[3]. Bedeutsam wird diese Regelung, wenn das **bisherige** befristete Arbeitsverhältnis **fortgesetzt** wird. Erbringt also der ArbN über den vereinbarten Beendigungstermin (Fristende, Zweckerreichung oder Bedingungseintritt) hinaus die vertragl. geschuldete Arbeitsleistung, beginnt die Klagefrist erst mit dem **Zugang der schriftl. Mitteilung** nach § 15 II, dass das Arbeitsverhältnis auf Grund der Befristung beendet ist. Dabei muss zum Ausdruck kommen, dass der ArbGeb das Arbeitsverhältnis als beendet ansieht. Infolgedessen kann die Mitteilung nach dieser Bestimmung grds. erst nach dem vereinbarten Beendigungszeitpunkt erfolgen; aber nicht nur, wenn der ArbN ohne Kenntnis des ArbGeb weiterarbeitet, sondern auch dann, wenn es bereits zuvor zur Fiktion des § 15 V gekommen ist. Es muss sich um eine schriftl. Erklärung handeln. Wegen der rechtl. Auswirkungen der Mitteilung des ArbGeb an den ArbN ist die **Schriftform des § 623 BGB** iVm. § 126 BGB einzuhalten, so dass die elektronische Form nicht ausreicht, obwohl die Bestimmung keine anders lautende Regelung iSv. § 126 III BGB enthält. 14

III. Prozessuales. Für das Verfahren gelten die **allgemeinen Verfahrensgrundsätze**. 15

Da die Vorschrift nicht auf die §§ 9, 10 KSchG verweist, können weder vom ArbN noch vom ArbGeb **Auflösungsanträge** gestellt werden. 16

Bei unwirksamen Befristungen hat der ArbN in gleichem Maße wie bei einer gerichtlich für unwirksam erklärten Kündigung nach den Grundsätzen des Beschlusses des Großen Senats vom 27.2.1985[4] einen Anspruch auf **vorläufige Weiterbeschäftigung**[5] bis zum rechtskräftigen Abschluss des Verfahrens, sofern nicht überwiegende schutzwerte Interessen des ArbGeb einer solchen Beschäftigung entgegenstehen. Zur Weiterbeschäftigung und Wiedereinstellung s. im Übrigen § 15 Rz. 33 f. 17

Hinsichtlich der **Darlegungs- und Beweislast** ist zu unterscheiden, ob überhaupt der Abschluss eines befristeten Arbeitsvertrages streitig ist, seine Dauer oder die Unwirksamkeit der Befristung. Nach allgemeinen Beweisgrundsätzen hat diejenige Partei, die den Eintritt einer Rechtsfolge geltend macht, die Voraussetzungen des für sie günstigen Rechtssatzes zu beweisen. Den Anspruchsteller trifft die Beweislast für die rechtsbegründenden Tatsachen, der Antragsgegner muss den Beweis für rechtshemmende, rechtshindernde oder rechtsvernichtende Tatsachen erbringen. Beruft sich eine Partei auf die **Befristung** des Arbeitsverhältnisses, stellt sie mit diesem Vorbringen weder den Abschluss noch den Inhalt des Arbeitsvertrages in Abrede. Sie macht geltend, das Arbeitsverhältnis habe zu dem von ihr behaupteten Zeitpunkt durch Fristablauf geendet. Das hat zur Folge, dass die wechselseitigen vertragl. Hauptpflichten erlöschen, so dass es sich um eine dem materiellen Recht folgende, rechtsvernichtende Einwendung gegenüber dem Anspruch der anderen Vertragspartei auf Fortdauer des Arbeitsverhältnisses handelt. Demgemäß hat dann die Partei das Vorliegen der tatsächlichen Voraussetzungen darzulegen und im Bestreitensfalle unter Beweis zu stellen, die sich auf die für sie günstigere Rechtsfolge des Erlöschens der Vertragspflichten, also auf die Befristung und ihre Dauer, beruft. Sie wird im Regelfall den ArbGeb treffen[6]. 18

Während den ArbGeb regelmäßig die Darlegungs- und Beweislast hinsichtlich des Vorliegens eines befristeten Vertrages obliegt, trägt der ArbN grds. die Darlegungs- und Beweislast dafür, dass bei Abschluss des befristeten Arbeitsvertrages **sachliche Gründe gefehlt** haben. Allerdings kann sich die Beweisführungslast nach Lage des jeweiligen Falles in der Weise ändern, dass der ArbGeb seinerseits das Vorbringen des ArbN, das dem ersten Anschein nach zutreffend ist, durch Gegendarlegungen und Gegenbeweise zu entkräften hat[7]. 19

Wird eine **sachgrundlose Befristung** gem. § 14 II oder IIa mit der Klage angegriffen, so hat der ArbGeb die Voraussetzungen der Zulässigkeit der Befristung darzulegen und zu beweisen, also die Voraussetzungen des § 14 II 1 oder IIa und für das Vorliegen einer Neueinstellung[8]. Hinsichtlich des Vorliegens 20

1 BAG v. 26.6.2002 – 7 AZR 122/01, ZIP 2002, 1779. |2 KR/*Bader*, § 17 TzBfG Rz. 32. |3 AA LAG Düsseldorf v. 26.9.2002 – 5 Sa 748/02, LAGReport 2003, 33. |4 BAG v. 27.2.1985 – GS 1/84, AP Nr. 14 zu § 611 BGB – Beschäftigungspflicht. |5 BAG v. 13.6.1985 – 2 AZR 410/84, AP Nr. 19 zu § 611 BGB – Beschäftigungspflicht; v. 28.9.1988 – 7 AZR 451/87, AP Nr. 125 zu § 620 BGB – Befristeter Arbeitsvertrag; LAG Nds. v. 12.1.2004 – 5 Sa 1130/03 E, NZA-RR 2004, 555. |6 BAG v. 12.10.1994 – 7 AZR 745/93, NZA 1995, 780. |7 BAG v. 6.5.1982 – 2 AZR 1037/79 und v. 13.5.1982 – 2 AZR 87/80, AP Nr. 67, 68 zu § 620 BGB – Befristeter Arbeitsvertrag. |8 BAG v. 6.12.1989 – 7 AZR 441/89, NZA 1990, 741 (743): zu § 1 I 1 BeschFG 1985.

einer **Vorbeschäftigung** iSv. § 14 II 2 ist idR der ArbN darlegungs- und beweispflichtig, da hiermit die Zulässigkeit der Befristung infrage gestellt wird[1].

21 Stützt sich der Sachgrund der Befristung auf eine Prognose (wie zB in Fällen eines vorübergehenden Mehrbedarfs an Arbeitsplätzen), gilt eine **abgestufte Darlegungslast**. Wird die Prognose des ArbGeb durch die nachfolgende Entwicklung bestätigt, besteht eine ausreichende Vermutung dafür, dass sie hinreichend fundiert erstellt worden ist. Es ist Aufgabe des ArbN, Tatsachen vorzubringen, die die Richtigkeit der Prognose im Zeitpunkt des Abschlusses des Zeitvertrages infrage stellen[2]. Wenn sich eine im Zeitpunkt des Vertragsabschlusses erstellte Prognose später nicht bestätigt, muss der ArbGeb die Tatsachen vortragen, die ihm jedenfalls im Zeitpunkt des Vertragsabschlusses den hinreichend sicheren Schluss darauf erlaubten, dass nach Ablauf der Befristung die Weiterbeschäftigung des ArbN nicht mehr möglich sein werde[3].

22 Bezüglich der **Dauer** des befristeten Arbeitsverhältnisses trägt nach den allgemeinen Grundsätzen derjenige die Darlegungs- und Beweislast, der sich auf die vorzeitige Beendigung des Arbeitsverhältnisses beruft[4]. Die tatsächlichen Grundlagen einer **Zweckerreichung** oder eines **Bedingungseintritts** hat derjenige darzulegen und zu beweisen, der die Zweckerreichung oder den Eintritt einer auflösenden Bedingung behauptet.

23 Die Befristungskontrolle ist auf den **Zeitpunkt** der Vereinbarung bezogen.

18 *Information über unbefristete Arbeitsplätze*

Der Arbeitgeber hat die befristet beschäftigten Arbeitnehmer über entsprechende unbefristete Arbeitsplätze zu informieren, die besetzt werden sollen. Die Information kann durch allgemeine Bekanntgabe an geeigneter, den Arbeitnehmern zugänglicher Stelle im Betrieb und Unternehmen erfolgen.

1 **I. Informationspflicht (S. 1).** Befristet beschäftigte ArbN sind durch den ArbGeb über zu besetzende unbefristete Arbeitsplätze zu **informieren**. Die Vorschrift setzt § 6 I der Rahmenvereinbarung über befristete Arbeitsverträge (RL 1999/70/EG) um. Die Informationspflicht besteht gegenüber jedem befristet beschäftigten ArbN, also nicht nur denjenigen gegenüber, die konkret dem Wunsch auf Übernahme in ein unbefristetes Arbeitsverhältnis geäußert haben (so aber § 7 II hinsichtlich der Teilzeitkräfte). Das Gesetz geht von einem vorrangigen Interesse nach unbefristeter Beschäftigung aus. Hinzuweisen ist auf freie und frei werdende unbefristete Arbeitsplätze, wenn diese wieder mit einem unbefristet angestellten ArbN besetzt werden sollen.

2 Der Bekanntmachungsregelung des S. 2 ist zu entnehmen, dass auch bei einer individuellen Information einzelner ArbN auf Dauerarbeitsplätze **im gesamten Unternehmen**, also auch in anderen Betrieben desselben Unternehmens hinzuweisen ist[5].

3 Die Unterrichtung hat so **rechtzeitig** zu erfolgen, dass sich der befristet beschäftigte ArbN noch für den zu besetzenden Dauerarbeitsplatz bewerben kann.

4 Werden einzelne ArbN individuell über freie unbefristete Arbeitsplätze informiert, so braucht sich die Information jedoch nur auf **„entsprechende" Arbeitsplätze** zu erstrecken. Darunter sind unter Berücksichtigung der in § 3 II erfolgten begrifflichen Festlegung auf vergleichbare Arbeitsplätze solche zu verstehen, auf denen gleiche oder ähnliche Tätigkeiten erbracht werden[6], für die die befristet beschäftigten ArbN aus objektiver Sicht persönlich und fachlich in Betracht kommen.

5 **II. Form der Bekanntgabe (S. 2).** Über die individuelle Information Einzelner befristet beschäftigter ArbN hinaus hat der ArbGeb nach dieser Regelung die Möglichkeit, den Hinweis auf Dauerarbeitsplätze **allgemein bekannt** zu geben. Dies muss an geeigneter, den ArbN zugänglicher Stelle im Betrieb und Unternehmen (also ggf. auch in mehreren Betrieben) geschehen. Entscheidend ist, dass eine Kenntnisnahme derjenigen gewährleistet ist, die befristet eingestellt sind. Die Information kann am schwarzen Brett, in der Werkzeitung, aber auch im Intranet erfolgen, wenn hierauf alle ArbN Zugriff haben[7]. Wird diese allgemeine Bekanntgabe gewählt, so kann die Information auf Dauerarbeitsplätze wegen der durchweg unterschiedlichen Arbeitsanforderungen der einzelnen befristeten Arbeitsplätze nicht auf „entsprechende" Dauerarbeitsplätze beschränkt bleiben. Das Angebot muss sich vielmehr nach den Adressaten dieser Information richten. Daraus folgt, dass der ArbGeb seiner Informationspflicht nur dann ordnungsgemäß nachkommt, wenn die allgemeine Bekanntgabe ständig aktualisiert wird, so dass rechtzeitige Bewerbungen möglich sind.

6 **III. Sanktionen/Schadensersatz.** Eine unmittelbare Sanktion **bei einem Verstoß** gegen die Informationspflicht sieht das Gesetz nicht vor. Insbesondere hat der nicht informierte befristet beschäftigte ArbN keinen Anspruch auf Weiterbeschäftigung über das Beendigungsdatum hinaus, sofern eine unbe-

---

1 LAG Nds. v. 26.7.2004 – 5 Sa 234/04, NZA-RR 2005, 410. | 2 BAG v. 3.11.1999 – 7 AZR 846/98, NZA 2000, 126. | 3 BAG v. 12.1.2000 – 7 AZR 863/98, BB 2000, 933. | 4 BAG v. 12.10.1994 – 7 AZR 745/93, NZA 1995, 780. | 5 KR/*Bader*, § 18 TzBfG Rz. 3. | 6 KR/*Bader*, § 18 TzBfG Rz. 3. | 7 *Kliemt*, NZA 2001, 296.

fristete Einstellung auf einem anderen vergleichbaren Arbeitsplatz möglich ist[1]. Dies gilt auch bei einer sich altersdiskriminierend darstellenden Ablehnung auf Übernahme in ein unbefristetes Arbeitsverhältnis (§ 15 VI AGG). Eine mittelbare Sanktion kann sich jedoch aus dem Zustimmungsverweigerungsrecht des BR nach § 99 II Nr. 3 BetrVG ergeben, weil bei Nichtbeachtung der Informationspflicht davon ausgegangen werden kann, dass von vornherein ein gleich geeigneter befristetet beschäftigter ArbN nicht berücksichtigt wurde.

Gegen einen **Schadensersatzanspruch** wegen nicht richtiger oder nicht rechtzeitiger Information spricht, dass die Bestimmung mehr Transparenz bezweckt, um die Möglichkeit zum Übergang in ein unbefristetes Arbeitsverhältnis zu schaffen. Da die Vorschrift aber eine vertragl. Nebenpflicht konkretisiert, kann wegen Verletzung der Informationspflicht ein Schadensersatzanspruch nach § 280 BGB bestehen. Ein auch nur mittelbarer Anspruch auf Übertragung eines unbefristeten Arbeitsplatzes folgt aus diesem Zweck nicht, so dass es sich um kein Schutzgesetz iSd. § 823 II BGB handelt[2]. 7

19 *Aus- und Weiterbildung*

Der Arbeitgeber hat Sorge zu tragen, dass auch befristet beschäftigte Arbeitnehmer an angemessenen Aus- und Weiterbildungsmaßnahmen zur Förderung der beruflichen Entwicklung und Mobilität teilnehmen können, es sei denn, dass dringende betriebliche Gründe oder Aus- und Weiterbildungswünsche anderer Arbeitnehmer entgegenstehen.

I. Arbeitgeberseitige Verpflichtung. Der ArbGeb hat dafür zu sorgen, dass befristet beschäftigte ArbN auch an angemessenen **Aus- und Weiterbildungsmaßnahmen** teilnehmen können. Damit sollen die Chancen befristet beschäftigter ArbN auf einen Dauerarbeitsplatz verbessert und die berufliche Entwicklung sowie Mobilität des befristetet Beschäftigten gefördert werden. Mit dieser Bestimmung wird § 6 II der Rahmenvereinbarung über befristete Arbeitsverträge (RL 1999/70/EG) umgesetzt. 1

Wie die nach § 10 bestehende Verpflichtung zur Aus- und Weiterbildung von teilzeitbeschäftigten ArbN gibt diese Regelung **keinen eigenständigen Anspruch** auf Durchführung derartiger Maßnahmen. Besteht im Unternehmen kein Angebot an Aus- und Weiterbildungsmaßnahmen, so kann der befristet beschäftigte ArbN aus dieser Bestimmung keinen Anspruch herleiten. 2

Die Aus- und Weiterbildungsverpflichtung des ArbGeb bezieht sich nicht nur auf die aktuelle Tätigkeit des befristet beschäftigten, sondern auch auf die **Verbesserung der beruflichen Qualifikation** als Voraussetzung für die Übernahme einer qualifizierteren Tätigkeit[3]. Die Aus- und Weiterbildungsmaßnahmen müssen auf die Förderung der beruflichen Entwicklung und Mobilität ausgerichtet sein. Jedoch muss die Aus- und Weiterbildungsmaßnahme insb. bezogen auf die Art der Tätigkeit des ArbN, die vorgesehene Dauer der befristeten Beschäftigung, die Dauer der Aus- und Weiterbildungsmaßnahme und den für den ArbGeb entstehenden Kostenaufwand **angemessen** sein. Wenn ein vergleichbarer Dauerarbeitsplatz die durch die Aus- und Weiterbildung vermittelte Qualifizierung erfordert, so ist die Maßnahme angemessen, so dass der Gesichtspunkt der über die Beschäftigungszeit hinausgehenden Qualifikation dem nicht entgegensteht[4]. Die Vorschrift betrifft interne und externe Bildungsmaßnahmen des ArbGeb. 3

II. Entgegenstehende betriebliche Gründe. Der ArbGeb kann gegenüber dem Qualifizierungswunsch eines befristet beschäftigten ArbN geltend machen, dass diesem **dringende betriebliche Gründe** entgegenstehen. Wegen der durch die Freistellung zur Aus- und Weiterbildung entstehenden betrieblichen Folgen sind diese Gründe mit den in § 7 I 1 BUrlG angeführten dringenden betrieblichen Gründen vergleichbar. Durch die Teilnahme an derartigen Aus- und Weiterbildungsmaßnahmen müsste es deshalb zu einer erheblichen Beeinträchtigung der Betriebsabläufe kommen. 4

Dem Qualifizierungswunsch und damit der Berücksichtigung bei der Teilnahme an Aus- und Weiterbildungsmaßnahmen kann zudem die Aus- und Weiterbildung **anderer ArbN** entgegenstehen, die unter beruflichen oder sozialen Gesichtspunkten vorrangig zu berücksichtigen sind. Die Auswahl von konkurrierenden Weiterbildungsinteressen unbefristet und befristet Beschäftigter ist nach billigem Ermessen zu treffen (§ 315 BGB)[5]. Mit der gesetzl. Regelung wird keine Besserstellung der befristet beschäftigten ArbN gegenüber den unbefristet tätigen ArbN verlangt. Es soll zu einer Gleichbehandlung kommen. 5

Für das Vorliegen entgegenstehender betrieblicher Gründe und konkurrierende Aus- und Weiterbildungswünsche anderer ArbN ist der ArbGeb **darlegungs- und beweispflichtig**. 6

Nur dann, wenn die Nichtberücksichtigung bei der Teilnahme an einer Aus- und Weiterbildungsmaßnahme den Gleichbehandlungsgrundsatz verletzt oder sich als willkürlich darstellt, kann ein **Individual-** 7

---

1 Auch die Protokollnotiz Nr. 4 zu Nr. 1 SR zu BAT und § 30 II 2 TVöD-AT enthalten kein Anstellungsgebot, BAG v. 2.7.2003 – 7 AZR 529/02, NZA 2004, 1055. | 2 ErfK/*Müller-Glöge*, § 18 TzBfG Rz. 10; KR/*Bader*, § 18 TzBfG Rz. 11; KDZ/*Däubler*, § 18 TzBfG Rz. 3. | 3 BT-Drs. 14/4374, S. 21. | 4 AA MünchArbR/*Wank*, Erg.-Bd., § 116 Rz. 305. | 5 KR/*Bader*, § 19 TzBfG Rz. 12.

anspruch auf Teilnahme und ggf. ein Schadensersatzanspruch nach § 280 BGB bestehen. Da es sich bei dieser Bestimmung um kein Schutzgesetz iSd. § 823 II BGB handelt, besteht kein Schadensersatzanspruch aus unerlaubter Handlung.

20 *Information der Arbeitnehmervertretung*

Der Arbeitgeber hat die Arbeitnehmervertretung über die Anzahl der befristet beschäftigten Arbeitnehmer und ihren Anteil an der Gesamtbelegschaft des Betriebes und des Unternehmens zu informieren.

1 Mit dieser Vorschrift wird § 7 III der Rahmenvereinbarung über befristete Arbeitsverträge (RL 1999/70/EG) entsprochen. Der ArbN-Vertretung soll durch die hier vorgesehenen **Informationen** ermöglicht werden, Einfluss auf die betriebliche Einstellungspraxis zu nehmen und die Einhaltung der gesetzl. Vorschriften über befristete Arbeitsverhältnisse zu überwachen[1]. Diese Informationspflicht ist nicht von der Anzahl der im Unternehmen beschäftigten ArbN abhängig.

Aus der Information muss sich die Anzahl der befristet beschäftigten ArbN ergeben. Außerdem muss der Anteil an der Gesamtbelegschaft des Betriebes und des Unternehmens angegeben werden[2].

Mit dieser Bestimmung werden die Informationspflichten nach § 80 II 1 BetrVG ergänzt.

2 Informationen über die Anzahl der befristet beschäftigten ArbN und ihrem Anteil an der Gesamtbelegschaft sind der zuständigen **ArbN-Vertretung** gegenüber zu geben. In den vom BetrVG erfassten Betrieben und Unternehmen sind dies die BR und GBR, nicht aber die KBR, da sich die Bestimmung nur auf Betriebe und Unternehmen bezieht. Der Umfang der Angaben wird durch den jeweiligen Adressaten bestimmt, so dass der jeweilige BR nur die betriebsbezogene Anzahl und Anteile erfahren muss, während der GBR Anspruch auf die unternehmensbezogenen Informationen hat. Ebenfalls informationsberechtigt sind die ArbN-Vertretungen gem. § 3 BetrVG, die abweichend oder zusätzlich gebildet werden können, wie SpartenBR (§ 3 I Nr. 2 BetrVG) oder zusätzliche betriebsverfassungsrechtl. Vertretungen (§ 3 I Nr. 4 und 5 BetrVG). Im öffentl.-rechtl. Bereich sind den Personalvertretungen und im kirchlichen Bereich den Mitarbeitervertretungen die Informationen zu erteilen.

3 Die Informationserteilung unterliegt **keiner Formvorschrift**.

4 Die **Häufigkeit** richtet sich nach dem aktuellen Informationsbedarf. Eine § 110 I BetrVG entsprechende Häufigkeit sieht die Bestimmung nicht vor[3].

5 Die nach dieser Vorschrift bestehende Informationspflicht **bezweckt** vorrangig die Einhaltung der Diskriminierungs- und Benachteilungsverbote gem. § 4 II 1 und § 5, die Beteiligung von befristet beschäftigten ArbN an angemessenen Aus- und Weiterbildungsmaßnahmen (§ 19) sowie die Einhaltung der Informationspflicht des ArbGeb über zu besetzende unbefristete Arbeitsplätze (§ 18).

6 Der seitens des BR nach dieser Bestimmung bestehende Informationsanspruch korrespondiert mit dem in **§ 99 II Nr. 3 BetrVG** aufgenommenen Verweigerungsgrund, dass ein gleich geeignet befristet Beschäftigter bei einer unbefristeten Neueinstellung übergangen wird. Dieses Zustimmungsverweigerungsrecht erweitert die nach § 18 gegenüber befristet beschäftigten ArbN bestehende Informationspflicht über zu besetzende unbefristete Arbeitsplätze.

21 *Auflösend bedingte Arbeitsverträge*

Wird der Arbeitsvertrag unter einer auflösenden Bedingung geschlossen, gelten § 4 Abs. 2, § 5, § 14 Abs. 1 und 4, § 15 Abs. 2, 3 und 5 sowie die §§ 16 bis 20 entsprechend.

1 **I. Begriff und Normzweck.** Die auflösende Bedingung wird dem mit Sachgrund befristeten Arbeitsverhältnis (Zeit- und Zweckbefristung) gleichgestellt. **Auflösend bedingt** ist ein Arbeitsvertrag, wenn dessen Ende von einem ungewissen Ereignis abhängt, dessen Eintritt nicht Voraussetzung des Vertrages ist. Das ist zB auch der Fall, wenn die Arbeitsvertragsparteien während eines Kündigungsrechtsstreits die vorläufige Weiterbeschäftigung bis zur rechtskräftigen Abweisung der Kündigungsschutzklage vereinbaren. Mit Eintritt der auflösenden Bedingung endet das Arbeitsverhältnis (§ 158 II BGB). Im Unterschied zu dem zeitbefristeten Arbeitsvertrag ist also das Ende des auflösend bedingten Arbeitsvertrages von dem ungewissen Eintritt eines zukünftigen Ereignisses abhängig. Der Unterschied zu einem zweckbefristeten Arbeitsvertrag besteht darin, dass bei Letzterem nur der Zeitpunkt des Eintritts der Zweckerreichung und damit der Zeitpunkt des Endes des Arbeitsverhältnisses ungewiss ist. Zum Anwendungsbereich dieser Bestimmung gehören auch Rechtsbedingungen.

2 Indem die Bestimmung die auflösende Bedingung dem mit Sachgrund befristeten Arbeitsverhältnis **gleichstellt**, können grds. alle Gründe, die eine Befristung erlauben, auch eine auflösende Bedingung

---

1 BT-Drs. 14/4374, S. 21. | 2 AA KR/*Bader*, § 20 TzBfG Rz. 5. | 3 Für eine entspr. Anwendung KDZ/*Däubler*, § 20 TzBfG Rz. 3.

rechtfertigen[1]. Demzufolge können an den sachlichen Grund bei einer Bedingung keine strengeren Anforderungen gestellt werden als bei einer Befristung[2]. Soweit in der Gesetzesbegründung auf die heutige Rspr. des BAG verwiesen wird, so gilt dies nur für die entsprechende Anwendung von Vorschriften über befristete Arbeitsverträge auf auflösend bedingte Arbeitsverträge.

Von einer Gleichstellung ist auch auf Grund des der Vorschrift zugrunde liegenden § 3 I der Rahmenvereinbarung über befristete Arbeitsverträge (RL 1999/70/EG) auszugehen, da die dortige Definition des befristet beschäftigten ArbN zugleich auch den auflösend bedingten Arbeitsvertrag erfasst.

II. Nicht anwendbare Bestimmungen (§ 14 Abs. 2, 2a u. 3, § 15 Abs. 1 u. 4). Von den die befristeten Arbeitsverträge regelnden dritten Abschnitt finden § 14 II, IIa u. III sowie § 15 I u. IV keine Anwendung. Hinsichtlich der zuletzt genannten Vorschriften ergibt sich dies aus der begrifflichen Festlegung auf kalendermäßig befristete Arbeitsverträge. Die Nichtanwendbarkeit der eine sachgrundlose Befristung ermöglichenden Bestimmungen des § 14 II, IIa u. III folgt aus dem durch die auflösende Bedingung bereits begrifflich vorausgesetzten Regelungsbedarf. Da bei einer auflösenden Bedingung der Beendigungstatbestand notwendigerweise einer begrifflichen Umschreibung bedarf, folgt daraus aber nicht, dass bei der auflösenden Bedingung besonders schwerwiegende sachliche Gründe vorliegen müssen. 3

III. Anwendbare Bestimmungen. 1. Diskriminierungs- und Benachteilungsverbot (§ 4 Abs. 2 u. § 5). Ein ArbN, der im Rahmen eines auflösend bedingten Arbeitsvertrages beschäftigt wird, darf in entsprechender Anwendung des **§ 4 II** nicht gegenüber einem vergleichbaren (s. hierzu entsprechend § 3 II) unbefristet tätigen ArbN diskriminiert werden. Ihm gegenüber gilt auch das Benachteiligungsverbot des § 5. Es wird insoweit auf die Kommentierung zu diesen beiden Vorschriften verwiesen. 4

2. Sachgründe (§ 14 Abs. 1 S. 2). Grundsätzlich können alle Gründe, die eine Befristung rechtfertigen, auch eine auflösende Bedingung rechtswirksam begründen. Es wird daher auf die vorstehende Kommentierung zu **§ 14 I 2** verwiesen. Da sich die vereinbarte auflösende Bedingung als Beendigungstatbestand für das Arbeitsverhältnis darstellt, bedarf sie bereits in der Vereinbarung des Arbeitsverhältnisses einer abschließenden Beschreibung, so dass eine objektive Nachprüfung des Bedingungseintritts und der rechtl. Relevanz der zugrunde gelegten Bedingung möglich ist[3]. Auflösende Bedingungen können die in § 14 I 2 beispielhaft genannten Sachgründe wie folgt rechtfertigen: 5

a) Vorübergehender Bedarf (Nr. 1). Der durch diesen Sachgrund vorausgesetzte **Zusatzbedarf** kann durch eine auflösende Bedingung begrenzt werden (zB die Einstellung von zusätzlichen Laborkräften wegen einer Seuchengefahr bzw. einer bereits ausgebrochenen Seuche). 6

b) Tätigkeit im Anschluss an eine Ausbildung oder an ein Studium (Nr. 2). Hier kann die auflösende Bedingung darin liegen, dass der ArbN eine **Anschlussbeschäftigung** findet. Zweckmäßigerweise wird man dies jedoch mit einer Höchstbefristung koppeln. 7

c) Vertretung (Nr. 3). Insbesondere in Krankheitsfällen erfolgt die befristete Einstellung einer **Vertretungskraft** unter der auflösenden Bedingung der Wiedergenesung des vertretenen ArbN. Wird der Vertretungsbedarf durch eine solche auflösende Bedingung begrenzt, so bedeutet dies allerdings, dass das Vertretungsarbeitsverhältnis nicht endet, wenn der vertretene ArbN aus dem Beschäftigungsverhältnis ganz ausscheidet[4]. Ist diese Folge nicht gewollt, so ist eine Kombination von auflösender Bedingung und Zweckbefristung angeraten (s. dazu auch die Kommentierung zu § 14 I 2 Nr. 3). 8

d) Eigenart der Arbeitsleistung (Nr. 4). Zweckmäßig kann eine auflösende Bedingung für diesen Sachgrund sein, wenn die Befristung zB an bestimmte **ungewisse Entwicklungen** der für die Programmgestaltung maßgeblichen Faktoren geknüpft wird[5]. Die Wahrung der **freien Entfaltung der Kunst** (Art. 5 III GG) umfasst auch die Möglichkeit, aus maßgeblichen künstlerischen Erwägung die Programmgestaltung verändern zu können. Dazu kann der Wegfall einer Rolle in einer Fernsehserie gehören, auf den die auflösende Bedingung gestützt wird. Auch kann der sog. **Verschleißtatbestand** eine auflösende Bedingung rechtfertigen (wie zB das Nichterreichen eines bestimmten Klassenerhalts der Mannschaft). 9

e) Erprobung (Nr. 5). Bei einer Einstellung zur Probe kann eine auflösende Bedingung in der Nichtvorlage eines Gesundheitsattestes[6] oder in der fehlenden Eignung für den Schuldienst[7] liegen. Allerdings muss die Eignung objektivierbar sein, darf also nicht von der subjektiven Beurteilung des ArbGeb abhängig sein. 10

f) Gründe in der Person des Arbeitnehmers (Nr. 6). Der diesem Sachgrund zuzuordnende **Wunsch** des ArbN nach einer Befristung kann durch die auflösende Bedingung begrenzt sein, dass der ArbN eine Anstellung in dem eigentlich erlernten Beruf findet oder die Lizenzspielermannschaft der 1. oder 2. Bun- 11

1 *Hromadka*, NJW 2001, 400. | 2 *Hromadka*, NJW 2001, 400; KR/*Bader*, § 21 TzBfG Rz. 17; aA KDZ/*Däubler*, § 21 TzBfG Rz. 7. | 3 Dass die abstrakt angeführte Bedingung sodann einseitig herbeigeführt wird, steht dem nicht entgegen, wenn hierfür sachliche Gründe vorliegen; s. dazu BAG v. 2.7.2003 – 7 AZR 612/02, NZA 2004, 311. | 4 BAG v. 26.6.1996 – 7 AZR 674/95, DB 1996, 2289. | 5 BAG v. 2.7.2003 – 7 AZR 612/02, NZA 2004, 311: „künstlerische Gestaltungsfreiheit". | 6 LAG Hess. v. 8.12.1994 – 12 Sa 1103/94, LAGE § 620 BGB – Bedingung. | 7 BAG v. 31.8.1994 – 7 AZR 983/93, NZA 1995, 1212.

desliga angehört[1]. Entscheidend ist das Interesse des ArbN an der Befristung an Stelle eines unbefristeten Vertrages. Als auflösende Bedingung kann sich auch die Abhängigkeit von dem **Vorliegen einer Aufenthaltserlaubnis** als Grund für die Befristung darstellen.

12 Sofern man in dem Erreichen einer bestimmten **Altersgrenze** die Vereinbarung einer auflösenden Bedingung sieht, wären Altersgrenzen auch diesem Sachgrund zuzuordnen (s. die Komm. zu § 14 I 2). Da die Altersgrenze (zB Vollendung des 65. LJ) ein bestimmter Zeitpunkt ist, ist aber das Erreichen eines bestimmten Alters kein unsicheres Ereignis iS einer auflösenden Bedingung. Dagegen liegt die Vereinbarung einer auflösenden Bedingung vor, wenn das Arbeitsverhältnis mit der **Erwerbsminderung** beendet wird (s. zB § 59 BAT/§ 33 II TVöD-AT; wegen der weiteren Einzelheiten s. die Komm. zu § 14 I 2)[2] oder der ArbN die Voraussetzungen für die Inanspruchnahme einer vorzeitigen Altersrente erfüllt[3].

13 **g) Vergütung aus Haushaltsmitteln (Nr. 7).** Dieser Sachgrund ist für eine auflösende Bedingung deshalb **nicht geeignet**, weil von vornherein eine Befristung vorausgesetzt wird, also keine Ungewissheit über das Vorhandensein der Haushaltsmittel ausreicht[4].

14 **h) Gerichtlicher Vergleich (Nr. 8).** IdR bestimmt ein gerichtlicher Vergleich einen konkreten Beendigungstermin. Die Beendigung kann jedoch auch von einer auflösenden Bedingung abhängig gemacht werden. Da aber die auflösende Bedingung zugleich auch den Beendigungstatbestand rechtfertigt, kommt dem gerichtlichen Vergleich in diesem Falle grds. keine einen Sachgrund ersetzende Bedeutung zu.

15 **3. Weitere Sachgründe.** Folgt man der Gesetzesbegründung, dass die Aufzählung in § 14 I 2 nur beispielhaft ist, so können auch auflösende Bedingungen auf andere Gründe gestützt werden[5]. In der Rspr. ist eine auflösende Bedingung für die Beendigung des Arbeitsverhältnisses bei festgestellter **Fluguntauglichkeit** für zulässig erachtet worden, sofern keine zumutbare Beschäftigungsmöglichkeit auf einem freien Arbeitsplatz besteht[6] oder eine „Abstiegsklausel" in einem Vertrag mit einem Eishockeyspieler[7]. Verschiedene TV, so zB § 59 BAT/§ 33 II TVöD-AT, und Arbeitsverträge sehen eine Beendigung des Arbeitsverhältnisses mit der **Erwerbsminderung**[8] vor. Die Tatsache einer geminderten Erwerbsfähigkeit stellt für sich genommen keinen eine auflösende Bedingung rechtfertigenden Grund dar. Erst die Einbindung der Interessen der betroffenen ArbN durch die Absicherung an die rentenrechtl. Versorgung rechtfertigt den Auflösungstatbestand ohne Kündigung[9] (hierzu sind die Auswirkungen der RL 2000/78/EG zu berücksichtigen). Der Sachgrund ist aber auch darin zu sehen, den ArbN vor einer gesundheitlichen Überforderung zu schützen. Andererseits trägt eine derartige Regelung dem Interesse des ArbGeb Rechnung, sich von einem ArbN zu trennen, der gesundheitsbedingt nicht mehr in der Lage ist, seine nach dem Arbeitsvertrag geschuldete Leistung zu erbringen[10]. Ist der ArbN nur teilweise erwerbsgemindert, so tritt die Beendigung jedoch gem. § 59 III BAT/§ 33 III TVöD-AT dann nicht ein, wenn der ArbN noch auf seinem oder einem anderen, ihm nach seinem Leistungsvermögen zumutbaren freien Arbeitsplatz weiterbeschäftigt werden könnte. Dies setzt aber jedenfalls in den Fällen, in denen der ArbN durch seinen Rentenantrag eine Voraussetzung für den Eintritt der auflösenden Bedingung selbst geschaffen hat, voraus, dass er innerhalb von zwei Wochen nach Zugang des Rentenbescheides gegenüber dem ArbGeb seine Weiterbeschäftigung schriftl. beantragt[11].

16 Die **Weiterbeschäftigung nach einer Kündigung** stellt sich als auflösend bedingtes Arbeitsverhältnis dar, wenn die Arbeitsvertragsparteien während eines Kündigungsrechtsstreits die vorläufige Weiterbeschäftigung bis zur rechtskräftigen Abweisung der Kündigungsschutzklage vereinbaren.

17 Eine **Umgehung kündigungsrechtl. Vorschriften** ist dagegen anzunehmen, wenn das Arbeitsverhältnis oder die auflösende Bedingung von der Nichtrückkehr aus dem Urlaub[12], des Entfallens staatlicher Förderung, des Trinkens von Alkohol oder des Konsums von Drogen abhängig gemacht wird. Hierdurch wird im Ergebnis die – unzulässige – Vereinbarung absoluter Kündigungsgründe eröffnet.

18 **4. Schriftform und Grund der Befristung (§ 14 Abs. 4).** Der auflösend bedingte Arbeitsvertrag unterliegt ebenfalls dem Schriftformerfordernis des § 14 IV. Da die vorgesehene Beendigung aus dem Sachgrund der auflösenden Bedingung folgt, wird der Beendigungstatbestand durch diesen selbst gekennzeichnet. Die gewählte Bedingung muss daher so **umschrieben** sein, dass der Eintritt des Ereignisses, an das die Beendigung des Arbeitsverhältnisses geknüpft wird, objektiv erkennbar ist (s. auch die Komm. zu § 14 IV).

---

1 BAG v. 4.12.2002 – 7 AZR 492/01, DB 2003, 2016. |2 BAG v. 15.3.2006 – 7 AZR 332/05, ZTR 2006, 548. |3 BAG v. 8.8.2007 – 7 AZR 605/06, DB 2008, 133. |4 S. dazu die Gesetzesbegründung BT-Drs. 14/4374, S. 19; s. jedoch LAG Hamburg v. 7.9.2005 – 5 Sa 41/05, NZA-RR 2005, 658. |5 *Thüsing/Lambrich*, BB 2002, 829; aA KR/*Bader*, § 21 TzBfG Rz. 46. |6 BAG v. 11.10.1995 – 7 AZR 119/95, BB 1996, 1441. |7 LAG Düsseldorf vom 26.5.1995 – 10 (15) Sa 1886/94, LAGE § 620 BGB – Bedingung Nr. 5; bzgl. eines Fußballtrainers s. BAG v. 4.12.2002 – 7 AZR 492/01, NZA 2003, 611. |8 Mit dem Rentenreformgesetz 1999 entfiel die bisherige Rente wegen Berufsunfähigkeit. |9 BAG v. 11.3.1998 – 7 AZR 101/97, NZA 1998, 1180. |10 BAG v. 6.12.2000 – 7 AZR 302/99, NZA 2001, 792. |11 BAG v. 15.3.2006 – 7 AZR 332/05, ZTR 2006, 548. |12 BAG v. 19.12.1974 – 2 AZR 565/73, BB 1975, 651.

5. Beendigung, Kündigungsmöglichkeit und stillschweigende Verlängerung (§ 15 Abs. 2, 3 und 5). Das auf eine auflösende Bedingung gestützte befristete Arbeitsverhältnis endet **mit Eintritt der Bedingung**. Wie bei der Zweckbefristung bedarf es aber der **schriftl. Unterrichtung** durch den ArbGeb über den Zeitpunkt des Eintritts der auflösenden Bedingung. Frühestens zwei Wochen nach Zugang dieser schriftl. Unterrichtung endet das Arbeitsverhältnis[1]. 19

Auch das auflösend bedingte Arbeitsverhältnis kann während seiner Laufzeit beiderseits nur dann **ordentl. gekündigt** werden, wenn dies einzelvertragl. oder im anwendbaren TV vereinbart ist (§ 15 III). 20

Wird das Arbeitsverhältnis nach Eintritt der auflösenden Bedingung mit Wissen des ArbGeb **fortgesetzt**, so entsteht nach § 15 V ein unbefristetes Arbeitsverhältnis, wenn der ArbGeb nicht unverzüglich widerspricht oder dem ArbN den Eintritt der auflösenden Bedingung nicht unverzüglich mitteilt (s. im Übrigen die Komm. zu § 15 II, III und V). 21

6. Folgen einer unzulässigen auflösenden Bedingung (§ 16). Ist die auflösende Bedingung **unwirksam**, so gilt der Arbeitsvertrag in entsprechender Anwendung des § 16 S. 1 Hs. 1, als auf unbestimmte Zeit geschlossen. Dies gilt für alle Unwirksamkeitsgründe. Da das Wesen einer auflösenden Bedingung darin besteht, dass der Eintritt des zukünftigen Ereignisses ungewiss ist, kann die dem ArbGeb nach § 16 S. 1, Hs. 2, eingeräumte Kündigungsmöglichkeit unter Umständen nicht realisiert werden, so dass schon deshalb die Vereinbarung einer **Kündigungsmöglichkeit** gem. § 15 III unbedingt **zu empfehlen** ist. Bei Nichteinhaltung des Schriftformerfordernisses besteht nach § 16 S. 2 für beide Arbeitsvertragsparteien die Möglichkeit der ordentl. Kündigung auch vor Eintritt der Bedingung (bzgl. der Folgen einer unwirksamen Befristung s. im Übrigen die Komm. zu § 16). 22

7. Klagefrist (§ 17). Auf Grund der entsprechenden Anwendung des § 17 gilt auch bei auflösenden Bedingungen eine **dreiwöchige Klagefrist**[2]. Die Rechtsfolgen der §§ 5–7 KSchG gelten auch bei einer auflösenden Bedingung (s. ergänzend die Komm. zu § 17). 23

8. Information und Weiterbildung (§§ 18–20). Auf auflösend bedingte Arbeitsverhältnisse sind weiterhin entsprechend anwendbar die Vorschriften des **§ 18** (Information über unbefristete Arbeitsplätze), des **§ 19** (Aus- und Weiterbildung) sowie des **§ 20** (Information der ArbN-Vertretung). Da die Besonderheit einer auflösenden Bedingung darin liegt, dass die Beendigung von dem ungewissen Eintritt eines zukünftigen Ereignisses abhängt, ist es schon zur Vermeidung von Missverständnissen notwendig, bei der Information der ArbN-Vertretung die auflösend bedingten Arbeitsverhältnisse gesondert auszuweisen[3]. 24

Vierter Abschnitt. Gemeinsame Vorschriften

22 *Abweichende Vereinbarungen*

(1) Außer in den Fällen des § 12 Abs. 3, § 13 Abs. 4 und § 14 Abs. 2 Satz 3 und 4 kann von den Vorschriften dieses Gesetzes nicht zuungunsten des Arbeitnehmers abgewichen werden.

(2) Enthält ein Tarifvertrag für den öffentlichen Dienst Bestimmungen im Sinne des § 8 Abs. 4 Satz 3 und 4, § 12 Abs. 3, § 13 Abs. 4, § 14 Abs. 2 Satz 3 und 4 oder § 15 Abs. 3, so gelten diese Bestimmungen auch zwischen nicht tarifgebundenen Arbeitgebern und Arbeitnehmern außerhalb des öffentlichen Dienstes, wenn die Anwendung der für den öffentlichen Dienst geltenden tarifvertraglichen Bestimmungen zwischen ihnen vereinbart ist und die Arbeitgeber die Kosten des Betriebes überwiegend mit Zuwendungen im Sinne des Haushaltsrechts decken.

I. Abweichungsmöglichkeiten (Abs. 1). 1. Grundsatz. Von den Regelungen des Gesetzes darf grds. **nicht zuungunsten** des ArbN abgewichen werden. Ausnahmen sind nur TV in den in der Vorschrift genannten drei Fällen gestattet. Dies gilt für bestehende und zukünftige TV. Durch BV, aber auch durch Einzelarbeitsvertrag, obwohl dieser in der Gesetzesbegründung angeführt wird[4], kann überhaupt nicht von den gesetzl. Bestimmungen zuungunsten des ArbN abgewichen werden. Die Einschränkung auch tarifl. Regelungen gilt auch für bereits bestehende TV[5]. 1

Anders als § 6 III BeschFG weist das TzBfG keine „**Kirchenklausel**" auf – auch nicht für den Bereich der Teilzeitarbeit –, so dass kirchlichen ArbGeb über den sog. Dritten Weg keine abweichende Regelung möglich ist[6]. Die kirchlichen Arbeitsvertragsrichtlinien sind „Kollektivvereinbarungen besonderer Art"[7]. Sie sind jedoch mit Tarifrecht nicht vergleichbar. Ihnen kommt keine normative Wirkung zu[8]. Sie finden Kraft einzelvertragl. Vereinbarung auf das Arbeitsverhältnis Anwendung. Die zu Gunsten von TV in

---

1 Im Anwendungsbereich des BAT (Tarifgebiet West) ist die Frist gemäß Protokollnotiz Nr. 6g zu Nr. 1 SR 2y zu beachten. |2 BAG v. 23.6.2004 – 7 AZR 440/03, BAGReport 2004, 398. |3 KDZ/*Däubler*, § 21 TzBfG Rz. 28. |4 BT-Drs. 14/4374, S. 22. |5 BAG v. 11.12.2003 – 6 AZR 64/03, BAGReport 2005, 58. |6 S. dazu auch *Müller-Volbehr*, NZA 2002, 301. |7 BAG v. 17.6.2003 – 3 AZR 310/02, AP Nr. 1 zu § 1a AVR Diakonisches Werk. |8 BAG v. 28.1.1998 – 4 AZR 491/96, AP Nr. 11 zu § 12 AVR Caritasverband.

diesem Gesetz bestehenden Regelungen gelten daher nicht für die kirchlichen Arbeitsvertragsrichtlinien.

2 Wegen der Ergänzungsfunktion zu § 4 KSchG ist auch **§ 17 zwingend**, so dass weder zu Gunsten noch zuungunsten des ArbN davon abgewichen werden kann[1]. Der ArbN kann deshalb weder vor noch bei der Vereinbarung einer Befristung auf die spätere Erhebung einer Befristungskontrollklage wirksam verzichten[2]. Demgemäß verstößt die Berufung des Klägers auf die Unwirksamkeit der Befristung nicht gegen Treu und Glauben (§ 242 BGB), auch wenn er bei Vertragsabschluss erklärt hat, mit einer befristeten Vertragsverlängerung einverstanden zu sein und dagegen keine Klage erheben zu wollen[3]. Auch die **Fiktion der Begründung** eines unbefristeten Arbeitsverhältnisses nach § 15 V ist nicht abdingbar[4].

3 **2. Ausnahmen.** Nur in den in der Vorschrift genannten **drei Fällen** kann durch einen TV zuungunsten des ArbN von den gesetzl. Regelungen abgewichen werden. Dies sind die in § 12 geregelte Arbeit auf Abruf (§ 12 III), die in § 13 I und III geregelte Arbeitsplatzteilung (§ 13 IV) und die Festlegung der Anzahl der Verlängerungen oder die Höchstdauer der Befristungen von sachgrundlosen Befristungen des § 14 II und IIa (§ 14 II 3 und 4; wegen der möglichen tarifl. Regelungen und der Möglichkeit der arbeitsvertragl. Inbezugnahme in den genannten Einzelfällen s. die jeweilige Komm. zu §§ 12, 13 und 14).

4 Ungünstigere Abweichungen, bei TV in den nicht ausgenommenen Fällen, sind **unwirksam**[5]. Bei der Vereinbarung unzulässiger Befristungsregelungen führt dies nach § 16 zu einem unbefristeten Arbeitsvertrag.

5 **II. Tarifverträge des öffentlichen Dienstes (Abs. 2). 1. Tarifvertraglicher Geltungsbereich.** Die nach Abs. 1 möglichen Abweichungen in TV können auch unter den jeweiligen gesetzl. Voraussetzungen zwischen **nicht tarifgebundenen** ArbN und ArbGeb vereinbart werden. Dies gilt aber nur für nicht tarifgebundene ArbGeb und ArbN in dem Geltungsbereich eines solchen TV.

6 Eine Ausnahme sieht diese Vorschrift für die Anwendung von TV des **öffentl. Dienstes** vor. Danach kann auch zwischen nicht tarifgebundenen ArbGeb und ArbN außerhalb des öffentl. Dienstes ein TV für den öffentl. Dienst vereinbart werden, der Regelungen zu § 8 IV 3 und 4, § 12 III, § 13 IV, § 14 II 3 und 4 bzw. Abs. 2a oder § 15 III enthält. Voraussetzung ist aber, dass zwischen den Vertragsparteien die Anwendung des für den öffentl. Dienst geltenden TV vereinbart ist. Es reicht nicht, wenn nur die einzelnen verschlechternden tarifvertragl. Regelungen vereinbart werden. Dies würde auch bei vorformulierten Arbeitsverträgen (§ 305 BGB) § 307 BGB widersprechen. Vielmehr wird die Anwendung des gesamten TV vorausgesetzt[6]. Außerdem wird vorausgesetzt, dass die ArbGeb die Kosten des Betriebs überwiegend mit Zuwendungen iSd. Haushaltsrechts decken. Dies betrifft insb. die in Form einer GmbH organisierten, nicht tarifgebundenen Forschungseinrichtungen, wie die Fraunhofer-Gesellschaft und die Max-Planck-Gesellschaft. Ansonsten genügen für eine überwiegende Kostentragung mehr als 50 % der Gesamtkosten des Betriebs (nicht des Unternehmens). Sie können auch von mehreren Kostenträgern bestritten werden.

7 **2. BAT/TVöD. a) Teilzeit.** Bezüglich der **Verringerung der Arbeitszeit** enthalten § 15b BAT und § 11 TVöD-AT eine Sonderregelung. Die in § 15b BAT enthaltene Regelung, dass die Arbeitszeitreduzierung nur von Vollzeitbeschäftigten beansprucht werden kann, ist wegen der sachlich nicht begründeten Benachteiligung von Teilzeitbeschäftigten unwirksam[7]. Diese Beschränkung weist daher § 11 TVöD-AT nicht mehr auf. Die in § 15b BAT sowie in § 11 TVöD-AT vorausgesetzten besonderen Anforderungen in der Person des ArbN widersprechen § 22 und den gesetzl. eingeräumten Möglichkeiten von Abweichungen zuungunsten von ArbN. Die einer tarifl. Regelung vorbehaltenen Ablehnungsgründe (§ 8 IV 3 und 4) können nicht den in § 15b BAT und § 11 I TVöD-AT angeführten persönlichen Voraussetzungen gleichgesetzt werden.

8 **b) Befristungen.** Auf Befristungen sind im öffentl. Dienst – Tarifgebiet West – die **Sonderregelungen** für Zeitangestellte, Angestellte für Aufgaben von begrenzter Dauer und für Aushilfsangestellte (SR 2y BAT) bzw. § 30 II bis IV TVöD-AT (§ 30 I 2 TVöD-AT), wie sie auch für vergleichbare TV für Angestellte des öffentl. Dienstes oder öffentl. Einrichtungen gelten, anwendbar. Sie enthalten Einschränkungen gegenüber den gesetzl. Befristungsmöglichkeiten. Die im BAT-Bereich (Tarifgebiet West) geltenden **SR 2y, jedoch nicht der TVöD-AT,** sehen entsprechend den Bedürfnissen des öffentl. Dienstes für befristete Arbeitsverhältnisse Typisierungen und inhaltliche Ausgestaltungen vor. Danach sind befristete Arbeitsverträge zulässig, wenn die Angestellten für eine bestimmte Zeit, für Aufgaben von begrenzter Dauer oder zur Aushilfe eingestellt werden. Diese Befristungsgrundformen des Zeitangestellten, des Angestellten für Aufgaben von begrenzter Dauer und des Aushilfsangestellten stehen selbständig nebeneinander. Der Sachgrund der Vertretung ist der Befristungsgrundform des Aushilfsangestellten zu-

---

1 BAG v. 19.1.2005 – 7 AZR 115/04, BAGReport 2005, 195. | 2 BAG v. 19.1.2005 – 7 AZR 115/04, BAGReport 2005, 195. | 3 BAG v. 19.1.2005 – 7 AZR 115/04, BAGReport 2005, 195. | 4 BAG v. 11.7.2007 – 7 AZR 501/06, DB 2007, 2777. | 5 BAG v. 25.4.2007 – 6 AZR 746/06, NZA 2007, 881. | 6 KR/*Bader*, § 22 TzBfG Rz. 11; KDZ/*Däubler*, § 22 TzBfG Rz. 27; aA ErfK/*Müller-Glöge*, § 22 TzBfG Rz. 2. | 7 BAG v. 18.3.2003 – 9 AZR 126/02, BB 2004, 1568.

zuordnen. Der Begriff des Zeitangestellten ist nicht der Oberbegriff dieser drei Befristungsgrundformen[1]. Vielmehr kommt dieser Grundform eine Auffangfunktion zu. Für die Einstellung eines Zeitangestellten müssen nach der Protokollnotiz Nr. 1 zu Nr. 1 SR 2y BAT sachliche oder in der Person des Angestellten liegende Gründe vorliegen. Dies bedeutet, dass als Zeitangestellte auch gelten, mit denen zweckbefristete oder auflösend bedingte Verträge abgeschlossen sind.

Der Abschluss eines Zeitvertrages für die Dauer von mehr als **fünf Jahren** ist unzulässig. Dies gilt auch nach § 30 II TVöD-AT. Weiter gehende Regelungen iSv. § 23 bleiben aber nach § 30 II 1 TVöD-AT ausdrücklich unberührt. Die SR 2y BAT lassen mit Ärzten, Zahnärzten und Tierärzten Zeitverträge bis zu einer Dauer von sieben Jahren zu, wenn sie zum Facharzt weitergebildet werden. Ein Arbeitsvertrag für Aufgaben von begrenzter Dauer darf nicht abgeschlossen werden, wenn bereits bei Abschluss des Arbeitsvertrages zu erwarten ist, dass die vorgesehenen Aufgaben nicht innerhalb einer Frist von fünf Jahren erledigt werden können. Nicht verboten ist die **Aneinanderreihung mehrerer Verträge**, die insgesamt die Dauer von fünf Jahren überschreiten[2]. Das gilt aber nicht für zweckbefristete Arbeitsverträge, zB zu Urlaubsvertretungen[3]. 9

Soweit noch der **BAT anwendbar** ist **und SR 2y gilt**, ist nach Nr. 2 Abs. 1 SR 2y BAT **im Arbeitsvertrag** anzugeben, ob der Angestellte als Zeitangestellter, als Angestellter für Aufgaben von begrenzter Dauer oder als Aushilfsangestellter eingestellt wird, nicht aber der konkrete Befristungsgrund[4]. Es ist die Vereinbarung einer der genannten Befristungsgrundform erforderlich. Zur Vereinbarung einer der Befristungsgrundformen kommt es nicht auf die exakte Wiedergabe der tarifl. Formulierung an. Die zugrunde zu legende Grundform kann auch durch Auslegung des Vertrags ermittelt werden[5]. Auch eine Falschbezeichnung der tarifl. Befristungsgrundform steht der Prüfung des tatsächlichen Befristungsgrundes nicht entgegen, wenn dieser im Arbeitsvertrag schlagwortartig angegeben ist und dem ArbN die näheren Einzelheiten bekannt sind[6]. Missverständliche oder nach dem tarifl. Sprachgebrauch unzutreffende Bezeichnungen des Befristungsgrundes nach Nr. 2 Abs. 1 SR 2y BAT sind unschädlich, wenn sich ein übereinstimmender Wille der Vertragsparteien über den tatsächlichen Befristungsgrund feststellen lässt[7]. Stimmt jedoch der tatsächliche Sachgrund der Befristung nicht mit der vereinbarten Befristungsgrundform iSd. SR 2y BAT überein, ist die Befristung unwirksam[8]. Auf Sachgründe, die der vertragl. vereinbarten Befristungsgrundform nicht zugeordnet werden können, kann der ArbGeb die Befristung im Anwendungsbereich des BAT nicht stützen[9]. Auf einen anderen Befristungsgrund als den im Arbeitsvertrag angegebenen kann sich der ArbGeb später nicht berufen[10]. Es können aber mehrere Befristungsgrundformen nebeneinander vereinbart werden[11]. 10

Die Tarifvorschriften der SR 2y BAT gelten nicht für die Befristung **einzelner Vertragsbedingungen**[12].

Gemäß Protokollnotiz Nr. 6 zu Nr. 1 SR 2y BAT und § 30 I TVöD-AT können **sachgrundlose Befristungen** nach § 14 II und III vereinbart werden. Im Anwendungsbereich der SR 2y, nicht gem. § 30 TVöD-AT, ist im Arbeitsvertrag anzugeben, dass es sich um ein Arbeitsverhältnis nach § 14 II oder III handelt. 11

23 *Besondere gesetzliche Regelungen*

Besondere Regelungen über Teilzeitarbeit und über die Befristung von Arbeitsverträgen nach anderen gesetzlichen Vorschriften bleiben unberührt.

I. Allgemeines. Nach dieser Vorschrift bleiben **besondere Regelungen** über Teilzeitarbeit und über die Befristung von Arbeitsverträgen unberührt. Die Spezialgesetze gehen den Regelungen des TzBfG vor, wenn in ihnen bestimmte Gegenstände speziell geregelt sind. 1

Fehlen einschlägige Regelungen oder weichen sie nicht vom TzBfG ab, so gelten die Vorschriften des TzBfG gegenüber diesen Sonderregelungen ergänzend. Dies gilt vor allem für die Klagefrist des § 17. 2

II. Besondere Regelungen über Teilzeitarbeit. 1. ATZG. Das die Förderung durch die BA regelnde **ATZG** räumt ArbN, die das 55. Lebensjahr vollendet haben und innerhalb der letzten fünf Jahre vor Beginn der ATZ mindestens 1080 Kalendertage arbeitslosenversicherungspflichtig beschäftigt gewesen sind, die Möglichkeit ein, die Arbeitszeit auf die Hälfte der bisherigen wöchentlichen Arbeitszeit zu reduzieren (§ 2 I ATZG). Die Verringerung der Arbeitszeit muss sich auf die Zeit erstrecken, bis eine Rente wegen Alters beansprucht werden kann. Die Höchstförderungsdauer für Arbeitsverhältnisse, in denen nach dem ATZG die Arbeitszeit reduziert wird, beträgt 6 Jahre (§ 4 ATZG). S. im Übrigen die Komm. zum ATZG). 3

1 BAG v. 29.10.1998 – 7 AZR 561/97, BB 1999, 963. | 2 BAG v. 22.3.1985 – 7 AZR 487/84, AP Nr. 89 zu § 620 BGB – Befristeter Arbeitsvertrag. | 3 BAG v. 26.3.1986 – 7 AZR 599/84, NZA 1987, 238 (240). | 4 BAG v. 24.4.1996 – 7 AZR 605/95, DB 1997, 1137. | 5 BAG v. 28.3.2007 – 7 AZR 318/06, NZA 2007, 937. | 6 BAG v. 8.4.1992 – 7 AZR 135/91, AP Nr. 146 zu § 620 BGB – Befristeter Arbeitsvertrag. | 7 BAG v. 25.11.1992 – 7 AZR 191/92, AP Nr. 150 zu § 620 BGB – Befristeter Arbeitsvertrag. | 8 BAG v. 28.3.2007 – 7 AZR 318/06, NZA 2007, 937. | 9 BAG v. 11.2.2004 – 7 AZR 362/03, NZA 2004, 978. | 10 BAG v. 28.3.2007 – 7 AZR 318/06, NZA 2007, 937. | 11 BAG v. 17.4.2002 – 7 AZR 283/01, NZA 2002, 1111 (OS). | 12 BAG v. 15.4.1999 – 7 AZR 734/97, NZA 1999, 1115.

4 2. **§ 15 BEEG** (der zweite Abschnitt des **BErzGG** ist mit Ablauf des 31.12.2006 außer Kraft getreten). Während der **Elternzeit** besteht für jeden Elternteil nach § 15 IV–VII BEEG Anspruch auf Verringerung der Arbeitszeit. Begrenzt wird die wöchentliche Arbeitszeit nach § 15 IV BEEGrzGG auf maximal 30 Stunden und durch die in § 15 VII 1 Nr. 3 BEEG vorgesehene zeitliche Untergrenze von 15 Wochenstunden. Die Reduzierungsdauer soll zwei Monate nicht unterschreiten. Voraussetzung für diesen Anspruch auf Verringerung der Arbeitszeit während der Elternzeit ist, dass das Arbeitsverhältnis in demselben Betrieb oder Unternehmen länger als sechs Monate seit der vertraglich vorgesehenen Arbeitsaufnahme besteht und der ArbGeb unabhängig von Auszubildenden idR mehr als 15 ArbN beschäftigt.

5 Der Anspruch auf Verringerung der Arbeitszeit muss dem ArbGeb **sieben Wochen** vor der geplanten Verringerung der Arbeitszeit bzw. vor Beginn der Tätigkeit schriftl. mitgeteilt werden (die Fristwahrung ist im Gegensatz zu § 8 II Anspruchsvoraussetzung). Er kann jedoch **frühestens** mit der Erklärung, Elternzeit in Anspruch zu nehmen, gestellt werden[1]. In dem Verringerungsantrag müssen der Beginn und der Umfang der verringerten Arbeitszeit angegeben werden[2]. Der Antrag soll auch die gewünschte Verteilung der Arbeitszeitverringerung enthalten. Wenn ein ArbN die nach § 15 VII BEEG gewünschte Verringerung seiner Arbeitszeit vorgerichtlich nicht ausreichend konkret gegenüber dem ArbGeb schriftl. bezeichnet hat, kann er dies durch eine ausreichend konkretisierte Klage auf Erteilung der Zustimmung zur Verringerung der Arbeitszeit nachholen[3]. Der Anspruch auf Verringerung der Arbeitszeit kann unter den in § 15 VI und VII BEEG genannten besonderen Voraussetzungen **zweimal** während der Dauer der Elternzeit verlangt werden.

6 Der **Anspruch auf Verringerung der Arbeitszeit** besteht dann nicht, wenn ihm **dringende betriebliche Erfordernisse** entgegenstehen (§ 15 VII 1 Nr. 4 BEEG). Gegenüber dem Teilzeitanspruch des § 8 IV müssen also hier die Voraussetzungen für die Ablehnung seitens des ArbGeb schwerer wiegen. Der ArbGeb hat die Darlegungs- und Beweislast dafür, dass dem Teilzeitbegehren dringende betriebliche Gründe entgegenstehen[4]. Eine Reduzierung der bisherigen Arbeitszeit an Stelle des vom Gesetz ohne Einschränkung vorgesehenen Totalausfalls muss für die Dauer der Elternzeit nicht machbar sein[5]. Diese Voraussetzungen für eine arbeitgeberseitige Ablehnung gelten jedoch nicht für die von dem ArbN geäußerten Wünsche hinsichtlich der **Lage und der Verteilung der Arbeitszeit**[6]. Dem ArbGeb bleibt es überlassen, Beginn und Ende der Arbeitszeit sowie ihre Verteilung auf die Wochentage festzulegen. Eine Analogie zu § 8 IV TzBfG scheidet aus. Im Rahmen des nach § 106 GewO bestehenden Leistungsbestimmungsrechts sind aber auch schutzwürdige familiäre Belange des ArbN zu berücksichtigen, also auch die von diesem zu erfüllenden Personensorgepflichten, soweit nicht betriebliche Gründe oder berechtigte Belange anderer ArbN entgegenstehen[7]. Sollte der ArbN seinen Verringerungsantrag konditional mit dem Verteilungswunsch verknüpft haben, so kann der ArbGeb beide Wünsche nur einheitlich annehmen oder ablehnen. Für eine Einigung über den Antrag auf eine Verringerung der Arbeitszeit und ihre Ausgestaltung ist eine Frist von vier Wochen vorgesehen (§ 15 V BEEG). Diese Frist gilt auch für die Ablehnung der verlangten Arbeitszeitverringerung (§ 15 VII 4 BEEG). Die Ablehnung muss schriftlich begründet werden, wodurch sich die Gefahr einer Präklusion im Hinblick auf ein nachfolgendes Verfahren ergeben kann.

7 Wird der Elternzeitanspruch **nicht** geltend gemacht, kann der **Teilzeitanspruch** aber auf **§ 8** gestützt werden, auch wenn die Voraussetzungen des § 15 BEEG vorliegen. § 8 schließt aber eine befristete Verringerung aus. – Nicht nur im Falle der ausdrücklichen Ablehnung, sondern auch bei nicht rechtzeitiger Mitteilung der Entscheidung ist der ArbGeb auf Zustimmung zur Arbeitszeitverringerung zu verklagen (§ 15 VII 5 BEEG). Anders als in § 8 V 2 kann keine Zustimmungsfiktion eintreten.

8 Der ArbN kann gem. § 15 V 3 BEEG seine vor der Elternzeit bestehende **Teilzeitarbeit** auch **nach einer völligen Freistellungsphase** während der Elternzeit fortführen[8]. Dies setzt voraus, dass es sich um eine Teilzeitarbeit handelt, die nach § 15 IV BEEG keine 30 Stunden übersteigt. Um dem ArbGeb die nach dem Sinn und Zweck des Gesetzes erforderliche Planungssicherheit zu geben, ist der Antrag auf Verringerung der Arbeitszeit mit dem Verlangen auf Elternzeit zu verbinden[9]. Der ArbN muss daher im Rahmen des § 16 I BEEG vor Beginn der Elternzeit schriftl. dem ArbGeb genau die Zeitabschnitte der völligen Freistellung und des Beginns und des Umfangs der Teilzeitarbeit mitteilen.

9 Auch wenn der ArbN nach § 16 I 1 BEEG zunächst **nur die völlige Freistellung** von der vertragl. Arbeit (Elternzeit) in Anspruch genommen und keine Verringerung der Arbeitszeit (Elternteilzeit) beantragt hat, kann **noch ein Anspruch auf Verringerung** der Arbeitszeit gem. § 15 V–VII BEEG gestellt werden[10]. Bei dem Anspruch auf Elternzeit auf der einen und demjenigen auf eine Teilzeitarbeit in der Elternzeit

1 BAG v. 5.6.2007 – 9 AZR 82/07, NZA 2007, 1352. | **2** BAG v. 9.5.2006 – 9 AZR 278/05, NZA 2006, 1413. | **3** BAG v. 19.4.2005 – 9 AZR 184/04, NZA 2005, 1208. | **4** LAG München v. 3.3.2004 – 9 Sa 782/03, LAGReport 2005, 197. | **5** ArbG Hamburg v. 10.8.2005 – 21 Ga 5/05, NZA-RR 2006, 239. | **6** LAG Schl.-Holst. v. 12.6.2007 – 5 Sa 83/07, NZA-RR 2007, 511. | **7** BAG v. 23.9.2004 – 6 AZR 567/03, BAGReport 2005, 262; v. 9.5.2006 – 9 AZR 278/05, NZA 2006, 1413: Eine ablehnende Ermessensentscheidung sei aber nur billig, wenn dem ArbGeb dringende betriebliche Gründe zur Seite stehen. | **8** BAG v. 27.4.2004 – 9 AZR 21/04, NZA 2004, 1039. | **9** BAG v. 27.4.2004 – 9 AZR 21/04, NZA 2004, 1039. | **10** BAG v. 9.5.2006 – 9 AZR 278/05, NZA 2006, 1413; *Joussen*, NZA 2005, 336.

handelt es sich um zwei eigenständige Ansprüche und nicht um einen einheitlichen Anspruch. Dies folgt schon aus dem Wortlaut des § 15 VI BEEG, der von einem Anspruch „während der Gesamtdauer der Elternzeit" spricht. Der Anspruch auf Arbeitszeitverringerung ist weder durch die bereits genommene Elternzeit von vornherein ausgeschlossen, noch folgt daraus, dass die genommene Elternzeit beendet werden soll. Unter den Voraussetzungen des § 15 VII BEEG besteht also auch bei einer späteren Geltendmachung ein Anspruch auf Verringerung der Arbeitszeit während der Elternzeit. Wird ein Anspruch auf Verringerung der Arbeitszeit gem. § 15 V–VII BEEG erst gestellt, nachdem zunächst nur die völlige Freistellung in Anspruch genommen worden war, so muss der ArbN aber damit rechnen, dass der ArbGeb bereits für die gesamte Elternzeit eine Ersatzkraft eingestellt hat, so dass für den Fall, dass diese oder andere ArbN nicht zur Reduzierung der Arbeitszeit bereit sind, dringende betriebliche Gründe dem Verringerungsanspruch entgegenstehen.

Der Teilzeitanspruch nach § 15 VI u. VII BEEG ist für die Zeit, in der Elternzeit in Anspruch genommen wird, zu § 8 lex specialis. Der Rückgriff auf § 8 ist daher nur außerhalb der Elternzeit möglich (s. im Übrigen die Komm. zum BEEG[1]). 10

3. § 81 Abs. 5 SGB IX. Nach § 81 V 3 SGB IX haben **schwerbehinderte Menschen** einen Anspruch auf Teilzeitbeschäftigung, auch befristet. Voraussetzung ist, dass die kürzere Arbeitszeit wegen der Art oder Schwere der Behinderung notwendig ist. Die Vorschrift begründet iVm. § 81 IV Nr. 1 SGB IX für den schwerbehinderten Menschen einen individualrechtl. Anspruch auf tatsächliche Beschäftigung mit der verringerten Arbeitszeit, die wegen Art und Schwere der Behinderung notwendig ist. Dieser schwerbehindertenrechtl. Beschäftigungsanspruch entsteht unmittelbar bei Vorliegen der gesetzl. Voraussetzungen. Es bedarf keiner vorhergehenden Vertragsänderung. Der ArbGeb muss also diesem Verlangen des ArbN auf Arbeitszeitverringerung nicht zuvor zustimmen[2]. Der Anspruch kann von dem schwerbehinderten ArbN jederzeit, auch wiederholt, geltend gemacht werden. Ein Anspruch besteht nach § 81 V 3 iVm. IV 3 nicht, soweit die Erfüllung des Teilzeitwunsches für den ArbGeb nicht zumutbar oder mit unverhältnismäßigen Aufwendungen verbunden wäre oder soweit staatliche oder berufsgenossenschaftliche Arbeitsschutzvorschriften entgegenstehen. Sofern der ArbGeb Unzumutbarkeit geltend macht, reichen nicht betriebliche (§ 8 IV) oder dringende betriebliche (§ 15 VII 1 Nr. 4 BEEG) Gründe aus. Hinsichtlich der Aufwendungen für den Teilzeitarbeitsplatz ist zu berücksichtigen, dass gem. § 81 V 2 SGB IX die Integrationsämter den ArbGeb bei der Einrichtung von Teilzeitarbeitsplätzen zu unterstützen haben. Dem ArbN bleibt es unbenommen, den Verringerungsanspruch nach § 8 geltend zu machen. 11

4. Öffentlicher Dienst. Zur Förderung von Frauen und der Vereinbarkeit von Familie und Beruf sehen verschiedene Landesgesetze die Einräumung von **Teilzeittätigkeit für Frauen** vor. Die Gesetzesbegründung führt zu § 23 ausdrücklich §§ 8, 10 und 12 des Frauenfördergesetzes des Bundes an[3]. 12

III. Besondere Regelungen über befristete Arbeitsverträge. 1. § 8 Abs. 3 ATZG. Diese Vorschrift ermöglicht **Befristungen des ATZ-Vertrages** auf den Tag, an dem der ArbN die Voraussetzungen für den Bezug von Altersrente nach ATZ-Arbeit erfüllt (§ 237 SGB VI)[4]. Dem Wesen nach handelt es sich um eine Zweckbefristung[5]. 13

2. AÜG. Mit der Aufhebung der besonderen Befristungsverbote sind auf **Leiharbeitsverhältnisse** die **allgemeinen Vorschriften des § 14 TzBfG** anzuwenden[6]. Dem Synchronisationsverbot kommt insofern weiterhin Bedeutung zu, als der Verleiher das Risiko der zukünftig fehlenden Beschäftigungsmöglichkeit nicht ohne weiteres auf den ArbN abwälzen kann. Die Befristung kann daher grds. nicht wegen der zeitl. Befristung des Auftrags auf einen vorübergehenden Bedarf an der Arbeitsleistung gemäß § 14 I Nr. 1 gestützt werden. Der Befristungsgrund muss sich vielmehr aus einem beim Verleihunternehmen liegenden Grund ergeben. Dies kann der Fall sein, wenn der Verleiher auf Grund begründeter Anhaltspunkte den Leih-ArbN nach Ablauf des befristeten Einsatzes bei keinem anderen Entleiher einsetzen kann. In besonders gelagerten Fällen wird aber auch eine Befristung zulässig sein, deren Sachgrund sich aus der Situation im Entleiherbetrieb ableiten lässt, wie zB die Vertretung einer Leitungskraft, der die vom Verleihunternehmen für einen längeren Zeitraum zur Verfügung gestellte ArbN-Gruppe ansonsten unterstellt ist. Es besteht auch die Möglichkeit, nicht nur bei der erstmaligen Befristung, sondern gem. § 14 II und IIa unter den dort genannten Voraussetzungen ein befristetes Arbeitsverhältnis **ohne Sachgrund** abzuschließen und zu verlängern. Ist der Vertrag zwischen einem Verleiher und einem Leih-ArbN nach **§ 9 Nr. 1 AÜG** unwirksam, so gilt ein befristetes Arbeitsverhältnis zwischen Entleiher und Leih-ArbN als zu Stande gekommen, wenn zwischen Verleiher und Leih-ArbN ein befristeter Arbeitsvertrag vereinbart war und ein die Befristung sachlich rechtfertigender Grund vorliegt (§ 10 I 2 AÜG). 14

---

1 Siehe auch *Oberthür*, ArbRB 2005, 189. | 2 BAG v. 14.10.2003 – 9 AZR 100/03, NZA 2004, 614. | 3 BT-Drs. 14/4374, S. 22. | 4 Zur Diskriminierung von Frauen, wenn die tarifvertragliche Regelung Altersteilzeitarbeit nur bis zu dem Zeitpunkt erlaubt, in dem erstmals eine ungekürzte Rente aus der gesetzlichen Altersversorgung in Anspruch genommen werden kann: EuGH v. 20.3.2003 – C-187/00, BB 2003, 1184 – Helga Kutz-Bauer. | 5 BAG v. 27.4.2004 – 9 AZR 18/03, NZA 2005, 821. | 6 Laut dem zehnten Bericht der Bundesregierung über Erfahrungen bei der Anwendung des AÜG vom 30.9.2005 – Drs. 15/6008 – lehnt die Bundesregierung die Einführung eines speziellen Befristungsgrundes für Leiharbeit ab.

15 **3. § 21 BEEG.** Durch § 21 BEEG wird die befristete Einstellung von Ersatzkräften für **im Mutterschutz oder Elternzeit** befindliche ArbN/innen ermöglicht. Die Befristung muss nach § 14 IV schriftl. vereinbart werden.

Nach § 21 I BEEG liegt ein **sachlicher Grund** für die Befristung eines Arbeitsverhältnisses vor, wenn ein ArbGeb einen ArbN zur Vertretung eines ArbN für die Dauer der Beschäftigungsverbote nach dem MuSchG und/oder für die Dauer der Elternzeit oder einer auf TV, BV oder Individualvertrag beruhenden Arbeitsfreistellung zur Betreuung eines Kindes einstellt. Die Aushilfskraft muss nicht auf dem Arbeitsplatz des in Mutterschutz oder Elternzeit befindlichen ArbN eingesetzt werden. Der Mutterschutz bzw. die Elternzeit muss nur für die befristete Einstellung kausal sein[1].

Nach § 21 III BEEG muss die Dauer der Befristung des Arbeitsvertrages kalendermäßig bestimmt oder bestimmbar sein. Die Befristungsdauer muss sich nach der tatsächlich beantragten Elternzeit richten. In die Befristungsdauer können gem. § 21 II BEEG die notwendigen Einarbeitungszeiten der Ersatzkraft einbezogen werden.

16 Neben der Zeitbefristung lässt § 21 III BEEG für die in § 21 I u. II BEEG genannten Vertretungsfällen auch die **Zweckbefristung** eines Arbeitsvertrages zu. Dies erleichtert die Einstellung von Ersatzkräften. Da während des Beschäftigungsverbotes nach dem MuSchG idR das Ende der von der ArbNin/dem ArbN schon beabsichtigten anschließenden Elternzeit noch nicht „kalendermäßig bestimmbar" ist, kann nur mithilfe einer Zweckbefristung von vornherein für beide zu überbrückenden Vertretungszeiträume eine Ersatzkraft eingestellt werden. Zulässig ist auch eine Kombination der Zweckbefristung mit einer Zeitbefristung. Diese empfiehlt sich, um sicherzustellen, dass der befristete Arbeitsvertrag mit dem ursprünglich vorgesehenen Ende der Elternzeit endet. Ansonsten geht das Arbeitsverhältnis mit dem Ende der Elternzeit und der Nichtrückkehr des/der in Elternzeit befindlichen ArbN/ArbNin in einen unbefristeten Arbeitsvertrag über[2].

17 Die Befristungen nach § 21 BEEG können für die gesamte Zeit oder auch für Teile vorgenommen werden. Es ist daher zulässig, mehrere ArbN **nacheinander** als Ersatzkräfte einzustellen oder mit derselben Vertretungskraft mehrere befristete Arbeitsverträge abzuschließen[3].

18 Obwohl § 21 I BEEG nicht ausdrücklich aufgenommen ist, dass die Befristung für die Dauer eines Erziehungsurlaubs nur für einen solchen gilt, der für den vertretenen ArbN **zu Recht** verlangt wurde, ist die Befristung nur zulässig, wenn im Zeitpunkt des Vertragsabschlusses bereits Elternzeit verlangt war, und zwar nur für diese Dauer[4]. Die befristet eingestellte Ersatzkraft hat grds. die gleichen Rechte wie ein unbefristet eingestellter ArbN.

19 Gem. § 21 IV BEEG kann das befristete Arbeitsverhältnis ordentl. mit einer Frist von 3 Wochen **gekündigt** werden, auch wenn nicht ausdrücklich ein ordentl. Kündigungsrecht während der Befristung vereinbart worden ist, wenn die Elternzeit ohne Zustimmung des ArbGeb nach § 16 IV BEEG vorzeitig endet, und der ArbN dem ArbGeb die vorzeitige Beendigung seiner Elternzeit mitgeteilt hat. Die Kündigung kann dann zu dem Zeitpunkt ausgesprochen werden, zu dem die Elternzeit endet.

20 Das **KSchG** ist auf diese durch die vorzeitige Beendigung der Elternzeit bedingte Kündigung gem. § 21 V BEEG nicht anwendbar. Ausnahmen können sich allerdings durch Sonderkündigungsschutz (eines schwerbehinderten Menschen, Mutterschutz) ergeben. Gemäß § 21 VI BEEG kann das Sonderkündigungsrecht des § 21 IV BEEG aber auch vertragl. ausgeschlossen werden.

21 Wenn **ohne diese Einschränkung eine Kündigung** während der Elternzeit vorbehalten bleiben soll, bedarf es einer ausdrücklichen Vereinbarung der Kündigungsmöglichkeit gem. § 15 III. In diesem Fall ist das KSchG anwendbar.

22 **Vertragsbeispiel**:

Der/die Arbeitnehmer/in wird als Vertreter/in für Frau ... während der Dauer ihrer Mutterschutzfrist in der Zeit vom ... bis ... und bis zum Ablauf der evtl. sich anschließenden Elternzeit befristet eingestellt. Das Ende der Elternzeit wird dem/der Arbeitnehmer/in schriftlich mitgeteilt, wenn feststeht, ob und wie lange die/der vertretene Arbeitnehmerin/Arbeitnehmer Elternzeit nimmt. Endet die Elternzeit vor dem mitgeteilten Beendigungsdatum, so endet das Arbeitsverhältnis mit der Wiederaufnahme der Tätigkeit durch die vertretene Arbeitnehmerin. Ungeachtet der Kündigungsmöglichkeit nach § 21 Abs. 4 BEEG kann das Arbeitsverhältnis während der Elternzeit mit den gesetzlichen Kündigungsfristen gekündigt werden.

23 **4. WissZeitVG.** Mit dem **Gesetz zur Änderung arbeitsrechtlicher Vorschriften in der Wissenschaft** (Wissenschaftszeitvertragsgesetz) vom 12.4.2007[5] sind die bislang im Hochschulbereich gem. §§ 57a–f

1 BAG v. 15.8.2001 – 7 AZR 263/00, DB 2002, 152. | 2 BAG v. 26.6.1996 – 7 AZR 674/95, DB 1996, 2289; s. aber LAG Nürnberg v. 2.8.2007 – 5 Sa 564/06, BB 2007, 2076. | 3 *Köster/Schiefer/Überacker*, DB 1992, Beil. 10, 1 (9); der vorhersehbare weitere Bedarf an Vertretungskräften schließt eine Befristung wegen Erziehungsurlaubs (jetzt: Elternzeit) nicht aus, LAG Köln v. 13.9.1995 – 2 Sa 568/95, NZA-RR 1996, 125. | 4 BAG v. 9.11.1994 – 7 AZR 243/94, NZA 1995, 575. | 5 BGBl. I S. 506 ff.

HRG geltenden Befristungsregelungen abgelöst worden. Die gegenüber dem HRG bedeutsame Neuerungen im WissZeitVG bestehen in der Aufnahme des **Befristungsgrundes der Drittmittelfinanzierung** (§ 2 II WissZeitVG), der Ausdehnung der wegen Drittmittelfinanzierung vorgesehenen Befristungsmöglichkeit auf in diesem Zusammenhang beschäftigtes nichtwissenschaftliches/nichtkünstlerisches Personal (§ 2 II 2 WissZeitVG) und die Verlängerung der „Grundbefristungsmöglichkeiten" nach § 2 I 1 und 2 bei **Betreuung eines oder mehrerer Kinder** unter 18 Jahren um zwei Jahre je Kind.

Das WissZeitVG ist am 18.4.2007 in Kraft getreten. Für die in der Zeit vom 23.2.2002 bis zum 17.4.2007 abgeschlossenen Arbeitsverträge gelten gem. § 6 WissZeitVG die **bisherigen Rechtsvorschriften** fort. Dies gilt auch für die Verlängerung eines bis zu diesem Zeitpunkt abgeschlossenen Vertrages. Mit Personen, die bereits **vor dem 23.2.2002** in einem befristeten Arbeitsverhältnis zu einer Hochschule, einem Hochschulmitglied oder einer Forschungseinrichtung standen, können gem. § 6 II WissZeitVG Arbeitsverträge nach § 2 II 1 und 2 WissZeitVG auch nach Ablauf der in § 2 I 1 und 2 WissZeitVG an sich geregelte jeweils zulässigen Befristungsdauer mit einer Laufzeit bis zum 29.2.2008 abgeschlossen werden. Gleiches gilt für Personen, die vor dem 23.2.2002 in einem Dienstverhältnis als wissenschaftlicher oder künstlerischer Assistent standen.

a) Rechtliche Situation. Gem. § 1 I 5 WissZeitVG sind die §§ 2–6 WissZeitVG **Spezialregelungen,** die im Hochschulbereich unter den gesetzlich genannten Voraussetzungen Befristungen ohne sachlichen Grund zulassen. Daneben gelten die allgemeinen Vorschriften und Grundsätze über befristete Arbeitsverträge und deren Kündigung (so zB das Schriftformerfordernis des § 14 IV und die Klagefrist des § 17). Alternativ können daher mit dem unter den Geltungsbereich des WissZeitVG fallenden Personal auch befristete Arbeitsverträge nach den **allgemeinen arbeitsrechtlichen Regelungen** abgeschlossen werden, wie sie insbesondere im TzBfG niedergelegt sind. Sie werden jedoch gem. § 2 III 2 WissZeitVG auf die Befristungsdauer des § 2 I WissZeitVG angerechnet, es sei denn, diese befristeten Arbeitsverhältnisse lagen vor Abschluss des Studiums (§ 2 III 3 WissZeitVG). Ohne dass dies im Gegensatz zu dem HRG im Gesetz noch besonders herausgestellt wird, können nach Ablauf der Befristungshöchstdauer des § 2 I u. ggf. V WissZeitVG befristete Arbeitsverträge nach Maßgabe des TzBfG abgeschlossen werden, jedoch auf Grund der augenblicklichen gesetzlichen Grundlage nicht sachgrundlos nach § 14 II. 24

b) Geltungsbereich. Die erleichterten Befristungsmöglichkeiten der §§ 2 ff. WissZeitVG gelten in Einrichtungen des Bildungswesens, die nach Landesrecht **staatliche Hochschulen** sind. Gem. § 4 WissZeitVG finden die Regelungen für die Hochschulen auf die nach Landesrecht staatlich anerkannten Hochschulen entsprechende Anwendung. 25

c) Betroffene Mitarbeiter. Die Sonderregelungen für befristete Arbeitsverhältnisse im Hochschulbereich sind auf das **gesamte wissenschaftliche**[1] **und künstlerische Personal** mit Ausnahme der Hochschullehrer anwendbar. Zu dem wissenschaftlichen und künstlerischen Personal iS des § 1 I 1 WissZeitVG wird man nun auch die Lehrkräfte für besondere Aufgaben, also auch die **Lektoren**, zählen können[2], auch wenn dies dem Zweck des Gesetzes, nur Sonderregelungen für befristete Arbeitsverhältnisse während einer akademischen Qualifizierungsphase zu schaffen, entgegensteht. § 5 WissZeitVG erstreckt die Befugnis zum Abschluss befristeter Arbeitsverträge ausnahmslos auf das wissenschaftliche Personal an staatlichen sowie an überwiegend staatlichen oder an institutionell überwiegend staatlichen oder auf der Grundlage von Art. 91b GG finanzierte Forschungseinrichtungen. 26

Soweit sich die Befristung auf die **Drittmittelfinanzierung** nach § 2 II WissZeitVG stützt, lässt dieser Befristungsgrund auch eine Befristung mit **nichtwissenschaftlichem und nichtkünstlerischem Personal** zu (§ 2 II 2 WissZeitVG).

Für **Ärzte** gilt neben der Befristung als wissenschaftlichen Mitarbeiter gem. § 2 I WissZeitVG das Gesetz über befristete Arbeitsverträge mit Ärzten in der Weiterbildung (s. Rz. 40).

Gem. § 3 WissZeitVG gelten die Befristungsregelungen der §§ 1, 2 und 6 WissZeitVG entsprechend für die in § 3 WissZeitVG genannten **Privatdienstverträge.** Dies sind befristete Arbeitsverträge, die ein Mitglied einer Hochschule, das Aufgaben seiner Hochschule selbständig wahrnimmt, zur Unterstützung bei der Erfüllung dieser Aufgaben mit einem überwiegend aus Mitteln Dritter vergüteten Mitarbeiter abschließt. Mit einer Einbeziehung des privaten Dienstvertrages in die Befristungsregelungen der §§ 1, 2 und 6 WissZeitVG wird eine Mehrfachausschöpfung der Befristungshöchstgrenzen durch Wechsel der ArbGeb (Hochschule, Forschungseinrichtung und Privatdienstverträge mit Professoren) unterbunden.

Im Gegensatz zu den abgelösten Bestimmungen des HRG gelten für **wissenschaftliche/studentische Hilfskräfte** keine Sonderregelungen mehr. Ihre befristete Beschäftigung richtet sich nach den allgemein für die Zeitbefristung des wissenschaftlichen und künstlerischen Personals geltenden Regeln[3]. Allerdings sind Zeiten eines befristeten Arbeitsverhältnisses, die vor dem Abschluss des Studiums liegen, auf die Dauer von befristeten Arbeitsverhältnissen nach Abschluss des Studiums nicht anzurechnen (§ 2 III 3 WissZeitVG).

---

1 Zur wissenschaftl. Tätigkeit s. LAG Berlin v. 15.2.2002 – 2 Sa 2209/01, NZA-RR 2002, 612. | 2 *Löwisch*, NZA 2007; 479; aA *Kortstock*, ZTR 2007, 350. | 3 S. dazu *Haratsch/Holljesiefken*, NZA 2008, 207.

Während bislang nur für Forschungseinrichtungen die besonderen Befristungsregelungen auch für Wissenschaftler in Leitungspositionen galten, erstrecken sich nun die besonderen Befristungsbestimmungen der §§ 1–3 und 6 WissZeitVG auch auf **Leitungspersonal** in Hochschulen.

Für die erstmalige Begründung eines befristeten Arbeitsverhältnisses gem. §§ 2 ff. WissZeitVG gilt **keine altersbezogene Einstellungsgrenze**.

Ausgenommen von dem Anwendungsbereich der Befristungsmöglichkeiten nach dem WissZeitVG sind gem. § 1 I 1 WissZeitVG **Hochschullehrinnen und Hochschullehrer**. Zu diesen gehören nach § 42 1 HRG iVm. den entsprechenden landesrechtlichen Vorschriften auch die Juniorprofessoren. Die Ausklammerung der Hochschullehrer aus dem Anwendungsbereich von § 1 I 1 WissZeitVG lässt die subsidiäre Gesetzgebungskompetenz der Länder in diesem Bereich der konkurrierenden Gesetzgebung zum Tragen kommen.

27 d) **Befristungsdauer**. Wie schon nach den §§ 57a ff. HRG, liegt den **Befristungsgrenzen** des § 2 I WissZeitVG die Vorstellung einer „typisierten Qualifikationsphase" zugrunde. Innerhalb der Befristungshöchstdauer ist nicht zu prüfen, ob die befristete Beschäftigung zur Aus-, Fort- und Weiterbildung, zum Wissenstransfer innerhalb und außerhalb der Hochschule oder zur Erprobung erfolgt. Innerhalb dieses Zeitraumes hat die Hochschule auch jede Möglichkeit, zur Verfolgung dieser Zwecke Drittmittel oder haushaltsmäßig projektgebundene Mittel einzusetzen. Der **besondere Sachgrund des § 2 II WissZeitVG** ist daher nur bedeutsam, soweit die Befristungshöchstgrenze des § 2 I WissZeitVG überschritten wird, oder es um befristete Arbeitsverträge mit nichtwissenschaftlichem und nichtkünstlerischem Personal in diesem Zusammenhang geht.

Gem. § 2 I 1 WissZeitVG kann das in § 1 genannte wissenschaftliche und künstlerische Personal **ohne Promotion** für maximal **sechs Jahre** befristet beschäftigt werden. Eine befristete Beschäftigung von bis zu sechs Jahren von nicht promovierten wissenschaftlichen und künstlerischen Mitarbeitern ist aber auch dann möglich, wenn diese keine Promotion anstreben.

Gem. § 2 I 2 WissZeitVG ist **nach abgeschlossener Promotion** eine Befristung bis zu einer Dauer von **sechs Jahren**, im Bereich der **Medizin** bis zu einer Dauer von **neun Jahren** zulässig.

28 Eine bedeutsame **Verlängerungsregel** enthält § 2 I 2 Hs. 2 WissZeitVG. Wer innerhalb oder außerhalb eines Beschäftigungsverhältnisses nach § 2 I 1 WissZeitVG schneller als in sechs Jahren zum Abschluss einer Promotion gelangt, kann die eingesparte Zeit in der sog. Postdocphase des § 2 I 2 WissZeitVG entsprechend anhängen. Damit kann die Höchstdauer der Befristungsmöglichkeit gem. § 2 I 1 und 2 WissZeitVG von 12 bzw. 15 Jahren **ausgeschöpft** werden. Auch Promotionszeiten, die vor dem Abschluss der Erstausbildung lagen, werden berücksichtigt.

29 Da § 2 I 1 und 2 WissZeitVG wie auch zuvor § 57b HRG jeweils von vornherein einmalige Befristungen ohne Sachgrund mit einer Dauer von sechs Jahren zulassen, besteht weiterhin eine bedeutsame Abweichung von der schon bisher im BGB vorhandenen **Befristungsgrenze des § 624 BGB,** wie sie für Arbeitsverhältnisse gleich lautend in **§ 15 IV** enthalten ist. Der Regelungsgehalt des § 624 BGB und des § 15 IV wird in dem Schutz gegen eine zu lange Bindung des Dienstverpflichteten bzw. Arbeitnehmers an einen Dienstberechtigten bzw. ArbGeb gesehen. Er dient damit der persönlichen Freiheit, insbesondere der Sicherung der Freiheit der Berufswahl (Art. 12 GG). Auch wenn gem. § 1 I 5 WissZeitVG die arbeitsrechtlichen Vorschriften und Grundsätze über befristete Arbeitsverträge und deren Kündigung nur insoweit anzuwenden sind, als sie den Vorschriften der §§ 2–6 WissZeitVG nicht widersprechen, so können dennoch die vorgenannten verfassungsrechtlichen Grundsätze einer Ausschöpfung der Befristungshöchstdauer einer einmaligen Befristung entgegenstehen. **Bedenken an der Wirksamkeit** an einer einmaligen Befristung mit der in § 2 I 1 und 2 WissZeitVG vorgesehenen Höchstdauer von sechs bzw. neun Jahren ergeben sich deshalb auch aus der RL 1999/70/EG. Danach hat sich der nationale Gesetzgeber an den in den jeweiligen Mitgliedsstaaten geltenden Prinzipien zu orientieren (§ 8 Nr. 3 der Rahmenvereinbarung über befristete Arbeitsverhältnisse).

30 e) **Anrechnung von Arbeitsverhältnissen.** Auf die in § 2 I WissZeitVG geregelte zulässige Befristungsdauer sind alle befristeten Arbeitsverhältnisse **mit mehr als der regelmäßigen Arbeitszeit,** die mit einer deutschen Hochschule oder Forschungseinrichtung iS des § 5 WissZeitVG abgeschlossen wurden, sowie entsprechende Beamtenverhältnisse auf Zeit und Privatdienstverträge nach § 3 WissZeitVG anzurechnen (§ 2 III WissZeitVG). Die Anrechnung früherer befristeter Arbeitsverhältnisse ist nicht auf solche mit der jeweiligen Hochschule begrenzt, sondern es werden alle entsprechenden bisherigen befristeten Arbeitsverhältnisse berücksichtigt. Dies gilt aber nur für Beschäftigungszeiten als wissenschaftlicher oder künstlerischer Mitarbeiter, wie sie § 1 I erfasst. Nebenbeschäftigungen, die bis zu der regelmäßigen Arbeitszeit wahrgenommen werden, bleiben anrechnungsfrei. Nicht angerechnet werden befristete Arbeitsverhältnisse von studentischen Hilfskräften, die vor Abschluss des Studiums liegen (§ 2 III 3 WissZeitVG).

Gem. § 2 III 2 WissZeitVG werden auf die Befristungshöchstdauer auch befristete Arbeitsverhältnisse angerechnet, die **nach anderen Rechtsvorschriften** abgeschlossen wurden. Im Ergebnis können daher die Befristungshöchstgrenzen nach einem Wechsel zwischen Hochschule und Forschungseinrichtung nicht erneut in Anspruch genommen werden.

f) Verlängerungen. § 2 I 4 WissZeitVG stellt klar, dass innerhalb der jeweils zulässigen Gesamtbefristungsdauer befristete Arbeitsverträge auch mit kürzeren Fristen abgeschlossen und dann **ohne zahlenmäßige Beschränkung verlängert** werden können. Wie bei einer Verlängerung gem. § 14 II 1 bzw. IIa setzt eine Verlängerung eine nahtlose Weiterbeschäftigung voraus. Trotz der differenzierten Regelung in § 2 WissZeitVG ist eine von § 14 II 1 bzw. IIa abweichende Auslegung dem Wortlaut nach ausgeschlossen. 31

§ 2 V WissZeitVG enthält eine abschließende Regelung derjenigen Zeiten, die auf die Dauer eines nach § 2 I WissZeitVG befristeten Arbeitsvertrages **nicht angerechnet werden,** bzw. kann die jeweilige Dauer eines nach § 2 I WissZeitVG befristeten Arbeitsvertrages mit Einverständnis des ArbN um diese in § 2 V WissZeitVG angeführten Unterbrechungszeiten **verlängert** werden. Damit verlängert sich das nach § 2 I WissZeitVG befristete Arbeitsverhältnis um die in § 2 V WissZeitVG angeführten Nichtanrechnungszeiträume. Abgesehen von Elternzeiten und Beschäftigungsverboten sowie Zeiten des Grundwehr- und Zivildienstes während eines nach dem WissZeitVG abgeschlossenen befristeten Arbeitsverhältnisses sollen diese in § 2 V WissZeitVG angeführten Verlängerungen die Dauer von jeweils zwei Jahren nicht überschreiten. 32

Neben der vorgenannten vom Einverständnis der Mitarbeiterin oder des Mitarbeiters abhängige mögliche Verlängerung der Befristungshöchstdauer ua. bei Erziehungsurlaub bestimmt § 2 I 3 WissZeitVG, dass sich die nach § 2 I 1 und 2 WissZeitVG insgesamt zulässige Befristungsdauer **bei Betreuung eines oder mehrerer Kinder unter 18 Jahren** um **zwei Jahre je Kind verlängert**. Diese Möglichkeit steht ggf. beiden Elternteilen gleichzeitig zur Verfügung. Für die Betreuung von Kindern iS. dieser Bestimmung soll es bereits genügen, mit dem Kind im selben Haushalt zusammenzuwohnen[1]. Es muss sich also um kein Kind handeln, für das dem ArbN die Personensorge oder ein vergleichbares Sorgerecht zusteht. 33

Es handelt sich aber anders als nach § 2 V WissZeitVG um **keine automatische Verlängerung** des befristeten Arbeitsverhältnisses. Die Kinderbetreuung stellt vielmehr einen zusätzlich **gesetzlich zugestandenen Befristungsgrund** beschränkt auf die Dauer von zwei Jahren dar. Es liegt daher in der Entscheidung des ArbGeb bzw. der Hochschule, ob er/sie im Einzelfall wegen eines solchen Betreuungstatbestandes zu einer Verlängerung über die Befristungshöchstdauer gem. § 2 I 1 WissZeitVG hinaus bereit ist oder nicht. Wegen der unpräzisen gesetzlichen Regelung der Voraussetzungen dieser Verlängerungsmöglichkeit nach § 2 I 3 WissZeitVG besteht das Risiko der „Entfristung" wegen eines unzureichenden Sachgrundes für diese Verlängerung[2].

g) Drittmittelfinanzierung. § 2 II WissZeitVG enthält den eigenständigen Befristungsgrund der Drittmittelfinanzierung. Danach können Arbeitsverhältnisse mit dem in § 1 I 1 WissZeitVG genannten Personal, aber auch mit nichtwissenschaftlichem und nichtkünstlerischem Personal abgeschlossen werden, wenn **Drittmittel für eine bestimmte Aufgabe und Zeitdauer** bewilligt sind und die Mitarbeiterin oder der Mitarbeiter **überwiegend der Zweckbestimmung dieser Mittel entsprechend** beschäftigt wird. Anders als § 14 I 2 Nr. 7 wird nicht verlangt, dass die Drittmittel für eine befristete Beschäftigung bestimmt sind, also die Mittel mit einer Zwecksetzung für die Erledigung von vorübergehender Dauer ausgebracht sind[3]. Es wird also nur verlangt, dass die Drittmittel für eine bestimmte Aufgabe bewilligt sind, und dass diese Bewilligung lediglich für eine bestimmte Zeitdauer erfolgt ist[4]. Die Bewilligung kann auch nur für einen zeitlich begrenzten Teilabschnitt erfolgen und deshalb hierfür eine Befristung rechtfertigen. Da wesentlicher Grund der Drittmittelbefristung die zeitlich begrenzte Zurverfügungstellung von Mitteln für bestimmte Forschungsvorhaben ist, ist die Befristung demgemäß nur gerechtfertigt, wenn der Mitarbeiter entsprechend der Zweckbestimmung der Drittmittel im überwiegenden Umfange beschäftigt wird. Auch unter Berücksichtigung dieser Zwecksetzung erscheint es fraglich, ob die Erstreckung des Sachgrundes „Drittmittelfinanzierung" auf nichtwissenschaftliche und nichtkünstlerische Mitarbeiter wegen der in § 14 I 1 Nr. 7 erfolgten Einschränkung die in der RL 1999/70/EG zugelassenen Befristungsmöglichkeiten wegen der Anforderungen bestimmter Branchen in Frage stellt. Überdies fehlt es hinsichtlich dieser Mitarbeiter an einer Notwendigkeit der Qualifizierung, die ein wesentlicher Aspekt für eine auch sie betreffende Tarifsperre nach § 1 I 2–4 WissZeitVG trifft[5]. 34

h) Tarifvertragliche Abweichungen. Gem. § 1 I 3 können durch **TV** bezüglich bestimmter Fachrichtungen und Forschungsbereiche in Abweichung von den in § 2 I WissZeitVG angeführten Fristen kürzere oder längere Befristungshöchstdauern festgelegt werden. Ebenso können die TV für bestimmte Fachrichtungen oder Forschungsbereiche die zulässige Zahl von Verlängerungen von befristeten Arbeitsverhältnissen beschränken. Da die Beschränkungen selbst erst durch TV erfolgt, kommt dieser gesetzlichen Regelung als solche keine hochschulrechtliche Bedeutung zu[6]. Da die **Sonderregelungen 2y** zum BAT keine Einschränkung auf bestimmte Fachrichtungen und Forschungsbereiche aufweisen, sind sie nicht auf Befristungen gem. § 1 WissZeitVG anwendbar. Dagegen nimmt **§ 30 I 2 TVöD-AT** Arbeitsver- 35

---

1 BT-Drs. 16/3438, S. 18. | 2 *Kortstock*, ZTR 7007, 350. | 3 BAG v. 18.10.2006 – 7 AZR 419/05, NZA 2007, 332. | 4 *Löwisch*, NZA 2007, 479. | 5 Siehe *Kortstock*, ZTR 2007, 350. | 6 AA *Löwisch*, NZA 2007, 479.

hältnisse, für die die §§ 2 ff. WissZeitVG unmittelbar oder entsprechend gelten, ausdrücklich von den zu § 30 II–V TVöD-AT genannten Bestimmungen aus.

§ 1 I 4 WissZeitVG ermöglicht es **nicht tarifgebundene Arbeitsvertragsparteien**, die dem Geltungsbereich eines gem. § 1 I 3 WissZeitVG abgeschlossenen TV unterliegen, die Anwendung der tarifvertragl. Regelungen einzelvertraglich zu vereinbaren.

36 **i) Vertragliche Regelungen/Angabe des Befristungsgrundes.** Nach § 2 IV 1 WissZeitVG ist im Arbeitsvertrag anzugeben, ob die Befristung auf der **Befristungsregelung** des WissZeitVG **beruht.** Wird dieses Zitiergebot verletzt, folgt hieraus jedoch nicht unbedingt, dass es sich um ein unbefristetes Arbeitsverhältnis handelt. Vielmehr kann die Befristung in diesen Fällen nur nicht auf den Sondertatbestand der Befristung des § 2 I WissZeitVG gestützt werden (§ 2 IV 2 WissZeitVG). Die konkrete Befristung kann nach Maßgabe des TzBfG gerechtfertigt sein, also insbesondere dann, wenn ein Sachgrund iS des § 14 I vorliegt.

37 Nach § 2 IV 3 muss die **Dauer der Befristung** kalendermäßig bestimmt oder bestimmbar sein. Zweckbefristungen und auflösende Bedingungen sind deshalb in befristeten Arbeitsverträgen gem. dem WissZeitVG ausgeschlossen.

38 Abgesehen von TV kann durch Vereinbarung von den Bestimmungen der §§ 2 und 3 WissZeitVG **nicht abgewichen werden**. Abweichungen sind nur insofern zulässig, als von vornherein wissenschaftliche und künstlerische Mitarbeiter in unbefristeten Arbeitsverhältnissen beschäftigt werden, oder man von vornherein nicht von den Befristungsmöglichkeiten des WissZeitVG Gebrauch macht, sondern sich nach den allgemeinen Befristungsregelungen des TzBfG richtet[1].

39 **j) Kündigungsmöglichkeit.** Eine Kündigung des befristeten Arbeitsverhältnisses ist während der Laufzeit nur möglich, wenn dies **ausdrücklich vereinbart** ist (§ 15 III). Dies gilt gem. § 1 I 5 WissZeitVG auch für die nach dem WissZeitVG befristeten Arbeitsverträgen im Hochschul- und Forschungsbereich.

40 **5. Ärzte in der Weiterbildung.** Das Gesetz über befristete Arbeitsverträge mit Ärzten in der Weiterbildung (ÄArbVtrG) vom 15.5.1986 (BGBl. I S. 742) zuletzt geändert durch Art. 3 des Gesetzes zur Änderung arbeitsrechtlicher Vorschriften in der Wissenschaft vom 12.4.2007 (BGBl. I S. 506) gibt eine **gesetzl. Grundlage für befristete Arbeitsverträge** mit Ärzten. Gem. § 1 I dieses Gesetzes liegt ein die Befristung eines Arbeitsvertrages mit einem Arzt rechtfertigender sachlicher Grund vor, wenn die Beschäftigung des Arztes seiner Weiterbildung zum Facharzt oder dem Erwerb einer Anerkennung für einen Schwerpunkt oder dem Erwerb einer Zusatzbezeichnung, eines Fachkundenachweises oder einer Bescheinigung über eine fakultative Weiterbildung dient. Eine Befristung nach § 1 I ÄArbVtrG setzt nicht voraus, dass der Arzt ausschließlich zu seiner Weiterbildung beschäftigt wird. Es genügt, dass die Beschäftigung diesen Zweck fördert[2], sofern die Weiterbildung nicht nur gelegentlich oder beiläufig erfolgt.

41 Nach § 1 III ÄArbVtrG sind **Höchstdauern** bei der Befristung einzuhalten, sie darf die Dauer von acht Jahren nicht überschreiten. Im Rahmen dieser Höchstdauer kann aber die Dauer der Befristung des Arbeitsvertrages vertragl. vereinbart werden. In diesem Rahmen kann ein weiterer befristeter Arbeitsvertrag nach § 1 I ÄArbVtrG mit demselben Weiterbildungsziel und demselben weiterbildenden Arzt abgeschlossen werden[3]. Die Dauer muss gem. § 1 II ÄArbVtrG kalendermäßig bestimmt oder bestimmbar sein, darf also nicht zweckbefristet auf die Facharztanerkennung bezogen sein[4]. Die Dauer der Befristung darf **nicht den Zeitraum unterschreiten**, für den der weiterbildende Arzt die Weiterbildungsbefugnis besitzt, es sei denn, der für die Befristung maßgebliche Weiterbildungsgrund ist vorher erreicht (§ 1 III 5 und 6 ÄArbVtrG).

42 § 1 V ÄArbVtrG schließt **entgegenstehende Bestimmungen** und damit auch etwaige entgegenstehende tarifvertragl. Regelungen aus. Als lex specialis geht das ÄArbVtrG § 14 II und IIa vor, weil bei Anwendung von § 14 II und IIa und der danach möglichen Höchstbefristungsdauer die Mindestbefristungsdauer der Weiterbildungsbefugnis des weiterbildenden Arztes nicht eingehalten werden kann. Wenn der Arbeitsvertrag unter den Anwendungsbereich des WissZeitVG fällt, so gelten die Bestimmungen des § 1 I–V ÄArbVtrG nicht (§ 1 VI ÄArbVtrG).

Übergangsregelung

Das TzBfG ist zum 1.1.2001 in Kraft getreten. Es enthält **keine Übergangsregelung**. Seitdem richten sich Teilzeitverträge und befristete Arbeitsverträge nach diesem Gesetz, soweit nicht Sonderregelungen gelten.

1 BAG v. 17.1.2007 – 7 AZR 487/05, ZTR 2007, 398. | 2 BAG v. 24.4.1996 – 7 AZR 428/95, DB 1996, 2338. | 3 BAG v. 13.6.2007 – 7 AZR 700/06, NZA 2008, 108. | 4 BAG v. 14.8.2002 – 7 AZR 266/01, DB 2002, 2549.

Umwandlungsgesetz

vom 28.10.1994 (BGBl. I S. 3210, ber. 1995 I S. 428),
zuletzt geändert durch Gesetz vom 19.4.2007 (BGBl. I S. 542)

– Auszug –

5 *Inhalt des Verschmelzungsvertrags*[1]

(1) Der Vertrag oder sein Entwurf muss mindestens folgende Angaben enthalten:

(...)

9. die Folgen der Verschmelzung für die Arbeitnehmer und ihre Vertretungen sowie die insoweit vorgesehenen Maßnahmen.

(...)

(3) Der Vertrag oder sein Entwurf ist spätestens einen Monat vor dem Tage der Versammlung der Anteilsinhaber jedes beteiligten Rechtsträgers, die gemäß § 13 Abs. 1 über die Zustimmung zum Verschmelzungsvertrag beschließen soll, dem zuständigen Betriebsrat dieses Rechtsträgers zuzuleiten.

I. Überblick. Abs. 1 legt den Mindestinhalt für den Verschmelzungsvertrag oder, falls den Anteils- 1
inhabern nur der Entwurf vorgelegt wird (vgl. § 4 II), für diesen fest[2] und gilt für alle Rechtsformen. Abs. 3 regelt die Unterrichtung des BR. § 5 gilt nicht für Verträge, in denen die spätere Verschmelzung der beteiligten Rechtsträger als Teil eines Gesamtkonzepts der Unternehmenszusammenführung (Business Combination Agreement) vereinbart wird. Legen solche Grundsatzvereinbarungen allerdings bereits bestimmte Eckpunkte der Verschmelzung fest, müssen diese Festlegungen zB als Vorvertrag den zwingenden gesetzl. Vorgaben entsprechen.

II. Folgen für die Arbeitnehmer und ihre Vertretungen (Abs. 1 Nr. 9). 1. Nr. 9 wurde – ebenso wie die 2
korrespondierenden Vorschriften bei Spaltung (§ 126 I Nr. 11) und Formwechsel (§ 194 I Nr. 7) erstmals im Regierungsentwurf als „arbeitsrechtl. Flankierung" in das Gesetz eingefügt[3]. Die Vorschrift, die im Zusammenhang mit Abs. 3 gesehen und ausgelegt werden muss, stellt insofern einen **Fremdkörper** dar, als sie den unternehmens-/gesellschaftsrechtl. Vorgang der Verschmelzung (Umwandlung) verfahrensrechtl. mit der Darstellung **arbeitsrechtl. Konsequenzen** und der diesbezüglichen Information des BR verknüpft[4].

Die allgemeinen Informations- und MitbestR des BR, insb. die **MitbestR** nach §§ 99, 102, 111 ff. BetrVG bleiben, **unabhängig** von Abs. 1 Nr. 9 **bestehen**[5]. Es handelt sich um **rein gesellschaftsrechtl. Regelungen** ohne jegliche arbeitsrechtl. (Außen-)Wirkung. Daher werden durch die im Verschmelzungsvertrag enthaltenen Angaben nach Nr. 9 **weder Individualrechte der ArbN**[6] **noch** – über die bloße Zuleitung des Umwandlungsvertrages nach Abs. 3 hinaus – **Beteiligungsrechte des BR** und/oder Wirtschaftsausschusses begründet oder gar nach dem BetrVG bestehende Beteiligungsrechte (etwa bei Zusammenschluss von Betrieben im Zuge der Verschmelzung gem. § 106 III Nr. 8, § 111 S. 2 Nr. 3) verbraucht[7].

2. Der **Zweck der Vorschrift** besteht allein darin, die ArbN und insb. ihre Vertretungen (BR/GBR) 3
möglichst **frühzeitig** über die **individual- und kollektivarbeitsrechtl. Folgen** der Verschmelzung zu **informieren**[8]. Die diesbezüglichen Angaben im Umwandlungsvertrag sind **rein deskriptiv** („Wissenserklärungen"[9]). Diese Folgen treten außerhalb des Umwandlungsvertrags ein und werden mithin **nicht Inhalt** der vertragl. Regelungen[10], so dass bei **Abweichungen** zwischen den Angaben nach Nr. 9 und dem objektiven Recht allein Letzteres gilt.

3. Wenn man ein völliges Ausufern der Angaben nach Abs. 1 Nr. 9 vermeiden will, wird man sie auf 4
diejenigen „Folgen für die Arbeitnehmer und ihre Vertretungen" begrenzen müssen, die das Gesetz

---

1 Eine umfassende Kommentierung der arbeitsrechtlich relevanten Bestimmungen des UmwG und ihres Zusammenwirkens mit dem allgemeinen Arbeitsrecht findet sich in *Kallmeyer*, UmwG, 3. Aufl. 2006; s. dort insb. § 5 Rz. 47, 74 ff.; § 126 Rz. 43 ff., 68; § 194 Rz. 58 ff.; Vorb. zu § 322 sowie Komm. zu §§ 322-325. | **2** S. dazu Kallmeyer/*Marsch-Barner*, § 5 UmwG Rz. 1 ff. | **3** *Wlotzke*, DB 1995, 41. | **4** Zur Kritik an der auf Betreiben des Bundesarbeitsministeriums in das Gesetz aufgenommenen Regelung vgl. Lutter/*Lutter/Drygala*, § 5 UmwG Rz. 50; *Willemsen*, NZA 1996, 791, (796, 798). | **5** Im Ergebnis ebenso Lutter/*Joost*, Umwandlungsrechtstage, S. 307; Lutter/*Lutter/Drygala*, § 5 UmwG Rz. 50; *Boecken*, Unternehmensumwandlungen, Rz. 342 ff.; wohl auch Lutter/*Priester*, Umwandlungsrechtstage, S. 114. | **6** Ebenso *Joost*, ZIP 1995, 976 (985); für Spaltung auch Lutter/*Priester*, Umwandlungsrechtstage, S. 114. | **7** Zu dieser „Trennungstheorie" im Einzelnen *Willemsen*, NZA 1996, 795 f. (797 f.); *Willemsen*, RdA 1998, 23 (29 f.). | **8** So ausdrücklich die Begründung zum Regierungsentwurf, BT-Drs. 12/6699, S. 83; im Ergebnis ebenso *Joost*, ZIP 1995, 978. | **9** Vgl. *Willemsen*, NZA 1996, 791 (796). | **10** Ebenso *Joost*, ZIP 1995, 978.

selbst direkt (in §§ 322, 323 I, 325) oder indirekt (in § 324 durch Verweisung auf § 613a BGB) anspricht, nämlich inwieweit sich nach der Verschmelzung die **betriebsverfassungsrechtl. Struktur** verändert (Wegfall bestehender bzw. Bildung neuer BR, GBR, KBR, Übergangsmandat nach § 21a BetrVG), ob das **Mitbestimmungsstatut** beeinflusst wird, ob für bestimmte ArbN sich – ggf. unter Berücksichtigung von § 323 I – die Anwendbarkeit des **KSchG** ändert, ob und inwieweit ein **Betriebsübergang oder Betriebsteilübergang** nach § 613a I BGB (iVm. § 324) stattfindet und inwieweit sich hierdurch etwas an der **Tarifbindung** bzw. an der Anwendbarkeit von **BV** ändert (**„Primärfolgen kraft rechtl. Zusammenhangs"**)[1]. Es ist auch anzugeben, welche **„Maßnahmen"** die beteiligten Rechtsträger getroffen haben, um die sich aus dem Gesetz an sich ergebenden Folgen für die ArbN (zB im Hinblick auf TV) zu vermeiden oder abzuschwächen; dies allerdings nur, wenn die entsprechenden Vereinbarungen bzw. Regelungen bereits vor Einl. der Verschmelzung getroffen wurden bzw. von dem neuen Rechtsträger unmittelbar nach der Verschmelzung getroffen werden sollen[2]. Als Hilfsmittel bei der Formulierung von Verschmelzungs- und sonstigen Umwandlungsverträgen mag die in Rz. 12 dargestellte **Checkliste** dienen.

5 Auch hinsichtlich der in Rz. 4 aufgeführten „Kernangaben" ist jedoch **keine in alle Einzelheiten gehende Darstellung** erforderlich; entsprechend der **Hilfsfunktion** der Angaben nach Abs. 1 Nr. 9[3] genügt es vielmehr, wenn diese Themenbereiche in einer Art und Weise angesprochen werden, dass bei dem zuständigen Vertretungsorgan (BR) das notwendige „Problembewusstsein" erzeugt und er so in die Lage versetzt wird, eine eigenständige Prüfung der damit zusammenhängenden, teilweise komplexen arbeitsrechtl. Fragen vorzunehmen[4].

6 **4.** Darüber hinaus werden im Verschmelzungsvertrag auch solche Folgen für die ArbN und ihre Vertretungen aufgezeigt werden müssen, die sich zwar nicht unmittelbar aus dem gesellschaftsrechtl. Vorgang der Verschmelzung als solcher ergeben, hinsichtlich deren sich die am Umwandlungsvertrag beteiligten Rechtsträger aber nach der Konzeption des UmwG notwendigerweise bereits bei Abschluss des Vertrages eine Meinung bilden müssen (**„arbeitsrechtl. Pflichtangaben kraft direkten Sachzusammenhangs"**[5]). Hierzu gehört, wie die §§ 322 und 323 zeigen, insb. die Entscheidung darüber, ob die **betrieblichen Strukturen** nach dem Wirksamwerden der Verschmelzung bis auf weiteres beibehalten oder sogleich den künftigen wirtschaftl. Verhältnissen angepasst werden sollen. So muss bspw. eine bereits **geplante Zusammenlegung der Hauptverwaltungen** ebenso mitgeteilt werden wie die beabsichtigte **Ausgliederung** und **Zusammenfassung** einzelner **Betriebsteile**, wenn und soweit es hierzu bei Vertragsabschluss bereits eine **konkrete Planung** der beteiligten Rechtsträger gibt. Entsprechendes gilt für alle sonstigen **Betriebsänderungen** iSv. §§ 111 ff. BetrVG, mit deren Realisierung bereits vor oder gleichzeitig mit der Verschmelzung begonnen werden soll. Mit den BR der zu verschmelzenden Unternehmen muss dann hinsichtlich dieser Maßnahmen gem. §§ 111 ff. BetrVG über einen **Interessenausgleich** und **Sozialplan** verhandelt werden (vgl. das Beispiel der Verschmelzung Thyssen/Krupp [Verschmelzungsvertrag v. 16.10.1998], Bundesanzeiger, Ausgabe 197 v. 21.10.1998). In der Praxis kann es sich zur Entlastung der Angaben nach Abs. 1 Nr. 9 als sehr zweckmäßig erweisen, auf einen bereits ausgehandelten **Interessenausgleich/Sozialplan Bezug zu nehmen.** Allerdings brauchen in die Angaben nach Abs. 1 Nr. 9 nur solche Folgen für die ArbN und ihre Vertretungen aufgenommen zu werden, deren Eintritt **mit Sicherheit** erwartet werden kann. Dies hängt wiederum vom **Stand der Unternehmensplanung** ab[6].

7 Die beteiligten Rechtsträger sind aber nicht verpflichtet, sich schon vor der Verschmelzung eine „abschließende Meinung"[7] über alle (mittelbaren) arbeitsrechtl. Folgen der Umwandlung, insb. die **künftige Realisierung von Synergiepotenzialen**, zu bilden. Sie können die Entscheidung hierüber (zB über die Frage einer späteren Betriebsverschmelzung bei gleichzeitiger Personalreduzierung) auch dem **Vertretungsorgan des verschmolzenen Unternehmens** überlassen. Dieses hat dann *nach* der gesellschaftsrechtl. Verschmelzung mit dem BR über anstehende Betriebsänderungen iSv. § 111 BetrVG mit dem Ziel eines Interessenausgleichs und Sozialplans zu beraten und zu verhandeln. Eine „Prognose" über das Ergebnis solcher Verhandlungen ist dann im Rahmen von Abs. 1 Nr. 9 weder geboten noch sinnvoll. **Keinesfalls** hat der BR die Möglichkeit, wegen seiner MitbestR bei Betriebsänderungen nach §§ 111 ff. BetrVG die (gesellschaftsrechtl.) Verschmelzung als solche zu **blockieren**, weil es sich, wie oben (Rz. 2) dargelegt, um zwei völlig verschiedene und getrennte Verfahren handelt[8].

---

1 Vgl. *Willemsen*, RdA 1998, 23 (29); s. zu diesen „Problemfeldern" im Einzelnen die Vorb. zu § 322 sowie Erl. zu §§ 322 bis 325 sowie *Joost*, ZIP 1995, 976 (979 ff.); Lutter/*Lutter/Drygala*, § 5 UmwG Rz. 52 ff. Eine ähnliche Systematik wie die hier vorgeschlagene vertritt in Bezug auf § 613a V BGB nunmehr *Grau*, Unterrichtung und Widerspruchsrecht der Arbeitnehmer bei Betriebsübergang, 2005, S. 139 ff. | 2 Im Ergebnis ebenso Lutter/*Lutter/Drygala*, § 5 UmwG Rz. 72. | 3 So zutr. *Joost*, ZIP 1995, 984. | 4 Ebenso *Joost*, ZIP 1995, 984. | 5 Vgl. *Willemsen*, RdA 1998, 23 (27). | 6 Ähnlich Lutter/*Grunewald*, Umwandlungsrechtstage, S. 22; wohl auch *Boecken*, Unternehmensumwandlungen, Rz. 320. Im Grds. wie hier, allerdings mit der Einschränkung, dass nur solche betriebl. Veränderungen mitteilungspflichtig sind, die tatsächlich eine „Folge der Umwandlung" darstellen: *Hohenstatt/Schramm* in FS 25 Jahre Arbeitsgemeinschaft Arbeitsrecht im DAV, S. 629 (633 f.). | 7 Vgl. die Formulierung bei *Joost*, ZIP 1995, 976 (984). | 8 AA *Bachner*, NJW 1995, 2881 (2886); dagegen *Willemsen*, NZA 1996, 791 (798); *Willemsen*, RdA 1998, 23 (29 ff.).

8 **5.** Zweifelhaft und von erheblicher praktischer Tragweite ist, inwieweit **unvollständige oder unrichtige Angaben** im Rahmen von Abs. 1 Nr. 9 die Eintragungsfähigkeit der Verschmelzung beeinträchtigen und/ oder zur Anfechtbarkeit oder gar Nichtigkeit des Verschmelzungsbeschlusses führen. Eine Anfechtbarkeit (und auch die Nichtigkeit des Verschmelzungsbeschlusses) ist nicht gegeben[1].

9 **6.** Der reine Berichtscharakter der Angaben nach Abs. 1 Nr. 9 (s. Rz. 3) ist auch zu beachten, wenn es um die weitere Frage geht, ob der Registerrichter die **Eintragung** der Verschmelzung wegen unzureichender Angaben zu den arbeitsrechtl. Folgen **ablehnen** kann. Dem Registergericht steht insoweit nur ein **formelles, nicht aber materielles Prüfungsrecht** zu[2]. Diesen formalen Anforderungen ist bereits dann genügt, wenn der Verschmelzungsvertrag zu den oben in Rz. 4 aufgeführten Kernpunkten die **Ansicht** der an der Umwandlung beteiligten Rechtsträger **nachvollziehbar wiedergibt**; eine – dazu noch ins Detail gehende – **Begründung ist nicht erforderlich**, ebenso wenig eine Stellungnahme zu allen denkbaren tatsächlichen und rechtl. Fragen[3]. Andererseits darf das Registergericht die begehrte Eintragung ablehnen, „wenn der Verschmelzungsvertrag jeder nachvollziehbaren Darstellung der arbeitsrechtl. Folgen entbehrt“[4]. Eine bloße **allgemeine Bezugnahme** auf gesetzl. Vorschriften wie zB „Die Folgen der Verschmelzung für die ArbN und ihre Vertretungen richten sich nach §§ 322 ff. UmwG, 613a BGB“ **reicht** also **nicht aus**.

10 Soweit sich der Verschmelzungsvertrag lediglich zu einzelnen Auswirkungen (zB im Kündigungsschutzrecht) **ausschweigt**, wird man dies im Zweifel nicht als Unvollständigkeit, sondern dahin gehend **auslegen** müssen, dass nach Auffassung der beteiligten Rechtsträger insoweit **keine Änderungen** eintreten werden[5]. Die Nichterwähnung von „Maßnahmen“ wird im Zweifel bedeuten, dass solche bis auf weiteres nicht vorgesehen sind. Da die Registergerichte insoweit offenkundig zT anderer Auffassung sind, ist der **Praxis** allerdings zu raten, das Fehlen von Folgen für die ArbN und ihre Vertretungen in bestimmten Teilbereichen (zB im Betriebsverfassungsrecht) ggf. ausdrücklich zu erwähnen (**Negativerklärung**).

11 Alles in allem wird der Registerrichter die **Eintragung** wegen unzureichender Angaben nach Abs. 1 Nr. 9 **nur ausnahmsw. ablehnen** können, nämlich wenn es an jeder nachvollziehbaren (wenn auch durchaus knappen!) Darstellung der arbeitsrechtl. Folgen fehlt. Eine Schlüssigkeitsprüfung hinsichtlich der (zum Teil sehr komplexen) arbeitsrechtl., insb. tarifrechtl. Folgen hat der Registerrichter nicht vorzunehmen, so dass selbst bei offensichtlicher materieller Unrichtigkeit in diesem Bereich die Eintragung nicht abgelehnt werden kann[6]. Abs. 1 Nr. 9 ist – ebenso wie die Parallelvorschrift des § 126 I Nr. 11 – **kein Instrument für arbeitsrechtl. Blockaden einer Umstrukturierung**[7].

12 **7. Checkliste.** Die Ausführungen in Rz. 3–11 lassen sich dahin gehend zusammenfassen, dass der Umwandlungsvertrag in den Fällen der übertragenden Umwandlung (Verschmelzung, Spaltung, Vermögensübertragung) in aller Regel jedenfalls die folgenden arbeitsrechtl. Angaben enthalten muss:

- **Übergang von Arbeitsverhältnissen** auf den bzw. die übernehmenden Rechtsträger gem. § 324 UmwG iVm. § 613a BGB unter genauer Bezeichnung der hiervon erfassten Betriebe bzw. Betriebsteile (ist der übertragende Rechtsträger arbeitnehmerlos, genügt dieser Hinweis, und es entfallen dann alle weiteren arbeitsrechtl. Angaben bezüglich des *übertragenden* Rechtsträgers; für den *übernehmenden* Rechtsträger müssen dann aber gleichwohl Angaben bezüglich der (oftmals fehlenden) Auswirkungen auf die *dortigen* Arbeitsverhältnisse, ArbN-Vertretungen, Mitbest. etc. gemacht werden[8]);
- Übergang von **Versorgungsanwartschaften** aktiver ArbN gem. § 613a BGB iVm. § 324 UmwG sowie der Versorgungsanwartschaften bzw. -ansprüche ausgeschiedener ArbN kraft Gesamtrechtsnachfolge; s. dazu auch Erl. § 324 Rz. 13 und 34 f.;
- bereits konkret geplante Veränderungen der **arbeitsorganisatorischen Struktur** der vorhandenen Betriebe (insb. Spaltung oder Zusammenfassung von Betrieben) und deren Auswirkungen auf die **Betriebsidentität** und das **Amt** des bzw. der existierenden **Betriebsräte** sowie ggf. des **GBR und KBR** sowie der SprAu der leitenden Angestellten. Hinweis auf die Entstehung eines **Übergangsmandats** nach § 21a BetrVG sowie auf eine etwaige (geplante) Vereinbarung nach § 325 II (s. Erl. dort). Bei Fehlen solcher aktuellen Planungen in Bezug auf geänderte Betriebsstrukturen: **Negativerklärung** („Maßnahmen, die zu einem Verlust der betriebsverfassungsrechtl. Identität der Betriebe ... führen, sind nicht geplant; die dort bestehenden BR bleiben im Amt“);

---

1 Vgl. die Nachw. bei Kallmeyer/*Willemsen*, § 5 UmwG Rz. 57 mwN. | 2 Ebenso *Bermel/Hannappel* in Goutier/ Knopf/Tulloch, Rz. 109; *Hohenstatt/Schramm*, FS 25 Jahre Arbeitsgemeinschaft Arbeitsrecht im DAV, S. 629, 641. *Stratz* in Schmitt/Hörtnagl/Stratz, Rz. 87; *Engelmeyer*, DB 1996, 2542 (2544); *Willemsen*, NZA 1996, 791 (796); wohl auch *A. Drygala*, ZIP 1996, 1365 (1367 Fn. 27); *jedenfalls* für ein formelles Prüfungsrecht: OLG Düsseldorf v. 15.5.1998 – 3 Wx 156/98 – GmbHR 1998, 745 (746). | 3 Ebenso *Joost*, ZIP 1995, 986; noch weiter gehend für § 126 I Nr. 11 Lutter/*Priester*, Umwandlungsrechtstage, S. 114, der ein Ablehnungsrecht des Registerrichters nur bei vollständig fehlenden oder offensichtlich unrichtigen Angaben anerkennen will. | 4 OLG Düsseldorf v. 15.5.1998 – 3 Wx 156/98, GmbHR 1998, 745 (2. LS). | 5 AA OLG Düsseldorf v. 15.5.1998 – 3 Wx 156/ 98, GmbHR 1998, 745; kritisch dazu *Bungert*, NZG 1998, 733. | 6 AA insoweit *Joost*, ZIP 1995, 986; Lutter/ *Priester*, Umwandlungsrechtstage, S. 114. | 7 Lutter/*Priester*, Umwandlungsrechtstage, S. 114; *Willemsen*, NZA 1996, 791 (798). | 8 So jedenfalls OLG Düsseldorf v. 15.5.1998 – 3 Wx 156/98, GmbHR 1998, 745.

- Hinweis auf die entweder kollektivrechtl. (bei Aufrechterhaltung der Betriebsidentität, s. Erl. § 324 Rz. 21 f.) oder individualrechtl. (§ 613a I 2–4 BGB, s. Erl. § 324 Rz. 21) Fortgeltung von **Betriebsvereinbarungen**. Bei Verlust der Betriebsidentität evtl. Ankündigung, dass mit dem neugebildeten BR (oder dem BR im Übergangsmandat) zur Herbeiführung einer kollektivrechtl. „Fortgeltung" eine wortgleiche BV abgeschlossen werden soll;
- Aussagen über die Existenz bzw. Nichtexistenz sowie Weitergeltung von **GesamtBV** und Gesamtsprecherausschussvereinbarungen (analog zu BV) sowie von **KonzernBV** und KonzernSprAuVereinbarungen[1];
- Aussagen über die Mitgliedschaft des bzw. der übertragenden Rechtsträger in einem **ArbGebVerband** und die sich daraus ergebende **Tarifbindung**; Darstellung, inwieweit sich diese Tarifbindung bei dem bzw. den übernehmenden Rechtsträgem fortsetzt (durch Mitgliedschaft im bzw. Beitritt zu dem abschließenden ArbGebVerband; s. dazu auch Erl. § 324 Rz. 20) oder mangels kollektivrechtl. Fortgeltung **§ 613a I 2–4 BGB** Anwendung findet einschließlich einer etwaigen **Ablösung** durch beim übernehmenden Rechtsträger bestehende TV gem. § 613a I 3 BGB. Bei Bestehen von FirmenTV: Angabe über den Eintritt des bzw. der übernehmenden Rechtsträger kraft Gesamtrechtsnachfolge (s. Erl. § 324 Rz. 20). Bei **Fehlen jedweder Tarifbindung**: Aussagen über die etwaige Anwendung bestimmter (Branchen-)TV kraft vertragl. Inbezugnahme oder betrieblicher Übung und deren Fortgeltung gem. § 613a I 1 BGB;
- Angaben über eine evtl. bestehende ArbN-Vertretung auf europäischer Ebene (insb. **EBR**) und deren Fortführung;
- Darstellung der bei den an der Umwandlung beteiligten Rechtsträgern bestehenden **Mitbest.** auf Unternehmensebene nach MitbestG, DrittelbG bzw. Montan-MitbestG/MitbestErgG; Wegfall von mitbestimmten Aufsichtsräten und Aufsichtsratsmandaten infolge Erlöschens übertragender Rechtsträger; Fortsetzung bzw. erstmalige Entstehung oder Wegfall der Mitbest. auf Unternehmensebene bei dem bzw. den an der Umwandlung beteiligten Rechtsträgem und ggf. Änderung des Mitbestimmungsstatuts (ggf. kraft Zurechnung der ArbN von Konzerngesellschaften) sowie Zahl der Aufsichtsratsmitglieder insgesamt und auf ArbN-Seite; aktives und passives Wahlrecht; Hinweis auf eine evtl. zeitlich begrenzte Mitbestimmungssicherung nach § 325 I (s. Erl. dort);
- Angaben über etwaige **konkret geplante Betriebsänderungen** iSd. §§ 111 ff. BetrVG im zeitlichen und sachlichen Zusammenhang mit der Umwandlung (zB Stilllegung von Betrieben, Zusammenlegung von Betrieben oder Betriebsteilen) und deren zu erwartende Auswirkungen auf die Belegschaft (Personalabbau, Versetzungen etc.). Hinweis auf die Aufnahme von Verhandlungen mit dem BR über Interessenausgleich/Sozialplan; falls diese bereits abgeschlossen sind: **Bezugnahme** auf die bestehenden Vereinbarungen. Bei Fehlen diesbezüglicher Planungen: (vorsorgliche) **Negativerklärung**;
- soweit einschlägig: Angaben über geplante **weitere Umwandlungen** unmittelbar nach Vollzug der ersten (vertragsgegenständlichen) Umwandlung[2], zB sofortige Ausgliederung eines im Zuge der Verschmelzung auf den übernehmenden Rechtsträger übergegangenen Betriebsteils auf einen neugegründeten Rechtsträger, Aufspaltung des übernehmenden Rechtsträgers etc. und deren Auswirkungen auf die ArbN und ihre Vertretungen (analog zu den obigen Punkten).

Diese Checkliste ist ggf. noch um **unternehmensspezifische Gesichtspunkte** wie zB Entstehung bzw. Wegfall eines **Tendenzschutzes** (nach § 118 BetrVG) zu ergänzen und somit nicht als abschließend zu verstehen. Zu allen genannten Punkten ist eine auf den **konkreten Sachverhalt** abstellende, **knappe**, die jeweiligen Rechtsfolgen **unter Verweis auf die einschlägigen gesetzl. Bestimmungen** bezeichnende **ergebnisbezogene Darstellung** erforderlich, aber auch genügend.

13 **III. Zuleitung des Verschmelzungsvertrages bzw. Entwurfs an die Betriebsräte (Abs. 3).** Abs. 3 schreibt in direkter funktionaler Verknüpfung mit Abs. 1 Nr. 9 die Zuleitung des Verschmelzungsvertrages bzw. (bei Beschlussfassung vor Abschluss des Verschmelzungsvertrages iSv. § 13 III 2, Alt. 2 iVm. § 4 II) seines Entwurfs an den **zuständigen BR** jedes beteiligten Rechtsträgers vor. Damit soll der zuständigen ArbN-Vertretung die Möglichkeit gegeben werden, etwaige Einwendungen gegen die Verschmelzung aus ihrer Sicht rechtzeitig geltend zu machen sowie ggf. auf Änderungen hinzuwirken[3]. Die Vorlagepflicht betrifft den **gesamten Vertrag** und nicht etwa nur die Angaben nach Abs. 1 Nr. 9 (unstr.), bei Verschmelzung durch Neugründung wegen § 37 auch den Gesellschaftsvertrag der übernehmenden Gesellschaft[4]. Sie ist dadurch **sanktioniert**, dass der Nachweis über die rechtzeitige Zuleitung des Verschmelzungsvertrages oder seines Entwurfs an den zuständigen BR gem. § 17 I eine notwendige Anlage der Anmeldung zum Handelsregister und damit **Eintragungsvoraussetzung** ist. Es empfiehlt sich daher für die Praxis, den Zugang (nicht die bloße Absendung!) des Vertrages bzw. Entwurfs zu dokumentieren,

1 S. zum Ganzen auch Kallmeyer/*Willemsen*, Vorb. zu § 322 Rz. 68 ff. | 2 Zu den Besonderheiten bei solchen „Kettenumwandlungen" s. auch *Hohenstatt/Schramm* in FS 25 Jahre Arbeitsgemeinschaft Arbeitsrecht im DAV, S. 629 (638 f.). | 3 *Kallmeyer*, ZIP 1994, 1746 (1754). | 4 Lutter/*H. Schmidt*, Umwandlungsrechtstage, S. 72.

und zwar zweckmäßigerweise durch ein **schriftl., datiertes Empfangsbekenntnis** des jeweiligen BR-Vorsitzenden (zur Rechtslage bei Fehlen eines BR s. unten Rz. 17).

Welchem BR aufseiten der beteiligten Rechtsträger der Verschmelzungsvertrag bzw. sein Entwurf zuzuleiten ist, ergibt sich aus den allgemeinen betriebsverfassungsrechtl. Bestimmungen, dh. aus §§ 50, 58 BetrVG[1]. Hat das Unternehmen, da aus mehreren Betrieben iSd. BetrVG bestehend, einen **GBR**, ist dieser zuständig, weil alle Umwandlungen unternehmensbezogen sind (zu Bedeutung und Aufgaben des GBR s. auch § 50 BetrVG Rz. 2 ff.)[2]. Eine Zuständigkeit des **KBR** ist dagegen auch dann zu verneinen, wenn Unternehmen ein und derselben Unternehmensgruppe miteinander verschmolzen werden sollen (zur Stellung des KBR im Verhältnis zu BR und GBR s. § 58 BetrVG Rz. 2 ff.)[3]. Im Zweifel sollte **vorsorglich** eine Übersendung an **alle (möglicherweise) zuständigen BR** erfolgen, um unnötige Risiken aus § 17 I zu vermeiden[4], denn die Zuleitung an den unzuständigen Repräsentanten ist rechtl. unbeachtlich und kann sich daher als Eintragungshindernis erweisen[5]. 14

Die Berechnung der **Monatsfrist** richtet sich nach den allgemeinen Bestimmungen der §§ 186 ff. BGB, wobei „rückwärts", das heißt ab dem Datum der Versammlung als fristauslösendem Ereignis, zu rechnen ist[6]; dieser Tag ist gem. § 187 I BGB für die Fristenberechnung nicht mitzuzählen. Soll die Versammlung zB am 31.8. stattfinden, ist jede Zuleitung iSv. Abs. 3 *vor* dem 31.7. fristgemäß[7]. Die etwas unklare Formulierung in Abs. 3 ist dahin gehend zu verstehen, dass maßgeblich für die Fristberechnung der Versammlungstermin (nur) desjenigen Rechtsträgers ist, für den der jeweils zuständige BR, dem der Verschmelzungsvertrag zugeleitet werden soll, gebildet worden ist. Der BR kann auf die Einhaltung der **Monatsfrist verzichten** (Schriftform wegen § 17 I erforderlich!), weil sie ausschließlich seinem Schutz dient[8], **nicht dagegen auf die Zuleitung als solche**[9]. Gegen die Möglichkeit eines Verzichts auf die Zuleitung als solche sprechen vor allem die gesetzl., nicht disponible Aufgabenstellung sowie die Parallele zu betriebsverfassungsrechtl. Beteiligungsregelungen[10]. 15

Wird nach der Zuleitung nach Abs. 3 der Spaltungsplan bzw. -entwurf **geändert**, löst dies eine **erneute Zuleitungspflicht** nur aus, wenn es sich um wesentl. Änderungen handelt, dh. solche, die nicht rein rechtstechnischer oder redaktioneller Natur sind, sondern Interessen der ArbN und ihrer Vertretungen berühren können[11]. Wird der ursprüngl. Verschmelzungsvertrag durch weitere Urkunden **ergänzt**, sind diese ebenfalls zuzuleiten. Erst die Zuleitung aller Urkunden setzt die Monatsfrist des Abs. 3 in Gang[12]. 16

Spezifische Fragen können sich ergeben, wenn es bei den betroffenen Rechtsträgern **keinen BR gibt**. Entgegen einer in der Rspr. und Lit. zT vertretenen Auffassung[13] sind auch in diesem Falle die Angaben nach Abs. 1 Nr. 9 erforderlich[14], allerdings naturgemäß mit Ausnahme derjenigen, die sich auf die Vertretung der ArbN beziehen. Ebenso entfällt – in Ermangelung eines Adressaten – die Zuleitungspflicht nach Abs. 3; eine ersatzweise Zuleitung unmittelbar an die Belegschaft kommt nicht in Betracht[15]. An die Stelle des Nachweises der rechtzeitigen Zuleitung an den BR nach § 17 I tritt dann der **Nachweis des Fehlens einer ArbN-Vertretung**. Das AG Duisburg[16] verlangt hierfür eine entsprechende **eidesstattliche Versicherung** der beteiligten gesetzl. Vertreter, die innerhalb der **Achtmonatsfrist** des § 17 II 4 beigebracht werden muss, was allerdings als zu weitgehend erscheint[17]; es muss vielmehr die „einfache" schriftl. Erklärung genügen. 17

1 Ebenso die BegrRegE, BT-Drs. 17/6699, S. 83. |2 Zutr. *Boecken*, Unternehmensumwandlungen, Rz. 333; *Engelmeyer*, DB 1996, 2542 (2545); *Wlotzke*, DB 1995, 40 (45). |3 Ebenso *Boecken*, Unternehmensumwandlungen, Rz. 334; Lutter/*Lutter/Drygala*, § 5 UmwG Rz. 99; aA *Engelmeyer*, DB 1996, 2542 (2545); *Schwarz* in Widmann/Mayer, Einf. UmwG, Rz. 17.4.3; *Melchior*, GmbHR 1996, 833 (835). |4 Ebenso *Wlotzke*, DB 1995, 45, allerdings unter dem Aspekt der „Transparenz und des sozialen Friedens". |5 Ebenso *Boecken*, Unternehmensumwandlungen, Rz. 333. |6 Einzelheiten bei *Krause*, NJW 1999, 1448; *Stohlmeier*, BB 1999, 1394. |7 *Krause*, NJW 1999, 1448. |8 Ebenso *Widmann/Mayer*, Rz. 259, 266; *Melchior*, GmbHR 1996, 836 f.; *Müller*, DB 1997, 713 (717). |9 AA insoweit *Widmann/Mayer*, Rz. 259, 266 und *Stohlmeier*, BB 1999, 1394 (1396 f.); wie hier OLG Naumburg v. 17.3.2002 – 7 Wx 6/02, rkr., BB 2003, 2756; Lutter/*Lutter/Drygala*, § 5 UmwG Rz. 102; *Pfaff*, DB 2002, 686; *Hohenstatt/Schramm*, FS 25 Jahre Arbeitsgemeinschaft Arbeitsrecht im DAV, S. 629 (639 f.). |10 Vgl. *Willemsen*, RdA 1998, 23 (33). |11 So auch die Auffassung des Rechtsausschusses, vgl. BT-Drs. 12/7850, S. 142; im gleichen Sinne OLG Naumburg v. 6.2.1997 – 7 U 236/96, DB 1997, 466 (467); für uneingeschränkte Neuvorlagepflicht dagegen Lutter/*Priester*, Umwandlungsrechtstage, S. 116 (für Spaltungsvertrag) und *Ising/Thiell*, DB 1991, 2021 (2024) (für Spaltungsplan nach SpTrUG). |12 So ausf. OLG Naumburg v. 17.3.2003 – 7 Wx 6/02, rkr., BB 2003, 2756. |13 LG Stuttgart v. 29.3.1996 – 4 KfH T 1/96, DNotZ 1996, 701; *Heckschen*, DB 1998, 1388; *Joost*, ZIP 1995, 976 (985). |14 Ebenso Lutter/*Lutter/Drygala*, § 5 UmwG Rz. 100. |15 Ebenso *Stohlmeier*, BB 1999, 1394 (1395); aA insoweit *Pfaff*, BB 2002, 1604 (1608); Aushang am „Schwarzen Brett". |16 AG Duisburg v. 4.1.1996 – 23 HRB 4942, 23 HRB 5935, GmbHR 1996, 372. |17 Ebenso *Heckschen*, DB 1998, 1388; *Pfaff*, BB 2002, 1604 (1609).

126 *Inhalt des Spaltungs- und Übernahmevertrags*
(1) Der Spaltungs- und Übernahmevertrag oder sein Entwurf muss mindestens folgende Angaben enthalten:

(...)

11. die Folgen der Spaltung für die Arbeitnehmer und ihre Vertretungen sowie die insoweit vorgesehenen Maßnahmen.

(...)

(3) Der Vertrag oder sein Entwurf ist spätestens einen Monat vor dem Tag der Versammlung der Anteilsinhaber jedes beteiligten Rechtsträgers, die gemäß § 125 in Verbindung mit § 13 Abs. 1 über die Zustimmung zum Spaltungs- und Übernahmevertrag beschließen soll, dem zuständigen Betriebsrat dieses Rechtsträgers zuzuleiten.

1 Folgen für die ArbN und ihre Vertretungen. Ebenso wie bei der Verschmelzung schreibt das Gesetz auf für den Spaltungs- und Übernahmevertrag in Nr. 11 die Angabe der Folgen für die ArbN und ihre Vertretungen vor. Hierbei wird es sich insb. um Ausführungen darüber handeln müssen, inwieweit die Spaltung zu einer Aufteilung und Neuzuordnung von Betrieben und Betriebsteilen führen wird und wie sich dies auf **Existenz und Fortbestand der BR** (einschließlich eines etwaigen Übergangsmandats nach § 21a BetrVG) auswirkt, ferner auf das Schicksal von **Tarifverträgen** und **Betriebsvereinbarungen**. Es handelt sich um eine Parallelvorschrift zu § 5 I Nr. 9, weshalb zu weiteren Fragen, insb. zur Einbeziehung lediglich „mittelbar" arbeitsrechtl. Folgen der Spaltung sowie zu den Konsequenzen unrichtiger bzw. unvollständiger Angaben, auf die Erl. in § 5 UmwG verwiesen werden.

2 Bzgl. Abs. 3 kann auf die inhaltsgleiche Bestimmung des § 5 III und die dortigen Erläuterungen sinngemäß verwiesen werden (§ 5 Rz. 13 ff.). Gemäß § 17 I iVm. § 125 ist die rechtzeitige Zuleitung des Spaltungs- und Übernahmevertrages an die zuständigen ArbN-Vertretungen **Eintragungsvoraussetzung**.

194 *Inhalt des Umwandlungsbeschlusses*
(1) In dem Umwandlungsbeschluss müssen mindestens bestimmt werden:

(...)

7. die Folgen des Formwechsels für die Arbeitnehmer und ihre Vertretungen sowie die insoweit vorgesehenen Maßnahmen.

(2) Der Entwurf des Umwandlungsbeschlusses ist spätestens einen Monat vor dem Tage der Versammlung der Anteilsinhaber, die den Formwechsel beschließen sollen, dem zuständigen Betriebsrat des formwechselnden Rechtsträgers zuzuleiten.

1 **I. Folgen für die ArbN und ihre Vertretungen (Abs. 1 Nr. 7).** Es handelt sich um eine **Parallelvorschrift** zu § 5 I Nr. 9 und § 126 I Nr. 11, so dass auf die dortigen Anmerkungen verwiesen werden kann. Da es beim Formwechsel keinen Umwandlungsvertrag gibt, bestimmt Abs. 1 Nr. 7, dass die Folgen des Formwechsels für die ArbN und ihre Vertretungen in dem Umwandlungsbeschluss bestimmt werden müssen. Allerdings wird der **Umfang** der erforderlichen Angaben idR deutlich geringer sein, weil der reine Formwechsel im Unterschied zu Verschmelzung und Spaltung **keinen ArbGebWechsel** bewirkt (Prinzip der **Identität**) und die Schutzinteressen der Belegschaft auch in Bezug auf die Fortgeltung von TV deutlich weniger betroffen sind[1]. Erforderlich sind aber in jedem Falle Angaben darüber, ob sich durch den Formwechsel das **Mitbestimmungsstatut** ändert (ggf. auch in Form einer **Negativerklärung**). Die Mitbestimmungssicherung gem. § 325 gilt beim Formwechsel ausweislich des Gesetzeswortlauts nicht. Im **Betriebsverfassungsrecht** werden sich dagegen idR keine Veränderungen ergeben, weil dieses rechtsformneutral ausgestaltet ist. Da der Formwechsel als solcher keine betriebsbezogene Relevanz aufweist, sind personelle Maßnahmen, die im zeitlichem Zusammenhang mit dem Formwechsel durchgeführt werden, nicht dessen „Folgen" iSv. Abs. 1 Nr. 1 und brauchen daher im Umwandlungsbeschluss nicht erwähnt zu werden[2] (vgl. demgegenüber zur Problematik sog. mittelbarer Folgen bei Verschmelzung und Spaltung Erl. zu § 5 Rz. 6 f.).

Die Angaben nach Abs. 1 Nr. 7 müssen auch bei **Fehlen eines BR** gemacht werden[3].

2 **II. Zuleitung des Entwurfs des Umwandlungsbeschlusses an den BR (Abs. 2).** Da es beim Formwechsel keinen Umwandlungsvertrag gibt, sieht Abs. 2 vor, dass der **Entwurf** des Umwandlungsbeschlusses spätestens einen Monat vor der Versammlung der Anteilsinhaber, die den Formwechsel beschließen soll,

1 Zu den Auswirkungen im Einzelnen s. Kallmeyer/*Willemsen*, Vorb. zu § 322 UmwG. |2 Ebenso Lutter/*Decher*, § 194 UmwG Rz. 25 ff. |3 AA Lutter/*Decher*, § 194 UmwG, Rz. 32 unter Hinweis auf LG Stuttgart v. 11.12.1995 – 4 KfH T 22/95, WiB 1996, 994 und LG Stuttgart v. 29.3.1996 – 4 KfH T 1/96, WiB 1997, 32 (jeweils zu § 5 I Nr. 9).

dem BR zuzuleiten ist. Von dem Umwandlungsbericht im Übrigen und der Vermögensaufstellung erhält der BR dagegen keine Kenntnis[1].

Aus dem Gesetzeszweck des Abs. 2 iVm. Abs. 1 Nr. 7 ist zu folgern, dass der Entwurf eines Umwandlungsbeschlusses auch dann erforderlich ist, wenn auf Grund der in § 192 III zugelassenen Ausnahmen die Erstattung eines **Umwandlungsberichts entfällt.** Obwohl der Entwurf des Umwandlungsbeschlusses gem. § 192 I 2 nur ein unselbständiger Teil des Umwandlungsberichts ist, verbleibt es in diesem Fall bei der verbindlichen Regelung des Abs. 2, die insoweit **Vorrang** vor § 192 III genießt[2]. Es ist also auch in diesem Falle ein kompletter Entwurf des Umwandlungsbeschlusses mit sämtlichen Angaben nach Abs. 1 erforderlich. Ohne den Nachweis einer rechtzeitigen Zuleitung an den zuständigen BR kann der Umwandlungsbeschluss nicht in das Handelsregister eingetragen werden (§ 199). Wegen aller weiteren Einzelheiten kann auf die Erl. zu § 5 III sinngemäß verwiesen werden. 3

III. Mängel des Beschlusses. Die Mangelhaftigkeit des Umwandlungsbeschlusses und deren Folgen sind grds. durch Unwirksamkeitsklage gem. § 195 nach den für die betreffende Rechtsform geltenden Regeln zu beurteilen. Maßgebend sind die Regeln, die für die Rechtsform des formwechselnden Rechtsträgers, nicht diejenigen, die für Beschlüsse des Rechtsträgers neuer Rechtsform gelten. In geeigneten Fällen empfiehlt sich die Aufnahme eines **Verzichts auf die Unwirksamkeitsklage** im Umwandlungsbeschluss, damit das Registergericht mit der Eintragung nicht bis zum Ablauf der Monatsfrist des § 195 I warten muss[3]. 4

Vorrang haben Bestimmungen und Grundsätze des UmwG zu Vorliegen und Folgen von Mängeln des Umwandlungsbeschlusses: **§ 195 II** schließt mit Rücksicht auf die in § 196 vorgesehenen **baren Zuzahlungen** zur Verbesserung des Beteiligungsverhältnisses Klagen gegen den Umwandlungsbeschluss aus, die darauf gestützt werden, dass die Anteile an dem Rechtsträger neuer Rechtsform zu niedrig bemessen sind oder keinen angemessenen Gegenwert darstellen. Gemäß **§ 210** kann eine Klage gegen den Umwandlungsbeschluss weder darauf gestützt werden, dass das Angebot der **Barabfindung** gem. § 207 zu niedrig bemessen war, noch darauf, dass die Barabfindung im Umwandlungsbericht nicht oder nicht ordnungsgemäß angeboten worden ist. 5

Siebentes Buch. Übergangs- und Schlussvorschriften

322 *Gemeinsamer Betrieb*

Führen an einer Spaltung oder an einer Teilübertragung nach dem Dritten oder Vierten Buch beteiligte Rechtsträger nach dem Wirksamwerden der Spaltung oder der Teilübertragung einen Betrieb gemeinsam, gilt dieser als Betrieb im Sinne des Kündigungsschutzrechts.

I. Entstehungsgeschichte; systematische Verknüpfung mit § 1 Abs. 2 Nr. 2 BetrVG. Von § 322 UmwG aF ist auf Grund der BetrVG-Novelle 2001 nur noch der bisherige Abs. 2 übrig geblieben. Abs. 1 aF, der einen Vermutungstatbestand für das Vorliegen eines Gemeinschaftsbetriebs im betriebsverfassungsrechtl. Sinne enthielt[4], ist – mit Änderungen des Wortlauts – nunmehr in das BetrVG „implantiert" worden (vgl. § 1 II Nr. 2 BetrVG sowie die dortige Komm.). Erhalten geblieben ist dagegen die **kündigungsrechtl.** Regelung, wonach der als „Produkt" einer Spaltung oder Teilübertragung entstehende Gemeinschaftsbetrieb kraft gesetzl. Fiktion auch als Betrieb iSd. Kündigungsschutzrechts „gilt". 1

II. Gemeinschaftsbetrieb im kündigungsschutzrechtlichen Sinne. 1. Bedeutung. Da die Rspr. die Rechtsfigur des gemeins. Betriebs mehrerer rechtl. selbständiger Unternehmen inzwischen nicht nur für das Betriebsverfassungsrecht, sondern auch für das Kündigungsrecht „entdeckt" hatte[5], sah sich der Gesetzgeber des UmwG offenbar veranlasst, iS einer „Klarstellung"[6] auf die Möglichkeit eines solchen kündigungsschutzrechtl. Gemeinschaftsbetriebes als Resultat einer voraufgegangenen Spaltung eines zuvor einheitlichen Rechtsträgers besonders hinzuweisen. 2

Haben sich nach dem Wirksamwerden der Spaltung selbständige Rechtsträger zur gemeins. Führung eines Betriebs rechtl. verbunden, so ist im Falle einer betriebsbedingten Kündigung zB für die Prüfung einer **anderweitigen Beschäftigungsmöglichkeit** (§ 1 II 2 Nr. 1b, S. 3 KSchG) oder bei der Frage der **Sozialauswahl** (§ 1 III KSchG) auf die Verhältnisse des gemeins. Betriebs abzustellen[7]. Im Klartext bedeutet dies: Liegt nach der Spaltung der Rechtsträger ein Gemeinschaftsbetrieb der an der Spaltung beteiligten Rechtsträger vor, werden die kündigungsschutzrechtl. Folgen der Spaltung gewissermaßen 3

---

1 *Decher* in Lutter, Umwandlungsrechtstage, S. 212; Lutter/*Decher*, § 194 UmwG Rz. 45. | 2 Ebenso *Joost*, ZIP 1995, 976 (977); zust. Lutter/*Decher*, § 194 UmwG Rz. 44. | 3 Lutter/*Decher*, § 194 UmwG Rz. 40. | 4 S. dazu Kallmeyer/*Willemsen*, Vorb. zu § 322 UmwG Rz. 1 ff.; s. auch Semler/Stengel/*Simon*, § 322 UmwG Rz. 2 f. | 5 Vgl. etwa BAG v. 13.6.1985 – 2 AZR 452/84, AP Nr. 10 zu § 1 KSchG 1969; v. 18.1.1980 – 2 AZR 355/89, AP Nr. 9 zu § 23 KSchG 1969; wN bei APS/*Moll*, § 23 KSchG Rz. 14 ff. | 6 Vgl. BegrRegE BT-Drs. 12/6699 S. 174. | 7 So wörtlich die Begr. RegE, BT-Drs. 12/6699 S. 174.

„neutralisiert", indem alle im Rahmen des Kündigungsschutzgesetzes relevanten Fragestellungen so behandelt werden, als ob dieser Betrieb weiterhin ein und demselben Rechtsträger zugeordnet wäre. Diese Rechtsfolge ist im Verhältnis zu den betroffenen ArbN **nicht abdingbar**[1]. Eine wichtige **Einschränkung** ergibt sich allerdings insofern, als sich der betriebsbedingt gekündigte ArbN auch im Gemeinschaftsbetrieb nur auf **Weiterbeschäftigungsmöglichkeiten** in anderen Betrieben iSv. § 1 II 2 Nr. 1b, Alt. 2 KSchG berufen kann, soweit sich die entsprechenden (freien!) Arbeitsplätze **in demjenigen Unternehmen** befinden, mit dem ihn ein **Arbeitsverhältnis** verbindet[2].

4 Diese quasi „gesamtschuldnerische Haftung im kündigungsschutzrechtl. Außenverhältnis" lässt es ratsam erscheinen, dass die beteiligten Rechtsträger bei Vorliegen eines Gemeinschaftsbetriebs **interne Ausgleichsregelungen**, etwa für im Rahmen der §§ 9, 10 KSchG oder auf Grund arbeitsgerichtl. Vergleiche fällig werdende **Abfindungen**, treffen. Der Gemeinschaftsbetrieb führt nämlich keineswegs zwangsläufig dazu, dass alle beteiligten Rechtsträger „Gesamtarbeitgeber" sämtlicher Betriebsangehörigen werden; vielmehr können die Arbeitsverhältnisse individualarbeitsrechtl. durchaus separat zugeordnet werden[3].

5 Die unabhängig hiervon bei Vorliegen eines Gemeinschaftsbetriebes gebotene einheitliche Behandlung im Rahmen des KSchG kann nun dazu führen, dass nach den Grundsätzen der Sozialauswahl (§ 1 III KSchG) uU **Austauschkündigungen** bei Trägerunternehmen A durchgeführt werden müssen, weil Trägerunternehmen B in seinem Betriebsteil (zB T) im Bereich des Außendienstes Personal abbaut und sich ein sozial besonders schutzbedürftiger, von der Kündigung bedrohter ArbN von B auf die Möglichkeit der Weiterbeschäftigung auf einem vergleichbaren, mit einem sozial weniger schutzbedürftigen ArbN besetzten Arbeitsplatz bei A beruft.

6 Eine weitere Bedeutung der Norm liegt darin, dass bei Vorliegen eines Gemeinschaftsbetriebes für die Ermittlung der **Mindestarbeitnehmerzahl** für das Eingreifen des KSchG gem. § 23 KSchG alle ArbN ohne Rücksicht auf ihre individualarbeitsrechtl. Zuordnung zu den einzelnen Rechtsträgern **zusammenzurechnen** sind[4].

7 **2. Voraussetzungen; Gestaltungsfreiheit der an der Spaltung beteiligten Rechtsträger**. Die materiellen Voraussetzungen für das Vorliegen eines Gemeinschaftsbetriebes im kündigungsschutzrechtl. Sinne sind grds. dieselben wie im Rahmen des BetrVG (vgl. § 1 BetrVG Rz. 15 ff.), **die Vermutung des § 2 II Nr. 2 BetrVG gilt hier jedoch** ausweislich des Gesetzeswortlauts **nicht**.

8 Diese Frage ist allerdings in der bisherigen Lit. zu § 322 II aF (vgl. Rz. 1) **streitig**[5]; für die entsprechende Anwendung der Vermutungsregel des bisherigen Abs. 1 spricht sich *Joost* aus[6], nach dessen Ansicht es nicht ersichtlich sei, weshalb die Vermutung für das BetrVG sinnvoll sein soll, für das Kündigungsschutzrecht dagegen nicht[7]. Diesen tatsächlichen oder vermeintlichen Widerspruch zu lösen wäre aber angesichts des eindeutigen Gesetzeswortlauts Aufgabe des Gesetzgebers und nicht des Rechtsanwenders. Der Gesetzgeber hat aber zwischenzeitlich die gesetzl. Vermutung nur im Hinblick auf das Betriebsverfassungsrecht in § 1 II Nr. 2 BetrVG verankert. Im Übrigen sollte die praktische Bedeutung der Streitfrage nicht überschätzt werden, da sich die ArbG im Kündigungsschutzprozess im Zweifel an der „vorgefundenen" betriebsverfassungsrechtl. Situation orientieren werden. Die Unterschiede in Bezug auf die Darlegungs- und Beweislast bei § 1 II Nr. 2 BetrVG einerseits und § 322 UmwG andererseits dürften daher wohl idR nur relevant werden, wenn zum Zeitpunkt des Kündigungsschutzprozesses noch eine Auseinandersetzung zwischen ArbGeb und BR über das Vorliegen oder Nichtvorliegen eines Gemeinschaftsbetriebes iSv. § 1 II Nr. 2 BetrVG anhängig ist.

9 Unabhängig von der vorstehend behandelten Frage bewirkt § 322 weder für sich genommen noch in Verbindung mit § 323 I einen rechtl. Zwang, den bisher einheitlichen Betrieb nach der Spaltung als Gemeinschaftsbetrieb iSd. Rspr. zu führen. Es stellt vielmehr eine wesentliche, durch die vorgenannten Bestimmungen keineswegs eingeschränkte **unternehmerisch-strategische Entscheidung** dar, ob die an der Spaltung beteiligten Rechtsträger künftig kündigungsschutzrechtl. eigenständig und getrennt agieren oder durch einen gemeins. Betrieb miteinander verbunden sein sollen. Allerdings reicht insoweit eine bloße Willensbetätigung der beteiligten Rechtsträger nicht aus; es müssen, wenn eine Separierung gewollt ist, auch die entsprechenden Fakten (insb. getrennte Leitung in sozialen und personellen Angelegenheiten) geschaffen werden (vgl. zum Ganzen auch § 1 BetrVG Rz. 15 ff.).

---

1 Unstr.; vgl. nur *Boecken*, Unternehmensumwandlungen Rz. 304 ff. | 2 Vgl. *Boecken*, Unternehmensumwandlungen Rz. 296; *Hohenstatt*, in Willemsen/Hohenstatt/Schweibert/*Seibt*, Umstrukturierung, Rz. H 149; aA Lutter/*Joost*, § 322 UmwG Rz. 14; zur separaten Zuordnung der Arbeitsverhältnisse im Gemeinschaftsbetrieb sogleich unter Rz. 4. | 3 Vgl. BAG v. 5.3.1987 – 2 AZR 623/85, AP Nr. 30 zu § 15 KSchG 1969. | 4 Ebenso *Bauer/Lingemann*, NZA 1994, 1057 (1060); *Boecken*, Unternehmensumwandlungen Rz. 293; Lutter/*Joost*, § 322 UmwG Rz. 14; *Wlotzke*, DB 1995, 40 (44). | 5 Wie hier *Bauer/Lingemann*, NZA 1994, 1057 (1060); *Boecken*, Unternehmensumwandlungen Rz. 290; *Heinze*, ZfA 1997, 1 (12); *Kallmeyer*, ZIP 1994, 1746 (1757); *Mengel*, Umwandlungen im Arbeitsrecht S. 314 f.; *Hörtnagl* in Schmitt/Hörtnagl/Stratz, Rz. 5. | 6 Lutter/*Joost*, Umwandlungsrechtstage, S. 328. | 7 Ähnlich auch Lutter/*Joost*, § 322 UmwG Rz. 13; *Düwell*, NZA 1996, 393 (397); diff. DKK/*Trümner*, § 1 BetrVG Rz. 98 ff.

323 *Kündigungsrechtliche Stellung*

(1) Die kündigungsrechtliche Stellung eines Arbeitnehmers, der vor dem Wirksamwerden einer Spaltung oder Teilübertragung nach dem Dritten oder Vierten Buch zu dem übertragenden Rechtsträger in einem Arbeitsverhältnis steht, verschlechtert sich auf Grund der Spaltung oder Teilübertragung für die Dauer von zwei Jahren ab dem Zeitpunkt ihres Wirksamwerdens nicht.

(2) Kommt bei einer Verschmelzung, Spaltung oder Vermögensübertragung ein Interessenausgleich zu Stande, in dem diejenigen Arbeitnehmer namentlich bezeichnet werden, die nach der Umwandlung einem bestimmten Betrieb oder Betriebsteil zugeordnet werden, so kann die Zuordnung der Arbeitnehmer durch das Arbeitsgericht nur auf grobe Fehlerhaftigkeit überprüft werden.

1 **I. Erhaltung der kündigungsrechtlichen Stellung nach Spaltung oder Teilübertragung (Abs. 1). 1. Bedeutung und Inhalt der Vorschrift. a) Analyse des Gesetzeswortlauts.** Es handelt sich um die wohl rätselhafteste Bestimmung des gesamten UmwG. Abs. 1 ist geradezu ein Paradebeispiel dafür, wie durch ungenaue Terminologie des Gesetzgebers fortwährender Rechtsunsicherheit und einer ausufernden Rspr. Tür und Tor geöffnet wird; eine alsbaldige Korrektur erscheint dringend angezeigt.

2 Nach dem **Wortlaut** von Abs. 1 **verschlechtert sich die „kündigungsrechtl. Stellung"** eines ArbN **auf Grund der Spaltung oder Teilübertragung** für die Dauer von **zwei Jahren** ab dem Zeitpunkt ihres Wirksamwerdens **nicht**. Die erste **Kernfrage** lautet, was mit „kündigungsrechtl. Stellung" gemeint ist, ein Terminus, der sich sonst bisher in keinem arbeitsrechtl. Gesetz findet. Ist damit (nur) der *permanente*, durch entsprechende rechtl. Regelungen „verbriefte" rechtl. *Status* gemeint, oder sichert Abs. 1 darüber hinaus auch das bisherige faktische kündigungsrechtl. Umfeld, das in einem späteren Kündigungsschutzprozess relevant werden kann (also bspw. die Zahl der bisher im Betrieb beschäftigten ArbN, Existenz und Zahl vergleichbarer Arbeitsplätze, Sozialdaten der anderen, bisher im Betrieb beschäftigten ArbN, alles Umstände, die für den Ausgang eines Kündigungsschutzprozesses bedeutsam werden und damit die „kündigungsrechtl. Stellung eines ArbN" zumindest mittelbar beeinflussen können)?

3 Einen ersten Hinweis zur Beantwortung der Auslegungsfrage gibt das Gesetz selbst, indem es von einer Verschlechterung der kündigungsrechtl. Stellung „auf Grund der Spaltung oder Teilübertragung" spricht. Die geforderte **kausale Verknüpfung** zwischen Verschlechterung der kündigungsrechtl. Stellung und Spaltung bzw. Teilübertragung lässt darauf schließen, dass Abs. 1 nur vor solchen negativen Statusveränderungen in kündigungsrechtl. Hinsicht schützen soll, die sich aktuell und unmittelbar bereits mit dem „Wirksamwerden" der Spaltung (Teilübertragung) ergeben; die kündigungsrechtl. Stellung muss also in Form eines aktuellen „Schutzdefizits" bereits im Zeitpunkt des Wirksamwerdens der Spaltung direkt berührt sein. Von einer solchen aktuellen und konkreten Einbuße kündigungsrechtl. Schutzes kann aber nur die Rede sein, wenn den kündigungsrechtl. Status prägende Normen auf Grund der Spaltung (Teilübertragung) mit ihrem Wirksamwerden keine Anwendung mehr finden; lediglich latente Verschlechterungen, die sich nicht bereits im Zeitpunkt der Spaltung (Teilübertragung), sondern, wenn überhaupt, erst im weiteren Verlauf *nach* der Spaltung (Teilübertragung) manifestieren können, wie etwa die Einengung des Kreises der in die Sozialauswahl gem. § 1 III KSchG einzubeziehenden ArbN auf Grund der Abtrennung eines Teils der bisherigen Belegschaft, müssen als nicht unmittelbar und dauerhaft statusprägende Merkmale bei dieser Auslegung außer Betracht bleiben.

4 **b) Entstehungsgeschichte.** Die Interpretation von Abs. 1 iSd. befristeten Beibehaltung (unmittelbar) statusprägender kündigungsrechtl. Normen wird durch die Entwicklung der Vorschrift im Laufe des Gesetzgebungsverfahrens untermauert. In dem Referentenentwurf[1] war sie noch nicht enthalten. Die Ergänzungsvorschläge des Bundesministers für Arbeit und Sozialordnung vom 9.4.1992 zum Referentenentwurf enthielten in Ziffer 4 eine mit dem jetzigen Abs. 1 bereits weitgehend identische Regelung. In der Begründung heißt es, für eine Übergangszeit von zwei Jahren solle der ArbN seine kündigungsrechtl. Stellung auch dann nicht verlieren, wenn ein Rechtsträger derart gespalten werde, dass in dem neuen, ihn beschäftigenden Rechtsträger die für die Anwendbarkeit des **Kündigungsschutzgesetzes** notwendige Beschäftigtenzahl nicht mehr erreicht werde.

5 Die Begründung zu der nunmehr Gesetz gewordenen Regelung des Abs. 1[2] nimmt diesen Ansatz des Bundesarbeitsministeriums nahezu wörtlich auf: *„Für eine Übergangszeit von zwei Jahren nach dem Wirksamwerden der Spaltung oder Teilübertragung eines Rechtsträgers soll sich die kündigungsrechtliche Stellung eines Arbeitnehmers dieses Rechtsträgers auch dann nicht verschlechtern können, wenn in dem neuen, ihn beschäftigenden Rechtsträger die für die Anwendbarkeit kündigungsrechtlicher Regelungen notwendige Beschäftigtenzahl nicht erreicht wird; dies betrifft insbesondere § 23 Abs. 1 des KSchG."*

6 **c) Teleologische und systematische Auslegung.** Einen weiteren Auslegungshinweis gibt schließlich die systematische Stellung des Abs. 1 im Gesetzesaufbau der §§ 322–325. Gemäß § 322 gilt ein Betrieb nach der Spaltung dann – aber auch nur dann – als einheitlicher Betrieb iSd. Kündigungsschutzrechts, wenn

1 Beilage Nr. 112a zum BA v. 20.6.1992. | 2 BegrRegE BT-Drs. 12/6699 S. 175.

die beteiligten Rechtsträger ihn nach der Spaltung oder Teilübertragung gemeins. führen; ob dies der Fall ist, obliegt allein ihrer Entscheidung und Gestaltung (s. § 322 Rz. 9).

7 Wollte man § 323 I iSd. Erhaltung nicht nur des rechtl., sondern auch des faktischen Status quo (*ein* Betrieb) interpretieren, würde damit die in § 322 I vorausgesetzte Privatautonomie der beteiligten Rechtsträger im Ergebnis für die Dauer von zwei Jahren aufgehoben; es bliebe ihnen dann praktisch gar nichts anderes übrig, als den Betrieb für diesen Zeitraum als einheitlichen iSd. KSchG fortzuführen[1]. Gerade dies zeigt aber, dass nur die oben (Rz. 3) dargestellte „enge" Auslegung von Abs. 1 der Gesetzessystematik gerecht wird.

8 Den Vertretern der **Gegenansicht**[2] (zur Auffassung des BAG sogleich Rz. 10) ist einzuräumen, dass der (zu) vage gefasste Wortlaut von Abs. 1 eine Interpretation iS einer Beibehaltung „kündigungsrechtl. Begleitumstände" (= ein einheitlicher Betrieb) für sich genommen zwar nicht zwingend ausschließt, wenngleich, wie oben (Rz. 2 f.) dargelegt wurde, die Qualifizierung solcher nur mittelbar den Kündigungsschutz beeinflussender Umstände als (auf Dauer angelegte) „kündigungsrechtl. Stellung" bereits zweifelhaft erscheint.

9 Angesichts der Entstehungsgeschichte und des systematischen Zusammenhangs der Norm ist jedoch davon auszugehen, dass derartige **weitere kündigungsrechtl. relevanten Umstände von Abs. 1 nicht fingiert werden**[3], die Bedeutung der Norm sich entsprechend der Begründung des Regierungsentwurfs mithin darin erschöpft, die **Fortgeltung kündigungsrechtl. Normen** für einen Zeitraum von zwei Jahren nach der Spaltung bzw. Teilübertragung sicherzustellen, deren Anwendung ansonsten, insb. wegen Absinkens der Beschäftigtenzahl unter die jeweils maßgebliche Mindestgrenze, entfallen würde.

10 Anders gewendet: Abs. 1 garantiert für den dort genannten Zeitraum lediglich, *dass* die bisher für das Arbeitsverhältnis maßgeblichen kündigungsrechtl. Normen auch nach der Spaltung (Teilübertragung) angewandt werden; *wie* sie jedoch angewandt werden, richtet sich ausschließlich **nach den tatsächlichen und rechtl. Verhältnissen, wie sie sich nach der Spaltung bzw. Teilübertragung ergeben**[4]. Es wird mithin insb. nicht die Einheitlichkeit des bisherigen Betriebs fingiert, wenn gleichzeitig mit dem bisherigen Rechtsträger auch der Betrieb gespalten wurde und die sich an der Spaltung beteiligten Rechtsträger nicht gem. § 322 auf die Weiterführung als einheitlichen Betrieb verständigt haben. Dies gilt insb. für die Sozialauswahl nach § 1 III KSchG und die Möglichkeit der unternehmensbezogenen Weiterbeschäftigung nach § 1 II KSchG[5]. Dieser, bereits in den Vorauflagen vertretenen Auffassung hat sich der **6. Senat des BAG** inzwischen mit Urt. v. **22.9.2005**[6] **ausdrücklich angeschlossen**.

11 **2. Von Abs. 1 erfasste kündigungsrechtliche Regelungen. a) Grundsatz.** Eine weitere Unklarheit des Abs. 1 bezieht sich darauf, was mit „kündigungsrechtlicher" Stellung eines ArbN gemeint ist. Nach der Begründung zum Regierungsentwurf[7] zielt die Norm zwar in allererster Linie auf § 23 I KSchG, also die **Erhaltung des gesetzl. Kündigungsschutzes** trotz **Absinkens der Beschäftigtenzahl** unter die maßgebliche Grenze[8]. *Bauer/Lingemann*[9] meinen, dass man „kündigungsrechtlich" restriktiv iSv. „kündigungs*schutz*rechtlich" verstehen müsse. Dem ist in der Lit. zu Recht der differenzierte Sprachgebrauch des Gesetzgebers entgegengehalten worden[10], wie er sich insb. aus einem Vergleich mit § 322 („im Sinne des Kündigungs*schutz*rechts") ergibt. Es kommen also außer den Normen des KSchG auch sonstige kündigungsrechtl. Regelungen in Betracht, allerdings mit der Maßgabe, dass (1) nur die (befristete) weitere Anwendung dieser Normen, nicht aber ein „Einfrieren" der für ihre Anwendung maßgeblichen tatsächlichen Begleitumstände verlangt werden kann (s. Rz. 9 f.) und (2) es sich um solche Normen handeln muss, die die „kündigungsrechtl. Stellung des ArbN" selbst inhaltlich regeln, nicht aber solche, die sich lediglich im Wege des „Reflexes" zu Gunsten des ArbN auswirken oder auswirken können. Entsprechend dem Wortsinn des Begriffs „**Stellung**" muss es sich also um eine dem ArbN selbst eingeräumte **(subjektive) Rechtsposition** handeln.

12 **b) Einzelne Anwendungsfälle.** Als gem. Abs. 2 befristet weiter anzuwendende Regelungen kommen demzufolge aus dem Kündigungsschutzgesetz neben **§§ 1–15** insb. auch **§§ 17 ff. KSchG** in Betracht,

---

1 So folgerichtig vom Standpunkt der Gegenmeinung *Kallmeyer*, ZIP 1994, 1746 (1757); *Trümner*, AiB 1995, 309 (312 f.). |2 Vgl. außer den bereits Genannten zB *Bachner*, NJW 1995, 2881 (2884); *Boecken*, Unternehmensumwandlungen Rz. 275; *Däubler*, RdA 1995, 136 (143), *Herbst*, AiB 1995, 5 (12 f.); *Mengel*, Umwandlungen im Arbeitsrecht S. 265 ff.; diff. *Wlotzke*, DB 1995, 40 (44); jedenfalls in der Tendenz wie hier dagegen *Bauer/Lingemann*, NZA 1994, 1057 (1060); Lutter/*Joost*, § 323 UmwG Rz. 14 ff.; *Kreßel*, BB 1995, 925 (928); APS/*Steffan*, Rz. 6 ff.; *Hörtnagl* in Schmitt/Hörtnagl/Stratz, Rz. 10; vgl. ferner *Willemsen*, NZA 1996, 791 (799 f.); *Hohenstatt*, in Willemsen/Hohenstatt/Schweibert/Seibt, Umstrukturierung, Rz. H 145. |3 Zutr. *Kreßel*, BB 1995, 925 (928); anders die in Rz. 8 genannten Vertreter der Gegenmeinung. |4 *Willemsen*, NZA 1996, 791 (800). |5 Ebenso Lutter/*Joost*, § 323 UmwG Rz. 18 f. |6 BAG v. 22.9.2005 – 6 AZR 526/04, NZA 2006, 658 = ZIP 2006, 631. |7 BT-Drs. 12/6699 S. 175. |8 Insoweit unstreitig; vgl. zB *Bauer/Lingemann*, NZA 1994, 1057 (1060); *Däubler*, RdA 1995, 136 (143); Lutter/*Joost*, Umwandlungsrechtstage, S. 326; *Kreßel*, BB 1995, 925 (928). Dazu, dass der gesetzl. Kündigungsschutz bei Unterschreiten der nach § 23 I KSchG maßgeblichen Schwelle beim Erwerber nicht bereits nach § 613a BGB übergeht, vgl. BAG v. 15.2.2007 – 8 AZR 397/06, NZA 2007, 739. |9 *Bauer/Lingemann*, NZA 1994, 1057 (1060). |10 Vgl. KR/*Friedrich*, §§ 322, 323, 324 UmwG Rz. 38; *Trümner*, AiB 1995, 309 (311 ff.); *Wlotzke*, DB 1995, 40 (44).

sofern man die Regelungen über **Massenentlassungen** auch als Schutznormen zu Gunsten der einzelnen ArbN auffasst. Richtiger Ansicht nach verfolgt der in den §§ 17–23 KSchG geregelte Massenentlassungsschutz aber arbeitsmarktpolitische Ziele[1]; er bezweckt (und erreicht) demgegenüber keine Verstärkung des individuellen Bestandsschutzes[2]. Eine unveränderte Anwendung der §§ 17 ff. KSchG entsprechend der bisher (vor der Spaltung) maßgeblichen ArbN-Zahl könnte sich sogar als kontraproduktiv erweisen, wie *Trümner*[3] überzeugend nachgewiesen hat. Die §§ 17 ff. KSchG fallen mithin *nicht* unter Abs. 1[4].

13 In Bezug auf **§ 15 KSchG** (Sonderkündigungsschutz für BR-Mitglieder etc.) wird der bisher geschützte ArbN lediglich die weitere Anwendung der Bestimmung als solcher verlangen können, nicht jedoch die Fiktion des Fortbestands des BR- oder sonstigen Amts, wenn er infolge der Spaltung aus dem jeweiligen Gremium ausgeschieden ist. In diesen Fällen gilt mithin für den **Zweijahreszeitraum** nach Abs. 1 der nachwirkende Kündigungsschutz gem. § 15 I 2 KSchG bzw. die entsprechende Regelung für andere Amtsträger, und zwar ungeachtet der nunmehrigen Betriebsgröße, nicht jedoch das Zustimmungserfordernis nach § 15 I 1 KSchG iVm. § 103 I BetrVG[5].

14 Sehr streitig ist die Frage, ob auch **betriebsverfassungsrechtl. Regelungen**, die sich mit der Kündigung von Arbeitsverhältnissen und deren Folgen befassen (zB § 95 [Auswahlrichtlinien], § 99 [bei Änderungskündigung], §§ 102, 103 [Mitwirkung des BR bei Kündigungen] und §§ 111, 112, 112a [Interessenausgleich/Sozialplan bei Betriebsänderungen und Massenentlassungen]), von der befristeten „Bestandgarantie" des Abs. 1 erfasst werden[6]. Die Frage ist nach dem hier vertretenen Standpunkt (s. Rz. 3) schon deshalb zu verneinen, weil es sich hierbei nicht um Normen handelt, die die individuelle kündigungsrechtl. Rechtsstellung des ArbN regeln[7]. Darüber hinaus würde eine Erstreckung von Abs. 1 auf kündigungsrechtl. relevante MitbestR des BR zu einem unauflösbaren **Wertungswiderspruch** zu § 325 II führen[8].

15 Dies gilt auch für alle sonstigen betriebsverfassungsrechtl. Regelungen, die im Zusammenhang mit Kündigungen relevant werden, insb. die §§ 111 ff. BetrVG (**Interessenausgleich** und **Sozialplan bei Betriebsänderungen**). Die bloße Aussicht, im Falle von Betriebsänderungen/Massenentlassungen in den Genuss eines Sozialplans zu gelangen, gehört nicht zur **kündigungsrechtl.** Stellung und wird daher nicht geschützt, wenn der Rechtsträger des „Spaltbetriebs" weniger als 21 ArbN hat und damit aus dem Anwendungsbereich der §§ 111 ff. BetrVG herausfällt[9]. Die Beibehaltung der Beteiligungsrechte des BR ist in diesem Falle (nach Ablauf eines etwaigen Übergangsmandats iSv. § 21a BetrVG) nur im Rahmen einer Kollektivvereinbarung nach § 325 II möglich[10]. Der Verlust der „Aussicht" auf einen Sozialplan bei späteren Betriebsänderungen ist auch kein im Rahmen der Spaltung ausgleichspflichtiger Nachteil iSv. § 112 BetrVG[11].

16 Bei **tarifl. Regelungen** über Kündigungsfristen und sog. „**Unkündbarkeit**" sowie entsprechenden Regelungen in **BV** lässt sich der erforderliche direkte Bezug zur „kündigungsrechtl. Stellung eines ArbN" indes nicht in Abrede stellen[12]. Hier ist allerdings die entscheidende Frage, ob der Gesetzgeber solche kollektivrechtl. Regelungen überhaupt von Abs. 1 erfasst wissen wollte oder ob ihr Fortbestand sich nicht ausschließlich nach **§ 613a I 2–4 BGB** richten soll, die gem. § 324 auf alle Spaltungsfälle anwendbar sind (siehe dazu im Einzelnen unten § 324 Rz. 19 ff.). Die **Gesetzesmaterialien** (s. Rz. 5) legen eher den Schluss nahe, dass bei Abs. 1 an tarifvertragl. und sonstige kollektivrechtl. Regelungen überhaupt nicht gedacht war. Dies spricht dafür, „kündigungsrechtlich" iSv. „kündigungsgesetzlich" auszulegen mit der Folge, dass sich der Fortbestand kollektivrechtl. Kündigungsbestimmungen ausschließlich nach § 613a I 2–4 BGB richtet[13]. Die Frage wird insb. dann praktisch relevant, wenn nach der Spaltung/Teilüber-

1 Vgl. BAG v. 3.10.1963 – 2 AZR 160/63, AP Nr. 9 zu § 15 KSchG; v. 6.12.1973 – 2 AZR 10/73, AP Nr. 1 zu § 17 KSchG 1969; *Schaub*, ArbRHdb, § 142 I 1. | 2 Vgl. BAG v. 6.12.1973 – 2 AZR 10/73, AP Nr. 1 zu § 17 KSchG 1969; KR/*Weigand*, § 17 KSchG Rz. 9: bloße „Reflexwirkung". | 3 *Trümner*, AiB 1995, 309 (313); krit. dazu APS/*Moll*, Vor §§ 17 ff. KSchG Rz. 10 ff. | 4 Wie hier *Bauer/Lingemann*, NZA 1994, 1057 (1061); Lutter/*Joost*, § 323 UmwG Rz. 20; *Hohenstatt* in Willemsen/Hohenstatt/Schweibert/Seibt, Umstrukturierung, Rz. H 152 mwN; APS/*Steffan*, Rz. 14; aA *Mengel*, Umwandlungen im Arbeitsrecht S. 266 mwN; für die Anwendung des „Günstigkeitsprinzips" in diesem Fall KR/*Friedrich*, §§ 322, 323, 324 UmwG Rz. 45. | 5 AA Lutter/*Joost*, § 323 UmwG Rz. 13 f.: zweijährige Beibehaltung des Kündigungsschutzes nach § 15 I 1 KSchG; ihm zust. (Altaufl.) ErfK/*Ascheid*, § 322, 323, 324 UmwG Rz. 4; wie hier dagegen *Hohenstatt*, in Willemsen/Hohenstatt/Schweibert/Seibt, Umstrukturierung, Rz. H 153; Semler/Stengel/*Simon*, § 323 UmwG Rz. 12. | 6 Dafür insb. *Mengel*, Umwandlungen im Arbeitsrecht 266 ff.; abl. *Bauer/Lingemann*, NZA 1994, 1057 (1060 f.); *Boecken*, Unternehmensumwandlungen Rz. 277 f.; Lutter/*Joost*, § 323 UmwG Rz. 15 ff. | 7 Zutr. KR/*Friedrich*, §§ 322, 323, 324 UmwG Rz. 44. | 8 So zu Recht *Trümner*, AiB 1995, 309 (313); *Boecken*, Unternehmensumwandlungen Rz. 278. | 9 IE wie hier *Bauer/Lingemann*, NZA 1994, 1057 (1061); *Trümner*, AiB 1995, 309 (312). | 10 Ebenso *Trümner*, AiB 1995, 309 (312). | 11 Vgl. BAG vom 10.12.1996, DB 1997, 1416; dazu ausf. *Schweibert* in Willemsen/Hohenstatt/Schweibert/Seibt, Umstrukturierung, Rz. C 254 ff. | 12 Ebenso *Trümner*, AiB 1995, 309, 314, allerdings mit zu weit reichenden Schlussfolgerungen hinsichtlich des Fortbestandes der Unkündbarkeit nach Ablauf der Zweijahresfrist; *Wlotzke*, DB 1995, 40 (44). | 13 Im Ergebnis ebenso *Kreßel*, BB 1995, 925 (928); *Hohenstatt* in Willemsen/Hohenstatt/Schweibert/Seibt, Umstrukturierung, Rz. H 156: § 324 UmwG iVm. § 613a BGB als *lex specialis*; aA und genau umgekehrt dagegen *Wlotzke*, DB 1995, 40 (44): § 323 I UmwG geht insoweit dem § 613a I 2 bis 4 BGB als lex specialis vor; ebenso *Boecken*, Unternehmensumwandlungen Rz. 276; APS/*Steffan*, Rz. 11; KR/*Friedrich*, §§ 322, 323, 324 UmwG Rz. 35; Lutter/*Joost*, § 323 UmwG Rz. 25.

tragung die bisher die kündigungsrechtl. Stellung des ArbN regelnden Tarifnormen gem. § 613a I 3 BGB durch einen anderen, insoweit ungünstigeren TV abgelöst werden. Nach der hier vertretenen Auffassung ist dies trotz Abs. 1 möglich.

17 **3. Abdingbarkeit.** § 323 I ist seinem Schutzzweck entsprechend grds. nicht im Vorhinein abdingbar[1]. Allerdings schließt er nur Verschlechterungen „auf Grund der Spaltung oder Teilübertragung" aus, **Veränderungen aus sonstigen Gründen** bleiben also **zulässig**[2].

18 Für die Zeit *nach* der Umwandlung werden die privatautonomen Regelungsmöglichkeiten der Parteien durch § 323 I nicht eingeschränkt[3]. Allerdings ist in diesem Zusammenhang die Rspr. des BAG zu beachten, wonach im Anwendungsbereich des § 613a BGB Änderungen von Arbeitsbedingungen anlässlich eines Betriebsübergangs eines „sachlichen Grundes" bedürfen (s. zum Ganzen § 613a BGB Rz. 245)[4].

19 **4. Analogiefähigkeit.** Eine analoge Anwendung der gesetzestechnisch missglückten Regelung des Abs. 1 auf Umstrukturierungsfälle außerhalb des UmwG ist **abzulehnen**[5].

20 **II. Zuordnung von Arbeitnehmern im Interessenausgleich (Abs. 2).** Die Vorschrift ist ein „Produkt der allerletzten Phase der Gesetzesberatungen im BT-Rechtsausschuss"[6] und lehnt sich an „ähnliche Vorschriften in der neuen Insolvenzordnung" (gemeint ist § 125 InsO) an[7]. Sie soll die **Zuordnung** von ArbN insb. bei **Spaltung** (Teilung) von Betrieben **erleichtern**, indem den Betriebspartnern ein entsprechender Gestaltungsspielraum im Rahmen eines Interessenausgleichs gem. § 112 I BetrVG eingeräumt wird. Wegen der engen Verzahnung dieser Bestimmung mit § 126 I Nr. 9 UmwG einerseits und § 613a BGB andererseits werden weitere Einzelheiten im Zusammenhang mit § 324 (dort Rz. 28 ff.) dargestellt.

324 *Rechte und Pflichten bei Betriebsübergang*

§ 613a Abs. 1, 4 bis 6 des Bürgerlichen Gesetzbuchs bleibt durch die Wirkungen der Eintragung einer Verschmelzung, Spaltung oder Vermögensübertragung unberührt.

1 **I. Anwendbarkeit von § 613a Abs. 1 und 4 bis 6 BGB in allen Umwandlungsfällen außer Formwechsel; Tatbestandsvoraussetzungen. 1. Entstehungsgeschichte; Rechtsgrundverweisung.** Die Vorschrift ist erst auf Grund der Beratungen im Rechtsausschuss „entsprechend dem von Gewerkschaftsseite bei der Anhörung am 20.4.1994 geäußerten Wunsch"[8] in das Gesetz aufgenommen worden. Trotz der etwas unklaren Formulierung („bleibt unberührt") ist damit die zuvor in Rspr. und Lit. höchst kontrovers diskutierte Frage, ob § 613a BGB, der einen Betriebsübergang „durch Rechtsgeschäft" verlangt, auch im Falle der Gesamtrechtsnachfolge gilt[9], jedenfalls für die Verschmelzung, Spaltung und Vermögensübertragung nunmehr **positiv entschieden** (s. auch § 613a BGB Rz. 187)[10].

Es handelt es sich um eine **Rechtsgrundverweisung**, nicht um eine Rechtsfolgenverweisung; dh. die Frage, **ob** und **wann** ein Tatbestand des Betriebs- oder Betriebsteilübergangs iSv. § 613a BGB vorliegt, muss in jedem der in § 324 genannten Umwandlungsfälle und für jede der in Betracht kommenden (Teil-) Einheiten **eigenständig geprüft** werden (s. dazu auch § 613a BGB Rz. 188 sowie unten Rz. 6 f.). Ursprünglich umfasste die Verweisung nur die Abs. 1 u. 4 des § 613a BGB; nach dessen Ergänzung um die Abs. 5 u. 6 (siehe dort) wurde § 324 entsprechend angepasst.

2 **2. Erfasste Umwandlungsarten; praktische Relevanz des § 613a BGB.** Die Anwendung von § 613a BGB kommt bei allen **Umwandlungsarten** in Betracht, die mit einem **Rechtsträgerwechsel** verbunden sind, also bei der **Verschmelzung**, allen Formen der **Spaltung** sowie bei der **Vermögensübertragung**, nicht dagegen beim Formwechsel, weil hier der Rechtsträger (ArbGeb) identisch bleibt und lediglich sein „Rechtskleid" sich ändert. Für die **Spaltung** besteht eine Wechselbeziehung zu § 126 I Nr. 9, wonach der Spaltungs- und Übernahmevertrag ua. enthalten muss „... die genaue Bezeichnung und Aufteilung der Gegenstände des Aktiv- und Passivvermögens, die an jeden der übernehmenden Rechtsträger übertragen werden, sowie der übergehenden **Betriebe und Betriebsteile** unter Zuordnung zu dem übernehmenden Rechtsträger". Soweit in derartigen Fällen ein Betriebs- bzw. Betriebsteilübergang iSv. § 613a BGB zeitlich mit der Umwandlung zusammenfällt, richten sich die Rechtsfolgen für die ArbN ausschließlich nach dieser arbeitsrechtl. Norm, so dass abweichende umwandlungsvertragl. Gestaltungen unbeachtlich sind; gerade dies ist der Sinn der gesetzl. Anordnung, wonach Abs. 1 und 4 des § 613a BGB

1 Lutter/*Joost*, § 323 UmwG Rz. 23. | **2** *Bauer*/*Lingemann*, NZA 1994, 1057. | **3** Lutter/*Joost*, § 323 UmwG Rz. 23. | **4** Vgl. BAG v. 18.8.1976 – 5 AZR 95/75; v. 26.1.1977 – 5 AZR 302/75; v. 17.1.1980 – 3 AZR 160/79, AP Nr. 4, 5 und 18 zu § 613a BGB; v. 29.10.1985 – 3 AZR 485/83, AP Nr. 4 zu § 1 BetrAVG – Betriebsveräußerung = DB 1986, 1779; krit. dazu *Willemsen*, RdA 1987, 327. | **5** Vgl. auch *Hanau* in Hromadka (Hrsg.), Arbeitsrecht und Beschäftigungskrise, 1997, S. 82, 91; *Mengel*, Umwandlungen im Arbeitsrecht, S. 451 f.; *Willemsen*, NZA 1996, 791 (800). | **6** *Wlotzke*, DB 1995, 40 (45). | **7** Vgl. Begr. des Rechtsausschusses, BT-Drs. 12/7850 S. 145. | **8** *Neye*, ZIP 1994, 919. | **9** Vgl. zum früheren Diskussionsstand die Nachweise bei *Boecken*, ZIP 1994, 1087 (1089 Fn. 20); *Hanau*, ZGR 1990, 515 (548 Fn. 6); *K. Schmidt*, AcP 191 (1991), 495 (516 Fn. 132) sowie zum Ganzen *Quander*, Betriebsinhaberwechsel. | **10** S. dazu auch Kallmeyer/*Willemsen*, § 324 UmwG Rz. 1 f.

durch die Wirkung der Eintragung einer Verschmelzung, Spaltung oder Vermögensübertragung „unberührt" bleiben sollen. Nur soweit § 613a BGB mangels Vorliegens eines Betriebs- oder zumindest Betriebsteilübergangs *nicht* eingreift, kommt eine (rein) umwandlungsrechtl. Gestaltung der Rechtsfolgen für die Arbeitsverhältnisse in Betracht (siehe dazu unten Rz. 27). Davon zu trennen ist die Frage, ob hinsichtlich der **Haftung** für Verbindlichkeiten des übertragenden Rechtsträgers ausschließlich die Regelungen des § 613a BGB oder diejenigen des UmwG gelten[1].

3 Ob und in Bezug auf welche Arbeitsverhältnisse es im Zusammenhang mit einer Umwandlung zu einem Betriebs- oder Betriebsteilübergang iSv. § 613a BGB kommt, ist in **jedem Einzelfall** unter Zugrundelegung der maßgeblichen **Rspr. des BAG** zu § 613a BGB zu prüfen. Dies folgt aus der Qualifizierung des § 324 als Rechtsgrundverweisung (siehe oben Rz. 1). Die maßgebliche Tatsachengrundlage hierfür ist den Bestimmungen des Umwandlungsvertrages (insb. in Bezug auf die jeweils zu übertragenden Vermögensgegenstände) zu entnehmen. Daher sollte bereits bei ihrer Formulierung darauf geachtet werden, dass der Bezug zu den von der Rspr. des BAG aufgestellten Kriterien (unten Rz. 5) erkennbar wird. Die in Umwandlungsverträgen häufig anzutreffende gemeins. abstrakte Feststellung der Parteien, dass es sich um einen bzw. mehrere Betriebs(teil)übergänge iSv. § 613a BGB handele, hat für die arbeitsrechtl. Beurteilung allenfalls indizielle Bedeutung und bindet die ArbG in einem nachfolgenden Rechtsstreit daher nicht.

4 Die **praktische Relevanz** der Anwendung des § 613a BGB in Umwandlungsfällen ist unübersehbar: Sobald mit dem Übertragungsvorgang ein Betrieb- oder Betriebsteilübergang iS dieser Bestimmung verbunden ist, hat der übernehmende Rechtsträger hinsichtlich der auf ihn übergehenden Arbeitsverhältnisse **kein freies Auswahlermessen** mehr (s. Rz. 24); andererseits bedarf es für die Übertragung der Arbeitsverhältnisse **nicht mehr** der **individuellen Zustimmung** der betroffenen ArbN (dazu sowie zum Widerspruchsrecht der ArbN unten Rz. 14 ff.). Des Weiteren kommt es beim Übergang eines Betriebs oder Betriebsteils zur Fortgeltung bzw. Ablösung von in **Kollektivverträgen** (TV, BV) geregelten Arbeitsbedingungen entweder auf kollektivrechtl. Grundlage oder gem. § 613a I 2–4 BGB. Schließlich findet das „Kündigungsverbot" gem. § 613a IV BGB Anwendung.

5 Die Abgrenzung der **Tatbestandsseite** des § 613a BGB wirft in **Umwandlungsfällen** grds. dieselben Fragestellungen und Schwierigkeiten auf wie in den von dieser Rechtsnorm nach der Entstehungsgeschichte zunächst erfassten Fällen der Singularsukzession. Unbeschadet der **Kasuistik**, die sich in der Rspr. des BAG in der Folge von *„Ayse Süzen"* bereits herausgebildet hat (vgl. die Darstellung zu § 613a BGB Rz. 88 ff.) ist für die richtige Subsumtion der **Kerngedanke** der Regelung entscheidend, dass nämlich nur die Weiternutzung einer vorhandenen, vom bisherigen Betriebsinhaber geschaffenen, auf Dauer angelegten und auf einen bestimmten Betriebszweck ausgerichteten **Arbeitsorganisation** durch den „Übernehmer" die – schwerwiegende – Rechtsfolge des automatischen Eintritts in alle dieser (Teil-) Organisation „anhaftenden" Arbeitsverhältnisse zu rechtfertigen vermag (vgl. § 613a BGB Rz. 5 ff., 106, 127 ff.)[2].

6 Bei der **Verschmelzung** wird dieser Grundgedanke in aller Regel zum Tragen kommen, weil der übertragende Rechtsträger erlischt (§ 20 I Nr. 2) und die Weiterführung der von diesem aufgebauten betrieblichen Strukturen und bisher verfolgten wirtschaftl. Zwecke durch den aufnehmenden Rechtsträger die geradezu „klassische" Zielsetzung einer Fusion ist. Das von der Betriebsteilübertragung bekannte Unterscheidungsproblem, ob eine organisatorisch abgrenzbare Einheit oder lediglich arbeitstechnisch unverbundene „bloße" Betriebsmittel übertragen werden, stellt sich hier nicht, weil die **ungeteilte Rechtsnachfolge** nach **§ 20 I Nr. 1** sämtliche materiellen und immateriellen Betriebsmittel erfasst; der übernehmende Rechtsträger rückt in vollem Umfang in die Rechtsstellung des Übertragers ein. Betreibt dieser ein Unternehmen mit ArbN, ist die Anwendung des § 613a I BGB somit idR vorgegeben. Entsprechendes gilt bei der Vermögens*voll*übertragung iSv. § 174 I UmwG.

7 **Gänzlich anders** stellt sich die Rechtslage insoweit bei allen sonstigen Formen der **übertragenden** Umwandlung, also bei der **Spaltung, Ausgliederung und Vermögensteilübertragung**, dar. Hier kann – und wird in der Praxis sehr häufig – die **umwandlungsrechtl.** Gesamtrechtsnachfolge in Gegenstände des Anlage- und Umlaufvermögens („Betriebsmittel") zugleich die arbeitsrechtl. Sonderrechtsnachfolge in die jeweils „zugehörigen" Arbeitsverhältnisse auslösen; **zwingend** ist dies – im Gegensatz zur Verschmelzung – aber **keineswegs**. Der Grund für die insoweit notwendige **Unterscheidung** liegt formal in dem Charakter des § 324 als Rechtsgrundverweisung (s. Rz. 1) und materiell in der praktisch unbegrenzten **Zuweisungsfreiheit** der am Spaltungs-/Ausgliederungsvertrag bzw. Spaltungsplan beteiligten Parteien hinsichtlich der übergehenden Vermögensgegenstände, die durch die Anwendung des § 613a BGB in Umwandlungsfällen **nicht infrage gestellt** wird. Rechtsträgerspaltungen brauchen daher keineswegs so strukturiert zu werden, dass die jeweils zu übertragenden Vermögensbestandteile arbeitsrechtl. be-

---

1 Im letzteren Sinne BAG v. 6.8.2002 – 1 AZR 247/01, AP Nr. 154 zu § 112 BetrVG 1972. | 2 Vgl. BAG v. 11.9.1997 – 8 AZR 555/95, NJW 1998, 1253: Gegensatzbildung zwischen Übernahme einer bestehenden und dem Aufbau einer neuen Arbeitsorganisation; ausf. dazu *Willemsen* in Willemsen/Hohenstatt/Schweibert/Seibt, Umstrukturierung, Rz. G 33 ff. und G 99; *Willemsen*, RdA 1998, 204.

trachtet einen Betrieb oder Betriebsteil bilden und mit ihnen auch die zuzuordnenden Arbeitsverhältnisse gem. § 613a BGB auf den übernehmenden Rechtsträger übergehen. So kann zB in einem Ausgliederungsvertrag die Übertragung (nur) eines Betriebsgrundstücks auf einen neuen Rechtsträger vereinbart werden, ohne dass dieser damit mangels Übergangs einer wirtschaftl. Einheit iSd. EuGH- und BAG-Rspr. (s. Rz. 5) in die Arbeitsverhältnisse der auf dem Betriebsgrundstück beschäftigten ArbN einträte. Die zwingende Wirkung des § 613a BGB entfaltet sich also nicht auf der Tatbestands-, sondern auf der Rechtsfolgenseite (s. Rz. 13 ff.). Insoweit – und nur insoweit – ist es daher zutreffend, von einem **Vorrang des § 613a I BGB** gegenüber der umwandlungsrechtl. (partiellen) Gesamtrechtsnachfolge auszugehen.

8 **3. Übergang durch Rechtsgeschäft; Zeitpunkt des Übergangs.** Die rechtsdogmatische Einordnung des § 324 als Rechtsgrundverweisung ist auch bei der Auslegung und Anwendung des Merkmals „**durch Rechtsgeschäft**" zu beachten. Allerdings ist die frühere Streitfrage, ob es sich bei der umwandlungsrechtl. Universalsukzession um eine solche durch Rechtsgeschäft handele, durch das „Machtwort des Gesetzgebers" (s. Rz. 1) nunmehr im positiven Sinne entschieden (s. auch § 613a BGB Rz. 187)[1]. Als „Rechtsgeschäft" ist in den Umwandlungsfällen somit idR der Verschmelzungsvertrag, Spaltungsplan/-vertrag bzw. in den Fällen der Vermögensübertragung nach § 174 der Übertragungsvertrag anzusehen.

9 Die Qualifizierung des Umwandlungsvertrags als Rechtsgeschäft iSv. § 613a BGB ist für die Bestimmung des genauen **Zeitpunkts**, zu dem die Arbeitsverhältnisse im Falle der Betriebs- oder Betriebsteilübertragung auf den übernehmenden Rechtsträger übergehen, von erheblicher Bedeutung. Soweit sich aus dem Umwandlungsvertrag und seiner **tatsächlichen Durchführung** nichts Abweichendes ergibt (dazu sogleich unten), fallen das **Wirksamwerden** des umwandlungsrechtl. dinglichen Übertragungsakts einerseits und die gesetzl. Nachfolge des übernehmenden Rechtsträgers in die dem zu übertragenden Betrieb oder Betriebsteil „anhaftenden" Arbeitsverhältnisse somit zeitlich **zusammen**. Maßgeblich ist insoweit der Zeitpunkt der Eintragung der Verschmelzung oder sonstigen Umwandlung in das Handelsregister (vgl. § 20 I Nr. 1, § 131 I Nr. 1), **nicht** dagegen der **Verschmelzungsstichtag** iSv. § 5 I Nr. 6 bzw. der Spaltungsstichtag iSv. § 126 I Nr. 6 UmwG. Eine auf diese Stichtage **rückwirkende** Übertragung von Arbeitsverhältnissen nach § 613a BGB durch Vereinbarung im Umwandlungsvertrag kommt somit **nicht in Betracht**.

10 Wohl aber können sich die Vertragsparteien darauf verständigen bzw. kann im Spaltungsplan vorgesehen werden, dass der übernehmende Rechtsträger in der **Zwischenphase** zwischen Abschluss des umwandlungsrechtl. Rechtsgeschäfts und Wirksamwerden des dinglichen Übertragungsakts gem. § 20 I Nr. 1 bzw. § 131 I Nr. 1 in die Stellung des Betriebsinhabers iSv. § 613a BGB einrückt, was einen entsprechend **früheren Übergang der Arbeitsverhältnisse** zur Folge hat[2]. Rechtsgrundlage für einen solchen vorgezogenen Betriebsübergang ist dann aber nicht der Umwandlungsvertrag als solcher, sondern ein zeitgleich oder später abgeschlossener Betriebs(teil)überlassungsvertrag, dessen Möglichkeit daraus resultiert, dass § 613a BGB nicht die dingliche Übertragung von Rechtsmitteln voraussetzt, sondern die rechtsgeschäftliche Einräumung der **Nutzungsbefugnis** an den Betriebsmitteln (zB iS eines Pacht- oder sonstigen Überlassungsvertrages) ausreichen lässt (s. § 613a BGB Rz. 15, 46)[3]. Es kommt also für § 613a BGB und die Bestimmung des Betriebsinhabers iS dieser Norm nicht entscheidend darauf an, wem die Betriebsmittel gehören, sondern darauf, wem die zivilrechtl. Befugnis zusteht, **den Betrieb im eigenen Namen** und (jedenfalls idR) für eigene Rechnung zu **führen** (s. § 613a BGB Rz. 46)[4].

11 Die Übertragung dieser sog. „**betrieblichen Leitungsmacht**" kann daher unabhängig von und zeitlich vor dem dinglichen Übergang der Betriebsmittel infolge der umwandlungsrechtl. Universalsukzession erfolgen, wenn eine entsprechende Vereinbarung zwischen den beteiligten Rechtsträgern vorliegt, die unter Umständen auch konkludent, dh. durch tatsächlichen (vorzeitigen) Eintritt in die ArbGebStellung und die betrieblich-organisatorische Leitung mit Einverständnis des übertragenden Rechtsträgers zu Stande kommen kann. Hier ist in der Praxis also eine gewisse **Vorsicht** angezeigt, zumal ein solches zeitliches Auseinanderklaffen von Betriebs(teil)übergang iSv. § 613a BGB einerseits und Wirksamwerden der Verschmelzung/Spaltung andererseits schwierige Zweifels- und Abgrenzungsfragen (zB im Hinblick auf den Beginn des Fristablaufs für das Widerspruchsrecht der ArbN; s. Rz. 13 ff.) und ggf. auch steuerrechtl. Komplikationen mit sich bringen kann. Soll sichergestellt werden, dass Vermögens- und Betriebsübergang zeitlich zusammenfallen, muss auf Eingriffe des übernehmenden Rechtsträgers in die Betriebsführung und -organisation vor der Eintragung entweder ganz verzichtet oder zumindest im Verhältnis zu den ArbN(!) eindeutig klargestellt werden, dass die faktische Übernahme von Leitungsfunktionen in dieser Zwischenphase **im Namen und für Rechnung** des übertragenden Rechtsträgers erfolgt. Derartige bloße **Betriebsführungsverträge** lösen nämlich **nicht** die Rechtsfolge des § 613a BGB

1 Ebenso Lutter/*Joost*, § 324 UmwG Rz. 14; *Bauer*/*Lingemann*, NZA 1994, 1057 (1061). | 2 So ausdrücklich auch BAG v. 25.5.2000 – 8 AZR 416/99, DB 2000, 1966 (1967); Semler/Stengel/*Simon*, § 324 UmwG Rz. 13; aA *Salje*, RdA 2000, 126, der für eine zwingende Verzahnung von Betriebsübergang und Umwandlung plädiert und für den Übergang der Arbeitsverhältnisse ausschließlich auf den Zeitpunkt der Eintragung abstellen will. | 3 AllgM; vgl. nur *Seiter*, Betriebsinhaberwechsel, 1980, S. 41 (44). | 4 Vgl. *Seiter*, Betriebsinhaberwechsel, 1980, S. 41.

träger angehört bzw. beitritt oder wenn der TV gem. § 5 TVG für **allgemeinverbindlich** erklärt worden ist. Bei einer solchen kollektivrechtl. Fortgeltung findet § 613a I 2–4 BGB **keine Anwendung**[1]. Schließlich kann die Wirkung dieser gesetzl. Regelung durch (dynamische) **vertragl. Bezugnahmeklauseln** überlagert werden (s. § 613a BGB Rz. 272 ff.).

Entsprechendes gilt auch für **BV**. Behält der Betrieb nach der Verschmelzung oder Spaltung des Rechtsträgers seine **Identität** bei[2], ändert sich seine arbeitstechnisch-organisatorische Zusammensetzung also nicht oder nur unwesentlich, gelten nach neuerer Rspr. des BAG alle bestehenden BV für und gegen den neuen Betriebsinhaber (Rechtsträger) normativ weiter (s. auch § 613a BGB Rz. 252 ff.)[3]. Wird dagegen ein **Betriebsteil** aus einem bestehenden Betrieb im Zuge der Umwandlung tatsächlich **ausgegliedert** (Betriebsspaltung), scheidet eine kollektivrechtl. Fortgeltung der bisher geltenden BV für diesen Betriebsteil aus, und es findet § 613a I 2–4 BGB Anwendung (zT aA BAG v. 18.9.2002, s. § 613a BGB Rz. 256). Dies gilt – nach streitiger, aber zutreffender Auffassung – auch dann, wenn dem BR des „abgebenden" Betriebs für den abgespaltenen Betriebsteil ein **Übergangsmandat** nach § 321 zusteht (vgl. dazu sowie zu neuen Entwicklungen in der Rspr. auch § 613a BGB Rz. 253 ff.)[4]. Wegen der Rechtslage bei Gesamt- und KonzernBV vgl. § 613a BGB Rz. 255 ff. 21

Hinsichtlich aller weiterer Einzelheiten, insb. zur Ablösung von BV und TV durch beim Erwerber geltende Kollektivregelungen nach § 613a I 3 und 4 BGB, s. § 613a BGB Rz. 264 ff. 22

III. Zuordnung von Arbeitnehmern bei Verschmelzung, Spaltung und Vermögensübertragung (Verhältnis von § 613a BGB zu § 323 Abs. 2). 1. Gestaltungsfreiheit hinsichtlich der Zuordnung von Betrieben und Betriebsteilen. Gemäß § 613a I 1 BGB (iVm. § 324) geht das Arbeitsverhältnis auf den „neuen" Betriebsinhaber über. Wer das ist, bestimmt sich im Umwandlungsfalle nach den Bestimmungen des Verschmelzungs-, Spaltungs- bzw. Übertragungsvertrags, bei der Spaltung zur Neugründung nach dem Spaltungsplan gem. § 136. Da § 613a BGB lediglich die Rechtsfolgen einer Betriebs- bzw. Betriebsteilübertragung regelt, nicht aber die rechtsgeschäftliche Disposition über derartige Vermögensgegenstände selbst normiert oder gar einschränkt, liegt es unbeschadet von § 324 UmwG iVm. § 613a BGB in der **Privatautonomie der beteiligten Rechtsträger**, die Zuordnung von Betrieben und Betriebsteilen für die Zeit nach der Umwandlung zu regeln, insb. bestehende Betriebe organisatorisch zu spalten und die so entstehenden Betriebsteile auf jeweils verschiedene Rechtsträger zu übertragen. Insoweit sind also für das Arbeitsrecht die Festlegungen im Spaltungs- und Übernahmevertrag (vgl. § 126 I Nr. 9) maßgeblich. Bei der **Verschmelzung** ergibt sich insoweit kein Regelungsbedarf, weil künftiger Betriebsinhaber (ArbGeb) nur der übernehmende bzw. (bei Verschmelzung im Wege der Neugründung) nur der neugegründete Rechtsträger sein kann. 23

2. Bindung der Zuordnung von Arbeitsverhältnissen an § 324 UmwG iVm. § 613a Abs. 1 S. 1 BGB. Während über das „Ob" des Betriebsübergangs also rechtsgeschäftlich entschieden wird[5], sind die Parteien des Spaltungsvertrages (bzw. bei Auf- oder Abspaltung zur Neugründung das Vertretungsorgan des übertragenden Rechtsträgers bei Aufstellung des Spaltungsplans nach § 136) hinsichtlich der **Zuordnung der Arbeitsverhältnisse keineswegs frei**. Insoweit gilt vielmehr (über § 324) § 613a I 1 BGB, der zwingend vorschreibt, dass die Arbeitsverhältnisse mit dem Betrieb bzw. Betriebsteil verbunden bleiben müssen, zu dem sie funktional gehören, der Verbund zwischen übergehendem Betrieb(steil) und Arbeitsverhältnis also bestehen bleiben muss[6]. Die noch in § 126 des Referentenentwurfs vom 15.4.1992 enthaltene Möglichkeit einer „beliebigen" Zuordnung von Arbeitsverhältnissen im Spaltungs- und Übernahmevertrag[7] ist zu Recht nicht Gesetz geworden. Vielmehr heißt es jetzt zutreffend in der Begründung zu § 126 I Nr. 9[8], die Freiheit der Beteiligten, grds. jeden Gegenstand jedem beliebigen Rechtsträger zuzuweisen, erfahre hinsichtlich der Arbeitsverhältnisse durch die zwingende Regelung des § 613a I 1 BGB eine Einschränkung. 24

Die Arbeitsverhältnisse müssen also im Spaltungsvertrag/plan bzw. Übernahmevertrag so zugeordnet werden, wie dies der **objektiven Zugehörigkeit** zu den jeweils zu übertragenden Betrieben oder Betriebsteilen entspricht. Eine dem entgegenstehende anderweitige Zuordnung im Spaltungs- oder Übernahmevertrag ist **ohne Zustimmung** des betreffenden ArbN **unwirksam**[9]. 25

---

1 AllgM, vgl. nur BAG v. 24.6.1998 – 4 AZR 208/97, DB 1999, 290; MünchArbR/*Wank*, 2. Aufl. 2000, § 124 Rz. 168, 187 mwN. | 2 Zu den Voraussetzungen im Einzelnen *Hohenstatt* in Willemsen/Hohenstatt/Schweibert, Umstrukturierung, Rz. D 68 ff. | 3 Vgl. BAG v. 5.2.1991 – 1 ABR 32/90 und v. 27.7.1994 – 7 ABR 37/93, AP Nr. 89 und 118 zu § 613a BGB; *Hanau/Vossen*, FS Hilger/Stumpf, 1983, S. 271 ff. | 4 Wie hier *Th. Müller*, RdA 1996, 287 (291) und ihm folgend GK-BetrVG/*Kreutz*, § 77 BetrVG Rz. 326 unter Aufgabe der Ansicht in der Voraufl.; aA *Bachner*, NZA 1997, 79 (81 f.); *Düwell*, NZA 1996, 393 (395); *Gussen/Dauck*, Weitergeltung Rz. 333 f.; vgl. zum Ganzen auch *Hohenstatt* in Willemsen/Hohenstatt/Schweibert, Umstrukturierung, Rz. E 17 ff. | 5 Lutter/*Joost*, Umwandlungsrechtstage, S. 320. | 6 Eingehend zu dem Prinzip des „Gleichlaufs" von Arbeitsplatz und Arbeitsverhältnis im Rahmen von § 613a BGB *Willemsen*, RdA 1993, 134 f.; *Willemsen*, NZA 1996, 798 f.; iE wie hier *Boecken*, ZIP 1994, 1087 (1091); Lutter/*Joost*, Umwandlungsrechtstage, S. 320; *Kallmeyer*, ZIP 1994, 1757. | 7 Dazu kritisch *Willemsen*, RdA 1993, 135 f. | 8 BT-Drs. 12/6699 S. 118. | 9 Ebenso *Boecken*, ZIP 1994, 1087 (1091); *Hartmann*, ZfA 1997, 1 (24 f.); *Kallmeyer*, ZIP 1994, 1757; *Willemsen*, RdA 1993, 135 f.; zum SpTrUG bereits *Ising/Thiell*, DB 1991, 2082.

26 **3. Zuordnung in unklaren Fällen; Möglichkeit der Zuordnung in einem Interessenausgleich gemäß § 323 Abs. 2. a) Bei Nichtbestehen eines Betriebsrats bzw. Nichtzustandekommen eines Interessenausgleichs nach § 323 Abs. 2.** Die Anwendung des § 613a BGB bereitet – auch außerhalb des UmwG – spezifische Schwierigkeiten dort, wo von der Spaltung eines Betriebs betroffene Arbeitsverhältnisse nicht eindeutig einem Betriebsteil zugeordnet werden können, so dass unklar ist, *ob* und ggf. auf *welchen* neuen Rechtsträger sie gem. § 613a I 1 übergehen sollen[1]. Diese Problematik ergibt sich insb. dann, wenn ein ArbN **in verschiedenen Betriebsteilen** („Springer") beschäftigt war oder **betriebsteilübergreifende Funktionen** wahrgenommen hat (Verwaltung, Stabsfunktionen) (s. § 613a BGB Rz. 225 ff.)[2]. Aus praktischer Sicht empfiehlt es sich, die **Zuordnung in Form von Personallisten** als Anlage zum Spaltungs- bzw. Übernahmevertrag vorzunehmen. Diese Zuordnung vollzieht sich allerdings **nicht außerhalb des § 613a BGB**, sondern ist vielmehr an dessen Wertungen gebunden, wenn und solange das Arbeitsverhältnis nach objektiven Gesichtspunkten *schwerpunktmäßig* einem Betrieb bzw. Betriebsteil zugeordnet werden kann (s. auch § 613a BGB Rz. 227). War bspw. ein Betriebselektriker zu 70 % in der Produktion und zu 30 % in der Betriebswerkstatt eingesetzt, gebietet es § 613a BGB im Falle der Aufspaltung des Betriebs, ihn dem Betriebsteil „Produktion" zuzuordnen (es sei denn, dass mit Zustimmung des ArbN eine anderweitige Regelung getroffen wird). Bei Wahrung solcher objektiver Kriterien kommt dem Spaltungs- bzw. Übernahmevertrag in Bezug auf § 613a I 1 BGB eine **quasi-konstitutive Bedeutung** zu[3]. Entgegen der Auffassung von *Boecken*[4] bedarf es dann insoweit auch nicht der Zustimmung des betroffenen ArbN; es verbleibt vielmehr bei dem allgemeinen Widerspruchsrecht im Rahmen von § 613a BGB (dazu Rz. 14 ff.)[5]. Ob die Zuordnung „übergreifender" Arbeitsverhältnisse sachlichen Gesichtspunkten iS einer Schwerpunktbildung entspricht, unterliegt allerdings – anders als eine Zuordnung im Interessenausgleich gem. § 323 II (dazu Rz. 28 ff.) – **in vollem Umfang der gerichtlichen Nachprüfung**. Um diesbezüglichen Risiken vorzubeugen, kann es sich uU empfehlen, bereits im **Vorfeld der Spaltung** für eine sachgerechte Zuordnung der Arbeitsverhältnisse – ggf. auch im Wege **„korrigierender Versetzungen"** – Sorge zu tragen[6].

27 Der (vorherigen oder nachträglichen) Zustimmung des ArbN bedarf es mithin nur dann, wenn der Übergang des Arbeitsverhältnisses eindeutig **außerhalb des § 613a BGB** stattfinden soll, also wenn etwa im Zuge der Spaltung überhaupt kein Betrieb oder (geschlossener) Betriebsteil auf einen anderen Rechtsträger übergeht oder wenn zwar ein Betriebsteil übergeht, das betreffende Arbeitsverhältnis jedoch zu dem „zurückbleibenden" (Rest-)Betrieb gehört[7]. In diesem Fall handelt es sich um einen „rein spaltungsrechtlichen" Übergang von Arbeitsverhältnissen, für den § 613a BGB insgesamt *nicht* gilt.

Beispiel: Bei der Abspaltung des Marketing- und Vertriebsbereichs aus einem Pharma-Unternehmen sollen laut Spaltungsplan fünf Chemiker aus der (bei dem abspaltenden Unternehmen verbleibenden) Forschungs- und Entwicklungsabteilung mit in die künftige Vertriebsgesellschaft übergehen, um die dort tätigen Außendienstmitarbeiter beratend zu unterstützen. Eine solche Regelung wäre nur mit Zustimmung der betreffenden ArbN wirksam (die auch noch nachträglich erteilt werden kann). Kommt es auf diese Weise zum Übergang der Arbeitsverhältnisse, ist an eine *analoge* Anwendung (nur) des § 613a I 2–4 BGB hinsichtlich des (einstweiligen) Fortbestands kollektivrechtl. begründeter Ansprüche zu denken (s. Rz. 19 ff.). Der Übergang der Arbeitsverhältnisse selbst vollzieht sich aber nicht auf Grund von § 613a I BGB, sondern (allein) auf Grund des Spaltungsplans. Dieser muss die **außerhalb** von § 613a BGB übergehenden Arbeitsverhältnisse **namentlich aufführen**[8]; die bloße Nennung von Betrieben oder Betriebsteilen (§ 126 I Nr. 9 aE) reicht hier gerade **nicht** aus[9].

28 **b) Bei Zustandekommen eines Interessenausgleichs nach § 323 Abs. 2.** Die Vorschrift des § 323 II (Entstehungsgeschichte s. § 323 Rz. 20) ermöglicht es ArbGeb und BR in Anlehnung an § 125 InsO, bei **Verschmelzung, Spaltung und Vermögensübertragung** die Zuordnung der ArbN für die Zeit nach der Umwandlung zu einem bestimmten Betrieb oder Betriebsteil in einem **Interessenausgleich** iSv. § 112 I BetrVG zu regeln. Bei Zustandekommen eines solchen, nur auf **freiwilliger Basis** möglichen Interessenausgleichs kann die Zuordnung der ArbN durch das ArbG nur noch auf **grobe Fehlerhaftigkeit** überprüft werden. Voraussetzung für einen solchen Interessenausgleich ist allerdings das Vorliegen einer **Betriebsänderung** iSv. §§ 111 ff. BetrVG[10].

---

1 S. dazu allgemein *Gentges*, RdA 1996, 265; *Kreitner*, Kündigungsrechtliche Probleme beim Betriebsinhaberwechsel, 1989; *Lieb*, ZfA 1994, 229 (232 ff.); *Th. Müller/Thüsing*, ZIP 1997, 1869 ff. | 2 S. auch Kallmeyer/*Willemsen*, § 324 UmwG Rz. 54 ff. | 3 Vgl. *Willemsen*, RdA 1993, 137; ebenso bereits für den Spaltungsplan nach dem SpTrUG *Ising/Thiell*, DB 1991, 2084. | 4 *Boecken*, ZIP 1994, 1091. | 5 Ebenso Semler/Stengel/*Simon*, § 323 UmwG Rz. 38. | 6 Vgl. hierzu auch *Gentges*, RdA 1996, 265 (273, 275); *Willemsen*, RdA 1993, 137. | 7 Insoweit zutr. *Boecken*, ZIP 1994, 1087 (1091); vgl. auch *Boecken*, Unternehmensumwandlungen Rz. 71, auch zu weiteren insoweit denkbaren Konstellationen; vgl. ferner zur Bedeutung des § 132 S. 2 bei *Auf*spaltung *Hartmann*, ZfA 1997, 27. Grds. aA (keine Zustimmung des ArbN erforderlich) mit ausführl. Begründung *Gaul*, Das Arbeitsrecht der Betriebs- und Unternehmensspaltung, § 12 Rz. 43 f. | 8 Ebenso BegrRegE, BR-Drs. 75/94 S. 118. | 9 Vgl. dazu und zu weiteren mit der umwandlungsrechtlichen Zuordnung verbundenen Fragen *Willemsen* in Willemsen/Hohenstatt/Schweibert/Seibt, Umstrukturierung, Rz. G 165 f. | 10 AA Semler/Stengel/*Simon*, § 323 UmwG Rz. 20 mwN.

Der rechtssystematische Standort der Bestimmung ist unklar. Sie scheint eine Art „Kompensation" dafür zu sein, dass die in § 126 des Referentenentwurfs vom 15.4.1992 noch enthaltene Möglichkeit, die Zuordnung der Arbeitsverhältnisse mehr oder weniger beliebig im Spaltungs- und Übernahmevertrag zu regeln, nicht Gesetz geworden ist (s. auch Rz. 24). Ein solches „freies" Zuordnungsrecht hätte § 613a BGB und dem europäischen Recht (EG-Richtlinie v. 14.2.1977 (jetzt: v. 12.3.2001, ABl. EG Nr. L 082) über den Betriebsübergang widersprochen. Es kann indes nicht angenommen werden, dass der Gesetzgeber mit § 323 II diese zwingenden Vorgaben „überspielen" wollte. § 323 II ist daher gesetzes- und europarechtskonform dahin gehend auszulegen, dass die Betriebsparteien bei einer Zuordnung qua Interessenausgleich an die **Vorgaben des § 613a BGB** gebunden sind, wonach die Arbeitsverhältnisse dem Betrieb bzw. Betriebsteil „folgen", dem sie bisher angehört haben. Lediglich bei insoweit bestehenden **Zweifeln**, etwa im Falle von „Springern" (s. Rz. 26 f.), können die Betriebsparteien im Interessenausgleich eine eigenständige, gleichsam konstitutive Regelung treffen, die dann sowohl im Individualprozess wie auch in einem arbeitsgerichtl. Beschlussverfahren nur noch auf „grobe Fehlerhaftigkeit" überprüft werden kann[1]. 29

Was **„grobe Fehlerhaftigkeit"** bedeutet, muss wiederum im Lichte des § 613a BGB interpretiert werden: Es ist nicht zulässig, in einem Interessenausgleich nach § 323 II aus **reinen Zweckmäßigkeitserwägungen** – etwa wegen einer ohnehin für die Zeit nach der Umwandlung vorgesehenen Rationalisierung oder Umstrukturierung – ArbN ohne ihre Zustimmung einem anderen Betrieb oder Betriebsteil zuzuordnen als demjenigen, dem sie bisher (eindeutig) angehörten[2]. Ein eigenes Regelungsermessen haben die Betriebsparteien daher nur in den bereits mehrfach erwähnten Zweifelsfällen, deren Bedeutung durch die neuere Rspr. des BAG (s. § 613a BGB Rz. 226 mwN) allerdings deutlich zurückgegangen ist und sich nunmehr auf diejenigen Fälle beschränken dürfte, in denen ein ArbN *in* (nicht *für*) verschiedene(n) Betriebe(n) bzw. Betriebsteile(n) tätig gewesen ist[3]. Hier ist die Zuordnung im Interessenausgleich nur gerichtlich angreifbar bei „grober Fehlerhaftigkeit", die bereits dann zu verneinen ist, wenn es für die Zuordnung einen **sachlichen Grund** gibt, der die Zuordnung mindestens **vertretbar** erscheinen lässt. Dieser sachliche Grund muss sich seinerseits am Zweck des § 613a BGB orientieren, dh., die Betriebsparteien müssen bei der Zuordnung der ArbN objektive Kriterien zugrunde legen, die für die (ggf. schwerpunktmäßige) Zugehörigkeit eines ArbN zu einem bestimmten Betrieb oder Betriebsteil sprechen. Nur wo derartige Kriterien fehlen oder zu keinem greifbaren Ergebnis führen, haben die Betriebsparteien im Rahmen des Interessenausgleichs nach § 323 II weitgehend freie Hand[4]. 30

Unklar ist auch die **rechtl. Wirkungsweise** eines nach § 323 II zu Stande gekommenen, nicht „offensichtlich fehlerhaften" Interessenausgleichs[5]. Nach bisheriger Rspr. des BAG entfaltet ein Interessenausgleich iSv. § 112 I BetrVG **keine normative Wirkung**; es handelt sich lediglich um eine „Naturalobligation" im Verhältnis zwischen ArbGeb und BR[6]. Da nicht angenommen werden kann, dass der Gesetzgeber des Umwandlungsgesetzes dem Interessenausgleich iSv. § 323 II eine neuartige, von § 112 I BetrVG abweichende Rechtsqualität beimessen wollte, dürfte seine Wirkungsweise im Rahmen von § 323 II wohl am ehesten so zu erklären sein, dass der Interessenausgleich in diesem Falle eine kraft Gesetzes wirkende Ergänzung des Verschmelzungs-, Spaltungs- bzw. Übernahmevertrages darstellt[7]. Es handelt sich gewissermaßen um eine „Kompensation" für die ursprünglich ins Auge gefasste, dann aber wieder fallen gelassene **freie Zuordnungskompetenz** der Parteien des Umwandlungsvertrages, die – in freilich deutlich beschränktem Umfang – durch eine solche der *Betriebs*parteien ersetzt wurde. Die Zuordnung erfolgt also im Interessenausgleich selbst und bedarf, solange die Grenze grober Fehlerhaftigkeit nicht überschritten ist, **keiner gesonderten individualrechtl. Umsetzung** durch den ArbGeb[8]; allerdings bleibt dem ArbN auch in diesem Falle das **Widerspruchsrecht** im Rahmen von § 613a VI BGB (s. Rz. 13 ff.), mit dessen Ausübung er jedoch nur den Verbleib beim bisherigen ArbGeb, nicht jedoch die Zuordnung zu einem anderen Rechtsträger erreichen kann[9] (zu der Situation bei Erlöschen des übertragenden Rechtsträgers s. oben Rz. 16 ff.). Aus der „privilegierten" Zuordnungskompetenz der Betriebsparteien ist des Weiteren zu folgern, dass bei einem **Widerspruch** zwischen der Zuordnung nach 31

1 IE ebenso Lutter/*Joost*, § 324 UmwG Rz. 67; *Wlotzke*, DB 1995, 40 (45); unklar *Bauer/Lingemann*, NZA 1994, 1057 (1061); *Däubler*, RdA 1995, 136 (141); grds. aA dagegen *Boecken*, Unternehmensumwandlungen Rz. 123 ff., der den Anwendungsbereich von § 323 II von vornherein auf den Übergang von Arbeitsverhältnissen *außerhalb* von § 613a BGB begrenzen will; damit würde die Vorschrift aber weitgehend ihres – vom Gesetzgeber offensichtlich intendierten – praktischen Anwendungsbereichs beraubt. | 2 Ebenso Lutter/*Joost*, § 323 UmwG Rz. 39. | 3 S. zum Ganzen Kallmeyer/*Willemsen*, § 324 Rz. 60; aA offenbar Lutter/*Joost*, § 323 UmwG Rz. 39, der eine Zuordnung nach § 323 II auch für ArbN mit betriebs(teil)übergreifenden Tätigkeiten zulassen will, dem steht aber die oben genannte neuere Rspr. des BAG entgegen. | 4 Im Ergebnis ebenso Lutter/*Joost*, § 323 UmwG Rz. 37 ff.; weiter gehend offenbar *Bauer/Lingemann*, NZA 1994, 1057 (1061). | 5 Dazu ausf. *Hartmann*, ZfA 1997, 21 (31 ff. mwN); *Mengel*, Umwandlungen im Arbeitsrecht S. 109 f. | 6 Vgl. BAG v. 28.8.1991 – 7 ABR 72/90, AP Nr. 2 zu § 85 ArbGG 1979; *Willemsen/Hohenstatt*, NZA 1997, 345 ff.; krit. dazu im vorliegenden Zusammenhang *Däubler*, RdA 1995, 136 (141). | 7 Vgl. auch *Willemsen*, NZA 1996, 799. | 8 AA *Hartmann*, ZfA 1997, 21 (31 ff.) und *Mengel*, Umwandlungen im Arbeitsrecht, S. 109 f.; wie hier Lutter/*Joost*, § 323 UmwG Rz. 35. | 9 Ebenso Lutter/*Joost*, § 323 UmwG Rz. 43.

Verschmelzungs-/Spaltungsvertrag einerseits und Interessenausgleich iSv. § 323 II andererseits letzterem der **Vorrang** gebührt[1].

32 Wegen des Vorrangs der Zuordnung im **Interessenausgleich** empfiehlt es sich, einen solchen **möglichst vor bzw. zeitgleich** mit dem Verschmelzungs-/Spaltungsvertrag abzuschließen. Ist mit der Umwandlung die **Spaltung eines Betriebs** verbunden, muss das Unternehmen ohnehin idR *vor* deren Durchführung den BR unterrichten und über die geplanten Maßnahmen mit dem Ziel eines Interessenausgleichs beraten (vgl. § 111 S. 2 Nr. 3 nF, § 112 BetrVG). Zur Vermeidung künftiger Streitigkeiten ist es dringend ratsam, einen solchen Interessenausgleich anzustreben, der auch die Zuordnungsfrage regelt. Ein derartiger Interessenausgleich ist allerdings, wie bereits erwähnt, anders als ein Sozialplan (vgl. § 112 IV BetrVG) **nicht durch Spruch einer Einigungsstelle erzwingbar**, sondern kann nur auf freiwilliger Basis im Wege der Einigung mit dem BR zu Stande kommen.

33 Ein nach § 323 II zu Stande gekommener Interessenausgleich, der die Zuordnung der ArbN zu einem bestimmten Betrieb bzw. Betriebsteil nach der Umwandlung regelt, konsumiert („**verbraucht**") richtiger Auffassung zufolge das ansonsten bestehende **MitbestR gem. § 99 BetrVG** bei (einzelnen) Einstellungen und Versetzungen[2]. Der BR kann also bei einer derartigen einvernehmlichen Zuordnung der Einstellung nicht mehr gem. § 99 II BetrVG widersprechen.

34 **IV. Zuordnung von Versorgungsansprüchen ausgeschiedener Arbeitnehmer (Pensionäre und Versorgungsanwärter).** Nach ganz hM in der arbeitsrechtl. Rspr. und Lit. gilt § 613a BGB **nicht für Pensionäre und ausgeschiedene Versorgungsanwärter**, da diese nicht mehr in einem Arbeitsverhältnis zum Betriebsinhaber stehen (vgl. § 613a BGB Rz. 236). Die Möglichkeit der Zuweisung von Pensionsverpflichtungen gegenüber dem vorgenannten Personenkreis wird also infolge der Verweisung von Abs. 1 auf § 613a BGB **nicht eingeschränkt**[3].

35 Eine Einschränkung der Zuordnungsfreiheit bei Spaltung in Bezug auf Versorgungsverpflichtungen gegenüber bereits ausgeschiedenen ArbN folgt auch nicht aus **§ 4 BetrAVG**. Diese auf die vertragl. Schuldübernahme zugeschnittene Bestimmung findet im Falle der Spaltung gerade **keine Anwendung**[4]. Insbesondere ließ sich ein Zustimmungserfordernis auch nicht mit dem – im Übrigen inzwischen aufgehobenen - § 132 S. 1 UmwG begründen, da die bei Einzelübertragung von Verbindlichkeiten erforderliche Mitwirkung des Gläubigers gem. §§ 414 ff. BGB bei der Spaltung gerade nicht verlangt wird. Konkret bedeutet dies die weit gehende **Gestaltungsfreiheit** bei der Zuordnung von Pensionsverpflichtungen im Zuge der Spaltung, zu der es demzufolge einer Zustimmung weder des betroffenen Pensionärs bzw. Versorgungsanwärters noch des **Pensionssicherungsvereins** (PSV) bedarf[5]. Der PSV ist insoweit auf die umwandlungsrechtl. **Gläubigerschutzbestimmungen** verwiesen. Zusätzliche **schuldrechtl. Verpflichtungsklauseln** zwischen den beteiligten Rechtsträgern sind uU ratsam[6].

325 *Mitbestimmungsbeibehaltung*

(1) Entfallen durch Abspaltung oder Ausgliederung im Sinne des § 123 Abs. 2 und 3 bei einem übertragenden Rechtsträger die gesetzlichen Voraussetzungen für die Beteiligung der Arbeitnehmer im Aufsichtsrat, so finden die vor der Spaltung geltenden Vorschriften noch für einen Zeitraum von fünf Jahren nach dem Wirksamwerden der Abspaltung oder Ausgliederung Anwendung. Dies gilt nicht, wenn die betreffenden Vorschriften eine Mindestzahl von Arbeitnehmern voraussetzen und die danach berechnete Zahl der Arbeitnehmer des übertragenden Rechtsträgers auf weniger als in der Regel ein Viertel dieser Mindestzahl sinkt.

(2) Hat die Spaltung oder Teilübertragung eines Rechtsträgers die Spaltung eines Betriebes zur Folge und entfallen für die aus der Spaltung hervorgegangenen Betriebe Rechte oder Beteiligungsrechte des Betriebsrats, so kann durch Betriebsvereinbarung oder Tarifvertrag die Fortgeltung dieser Rechte und Beteiligungsrechte vereinbart werden. Die §§ 9 und 27 des Betriebsverfassungsgesetzes bleiben unberührt.

---

1 So auch Staudinger/*Richardi/Annuß*, § 613a BGB Rz. 312, 309; anders Lutter/*Joost*, § 323 UmwG Rz. 40, nach dessen Auffassung bei Bestehen eines BR die Zuordnung nur im Interessenausgleich erfolgen kann. Dagegen spricht aber, dass ein Interessenausgleich nach allgemeinen betriebsverfassungsrechtlichen Grundsätzen nicht erzwingbar ist, vgl. § 112 II und III BetrVG, so dass jedenfalls bei Scheitern eines solchen Interessenausgleichs ein praktisches Bedürfnis für die Regelung „unklarer" Fälle im Verschmelzungs- bzw. Spaltungsvertrag bestehen kann. | 2 Ebenso *Däubler*, RdA 1995, 136 (141); *Hartmann*, ZfA 1997, 21 (32); offen gelassen von *Wlotzke*, DB 1995, 40 (45). | 3 Ebenso BAG v. 22.2.2005 – 3 AZR 499/03 (A), Rz. 22 = DB 2005, 954; *Hill*, Betriebliche Altersversorgung 1995, S. 114 (116); aA AG Hamburg v. 1.7.2005 – HRA 100711, ZIP 2005, 1249 = DB 2005, 1562. | 4 Ebenso im Ergebnis *Hill*, Betriebliche Altersversorgung 1995, S. 114 (117); ErfK/*Steinmeyer*, § 4 BetrAVG Rz. 2. In der Tendenz ähnlich vor der Reform des Umwandlungsrechts bereits BAG v. 11.11.1986 – 3 AZR 194/85, AP Nr. 61 zu § 613a BGB. | 5 Ebenso BAG v. 22.2.2005 – 3 AZR 499/03 (A), Rz. 40 ff. = DB 2005, 954; *Hill*, Betriebliche Altersversorgung 1995, Satz 117; aA AG Hamburg v. 1.7.2005 – HRA 100711, ZIP 2005, 1249 = DB 2005, 1249; ausf. zu dieser Thematik *Schnitker* in Willemsen/Hohenstatt/Schweibert/Seibt, Umstrukturierung, Rz. J 553 ff. mwN. | 6 Vgl. dazu auch Lutter/*Teichmann*, § 132 UmwG Rz. 20.

I. Befristete Beibehaltung der Unternehmensmitbestimmung (Abs. 1). 1. Gesetzesgeschichte, Regelungsgegenstand. Die erst im Vermittlungsausschuss in den Gesetzestext aufgenommene Norm des Abs. 1[1] bricht mit der noch dem Regierungsentwurf zugrunde liegenden Absicht, die unternehmensbezogene **Mitbestimmungsordnung** durch das UmwG unverändert zu lassen und aus dieser Neutralität möglicherweise resultierende mittelbare Beeinträchtigungen der MitbestR von ArbN im Aufsichtsrat hinzunehmen[2]. Die jetzige Regelung ist zurückzuführen auf die Ansicht der Bundesratsmehrheit, durch Beibehaltungsregeln müsse sichergestellt werden, dass sich der bestehende Mitbestimmungsstatus durch Unternehmensumwandlungen nicht verschlechtert[3], worauf schließlich auch die Verweigerung der Zustimmung des Bundesrates zum Regierungsentwurf gestützt wurde[4]. Während die SPD-Fraktion für sämtliche Umwandlungsarten iSd. § 1 eine Öffnungsklausel bevorzugte, wonach durch TV die Beibehaltung des Mitbestimmungsregimes oder die Schaffung eines Beirates hätte vereinbart werden können, ordnet nunmehr § 325 I 1 in Anlehnung an die Konzeption des § 1 III Montan-MitbestG eine auf die Fälle der **Abspaltung** (§ 123 II) und **Ausgliederung** (§ 123 III) beschränkte sowie auf fünf Jahre befristete Beibehaltung der Mitbest. an. 1

Die Gesetz gewordene Kompromisslösung offenbart eine gesetzgeberische Inkonsequenz, da man einerseits von der mitbestimmungsneutralen Gestaltung des Umwandlungsrechts abgerückt ist, was im Kern zu einer Erweiterung des geltenden MitbestR geführt hat[5], andererseits jedoch die Umwandlungsformen der Verschmelzung und Vermögensübertragung wie auch des Formwechsels trotz des hier praktisch gleichermaßen möglichen Verlustes von MitbestR[6] unberücksichtigt ließ. Auch bei **Auf**spaltung gilt Abs. 1 nicht. Eine **Analogie** scheidet angesichts des völlig eindeutigen Gesetzeswortlauts aus[7]. Die Regelung ist **zwingend** und jedenfalls einer Einschränkung im Vereinbarungswege nicht zugänglich[8]. Denkbar erscheint allenfalls eine Erweiterung im Wege freiwilliger Vereinbarung[9]. 2

Die Regelungswirkung des Abs. 1 ist auf die **Beibehaltung** des Mitbestimmungsstatuts **beim übertragenden Rechtsträger** beschränkt, so dass sich die Unternehmensmitbestimmung bei den übernehmenden Rechtsträgern ohne weiteres nach den allgemeinen gesetzl. Vorschriften richtet[10]. Hinsichtlich der **übernehmenden Rechtsträger** wird also **in keinem Fall** die Mitbestimmungspflicht **erweitert**[11]. Mitbestimmungsverluste, die durch Veränderungen bei einem **anderen als dem übertragenden**, bisher mitbestimmungspflichtigen **Rechtsträger** verursacht werden, sind ebenfalls durch § 325 nicht erfasst[12]. 3

2. Anwendungsbereich und -voraussetzungen. Die gesetzl. Voraussetzungen für die Beteiligung der ArbN im Aufsichtsrat müssen durch **Abspaltung** oder **Ausgliederung** entfallen. Die für diesen Fall vorgesehene befristete Weitergeltung der Unternehmensmitbestimmung erfasst sämtliche insoweit bestehenden Systeme, also sowohl die entsprechenden Regelungen des DrittelbG und des MontanMitbestG als auch die Mitbestimmungsordnung des MitbestG. Dagegen reicht eine bloße spaltungsbedingte **Veränderung innerhalb** ein und desselben Mitbestimmungsgesetzes (zB Verkleinerung des nach § 7 I MitbestG gebildeten Aufsichtsrats) für die Anwendung der Vorschrift **nicht aus**[13]. 4

Auf den ersten Blick könnte zweifelhaft sein, ob es nur auf den Entfall der Voraussetzungen des bisherigen Mitbestimmungsregimes ankommt oder ob allein jene Fälle erfasst sein sollen, in denen eine Vertretung der ArbN im Aufsichtsrat nach keinem der drei Mitbestimmungssysteme mehr gegeben wäre. Klarheit schafft insoweit Abs. 1 S. 1 Hs. 2, der die Beibehaltung des bisherigen Mitbestimmungsstatuts und nicht etwa eine Sicherung des „Minimalstandes" nach dem DrittelbG vorsieht. Dies kann nur erreicht werden, wenn man für die Anwendbarkeit des Abs. 1 ausschließlich auf den **Wegfall der Voraussetzungen nach dem bisher einschlägigen Mitbestimmungssystem** abstellt[14]. 5

Beispiel: Gliedert etwa eine GmbH mit zuvor 2500 ArbN Vermögensteile auf eine Tochter-GmbH mit 600 ArbN und eine dritte, nicht konzernangehörige Gesellschaft mit 700 ArbN aus, so wäre die verbleibende GmbH trotz der Zurechnung der ArbN der Tochtergesellschaft nach § 5 III MitbestG nicht mehr von dem MitbestG (§ 1 I Nr. 2) erfasst und unterläge nur noch der „drittelparitätischen" Mitbest. nach dem DrittelbG. Für die Dauer von fünf Jahren behält jedoch Abs. 1 S. 1 die Anwendung des MitbestG bei, so dass der Aufsichtsrat des übertragenden Unternehmens erst nach Ablauf dieses Zeitraums nach § 1 I Nr. 3 iVm. § 4 I DrittelbG drittelparitätisch zu besetzen ist. Für die Tochter gilt dagegen von Anfang an das Mitbestimmungsstatut des DrittelbG.

---

1 BR-Drs. 843/94 Anlage Nr. 3. | 2 BT-Drs. 12/6699 S. 75. | 3 BT-Drs. 12/7265 S. 5. | 4 Vgl. *Neye*, DB 1994, 2069. | 5 So richtig *Bartodziej*, ZIP 1994, 580. | 6 Dazu *Bartodziej*, ZIP 1994, 580. | 7 Goutier/Knopf/Tulloch/*Bermel*, § 325 UmwG Rz. 10; Lutter/*Joost*, § 325 UmwG Rz. 13; *Jung*, Umwandlungen S. 255; *Seibt* in Willemsen/Hohenstatt/Schweibert/Seibt, Umstrukturierung, Rz. F 99; *Willemsen*, NZA 1996, 803. | 8 Semler/Stengel/*Simon*, § 325 UmwG Rz. 25. | 9 Vgl. Lutter/*Joost*, § 325 UmwG Rz. 36; aber auch insoweit Semler/Stengel/*Simon*, § 325 UmwG Rz. 27, 25. | 10 *Joost*, ZIP 1995, 983; *Kreßel*, BB 1995, 926. | 11 *Willemsen*, NZA 1996, 803. | 12 Vgl. die Beispiele bei *Seibt* in Willemsen/Hohenstatt/Schweibert/Seibt, Umstrukturierung, Rz. F 109 ff. zu den teilweise komplexen *Konzernsachverhalten* sowie zu Umwandlungen bei der GmbH & Co. KG. | 13 Semler/Stengel/*Simon*, § 325 UmwG Rz. 7. | 14 IE ebenso *Boecken*, Unternehmensumwandlungen Rz. 429 ff.; Lutter/*Joost*, § 325 UmwG Rz. 19 ff.; *Seibt* in Willemsen/Hohenstatt/Schweibert/Seibt, Umstrukturierung, Rz. F 107; Widmann/Mayer/*Wissmann*, § 325 UmwG Rz. 11; *B. Gaul*, Betriebsspaltung, § 34 Rz. 11.

6 Die praktisch wichtigste Ursache für den Entfall des bisherigen Mitbestimmungsstatuts dürfte die des Absinkens unter die jeweiligen Zahlengrenzen (§ 1 I Nr. 2 MitbestG, § 1 II Montan-MitbestG, §§ 1, 2 DrittelbG) sein, wobei die frühere Mitbestimmungsordnung nach Abs. 1 S. 2 nur dann aufrechterhalten wird, wenn die Zahl der beim übertragenden Unternehmen beschäftigten ArbN nach der Spaltung **wenigstens noch einem Viertel** der jeweiligen gesetzl. Mindestzahl entspricht (die „kritische Grenze" liegt also für die befristete Fortgeltung des MitbestG bei 500, für diejenige der drittelparitätischen Mitbest. nach dem DrittelbG bei 125 ArbN). In vielen dieser Fälle bedarf es der Mitbestimmungsbeibehaltung nach § 325 I 1 jedoch wegen Eingreifens der mitbestimmungsrechtl. **Konzernklauseln** (vgl. § 5 MitbestG, §§ 1, 2 II DrittelbG) nicht. Soweit diese eingreifen, finden weder das „25%-Quorum" noch die Fünf-Jahres-Frist Anwendung[1].

7 Dagegen ist Abs. 1 S. 1 nicht einschlägig, wenn auf Grund der Unternehmensspaltung erstmals die **Tendenzbindung** des übertragenden Unternehmens nach § 1 IV MitbestG eintreten sollte, wobei insoweit allerdings nicht allein quantitative Merkmale den Ausschlag geben dürfen (s. auch § 1 MitbestG Rz. 13)[2]. Der Fortbestand des bisherigen Mitbestimmungsstatuts gem. Abs. 1 kommt in diesem Falle nicht in Betracht, da dies gegen die den einschlägigen Gesetzen (insb. § 1 IV MitbestG) zugrunde liegende verfassungsrechtl. Wertung (insb. Art. 4 und 5 GG) verstieße[3].

8 Unsicher erscheint, ob das bisherige Mitbestimmungsregime auch dann noch beizubehalten ist, wenn nach der Spaltung die **Gesamtzahl** der ArbN in den an der Spaltung beteiligten Unternehmen unter die jeweiligen Zahlengrenzen absinkt, weil dann die vom Gesetz geforderte **Kausalität** der Spaltung für den Verlust des bisherigen Mitbestimmungsstatuts zweifelhaft wird.

Beispiel: Eine GmbH mit 2050 ArbN (A) gliedert einen Unternehmensteil mit 400 ArbN auf eine neue GmbH (B) aus. Kurz darauf werden bei A 40 ArbN und bei B 20 ArbN entlassen, so dass beide Unternehmen zusammen weniger als 2000 ArbN beschäftigen.

Es ist davon auszugehen, dass auch in diesen Fällen die Unternehmensmitbestimmung fortbesteht, für das Eingreifen von Abs. 1 S. 1 mithin allein auf den Zeitpunkt der Spaltung abzustellen ist. Anderenfalls bliebe unberücksichtigt, dass insb. die Abspaltung oder Ausgliederung zur Aufnahme bedeutende **Rationalisierungseffekte** nach sich ziehen und damit verschiedene Möglichkeiten der Personaleinsparung eröffnen kann. § 325 I 1 soll nach seinem Schutzzweck gerade auch diesen Entwicklungen begegnen[4]. Aus dem Abstellen allein auf den Zeitpunkt der Spaltung folgt weiterhin, dass ein erst nach diesem Zeitpunkt durchgeführter Personalabbau bei dem übertragenden Rechtsträger, der zu der erstmaligen Unterschreitung der für das bisherige Mitbestimmungsstatut relevanten ArbN-Zahl führt, nicht die Anwendung des S. 1 auslöst[5].

9 Umstritten ist das **Verhältnis zu § 1 III MontanMitbestG**, der im Falle des dauerhaften Absinkens unter die Beschäftigtenzahlen des § 1 II MontanMitbestG eine Fortgeltung der Vorschriften des Montan-MitbestG für die Dauer von sechs Jahren vorsieht. Nach einer Auffassung regelt Abs. 1 die Folgen des aufaufgrundgrund einer Abspaltung oder Ausgliederung an sich eintretenden Mitbestimmungsverlustes **abschließend** und lässt deshalb insoweit für die etwas weiter greifende Beibehaltungsvorschrift des § 1 III MontanMitbestG keinen Raum[6]. Richtiger erscheint es jedoch, mit der Gegenauffassung[7] von einem Vorrang von § 1 III MontanMitbestG auszugehen. Entsprechendes gilt dann auch für **§ 16 II MitbestErgG.**

10 **3. Rechtsfolgen.** Soweit Abs. 1 greift, sind bei dem übertragenden Rechtsträger – und nur bei diesem (s. Rz. 3) – die vor der Spaltung geltenden Vorschriften bezüglich der **„Beteiligung der ArbN im Aufsichtsrat"** für den Zeitraum von fünf Jahren nach dem Wirksamwerden der Abspaltung oder Ausgliederung weiterhin anzuwenden. Dieser Wortlaut spricht für eine restriktive Auslegung[8]. **Nach Ablauf** der Fünfjahresfrist hat der Vorstand bzw. die Geschäftsführung das sog. **Statusverfahren** nach §§ 97 ff. AktG einzuleiten, es sei denn, dass wegen zwischenzeitlichen Wiederanstiegs der ArbN-Zahl beim übertragenden Rechtsträger – ggf. auch im Wege der Konzernzurechnung (vgl. Rz. 6) – die **allgemeinen** Anwendungsvoraussetzungen für das zunächst nach Abs. 1 „konservierte" Mitbestimmungsstatut nunmehr wieder erfüllt sind. Umgekehrt kann bereits während der Fünfjahresfrist ein endgültiger Mitbestimmungsverlust eintreten, insb., wenn **nach dem Umwandlungsstichtag** die Mindestzahl von ArbN (s. Rz. 6) bei dem übertragenden Rechtsträger unterschritten wird[9].

---

1 *Seibt* in Willemsen/Hohenstatt/Schweibert/Seibt, Umstrukturierung, Rz. F 103. | 2 Vgl. zur sog. „Geprägetheorie": *Raiser*, § 1 MitbestG Rz. 44 mwN. | 3 *Willemsen*, NZA 1996, 803; *Seibt* in Willemsen/Hohenstatt/Schweibert/Seibt, Umstrukturierung, Rz. F 114; *B. Gaul*, Betriebsspaltung, § 34 Rz. 14. | 4 AA für die soeben geschilderte Konstellation offenbar Widmann/Mayer/*Wissmann*, § 325 UmwG Rz. 18; *B. Gaul*, Betriebsspaltung, § 34 Rz. 14. | 5 *Seibt* in Willemsen/Hohenstatt/Schweibert, Umstrukturierung, Rz. F 112; zust. Lutter/*Joost*, § 325 UmwG Rz. 22; aA Widmann/Mayer/*Wissmann*, § 325 UmwG Rz. 17. | 6 *Boecken*, Unternehmensumwandlungen Rz. 437; ausf. *Heinze*, ZfA 1997, 1 (17 f.). | 7 Widmann/Mayer/*Wissmann*, § 325 UmwG Rz. 44 ff. und Lutter/*Joost*, § 325 UmwG Rz. 37. | 8 *Seibt*, in Willemsen/Hohenstatt/Schweibert/Seibt, Umstrukturierung, Rz. F 108; für Einbeziehung auch der Regelungen über den Arbeitsdirektor (§ 33 MitbestG, § 13 Montan-MitbestG, § 13 MitbestErgG) demgegenüber Lutter/*Joost*, § 325 UmwG Rz. 29. | 9 Ebenso Lutter/*Joost*, § 325 UmwG Rz. 32.

aufgespaltenen Betriebs nicht ohne weiteres noch vor der Spaltung eine Fortgeltung seiner Rechte für die BR der Spaltbetriebe vereinbaren. Dies ist vielmehr nur in den Fällen des **Übergangsmandats** gem. **§ 21a BetrVG** möglich, so dass der BR des bisherigen Betriebes **vor** der Betriebsspaltung in Vorwegnahme seines **späteren** Übergangsmandats auch zum Abschluss einer Fortgeltungsvereinbarung befugt ist, was unmittelbar aus dem Charakter des Übergangsmandats als „Vollmandat" folgt (vgl. § 21a BetrVG Rz. 10)[1]. Grundsätzlich anderes muss hingegen für Fortgeltungsvereinbarungen in **TV** gelten. FirmenTV bleiben wegen der mit der Umwandlung verbundenen partiellen Gesamtrechtsnachfolge grds. auch nach der Umwandlung wirksam, so dass eine entsprechende Regelung mit Wirkung für die aus der Betriebsspaltung entstehenden Betriebe auch schon vor der Spaltung getroffen werden. Demgegenüber ist für die praktische Wirksamkeit einer in einem VerbandsTV enthaltenen Fortgeltungsvereinbarung notwendige und hinreichende Bedingung, dass für die Rechtsträger der neuen Betriebe die allgemeinen Voraussetzungen der Tarifbindung gegeben sind.

17 Ein besonderes Problem ergibt sich in den Fällen der **Teilübertragung** eines Rechtsträgers nach § 174 II. Dabei kann es zu einer Übertragung von einem privaten auf einen öffentl.-rechtl. Rechtsträger – und umgekehrt – kommen, wodurch die Grenze zwischen dem Anwendungsbereich des BetrVG einerseits und der Personalvertretungsgesetze andererseits überschritten würde. Insoweit ist der Wortlaut des Abs. 2 etwas irreführend, da hier allein der BR und nicht auch der Personalrat Erwähnung findet. Es stellt sich daher die Frage, ob auch solche Rechte beibehalten werden können, die dem Vertretungsorgan bei an sich unveränderter Sachlage nach dem jeweils anderen Gesetz nicht zustehen würden. Ohne weiteres zu verneinen ist dies für solche Rechte des BR (bzw. Personalrats), die dem auf den gespaltenen Betrieb künftig zur Anwendung kommenden Gesetz bereits ihrer Art nach fremd sind. So könne etwa der Fortbestand des Rechts zur Bildung eines Wirtschaftsausschusses (§ 106 BetrVG) oder die Fortgeltung der Vorschriften über Interessenausgleich und Sozialplan (§§ 111 ff. BetrVG) für den Bereich der Personalvertretungsgesetze nicht wirksam vereinbart werden. Keine Bedenken bestehen jedoch dagegen, die jeweils geringeren Anwendungsvoraussetzungen eines grds. in beiden Gesetzen verankerten Rechts des BR (bzw. Personalrates) für den neuen Betrieb (bzw. für die neue Dienststelle) zu vereinbaren. So kann etwa bei Teilübertragung eines Rechtsträgers von einem öffentl.-rechtl. Versicherungsunternehmen auf eine Versicherungs-Aktiengesellschaft die Beteiligung des neuen BR bei personellen Einzelmaßnahmen auch dann vereinbart werden, wenn weder in der alten Dienststelle noch im neuen Betrieb mehr als 20 wahlberechtigte ArbN beschäftigt waren bzw. sind (vgl. etwa § 75 BPersVG einerseits, § 99 BetrVG andererseits).

1 Ebenso Lutter/*Joost*, § 325 UmwG Rz. 46; Semler/Stengel/*Simon*, § 325 UmwG Rz. 36.

II. Fortgeltung der Beteiligungsrechte des Betriebsrats (Abs. 2). 1. Gesetzesgeschichte, Regelungsgegenstand. Abs. 2 enthält für den Fall der Betriebsspaltung durch Spaltung oder Teilübertragung eines Rechtsträgers eine **Öffnungsklausel**, die eine zeitlich unbegrenzte[1] Beibehaltung solcher Rechte oder Beteiligungsrechte des **BR** durch BV oder TV ermöglicht, die infolge der Umwandlung entfallen sind. Es geht also allein um eine Erweiterung der betriebsverfassungsrechtl. Mitbest., nicht um diejenige auf Unternehmensebene[2]. 11

Diese ebenfalls erst im Vermittlungsausschuss in den Gesetzestext eingefügte Vorschrift enthält einerseits eine bemerkenswerte **Neuerung** insofern, als die Existenz bestimmter Rechte des BR entgegen dem grds. zwingenden Charakter des Betriebsverfassungsrechts per Gesetz in die alleinige Entscheidungsgewalt der Tarif- oder Betriebspartner gelegt wird; doch ist sie andererseits im Wesentlichen nur eine Festschreibung der früheren Rechtslage, wonach durch TV oder BV einzelne Aufgaben dem obligatorischen MitbestR über den im BetrVG vorgesehenen Umfang hinaus unterworfen werden können[3]. Ergänzend ist in dem vorliegenden Zusammenhang auf § 3 BetrVG nF hinzuweisen, der hinsichtlich der Bildung von BR als solcher der Praxis eine erhebliche Flexibilität ermöglicht, die auch und gerade in Umwandlungsfällen relevant werden kann und **neben** § 325 II besteht[4]. 12

2. Anwendungsbereich. Die Spaltung oder Vermögensteilübertragung muss eine Spaltung des Betriebes iSd. BetrVG zur Folge haben, so dass der Begriff der **Betriebsspaltung** im technischen Sinne zu verstehen ist. Erforderlich ist weiterhin der Entfall von Rechten oder Beteiligungsrechten des BR, wofür nicht nur die praktisch besonders relevanten gesetzl. Rechte nach §§ 38 I (Zahl der Freistellungen), 99 (personelle Einzelmaßnahmen), 106 Abs. 1 (**Wirtschaftsausschuss**), 111 ff. BetrVG (**Betriebsänderungen**) in Betracht kommen, sondern auch **Rechte des BR**, die schon bislang durch TV oder BV geregelt waren. Ebenso wird man die durch Betriebsabsprachen näher ausgestaltete Position des BR als beibehaltungsfähiges Recht idS anzusehen haben. Unklar ist, ob nach § 325 I auch die Befugnis des BR festgeschrieben werden kann, **zwei** Mitglieder in den **GBR** zu entsenden (§ 47 II BetrVG). Entgegen *Däubler*[5] wird man dies verneinen müssen, da § 47 II BetrVG kein originäres Recht des EinzelBR enthält. Dies verdeutlicht insb. die Stimmengewichtung nach § 47 VII BetrVG. Auch im Übrigen scheidet eine Anwendung von Abs. 2 auf die Beteiligung an einem GBR aus[6]. Ebenfalls kraft ausdrücklicher Anordnung ausgeschlossen sind Vereinbarungen nach Abs. 2 im Bereich der §§ 9 und 27 (unten Rz. 15). Eine **analoge** Anwendung der Bestimmung auf Übertragungsvorgänge iSd. Einzelrechtsnachfolge scheidet aus[7]. 13

Zu beachten ist, dass sich nach Abs. 2 S. 2 die **Größe des BR** (§ 9 BetrVG) und die Bildung eines **Betriebsausschusses (§ 27 BetrVG)** ausschließlich an der Größe der jeweils nach der Umwandlung verbleibenden Betriebe orientieren. Dem Abs. 2 S. 2 ist die gesetzgeberische Wertung zu entnehmen, dass der Bestand dieser Rechte strikt an die gesetzl. Vorgaben des BetrVG gebunden ist und nicht der Erweiterung durch TV oder BV zugänglich sein soll[8]. 14

Regelungsinstrumente. Der Fortbestand der Rechte des BR kann durch **TV**, wobei insb. ein FirmenTV in Betracht kommt, oder durch **BV** gesichert werden. Für den TV genügt in diesem Falle die einseitige Tarifbindung des ArbGeb (vgl. § 3 II TVG). Wird eine Regelung über den Fortbestand sowohl durch TV als auch durch BV getroffen, so richtet sich das Verhältnis beider Rechtsquellen zueinander nach allgemeinen Grundsätzen[9]. Eine BV iSv. Abs. 2 ist, da freiwillig, nicht durch Anrufung der Einigungsstelle erzwingbar[10]. 15

Eine Vereinbarung iSd. Abs. 2 kann für **alle** aus der Betriebsspaltung hervorgegangenen **Betriebe** getroffen werden. Angesichts des Wortlauts der Vorschrift mag auf den ersten Blick jedoch zweifelhaft erscheinen, **wer** zur Vereinbarung über die Fortgeltung berufen ist. Richtigerweise ist hier zwischen BV und TV zu **differenzieren**. Aus dem Umstand, dass die notwendig „zweipoligen" **BV** nur innerhalb des jeweiligen Betriebes wirken, ist zu folgern, dass die Vereinbarung über die Fortgeltung durch BV grds. nur **in den** sich **aus der Umwandlung ergebenden Betrieben** getroffen werden kann[11]. Diese Auffassung findet ihre Bestätigung in der Vorschrift des § 21a BetrVG, wonach der BR des früheren Betriebs allein in dem dortigen Sonderfall auch Handlungen mit Wirkung für die aus der Umwandlung hervorgehenden Betriebe vornehmen kann, und ferner darin, dass für die hier in Rede stehenden Fälle eine Fortgeltung nicht über § 324 UmwG iVm. § 613a I 2 BGB begründet werden kann. Deshalb kann also der BR des 16

1 *Kallmeyer*, ZIP 1994, 1758. | 2 Zu freiwilligen Modifikationen der Unternehmensmitbestimmung bei Umwandlung vgl. *Henssler*, ZfA 2000, 241 (260); *Seibt* in Willemsen/Hohenstatt/Schweibert/Seibt, Umstrukturierung, Rz. F 13 ff., 167. | 3 Vgl. BAG v. 18.8.1987 – 1 ABR 30/86, AP Nr. 23 zu § 77 BetrVG; BAG v. 10.2.1988 – 1 ABR 70/86, AP Nr. 53 zu § 99 BetrVG 1972; *Fitting*, § 88 BetrVG Rz. 3 ff.; aA *Richardi*, § 87 BetrVG Rz. 9; allg. *Neye*, DB 1994, 2069; Lutter/*Joost*, Umwandlungsrechtstage, S. 313. | 4 S. auch Kallmeyer/*Willemsen*, Vorb. zu § 322 UmwG Rz. 51. | 5 *Däubler*, RdA 1995, 136 (145). | 6 Ebenso Lutter/*Joost*, § 325 UmwG Rz. 51. | 7 Ebenso *B. Gaul*, Betriebsspaltung, § 27 Rz. 90. | 8 Ebenso Semler/Stengel/*Simon*, § 325 UmwG Rz. 40. | 9 Vgl. dazu etwa *Worzalla* in Hess/Schlochauer/Worzalla/Glock, 6. Aufl. 2003, § 77 BetrVG Rz. 80 ff. | 10 Ebenso Lutter/*Joost*, § 325 UmwG Rz. 47. | 11 Lutter/*Joost*, § 325 UmwG Rz. 46 geht demgegenüber von einer allgemeinen Abschlusskompetenz auch des BR des übertragenden Rechtsträgers aus; wie hier dagegen *Boecken*, Unternehmensumwandlungen Rz. 418.

Wertpapiererwerbs- und Übernahmegesetz

vom 20.12.2001 (BGBl. I S. 3822),
zuletzt geändert durch Gesetz vom 21.12.2007 (BGBl. I S. 3089)

– Auszug –

10 *Veröffentlichung der Entscheidung zur Abgabe eines Angebots*

(1) Der Bieter hat seine Entscheidung zur Abgabe eines Angebots unverzüglich gemäß Absatz 3 Satz 1 zu veröffentlichen. Die Verpflichtung nach Satz 1 besteht auch, wenn für die Entscheidung nach Satz 1 der Beschluss der Gesellschafterversammlung des Bieters erforderlich ist und ein solcher Beschluss noch nicht erfolgt ist. Die Bundesanstalt kann dem Bieter auf Antrag abweichend von Satz 2 gestatten, eine Veröffentlichung erst nach dem Beschluss der Gesellschafterversammlung vorzunehmen, wenn der Bieter durch geeignete Vorkehrungen sicherstellt, dass dadurch Marktverzerrungen nicht zu befürchten sind.

(2) Der Bieter hat die Entscheidung nach Absatz 1 Satz 1 vor der Veröffentlichung

1. den Geschäftsführungen der Börsen, an denen Wertpapiere des Bieters, der Zielgesellschaft und anderer durch das Angebot unmittelbar betroffener Gesellschaften zum Handel zugelassen sind,

2. den Geschäftsführungen der Börsen, an denen Derivate im Sinne des § 2 Abs. 2 des Wertpapierhandelsgesetzes gehandelt werden, sofern die Wertpapiere Gegenstand der Derivate sind,

3. der Bundesanstalt

mitzuteilen. Die Geschäftsführungen dürfen die ihnen nach Satz 1 mitgeteilten Entscheidungen vor der Veröffentlichung nur zum Zwecke der Entscheidung verwenden, ob die Feststellung des Börsenpreises auszusetzen oder einzustellen ist. Die Bundesanstalt kann gestatten, dass Bieter mit Wohnort oder Sitz im Ausland die Mitteilung nach Satz 1 gleichzeitig mit der Veröffentlichung vornehmen, wenn dadurch die Entscheidungen der Geschäftsführungen über die Aussetzung oder Einstellung der Feststellung des Börsenpreises nicht beeinträchtigt werden.

(3) Die Veröffentlichung der Entscheidung nach Absatz 1 Satz 1 ist

1. durch Bekanntgabe im Internet und

2. über ein elektronisch betriebenes Informationsverbreitungssystem, das bei Kreditinstituten, Finanzdienstleistungsinstituten, nach § 53 Abs. 1 des Gesetzes über das Kreditwesen tätigen Unternehmen, anderen Unternehmen, die ihren Sitz im Inland haben und an einer inländischen Börse zur Teilnahme am Handel zugelassen sind, und Versicherungsunternehmen weit verbreitet ist,

in deutscher Sprache vorzunehmen. Dabei hat der Bieter auch die Adresse anzugeben, unter der die Veröffentlichung der Angebotsunterlage im Internet nach § 14 Abs. 3 Satz 1 Nr. 1 erfolgen wird. Eine Veröffentlichung in anderer Weise darf nicht vor der Veröffentlichung nach Satz 1 vorgenommen werden.

(4) Der Bieter hat die Veröffentlichung nach Absatz 3 Satz 1 unverzüglich den Geschäftsführungen der in Absatz 2 Satz 1 Nr. 1 und 2 erfassten Börsen und der Bundesanstalt zu übersenden. Dies gilt nicht, soweit die Bundesanstalt nach Absatz 2 Satz 3 gestattet hat, die Mitteilung nach Absatz 2 Satz 1 gleichzeitig mit der Veröffentlichung vorzunehmen.

(5) Der Bieter hat dem Vorstand der Zielgesellschaft unverzüglich nach der Veröffentlichung nach Absatz 3 Satz 1 die Entscheidung zur Abgabe eines Angebots schriftlich mitzuteilen. Der Vorstand der Zielgesellschaft unterrichtet den zuständigen Betriebsrat oder, sofern ein solcher nicht besteht, unmittelbar die Arbeitnehmer, unverzüglich über die Mitteilung nach Satz 1. Der Bieter hat die Entscheidung zur Abgabe eines Angebots ebenso seinem zuständigen Betriebsrat oder, sofern ein solcher nicht besteht, unmittelbar den Arbeitnehmern unverzüglich nach der Veröffentlichung nach Absatz 3 Satz 1 mitzuteilen.

(6) § 15 des Wertpapierhandelsgesetzes gilt nicht für Entscheidungen zur Abgabe eines Angebots.

11 *Angebotsunterlage*

(1) Der Bieter hat eine Unterlage über das Angebot (Angebotsunterlage) zu erstellen und zu veröffentlichen. Die Angebotsunterlage muss die Angaben enthalten, die notwendig sind, um in Kenntnis der Sachlage über das Angebot entscheiden zu können. Die Angaben müssen richtig und vollständig

sein. Die Angebotsunterlage ist in deutscher Sprache und in einer Form abzufassen, die ihr Verständnis und ihre Auswertung erleichtert. Sie ist von dem Bieter zu unterzeichnen.

(2) Die Angebotsunterlage hat den Inhalt des Angebots und ergänzende Angaben zu enthalten. Angaben über den Inhalt des Angebots sind

1. Name oder Firma und Anschrift oder Sitz sowie, wenn es sich um eine Gesellschaft handelt, die Rechtsform des Bieters,

2. Firma, Sitz und Rechtsform der Zielgesellschaft,

3. die Wertpapiere, die Gegenstand des Angebots sind,

4. Art und Höhe der für die Wertpapiere der Zielgesellschaft gebotenen Gegenleistung,

4a. die Höhe der für den Entzug von Rechten gebotenen Entschädigung nach § 33b Abs. 4,

5. die Bedingungen, von denen die Wirksamkeit des Angebots abhängt,

6. der Beginn und das Ende der Annahmefrist.

Ergänzende Angaben sind

1. Angaben zu den notwendigen Maßnahmen, die sicherstellen, dass dem Bieter die zur vollständigen Erfüllung des Angebots notwendigen Mittel zur Verfügung stehen, und zu den erwarteten Auswirkungen eines erfolgreichen Angebots auf die Vermögens-, Finanz- und Ertragslage des Bieters,

2. Angaben über die Absichten des Bieters im Hinblick auf die künftige Geschäftstätigkeit der Zielgesellschaft sowie, soweit von dem Angebot betroffen, des Bieters, insbesondere den Sitz und den Standort wesentlicher Unternehmensteile, die Verwendung des Vermögens, künftige Verpflichtungen, die Arbeitnehmer und deren Vertretungen, die Mitglieder der Geschäftsführungsorgane und wesentliche Änderungen der Beschäftigungsbedingungen einschließlich der insoweit vorgesehenen Maßnahmen,

3. Angaben über Geldleistungen oder andere geldwerte Vorteile, die Vorstands- oder Aufsichtsratsmitgliedern der Zielgesellschaft gewährt oder in Aussicht gestellt werden,

4. die Bestätigung nach § 13 Abs. 1 Satz 2 unter Angabe von Firma, Sitz und Rechtsform des Wertpapierdienstleistungsunternehmens.

(3) Die Angebotsunterlage muss Namen und Anschrift, bei juristischen Personen oder Gesellschaften Firma, Sitz und Rechtsform, der Personen oder Gesellschaften aufführen, die für den Inhalt der Angebotsunterlage die Verantwortung übernehmen; sie muss eine Erklärung dieser Personen oder Gesellschaften enthalten, dass ihres Wissens die Angaben richtig und keine wesentlichen Umstände ausgelassen sind.

(4) Das Bundesministerium der Finanzen kann durch Rechtsverordnung, die nicht der Zustimmung des Bundesrates bedarf,

1. nähere Bestimmungen über die Gestaltung und die in die Angebotsunterlage aufzunehmenden Angaben erlassen und

2. weitere ergänzende Angaben vorschreiben, soweit dies notwendig ist, um den Empfängern des Angebots ein zutreffendes und vollständiges Urteil über den Bieter, die mit ihm gemeinsam handelnden Personen und das Angebot zu ermöglichen.

(5) Das Bundesministerium der Finanzen kann die Ermächtigung nach Absatz 4 durch Rechtsverordnung auf die Bundesanstalt übertragen.

14 *Übermittlung und Veröffentlichung der Angebotsunterlage*

(1) Der Bieter hat die Angebotsunterlage innerhalb von vier Wochen nach der Veröffentlichung der Entscheidung zur Abgabe eines Angebots der Bundesanstalt zu übermitteln. Die Bundesanstalt bestätigt dem Bieter den Tag des Eingangs der Angebotsunterlage. Die Bundesanstalt kann die Frist nach Satz 1 auf Antrag um bis zu vier Wochen verlängern, wenn dem Bieter die Einhaltung der Frist nach Satz 1 auf Grund eines grenzüberschreitenden Angebots oder erforderlicher Kapitalmaßnahmen nicht möglich ist.

(2) Die Angebotsunterlage ist gemäß Absatz 3 Satz 1 unverzüglich zu veröffentlichen, wenn die Bundesanstalt die Veröffentlichung gestattet hat oder wenn seit dem Eingang der Angebotsunterlage zehn Werktage verstrichen sind, ohne dass die Bundesanstalt das Angebot untersagt hat. Vor der Veröffentlichung nach Satz 1 darf die Angebotsunterlage nicht bekannt gegeben werden. Die Bundesanstalt kann vor einer Untersagung des Angebots die Frist nach Satz 1 um bis zu fünf Werktage verlängern, wenn die Angebotsunterlage nicht vollständig ist oder sonst den Vorschriften dieses Gesetzes oder einer auf Grund dieses Gesetzes erlassenen Rechtsverordnung nicht entspricht.

(3) Die Angebotsunterlage ist zu veröffentlichen durch

1. Bekanntgabe im Internet und

2. Bekanntgabe im elektronischen Bundesanzeiger oder durch Bereithalten zur kostenlosen Ausgabe bei einer geeigneten Stelle im Inland; im letzteren Fall ist im elektronischen Bundesanzeiger bekannt zu machen, bei welcher Stelle die Angebotsunterlage bereitgehalten wird und unter welcher Adresse die Veröffentlichung der Angebotsunterlage im Internet erfolgt ist.

Der Bieter hat der Bundesanstalt die Veröffentlichung nach Satz 1 Nr. 2 unverzüglich mitzuteilen.

(4) Der Bieter hat die Angebotsunterlage dem Vorstand der Zielgesellschaft unverzüglich nach der Veröffentlichung nach Absatz 3 Satz 1 zu übermitteln. Der Vorstand der Zielgesellschaft hat die Angebotsunterlage unverzüglich dem zuständigen Betriebsrat oder, sofern ein solcher nicht besteht, unmittelbar den Arbeitnehmern zu übermitteln. Der Bieter hat die Angebotsunterlage ebenso seinem zuständigen Betriebsrat oder, sofern ein solcher nicht besteht, unmittelbar den Arbeitnehmern unverzüglich nach der Veröffentlichung nach Absatz 3 Satz 1 zu übermitteln.

27 *Stellungnahme des Vorstands und Aufsichtsrats der Zielgesellschaft*

(1) Der Vorstand und der Aufsichtsrat der Zielgesellschaft haben eine begründete Stellungnahme zu dem Angebot sowie zu jeder seiner Änderungen abzugeben. Die Stellungnahme muss insbesondere eingehen auf

1. die Art und Höhe der angebotenen Gegenleistung,

2. die voraussichtlichen Folgen eines erfolgreichen Angebots für die Zielgesellschaft, die Arbeitnehmer und ihre Vertretungen, die Beschäftigungsbedingungen und die Standorte der Zielgesellschaft,

3. die vom Bieter mit dem Angebot verfolgten Ziele,

4. die Absicht der Mitglieder des Vorstands und des Aufsichtsrats, soweit sie Inhaber von Wertpapieren der Zielgesellschaft sind, das Angebot anzunehmen.

(2) Übermitteln der zuständige Betriebsrat oder, sofern ein solcher nicht besteht, unmittelbar die Arbeitnehmer der Zielgesellschaft dem Vorstand eine Stellungnahme zu dem Angebot, hat der Vorstand unbeschadet seiner Verpflichtung nach Absatz 3 Satz 1 diese seiner Stellungnahme beizufügen.

(3) Der Vorstand und der Aufsichtsrat der Zielgesellschaft haben die Stellungnahme unverzüglich nach Übermittlung der Angebotsunterlage und deren Änderungen durch den Bieter gemäß § 14 Abs. 3 Satz 1 zu veröffentlichen. Sie haben die Stellungnahme gleichzeitig dem zuständigen Betriebsrat oder, sofern ein solcher nicht besteht, unmittelbar den Arbeitnehmern zu übermitteln. Der Vorstand und der Aufsichtsrat der Zielgesellschaft haben der Bundesanstalt unverzüglich die Veröffentlichung gemäß § 14 Abs. 3 Satz 1 Nr. 2 mitzuteilen.

I. Einleitung. Seit dem 1.1.2002 ist im WpÜG das Verfahren für sämtliche öffentl. Angebote zum Erwerb von Wertpapieren niederlegt, die von einer Aktiengesellschaft oder Kommanditgesellschaft auf Aktien mit Sitz im Inland ausgegeben wurden und zum Handel an einem organisierten Markt zugelassen sind (§ 1, § 2 III, 7 und 8). Dabei unterscheidet das Gesetz (1) öffentl. Angebote zum Erwerb von Wertpapieren, (2) freiwillige Übernahmeangebote und (3) Pflichtangebote. In Abgrenzung zu einem einfachen Angebot zum Erwerb von Wertpapieren (§ 2 I) sind Übernahmeangebote solche öffentl. Kauf- oder Tauschangebote zum Erwerb von Wertpapieren der Zielgesellschaft, die auf den Erwerb der Kontrolle an dieser Gesellschaft gerichtet sind (§ 29 I). Als Kontrolle definiert das Gesetz das Halten von mindestens 30 % der Stimmrechte an der Zielgesellschaft (§ 29 II). Die Regeln über das Pflichtangebot verpflichten denjenigen, der unmittelbar oder mittelbar die Kontrolle über eine Zielgesellschaft erlangt hat, den übrigen Aktionären ein Angebot zu Übernahme ihrer Aktien zu machen (§ 35 II). Für sämtliche öffentl. Angebote zum Erwerb von Wertpapieren legt das Gesetz dem Bieter und den Geschäftsleitungsorganen des Zielunternehmens Pflichten auf, ein detailliertes Verfahren und materielle Vorschriften einzuhalten, wobei das Bundesaufsichtsamt für den Wertpapierhandel (Bundesaufsichtsamt) die Aufsicht über die Einhaltung dieser gesetzl. Vorschriften ausübt. 1

Ausweislich der Begr. zum RegE und des Berichtes des federführenden Finanzausschusses des Deutschen Bundestages sollen durch das Gesetz ua. „*rasche, umfassende Informationen und Transparenz für die Anteilseigner der Zielgesellschaft und deren Arbeitnehmer, auch durch Abgabe einer begründeten Stellungnahme des Vorstandes zu dem Angebot, in die auch die Position der Arbeitnehmer aufzunehmen ist,*“[1] gewährleistet werden (Transparenz- und Informationsgrundsatz). Der hier genannte **doppelte Adressatenkreis des Transparenz- und Informationsgrundsatzes** ist Ausdruck des *Stakeholder*-Gedankens, demzufolge bei Aktienerwerben und Unternehmensübernahmen nicht nur die Interessen der Aktionäre geschützt werden müssen, sondern auch die Interessen anderer *Stakeholder*, wie zB der ArbN der Zielgesellschaft. Dies sieht der Gesetzgeber insb. deswegen für notwendig an, als Unternehmens- 2

1 Beschluss und Bericht Finanzausschuss, BT-Drs. 14/7477 v. 14.11.2001, S. 54.

übernahmen für die ArbN der Zielgesellschaft wegen der einer Übernahme häufig nachfolgenden Umstrukturierungen weit reichende Folgen haben können. Vor diesem Hintergrund hat der Gesetzgeber zum Schutz der ArbN und den betriebsverfassungsrechtl. Organen drei Regelungstopoi verwendet, nämlich (1) Informationspflichten der Geschäftsleitungsorgane gegenüber den ArbN bzw. dem zuständigen BR sowie dem Recht zur Stellungnahme der ArbN bzw. des zuständigen BR (hierzu Rz. 4 ff.), (2) die Zuordnung gewisser Geschäftsleitungsmaßnahmen im Zusammenhang mit Übernahmen zum – regelmäßig mit ArbN-Vertretern besetzten – AR (hierzu Rz. 41) sowie (3) die Besetzung des Beirates beim Bundesaufsichtsamt mit Vertretern der ArbN (hierzu Rz. 42).

3 Das WpÜG ist durch das Übernahmerichtline-Umsetzungsgesetz vom 8.7.2006 (ÜbRL-UG)[1], welches auf der RL 2004/25/EG des Europäischen Parlaments und des Rates vom 21.4.2004 betreffend Übernahmeangebote (ÜbRL)[2] beruht, geändert worden. Als Folge hiervon sehen die § 10 V 3, § 14 IV 3 und § 11 II 3 Nr. 2 WpÜG eine Perspektiv-Erweiterung des ArbN-Schutzes durch Information der ArbN und ihrer Vertretungen beim *Bieter*unternehmen vor. So ist der Bieter nun verpflichtet, seine Entscheidung zur Abgabe eines Angebots ebenso wie die Angebotsunterlage selbst seinem zuständigen BR oder, sofern ein solcher nicht besteht, unmittelbar den ArbN mitzuteilen bzw. zuzuleiten. Konsequenterweise sind auch die Pflichtangaben in der Angebotsunterlage auf Angaben über die Absichten des Bieters insb. im Hinblick auf seine künftige Geschäftstätigkeit und wesentliche Änderung der Beschäftigungsbedingung bei ihm erweitert worden. Allerdings sind der zuständige BR bzw. die ArbN des Bietunternehmens nicht gesetzl. aufgefordert, eine Stellungnahme zum Angebot abzugeben, die dann der Bieter zu berücksichtigen oder zu veröffentl. hätte. Es bleibt insoweit bei den allgemeinen betriebsverfassungsrechtl. Regeln (zB §§ 111 ff. BetrVG).

4 **II. Informationspflichten und Recht zur Stellungnahme der ArbN des Zielunternehmens. 1. Allgemeines.** Der Gesetzgeber verpflichtet den Vorstand des Zielunternehmens als Geschäftsleitungsorgan, den zuständigen BR oder, sofern ein solcher nicht besteht, unmittelbar die ArbN zu informieren über (1) die Entscheidung des Bieters zur Abgabe eines Angebots (§ 10 V 2), (2) die Angebotsunterlage des Bieters, in dem bestimmte Angaben über die Auswirkungen des Angebots auf die ArbN und ihre Vertretungen sowie die Beschäftigungsbedingungen enthalten sein müssen (§§ 14 IV 2, 35 II 2 iVm. § 11 II 3 Nr. 2) und (3) die Stellungnahme(n) des Vorstandes und AR des Zielunternehmens zum Angebot (§ 27 III 2). Darüber hinaus sind Vorstand und AR verpflichtet, eine etwaige Stellungnahme des zuständigen BR bzw. der ArbN der eigenen Stellungnahme beizufügen und diese zu veröffentlichen (§ 27 II). Das Gesetz räumt damit dem BR oder, sofern ein solcher nicht besteht, unmittelbar den ArbN der Zielgesellschaft das Recht ein, eine eigene Stellungnahme zu dem Angebot des Bieters zu entwickeln und veröffentlichen zu lassen.

5 Die im WpÜG geregelten Informationspflichten der Geschäftsleitungsorgane werden durch Veränderungen auf *Unternehmens*ebene (genauer: auf der Gesellschafterebene des Unternehmens), während die allgemeinen Individualrechte der ArbN und Beteiligungsrechte des BR (insb. §§ 111 ff. BetrVG) durch Änderung auf *Betriebs*ebene ausgelöst werden. In gleicher Weise wie bei den umwandlungsrechtl. Informationspflichten gegenüber dem BR gilt auch hier die **sog. Trennungstheorie**[3]: Die allgemeinen arbeitsrechtl. Bestimmungen und Grundsätze finden keine Anwendung auf den unternehmensrechtl. Vorgang (das WpÜG enthält insoweit abschließende arbeitsrechtl. Begleitvorschriften), die WpÜG-Vorschriften verdrängen allerdings auch nicht die allgemeinen arbeitsrechtl. Regeln und Grundsätze bei den der Unternehmensübernahme etwa nachfolgenden Umstrukturierungsmaßnahmen.

6 Der Vergleich der arbeitnehmerschützenden Begleitvorschriften im WpÜG gegenüber denjenigen des Umwandlungsrechts deckt einen Wertungswiderspruch auf: Zwar lehnt sich der WpÜG-Gesetzgeber bei den arbeitnehmerschützenden Informationspflichten an die umwandlungsrechtl. Regelungen an[4], er geht jedoch über diese in mehrfacher Hinsicht hinaus, obwohl der vom WpÜG erfasste Sachverhalt, nämlich der Erwerb von Wertpapieren einer AG oder KGaA (also ein Gesellschafterwechsel), von der arbeits*rechtlichen* Intensität hinter den im Umwandlungsrecht geregelten Umwandlungsformen zurückbleibt. Denn durch den Erwerb der Wertpapiere ändert sich ja weder der Unternehmensträger selbst (wie bei den übertragenden Rechtsträgern bei Verschmelzung oder Spaltung iSv. §§ 2 ff., 123 ff. UmwG) noch deren Rechtsform (wie beim Formwechsel iSv. § 190 UmwG). Unmittelbare Rechtsfolgen für die ArbN und ihre betriebsverfassungsrechtl. Organe können sich also nur ergeben, wenn infolge des Wertpapiererwerbes sich die Konzernzugehörigkeit des Zielunternehmens ändert bzw. eine Konzernzugehörigkeit zum ersten Mal entsteht und sich dadurch Änderungen für die betriebsverfassungsrechtl. Organe[5] oder für die Unternehmensmitbest. im AR der Gesellschaft[6] ergeben[7]. Das Auseinanderfallen

1 BGBl. I 2006 S. 1426. | 2 ABl. Nr. L 142 v. 30.4.2004, S. 12. | 3 Vgl. *Seibt*, DB 2002, 529; *Willemsen*, NZA 1996, 791 (795 f.); KölnKommWpÜG/*Hirte*, § 10 Rz. 83. | 4 Vgl. § 5 I Nr. 9, III (Verschmelzung), § 126 I Nr. 11, III (Spaltung), § 194 I Nr. 7, II (Formwechsel) UmwG. | 5 Vgl. *Willemsen/Hohenstatt*, Unternehmensumstrukturierung, D 5, 7, 72 ff., insb. 84 ff. (Konzernbetriebsrat). | 6 Vgl. *Willemsen/Seibt*, Unternehmensumstrukturierung, F 17, 27 ff., 31 ff. | 7 Ansonsten können nur im Gefolge des Wertpapiererwerbs mittelbare Änderungen für die betriebl. Strukturen des Zielunternehmens eintreten, für die das Betriebsverfassungsrecht allerdings einen eigenständigen Regelungsmechanismus, insb. die §§ 111 ff. BetrVG, bereithat.

der arbeitnehmerschützenden Regelungen im Übernahmerecht einerseits und im Umwandlungsrecht andererseits ist auch deshalb misslich, weil beide Rechtsmaterien bei einem einheitlichen Vorgang (Wertpapiererwerb durch Verschmelzung oder Spaltung) durchaus parallel Anwendung finden[1].

2. Mitteilung über Entscheidung des Bieters zur Angebotsabgabe. Hat der Bieter die Entscheidung zur Abgabe eines Angebots zum Erwerb von Wertpapieren gefasst, so hat er diese Entscheidung den jeweils betroffenen Geschäftsführungen der Börsen und dem Bundesaufsichtsamt mitzuteilen und durch Bekanntmachung im Internet und über ein elektronisch betriebenes Informationsverbreitungssystem zu veröffentlichen (§ 10 I–III). Der unspezifizierte Verweis auf das Internet soll zukünftigen technologischen Neuerungen Rechnung tragen[2]. Zweckmäßigerweise wird die Bekanntmachung auf der Unternehmens-Website des Bieters erfolgen[3], was auch auf Grund der materiellen Nähe dieser Bekanntmachung zu Ad hoc-Mitteilungen systematisch überzeugend ist[4]. Darüber hinaus hat der Bieter dem Vorstand der Zielgesellschaft sowie dem bei ihm bestehenden zuständigen BR bzw. den dortigen ArbN unmittelbar (Rz. 35) nach dieser Veröffentlichung die Entscheidung zur Angebotsabgabe schriftl. mitzuteilen (§ 10 V 1). Die Übersendung per Telefax genügt[5], per E-Mail nach überwiegender Ansicht nicht[6]. Der Vorstand der Zielgesellschaft ist seinerseits nach § 10 V 2 verpflichtet, den bei ihm bestehenden, zuständigen BR oder, sofern ein solcher nicht besteht, unmittelbar die ArbN über diese Mitteilung des Bieters unverzüglich (dh. idR binnen Tagesfrist) zu unterrichten (für grafische Darstellung Rz. 35). Ausweislich der Begr. zum RegE dient diese Mitteilungspflicht dazu, die ArbN in die Lage zu versetzen, ihre betriebsverfassungsrechtl. Rechte wahrnehmen zu können[7]. Eine Erörterungs- oder gar Beratungspflicht trifft den Vorstand allerdings nicht[8]. 7

Anders als die Mitteilungsverpflichtung des Bieters gegenüber dem Vorstand der Zielgesellschaft unterliegt die Mitteilungsverpflichtung des Vorstandes gegenüber dem BR bzw. den ArbN **keinem bestimmten Formerfordernis**[9]. So könnte die Unterrichtung auch mündlich erfolgen, wenngleich in der Praxis aus Beweissicherungszwecken idR eine schriftl. oder textförmige (§ 126b BGB) Unterrichtung, ggf. unter Hinweis auf die vom Bieter veranlasste Veröffentlichung im Internet bzw. im elektronischen Informationsverbreitungssystem, erfolgt. Eine Übersetzung der Mitteilung für fremdsprachliche BR bzw. ArbN ist nicht gesetzl. gefordert[10]. 8

Die Mitteilung über die Entscheidung des Bieters ist zu richten an den „zuständigen BR". Welcher BR zuständig ist, hängt von der Struktur des Zielunternehmens ab[11]. Dabei gilt – wie übrigens auch im Anwendungsbereich des Umwandlungsgesetzes[12] – die **Kompetenzzuordnung des BetrVG**[13]: 9

- Ist das Zielunternehmen herrschendes Unternehmen eines Konzerns iSv. § 18 AktG und besteht dort ein KBR, so ist dieser – entgegen der Begr. des RegE[14] – *nicht* der zuständige BR iS dieser Regelung. Denn nach § 58 I BetrVG ist der KBR ausschließlich zuständig „für die Behandlung von Angelegenheiten, die den Konzern oder mehrere Konzernunternehmen betreffen und nicht durch die einzelnen Gesamtbetriebsräte innerhalb ihrer Unternehmen geregelt werden können". Die Entscheidung des Bieters zur Angebotsabgabe sowie die Angebotsabgabe selbst betreffen in rechtl. Hinsicht indes nur das Zielunternehmen, nicht jedoch den Konzern oder mehrere Konzernunternehmen; diese sind nur wirtschaftl. betroffen[15]. Vielmehr ist der GBR bzw. der BR des Zielunternehmens zuständig[16].

---

1 Hierzu ausf. *Seibt/Heiser*, ZHR 2001, 466 ff. | 2 Begr. ÜbRL-UG, § 10 WpÜG-RegE, BR-Drs. 154/06 v. 24.2.2006 S. 32. | 3 Begr. ÜbRL-UG, § 10 WpÜG-RegE, BR-Drs. 154/06 v. 24.2.2006 S. 32. | 4 *Seibt/Heiser*, AG 2006, 301 (306); abweichend *Schüppen*, BB 2006, 165 (171). | 5 KölnKommWpÜG/*Hirte*, § 10 WpÜG Rz. 81; Ehricke/Ekkenga/Oechsler/*Oechsler*, § 10 WpÜG Rz. 65; Baums/Thoma/*Thoma/Stöcker*, § 10 WpÜG Rz. 139; *Steinmeier/Häger*, § 10 WpÜG Rz. 40. | 6 KölnKommWpÜG/*Hirte*, § 10 WpÜG Rz. 81; Ehricke/Ekkenga/Oechsler/*Oechsler*, § 10 WpÜG Rz. 65; *Steinmeier/Häger*, § 10 WpÜG Rz. 40; aA Baums/Thoma/*Thoma/Stöcker*, § 10 WpÜG Rz. 139. | 7 Begr. RegE-WpÜG zu § 10 V, BT-Drs. 14/7034 v. 5.10.2001 S. 40 = ZIP 2001, 1262 (1268). | 8 *Seibt*, DB 2002, 529 (532); *Grobys*, NZA 2002, 1 (4); Geibel/Süßmann/*Grobys*, § 10 WpÜG Rz. 99; KölnKommWpÜG/*Hirte*, § 10 Rz. 83; Assmann/Pötzsch/Schneider/*Assmann*, § 10 WpÜG Rz. 74. | 9 *Seibt*, DB 2002, 529 (532); Geibel/Süßmann/*Grobys*, § 10 WpÜG Rz. 95; KölnKommWpÜG/*Hirte*, § 10 Rz. 90; Assmann/Pötzsch/Schneider/*Assmann*, § 10 WpÜG Rz. 76; Haarmann/Schüppen/*Walz/Riehmer*, § 10 WpÜG Rz. 59; Baums/Thoma/*Thoma/Stöcker*, § 10 WpÜG Rz. 144. | 10 *Seibt*, DB 2002, 529 (532); Geibel/Süßmann/*Grobys*, § 10 WpÜG Rz. 92; KölnKommWpÜG/*Hirte*, § 10 Rz. 90. | 11 Vgl. Begr. RegE-WpÜG zu § 10 V, BT-Drs. 14/7034 v. 5.10.2001 S. 40 = ZIP 2001, 1262 (1268); KölnKommWpÜG/*Hirte*, § 10 Rz. 85. | 12 Hierzu zB Schmitt/Hörtnagel/*Stratz*, § 5 UmwG Rz. 99; Lutter/*Drygala*, § 5 UmwG Rz. 99. | 13 Daher ist auch ein etwa bestehender EBR nicht zuständiger Mitteilungsempfänger; vgl. *Seibt*, DB 2002, 529 (532 Fn. 24); *Grobys*, NZA 2002, 1 (3); Geibel/Süßmann/*Grobys*, § 10 WpÜG Rz. 78; KölnKommWpÜG/*Hirte*, § 10 Rz. 88. | 14 Begr. RegE-WpÜG zu § 10 V, BT-Drs. 14/7034 v. 5.10.2001 S. 40 = ZIP 2001, 1262 (1268); dieser Auffassung folgend *Grobys*, NZA 2002, 1 (3); Geibel/Süßmann/*Grobys*, § 10 WpÜG Rz. 74; aA KölnKommWpÜG/*Hirte*, § 10 Rz. 87 ff.; Ehricke/Ekkenga/Oechsler/*Oechsler*, § 10 WpÜG Rz. 25; Assmann/Pötzsch/Schneider/*Assmann*, § 10 WpÜG Rz. 75; Baums/Thoma/*Thoma/Stöcker*, § 10 WpÜG Rz. 142; Haarmann/Schüppen/*Walz/Riehmer*, § 10 WpÜG Rz. 58; MüKoAktG/*Wackerbarth*, § 10 WpÜG Rz. 75. | 15 So *Seibt*, DB 2002, 529 (532); KölnKommWpÜG/*Hirte*, § 10 Rz. 88. | 16 Zur gleichsinnigen Auffassung bei Umwandlungsfällen zB Kallmeyer/*Willemsen*, § 5 UmwG Rz. 75 mwN; Lutter/*Drygala*, § 5 UmwG Rz. 99 mwN; aA *Melchior*, GmbHR 1996, 833 (835).

- Besteht ein GBR für mehrere Betriebe des Zielunternehmens, so ist dieser GBR Mitteilungsempfänger (§ 50 I BetrVG)[1]. Bestehen zwar mehrere Betriebe mit BR, jedoch – entgegen § 47 I BetrVG – kein GBR beim Zielunternehmen, so sind – entgegen der BAG-Rspr.[2] aus gesetzesteleologischen Gründen (Transparenz und Information durch effektive Verfahrensvorschriften) – nicht die ArbN unmittelbar, sondern sämtliche BR zu informieren[3].
- Besteht bei der Zielgesellschaft lediglich ein Betrieb und ein BR, so ist dieser zuständiger Mitteilungsempfänger[4].
- Besteht kein BR beim Zielunternehmen, so entfällt nun – anders als in Umwandlungsfällen[5] – die Mitteilungspflicht nicht, sondern die Mitteilung hat unmittelbar gegenüber den ArbN zu erfolgen[6]. Freie Mitarbeiter, LeihArbN oder im Rahmen von Werkverträgen tätige Personen sind keine mitteilungsberechtigten ArbN[7]. Auf welchem Weg die ArbN zu informieren sind, regelt das Gesetz allerdings nicht. Nach allg. arbeitsrechtl. Grundsätzen hat der Vorstand dafür zu sorgen, dass jedes Belegschaftsmitglied von der Mitteilung mühelos Kenntnis nehmen kann[8], wobei die objektive Möglichkeit der Kenntnisnahme unter gewöhnlichen Umständen ausreicht. Dies kann zB erfolgen durch (1) Veröffentlichung der Mitteilung in der Werkszeitung, (2) durch die Vervielfältigung der Mitteilung und Verteilung mit der Hauspost, über das Internet, per E-Mail oder durch Zusendung an die Privatanschrift, (3) auf einer Betriebsversammlung oder (4) durch Anschlag der Mitteilung am schwarzen Brett[9].
- Bestehen bei einem Zielunternehmen nicht für alle Betriebe ein BR oder GBR, so wären nach dem isolierten Gesetzeswortlaut neben dem (G)BR auch die Mitarbeiter unmittelbar zu informieren, die in Betrieben ohne BR beschäftigt sind. Allerdings folgt aus § 50 I 1 Hs. 2 BetrVG eine Annexkompetenz des GBR für die Entgegennahme der Mitteilung für alle ArbN des Zielunternehmens, was auch die praktische Durchführung der Informationspflicht sehr vereinfacht[10].

10 Die Mitteilungsverpflichtung besteht in jedem Fall nur gegenüber dem jeweils ranghöchsten Gremium des Zielunternehmens[11] und bezieht sich ausweislich des eindeutigen Wortlauts nur auf die BR bzw. ArbN des Zielunternehmens, dh. nicht auf solche Gremien oder ArbN, die bei Konzerngesellschaften gebildet bzw. beschäftigt sind[12]. In der Praxis wird man Zweifelsfragen bei der Feststellung des zuständigen BR dadurch lösen, dass die Mitteilung vorsorglich an alle möglicherweise zuständigen BR erfolgt[13].

11 Die Mitteilungsverpflichtung gegenüber einem BR ist unter Anwendung von § 26 III 2 BetrVG erfüllt, wenn der Vorsitzende des BR bzw. im Falle seiner Verhinderung sein Stellvertreter die Mitteilung wahrnimmt oder entgegennimmt. Sind sowohl der Vorsitzende als auch sein Stellvertreter verhindert und hat der BR versäumt, für diesen Fall Vorkehrungen zu treffen, so kann die Mitteilung gegenüber jedem BR-Mitglied erfolgen[14]. Die Mitteilung über die Entscheidung des Bieters zur Angebotsabgabe hat durch den Vorstand unverzüglich nach deren eigener Kenntnis zu erfolgen, dh. ohne schuldhaftes Zögern (§ 121 I 1 BGB)[15].

12 **3. Inhalt der Angebotsunterlage.** Nach § 11 I hat der Bieter eine Angebotsunterlage in deutscher Sprache zu erstellen und zu veröffentlichen, welche die Angaben enthält, die notwendig sind, damit die

---

1 *Seibt*, DB 2002, 529 (532); *Grobys*, NZA 2002, 1 (2); KölnKommWpÜG/*Hirte*, § 10 Rz. 90; Assmann/Pötzsch/Schneider/*Assmann*, § 10 WpÜG Rz. 75; Ehricke/Ekkenga/Oechsler/*Oechsler*, § 10 WpÜG Rz. 25; Baums/Thoma/*Thoma/Stöcker*, § 10 WpÜG Rz. 142; Haarmann/Schüppen/*Walz/Riehmer*, § 10 WpÜG Rz. 58. | 2 Vgl. BAG v. 6.4.1976 – ABR 27/74, AP Nr. 2 zu § 50 BetrVG 1972; v. 14.12.1993 – AZR 618/93, AP Nr. 81 zu § 7 BetrAVG; vgl. auch ErfK/*Eisemann*, § 50 BetrVG Rz. 2; aA *Fitting*, § 50 BetrVG Rz. 14. | 3 *Seibt*, DB 2002, 529 (532); *Grobys*, NZA 2002, 1 (2); KölnKommWpÜG/*Hirte*, § 10 Rz. 90; zur gleichsinnigen Auffassung bei Umwandlungsfällen Schmitt/Hörtnagel/*Stratz*, § 5 UmwG Rz. 55. | 4 *Seibt*, DB 2002, 529 (532); KölnKommWpÜG/*Hirte*, § 10 Rz. 88. | 5 Vgl. *Joost*, ZIP 1995, 976 (985); Schmitt/Hörtnagel/*Stratz*, § 5 UmwG Rz. 97, § 194 UmwG Rz. 12 f.; Lutter/*Drygala*, § 5 UmwG Rz. 100; *Willemsen*, RdA 1998, 23 (32); *Boecken*, Unternehmensumwandlungen und Arbeitsrecht, Rz. 336. | 6 Diese Verpflichtung zur unmittelbaren Unterrichtung der ArbN, die von der klassischen Konzeption kollektiver Beteiligungsrechte abweicht, findet sich auch bei § 613a V u. VI BGB. | 7 *Seibt*, DB 2002, 529 (532); KölnKommWpÜG/*Hirte*, § 10 Rz. 93; Baums/Thoma/*Thoma/Stöcker*, § 10 WpÜG Rz. 143; Assmann/Pötzsch/Schneider/*Assmann*, § 10 WpÜG Rz. 76. | 8 Vgl. *Fitting*, § 110 BetrVG Rz. 4; ErfK/*Kania*, § 110 BetrVG Rz. 3. | 9 Vgl. *Fitting*, § 110 BetrVG Rz. 4; *Richardi*, § 110 BetrVG Rz. 6; *Seibt*, DB 2002, 529 (532); abweichend im Hinblick auf Aushänge an den für Mitarbeiterangelegenheiten vorgehaltenen schwarzen Brettern ErfK/*Kania*, § 110 BetrVG Rz. 3; DKK/*Däubler*, § 110 BetrVG Rz. 9; Haarmann/Schüppen/*Walz/Riehmer*, § 10 WpÜG Rz. 59. | 10 *Seibt*, DB 2002, 529 (532); *Grobys*, NZA 2002, 1 (3); KölnKommWpÜG/*Hirte*, § 10 Rz. 92; Baums/Thoma/*Thoma/Stöcker*, § 10 WpÜG Rz. 142. | 11 *Seibt*, DB 2002, 529 (532); Ehricke/Ekkenga/Oechsler/*Oechsler*, § 10 WpÜG Rz. 25; Assmann/Plötzsch/Schneider/*Assmann*, § 10 WpÜG Rz. 75; Haarmann/Schüppen/*Walz/Riehmer*, § 10 WpÜG Rz. 58; vgl. auch Geibel/Süßmann/*Grobys*, § 10 WpÜG Rz. 76, der jedoch im Übrigen die abweichende Auffassung der Zuständigkeit des KonzernBR vertritt. | 12 *Seibt*, DB 2002, 529 (532); KölnKommWpÜG/*Hirte*, § 10 Rz. 85; aA *Grobys*, NZA 2002, 1 (3); Baums/Thoma/*Thoma/Stöcker*, § 10 WpÜG Rz. 143; Assmann/Pötzsch/Schneider/*Assmann*, § 10 WpÜG Rz. 76. | 13 *Seibt*, DB 2002, 529 (532); *Grobys*, NZA 2002, 1 (3); Geibel/Süßmann/*Grobys*, § 10 WpÜG Rz. 76. | 14 *Seibt*, DB 2002, 529 (532); *Fitting*, § 26 BetrVG Rz. 36; zur gleichsinnigen Regelung bei Umwandlungsfällen Goutier/*Bermel/Hannappel*, § 5 UmwG Rz. 127. | 15 *Seibt*, DB 2002, 529 (532); KölnKommWpÜG/*Hirte*, § 10 Rz. 84; Ehricke/Ekkenga/*Oechsler*, § 10 WpÜG Rz. 25; Baums/Thoma/*Thoma/Stöcker*, § 10 WpÜG Rz. 145.

Aktionäre in Kenntnis der Sachlage über das Angebot entscheiden können[1]. Dabei hat die Angebotsunterlage auch zu enthalten (§ 11 II 3 Nr. 2) *„Angaben über die Absichten des Bieters im Hinblick auf die künftige Geschäftstätigkeit der Zielgesellschaft sowie, soweit von dem Angebot betroffen, des Bieters, insbesondere den Sitz und den Standort wesentlicher Unternehmensteile, die Verwendung des Vermögens, künftige Verpflichtungen, die Arbeitnehmer und deren Vertretungen, die Mitglieder der Geschäftsführungsorgane und wesentliche Änderungen der Beschäftigungsbedingungen einschließlich der insoweit vorgesehenen Maßnahmen“*. Ausweislich der Gesetzesbegründung besteht der Sinn und Zweck dieser Angabenverpflichtung nicht nur darin, den Aktionär als Adressat des Angebots umfassend über die Pläne des Bieters zu informieren, sondern es sollen auch die ArbN-Vertretungen frühzeitig über die Absichten des Bieters informiert werden, damit bereits im Vorfeld der Übernahme eine sozialverträgliche Durchführung erleichtert werden kann[2].

Das Gesetz verlangt – anders als noch der Diskussionsentwurf zum WpÜG – nur Angaben über die „Absichten des Bieters“ im Hinblick auf bestimmte Umstände, die in der Zukunft liegen. Dabei übernimmt der Bieter natürlich keine Garantie dafür, dass die in der Angebotsunterlage hier angegebenen Absichten tatsächlich eintreffen oder umgesetzt werden. Vielmehr müssen die Angaben (nur) zum Zeitpunkt der Veröffentlichung der Angebotsunterlage[3] zutreffend die Absichten des Bieters wiedergeben[4]. Zu den besonders die Interessen der ArbN und ihre Vertretung berührenden **Pflichtangaben** gehören die Angaben über die Absichten des Bieters betreffend 13

- den Sitz der Zielgesellschaft;
- den Standort wesentlicher Unternehmensteile der Zielgesellschaft;
- die Verwendung des Vermögens der Zielgesellschaft;
- die künftigen Verpflichtungen der Zielgesellschaft;
- die ArbN der Zielgesellschaft und deren Vertretungen;
- wesentliche Änderungen der Beschäftigungsbedingungen einschließlich der insoweit vorgesehenen Maßnahmen.

Die Verlagerung des Sitzes der Zielgesellschaft hat, sofern er ins Ausland erfolgt, Auswirkungen auf die Zusammensetzung des AR, da die Mitbestimmungsgesetze nur auf Unternehmen mit Sitz in Deutschland Anwendung finden (s. § 1 DrittelbG Rz. 2; § 1 MitbestG Rz. 7; 2. Aufl. § 1 MontanMitbestG Rz. 14). Angaben zum Standort wesentlicher Unternehmensteile und die Verwendung des Vermögens der Zielgesellschaft werden in der Praxis häufig auf Restrukturierungsmaßnahmen hinweisen, welche dann bei der Umsetzung betriebsverfassungsrechtl. Mitwirkungsrechte der BR auslösen können. Primär arbeitsrechtl. Inhalt haben die Angaben über *„die Arbeitnehmer der Zielgesellschaft und deren Vertretungen und wesentliche Änderungen der Beschäftigungsbedingungen einschließlich der insoweit vorgesehenen Maßnahmen“*. Diese Formulierung lehnt sich an die umwandlungsrechtl. Vorschriften (vgl. § 5 I Nr. 9, § 126 I Nr. 11, § 194 I Nr. 7 UmwG) an, geht aber mit dem Hinweis auf die Änderungen der Beschäftigungsbedingungen über die Anforderungen des Umwandlungsgesetzes auch hinaus. Da die Durchführung des Aktienerwerbs bzw. der Unternehmensübernahme – mit Ausnahme etwaiger Änderungen für die Unternehmensmitbest. und die betriebsverfassungsrechtl. Organe – keine Auswirkungen auf die individualrechtl. oder kollektivarbeitsrechtl. Position der ArbN sowie die Betriebsstrukturen beim Zielunternehmen haben, werden hier auch die **mittelbaren, beabsichtigten Folgen des Aktienerwerbs** zu schildern sein, damit dem Gesetz ein sinnvoller Anwendungsbereich verbleibt[5]. Auch insoweit geht das WpÜG über das – richtig ausgelegte[6] – Umwandlungsrecht hinaus. Allerdings sind nur solche Folgen für die ArbN und deren Vertretungen sowie Änderungen der Beschäftigungsbedingungen aufzuführen, die auf hinreichend konkret formulierten Planungen des Bieters beruhen und nicht nur wage Ideen, ohne Abstimmung im Gesamtgremium der Geschäftsleitung des Bieters sind[7]. Aus dem gesetzgeberischen telos (Transparenz des Verfahrens und der Informationen für die Aktionäre) folgt, dass an den Detail- 14

---

1 Hierzu ausf. *Hamann*, ZIP 2001, 2249 ff.; KölnKommWpÜG/*Seydel*, § 11 Rz. 18 ff. |2 Vgl. Begr. RegE-WpÜG zu § 11 I, BT-Drs. 14/7034 vom 5.10.2001 S. 41 = ZIP 2001, 1262 (1270). |3 *Seibt*, DB 2002, 529 (532); *Steinmeyer/Häger/Steinhardt*, § 11 WpÜG Rz. 73; Assmann/Pötzsch/Schneider/*Bosch/Meyer*, § 11 WpÜG Rz. 53; Haarmann/Schüppen/*Renner*, § 11 WpÜG Rz. 31; abweichend (Abfassung der Angebotsunterlage) *Grobys*, NZA 2002, 1 (5); Geibel/Süßmann/*Grobys*, § 11 WpÜG Rz. 28. |4 Zur Verminderung von Haftungsrisiken ist es empfehlenswert, durch geeignete Unterlagen zu dokumentieren, worauf die Darstellung dieser Absichten beruht; vgl. *Seibt*, DB 2002, 529 (532); *Hamann*, ZIP 2001, 2249 (2252); *Steinmeyer/Häger/Steinhardt*, § 11 WpÜG Rz. 73. |5 *Seibt*, DB 2002, 529 (532); Geibel/Süßmann/*Grobys*, § 11 WpÜG Rz. 27; KölnKommWpÜG/*Seydel*, § 11 Rz. 72; aA Assmann/Pötzsch/Schneider/*Assmann*, § 11 WpÜG Rz. 117. |6 Bei §§ 5 I Nr. 9, 126 I Nr. 11, 194 I Nr. 7 UmwG sind die nur mittelbar mit einer Umwandlung verbundenen Folgen nicht in das Umwandlungsdokument aufzunehmen; so Lutter/*Drygala*, § 5 UmwG Rz. 65 ff.; Kallmeyer/*Willemsen*, § 5 UmwG Rz. 50 ff.; Sagasser/Bula/Brünger/*Sagasser/Ködderitsch*, Umwandlungen, Rz. J 69; Schmitt/Hörtnagel/*Stratz*, § 5 UmwG Rz. 85 f.; *Widmann/Mayer*, § 5 UmwG Rz. 200; *Boecken*, Unternehmensumwandlungen und Arbeitsrecht, Rz. 319 ff.; *Engelmeyer*, DB 1996, 2542; *Bungert*, NZG 1998, 733 (734); aA *Bachner*, NJW 1995, 2881 (2886); *Däubler*, RdA 1995, 137 (138); *Hjort*, NJW 1999, 750 (751 ff.); *Wlotzke*, DB 1995, 45; wohl auch OLG Düsseldorf v. 15.5.1998 – 3 Wx 156/98, NZG 1998, 648 (obiter dictum). |7 Vgl. KölnKommWpÜG/*Seydel*, § 11 Rz. 72.

lierungsgrad der arbeitsrechtl. Angaben keine übermäßigen Anforderungen zu stellen sind. IdR werden Angaben über die (mittelbaren) Folgen des Aktienerwerbs erforderlich sein auf (1) die Arbeitsverträge der Beschäftigten, (2) die Geltung von TV und BV, (3) die Struktur der betriebsverfassungsrechtl. Organe (BR, SprAu) (4) die Unternehmensmitbest. im AR der Zielgesellschaft und (5) die Beschäftigungsbedingungen[1].

15 Werden zu den vorgenannten Aspekten in den Angebotsunterlagen keine Aussagen getroffen, so ist die Angebotsunterlage dann nicht unvollständig, wenn nach vernünftiger Auffassung des Bieters keine Änderungen zum *status quo ante* bei Durchführung der beabsichtigten Maßnahmen zu erwarten sind[2]. Allerdings verlangt das Bundesaufsichtsamt in der Praxis zur Vermeidung von Missverständnissen, dass sog. Negativerklärungen im Hinblick auf die vorgenannten Themenkreise abgegeben werden.

16 **4. Verpflichtung zur Übermittlung der Angebotsunterlage.** Der Bieter hat in gleicher Weise wie bei seiner Entscheidung über die Abgabe des Angebots auch die Angebotsunterlage zu veröffentlichen und diese dem Vorstand der Zielgesellschaft zu übermitteln (§ 14 I–III, IV 1). Der Vorstand der Zielgesellschaft hat wiederum die Angebotsunterlage „*unverzüglich dem zuständigen Betriebsrat oder, sofern ein solcher nicht besteht, unmittelbar den Arbeitnehmern zu übermitteln*“ (§ 14 IV 2). Auch diese Bestimmung soll – ausweislich der Begr. zum RegE – die ArbN in die Lage versetzen, die ihnen anderweitig gesetzl. eingeräumten Rechte wahrzunehmen[3]. Für die Auslegung dieser Übermittlungspflicht gelten dieselben Grundsätze wie im Hinblick auf die Mitteilungsverpflichtung des Vorstandes nach § 10 V 2[4].

17 **5. Stellungnahme(n) der Geschäftsleitungsorgane und des Betriebsrats bzw. der Arbeitnehmer zum Angebot des Bieters.** Nach § 27 I haben der Vorstand und der AR der Zielgesellschaft eine begründete Stellungnahme zu dem Angebot (sowie zu jeder seiner Änderungen) abzugeben. Dabei muss die Stellungnahme insb. auch eingehen auf „*die voraussichtlichen Folgen eines erfolgreichen Angebots für die Zielgesellschaft, die Arbeitnehmer und ihre Vertretung, die Beschäftigungsbedingungen und die Standorte der Zielgesellschaft*“ (§ 27 I 2 Nr. 2). Diese Stellungnahme der Geschäftsleitungsorgane der Zielgesellschaft soll gewährleisten, dass die Aktionäre als Adressaten des Angebots umfassend über dieses sowie über die Folgen eines erfolgreichen Angebots für die Zielgesellschaft informiert werden. Nebenzweck der Stellungnahme ist allerdings auch, dass die Geschäftsleitungsorgane der Gesellschaft hierdurch angehalten werden, „ihre gesellschaftsrechtlichen Verpflichtungen zur sachgerechten Wahrnehmung der in der Gesellschaft zusammentreffenden Interessen“ (darunter auch diejenigen der ArbN) wahrzunehmen, mögliche Beeinträchtigung dieser Interessen durch das Angebot zu erkennen sowie ggf. durch Begleitmaßnahmen auszugleichen (zB Abschluss von BV) und die ArbN und ihre Vertretung hierüber zu informieren[5].

18 Damit werden die Geschäftsleitungsorgane verpflichtet, iS einer **Prognoseerklärung** auf der Basis der von dem Bieter in der Angebotsunterlage (und ggf. in weiteren Dokumenten, in Presseveröffentlichungen oder im Internetauftritt des Bieters) erklärten Absichten die „voraussichtlichen“ Folgen eines erfolgreichen Angebots für die ArbN und ihre Vertretungen, die Beschäftigungsbedingungen und die Standorte der Zielgesellschaft darzustellen[6]. Vorstand und AR haben hierbei nur eine Plausibilitätskontrolle der in der Angebotsunterlage enthaltenen arbeitsrechtl. Angaben durchzuführen[7]. Gleichwohl steht es Vorstand und AR der Zielgesellschaft frei, im Rahmen der übernahmerechtl. und aktienrechtl. Neutralitätspflicht (§ 33 WpÜG, §§ 93, 116 AktG) eigene, auf Mitteilungen des Bieters basierende Übernahmeszenarien sowie deren Folgen darzustellen.

19 In der Praxis werden Vorstand und AR eine gemeins. Stellungnahme entwerfen und veröffentlichen. Das ist allerdings nicht zwingend, sondern es können auch getrennte Stellungnahmen entwickelt werden[8]. In jedem Fall muss es sich aber um Stellungnahmen der Organe Vorstand und AR (in Form getrennter Beschlussfassungen[9]) handeln, so dass **dissentierende Stellungnahmen einzelner Organmitglieder** (zB ArbN-Vertreter im AR) zwar bei Einhaltung der allgemeinen aktienrechtl. Grenzen zulässig[10], aber nicht im übernahmerechtl. Verfahren zu veröffentlichen sind. In der Praxis wird es weiter

---

1 Vgl. Geibel/Süßmann/*Grobys*, § 11 WpÜG Rz. 31 f. | 2 *Seibt*, DB 2002, 529 (533); zur gleichsinnigen Auffassung bei Umwandlungsfällen Kallmeyer/*Willemsen*, § 5 UmwG Rz. 59. | 3 Begr. RegE-WpÜG zu § 14 IV, BT-Drs. 14/7034 v. 5.10.2001 S. 45 = ZIP 2001, 1262 (1273). | 4 Vgl. *Seibt*, DB 2002, 529 (533); KölnKommWpÜG/*Seydel*, § 14 Rz. 71; Assmann/Pötzsch/Schneider/*Assmann*, § 14 WpÜG Rz. 49; Haarmann/Schüppen/*Scholz*, § 14 WpÜG Rz. 48; Baums/Thoma/*Thoma*, § 14 WpÜG Rz. 105. | 5 Vgl. Begr. RegE-WpÜG zu § 27 II, BT-Drs. 14/7034 v. 5.10.2001 S. 52 = ZIP 2001, 1262 (1280). | 6 *Seibt*, DB 2002, 529 (534); vgl. auch Begr. RegE-WpÜG zu § 27 I, BT-Drs. 14/7034 v. 5.10.2001 S. 52 = ZIP 2001, 1262 (1280): „Grundlage der Stellungnahme werden hierbei *insbesondere* die Angaben des Bieters in der Angebotsunterlage über seine strategische Planung im Hinblick auf die Zielgesellschaft sein.“ | 7 *Seibt*, DB 2002, 529 (534); KölnKommWpÜG/*Hirte*, § 27 Rz. 42; Geibel/Süßmann/*Grobys*, § 27 WpÜG Rz. 17; Ehricke/Ekkenga/Oechsler/*Ekkenga*, § 27 WpÜG Rz. 21; weiter gehend wohl Haarmann/Schüppen/*Röh*, § 27 WpÜG Rz. 21, der verlangt, dass der Vorstand die Angaben sorgfältig auf ihre inhaltliche Richtigkeit, Vollständigkeit und Plausibilität hin überprüft; ähnl. Baums/Thoma/*Harbarth*, § 27 WpÜG Rz. 68. | 8 *Seibt*, DB 2002, 529 (534); vgl. auch Einzelbegründung zu § 27, Beschlussempfehlung und Bericht des Finanzausschusses, BT-Drs. 14/7477 v. 14.11.2001 S. 68. | 9 *Seibt*, DB 2002, 529 (534); KölnKommWpÜG/*Hirte*, § 27 Rz. 20. | 10 Vgl. Begr. RegE-WpÜG zu § 27 I WpÜG, BT-Drs. 14/7034 v. 5.10.2001 S. 52 = ZIP 2001, 1262 (1280); *Seibt*, DB 2002, 529 (534); Ehricke/Ekkenga/Oechsler/*Ekkenga*, § 27 WpÜG Rz. 9.

sinnvoll sein, die Stellungnahme des Vorstandes und des AR zunächst in einem gemeins. Ausschuss mit Vertretern beider Gremien vorzubereiten (keine Beschlusskompetenz), der dann den Entwurf zur Beschlussfassung an den Vorstand und den AR bzw. AR-Ausschuss übermittelt.

Darüber hinaus ergibt sich aus § 27 II, dass auch der zuständige BR (Rz. 9), oder, sofern ein solcher nicht besteht, unmittelbar die ArbN der Zielgesellschaft berechtigt sind, eine Stellungnahme zu dem Angebot des Bieters zu erstellen, die dann der Vorstand (nicht auch der AR nach dem eindeutigen Gesetzeswortlaut) seiner Stellungnahme beizufügen hat (Zweck: Information der Aktionäre über die Haltung der ArbN[1]). Wird nur eine gemeins. Stellungnahme des Vorstandes und des AR erstellt und veröffentlicht, so ist die Stellungnahme des BR bzw. die ArbN dieser gemeins. Stellungnahme beizufügen[2]. Der BR bzw. die ArbN sind allerdings nicht verpflichtet, eine eigene Stellungnahme zu entwickeln[3]. 20

Bei der Stellungnahme des Vorstandes einerseits und derjenigen des BR bzw. der ArbN andererseits handelt es sich um zwei voneinander unterschiedene Stellungnahmen (vgl. § 27 II)[4]. Daher ist auch der Vorstand (bzw. bei der gemeins. Stellungnahme auch der AR) grundsätzlich für den Inhalt der Stellungnahme des BR bzw. der ArbN nicht verantwortlich[5]. Die Geschäftsleitungsorgane trifft insoweit auch **keine formelle oder materielle Prüfungspflicht** im Hinblick auf deren Stellungnahme[6]. Allerdings wird man dem Vorstand die Berechtigung zuerkennen müssen, **Änderungen an der Stellungnahme des BR** bzw. der ArbN vornehmen zu dürfen bzw. von der Beifügung jährlich abzusehen, wenn – ähnlich den der Vorschriften in § 126 II Nr. 1 und 3 AktG zugrunde liegenden Gedanken – (1) sich der Vorstand durch die Beifügung dieser Stellungnahme strafbar machen würde[7] oder (2) diese Stellungnahme in wesentlichen Punkten offensichtlich falsche oder irreführende Angaben oder wenn sie Beleidigungen enthält[8]; entsprechend dem Transparenz- und Informationsgrundsatz wird der Vorstand auch zur Änderung an der Stellungnahme berechtigt sein bzw. in Ausnahmefällen von einer Beifügung absehen können, wenn (3) diese in Bezug auf das konkrete Angebot völlig unbedeutend ist oder bloß inhaltlose Floskeln enthält[9]. Bei extrem langen Stellungnahmen genügt der Vorstand seiner Beifügungspflicht, wenn er statt des Volltextes der Stellungnahme einen Hinweis auf eine kostenlos zugängliche Informationsquelle (zB eine Internetadresse bzw. weiterführenden Link) sowie ggf. eine ihm von dem BR bzw. den ArbN zur Verfügung gestellte Zusammenfassung veröffentlicht[10]. Da es sich bei der Stellungnahme des BR bzw. der ArbN um eine kapitalmarktrelevante Information handelt, kommt auch dem Bundesaufsichtsamt eine Überwachungskompetenz zu[11]. Schadensersatzansprüche gegen die Verursacher dieser Stellungnahme kommen nicht in Betracht, da diese ArbN-Stellungnahme nach dem Willen des Gesetzgebers nicht haftungsbewehrt sein sollte und überdies der Einfluss dieser Stellungnahme auf das Anlegerverhalten als gering einzuschätzen ist[12]. 21

Da Vorstand und AR der Zielgesellschaft nach § 27 I 1, III 1 ihre gemeins. Stellungnahme bzw. die Stellungnahmen **unverzüglich** (dh. regelmäßig wohl mindestens 2 Wochen[13]) nach Übermittlung der Angebotsunterlage veröffentlichen müssen, sind die Geschäftsleitungsorgane weder berechtigt noch verpflichtet, mit der Veröffentlichung ihrer Stellungnahme(n) auf die Erstellung der Stellungnahme des BR bzw. der ArbN über diese Zeitperiode der Unverzüglichkeit hinaus zu warten[14]. Allerdings steht es dem Vorstand der Zielgesellschaft frei (und dies wird in der Praxis nach dem Grundsatz der vertrauensvollen Zusammenarbeit auch zu empfehlen sein), nach Übermittlung der Angebotsunterlage an den zuständigen BR bzw. die ArbN Kontakt mit diesen zu halten, um bei entsprechendem Interesse des BR bzw. der ArbN eine Veröffentlichung der Stellungnahme mit der Vorstands-Stellungnahme im Rahmen der Unverzüglichkeitsfrist zu ermöglichen[15]. Zu einer Nachtrags-Veröffentlichung ist der Vor- 22

1 Begr. RegE-WpÜG zu § 27 II BT-Drs. 14/7034 v. 5.10.2001 S. 52 = ZIP 2001, 1262 (1281). | 2 *Seibt*, DB 2002, 529 (534); KölnKommWpÜG/*Hirte*, § 27 Rz. 62. | 3 *Seibt*, DB 2002, 529 (534); Ehricke/Ekkenga/Oechsler/*Ekkenga*, § 27 WpÜG Rz. 28; Assmann/Pötzsch/Schneider/*Krause/Pötzsch*, § 27 WpÜG Rz. 105; Haarmann/Schüppen/*Röh*, § 27 WpÜG Rz. 68; Baums/Thoma/*Harbarth*, § 27 WpÜG Rz. 104. | 4 *Seibt*, DB 2002, 529 (534). | 5 *Seibt*, DB 2002, 529 (534); KölnKommWpÜG/*Hirte*, § 27 Rz. 62. | 6 *Seibt*, DB 2002, 529 (534). | 7 *Seibt*, DB 2002, 529 (534); Geibel/Süßmann/*Grobys*, § 27 WpÜG Rz. 33; Assmann/Pötzsch/Schneider/*Krause/Pötzsch*, § 27 WpÜG Rz. 118; aA KölnKommWpÜG/*Hirte*, § 27 Rz. 62. | 8 *Seibt*, DB 2002; 529 (534); Geibel/Süßmann/*Grobys*, § 27 WpÜG Rz. 33; Assmann/Pötzsch/Schneider/*Krause/Pötzsch*, § 27 WpÜG Rz. 118; Haarmann/Schüppen/*Röh*, § 27 WpÜG Rz. 73; aA KölnKommWpÜG/*Hirte*, § 27 Rz. 62. | 9 *Seibt*, DB 2002, 529 (534); *Grobys*, NZA 2002, 1 (6); Baums/Thoma/*Harbarth*, § 27 WpÜG Rz. 111; aA KölnKommWpÜG/*Hirte*, § 27 Rz. 62; Ehricke/Ekkenga/Oechsler/*Ekkenga*, § 27 WpÜG Rz. 33; Assmann/Pötzsch/Schneider/*Krause/Pötzsch*, § 27 WpÜG Rz. 117; Haarmann/Schüppen/*Röh*, § 27 WpÜG Rz. 73. | 10 Vgl. Geibel/Süßmann/*Grobys*, § 27 WpÜG Rz. 35; Ehricke/Ekkenga/Oechsler/*Ekkenga*, § 27 WpÜG Rz. 33; Assmann/Pötzsch/Schneider/*Krause/Pötzsch*, § 27 WpÜG Rz. 117; wohl auch KölnKommWpÜG/*Hirte*, § 27 Rz. 71; aA Haarmann/Schüppen/*Röh*, § 27 WpÜG Rz. 73; Baums/Thoma/*Harbarth*, § 27 WpÜG Rz. 111. | 11 Hierzu ausf. *Seibt* in Henze/Hoffmann-Becking (Hrsg.), Gesellschaftsrecht-Forum 2003, S. 337, 361. | 12 *Seibt* in Henze/Hoffmann-Becking (Hrsg.), Gesellschaftsrecht-Forum 2003, S. 337, 362; aA KölnKommWpÜG/*Hirte*, § 27 Rz. 27 aE. | 13 Vgl. OLG Frankfurt v. 8.12.2005 – WpÜG 1/05, AG 2006, 207. | 14 *Seibt*, DB 2002, 529 (534); ähnlich KölnKommWpÜG/*Hirte*, § 27 Rz. 64 (Ausnahme: geringfügige und angekündigte Verzögerung). | 15 Vgl. Begr. RegE-WpÜG zu § 27 II, BT-Drs. 14/7034 v. 5.10.2001 S. 52 = ZIP 2001, 1262 (1281); *Seibt*, DB 2002, 529 (534); KölnKommWpÜG/*Hirte*, § 27 Rz. 63; Assmann/Pötzsch/Schneider/*Krause/Pötzsch*, § 27 WpÜG Rz. 122; Haarmann/Schüppen/*Röh*, § 27 WpÜG Rz. 73.

stand in keinem Fall verpflichtet, da dies dem Transparenz- und Informationsgrundsatz entgegenstehen würde[1]:

23 Besteht beim Zielunternehmen kein zuständiger BR, so dürfte in der Praxis die Erstellung einer **Stellungnahme der AN** schwierig sein. Da nach § 27 II die ArbN der Zielgesellschaft nur *eine* Stellungnahme dem Vorstand zur Weiterverbreitung übermitteln dürfen, sind Stellungnahmen einzelner ArbN-Gruppen unzulässig und brauchen vom Vorstand nicht berücksichtigt zu werden (Grund: Solche Einzel-Stellungnahmen würden dem Transparenz- und Informationsziel des WpÜG auch entgegenstehen)[2]. Die ArbN könnten sich allerdings verständigen, dass die Ergebnisse einer Betriebsversammlung, die die Angebotsunterlage zum Gegenstand hatte, protokolliert werden und diese Niederschrift als Stellungnahme der ArbN dem Vorstand übermittelt wird[3].

24 Der BR bzw. die ArbN sind berechtigt, zur Verfassung der Stellungnahme **externe Sachverständige**, zB Rechtsanwälte, Steuerberater oder Wirtschaftsprüfer, hinzuzuziehen. Eine Pflicht der Zielgesellschaft zur Übernahme der dadurch anfallenden Kosten aus §§ 80 III, 40 I BetrVG setzt jedoch voraus, dass eine vorherige Vereinbarung mit dem ArbGeb getroffen und der Grundsatz der Verhältnismäßigkeit beachtet wurde[4]. Zur Erstattung der den ArbN selbst im Zusammenhang mit der Anfertigung der Stellungnahme entstandenen Kosten ist die Zielgesellschaft dagegen nicht verpflichtet[5].

25 Vorstand und AR haben ihre Stellungnahme nach § 27 III 2 dem zuständigen BR oder, sofern ein solcher nicht besteht, unmittelbar den ArbN zu übermitteln. Die in diesem Zusammenhang auftretenden Auslegungsfragen sind entsprechend dem zu §§ 10 V 2, 14 IV 2 Ausgeführtem zu entscheiden. Dabei ist die gesamte Stellungnahme des Vorstandes und des AR zu übermitteln, also nicht nur der Teil, der die arbeitsrechtl. Angaben nach § 27 I 2 Nr. 2 enthält[6].

26 **6. Folgen der Verletzung der Informationspflichten. a) Verletzung der Pflicht zur Erstellung der Angebotsunterlage.** Das Bundesaufsichtsamt überwacht im Rahmen seiner Zuständigkeit, dass der Bieter die Angebotsunterlage nach Maßgabe von § 11 erstellt. Enthält die Angebotsunterlage Pflichtangaben nicht oder verstoßen die in der Angebotsunterlage enthaltenen Angaben offensichtlich gegen Vorschriften des WpÜG oder einer WpÜG-RechtsVO, so untersagt das Bundesaufsichtsamt das Angebot (§ 15 I). Darüber hinaus kann das Bundesaufsichtsamt zur Einhaltung der übernahmerechtl. Vorschriften alle Anordnungen treffen, die geeignet und erforderlich sind, Missstände, welche die ordnungsgemäße Durchführung des Verfahrens beeinträchtigen oder erhebliche Nachteile für den Wertpapiermarkt bewirken können, zu beseitigen oder zu verhindern (§ 4 I 3). Allerdings nimmt das Bundesaufsichtsamt die ihm zugewiesenen Aufgaben und Befugnisse nach § 4 II **ausschließlich im öffentl. Interesse** wahr. Demgemäß vermittelt auch weder § 4 I 3 noch § 15 I einen Drittschutz, so dass insb. Aktionäre der Zielgesellschaft (und erst recht nicht ArbN oder BR der Zielgesellschaft) keinen öffentl.-rechtl. Anspruch auf ein Einschreiten des Bundesaufsichtsamtes geltend machen können[7]. Im Regelfall scheiden auch Schadenersatzansprüche von Aktionären oder ArbN gegen den Bieter aus § 823 II BGB iVm. § 11 WpÜG[8] sowie Unterlassungsansprüche des BR bzw. von ArbN gegen eine Fortführung des Angebots[9] aus.

27 Allerdings sieht § 12 I – den Vorschriften zur börsengesetzl. Prospekthaftung in §§ 45, 46 BörsG nachgebildet – eine **Grundlage für Schadenersatzansprüche** für diejenigen Aktionäre vor, die das Angebot des Bieters angenommen haben, wenn die *„für die Beurteilung des Angebots wesentliche(n) Angaben der Angebotsunterlage unrichtig oder unvollständig"* sind[10]. Ob auch fehlerhafte oder unvollständige Angaben nach § 11 II 3 Nr. 2 (Angaben über die Absichten des Bieters im Hinblick auf zB die ArbN und deren Vertretungen und wesentliche Änderungen der Beschäftigungsbedingungen einschließlich der insoweit

---

1 *Seibt*, DB 2002, 529 (534); Ehricke/Ekkenga/Oechsler/*Ekkenga*, § 27 WpÜG Rz. 36; Haarmann/Schüppen/*Röh*, § 27 WpÜG Rz. 74; aA *Grobys*, NZA 2002, 1 (6); KölnKommWpÜG/*Hirte* § 27 Rz. 64; Assmann/Pötzsch/Schneider/*Krause/Pötzsch*, § 27 WpÜG Rz. 123; Baums/Thoma/*Harbarth*, § 27 WpÜG Rz. 113; *Steinmeyer/Häger*, § 27 WpÜG Rz. 61. Diff. nach der Anzahl der Stellungnahmen Baums/Thoma/*Harbarth*, § 27 WpÜG Rz. 102. | 2 *Seibt*, DB 2002, 529 (535); Ehricke/Ekkenga/Oechsler/*Ekkenga*, § 27 WpÜG Rz. 31; Assmann/Pötzsch/Schneider/*Krause/Pötzsch*, § 27 WpÜG Rz. 114; aA *Grobys*, NZA 2002, 1, 6; Geibel/Süßmann/*Grobys*, § 27 WpÜG Rz. 29. | 3 *Seibt*, DB 2002, 529 (535). | 4 *Seibt*, DB 2002, 529 (535); Ehricke/Ekkenga/Oechsler/*Ekkenga*, § 27 WpÜG Rz. 29; KölnKommWpÜG/*Hirte*, § 27 Rz. 58, 61; Assmann/Pötzsch/Schneider/*Krause/Pötzsch*, § 27 WpÜG Rz. 108; Haarmann/Schüppen/*Röh*, § 27 WpÜG Rz. 69; Baums/Thoma/*Harbarth*, § 27 WpÜG Rz. 107. | 5 *Seibt*, DB 2002, 529 (535); KölnKommWpÜG/*Hirte*, § 27 Rz. 61; Geibel/Süßmann/*Grobys*, § 27 WpÜG Rz. 31; Assmann/Pötzsch/Schneider/*Krause/Pötzsch*, § 27 WpÜG Rz. 108; Baums/Thoma/*Harbarth*, § 27 WpÜG Rz. 108. | 6 *Seibt*, DB 2002, 529 (535); KölnKommWpÜG/*Hirte*, § 27 Rz. 74; Ehricke/*Ekkenga*/Oechsler, § 27 WpÜG Rz. 41; gleichsinnig zu der umwandlungsrechtlichen Zuleitungsverpflichtung Kallmeyer/*Willemsen*, § 5 UmwG Rz. 74. | 7 Hierzu ausf. *Seibt* in Henze/Hoffmann-Becking (Hrsg.), Gesellschaftsrecht-Forum 2003, S. 337, 352 ff.; *Seibt*, ZIP 2003, 1865 (1870 ff.); Ehricke/Ekkenga/Oechsler/*Oechsler*, § 4 WpÜG Rz. 11 f.; Haarmann/Schüppen/*Linke/Stögmüller*, § 4 WpÜG Rz. 39 mwN. | 8 Hierzu *Seibt* in Henze/Hoffmann-Becking (Hrsg.), Gesellschaftsrecht-Forum 2003, S. 337, 358; *Seibt*, ZIP 2003, 1865 (1868 mwN); aA Assmann/Pötzsch/Schneider/*Assmann*, § 4 WpÜG Rz. 25. | 9 Zu Unterlassungsansprüchen des BR gegen mit bestimmungswidrige Maßnahmen ausf. Willemsen/*Schweibert*, Unternehmensumstrukturierung, C 304 f., 307 ff., 328 mwN. | 10 Hierzu *Hamann*, ZIP 2001, 2249 (2255 ff.).

vorgesehenen Maßnahmen) „wesentlich“ iSv. § 12 I 1 sein können, wird man nur im Einzelfall nach dem Maßstab eines durchschnittlichen, verständigen Anlegers[1] entscheiden können. Im Regelfall wird das allerdings nicht der Fall sein[2].

Das BMAS hat im Gesetzgebungsverfahren darauf hingewiesen, dass den BR oder den ArbN des Zielunternehmens zwar keine direkten Ansprüche gegenüber dem Bieter zukämen, allerdings der zuständige BR die Möglichkeit habe, mit dem Vorstand Vereinbarungen zu Vermeidung der Abmilderung entstehender Nachteile zu treffen, zB verbindliche Vereinbarungen zur Beschäftigungssicherung, an die dann auch der Bieter gebunden ist[3]. Der Vorstand unterliegt allerdings beim Abschluss solcher BV den sich aus § 33 I WpÜG und § 93 I 1 AktG ergebenden Grenzen[4]. Weicht der Bieter nach erfolgreicher Übernahme von seinen Angaben betreffend die ArbN in der Angebotsunterlage ab und werden dadurch ArbN entlassen oder erleiden andere wirtschaftl. Nachteile, so greifen – auch nach Auffassung des BMAS – ausschließlich die Schutzregelungen des BetrVG ein, insb. die Regelung über den Interessenausgleich und die Sozialabgaben[5]. **28**

Eine Verletzung der Pflichten nach § 11 II führt aus verfassungsrechtl. Gründen nicht zum Rechtsverlust nach § 59[6]. **29**

b) Verletzung der Informationspflichten des Vorstandes. Verletzt der Vorstand seine Übermittlungspflichten aus §§ 10 V 2, 14 IV 2, 35 II 2, so stellt dies zunächst eine Ordnungswidrigkeit dar (§ 60 I Nr. 2b). Auch die unterbliebene oder nicht vollständige Weiterleitung der Stellungnahme des Vorstandes und des AR zum Angebot des Bieters an den BR bzw. die ArbN (§ 27 III 2) wird als Ordnungswidrigkeit qualifiziert (§ 60 I Nr. 2c). Beide Ordnungswidrigkeiten können mit einer Geldbuße bis zu 200 000 Euro geahndet werden (§ 60 III letzte Var.). Demgegenüber qualifiziert das Gesetz eine Verletzung von § 27 II (Pflicht zur Beifügung der Stellungnahme des BR bzw. der ArbN zur Stellungnahme des Vorstandes) nicht als Ordnungswidrigkeit. **30**

Die Verletzung der den Vorstand treffenden übernahmerechtl. Pflichten wird regelmäßig auch eine **Sorgfaltspflichtverletzung** darstellen (§ 93 AktG), was eine Schadenersatzpflicht gegenüber der Gesellschaft auslösen könnte. Allerdings ist der Eintritt eines Schadens bei Verletzung der Informationspflichten wohl eher theoretisch. Auch verbandsrechtl. Unterlassungsansprüche gegen den Vorstand scheiden aus, da durch die Verletzung der Informationspflichten (zB Nicht-Beifügung der BR-Stellungnahme) allenfalls die Entscheidungs*bildung* über die Mitgliedschaft, nicht aber die Entscheidungs*befugnisse* der Aktionäre aus der Mitgliedschaft beeinträchtigt sind[7]. **31**

Es bleibt natürlich dabei, dass das Bundesaufsichtsamt auf der Grundlage von § 4 I 3 auch Anordnungen gegenüber den Geschäftsleitungsorganen des Zielunternehmens treffen kann, die geeignet und erforderlich sind, um Verletzungen der übernahmerechtl. Verfahrensbestimmungen abzustellen bzw. auszugleichen. Allerdings vermittelt diese Ermächtigungsnorm keinen Drittschutz, so dass Aktionäre (und erst recht nicht ArbN oder BR) der Zielgesellschaft **keinen öffentl.-rechtl. Anspruch auf ein Einschreiten des Bundesaufsichtsamtes** und im Regelfall auch keine Schadenersatzansprüche aus § 823 II BGB (iVm. den WpÜG-Mitteilungsvorschriften) geltend machen können[8]. **32**

Die **Sanktionsvorschrift des § 59 S. 1 (Rechtsverlust beim Bieter)** ist nur auf die Verletzung von dem Bieter obliegenden Pflichten anwendbar, ist daher entsprechend teleologisch zu reduzieren und findet keine Anwendung auf die Verletzung von dem Vorstand der Zielgesellschaft obliegenden Pflichten (zB arbeitsrechtl. Informationspflichten)[9]. **33**

III. Informationspflichten gegenüber ArbN des Bieters. 1. Allgemeines. In Umsetzung der Art. 6 I 3, II 3 und III lit. I) ÜbRL sehen nun die §§ 10 IV 3, 14 IV 3 und § 11 II 3 Nr. 2 eine perspektivische Erweiterung des ArbN-Schutzes in der Weise vor, dass (1) auch die ArbN und ihre Vertretungen beim **34**

1 Vgl. Assmann/Lenz/Ritz/*Assmann*, § 13 VerkProspG Rz. 25; Schäfer/*Hamann*, §§ 45, 46 BörsG nF Rz. 31; *Hamann*, ZIP 2001, 2249 (2256); KölnKommWpÜG/*Möllers*, § 12 Rz. 33 ff.; *Steinmeyer/Häger/Steinhardt*, § 12 WpÜG Rz. 7; Assmann/Pötzsch/Schneider/*Assmann*, § 12 WpÜG Rz. 25 f.; Haarmann/Schüppen/*Renner*, § 12 WpÜG Rz. 22; Baums/Thoma/*Thoma*, § 12 WpÜG Rz. 21. | 2 So *Seibt*, DB 2002, 529 (535); aA Ehricke/Ekkenga/Oechsler, § 12 WpÜG Rz. 3. Der Gesetzessystematik in § 11 II ist bereits eine Differenzierung zwischen wesentlichen Angaben (S. 2) und ergänzenden Angaben (S. 3) zu entnehmen. Darüber hinaus werden die arbeitsrechtlichen Angaben nach Maßgabe von § 11 II 3 Nr. 2 selten für die Entscheidung des Aktionärs, ob das Angebot angenommen werden sollte, wesentliche Bedeutung haben. – Zum Wesentlichkeitsmaßstab auch Begr. RegE-WpÜG zu § 12 I, BT-Drs. 14/7034 v. 5.10.2001 S. 42 = ZIP 2001, 1262 (1271). | 3 Vgl. Stellungnahme Ausschuss für Arbeit und Sozialordnung, abgedr. in Beschlussempfehlung und Bericht des Finanzausschusses, BT-Drs. 14/7477 v. 14.11.2001, S. 65. | 4 *Seibt*, DB 2002, 529 (535). | 5 *Seibt*, DB 2002, 529 (535); vgl. Stellungnahme Ausschuss für Arbeit und Sozialordnung, abgedr. in Beschlussempfehlung und Bericht des Finanzausschusses, BT-Drs. 14/7477 v. 14.11.2001 S. 65. | 6 *Seibt*, DB 2002, 529 (535); KölnKommWpÜG/*Kremer/Oesterhaus*, § 59 Rz. 43; Ehricke/Ekkenga/Oechsler/*Ehricke*, § 59 WpÜG Rz. 10; aA Geibel/Süßmann/*Tschauner*, § 59 WpÜG Rz. 14. | 7 Hierzu LG Düsseldorf v. 14.12.1999 – 10 O 495/99 Q, AG 2000, 233 (234) – Mannesmann. | 8 Hierzu *Seibt* in Henze/Hoffmann-Becking (Hrsg.), Gesellschaftsrecht-Forum 2003, S. 337 (360 f.); aA Assmann/Pötzsch/Schneider/*Assmann*, § 4 WpÜG Rz. 25. | 9 *Seibt*, DB 2002, 529 (536).

Bieter über die Entscheidung zur Angebotsabgabe sowie über die Angebotsunterlage zu informieren sind und (2) in der Angebotsunterlage die Darstellung der Absichten des Bieters im Hinblick auch auf für ArbN relevante Umstände beim Bieter selbst erweitert werden. Diese Schutzausdehnung auf die ArbN beim Bieter hat ihre Grundlage in der Überlegung, dass öffentliche Kaufangebote für Aktien börsennotierter Unternehmen (insb. aber Übernahmeangebote, die auf Kontrollerlangung über die Zielgesellschaft gerichtet sind) nicht nur Auswirkungen für die ArbN der Zielgesellschaft, sondern auch für die des Bieters haben können. Neben den übernahmerechtl. Informationspflichten treten ggf. die allgemeinen betriebsverfassungsrechtl. Informationspflichten, insb. gegenüber dem Wirtschaftsausschuss (§ 106 BetrVG). Der am 25.9.2007 vom BMF vorgelegte RefE eines Gesetzes zur Begrenzung der mit Finanzinvestoren verbundenen Risiken[1] sieht neue Informationsrechte des Wirtschaftsausschusses und des BR bei Unternehmensübernahmen vor (§§ 106 III Nr. 9a, 109a BetrVG nF), die wegen des Bestehens der übernahmerechtl. Vorschriften nur für nicht-börsennotierte Unternehmen Bedeutung haben dürften.

35 **2. Mitteilung über Entscheidung des Bieters zur Angebotsabgabe.** Die ArbN des Bieters sind nun in materiell vergleichbarer Weise wie die ArbN der Zielgesellschaft von der Entscheidung zur Angebotsabgabe zu unterrichten. Allerdings sieht das Gesetz in § 10 V 3 konsequenterweise eine *unmittelbare* Mitteilungspflicht des Bieters gegenüber seinem zuständigen BR oder, sofern ein solcher nicht besteht, unmittelbar gegenüber seinen ArbN vor.

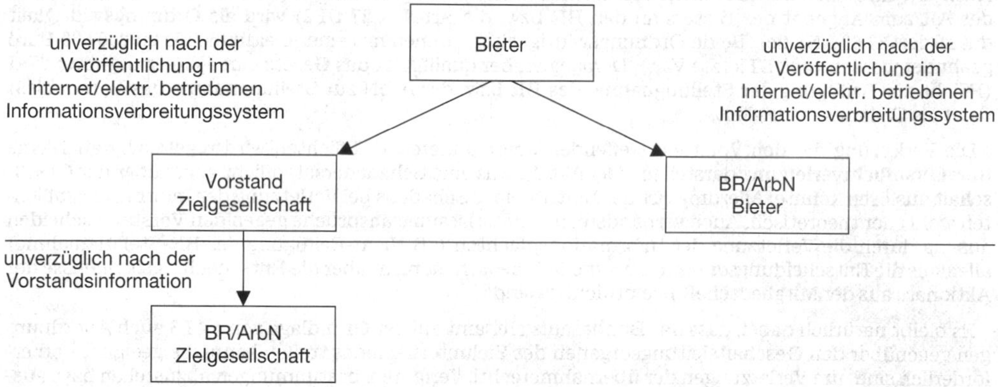

Die Mitteilung hat unverzüglich (§ 121 I BGB) nach der Veröffentlichung seiner Entscheidung im Internet und über das elektronisch betriebene Informationsverbreitungssystem zu erfolgen. Für die Bestimmung des zuständigen BR gilt die allgemeine Kompetenzzuordnung des BetrVG (vgl. sinngemäß Rz. 9).

36 **3. Inhalt der Angebotsunterlage.** In Umsetzung von Art. 6 III lit. I ÜbRL ist der Umfang der ergänzenden Angaben in der Angebotsunterlage (§ 11 II 3) im Hinblick auf die Absichten des Bieters bezüglich seiner eigenen künftigten Geschäftsätigkeit erweitert worden, wobei die Darstellungsbereiche und der Beschreibungsintensität den Angaben entsprechen, die bislang nur bezüglich der Zielgesellschaft gefordert waren[2]. Zur Bestimmung der „Absichten des Bieters" vgl. Rz. 13. Die Angebotsunterlage hat also auch im Interesse der ArbN des Bieters Angaben zu enthalten über die Absichten des Bieters betreffend

- den Sitz des Bieters;
- den Standort wesentlicher Unternehmensteile des Bieters;
- die Verwendung des Vermögens des Bieters;
- die künftigen Verpflichtungen des Bieters;
- die ArbN des Bieters und dessen Vertretungen;
- wesentliche Änderungen der Beschäftigungsbedingungen einschließlich der insoweit vorgesehenen Maßnahmen.

Zu den inhaltlichen Anforderungen dieser Pflichtangaben vgl. sinngemäß Rz. 14 f.

37 Im Gegensatz zur ArbN-Seite bei der Zielgesellschaft ist die Abgabe einer Stellungnahme zur Angebotsunterlage zu Gunsten des dortigen BR bzw. der dortigen ArbN nicht vorgesehen, so dass jene auch

1 Abrufbar unter http://www.bundesfinanzministerium.de/DE/Geld_und_Kredit/Aktuelle_Gesetze/Anlage_20 Risikobegrenzungsgesetz,templateId=raw,property=publicationFile.pdf. | 2 Begr. ÜbRL-UG, § 10 WpÜG-RegE, BR-Drs. 154/06 v. 24.2.2006 S. 33.

keinen Anspruch auf Berücksichtigung oder gar Veröffentlichung einer Stellungnahme zur Angebotsunterlage haben[1]. Ein solcher Anspruch auf Veröffentlichung zusammen mit der Stellungnahme des Vorstandes und des AR der Zielgesellschaft (§ 27) wäre auch systemfremd, da es sich immerhin um die Meinungsäußerung eines Betriebsverfassungsorgans einer anderen Unternehmengruppe handelte; die Veröffentlichung geschähe gleichsam „auf der falschen Seite"[2]. Allerdings steht es dem zuständigen BR bzw. den ArbN des Bieters frei, (auf eigene Kosten) eine Stellungnahme zur Angebotsunterlage zu erstellen und dann an die Geschäftsleitung des Bieters, die Geschäftsleitung der Zielgesellschaft oder der Öffentlichkeit zu übermitteln. Auch ist die Geschäftsleitung des Zielunternehmens frei, eine solche gesetzlich nicht vorgegebene Stellungnahme der ArbN-Seite des Bieters mit der eigenen Stellungnahme (§ 27) zu veröffentlichen, sofern jene nur textlich von der Stellungnahme des Vorstandes und des AR der Zielgesellschaft und dessen ArbN-Vertretung abgesetzt ist und darauf hingewiesen wird, dass es sich um eine gesetzlich nicht vorgesehene Stellungnahme handelt.

4. Verpflichtung zur Übermittlung der Angebotsunterlage. In Umsetzung von Art. 8 II iVm. Art. 6 II 3 ÜbRL sieht nun § 14 IV 4 vor, dass der Bieter auch seinen zuständigen BR oder, sofern ein solcher nicht besteht, seinen ArbN die Angebotsunterlage unverzüglich nach deren Veröffentlichung im Internet und im elektronischen Bundesanzeiger (§ 14 III 1) übermittelt. Dies entspricht materiell der unmittelbaren Information des zuständigen BR bzw. ArbN der Zielgesellschaft. Der Bieter hat seinen zuständigen BR bzw. seine ArbN auch über jede Änderung der Angebotsunterlage zu unterrichten und die geänderte Angebotsunterlage zu übermitteln (§ 21 II 2). Für die Auslegung dieser Übermittlungspflichten gelten dieselben Grundsätze wie im Hinblick auf die Mitteilungspflicht betreffend die Entscheidung zur Angebotsabgabe (Rz. 7 ff.). 38

5. Folgen der Verletzung der Informationspflichten gegenüber ArbN des Bieters. Die Verletzung der Informationspflichten aus § 10 V 3 und § 14 IV 4 durch den Bieter stellt eine Ordnungswidrigkeit dar (§ 60 I Nr. 2b). Aus der in § 60 I Nr. 2b enthaltenen Verknüpfung von § 14 IV mit § 21 II 2 ergibt sich, dass das Gleiche für die Verletzung der den Bieter treffenden Pflicht nach § 21 II 2 gilt, seinen BR bzw. seine ArbN über jede Änderung der Angebotsunterlage zu unterrichten und ihnen die geänderte Angebotsunterlage zu übermitteln. Diese Ordnungswidrigkeiten können mit einer Geldbuße von bis zu 200 000 Euro geahndet werden (§ 60 III letzte Var.). Das Bundesaufsichtsamt kann ferner auf der Grundlage von § 4 I 3 auch Anordnungen gegenüber dem Bieter treffen, die geeignet und erforderlich sind, um Verletzungen der übernahmerechtl. Informationsbestimmungen abzustellen bzw. auszugleichen. Allerdings vermittelt diese Ermächtigungsnorm keinen Drittschutz, so dass weder Anteilseigner der Zielgesellschaft noch des Bieters (und erst recht nicht ArbN oder BR der Zielgesellschaft oder des Bieters) einen öffentlich-rechtl. Anspruch auf Einschreiten des Bundesaufsichtsamtes und im Regelfall auch keine Schadensersatzansprüche aus § 823 II BGB (iVm. den WpÜG-Mitteilungsvorschriften) geltend machen können (vgl. sinngemäß Rz. 32). Bei Verletzung der Informationspflichten gegenüber ArbN des Bieters aus § 14 IV 4 iVm. § 35 II (Pflichtangebot) kommt trotz des (an sich eindeutigen) Wortlautes von § 59 S. 1 bei Beachtung des Verhältnismäßigkeitsgrundsatzes kein Rechtsverlust beim Bieter in Betracht. 39

IV. Ablaufplan. Zur besseren **Einordnung der WpÜG-Informationspflichten in den Gesamtablauf eines typisierten Erwerbsangebots** soll die nachfolgende tabellarische Übersicht dienen, in der die wesentlichen Verfahrensschritte bei Abgabe eines öffentl. Kaufangebots aufgeführt und die arbeitsrechtl. Informationspflichten durch Fettdruck markiert sind: 40

Ziff.	**Maßnahme wesentlicher Natur**	**Zeitrahmen/Fristen**
1	Vorbereitungsmaßnahmen des Bieters (zB zur Finanzierung des Angebots) (§ 13 I)	Vor Veröffentlichung des Angebotes (Ausnahme: Finanzierungsmaßnahmen, die zwingend der Zustimmung der Hauptsammlung des Bieters bedürfen, zB Beschlussfassung über Sachkapitalerhöhung/Schaffung genehmigten Kapitals, siehe Ziff. 16)
2	Veröffentlichung Entscheidung des Bieters zur Abgabe eines Angebotes (bei freiwilligem Angebot) (§ 10 I)	Unverzüglich nach Herbeiführung der Entscheidung des Bieters über Abgabe des Angebots
	Veröffentlichung Erlangung der Kontrolle oder Antrag auf Befreiung gem. § 37 (bei Pflichtangebot) (§ 35 I)	Innerhalb von 7 Tagen nach Erlangung der Kontrolle

1 Vgl. Assmann/Pötzsch/Schneider/*Krause/Pötzsch*, § 27 Rz. 25; aA *Kindler/Horstmann*, DStR 2004, 866 (872 f.), die einen Anspruch des BR bzw. der ArbN des Bieters auf Beifügung zur Stellungnahme der Verwaltungsorgane der Zielgesellschaft bejahen. | 2 Vgl. Assmann/Pötzsch/Schneider/*Krause/Pötzsch*, § 27 Rz. 25.

Ziff.	Maßnahme wesentlicher Natur	Zeitrahmen/Fristen
3	**Schriftl. Mitteilung an Vorstand der Zielgesellschaft und eigenen BR (bzw. eigene ArbN) über Entscheidung des Bieters zur Abgabe eines Angebots und Unterrichtung des BR (bzw. der ArbN) durch Vorstand der Zielgesellschaft (§§ 10 V, 35 I)**	**Unverzüglich nach Veröffentlichung (Ziff. 2)**
4	Übermittlung Angebotsunterlage an BaFin (§§ 14 I, 35 II)	Innerhalb von 4 Wochen nach Veröffentlichung (Ziff. 2)
5	Veröffentlichung Angebotsunterlage durch den Bieter mittels Bekanntgabe im Internet und Bekanntgabe im elektronischen Bundesanzeiger (§ 14 III)	Unverzüglich nach (1) Gestattung durch BaFin oder (2) Ablauf einer Frist von 10/15 Tagen seit Übermittlung der Angebotsunterlage an BaFin
6	Übermittlung Angebotsunterlage durch Bieter an Vorstand der Zielgesellschaft **und an eigenen BR (bzw. eigene ArbN)** (§ 14 IV)	**Unverzüglich nach Veröffentlichung** (Ziff. 5)
7	**Übermittlung Angebotsunterlage durch Vorstand der Zielgesellschaft an BR bzw. ArbN der Zielgesellschaft (§ 14 IV)**	**Unverzüglich nach Erhalt der Mitteilung**
8	Veröffentlichung Anzahl der dem Bieter bereits zustehenden Wertpapiere der Zielgesellschaft sowie Anzahl der Wertpapiere, über die dem Bieter bereits Annahmeerklärungen der Aktionäre der Zielgesellschaft zugegangen sind, sowie Mitteilung über Veröffentlichung an das BaFin durch Übersendung eines Belegs über Veröffentlichung (§§ 23 I, 16 II)	Nach Veröffentlichung der Angebotsunterlage wöchentlich sowie in der letzten Woche vor Ablauf der Annahmefrist täglichUnverzüglich nach Ablauf der Annahmefrist (Ergebnis des Angebots)Bei Übernahmeangeboten: ggf. Unverzüglich nach Ablauf der weiteren Annahmefrist im Falle eines Übernahmeangebotes
9	Ggf. Einberufung HV der Zielgesellschaft und Zugänglichmachen bestimmter Dokumente an alle Aktionäre sowie Bekanntmachung durch den Vorstand der Zielgesellschaft (§ 16 IV)	Vor oder nach Veröffentlichung der Angebotsunterlage iSd. Ziff. 4; spätestens aber 2 Wochen vor dem Tag der HV, der innerhalb der Annahmefrist liegen muss
	Ggf. Durchführung HV der Zielgesellschaft (§ 16 IV)	Während der Annahmefrist
10	Ggf. Mitteilung an Bieter und BaFin über Einberufung HV durch Vorstand der Zielgesellschaft (§ 16 III)	Unverzüglich
11	**Ggf. Stellungnahme des BR (bzw. der ArbN) der Zielgesellschaft zum Angebot (§ 27 II)**	**Keine Frist**
12	**Veröffentlichung Stellungnahme des Vorstands und des AR der Zielgesellschaft zum Angebot (ggf. mit Stellungnahme nach Ziff. 11) (§ 27 III)**	**Unverzüglich nach Übermittlung der Angebotsunterlage (bzw. nach Übermittlung von Änderungen hierzu) – Frist beträgt in der Praxis regelmäßig mindestens 2 Wochen.**
13	**Übermittlung Stellungnahme (Ziff. 12) an den BR (bzw. die ArbN) der Zielgesellschaft (§ 27 III)**	**Gleichzeitig mit der Veröffentlichung iSd. Ziff. 12**
14	Annahme Angebot durch Aktionäre der Zielgesellschaft während der Annahmefrist (§ 16 I) [auch vor Ziff. 9 möglich]	Regel-Annahmefrist: 4–10 Wochen, beginnend mit Veröffentlichung der Angebotsunterlage (Ausnahmen in §§ 21 V, 22 II, 16 II)
15	Ggf. Abgabe konkurrierender Angebote Dritter (§ 22 I) [auch vor Ziff. 9 möglich]	Während der Annahmefrist
16	Ggf. Herbeiführung Beschluss HV des Bieters, sofern dieser zur Bedingung für die Durchführung des Angebotes gemacht wurde (§ 25)	Unverzüglich, spätestens bis zum 5. Werktag vor Ablauf der Annahmefrist

Ziff.	Maßnahme wesentlicher Natur	Zeitrahmen/Fristen
17	**Ggf. Änderung des Angebotes (Veröffentlichung Änderung), Übermittlung Änderung durch den Bieter an den Vorstand der Zielgesellschaft sowie an eigenen BR (bzw. die eigenen ArbN), Übermittlung geändertes Angebot an BR (bzw. die ArbN) durch Vorstand der Zielgesellschaft, ggf. Stellungnahme des BR (bzw. der ArbN) der Zielgesellschaft, Veröffentlichung Stellungnahme des Vorstands und des AR der Zielgesellschaft zu dem geänderten Angebot, Übermittlung Stellungnahme des Vorstands und des AR an BR (bzw. die ArbN) der Zielgesellschaft (§§ 21 I, II, 14 IV, 27 I)**	**Angebotsänderung spätestens 1 Werktag vor Ablauf der Annahmefrist**
18	Ggf. Rücktritt vom Vertrag durch Aktionäre (§§ 21 IV, 22 III)	Spätestens bis zum Ablauf der ggf. verlängerten Annahmefrist bzw. der Annahmefrist des ursprünglichen Angebots des Bieters
19	Bekanntgabe Ergebnis des Angebots durch Bieter (§ 23 I)	Unverzüglich nach Ablauf der (weiteren) Annahmefrist
20	Bei Übernahmeangeboten: Erweiterte Annahmefrist (sog. Zaunkönigregelung; § 16 II)	2 Wochen nach Bekanntgabe des Ergebnisses gem. Ziff. 19

V. Mit-Entscheidungsprärogative bei Abwehrmaßnahmen, zu Gunsten des AR sowie Recht zur Stellungnahme. Der Gesetzgeber hat mit § 33 I 2 Alt. 3 bestimmte, zur Abwehr von Kaufangeboten geeignete Geschäftsleitungsmaßnahmen der Mit-Entscheidungsprärogative des AR unterstellt und zwar auch aus Gründen des ArbN-Schutzes[1]. Diese arbeitnehmerschützende Intention wird bei der Beantwortung der Frage nicht vollkommen außer Acht gelassen werden können, ob der AR die Wahrnehmung dieser beiden durch das Gesetz zugewiesenen Kompetenzen auch einem AR-Ausschuss zuweisen kann und wie dieser zusammenzusetzen ist. Das in § 107 III 2 AktG geregelte Delegationsverbot (Beschlüsse, dass bestimmte Arten von Geschäften nur mit Zustimmung des AR vorgenommen werden dürfen) regelt nach zutreffender Auffassung nur, dass der AR als Gesamtgremium zwingend darüber entscheiden muss, ob die in § 33 I 2 Alt. 3 geregelte Mit-Entscheidungsprärogative zu Gunsten des AR einem bestimmten AR-Ausschuss überwiesen wird; diese Bestimmung verbietet es aber nicht, dass der AR im Rahmen seiner Geschäftsordnung die im Einzelfall zu behandelnde Erteilung der Zustimmung zu Abwehrmaßnahmen einem **AR-Ausschuss** überträgt[2]. Auch für das Recht zur Stellungnahme nach § 27 I gilt das aktienrechtl. Delegationsverbot nicht[3]. In der Praxis wird die Überweisung dieser durch das WpÜG zugewiesenen AR-Kompetenzen zu einem bestimmten „Übernahmeausschuss" sinnvoll sein, wobei es wegen § 171 II 2 AktG (AR-Bericht über Ausschüsse) angeraten sein kann, die Einrichtung des Ausschusses zwar vorzubereiten, diesen aber erst bei einem konkreten Anlass einzusetzen (Reserveausschuss)[4]. IdR wird wegen der gesetzgeberischen Intention mindestens ein ArbN-Vertreter in den für die Erarbeitung der Stellungnahme zuständigen Ausschuss zu berufen sein (zum Diskriminierungsverbot bei der Ausschussbesetzung § 25 MitbestG Rz. 5)[5]. 41

VI. Beirat beim Bundesaufsichtsamt. Der Gesetzgeber hat dem Bundesaufsichtsamt als zuständiger Aufsichtsbehörde einen Beirat beigestellt, der bei der Gesetzesaufsicht mitwirken und das Bundesaufsichtsamt, insb. bei dem Erlass von RechtsVO für die Aufsichtstätigkeit, beraten soll (§ 5 III). Unter den vom BMF bestellten Mitgliedern des 15-köpfigen Gremiums sind zwingend auch zwei Vertreter der ArbN, deren Bestellung nach Anhörung der „betroffenen Kreise" (zB DGB) erfolgen soll (§ 5 I 2 Nr. 4, S. 3). Durch die Bestellung von ArbN-Vertretern in den Beirat sollen auch bei der behördlichen Überwachungstätigkeit der Gesetzesanwendung die Belange der ArbN institutionell abgesichert werden[6]. 42

1 BT-Drs. 14/7477 v. 14.11.2001 S. 61: *„Die Interessen der Beschäftigten [werden] gewahrt, insbesondere durch die umfassenden Informationsverpflichtungen des Bieters und die Regelung, dem Vorstand der Zielgesellschaft innerhalb seiner Geschäftsführungskompetenz Abwehrmaßnahmen bereits dann zu ermöglichen, wenn ihnen der Aufsichtsrat zugestimmt [hat], weil die Anliegen der Arbeitnehmer in den Aufsichtsrat eingebracht werden [können].“* |2 Vgl. OLG Hamburg v. 15.9.1995 – 11 U 20/95, ZIP 1995, 1673 (1674); KölnKommAktG/*Mertens*, § 107 Rz. 150; *Hüffer*, § 107 AktG Rz. 18; KölnKommWpÜG/*Hirte*, § 33 Rz. 87; Ehricke/*Ekkenga*/Oechsler, § 33 Rz. 62; Assmann/Pötzsch/Schneider/*Krause/Pötzsch*, § 33 WpÜG Rz. 182; Haarmann/Schüppen/*Röh*, § 33 WpÜG Rz. 166 hält die Übertragung der Entscheidungsbefugnis an einen Ausschuss für zulässig, aber wenig zweckmäßig; *Jaeger*, ZIP 1995, 1735 (1737 f.). |3 *Seibt*, DB 2002, 529 (536); KölnKommWpÜG/*Hirte*, § 27 Rz. 21; Assmann/Pötzsch/Schneider/*Krause/Pötzsch*, § 27 WpÜG Rz. 40; Baums/Thoma/*Harbarth*, § 27 WpÜG Rz. 32; Haarmann/Schüppen/*Röh*, § 27 WpÜG Rz. 62. |4 *Seibt*, DB 2002, 529 (536). |5 *Seibt*, DB 2002, 529 (536); KölnKommWpÜG/*Hirte*, § 33 Rz. 87 und § 27 WpÜG Rz. 21; Haarmann/Schüppen/*Röh*, § 27 WpÜG Rz. 62; Baums/Thoma/*Harbarth*, § 27 WpÜG Rz. 32. |6 *Seibt*, DB 2002, 529 (536).

Stichwortverzeichnis

Bearbeiter: Klaus Thölken

Fett gedruckte Gesetzeskürzel verweisen auf das kommentierte Gesetz, **fett** gedruckte Zahlen auf die kommentierte Vorschrift. Mager gedruckte Zahlen bezeichnen die Randziffer der Fundstelle. Wegen der Bedeutung der Gesetzeskürzel wird auf das Abkürzungsverzeichnis verwiesen.

Stichwortverzeichnis

Stichwortverzeichnis

Stichwortverzeichnis

Stichwortverzeichnis

Stichwortverzeichnis

Notizen

Notizen

Notizen

Notizen

Henssler/Willemsen/Kalb, **Arbeitsrecht Kommentar**, 3. Auflage

- Hinweise und Anregungen: ______________________________

____

____

____

____

- Auf Seite ________ Gesetz ________ § ________ Rz. ________ Zeile ________ von oben/unten

muss es statt ______________________________

____

____

richtig heißen ______________________________

____

____

Henssler/Willemsen/Kalb, **Arbeitsrecht Kommentar**, 3. Auflage

- Hinweise und Anregungen: ______________________________

____

____

____

____

- Auf Seite ________ Gesetz ________ § ________ Rz. ________ Zeile ________ von oben/unten

muss es statt ______________________________

____

____

richtig heißen ______________________________

____

____

Absender

Informationen unter **www.otto-schmidt.de**

So können Sie uns auch erreichen:
lektorat@otto-schmidt.de

Wichtig: Bitte immer den Titel des Werkes angeben!

Antwortkarte

Verlag Dr. Otto Schmidt KG
Lektorat
Gustav-Heinemann-Ufer 58
50968 Köln

Absender

Informationen unter **www.otto-schmidt.de**

So können Sie uns auch erreichen:
lektorat@otto-schmidt.de

Wichtig: Bitte immer den Titel des Werkes angeben!

Antwortkarte

Verlag Dr. Otto Schmidt KG
Lektorat
Gustav-Heinemann-Ufer 58
50968 Köln